DICTIONNAIRE GÉNÉRAL ET RAISONNÉ

DE LÉGISLATION

ET DE JURISPRUDENCE,

EN MATIÈRE CIVILE, COMMERCIALE, CRIMINELLE, ADMINISTRATIVE ET· DE DROIT PUBLIC.

D

ANGER.—V. Servitude, Théâtres.—V. aussi Autorité municipale.

NGER D'ÉVICTION. — V. Garantie, Transport, ente.

'GER IMMINENT. — V. Action civile, Actions seessoires, Voirie.

SE.—V. Autorité municipale.

TE. — **1.** — Indication du temps où un acte est

Quels actes doivent être datés.

Mode de mention de la date.

§ ?. *usseté, erreurs, irrégularités dans la m de la date.*

§ 4.— *uve de la date. Foi due à la date des actes.*

§ 1er. — *Quels actes doivent être datés.*

2. — En général, la date est une formalité commune à tous les actes.

3.—Elle doit se trouver dans tous les actes authentiques.

4. — Ainsi, les actes notariés doivent contenir la mention de l'année·et du jour où ils-sont passés, à peine de nullité, et même de faux, si le cas y échoit (L. 25 vent. an 11, art. 12).

5. — Sur la manière dont cette date doit être exprimée, V. Preuve littérale.

6. — La date est indispensable dans les exploits et dans tous les actes qui font courir des délais déterminés par la loi.—V. Exploit.

7. — Bien que le code de procédure ne le dise pas, les jugemens et arrêts doivent être datés.

8. — Mais le défaut de date dans la grosse ou la copie signifiée d'un arrêt ne donne pas prise à cassation, lorsqu'il est constaté que la date se trouve sur la minute. — 14 avril 1824. Req. Hutteau. D.A. 2. 484. D.P. 1. 537.

9. — C'est surtout quand il s'agit de jugemens attaquables pendant un certain délai à dater du jour de leur *prononciation*, que la nécessité de la date est évidente. Voyez, par exemple, en matière d'appel correctionnel, les art. 203, 204, 205, 206 C. inst. cr. ; en matière d'arrêts criminels, les art. 373, 374, 375.

10. — Il n'est pas nécessaire, à peine de nullité, que les actes sous seing-privé soient datés.—Toull., t. 8, n. 259; D.A. 10. 679, n. 7.

11. — Toutefois, la loi exige la date dans quelques actes particuliers, tels que les testamens olographes, les lettres de change, billets à ordre, polices d'assurance. — V. Preuve littérale.

12. — Les livres des commerçans, ceux des agens de change et des courtiers doivent contenir la date de chaque opération.

H.

13. — La mention de la date dans les actes sous seing-privé est toujours utile pour garantir la capacité des parties qui signent, et pour prévenir des fraudes et des suppositions.—Roll., vᵒ Date, n. 3, 4; Merl., Rép., vᵒ Billet.

14. — La mention de la date des actes en général est importante aussi pour savoir la loi qui doit régir leur forme ou leur contenu. — V. Loi.

§ 2. — *Mode de mention de la date.*

15.—Un même acte peut contenir plusieurs dates ; cela est même nécessaire en certains cas. — V. Preuve littérale.

16. — C'est de la dernière des dates que part alors le délai de l'enregistrement.—*Dict. du not.*, vᵒ Date, n. 37.

17. — La date s'exprime par la mention du jour, du mois et de l'année. — Roll, n. 12.

18. — Il est à remarquer que la loi du 25 vent. an 11 ne parle pas de la mention du mois, mais seulement du jour et de l'année. — V. Preuve littérale et Roll., n. 13.

19. — L'indication expresse du premier mois de l'année, par son nom de janvier, n'est pas absolument nécessaire. Un acte serait valable s'il était daté, par exemple, du 1er de l'an 1853.—Merl., Rép., vᵒ Testament.

20. — La mention de la semaine peut être utile, mais n'est pas de rigueur. — V. Preuve littérale.

21 — L'indication du lieu où un acte a été passé ne fait pas partie de la date. — V. Preuve littérale, Testament, et Roll., n. 16, 17.—La mention du lieu, exigée pour les actes notariés, est une formalité distincte de celle de la date.

22. — Il n'est pas nécessaire que les actes indiquent l'heure où ils sont passés, du moins en général; car il y a des exceptions. — V. Code civil, art. 34; Code proc., art. 678.

23. — Dans les polices d'assurance, il doit être énoncé si elles sont faites avant ou après midi (G. comm. 352). — V. Assurances maritimes.

24.—Dans le concours de deux actes de procédure, faits le même jour et sans indication d'heure, la priorité de ces actes peut être prouvée par témoins (C. civ. 1341). — 15 juill. 1818. Req. Montpellier. Cadena. D.A. 11. 177, n. 1-2. D.P. 18..1. 602. — V. Péremption.

25. — Les actes authentiques doivent être datés selon le calendrier en vigueur (L. 25 vent. an 11, art. 17).

26.— La date des actes notariés doit être exprimée en toutes lettres (L. 25 vent. an 11, art. 13).

27.— Toutefois, les dates énoncées en chiffres ne sont pas nulles comme les mots surchargés. — V. Preuve littérale.

28.—Les dates des mois ne doivent pas être écrites

en abréviation, telles que, nov., déc., sept. — Toull., t. 7, p. 504; Roll., vᵒ Abréviations; D.A. vᵒ Preuve littérale, sect. 1re; art. 2.

29. — Dans les actes sous seing-privé, la date peut n'être pas énoncée en toutes lettres, comme dans.les actes publics; mais il est utile qu'elle soit exprimée dans cette forme, afin de prévenir les altérations et les fraudes.— V. Preuve littérale, et *Dictionnaire du notariat*, vᵒ Date, n. 3, 4.

30.— Les notaires ne doivent pas laisser en blanc la date de leurs actes, dans le but de prolonger le délai de l'enregistrement.— Toull., t. 8, n. 106.

31.—La place naturelle de la mention de la date est à la fin de l'acte ; mais il ne résulterait pas nullité de ce qu'elle aurait été placée au commencement. —Roll., n. 24.— V. aussi Testament.

32.— Un *post-scriptum* est censé être de la même date que le reste de l'acte, s'il apparaît qu'il a été écrit immédiatement après. — Roll., n. 25, et vᵒ Testament.

33. — Comment doivent être entendus les mots : *à dater de ce jour*, ou , *à dater de tel jour?* — V. Délai.

§ 3. — *Fausseté, erreurs, irrégularités dans la mention de la date.*

34. — Lorsqu'un acte porte une fausse date, c'est comme s'il n'en avait aucune; il doit donc, en ce cas, rester sans effet, s'il est de la classe de ceux qui doivent être datés à peine de nullité. — Merl., Rép., vᵒ Testament; Roll., vᵒ Date, n. 26.— V. Preuve littérale.

35. — Les erreurs de date peuvent être réparées ou rectifiées d'après les énonciations de l'acte et les faits constans qui s'y rattachent. — V. Preuve littérale,Testament; Roll., n. 27; Toull., t. 8, n. 83; D.P. 26. 2. 43. — V. aussi Testament.

36. — L'erreur de date dans la copie notifiée d'une requête en péremption, par exemple, l'énonciation du 5 *avril* au lieu du 5 *mai*, exprimée dans l'original, n'empêche pas le juge de déclarer que la véritable date est celle de l'original , surtout lorsque cette date est fixée dans le corps de la requête elle-même. — 4 fév. 1825. Toulouse. Mage. D.P. 25. 2. 203.

37.— Lorsqu'il y a contrariété sur la fixation du jour d'un contrat, fût-ce même d'une police d'assurance , les juges peuvent arbitrairement en fixer la date d'après les documens et pièces de la cause. — 8 avril 1834. Req. Metz. Ass. du Soleil. D.P. 34. 1. 224.

38.—Et spécialement, il est constant qu'une police d'assurance a été signée, sans être remplie, le 6 avril 1831, et que la prime a été payée postérieurement , mais avant le 9 courant, jour de l'incendie, la compagnie assureur peut être déclarée passible du montant du sinistre. — Même arrêt.

39.—Les simples erreurs d'écriture, les omissions qui se glissent dans la date d'un·acte notarié, ne suffisent pas pour entraîner la nullité , si elles peuvent être aisément réparées. — V. Testament et D.A. 5. 637 et 675.

1

40. — On est même, en matière de testament, jusqu'à composer ou rectifier une date à l'aide du timbre apposé sur le papier.—All. Amiable. D.P. 32. 1. 76. — V. Testament olographe.

41. — La *date d'un acte*, et, par exemple, d'un testament olographe, est-elle indivisible, en ce sens que l'erreur d'une *partie de cette date les fasse informer toutes?* — V. aff. Amiable. D.P. 52. 1. 76.

42. — La surcharge de la date d'un acte notarié entraîne la nullité de cet acte. — D.A. 10. 662, n. 55; Dur.,t. 13, n. 82; Roll.,v° Surcharge, n. 9 et 10. —27 mars 1812. Req. Poitiers. Tillon D.A. 10. 662. D.P. 2. 527.—V. aussi Testament et D.A. 5. 650, n. 5.

43. — La surcharge de la date d'un acte notarié donne lieu à l'amende toutes celles qui sont dans le corps de l'acte (L. 25 vent. an 11, art. 16). — D.A. v° Enregistrement.

44. — Dans les actes sous seing-privé, la date surchargée ne pourrait être regardée comme non avenue, qu'autant que la surcharge ne permettrait pas de reconnaître avec certitude la véritable date. — Roll., n. 29.— V. Preuve littérale.

§ 4. — *Preuve de la date. Foi due à la date des actes.*

45. — La date d'un acte authentique est certaine par elle-même, et à l'égard de toutes personnes (C. civ. 1319).

46. — La date de l'acte sous seing-privé est certaine, comme celle de l'acte authentique, entre les parties, leurs héritiers ou ayans-cause. Il n'en est pas de même à l'égard des tiers; vis-à-vis d'eux la date n'est rendue certaine que par les faits déterminés d'une manière limitative par la loi (C. civ. 1328). — V. Preuve littérale; Roll., v° Date, n. 30 et suiv.

47. — La date d'un acte authentique étant certaine par elle-même, n'a pas besoin d'être assurée par l'enregistrement. — Roll., v° Acte notarié, n. 166; D.A. 10. 425.

48. — Lorsque, le même jour, il y a eu demande en péremption et exploit en reprise d'instance, les juges peuvent, quoique ce dernier acte porte qu'il a été signifié *à huit heures du matin*, déclarer, d'après les circonstances, qu'il n'a été fait qu'après la connaissance acquise du premier, et que, par suite, il n'a pas interrompu la péremption. — On dirait en vain que ce dernier acte fait foi de sa date jusqu'à inscription de faux (C. pr. 399).— 2 déc. 1828. Bordeaux. Justinien. D.P. 29. 2. 79. — V. arrêt conforme, D.A. v° Péremption.

49. — L'écriture mise par le créancier au dos, à la marge, ou à la suite d'un titre ou d'une quittance, n'a pas besoin d'être datée pour faire foi (C. civ. 1329).— V. Preuve littérale.

50.— La date des actes peut-elle être prouvée par témoins? — V. Preuve testimoniale. — Roll., n. 31 et suiv.

— V. Acquiescement, Actions possessoires, Agent de change , Amnistie , Appel incident , Assurances maritimes, Attentat-complot, Autorité municipale, Avocat, Bigamie, Brevet d'invention, Cassation, Caution, Certificat de vie, Charte-partie, Chose jugée, Colonies, Commissionnaire , Communauté, Communes, Compensation, Compétence, Compulsoire, Condition, Contrainte par corps, Contributions indirectes, Contrat de mariage, Cour d'assises, Donation, Dot, Droits civils, Effets de commerce, Elections législatives, Elections municipales, Enregistrement, Faillite, Faux, Faux incident, Garantie, Garde nationale, Hypothèques, Intervention, Jugement, Louage, Mandat d'exécution, Obligation, Novation, Paiement, Pension, Prescription, Preuve littérale, Procès-verbal, Rapport, Ratification, Rente, Rescision, Retrait successoral, Saisie-arrêt, Saisie-immobilière, Séparation de patrimoines, Société, Succession, Succession bénéficiaire, Testament, Vente.

TABLE SOMMAIRE.

Abréviation. 28.	Calendrier 25.
Acte authentique. 2. —	Cassation. 37.
sous seing-privé. 10, 29, 44.	Chiffre. 26, s.
Amende. 43.	Date multiple. 15.
An. 17, s.	Délai. 9, s. 33.
Antidate. 13, 43, s.	Ecriture. 26.
Ayant-cause. 45, s.	Enregistrement. 50, 47.
Blanc. 50.	Equivalent. 35, s.
	Erreur. 8, 34, s.

Expédition. 8.
Exploit. 6, 48.
Fausseté. 34, s.
Fin de l'acte. 51.
Foi. 48, s.
Fraude. 43.
Heure. 22, s.
Indivisibilité. 41.
Interprétation. 37.
Jour. 17.
Jugement. 7.
Lettre de change. 10.
Lieu. 21.
Mention. 4, 15, s. 17, 34, suiv.
Mois 17, s.

Péremption. 36, 48.
Police d'assurance. 23, 37.
Post-scriptum. 32.
Preuve certaine. 45, s. — testimoniale. 24, 50.
Priorité. 24, 48.
Réparation d'erreur. 5b, suiv.
Registre decommerce.12.
Rétroactivité. 13.
Semaine. 20.
Surcharge. 42, s.
Testament olographe. 10, 41.
Timbre. 40.

DATE CERTAINE.—V. Preuve littérale , Contrat de mariage, Procès-verbal.—V. aussi Date.

DATION EN PAIEMENT. — V. Paiement.— V. aussi Communauté, Donation, Enregistrement, Faillite, Nantissement, Novation, Prescription, Régime dotal, Succession, Vente.

DÉBARQUEMENT.—V. Avaries, Capitaine, Chartepartie, Douanes.

DÉBATS. — V. Cour d'assises. — V. aussi Compétence criminelle, Compte, Conclusions, Garde nationale, Instruction criminelle.

DÉBAUCHE.—V. Attentat à la pudeur, Tapage.

DÉBET.— Ce qu'un comptable doit après l'arrêté de son compte ou la vérification d'une régie. Les debets portent intérêt (Avis du conseil d'état, du 20 juillet 1808). On enregistre certains actes en débet (V. Enregistrement). On vise certains actes pour timbre, en débet (V. Timbre). — V. aussi Comptabilité.

DÉBIT.— C'est, dans un compte, l'opposé de crédit — V. Compte-courant. — V. aussi Autorité municipale , Commerçans , Contributions directes, Contributions indirectes, Dot, Poids et Mesures.

DÉBIT—DÉBITANT. — V. Autorité municipale, Commerçant, Contributions indirectes, Poids et Mesures, Propriété industrielle.

DÉBITEUR.—V. Créanciers, Obligations.—V. aussi Dot, Enregistrement, Faux, Hospices, Hypothèques , Louage, Mandat, Ordre, Prêt. Saisie-exécution,Saisie-immobilière, Servitudes, Suppression de titres.

DÉBITEUR SAISI.— V. Ordre, Saisie-immobilière.

DÉBORDEMENT.— V. Louage, Servitude.

DÉBOUTÉ. — Celui qui s'est déchu de la demande qu'il avait formée en justice — Le débouté d'opposition est le jugement ou arrêt qui rejette une opposition.— V. Jugement par défaut, Ordre.

DÉBRIS.—V. Capitaine.

DÉBUTS — V. Théâtre.

DÉCADI.— V. Jour férié.

DÉCÈS. — Se dit de la mort naturelle de l'individu. —V. Actes de l'état civil.—V. aussi Absent, Alimens, Action civile. Action publique, amende, Appel, Arbitrage , Assurances terrestres , Aveu, Avoué, Brevet d'invention, Capitaine, Cassation, Certificat de propriété, Certificat de vie, Communauté, Complicité, Compte, Concession, Condition, Confiscation, Contrainte par corps, Contributions directes, Conventions, Domaine extraordinaire, Domicile, Dot, Droits civils, Effet de commerce, Elections départementales, Emigré, Enregistrement, Escroquerie, Faillite, Hospices, Interdiction, Louage, Mandat, Ministère public, Ordre, Patente, Peine, Péremption, Prescription, Remplacement militaire, Rente, Revenu, Reprise d'instance, Saisie-immobilière, Société commerciale, Substitution, Succession, Testament, Tierce-opposition, Tribunaux, Usufruit, Vente, Vol.

DÉCHARGE.— Mot générique qui comprend celui de quittance et qui est souvent employé comme son synonyme.—V. Paiement.—V. aussi Autorité municipale, Avoué, Capitaine, Caution, Cession de biens, Charte-partie, Contributions directes et indirectes, Désaveu, Douanes, Effets de commerce, Enregistrement, Faillite, Faux, Faux incident, Forêts, Frais et Dépens, Mandat, Prescription, Preuve littérale, Rapport, Saisie-gagerie, Voirie.

DÉCHARGEMENT. — V. Abus de confiance, Assurances maritimes, Avarie, Capitaine, Contributions indirectes.

DÉCHÉANCE.— Perte d'un droit, à défaut d'exercice ou d'accomplissement d'une condition ou d'une

formalité, dans un temps donné. — V. Délai, Prescription — V aussi Alimens, Avarie, Avoué, Brevet d'invention, Cassation, Caution , Commissionnaire , Communauté, Commune, Compensation, Comptabilité, Compte, Conseil d'état, Contributions directes, Contributions indirectes, Domaine congéable, Domaines engagés, Domaines nationaux, Eau, Effet de commerce, Elections législatives, Exceptions, Faillite, Faux incident, Forêts, Frais, Garde nationale, Hypothèques, Jugement, Louage, Mandat, Ordre, Partage, Partage de communauté, Pension, Prescription, Presse, Recrutement, Requête civile, Rescision, Saisie-arrêt, Saisie-immobilière, Séparation de patrimoines, Société, Société commerciale, Substitution, Succession, Succession bénéficiaire, Suppression de titres, Surenchère, Usufruit, Vacans, Vérification d'écritures, Voirie.

DÉCHET. — V. Assurances maritimes, Contributions indirectes.

DÉCHIREMENT.—V. Autorité municipale.

DÉCIME.—V. Enregistrement, Forêts, Pêche.

DÉCISION ADMINISTRATIVE. — V. Chose jugée, Conseil d'état, Jugement administratif, Ordre, Louage, Vente administrative.

DÉCISION MINISTÉRIELLE. — V. Chose jugée, Compétence administrative, Conseil d'état, Contributions , Comptabilité, Eau , Enregistrement, Loi, Pension, Tierce-opposition, Tribunaux administratifs.

DÉCISION NOUVELLE.—V. Conseil d'état.

DÉCLARATION. — C'est, dans son acception générale, la manifestation, par un individu, de sa volonté ou d'un fait qui est à sa connaissance.—V. Absence, Actes de l'état civil, Adoption, Amende, Assurances terrestres, Autorité municipale, Avaries, Aveu, Banqueroute, Capitaine, Caution, Cautionnement de fonctionnaire public , Certificat de fonctionnaire , Charte-partie, Commissionnaire, Communauté, Commune, Complicité, Contrat de mariage, Contributions directes, Contributions indirectes, Cricurs, Désaveu, Domaines engagés, Domicile, Douanes, Droits politiques, Effet de commerce, Elections départementales, Elections législatives, Emprisonnement, Enregistrement, Escroquerie, Exceptions, Faillite, Fausse monnaie, Faux, Faux incident, Forêts, Garde nationale, Hypothèques, Jugement, Louage, Mandat. Marais, Partage de communauté, Péremption Patente, Presse, Procès-verbal, Saisie-arrêt, Saisie des rentes sur particuliers, Sels, Séparation de patrimoines, Stellionat, Succession, Succession bénéficiaire. Succession vacante, Tabac , Timbre, Vente publique, Voirie, Voitures publiques, Vol.

DÉCLARATION D'ABSENCE. — V. Absence, Ministère public, Partage.

DÉCLARATION D'APPEL. — V. Appel, Appel criminel , Contributions indirectes.

DÉCLARATION AFFIRMATIVE.—V. Saisie-arrêt.

DÉCLARATION DE COMMAND. — V. Enregistrement, Forêt, Vente judiciaire.

DÉCLARATION COMPLEXE.—V. Complicité, Cour d'assises.

DÉCLARATION CONTRADICTOIRE. — V. Complicité, Cour d'assises.

DÉCLARATION ÉCRITE.—V. Cour d'assises, Instruction criminelle, Témoins.

DÉCLARATION IMPLICITE.—V. Complicité, Homicide

DÉCLARATION D'IMPRESSION.—V. Presse.

DÉCLARATION INCERTAINE. — V. Complicité, Cour d'assises.

DÉCLARATION D'INCOMPÉTENCE. — V. Compétence, Conseil d'état.

DÉCLARATION INCOMPLÈTE. — V. Cession de biens, Complicité, Cour d'assises.

DÉCLARATION DE GROSSESSE. — V. Filiation, Femme, Instruction criminelle, Peine.

DÉCLARATION DE JUGEMENT COMMUN. — V. Appel, Appel criminel.

DÉCLARATION DU JURY. — V. Cour d'assises. V. aussi Attentat à la pudeur, Chose jugée, Complicité, Complot, Homicide, Ministère public, Tentative, Voies de fait, Vol.

DÉCLARATION MENSONGÈRE.—V. Faux.

DÉCLARATION DE NON LIEU.— V. Chose jugée, Requête civile.

DÉCLARATION NOUVELLE. — V. Attentat à la pudeur, Cour d'assises, Presse, Voitures publiques.

DÉCLARATION DU ROI.— V. Lois.

DÉCLARATION DE SUCCESSION. — V. Enregistrement.

DECLARATION TARDIVE. — V. Contributions indirectes.

DÉCLARATION VERBALE.— V. Cassation.

DÉCLINATOIRE.—V. Compétence, Exception.—V. aussi Appel, Avaries, Conflit, Conflit d'attribution, Domicile, Droits civils, Ministère public.

DÉCOMBRES. — V. Autorité municipale, Voirie.

DÉCOMPTE. — Acte dans lequel on déduit les sommes dues de celles payées. — V. Certificat de propriété, Compte, Domaines nationaux.

DÉCONFITURE. — État d'insolvabilité d'un non commerçant. — V. Faillite. — V. aussi Assurances terrestres, Avoué, commerçant, Communauté, Hypothèques, Louage, Mandat, Obligation, Prêt, Vente.

DÉCORATION. — V. Ordre civil et militaire. — V. aussi Actes de notoriété, Choses.

DÉCORS. — V. Théâtre.

DÉCOUVERTE.— V. Brevet d'invention, Enregistrement, Usufruit.

DÉCRET.— V. Lois.— V. aussi Brevet d'invention, Chasse, Communes, Conflit d'attribution, Conseil d'état, Droits civils, Frais et Dépens, Jugement administratif, Société commerciale, Théâtre, Tierce-opposition, Voirie.

DÉCRET D'ORDRE DU JOUR. — V. Loi.

DÉCRÉTALES.—Réponses du Pape sur des questions qui lui sont soumises. — V. Lois.

DECROIRE. — V. Commissionnaire.

DÉDIT. — V. Obligations pénales. — V. aussi Charte-partie, Théâtre, Vente.

DÉDUCTION. — V. Assurances maritimes, Caution, Charte-partie, Communauté, Contributions indirectes, Douanes, Enregistrement, Faillite, Forêt, Louage, Ordre, Théâtre, Voitures publiques.

DÉFAUT D'INTÉRÊT. — V. Intérêt, Ordre, Exception, Saisie-immobilière.

DÉFAUT PROFIT-JOINT. — V. Jugement par défaut.

DÉFECTUOSITÉ. —V. Louage, Saisie-immobilière, Vente.

DÉFENDEUR.—V. Actions possessoires, Exception, Compétence commerciale, Compétence civile, Cassation, Communes, Conciliation, Demande principale, Exception, Péremption.

DÉFENSABILITÉ. — V. Forêts.

DÉFENSE— DÉFENSEUR.— 1. — La défense est l'action ou les moyens par lesquels on repousse une attaque.—Le défenseur est celui qui défend une partie, un prévenu ou un accusé des attaques dirigées contre eux, ou qui soutient celles qu'ils ont formées. Ce mot s'emploie particulièrement en matière criminelle, et en ce sens il est synonyme de *conseil*, expression dont se sert l'art. 294 C. inst. cr.— V. Avocat.— Le mot defense se dit aussi de la prohibition faite à quelqu'un d'agir de certaine manière

ART. 1er.— *De la défense en matière pénale et disciplinaire.*

§ 1er.—*Du droit de défense en lui-même.*

§ 2.—*Du choix d'un conseil et de la faculté de communiquer avec lui.*

§ 3.—*De l'exercice du droit de défense.*

ART. 2.—*De la défense en matière civile.*

§ 1er.—*Du droit de défense et du choix d'un défenseur.*

§ 2.— *De l'exercice du droit de défense.*

ART. 1er. — *De la défense en matière pénale et disciplinaire.*

§ 1er.— *Du droit de défense en lui-même.*

2.—Tout individu en butte à une accusation qui le menace dans sa liberté, son honneur ou sa vie, a le droit inviolable d'user de tous les moyens en son pouvoir pour se justifier. Cette faculté, l'homme la

tenait de la nature avant que le citoyen l'eût reçue de la loi.— Le droit de se défendre est la loi de tous les êtres.—V. Dupin, *Libre défense des accusés*, p. 3; D.A. 4. 547.

Cette loi, vraie dans l'ordre physique (*vim vi repellere licet*; C. pén. 328) autant que dans l'ordre moral, est de tous les temps, de tous les lieux et pour tous les cas. — Tel est le fondement de la maxime *nemo condemnatus, nisi auditus vel vocatus*, principe proclamé par l'art. 11 de la constitution de l'an 3, reproduit et appliqué à toutes les matières criminelles par le code d'inst. cr., art. 146, 152, 182, 190, 335, 394 et 465, et que même la loi eût pu s'abstenir de déclarer, sans qu'il eût été pour cela compromis.—Au surplus, si, dans son exercice, le droit de défense a été souvent restreint ou gêné, jamais il n'a été refusé d'une manière absolue en matière pénale ordinaire.— D.A. *eod.*

3.—Le principe de justice et de droit naturel, qui défend de condamner quelqu'un sans l'avoir entendu ou légalement appelé, ne reçoit aucune exception.

Ainsi, toute condamnation portée contre un père, comme civilement responsable des actions de son fils, est radicalement nulle, lorsque le père lui-même n'a été ni appelé, ni entendu aux débats.— 21 prair. an 11. Cr. c. Matheron. D.A. 4. 548. D.P. 1. 1185.

4. — Ainsi encore, il y a lieu de casser un jugement correctionnel qui a condamné une commune aux dépens, sans qu'elle ait été mise en cause, encore bien que l'individu qui a agi en son nom ait été présent à la condamnation.— 20 juin 1828. Cr. c. Min. pub. C. Fauvelle. D.P. 28. 1. 286.

5.— Le principe, que nul ne peut être privé du droit naturel et sacré de la défense, doit être respecté en matière de discipline comme en matière pénale ordinaire. Ainsi et spécialement, l'art. 87 du décret du 30 mars 1808, qui interdit la parole aux parties quand le ministère public a été entendu, cesse d'être applicable, lorsque, par une réquisition spéciale, le ministère public porte une dénonciation ou imputation imprévue, soit contre l'une des parties, soit contre l'un des officiers ministériels constitués dans la cause.— 7 août 1822. Civ. c. Orléans. Callaud. D.A. 4. 548. D.P. 22. 1. 478.

6.—Lorsqu'un arrêt rejette, comme ayant pour objet des frais frustratoires, la demande d'un avoué contre son client en paiement de dépens faits à la requête de celui-ci, si, sur une réquisition particulière du procureur-général, la cour prononce en même temps une peine de discipline contre l'avoué, à raison des procédures qui ont donné lieu à ces frais, et ce, sans que l'avoué ait été préalablement appelé pour se défendre sur ce chef, ou sans que les conclusions du ministère public lui aient été communiquées, il y a violation du droit de défense, et par suite nullité de la condamnation disciplinaire (Décr. 30 mars 1808, art. 103).— 25 nov. 1823. Civ. c. Colmar. Lamblo. D.A. 4. 549. D.P. 23. 1. 496.

7.—L'arrêt qui, en statuant sur l'appel d'un jugement rendu en matière purement civile, prononce en même temps une peine de discipline contre un avoué étranger à la contestation, mais qui avait occupé pour l'une des parties en première instance, et ce, à cause de prétendues fautes contre la discipline, découvertes à l'audience, sans que l'avoué condamné ait été ni appelé ni entendu, viole les droits de la défense (L. 16-24 août 1790, tit. 2, art. 14; décr. 30 mars 1808, art. 103). — 30 août 1824. Civ. c. Nanci. L... D.A. 4. 549. D.P. 24. 1. 288.

8.—La voie de cassation est ouverte contre l'arrêt qui prononce des peines de discipline contre un avoué, incidemment à un procès lors duquel il n'a été ni appelé ni entendu : le pourvoi ne peut être repoussé par une fin de non-recevoir tirée de ce que le demandeur n'a pas usé de la voie d'opposition ou de tierce-opposition (C. pr. 473). — Même arrêt.

9.—Mais l'avocat qui, *présent à l'audience* au moment où sa suspension a été requise, n'a pas demandé la parole pour se justifier, ne peut se faire un moyen de cassation de ce qu'il n'a pas été entendu dans sa défense (C. inst. cr. 153, 335).— 28 avril 1820. Cr. r. Rouen. Lavandier. D.A. 4. 550. D.P. 21. 1. 353.

10.—Toute violation entière ou partielle de la défense vicie essentiellement la condamnation, bien que la nullité ne soit pas textuellement prononcée par la loi.—D.A. 4. 547, n. 3.

11.— Mais, pour apprécier jusqu'à quel point la défense doit avoir été entravée pour pouvoir être regardée comme violée en tout ou partie, il faut connaître les attributs, les franchises de la défense,

et les restrictions que la loi a pu y apporter.—V. les paragraphes suivans.

12.— Si l'inculpé, appelé en justice, refuse de se présenter pour se défendre, la condamnation peut être prononcée, sans qu'il y ait violation de la défense. Mais si cette condamnation n'est pas susceptible d'être attaquée par voie de nullité, elle s'évanouit devant l'opposition formée en temps utile par le condamné, s'il s'agit d'une peine de police, ou correctionnelle, ou de discipline, par quelque tribunal qu'elle ait été prononcée, et sauf encore l'appel dans le cas où ce tribunal n'aurait prononcé qu'en première instance — D.A. 4. 548, n. 4.

13.— jugé ainsi que le droit d'opposition est le complément nécessaire du droit de défense. Ainsi et *spécialement*, l'avocat cité devant une cour d'assises pour un fait de discipline, et qui, ne s'étant pas présenté sur cette citation, a été condamné par défaut, est recevable à attaquer par voie d'opposition l'arrêt qui le condamne.—20 fév. 1823. Cr. c. Drault. D.A. 4. 553 D P. 1. 1186.

14.— Il n'y a aucune contrariété entre cet arrêt et celui rapporté plus haut, dans l'espèce duquel l'avocat était présent au moment où la peine de discipline avait été prononcée contre lui. Le silence qu'il avait gardé a été considéré comme la reconnaissance tacite qu'il n'avait rien à dire pour sa défense. Ici, l'avocat condamné était, au contraire, absent; et, bien qu'il eût été cité, son opposition devait être admise : car la loi suppose toujours qu'une première citation a été égarée ou que le cité s'est trouvé dans l'impossibilité de se présenter. Tel est le fondement du droit d'opposition en matère pénale comme en matière civile.— D.A. 4. 553.

15.—S'il s'agit d'une condamnation par contumace à une peine infamante, la simple représentation du condamné efface le jugement.— V. Contumace.

Ainsi, le législateur présume que l'inculpé qui ne se présente pas sur une première citation, ou ne l'a pas reçue, ou bien a été valablement empêché, et il porte même cette présomption plus loin dans les condamnations de grand criminel, puisque, quel que soit le nombre des avertissemens donnés au condamné, il suffit qu'il se montre dans les vingt années de sa condamnation pour qu'elle soit anéantie, et qu'il y ait nécessité de procéder à un nouveau jugement. — D.A. 4. 548, n. 4.

16.— Le droit de faire défaut est inhérent à la défense; un conseil de discipline ne peut dès lors, en se fondant sur ce qu'un garde national n'a pas comparu sur la première citation, aggraver la peine qu'il prononce.— 14 juill. 1832. Cr. r. Chollet. D.P. 32. 1. 372.

§ 2.— *Du choix d'un conseil et de la faculté de communiquer avec lui.*

17.— *Du choix d'un conseil devant les cours d'assises.*— L'inculpé doit pouvoir se choisir librement un défenseur ou conseil; il le faut dans son intérêt, car il peut n'avoir ni le talent ni la présence d'esprit nécessaires pour présenter lui-même ses moyens et pour combattre des accusateurs exercés aux luttes judiciaires; il le faut aussi dans l'intérêt public, car il est nécessaire qu'on ne croie pas, si l'accusé est condamné, que sa condamnation est moins le résultat de sa culpabilité que de l'inhabilité de sa défense.—Dupin, *Déf, des accusés*, p. 60; D.A. 4. 554.

18.— Le droit dont il s'agit a été consacré par la législation de tous les peuples civilisés. Chez les Hébreux, non seulement tout accusé pouvait se choisir un défenseur, mais, s'il avait été condamné sans avoir été défendu, la loi voulait qu'au moment où il était conduit au supplice, un héraut s'écriât. « Est-il quelqu'un de vous qui puisse le justifier? qu'il parle. » Si un défenseur se présentait, le condamné était reconduit dans sa prison, et les preuves étaient examinées (V. *Hist. de la lég.* de Pastoret, t. 4, p. 116) On sait jusqu'où les Romains, et plus anciennement les républiques de la Grèce portaient le respect pour la défense, et la considération dont jouissaient ceux qui se vouaient à défendre des accusés. Enfin, en Angleterre, après que les conseils de l'accusé ont dit, pour sa défense, tout ce qu'ils croient utile, le président des assises s'adresse à l'auditoire en ces termes · N'y a-t-il personne qui veuille encore prendre la défense de ce malheureux accusé? »

19.— Cependant ce droit sacré qui n'a jamais souffert d'atteintes que l'histoire n'ait flétries (témoins les condamnations d'Enguerrand-Marigny, d'Anne de Boleyn, de Marie Stuart, de Jacques Cœur et de tant d'autres), a été méconnue en France vers le milieu du seizième siècle. L'ordonn. de 1539, que le chancelier Poyet fit rendre pour perdre un ennemi

(l'amiral Chabot), et qui, plus tard, fut invoquée contre lui-même, privait expressément l'accusé du droit de recourir à un défenseur; et l'ord. de 1670, laissa subsister cet état de choses, malgré les réclamations de Lamoignon. — D.A. 4. 554.

20. — Mais l'assemblée constituante restitua à la défense une entière liberté; l'art. 10 du déc. des 8 et 9 oct. 1789 permit à l'accusé de choisir à son gré un ou plusieurs défenseurs dans toutes les classes de la société. Cette disposition passa dans l'art. 9, ch. 5, de la constitution de 1791 et dans le code de brum. an 4. — D.A. 4. 554.

21. — Sous l'empire de ce code, le président de la cour d'assises devait déjà, comme il le doit encore aujourd'hui, à peine de nullité de toute procédure ultérieure, désigner un conseil ou défenseur à l'accusé qui n'avait pas pris soin d'en choisir un lui-même (C. 3 brum. an 4, art. 321; C. inst. cr. 294). — 18 flor. an 7. Cr. c. Natier. D.A. 4. 558. D.P. 1. 1186. — 16 prair. an 7. Cr. c. Min. pub. C. Pichon. D.A. et D.P. *eod.*

22. — L'accusé doit être pourvu d'un défenseur nommé d'office, alors même qu'il a déclaré n'en pas vouloir et n'en avoir pas besoin. — 27 vend. an 8. Cr. c. Goppens. D.A. 4. 559. D.P. 1. 1186.

23. — Il doit pareillement lui être nommé un défenseur, lorsqu'après la cassation d'un premier arrêt de condamnation, il est renvoyé devant une autre cour d'assises qui n'a plus à statuer que sur l'application de la peine. — 22 avril 1813. Cr. c. Bortayre. D.A. 4. 560. D.P. 22. 1. 421.

24. — Lorsque le conseil de l'accusé est appelé aux débats comme témoin, il doit, à peine de nullité, être remplacé dans ses fonctions de défenseur par un autre conseil, pendant tout le temps nécessaire à son audition. — 4 janv. 1821. Cr. c. Follacci. D.A. 4. 561. D.P. 21. 1. 156.

25. — Lorsque plusieurs individus sont accusés du même crime, et que leur défense est commune, le même défenseur peut être nommé pour tous, et cette désignation est suffisante. — 28 mai 1818. Cr. r. Servat. D.A. 4. 441. D.P. 1. 1154.

26. — Lorsqu'il est constaté que des moyens de défense ont été présentés pour deux accusés, tant avant la déclaration du jury que sur l'application de la peine, l'un d'eux n'est pas recevable à se plaindre de ce que le président ne lui aurait pas nommé un conseil, en vertu de l'art. 294. — 3 avril 1818. Cr. r. Lewy. D.A. 4. 594. D.P. 1. 1135.

27. — L'accusé qui a été assisté d'un défenseur lors des débats qui ont eu lieu dans la session à laquelle son affaire a été renvoyée, n'est pas recevable à soutenir que l'avertissement ordonné par l'art 294 C. inst. cr. (de choisir un défenseur) devait lui être répété avant les nouveaux débats de la seconde session. — 12 fév. 1818. Cr. r. Lestrade. D.A. 4. 581. D.P. 1. 1129.

28. — L'accusé ne peut se prévaloir de ce qu'il ne lui a pas été nommé un conseil par le président de la cour d'assises, lorsqu'à la première audience il a lui-même choisi un défenseur qui l'a assisté pendant tout le cours des débats. — 21 août 1818. Cr. r. Saint-Hélène. D.A. 4. 560. D.P. 18. 1. 641.

29. — Un accusé à qui, au défaut du conseil de son choix, le président a donné un conseil d'office sept jours avant l'ouverture des débats, ne peut se faire un moyen de cassation de ce qu'il n'aurait pas été défendu, lorsque ce conseil l'a constamment assisté pendant les débats et a plaidé pour lui, quelque lourde que fût d'ailleurs l'affaire. — 16 sept. 1831. Cr. r. Buret. D.P. 31. 1. 535.

30. — Sous le code de brum. an 4, lorsque le défenseur que l'accusé avait déclaré avoir choisi lors de son interrogatoire, refusait de l'assister à l'audience, il n'y avait pas nécessité de lui en désigner un d'office. — 12 juill. 1810. Cr. r. Maigne. D.A. 4. 559. D.P. 1. 1167.

31. — De même, sous le code d'instruction criminelle, si le conseil dont l'accusé a déclaré avoir fait choix ne se présente pas, il ne peut se prévaloir de ce qu'il ne lui en a pas été nommé d'office un autre. — 25 fév. 1813. Cr. r. Autin. D.A. 4. 559. D.P. 1. 1187.

32. — Néanmoins, lorsque le défenseur d'un accusé ne se présente pas à l'audience, le président de la cour d'assises peut le faire remplacer, à l'instant même, par un autre défenseur désigné d'office. — 6 août 1824. Cr. r. Talopin. D.A. 4. 560. D.P. 1. 1187.

33. — Les dispositions des art. 294 et 311 C. inst. cr., relatives aux défenseurs des accusés, ne s'appliquent qu'au cas où l'accusation porte sur un crime punissable d'une peine afflictive ou infamante; elles ne s'appliquent pas au cas où il s'agit de simple délit de la compétence des cours d'assises. Ainsi, un individu traduit devant une cour d'assises pour un délit politique, ne peut se faire un moyen de cassation de ce que le président de la cour ne l'aurait pas interpellé sur le choix de son défenseur, et n'aurait pas donné à ce défenseur l'avertissement dont parle l'art. 311, alors surtout que cet accusé n'a pas réclamé l'assistance d'un défenseur, et s'est défendu lui-même. — 10 déc. 1831. Cr. c. Merson. D.P. 32. 1. 18.

34. — Jugé de même que la nomination d'office d'un défenseur n'est exigée, à peine de nullité, même devant la cour d'assises, que dans les poursuites pour crimes et non dans celles pour délits ou contraventions. — 27 fév. 1832. Cr. r. Raspail. D.P. 32. 1. 93.

35. — Lorsqu'il a été donné un défenseur d'office à l'accusé, lors de son interrogatoire, il n'est pas nécessaire que le procès-verbal énonce le motif de la substitution du nouveau défenseur qu'on voit figurer aux débats. — 31 déc. 1829. Cr. r. Martin. D.P. 30. 1. 41.

36. — Il n'est pas exigé, à peine de nullité, que le défenseur nommé à un accusé en remplacement de celui qu'il avait et qui s'est trouvé indisposé pendant les débats, l'ait été publiquement. — 12 avril 1832. Cr. r. Dournac. D.P. 32. 1. 264.

37. — L'accusé ne peut se faire un moyen de cassation de ce que son défenseur nommé d'office ne remplit pas le mandat qui lui a été déféré, ou ne le remplit que partiellement, si, d'ailleurs, ce défenseur n'a pas été empêché de remplir son mandat par un fait personnel du procureur-général, du président ou de la cour d'assises. — 3 oct. 1822. Cr. r. Poitiers. Berton. D.A. 4. 562. D.P. 22. 1. 414.

38. — La circonstance qu'un avocat nommé d'office à un accusé, aurait refusé de le défendre, n'est pas une cause de nullité, si c'est sur l'invitation et l'opposition de l'accusé lui-même que cette défense n'a pas eu lieu. — 27 fév. 1832. Cr. r. Raspail. D.P. 32. 1. 93.

39. — Quoique, par suite de l'interruption de l'avocat, faite par le président des assises dans les limites de son pouvoir discrétionnaire, et du refus de l'avocat de continuer sa plaidoirie, l'accusé soit resté sans défenseur jusqu'à la fin de l'affaire, il ne saurait y avoir violation du droit de défense, en ce que le président aurait dû nommer d'office un autre défenseur, si le président a invité tous les avocats présens à suppléer à la défense, et si tous s'y sont refusés. — 22 sept. 1826. Cr. r. Ruet. D.P. 27. 1. 25.

40. — La déclaration faite par le défenseur du choix de l'accusé, de ne plus vouloir continuer de le défendre, après qu'il est intervenu un arrêt refusant de renvoyer l'affaire à la session suivante, et la déclaration de l'accusé de ne plus vouloir répondre, ne sont pas des obstacles à ce que les débats soient régulièrement continués (C. inst. cr. 302). — 2 juin 1831. Cr. r. Chadric. D.P. 31. 1. 270.

Cela ne pouvait faire difficulté, car il ne saurait appartenir à un accusé d'empêcher le cours de la justice, et de se soustraire par son silence, ou par des violences commises à l'audience, à la peine reservée à son crime. Il n'y a que deux classes d'accusés, ceux qui sont présens, ceux qui sont contumax. Or, on ne peut réputer contumax l'accusé qui est sous la main de la justice.

41. — La constitution de 1791 et le code de l'an 4 laissaient à l'accusé une latitude illimitée pour le choix de son défenseur, puisque l'ordre des avocats et les corporations d'avoués n'existaient plus en France, depuis les lois des 11 sept. 1790 et 3 brum. an 2. — Mais les lois des 27 vent. an 8 et 22 vent. an 12, les ont rétablis. De là vient que l'art. 295 C. inst. cr. circonscrit le choix de l'accusé et la désignation d'office de son défenseur aux seuls avocats et avoués de la cour royale et de son ressort. Mais il permet à l'accusé de confier sa défense à un de ses parens ou amis, à charge d'en obtenir la permission du président de la cour d'assises. — D.A. 4. 555, n. 2.

42. — L'art. 10 du décret du 14 déc. 1810, sur l'exercice de la profession d'avocat, restreignit sous un rapport et étendit sous un autre la latitude laissée à l'accusé pour le choix de son défenseur.

43. — Il l'a *restreignit* (du moins suivant la jurisprudence de la cour de cassation), en ce qu'il voulait que l'avocat exerçant près d'un tribunal de *première instance* ne pût plaider *hors du département sans autorisation* du ministre de la justice, tandis qu'aux termes de l'art. 295 C. d'inst. cr., l'accusé pouvait librement choisir son défenseur parmi tous les avocats et avoués établis dans le ressort de la cour royale. — 3 oct. 1822. Cr. r. Poitiers. Berton. D.A. 4. 562. D.P. 22. 1. 414.

44. — Il l'*étendit*, en ce qu'il autorisa l'accusé à se faire assister d'un avocat exerçant hors même du ressort de la cour royale, mais en obtenant la permission du ministre de la justice. — D.A. 4. 555, n. 2.

45. — L'ordonnance du 20 nov. 1822 abrogea le décret du 14 déc. 1810, mais les art. 39 et 40 reproduisirent l'art 10 de ce décret, en y ajoutant deux restrictions : 1° elle voulut que la permission nécessaire à l'avocat pour défendre un accusé hors du ressort de la juridiction à laquelle il est attaché fût précédée de l'*avis du conseil de discipline et de l'agrément du premier président de la cour royale*; — 2° elle limita *aux seuls avocats des cours royales* le droit de plaider *hors de leur ressort* avec l'autorisation dont on vient de parler, tandis que le décret du 14 déc. 1810 rendait cette faculté commune aux avocats établis près des siéges inférieurs (V. ce décret et cette ordonnance). — D.A. 4. 581, note 1re, et 582, note 1re.

46. — Enfin, les art. 39 et 40 de l'ordonn. de 1822 ont été abrogés par l'art. 4 de l'ordonn. du 27 août 1830, portant que tout avocat inscrit au tableau peut plaider devant toutes les cours du royaume, sans avoir besoin d'aucune autorisation, sauf les dispositions de l'art. 295 C. inst. cr.

47. — On a agité la question de savoir si l'ordonn. de 1822 avait pu, ou non, valablement abroger l'art. 10 du décret de 1810 (V. D.A. 4. 555, n. 3). On pourrait de même demander si cette abrogation peut résulter de l'ordonn. de 1830; mais la question ne se présentera pas, les avocats ni les parties ne pouvant avoir d'intérêt à contester l'autorité de cette dernière ordonnance.

48. — Le droit accordé à l'accusé par l'art. 295 C. inst. cr., de choisir son défenseur parmi les *avoués* du ressort de la cour royale, n'a été ni détruit ni modifié par les ordonn. des 27 fév. et 22 nov. 1822, ni par aucun autre réglement. Est nul, par conséquent, l'arrêt qui a refusé d'admettre un avoué en qualité de conseil de l'accusé, en se fondant sur ce qu'il n'est point avocat. — 23 juin 1827. Cr. c. Benoist. D.P. 27. 1. 282. — 12 janv. 1828. Cr. c. Ploix. D.P. 28. 1. 107. — 25 janv. 1828. Cr. c. Metz. Tanton. D.P. *eod.*

49. — Jugé cependant que, de ce qu'une cour d'assises a refusé (depuis la publication des ordonn. de 1822, relatives aux avoués et aux avocats) d'entendre un avoué choisi par un accusé pour son défenseur, et a nommé à l'accusé un avocat d'office, sauf toutefois au président à accorder, si bon lui semble, la parole à l'avoué, mais seulement à titre d'ami de l'accusé, si ce dernier la demande, il ne saurait résulter de cette exclusion de l'avoué, comme défenseur, une violation du droit de défense emportant nullité de l'arrêt, alors, d'ailleurs, que l'accusé, qui a été défendu par l'avocat nommé d'office, n'a point demandé qu'on entendît l'avoué à titre d'ami. — 20 fév. 1824. Cr. r. Courbelon. D.P. 27. 1. 282.

50. — Dalloz pense, conformément à cette dernière décision, que le décret de 1810 et l'ordonn. de 1822, sur la profession d'avocat, ont virtuellement enlevé aux avoués le droit de plaider, par cela seul qu'ils le confèrent d'une manière exclusive aux avocats. Si l'art. 295 a fait concourir les avoués à la défense des accusés, c'est que, lors de sa promulgation, il n'existait pas de barreau en France. Mais il en doit être autrement aujourd'hui qu'une ordonn. du 27 fév. 1822 a rappelé le principe, *que les avoués ne sont préposés qu'à l'instruction des procès, et que le droit de la défense appartient exclusivement aux avocats* (D.A. 4. 556, n. 4). — Mais c'est là une méprise. C'est dans l'intérêt de la défense et non dans l'intérêt secondaire des avocats ou des avoués que la question doit être examinée : la décision du n. 48 paraît préférable.

51. — Au surplus, nul doute qu'un accusé puisse choisir son conseil et le président lui désigner un défenseur d'office pris parmi les avoués, lorsqu'on se trouve dans l'un des deux cas d'exception prévus par l'ordonn. du 27 fév. 1822, c'est-à-dire si l'avoué choisi a été licencié avant le 2 juill. 1812, ou si les avocats sont en nombre insuffisant pour l'expédition des affaires. — D.A. 4. 556, n. 4.

52. — Quand l'accusé aurait choisi un conseil hors du barreau de la cour royale ou de l'un des tribunaux du département, il ne pourrait en résulter une nullité de la procédure, puisqu'aux termes de l'art. 295 il peut se faire défendre, avec la permission du président, par un parent ou par un ami. — D.A. 4. 556, n. 5.

53.— Mais que décider à l'égard d'un choix semblable fait d'office par le président de la cour d'assises? Comme tout ce qui se rapporte à la défense et peut avoir pour effet de l'affaiblir, est substantiel, d'après la jurisprudence de la cour de cassation, il est probable, dit Dalloz, qu'une condamnation entachée d'un tel vice ne serait pas maintenue (D.A. 4. 556, n. 5).— Cela serait bien rigoureux si l'accusé ne s'était pas opposé.

54.— Il appartient au pouvoir discrétionnaire du président de la cour d'assises d'accorder ou de refuser à l'accusé la permission de prendre pour conseil un de ses parens ou amis hors du tableau des avocats ou avoués de la cour royale ou de son ressort.— 28 juin 1811. Cr. r. Passetems. D.A. 4. 560. D.P. 1. 1187.

55.— C'est l'intérêt seul de l'accusé que le président doit consulter pour lui accorder ou refuser cette permission (V. l'Exposé des motifs de l'art. 295).— D.A. 4. 555, n. 2.

56.—Sous le code de brumaire, l'accusé avait le droit de se choisir un second défenseur, en tout état de cause, et ce defenseur devait être admis et entendu, lors même qu'il n'avait pas assisté aux dépositions orales des témoins.— 3 therm. an 10. Cr. c. Martin-Flamant. D.A. 4. 559. D.P. 1. 1186.

57.—De ce que les art. 294 et 295 C. inst. cr. n'accordent pas expressément a l'accusé (à la différence des décrets des 8 et 9 oct. 1789, art. 10, et du code de brum., art. 321) le droit de prendre *plusieurs* conseils, on ne peut conclure que ce droit lui soit refusé. Une affaire peut être assez compliquée, quoiqu'il n'y ait qu'un seul accusé, pour nécessiter le secours de deux et même de plusieurs défenseurs. Comment refuser à la défense un droit accordé à l'accusation, qui peut avoir plus d'un organe? Carnot, C. d'inst. cr., t. 2, p 74, pense qu'il appartient au président de la cour d'assises de décider si l'accusé doit être autorisé à se faire assister de plusieurs conseils. — Dalloz n'admet pas que la liberté absolue de choisir plusieurs défenseurs puisse faire naître de grands abus. On ne saurait trouver beaucoup d'avocats disposés à prêter à un accusé leur ministère dans le seul but d'entraver la justice En tous cas, le président trouverait dans le droit qu'il a de régler la police de l'audience le moyen d'empêcher tous abus. En Angleterre, chaque accusé a ordinairement deux défenseurs, et il en est, chez nous, assez souvent ainsi (D.A. 4. 556, n. 6) — Il semble que le droit de l'accusé de choisir plusieurs défenseurs ne doit trouver de limite que là où il dégénèrerait en abus, et que c'est la cour d'assises entière, et non le président seul, qui, sur l'opposition du ministère public, devrait apprécier s'il y a ou non extension abusive du droit de la défense.

58.— Après le choix du défenseur, le premier besoin de la défense, en matière criminelle, c'est la libre communication du conseil avec l'accusé. Aux termes de l'art. 10 du déc. du 9 oct. 1789, le défenseur de l'accusé pouvait conférer avec lui librement et en tout état de cause; l'entrée de la prison lui était toujours permise, et ses entretiens avec l'accusé n'etaient jamais troublés par la présence d'aucun témoin.— D.A. 4. 556, n. 7.

Mais aujourd'hui, la communication, qui auparavant avait lieu *en tout état de cause*, n'est plus un droit pour l'accusé, que depuis son interrogatoire (C. inst. cr. 302).— D.A. 4. 556, n. 7.

59.— Sous le code de brum. an 4, art. 322, le ministère public pouvait ordonner que l'accusé ne communiquerait avec son conseil qu'en présence du geôlier.— 12 juill. 1810. Cr. r. Maigne. D.A. 4. 559. D.P. 1. 1187.

60. — Jugé de même, sous le code d'instruction criminelle, que le procureur-général et le président de la cour d'assises ont le droit d'assujettir à toutes les mesures de sûreté qui peuvent, selon les circonstances, leur paraître nécessaires, les communications autorisées entre l'accusé et son défenseur. — *Spécialement*, ils peuvent ordonner que ces communications n'auront lieu qu'en présence du geôlier et de gendarmes.— 3 oct. 1822. Cr. r. Poitiers. Berton. D.A. 4. 502. D.P. 22. 1. 414.

Cette décision est fondée sur ce que l'art. 302 n'exprime pas que la communication aura lieu librement et sans entrave. Mais pour que cette communication doive être libre, il suffit que le législateur n'ait formellement permis d'y apporter aucun obstacle. Elle est inutile, et peut même devenir funeste à l'accusé, si un tiers, si un agent de l'autorité a droit de s'interposer entre l'accusé et son défenseur.— Quant à l'art. 613 C. inst. cr., invoqué par la cour de cassation, il est manifestement étranger aux communications de l'accusé avec son conseil, sinon cet article anéantirait réellement, en le rendant illusoire, le droit accordé à l'accusé par l'art. 302.— D.A. 4. 556, n. 7.

61. — La cour de cassation a décidé aussi que l'accusé peut être privé de la faculté de communiquer avec son conseil après son interrogatoire et avant l'ouverture du debat, sans qu'il en résulte nullité, encore qu'il s'agisse d'une procédure en reconnaissance d'identité d'un condamné évadé et repris (C. inst cr. 519, § 1er).

Et qu'en supposant cette communication indispensable, il suffit, pour en tenir lieu, qu'après l'ouverture des debats, il ait été accordé à l'accusé un delai pendant lequel il a communiqué avec son défenseur, et fait citer les témoins qu'il avait à produire.— 21 août 1818. Cr. r. Saint-Hélène. D.A. 4. 560. D.P. 18. 1. 641.

62.— Mais, quoique l'art. 302 ne prononce pas la nullité en cas d'infraction à ses dispositions, il faut reconnaître, avec Dalloz, que la communication de l'accusé avec son conseil étant l'un des plus indispensables élémens de la défense, le défaut de cette communication doit entraîner nullité, suivant la jurisprudence de la cour de cassation elle-même, qui regarde comme substantielle toute formalité se rattachant à la défense.— D.A. 4. 557.

Toutefois, dans les cas des deux numéros qui précèdent, on sent bien que si les gendarmes ou le geôlier avaient été placés a telle distance qu'ils n'aient pu, en aucune manière, entendre la conversation de l'accusé et de son défenseur, comme aussi, si aucune réclamation n'avait été faite par l'accusé privé de communiquer dans l'intervalle entre l'interrogatoire et l'ouverture des debats, l'absence d'intérêt et de préjudice ou même de possibilité de préjudice, ferait aisément prevaloir le motif d'ordre supérieur qui aurait exigé une telle conduite ou une telle rigueur à l'égard de l'accusé.

63.— *De la défense devant les tribunaux correctionnels.*— En police correctionnelle, la défense est aussi inviolable que devant la cour d'assises; mais la loi n'a pas porté sa sollicitude pour le prévenu aussi loin qu'en faveur de l'accusé. Elle ne prescrit pas qu'à défaut par le prévenu de trouver un défenseur, il lui en soit nommé un d'office, à peine de nullité; mais il n'est aucun barreau où l'on ne se fasse un devoir de pourvoir à la défense des prévenus indigens.— D.A. 4. 557, n. 8.

64.— Le code d'instruction criminelle ne dit rien sur le choix du défenseur en matière correctionnelle; à la vérité, l'art. 185 porte que « dans les affaires relatives à des délits qui n'entraineront pas la peine de l'emprisonnement, le prévenu pourra se faire représenter par un avoué, à moins que le tribunal n'ordonne sa comparution en personne. » Mais cet article ne présente qu'une application particulière à certains délits du principe, que les avoués sont mandataires obligés des parties devant les tribunaux; il ne fait point obstacle au droit du prévenu, de choisir, en outre, un defenseur, et du reste, n'a aucun rapport à la defense dans tous les cas où la presence du prévenu est necessaire ou jugée telle.— D.A. 4. 557, n. 9.

65.—Suivant Carré (*Lois sur l'org. et la comp.*, t. 1er, p. 66), les art. 14 et 15 de la loi du 24 août 1790, d'après lesquels chacun peut choisir un défenseur, et le prendre dans toutes les classes de citoyens, sont encore obligatoires pour les tribunaux correctionnels, attendu que le code d'inst. crim. n'a point derogé au principe de droit commun consacré par ces articles, et que la loi du 22 vent. an 12, le décret du 14 déc. 1810 et l'ord. du 20 nov. 1822 n'ont rapport qu'à la justice civile ordinaire. Cette doctrine est adoptée par Carnot, *Comm. C. inst. cr.*, t. 2, p. 79, qui la fonde sur le droit de défense naturelle.

66.—Jugé, au contraire, que les avocats et les avoués (ceux-ci en certains cas) peuvent seuls plaider en matière correctionnelle.—16 juin 1832. Bruxelles. Xul... D.P. 33. 2. 233.

67.—Et qu'en matière correctionnelle, les avoués peuvent être choisis pour défenseurs devant les tribunaux de première instance aussi bien que devant les cours royales, ou que devant les cours d'assises, en matière criminelle; et un tribunal correctionnel qui refuse d'entendre un avoué comme défenseur, commet un excès de pouvoir.— 12 janv. 1828. Cr. c. Ploix. D.P. 28. 1. 107.— 25 janv. 1828. Cr. c. Metz. Tanton. D.P. *eod.*

68.—Dalloz pense, au contraire, que le prévenu qui ne se défend pas lui-même, comme il en a le

droit incontestable, ne peut choisir son défenseur que dans le barreau et non parmi les avoués.—D.A. 4. 557, n. 9.—On peut se référer à cet égard à la remarque faite plus haut, n. 50.

69 —Les avoués n'ayant de caractère, soit en matière civile, soit en matière criminelle, que devant le tribunal auquel les attache l'acte de leur nomination, il en résulte qu'un avoue, désigné par un prévenu, ne peut être admis à plaider devant un tribunal correctionnel autre que celui près duquel il exerce ses fonctions; peu importe que le tribunal devant lequel il veut plaider soit situé dans le même département (L. 27 vent. an 8, art. 93 et 94; décr. 29 pluv. an 9, art. 1 et 2; l. 22 vent. an 12, art. 32; C. inst. cr. 295; décr. 6 juill. 1810, art. 112 et 113; ord. 20 nov. 1822, art. 40). — 7 mars 1828. Cr. r. Fichet. D.P. 28. 1. 166.

70.— Quant aux avoués licenciés qui ont obtenu des lettres de licence dans l'intervalle du 22 ventôse an 12 au 2 juillet 1812, ils ont (sans contredit) le droit de plaider, devant le tribunal auquel ils sont attachés, en matière correctionnelle (L. 22 vent. an 12, art. 32; décr. 2 juill. 1812; ord. 27 fév. 1822).—21 juill. 1826. Paris. Benoist. D.P. 27. 2. 63.—V. n. 51.

71.—Il en est de même des avoués, même non licenciés, en cas d'insuffisance du nombre des avocats pour l'expédition des affaires.— V. n. 51.

72.—Le prévenu ne peut, en matière correctionnelle, se faire défendre par un parent ou un ami, même avec l'autorisation du président. L'article 295 C. inst. cr. n'est applicable qu'aux matières criminelles.—16 juin 1832. Bruxelles. Xul... D.P. 33. 2. 233.

73.—Le prévenu a le droit de se faire assister par autant de conseils qu'il le juge utile, sauf le pouvoir du président de régler la police de l'audience de manière à prevenir tout abus.—D.A. 4. 557, n. 9.— V. n. 57.

74.— *Defense devant les tribunaux de simple police.*— Sous le code de brumaire, il n'était pas permis à la partie citée devant un tribunal de police, et y comparaissant en personne, de se faire assister d'un conseil ou defenseur.

L'audition d'un conseil entraînait la nullité du jugement, et cette nullité pouvait être invoquée par l'une des parties, dans le cas même où toutes deux avaient eu respectivement un défenseur (C. brum. an 4, art. 161).—8 août 1807. Cr. c. Châtel. D A. 4. 566. D.P. 7. 2. 165.—22 pluv. an 7 et 13 mess. an 8. *ibid.*, note 1re.— 1er germ. an 12. Cr. c D.A. 2. 173:

75.—Mais, en ne comparaissant pas lui-même, le prévenu pouvait donner mandat de le représenter à toute personne, attachée ou non à l'ordre judiciaire.—4 flor. an 7. Cr. c. Laudry. D.A. 4. 566.— 31. oct. 1806. Cr. c. *ibid*, note 2.

76.— Aujourd'hui, tout individu, cité devant le juge de paix en matière de police, a le droit de se faire assister par un défenseur.—20 nov. 1823. Cr. c. Payeur. D. A. 4. 566. D.P. 24. 1. 43.

77. — Cette latitude indéfinie qu'a l'inculpé dans le choix de son représentant ou défenseur, résulte des termes mêmes de l'art. 152 C. inst cr., et s'explique, soit par le peu de gravité des peines que peut prononcer le tribunal de police, soit par la difficulté qu'il y aurait eu, dans une foule de petites localités, de trouver un avocat pour defenseur.—D.A. 4. 557, n. 10.

78.—Le droit de se faire représenter par un fondé de procuration spéciale appartient à l'inculpé traduit devant le tribunal de police tenu par le maire, aussi bien qu'à celui traduit devant le tribunal de police du juge de paix. La loi ne le dit pas expressément, mais il n'y a aucune raison de difference entre les deux cas; et d'ailleurs la loi a omis de rappeler au paragraphe des tribunaux des maires nombre de dispositions consignées dans le paragraphe relatif aux juges de paix, qui sont néanmoins evidemment applicables aux uns et aux autres, telles que l'obligation de condamner l'inculpé lorsqu'il est convaincu, de mettre les frais à la charge de la partie qui succombe, de motiver le jugement, etc.—Legrav., 2, p. 311; D.A. 4. 557, n. 10.

79.—*Défense devant les conseils de guerre.*—Devant les conseils de guerre, l'accusé qui, sous la loi du 2e compléм. an 3, ne pouvait prendre de défenseur que parmi les militaires, a, suivant Dalloz, droit de le choisir aujourd'hui dans toutes les classes de citoyens, conformément à l'art. 19 de la loi du 13 brum. an 5, auquel n'ont dérogé ni le décret de 1810, ni l'ordonn. de 1822, puisqu'ils n'accordent

aux avocats le droit exclusif de plaider que devant les juridictions ordinaires et non devant les tribunaux d'exception.—D.A. 4. 558, n. 11.

80.—Si l'accusé traduit devant un conseil de guerre n'a pas de défenseur, il doit lui en être nommé un d'office (L. 13 brum. an 5, art. 15).

81. — Isambert se trompe, suivant nous, lorsqu'il répète, après l'auteur du *Guide des conseils de guerre*, que l'esprit de la législation du conseil de guerre résiste à l'introduction des avocats dans la défense des accusés (Voy. son plaidoyer, aff. Roussel, D.P 25. 1. 235, 1re col.). Quel motif en effet l'auteur du *guide* donne-t-il à l'appui de cette singulière doctrine? — Il craint les chicanes, les difficultés. — Mais l'arbitraire, mais l'oubli des formes ne sont-ils pas plus à craindre encore? et, sous le nom de chicanes, ne confond-on pas trop aisément les observations judicieuses, quelquefois hardies d'un homme éclairé? D'ailleurs, observez la loi, loi bien simple, mais déjà assez sévère pour les militaires, et la chicane que vous redoutez tant demeurera impuissante.—Voy. nos observ., D.P. 25. 1. 235, n. 1.

Aussi la cour de cassation a-t-elle jugé que la profession d'avocat imposait le devoir *moral* de défendre *tout accusé*, même devant les tribunaux militaires (V. Avocat, n. 103). — A la vérité, elle n'oblige pas l'avocat qui refuse une défense d'office devant ces tribunaux, de faire approuver par eux les motifs de son refus, mais elle veut qu'il les fasse approuver par le conseil de son ordre, s'il en est requis. Elle n'a pas reproduit la doctrine de la cour royale de Douai, suivant laquelle l'avocat peut s'abstenir de défendre les accusés devant le conseil de guerre, de même que tout autre citoyen, et il ne doit compte de son refus à personne. —V. nos observ., D.P. 25. 1. 235, n. 2.

82. —*Défense devant les conseils de discipline de la garde nationale.* — Ces conseils ne peuvent prononcer que des peines légères, aussi le choix d'un défenseur est-il facultatif de la part du citoyen inculpé. Il peut, à son gré, se présenter seul en personne ou par un fondé de pouvoir, ou se faire assister d'un défenseur, comme devant les tribunaux de simple police. — D.A. 4. 558, n. 12.— V. Garde nationale.

83. — *Défense devant la cour de cassation.* — Devant cette cour, la défense n'est pas obligée, même dans les causes dites de grand criminel, comme elle l'est devant les cours d'assises et les conseils de guerre. La cour suprême n'est point dans la nécessité de désigner un conseil au condamné qui n'en a pas choisi. Mais un arrêté du conseil de l'ordre des avocats de cette cour assure un défenseur d'office à tout condamné à la peine capitale. Chaque semaine, deux avocats, appelés à tour de rôle, sont chargés d'examiner les pourvois des condamnés et de plaider les moyens qu'ils peuvent découvrir. D.A. 4. 558, n. 13.— V. Avocat en cassation.

84. — Quant au choix des défenseurs, il faut distinguer : *dans les matières de grand criminel*, le condamné que sa captivité met le plus souvent dans l'impuissance de se défendre autrement que par écrit a le droit de choisir son défenseur, non seulement dans tous les barreaux de France, mais encore parmi les citoyens étrangers à la profession d'avocat, puisque la loi ne restreint pas cette faculté naturelle. Toutefois, il est d'usage que les défenseurs, dans les cas rares où il s'en présente à la barre d'autres que les avocats à la cour de cassation, obtiennent d'avance l'agrément du président de la cour. — D.A. 4. 558, n. 13.

85. — *En matière correctionnelle et de simple police*, le condamné qui ne se défend pas lui-même ne peut choisir son défenseur que parmi les avocats à la cour de cassation. — D.A. 4. 558, n. 13.

86.— Une partie civile, en matière correctionnelle, ne peut user du bénéfice du pourvoi en cassation sans le ministère d'un avocat à cette cour; si donc la requête en pourvoi présentée par cette partie n'est signée que d'elle et non d'un avocat, le pourvoi est non-recevable (C. inst. cr. 424).— 18 sept. 1828. Cr. r. Pascaud. D.P. 28. 1. 418.

87. — *Défense devant la cour des pairs* — L'ordonnance du 30 mars 1835 est ainsi conçue : « Vu les art. 22, 28, 29 et 47 de la charte, et l'art. 4 de la loi du 10 avril 1834, qui déterminent les cas dans lesquels la chambre des pairs est constituée en cour de justice; —Vu l'art. 38 de la loi du 22 vent. an 12, ainsi conçu : « Il sera pourvu par des réglemens d'administration publique à l'exécution de la présente loi, et notamment à ce qui concerne.... 7° la formation du tableau des avocats et la discipline du barreau; — Vu le décr. du 14 déc. 1810 et l'ordonnance royale du 20 nov. 1822, contenant réglement sur l'exercice de la profession d'avocat et la discipline du barreau; — Vu l'art. 4 de notre ordonnance du 27 août 1830, ainsi conçu, etc.; — Vu l'art. 295 du C. d'inst. cr., ainsi conçu, etc.... ;

» Considérant que les réglemens sur la discipline du barreau ne contiennent aucune disposition spéciale sur l'exercice de la profession d'avocat devant la juridiction de la cour des Pairs, et qu'il convient d'y pourvoir dans l'intérêt de la défense et de l'ordre public ;...

Art. 1er. » Tout avocat inscrit au tableau d'une cour ou d'un des tribunaux du royaume pourra exercer son ministère devant la cour des pairs. — Néanmoins, les avocats près la cour royale de Paris pourront seuls être désignés d'office par le président de la cour des pairs, conformement à l'art. 295 C. d'inst. cr.

Art. 2. » Les avocats appelés à remplir leur ministère devant la cour des pairs y jouiront des mêmes droits, et seront tenus des mêmes devoirs que devant les cours d'assises.

Art. 3. » La cour des pairs et son président demeurent investis, à l'égard des avocats, de tous les pouvoirs qui appartiennent aux cours d'assises et aux présidens de ces cours. » — D.P. 35, 3e partie.

88. — Cette ordonnance, dont le plus grand vice est d'être assez inutile, a été l'objet d'attaques passionnées, mais peu sérieuses au fond, et qui n'étaient pas de nature à faire impression sur la cour des pairs. Aussi s'est-elle conformée aux dispositions de l'ordonnance, par son arrêt du 5 mai 1835, vol. 1835, 2e partie.

89. — *Défense en matière de discipline.* — La cour de cassation avait pensé d'abord que le droit de tout inculpé, de se choisir un défenseur, souffrait exception en matière de discipline.

En conséquence, elle avait décidé qu'il était d'usage constamment observé que le magistrat cité en matière de discipline présentât sa défense par lui-même en personne ou par écrit, et qu'ainsi le conseiller d'une cour royale, appelé devant la cour suprême pour donner des explications sur des faits qui lui sont personnels et pour lesquels la censure de la cour est provoquée, ne pouvait se faire assister d'un conseil. — 30 nov. 1820. Civ. c. Madier-de-Montjau. D.A. 11. 46. D.P. 21. 1. 3.

90.— Mais cette décision, que ne justifiait aucun texte, et qui ne reposait que sur un usage assez équivoque, n'avait point obtenu le suffrage des jurisconsultes. — D.A. 4. 558, n. 14.

91. — Aussi la cour de cassation, revenant sur sa jurisprudence, a-t-elle déclaré qu'un juge mandé devant elle a le droit de se faire assister d'un avocat. — 14 janv. 1833. Min. pub. C. Baudouin. D.P. 33. 1. 167.

92. — Si, après s'être défendu, l'accusé devant la cour d'assises ou le conseil de guerre, le prévenu ou l'inculpé en police simple ou correctionnelle, réclament des dommages-intérêts contre la partie civile, doivent-ils se faire assister d'un avoué pour cet objet? « Oui, dit Legrav., t. 2, p. 386; le prévenu devient alors accusateur et poursuivant à fins civiles, et, par assimilation à ce qui se pratique en matière civile, les tribunaux ne doivent prononcer que sur des conclusions d'un avoué. » Mais, dit Dalloz, les avoués sont institués principalement pour représenter les parties et instruire les procès devant les tribunaux civils. Il est difficile d'admettre que leur emploi soit nécessaire devant les tribunaux criminels, où les parties sont obligées de comparaître en personne, et où la procédure est l'œuvre des magistrats. La loi ne l'a exigé que dans le cas spécial de l'art. 185 C. inst. cr. Dans tous les autres, l'accusé a donc la liberté de n'en pas prendre, soit qu'il se borne à se défendre, soit qu'il réclame des dommages-intérêts, car le code ne distingue pas. — D.A. 4 558, n. 15.

Cela a été ainsi jugé par la cour d'assises de Naples, en 1831.

93. — Ce qui confirme dans cette opinion, c'est que la cour de cassation va jusqu'à décider que le ministère des avoués est facultatif en matière criminelle et correctionnelle, même pour la partie civile.

94. — Un tribunal correctionnel ne peut refuser la parole à l'avocat d'un plaignant, sous le prétexte que ce dernier n'est pas assisté d'un avoué (C. inst. cr. 185, 204, 295, 417, 468; déc. 6 juill. 1810, art. 15). — 17 fév. 1826. Cr. c. Aix. Min. pub. C. Fredli. D.P. 26. 1. 174.

§ 3.— *De l'exercice du droit de défense.*

95. — Une première condition sans laquelle toute défense serait impossible, c'est que les faits sur lesquels repose la poursuite soient articulés d'une manière précise, afin de mettre le prévenu à même de répondre à l'accusation. L'art. 183 C. inst. cr., qui impose cette obligation à la partie plaignante, n'est que l'application d'un principe de justice commun à toutes les matières civiles et criminelles (D.A. 4. 567, n. 1). — V. au surplus, sur la communication qui doit être donnée à l'accusé des pièces du procès, les art. 242 et 305 C. inst. cr, et le commentaire de ces articles, v° Instruction criminelle.

96. — Quand la défense commence-t-elle? Immédiatement après l'attaque. La raison et l'humanité le disent. Dès qu'un citoyen est mis en prévention ou même simplement inculpé, il peut recourir à un défenseur. Ce droit, en matière de police simple ou correctionnelle, est exercé sans restriction.— D.A. 4. 567, n. 2.

97.— Mais, en matière criminelle, où pourtant la la liberté de la défense devrait être le plus respectée, l'art. 302 C inst. cr. ne permet à l'inculpé de communiquer avec son conseil, et à celui-ci de prendre connaissance des pièces de l'instruction qu'après la mise en accusation, et même après l'interrogatoire que le président de la cour d'assises fait subir à l'accusé, vingt-quatre heures après l'arrivée de celui-ci dans la maison de justice. — Il est vrai que l'accusé (même contumax, 3 fév. 1826. Cr. c. D.P. 26. 1. 192) peut présenter tels mémoires qu'il juge convenables à la chambre d'accusation; mais à quoi bon ce droit, sans celui de prendre communication de la procédure et d'avoir recours à un défenseur? — D.A. 4. 567, n. 2.

98.— Suivant la cour de cassation, la défense ne commencerait même qu'au moment où le ministère public expose à l'audience le sujet de l'accusation; c'est du moins sur ce motif que la cour a refusé à l'accusé le droit de faire concourir son conseil à l'exercice de la récusation des jurés, et même d'en être assisté pour cette opération. — 17 août 1815. Cr. c. Borel. D.A. 8. 565 D.P. 15. 1. 540.

Mais cette doctrine nous semble inadmissible : on ne peut voir dans les art. 217 et 302 C. inst cr. que des restrictions au droit naturel de la défense, restrictions trop peu favorables pour qu'il soit permis de les aggraver.—D.A. 4. 567, n. 2.

99. — Il ne résulte pas une nullité d'un arrêt de cour d'assises, de ce que le condamné pour banqueroute n'aurait pas obtenu, devant le juge-commissaire, et avant l'arrêt de renvoi, la faculté de faire examiner ses registres par un expert de son choix. — 7 mars 1828. Cr. r. Cauchy. D.P. 28. 1. 167.

100. — Il n'est pas de la compétence de la cour de cassation d'apprécier le temps nécessaire à un accusé pour préparer sa défense.— Ainsi, un accusé ne peut se faire un moyen de cassation contre l'arrêt de mise en accusation, de ce qu'il n'aurait pas eu assez de temps pour préparer sa défense. — 3 fév. 1831. Cr. r. Servant. D.P. 31. 1. 119.

101.— La lecture des articles incriminés et cités dans un acte d'accusation en matière de délit de la presse doit être faite par le greffier; le prévenu ne serait pas fondé à exiger, à titre de droit de défense, de faire lui-même cette lecture (C. inst. cr. 313).— 31 janv. 1831. Ass. de la Seine. Lamennais. D.P. 31. 2. 220.

102.— Cette décision est une exécution trop littérale de la loi pour qu'elle puisse faire difficulté : on peut même dire que le président qui autoriserait cette lecture, par l'organe du prévenu ou de son défenseur, avant que l'acte d'accusation eût été lu au jury, violerait la loi.— On réclame en faveur des droits de la défense, mais la société n'a-t-elle pas aussi ses droits? Et serait-il raisonnable de faire commencer la défense avant que l'accusation fût connue? car c'est la défense elle-même qu'on veut présenter d'avance à l'aide de l'art ou de l'artifice du langage. Et ces critiques du débit monotone du greffier, quel est leur objet? N'est-ce pas de montrer que les écrits du prévenu peuvent avoir une couleur différente, selon les inflexions ou l'accentuation du lecteur?—Le débit du greffier doit être sans passion, sans partialité, et cette monotonie dont on se plaint, à moins qu'elle ne devienne ridiculement fatigante, est précisément ce qu'on devrait approuver. — On objecte que l'art. 313 ne prévoit que la lecture de l'arrêt de renvoi et de l'acte d'accusation, et qu'il est muet à l'égard des autres pièces.— Mais les articles incriminés font partie essentielle de l'accusation; ils

peuvent même constituer l'acte d'accusation en très grande partie.— Et si les passages poursuivis sont nombreux, ou s'ils se trouvent disséminés par fragmens dans l'acte d'accusation, dans l'arrêt de renvoi, conçoit-on, dans l'économie de nos lois actuelles, qu'on interrompe continuellement la lecture du greffier pour laisser au prévenu le soin de lire lui-même les phrases, les demi-phrases qui se trouveront répandues dans ces actes? Ne voit-on pas à combien d'incidens ces interlocutions pourraient donner lieu; et cependant on ne se trouve encore qu'à l'ouverture des débats, c'est-à-dire dans cette période de la procédure, où la loi n'a pu prévoir qu'une difficulté sérieuse pourrait déjà s'élever. — D.P. 31. 2. 220, note.

103.— Il n'est pas nécessaire, à peine de nullité, de demander aux accusés s'ils ont quelque chose à dire contre les conclusions prises par le ministère public, tendant à ce qu'il soit passé outre aux débats d'une affaire, nonobstant l'absence de plusieurs témoins assignés. — 23 juin 1832. Cr. c. Véron. D.P. 32. 1. 392.—V. Cour d'assises.

104.— On a tout dit sur le devoir du président de la cour d'assises, d'interroger l'accusé avec douceur et indulgence; de s'abstenir de toute question captieuse; d'adresser avec complaisance aux témoins les interpellations que l'accusé juge à propos de leur faire; d'écouter le défenseur avec patience; de ne l'interrompre qu'autant qu'il s'écarte évidemment de son devoir et seulement pour le lui rappeler; en un mot, de diriger les débats de manière à ne contrarier en rien la défense et à favoriser, au contraire, son libre développement.— V. Dupin, *Défense des accusés*, p. 35, 38 et 55; D.A. 4. 567, n. 3.— V. aussi le récent ouvrage de Gaillard.

105.— Toutefois, on sent que, maître de la police de l'audience et investi d'ailleurs d'un pouvoir discrétionnaire pour ordonner tout ce qu'il croit utile à la manifestation de la vérité, le président de la cour d'assises jouit nécessairement d'une certaine latitude dans l'accomplissement des devoirs qu'on vient de rappeler; mais toute atteinte réelle au droit de défense entraîne la nullité des débats.

106.—Il n'y a pas restriction illégale de la défense dans le refus d'entendre comme témoin un individu qui a examiné les livres de commerce produits par un accusé, lorsque cet individu a procédé sans aucun caractère judiciaire, et même sans que ces livres eussent été communiqués au ministère public ni aux parties civiles, et si, d'ailleurs, il a été fait réserve expresse à l'accusé du droit de faire valoir, dans les débats, toutes les inductions qu'il pourrait tirer de ces livres.— 17 août 1821. Cr. r. Dieudonné. D.A. 4. 413. D.P. 2. 97.

107.—Il a été jugé, sous le code de brumaire, que l'accusé ou ses conseils peuvent, en tout état de cause, et même lorsque le ministère public a été entendu, adresser aux témoins les interpellations qu'ils jugent utiles à la défense, et il doit être satisfait à leurs demandes, à peine de nullité (C. 3 brum. an 4, art. 353, 456) —6 fruct. an 7. Cr. c. Vital. D.A. 4. 568. D.P. 1. 1187.—26 germ. an 9. Cr. c. Vandevelde. D.A. 4. 569. D.P. 1. 1188.

108.— Ces arrêts paraissent à Dalloz, 4, 569, devoir conserver leur autorité sous le code d'instruction criminelle, dont l'art. 319, en exigeant que les questions de la part de l'accusé ou de son conseil, qui pouvaient être faites directement sous le code de brumaire, soient adressées aux témoins par l'organe du président, n'autorise pas ce magistrat à restreindre le droit d'interpellation qu'il reconnaît appartenir à l'accusé.— Mais il serait douteux que l'accusé pût encore aujourd'hui user d'une manière absolue de ce droit, après le résumé du président, et ouvrir ainsi un nouveau débat.

109.— On ne peut refuser à l'accusé le droit d'interpeller un témoin, sous le prétexte qu'il aurait, par erreur, assisté aux débats comme partie plaignante, quoiqu'il ne pût être considéré que comme témoin.— 26 therm. an 8. Cr. c. Gourdel. D.A. 4. 569. D.P. 1. 1188.

110.— L'art. 319 C. inst. cr., en donnant à l'accusé et à ses conseils le droit de dire, tant contre le témoin que contre son témoignage, tout ce qui pourra être utile à la défense de l'accusé, n'a pas étendu ce droit jusqu'aux injures et à la diffamation; c'est au président à faire rentrer les accusés ou leurs conseils dans les bornes d'une légitime défense, lorsqu'ils se permettent des invectives ou des qualifications injurieuses qui ne sont pas indispensablement nécessaires pour la justification de l'accusé.— 6 mars 1812. Cr. r. Ciosi. D.A. 4. 570. D.P. 1. 1188.— 12 mars 1812. Cr. r. Rouen. Campion. D.A. 4. 571. D.P. 1. 1189.

111.—On ne peut voir une violation de la défense dans le refus fait par un président de cour d'assises à un accusé, d'interroger un témoin à décharge sur ce qu'il pense de la moralité de quelques témoins à charge (C. inst. cr. 268, 319).— 28 mai 1813. Cr. r. Beaumé. D.A. 4. 568. D.P. 2. 1373.

112.—C'est à la cour d'assises qu'il appartient, en cas de difficulté, de juger si la question ou interpellation de l'accusé à l'un des témoins peut être utile à sa défense, ou bien si elle ne dégénère pas en diffamation et en injure contre un autre témoin.— 18 sept. 1824. Cr. c. Morel. D.A. 4. 571. D.P. 1. 1189.

113. — Toutefois, si l'interpellation a trait aux faits de l'accusation et tend à établir que l'accusé n'en est pas l'auteur, la cour d'assises doit l'accueillir, à peine de nullité, lors même qu'elle serait de nature à compromettre la réputation du témoin inculpé. Ainsi et *spécialement*, l'individu accusé du crime d'incendie a le droit de faire interroger un témoin sur le point de savoir si l'opinion publique n'accuse pas celui dont la maison a été incendiée d'y avoir mis lui-même le feu.— Même arrêt.

114.— Ce n'est qu'aux débats et pendant la *discussion orale* qu'il est permis à l'accusé de dire, contre les témoins et contre leur témoignage, tout ce qui peut être utile à la défense; les écrits qui seraient distribués pour la défense de l'accusé ne jouiraient pas des mêmes franchises.— 11 août 1820. Cr. r. Cabet. D.A. 4. 573. D.P. 1. 1190.

115.— Lorsque le président d'une cour d'assises n'a pas jugé à propos de rappeler à l'ordre le défenseur qui s'est livré à des imputations prétendues injurieuses contre un des témoins, à l'effet d'atténuer sa déposition, ce défenseur est censé n'avoir pas franchi les bornes d'une légitime défense; et le tribunal de police qui se permet ensuite de prononcer contre lui, à raison de ce fait, quelque condamnation, commet une usurpation de pouvoir (C. brum. an 4, art. 275, 353 et 456, § 6).—18 flor. an 7. Cr. c. Duronceroy. D.A. 4. 571. D.P. 1. 1189.

116.—Cette décision devrait encore être suivie aujourd'hui. Les dispositions des art. 275, 353 et 456 du code de brum. ayant été conservées par les art. 267, 319 et 408 C. inst. cr.

117.— L'absence du conseil de l'accusé aux débats n'entraîne pas la nullité de la procédure. — 9 fév. 1816. Cr. r. Simonin. D.A. 4. 313. D.P. 16. 1. 391. —V. n. 31.

118.— Par la nomination d'un défenseur à l'accusé, le président de la cour d'assises ayant satisfait à tout ce qu'exige la loi, l'accusé ne saurait prendre un moyen de nullité de ce que la déposition d'un témoin a été entendue hors la présence de son conseil.— 26 nov. 1829. Cr. r. Durand. D.P. 30. 1. 12.

119. — L'obligation imposée au président de la cour d'assises, par l'art. 327 C. inst. cr., de rendre compte à l'accusé, hors la présence duquel un témoin a été entendu, de ce qui s'est fait en son absence, est substantielle à la défense et à la publicité des débats : en conséquence, son inexécution opère une nullité radicale.— 17 sept. 1829. Cr. c. Laulien. D.P. 29. 1. 357.

120. —Les jurés ne peuvent se livrer à un examen d'où peut dépendre leur conviction du crime ou de l'innocence de l'accusé, en l'absence de l'accusé et de la cour d'assises. — En pareil cas, le droit de légitime défense de l'accusé est violé. Ainsi, lorsque des jurés sont sortis, en vertu de la permission du président de la cour, même escortés par la garde, pour examiner une voiture, à l'effet de savoir s'il était possible qu'un objet que l'on disait avoir été volé sur cette voiture avait pu en sortir de lui-même par des secousses, ou avait pu y être volé facilement, hors la présence des accusés et de la cour d'assises, il y a lieu à annuler les débats et tout ce qui les a suivis.—25 sept. 1828. Cr. c. Pissard. D.P. 28. 1. 425.

121.— Le droit de défense n'est pas violé, lorsque, pour établir la récidive, le ministère public est admis à prouver, à l'audience, l'identité de l'accusé, et que, d'ailleurs, ce dernier ne fait aucune réclamation.— 10 juill. 1828. Cr. r. Léonard. D.P. 28. 1. 330.

122.— L'accusé ou son conseil ont le droit de lire tout ce qui peut être utile à la défense, à l'exception des déclarations écrites des témoins, et pourvu, 1° que le défenseur ne dise rien contre sa conscience et le respect dû aux lois, et qu'il s'exprime avec décence et modération; 2° que l'accusé ou son conseil ne se livrent pas à des divagations.— 20 juill. 1826. Cr. c. Gaillard. D.P. 26. 1. 427.

123. — On ne peut assimiler à une déposition écrite de témoin, une consultation de médecins, produite par un individu accusé d'empoisonnement, et ayant pour objet d'établir que le défunt n'est pas mort empoisonné; il y a, dès lors, excès de pouvoir et violation du droit de la défense dans le refus absolu fait à l'accusé de la permission de lire cette consultation aux jurés.— 11 août 1808. Cr. c. Petit. D.A. 4. 569. D.P. 8. 2. 143.

124. — De même, dans une affaire d'infanticide, le défenseur a le droit de lire une consultation délibérée gratuitement et sans mandat de justice, par deux médecins de la ville où se tient la cour d'assises, consultation tendant à établir l'innocence de l'accusée, et, par exemple, l'impossibilité physique que l'enfant prétendu homicide lui appartienne; il ne peut être interdit de faire lecture de cette consultation, sous le prétexte que tout doit être oral dans les débats.— 20 juill. 1826. Cr. c. Gaillard. D.P. 26. 1. 427.

125. — Jugé cependant que le condamné ne peut se faire un moyen de cassation de ce que la cour d'assises a rejeté la réquisition de son défenseur, tendant à ce que lecture fût faite d'une consultation délibérée par des officiers de santé sur le fait de l'accusation, sans mandat de justice, et sur la demande privée de l'accusé, lorsque, d'ailleurs, la cour a réservé à cet accusé et à son conseil le droit de faire valoir, dans les débats, tous les moyens de fait et de droit qu'ils croiraient propres à repousser l'accusation.— 15 mars 1822. Cr. c. Lenormand. D.A. 4. 570. D.P. 22. 1. 140.

126.— Les arrêts ci-dessus ne sont pas inconciliables; dans ceux-là, il y avait interdiction absolue, tandis qu'ici la cour d'assises avait réservé au conseil de l'accusé la faculté de faire valoir la consultation dans sa défense. Mais cette réserve ne faisait qu'atténuer, sans la détruire, la violation du droit de défense résultant de la prohibition de donner lecture de la consultation.— D.A. 4. 570.

127.—Une cour d'assises peut refuser de donner lecture des déclarations d'un co-accusé, en se fondant sur ce qu'elles sont inutiles, mais non sur ce que la lecture en est interdite à cause de parenté. — 10 avril 1828. Cr. c. int. de la loi. Lebourgeois. D.P. 28. 1. 207.

128.— Les plaidoiries en *vers* ne sont pas permises devant la cour d'assises, un tel plaidoyer ne pouvant avoir le caractère de gravité, de décence et de simplicité qui convient à la dignité de la cour d'assises et à l'importance des questions qui s'agitent devant elle. — 9 avril 1834. Ass. de la Seine. Min. pub. C. Bastide. D.P. 34. 2. 109.

Ce principe ne doit pas, ce semble, être admis dans sa généralité. En fait, la poésie se prête à tous les tons, à toutes les couleurs, elle peut être empreinte de la plus grande sévérité. En droit, la loi n'a pas dit en quels termes, en quel langage (prose ou vers) la défense pourrait être présentée. On permet à l'étranger de s'expliquer par l'intermédiaire d'un interprète, et chez un ancien peuple, un grand poète fût admis à lire une tragédie pour seule défense. De nos jours, Barthelemy et Pradel ont usé de la même faculté, ou pour mieux dire du même droit. Il n'y a, en effet, que l'abus qui soit défendu. Or, la défense *à priori* de s'exprimer en vers, surtout quand on est poursuivi pour un écrit en vers, ne nous paraît pas légale. Le principe général, contenu dans l'arrêt et qui conduit à cette conséquence ne doit donc pas être suivi. — V. nos observations, D.P. *eod.*, n. 1.

129. — Aussi, sur le pourvoi dirigé contre l'arrêt qui précède, la cour de cassation s'est-elle expliquée avec plus de réserve; elle a dit qu'en interdisant à un prévenu la faculté de présenter sa défense en vers, mais en l'autorisant toutefois à la présenter dans le langage ordinaire, une cour n'entrave pas la défense, et que le prévenu n'était pas fondé à puiser dans cette circonstance un moyen de nullité, surtout si sa défense a été présentée par un avocat, et si, sur l'interpellation du président, il a déclaré n'avoir rien à ajouter. — 13 juin 1834. Cr. r. Bastide. D.P. 34. 1. 208.

Au reste, indépendamment des circonstances relevées dans cette décision, la cour royale aurait pu baser son arrêt sur cette circonstance, que la défense de s'exprimer en vers n'avait été faite au prévenu (d'offense à la royauté) qu'après la lecture d'un premier vers dont le caractère offensant pour le gouvernement faisait suffisamment pressentir l'inconvenance et l'exagération de sa défense. C'est la remarque que nous avons déjà faite D.P. 34. 2. 109.

130. — Il n'y a pas violation du droit sacré de la défense de la part du président qui interrompt l'avocat de l'accusé, en lui faisant observer qu'il présente une défense peu convenable.— 22 sept. 1826. Cr. r. Ruet. D.P. 27. 1. 23.

131.—...Ou qui lui défend d'entrer dans des discussions contraires à la liberté et à l'indépendance de la tribune; le président ne porte aucune atteinte au droit de la défense, alors qu'il laisse au défenseur la faculté de discuter tous les faits constitutifs du crime. —20 mars 1831. Cr. r. Geslain. D.P. 31. 1. 218.

132. — Ou qui lui interdit d'entrer dans des discussions générales de droit, étrangères aux attributions du jury, en lui laissant la faculté de discuter tous les faits constitutifs du crime. — 20 mai 1831. Cr. r. Valentini. D.P. 31. 1. 218.

133. — Ou qui s'oppose à ce que le conseil d'un individu accusé d'une tentative de vol (6 fr.) avec armes et sur un chemin public, expose aux jurés une prétendue disproportion entre la durée de la peine et le peu de gravité du crime imputé. — 31 mars 1825. Cr. r. Faure. D.P. 25. 1. 298.

134. — Ou qui refuse de lire aux jurés la disposition pénale de la loi applicable, les jurés ne devant s'attacher qu'aux faits constitutifs de l'accusation, et non à leur appréciation légale. On dirait en vain que cette lecture n'était réclamée que dans la vue de fixer le sens légal de la loi (C. inst. cr. 342). — 8 déc. 1826. Cr. r. Delhumeau. D.P. 27. 1. 359.

135. — Ou qui refuse la parole à l'avocat, lequel soutient qu'eu égard à la grande disproportion entre la peine et le fait, les jurés peuvent faire usage de leur omnipotence, à l'effet d'écarter une circonstance aggravante du délit.— 2 fév. 1830. Ass. de la Seine. Min pub. C. Couet. D.P. 33. 2. 200.

Cela semble bien jugé ; la doctrine du défenseur contenait une hérésie évidente en droit. — Qu'il lui soit permis de démontrer qu'eu égard à l'état des lieux, à la situation des choses, à l'intelligence de l'accusé, telle circonstance signalée comme aggravante doit rester sans conséquence aucune dans le débat ; comme si, par exemple, on a fait usage d'une fausse clé pour ouvrir une porte, alors que d'autres issues connues des voleurs s'offraient à leurs regards ; si l'on a escaladé un mur, lorsque la porte était ouverte, ou que le terrain n'était clos que dans certaines parties, une telle latitude se conçoit. — Mais il ne doit pas lui être permis de soutenir qu'un jury peut manquer impunément à ses devoirs ; ou, ce qui revient au même, déclarer non existante, en usurpant le pouvoir du législateur, une circonstance qui existerait manifestement à ses yeux. — V. nos observations, D.P. 33. 2. 200.

136.— Le défenseur ne peut-il pas citer aux jurés les dispositions pénales applicables au fait incriminé, afin de tirer de leur grande sévérité la conséquence que l'accusé, d'après sa position et ses antécédens connus, n'a pu avoir l'intention de commettre le délit, ou, qu'en tout cas, le jury doit déclarer qu'il existe, à son égard, des circonstances atténuantes ? Il nous semble que la défense doit pouvoir aller jusque là, et qu'elle se trouverait entravée par le président qui l'empêcherait d'arriver jusqu'à cette limite. Ce n'est pas seulement depuis que la loi autorise le jury à déclarer qu'il existe des circonstances atténuantes, qu'une telle doctrine nous paraît aussi certaine que rationnelle; elle aurait dû être admise avant la révision du code : elle doit pouvoir être professée dans tout pays où le droit de la défense n'est pas un mot sans valeur, qu'on y reconnaisse ou non le principe, que nul n'est censé ignorer la loi.— V. nos observations, D.P. *eod.*

137. — L'auteur d'une dénonciation contre un fonctionnaire, qui a été suivie d'une ordonnance de non lieu, ne peut plus, en cas où il est poursuivi, que se défendre sur la question intentionnelle, sans qu'il lui soit permis de discuter de nouveau les faits. — 2 mai 1834. Cr. r. Coudray. D.P. 34. 1. 435.

138. — Des paroles prononcées dans sa défense par un individu prévenu d'un délit de la presse, peuvent constituer un crime ou un délit distinct de celui à raison duquel il est traduit devant la cour d'assises.—27 fév. 1832. Cr. r. Raspail. D.P. 32. 1. 93.

139. — Il appartient à la cour d'assises de décider si ces paroles ne sont que le développement et la reproduction de l'écrit qui a donné lieu à la poursuite, ou si elles constituent un délit distinct — Même arrêt.

140. — Jugé de même que le prévenu d'un délit de la presse qui, loin de se disculper des faits qu'on lui impute, reproduit dans un discours écrit, prononcé à l'audience, les doctrines pour lesquelles il est poursuivi, et y en ajoute de nouvelles, contraires à l'ordre établi, commet un nouveau délit donnant lieu à des poursuites nouvelles (C. inst. cr. 335). — 18 juin 1832. Ass. du Rhône. Bœuf. D.P. 33. 2. 189.

141.— Dire, devant la cour des pairs, que l'arrêt qui condamnerait un accusé traduit devant elle ne serait ratifié par personne en France, n'est-ce que faire usage légitime du droit de libre défense? — 24 nov. 1830. Cour des pairs. Min. pub. C. Kergorlay. D.P. 31. 2. 13.

142.— L'affirmative résulte du silence honorable que la cour a gardé après avoir entendu cette proposition. Au reste, le droit de défense n'obtient jamais une protection plus entière que devant les grands corps de l'état.— D.P. 31. 2. 13.

143. — L'autorité judiciaire est compétente pour réprimer les délits d'outrages commis à l'audience par des prévenus ou par des accusés, envers elle dans l'exercice de ses fonctions : l'art. 221 C. pén. n'a été abrogé ni par les art. 25 et 26 de la loi du 17 mai 1829, ni par l'art. 6 de la loi du 25 mars 1822, ni par la loi du 8 oct. 1830.

Lorsqu'un délit est commis à l'audience d'une cour d'assises, cette cour a le droit et le devoir de juger de suite, et sans désemparer, ce crime ou ce délit, *sans intervention du jury*, alors même que ce crime ou ce délit est un crime ou un délit politique.

... En tous cas, la cour d'assises peut, quoiqu'elle ne soit composée, d'après la loi du 4 mars 1831, que de trois magistrats, juger seule un simple délit commis à l'audience. — 27 fév. 1832. Cr. r. Raspail. D.P. 32. 1. 93.

144.— Ces décisions sont justes. Quelque latitude qu'on prétende donner au privilége de la défense, à quelque développement qu'arrivent les idées démocratiques, on sera toujours obligé de reconnaître l'indispensable nécessité d'une magistrature gardienne de la sécurité de tous. Or, que serait-ce qu'une magistrature qu'on pourrait insulter en face, aux acclamations peut être d'une foule égarée, sans qu'il lui fût permis de faire respecter son autorité avilie, autrement que par des mandemens ou par des formules de procès-verbaux? Et quelle serait la force, le prestige de ces mandemens et de ces formules, sans la voie salutaire de l'exemple?— Les priviléges de la défense ne vont pas jusqu'à permettre à celui sur qui pèse déjà la présomption d'une attaque envers les lois du pays, d'étendre encore le foyer de ses attaques, et d'atteindre ceux-là même à qui la société a confié le dépôt de ses lois...—V. nos observations, D.P. 32. 1. 93.

145. — Le président de la cour d'assises ne peut seul refuser la parole au défenseur; ce droit ne peut être exercé que par la cour entière.—28 janv. 1830. Cr. c. Moutte. D.P. 30. 1. 99.

146.—Le défenseur de l'accusé a le droit de porter la parole sur tous les incidens qui s'élèvent dans le cours des débats, lorsque le ministère public a été entendu. Ainsi, le président d'une cour d'assises viole le droit de légitime défense, lorsque, sous le prétexte que l'accusé est absent, il refuse, après avoir entendu le ministère public, à l'avocat de l'accusé la parole, pour s'opposer à ce que les jurés, qui ont rendu une première déclaration, soient renvoyés dans la chambre de leurs délibérations pour donner une nouvelle déclaration. — 28 janv. 1830. Cr. c. Moutte. D.P. 30. 1. 99.

147.—Il a été jugé, sous le code de brumaire, que si, dans le cours du débat, une inculpation s'élève contre le conseil de l'accusé, le président de la cour ne peut ouvrir un débat particulier et entendre des témoins sur cette inculpation, à peine de nullité de ce débat particulier— 24 janv. 1806. Cr. c. Baboie. D.A. 4. 572. D.P. 1. 1190.

148. — L'art. 335 C. inst. cr. assure à l'accusé ou à son conseil le droit d'avoir la parole le dernier, afin que les impressions de la défense soient plus récentes dans l'esprit des jurés que celles de l'attaque.

149.—Le refus fait, à l'accusé ou à son conseil, du droit par eux revendiqué de parler les derniers, donne ouverture à cassation, quoique l'art. 335 ne prononce pas la nullité. Car tout ce qui touche à la défense est substantiel. — Legrav., 2, 213; D.A. 4. 567, n. 4.

150.— La règle qui veut que l'accusé ou son conseil aient toujours la parole les derniers, s'applique

non seulement à cette dernière période de l'examen pendant laquelle la partie civile ou son conseil et le ministère public sont entendus, mais encore à tous les incidens qui peuvent s'élever dans le cours des débats et qui peuvent intéresser la défense ou la justification de l'accusé, tel que celui qui consisterait à demander l'arrestation d'un témoin, et cela, soit que ces incidens doivent être terminés par une ordonnance du président de la cour d'assises, soit par un arrêt (C. inst. cr. 335). — 5 mai 1826. Cr. c. Renault. D.P. 26. 1. 359.

151.— Mais lorsque l'accusé ou son conseil refuse de parler le dernier, ou ne réclame pas ce droit, il reconnaît par là n'avoir plus rien à dire pour sa défense, et la condamnation qui intervient est régulièrement prononcée, de même qu'elle l'est dans le cas où, au lieu de plaider, le conseil de l'accusé s'en est rapporté à la prudence du tribunal. — D.A. 4. 567, n. 4.

152. — Jugé ainsi que lorsque le président a demandé à un accusé, après la réplique du ministère public, s'il n'avait rien à ajouter, cet accusé est censé avoir eu le dernier la parole ; il ne peut se plaindre de ne l'avoir pas eue, quoiqu'il n'en ait pas usé. — 2 sept. 1830. Cr. r. Gromelle. D.P. 30. 1. 363.

153. — Quoique, par suite de l'interruption de l'avocat, faite par le président des assises dans les limites de son pouvoir discrétionnaire, et du refus de l'avocat de continuer sa plaidoirie, l'accusé soit resté sans défenseur, il ne saurait y avoir violation du droit de défense, en ce que l'accusé n'aurait pas eu la parole le dernier, si le président lui a demandé s'il n'avait rien à ajouter. — 22 sept. 1826. Cr. r. Ruet. D.P. 27. 1. 23.

154. — Le droit qu'a l'accusé ou son conseil de parler le dernier ne s'étend pas jusqu'à les autoriser à discuter le résumé du président. — D.A. 4. 568, n. 4.

155. — Il ne peut être pris de conclusions, ni fait d'observations sur ce résumé, qu'autant que le président, sortant du cercle des preuves discutées ou relevées aux débats, se serait permis de présenter des faits nouveaux ou des pièces nouvelles, et, dans ce cas même, l'accusé ou son conseil doit attendre que le président ait fini son résumé, au lieu d'en interrompre le cours. — 28 avril 1820. Cr. r. Lavandier. D.A. 4. 550. D.P. 21. 1. 353.

156. — Le président n'a pas le droit de lire, dans son résumé, des lettres dont il n'a pas été question pendant les débats, et surtout d'interdire la parole au défenseur de l'accusé et même de le rappeler à l'ordre, lorsqu'il demande à répondre aux inductions tirées de ces lettres.— 9 fruct. an 9. Cr. c. Otto. D.A. 4. 568.

157. — Le résumé du président des assises fait partie de la défense de l'accusé. — 18 déc. 1823. Cr. c. Egrain. D.A. 4. 421. D.P. 24. 1. 59.

158. — Il entre dans les pouvoirs du président d'une cour d'assises d'ordonner que l'accusé, reconnu être d'un caractère bouillant et emporté, sera introduit avec des menottes pour entendre la lecture de la déclaration du jury; en conséquence, une telle mesure ne peut vicier un arrêt de cour d'assises, alors, surtout, que les menottes lui ont été ôtées avant l'arrêt de condamnation, et que le président ayant demandé à l'accusé s'il avait quelque chose à ajouter à sa défense, il a répondu négativement (C. inst. cr. 267). — 7 oct. 1830. Cr. r. Metz. D.P. 31. 1. 12.

159. — Après les réquisitions du ministère public pour l'application de la peine, le président doit demander à l'accusé s'il n'a rien à dire pour sa défense (C. inst. cr. 363).

160. — Cette disposition se rattachant au droit de défense, doit être accomplie, à peine de nullité. — 19 sept. 1828. Cr. c. Levy. D.P. 28. 1. 422. — 20 sept. 1828. Cr. c. Rothenburges. D.P. 8. 1. 422. — 17 mai 1832. Cr. c. Chevalier. D.P. 32. 1. 259.

161. — Lorsque le procès-verbal ne constate pas que le président ait fait à l'accusé l'interpellation voulue par l'art. 363, ni que l'accusé ou son conseil ait ajouté quelque chose à la défense, il y a présomption que l'interpellation n'a pas eu lieu, et il y a lieu d'annuler les débats et l'arrêt. — 9 avril 1829. Cr. c. Bruchet. D.P. 29. 1. 218. — 16 août 1832. Cr. c. Bressolier. D.P. 33. 1. 25. —V. Cour d'assises

162.— Toutefois, cette nullité ne doit pas être prononcée, lorsque le crime étant déclaré constant par le jury, la cour d'assises n'a appliqué à l'accusé que le *minimum* de la peine. — 17 juin 1830. Cr. r. N...

D.P. 30. 1. 302. — 2 déc. 1830. Cr. r. Ferland. D.P. 31. 1. 53.

163. — Il a été suffisamment satisfait aux dispositions de l'art. 363 C. inst. cr., lorsque le président a adressé à haute voix, au conseil de l'accusé, en présence de cet accusé, l'interpellation prescrite par cet article. — 30 juin 1831. Cr. r. Brunel. D.P. 31. 1. 269.

164.— N'est pas nul un arrêt de cour d'assises, en ce que le défenseur de l'accusé aurait quitté l'audience au moment où le président demandait à l'accusé s'il n'avait rien à dire sur le réquisitoire du ministère public, alors surtout que cette absence n'est pas le fait du ministère public ou de la cour d'assises.— 18 juin 1830. Cr. r Coupot. D.P. 30. 1. 304.— 12 juill. 1832. Cr. r. Canitrot. D.P. 33. 1. 40.

165.— L'accomplissement de l'art. 363 C. inst. cr. est suffisamment constaté par la mention que *l'accusé n'a rien dit*.—11 sept. 1828. Cr. r. Lamier. D.P. 28. 1. 413.

166.— Lorsque le président a averti un accusé qu'il lui était permis de parler sur l'application de la peine requise, et que le procès-verbal ne contient pas la réponse de cet accusé, il y a présomption légale qu'il n'a rien répondu.— 2 sept. 1830. Cr. r. Gromelle. D.P. 30. 1. 363.— 15 mars 1832. Cr. r. Ballière. D.P. 32. 1. 209.

167. — La demande tendant à faire constater un fait qui s'est passé au moment de l'appel des témoins peut être écartée si elle n'a été formée qu'après réquisition du ministère public pour l'application de la peine.— 23 fév. 1832. Cr. r. David. D.P. 32. 1. 212.

168. — L'art. 408 C. inst. cr. a pris soin de sanctionner tous les droits qui dérivent de la défense, en prescrivant, à peine de nullité, qu'il soit statué sur toutes les demandes de l'accusé ou de son conseil tendant à user d'une faculté accordée par la loi, bien que la peine de nullité ne soit pas textuellement attachée à l'absence de la formalité dont l'exécution aura été requise.

169.— Toute formalité qui a pour objet de mettre un prévenu en état de se défendre, doit être observée à peine de nullité, encore que la nullité ne soit pas expressément prononcée. Ainsi, il y a lieu à l'annulation d'un jugement d'un conseil de guerre extraordinaire, lorsqu'il n'a pas été donné à l'accusé lecture de l'information.

Cette formalité doit être réputée omise, par cela que son accomplissement n'est pas constaté. — 15 janv. 1814. Cr. c. Guillot. D.A. 4. 574. D.P. 1. 1191.

170.— Les formalités qui font partie substantielle du droit de défense sont de rigueur; leur omission forme par elle-même et de plein droit une nullité radicale.— 15 juill. 1825. Cr. c. Tronc. D.P. 25. 1. 426.

171.— Quand une formalité prescrite par la loi se réfère à l'exercice du droit de légitime défense, son omission constitue une nullité donnant ouverture à cassation.— 18 sept. 1828. Cr. c. Lewy. D.P. 28. 1. 422. — 20 sept. 1828. Cr. c. Rothenburges. D.P. 28. 1. 422.

172.— Celui qui a usé, pour se défendre, d'une latitude plus grande que celle qui serait accordée par la loi, n'est pas recevable à tirer de là un moyen de cassation.— 9 juill. 1834. Req. Dupeyssei. D.P. 34. 1. 307.

Ce principe est souvent appliqué.— V. Action, Cassation, Arbitrage.

173.— *En matière correctionnelle*, un jugement était nul, sous le code de brumaire, s'il avait été rendu sans qu'on eût interrogé le prévenu, lequel n'avait paru à l'audience que par un fondé de pouvoir assisté d'un avocat.—28 therm. an 8. Cr. c. Douanes. Bonnafond. D.A. 11. 418, n. 1. D.P. 2. 1068, n. 1.

174.— Il n'en est pas de même aujourd'hui, la disposition de l'art. 190 C. inst. cr., qui veut que le prévenu soit interrogé à l'audience, ne tenant pas essentiellement à l'exercice du droit de défense, mais n'étant qu'un moyen d'instruction, n'est pas prescrite à peine de nullité, et il suffit que le prévenu ait été admis à se faire représenter par des avoués et des avocats, pour que le vœu de cette disposition soit rempli. — 18 juill. 1828. Cr. r. Magnoncourt. D.P. 28. 1. 337.

175.— Quoique, dans le cas où le délit emporte la peine d'emprisonnement, le prévenu doive être interrogé à l'audience, conformément à l'art. 190 C. inst. cr., et qu'il résulte de l'art. 185 qu'il ne doive pas être admis à se faire représenter par avoué, cependant, s'il a été admis à se faire représenter par des avoués ou des avocats, il n'est pas recevable à s'en faire un moyen de nullité contre le jugement de condamnation.— Même arrêt.

176.— C'est le ministère public et non le prévenu qui doit porter le premier la parole, sur l'appel d'un jugement correctionnel interjeté par tous les deux. — 11 août 1827. Lyon. Min. pub. C. *Précurseur de Lyon*. D.P. 31. 2. 63.

177. — Il appartient toujours au prévenu, ou, en matière de simple police, à l'inculpé, de parler le dernier; c'est ce qui résulte des art. 153 et 190 C. inst. cr. — D.A. 4. 567, n. 4.

178. — Sous le code de brumaire, le droit de parler le dernier n'était accordé qu'à ceux qui étaient traduits en premier ressort devant les cours de justice criminelle; en appel de police correctionnelle, il appartenait au procureur-général.—18 avril 1806. Cr. r. Flachat. D.A. 7. 551. D.P. 6. 1. 349.

Art. 2. — *De la défense en matière civile.*

§ 1er. — *Du droit de défense et du choix d'un défenseur.*

179.— Le droit de défense n'est pas moins naturel en matière civile qu'en matière criminelle; dans sa fortune, de même que dans sa personne, nul ne peut être légalement atteint sans s'être défendu ou sans avoir été mis à portée de se défendre : *Nemo rebus suis interdictus existimetur, nisi auditus*. Cette règle, établie par les lois romaines, est consacrée par les art. 15 et 16 de la loi du 24 août, l'art. 1er de celle du 1er déc. 1790, et par l'art. 85 C. pr. — D.A. 4. 574.

180.— Mais si le droit de défense en lui-même est toujours inviolable, considéré dans son exercice, il est subordonné, pour les procès civils, à plusieurs règles particulières, dont quelques unes s'expliquent par la grande complication des formes et des lois qui régissent les intérêts civils des citoyens. — D.A. 4. 574, n. 2.

181. — Est nul le jugement rendu sur la requête de l'une des parties, sans que l'autre ait été appelée (L. 24 août 1790, art. 14, tit. 2).

182. — Jugé cependant qu'un avoué de première instance à la charge duquel la cour royale met d'office les frais d'une procédure comme faite frustratoirement, sans que cet avoué, qui n'était pas partie dans le procès civil, ait été appelé ni entendu, n'est pas recevable à se pourvoir en cassation contre cet arrêt (L. 24 août 1790, art. 14; décr. 30 mars 1808, art. 103) — 7 mars 1831. Req. Amiens. Wast. D.P. 31. 1. 119.

Il semble que, dans un tel cas, la tierce-opposition pourrait être formée contre l'arrêt de la cour royale, lorsqu'il sera opposé à l'avoué.— D.P. 31. 1. 119.

183. — Lorsqu'un jugement constate qu'il a été rendu par défaut, mais sur la demande de l'avoué du défaillant, avant le jour auquel la cause avait été primitivement indiquée par ordonnance du président, il n'y a pas lieu d'annuler ce jugement, sous prétexte de violation du droit de défense. — 20 mars 1828. Req. Caen. Lelivet. D.P. 28. 1. 185.

184. — Si le droit de défense en lui-même est toujours inviolable, considéré dans son exercice, il est subordonné, pour les procès civils, à plusieurs règles particulières, dont quelques unes s'expliquent par la grande complication des formes et des lois qui régissent les intérêts civils des citoyens. — D.A. 4. 574, n. 2.

185. — Telle est, d'abord, l'obligation imposée à tout plaideur de se faire représenter par un avoué pour tous les actes de la procédure et de ne pouvoir intenter aucune action ni proposer aucune défense sans l'assistance de ce mandataire forcé. — D.A. 4. 574, n. 2.

186. — C'est par un pareil motif que, d'après l'art. 85 C. pr., le président peut interdire à la partie, même assistée d'un avoué, le droit de se défendre en personne, s'il reconnaît que la passion ou l'inexpérience l'empêche de discuter sa cause avec la décence convenable et la clarté nécessaire.

187. — L'art. 85 C. pr. ne permettant qu'aux parties assistées d'un avoué de se défendre elles-mêmes, sauf au tribunal la faculté de leur interdire ce droit, une cour peut refuser à un père, qui n'est ni avocat ni avoué, la permission de défendre sa fille, même sur une demande en séparation de corps, formée contre elle pour cause d'adultère. — 22 août 1822. Req. Orléans. Mereaux. D.A. 4. 579. D.P. 22. 1. 467.

188.— Le président pourrait-il user de ce pouvoir à l'égard d'un juge ou d'un officier du ministère public plaidant sa propre cause ou celle de sa femme, d'un parent ou allié en ligne directe ou de son pupille, ainsi que l'autorise l'art. 86 du même code? Non, suivant Dalloz, attendu que cet article ne contient point la restriction dont parle l'art. 85, et qu'on ne saurait admettre que la loi ait appréhendé l'inexpérience ou la passion des magistrats (D.A. 4. 574, n. 2). Cependant il nous semble que si, contre toute probabilité, un magistrat plaidant dans sa propre cause ou celle de ses parens, se laissait emporter par la passion, le président, après l'avoir invité d'abord à se modérer, pourrait, en vertu du droit qu'il a de régler la police de l audience, lui interdire de continuer lui-même sa défense.

189.—La loi n'impose pas, en matière civile, l'obligation de nommer d'office un défenseur à la partie qui n'en a pas choisi, comme elle le prescrit en faveur de l'accusé en matière criminelle. Mais elle ne l exige pas non plus en matière correctionnelle, de police et de discipline, où cette précaution aurait été plus utile; car le prévenu ou l'inculpé n'est pas nécessairement assisté de l'avoué qui tient lieu, jusqu'à certain point, de conseil au plaideur en matière civile. Au reste, le désintéressement du barreau supplée au silence de la loi, et ne laisse aucun droit sans défense.—D.A. 4. 574, n. 3.

190.—Il est un cas pourtant où le juge doit désigner d'office un conseil en matière civile; c'est celui où une partie n'ayant pu trouver un défenseur parmi les avocats attachés au tribunal où la cause doit être plaidée, s'adresse à ce tribunal ou au président pour en obtenir un. Le refus du tribunal de faire droit à cette demande annulerait le jugement. —D.A. 4. 574, n. 3.

191.—En général, les parties ne peuvent choisir leur défenseur que dans l'ordre des avocats, sauf l'exception mentionnée dans l'art 86 C. pr., et sauf celle établie en faveur des avoués, dans certains cas énumérés aux mots Avocats et Avoués.—D.A. 4. 575, n. 4.

192 —Dans les causes portées devant le juge de paix, la simplicité des formes et la modicité de la plupart des contestations ont dû exclure le ministère des avoués et faire permettre aux parties de s'expliquer elles-mêmes ou par tout mandataire quelconque de leur choix (C. pr. 9).

193.—La loi du 27 mars 1791 permettant aux parties de se faire représenter devant le bureau de paix par des fondés de pouvoirs, un mari, qui est essentiellement le fondé de pouvoirs de son épouse tant qu'elle le laisse agir, peut valablement l'y représenter; sans être porteur d'une procuration (L. 24 août 1790, art. 7, tit. 10; C. proc. 53, anal.).— 6 prair. an 2. Civ. c. Robert. D.A. 1. 116. D.P. 3. 1. 35.

194.—Sous le code de procédure, les parties peuvent se faire représenter devant le juge de paix en conciliation par des gens de loi et des huissiers; il suffit que ceux-ci soient porteurs d'une procuration.—2 fév. 1825 Bourges. Nettement. D.P. 25. 2. 147.

195.—Les parties peuvent-elles se faire représenter par un avoué ou se faire assister par un avocat devant le juge de paix en matière civile? Une circulaire du garde-des-sceaux, du 15 mars 1822, décide la négative, en se fondant sur la disposition de l'art. 9 C. pr.; mais l'obligation que cet article impose aux parties, de comparaître en personne ou par leurs fondés de pouvoirs, n'est nullement inconciliable avec le droit de se présenter assisté d'un défenseur, et la prohibition de signifier des défenses, au lieu d'exclure la faculté de se faire défendre oralement, suppose, au contraire, cette faculté, d'après la règle des inclusions; sinon il faudrait dire que l'assistance d'un défenseur est aussi interdite dans les matières sommaires (C. pr 405) et les matières commerciales (421), ce qui est inadmissible.

196.— Quant à l'art. 10 C. pr., qui prescrit aux parties de s'expliquer avec modération, sa disposition est une suite nécessaire de l'art. 9, qui veut la comparution en personne, et ne peut rien prouver de plus que cet article. — Ce qui démontre d'ailleurs que la loi a voulu donner à la défense la même liberté devant les justices de paix que devant les autres tribunaux, c'est que les auteurs du code de proc., après avoir copié presque littéralement, dans l'art. 9, la première partie de l'art. 1er, tit. 3 de la loi du 26 oct. 1790, ont rejeté la seconde, qui refusait aux parties le droit de se faire représenter ou assister par des hommes de loi; disposition dont l'effet avait été d'exposer l'homme sans expérience à

devenir la dupe d'un habile adversaire, et de priver le juge de lumières nécessaires pour le diriger dans ses décisions. Au surplus, l'opinion qu'on vient d'émettre est constamment suivie dans la pratique.—D.A. 4. 576, n. 7.

197.—Jugé ainsi que devant la justice de paix toute partie a le droit de se faire assister par un défenseur, et le juge ne peut refuser la parole à un avoué dont une partie s'est fait assister, sous le prétexte qu'il n'est pas muni d'un pouvoir. — 25 mai 1832. Trib de Chinon. Comm. de Savigny. D P. 32. 3. 65.

198.—Devant les tribunaux de commerce, où le ministère des avoués est interdit (C. pr. 414; C. comm. 627), les parties ont, sans restriction, le droit de se défendre elles-mêmes ou de se faire représenter par tel mandataire qu'il leur plaît, ou de confier leur défense à un avocat — Les agréés, établis près de la plupart des juridictions consulaires, n'exercent pas un ministère exclusif et forcé; ils n'ont nul caractère public, et ne sont pas même dispensés de la représentation du pouvoir spécial exigé par l'art. 627 C. comm., et par l'ordonn. du 10 mars 1825 (rapportée D P. 25. 3. 7).—V. Agréé.

199.—Cependant, il a été jugé 1° que les huissiers ne peuvent, même devant les tribunaux de commerce, représenter les parties en vertu d'un mandat spécial, ni, en conséquence, conclure pour elles, exposer les faits de la cause et les défendre (Arrêté 18 fruct. an 11; décr. 14 juin 1813, art 39). — 2 avril 1830. Riom. Achard. D.P. 33. 2. 172.

200.—2° Que les dispositions de l'arrêté qui déclare incompatibles les fonctions d'huissier et celle de défenseur officieux, ne sont pas abrogées pour inconciliabilité par les lois nouvelles, même en ce qui touche les tribunaux de commerce.— 24 juill. 1833. Amiens. Holleville. D.P. 34. 2. 83.

201.— On comprend que cela fait quelque difficulté en présence de l'ordre de choses nouveau, qui ne reconnaît pas de défenseurs spéciaux devant les tribunaux de commerce. Toutefois, il y a loin du droit de représenter temporairement une partie en vertu d'un mandat, à celui d'y représenter habituellement les parties. — Dans ce dernier cas se réalise véritablement l'exercice de la profession de défenseur, et les convenances non moins que la disposition générale de la loi reprennent alors toute leur force — D.P. *cod.*, note.

202.— Devant la cour de cassation, les parties ne peuvent être représentées et défendues que par le ministère des avocats attachés à cette cour.— Cette assistance leur est même nécessaire, lorsqu'elles obtiennent la permission de plaider leur propre cause, permission dont les magistrats ne sont pas dispensés, comme ils le sont devant les tribunaux ordinaires, d'après l'art. 85 C. pr — Au reste, la cour refuse rarement aux parties la faculté de plaider personnellement leur cause ou d'ajouter des observations à la plaidoirie de leur avocat.— D A. 4. 577, n. 9.

203.— Un fils peut être admis à défendre devant la cour de cassation le pourvoi de sa mère contre un arrêt qui a prononcé contre elle la séparation de corps d'avec son mari (C. pr. 85).—8 nov. 1830. Civ. c. Agen. Montal. D.P. 30. 1. 399.

204.— La cour de cassation peut admettre même une femme à plaider devant elle solennellement sa propre cause, en matière civile.— 31 mars 1807. Civ. r. Lacoste. D.P. 7. 2. 68.

205.— A plus forte raison, une femme pourrait-elle être autorisée à plaider sa cause devant un tribunal de première instance ou une cour royale.— Carré (*L. de l'org. et de la compét.*, t. 1er, p. 65; D.A. 4. 578, n.).—Il y a eu récemment un exemple de cette tolérance. La plaidoirie, dans ce cas et dans celui cité au numéro précédent, a été jugée fort convenable.

206.— En matière civile comme en matière criminelle, les parties peuvent se faire défendre par deux ou plusieurs avocats. — D.A. 4. 578, n. 10, et 536, n. 6.

207.— Elles ont le droit de se faire assister par leurs avocats dans les enquêtes qui se font devant un juge-commissaire (C. pr. 261, 262, 270; décr. du 30 mars 1808, art. 103).— 26 déc. 1827. Rouen. M... D.P. 28. 2. 153.

§ 2.—*De l'exercice du droit de défense.*

208.—En matière criminelle, la défense est essentiellement orale, non qu'il soit interdit à l'accusé de

DÉFENSE. ART. 2, § 2.

faire imprimer et distribuer à ses juges tous mémoires qu'il juge utiles, mais en ce sens, que les jurés et les magistrats ne doivent former leur conviction que d'après les élémens du débat, et que les écrits ne jouissent point des immunités et franchises attachées à la défense orale.— D.A. 4. 578, n. 11.

209.— Mais en matière civile, non seulement les écrits produits par les parties jouissent de la même faveur que la défense orale proposée à l'audience (L. 17 mai 1819, art. 25), mais ils deviennent les élémens essentiels du jugement.

210.— Bien plus, comme les écritures portent la signature de l'avoué qui, sauf désaveu, est maître du procès, *dominus litis*, les faits qui y sont exposés et les aveux qu'elles renferment deviennent plus obligatoires que s'ils résultaient seulement d'une plaidoirie. Ajoutons que les conclusions et réquisitions des parties ne sont guère constatées, en matière civile, que par un acte écrit, signé de l'avoué, tandis qu'en matière criminelle elles le sont ordinairement par le procès-verbal des débats.— D.A. 4. 578, n. 11.

211.—La défense écrite ne consiste pas seulement dans les actes et écritures dont s'occupe le code de procédure (liv. 2, tit. *des Constit. d'avoués et défenses*), et qui constitue ce qu'on nomme particulièrement la *procédure;* elle se compose encore des mémoires d'avocats et consultations de jurisconsultes que les parties jugent à propos de produire et qu'elles peuvent répandre en aussi grand nombre qu'il leur plaît.— D.A. 4. 578, n. 12.

212 — Les frais que peuvent occasioner ces écrits sont à la charge de la partie, même quand elle obtient gain de cause, l'art. 81 C. pr. ne permettant de passer en taxe que les écritures dont parlent les art. 77 et 78 du même code: mais, malgré ce surcroît de dépenses, les parties agiront prudemment en ne négligeant pas le secours d'un mémoire ou d'une consultation, surtout dans les affaires compliquées.— D.A. 4. 578, n. 12.

213.— La défense orale ne saurait être aussi illimitée dans son exercice que la défense écrite. « Lorsque les juges trouveront qu'une cause est suffisamment instruite, le président *devra*, dit l'art. 34 du décret du 30 mars 1808, faire cesser la plaidoirie.»

214.—Ce n'est pas le président, mais le tribunal, qui apprécie si la cause est suffisamment instruite. Si la majorité des juges demande la continuation des plaidoiries, le président ne peut les interrompre; quoiqu'investi de la police de l'audience, il n'a ici que son suffrage particulier, et, comme chef de la compagnie, la mission de faire exécuter la volonté de la majorité. Il semble même qu'il doit suffire qu'un seul magistrat déclare n'être pas suffisamment instruit de la cause, pour qu'on doive laisser continuer les plaidoiries.— D.A. 4 578, n. 13.

215. — Ce droit de clore la défense avant qu'elle soit terminée est, par sa nature, un pouvoir discrétionnaire dont la loi a investi les magistrats, qui, dès lors, ne doivent compte qu'à leur conscience de l'usage qu'ils en font. Ainsi, aucun texte n'ayant déterminé la durée d'une plaidoirie, un tribunal ne saurait encourir la censure de la cour de cassation, sous le prétexte qu'il aurait fait cesser cette plaidoirie trop tôt, ou qu'il aurait mal à propos refusé la réplique.— 30 avril 1807.— Opinion conf. D.A. 4. 578, n. 14.

216. — La défense ne serait violée d'une manière susceptible de répression, qu'autant que le tribunal aurait interdit absolument la parole à une partie ou à son défenseur; alors, il y aurait infraction aux art. 14 et 16, tit. 2 de la loi du 24 août 1790; à l'art. 27 de celle du 1er déc. 1790, et à l'art. 85 C. pr.— D.A. 4. 578, n. 14.

217. — Il en serait de même du cas où le président, de sa seule autorité, et sans l'assentiment des autres juges, aurait limité la durée de la plaidoirie.— D.A. 4 579, n. 14.

218.—Le juge ne doit pas seulement écouter attentivement les défenseurs des parties, et s'abstenir de toutes brusques interruptions, mais il doit accorder les renvois et remises fondés sur des causes légitimes, telles que la nécessité de prendre communication d'un titre nouvellement produit; l'éloignement où se trouve la partie du lieu où la cause est plaidée; l'empêchement forcé de l'avocat, et autres motifs semblables. — D.A. 4. 579, n. 15.

219. — Mais on ne devrait pas considérer comme une cause suffisante de renvoi, le besoin de méditer des moyens qui n'auraient pas été prévus, ou de vérifier des autorités, à moins toutefois qu'il ne s'agît

DÉFENSE. ART. 2, § 2.

d'affaires offrant des questions graves et susceptibles d'une discussion étendue et compliquée. Au reste, tout cela appartient encore au pouvoir discrétionnaire du juge. — D.A. 4. 578, n. 15.

220.— Lorsque, sur l'opposition à un jugement par défaut, qui le déclare forclos, faute par lui d'avoir fait une justification précédemment ordonnée, l'opposant se borne à proposer des exceptions dilatoires, au lieu de défendre au fond, le tribunal peut, sans violer le droit de défense, statuer sur la contestation au fond. — 2 vent. an 11. Req. Liége. Borchgrave. D.A. 4. 734. D.P. 1. 1250.

221. — Personne n'a le droit d'être entendu après le ministère public, lorsqu'il est partie jointe, bien qu'il relève d'office, et par voie de réquisition, un moyen d'ordre public, tel qu'une fin de non-recevoir à une demande en nullité de mariage (Régl. 30 mars 1808, art. 87).— 20 déc. 1824. Agen. Desblans. D.P. 33. 2. 69.

222. — Après l'audition du ministère public, les parties ne peuvent remettre que de simples notes, sans pouvoir prendre aucunes conclusions subsidiaires, encore bien qu'elles seraient relatives à une pièce communiquée seulement à l'audience. — 20 juin 1832. Grenoble. Bugnon. D.P. 33. 2. 74.

223.—Une cour royale, devant laquelle on oppose l'autorité de la chose jugée, après le ministère public entendu et la clôture des débats, n'est pas tenue de statuer sur ce nouveau moyen tardivement présenté. — 28 août 1834. Req. Nîmes. Gauthier. D.P. 34. 1. 413.

224. — Dans les affaires où, comme en matière d'élections, la loi confie au ministère public le soin de défendre et soutenir en justice les prétentions et les droits de l'administration, l'avocat de la partie privée, encore bien que celle-ci soit appelante, doit être admis à répliquer aux conclusions du ministère public.—3 mai 1830 Angers. Gallet. D.P. 30. 2. 266.

225. — Jugé, au contraire, qu'en matière d'inscription sur la liste, comme en matière civile ordinaire, les parties n'ont pas le droit de parler après le ministère public. — 20 mars 1829. Angers. Ollivier. D P. 29. 2. 119.

226.—Jugé de même que dans les causes de cette nature, les attributions du ministère public sont essentiellement indépendantes, soit qu'il procède par voie de conclusion, et non par voie d'action, et qu'ainsi l'avocat de l'électeur réclamant ne peut être admis à répliquer à ses conclusions. — 9 juin 1830. Orléans. Gravier. D.P. 30. 2. 266.

227.—Jugé même que les plaidoiries sont interdites en matière électorale, l'avocat de l'électeur ne peut que remettre, après le rapport, de simples notes au président (C. pr. 111; l. 2 juill. 1828, art. 18).— 10 juin 1830. Besançon. Defresne. D.P. 30. 2. 266.

228.— En matière de récusation d'un juge du tribunal civil, le demandeur en récusation ne peut être entendu après le rapporteur; on doit assimiler le rapport fait, dans ce cas, à celui qui a lieu dans les instructions par écrit, et après lequel les défenseurs n'ont jamais la parole (C. pr. 111, 394).— 13 fév. 1826. Grenoble. S.... C. B.... D.P. 26. 2. 133.

229.— Le principe que les parties ont cumulativement le droit de se défendre et par écrit et oralement, souffre exception à l'égard des matières d'enregistrement, qui doivent être jugées sur simples mémoires respectivement signifiés (L. 22 frim. an 7).

230.— Cette exception ne s'étend pas aux contestations entre le domaine et les particuliers: l'art. 27 de la loi du 14 vent. an 7, portant que ces causes seront instruites par mémoires, n'est pas exclusif de la défense orale.

231.— En conséquence, ne peut être cassé le jugement qui ordonne, contre la prétention de l'une des parties, que l'instruction sera faite par mémoires, avec faculté aux parties de se défendre oralement.—7 déc. 1825. Civ. r. Paris. Préfet de la Marne. D.P. 26. 1. 98.

232.—De l'art. 27 de la loi du 14 vent. an 7, concernant les domaines engagés, qui porte que les tribunaux procéderont sur simples mémoires, il peut bien résulter, pour les parties, faculté de renoncer à la plaidoirie; mais il n'en résulte pas pour elles une prohibition de se défendre oralement. — 8 janv. 1830. Colmar. Préfet du Haut-Rhin. D.P. 30. 2. 195.

233. — De ce que les affaires concernant les domaines et rentes cédés aux hospices par le gouvernement doivent, d'après l'art. 14 de l'arrêté du 7 mess. an 9, être jugées sommairement et sans frais,

il suit bien qu'elles doivent être jugées sur simple acte, mais non que les plaidoiries, lesquelles sont de droit commun, doivent être interdites aux parties. — 13 mai 1828. Limoges. Blanchard. D.P. 29. 2. 39. — V. Domaine.

234. — Les mots *parties ouïes*, insérés dans un arrêt, indiquent-ils que la défense a été complète? — 15 nov. 1830. Req. Pichery. D.P. 31. 1. 21.

235. — Devant les tribunaux administratifs, à l'exception du conseil d'état, la défense écrite est seule admise; la plaidoirie y est interdite. Mais cet état de choses ne paraît pas devoir durer.

236. — Toute limitée qu'elle est, la défense est inviolable en matière administrative comme en matière civile proprement dite, c'est-à-dire que, soit devant le préfet, soit devant le conseil de préfecture, le ministre ou le conseil d'état, nul ne peut être condamné sans avoir été entendu ou mis à portée de se défendre. La voie de l'opposition est ouverte contre tout arrêté rendu par défaut. — D.A. 4. 579, n. 17.

237. — Devant les préfets et les conseils de préfecture, les parties peuvent se faire défendre par toute personne de leur choix, jurisconsulte ou non. — D.A. 4. 579, n. 17.

238. — Il n'en est pas de même dans les affaires contentieuses portées devant les ministères de la justice, de l'intérieur, des finances, devant toutes les directions, administrations, régies, et devant le conseil d'état; les parties ne peuvent y être représentées et défendues que par des avocats à la cour de cassation et aux conseils du roi. — D.A. 4. 579, n. 17.

— V. Avocat. — V. aussi Action civile, Actions possessoires, Affiche, Amende, Animaux, Appel, Autorité municipale, Avaries, Avocat, Avoué, Capitaine, Caution, Colonies, Commune, Compétence commerciale, Compétence criminelle, Compte, Condamnation, Conseil d'état, Contrainte par corps, Contributions indirectes, Cours d'assises, Désaveu, Désistement, Discipline, Domaines, Douanes, Elections départementales, Elections législatives, Enregistrement, Exceptions, Faillite, Fausse monnaie, Forêts, Garde nationale, Instruction criminelle, Interrogatoire, Jugement, Louage, Ministère public, Ordre, Organisation judiciaire, Partage, Peine, Prescription, Presse, Prise à partie, Requête civile, Saisie-immobilière, Servitude, Théâtre, Tribunaux, Voirie.

TABLE SOMMAIRE.

Abrogation. 47.
Absence. 15, 117, 164, 179, 218.
Accusation. 101.
Agréé 198.
Ami. 49, 72.
Argument illégal. 155, s.
Audition. 2, 179, s. 234.
Autorisation. 45, s. 72, 84, 186, s.
Avertissement. 27.
Avocat. 9, 13, s. 44, s. 65, 79, s. 173, s. 195, s. — en cassation. 202.
Avoué. 6, s. 41, s. 48, s. 64, s. 67, 92, s. 174, s. 185, 189, s. 190, s. 195, s. 210.
Cassation (jugement en premier ressort). 8, 85, s. — (appréciation) 100, 202.
Chambre d'accusation. 97.
Choix libre. 17, s. 41, s. 65, s. 75, 87.
Chose jugée. 137.
Communication. 58, s. 97. — de pièces. 95, s. 218.
Comparution personnelle. 64.
Compétence. 143.
Condamnation. 2.
Conseil de discipline. 82.
Conseil de guerre. 79, s. 169.
Consultation. 123, s. 212.
Contumace. 15, 40.
Cour d'assises. 143, 145, 158.
Crime. 33, s.
Défaut. 12, s. 16.
Défense. 132, 200. — écrite. 208, s. — (liberté) 18. — orale. 208, s. 235, s. — personnelle. 186, 202, s.
Défenseur. 17, s. 64; s. 76, 146. — commun. 28, s. — nouveau. 35, s. — unique. 20, 57; s. 206.
Délit. 33, s. — d'audience. 143. — distinct. 158. — politique. 143.
Délai. 167, 183.
Désaveu. 210.
Dénonciation calomnieuse. 137.
Discipline. 5, s.
Domaine. 230, s.
Droit naturel. 2, s.
Election. 226, s.
Enfant. 203.
Enregistrement. 229, s.
Empêchement. 218.
Equipement. 165.
Exception. 3.
Expertise. 99, 120.
Fait nouveau. 155.
Femme. 204, s.
Frais. 4, 6, 182, 212. — frustratoires. 182.
Force majeure. 218, s.
Garde nationale. 82.
Gendarme. 60.
Geôlier. 59, s.
Greffier. 101.
Hospice. 233.
Huissier. 194, 199, s. 200.
Identité. 121.
Incident. 146, 150.
Incompatibilité. 24.
Injonction. 179.
Injure. 110.
Intérêt (action). 62. — (nullité) 172.
Interrogatoire. 173, s.
Interpellation. 33, 103, 158.
Interruption. 130, s. 153, 155, 213, 214, s.
Juge. 89, s. 188, 202. — commissaire. 207.
Jugement par défaut 183.
Justice de paix 192, s.
Lecture. 101, 122, s. 169.
Liberté. 138, s. 158, 184, 237, s.
Loi rigoureuse. 134, s.
Mandat (inexécution). 37, 75, 173, 193, s.
Matière administrative. 4, 32, 235 — civile. 179, s. — correctionnelle. 173, s.
Mémoire. 230.
Mention. 35, 234.
Ministère. 238. — public. 148, s. 178, 221.
Ministre. 45, s.
Mise en cause. 4.
Moyen nouveau. 223.
Nomination d'office. 21, s. 80, 87, 189, s.
Nullité couverte. 107, s. — expresse. 160, 168, s. — substantielle. 10, 149.
Omnipotence du jury. 135.
Opposition. 12, s. 220, s.
Outrage. 110, 138.
Pairie. 87.
Parent. 52, 72, 187, 203.
Partie civile. 93.
Pauvre. 63.
Peine. 136, s.
Père. 187.
Permission. 41, s. — V. Autorisation.
Plaidoirie. 176, 221.
Police d'audience. 73, 105.
Pouvoir discrétionnaire. 54, 145, 158, 214, s.
Prescription. 166.
Présence. 4, 9.
Président. 41, s. 53, s. 87, 105, 110, 145, 214.
Priorité. 136.
Publicité. 36.
Récusation. 228.
Refus. 190. — de défendre. 37, s.
Registre. 99.
Remise de cause. 218.
Réplique. 152, s. 177, 221, s.
Responsabilité civile. 3.
Ressort. 52.
Restriction. 42, s. 106.
Résumé. 108, 154, s.
Silence. 9, 40, 165.
Témoin. 24, 109, s. 118. — (interpellation) 107.
Tribunal correctionnel. 63, s. — de police. 74, s.
Vérification. 120. — d'écriture. 99.

DÉFENSE AU FOND. — V. Exception — V. aussi Cassation, Compétence civile, Conseil d'état, Contrainte par corps, Exception, Ordre, Prescription, Saisie-exécution, Succession.

DÉFENSE GÉNÉRALE. — V. Actions possessoires, Compétence administrative.

DÉFENSE LÉGITIME. — V. Attroupement, Compétence criminelle, Homicide, Voies de fait.

DÉFENSE (LIBERTÉ). — V. Compétence criminelle, Rébellion.

DÉFENSE ORALE. — V. Défense.

DÉFENSE DE RÉCIDIVER. — V. Peine.

DÉFENSEUR. — V. Avocat, Défense. — V. aussi Compétence criminelle, Ministère public.

DÉFENSEUR OFFICIEUX. — V. Avocat.

DÉFICIT. — V. Capitaine, Comptabilité, Contributions indirectes, Douanes, Enregistrement, Forêts, Poids et Mesures, Vente.

DÉFRICHEMENT. — V. Forêts, Marais. — V. aussi Amnistie, Commune, Compétence administrative, Enregistrement, Louage, Procès-verbal.

DÉGATS. — V. Destruction. — V. aussi Commune, Délits, Forêts.

DÉGRADATION. — V. Destruction. — V. aussi Communauté, Compétence civile, Contrainte par corps, Faillite, Garantie, Louage, Ministère public, Nantissement, Prescription, Propriété, Rapport, Saisie-immobilière, Succession irrégulière, Usufruit, Voirie, Vol.

DÉGRADATION CIVIQUE. — V. Droits civils, Peine, Récidive.

DÉGRADATION PARTIELLE. — V. Usufruit.

DEGRÉS DE JURIDICTION. — 1. — On désigne par ces mots les différentes espèces de tribunaux auxquels on a le droit de porter successivement la même affaire.

2. — Toutes les législations un peu perfectionnées ont soumis à l'examen d'une juridiction supérieure les décisions rendues par un premier juge. L'appel était admis chez les Romains. Des auteurs ont cherché l'origine de l'appel parmi nous dans les combats judiciaires si usités au moyen-âge; mais le combat judiciaire ne devint fréquent que sous la troisième race; et l'on voit que, sous les deux premières, les rois, qui rendaient alors la justice en personne, ou par les grands officiers de leur couronne, prononçaient sur les appels des jugemens rendus par les comtes, et réprimaient les dénis de justice que ceux-ci pouvaient se permettre, par des envoyés, *missi domini*, qui allaient, avec leur suite, s'établir dans le château du seigneur et à ses frais, jusqu'à ce que justice fût faite. — Henrion, *Aut. judic.*, *introd.*, § 1er; D.A. 4. 611, n. 1.

3. — Le combat judiciaire fut lui-même une confirmation de la nécessité d'offrir un moyen de réparation à ceux qui pouvaient être victimes de l'erreur ou de l'injustice; car nous n'admettons pas l'assertion, dénuée de preuves, du savant Meyer, que le combat judiciaire n'avait lieu qu'en cas de prévarication du juge ou de déni de justice, et que l'issue du combat était sans influence sur le jugement. Après l'extinction de cette barbare coutume, l'appel s'établit régulièrement dans les justices seigneuriales, et s'est perpétué depuis l'abolition de la féodalité, comme garantie d'une bonne administration de la justice. — *Ibid.*

4. — En Angleterre, l'extension du jury aux affaires civiles ne laisse de recours ouvert au plaideur que sur l'application de la loi et non sur l'appréciation des faits. Le jugement des jurés étant réputé le *jugement du pays*, est souverain. — Il est, au reste, beaucoup de procès civils que la loi anglaise ne soumet pas au jury. — D.A. 4. 612, n. 3. — V. l'ouvrage de Rey, *Instit. judic. de l'Anglet.* — Il doit résulter de là des conflits fréquens de juridiction.

5. — Chez nous, les tribunaux civils connaissent à la fois du fait et du droit; la cour de cassation seule ne prononce que sur le droit (sauf, par exemple, en matière de discipline déférée à sa juridiction, et dans quelques matières spéciales ou d'ordre public), ce qui a fait dire qu'elle est instituée dans l'intérêt de la loi plus encore que dans celui des parties, et qu'on ne peut la considérer comme un troisième degré de juridiction. Cependant cette cour a paru à Dalloz pouvoir être regardée en réalité comme un troisième degré de juridiction, non pas quant à l'appréciation du fait, mais quant à l'interprétation de la loi (*ibid.*, n. 4). — Mais ce qui détruit cette assimilation, c'est que la cour de cassation ne juge jamais le fond du procès: elle se borne à renvoyer les parties devant une autre juridiction. — V. Cassation.

6. — Ainsi, un jugement est en premier ressort lorsqu'il est susceptible d'appel et de révision dans toutes ses parties; en dernier ressort, quand il ne peut être révisé que par la cour de cassation et relativement aux solutions qu'il renferme en point de droit: il n'a l'autorité de la chose jugée qu'autant que cette dernière voie a été épuisée ou que les délais pour y recourir sont expirés. — D.A. 4. 612, n. 4.

7. — La règle des degrés de juridiction ne saurait être absolue; beaucoup de contestations en sont, comme on le verra ci-après, affranchies, à raison soit de la modicité de leur intérêt, soit de leur nature particulière ou des circonstances dans lesquelles elles se présentent. Mais ces cas sont exceptionnels; et comme le retour à la règle est toujours favorable, c'est en faveur de la règle des deux degrés qu'il faut pencher lorsqu'il peut s'élever des doutes. — D.A. 4. 612, n. 5.

8. — Ajoutons qu'en considérant le recours en cassation comme un degré de juridiction, il est vrai de dire qu'il n'est pas de contestation, si minime qu'elle soit, qui n'ait pour garantie un double degré de juridiction; il n'en faut excepter que les sentences des juges de paix, rendues en dernier ressort; encore peuvent-elles être attaquées devant la cour régulatrice, pour excès de pouvoir et pour incompétence. — D.A. 4. 612, n. 5.

9. — Les parties peuvent renoncer aux deux degrés de juridiction, et consentir à être jugées *de plano* par le tribunal supérieur. — 18 août 1818. Req. Lyon. Franchetti. D.A. 11. 79. D.P. 18. 1. 624. — V. Compétence civile.

10. — Elles peuvent aussi, dans les matières susceptibles de transaction, en soumettant à un tribunal un différend dont il ne peut connaître qu'en premier ressort, convenir que le jugement à intervenir sera sans appel.

11. — Lorsqu'un jugement rendu en dernier ressort, du consentement des parties, ordonne qu'une portion d'immeuble sera délaissée à l'une d'elles, et que des experts diviseront et limiteront cette portion d'immeuble, le jugement qui intervient, après l'expertise, sur le point de savoir si la partie à laquelle la portion d'immeubles a été adjugée ne s'est pas mise en possession d'une plus grande part de terrain que celle qui lui appartient, est aussi en dernier ressort, par suite du consentement originaire des parties, à ce que le premier jugement, en vertu duquel l'expertise a eu lieu, fût rendu sans appel. — 1er flor. an 9. Civ. r. Auran. D.A. 1. 89. D.P. 1. 31.

12. — La qualité de jugement en dernier ressort

élève contre l'appel une fin de non-recevoir qui est d'ordre public, et proposable en tout état de cause, même après la défense au fond. Les parties peuvent bien, en certains cas, étendre la compétence d'un tribunal, mais jamais l'affaiblir, en rendant susceptibles d'appel des décisions que la loi répute souveraines.— D.A. 4. 626, n. 6 ; Carré, *L. de la comp.*, art. 281, n. 313.

13 — Jugé ainsi que la fin de non-recevoir tirée, contre un appel, de ce que le premier jugement a été rendu en dernier ressort, peut être opposée en tout état de cause. — 17 niv. an 13. Req. Dutreix. D.A. 4. 666. D.P. 5 2. 88.—24 nov. 1825. Toulouse. Sausot. D.A. 4. 696. D.P. 1. 1230.

14. — Et que cette fin de non-recevoir doit être suppléée d'office par les juges d'appel, si l'intimé ne l'oppose pas (C. proc. 170). — Même arrêt. — 6 avril 1824. Liége. Lemaire. D.A. 4. 641. D.P. 1. 1204.

15. — Jugé cependant qu'une cour royale a pu statuer sur l'appel d'un jugement en dernier ressort (portant sur des intérêts privés), et infirmer même ce jugement, si les parties ont plaidé au fond sans opposer l'incompétence Dans ce cas, il est vrai de dire qu'il y a eu prorogation tacite de juridiction. — 7 mai 1829. Req. Nanci. Didlon. D.P. 29. 1. 240.

16.— Il a été jugé que lorsqu'un jugement a été rendu, partie en premier ressort, partie en dernier ressort, l'appel n'en est pas recevable ; il ne peut être attaqué que par un pourvoi en cassation, d'après l'axiome que les jugemens sont indivisibles. — 1er prair. an 11. Agen. Chauban. D.A. 4. 628. D.P. 1. 1197.

C'est au contraire, ce semble, le principe de la divisibilité des jugemens qui est passé en axiome : *tot capita, tot sententiæ*. Ce principe est formellement consacré par l'art. 20 de nouvelle loi sur la contrainte par corps.— V. *infrà*.

Art. 1er. — *Du premier et dernier ressort dans les affaires de la compétence du juge de paix.*

Art. 2. — *Du premier et dernier ressort dans les demandes d'une valeur déterminée, soumises aux tribunaux de première instance ou de commerce.*

§ 1er. — *Des demandes déterminées en général.*

§ 2. — *De la détermination du taux du dernier ressort par les conclusions.*

§ 3. — *Des cas où les fruits, intérêts, frais et dommages-intérêts concourent à fixer le taux du premier ou dernier ressort.*

§ 4. — *Des demandes déterminées avec contrainte par corps.*

§ 5. — *Des demandes déterminées auxquelles se trouvent joints incidemment des objets ou exceptions d'une valeur indéterminée.*

§ 6. — *Des demandes formées par ou contre plusieurs personnes.*

§ 7. — *Des demandes relatives aux baux et aux rentes.*

§ 8. — *Du premier et dernier ressort en matière de saisie, d'ordre et de contribution.*

§ 9. — *Du premier et dernier ressort en matière d'enregistrement et de domaines nationaux.*

Art. 3. — *Du dernier ressort dans les demandes reconventionnelles portées aux tribunaux de première instance et de commerce.*

§ 1er. — *Des demandes reconventionnelles distinctes et indépendantes de la demande originaire.*

§ 2. — *Des demandes reconventionnelles en dommages-intérêts.*

§ 3. — *De la compensation opposée reconventionnellement.*

Art. 4. — *Des degrés de juridiction dans les demandes indéterminées.*

§ 1er. — *Demandes indéterminées par leur nature.*

§ 2. — *Demandes personnelles ou mobilières non déterminées par les parties.*

§ 3. — *Demandes réelles immobilières non déterminées par les parties.*

Art. 5. — *Des degrés de juridiction en cause d'appel.— Des évocations.*

§ 1er. — *Des évocations en cas de nullité.*

§ 2. — *Evocation en cas d'incompétence.*

§ 3. — *Règles et limites du droit d'évocation, en cas d'infirmation de jugemens interlocutoires et définitifs.*

§ 4 — *Evocation en cas de juridiction supprimée, d'intervention, de garantie. — Ordre public.*

Art. 6. — *Degrés de juridiction en matière administrative.*

Art. 7. — *Degrés de juridiction en matière criminelle.*

Art. 1er. — *Du premier et dernier ressort dans les affaires de la compétence du juge de paix.*

17.— Le juge de paix connaît, 1° des demandes personnelles et mobilières jusqu'à 50 fr. en dernier ressort, et jusqu'à 100 fr. à la charge de l'appel; 2° de certaines affaires spécialement déterminées, telles que dommages aux champs, actions possessoires, etc., en dernier ressort aussi jusqu'à 50 fr., et, sauf l'appel, à quelque somme que la valeur de la contestation s'élève (art. 10, tit. 3, l. 24 août 1790).

18. — Relativement aux premières, elles sont régies, comme on va le voir par les arrêts ci-après, suivant les mêmes principes que les causes de la même nature dont les tribunaux civils et les tribunaux de commerce sont appelés à connaître ; il n'y a de différence que dans la quotité, et cette différence est nulle sous le rapport de la doctrine. Ce que nous dirons dans les articles suivans est donc applicable aux justices de paix.— D.A. 4. 613, n. 2.

19.— C'est par le montant de la demande, et non par la condamnation que se règle la compétence du juge de paix. — *Spécialement*, un juge de paix ne peut statuer qu'en premier ressort sur une demande d'une somme excédant 50 fr. pour réparation d'injures verbales. A cet égard, la loi du 24 août 1790 n'a pas été modifiée par le décret du 19 pluv. an 2, lequel n'a pas force de loi. — 27 oct. 1813. Civ. c. Vleghe. D.A. 4. 614 et 613, n. 3.-D.P. 13. 1. 545.

20.— De même, un juge de paix ne peut statuer en dernier ressort sur une demande à fins civiles, tendant à une réparation d'injures, et à 500 fr. de dommages-intérêts. — 17 niv. an 7. Sect. temp. c. Min. pub. C. Poussier. D.A. 4. 615. D.P. 1. 1194.

21. — Il suffit qu'une partie demanderesse devant un tribunal de paix ait conclu à la fois à la nullité d'une contrainte de 18 fr. décernée contre elle par le fermier d'un octroi, et au remboursement de 357 fr. qu'elle prétend avoir, à tort, payés antérieurement au fermier, pour que le juge de paix ne puisse pas juger en dernier ressort, encore qu'il statue par deux jugemens distincts, l'un sur la nullité de la contrainte, l'autre sur le remboursement demandé. — 27 juill. 1825. Civ. r. Reiss. D.P. 25. 1. 401.

22. — Lorsque le demandeur ne détermine pas la valeur des objets qu'il réclame dans sa demande, ni dans ses conclusions postérieures, ni verbalement à l'audience, le jugement n'est rendu qu'en premier ressort. — *Spécialement*, lorsque celui qui intente une action possessoire ne détermine pas dans sa demande la valeur de la pièce de terre dont il se prétend dépossédé par voie de fait, qu'il n'y évalue pas le dommage résultant pour lui de cette dépossession, et qu'il ne répare cette omission dans aucun écrit postérieur, ni verbalement à l'audience, le juge de paix ne pouvant savoir légalement la valeur de l'action, ne doit prononcer qu'en premier ressort. — 4 brum. an 10. Civ. c. Queré. D.A. 4. 720. D.P. 1. 1245.— V. *infrà*, art. 4.

23. — Lorsque la compétence du juge de paix a été fixée par les conclusions de l'exploit introductif d'instance, elle ne peut plus être changée par des conclusions prises postérieurement *en l'absence du défendeur*. — *Spécialement*, une partie qui a formé devant le juge de paix une demande indeterminée, ne peut plus, à l'audience, et en l'absence du défendeur, en réduisant ses conclusions à une somme inférieure à 50 fr., faire rentrer la contestation dans les limites du dernier ressort. — 6 juill. 1814. Civ. r. Raulin. D.A. 4. 615. D.P. 1. 1194.

24. — Si, sur une demande de la compétence en dernier ressort du juge de paix, il est formé une demande reconventionnelle de même nature, excédant le taux du dernier ressort, le juge, encore bien qu'il se déclare incompetent sur la demande reconventionnelle, et se borne à statuer sur la demande principale, ne prononce qu'en premier ressort sur cette demande. — 11 nov. 1829. Req. Propriétaires des Prés-les-Graviers. D.P. 29. 1. 379. — V. *infrà*, art. 3, § 1er.

DEGRÉS DE JURIDICTION. Art. 1er.

25. — Dans une demande alternative tendante à obtenir la restitution d'un droit mobilier d'une valeur indéterminée, telle que la jouissance d'un banc à l'église, ou le paiement d'une somme fixe, c'est la quotité de cette somme qui établit l'intérêt du litige; et, si elle ne va pas à 50 fr., le juge de paix prononce en dernier ressort. — 14 mars 1833. Req. Fabr. de Vavincourt. D.P. 33. 1. 190.—V. n. 47.

26. — Quant aux contestations dont les juges de paix peuvent connaître jusqu'à 50 fr. en dernier ressort, et à la charge d'appel, à quelque somme qu'elles montent (telles, par exemple, que les actions possessoires), les difficultés qu'elles peuvent faire naître, relativement à la fixation du premier ou dernier ressort, se résolvent d'après les principes et les distinctions ci-après :

27.— La *réintégrande* n'a d'autre objet (V. Actions possessoires) que de faire cesser la violence à l'aide de laquelle un individu s'est emparé d'un immeuble, sans rien préjuger sur les droits des parties, soit quant à la propriété, soit relativement à la possession; elle se compose donc uniquement des dommages-intérêts réclamés. Dès lors, la somme de ces dommages est la seule règle à suivre pour fixer le premier ou le dernier ressort ; et ce n'est qu'autant que cette somme excède 50 fr. que le juge de paix ne doit prononcer qu'à la charge de l'appel (C. civ. 2060).— D.A. 4. 613, n. 4.

28.— Jugé cependant que l'action en réintégrande étant, de même que l'action en complainte, d'une valeur indéterminée, doit subir les deux degrés de juridiction, quoique les dommages-intérêts demandés n'excèdent pas 50 fr... ; et, dès lors, est susceptible d'appel le jugement qui, sur l'action en réintégrande, condamne le défendeur à replacer une barrière, à arracher une haie, rétablir un passage et à 40 fr. de dommages-intérêts. — 5 mars 1828. Req. Robart. D.P. 28. 1. 163.

29.— Mais cet arrêt ne contrarie le principe ci-dessus posé que par ses motifs et non par son dispositif, puisque, si la demande en dommages-intérêts ne montait qu'à 40 fr., elle était accompagnée d'autres chefs de demande indéterminée.

30 — Mais lorsque, dans une action en réintégrande, le demandeur conclut à la démolition de travaux faits par le défendeur sur le terrain litigieux, le juge de paix ne peut statuer qu'en premier ressort, lors même que les dommages-intérêts réclamés ne s'élèveraient pas à 50 fr. — 16 juin 1818. Req. Vignes. D.A. 4. 622. D.P. 19. 1. 124.

31.—Il en serait ainsi dans ce cas, alors même qu'il n'aurait point été réclamé de dommages-intérêts.— Henrion, *Comp. des juges de paix*, p. 448, 7e édit.; D.A. 4. 613, n. 4.

32.— La *complainte* ayant pour objet, non pas seulement les dommages-intérêts pour réparation du trouble apporté à la possession, mais la possession elle-même et les prérogatives qui y sont attachées, est évidemment une demande indéterminée, sur laquelle le juge de paix ne peut prononcer qu'en premier ressort, et cela alors même que l'action en complainte n'est accompagnée d'aucune autre demande accessoire.— D.A. 4. 615, n. 1 et 5.

33.— Décidé ainsi qu'un juge de paix ne peut prononcer en dernier ressort sur la possession d'un droit de passage, dont la valeur est indéterminée. —10 mess. an 11. Civ. c. Brandon. D.A. 4. 616. D.P. 1. 1194.—V. Merlin, Rép., v° Dernier ressort, § 1er, n. 3.

34.—...Ni sur une action qui a pour objet la maintenue dans une possession plus qu'annale, la jouissance d'un passage et 200 fr. d'indemnité.—26 mess. an 13. Civ. c. Lagutaire. D.A. 4. 616. D.P. 1. 1195.

35.—...Ni sur une demande de maintenue en possession d'un escalier, et de suppression d'ouvrages faits par le défendeur au possessoire, lorsque, d'ailleurs, la valeur de l'objet en litige n'est pas déterminée.—25 août 1806. Civ. c. Cassaigne. D.A. 4. 616. D.P. 1. 1195.

36.— ..Ni sur une action possessoire ayant pour objet, outre une réclamation de dommages-intérêts n'excédant pas 50 fr., une demande en démolition d'un nouvel œuvre.— 2 avril 1811. Req. Olombel. D.A. 4. 620. D.P. 12. 1. 138.— 31 déc. 1821. Civ. r. Duplessis. D.A. 4. 621. D.P. 22. 1. 39.

37.—... Ni sur une demande en complainte pour trouble à la possession d'un cours d'eau, bien que le demandeur n'ait conclu qu'à des dommages-intérêts n'excédant pas 50 fr.— 31 juill. 1828. Req. Pravaz. D.P. 29. 1. 380.

38.—Il en serait ainsi, et l'appel contre la sentence du juge de paix serait non-recevable, quand même ce juge aurait donné acte au défendeur de ce qu'il ne contestait point la possession du demandeur, étant de principe que la compétence du juge est fixée par les conclusions, et non par le jugement qui les a réduites.— 11 avril 1827. Civ. c. Ville de Pontoise. D.P. 27. 1. 197.

39.— Décidé au contraire que le juge de paix prononce en dernier ressort sur une action possessoire,

Lorsque les dommages-intérêts réclamés par le demandeur n'excèdent pas 50 fr., quand même le juge n'aurait entendu prononcer qu'à la charge de l'appel.— 20 therm. an 12. Civ. r. Lingois. D.A. 4. 617. D.P. 5. 1. 61.—23 fruct. an 12. Civ. r. Potiers. D.A. 4. 617. D.P. 5. 1. 61.— 20 vent. an 13. Civ. r. Courgeon. D.A. 4. 617. D.P. 5. 2. 95.—19 therm. an 13. Civ. r. Garoille. D.A. 4. 617.—25 oct. 1808. Req. Daguillard. D.A. 4. 617.—6 juill. 1812. Civ. c. Herblin. D.A. 1. 259. D.P. 13. 1. 287. — 13 août 1817. Civ. c. Barré. D.A. 4. 617. D.P. 22. 1. 278.

40.—... Ou lorsque le demandeur n'a conclu qu'à des dommages-intérêts qu'il plairait au juge de fixer, et que ce dernier les a fixés à une somme au-dessous de 50 fr.— 6 oct. 1807. Civ. r. Bonenfant. D.A. 4. 617 et 613. D.P. 7. 2. 179.—24 mess. an 11. Civ. c. Chataigner. D.A. 4. 619. D.P. 1. 1195.— 24 prair. an 12. Civ. c. *eod. loc.* — 25 mai 1822. Sect. réun. r. Barré. *eod. loc.*— 11 avril 1825. Civ. c. Malardier. D.P. 25. 1. 270. — 14 fév. 1826. Civ. c. Léonard. D.P. 26. 1. 137.— 31 juill. 1828. Req. Pravaz. D.P. 29. 1. 380.— 31 août 1831. Req. Puyvert. D.P. 31. 1. 322.

41.—... Ou lorsque l'action possessoire, d'abord indéterminée, a été fixée pendant l'instruction à une somme n'excédant pas 50 fr., demandée pour dommages-intérêts. Peu importe que le juge de paix ait déclaré ne statuer qu'à la charge d'appel.— 1er juill. 1812. Civ. c. Chauvin. D.A. 4. 617. D.P. 12. 1. 475.

42. — Décidé encore que le juge de paix peut prononcer en dernier ressort sur une action par laquelle le demandeur conclut à la réparation du trouble apporté à sa possession, au rétablissement des choses dans leur premier état, et à 50 fr. de dommages-intérêts. — 19 juin 1810. Civ. c. Paradis. D.A. 4. 618. D.P. 10. 1. 365.

43. — Jugé enfin qu'en matière possessoire, le jugement du juge de paix, alors même qu'il n'est pas qualifié, doit être réputé en dernier ressort, si les dommages-intérêts réclamés n'excèdent pas 50 fr., encore que, réunis à ceux demandés reconventionnellement par le défendeur, ils s'élèvent au-dessus de cette somme. — 13 nov. 1811. Civ. c. Robès. D.A. 4. 618. D.P. 12 1. 81 et 481.

44. — De ces deux systèmes contraires, le premier semble préférable. Comment le juge de paix pourrait-il juger, en dernier ressort, une action en complainte à laquelle on a ajouté une demande en dommages-intérêts, lorsqu'il ne peut prononcer sur la complainte toute seule qu'à la charge de l'appel? C'est donc avec raison que la cour de cassation, par son arrêt du 25 mai 1822, rendu sections réunies, est revenue à la doctrine qu'elle avait d'abord embrassée, et qu'elle a ensuite abandonnée pendant vingt années. —D.A. 4. 613, n. 5; Merl., Rép., t. 16; Carré, *L. de la proc.*, t. 2, n. 414; Henr., *Comp. des juges de paix*, p. 448, 7e édit. —*Contrà*, Foulon et Billion.— Sans doute, la fixation d'une somme réclamée à titre de dommages-intérêts annonce communément que dans l'opinion du demandeur, l'intérêt du litige doit avoir cette limite; mais cette considération ou cette présomption ne saurait faire fléchir la règle générale.

45. — Il est pourtant quelques cas où le juge de paix statue en dernier ressort sur l'action en complainte: c'est, par exemple, lorsque le demandeur conclut à ce qu'il soit défendu à son adversaire de le troubler à l'avenir dans sa possession, si mieux il n'aime lui payer 40 fr.; ces conclusions fixant à 40 fr. la valeur de l'objet litigieux, il y a lieu d'appliquer la disposition qui autorise le juge de paix à connaître sans appel jusqu'à la valeur de 50 liv. —D.A. 4. 614, n. 6; Henr., p. 453.

46. —Il en est de même lorsque dans sa demande le complaignant a évalué la propriété même du fonds dont il réclame la possession, à une somme au-dessus de 50 fr. — Carré, *L. de la comp.*, t. 2, art. 317, n. 414; D.A. 4. 614, n. 7.

47. — Lorsque, sur la demande en paiement d'une somme qui n'excède point la compétence du juge de paix en dernier ressort, et qui a pour cause le prix du loyer d'un objet, spécialement le loyer d'un banc dans une église, le défendeur oppose qu'il a constamment joui de ce banc sans aucune rétribution, et qu'il produit un acte duquel il résulterait que ses auteurs ont acquis la jouissance de ce même banc à perpétuité, le juge de paix doit se déclarer incompétent, ou du moins s'abstenir de prononcer en dernier ressort. — 4 fév. 1824 Civ. c. Billart-le-Hamel. D.A. 4. 622. D.P. 24. 1. 52.

48.—Mais si, sur la demande d'une somme moindre de 50 fr. pour dommages causés à un pré, le défendeur, sans intenter aucune action possessoire ni pétitoire, se borne à alléguer vaguement qu'il n'a fait qu'user d'un droit dont il a toujours joui, le juge de paix peut, en statuant uniquement sur la demande en dommages, prononcer en dernier ressort. Un tel jugement ne préjudicie en rien à l'action possessoire que la partie condamnée aux dommages-intérêts peut former ultérieurement. — 15 déc. 1824. Civ. c. Mirabel. D.P. 25. 1. 13.— 15 déc. 1824. Civ. c. Ginieis. D.P. 25. 1. 13.

49. —Lorsque plusieurs particuliers ont, par un même exploit, demandé devant le juge de paix que les dommages causés à leurs champs fussent constatés, et qu'ensuite, par des exploits séparés, chacun a conclu à une somme différente pour réparation du dommage, le juge de paix prononce en dernier ressort sur la demande de celui qui conclut à une somme moindre de 50 fr., quoique le jugement interlocutoire rendu pour la constatation du dommage-intérêt ait été commun à ceux qui ont demandé des sommes supérieures à 50 fr. — 17 nov. 1813. Civ. r. Havrincourt. D.A. 4. 623. D.P. 1. 1195. — Concl. conf. de Merlin, *Nouv. rép.*, vo Dernier ressort.

50. — C'est devant le tribunal civil, et non devant le juge de paix qu'a dû être portée la demande d'une somme supérieure à 100 fr., intentée contre plusieurs héritiers, sans expliquer qu'ils sont tenus individuellement, chacun pour sa part, dans la succession, encore bien qu'en réalité, la somme due par chacun soit au-dessous de 100 fr. — 17 juin 1828. Pau. Soulabère. D.P. 29. 2. 141.

51. — Avant le code de procédure, un jugement qualifié en dernier ressort, quoique d'après la loi il ne pût être rendu qu'en premier ressort, n'était pas soumis à l'appel : il ne pouvait être attaqué que par la voie de la cassation — 17 niv. an 7. Sect. temp. c. Min. pub. C. Poussier. D.A. 4. 615. D.P. 1. 1194. — V. Appel civil, n. 28.

52.—Sous le code de procédure civile, les jugemens de juge de paix, mal à propos qualifiés en dernier ressort, sont susceptibles d'appel. — 31 déc. 1821. Civ. r. Duplessis. D.A. 4. 621. D.P. 22 1. 59. — V. Appel civil, n. 39.

53.— On peut appeler pour cause d'incompétence d'un jugement de juge de paix, lors même que ce jugement est d'ailleurs en dernier ressort ou qualifié tel.— 22 oct. 1811. Civ. c. Aix. Savournin. D.A. 1. 114. D.P. 11. 1. 509.— V. Appel civil, n. 54.

54 — Décidé de même que le jugement d'un juge de paix est sujet à l'appel, pour cause d'incompétence alléguée. Mais le tribunal qui reçoit l'appel ne peut annuler ce jugement, sous le prétexte d'un excès de pouvoir, si le juge de paix n'a fait que statuer sur une action possessoire.—19 juin 1810. Civ. c. Paradis. D.A. 4. 618. D.P. 10. 1. 365.—V. Appel civil, n. 57.

ART. 2.— *Du premier et dernier ressort dans les demandes d'une valeur déterminée, soumises aux tribunaux de première instance ou de commerce.*

§ 1er.— *Des demandes déterminées en général.*

55.— « Les juges de district, dit l'art. 4, tit. 4 de la loi du 24 août 1790, connaîtront en première instance de toutes les affaires personnelles, réelles et mixtes en toutes matières, excepté seulement celles qui ont été déclarées ci-dessus être de la compétence des juges de paix, les affaires de commerce dans les districts où il y aura des tribunaux de commerce établis, et le contentieux de la police municipale.

» Les juges de district, ajoute l'article suivant, connaîtront en premier et dernier ressort de toutes affaires personnelles et mobilières, jusqu'à la valeur de 1,000 livres de principal, et des affaires réelles dont l'objet principal sera de 50 livres de revenu, déterminé soit en rente, soit par prix de bail.»

56.—« Les tribunaux de commerce, porte l'art. 639 C. comm., jugeront en dernier ressort, 1o toutes les demandes dont le principal n'excèdera pas la valeur de 1,000 francs;—2o toutes celles où les parties justiciables de ces tribunaux, et usant de leurs droits, auront déclaré vouloir être jugées définitivement et sans appel.»

57.— Par application des lois ci-dessus, il a été décidé qu'un tribunal de première instance ne peut statuer qu'à la charge d'appel sur une action par laquelle une partie demande à être déchargée du paiement d'une pension excédant 1,000 fr. — 24 therm. an 8. Civ. c. Balan.-D.A. 4. 629. D.P. 1. 1197.

58.—... Ou sur une demande en dommages-intérêts également supérieure à 1,000 francs.— 5 oct. 1808. Civ c. Maréchal. D.A. 4. 629. D.P. 1. 1198.

59. — Est sujet à l'appel le jugement qui, sur la demande en réduction d'un état d'inscription, formée contre le conservateur des hypothèques, ordonne cette réduction ou rectification, et cela encore bien que le montant des droits dont le conservateur est privé ne s'élève pas à 1,000 fr., si les créances dont la réduction est demandée sont supérieures à cette somme.— 9 fév. 1827. Angers. Lieutaud. D.P. 28. 2. 84.

60.— Lorsqu'un individu s'est obligé de payer, à l'acquit d'un autre, une somme excédant 1,000 fr., et qu'il est poursuivi par le débiteur originaire en remboursement d'intérêts arriérés inférieurs à 1,000 fr., qui ont été exigés par le créancier, le tribunal civil ne peut statuer en dernier ressort que, le capital devant être réduit d'après les lois sur le papier-monnaie, les intérêts doivent éprouver la même liquidation.— 26 niv. an 13. Civ. c. Boulet. D.A. 4. 630. D.P. 1. 1198.

61.— Un tribunal (de commerce) commet un double excès de pouvoir lorsqu'il prononce, en dernier ressort, une condamnation à une amende excédant 1,000 fr., et qu'il fait défense, à un individu qu'il condamne, de continuer l'exercice des fonctions d'agent de change. — 2 pluv. an 9. Civ. c. Gennety. D.A. 4. 630. D.P. 1. 1199.

62.—Le jugement qui statue sur la demande du ministère public, tendant à faire prononcer contre un notaire une amende de moins de 1,000 fr., est susceptible d'appel, aux termes de l'art. 53 de la loi du 25 vent. an 11, lequel déclare sujet à l'appel toutes les condamnations d'amende prononcées contre les notaires.— 17 avril 1824. Cour de Bruxelles.— 31 janv. 1826. Même cour. B.A. 8. 246.

63.— Des arbitres forcés prononcent en dernier ressort sur une contestation dont l'objet n'excède pas 1,000 fr.— 21 mars 1823. Lyon. Fournier. D.A. 4. 631. D.P 23. 2. 157.

64.— En effet, l'art. 1023, qui dit que *l'appel* des sentences arbitrales se porte devant la cour royale pour les causes qui eussent été, soit en premier, soit en *dernier* ressort, de la compétence des tribunaux de première instance, ne concerne que les arbitrages volontaires; il ne s'applique aux arbitres forcés qu'en ce sens qu'il indique le tribunal devant lequel l'appel devra être porté. — D.A. 4. 627, n. 15; Locré, *Espr. du C. de pr.*, t. 4, p. 586. — V. Arbitrage.

65. — Les décisions du conseil des prud'hommes réunis en bureau général, sont sans appel jusqu'à la concurrence de 100 fr.; au-dessus de cette somme, l'appel est admis; il est porté, soit devant le tribunal de commerce, soit devant le tribunal civil, qui en tient lieu (Décr. du 3 août 1810, art. 2). — D.A. 4. 625, n. 2; Carré, *L. de la comp.*, art. 424.

66.—Mais le simple avis du conseil des prud'hommes ne peut constituer un premier degré de juridiction. Dès lors, le jugement du tribunal de commerce, qui intervient après cet avis, n'est pas en dernier ressort.— 18 fév. 1834. Riom. Dumas. D.P. 34. 2. 59.

67.— Les tribunaux de première instance peuvent juger en dernier ressort une demande en paiement de 1,000 *fr.*, encore que la loi du 24 août 1790 fixe la limite du dernier ressort à 1,000 *livres*; dans ce cas, la différence de la livre et du franc ne doit point être considérée. — 9 juill. 1817. Rennes. — 17 déc. 1819. Metz.— 24 juill. 1827. Toulouse. Hebray. D.P. 28. 2. 21. — 7 nov. 1827. Caen. Pesqueret. D.P. 29. 2. 29. — 7 août 1828. Poitiers. Mariteau. D.P. 29. 2. 75.

68 — Jugé de même que, depuis la substitution du mot *franc* au mot *livre* dans le système monétaire, le dernier ressort doit être déterminé, pour les tribunaux civils et pour les tribunaux de commerce indistinctement, par le capital de 1,000 fr., bien que ce capital excède la valeur de 1,000, liv., fixée par la loi du 24 août 1790, comme formant la limite du der-

nier ressort.—13 déc. 1831. Bordeaux. Royère. D.P. 32. 2. 62.— Conf. D.A. 4. 625, n. 4, et Carré, *L. de la comp.*, art 281.

69. — Jugé, au contraire, que la loi de 1790 n'ayant autorisé les tribunaux de première instance à statuer, en dernier ressort, en matière civile, que jusqu'à 1,000 liv., le jugement qui prononce sur une demande en paiement de billets d'une somme de 1,000 fr. laquelle forme 1,012 liv. 10 sous tournois, est sujet à l'appel. — 9 janv. 1826. Nanci. Delhaye. D.P. 26. 2. 122.

70. — Du reste, la question ne peut s'élever à l'égard des tribunaux de commerce, dont la compétence en dernier ressort est étendue jusqu'à 1,000 *fr.* par l'art. 639 C. comm. — Aussi, la première des décisions ci-dessus, qui fait disparaître toute anomalie entre la compétence en dernier ressort des tribunaux civils et celle des tribunaux de commerce, nous semble-t-elle la mieux fondée.

71. — S'il s'agissait d'une somme stipulée nominativement en écus de 3 ou 6 liv., il faudrait réduire la somme en francs, pour voir s'il y aurait lieu au dernier ressort. — 8 avril 1815. Rennes. — Op. conf. D.A. 4. 626, n. 4; Carré, *loc. cit.*

72.— Lorsqu'il s'agit d'une obligation souscrite en argent des colonies, c'est la valeur numérique de la somme, *argent de France*, et non sa valeur *argent des colonies*, qui détermine le premier ou le dernier ressort.—12 août 1831. Bordeaux. Chapus. D.P. 31. 2. 256.

73. — L'art. 4, tit. 3 de la loi de 1790 n'autorise les tribunaux civils à juger en dernier ressort que *jusqu'à* la valeur de 1,000 liv., tandis que l'art. 4, tit. 12 de la même loi, et l'art. 639 C. comm. autorisent les tribunaux commerciaux à prononcer sur les demandes dont le principal *n'excède pas* 1,000 fr.; d'où il suit que la compétence en dernier ressort des tribunaux civils est plus restreinte que celle des tribunaux de commerce, les mots *jusqu'à* étant essentiellement exclusifs. Cette restriction bizarre est l'effet d'une inadvertance du législateur (D.A. 4. 626, n. 5; Carré, *loc. cit.*). On peut douter qu'un pareil vice de rédaction apporte réellement une différence dans les limites du dernier ressort des tribunaux civils et de commerce.— V. n. 70.

74. — Si le porteur d'un titre constitutif d'une créance supérieure à 1,000 fr. divisait son action en plusieurs demandes, dont chacune serait inférieure à cette somme, le jugement serait-il rendu en dernier ressort? — Oui, dit Jousse, si le défendeur y consent, ou si la dette divisée provient de plusieurs causes différentes (par exemple, si plusieurs objets ont été vendus par le même contrat, chacun pour un prix particulier), ou enfin si elle est payable en plusieurs termes. — D.A. 4. 626, n. 7; Carré, *L. de la comp.*, art. 281, n. 301.

75.— Il n'y a pas de distinction à établir entre les demandes qui sont et celles qui ne sont pas justifiées par écrit; celles-ci, comme les premières, ne peuvent être jugées en dernier ressort qu'autant qu'elles dérivent de différentes causes, mais non lorsque leur cause est la même. On ne peut argumenter, par analogie, contre cette opinion, de l'art. 1346 C. civ.; car cet article a été dicté par la défaveur attachée à la preuve testimoniale, tandis que la règle des deux degrés de juridiction est, au contraire, favorable, et ne souffre d'exceptions que celles expressément établies.— D.A. 4. 626, n. 8.— *Contrà*, Carré, n. 302.

76.—Les tribunaux de première instance prononcent en dernier ressort sur une demande d'une somme moindre de 1,000 fr., quoiqu'elle soit le reste ou le complément d'une valeur déjà fournie ou payée, et dont le total excède 1,000 fr. — 23 janv. 1810. Bruxelles. Brullemans. D.A. 4. 628. D.P. 12. 2. 2. — 27 janv. 1821. Metz. Bataille. D.P. 23. 2. 129.

77. — En effet, la valeur du litige se détermine par les conclusions; si le demandeur ne conclut qu'au paiement d'un reliquat moindre de 1,000 fr., et que le titre même ne soit pas contesté, le procès n'a d'autre objet que ce reliquat: il peut donc être jugé en dernier ressort.— D.A. 4. 626, n. 9; Carré, n. 298 et 303.

78.—Jugé de même, 1° que lorsque, sur une demande en paiement de moins de 1,000 fr. pour restant du prix d'une vente, le défendeur oppose une quittance dont l'effet tend à réduire encore la dette, le tribunal de première instance peut prononcer en dernier ressort, alors même que le prix total de la vente excéderait 1,000 fr. — 22 mars 1822. Amiens. Barras. D.A. 4. 628. D.P. 1. 1197.

79.— 2° Que le jugement qui statue sur une demande inférieure à 1,000 fr., formant le reliquat d'une somme supérieure à 1,000 fr., est en dernier ressort, que cela ait été ou non déclaré par le juge. — Il ne peut être susceptible d'appel, sous aucun prétexte d'éventualité; et, par exemple, en ce qu'il tendrait à attribuer à la partie condamnée une qualité de laquelle il résulterait qu'elle pourrait être exposée à une demande supérieure......, surtout lorsque, comme ici, tout le surplus de la somme a déjà été payé.—29 déc. 1830. Civ. c. Dijon. Bigeard. D.P. 31. 1. 62.

80. — Décidé cependant qu'un tribunal ne peut prononcer qu'à charge d'appel sur la demande d'une somme inférieure à 1,000 fr., mais formant le reliquat du prix d'une vente que le demandeur prétend avoir été de 1,000 fr. supérieure à celui porté au contrat. — 31 mars 1827. Besançon. Ploux. D.P. 28. 2. 32.

81. — Est en dernier ressort le jugement intervenu sur une demande inférieure à 1,000 fr., quoiqu'il ait été nécessaire, pour statuer sur cette demande, de consulter des factures ou quittances se référant à des fournitures supérieures à cette somme. — 28 janv. 1820. Riom. Delolme. D.A. 4. 628. D.P. 21. 2. 36.

82. — Jugé de même que quoiqu'il faille, pour apprécier une demande au-dessous de 1,000 fr., interpréter un acte d'un intérêt supérieur, le jugement n'est pas moins rendu en dernier ressort.— 16 août 1831. Civ. r. Metz. Fischer. D.P. 31. 1. 265.

83. — Lorsqu'une demande renferme plusieurs chefs relatifs au même objet, un tribunal ne peut point prononcer en dernier ressort sur les uns, à charge d'appel sur les autres, et par des jugemens différens.— 21 brum. an 7. Civ. c. Bosman. D.A. 1. 477. D.P. 5. 1. 175.

84 — Le mode de fixation de la valeur à laquelle est attaché le droit de juger en dernier ressort, varie suivant la nature de l'action; s'il s'agit d'une demande purement personnelle, l'exploit introductif d'instance ou les conclusions postérieures en déterminent la valeur. — V. *infra*, les développemens de cette proposition.

85. — En matière mobilière, c'est aussi par les conclusions du demandeur que le tribunal peut connaître s'il juge en premier ou dernier ressort.—D.A. 4. 626, n. 11

86.— Mais le demandeur est-il, en matière mobilière, tellement maître de l'estimation, qu'il puisse, en la réduisant, faire rentrer l'affaire dans la compétence du juge de paix ou la soustraire à l'appel? Suivant Carré, *Lois de la compét.*, art. 316, le défendeur peut contester la réduction faite par le demandeur. Mais cette opinion, qui a quelque chose d'équitable, a aussi l'inconvénient d'obliger les parties à plaider sur la valeur de l'objet mobilier litigieux, d'enter ainsi un procès sur un procès, et d'établir une exception arbitraire à la règle, que le dernier ressort se détermine par les conclusions. — D.A. 4. 626, n. 11; Henr., *Compét. des juges de paix*, ch. 16.

87. — La détermination de la valeur des actions réelles immobilières ne peut jamais être faite par le capital, mais seulement par le revenu de l'objet contesté, revenu évalué soit par les baux, soit en rente. Tout autre mode d'évaluation serait rejeté, et la demande, considérée comme indéterminée, se trouverait de plein droit soumise à l'appel. — D.A. 4. 627, n. 12; Carré, art. 334. — V. *infrà*, art. 4, § 2.

88.— Quant aux actions *mixtes*, à l'égard desquelles la loi a omis de fixer la limite du dernier ressort, il faut, suivant Carré, art. 354, puisque ces actions participent de la nature des actions réelles et de celle des actions personnelles, cumuler la valeur du droit réel avec la valeur du droit personnel, et ce n'est que lorsque ces valeurs réunies excèdent 1,000 fr., que le jugement est sujet à l'appel.— Dalloz pense que, sans recourir à cette opération, il suffit, pour déterminer la valeur de l'action mixte, de prendre pour base la valeur de celle des deux actions, personnelle et réelle qui la composent, dont la somme s'élève le plus haut. Ainsi, lorsque le demandeur en rescision d'une vente conclut à des dommages-intérêts contre l'acquéreur, l'action personnelle qui surpasse l'action réelle de toute la somme des dommages réclamés, doit seule être prise en considération pour régler le premier ou le dernier ressort.

89.— Le jugement qui statue sur une opposition à un concordat n'est jamais rendu en dernier ressort,

parce que cette opposition tendant à remettre en question la validité d'une convention, constitue une demande indéterminée (D.A. 4. 627, n. 16). Boulay et Carré émettent le même avis, mais par un autre motif, savoir, que les parties ne peuvent être privées des deux degrés de juridiction que par un texte de loi formel

90.— La tierce-opposition s'apprécie par la valeur à laquelle conclut le tiers-opposant; s'il demande une somme supérieure à 1,000 fr., le jugement à intervenir sera sujet à l'appel, alors même que le jugement primitif, attaqué par la tierce-opposition, serait en dernier ressort, et *vice versâ*.— Ici s'applique le principe, que la compétence se détermine par les conclusions. — D.A. 4. 627, n. 17; Carré, art. 281.

91. — La même règle doit être suivie, quoique la tierce-opposition soit portée devant un tribunal d'un autre ordre que celui qui a rendu le premier jugement. Ainsi, lorsqu'il s'agit d'un objet de plus de 1,000 fr., et que les parties mettent la cause en arbitrage, elles peuvent donner aux arbitres pouvoir de prononcer en dernier ressort. Mais si la sentence n'a pas été rendue dans les délais de la loi, ou si elle a été annulée par quelque motif que ce soit, tout rentre dans le droit commun, et le tribunal ne peut alors statuer qu'à la charge de l'appel. — D.A. 4. 627, n. 17.

92. — Il en est de même lorsqu'une loi spéciale a soumis certains procès à des tribunaux particuliers, comme à des arbitres forcés, qui, d'après la loi du 10 juin 1793, devaient connaître en dernier ressort de toutes les contestations sur les biens des communes. Si, après la suppression de ces tribunaux, leur jugement est attaqué par tierce-opposition, le tribunal qui doit en connaître est obligé de suivre les règles générales qui ont limité ses pouvoirs et établi deux degrés de juridiction. Qu'on ne dise pas que le tribunal civil se trouvant substitué aux arbitres doit prononcer comme eux en dernier ressort. Toute procédure qui sort du droit commun doit être restreinte dans ses limites, hors desquelles il faut appliquer les lois générales. — D.A. 4. 628, n. 18.

93. — Jugé ainsi que les tribunaux de première instance ne peuvent statuer qu'en premier ressort sur la tierce-opposition dirigée contre une sentence rendue par des arbitres forcés, sous la loi du 10 juin 1793, surtout s'il s'agit d'une action en revendication d'un immeuble d'une valeur indéterminée.—29 nov. 1820. Civ. r. Bathelat. D.A. 4. 631. D.P. 22. 1. 220.

§ 2.—*De la détermination du taux du dernier ressort par les conclusions.*

94. — Ce sont *les conclusions de la demande*, et non le montant de la condamnation, qui fixent la limite du dernier ressort; ainsi, un juge ne peut statuer en dernier ressort en condamnant au paiement d'une somme moindre de 1,000 fr., lorsque la demande s'élevait au-delà de 1,000 fr.—21 fruct. an 9. Civ. c. Arpin. D.A. 4. 632. D.P. 3. 1. 395 et 13. 1. 545. — 3 germ. an 10 Req. Gasteau. D.A. 4. 632. D.P. 13. 1. 545. — 7 therm. an 11. Civ. c. Sollier. D.A. 4. 633. D.P. 13. 1. 545. —20 janv. 1807. Civ. c. Bouras. D.A. 4. 633. D.P. 1. 1199.

95. — On sent bien que, sans ce principe dès long-temps établi (*quoties de quantitate ad judicem pertinente quæritur, semper quantùm petatur quærendum est, non quantum debeatur*. L. 19, § 1er, *D. de Jurisp.*), les juges inférieurs pourraient toujours soustraire leurs décisions à l'appel. — D.A. 4. 632, n. 1; Henrion, *Compét. des juges de paix*, chap. 12; Carré, *Loi de la compét.*, art. 281; Merl., Rép., t. 3, p. 378.

96. — Mais le demandeur peut toujours, jusqu'au jugement définitif, diminuer ou augmenter ses conclusions; ce sont alors les conclusions réduites ou plus élevées qui forment le dernier état de la demande, et servent à déterminer la compétence du premier ou dernier ressort. — D.A. 4. 632, n. 2; Carré, *L. de la compét.*, art. 281, n. 289.—V. au paragraphe suivant l'arrêt de cassation du 1er avril 1823.

97. — Jugé ainsi qu'on doit considérer comme rendu en dernier ressort le jugement intervenu sur une demande qui, dans le cours de l'instance, a été réduite à 1,000 fr. ou au-dessous. — 17 fruct. an 12. Req. Vial. D.A. 4. 633. D.P. 1. 1200. — 3 pluv. an 13. Civ. c. Perrochin. D.A. 4. 709. D.P. 1. 1236.— 4 sept. 1811. Civ. r. Paris. Baise. D.A. 4. 634. D.P. 11. 1. 465. — 29 déc. 1824. Agen. Franchet. D.A. 4. 634.

98. — Ainsi que le jugement intervenu sur une

demande indéterminée, en reddition de compte, lorsque le demandeur a réduit sa prétention au paiement d'une somme inférieure à 1,000 fr, pour reliquat de compte.— 30 déc. 1825. Amiens. Chevalier. D.P. 28. 2. 20.

99. — ... Et celui intervenu sur une demande contenant d'abord deux chefs qui, réunis, excédaient 1,000 fr., lorsque la contestation a été réduite, à l'audience, à un seul chef constituant une somme moindre de 1,000 fr. — 30 nov. 1830. Bastia. Confortini. D.P. 31. 2. 6.

100. — Jugé de même que la compétence du premier et du dernier ressort ne s'établit ni d'après les conclusions primitives, lorsqu'elles ont été abandonnées par la partie qui en a pris de plus amples, ni d'après le montant de la condamnation, mais d'après les conclusions sur lesquelles le juge a été appelé à prononcer. — 11 avril 1831. Civ. c. Guadeloupe. D'Alciat. D.P. 31. 1. 140.

101.—Jugé même que c'est le taux de la demande réduite par les conclusions, et non celui de la demande originaire qui détermine la compétence des tribunaux, encore bien que des réserves seraient faites pour le surplus. —17 juin 1834. Douai. Dutilleux-Parent. D.P. 34. 2. 233.

102. — On a cependant contesté au demandeur, en argumentant de l'art. 1343 C. civ., le droit d'enlever a son adversaire, par une réduction des conclusions primitives, le bénéfice de l'appel. Mais nous avons déjà dit *suprà* que les dispositions du code civil, relatives à la preuve testimoniale, sont ici sans application. — D.A. 4. 632, n. 3; Carré, art. 281.

103. — Du reste, la demande resterait fixée par l'exploit introductif d'instance, si le demandeur ne changeait ses conclusions qu'en l'absence et à l'insu du défendeur. — 6 juill. 1814. Civ. r. Raulin. D A. 4. 613. D.P. 1. 1194.

Cette décision, rendue en matière de justice de paix, est évidemment applicable aux tribunaux de première instance et de commerce.—D.A.4.632, n.2.

104. — Lorsque l'objet d'une demande est indéterminé dans sa valeur, le jugement qui fixe cette valeur à une somme moindre de 1,000 fr. ne peut être rendu qu'en premier ressort, alors même que le demandeur aurait aussi déclaré s'en référer à l'estimation du juge. — 12 déc. 1807 Bruxelles. G .. D.A. 1. 94. D.P. 1. 36.

105.—Jugé dans le même sens que si, après avoir formé une demande d'une somme supérieure à 1,000 fr., le demandeur déclare, pendant l'instance, qu'il s'en rapporte à la taxe du tribunal, et que la condamnation soit inférieure à 1,000 fr., le jugement n'est rendu néanmoins qu'en premier ressort.— 6 déc. 1810. Bruxelles. Guislen. D.A. 4. 633. D.P. 12. 2. 5.

En effet, dit Dalloz, une déclaration de s'en rapporter à justice n'équivaut pas à une réduction, puisqu'elle laisse aux juges la faculté d'accorder plus de 1,000 fr.— Cette décision toutefois ne nous semble pas exempte de difficultés.

106. — L'acquiescement partiel du défendeur à l'un des chefs de la demande, donne lieu au dernier ressort, lorsque les chefs qui demeurent seuls contestés n'excèdent pas 1,000 fr. — 7 juin 1810. Req. Monnier. D.A. 4. 633. D.P. 10. 1. 548.— Conf. Merl., Rép., v° Dernier ressort : Carré, art. 281; D.A. 4. 632, n. 4.

107. — Jugé aussi 1° que lorsque, sur la demande en paiement de 1,265 fr., montant de deux factures, l'une de 325 fr., l'autre de 940, l'assigné offre de payer la première facture, mais conteste la seconde, le jugement qui le condamne à payer la totalité de la somme demandée est en dernier ressort. — 26 janv. 1825. Lyon. Métras. D.P. 25. 2. 146.

108.—2° Que lorsque les offres réelles du défendeur (quoique non acceptées) ont réduit à moins de 1,000 fr. le montant du litige, qui, dans le principe, excédait cette somme, le jugement qui intervient est en dernier ressort.— 26 mars 1828. Besançon. Henry-Colas. D.P. 29. 2. 100. — 1er fév. 1830. Dijon. Arveux. D.P. 30. 2. 139.

109.— 3° Que si, sur la demande formée contre deux co-débiteurs solidaires d'une somme excédant 1,000 fr., l'un de ces co-débiteurs a fait offre réelle d'une partie de la somme réclamée, de telle sorte que le litige n'a subsisté que sur une somme inférieure au taux du dernier ressort, le jugement doit être réputé rendu en dernier ressort, bien que l'offre réelle ait été refusée, que les deux co-débiteurs aient été condamnés au paiement de la somme totale excédant ce même taux, et que l'appel émane de celui des débiteurs qui n'avait fait aucune offre. — 23 mars 1831. Lyon. Bonnoud. D.P. 31. 2. 167.

110.— Décidé, au contraire, que le jugement qui statue sur la suffisance de la consignation d'une somme excédant 1,000 fr. est en premier ressort, bien que la différence entre la somme consignée et celle qui est réclamée soit inférieure à 1,000 fr.— 13 août 1824. Bourges. Merle. D.P. 25. 2. 71. — 8 mai 1827. Caen. Claude. D.P. 28. 2. 51.

111.— Jugé qu'il en est ainsi, si les offres ont été refusées, attendu que pour éteindre l'action il faut une acceptation pure et simple, et qu'une acceptation des offres avec réserve de les combattre sous le rapport de l'insuffisance et de l'irrégularité ne peut changer le caractère de la cause. — 31 juill. 1820. Rennes. *Journ. des avocats*, t. 19, p. 225. — 12 avril 1826. Amiens. Richard. D.P. 28. 2. 20.—12 fév. 1830. Bourges. Vallet. D P. 33. 2. 194.—2 mars 1830. Colmar. Kolb. D P. 31. 2. 18.

112.— Lorsque le litige n'a porté que sur la validité ou l'invalidité d'une quittance moindre de 1,000 liv., opposée par le défendeur, on ne doit point, pour déterminer la compétence des premiers juges, cumuler avec cette somme celle réclamée par le demandeur, pour la même cause que celle qui avait donné lieu à la quittance. — 14 germ. an 12. Civ. r. Dubousquet. D.A. 4. 655. D.P. 1. 1209.

113. — La demande principale ne règle pas seule le degré de juridiction. — La demande formée par une partie intervenante doit être prise en considération pour fixer le premier ou dernier ressort, encore que le défendeur au principal reconnaisse n'avoir aucun droit à l'objet du litige. — 5 avril 1823. Bruxelles. Lamberts. D.A. 11. 450. D.P. 2. 1082.

114.— Ce sont les demandes formées devant le premier juge qui fixent le dernier ressort, et non les actes postérieurs au jugement de première instance.

115.— Ainsi, est recevable l'appel d'un jugement non susceptible du dernier ressort, lorsqu'il est interjeté par un individu qui se borne à demander une réduction de moins de 1,000 fr. sur la condamnation prononcée en première instance.— 6 juill. 1824. Poitiers. Ranger. D.P. 25. 2. 120.

Voyez dans le même sens, au paragraphe suivant, l'arrêt de Bordeaux, du 14 août 1829, et celui de Bourges, du 13 août 1831, n. 131 et 132.

§ 3.—*Des cas où les fruits, intérêts, frais et dépens, dommages-intérêts concourent à fixer le dernier ressort.*

116.— Les tribunaux de première instance et ceux de commerce connaissent en dernier ressort des demandes de sommes fixes et liquides qui n'excèdent pas 1,000 fr., tant pour le principal que pour les intérêts et arrérages *échus avant la demande*. A l'égard des intérêts, arrérages, restitutions de fruits *échus depuis la demande*, dépens et des dommages-intérêts, ils ne sont pas compris dans la somme qui détermine la compétence.

117.— En effet, les arrérages, dépens, dommages-intérêts échus depuis la demande ne sont qu'un accessoire de cette demande, accessoire qui n'est qu'éventuel au moment de l'exploit ou des dernières conclusions, tandis que les fruits, arrérages, etc. échus avant la demande, sont des sommes connues, et forment un véritable capital qu'il faut joindre au principal de la demande (L. 51, D. § 1er, *de Petit. hered.*).

118.— Aussi la distinction ci-dessus, puisée littéralement dans l'édit des Présidiaux de 1777, est-elle généralement admise, quoique non reproduite par la loi de 1790. — D.A. 4. 635, n. 1; Merl., Rép., v° Dernier ressort, § 11; Poncet, *Tr. des jugem.*, t. 1er, n. 293; Carré, art. 284.

119.—Jugé, par application de ces règles, qu'il faut considérer comme susceptibles des deux degrés de juridiction une demande ayant pour objet une somme de moins de 1,000 fr., des intérêts échus de cette somme et des dépens précédemment adjugés par jugement, si ces objets réunis excèdent 1,000 fr.—11 vent. an 9. Civ. c. Albert. D.A. 4. 636. D.P. 3. 1. 337.

120.— ...La demande en paiement des arrérages de rente *échus avant la demande*, si, réunis au capital aussi réclamé, ils excèdent 1,000 fr.— 3 pluv. an 12. Civ. c. Lacortadière. D.A.4.637. D.P. 1. 1201.

121. — ... La demande en paiement d'une somme et des intérêts de cette somme échus avant la demande, lorsque le capital et les intérêts réunis excèdent le taux du dernier ressort.— 1er vent. an 13. Civ. c. Mallet. D.A. 4. 637. D.P. 1. 1201.— 28 germ. an 13. Aix. Cartier. D.A. 4. 638. D.P. *eod.*—22 juil 1. 1807. Civ. c. Vares. D.A. 4. 638. D.P. 1. 1202.

122.—...La demande en paiement de 1,000 francs, lorsque l'exploit introductif contient en même temps la demande en remboursement du coût de l'enregistrement du titre.—7 nov. 1825. Paris. Muret. D.P. 26. 2. 40.

123.—... La demande en paiement d'une lettre de change (ou autre créance) de 1,000 fr., avec les intérêts échus et les frais faits avant la demande. — 18 août 1830. Req. Corse. Natalini. D.P. 30. 1. 385. — 27 déc. 1830. Riom. Ricard. D.P. 33 2. 241.— 29 janv. 1831. Nanci. Houette. D.P. 31. 2. 107.—11 déc. 1832. Lyon. Billotey. D.P. 33. 2. 194.

124.— Jugé encore que la condamnation en 800 fr. de principal, 15 fr. d'intérêts, 176 fr. de dépens, distraits au profit de l'avoué, et 13 fr. pour coût du jugement, total 1,004 fr., formant l'objet de la demande, est susceptible des deux degrés de juridiction.— 22 nov. 1832. Req. Rouen. Frémont. D.P. 33. 1. 61.

125.— Mais les intérêts courus *pendant l'instance* ne peuvent servir à fixer le taux du dernier ressort qui doit être déterminé par la demande principale. — 19 août 1820. Agen. Cholon. D.A. 4. 638. D.P. 1. 1202.— 16 fév. 1810. Colmar. Hirtz. D.A. 1. 470.— 30 déc 1825. Amiens. Chevalier. D.P. 28. 2. 20.

126.— Décidé, par suite, que lorsqu'après le jugement d'une demande en règlement de compte, les parties réclament réciproquement, pour reliquats de compte, des sommes qui, réunies, sont inférieures à 1,000 fr., le jugement qui statue sur les demandes est en dernier ressort, et les intérêts non réglés avant la demande, ni les frais, ne peuvent être joints au capital pour élever la valeur au-delà du dernier ressort, non plus que les dépenses qui pourraient avoir été faites par l'une des parties pour sa gestion et la reddition de son compte, dépenses qui doivent être l'objet d'une action séparée. —4 avril 1823. Amiens. Jourdain. D.A. 4. 638. D.P. 1. 1202.

127.—Un tribunal de première instance peut statuer en dernier ressort sur la demande en nullité d'un commandement fait pour une créance moindre de 1,000 fr., sans préjudice des intérêts et frais; dans ce cas, les intérêts et frais ne doivent pas être joints à la demande; car, loin d'être contenus dans une demande ainsi conçue, les intérêts et frais en sont formellement exclus.—4 août 1820. Colmar. Thierry. D.A. 4. 639. D.P. 1. 1203.

128.—La citation en conciliation, lorsqu'elle est suivie d'ajournement dans le mois, devant être regardée comme la demande elle-même, les intérêts qu'elle fait courir ne forment qu'un accessoire du principal, et ne doivent pas dès lors être comptés pour la fixation du dernier ressort. — 7 nov. 1827. Caen. Pesquerel. D.P. 29. 2. 29

129.—Pour ce qui concerne les dépens, on a déjà dit *suprà* que, simples accessoires de la demande principale, ils ne doivent pas être compris dans la somme dont le montant détermine la compétence.

130.—L'appel, quant aux dépens, ne serait pas recevable, lors même qu'ils *excéderaient* 1,000 fr., si le principal n'atteignait pas cette somme.—D.A. 4. 635, n. 2.

131. — Mais est recevable l'appel interjeté par l'une des parties, du chef seulement qui la condamne aux *dépens* d'un jugement qui avait pour objet le paiement d'une somme de plus de 1,000 fr., bien que ces dépens ne s'élèvent qu'à 121 fr., la compétence du tribunal ayant été fixée, dès le principe, par la nature de la demande qui lui était soumise. — 14 août 1829. Bordeaux. Gaillard. D.P. 30. 2. 30.

132.—Jugé même que le consentement du défendeur au droit indéterminé demandé contre lui, ne rend pas l'affaire susceptible d'être jugée en dernier ressort, quant aux dépens, quoiqu'ils soient liquidés au-dessous de 1,000 fr.—16 août 1831. Bourges. Préfet du Cher. D.P. 33. 2. 76.

133.— Jugé cependant, en sens contraire, que l'appel du chef seulement qui condamne aux dépens n'est pas recevable, si ces dépens ne s'élèvent pas à 1,000 fr. : la contestation n'ayant plus d'autre objet qu'une somme de moins de 1,000 fr., le jugement est en dernier ressort.— 4 fév. 1811. Bruxelles. Vandenbosch. D.A. 4. 639. D.P. 12. 2. 6.

Dalloz adopte la première opinion : si, dit-il, lorsqu'il s'agit d'un *capital*, c'est la somme demandée

qui fixe la compétence en dernier ressort, ce principe doit céder à celui qui veut que l'on ne considère les dépens échus depuis la demande que comme un accessoire du capital, de sorte que le jugement qui les prononce soit en premier ou dernier ressort, selon que le capital rentre, ou non, dans les limites du dernier ressort.—D.A. 4. 635, n. 2.

134.—S'il s'agissait, non plus de la condamnation aux dépens, mais de leur liquidation, on ne pourrait appeler de la taxe, quelle que fût la somme allouée; il faudrait agir par voie d'opposition, sur laquelle il serait statué en dernier ressort (Décr. 16 fév. 1807, art. 6).—Carré et Dall., *loc. cit.*

135.—Le jugement qui, sur opposition à la taxe, liquide les frais d'une poursuite d'expropriation (dus en vertu de l'adjudication provisoire et d'une reconnaissance authentique émanée du saisi) est, lors même que ces frais s'élèvent à plus de 1,000 fr., en dernier ressort, et attaquable *de plano* par la voie de cassation.—28 nov. 1826. Civ. c. Coqueret. D.P. 27. 1. 69.

136.—La partie du jugement qui prononce la distraction des dépens au profit de l'avoué, est toujours, suivant Poncet (*des Jugem.*, n. 293), rendue en dernier ressort, quel que soit le montant des dépens, attendu que les parties ayant tacitement stipulé en commençant le procès, que celle qui succomberait supporterait les dépens, cette stipulation est devenue irrévocable au profit de l'avoué, dès que, par sa demande en distraction, il a déclaré vouloir en profiter.—Mais comme la demande en distraction est indépendante de l'action des parties, ainsi que le reconnaît Poncet; comme la distraction n'est pas une suite nécessaire de la condamnation, puisqu'elle ne peut être prononcée si elle n'a été expressément requise, la demande dont il s'agit doit être appréciée comme toute demande ordinaire, et soumise, suivant son importance, à un ou deux degrés de juridiction, conformément au droit commun.—D.A. 4. 636, n. 3.

137.—Le coût du protêt, les frais d'enregistrement et les intérêts échus depuis le protêt, ne doivent pas être comptés pour savoir si une demande formée par le porteur du billet contre l'un des endosseurs ou contre le souscripteur, peut être jugée en dernier ressort. —5 mars 1807. Req. Larcher-Saint-Lot. D.A. 4. 640. D.P. 7. 1. 191.—20 nov. 1809. Bruxelles. Terwangen. D.A. 4. 640. D.P. 12. 2. 2.— 1er août 1811. Turin. Heysch. D.A. 3. 540. D.P. 12. 2. 17.—12 août 1819. Poitiers. N.... D.A. 4. 640. D.P. 1. 1203.— 20 fév. 1824 Agen. Donnadieu. D.A. 4. 640. D.P. 1. 1203.— 6 avril 1824. Liége. Lemaire. D.A. 4. 641. D.P 1. 1204.—27 juin 1817. Orléans. *Juridiction cr. d'Orléans*, t. 1er, p. 145, n. 235. —30 janv. 1025. *cod.* 158, n. 288.— 9 janv. 1826. Nanci. Delhaye. D P. 26. 2. 122. — 28 nov. 1826. Rouen. Perrier. D.P. 28. 2. 112.

138.—Jugé de même que dans une demande collective pour principal, frais de protêt et intérêts courus depuis le protêt, il ne suffit pas que la somme demandée excède 1,000 fr. pour qu'il y ait lieu aux deux degrés de juridiction; il faut que le principal seul s'élève à cette somme.....; et, dans ce cas, le protêt devant être considéré comme le principe de la demande, les intérêts courus depuis (lesquels ne sont pas des intérêts dus par la seule force de la loi ou de la convention) ne sont, comme accessoires, d'aucune considération pour la détermination du dernier ressort. — 8 déc. 1827. Pau. Courtois. D.P. 28. 2. 111. — 3 juin 1831. Bordeaux. Tauzac. D.P. 31. 2. 251.— 12 août 1831. Bordeaux. Chaput. D.P. 31. 2. 256.—13 déc. 1831. Bordeaux. Royere. D.P. 32. 2. 62.

139.— Jugé, au contraire, 1° que les frais de protêt, les droits de change et de rechange, les intérêts du capital d'un effet protesté doivent entrer en compte pour fixer le taux du dernier ressort dans un jugement qui condamne au paiement d'un effet de commerce. — 8 août 1810. Riom. N... D.A. 4. 639. D.P. 12 2. 2.

140. — Qu'encore que la somme principale n'excède pas 1,000 francs, quand les intérêts et frais de protêt y ont été ajoutés par le demandeur, le jugement qui a statué sur le tout n'a pu être rendu qu'en premier ressort. — 5 nov. 1827. Rouen. Feret. D.P. 28. 2. 95.

141. — La première de ces décisions est conforme à l'opinion de Dalloz. Nul doute, dit-il, que les frais de protêt et d'enregistrement ne doivent pas être comptés pour fixer le dernier ressort : le protêt est un préliminaire indispensable, c'est le premier acte de poursuite, et les frais d'enregistrement sont la

DEGRÉS DE JURIDICTION. ART. 2, § 3.

conséquence forcée du protêt; ils sont taxés comme frais de procédure et font partie des dépens.— Il en est de même des intérêts qui ont couru depuis le protêt jusqu'au jour de l'assignation; car le protêt formant le commencement de l'action, s'identifiant avec la demande dont il est le préalable nécessaire, les intérêts qu'il fait courir doivent se confondre avec la demande elle-même, de sorte qu'on ne peut dire qu'ils soient échus auparavant. — D.A 4. 636, n. 3.

142. — Toutefois, lorsqu'un endosseur d'un effet de commerce a été condamné, et a payé au porteur le montant du billet protesté, les intérêts qui ont couru depuis le protêt, et les dépens qui ont été adjugés au porteur, forment, dans la demande en garantie intentée contre un autre endosseur ou contre le souscripteur, des capitaux qui doivent être comptés à part, pour déterminer la compétence du dernier ressort. — 18 nov. 1807. Civ. c. Gardette. D.A. 4. 641. D.P. 7. 2. 177.—4 juill. 1817. Orléans. *Jur. cr. d'Orléans*, t. 1er, p. 146, n. 254. — Conf. D.A. 4. 636, n. 4.

143. — L'amende payée au fisc pour un billet à ordre sur papier libre, peut être cumulée avec le capital de ce billet pour déterminer la limite du dernier ressort, et si l'on demande à la fois et le montant d'un billet de 1,000 fr. et l'amende payée pour ce billet, il y a lieu aux deux degrés de juridiction, car l'amende encourue par le souscripteur étant due *antérieurement* à toutes réclamations en justice, ne saurait avoir le caractère d'accessoire qui seul pourrait empêcher le cumul de cette somme avec le capital pour la fixation du ressort. — 7 janv. 1831. Bordeaux. Fialdès. D.P. 31. 2 117.

144.— Pour les dommages-intérêts, il faut suivre la même distinction que lorsqu'il s'agit des intérêts du capital. Si les dommages-intérêts résultent du contrat même, ou de toute autre cause antérieure à la demande, ils doivent être comptés pour fixer la compétence. S'ils ont une cause postérieure à la demande, ils ne sont qu'un accessoire qui suit la nature de l'action principale. — D.A 4. 636, n. 5.

145.— Jugé ainsi qu'on doit compter, pour déterminer le ressort, les dommages-intérêts réclamés pour une cause antérieure à la demande. — 8 mars 1813. Nîmes. Pical D.A. 4. 643. D.P. 1. 1204. — 26 avril 1813. Nîmes. Marre. D.A. 4. 643. D.P. 1. 1204.

146. — Et, par exemple, les dommages-intérêts résultant du contrat, et les frais du contrat même.— 9 sept. 1806. Civ. c. Legrand. D.A. 4. 642. D.P. 1. 1204.

147.— De même, lorsqu'une demande comprend, outre une somme de 1,000 fr., des dommages-intérêts dont la cause est antérieure à la demande, et l'impression et l'affiche du jugement à intervenir, le tribunal ne peut statuer qu'en premier ressort. — 7 janv. 1806. Civ. c. Chopin. D.A. 4. 642. D.P. 6. 2. 57.

148. — Jugé de même sur une demande en résolution d'une convention dont l'objet est fixé à 800 fr., et en 300 fr. de dommages-intérêts.—7 mai 1829. Req. Nanci. Didion. D.P. 29. 1. 240.

149.— Encore que la demande originaire soit inférieure à 1,000 fr., si, avant le jugement définitif et même après un jugement interlocutoire, le demandeur a pris des conclusions additionnelles en dommages-intérêts pour préjudice antérieur à la demande principale, lesquels élèvent l'objet de la contestation à plus de 1,000 fr., le jugement qui prononce dans cet état sur ces deux demandes réunies est en premier ressort : l'arrêt qui déclare qu'un tel jugement a été rendu en dernier ressort doit être annulé, alors même qu'il aurait considéré que la demande additionnelle n'avait été formée que pour se ménager deux degrés de juridiction. — 1er avril 1823. Civ. c. Montpellier. Villemejane. D.A. 4. 643. D.P. 23. 1. 282.

150. — Mais les dommages intérêts intervenus par suite et à l'occasion de la demande principale, ne doivent pas être comptés pour déterminer la limite du premier ou du dernier ressort, qui se fixe par la valeur de la demande principale. — 7 avril 1807. Civ. r. Broyer. D.A. 4. 644. D.P. 1. 1204.

151.— Il a été jugé qu'est rendu en dernier ressort le jugement qui prononce sur la demande formée par l'acheteur d'une récolte estimée 400 fr., 1° en main-levée de la saisie pratiquée sur cette récolte par un créancier du vendeur, et 2° en 1,200 fr. de dommages-intérêts à raison des obstacles apportés à l'exécution de la vente : ces dommages-intérêts ne sont évidemment qu'un accessoire à l'objet prin-

DEGRÉS DE JURIDICTION ART. 2, § 3.

cipal de la contestation, savoir, le prix de vente fixé à 400 fr. — 30 juin 1807. Civ. r. Brizard. D.A. 10. 208, n. 1. D.P. 7. 1. 398.

152.— Mais nous hésitons à admettre cette décision; les dommages-intérêts dont il s'agit ont évidemment une cause *antérieure* à la demande en main-levée de la saisie, puisque cette cause, c'est la saisie elle-même.

153. — Lorsqu'un individu demande la nullité d'une saisie pratiquée pour une somme moindre de 1,000 fr., et conclut à des dommages-intérêts qui, joints au capital, excèdent 1,000 fr., les dommages-intérêts ne peuvent pas être considérés comme soufferts depuis l'instance; en conséquence, ils doivent être comptés pour déterminer le ressort.— 13 mars 1819. Agen Savy. D.A. 4. 645. D.P. 1. 1205.— 22 juin 1812. Riom. *cod.*, note 2.

154.— Décidé aussi, 1° que le jugement qui statue sur une demande principale en nullité d'une saisie-exécution, n'est pas en dernier ressort lorsque le saisi a conclu à 1,000 fr. de dommages-intérêts.— 29 août 1829. Bordeaux. Fayole. D.P. 31. 2. 175.

155.— 2° Que si, sur l'opposition à une saisie-immobilière, pratiquée pour une somme inférieure à 1,000 fr., il est formé, par le saisi, une demande en nullité de la saisie et en dommages-intérêts, s'élevant au-dessus de 1,000 fr., le jugement est susceptible d'appel —18 janv. 1830. Req. Metz. Petit. D.P. 30. 1. 80.

156.— Jugé, au contraire, 1° que, lorsqu'un individu demande la nullité d'un commandement comme fait pour une chose non due, et conclut à des dommages-intérêts, la demande peut être jugée en dernier ressort, si la créance qui a donné lieu au commandement n'excède pas 1,000 fr.— 27 avril 1820. Agen. Tujague-Contot D A. 4. 645. D.P. 1. 1206.

157.— 2° Que lorsqu'une saisie a été causée pour une somme moindre de 1,000 fr, c'est l'exploit de saisie qui forme l'objet principal, et les dommages-intérêts réclamés par l'opposant à la saisie n'étant qu'un accessoire, ne peuvent servir à déterminer la compétence.—28 fév. 1821. Req. Grenoble. Bosq. D.A 4. 645. D.P. 22. 1. 274.— 25 août 1812. Riom. —11 mai 1822. Bourges. Cros. D.A. 4. 646 D P. 23. 2. 66.—26 nov. 1822. Lyon. Corraza. D.A. 4. 701. D.P. 1. 1232.—18 déc. 1824. Bourges. Contant. D.P. 25. 2. 132. — 20 avril 1825. Lyon. Chassagneux. D.P. 26. 2. 158.— 29 nov. 1827. Nanci. Paturel. D.P. 29. 2. 112.— 10 janv. 1828. Agen. Barrière. D.P. 29. 2. 23.

158 — 3° Que les dommages-intérêts réclamés à raison de poursuites irrégulières, et, par exemple, à raison de significations de commandemens dont la nullité est demandée, ne sont qu'un accessoire de la demande, et ne doivent pas être comptés pour la détermination du dernier ressort.— 19 avril 1830. Civ. r. Montpellier. Fouet. D.P. 30. 1. 211.

159 — Mais ces dernières solutions sont-elles fondées? Oui, s'il faut considérer l'action comme entamée par le commandement à fin de saisie; non, s'il faut s'en rapporter seulement à l'opposition au commandement, ou à la demande en nullité de la saisie, car alors le fait dommageable est antérieur à l'action. Or, il n'en est pas du commandement comme du protêt; il est bien un préliminaire indispensable pour pouvoir saisir; mais il ne précède pas, comme le protêt, une action tendant à obtenir une condamnation; il est la suite d'un acte déjà exécutoire; il ne saisit les juges d'aucune demande. C'est l'opposition de la part du saisi, ou une demande en nullité, qui introduit un litige, jusque-là, rien n'était contesté. C'est donc par les conclusions de ces actes qu'on doit décider si le procès est ou non en dernier ressort.— D.A. 4. 636, n. 6.

160.— La demande d'une somme excédant 1,000 fr. formée à titre de dommages-intérêts, par l'opposant au commandement, ne change pas la compétence du dernier ressort, si elle est dirigée contre un tiers pour le cas éventuel d'une éviction que ce tiers devrait garantir.— 4 août 1820. Colmar. Thierry. D.A. 4. 639. D.P. 1. 1205.

161.— Un tribunal ne perd pas le droit de statuer en dernier ressort sur une demande au-dessous de 1,000 fr., par cela seul qu'un prétendu associé du défendeur, non assigné originairement et appelé depuis en garantie, a conclu, contre le défendeur originaire, à des dommages-intérêts excédant 1,000 fr., surtout si ces dommages étaient fondés sur un fait particulier, étranger à la demande principale, et qu'il y ait été fait droit par une disposition particulière. — 1er niv. an 9. Req. Hadamar. D.A. 4. 639. D.P. 3. 1. 31.

Sur les demandes *reconventionnelles* en dommages-intérêts, V. *infrà*, art. 3.

162.— Il a été jugé que, pour déterminer la compétence en dernier ressort des tribunaux, il faut s'attacher uniquement à la valeur de l'objet principal de la demande, sans égard à la valeur de la demande accessoire.—21 déc. 1825. Civ. r. Lévy. D.P. 26. 1. 98.

163.— Qu'ainsi un tribunal de commerce juge en dernier ressort une demande en paiement du prix d'un cheval, inférieur à 1,000 fr., encore qu'il s'y joigne une demande d'une valeur indéterminée en paiement des frais pour médicamens, pansemens, etc., de ce cheval.—Même arrêt.

164.—Et que, de même, un tribunal de première instance ou de commerce peut statuer en dernier ressort sur une demande à fin de visite d'un pressoir d'une valeur de moins de 1,000 fr., sans que la réclamation du prix de la pierre qui a servi au posage du pressoir doive entrer en compte pour fixer le dernier ressort. — 7 avril 1807. Civ. r. Broyer. D.A. 4. 644. D.P. 1. 1204.

165.— Jugé en sens contraire, 1° qu'un tribunal de première instance ne peut statuer en dernier ressort sur la demande formée par le débiteur, en nullité d'un acte notarié par lequel celui-ci s'est engagé à payer 1,000 fr. et les frais de l'acte. L'affaire présente un intérêt principal de plus de 1,000 fr. — 13 frim. an 14. Civ. c. Lainé. D.A. 4. 654. D.P. 1. 1208.

166. — 2° Que les frais de transport d'une caisse doivent être comptés pour déterminer le dernier ressort dans une demande en paiement du prix de la caisse. — 28 août 1811. Turin. Rota. D.A. 4. 641. D.P. 13. 2. 24.

167. — C'est, ce semble, cette dernière opinion qu'il faut suivre, s'en écarter, c'est risquer de s'égarer dans des difficultés sans fin sur ce qu'il faudra considérer comme l'objet principal ou l'objet accessoire de la demande; c'est d'ailleurs établir une jurisprudence difficile à concilier avec les nombreuses décisions ci-dessus, qui considèrent, pour déterminer la compétence en dernier ressort, non seulement le capital demandé, mais aussi les *intérêts* de ce capital, pourvu qu'ils soient échus *avant la demande*. Pour rester fidèle à l'esprit de ces décisions, il aurait fallu, dans l'espèce de l'arrêt ci-dessus, du 21 déc. 1825, distinguer entre les frais de médicamens et pansemens faits antérieurement à la demande, et ceux faits depuis, et n'attribuer qu'à ces derniers la qualité de simples accessoires de l'action principale.

§ 4.— *Des demandes déterminées avec contrainte par corps.*

168.— On décidait généralement, avant la loi du 17 avril 1832, sur la contrainte par corps, qu'un jugement qui, en statuant sur une demande d'une somme inférieure à 1,000 fr., prononçait aussi la contrainte par corps, était en dernier ressort, même quant à ce dernier chef. Le motif de cette décision était que la contrainte par corps ne devait être considérée que comme un moyen d'exécution. — 20 nov. 1809. Rome. Fureté. D.A. 4. 650. D.P. 11. 2. 220. — 26 nov. 1811. Bruxelles. N... D.A. 4. 650. D.P. 1. 1207.— 25 oct. 1811. Nîmes. Denis. D.A. 4. 650. D.P. 1. 1207.—11 sept. 1812. Paris. N... D.A. 4. 651. D.P. 1. 1207.—20 mai 1813. Même cour, *ibid.*, note 1re.—29 juill. 1814. Bourges. Charlot. D.A. 4. 651. D.P. 1. 1207.— 12 mai 1819. Nîmes. Labondès. D.A. 4. 651. D.P. 1. 1208. — 9 nov. 1821. Liége. Piret. D.A. 4. 651. D.P. 1. 1208.— 13 déc. 1823. Grenoble. Belluard. D.A. 4. 651. D.P. 1. 1208.— 12 mars 1824. Grenoble. Trincon. D.A. 4. 651. D.P. 1. 1208. — 18 mai 1825. Paris. Derompré. D.P. 25. 2. 216. — 22 juill 1825. Paris. Dom. C. Jacquet. D.P. 25. 2. 235. — 30 août 1825. Lyon. Ranchin. D.P. 25. 2. 245. — 18 avril 1826. Bordeaux. Juge. D.P. 26. 2. 215. — 27 juill. 1826. Paris. Lambert. D.P. 27. 2. 71.— 28 nov. 1831. Civ. c. Paret. D.P. 31. 1. 369.

169.—Jugé, d'après la même règle, qu'une ordonnance de référé n'était pas sujette à l'appel, lorsqu'elle était rendue sur l'exécution d'un jugement statuant sur une demande inférieure à 1,000 fr., et prononçant la contrainte par corps, et quoique cette ordonnance fût relative à l'exercice de cette contrainte (C. pr. 809). — 28 juill. 1825. Paris. Hostin. D.P. 26. 2. 55.

170.—Toutefois, quelques arrêts avaient décidé, au contraire, qu'un jugement portant condamnation par corps au paiement de moins de 1,000 fr, était sujet à l'appel, dans la disposition qui prononçait la contrainte, cette condamnation étant indéterminée. — 30 déc. 1808. Florence. Parigi. D.A. 4. 649. D.P. 1. 1206. — 5 déc. 1810. Turin. Tubo. D.A. 2. 696. D.P. 11. 2. 99.— 23 août 1811. Lyon. Baudrico. D.A. 4. 649. D.P. 1. 1206.— 19 mai 1818. Lyon. Roguet. D.A. 4. 650. D.P. 1. 1206. — 15 janv. 1819. Lyon. Bey. D.A 4. 650, et 2. 696. D.P. 1. 1207. — 14 août. 1829. Paris. Hierthès. D.P. 29. 2. 283.

171. — C'est ce dernier système qu'a définitivement consacré l'art. 20 de la loi de 1832, portant que « dans les affaires où les tribunaux civils ou de commerce statuent en dernier ressort, la disposition de leur jugement relative à la contrainte par corps sera sujette à l'appel : cet appel, ajoute la loi, ne sera pas suspensif. »

172. — On voit que cette disposition est générale et n'admet point la distinction que proposait Carré, sous la législation précédente, et qui consistait à n'admettre l'appel du chef du jugement relatif à la contrainte, que lorsque l'appelant avait, devant les premiers juges, contesté que la contrainte lui fût applicable, et ne s'était pas borné à repousser la demande en paiement dirigée contre lui, sans combattre les conclusions concernant la contrainte.

173. — Au surplus, la loi de 1832 met hors de doute, et par conséquent rend presque sans intérêt les décisions suivantes, qui déclarent susceptibles d'appel :

174.—...Le jugement rendu en *premier ressort*, et prononçant la contrainte par corps, encore qu'il n'ait été interjeté appel que quant au chef de la contrainte par corps, et non quant à la condamnation pécuniaire. — 12 juill. 1825. Paris. Lemaire. D.P. 26. 2. 134.

175. — Le jugement qui statue sur l'opposition à un commandement tendant à contrainte par corps, ou sur la demande tendante à être autorisé à exercer cette voie, encore bien que la créance, cause de la demande ou du commandement, soit au-dessous de 1,000 fr. — 15 nov. 1828. Bordeaux. Lacquiesce. D.P. 29. 2. 145.

176.—Le jugement qui statue sur la validité d'une arrestation provisoire, *seul objet du litige*, quoique la somme pour laquelle l'arrestation a eu lieu soit au-dessous de 1,000 fr. — 23 déc. 1828. Bordeaux. Alfaro. D.P. 29. 2. 170.

177. — Le jugement qui, sur l'opposition à une condamnation par défaut rendue *en premier ressort* par le tribunal de commerce, a rejeté comme tardive cette opposition, fondée sur l'incompétence du tribunal et sur ce que l'opposant n'était pas passible de la contrainte par corps. — 14 avril 1825. Rouen. Gouyer. D.P. 26. 2. 193.

178. — Le consentement des parties à être jugées en dernier ressort ne ferait pas obstacle à ce qu'on pût interjeter appel du jugement qui prononcerait la contrainte. — V. Acquiescement, n. 161 et suiv.

§ 5.— *Des demandes déterminées dans lesquelles se trouvent joints incidemment des objets ou des exceptions d'une valeur indéterminée.*

179.—Lorsque la demande d'une somme de moins de 1,000 fr. est accompagnée de chefs d'une valeur indéterminée, il est évident que le tribunal de première instance ne peut statuer qu'en premier ressort.

180.— C'est ce qui a lieu, par exemple, lorsqu'en concluant au paiement de la valeur d'arbres abattus et estimés moins de 1,000 fr., on demande aussi à être déclaré propriétaire du terrain où sont plantés d'autres arbres non abattus.— 13 mai 1807. Bruxelles. Cornet de Grez. D.A 1. 463. D.P. 1. 165.

181.— C'est ce qui a lieu encore dans le cas d'une demande en dommages-intérêts au-dessous de 1,000 fr., si elle comprend la défense de récidiver. — 26 fév. 1825. Douai. Simon. D.P. 30. 2. 50.

182. — Et dans le cas d'une demande ayant pour objet une somme inférieure à 1,000 fr. pour loyer annuel, *et, en outre, la résiliation du bail.*— 9 déc. 1830. Bourges. Leclerc. D.P. 33. 2. 174.

183.— Les actions en nullité ou rescision de contrats sont, dit Dalloz (D.A. 4. 652, n. 2), indéterminées (V. *infrà*, art. 4), et, dès lors, toujours sujettes à l'appel. Quand donc un demandeur poursuit la résiliation d'un acte, le jugement statue en premier ressort, lors même qu'il ne serait plus dû que moins de 1,000 fr.

184.—Cette décision nous semble trop absolue : lorsqu'un contrat a une valeur déterminée au-dessous du dernier ressort, ou lorsqu'ayant primitivement une valeur au-dessus de 1,000 fr., il n'a conservé qu'une valeur inférieure à ce taux, il n'y a aucun motif pour décider que la demande en nullité ou rescision de ce contrat, lors même qu'elle est formée par action principale et non par voie d'exception, doive subir les deux degrés de juridiction. Décider autrement, c'est violer le principe fondamental, que la compétence en premier ou dernier ressort se détermine par les conclusions.— V. *infrà* l'arrêt de la cour de cassation, du 15 mars 1813, et celui de Bordeaux, du 11 juill. 1833.

185.—Mais lorsque, sur un commandement fait pour une somme inférieure à 1,000 fr. restant due sur une obligation de plus de 1,000 fr., le débiteur forme opposition et assigne le créancier en nullité de l'obligation, *et en restitution des sommes déjà payées*, la cause est susceptible des deux degrés de juridiction. — 21 déc. 1822. Orléans. Loré. D.A. 4. 657. D.P. 23. 2. 129.

186.— Si c'est le défendeur qui, sur la poursuite d'un créancier, oppose la nullité du titre, il faut, dit Dalloz, distinguer : le défendeur ajoute-t-il à son exception de nullité une demande en dommages-intérêts ou d'autres conclusions, alors on doit suivre les principes des demandes reconventionnelles.

187.— Si le défendeur se borne à soutenir la nullité du titre, le juge peut prononcer sur cette exception avec la même étendue de pouvoir qu'il statuerait sur la demande elle-même; c'est-à-dire qu'il juge en premier ou en dernier ressort, selon que la demande est supérieure ou inférieure à 1,000 fr. Car ce n'est pas la nature des exceptions qui doit fixer la compétence, toujours réglée par la demande. Objecter que *reus excipiendo fit actor*, ce serait faire ici une fausse application de cet adage. — D.A. 4. 652, n. 2; Carré, art. 281, n. 299.

188.—Ainsi, est rendu en dernier ressort le jugement qui statue sur une demande en paiement de 1,000 fr., formée contre un créancier qui a saisi-brandonné, par le propriétaire des terres, sur lesquelles la saisie a été pratiquée, alors même que, pour repousser cette demande, le saisissant a opposé la nullité du titre du revendiquant; ce n'est là qu'un moyen de défense qui ne peut influer sur l'importance de la demande.— 8 avril 1826. Amiens. Dumaisny. D. P. 28. 2. 19.

189.— Ainsi encore, la demande en nullité d'un acte au-dessous de 1,000 fr. n'est pas susceptible de deux degrés de juridiction, de quelque nature que soient les moyens dont on excipe, et encore bien qu'ils seraient fondés sur le dol et la fraude.— 11 juill. 1833. Bordeaux. Bonnimond. D.P. 34. 2. 149.

190.—Que faut-il décider si le titre dont le défendeur, poursuivi en paiement de moins de 1,000 fr., se borne à demander la nullité, sans autres conclusions, est un titre d'une valeur supérieure à 1,000 fr? Dalloz ne distingue pas ce cas de celui où le titre de la nullité duquel excipe le défendeur n'excède point le taux du dernier ressort; et par là cet auteur décide implicitement qu'il y a lieu d'appliquer dans les deux cas la maxime que le juge de l'action est juge de l'exception. Mais ne peut-on pas prétendre avec quelque raison que, dans le cas dont il s'agit, l'exception de nullité portant sur un titre d'une valeur supérieure à celle de la demande à laquelle ce titre sert de base, ne peut plus être considérée comme une simple exception opposée à cette demande, mais prend nécessairement le caractère de demande reconventionnelle?

191.— Cette proposition n'est point formellement établie, mais peut, ce semble, s'induire des arrêts suivans, aux termes desquels il ne peut être statué qu'à la charge d'appel par le tribunal de première instance, lorsqu'un vendeur demande, contre son acheteur, non pas le prix principal de vente qui excède 1,000 fr., mais une somme moindre de 1,000 fr. qui avait été stipulée accessoirement dans l'acte de vente, et que l'acquéreur oppose la nullité de la vente; la validité de la vente est dans ce cas le véritable point à décider. — 21 avril 1807. Civ. c. Tschaun. D.A. 4. 655. D.P. 1. 1209.

192.—...Lorsque la condamnation au-dessous de 1,000 fr., prononcée par les premiers juges, repose sur un titre qui a été contesté dans toutes ses parties, et qui présente des valeurs au-dessus de 1,000 fr., ou des objets d'une valeur indéterminée. — 28 juin 1828. Grenoble. Nugues. D.P. 29. 2. 133.

193.—...Lorsque la défense à la demande en validité d'offres inférieures à 1,000 fr., sur laquelle a statué le tribunal, était fondée sur la nullité d'un acte d'un intérêt supérieur à 1,000 fr. — 17 nov. 1829. Bourges. Dapremont. D.P. 30. 2. 81.

194.— Il a été jugé que, lorsque, sur la demande d'un légataire, en paiement d'une somme inférieure à 1,000 fr., l'héritier oppose la nullité du testament, la cause ne peut être jugée qu'à charge d'appel. — 6 mai 1809. Riom. Nozerine. D.A. 5. 623. D.P. 1. 1333.

195. — Mais il nous semble qu'une distinction est ici nécessaire : sans doute il y a lieu aux deux degrés

de juridiction, lorsque l'héritier oppose la nullité du testament au légataire qui, ayant droit, en vertu de ce testament, à une somme de plus de 1,000 fr., ne réclamerait d'abord qu'une somme inférieure à ce taux ; mais il en doit être autrement quand le testament n'attribue au légataire qu'une somme ou objet de moins de 1,000 fr. Le litige, dans cette hypothèse, reste nécessairement dans les limites du dernier ressort.

196. — Un arrêt de la cour de cassation a décidé que lorsqu'une rente foncière est due par plusieurs personnes en vertu d'un titre commun, et que le créancier poursuit quelques uns de ces tenanciers, dont les obligations réunies n'excèdent pas 1,000 fr., et qui soutiennent que la rente est nulle ; cette demande dépendant essentiellement du jugement à porter sur la validité du titre général, est par conséquent indéterminée, et il ne peut y être statué qu'en premier ressort. — 8 vent. an 8. Civ. c. Marquès. D.A. 4. 708. D.P. 3. 1. 238.

Mais cette décision est avec raison critiquée par Merlin, en ce que la cour de cassation a fait dépendre la fixation du dernier ressort de la cause de l'obligation contestée, tandis qu'elle a elle-même souvent jugé que c'est seulement la somme demandée qu'il faut considérer. — Dalloz ajoute que la nullité du contrat de rente n'était opposée que par forme d'exception et de défense, et qu'il est de règle que la compétence se fixe par la demande, et non par la défense. — D.A. 4. 708, note 2.

197. — Encore qu'une demande soit inférieure à 1,000 fr., elle est néanmoins susceptible d'appel, si, pour la repousser, le défendeur s'appuie sur une convention qui excède le taux du dernier ressort. — 22 avril 1825. Bourges. Kriger. D.P. 25. 2. 250.

198. — Lorsqu'il a été formé une demande en paiement d'une somme inférieure à 1,000 fr., pour reliquat d'une obligation plus considérable dont le reste a été acquitté, et que l'autre partie oppose la nullité de cette obligation sans demander pourtant la restitution de ce qu'elle a payé, le jugement qui intervient est en dernier ressort. Dans ce cas, le titre ne conserve de valeur que pour le restant de la somme réclamée. — 15 mars 1813. Civ. c. Colmar. Seitz. D.A. 4. 656. D.P. 15. 1. 512.

199. — Jugé cependant (mais à tort, ce semble) que lorsqu'une partie demande une somme inférieure à 1,000 fr., mais qu'elle prétend rester due sur une obligation d'une somme excédant 1,000 fr., qu'elle conclut à la reconnaissance de la signature de l'obligation, et que le débiteur se défend en demandant la nullité de l'acte, le tribunal de première instance ne peut statuer qu'à la charge de l'appel. — 2 août 1811. Colmar. R... D.A. 4. 655. D.P. 12. 2. 18.

200. — Lorsqu'un débiteur, poursuivi pour le paiement de billets montant à une somme moindre de 1,000 fr., oppose la nullité de tous les billets qu'il a souscrits, et dont l'ensemble excède 1,000 fr., l'exception de nullité, n'étant applicable qu'à concurrence de la somme demandée, n'empêche pas le tribunal de prononcer en dernier ressort. — 20 brum. an 14. Civ. c. Lamy. D.A. 4. 603. D.P. 1. 1227.

201. — Lorsqu'un acte emportant obligation de plus de 1,000 fr. a été résilié ; que, dans l'acte de résiliation, l'une des parties s'est reconnue débitrice envers l'autre d'une somme moindre de 1,000 fr., le juge, saisi de la demande en paiement de cette dernière somme, peut prononcer en dernier ressort, quoique le débiteur oppose la nullité de l'acte de résiliation. — 2 avril 1813. Nîmes. Gibert. D.A. 4. 635. D.P. 1. 1209.

202. — Si devant un tribunal saisi d'une demande principale, qu'il peut juger en dernier ressort, formée par une compagnie d'assurance contre l'un des associés, celui-ci oppose, comme moyen de défense à l'action principale, la nullité des statuts de cette compagnie, cette demande en nullité, quoique étant d'une valeur indéterminée, n'empêche pas que le jugement soit rendu en dernier ressort. — 7 juin 1826. Civ. r. Amiens. Assur. C. Dumont. D.P. 26. 1. 301.

203. — Il est de règle en procédure que le tribunal compétent pour statuer sur l'action l'est aussi pour statuer sur les exceptions et sur tous les incidens qui peuvent s'élever pendant l'instance ; ce sont des suites, des accessoires de la demande, dont ils suivent la nature, à moins toutefois que l'exception ou l'incident ne soit de nature à rentrer dans la juridiction ordinaire, s'il s'agit d'un tribunal d'exception ; ainsi un tribunal de commerce ne peut juger une question d'état ni une inscription de faux. — D.A. 4. 652, n. 3 ; Merl, Rép., v° Dernier ressort, § 14 ;

Carré, art. 286, n. 321. — V. Compét. admin., comm. et crimin., Question préjud.

204. — Cette règle est appliquée par les décisions qu'on va recueillir, soit au cas où la demande formée à la suite d'une procédure a un caractère en quelque sorte distinct et séparé, comme au cas de demande en nullité d'une enquête, ou de garantie réclamée contre un avoué, quoique la responsabilité invoquée contre ce dernier comprendrait le titre qui serait exposé à être déclaré éteint par sa faute, et les frais de l'enquête qui pourraient s'élever bien au-dessus de 1,000 fr.

205. — Elle a été appliquée aussi à des cas où la décision devait porter sur la qualité des parties. — V. n. 209, 213, et suiv.

206. — Ainsi, les tribunaux de première instance prononcent sans appel : sur les demandes en désaveu d'avoué formées incidemment à des contestations sur lesquelles ils peuvent prononcer en dernier ressort. — 8 therm. an 13. Req. D'Houdetot. D.A. 4. 659, et 5. 122. D.P. 5. 2. 178.

207. — Sur une demande en péremption, si l'objet de la demande originaire n'excédait pas le taux du dernier ressort. — 19 déc. 1812. Agen. Labadie. D.A. 4. 658. D.P. 1. 1210. — 26 fév. 1823 Civ. c. Limoges. Raymond. D.A. 4. 658. D.P. 23. 1. 376.

208. — Sur la demande en nullité d'une enquête, lorsque l'objet de cette enquête est d'obtenir une condamnation de moins de 1,000 fr. — 2 mars 1822. Grenoble. Curt. D.A. 4. 659. D.P. 1. 1210.

209. — Décidé, d'après le même principe, que le jugement intervenu sur une contestation inférieure à 1,000 fr., quoiqu'on ait opposé incidemment une séparation de biens, sur la validité de laquelle le tribunal a eu à prononcer, est en dernier ressort. — 3 déc. 1829. Toulouse. Albarel. D.P. 31. 2. 182.

210. — ... Il en est ainsi, encore que la décision sur la contestation principale ne soit que la conséquence de la solution sur la validité de la séparation de biens. — 11 juin 1829. Poitiers. Cormeau. D.P. 32. 2. 13.

211. — Par suite toujours de la même règle, lorsque, sur une demande inférieure à 1,000 fr., il est formé une inscription de faux, le jugement qui prononce sur le principal et sur l'incident n'est point susceptible d'appel. — 14 déc. 1821. Caen. Lemoître. D.A. 4. 658. D.P. 23. 2. 48. — 13 avril 1825. Toulouse. Angely. D.P. 29. 2. 262. — 20 nov. 1828. Montpellier. Costaing. D.P. 29. 2. 262. — Conf. Merl., Rép., v° Dernier ressort, § 14.

212. — Mais il en est autrement si, à l'occasion de l'inscription de faux incident, l'une des parties réclame des dommages-intérêts excédant 1,000 fr. — 11 juill. 1807. Paris. Maubourge. D.A. 4. 657. D.P. 1. 1210.

213. — Un tribunal de première instance peut prononcer en dernier ressort sur la qualité d'héritier, lorsqu'elle est contestée incidemment à une demande d'une valeur inférieure à 1,000 fr. — 8 frim. an 11. Civ. r. Mercier. D.A. 4. 661. D.P. 1. 1211. — 18 niv. an 12. Req. Rouaix. D.A. 4. 661. D.P. 1. 1212. — 21 août 1810. Pau. Samouzet. D.A. 4. 662. D.P. 1. 1212. — 3 juill. 1811. Liége. Stassart. D.A. 4. 662. D.P. 1. 1212. — 24 mars 1812. Civ. r. Lange-Commène. D.A. 4. 662 D.P. 12. 1. 408. — 21 août 1812. Agen. Graullières. D.A. 4. 662. D.P. 1 1212. — 29 juill. 1816. Douai. Pillot. D.A. 12. 377. D.P. 17. 2. 3. — 27 oct. 1825. Bourges. Berthelot. D.P. 26. 2. 210. — V. Succession.

214. — Il en est de même à l'égard de la qualité de donataire universel, lorsqu'elle s'agite sur une demande au-dessous de 1,000 fr. — 11 mars 1823. Agen. Savy. D.A. 4. 663, n. D.P. 1. 1212.

215. — Jugé de même qu'un tribunal de première instance peut statuer, sans appel, sur une demande de moins de 1,000 fr., formée contre un individu en qualité d'héritier, quoique celui-ci conteste la qualité, et quoique le créancier soutienne la nullité d'une donation de meubles que le défendeur prétend lui appartenir en propre. — 23 janv. 1821. Limoges. Vedrine. D.A. 4. 663. D.P. 1. 1213.

216. — Décidé, au contraire, qu'un tribunal ne peut jamais statuer qu'en premier ressort, même sur une somme moindre de 1,000 fr., lorsque la qualité d'héritier est contestée. — 9 déc. 1815. Bruxelles. Desamblaux. D.A. 4. 660. D.P. 1. 1211. — 7 nov. 1823. Bruxelles. N... D.A. 4. 661. D.P. 1. 1211.

217. — Jugé de même qu'on peut appeler d'un jugement qui, avant de statuer au fond sur la demande d'une somme inférieure à 1,000 fr., prononce

sur la qualité d'héritier, et détermine par quelle personne il doit être défendu à cette demande. — 29 juillet 1816. Douai. Pillot. D.A. 12. 377, n. 3. D.P. 17. 2. 3.

218. — Le premier de ces systèmes semble préférable. Cependant Merlin, après l'avoir professé, l'a combattu depuis, sur le motif que d'après l'art. 800 C. civ., lorsqu'un individu a été condamné comme héritier, il ne peut plus soutenir qu'il n'a pas cette qualité, qui se trouve ainsi jugée à l'égard de toutes personnes. Or, il est impossible qu'un jugement qui, rendu à l'occasion d'une contestation de peu d'intérêt, imprime à un citoyen, et d'une manière générale, une qualité telle que celle d'héritier, soit censé en dernier ressort. — Cette conséquence serait exacte si l'art. 800 C. civ. avait réellement dérogé au principe posé en l'art. 1351 du même code, qu'un jugement n'a l'autorité de la chose jugée qu'entre les personnes qui y ont été parties. Mais cette dérogation ne nous semble pas exister. Les art. 800 et 1351 se concilient très bien ; si la première rédaction de l'art. 800, qui condamnait formellement l'opinion que nous repoussons, a été changée, c'est seulement comme rendue inutile par l'art. 1351. Si l'on eût voulu déroger au principe de ce dernier article, on l'eût dit expressément, car cette dérogation aurait été contraire à l'opinion la plus communément reçue dans l'ancien droit, et notamment à celle de Pothier.

Sans doute, toute personne a le droit d'invoquer contre un particulier le fait qu'un jugement a précédemment considéré comme constituant de la part de celui-ci un acte d'adition d'hérédité ; mais il ne suit pas de là que toute personne puisse également invoquer, contre le vœu de l'art. 1351, le jugement qui a statué sur l'existence et les conséquences de ce fait. — On oppose vainement la prétendue indivisibilité de la qualité d'héritier. Beaucoup d'arrêts ont décidé qu'en matière d'état civil les jugemens ne peuvent être opposés à ceux des membres de la famille qui n'y ont pas figuré. La raison en est que la chose jugée n'est pas essentiellement la vérité ; elle n'en tient lieu que par l'effet d'une présomption légale qui n'enchaîne que les parties entre lesquelles le jugement a été rendu, et qui ne peut être étendue aux tiers, car les présomptions légales, comme les fictions, doivent être sévèrement restreintes dans leurs termes. Si la même personne ayant à contester la qualité d'héritier devant deux tribunaux différens, il intervient simultanément deux jugemens contraires, ces deux jugemens ne devront-ils pas être exécutés l'un et l'autre ? — Si cette doctrine (professée d'ailleurs par Chabot, sur l'art. 800, Toullier, t. 10, n. 234 et 235, Delv., 2, 298, et Carré, art. 286, n. 324) est exacte, il en faut conclure que la qualité d'héritier, soulevée incidemment sur une demande de moins de 1,000 fr., n'a rien d'indéterminé ; qu'elle se trouve, au contraire, limitée à la valeur de la demande, et que le jugement qui intervient est en dernier ressort. — V., au surplus, la question discutée avec étendue par Dalloz, A. 4. 632, n. 4 et suiv.

219. — En admettant que le jugement, dans le cas dont il s'agit, n'ait pas force de chose jugée à l'égard des tiers, doit-il du moins l'avoir au profit ou contre celui qui l'a obtenu, non seulement pour la somme au-dessous de 1,000 fr. qu'il a demandée, mais même pour celles d'une valeur supérieure dont il peut plus tard se prétendre créancier ? Non, s'il est vrai, comme nous l'avons établi, que l'art. 800 C. civ. ne soit qu'une application des principes posés dans l'art. 1351 ; car, pour constituer la chose jugée, outre l'identité de personnes, il faut l'identité d'*objet* et de *cause*. — D.A. 4. 634, n. 6.

220. — Du reste, un tribunal de première instance ne peut statuer qu'en premier ressort, quand la qualité d'héritier est le *principal objet* de la contestation ; par exemple, s'il s'agit de savoir si un individu est co-héritier d'un autre, ou si celui-ci a seul droit à la succession comme ayant rétracté sa répudiation de l'hérédité. — 23 brum. an 12. Civ. c. Cazeneuve. D.A. 4. 663, et 652, n. 4. D.P. 1. 1213.

221. — Il peut être prononcé, sans appel, par un tribunal de première instance, sur la question de savoir s'il y a société entre deux personnes, lorsque cette contestation ne s'élève qu'incidemment dans une demande d'une somme inférieure à 1,000 fr. — 1er niv. an 9. Req. Hadamar. D.A. 4. 659. D.P. 3. 1. 312.

222. — Il peut également être statué en dernier ressort sur la qualité d'un curateur, si elle n'est contestée qu'incidemment à une demande qui n'excède pas les limites du dernier ressort. — 9 mars 1824. Civ. c. Dermay. D.A. 1. 47. D.P. 24. 1. 93.

223. — L'appel d'un jugement pour cause d'incompétence, à raison de la matière, est toujours

recevable, quoique l'objet de la contestation, au principal, n'excède pas le taux du dernier ressort. — 5 mars 1812. Liége. Germain. D.A. 3. 186. D.P. 1. 740.— 19 août 1819. Rennes. Loyer. D.A. 11. 645, n. 3. D.P. 2. 1150, n. 4.

224. — Jugé de même que, d'après l'art. 425 C. pr., les dispositions explicites ou implicites sur la compétence peuvent toujours être attaquées par la voie d'appel; d'où il suit que, dans un jugement qui statue à la fois sur la compétence et sur un objet au-dessous de 1,000 fr., il y a deux dispositions, dont l'une est susceptible d'appel, et l'autre en dernier ressort. — 28 nov. 1831. Civ. c. Parct. D.P. 31. 1. 369.

225. — Jugé, au contraire (mais avant le code de procédure), qu'un tribunal, compétent pour juger en dernier ressort sur le fond, peut statuer également en dernier ressort sur sa compétence. — 9 vend. an 13. Req. Ligné. D.A. 2. 718. D.P. 5. 1. 64.

226. — Du reste, il est sans difficulté qu'un tribunal ne peut prononcer en dernier ressort sur sa compétence dans une affaire dont il ne peut juger le fond qu'à charge d'appel. — 4 vent. an 2. Civ. c. Labaume. D.A. 4. 708. D.P. 3. 1. 31.

227.— N'est pas recevable, même pour cause d'incompétence, *ratione materiæ*, l'appel d'un jugement qui a prononcé sur une demande au-dessous de 1,000 fr., si l'incompétence n'a pas été proposée devant les premiers juges. Ici ne s'applique pas l'art. 454 C. pr.— 13 déc. 1823. Grenoble. Belluard. D.A. 4. 651. D.P. 1. 1208.— 12 avril 1826. Grenoble. David. D.P. 26. 2. 225.

228. — Le jugement refusant de joindre deux instances, dont l'une est en premier, l'autre en dernier ressort, n'est pas susceptible d'appel, attendu que l'incident participe de la nature du fond, lequel, dans l'espèce, doit être évacué définitivement par le tribunal pour l'une des deux instances. — 21 mars 1829. Toulouse. Cabrol. D P. 29. 2. 192.

229. — Dans le cas d'une contestation existant entre deux parties, s'il a été formé deux demandes, dont l'une est moindre de 1,000 fr., et l'autre est indéterminée, le jugement qui prononcera la jonction de ces deux instances sera considéré comme définitif et en dernier ressort, relativement à la première demande; il ne sera qu'en premier ressort, et susceptible d'appel, relativement à la demande indéterminée. — 23 mai 1829. Bordeaux. Clarac. D.P. 29. 2. 202.

230.—Si le jugement rendu sur la demande principale n'est qu'en premier ressort, le jugement sur la demande en garantie est aussi, par voie de conséquence, en premier ressort. — 7 fév. 1828. Montpellier. Germa. D.P. 28. 2. 234.

231. — Lorsque l'objet de la demande n'excède pas 1,000 fr., la partie condamnée ne peut interjeter appel vis-à-vis de son adversaire, par cela seul que le tribunal lui a fait, par le même jugement, des injonctions sur le réquisitoire du ministère public. Dans ce cas, l'appel, s'il est recevable, ne l'est que quant aux injonctions, et ne peut être dirigé que contre le ministère public. — 17 fév. 1812. Civ. c. Metz. Beaumont. Dixié. D.A. 4. 744. D.P. 12. 1. 263.

§ 6.— *Demandes formées par ou contre plusieurs personnes.*

232.— Lorsqu'une demande formée *contre une seule personne* par une ou plusieurs autres, a pour objet plusieurs sommes dont chacune est inférieure à 1,000 fr. (50 fr., s'il s'agit de la justice de paix), mais qui, réunies, excèdent cette valeur, le tribunal peut-il prononcer en dernier ressort? Non, suivant la plupart des auteurs : les différentes sommes ayant été reunies dans une même demande, il n'y a qu'une seule action et une seule instance, et c'est cette action qui doit régler la juridiction. D'anciens auteurs on fait exception à cette règle, pour le cas où l'exploit de demande détaillait et divisait les sommes; mais cette exception est aujourd'hui généralement rejetée.—D.A. 4. 664, n. 2; Merl., Rép., v° Dernier ressort, § 6; Henrion, *Comp. des juges de paix*, ch. 13; Carré, art. 281, n. 300, et art. 316, n. 384.

233.— Toutefois Foucher, dans ses notes sur Carré, t. 4, p. 300, s'élève fortement contre cette doctrine : « Ou les divers chefs de demande, dit-il, ont pour objet une cause commune, ou un titre commun, ou ces chefs de demande s'appuyent sur des droits, ou titres, ou causes distinctes : dans la première espèce, toutes les réclamations du demandeur ayant une source commune et étant élevées au même titre, le jugement sera rendu en premier ou en dernier ressort, suivant que le comportera la demande envisagée dans toutes ses parties réunies. Dans la deuxième espèce, chacun des chefs de demande formant autant de demandes distinctes, on n'a pu modifier la compétence du tribunal à l'égard de chacune par leur réunion dans un même exploit, ou par leur jonction pendant l'instance; et c'est le cas d'appliquer l'adage, *tot capita, tot sententiæ...* » On lit aussi dans le code de compétence de Jourdain : « Plusieurs sommes provenant de causes différentes, sont réunies dans la même demande; si le demandeur en avait fait autant d'instances séparées, chacune d'elles aurait été jugée en dernier ressort : les ayant réunies dans la seule vue d'économiser les frais, perd-il cet avantage? Non, la divisibilité le lui conserve. » Ceci paraît exact, à moins qu'il n'y ait indivisibilité des titres.

234.— Si la demande introduite par plusieurs demandeurs, soit par un seul exploit, soit par plusieurs dont la jonction aurait été ordonnée, a pour objet des créances personnelles ou divisibles sur chaque demandeur, et si elle ne dépasse le dernier ressort que par la réunion des diverses sommes formant la totalité de la demande, le jugement, dit encore Foucher, sera rendu en dernier ressort, parce que la réunion de plusieurs créanciers ne peut avoir pour effet de changer la compétence des juges à l'égard de chacune des demandes : car la demande se divise par la pensée, aux yeux de la loi, en autant de demandes qu'il y a de parties demanderesses.

La jurisprudence est jusqu'ici généralement conforme au système de Carré, et contraire, par conséquent, à celui de Foucher. Ainsi, il a été jugé que le tribunal de première instance ne prononce qu'en premier ressort :

235.— Lorsque plusieurs parties réunies demandent à une personne une provision d'une somme supérieure à 1,000 fr., encore que la portion qui revient à chaque demandeur soit inférieure à 1,000 fr.—7 prair. an 11. Turin. Guy. D.A. 4. 669, et 665, n. 7. D.P. 1. 1216.—2 flor. an 9. Civ. c. Comm. de Pernes. D.A. 3. 144. D.P. 1. 723.

236.—Lorsqu'un créancier demande, par un même exploit, le paiement de deux sommes, dont l'une lui est due personnellement, et l'autre, comme cessionnaire d'un tiers, bien que ces deux sommes n'excèdent le taux du dernier ressort que par leur reunion. — 15 janv. 1813. Bruxelles. *Journ. des av.*, t. 19, p. 171.

237.—... Ou lorsque le cessionnaire de plusieurs créances de divers individus poursuit *contre un même débiteur* le paiement de ces créances qui, réunies, excèdent 1,000 fr., quoique aucune d'elles, prise isolément, ne surpasse et même n'atteigne cette somme.— 10 août 1813. Civ. c. Aix. Deleuil. D.A. 4. 665. D.P. 14. 1. 586.

238.—... Ou lorsqu'une partie demande la remise de trois traites acquittées, formant ensemble une valeur supérieure à 1,000 fr...., surtout si le défendeur oppose à cette action une prétention d'une valeur indéterminée; par exemple, s'il refuse la remise, par le motif qu'il ne serait pas payé des frais de protêt et des intérêts échus, dont il ne fixe point le montant.— 3 frim. an 11. Civ. c. Genot. D.A. 4. 630. D.P. 1. 1199.

239.—... Ou lorsque plusieurs parties demandent conjointement et solidairement une somme, et, par exemple, des dommages-intérêts s'élevant à plus de 1,000 fr., encore bien que la somme revenant à chacune d'elles soit inférieure à ce taux. — 8 janv. 1827. Caen. Lebon. D.P. 27. 2. 164.

240.—... Ou lorsqu'une demande en paiement de reliquat d'un compte avec intérêt s'élevant à plus de 1,000 fr., a été formée par plusieurs personnes réunies, dont chacune n'a droit qu'à une somme de 1,000 fr., mais que les demandes n'ont pas été distinguées dans les conclusions originaires, et présentées comme indépendantes l'une de l'autre, et que les demandeurs n'ont pas conclu à ce que la condamnation fût prononcée au profit de chacun d'eux, proportionnellement à leurs droits.— 26 mars 1827. Besançon. Comte. D.P. 28. 2. 154.

241.—...Ou lorsqu'il s'agit de la demande collective de plusieurs sommes, au-dessus de 1,000 fr., mais sans distinction de l'intérêt particulier d'aucune des parties, sans qu'il soit besoin d'examiner si les droits partiels de chacun des demandeurs sont inférieurs à cette somme.—2 mars 1833. Lyon. Octroi de la Guillotière. D.P. 33. 2. 194.

242.— Jugé, au contraire, qu'on doit réputer rendu en dernier ressort, 1° le jugement rendu sur la demande, formée par plusieurs co-héritiers, d'une somme excédant 1,000 fr., mais dans laquelle la part revenant à chacun d'eux est inférieure à 1,000 fr.. alors même que la demande est intentée par les héritiers collectivement, et procède d'un titre ou d'une cause commune à tous.— 7 mars 1826. Rennes. Nogues. D.P. 28. 2. 50.

243.— 2° Celui qui intervient lorsque deux individus forment, par le même exploit contre une ou plusieurs personnes, deux demandes fondées sur les mêmes moyens, mais *distinctes*, et qui ne s'élèvent au-dessus de 1,000 fr. que par la réunion des deux demandes. En un tel cas, on ne doit voir dans les réunion des demandes que l'intention d'éviter les frais de plusieurs exploits.— 11 fruct. an 11. Civ. r. Collot. D.A. 4. 666. D.P. 3. 1. 754.— 11 fév. 1824. Grenoble. Roche. D.A. 4. 667. D.P. 1. 1214.— Conf. Jousse, *Tr. des présid*, part. 1re, ch. 1er, § 2, n. 2; Carré, art. 281, n. 294; Henrion, ch. 14; D.A. 4. 664, n. 7.

244.— 3° Le jugement qui taxe les frais de l'avoué et les honoraires de l'avocat d'une partie, lorsque les sommes allouées à chacun d'eux, prises séparément, ne s'élèvent pas à 1,000 fr., quoique, réunies, elles excèdent cette somme.— 13 juin 1810. Florence. Carli D.A. 4. 667. D.P. 1. 1214.

245.— 4° Celui rendu sur la demande en privilége formée par divers créanciers d'un même débiteur, réunis à cet effet, mais agissant en vertu de titres distincts et personnels, si l'intérêt de chaque créancier est au-dessous de 1,000 fr., encore que le montant de toutes les créances excède cette somme.— 13 août 1831. Agen. Raisonnier. D.P. 31. 2. 182.

5° Que lorsqu'il y a lieu par le tribunal de joindre deux instances, dans chacune desquelles il s'agit de 1,000 fr., le jugement à intervenir est susceptible d'appel. — 23 mai 1808. civ. r. Pau. Dupeyron. D.A. 7. 612.

246.— Décidé aussi que, dans le cas où les créanciers d'un même débiteur ont réuni leurs créances particulières dans un seul exploit, et rendu commune entre eux une procédure en saisie-immobilière contre le débiteur commun, le tribunal de première instance statue en dernier ressort sur la validité de la saisie-immobilière, lorsqu'aucune des créances particulières n'excède 1,000 fr., encore bien que leur réunion présente un total supérieur au taux du dernier ressort.— 27 août 1833. Bordeaux. Ducarpe-Lile. D.P. 34. 2. 114.

247 — A plus forte raison, y a-t-il lieu à prononcer en dernier ressort, si les parties ayant divisé leurs actions, la jonction en a été ordonnée par le tribunal.— D.A. 4. 664, n. 4; Carré, art. 281.

248.— Lorsqu'un même exploit contient deux demandes distinctes, formées *contre deux individus différens*, et fondées sur des titres *personnels* à chacun d'eux, le jugement qui statue sur ces deux demandes n'est pas sujet à l'appel, si l'objet de chacune des deux demandes n'excède pas 1,000 fr., quoique, réunies, elles dépassent cette somme.— 17 niv. an 13. Req. Dutreix. D.A. 4. 666. D.P. 5. 2. 88.

Dans ce cas, en effet, l'exploit contient évidemment autant de demandes distinctes qu'il y a de titres.— Il est du reste indifférent que ces demandes soient formées par une seule personne ou par plusieurs.— D.A. 4. 664, n. 3.

249.—Il a été jugé (mais, ce semble, à tort) qu'un jugement est sujet à l'appel, quoiqu'il prononce contre plusieurs individus des condamnations à des sommes qui, à l'égard de chacun d'eux, ne s'élèvent pas à 1,000 fr., mais qui, réunies, excèdent cette somme, si toutes les sommes font partie d'une seule et même créance, supérieure à 1,000 fr.; s'il s'agit de la validité d'un même titre qu'on leur oppose à tous également, et si le créancier les a tous considérés comme un seul adversaire, en ne leur faisant signifier qu'une seule copie des pièces et des mémoires produits.— 27 juin 1811. Bruxelles. Stirken. D.A. 4. 667. D.P. 1. 1214.

250. — Qu'importe que les sommes demandées soient dues en vertu d'un même titre, supérieur à 1,000 fr., si chacun des débiteurs n'est tenu que pour une part inférieure à ce taux, et non pas solidairement pour le tout? Qu'importe qu'il s'agisse de la validité d'un même titre invoqué contre tous les débiteurs, dès que chacun de ces derniers n'est intéressé à combattre ce titre qu'en ce qui le concerne? Qu'importe que le créancier n'ait fait signifier qu'une seule copie des pièces, dès que les débiteurs n'ont pas requis qu'il en fût signifié plusieurs?

251.— Cependant Dalloz admet la doctrine de la décision ci-dessus, puisqu'il pense qu'une demande en nullité d'un titre, formée contre plusieurs personnes à qui ce titre est commun, ne peut, suivant lui, être jugée qu'en premier ressort, même à l'égard de ceux des défendeurs qui n'ont à soutenir la validité que pour un intérêt moindre de 1,000 fr

Le véritable objet de la demande est la validité du titre contesté, objet indéterminé par sa nature, et qui est le même pour tous les défendeurs, quelle que soit la somme qu'on leur demande. — Carré, *Lois de la comp.*, art. 281, n. 297; D.A. 4. 665, n. 6.

Mais, nous le répétons, dès que le titre, supérieur à 1,000 fr., dont la nullité est demandée, est de telle nature qu'il n'attribue à chacun des défendeurs, pris isolément, que des droits d'une valeur inférieure à 1,000 fr., ce titre ne peut plus être considéré, par rapport à eux, comme un titre unique; il constitue, au contraire, autant de titres qu'il y a de défendeurs, et, par conséquent, l'action en nullité dont il est l'objet n'est point dirigée réellement contre un titre de plus de 1,000 fr., mais contre plusieurs titres dont chacun est inférieur à ce taux.

252.— Il a encore été jugé que lorsque deux parties sont assignées par un même exploit, en vertu du même titre, et qu'elles font usage des mêmes moyens de défense, si l'appel est recevable quant a l'une d'elles, à raison de la somme, il doit l'être également quant à l'autre, encore que celle-ci soit débitrice d'une somme moindre de 1,000 fr. — 26 fév. 1812. Turin. Dumouland. D.A. 10. 728, n. 3. D.P. 2. 854, n. 1.

253. — Il nous semble que cette décision doit être rejetée comme la précédente, et par les mêmes motifs. Deux actions différentes peuvent être formées par un même exploit : deux actions différentes peuvent être repoussées par les mêmes moyens. Dès qu'il n'y a pas solidarité entre les défendeurs, ou indivisibilité du titre en vertu duquel on les poursuit, les demandes formées contre eux doivent être considérées comme distinctes, et dès lors chacune d'elles doit être considérée isolément quand il s'agit de déterminer si elle est ou non susceptible d'appel. Il peut sans doute résulter de ce système, strictement conforme à la loi, qu'un même titre, déclaré, en première instance, valable à l'égard de chacun des défendeurs, soit, en appel, annulé en faveur de celui d'entre eux à qui la quotité de la dette ouvre la voie de l'appel, tandis qu'à l'égard de l'autre débiteur, la validité du titre sera irrévocablement jugée. Mais cette contrariété de jugement, fâcheuse sans doute, n'aurait-elle pas pu également se manifester si, au lieu de poursuivre simultanément les deux débiteurs, le créancier les avait actionnés séparément, comme il en avait incontestablement le droit?

254.— Lorsqu'il y a eu jonction de plusieurs demandes dirigées contre divers héritiers, et dont chacune est inférieure à 1,000 fr., mais qui, réunies, s'élèvent à plus de 1,000 fr., le jugement qui statue sur ces demandes ainsi réunies est en dernier ressort. Le jugement de jonction n'a pu changer les droits des parties dont chacune n'était passible que de sa dette personnelle.—19 avril 1830. Civ. r. Montpellier. Fouet. D.P. 30. 1. 211.

255. — Lorsque le créancier d'une somme supérieure à 1,000 fr. ne poursuit qu'un seul de ses débiteurs *pour sa part*, moindre de 1,000 fr., le jugement qui intervient est rendu en dernier ressort. — V. Jousse, *Tr. des présid.*, ch. 1er, art. 2, § 2; Carre, *Lois de la compét.*, art. 281, n. 294; D.A. 4. 665, n. 7.

Il en est ainsi, lors même qu'il y a solidarité entre les débiteurs (arg. de l'art. 1211 C. civ.).—D.A. 4. 665, n. 5.

256.— Jugé cependant que le ressort se fixe d'après la créance et non d'après la demande, en ce sens que la demande au-dessous de 1,000 fr., formée contre une partie des héritiers du débiteur pour leur part commune dans une créance de plus de 1,000 fr., doit être jugée en premier ressort.— 27 déc. 1830. Riom. Ricard. D.P. 33. 2. 241.

Cette décision est fondée sur ce que s'il était libre à un créancier de diviser la dette entre les héritiers de son débiteur, il dépendrait uniquement de sa volonté de faire prononcer en premier et dernier ressort.—Mais ne peut-on pas répondre que ce n'est pas la volonté du créancier, mais la volonté de la loi qui opère cette division, quand d'ailleurs la dette n'est point indivisible par sa nature. De quoi se plaindraient les débiteurs condamnés en première instance? De ce qu'ils sont réduits à un seul degré de juridiction dans une contestation qui n'excède pas 1,000 fr. Mais c'est précisément ce que veut la loi.

257. — Lorsqu'une somme d'argent, excédant 1,000 fr., a été partagée entre plusieurs personnes,

et que l'une d'elles forme contre l'un des autres copartageans une action en répétition d'une partie de la somme, inférieure à 1,000 fr., le jugement qui statue sur cette demande est en dernier ressort. — 12 août 1806. Req. Chenais. D.A. 4 668. D.P. 6. 1. 527.

258.— Si un des débiteurs *solidaires* est assigné sans que la demande soit restreinte à sa part personnelle, ou si tous les co-débiteurs solidaires sont assignés simultanément, même par exploits séparés, le jugement est sujet à l'appel. Dans ces deux hypothèses, c'est la somme entière qui est l'objet de la demande.— Carré et D.A. *eod.*

259.— Lorsqu'une demande a pour objet la prestation solidaire d'une rente non déterminée par la demande, mais d'une valeur supérieure à 50 fr. de revenu, le jugement qui décharge l'un des co-débiteurs de la solidarité, et le condamne à payer une portion inférieure à 1,000 fr., n'est pas en dernier ressort C'est l'objet de la demande qui doit seul être considéré; et il est à la fois au-dessus de 50 fr. de revenu, et indéterminé.— 6 mess. an 12. Civ. c. Lajard. D.A. 4. 668. D.P. 1. 1215.

260. — Si, sur la demande d'une somme excédant 1,000 fr., le droit du créancier, reconnu pour partie par quelques uns des débiteurs, n'est contesté par les autres que pour leur part, laquelle est inférieure à 1,000 fr., le jugement est en dernier ressort. — 12 juill. 1828. Toulouse. Hautpoul. D.P. 29. 2. 190.— V. *suprà.*

§ 7.— *Demandes relatives aux baux et aux rentes.*

261. — S'il s'agit de réclamations de loyers échus, il faut, pour déterminer le dernier ressort, uniquement consulter la somme demandée. Selon qu'elle excède ou n'atteint pas 1,000 fr., le jugement est en premier ou dernier ressort.— D.A. 4. 669, n. 1.

262. — Lorsqu'un bailleur fait commandement à son locataire de lui payer des loyers échus excédant 1,000 fr., mais sous la déduction de sommes qui réduisent la demande à moins de 1,000 fr., le tribunal peut, sans que son jugement soit sujet à l'appel, condamner, par provision, le locataire à payer les sommes demandées, en réservant pour un autre jugement l'examen de la validité du commandement. — 31 juill. 1810. Bruxelles. Boulard. D.A. 4. 670. D.P. 12. 2. 5.

263.— Quant à la demande en validité ou en nullité de congé, comme cette action remet en question, pour le locataire et le bailleur, les avantages et les inconvéniens du bail, il faut, pour déterminer le dernier ressort, cumuler les loyers pour toute la durée du bail, en y joignant les dommages-intérêts réclamés; c'est là la véritable valeur de l'objet litigieux, telle qu'elle a été fixée par les parties elles-mêmes. On doit opérer de la même manière relativement aux demandes en nullité de bail. — D.A. 4. 669, n. 1.

264. — Jugé ainsi que la demande en validité de congé d'un bail dont les fermages réunis, pour tout le temps de sa durée, ne s'élèvent pas à 1,000 fr., peut être jugée en dernier ressort. — 5 mai 1808. Bruxelles. Philippi. D.A. 4 670. D.P. 1. 1216.

265. — Jugé de même qu'un tribunal statue en dernier ressort sur une demande en paiement de loyers, et en validité d'un congé de bail verbal, lorsque le prix annuel de la location, réuni aux sommes réclamées pour loyers, est au-dessous de 1,000. fr. — 8 avril 1823. Amiens. Tranchard. D.A. 4. 671. D.P. 1. 1216.

266. — Décidé encore que le jugement qui statue sur la validité d'un bail dont la durée est de six ans, est en dernier ressort, lorsque le prix du bail pour les six années réunies n'excède pas 1,000 fr. — 15 fév. 1819. Civ. c. Rouen. Lecardé. D.A. 12. 929, n. 1. D.P. 19. 1. 167.

267. — Jugé cependant, en sens contraire, que la demande en résiliation d'un bail est, en raison des gains que les parties peuvent faire, indéterminée: elle ne peut être jugée en dernier ressort, encore que le prix du bail, cumulé pour toute sa durée, ne s'élèverait pas à 1,000 fr.— 28 janv. 1824. Limoges. Chardin. D.A. 12. 736, n. 17. D.P. 24. 2. 113.

268. — Beaucoup de difficultés s'élèvent pour la fixation du ressort, à l'occasion des rentes. Pour les résoudre, il ne faut pas perdre de vue, 1° que c'est l'objet de la demande qui détermine le premier ou dernier ressort; 2° que les demandes qui n'ont pas été évaluées en argent par les parties elles-mêmes sont indéterminées, et, par conséquent, soumises à l'appel.— D.A. 4. 669, n. 2

269. — Ne s'agit-il que d'une réclamation d'arrérages, payables en argent? comme il n'est alors question que d'une demande personnelle en paiement d'une somme déterminée, elle sera jugée en dernier ressort, chaque fois que les années d'arrérages réclamées n'excéderont pas 1,000 fr. Peu importe que le capital dépasse 1,000 fr. ou que le revenu soit supérieur à 50 fr., puisque le fonds de la rente est étranger à la contestation. — D.A. 4. 669, n. 3.

270. — Jugé toutefois qu'une demande en paiement d'une somme moindre de 1,000 fr., pour arrérages d'une rente annuelle de plus de 50 fr., prix d'un bail à albergue, ne peut être jugée qu'en premier ressort. — 21 mess. an 13. Civ. c. Enreg. C. Rouquayrol. D.A. 4. 673. D.P. 1. 1218.

271. — S'agit-il d'arrérages payables en denrées? Ou le demandeur en fixe la valeur dans son exploit introductif ou dans ses conclusions, et alors c'est cette estimation qui détermine le dernier ressort; ou bien la demande ne contient pas d'estimation, et alors elle est indéterminée et toujours sujette à l'appel. — D.A. 4. 669, n. 4.

272. — Jugé, par application de ces principes, que les tribunaux de première instance prononcent en dernier ressort sur une demande en paiement d'arrérages d'une rente stipulée primitivement en denrées, mais déterminée par le demandeur à un revenu annuel moindre de 500 fr., lorsque, d'ailleurs, le montant des arrérages dus n'excède pas 1,000 fr. . . . Il en est ainsi alors même que le tribunal a omis de qualifier son jugement en dernier ressort. —23 juin 1817. Civ. c. Bourges. Enreg. C. Damours. D.A. 4. 673. D.P. 1. 1218.

273.— Mais il ne peut juger qu'en premier ressort une contestation ayant pour objet, non seulement une quantité *de denrées d'une valeur* indéterminée, mais encore l'existence d'une rente dont les arrérages annuels excèdent évidemment 50 fr. — 8 pluv. an 13. Civ. c. Sarton. D.A. 4. 672. D.P. 1. 1217.

274.— Jugé de même que les prestations en nature à titre de rente foncière, dont la valeur (ordinairement inférieure de 50 fr.) est subordonnée aux mercuriales, étant nécessairement variable d'année en année, rentrent dans la classe des objets indéterminés pour lesquels, en cas de contestation, la loi a établi deux degrés de juridiction. — 24 août 1822. Colmar Enreg. C. Steiner. D.A. 4. 797. D.P. 1. 1274.

275. — Quand le *fond de la rente est contesté*, il faut examiner le résultat du litige. Si le défendeur ne conteste au fond que pour trouver un moyen de se faire décharger du paiement des arrérages, de telle sorte que le jugement sur ces arrérages ne puisse produire l'effet de la chose jugée pour ou contre celui qui a droit au capital, le dernier ressort devra se regler, non par l'exception du défendeur, mais par les conclusions de la demande en paiement d'arrérages. — D.A. 4. 669, n. 5.

276. — Le jugement rendu sur une demande en paiement d'arrérages, moindre de 1,000 fr., est en dernier ressort, si le titre de la rente n'a été contesté par le défendeur que par voie d'exception, et n'a été mentionné dans l'exploit que comme moyen d'établir la demande. — 2 juill. 1810. Bruxelles. Dewinter. D.A. 4. 673. D.P. 12. 2. 4.

277.—Lorsque le créancier d'une rente demande le paiement d'arrérages échus qui, joints au capital, excèdent 1,000 fr., et que le titre a été contesté, le demandeur ne peut plus, pour obtenir un jugement en dernier ressort, restreindre ses conclusions à deux années d'arrérages et au remboursement du capital formant ensemble une somme inférieure à 1,000 fr — 25 avril 1808. Bruxelles. Noisel. D.A. 4. 673. D.P. 1. 1218.

278.—Lorsque la demande a pour objet la *propriété* d'une rente, ou que le jugement sur la demande des arrérages peut préjuger la question du fond, il faut d'abord distinguer entre les rentes viagères et les rentes foncières ou constituées. Une rente viagère dépendant, quant à sa durée, de la vie de la personne à qui elle est due, est nécessairement d'une valeur indéterminée; toutes contestations sur le fonds d'une rente viagère sont donc jugées en premier ressort seulement. — D.A. 4. 670, n. 6.

279.—Ainsi, il ne peut être statué qu'en premier ressort par un tribunal d'arrondissement, sur la demande en paiement d'une pension viagère de 1,000 fr., un telle demande excédant 1,000 fr. de capital. —26 prair. an 10. Civ. c. Sabathier. D.A. 4. 672. D.P. 1. 1217.

280.—.....Ou sur la demande en réduction d'une rente ou pension annuelle et viagère de moins de

1,000 fr., surtout si la somme dont on demande à être déchargé est évaluable à un capital de plus de 1,000 fr. — 22 vend. an 10. Civ. c. Bouteille. D.A. 4. 671. D.P. 1. 1216.

281.—Jugé de même qu'un tribunal ne peut prononcer en dernier ressort sur la demande en réduction d'une rente viagère.—..... Surtout, si la pension représente un capital supérieur à 1,000 fr.—19 prair an 10. Civ. c. Roquefort. D.A. 4. 671. D.P. 1. 1217.

282.—Un jugement qui condamne des particuliers à se reconnaître solidairement débiteurs d'une rente viagère de 600 fr., et à en payer dix années échues, est sujet à l'appel, lors même que la demande serait formée par la régie des domaines.—1er frim. an 9. Civ. c. Poupart. D.A. 4. 671. D.P. 1. 1216.

283.—Quant aux autres espèces de rentes dont la propriété serait réclamée, ou l'existence légale contestée, si elles sont évaluées en argent, il faut d'abord s'arrêter au taux du revenu annuel.—La rente produit-elle plus de 50 fr., il n'y a pas lieu au dernier ressort; c'est qu'alors il s'agit d'une matière réelle, d'une revendication; et que ces demandes s'estiment par le revenu déterminé, aux termes de la loi de 1790.

La rente fût-elle même d'un revenu inférieur à 50 fr. il n'y aurait pas lieu au dernier ressort, si la demande avait aussi pour objet des arrérages qui, réunis au capital, excéderaient 1,000 fr. Dans ce cas, en effet, le capital et les arrérages formant ensemble l'objet de la demande, doivent être reunis pour fixer la compétence. D'ailleurs, les arrérages échus sont un capital indépendant de la rente qui les a produits. —Carre, *L. de la comp.*, art. 281, n. 309; D.A. 4. 670, n. 7.

284.—Jugé ainsi qu'un tribunal de première instance ne peut prononcer qu'en premier ressort sur la demande en paiement d'une annuité de rente inférieure à 1,000 fr., lorsque la propriété même de la rente est contestée au créancier, et que le montant de l'annuité, joint au capital de la rente, excède 1,000 fr. —3 juill. 1812. Liége. Defooz. D.A. 4. 674. D.P. 1. 1219.

285.— Il faut suivre la même règle quand la rente, stipulée en denrées, a été évaluée par les parties, ou que la valeur en a été déterminée par une moyenne prise sur les mercuriales d'un certain nombre des années précédentes. A défaut d'évaluation par bail, ou par année commune, il n'y a jamais lieu au dernier ressort. — D.A. 4. 670, n. 8.

286. — La demande en remboursement d'une rente d'une valeur excédant 1,000 fr. ne peut être jugée en dernier ressort. — 5 vend. an 7. Civ. c. L'Étienne. D.A. 4. 674, et 670, n. 9. D.P. 1. 1219.

287. — Il en est de même de la demande tendant au remboursement, en papier-monnaie et suivant l'échelle de dépréciation, d'une rente de plus de 50 fr., encore bien que la somme offerte soit, par suite de la réduction, inférieure à 50 fr., surtout si le mode de libération est contesté. — 2 mess. an 10. Civ. c. Christi. D.A. 4. 675, et 670, n. 9. D.P. 1. 1219.

288. — Il en est de même encore de la demande ayant pour objet le mode de paiement d'une rente de 8,000 fr. de capital et 400 fr. d'intérêt. — 11 vend. an 7. Civ. c. Langlois. D.A. 4. 675, et 670, n. 9. D.P. 1. 1219.

289.— Il en est de même enfin de la demande en validité d'offres réelles de la somme de 720 fr. pour arrérages d'une rente, lorsqu'il s'élève la question de savoir dans quel lieu cette rente, au-dessus de 1,000 fr., doit être servie.— 28 avril 1814. Req. Paris. Vaffard. D.A. 10. 579, n. 2. D.P. 14. 1. 294.

290. — N'est pas recevable l'appel d'un jugement qui statue sur le point de savoir s'il y a lieu à la retenue de 20 fr. sur une rente perpétuelle de 100 fr., au principal de 2,000 fr., lorsque le surplus de la rente n'est pas conteste (L. 3 brum. an 7). — 19 août 1818. Civ. c. Darracq. D.A. 4. 676, et 670, n. 10. D.P. 18. 1. 630.

291.— Dalloz pense aussi que lorsqu'il n'y a contestation que sur la retenue, et que la somme à retenir chaque année est inferieure à 1,000 fr., le jugement est en dernier ressort. Quoiqu'il puisse paraître qu'une décision affirmative sur la question de retenue entraîne la nécessité de payer chaque année des sommes dont l'accumulation excédera le taux du dernier ressort, et quoique la contestation sur la retenue puisse forcer à interpréter un contrat contenant des valeurs considérables, néanmoins, comme il n'y a, dans l'hypothèse, de véritable litige que quant à la retenue sur les arrérages d'une année, et que la somme retenue est supposée inférieure, en capital, à 1,000 fr., il faut bien reconnaître qu'il y a lieu au dernier ressort. — D.A. 4. 670, n. 10.

292. — Lorsque, sur une demande en paiement des arrérages d'une rente, il n'y a contestation que sur le montant de la somme sur laquelle doit être exercée la retenue non contestée du cinquième, et que la différence qui fait l'objet de la discussion est au-dessous de 50 fr. de revenu, le tribunal peut prononcer en dernier ressort.— 15 mars 1824. Liége. Delheid. D.A. 4. 677. D.P. 1. 1220.

§ 8. — *Du premier et dernier ressort en matière de saisies, d'ordre et de contribution.*

293. — C'est en fixant avec précision quel est l'objet réellement demandé que l'on parvient à déterminer le premier ou dernier ressort en matière de saisies.

Dans la saisie-arrêt, le but du créancier est d'obtenir le paiement de la somme pour laquelle il arrête des valeurs entre les mains de ceux qui doivent à son débiteur. Lors donc qu'il s'agit de prononcer sur la validité de la saisie-arrêt, il ne faut, dit Dalloz, considérer, pour la détermination de la compétence, que la somme qui, aux termes de l'art. 559 C. pr., doit être énoncée dans la saisie; si elle excède 1,000 fr., le tribunal ne juge qu'en premier ressort; au-dessous, il n'y a pas lieu à appel. Peu importe que la somme arrêtée entre les mains du tiers-saisi soit supérieure à 1,000 fr., si le saisissant n'a demandé a en toucher qu'une portion inférieure au taux du dernier ressort (D.A. 4. 677, n. 1). — On va passer en revue la jurisprudence et la doctrine; on indiquera au n. 324 la théorie qu'il nous paraît préférable d'adopter en matiore de saisie.

294. — Jugé, par application de cette règle, qu'on ne peut appeler du jugement qui déclare valable une saisie arrêt faite pour moins de 1,000 fr., quelle que soit la somme saisie-arrêtée, et alors même que le tribunal aurait déclaré ne statuer qu'à la charge d'appel. — 21 avril 1812. Agen. Soulan. D.A. 4. 678. D.P. 1. 1220. — 15 juin 1821. D'Orléans. — 2 déc. 1828. Riom. Vidal. D.P. 30. 2. 243. — 2 mars 1832. Bourges. Loisy. D.P. 33. 2. 120.

295. — Le jugement sur la validité d'une saisie-arrêt faite pour une somme principale au-dessous de 1,000 fr., *sans préjudice des intérêts*, est en dernier ressort, bien que la demande en validité de la saisie comprenne, outre le capital, des intérêts qui portent la somme demandée a plus de 1,000 fr. : c'est la somme que le saisissant est tenu d'énoncer dans l'exploit de saisie, qui fixe invariablement l'attribution du premier ou dernier ressort (C. pr. 559). — 11 déc. 1815. Colmar. Wormser. D.A. 4. 680. D.P. 16. 2. 55.

296. — Le jugement sur la demande en main-levée d'une opposition à un commandement qui a pour objet le paiement d'une somme inferieure à 1,000 fr., est en dernier ressort, bien que le titre sur lequel le commandement est basé soit d'une valeur indéterminée, telle qu'une donation, dont le créancier demande l'exécution. — 11 août 1826. Bourges. Rulland. D.P. 27. 2. 90.

297. — Lorsqu'à la saisie d'une rente constituée, de 60 fr., au capital de 1,200 fr., pratiquée pour le paiement d'une créance de 102 fr., il est formé, par le débiteur, une opposition portant, non sur la régularité ou irrégularité de la saisie, mais sur la quotité de la créance, qu'on prétend être inférieure, dans un tel cas, le litige est jugé en dernier ressort par le tribunal de première instance. — 21 avril 1830. Req. Caen. Lamazure. D.P. 30. 1. 213.

298. — Le jugement qui, sur la demande en validité de plusieurs saisies-arrêt formées par divers créanciers au préjudice du même débiteur, ordonne la jonction des différentes instances en validité, n'a pas pour effet de faire de ces instances un tout indivisible assujetti aux règles du premier et du dernier ressort, si le montant des saisies réunies excede 1,000 fr., encore que la créance pour laquelle chacune de ces saisies a été faite ne s'élève pas isolément à cette somme.

Dans ce cas, le jugement qui prononce sur la validité de ces saisies est réputé rendu en dernier ressort, quoique les objets sur lesquels frappent les saisies soient supérieurs à 1,000 fr. — 24 mai 1821. Limoges. Néolier. D.A. 4. 678. D.P. 22. 2. 42.

En effet, dans le cas dont il s'agit, il y a autant de jugemens partiels que de saisies; elles ne sont comprises dans un même jugement que pour épargner les frais et les lenteurs. — D.A. 4. 677, n. 1.

299. — Jugé cependant que lorsque, sur deux demandes en validité de saisie-arrêt, dont l'une est inférieure et l'autre supérieure au taux du dernier ressort, formées contre le même débiteur et pour la même créance, le tribunal a joint les causes, le jugement qu'il rend n'est qu'en premier ressort à l'égard de toutes les parties. — 11 avril 1826. Colmar. Halfftermeyer. D.P. 28. 2. 101.

300. — Les demandes formées, après celle en validité, par le saisissant, le saisi ou par des tiers, ne sont que des accessoires de la demande principale, dont elles ne changent pas la nature. — D.A. 4. 677, n. 1.

301. — Ainsi, lorsqu'une saisie-arrêt a été faite pour une somme inférieure à 1,000 fr., le jugement qui l'a déclarée valable est en dernier ressort, alors même qu'elle aurait été attaquée par un tiers qui se prétendait propriétaire de la créance saisie, et qui réclamait plus de 1,000 fr. de dommages-intérêts. — 1er mars 1823. Grenoble. Ageron. D.A. 4. 679. D.P. 1. 1220.

302. — Un tribunal de première instance ne peut décider, en dernier ressort, que sur une somme supérieure à 1,000 fr., saisie-arrêtée; il sera payé au saisissant des sommes excédant 1,000 fr. — 5 avril 1808. Civ. c. Thoriel. D.A. 4. 679.

On voit que dans cette espèce la demande du créancier excédait le taux du dernier ressort; et c'est toujours la demande qui règle la compétence.

303. — Il n'en est pas, dit Dalloz, de la demande en déclaration affirmative comme de celle en validité de la saisie. Son objet est essentiellement indéterminé : car elle tend à obtenir du tiers-saisi la déclaration qu'il doit ou ne doit pas au débiteur-saisi. C'est moins la somme due par le tiers que sa qualité de débiteur qui est mise en question. — D.A. 4. 677, n. 2.

Le jugement rendu sur la demande en déclaration affirmative est donc susceptible d'appel, alors même que la créance du saisissant n'excède pas 1,000 fr. — 7 mai 1817. Paris. Valin D.A. 4. 680. D.P. 17. 2. 95. — 19 janv. 1828. Aix. Carcassonne. D.P. 28. 2. 152. — 2 juill. 1831. Colmar. Kanic. D.P. 32. 2. 208.

304. — ....Et alors même encore qu'on ne prétend pas que la somme due par le tiers-saisi soit supérieure à cette somme. — 8 janv. 1830. Colmar. Adam. D.P. 30. 2. 293.

305. — Jugé cependant que dans une instance en déclaration affirmative contre un tiers-saisi, dans laquelle plusieurs créanciers sont intervenus, c'est par la réunion des sommes dues à tous les saisissans et opposans que doit être déterminée la compétence du tribunal pour juger en premier ou en dernier ressort; et, si ces sommes réunies excedent 1,000 fr., le tribunal ne peut juger qu'à charge de l'appel, quoique la créance du saisissant soit inférieure à 1,000 fr. — 30 nov. 1826. Req. Metz. Delahaut. D.P. 27. 1. 74.

306. — Décidé, dans le même sens, que le jugement relatif à la déclaration affirmative d'un tiers-saisi, qui statue sur les demandes réunies de deux saisissans ayant droit d'être payés par concurrence, est susceptible d'appel, si ces demandes, ainsi réunies, excèdent 1,000 fr., quoique chacune d'elles, prise séparément, soit inférieure à 1,000 fr. — 19 juill. 1828. Bourges. Berger. D.P. 33. 2. 132.

On voit que ces derniers arrêts (ainsi que le suivant) établissent une règle contraire à celle posée ci-dessus, puisqu'au lieu de considérer la demande en déclaration affirmative comme essentiellement indéterminée, ils la considèrent au contraire implicitement comme déterminée par le montant des sommes dont les saisissans poursuivent le paiement.

307. — Le jugement qui déclare un tiers-saisi débiteur pur et simple des causes de la saisie, faute d'avoir fait sa déclaration affirmative, est en dernier ressort, si la créance du saisissant est inférieure à 1,000 fr., le tiers-saisi ne pouvant être tenu que jusqu'à concurrence de cette créance. — 13 mai 1832. Paris. Simon. D.P. 33. 2. 195.

308 — En cas de concours de deux saisies, on ne doit pas, pour régler la compétence, réunir le montant des deux créances. — Spécialement, n'est pas recevable l'appel d'un jugement qui a rejeté la demande en préférence formée par l'un des saisissans contre l'autre, lorsque la somme due à l'appelant ne s'élève pas à 1,000 fr., encore bien que cette somme, réunie à la créance de l'autre saisissant, excède le taux du dernier ressort. — 2 déc. 1828. Riom. Vidal. D.P. 30. 2. 243.

309. — En matière de saisie-exécution, comme en

matière de saisie-arrêt, le dernier ressort ne se détermine pas par la valeur des meubles saisis, mais par la somme pour laquelle la saisie est faite.— Ainsi, est non-recevable l'appel d'un jugement qui prononce sur la validité d'une saisie de meubles d'une valeur indéterminée, si la créance pour laquelle la saisie a lieu n'atteint pas 1,000 fr.— 13 mars 1827. Toulouse. Espié. D.P. 28. 2. 19.

Et, en effet, malgré l'indétermination de la valeur des meubles saisis, le tribunal qui, dans le cas dont il s'agit, valide la saisie, ne prononce en effet réellement que sur la somme, inférieure à 1,000 fr., qui est la cause de la saisie; car la vente des meubles s'arrête aussitôt qu'elle a produit le montant de la créance et des frais.— D.A. 4. 677, n. 3 et 4.

310.— Décidé de même que le jugement qui, sur l'opposition du saisi, déclare valable une saisie-exécution, et ordonne de procéder à la vente des meubles, est en dernier ressort, si la somme réclamée par le créancier n'excède pas 1,000 fr., bien que la valeur des meubles ne soit pas déterminée, et que le saisi ait opposé à son créancier la nullité des titres servant de base aux poursuites.— 26 janv. 1827. Toulouse. Adrech. D.P. 28. 2. 19.

311.— Jugé cependant que toute contestation relative à une chose d'une valeur non déterminée, quelque inférieure que paraisse cette valeur, ne peut être jugée qu'à charge d'appel.— Dès lors, bien qu'une saisie soit pratiquée pour moins de 1,000 fr., le jugement qui statue sur la validité n'est qu'en premier ressort, si la chose saisie est d'une valeur indéterminée; spécialement, si la saisie a eu pour objet une paire de bœufs.— 9 fév. 1830. Bourges. Oppin. D.P. 30. 2. 134.

312.— Lorsqu'on a saisi, pour une dette au-dessous de 1,000 fr., des objets d'une valeur indéterminée, le jugement qui condamne le gardien à en faire la représentation est sujet à l'appel.— 11 juin 1819. Nîmes. Chabert. D.A. 1. 473. D.P. 1. 170.

313.— Dans une saisie-exécution, ce n'est pas le montant des offres non acceptées, mais bien celui de la créance pour laquelle la saisie-exécution a eu lieu, qui doit déterminer si le jugement intervenu a été rendu ou non en dernier ressort.— 2 déc. 1833. Nîmes. Gendarme. D.P. 34. 2. 123.

314.— Les demandes que le saisi élèverait incidemment sur l'instance relative à la validité de la saisie, sont indifférentes pour la fixation du premier ou dernier ressort (D.A. 4. 677, n. 3).— Ainsi, lorsqu'une saisie-exécution a été faite pour une somme moindre de 1,000 fr., et que le saisi prétend n'avoir pas été assigné en validité à son véritable domicile, le tribunal peut prononcer en dernier ressort sur cette contestation incidente à la saisie.— 11 juill. 1810. Bruxelles. Vandeberge. D.A. 4. 681. D.P. 12. 2. 5.

315.— Mais on ne peut considérer comme demande incidente la revendication, exercée par des tiers, des meubles saisis; si ces meubles sont d'une valeur indéterminée ou supérieure à 1,000 fr., le jugement qui valide ou annulle la saisie ne peut être rendu qu'à la charge d'appel, lors même que la créance qui a donné lieu à la saisie n'atteint pas 1,000 fr.— D.A. 4. 678, n. 3.— Au surplus, V. *infrà*, art. 4.

316.— C'est encore par la valeur de la créance que doit se déterminer le pouvoir du juge statuant sur la validité d'une saisie foraine, sans que, si cette créance est de moins de 1,000 fr., les exceptions du débiteur puissent enlever aux juges le droit de statuer en dernier ressort.— D.A. 4. 678, n. 5.

317.— Ainsi, lorsqu'un individu fait pratiquer une saisie foraine pour une somme inférieure à 1.000 fr., et que le saisi, de son côté, assigne le saisissant en nullité de la saisie, avec dommages-intérêts, par le motif que lui, débiteur, n'est pas forain, et qu'il doit être renvoyé devant les juges de son domicile, le tribunal peut statuer en dernier ressort sur cette action.— 14 janv. 1822. Bruxelles. Letellier. D.A. 4. 681. D.P. 1. 1221.

318.— Lorsqu'un créancier a fait procéder à une *saisie-brandon* sur plusieurs récoltes, pour obtenir le paiement d'une somme moindre de 1,000 fr., l'opposition formée à cette saisie par le débiteur ne peut être jugée qu'en premier ressort.— 19 fév. 1813. Agen. Fourtet. D.A. 4. 681.— 21 déc. 1820. Agen. Verdier. D.A. 4. 681. D.P. 1. 1220.— Voyez, ci-dessus, un arrêt conforme de la cour de Bourges et deux arrêts contraires de la cour de Bordeaux.

319.— Dans les cas où des vins récoltés en vertu d'un prétendu bail verbal consenti pour une année, à un prix bien inférieur à 1,000 fr. (150 fr.), et dont l'existence est déniée par le propriétaire, ont été saisis-revendiqués par ce dernier, le jugement qui prononce et sur l'existence du bail et sur la validité de la saisie, et adjuge 50 fr. de dommages-intérêts, étant rendu sur une valeur inférieure à 1,000 fr., est en dernier ressort, et non susceptible d'appel.— On dirait en vain qu'il y a là demande indéterminée.— 25 avril 1827. Req. Montpellier. Pradal. D.P. 27. 1. 217.

320.— La saisie-immobilière n'étant qu'un moyen employé pour contraindre à l'exécution d'une obligation ou condamnation, il s'ensuit que toutes les fois que la saisie a été pratiquée pour avoir paiement d'une somme au-dessous de 1,000 fr., les jugemens qui interviennent durant le cours de la procédure en saisie, et le jugement d'adjudication définitive qui la termine, sont rendus en dernier ressort.— 11 mai 1822. Bourges. Cros. D.A. 4. 646. D.P. 23. 2. 66.— 20 janv. 1829. Bordeaux. Vacher. D.P. 29. 2. 77.— 8 juin 1830 Bordeaux. Malignon. D.P. 31. 2. 20.— 8 juin 1832. Bordeaux. Jourdonneau. D.P. 33. 2. 114.— 30 août 1831. Bordeaux. Versaveau. D.P. 33. 2. 71.— 27 août 1833. Bordeaux. Ducarpe-Lile. D.P. 34. 2. 114

321.— décidé dans le même sens que le jugement qui admet l'opposition à un commandement en saisie-immobilière, fait par le créancier d'une somme moindre de 1,000 fr., est en dernier ressort, encore bien que l'on invoquerait, pour la validité ou la nullité du commandement, des pièces et des titres dont l'objet est supérieur à cette somme.— 21 mars 1829. Toulouse. Cabrol. D.P. 29. 2. 192.

322.— Jugé au contraire que l'action en nullité d'une saisie-immobilière comprenant des biens d'une valeur indéterminée, est susceptible des deux degrés de juridiction, quoique le montant de la créance en vertu de laquelle la saisie aurait été pratiquée, et qui, d'ailleurs, n'est pas contesté, serait inférieur à 1,000 fr.— 21 brum. an 9. Civ. c. Rey. D.A. 4. 708. D.P. 1. 1236.— 12 août 1828. Grenoble. Bonvaret. D.P. 29. 2. 130.— 27 juill. 1827. Rennes. Gareau. D.P. 28. 2. 20.— 20 mai 1828. Toulouse. Fouquernie. D.P. 28. 2. 203.— 22 mai 1833. Civ. c. Nanci. Lainné. D.P. 33. 1. 212.

323.— Et que le jugement qui statue sur un incident de saisie-immobilière n'est qu'en premier ressort, bien que la saisie ait été pratiquée pour une somme au-dessous de 1,000 fr., attendu que si, relativement au poursuivant, l'action en saisie-immobilière n'a pour objet que le recouvrement d'une créance mobilière, elle a pour effet, relativement au saisi, de le dessaisir de son droit de propriété immobilière; qu'elle est donc une action réelle; qu'elle confère le même caractère aux incidens qu'elle fait naître, et qu'ainsi ces incidens sortent de la compétence en dernier ressort attribuée aux tribunaux d'arrondissement en matière purement personnelle.— 5 fév. 1828. Nanci. Hencelot. D.P. 29. 2. 231.— 9 juill. 1829. Nanci. Demangeon. D.P. 30. 2. 22.— 7 juill. 1830. Grenoble. Richard. D.P. 32. 2. 26.

324.— Cette dernière jurisprudence nous paraît préférable, et nous l'étendrions à toutes les saisies autres que les saisies-arrêt. Dès qu'il y a demande en nullité d'une saisie, c'est une action principale et d'une valeur indéterminée qui est formée: ce n'est pas toujours le titre des saisissans qui est attaqué: c'est la saisie qu'on veut faire anéantir; ce sont ses conséquences qu'on veut faire rejeter sur le saisissant.

Ces raisons sont surtout applicables en matière de saisie-immobilière, où, comme on le dit (D.P. 33. 1. 212), la saisie est, par la dénonciation, devenue commune à tous les créanciers.

Quant à la demande en validité d'une saisie-arrêt ou d'une déclaration affirmative, il semble difficile de la soumettre aux mêmes règles. C'est qu'alors l'action du saisissant est principale, qu'elle n'affecte qu'une somme équivalente au montant de la créance de ce dernier, et qu'il est exact de dire qu'elle n'a toujours pour objet que d'obtenir ce montant, tellement que le tiers saisi ne peut jamais être condamné qu'à payer les *causes de la saisie*; que, dès lors, l'action en nullité qui serait formée par le saisi ou le tiers saisi, n'est qu'accessoire à la première, et qu'elle doit lui être assimilée sous le rapport de la juridiction..... Mais il y a là pour longtemps encore ample matière à controverse.

325.— Au reste, lorsqu'une poursuite en expropriation forcée a été suspendue par un arrangement à l'amiable, et que le saisi est ensuite actionné en paiement des frais qu'il s'est engagé à payer, le tribunal qui avait été saisi de la poursuite en expropriation peut prononcer en dernier ressort sur ces frais, s'ils n'excèdent pas 1,000 fr., et lors même qu'il n'y aurait pas eu d'assignation pour cet objet.— 23 nov. 1810. Besançon. Pescheur. D.A. 4. 682. D.P. 1. 1221.

326.— En matière d'ordre et de contributions, la question de savoir d'après quelles bases il faut régler le degré de juridiction, présente des difficultés. D'une part, on décide, et avec raison, ce semble, qu'il n'a point été fait, en matière d'ordre, d'exception à la règle générale, qui veut que la compétence en dernier ressort soit fixée d'après l'objet de la demande; que ce n'est donc point le montant de la somme à partager, mais le montant de la créance en litige qu'il faut considérer. La somme à partager, ajoute-t-on, est sans doute la matière sur laquelle s'exercent les droits des créanciers; mais ce n'est pas sur le montant de la somme en elle-même que s'élèvent les contestations. L'admission ou le rejet, dans une collocation ou distribution, la priorité, l'exactitude des répartitions, tels sont les seuls objets des demandes des créanciers; et, suivant l'élévation et la nature de ces prétentions, le jugement est en premier ou dernier ressort.— D.A. 4. 678, n. 6; Carré, *L. de la compet.*, art. 281, n. 303.

327.— Suivant ce système, on décide que, bien que la somme à distribuer excède 1,000 fr., le jugement statue en dernier ressort sur l'inadmissibilité d'une créance de moins de 1,000 fr.— 17 nov. 1812. Agen. Sensemol. D.A. 4. 684. D.P. 1. 1222.

328.— ... Que les contestations dans un ordre, entre créanciers dont les créances respectives ne s'élèvent pas à 1,000 fr., ne sont pas susceptibles des deux degrés de juridiction, bien que les sommes à distribuer excèdent 1,000 fr.— 8 mai 1827. Caen. Lesprez. D.P. 28. 2. 81.

329.— .. Que, dans un ordre ouvert pour la distribution de plus de 1,000 fr., le créancier qui a originairement demandé à être colloqué pour sa créance, montant à plus de 1,000 fr., peut appeler du jugement qui l'écarte de l'ordre, alors même que ce créancier ne conteste que la dernière collocation, montant à moins de 1,000 fr.— 5 juill. 1811. Liége. Merrem. D.A. 4. 683. D.P. 1. 1222.

Et que, de même, dans une contestation relative à la priorité de deux créances, dont l'une excède 1,000 fr., si le créancier de la somme inférieure à ce taux *obtient la préférence*, il ne peut prétendre que la cause a été jugée en dernier ressort par le tribunal, et que, par conséquent, son adversaire est non-recevable dans son appel.— 20 août 1821. Civ. r. Paris. Cheverry. D.A. 9. 82. D.P. 21. 1. 513.— Opin. conf. D.A. 4. 678, n. 6.

330.— Jugé, au contraire, que si, sur la question de priorité entre une créance inférieure à 1,000 fr. et une autre créance excédant cette somme, le jugement *refuse la priorité à la somme moindre* de 1,000 fr., ce jugement est en dernier ressort.— 30 déc. 1824. Lyon. Dames de la Providence. D.P. 25. 2. 140.— Conf. D.A. 4. 678, n. 6.

331.— D'un autre côté, il a été jugé, en sens contraire, que ce n'est point la somme en litige, mais la somme à distribuer qui fixe la compétence; qu'ainsi, est recevable l'appel d'un jugement d'ordre de la part du créancier d'une somme de moins de 1,000 fr., si la somme à distribuer excède cette somme;— Attendu que, s'il en était autrement, un créancier d'une somme excédant 1,000 fr. aurait la faculté d'amener, devant le tribunal d'appel, des créanciers d'une somme moindre, dont les titres auraient eu la priorité dans l'ordre, tandis que, dans le cas contraire, ceux-ci n'auraient pas le même droit.— 25 avril 1812. Liége. Brochot. D.A. 4. 683.— 13 juill. 1812. Besançon. Petit-Guyot. D.A. 9. 106. D.P. 2. 432.— 19 nov. 1819 et 26 avril 1822. Orléans (*Jur. de la cour d'Orléans*, 1. 151).— 9 fév. 1825. Aix. Gneit. D.P. 25. 2. 244.— 27 avril 1825. Lyon. Gilet. D.P. 25. 2. 245.— 24 fév. 1826. Limoges. Puymauri. D.P. 26. 2. 170.— 1er mai 1830. Grenoble. Dutrieux. D.P. 30. 2. 250.

332.— Jugé, par application de la même règle, qu'en matière d'ordre, l'appel est ouvert à tous les créanciers appelés à la distribution, quoique la demande en collocation de chacun d'eux individuellement n'excède pas 1,000 fr., lorsque la somme à distribuer excède le dernier ressort.— 5 juin 1817. Limoges. Chabrol. D.A. 4. 683. D.P. 22. 2. 119, n. 5.

333.— Jugé encore qu'en cas de contestation dans un ordre entre plusieurs créanciers sur la priorité, il suffit que l'une des créances excède 1,000 fr. pour que le jugement ne soit qu'en premier ressort: tel est le cas où un privilége réclamé pour une créance au-dessous de 1,000 fr., est contesté par des créanciers, au nombre desquels il s'en trouve un pour une

somme supérieure à 1,000. — 1er avril 1826. Douai. Sagniez. D.P. 27. 2. 42.

334. — Jugé aussi qu'une demande à fin de privilége, incidente à un ordre ouvert sur une somme excédant 1,000 fr., est susceptible du second degré, quoique inférieure elle-même à 1,000 fr. — 17 juin 1826. Rouen. Decormier. D.P. 27. 2. 4.

335. — Dans une distribution par contribution, lorsque la somme à partager est *inférieure à 1,000 fr.*, le jugement qui décide dans quelle proportion sera admis un créancier, porteur d'un titre de créance d'une valeur supérieure à 1,000 fr., n'est pas susceptible d'appel, si la valeur et l'étendue de ses droits ne sont pas contestés (la demande ne pouvant pas s'élever au-dessus de 1,000 fr.). — 11 sept. 1809. Bruxelles. Schers. D.A. 4. 682. D.P. 12. 2. 1. — Conf. D.A. 4. 678, n. 6.

336. — Il ne serait prononcé qu'à charge d'appel, quoique la somme à distribuer fût inférieure à 1,000 fr., si l'on demandait l'admission pour une créance *contestée* de plus de 1,000 fr. — D.A. 4. 678, n. 6.

§ 9. — *Du premier et du dernier ressort en matière d'enregistrement, de domaines nationaux. — Responsabilité des communes.*

337. — Les lois de 1789 et 1790 avaient aboli toutes les procédures privilégiées de certaines juridictions. Néanmoins on sentit que la rigueur du principe d'uniformité devait fléchir devant les besoins du fisc, souvent inconciliables avec les lenteurs des procédures ordinaires. Aussi l'assemblée constituante elle-même a-t-elle soustrait à la règle des deux degrés de juridiction les procès relatifs aux impôts indirects (Déc. des 6 et 7 sept. 1790, tit. 14, art. 2).

L'art. 25 de la loi du 19 déc. 1790 régla aussi la forme sommaire de procéder devant les tribunaux, dans les causes relatives aux droits d'enregistrement. — D.A. 4. 684, n. 1.

L'instruction de ces procès a été ensuite l'objet de la loi du 22 frim. an 7, qui décide, art. 65, que les jugemens seront sans appel et ne pourront être attaqués que par voie de cassation.

338. — On a prétendu que les exceptions faites à la règle des deux degrés pour les contestations concernant les impositions indirectes et les droits d'enregistrement, ont été abrogées par les dispositions de la charte qui proclament l'inviolabilité de la propriété, et qui défendent de distraire les citoyens de leurs juges naturels. Mais ces principes étaient ceux de l'assemblée constituante ; la constitution de l'an 4 les consacrait également, et cependant ils n'avaient pas fait obstacle à l'établissement des formes particulières pour les impôts indirects et l'enregistrement. — D.A. 4. 684, n. 1. — *Contra*, Poncet, *Tr. des jugemens*, t. 1er, n. 296.

339. — Au reste, les deux degrés de juridiction (indépendamment du recours en cassation) formant la règle générale, on ne peut étendre les exceptions à d'autres cas que ceux expressément prévus par les lois. Plusieurs administrations ont revendiqué le bénéfice de ces exceptions. La régie des domaines a prétendu que les procès concernant les ventes des domaines nationaux, et toutes les actions mobilières qu'elle peut avoir à exercer, sont essentiellement jugées en dernier ressort. Elle se fondait sur ce que l'art. 17 de la loi du 9 oct. 1791 ordonne que la forme de procédure, prescrite par l'art. 25 de la loi du 19 déc. 1790, soit suivie pour toutes les instances relatives aux domaines et droits dont la régie est réunie à celle de l'enregistrement. — Mais on a répondu que l'administration des domaines n'est assimilée à celle de l'enregistrement que pour la forme des procédures et non pour la compétence en dernier ressort, qui est un objet d'organisation judiciaire et d'ordre politique. — D.A. 4. 684, n. 2.

340. — Jugé ainsi que les actions intentées par l'état pour le paiement des fruits d'un domaine national, ne peuvent, si leur objet excède 1,000 fr., être jugées qu'à la charge d'appel. — 12 mess. an 8. Civ. c. Blanchon. D.A. 4. 685. D.P. 1. 1223. — 19 vend. an 12. Civ. c. Gambard, etc. D.A. 4. 685. D.P. 1. 1223. — 4 germ. an 9. Civ. c. Enreg. C. Jadot. — 3 flor. an 9. Civ. c. Enreg. C. ve Dawans. — 22 niv. an 11. Civ. c. Enreg. C. Montcharmat. — 15 mess. an 11. Civ. c. Enreg. C. Valignot. D.A. 4 et D.P. *eod.*

341. — Jugé de même qu'une demande formée par la régie des domaines en paiement d'arrérages de rente ne peut être jugée en dernier ressort si, à ses conclusions primitives tendantes à une somme moindre de 1,000 fr., la régie en a ajouté de nouvelles montant à plus de 1,000 fr..., et cela, alors même que le jugement allouerait moins de 1,000 fr. — 2 germ. an 9. Civ. c. Enreg. C. Giquel. D.A. 4. 686. D.P. 1. 1223. — 25 therm. an 12. Req. Bouchette. D.A. 3. 248. D.P. 5. 2. 12.

342. — De même encore l'action d'un fermier d'un bien national tendant à se faire décharger de ses engagemens en faisant fournir caution par le cessionnaire de son bail, quoique instruite dans les mêmes formes que les contestations en matière d'impôts indirects, est soumise aux deux degrés de juridiction, si son objet excède 1,000 fr. — 13 mess. an 9. Civ. c. Enreg. C. Goulet. D.A. 4. 686. D.P. 3. 1224. — V. Concl. conf. de Merlin, *Quest. de droit*, vo Dernier ressort, § 1er, n. 2.

343. — Il en est de même des actions en paiement du reliquat du prix d'un domaine national, lorsque leur objet excède pareillement 1,000 fr. — 13 prair. an 10. Civ. c. Enreg. C. Taillefer. D.A. 4, 687. D.P. 1. 1224. — 20 flor. an 11. Civ. c. Enreg. C. Barthez. D.A. 4. 687. D.P. 3. 1. 656. — 6 flor. an 10. Civ. c. Enreg. C. Verdier. D.A. 4. 687. D.P. 1. 1224. — 28 oct. 1807. Civ. c. Dupont. D.A. 4. 687, n.

344. — Jugé de même encore que les actions mobilières de la régie des domaines, par exemple la poursuite en recouvrement d'une somme d'argent, ne peuvent être jugées qu'à charge d'appel lorsqu'elles portent sur une valeur excédant 1,000 fr., encore qu'elles soient instruites par simples mémoires, comme celles de la régie de l'enregistrement. — 23 mars 1808. Civ. c. Enreg. C. Renaud. D.A. 4. 687. D.P. 1. 1224.

345. — Par une conséquence de la nature exceptionnelle des lois spéciales relatives à l'enregistrement, il a été décidé que le jugement qui statuerait sur des droits d'enregistrement, non pas entre la régie et ses redevables, mais entre les particuliers poursuivis par elle et d'autres personnes appelées en garantie, ne pourrait être rendu qu'en premier ou en dernier ressort, *selon les règles ordinaires du droit commun.* — 1er juin 1821. Orléans. *Jur. C. d'Orléans*, t. 1er, p. 154, n. 275. — D.A. 4. 685, n. 3.

346. — La disposition de la loi du 22 frim. an 7, qui n'établit qu'un degré de juridiction pour les contestations en matière d'enregistrement, est encore inapplicable au cas où le ministère public requiert contre un notaire la condamnation à une amende pour inobservation d'une formalité. — Cette disposition ne s'applique que lorsque la régie, poursuivant des recouvremens de droits ou d'amendes prononcés, il s'élève quelque contestation. — 29 oct. 1830. Ch. des vac. r. Min. pub. C. Dragat. D.P. 30. 1. 370.

347. — Le ministère public qui a succombé dans sa réquisition à ce qu'un notaire fût condamné à l'amende de 20 fr., prononcée par la loi du 16 juin 1824, pour n'avoir pas fait afficher le contrat de mariage d'un négociant, a le droit d'appel contre le jugement intervenu. — En conséquence, il est non recevable à se pourvoir en cassation de ce jugement, tant qu'il n'a pas épuisé la voie de l'appel. — Même arrêt.

348. — Les jugemens rendus sur les demandes en dommages-intérêts réclamés contre une commune, en vertu de la loi du 10 vend. an 4 (relative à la responsabilité des communes à raison des délits commis sur leurs territoires), ne sont pas non plus essentiellement en dernier ressort ; si la demande est d'une somme supérieure à 1,000 fr., ils sont sujets à l'appel. — 14 mess. an 8. Civ. c. Min. pub. C. Comm. des Rousses. D.A. 4. 683, n. 4. 688. D.P. 1. 1225.

349. — En effet, de simples inductions, telles que celles qu'on peut tirer soit des termes des art. 4 et 5, tit. 9 de la loi de l'an 4, qui chargent les tribunaux civils de statuer sur les dommages-intérêts réclamés contre les communes, sans dire si c'est en premier ou dernier ressort ; soit de la ressemblance qui existe entre la procédure expéditive tracée par la loi précitée, et la procédure suivie dans les affaires relatives aux contributions indirectes ; soit enfin des rapports qu'on peut trouver entre une contribution indirecte et la part que chaque habitant d'une commune doit payer pour réparation du dommage causé, ne sauraient suffire pour étendre au-delà de ses termes une loi exceptionnelle. — D.A. 4. 683, n. 4.

350. — Pour fixer le dernier ressort en matière de poursuites contre une commune responsable, il faut avoir égard à la fois à l'amende et au montant des dommages-intérêts ; ce sont deux sommes principales, dont aucune ne peut être considérée comme accessoire de l'autre. — V. Arrêts des 2 fruct. an 8 et 2 flor. an 9. Civ. c. D.A. 3. 144. D.P. 1. 723. — — 12 mars 1833. Metz. D.P. 34. 2. 210.

ART. 3. — *Du dernier ressort dans les demandes reconventionnelles portées aux tribunaux de première instance ou de commerce.*

351. — La reconvention a été définie *mutua litigantium coràm eodem judice petitio.* — On convient généralement qu'elle a pour effet de proroger la juridiction du tribunal saisi de la demande originaire, et de lui donner le droit de juger les deux actions, mais sous deux conditions essentielles : 1o que le juge, saisi de la demande originaire, ne soit pas incompétent, *ratione materiæ*, pour statuer sur la demande reconventionnelle ; 2o que la demande reconventionnelle soit, sinon liquide, du moins d'une liquidation assez facile pour ne pas retarder le jugement de la demande originaire. — D.A. 4. 688, n. 1 ; Henrion, *Compét.* ch. 8.

§ 1er. — *Des demandes reconventionnelles distinctes et indépendantes de la demande originaire.*

352. — Suivant Henrion (*Compét. des juges de paix*, ch. 8.), c'est toujours la valeur de la demande originaire qui détermine le degré de juridiction, sans aucun égard aux demandes reconventionnelles. Il considère la reconvention comme une prorogation tacite de juridiction, qui doit avoir le même effet qu'aurait une prorogation expresse. — Merl., *Quest. de droit*, vo *Dern. ressort*, § 11, adopte cette doctrine, et invoque à l'appui la loi 11, § 1, *De jurid.*, l'autorité de Voet, et l'usage des anciens présidiaux.

Mais la jurisprudence, comme on va le voir, a décidé, au contraire, que la demande reconventionnelle et la demande primitive doivent être cumulées pour déterminer le degré de juridiction. Et, en effet, dit Dalloz, si au sujet d'une demande modique, une demande reconventionnelle et considérable est formée pour éviter les frais et les lenteurs de deux instances successives, il ne s'ensuit pas que les parties consentent pour cela à être jugées en dernier ressort quand l'objet de la contestation est susceptible d'appel. — D.A. 4. 689, n. 1.

353. — Il a été jugé, conformément à cette règle, que les tribunaux de première instance ne peuvent statuer qu'en premier ressort sur les conclusions respectives des parties dans les cas suivans : — lorsque, assigné en paiement de moins de 1,000 liv., le défendeur conclut reconventionnellement à une somme indéterminée ou excédant 1,000 liv. — 18 vend. an 12. Civ. c. Guillermie. D.A. 4. 689. D.P. 1. 1225. — 21 avril 1807. Civ. c. Chevalier. D.A. 4. 691. D.P. 1. 1226. — 26 août 1807. Civ. c. Thourel. D.A. 4. 689. D.P. 1. 1226.

354. — ... Ou lorsque, sur la demande principale, le défendeur élève une demande reconventionnelle à laquelle le demandeur originaire oppose lui-même une autre demande aussi reconventionnelle, et que ces demandes, d'ailleurs toutes contestées, présentent, réunies, une valeur de plus de 1,000 fr. — 24 vend. an 12. Civ. c. Vigneras. D.A. 4. 690. D.P. 1. 1226.

355. — ... Ou lorsqu'un mandant forme, contre son mandataire, une demande en reddition de compte, sinon en paiement de 743 fr. montant du mandat, et que le défendeur forme une demande reconventionnelle de 320 fr., pour frais faits dans l'exécution de ce mandat. — 27 mai 1807. Civ. c. Leroy. D.A. 4. 693. D.P. 1. 1227.

356. — ... Ou lorsque, sur une demande d'une somme moindre de 1,000 liv., le défendeur forme reconventionnellement une demande *indéfinie*, telle que celle d'un compte de la société qu'il prétend avoir existé entre lui et le demandeur. — 15 juill. 1812. Agen. Ribis. D.A. 4. 691, et 689, n. 2. D.P. 1. 1227.

357. — ... Ou lorsqu'une partie demande moins de 1,000 fr. pour intérêts d'une créance à elle transportée, et que l'autre partie prétend que non seulement elle ne doit pas les intérêts, mais qu'elle est en avance avec le cédant sur le principal de la créance, et, par suite, qu'elle conclut reconventionnellement à ce qu'il soit fait un compte de ces avances pour déterminer l'importance du transport. — 23 fév. 1820. Amiens. Longuet. D.A. 4. 692.

358. — ... Ou lorsque, sur la demande en paiement de moins de 1,000 fr., le défendeur forme reconventionnellement une action en reddition de compte de sommes qu'il prétend avoir été touchées par ce dernier au nom de lui (défendeur). Il ne peut être statué en dernier ressort, sous prétexte qu'il ne s'agit pas d'une action reconventionnelle, mais d'une demande exceptionnelle, surtout s'il a été prononcé sur les deux demandes par un seul et même jugement. — 18 avril 1821. Civ. c. Paris. Selves. D.A. 4. 691, et 689, n. 2. D.P. 21. 1. 493.

359. — ... Ou lorsque deux individus se font ré-

ciproquement assigner le même jour, l'un pour demander le paiement d'ouvrages par lui faits et livrés, l'autre pour obliger celui-ci à reprendre ces ouvrages qu'il soutient n'être pas propres à leur destination, et obtenir des dommages-intérêts, si d'ailleurs les deux demandes *réunies* s'élèvent à plus de 1,000 fr.—9 juill. 1822. Colmar. Hantzmertzger. D.A. 4. 692. D P. 1. 1227.

360. — ... Ou lorsque, sur une demande en réglement de compte, le défendeur conclut reconventionnellement au paiement d'une somme excédant 1,000 fr. — 26 mars 1827. Besançon. Comte. D.P. 28. 2. 154.

361. — Jugé encore, par application de la même règle, que la contestation devient susceptible des deux degrés de juridiction, lorsque le défendeur à une demande inférieure à 1,000 fr. forme lui-même une demande reconventionnelle indéterminée, se liant a une demande principale, par exemple, lorsqu'un droit d'un décime par franc dû sur une coupe dans une forêt indivise entre deux particuliers a été payé par moitié à chacun d'eux; que l'un, prétendant avoir droit à la totalité du décime, a demandé la restitution de la somme de 280 fr. reçue par l'autre, et que, dans cet état, celui-ci, tout en contestant la demande, forme lui-même une demande en paiement de sa moitié du décime dû pour d'autres coupes. — 16 mars 1825. Civ. r. Dom. C. Monier. D.P. 25. 1. 203.

362. — Jugé de même enfin que la demande reconventionnelle, lorsqu'elle n'est pas récriminatoire, c'est-à dire, lorsqu'elle n'a pas pour objet d'eluder l'attribution du juge en dernier ressort, doit compter pour la fixation du dernier ressort.—18 janv. 1830. Req. Metz. Petit. D.P. 30. 1. 80.

363. — Si, à une demande en paiement de 400 fr. pour solde d'un compte, l'assigné, tout en prétendant ne devoir que partie de cette somme, oppose reconventionnellement qu'il a précédemment remis 1,000 fr. au demandeur, et réclame en conséquence une somme de 800 fr. qu'il soutient lui être due, l'effet de cette demande reconventionnelle est de rendre susceptible de deux degrés le jugement qui intervient sur ces demandes respectives. — 17 juill. 1827. Civ. r. Pau. Laurent. D.P. 27. 1. 312.

Il semble cependant que, dans cette espèce, les deux demandes, principale et reconventionnelle, n'excèdent pas, réunies, la somme de 1,000 fr., car il faut déduire de la demande principale la portion de la somme réclamée dont le défendeur se reconnaît débiteur, portion qui paraît se monter a 200 fr. Reste donc, pour déterminer la compétence en dernier ressort, une demande principale de 200 fr., et une demande reconventionnelle de 800 fr; total 1,000 fr. — L'arrêt aurait-il voulu consacrer l'opinion de quelques auteurs (V. *suprà*, art. 2), suivant laquelle les tribunaux de première instance ne peuvent statuer en dernier ressort lorsque la valeur de l'action depasse 999 fr.?

364. — Lorsque deux parties concluent respectivement l'une contre l'autre au paiement de sommes fixes, et qui, réunies, sont inférieures à 1,000 fr., le tribunal de première instance peut juger en dernier ressort, encore que les deux créances aient pour cause le résultat d'un compte à faire entre les parties. — 28 mai 1824. Bourges. Bavouzet. D.P. 25. 2. 83.

365. — Lorsque, sur l'opposition à un commandement tendant au paiement des arrérages d'une rente, et l'assignation en nullité du titre constitutif de la rente, il est formé, par le créancier, une demande reconventionnelle tendante à l'envoi en possession de l'immeuble à l'occasion duquel la rente a été établie, cette dernière demande ne doit pas être regardée comme accessoire, comme subsidiaire, comme subordonnée au service de la rente; elle doit, au contraire, être censée substituée à la demande primitive en paiement de la rente, et comme formée directement en vertu d'un droit acquis; par suite, il n'a pu être statué sur cette action qu'à la charge de l'appel, encore bien que le total des arrérages et du capital de la rente ne s'élèvât pas à 1,000 fr. — 21 nov. 1831. Req. Caen. Jouanne. D P. 31. 1. 360.

366. — S'il se présentait une demande reconventionnelle de telle nature, qu'elle n'ajoutât rien à la valeur de l'action principale, la demande originaire devrait servir à régler la compétence.—22 fév. 1817. Orléans. *Jur. d'Orl.*, t. 1er, p. 145, n. 252. D.A. 4. 689, note 1.

367. — Du principe qu'il faut réunir les demandes des deux parties pour déterminer la compétence du juge, le procès se composant de ces demandes respectives, il suit qu'alors même que le jugement de première instance ne statue que sur la demande principale, et renvoie à prononcer sur la demande reconventionnelle après un plus ample informé, néanmoins ce jugement est susceptible d'appel, si la valeur des deux demandes excède le taux du dernier ressort. — 2 déc. 1807. Civ. c. Gallet. D.A. 4. 693, et 689, n. 3. D.P. 7. 2. 175.

368. — Jugé dans le même sens que, quoique les deux demandes, principale et reconventionnelle, n'excèdent le taux du dernier ressort que par leur réunion, et quoique le jugement déclare n'y avoir lieu de s'occuper de la demande reconventionnelle, ce jugement est néanmoins susceptible d'appel.—24 nov. 1823. Toulouse. Sausot. D.A. 4. 696. D.P. 1. 1230.—V. *suprà*, art. 1er, l'arrêt de la cham. des req., du 11 nov. 1829.

369. — Mais la circonstance qu'à une demande principale au-dessous de 1,000 fr., se trouve jointe une demande reconventionnelle supérieure à cette somme, *mais qui n'est pas de la compétence du tribunal*, ne fait pas obstacle à ce que ce tribunal, s'il se déclare incompétent à l'égard de la demande reconventionnelle, statue en dernier ressort sur la demande principale. — 23 déc. 1831. Bourges. Lafont. D.P. 32. 2. 180.

370. — Lorsque, sur une action en paiement de billet d'une valeur inférieure à 1,000 fr., le défendeur forme, devant le même tribunal, mais par une action séparée, une demande en nullité, non seulement des billets dont le paiement est poursuivi, mais de tous ceux qu'il a souscrits et dont le total excède 1,000 fr., le tribunal peut prononcer en dernier ressort sur la première demande, *si la jonction des deux procès n'a pas été ordonnée*, et s'il n'a été conclu à l'audience qu'à une remise de cause pour attendre le jugement de la demande en nullité. — 20 brum. an 14. Civ c. Lamy. D.A. 4. 693 et 689, n. 3. D.P. 1. 1227.

371.—Cependant, même dans un cas semblable, si les demandes ont été réunies, elles concourent toutes deux à la fixation du dernier ressort. — Carré, art. 288, n. 329; D.A. 4. 689, n. 3.

372. — La demande reconventionnelle devient principale et doit seule déterminer le taux du dernier ressort, dans le cas où le demandeur originaire se désiste de son action. — Ainsi, lorsque le défendeur, assigné en reddition de compte d'une somme au-dessous de 1,000 liv., a conclu reconventionnellement d'abord à 1,500 fr. de dommages-intérêts, quoique ensuite il se soit rapporté à l'arbitrage du juge, et que le demandeur originaire finît par avouer que le compte par lui demandé a été rendu et soldé, le jugement qui adjuge 100 fr. de dommages-intérêts au défendeur, est sujet à l'appel. — 5 fév. 1824. Liege. Brundseaux. D.A. 4. 694. D.P. 1. 1228.

373. — La demande reconventionnelle devient également la mesure unique du degré de juridiction, lorsque le défendeur, acquiesçant à la demande principale, se borne à soutenir ses conclusions reconventionnelles. — D.A. 4. 689, n. 4; Carré, *L. de la comp.*, art. 289.

374. — Lorsque les objets demandés par forme de reconvention par le défendeur ne sont l'objet d'aucune contestation, par suite de l'offre qu'a faite le demandeur de les restituer, la valeur de ces objets ne doit pas être jointe à celle de la demande principale, pour déterminer le taux du dernier ressort. — 30 déc. 1812. Liége. Gardisseur. D.A. 4. 694. D.P. 1. 1228.

375.— Telle est la jurisprudence au sujet des demandes reconventionnelles.

376. — Elle repose sur ces idées, 1° que le défendeur doit jouir de tous ses droits et ses priviléges soit qu'il agisse reconventionnellement, soit qu'il agisse par voie principale; 2° que l'intérêt des parties et de la justice exigent, qu'il ne soit pas fait deux procès là où un seul peut suffire; 3° qu'il y aurait déraison et injustice de condamner le défendeur à payer, alors qu'il est créancier lui-même et que le demandeur peut être insolvable.

377. — Mais, ces motifs reconnus, ne semble-t-il pas que chaque demande doive être envisagée isolément pour la fixation du ressort?

378.— Qu'ainsi une demande principale de 600 fr. et une demande reconventionnelle de 600 fr. doivent être jugées en dernier ressort, quoique, réunies, elles excèdent 1,000 fr.?

379. — Et n'est-ce pas seulement dans le cas où soit l'une, soit l'autre, est seule au-dessus de 1,000 fr., qu'il doit y avoir lieu aux deux degrés?

380.— En cas d'affirmative, ne doit-on pas décider aussi que d'après le principe de la divisibilité des chefs d'un jugement, il doit y avoir un jugement distinct sur chaque demande?

381. — Et qu'en conséquence, l'attribution des deux degrés à l'égard de l'une, n'empêche pas que l'autre ne soit jugée en dernier ressort, sauf le cas où les matières sont indivisibles?

382 —D'un autre côté, la relation qui existe communément entre les deux demandes et les subtilités pratiques auxquelles la théorie de la divisibilité ou de l'indivisibilité donne lieu, ne doivent-elles pas faire adopter la jurisprudence qui détermine le ressort d'après les deux demandes réunies?

383.— Nous inclinons pour le système de la divisibilité de chaque demande. Et ce système paraît sans inconvéniens, car les subtilités qu'on pourrait craindre ne se rencontrent guère que dans les demandes d'une valeur indéterminée, lesquelles sont toujours sujettes aux deux degrés de juridiction.

384.— Et cette opinion nous l'étendons aux demandes reconventionnelles en dommages-intérêts dont il est parlé dans le paragraphe suivant.

§ 2. — *Des demandes reconventionnelles en dommages-intérêts.*

385. — Lorsque des dommages-intérêts sont demandés reconventionnellement pour un fait *antérieur à la demande principale*, le montant de la demande reconventionnelle doit être réuni au montant de la demande principale pour déterminer si le jugement qui intervient est en dernier ressort. — 23 flor. an 8. Civ. c. Desgorsses. D.A. 4. 695. D.P. 3. 1. 251. — 22 juill. 1806. Civ. c. Hayn. D.A. 4. 696. D.P. 1. 1229. — 27 mai 1818. Bruxelles. Vandenkerckhoven. D.A. 4. 696. D.P. 1. 1230.

386. — Il en est ainsi, par exemple, quand la demande reconventionnelle en dommages-intérêts prend sa source dans un jugement précédemment rendu et passé en force de chose jugée. — 24 nov. 1823. Toulouse. Sansot. D.A. 4. 696. D.P. 1. 1230.

387. — ... Ou lorsqu'elle est formée pour défaut d'exécution intégrale du contrat, contre le vendeur qui poursuit le paiement des livraisons partielles par lui faites à l'acheteur. — 13 mai 1815. Liége. Riga. D.A. 4. 696. D.P. 1. 1229.

388. — ... Ou lorsqu'elle est formée pour retard dans l'exécution du contrat. — 21 déc. 1830. Bastia. Carbuccia. D.P. 31. 2. 203.

389. — Mais lorsque la demande reconventionnelle en dommages-intérêts n'a pas une cause antérieure à la demande principale, si elle n'est qu'accessoire à celle-ci, elle suit le sort de cette demande, et est jugée en dernier ressort, si l'objet de l'action principale n'a pas une valeur de plus de 1,000 fr. — 22 oct. 1807. Req. Moranvillé. D.A. 4. 698. D.P. 7. 2. 176. — 11 mai 1813. Civ. c. Limoges. Remy. *cod. loc.* — 25 fév. 1818. Civ. c. Aix. Tournatoris. D.A. 4. 706. D P. 18. 1. 277. — 3 août 1820. Req. Louai. Garbe. D.A. 4. 700. D.P. 21. 1. 171. — 7 janv. 1820. Agen. Bissières. D.A. 4, 645. D.P. 1. 1203. — 12 juillet 1823. Toulouse. Sarrand. D.A. 4. 702. D.P. 1. 1232. — V. Décisions analogues de la Cour d'Orléans. *Jur. de la cour d'Orl.*, t. 1er, p. 152, n. 267; p. 157, n. 283.

390. — Par suite de cette régle, lorsque, sur la demande en remise d'un billet au-dessous de 1,000 fr., le défendeur prétend l'avoir égaré, et conclut reconventionnellement à plus de 1,000 fr. de dommages-intérêts, le jugement qui le condamne à la restitution ou au paiement du billet n'en est pas moins en dernier ressort. — 3 juin 1817. Toulouse. Mouniot. D.A. 4. 699. D.P. 1. 1231.

391. — De même l'aubergiste qui, assigné en paiement d'objets d'une valeur de 167 fr. volés dans son auberge, conclut reconventionnellement contre le demandeur au paiement d'une somme de 1,000 fr. de dommages-intérêts à raison de cette imputation d'enlèvement, ne change pas, par cette demande, la compétence des premiers juges; leur décision n'en est pas moins en dernier ressort. — 26 janv. 1818. Grenoble. Bouvier. D.A. 4. 699. D.P. 1. 1231.

392. — Décidé encore que la demande reconventionnelle en dommages-intérêts ne doit pas être non plus prise en considération pour déterminer la compétence des premiers juges, si ces dommages-intérêts sont subordonnés au sort de la demande principale, et s'ils n'en sont qu'un accessoire futur et incertain. — 7 août 1808. Bourges. Chenu. D.A. 4. 698. D.P. 1. 1231.

393. — ... Ou s'ils sont demandés pour réparation des injures articulées contre celui qui les réclame, dans les actes de la procédure produits par son adversaire. — 22 oct. 1807. Req. Moranvillé. D.A. 4. 698. D.P. 7. 2. 176.

394.—..Ou s'ils ont pour cause la diffamation ou la calomnie, résultant d'imputation de fraude faite par le demandeur au principal. — 11 juill. 1833. Bordeaux. Bonnimond. D.P. 34. 2. 119.

395.— Cependant il a été jugé, contrairement aux décisions ci-dessus, que, lorsque, sur une demande relative à la validité d'une saisie-immobilière, les débiteurs demandent reconventionnellement des dommages-intérêts excédant 1,000 fr., ces conclusions forment une action principale, qui, étant intentée par une partie autre que celle qui a formé la demande originaire, ne peut être considérée comme accessoire à cette dernière. En conséquence, la demande de dommages-intérêts ne peut être jugée qu'en premier ressort. — 16 therm. an 10. Civ. r. Grenoble. Barthelémy. D.A. 4. 6 7. D.P. 2. 123.

. Cet arrêt est le seul qui ait considéré comme action principale une demande reconventionnelle en dommages-intérêts ayant leur cause dans un fait postérieur à la demande principale, ou dans cette demande elle-même.— D.A. 4 698, n.

396 — La demande reconventionnelle de dommages-intérêts formée *par un tiers* appelé en cause dans une instance civile contradictoire, à raison d'inculpations graves de la part de l'une des parties principales, ne peut être jugée en dernier ressort, si elle est indeterminée. Une pareille demande est une action principale qui doit, suivant sa nature, suivre les deux degrés de juridiction. — 21 janv. 1812. Metz. Beaudeux. D.A. 4. 703. D.P.1. 1233.

§ 3.— *De la compensation opposée reconventionnellement.*

397.— Le principe que la demande reconventionnelle doit être cumulée avec la demande principale pour déterminer le taux du premier ou dernier ressort, ne nous semble pas applicable aux demandes en compensation formées reconventionnellement, soit parce que la compensation n'est qu'une *exception* de paiement, soit parce que, à la différence de la reconvention ordinaire, elle ne peut jamais dépasser la somme de la demande principale. — D.A. 4. 704, n. 1.

398. — Lorsque, sur une demande d'une somme *non excédant* 1,000 fr., le défendeur avoue la dette, mais se prétend créancier *du demandeur* pour une somme *moindre de* 1,000 fr., et oppose la compensation jusqu'à due concurrence, les tribunaux peuvent juger en dernier ressort.— 26 pluv. an 11. Civ. r. Cardin. D.A. 4. 704. D.P. 1. 1234.

Cette décision, suivant Merlin et Carré, contredit l'arrêt du 24 vend an 12, ci-dessus cité. Dans l'espèce de ce dernier arrêt, l'on n'avait pas demandé de compensation en formant la demande reconventionnelle. Mais, dit Merlin, qu'importe qu'un défendeur, en prenant des conclusions reconventionnelles, déclare, ou non, son intention d'en compenser l'objet avec la demande formée contre lui? Cette intention se manifeste assez par elle-même, et, dès lors, doit produire le même effet que dans le cas où elle est exprimée formellement. — Cela est vrai, et il faut même avouer que les demandes reconventionnelles, autres que celles de dommages-intérêts, conduisent au même résultat que l'exception de compensation. Mais ce n'est point par l'effet d'un jugement que se règle le degré de juridiction; c'est toujours par la nature de l'objet de la demande. Or, la demande reconventionnelle diffère essentiellement de la compensation. Dans la reconvention proprement dite, le défendeur combat l'action du demandeur, et forme lui-même une demande contredite aussi par son adversaire; il y a donc deux litiges indépendans; tous deux doivent concourir à former le dernier ressort. Au contraire, il n'y a de compensation possible que quand une dette est reconnue. La dette étant donc avouée, il n'y a plus de contestation que sur la compensation en elle-même, ou sur l'excédent non couvert par la compensation offerte. — D.A. 4 705, n.

399. — Décidé de même que, lorsque, sans contester la demande qui lui est faite d'une somme *moindre de* 1,000 fr., le défendeur oppose des compensations de *sommes inférieures à* 1,000 fr., et demande une liquidation pour savoir s'il est débiteur, le jugement qui rejette ses exceptions et le condamne à payer la somme réclamée, est en dernier ressort — 19 juin 1823. Agen. Cayrel. D.A. 4. 705. D.P. 1. 1235.— 25 juill. 1823 Orléans.— V. Jur. de cette cour, t. 1er, p. 157, n. 284.

400. — Lorsqu'à une demande moindre de 1,000 fr., le défendeur, en la reconnaissant tacitement, oppose en compensation une somme aussi inférieure à 1,000 fr., et offre le restant, et que le demandeur conteste cette compensation, il n'y a véritablement litige que sur la demande reconventionnelle, la-

quelle, étant inférieure à 1,000 fr., doit être jugée en dernier ressort par le tribunal de première instance. — 29 mars 1808. Civ. c. Guyas. D.A. 4. 706. D.P. 8. 2. 65.— 25 fev. 1818. Civ. c. Aix. Tournatoris. D.A. 4. 706. D.P. 18. 1. 277.

401. — Jugé cependant, en sens contraire, qu'il n'y a pas lieu au dernier ressort, lorsque, sur une demande de plus de 1,000 fr., le défendeur offre une somme déterminée, dont la différence avec celle demandée n'excède pas 1,000 fr. Cette décision est fondée sur ce que ce sont les conclusions de la demande qui servent de base à la fixation du degré de juridiction. — 21 août 1817. Orleans. *Jurisp. de la cour d'Orléans*, 1. 146.

402.— Un tribunal ne peut prononcer qu'à charge d'appel sur la demande de deux sommes de 622 fr. chacune, lorsque le défendeur oppose que la première de ces sommes est éteinte par compensation, et que la seconde n'est pas due, et qu'il forme une demande reconventionnelle de 839 fr — 1er niv. an 8. Civ. c. Laveyssière D.A. 4. 704. D.P. 5. 1. 229.

403. — Si la somme que le défendeur originaire offre en compensation est supérieure au montant de la demande principale, et si le défendeur, après avoir réclamé la compensation, conclut en outre au paiement de l'excédent, il forme une véritable demande reconventionnelle; et si cet excédent s'élève, à lui seul, au-dessus de 1,000 fr., le tribunal ne peut prononcer qu'en premier ressort.— D.A. 4. 704, n. 2; Carré, art. 288, n. 330.

404. — Si la somme offerte en compensation, et *supérieure à* 1,000 fr., est contestée au fond par le demandeur originaire qui, par exemple, soutient qu'elle n'est pas due, ou qu'elle est prescrite, le tribunal, obligé alors de se prononcer sur la réalité de la créance, statue implicitement et necessairement sur un objet dont il ne peut connaître qu'à charge d'appel.— D.A. 4. 704, n. 3.

405. — On ne peut considérer comme rendu en dernier ressort le jugement qui a ordonné la compensation d'une somme de 1,000 fr., montant de la demande originaire, avec celle de 10,000 fr. dont le défendeur s'est prétendu créancier du demandeur : en admettant cette compensation, le jugement a équivalemment prononcé sur la validité de la créance de 10,000 fr., et non pas seulement sur une demande de 1,000 fr. — 28 vent. an 8. Civ. c. Duclos. D.A. 4. 705. D.P. 3. 1. 247.

ART. 4. — *Des degrés de juridiction dans les demandes indéterminées*

§ 1er. — *Demandes indéterminées par leur nature.*

406. — Il est des contestations évidemment supérieures à toute appréciation pécuniaire. Telles sont d'abord les questions relatives à l'état politique ou civil des personnes De telles contestations touchent de trop près à l'économie sociale, au maintien des mœurs et de l'ordre public; elles ont pour objet des intérêts d'une nature trop relevée pour admettre une appréciation pécuniaire (D.A. 4. 707, n. 1; Carré, *L. de la comp.*, t. 2, p. 6). — Tels sont, par exemple, les procès sur la qualité de Français ou d'étranger, sur la validité ou la nullité du mariage, sur les séparations de corps et de biens, sur la filiation légitime ou naturelle, et autres semblables; ils sont essentiellement soumis à deux degrés de juridiction (mêmes autorités).

407. — Jugé ainsi que les tribunaux de première instance ne peuvent statuer en dernier ressort sur l'opposition à un jugement de séparation de biens. — 21 brum. an 9. Civ. c. Rey. D.A. 4. 708. D.P. 1. 1236.

408. — Toutefois, lorsque le défendeur à une demande en séparation de corps se trouve domicilié dans un lieu, tel que Pondichéry, où il n'existe qu'un seul et unique degré de juridiction, celui qui est attribué et dévolu à la cour royale, l'arrêt de cette cour, qui prononce la séparation, ne saurait être cassé, par le motif que l'action aurait dû être portée d'abord devant un tribunal de première instance.— 20 fév. 1828. Req. Pélissier. D.P. 28. 1. 158.

409. — Les procès relatifs à certaines qualités accidentelles dont chaque particulier peut être revêtu dans la vie civile, telles que les qualités d'héritier, d'associé, etc., sont egalement soumis aux deux degrés de juridiction. Mais, comme on l'a vu *suprà*, ce n'est que lorsque la qualité de la personne est le principal objet du procès, que le jugement est insusceptible d'être rendu en dernier ressort. Si la qualité n'est discutée qu'incidemment et si une réclamation pécuniaire est l'objet principal de la demande, l'appel n'est recevable qu'autant que la somme demandée excède les limites du dernier ressort. — D.A. 4. 707, n. 2.

410. — Un tribunal de première instance ne peut prononcer en dernier ressort sur une opposition à l'homologation d'un avis de parens, portant nomination de tuteur, cette opposition étant une affaire d'une valeur indéterminée. — 26 vend. an 8. Civ. c. Foisy. D.A. 4. 708. D.P. 3. 1. 217.

411. — L'action par laquelle un individu demande la nullité d'un emprisonnement, exécuté pour obtenir paiement d'une dette de plus de 1,000 fr., d'abord pour vice de forme, ensuite parce qu'il soutient qu'au moyen d'un paiement antérieur et des offres qu'il fait actuellement, la dette se trouve éteinte, et conclut en outre à des dommages-intérêts, ne peut être jugée par un tribunal civil qu'en premier ressort. — 3 pluv. an 12. Civ. c. Delilia. D.A. 4. 629. D.P. 1. 1199.

412. — Il est d'autres contestations qui, bien que concentrées dans un intérêt purement matériel, sont aussi indéterminées par leur nature. Ainsi, les juges de première instance ne peuvent prononcer en dernier ressort sur une demande en reddition de compte indéterminée. — 9 germ. an 11. Civ. c. Bertheaume. D.A. 4. 709. D.P. 1. 1236.

413. — ... Surtout lorsqu'à cette demande il en est joint une autre en remise d'une obligation restée entre les mains du comptable. — 17 brum. an 11. Civ. c. Boyeron D.A. 4. 709 D.P. 1. 1236.

414.— .... Sur une demande en remise des titres d'une succession. — 3 pluv. an 13. Civ. c. Perrochin. D.A. 4. 709. D P. 1. 1236.

415. — ....Sur l'action en pétition d'hérédité, quoiqu'elle soit restreinte à une partie de l'universalité de la succession; cette action est indéterminée par sa nature. — 23 brum. an 12. Civ. c. Cazeneuve. D.A. 4. 665. D.P. 1. 1213.

416. — ... Sur une demande en partage d'une communauté dont la valeur est indéterminée.— 23 brum. an 12. Civ. c. int. de la loi. Laumain. D.A. 1. 427. D.P. 1. 142.

417.— ... Sur la question de savoir si une tierce-opposition formée abstraction faite du principal (inférieur à 1,000 fr.), sur lequel les parties ne prennent aucune conclusion, est recevable.— 16 juin 1809. Besançon. Parandier. D.A. 4. 710. D.P. 1. 1237.

(Mais s'il s'agit d'apprécier la tierce-opposition dans ses rapports avec le jugement attaqué, c'est le taux de la première demande principale qui seul doit déterminer la compétence.—V. *suprà*).

418.— ... Sur une demande en partage d'une succession, formée par le créancier d'un co-héritier, encore que la créance du demandeur ne s'élève pas à 1,000 fr., attendu que si cette demande avait été formée par le co-héritier, le jugement qui y aurait fait droit n'aurait pu être rendu qu'à charge d'appel, et qu'il ne doit pas en être autrement quand un créancier exerce les droits de l'un des co-héritiers, lors même que sa créance ne s'élève pas à 1,000 fr., parce qu'alors il ne s'agit pas de prononcer sur la créance elle-même, mais sur un mode d'exécution dont l'intérêt est plus important.— 14 janv. 1825. Rennes. Bedouin. D.P. 25. 2. 230.— Conf. Carré, n. 324.

419.— ... Sur la question de savoir quelles sont les réserves que le vendeur d'une coupe de bois a pu faire lors de la vente, encore que le prix de la vente soit inférieur à 1,000 fr.— 8 avril 1825. Bourges. Clavier. D.P. 25. 2. 250.

420 — ... Sur la demande en nullité de poursuites dirigées contre une femme pour défaut d'autorisation maritale, encore que la dette, objet des poursuites, laquelle est reconnue par la femme qui offre de la payer, soit au-dessous de 1,000 fr. — 20 août 1827. Toulouse. Mazuc. D.P. 28. 2. 150.

421.— ... Sur une demande en cession de biens, intentée par un débiteur contre ses créanciers : le jugement sur cette action ne peut être rendu qu'en premier ressort, même à l'égard des créanciers de sommes inférieures à 1,000 fr., qui s'opposaient à la demande en cession, demande indéterminée par sa nature, et qui n'est point modifiée, quant à la compétence, par les exceptions des défendeurs.— 13 mars 1828. Bordeaux. Datin. D.P. 28. 2 150.

422.— ... Sur la demande en nullité d'une décision arbitrale, en ce que les arbitres auraient statué, soit sur choses hors du compromis, soit sur choses non sujettes à compromis, et cela, quoique l'objet de la contestation ne s'élève pas à 1,000 fr. — 17 nov. 1828. Nîmes. Arsac. D.P. 29. 2. 188.

423.— ... Sur la demande en délivrance d'une seconde grosse d'un contrat, alors même que le montant de l'obligation portée en l'acte serait de moins

de 1,000 fr.— 20 janv. 1831. Bordeaux. Cousinon. D.P. 31. 2. 91.

424.— ... Sur l'action hypothécaire dirigée contre un tiers détenteur par un individu créancier de moins de 1,000 fr.— 12 juill. 1814. Agen. Lacoste. D.A. 4. 710. D.P. 1. 1237.— 16 juin 1824 Liége. Leclerq. D.P. 32. 2. 129, n. 1 — V. *infrà*, § 3.

.... Un tribunal ne peut jamais juger en dernier ressort, en matière de congément contesté.

425.— La disposition par laquelle un tribunal corrige, quant aux dépens, un jugement précédent, est sujette à l'appel, lors même que ces dépens ne s'élevaient pas à 1,000 fr. — 8 janv. 1824. Montpellier. Cauquil. D.A. 9. 732. D.P. 2. 384.

426.— Il a été décidé que le jugement qui rejette la demande en nullité de la notification du contrat de vente d'un immeuble, formée par un créancier inscrit pour une somme au-dessous de 1,000 fr., est en dernier ressort.— 25 juill. 1826. Paris. Moisseron. D.P. 27. 2. 66 et 150.

427.— Les ordonnances de référé ne sont susceptibles d'appel que lorsque le procès sur lequel elles sont intervenues a pour objet une valeur au-dessus de 1,000 fr.— V. Appel civil, n. 88.

428.—Jugé cependant, en sens contraire, qu'une ordonnance de référé, rendue sur l'exécution d'un jugement, est susceptible d'appel, quoique le jugement lui-même soit en dernier ressort (C. pr. 809), attendu qu'une pareille ordonnance ne statue jamais sur le fond — 24 août 1831. Paris. Jacquelier. D.P. 32. 2. 126.

429.— Il y a des décisions qui, n'étant pas de véritables jugemens, mais des mesures d'ordre intérieur, sont rendues en dernier ressort par les tribunaux de première instance, bien qu'elles portent sur des intérêts d'une valeur indéterminée; telles sont, par exemple, les décisions des tribunaux sur la résidence des huissiers. La cour royale qui se déclarerait compétente pour en connaître commettrait un excès de pouvoir. — 4 fév. 1834. Req. Rennes. int. de la loi. Huiss. de Saint-Malô. D P. 34. 1. 105.

430. — Les juges de paix ne pouvant connaître des actions personnelles ou mobilières, que jusqu'à concurrence d'une certaine somme, doivent renvoyer aux tribunaux de première instance toutes les demandes indéterminées — Ils ne peuvent connaître des actions réelles pétitoires, mais seulement des actions possessoires, et ils n'en connaissent, en dernier ressort, que dans les cas où elles ont une valeur déterminée.— D.A. 4. 707, n. 4.

431.— Quant aux tribunaux de commerce, les jugemens qu'ils rendent sur des demandes d'une valeur indéterminée ne sont également qu'en premier ressort. — 2 prair. an 12. Civ. c. Sogues. D.A. 4. 710. D.P. 1. 1237.

§ 2. — *Demandes personnelles ou mobilières non déterminées par les parties.*

432. — Une demande est indéterminée lorsque, susceptible de recevoir une évaluation précise, elle n'a pas été appréciée par les parties, ou n'a reçu qu'une évaluation qui, différente de celle dont la loi a posé les bases, est censée ne pas exister.— D.A. 4. 710, n. 1.

433.— En matière personnelle ou mobilière, c'est la valeur principale, le capital, qui détermine le degré de juridiction; dans les actions reelles, c'est le revenu qui sert de base à l'évaluation. Quant aux actions mixtes, on a vu *suprà* comment on doit en fixer la valeur.— D.A. 4. 710, n. 1.

434.— Les actions *mobilieres* ou *personnelles* ont toujours pour objet une somme d'argent, un effet mobilier ou l'exécution d'une obligation. S'il s'agit d'une somme d'argent, le montant suffit pour fixer le degré de juridiction; —S'il s'agit d'un meuble, le juge doit s'en rapporter à l'estimation faite dans l'exploit ou dans des conclusions prises pendant l'instance; — Si, de l'exécution d'un engagement, les dommages-intérêts dans lesquels, aux termes de la loi, se résout toute obligation de faire, ou la valeur attribuée à l'objet de la convention, sont la règle de la compétence;— S'il n'existe aucune de ces bases d'évaluation, la demande est indéterminée Il ne serait pas au pouvoir du juge de lui donner une valeur certaine, soit en ordonnant aux parties de faire l'estimation, soit en l'estimant eux-mêmes d'office. — D.A. 4. 710, n. 2; Carré, *L. de la comp.*, art. 281.

435.— De l'indétermination de la demande et de l'impossibilité où se trouve le juge de suppléer au silence des parties, il suit que le juge de paix doit se déclarer incompétent. — S'il s'agit d'une affaire soumise au tribunal de première instance, le jugement ne peut être rendu qu'à charge d'appel.

DEGRÉS DE JURIDICTION. ART. 4, § 2.

— D.A. 4. 711, n. 2; Carré, art. 281, n. 279 et 286.

436.— Toutefois, la demande peut être évaluée par les mercuriales, quand les parties ne l'ont pas déterminée (Henrion. *Comp.*, ch. 16).— Mais le tribunal ne pourrait d'office s'appuyer sur les mercuriales; c'est au demandeur à les produire dans le cours de l'instance, ou au moins à déclarer qu'il s'y réfere.— D.A. 4. 711, n. 2; Carré, art. 316, n. 390.

437.—Par application des règles ci-dessus, il a été décidé qu'il ne peut être statué qu'en premier ressort, par le tribunal de première instance, sur une demande tendante à un enlèvement de décombres, au rétablissement d'une porte brisée, à la restitution d'un effet mobilier, et à des dommages-intérêts. — 21 flor. an 10. Civ. c. Merle. D.A. 4. 713. D.P. 1. 1239.

438.—.. Sur la demande ayant pour objet l'alternative de faire rétablir une boutique, ou d'en procurer une autre. quand la valeur n'en a pas été fixée dans l'instance.— 11 brum. an 11. Civ. c. Lefenêtre. D.A. 4. 714. D.P. 1. 1239.

439.— .... Sur une demande ayant pour objet le recouvrement d'animaux dont la valeur n'est pas déterminée.—27 oct 1806. Civ. c. Abdon-Fite. D.A. 4. 714. D.P. 1. 1240.

440.— .... Sur une demande en paiement d'une redevance annuelle dont le prix n'est pas déterminé, (par exemple, de 10 maltres de seigle), rien ne prouvant que cette redevance n'excède pas 50 fr. — 14 prair. an 13. Civ. c. Weber. D A. 4. 712. D.P. 1. 1238. — 25 juill. 1808. Civ. c. D'Argence. D.A. 4. 712. D.P. 1. 1238.

441.—.... Surtout lorsque la rente en elle-même est contestée par le défendeur.—6 mai 1807. Civ. c. Marais. D.A. 4. 713. D.P 1. 1238.

442.—....Sur l'opposition à une saisie pratiquée pour obtenir le paiement de plusieurs années d'arrérages d'une rente dont le prix n'a pas été déterminé.—16 juin 1807. Civ. c. Baguenard. D.A. 4. 712. D.P. 1. 1238.

443.—.... Sur une demande en paiement d'une rente d'un setier d'épeautre, si ce setier fait partie de plusieurs muids hypothéqués sur des biens-fonds, ce qui peut donner lieu à une action hypothécaire.—25 janv. 1809. Liége. Cajot. D.A. 4. 713 D.P. 1. 1239.

.... Cet arrêt, toutefois, semble s'écarter des principes, en ce que, au lieu de fixer la compétence seulement par le montant de la demande, il considère les causes de l'action et ses suites possibles, objets étrangers à la détermination du premier ou dernier ressort.—D.A. 4. 713, note 1re.

444 —.... Sur une demande en paiement d'une redevance annuelle d'une somme inférieure à 1,000 fr., lorsque le défendeur, tout en convenant qu'il doit la redevance, soutient qu'il la doit comme rente et non comme fermage: le véritable objet de la contestation étant, dans ce cas, de savoir si le défendeur est propriétaire ou fermier, circonstance qui rend la cause susceptible des deux degrés de juridiction, comme ayant pour objet un terrain d'une valeur indéterminée.—10 août 1808. Liége. Despireux. D.A. 4. 713. D.P. 1. 1239.

445.—Est pareillement susceptible d'appel le jugement qui déclare nulle une opposition de scellés sur des effets d'une valeur indéterminée, et accorde des dommages-intérêts à donner par état.—4 nov. 1806. Civ. c. Laurens. D.A. 4. 715. D.P. 1. 1240.

446.—Il a été jugé qu'il en est de même du jugement qui, sur la demande d'une somme de moins de 1,000 fr., a adjugé, *ultrà petita*, des intérêts et frais indéterminés.—13 mars 1815. Liége. Duchesne. D.A. 4. 714. D.P. 1. 1240.

Mais cette décision nous semble erronée. Puisque c'est par la demande et non par la condamnation que se détermine le premier ou dernier ressort, c'est par requête civile que devait être attaqué le jugement.

447.—Aux termes d'un arrêt de la cour de Grenoble (arrêt dont la légalité nous semble fort douteuse), la demande en restitution d'objets d'une valeur non déterminée ni par l'exploit introductif, ni dans aucun acte, n'est pas susceptible néanmoins des deux degrés de juridiction, si les parties ont antérieurement apprécié cette valeur, et, par exemple, si le défendeur a prétendu que les objets dont il s'agit lui avaient été vendus moyennant 190 fr., et si le demandeur a proposé, avant toute action, à l'autre partie, de lui abandonner la propriété de ces objets moyennant un supplément qui porterait le prix à 600 fr. — 20 fév. 1808. Grenoble. Tournois. *Journal des avoués*, t. 19, p. 125.

448.—Lorsque, sur une saisie pratiquée sur des

DEGRÉS DE JURIDICTION. ART. 4, § 2.

objets mobiliers d'une valeur non déterminée, *un tiers*, qui n'a pas été partie au jugement en vertu duquel la saisie a été exercée, revendique les objets saisis, et s'appuie sur un titre que les saisissans arguent de simulation, le jugement qui prononce sur la revendication ne peut être rendu qu'en premier ressort.—28 prair. an 13. Civ. c. Sarrus. D.A. 4. 715. D.P. 1 1241. — Conf. D.A. 4. 712, n. 7.

449.—Jugé de même qu'une demande en revendication de meubles saisis entre les mains d'un tiers ne peut être jugée qu'à la charge d'appel, lorsque les meubles revendiqués n'ont pas été évalués par les parties. Il n'importe que la valeur de ces objets paraisse être réellement au-dessous de 1,000 fr.—19 juin 1819 Metz. Périn. D.A. 4 716. D.P. 1. 1241. —29 mars 1824. Colmar. Hergel. D.P. 25. 2. 86.

450 —Jugé qu'il en est ainsi, bien que la créance qui a motivé la saisie soit inférieure à 1,000 fr.— 24 mars 1820. Bruxelles Vanderbeken. D.A. 4 716. D.P. 1. 1242.—16 janv. 1818 Orléans.—2 juill. 1823. Poitiers. Garos. D A 4. 716. D P. 1. 1242.—20 mars 1824. Grenoble. Boissieu. D.A. 4. 716.—5 juin 1827. Toulouse. Puntous. D P. 28. 2. 19. — 27 nov. 1828. Bordeaux. Sabat. D.P. 29. 2. 187. — 2! mars 1829. Toulouse. Cabrol. D.P. 29. 2. 192.— 4 déc. 1829. Ch. correct. Rion-Bossouré. D.P. 31. 2. 195.

451.—Jugé de même enfin qu'une demande en revendication d'objets mobiliers saisis, formée par un tiers. est susceptible des deux degrés de juridiction, quoique la saisie ait eu lieu pour une somme inférieure à 1,000 fr., et encore que, dans l'acte translatif de propriété, passé précédemment entre le saisi et le tiers, ces meubles aient été évalués au-dessous de cette somme.—26 mai 1834. Bastia. Mattagli. D.P. 34. 2. 213.

La cour a pensé que cette dernière circonstance n'empêchait pas que la demande en distraction ne fût indéterminée, parce que le demandeur en distraction pouvait attacher aux meubles un prix supérieur à celui porté dans son acte d'acquisition; et, qu'en thèse générale, le prix réel d'achat, à supposer que les parties ne l'eussent point dissimulé pour diminuer les frais d'enregistrement ou pour tout autre motif, ne pouvait servir à fixer le dernier ressort, lorsqu'on ne demandait point la valeur de l'objet.— D.P. 34. 2. 213, note.

452.—Jugé cependant, en sens contraire, que dans le cas d'une saisie brandon, faite pour sûreté d'une somme de moins de 1,000 fr., le jugement qui statue sur une demande en revendication de fruits compris dans la saisie et en nullité de la saisie elle-même, est en dernier ressort. — Il n'importe que la valeur des fruits revendiqués soit indéterminée. — 25 janv. 1828. Limoges. Chabanne. D.P. 29. 2. 100.

453.— Les motifs de cette dernière décision sont qu'en matière de saisie c'est la somme pour laquelle la saisie est faite qui fixe la compétence, que, lorsque cette somme est déterminée et au-dessous de 1,000 fr., la saisie se trouve aussi déterminée, puisqu'elle n'existe, aux yeux de la loi, que jusqu'à concurrence de la somme pour laquelle elle est faite; qu'il en est de même, soit que la saisie frappe sur les fruits du débiteur, ou sur des fruits revendiqués par un tiers; qu'elle ne peut avoir plus d'étendue dans un cas que dans l'autre; qu'elle n'embrasse jamais que l'équivalent de la créance, et que le tiers, en la payant, peut éteindre l'action; que, dès lors, ni le débiteur, en demandant la nullité de la saisie, ni le tiers, en revendiquant les fruits qu'elle comprend, ne forment une demande indéterminée, puisque la saisie ne comprend qu'une valeur fixe et déterminée.

454.— Dépend-il du demandeur seul de rendre la cause sujette à l'appel, en évitant d'en préciser la valeur? Non, suivant Carré, n 281 et 286; car c'est aussi pour l'avantage du défendeur que la loi a permis de juger en dernier ressort, dans certaines limites. L'équité veut donc que le défendeur soit admis à évaluer l'action. Dans ce cas, si le demandeur conteste l'évaluation, le tribunal devra prononcer d'abord sur la compétence; cette décision sera sujette à l'appel; mais celle qu'il rendra sur le fond sera en premier ou dernier ressort, selon que l'action sera définitivement évaluée. Carré ajoute que quand l'estimation du défendeur est contestée, le tribunal peut recourir à tous les moyens pour s'éclairer sur ce différend; qu'il peut, par exemple, ordonner une expertise.

455. — Cette doctrine est combattue par Dalloz. Le premier et le dernier ressort se déterminent toujours par la demande; il y a lieu à l'appel toutes les fois que la demande n'est pas déterminée. L'inconvénient de laisser le demandeur maître de soumettre, ou non, le procès à deux degrés de juridiction, est moindre que celui de donner aux parties la latitude de parcourir toute la hiérarchie judiciaire, et

de s'épuiser en frais pour faire vider seulement une question préliminaire. — D.A. 4. 711, n. 3.

456. — Si le demandeur, qui revendique un objet mobilier, offre d'abandonner cette action, moyennant une somme inférieure au taux du dernier ressort, le jugement sera sans appel. En effet, la loi ne fixe aucun mode d'évaluer une action mobilière, le demandeur peut donc donner une valeur à sa revendication. — D.A. 4. 711, n. 4; Henr., ch. 16; Carré, art. 281 et 288.

On verra plus bas que les mêmes règles ne s'appliquent point aux actions immobilières.

457. — Quand la demande contient des conclusions alternatives, dont les unes sont indéterminées, les autres déterminées et susceptibles du dernier ressort (comme lorsque le défendeur a l'option, soit d'accomplir son engagement, soit de payer une somme de moins de 1,000 fr., ou bien encore lorsqu'on lui laisse le choix de payer, soit une somme de moins de 1,000 fr., soit une somme à dire d'experts), le jugement est, suivant Dalloz, en dernier ressort. — D.A. 4. 711, n. 5; Henr., ch. 16; Carré, art. 281, n. 311.

Il en est ainsi, ajoute Dalloz, alors même que la demande alternative, au lieu d'avoir été formée par l'exploit introductif d'instance, l'aurait été dans le cours du procès, puisque, comme on l'a vu plus haut, ce sont les conclusions définitives des parties qui constituent la demande (D.A. 4. 711, n. 6. — *Contrà*, Carré, art. 281, n. 310). — Mais ces décisions sont contredites par une jurisprudence constante.

458. — Jugé qu'il ne peut être statué en dernier ressort sur la demande alternative de remise de titres d'une succession, ou d'une provision d'une somme de moins de 1,000 fr., parce que l'un des chefs à juger est fondé sur un principe indéterminé, la remise des titres. — 30 août 1821. Orléans. D.A. 4. 709, n. 5.

459. — Jugé de même qu'une demande alternative, formée contre un héritier bénéficiaire en paiement d'une somme inférieure à 1,000 fr., ou en reddition de compte, est essentiellement sujette à l'appel. — 17 mai 1822. Orléans. *Jur. cour d'Orléans*, t. 1er, p. 156, et D.A. 4. 709, n. 3.

460. — Jugé encore que la demande en délaissement de certains meubles ou en paiement de 1,000 fr., valeur desdits objets, est susceptible d'être jugée en premier ressort par les tribunaux de première instance (L. 24 août 1790, tit. 4, art. 5). — 6 mars 1833. Bordeaux. Barthez. D.P. 34. 2. 84.

461. — La demande en paiement d'une somme inférieure à 1,000 fr. pour dommages-intérêts, si mieux n'aime le défendeur faire les réparations convenables, est jugée en dernier ressort. — L'alternative étant de pure faculté, ne change point le caractère de la demande principale. — 11 fév. 1832. Bourges. Servais. D.P. 32. 2. 129.

Cet arrêt ne nous paraît pas contredire les précédens; car ici, c'est la demande d'une somme de moins de 1,000 fr. qui est la demande *principale*, tandis que c'est le contraire dans les espèces ci-dessus.

§ 3. — *Demandes réelles, immobilières non déterminées par les parties.*

462. — A la différence des règles ci-dessus, qui s'appliquent aux procès portés devant les tribunaux de paix et les tribunaux de commerce, celles que l'on va rappeler ne concernent que les tribunaux d'arrondissement, seuls compétens pour connaître des actions immobilières et des actions mixtes.

463. — Les tribunaux de première instance prononcent en dernier ressort sur les demandes immobilières, jusqu'à concurrence de la valeur de 50 fr. de revenu, déterminé *par prix de bail* ou *en rente* (L. 24 août 1790).

464. — La demande par laquelle un individu, qui a acquis un immeuble en commun avec un autre individu, réclame la jouissance commune de certains objets que le co-acquéreur prétend lui appartenir exclusivement, est une action réelle d'une valeur indéterminée, qui ne peut être jugée qu'à charge d'appel. — 4 vent. an 11. Civ. c. Lervoire. D.A. 4. 720. D.P. 1. 1244.

465. — Les jugemens sur les actions réelles d'une valeur non déterminée, sont toujours sujets à l'appel, dans quelque circonstance et pour quelque motif que l'action réelle ait été formée. — Spécialement, lorsqu'un individu, poursuivi en paiement d'arrérages d'une rente inférieure à 1,000 fr., appelle en garantie des acquéreurs qui, par leur contrat, s'étaient chargés du service de la rente, et conclut subsidiairement contre eux à ce que, faute de rembourser les arrérages échus, ils soient tenus de délaisser les immeubles à eux vendus; le jugement qui intervient sur cette action réelle ne peut être rendu qu'en premier ressort, si le revenu des immeubles vendus aux appelés en garantie n'a été déterminé ni en rente ni par prix de bail. — 16 mars 1824. Civ. c. Paris. Bonvallet. D.A. 4. 723. D.P. 1. 1247.

466. — En matière réelle immobilière, il n'y a, relativement au premier et dernier ressort, d'autre mode légal d'évaluation que celui résultant d'un bail ou d'un arrentement. — En conséquence, il a été jugé qu'il ne peut être statué en dernier ressort par les tribunaux de première instance :

467. — 1° Sur une contestation relative à la propriété d'immeubles dont le revenu n'est déterminé ni en rente ni par prix de bail. — 18 germ. an 13. Civ. c. Thimour. D.A. 4. 718. D.P. 1. 1243 — 18 therm. an 13. Civ. c. Boucher. D.A. 4. 719. D.P. 1. 1244. — 13 janv. 1806. Civ. c. Gilles. D.A. 4. 719. D.P. 1. 1244. — 6 avril 1807. Civ. c. Garnier. D.A. 4. 718. D.P. 1. 1243. — 12 juin 1810. Civ. c. Chedol. D.A. 4. 720. D.P. 1. 1244. — 15 mars 1824. Civ. c. Montpellier. Benazet. D.A. 4. 719. D.P. 1. 1243.

468. — 2° Sur une demande en maintenue d'un droit de passage sur un terrain dont la valeur et le revenu ne sont déterminés ni en rente, ni par prix de bail, et en démolition d'un mur faisant obstacle au passage. — 27 avril 1807. Civ. c. Gélie. D.A. 4. 722. D.P. 1. 1246.

469. — 3° Sur la demande en délaissement d'un immeuble d'une contenance certaine, mais dont la valeur n'a pas non plus été déterminée de la manière prescrite par la loi de 1790. — 23 nov. 1807. Civ. c. Megret. D.A. 4. 722. D.P. 1. 1246.

470. — 4° Ou d'un immeuble estimé 1,000 liv., mais dont le revenu n'est pas déterminé. — 15 nov. 1816. Paris. Coutin. D.A. 4. 722. D.P. 17. 2. 33.

471. — 5° Quand même il serait établi que l'immeuble n'est imposé que pour 25 centimes. — 31 mai 1820. Orléans. D.A. 4. 717.

472. — Jugé cependant qu'un tribunal de première instance a dû statuer en dernier ressort sur une demande en délaissement d'un petit coin de terre, lorsqu'il est indubitable, d'après les circonstances de la cause, que la valeur de l'objet demandé n'excède pas 1,000 fr., encore bien que cette valeur ne fût déterminée par aucun acte du procès. — 28 janv. 1830. Bruxelles. Terrier. D.P. 33. 2. 39.

473. — Par suite de la règle ci-dessus, il ne peut être statué qu'en premier ressort par les tribunaux de première instance :

474. — Sur une action en déguerpissement, lorsque le mérite de l'action dépend de la preuve de la propriété du possesseur du fonds, qu'aucun titre ne détermine le revenu annuel de ce fonds, et que sa valeur principale est aussi indéterminée. — 7 mars 1810. Bruxelles. Michiels. D.A. 4. 722. D.P. 12. 2. 4.

475. — ... Sur la demande en partage d'un immeuble dont la valeur n'est déterminée ni en rente ni par prix de bail. — 20 oct. 1808. Civ. c. Fritsch. D.A. 4. 720. D.P. 1. 1244.

476. — ... Sur la demande d'envoi en possession de six journaux de terre, formée par des créanciers hypothécaires, pour leur tenir lieu de gage de leur créance montant à moins de 1,000 fr. — 8 mai 1811. Civ. c. Turin. Delprato. S. t. 11, p. 202.

477. — Sur une demande intentée par un co-héritier, pour être subrogé à un cessionnaire de droits héréditaires dont le montant n'est pas non plus déterminé en rente ni par prix de bail, encore que le prix payé par le cessionnaire soit inférieur à 1,000 fr. — 5 fruct. an 5. Civ. c. Ridel. D.A. 4. 725, et 728, n. 7. D.P. 1. 1247.

478. — Sur la demande formée par un cessionnaire de droits héréditaires, en partage de domaines compris dans la cession, et dont la valeur ni le produit n'ont été légalement évalués. Et cela, alors même que le prix de la cession, que les héritiers offrent de rembourser en demandant la subrogation, est au-dessous de 1,000 fr. — 27 juill. 1808. Civ. c. Desessard. D.A. 4. 720. D.P. 1. 1248.

479. — Sur la demande tant en paiement d'arrérages échus, qu'en supplément d'hypothèque promis par le contrat, et, à défaut de ce supplément, en remboursement du capital de la rente, encore que ce capital, réuni aux arrérages échus, ne s'élève pas au-dessus de 1,000 fr. — 23 mai 1810. Bruxelles. Saligo. D.A. 4. 723. D.P. 12. 2. 4.

480. — ..... Sur une demande alternative en paiement d'une somme de moins de 1,000 fr., ou en délaissement d'un immeuble d'une valeur indéterminée. — 10 avril 1811. Civ. c. Turin. Fiando. D.A. 4. 723. D.P. 11. 1. 204. — V. *suprà*, § 1er.

481. — Décidé même que le jugement rendu sur la demande en délaissement d'un immeuble dont la valeur n'est déterminée ni en rente, ni par bail, est susceptible d'appel, quoique le demandeur ait conclu, à défaut du délaissement, au paiement d'une somme inférieure à 1,000 fr. — 18 mars 1826. Paris. Fourquin. D.P. 27. 2. 10. — 23 juin 1827. Grenoble. Rocher. D.P. 28. 2. 144.

482. — Jugé de même que le créancier d'une somme inférieure à 1,000 fr., qui a demandé contre un tiers-acquéreur son paiement ou le délaissement de l'immeuble, a, par là, donné à ce chef de sa demande un caractère indéterminé qui l'a rendu susceptible des deux degrés de juridiction. — 20 mai 1828. Toulouse. Fouguerin. D.P. 28. 2. 203.

483. — Décidé de même qu'on ne peut réputer en dernier ressort le jugement rendu sur la demande formée par le vendeur contre un tiers-acquéreur, en résolution de la vente et en délaissement de l'immeuble vendu, pour le cas de non paiement de partie du prix encore due, encore bien que la somme redue serait inférieure à 1,000 fr. — 7 fév. 1828. Montpellier. Germa. D.P. 28. 2. 234.

484. — Décidé aussi que le jugement qui intervient dans une instance où le demandeur laisse au défendeur le choix d'exécuter la convention faite entre eux, de partager les biens dont celui-ci se rendrait adjudicataire, ou de payer 300 fr. *à titre de dommages-intérêts*, n'est qu'en premier ressort, et c'est en vain qu'on soutiendrait que cette somme doit être prise pour mesure de l'intérêt du procès. — 20 juill. 1832. Colmar. Meyer. D.P. 33. 2. 127.

485. — Jugé cependant, en sens contraire, que, dans une demande en déclaration d'hypothèque, paiement ou délaissement d'un immeuble, le degré de juridiction se détermine, non par le produit de l'immeuble, mais par le montant de la créance. En conséquence, une pareille demande peut être jugée en dernier ressort, quand la créance hypothécaire ne s'élève pas à 1,000 fr., bien que la valeur de l'immeuble n'ait pas été déterminée. — 7 déc. 1812. Bruxelles. Vanaelbrouck. D.A. 4. 724. D.P. 1. 1246.

486. — Jugé de même que les tribunaux de première instance peuvent prononcer en dernier ressort sur une demande en remboursement du prix d'une vente, lequel a été fixé par les parties, et qui, réuni aux intérêts et au coût du contrat, est inférieur à 1,000 fr., lors même que les conclusions de l'acheteur contiendraient la clause « si mieux n'aime l'acheteur délivrer la pièce de terre, telle qu'elle a été décrite dans le contrat de vente. » — 3 juin 1824. Pau. Gascou. D.P. 25. 2. 85.

487. — Lorsque, sur une action en démolition d'une construction, le demandeur déclare, pendant l'instance, se contenter de 1,000 fr., auxquels il fixe la valeur de sa demande, si le défendeur aime mieux les payer que de démolir; cette évaluation (non conforme au mode fixé par la loi) n'empêche pas l'action de rester légalement indéterminée, et, ainsi, sujette à l'appel. — 23 prair. an 12. Civ. c. Lapotre. D.A. 4. 719. D.P. 1. 1243. — Conf. Merl., Rép., v° Dernier ressort, Carré, *L. de la compét.*, n. 288; D.A. 4. 717, n. 4.

488. — Il n'en était pas ainsi sous l'ancienne jurisprudence; l'édit des présidiaux de 1777, art. 5, au lieu d'ordonner l'estimation des actions réelles par le revenu exclusivement, voulait que les présidiaux pussent connaître en dernier ressort de toutes les demandes mobilières ou immobilières, lorsque le demandeur évaluait ou restreignait sa demande à une somme de 2,000 fr. ou au-dessous; il pouvait faire sa restriction en tout état de cause (art. 8). — Merl., *loc. cit.*

489. — Des condamnations pécuniaires, prononcées à titre de contrainte, ou à titre de dommages-intérêts, ne peuvent servir de base à l'évaluation d'une affaire purement réelle. — *Spécialement*, la demande en suppression de barrières posées à chaque bout d'un chemin, est une action réelle, qui, lorsque la valeur de l'objet litigieux n'a pas été déterminée en rente ou par prix de bail, ne peut être jugée qu'à charge d'appel, alors même qu'il a été demandé, et que le jugement a ordonné l'ouverture, sous contrainte d'une somme qui, réunie aux dommages-intérêts, est inférieure à 1,000 fr. — 30 flor. an 13. Civ. c. Maignan. D.A. 4. 721. D.P. 1. 1245.

Est-il vrai de dire que la demande en suppression des barrières soit une action réelle?

490. — La demande d'une servitude de passage, présentant un objet indéterminé et une charge réelle, qui n'est susceptible d'évaluation ni par rente ni par prix de bail, le jugement qui statue sur cette action est essentiellement sujet à l'appel. Il n'en est pas affranchi par cela seul que celui qui refusait le pas-

sage a demandé et obtenu des dommages-intérêts inférieurs à 1,000 fr., surtout si ces dommages ne sont relatifs qu'à des dégradations et innovations commises par son adversaire, ce qui les rend indépendans du droit de servitude en lui-même. Il n'en est pas affranchi non plus par cela que la partie qui réclamait le passage n'aurait conclu qu'à une contrainte d'une somme au-dessous de 1,000 fr., la valeur d'une servitude ne pouvant être fixée par le réclamant seul, et la contrainte ayant pour objet d'assurer l'exécution du jugement relatif à la servitude.— 21 mess. an 13. Civ. c. Machelet. D.A. 4. 721. D.P. 1. 1245.

491.— Le jugement qui ordonne la démolition de constructions nouvelles faites à une maison donnée à bail, est susceptible d'appel, alors même qu'il n'accorde au locataire que des dommages-intérêts au-dessous de 1,000 fr.— 26 vent. an 11. Civ. c. Meimeval. D.A. 4. 723. D.P. 1. 1247.

Cet arrêt semble avoir pris pour base de la fixation du ressort les condamnations prononcées, ce qui serait contraire au principe, que c'est à la demande qu'il faut se référer. L'arrêt n'en est pas moins bien rendu; car la demande, dans l'espèce, était évidemment indéterminée. — D.A. 4. 725, note 2.

492.— Si le demandeur, dans la vue de faire subir à son action les deux degrés de juridiction, s'est abstenu de l'évaluer, le défendeur peut, suivant Dalloz, pour obtenir un jugement sans appel, faire lui-même l'estimation, pourvu toutefois qu'elle soit déterminée en rente ou par prix de bail.— D.A. 4. 717, n. 3; Carré, *L. de la comp.*, art. 354, t. 2, p. 448, note 6.

Nous hésitons à admettre cette opinion, parce que l'estimation faite par le défendeur pourrait être contestée, et que l'on tomberait alors dans les inconvéniens signalés par Dalloz (4. 711, n. 3), de laisser les parties s'épuiser en frais avant d'aborder le fond de la cause; inconvéniens que Dalloz déclare lui-même plus graves que celui auquel peut donner lieu l'opinion contraire, en ce qu'elle offre au demandeur un moyen facile de soumettre aux deux degrés de juridiction des affaires du plus modique intérêt.

493.— Lorsqu'il n'y a point de bail, et que la rente n'est pas fixée, la valeur du revenu qui sert à déterminer l'action peut être fixée par une expertise *consentie par les parties*, ou par l'aveu des parties elles-mêmes.— 18 germ. an 13. Civ. c. Thinon. D.A. 4. 718. D.P. 1. 1243.—Conf. D.A. 4. 717, n. 5; Merl., Rép., v° Dernier ressort, § 1er, n. 6; Carré, art. 281, n. 287.

494.— Y a-t-il des actions immobilières insusceptibles, par leur nature, d'évaluation? Carré, art 354, n. 460, attribue ce caractère aux servitudes. Sous l'ancienne jurisprudence, les servitudes s'estimaient par la valeur que leur donnait la partie qui les réclamait. Dalloz pense que, dans les actions tendantes à réclamer des servitudes, le premier ou dernier ressort doit être déterminé par le revenu du droit réclamé.

495.— A la vérité, l'un des arrêts ci-dessus porte « qu'un droit de servitude présente un objet indéterminé et une charge réelle qui n'est susceptible d'évaluations ni par rente ni par prix de bail »; mais cette assertion isolée et très contestable n'était pas nécessaire à la décision en elle-même. Or, c'est plutôt aux dispositions d'un arrêt qu'à ses motifs qu'il faut s'en rapporter. D'ailleurs, d'autres décisions ont jugé que des contestations sur des servitudes étaient soumises à l'appel, non parce que de tels procès ne peuvent être jugés qu'en premier ressort, mais parce que la valeur de la demande n'avait pas été fixée selon le mode établi par la loi.— D.A. 4. 717, n. 6.

496.— Les demandes relatives aux droits d'usufruit, d'usage et d'habitation doivent être déterminées comme toutes les actions réelles.—D.A. 4. 717, n. 6, et Carré, art. 384, n. 460.

497.— L'action en rescision pour cause de lésion de la vente d'un immeuble ne peut être jugée qu'en premier ressort, lorsque la demande ne détermine pas le revenu de l'immeuble, encore que le prix stipulé au contrat soit inférieur à 1,000 fr.—13 therm. an 8. Civ. c. Kretsinger. D.A. 4. 726. D.P. 3. 1. 124. 1. 145.

498.— Il en est de même, à plus forte raison, lorsque l'immeuble a été estimé par les experts à une somme excédant 1,000 fr, quoique le tribunal n'ordonne à l'acquéreur que le paiement d'un supplément de prix inférieur à 1,000 fr. — 21 niv. an 6. Civ. c. Delours. D.A. 4. 726. D.P. 1. 1248 et 3. 1. 141.

499.—Jugé de même qu'il ne peut être statué qu'à la charge d'appel sur la demande en nullité de

la vente d'un immeuble dont le prix fixé dans le contrat même n'excède pas 1,000 fr., si le revenu de cet immeuble n'est déterminé ni en rente ni par prix de bail.— 11 oct. 1808. Civ. c. Bonjean. D.A. 4. 727. D.P. 8. 2. 190.— 19 janv. 1811. Liége. Ruvette. D.A. 4. 727. D.P. 1. 1248. — Conf. à l'opinion de Merlin, Rép., v° Dernier ressort, § 1er et *Quest. de droit*, § 8.

500.— Il en est de même, à plus forte raison, si le prix capital de l'immeuble, dont le revenu est indéterminé, n'est pas non plus fixé.— 2 nov. 1808. Civ. c. Somnesson. D.A. 4. 727. D.P. 1. 1248.

501.—En déclarant que l'action en nullité ou rescision de la vente d'un immeuble doit être déterminée en rente ou par prix de bail, et non par la valeur du prix principal de la vente, les arrets ci-dessus décident implicitement que cette action est réelle; mais cette décision est controversée — V. Actions personnelles et réelles.

502.—La demande en désistement d'un immeuble, intentée en exécution d'une clause de rachat, est une action réelle qui ne peut être jugée en dernier ressort, si le revenu du fonds vendu n'a pas été déterminé en rente ni par prix de bail.— 14 germ. an 10. Civ. c. Chabrié. D.A. 4. 728. D.P. 1. 1249.

On peut faire ici la même observation que sous l'arrêt précédent.

ART. 5. — *Des degrés de juridiction en cause d'appel. — Des évocations.*

503. — L'evocation, *translatio litis*, est l'attribution, à un juge, d'une affaire dont la connaissance appartient à un autre (D.A. 4. 728, n. 1). On en connaissait de deux sortes dans l'ancien droit, savoir les *évocations de grâce* et les *évocations de justice*. Les premières, qui étaient particulierement le résultat des priviléges de *committimus* et de *garde-gardienne*, furent abolies par l'art. 17 de la loi du 24 août 1790, dont la disposition se trouve confirmée par la charte. — D.A. *eod.*

504 — Les *évocations de justice* n'avaient pas lieu arbitrairement, mais seulement dans certains cas prévus par les ordonnances (Voyez notamment l'ord. de 1667, tit. 6, art. 2; l'ord. de 1669, tit. 1er et tit. 4, art. 11; l'ord. de Moulins, et l'édit de janv. 1597, art. 12). Ces évocations sont utiles, et la loi de 1790 les a laissé subsister, à l'exception de celles qui se faisaient au conseil d'état. — D.A. 4. 728, n. 2.

505. — Nos lois actuelles admettent encore les évocations de justice : 1° lorsque des motifs de sûreté publique ou de suspicion légitime exigent qu'une affaire dont un tribunal est légalement et compétemment saisi, soit renvoyée devant d'autres juges; 2° lorsque, par suite de mort, de récusation ou d'empêchement légitime, tel que maladie ou absence, le tribunal competent se trouve ne plus avoir le nombre de juges nécessaire pour prononcer valablement, ou qu'il n'y a pas près ce tribunal un nombre d'avoués suffisant pour représenter les parties ayant un intérêt distinct; 3° lorsqu'une des parties a des parens ou alliés, au nombre et aux degrés indiqués dans l'art. 368 C. pr., parmi les membres du tribunal saisi de l'affaire; 4° lorsqu'une affaire qui appartient naturellement au pouvoir judiciaire aurait été attribuée par la loi à l'autorité administrative; 5° enfin lorsque les juges d'appel, en infirmant un jugement interlocutoire ou définitif, usent de la faculté que leur donne l'art. 473 C. pr. d'évoquer le fond (D.A. 4. 728, n. 3). Cette dernière espèce d'évocation fait seule l'objet de cet article. Pour les autres, voyez les mots Compétence, Tribunaux, Renvoi.

506. — Sous les lois des premiers mai et 24 août 1790, qui s'étaient contentées de poser le principe du double degré de juridiction sans préciser les exceptions qu'il devait admettre, l'évocation a donné lieu à de graves questions en partie résolues par le code de procédure.

507.— L'art. 473 de ce code porte : « Lorsqu'il y aura appel d'un jugement interlocutoire, si le jugement est infirmé, et que la matière soit disposée à recevoir une décision définitive, les cours royales et autres tribunaux d'appel pourront statuer en même temps sur le fond définitivement par un seul et même jugement. — Il en sera de même dans les cas où les cours royales ou autres tribunaux d'appel infirmeraient, soit pour vice de forme, soit pour tout autre cause, des jugemens définitifs. »

508. — On voit que l'évocation n'est autorisée qu'en cas *d'infirmation*, soit d'un jugement interlocutoire, soit d'un jugement définitif. En pareil cas, la prudence conseille souvent de ne pas laisser la connaisance du fond au tribunal dont un premier jugement a été réformé; tandis que, dans le cas de confirmation, aucun motif n'exige qu'on s'écarte de la règle commune — D.A. 4. 729, n 5.

509. — Il faut aussi que la cause, pour pouvoir être évoquée, soit disposée à recevoir une solution définitive. C'est, du reste, aux juges à apprécier dans quelles circonstances une affaire est en état d'être définitivement jugée. — D.A. 4. 729. n. 6.

510.— Lorsque les conditions prescrites par la loi pour que le tribunal d'appel puisse évoquer, se rencontrent dans une cause, l'évocation n'est pas obligée; c'est une faculté laissée à la discrétion du magistrat. — D.A. 4. 729, n. 7. — V. les paragraphes suivans.

511. — Plusieurs auteurs considérant la règle des deux degrés de juridiction comme d'ordre public, refusent aux parties le droit d'y renoncer d'un commun accord, tacite ou exprès, et de porter *de plano* leur contestation devant la cour royale (Toull., t. 1er, sect. 7, Berriat, p. 17, Poncet, *des Jugemens*, t. 1er, p. 212). Mais l'opinion contraire semble préférable; elle favorise la prompte expédition des procès, en permettant aux plaideurs de franchir un degré de juridiction, et de soumettre leur contestation à des magistrats de leur choix qui deviennent alors en quelque sorte des arbitres; il ne peut résulter de cette doctrine de graves inconveniens pour l'économie de l'ordre judiciaire; d'abord, parce que le concours des deux parties est nécessaire; ensuite, parce que les tribunaux d'appel ne manqueraient pas de se dessaisir d'office s'il leur paraissait utile que le premier degré fût épuisé, ou si ces demandes se multipliaient de manière à leur faire perdre une partie considérable du temps qu'elles doivent à la révision des jugemens des tribunaux inferieurs. — D.A. 4. 730, n. 13.

512. — Jugé, par application de cette dernière doctrine, que lorsque, sur l'appel, toutes les parties ont demandé l'évocation du principal, l'une d'elles n'est pas recevable à se plaindre, devant la cour de cassation, de ce que les degrés de juridiction n'ont pas été observés.— 10 prair. an 11. Req. Lemarois. D.A. 4. 748. D.P. 1. 1256.

513 — Que les conclusions qui sont prises au fond par chacune des parties sur l'appel d'un jugement provisoire, autorisent la cour royale à prononcer sur le fond, lors même que le jugement dont est appel ne serait point *infirmé*. — 1er juill. 1818. Req. Lyon. D'Angeville. D.A. 5. 168. D.P. 1. 1309.

514. — Que, lorsqu'une partie, loin de réclamer contre l'arrêt qui, sur l'appel d'un jugement sur exception, a joint l'exception au fond, non encore en état, et ordonné une instruction, prend au contraire des conclusions au fond, elle n'est plus recevable à invoquer l'art. 473 C. pr, et la règle des degrés de juridiction. — 24 déc. 1833. Req. Caen. Prébois. D.P. 34. 1. 70.

515. — Qu'une partie ne peut se plaindre de la violation de l'art. 473 C. pr., ni invoquer la règle des deux degrés de juridiction, quand, au lieu de réclamer contre le jugement d'un tribunal qui, en infirmant sur l'appel la sentence d'un juge de paix, déclarative d'incompétence, a retenu le fond de l'affaire et renvoyé la cause dans les délais ordinaires de l'instruction, et, loin de se pourvoir contre un jugement interlocutoire rendu postérieurement, elle a consenti à son exécution en prenant part aux opérations qui en ont été la conséquence, et n'a critiqué que le jugement définitif, sans que ses conclusions constatent qu'elle ait fait aucune réserve.— 14 fév. 1832. Req. Ramier. D.P. 32. 1. 327.

516 — Qu'enfin une évocation contraire au vœu de l'art. 473 C. pr ne forme pas un moyen d'incompétence *ratione materiæ*, et la nullité qui en résulte peut être couverte par l'acquiescement des parties.

... Et spécialement, il suffit qu'après un jugement d'appel qui, reformant la décision par laquelle le premier juge s'est déclaré incompétent, a ordonné une enquête pour éclairer le fond non en état d'être jugé, les parties, au lieu de se pourvoir contre le jugement d'appel, aient gardé le silence, ou aient exécuté le jugement en faisant entendre leurs témoins à l'enquête, pour qu'elles soient non-recevables à se prévaloir de l'illégalité de l'évocation. En un tel cas, la nullité est couverte, encore bien qu'après l'enquête elle aurait été proposée à l'audience avant de conclure au fond (C. pr. 173). — 13 juin 1834. Req. Comm. de Cabanac. D.P. 34. 1. 290. — V. aussi *infrà*, § 4.

§ 1er. — *Des évocations en cas de nullité.*

517.— Un tribunal d'appel peut évoquer le fond : lorsqu'il infirme un jugement définitif pour contravention à la loi. — 17 avril 1812. Rennes. Traurart. D.A. 11. 41. D.P. 2. 920, n. 2.

518.—...Lorsqu'il annulle un jugement pour vice de forme, par exemple, un jugement rendu pendant

les vacances sur une affaire non sommaire, si, d'ailleurs, la cause est en état d'être jugée définitivement. — 13 juin 1815. Req. Paris. Aubé. D.A. 4. 732. D.P. 1. 1249. — 15 juin 1824. Metz. Mégret de Sérilly. D.A. 10. 840. D.P. 2. 893, n. 8.

519.—.. Lorsqu'il annulle un jugement rendu par un tribunal irrégulièrement constitué ou composé. — 5 oct. 1808. Req. Simonet. D.A. 4. 731. D.P. 8. 1. 487. — 19 août 1824. Nimes. Escalier. D.A. 11. 71. D.P. 2. 925, n. 3. — 24 janv. 1825. Toulouse. Terrisse. D.P. 25. 2. 251. — 21 avril 1825. Colmar. Schulmeister. D.P. 25. 2. 242.

520. —... Quand même le jugement annulé pour composition irrégulière, serait un jugement interlocutoire, pourvu d'ailleurs que la cause soit en état d'être jugée définitivement. — 28 fév. 1828. Req. Aix. Siré. D.P. 28. 1. 155.

521.—Jugé, au contraire, que la cour qui annulle un jugement émané d'un tribunal irrégulièrement composé, ne peut évoquer le fond, le premier degré de juridiction n'étant pas épuisé. — 22 mars 1824. Montpellier. Lagarrique. D.A. 11. 70. D.P. 24. 2. 157. — 20 août 1825 Riom. Bathias. D.P. 26. 2. 100.

522. — L'art. 473 C. pr., qui autorise les cours royales à statuer sur le fond par voie d'évocation, contient une modification au principe des deux degrés de juridiction. — Ainsi, lorsqu'un jugement d'un tribunal de commerce a été rendu sur une demande formée contre un failli seul, autorisé à administrer ses biens, et non contre les commissaires des créanciers chargés de l'assister, et qui auraient dû être assignés avec le failli; que, sur l'appel, les commissaires interviennent, concluent à ce que le jugement de première instance soit infirmé, que la demande originaire soit annulée, et subsidiairement, qu'en cas de non annulation, elle soit déclarée non-recevable, une cour royale peut, en statuant sur l'appel et l'intervention, et en annulant le jugement seul comme rendu hors la présence des commissaires, évoquer la cause et juger le fond sans violer le principe des deux degrés de juridiction, et sans faire une fausse application de l'art. 473 C. pr. — 21 juin. 1823. Civ. r. Paris. Ouvrard. D.P. 25. 1. 223.

523 — Lorsqu'il est conclu par l'intimé, sur l'appel d'un jugement, à l'exécution de ce jugement, et, dans le cas où il ne serait pas déclaré exécutoire, à la condamnation au paiement des dommages-intérêts adjugés par ce jugement, la cour royale peut, en réformant le jugement, évoquer le fond. — 6 avril 1826. Req. Bastia. Viterbi. D.P. 26. 1. 244.

524. — Le droit d'évocation du fond appartient aux cours royales lorsqu'elles infirment, pour vices de formes ou autre cause, un jugement, même arbitral, ou un jugement du tribunal de commerce. — 2 août 1826. Aix. Journès. D.P. 27. 2. 143. — 31 déc. 1831. Colmar. Thiébaut. D.P. 33. 2. 122.

525.— Et lorsqu'elles annullent une délibération du conseil de discipline, pour violation ou omission des formes prescrites. — 8 janv. 1830. Caen. Séminel. D.P. 30. 2. 288.

526. — De la comparaison des deux dispositions de l'art. 473, Dalloz induit qu'il n'y a lieu à évocation, en cas d'infirmation pour *vice de forme*, que lorsqu'il s'agit d'un jugement définitif; mais que, lorsqu'il est question d'un jugement interlocutoire, le droit d'évocation n'appartient aux juges d'appel que lorsqu'ils infirment ce jugement *au fond*, c'est-à-dire pour avoir admis mal à propos une preuve non autorisée, et non lorsque l'infirmation a pour cause un simple *vice de forme*. Dans ce cas, dit Dalloz (D.A. 4. 729, n. 9), il est peu probable que la cause puisse être jugée sans le secours de la preuve que le tribunal avait ordonnée. Mais cette distinction nous semble repoussée par la généralité des termes de la première disposition de l'art. 473. Si la preuve prescrite par le jugement infirmé paraît aux juges d'appel nécessaire pour la décision de la cause, ils n'useront pas de la faculté d'évoquer; dans le cas contraire, ils peuvent, ce semble, exercer ce droit.

527. — Du reste, une cour qui infirme un jugement pour vice de forme, comme pour irrégularité dans la composition du tribunal, n'est pas tenue d'évoquer le fond ; elle peut, ou renvoyer la cause à d'autres juges, ou retenir le fond.— 11 fév. 1825. Colmar. Strollz. D.P. 25. 2. 251. — 5 mars 1825. Colmar. Sutter. D.P. 25. 2. 251. — 25 mars 1825. Colmar. Syrgenstbein. D.P. *eod.*

528.— Il en était autrement avant le code de procédure; le tribunal d'appel qui annulait un jugement pour vice de forme, devait nécessairement statuer sur le fond ; il ne pouvait renvoyer les parties

devant les premiers juges, sans violer le principe des deux degrés de juridiction. — 2 fruct. an 12. Civ. c. Michon. D.A. 4. 731. D.P. 1. 1249.

Arrêts conformes.— 23 frim. an 2. Civ. c. Chevalège. D.P. 3. 1. 19.—30 vent an 12. Civ. c. Dalmont. —20 vend. an 11. Civ. c. Jouffrau.—30 frim. an 11. Civ. c. int. de la loi. Brault. — 28 flor. an 11. Civ. c. Delpech. — 24 prair. an 8. Civ. c. Cottard.— 20 janv. 1808. Civ. c. Brel. D.A. *ibid.*

529.— Un tribunal qui, sur l'appel, annulle la décision d'un juge de paix comme irrégulièrement rendue, en ce que ce juge n'a pas statué sur sa compétence qui était contestée, ne peut se dispenser de statuer lui-même sur la question de compétence.— 1er avril 1807. Civ. c. Madelaine. D.A. 4. 731. D.P. 1. 1249.

530.— La partie qui, sur l'appel qu'elle a interjeté d'un jugement, pour vice de formes, a conclu au fond, n'est pas recevable à se plaindre de ce que la cour, évoquant le fond (ce qu'elle avait en tout cas le droit de faire), ait jugé le tout par un seul et même arrêt. — 4 mai 1819. Civ. r. Besançon Bauffremont. D.A. 5. 109. D.P. 1. 712.— 4 mai 1819. Civ. c. Douai. Comm. d'Auby. D.A. 5. 109. D.P. 19. 1. 369.

531.— Une cour d'appel qui annulle, pour vice de forme, un jugement qui a prononcé sur le fond, peut statuer à la fois sur les moyens de forme et sur ceux du fond.— 24 janv. 1826. Grenoble. Durand. D.P. 26. 2. 135.

§ 2.— *Évocation en cas d'incompétence.*

532. — Avant le code de procédure, un tribunal d'appel ne pouvait, sans violer la règle des deux degrés de juridiction, statuer sur le fond,

533.— 1° Lorsqu'il annulait un jugement comme incompétemment rendu.— 12 prair. an 8. Civ. r. Morin. D.A. 4. 732. D.P. 1. 1250.— 27 fruct. an 11. Civ. c. Grevin. *ibid* — 7 frim. an 13. Civ. c. Laureau. D.A. 4. 733. D.P. 1 1250.

534.— 2° Lorsqu'il infirmait un jugement portant renvoi pour cause de litispendance.— 20 niv. an 11. Civ. c. Moynat. D A. 4. 733. D.P. 1. 1250.

535.— 3° Lorsqu'il infirmait un jugement qui, sans s'occuper du fond, avait statué sur un déclinatoire fondé sur l'incompétence.— 16 brum. an 13. Civ. r. Regny. D.A. 4. 734. D P. 5. 1. 109. — 21 brum. an 10. Civ. c. Mauget. D.A. 4. 734. D.P. 1. 1251.

536.— Jugé, au contraire, que le tribunal d'appel qui infirmait un jugement pour s'être mal à propos déclaré incompétent, devait statuer lui-même sur le fond.— 26 vend. an 8. Civ. c. int. de la loi. D.A. 4. 734 D.P. 1. 1250.— 2 vent. an 11. Req. Liege. Borchgrave. D.A. 4. 734. D.P. 1. 1250.

537.— Le code de procédure n'a point fait cesser cette diversité de jurisprudence. Malgré la généralité des termes de l'art. 473 qui permet l'évocation en cas d'infirmation d'un jugement pour vice de forme ou *pour toute autre cause*, on a continué à contester aux juges d'appel le droit d'évoquer en cas d'infirmation pour incompétence, surtout pour incompétence à raison de la matière, attendu, entre autres motifs, qu'un tribunal incompétent *ratione materiæ* ne peut juger une affaire, même du consentement des parties: et que, dès lors, les juges d'appel ne peuvent pas davantage en retenir la connaissance, cette rétention n'étant autorisée, dans certains cas, que d'après le principe qu'ils sont institués pour faire ce que les premiers juges auraient dû ou pu faire eux-mêmes.— Berriat, p. 434, n. 113; Carré, *L. de la proc.*, t. 2, n. 1704.

538 — Mais on oppose, avec avantage, les termes généraux de l'art. 473. Il a pu paraître suffisant au législateur que le premier degré eût été parcouru, sinon régulièrement, au moins de fait, pour qu'il fût raisonnable d'autoriser les juges d'appel à dispenser les parties d'un nouveau procès quand la cause est en état d'être définitivement résolue. C'est, du reste, en ce sens, comme on le verra, que la jurisprudence tend à se fixer.— D.A. 4. 729, n. 10.

539. — Jugé (conformément à la première de ces opinions) que si le juge d'appel décide que le premier juge n'était pas compétent, il ne peut évoquer le fond et le juger, et doit renvoyer les parties à se pourvoir devant qui de droit. — 30 nov. 1814. Civ. c. Comm. de Larreule. D.A. 4. 736. D.P. 1. 1252.

540. — ... Surtout si la cause est susceptible d'être décidée par le premier juge en dernier ressort. — 29 juill. 1824. Poitiers. Deschamps. D.A. 2. 388. D.P.

1. 496. — 14 fév. 1827. Douai. Rees-Etienne. D.P. 28 2. 45.

541. — Jugé aussi qu'une cour d'appel ne peut, en infirmant un jugement du tribunal de commerce, statuer sur un objet qui était hors de la compétence de ce tribunal, et qui ne se rattachait qu'implicitement à la question qui lui était soumise. — 12 juill. 1809. Civ. c. Lyon. Capelin. D.A. 1. 701.

542. — Décidé au contraire (suivant le deuxième système ci-dessus) qu'un tribunal d'appel peut évoquer le fond, lorsqu'il infirme un jugement par lequel surtout le premier juge s'est à tort déclaré incompétent.— 11 janv. 1809. Req. Saint-Arroman. D.A. 4. 735. D.P. 9. 1. 14.— 28 janv. 1810. Nimes. Deroux. D.A. 9. 337. D.P. 2. 474.— 16 nov. 1825. Civ. r. Metz. Wendel. D.P. 26. 1. 66. — 14 déc. 1825. Req. Dijon. Rebattu. D.P. 26. 1. 52.— 3 déc. 1828. Req. Bouis. D.P. 29. 1. 49.

543. — Jugé dans le même sens que lorsque, sur la demande d'une somme pour frais de ménage, formée par un mari contre sa femme demanderesse en séparation de corps, il a été sursis à prononcer; que, devant un autre tribunal, le mari a demandé contre sa femme une pension alimentaire, et une provision pour logement et vêtement, et que ce second tribunal refuse de prononcer, sous prétexte qu'il y a litispendance avec la première demande, la cour qui infirme ce jugement peut, si elle reconnaît que la matière était disposée à recevoir une décision définitive, statuer en même temps sur le fond par un seul et même jugement et fixer la pension alimentaire et la provision demandées d'après l'appréciation des faits de la cause. — 5 juin 1832. Paris. Dufriche. D P 32. 1. 277. — V. en ce sens un arrêt remarquable dans une espèce où il y avait eu sursis, D.P. 35. 1. 29.

544. — Le juge d'appel peut pareillement évoquer le fond lorsqu'il infirme un jugement pour incompétence, et que le fond est en état d'être jugé.— 22 janv. 1811. Civ. r. Riom. Baboin. D.A. 4. 736. D.P. 11. 1. 124.— 24 août 1825. Toulouse. Dutert. D.P. 26. 2. 30.

545. — Décidé de même que le juge d'appel qui annulle pour incompétence une ordonnance de référé, peut statuer sur le principal. — 24 août 1819. Req. Lefevre. D.A. 4. 736. D.P. 19. 1. 595.— V. aussi Merlin, *Quest. de droit*, v° Appel, § 14, n. 4.

546.— Il peut évoquer le fond, même lorsqu'il infirme un jugement pour incompétence *matérielle*. — 7 fév. 1826. Req. Nîmes. Bardet. D.P. 26. 1. 157.

.... Il le peut encore, quoique la valeur du litige, étant inférieure à 1,000 fr., la contestation aurait pu être jugée sans appel. — 31 juill. 1832. Nîmes Laporte. D.P. 33. 2. 70. — Conf. D.A. 4. 730, n. 11.

547. — Il le peut enfin, alors même que les appelans n'ont fait valoir, en première instance, que l'exception d'incompétence, et n'ont pris que subsidiairement en cause d'appel des conclusions sur le fond. — 26 avril 1832. Req. Paris. Barbier. D.P. 32. 1. 167.

548.— Il suffit que, sur l'appel d'un jugement d'incompétence, il ait été conclu par les parties tant au fond qu'en la forme, pour que la cour ait pu déclarer la cause en état de recevoir décision définitive et y statuer, encore bien qu'il aurait été fait en même temps, par l'une des parties, des réserves formelles de tous ses droits sur le fond.— 4 fév. 1834. Civ. r. Rennes. Abautret. D.P. 34. 1. 150.

En effet, dès que les parties avaient, dans l'espèce, conclu au fond, les réserves générales ou de style qu'auraient pu renfermer les conclusions de l'une d'elles étaient sans valeur et disparaissaient en présence même de ces conclusions. *protestatio actui contraria non operatur.*

549.— Les cours royales, lorsqu'elles statuent sur l'appel d'un jugement, commercial ou non, incompétemment rendu, ayant la faculté, lorsqu'elles annullent ce jugement pour incompétence proposée, d'évoquer le fond de l'affaire et de le juger, peuvent valablement, alors que l'incompétence n'est pas proposée, confirmer ce jugement, sans que leur décision soit susceptible d'être arguée d'incompétence (C. pr. 173).— 13 juill. 1830. Civ. r. Grenoble. Gaillard. D.P. 30. 1. 319.

550.— Jugé de même que, quoiqu'un tribunal de commerce ait statué incompétemment sur une action civile, cependant, si l'incompétence n'a été proposée ni devant ce tribunal, ni devant la cour royale, celle-ci peut confirmer le jugement, sans que son arrêt puisse être annulé, en ce que le tribunal étant incompétent, *ratione materiæ*, la cause aurait dû être renvoyée devant un autre tribunal, pour subir

le premier degré de juridiction. — 24 janv. 1832. Req. Paris. Boursier. D.P. 32. 1. 353.

551. — Toutefois, la règle d'après laquelle une cour royale qui, en infirmant pour incompétence, évoque le fond, est censée avoir purgé l'exception d'incompétence, ne s'applique pas au cas où le jugement est nul, en ce qu'il aurait dû déclarer incompétemment rendue l'ordonnance d'*exequatur* apposée au jugement arbitral. — 14 juin. 1831. Civ. c. Rouen. Grimoult. D.P. 31. 1. 211.

552. — La cour royale pourrait-elle évoquer en infirmant pour incompétence, si le tribunal qui aurait été compétent pour connaître de la cause, ne se trouvait pas dans l'enclave de son ressort? Elle ne le pourrait pas, suivant Carré, sans usurpation, soit du pouvoir de ce tribunal, qui n'est pas sujet à sa juridiction, soit de celui de la cour à laquelle ce tribunal ressortit, car les cours royales n'exerçant leur autorité que par dévolution de celle des juges inférieurs qui sont soumis à leur censure, leur pouvoir ne saurait s'étendre sur des affaires attribuées à d'autres juges (*L. de la proc.*, n. 1705). Mais on peut opposer à cette décision et les termes indéfinis de l'art. 473, et les motifs de célérité et d'économie qui paraissent avoir dicté la disposition de cet article. — D.A. 4. 730, n. 11.

553. — Le pouvoir qu'ont les cours royales d'évoquer le fond lorsqu'elles infirment un jugement pour incompétence, est facultatif; et elles ne doivent pas en user, lorsque le demandeur a sciemment violé les règles de la compétence. — 22 mai 1824. Metz. Pelte. D.A. 4. 737. D.P. 1. 1252.

554. — ... Ou lorsque la cause n'est pas suffisamment instruite. — 5 sept. 1811. Rome. Lucenti. D.A. 2. 733. D.P. 1. 639.

§ 3. — *Règles et limites du droit d'évocation en cas d'infirmation des jugemens interlocutoires et définitifs.*

555. — Avant le code de procédure, c'était une question controversée que celle de savoir si le juge d'appel, en infirmant un jugement qui avait accueilli une fin de non-recevoir, devait renvoyer le fond devant les premiers juges. L'affirmative a été décidée par arrêt du 6 vend. an 11. Req. Bourgeois. D.A. 11. 261. D.P. 2. 998, et par arrêt du 24 flor. an 12. Civ. c. Fusch. D.A. 4. 796.

556. — Un autre arrêt décide, au contraire, que le tribunal d'appel qui infirmait un jugement par lequel l'instance était déclarée périmée, pouvait statuer en même temps sur le fond. — 27 germ. an 13. Req. Bruxelles. Josse. D.A. 4. 739. D.P. 5. 1. 357.

On va voir que même depuis le code de procédure la jurisprudence n'a pas acquis, sur cette question et celles analogues, toute la fixité désirable.

557. — Lorsque les premiers juges n'ont statué que sur un moyen de nullité proposé par le défendeur contre l'exploit introductif d'instance, la cour d'appel ne peut, en infirmant le jugement, statuer sur le fond du procès, qui n'a encore eu ni développement, ni instruction devant les premiers juges.

Elle ne peut surtout y statuer par un arrêt distinct et séparé de celui par lequel elle infirme le jugement de première instance. — 9 oct. 1811. Civ. c. Bruxelles. Mens. D.A. 4. 739. D.P. 11 1. 502. — 22 juill. 1814. Rennes. Garbagny. D.A. 7. 738. D.P. 2. 143.

558. — Elle ne peut, en infirmant un jugement qui autorise celui qui se prétend héritier à assister à la levée des scellés, évoquer la décision du fond, c'est-à-dire la question de savoir si le prétendant est véritablement héritier, lorsque cette question n'a subi aucune instruction devant les premiers juges. — Elle ne le peut pas, surtout lorsque, en infirmant, elle ordonne une plus ample instruction sur le fond et y statue par un arrêt distinct et séparé de l'arrêt infirmatif. — 25 nov. 1818. Civ. c. Laboissière. D.A. 4. 748. D.P. 19. 1. 42.

559. — On ne peut en appel procéder à un ordre dont les premiers juges ne se sont pas occupés; il faut renvoyer devant ces premiers juges. — 12 janv. 1828. Bourges. Lacan. D.P. 29. 2. 258.

560. — La cour d'appel peut, en rejetant une fin de non-recevoir, se livrer à l'examen du fond, encore que les premiers juges n'aient pas statué sur ce point, si d'ailleurs il a été discuté devant eux. — 17 mai 1815. Rennes. Solidec. D.A. 7. 706.

561. — Elle peut, en infirmant un jugement qui prononce un sursis à une main-levée d'opposition à un mariage, évoquer le fond et juger elle-même

le fait qui donne lieu au sursis. — 24 janv. 1828. Lyon. Léger. D.P. 28. 2. 121.

562. — Elle peut, sur l'appel d'un jugement qui a rejeté purement et simplement, et par fin de non-recevoir, une opposition à un autre jugement par défaut, qui statuait sur le principal, juger le fond de l'affaire, concurremment avec la fin de non-recevoir. Vainement prétendrait-on que la cause n'a pas subi les deux degrés de juridiction, par cela que le tribunal, en rejetant purement l'opposition, n'a pas statué contradictoirement sur le fond de l'affaire. — 24 mars 1825. Req. Poitiers Lemet. D.P. 25. 1. 239.

563. — Il suffit qu'un jugement, en rejetant une exception, ait déclaré le demandeur non-recevable, et qu'il l'ait *débouté de sa demande*, pour que la cour royale, saisie de l'appel, ait pu juger la cause au fond, *contradictoirement*, encore bien que l'avoué n'aurait pris des conclusions que sur l'exception : on dirait en vain qu'une telle décision n'a pu être rendue que par défaut sur le fond. — 25 janv. 1831. Req. Rouen. Auguste. D.P. 31. 1. 112.

564. — Une cour royale est compétemment saisie du fond d'un procès par l'appel du jugement qui a statué en même temps sur les exceptions et sur le fond du droit, alors même que les conclusions au fond n'auraient pas été formellement soumises aux premiers juges, si, sur l'appel, la régularité du jugement n'a pas été critiquée, si surtout il apparaît que le fond était hors de contestation, et que tout le procès roulait sur les exceptions. — 20 août 1833. Req. Lyon. Préf. de l'Ain. D.P. 33. 1. 341.

565. — De ce qu'un tribunal, en prononçant la nullité d'une créance qui a été cédée à un tiers par acte séparé, *déclare le jugement commun avec le tiers cessionnaire*, il résulte que les premiers juges ont suffisamment, quoique d'une manière implicite, prononcé la nullité de l'acte de cession, de telle sorte que la cour royale a pu statuer sur la nullité de cet acte, sans violer la règle des deux degrés de juridiction. — 11 fév. 1834. Req. Lyon. Gaillard. D.P. 34. 1. 216.

566. — La cour saisie de l'appel d'un jugement interlocutoire par suite de renvoi après cassation, peut, en infirmant ce jugement, évoquer le fond et le juger, alors même qu'il est intervenu sur le fond, dans l'intervalle du renvoi qui n'était pas suspensif, un jugement définitif attaqué par appel devant la cour royale dont l'arrêt interlocutoire a été cassé. — 17 avril 1821. Civ. r. Paris. Bernier. D.P. 21. 1. 220.

567. — L'art. 473 C. pr. est facultatif : en conséquence, les juges d'appel peuvent, quoique la cause soit en état, ne pas évoquer, alors surtout qu'ils confirment le jugement, cas auquel ne s'applique pas l'art. 473 — 9 mars 1825. Civ. r. Guadeloupe. Outrequin. D.P. 25. 1. 194.

568. — Le droit d'évocation étant facultatif pour les cours royales, et ne s'exerçant qu'autant que l'avant faire droit est infirmé, il ne saurait y avoir violation de l'art. 473 C. pr. dans un arrêt qui renvoie au tribunal le jugement de difficultés au sujet de quelques titres sur lesquels le tribunal ne s'était pas prononcé. — 22 avril 1828. Req. Montpellier. Roquelaure. D.P. 28. 1. 223.

569. — Un tribunal d'appel qui, en annulant un jugement interlocutoire ou définitif, retient la connaissance du fond du procès, doit nécessairement, et à peine de nullité, prononcer sur le tout par un seul et même jugement. — 12 nov. 1816. Civ. c. Rennes. Esson de Saint-Aignan. D.A. 4. 741. D.P. 17. 1. 10. — 18 juin 1817. Civ. c. Amiens. Dequeux. D.A 4. 741. D.P. 17 1. 464. — 26 fév. 1823. Civ. c. Paris. Paulée. D.A. 4. 741. D.P. 1. 1254. — 2 fév. 1824. Civ c. Ville de Pacy-sur-Eure. D.A. 4. 741. D.P. 24. 1. 34.

570. — Ainsi, le tribunal devant lequel est porté l'appel d'un jugement qui a déclaré non-recevable une demande en complainte, ne peut, en infirmant ce jugement, et en retenant la cause, ordonner, avant faire droit, un accès de lieux, sans violer l'art. 473. — 28 avril 1823 Civ. c. Chantemerle. D.A. 4. 743, et 707, n. 4. D.P. 23. 1. 223.

571. — Quoiqu'un jugement porte dans ses motifs, et après avoir apprécié le fond du droit, qu'il déboute le demandeur de sa demande, cependant si, dans le dispositif, il le renvoie pour faire statuer au fond ainsi qu'il avisera, et se borne à prononcer sur la compétence, un tel jugement doit être censé avoir laissé le fond intact et n'avoir jugé que la compétence. En conséquence, si le juge d'appel infirme un pareil jugement, il ne peut retenir la cause qu'à charge de statuer au fond par la même décision ; il ne peut retenir le fond et se borner à ordonner une

mise en cause avant de le juger. — En un tel cas, la matière doit être censée n'avoir pas été en état de recevoir décision définitive. — 7 août 1833. Civ. c. Genay. D.P. 33. 1. 325.

572. — Jugé cependant que lorsque les premiers juges, devant lesquels il a été pris des conclusions au fond, ont, avant d'y statuer, rejeté la demande d'une partie tendante à la mise en cause d'un tiers, une cour royale a pu, sur l'appel de ce jugement, l'infirmer par un premier arrêt, et juger le fond par un second, sans contrevenir à l'art. 473 C pr. — 9 mars 1809. Req. Caen. Lafresnaye. D.A. 3. 102. D.P. 9. 1. 395.

573. — Avant le code de procédure, un tribunal civil qui, sur l'appel, annulait une enquête ordonnée par un juge de paix, en matière possessoire, pouvait retenir le fond et ordonner qu'il serait fait une nouvelle enquête par-devant lui. — 24 vent. an 11. Req. Lorin. D.A. 4. 737. D.P. 1. 1253.

574. — La nullité résultant de ce que le tribunal d'appel n'a pas statué sur le fond en même temps qu'il a infirmé un jugement interlocutoire des premiers juges, n'est pas couverte par cela qu'au jour indiqué pour être fait droit sur le fond, la partie aurait proposé une nouvelle exception tendante à l'annulation du jugement de première instance, *sans conclure au fond* et sans demander la nullité du jugement d'évocation. — 2 fév. 1824. Civ. c. Ville de Pacy-sur-Eure. D.A. 4. 741. D.P. 24. 1. 54.

575. — Les juges saisis de l'appel d'un jugement interlocutoire, peuvent, sans violer l'art. 473 C. pr., ordonner préalablement une instruction préparatoire, telle qu'une expertise, et ensuite évoquer et statuer, par un seul et même jugement, sur l'interlocutoire et sur le fond. — 22 déc. 1824. Req. Paris. Lelièvre. D.P. 25. 1. 63.

576. — Une cour, saisie de l'appel d'un jugement qui a déclaré non-recevable une demande en reprise d'instance et en nomination de nouveaux experts, a pu, sans violer les deux degrés de juridiction, prononcer, par un premier arrêt, sur la reprise d'instance, et surseoir à statuer, plus tard, par un second arrêt, sur la nomination des experts, alors qu'elle laisse le fond intact et qu'elle renvoie l'homologation du rapport des experts aux juges de première instance. — 24 nov. 1829. Civ. r. Paris. Dufour. D.P. 29. 1. 411.

577. — Il ne faut pas confondre le cas où le tribunal d'appel est saisi de la connaissance d'un jugement qui a statué sur tous les points du litige, avec le cas où ce tribunal n'est appelé à apprécier qu'un jugement interlocutoire ou un jugement définitif relatif à un incident du procès. Ce n'est que dans cette dernière hypothèse qu'il y a lieu à l'évocation, et que le tribunal d'appel ne peut statuer sur le fond que par un seul et même jugement. Dans le premier cas, il connaît de la contestation comme juge ordinaire, et peut ordonner toutes les mesures d'instruction qu'il juge utiles. — D.A. 4. 730, n. 12.

578. — Jugé ainsi que lorsque tout le procès a été jugé définitivement en première instance, les juges d'appel peuvent infirmer, en partie, par un premier arrêt, le jugement dénoncé, et ordonner une enquête ou une expertise avant de statuer définitivement sur l'autre partie du jugement. — 16 juill. 1822. Req. Naude-Marracou. D.A. 4. 739 et 3. 12. D.P. 22. 1. 476. — 2 fév. 1823. Civ. c. Ribouleau. D.P. 23. 1. 159. — 26 avril 1823. Req. Guibert. D.P. 25. 1. 180. — 13 déc. 1825. Req. Grenoble. Blan. D.P. 26. 1. 60. — 17 janv. 1826. Req. Angers. Blin D.P. 26. 1. 133.

579. — Jugé aussi qu'en appel d'un jugement définitif qui rejette une demande à fin d'une nouvelle expertise, les juges, s'ils prononcent avant de faire droit au fond, peuvent, sans infirmer préalablement ce jugement, ordonner un nouveau rapport, et une preuve testimoniale. — 4 janv. 1820. Civ. r. Montpellier. Benezech. D.A. 7. 682. D.P. 20 1. 49.

580. — Jugé, d'après la même règle, qu'en cas d'appel d'un jugement qui admet une demande en divorce et appointe le demandeur à la preuve des faits, la cour royale, après avoir statué sur le premier chef du jugement, n'est pas tenue de statuer immédiatement sur le second, c'est-à-dire, sur le fond du procès; elle peut renvoyer la cause à un mois. — 10 mai 1809. Req. Caen. Youf. D.A. 5. 159. D.P. 9. 1. 216.

581. — ... Que lorsqu'un jugement définitif a rejeté une demande par une exception qui tient au fond, les juges d'appel, en infirmant ce jugement, ne sont pas obligés de statuer sur l'exception accueillie par les premiers juges, et sur les autres points du

fond, par un seul et même jugement.—28 avril 1818. Req. Gay. D.A. 4. 740. D.P. 19. 1. 61.

582.— ... Qu'une cour d'appel qui, en infirmant, pour excès de pouvoir, un jugement par défaut qui a statué sur le principal, retient le fond et y statue par un arrêt distinct et séparé de celui par lequel elle infirme, ne contrevient pas à l'art. 473.—12 fév. 1822. Bruxelles. Schœder. D.A. 4. 742. D.P. 1. 1254.

583. — ... Que le tribunal d'appel qui rejette un moyen de prescription admis par le premier juge, peut infirmer, par un premier jugement, et renvoyer à huitaine pour plaider sur le fond.— 21 fév. 1832. Req. Rennes. Lechauff. D.P. 33. 1. 165.

584.— ... Que lorsque la cause entière a été jugée en première instance, le tribunal d'appel peut infirmer, par un premier jugement, la décision du premier juge, en ce qu'elle a refusé une preuve demandée, et statuer au fond par un second jugement. — 19 nov. 1828. Civ. c. Domingon. D.P. 29. 1. 21.

585.— ... Que, dans une affaire qui a été entièrement et définitivement jugée en première instance, le tribunal d'appel peut, par un premier jugement, infirmer, en ce que le premier juge a mis à tort une preuve à la charge d'une partie, et ordonner une enquête, en réservant de statuer au fond par un second jugement. — 21 mai 1833. Civ. r. Desportes. D.P. 33. 1. 220.

586. — Que lorsqu'un tribunal, sur la demande en nullité d'un testament, a jugé les faits non pertinens et inadmissibles, déclaré ce testament régulier en la forme et juste au fond, et ordonné l'exécution, dès à présent, du testament attaqué, la cour saisie de l'appel a pu, sans violer le principe des deux degrés de juridiction, ni l'art 473 C. pr., infirmer le jugement au chef qui a ordonné l'exécution dès à présent, et prescrire une enquête devant elle avant de statuer sur le mérite de l'appel au fond. — 18 juill. 1833. Req. Angers. Hoisnard. D.P. 34. 1. 69.

587. — .. Qu'une cour royale, en infirmant un jugement qui, après avoir statué au fond, a ordonné une visite des lieux, a pu, après avoir à son tour statué définitivement sur les droits des parties, nommer des experts chargés de délimiter les propriétés de ces parties sur les bases fixées par l'arrêt, sans que cette décision puisse être critiquée comme violant l'art. 473 C. pr., en ce que tout le débat ne se trouverait pas vidé par un seul et même arrêt, et qu'il en faudrait un second pour homologuer ou infirmer le rapport des experts. — 17 mai 1831. Req. Nîmes. Comm. de Saint-Julien. D.P. 33. 1. 149.

588. — ... Qu'un tribunal d'appel, sur un point dont il est saisi par l'effet dévolutif de l'appel et non par voie d'évocation, peut, après avoir statué au fond, renvoyer, par le même jugement, les parties devant experts, afin d'y faire régler leurs droits conformément aux bases posées dans le jugement. — 23 mai 1832. Req. Colmar. Ville de Schelestadt. D.P. 33. 1. 399.

589. — ... Le juge d'appel peut ordonner un interlocutoire sur le chef même par lequel il infirme le jugement qui lui est dénoncé, alors que c'est par voie d'appel qu'il statue, et non par voie d'évocation. — 24 nov. 1832. Req. Pau. Cénac. D.P. 33. 1. 144.

590.—...Que, lorsqu'un tribunal de première instance a omis de prononcer sur l'un des chefs d'une demande, le juge d'appel peut, si la partie de la cause relative à l'objet omis n'est pas suffisamment instruite, ordonner une enquête devant l'un de ses conseillers, et, l'enquête faite, statuer définitivement au fond et sur le tout par un second arrêt. — 16 janv. 1834. Req. Paris. Pinçon. D.P. 34. 1. 221.

591.— Avant le code de procédure, les juges d'appel qui, après avoir infirmé en tout ou en partie un jugement de première instance, jugeaient qu'une mesure d'instruction était nécessaire pour la décision du litige ou de quelques chefs de contestation, ne pouvaient renvoyer les parties devant les premiers juges pour procéder à cette instruction. — 12 therm. an 8. Civ. c. Beauvais. D.A. 4. 738. D.P. 1. 1253. — 23 fruct. an 12. Civ. c. Caen. Inger. D.A. 4. 738. D.P. 1. 1253.

592. — Décidé de même que les juges d'appel devaient, en infirmant, retenir la connaissance du fond, alors même qu'avant faire droit ils rendaient un jugement interlocutoire, puisqu'autrement, et s'ils renvoyaient pour l'exécution de cet interlocutoire les parties en première instance, ils leur faisaient, contre le vœu de la loi, parcourir au-delà de deux degrés de juridiction.

Cette obligation imposée aux juges d'appel, même dans le cas où le jugement avait, au lieu de statuer définitivement sur le fond qui lui était soumis, ordonné des mesures interlocutoires, devenait encore plus rigoureuse, quand le juge *à quo* avait, au contraire, statué définitivement sur le fond, et par là totalement épuisé sa juridiction. — 21 flor. an 11. Civ. c. Dijon. Guignot. D.P. 3. 1. 660. — 11 fruct. an 12. Civ. c. Liesse. D.A. 4. 737. —29 nov. 1808. Civ. c. Vasnier. D.A. 4. 738. D.P. 1. 1253.

§ 4. — *Évocation en cas d'intervention, de garantie, de juridiction supprimée*, etc.

593. — Les demandes en intervention peuvent être formées pour la première fois en appel. — 30 août 1825. Req. Orléans. Sinett. D.P. 25. 1. 453.

...... Un tribunal saisi légalement d'un appel prononce comme tribunal d'appel, et en dernier ressort, non seulement sur la contestation principale entre les appelans et intimés, mais encore sur tous les incidens qui peuvent s'élever dans le cours de l'instance d'appel, même à l'égard de tiers qui auraient été mis en cause, en vertu de jugemens préparatoires, ou qui seraient intervenus volontairement, et qui n'auraient pas demandé ou n'auraient pas été fondés à réclamer le renvoi de l'affaire, en ce qui les concerne, devant un tribunal de première instance. — En effet, un tribunal ne pourrait être tout à la fois, dans la même affaire, tribunal d'appel et tribunal de première instance, juger en dernier ressort la demande principale qui fait l'objet de l'appel, et ne juger qu'en premier ressort les incidens et les accessoires sur lesquels sa compétence aurait été reconnue.

594. — *Spécialement*, une condamnation accessoire portant injonction, prononcée incidemment par un tribunal jugeant sur appel d'une sentence du tribunal de paix, contre un tiers intervenant (volontaire ou forcé), doit être réputée en dernier ressort, aussi bien que les condamnations principales, et cela encore que ce tiers ait prétendu qu'il ne pouvait être mis en cause en appel. — 17 fév. 1812. Civ. c. Metz. Beaumont-Dixié. D.A. 4. 744. D.P. 12. 1. 263.

595. — Lorsque le tiers-opposant par action principale à un jugement dont il y a appel, est assigné par l'intimé à l'effet d'intervenir devant la cour royale, comme ayant le même intérêt que l'appelant; qu'il comparaît, et déclare adhérer, soit à l'appel, soit aux conclusions de l'appelant, il ne peut ensuite se plaindre de ce que l'arrêt qui le condamne lui a enlevé le premier degré de juridiction. — 26 juin 1826. Civ. r. Nîmes. Préfet de Vaucluse. D.P. 26. 1. 322.

596. — Une demande en garantie ne peut être formée pour la première fois en cause d'appel. Dès lors, le tribunal d'appel doit, sur le renvoi demandé par le garant, se déclarer incompétent en ce qui concerne ce dernier. — 20 germ. an 12. Req. Panin. D.A. 4. 746. D.P. 4. 1. 557. — 7 mess. an 12. Civ. c. int. de la loi Lemaire. *ibid.* — 17 janv. 1810. Nîmes. Gignoux. D.A. 4. 746, n. 1. — 2 déc. 1813. Paris. Chavalier. D.A. 4. 746, note 1re. — 7 fév. 1824. Paris. Marchais-Dussablon D.A 5. 101. D.P. 1. 1299

597. — Décidé dans le même sens que, lorsqu'un exploit d'appel est annulé pour vice résultant de la faute de l'huissier, la cour royale n'est pas compétente pour statuer sur l'action en garantie dirigée contre cet huissier, encore qu'il ait été appelé, et ait figuré au procès pour y soutenir la validité de l'exploit d'appel; c'est devant le tribunal de première instance de sa résidence que cet huissier doit être actionné : ici s'applique l'art. 73, et non l'art. 45 du décret du 14 juin 1813. — 22 déc. 1828. Bourges. Robin. D.P. 29. 2. 90.

598. — Jugé dans le même sens que l'huissier peut être mis en cause sur l'appel, pour faire valoir ses moyens relatifs à la nullité qui serait de son fait : mais la demande contre lui en dommages intérêts est sujette aux deux degrés de juridiction. — 6 déc. 1830. Riom. Jurie. D.P. 33. 2. 231.

599. — Jugé encore que c'est à tort que, malgré les conclusions du garanti mis en cause seulement sur l'appel, la cause a été jugée avec lui.., surtout si la mise en cause du garant a été, dans une instance entre particuliers, ordonnée d'office par le juge. — 31 janv. 1831. Req. Digonnet. D.P. 34. 1. 126. — 18 fév. 1834. Civ. c. Metz. Caillet. D.P. 34. 1. 126.

600. — Jugé même que la demande en garantie, formée pour la première fois, en appel, est non-recevable, encore bien que le garanti ait obtenu gain de cause par le jugement sur l'appel duquel il a appelé garant. — 6 août 1829. Lyon. Comm. de Champdor. D.P. 29. 2. 210.

601. — ... Jugé cependant, en sens contraire, que les demandes en garantie peuvent être formées pour la première fois en cause d'appel. Qu'ainsi le tribunal d'appel doit, malgré le renvoi demandé par le garant, juger la cause en ce qui concerne ce dernier — 16 juill. 1810. Trèves. Thenerkauff. D.A. 4. 745. D.P. 1. 1250.

602. — ... Que la demande en garantie résultant de la nullité de l'exploit d'appel, formée contre l'huissier, peut être portée *de plano* devant les juges d'appel, qui statuent sur la nullité de l'exploit. — 14 déc. 1832. Grenoble. Oriol. D.P. 33. 2. 93.

603. — ... Que l'adjudicataire d'un immeuble qui, en vertu d'un jugement préalablement convenu entre lui et l'un des créanciers colloqués, et rendu par défaut contre les autres, a payé au premier de ces créanciers une partie de son prix, plus forte que celle à laquelle celui-ci avait droit, peut, sur l'appel du jugement interjeté par les autres créanciers, agir en garantie contre le créancier qui a reçu au-delà de ce qui lui était dû, sans être obligé de faire subir à sa demande le premier degré de juridiction. — 15 janv. 1831. Paris. Baruchweil. D.P. 31. 2. 55.

604. — En faveur de l'opinion qui veut qu'une action en garantie puisse être formée pour la première fois en cause d'appel, on peut dire que le législateur a manifestement subordonné la demande en garantie à l'action principale, puisque l'art. 49 C. pr. la dispense du préliminaire de conciliation, que l'art. 181 du même code renvoie les assignés en garantie devant le tribunal où la demande originaire est pendante, sans distinguer entre les tribunaux de première instance et ceux d'appel, et que l'art. 470 porte que les règles établies pour les tribunaux inférieurs seront observées devant les cours royales. Et, en effet, il est important de ne point retarder la cause principale, jusqu'à ce que la garantie ait subi un premier degré de juridiction, qui sera d'autant moins nécessaire, que la garantie se rattachera toujours aux faits déjà élaborés et discutés en première instance et devant la cour. Enfin, l'ancienne jurisprudence décidait la question dans ce sens en présence de l'art 8, tit. 8 de l'ordonnance de 1667, dont la loi nouvelle ne fait que répéter la disposition. — Quelle que soit la force de ces observations, il faut reconnaître que la demande en garantie, considérée dans ses rapports entre le garant et le garanti, est une demande principale, et doit conséquemment subir les deux degrés de juridiction. — D.P. 34. 1. 126, note.

605 — A supposer qu'une demande en garantie puisse être portée *de plano* devant une cour d'appel, cependant elle ne peut y être portée de cette manière, si cette cour a déjà statué définitivement sur la demande originaire. —26 mars 1811. Civ. c. Gênes. Johannot. D.A. 4. 746. D.P. 1. 1250.

Il ne paraît pas que dans cette espèce le renvoi ait été demandé.

606.—La règle, que toute partie doit jouir du premier degré de juridiction, n'est pas tellement rigoureuse qu'on ne puisse y renoncer. Ainsi, quoiqu'en droit un appelé en garantie ait le droit de réclamer les deux degrés de juridiction, cependant si, mis en cause *de plano*, devant le tribunal d'appel où la contestation principale est pendante, au lieu de demander son renvoi devant les premiers juges, il a, au contraire, formellement conclu à ce que le tribunal d'appel évoquât le fond et y fît droit, il est non recevable à se plaindre de l'infraction de la règle des deux degrés de juridiction.—16 juin 1824. Req. D'Etreillis. D.A. 4. 747. D.P. 24. 1. 242.—V. *supra.*

607. — Le tribunal d'appel peut, *même d'office*, déclarer non-recevable l'action en garantie qui n'a pas subi le premier degré de juridiction. — 11 fév. 1819. Req. Sellier. D.A. 4. 747. D.P. 19. 1. 307.

608. — Du reste, on ne peut opposer à la partie qui s'est pourvue contre un arrêt d'évocation, qu'elle y a acquiescé en plaidant au fond, si elle a fait des réserves avant les plaidoiries.—25 nov. 1818. Civ. c. Laboissière. D.A. 4. 749. D.P. 19. 1. 42.

609.—Les tribunaux ne pouvaient prononcer qu'en premier ressort sur les contestations qui étaient pendantes devant les parlemens ou les autres tribunaux de l'ancien régime, auquel elles avaient été soumises seulement en première instance. Ils ne jugeaient ces sortes de contestations en dernier ressort, que

lorsqu'elles leur étaient déférées sur l'appel d'un premier jugement. — 25 fruct. an 8. Civ. c. Perigauld. D.A. 4. 743. D.P. 1. 1255.

610. — Sous la loi du 9 oct 1790, un tribunal ne pouvait recevoir l'appel d'un jugement prononçant lui-même sur l'appel d'une sentence d'un tribunal de l'ancien régime —8 frim. an 11. Civ. c. Fardel. D.A. 4. 744. et 2. 304. D.P. 3. 1. 568.

ART. 6.—*Des degrés de juridiction en matière administrative.*

611.—On a vu que la loi ne permet pas qu'une demande judiciaire parcoure plus de deux degrés de juridiction, indépendamment du recours en cassation. Les matières administratives contentieuses ne sont pas toutes soumises à cette règle.—D.A. 4. 750, n. 1.

612.—Les décisions contentieuses des conseils de préfecture et celles des ministres sont déférées au conseil d'état par celle des parties qui se prétend lésée Le conseil de préfecture, ou le ministre qui a prononcé, forme alors le premier degré de juridiction; le conseil d'état est le second degré. — *Ibid.*

Jugé ainsi que lorsque le conseil de préfecture n'a pas prononcé sur les intérêts d'une somme allouée, cette demande ne peut être portée pour la première fois devant le conseil d'état. — 28 oct. 1831. Ord. cons. d'état. Guilleminault. D.P. 34. 3. 65.

Mais, dans le cas où ce sont les préfets qui ont statue, et où leurs décisions doivent être déférées à un ministre, qui juge alors en appel, le conseil d'état, qui prononce sur toutes les décisions ministérielles, devient un troisième degré de juridiction. —D.A. 4. 750, n. 1.

613. —En matière administrative, quelque modique que soit la valeur d'une contestation, le recours à l'autorité supérieure est toujours ouvert (D.A. 4. 750, n. 2). Mais la défense faite aux juges d'appel de connaître d'une demande qui n'aurait pas subi le premier degré de juridiction, est commune aux matières administratives. — Ainsi, les ministres ne peuvent être saisis d'une cause qui devait être jugée en première instance par des préfets; ainsi, le conseil d'état ne pourrait connaître d'une affaire qui rentrerait dans les attributions d'un conseil de préfecture ou d'un ministre. — D.A. 4. 750, n. 3; Cormenin, *Quest de droit adm.*, 3e édit, p. 127; et Mac., *Elém. de dr. adm.*, t. 1er, p. 55, n. 17.—V. Conseil d'état.

614.— Les arrêts de la cour des comptes sont sujets à la cassation et à la revision. — V. Competence et Tribunaux.

ART. 7. — *Degrés de juridiction en matière criminelle.*

615. — Les jugemens de *simple police* ne sont sujets à l'appel que lorsqu'ils prononcent un emprisonnement ou une condamnation pécuniaire, supérieure à 5 fr. (C. inst. cr. 172). — Il en est autrement de ceux des tribunaux correctionnels; ils sont toujours soumis à l'appel (V. n. 620), a moins que ces tribunaux ne statuent en matière de police (V. Appel), ou en vertu de la compétence spéciale établie par la disposition des art. 35 et 36 de la loi du 19 vent. an 11, relative à l'exercice de la medecine. —D.P. 31. 1. 355; 33. 1. 35 et 304; 34. 1. 103.—V. Art. de guérir.

616. —On a vu, vo Compétence, que la compétence doit être fixée *ab origine litis*; qu'ainsi elle se règle, soit par le *maximum* de la peine, soit par la demande des parties. — Mais quand il s'agit de savoir si un jugement d'un tribunal de police est en dernier ressort, c'est à la condamnation prononcée qu'il faut s'en rapporter (arg. de l'art. 172 C. inst. cr.). Quelques tribunaux avaient cru que c'était seulement en cas d'emprisonnement que la condamnation servait de base au droit d'appeler, mais que, pour les amendes et les réparations pécuniaires, il fallait suivre le droit commun, en se référant a la demande. La cour de cassation a proscrit cette distinction. — D.A. 4. 750, n. 2.

617. — Lorsqu'un tribunal de police correctionnelle, statuant sur l'appel d'un jugement de *simple police*, infirme ce jugement pour vice de forme, il doit statuer sur le fond *par un seul et même jugement*; il ne peut, apres avoir annulé le jugement du tribunal de police, statuer ultérieurement sur le fond de l'affaire (C. inst. cr. 174, 215: C. pr. 473).— 22 mars 1821. Cr. régl. de juges. Boulland. D.A. 4. 751. D.P. 1. 1257.

Ce n'est qu'aux cours et aux tribunaux jugeant sur l'appel d'un jugement correctionnel, qu'il est permis de suivre une procédure différente.—D.A. 4. 750, n. 4.

618. — Quoiqu'un jugement de simple police qui, sur une exception préjudicielle, ordonne une mesure préparatoire, ne soit pas susceptible d'appel, cependant si le jugement au fond en est susceptible, le tribunal d'appel peut, au sujet de l'exception, ordonner telle mesure préparatoire qu'il jugera convenable.—9 aoû. 1828. Cr. c. Min. pub. C. Gauthier. D.P. 28. 1. 376.

619. —Lorsque, par suite d'une opposition dirigée contre un jugement de police et suivie d'une citation, le tribunal s'est trouvé saisi de toute l'affaire avec pouvoir de statuer au fond, un autre tribunal jugeant l'appel de ce jugement sur renvoi après cassation, a pu également prononcer sur la question du fond.—14 fév. 1834. Cr. r. Landry. Guignard. D.P. 34. 1. 217.

620.—Les jugemens des *tribunaux correctionnels* ne sont jamais rendus qu'en premier ressort (C. inst. cr. 199). Ainsi, est sujet à l'appel le jugement qui, sur la demande du ministère public, tendante à ce qu'un notaire soit condamne uniquement aux 100 fr. d'amende portes par l'art. 68 C. comm., pour n'avoir pas déposé au greffe l'extrait du contrat de mariage d'un commerçant, a renvoyé ce notaire de la poursuite. —16 mai 1825. Civ. r. Min. pub. C. Bedu. D.P. 25. 1. 327. — *Id.* C. Morot. D.P. 25. 1. 327, n.

621. — L'appel de la partie civile, contre un jugement correctionnel, quant a ses intérêts civils, est recevable, quoique la somme demandée soit au-dessous de 1,000 fr; ici ne s'applique pas l'art. 5, tit. 4 de la loi du 24 août 1790. — 29 juill. 1830. Bordeaux. Lavaud. D.P. 31. 2. 74.

622. — Le condamné par défaut, qui a interjeté appel au lieu de recourir à la voie d'opposition, est non-recevable à se plaindre, devant la cour de cassation, d'avoir été privé d'un degré de juridiction. — 6 mai 1826. Cr. r. Bourgeois. D.P. 26. 1. 365.

623. — L'art 215 C. pr. porte que « si le jugement est annulé pour violation ou omission non reparée de formes prescrites par la loi à peine de nullité, la cour ou le tribunal d'appel statuera sur le fond. »

624 — Jugé ainsi que les tribunaux d'appel qui annullent un jugement correctionnel pour vices de formes, doivent statuer sur le fond, et ne sont autorisés à prononcer le renvoi devant un autre tribunal que lorsque le tribunal de première instance aurait été incompétent. — 5 mai 1820. Cr. c. Min. pub. C. Bourdeilonnet. D.P. 20. 1. 335 — 23 juill. 1823. Cr. c. Min. pub. C Mas. D.P. 25. 1. 429.

625.—L'art. 215 C. inst. cr. n'est pas limitatif: les juges saisis de l'appel d'un jugement correctionnel peuvent statuer sur le fond dans d'autres cas que ceux prévus par cet article. — 20 janv. 1826. Cr. r. Laprotte. D.P. 26. 1. 204.

626.— Ils le peuvent, par exemple, lorsqu'ils infirment un jugement correctionnel par lequel le tribunal s'est mal à propos déclaré incompétent — 5 avril 1816. Cr. c. Min. pub C. Rigot. D.A 11. 584, n. 4. D.P. 16. 1. 318 — 1er juin 1833. Cr. c. Min. pub. C. Giroux. D.P. 33. 1. 382.— *Contra*, 22 juill. 1831 Grenoble. Min. pub. C. Raffin. D.P. 31. 2. 235.

627.—...Lorsqu'ils statuent sur l'appel d'un jugement correctionnel qui s'est borné à prononcer sur un moyen de forme. — 3 sept. 1831. Cr. r. Orléans. Faffe. D.P. 31. 1. 337.

628.—...Lorsqu'ils annullent un jugement définitif, en ce qu'il a mal à propos déclaré un acte nul.— 20 janv. 1826. Cr. r. Laprotte. D.P. 26. 1. 204.

629.— Lorsqu'ils décident qu'une inscription de faux admise par le premier juge contre un procès-verbal, était inutile pour faire accueillir la preuve contraire aux faits énoncés dans ce procès-verbal; ils doivent statuer eux-mêmes sur le fond, et ne peuvent renvoyer devant les premiers juges pour procéder à la preuve qu'ils declarent admissible. — 27 août 1813. Cr. c. int. de la loi. D.A. 4. 743. D.P. 1. 1255.

630.— ... Lorsqu'ils infirment un jugement pour avoir exigé à tort une constitution d'avoué.—17 fév. 1826. Cr. c. Aix. Min. pub. C Fredly. D P. 26. 1. 173.— 6 oct. 1826. Cr. c. Rey. D.P. 27. 1. 28.

631.—...Lorsqu'ils rejettent un moyen d'incompétence élevé contre un jugement correctionnel, moyen tiré de ce que le prévenu, étant fonctionnaire public, n'a pu être poursuivi sans l'autorisation du conseil d'etat; ils doivent statuer au fond, sans renvoyer, pour y être fait droit, devant le juge de première instance..; il en serait autrement, si l'incompétence alléguée dérivait du lieu du délit ou de la résidence du prévenu (C. inst. cr. 215; l. 20 avril 1806, art. 1er).—17 juin 1826. Cr. c. Dufaur. D.P. 26. 1. 304.

632.— Lorsqu'ils infirment un jugement pour autre cause que pour incompétence, lors même qu'il s'agirait de poursuites dirigées en vertu de la loi du 26 mai 1819, et, par exemple, d'une nullite résultant de ce que le jugement n'aurait point été précédé d'une ordonnance de mise en prévention: il y a violation de l'art. 215 C. inst. cr., si, au lieu de juger, le tribunal d'appel renvoie la cause devant le juge d'instruction. — 31 août 1827. Cr. c. Colmar. Min. pub. C. Riegert. D.P. 27. 1. 484.

633.—...Lorsqu'ils infirment un jugement correctionnel qui avait refusé à un prévenu la faculté de se faire représenter pour opposer des exceptions préjudicielles: l'arrêt qui renverrait l'affaire devant le tribunal de première instance serait nul.— 25 mars 1831. Cr. c. Poitiers. Saint-Simon. D.P. 31. 1. 116.

634.— Lorsqu'ils annullent une ordonnance de la chambre du conseil et un jugement de première instance, parce que cette ordonnance n'a été rendue que par deux juges: il y aurait pareillement nullité de l'arrêt qui renverrait de nouveau l'affaire devant la chambre du conseil. — 24 mai 1832. Cr. c. Delaporte. D.P. 32. 1. 409.

635. — Lorsqu'ils lèvent le *sursis indéfini* par lequel le premier juge avait suspendu à tort la décision de la cause : en prononçant ainsi sur le vice de la procédure, ils deviennent par cela même compétens pour prononcer sur le fond. — 7 dec. 1833. Cr. c. Holleaux. D.P. 34. 1. 139.

636.— Jugé cependant que lorsqu'un tribunal correctionnel a prononcé un sursis, au lieu de juger le fond, et qu'il y a appel, le tribunal d'appel ne peut, en infirmant le jugement sur le sursis, prononcer immédiatement sur le fond (ce serait priver les parties d'un degré de juridiction).— 7 therm. an 9. Cr. c. Rondy. D.A. 4. 751. D.P. 1. 1258. — 16 mess. an 9. Cr. c. Dauchy. *eod. loc.* — 8 pluv. an 11. Cr. c. Lardet. *eod.*

637.— En annulant un jugement du tribunal correctionnel, par le motif que le fait qui avait provoqué les poursuites ne constituait pas un délit, la cour d'appel juge le fond, et ne peut pas renvoyer les parties devant un autre tribunal.— 2 frim. an 14. Cr. c. int. de la loi. Habit. d'Igey. D.A. 11. 584, n. 2. D.P. 2. 1127, n. 1.

638. — Lorsque, sur une action correctionnelle ayant pour objet deux délits distincts, il a été rendu deux jugemens, l'un statuant sur une question préjudicielle, l'autre ordonnant le renvoi à une autre audience sur le second delit, s'il n'y a appel qu'à l'égard du premier jugement, les juges d'appel ne peuvent évoquer l'affaire à l'égard du second. — 24 sept. 1830. Cr. c. Rouen. Min. pub. C. Godefroy. D.P. 30. 1. 372.

639.— Une *cour* saisie de l'appel d'un jugement correctionnel qui s'est déclaré incompétent, peut évoquer le fond et le juger *même par un autre arrêt*; ici ne s'applique pas l'art. 473 C. pr.— 5 juill. 1828. Cr. r. Caen Nourry. D.P. 28. 1. 316.

640. — Lorsque, devant une cour royale jugeant en appel de police correctionnelle, le prévenu oppose l'incompétence de la cour à raison du lieu du délit, cette exception ne peut être réservée et jointe au principal. La cour doit statuer d'abord sur sa compétence, ordonner un supplément d'instruction à cet égard, sans que, sous aucun prétexte, il puisse être passé à l'examen du fond. — 25 juin 1825. Cr. c. Decle. D.P. 25. 1. 399.

641.— Un tribunal ou une cour saisie de l'appel d'un jugement qui déclare l'appelant coupable de dénonciation calomnieuse dans un écrit, a pu, appréciant différemment le délit imputé, y voir une diffamation, sans qu'il résulte de là une violation des deux degrés de juridiction, en ce que l'appelant aurait été condamné pour un délit à l'égard duquel il n'était pas poursuivi. — 18 juill. 1828. Cr. r. Magnoncourt. D.P. 28. 1. 337.

—V. Actions possessoires, Appel, Appel criminel, Assurances maritimes, Avocat, Colonies, Contrainte par corps, Commune, Compétence, Compétence administrative, Compétence civile, Conciliation, Conseil d'état, Contrainte par corps, Demande nouvelle, Exceptions, Evocation, Garde nationale, Instruction criminelle, Jugement, Tribunaux.

TABLE SOMMAIRE.

Accessoire. 117, s. 144, s. 300, 389, 593.
Acquiescement. 106, s. 132, 178, 382, 512.
Action civile. 20.—mixte. 88, s. 462.—mobilière. 433, s. — personnelle. 84, s. 433, s.— possessoire. 26, s. — réelle. 402, s.

Amende. 62, 445, 546, 616, s.
Appel. 2, s. 505, s.
Arbitrage. 551.
Arbitre. 65.
Arrérages. 117, 269.
Assoc é. 409.
Autorisation maritale. 420.
Bail 261.
Capital. 455, s.
Cassation. 5, s. 155.—(jugement appelable) 547.
Caution. 542, 509, 520, s. 571, s.
Cession de bien. 421.
Chef distinct. 53, 99, 406, 179, s. 590.
Combat judiciaire. 2, s.
Commune (responsabilité). 548.
Compensation. 597.
Compétence. 225, s. 455, s. 529 , 552 , 625, s. — matérielle 551.
Complainte. 52, s.
Compte. 412, 459.
Condamnation. 19, s.
Conciliation. 128.
Conclusion. 77, 84, s. 90, 94, s.—augmentées. 96, s.—changées. 25.—réduites. 96, s.
Confirmation. 508, s.
Conseil d'état. 612.
Consignation. 110.
Contrainte par corps. 168, s. 411.
Convention. 511.
Défense de récidiver. 45, suiv.
Degré de juridiction. 514, 518.
Délaissement. 460, 469, s.
Délit distinct. 658.
Demande. 20, s. — additionnelle. 149.— alternative. 25, 457, s. 480. —collective. 252, s. — déterminée. 17, s. 55, s. 94, s.—distincte. 74, s. 179, s.—indéterminée. 22, s. 152, s. 275, 506, s. 452, s. — reconventionnelle. 24, 551.—réduite. 25.
Dernier ressort. 6, s. 17, suiv.
Désistement. 136.
Destruction. 136.
Discipline. 525, 620.
Disposition d'office. 14, 607.
Divisibilité. 586.
Dommage au champ. 17. — intérêts. 20, 27, s. 58, 116, s. 186, 144, s. 501, 549, s. 589, 585, s. 445.
Domaine. 651.
Enquête. 516, 576, s.
Enregistrement. 122, 157, 537, s.
Evocation. 505, s. 514, 518.—de grâce. 504, s. — de justice. 504, s.
Estimation. 492, s.
Exception. 7, 11, 184, 514, 555, 586. — (compétence) 203, s. — (ordre public) 12, s.
Expertise. 11, 570.
Fonction. 299.
Frais. 117, 425. — (distraction) 136.
Franc. 67, s.
Fruits. 116, s.
Garantie. 166, s. 250, 545, 595, s.
Héritier. 50, 518, s. 256, s. 409, 558.
Impression du jugement. 147.
Incident. 105, s. 114, 515, 595, s.

DEGRÉ DE PARENTÉ. — V. Parenté, Succession.

Indivisibilité. 16 , 74, 85, 106, 224, 229, 232, s. 298, s.
Infirmation. 508, 557.
Injonction. 61, 181, 252.
Instruction. 575.
Interprétation. 7, 82. — restrictive. 92.
Intérêts. 116, s. 295, 429.
Intervention. 113, 595.
Jonction. 228, 254.
Juge de paix. 17, s. 450.
Jugement distinct. 16, 21, 225, 358, 569. — interlocutoire. 507, s. 520, 555, 618.
Juridiction supprimée. 92, s.
Loi (abrogation tacite). 558. — (décret) 19.
Louage. 182, 261.
Litispendance. 554, 545.
Mariage. 561.
Matière administrative. 611, s. — criminelle. 61b, s.—fiscale. 557, s.
Mercuriale. 456, s.
Mise en cause. 572.
Monnaie. 67, s.
Notaire. 62.
Nullité. 165, s. 185, s. 420, s. 517, s. 628. — couverte. 512, 227.
Offres. 108, s. —réelles. 289.
Option. 442, 458, s. 619.
Ordonnance de référé. 169, 427, 545.
Ordre. 526, s. — public. 12, s. 511, s.
Parente. 505, s.
Partage. 416, 475.
Peine. 616, s.
Pension. 57.
Pouvoir discrétionnaire. 510, s.
Premier ressort. 6, s. 17, suiv.
Preuve testimoniale. 162.
Prorogation. 9, s. 511.
Protêt. 157, s.
Prud'homme. 65, s.
Qualité. 79, 218, s. 409, s.
Question d'état. 406, s.
Reconvention. 186, s. 554, suiv.
Récusation. 505.
Redevance. 440, s.
Réduction. 79, s. 96, s.
Réintégrande. 27, s.
Reliquat. 79, s. 98, 545.
Remise. 585.
Renonciation. 9, s. 511.'
Rente. 268, s. 441, s. 499.
Renvoi. 019, 185, 497, s.
182, 267.
Réserves. 548, 608.
Ressort unique. 558.
Revendication. 459, 448, suiv.
Revenu. 455, 465.
Saisie. 295, s. — arrêt. 295, s.—brandon. 452. —exécution.151,s.510, s. 442, 448, s.—foraine. 516.—immobilière.155, 320, s. 595. — revendication. 519.
Séparation de biens. 407, s — de corps. 408.
Solidarité. 109, 255, s.
Soumission à justice. 104, suiv.
Sursis 543, 561, 635.
Taux. 475.
Taxe 154, s.
Tierce-opposition. 90, s. 447.
Timbre. 143.
Titre contesté. 77, s. 190, 475.
Tribunal civil. 55. — de commerce. 56.
Tutelle. 410.

DEGRÈVEMENT. — V. Allmens, Contributions directes, Elections législatives, Voirie.

DÉGUERPISSEMENT. — V. Actions possessoires, Louage, Rente.

DÉGUISEMENT. — V. Donation déguisée, Rapport, Simulation, Usure.

DÉGUSTATION. — V. Contributions indirectes , Courtiers-gourmets, Vente.

DÉISME. — V. Culte.

DÉLAI. — 1. — C'est le temps accordé par la loi , par le juge ou les parties, pour faire un acte quelconque.

2. — il serait à désirer que le législateur eût mis plus d'uniformité dans les délais , car la pratique retire de là bien peu d'utilité.— Il serait à désirer aussi que , pour la computation des délais en général , il eût posé une règle fixe et invariable, et eût déterminé si le jour d quo et le jour ad quem devaient y être compris. Au moyen de cette disposition , qui eût embrassé toute espèce d'actes ou de contrats, soit qu'on se fût servi de ces mots à partir de, à compter de , ou de toute autre expression, on eût mis fin à ces nombreuses difficultés qui s'élèvent chaque jour , toutes les fois qu'il s'agit de fixer les deux termes d'un délai On ne serait pas obligé d'avoir recours à toutes les subtilités du droit romain que les docteurs , qui tantôt veulent que le jour ad quem soit compris dans le terme , et tantôt qu'il ne le soit pas. Cette loi, d'ailleurs, étant générale pour tous , personne n'eût pu s'en plaindre , et toutes les fois que les parties auraient voulu y déroger , elles auraient dû le faire par une disposition particulière. Néanmoins, dans l'état de la législation actuelle, à défaut de règle spéciale , on est obligé de recourir à l'ancienne jurisprudence. Et , à voir l'allure des législateurs , l'importance ridicule avec laquelle ils se disputent quelques jours ou quelques heures d'un délai , le peu de rigueur et de précision qu'ils apportent dans les termes dont ils se servent , il y a apparence que la tradition confuse et la jurisprudence seront encore long-temps consultées.

§ 1er.— Délai en général. — Computation.
§ 2. — Augmentation de délai.
§ 3. — Délai fixé ou accordé par des jugemens. — Délai de grâce.
§ 4. — Bref délai.

———

§ 1er. — Délai en général. — Computation.

5. — Les délais sont déterminés ou par la loi ou par les parties.

4. — Pour ce qui concerne les règles des divers délais fixés par la loi pour l'exercice de certains droits et de certaines actions, V. les mots de renvois qui suivent cet article.

5 — Quant aux délais qui sont fixés par les conventions , ils dépendent en général des stipulations qui ont été faites par les parties.

6. — Les délais se comptent soit pâr jours , soit par jours, soit par mois, soit par années.

7.—Aujourd'hui, comme dans le droit romain (L. 5, § 5; ff. de Minor.) , l'âge de majorité se compte de momento ad momentum. Mais, hors ce cas, l'unité de temps est le jour , à moins que les parties n'aient expressément stipulé que le délai se compterait par heures.

8. — La computation d'un délai fixé par la loi à un nombre d'heures, doit être faite, non de die ad diem, mais de horâ ad horam.

Ainsi, un procès-verbal rédigé le 15 mai à six heures du matin , et qui doit être affirmé dans les vingt-quatre heures , est nul ; si cette affirmation n'a été faite que le lendemain à sept heures après midi.
— b janv. 1809. Cr. r. D.P. 9. 2. 18.

9.— Dans les délais que la loi fixe par jour, elle entend parler d'un jour franc , c'est-à-dire depuis minuit jusqu'à l'autre minuit; il ne suffirait pas qu'il se fût écoulé vingt-quatre heures à partir de l'acte qui fait courir le délai.— 2 juill. 1825. Bourges. Roi. D.P. 26. 2. 20.

10.— Il importe peu qu'un acte soit fait à telle heure plutôt qu'à telle heure du même jour , à moins que la loi n'en ait décidé autrement.

11.— Mais certains actes , comme les transcriptions au bureau des hypothèques, les exploits (Pr. 1057) ne peuvent être faits que pendant une partie de la journée.

42. — En matière de simple police, si le délai de vingt-quatre heures, qui doit exister entre la notification d'une opposition et le jugement de cette opposition, est présumé s'être écoulé de ce que l'affaire a été appelée le lendemain , une telle présomption n'exclut pas la faculté de prouver l'heure précise à laquelle la notification a eu lieu (C. inst. cr. 149, 151).— 14 fév. 1854. Cr. r. Landry-Guignard. D.P. 34. 1. 217.

Ce principe avait déjà été implicitement consacré par un arrêt rendu dans la même affaire. — D.P. 35, 1. 366.

15.— Dans les délais fixés par mois, il faut prendre les mois tels qu'ils sont composés dans le calendrier grégorien , et, par conséquent, les calculer de quantième à quantième; c'est-à-dire que les délais fixés par mois doivent se régler par l'échéance du mois, date par date , et non par tel nombre de jours (C. comm. 132). — 9 août 1811. Lemoine. D.A. 11. 745, n. 1. D.P. 2. 1195. — 12 mars 1812. Grenoble.— Toull., t. 13, n. 66.

14. — C'est d'après cette règle qu'il a été jugé en matière forestière, qui était prescrit faute de poursuites dans le délai de trois mois, et qui avait été constaté par un procès-verbal du 31 mai 1811, n'était pas prescrit le 51 août suivant. — Des auteurs indiquent un arrêt de la cour de cassation , sous la date du 9 nov. 1811, qui aurait résolu cette question : on ne l'a pu trouver.

15.— En matière de lettre de change, cette règle ne s'applique qu'à celles qui sont tirées à un ou plusieurs mois de date.— V. Effet de commerce.

16. — Toutefois, la règle, qu'il faut calculer les mois de quantième à quantième, n'est exacte que quand le jour du terme à quo se trouve dans le courant du mois et non pas quand il se trouve le dernier jour. Par exemple, dans le délai d'un mois, si le terme à quo se trouve le 51 janv., on ne peut avoir de quantième correspondant en février. Mais le délai d'un mois n'en sera pas moins expiré le 28 fév.; car ce n'est que de ce nombre de jours que ce mois est composé par le calendrier grégorien.

17. — De même, dans le délai d'un mois, si le terme à quo se trouve le 28 fév., il ne sera échu que le 51 mars.

18.—L'art. 40 C. pén., qui porte que la peine d'un mois d'emprisonnement est de trente jours, forme une exception à la règle qu'il faut prendre les mois tels qu'ils sont dans le calendrier grégorien. Cette exception est fondée sur le principe, que la peine doit être d'une égale durée, en quelque temps de l'année qu'elle ait été prononcée.

19. — Les docteurs distinguent le jour où commence le délai de celui où il finit, ou , pour employer leur langage, le jour du terme à quo, du jour du terme ad quem.

20. — Le jour à quo; c'est-à-dire le jour à partir duquel le délai commence à courir ne doit pas être compté dans le délai. Cette règle est fondée sur ce qu'il faudrait, pour compter avec une exactitude mathématique, ne comprendre le jour du terme qu'à partir de l'heure, du moment où la convention a été conclue: ce qui donnerait lieu dans la pratique à mille difficultés. — Toull., t. 6, n. 682, t. 13, n. 54; Berriat, p. 146; Grenier, Tr. des hyp., t. 1er, p. 211; Troplong, des Hyp., t. 1er, n. 295.—Contrà, Merlin, Rép., v° Délai et Prescription.

21. — La règle dies à quo non computatur in termino est consacrée par une jurisprudence à peu près constante.— 20 fév. 1811. Bruxelles. Marchal. D.A. 9 510. D.P. 15. 2. 19. — 26 juin 1815. Bruxelles. Mathieu. D.A. 9. 510. D.P. 15. 2. 19. — 40 oct. 1815. Bruxelles. Barbier. D.A. 9. 595. D.P.2. 467.— b juin 1817. Bruxelles. Dutoit. D.A. 9. 595. — 8 avril 1825. Req. Caen. Feret. D.P. 25. 1. 255.

22. — Jugé de même, pour le cas prévu par l'art. 1975 C. civ. , en matière de rente viagère , que le jour de la date du contrat ne doit pas être compris dans la computation du délai de vingt jours. Les auteurs citent , comme ayant consacré cette solution , un arrêt de la cour de Rouen, du 15 déc. 1821, que nous n'avons pas retrouvé.

25.— Lorsque la loi se sert des expressions à compter du..., à dater du..., depuis, ou à courir du..., le jour qui sert de départ n'est pas compris. Ces différens termes présentent, il est vrai, du doute pour savoir s'ils sont inclusifs ou exclusifs ; mais alors s'applique la règle d'après laquelle, ce qui est douteux s'interprète par l'usage (C. civ. 1159): ea quæ sunt moris et consuetudinis. Or, il est d'usage que le terme à quo ne soit pas compris.— Toull., t. 6,

5

n. 684; Berriat, p. 146; Pig., t. 1er, p. 544; Carré, t. 1er, p. 391; Troplong, *des Hyp.*, t. 1er, n. 300 et suiv.—*Contra*, Merl., *loc cit.*, qui s'appuie sur les art. 26, 502, 1155, 1975, 2262, 2279 et 2280.

24. — Ainsi, les mots, *à dater de ce jour*, qui suivent la fixation d'un terme, sont exclusifs du jour où le terme a été fixé pour le point de départ. —20 mars 1809. Besançon. Magnoncourt. D.P. 9. 2. 165.

25. — Et, en général, lorsque le législateur fixe un délai à partir de..., ce jour n'est jamais compris dans le délai.—19 fév. 1825. Caen. Poignant. D.P. 25. 2. 160.

26. — Il en est de même lorsqu'il se sert des expressions, à compter de...—23 janv. 1826. Bordeaux. Viaud. D.P. 26. 2. 199

27.— Le jour *à quo* n'est pas encore compris dans le délai déterminé par l'art. 680 C. pr., qui porte que la saisie-immobilière doit être transcrite au greffe, *dans la quinzaine de la transcription* au bureau des hypothèques. Ici, le temps du contrat est pris pour le jour du contrat; car, comme on le disait dans l'ancien droit, il n'y a pas de différence, dans le langage des lois, entre ces expressions: *ab actu* et *à die actûs* (Troplong, *loc. cit.*). — 16 janv. 1822. Req. Nanci. Marchal. D.A. 11. 726, n 2. D.P. 22 1. 161.

28.—Toutefois, les mots, *à compter du..., du jour* .., doivent, d'après Troplong, être pris dans un sens inclusif, dans les cas prévus par les art. 26, 502, 1155 C. civ.; 22 C pén. Ce sont là des exceptions à la règle générale.— *Loc. cit.*, n. 310 et suiv.

29.—Dans l'arrêté d'un préfet, qui suspend l'exercice de la chasse à compter d'un jour fixé, ce jour est compris dans la prohibition. — Ce n'est pas le cas de faire l'application des règles tracées par les codes de procédure et d'instruction criminelle en matière de supputation de délais, et de ne pas compter le point de départ: ces règles sont spéciales et ne peuvent être appliquées à d'autres matieres, tels que les arrêtés administratifs.— 7 sept. 1833. Cr. c. Min. pub. C. Bachelet. D.P. 33. 1. 302.

30. — La partie chargée de faire une opération peut la faire dans le jour *à quo*.

31.—Quelquefois il arrive que la loi n'indique pas positivement le jour d'où doit partir un délai, le jour *à quo*, mais alors on doit avoir égard a la nature de la matière à laquelle le délai s'applique.

32.—Ainsi, en matière de prescription, soit décennale, soit trentenaire, la loi n'a pas déterminé le jour *à quo*. Mais comme la possession est le fondement de la prescription, l'art. 2265 C. civ., en disant que l'acquéreur de bonne foi d'un immeuble en prescrit la propriété par dix ans, dit équivalemment a compter du jour de son entrée en possession. Le jour de l'entrée en possession est ici le jour *à quo*. — Toul., *loc cit.*, n. 58.

33.—Aujourd'hui, comme sous le droit romain (L. 1re, § 9, ff. *de Successorio edicto*, 38. 9), le jour du terme *ad quem*, ou jour de l'échéance, doit être compris dans le délai.— Toul., t. 13, n. 53; Berriat, p. 147.

34.—Dans la computation d'un délai déterminé par un jugement, le jour *à quo* est seul excepté du terme, et non le jour *ad quem*.... Spécialement, lorsqu'un jugement accorde à une partie, pour faire une déclaration, le délai de trois semaines à partir du 9 décembre, cette partie n'est plus recevable à faire sa déclaration le 31 du même mois.—7 fév. 1834. Lyon. Cros. D.P. 34. 2. 128.

35.—Dans tous les délais fixés pour les actes de procedure qui doivent être signifiés à personne ou domicile, il est de règle qu'on ne doit comprendre ni le jour de la signification, ni celui de l'échéance (C. pr. 1033).

36.— Cette règle s'applique au délai dans lequel doit être formée l'opposition a un jugement par défaut, lorsque ce jugement a été rendu contre une partie qui n'a pas constitué d'avoué.—Merl., Rep., v° Delai, sect. 1re, § 11, n. 3.

37.—Mais, s'il y a eu constitution d'avoué, la disposition de l'art. 1033 devient inapplicable. — 5 fév. 1811. Req. Lyon Lamonou. D.A. 9. 726. D.P. 11. 1. 156.

38.—Dans le calcul du délai de l'appel, on ne doit compter ni le jour de la signification du jugement, ni celui de l'échéance.— 20 nov. 1816. Civ. c. Rom. Delouche. D.A 1.485. D.P. 16. 1. 536.—9 juill. 1817. Civ. c. Millieret. D.A. 1. 486.— V. Appel.

39.—Le jour de la signification et celui de l'échéance sont compris dans le délai de huitaine, prescrit par l'art 563 C. pr., pour la dénonciation de la saisie-arrêt, et pour l'assignation en validité. — 14 mai 1808. Turin. Rustelli. D A. 7.760. D.P. 8. 2. 153.

40.— L'art. 1033 doit être restreint aux cas dont parle cet article; ainsi, il ne s'applique ni au délai de huit jours qui doivent être laissés entre l'insertion dans un journal d'une adjudication et le jour fixé pour cette adjudication (C. pr. 703). —4 mai 1825. Req. Angers. Carayon. D.P. 25. 1. 313.

41.— .... Ni aux délais accordés par les juges, à moins que le jugement ne se soit expliqué.— 9 fév. 1825. Civ. c. Desplanques. D.P. 25. 1. 154.

42.— La règle, *dies termini non computantur in termino*, n'est pas applicable au délai de deux mois prescrit par la loi de 1792, relative au divorce pour incompatibilité de caractère, entre la premiere et la seconde assemblee de famille (L. 20 sept. 1792, § 2, art. 10).— 25 oct. 1808. Civ. c. Bourges. Roupelin. D.P. 8. 1. 507.

43.— Encore que le jour *ad quem* ne compte pas dans le délai pour les ajournemens, néanmoins il compte toujours quand la loi ordonne ou défend de faire une chose *dans* ou *pendant* le délai qu'elle accorde. Quant au jour *à quo*, il ne compte jamais. — 6 mai 1825. Caen. Bertaud. D.P. 26. 2. 71.

44.— Cette règle reçoit son application pour les délais suivans:

1° La huitaine pour la notification d'une demande en validité de saisie-arrêt;

2° Les quatre jours pour l'enregistrement des exploits;

3° La quinzaine pour l'appel des incidens de saisie-immobilière;

4° Les dix jours et le mois pour l'appel et les contestations en matière d'ordre;

5° Les quarante jours pour la notification d'une surenchère;

6° La huitaine de l'opposition (C. pr., art. 157); — 27 fév. 1821. Civ. c. Grenoble. Falconnet. D.A. 11. 767. D.P. 21. 1. 154.

7° La quinzaine accordée par un jugement à une partie pour faire une option.— 9 fév. 1825. Cass. Bioche, *Dict de pr.*, v° Délai.

45.— Il n'y a plus aujourd'hui de distinction entre les jours *utiles* et les jours *continus*. Tous les délais se comptent par jours continus, sans en excepter les fêtes et dimanches.

46.— Le jour bissextile est compté dans les délais de jours, mais non dans les délais de mois et d'années.— Merl., Rép., v° Jour bissextile.

47.— Les jours fériés sont compris dans les délais légaux et conventionnels, lors même que le dernier jour du délai est un jour férié, et que la déchéance ne peut être évitée que par un acte judiciaire notifié avec l'autorisation prévue par l'art. 1037 C. pr.

48.— Il y a exception à cette règle, 1° en matière de protêts (C. comm. 162);

49. — 2° Pour l'enregistrement des actes (L. 22 frim. an 7, art. 25);

50.— 3° Pour le cas où la loi fixe un délai de vingt-quatre heures, ce délai ne pouvant s'entendre que de vingt-quatre heures utiles.... En conséquence, si le délai de vingt-quatre heures pour la dénonciation d'une surenchère expire un jour de fête légale, la dénonciation peut n'être faite que le lendemain. On opposerait en vain que c'est le cas de demander la permission du juge pour signifier le jour même de la fête (C. pr. 1037); la dénonciation d'une surenchère ne peut, pas plus que le protêt d'une lettre de change (C. comm. 162), être considérée comme constituant un péril dans la demeure. — 22 juill. 1828 Req. Metz. Martin. D.P 28. 1. 344.

51.— Une règle générale, en matière de délai, c'est que celui à qui un délai est accordé doit en jouir dans toute son intégrité, et qu'il ne peut être mis en demeure tant que le délai n'est pas entièrement expiré.— Domat, *Lois civ.*, liv. 1er, tit. 1er, sect. 3, n. 7.

52.— En conséquence, tous les momens du délai peuvent être employés utilement a faire la chose pour laquelle il est accordé.

53.— Considéré comme une sorte de prescription, les délais sont régis par les lois en vigueur à l'époque où ils ont commencé à courir.

54.— L'effet du délai est tel que celui qui n'a pas profité du temps qui était accordé pour agir doit supporter la peine de sa négligence. Souvent cette peine est une déchéance, c'est-à-dire de n'être plus reçu à faire une chose qui lui aurait été utile; d'autres fois, c'est d'être condamné aux dommages et intérêts de la partie qui a souffert du retard.—Roll., v° Délai.

55.— Toutefois, quoique les déchéances établies par le code de procédure ne soient pas comminatoires, les juges ne peuvent les prononcer où la loi ne les prononce pas.— 2 fév. 1826. Req. Paris. Fourmentin. D.P. 26. 1. 152.

56.—Toute exception, fondée sur l'échéance d'un délai fatal, doit être assimilée à la prescription en ce qui touche la faculté de la proposer en tout état de cause.— 3 juin 1823. Limoges. Bernard. D.A. 10. 825. D.P. 23. 2. 178. — Cette solution n'est qu'implicite.

§ 2. — *Augmentation de délai.*

57.—L'augmentation de délai est accordée pour le temps qu'exige le transport des parties, ou la transmission de l'acte dont elles sont tenues de justifier. — Bioche, n. 30

58.— L'augmentation est en général d'un jour par trois myriamètres de distance: l'augmentation est du double, quand il y a lieu à voyage ou envoi et retour (C. pr. 1033).

59.— Le mot *voyage* ne doit pas s'entendre du simple déplacement qu'une partie est obligée d'effectuer pour se transporter d'un lieu à un autre. Ces mots, *lorsqu'il y a lieu à voyage ou envoi et retour*. doivent s'entendre comme s'il y avait voyage et retour ou envoi et retour.—Locré, *Esp. C. pr.*, t. 5, p. 11; Carré, art. 1033.

60.— Par exemple, un homme domicilié à Caen est assigné pour comparaître devant un tribunal de Paris; il faut joindre, à la huitaine franche que la loi lui accorde pour se présenter, autant de jours qu'il y a de fois trois myriamètres entre Caen et Paris; de plus, si l'homme de Caen est obligé d'appeler un homme de Bordeaux en garantie, il lui faut le temps d'aller ou d'envoyer remettre l'assignation et le temps pour revenir. Le délai des distances pour justifier de cette assignation (avant que le demandeur principal puisse obtenir jugement contre lui), doit être double.— Thomines, p. 386.

61 — L'augmentation de délai à raison des distances ne peut être divisée et réduite proportionnellement. En d'autres termes, une distance moindre que celle déterminée par la loi ne donne lieu à aucune prolongation de délai.— 29 août 1812. Gênes. Bernieri. D.A. 11. 770, n. 1. D.P. 2. 1203.— 20 fév. 1827. Poitiers. Ducerrier. D P. 27. 2. 193.— 26 mai 1827. Bordeaux. Chaumont. D.P. 27. 2. 195.

62.—Et, dans tous les cas, il n'y a pas lieu d'augmenter le délai d'un jour à raison des fractions de myriamètres qui existent au-delà des trois myriamètres de distance — 29 avril 1831. Poitiers. Lascazes. D.P. 31. 2. 136.

63.— Cependant le délai de quinze jours accordé par l'art. 165 C. comm. au porteur, pour la notification du protêt et l'assignation en recours contre son cédant, lorsque celui-ci reside dans la distance de cinq myriametres, doit, s'il réside à une plus grande distance, être augmenté d'un jour, non seulement par deux myriamètres et demi excédant les cinq myriamètres, mais encore pour une fraction de myriamètre (par exemple de quatre kilomètres), qui se trouve en sus des cinq myriamètres ou d'un nombre determiné de fois deux myriamètres et demi.— 19 juill. 1826. Req. Bordeaux. Marchais de Laberge. D.P. 26. 1. 423.

64.— Et le délai de quarante jours accordé par l'art. 2185 C civ. doit être augmenté de deux jours par cinq myriamètres de distance. S'il y a une fraction de cinq myriamètres (par exemple, trois myriametres), le délai doit être augmenté d'un jour à raison de ces trois myriamètres.— 27 nov. 1829. Bordeaux. Blessebois. D.P. 30. 2. 42.— Tropl., *des Hypoth.*, n. 933.—*Contra*, Delv., t. 3, 367, n 8, et un arrêt du 29 août 1812, qu'on n'a pas découvert.

65.— Le délai accordé par l'art. 2185 C. civ. ne doit être augmenté, à raison de la distance du domicile élu au domicile réel, qu'en faveur des créanciers nationaux ou étrangers *domiciliés* en France. — Quant aux créanciers domiciliés en pays étranger, ils n'ont que le délai de cet article; ils ne peuvent se prévaloir de l'augmentation établie, à raison du domicile, par les art. 73 et 1033 C. pr, lesquels ne sont relatifs qu'aux délais généraux pour les ajournemens.— 26 nov. 1828. Civ. r. Paris. Delanne. D.P. 29. 1. 37.

66.— En matière d'enquête, le délai général de trois jours entre l'assignation donnée à la partie au domicile de son avoue pour assister à l'enquête, et

l'enquête elle-même, doit être augmenté d'un jour par trois myriamètres de distance du domicile de l'avoué au domicile réel de la partie.

... Et cette augmentation doit, à peine de nullité, avoir lieu, d'après l'art. 1033 C. pr., même dans le cas où l'assignation a été donnée en France pour assister à une enquête dans les colonies (V. Enquête). — 29 sept. 1808. Paris. Hubert. D.A. 7. 761. D.P. 2. 151. — 28 mai 1834. Req. Bordeaux. Papein. D.P. 34. 1. 258.

67. — L'assignation à domicile élu pour le paiement d'une lettre de change doit observer le délai de distance du domicile réel de l'assigné, surtout si ce domicile est connu du porteur (V. Effet de comm.). — 4 juin 1806. Civ. r. Chenaye. D.A. 7. 760 D.P. 6. 1. 390. — *Contrà*, 2 juin 1812. Paris. Maître. D.A. 7. 761. D.P. 2. 151.

68. — Le délai des distances devait être observé dans les assignations données aux étrangers, au domicile du commissaire du gouvernement. — 22 prair. an 9. Civ. c. Vanderkun. D.A. 7. 758. D.P. 3. 1. 362.

69. — Au surplus, le délai d'augmentation ne s'applique qu'au délai général des assignations, et non aux délais spéciaux.

70. — Ainsi, bien qu'en matière d'*ordre* (C. pr. 763), le délai d'appel des jugemens de collocation soit augmenté d'un jour par trois myriamètres, on ne saurait en tirer d'induction pour les appels des jugemens de collocation sur distribution par contribution, qui doivent, au contraire, à peine de nullité, être formés dans les dix jours de la signification à avoué (C. pr. 669, 1033). — 26 fév. 1830. Bourges. Foltz. D.P. 30 2. 129.

71. — Les deux mois accordés par l'art. 73 C. pr., aux personnes demeurant hors de la France continentale, ayant été calculés sur les distances approximatives des domiciles, ne peuvent être augmentés d'un jour par trois myriamètres. — 19 fév. 1828. Colmar. Reimlinger. D.P. 28. 2. 67. — 1er août 1812. Colmar. Klenck. D.A. 7. 767. D.P. 2. 153.

72. — Le délai d'augmentation ne s'applique pas non plus aux délais d'opposition, d'appel, de cassation.

73. — L'augmentation de délai se compte à raison de la distance du domicile réel, et, dans certains cas, à raison de celle du domicile élu.

74. — Jugé que l'assignation à domicile élu doit contenir les délais de distance comme si elle était donnée à domicile réel. — 6 fév. 1810. Agen. Sommabère. D.A. 7. 802. D.P. 12. 2. 12.

75. — Mais il n'y a pas lieu d'accorder à un individu assigné à un domicile par lui élu, un délai supplémentaire à raison de la distance du domicile élu au domicile réel. — 9 juin 1830. Req. Martinique. Joques. D.P. 30. 1. 366.

76. — Pour déterminer la distance, la loi prend en général pour point de départ le domicile de celui à qui l'on notifie, et le lieu de la comparution.

77. — Le délai de dix jours que l'art. 763 fixe pour l'appel du jugement d'ordre ne doit pas être augmenté d'un jour par trois myriamètres de distance entre le lieu où siége le tribunal devant lequel l'ordre se poursuit et le domicile réel de l'appelant, mais seulement eu égard à la distance qui existe entre le domicile réel de l'appelant et celui de l'intimé (C. pr. 763). — 29 avril 1831. Poitiers. Lascazes. D.P. 31. 2. 136.

78. — Les délais des distances ne sont plus les mêmes pour la partie qui demeure hors du ressort de la cour, que ceux accordés par l'ordonnance a ceux qui demeuraient hors du ressort du parlement devant lequel on assignait; les distances effectives déterminent seules ces délais. — 9 janv. 1806. Rouen. Imminck. D.A. 7. 808. D.P. 2. 164.

79. — Dans un acte d'appel, donné au domicile élu, on doit observer les délais à raison de la distance du domicile réel, alors même que le jugement de première instance a été déclaré exécutoire par provision, sans caution et nonobstant appel. — 6 juill. 1829. Bruxelles. N... D.P. 31. 2. 179.

80. — S'il y a plusieurs défendeurs, le délai pour toutes les parties doit être le même que celui qui doit être accordé à la partie la plus éloignée (C. pr. 97, 151 et 175).

81. — Par suite, la non expiration du délai d'appel résultant de la distance du domicile de l'une des parties, relève les autres, demeurant à des distances plus rapprochées, de la déchéance qu'elles auraient encourue, parce que le premier aurait pu réclamer un seul délai pour toutes les parties, et que ce délai eût été réglé sur le domicile le plus éloigné. — 29 janv. 1817. Rennes. Hervé. D.A. 7. 728. D.P. 2. 138.

82. — L'assignation donnée à un délai plus long que celui de la loi est valable. — V. Exploit.

83. — Un exploit, une sommation, ou tout autre acte fait à personne ou à domicile, qui n'indiquerait que le délai général sans énoncer l'augmentation à raison des distances, est-il valable? — V. Exploit.

84. — Le procès-verbal doit mentionner le délai ou le lieu où se font ces opérations. — V. Enquête, Expertise.

85. — Pour tout ce qui concerne la précision et l'indication, dans les actes de procédure, soit du délai, soit de l'augmentation à raison des distances, V. Exploit.

86. — La prorogation de certains délais peut être demandée pour cause d'insuffisance; mais il faut, en général, le faire avant leur expiration. Dans tous les cas, le juge ne peut proroger les délais, lorsque la loi s'y oppose. — V. Arbitrage.

87. — Des poursuites irrégulièrement faites ne prorogent point le délai qui était donné pour en faire de régulières. — 22 niv. an 12. Civ. r. Charle. D.A. 9. 758. D.P. 2. 593.

88. — Le juge est toujours le maître de proroger les délais qu'il a accordés, quand la loi ne s'y oppose pas formellement, et qu'à cet égard il n'y a pas de droit acquis à l'une des parties. — 28 mars 1827. Civ. r. Toulouse. Milan. D.P. 27. 1. 184.

§ 3. — *Délai fixé ou accordé par des jugemens. — Délai de grâce.*

89. — Lorsqu'il est ordonné par un jugement, soit contradictoire, soit par défaut, que telle chose se fera dans tel délai, ce délai ne commence à courir que du jour de la signification du jugement même, et, s'il y a appel, que du jour de la signification de l'arrêt confirmatif. — 12 juin 1810. Civ. c. Montpellier. Glouteau. D.A. 1. 517. D.P. 10. 1. 292.

90. — Le délai accordé par un jugement contradictoire, pour rapporter une preuve, court du jour de la signification de ce jugement et non de celui de sa date (C. pr. 123). — 14 août 1833. Bordeaux. Brondeau. D.P. 34. 2. 139.

91. — Lorsque les juges d'appel ont déclaré, dans leur arrêt, que le délai qu'ils accordaient à une partie était de rigueur, ils ne peuvent plus lui en accorder un second sans renverser la chose jugée. — 14 therm. an 12. Nîmes. Peyrouse. D.A. 2. 560. D.P. 1. 573.

92. — Jugé aussi que lorsque, pour la justification d'un fait, les juges ont fixé un terme *pour tout délai*, ce délai est de rigueur. La preuve qui serait faite le lendemain de l'expiration du terme est tardive..., alors même que le dernier jour du délai se trouverait être un jour férié. — 18 mars 1826. Rennes. Pécot. D.P. 28. 2. 9.

93. — Jugé cependant que le délai fixé par jugement pour produire, faute de quoi la propriété sera déclarée commune, peut n'être déclaré que comminatoire. — 11 mars 1834. Civ. r. Amiens. Comm. de Mareuil. D.P. 34. 1. 148. — V. Chose jugée.

94. — Les délais d'appel, d'opposition, de cassation, ne courent qu'à compter du jour de la signification de l'arrêt ou du jugement.

95. — Pour signifier régulièrement un jugement et faire courir les délais de l'appel, il faut que la signification contienne copie entière du jugement, surtout de la formule exécutoire qui le termine. — 12 fév. 1810. Besançon. Boutechoux. D.A. 7. 726. D.P. 2. 136.

96. — On ne peut opposer à une partie qui se pourvoit contre une décision ministérielle, la tardiveté de son recours, alors que cette décision n'a pas été notifiée, et que l'envoi à la partie n'en est établi que par une lettre par elle écrite au ministre, où elle lui en accuse réception. — 21 sept. 1827. Ord. Dienne. D.P. 28. 3. 38.

97. — Le fait seul de la cessation des travaux de la part des entrepreneurs de travaux publics, ne suffit pas pour donner à l'administration connaissance de l'arrêté qu'ils ont obtenu contre elle, et la mettre en demeure de se pourvoir contre l'arrêté: une signification est nécessaire à cet effet. — 24 oct. 1827. Ord. Dieny D.P. 28. 3. 37.

98. — Lorsque les parties compromettent sur un jugement en premier ressort, le délai de l'appel ne court pas pendant le temps de l'arbitrage — 4 août 1818. Riom. Abonnat. D.A. 11. 577, n. 2. D.P. 19. 2. 5. — V. Arbitrage.

99. — Le délai d'un mois, prescrit par la loi du 20 sept. 1792, dans le cas de divorce demandé pour incompatibilité de caractère, entre la convocation de la première assemblée de famille, et la réunion de cette assemblée, court du jour de la notification de l'acte par lequel l'époux demandeur a provoqué la convocation de cette assemblée, et non de celui où il a invité les membres à s'y trouver (L. 20 sept. 1792, § 2, art. 8). — 25 oct 1808. Civ. c. Bourges. Roupelin. D.P. 8. 1. 507.

100. — Certains événemens, tels qu'une force majeure, ne permettant pas de faire pendant le délai ce qui était prescrit, en opèrent la suspension.

101. — Ainsi, les délais pour signifier l'arrêt d'admission d'un pourvoi en cassation sont suspendus pendant le temps où cette signification est empêchée par force majeure. — 24 janvier 1815. Civ. c. Colmar. Weyl. D.A. 10. 749, n. 2. D.P. 15. 1. 229.

102. — Et, spécialement, par suite d'invasion de l'ennemi. — 21 juin 1815. Civ. r. Besançon. Comm. de Chevigney. D.A. 3. 71. D.P. 15. 1. 375.

103. — Jugé de même que l'état de blocus peut faire relever de la déchéance du droit de surenchérir. — 9 nov. 1814. Colmar. Lozann. D.A. 11. 768, n. 1. D.P. 2. 1204.

104 — Lorsqu'aucune loi n'oblige les tribunaux à accorder un sursis, il n'y a pas ouverture à cassation contre l'arrêt qui l'a refusé, alors surtout qu'il a reconnu posséder des élémens suffisans, indépendamment des pièces dont on demandait à justifier. — 25 fév. 1818. Req. Paris. Gnadi. D.A. 10. 89, n. 2. D.P. 18. 1. 129.

105. — Tout délai qui ne commence à courir que du jour de la signification d'un acte ou d'un jugement, ne court effectivement qu'en faveur de la partie qui a fait signifier le jugement ou l'acte (Merl., Rép., v° Delai, sect. 1re, § 11). — 17 prair. an 12. Req. Bordeaux. Segur. D.A. 1. 477. D.P. 5. 2. 41.

106. — La signification qu'une partie fait faire d'un jugement de son adversaire, ne fait point courir contre elle les délais auxquels la loi donne cours à compter du jour où ce jugement est signifié: *Nul ne se forclot soi-même.* — Merl., *loc. cit.*

107. — Toutefois, les délais de l'enquête courent même contre celui qui a signifié le jugement qui l'ordonne (C. pr., art. 257).

108. — Il en est de même pour le cas où le poursuivant l'ordre a signifié le jugement aux créanciers. Le délai de dix jours court aussi bien contre lui que contre les autres créanciers. — 13 nov. 1821. Civ. r. Colmar. Schwœrer. D.A. 10. 838, n. 1. D.P. 21. 1. 613.

109. — Le *délai de grâce* est celui que le juge accorde au débiteur pour le paiement d'une dette échue, dans les cas où la loi ne le lui interdit pas.

Pour tout ce qui est relatif au délai de grâce, V. Paiement.

110. — Nous dirons seulement qu'à la différence des autres délais, le délai de grâce court du jour du jugement, s'il est contradictoire: ce n'est que dans le cas où il est par défaut, que la signification en est nécessaire pour faire courir le délai. — Merl., Rép., v° Délai, sect. 3.

111. — Lorsqu'après un premier délai accordé à une partie pour faire procéder à une vérification d'écriture, il lui en est accordé un nouveau sur sa demande, par jugement contradictoire, ce nouveau délai n'est pas simplement comminatoire, c'est un délai de grâce, lequel court à partir du jour du jugement, sans qu'il soit besoin de signification; de telle sorte que la partie doit être déclarée déchue de la faculté de faire la vérification, si elle a laissé passer le délai sans y faire procéder. Il en doit être surtout ainsi, s'il apparaît que les délais n'ont été obtenus que pour gagner du temps et retarder une expropriation forcée (C. pr. 123). — 12 août 1828. Req. Pau. Douyan. D.P. 28. 1. 377.

§ 4. — *Bref Délai.*

112. — La faculté, pour le demandeur, d'assigner à bref délai, résulte soit de la loi, soit d'une ordonnance accordée sur requête par le président du tribunal où la demande est portée.

113. — Lorsqu'il s'agit de vérification d'écriture, la loi permet expressement d'assigner à trois jours (C. pr. civ. 193).

114. — La loi permet encore d'assigner à bref délai

pour obtenir des défenses d'exécuter un jugement dont l'exécution provisoire a été ordonnée hors des cas prévus par la loi. Dans ce cas, il est nécessaire d'obtenir du président du tribunal d'appel une ordonnance qui détermine le délai de la comparution. — Hautef., p. 258.

115.— Un simple avenir à bref délai, donné à l'avoué de l'appelant, n'a pas besoin, pour que la cause soit utilement présentée au jour indiqué, d'être suivi d'un ajournement. — 5 mars 1832. Bruxelles. Voet. D.P. 33. 2. 230.

116. — Pour les cas qui requièrent célérité, le président du tribunal peut abréger, par ordonnance rendue sur requête, les délais ordinaires de comparution (C. pr. civ. 72).

117.— Si, pour quelque cause que ce soit, il devient indispensable d'abréger les délais, après la distribution des causes faites par le président, dans ce cas, la requête doit être présentée au président de la chambre à laquelle la cause a été renvoyée (L. 30 mars 1808, art. 18).

118. — Le premier président de la cour royale a bien le droit de répondre aux requêtes en permis d'assigner, devant quelque chambre que l'assignation doive être donnée, mais, en son absence, le permis ne doit être donné que par le président de la chambre à laquelle l'affaire sera portée, ou par le juge le plus ancien de cette chambre.

En conséquence, est nulle l'assignation en vacation, donnée, non par le premier président ou par le président de cette chambre, mais par le président d'une autre chambre, par exemple, celui de la chambre d'accusation. — 21 nov. 1831. Bourges. Bouzique. D.P. 32. 2. 28

119.— Le président permet d'assigner soit à jour fixe, soit à un nombre de jours moindre que celui accordé dans les circonstances ordinaires.

120.— Lorsqu'une ordonnance du juge a permis de citer à bref délai, l'assignation a pu être donnée le 19 pour venir plaider le 20 : on dirait en vain que le jour aurait dû être franc. — 30 juill. 1828. Req. Lyon. Lavie. D.P. 28. 1. 361.

121. — En général, dans les assignations à bref délai, qui sont faites à jour et non d'heure à heure, il doit exister un jour franc (C. pr. 72, 1033).

Ainsi, lorsqu'un permis d'assigner à bref délai, pour le 12, a été donné dès le 9, on doit annuler l'assignation qui n'a été faite que le 11, ainsi que le jugement par défaut qui l'a suivie, et cela, encore bien que ce jugement n'aurait été rendu que le 17. — En un tel cas, il a dû être laissé à la partie au moins un jour franc. — 22 juin 1831. Lyon. Raffin. D.P. 32. 2. 17.

122.— Dans tous les cas, l'assignation à bref délai donnée à un délai plus court que celui fixé par l'ordonnance du président, est nulle.— 3 prair. an 12. Civ. c. Courdier. D.A. 7. 759. D.P. 2. 150.

123.— Dans le cas où un tribunal a permis d'assigner extraordinairement à jour fixe, à la charge de faire donner l'assignation dix jours au moins avant celui qu'il aurait indiqué, il ne peut valider cette assignation, si elle est notifiée à un délai moindre de dix jours.— Même arrêt.

124. — L'assignation à bref délai est, comme tout ajournement, soumise aux dispositions de l'art. 1033, et doit contenir l'augmentation de délai à raison des distances. — 12 juill. 1809. Bruxelles. Monaert. D.A. 7. 760. D.P. 2. 150. — 25 vend. an 12. Civ. c. Jouin. D.A. 7. 807. D.P. 4. 1. 121.

125. — Et ce délai ne peut, dans aucun cas, être abrégé par le juge. — 5 mars 1830. Dijon. Desmorquets. D.P. 31. 2 204.

126. — Lorsque l'ajournement sur l'appel d'un jugement qui maintient l'emprisonnement d'un débiteur, a été donné à *bref délai*, en vertu de la permission du juge, il n'y a pas lieu d'ajouter un jour par trois myriamètres de distance entre le domicile élu et le domicile réel du créancier. — 1er déc. 1831. Bordeaux. Martini. D P. 32. 2. 54.

127. — La faculté d'assigner à bref délai, en vertu de permission du président, est restreinte au cas où l'assigné est domicilié en France; elle ne s'étend pas aux personnes domiciliées hors de France, à moins qu'elles n'aient fait en France élection spéciale de domicile, ou que l'exploit ne soit signifié à la personne de l'assigné. En conséquence, l'exploit d'assignation à bref délai, remis, pour un Suisse, au parquet du procureur du roi, est nul (C. pr. 72).— 12 nov. 1830. Colmar. Paravicini. D.P. 31. 2. 163. — *Contrà*, 13 nov. 1824. Pau. Farthoat. D.P. 25. 2. 141.

128.— L'ordonnance du président, portant permis d'assigner à bref délai, peut être annulée par la cour ou le tribunal. — 2 mai 1811. Rome. Lecce. D.P. 11. 2. 147.

129. — L'appréciation des affaires urgentes étant spécialement attribuée au président du tribunal, il s'ensuit que quand il permet d'assigner à bref délai, il ne fait qu'user d'un droit qui ne peut être entravé, et que dès lors l'opposition à l'ordonnance qu'il a rendue doit être rejetée (C. proc. 72). — 18 déc. 1827. Colmar. Thyss. D.P. 29. 2. 29.

130 — Le défendeur assigné à bref délai, en vertu d'ordonnance de permission du président, ne peut demander l'annulation de cette ordonnance, sur le motif que la demande n'exigeait pas d'abréviation de délai; il n'a que le droit de demander le délai ordinaire pour fournir ses moyens de défense. — 6 juill. 1830. Paris. Pigalle. D.P. 30. 2. 241.

131. — Il appartient au président d'apprécier s'il y a lieu d'abréger les délais, sauf au défendeur à demander la remise de la cause ou à se pourvoir par opposition à l'ordonnance devant le tribunal. — 13 janv. 1831. Rennes. Narbot. D.P. 31. 2. 107.

132. — Lorsque, sur l'appel d'un jugement qui a rejeté l'opposition à une ordonnance qui permet d'assigner à bref délai, le défendeur, après avoir obtenu plusieurs remises, fait défaut, dans le but évident de retarder les plaidoires du fond, l'exécution provisoire de l'arrêt peut être ordonnée. — 18 déc. 1827. Colmar. Thyss. D.P. 29. 2. 29.

133. — Si le président du tribunal, considérant que la cause requiert célérité, a permis d'assigner à bref délai, le tribunal ne peut ensuite déclarer que la cause n'est pas urgente, et par suite décider qu'elle est sujette au préliminaire de la conciliation. — 17 avril 1817. Colmar. Jehl. D.A. 3. 717. D.P. 17. 2. 145.

134. — Le juge ne peut accorder la permission d'assigner à bref délai, que pour juger le provisoire, et obvier par là aux inconvéniens qui peuvent résulter de la longueur des délais ordinaires; mais il ne peut en général abréger les délais donnés pour le principal, parce que, lorsque les intérêts des parties sont mis à couvert par une décision provisoire, abréger encore pour le principrl, ce serait agir sans objet, et mettre l'assigné en péril de perdre ses droits, puisqu'il serait privé par là d'une partie du délai que la loi lui donne pour sa défense. Il y a cependant des cas particuliers où il le peut (C. pr. 794, 795). — Pigeau, art. 72.

— V. Exploits.— V. aussi Absence, Acquiescement, Actes de l'état civil, Acte respectueux, Action civile, Actions possessoires, Adoption, Amende, Appel, Appel incident, Assurances maritimes, Assurances terrestres, Attroupemens, Avaries, Aveu, Avocat, Avoué, Brevet d'invention, Capitaine, Cassation, Caution, Certificat de fonctionnaire, Cession de biens, Charte-partie, Chasse, Chose jugée, Colonies, Commissionnaire, Communauté, Communes, Compensation, Compétence administrative, Compétence criminelle, Compte, Compte-courant, Compétence civile, Conciliation, Concession, Conflit, Conflit d'attribution, Conseil d'état, Conservateur, Contrainte par corps, Contributions directes, Date, Désaveu, Domaines extraordinaires, Domaines nationaux, Domicile, Douanes, Droits civils, Droits politiques, Eau, Effets de commerce, Elections départementales, Elections municipales, Emigrés, Enquête, Enregistrement, Escroquerie, Exception, Fabriques, Faillite, Faux incident, Forêts, Frais et dépens, Garantie, Garde nationale, Hypothèques, Interdiction, Instruction criminelle, Interrogatoire, Intérêts, Jours fériés, Jugement, Loi, Louage, Loterie, Mandat d'exécution, Ministère public, Nantissement, Nom, Obligation, Option, Ordre, Papier-monnaie, Partage, Peine, Pension, Péremption, Prescription, Prêt, Presse, Prise à partie, Procès-verbal, Propriété, Question préjudicielle, Récidive, Remplacement militaire, Rente, Reprise d'instance, Retrait successoral, Saisie-arrêt, Saisie-exécution, Saisie-gagerie, Saisie-immobilière, Saisie des rentes sur particuliers, Séparation de biens, Séparation de patrimoines, Servitude, Société, Substitution, Pension, Succession bénéficiaire, Succession irrégulière, Surenchère, Tabac, Théâtre, Témoins, Tierce-opposition, Vente, Voirie.

TABLE SOMMAIRE.

Abréviation. 125.
A compter de. 25, s.
A dater de. 23, s.
Année. 6, s.
Appel. 38, 44, 72.
Arbitrage. 98.
Augmentation. 57, s. 61, 124, s.
Cassation. 72.
Chasse. 29.
Chose jugée. 91, s. 111, 133.
Colonne. 71.
Computation. 6, s.
Constitution d'avoué. 37.
Contrainte par corps. 126.
Copie entière. 95.
Déchéance. 54.
Délai comminatoire. 55 — continu. 45. — conventionnel. 3, s.— distinct. 80.— fatal. 92.— franc. 9, 120, s. — de grâce. 109, s. — légal 3.— nouveau 91, s.
Délit forestier. 14.
Depuis. 23, s.
Disposition comminatoire. 93, 111.
Distance. 57, s. 124, s.
Distribution 70.
Divorce. 42, 99.
Domicile élu. 74, s.—reel. 73.
Dommages-intérêts. 54.
Effets de commerce. 15, 67.
Enquête. 84, 107.
Enregistrement. 49.
Equivalent. 97.
Etranger. 68, 71, 127.
Exception (delai). 56.
Exécution prov. 114, 132.
Expertise. 84.
Exploit. 11, 83.
Force majeure. 100, s.
Forclusion. 105, s.
Fraction. 61, s.
Heure 6, s. 50, 121.
Indivisibilité. 61, 80, s. 107.
Interprétation. 23, 31, 51.
Jour. 6, s. 13, 119. — *ad quem*. 19, s. — *à quo*. 19, s. 99, 110.—bissextile. 46.— férié. 45, 47, s.— utile. 45.
Journal. 40.
Juge (attribution). 118.
Jugement. 34, 89, s.—administratif. 96.
Majorité. 7.
Matière urgente. 116, 129, 133.
Mention. 83, s.
Mois. 6, s. 13.
Notification. 97.
Nullité. 87.
Opposition. 36, *44*, 72, 129.
Option. 44.
Ordonn. de juge. 112, s.
Ordre. 44, 70, 77, 108.
Perception. 32.
Péremption. 53.
Permis d'assigner. 118.
Permission de juge. 112, suiv
Prescription. 14, 56.
President. 117, s.
Présomption. 12.
Preuve. 12.
Prorogation. 86, s,
Protet. 48, 63.
Quantième. 16.
Réciprocité. 107.
Refus. 104.
Réglement administ. 29.
Rente viagère. 22.
Responsabilité. 54.
Ressort. 78.
Rétroactivité. 55.
Saisie-arrêt. 39, 44.— immobilière. 27, 40.
Signification. 35, 90, s. 94, s.
Surenchère. 44, 50, 64, 103.
Suspension. 98, 100.
Transcription. 11, 27.
Travaux publics. 97.
Vérification d'écriture. 111, 113.
Voyage. 59.

DÉLAI (JOUR *A QUO*). — V. Délai. — V. aussi Acte respectueux, Compte, Contrainte par corps, Exploit, Requête civile.

DÉLAI FRANC. — V. Délai. — V. aussi Cassation, Conseil d'état, Contrainte par corps.

DÉLAI COMMINATOIRE.—V. Délai, Exploit, Faux incident, Jugement.

DÉLAI DE GRACE. — V. Délai, Paiement. — V. aussi Chose jugée, Compensation, Effet de commerce, Louage, Vente.

DÉLAISSEMENT. — V. Action, Assurances maritimes, Capitaine, Conciliation, Contrat à la grosse, Contrainte par corps, Communauté, Conflit d'attribution, Domaines engagés, Domicile, Hypothèque, Saisie-immobilière, Succession, Succession bénéficiaire, Vente.

DÉLÉGATION.— 1.— La délégation est l'acte par lequel un débiteur, pour s'acquitter, donne, au créancier ou à quelqu'un indiqué par ce dernier, une tierce-personne qui s'oblige à sa place : *delegare est vice suâ alium reum dare creditori, vel cui jusserit* (L. 11, D. *de Novat.*).— Poth., *Obl.*, n. 800, Toull., t. 7, n. 275; Dur., 12, n. 318; Delv., t. 2, p. 172; D.A. 10. 607, n. 1.

2 — Elle diffère de la simple indication de paiement ou délégation incomplète, c'est-à-dire de l'indication faite par le débiteur d'un tiers qui devra payer pour lui, en ce que celui-ci peut être révoqué, du moins dans les cas ordinaires. — V. Indication de paiement.

3.— La délégation renferme un mandat; elle a une grande affinité avec la novation opérée par changement de débiteur; mais elle en diffère en plusieurs points : 1° dans la novation, le débiteur nouveau se présente de lui-même; ici, c'est le débiteur qui présente le délégué; 2° le consentement du débiteur primitif est nécessaire pour la délégation; il ne l'est pas pour la novation; 3° la délégation ne décharge le débiteur qu'autant que le créancier l'a déclaré expressément, tandis que par la novation le débiteur ancien n'est plus obligé; 4° la dette du premier débiteur étant éteinte par la novation, les hypothèques ne passent point sur les

biens du nouveau débiteur; il en est autrement de la délégation si elle est de la créance du déléguant sur le délégué.— Dur., 12, n. 306; D.A. 10. 606, n. 18.— V. Novation.

4.— On appelle improprement délégation la dation en paiement d'une créance du débiteur, que celui-ci fait à son créancier; c'est un transport de la créance plutôt qu'une délégation de la personne; les effets en sont déterminés par la loi sur les cessions et transports. L'une des principales différences entre le transport et la délégation consiste en ce que le consentement du délégué est nécessaire, tandis que, pour la cession, il suffit de celui du cedant et de celui du cessionnaire.— Delv., t. 2, p. 567, 568, notes; Dur., *Tr. des contr.*, n. 894, 895; D.A. 10. 608, n. 4.

5.—Jugé, conformément à ces distinctions, qu'il n'y a pas une simple induction de paiement, mais un véritable transport de créance dans l'acte de vente portant que l'acquéreur cède, pour payer son prix, une créance et les droits et actions qu'il a sur un tiers pour, par le vendeur, les exercer et faire valoir ainsi qu'il avisera. —19 juin 1817. Req. Montpellier. Soubirant. D.A. 10 608, n. 1. D.P. 18. 1. 407.

6.— Au reste, il y a délégation lorsqu'un acquéreur s'oblige de payer des rentes soit chirographaires, soit hypothécaires, dues par le vendeur.— 13 germ. an 9. Civ. c. Callon. D.P. 3. 1. 345.

7.— La substitution d'un nouveau débiteur, faite entre le créancier et le débiteur déléguant, n'emporte pas novation si le premier débiteur n'est pas déchargé; l'acte ne présente qu'un mandat de payer, et conserve au créancier, si le tiers indiqué n'acquitte point la dette, son recours contre le débiteur. L'indication, par le créancier, d'une tierce personne chargée de recevoir pour lui, n'entraîne pas non plus novation (art. 1277).—Toull., t. 7, n. 284; Dur., *Tr. des contr.*, n. 896; D.A. 10. 607, n. 2.

8.— Ainsi, l'autorisation donnée par le créancier au débiteur, de payer dans les mains d'un tiers, n'équivalant qu'à une indication de paiement, il s'ensuit que, malgré la signification qui lui a été faite de cette autorisation par le tiers indiqué, avec défenses de payer à d'autres qu'à lui, défenses auxquelles toutefois il n'a été donné aucune suite, le débiteur a pu valablement se libérer entre les mains de son créancier originaire.— 11 mars 1815. Rouen. Caré. D.A. 10. 607, n. 1. D.P. 16. 2. 37.

9.— Et de ce qu'en paiement du prix de vente d'un immeuble dont quittance a été donnée dans le contrat, il a été remis par l'acquéreur un bon sur un tiers, qui l'a accepté, mais sans déclaration expresse de la part du vendeur qu'il entendait libérer l'acquéreur, il n'y a ni novation dans la dette de ce dernier, ni libération à son profit envers le vendeur, vis-à-vis duquel il continue d'être obligé (C. civ. 1271, 1234).— 24 juill. 1828. Req. Lyon. Dallemagne. D.P. 28. 1. 351.

10.—L'acte par lequel un débiteur charge son propre débiteur de payer le créancier, n'est une délégation qu'autant que celui-ci a traité avec ce créancier.— Dur., *Tr. des contr.*, n. 894, et 12, n. 320; D.A. 10. 607, n. 3.

11.—Il faut donc, pour opérer une délégation, que la volonté du débiteur déléguant, de son débiteur délégué et surtout de son créancier délégataire, en soit exprimée d'une manière précise, ou résulte de faits si positifs que l'intention d'innover soit une conséquence aussi évidente que nécessaire; ainsi, il n'en existe pas lorsqu'un acquéreur a stipulé, avec le seul consentement de son vendeur, qu'il paierait son prix à un créancier de ce dernier, encore que le créancier en ait reçu un à-compte, si, dans la quittance, il a formellement déclaré qu'il entendait conserver ses droits contre le vendeur. — 24 frim. an 10. Civ. c. Laugier. D.A. 10. 607, n. 2. D.P. 3. 1. 409.

12. —Ainsi encore, il n'en existe pas dans l'acte de vente par lequel le vendeur a simplement chargé son acquéreur, acceptant, de payer une portion du prix à l'un de ses créanciers, qui a déclaré *s'acquitter à toujours*, et dès lors l'acquéreur, s'il est troublé dans la jouissance de l'objet acheté ou menacé d'éviction, peut opposer au créancier de son vendeur, comme il aurait pu le faire à ce dernier lui-même, l'exception résultant de l'art. 1653 C. civ. — 12 juill. 1821. Bruxelles. Mallet. D.A. 10. 607, n. 2. D.P. 2. 815, n. 4.

13. — D'après la même règle, une délégation imparfaite, en ce que, par exemple, elle aurait eu lieu sans le concours du délégataire, ne peut être révoquée par le déléguant, si ce n'est pas dans son intérêt unique et par son seul consentement, mais dans l'intérêt et avec le consentement du délégué, que la délégation a eu lieu (C. civ. 1275). — 3 mai 1832. Bordeaux. Audouin. D.P. 32. 2. 149.

14. — Comme on le voit, la délégation parfaite suppose le concours de trois personnes: le débiteur déléguant, le créancier qui accepte la délégation, et le délégué qui s'oblige et devient débiteur direct du créancier. Toutes trois doivent consentir à la délégation (1275 C. civ. et l. 6. Cod. *de Novat.*). « Mais il n'est pas nécessaire que le délégué soit débiteur du déléguant, quoique cela soit ordinaire: je puis déléguer aussi à mon créancier celui qui veut bien me faire une libéralité ou m'ouvrir un crédit. » —Dur., t. 12, n. 319. 320; D.A. 10. 608, n. 5.

15. — Le propriétaire d'une inscription provenue de la liquidation d'un office sur lequel son créancier avait une hypothèque spéciale et privilégiée, peut, en vertu des lois des 24 août 1793 et 24 frimaire an 6, le rembourser au moyen du transfert de cette inscription, lors même que le créancier aurait chargé son débiteur de payer à un tiers et à son acquit le montant de la créance, attendu qu'une pareille délégation n'emporte pas novation de la créance, alors surtout que le tiers délégataire n'est pas intervenu au contrat. — 11 fruct. an 13. Civ. c. Caen. Lacouture. D.P. 5. 1. 145.

16.— L'acceptation du créancier rend la délégation irrévocable de la part du débiteur déléguant. Toullier, n. 288, 289, pense que l'acceptation, pour avoir effet à l'égard des tiers, tels que les autres créanciers du déléguant, doit être faite par acte authentique, et que ni un acte sous seing-privé, ni, à plus forte raison, un fait d'acceptation tacite, ne pourrait suffire. — D.A. 10. 607, n. 3.

17. — La délégation faite par un vendeur à son créancier ne confère au créancier hypothèque sur l'immeuble vendu qu'autant qu'il y a acceptation, le tout par acte authentique (C. civ. 1121 et 2127). — 24 nov. 1820. Metz. Cartier. D.A. 9. 230. D.P. 22. 2. 51.

18.— Jugé que la délégation qu'un débiteur fait à son créancier, par acte notarié, de fermages non encore échus, notifiée au fermier, est valable, et doit avoir effet vis-à-vis d'un autre créancier du déléguant, postérieur à la délégation (C. civ. 1275).— 28 nov. 1825. Rouen. Nourrit. D.P. 26. 2. 71.

19. — Jugé cependant que, pour être valable, l'acceptation de la délégation n'a pas besoin d'être faite par acte authentique; et, par exemple, il y a une acceptation expresse de la délégation dans le fait de poursuivre le délégué, de prendre inscription en vertu de l'acte de délégation, et d'obtenir jugement contre lui.—1er août 1832. Montpellier. Soubeyrand. D.P. 33. 2. 14.

20. — Mais une délégation, par anticipation, de loyers à échoir, ne peut préjudicier aux droits du créancier inscrit sur l'immeuble loué.— Si donc l'immeuble est vendu, et si le prix de vente est distribué, la somme à distribuer devra comprendre le capital et les revenus, sans que le délégataire puisse obtenir distraction pour les loyers délégués. — 24 août 1819. Nîmes. Legros. D.A. 9. 338. D.P. 2. 474 et 25. 2. 97, n. 2.

21.—Au surplus, l'arrêt qui juge qu'un acte sous seing-privé dépourvu de date certaine, par lequel le créancier délégataire accorde au débiteur délégué une prolongation de délai, non plus que l'inscription prise par le créancier sur les biens de ce dernier, ne peuvent tenir lieu de l'acceptation expresse de la délégation, ne viole aucune loi.—21 fév. 1810. Civ. r. Caen. Sevin. D.A. 9. 229. D.P. 10. 1. 269.

22 —La délégation sur le prix de la vente transmet aux délégataires le privilége du vendeur, encore bien que l'acceptation de cette délégation n'ait été signifiée ni au déléguant, ni au délégué (C. civ. 2112). — 1er août 1832. Montpellier. Soubeyrand. D.P. 33. 2. 14.

23.—Le créancier doit en outre déclarer expressément qu'il entend décharger le débiteur déléguant (art. 1275). Si l'on s'en tient rigoureusement à la lettre de la loi, il faudra décider que l'intention la plus claire d'opérer novation par l'acceptation du débiteur délégué, à la place du débiteur primitif, ne suffit pas pour éteindre la première dette. On ne conçoit pas pourquoi l'intervention d'un tiers entraînerait la nécessité d'une déclaration formelle, lorsqu'une manifestation quelconque, mais précise, est suffisante quand il s'agit de la novation entre les parties qui seules ont originairement contracté. On croit donc, et c'est d'ailleurs la doctrine généralement adoptée, que l'art. 1275 doit être entendu dans le sens de l'art. 1273, et que la délégation entraîne novation lorsqu'il résulte clairement de l'acte que le créancier a eu la volonté de décharger le débiteur déléguant. — Poth., n. 600; Touill., t. 7, n. 290; Dur., *Tr. des contr.*, n. 897; Delv., t. 2, p. 569, et t. 12, n. 322, 324; D.A. 10. 608, n. 6.

24.—Jugé cependant que la délégation n'opère pas novation, encore que le délégué ait consenti une hypothèque sur ses propres biens, en faveur du délégataire, si ce dernier n'a pas expressément déclaré qu'il entend décharger son débiteur. Ainsi, lorsque le délégué est l'acquéreur d'un immeuble qui se trouve grevé d'autres hypothèques que celle pour laquelle la délégation a été faite, il peut refuser de payer le délégataire, jusqu'à ce que la confection d'un ordre ait appris s'il doit être colloqué utilement. — 11 février 1811. Turin. Pigino. D.A. 10. 609, n. 1. D.P. 12. 2. 111.

25.—Au reste, une simple délégation acceptée par le créancier était insuffisante avant le code civil, comme elle l'est d'après l'art. 1275 de ce code, pour opérer la novation. — 28 avril 1818. Req. Bourdon. D.A. 10. 609, n. 1. D.P. 19. 1. 63.

26.—Mais la délégation opère novation, lorsque le délégué déclare qu'il fait son affaire propre du paiement envers le délégataire, et que celui-ci accepte cette obligation sans réserve d'aucun recours contre son débiteur originaire.— 2 juill. 1812. Nîmes. Roumette. D.A. 10. 609, n. 1. D.P. 2. 816, n. 1.

27.—Il est bien entendu qu'un créancier n'a pas perdu son action contre son débiteur, par cela seul qu'un tiers s'est chargé, par acte fait avec le débiteur seul, d'acquitter la dette, et que le créancier a eu connaissance de cet acte.—19 déc. 1815. Civ. c. Audoux. D.A. 10. 610, n. 4. D.P. 2. 816, n. 2.

28. — La délégation faite par un débiteur à son créancier, d'une somme équivalente à prendre sur le prix de vente d'un immeuble, n'opère ni novation ni extinction de la dette, si le créancier a toujours réservé ses droits contre le débiteur et ses ayans-cause. — En conséquence, elle n'entraîne point caducité du legs de cette même créance. — 12 déc. 1831. Req. Riom. Bonnefoy. D.P. 33. 1. 39.

29. — L'acquéreur d'un immeuble, avec charge, dans l'acte de vente, de payer une somme déterminée à un créancier, simplement chirographaire de son vendeur, lequel, plus tard, déclare accepter cette délégation, mais sans faire novation et en réservant tous ses droits contre son débiteur primitif, ne contracte aucune obligation directe et personnelle envers ce créancier, et peut se dispenser de le payer, si, depuis, il se présente un autre créancier ayant une hypothèque qui absorberait toute la portion du prix restant dû (C. civ. 1121, 1271, 1275). — 16 janv. 1829. Toulouse. Vergnes. D.P. 29. 2. 187.

30. — Les créances à terme ou non échues (par exemple, des fermages à échoir) peuvent, comme les créances actuellement exigibles, être la matière d'une délégation; aucune loi ne le défend.—28 mars 1825. Rouen. Nourry. D.P. 26. 2. 71.

31. — *Effets.* — Il nous reste à parler des effets de la délégation parfaite. Elle opère novation, éteint la dette, et ainsi s'oppose à ce que le créancier délégataire exerce un recours contre le débiteur déchargé, si le délégué devient insolvable. cet événement ultérieur ne peut faire revivre la dette anéantie par la novation. Il y a exception si l'acte contenait réserve expresse de ce recours, ou si le délégué se trouvait déjà en faillite ouverte ou en déconfiture au moment de la délégation (art. 1276). Cette décision termine les incertitudes de l'ancien droit, rappelées par Pothier, *Obl.*, n. 604.— Dur., t. 12, n. 325; D.A. 10. 611, n. 12.

32. — Jugé que le vendeur qui a accepté une délégation, en se réservant ses recours et hypothèques sur les biens vendus, ne peut diriger des poursuites contre son acquéreur qu'après avoir acquis la certitude de ne pouvoir être payé de la personne qu'il avait prise pour débiteur. — 30 mai 1816. Bordeaux. Lavergne. D.A. 10. 148, n. 1. D.P. 2. 710, n. 5.

33.—La délégation entraîne une double novation: car elle éteint la dette du déléguant envers le délégataire, et celle du délégué envers le déléguant. Cet effet n'est produit immédiatement que par une délégation pure et simple; si elle a été faite sous condition suspensive, le déléguant n'est libéré que par l'accomplissement de la condition, ainsi que l'enseignent tous les auteurs, notamment Pothier, n. 603; Toull., t. 7, n. 519; Dur., *Tr. des contr.*, n. 897 et 901; Delv., t. 2, p. 175; D.A. 10. 609, n. 7 et 611, n. 13.

34. — Par la délégation légalement opérée, le délégué est devenu le débiteur exclusif et personnel du créancier délégataire : en conséquence, il ne peut plus lui opposer les exceptions qu'il aurait eues à élever contre le déléguant ; le créancier ne connait que le délégue ; il ignore ce qui a eu lieu entre le déléguant et le délégué : dans aucun cas, il ne doit en souffrir. Aussi le délégue qui s'est cru par erreur débiteur du déléguant ne peut opposer cette circonstance au créancier délégataire, et n'a de recours que contre le déléguant. Alors même que celui-ci aurait trompé le delegué, l'action de dol ne saurait refluer sur ce créancier. Si le délégué a payé, quoiqu'il sût ne rien devoir au deléguant, il est censé avoir gratifié ce dernier de la somme acquittee pour lui. — Si, au lieu de payer une dette du déléguant, le délégué n'a fait que payer une somme que ce délégant voulait donner, il peut alors opposer les exceptions qu'il avait contre le deléguant, parce que *certat de damno vitando*, et que le tiers indiqué *certat de lucro captando*. — Enfin, le délégué, s'il ne peut opposer au délégataire les exceptions contre le déléguant, a le droit de lui opposer celles que le deléguant lui-même avait contre ce créancier. — Poth., n. 602 : Toull., t. 7, n. 319, Dur., *Tr. des contr.*, n. 898, 899 et 900 ; Delv., t. 2, p. 368, notes.

— V. Indication de paiement. — V. aussi Caution, Compensation, Enregistrement, Exception, Faillite, Hypothèques, Jeu et pari, Louage, Paiement, Papier-monnaie, Succession bénéficiaire, Partage, Saisie-immobilière, Transport.

TABLE SOMMAIRE.

Acceptation. 14, s.
A-compte. 11.
Acquereur. 11, s.
Acte authentique. 16, s.
Caractère. 1, s.
Consentement. 3, s. 10.
Créancier. 3, s.
Crédit ouvert. 14.
Dation en paiement. 4.
Décharge. 7, s. 23, s.
Déclarat. expresse. 23, s.
Défense de payer. 8.
Discussion. 32.
Effets. 31, s.
Equivalent. 21, 23.
Eviction (crainte). 12.
Exceptions. 34.
Garantie. 27.
Hypothèque. 21.
Indication de paiement. 1, 2.
Insolvabilité. 31.
Intention. 23, s.
Mandat. 3, 7, s.
Novation. 9, 15, 23, s. 31, 33.
Obligat. personnelle. 29.
Offices. 15.
Paiement. 3, s.
Présomption. 11, s.
Preuve certaine. 16, s. — expresse. 11.
Privilége. 22, s.
Réserves. 28, s. 31, s.
Révocation. 2, 13, 16.
Signification. 22.
Tiers. 10, s.
Transport. 22. — de créance. 4.

DÉLÉGATION DE CONTRIBUTIONS. — V. Elections.

DÉLÉGATION DE FONCTIONS OU DE POUVOIRS. — V. Actes de l'état civil, Brevet d'invention, Capitaine, Compétence, Compétence administrative, commerciale, Droits civils, Enquête criminelle, Fonctionnaires, Instruction, Ministère public, Serment, Tribunaux.

DÉLIBÉRATION. — V. Appel criminel, Assurance maritime, Autorité municipale, Avarie, Avocat, Capitaine, Cassation, Colonies, Commerçans, Communauté, Commune, Complicité, Conclusion, Conseil d'état, Cour d'assises, Elections, Enregistrement, Faux incident, Garde nationale, Homicide, Hospices, Interdiction, Jugement, Reprise d'instance, Société commerciale, Succession bénéficiaire, Tribunaux, Tutelle, Voirie.

DÉLIBÉRÉ. — V. Instruction sur délibéré. — V. aussi Conclusion, exceptions, Faux incident, Jugement, Tribunaux.

DÉLIMITATION. — V. Communauté, Contributions directes, Domaines nationaux, Forêts, Prescription, Servitude.

DÉLIT. — 1. — Un délit, dans l'acception la plus étendue de ce mot, c'est toute espèce d'infraction à la loi. « Faire ce que défendent, et ne pas faire ce qu'ordonnent les lois qui ont pour objet le maintien de l'ordre social et la tranquillité publique, est un délit » (C. 3 brum. an 4, art. 1er).

§ 1er. — *Principes généraux sur les délits.*

§ 2. — *Division des délits.*

§ 3. — *Contraventions de police.*

§ 4. — *Délits correctionnels et crimes.*

§ 1er. — *Principes généraux sur les délits.*

2. — Les mots délit et crime étaient synonymes sous le code de 1791 et de l'an 4 ; ils n'ont eu une acception distincte que depuis le code pénal de 1810. — 28 mars 1822. Cass. Pons. D A. 11. 513, n. 2. D.P. 22. 1. 520.

3. — On distingue les délits véritables des quasi-délits ; les premiers donnent lieu à l'application d'une peine, les autres ne font encourir qu'une responsabilite civile. — V. Obligations, Responsabilité.

4. — On ne peut considérer comme délits que les actions que la loi defend et qu'elle punit. Il s'ensuit qu'une action, quelque répréhensible qu'elle puisse être aux yeux de la morale, ne donne lieu à aucune poursuite criminelle si elle n'a pas été defendue sous des peines par une loi antérieure. — Carnot, sur l'art. 1er C. pén — V. Faux, Peine.

Ce principe résulte implicitement des termes mêmes de l'art. 1er C. pén., et mieux encore de l'art. 4 de la charte, portant que « nul ne peut être poursuivi ni arrete que dans les cas *prévus* par la loi et dans les formes qu'elle prescrit. » Cette règle, de justice universelle, était aussi proclamée par le code de brumaire, dont les art. 2 et 3 etaient ainsi conçus : « Aucun acte, aucune omission ne peuvent être réputés délits s'il n'y a contravention à une loi promulguée antérieurement. Nul délit ne peut être puni de peines qui n'étaient pas prononcees par la loi avant qu'il fût commis. »

Enfin, l'art. 4 C. pén. porte aussi : Nulle contravention, nul délit, nul crime, ne peuvent être punis de peines qui n'étaient pas prononcées par la loi avant qu'ils fussent commis.

5. — Deux qualifications différentes du même fait ne constituent pas deux délits différens. — 23 frim. an 13. Cr. c. S. 2. 48 ; Bul. off.

6. — Les delits donnent lieu à deux sortes d'actions, dont les principes ont eté developpés aux mots Action civile, Action publique.

7. — Tout fait puni d'une amende, sans emprisonnement, est-il un delit, meme si le fait puni d'amende est réprimé simplement par les lois civiles, et non par le code pénal ? Suffit-il que l'application d'une amende soit confiee aux tribunaux correctionnels pour que le fait doive être qualifié délit ? — 21 mars 1822. Civ. r. Auger. D.A. 2. 434. D.P. 22. 1. 165.

8. — Lorsqu'un individu a été cité devant le tribunal correctionnel comme auteur d'un délit, les tribunaux ne peuvent le condamner comme civilement responsable. Ce serait changer la nature et l'objet de la prévention. — 5 juin 1828. Bordeaux. Angonnet. D.P. 29. 2. 289. — V. Responsabilité.

9. — Une régle commune au jugement de tous les délits, meme de simple police, c'est que les tribunaux ne peuvent former et declarer leur conviction sur les délits qui sont de leur compétence que d'après l'instruction orale faite devant eux. C'est un principe fondamental qu'aucun jugement ne peut être rendu que sur le débat qui doit être forme à l'audience, en présence du public, entre l'accusé, l'accusateur, les témoins, et sur la discussion des pièces à charge dont la loi ordonne à cet effet la lecture. — Merlin, vº Délit, § 4.

10. — Les delits sont personnels, en ce sens que chacun est tenu de subir la peine et la réparation due pour le crime dont il s'est rendu coupable, et que le délit de l'un ne nuit point à d'autres.

« Les délits et les crimes étant personnels, le supplice d'un coupable et les condamnations infamantes quelconques n'impriment aucune flétrissure à sa famille : l'honneur de ceux qui lui appartiennent n'est nullement entaché, et tous continueront d'être admissibles à toutes sortes de professions, d'emplois et de dignités » (L. 21 janv. 1790, art. 1er).

11. — Cette règle souffre exception dans quelques cas où des lois spéciales rendent expressément certaines personnes responsables des delits commis par d'autres, par exemple, les péres et les maris responsables des délits de leurs enfans ou de leurs femmes. — Merlin, *eod.*, § 8. — V. Responsabilité.

12. — L'héritier n'est jamais passible d'aucune peine afflictive pour un délit commis par son auteur. En est-il de même si la peine est purement pécuniaire ? Oui, s'il s'agit d'une peine que le defunt eût dù subir personnellement, s'il eût été condamné ; telle serait une amende de contravention à laquelle n'aurait pas été condamné l'auteur du délit. — 8 mess. an 8. Cr. c. Mitchell D.A. 1. 216. D.P. 3. 1. 263.

Si la condamnation à l'amende avait été prononcée, en dernier ressort, avant la mort du coupable, l'amende pourrait être exigée de l'héritier, comme elle pourrait l'être si le défunt, au lieu de se laisser condamner, avait souscrit une soumission de la payer (Merlin, *eod.*, § 9, n. 2, 3). S'il s'agissait d'une confiscation prononcée sur la chose même assujettie à cette peine, elle pourrait être poursuivie contre l'héritier, quoique le contrevenant fût décédé avant le jugement définitif. — Merlin, *eod.*, n. 4.

13. — L'héritier est passible des dommages-intérêts de la partie lésée par un délit. L'action civile, pour la réparation du dommage, porte l'art. 2 C. inst. cr., peut être exercée contre le prévenu et contre *ses représentans*. — Sur la complicité des délits, V. Complicité.

14 — Les délits peuvent être excusés dans certaines circonstances prévues par la loi. — V. Excuse.

15. — Quant à la manière de constater les délits, d'en instruire la poursuite, et de saisir de la connaissance de l'action qui en résulte les tribunaux compétens, V. Action civile et Action publique, Compétence, Instruction, Jugement, Preuve testimoniale, Procès-verbal, Tribunaux.

§ 2. — *Division des délits.*

16. — Autrefois, on divisait les délits en publics et privés. Les délits publics étaient ceux dont la punition intéressait directement la société. Ils étaient poursuivis, à Rome, par action populaire, en France, par le ministère public. Les délits privés étaient ceux à la punition desquels la société n'avait qu'un intérêt indirect ; la poursuite n'en appartenait qu'aux personnes lésées ; telles étaient les injures verbales entre particuliers. Cette distinction n'est plus admise explicitement par nos lois. — Merl., Rép., vº Delit, Toull, 9, n. 189.

Cependant elle demeure implicitement consacrée par plusieurs dispositions des lois en vigueur. Ainsi, il existe plusieurs délits dont la poursuite ne peut être intentée par le ministere public que sur la provocation de la partie intéressée ; par exemple, l'adultère de la femme, la diffamation contre un particulier, la chasse sur le terrain d'autrui en temps prohibé, etc. — V. Roll., vº Délit, n. 14 ; Carn., sur l'art. 1er C. pen., n. 9.

17. — Aujourd'hui la loi divise les délits suivant la nature des peines qu'elle prononce.

L'infraction que les lois punissent des peines de police est une contravention.

L'infraction que les lois punissent de peines correctionnelles est un délit.

L'infraction que les lois punissent d'une peine afflictive ou infamante est un crime (C. pén., art. 1er).

Ces differentes sortes de peine sont définies par les art. 6 à 11 et 464 et suiv. du même code.

Ces classifications et définitions ont pour résultat et pour avantage de déterminer avec précision la compétence du juge pour chaque délit que la loi réprime par une peine.

18 — On distingue encore les délits en délits ordinaires et délits extraordinaires. Les délits ordinaires sont ceux dont la connaissance appartient à la juridiction criminelle ordinaire. Le délits extraordinaires sont ceux qui ont été soumis par la loi à des tribunaux d'exception, à des formes particulières d'instruction et de jugement. — Merl., Rép., vº Délit, § 2.

19. — Les délits extraordinaires peuvent appartenir à la juridiction d'exception, à raison de la qualité personnelle de celui qui en est prévenu, ou bien à raison de la nature même du délit. Les juridictions exceptionnelles ont été supprimées par la charte, il n'y a plus de commissions militaires ni de tribunaux spéciaux. Les seules attributions extraordinaires que la constitution ait conservées, sont, la cour des pairs, pour le jugement des ministres et des pairs, ainsi que pour les attentats à la sûreté de l'état ; et les tribunaux militaires pour le jugement des délits militaires, prévus par les lois. — V. Compétence, Tribunaux.

20. — Sous le rapport de la tentative, la loi établit une différence importante entre les crimes et les délits proprement dits. — V. Tentative.

21. — Les crimes et délits, quoique différens par leur gravité réciproque, et par la peine dont ils sont frappés, sont réunis par le code pénal dans la même division. Cet ordre, destiné à éviter les redites, était d'autant plus logique, que souvent, par les circonstances, les délits se changent en crimes et les crimes en délits. — Roll., n. 6, 7.

22. — Les crimes et délits se divisent en deux

grandes espèces : ceux dirigés contre la chose publique, ceux dirigés contre les particuliers. Ces derniers se subdivisent en crimes ou délits contre les personnes, et crimes ou délits contre les propriétés. — V. Attentat, Complot, Sûreté publique, Presse, Rébellion, Voie de fait, Vol, etc.

§ 3.— *Contraventions de police.*

23.— Les contraventions de police sont de trois classes, suivant l'élévation de l'amende ou de l'emprisonnement (C. pén. 471 et suiv.).

24 — L'énumération des délits de police, telle que la font les art. 471 et suiv. C. pén., n'est pas limitative, on doit prendre pour signe de reconnaissance de la nature du fait inculpé, la nature de la peine prononcée par la loi.— Merl., Rép., v° Délit, § 3.

25. — Les contraventions proprement dites sont les infractions aux lois de police et aux réglemens de police, lorsqu'ils ont été faits ou publiés par l'autorité administrative ou municipale; qu'ils concernent les objets dont la surveillance a été confiée par la loi à ces autorités; qu'ils n'ont pas été desapprouvés par l'autorité supérieure, ou enfin quand, étrangers à ces matières, ils ont pour but d'assurer l'exécution d'une loi (C. pén. 471, n. 15).

Et la contravention ne cesse pas d'exister par cela que le réglement de police aurait fixé une peine plus forte que la loi ne le permet : on restreint la peine à la mesure légale.

26.— Les contraventions de police se poursuivent devant le juge de paix, qui quitte, dans ce cas, son caractère civil pour se constituer en tribunal de police: ils peuvent aussi, dans certains cas, être poursuivis devant le maire.— Merl., Rép., v° Délit, § 3.— V. Compétence criminelle.

27.— Avant le code d'instruction criminelle, le jugement des délits de police était toujours sans appel, et ne donnait ouverture qu'à un recours en cassation Il n'en est plus de même aujourd'hui.— V. Appel.

§ 4.—*Délits correctionnels et crimes.*

28.—Les délits de police correctionnelle sont ceux dont la peine n'est ni infamante ni afflictive, mais qui excède une amende de 15 fr., ou un emprisonnement de cinq jours (C. inst. crim. 179).

29.— Les délits correctionnels sont jugés par les tribunaux d'arrondissement, sauf appel devant les cours royales ou les tribunaux des chefs-lieux de département.— V. Compétence criminelle.

30.— Le code pénal de 1810, et la loi du 28 septembre 1791 prévoient un grand nombre de délits. Toutefois, l'énumération est loin d'être complète, et il existe beaucoup d'autres délits prévus et punis par des lois particulières. Tels sont les lois sur la chasse, sur la propriété littéraire, sur la police des cultes, sur la médecine et la pharmacie, sur les contributions indirectes, etc. — Merl., Rép., v° Délit, § 4.

31.— Les crimes ordinaires sont jugés par les cours d'assises.— V. Compétence, Cour d'assises.

— V. Actions civiles, Actions possessoires, Agens diplomatiques, Amnistie, Attroupemens, Avarie, Avocat, Avoué, Attentat-complot, Capitaine, Cautionnement de fonctionnaire public, Certificat de fonctionnaire, Chasse, Chose jugée, Communauté, Commune, Compétence administrative, Compétence criminelle, Complicité, Contrainte par corps, Contributions directes, Crieurs publics, Douanes, Droits civils, Eau, Elections départementales, Elections législatives, Excuse, Faillite, Faux, Forêts, Frais et dépens, Garde nationale, Instruction, Ministère public, Nantissement, Pêche, Peine, Péremption, Plainte, Prescription, Presse, Prêt, Prise à partie, Procès-verbal, Propriété littéraire, Récidive, Responsabilité, Succession, Tierce-opposition, Transaction, Tribunaux, Voies de faits, Voirie.

TABLE SOMMAIRE.

Action civile. 13. — immorale 4. — publique. 6, 16.
Amende. 12, s.
Compétence. 26, 29. — spéciale. 19.
Condamnation. 9, s.
Confiscation. 12.
Contravention. 17, s. 23.
Crime. 2, 17, s.
Définition. 17, s.
Délit. 17. — extraordinaire. 18, s. — ordinaire. 18.— privé. 16. public. 16.
Division. 16, s.
Excuse. 14.
Heritier. 12, s.
Infraction. 1.
Peine, 17, 28, s. — personnelle. 10, s.
Preuve. 9, 15.
Qualité. 19.
Quasi-délit. 3.
Responsabilité. 8.

DÉLIT D'AUDIENCE. — V. Audience. — V. aussi Appel criminel, Garde nationale, Avocat, Compétence, Compétence civile, Outrage.

DÉLIT CIVIL — V. Compétence criminelle.

DÉLIT COMMUN. — V. Amnistie, Compétence criminelle.

DÉLIT DISTINCT. — V. Délit.— V. aussi Chasse, Chose jugée, Compétence criminelle, Forêts, Instruction, Peine, Presse.

DÉLIT DOMESTIQUE.— V. Vol.

DÉLIT FORESTIER.— V. Forêts.— V. aussi Amnistie, Communes, Compétence criminelle, Délit rural, Faux incident, Peine.

DÉLIT MARITIME. — V. Compétence criminelle, Désertion.

DÉLIT MILITAIRE. — V. Compétence criminelle, Desertion, Peine, Récidive.

DÉLIT POLITIQUE — 1.— La loi ne s'est occupée spécialement de cette classe de délits que pour en attribuer la connaissance au jury. Il a paru au législateur que de puissantes raisons sociales nécessitaient cette dérogation au système général de la législation, suivant lequel les délits sont jugés par les tribunaux de police correctionnelle.

2.— L'art. 69 de la charte de 1830 place au nombre des objets auxquels les chambres étaient invitées à pourvoir spécialement et promptement l'application du jury aux *délits politiques.*

3.— Cette obligation a été remplie. L'art. 6 de la loi du 8 oct. 1830 porte expressément que la connaissance des délits politiques est attribuée aux cours d'assises.

4.— L'expression *délits politiques* aurait laissé à l'arbitraire du juge une latitude nuisible à la certitude des compétences, et par là à la bonne administration de la justice. Aussi la loi a-t-elle pris soin d'expliquer ce qu'elle entend par délits politiques.

5.—L'art. 7 est ainsi conçu : « Sont réputés politiques les délits prévus, 1° par les chapitres 1 et 2 du titre 1er du livre 3 du code pénal; 2° par les paragraphes 2 et 4 de la section 3, et par la section 7 du chapitre 3 des mêmes livre et titre; 3° par l'art. 9 de la loi du 25 mars 1822.

6.— Si l'on recourt aux différentes dispositions que cet article énumère, on voit que les délits politiques soumis au jury sont :

Les délits contre la sûreté extérieure ou intérieure de l'état, les délits relatifs à l'exercice des droits civiques et à la liberté individuelle ou à la charte, les délits d'empiètemens des autorités administratives et judiciaires (C. pén., art. 75 à 131).

Les critiques, censures ou provocations dirigées contre l'autorité publique dans un discours pastoral prononcé publiquement (C. pén., art. 201 et suiv.); la correspondance clandestine des ministres des cultes avec des cours ou puissances étrangères sur des matières de religion (C. pén. 207, 208);

Les délits d'association ou reunion illicite (C. pén., art. 291 et suiv.);

L'enlèvement ou la dégradation des signes publics de l'autorité royale, opérés en haine ou mépris de cette autorité : le port public de tous signes extérieurs de ralliement non autorisés par le roi ou par des réglemens de police; l'exposition dans les lieux ou réunions publics, la distribution ou la mise en vente de tous signes ou symboles destinés à propager l'esprit de rebellion ou à troubler la paix publique (L. 25 mars 1822, art. 9);

7.— La loi du 8 oct. 1830 a été modifiée, dans la partie relative aux associations ou réunions illicites, par la loi des 10-11 avril 1834.

L'art. 4 porte : « Les attentats contre la sûreté de l'état, commis par les associations ci-dessus mentionnées, pourront être déférés à la juridiction de la chambre des pairs, conformément à l'art. 28 de la charte constitutionnelle.

Les délits politiques commis par lesdites associations seront déférés au jury, conformément à l'art. 69 de la charte constitutionnelle.

Les infractions à la présente loi et à l'art. 291 C. pén. seront déférées aux tribunaux correctionnels. » — D.P. 34. 3. 38.

8.— Le fait d'avoir expulsé un adjoint de la salle de la mairie où il devait présider les élections, constitue un délit politique, et doit être soumis à la cour d'assises (C. pen. 109; l. 8 oct. 1830, art. 7). — 3 mai 1832. Cr. régl. Sarrand. D.P. 32. 1. 247.

9.— L'enumération que fait l'art. 7 de la loi du 8 oct. 1830, des délits qui sont réputés politiques, est limitative, et l'on ne peut regarder comme tels les délits qu'elle ne comprend pas. — 22 fév. 1834. Cr. c. Bourges. Thevenard. D.P. 34. 1. 152.

10.— Le fait d'avoir porté la croix de la Légion-d'Honneur, et pris la qualité d'officier d'un régiment sans en avoir le droit, n'est pas un delit politique, dans le sens de la loi du 8 oct. 1830.— 6 janv. 1831. Cr. c. Metz. Min. pub. C. Housset. D.P. 31. 1. 33.

.... En conséquence, l'individu coupable de ces faits, encore qu'il serait *forçat libéré*, et soumis par suite à une peine plus forte, doit être jugé par les tribunaux correctionnels, et l'on doit annuler l'arrêt de la chambre des mises en accusation, qui le renvoie devant une cour d'assises.— Même arrêt.

11.— Le délit, dans cette affaire, était prévu par l'art. 259, qui n'est point compris parmi ceux qui répriment les délits politiques.

12. — La loi du 8 oct. 1830 n'a pour but que de déterminer la compétence des cours d'assises par la fixation légale du caractère politique des delits. Toutefois, elle a été invoquée aussi pour fixer l'étendue de l'amnistie accordée par l'ordonnance du 26 août 1830 à tous les delits politiques antérieurs à la révolution de juillet.

13.— C'est en ce sens qu'il a été jugé que le fait de rébellion par plus de vingt personnes armées contre la garde nationale et la gendarmerie, n'est pas un délit politique, mais un crime prévu par le code pénal (L. 8 oct. 1830, art. 7). — 9 dec. 1830. Cr. r. Min. pub. C. Roquelaure. D.P. 31. 1. 54.

—V. Amnistie, Attroupemens, Cour d'assises, Presse, Tapage.

TABLE SOMMAIRE.

Amnistie. 12.
Association. 6
Compétence. 1, s.
Complot. 6.
Cour d'assises. 1.
Charivari. 9.
Décoration. 10.
Définition. 4.
Délit politique. 13.
Destruction. 6.
Election. 8
Expulsion 8.
Pairie. 8.
Presse. 6.
Publication 6.
Rébellion armée. 13.

DÉLIT DE LA PRESSE. — V. Presse. — V. aussi Amnistie, Cassation, Mandat d'exécution, Outrage, Récidive, Tribunaux.

DÉLIT RURAL. — 1. — C'est le délit commis à l'égard des propriétés, et même, d'après la loi de 1791, à l'égard de certains animaux, dans les campagnes.

2. — Quand une bonne institution est une fois entrée dans les desseins de la sagesse d'un peuple, l'autorité de quelques hommes, si vaste que soit leur savoir, est bien impuissante pour en retarder la proclamation. En vain le docte Merlin avait dit à la séance du 8 août 1791 : « qu'il était impossible de faire des lois rurales universelles; » en vain des esprits éclairés avaient-ils pensé qu'un code rural uniforme était inpraticable dans l'exécution; ils rencontrèrent de nombreux adversaires, entre autres Dupont, qui répondit que « l'observation de Merlin avait été faite contre toutes les lois : on a toujours dit qu'elles étaient incompatibles avec les localités, les habitudes, les préjugés. Mais il est facile de démontrer que les principes des lois sont extrêmement simples, qu'ils sont applicables partout. » — C'est alors que du sein d'une de nos plus célèbres assemblées sortit ce décret bienfaisant des 28 sept., 6 oct. 1791, connue plus communément sous le nom de *code rural*. Ce décret, en tête duquel se trouve le principe si fécond et si vrai, que *le territoire français est libre comme les hommes qui l'habitent*, forme encore aujourd'hui la loi générale de la matière pour tous les cas sur lesquels il n'a point été statué par des lois postérieures. — D.A. 4. 752, n. 1.

3. — C'est après une investigation lente et approfondie, que le comité d'agriculture a procédé à la confection de ce code. « Ce projet, disait le rapporteur, n'est pas seulement le travail des huit comités; c'est celui de toute l'assemblée, de toutes les personnes des divers départemens qui ont voulu nous enrichir de leurs reflexions. » — D.A. 4. 752, n. 3.

4. — Aussi, en présence de ce travail, Heurtault-Lamerville, rapporteur, disait-il, oubliant trop peut-être que la religion a aussi son influence sur le bonheur des peuples : « Les habitans des campagnes n'auront pas besoin d'autre catéchisme que ce code des lois rurales. Il fera plus pour la tranquillité des campagnes que votre constitution. » — D.A. 4. 752.

5. — L'assemblée constituante, dans la confe

de ce code, paraît avoir été dominée de cette idée, que, dans les campagnes, le principe de la propriété ne s'est pas introduit avec la même rigueur que dans les villes. Il fallait donc, en établissant des peines, suivre cette ligne de démarcation pour ne pas choquer des habitudes générales. — D.A. 4. 752.

6. — Le code rural se compose de deux titres. Le premier est *relatif aux biens et usages ruraux;* il se compose de sept sections dans lesquelles il est parlé, 1° des biens et usages ruraux; 2° des baux des biens des campagnes; 3° des diverses propriétés rurales; 4° des troupeaux, des clôtures, des parcours et de la vaine pâture; 5° des récoltes; 6° des chemins; 7° des gardes-champêtres. — V. Choses, Forêts, Louage, Pâturage, Procès-verbal, Propriété, Servitude, Vacans, Voirie, etc. — Le titre deuxième est intitulé de *la police rurale:* c'est celui qui fait l'objet de cet article; ses dispositions ont été complétées, quelquefois modifiées par quelques lois postérieures qui sont, notamment, la loi du 23 therm. an 4, le code pénal, la loi du 25 juin 1824; on les rappellera dans le cours de cet article, mais on doit préalablement retracer les dispositions dont se compose le titre 2; les voici :

TITRE 2. — *De la police rurale.*

Art. 1er. « La police des campagnes est spécialement sous la juridiction des juges de paix et des officiers municipaux, et sous la surveillance des gardes-champêtres et de la gendarmerie nationale.

Art. 2. » Tous les délits ci-après mentionnés sont, suivant leur nature, de la compétence du juge de paix ou de la municipalité du lieu où ils auront été commis.

Art. 3. » Tout délit rural, ci-après mentionné, sera punissable d'une amende ou d'une détention, soit municipale, soit correctionnelle, ou de détention ou d'amende réunies, suivant les circonstances et la gravité du délit, sans préjudice de l'indemnité qui pourra être due à celui qui aura souffert le dommage. Dans tous les cas, cette indemnité sera payable par préférence à l'amende. L'indemnité et l'amende sont dues solidairement par les délinquans.

Art. 4. » Les moindres amendes seront de la valeur d'une journée de travail, au taux du pays, déterminée par le directoire du département. Toutes les amendes ordinaires qui n'excéderont pas la somme de trois journées de travail seront doubles en cas de récidive, dans l'espace d'une année; ou si le délit a été commis avant le lever ou après le coucher du soleil, elles seront triples quand les deux circonstances précédentes se trouveront réunies. elles seront versées dans la caisse de la municipalité du lieu.

Art. 5. » Le défaut de paiement des amendes et de dédommagemens ou indemnités n'entraînera la contrainte par corps que vingt-quatre heures après le commandement. La détention remplacera l'amende à l'égard des insolvables; mais sa durée en commutation de peine ne pourra excéder un mois. Dans les délits pour lesquels cette peine n'est point prononcée, dans les cas graves où la détention est jointe à l'amende, elle pourra être prolongée du quart du temps prescrit par la loi

Art. 6. » Les délits mentionnés au présent décret, qui entraîneront une détention de plus de trois jours dans les campagnes, et de plus de huit jours dans les villes, seront jugés par voie de police correctionnelle; les autres le seront par voie de police municipale

Art 7. » Les maris, pères, mères, tuteurs, maîtres, entrepreneurs de toute espèce seront civilement responsables des délits commis par leurs femmes et enfans, pupilles, mineurs n'ayant pas plus de vingt ans et non mariés, domestiques, ouvriers, voituriers et autres subordonnés. L'estimation du dommage sera toujours faite par le juge de paix ou ses assesseurs, ou par deux experts par eux nommés.

Art. 8. » Les domestiques, ouvriers, voituriers, ou autres subordonnés, seront, à leur tour, responsables de leurs délits envers ceux qui les emploient.

Art. 9. » Les officiers municipaux veilleront généralement à la tranquillité, à la salubrité et à la sûreté des campagnes; ils seront tenus particulièrement de faire, au moins une fois par an, la visite des fours et cheminées de toutes maisons et de tous bâtimens éloignés de moins de cent toises d'autres habitations: ces visites seront préalablement annoncées huit jours d'avance. Après la visite, ils ordonneront la réparation ou la démolition des fours et cheminées qui se trouveront dans un état de délabrement qui pourrait occasioner un incendie ou d'autres accidens; il pourra y avoir lieu à une amende au moins de six livres, et au plus de vingt-quatre livres.

Art. 10. « Toute personne qui aura allumé du feu dans les champs plus près que cinquante toises des maisons, bois, bruyères, vergers, haies, meules de grains, paille ou de foins, sera condamnée à une amende égale à la valeur de douze journées de travail, et paiera en outre le dommage que le feu aura occasioné. Le délinquant pourra, de plus, suivant les circonstances, être condamné à la détention de la police municipale.

Art. 11. » Celui qui achètera des bestiaux hors des foires et marchés sera tenu de les restituer gratuitement au propriétaire, en l'état où ils se trouveront, dans le cas où ils auraient été volés.

Art. 12. » Les dégâts que les bestiaux de toute espèce, laissés à l'abandon, feront sur les propriétés d'autrui, soit dans l'enceinte des habitations, soit dans un enclos rural, soit dans les champs ouverts, seront payés par les personnes qui ont la jouissance des bestiaux: si elles sont insolvables, ces dégâts seront payés par celles qui en ont la propriété. Le propriétaire qui éprouvera les dommages aura le droit de saisir les bestiaux, sous l'obligation de les faire conduire, dans les vingt-quatre heures, au lieu du dépôt qui sera désigné à cet effet par la municipalité. — Il sera satisfait aux dégâts par la vente des bestiaux, s'ils ne sont pas réclamés, ou si le dommage n'a point été payé dans la huitaine du jour du délit. — Si ce sont des volailles, de quelque espèce qu'elles soient, qui causent le dommage, le propriétaire, le détenteur ou le fermier qui l'éprouvera, pourra les tuer, mais seulement sur les lieux, au moment du dégât.

Art. 13. » Les bestiaux morts seront enfouis dans la journée, à quatre pieds de profondeur, par le propriétaire, et dans son terrain, ou voiturés à l'endroit désigné par la municipalité, pour y être également enfouis, sous peine, par le délinquant de payer une amende de la valeur d'une journée de travail, et les frais de transport et d'enfouissement.

Art. 14. » Ceux qui détruiront les greffes des arbres fruitiers ou autres, et ceux qui écorceront ou couperont en tout ou en partie des arbres sur pied, qui ne leur appartiendront pas, seront condamnés à une amende double du dédommagement dû au propriétaire, et à une détention de police correctionnelle qui ne pourra excéder six mois.

Art. 15 » Personne ne pourra inonder l'héritage de son voisin, ni lui transmettre volontairement les eaux d'une manière nuisible, sous peine de payer le dommage et une amende qui ne pourra excéder la somme du dédommagement.

Art. 16. » Les propriétaires ou fermiers des moulins et usines construites ou à construire, seront garans de tous dommages que les eaux pourraient causer aux chemins ou aux propriétés voisines, par la trop grande élévation du déversoir, ou autrement. Ils seront forcés de tenir les eaux à une hauteur qui ne nuise à personne, et qui sera fixée par le directoire du département, d'après l'avis du directoire du district. En cas de contravention, la peine sera une amende qui ne pourra excéder la somme du dédommagement.

Art. 17. » Il est défendu à toute personne de recombler les fossés, de dégrader les clôtures, de couper des branches de haies vives, d'enlever des bois secs des haies, sous peine d'une amende de la valeur de trois journées de travail. Le dédommagement sera payé au propriétaire; et, suivant la gravité des circonstances, la détention pourra avoir lieu, mais au plus pour un mois.

Art. 18. » Dans les lieux qui ne sont sujets ni au parcours ni à la vaine pâture, pour toute chèvre qui sera trouvée sur l'héritage d'autrui, contre le gré du propriétaire de l'héritage, il sera payé une amende de la valeur d'une journée de travail, par le propriétaire de la chèvre.

Dans les pays de parcours ou de vaine pâture, où les chèvres ne sont pas rassemblées et conduites en troupeau commun, celui qui aura des animaux de cette espèce ne pourra les mener aux champs qu'attachés, sous peine d'une amende de la valeur d'une journée de travail par tête d'animal. En quelque circonstance que ce soit, lorsqu'elles auront fait du dommage aux arbres fruitiers ou autres, haies, vignes, jardins, l'amende sera double, sans préjudice du dédommagement dû au propriétaire.

Art. 19. » Les propriétaires ou les fermiers d'un même canton ne pourront se coaliser pour faire baisser ou fixer à vil prix la journée des ouvriers ou les gages des domestiques, sous peine d'une amende du quart de la contribution mobilière des délinquans, et même de la détention de police municipale, s'il y a lieu.

Art. 20. » Les moissonneurs, les domestiques et ouvriers de la campagne ne pourront se liguer entre eux pour faire hausser et déterminer le prix des gages ou les salaires, sous peine d'une amende

qui ne pourra excéder la valeur de douze journées de travail, et, en outre, la détention de police municipale.

Art. 21. » Les glaneurs, les râteleurs et les grapilleurs, dans les lieux où les usages de glaner, de râteler ou de grapiller sont reçus, n'entreront dans les champs, prés et vignes récoltés et ouverts, qu'après l'enlèvement entier des fruits. En cas de contravention, les produits du glanage, du râtelage et du grapillage seront confisqués, et, suivant les circonstances, il pourra y avoir lieu à la détention de police municipale. Le glanage, le râtelage et le grapillage sont interdits dans tout enclos rural, tel qu'il est défini à l'art. 6 de la sect. 4 du titre 1er du présent décret.

Art. 22. » Dans les lieux de parcours ou de vaine pâture, comme ceux où ces usages ne sont point établis, les pâtres et les bergers ne pourront mener les troupeaux d'aucune espèce dans les champs moissonnés et ouverts, que deux jours après la récolte entière, sous peine d'une amende de la valeur d'une journée de travail; l'amende sera double si les bestiaux d'autrui ont pénétré dans un enclos rural.

Art. 23. » Un troupeau atteint de maladie contagieuse, qui sera rencontré au pâturage sur les terres du parcours ou de la vaine pâture, autres que celles qui auraient été désignées pour lui seul, pourra être saisi par les gardes-champêtres et même par toute personne; il sera ensuite mené au lieu du dépôt qui sera indiqué à cet effet par la municipalité. Le maître de ce troupeau sera condamné à une amende de la valeur d'une journée de travail par tête de bête à laine, et à une amende triple par tête d'autre bétail. — Il pourra, en outre, suivant la gravité des circonstances, être responsable du dommage que son troupeau aurait occasioné, sans que cette responsabilité puisse s'étendre au-delà des limites de la municipalité. A plus forte raison, cette amende et cette responsabilité auront lieu, si ce troupeau a été saisi sur les terres qui ne sont point sujettes au parcours ou à la vaine pâture.

Art. 24. » Il est défendu de mener sur le terrain d'autrui des bestiaux d'aucune espèce, et en aucun temps, dans les prairies artificielles, dans les vignes, oseraies, dans les plants de câpriers dans ceux d'oliviers, de mûriers, de grenadiers, d'orangers et arbres du même genre; dans tous les plants ou pépinières d'arbres fruitiers et autres, faits de main d'homme. — L'amende encourue pour le délit sera une somme de la valeur du dédommagement dû au propriétaire: l'amende sera double si le dommage a été fait dans un enclos rural; et, suivant les circonstances, il pourra y avoir lieu à la détention de police municipale.

Art. 25. » Les conducteurs de bestiaux revenant des foires ou les menant d'un lieu à l'autre, même dans les pays de parcours ou de vaine pâture, ne pourront les laisser pacager sur les terres des particuliers, ni sur les communaux, sous peine d'une amende de la valeur de deux journées de travail, en outre du dédommagement. L'amende sera égale à la somme du dédommagement, si le dommage est fait sur un terrain ensemencé, ou qui n'a pas été dépouillé de sa récolte, ou dans un enclos rural. — A défaut de paiement, les bestiaux pourront être saisis et vendus jusqu'à concurrence de ce qui sera dû pour l'indemnité, l'amende et autres frais relatifs; il pourra même y avoir lieu, envers les conducteurs, à la détention de police municipale, suivant les circonstances.

Art. 26. » Quiconque sera trouvé gardant à vue ses bestiaux dans les récoltes d'autrui, sera condamné, en outre du paiement du dommage, à une amende égale à la somme du dédommagement, et pourra l'être, suivant les circonstances, à une détention qui n'excédera pas une année.

Art. 27. » Celui qui entrera à cheval dans les champs ensemencés, si ce n'est le propriétaire ou ses agens, paiera le dommage et une amende de la valeur d'une journée de travail. L'amende sera double si le délinquant y est entré en voiture. Si les blés sont en tuyau, et que quelqu'un y entre, même à pied, ainsi que dans toute autre récolte pendante, l'amende sera au moins de la valeur d'une journée de travail, et pourra être d'une somme égale à celle due pour dédommagement au propriétaire.

Art. 28. » Si quelqu'un, avant leur maturité, coupe ou détruit de petites parties de blé en vert, ou d'autres productions de la terre, sans intention manifeste de les voler, il paiera en dédommagement au propriétaire une somme égale à la valeur que l'objet aurait eue dans sa maturité; il sera condamné à une amende égale à la somme du dédommagement, et il pourra l'être à la détention de police municipale.

Art. 29. » Quiconque sera convaincu d'avoir dé-

vasté des récoltes sur pied, ou abattu des plants venus naturellement ou faits de main d'homme, sera puni d'une amende double du dédommagement dû au propriétaire, et d'une détention qui ne pourra excéder deux années.

Art. 30. » Toute personne convaincue d'avoir, de dessein prémédité, méchamment, sur le territoire d'autrui, blessé ou tué des bestiaux ou chiens de garde, sera condamné à une amende double de la somme du dédommagement. Le délinquant pourra être détenu un mois, si l'animal n'a été que blessé, et six mois si l'animal est mort de sa blessure ou est resté estropié : la détention pourra être du double si le délit a été commis la nuit, ou dans une étable, ou dans un enclos rural.

Art. 31. » Toute rupture ou destruction d'instrumens de l'exploitation des terres, qui aura été commise dans les champs ouverts, sera punie d'une amende égale à la somme du dédommagement dû au cultivateur, d'une détention qui ne sera jamais de moins d'un mois, et qui pourra être prolongée jusqu'à six mois, suivant la gravité des circonstances.

Art. 32. » Quiconque aura déplacé ou supprimé des bornes, ou pieds corniers, ou autres arbres plantés ou reconnus pour établir les limites entre différens héritages, pourra, en outre du paiement du dommage et des frais de replacement des bornes, être condamné à une amende de la valeur de douze journées de travail, et sera puni par une détention dont la durée, proportionnée à la gravité des circonstances, n'excédera pas une année. La détention cependant pourra être de deux années, s'il y a transposition de bornes à fin d'usurpation.

Art. 33. » Celui qui, sans la permission du propriétaire ou fermier, enlèvera des fumiers, de la marne, ou tous autres engrais portés sur les terres, sera condamné à une amende qui n'excédera pas la valeur de six journées de travail, en outre du dédommagement, et pourra l'être à la détention de police municipale. L'amende sera de douze journées, et la détention pourra être de trois mois, si le délinquant a fait tourner à son profit ledit engrais.

Art. 34. » Quiconque maraudera, dérobera des productions de la terre qui peuvent servir à la nourriture des hommes, ou d'autres productions utiles, sera condamné à une amende égale au dédommagement dû au propriétaire ou fermier; il pourra aussi, suivant les circonstances du délit, être condamné à la détention de police municipale.

Art. 35 » Pour tout vol de récolte fait avec des paniers ou des sacs, ou à l'aide des animaux de charge, l'amende sera du double du dédommagement, et la détention, qui aura toujours lieu, pourra être de trois mois, suivant les circonstances.

Art. 36. » Le maraudage ou enlèvement de bois, fait à dos d'homme dans les bois taillis ou futaies, ou autres plantations d'arbres des particuliers ou communautés, sera puni d'une amende double du dédommagement dû au propriétaire. La peine de la détention ne pourra être la même que celle portée en l'article précédent.

Art. 37. » Le vol dans les bois taillis, futaies et autres plantations d'arbres des particuliers ou communautés, exécuté à charge de bête de somme ou de charrette, sera puni par une détention qui ne pourra être de moins de trois jours, ni excéder six mois. Le coupable paiera en outre une amende triple de la valeur du dedommagement dû au propriétaire.

Art. 38. » Les dégâts faits dans les bois taillis des particuliers ou des communautés par des bestiaux ou troupeaux, seront punis de la manière suivante : Il sera payé d'amende, pour une bête à laine, une livre; pour un cochon, une livre; pour une chèvre, deux livres; pour un cheval ou autre bête de somme, deux livres; pour un bœuf, une vache ou un veau, trois livres. Si les bois taillis sont dans les six premières années de leur croissance, l'amende sera double.— Si les dégâts sont commis en présence du pâtre et dans des bois taillis de moins de six années, l'amende sera triple.— S'il y a récidive dans l'année, l'amende sera double; et, s'il y a réunion des deux circonstances précédentes, ou récidive avec une des deux circonstances, l'amende sera quadruple.—Le dédommagement dû au propriétaire sera estimé de gré à gré ou à dire d'experts.

Art. 39. » Conformément au décret sur les fonctions de la gendarmerie nationale, tout dévastateur des bois, des récoltes, ou chasseur masqué, pris sur le fait, pourra être saisi par tout gendarme national, sans aucune réquisition d'officier civil.

Art. 40. » Les cultivateurs ou tous autres qui auront dégradé ou détérioré, de quelque manière que ce soit, des chemins publics, ou usurpé sur leur largeur, seront condamnés à la réparation ou à la restitution, et à une amende qui ne pourra être moindre de trois livres, ni excéder vingt-quatre livres.

Art. 41. » Tout voyageur qui déclora un champ pour se faire un passage dans sa route, paiera le dommage fait au propriétaire, et, de plus, une amende de la valeur de trois journées de travail, à moins que le juge de paix du canton ne décide que le chemin public était impraticable; et alors les frais de clôture seront à la charge de la communauté.

Art. 42. » Le voyageur qui, par la rapidité de sa voiture ou de sa monture, tuera ou blessera des bestiaux sur les chemins, sera condamné à une amende égale à la somme du dédommagement dû au propriétaire de bestiaux.

Art. 43. » Quiconque aura coupé ou détérioré des arbres plantés sur les routes, sera condamné à une amende du triple de la valeur des arbres et à une détention qui ne pourra excéder six mois.

Art. 44. » Les gazons, les terres ou les pierres des chemins publics ne pourront être enlevés, en aucun cas, sans l'autorisation du directoire du département. Les terres ou matériaux appartenant aux communes ne pourront également être enlevés, si ce n'est par suite d'un usage général établi dans la commune pour le besoin de l'agriculture, et non aboli par une délibération du conseil général.—Celui qui commettra l'un de ces délits, sera, en outre de la réparation du dommage, condamné, suivant la gravité des circonstances, à une amende qui ne pourra excéder vingt-quatre livres, ni être moindre de trois livres; il pourra de plus être condamné à la détention de police municipale.

Art. 45. » Les peines et les amendes déterminées par le présent décret ne seront encourues que du jour de sa publication.

6.— Après avoir retracé la disposition du titre 2 du code rural, on va passer en revue les applications qu'elles ont reçues de la jurisprudence.

§ 1er.— *Délit de pâture sur le terrain d'autrui. Clôture.*

§ 2.— *Du passage sur les terres d'autrui.*

§ 3.— *Des maladies épidémiques sur les animaux.*

§ 4.— *Du parcours et de la vaine pâture.*

§ 5.— *Du glanage, Râtelage, Grapillage.*

§ 6.— *Du maraudage.*

§ 7.— *Des inondations.*

§ 8.— *De la constatation des délits ruraux.*

§ 9.— *Des actions à intenter.*

§ 10.— *Des peines.*

§ 11.— *De la compétence.*

§ 12.— *De la prescription.*

---

§ 1er. — *Délit de pâture sur le terrain d'autrui. Clôture.*

7. — Les délits de pâture portent principalement sur les faits *d'abandon, de garde à vue* de toutes espèces de bestiaux dans les récoltes et dans les pâturages d'autrui. Le délit de garde à vue, qu'on a quelquefois confondu avec celui de simple abandon, est bien plus grave que ce dernier, qui n'est puni que d'une amende fixe de trois jours de travail, tandis que le premier expose l'auteur, outre l'amende, à une indemnité proportionnée au dommage causé (art. 8, 12 et 26, tit. 2 de la loi de therm. an 4). — Longchampt, p. 39 et 40.

8.—C'est ainsi qu'on a jugé que, dans le sens de l'art. 24, tit. 2 de la loi du 28 sept. 1791, qui défend de mener, sur le terrain d'autrui, des bestiaux d'aucune espèce, on doit réputer *terrain d'autrui* le terrain concédé, pour le pâturage, à un habitant d'une commune, à titre de cantonnement.

Et *spécialement*, dans une commune où les pâturages ont été assignés, par forme de cantonnement, aux individus désignés dans le réglement municipal, un habitant de la commune, non compris dans ce réglement, et qui, conséquemment, est exclu du pâturage, ne peut introduire un troupeau dans l'un de ces cantonnemens, sans se rendre passible de la peine portée par l'art. 24, tit. 2 de la loi du 6 oct. 1791. — 20 août 1824. Cr. régl. de juges, int. de la loi. Ahage. D.A. 4. 768. D.P. 24. 1. 448.

9. — Lorsque des bestiaux ont pénétré sur le terrain d'autrui, et y ont fait du dommage, il faut distinguer si ces animaux étaient en état *d'abandon*, ou s'ils ont été *introduits volontairement*. Au premier cas, le fait étant puni d'une peine de police (corporelle ou pécuniaire), il rentre dans les attributions des tribunaux de simple police, quelle que soit, d'ailleurs, l'indemnité réclamée pour les dégâts causés; au second cas, il y a lieu à une action correctionnelle (L. 28 sept. 1791, tit. 2, art. 3, 12 et 24).— 31 déc. 1818. Cr. r. Saulnier. D.A. 4. 766. D.P. 1. 1265.

10. — Le fait d'avoir laissé pâturer des bestiaux, et spécialement une vache, sur le terrain d'autrui, constitue un délit de pâturage, lors même qu'il est reconnu que la vache n'est entrée sur ce terrain que parce que le propriétaire aurait négligé de tenir en état de clôture la haie qui sépare sa propriété de celle du délinquant : l'art. 12 de la loi du 6 oct. 1791 punit les dégâts commis, même dans les champs ouverts.— 16 juill. 1824. Cr. c. Min. pub. C. Petit. D.A. 4. 768. D.P. 24. 1. 475.

11. — On a même jugé qu'un co-propriétaire qui fait paître ses bestiaux dans un terrain encore indivis, sans le consentement de son co-propriétaire, commet un délit rural. Il se prévaudrait en vain de l'art. 883 C. civ., qui fait remonter les effets du partage au jour de l'ouverture de la succession. — 1er déc. 1827. Cr. r. Follain. D.P. 28. 1. 41.

12.— L'individu qui, conduisant son troupeau en foire, le fait pacager sur un terrain qui ne lui appartient pas, commet une contravention, alors même que ce serait dans un pays de parcours et de vaine pâture.— 1er déc. 1826. Cr. c. Min. pub. C. Cœuillet. D.P. 27. 1. 351.

13.— Lorsqu'il existe un arrêté de l'autorité administrative, qui exige que les permissions de dépaissance soient délivrées par les municipalités, sur l'avis des propriétaires, les tribunaux excèdent leur pouvoir si, en l'absence de cette autorisation municipale, ils acquittent l'individu dont les bestiaux ont pacagé sur les terrains d'autrui, parce qu'il avait une permission verbale du propriétaire (C. 3 brum. an 4, art. 456, § 6; l. 28 sept. 1791, et 23 therm. an 4).— 3 niv. an 11. Cr. c. Min. pub. C. Estrade. D.A. 4. 764. D.P. 1. 1261.

14. — Enfin, la contravention qui résulte du fait d'introduction, dans un pré, de bestiaux, ne peut être excusée, par la circonstance que le prévenu allègue n'être entré dans ce pré, avec ses bestiaux, que pour le traverser, qu'il n'y a pas eu de dommage, et que la défense d'y passer n'avait été publiée que depuis un jour.— 14 juin 1822. Cr. c. int. de la loi. Brucy. D.A. 4. 782. D.P. 1. 1267.

15.— Jugé aussi que le fait de l'introduction des bestiaux sur le terrain d'autrui pour les y faire paître et divaguer, est toujours soumis aux dispositions pénales de l'art. 24, tit. 2 de la loi du 6 oct. 1791.— Cet article n'a pas été abrogé par l'art. 475 C. pén., qui ne prévoit que le cas de passage des bestiaux sur le terrain d'autrui, ensemencé ou chargé de récolte. — 1er août 1818. Cr. r. Montpellier. Brousse. D.A. 4. 765. D.P. 1. 1262.

16. — Le fait de pâturage, par des chevaux, sur des terres ensemencées, doit être puni des peines de simple police, aux termes de la loi du 6 oct. 1791. Un tribunal ne peut, sans violer formellement la loi, laisser cette contravention impunie. — 28 août 1807. Cr. c. int. de la loi. Bariolay. D.A. 4. 762. D.P. 1. 1261.

17. — Le fait d'avoir mené des bestiaux pâturer dans les champs non encore entièrement récoltés, est punissable d'amende, alors même que le bétail n'aurait causé aucun dommage (L. 6 oct. 1791, tit. 2, art. 22).— 17 brum. an 7. Cr. c. Min. pub. C. Colin. D.A. 4. 771. D.P. 1. 1265.

Le même jour, six arrêts identiques. D.A. et D.P. *eod.*

18.— Et, dans ce cas, les tribunaux ne peuvent se dispenser de prononcer des peines contre les délinquans. — 25 fév. 1811. Cr. c. int. de la loi. Pinard. D.A. 4. 759. D.P. 1. 1259.

19. — La destruction des récoltes appartenant à autrui donne lieu, dans tous les cas, à l'application des peines portées par l'art. 28, tit. 2 de la loi du 28 sept. 1791, soit que l'auteur du dégât eût ou non la propriété ou la possession légale du terrain ensemencé. — 16 therm. an 7. Cr. c. Min. pub. C. Monnot. D.A. 4. 761. D.P. 1. 1260.

20. — De même, le tribunal qui, sans établir aucune circonstance atténuante, renvoie le prévenu de dégradation d'une clôture, contrevient à l'art 17, tit. 2 de la loi du 28 sept. 1791, et son jugement doit être cassé. — 3 therm. an 11. Cr. c. Min. pub. C. Mochol. D.A. 4. 763. D.P. 1. 1261.

21.— Celui qui est entré dans un champ, de l'aveu du propriétaire, ou qui est reconnu par celui-ci comme son agent, ne peut être condamné à l'amende (L. 6 oct. 1791, tit. 2, art. 27). — 27 vendem. an 9.

Cr. c. int. de la loi. Pacey. D.A. 4. 781. D.P. 1. 1267.

22.— Mais le fait du passage peut être accompagné de circonstances qui rendent le délit plus ou moins grave : l'animal qu'on aura *fait* ou *laissé* passer a pu s'arrêter de temps à autre, et commettre des dégâts. On a pu passer avec un troupeau entier, avec des charrettes, etc.

23. — A l'égard des personnes, le fait de passage illicite sur l'héritage d'autrui n'étant qualifié délit par aucune loi, il ne peut produire qu'une action purement civile.— Dès lors, les tribunaux de police sont incompétens pour connaître des faits de simple passage. — 29 mess. an. 8. Cr. c. Duchatel. D.A. 4. 781. D.P. 1. 1266.

Le code pénal ne punit le passage illicite sur le terrain d'autrui que lorsque ce terrain est chargé de fruits (art. 475, n. 9).— D A. 4. 781, n. 2.

24. — Jugé encore que l'art. 41, tit. 2 de la loi du 28 sept. 1791, d'après lequel « tout voyageur qui déclora un champ pour se faire un passage dans sa route, paiera le dommage et une amende », est inapplicable au cas de passage illicite sur la propriété d'autrui, sans violation ou rupture de clôture. — 29 mess. an 8. Cr. c. Duchatel. D.A. 4. 781. D.P. 1. 1266.

25.—Quant aux animaux de basse-cour ou volailles, leur abandon ou garde à vue dans les récoltes d'autrui est un délit aussi grave que celui qui résulte de l'abandon des bestiaux. La disposition particulière de l'art. 12, tit. 2 de la loi de 1791, en permettant au propriétaire sur les fonds duquel ces animaux sont trouvés, de les tuer, n'a pas pour effet d'ôter le caractère de délit rural résultant du dégât causé. Elle ne fait que substituer à la saisie, quand il s'agit de quadrupèdes, mais impraticable à l'égard des volailles, la faculté de tuer ces derniers animaux. — Longchampt, p. 46.

26. — C'est dans ce sens, qu'il a été décidé que le dégât causé par des volailles laissées à l'abandon dans des champs ensemencés, ne donne pas lieu seulement à une action civile, mais constitue un délit rural passible de peines de police. — 18 nov. 1824. Cr. c. Leclerc. D P. 25. 1. 86.

§ 2. — *Du passage sur les terres d'autrui.*

27. — On peut diviser en trois espèces tous les faits de passage de bestiaux sur le fonds d'autrui : 1° ceux commis lorsqu'aucune semence n'a été jetée et après l'entier enlèvement des fruits ; 2° ceux commis après la séparation des fruits du fonds, mais avant leur enlèvement ; 3° ceux commis pendant l'intervalle de la semence à la récolte, les fruits étant encore pendans.

28. — Les dispositions qui se rapportent à ces contraventions sont les art. 12 et 23 de la loi de 1791, les nos 13 et 14 de l'art. 471 C. pén., les nos 9 et 10 de l'art. 475 du même code. Les numéros de la loi de 1791 sont rapportés plus haut, p. 40 et 41 ; ceux du code pénal portent :

Art. 471. « Seront punis d'amende depuis un fr. jusqu'à cinq fr.,

1°...... 13° « Ceux qui n'étant ni propriétaires, ni usufruitiers, ni locataires, ni fermiers, ni jouissant d'un terrain ou d'un droit de passage, ou qui n'étant agens ni préposés d'aucune de ces personnes, seront entrés et auront passé sur ce terrain, ou sur partie de ce terrain, s'il est préparé ou ensemencé.

14° » Ceux qui auront laissé passer leurs bestiaux ou leurs bêtes de trait, de charge ou de monture sur le terrain d'autrui, avant l'enlèvement de la récolte. »

L'art. 475 C. pén. punit d'amende depuis 6 fr. jusqu'à 10 fr. inclusivement.

.... 9° « Ceux qui n'étant propriétaires, usufruitiers, ni jouissant d'un terrain ou d'un droit de passage, y sont entrés et y sont passés dans le temps où ce terrain était chargé de grains en tuyau, de raisins ou autres fruits mûrs ou voisins de la maturité.

10° » Ceux qui auraient fait ou laisser passer les bestiaux, animaux de trait, de charge ou de monture sur le terrain d'autrui, ensemencé ou chargé d'une récolte, en quelque saison que ce soit, ou dans un bois taillis appartenant à autrui. »

29. — D'abord, doivent être réputés *terrains chargés de récoltes*, les prairies qui sont, dans toutes les saisons, en état de production permanente. — 23 mars 1821. Cr. c. Min. pub. C. Corrony. D.A. 4. 765. D.P. 1. 1262.

30.—Et, depuis l'émission du code pén. de 1810, le fait d'avoir laissé divaguer des bestiaux sur le terrain d'autrui, ensemencé ou chargé d'une récolte, doit être puni d'après l'art. 475, n. 10, du même code, et non d'après le code rural de 1791. — 23 mars 1821. Cr. c. Min. pub. C. Corrony. D.A. 4. 765. D.P. 1. 1262.

31.— Ainsi encore, celui qui a fait passer ses bestiaux sur un champ ensemencé, est punissable d'une amende depuis 6 fr. jusqu'à 10, aux termes de l'art. 475, n. 10, C. pén., et non d'une amende depuis 1 fr. jusqu'à 5, portée par l'art. 471, n. 14 du même code. Ce dernier article ne s'applique qu'au passage sur des terres dont les fruits ont été récoltés, mais non encore enlevés.—12 sept. 1822. Cr. c. Min. pub. C. Cunier. D.A. 4. 782. D.P. 1. 1267.

32.— Le fait d'avoir laissé à l'abandon ses bestiaux sur le terrain d'autrui, ensemencé, est prévu et puni par les dispositions combinées de l'art. 12, tit. 2 de la loi du 6 oct. 1791, avec l'art. 23 du même titre, et ne saurait être absous, sous le prétexte qu'il n'est pas prévu par la loi. — 18 sept. 1829. Cr. c. int. de la loi. C. Conard. D P. 29. 1. 359.

Le procureur-général soutenait qu'en tout cas le fait dont il s'agit tombait sous le coup de l'art. 475, n. 10 C. pén. ; la cour s'est bornée à appliquer la loi de 1791.

33.— De même, le fait d'avoir été trouvé gardant des brebis sur des champs marqués de signes indiquant qu'ils étaient ensemencés, constitue la contravention prévue par l'art. 475, n. 10 C. pén. — 6 oct. 1832. Cr. c. Min. pub. C. Bonneau. D.P. 33. 1. 288.

§ 3. — *Des maladies épidémiques sur les animaux.* — V. Autorité municipale, § 10.— V. aussi plus haut.

§ 4. — *Du parcours et de la vaine pâture.* — V. Autorité municipale.

§ 5. — *Du Glanage, Râtelage, Grapillage.*

34 — Le glanage et le râtelage consistent dans le fait de ramasser dans les champs, après que la récolte a été enlevée, les épis échappés aux moissonneurs. — Le grapillage s'applique au fait de recueillir les raisins que les vendangeurs ont oubliés sur les ceps. — L'obligation de laisser les champs et les vignes ouverts au glanage et au grapillage se rattache à la religion et à l'humanité. Cette obligation, imposée par la loi de Moïse (*Levit.*, cap. 19, v. 9), forme depuis un temps immémorial le droit commun de la France. Une ordonnance de saint Louis en fait un précepte exprès.— Longch., 75 et suiv.

35.— Le glanage est restreint à la classe des gens vieux, pauvres, infirmes, aux femmes et petits enfans, et, pour faire tourner le bénéfice du glanage au profit des pauvres, les maires ont le droit de prendre à cet égard tels arrêtés qu'ils jugeront convenables.— Merl., v° Chaumage ; Longch., 76.

36.— Les art. 471 et 475 C. pén. tracent les règles d'après lesquelles le glanage doit s'exercer, ainsi que les peines encourues par ceux qui ne s'y conforment pas.

37.—Mais l'art. 471, n. 10 C. pén., qui défend de glaner dans les champs non encore entièrement dépouillés et vidés de leurs récoltes, ne concerne que les individus à qui sont abandonnés, en considération de leur indigence, les épis et les grappes qu'ils trouvent dans les champs ou vignes après l'enlèvement des récoltes ; il est étranger aux propriétaires. — 28 janv. 1820. Cr. c. Delooz. D.A. 4. 772. D.P. 1. 1264.

38.— De même encore, le propriétaire qui a fait ramasser par ses gens des épis épars dans son champ, non encore dépouillé de ses productions, et en conséquence non encore ouvert à l'exercice du glanage, ne doit pas être considéré comme ayant *glané*, mais seulement comme ayant recueilli des fruits qui lui appartenaient et que la loi laissait encore à sa disposition. — Dès lors, ce propriétaire ne peut, pour ce fait, être soumis à aucune peine.— 28 janv. 1820. Cr. c. Delooz. D.A. 4. 772. D.P. 1. 1264.

39. — En parlant des champs *entièrement* dépouillés de leurs récoltes, l'art. 471, n. 10 C. pén. n'a eu en vue que la terre sur laquelle le glanage aura été exercé, et n'a point entendu exiger qu'on ne pourrait se livrer au glanage sur ces fonds qu'après que *toutes* les terres de la contrée auraient été dépouillées de leurs récoltes ;— *Secùs*, si l'autorité avait imposé cette condition. — Carn., t. 2, p. 305, sur l'art. 471, n. 10 C. pén., et D.A. 4. 757, n. 8.

40.—Toutefois, on a jugé que la prohibition de ne mener des bestiaux dans les champs moissonnés et ouverts, que deux jours après la récolte entière, s'appliquait aux propriétaires des fonds comme à tous les autres particuliers, aux termes de l'art. 22, tit. 2 de la loi du 6 oct. 1791. — 18 oct. 1817. Cr. c. Min. pub. C. Anty. D.A. 4 771, D.P. 1. 1264, et 757, n. 7.

41.— Le glanage, râtelage, grapillage, sont interdits dans tout enclos rural, tel qu'il est défini par l'art. 6 de la loi de 1791.

42.— Les anciens réglemens qui défendent de glaner avec des râteaux de fer dans les terres emblavées de trèfle, de luzerne ou de sainfoin, n'ont pas été abrogés par l'art. 471 C. pén., qui ne parle que de ceux qui glanent, râtellent ou grapillent dans les champs non encore dépouillés, avant ou après le coucher du soleil.—Longch., p. 77.

43.—On connaît encore le *chaumage*, qui consiste à enlever la portion de paille qui reste fixée à la terre après la coupe des céréales, et qu'on nomme *éteule* ou *retrouble*. Le chaumage, qui a la même origine que le glanage, est soumis aux mêmes règles. —Longch., 81.

§ 6.— *Du maraudage.*

44.— Le maraudage est le délit qui se constitue par l'enlèvement de toutes productions utiles, commis sur le fonds d'autrui, dans le dessein de se les approprier. Il n'est donc pas nécessaire, pour qu'un fait ait ce caractère, que la chose enlevée soit de nature à pouvoir servir de nourriture à l'homme (art. 34, tit. 2, loi du 6 oct. 1791).— Longch., p. 91.

45 — Les vols des fruits, commis dans les campagnes, sont punis par trois législations différentes. Le code rural de 1791 est la loi générale ; c'est à elle qu'on doit recourir pour tous les cas non prévus par la législation postérieure. Le code pén. de 1810 (art. 388) a prévu et puni d'une peine infamante les vols de *récoltes*, ce qui ne s'entend que du vol des fruits ou autres productions de la terre, détachés de leur tige ou de leurs branches par le propriétaire, et laissés momentanément exposés à la foi publique ; il a aussi prononcé une peine de simple police contre ceux qui, sans autre circonstance prévue par les lois, auront cueilli et mangé sur les lieux mêmes des fruits appartenant à autrui (471, n. 9). Enfin, l'art. 2 de la loi du 25 juin 1824 modifie, dans certains cas, l'art. 388 C. pén., et l'art. 13 de la même loi punit le vol de productions utiles ou de fruits non encore détachés du sol, d'une peine d'un an à cinq ans d'emprisonnement, lorsqu'il est commis dans les trois cas suivans, soit avec des paniers ou des sacs, soit à l'aide de voitures ou d'animaux de charge, soit de nuit et par plusieurs personnes. C'est des délits prévus par la loi de 1791, c'est-à-dire du *maraudage*, qu'il s'agit dans ce paragraphe ; et, d'après le principe, que les lois générales n'abrogent pas les lois spéciales, à moins de déclaration formelle ou de dispositions inconciliables, c'est la loi de 1791 qui régit cette sorte de délit, et non l'art. 401 C. pén. — V. Vol. — V. aussi Carnot et Bourguignon, sur l'art. 388 C. pén.

46.— Un vol de pêches que le délinquant cueille sur l'arbre et ramasse dans son tablier, ne peut être considéré comme vol de récolte, et doit être puni d'après l'art. 388 C. pén.—C'est là un simple vol auquel on peut appliquer l'art 401 du même code.— 13 août 1812. Cr. c. Simon. D.A. 4. 776. D.P. 1. 1266.

47.— Le fait d'avoir passé sur le terrain d'autrui, et d'y avoir cueilli des fruits, est une contravention prévue par l'art. 471, n. 9 C. pén. — 2 déc. 1826. Cr. c. Ancillon. D.P. 27. 1. 352.

48.— Toutefois, la cour de cassation n'avait pas à se prononcer sur la question de savoir si le fait d'avoir cueilli des pêches sur l'arbre d'autrui, constituait le délit de maraudage, mais seulement si ce fait constituait un vol punissable conformément à l'art. 388 C. pén. — Ce qui prouve qu'elle n'a pas voulu déclarer abrogées les dispositions de la loi de 1791, c'est qu'elle a positivement résolu la question par d'autres arrêts postérieurs.— Longch., 92 et 93.

49.— C'est ainsi qu'elle a décidé qu'une loi générale n'abroge pas virtuellement une loi spéciale antérieure, et qu'en conséquence, les vols de bois, les maraudages et autres délits de ce genre, prévus par la loi du 6 oct. 1791, doivent être punis d'après ses dispositions, et non d'après les dispositions générales de l'art 401 C. pén.— 19 fév. 1813. Cr. c. Douai. Min. pub. C Brulain. D.A. 4. 773. D.P. 1. 1265.

50.— Ainsi encore, le vol des productions de la terre, qui n'étaient pas dans l'état de récolte, c'est-

à-dire détachées du sol par le propriétaire, commis par plusieurs personnes pendant la nuit, est un maraudage punissable d'après les art. 34 et 35 du code rural, et non d'après l'art. 388 C. pén.— 13 janv. 1815. Cr. c. Roderies. D.A. 4. 775. D.P. 1. 1266.

51. — Jugé de même que le code pénal ne contenant pas un système complet de législation sur les délits ruraux, c'est la loi du 6 oct. 1791 qui doit continuer d'être appliquée aux délits de maraudage.

Ainsi, bien que l'art. 386 punisse de la réclusion le vol commis de nuit, et par plusieurs personnes, cependant le vol commis dans les champs, avec cette double circonstance, n'en est pas moins resté soumis aux art. 34 et 35 du code rural de 1791, qui lui inflige une peine correctionnelle seulement.— 22 mars 1816. Cr. c. Albrous. D.A. 4. 774. D.P. 16. 1. 412.

52. — Même décision à l'égard du vol de raisin, avec un panier, fait qui constitue le délit de vol de récoltes que l'art. 35, tit. 2, l. 28 sept. 1791 prévoit et punit d'une amende double du dédommagement dû au propriétaire, et d'une détention qui peut être de trois mois. — 19 déc 1822. Cr. c. Min. pub. C. Ronnat. D.A. 4. 776. D.P. 23. 1. 201.

Aujourd'hui, c'est l'art. 13 de la loi du 25 juin 1824 qui serait applicable à ce délit. — D.A. 4. 776, note.

53. — Cette doctrine est également consacrée par l'arrêt qui décide que le droit que l'art. 463 C. pén. accorde aux tribunaux, de modifier la peine dans certains cas, est restreint aux délits punis par ce code. Il ne s'étend pas aux délits punissables d'après une législation spéciale, par exemple aux délits ruraux prévus et punis par la loi du 6 oct. 1791. — 19 fév. 1813. Cr. c. Douai, Min. pub. C. Brulain. D.A. 4. 775. D.P. 1. 1265.

54.— Mais l'enlèvement de pierres d'une falaise qui longe une côte maritime ne peut être considéré comme le délit rural prévu par l'art. 44, tit. 2 de la loi du 6 oct. 1791. C'est un vol punissable selon les art. 379 et 401 C. pén. — 9 sept. 1824. Cr. c. Min. pub. C. Lambert. D.A. 4. 777. D.P. 1. 1266.

55.—Si le vol a été commis avec les circonstances aggravantes déterminées par l'art. 384 C. pén., on doit alors appliquer au coupable les peines portées par cet article, et non celles de la loi du 6 oct. 1791, tit. 2, art. 34, concernant le maraudage. En conséquence, le vol de productions de la terre, commis dans un jardin clos et par escalade, doit être puni d'après les dispositions de l'art. 384 C. pén.—..... 17 oct. 1811. Cr. c. Nanci. D.A. 4. 775. D.P. 1. 1264.

56.—Jugé encore que le vol de fruits ou de productions utiles de la terre, non encore détachés de leurs tiges ou racines, ne peut être considéré comme le vol de récolte, prévu et puni, s'il y a les circonstances aggravantes de la réunion de deux personnes et de la nuit, par l'art. 388 C. pén. — 21 mai 1812. Cr. r. Aix. Tardieu. D.A. 4. 773. D.P. 1. 1265.

57.—De même, le vol d'olives, commis pendant la nuit en réunion de deux personnes, rentre, à cause de ces circonstances aggravantes, dans l'application de l'art. 386, § 1er C. pén.—Même arrêt.

58. — Depuis la loi du 25 juin 1824, le vol de récoltes, ou maraudage, commis pendant la nuit et par plusieurs, devient passible des peines portées dans l'art. 401 C. pén., qui devient la règle unique pour tous les vols commis dans les champs, lorsqu'ils n'ont pas le caractère de maraudage; tels que vols de chevaux, instrumens, etc.—Longch., 94.

59.—Le maraudage se distingue du vol simple, en ce qu'il se commet par l'enlèvement de productions de la terre non encore détachées du sol au moment où le délit est commis.—Longch., 93.

60. — Cette distinction a été consacrée par la cour de cassation, qui a décidé que le vol des récoltes, prévu et puni par l'art. 388 code pénal, est le vol des fruits de la terre, détachés de leurs tiges et de leurs branches, et abandonnés à la foi publique, en attendant qu'ils puissent être renfermés. Cet article ne s'applique donc pas au fait d'avoir volé dans les champs des épis de blé-seigle sur pied; c'est là un délit prévu par le code rural de 1791.— 6 nov. 1812. Cr. c. Marset. D.A. 4. 775. D.P. 1. 1266.

61. — La tentative de maraudage doit être assimilée au délit lui-même, et entraîner les mêmes peines. — 13 janv. 1815. Cr. c. Roderies. D.A. 4. 775. D.P. 1. 1266.

62. — Avant le code pénal, les fruits cueillis et laissés sur la place jusqu'à l'enlèvement, étaient considérés comme des effets volontairement exposés à la foi publique; en conséquence, le vol de ces fruits devait être puni, d'après les dispositions générales de l'art. 11 de la loi du 25 frim. an 8, sur les vols d'effets exposés à la foi publique, et non d'après l'art. 35, tit. 2, loi du 6 oct. 1791, qui prévoit et punit le vol des récoltes. — 10 avril 1807. Cr. c. Min. pub. Fruchin. D.A. 4. 772. D.P. 7. 2. 135.

§ 7.—*Des inondations.*

63.— Les faits d'inondation, à la fois les plus graves et les plus fréquens, sont occasionés par la trop grande élévation des écluses (457 C. pén.). — Une condition essentielle à l'application des peines portées dans cet article, est que l'élévation du déversoir, dont l'excès de hauteur a produit l'inondation, ait été déterminée par l'autorité administrative. — Longch., *Pol. rur*, 125.

64. — Ainsi, celui qui, en élevant le déversoir de son étang, a inondé les propriétés voisines, ne peut être condamné à une amende, si la hauteur de ce déversoir n'avait pas été fixée d'avance par l'autorité administrative (C. pén. 457). — 2 fév. 1816. Cr. c. Noizet. D.A. 4. 777. D.P. 16. 1. 405.

65. — Mais, comme l'art. 15 de la loi de 1791, qui considère comme délit toute inondation de l'héritage d'autrui, n'est pas abrogé par l'art. 457 C. pén., qui ne punit d'amende que lorsque la hauteur du déversoir a été déterminée par l'administration, il y avait lieu à chercher à concilier ces deux dispositions, et la cour de cassation n'a pas tardé à revenir de la doctrine consacrée dans l'arrêt qui précède, et à adopter le principe contraire. — D.A. 4. 787, n. 10. D.P. 16. 1. 393.

66.—C'est ainsi qu'elle a jugé que, dans le cas d'inondation de l'héritage d'autrui, par les eaux d'un étang, il faut distinguer : ou la hauteur des eaux a été déterminée par l'autorité administrative, et les dommages ont été causés par l'élévation de ces eaux au-dessus de cette hauteur, ou bien l'administration n'a pas fixé cette hauteur. Au premier cas, la contravention est punissable d'après l'art. 457 C. pén.; au second cas, l'inondation ou la transmission quelconque des eaux, d'une manière nuisible, est punie par l'art. 15, tit. 2 de la loi du 28 sept. 1791.

Dès lors, le jugement qui déclare que le fait d'inondation, par les eaux d'un étang, dont la hauteur n'a pas été fixée par l'administration, n'est pas prévu par aucune loi, et qu'il ne donne lieu qu'à une action civile, contrevient à la loi de 1791, et doit être cassé.— 23 janv. 1819 Cr c. Min. pub. C. Guéron. D.A. 4. 778. D.P. 19. 1. 58.

67.—Jugé encore que, bien que l'autorité administrative n'ait pas déterminé la hauteur du déversoir d'un moulin, l'inondation causée par sa trop grande élévation constitue un délit correctionnel punissable d'amende, et non un simple quasi-délit donnant lieu à une action civile en dommages-intérêts (C. pén. 457).—6 nov. 1824. Cr. r. Parrain. D.A. 4. 778. D.P. 24. 1. 455.

68.—Ainsi encore, l'art. 16, tit. 2 de la loi du 28 sept. 1791, relatif aux dommages occasionés par l'élévation du déversoir des moulins ou usines, au-dessus de celle fixée par l'administration, a été remplacé par l'art. 457 C. pén.; tous les autres cas d'inondation volontaire sont régis par l'art. 15, tit. 2 de la même loi.—Même arrêt.

69. — L'absence de cette condition n'ôte pas cependant au fait d'inondation commis en élevant un déversoir de moulin au-dessus de sa juste mesure, tout caractère de délit; il rentre alors dans la disposition de l'art. 16, tit. 2, loi du 6 oct. 1791, qui ne comprend pas, toutefois, comme le code pénal, les propriétaires ou fermiers d'étangs.—Longch., 126.

70. — C'est dans ce sens qu'il a été décidé que l'art. 16, tit. 2, loi du 28 sept. 1791, relatif aux dommages que les eaux peuvent occasioner par la trop grande élévation du déversoir, ne concerne que les propriétaires ou fermiers de moulins et usines; il ne s'applique pas aux propriétaires ou fermiers d'étangs; ceux-ci sont régis par la disposition générale de l'art. 15 de la même loi. — 23 janv. 1819. Cr. c. Min. pub. C. Guéron. D.A. 4. 778. D.P. 19. 1. 58.

71.— D'après l'art. 457 C. pén., pour qu'il y ait lieu à l'application de la peine, il faut qu'il y ait 1° inondation, 2° inondation de propriété ou de chemin d'autrui. Il ne suffirait donc pas que le propriétaire eût tenu son déversoir au-dessus de la hauteur fixée par l'autorité administrative, s'il n'était résulté de là aucune inondation. Il faut, en un mot, qu'il y ait dommage fait à autrui. — D.A. 4. 758, n. 11.

72. — Seulement, en cas d'élévation du déversoir au-dessus de la hauteur fixée par les réglemens, les voisins ont une action civile pour le faire réduire à la hauteur déterminée par l'autorité, et cette action doit être portée devant les tribunaux —Carnot, sur l'art. 457, p. 455 et 456; D.A. 4. 758, n. 11.

73. — Mais si la hauteur du déversoir n'a pas été déterminée par l'autorité administrative, c'est à cette autorité que les voisins doivent s'adresser pour en obtenir la fixation; et si cette fixation leur cause des craintes, c'est à la même autorité qu'ils doivent en demander le changement.—D.A. 4. 758, n. 12.

§ 8.—*De la constatation des délits ruraux.*

74. — Les fonctionnaires investis du pouvoir de rechercher les contraventions aux lois et réglemens sur la police rurale, sont les commissaires de police, les maires, adjoints et les gardes-champêtres. C'est surtout la mission spéciale de ces derniers. — Le choix d'un garde-champêtre n'est pas sans difficulté. Il faut trouver dans un habitant de la campagne des qualités dont la réunion est assez rare. —Henrion, *Pol. rur*, 299; Longch., 278.

75. — Un garde-champêtre a caractère pour constater, concurremment avec les commissaires de police, les contraventions ayant pour objet la détérioration des chemins communaux, et, par exemple, pour constater le dépôt d'immondices sur ce chemin, lequel dépôt ou embarras doit être placé dans la même catégorie que les usurpations ou dégradations des chemins ruraux, que les art. 1, 2, 3 et 40 du code de 1791 mettent au nombre des délits ruraux; et, par suite, il y a lieu d'annuler le jugement qui déclare nul le procès-verbal du garde-champêtre, sous le prétexte que le droit de constater la contravention n'appartiendrait exclusivement qu'au commissaire de police.— 24 avril 1829. Cr. c. int. de la loi. Geay. D.P. 29. 1. 227.

76. — Toutefois, le code d'inst. cr., art. 11, en chargeant les maires, adjoints, de la recherche des contraventions de toutes espèces, accorde, par cela même, à ces fonctionnaires la prévention sur les gardes-champêtres, qui, d'ailleurs, sont absolument sans qualité pour constater par procès-verbal des faits étrangers à la police rurale.—Longch., 281.

77. — Les gardes-champêtres ne sont chargés de rechercher les délits et les contraventions de police rurale que dans le territoire pour lequel ils auront été assermentés (art. 16 C. inst. cr.).

78. — Un propriétaire a le droit d'avoir pour ses domaines un garde-champêtre, sous la condition de le faire agréer par le conseil municipal de la commune, et confirmer par le sous-préfet.—Longch., 282.

79.—Un garde-champêtre ne peut être condamné aux dépens. — 14 juin 1822. Cr. c. int. de la loi. Brucy. D.A. 4. 782. D.P. 1. 1267.

C'est le principe général; il est très constant.

§ 9.—*Des actions à intenter.*

80.—Les délits ruraux suivent la règle commune; ils donnent lieu à deux actions : l'action publique et l'action civile, indépendantes l'une de l'autre quant au droit, mais non pas toujours quant à l'exercice. —Longch., *Pol. rur.*, 304.

81.—Ainsi, le ministère public a qualité et action pour poursuivre d'office, et indépendamment de toute plainte de la partie lésée, les délits ruraux (L. 6 oct. 1791, tit. 1er, art. 8; C. inst. cr., art. 1 et 144). — 31 oct. 1822. Cr. c. Min. pub. C. Moreau. D.A. 4. 758. D.P. 1. 1259.

82.—C'est par suite de ce principe qu'il a été jugé que celui dont les bestiaux laissés à l'abandon ont causé du dégât dans les champs ouverts d'un tiers, ne peut être affranchi des peines de simple police, par cela qu'il existe une convention entre lui et ce tiers, par laquelle ce dernier se serait obligé de clore ses champs. Une pareille convention n'enlevant pas au fait de la prévention le caractère de délit, ne peut arrêter l'action publique, et n'autorise pas le tribunal à surseoir jusqu'à ce qu'il soit statué par le juge compétent sur l'exécution de la convention.— 27 août 1819. Cr. c. Min. pub. C. Hendebourg. D.A. 4. 760. D.P. 19 1. 533.

83.—Le propriétaire des fruits (propriétaire du sol ou non) sur une terre ensemencée, a qualité pour poursuivre, devant le tribunal de police correctionnelle, la réparation des dégâts qui lui ont causé un préjudice (L. 30 avril 1790, art. 1er). — 17 mai 1834. Cr. c. Min. pub. C. Prevost. D.P. 34. 1. 369.—V. Jur. gén. de Dall., t. 2, p. 440 et 441.

La forme ordinaire pour introduire une action en réparation civile d'un délit rural, est la citation dressée conformément au prescrit du code d'inst. cr. —Longch., *Pol. rur.*, 307.

84.—Il ne suffirait pas que le tribunal fût saisi par citation d'un garde-champêtre.—23 juill. 1817. Cr. c. D.A. 3 477.

§ 10.— *Des peines.*

85.— Les peines des délits ruraux sont l'emprisonnement, la confiscation et l'amende, suivant la mesure déterminée par la loi pour chacun d'eux. On ne peut prononcer la confiscation des choses saisies, à moins qu'une disposition spéciale de la loi ne le permette.—Longch., *Pol. rur.*, 320.

86.— Tout délit rural, puni par application d'une loi antérieure à l'an 4, ne peut entraîner une peine moindre que celle d'une amende de trois journées de travail ou d'un emprisonnement pendant trois jours.— Longch., 321.

87.— C'est ce qui a été jugé par la cour de cassation, qui a déclaré que, depuis la loi du 23 therm. an 4, l'amende, pour tout délit rural, ne peut être au-dessous de trois journées de travail, ou de trois jours d'emprisonnement. — 19 mess. an 7. Cr. c. Min. pub. C. Tondu. D.A. 4. 761. D P. 1. 1260. — 24 avril 1807. Cr. c. Min. pub. C. Vernier. D.A. *ibid.* — 12 vent. an 11. Cr. c. Huart. D.A. *ibid.*— 26 déc. 1807. Cr. c. Polloux. D.A. *ibid.* — 3 juin 1811. Cr. c. Jamin. D.A. *ibid.* — 1er fév. 1822. Cr. c. Chalot. D.A. *ibid.*

88.— Il en est de même de la condamnation pour délits ruraux, prononcée contre les personnes responsables des faits de leurs enfans ou domestiques. Cette condamnation ne peut être moindre de trois jours d'emprisonnement ou de l'amende de trois journées de travail.— 26 déc. 1807. Cr. c. Min. pub. C. Dulbecco. D.A. 4. 761. D.P. 1. 1260.

89.— De même encore, la loi du 23 therm. an 4, qui punit les délits ruraux et forestiers de trois journées de travail, ou de trois journées d'emprisonnement, conserve encore son effet quant aux délits ruraux : ainsi, est nul un jugement qui refuse d'en faire l'application, sous le prétexte qu'elle est abrogée et qu'elle n'a eu qu'une existence momentanée, anéantie par le code pénal et le code forestier. — 21 nov. 1828. Cr. c. Min. pub. C. Fischer. D.P. 29. 1. 26.

90.— La même doctrine se trouve consacrée par l'arrêt qui a décidé que l'art. 484 C. pén., d'après lequel les tribunaux doivent observer les lois anciennes dans les matières non réglées par ce code, doit s'entendre des matières sur lesquelles le code pénal ne renferme que quelques dispositions isolées, ne formant pas un système complet de législation. — Ainsi, le code pénal n'ayant pas établi un nouveau corps de législation sur la police rurale, la loi du 6 oct. 1791 est nécessairement maintenue pour tous les délits qu'elle a prévus, et sur lesquels le code pénal ne contient point de dispositions particulières.— 19 fév. 1813. Cr. c. Douai. Min. pub. C. Brulain. D.A. 4. 773. D.P. 1. 1265.

91.— Et les tribunaux doivent appliquer aux faits prévus et punis par la loi du 28 sept. 1791 les dispositions de cette loi ; ils ne peuvent leur appliquer les peines portées par les réglemens des ci-devant parlemens établissant une jurisprudence abrogée (C. des délits et des peines, art. 609). — 14 pluv. an 7. Cr. c. Noisette. D.A 4. 763 D.P. 1. 1261.

92.— Ainsi encore, une fois qu'un délit rural est légalement prouvé, les tribunaux ne peuvent se dispenser de le punir d'une peine de trois jours d'emprisonnement ou d'une amende de trois journées de travail (L. 23 therm. an 4, art. 2). — 16 therm. an 7. Cr. c. Min. pub. C. Monnot. D.A. 4. 761. D.P. 1. 1260.— 19 brum. an 8. Cr. c. Min. pub. C. Frimont. D.A. 4. 762. D.P. *eod.*—6 brum. an 11. Cr. c. Barère. D.A. 4. 762. D.P. *eod.*—V. aussi en ce sens D.A. 4. 753, n. 4.

93. — L'art. 4, tit. 2 de la loi de 1791 porte que la peine des délits ruraux qui n'entraînent pas une amende excédant trois journées de travail, doit être double si ce délit a été commis avant ou après le coucher du soleil ; triple, si à cette circonstance se joint la récidive.

94.— Mais, de ce que la loi du 23 therm. an 4 a élevé le taux de la peine, pour tout délit rural, à trois jours d'emprisonnement et à trois journées de travail, suit-il de là que la peine des délits graves que la loi de 1791 déclarait être double de celle des délits simples, ait été virtuellement portée au double de celle prononcée par la loi de therm. an 4, c'est-à-dire à six journées de travail et à six jours d'emprisonnement? — D.A. 4. 754, n. 5.

95.— La cour de cassation s'est prononcée pour l'affirmative, dans les termes suivans :

La loi du 23 therm. an 4, en augmentant les peines du délit rural simple, a eu pour effet nécessaire d'augmenter la peine des délits plus graves que la loi du 6 oct. 1791 punissait d'une amende double. — Ainsi, le délit d'entrer à cheval dans un champ ensemencé, entraînant la condamnation de trois journées de travail, depuis la loi du 23 therm. an 4, et la peine du délit d'y entrer avec une voiture, étant fixée à une amende double par le code rural de 1791, elle est nécessairement de six journées de travail. Dès lors, sous l'empire du code du 3 brum. an 4, qui avait limité la compétence des tribunaux de police aux délits dont la peine n'excédait pas la valeur de trois journées de travail ou de trois jours d'emprisonnement, le tribunal correctionnel était seul compétent pour statuer sur le délit d'avoir passé avec une voiture dans un champ ensemencé. —8 oct. 1808. Cr. c. Min. pub C. Paral. D.A. 4. 763. D P. 1. 1261.— Même jour, trois autres arrêts identiques cassant trois autres arrêts de la même cour criminelle de la Haute-Saône.

96.— Dalloz, 4. 755, n. 5, pense que cette déduction, en législation pénale, ne semble point à l'abri de toute critique : les peines ne s'établissent pas par des inductions, et il se pourrait, au reste, que le législateur eût senti la nécessité d'augmenter la peine des délits jugés moins graves, sans que la même nécessité se fît sentir à l'égard de ceux qui avaient exigé une répression plus sévère.

97. — Mais la peine correctionnelle, infligée à ceux qui ont écorcé ou détruit des arbres appartenant à autrui, ne s'applique pas aux fermiers qui ont endommagé, en labourant, les racines des arbres du propriétaire. Cette dégradation ne peut donner lieu qu'à l'action en dommages-intérêts par voie civile, action qui ne peut, en conséquence, être portée devant les tribunaux correctionnels.

Quid, si le fait de destruction par le fermier avait le caractère d'un délit ? —18 flor. an 10. Cr. c. Guesnier. D.A. 4. 760. D.P. 1. 1259.

98.— Quant à l'amende, elle est une peine distincte de l'obligation de payer les frais du procès de la part de celui qui succombe. Ainsi, la condamnation aux dépens ne peut tenir lieu de condamnation à l'amende ; le délinquant qui succombe doit être condamné simultanément au paiement des frais et à l'amende (C. inst. cr. 161 et 162).—24 oct. 1823. Cr. c. int. de la loi. Piquot. D.A. 4. 783. D.P. 23. 1. 504.

99.— La faculté de réduire les peines, accordée par l'art. 463 C. pen., ne s'applique pas aux délits ruraux prévus et punis par des lois spéciales. — Longch., *Pol rur.*, 323.

§ 11. — *De la compétence.*

100. — La compétence, pour les délits que la loi ne punit que d'une amende qui ne s'élève pas au-dessus de 15 fr., ou d'un emprisonnement qui n'excède pas cinq jours, ne peut offrir aucune difficulté. Suivant les art. 137 et 138 C. inst. cr., ces délits sont du ressort des tribunaux de police. La question n'est pas plus épineuse, si les délits sont de nature à être punis de cinq jours d'emprisonnement ; la connaissance en appartient aux tribunaux correctionnels, qui ont été substitués aux municipalités, auxquelles la loi de 1790 avait donné le droit d'infliger, dans ce cas, un emprisonnement de trois jours pour les gens de la campagne, et de cinq jours pour ceux de la ville.— Merl., vº Délit rural, p. 499 ; D.A. 4. 758, n. 14.

101. — Si l'évaluation de la peine ou de l'amende n'a pas été fixée d'une manière certaine avant l'exercice de l'action, quel est le tribunal qui devrait en connaître ? Moreau, dans un rapport sur une question semblable, disait qu'on ne pouvait s'adresser au tribunal de police, parce qu'il est légalement impossible de recourir à un tribunal qui a une juridiction circonscrite. — Merlin, vº Délit rural, § 3, est d'une opinion contraire. — Longch., *Pol. rur.*, 302.

102. — L'opinion de Merlin se trouverait consacrée par l'arrêt qui décide que les tribunaux de police sont compétens pour connaître des délits ruraux non punissables d'emprisonnement, mais dont l'amende pourrait être au-dessus de celle qu'ils peuvent prononcer, lorsque, toutefois, l'amende à laquelle ils ont condamné le délinquant ne dépasse pas celle qu'ils sont autorisés à prononcer. — 24 brum. an 8. Cr. r. Min. pub. C. Dubarry. D.A. 4. 785. D.P. 1. 1268.

103. — Mais de nombreux arrêts se sont prononcés en sens contraire ; c'est ainsi qu'on a jugé que les tribunaux de simple police sont incompétens pour statuer sur un délit dont la peine peut excéder celle qu'ils sont autorisés à prononcer. — La compétence doit se déterminer d'après le *maximum* de la peine qui a pu être infligée, et non d'après celle prononcée par le juge. — 13 brum. an 11. Cr. c. Min. pub. C. Lacour. D A. 4. 785. D.P. 1. 1269. — 12 vend. an 13. Cr. c. Binet. D.A. 4. 786. D.P. *eod.* — 11 pluv. an 13 Cr. c. Tonnerre. *ibid.* — V. encore arrêts semblables, vº Compétence, t. 3, sect. 8, art. 2. — 4 brum. an 14. — 27 mai 1808. Sect. cr. D.A. 4. 786, note. —V. encore *eod.* note 2, une foule d'arrêts cités dans le même sens.

104.— De même, lorsque la loi prononce, contre le délinquant, une amende égale au dommage, et que la valeur de ce dommage n'est pas connue au moment où l'action est intentée, comme l'amende pourrait excéder celle que le tribunal de police est autorisé à prononcer, ce tribunal doit se déclarer incompétent. — 31 oct. 1822. Cr. c. Min pub. C. Moreau. D.A. 4. 758. D.P. 1. 1259.

105. — Ainsi encore, les tribunaux de simple police ne sont compétens pour connaître d'un délit rural, qu'autant que le plaignant a fixé la valeur du dommage à 15 fr. ou au-dessous ; mais lorsque la valeur du dommage n'a pas été déterminée, il n'y a pas de base pour la juridiction de simple police, et la juridiction correctionnelle devient seule compétente. — 1er août 1818 Cr. r. Montpellier. Brousse. D.A. 4. 765. D.P. 1. 1262.

106.— Et bien qu'en général les tribunaux de police soient compétens pour statuer sur les infractions aux lois et réglemens municipaux, cependant, si l'amende à prononcer excède la compétence de ces tribunaux, ou si même il y a incertitude sur la quotité de l'amende, l'affaire doit être portée devant les tribunaux correctionnels. — 20 août 1824. Cr. régl. de juges. int. de la loi. Ahage. D.A. 4 768. D.P. 24. 1. 448.

107. — D'ailleurs, comme c'est par la demande même que la compétence doit être appréciée, un tribunal de police ne doit point faire dépendre la compétence de l'estimation du dommage, dont la réparation lui est demandée, lorsqu'elle est indéterminée.— Même arrêt.

108 —De même encore, un tribunal de police est incompétent pour connaître d'un vol de raisins commis avec un panier : ce vol pouvant être puni d'une amende double du dédommagement et d'une détention qui peut être de trois mois.—19 déc. 1822. Cr. c. Min. pub. C. Ronnat. D.A. 4. 776. D.P. 23. 1. 201.

109. — Décision conforme en cas de maraudage (L. 6 oct. 1791, tit. 2, art. 34).—15 fév. 1828. Cr. c. int de la loi. Debra. D.P. 28. 1. 135.

110.— Jugé, dans le même sens, que le fait, de la part d'un berger, d'avoir gardé son troupeau pâturant sur une pièce de terre ensemencée appartenant à autrui, constitue un délit de la compétence des tribunaux correctionnels.—30 juill. 1825. Cr. c. Min. pub. C. Martin. D.P. 23. 1. 424.

111.— La même doctrine a été consacrée dans un cas d'inondation ou de dommage causé d'une manière quelconque, par la transmission volontaire des eaux dans l'héritage des voisins, parce que ce fait peut être puni d'une amende égale à la somme du dédommagement. —23 janv. 1819. Cr. c. Min. pub. C. Guéron. D.A. 4. 778. D.P. 19. 1. 58.

112.— Jugé encore que le fait d'avoir laissé divaguer et pacager des vaches dans le champ d'autrui, et celui d'avoir, pour faciliter le passage d'une voiture sur ce champ, arraché des pieux et gaules formant clôture, sont des délits qui ne peuvent être sommis aux tribunaux de simple police, et qui rentrent dans la compétence exclusive du tribunal correctionnel (L. 6 oct. 1791, tit. 2, art. 26 ; C. pén. 456). —29 fév. 1828. Cr. c. int. de la loi. Petit. D.P. 28. 1. 153.

113. — Toutefois, contrairement à la seconde disposition de cet arrêt, on a jugé que le fait du passage d'une charrette sur une pièce de terre ensemencée est une contravention de la compétence des tribunaux de simple police, prévue par l'art. 475, n. 10 C. pén., et non par l'art. 24 de la loi du 28 sept. 1791, qui ne se rapporte qu'à la dépaissance ou au pâturage indûment exercés par les bestiaux d'autrui.—3 juin 1826. Cr. régl. de juges. Min. pub. C. Michon. D.P. 26. 1. 375.

114.—En cas d'inondation, c'est aux tribunaux et non à l'autorité administrative que les voisins doivent s'adresser pour obtenir la réparation du préjudice qu'ils ont éprouvé.—D.A. 4. 758, n. 11. D.P. 26. 1. 424.— *Contra*, arrêté 19 mars 1808, et 25 août 1808. Cour de cas. D.A., vº Compétence, t. 3, p. 230.

115. — Mais, en cas de plainte par un propriétaire sur la fixation de la hauteur d'un déversoir, c'est

l'autorité administrative qui est compétente, en commençant, toutefois, par obéir à l'arrêté administratif.— D.A. 4. 758, n. 12; Carnot, *eod.*

116.— Mais il a été décidé, avec raison, que le fait d'avoir, au mépris d'un arrêté d'un maire, approuvé par le préfet, laissé divaguer un troupeau sur une *promenade publique*, constituait, non pas un délit de pâturage, soumis à la juridiction correctionnelle, mais une contravention à un règlement municipal, de la compétence du tribunal de simple police.— 27 août 1825. Cr. c. Min. pub. C. Laporte. D.P. 25. 1. 444.

117. — En matière de délit de pâturage, où l'amende est proportionnée au dommage causé, l'estimation du dommage ne peut, lorsque le propriétaire lésé garde le silence, être faite arbitrairement par le ministère public; c'est le tribunal saisi de la connaissance de l'affaire qui doit faire l'estimation par les moyens indiqués par la loi (L. 6 oct. 1791, tit. 2, art. 7 et 24). — 20 janv. 1826. Cr. c. Min. pub. C. Perrin. D.P. 26. 1. 249.

§ 12.— *De la prescription.*

118.— Pour déterminer la durée du temps par lequel se prescrit l'action qui résulte d'un délit rural, il faut d'abord connaître par quelle loi il doit être puni: ou par le code pénal de 1810, ou par le code rural de 1791, ou bien par toute autre loi de police.

Ainsi, l'action pour un délit rural, susceptible de l'application du code pénal, ne se prescrit que par trois ans, à compter du jour où il a été commis; s'il s'agit d'une peine correctionnelle, par un an, et s'il s'agit de contravention aux dispositions de la loi de 1791, qui ne sont pas abrogées, la prescription est d'un mois.— Longchampt, *Police rurale*, 336, 337.

119. — C'est ainsi qu'il a été jugé que le délit de coupe d'arbres sur la propriété d'autrui n'est plus soumis à la prescription annale, mais à celle de trois ans.— 23 oct. 1812. Cr. c. int. de la loi. D.A. 11. 313. D.P. 2. 1013.

120. — Ainsi encore, le vol d'un arbre se prescrit d'après les règles générales tracées dans le code d'instruction criminelle, et non d'après la loi du 6 oct. 1791, sur la police rurale, lorsque le terrain sur lequel le délit a été commis n'est ni en plantation, ni en futaies, ni en taillis.— 8 juin 1820. Cr. c. Leguen. D.A. 11,318, n. 2. D.P. 20. 1. 476.

121. — On a jugé aussi que la loi du 6 oct. 1791, qui veut que la poursuite des délits ruraux soit faite au plus tard dans le délai d'un mois, ne s'applique pas aux contraventions sur les bans des vendanges, lesquelles sont prévues par le code pénal, et prescriptibles, d'après ce code, par le délai d'une année. —24 avril 1829. Cr. c. int. de la loi. C. Latreilhe. D.P. 29. 1. 226.

122. — Et le fait d'avoir passé, avec une voiture attelée de plusieurs chevaux, sur une pièce de terre ensemencée, appartenant à autrui, sans droit de passage, est une contravention prescriptible seulement par un an. Le code pénal a dérogé en ce point au code rural de 1791.— 25 juin 1825. Cr. c. Min. pub. C. Courtin. D.P. 25. 1. 398.

123.— L'art. 17 de la loi du 6 oct. 1791, relatif aux dégradations de clôture, n'a pas été abrogé par l'art. 456 C. pén., lequel ne s'applique qu'aux destructions de clôtures. En conséquence, le délit de dégradation de clôture est prescrit, s'il n'a pas été poursuivi dans le mois. —18 déc. 1830. Poitiers. Foncqueteau. D.P. 31. 2. 232.

124.— Le fait d'avoir construit, sur une rue, une espèce de batardeau, au moyen d'un amas de fumier qui, en repoussant l'eau pluviale dans la cour du voisin, la fait pénétrer dans sa vinée et y a mouillé des bottes de blé et de paille, constitue non pas le délit prévu par l'art. 15, tit. 2 du code rural de 1791, mais la contravention résultant de l'encombrement de la voie publique, prévue par l'art. 471, § 4 C. pén.; par suite, c'est à tort que le fait a été déclaré prescrit à défaut de poursuites dans le mois.— 25 avril 1834. Cr. c. Min. pub. C. Jeanniot. D.P. 34. 1. 327.

Cela paraît incontestable, et c'est par extension extraordinaire de la loi de 1791, qu'on avait vu dans les faits incriminés un délit rural.

125. — L'action en réparation d'un délit de dépaissance, commis dans un taillis communal, ne peut être déclarée prescrite, si elle a été intentée dans les trois mois de la reconnaissance de ce fait; ici ne s'applique pas la prescription d'un mois pour les délits ruraux. — 31 janv. 1824. Cr. c. Forêts. C. Thiébaut. D.P. 24. 1. 134.

126. — Toutefois, il a été décidé, en général, que l'art. 8, sect. 7 du tit. 1er de la loi du 28 sept. 1791, qui déclare prescrits les délits ruraux non poursuivis dans le mois, a été abrogé par les art. 9 et 10 du code des délits et des peines, de l'an 4. En conséquence, sous l'empire de cette loi, l'action pour la poursuite de ces délits durait trois années. — 17 brum. an 8. Cr. c. Lazeu. D.A. 4. 784. D.P. 1. 1268.

.... Deux arrêts des 8 vend. et 11 brum. an 6, rapportés v° Forêts, avaient consacré le même principe. Plus tard, la question a été décidée dans un sens opposé, par une foule d'arrêts (Voy. Merlin, *Quest. de droit*, v° Délits ruraux; et Rép., v° Délit forestier, § 13). Le législateur a érigé en loi cette dernière jurisprudence dans l'art. 643 du code d'instruction criminelle.—D.A. 4. 784, n. 2.

127. — Jugé, au contraire, que le code des délits et des peines, en établissant des prescriptions générales pour les délits, n'a pas dérogé aux lois qui établissent des prescriptions particulières. Ainsi, l'art. 8, tit. 1er, sect. 7 de la loi du 6 oct. 1791, qui n'accorde qu'un mois pour la poursuite des délits ruraux, n'a pas été abrogé par les art. 9 et 10 du code des délits et des peines du 3 brum. an 4. — 16 flor. an 11. Cr. c. Saintaud. D.A. 4. 784. D.P. 1. 1268.

128. — La prescription s'applique à l'action civile comme à l'action publique (637, 638, 640 C. inst. cr.). L'effet qui y est attaché subsiste dans le cas où cette action est exercée séparément de l'action publique. —Longchampt, 338.

129. — Un dommage peut avoir été commis dans un champ, et le fait qu'il a produit ne pas être un délit rural. Alors c'est un quasi-délit soumis à la prescription des actions civiles ordinaires. Mais, à cette occasion, si la personne au préjudice de laquelle un délit rural a été commis, n'en a pas poursuivi la réparation dans le délai d'un mois, fixé pour l'exercice de cette action, sera-t-elle recevable, pour échapper à la prescription, de dénoncer le fait dont elle se plaint comme un quasi-délit?

Réciproquement, un individu actionné pour réparation d'un dommage causé par un prétendu quasi-délit, pourra-t-il prétendre que ce fait est un délit, et que, par suite de la prescription d'un mois, l'action intentée contre lui est éteinte? — Tout délit renfermant en lui-même un quasi-délit, il semblerait que c'est contrarier l'esprit de la loi que d'admettre une personne à prouver que le fait qu'on lui impute n'est pas un quasi-délit, mais bien un délit. Mais cette contrariété n'est qu'apparente. — Longchampt, *Pol. rur.*, 338.

130.— Par suite du principe posé dans l'art. 8, tit. 1er de la loi du 6 oct. 1791, qui accorde le délai d'un mois à *toutes parties* pour poursuivre un délit rural, il résulte que la personne lésée aura, pour former sa demande en dommages-intérêts, tout le temps que durera l'action publique, à la différence des anciennes coutumes qui n'accordaient qu'un délai très bref pour faire constater le dommage, à peine de déchéance. — Longch., *Pol. rur.*, 340.

131. — Quant à la question de savoir de quelle époque courait la prescription, on a jugé que celle d'un mois pour les délits ruraux court du jour où le délit a été commis, et non pas seulement du jour où il a été connu et constaté. — 15 juill. 1830. Bourges. Min. pub. C. Boisgilbaut. D.P. 31. 2. 109.

132. — Mais, en sens contraire, un délit rural, qui n'a été connu de la justice que depuis les poursuites, doit être puni, lors même qu'il aurait été consommé trois ans avant ces poursuites.—16 therm. an 7. Cr. c. Min. pub. C. Monnot. D.A. 4. 761. D.P. 1. 1260.

133. — Quant à l'interruption de la prescription, le code d'instruction criminelle est venu faire cesser l'incertitude des règles anciennes (637).

134. — Elle ne peut être interrompue que par la citation signifiée au prévenu, et non par le fait de la présentation de cette citation au magistrat de sûreté et par l'apposition du visa du directeur du jury. — 2 mess. an 13. Cr. r. Lasmartres. D.P. 5. 2. 133.

135. — On doit entendre par *poursuites* de délits ruraux, tous actes faits en justice par les autorités compétentes pour faire constater le délit et en punir l'auteur; elles sont donc commencées dès que le juge de paix a dressé procès-verbal du délit et non du jour où le prévenu a été assigné. Dès lors, il n'est pas nécessaire, pour empêcher la prescription, que le prévenu soit assigné dans le mois; il suffit qu'il y ait eu, dans ce délai, des actes faits pour constater ou poursuivre le délit (L. 28 sept. 1791, tit. 1er, sect. 7, art. 8). — 18 août 1809. Cr. c. Min. pub. C. Dodino. D.A. 4. 784. D.P. 10. 1. 384.

—V. Autorité municipale, Chasse, Compétence criminelle, Forêts, Prescription, Procès-verbal, Voirie.

TABLE SOMMAIRE.

Abandon. 8, 9, s. 32, 81.
Abrogation. 90. — tacite. 49.
Action civile. 80. — publique. 80.
Amende. 6, art. 4 (1). 6, art. 32. 6, art. 33, 98.
Animaux. 9, s. 6, art. 30.
Arbre. 6, art. 14. 6, art. 43, 97.
Autorité administrative. 67.
Bestiaux. 6, art 11, 26.
Blé en vert. 6, art. 28.
Blessure. 6, art. 30. 6, art. 43.
Borne. 6, art. 32.
Cantonnement. 8.
Champs ouverts. 6, art. 32, 40.
Chaumage. 43.
Chèvre. 6, art. 18.
Circonstance. 51, s.
Clôture. 20.
Coalition. 6, art. 19.
Compétence. 6, art. 6, 9, s. 95, s. 100, s.
Conclusion. 100, s.
Consentement. 11.
Constatation. 74.
Coucher du soleil. 6, art. 4.
Dégât. 6, art. 12. 6, art. 38, 26.
Dégradation. 6, art. 40.
Délit (preuve). 74, s. — forestier. 89.— successif. 131.
Dépôt de matériaux. 75, 124.
Destruction. 6, art. 31, 18, s. 123.
Divagation. 30, s. 97, 112, 116.
Déversoir. 62, s.
Dommage. 6, art. 41, 105, suiv.
Embarras. 124.
Emprisonnement. 6, art. 3.
Enfouissement. 6, art. 13.
Enlèvement. 6, art. 44.
Epidémie. 6, art. 23.
Etang. 64, s.
Excuse. 10, s.
Exposition 62.
Feu. 6, art. 10.
Foire. 6, art. 25, 12.
Fossé. 6, art. 17.
Fourmi. 27, s.
Frais. 79, 98.
Fruits pendans. 6, art. 27, 44, s.
Fusil. 6, art. 4.
Garantie. 9, art. 8.
Garde à vue. 6, 7, s.
Garde-champêtre. 75, s.
Gazon. 6, art. 44.
Glanage. 6, art. 21, 34, s.
Grapillage. 34, s.
Haie. 6, art. 17.
Indemnité. 7, s.
Inondation. 6, art. 15, 63, 111, 114, s.
Intérêt (action). 14, 17.
Interruption. 133, s.
Journée de travail. 94, s.
Maire. 76.
Maraudage. 6, art. 34, 42, s. 109.
Moisson. 6, art. 20, 40.
Nuit. 50.
Passage. 7, s. 15, 27, s. 23, s. 113.
Pâturage. 6, art. 18, 22, 7, s. 16, 112, 126.
Peine. 6, art. 45, 7, s. 30, s. 85, s. — (réduction) 53, 99.
Permission. 6, art. 13, 33.
Police. 6, art. 1er.
Prescription. 118, s.
Preuve. 74, s.
Procès-verbal. 75.
Propriété (abus). 19.
Qualité. 83.
Râteau de fer. 42.
Râtelage. 34, s.
Récolte. 6, art. 28, 29, 39.
Réduction de peine 99.
Règlement. 8, s. — de police. 116.
Responsabilité. 6, art. 7, 88, s.
Terrain d'autrui. 7, s. 47. — clos. 10, s. — ensemencé. 6, art. 25, 27, s. 110, 122.
Tribunal de police. 9, s. 102, s.
Vaine pâture. 6, art. 18, 12.
Vol. 6, art. 38, 45, s.
Volaille. 6, art. 4, 25.
Voiture. 6, art. 27, 42.
Voyageur. 6, art. 41, 23.

DÉLOYAUTÉ.—V. Duel, Homicide

DEMANDE. — V. Action judiciaire. — V. aussi Acquiescement, Avocat, Avoué, Brevet d'invention, Commissionnaire, Compensation, Contributions directes, Désaveu, Domaines nationaux, Domicile, Droits civils, Elections législatives, Enregistrement, Exception, Faux, Féodalité, Forêts, Hypothèques, Intérêt, Ordre, Péremption, Prescription, Presse, Rapport, Rente, Retrait successoral, Saisie-immobilière, Séparation de patrimoines, Société, Société commerciale, Succession, Succession bénéficiaire, Usufruit.

DEMANDE ALTERNATIVE. — V. Actions possessoires, Compétence civile, Degrés de juridiction, Option.

DEMANDE DISTINCTE.—V. Acquiescement, Compétence, Degrés de juridiction, Exception, Jugement, Partage.

DEMANDE INCIDENTE.—V. Incident.

DEMANDE NOUVELLE. — 1. — On entend par demande nouvelle celle qui est formée pour la première fois en cause d'appel, et qui n'est ni un accessoire de l'action primitive, ni un moyen de défense contre cette action. — D.A. 4. 786.

2. — En établissant deux degrés de juridiction, la loi interdit par là même de former en cause d'appel une demande qui n'a pas été soumise à un premier juge. Et cette défense ne s'applique pas seulement aux demandes directement intentées par

(1) Les articles cités dans cette table sont ceux de la loi de 1791, rapportée en tête de ce mot.

une partie contre un individu avec lequel elle n'est pas en litige, mais encore à celles que deux plaideurs, déjà en instance devant le tribunal d'appel, peuvent respectivement former l'un contre l'autre. — D.A. 4. 786, n. 1.

3.—Mais, en même temps qu'on assurait la garantie du double degré de juridiction, il fallait le concilier avec le respect dû à la liberté de la défense, il fallait aussi faire exception en faveur de certaines demandes accessoires qui se rattachent d'une manière intime à la demande principale, et sont subordonnés à sa solution. — D.A. 4. 787.

Tel est l'esprit dans lequel a été conçu l'art. 464 C. pr. : « Il ne sera formé, en cause d'appel, aucune nouvelle demande, à moins qu'il ne s'agisse de compensation, ou que la demande nouvelle ne soit la défense à l'action principale. — Pourront aussi les parties demander des intérêts, arrérages, loyers et autres accessoires échus depuis le jugement de première instance, et les dommages-intérêts pour le préjudice souffert depuis ledit jugement. »

4. — Cet article reproduit et complète l'art. 7 de la loi du 3 brum. an 2, qui n'affranchissait expressément du double degré que les demandes accessoires, sans s'expliquer sur les demandes en *compensation* et sur celles qui ne sont qu'*une défense à l'action principale*. Ces dernières demandes ne sont, à proprement parler, que des moyens de défense, et une partie peut se défendre en tout temps de la manière qu'elle juge convenable. D'ailleurs, dit Carré, l'appel n'est pas seulement établi pour réparer les erreurs du premier juge, mais encore celles qui peuvent échapper aux parties dans la discussion de leurs intérêts. — D.A. 4. 787, n. 2.

5. — Dans quels cas une demande n'est-elle qu'une défense à l'action principale, proposable, pour la première fois, en appel? Il est difficile de poser à cet égard des règles bien précises. Toutefois, on peut dire, suivant Dalloz, 1° qu'une demande reconventionnelle (autre cependant qu'une compensation), qui n'aurait aucun trait à l'action originaire, ne peut être formée pour la première fois en appel, 2° mais aussi que toute exception, toute demande qui tend à écarter cette action, peut être proposée devant la cour royale, quels que puissent être d'ailleurs les résultats ultérieurs de cette demande ou exception. — D.A. 4. 787, n. 3.

6.—Quant au demandeur, s'il ne peut introduire, en cause d'appel, aucune action principale et nouvelle, il peut réclamer tout ce qui se rattache immédiatement à sa demande primitive, tout ce qui s'y trouve virtuellement compris.—Il peut aussi proposer de nouveaux moyens, alors même que ces moyens donneraient à la contestation une physionomie nouvelle; en un mot, il peut réclamer toutes les conséquences de sa demande originaire, et invoquer tout ce qui tend à la justifier. — D.A. 4. 787, n. 4.

7. — Des faits ou des titres nouveaux présentés pour la première fois en appel, par l'une ou l'autre des parties, peuvent-ils être considérés comme *demande nouvelle?* Suivant d'anciens auteurs, le juge d'appel n'est institué que pour examiner la cause dans l'état où elle se trouvait devant les premiers juges, *an benè aut malè judicatum sit;* aucun fait nouveau ne peut être relevé en cause d'appel — Mais la mission du juge d'appel est de prononcer souverainement sur la contestation qui divise les parties, et son devoir, de s'environner de toutes les lumières qui ont pu manquer au premier juge. *In appellationibus non deducta deduci, non probata probari possunt.* Les parties peuvent donc invoquer pour la première fois en appel des faits nouveaux, en tant qu'ils ne servent qu'à justifier la demande principale ou la défense. *Secùs*, si ces faits ou titres devenaient le principe d'une action nouvelle qui n'aurait pas subi le premier degré de juridiction. — D.A. 4. 788, n. 5.

Ces règles générales posées, on va passer à la jurisprudence, en classant dans l'ordre suivant les nombreuses décisions qu'elle fournit :

§ 1er. — *Des cas où la demande nouvelle doit être considérée comme réellement distincte de la demande originaire.*

§ 2. — *Des cas où les demandes qu'on veut faire repousser comme nouvelles ont déjà été formées expressément ou virtuellement en première instance.*

§ 3. — *Des cas où elle ne doit être envisagée que comme un moyen nouveau à l'appui de celle-ci.*

§ 4. — *Des cas où elle doit être considérée comme une conséquence ou un accessoire de la demande principale.*

§ 5. — *Des cas ou elle est la défense à l'action originaire.*

§ 6. — *Décisions en matière criminelle.*

---

§ 1er. — *Des cas où la demande nouvelle doit être considérée comme réellement distincte de la demande originaire.*

8. — Du principe général posé par l'art. 464 C. pr., il suit que l'on ne peut point former, pour la première fois, en appel.

9. — Une demande tendant à obtenir un droit à la propriété, quand on s'est borné, devant les premiers juges, à demander un droit d'usage.—13 fruct. an 8. Civ. c. Calquet. D.A. 4. 793. D.P. 1. 1273.

10.—Ni une demande en *résiliation* d'un bail dont on n'a demandé, en première instance, que la *nullité*, ces demandes étant tout-à-fait distinctes; ainsi, lorsque, tout en concluant à l'exécution du jugement qui a prononcé la nullité du bail, une partie fait valoir des moyens (non exprimés par des conclusions) propres à établir qu'il y avait aussi des causes de résiliation, le tribunal d'appel ne peut, sans excès de pouvoir, prononcer la résiliation, après avoir déclaré mal fondée la demande en nullité. — 8 pluv. an 13. Civ. c. Bourges. Vyard. D.A. 4. 789. D.P. 5. 1. 273.

11. — Ni une demande en *rescision* pour cause de lésion d'un partage dont on n'a demandé, en première instance, que la *nullité* pour cause de dol : la cour d'appel peut, dans ce cas, omettre de statuer sur les conclusions tendant à la rescision. — 5 nov. 1807. Req Paris. Leclerc. D.A. 4. 790. D.P. 7. 2. 171. — 19 mai 1824. Bourges. Guyot. D. A. 4. 796. D.P. 1. 1273. —Op. conf. Carré, *Lois sur la proc.*, n. 167, t. 2, p. 212 et Dalloz, *eod.*

12. — Ni, réciproquement, une demande en nullité d'un acte, dont on n'a demandé, en première instance, que la rescision. — 29 déc. 1812. Agen. Dechuisener. D.A. 4. 790. D.P. 1. 1270. — 22 mai 1813. Montpellier. Paraire. D.A. 4. 790. D.P. 1. 1270.

13. — Ni une demande en partage de la communauté qui a existé entre les père et mère de la fille qui forme cette demande, lorsque l'action intentée par celle-ci contre ses frères et sa mère, en première instance, ne tendait qu'à faire prononcer la nullité de la renonciation faite par elle, à la succession paternelle et au partage de cette succession.— 3 brum. an 7. Civ. c. Cante. D.A. 4. 788. D.P. 1. 1270.

14. — Ni une demande tendant à ce que les parties qui ont partagé en vertu du jugement, dont est appel, déguerpissent les héritages qui leur sont échus.— 13 fev. 1811. Rennes.—Carré, *L. de la pr.*, p. 210 et Dalloz, 4. 793, note 2.

15. — Ni une demande en partage définitif, quand on s'est borné à requérir devant les premiers juges la rescision pour lésion d'un acte de partage antérieurement fait, acte que l'on qualifie, devant la cour, de partage provisionnel. — 29 déc. 1812. Agen. Dechuisener. D.A. 4. 790. D.P. 1. 1270.

16. — Ni une demande en licitation d'une propriété indivise, quand il ne s'est agi, en première instance, que du réglement de jouissance de cette propriété. — 20 fév 1826. Nanci. Schmitt. D.P. 26. 2. 123.

17. — Ni une demande en résolution de la vente d'un immeuble, quand il n'a été question, en première instance, que de la distribution du prix de cet immeuble. — 27 nov. 1824. Amiens. Chasnel. D.A. 4. 793. D.P. 25. 2. 117.

18. — Ni une demande tendant à transporter l'exercice d'une servitude de passage dans un autre endroit que celui où elle était primitivement établie, quand il ne s'est agi, devant le premier juge, que de l'existence même de la servitude. — 23 fév. 1829. Grenoble. Demorel. D.P. 29. 2. 114.

19. — Ni une demande en subrogation aux poursuites en saisie-immobilière, quand les créanciers non saisissans, qui forment cette demande, n'ont conclu, en première instance, qu'à la nullité de la saisie pratiquée par un autre créancier. — 24 juill. 1810. Turin. Gastaldi. D.A. 4. 792. D.P. 1. 1271.

20. — Mais lorsque l'appel d'un jugement, rendu sur une question de validité d'une saisie-immobilière, a empêché les premiers juges de prononcer sur une demande en subrogation aux poursuites de cette saisie formée par un créancier inscrit et intervenant, la cour d'appel peut statuer, sans violer l'art. 464, sur le mérite de la subrogation. — 26 dec. 1820. D.A. v° Saisie-immobilière.

21. — La demande qui a une cause toute différente de celle soumise au premier juge, et qui, pour être appréciée, a besoin d'une instruction préalable, est une demande nouvelle non proposable en appel. Ainsi, lorsque, devant les premiers juges, on a demandé une servitude de passage en vertu de la prescription, on ne peut, pour la première fois, en appel, demander un droit de passage, sur le fondement que le fonds en faveur duquel la servitude est réclamée, est enclavé. — 31 juin 1823. Amiens. Froment. D.A. 4. 799. D.P. 1. 1275.

22. — On ne peut, en cause d'appel, réclamer une chose en prenant une qualité différente de celle avec laquelle on a procédé en première instance. — Spécialement, celui qui a demandé, en première instance, une chose en qualité de fermier, ne peut, en appel, la réclamer en qualité de percepteur. — 28 janv. 1813. Agen. Fournel. D.A. 4. 794. D.P. 1. 1272.

23. — Il y a pareillement demande nouvelle non proposable en appel,

Lorsque le tiers opposant à un arrêt qui le déclare débiteur, forme pour la première fois devant la cour une demande à fin de désistement d'une instance pendante devant des juges étrangers, instance qui a pour objet d'obtenir des autorités étrangères l'emploi de la force publique pour l'exécution de la même obligation résultant d'un titre paré. — 11 déc. 1809. Civ. r. Bordeaux. Bouchereau. D.A. 6. 491. D.P. 10. 1. 238.

24.—... Lorsqu'un appelant, après avoir demandé que l'intimé soit condamné au paiement du montant d'un contrat à la grosse passé par le capitaine du navire de cet intimé, conclut pour la première fois, et par des conclusions subsidiaires, à ce que ce même intimé soit, dans tous les cas, déclaré débiteur de deux autres contrats à la grosse. — 17 fév. 1824. Civ. c. Rouen Dupont. D.A. 4. 10. D.P. 24. 1. 512.

25 —...Lorsque le vendeur, ou le bailleur de fonds qui est à ses droits, après avoir requis en première instance sa collocation sur le prix de l'immeuble, en vertu de son privilège, demande, pour la première fois, en appel, la résolution du contrat, s'il n'est pas venu en ordre utile sur le prix. — 9 déc. 1824. Caen. D.A. 9. 259, n. 2, 3. D.P. 2. 457.

26.— ...Lorsque, dans une instance entre deux communes, dont l'une réclame un cantonnement dans une forêt que l'autre prétend être sa propriété, un tiers, appelé en garantie du droit d'usage réclamé, après avoir demandé simplement à être renvoyé de l'action formée contre lui, et avoir été en effet mis hors de cause par le jugement qui statue sur la contestation, interjette appel de ce jugement, et, pour la première fois, demande à être reconnu propriétaire de la forêt, objet du litige. — 27 déc. 1824. Civ. c. Lyon. Comm. d'Oyonax. D.P. 25. 1. 95.

27.—...Lorsque, pour justifier sa plainte, le plaignant en contrefaçon se prévaut pour la première fois, en appel, d'un brevet d'invention antérieur au brevet de perfectionnement qu'il a produit devant les premiers juges. — 8 fév. 1827. Req. Adam. D.P. 27. 1. 135.— V. cependant *infrà*, § 3.

28.— Lorsque le mari, après s'être borné en première instance à demander la nullité du jugement de séparation de biens, pour défaut d'exécution en temps utile, en demande l'infirmation sur l'appel pour mal jugé au fond.— 23 août 1827. Toulouse. Montaut. D.P. 28. 2. 172 — V. cependant *infra*, § 3.

29.—... Lorsque, sur l'appel d'un jugement de séparation de biens, le mari demande la séparation de corps. — 26 mars 1828. Req. Poitiers. Chatellier. D.P. 28. 1. 192.

30.—...Lorsqu'on forme pour la première fois en appel une demande en dommages-intérêts.— 31 août 1830. Civ. r. Rouen. Thirion. D.P. 30. 1. 357.

31. — Lorsque, sur l'appel d'un jugement qui rejette l'action en nullité d'un contrat, formée par une partie, et qui la condamne à payer certaine somme, il est formé, pour la première fois, par cette partie, une demande en paiement d'une rente viagère que son adversaire s'était, par le même acte, engagé à lui servir.— 6 juin 1831. Req. Douai. Virnot. D.P. 31. 1. 316.

32.— Lorsqu'on propose pour la première fois, en appel, la nullité d'une ordonnance *d'exequatur*, tirée de ce que cette ordonnance n'aurait pas été rendue dans le tribunal même, et de ce qu'elle ne serait pas signée du greffier. — 20 janv. 1832. Poitiers. Guérin. D.P. 33. 2. 119.

33. — Lorsque l'appelant qui a demandé en première instance la propriété du terrain en litige,

prétend en appel que ce terrain fait partie du chemin public, et conclut à ce qu'il soit délaissé comme tel par l'intimé. — 28 avril 1832. Bourges. Masseron. D.P. 34. 2. 205.

34. — Lorsqu'on demande pour la première fois, devant la cour, le renvoi devant des arbitres, en vertu d'une convention entre les parties. — 9 janv. 1833. Metz. Préf. de la Moselle. D.P. 34. 1. 100.

35. — Lorsque les architectes et entrepreneurs, qui ont été repoussés en première instance, dans leur demande en conservation de privilége, demandent, en cause d'appel, l'enlèvement des matériaux qu'ils peuvent avoir fournis. — 26 mars 1834. Bordeaux. Moulonguet. D.P. 34. 2. 186.

36. — Lorsque l'intervenant sur appel conclut en une qualité nouvelle et forme une demande distincte de celle jugée en première instance, quoique se rattachant au même titre. — 11 déc. 1833. Civ. r. Paris. Tournard. D.P. 34. 1. 333.

37. — Si, sur l'appel d'un jugement qui a rejeté l'opposition d'un créancier de la succession, fondée sur un titre que l'héritier soutenait et qui a été déclaré prescrit, il intervient un tiers qui, d'une part, conclut, comme l'héritier, à la confirmation du jugement, et qui, d'autre part, soutient qu'en tous cas et pour ce qui le concerne, l'opposition devrait être partiellement déclarée nulle, attendu sa qualité de légataire particulier des objets frappés d'opposition, de telles conclusions doivent, sur ce dernier point, être considérées comme une demande nouvelle de la part de l'intervenant. — Même arrêt.

Cette espèce présentait à juger une question délicate. On peut dire en effet, dans le cas dont il s'agit, que l'action principale était la demande en mainlevée d'opposition formée par l'héritier et basée sur la prescription du titre. — Or, c'était précisément cette main-levée que demandait l'intervenant par ses conclusions subsidiaires ; il ne la demandait même que partiellement (mais il est de jurisprudence que la restriction d'une demande ne constitue point une demande nouvelle). Ces conclusions étaient donc une *défense à l'action principale*, et, si l'on veut, un *moyen nouveau* que la cour royale aurait dû apprécier, au lieu de les écarter par fin de non-recevoir. Telles sont les objections qu'on peut faire contre la seconde solution. Cependant, si l'on remarque qu'il s'agissait ici d'un intervenant, que cet intervenant agissait en une qualité nouvelle au procès, qu'il formait une demande qui, pour être moins étendue que celle de l'héritier, ne donnait pas moins lieu à l'appréciation d'élémens tout nouveaux, peut-être pensera-t-on que le parti adopté par la cour suprême est le plus sage, puisque, sans préjudicier aux droits des parties, il maintient avec sévérité le principe des deux degrés de juridiction, principe fondamental et dont la portée est bien autre que celle de l'art. 464 C. pr. — D.P. 34. 1. 333, note.

38. — Un héritier qui, après avoir cédé ses droits dans quatre successions, au même individu, n'a demandé, dans son ajournement et dans sa requête introductive, la rescision de cette cession que pour deux de ces successions, a pu être déclaré non-recevable à demander, dans le cours des débats et par addition aux conclusions premières, la rescision de la cession pour les deux autres : c'est là une demande nouvelle qui doit être formée par action principale. — 26 nov. 1833. Civ. r. Bordeaux. Poulard. D.P. 34. 1. 29.

39. — Lorsqu'après avoir demandé et fait ordonner une application de titres à l'effet de déterminer si des biens lui sont propres, un mari refuse de produire ces titres, et que, sur son refus, le tribunal décide que les biens sont acquêts de communauté, il ne peut être admis, sur l'appel, à renouveler sa demande en application de titres. — 28 fév. 1832. Bourges. Boulu. D.P. 32. 2. 160.

Cette décision est juste : mais ce n'est point parce que la demande en application de titres était, en appel, une demande nouvelle, qu'elle a dû être rejetée; car elle constituait moins une demande nouvelle qu'un moyen de défense à l'action principale, et, à ce titre, elle était proposable en tout état de cause. La raison de décider comme l'a fait la cour de Bourges résultait de ce que le refus par le mari de produire ses titres devant les premiers juges, devait être interprété par ceux-ci comme une reconnaissance, de sa part, que les biens litigieux étaient acquêts. C'est aussi sur ce motif que la cour a fondé son arrêt.

40. — La partie qui, dans son exploit d'appel, s'est bornée à demander la réformation d'un jugement, n'est pas recevable à demander ensuite à l'audience la nullité de ce jugement. Au moins, l'arrêt qui le décide ainsi, en appréciant la marche de la procédure, ne viole aucune loi. — 27 avril 1826. Req. Bordeaux. Mallet. D.P. 26. 1. 280.

41. — La demande en garantie ne peut être formée pour la première fois en appel. — 26 nov. 1808. Paris. Commerson. D.A. 6. 618. D.P. 1. 1460. — 5 mars 1812. Paris. Roustaing. D A. 2. 781. D.P. 1. 661.

42. — Jugé de même qu'une demande en garantie, quoique formée par action incidente, ne peut pas être portée *de plano* devant la cour, avec l'appel sur la demande principale. — 22 janv. 1810. Paris. D.A. 9. 456, n. 1-4. D.P. 2. 504.

43. — Jugé de même que la demande en garantie formée par des vendeurs contre leurs co-vendeurs, dans l'instance principale où ils ont été appelés pour garantir leur acquéreur, ne peut être formée pour la première fois en appel. — 1er mars 1826. Bordeaux. Versaveau. D.P. 26. 2. 145.

44. — Décidé cependant que dans une instance d'appel relative à la validité d'une consignation faite à la suite de diverses saisies-arrêt, la demande en garantie formée pour la première fois devant la cour royale par l'un des intimés contre un autre intimé, se liant à la demande principale dont elle est la conséquence, cette cour peut en connaître sans violer les deux degrés de juridiction. — 24 janv. 1828. Req. Bordeaux. Balguerie. D.P. 28. 1. 103.

45. — Jugé aussi qu'en cas de vente de biens appartenant, pour partie, à un donateur, et pour partie au donataire, si la donation est attaquée en nullité par les créanciers du donateur, le donataire a pu, comme moyen de défense, former, pour la première fois, en appel, une action en garantie contre son donateur, en ce que, par la faute de ce dernier, qui était son tuteur légal, la donation se trouverait nulle. — 9 déc. 1829. Req. Amiens. Louchet. D.P. 30. 1. 25.

§ 2. — *Des cas où les demandes que l'on veut faire repousser comme nouvelles, ont été déjà formées expressément ou virtuellement en première instance.*

46. — On ne peut considérer comme demandes nouvelles celles qui déjà ont été présentées en première instance, mais sur lesquelles le tribunal s'est abstenu de statuer.

Ainsi, l'opposant à un commandement tendant à la contrainte par corps, qui a réussi, devant les premiers juges, à faire interdire à son adversaire l'exercice de la contrainte par des moyens tirés du fond du droit, sans qu'il ait été statué sur les nullités de forme qu'il avait proposées, est recevable, sur l'appel principal, à opposer de nouveau les nullités de forme, sans avoir besoin d'interjeter appel incident. — 23 avril 1825. Bourges. Burat-Dubois. D.P. 25. 2. 247.

47. — Dans le cas où, de deux faits dont la preuve est demandée, savoir : 1° la démence du vendeur; 2° la suggestion et le dol, un jugement n'a admis la preuve que du premier (sur lequel seul il a été statué), se réservant de statuer sur toutes les qualités des parties, le second a pu être reproduit sur l'appel, et l'arrêt qui l'a accueilli, sans même en ordonner la preuve, n'a contrevenu ni à la règle des deux degrés de juridiction, le moyen ayant déjà été présenté en première instance. — 3 juill. 1828. Req. Nîmes. Méjean. D.P. 28. 1. 311.

48. — Jugé, dans le même sens, que si, en première instance, on a modifié ses conclusions, sans cependant abandonner ses conclusions principales, on peut, en appel, reproduire les premières conclusions, sans qu'il y ait violation des deux degrés de juridiction. — 11 juill. 1833. Req. Toulouse. Pagès. D.P. 33. 1. 316.

49. — Jugé encore qu'un tribunal d'appel, et spécialement une cour, peut et doit même statuer sur une demande mobilière en garantie, présentée en première instance, et sur laquelle les premiers juges ont omis de prononcer. — 4 juin 1833. Civ. r. Paris. Plinval. D.P. 33. 1. 261.

50. — Restreindre, en appel, ses conclusions primitives, ce n'est point former une demande nouvelle.

Ainsi, après avoir obtenu, en première instance, la totalité de la succession, l'intimé peut réduire sa demande à une portion seulement de cette succession, si ses droits à cette portion lui sont encore contestés. — 15 therm. an 11. Montpellier. Fulerand. D A. 12. 316, n. 1. — 28 janv. 1808. Req. Montlaur. D A. 12. 318, n. 2. D.P. 8. 1. 73.

51. — Ainsi, on peut former, pour la première fois en appel, la demande subsidiaire d'un conseil judiciaire pour la personne dont on a vainement poursuivi l'interdiction en première instance. — 26 therm. an 12. Paris. Delagrue. D.A. 4. 791. D.P. 1. 1270.

52. — Ainsi, celui qui, en première instance, a formé une demande, tant dans son intérêt qu'au nom de plusieurs autres, dont il n'avait point mandat, et qui a requis pour tous une somme de 80 fr. de dommages-intérêts, ne forme pas une demande nouvelle, lorsqu'en appel il restreint sa demande à son intérêt personnel, et alors même qu'il conclut pour lui seul à la même somme de 80 fr., à titre de dommages-intérêts. Cette augmentation est permise par l'art. 464 C. pr., pour indemnité du préjudice souffert depuis le jugement de première instance. — 1er sept. 1813. Civ. c. Rocca. D.A. 4. 798. D.P. 13. 1. 593.

53. — Ainsi encore, celui qui a demandé en première instance à être maintenu dans la possession d'un droit de passage avec voitures sur un chemin, peut, sur l'appel, restreindre sa demande au droit de passer à pied et à cheval sur le même chemin. — 14 juil. 1824. Req. Amiens. Vauxchelles. D.A. 4. 800. D.P. 24. 1. 494.

54. — Ainsi enfin, il n'y a pas demande nouvelle dans la demande d'une pension alimentaire, formée pour la première fois en appel, par un individu qui, en première instance, réclamait la qualité d'enfant naturel. — 17 juill. 1828. Angers Maurat. D.P. 28. 2. 159.

55. — Il a été jugé que celui qui en première instance a demandé un nouveau compte, prétendant que celui existant n'est pas définitif, n'est pas recevable à restreindre sa demande sur l'appel à la rectification des erreurs contenues dans le compte qui a été fait. — 2 mai 1826. Nanci. Athier. D.P. 26. 2. 231.

On ne peut pas dire que cet arrêt soit réellement contraire aux précédens : la demande nouvelle n'était point, dans cette dernière espèce, implicitement contenue dans la demande originaire, et ne pouvait dès lors être considérée comme une simple modification restrictive de celle-ci.

56. — On ne peut réputer nouvelle une demande qui était, sinon particulièrement, du moins virtuellement comprise dans les conclusions prises en première instance, et non abandonnées. On va voir de nombreuses applications de cette règle.

57. — Une partie qui, en première instance, conclut, contre son garant, à être indemnisée de toutes les condamnations qui interviendraient contre elle sur l'action en rescision de la vente, ne forme pas une demande nouvelle, lorsqu'en appel elle demande, contre son garant, la restitution du prix sur laquelle le jugement de première instance a gardé le silence. Cette demande en restitution était nécessairement comprise dans celle en indemnité réclamée par la partie menacée de l'éviction. — 24 flor. an 12. Civ. c. Fusch. D.A. 4. 796. D.P. 1. 1274.

58. — Celui qui, en première instance, a formé une demande en paiement des arrérages échus d'une rente, peut demander, pour la première fois, en appel, que la rente soit aussi servie pour l'avenir ; la première demande comprend implicitement celle en reconnaissance de l'existence de la rente, et conséquemment la demande en paiement des arrérages à venir. — 24 août 1822. Colmar. Steiner. D.A. 4. 797. D.P. 1. 1274.

59. — Lorsque, par un jugement passé en force de chose jugée, un associé a été condamné à payer à son co-associé la portion appartenant à celui-ci, d'une rente sur l'état, *à mesure et dans les mêmes valeurs que le premier les aura touchées du trésor public*, si, plus tard, le co-associé demande l'exécution de ce jugement, il est recevable à réclamer, même pour la première fois en appel, les intérêts échus de ces rentes; ce n'est pas là une demande nouvelle, c'est un errement de la première. — 28 juin 1825. Req. Corse. Semidei. D.P. 25. 1. 411.

60. — Lorsque le co-héritier qu'on a voulu léser, a demandé, en première instance, d'une manière générale, que l'auteur de la soustraction fût privé *de ses droits et de sa part dans les effets divertis*, si, en appel, il demande l'application de cette peine contre l'auteur de la soustraction aux divers titres que celui-ci peut avoir, il ne forme pas une demande nouvelle; et l'arrêt qui accueille ses conclusions, ne contrevient pas à l'art. 464 C. pr. — 5 avril 1832. Req. Paris. Gémont. D.P. 32. 1. 160.

61. — La demande en paiement d'un legs ou d'une légitime rentre dans la demande en paiement de *tous droits* dans une succession, et ne forme pas

une demande nouvelle.— 13 fév. 1833. Civ. c. Montpellier. Albarel. D.P. 33. 1. 149.

62 — Dans une instance en partage, la fixation du patrimoine de l'auteur commun étant le point du litige, tout ce qui compose ce patrimoine est censé mis en cause, et peut être demandé, même pour la première fois, en appel — *Spécialement*, une demande en rapport à la succession peut être formée pour la première fois en appel.— 8 janv. 1824. Agen. Cazaneuve. D.A. 4. 795. D.P. 24. 2. 132.

63.— De même, dans une instance relative à une liquidation de succession, il peut être formé, pour la première fois en appel, une demande en rapport. — 3 mai 1824. Bourges. Pirot. D.P. 25. 2. 11.

64.— Une demande en reddition de comptes, formée d'une manière subsidiaire contre la partie tenue de faire le paiement, ne peut être considérée comme une demande nouvelle. — 16 mars 1824. Toulouse. D.A., v° Faillite.

65.— Une cour royale peut statuer sur des contestations élevées devant elle pour la première fois, relativement à l'homologation d'un partage de succession. — 20 fév. 1832. Paris. Buissy. D.P. 34. 2. 190.

66. — Jugé encore que le tribunal de première instance ne prononçant l'homologation d'un procès-verbal de partage qu'après l'examen et l'appréciation de la régularité des pièces, la cour royale peut statuer sur des questions élevées sur ce procès-verbal, encore bien qu'elles n'auraient pas été soumises aux premiers juges. — 12 avril 1834. Paris. Massabau. D.P. 34. 2. 190.

67. — Un réglement d'ordre saisit le tribunal de toutes les difficultés qui pourraient s'élever entre les créanciers même en appel.

... Et de ce qu'on s'est borné à s'en rapporter à la prudence du juge, il ne s'ensuit pas qu'on doive regarder comme une demande nouvelle la prétention à la priorité sur un autre créancier. — 7 mai 1834. Civ. r. Paris. Menetreau. D.P. 34. 1. 338.

68.— Lorsqu'il a été interjeté appel d'un jugement rendu au profit d'un porteur d'effets de commerce, qui les cède depuis, si le nouveau propriétaire demande l'exécution de condamnations prononcées au profit du cédant avant son titre de transport, il n'est point nécessaire qu'il forme une action séparée, susceptible des deux degrés de juridiction. — 24 fév. 1806. Req. Mouton. D.A. 6. 652. D.P. 6. 1. 249.

69. — Le demandeur originaire peut interjeter appel contre l'assigné en garantie, encore qu'il n'ait pas pris, en première instance, des conclusions contre lui, ni subi de condamnation à son profit. — On prétendrait en vain, pour écarter l'appel, que c'est là une demande nouvelle. — 30 janv. 1834. Rennes. Daufin. D.P. 34. 2. 211.

§ 3. — *Des cas où la demande nouvelle ne doit être envisagée que comme un moyen nouveau à l'appui de la demande originaire.*

70. — Il n'y a pas demandes nouvelles, mais simple emploi de moyens nouveaux,

Lorsque la partie qui a demandé, en première instance, la nullité d'une inscription hypothécaire, en faisant valoir un moyen tiré du fond, fait valoir pour la première fois, en appel, un moyen tiré de la forme.— 6 juin 1810. D.A., v° Hypothèque.

Il a été jugé que le père qui réclame la succession de son fils, est recevable à demander pour la première fois en appel à prouver que ce fils est né viable. — 23 juill. 1813. Rouen. Bourdon. D.A. 4. 795. D.P. 13. 2. 109.

71 — Jugé cependant, (mais à tort, ce semble) que celui qui, en première instance, a demandé la restitution d'une somme, *condictione indebiti*, ne peut être admis à contester, pour la première fois, en appel, l'état du défendeur, et à prouver son illégitimité pour expliquer par là le défaut de cause des paiemens.— 18 avril 1820. D.A., v° Jugement.

72. — On peut faire en appel une preuve qu'on n'avait point offerte en première instance. — 12 mai 1830. Agen. Cassaigne. D.P. 32. 2. 204.

73. — Jugé cependant qu'une partie qui, n'ayant pas produit les titres justificatifs de sa demande en première instance, y a été déclarée mal fondée par jugement contradictoire, ne peut les produire, pour la première fois, en appel, pour obtenir, à l'aide de ces titres, la réformation du jugement.—9 germ. an 11. Paris. Seignerolles. D.A. 4. 796. D.P. 1. 1274.

74. — Il n'y a pas non plus demandes nouvelles, mais seulement proposition de moyens nouveaux,

Lorsque, dans une instance au possessoire, une partie soutient, pour la première fois, en appel, que

son adversaire doit être condamné, par cela seul qu'il n'a pas prouvé sa possession. — 1er sept. 1813. Civ. c. Rocca. D.A. 4. 798. D.P. 13. 1. 593.

75. — Lorsque le créancier qui, en première instance, a conclu contre l'acquéreur à ce qu'il fût condamné à lui payer le montant de sa créance, en vertu de l'action hypothécaire, prend, en appel, les mêmes conclusions, en les fondant sur l'action personnelle qu'il prétend avoir contre l'acquéreur, à raison de l'opposition qu'il avait formée au sceau des lettres de ratification. — 28 déc. 1813. Req. Amiens. D'Ewelles. D.A. 9. 323, n. 2. D.P. 14. 1. 104.

76. — Lorsque celui qui s'est borné, en première instance, à demander la nullité d'une surenchère sur aliénation volontaire, pour insuffisance de la caution, demande, en cause d'appel, que la surenchère soit déclarée nulle, en raison de la nature de la vente, et, par exemple, parce qu'il s'agirait d'une vente à réméré. — 26 janv. 1822. Bourges. Delagrange. D.A. 1. 633. D.P. 23. 2. 28.

77. — Lorsqu'un associé, après avoir, devant les premiers juges, demandé la nullité du traité social, quant à certaines clauses, conclut, en appel, à ce que la société soit déclarée nulle pour défaut de publicité. — 12 juill. 1825. Req. Rouen. Fontenilliat. D.P. 25. 1. 360.

78. — Lorsque celui qui, en première instance, a demandé les intérêts du prix d'une adjudication, en vertu de l'acte même d'adjudication, abandonne ce titre, en cause d'appel, et réclame ces intérêts en vertu de traites signées par l'adjudicataire, en exécution et comme prix de son adjudication.—26 juill. 1825. Req. Rouen. Carel D.P. 25. 1. 381.

79. — Lorsqu'on demande, en cause d'appel, à titre de servitude, un droit de secondes herbes réclamé en première instance à titre de propriété. — 7 mars 1826. Req. Douai. Chabé. D.P. 26. 1. 179.

80. — Lorsque le débiteur qui a demandé, en première instance, la nullité de son emprisonnement, propose pour la première fois, sur l'appel, la nullité résultant de ce qu'il n'aurait pas été fait élection de domicile par le créancier dans l'acte d'écrou. — 23 août 1826. Aix. Meyer. D.P. 27. 2. 145.

81.—Lorsque l'héritier du testateur, qui a fait révoquer, en première instance et en appel, un legs fait par son auteur pour cause d'ingratitude du légataire, résultant d'un vol commis après le décès du testateur, et envers sa succession, demande, devant une seconde cour royale, après la cassation du premier arrêt, la révocation du legs, pour vol commis envers la personne du testateur.— 24 déc. 1827. Civ. r. Chautereau. D.P. 28. 1. 72.

82. — Lorsqu'un adjudicataire qui a été chargé de recouvrer les loyers sans garantie, demande pour la première fois en appel à imputer ces loyers sur son prix, comme ayant été employés, par un locataire, en réparation de l'immeuble adjugé, quoiqu'en première instance il se soit borné à prétendre les compenser avec son prix, comme ayant été payés. — 20 janv. 1830. Civ. c. Paris. Bardin. D.P. 30. 1. 89.

83. — Lorsque, sur l'appel d'un jugement qui a rejeté un moyen de nullité articulé contre une sentence arbitrale, on propose, pour la première fois, un autre moyen de nullité, fondé, par exemple, sur ce que le compromis n'était pas valable. — 13 nov. 1830. Montpellier. Boudet. D.P. 31. 2. 134.

§ 4.—*Des cas où la demande nouvelle n'est qu'une conséquence ou un accessoire de la demande principale.*

84.—La faculté de se clore a pu, comme conséquence d'une action tendant à faire déclarer qu'une commune n'a sur des propriétés particulières qu'un droit de vaine pâture et non un droit de vive pâture, être demandée pour la première fois en appel. —12 nov. 1828. Req. Paris. Comm. de Chemilly. D.P. 29. 1. 11.

85.—Est une conséquence de la demande principale, et par suite peut être formée, en appel, la demande en démolition d'une grange construite sur une portion du terrain en litige, postérieurement à la demande en restitution de ce terrain, portée devant le premier juge.—2 déc. 1828. Civ. r. Deloret. D.P. 29. 1. 47.

86.—Quoiqu'en première instance on n'ait revendiqué que la co-propriété d'un immeuble, on est recevable, sur l'appel, à en réclamer la propriété exclusive, sans qu'il y ait là une demande nouvelle. —23 mars 1829. Caen. Comm. de Sortosville. D.P. 33. 1. 114.

Cette décision nous semble grave; elle se concilierait difficilement avec les arrêts de cassation ci dessus cités, et aux termes de l'un desquels on ne peut demander en appel un droit de propriété quand on n'a réclamé en première instance qu'un droit d'usage.

87.—De ce qu'en première instance on s'est borné à demander le cantonnement, il ne résulte pas qu'en appel on ne puisse conclure à ce que le juge fixe lui-même, et sans expertise, ce cantonnement — 23 mai 1832. Req. Colmar. Ville de Schélestadt. D.P. 33. 1. 399.

88.—On peut, dans une instance en délaissement d'immeubles, former, en appel, une demande en restitution de fruits perçus pendant le litige. — 21 vend. an 10. Civ. r. Dubarry. D.A. 4. 788. D.P. 3. 1. 402.—Conf. Merlin, *Questions de droit*, v° Appel, § 14, n. 8.

89.—La demande en réparation d'un préjudice causé dans le cours d'une instance, à une partie intervenante, par le concert frauduleux des parties principales, peut être formée en cause d'appel. — 13 nov. 1833. Req. Dijon. Bardot. D.P. 34. 1. 15.

90.—Il a été jugé (mais cette décision semble bien rigoureuse) que quand des travaux entrepris et livrés par un ouvrier ont été reconnus en partie réguliers, en partie défectueux, et que l'ouvrier a été condamné à refaire la partie défectueuse, sans que le paiement de la partie régulière lui ait été, d'hors et déjà, adjugé, l'ouvrier ne peut pas, sur l'appel du chef qui lui refuse le paiement partiel, demander le paiement de la partie défectueuse qu'il aurait régularisée ou reconstruite avant l'arrêt.—C'est là une demande nouvelle, inadmissible en cause d'appel.—15 mars 1834. Bordeaux. Canteloup. D.P. 34. 2. 165.

91.—L'art. 464 C. pr., 2e alinéa, est facultatif. Dès lors, si, depuis le jugement qui a statué sur une demande d'arrérages, de nouveaux arrérages sont échus, la demande en peut être formée devant les mêmes juges, quoiqu'il y ait appel de leur premier jugement. — 18 fév. 1819. Req. Toulouse. Junca. D.A. 4. 797. D.P. 19. 1. 305.

92.—Le tribunal d'appel qui, sur une demande en délaissement d'immeubles, ordonne une expertise, peut accorder au demandeur une somme à titre de provision pour subvenir aux frais de l'opération, bien que la demande en provision n'ait pas été formée en première instance.— 21 vend. an 10. Civ. r. Dubarry. D.A. 4. 788. D.P. 3. 1. 402.

93.—Une demande en provision alimentaire peut être formée incidemment en cause d'appel, et par simple acte d'avoué à avoué—5 juill. 1809. Req. Darracq. D.A. 9. 647. D.P. 9. 1. 281.

94.—Jugé de même qu'une femme peut, sur l'appel que son mari a interjeté d'un jugement de séparation de corps, demander, pour la première fois, une certaine somme, à titre de provision alimentaire, jusqu'à ce que ses droits soient liquidés.—3 janv. 1826. Bordeaux. Chenaud. D.P. 26. 2. 158.

95.—Jugé cependant qu'on ne peut former, pour la première fois, en appel, une demande en provision. — 14 vent. an 6. Civ. c. Rey. D.A. 1. 308. D.P. 1. 808.

96.—La contrainte par corps peut être demandée pour la première fois en appel.— 8 mars 1824. Grenoble. Royanez. D.P. 25. 2. 217.

97.—L'action en subrogation, contre un cessionnaire de droits litigieux, peut être formée, pour la première fois, en appel, quoiqu'en première instance la contestation n'ait été relative qu'aux droits cédés eux-mêmes.— 19 mai 1828. Grenoble. Comm. de Champoléon. D.P. 29. 2. 234.

98.—L'exécution provisoire, dans le cas où elle est autorisée par la loi, en ce que, par exemple, il s'agit de titre authentique, peut, comme accessoire de la demande principale, être demandée pour la première fois en appel : ce n'est pas là une demande nouvelle.— 11 juin 1828. Limoges. Chatard. D.P. 28. 2. 246.

99.—Jugé de même que la disposition de l'art. 458 C. pr., qui permet de demander, sur appel, l'exécution provisoire d'un jugement, est générale et absolue: elle s'entend, dès lors, du cas où l'exécution provisoire n'a pas été demandée en première instance, alors surtout qu'il y a promesse reconnue, et qu'il ne s'agit, d'ailleurs que de la possession de l'immeuble litigieux.—28 janv. 1833. Nîmes. Maillet. D.P. 33. 2. 104.

100.—La demande en nomination d'un séquestre des biens litigieux peut être formée pour la pre-

mière fois en appel.—22 juin 1831. Toulouse. Dourel. D.P. 31. 2. 228.

§ 5.— *Des cas où la demande nouvelle est la défense à l'action principale.*

101.—Même sous la loi du 3 brum. an 2, le défendeur originaire pouvait proposer, en appel, des défenses ou exceptions qu'il n'avait pas présentées devant les premiers juges; et, par exemple, sur une contestation en validité de dépôt, le défendeur a pu soutenir en appel que ce dépôt a été fait aux caisses du district, lorsqu'en première instance il avait soutenu que ce dépôt avait été effectué chez un notaire. —12 frim. an 10. Civ. r. Deshaires. D.A. 4. 791. D.P. 1. 1271.

102.—Un co-héritier peut demander pour la première fois, en appel, que son co-héritier, demandeur en partage, soit tenu de prendre, dans la succession, d'autres biens que ceux qu'il réclame. — 25 frim. an 9. Civ. c. Venot. D.A. 4. 792. D.P. 1. 1271.

103.— Le *Défendeur* condamné *par défaut* en première instance, faute d'avoir justifié de ses titres de créance, peut produire ces titres pour la première fois en appel, sans qu'on puisse lui opposer la tardiveté de sa production.—9 flor. an 11. Paris. Doyen-Habert. D.A. 9. 657. D.P. 2. 564.

104.— Jugé de même qu'un héritier institué qui, actionné en délaissement par les héritiers du sang, a produit en première instance un testament, lequel a été déclaré nul, peut en produire un second sur l'appel. — 23 janv. 1810 (cet arrêt n'a pu être découvert à cette date).

105.— Jugé cependant qu'une partie est non-recevable à demander, sur l'appel, la preuve testimoniale de certains faits qu'elle articule, si elle ne l'a point demandée en première instance, au moment où sa partie adverse était admise à l'enquête des faits déniés et qu'elle alléguait de son côté; alors surtout que cette enquête a eu lieu sans protestations ni réserves. — 18 avril 1821. Req. Langlois. D.P. 21. 1. 617.

106.— On peut, sur l'appel d'un jugement qui a ordonné la collocation d'un créancier inscrit, demander la nullité de l'inscription de ce créancier, quoiqu'elle n'ait pas été demandée en première instance. — 26 oct. 1808. Req. Paris. Richard. D.A. 1. 532. D.P. 8. 1. 517.

107. — Lorsqu'un acquéreur à *réméré* a demandé la nullité des offres faites pour le rachat par son vendeur, bien que le débat n'ait roulé, en première instance, que sur la validité des offres, le vendeur peut conclure, en cause d'appel, à ce que la vente soit déclarée nulle, comme simulée.— 18 janv. 1814. Civ. r. Restouche. D.A. 12. 850. D.P. 14. 1. 212.

108.— Il a été jugé que le père de l'enfant naturel reconnu, qui, sur la demande en pension alimentaire dirigée contre lui par la mère, se borne à soutenir qu'*il a satisfait au vœu de la loi pour la portion qui le concerne*, est non-recevable à proposer, pour la première fois en appel, que la reconnaissance qu'il a faite de cet enfant est nulle et qu'il n'en est pas le père, alors surtout que cet enfant ne figure pas au procès. — 11 mars 1819. Colmar. Schmitt. D.A. 4. 793. D.P. 21. 2. 3.

109. — Mais cette décision est-elle fondée? En demandant des alimens en vertu de la reconnaissance de paternité, la mère devait s'attendre à voir la défense se diriger contre ce titre. La nullité de la reconnaissance n'était donc qu'une défense à l'action principale qu'elle tendait à anéantir sans retour. C'était d'ailleurs une exception péremptoire, et, comme telle, proposable en tout état de cause. Vainement l'arrêt dit-il que, dans une matière aussi grave, les parties avaient intérêt à épuiser les deux degrés de juridiction; la loi ne distingue pas entre les questions d'état et les autres matières. — D.A. 4. 787, n. 5.

110. — Jugé cependant que lorsqu'une question d'état s'élève incidemment dans une instance d'appel, la cour doit, à cause de son importance, renvoyer les parties à la faire juger en premier degré de juridiction — 22 mars 1822. Bruxelles. Martroye. D.A. 4. 794. D.P. 1. 1272. — Voyez Degrés de juridiction.

111.— L'exception que le défendeur fait résulter du défaut de qualité du demandeur, par exemple, de ce qu'il ne prouve pas sa qualité d'époux légitime, est une exception péremptoire proposable pour la première fois en appel.— Même arrêt.

112.—Le tiers-acquéreur, actionné par un créancier hypothécaire, peut, sur l'appel, opposer la péremption de l'inscription, quoiqu'il ne l'ait point fait en première instance : ce n'est là qu'un moyen nouveau contre l'action principale; et fût-ce une demande nouvelle, il faudrait la regarder comme une défense à cette action. — 3 fév. 1824 Civ. r. Toulouse. Tournier. D.A. 9. 310. D.P. 24. 1. 59.

113.— Celui qui s'est défendu en première instance contre une demande en partage, en soutenant que tous les biens dont le défunt a disposé en faveur des demandeurs lui appartiennent en propre, peut, en appel, demander la nullité du testament en vertu duquel on poursuit le délaissement des biens. — 16 juin 1808 (Cet arrêt n'a pas été découvert).

114. — Le faux incident civil proposé contre un testament n'est qu'un moyen pour parvenir à le faire annuler, et non une demande nouvelle. En conséquence, les juges d'appel peuvent admettre l'inscription de faux proposée pour la première fois devant eux. — 28 fév. 1810. Montpellier. Barrau. D.A. 4. 792. D.P. 1. 1271.

115. — Le cessionnaire de droits successifs, écarté du partage, par les juges de première instance, par suite du retrait successoral, peut se prévaloir, en cause d'appel, d'une donation faite en sa faveur, depuis l'appel, d'une partie de ces mêmes droits successifs. — C'est là un moyen nouveau contre la demande principale et non une demande nouvelle. — 17 juin 1825. Lyon. Champavere. D.P. 25. 2. 224.

116. —Un légataire, attaqué en réduction de legs, peut, même en appel, demander aux héritiers le rapport des choses données à la masse de la succession. — 29 août 1826. Req. Bonnevalière. D.P. 27. 1. 15.

117.— La demande formée par un co-héritier, en délivrance d'un legs par préciput à lui fait, et celle en rapport des biens donnés à un autre co-héritier, peuvent être formées pour la première fois en appel, par exception à une demande en partage. — 14 mars 1831. Bordeaux. Barretié. D.P. 31. 2. 243.

118. — Lorsque, sur une demande en partage, l'un des co-partageans a omis, en première instance, de se prévaloir d'une institution contractuelle faite à son profit, il peut valablement en exciper en cause d'appel pour faire changer les bases du partage, présentées par ses co-héritiers; la demande qu'il forme en ce cas, en vertu de ce titre, n'est pas une demande nouvelle, mais une défense ou exception à l'action principale. — 28 mars 1831. Bordeaux. Montastier. D.P. 31. 2. 149.

119. — Jugé cependant qu'une demande en délivrance de legs (universel ou autre) ne peut être formée pour la première fois en cause d'appel. Et, spécialement, on n'est pas recevable, pour résister à une demande en partage, à exciper des dispositions contenues dans un legs dont on n'aurait préalablement ni demandé ni obtenu la délivrance. — 11 mars 1831. Bordeaux. Barreau. D.P. 33. 2. 156.

120.— Celui qui, pendant l'instance d'appel, est devenu cessionnaire de la créance qui en est l'objet, peut, alors que c'est lui-même qui est appelant du jugement de première instance, être désintéressé devant la cour par des offres réelles. — Ce n'est là qu'une défense à la demande principale; on ne saurait voir dans ces offres une demande nouvelle, dans le sens de l'art. 464 C. pr.— 1er déc. 1826. Rouen. Payen. D.P. 30. 2. 48.

121.— Quoique, en première instance, on se soit borné, sur une demande en rescision pour lésion, à repousser la demande, par le motif que la lésion n'est pas établie, on peut proposer, pour la première fois en appel, une fin de non-recevoir prise de ce que l'action en rescision serait tardivement formée.— 2 mai 1827. Req. Paris. Quesnel. D.P. 27. 1. 226.

122.—La partie qui, sur la demande en exécution d'une vente, s'est bornée à réclamer un sursis, sans demander la nullité de la vente, n'en a pas moins le droit de demander, pour la première fois, en appel, cette nullité : c'est là une défense nécessaire à la demande principale.— 10 juill. 1827. Req. Douai. Delamarre. D.P. 27. 1. 299.

123.— Le moyen tiré de ce qu'un créancier serait déchu pour avoir laissé passer un mois sans contester un ordre, peut être proposé pour la première fois en appel; ce n'est pas là une demande nouvelle; c'est une exception péremptoire du fond.— 21 avril 1828. Civ. c. Grenoble. Duvillard. D.P. 28. 1. 221.

124.— Ce n'est pas former une demande nouvelle en cause d'appel, que d'appuyer une exception d'incompétence déjà proposée devant le premier juge, et tirée de la nature de l'obligation, sur un moyen nouveau tiré de la qualité des personnes.— 22 avril 1828. Req. Rouen. Rasset. D.P. 28. 1. 222.

125.—La fin de non-recevoir prise de ce que l'opposition à un jugement n'est pas recevable, en ce que ce jugement est contradictoire et non par défaut, peut être proposée pour la première fois en appel.— 17 mai 1828. Colmar. Grisoy. D.P. 28. 2. 230.

126.— Lorsqu'une commune, déclarée simple usagère d'un terrain par un jugement, persiste, sur l'appel, à s'en prétendre propriétaire, son adversaire peut, sur cet appel, former contre elle pour la première fois une demande en cantonnement, cette demande devant être considérée comme une exception et défense nécessaires contre la prétention de la commune, et non comme une demande nouvelle soumise aux deux degrés de juridiction.— 15 juill. 1828. Civ. r. Paris. Comm. de Vougray. D.P. 28. 1. 325.

127.— La femme qui, sur la prétention tendante à la faire déclarer commune en biens, s'est bornée à soutenir qu'elle était mariée sous le régime dotal, peut, sur l'appel, se prévaloir, pour la première fois, de la renonciation à la communauté, par elle faite depuis le jugement : c'est là une simple exception et non une demande nouvelle.—12 fév. 1830. Grenoble. Chastel. D.P. 33. 2. 181.

128.— En général, la demande reconventionnelle en dommages-intérêts, formée, pour la première fois, devant la cour d'appel, doit, si d'ailleurs elle n'a pas son principe dans l'acte duquel résulte la demande principale en dommages-intérêts, être considérée comme une demande nouvelle et non comme une simple défense à l'action principale.— 1er mars 1830. Req. Aix. Comp. des Salins. D.P. 30. 1. 143.

129.— Mais, sur l'action intentée pour le paiement de leurs gages par des marins contre des armateurs, la demande reconventionnelle formée par ceux-ci en dommages-intérêts pour préjudice résultant de la rupture du voyage, occasionée par ceux-là, constitue une défense à l'action principale, et peut, comme telle, être définitivement jugée sur l'appel, encore bien que le tribunal eût renvoyé à statuer sur ce chef.— 4 juin 1834. Civ. r. Rennes. Viard. D.P. 34. 1. 262.

130.— Si, sur la prétention d'une partie, que son adversaire n'était plus admissible à critiquer un compte, pour ne l'avoir pas fait dans le délai fixé, lequel aurait couru depuis la signification du jugement déclaratif du délai, une cour royale, tout en annulant cette signification, a néanmoins prononcé la déchéance, en se fondant sur une autre signification postérieure au jugement; il n'est pas légal de dire qu'elle a décidé une demande nouvelle, non proposable pour la première fois en appel.—3 mars 1830. Civ. r. Bordeaux. Pitté-Grenet. D.P. 30. 1. 153.

131.— Sur l'action en délaissement dirigée par l'acquéreur d'un immeuble, le vendeur peut opposer, pour la première fois, en appel, qu'il n'a fait qu'une donation déguisée.—19 mars 1831. Pau. Soulé. D.P. 31. 2. 157.

132.— Après avoir, en première instance, demandé la nullité d'un acte comme fait sans qualité, on peut l'attaquer, pour la première fois, en appel, comme contenant un pacte sur succession future. — 4 août 1832. Montpellier. Aribaud. D.P. 33. 2. 12.

133. — Une partie appelée en garantie dans le cours d'un procès, peut opposer en appel pour la première fois, au créancier poursuivant la nullité du titre en vertu duquel il poursuit le débiteur principal.— 29 août 1832. Req. Paris. Laborde. D.P. 32. 1. 369.

134.—La nullité prise de ce qu'il ne peut être pratiqué de saisie-arrêt entre les mains du caissier d'un théâtre, peut être proposée pour la première fois en appel, quoique cet employé ait fait sa déclaration affirmative.— 18 juin 1831. Paris. L'Heury. D.P. 31. 2. 236.

135.— En général, il ne peut être présenté en appel, contre une saisie-immobilière, d'autres moyens de nullité que ceux proposés en première instance. — 26 juin 1832. Bruxelles. Fac. D.P. 33. 2. 231. — V. D.A. vº Saisie-immobilière, ch. 12, sect. 3, art. 2, n. 5.

136.— Jugé de même qu'après le rejet, en première instance, de diverses nullités contre une saisie, il n'en peut être opposé en appel une nouvelle, prise de ce que la saisie aurait eu lieu avant l'expiration du délai pour délibérer.— 12 fév. 1831. Bordeaux. Chatard. D.P. 31. 2. 60.

137.—Jugé de même que lorsque, devant les pre-

miers juges, on n'a présenté d'autres moyens de nullité contre un procès-verbal de saisie-immobilière de biens ruraux, que des moyens tirés d'erreurs de contenance et de confrontation, on n'est pas recevable à venir opposer d'autres nullités.— 13 mars 1832. Bordeaux. Thiac. D.P. 33. 2. 28.

138.— Toutefois, dans une instance en nullité d'une saisie-immobilière, on peut, sur l'appel, proposer, pour la première fois, le moyen résultant de ce que, depuis l'appel, la créance a été périmée, à défaut de renouvellement de l'inscription — 20 mai 1828. Toulouse. Fonquernie. D.P. 28. 2. 203.

139.— Il ne suffit pas, pour satisfaire au vœu de la loi, d'avoir proposé, en première instance, la nullité de la saisie, d'une manière générale, comme, par exemple, pour avoir été pratiquée sans titre et sans droit; il faut que chaque nullité soit expresse et explicite, afin qu'elle puisse être discutée et appréciée par qui de droit.— 27 mai 1831. Bourges. Morin. D.P. 33. 2. 63.

140.— Jugé cependant qu'il suffit qu'en première instance on ait conclu à l'annulation d'un acte, et, par exemple, d'un procès-verbal d'experts, sans détailler les nullités, pour qu'en appel on soit recevable à désigner et à faire valoir les nullités qui vicient cet acte.— 12 mai 1830. Bourges. Simon. D.P. 31. 2. 78.

141.— En matière d'ordre, les juges d'appel n'ont pas à s'occuper des contredits formés pour la première fois en appel, encore qu'y ayant eu contradiction en première instance, les nouveaux contredits puissent n'être considérés que comme moyens nouveaux. Ils doivent se borner à examiner le mérite de ceux proposés en première instance.—4 mars 1831. Bourges. Burat-Dubois. D.P. 31. 2. 167.

142.—On ne peut proposer, pour la première fois devant la cour, les motifs de récusation d'un magistrat de première instance, comme moyens de nullité du jugement auquel il a concouru.— 13 mars. 1833. Bordeaux. Pélissier D.P. 33. 2. 243.

La doctrine contraire compromettrait la chose jugée et la dignité due à la magistrature.

143.— Un étranger résidant en France, qu'un jugement a condamné à la contrainte par corps, est fondé à se prévaloir en appel, pour se soustraire à la contrainte, d'une ordonnance du roi qui l'a autorisé, depuis le jugement de première instance, à fixer son domicile en France. — 2 mai 1834. Paris. Boode. D.P. 34. 2. 202.

En effet, l'appel a pour effet de remettre tout en contestation. Chaque partie reparaît avec tous ses moyens de défense; on ne peut dire ici qu'il y ait demande nouvelle, car, sur l'appel, comme en première instance, il ne s'agit toujours que de la contrainte par corps. L'ordonnance royale est d'ailleurs opposable sans avoir pour cela effet rétroactif, puisqu'il n'y a rétroactivité que là où on atteint des droits acquis, *negotia præterita*, *verò non pendentia* (V. Merlin, Rép., v° Lois, § 9). La décision consacrée par l'arrêt semble donc conforme aux principes; mais nous ne saurions adopter ses motifs, qui, une fois admis, nous conduiraient à attribuer l'effet de décharger de la contrainte par corps, à une ordonnance même postérieure à un jugement passé en force de chose jugée: ce serait violer l'autorité de la chose jugée, et donner aux lois une rétroactivité condamnée par la cour de cassation, dans une espèce bien plus favorable, puisqu'il s'agissait d'une loi interprétative qui démontrait virtuellement la fausseté de la base d'une décision juridique précédemment rendue (V. Jurisprudence générale, v° Chose jugée, p. 553).— Ce cas, au reste, ne doit pas être confondu avec celui où le législateur prononcerait, d'une manière absolue, l'abolition de la contrainte par corps ou en limiterait la durée. La cour n'avait à statuer que sur un cas d'arrestation provisoire; les motifs de son arrêt semblent avoir confondu l'objet de cette mesure de sûreté avec le but de la contrainte par corps que le législateur a autorisé pour donner, dans certains cas, au créancier, le droit de mettre à l'épreuve la solvabilité de son débiteur (V. Jurisprudence générale, v° Lois, p. 844). — Il nous paraît qu'il y a là une nuance essentielle.— D.P. 34. 2. 202.

144. — Lorsqu'il est présenté en appel un moyen nouveau servant de défense à l'action principale, les juges ne peuvent se dispenser de le juger. — Ainsi, dans le cas où sur l'appel d'un jugement qui annulle une vente comme ne contenant qu'une donation déguisée au profit d'un incapable, il est allégué, pour la première fois, qu'y eût-il donation, le donataire a capacité pour recevoir, les juges doivent prononcer sur cette question de capacité, en même temps qu'ils statuent sur l'action principale; ils ne peuvent, tout en annulant la vente comme n'offrant qu'une donation, renvoyer les parties à se pourvoir sur la question de capacité.— 23 avril 1827. Civ. c. Guadeloupe. Lafontaine. D.P. 27. 1. 210.

145. — Le demandeur originaire peut former en appel une demande nouvelle, si elle est la *défense* à la défense du défendeur. — 4 déc. 1830. Bourges. Duveyret. D.P. 34. 2. 233.

Et, par exemple, le demandeur en *dommages-intérêts*, pour indu passage avec *voiture* sur sa propriété, qui, ensuite de la défense ou exception opposée par le défendeur, et prise de ce qu'il aurait la possession annale du droit de passer, conclut à ce que le passage ne constituant qu'une servitude discontinue, il soit interdit au défendeur de passer à l'avenir, n'est pas censé former une demande nouvelle ou distincte de la première, mais seulement opposer à une exception une défense dont le juge se trouve, par là, régulièrement saisi. — 1er fév. 1830. Req. Volleraux. D.P. 30. 1. 102.

146. — Bien qu'on ait, en première instance, conclu, en qualité de demandeur, à la réduction du capital porté dans un titre qu'on reconnaît, on peut, en appel, demander la nullité du titre... alors surtout que l'on n'a introduit l'action que pour se défendre des poursuites dirigées en vertu du titre, et qu'en raison de la matière du litige, on doit être assimilé à un défendeur qui agit par exception. — 31 déc. 1833. Civ. r. Caen. Havas. D.P. 34. 1. 140.

§ 6.— *Décisions en matière criminelle.*

147. — Lorsqu'un fait présentant une double contravention, comme si, par exemple, il a été donné à boire sans licence et à des heures prohibées, n'a été poursuivi, en première instance, que comme contrevenant aux lois sur les boissons, ce fait peut, en appel, et sans qu'il y ait dénonciation d'un fait nouveau, être signalé aussi par le ministère public, dans des conclusions subsidiaires, comme contrevenant aux réglemens de police municipale. — 18 janv. 1828. Cr. c. Besançon. Min. pub. C. Roy. D.P. 28. 1. 99.

148. — Quoique deux contraventions aient été constatées par procès-verbal à la charge d'un prévenu, en matière de contributions indirectes, cependant si une seule de ces contraventions a été déférée aux premiers juges, le tribunal d'appel n'a pu connaître de l'autre.— 5 déc. 1828. Cr. r. Lyon. Contr. ind. C. Treyve. D.P. 29. 1. 53.

149. — L'administration forestière n'est pas recevable à prouver, en appel, qu'un délit de pêche, qu'elle poursuivait comme simple, en première instance, avait été commis en temps et avec des engins prohibés.— 29 avril 1830. Cr. r. Forêts. C. Latapy. D.P. 30. 1. 256.

150. — En appel, le poursuivant peut rectifier ses conclusions, dans le cas, par exemple, où il aurait requis, à tort, l'application à un fait d'une peine prononcée contre un autre fait, sans qu'on soit fondé à prétendre que c'est là, de sa part, proposer un fait nouveau, lequel doit subir les deux degrés. — 24 déc. 1829. Pau. Forêts C. Lazaret. D.P. 30. 2. 98.

151. — On peut, sur l'appel même, en matière correctionnelle, présenter de nouveaux moyens, et produire de nouvelles pièces. — 5 flor. an 13. Cr. r. Buisson. D.A. 11. 480, n. 2. D.P. 5. 2. 131.

152. — Les délits pouvant être prouvés par témoins en tout état de cause, la preuve par témoins d'un délit, en cas d'insuffisance du procès-verbal destiné à le constater, peut être proposée en appel, quoiqu'elle ne l'ait point été en première instance. (C. inst. crim. 189).— 1er déc. 1826. Cr. c. Min. pub. C. Guillaumet. D.P. 27. 1. 330.

153. — Un prévenu de délit forestier qui, en première instance, a demandé la nullité de l'assignation pour défaut de mention de l'enregistrement du procès-verbal, peut, en appel, demander, pour la première fois, la nullité de cette même citation, parce que l'original ne ferait pas mention qu'il lui a été donné copie de l'acte d'affirmation du procès-verbal (C. for. 172). — 26 mai 1832. Cr. r. Hernier. D.P. 32. 1. 307.

— V. Actions possessoires, Appel, Cassation, Conciliation, Exception.

TABLE SOMMAIRE.

Accessoire. 6.
Action hypothécaire. 75.
—personnelle. 75.
Alimens. 54, 93, s. 108.
Appel. 147.
Arbitrage du juge. 87.

Arrérages. 58, s.
Arrêt. 134.
Brevet. 27.
Cantonnement. 87, 126.
Capacité. 144.
Cession. 68. — de biens. 38.
Changement d'état. 149.
Chef distinct. 148.
Circonstance. 149.
Collocation. 25.
Communauté. 127.
Compensation. 82.
Compromis. 83.
Compte. 55.
Conclusions. 150. — ampliatives. 32.
Conseil judiciaire. 51.
Contrainte par corps. 46, 96.
Contrat à la grosse. 24.
Contravention. 148.
Contrefaçon. 27.
Co-propriété. 86.
Déchéance. 28, 103, s. 121, 125, 130.
Défense. 145, s.
Déguerpissement. 14.
Délit 149, 152, s. — distinct. 147. — forestier. 153.
Demande implicite. 56, 57, s. — nouvelle. 14, 23, 49, 90, 93, 106, 129, 145, 152.
Demandeur. 145.
Démolition. 85.
Dépôt. 101.
Désaveu. 108, s.
Désignation. 139, s.
Divertissement. 60.
Dommages-intérêts. 30, 89, 128.
Domaine public 53.
Donation. 115, 131.— déguisée. 131.
Droit acquis. 143.—facultatif. 91.
Enclave. 21.
Exception. 5, 101, 124, 125.
Exécution. 68. — provisoire. 98, s.
Expertise. 140.
Exploit. 40.
Fait nouveau. 7.
Faux incident. 114, s.
Femme. 127.
Fermier. 22.
Filiation. 54.
Fruit. 88.
Garantie. 41, s. 49, 57, 69, 133.
Héritier. 102.
Homologation. 65.
Hypothèques. 70, 112, 138.
Imputation. 82.
Incident. 110.
Indivisibilité. 67.
Ingratitude. 81.
Inscription. 106.
Interdiction. 36, 37, 51.
Jugement. 28, 125, 142.
Légataire. 37.
Legs. 61, 81.
Licitation. 16.
Mari. 111.
Moyen nouveau. 47, 114, 141, 144, 151, s.
Nullité. 10, 11, s. 28, 32, 40, 46, 70, 83, 106, 113, 122, 133, 134, 135, s. 139, 140, 142, 153.
Offres réelles. 120.
Ordonnance d'*exequatur*. 32.
Ordre. 67, 123, 141.
Partage. 13, s. 62, 65, 102, 117.—provisionnel. 15.
Passage. 18.
Percepteur. 22.
Possession. 74.
Prescription. 21.
Présomption. 112, 138.
Preuve. 47, s. 74, 152.
Privilége. 35.
Procès-verbal. 133.
Production. 39, 103.
Propriété. 9.— exclusive. 86.
Provision. 92, s.
Publicité. 77.
Qualité. 22, 36, s. 111, 124, 127, 132.
Question d'état. 110.
Rapport. 62, s. 116, s.
Reconvention. 5, 31, 128, suiv.
Rectification. 55, 150.
Récusation. 142.
Reddition de compte. 64.
Reformation. 40.
Refus. 39.
Réméré. 107.
Renonciation. 13.
Rente. 31, 38, s.
Renvoi. 34.
Rescision. 11, 17, 25, 38.
Résiliation. 10.
Restitution. 88.
Retrait successoral. 115.
Revendication. 35, 85.
Révocation. 81.
Saisie. 19, 134, 139.— immobilière. 135.
Séparation de biens. 29. — de corps. 29.
Séquestre. 100.
Servitude. 18, 21, 53.
Simulation. 107.
Société. 77.
Subrogation. 19, s. 97.
Succession. 13, 60.— future. 132.
Sursis. 122.
Titres. 39, 103, 113, 130, 132, s.
Usage. 9.
Vaine pâture. 84.
Vente. 78, 122, 131.
Viabilité. 71.

DEMANDE PRINCIPALE.—V. Incident. — V. aussi Capitaine, Chose jugée, Communauté, Conciliation, Elections, Exception, Presse, Transaction, Voirie.

DEMANDE RECONVENTIONNELLE.— V. Degrés de juridiction, Reconvention. — V. aussi Compétence civile, Conciliation, Exceptions, Frais.

DEMANDEUR.—V Action judiciaire, Incident.— V. aussi Communes, Compétence commerciale.

DÉMARCHE.—V. Capitaine.

DÉMENCE.—V. Chose jugée, Communauté, Compétence administrative, criminelle, Interdiction. — V. aussi Donation entre-vifs, Faux incident, Interdiction, Ministère public, Obligations, Complicité, Succession irrégulière, Prescription, Testament.

DÉMÉNAGEMENT. — V. Contributions directes, Jour férié, Louage.

DEMEURE.—V. Domicile.

DEMEURE (Mise en). — Interpellation faite à un

individu de remplir une obligation. — V. Intérêts, Obligation.

DÉMISSION.—C'est l'acte par lequel on déclare cesser ses fonctions. — V. Office. — V. aussi Agent de change, Avoué, Compétence administrative, Communauté, Commune, Condition, Conservateur des hypothèques, Contrat de mariage, Elections départementales, Élections législatives, Fonctionnaire public, Garde nationale, Pension, Société commerciale, Théâtre.

DÉMISSION DE BIENS.—V. Partage d'ascendant.—V. aussi Donation, Enregistrement, Legs, Succession, Testament.

DÉMOLITION. — V. Action civile, Actions possessoires, Appel criminel, Assurances terrestres, Autorité municipale, Avoué, Chose, Compétence administrative, Eau, Enregistrement, Forêts, Pêche, Propriété, Servitude, Usufruit, Voirie.

DÉNATURATION. — V. Actes de commerce, Contributions indirectes.

DÉNÉGATION.— V. Abus de confiance, Aveu, Enregistrement, Evasion, Faux incident, Vérification d'écritures.

DÉNI DE JUSTICE. — 1.—Il y a déni de justice, lorsque les juges refusent de répondre les requêtes ou négligent de juger les affaires en état et en tour d'être jugées (C. pr. 506).— En cela, ils manquent aux fonctions qui leur ont été départies par le pouvoir exécutif, et au besoin le plus impérieux, celui de la justice. De là les lois de tous les temps qui ont eu pour objet de prévenir ou de punir le déni de justice. — Merl., Rép., v° Déni de justice; D. A. 5. 1.

§ 1er.— *Cas où il y a déni de justice.— Peines.*

§ 2. — *Mode de poursuite.*

§ 1er.— *Cas où il y a déni de justice. — Peines.*

2. — Il y a déni de justice, 1° au cas de refus de juger, sous prétexte de l'obscurité ou de l'insuffisance de la loi (C. civ. 4; C. pén. 185); 2° au cas de négligence de juger les affaires en état et en tour d'être jugées (C. pr. 506).

3.—*Denegari non debet jus justè deprecantibus*, disait Ulpien (L. 2, *de his qui sui vel alien. jur. sunt*). «Le comte, portait la loi salique (tit. 53, art. 4), qui se refusera à la réquisition d'une partie, sans excuse valable, sera puni d'une peine grave. Et il y avait amende (art. 1er, tit. 6, de la même loi) contre les rachimbourgs qui se seraient obstinés à dénier la justice après trois interpellations. »

L'empereur, était-il dit dans les capitulaires de Worms, de 829, recevra les réclamations de ceux de ses sujets qui se plaindront de deni de justice. — Meyer, *Instit. jud.*, t. 1er, p. 467.

4.— Sous l'ordonnance de 1667, les juges, et particulièrement les juges d'appel, étaient tenus, sous peine de dommages-intérêts, de rendre décision sur les causes en *état* d'être jugées. Des sommations leur étaient signifiées par les huissiers, sous peine de destitution contre ces derniers (Ord. de 1667, tit. 25, art. 1er et 2).

Quant aux juges en dernier ressort, les plaintes se portaient contre eux devant le chancelier, et si, nonobstant invitation de sa part, ils persistaient, on se pourvoyait devant le conseil. Cette distinction disparaît sous le code de procédure. — V. discussion au conseil d'état; Locré, *Esprit du code de proc.*, 1re partie, liv. 4, titre 3; Merlin, Rép., v° Déni de justice, p. 534.

5.—Et ce n'est pas seulement pour les causes en *état*, mais pour tous les cas où le juge, légalement requis, refuse son ministère, qu'il en est responsable (C. pr. 506) —Carré, *Comp.*, t. 1er, p. 54; D.A. 5. 1.

6.—Le tribunal qui, saisi d'une demande en paiement d'une dette avouée en partie par le débiteur, refuse d'adjuger au demandeur les conclusions tendantes à la condamnation pour cette partie de la dette, commet un déni de justice. — 28 juin. 1807. Turin. Bruno. D.P. 5. 7. D.P. 1. 1277.

7.—Une cour royale qui s'est déclarée incompétente pour statuer sur une question d'état, a pu, par suite, sans commettre un déni de justice, refuser de statuer sur une demande relative à un aveu judiciaire qui se rapportait à la question principale (C. civ. 1356). — 14 mai 1834. Civ. r. Paris. Despine. D.P. 34. 1. 245.

8.—La déclaration du juge de paix qui, craignant après audition des parties de léser leurs intérêts, les renvoie devant le juge civil, ne constitue pas un déni de justice, mais est un jugement attaquable par appel. — 27 août 1806. Civ. c. Clément. D.A. 5. 7. D.P. 1. 1277.

9.—Il y a excès de pouvoir, et par suite déni de justice, de la part d'un tribunal de police qui, après un premier sursis, en ordonne un second qui renvoie la décision de la cause (pour injures verbales) à un temps indéterminé, et, par exemple, jusqu'à ce que le ministre de la justice ait répondu à la plainte adressée par l'une des parties contre son adversaire. — 31 janv. 1811. Cr. c. Millot. D.A. 5. 8. D A. 1. 1277.

10.—Le tribunal de police qui ordonne, avant dire droit, qu'un commissaire produira la loi qui prononce les peines auxquelles il a conclu, commet un déni de justice.— 28 frim. an 8. Cr. c. Min. pub. Desmoulins. D.A. 5. 6. D.P. 1. 1277.

11.—Un tribunal criminel, saisi par arrêt de la cour de cassation qui renvoie devant lui le fond de l'affaire, commet un déni de justice, s'il déclare ne pouvoir et ne devoir prononcer sur le réquisitoire du commissaire du pouvoir exécutif.— 16 vend. an 8. Cr. c. Min. pub. D.A. 5. 6. D.P. 1. 1276

12.—Mais le refus d'une cour d'assises de donner acte au ministère public de ses réserves de poursuivre, ne constitue pas un déni de justice, ce fonctionnaire restant maître de poursuivre s'il le juge à propos.—2 avril 1829. Cr. r. Min. pub. C. Bouchorat. D.P. 29. 1. 207.

13.—Un tribunal de police commet un déni de justice lorsque, saisi d'une plainte en injures verbales, il déclare n'y avoir lieu de statuer sur le fait de la plainte, sous prétexte que le plaignant avait conclu à des réparations civiles auxquelles il avait été jugé n'avoir pas droit.—22 flor. an 11. Cr. c. Nicolas. D.A. 5. 6. D.P. 1. 1277.

14.—Lorsqu'un procès relatif à une même demande embrasse plusieurs chefs de conclusions indépendans, *les juges* commettent un *déni* de justice que l'on peut considérer comme une violation des règles de la compétence donnant ouverture à cassation, s'ils ne prononcent pas à l'égard de l'un de ces chefs de conclusions.—11 juill. 1823. Cr. c. Pâris. Gémond. D.A. 11. 126. D.P. 23. 1. 275.

15.—Lorsque, dans un procès criminel où figure une partie civile, l'action publique est accueillie, les juges ne peuvent, sans qu'il y ait de leur part *déni* de justice, s'abstenir de prononcer expressément sur l'action civile comme sur l'action publique.— Même arrêt.

16.— Un juge de paix, incompétent *ratione personæ*, ou *ratione materiæ*, commet-il un déni de justice en refusant de juger des parties qui ne sont pas ses justiciables, lorsqu'elles sont d'accord pour lui soumettre leur différend? *Quid* à l'égard du juge qui refuse de statuer sur un débat entre étrangers? — Il semble que le juge ne doit pas refuser la justice; il doit se borner à se déclarer incompétent, s'il se juge tel. Il invoquerait en vain la surcharge extraordinaire des affaires. Ce n'est point à lui, mais à l'autorité administrative qu'est laissé le soin d'y pourvoir. — V. Compétence civile, n. 49, 81 et suiv.

17.— La peine contre le juge qui a dénié de rendre justice n'est plus simplement le blâme, l'interdiction temporaire ou perpétuelle, suivant les cas et la gravité de la faute (D.A. 5. 1.); en effet «Tout juge, porte l'art. 185 C. pén., ou tribunal, tout administrateur ou autorité administrative, qui, sous quelque prétexte que ce soit, même du silence ou de l'obscurité de la loi, aura dénié de rendre la justice qu'il doit aux parties, après en avoir été requis, et qui aura persévéré dans son déni, après avertissement ou injonction de ses supérieurs, pourra être poursuivi, et sera puni d'une amende de 200 fr. au moins et de 500 fr. au plus, et de l'interdiction de l'exercice des fonctions publiques depuis cinq ans jusqu'à vingt. »

18.— Sont coupables de forfaiture et passibles de la dégradation les fonctionnaires publics qui ont, par délibération, arrêté de donner des démissions dont l'objet ou l'effet est de suspendre soit l'administration de la justice, soit l'accomplissement d'un service quelconque (C. pén. 126).

19.— Le déni de justice est une cause de prise à partie (C. pr. 505).

20.—Lorsqu'un officier ministériel, sans motif légitime, refuse de prêter son ministère aux actes pour lesquels il est requis et nécessaire, il convient de s'adresser d'abord à la chambre de discipline.

Mais on peut obtenir contre lui une injonction du juge au bas d'une simple requête. Et l'officier est obligé d'y satisfaire à peine de tous dépens, dommages-intérêts et même d'interdiction (arg. de l'art. 707 C. pr.).

§ 2. — *Mode de poursuite.*

21.—Si la poursuite s'exerce devant la justice criminelle, il y a nécessité d'une réquisition préalable par la partie poursuivante et d'injonction au magistrat inculpé par les juges supérieurs (C. pén. 185).

22.—Ces *supérieurs* sont, pour les cours royales, les membres de la cour de cassation; pour les tribunaux de première instance, les membres des cours royales. Et s'il s'agit d'un des magistrats de ces tribunaux, c'est le président ou celui qui le remplace. — Carré, *Compét.*, t. 1er, p. 56.

23 — Mais le ministre de la justice a-t-il ce droit, par cela qu'il a celui de *surveiller* et *reprendre* les tribunaux et leurs membres (Sén.-cons., 16 therm. an 10, art. 81)? Non, selon Carré, *loc. cit.*

24. — Carré pense encore, et Dalloz avec lui, que le droit de requérir l'injonction dont parle l'art. 185 n'appartient pas au ministère public, mais à la partie seule. —V. Carré, *eod. loc.*; D.A. 5. 6.

25.— Si la poursuite a lieu devant les juges civils, on procède conformément aux art. 507 et 508 C. pr., qui portent: « Le déni de justice sera constaté par deux réquisitions faites aux juges en la personne des greffiers, et signifiées de trois en trois jours au moins pour les juges de paix et de commerce, et de huitaine en huitaine au moins pour les autres juges. Tout huissier requis sera tenu de faire ces réquisitions, à peine d'interdiction. »

— V. Actions possessoires, Compétence civile, Cassation, Compétence criminelle, Garde nationale, Prise à partie.

TABLE SOMMAIRE.

Amende. 17.	Omission de prononcer. 15.
Aveu. 6.	Outrage. 13.
Cause en état. 5.	Peine. 17, s.
Compétence. 6, 16.	Prise à partie. 19.
Fonctionnaire. 17, s.	Renvoi. 8.
Injonction. 21, s.	Réquisition. 11, s. 21, s.
Interdiction civile. 17.	Responsabilité. 5.
Ministère de la justice. 23.	Sursis indéfini. 9.
Ministère public. 20, s.	Supérieur. 22.
Officier ministériel. 20.	

DENIER.— Terme qui sert à désigner le taux des rentes.—V. Enregistrement, Rente.

DENIER A DIEU. — Pièce de monnaie donnée en preuve d'un marché; ce terme s'emploie surtout en matière de location.—V. Louage, Vente.

DENIER FORT. — Se dit du taux qui excède le taux ordinaire des rentes ou intérêts. Il se dit aussi des modiques fractions qui excèdent une somme.

DENIERS.—Ce mot signifie une somme d'argent; on dit *deniers comptant, dotaux, publics*, etc.

DENIERS A DÉCOUVERT.—V. Offres réelles.

DENIERS D'ENTRÉE.— C'est une somme donnée en sus du prix d'un bail ou d'un marché.

DENIERS FRANCS.—Ceux que l'on reçoit exempts de déduction ou de retenue.

DÉNIZATION.— Espèce de naturalisation accordée en Angleterre par lettres-patentes du roi. —V. Droits civils.

DÉNOMBREMENT.—V. Féodalité.

DÉNONCIATION.—1.— C'est l'action de déclarer à la justice un crime, un délit ou une contravention, en désignant ou sans désigner celui ou ceux qui en sont les auteurs. — Legrav., *Législ. crim.*, t. 1er, p. 162; D.A. 5. 8, n. 1.

§ 1er.— *Qui peut ou doit dénoncer.*

§ 2.— *Des personnes qui ont qualité pour recevoir la dénonciation.*

§ 3.— *Formes de la dénonciation.*

§ 1er.— *Qui peut ou doit dénoncer.*

2.— Tout individu, encore qu'il n'ait aucun intérêt direct ou personnel à la répression du fait qu'il dénonce, peut le dénoncer. — Legrav., *eod.*; D.A. 5. 8.

3.— Toute personne qui a été témoin d'un attentat, soit contre la sûreté publique, soit contre la vie ou la propriété d'un individu, doit le dénoncer (C. inst. cr. 30). — C'est cette espèce de dénonciation que la loi du 3 brum. an 4 (art. 8 et suiv.) ap-

pelait civique. Déjà elle avait été prescrite par la loi du 16 sept. 1791.

4. — Dans ce cas, quoique la dénonciation soit forcée, cependant on ne pourrait, en cas d'omission, infliger des peines, même pécuniaires, sauf les cas où le silence seul est réputé crime à raison des résultats funestes qu'il peut produire (V. C. pén. art. 103, 104, 105, 106, 107, 108, 136, 137, 138). — Legrav., *eod.*, p. 163; D.A. 5, n. 4. — On sait que les dispositions pénales relatives à la non révélation ont été abrogées lors de la révision du code.

5. — En tout cas, la dénonciation n'est pas obligatoire pour les citoyens, lorsqu'il s'agit de crimes et délits non spécifiés par la loi, et lorsque les attentats n'ont pas été commis sous leurs yeux, ou qu'ils n'en ont pas eu connaissance directe. — Legrav., *eod.*

6. — Un simple citoyen a qualité pour dénoncer aux cours royales, qui doivent en délibérer, une grande atteinte aux lois, par exemple, l'existence de congrégations ou associations religieuses prohibées ou non autorisées. — 18 août 1826. Paris. Montlosier. D.P. 28. 2. 48.

7. — Mais les propriétaires ou locataires de maisons ouvertes au public ne sont tenus par aucune loi de dénoncer les auteurs des troubles qui se commettent dans ces maisons. — 14 déc. 1800. Cr. c. int. de la loi. Delangle. D.A. 3. 643. D.P. 1. 944.

8 — Toute autorité constituée, tout fonctionnaire ou officier public qui, dans l'exercice de ses fonctions, acquerra la connaissance d'un crime ou d'un délit, doivent le dénoncer. C'est ce que loi de brumaire appelait la dénonciation officielle (art. 83 et suiv.).

9. — Que faut-il décider à l'égard des contraventions? Les fonctionnaires, et, à plus forte raison, les particuliers ne sont pas *tenus* de les dénoncer. — Cela résulte et de la rédaction des art. 29 et 30 C. inst. cr. et de ce qu'en l'absence d'un intérêt puissant, on ne consentirait pas à assumer sur soi la responsabilité qu'entraîne la dénonciation, même en présence d'une disposition impérative qui dès lors serait illusoire, et enfin du défaut de disposition pénale hors les cas prévus par les art. 103, 104, 105, 106, 107, 108, 136, 137, 138 C. pén. — D.A. 5. 9, n. 4; Legrav., *eod.*

Tout cela ne peut faire difficulté, surtout depuis l'abrogation de ces articles sur la non révélation.

10. — Cependant, le magistrat qui, après avoir dénoncé, dans des pétitions adressées aux représentans de la nation, l'existence de complots et machinations menaçant la sûreté de l'état, dont il a affirmé connaître les auteurs, refuse ensuite de donner les renseignemens nécessaires pour éclairer les recherches de la justice, encourt la censure attribuée à la cour de cassation par l'acte du 16 therm. an 10. — D.A. 11. 46.

§ 2. — *Des personnes qui ont qualité pour recevoir la dénonciation.*

11. — A Rome, il n'y avait pas d'officiers spécialement chargés de poursuivre les infractions aux lois : chaque citoyen dénonçait les crimes ou les délits.

Dans l'ancienne législation de la France, c'étaient les procureurs du roi et ceux des seigneurs qui recevaient, et sur des *registres spéciaux*, les dénonciations (Ord. crim. de 1670, tit. 3, art. 6). La loi du 16 sept. 1791 conférait le même soin aux juges de paix.

La loi du 3 brum. an 4 contient la même disposition (art. 48).

Sous la législation actuelle, 1° les dénonciations d'attentats contre la *sûreté publique*, la vie ou la propriété d'un individu, faites par des particuliers, doivent l'être au procureur du roi, soit du lieu du crime ou du délit, soit du lieu où le prévenu pourra être trouvé, soit, faut-il ajouter avec Legraverend (*loc. cit.*, p. 162), du lieu de sa résidence, lorsque le prévenu n'a pas été arrêté ou n'est pas connu, ou que l'on ignore également le lieu où le crime a été commis, en matière de faux par exemple (anal. des art. 63 et 64 C. inst. cr.)

2° Les dénonciations de *crimes* et *délits*, en général, doivent être faites au procureur du roi de chaque arrondissement, au nom duquel les poursuites doivent avoir lieu.

12. — Mais elles peuvent encore être faites à des officiers de police *auxiliaires* (juges de paix, officiers de gendarmerie, commissaires-généraux de police, maires, adjoints de maire et commissaires de police) qui doivent aussitôt les transmettre au procureur du roi (C. inst. cr. 48, 50, et 53).

13. — Toutefois, les dénonciations de *contravention de police* en général ou de contravention de police en *matière rurale et forestière* devant être reçues directement par les commissaires de police, les maires et les adjoints de maire, ces fonctionnaires n'opèrent point alors comme officiers de police *auxiliaires*, mais comme officiers de police *directs* : en conséquence, ils ne doivent pas les adresser au procureur du roi, auquel la poursuite n'en appartient pas (C. inst. cr. 11, 12, 13 et 14). — Legrav., p. 164.

14. — Les gardes-champêtres et les gardes-forestiers sont également compétens pour recevoir les dénonciations en matière de délits ou de contraventions qui ont porté atteinte aux propriétés rurales et forestières, mais les commissaires de police et les maires et adjoints ont, à cet égard, concurrence et même préférence quand il s'agit seulement de contraventions (C. inst. cr. 11 et 16).

15. — 3° En cas de dénonciations de flagrant délit ou émanées d'un chef de maison, les officiers de police auxiliaires ont les mêmes pouvoirs que le procureur du roi, et ils ne sont tenus alors de transmettre les dénonciations qu'en y joignant les procès-verbaux et autres actes de procédure qu'ils sont autorisés à faire directement (C. inst. cr. 49, 50 et 53).

16. — Cependant, en cas de concurrence, et quand même ils auraient prévenu le procureur du roi, celui-ci a toujours la faculté de continuer lui-même la procédure, ou d'autoriser l'officier qui l'a commencée à la suivre ou de déléguer à cet officier partie des actes de sa compétence (C. inst. cr. 51 et 52).

17. — 4° Le procureur-général peut aussi recevoir, et il en tient registre, les dénonciations qui lui sont directement adressées, soit par la cour royale, soit par un fonctionnaire public, soit par un simple citoyen, mais il les transmet aux procureurs du roi, competens pour provoquer et surveiller l'instruction (C. inst. cr. 275).

18. — 5° Enfin, les dénonciations peuvent aussi être portées directement au juge d'instruction du lieu du crime ou du délit ou de la résidence du prévenu, sauf à ce magistrat à les communiquer au ministère public (articles cités).

19. — Mais de quelque manière et devant quelque fonctionnaire que soit faite la dénonciation, elle doit toujours, en dernier résultat, parvenir au procureur du roi.

20. — Mais la dénonciation adressée à d'autres fonctionnaires que ceux désignés par la loi, est-elle nulle? — Non, sous l'empire de loi de brumaire, d'après un arrêt de cassation du 8 prair. an 11, pourvu que l'instruction ait été faite par le fonctionnaire et le tribunal compétent. Et il en serait sans doute de même aujourd'hui; car, ou c'est un délit dont la répression importe à la société, ou c'est une tête innocente de ce délit que le dénonciateur veut poursuivre : dans le premier cas, impérieux, le dénoncé doit être puni; dans le second, le dénonciateur. La dénonciation ne doit donc pas être déclarée non avenue. — Legrav, p. 164; D.A. 5. 9, n. 6.

§ 3. — *Formes de la dénonciation.*

21. — *Dénonciation des particuliers.* — 1° Sa forme sous la loi de brumaire : Le dénonciateur rédigeait lui-même ou faisait rediger sa dénonciation par l'officier de police judiciaire (art. 88); cet officier demandait au dénonciateur s'il était prêt à affirmer et à signer sa déclaration (art. 89); le dénonciateur signait, ou affirmait ne pouvoir signer, et déclarait n'agir par aucun intérêt personnel; l'officier de police était tenu de délivrer un mandat d'amener contre le prévenu (art. 90); si le dénonciateur se désistait (et il avait pour cela vingt-quatre heures), sa dénonciation était comme non avenue (art. 92 et 93). — D.A. 5. 9, n. 3.

22. — 2° Sa forme sous le code d'instruction criminelle.

Les auteurs reconnaissent tous que cette forme, tracée par l'art. 31 de ce code, ne s'applique en effet qu'à la dénonciation civique. Le dénonciateur, d'après cet article, doit faire sa dénonciation lui-même ou par un fondé de procuration spéciale annexée à la dénonciation. Cette dénonciation est remise toute rédigée ou est rédigée en présence du fonctionnaire qui doit la recevoir, par le dénonciateur ou son fondé de pouvoir.

Toutefois, elle peut encore être rédigée par ce fonctionnaire sur la réquisition du dénonciateur ou de son fondé de pouvoir.

23. — Elle doit être signée à chaque feuillet par le fonctionnaire qui la reçoit, par les dénonciateurs ou leurs fondés de pouvoir; cependant si les dénonciateurs ou leurs fondés de pouvoir ne savent, ou ne veulent pas signer, mention en est faite (C. inst. cr. 31).

24. — Néanmoins, la loi s'étant bornée à dire que la dénonciation doit être écrite, sans déterminer les formes de cette dénonciation, on peut regarder comme telle une note remise aux officiers de police et contenant des renseignemens de crime, bien que cette note ne soit ni écrite ni signée par celui qui la remet; et il peut, en conséquence, être fait à ce dernier application de l'art. 373 C. pén., si la dénonciation est calomnieuse. Il dirait en vain qu'elle devrait réunir les conditions prescrites par l'art. 31 C. inst. cr. — 10 oct. 1816. Cr. r. Godard. D.A. 5. 13. D.P. 1. 1278.

25. — Dans ce cas, si la remise de la note a été faite par deux individus, l'un d'eux peut être déclaré complice. — 10 oct. 1816. Cr. r. Godard. D.A. 5. 13. D.P. 1. 1278.

26. — La dénonciation non signée, par suite du refus du dénonciateur, quoiqu'il sût signer, était *non avenue* d'après le procès-verbal de l'ordonnance de 1670. Legraverend voudrait que l'on eût reproduit cette disposition. Selon Bourguignon et Dalloz, on doit la sous-entendre. Celui-ci fait remarquer cependant qu'il est des cas où elle aurait des inconvéniens, celui, par exemple, de l'arrêt précédemment cité. — D.A. *eod.*, n. 5.

27. — *Dénonciation faite par les fonctionnaires.* — Comme ces derniers ne peuvent, sous aucun rapport, être considérés comme parties plaignantes ou dénonciatrices; que leurs dénonciations ne sont que des avertissemens donnés à l'officier de police judiciaire, celles qu'ils font dans l'exercice de leurs fonctions ne doivent pas être soumises aux formalités précédentes. En conséquence, elles peuvent être transmises sous la simple forme de correspondance, même en matière de faux.

28. — Le fonctionnaire public qui donne avis à un officier de police judiciaire d'un crime dont il a acquis la connaissance dans l'exercice de ses fonctions, ne peut être considéré comme partie dénonciatrice. En conséquence, l'obligation imposée au dénonciateur par le code du 3 brumaire an 4, de signer les pièces arguées de faux et les pièces de comparaison, ne lui est point applicable. — 8 messid. an 13. Cr. c. Min. pub. C. Victor. D.A. 5. 10. D.P. 5. 2. 147.

— V. Exploit. — V. aussi Cassation, Avocat, Commissionnaire, Commune, Compétence civile, Compétence administrative, Contrainte par corps, Effets de commerce, Elections législatives, Exceptions, Faillite, Faux, Garde nationale, Hypothèques, Loi, Louage, Ordre, Péremption, Prescription, Propriété, Saisie-arrêt, Saisie-immobilière, Succession, Usufruit.

TABLE SOMMAIRE.

Affirmation. 21.
Complicité. 25.
Délégation de pouvoir. 16.
Délit rural. 14.
Dénonciation calomnieuse. 24. — officieuse. 8.
Discipline. 10.
Ecriture. 24.
Etablissement relig. 6.
Flagrant délit. 15.
Fonctionnaire. 8.
Formes. 21, s.
Garde-champêtre. 14. — forestier. 14.
Intérêt (action). 2.
Juge d'instruction. 18.
Mandat. 21, s.
Mention. 23.
Ministère public. 11.
Officier public. 12.
Omission. 4.
Peine. 4.
Plainte. 28.
Propriétaire. 7.
Qualité. 2, s. 11.
Signature. 21, s. 23, s.
Tapage. 7.

DÉNONCIATION CALOMNIEUSE. — 1. — C'est le délit de quiconque dénonce, faussement et avec mauvaise intention, par écrit, un citoyen auprès des officiers de justice ou de police.

ART. 1er. — *Caractères de la dénonciation calomnieuse.*

§ 1er. — *Différence entre la dénonciation calomnieuse et la calomnie ou diffamation.*

§ 2. — *Actes par lesquels se fait la dénonciation calomnieuse.*

§ 3. — *Faits dont la révélation constitue la dénonciation calomnieuse.*

ART. 2. — *Peines de la dénonciation calomnieuse.*

ART. 3. — *Des droits du dénoncé et des réparations qui lui sont dues. — Peines.*

ART. 4. — *Exercice de l'action en dénonciation calomnieuse.*

ART. 5. — *Compétence des tribunaux pour prononcer sur les réparations demandées par le dénoncé.*

ART. 1er. — *Caractères de la dénonciation calomnieuse.*

2. — Quiconque aura fait par écrit une dénonciation calomnieuse contre un ou plusieurs individus, aux officiers de justice ou de police administrative ou judiciaire, sera puni d'un emprisonnement d'un mois à un an, et d'une amende de 100 fr. à 3,000 fr. (C. pén., art. 373).

3. — Un de ses caractères est la spontanéité. — V. n. 13.

4. — Elle doit être directe et ne peut résulter de simples conclusions d'un acte qui n'avait pas cet objet. — V. n. 16.

5. — ... Elle doit être écrite (V. n. 1, 14), et adressée à un fonctionnaire ou officier de police.

6. — Il suffit qu'elle puisse donner lieu à révocation ou destitution de fonction, même gratuite, ou qu'elle expose le dénoncé au mépris. — V. n. 24, 26.

7. — Le délit de fausse dénonciation n'est pas prévu par les lois pénales; il ne peut être assimilé au crime de faux témoignage, lequel n'existe qu'autant qu'il est fait devant les juges, et spécialement devant le jury de jugement. — En conséquence, il n'y a pas lieu, dans ce cas, à l'application des peines portées contre le faux témoignage. — 19 prair. an 8. Cr. c. Bourrican. D.A. 5. 11. D.P. 1. 1277.

§ 1er. — *Différence entre la dénonciation calomnieuse et la calomnie ou diffamation.*

8. — Le délit de dénonciation calomnieuse est essentiellement différent du délit de calomnie, prévu par les art. 367 et suiv. C. pén., et les art. 13 et 15 de la loi du 17 mai 1819 (V. Outrage). L'art. 373 C. pén. suppose une dénonciation, devant les officiers de police administrative ou judiciaire, de faits passibles de répression, et ne permet pas que la dénonciation soit recherchée avant l'appréciation par la justice répressive elle-même du mérite de la dénonciation. — 25 fév. 1826. Cr. c. Alix. D.P. 26. 1. 258.

9. — D'ailleurs, les lois des 17 et 26 mai 1819 n'envisagent le délit de calomnie, diffamation et injure qu'autant qu'il est accompagné de publicité. — 19 mars 1823. Colmar. Jæger. D.A. 5. 20. D.P. 1. 1281.

10. — Et une dénonciation calomnieuse, qui n'a pas reçu de publicité, ne peut être considérée comme une diffamation. — 7 mars 1823. Cr. c. Maire de la commune de Frazé. D.A. 5. 12. D.P. 1. 1278.

11. — La loi du 26 mai 1819 n'a point abrogé l'art. 373 du C. pén. En conséquence, la dénonciation calomnieuse contre les fonctionnaires dénommés dans cet article, doit encore être punie des peines qui y sont portées. — Même arrêt.

12. — Mais le deuxième alinéa de l'art. 367 C. pén. ne se rapportant, comme le premier, qu'à la publicité donnée à certaines imputations, c'est-à-dire à la calomnie, et non à la dénonciation calomnieuse prévue par l'art. 373, a été abrogé par la loi du 17 mai 1819. — 12 mai 1827. Cr. c. Amiens. Marcadier. D.P. 27. 1. 240.

§ 2. — *Actes par lesquels se fait la dénonciation calomnieuse.*

13. — Le caractère essentiel de la dénonciation est la spontanéité. La déclaration faite, sur l'invitation de l'officier de police qui en dresse procès-verbal, manque de ce caractère, et ne peut être punie des peines infligées, dans certains cas, à la dénonciation (C. inst. cr. 31). — 3 déc. 1819. Cr. c. Paris. Martin, etc. D.A. 5. 12. D.P. 19. 1. 652.

14. — Pour que les peines de l'art. 373 C. pén. puissent être appliquées, il faut que la dénonciation ait été faite par écrit, ou que du moins elle ait été rédigée en présence du dénonciateur et dans les formes prescrites pour suppléer à son écriture ou à sa signature..., et l'on ne doit pas regarder comme une dénonciation le procès-verbal dressé par un maire sur la déclaration d'un individu qu'il a invité de passer chez lui et hors de la présence de cet individu. — Même arrêt.

15. — Une plainte en justice peut être réputée dénonciation calomnieuse, punissable d'après l'art. 373 C. pén., aussi bien que la dénonciation adressée par lettres ou par écrits quelconques à un fonctionnaire public. L'auteur de cette plainte peut être réputé dénonciateur, soit qu'il ait pris la qualité de plaignant, soit qu'il ait pris celle de partie civile. — La condamnation aux dommages-intérêts est, dans ce cas, indépendante de la condamnation à une peine, et ne fait pas obstacle à celle-ci. — 12 nov. 1813. Cr. c. Poitiers. Maillezac. D.A. 5. 13. D.P. 1. 1279.

16. — Mais lorsque, dans une plainte en vol, le plaignant a énoncé, par forme de narration, que le prévenu a soustrait des papiers *et les a dénaturés au point de s'en faire des titres de créance*, cette énonciation, non suivie d'une dénonciation formelle en faux, ni de demande d'aucune recherche à cet égard, ni de la production d'aucune pièce, ne peut former la base d'une accusation. — 9 flor. an 9. Cr. c. Champin. D.A. 9. 516. D.P. 2. 516.

17. — Il faut que la dénonciation ait été adressée à un officier de police judiciaire ou administrative (C. pén. 373).

18. — La dénonciation adressée à un préfet contre un maire est réputée faite à un officier de police administrative, et doit, dès lors, si elle est calomnieuse, être punie des peines portées par l'art. 373 C. pén. — On dirait en vain qu'elle a été faite à ce préfet en sa qualité d'administrateur et non en celle d'officier de police, ces deux qualités étant inséparables. — 31 août 1815. Cr. c. Caen. Jackson, etc. D.A. 5. 16.

19. — La dénonciation que des particuliers ont adressée au ministre de l'intérieur au sujet de fonctionnaires (maire et adjoint), ne peut être considérée comme faite dans un acte authentique, quand même cette dénonciation serait revêtue des signatures de plusieurs membres d'un conseil municipal, et quand elle aurait été renvoyée par le ministre de l'intérieur au préfet, et par le préfet aux personnes dénoncées, pour qu'elles eussent à répondre aux faits à elles imputés. — 25 oct. 1816. Cr. c. Limoges. Maury. D.A. 5. 17. D.P. 16. 1. 564

20. — Jugé au contraire qu'une pétition adressée à un ministre et contenant des demandes qui entrent dans les attributions de ce ministre, ne doit pas être considérée comme une simple lettre et comme simple correspondance privée, mais comme ayant un caractère officiel. — En conséquence, une telle lettre, si elle contient une dénonciation calomnieuse, donne lieu à l'application de l'art. 373 C. pén. — 7 déc. 1833. Cr. c. Holleaux. D.P. 34. 1. 139.

21. — Un ministre est officier de police administrative, dans le sens de l'art. 373 C. pén. — Même arrêt.

La question a été agitée, mais non résolue, lors de l'arrêt du 23 oct 1816. D.A. 5. 17. D.P. 16. 1. 564. — V. aussi Jurisp. gen. de Dalloz, v° Dénonciation, p. 9, n. 6, et p. 16 et suiv.

§ 3. — *Faits dont la révélation constitue la dénonciation calomnieuse.*

22. — L'accusation de détournement de deniers, faite devant le juge d'instruction, mais non justifiée, constitue une dénonciation calomnieuse, passible des peines de l'art. 373 C. pén. — D.A. 11. 122.

23. — Quoique la révélation d'une fabrication ou émission de fausse monnaie soit *obligée*, aux termes de l'art. 136 C. pén., cependant une telle révélation, si elle est fausse et faite par haine, peut être punie comme le serait la dénonciation libre et volontaire dont parle l'art 373 C. pén. — 10 oct. 1816. Cr. r. Godard. D.A. 5. 13. D.P. 1. 1278.

24. — Pour qu'il y ait dénonciation calomnieuse d'un fonctionnaire, il n'est pas exigé que les faits imputés soient de nature à donner lieu à des poursuites criminelles ou correctionnelles; il suffit qu'ils soient de nature à exposer ce fonctionnaire au mépris ou à la haine de ses concitoyens, et, par suite, à la destitution; comme si, par exemple, dans une dénonciation adressée par des particuliers au préfet, il est imputé à un maire d'avoir dressé des procès-verbaux et dirigé des poursuites dans un esprit de partialité et de vexation. On dirait en vain que ces faits, fussent-ils constans, ne seraient pas punissables. — 3 juill. 1829. Cr. c. Colmar. Min. pub. C. Bischoff. D.P. 29. 1. 287.

25. — Une lettre contenant la dénonciation d'un crime, et l'imputation de ce crime à plusieurs individus indiqués pour y avoir pris part comme complices, laquelle lettre a été suivie d'une ordonnance portant qu'il n'y a lieu à suivre, peut être considérée et poursuivie comme une dénonciation calomnieuse (C. inst. cr. 31). — 5 fév. 1830. Cr. r. Guadeloupe. Seray. D.P. 30. 1. 114.

26. — L'art. 373 C. pén. n'est pas limité au cas où la dénonciation a pour but de provoquer des poursuites judiciaires sur les faits y contenus; mais il s'applique aussi au cas où elle peut donner lieu à des mesures administratives contre le dénoncé, telles qu'une révocation, un changement de résidence. — 7 déc. 1833. Cr. c. Holleaux. D.P. 34. 1. 139.

27. — Bien que l'art. 358 C. inst. cr. porte qu'il ne peut être réclamé des réparations civiles contre les membres de l'autorité, à raison des délits qu'ils ont dénoncés dans l'exercice de leurs fonctions, il ne fait pas obstacle à ce que, si la dénonciation est calomnieuse dans le sens de l'art. 373 C. pén., il y ait lieu, soit à la plainte directe de la part de la partie civile, soit à l'action publique de la part du ministère public contre le membre de l'autorité, et, par exemple, contre le président d'un tribunal qui, prétendant agir dans les limites de la surveillance dont il est investi, aurait, de mauvaise foi, dénoncé des faits faux contre des fonctionnaires. — 12 mai 1827. Cr. c. Amiens. Marcadier. D.P. 27. 1. 240. — 22 déc. 1827. Cr. r. Beuret. D.P. 28. 1. 68.

ART. 2. — *Peines de la dénonciation calomnieuse.*

28. — Le dénonciateur calomnieux est passible de peines correctionnelles (C. pén. 373).

29. — La peine prononcée par l'art. 373 C. pén. ne peut être appliquée que lorsque les faits contenus dans la dénonciation ont été jugés calomnieux par l'autorité chargée de la poursuite du crime ou du délit dénoncé. — 25 oct. 1816. Cr. c. Limoges. Maury. D.A. 5. 17. D.P. 16. 1. 564.

30 — ... Ou lorsque les faits imputés dans la dénonciation ont été jugés faux par l'autorité compétente. — 19 mars 1823. Colmar. Jæger. D.A. 5. 20. D.P. 1. 1281.

31. — Jugé de même que la dénonciation ne doit être considérée comme un délit que du jour où elle a été reconnue calomnieuse. — 6 août 1825. Cr. c. Min. pub. C. Guillemin. D.P. 25. 1. 436.

32. — L'arrêt de la chambre d'accusation, qui déclare qu'il n'y a ni preuve ni indice des prévarications dénoncées, prouve d'une manière suffisante que la dénonciation a été faite sans fondement. — En conséquence, le tribunal, devant lequel la plainte en dénonciation calomnieuse est portée, peut appliquer les peines prononcées par l'art. 373 C. pen., s'il juge, d'après les circonstances, que la dénonciation est calomnieuse. — 12 fév. 1819. Cr. r. Sombret. D.A. 5. 19. D.P. 1. 1280.

33. — L'art. 374 C. pén., qui déclare que le dénonciateur calomnieux par écrit, dans le sens de l'art. 373, encourra, outre la peine portée à ce dernier article, interdiction pendant cinq ans au moins et dix au plus de ses droits civiques, civils et de famille, a été abrogé par l'art 26 de la loi du 17 mai 1819. — 7 déc. 1833. Cr. c. Holleaux. D.P. 34. 1. 139.

ART. 3. — *Des droits du dénoncé, et des réparations qui lui sont dues. — Peines.*

34. — A Rome, on faisait une triple distinction: ou l'accusateur avait calomnié, et alors, outre la peine du talion, il encourait celles infligées par la loi Rumnia: *fronti littera K inurebatur et præterea infamia notabatur* (L. ff. *de his qui not. inf.*); ou il avait accusé témérairement, et alors l'accusé n'avait que l'*actio injuriarum* en dommages-intérêts; ou enfin, il avait eu de fortes raisons pour accuser, et alors il n'y avait ni peine ni dommages-intérêts prononcés contre l'accusateur. — V. ff. *ad sen. cons.* Turpill, Merl., v° Réparation civile; Legrav., t. 1er, p. 403, et D.A. 5, 9, n. 7.

35. — En France, les accusateurs et les dénonciateurs qui se trouvaient mal fondés, c'est-à-dire, d'après la jurisprudence et les auteurs, qui avaient dénoncé témérairement, étaient condamnés aux dommages-intérêts des accusés et à plus grande peine, s'il y échéait, ce qui aura lieu, ajoutait l'ordonnance de 1670 (art. 7), à l'égard de ceux qui se sont rendus parties civiles, ou qui s'étant rendus parties civiles se seraient désistés, si leur plainte est jugée calomnieuse. — Merl., t. 11, p. 555; Rousseau de Lacombe, part. 3, chap. 18; Serpillon, tit. 3, art. 7, n. 1; D.A. 5. 9, n. 8.

« L'accusé acquitté, portait la loi de brumaire an 4, pourra obtenir des dommages-intérêts contre ses dénonciateurs. » — On suivait pour l'application de cette disposition l'ordonnance de 1670. — D.A. 5. 10, n. 8.

36. — Aujourd'hui, on n'applique pas à l'accusateur de l'individu dont l'innocence a été reconnue, la peine du délit ou du crime qui lui était imputé; mais il peut y avoir lieu, en certains cas, à diriger contre lui des poursuites pour faux témoignage et pour subornation de témoins, si l'accusation a été soutenue par de fausses dépositions (Legrav., t. 1er, p. 403); et de plus « il pourra obtenir des dommages-intérêts contre ses dénonciateurs, pour fait de calomnie » (C. inst. cr. 358).

37. — C'est pourquoi le procureur-général est tenu de désigner le dénonciateur à l'accusé, sur sa réquisition, après le jugement qui l'acquitte.

38. — Néanmoins, si l'accusé n'a été traduit ou cité devant aucun tribunal, c'est-à-dire, lorsque la partie lésée n'a point donné de citation directe (en matière correctionnelle ou de police), ou que, sur sa plainte, en quelque matière que ce soit, il n'a point été rendu de jugement ou d'arrêt qui renvoie devant le tribunal de police simple, correctionnelle, ou devant une cour d'assises, il ne peut y avoir lieu à demande en dommages-intérêts, à moins que le plaignant, s'étant constitué partie civile, n'ait formé opposition à la décision provisoire du tribunal de première instance, rendue en chambre du conseil, sur le rapport du juge d'instruction. — Legrav., 1, 404.

39. — Et, dans ce cas, si la partie civile succombe, elle est condamnée aux dépens (C. inst. cr. 136).

40. — Mais de ce que la loi a prévu les cas d'opposition de la part de la partie civile, doit-on en conclure que s'il n'y a pas eu de partie civile ou opposition de sa part, la demande en dommages-intérêts ne puisse être accueillie? Oui, Legrav., 1, 404; D.A. *eod.*

41. — Mais faut-il, pour qu'il y ait lieu à dommages-intérêts, que la dénonciation ait été calomnieuse ou au moins téméraire? — Non, d'après quelques auteurs : le principe posé dans les art. 1382 C. civ. leur paraissant suffire. Oui, d'après Cambacérès, Berlier et Target (discuss. sur l'art. 358 C. inst. cr.), et d'après une jurisprudence qui paraît constante. — D.A. 5. 10, n. 8.

42. — Pour qu'un accusé puisse obtenir des dommages-intérêts contre ses dénonciateurs, il ne suffit pas qu'il ait été déclaré non coupable par la déclaration du jury, il faut encore que la dénonciation soit jugée calomnieuse ou téméraire. — 30 déc. 1813. Cr. r. Paris. Regnier. D.A. 5. 24. D.P. 14. 1. 129. — 23 mars 1821. Cr. c. Châteauneuf. D.A. 5. 26. D.P. 21. 1. 182.

43. — De même, lorsque, sur la dénonciation d'un individu, des poursuites ont été exercées d'office par le ministère public, et que celui qui en a été l'objet a été renvoyé de la plainte par une ordonnance du directeur du jury, le dénonciateur n'est pas tenu à des dommages et intérêts envers lui, s'il n'est pas jugé que sa dénonciation était calomnieuse. — 16 nov. 1811. Paris. Malo. D.A. 5. 23. D.P. 1. 1283.

44. — Jugé implicitement, dans le même sens, que l'existence du fait matériel qui a donné lieu à la dénonciation exclut toute idée de calomnie, et que par conséquent l'accusé acquitté ne peut obtenir de dommages et intérêts contre son dénonciateur. — 15 juill. 1818. Paris. Fouchier. D.A. 5. 25.

45. — C'est en vertu du même principe que l'art. 727 C. civ. ne déclare indigne de succéder celui qui a porté contre le défunt une accusation *capitale*, qu'autant qu'elle a été jugée calomnieuse.

46. — Toutefois, il avait été décidé que celui à l'égard duquel il a été déclaré, par une ordonnance du directeur du jury, qu'il n'y avait lieu à suivre, peut obtenir des dommages et intérêts contre son dénonciateur, de même que celui qui a été libéré par une ordonnance d'acquittement. — 24 fév. 1807. Paris. Anthenac. D.A. 5. 22. D.P. 1. 1282.

47. — Lorsque des lettres adressées par un avoué à son client, dans la vue de l'engager à empêcher, par ses démarches auprès des hommes du pouvoir, la nomination d'un magistrat, ont été rendues publiques par ce client, les tribunaux ont pu et dû, sur l'action du magistrat dénoncé, et après avoir considéré ces lettres comme une dénonciation adressée aux hommes du pouvoir, par l'intermédiaire d'un tiers, et comme n'étant confidentielles qu'à l'égard du nom et de la signature du dénonciateur, en ordonner la suppression, et condamner ce dernier à des dommages-intérêts envers la personne dénoncée... Dans ce cas, les lettres n'ayant pas été envisagées sous le rapport du délit de diffamation, il serait inexact de prétendre que l'auteur seul de la publication, et, par suite, de la diffamation, aurait dû

être condamné aux réparations civiles (C. civ. 1382). — 16 fév. 1829. Civ. r. Metz. Pasquier. D.P. 29. 1. 150.

ART. 4. — *Exercice de l'action en dénonciation calomnieuse.*

48. — En général, cette action est prématurée tant qu'il n'a pas été statué par l'autorité compétente (judiciaire ou administrative) sur les faits dénoncés (C. pén. 372). — D.A. 5. 10, n. 10.

49. — C'est une disposition à laquelle il n'a pas été dérogé par l'art. 25 de la loi du 26 mai 1819, et qui dès lors est applicable au cas où le ministère public poursuit d'office, sans dénonciation de l'auteur de l'imputation. — Legrav., t. 2, p. 374.

50. — D'où il suit que le tribunal ne peut condamner le prévenu aux peines portées dans l'art. 373 C. pén., sans qu'il ait été préalablement statué par l'autorité compétente sur la vérité ou la fausseté des faits allégués. — 25 sept. 1817. Cr. c. Laveniere. D.A. 5. 19. D.P. 1. 1280.

51. — Jugé de même qu'un tribunal, saisi d'une plainte en calomnie, fondée sur une dénonciation calomnieuse, doit, avant de renvoyer le prévenu de la plainte, examiner si les faits imputés ont été déclarés faux par l'autorité à laquelle la dénonciation a été adressée; et, par exemple, si la dénonciation a été faite au préfet contre un percepteur, s'assurer si le préfet a déclaré la dénonciation fausse; il ne pourrait renvoyer le prévenu, sous le prétexte que les faits n'ont pas été jugés par les tribunaux. — 11 sept. 1817. Cr. c. Delambert. D.A. 5. 18.

52. — Lorsqu'un maire est dénoncé au préfet, comme coupable de prévarications et concussions dans l'exercice de ses fonctions, qui, si elles étaient prouvées, seraient de nature à attirer sur lui les peines portées par le code pénal, l'action en dénonciation calomnieuse ne peut être valablement intentée qu'après que l'autorité judiciaire aura prononcé sur la vérité ou la fausseté des faits dénoncés. — 19 mars 1823. Colmar. Jœger. D.A. 5. 20. D.P. 1. 1281.

53. — Nous ne pensons pas que ces deux propositions soient exactement vraies. La cour de Colmar, se fondant sur le caractère criminel des faits dénoncés, et sur ce que le préfet n'a pu apprécier ces faits que dans les limites de sa compétence, a décidé que dans aucun cas ce dernier ne pouvait ni juger, ni condamner, ni absoudre le maire. — Cette cour, ce semble, est allée trop loin; elle a méconnu les attributions conférées par la loi aux préfets, lorsqu'il était facile, par une distinction, de concilier à la fois les droits de l'autorité administrative et les pouvoirs de l'autorité judiciaire. — D.A. 5. 21, n. 1re.

54. — Jugé également que l'action en dénonciation calomnieuse ne peut être intentée par le ministère public ou la partie civile, qu'après que l'autorité judiciaire ou administrative a statué sur la vérité, la fausseté ou le défaut de preuve de la dénonciation. En conséquence, s'il y a action en dénonciation calomnieuse, le tribunal surseoit, avec raison, au jugement de l'action, jusqu'à ce qu'il ait été statué sur la dénonciation (C. pén. 373). — 25 fév. 1826. Cr. r. Allix. D.P. 26. 1. 258.

Des arrêts qu'on vient de lire, il suit que les tribunaux sont obligés de surseoir jusqu'à ce que l'autorité judiciaire ait prononcé, s'il s'agit de faits entraînant une action criminelle, ou jusqu'à ce que l'autorité administrative ait statué, s'il s'agit de faits relatifs aux fonctions du dénoncé.

55. — La question de savoir quelle autorité est appelée à déclarer préalablement la fausseté des faits, dépend donc de leur caractère judiciaire ou administratif. Ainsi, l'autorité administrative n'a pas caractère pour juger les faits, lorsque, en les supposant vrais, ils seraient de nature à entraîner des peines établies par le code pénal. — 19 mars 1823. Colmar. Jœger. D.A. 5. 20. D.P. 1. 1280.

56. — Mais le ministre de l'intérieur a caractère pour déclarer si des imputations de prévarication administrative, dirigées contre des fonctionnaires administratifs, et, par exemple, contre un maire et son adjoint, sont calomnieuses. — 25 oct. 1816. Cr. c. Limoges. Maury. D.A. 5. 17. D.P. 16. 1. 564.

57. — Le ministre de la justice est compétent pour déclarer, conformément à l'art. 373 C. pén., la vérité ou la fausseté des faits qui lui sont dénoncés : et, la fausseté ainsi déclarée, il ne reste plus aux tribunaux qu'à apprécier le caractère de la dénonciation. — 12 mai 1827. Cr. c. Amiens. Marcadier. D.P. 27. 1. 240. — 22 déc. 1827. Cr. r. Beuret. D.P. 28. 1. 67.

58. — La décision d'un préfet sur l'existence de faits imputés à un maire dans l'exercice de ses fonc-

tions, est obligatoire pour un tribunal saisi d'une plainte en dénonciation calomnieuse, relative à ces faits. — 26 mai 1832. Cr. r. Orléans. Dutard. D.P. 32. 1. 308.

59. — On doit regarder comme une décision une simple lettre par laquelle le préfet, tout en accordant aux habitans d'une commune la révocation de leur maire par eux sollicitée, dit, en passant, que quelques unes des allégations contenues dans leur plainte ne paraissent pas fondées, encore bien que ces habitans n'aient pas été mis en mesure de fournir la preuve par eux expressément offerte dans cette même plainte. Il suffit que la décision contienne des motifs sur chaque chef de la plainte. — Même arrêt.

60. — La décision d'un préfet, sur l'existence de faits imputés à un maire, est obligatoire pour les tribunaux, même quant à des faits relatifs à la vie privée de ce fonctionnaire. — Même arrêt.

61. — Jugé cependant que lorsque la dénonciation par écrit, prétendue calomnieuse, contre un fonctionnaire, et adressée au ministre, ne porte pas sur les faits relatifs aux fonctions du premier, il n'est pas nécessaire que, pour statuer sur la plainte dirigée contre le dénonciateur, les tribunaux renvoient à l'autorité administrative, s'agissant alors de faits privés de la compétence exclusive des tribunaux. — 7 déc. 1833. Cr. c. Holleaux. D.P. 34. 1. 139.

Cet arrêt n'est point en contradiction avec celui qui précède. Dans la seconde espèce, en effet, il n'existait pas d'acte administratif, et les tribunaux étaient libres de prononcer qu'un sursis n'avait pas besoin d'être ordonné pour faire intervenir l'administration dans la connaissance d'un fait entièrement privé. Dans la première espèce, au contraire, il y avait une décision du préfet, et les principes de la division des pouvoirs formaient obstacle à ce que les tribunaux pussent passer outre, comme si cette décision n'existait pas.

62. — Encore qu'après la dénonciation portée contre un sous-préfet, il soit émané du ministre de l'intérieur une lettre où la conduite du sous-préfet est approuvée, cette lettre, qui ne peut avoir le caractère d'une décision administrative et qui ne statue point sur la dénonciation, ne peut être assimilée à un jugement qui aurait déclaré la dénonciation calomnieuse. — 25 fév. 1826. Cr. r. Min. pub. C. Allix. D.P. 26. 1. 258.

63. — La déclaration écrite par un membre du ministère public, sur le dossier d'une plainte en vol à lui remise, que cette *plainte est mal fondée*, ne saurait équivaloir à un jugement définitif sur le mérite de la plainte, de telle sorte que le tribunal saisi de l'action civile intentée plus tard contre le plaignant, comme coupable de calomnie, soit tenu de statuer sur cette action, sans pouvoir ordonner une instruction préalable sur la plainte dont il s'agit. — 15 oct. 1832. Douai. Valque. D.P. 33. 2. 16.

64. — Le prévenu de dénonciations calomnieuses contre un maire, consignées dans des lettres adressées au préfet, ne peut, dans la poursuite correctionnelle à la requête du ministère public, exciper de la circonstance que ce maire, en cette qualité, l'aurait déjà dénoncé lui-même (C. pén. 327). — 27 nov. 1829. Nîmes. Roux. D.P. 30. 2. 70.

65. — Il peut néanmoins exiger, en déclarant qu'il dénonce au procureur du roi les faits dénoncés au préfet, qu'il soit sursis à toute poursuite, jusqu'à ce qu'il eût été légalement informé à leur égard; la lettre du préfet au maire, portant qu'il reconnaît la fausseté de la dénonciation, n'ayant aucun caractère d'acte administratif, ne doit pas, d'ailleurs, dispenser les juges d'ordonner une enquête. — Même arrêt.

66. — En cas de sursis au jugement d'une demande en dommages-intérêts, formée devant le juge de paix pour imputations injurieuses, sursis fondé sur l'allégation des défendeurs, qu'ils ont dénoncé les faits au procureur du roi, celui qui avait formé cette demande est recevable, après que la plainte dirigée contre lui a été déclarée fausse par l'autorité judiciaire, à porter plainte en dénonciation calomnieuse devant le tribunal correctionnel, et ce tribunal ne peut se déclarer incompétent, sous le prétexte qu'une action civile aurait déjà été formée : cette action est tout-à-fait distincte de l'action criminelle. — 28 janv. 1819. Cr. c. Menil-Drey. D.A. 5. 19. D.P. 1. 1280.

67. — Dans le cas où les faits signalés dans une dénonciation ont été déclarés calomnieux par l'autorité compétente, le juge correctionnel, devant lequel une plainte en calomnie est formée, n'a point à examiner de nouveau si les faits dénoncés sont

vrais ou faux ; il a seulement à juger si, d'après les circonstances, la dénonciation a été faite de mauvaise foi et à dessein de nuire. — 25 oct. 1816. Cr. c. Limoges. Maury. D.A. 5. 17. D.P. 16. 1. 564.

68. — Lorsqu'il a été adressé à la chambre des avoués et au procureur du roi, contre un avoué, une dénonciation susceptible de répression disciplinaire, sur laquelle ils ont statué, la chambre, en déclarant faux les faits allégués, et le procureur du roi, en approuvant cette décision, s'il arrive qu'un tribunal correctionnel soit ensuite appelé à prononcer sur cette dénonciation, il n'a plus qu'à apprécier le caractère moral de la dénonciation; il ne peut, dès-lors, surseoir pendant un certain délai, pour attendre que l'autorité compétente ait déclaré cette dénonciation calomnieuse, ni surtout mettre à la charge du demandeur la preuve négative des faits diffamatoires dénoncés, la chambre des avoués ayant rempli sa mission en déclarant les faits allégués faux. — 18 sept. 1830. Cr. c. Morel. D.P. 30. 1. 360.

69. — Bien que l'art. 20 de la loi du 26 mai 1819, et l'art. 5 de celle du 8 oct. 1830, ne mettent la preuve des faits de diffamation à la charge du prévenu que lorsqu'elle a lieu par voie de publication, cependant il résulte des principes du droit commun, comme de l'art. 373 C. pén., que, dans le cas de dénonciation calomnieuse par écrit, prévu par cet article, la preuve doit être également à la charge du prévenu et non à la charge du plaignant. — 7 déc. 1833. Cr. c. Holleaux. D.P. 34. 1. 139.

ART. 5. — *Compétence des tribunaux pour prononcer sur les réparations demandées par le dénoncé.*

70.—Sous la loi du 3 brumaire an 4, les tribunaux civils étaient seuls compétens pour statuer sur la demande en dommages et intérêts, formée par un accusé acquitté, contre son dénonciateur, *non partie* dans le procès criminel.— 25 fruct. an 4. Sect. réun. c. Warmejanville. D.A. 5. 11. D.P. 1. 1277. — 29 vend. an 5. Cr. c. Quelin. D.A. 5. 21. D.P. 1. 1282.

71.—De même encore, sous l'empire de cette loi, ni les tribunaux de police municipale, ni les tribunaux correctionnels n'étant compétens pour statuer sur une demande en dommages et intérêts, formée pour cause de dénonciation, cette action devait être portée devant les tribunaux civils.—11 brum. an 8. Civ. c. Pinçon. D.A. 5. 22. D.P. 1. 1282.

72. — Mais aujourd'hui, en matière criminelle et correctionelle, l'accusé ou le prévenu acquitté qui a connu son dénonciateur, doit, à peine de déchéance, former contre lui sa demande en dommages et intérêts devant les juges du crime ou du délit, qui sont compétens pour y statuer. — 13 juill. 1818. Paris. Fouchier. D.A. 5. 25.

73.—La cour d'assises, statuant sur les dommages et intérêts prétendus par l'accusé acquitté contre ses dénonciateurs, n'est aucunement liée par la déclaration du jury sur le fait de la culpabilité : il est laissé à sa prudence d'accorder ou de refuser des dommages et intérêts (C. inst. cr. 358.) — 30 déc. 1815. Cr. r. Paris. Regnier. D.A. 5. 24. D.P. 14. 1. 129.

74.—La cour d'assises doit apprécier la moralité de la dénonciation. — 23 mars 1821. Cr. c. Chateauneuf. D.A. 5. 26. D.P. 21. 1. 182.

75.—Mais la cour d'assises peut-elle prononcer des dommages-intérêts contre le dénonciateur ou plaignant, même lorsqu'il n'est pas partie au procès? —Oui, et en certaines circonstances, selon Legrav., d'après l'art. 66 C. inst. cr., et Bourguignon; non, selon Dalloz (A. 5. 10, n. 9).

76.—Ce dernier pense encore que si l'acquittement émane d'un tribunal correctionnel, ce tribunal n'est plus compétent pour prononcer des dommages-intérêts.—D.A. *eod.*

—V. Outrage.

TABLE SOMMAIRE.

Abrogation. 11, s. 33.
Accusation capitale. 45.
Action publique. 64, s.
Avoué. 68.
Calomnie. 8, s. 29.
Caractère. 7, s.
Chose jugée. 29, 42, s. 58, s. 73.
Compétence. 54, 70.
Cour d'assises. 73.
Dénonciation fausse. 23.
Désignation. 37.
Destitution. 24.
Diffamation. 8, 47, 69.
Dommages-intérêts. 15, 54, 70.
Ecrit. 2, 14, s.
Fausse dénonciation. 7.
Faux. 7.
Fonctionnaire. 24, 27, s.
Frais 39.
Intention. 41.
Interdiction légale. 33.
Juge d'instruction. 22.
Jugement. 59. — administratif. 62.
Lettre. 15, 20, 25, 47, 59, 65.
Maire. 18, s. 24, s. 52, 56.
Marque. 34.
Ministre. 19, s. 56, s. 62.
Officier de police. 2, s. 17, s.
Opposition. 40, s.
Outrage. 8, s.
Partie civile. 35, 38.
Peine. 2, 28, 34, s. 50.— (cumul) 15.
Plainte. 15.
Préfet. 18, s.
Preuve. 22, 69.
Procès-verbal. 14.
Publicité. 9, s. 47.
Question préjudic. 48.
Renvoi. 54.
Responsabilité. 41, s.
Révélation. 23.
Spontanéité. 13.
Sursis. 48, 65, s.
Témoin. 1.

DÉNONCIATION DE NOUVEL-OEUVRE.—V. Actions possessoires.

DENRÉES.—V. Autorité municipale. — V. aussi Actes de commerce, Alimens, Coalition, Compensation, Compétence administrative, Louage, Rente, Vente.

DENRÉES COLONIALES.—V. Douanes.

DÉPAISSANCE.—V. Délit rural, Forêts, Pâturage.

DÉPART.—V. Assurances maritimes, Charte-partie, Douanes, Saisie-arrêt, Voitures publiques.

DÉPARTEMENT.—V. Organisation administrative, Saisie-immobilière, Voirie.

DÉPENDANCES.— V. Chasse, Contrainte par corps, Contributions directes, Contributions indirectes, Douanes, Forêts, Habitation, Octroi, Saisie-immobilière, Vente, Voirie, Vol.

DÉPENS.—V. Frais.

DÉPENSE.—V. Communauté, Bourse de commerce, Capitaine, Commerçans, Compte, Contributions directes, Contributions indirectes, Fabrique, Garde nationale, Mandat, Partage, Prêt, Propriété, Saisie-immobilière, Servitude, Succession bénéficiaire, Voirie, Usufruit.

DÉPENSE VOLUPTUAIRE.— V. Louage, Rapport, Usufruit.

DÉPÉRISSEMENT.—V. Assurances maritimes, Commissionnaires, Communauté, Faillite, Rapport, Succession, Succession irrégulière, Usufruit.

DÉPEUPLEMENT.—V. Eaux, Forêts.

DEPLACEMENT. — V. Capitaine, Colonies, Contributions indirectes, Douanes, Elections législatives, Manufacture, Saisie-exécution, Saisie-gagerie, Servitude, Vol.

DEPLACEMENT DE BORNES.— V. Actions possessoires, Propriété, Vol.

DEPLACEMENT DE MINUTES.—V. Notaire, Preuve littérale.

DÉPORT.—V. Arbitrage, Peine.

DÉPORTATION.—1. — C'est le transport d'un individu dans un lieu hors du royaume, pour y subir une peine.

§ 1er.—*De la déportation judiciaire.*

§ 2.— *De la déportation politique.*

—

§ 1er.— *De la déportation judiciaire.*

2.— La déportation judiciaire est celle qui est dictée par la loi et infligée par le juge, c'est la seule qu'on doive connaître dans tout pays légalement constitué.

3. — La déportation consiste à être transporté et à demeurer à perpétuité dans un lieu déterminé par le gouvernement, hors du territoire continental de France.— Tant qu'il n'aura pas été établi un lieu de déportation, ou lorsque les communications seront interrompues entre le lieu de la déportation et la métropole, la déportation sera convertie en une détention perpétuelle (C. pén. 17).

4. — Cette peine n'a été introduite dans nos lois qu'en 1791 ; le code pénal de cette époque la prononçait comme aggravation de peine contre l'auteur d'un crime, précédemment condamné pour un premier crime (art. 1 et 2, tit. 2, 2e partie). La flétrissure fut substituée à la déportation par la loi du 23 flor. an 10. Ces deux lois sont aujourd'hui abrogées par les art. 56 et 57 du code pénal de 1810.

5. — La loi du 10 mars 1793 conféra au tribunal extraordinaire qu'elle établit à Paris le pouvoir exorbitant de prononcer la déportation contre ceux qui seraient convaincus de crimes ou délits *non prévus par le code pénal, ou dont la punition ne serait pas déterminée par les lois*, et dont l'incivisme et la résidence seraient un sujet de trouble et d'agitation. — La loi du 7 juin suivant investit du même pouvoir tous les tribunaux criminels. Ces lois furent abrogées par celle du 29 niv. an 3.

6.— La *transportation*, qui était une déportation *temporaire*, dont la durée devait être au moins de huit ans, fut prononcée par la loi du 24 vend. an 2; elle était applicable, 1° aux mendians domiciliés, repris en troisième récidive; 2° aux mendians domiciliés ou non domiciliés, arrêtés une seconde fois après avoir été détenus dans une maison de répression; 3° à ceux qui, après avoir subi une année de détention pour mendicité, ne pouvaient justifier d'aucun domicile. — La mendicité aujourd'hui ne donne plus lieu qu'à des peines correctionnelles. — Merlin, Rép., v° Transportation ; D.A. 5. 27, n. 4.

7. — Mais la loi du 24 vend. an 2 n'était pas incompatible avec l'art. 603 du code du 3 brum. an 4, et pouvait être appliquée sous l'empire de ce code. — 29 prair. an 8. Cr. c. Min. pub. C. Prévost. D.A. 5. 29.

8.— Toutefois, les dispositions de cette loi, relatives au mode d'application de la transportation, avaient été abrogées par l'art. 594 C. du 3 brum. an 4. Ainsi, sous l'empire de ce code, cette peine ne pouvait être prononcée par un tribunal criminel que sur la double déclaration d'un jury d'accusation et d'un jury de jugement.— 29 prair. an 8. Cr. c. Min. pub. C. Prévost. D.A. 5. 20.

9. — Les lois des 29 vend. et 22 germ. an 2 prononcèrent la déportation contre tout citoyen qui recèlerait un prêtre déporté. — La déportation devait aussi être infligée, aux termes de la loi du 1er germ. an 3, contre les personnes convaincues de provocations au pillage des propriétés. ..., a des actes de violences contre les autorités constituées, le gouvernement et la représentation nationale (art. 1 et 2); contre les auteurs d'attroupemens séditieux, non dissipés sur l'invitation du chef de la force armée, après trois sommations; contre ceux qui, après les trois sommations prescrites, restaient spectateurs de ces attroupemens, si des actes de violences y étaient commis (art. 6); contre ceux qui, dans le sein des assemblées législatives, poussaient des cris séditieux ou manifestaient des mouvemens menaçans (art. 15); enfin, la déportation devait être prononcée, d'après la loi du 27 germ. an 4, lorsqu'en déclarant un accusé convaincu d'avoir, par ses discours ou écrits imprimés, distribués ou affichés, provoqué la dissolution du gouvernement ou l'invasion des propriétés publiques ou le partage des propriétés particulières, sous le nom de *loi agraire* (crimes punis de mort d'après la même loi), le jury décidait que des circonstances atténuantes militaient en faveur de l'accusé — D.A. 5. 27, n. 5.

10. — Le code pénal révisé prononce la déportation pour la répression de quelques crimes politiques, prévus par les art. 82, 84, 94, 98, 124 C. pén. Les art. 189, 200, 365 du code pénal de 1810, qui prononçaient aussi la même peine, ont été modifiés par la loi du 28 avril 1832.

11.—La déportation occupe le 3e rang parmi les peines afflictives et infamantes (C. pén., 7); sa durée est perpétuelle (17). Elle ne peut être prononcée contre les septuagénaires : elle est remplacée à leur égard par la réclusion à perpétuité (C. pén. 70, 71); mais si elle a été prononcée contre un individu qui n'a atteint sa soixante-dixième année que depuis son jugement, elle n'en doit pas moins être exécutée. — Carnot, *Comment. code pén.*, t. 1er, p. 82.

12.—Le déporté qui rentre sur le territoire du royaume, doit être condamné aux travaux forcés à perpétuité (C. pén. 17). — Toutefois, si le déporté n'avait été ramené sur le territoire français que par suite d'événemens de force majeure, et non par l'effet de sa volonté, il ne serait pas passible de cette aggravation de peine.— D.A. 5. 27, n. 7.

13.—De même encore, on ne pourrait pas appliquer la peine des travaux forcés perpétuels au déporté qui se serait évadé avant d'avoir commencé à subir sa peine, et qu'on retrouverait sur le territoire. L'infraction de ban, en effet, consiste à *rentrer* sur le territoire du royaume; or, pour y rentrer, il faut nécessairement en être sorti. — D.A. 5. 27, n. 8.

14.—A plus forte raison, on doit décider de même à l'égard du condamné qui, rendu au lieu de sa déportation, s'évaderait pour passer dans un pays étranger. — Si donc le gouvernement appréhendait le déporté par droit d'extradition, il ne pourrait que le faire reconduire dans le lieu où il doit subir sa peine. — Carnot, *loc cit.*, t. 1er, p. 83, n. 7.

15.—L'aggravation de peine, portée par l'art. 17, devrait être appliquée au déporté qui serait trouvé

dans les colonies; car cet article ne punit pas seulement la rentrée sur le territoire continental, mais bien la rentrée sur le *territoire du royaume*.—D.A. 5. 28, n. 9. — Carnot, *loc. cit.*, est d'un avis contraire.

16.—L'art. 17 C. pén. ne serait pas applicable à un individu condamné à la déportation, en vertu d'une loi antérieure au code pénal de 1810, et rentré sur le territoire avant la promulgation de ce code, encore qu'il n'ait été poursuivi que depuis.—9 sept. 1813. Cr. r. Gougouenheim. D.A. 2 225 D.P. 1. 419.

17.—Il en serait autrement, si le condamné était rentré sur le territoire du royaume depuis la promulgation. — Carnot, *loc cit.*, p. 854, n 10; D.A. 5. 28, n. 10.

18.— L'aggravation de peine de l'art. 17 ne pourrait être prononcée par contumace contre un déporté que des témoins déclareraient avoir vu sur le territoire français. Ceci du moins a été jugé à l'égard d'un banni. — 6 mars. 1817. Cr. r. Besançon. Min. pub. C. Monnot. D.A 2. 226. D.P. 17. 1. 107.

19.— Carnot, t. 1er, p. 85, pense que le deporté qui, par suite de sa rentrée, est condamné aux travaux forcés perpétuels, ne doit pas subir l'exposition publique. Mais cette opinion est contraire au texte de l'art. 22 C. pén., qui n' admet aucune exception. — D.A. 5. 28, n. 12.

20.— La condamnation à la déportation emporte la mort civile (C. pén. 18), et la mort civile, d'après l'art. 26 C. civ., n'est encourue qu'à compter du jour de l'exécution réelle ou par effigie des condamnations auxquelles elle est attachée.

Cet article donne lieu à la question de savoir ce qui constitue l'exécution d'un jugement qui prononce la déportation. Toullier, t. 1er, p. 200, dit qu'il est fort difficile de fixer le moment précis où la condamnation est exécutée. Carnot, *Comm. sur le code pén.*, art. 17, soutient que la mort civile ne doit commencer que du jour où les ordres auront été donnés par le gouvernement pour l'exécution du jugement. Duranton, t. 1er, n. 223, enseigne que la mort civile doit dater du jour de l'affiche, prescrite par l'art. 36 C. pén. C'est là, dit-il, un commencement d'exécution du jugement, puisque c'est une notification qui est faite à la société.

Merlin, Rép., t. 17, vº Mort civile, § 1er, art. 5, n. 4, et Dalloz, A. 5. 28, n. 13, pensent, en se fondant sur le texte de l'art. 17 C. pén., qu'il faut, pour que la mort civile soit encourue, que l'exécution soit entière, et que le condamné ait été réellement déporté. Ces deux auteurs soutenaient même, avant la nouvelle révision du code pénal, que, tant que le gouvernement ne désignait pas un lieu hors du territoire continental de la France, où les condamnés dussent être transportés, la mort civile ne pouvait être encourue, puisque le jugement de condamnation n'était pas exécuté.

21.—Jugé en ce sens que l'arrêt qui condamne un individu à la déportation n'est réputé exécuté, et, par suite, n'emporte la mort civile que du jour où cet individu a été transféré hors du territoire continental de la France, et qu'on ne peut regarder comme une exécution, dans le sens de l'article 26 du code civil, ni l'affiche de l'arrêt, ni la détention provisoire du condamné au Mont-Saint-Michel (C. pén., art. 17 et 18; C. civ., art. 26).—21 août 1820. Toulouse. Escoubès. D.A. 5. 30. D.P. 21. 2 29.

22.—Mais, depuis la loi du 28 avril 1832, l'art. 17 code pénal portant que dans le cas où il n'y aurait pas de lieu désigné hors du territoire continental du royaume, la déportation serait convertie en une détention perpétuelle, il faut décider qu'il n'est pas nécessaire, pour que l'arrêt de condamnation soit exécuté, que le condamné soit transporté hors de France.

Mais dans ce cas, est-ce seulement à partir du jour de l'arrivée du condamné dans le lieu de la détention, ou bien est-ce à partir du moment que l'on se mettra en marche pour l'y conduire, que la mort civile sera encourue? On peut dire que l'exécution commence à l'instant du transport, et que cet acte révèle suffisamment à la société que le condamné est retranché du nombre de ses membres; que l'arrivée au lieu de la déportation consomme, il est vrai, l'exécution, mais n'ajoute rien à la solennité qui est l'objet principal à considérer ici. Malgré ces raisons, le texte de l'art. 17 du code pénal nous porte à penser que l'exécution n'est complète qu'autant que le transport est réellement effectué. — D.A. 5. 29, n. 14.

23.—Quant à la question de savoir si la mort civile commence au jour même de l'exécution, sans distinguer les heures qui la précèdent et celles qui la suivent, ou bien si elle ne date que du lendemain, V. Droits civils.

§ 2.—*De la déportation politique.*

24.—La déportation politique, dit Merlin, Répert. vº Déportation, n'est pas une peine, mais une mesure de sûreté publique, dont l'emploi délicat et souvent dangereux n'appartient qu'à la puissance suprême.

25.—Cette sorte de déportation ne peut plus avoir lieu aujourd'hui, en présence de l'art. 4 de la charte, portant que « la liberté individuelle est garantie, personne ne pouvant être poursuivi ni arrêté que dans les cas prévus par la loi et dans les formes qu'elle prescrit. »

26.—Dans le cours de notre première révolution, plusieurs lois autorisèrent la déportation politique. Telles furent les lois des 26 août 1792, 23 avril 1793, qui décrétèrent la déportation des prêtres, la loi du 12 germinal an 3, qui déporta plusieurs membres de la convention nationale; celles des 19 et 22 fructidor an 5.

27.—Les déportés, en exécution des lois des 19 et 22 fructidor an 5, ne furent pas frappés de mort civile; c'est ce qui résulte d'une loi du 19 brumaire an 7.—Il a été jugé, en conséquence, que leur déportation ne leur avait pas fait perdre le domicile qu'ils avaient antérieurement et que ceux qui avaient des droits à exercer contre eux pouvaient les assigner à ce domicile.—16 frim. an 11. Civ. r. Agen. Doumerc. D.A. 5. 48. D.P. 1. 1285.

28.—Quant aux ecclésiastiques atteints par les lois des 26 août 1792 et 23 avril 1793, ils encoururent la mort civile, et leurs biens furent confisqués.

Cela résulte de la loi du 17 septembre 1793, portant que les lois relatives aux émigrés étaient en tous points applicables aux prêtres déportés: et de la loi du 29 vend. an 2, qui assimilait aux émigrés les prêtres déportés volontairement et avec passeport.

29.—Les prêtres *déportés volontairement et avec passeports* sont ceux qui, n'ayant pas voulu prêter le serment imposé par la loi du 26 août 1792, furent obligés de sortir de France dans le délai voulu par cette loi. On désignait, au contraire, sous le nom de prêtres *nominativement déportés*, ceux qui étaient déportés à la Guyane, après avoir été dénoncés pour incivisme par six individus (Loi du 23 avril 1793).

30. — Il suffisait que des ecclésiastiques fussent inscrits sur la liste des émigrés, pour que les tribunaux ne pussent, sur de simples présomptions, décider que ceux-ci n'étaient jamais sortis de France, et n'avaient pu, par conséquent, être frappés de mort civile.—4 sept. 1810. Civ. c. Rouen. Roussel. D.A. 5. 35. D.P. 10. 1. 477.

31. — Il a été jugé que le débiteur d'une rente viagère constituée sur la tête d'un prêtre déporté, ne pouvait opposer à l'état, qui lui en demandait le paiement, le défaut de preuve de l'existence du déporté; il devait servir la rente jusqu'à l'époque qui, d'après l'art. 21 de la loi du 3 juin 1793, devait être ultérieurement fixée pour l'extinction des rentes dues aux émigrés.—16 mess. an 6. Civ. c. Domaines C. Trouillon. D.A. 5. 33. D.P. 1. 1284.

32. — Il devait en être ainsi, même après la loi du 22 fruct. an 3, qui rapporta les décrets qui avaient assimilé les prêtres déportés aux émigrés quant à la confiscation des biens, à moins que le débiteur de la rente ne prouvât que son créancier était du nombre des ecclésiastiques à l'égard desquels la confiscation avait été maintenue par les art. 2 et 6 de la loi du 22 fruct. an 3. — Même arrêt.

33.—Quant à la confiscation des biens des prêtres déportés, elle n'eut pas lieu à leur égard à partir de la même époque: celle des prêtres *nominativement déportés* n'eut lieu qu'à compter du 17 sept. 1793 (L. 22 vent., art. 4); tandis que celle des biens des prêtres déportés volontairement devait remonter au jour de leur sortie du territoire (même loi, art. 7); par suite, les aliénations consenties par les premiers, jusqu'au 17 sept. 1793, furent déclarées valables, tandis que celles consenties par les seconds, depuis leur sortie de France, furent annulées.

34. — Jugé que les prêtres volontairement déportés ne sont pas réputés morts civilement du jour de leur sortie du territoire de France, mais seulement à dater de la loi du 17 sept. 1793, qui les assimile aux émigrés. — Ainsi, la dévolution des biens de ces prêtres s'est opérée en faveur de ceux qui se sont trouvés leurs héritiers à cette dernière époque, et conformément aux lois alors en vigueur. — 24 fév 1813. Civ. r. Pau. Sarrabère. D.A. 5. 36. D.P. 13. 1. 521. — 17 fév. 1823. Rouen. Taillet. D.A. 5. 36. D.P 24. 2. 112. — 17 déc. 1823. Req. Rouen. Deshayes D.A. 5. 41. D.P. 24. 1. 110.

35. — Jugé de même que les prêtres volontairement déportés étaient frappés de mort civile à dater du 17 sept. 1793, encore bien qu'aucun jugement ni arrêté ne les eût condamnés à la déportation; et que par suite ceux qui avaient été appelés à recueillir leur succession en avaient été irrévocablement saisis et avaient pu en disposer — 9 fruct. an 13. Req. Riom. Gauthier. D.A. 5. 34. D.P. 5. 1. 572.

36.— Les prêtres déportés, étant frappés de mort civile, furent incapables, tant qu'ils ne furent pas relevés de leur déportation, de vendre, de tester, de recueillir des successions.

37. — Les prêtres déportés volontairement furent frappés de mort civile comme ceux qui avaient été condamnés à la déportation par jugemens ou arrêtés (L. 17 sept. 1793, et 29 vend. an 2, art. 17). — 2 déc. 1807. Req. Agen. Vernede. D.A. 5. 35. D.P. 8. 1. 94.

38. — Les ecclésiastiques inscrits sur la liste des émigrés, en vertu de la loi du 17 sept. 1793, et qui n'en avaient pas été rayés, étaient, quoique rentrés en France, en état de mort civile, et, par suite, incapables de tester. — 4 sept. 1810. Civ. c. Rouen. Roussel. D.A. 5. 35 D.P. 10 1. 477.

On peut, d'après la loi du 22 fruct. an 3, ranger les ecclésiastiques en trois classes: 1º les déportés volontairement; 2º les prêtres nominativement déportés; 3º ceux qui avaient quitté la France, sans y avoir été autorisés ou contraints par une loi.

39. — Les premiers pouvaient obtenir la restitution de leurs biens, s'ils étaient relevés de la mort civile; sinon elle devait profiter à leurs héritiers présomptifs; il en était de même des ecclésiastiques de la deuxième classe; quant à ceux de la troisième classe, ils étaient de véritables émigrés; aussi la confiscation était-elle maintenue à leur égard.

40. — C'est ainsi qu'il a été jugé que les prêtres volontairement déportés, rentrés en France et rendus à la vie civile, ont été réintégrés personnellement, et à l'exclusion de leurs héritiers présomptifs, dans la propriété de leurs biens confisqués.—17 fév. 1823. Rouen. Taillet. D.A. 5. 37. D.P. 24. 2. 112. — 10 nov. 1823. Civ. c. Rouen. Signol. D.A. 5. 38. D.P. 23. 1. 459. — 17 déc. 1823. Req. Rouen. Deshayes. D.A. 5. 41. D.P. 24. 1. 110.

41. — Mais ils ne pouvaient disposer de leurs biens, s'ils n'avaient pas été relevés des effets de leur déportation. — 12 prair. an 10. Req. Maury. D.A. 5. 33. D.P. 1. 1284.

42.— Jugé que la restitution des biens confisqués sur les ecclésiastiques déportés ou reclus, accordée par la loi du 22 fruct. an 3, ne devait profiter qu'aux héritiers naturels, et non aux héritiers testamentaires. — 24 mess. an 10. Civ. r. Riom. Andrieux. D.A. 5. 43.

43. — Un prêtre émigré ou déporté ne pouvait, après avoir été réintégré dans ses droits civils, réclamer une succession qui s'était ouverte durant sa mort civile. — 14 juin 1815. Civ. c. Montpellier. Ribes. D.A. 5. 46. D.P. 15. 1. 417.

44. — Jugé de même, encore bien que la succession ne se fût ouverte que depuis les lois des 20 et 22 fruct. an 3. — 2 déc. 1807. Req. Agen. Vernède. D.A. 5. 35. D.P. 8. 1. 94.

45. — Au surplus, les prêtres déportés ne pouvaient attaquer, ni par eux-mêmes, ni par des tiers, l'envoi en possession de leurs biens, légalement fait par l'état au profit de leurs héritiers (L. 20-22 fruct. an 3; Sén.-cons. 6 flor. an 10).— 3 fév. 1819. Ord. cons. d'état. Hurtaud.

46. — Toutefois, les biens d'un prêtre déporté n'ont point été irrévocablement acquis à ses héritiers présomptifs à son préjudice, si ceux-ci n'ont obtenu la main-levée du séquestre et l'envoi en possion avant l'amnistie qui l'a réintégré dans ses droits civils, lors même que, de fait, ces héritiers ont eu la jouissance de ces biens après la loi du 22 fruct. an 3. — 7 mars 1812. Caen. Sansrefus. D.A. 5. 44. D.P. 1. 1285.

47. — Jugé encore que l'envoi en possession obtenu par les héritiers présomptifs des prêtres déportés en exécution des lois de l'an 3 et de l'an 4 n'opérait pas une mutation parfaite, semblable à celle qui serait résultée du consentement de ces prêtres; d'où la conséquence que si ceux-ci étaient relevés de leur déportation, il n'était pas néces-

saire, pour qu'ils fussent réputés réintégrés dans leurs biens, que la propriété leur en eût été rétrocédée par leurs héritiers, par acte exprès ; il suffisait que ceux-ci eussent toléré qu'ils en reprissent la possession et qu'ils en jouissent comme propriétaires.— 10 mars 1813. Civ. r. Angers. de la Ménardeau. D.A. 5. 45.

48.— Les jugemens rendus contre la nation, qui représentait le prêtre déporté pendant son absence du territoire français, avaient contre lui l'autorité de la chose jugée.— 14 juin 1815. Civ. c. Montpellier. Ribes. D.A. 5. 40. D.P. 15. 1. 417.

49. — Les hypothèques acquises sur les biens d'un prêtre déporté par les créanciers de ses héritiers présomptifs, devaient produire leur effet, encore que ces héritiers n'eussent pas obtenu l'envoi en possession de ces biens, de l'autorité administrative, s'ils les avaient recueillis, à l'exclusion du déporté, dans une succession ouverte durant sa mort civile, et s'ils avaient payé les droits de mutation de ces mêmes biens. — 5 mess. an 13. Req. Caen. Belin. D.A. 5. 45. D.P. 5. 1. 572.

50. — Le code du 3 brum. an 4 voulant qu'on demandât aux jurés si le fait de l'accusation était constant et en outre si l'accusé était convaincu de l'avoir commis, le vœu de la loi n'était pas rempli si, s'agissant d'une personne accusée d'avoir recélé un prêtre sujet à la déportation, on avait seulement posé la question de savoir si l'accusé savait que le prêtre recélé était sujet à la déportation, sans avoir posé celle de savoir s'il était constant que ce prêtre fût sujet à cette peine (C. de brum. an 4, art 373 et 374). — 1er germ. an 8. Cr. c. Gervais. D.A. 5. 29.

51. — La peine de quatre années de fer, prononcée par la loi du 25 brum. an 3, contre ceux qui auraient recélé des émigrés, n'était point applicable à ceux qui avaient donné asile à des prêtres sujets à la déportation, encore que la loi du 20 fruct. an 3 disposât que les prêtres déportés qui rentreraient en France seraient traités comme émigrés (L. 25 brum. an 3, art. 6, 1re sect, tit. 4, et 20 fruct. an 3, art. 1er). — Même arrêt.

52. — Après le 18 brumaire, la plupart des prêtres déportés furent autorisés à rentrer en France, et rendus à la vie civile. Enfin, ils furent tous rappelés en vertu du concordat du 18 germinal an 10, et rétablis dans l'exercice de leurs droits. — Voyez, sur cette matière, D.A. 5. 31.

— V. Attroupement, Bannissement, Compétence administrative, Domicile, Droits civils, Évasion, Ministère public, Récidive.

TABLE SOMMAIRE.

Assemblée législative. 9.	Evasion. 13, s.
Attroupement. 9.	Exécution. 20, s.
Ayant-cause. 48.	Force majeure. 12.
Banc (rupture). 12, s.	Incivisme. 29.
Banni. 18.	Hypothèques. 49.
Capacité. 41, s.	Mendicité. 6, s.
Confiscation. 33.	Mort civile. 20, s.
Contumace. 18.	Peine. 11, s. 31.—(aggravation) 12, s.
Crime politique. 10,	
Déportation politique. 24.	Prêtre. 9, 26, s.
Détention (droit). 3, s.	Rente viagère. 31, s.
Disposition testam. 42, s.	Septuagénaire. 11.
Droits civils. 20.	Succession. 42.
Emigré. 28, s.	Transportation. 5, s.
Envoi en possession. 45.	Violence. 9.

DÉPOSITION.—V. Témoins.

DÉPOSITAIRE INFIDÈLE.—V. Abus de confiance, Cession de biens.

DÉPOSSESSION.—V. Actions possessoires.

DÉPOT. — 1. — Ulpien, dans la loi première ff. *depositi vel contrà*, définit le dépôt: *depositum est quod custodiendum alicui datum est*. L'art. 1915 du code civil porte: « Le dépôt, en général, est un acte par lequel on reçoit la chose d'autrui, à la charge de la garder et de la restituer en nature. »—D.A. 5. 49, n. 1.

2. — La loi ne distingue pas seulement deux genres de dépôt, le *dépôt proprement dit* et le *sequestre*; mais l'un et l'autre de ces deux genres offrent à leur tour des variétés qui ne doivent pas être confondues. Ainsi, le dépôt proprement dit est ou *volontaire* ou *nécessaire*, *privé* ou *public*; le séquestre est *conventionnel* ou *judiciaire*. Toutefois, comme les différentes espèces de dépôt et le séquestre lui-même obéissent aux règles du dépôt volontaire, dans tous les cas où la loi ne les a pas soumis à des dispositions exceptionnelles, il importe de se bien pénétrer d'abord des principes du *dépôt volontaire*.

Il sera parlé du séquestre au mot séquestre.

§ 1er.— *Du dépôt volontaire, de son essence et de sa formation.*

§ 2. — *Des choses qui peuvent être l'objet du dépôt.*

§ 3. — *Des personnes entre lesquelles le contrat de dépôt peut intervenir.*

§ 4.— *Obligations du dépositaire. Garde, Restitution.*

§ 5. — *Obligations du déposant.*

§ 6. — *Actions qui naissent du dépôt.*

§ 7. — *De la preuve du dépôt volontaire.*

§ 8. — *Du dépôt nécessaire. Preuve.*

—

§ 1er. — *Du dépôt volontaire, de son essence et de sa formation.*

3. — Il résulte de la définition de l'art. 1915 C. civ., que le caractère essentiellement constitutif est la garde de la chose: et qu'il n'y a dépôt dans le sens légal de ce mot qu'autant que la conservation de la chose a été le but primitif et principal de la remise de la chose entre les mains du dépositaire. — D.A. *eod.*; Duranton, t. 18, p. 7.

4. — Ainsi, le client qui confie ses titres à son avoué pour la défense de sa cause ne fait pas un dépôt, mais donne un mandat (L. 8 ff *Mandati*). — On doit en dire autant de la remise d'une somme d'argent faite à quelqu'un, qui se charge de la faire parvenir à un tiers. —7 therm. an 8. Cr. c. Bouvier. D.A. 5. 51.

5. — Ainsi encore, le fait de recevoir des lettres de change pour en faire le recouvrement au profit du propriétaire, ne constitue pas un dépôt.—20 mai 1814. Cr. c. Paris. Delacour. D A. 1. 71. D.P. 15. 1. 524.

6. — Néanmoins, la remise d'effets sur le trésor, faite à un individu pour les remettre au propriétaire, soit en nature, soit convertis en or et argent, ou même en marchandises, doit être considérée comme un dépôt volontaire, alors d'ailleurs que, par une lettre particulière, le propriétaire des effets a écrit au dépositaire de garder la somme déposée pour la remettre à lui-même ou à quelqu'un fondé de ses pouvoirs. — Dès lors, si les effets éprouvent une dépréciation, le dépositaire ne peut en être tenu, il n'est obligé qu'à rendre les effets reçus. — 4 janv. 1825. Req. Cayenne. Faulk. D.P. 25. 1. 145.

7. — Il a été jugé que le fait, de la part d'un prêteur et d'un emprunteur, de laisser des fonds entre les mains d'un notaire, à charge par celui-ci de les remettre, en l'acquit de l'emprunteur, à ses créanciers ou fournisseurs, au fur et à mesure de constructions exécutées par lui, mais sans que le notaire soit tenu de rendre identiquement les mêmes espèces, ne constitue pas un dépôt, mais un simple mandat; et la circonstance que dans des actes postérieurs le notaire se serait inexactement qualifié dépositaire, ne saurait changer la nature du contrat. — 10 fév. 1832. Cr. r. Lyon. Rivol D.P. 32. 1. 186.

8. — Cependant, si des fonds sont remis à un notaire sans stipulation de terme ni d'intérêts, et sans indication d'emprunteur, ils doivent être réputés lui avoir été remis, non à titre de *prêt*, mais à titre de *dépôt* et pour en opérer le placement.—6 janv. 1832. Paris. Barre. D.P. 32. 2. 120. — 22 mai 1832. Paris. Héloin. D.P. 32. 2. 121.

Jugé de même au sujet de fonds remis à un notaire pour en opérer le placement; et l'arrêt qui le considère comme dépositaire échappe à la censure de la cour de cassation.—V. vol. de 1833. 1. 10.

9. — La loi 12 ff. *depositi* pose le cas où j'aurais donné à une personne un objet pour que cette personne le remît à un tiers et conservât la garde de cet objet, dans le cas où le tiers refuserait de la recevoir, et elle décide que c'est un mandat : *Si rem tibi dedi ut eam ad Titium perferres, et ut si Titius rem non recepisset, tu custodires, nec eam recepit... puto mandati esse actionem, quia plenius fuit mandatum haberes et depositi legem.* — La loi 13, § 1er, *eod.*, décide la même chose à l'égard de la commission donnée pour retirer une chose des mains d'un tiers et pour garder cette chose en dépôt après l'avoir retirée, parce que le retrait est le premier objet du contrat, *primus est contractus.* — D.A. 5. 49, n. 2.

10. — Du reste, lorsque le but principal du contrat est la garde de la chose, ce contrat n'en est pas moins celui de dépôt, encore bien que le dépositaire dût faire quelque chose pour l'exécuter, par exemple, je vous donne un cheval en dépôt, vous êtes obligé de pourvoir à sa nourriture, sans cesser pour cela d'être dépositaire, sauf à réclamer ensuite une indemnité pour les impenses que vous aurez faites. —Durant., t. 18, p. 9.

11. — Le contrat ne perd pas son caractère de dépôt, par cela seul que les parties y auraient ajouté une convention secondaire, comme si le déposant avait permis au dépositaire de se servir de la chose déposée (Pothier, *du Dép.*, n. 10). Il en serait autrement du dépôt d'une somme d'argent; la loi 1re, §34 ff. *depositi*, dit implicitement que dans ce cas le dépôt se change en prêt, dès le moment que le dépositaire s'est servi de la somme qui lui avait été confiée — Durant., t. 18, p. 15; D.A. 5. 49, n. 2.

12.—Le dépôt proprement dit est essentiellement gratuit (C. civ. 1917). Autrement, le contrat dégénérerait en un louage et passerait de la classe des contrats de bienfaisance en celle des contrats intéressés (L. 1re, § 8 ff. *depositi*).—D.A. 5. 549, n. 3; Durant., t. 18, p. 11.

13.—Mais le dépôt ne cesse pas d'être gratuit, par cela que le déposant aurait offert au dépositaire un gage de sa reconnaissance. — Pothier, *loc. cit*, n. 13; D.A. 5. 49, n. 3.

14.—Le dépôt se forme par le consentement des parties. Néanmoins il n'est pas nécessaire que ce consentement soit exprès; un consentement tacite suffit Ainsi, ce consentement peut résulter de ce que le déposant a porté ou fait porter une chose, et l'a laissée chez le dépositaire au vu et su de ce dernier, qui l'a souffert. — Pothier, *du Dép.*, n. 14; D.A. 5. 49, n. 4; Duranton, 18, p. 5.

15.—Lorsque rien n'oblige une personne à en recevoir une autre dans son domicile, les choses qui y sont apportées par celle-ci ne constituent qu'un dépôt volontaire.—Ainsi, l'individu chez lequel une jeune personne, qui espérait se marier avec lui, a amené avec elle des effets et bijoux contenus dans des malles fermées, doit être écoutée dans sa déclaration qu'il ne conserve rien du dépôt, s'il a restitué les malles du contenu desquelles aucun état ne lui avait été remis, et si la déposante avait emporté leurs clés et celles des chambres où elles étaient déposées. Peu importe qu'il ait été fait inventaire des effets en présence d'un commissaire de police, si ce n'est que postérieurement à la restitution des malles, et hors la présence du dépositaire. —26 juill. 1809. Colmar. H... C. S... D.A. 5. 52. D.P. 1. 1286.

16.—L'erreur des parties sur la qualité ou la quantité de la chose ne vicie pas le contrat de dépôt.—D.A. 5. 50, n. 5; Dur., 18, p. 6.

17.—Pothier, *du Dép*, n. 17, pense qu'il en doit être de même de l'erreur sur la personne soit du déposant, soit du dépositaire. Mais, contrairement à cette opinion, nous pensons qu'on doit rentrer dans les principes généraux d'après lesquels l'erreur sur la personne vicie les contrats, toutes les fois que la considération de cette personne a été la cause principale de la convention (C. civ. 1110). — D.A. 5. 50, n. 3.— *Contrà*, Dur., 18, p. 6.

18.—Outre le consentement, la tradition vraie ou feinte de la chose déposée est nécessaire pour la perfection du dépôt, ce qui le place dans la classe des contrats réels (C. civ. 1919, 1920).—D.A. 5. 50, n. 5.

19.—Au surplus, le dépôt est du nombre des contrats de droit naturel, tels que la vente et l'échange, et n'exige aucune forme particulière pour sa validité. L'écriture est seulement nécessaire pour la preuve du contrat.

Néanmoins, lorsqu'il s'agit d'argent ou de choses fongibles, il est nécessaire que la désignation des espèces ou denrées déposées soit faite dans un bordereau signé des parties, autrement le dépôt dégénérerait en un prêt. — Pothier, *loc. cit.*, n. 83; D.A. 5. 50, n. 6.

20.—Ainsi, il a été jugé que la clause insérée dans la reconnaissance d'une somme reçue, en titre de dépôt, et qui porte seulement que cette somme sera rendue dans le délai d'un an, sans exiger que ce sera en pièces identiques, est exclusive de l'idée du dépôt, et qu'elle fait dégénérer le contrat en un simple prêt d'argent. —26 avril 1810. Cr. c. Rabel. D.A. 5. 51. D.P. 11. 1. 145.

21.—Enfin, le dépôt volontaire ne peut régulièrement être fait que par le propriétaire de la chose déposée, ou de son consentement exprès ou tacite (C. civ. 1922). Néanmoins le dépôt de la chose d'autrui est régulier. Cela résulte de l'art. 1938, qui veut que le dépositaire ne puisse exiger du déposant la preuve qu'il est propriétaire de la chose; et d'après ce même article, dans le cas même où il a reconnu que cette chose avait été volée, il est obligé de la rendre au déposant. —Dur., t. 18, p. 17.

§ 2. — *Des choses qui peuvent être l'objet d'un dépôt.*

22.—Les choses mobilières sont seules susceptibles du contrat de dépôt (C. civ. 1918). Mais si les droits incorporels ne sauraient être l'objet d'un dépôt, il en est autrement des titres servant à établir ces droits, puisque ces titres en eux-mêmes sont des choses corporelles, et peuvent être déposés

Des termes généraux de l'art. 1918, on doit conclure qu'on peut donner en dépôt, non seulement les choses dont on a la propriété, mais encore celles dont on n'a que la jouissance.— Pothier, *loc. cit.*, n. 4; D.A. 5. 50, n. 7.

23.—Ainsi, la chose mobilière, remise en gage au créancier, prend entre ses mains la nature d'un dépôt. — 3 déc. 1818. Cr. r. Paris. Lefevre. D.A. 5. 52. D.P. 19. 1. 24.

24.—La somme déposée qui, en exécution d'un jugement rendu sur des titres qu'un jugement postérieur a annulés, a passé des mains du dépositaire dans celles d'un tiers, conserve le caractère du dépôt, et doit être rendue en nature au déposant ou au propriétaire du dépôt. — 5 therm. an 5. Civ. c. Worms. D.A. 5. 50. D.P. 3. 1. 122.

§ 3.— *Des personnes entre lesquelles le contrat de dépôt peut intervenir.*

25. — De ce que le dépôt volontaire ne peut se former que par le consentement des parties, il suit qu'il ne peut avoir lieu qu'entre personnes capables de contracter.

Néanmoins, si une personne capable de contracter accepte le dépôt fait par une personne incapable, elle est tenue de toutes les obligations d'un véritable dépositaire; elle peut être poursuivie par le tuteur ou administrateur de la personne qui a fait le dépôt (C civ. 1925).— D.A. 5. 50, n. 8.

26 — Si, au contraire, le dépôt a été fait par une personne capable a une qui ne l'est pas, la personne qui a fait le dépôt n'a que l'action en revendication de la chose déposée, tant qu'elle existe dans les mains du dépositaire, ou une action en restitution, jusqu'à concurrence de ce qui a tourné au profit de ce dernier (C. civ. 1926).

27. — Néanmoins, le dépôt fait à un incapable ne peut fonder l'action en restitution jusqu'à concurrence de ce qui lui a *profité*, qu'autant que cet acte aurait pu valablement obliger le dépositaire, s'il eût été capable de recevoir le dépôt. — 12 janv. 1814. Civ. c. Changarnier. D.A. 5. 69. D.P. 14. 1. 165.

28. — Malgré les termes généraux de l'art. 1926, si le mineur s'était rendu frauduleusement coupable d'une violation de dépôt qui le soumît à des poursuites criminelles, il serait tenu, non seulement de ce dont il aurait profité, mais encore de restituer la chose déposée, ou l'equivalent. C'est ce qu'enseigne Ulpien, loi 1re, § 15, ff. *Depos.* — D.A. 5. 50, n. 8; Dur., t. 18, p. 26.

§ 4. — *Obligations du dépositaire. Garde, Restitution.*

29. — Le dépositaire contracte deux obligations principales: 1° de garder avec soin et fidélité la chose déposée; 2° de la rendre à son propriétaire dès l'instant qu'elle est réclamée.— D.A. 5. 53, n. 1.

30.— *Garde de la chose.*— La fidélité à garder la chose déposée est tellement de l'essence du dépôt, que la clause par laquelle le dépositaire stipulerait qu'il en sera affranchi, serait radicalement nulle, comme contraire à la morale publique; c'est ce que porte formellement la loi 1re, § 7, ff. *depositi: Illud non probabis dolum non esse præstandum, si convenerit: nam hæc conventio contrà bonos mores est, et ideò nec sequenda est.*

Il en serait autrement, selon Pothier (*du Dép.*, n. 25), de la clause par laquelle le déposant s'interdirait le droit d'actionner le dépositaire en restitution du dépôt. Mais la distinction qu'il établit offre plus de subtilité que de raison.— D.A. 5. 53, n. 2.

31.— Le dépositaire doit apporter dans la garde de la chose déposée les mêmes soins qu'il apporte dans la garde des choses qui lui appartiennent (C. civ. 1927).

32.— Il n'est tenu que de la faute lourde, *culpa lata.*—Pothier, *loc. cit.*, n. 27, n'hésite pas à penser que la faute ne doive être appréciée dans le sens concret, c'est-à-dire, relativement au caractère particulier du dépositaire, et c'est ce qui paraît résulter des termes de l'art. 1927. Toutefois, il faut reconnaître que cette doctrine, exactement vraie en principe, est assez difficilement suivie dans la pratique.— D.A. 5. 54, n. 3; Dur., t. 18, p. 30.

33. — L'obligation du dépositaire, de veiller avec soin à l'objet déposé, devient plus rigoureuse, 1° s'il s'est offert lui même pour recevoir le dépôt; 2° s'il a stipulé un salaire; 3° si le dépôt a été fait uniquement dans son intérêt; 4° s'il a été convenu que le dépositaire répondrait de *toute* espèce de faute (C. civ. 1928).— D.A. 5. 54, n. 4; Dur., t. 18, p. 33.

34. — Le dépositaire n'est pas responsable de la perte qui arrive par force majeure (C. civ. 1929). Une convention contraire serait, à juste raison, considérée comme non avenue, à moins que le dépôt ne paraisse avoir eu lieu dans un intérêt quelconque du dépositaire.

35.—Ainsi, si le montant des prises de plusieurs corsaires, après avoir été versé entre les mains du consul français à Malaga, a été remis ensuite, et par ordre du gouvernement, dans une maison de commerce américaine, qui présentait plus de sûreté à cause des événemens de la guerre, ce sera là un véritable dépôt de la perte duquel, en cas de force majeure, le gouvernement ne sera pas tenu.—21 sept. 1827. Ord. cons. d'état. Dienne et Rouzee.

36. — La guerre civile et le pillage qui s'est ensuivi, et qui a occasioné la perte totale du mobilier du dépositaire, fournissent une présomption suffisante que le dépôt a péri par force majeure, et le déchargent de la restitution du dépôt, s'il n'est pas constaté qu'antérieurement à ce désastre, il ait été mis en demeure de le rendre, ou qu'il en ait disposé.—24 avril 1807. Poitiers. Sourdis. D.A. 5. 62. D.P. 1. 1288.

37. — Il en est autrement des sommes touchées à titre de mandat; de tels événemens ne peuvent dispenser d'en rendre compte.— Même arrêt.

38. — Une cour royale qui déclare en fait qu'un notaire était simple dépositaire d'une traite qui lui avait été remise par un de ses cliens; que cette traite était à l'ordre du déposant et que celui-ci n'avait pas donné au dépositaire le mandat exprès de la faire recevoir, ne viole aucune loi, lorsqu'elle décide, d'après ces faits, que le dépositaire, bien que reprochable pour n'avoir pas indiqué, comme conseil, les moyens de recouvremens, ne pouvait être tenu que de représenter la traite, mais qu'on ne pouvait le rendre responsable de la perte qui s'en était suivie par la faillite du tiré ou du tireur (C. civ. 1382, 1927). — 5 déc. 1825. Civ. r. Bordeaux. Coudol. D.P. 26. 1. 83.

39. — Il n'est qu'un seul cas où le dépositaire répond de la force majeure, c'est celui où il est en demeure de la restituer au propriétaire. Pothier, *loc. cit.*, n. 35, pense qu'il ne doit, dans ce cas même, en être tenu qu'autant que le déposant n'eût pas souffert de préjudice de la chose déposée, si elle lui eût été rendue. L'équité et la disposition analogue de l'art. 1302 C. civ. doivent faire admettre cette opinion. — D.A. 5. 54, n. 5; Dur., t. 18, p. 35.

40.—L'obligation du dépositaire, de conserver fidèlement la chose déposée, renferme implicitement la prohibition de s'en servir sans la permission expresse ou présumée du déposant (C. civ. 1930). Les lois romaines considéraient même comme un vol l'usage du dépôt, sans l'autorisation du propriétaire.—D.A. 5. 54, n. 6.

41.— Il est impossible de prévoir tous les cas dans lesquels on devra présumer le consentement du déposant à ce que le dépositaire se serve de la chose déposée.

42.— Mais, à cet égard, on doit faire deux observations : la première, c'est que le droit de se servir de la chose déposée doit difficilement se présumer lorsqu'il existe un acte de dépôt et que cet acte n'en fait aucune mention; il faut alors que l'usage soit tellement inhérent à la détention de la chose, qu'il contribue à sa conservation, comme si j'ai reçu en dépôt une pendule, un chien de chasse. La seconde observation, c'est que la présomption de consentement du propriétaire se mesure sur la nature de l'objet déposé, et sur le degré de détérioration qui peut résulter de l'usage; aussi Pothier enseigne-t-il (*du Dépôt*, n. 37) que ce consentement doit être très difficilement présumé à l'égard des choses fongibles, et surtout de l'argent.— D.A. 5. 55, n. 7.

43.—Le dépositaire qui s'est servi de la chose déposée, sans autorisation, est tenu de tous les dommages qui sont résultés de l'usage qu'il a induement fait de la chose. Il répond même de la force majeure, si la force majeure n'a atteint le dépôt que par suite de l'usage qu'il en a fait.— Aublet de Maubuy, *du Dépôt*, p. 69, et D.A. 5. 55, n. 8.

44.— Le dépositaire ne possede point; il détient seulement, et la possession continue d'appartenir au déposant; ainsi le dépositaire ne peut prescrire la chose déposée (C. civ. 2236).

45.—Mais le dépositaire constitué en demeure peut prescrire l'action en dommages-intérêts qui résulte du défaut de restitution.— Pothier, *du Dépôt*, n. 66.

46.—Il ne peut opposer la compensation au déposant pour se libérer de la demande en restitution de dépôt (C. civ. 1293, n. 2).

47.—Ne doivent pas être confondues la somme confiée en dépôt au mari, et celle reçue par sa femme qui en a donné reconnaissance et s'est obligée à en payer l'intérêt comme fondée de pouvoir de son mari; en conséquence, le dépositaire ne peut imputer sur le dépôt le paiement de cette dernière somme. — 9 sept. 1814. Rennes. Castellot. D.A. 5. 66. D.P. 1. 1290.

48.— La fidélité avec laquelle le dépositaire doit conserver la chose déposée, lui impose, en outre, le devoir « de ne pas chercher à connaître quelles sont les choses qui lui ont été déposées, si elles lui ont été confiées dans un coffre fermé ou sous une enveloppe cachetée » (C. civ. 1931). Dans le cas où le déposant, en confiant au dépositaire un coffre fermé, lui remettrait les clés de ce coffre, il semble qu'il l'autoriserait par là même à l'ouvrir — D.A. 5. 55, n. 9.

49.— *Restitution du dépôt.*— Quant à l'obligation imposée au dépositaire de rendre la chose déposée, il résulte des art. 1932, 1933, 1934, 1935, 1936 C. civ., 1° que le dépositaire doit rendre identiquement la chose même qu'il a reçue dans l'état où elle se trouve au moment de la restitution, sauf la responsabilité dont on a parlé dans les numéros précédens; 2° qu'en cas d'enlèvement de la chose par force majeure, il doit restituer au déposant tout ce qu'il a reçu en paiement, échange ou indemnité; 3° qu'il est comptable des fruits que la chose a produits, à l'exception des intérêts de l'argent dont il n'est tenu qu'à partir du jour où il est en demeure de restituer le dépôt; 4° enfin, que l'héritier du dépositaire qui a vendu de bonne foi la chose dont il ignorait le dépôt, n'est tenu que de rendre le prix qu'il a reçu, ou de céder son action contre l'acheteur, s'il n'a pas touché le prix.— D.A. 5. 55, n. 10.

50.—Lorsqu'un individu a reçu, tant pour lui que pour ses co-héritiers, à charge de ratification par ces derniers, le remboursement d'une somme en assignats, si, par le défaut de ratification, le paiement n'est valable que pour sa part, il n'est obligé qu'à titre *de dépositaire* à restituer le surplus, et, en conséquence, il ne peut être tenu qu'à la restitution des assignats eux-mêmes, et non de leur valeur représentative, d'après l'échelle de dépréciation. Du moins l'arrêt qui le décide ainsi ne viole aucune loi.— 11 janv. 1808. Civ. r. Van-Wyndeken. D.A. 1. 129. D.P. 22. 2. 136.

51.— Pothier, *du Dépôt*, n. 43, enseigne que le dépositaire qui a vendu de mauvaise foi la chose qui lui a été donnée en dépôt, est responsable de la perte, quoiqu'il ait racheté la chose pour la garder comme auparavant, et qu'elle ait péri depuis chez lui sans sa faute.—Cette opinion, qui est conforme aux principes rigoureux du droit, sera difficilement suivie dans la pratique.— D.A. 5. 55, n. 11.

52.— Le dépositaire qui se trouve dans l'impuissance de rendre *in individuo* la chose déposée, soit parce qu'il l'a vendue ou par tout autre fait dont il est responsable, doit en restituer le prix avec dommages-intérêts, s'il y a lieu, pour raison du préjudice que le déposant a éprouvé par la perte de la chose. Dans le cas d'un simple usage, sans le consentement du déposant, le dépositaire est tenu aussi à une indemnité proportionnée à la détérioration qui est résultée de cet usage.— Aublet de Maubuy, *du Dépôt*, chap. 3, sect. 5, p. 33; D.A. 5. 55, n. 12.

53.— Toutefois, celui qui a reçu comme dépositaire des assignats, n'est point tenu de représenter identiquement les mêmes que ceux qui lui ont été remis; il suffit qu'il ait toujours tenu à la disposition du déposant une somme d'assignats correspondante à celle qu'il a reçue san n avoir fait usage

ni retiré aucun profit. — 3 mess. an 13. Bruxelles. Van-Wyndeken. D.A. 1. 129.

54.— Les lois 28 et 29, ff *Depositi*, décident que le dépositaire doit les intérêts d'une somme d'argent dont il s'est servi. Quoique nous n'ayons sur ce point aucun texte de loi précis, l'économie des principes généraux conduit à la solution que présentent les lois romaines.—D.A. 5. 56, n. 12; Dur., t. 18, p. 46.

55.— Ici se présente la question de savoir à qui doivent appartenir les profits obtenus par le dépositaire avec le dépôt dont il a usé sans autorisation? Dumoulin, *Tract. de usur.*, quest. 83, n. 628, pense que ces profits sont la propriété exclusive du dépositaire. Aublet de Maubuy, *loc. cit.*, p. 41, semble pencher vers cette opinion. Balde, au contraire, est d'avis que tout ce qu'on acquiert avec l'argent d'autrui appartient à celui qui peut répéter le principal. Cette dernière opinion doit être suivie; il est un principe, en effet, qui défend de s'enrichir par une action que les lois réprouvent: *Nemo ex delicto suo debet consequi emolumentum*. — D.A. 5. 56, n. 13.

56.— Le dépositaire n'est tenu que des fruits et intérêts qu'il a perçus, quoiqu'il ait pu en percevoir davantage; mais dès l'instant où il a été mis en demeure, il est tenu de tous ceux qu'il aurait pu percevoir, quoiqu'il ne les ait pas perçus.—Pothier, *loc. cit.*, n. 46, 47; D.A. 5. 56, n. 13.

57.—Le dépositaire doit restituer la chose déposée à celui qui la lui a confiée, ou à celui au nom duquel le dépôt a été fait, ou à celui qui a été indiqué pour le recevoir, sans pouvoir exiger du déposant la preuve qu'il est propriétaire (C. civ. 1937, 1938).

58.— Ainsi, dès qu'il est constant qu'une somme a été déposée dans l'intérêt d'un tiers, par exemple, pour assurer le paiement de frais d'expertise, et que le dépositaire s'est engagé envers les experts à leur conserver les deniers deposés, celui-ci n'est pas libéré par la restitution qu'il fait au déposant seul de la somme qui fait l'objet du dépôt.— 26 août 1813. Req. Paris. Renard. D.A. 5. 65. D.P. 15. 1. 75.

59.— Celui au profit duquel est souscrit un billet qui se trouve déposé entre les mains d'un tiers, a qualité et droit pour le réclamer, sans que le dépositaire soit fondé à s'y refuser, sous le pretexte que rien n'indique que la remise doive lui en être faite.

Le dépositaire ne peut être recherché par suite d'une telle remise, lorsqu'elle est judiciairement ordonnée. — 9 mai 1831. Req. Bousseau. D.P. 31. 1. 243.

60.— Le dépositaire ne peut se refuser à déclarer si le dépôt qu'il a reçu a été fait en faveur d'une personne incapable; n'est pas suffisante la déclaration, qu'il l'a rendu à la personne désignée pour le recevoir. — 23 janv. 1811. Riom. Jabain. D.A. 5. 66. D.P. 1. 1289.

61.— Le jurisconsulte Marcellus allait jusqu'à dire qu'il y avait obligation pour le dépositaire de rendre même à un voleur: *si prædo vel fur deposuerint et hos Marcellus putat depositi rectè acturos; nam interest eorum, eò quod teneantur* (L. 1re, § 39, ff. *Depos.*).

62.— Toutefois, si le dépositaire découvre que la chose a été volée, et qui en est le véritable propriétaire, il doit dénoncer à celui-ci le dépôt qui lui a été fait, avec sommation de le réclamer dans un délai *déterminé* et *suffisant*, et si celui auquel la dénonciation a été faite néglige de réclamer le dépôt, le dépositaire est valablement déchargé par la tradition qu'il en fait à celui duquel il l'a reçue (C. civ. 1938). — D.A. 5. 57, n. 14.

63.— Dans le cas où le dépositaire a découvert le véritable propriétaire de la chose déposée, s'il ne donne pas connaissance à ce dernier du dépôt qui lui a été fait, il doit être tenu à des dommages pour n'avoir pas rempli une obligation qui lui était imposée par la loi. — Dur., t. 18, p. 50.

64. — Si la personne qui a fait le dépôt est morte naturellement ou civilement, c'est à son héritier que la chose doit être remise. S'il y a plusieurs héritiers, elle doit être rendue à chacun pour sa part. Si la chose déposée est indivisible, les héritiers doivent s'accorder entre eux pour la recevoir (C. civ. 1939). — D.A. 5. 57, n. 14.

65. — Ainsi, le dépôt d'un paquet cacheté, fait dans la vue d'accorder un avantage indirect à un enfant naturel, doit, si le déposant vient à mourir, être remis à son héritier et non à l'enfant naturel (C. civ. 911). — 15 prair. an 13. Paris. Bergeret. D.A. 5. 60. D.P. 1. 1287.

66.— De même encore, tant que le dépôt fait avec destination n'a pas été remis en totalité à la personne indiquée pour le recevoir, le déposant conserve le droit de réclamer ce qui reste entre les mains du dépositaire, et il transmet ce droit à ses héritiers. Ainsi, un curé qui avoue avoir reçu verbalement en dépôt une somme qu'il dit être chargé de distribuer aux pauvres, ne saurait, si cette somme n'a pas été distribuée en totalité, résister à la demande des héritiers du déposant qui lui réclament ce qui reste entre ses mains (C. civ. 1924, 1937, 1939). — 22 nov. 1819. Civ. r. Nîmes. Pouzol. D.A. 5. 63. D.P. 19. 1. 644.

67.— Alors même que la chose déposée serait parfaitement divisible, si elle a été remise au dépositaire dans un sac ou dans un coffre scellé, l'héritier qui réclame sa part ne peut l'obtenir qu'en faisant constater par les juges l'objet du dépôt; *si pecunia in sacculo signato deposita sit, et unus ex hæredibus ejus qui deposuit veniat repetens, promenda pecunia est, vel coràm prætore, vel intervenientibus honestis personis et exsolvenda pro parte hæreditariâ* (L. 1re, § 36, ff. *Dep.*).—D.A. 5. 57, n. 15.

68. — Si c'est le dépositaire qui vient à mourir, ses héritiers sont tenus de l'action du dépôt, chacun pour sa portion héréditaire. Toutefois, si l'un deux est détenteur de la chose déposée, il peut être poursuivi pour le tout.— Dur., t. 18, p. 52.

69. — Dans le cas où le dépôt a été fait par plusieurs personnes, on doit procéder à la restitution de la même manière que dans le cas où il existe plusieurs héritiers du déposant. — Dur., t. 18, p. 52.

70.— Lorsque le déposant vient à changer d'état, ou bien lorsque le dépôt a été fait au nom d'une autre personne, le depôt ne doit être restitué qu'à celui qui représente civilement le déposant et qui a l'administration de sa fortune (C. civ. 1940).— D.A. 5. 57, n. 16.

71. — Si le déposant avait désigné dans l'acte même de dépôt un tiers à qui le dépositaire serait tenu de le rendre, son changement d'état consistant dans la mort civile, l'interdiction ou la déconfiture, ferait obstacle à l'exécution de cette clause. Il en serait autrement si le changement d'état résultait du mariage de la femme qui aurait fait le dépôt. — D.A. 5. 57, n. 16.

72.— Si le dépôt a été fait par un tuteur, par un mari, ou un administrateur, dans l'une de ces qualités, il ne peut être restitué qu'à la personne que ce tuteur, ce mari, ou cet administrateur représentaient, si leur gestion ou leur administration est finie (C. civ. 1941).

73.— C'est dans le lieu désigné par le contrat et aux frais du déposant que doit s'effectuer la restitution du dépôt (C. civ. 1942). Dans le cas où plusieurs endroits auraient été alternativement désignés, le choix appartiendrait au déposant. *Si de pluribus locis convenit, in arbitrio ejus est (depositarii) quo loco exhibeat* (L. 5, ff. *Dep.*).— D.A. 5. 57, n. 17; Dur., t. 18, p. 55.

74. — Si le contrat garde le silence, la restitution doit être faite *dans le lieu même du dépôt* (C. civ. 1943). Ces dernières expressions ont donné lieu à la question de savoir si la restitution devait se faire dans le lieu où le contrat s'est formé, ou bien dans celui où se trouve le dépôt. La loi 12, § 1er, ff. *Depos.*, voulait que ce fût dans le lieu où se trouvait l'objet déposé; *depositum eo loco restitui debet in quo sine dolo malo ejus est apud quem depositum est: ubi verò depositum est nihil interest.* Pothier, *loc. cit.*, n. 57, adopte la décision de cette loi.—Aublet de Maubuy *du Dépôt*, p. 45, est d'une opinion contraire, ainsi que Delvincourt (*C. de droit civ.*, t. 3, p. 432, note 4), qui argumente de l'art. 1247 C. civ. — Comme rien n'indique, de la part du législateur, l'intention d'innover à l'ancienne doctrine sur ce point, l'opinion de Pothier doit être encore suivie. — D.A. 5. 58, n. 17; Dur., t. 18, p. 55.

75.—Le dépôt doit être remis au déposant aussitôt qu'il le réclame, lors même que le contrat aurait fixé un délai déterminé pour la restitution (C. civ. 1944).

76. — La seule exception à cette règle est le cas où une saisie-arrêt ou opposition est formée entre les mains du dépositaire à la restitution ou au déplacement de la chose déposée (C. civ. 1944). — Il n'est pas nécessaire que la saisie-arrêt porte spécialement sur la chose déposée; une opposition générale sur tout ce dont le dépositaire peut être débiteur envers le déposant produirait le même effet.—Poth., *loc. cit.*, n. 59; D.A. 5. 58, n. 18.

77.— Dans ce cas, si le dépositaire veut se décharger du dépôt, il peut, si la chose déposée consiste en une somme d'argent, la déposer à la caisse des dépôts et consignations; dans le cas contraire, il peut s'adresser à la justice pour faire établir un gardien auquel il remet les objets déposés.— Dur., t. 18, p. 48.

78.—Sous l'empire des lois des 11 frim. an 6 et 23 sept. 1793, les dépositaires de papier-monnaie, qui, lors d'une opposition faite entre leurs mains, ne versaient pas le dépôt à la caisse nationale, n'étaient pas pour cela réputés en demeure, et se libéraient valablement par la restitution en nature des valeurs du dépôt. — 4 therm. an 13. Req. Paris. Mineurs de Salm-Kirbourg. D.A. 5 61. D.P. 5. 2. 184.

79. — Au surplus, lorsque la durée du dépôt n'a pas été déterminée par le contrat, le dépositaire peut, lorsqu'il le juge convenable, rendre la chose déposée, pourvu qu'il ne le fasse pas à contre-temps.

80 — Toutefois, il est des cas où la durée du dépôt est déterminée par les circonstances: par exemple, si, au moment de faire un voyage, je vous confie des papiers, il est certain que vous serez tenu de les conserver jusqu'à mon retour.— Aublet de Maubuy, *loc. cit.*, p. 95; D.A. 5. 58, n. 18.

81.—Toutes les obligations du dépositaire cessent s'il vient à découvrir et à prouver qu'il est lui-même propriétaire de la chose déposée (C. civ. 1946).

§ 5.— *Obligations du déposant.*

82. — Les obligations du déposant ne sont qu'accidentelles; elles se réduisent à rembourser au dépositaire les dépenses qu'il a faites pour la conservation de la chose déposée, et à l'indemniser de toutes les pertes que la conservation du dépôt peut lui avoir occasionées (C. civ. 1947). — D.A. 5. 58, n. 19.

83. — Si donc le dépositaire avait laissé périr sa chose pour sauver celle à lui déposée, il aurait droit d'en demander l'indemnité au déposant. — Poth., *loc. cit.*, n. 29; Delv., *loc. cit.*, t. 3, p. 202; D.A. 5. 58, n. 19.

84.— Mais il ne suffit pas que le dépositaire ait souffert quelque perte qui se réfère à la conservation du dépôt, pour pouvoir en demander la réparation au déposant; il faut encore que cette perte n'ait pas été le résultat de sa faute ou de sa négligence (L. 61, § 7, ff. *de Furt.*). — Poth., *loc. cit.*, n. 70; D.A. 5. 58, n. 19.

85. — Quant aux sommes que le dépositaire a pu avancer pour la conservation de la chose déposée, elles ne sont pas de plein droit productives d'intérêts. — D.A. 5 59, n. 20.

§ 6.— *Actions qui naissent du dépôt.*

86. — Les actions qui naissent du dépôt sont de deux sortes: l'action directe, *actio directa depositi*, qui compète au déposant, et l'action contraire, *actio contraria*, qui appartient au dépositaire.

87.— Lorsqu'un dépôt a été fait par plusieurs personnes, l'action en restitution doit être exercée par tous les déposans réunis, à moins qu'une clause du contrat ne porte que cette action pourra être exercée par l'un d'eux pour tous les autres, ou par chacun d'entre eux. Si l'acte est muet, chaque déposant ne peut agir que pour sa part, quand la chose est divisible; et, lorsqu'elle est indivisible, tous doivent être appelés en cause.— D.A. 5. 59, n. 22.

88. — Le dépositaire qui, par erreur, a intenté, pour la reprise du dépôt, son action contre celui qu'il croyait l'auteur du dépôt, peut en exercer une nouvelle contre le véritable propriétaire de la chose déposée, sans que celui-ci soit fondé à exciper de la première poursuite. — 9 juill. 1806. Req. Bourras. D.A. 5. 68. D.P. 6. 1. 464.

89.— Si le dépôt a été confié à deux ou plusieurs personnes, il n'y a entre elles de solidarité qu'autant qu'elle a été stipulée. Si donc la chose vient à périr par la faute de l'un des dépositaires, l'autre est libéré.— D.A. 5. 59, n. 22; Dur., t. 18, p. 53.

90.— L'action en restitution du dépôt n'appartient pas seulement à celui qui a fait le dépôt, mais encore au propriétaire de la chose déposée, qui exerce tous les droits du déposant. Toutefois, le propriétaire ne peut agir que par voie de saisie-arrêt, et doit appeler à la fois le dépositaire et le déposant. — D.A. 5. 59, n. 23.

91. — Le déposant ne peut revendiquer la chose déposée contre les tiers détenteurs qui l'ont acquise du dépositaire; car il est de principe qu'*en fait de meubles la possession vaut titre.*

92. — La revendication ne paraît admissible que

dans le cas où le tiers-détenteur aurait su que la chose n'était pas la propriété du dépositaire.—Delv., *loc. cit.*, t. 3, p. 431, note 2; D.A. 5. 59, n. 24.

93 — Le dépositaire a un privilége sur la chose déposée pour le remboursement des frais qu'il a faits pour la conservation du dépôt (C. civ. 2102, n. 3).

94. — Bien plus, il peut retenir le dépôt jusqu'à l'entier paiement de ce qui lui est dû à raison du dépôt (C. civ. 1948).

§ 7 — *De la preuve du dépôt volontaire.*

95.— La preuve du dépôt volontaire n'est soumise à aucunes règles particulières; les art. 1923, 1924 C civ. ne font qu'appliquer à ce contrat les principes généraux en matière de preuve.— D.A. 5. 67, n. 1.

96. — Ainsi, s'agit-il d'un dépôt dont l'objet soit au-dessous de 150 fr., la preuve testimoniale est admissible ? Mais si la valeur du dépôt est supérieure, l'écriture est nécessaire pour établir l'existence légale du contrat, et la preuve testimoniale n'est autorisée que dans le cas d'exception prévue par les art. 1347 et 1348, à moins, toutefois, que le dépôt ne soit commercial, cas auquel il peut être prouvé par témoins, à quelque somme que sa valeur puisse monter.— D.A. 5. 67, n. 1.—V. Preuve.

97. — Les dispositions de l'art. 2, tit. 20 de l'ord. de 1667, qui prohibe la preuve testimoniale, s'appliquaient également à l'existence et à la restitution du dépôt — 1er juill. 1806. Civ. c. Panié. D.A. 5. 67. D.P. 6. 1. 466.

98.— Jugé qu'en cas de contestation sur la quantité des pièces d'or formant un trésor qui a été remis par l'inventeur au propriétaire sur le fonds duquel il a été trouvé, les juges ne sont pas obligés de croire ce dernier sur sa déclaration ; ils peuvent ordonner la preuve par témoins.— 19 janv. 1826. Amiens. Rey-Fay. D.P. 27. 2. 150.

99.— Toutefois, quand le fait du dépôt n'est pas contesté, et qu'il ne s'agit que d'en connaître l'auteur, la preuve testimoniale peut être admise, encore que l'objet déposé excède 150 fr. — 9 juill. 1806. Req. Bourras. D.A. 5. 68. D.P. 6. 1. 464.

100.— De plus, la destruction d'un titre n'implique pas nécessairement l'idée que l'auteur de cette destruction ait eu le titre en qualité de détenteur. En conséquence, l'admission à la preuve de la destruction du titre n'est pas une violation du principe qui veut qu'on ne puisse prouver un dépôt excédant 150 francs, autrement que par la preuve littérale.—23 déc. 1825. Cr. r. L'Hurier. D.P. 26. 1. 22.

101.— Un principe constant, c'est que la preuve testimoniale est admissible pour le dépôt excédant 150 fr., comme en toute autre matière, s'il y a un commencement de preuve par écrit.—3 déc. 1818. Cr. r. Paris. Lefèvre. D.A. 5. 52. D.P. 19. 1. 24.

102.—Dans tous les cas, il n'est pas nécessaire que l'écrit dont on veut déduire le commencement de preuve soit signé et daté par celui contre lequel la demande est formée ; il suffit d'un acte reconnu pour être de son écriture, et qui rende vraisemblable le fait allégué. Ainsi, des notes et des borderaux reconnus pour être de l'écriture de celui entre les mains duquel on prétend qu'un dépôt a été fait, forment un commencement de preuve par écrit qui autorise la preuve testimoniale de ce dépôt (C. civ. 1347).— Même arrêt.

103. — Lorsqu'un notaire a reconnu par écrit avoir, dans son étude, un billet de la somme de 800 fr., autant qu'il pouvait se le rappeler, souscrit par une personne au profit d'une autre, sans que rien indique quand et comment le billet est arrivé à l'étude ni l'emploi qui a dû en être fait, il y a non seulement présomption légale, mais encore commencement de preuve par écrit, tendant à établir que le notaire, ou son prédécesseur, a été chargé de remettre le billet à la personne au profit de laquelle il a été souscrit, et l'arrêt qui le décide ainsi ne saurait avoir violé ni l'art. 1353, sur la force des présomptions, ni l'art. 1356, sur l'indivisibilité de l'aveu.— 9 mai 1831. Req. Bousseau. D.P. 31. 1. 243.

104.— De plus, lorsqu'un notaire, accusé d'avoir détourné à son profit des sommes qu'on prétend lui avoir été confiées à titre de dépôt, avoue que ces sommes n'ont pas été laissées entre ses mains à titre de prêt, cet aveu judiciaire peut être considéré comme un commencement de preuve par écrit, capable de faire admettre la preuve du dépôt. — 6 oct. 1826. Cr. c. Rey. D.P. 27. 1. 28.

105.— Toutefois, les aveux judiciaires du dépositaire qui confesse le dépôt, mais déclare en même temps l'avoir restitué, ne présentent pas le caractère de commencement de preuve par écrit qui autorise l'admission de la preuve testimoniale pour établir la non restitution du dépôt, encore qu'il existe des déclarations antérieures qui aient de la dissemblance avec ces aveux.— 1er juill. 1806. Civ c. Panié. D.A. 5. 67. D.P. 6. 1. 466.

106. — Au surplus, la reconnaissance d'un dépôt par acte sous seing-privé, trouvé dans la succession du dépositaire, lorsque la chose déposée existe en nature dans cette succession, suffit pour constater le dépôt, même à l'égard des créanciers intéressés à en demander la nullité (C. civ, art. 1331).— 21 therm. an 11. Paris. Trés. pub. C. Crillon. D.A. 5. 65. D.P. 1. 1290.

107.— L'acte qui constate le dépôt n'a pas besoin d'être fait en double original, parce que le contrat de dépôt n'est pas un contrat parfaitement synallagmatique; une simple reconnaissance suffit. Néanmoins, si l'acte n'est pas écrit en entier de la main du dépositaire, il doit contenir un *bon* ou *approuvé* portant en toutes lettres la quantité des objets déposés. En un mot, l'art. 1326 C. civ. s'applique au contrat de dépôt.—Dur., 18, p. 24.

108.— Jugé en ce sens que la reconnaissance, sous seing-privé, d'une somme d'argent reçue en dépôt, n'est valable qu'autant que le dépositaire l'a écrite en entier, ou qu'il y a énoncé par un approuvé ou un bon en toutes lettres la quotité de la somme.—12 janv. 1814. Civ. c. Changarnier. D.A. 5. 69. D.P. 14. 1. 165.

109.— Jugé toutefois que l'action en restitution de dépôt est inadmissible lorsque l'acte de dépôt est nul dans la forme pour n'avoir pas été fait double, parce qu'alors le dépôt n'est pas légalement prouvé (C. civ. 1926).—Même arrêt.

110.— Au surplus, un jugement qui ordonne la restitution d'un dépôt ne peut admettre pour base des présomptions, que dans le cas où la preuve testimoniale serait recevable.— 18 mars 1807. Civ. c. Vaucheret. D.A. 5. 68. D.P. 1. 1290.

111.—Il ne peut également, dans le cas où l'existence du dépôt n'est pas établie, examiner s'il a été plus ou moins soigneusement gardé.— Même arrêt.

112. — Enfin, une exception a été faite en matière commerciale, et le dépôt fait de négociant à négociant peut être prouvé par témoins, quoiqu'il soit d'une valeur supérieure à 150 fr. En conséquence, le tribunal correctionnel est régulièrement saisi de l'action en violation d'un pareil dépôt, quoiqu'il n'en existe pas de preuve écrite. — *A fortiori*, s'il y a commencement de preuve écrite et aveu. — 5 août 1822. Metz. Coinon. D.A. 5 60.

113.—Toutefois, si la remise à un négociant, d'un dépôt excédant 150 fr., ne lui a pas été faite en sa qualité de commerçant, mais en considération de sa probité et de la confiance qu'il inspirait, le dépôt n'est pas commercial, mais civil; on ne peut, en conséquence, exiger du prétendu dépositaire qu'il apporte ses registres, ni invoquer une preuve testimoniale pour établir le dépôt et l'abus qu'il en fait. — 17 août 1822. Bourges. Regnaudin. D.A. 5. 61. D.P. 1. 1287 et 24. 2. 27.

114. — L'exception établie à l'égard du marchand dépositaire ne s'applique point à sa femme, lorsqu'il n'est pas reconnu qu'elle fasse un commerce séparé, ni même qu'elle fût dans l'habitude de tenir les écritures ou de signer pour son mari. — 12 janv. 1814. Civ. c. Changarnier. D.A. 5. 69. D.P. 14. 1. 165.

115.— Lorsqu'un individu a détourné, à son profit, partie de plusieurs pièces de draps qu'un fabricant lui a confiées pour les apprêter moyennant un salaire, la preuve du dépôt peut avoir lieu par témoins, bien que la valeur des marchandises s'élève au-dessus de 150 fr. (C civ. 1923).— 9 janvier 1829. Rouen. D... D.P. 29. 2. 135.

116. — Jugé enfin que le reçu mis au dos d'un billet par un tiers qui en était dépositaire, libère le débiteur, lorsque le billet a été déposé avant son échéance, qu'il est même probable qu'il l'a été au moment de sa formation, et qu'il n'est jamais sorti des mains du dépositaire. — Dans ce cas, et si le dépositaire n'a donné aucun récépissé du billet, il n'est tenu, ni ses héritiers, de fournir une décharge écrite de la somme énoncée au reçu, surtout lorsqu'ils ont agi de bonne foi et qu'ils ont rendu le billet qu'ils auraient pu anéantir. — 23 frim. an 13. Metz. Hérit. Grégoire. D.A. 5. 65. D.P. 1. 1289.— V. Preuve testimoniale.

§ 8. — *Du dépôt nécessaire. Preuve.*

117. — Le dépôt nécessaire est celui qui a été forcé par quelque accident, tel qu'un incendie, une ruine, un pillage, un naufrage, ou tout autre événement imprévu (C. civ. 1949). Ce dépôt était désigné dans le droit romain sous le nom de *miserabile depositum*. — D.A. 5. 69, n. 1.

118. — Pour qu'il y ait dépôt nécessaire, tel qu'il est défini par l'art. 1949 du code civil, il faut que l'objet déposé ait passé dans les mains du dépositaire pour être soustrait au péril. Ainsi, dès qu'il résulte des circonstances que l'objet se trouvait dans une autre maison que celle incendiée, et que ce n'est peut être pour le préserver de l'incendie qu'on l'a enlevé et déposé ailleurs, l'action relative à sa soustraction illégale et frauduleuse ne peut être qualifiée dérivant du dépôt nécessaire, alors surtout que cette qualification n'a été donnée que pour écarter la prescription de cinq ans. — 2 août 1819. Rennes. Leguyader. D.A. 5. 73. D.P. 1. 1291.

119. — Ce dépôt ne diffère du dépôt volontaire qu'en ce seul point, que la preuve testimoniale y est admissible, quoique l'objet du dépôt soit d'une valeur de plus de 150 fr. (C. civ. 1950, 1951).

120.—Le dépôt d'effets dans des bains publics, par les personnes qui vont s'y baigner, peut il être regardé comme un dépôt nécessaire dont la preuve testimoniale soit admissible pour une valeur supérieure à 150 francs, ou qui puisse être prouvé par de simples présomptions ? — 4 juill. 1814. Civ. r. Ayma. D.A. 5. 72. D.P. 1. 1291.

121.— Toutefois, les tribunaux ne doivent pas admettre légèrement la preuve testimoniale : ils doivent avoir égard à la qualité des personnes et aux circonstance du fait (C. civ. 1348, n. 2).— Pothier, *loc. cit.* n. 80; Toullier, t. 9, p. 202.

122.— Les juges peuvent même déférer le serment à celui qui réclame les objets déposés (Toull., t. 9, p. 597; Merlin, v° Voiturier).— 13 vend. an 10. Civ. c. Duclos. D.A. 2. 788. D.P. 1. 666.

123. — On assimile au dépôt nécessaire celui que les voyageurs font de leurs effets dans l'auberge ou l'hôtellerie où ils sont reçus (C. civ. 1952).

124.— Jugé que, pour qu'un individu fût en droit de retenir, à titre de don manuel, une somme d'argent dont il se trouve détenteur, il faudrait que la somme n'ait pu lui être confiée à un autre titre; et, par exemple, si la remise a été faite par le défunt à un aubergiste, chez lequel il était tombé malade, il doit être décidé qu'elle a eu lieu à titre de dépôt.— 30 juill. 1828. Bourges. Chauve. D.P. 29. 2. 253.

125. — Les aubergistes sont responsables du vol ou du dommage des effets apportés chez eux par les voyageurs, soit que le vol ait été fait, ou le dommage causé par les domestiques et préposés de la maison, ou par des étrangers allant et venant dans l'hôtellerie (C. civ. 1953).

126.— Si la loi n'exige pas que le voyageur se soit adressé au maître de l'auberge ou à l'un de ses serviteurs, si elle se contente du seul fait de l'apport, il faut du moins que les effets soient entrés dans l'auberge ou dans la cour de l'auberge.— D.A. 5. 70, n. 2.

127. — Toutefois, si l'aubergiste, n'ayant pas de cour, était dans l'usage de faire stationner les voitures et déposer les marchandises dans le voisinage de sa maison, sa responsabilité ne cesserait pas d'être engagée.—D.A. 5. 70, n. 2.

128.— Aussi a-t-il été jugé que l'aubergiste qui n'a pas de cour pour remiser les voitures des voyageurs, doit avoir des préposés qui veillent aux effets placés sur ces voitures, encore que cet usage ne soit pas pratiqué dans le pays où il demeure. En conséquence, il est responsable du vol commis à l'extérieur de sa maison, sur la voiture du roulier logé dans son auberge. — 15 sept. 1808. Paris. Homo. D.A. 5. 70.

129.— En cas de contestation sur le fait de l'apport des effets réclamés dans l'auberge, c'est au voyageur à en faire la preuve.— Dur., t. 18, p. 67.

130. — Au surplus, de cela seul qu'un voyageur justifierait avoir apporté un ballot, une valise, il ne s'ensuivrait pas que l'aubergiste, en cas de perte, fût responsable de toute la valeur des objets qui peuvent s'y trouver contenus, quelqu'en puisse être le prix, si le voyageur a négligé de l'instruire de la nature et de l'importance du dépôt.— Delv., t 3, p. 454, note 2; D.A. 5. 70, n. 3.

131.— Ainsi, l'aubergiste n'est pas responsable du vol d'argent et de bijoux qu'un voyageur a déposés dans son hôtel, si celui-ci ne les lui a ni déclarés ni fait vérifier, et surtout s'il n'a pas fait usage d'une armoire fermant à clé où il eût pu mettre en sûreté les objets prétendus volés.— 2 avril 1811. Paris. Halinbourg. D.A. 5. 71. D.P. 1. 1291.

132. — Ainsi encore, l'aubergiste qui a reçu d'un voyageur logeant dans son auberge un sac fermé, contenant de l'argent, sans que celui-ci lui ait déclaré la somme qui s'y trouvait, n'a pas dû chercher à connaître ce que renfermait le sac (C. civ. 1951); en conséquence, il a été libéré par la remise identique qu'il a faite du sac au dépositaire, si ce dernier l'a fait enlever sans aucune réclamation. — 14 avril 1812. Colmar. Lauer. D.A. 5. 71. D.P.1. 1291.

133. — Les aubergistes ne sont pas responsables des vols faits avec force armée ou autre force majeure (C. civ. 1954).

134. — Il semble résulter de cet article que les aubergistes ne devraient pas répondre d'un vol ou d'un dommage commis par des individus qui, malgré une exacte surveillance, se seraient furtivement introduits dans l'hôtellerie, surtout si c'était au moyen d'escalade ou de fausses clés. — D.A. 5. 70, n. 4.

135. — Si un voyageur, en partant, laisse des effets à l'hôtelier qui consent à les garder, comme alors le motif du dépôt nécessaire n'existe plus, le contrat se change en un dépôt volontaire. — Aubre. de Maubuy, du Dépôt, p. 206; D.A. 5. 70, n. 5.

136. — Ainsi, le dépôt, fait par un voyageur ou un voiturier, dans une auberge où il ne loge pas, d'un ballot pour le remettre, après son départ, à un tiers, peut, dans le cas surtout où celui-ci, invité plusieurs fois à le retirer, a négligé de le faire, n'être pas considéré comme un dépôt nécessaire qui, au cas d'avarie, doive donner lieu à la responsabilité contre cet aubergiste. — 10 janv. 1832. Req. Baille. D.P. 32. 1. 67.

137. — Toutefois, on doit considérer comme un dépôt nécessaire, dont la preuve testimoniale est par conséquent admissible, le dépôt de sommes d'argent, fait entre les mains d'un aubergiste, par le mandataire d'un voiturier, et pour être remis à un voiturier qui a l'habitude de loger dans l'auberge (C. civ. 1924). — 6 avril 1829. Paris. Levastre. D.P 29. 2. 185.

138. — Les dispositions relatives aux effets apportés par le voyageur dans une auberge ne s'appliquent pas aux maisons de traiteurs ou restaurateurs, aux cafés et en général aux établissemens où le public est indistinctement reçu. — D.A. 5. 70, n. 6.

139. — Néanmoins, il a été jugé que le propriétaire de bains publics chez lequel on objet (une montre) a été oublié par un baigneur et se trouve perdu, peut être déclaré responsable de cette perte, en vertu des art. 1385 et 1384 du code civil, s'il résulte des circonstances de la cause et des aveux des parties que cette perte a été occasionée par la négligence du propriétaire de l'établissement. — 4 juill. 1814. Civ. r. Ayma. D.A. 5. 72. D.P. 1. 1291. — V. Commissionnaire, Responsabilité.

— V. Séquestre, Abus de confiance.—V. aussi Absence, Action, Action civile, Agent de change, Agens diplomatiques, Autorité municipale, Aveu, Avocat, Banque de France, Brevet d'invention, Cautionnement de fonctionnaire, Certificat de fonctionnaire, Charte-partie, Chose jugée, Commerçans, Commissionnaire, Compensation, Compétence commerciale, Comptabilité, Compte-courant, Complicité, Compulsoire, Conflit, Conflit d'attribution, Contrainte par corps, Contrat de mariage, Contributions directes, Contributions indirectes, Crieurs publics, Douanes, Droits civils, Effets de commerce, Élections départementales, Élections législatives, Enregistrement, Escroquerie, Exceptions, Faillite, Faux, Faux incident, Forêts, Garde nationale, Jeu et pari, Louage, Mandat, Ministère public, Notaire, Nantissement, Offres réelles, Ordre, Prescription, Presse, Prêt, Preuve littérale, Procès-verbal, Propriété littéraire, Remplacement, Saisie-arrêt, Saisie-exécution, Saisie-immobilière, Séparation de patrimoines, Servitude, Succession, Succession irrégulière, Surenchère, Tabac, Théâtre, Voirie, Vol.

TABLE SOMMAIRE.

Accessoire. 55.   Cheval. 10.
Action. 80. — de in rem Chose. 22. — d'autrui. 21,
  verso. 27.   — s. — fongibles. 41.
Avertissement. 63.   Compensation. 46.
Aveu.15,66,104.—(refus)d Consentement. 25, s.—ta-
  60.   r.   cite. 14.
Avoué. 4.   Consignation. 77, s.
Bain public. 120, 139. Consul. 33.
Banque. 5.   Contrat de bienfais. 12.
Billet. 116.   Curiosité. 24.
Café. 158.   Délai. 79.
Cassation (appréciat.). 8. Dépôt.1.—nécessaire.117.
Changement. 70.   —volontaire. 5, s.151.

<table>
<tr><td>Destruction de titre. 100.</td><td>Possession (meuble). 91.</td></tr>
<tr><td>Droit incorporel. 22.</td><td>Prescription. 44, s.</td></tr>
<tr><td>— naturel. 19.</td><td>Présomption. 8, 41.</td></tr>
<tr><td>Écriture. 19.</td><td>Prêt. 8.</td></tr>
<tr><td>Effet de commerce. 5.—</td><td>Prêtre. 66.</td></tr>
<tr><td> public. 6.</td><td>Preuve. 15, 19, 95, s. —</td></tr>
<tr><td>Entretien. 10.</td><td> (commencement) 101,</td></tr>
<tr><td>Erreur. 16, s. 88.</td><td> s. — littérale. 107. —</td></tr>
<tr><td>Faute. 84. — grave. 31.</td><td> testimoniale. 96, s.119.</td></tr>
<tr><td>Force majeure. 34, s. 39,</td><td> — testimoniale (com-</td></tr>
<tr><td> 43, 49, 133, s.</td><td> merce). 112, s.</td></tr>
<tr><td>Frais.95.—de garde.82,s.</td><td>Privilège. 93.</td></tr>
<tr><td>Fruits. 49, s. 56.</td><td>Préfet. 55.</td></tr>
<tr><td>Garde de la chose. 3, s.—</td><td>Prise maritime. 35.</td></tr>
<tr><td> du dépôt. 28.</td><td>Propriétaire. 90.</td></tr>
<tr><td>Gratuité. 12, s.</td><td>Qualité. 21.</td></tr>
<tr><td>Guerre civile. 36.</td><td>Remboursement. 82, s.</td></tr>
<tr><td>Hérilier. 64, s.</td><td>Rémunération. 15.</td></tr>
<tr><td>Hôtellerie. 123, s.</td><td>Responsabilité. 34, s. 51,</td></tr>
<tr><td>Identité. 49.</td><td> 84, s. 125, s.</td></tr>
<tr><td>Incapable. 3, s. 60.</td><td>Restitution. 28. — (délai)</td></tr>
<tr><td>Indemnité. 82, s.</td><td> 75.—du dépôt, 49, 109.</td></tr>
<tr><td>Indivisibilité. 67, s. 87.</td><td> —judiciaire. 99.</td></tr>
<tr><td>Intérêt. 85.</td><td>Rétention. 94.</td></tr>
<tr><td>Jouissance. 44.</td><td>Revendication. 92.</td></tr>
<tr><td>Lettres. 9.</td><td>Salaire. 15, s.</td></tr>
<tr><td>Lieu public. 123, s.</td><td>Séquestre. 2.</td></tr>
<tr><td>Mandat. 4, s. 37.</td><td>Serment décisoire, 122.</td></tr>
<tr><td>Monnaie. 11.</td><td>Solidarité. 89.</td></tr>
<tr><td>Nantissement. 23.</td><td>Tradition. 18.</td></tr>
<tr><td>Notaire. 7, s. 105.</td><td>Trésor. 98.</td></tr>
<tr><td>Obligation. 23, s</td><td>Usage personnel. 40, s.</td></tr>
<tr><td>Papier-monnaie. 50, 53.</td><td>Violation. 115, 118. — de</td></tr>
<tr><td>Péremption. 110.</td><td> dépôt. 28.</td></tr>
<tr><td>Perte de la chose. 6, 34,</td><td>Vol. 40, 61, 118.</td></tr>
<tr><td> s.</td><td>Voyageur. 125.</td></tr>
</table>

DÉPOT NÉCESSAIRE.—V. Dépôt.

DÉPOT JUDICIAIRE. — V. Comptabilité.

DÉPOT DE MATÉRIAUX. — V. Autorité municipale.

DÉPOT PUBLIC. — V. Dépôt. — V. aussi Abus de Confiance, Compulsoire, Enregistrement, Faux, Presse, Requête civile, Vol.

DÉPOT DE RENTES.—V. Enregistrement, Presse.

DÉPRÉCIATION. — V. Agens de change, Charte, Garantie, Monnaie, Saisie-immobilière.

DÉPRÉDATION.—V. Capitaine.

DEPUIS.—V. Délai.

DÉPUTÉ.—V. Élections, Organisation administrative.—V. aussi Colonies, Contrainte par corps, Droits civils, Ministère public, Presse.

DÉRADAGE.—V. Avarie.

DÉRIVATION.—V. Eau, Servitude.

DERNIER RESSORT.—V. Degré de juridiction.

DÉROGATION.—V. Loi.—V. aussi Assurances maritimes, Avocat, Commune, Forêts, Louage, Ordre, Récidive, Société commerciale, Vente, Voirie.

DÉSARMEMENT.—V. Rébellion.

DÉSAVEU.—1.— C'est une action qui tend à faire juger qu'un officier ministériel ou défenseur ont agi, soit sans mandat, soit au-delà des bornes de leur mandat, au préjudice d'une partie, qui demande la nullité de ce qu'ils ont fait.

2. — En général, tout acte fait par une personne au nom d'une autre, sans mandat de celle-ci, ou au-delà des bornes de son mandat, est nul de plein droit, sans qu'il soit nécessaire de recourir à la voie du désaveu : car le mandat ne se présume pas : il suffit de dénier l'acte lorsqu'on l'oppose (C. civ 1989, 1998).— D.A. 5. 95, n. 1.

3. — Mais il en est autrement du mandat ad lites, en vertu duquel les officiers de justice représentent les citoyens devant les tribunaux, ou agissent pour eux dans l'exercice de leur ministère. La fréquence et la nécessité de ce mandat, l'usage où l'on est de le donner et de le recevoir verbalement, la confiance qui doit environner les auxiliaires obligés des magistrats dans l'administration de la justice, ont fait établir le principe que les actes des officiers ministériels et des défenseurs sont présumés autorisés par les parties au nom desquelles ils ont été faits, et les obligent tant qu'elles n'ont pas formé le désaveu, sauf les actes d'exécution, toutefois, pour lesquels l'exhibition d'un pouvoir est nécessaire (V. infra). Nos lois ne consacrent point expressément ce principe, mais elles le supposent nécessairement lorsqu'elles s'occupent du désaveu, dont on ne concevrait pas l'utilité, si la règle dont il s'agit n'était admise.— D.A. 5. 95, n. 1.

4. — En effet, jusqu'à désaveu, tout acte du ministère de l'avoué, mandataire ad litem, quelles que soient les conséquences qu'il entraîne, est réputé fait en vertu du pouvoir de sa partie.— 22 mai 1827. Civ. c. Bourges. Leblanc de Sévigny. D.P. 27. 1. 247.

§ 1er. — Des personnes sujettes à désaveu.

§ 2. — Des cas où le désaveu peut et doit avoir lieu.

§ 3. — De la forme du désaveu, du tribunal devant lequel il doit être porté, du délai dans lequel il doit avoir lieu, de ses effets.

§ 1er.— Des personnes sujettes au désaveu.

5. — Au premier rang des officiers de justice sujets à cette action, se placent les avoués, soit pour les actes judiciaires, soit pour les actes extrajudiciaires qu'ils ont faits sans autorisation et au préjudice de leurs cliens.— D.A. 5. 107, n. 1.

6.— Quoique la loi ne parle nominativement que des avoués, il est constant que le désaveu est admis aussi contre les huissiers.— 7 fév. 1824. Paris. Dussablon. D.A. 5. 100.

En effet, si les art. 354 et 355 C. pr. ne désignent que les avoués, c'est sans doute parce que, de tous les officiers ministériels, les avoués sont ceux contre lesquels l'action dont il s'agit est le plus ordinairement dirigée. Aussi ne conteste-t-on, pas plus aujourd'hui que sous l'ancienne jurisprudence (Poth., Mandat, n. 128 et 129), que l'huissier qui excède les bornes de son mandat, ou s'arroge un mandat qu'il n'a pas reçu, ne soit passible de désaveu, ainsi que l'enseignent la plupart des auteurs et les observations du Tribunal sont explicites à cet égard. Locré, Esp. C. pr., p. 16; Pig., 1, 411; Merlin, Rép., v° Désaveu, n. 9; Berriat, p. 350; Carré, L. de la proc., 1, 824; D.A. 5. 107, n. 1 et 2.

7 — Les agréés près les tribunaux de commerce peuvent être désavoués, lorsque, sans un pouvoir spécial, ils donnent des consentemens ou font des actes préjudiciables à leurs cliens.—1er mars 1811. Rouen. Tharel. D.A. 5. 111. D.P. 11. 2. 142. — 7 fév. 1824. Paris. Dussablon. D.A. b. 100. D.P. 1. 1299. — 22 juin 1824. Nîmes. Marlior. D.A. 5. 112. D.P. 1. 1301.

8.— Cette décision, que les agréés sont passibles de désaveu, quoique contraire à l'opinion du Tribunat, qui restreignait aux officiers ministériels les dispositions du titre du désaveu (Locré, Esp. du code du proc. 2, 10), est aussi professée par Favard, v° Désaveu, et par Dalloz. Ce qui porte ce dernier auteur à le décider ainsi, c'est moins l'analogie des fonctions d'agréé avec celles d'avoué (analogie sur laquelle est principalement fondé l'arrêt de la cour de Nîmes), que la nature même du mandat dont l'agréé est investi, et l'absence d'une loi précise qui n'ouvre la voie du désaveu que contre les officiers ministériels.

9. — En effet, dit Dalloz (A. 5. 107, n. 4), si le mandataire ad negotia est sans pouvoir, mère présomptif, pour tout ce qui n'est pas écrit dans son mandat, on ne peut en dire autant du procureur ad lites, et par conséquent de l'agréé, dont le mandat comporte nécessairement une certaine élasticité qui autorise à présumer que le mandant approuve le fait du mandataire. S'il en était autrement, tout jugement rendu sur une déclaration non expressément consignée dans le mandat serait nul, puisqu'à l'égard de la personne représentée, sans qu'elle eût besoin de faire juger que son procureur ad litem a outre-passé ses pouvoirs; dès lors, les parties et les tribunaux perdraient leur temps dans des vérifications des pouvoirs du mandataire ; les procès seraient interminables. La raison veut donc que le mandataire qui se présente en justice au nom d'une partie, soit réputé tenir d'elle le pouvoir de faire tous les aveux qui se rattachent à l'objet du son mandat, et que le mandant soit lié par les jugemens intervenus sur ses déclarations, tant qu'elles ne sont point désavouées. Vainement a-t-on objecté que la demande en désaveu doit être portée devant le tribunal où a été faite la procédure désavouée (C. pr. 356), et qu'elle doit être communiquée au ministère public (C. pr. 359), lequel n'existe pas près des tribunaux de commerce. L'art. 356 a règle la compétence à près ce qui arrive le plus communément, ex eo quod plerumque fit; il ne fait point obstacle à ce que le désaveu contre un agréé soit porté devant le tribunal de commerce. V. infra, art. 3.

10. — Il suit de ce qui vient d'être dit, que le désaveu est aussi nécessaire à l'égard des simples fon-

dés de pouvoirs, autres que les agréés, qui ont aussi le droit de représenter les parties devant les tribunaux de commerce, et qui les représentent habituellement devant ceux de ces tribunaux où il n'y a pas d'agréés en titre. Il suffit qu'ils gèrent un mandat *ad litem* pour qu'on doive ajouter foi à leurs déclarations jusqu'à désaveu.—Carré, n. 1296; D.A. 5. 108, n. 5.

11.—Jugé, conformément à cette opinion, qu'avant le rétablissement des avoués, ceux qui postulaient devant les tribunaux comme fondés de procuration, étaient de véritables mandataires *ad litem* sujets à désaveu.—12 avril 1806. Paris. Alaine. D.A. 5. 122.

12.—Jugé, au contraire, que la voie du désaveu n'est pas ouverte contre le fondé de pouvoir qui représente une partie devant le tribunal de commerce. —7 déc. 1812. Bruxelles. Constantini. D.A. 5. 111. D.P. 1. 1301.

13.—Jugé, dans le même sens, que l'avoué qui s'est présenté pour une partie devant le tribunal de commerce, doit être réputé s'être présenté comme agréé ou fondé de pouvoir, et non en qualité d'avoué;,et, par suite, la partie qui prétend qu'il a agi sans mandat, ne peut employer contre lui la forme du désaveu tracée par l'art. 353 C. proc.; elle ne peut qu'agir en dommages intérêts. — 9 janv. 1832. Lyon. Remeyer. D.P. 33. 2. 77.

14.—Par suite du même principe, que c'est à la nature du mandat *ad litem*, et non au caractère d'officier ministériel que le désaveu est attaché, on est naturellement conduit à penser que cette voie est nécessaire contre les fondés de pouvoir qui représentent les parties devant les conseils de prud'hommes, les justices de paix, les conseils de préfecture, et, en général, devant toutes les juridictions où le ministère d'avoué n'est pas en usage. — D.A. 5. 108, n. 6.

15.—Un arrêt de la cour de cassation, du 9 fév. 1814 (D.A. v° Enregistrement, ch. 1er, sect. 8, art. 1er), semble décider que, pour obliger la régie à restituer le droit de mutation perçu sur un acte de vente consenti par un mandataire qui avait excédé ses pouvoirs, il faut un désaveu judiciaire.

16.—Une observation commune aux agréés et fondés de pouvoir dont on vient de parler, c'est qu'ils ne peuvent se présenter en justice au nom des parties, qu'en vertu d'une procuration écrite, tandis que les officiers ministériels ne sont point assujettis à cette obligation, parcequ'ils tiennent de leur caractère la présomption du mandat dont ils se disent pourvus. — D.A. 5. 108, n. 7.

17.—Il suit de là, ce semble, que le jugement rendu vis-à-vis d'un agréé ou d'un individu qui, au lieu d'excéder les bornes d'un pouvoir réel, se serait attribué un mandat qu'il n'aurait pas reçu, serait comme non avenu à l'égard de la partie dont il aurait usurpé le pouvoir, sans que celle-ci fût tenue d'intenter une action en désaveu, comme elle y serait obligée, dans les mêmes circonstances, s'il s'agissait d'un avoué ou d'un huissier. — D.A. 5. 108, n. 7.

18.—La voie du désaveu est-elle ouverte contre les avocats qui ont fait, sans autorisation, des aveux préjudiciables à leurs cliens? Non, dit Toull., t. 10, p. 429, n. 298; car, à la différence des avoués, les avocats ne représentent pas les parties. Ils ne sont pas leurs mandataires. Les déclarations indiscrètes qui peuvent leur échapper ne sont pas des aveux judiciaires capables de faire foi en justice; ce sont des erreurs que l'avoué ou la partie doivent rectifier à l'audience ou par écrit sans recourir aux formes du désaveu, auquel, suivant une maxime très ancienne en France, les avocats ne sont pas soumis. Voyez en ce sens Duparc-Poullain, t. 8, p. 149, Series, t. 4, tit. 5, § 7; le Nouv. Deniz., v° Désaveu, § 1er, deux arrêts des 14 fév. 1759 et 20 août 1777 (Rép., v° Avocat, § 8, n. 2); Carré, *L. de la proc.*, n. 1295; Thomine, art. 352.

19.—Cette doctrine est combattue par Dalloz, A. 5. 108, n. 8. Il n'est point exact de dire que les avocats ne sont pas les mandataires des parties. Pour être différentes de celles des avoués, leurs fonctions ne constituent pas moins un véritable mandat *ad litem*. Il est même plusieurs juridictions devant lesquelles les parties se font presque exclusivement représenter par les avocats. Quelle autre dénomination légale que celle de mandat peut-on donner au contrat en vertu duquel ceux-ci protègent la fortune, la vie ou l'honneur de leurs cliens? On dit que les déclarations téméraires de l'avocat ne forment pas aveu judiciaire. Mais tous les jours au contraire les tribunaux basent leurs jugemens sur les déclarations faites à l'audience par les avocats. Il faut donc que les parties aient une garantie contre leurs indiscrétions dans la faculté de les désavouer. On ne saurait compter, à cet effet, sur la sollicitude des parties elles-mêmes ou de leurs avoués. Ceux-ci sont le plus souvent absens lors des plaidoiries, et, fussent-ils présens, pourraient-ils toujours apprécier l'importance d'un aveu échappé dans l'improvisation? Le désaveu ne pouvant atteindre l'avocat que dans les cas prévus par l'art. 352 C. pr., la dignité de l'ordre ne saurait en souffrir. Les lois romaines, qui n'ont point méconnu la noblesse du barreau, offraient le moyen d'obtenir la réparation des erreurs des avocats (V. la L. 3 au Cod. *de Error. advoc.*). — Dans notre ancien droit, des jurisconsultes, notamment Ferrière (*Dict. de droit*, v° Avocat, et Secousse (Brillon, v° Désaveu) estimaient, et le parlement de Paris jugeait (arrêt du 5 août 1745, rendu dans le cas d'un désistement donné par un avocat sans autorisation de sa partie) que le désaveu pouvait avoir lieu à l'égard des déclarations indiscrètes des avocats; seulement ils voulaient que le désaveu ne pût entraîner contre eux des dommages-intérêts (V. *infra*). Quant à la jurisprudence moderne, elle n'est pas encore fixée sur la question.

20.—Aux termes d'un arrêt de la cour de cassation, les aveux faits par l'avocat, *assisté de l'avoué* de sa partie, sont censés faits par la partie elle-même, tant que l'avocat n'est pas désavoué. — 16 mars 1814. Req Riom. Allauze. D.A. 5. 112.

Un autre arrêt suppose, dans deux passages de son texte, qu'un avocat aurait pu être désavoué. — 11 août 1827. Cr. c. Ancillon. D.P. 27. 1. 459.

21.—Suivant d'autres arrêts, l'avocat n'est sujet à désaveu que lorsqu'il y a dol personnel et fausseté de sa part. — 17 août 1818. Rennes. Dacosta. D.A. 5. 113.—22 déc. 1820. Colmar. Voyer-d'Argenson. D.A. 5. 103. D.P 22. 2. 40.

Mais où est le principe de cette distinction? Pourquoi le désaveu, admissible en cas de dol, ne le sera-t-il pas en cas de négligence ou faute très grave que l'on assimile toujours au dol quant à la responsabilité qu'elle entraîne? — D.A. 5. 108, n. 8.

22.—Il n'y a pas lieu de s'arrêter non plus à la distinction faite par Ferrière, *loc. cit.*, entre les affaires d'audience et celles qui se traitent par écrit, pour n'appliquer le désaveu qu'à ces dernières. C'est surtout à l'audience que l'avocat peut compromettre les intérêts de son client par des déclarations téméraires; les erreurs dans la plaidoirie sont trop voisines de la décision pour pouvoir être rectifiées aussi facilement que le seraient celles consignées dans un mémoire. Aussi la distinction dont il s'agit se trouve-t-elle condamnée par l'arrêt précité, du 5 août 1745, lequel a entériné les lettres de requête civile prises contre un arrêt qui avait admis le désistement donné *à l'audience* par un avocat, sans être assisté ni du procureur, ni de la partie. — D.A. 5. 109, n. 9.

23.—L'avoué constitué qui n'a point été présent lors des déclarations indiscrètes faites par l'avocat, ne saurait sans doute encourir, à raison de ces déclarations, aucune responsabilité. Mais que faut-il décider à l'égard des offres, aveux ou consentemens faits ou donnés par l'avocat *en la présence* même de l'avoué, et lors desquels celui-ci n'a pas réclamé avant le jugement? On peut dire que l'avoué est le représentant nécessaire et immédiat de la partie pour tous les actes de la procédure; qu'il faut ranger, parmi ces actes, les offres, aveux ou consentemens; que l'avoué ne peut ignorer l'importance de ces actes et qu'il les ratifie par son silence. Mais, en considérant la difficulté qu'il peut y avoir à discerner instantanément la portée des paroles de l'avocat, il semble rigoureux de rendre l'avoué responsable d'un silence qui trouve d'ailleurs une sorte d'excuse dans la juste déférence que les avoués professent pour les avocats. — D.A. 5. 109, n. 10.

24.—Jugé toutefois que hors le cas où il y a dol et fausseté de la part de l'avocat, le désaveu doit être dirigé contre l'avoué, seul garant du résultat des déclarations judiciaires faites par lui ou par l'avocat.—17 août 1818. Rennes. Dacosta. D.A. 5. 113. — 22 déc. 1820. Colmar. Voyer-d'Argenson. D.A. 5. 103. D.P. 22. 2. 40.

25.—On a vu que d'anciens auteurs, tout en reconnaissant que les avocats peuvent être désavoués, veulent que le désaveu n'autorise, en ce cas, aucuns dommages-intérêts. Mais si, ce qui arrivera sans doute rarement, les déclarations, objet du désaveu, avaient un caractère de déloyauté et d'imprudence capable d'exciter l'animadversion de la justice, sous quel prétexte pourrait-on soustraire l'avocat à tous dommages-intérêts? — D.A. 5. 109, n. 11.

26.—Les avocats au conseil du roi et à la cour de cassation sont passibles du désaveu. Il y a même, à leur égard, une raison de plus que relativement aux avocats ordinaires, car ils sont seuls représentans des parties devant les deux juridictions auxquelles ils sont attachés, et ils ont la direction exclusive de la procédure qui s'y pratique. Au reste, aucun doute ne peut s'élever sur ce point, puisque le réglement du 28 juin 1738, 2e part., tit. 9, détermine les formes du désaveu des avocats à la cour de cassation, et le décret du 22 juill. 1806, celles du désaveu des avocats au conseil du roi. — D.A. 5. 110, n. 12.

27.—L'action en désaveu n'a pas lieu contre les notaires ou autres officiers publics, ayant pouvoir de constater ce qui se passe devant eux. Leurs actes ne peuvent être attaqués que par l'inscription de faux, ou, quand il y a lieu, par l'action en nullité.— Pig., 1, 496.

§ 2.— *Des cas où le désaveu peut et doit avoir lieu.*

28.—La loi n'a sans doute entendu autoriser le désaveu que dans des cas graves; mais quels sont ces cas?— L'art. 352 C. pr., dont on trouve le germe dans l'art. 34, tit. 35 de l'ordonnance de 1667, porte. « Aucunes offres, aucun aveu ou consentement ne pourront être faits, donnés ou acceptés, sans un pouvoir spécial, à peine de désaveu. » Cet article, qui n'existait pas dans le projet, mais qui fût ajouté sur l'observation du Tribunat, *qu'il était nécessaire de spécifier les cas pouvant donner lieu au désaveu*, comprend la plupart des cas dans lesquels l'officier ministériel peut excéder les termes de son mandat, d'une manière gravement préjudiciable aux parties. —D.A. 5. 93, n. 2.

29.—Sont passibles de l'action en désaveu, par application de l'art. 352 C. pr. :

L'avoué qui, sans mandat spécial, exécute un jugement en premier ressort, contenant des dispositions définitives, l'exécution étant un acquiescement tacite. — 3 janv. 1810. Pau. D.P. 11. 216.— Conf. Carré, sur l'art. 352; Fav., v° Désaveu; Berr., p. 361.

30.—L'huissier qui a signifié un jugement sans réserves, lorsque, par ce défaut de réserves, il a porté préjudice à celui au nom duquel cette signification a été faite.—24 mars 1810. Bruxelles. Droesbeque. D.A. 5. 121.

31.—L'agréé qui, chargé par le défendeur de réclamer du demandeur un compte général, au lieu de se conformer à ce mandat, demande un délai pour le paiement, et reconnaît ainsi implicitement la légitimité de la créance pour laquelle son client est poursuivi.— 1er mars 1811. Rouen. Tharel. D.A. 5. 111.

32.—L'avoué qui, chargé par un acquéreur d'immeubles de notifier aux créanciers inscrits les contrats de vente, s'avise de produire, sans mandat spécial, à un ordre sur un prix dont son client ne doit pas la représentation.— 22 juill. 1815. Paris. Rousseau. D.A. 5. 97.

33.—L'agréé qui, à l'audience, et l'huissier qui, dans un exploit de son ministère, ont requis, sans un pouvoir spécial, un terme pour le paiement, au nom d'une partie déjà condamnée par défaut, car ils acquiescent par là à la condamnation. — 7 fév. 1824. Paris. Dussablon. D.A. 5. 100.

34.—L'avoué qui acquiesce à un jugement définitif.—23 nov. 1829. Bordeaux. S. 30. 2. 220.

35.—De ce qu'un exploit désavoué porte qu'il a été fait à la requête du désavouant, il ne s'ensuit pas qu'il doive être réputé avoir été ordonné par lui, et que, par suite, il ne puisse donner lieu à désaveu.— 25 sept. 1821. Bruxelles. Opsomer. D.A. 5. 123.

36.—L'officier ministériel désavoué ne peut écarter l'action en désaveu, sous prétexte que l'exception tirée de l'acte désavoué n'ayant pas encore été accueillie, le désaveu peut devenir sans objet, et qu'il est dès lors prématuré.— Même arrêt.

37.—Le désaveu n'est admissible, suivant Carré, *L. de la proc.*, 1, 826, et Favard, v° Désaveu, qu'à l'égard des actes dont parle l'art. 352, sauf l'action ordinaire *ex mandato*, pour tous les autres cas où l'officier ministériel aurait excédé son mandat. Au contraire, Demiau, p. 265, et Berriat, p. 350, déclarent les officiers ministériels sujets à désaveu, toutes les fois qu'ils outre-passent les pouvoirs qu'ils ont reçus de leurs clients.

38.—Quant à Dalloz, il distingue entre l'officier ministériel qui a reçu un pouvoir tacite ou exprès de représenter une partie, et celui qui a agi sans aucune espèce de mandat. Les actes du premier ne peuvent, conformément à l'opinion de Carre, donner lieu au désaveu qu'autant qu'ils rentrent dans la

classe de ceux dont parle l'art. 352, et pour lesquels un pouvoir spécial est exigé. Ainsi, un avoué constitué par sa partie est virtuellement censé avoir reçu d'elle les pourvoirs nécessaires pour tous les actes de la procédure; s'il s'est écarté de ses instructions, ce sera sans doute l'objet d'un débat entre lui et son client; mais ce débat demeurera étranger à la partie adverse : les jugemens obtenus par celle-ci ne pourront être annulés qu'autant qu'ils seraient fondés sur une offre, un aveu ou un consentement donné par l'avoué sans pouvoir spécial de son client, parce que ce pouvoir n'étant nécessaire que pour ces actes, c'est alors seulement que la partie qui a obtenu le jugement doit s'imputer de n'avoir pas exigé l'exhibition de ce pouvoir.

. . . . Mais lorsque l'officier ministériel s'est fait le représentant d'une partie sans avoir reçu aucune sorte de mandat formel ou présumé de celle-ci (par exemple, lorsqu'un avoué s'est constitué ou qu'un huissier a procédé à un acte d'exécution pour une personne qui ne l'a nullement chargé de ce soin et ne lui a remis aucune pièce), tous les actes *quelconques* que cet officier ministériel a pu faire en cette qualité usurpée, n'autorisent pas seulement une demande en dommages-intérêts de la part de celui pour qui il a procédé, mais donnent ouverture à une action en désaveu qui doit faire annuler l'effet que ces actes ont pu produire en faveur des tiers, sauf le recours de ces derniers en dommages-intérêts contre l'officier ministériel désavoué. Ils pouvaient exiger de lui la représentation d'un mandat écrit, ou au moins des pieces dont la remise équivalait à mandat, et le faire constater; tandis que la partie au nom de laquelle il a été induement procédé n'a pu éviter cette prévarication dont les suites ne sauraient dès lors peser sur elle.— V. dans le sens de cette distinction deux arrêts du parlement de Grenoble, des 17 fév. 1662 et 30 janv. 1664, rapportés par Cherrier, *Jurisp.* de Guy-Pape, p. 353.—D.A. 5. 93, n. 5.

39. — Quoiqu'il soit mentionné sur le plumitif qu'un avoué a pris des conclusions pour une partie, afin d'obtenir un jugement ou une ordonnance d'expédient, le désaveu doit être admis, si le placet ne porte pas la signature de cet avoué et s'il est prouvé d'ailleurs qu'il n'a pas assisté a l'audience où l'expédient a été passé et qu'il n'avait aucun pouvoir d'occuper. Il n'est pas nécessaire que la partie s'inscrive en faux contre le plumitif : la voie du désaveu suffit pour faire annuler le jugement.— 27 mars 1806. Paris. Adam. D.A. 5. 96.

40.—Mais il est évident que, dans un tel cas, l'officier désavoué, n'ayant commis aucune faute, n'est point passible de dommages-intérêts.

41.— L'individu condamné par un tribunal de commerce à payer une dette prétendue, sur la reconnaissance qu'en a faite un avoué sans pouvoir à cet effet, n'est point obligé, pour faire annuler la condamnation, d'introduire un désaveu contre cet avoué, dans les formes prescrites par les art. 353 et suiv. C. pr., mais il peut attaquer le jugement, par la voie de l'opposition, comme ayant été rendu par défaut ; car l'avoué, qui ne pouvait agir en sa qualité d'avoué devant un tribunal de commerce, n'aurait pu le représenter que comme fondé de procuration spéciale, ce qui n'a pas eu lieu (C. pr. 414, 421 ; C. comm. 627).—23 aout 1822. Metz. Boucher. D.P. 24. 2. 64.

42.— Il a été jugé qu'il n'y a pas lieu à désaveu :
Contre l'avoué qui a fait un acte interruptif d'une péremption : il a le droit de suivre la procédure. —Berriat, p. 357.

43.— Ni contre l'avoué qui a pris des conclusions d'abord conformes aux intérêts de ses clients, mais devenues plus tard, par suite des événemens ultérieurs, contraires à ces mêmes intérêts.— 4 therm. an 13. Bruxelles. Tongries. D.A. 5. 96.

44.— Ni contre l'huissier qui, porteur des pièces, a donné une assignation en vertu de l'ordonnance du juge, sans y être expressement autorisé par les parties, surtout si cette assignation n'a porté aucun préjudice au désavouant.—4 fév. 1808. Paris. Guesney. D.A. 5. 110; 9. 14.

45.— Ni contre l'avoué qui, pour toute défense, déclare s'en rapporter à la prudence du tribunal.— 13 mars 1810. Paris. Grandin. D.A. 5. 97. D.P. 1. 1298.

46.—Ni contre l'avoué qui, ayant obtenu un arrêt ou jugement par défaut, et n'ayant point été révoqué, a été contraint par le tribunal ou la cour d'occuper sur l'opposition, encore bien qu'il eût déclaré n'avoir plus de pouvoir ni de pièces : il est tenu d'occuper sur l'exécution du jugement par lui obtenu quand elle a lieu dans l'année (C. pr. 1038).—1er août 1810 Req. Paris. Lempereur. D.A. 2. 213. D.P. 10. 1. 431.

47.—Ni contre l'avoué qui, chargé, sans autre instruction, de représenter une partie, a immédiatement défendu au fond, au lieu de proposer un moyen d'incompétence : son mandat général le laissait l'arbitre des conclusions à prendre dans l'intérêt de son client. — 7 avril 1813. Orléans. D.A. 5. 94.

48. — La partie qui a elle-même rédigé ou fait rédiger un exploit, dans lequel elle a constitué un avoué, n'est pas recevable à désavouer cet officier ministeriel à raison de cette même constitution, qui n'est pas son ouvrage. — 21 juill. 1816. Rennes. Lebreton. D.A. 5. 105. D.P. 2. 268.

49. — L'avoué qui a été constitué dans un acte d'appel ne peut pas non plus, après l'arrêt, être désavoué comme ayant occupé sans pouvoir, alors surtout que l'huissier signataire et responsable de l'acte d'appel, n'est l'objet d'aucun désaveu.—9 mars 1818. Rennes. Guillois. D.A. 5. 114.

50.—Le désaveu n'est admissible que pour un fait positif par lequel un officier ministériel a transgressé son mandat, mais non pour l'omission de remplir une mission qu'il aurait expressément acceptée ; il n'y a, pour ce dernier cas, que l'action ordinaire en dommages-intérêts. Ainsi, par exemple, il n'y aurait pas lieu à désaveu contre l'avoué qui, par incurie, aurait exposé son client à une déchéance, ou aurait laissé prendre un jugement par défaut. — D.A. 5. 93, n. 3.

51. — L'absence d'un pouvoir spécial au moment où un avoué a fait pour son client l'un des actes dont parle l'art. 352 C. pr., n'autorise pas le désaveu, si, depuis, le client a expressément ou tacitement approuvé les déclarations que l'avoué a pu faire en son nom : *Ratihabitio mandato æquiparatur*.—D.A. 5. 93, n. 9.

52. — L'avoué qui a fait ou qui a laissé faire par l'avocat un aveu contraire à la prétention qu'il était chargé de soutenir, ne peut échapper au désaveu, par cela que son aveu aurait été ratifié *par le mandataire général* de ses clients, si celui-ci n'avait pas une procuration spéciale et expresse pour consentir cette ratification — 26 avril 1824. Civ. c. Colmar. Voyer-d'Argenson. D.A. 5. 103. D.P. 24. 1. 171.

53. — On ne saurait énumérer toutes les circonstances desquelles peut résulter une ratification tacite : c'est au juge a les apprécier : le même fait peut, ou non, être une ratification, suivant les cas et les personnes. — D.A. 5. 93, n. 9.

54. — Il a été jugé que la partie qui, postérieurement au jugement rendu sur un acte qu'elle veut désavouer, paie les frais à son avoué, se rend par-là non-recevable dans l'action en désaveu qu'elle aurait l'intention de former contre cet avoue. — 17 août 1818. Rennes. Dacosta. D A. 5. 113.

55. — La ratification ne doit pas être légèrement présumée. Elle peut paraître résulter du paiement, par une partie, des frais auxquels elle a été condamnee: mais si la partie ne paie à son avoué que les frais faits dans son intérêt, on peut supposer qu'elle n'a opéré ce paiement que pour retirer les pièces et examiner ses droits. — Thomine, art. 352.

56. — Jugé en ce sens que l'avoué ne peut prétendre que son client a acquiescé à la procédure désavouée, en retirant les pièces et en payant les frais faits en son nom, si le paiement de ces frais a eu un autre motif que celui d'acquiescer.—22 juill. 1813. Paris. Rousseau. D.A. 2. 222. D.P. 1. 416.

57. — Lorsque le mari et la femme ayant été assignés simultanément et par une seule copie devant le tribunal de commerce, un agréé s'est présenté en leur nom à l'audience avec cette assignation revêtue seulement du pouvoir de la femme, le mari n'est pas admissible à le désavouer pour faire réputer par défaut le jugement rendu contre lui, si, dans l'exploit de désaveu, il a déclaré continuer cet agréé pour son mandataire dans l'instance en désaveu, alors même que l'huissier déclarerait n'avoir reçu de lui aucun pouvoir de le représenter.—9 mai 1810. Rennes. Brouillard. D.A. 5. 97.

58. — Il suffit, au reste, que, pour rejeter une demande en désaveu, une cour royale ait déclaré que la partie a donné son adhesion aux actes faits par son avoué, pour que le fait de cette adhésion ne puisse plus être remis en question devant la cour de cassation. — 13 août 1827. Civ. r. Paris. D.P. 27. 1. 460.

59. — Un arrêt a décidé que la partie qui, présente à l'audience au moment où son avocat fait une soumission pour elle, n'a élevé à ce sujet aucune réclamation, ne peut ensuite le désavouer. — 4 août 1808. Besançon. Millot. D.A. 5. 99.

60. — Suivant un autre arrêt, le défendeur à une demande en désaveu, formée à raison du désistement d'un chef de conclusions, donné par l'avocat et l'avoué d'une partie, est admissible à prouver que cette partie était à l'audience au moment où le désistement a été déclaré, et qu'elle ne s'y est point opposée. — 29 juin 1808. Bruxelles. Belvaux. D.A. 5. 99. D.P. 1. 1298.

61.— Jugé encore que l'action en désaveu contre un avoué qui a fait des offres au nom de son client peut être rejetée, si celui-ci, présent à l'audience, n'a pas réclamé, et si depuis l'arrêt qui a donné acte des offres, il a écrit à son avoue pour presser l'exécution de cet arrêt.— 15 juin 1822. Caen. Pointel. D.A. 5. 100. D.P. 1. 1298.

. . . . . Du moins, l'arrêt qui le décide ainsi ne présente qu'une saine application du principe, que le mandat verbal, comme toute autre convention, peut résulter d'un commencement de preuve par écrit complété par des présomptions, et cet arrêt échappe à la censure de la cour de cassation.— 1er avril 1824. Req. Caen. Pointel. D.A. 5. 100. D.P. *eod.*

62.—Toutefois, dit Dalloz, la solution de la question doit être subordonnée à la nature de l'acte désavoué et surtout à la qualité des personnes. La présence de la partie à l'audience opérera sans doute ratification toutes les fois que le client sera un homme éclairé et qu'il n'aura point réclamé contre une déclaration dont il a pu sur-le-champ comprendre la portée. *Secùs*, si ce client est un homme sans expérience des affaires, ou si la déclaration dont il a été témoin était trop compliquée pour qu'il pût de suite en mesurer l'importance. Du reste, les arrêts ci-dessus peuvent avoir été bien rendus, quoiqu'ils consacrent, dans leurs motifs, une doctrine trop absolue.— D.A. 5. 95, n. 10.

63. — Le désaveu n'est admissible qu'autant que l'acte désavoué est préjudiciable au désavouant : *point d'intérêt, point d'action.* Cet axiome s'applique ici avec d'autant plus de rigueur que l'action en désaveu est une offense pour l'officier de justice qui en est l'objet, et peut compromettre sa réputation.— D.A. 5. 95, n. 11.

64. — D'après cette régle, il n'y a pas lieu à désaveu,

Lorsque la partie adverse renonce à profiter des offres ou aveux faits par l'officier qu'on prétend désavouer.

65.— Ou lorsque l'acte qui est l'objet du désaveu n'a pu influer sur la décision du juge; surtout si l'avoué n'a fait que renouveler une offre que la partie elle-même avait faite antérieurement. — 4 avril 1808. Besançon. Millot. D.A. 5. 99.

66.— Ou lorsqu'il est évident, d'après les élémens constans du procès, que la partie eût également succombé sans la déclaration faite en son nom par l'avoué.— 31 juill. 1811. Besançon. D.A. 5. 95, n. 11.

67.— Ou lorsque l'avoué reconnaît l'illégalité des prétentions de sa partie, après que la discussion a porté jusqu'à l'évidence cette illégalité. — 29 oct. 1818. Bruxelles. Ducarme. D.A. 5. 98.

68.—Ou lorsque l'avoué, ayant reçu des consultations et des pieces desquelles il résulte qu'on ne peut soutenir la contestation, quant au fond, sur la demande en délaissement d'un immeuble, mais qu'on a droit à une indemnité pour les améliorations, a acquiescé, sans un pouvoir spécial, à la demande au fond, sous la condition d'une indemnité : car, hors le cas d'instruction contraire, l'avoué doit, dans l'ordre de la défense, suivre les moyens indiqués par les pièces qui lui ont été remises par son client. Ces pièces doivent lui valoir pouvoir spécial, même pour donner un consentement à tout ce qui en résulte nécessairement.— 29 oct. 1818. Bruxelles. Ducarme. D.A. 5. 98.

69.— Ou lorsque les aveux faits par l'avoué, sans pouvoir spécial, ne sont que la conséquence des pièces produites au procès, et qu'il y a appel du jugement rendu sur ces pièces; il n'y aurait lieu à l'admission du désaveu qu'autant que les pièces sur lesquelles il est fondé pourraient être détruites par d'autres pièces non produites; ce qui pourra être établi sur l appel.— 18 juill. 1827. Nîmes. Dalphine. D.P. 28. 2. 178.

70.— Il suit encore de la règle ci-dessus, que si, dans une demande en désaveu contre un avoué non muni d'un mandat spécial, il a été reconnu, en fait, 1° que cet avoue, en renonçant à présenter une exception de tardiveté d'opposition à un arrêt, n'a porté aucun préjudice à ses clients, en ce sens que sa renonciation a eu pour prix celle de l'avoué adverse au pourvoi en cassation possible contre le même ar-

rêt ; 2° qu'un mandataire, ayant pouvoir de se *désister et de transiger*, a ratifié postérieurement la conduite de l'avoué : dans cet état, la demande en désaveu a pu être rejetée sans violation des art. 352 C. pr.; 1989 C. civ. — 26 mars 1834. Req. Martinique. Blondel. D.P. 34. 1. 230.

71. — Enfin, il a été jugé qu'une déclaration faite par un avoué, n'est pas un aveu dans le sens de l'art. 352 C. pr., et, partant, ne peut être désavouée, si elle constituait, en faveur de son client, le meilleur moyen de défense possible dans la cause — 20 juin 1834. Req. Rouen. Bonneval. D.P. 34. 1. 306.

72. — Mais le désaveu peut être formé contre l'avoué qui a reconnu, au préjudice de son client, le droit qu'il avait mission de contester, encore bien que ce droit fût justifié par les pièces mêmes que lui avait confiées sa partie, si ce n'est pas d'après ces pièces, mais d'après son aveu, que le tribunal a prononcé. — 26 avril 1824. Civ. c. Colmar. Voyer-d'Argenson. D.A. 5. 105. D.P. 24. 1. 171.

En effet, dit Dalloz, s'il répugnait à sa conscience de défendre un procès qui lui paraissait jugé contre son client par les titres mêmes que celui-ci mettait sous ses yeux, il devait refuser son ministère. S'il ne s'est point abstenu, c'est que la cause lui a paru pouvoir être défendue malgré ces titres. Il ne saurait lui être permis de tourner contre son client des pièces que celui-ci ne lui a confiées que pour sa défense. — D.A. 5 95, n. 11.

73. — La coopération fréquente de l'avoué avec l'huissier dans les actes d'une procédure, donne lieu à des difficultés sur le point de savoir contre lequel de ces officiers le désaveu doit être formé relativement aux actes qui ont été leur ouvrage commun.

74. — Il a été jugé que lorsqu'il est constant qu'un exploit de signification d'un jugement, ne contenant aucunes réserves, a été rédigé par l'avoué, l'action en désaveu intentée par la partie au nom de laquelle la signification a été faite, ne peut être dirigée contre l'huissier ; elle doit être formée contre l'avoué. — 7 juill. 1820. Bruxelles. Opsomer. D.A. 5. 114.

75. — Cependant, au premier abord, il semble qu'un exploit n'étant l'œuvre que de l'huissier dont il porte la signature, l'huissier seul doit, à raison d'un acte qui, sans lui, n'aurait ni authenticité ni existence, être passible de désaveu, sauf son recours contre l'avoué. On pourrait croire aussi que si la participation de l'avoué à la rédaction de l'exploit suffit pour l'exposer au désaveu, ce n'est pas un motif pour que l'huissier, auteur légal de l'acte désavoué, n'en soit pas également passible. — Mais l'huissier qui reçoit d'un avoué un exploit rédigé dans l'étude de celui-ci, doit croire au mandat de cet officier. Il serait nuisible à la prompte expédition des affaires d'obliger les huissiers à exiger des avoués l'exhibition de leur pouvoirs à chaque acte que ceux-ci leur présenteraient. Enfin, la responsabilité des avoués offre toute garantie aux parties. — D.A. 5. 107, n. 3.

76. — On ne saurait opposer à cette dernière opinion l'arrêt de la cour de cassation du 21 fév. 1821 (D.A. 2. 234), suivant lequel l'huissier seul est responsable de la nullité d'un acte de son ministère, encore que cet acte ait été rédigé dans l'étude de l'avoué, et que la nullité provienne de cette rédaction. Autre chose est la responsabilité résultant d'un vice de forme que l'huissier doit apercevoir et réparer avant de signer l'exploit ; autre chose est celle résultant d'un pouvoir dont l'huissier devait naturellement supposer que l'avoué était pourvu. — D.A. 5. 107, n.

77. — Toutefois, s'il y avait dol et concert frauduleux entre l'avoué et l'huissier, nul doute que tous deux ne fussent, même solidairement, soumis au désaveu. — D.A. 5. 107, n. 3.

78. — Le pouvoir spécial qu'exige la loi, à peine de désaveu, pour les offres, aveux ou consentemens qu'un avoué peut faire ou donner au nom de son client, peut résulter d'une lettre missive ou de tout autre écrit émané de la partie. — D.A. 5. 95, n. 8.

79. — Il peut même être prouvé par témoins, si l'objet du procès, dans lequel l'acte désavoué a été fait, n'est pas d'une valeur au-dessus de 150 fr. — 9 fév. 1822 Bruxelles. Opsomer. D.A. 5. 99.

80. — Ou si l'objet étant supérieur à cette somme, il y avait un commencent de preuve par écrit (C. civ. 1985). — D.A. 5. 95, n. 8.

81. — De ce qu'aucun aveu, offre ou consentement, ne peut être donné par l'avoué sans un pouvoir spécial, il ne s'ensuit pas que la partie adverse ou le ministère public puissent exiger la représentation de ce pouvoir, au moment où l'avoué fait une offre ou donne un consentement, mais seulement que l'avoué peut être désavoué par son client qui ne lui a pas donné le pouvoir spécial nécessaire. — 27 avril 1812. Bruxelles. Delafaille. D.A. 5. 106.

82. — D'après un usage immémorial, la remise des pièces à un avoué équivaut au mandat de se constituer dans l'intérêt de la partie qui a fait cette remise. Vainement Demiau objecte-t-il que les pièces peuvent avoir été remises à l'avoué dans la vue seulement de le consulter, et que l'art. 68 du tarif comprend, dans le droit de consultation accordé à l'avoué, *les frais de la procuration sous seing-privé ou par-devant notaire*. — Le tarif a dû allouer les frais d'une procuration dans le cas où l'avoué croit devoir l'exiger pour plus de sécurité. Il faudrait un texte plus formel pour abolir un usage aussi ancien et aussi universel que celui dont il s'agit (V. Carré ; Pig., 1, 126 ; Berr., p. 70). Les inconvéniens qui peuvent en résulter sont légers comparés à ceux qu'occasionerait l'obligation pour les avoués d'obtenir toujours une procuration écrite. — D.A. 5. 93, n. 4.

83. — Au reste, l'avoué qui serait convaincu par sa correspondance ou autrement, d'avoir fait servir à une procédure des pièces qui lui auraient été remises à une autre fin, se rendrait, par cet abus de confiance, passible, non seulement de dommages-intérêts envers son client, mais encore de peines disciplinaires et même de peines plus graves. — D.A. 5. 94, n. 4.

84. — Il faut que les pièces aient été remises par la partie elle-même, ou son fondé de pouvoir à cet effet. — D.A. 5. 94, n. 4.

85. — Jugé ainsi que, bien que possesseur des pièces, l'huissier est sujet à désaveu, si ces pièces lui ont été remises par une personne autre que celle pour laquelle il instrumente, et s'il a exercé des poursuites à l'insu de celle-ci, quand il pouvait lui en donner connaissance. — 31 janv. 1815. Paris. Lefrançois. D.A. 5. 115.

86. — Jugé dans le même sens que l'avoué qui ne tient pas directement les pièces des mains de son client, peut, suivant les circonstances, être désavoué. — 29 janv. 1822. Nîmes. Bouschet. D.A. 5. 105.

87. — Jugé encore que l'existence des pièces d'une partie entre les mains d'un avoué, peut ne pas suffire, s'il s'élève quelques doutes à cet égard, pour établir que l'avoué est chargé des intérêts de cette partie (C. civ. 1985). — 28 mai 1828. Caen. Vigot. D.P. 31. 2. 21.

88. — Jugé enfin que l'avoué qui, muni des pièces d'une partie, s'est constitué pour elle dans une instance, peut être désavoué par cette partie, lorsqu'elle établit que la remise des pièces n'a été faite que par le dol et la fraude d'un tiers et sans sa participation. — 1er avril 1824. Lyon. Descombes D.P. 25. 2. 42.

89. — Le pouvoir résultant de la remise des pièces n'a pas seulement pour objet tous les actes de la procédure, mais aussi les demandes qui peuvent être incidemment formées par l'avoué durant l'instance. L'opinion de Guyot sur la nécessité, dans ce dernier cas, d'un pouvoir spécial, ne saurait être suivie aujourd'hui, l'art. 352 C. pr. n'exigeant un tel pouvoir que pour les offres, aveux ou consentemens. — D.A. 5. 94, n. 5.

90. — La remise des pièces par une partie emporte-t-elle pouvoir d'occuper pour les autres parties qui ont le même intérêt dans l'affaire ? D'une part, les pièces peuvent avoir été remises par l'une des parties, sans le consentement et même à l'insu des autres. D'un autre côté, il est assez d'usage que l'un des litis-consorts se charge des démarches nécessaires pour la défense, soit, près de l'avocat, soit près de l'avoué. La question dépend donc beaucoup des circonstances.

91. — Toutefois Dalloz propose cette distinction principale : s'agit-il d'une procédure entamée au nom de plusieurs individus sur la remise faite par l'un d'eux de pièces originales, communes à tous ; par exemple d'une action en revendication, formée par plusieurs co-héritiers en vertu de titres trouvés dans la succession ? Dans ce cas, la remise des titres faite par l'un des héritiers doit emporter présomption de pouvoir donné à l'avoué par tous les autres ; car l'officier ministériel a dû croire que celui qui était dépositaire des titres avait été chargé par les autres de poursuivre dans l'intérêt commun.

92. — Mais si, au contraire, chacun des co-intéressés avait des pièces particulières qu'il pouvait individuellement remettre à l'avoué, comme s'il s'agissait de défendre à une assignation dont copie aurait été donnée à chacun d'eux, la remise de l'une de ces copies à l'avoué ne suffirait pas pour établir présomption de mandat de la part des co-intéressés qui auraient gardé la leur, et l'avoué qui aurait procédé au nom de ceux-ci pourrait être passible de désaveu, si aucun autre fait ne venait prouver leur intention d'employer son ministère. — D.A. 5. 94, n. 6.

93. — Cependant Carré décide, d'une manière générale (*L. de la pr.*, n. 1302) que l'avoué porteur de l'original d'un acte d'appel interjeté au nom de plusieurs personnes dont l'intérêt serait le même, ne pourrait être désavoué par l'une d'elles qui déclarerait n'avoir point adhéré à cet appel. Suivant Dalloz (A. 5. 94, n. 6), il faut encore ici distinguer : l'acte d'appel a-t-il été envoyé à l'avoué ? on peut alors admettre une présomption de mandat résultant du fait de la remise de l'original par l'une des parties à l'avoué, sauf le désaveu contre l'officier ministériel rédacteur (Poth., *du Mandat*, n. 128), quoiqu'à la rigueur l'avoué aurait pu se faire remettre aussi la copie du jugement dont appel, signifiée à chacune des parties. Mais, lorsque c'est l'avoué lui-même qui a dressé l'acte d'appel, il n'a pu se dispenser d'exiger la remise individuelle de cette copie, et peut être désavoué par ceux qui ne la lui ont pas confiée, et qui ne lui ont d'ailleurs donné aucun mandat.

94. — A l'appui de cette opinion, Dalloz cite un arrêt du 9 fév. 1743 (*Nouv. Denizart*, p. 296), qui a admis le désaveu à raison d'un appel formé par un avoué au nom de plusieurs frères et sœurs, mais sur la demande d'un seul d'entre eux. Cette circonstance, que l'arrêt accorde à l'avoué une action récursoire contre celui qui l'avait constitué, n'atténue en rien l'autorité de cet arrêt sur la question même du désaveu. — D.A. 5. 94, n. 6.

95. — Indépendamment des *offres*, *aveux* ou *consentemens* pour lesquels l'art. 352 C. pr. exige un pouvoir spécial, *sous peine de désaveu*, il est plusieurs autres actes de procédure également soumis à la nécessité de ce pouvoir ; tels sont les déclarations dont parlent les art. 216 et 218 C. pr., en cas de faux incident, les actes de récusation d'experts ou de juges (309, 384), de désaveu (353), de demande en renvoi (370), de désistement (402) de prise à partie (511), les exploits d'opposition à mariage et de surenchère (C. civ. 66, 2185).

96. — Mais ces actes, dit Pigeau, 1, 412, à la différence de ceux mentionnés dans l'art. 352 C. pr., ne sont pas présumés autorisés par la partie, et ne l'obligent pas au désaveu. Ils sont nuls à son égard, comme dans l'intérêt de la partie adverse, lorsque l'officier ministériel y a procédé sans le pouvoir spécial requis par la loi. — D.A. 5. 94, n. 7.

97. — Aussi a-t-il été jugé que l'avoué qui, n'ayant reçu de son client que le mandat d'enchérir un immeuble dont l'adjudication est poursuivie, se rend adjudicataire de cet immeuble sur surenchère, doit garder l'immeuble pour son compte, sans que son client ait besoin de le désavouer. — 22 mars 1821. Aix. Chabaud. D.A. 5. 106. D.P. 1. 1300.

98. — L'emprisonnement ou la saisie-immobilière qu'un huissier aurait fait, sans être muni du pouvoir spécial exigé par l'art. 556 C. pr., serait frappé de nullité. — Carré, *L. de la proc.*, p. 827 ; D.A. 5. 95, n. 7.

99. — L'avoué n'a pas qualité pour déférer le serment décisoire sans mandat spécial de son client, et l'arrêt qui refuse de l'ordonner ne saurait être cassé sous le prétexte que le client seul aurait le droit de critiquer cette délation ; qu'en conséquence, au lieu d'annuler la délation du serment, on aurait dû accorder un délai pour rapporter un pouvoir spécial. — 27 avril 1831. Req. Bordeaux. Desrousseau. D.P. 31. 1. 272.

100. — Une partie peut refuser de prêter le serment décisoire que l'avoué de la partie adverse lui défère sans être muni d'un pouvoir spécial, et cela encore bien qu'aucun désaveu n'ait été formé contre cet avoué. — 23 fév. 1827. Besançon. Moine. D.P. 27. 2. 140.

101. — L'avoué qui donne une quittance sans pouvoir spécial, fait un acte nul.

102. — Un avoué qui reçoit de son client le mandat de produire dans un ordre les titres qui lui sont remis par ce dernier, contracte bien par là l'obligation de réclamer la collocation de sa partie, de contredire toutes les productions vicieuses sous le rapport des formes, et de prévenir son client de toutes les prétentions qui peuvent nuire à ses intérêts, mais il n'en résulte pas l'obligation d'*attaquer* au fond les titres authentiques produits par d'autres créanciers légalement inscrits : à cet égard, il lui

faudrait un mandat spécial; sans quoi il s'exposerait au désaveu; dès lors, il ne peut être passible de dommages-intérêts envers son client pour ne l'avoir pas fait. — 27 juin 1831. Bourges. Meillet. D.P. 32. 2. 188.

103.— Les principes ci-dessus ne sont guère susceptibles d'application devant les tribunaux criminels et correctionnels, qu'en ce qui touche les intérêts pécuniaires du prévenu et de la partie civile. Ils n'ont aucun rapport à l'action publique, ni au jugement; en tant qu'il statue sur cette action, attendu que la conviction du juge se forme, en pareil cas, non sur les aveux des avoués, mais sur les dépositions des témoins et les déclarations de l'accusé nécessairement présent au debat. — D.A. 5. 96, n. 12.

104.— Et même, relativement aux intérêts civils, on pourrait douter de l'admissibilité du désaveu, si l'on considère que le ministère d'avoué n'est que facultatif devant les juridictions criminelles, où d'ailleurs la présence de l'accusé et de la partie civile doit rendre le désaveu très rare de leur part. Toutefois, il peut se présenter des cas où la voie du désaveu doit être ouverte sans pouvoir influer, bien entendu, sur les dispositions du jugement, portées dans l'intérêt de la vindicte sociale. — D.A. 5. 96, n. 12.

105. — De ce qu'aux termes des art. 185 et 186 C. inst. cr., le prévenu d'un délit emportant la peine d'emprisonnement ne peut se faire représenter, même par un avoué, et doit, faute de comparaître en personne, être jugé par défaut, il s'ensuit que le tribunal ne devrait pas admettre un avoué ou un avocat à le représenter; et que le jugement devrait être rendu par défaut; mais si le prévenu (qui, dans le cas particulier, était une femme poursuivie, conjointement avec son mari, seul comparant) a été représenté par un avocat non désavoué, qui a plaidé et conclu pour lui, le jugement qui intervient est contradictoire, et le prévenu défaillant qui n'a pas désavoué son avocat n'est pas recevable à y former opposition: c'est par la voie de l'appel ou de la cassation, s'il était en dernier ressort, qu'un tel jugement aurait dû être attaqué.— 11 août 1827. Cr. c. Ancillon. D.P. 27. 1. 459.

106. — La question peut se présenter plus fréquemment à l'égard de la procédure devant les tribunaux de simple police, à raison du droit que l'art. 152 C. inst. cr. accorde à l'inculpé, et, à plus forte raison, à la partie civile, de se faire représenter par un fondé de pouvoir qui peut n'être pas un officier ministériel. Suivant Legrav., 2, 276, le désaveu n'est pas praticable, quelque excès de pouvoir qu'on puisse reprocher au mandataire, sauf le recours contre lui en dommages-intérêts devant les tribunaux civils. Mais il semble que la loi ayant permis à l'inculpé de comparaître par un fondé de pouvoir, a dû lui réserver une ressource autre qu'une action civile en indemnité contre l'abus de confiance que ce mandataire *ad litem* peut commettre, en provoquant par des aveux mensongers la condamnation de celui qu'il devait défendre.— D.A. 5. 96, n. 13.

107.— Si un individu s'était présenté sans aucune espèce de mandat, soit pour la partie civile, soit pour l'inculpé cité devant le tribunal de simple police, le jugement devrait être regardé comme rendu par défaut.— Legrav. et Dall., *loc. cit.*

§ 3. — *De la forme du désaveu; du tribunal devant lequel il doit être porté, du délai dans lequel il doit avoir lieu, de ses effets.*

108.— *Formes.*— A la différence des demandes ordinaires qui s'introduisent immédiatement, soit par exploit, soit par requête, le désaveu doit, avant tout, être fait au greffe du tribunal appelé à en connaître, par un acte signé de la partie ou du porteur de sa procuration spéciale et authentique, et cet acte doit contenir les moyens, conclusions et constitution d'avoué du demandeur en désaveu (C. pr. 353). — Cette disposition exceptionnelle, analogue à celles des art. 384 et 511 C. pr., s'explique par la gravité que présente le désaveu à l'égard de l'officier ministériel contre lequel il est dirigé. — D.A. 5. 115, n. 1.

109.— Si le désavouant ne sait ou ne peut signer, il doit nécessairement donner un pouvoir spécial et authentique à un mandataire capable de le faire. La loi veut un acte émané directement du désavouant, afin qu'il soit hors de doute que sa démarche est le résultat de sa volonté; elle n'a pas donné au greffier un caractère pour déclarer que la partie ne sait pas signer, et suppléer par cette déclaration au défaut de signature. Cet officier n'a d'autre pouvoir que celui de recevoir la déclaration du désavouant, signée de lui ou d'un mandataire spécial. — Pig., 1, 455; Carré, *L. de la proc.*, 1, 89: Fav., v° Désaveu; D.A. 5. 115, n. 1. — *Contrà*, Hautefeuille, p. 100, et Lepage, p. 233.

110.—Cependant, dans le cas où le fondé de pouvoir spécial ne saurait pas lui-même signer; il semble que l'attestation du greffier à laquelle se trouverait annexée la procuration, ne pourrait laisser aucun doute sur la volonté du désavouant. Dalloz conseille toutefois de choisir un mandataire capable de signer. — D.A. 5. 115, n. 1.

111.— Un acte de désaveu ne peut être valablement signé par un fondé de procuration *générale*. Un pouvoir *spécial* est nécessaire à cet effet. — 1er fév. 1820. Civ. c. Guadeloupe. Thomas. D.A. 5. 118. D.P. 1. 1301.

112. — *Quid* à l'égard du désaveu formé par le fondé de pouvoir qu'une partie aurait chargé de suivre un procès et de faire tout ce qui est nécessaire pour le conduire à fin, si ce désaveu se rattachait à un acte du procès? Un tel mandat semble renfermer virtuellement, dans l'intention du mandant, le pouvoir de désavouer les officiers ministériels qui compromettraient ses intérêts, et, dès lors, doit être regardé comme spécial, dans le sens de l'art. 353 C. pr.— Pig., t. 1er, p. 821; D.A. 5. 115, n. 2.

113. — Toutefois, il est prudent d'énoncer dans une procuration de la nature de celle dont nous parlons, le pouvoir de faire tout désaveu que le mandataire jugerait nécessaire. — D.A. 5. 115, n. 2.

114.— L'acte de désaveu une fois fait et signé au greffe, le désavouant doit en obtenir une expédition et la notifier tant à l'officier ministériel contre lequel le désaveu est dirigé, qu'aux autres parties intéressées au maintien de l'acte désavoué. Mais, à cet égard, les formes varient suivant les cas:

115.— Si le désaveu est formé dans le cours d'une instance encore pendante, *au sujet d'un acte qui se rattache à cette instance, et qui soit de la compétence du tribunal où elle est portée*, l'acte de désaveu doit être signifié, sans autre demande, par acte d'avoué, tant à l'avoué désavoué qu'aux autres avoués de la cause, et cette signification vaudra sommation de défendre au désaveu (C. proc. 354). — D.A. 5. 115, n. 3.

116.—Nous disons, *au sujet d'un acte qui se rattache à cette instance*, etc; car, sans l'addition de l'incise ci-dessus soulignée, il résulterait de la disposition trop générale de l'art. 354, qu'un acte d'avoué à avoué vaudrait sommation de défendre à une demande en désaveu, qui, bien que formée dans le cours d'une instance, devrait être jugée par un tribunal différent (356); ce qu'on ne saurait admettre. — D.A. 5. 115, n. 3.

117. — Dans la même hypothèse, si l'avoué a cessé d'exercer ses fonctions, le désaveu doit être signifié par exploit à personne ou domicile et, si l'avoué est décédé, le désaveu doit être signifié à chacun de ses héritiers individuellement. — L'art. 355 C. pr. semble n'exiger que pour ce dernier cas l'assignation devant le tribunal où l'instance est pendante, et la notification par acte d'avoué aux parties de l'instance principale: mais il est évident que l'assignation et la dénonciation dont il s'agit ne sont pas moins indispensables dans le premier que dans le second cas. — D.A. 5. 116, n. 3.

118.—Toujours dans la même hypothèse d'un désaveu formé dans le cours d'une instance au sujet d'un acte relatif à cette instance, et de la compétence du tribunal qui en est saisi, si le désaveu est dirigé non contre un avoué, mais contre un huissier, un agréé, un fondé de pouvoir devant le juge de paix; ou contre un avocat, il faut suivre les formes établies par l'art. 355 pour le désaveu contre l'avoué qui a cessé ses fonctions; il faut un exploit d'assignation. L'art. 354 n'est applicable qu'au désaveu contre les avoués.— D.A. 5. 116, n. 4.

119.—Le désaveu, lorsqu'il a lieu dans l'année du jugement, et que l'avoué exerce encore ses fonctions, peut être formé, suivant Pigeau, 1, 633, par acte d'avoué, attendu que les avoués sont tenus d'occuper sur l'exécution des jugemens sans nouveaux pouvoirs, pendant une année. — Mais une demande en désaveu n'a rien de commun avec l'exécution d'un jugement; elle tend même à faire annuler ce jugement; un exploit ordinaire est donc nécessaire dans le cas dont il s'agit. — Fav., v° Désaveu, p. 75; D.A. 5. 116, n. 5.

120. — Lorsque le désaveu concerne un acte sur lequel il n'y a pas d'instance, la signification doit aussi en être faite à l'officier ministériel désavoué, par un exploit contenant assignation.— D.A. 5. 116, n 6.

121. — Lorsque le désaveu a pour objet un acte qui, bien que relatif à une instance, par l'influence qu'il peut avoir sur elle, se rattacherait à une autre procédure suivie devant un tribunal différent, le désaveu doit être instruit devant ce dernier tribunal, suivant la marche et sous la distinction rappelées ci-dessus, n. 115 et suiv., et il suffirait d'une simple exhibition, soit de l'acte d'avoué, soit de l'exploit, pour arrêter le cours de la procédure devant le premier tribunal; sauf à assigner la partie adverse dans l'instance en désaveu, si toutefois cette instance était liée avec des tiers, et si cette partie n'y figurait pas nécessairement, comme cela est possible; quoique ce doive être rare.— D.A. 5. 116, n. 6.

122. — On peut, soit avant le jugement, soit sur l'opposition formée au jugement par défaut, joindre de nouveaux moyens à ceux énoncés dans l'acte de désaveu, en changer les conclusions, réparer les irrégularités qui le vicieraient. En disant que le désaveu sera signifié *sans autre demande*, l'art. 354 a seulement voulu dire: sans requête ou autre formalité.— Thomine, sur l'art. 355.

123. — Il n'est point nécessaire de répéter soit dans l'assignation, soit dans l'acte d'avoué à avoué, les moyens et conclusions contenus dans l'acte de désaveu, dont il est donné copie.— Pig., 1, 501.

124. — L'action en désaveu n'est pas recevable, si elle n'est dirigée directement contre le mandataire désavoué, alors surtout qu'on n'a pas pris des conclusions analogues à l'action en désaveu. — 7 déc. 1812. Bruxelles Constantini. D.A. 5. 111. D.P. 1. 1301.

125. — Avant le code de procédure, le désaveu était irrégulièrement formé, dans une instance en requête civile, lorsque l'officier ministériel désavoué n'était ni intimé dans l'instance ni pris à partie. — 4 therm. an 13. Bruxelles. Tongries. D.A. 5. 96.

126.—Jugé, dans le même sens, sous le code, que l'officier ministériel désavoué est partie essentielle dans une instance en désaveu; ainsi, est non-recevable l'appel du désavouant interjeté vis-à-vis de sa partie adverse dans l'instance originaire, si, au lieu d'appeler également contre l'avoué, il se borne seulement à l'assigner en intervention dans l'instance d'appel.— 21 nov. 1817. Agen. D'Antras. D.A. 5. 120.

127.— La demande en désaveu doit être communiquée au ministère public (C. pr. 359).— Elle n'est pas soumise au préliminaire de conciliation (C. pr. 49).

128. — Le désaveu s'instruit comme les affaires ordinaires.—Le défendeur peut, dans la quinzaine, faire signifier par requête ses moyens de défense (Tarif, 75). Le demandeur répond dans la huitaine. — Lorsque le désaveu est incident, les parties en cause, intéressées au maintient de l'acte attaqué, peuvent aussi signifier des défenses (arg. de l'art. 354).— Pig., 1, 504.

129.— Le tribunal peut statuer, par le même jugement, sur le désaveu et sur le fond, lorsque l'instruction est complète sur l'un et sur l'autre (Pig., 2, 442, 3e éd.; Carré, *Analyse raisonnée*, 1, 677). — Il ne peut évidemment en être ainsi qu'autant que le désaveu se trouve porté devant le tribunal où la contestation principale est engagée.—D.A. 5. 121, n.

130.— On a déja dit que la procédure en désaveu devant la cour de cassation est indiquée par le réglement du 28 juin 1738, 2e part., tit. 9.

131.— *Compétence.* — Lorsque le désaveu a pour objet un acte sur lequel aucune procédure n'est engagée, il forme une action principale, soumise aux règles ordinaires de la compétence, et, par conséquent, doit être porté devant le tribunal du domicile de l'officier ministériel contre lequel il est formé (C. pr. 358).— D.A. 5. 116, n. 7.

132. — Quand, au contraire, le désaveu est formé au sujet d'un acte de procédure, le tribunal devant lequel a été suivie la procédure dont cet acte fait partie, est seul compétent pour en connaître, encore que cette procédure ait été instruite devant un tribunal autre que celui qui est saisi de la contestation dans le cours de laquelle le désaveu a été formé (C. pr. 354, 356). Le tribunal devant lequel a eu lieu la procédure désavouée est plus à portée que tout autre de juger si l'officier désavoué a ou non excédé son mandat.— D.A. 5. 116, n. 7.

133. — Cette attribution de juridiction présente une exception à la règle des deux degrés pour tous les cas où le désaveu porte sur des actes de procédure faits en cause d'appel.— D.A. 5. 116, n. 8.

134. — Elle peut être invoquée par l'officier ministériel après qu'il a cessé ses fonctions, de même

que pendant son exercice, et par ses héritiers aussi bien que par lui.— D.A. 5. 116, n. 7.

135. — La partie dont le désaveu a été formé par un acte irrégulier, et qui, par ce motif, a été successivement renvoyée à se mettre en règle, par jugement de première instance, et, sur l'appel, par arrêt passé en force de chose jugée, ne peut *de plano* porter la demande en validité de ce désaveu devant la cour d'appel, et la cour ne peut y statuer sans violer les degrés de juridiction, alors surtout que le défendeur au désaveu a demandé son renvoi devant les premiers juges.— 1er fév. 1820. Civ. c. Thomas. D.A. 5. 119. D.P. 1. 1301.

136. — Une cour d'appel est incompétente pour statuer *de plano* sur une demande en désaveu intentée contre un huissier qui, en signifiant un jugement de première instance, sans faire de réserves, a par là préjudicié à celui au nom duquel il faisait la signification.

Dans ce cas, c'est devant le tribunal qui a rendu le jugement signifié, tribunal qui est aussi celui du domicile de l'huissier, que doit être porté le désaveu. —24 mars 1810. Bruxelles. Droesbeque. D.A. 5. 121.

137.— Mais la demande en désaveu formée contre l'huissier, pour avoir notifié sans pouvoir un acte d'appel, doit être portée devant la cour saisie de l'appel (car l'acte d'appel fait partie de la procédure devant la cour royale), et non devant le tribunal près lequel l'huissier est immatriculé.

L'incompétence du tribunal de première instance est, dans ce cas, absolue et *ratione materiæ* ; elle peut être opposée en tout état de cause, et ne peut être couverte par le consentement des parties.— 26 fév. 1820. Douai. Collet. D.A. 5. 121. D.P. 22. 2. 55.

138.— Pigeau prétend, 1, 622, que le désaveu qu'un individu, poursuivi comme héritier, voudrait former contre un exploit qui lui aurait attribué cette qualité à son insu, devrait être porté devant le tribunal saisi de l'action à l'appui de laquelle on produisait cet exploit.—On concevrait cette doctrine si l'exploit se rattachait à cette instance; mais il s'agit d'un exploit antérieur. Or, ou cet acte est judiciaire et se rattache à une ancienne procédure, ou c'est un acte extrajudiciaire, isolé de toute instance devant les tribunaux, comme une notification de titres, une sommation. Dans le premier cas, la compétence est réglée par l'art. 356; dans le second, par l'art. 358. —D.A. 5. 116, n. 7.

139. — Pigeau prétend encore, 1, 625, que le désaveu d'un acte qui se rattache à un jugement de première instance, annulé ou infirmé sur l'appel doit être porté *de plano* à la cour royale, parce qu'il serait possible qu'en admettant le désaveu, le tribunal de première instance fît tomber l'arrêt de la cour royale.— Mais l'anéantissement de cet arrêt ne serait pas le résultat d'une censure exercée par le premier juge sur la décision du juge d'appel; il serait la conséquence de l'admission du désaveu qui, faisant disparaître l'un ou plusieurs des élémens matériels sur lesquels la cour avait fondé et dû fonder son arrêt, entraîne nécessairement la chûte de l'arrêt lui-même. Si les art. 475 et 476, invoqués par Pigeau, refusent aux tribunaux de première instance le pouvoir de statuer sur la tierce-opposition aux arrêts de cours royales, c'est que le juge qui prononce sur la tierce-opposition examine le mérite de la décision attaquée par cette voie, ce qui n'a pas lieu dans le cas de désaveu.— D.A. 5. 116, n. 8.

140.— Ce qu'on vient de dire du cas d'annulation et d'infirmation d'un arrêt s'applique, à plus forte raison, au cas de renvoi devant un autre tribunal, et au cas où la cour royale n'a pas encore prononcé sur le mérite du jugement à l'occasion duquel le désaveu a été formé. — Pig., t. 1er, p. 416; Demiau, p. 267; Carré, t. 1er, p. 832, n. 1310; D.A. 5. 117, n. 9.

141.—Le désaveu contre un agréé est de la compétence du tribunal civil, et non du tribunal de commerce devant lequel a été fait l'acte désavoué. — 9 mai 1810. Rennes. Brouillard. D.A. 5. 97. — 22 juin 1824. Nîmes. Murlier. D.A. 5. 112. D.P. 1. 1301.

142.—Cette décision, approuvée par Carré, n. 1311, se fonde sur le caractère exceptionnel de la compétence des tribunaux de commerce, qui les rend inhabiles à connaître de toute contestation civile que la loi n'a point expressément placée dans leurs attributions, et sur l'absence, près de ces tribunaux, d'officiers du ministère public, auxquels soit soumise l'action en désaveu, conformément à l'art. 359.

Toutefois, l'opinion contraire trouve un grand appui dans la généralité des termes de l'art. 356 et même dans le motif qui a dicté cet article.—D.A. 5. 17, n. 10.

143.—Et la cour de Rouen a, le 1er mars 1811, déclaré valable le désaveu formé devant le tribunal de commerce, contre un agréé, et a ainsi implicitement décidé que l'instruction du désaveu contre un pareil mandataire n'est pas soumise à toutes les formes prescrites en cas de désaveu dirigé contre un avoué.—Thomine, art. 356.

144.—Jugé qu'un tribunal d'arrondissement, saisi de l'appel d'une sentence du juge de paix, peut juger aussi en dernier ressort la demande incidente en désaveu, formée contre un officier ministériel pour des déclarations qu'il a faites dans le cours de cette instance d'appel. — 5 therm. an 13. Req. Dhoudetot. D.A. 5. 122. D.P. 1. 1303.

145.—La raison de cette décision est que le tribunal saisi par appel d'une demande principale peut juger en dernier ressort toutes les demandes qui s'y rattachent. Merl., Rép., v° Désaveu, n. 8; Toull., t. 7, p. 489; Berriat, p. 353, décident aussi que lorsque la contestation principale doit être jugée en dernier ressort, il en est de même du désaveu qui s'y rattache incidemment. — Pigeau, 1, 442, et Carré, n. 1317, objectent que le désaveu, quoique formé incidemment à une contestation entre deux parties, n'en est pas moins, à l'égard de l'officier désavoué, une demande *principale*. Cela est vrai; mais elle est une action principale soumise à des règles spéciales de juridiction, d'après l'art. 356 C. pr. Que deviendrait la disposition de cet article dans le cas où la procédure desavouée aurait été instruite en cause d'appel, si la cour royale ne devait pas prononcer, en dernier ressort, sur le désaveu. Cette disposition est favorable aux officiers ministériels, alors même qu'elle leur enlève un degré de juridiction, en ce qu'elle empêche qu'ils ne soient appelés devant des magistrats autres que ceux devant lesquels ils exercent leurs fonctions.—D.A. 5. 117, n. 11.

146.—Lorsque le désaveu a pour objet, non une procédure, mais un acte extra judiciaire, il est soumis aux deux degrés de juridiction, pourvu, suivant Dalloz, que les dommages-intérêts réclamés contre l'officier desavoué s'élèvent à plus de 1,000 fr. — D.A. 5. 117, n. 12.

147.—Lorsqu'en première instance il ne s'est agi que de savoir si un désaveu avait été formé régulièrement, on ne peut, en cause d'appel, soutenir la validité du désaveu au fond; ce serait former une demande nouvelle.— 1er fév. 1820. Civ. c. Thomas. D.A. 5. 119. D.P. 1. 1301.

148.—*Délai*.—La loi n'a pas fixé d'autre délai pour la demande en désaveu, que celui dont parle l'art. 362 C. pr., portant que « si le désaveu est formé à l'occasion d'un jugement qui aura acquis force de chose jugée, il ne pourra être reçu après la huitaine à dater du jour où le jugement devra être réputé exécuté, aux termes de l'art. 159. »

149.—Ce délai de huitaine n'a pas trait seulement aux jugemens par défaut, comme le pense Delaporte, 1, 333; mais aussi aux jugemens contradictoires. La loi veut que le désaveu ne soit plus recevable huit jours après l'exécution du jugement, et elle renvoie à l'art 159 pour déterminer le moment de cette exécution, sans établir, à cet égard, de distinction entre les jugemens contradictoires et ceux par défaut, distinction que rien ne justifierait. — D.A. 5. 117, n. 13.

150.— Le délai fixé par l'art. 362 ne court pas lorsque c'est l'officier ministériel désavoué qui a fait un acte d'exécution qui a pu être ignoré par la partie, et qu'il s'agit d'un jugement de première instance qui n'a été suivi d'aucun autre acte que d'une simple signification.—25 sept. 1821. Bruxelles. Opsomer. D.A. 5. 123.

151.—Hors le cas prévu par l'art. 362, le désaveu ne se prescrit que par trente ans. — D.A. 5. 117, n. 13.

152.—Pour être déchu du droit de désaveu, huit jours après l'exécution du jugement, il faut qu'on ait épuisé la voie de la cassation ou de la requête civile, ou qu'on ne soit plus dans les délais utiles du recours; car ces mots de l'art. 362 : *jugement passé en force de chose jugée*, ne sont applicables qu'à un jugement contre lequel il n'existe aucun recours légal, soit ordinaire, soit extraordinaire. Il est d'ailleurs naturel de penser que la loi n'a voulu soumettre la partie qui peut être dans le cas de recourir à la mesure toujours pénible du désaveu, qu'après qu'elle a épuisé toutes les autres voies juridiques.—Demiau, p. 269; D.A. 5. 117, n. 14.

153. — S'il s'agit d'un jugement ou d'un arrêt par défaut qui n'est susceptible de passer en force de chose jugée que par l'un des actes d'exécution dont parle l'art. 159, le délai de huitaine ne doit commencer à courir qu'à compter du jour de l'expiration de celui que la loi accorde pour la requête civile et le recours en cassation, dès le moment où l'exécution aura eu lieu.—D.A. 5. 117, n. 14.

154. — Lorsqu'il est intervenu un jugement sur des déclarations préjudiciables à la partie du défenseur à qui elles sont attribuées, elle n'est point obligée de prendre la voie du désaveu avant d'interjeter appel, si les déclarations n'étaient insérées ni dans les motifs ni dans le dispositif du jugement; en ce cas, elle a pu croire qu'elles ne devaient pas former contrat judiciaire, ni la priver du droit au préjudice duquel elles auraient été faites, jusqu'à ce que le contraire ait été décidé par les juges d'appel. — 18 août 1807. Req. Paris. Alaine. D.A. 5. 122. D.P. 7. 2. 174.

155. — Sous l'ordonnance de 1667, le délai pour se pourvoir par requête civile contre les arrêts au sujet desquels il y avait eu désaveu, ne courait qu'à partir du jour où le désaveu avait été jugé valable, et aucun délai fatal n'était fixé pour la demande en désaveu, qui, dès lors, demeurait soumise aux règles ordinaires de la prescription. — Même arrêt.

156.— *Effets*.— L'art. 357 porte : « Il sera sursis à toute procédure et au jugement de l'instance principale, jusqu'à celui du désaveu, à peine de nullité; sauf cependant à ordonner que le désavouant fera juger le désaveu dans un délai fixe, sinon qu'il sera fait droit. »

157. — Jugé ainsi que l'action en désaveu, formée sur l'appel contre l'avoué de première instance, a pour effet de suspendre la procédure et le jugement de la cause principale pendant l'exercice de l'action en désaveu.— 17 oct. 1821. Bruxelles. Demolie. D.A. 5. 124.

158. — Le sursis dont parle cet article ne peut commencer qu'à partir de la dénonciation qui est faite de l'acte de désaveu, soit à l'officier ministériel contre lequel il est dirigé, soit aux parties adverses; jusque-là, le désaveu n'est pas légalement connu, et c'est comme s'il n'existait pas. — D.A. 5. 118, n. 15.

159. — Lorsqu'une poursuite en désaveu, dirigée contre l'avoué qui a fait signifier un jugement sans réserves, est devenue sans objet, parce que le tribunal d'appel aurait rejeté la fin de non-recevoir que l'intimé faisait résulter de ce prétendu acquiescement, et que les parties ont demandé à ce qu'on passât outre à la décision du fond, le tribunal d'appel peut statuer immédiatement sur le fond de l'instance principale. — 20 mai 1809. Turin. Marsaglia. D.A. 5. 120. D.P. 10. 2. 64.

160 — Il a été jugé que le tribunal saisi d'une contestation dans le cours de laquelle un désaveu est formé, peut refuser de surseoir lorsque le désaveu n'a pas pour objet l'un des actes dont parle l'art. 352 C. pr, et qu'il lui paraît évidemment inadmissible. — 15 janv. 1812. Metz. Habinois. D.A. 5. 124. D.P. 1. 1303.

161.—Dalloz oppose à cette décision, que la disposition de l'art. 357 est absolue, et ne laisse point au juge le pouvoir d'examiner le mérite du désaveu avant de prononcer le sursis qui résulte de plein droit du seul fait du désaveu. — Il n'y a d'exception que pour le cas où le désaveu, en le supposant admis, serait sans influence sur le sort de la contestation principale, car *frustrà probatur quod probatum non relevat*. — D.A. 5. 124, n.

162. — La partie, sur les conclusions même de laquelle une demande en désaveu a été jointe à la demande principale, ne peut ensuite se faire un moyen de cassation de ce qu'il aurait été statué sur les deux demandes par un seul jugement, au lieu de surseoir jusqu'après le jugement du désaveu. — 13 août 1827. Civ. r. Paris. Armaignac. D.P. 27. 1. 460.

163. — Le sursis dont parle l'art. 357 n'est applicable qu'à l'action en desaveu déjà formée; une simple déclaration, qu'on est dans l'intention de désavouer l'avoué de première instance, ne peut suspendre l'arrêt de la cour royale.— 30 janv. 1823. Grenoble. Clair-Mathieu. D.A. 5. 125. D.P. 1. 1303.

164. — Jugé cependant que la cour royale, saisie de l'appel d'un jugement rendu sur des actes que l'appelant paraît être dans l'intention de désavouer, peut, même avant faire droit sur les fins de non-recevoir et les autres moyens opposés à cet appel par l'intimé, fixer un délai dans lequel l'appelant s'expliquera définitivement sur le desaveu dont il a menacé son avoué. — 14 juill. 1819. Rennes. Delamion. D.A. 5. 125. D.P. 1. 1303.

165. — L'obligation de surseoir imposée au tribunal ne l'empêche point d'autoriser les mesures conservatoires qui, sans préjudicier aux parties, requièrent célérité. — Thomine, art. 359.

166. — Lorsque le tribunal a fixé un délai dans lequel le désavouant sera tenu de faire juger le désaveu, et que ce délai vient à expirer sans que le désaveu ait été jugé, le tribunal peut statuer au fond. —2 août 1823. Paris. — Conf. Berriat, p. 353.

167. — Cette décision a été rendue dans une espèce où plusieurs délais avaient été successivement accordés au désavouant, et où celui-ci ne justifiait d'aucunes diligences pour faire juger le désaveu. — Mais si, malgré ses démarches, le désavouant n'avait pu parvenir à obtenir le jugement définitif du désaveu dans le délai qui lui aurait été imparti à cet effet, le tribunal ne pourrait, sans injustice, lui refuser le nouveau délai nécessaire pour conduire à fin le désaveu. — D.A. 5. 118, n. 15.

168. — On sent bien, au reste, qu'on ne pourrait guère déférer avec succès à la cour de cassation l'arrêt d'une cour royale qui déclarerait, en fait, que le premier délai accordé eût suffi si le demandeur en désaveu l'eût mis à profit. — D.A. 5. 118, n. 15.

169. — Si, malgré le désaveu et le sursis qu'il entraîne de plein droit, les actes de la procedure étaient continués par le désavoué ou par les parties adverses, quelle voie faudrait-il prendre pour faire tomber ces actes dont l'art. 357 prononce la nullité? Pigeau répond, 1, 439: « Si les actes faits au mépris du désaveu n'ont pas été suivis de jugement, c'est au tribunal même devant lequel ces actes ont été faits, qu'il faut en demander la nullité; que si, au contraire, un jugement a été rendu, ce jugement doit être attaqué par opposition, s'il est par défaut; par appel, s'il est contradictoire; par requête civile, s'il est en dernier ressort. »—Frappé de l'inutilité de ces procédures ajoutées à l'instance principale et à celle en désaveu, Dalloz regrette que la loi n'ait pas prononcé la nullité *de plein droit* des actes et jugemens intervenus depuis le désaveu régulièrement formé et durant le sursis. — D.A. 5. 118, n. 16.

170. — En matière d'état comme en toute autre matière, celui qui a désavoué les poursuites faites en son nom, s'est rendu par là non-recevable à reprendre ces mêmes poursuites. — 3 juill. 1812. Paris. de Brioude. D.A. 5. 124.

Mais il peut en intenter de nouvelles, relativement à la même action, s'il se trouve en temps utile. — D.A. 5. 124, n. 1.

171. — Si le désaveu est déclaré valable, le jugement ou les dispositions du jugement, relatives aux chefs qui ont donné lieu au désaveu, *demeurent annulées et comme non avenues* (C. pr. 360), sans qu'il soit besoin de faire prononcer formellement cette nullité par le jugement qui admet le désaveu. — Berriat, p. 353; Carré, t. 1er, n. 1316; D.A. *eod.* — *Contrà*, Pig., t. 1er, p. 441; Hautefeuille, p. 192.

172. — On voit assez par l'art. 360, que lorsqu'un jugement renferme plusieurs chefs distincts et indépendans les uns des autres, et que le désaveu n'a trait qu'à l'un de ces chefs, l'admission du désaveu n'entraîne la nullité que de cette disposition seule. Mais s'il y a indivisibilité ou connexité, tous les chefs connexes et indivisibles tombent en même temps. — D.A. 5. 118, n. 17.

173. — Dans le cas où le jugement annulé aurait été suivi d'un appel encore pendant, il faudrait produire devant la cour le jugement sur le désaveu, et conclure à ce que, vu la nullité du jugement dont est appel, il soit déclaré n'y avoir lieu à statuer sur cet appel. — Pig., 1, 506.

174. — Toujours, dans le cas où le désaveu est admis, le désavoué peut être condamné envers le demandeur et les autres parties, en tous dommages-intérêts, même puni d'interdiction, ou poursuivi extraordinairement, suivant la gravité du cas et la nature des circonstances (C. pr. 360). — V. Discipline.

175. — Cependant, la bonne foi de l'agréé et de l'huissier passibles de désaveu peut les garantir de la condamnation aux dommages-intérêts, mais non de la condamnation aux dépens de la cause. — 7 fév. 1824. Paris. Dussablon. D.A. 5. 100. D.P. 1. 1299.

176. — Jugé même que s'il est prouvé que l'avoué contre lequel le désaveu est dirigé, a été induit en erreur par les machinations d'un tiers, et a dû croire qu'il avait un véritable mandat, il peut être affranchi de la condamnation aux dépens et dommages-intérêts. — 1er avril 1824. Lyon. Descombes. D.P. 25. 2. 42.

177. — Sous l'ordonnance de 1667, les tribunaux, en admettant le désaveu, pouvaient surseoir à statuer sur les dommages-intérêts jusqu'à ce que le demandeur en désaveu eût épuisé la voie de la requête civile pour faire rétracter le jugement rendu sur les actes désavoués. — 18 août 1807. Req. Paris. Alaine. D.A. 5. 122. D.P. 7. 2. 174.

Cette décision, suivant Pig., 1, 632, est aujourd'hui repoussée par l'art. 360 C. pr.

178. — Si le désaveu est rejeté, il est fait mention du jugement de rejet en marge de l'acte de désaveu; et le demandeur peut être condamné envers le désavoué et les autres parties, en tels dommages et réparations qu'il appartiendra (C. pr. 361).

179. — Lorsque, conformément à l'art. 352 C. pr., des parties ont employé la voie du désaveu, la seule à prendre contre leur avoué, pour offres, aveux ou consentemens par lui donnés sans mandat spécial, si une cour royale rejette le désaveu, les parties seront non-recevables à invoquer l'art. 1989 C. civ., qui prohibe au mandataire de rien faire au-delà de son mandat. — 26 mars 1834. Req. Martinique. Blondel. D.P. 34. 1. 229.

180. — Bien que la faculté d'accorder des dommages-intérêts à l'officier ministériel injustement désavoué, et celle d'en déterminer la quotité, appartiennent au pouvoir discrétionnaire du juge, l'équité fait de cette faculté une obligation rigoureuse pour la conscience du juge, lorsqu'il est prouvé que le désaveu a causé un préjudice réel à l'officier désavoué. — 9 mars 1818. Rennes. Guillois. D.A. 5. 114.

181. — Si le désaveu contient des imputations contre son honneur, et s'il a été rendu public, l'officier peut obtenir l'impression et l'affiche du jugement (arg. de l'art. 1036 C. pr.).

182. — Si le désaveu a été formé contre deux avoués, l'acquiescement donné par l'un d'eux au jugement qui rejette le désaveu et leur alloue des dommages-intérêts, n'empêche pas l'autre d'interjeter appel, afin d'obtenir une indemnité plus considérable. — 17 août 1818. Rennes. Dacosta. D.A. 5. 113.

—V. Acquiescement, Aveu, Avocat, Avoué, Compétence civile, Conciliation, Conseil d'état, Contrainte par corps, Domicile, Mandat, Ministère public, Succession, Surenchère.

TABLE SOMMAIRE.

Abus de confiance. 83.
Accessoire. 121, 138, s.
Acquiescement. 29, 33, s. 56, 59, 68, 162.
Acte d'avoué. 115, 119. — conservatoire. 165.
Action prématurée. 36.
Agréé. 7, 51, s. 56, 141, s.
Appel. 105, 126, 133, s. 154, 169, 173.
Aveu. 7, s. 23, 28, s. 41, s.
Avocat. 18, s. 52, 59, 90, 105. — en cassation. 25.
Avoué. 5, s. 13, 20, 73, s.
Bonne foi. 175, s.
Cassation. 105, 130, 152. — appréciation. 58, 61.
Chose jugée 152, s.
Comparution. 105, s.
Compétence. 131, s. 116, s. — matérielle. 137.
Conclusions. 108, 123, s. — conformes. 162.
Connexité. 172.
Consentement. 23, 28, s.
Contrainte par corps. 98.
Contrat judiciaire. 154.
Déclaration. 95.
Degré de juridiction. 132, suiv.
Délai. 128, 148, s. 156, 166, s.
Demande nouvelle. 147.
Désistement. 60.
Discipline. 83, 174.
Dommages-intérêts. 25, 83, 174, s.
Effets. 156.
Enchères. 97.
Erreur. 176.
Evocation. 132, s.
Exécution (connaissance). 180.
Fait positif. 50.
Faute grave. 21.
Fonctions (cessation). 117, s. 134.
Formes. 108, s.
Frais. 54, 175.
Fraude. 21, 77, 88.
Huissier. 6, s. 30, s. 73, 85, s. 98. — (immatricule) 137.
Ignorance. 85, 150.
Incident. 115, s. 145, 157, suiv.
Indivisibilité. 172, 182.
Inscription de faux. 27.
Intérêt (action). 63, s.
Intervention. 126.
Jonction. 122, 162.
Jugement (affiche). 181. — distinct. 129, 159. — expédient. 40. — par défaut. 105, s. 153, 169.
Justice de paix. 14. — lettre. 78.
Litispendance. 121, s. 129.
Mandat. 1, s. 10, s. 179. — (conséquence) 102. — *ad litem*. 3, s. 9, s. — général. 111, s. — spécial. 70, 77, s. 98, s. 109, s. — tacite. 38. — verbal. 61.
Mention. 113, 177.
Ministère public (commissaire). 126.
Modification. 51, s.
Notaire. 27.
Officier ministériel. 1, 8, suiv.
Offres. 23, 28, s.
Omission. 47, s.
Ordre. 32, 102. — public. 137.
Original. 93.
Partie. 125. — civile. 106.
Plein droit. 2, 169.
Prescription. 151, s.
Présence. 23, 59, s.
Présomption. 2, s. 55, 82, suiv.
Preuve testimoniale. 79, suiv.
Production. 69, 102.
Prud'homme. 14.
Question d'état. 170.
Quittance. 101.
Ratification. 70.
Remise de de pièces. 82, s.
Requête civile. 125, 152, 155, 169.
Responsabilité. 174, 179.
Serment décisoire. 99, s.
Signature. 109.
Signification. 114.
Silence. 59, s.
Solidarité. 77, 182.
Soumission à la justice. 45.
Sursis. 157, s. 177.
Tribunal administratif. 14. — de commerce. 7, s. 41, 142, s. — criminel. 103, s. — de police. 106.
Usage général. 82, 90.

DÉSAVEU D'ENFANT OU DE PATERNITÉ. — V. Filiation.

DESCENDANCE. — V. Parenté, Succession.

DESCENTE SUR LES LIEUX. — 1. — La descente sur les lieux, qu'on appelle aussi *accès de lieu*, est le transport d'un juge, assisté du greffier, sur les lieux contentieux, pour les examiner, en saisir les points décisifs et les recueillir dans un procès-verbal. — Carré, 1, 720.

2. — La visite *des lieux et des appréciations* par le juge de paix, ne diffère des descentes sur les lieux et expertises ordonnées par un jugement, qu'en ce que le juge de paix peut ordonner son transport seul ou se faire accompagner d'experts et recueillir leur avis. — Carré, 1, 79.

3. — C'est le juge de paix qui nomme les gens de l'art dont il se fait accompagner; l'art. 42 C. pr. est précis. Il suit de là qu'il choisit celui qui lui paraît le plus propre à remplir la mission qu'il juge nécessaire. — D.A. 5. 126, n. 5; Berr., 903, n. 9; Lepage, 88, 1re quest. — Pigeau prétend au contraire qu'on doit suivre dans ce cas la procédure relative à la nomination des experts devant les tribunaux civils.

4. — Et un juge de police ou juge de paix doit ordonner cette visite par un jugement préalable, et déclarer qu'elle aura lieu en présence des parties. — En conséquence, est nul un jugement de simple police, quoiqu'il constate que le juge *a vu et accédé les lieux*, s'il n'est établi d'aucune manière que le juge ait ordonné cette visite, ni qu'elle ait eu lieu en présence des parties, ou elles duement appelées (C. pr. 41). — 11 juin 1830. Cr. c. Min. pub. C. Voyron. D.P. 30. 1. 314.

5. — Quoiqu'une séparation large et saillante doive exister entre les fonctions du juge et celle des experts; quoique la loi dispose formellement qu'une *descente* ou *accès de lieu* ne doit pas être ordonnée là où *il n'échoit qu'un rapport d'experts*, on comprend que la ligne de démarcation n'ayant point été établie, il arrivera bien rarement qu'un jugement sera annulé parce que le juge aura prescrit une descente, au lieu de demander un simple rapport d'experts. La nécessité de l'accès est à peu près laissée à l'arbitraire du juge. — Berriat, n. 5; D.A. 5. 125, n. 1.

6. — Toutefois, si le juge avait procédé à un mesurage, à l'appréciation chimique de la nature du terrain, à telle opération, en un mot, tout-à-fait incompatible avec son caractère de juge, et où les connaissances de l'homme spécial, de l'homme de l'art, doivent seules être consultées, le jugement devrait être annulé. — Or, les descentes ont particulièrement pour objet de donner aux juges des notions qu'ils ne pourraient point recevoir à l'audience. « Car, disait l'orateur du Tribunat, il peut exister des preuves matérielles que les localités conservent, et que le magistrat ne peut saisir qu'à *l'inspection des lieux*. » — Carré, n. 1137; D.A. 5. 125.

7. — Le code de procédure n'a que peu de dispositions sur les descentes ou vues de lieux : trois articles sont au titre de la justice de paix (art. 41, 42, 43); sept appartiennent à la procedure des tribunaux ordinaires (art. 295, 296, 297, 298, 299, 300, 301). Ce peu d'articles offre néanmoins un ensemble aussi complet qu'on pourrait le désirer. Aucun de ces articles ne contient de nullités expresses. — Il ne résulte pas de là qu'aucune nullité ne puisse jamais être prononcée dans cette matière; seulement l'expression du législateur devra recevoir une interprétation large, facile, peu rigoureuse. On devra, surtout à l'égard des descentes ordonnées par les juges de paix, se garder d'y trouver une cause de multiplier trop des procédures qui sont, dans ce cas, presque toujours inutiles. — D.A. 5. 126, n. 2.

8. — Entre la cour de cassation et les cours royales, il y a cette différence que telle mesure, telle opération qui tombera sous la censure d'une cour royale, en ce qu'elle serait contraire à l'esprit sainement entendu de la loi, devra néanmoins être maintenue par la cour de cassation, à défaut de disposition irritante. — D.A. 5. 126, n. 2.

9. — La descente, comme mesure d'instruction, semble devoir être facultative pour le juge, encore bien qu'elle serait réclamée par toutes les parties. Si le juge possède tous les élémens d'instruction, il n'y a pas utilité qu'il se déplace, et enlève ainsi les momens qu'il doit à tous ses justiciables (D.A. 5. 126, n. 3; Carré, 1, 287, n. 1138; Berriat, 309, n. 3; Delaporte, 287). — Mais Thomine, p. 145, n'admet cette faculté que dans le cas où il n'y aurait lieu qu'à un simple rapport d'experts. — Mais la règle est générale et découle du mot *pourra* de l'art. 295, et de l'absence de toute nullité (Sallé, *Comment.* sur l'ord de 1667). Cette opinion, combattue par Jousse, sur l'art. 1er de l'ord. de 1667, et Duparc-Poullain, t. 9, p. 471, n. 4, est unanimement adoptée par les auteurs modernes. — Favard, v° Descente, t. 2, p. 76; Berriat, t. 1er, p. 209, note 3; Carré, t. 1er, p. 721, note 2; Hautefeuille, p. 168; D.A. 5. 126, n. 3.

10. — C'est dans ce sens aussi qu'il a été jugé que les art. 295 et 302 C. pr sont purement facultatifs, et que les juges ont le droit et le pouvoir d'ordonner ou de ne pas ordonner les visites et vérifications dont parlent ces articles; leur refus à cet égard ne peut donner ouverture à cassation, surtout s'il n'avait été pris aucunes conclusions tendantes à revendiquer le bénéfice de ces deux articles. — 11 déc. 1827. Req. Mériel. D.P. 28. 1. 54.

11. — Ainsi encore, le transport du juge de paix, et, en cas d'appel de sa sentence, le transport des juges sur le terrain contentieux, n'a lieu qu'autant qu'ils le croient nécessaire. En conséquence, ils peuvent, sur l'audition des témoins, décider une contestation ayant pour objet le dommage prétendu fait à une propriété par le curage d'un fossé, sans se transporter sur les lieux. — 26 avril 1825. Req. Guibert. D.P. 25. 1. 280.

12. — A plus forte raison, le tribunal doit-il avoir la faculté de refuser une descente, dans le cas où un rapport d'experts ayant été ordonné, la descente serait réclamée comme nécessaire pour obtenir d'une partie l'exhibition de titres, ou pour contenir, par la présence du juge, la partie qui serait capable de troubler les fonctions des experts. — D.A. 5. 126, n. 4.

13. — Lorsqu'il s'agit d'une cause qui doit être jugée en dernier ressort, doit-il être dressé procès-verbal de l'opération ordonnée par le juge de paix? Biret, 2, 209, enseigne l'affirmative, par la raison qu'autrement il ne resterait aucune trace de l'opération. Mais d'abord, quelle nécessité que ces traces existent, puisque la cause n'est pas sujette à l'appel? Ensuite, l'art. 43 défend qu'il soit dressé procès-verbal. Toutefois, s'il en était dressé dans ce cas, il ne résulterait point de la nullité du jugement; mais les parties pourraient se refuser à payer les frais que le procès-verbal aurait occasionés, à moins cependant qu'il n'eût été rédigé sur la demande expresse des parties. Et ici la règle nous semble la même, que le jugement soit ou non rendu sur les lieux. Il n'y aurait de différence, selon nous, que dans le cas où un rapport serait demandé à des experts domiciliés hors du ressort de la justice de paix. — D.A. 5. 126, n. 6.

14. — D'après l'art. 2, tit. 4 de l'ordon. de 1667, le rapporteur ne pouvait être commis dans une descente de lieux. La section du Tribunat et la cour de Grenoble avaient demandé l'insertion de cette disposition, qui n'a point été adoptée. Il suit de là que cette prohibition n'existe plus, et que le législateur s'en est remis à la sagesse des tribunaux. — Merl., Rép., v° Descente; Carré, t. 1er, n. 1142; Fav., v° Descente, t. 2, p. 76; Demiau, p. 233; D.A. 5. 126, n. 7.

15. — Par une conséquence du même principe, que la loi n'a pas prononcé de nullité et n'a point établi de prohibition, le tribunal n'est plus obligé de choisir le commissaire selon l'ordre du tableau; il peut désigner celui de ses membres qu'il juge à propos d'investir de cette mission. — D.A. 5. 126, n. 8.

16. — Rien ne s'opposerait non plus à ce que le tribunal se rendît en corps sur les lieux: on doit même croire qu'il serait dans le vœu de la loi qu'il en pût toujours être ainsi; mais un déplacement du tribunal entier a de graves inconvéniens, et le législateur a dû ne s'occuper que des cas les plus fréquens. — D.A. 5. 126, n. 9.

17. — Le jugement qui statue qu'avant faire droit il sera procédé à une descente, peut ordonner que le tribunal entier se transportera sur les lieux, quoique les art. 295 et 296 C. proc. disposent que, dans ce cas, le tribunal commettra un juge. — 9 fév. 1820. Req. Fourès. D.A. 5. 130. D.P. 20. 1. 136.

18. — Et le tribunal peut ordonner qu'ils se transportera le jour même. — Même arrêt.

19. — Cependant il a été jugé que le transport d'un tribunal entier sur les lieux contentieux, sans qu'il ait été requis par les parties, ni ordonné par un jugement préalable, et sans qu'il en ait été dressé procès-verbal, étant irrégulier en ce que c'est en réalité une expertise, ne peut servir de base au jugement du tribunal; et il y a lieu d'annuler ce jugement, si le tribunal l'a basé sur la descente qu'il a faite d'office. — 7 déc. 1809. Agen. Barros. D.A. 5. 129. D.P. 1. 1303. — Conf. Carré, n. 1141; Berriat, p. 311. — *Contrà*, Dalloz, qui remarque que l'assimilation à une expertise ne serait exacte qu'autant que les juges se seraient livré à des opérations qui ne peuvent être que l'œuvre des gens de l'art, et qui exigeraient la présence, la contradiction des parties. Mais quelle raison de défendre à un tribunal de se rendre en corps sur les lieux? et quelle contradiction en ce cas est nécessaire? — D.A. 5. 129, n. 3.

20. — Mais un tribunal peut-il commettre un juge de paix, un juge étranger à son ressort? Peut-il confier au tribunal d'un autre arrondissement le pouvoir de nommer un juge-commissaire pour se rendre sur les lieux? — L'affirmative, combattue par Delaporte, p. 289, est enseignée par Carré n. 1144, et Favard, p. 77; et elle nous semble découler de la généralité de l'art. 1035 C. pr. — Mais sera-ce là une descente proprement dite? Ne sera-ce pas plutôt une commission rogatoire? On comprend que ces questions peuvent faire douter de l'exactitude de la locution qui qualifierait de descente la commission donnée à un juge étranger; mais la question est sans utilité pratique. — D.A. 5. 127, n. 10.

21. — Quoique l'art. 296 C. pr. dispose que, dans le cas d'une descente sur les lieux, le commissaire sera pris parmi les juges qui auront assisté au jugement, un tribunal peut néanmoins commettre un juge qui lui est étranger, et, par exemple, un juge de paix, pour descendre sur les lieux. — 15 mars 1809. Bordeaux. Dupin. D.A. 5. 129. D.P. 1. 1303.

22. — Mais, en cas de seconde visite des lieux, par suite d'annulation de la première, le même juge de paix ne peut être commis de nouveau par le tribunal; on peut commettre son premier suppléant. — Même arrêt.

Dalloz, 5. 129, n. 2, est d'avis que la décision contraire ne devait pas être annulée.

23. — Au reste, le juge de paix chargé par un tribunal supérieur de la visite des lieux contentieux, ne peut être assimilé à un expert. — 17 janv. 1833. Req. Paris. Commune de Fourche-Fontaine. D.P. 33. 1. 82.

24. — Il résulte aussi de l'art. 296 que le tribunal pourrait commettre l'un de ses membres pour opérer dans un autre ressort. — D.A. 5. 127, n. 11.

25. — Bien plus, on a jugé que si, en matière d'arbitrage forcé, ce sont les arbitres qui ont délégué l'un d'eux pour faire cette visite, sans y avoir été autorisés par les parties, celles-ci, alors qu'elles ont elles-mêmes assisté à la visite sans relever ce prétendu vice, se sont rendues non-recevables à s'en plaindre. — 12 mai 1828. Civ. r. Paris. Leclaire. D.P. 28. 1. 243.

26. — Et des arbitres forcés peuvent, comme un tribunal ordinaire, déléguer l'un d'eux pour faire une visite de lieux (C. pr. 295). — 21 août 1824. Paris. Leclaire. D.P. 28. 1. 243.

27. — Mais il semble superflu de dire que le juge commissaire, si, par une cause quelconque, il était empêché de remplir sa mission, ne pourrait se substituer lui-même un autre juge, puisque de tels pouvoirs ne peuvent être accordés que par un jugement. — Carré, 1, n. 1143; D.A. 5. 127, n. 12.

28. — La descente doit-elle être requise par écrit? Les auteurs du *Praticien* enseignent l'affirmative, t. 2, p. 213; mais le code ne dit nulle part que la réquisition doit être faite par écrit; et si, sous l'ordonnance, un arrêt du parlement, du 16 juill. 1727, l'avait exigé, cette jurisprudence ne devrait plus être suivie. Il n'est plus à craindre aujourd'hui que, dans la vue d'augmenter ses épices, le juge ordonne trop facilement une mesure semblable. On a donc pensé avec raison que le tribunal pourrait l'ordonner sur la seule demande qui lui en serait faite à l'audience. — Pig., t. 1er, p. 370; Fav., t. 2, p. 76; Carré, t. 1er, n. 1140; D.A. 5. 127, n. 13.

29. — Sous l'ordonn. de 1667 (tit. 21, art. 5), le juge-commissaire ne pouvait y procéder sans être requis par l'une des parties. Cette réquisition semble nécessaire encore aujourd'hui; cela résulte et de l'art. 297, qui veut que, « sur la *requête* de la partie la plus diligente, le juge-commissaire rende son ordonnance indicative des jour, heure, lieu, etc.; » et de l'art. 301, aux termes duquel les frais de transport doivent être *avancés* par la partie *requérante*. On peut objecter, il est vrai, que si la descente a été ordonnée d'office, il est possible qu'aucune partie ne requière l'ordonnance, et que cependant le jugement doit être exécuté. — Mais nous n'admettons point cette prétendue nécessité d'exécuter le jugement. Il est possible, en effet, que les parties aient transigé depuis qu'il aura été rendu. Quelle nécessité alors de procéder à une descente? — D.A. 5. 127, n. 14.

30. — La réquisition doit avoir lieu, et en ne la faisant point, les parties s'exposeront à une péremption. C'est aussi l'avis de Lepage, p. 203; Carré, n. 1148; Delaporte, p. 290. Toutefois, la loi ne prononce pas de nullité; et si les deux parties s'étaient trouvées présentes à la visite que le juge aurait faite sans avoir été requis, sans qu'elles eussent réclamé, l'irrégularité serait couverte. — Il semble même qu'il serait difficile de faire annuler le jugement dans le cas où le juge aurait exécuté la descente en l'absence de toutes les parties. La contestation s'élèverait alors principalement sur le paiement des frais, et les parties pourraient peut-être, dans certains cas, se refuser à les payer. — D.A. 5. 127, n. 14.

31. — Ces principes semblent applicables au cas où le tribunal aurait donné une commission à un juge étranger. — Carré, n. 1150; D.A. 5. 127, n. 15.

32. — Dans le cas où une descente a été ordonnée, l'audience ne peut-elle être poursuivie sans que la descente ait été opérée? A cet égard, Carré, 1, 730, note, distingue: si la descente, dit-il, a été ordonnée d'office, cette déclaration du tribunal, sur la nécessité d'un accès de lieux, doit avoir son effet. Mais si elle a été requise par l'une des parties, qui néglige ou tarde d'y faire procéder, l'autre partie pourra poursuivre le jugement définitif, sans être tenue de requérir elle-même la descente et de consigner les frais de transport. Cette distinction, en *thèse générale*, paraît équitable et doit être suivie. Favard objecte, v° Descente, que si le tribunal a ordonné une descente, c'est qu'il l'a jugée utile, et qu'on ne peut aller en avant tant que cette décision n'est pas réformée. — Mais on répond que la mesure n'aura souvent été ordonnée que sur les allégations et sur la demande expresse de l'une des parties, et qu'en ne poursuivant pas la mesure qu'elle a requise, cette partie est censée reconnaître qu'elle n'est pas fondée. Cependant, si la descente avait été requise par le défendeur, c'est-à-dire par celui qui est l'objet d'une attaque en justice, l'opinion de Carré pourrait n'être point aussi généralement admise. — D.A. 5. 127, n. 16.

33. — On ne partage pas dans sa généralité l'opinion que Pigeau fonde sur l'art. 220, et d'après laquelle, en cas de retard de l'une des parties, l'autre peut consigner et se faire délivrer exécutoire; il faudrait, sur ce point, une décision du tribunal; et l'art. 21, tit. 21, de l'ord. de 1667 a été, comme beaucoup d'autres, abrogé implicitement par le code, qui ne les a pas reproduits. — D.A. 5. 127, n. 17.

34. — L'art. 301 C. pr. porte: « ... Les frais de transport seront avancés par la *partie requérante*. » Et l'ord. de 1667, art. 5, disait: « ... Sera tenue la *partie requérante* de consigner les frais ordinaires. » — Que faut-il entendre par ces mots: Partie requérante? D'après Serpillon, sur cet article, c'est la partie la plus diligente, celle qui poursuit l'exécution de la descente, et non pas celle qui a introduit l'instance ou qui a requis l'accès des lieux. — Cette interprétation, qui ressort visiblement de l'ordonnance, doit pareillement être admise sous le code de procédure. — D.A. 5. 127, n. 18; Carr., 1154; Lepage, 201; Hautef., 168; Fav., 77. — *Contrà*, Pigeau, *Comm.*, t. 1er, 536; Delap., 1, 291.

35. — Par *frais de transport*, on doit entendre les frais de voyage, séjour et retour du juge-commissaire et du greffier; ce qui comprend ceux de nourriture et de logement. A l'égard des frais du ministère public, ils ne doivent pas être consignés, pas plus que ceux des parties ou de leurs avoués, puisqu'il ne doit paraître dans une descente que comme partie. — D.A. 5. 128, n. 19; Pigeau, *Comm.*, 555.

36. — Et, sur ce dernier point, il a été décidé que la présence du ministère public à *une descente de lieux* n'est pas nécessaire dans une cause où il n'est que partie jointe, dans celle, par exemple, qui intéresse une commune (C. pr. 300). — 2 janv. 1834. Req. Limoges. Comm. de Rissat. D.P. 4. 31. 74.

37.— C'est au commissaire à déterminer, par approximation, la somme qu'il faudra consigner (D.A. 5. 128, n. 19; Pig., *Comm.*, 555), et non pas au greffier, comme l'indique Demiau, p. 225.

38.—Les frais de descente devront, comme au cas d'enquête ou d'expertise, être supportés par la partie qui succombera. Mais, si une descente a été ordonnée dans un cas où une simple expertise aurait suffi, que décidera-t-on? —Un arrêt du parlement de Paris, du 22 fév. 1732, a jugé que les frais devaient être à la charge de la partie qui avait requis la mesure. — Dalloz, 5. 128, n. 20, distingue : ou la descente n'a pas été contestée, ou elle a été ordonnée malgré l'opposition de l'autre partie. Au premier cas, il y a eu adhésion du moins tacite; les frais seront à la charge de celui qui succombera Dans le second cas, au contraire, la descente n'ayant été ordonnée que sur l'assurance de l'une des parties, qu'elle était indispensable, les frais devront être supportés par celui qui les aura inutilement occasionés. — Carré, 1, n. 1139, ne fait pas de distinction, par le motif que si la descente a été ordonnée, c'est qu'elle a été jugée utile par le tribunal.

39.—Suivant quelques auteurs, le juge-commissaire ne peut recevoir aucun renseignement de personnes étrangères au procès, ni ordonner la levée d'un plan, s'il n'a pas été autorisé à cet égard par le jugement qui a prescrit la descente.—Dalloz, 5. 128, n. 21, pense que si quelques questions ont été adressées par le juge-commissaire aux anciens du pays, et que si, dans l'impossibilité de faire autrement la description des lieux, un plan a été dressé, on ne pourrait voir dans ces faits une cause de nullité. A plus forte raison, toute nullité devrait être repoussée si, comme le remarquent Carré, 78, n., Delaporte, 288, Hautef, 169, les parties avaient expressément consenti à ce que des renseignemens fussent demandés et des plans levés.—D.A. 5. 128, n. 21.

40.—Si le juge-commissaire remet la continuation de la descente à jour fixe, il n'est pas besoin de signifier cette remise. Cette solution s'induit par analogie de l'art. 1034 — Berriat, 310, n. 7; Pig., 1, 373, Fav., 77; Carré, 1, n. 720; D.A. 5. 128, n. 22.

41.—Le jugement qui ordonne une descente doit-il être signifié? Non, selon Demiau, p. 230, qui se fonde sur ce que ce n'est là qu'un préparatoire Carré, 1, 1146, Favart, 219; Desmazures, 146, sont d'un avis contraire, sur le motif que le jugement peut être interlocutoire (arrêt de cass., 23 juin 1823), et que d'ailleurs le juge-commissaire doit connaître sa mission, afin de ne pas la dépasser. On peut objecter, dit Dalloz, 5. 128, n. 23, que la disposition de l'ordonnance de 1667, qui voulait que le jugement fût *servi* au juge-commissaire, n'a pas été reproduite par le code, et que le tarif n'exige qu'une simple requête, afin d'obtenir l'ordonnance du juge (art. 70).

42.—Dans le cas où une descente aurait été ordonnée par défaut, parce que les conclusions du demandeur se trouvaient *justes et bien vérifiées*, comment la partie défaillante sera-t-elle avertie? Lui signifiera-t-on en même temps le jugement et l'ordonnance du juge, ou bien l'ordonnance séparément? Pigeau. *Tr.*, p. 217 et *Comm.*, p. 553; Demiau, 223; Favard, vº Descente, n. 3; Carré, 1, 1147, recommandent une signification par exploit de l'ordonnance. Dalloz, trouve la question peu intéressante, par le motif que l'adoption de l'un ou l'autre mode ne saurait entraîner de nullité. — D.A. 5. 128, n. 24.

43.—Dans cette matière, d'ailleurs, selon l'application qu'en a faite la cour de cassation, la loi ne frappe pas de nullité l'inobservation des formes. — D.A. 5. 126, n. 2. —V. n. 7.

44.—Spécialement, on a jugé que l'art. 297 C. pr., portant que, sur la requête de la partie la plus diligente, le juge commis à la descente rendra une ordonnance qui fixera les lieu, jour et heure de la descente, et que la signification en sera faite à avoué, et vaudra sommation, renferme une disposition purement comminatoire, et dont l'infraction n'entraîne pas nullité. — 9 fév. 1820. Req. Fourès. D.A. 5. 130. D.P. 20. 1. 136.

45.—Si, sur une réassignation, après un profit joint, le défaillant continue à ne pas se présenter, le jugement devient contradictoire avec lui. Cependant, pour qu'il soit partie dans la descente, Carré, n 1149, pense que le second jugement, ainsi que l'ordonnance, doivent lui être signifiés.—D.A. 5. 129, n. 25.

—V. Compétence criminelle, Expertise.

TABLE SOMMAIRE.

Arbitrage. 25.
Commission rogatoire. 20.
Compétence correctionnelle. 24.
Conclusion verbale. 28.
Consignation. 37.
Degré de juridiction. 13.
Délai. 18.
Délég. de pouvoir. 20, s.
Demande nouvelle. 22.
Disposition 29.—d'office. 19.
Exécutoire. 33.
Expert. 5, s.
Expertise. 19, 23, 39.
Faculté. 9.
Frais frustratoires. 13.—de transport. 34, s.
Heure. 44.
Interprétation. 7, s.
Jour. 44.
Juge-commissaire. 15, 21, 39.—de paix. 3.—rapporteur. 14.
Jugement par défaut. 42, 45.
Mention 4
Ministère public. 35, s.
Nullité expresse. 7, s. 42.
Paiement. 4.
Pouvoir discrétionnaire. 10.
Procès-verbal. 13, 19.
Refus. 12.
Remise. 40.
Réquisition. 28, s.
Signification. 41.
Tribunal. 16, s.
Vente. 2.
Voyage. 34.
Vue des lieux. 1.

DÉSERTION.—1.— La désertion est le crime du militaire qui abandonne le service sans congé.— Long-temps la peine de mort a été infligée à tout déserteur, mais l'ord. de 1775 l'a restreinte à la désertion à l'ennemi. Les lois aujourd'hui en vigueur sont, 1º les arrêtés du 21 brum. an 5, qui s'applique à tout militaire; 2º des 19 vend. an 12, pour l'armée de terre, et 5 germ. même année, pour l'armée navale.— Ces arrêtés, et particulièrement l'art. 4 de la loi du 21 brum. an 5, n'ont été abrogés ni par l'art. 25 de la loi du 18 mars 1818, ni par l'art. 25 de la charte.— 4 août 1827. Cr. r. Caen. Lecocq. D.P. 27. 1. 467.

Dalloz, 9, 132, pense, non pas qu'ils ont été abolis, mais au contraire consacrés par l'art. 25 de la loi du 18 mars 1818.

§ 1er.— *Caractères de la désertion. — Peines.*

§ 2.— *Du recèlement.*

§ 3.— *De la compétence en cette matière.*

§ 1er.— *Caractères de la désertion. — Peines.*

2.— Les peines contre la désertion sont la mort, le boulet, les travaux publics et l'amende dans tous les cas, pour l'armée de terre. La mort, le boulet et la bouline, pour l'armée navale.— D.A. 5. 131.

3.— Mais la peine des travaux publics n'est ni afflictive ni infamante; celui qui la subit conserve l'exercice de ses droits civils.— 30 sept. 1825. Cr. c. Paris. Mathieu. D.P. 26. 1. 40.

4.— A l'expiration de sa peine, il peut être réintégré dans un corps de troupe, encore bien qu'il ait déserté à l'intérieur avec armes et effets de l'état.— 22 fév. 1828. Cr. régl. Gaffez. D.P. 28. 1. 144.

5.— L'art. 4 de loi du 4 nivôse an 4 punit de mort le provocateur à la désertion, dans l'armée de terre, s'il est militaire ou employé à la suite de l'armée; et tout autre individu, de neuf années de détention. D.A. 5. 133, n. 6.

6.— Et cet article n'a été abrogé ni par la loi du 10 mai 1818, ni par celle du 17 mai 1819, pas même par le code pénal — 21 oct. 1831. Cr. c. int. de la loi. Thomas. D.P. 32 1. 14.

Par suite, il doit être encore appliqué.— 22 avril 1831. Cr. r. Lalanne. D.P. 31. 1. 174.

7.—La provocation qui a lieu dans l'armée navale, dans le cas de désertion à l'ennemi, est punie de mort; il en est de même de la désertion à l'étranger, si le provocateur fait partie de l'armée navale; dans ce dernier cas, si le provocateur ne fait point partie de l'armée navale, ou si, en faisant même partie, la désertion a lieu à l'intérieur, ou qu'il y ait recélé de déserteur, les provocateurs, fauteurs, recéleurs, ne subissent qu'une peine correctionnelle, conformément à loi du 24 brum. an 6 (Arrêté du 1er floréal an 12, art. 46, 47, 48, 49).

8.— La même loi s'occupe aussi des fauteurs de désertion, en général de tous ceux qui la favorisent, empêchent ou retardent le départ des déserteurs et conscrits, ou qui négligeraient, en ce qui les concerne, l'exécution des lois; elle prononce contre eux, suivant les circonstances, l'emprisonnement, l'amende, et la destitution.—D.A. 5. 133, n. 7.

9 — Jugé que l'art. 12 de la charte, en abolissant la conscription, n'a point abrogé les lois antérieurement rendues contre ceux qui favorisaient la désertion.— 26 sept. 1822. Cr. c. Dommartin. D.A. 5. 143. D.P. 23. 1. 48.

10.— L'arrêté du 14 vend. an 12 impose encore aux fonctionnaires le devoir de dénoncer les délinquans, à peine d'être eux-mêmes punis des peines portées dans la loi du 24 brum.; mais la désuétude a fait justice de lois aussi offensantes pour le sentiment national.— D.A. 5. 133, n. 7.

11.—Peut-on regarder comme déserteur le militaire qui n'est pas encore entré au service? Dalloz est pour la négative, bien qu'une décision ministérielle, du 21 oct. 1818, porte que les retardataires seraient poursuivis comme prévenus de désertion.— D.A. 5. 134.

12.—Jugé qu'on ne peut considérer comme déserteur, dans le sens de la loi du 24 brum. an 6, le jeune soldat qui, depuis la loi du 10 mars 1818, n'ayant jamais été incorporé de fait, a refusé de se rendre à son corps.— 27 juill. 1826. Lyon. Chataignier. D.P. 27. 2. 30.

13.— L'incorpation d'un déserteur dans une compagnie de discipline, sans décision du conseil de guerre, par ordre des officiers supérieurs, et en vertu de la faculté qui leur est accordée de dispenser les déserteurs de la peine, ne constate pas moins le délit de désertion qu'une condamnation dans les formes ordinaires.— 4 août 1827. Cr. r. Caen. Lecocq. D.P. 27. 1. 467.

§ 2.— *Du recèlement.*

14.— La loi du 24 brum. an 6, art. 4, punit de l'emprisonnement et de l'amende tout habitant de l'intérieur qui recélerait un déserteur ou réquisitionnaire; celle du 21 brum. an 5, art. 6 et 7, § 2, punit de la même peine que le déserteur le militaire ou tout autre individu attaché à l'armée hors du territoire de la république, et tout habitant du pays ennemi occupé par les troupes françaises, qui se rendraient coupables de recèlement de déserteurs. — D.A. 5. 134, n. 1.

15.—Ces lois n'ont été abrogées ni par la charte ni par la loi du 10 mars 1818 (D.A. 5. 134, n. 1).—24 fév. 1827. Cr. r. Min. pub. C. Terrieu. D.P. 27. 1. 131.— 8 déc. 1826. Cr. c. Lyon. int. de la loi. Chataignier. D.P. 27. 1. 356; 2. 30.

16.— Ainsi, le recélé des jeunes soldats retardataires appelés au recrutement de l'armée est, de même que celui des déserteurs proprement dits, c'est-à-dire des militaires qui ont été incorporés, punissable des peines portées par les art. 4 de loi du 24 brum. an 6, et 14 de celle du 17 vent. an 8.— 8 déc. 1826. Cr. c. Lyon. Chataignier. D.P. 27. 1. 356; 2. 30.— 24 fév. 1827. Cr. r. Terrieu. D.P. 27. 1. 131.

17.—Jugé de même, bien que le soldat serait dispensé de la peine attachée au fait de désertion, et incorporé dans une compagnie de discipline, en vertu de la disposition qui accorde cette faculté aux officiers supérieurs.—4 août 1827. Cr. r. Caen. Lecoq. 27. 1. 467.

18.— Toutefois, celui qui, de bonne foi et sans intention répréhensible, a reçu chez lui un jeune soldat appelé au recrutement de l'armée, n'est point passible des peines de la désertion.— 24 fév. 1827. Cr. r. Terrieu. D.P. 27. 1. 131. — Conf. D.A. 5. 134, n

19.— Lorsqu'un individu, mis en accusation pour avoir recélé un déserteur est acquitté par le motif qu'il ignorait que l'individu par lui recélé fût déserteur, l'arrêt qui prononce cet acquittement est à l'abri de toute critique devant la cour de cassation. — 8 mai 1824 Cr. r. Toulouse. Muratel. D.A. 1. 425. D.P. 1. 141.

20. — Le père qui, pour soustraire son fils à la conscription, présente, comme étant son fils, un autre individu, hors d'état de servir, est punissable comme tout particulier coupable de soustraction de conscrit; et la peine doit être appliquée, encore que, postérieurement, le fils ait été remplacé au service. — 22 août 1806. Cr. c. Min. pub. C. Riva. D.A. 5. 141. D.P. 6. 2. 207. — V. aussi la discussion qui accompage l'arrêt du 14 avril 1827. Cr. c. int. de la loi. Maistre. D.P. 27. 1. 402.

21.— Et la qualité de père ne peut être admise comme excuse, s'il loge et nourrit son fils réfractaire, encore qu'il ne fasse d'ailleurs aucun acte pour le soustraire à la police. — 7 nov. 1812. Cr. c. Van-Moen. D.A. 5. 140. — Conf. D.A. 5. 134, n.

22. — ..Encore bien que le fils soit propriétaire de la maison habitée par son père; surtout si, dans l'interrogatoire, le père a déclaré que son fils était *chez lui*, et le fils, que depuis quinze jours il se trouve chez son père.—3 avril 1812. Cr. c. Toulouse. Blanc. D.A. 5. 140. D.P. 1. 1304.

23. — Il en est de même du frère du conscrit recélé; cette qualité n'est pas une excuse pour le re-

cèlement. — 6 vent. an 7. Cr. c. Lançon. D.A. 5. 140.

24. — N'est pas non plus admis comme excuse le fait que le conscrit était marié et domicilié dans la commune depuis cinq ans. — 11 brum. an 14. Cr. c. Rousseau. D.A. 5. 136. D.P. 6. 2. 17.

25. — Ou qu'il était employé publiquement aux travaux des champs. — 18 déc. 1822. Cr. c. Constant. D.A. 5 137.

26. — ... Ou que le conscrit a présenté un acte de naissance dont la fausseté était ignorée, ou qu'il habitait la commune et fréquentait les lieux publics. — 24 mess. an 13. Cr. r. Vallee. D.A. 5. 135. D.P. 5. 2. 159.

27.—...Ou qu'il a été demandé au commissaire de police une carte de sûreté, surtout si cette carte n'a pas été délivrée. — 30 mai 1812. Cr. c. Mammuccaro. D.A. 5. 139.

28. — Il en est de même de celui qui, occupe un conscrit à un travail habituel, le loge, le nourrit en lui donnant tant par jour; il peut être considéré comme l'ayant sciemment reçu en qualité de domestique et non en qualité de simple journalier. — 8 therm. an 13. Cr. c. Trochette. D.P. 6. 2. 3.

29.— Est considéré comme serviteur à gages celui qu'on emploie à des travaux *continus*, encore qu'il soit pris comme journalier et reçoive son salaire jour par jour. — 9 juin 1806. Sect. réun. c. Jaussens. D.A. 5 137. — 18 juill. 1806. Cr. c. Desneux. D.A. 5. 137. D.P. 7. 2. 69.

30.— Jugé de même à l'égard de celui qui a pris à son service, sans le présenter au maire, un individu ayant atteint l'âge de la conscription, bien qu'il ait été omis sur le tableau des conscrits. — 15 mars 1810. Cr. c. Fenochio. D.A. 5. 142.

31. — Mais celui-là n'est point soumis aux peines portées contre les recéleurs, qui a donné du travail à un conscrit, si ce dernier n'avait point *été appelé* sous les drapeaux par le sort ou autrement; le conscrit ne devient *réfractaire* que lorsqu'il ne se présente pas sur *l'appel* qui lui serait fait. — 14 mars 1806. Cr. c. Fayon. D.A. 5. 142.

32 — ... Ou qui n'a employé des déserteurs ou réfractaires qu'à un service accidentel et momentané, surtout si les conscrits habitaient leur propre maison et se montraient journellement en public.— 12 juill. 1806. Cr. c. Maillard. D.A. 5. 138. D.P. 7. 2. 70.

33.— ... Ou qui a reçu chez lui un individu accusé de ce crime, si ce dernier a été acquitté par jugement du conseil de guerre. — 7 mars 1806. Cr. c. Barre. D.A. 5. 143. D.P. 1. 591.

34.— D'après la loi du 24 brum. an 6, le défaut de présentation à la mairie constituait une présomption légale contre laquelle on ne pouvait être admis à prouver qu'on ignorait la qualité de déserteur. La loi du 30 déc. 1809, interprétative de l'art. 5 de la loi de brum. an 6, a donné au fait de la présentation du déserteur à la mairie le caractère d'une présomption ordinaire, dont l'appréciation appartient aux tribunaux. La cour de cassation subordonne aujourd'hui ses arrêts à la question de bonne foi. —D.A. 5. 135, n. 2.

35.— Jugé d'abord que l'omission de la formalité de présentation du conscrit reçu comme serviteur à gages, à la municipalité du lieu, rend inadmissible toute autre excuse. — 6 fruct. an 7. Cr. c. Gautheron. D.A. 5. 134.

36.— ... Qu'elle constitue par elle-même *la soustraction* du déserteur aux poursuites ordonnées par la loi, encore qu'il ne soit allégué aucun fait d'où l'on pût déduire cette intention.— 12 juin 1807. Cr. c. Serre. D.A. 5. 136.

37.— ... Que l'excuse de bonne foi n'est point admissible, si le réfractaire n'a pas été présenté au maire du canton. — 9 avril 1813. Cr. c. Villem-Schmidt. D.A. 5. 135.

38 — .... Qu'on n'est point dispensé de cette formalité par l'exhibition, par le conscrit, d'un certificat constatant qu'il a satisfait à la réquisition, surtout si ce certificat se reporte à un temps antérieur à celui de la réception du conscrit comme serviteur à gages.— 14 frim. an 14. Cr. c. Chaudron, etc. D.A. 5. 139. — 26 juin 1812. Cr. c. Toulouse. Bret. D.A. 5. 139.

39. — .... Que la présentation au maire ne peut être suppléée par une déclaration relative à ce conscrit, faite au maire hors de ses fonctions : cette déclaration est, d'ailleurs, insuffisante; la présentation seule met à l'abri des poursuites. — 30 janv. 1807. Cr. c. Vonaken. D.A. 5. 138. — 7 déc. 1809.

Cr. c. Trinchiery. D.A. 5. 138.— 15 mars 1810. Cr. c. Piron. D.A. 5. 138.

40.— Et cela, encore bien que le déserteur n'ait été reçu qu'en qualité *d'apprenti*, et depuis peu de temps.—17 brum. an 14. Cr. c. Oustry. D.A. 5. 137. D.P. 6. 2. 18.

41. — .... Ou qu'il sortît d'une autre maison dans la même commune, où il avait été reçu comme serviteur à gages.—5 juin 1806. Cr. c. Van-Houff. D.A. 5. 136. D.P. 1. 1304.

42. — .... Ou qu'il n'ait été reçu qu'en qualité d'ouvrier, et qu'il ait été porteur d'un livret. — 14 mai 1813. Cr. c. Elsner. D.A. 5. 137.

43.— Décidé encore que le maître qui a reçu chez lui, en qualité d'ouvrier, un conscrit réfractaire, sans le faire inscrire à la municipalité et sans avoir accompli les formalités légales, ne peut être excusé, sous le prétexte que le conscrit s'est présenté chez lui, porteur d'un certificat du maire de sa commune, constatant qu'il avait satisfait à la conscription. — 26 juin 1812. Cr. c. Bret. D.A. 7. 653.

44. — .... Que celui qui a reçu chez lui comme ouvrier à gages un conscrit réfractaire, sans avoir exigé de lui aucun certificat, ne peut être excusé du délit de recèlement, sous prétexte que cet ouvrier est entré chez lui sous un faux nom, et qu'il l'a fait inscrire à la police sous ce nom emprunté, ignorant complètement sa véritable qualité (L. 24 brum. an 6, art. 5). — 6 mars 1812. Cr. c. Hess. D.A. 7. 652. D.P. 2. 115.

45. — L'état de conscrit réfractaire est suffisamment constaté par l'arrestation en cette qualité, et par l'attestation du préfet, que l'individu arrêté a été jugé conscrit par décision administrative. — Même arrêt.

46.— Jugé depuis, dans un sens différent, que le fait seul de la non présentation à la municipalité de l'individu engagé comme serviteur, et depuis reconnu déserteur, ne constitue pas le délit de recèlement; il faut de plus qu'il soit prouvé que le déserteur a été reçu *sciemment*. — 26 sept. 1822. Cr. c. Dommartin. D.A. 5. 143. D.P. 23. 1. 48.

47.—Les peines du recèlement s'appliquent aussi, comme on l'a dit plus haut, à l'armée navale. Ainsi, le patron d'un navire qui reçoit à son service, comme matelot, un homme inscrit sur les contrôles de la marine, sans s'être fait exhiber ni son congé, ni son certificat de mouvement, ni son casernet, et sans l'avoir fait inscrire sur le rôle général des gens de mer du syndicat, et qui continue à le garder ainsi, après qu'il a été compris dans la levée d'activité de service, doit être puni comme ayant tenté de soustraire un marin déserteur au service de l'état et aux recherches de sa personne; et il ne peut proposer pour excuse qu'il eût ignoré que ce matelot fût compris dans la levée.—23 avril 1812. Cr. c. Bievre. D.A. 7. 653.

48. — De même, les syndics de marine qui, sans se conformer aux lois et réglemens de la mer, et sans vérifier ni ses papiers ni ses inscriptions, ont inscrit le même matelot sur le rôle d'équipage d'un bateau de commerce, ou qui ont visé ce rôle, ou qui ont refusé de déférer aux réquisitions de l'autorité pour faire arrêter le déserteur, doivent être punis comme ayant concouru au même délit, et ne peuvent être renvoyés par les tribunaux, sous le prétexte qu'il ne s'agirait que de simples négligences dans leur service (Déc. 1er flor. an 12, art. 49; 9 mess. an 13; l. 3 brum. an 4, art. 29). — Même arrêt.

§ 3. — *De la compétence en cette matière.*

49. — Les arrêtés des 19 vend. et 5 germ. an 12 avaient établi, l'un pour l'armée de terre, l'autre pour l'armée navale, des conseils de guerre spéciaux pour juger le délit de désertion. Créés pour chaque cause, dissous après le prononcé du jugement, juges définitifs sans recours ni en révision ni en cassation, ces tribunaux, qu'on peut considérer comme de véritables commissions, ont été supprimés par l'art. 63 de la charte, abolitif de toutes commissions et tribunaux extraordinaires. — D.A. 5. 144, n. 1.

50.— Depuis lors, la connaissance du délit de désertion appartient aux conseils de guerre permanens; et, pour prévenir tout conflit de juridiction, les ordonnances des 21 fév. et 22 mai 1816 prononcent la suppression des conseils de guerre spéciaux, et la restitution au conseil de guerre permanent, des jugemens sur la désertion. — D.A. *eod.*

51. — Les conseils de guerre procèdent, en cette

matière, comme aux jugemens de tous autres déli jamais il n'est prononcé par contumace contre déserteurs; ils doivent toujours être présens à le jugement (Déc. 14 oct. 1811). — Même dispositi pour les armées navales (Déc. 4 mai 1812). — D. 5. 144, n. 3.

52. — Le conseil de guerre devant lequel est tr duit un déserteur arrêté dans un pays avec lequ ce tribunal militaire estime que la France n'a p droit d'extradition, doit surseoir à prononcer ju qu'à ce que le gouvernement français ait décidé question de savoir si l'extradition a été ou non lég lement exercée, au lieu de se déclarer incompéter — 15 mars 1822. Cr. c. Descamps. D.P. 22. 1. 48 —6 juin 1822. Cr. c. Cramoisin. D.P. 22. 1. 489, n.

53. — La provocation à la désertion, selon qu'el a lieu par un militaire et qu'elle prend le caracté de complicité de désertion, ou par un individu no militaire, est de la compétence des conseils de guer permanens ou de la juridiction criminelle ordinair Il en est de même du recéleur, du fauteur de la de sertion, ou de celui qui aurait soustrait le déserte aux poursuites ordonnées par la loi. Les préven sont jugés par les conseils de guerre, s'ils sont a tachés à l'armée et hors du territoire de la républ que, ou habitans d'un pays ennemi occupé par l'a mée (V. arr. 19 vend. an 12, art. 67; 21 brum. an art. 5; 18 vend. an 14, art. 1er; 1er flor. an 12, ar 1er; 24 brum. an 6, et ceux qui s'y rapportent). - D.A. 5. 144, n. 4.

54. — L'avis du conseil d'état, du 30 therm. an 1 porte que « les délits communs (c'est-à-dire non m litaires) commis par des militaires en congé ou ho de leur corps, sont de la compétence des tribuna ordinaires. »— D.A. 5. 144.

55.— Ainsi, la chambre correctionnelle des trib naux de première instance est compétente pour pr noncer l'amende contre les père et mère civilemen responsables de leurs fils conscrits réfractaires. - 25 fév. 1815. Cr. c. Bianchini. D.A. 5. 145. D.P. 438.

56. — L'appel fondé sur un moyen d'incompéter ce est recevable, encore qu'il soit rendu sur une de cision administrative. — Même arrêt.

57. — Mais l'examen des motifs qui ont porté l'ad ministration à déclarer des conscrits réfractaires n'appartient pas aux tribunaux; ils doivent, sur décision administrative, appliquer les peines pres crites pour la répression du délit. — 2 brum. an 14 Cr. r. Talon. D.A. 5. 144. D.P. 6. 2. 17.

58.—Les tribunaux correctionnels ne sont pas com pétens pour connaître de la poursuite pour prov cation à la désertion, laquelle est punie, par la loi d l'an 4, de neuf ans de détention. — 8 août 183 Trib. de Vannes. Thomas. D.P. 32. 1. 14.

59. — Non plus que pour la provocation à la de sertion (par un non militaire) et qui est punissab de peines afflictives et infamantes; c'est aux cour criminelles seules qu'il appartient de la juger. — déc. 1811. Cr. c. Firminhac. D.A. 5. 146. — 21 mar 1823. Cr. c. Adelis. D.A. 5. 146. D.P. 23. 1. 129.

60. — Les cours criminelles et spéciales étaier incompétentes pour prononcer sur le fait de recèle ment d'un déserteur, encore qu'il fût lié à un autr délit qui entrait dans leurs attributions.— Ainsi, un cour de justice criminelle, saisie du délit de rébel lion contre la gendarmerie en recherche d'un cons crit réfractaire, ne pouvait retenir la connaissanc du délit de recèlement imputé à l'un des prévenu du délit de rébellion. — 18 fruct. an 13. Cr. c. Lou vion. D.A. 5. 145. D.P. 1. 919. — 20 fruct. an 1 Cr. c. Vilain. D.A. 5. 145.

61. — Quant aux amendes prononcées tant contr les déserteurs que contre les réfractaires, les consei de guerre prononcent sur les premières. Pour celle portées par la loi contre les recéleurs, les réfracta res et les père et mère de ces derniers, c'est au tribunaux ordinaires qu'il appartient d'en connaître — D.A. 5. 144, n. 5.

—V. Amnistie, Appel —V. aussi Compétence crim nelle, Faux, Garde nationale, Récidive, Rempla cement militaire.

TABLE SOMMAIRE.

Amende. 61.
Compétence. 49, s.
Complicité. 33.
Conseil de guerre. 49, s.
Désertion. 44, 45.
Excuse. 19, s.
Incorporation. 13
Intention. 19, s.
Livret. 42.
Marins. 47, s.
Militaire. 1.
Ouvrier. 42.
Parent. 20, s.
Peine. 2, s. 7, s. 61.

ovocation. 7, s. 53, s. — Réfractaire. 57.
ésomption. 34. — Responsabilité. 55.
ébellion. 60. — Serviteur à gages. 28, suiv.
ecel. 14, 44.

ÉSHÉRENCE.—V. Acte notarié, Droits civils, Enregistrement, Succession irrégulière.

ÉSIGNATION.—V. Exploit, Douanes, Faux incident, Forêts, Garde nationale, Habitation, Hypothèques, Louage, Nantissement, Partage, Prêt Retrait successoral, Saisie-arrêt, Saisie-exécution, Saisie-immobilière, Servitude, Surenchère, Vente.

DÉSISTEMENT. —1.— C'est la renonciation à ne procédure commencée.—Berriat, Dalloz, vº ésistement, t. 5, p. 147.

1er.—*Caractères et espèces de désistement.*

2. — *Matière susceptible de désistement.*

3.—*Personnes qui peuvent se désister.*

4.—*Cas dans lesquels le désistement a lieu.*

5.—*Formes du désistement. — Signature, Acte d'avoué, Constatation.*

6.—*Acceptation, Refus, Rétractation du désistement, Conditions.*

7.—*Effets du désistement d'après le sens légal de ce mot, et d'après les termes dans lesquels il est donné, soit quant aux procédures ultérieures, soit quant à l'appel incident.*

8.—*Effets du désistement à l'égard de la partie publique et des tiers.*

9 —*Effets du désistement quant aux frais et à l'amende.*

—

§ 1er. — *Caractères et espèces de désistement.*

2. — Le désistement peut être fait et accepté par le simples actes signés des parties ou de leurs mandataires, et signifiés d'avoué à avoué (C. pr. 402).

3.—Le désistement est exprès ou tacite (V. n. 56), pur et simple ou conditionnel (V. n. 112), judiciaire ou extrajudiciaire (V. n. 112).—Ses effets varient suivant l'objet auquel il se réfère et les termes dans lesquels il est donné (V. n. 56, 68, s.). Les tribunaux apprécient ces termes, mais leur décision, surtout lorsque le désistement est judiciaire, tombe, comme en matière d'acquiescement, sous la censure de la cour de cassation. — D.A. 5. 157, n. 1. —V. n. 128 ; Acquiescement, n. 361 ; Cassation, n. 701 et suiv.

4. — Il a de l'analogie avec la péremption, qui est une sorte de désistement tacite de la procédure (D.A. 5. 147), et avec la prescription, qui est un désistement tacite de l'action. Il a aussi, puisque c'est un contrat judiciaire, de l'affinité avec l'acquiescement, la transaction, l'expédient, la prorogation de juridiction. Le désistement d'appel est un véritable acquiescement au jugement de première instance, à moins qu'il n'apparaisse que c'est de la procédure irrégulière seulement qu'on a voulu se désister, et qu'on soit encore dans le délai pour interjeter appel.

5. — Il semble suivre, de ce que le désistement est un contrat, qu'on peut le révoquer tant qu'il n'a pas été accepté; mais voyez n. 101, s.

6. — Il doit aussi être exempt de tout vice capable de détruire un consentement. Le dol ou la fraude le rendrait sans valeur, même entre les parties contractantes. — D.A. 5. 158, n. 12.

7. — En conséquence, une partie peut être restituée contre un désistement qui avait eu pour cause le dol personnel de la partie adverse et la rétention, de la part de celle-ci, de pièces décisives. — 16 fév. 1808. Besançon. Masson-d'Ivrey. D.A. 5. 169. D.P. 1. 1309.

8. — Et lorsqu'il a été constaté en fait que le désistement d'une partie a été obtenu par l'effet d'une surprise dont on a usé envers son avoué, les juges peuvent légalement annuler cet acte, et ne lui donner aucun effet. — 9 déc. 1824. Req. Nimes. Veyrunes. D.P. 25. 1. 131.

9.—Et, devant une constatation de fraude, le pouvoir de la cour de cassation se trouve presque toujours enchaîné; l'arrêt qui la reconnaît échappe à la censure de la cour suprême sans qu'il soit même nécessaire que cette cour examine la question de validité ou invalidité de la justification du désistement.—Même arrêt.— Conf. D.A. 5. 158, n. 12.

§ 2.—*Matière susceptible de désistement.*

10. — Le désistement peut être donné en toute matière, mais dans celles qui touchent à l'ordre public ou aux bonnes mœurs, il faut distinguer l'action en elle-même, c'est-à-dire le fond du droit et la procédure; on peut se désister de celle-ci, mais non de celle-là, qui ne peut périr que par le laps du temps.—D.A. 5. 158, n. 6.— V. Acquiescement.

11.—Ainsi, on peut se désister d'une procédure irrégulière en divorce. — 10 mai 1809. Req. Caen. Yout. D.A. 5. 159. D.P. 9. 1. 216.

12.—Mais le désistement de l'appel d'un jugement de séparation de corps n'est pas valable, et l'époux qui a obtenu le jugement de séparation a le droit de refuser ce désistement, lequel porte sur un objet d'ordre public (C. civ. 307 ; C. pr. 402) — 15 déc. 1826. Caen. Bénard. D.P. 28. 2. 124.— Conf. D.A. 5. 158, n. 6.

§ 3.— *Des personnes qui peuvent se désister.*

13.—Selon les auteurs, on ne peut se désister qu'autant qu'on a la libre disposition des droits dont on dispose.—20 mars 1820 Besançon. Munier, D.A. 5. 149, n. 2, Berriat, p. 367; Carre, 2, n. 1452, et Fav., Rép., vº Désistement, n. 1.—Il faut pouvoir *transiger*, dit Coffinière.— D'après Pigeau, au contraire, « tout demandeur peut se désister de sa demande, soit qu'il ait agi pour lui-même, soit qu'en qualité d'administrateur il ait agi pour autrui, parce qu'il n'abandonne pas l'action qui continue d'appartenir à l administré. Il ne le pourrait cependant pas si le désistement entraînait indirectement la perte de l'action, comme dans le cas où l'action qu'on pouvait exercer au moment de la demande, se trouve prescrite au moment du désistement » (*Procéd. des Trib.*, p. 454).—D.A. 5. 147, n. 1.

14.—Ces propositions diverses, dit Dalloz, semblent manquer d'explication, pour ne pas dire d'exactitude. En effet, le desistement peut porter, ou sur l'action elle-même, sur le fond du droit, ou sur l'instance, ce qui comprend tous les actes de la procédure, ou bien sur un incident, ou sur quelque acte isolé de la procédure. Au premier cas, il sera toujours vrai de dire, avec la section du Tribunat, « que le désistement ne peut être fait ou accepte que par ceux qui ont la capacité de *transiger* ou *d'acquiescer* » (D.A. 5. 147, n. 2).— Cette distinction faite par Dalloz est reproduite par les auteurs du *Dictionn, de proc.*, vº Désistement, n. 23 et suiv.

15.— Le désistement de l'action exige la capacité de disposer, car il emporte aliénation du fond du droit. Ainsi le mineur, émancipé ou non, l'interdit, la femme mariée, l'individu pourvu d'un conseil judiciaire, les administrateurs de la fortune d'autrui, ne peuvent se désister ou ne peuvent consentir un désistement qu'autant que l'objet duquel ils se désistent rentre dans leur administration, et qu'après qu'ils ont rempli les formalités qui ont été exigees à l'égard des uns et des autres. — V. ce qu'on a dit vis Acquiescement, n. et suiv.; Arbitrage, n. et suiv. — V. aussi Disposition entre vifs et testamentaires, Obligations.

La même capacité est exigée aussi presque toujours pour le désistement de toute la procédure ; à moins que la nullité ne procède du fait et de l'erreur de l'avoué ou qu'il n'ait été fait un acte excédant la capacité soit de cet officier, soit du tuteur, soit de l'administrateur, cas auxquels il doit être permis à ceux-ci de se désister, puisque c'est leur responsabilité qui est engagée plutôt que l'intérêt du représenté : mais ce désistement ne devrait pas avoir lieu si les choses n'étaient plus entières, et s'il devait en résulter un préjudice pour ce dernier. —D.A. 5. 147, n. 3, 4, 5.

Enfin, si le désistement ne porte que sur quelque acte irrégulier de la procédure, on comprend qu'il sera facilement admis, quoique l'auteur de l'irregularité (avoué, tuteur ou autre) n'aurait pas capacité pour disposer de l'action (Fav., vº Désistement, n. 1; D.A. 5. 147, n. 4; 148, n. 7). Et quand le désistement ne porte ainsi que sur quelque acte irrégulier, l'avoué fait signifier ces autres actes, en déclarant qu'il n'entend tirer aucun avantage du premier. — Carré, n. 1455; Berriat, p. 771; D.A. 5. 147, note 2.

16.— Il est bien manifeste qu'un mineur ne pourrait se désister d'une action.

Aussi a-t-il été jugé qu'il peut être relevé d'un désistement qu'il a donné, et qui entraînerait de sa part une renonciation gratuite à un droit acquis ou à la sûreté d'une créance. — 4 mars 1806 Civ. c. Pau. Noguez. D.A. 5. 148, n. 5.

17. — On a déclaré valable, mais à tort suivant nous, le désistement donné, par un individu dont on poursuit l'interdiction, à l'appel qu'il avait formé contre le jugement de première instance, qui a

prononcé cette interdiction (C. pr. 402, 512). — 3 juill. 1829. Bordeaux. Barbot. D.P. 29. 2. 179.

18.— La femme qui a été autorisée à ester en justice a besoin d'une autorisation nouvelle pour se désister : elle ne peut se désister quoiqu'il s'agisse de ses intérêts personnels (C. civ. 219). — 15 juill. 1807. Civ. c. Bruxelles. Possel. D.A. 10. 127. D P. 7. 2. 123, et 22. 2. 132, n. 3

19.— Et cela, quoiqu'elle soit séparée de biens.— D.A. 5. 148, n. 9, 10.

Car la femme séparée ne peut, sans l'autorisation de son mari, se désister d'un appel par elle interjeté (C. civ. 215).—12 fév. 1828. Req. Rouen. Belloncle. D.P. 28. 1. 128.

20. — ..... Et bien que le débat ne porterait que sur des droits mobiliers.— D.A. 5. 148, n. 10.

21.— Et l'autorisation doit émaner de la personne qui a capacité pour autoriser.

22. — Ainsi, la femme en puissance de mari devant être, par lui ou par la justice, autorisée à passer tous *actes*, il s'ensuit qu'elle ne peut se désister d'une demande de nature à exiger une autorisation, qu'elle avait formée après y avoir été autorisée : et, par exemple, la femme qui forme une demande en séparation de corps, avec l'autorisation de la justice, ne peut valablement se désister de cette demande sans une permission qui émane de la même autorité; l'autorisation du mari serait insuffisante, d'après la règle *nemo auctor idoneus in rem suam*. — 20 fév. 1810. Req. Lyon. Gonin. D.A. 5. 150.

23. — Par suite, l'adversaire serait fondé à refuser un désistement qui ne serait pas autorisé dans la même forme que l'autorisation pour intenter la demande. — 23 nov. 1806. Bruxelles. Vanvolxem. D.A. 12. 745. D.P. 2. 1424. — 1er juin 1823. Rennes. S. 7. 1. 242.

24. — Un maire ne peut se désister d'une action par lui intentée au nom d'une commune. — V. Commune, n. 653 et suiv. et Acquiescement. n. 479.

25. — Et pour que le désistement d'une commune soit régulier, il faut qu'il y ait eu délibération du conseil municipal, et autorisation du conseil de préfecture, et il est insuffisant s'il contient des réserves. — 23 déc. 1809. Besançon. Commune de Molay. D.A. 5. 148, n. 1.

26. — De même, lorsqu'en vertu d'une délibération du conseil municipal, approuvée par le conseil de préfecture, un maire a été autorise a se désister, au nom d'une commune, des prétentions qu'elle pouvait avoir à une propriété immobilière réclamée par un particulier, et à acquiescer à la demande de celui-ci, une cour royale a pu, sans contrevenir aux lois relatives à l'autorisation des communes pour ester en justice et transiger sur leurs droits, fonder, sur le désistement du maire, sa décision qui adjuge au réclamant sa demande; et si, devant cette cour, la commune n'a proposé aucun grief contre une décision semblable consacrée par les premiers juges, elle est non-recevable a s'en faire un moyen de cassation contre l'arrêt de la cour royale. — 6 fév. 1816. Civ. r. Pau. Comm. d'Aguos. D.A. 5 150. D.P. 18. 1. 209, n.

Il paraît résulter de cette décision que, devant la cour, il s'est agi principalement de savoir si l'action était recevable ou non, ce qui paraît peu susceptible de difficulté dans l'état de jurisprudence qui voit dans les nullités provenant du défaut d autorisation un vice touchant à l'ordre public, lorsqu'il est invoqué par la commune. — V. Commune.

27. — Cependant les préfets peuvent valablement, et sans autorisation du conseil de prefecture, se désister d'un appel par eux interjete comme représentant le domaine de l'état (L. du 5 nov. 1790, art. 14 ; 28 pluv. an 8; arrêté du 19 vent. an 10). — 15. nov. 1831. Nanci. Pref. de la Meurthe. D.P. 33. 2. 210.

28.— Les tuteurs et administrateurs ont besoin d'une autorisation expresse pour se désister (C. civ. 464).— Carré, n. 1452; Pig., *Tr.*, 1, 482; *Comment.*, 1, 690; Berr., 1, 367; Demiau, p. 293. — Et lorsque Carré et Demiau ajoutent : surtout *s'il s'agit d'une action immobilière*, leur opinion ne peut être l'objet d'un doute (D.A. 5. 148, n. 7). — 20 mars 1820. Besançon. Munier. D.A. 5. 149, n. 2.

29. — C'est donc avec raison qu'on a annulé, comme fait sans autorisation du conseil de famille, le désistement donné par un tuteur, de l'appel d'un jugement qui a statué sur la validité d'une enchère portée sur un immeuble adjugé antérieurement au mineur. — 26 avril 1822. Amiens. Thieffries. D.A. 5. 149.

30.— Même décision dans le cas d'appel d'un jugement prononçant sur des droits immobiliers du mineur.— 1er juin 1813. Rennes. Lemême. D.A. 5. 149, n. 5.— V. Acquiescement, n. 5, s.

31.— De même, la mère tutrice légale ne peut se désister d'un jugement rendu en faveur de ses enfans mineurs, sur ses droits, et obtenu en sa qualité de tutrice.— 19 août 1811. Besançon. Gurney. D.A. 5. 149, n.

32.— Le tuteur peut-il se désister d'une action mobilière sans autorisation (C. civ. 464)? *Oui*, puisqu'il n'a pas besoin d'autorisaion pour la former (Fav., vo Désist., n. 6). — *Non*, s'il compromet les droits du mineur, parce que, bien que le tuteur puisse compromettre ces droits par une mauvaise administration, il ne peut consentir directement des actes, passer des contrats judiciaires dont le mineur doive être tenu : c'est ainsi qu'il ne pourrait transiger.— D.A. 5. 148, n. 6.

33.— Favard, vo Désistement, n. 1, dit qu'il est douteux que le tuteur puisse répéter contre le pupille les frais d'une procédure ou d'un acte dont il se serait désisté. — Il ne le pourra, en effet, si la nullité provient de son propre fait ; mais s'il est étranger à la nullité, la répétition sera admissible, sauf le recours du pupille contre l'auteur de la nullité.— D.A. 5. 148, n. 7.

34.— Un mari ne peut se désister au nom de sa femme, quoiqu'il plaide conjointement avec celle-ci. — V. n. 65

35.— Quant au mandataire conventionnel ou légal, il a besoin d'un pouvoir spécial du mandant. (Mêmes auteurs).— Ainsi, l'avoué ne pourrait donner un désistement en vertu du pouvoir général qu'il a de diriger la procédure.— Pig., 1, 454; Carré, n. 1456; Berr., p. 367; D.A. 5. 152, n. 1.

36.— Ainsi, l'avoué ne peut se désister d'un chef de conclusions sans pouvoir spécial, à moins que la partie, présente à l'audience, ne s'y oppose pas, car alors le désistement est censé donné par cette partie.— 29 juin 1808. Bruxelles. Belvaux. D.A. 5. 99. D.P. 1. 1298.

37.— Et le désistement d'un créancier produisant dans un ordre, n'est pas valable, s'il n'a été signifié que par le nouvel avoué constitué par un mandataire qui n'avait pas pouvoir de révoquer l'avoué choisi par le créancier, et s'il n'a été signifié qu'au seul créancier produisant, et non à toutes les parties intéressées. — 22 avril 1825. Nimes. Veyrunnes. D.P. 25. 1. 131.

38.— Ainsi, les avocats à la cour de cassation ne peuvent se désister des pourvois formés par des gardes nationaux ou par des condamnés en toute espèce de matière criminelle, que lorsqu'ils ont un pouvoir à cet effet.— 26 nov. 1831. Cr. r. Turle. D.P. 32. 1. 60.

39.— Mais le désistement, quoique signé par l'avoué de la partie qui se désiste, n'est pas suffisant si cet avoué ne représente pas la procuration spéciale donnée à cet effet par sa partie.— 20 fév. 1807. Besançon. Lefranc. D.A. 5. 151, n. 2.

40.— Au reste, on ne pense pas qu'il soit nécessaire que cette procuration soit authentique, quoiqu'il serait mieux qu'elle le fût.

41.— Et l'on doit regarder comme sévère la jurisprudence, d'après laquelle le désistement, dans lequel on donnerait seulement copie d'un pouvoir sous signature privée, doit être déclaré insuffisant. — 15 janv. 1824. Besançon. Crestin. D.A. 5. 153, n. 1.

42.— Au reste, la procuration par lettre, qu'un avoué a reçue, et qui renferme les pouvoirs de traiter, transiger et faire tout ce que les circonstances nécessiteront, soit pour suivre, soit pour terminer le procès dont il s'agit, est suffisante pour signifier un acte de désistement, quoique la faculté de se désister n'y ait pas été formellement exprimée.— 17 août 1814. Besançon. Potard. D.A. 5. 151, n. 2.

43.— Il résulte de ce qu'on vient de dire que le principe posé par Pigeau, n. 13, à savoir que celui qui a le droit de former une action, a le droit pareillement de se désister, manque d'exactitude.

44. — Aussi a-t-il été jugé qu'en cas de déclaration de pourvoi, faite par l'inspecteur des forêts au nom de l'administration forestière, l'administration a seule le droit de se désister du pourvoi. — 4 août 1827. Cr. c. Dijon. Eaux et forêts C. Bouchard. D.P. 27. 1. 452.

45.— Une partie, fût-ce un créancier poursuivant, ne peut, par un désistement, préjudicier à ses litis-consorts, ni par fraude à ses créanciers. — V. n. 150, et suiv.

§ 4.— *Cas dans lesquels le désistement a lieu.*

46. — Les cas ordinaires de désistement sont : 1° l'irrégularité d'un acte de procédure; 2° le choix d'une juridiction incompétente; 3° une instance prématurée ; 4° une action mal fondée.— Pig., 1, 543.

47.— Tout demandeur principal, incident ou intervenant, soit en première instance, soit en appel, soit en cassation, soit en conseil d'état, peut se désister.

48.— Il n'y a pas de déchéance, pas de délai contre la faculté de se désister.

49.— Il peut être donné en tout état de cause. — 12 déc. 1820. Civ. r. Angers. Fresnay. D.A. 5. 166. D.P. 21. 1. 89.

50. — Cependant le désistement d'un pourvoi en cassation est tardif, s'il n'a été déposé avant le rapport. — 2 oct. 1834. Cr. r. Soullet. D.P. 34. 1. 427. — V. n. 146.

51. — Lorsqu'une instance a été liée devant le tribunal civil, par la contestation en cause et par un interlocutoire, il n'est plus permis de décliner sa juridiction et de se désister de l'action pour la porter devant un tribunal de commerce. Ainsi, la partie qui a assigné devant un tribunal civil où il est intervenu un jugement interlocutoire, ne peut se désister de l'action, et assigner devant un tribunal de commerce pour la même demande, lors même qu'il s'agit d'une affaire commerciale; la juridiction civile ayant été prorogée par la contestation en cause. — 3 août 1809. Trèves. Vandervelde. D.A. 5. 168. D.P. 1. 1309.— V. *Contrà*, n. 79.

52.— Un créancier ayant droit de se faire colloquer dans deux ordres, peut se désister de la collocation qu'il a obtenue sur le premier ordre, et s'il le fait avant tout jugement (C. pr. 759). — 31 août 1815. Paris. Lavaudelle. D.A. 10. 813 et 622. D.P. 2. 818.

53.— Si, après plusieurs enchères reçues, l'adjudication a été renvoyée à un autre jour, le dernier enchérisseur peut se désister de son enchère : l'ajournement l'a délié (C. 1184). — 15 avril 1806. Riom. D.A. 9. 657.

..... Bien qu'il ait gardé le silence au moment où le renvoi a été prononcé.— Même arrêt.

54.— On peut se désister d'un jugement qu'on a obtenu, comme on peut renoncer à toute espèce de droit.

..... Mais sous la condition que l'adversaire voudra profiter de cette sorte de don ou de libéralité déguisée que le désistant lui fera par là. Et on comprend qu'il peut avoir des raisons pour refuser un tel désistement ; il le fait, soit en ne requérant pas acte du désistement, soit en consignant la somme à laquelle il a été condamné.

55.— En tout cas, le désistement ne porterait aucune atteinte aux droits particuliers ou corrélatifs que le jugement aurait créés au profit de l'adversaire.

..... Ni à l'appel que celui-ci aurait interjeté.

§ 5.— *Formes du désistement.— Signature, Acte d'avoué, Constatation.*

56.— Le désistement, a-t-on dit, est tacite ou exprès : *tacite*, il résulte de faits, d'intentions ou d'actes qui, bien qu'ils soient muets à l'égard du désistement, le contiennent cependant d'une manière implicite; *exprès*, il est extrajudiciaire ou judicaire. Au premier cas, il résultera, ce semble, de tout acte propre à constater une convention. Au second cas, il est constaté par la justice.

57. — Au reste, il n'existe pas de formes sacramentelles dans lesquelles le désistement doive être donné.

58.— Si l'on demande des dommages-intérêts par voie civile, on se désiste virtuellement de la poursuite criminelle qu'on a intentée et l'on se rend même non-recevable à intervenir sur la poursuite du ministère public. Il y a, en cas pareil, désistement tacite. — D.A. 5. 157, n. 5.

59. — Et la partie qui, postérieurement à l'appel interjeté par elle d'un jugement, a fait signifier ce même jugement sans réserves et avec commandement d'y satisfaire, est censée s'être désistée de son appel, et avoir acquiescé audit jugement (C. pr 302). — 17 déc. 1825. Bourges. Frébaut. D.P. 29. 2. 36.

60. — Quoiqu'on ne soit pas recevable à appeler d'un jugement dans lequel on a pas été partie, cependant si un appel a été formé par quelqu'un qui n'avait pas qualité, il ne suffit pas d'une simple réquisition, afin d'être rayé des qualités faites au nom de l'appelant pour suppléer au désistement en bonne forme nécessaire, pour que la cour n'ait pas à statuer sur l'appel. — 29 nov. 1828. Lyon. Favrot. D.P. 29. 2. 34.

61. — *Signature.* — L'art. 402 C. pr. exige en premier lieu la *signature* de la partie ou de son mandataire (par acte public ou sous seing-privé. — V. n. 39, s.): il s'agissait, en effet, d'un acte éminent de la propriété, pour lequel le tribunat voulait qu'on eût la capacité de transiger ou d'acquiescer. On comprend dès lors la nécessité de la signature. Et cette signature ne pourra être remplacée que par un pouvoir spécial (Berriat, p. 367, et Carré, 2, n. 1456). Cet avis peut s'appuyer sur l'art. 352; car c'est bien une offre ou un consentement que la proposition ou l'acceptation d'un désistement. — D.A. 5. 151, n. 1.

62.— Et la partie à qui un désistement est signifié a le droit de le refuser, si la signature du désistant ne se trouve pas sur la copie; car elle est pour lui la preuve du désistement. — D.A. 5. 152, n. 4.

63.— Le désistement doit être signé par toutes les parties qui le donnent; il est nul, s'il n'est signé que par l'une d'elles, encore qu'elle déclare se porter fort pour les autres. — 29 déc. 1824. Agen. Vaissié. D.P. 25. 2. 144.

Il ne faut pas, ainsi que le font observer les rédacteurs du recueil des arrêts de la cour d'Agen, conclure de là qu'un désistement de l'appel de la part d'une partie doive être signé par toutes les autres, lorsque, d'ailleurs, il n'y a pas indivisibilité d'intérêts; mais dans l'espèce, les réserves faites au nom de tous les appelans rendaient le désistement nul à l'égard de tous. — V. D.P. 35. 2. 144.

64.— Une partie peut réparer l'omission qu'elle a faite, de signer le désistement d'un acte d'appel, par un acte subséquent, dans lequel elle déclare confirmer et ratifier l'acte primitif de désistement. — 3 mars 1807. Aix. Dubros. D.A. 5. 153. D.P. 1. 1315.

65.— Le désistement donné par le mari plaidant tant en son nom qu'au nom de sa femme, est nul à l'égard de celle-ci, s'il n'est signé par elle. — 9 fév. 1820 Besançon. Maître-Jean. D.A. 5. 151, n.

66.— Le désistement signifié par simple acte d'avoué à avoué est vicieux et peut être refusé, si la copie signifiée ne contient ni la date ni la signature de la partie qui se désiste, bien que l'original soit signé.— 23 mai 1810. Bruxelles. Bosquet. D.A. 5. 153. D.P. 14. 2. 100.

67.— Le désistement d'un appel signifié par acte extrajudiciaire, doit, pour être valable, être signé par la partie ou son fondé de pouvoir, de même que lorsque le désistement est fait par acte d'avoué à avoué. — V. Arrêt contraire.— 28 janv. 1833. Agen. Touron. D.P. 33. 2. 195. D.P. 32. 2. 65.

68.— Le désistement fait par acte d'huissier est valable, quoique non signé par les parties ou leurs mandataires : l'art. 402 C. pr., qui exige cette signature, ne s'applique qu'au désistement qui a lieu par de simples actes signifiés d'avoué à avoué. — 3 fév. 1832. Toulouse. Touron. D.P. 32. 2. 65.

69. — Mais la partie qui, en première instance, n'a pas critiqué le désistement, et, au contraire, a demandé acte de la notification qui lui en était faite, n'est plus recevable à proposer en appel la nullité de ce désistement, résultant du défaut de signature. — 24 déc. 1829. Rennes. Guillemin. D.P. 30. 2. 51.

70.— En matière de commerce, un désistement peut être fait par un simple exploit extrajudiciaire, quoique non signé par la partie ou par un fondé de pouvoir. — Ici ne s'applique pas l'art. 402 C. pr. — 25 mars 1814. Paris. Fauvel. D.A. 1. 667. D.P. 1. 250.

71. — *Constatation.* — Mais, quand le désistement est donné par acte d'avoué, la partie adverse peut-elle être obligée de se contenter de ce seul mode de constatation ? N'a-t-elle pas, au contraire, le droit d'exiger que le tribunal ou la cour lui donne acte du désistement ?

L'affirmative paraît incontestable, puisque, dans le cas où c'est l'intimé qui se désiste sur l'appel, l'appelant n'aurait aucun titre pour repousser le jugement dont la minute reste au greffe, si l'acte d'avoué qui contient le désistement venait à s'égarer. — D.A. 5. 152, n. 6.

72.— Lorsque le désistement d'appel est fait par simple acte d'avoué à avoué, l'acceptation en est facultative, en ce sens que la partie à qui il est offert peut en demander un dont la minute repose dans les dépôts publics, et, par suite, au lieu de répondre au

désistement par acte d'avoué, elle peut porter la cause à l'audience (C. proc. 402). — 25 mai 1810. Bruxelles. Bosquet. D.A. 5. 152. D.P. 14. 2. 100.

73.— Le désistement, par l'intimé, de l'effet d'un jugement attaqué par appel, n'est pas suffisamment donné par un simple acte, surtout lorsqu'il y a plusieurs appelans, et qu'il n'en est laissé qu'une copie à leur avoué commun.— Les appelans sont en droit d'exiger que ce désistement soit constaté par arrêt. — 7 juill. 1825. Riom. Grand. D.P. 26. 2. 88.

74.— Le désistement d'une opposition formée à un mariage n'est pas valable s'il n'est donné que par acte sous signature privée, revêtu seulement de la signature du maire de la commune du domicile de l'opposant, parce que l'on ne pourrait délivrer une expédition de ce désistement; ainsi le prescrit l'art. 67 C. civ.; d'ailleurs un pareil acte peut se perdre, et la signature être déniée, puisqu'il ne reposerait dans aucun dépôt public, et que la légalisation du maire ne peut le rendre authentique. —31 déc. 1824. Besançon. Trouffet. D.A. 5. 153, n. 1.

75.— La signification d'un désistement par acte extrajudiciaire à la partie, n'empêche pas que l'avoué de celle-ci ne fasse régulièrement des procédures. — 31 juill. 1821. Montpellier. Tournié. D.A. 5. 170. D.P. 1. 1310.

Le désistement, dit l'arrêt, doit être donné par acte d'avoué à avoué, d'où l'on pourrait induire que, dans l'esprit de cet arrêt, l'audience n'aurait pu être poursuivie, si cette forme avait été observée.

76.— L'art. 402, sur le mode de désistement, est facultatif, en ce sens que, dans le cas où sur l'appel l'intimé se désiste, par acte d'avoué, de son action, l'appelant a le droit de requérir que le tribunal lui donne acte de ce désistement.—20 avril 1809. Bruxelles. Vincart. D.A. 5. 155. D.P. 1. 1305. — 2 juin 1821. Amiens. Comm. de Crécy-au-Mont. D.A. 5. 154. D P. 1. 1505. — 15 nov. 1831. Nanci. Préf. de la Meurthe. D.P. 33. 2. 210.

77.—...Surtout si la partie qui ne veut pas se contenter d'un simple acte, ne sait pas écrire. — 17 juill. 1816. Limoges. N.... D.A. 5. 154. D.P. 1. 1305.

78.— Et même lorsque l'intimé, qui avait obtenu gain de cause en première instance, déclare acquiescer à l'appel, et se désiste ainsi de sa demande, l'appelant peut, afin d'avoir un titre, refuser le désistement s'il est fait par un simple acte, et poursuivre l'infirmation du jugement dont il a appelé. — 19 fév. 1823. Caen. David. D.A. 5. 154. D.P. 1. 1305.

79.—Mais lorsque, de la part d'un demandeur, il n'y a eu d'autre acte de procédure que le seul exploit d'ajournement, et que le cité n a pas encore constitué avoué, le premier peut signifier au second son désistement de la citation, sans qu'il soit besoin que, pour être valable, ce désistement soit fait et accepte dans les formes prescrites par les art. 402 et 403 C. pr.

Par suite, si le même demandeur a fait assigner son adversaire devant un autre tribunal, ce dernier ne peut opposer à cette nouvelle demande l'exception de litispendance, motivée sur la première citation, dont le demandeur s'est ainsi désisté. —27 oct. 1824. Bruxelles. D.A. 5. 159. D.P. 1. 1306. — V. n. 50.

80.—Au reste, il n'est pas nécessaire de signifier à une partie l'arrêt qui lui donne acte du désistement de son pourvoi.—V. vol. de 1835. 1. 111.

81.— Lepage, p. 264, et Carré, n. 1458 et 1462, remarquent encore avec raison que l'avoué n'ayant aucun caractère pour certifier des incapacités, des empêchemens, la mention qu'il ferait de l'impossibilité de signer de la partie, ne suppléerait point la signature de celle-ci; elle ne pourrait qu'engager la responsabilité de l'officier ministériel.— D A. 5. 152, n. 2.

82.— De même, la déclaration, reçue par le directeur d'une prison, et déposée au greffe de la cour royale, portant qu'un condamné par un arrêt de cette cour se désiste du pourvoi qu'il a formé contre cet arrêt, n'est pas valable comme acte de désistement du pourvoi, ce directeur n'ayant pu imprimer à cette déclaration le caractère d'un désistement légal. — 16 oct. 1828. Cr. r. Bonvouloir. D.P. 28. 1. 433.

83.— Il est bien certain que si le désistement était donné et accepté à l'audience, oralement ou par écrit, la signature des parties ne serait point nécessaire : cette signature serait suppléée énergiquement par le procès-verbal du juge (Carré, n. 1458, et Fav., n. 2; D.A. 5. 152, n. 3 et 5).—31 janv. 1811. Rennes. D.A. 5. 155, n. D.P. 1. 1305.—V. Acquiescement.

§ 6. — *Acceptation, Refus ou rétractation du désistement.— Condition.*

84. — L'art. 402 C. pr. dit : « le désistement peut être fait et *accepté*... » et l'art. 403, premier alinéa, dispose ainsi : « le désistement, *lorsqu'il aura été accepté*, emportera... »

Ces deux dispositions, qui semblent, au premier aperçu, dissiper toute incertitude, n'ont pas empêché les difficultés de naître, et on peut même dire qu'en raison de l'insuffisance de leurs termes, elles ont donné plus de prise à la controverse.

85. — L'acceptation est expresse ou tacite; car, bien qu'il semble résulter de la lettre de l'art. 402 qu'elle doit être expresse, il ne faut pas oublier que cet article ne dispose que pour les cas ordinaires; qu'il n'est pas prohibitif de l'acceptation tacite, et que rien ne s'oppose à ce que, suivant la règle générale, une acceptation résulte d'un acte ou d'un fait quelconque.— D.A. 5. 158, n. 10.

86.— Aussi a-t-il été jugé, 1° que l'acceptation d'un désistement d'appel, en supposant que cette acceptation fût nécessaire, résultait suffisament, dans le cas où l'appel était dirigé contre un jugement statuant sur des contestations incidentes à une poursuite de saisie-immobilière, de ce que, depuis le désistement donné par le saisi, le créancier a continué ses poursuites.— 3 fév. 1832. Toulouse. Tournan. D.P. 32. 2. 65.

87.— 2° Que, quant à l'acceptation, l'article 402 n'est pas exclusif de tout autre mode; et, par exemple, le désistement est valablament accepté à l'audience, surtout s'il s'agit de séparation de corps. — 20 nov. 1816. Rennes. Bernard. D.A. 5. 155, n. 5. D.P. 1. 1305.

88.— 3° Que le mode de constater, par acte d'avoué, l'acceptation de désistement d'appel, n'est pas exclusif du mode de constatation par arrêt : il y a faculté à cet égard; et si le désistement, offert par simple acte est refusé dans cette forme, il peut, selon les circonstances, et surtout dans un cas où ce mode présenterait des inconvéniens, être ordonné qu'il sera constaté par arrêt.— 30 janv. 1830. Toulouse. Cayla. D P. 30. 2. 139.

89.—Au reste, l'acceptation d'un désistement doit être faite dans les mêmes formes et avec les mêmes formalités que le désistement; mais ces formalités ne sont point sacramentelles..... Cependant elle ne pourrait résulter de documens qui seraient tous en la possession de l'une des parties, et dont l'autre n'aurait pu avoir une connaissance legale (C. pr. 402, 403).— 17 fév. 1832. Bruxelles. Luce. D.P. 34. 2. 36.

90.— Il semble que toute personne qui peut faire sa condition meilleure peut accepter valablement un désistement, et que, l'acceptation une fois donnée, il ne peut plus être revoqué, quoique l'acceptant serait mineur, femme mariée, ou interdit.

91.— Mais l'avoué d'une partie n'a pas ce droit s'il n'est porteur d'un mandat spécial; car, de sa part, il n'y a pas même un engagement dans le for intérieur. —V. n. 38.—V. aussi nos observations, v° Arbitrage.

92.— De même, le créancier poursuivant dans un ordre n'a pas capacité pour accepter au nom de tous les creanciers, le désistement que fait un des créanciers de son acte de production.—9 déc. 1824. Req. Nîmes. Veyrunes. D.P. 25. 1. 131.

93.— L'acceptation du désistement d'une procédure de première instance est-elle nécessaire pour sa validité? Une partie peut-elle être forcée d'accepter ce désistement, ou, en d'autres termes, doit-il en être donné acte malgré le refus de cette partie qui, par la raison que le désistement n'éteint pas l'action, reste placée sous le coup d'une action sans cesse renaissante? Lui est-il, au contraire, loisible de poursuivre l'audience nonobstant tout désistement, à moins que son adversaire n'ait un juste sujet de se désister, en ce que, par exemple, la procédure serait vicieuse et que le refusant ne consentirait pas à renoncer à se prévaloir de ce vice, ou bien en ce que le vice toucherait à l'ordre public? Il nous semble que hors ce dernier cas, le refus serait bien fondé.

94.— Jugé en effet, 1° que si le désistement, notifié par le demandeur et refusé par le défendeur, paraît n'être formé que dans l'intention de se soustraire au jugement, en conservant son action, le tribunal peut refuser d'en donner acte, et ordonner de plaider au fond. — 26 fév. 1825. Douai. Simon. D.P. 30. 2. 50.

95.— 2° Que le désistement du bénéfice d'un jugement n'a d'effet qu'autant qu'il a été accepté.— 5 fév. 1825. Dijon. Comm. de Reynel. D.P. 29. 1. 130.

96.— Mais il a été jugé, et sans que ces décisions contredisent formellement l'opinion qu'on vient d'émettre; 1° que l'acceptation n'est pas indispensable pour la validité du désistement d'une instance, encore bien qu'elle soit contradictoirement engagée. Seulement, le refus d'acceptation de la part de celui à qui le désistement est offert, a pour effet d'obliger le demandeur à obtenir du tribunal un jugement qui prononce la validité du désistement.— Ainsi, malgre le refus du défendeur, le désistement d'une instance incompétemment portée devant un tribunal peut être déclaré valable par ce tribunal.— 12 déc. 1820. Civ. r. Angers. Fresnay. D A. 5. 166. D.P. 21. 1. 89.

97.—2° Que, quoique le désistement de l'opposition à une ordonnance d'*exequatur* sur un jugement arbitral, n'ait pas été *accepté* par la partie qui l'a obtenu, celle-ci n'en est pas moins fondée à pratiquer une saisie-arrêt en vertu de ce jugement (C. pr. 403).— 24 août 1826. Lyon. Granger. D.P. 29. 1. 48.

98 — 3° Que le désistement d'une opposition, signifié par une partie qui, dans le même acte, a interjeté appel, n'a pas besoin, pour produire effet, d'être accepté, et le désistant peut donner suite à son appel, sans être obligé de suivre sur son opposition. — 3 mai 1830. Angers. Gastineau. D.P. 31. 2. 93.

99.— 4° Que si le demandeur a fait notifier un acte de désistement pur et simple, et sans déclarer qu'il renonce à former une nouvelle action, le tribunal doit, nonobstant le refus de l'adversaire, se borner à donner acte du désistement, sans statuer au fond.— 24 déc. 1829. Rennes. Guillemin. D.P. 30. 2. 51.

100. — Le désistement d'une demande adoptée par arrêt passé en force de chose jugée, ou la renonciation au bénéfice de cet arrêt, ne peut être admis contre le gré de l'autre partie (C. civ. 1351; C. pr. 403).

Et spécialement, lorsque, sur la demande de l'administration, un jugement passé en force de chose jugée a prononcé une expropriation pour cause d'utilité publique, et qu'il ne reste plus à fixer que l'indemnité, l'administration n'est pas fondée, contre le gré de son adversaire, à se désister de sa demande, ou à renoncer à l'arrêt, même en offrant de réparer tous dommages que celui-ci a pu éprouver. — 16 janv. 1832. Bordeaux. Gerbeaud. D.P. 32. 2. 165.

101. — Le plus grand intérêt de cette thèse est d'éclairer la question de savoir si le désistement peut être rétracté par celui qui l'a fait, bien qu'il ait été notifié à son adversaire. C'est un contrat, dit-on, et il répugne qu'une partie soit liée lorsque l'autre ne l'est pas (Pigeau, 1, 479).—Mais on répond que si le désistement est un contrat, il appartient à la classe des actes unilatéraux, puisqu'une seule personne est obligée; que la loi est favorable à l'extinction des procès; qu'aussi les arrêts décident-ils qu'il doit, lorsqu'il est légitime, obtenir effet, nonobstant le refus de celui à qui il est signifié; et qu'enfin il ne peut exister de débats que sur la légitimité du désistement, à cause des termes dans lesquels il aura été donné.—Dalloz, qui fait ces objections, ne se prononce pas sur ce point, mais ce qu'il dit sur la question indiquée au n. 104 fait penser qu'il regarde la rétractation comme permise tant que l'acceptation n'a pas eu lieu. — D.A. 5. 158, n. 8.

102. — Jugé que le désistement d'une demande, à la différence de l'acquiescement, n'est irrévocable que par l'acceptation.— *Spécialement*, lorsque le mandataire d'un créancier qui a produit tardivement dans un ordre, a donné et signifié à l'avoué du poursuivant un désistement de la production du mandant, ce désistement peut être rétracté, si, au moment de la rétractation, il n'a pas encore été accepté par le créancier poursuivant lui-même, mais par son avoué seul, et si cette acceptation, faite seulement dans le comparant d'une réquisition de clôture de l'ordre, n'a été signifiée à aucune des parties. — 9 déc. 1824. Req. Nîmes. Veyrunes. D.P. 25. 1. 131.

103. —Et qu'une partie peut révoquer le désistement par elle signifié, s'il n'a été accepté par l'avoué en présence de la partie, ou si l'avoué qui l'a accepté n'était pas muni d'un pouvoir spécial. —17 déc. 1828. Dijon. Adrien. D.P. 31. 2. 73.

104.—La même difficulté, indiquée au n. 93, se représente au sujet du désistement de l'appel. L'acceptation est-elle nécessaire? Non; parce que le jugement devient alors en dernier ressort et que le désistement équivaut à un acquiescement, lequel n'a pas besoin d'être accepté (Merl., Rép., v° Désistement d'appel; Berriat, p. 367; Favard, n. 8).—On doit se décider d'après les termes du désistement (Demiau, p. 292).— Il faut distinguer s'il embrasse l'action ou

la procédure (Favard).—Dalloz semble incliner vers le système qui exige l'acceptation dans tous les cas, à moins, ce qui n'existera presque jamais, que l'acte ne contienne une dispense expresse à cet égard. — D.A. 5. 158, n. 9.

105. — Jugé 1° que le désistement d'appel, ne produisant son effet que par l'acceptation, peut être rétracté, tant qu'il n'a pas été accepté. — 23 juin 1829. Toulouse. Laponjade. D P. 30. 2. 90. — 28 mars 1831. Bordeaux. D.P. 31. 2. 149.

106.—.... Et, après la rétractation, l'acceptation serait tardive. — 20 mai 1831. Bordeaux. Abria. D.P. 31. 2. 157.

107. — 2° Qu'un désistement d'appel, donné par acte notarié, auquel n'a point paru celui au profit de qui il est fait, peut être révoqué, encore bien que ce dernier ait fait signifier l'acte notarié au désistant, mais sans, toutefois, déclarer qu'il acceptait le désistement. — 21 nov. 1828. Bordeaux. Madéran. D.P. 29 2. 287.

108. — 3° Que lorsqu'après arrêt par défaut qui confirme un jugement, il est formé opposition par l'appelant, le désistement de l'appel par ce dernier a besoin, pour produire effet, d'être accepté par l'intimé. — 14 déc. 1810. Lyon. Tissot. D.A. 5 162. D.P. 1. 1306.

109. — Mais il a été décidé 1° qu'avant le code de procédure, l'acceptation d'un désistement d'appel n'était pas nécessaire pour la validité. — 31 juill. 1817. Req. Montpellier. Héritiers. d'Alzon. D.A. 5. 162. D.P. 18. 1. 491.

110. — 2° Qu'à la différence du désistement d'une demande, il n'a pas besoin d'être accepté : qu'il produit son effet dès l'instant qu'il est signifié. — 23 mai 1828. Montpellier. Saint-Geniez. D.P. 29. 2. 39. — 18 mars 1811. Civ. r. Dijon. Germain. D.A. 5. 164. D.P. 1. 1307. — 21 déc. 1819. Civ. r. Metz. Desmont Vuillemet. D.A. 5 165. D P 20 1. 99.

111. — 3° Qu'il ne peut, dès lors, être révoqué, encore bien que l'acceptation qui a été faite ne serait pas signée. — 31 déc 1831. Limoges. Moreau. D.P. 32. 2. 118.

112.— Si le désistement est conditionnel ou fait sous des réserves, le défendeur sera en général autorisé à le refuser, et son refus ne devra point le rendre passible des dépens.— Hautef, p. 2.2; Berriat, p. 368, note 7; Carré, n. 1460; D.A. 5. 152, n 9.

113 — Le désistement d'un appel peut donc être refusé par l'intimé s'il contient des réserves de nature à faire renaître la contestation (si, par exemple, le desistant se réserve le droit de soutenir dans une autre instance la validité de son action), de telles réserves étant destructives du désistement.— 8 juill. 1807. Turin. Carignani. D.A. 5. 154. D.P. 1. 1305.— 24 août 1810. Paris. Cailliot. D.A. 5. 155. D.P. 1. 1306. — 3 août 1810. Besançon. Dumoulin. D.A 5. 156, n — 16 fév. 1820. Rennes. D.A. 5. 155. D.P. 1. 1308 — 16 nov. 1821. Amiens. Brebant. *ibid.* — 29 déc. 1824. Agen. Vaissié. D.P. 25. 2. 144.— 22 août 1826. Bordeaux. Goillorit. D.P. 28. 2. 106.

Ainsi jugé au sujet d'un désistement d'appel contenant des réserves de droits successifs *si l'on parvient à les établir.* — 28 janv. 1835. Req. Rouen. Morin. D.P. 35. 1. 154.

114.— Et ce n'est que quant à la matière qui fait l'objet de l'appel, que le désistement doit être pur et simple. Il est valable et doit être accepté, lorsqu'il renferme des réserves relatives seulement à des points différens de ceux actuellement soumis aux juges d'appel.— 8 janv. 1825. Agen. Jégun-Laroche. D P. 25. 2. 144.

115.— Jugé de même au sujet d'un désistement donné sous toutes réserves (C. pr. 302).— 1er déc. 1821. Bourges. Bondon. D A. 5. 156. D.P. 1. 1306.

116.— Cependant le refus de la partie d'accepter un désistement n'empêche pas les juges de valider ce désistement, d'ailleurs régulier, quoique le refus serait fondé sur ce que le désistant se réservait d'intenter une nouvelle action.— 11 janv. 1832. Paris. Talausior. D.P. 33. 2. 67.

117.— Mais il peut très bien être accepté sous condition. Ainsi, la partie qui accepte un désistement, à condition que celui qui l'a offert *fera un tel acte de procédure*, ou *exécutera un jugement attaqué dans tel délai*, ne doit pas être considérée comme ayant refusé d'accepter le désistement quant au fond; un tel désistement devient au contraire irrévocable par cette acceptation, et doit produire tous ses effets.— 18 mars 1811. Civ. r. Dijon. Germain. D.A. 5. 164. D P. 1. 1307.

118.— Il ne faut pas confondre avec des *réserves* les expressions injurieuses qu'un désistement pourrait renfermer; les injures seraient mises à l'écart, ou pourraient donner lieu à des poursuites devant les tribunaux de répression; et le désistement, réduit à ses termes purs et simples, obtiendrait son efficacité.— Carré, n. 1464; Fav., n. 5; D.A. 5. 152, n 10.

119.— Ainsi, lors même qu'un acte de désistement renferme des motifs injurieux pour la partie à laquelle il est offert, il ne peut être refusé par celle-ci : seulement les juges peuvent, en confirmant le désistement, ordonner la suppression des termes injurieux et diffamatoires, et ordonner en même temps que l'arrêt qui prononce cette suppression soit écrit en marge de la minute du désistement (C. pr. 402).— 8 août 1809. Paris. Rebuffat. D.A. 5. 162. D.P. 23. 2. 44.

120.— Au surplus, l'acceptation, dès qu'elle a été donnée, produit un droit irrévocable au profit de l'acceptant, et ce droit, comme tout autre, ne peut lui être ravi sans une manifestation très expresse de son intention d'y renoncer, et cette renonciation ne se présume point.

121 — Ainsi, la partie qui, après avoir accepté le désistement d'une action en restitution d'intérêts usuraires dirigée contre elle, offre, dans des conclusions postérieures, et sur une nouvelle instance, de justifier que le prêt n'a point excédé le taux légal de l'intérêt, et somme son adversaire de présenter des pièces et d'établir des calculs, cette partie n'est pas censée renoncer au bénéfice du désistement, et elle peut toujours l'opposer (C. civ. 1356). — 22 janv. 1833. Req. Amiens. Pruvost. D.P. 33. 1. 137.

§ 7.— *Effets du désistement d'après son sens légal et d'après les termes dans lesquels il est donné, soit quant aux procédures ultérieures, soit quant a l'appel incident.*

122.— L'art. 403 C. pr. porte. « le désistement, lorsqu'il aura été accepté, emportera, de plein droit, consentement que les choses soient remises de part et d'autre au même état qu'elles étaient avant la demande »

123.—Il annulle donc tous les actes de la procédure, lesquels ne peuvent servir à interrompre la prescription; il entraîne main-levée des saisies et oppositions qui ont pu être formées par les parties respectivement (*observations* du Tribunat); il empêche que l'instance ne puisse être invoquée, soit comme mise en demeure, soit comme faisant courir les intérêts. —Il vaut acquiescement (V. n. 4, 59); lorsqu'il intervient sur l'appel, il donne au jugement force de chose jugée. — V. n. 104.

124. — On a dit que lorsqu'un désistement est pur et simple, il ne porte en général que sur la procédure. Il ne doit être étendu à l'action elle-même, ni restreint à quelque partie isolée de la procédure, qu'autant que les termes employés par le désistant annoncent manifestement cette intention. Tel est l'esprit des art. 402 et 403 C. pr. — Carré, n. 1455; D.A. 5. 147, et 157, n. 1.

125. — Et c'est, on le dit aussi, n. 3, aux tribunaux à déterminer le sens et la portée de ces termes, mais sans toutefois que leur interprétation soit irréfragable devant la cour de cassation.

126. — Ainsi, 1° le désistement d'une procédure irrégulière pour en intenter une plus regulière, n'emporte pas extinction de l'action. — 10 mai 1809. Req. Caen. Youf. D.A. 5. 159. D.P. 9. 1. 216.

127. — 2° Le désistement de sa demande, avec offre de payer les frais, donné par la régie, à qui il avait été opposé qu'une contrainte décernée par elle n'était pas motivée, doit être interprété en ce sens, que la régie entend renoncer seulement à un acte qui aurait pu être déclaré irrégulier, et non au droit de poursuivre le recouvrement de la somme par elle réclamée, et il y a lieu de casser, pour violation de l'art 403 C. pr, le jugement qui induit de ce désistement une extinction totale de l'action de la régie. — 16 mai 1821. Civ. c. Enreg C. Roussel. D.A. 5 161. D.P. 21. 1. 382.

128.— 3° La déclaration faite au bas d'un exploit de saisie-arrêt, par le créancier saisissant, qu'il renonce *aux suites de la présente action*, doit être interprétée en ce sens, qu'il renonce seulement à la saisie, mais sans porter atteinte au droit en vertu duquel il agissait..., surtout s'il apparaît que le saisissant savait alors que le saisi avait, dès avant la saisie, cédé sa créance à un tiers, ce qui rendait la saisie sans utilité pour le saisissant.— 14 janv. 1831. Poitiers. Papillault. D.P. 32. 2. 14.

129. — 4° Le jugement passé en force de chose jugée, qui a déclaré un individu non fondé dans sa demande à cause d'un désistement par lui donné, n'empêche pas qu'une nouvelle action puisse être intentée pour le même objet, si celui qui l'exerce n'avait donné ce désistement qu'avec réserve de former une nouvelle demande (C. pr. 408). — 18 fév. 1823. Civ. c. Paris. Bonneau. D.A. 5. 156. D.P. 1. 1306.

130. — Jugé cependant que le demandeur qui, sans aucune réserve, se désiste de sa demande avec offre de payer les dépens, est censé, alors d'ailleurs que la procédure n'était entachée d'aucun vice, se désister non seulement de la procédure, mais encore de l'action elle-même.— 22 juill. 1813. Paris. Guignon. D.A. 5. 160. D.P. 14. 2. 101.

131. — Et l'acte par lequel le demandeur déclare qu'après avoir pris communication des titres opposés, il se désiste des fins et conclusions de sa requête, emportait (sous les chartes du Hainaut, lesquelles autorisaient le demandeur qui s'était désisté de ses poursuites, à reproduire de nouveau sa demande) extinction non seulement de l'instance, mais encore de l'action elle-même (Ordon. de 1667, tit. 27, art. 5) — 21 germ. an 10. Civ. c. Malon. D.A. 5. 158. D P. 3. 1. 434.

132.— Ainsi, le désistement d'une action, donné dans une transaction, doit être entendu dans le sens de cette transaction, et l'on a pu décider qu'il ne s'appliquait pas seulement à la procédure, mais encore à l'action. — 22 janv. 1833. Req. Amiens. Pruvost. D.P. 33. 1. 137.

133.— Le désistement d'appel donné sans réserves éteint l'instance d'appel, si l'intimé n'a des motifs légitimes de le refuser. — 16 mai 1820. Rennes. Baron. D.A. 5. 165. D.P. 1. 1308.

134. — Le désistement doit être restreint à l'acte ou à la procédure dont on se désiste et aux conséquences nécessaires de cet acte.

135. — Ainsi, lorsque sur l'appel d'un jugement provisoire, les parties ont plaidé au fond d'un commun accord et ont pris des conclusions tendantes à l'évocation du principal, le désistement (non accepté) de l'appelant, lequel ne porte que sur l'appel du jugement provisoire avec demande d'être renvoyé, quant au fond, devant les premiers juges, ne peut dessaisir la cour de la connaissance du fond. L'instance, une fois liée sur ce point devant un tribunal, doit y prendre fin, et ne peut conséquemment être changée par un désistement sur un incident. — 1er juill. 1818. Req. Lyon. D'Angeville. D.A. 5. 168. D P. 1. 1309.

136 — Et, toute connaissance nouvelle d'une affaire sur laquelle un tribunal a statué par jugement définitif, lui étant interdite, ce tribunal excède ses pouvoirs, si, sur le désistement qu'une partie a donné d'un jugement rendu sur l'opposition qu'elle avait formée à un jugement par défaut, ce tribunal décide que ce désistement n'a pas eu pour effet de faire revivre le jugement par défaut, et a, par suite, prononcé la nullité de ce jugement (C. civ. 1351). — 27 avril 1807. Civ. c. Cahours. D.A. 5. 170. D.P. 1. 1309.

137.— Le désistement ne peut non plus avoir prise sur la chose jugée, et le demandeur ne peut, par son désistement, enlever au tribunal saisi la connaissance de l'affaire, lorsque l'instance a été liée et que des jugemens interlocutoires ont été rendus par lui (C. pr. 171).— 19 mars 1812. Req. régl. de juges. Pau. Blanques. D.A. 5. 171. D.P. 12. 1. 319. — 21 nov. 1818. Rennes. Fresnais. D.A. 5. 173.

138.— Et la partie qui s'est désistée de son pourvoi contre un arrêt de chambre d'accusation, n'est pas recevable à soutenir plus tard qu'elle était incompétente.— 12 déc. 1834. Cr. c. D.P. 35. 1. 111.

139.— Si un désistement d'appel et un appel incident ont été signifiés le même jour sans que rien établisse la priorité de ces actes, l'appel incident est recevable. — 31 juill. 1821. Montpellier. Tournié. D.A. 5. 170. D.P. 1. 1310.

140. — *Appel incident.* — Quel est l'effet du désistement de l'appel principal à l'égard de l'appel incident? On distingue si l'appel incident a précédé ou suivi le désistement.

141 — Au premier cas, le désistement de la part de l'appelant principal n'ôte pas à l'intimé le droit de donner suite à l'appel incident (C. pr. 443). — 8 août 1809. Paris. Rebuffat D.A. 5. 162. D.P. 23. 2. 44.

142.—...Et cela encore bien qu'avant l'émission de son appel, l'intimé eût signifié le jugement sans réserves et y eût même virtuellement acquiescé par des actes d'exécution.— 3 fév. 1830. Lyon. Ducreux. D.P. 31. 2 112

143.— Dans le second cas, c'est-à-dire si l'appel incident est formé après le désistement de l'appel principal, il n'est pas recevable. — 23 mai 1828. Montpellier. Saint-Geniez. D.P. 29. 2. 39.

144.— Il importe peu que, dans ce cas, l'intimé refuse d'accepter le désistement : un refus pareil n'a pas un motif légitime; l'appel incident est non-recevable, et l'intimé doit supporter les frais.—16 mai 1820. Rennes. Baron. D.A. 5. 165. D.P. 1. 1308. — 26 juill. 1821. Liége. Arnold. D.A. 5. 163. D.P. 1. 1307.

145.— Jugé cependant qu'un appel incident peut être interjeté même postérieurement à la signification du désistement de l'appel principal, pourvu que ce désistement n'ait pas encore été accepté.—9 mars 1830. Bourges. Limousin. D.P. 30. 2. 219.

Mais cette décision ne paraît pas exacte; car, au moment où l'appel incident a été émis, l'intimé savait qu'il n'existait plus d'appel principal; qu'ainsi l'appel qu'il se disposait à former devait l'être par voie principale et non par voie incidente. Et, en effet, à cette époque aucune contestation n'était encore liée, aucun droit acquis à l'intimé. Il n'existait qu'une signification d'appel de la part de l'appelant, et rien ne s'opposait à ce qu'il y renonçât.

146.—Néanmoins, on devrait, ce semble, excepter le cas où le désistement de l'appel principal aurait été notifié à une époque tellement rapprochée de l'expiration du délai d'appel, que l'intimé n'aurait pas eu le temps de former son appel incident, qu'il n'aurait point encore formé, parce qu'il savait qu'il pouvait l'émettre en tout état de cause.

147.— Au reste, ceci nous amènerait aussi à faire une autre distinction entre le cas où l'intimé aurait signifié le jugement et celui où il ne l'aurait pas signifié. Il paraît bien manifeste que s'il ne l'avait point signifié ou s'il ne l'avait signifié qu'avec des réserves, le désistement de l'appelant principal ne pourrait lui ravir le droit d'émettre lui-même appel; mais alors ce serait un appel principal et non un appel incident qu'il devrait former.

§ 8.— *Effets du désistement à l'égard de la partie publique et des tiers.*

148.— Le désistement de la partie civile ou du plaignant ne peut avoir d'influence sur l'action publique dès qu'elle a été mise en mouvement, sauf, par exemple, le cas d'adultère. Il n'a effet que quant aux intérêts civils.— D.A. 5. 157, n. 3 et 158, n. 6.

Le désistement du ministère public lui-même ne dessaisit pas le tribunal de la prévention (C. inst. cr. 161).— 6 déc. 1834. Cr. c. Min. pub. C. Gaillard. D.P. 35. 1. 157.

149.— Il est aussi sans effet à l'égard des tiers. — « Les tiers, a dit la section du Tribunal, ne peuvent jamais souffrir d'un désistement qui leur serait préjudiciable : il en sera du désistement comme de toute autre action. » C'est l'application de l'art. 1166 C. civ., et nulle raison ne réclamait une exception dans cette matière.— Carré, n. 1453; Pig., p. 694; Fav., p. 81; D.A. 5. 157, n. 2.

150.—Et, sous l'expression *de tiers*, on doit comprendre toutes personnes qui ne sont pas représentées par le désistant.

151.— Ainsi, le désistement d'une instance n'a d'effet qu'entre les parties qui l'ont fait et accepté; le procès subsiste toujours à l'égard des autres parties non contractantes, principales ou intervenantes; ainsi, lorsqu'un créancier, qui exproprie un immeuble vendu par son débiteur, est remboursé de sa créance par l'acquéreur, tiers-saisi; le désistement ne fait pas obstacle à ce que le saisi, qui est intervenu, puisse continuer les poursuites.—30 août 1825. Req. Orléans. Sinett. D.P. 25. 1. 453.

152.—Le désistement d'instance, fait par le créancier poursuivant, seul et sans le concours des autres créanciers, après la notification des placards d'une saisie-immobilière aux créanciers, et enregistrement aux termes des art. 695, 696 C. pr., n'est pas valable. — 2 mars 1818. Nanci. Choiseul. D.A. 11. 808. D.P. 2. 1216.

153. — Si de plusieurs parties qui ont le même intérêt, quelques unes seulement se désistent, le désistement est alors soumis aux règles des obligations divisibles et indivisibles : les parties restant en cause ne peuvent ni souffrir ni profiter de la renonciation de leurs co-intéressés, à moins que l'abdication ne soit faite en leur faveur.— D.A. 5. 158, n. 11; Carré, n. 1454; Fav., n. 6.

154.— Aussi, lorsque plusieurs parties revendiquant un immeuble, objet divisible, ont appelé d'un jugement qui a admis la revendication de leur adversaire, si l'un ou plusieurs des appelans se sont désistés de leur appel, ce désistement ayant l'effet de donner force de chose jugée au jugement, en ce qui concerne les désistans, et d'anéantir leurs droits sur l'immeuble, il doit profiter à celui qui a obtenu le jugement, et non accroître la portion des autres appelans; et, dès lors, si le jugement est infirmé, l'immeuble ne peut être attribué en totalité aux appelans restés en cause, il ne doit leur être adjugé que sous déduction de la portion afférente aux désistans, laquelle est acquise à l'intimé (C. pr. 403; C. civ. 1217).—16 janv. 1811. Civ. c. Rennes. Vincent. D.A. 5. 174. D.P. 11. 1. 117.

155.— Si le désistement est frauduleux, il ne peut nuire aux créanciers (C. 1166); ainsi le créancier, qui, ayant eu connaissance d'une demande en rescision d'un contrat de vente, formée par son débiteur, a notifié à celui-ci une opposition à toute espèce d'arrangement, a le droit de demander la nullité du désistement donné par le débiteur, comme fait en fraude de ses droits. — 24 fév. 1806. Paris. Dupuy. D.A. 5. 174. D.P. 1. 1310.

§ 9.—*Effets du désistement quant aux frais et à l'amende.*

156.— L'art. 403 C. pr. porte : « Il (le désistement) emportera également soumission de payer les frais, au paiement desquels la partie qui se sera désistée sera contrainte sur simple ordonnance du président, mise au bas de la taxe, parties présentes, ou appelées par acte d'avoué à avoué.

» Cette ordonnance, si elle émane d'un tribunal de première instance, sera exécutée nonobstant opposition ou appel; elle sera exécutée nonobstant opposition, si elle émane d'une cour royale.»

157. — Mais sur qui devront tomber les frais de l'arrêt qui aura constaté le désistement? La section du Tribunal disait : « le principe a plu à la section. Il est utile d'offrir aux parties un moyen simple d'éviter un jugement. Des praticiens ont long-temps soutenu que ce désistement *devait être reçu judiciairement*, ce qui laissait les parties *exposées à des frais*. C'est donc un bon système que celui qui introduit une voie simple de mettre fin à une procédure. » — D.A. 5. 152, n. 7.

158.—Il est certain que ces observations sont favorables au désistement. On peut ajouter qu'il était dans le vœu du législateur de rendre faciles et peu coûteux les moyens d'éteindre les procès; que l'acte d'avoué est enregistré, ce qui doit rassurer contre la crainte de perdre la preuve du désistement; que d'ailleurs le dépôt peut en être fait dans l'étude d'un notaire (Pig., 693, et Hautef., p. 212). Néanmoins, il semble juste que la partie à qui le désistement est fait, ait entre les mains le titre qui constitue son droit, et qu'elle ne soit point exposée à le perdre; et elle est fondée à soutenir que la mention qui se trouve sur le registre du conservateur n'est pas suffisante; que, quant au dépôt chez un notaire, outre qu'il l'expose à des frais, il ne lui procure point la même sécurité que l'acte émané des juges; que les observations du Tribunat ont suivi et non précédé la disposition de l'art. 402 C. pr.; que la difficulté n'y est point examinée, et que d'ailleurs c'est bien une voie simple et économique que celle qui permet de donner un désistement par simple acte d'avoué, au lieu d'exiger l'exploit d'un huissier. — Carré, n. 1459 et 1467, et Fav., n. 4; D.A. 5, 152, n. 7.

159.— Les frais du jugement ou de l'arrêt qui constate le désistement sont donc à la charge du désistant. — 15 nov. 1831. Nanci. Préf. de la Meurthe. D.P. 33. 2. 210. — 17 juill. 1816. Limoges. N. D.A. 5. 154. D.P. 1. 1315. — 5 avril 1824. Rennes. Bodin. D.P. 30. 2. 57.

160. — Et cela, surtout lorsqu'un désistement a été signifié si tardivement, que l'autre partie n'a pas eu le temps de l'accepter par un simple acte. —18 mars 1830. Bordeaux. Branthome. D.P. 30. 2. 152.

161. — C'est l'appelant ou désistant qui doit être condamné aux dépens de l'arrêt qui donne acte d'un désistement d'appel, encore bien que l'arrêt aurait été provoqué par l'intimé, qui n'aurait pas voulu se contenter d'un simple acte d'avoué à avoué. — 2 juin 1821. Amiens. Comm. de Crécy-au-Mont. D.A. 5. 154. D.P. 1. 1305. — 20 avril 1809. Bruxelles. Vincart. D.A. 5. 153. D.P. 1. 1305.

162. — Jugé toutefois que, si l'intimé a contesté un désistement d'appel donné sans réserves, et qu'il n'avait nul motif légitime de refuser, il doit être condamné aux dépens. — 16 mai 1820. Rennes. Baron. D.A. 5. 165. D.P. 1. 1308.

163. — L'intimé qui a accepté un désistement d'appel conditionnel n'est plus fondé, comme s'il s'agissait d'un désistement pur et simple, à demander que les dépens par lui faits sur l'appel soient liquidés en conformité de l'art. 403 C. pr., qui les met à la charge du désistant. — 18 fév. 1811. Florence. Ranneci. D.A. 5. 163. D.P. 1. 1307.

164. — Cependant si le désistement donné par acte d'avoué à avoué avait été accepté de la même manière sans réserves, il semble qu'il y aurait contrat formé et que la partie qui occasionerait le retour devant les magistrats, dans son seul intérêt, devrait supporter les frais. — D.A. 5. 152, n. 8.

165. — Le désistement fait par un particulier, sur opposition, à une ordonnance qui l'autorise à changer de nom, ne fait point obstacle à ce qu'il soit condamné aux dépens. — 24 déc. 1818. Ord. cons. d'état. Gastin. Mac. 5. 43.

Mais le désistement de la partie civile, sauf le cas où il a lieu dans les vingt-quatre heures (66 C. inst. cr.), ne saurait la soustraire au paiement des frais. — D.A. 5. 157, n. 4. — V. Action civile.

166. — L'appelant qui s'est désisté de son appel doit obtenir la restitution de son amende. — 22 mess. an 13. Toulouse. Espert. D.A. 5. 174. D.P. 1. 1310.

167. — ... A moins que le désistement n'ait lieu après admission de l'inscription de faux (C. pr. 247).

168. — Mais le désistement d'un pourvoi en cassation, en matière civile, ne rend pas l'amende restituable : c'est le dernier état de la jurisprudence de la cour de cassation. — V. vol. de 1833. 1. 47.

— V. Acquiescement, Actions possessoires, Amende, Appel, Appel incident, Cassation, Commerçans, Communauté, Communes, Contrat judiciaire, Discipline, Conseil d'état, Désaveu, Domaines nationaux, Droits civils, Exceptions, Fabrique, Faux incident, Forêts, Frais, Hypothèques, Ministère public, Ordre, Peine, Prescription, Saisie-immobilière, Séparation de patrimoines, Surenchère, Transaction, Vente.

TABLE SOMMAIRE.

Acceptation. 2, 5, 79, 83, 84, s. 108, 114, 122, s. 135, 145, 164. — tacite. 85, s.
Acquiescem. 4, 59, 102.
Acte (donner). 77, s. — authentique. 74, s. — d'avoué. 2, 71, s. — judiciaire. 158. — notarié. 107. — nul. 15.
Action. 14, s. 124. — publique. 148.
Amende. 166, s.
Appel. 86, 104, s. 133, 161, 166. — incident. 140, s.
Autorisation. 26, s. — de femme. 18, s. — dans son intérêt. 22.
Avocat. 38.
Avoué. 8, 36, s. 81, 90, 103.
Capacité. 13, s.
Cassation. 38, 50, 82, 128, 160. — (appréc.) 3, 9.
Certification. 68, 81, s.
Chose jugée. 55, 100, 129, 136, s. 154.
Commune. 24, s.
Compétence. 51, s. 138.
Condition. 3, 112, s. 163.
Constatation. 71, s.
Constitution d'avoué. 79.
Contrat judiciaire. 5.
Créancier. 45, 92, 155.
Date. 66. — (priorité) 139.
Déchéance. 48.
Délai. 48, s. 160.
Désistement judiciaire. 3. — tacite. 3, 56, s.
Directeur de prison. 82.
Divorce. 11
Domaine. 27.
Effets. 122, s.
Equivalent. 85, 87, 89.
Erreur. 15.
Evocation. 135.
Exception (nullité couverte). 69.
Exécut. provisoire. 157.
Femme. 18, s.
Fonctionnaire (certification). 81, s.
Forêts. 43.
Formes. 56, s.
Frais. 156, s.
Fraude. 6, s. 155.
Garde nationale. 38.
Huissier. 68.
Incident. 14, 135.
Indivisibilité. 63, 153, s.
Inspecteur. 43.
Interprétation. 124, s.
Intervention. 47.
Intérêt distinct. 73.
Jugement. 97, s.
Lettre. 42.
Litispendance. 51, 79, 136.
Maire. 24, s.
Mandat. 2, 74. — authentique. 40, s. — spécial. 38, s. 90, 103.
Mandataire. 15, 35, s. 67.
Mari. 34, 65.
Mention. 81, s.
Mineur. 16, s.
Nullité relative. 90.
Opposition. 157.
Ordonnance du juge. 156. — royale. 165.
Ordre. 52.
Ordre public. 10, s.
Outrage. 148.
Partie civile. 165.
Péremption. 4.
Préfet. 27.
Qualités. 13, s.
Refus. 61, s. 119, 143.
Renonciation. 54. — présumée. 54, 58, 120, s.
Réparation d'erreur. 63.
Réquisition. 60.
Réserves. 115, 162, s. — contredites. 113.
Rétention de titres. 7.
Rétractation. 101, s.
Revocation. 5.
Saisie. 128.
Séparat. de corps. 12, 87.
Signature. 2, 61, s. 111.
Signification. 75, 147.
Silence. 53.
Suppression. 148, s.
Surenchère. 53.
Termes sacramentels. 57.

Tiers. 92, 148, s. Tribunal de comm. 70.
Transaction. 132. Tuteur. 28, s.

DESSÈCHEMENT.— V. Marais.—V. aussi Communauté, Concession, Conseil-d'état, Contributions directes, Louage, Servitude, Usufruit, Vacans.

DESSIN.— V. Brevet d'invention, Propriété littéraire.

DÉSOBÉISSANCE.—V. Alimens, Garde nationale, Presse.

DESAISISSEMENT.—V. Faillite, Nantissement, Ordre, Saisie-immobilière.

DESTINATAIRE--DESTINATION.—V. Assurances maritimes, Commissionnaire, Contributions indirectes.

DESTINATION DU PÈRE DE FAMILLE. — V. Actions possessoires, Servitude.

DESTITUTION.—V. Agent de change, Arbitrage, Autorité municipale, Avocat, Avocat à la cour de cassation, Avoué, Chose jugée, Conseil d'état, Conservateur, Faux, Fonctionnaire, Huissiers, Forêts, Garde nationale, Hypothèques, Ministère public, Notaire, Office, Pension, Saisie-exécution, Tutelle.

DESTRUCTION — DÉGRADATION — DOMMAGES.—1.— Sous cette rubrique, la section 3, tit. 2 du livre 3 du code pénal, comprend l'énumération de plusieurs atteintes portées à la propriété, soit publique, soit privée. Quelques uns des délits qui y sont prévus forment la matière d'articles spéciaux (V. Animaux, Délit rural, Eaux, Epizootie, Incendie, Suppression de titre). Les autres sont traités dans les divers paragraphes qu'on va lire, ainsi que les délits prévus par l'art. 257 C. pén.

2.—Une règle commune à tous les délits prévus par les art. 434 et suiv. C. pén., c'est que, s'ils ont été commis par des gardes champêtres ou forestiers, ou des officiers de police, à quelque titre que ce soit, la peine d'emprisonnement sera d'un mois au moins, et d'un tiers au plus, en sus de la peine la plus forte qui serait appliquée à un autre coupable du même délit (C. pén. 462).

Seront punis d'une amende de 11 à 15 fr. inclusivement ceux qui, hors les cas prévus depuis l'art. 434 jusques et compris l'art. 462, auront volontairement causé du dommage aux propriétés mobilières d'autrui (C. pén., art. 479).

§ 1er.— *Destruction ou renversement de constructions particulières.*

§ 2.— *Dégradation de monumens.*

§ 3.— *Opposition à la confection de travaux autorisés par le gouvernement.*

§ 4.— *Pillage et dégât de propriétés mobilières.*

§ 5.— *Dévastation de plants et récoltes.—Coupe et mutilation d'arbres et fourrages, Rupture et destruction d'objets relatifs à l'agriculture.*

§ 6 —*Bris de clôtures.*

—

§ 1er.— *Destruction ou renversement de constructions particulières.*

3.—Quiconque aura volontairement détruit ou renversé, par quelque moyen que ce soit, en tout ou en partie, des édifices, des ponts, digues ou chaussées, ou autres constructions qu'il savait appartenir à autrui, sera puni de la réclusion, et d'une amende qui ne pourra excéder le quart des restitutions et indemnités, ni être au-dessous de 100 fr.

S'il y a eu homicide ou blessures, le coupable sera, dans le premier cas, puni de mort, et, dans le second, puni de la peine des travaux forcés à temps (C. pén., art. 437).

4.—Le crime prévu par l'art 437 n'existe que par le concours de trois circonstances; il faut, 1° destruction ou renversement d'édifices ou constructions, 2° que cette destruction ou ce renversement soit volontaire; 3° que les édifices ou constructions détruits ou renversés appartiennent à autrui.—D.A. 5. 175, n. 1; Carn., art. 437, n. 1.

5.— Pour donner lieu à l'application de l'art. 437 C. pén, il est donc absolument indispensable que le jury soit interrogé et s'explique sur la question de savoir si l'accusé a agi *volontairement*.—27 oct. 1815. Cr. c. Heiligenstein. D A. 5. 626. D.P. 1. 929.

6.—Les termes *destruction* ou *renversement*, dont se sert l'art. 437, prouvent qu'il entend désigner un attentat grave à la propriété d'autrui; on peut en juger par la gravité des peines qu'il prononce.— D.A. 5. 175, n. 2.

7.—Aussi a-t-il été jugé que l'action de casser les vitres d'une maison ne rentre pas dans l'application de cet article du code pénal.— 19 sept. 1814. Bruxelles. Alliet. D.A. 5. 176. D.P. 1. 1310.

8.—Un simple dérangement de matériaux et même le renversement de portion d'un mur, pour s'ouvrir un passage sur la propriété d'autrui ou dans tout autre but, sans méchanceté ni envie de nuire, ne donnerait lieu qu'à une action civile en dommages-intérêts. — Carn., *Comm.*, 2, 406, n. 3; D.A. 5. 175, n. 2.

9. — Jugé cependant qu'il n'est pas nécessaire, pour l'application de l'art. 437 C. pén., que le prévenu ait agi par haine, méchanceté ou vengeance (C. pén., art. 457).— 23 déc. 1813. Cr. c. Bruxelles. Seconde. D.A. 5. 176. D.P. 1. 1310.

Dalloz trouve cette décision bien sévère et fort susceptible de controverse.— D.A. 5. 175, n. 2; Carn., 2, 476.

10.— Celui qui aurait détruit ou dégradé un édifice dont il est usufruitier, pourrait être déclaré coupable du crime dont parle l'art. 437. Mais il faudrait que la volonté de nuire fût bien avérée: elle serait peu probable, puisqu'en nuisant au propriétaire il se fait tort à lui-même.— D.A. 5. 175, n. 4.

La même observation s'applique à l'usager et à l'emphytéote; mais non pas à celui qui a la possession civile d'un immeuble (Carn , 2, 405, n. 6; D.A. 5. 176, n. 5). Ni au débiteur qui, après avoir grevé sa maison d'hypothèques, viendrait à la détériorer ou à la détruire. Ce fait ne pourrait donner au créancier que le droit d'exiger le remboursement immédiat de sa créance, et des dommages-intérêts, suivant les cas.— D.A. 5. 176, n. 6.

11.— Quelque générale que soit l'expression *édifices*, dont se sert l'art. 437, elle ne comprend ni les monumens publics (V. *infrà*, § 2), ni les cabanes de bergers.— D A. 5. 175, n. 3; Carn., 437, n. 4.

Quant à la dégradation des routes et chemins, V. Voirie.

12.— De ce que, dans la seconde partie de l'art. 437, relative à l'homicide ou aux blessures, le mot *volontaire* n'est pas reproduit, il semblerait résulter, si l'on s'en tenait à la lettre de la loi, que la peine de mort serait encourue, bien que l'homicide ne fût pas volontaire.

13.—Mais une telle disposition serait en contradiction avec tous les principes, et particulièrement avec l'art. 304 C. pén., dont cette disposition est l'application.— Carn., 2, 407, 8, 9, 10; D.A. 5. 176, n. 7.

§ 2.— *Dégradation de monumens.*

14. — Quiconque aura détruit, abattu, mutilé ou dégradé des monumens, statues et autres objets destinés à l'utilité ou à la décoration publique, et élevés par l'autorité publique ou avec son autorisation, sera puni d'un emprisonnement d'un mois à deux ans, et d'une amende de 100 fr. à 500 fr. (C. pén. 257).

Le délit se change en crime quand la dégradation a lieu en réunion séditieuse ou par des bandes armées (C. pén., art. 96), ou par incendie ou explosion de mines (C. pén. 95, 434).

15.— Le fait seul, prévu par l'art. 257, ne suffirait pas : le fait devrait avoir été commis dans l'intention du crime.— Carn., art. 257, n. 3.

16.— Celui qui, à la tête d'un attroupement, renversait les décorations du temple décadaire, les livrait aux flammes, culbutait les bancs destinés aux autorités constituées, n'était pas seulement passible de peines de simple police, mais de celles prononcées par l'art. 59, sect. 2, tit. 2, part. 2 du code pénal de 1791.—28 prair. an 8. Cr. c. Lapanne. D.A. 5. 183. D.P. 1. 1312.

17.— La loi du sacrilége créait des peines particulières contre les destructions et dégradations dans *l'intérieur* des églises. Par l'abolition de cette loi, ces faits sont rentrés dans le droit commun.

18.— Quant aux signes et objets des cultes, érigés *à l'extérieur* des temples, avec autorisation, ils sont compris dans l'art. 257.— D.A. 5. 175. n. 3.

19.— S'il s'agissait de dégradation des signes publics de l'autorité royale, opérée en haine ou mépris de cette autorité, le délit sortirait de l'application de l'art. 257, pour rentrer dans celle de l'art. 5 de la loi du 17 mai 1819 et de l'art. 9 de la loi du 25 mars 1822.— D.A. *eod.*

20.— L'art. 257 ne dispose qu'à l'égard des monumens *destinés à l'utilité ou à la décoration publique*; dans les autres cas, la destruction ne donnerait lieu qu'à une action civile.— Carn., n. 4.

21.— Il ne faut pas étendre l'art. 257 aux édifices élevés par les particuliers, avec l'autorisation du gouvernement, mais sans intention de les faire servir à l'utilité et à la décoration publique. A plus forte raison, doit-on en dire autant des monumens construits dans l'intérieur des maisons. — Carn., n. 5 et 6.

22. — La dégradation d'une guérite, par exemple, la rupture d'une vitre de cette guérite, ne constitue pas le délit prévu par l'art. 257.—22 mai 1818. Cr. c. D.A. 12. 1082.— Conf. Carn., n. 8; 9.

23.— L'art. 257 n'est point applicable à la destruction de jalons placés momentanément par des ingénieurs sur des terrains appartenant à des particuliers.—4 mars 1825. Cr. c. Min. pub. C. Mayet. D.P. 25. 1. 257.

24. — Il n'y a pas non plus délit de *dégradation de monument*, dans le fait de celui qui, pour sortir d'une chambre dans laquelle il n'avait pas été légalement renfermé, a décloué une planche, et s'est évadé en passant par une toiture en mauvais état. — 2 janv. 1832 Poitiers. Picault. D.P. 32. 2. 69.

§ 3. — *Opposition à la confection de travaux autorisés par le gouvernement.*

25. — Quiconque, par des voies de fait, se sera opposé à la confection des travaux autorisés par le gouvernement, sera puni d'un emprisonnement de trois mois à deux ans, et d'une amende qui ne pourra excéder le quart des dommages-intérêts, ni être au-dessous de 16 fr. Les moteurs subiront le maximum de la peine (C. pén. 438).

26.—Les travaux de démolition sont compris dans ces mots *confection de travaux* (Discussion au cons. d'état.—D.A. 5. 176, n. 8; Carn., sur l'art. 438, n. 4). Le délit existe dès qu'il y a eu voies de fait dans le but de s'opposer aux travaux autorisés; il n'est pas nécessaire que ces voies de fait aient produit leur effet. — Carn., n. 2.

27. — Pour que l'art. 438 C. pén. soit applicable à ceux qui s'opposent à des travaux purement préparatoires, il n'est pas nécessaire que ces travaux aient été autorisés par une ordonnance royale, cette ordonnance n'étant requise que pour la déclaration d'utilité publique qui peut être le résultat des travaux préparatoires. En conséquence, il suffit que des agens de la direction des ponts et chaussées aient reçu les ordres de la part de leurs supérieurs ou de l'autorité administrative d'exécuter des travaux préparatoires, tels que nivellement de terrains, pour que les propriétaires, qui s'opposent, avec voie de fait, à l'exécution de ces travaux sur leur terrain, encourent les peines de cet article: seulement ces agens sont tenus de réparer le dommage causé par les travaux, et de justifier de leur qualité: si cette qualité n'était pas connue des prévenus, il ne peut leur être fait application de cet article. — 4 mars 1825. Cr. c. Mayet. D.P. 25. 1. 257.

28. — Le fait de s'être opposé avec violence à des travaux ordonnés par un maire avec l'approbation du préfet, constitue le délit prévu par l'art. 438 C. pén., et c'est à tort qu'on prétendrait que cet article ne s'applique qu'aux travaux autorisés par le *gouvernement*.

... Il importerait peu aussi qu'au moment de la résistance, les travaux fussent exécutés au-delà des limites tracées par l'arrêté municipal. — 3 mai 1834. Cr. c. Bertrand. D.P. 34. 1. 225.

29. — L'art. 438 punit les violences, mais n'interdit pas de prendre des mesures conservatoires de ses droits. — Carn., art. 438, n. 1.

30. — Jugé même que le propriétaire qui conteste à un entrepreneur de routes le droit d'entrer sur son héritage et d'y ramasser du gravier, et qui renverse dans son champ les corbeilles à mesure qu'on les y remplit, ne se rend pas coupable d'une voie de fait punissable par l'art. 438 C. pen. ; cet article ne prévoit que le cas où l'obstacle serait apporté sur le lieu même des travaux, ou mettrait du moins dans l'impossibilité de les continuer. — 10 mars 1834. Toulouse. Lafue-D'Auzas. D.P. 34. 2. 200.

31. — Les moteurs du délit subiront toujours le maximum de la peine; cette expression impérative ne signifie pas que les moteurs seuls pourront être condamnés au maximum; mais ce qui est de nécessité à leur égard est de simple faculté à l'égard des autres accusés.— Carn., n. 3.— V. n. 25.

§ 4. — *Pillage et dégât de propriétés mobilières.*

32. — Tout pillage, tout dégât de denrées ou mar-

chandises, effets, propriétés mobilières, commis en réunion ou bande et à force ouverte, sera puni des travaux forcés à temps; chacun des coupables sera, de plus, condamné à une amende de 200 fr. à 5,000 fr. (C. pén. 440).

33. — Ce qui constitue essentiellement ce crime, c'est, 1° le pillage ou dégât de propriétés mobilières; 2° il faut que ce pillage ait été commis par une réunion ou bande de malfaiteurs; 3° qu'il l'ait été à force ouverte, c'est-à-dire avec violence. Le concours simultané de ces trois élémens est nécessaire. — D.A. 5. 182, n. 1.

34. — En conséquence, l'art. 440 ne peut être appliqué à un accusé que le jury a simplement déclaré coupable d'avoir *pillé*, sans ajouter que le pillage a été commis en réunion ou bande et à force ouverte. — 27 oct. 1815. Cr. c. Heiligenstein. D.A. 5. 626. D.P. 1. 929. — 8 mars 1816. Cr. c. Jacquemin. D.A. 5. 184. D.P. 1. 1312. — Conf. Carn., n. 1 et 2.

35. — Mais le fait de *pillage d'objets mobiliers en réunion, et à force ouverte*, est implicitement compris dans l'arrêt de renvoi pour *vol et pillage à main armée, en réunion de malfaiteurs armés dans des maisons habitées* (C. pén. 440). — 12 avril 1833. Cr. régl. de juges. Guignard. D.P. 33. 1. 224.

36. — On n'est tenu de spécifier les objets volés qu'autant qu'il s'agit du crime prévu par l'art. 442 C. pén. — Même arrêt.

37. — Les mots *réunion* ou *bande* présentent deux idées distinctes, à raison du nombre d'individus par lesquels le crime a été commis; chacune de ces circonstances jointes à l'emploi des armes suffit pour soumettre les coupables à la peine des travaux forcés. — 28 août 1812. Cr. r. Nouals. D.A. 5. 183. D.P. 1. 1312.

38. — Quel est le nombre d'individus nécessaire pour faire une réunion ou bande, dans le sens de l'art. 440? Dalloz, A. 5, 182, n. 2, pensait que dans le silence de la loi, le jury était arbitre souverain de cette question, du moins s'il n'avait pas fait connaître dans son verdict de combien de personnes se composait la bande ou la réunion; mais, qu'abstraction faite de ce pouvoir d'appréciation laissé au jury, la disposition de la loi romaine, 4, § 3, ff. *de Vi. bon. rap.*, fixant à cinq le nombre nécessaire pour faire la réunion, quoique non écrite dans notre code, devait conserver toute l'autorité de la loi écrite. — Carn., n. 4 et 5.

39. — Depuis, la cour de cassation a jugé qu'il suffit que la réunion dont il est parlé dans l'art. 440 C. pén. ait été composée de trois personnes pour que les pillages ou dégâts commis par elle soient passibles de la peine des travaux forcés à temps: l'art. 440 devant être interprété suivant le principe posé dans les art. 211 et 212 du même code. — 5 avril 1832. Cr. c. Béranger. D.P. 32. 1. 247.

40. — Mais le fait par trois individus d'avoir causé du dommage à autrui en s'introduisant dans une briqueterie et en y mettant en morceaux des tuiles, lorsqu'il n'est pas constaté qu'il ait été commis *en réunion ou bande à force ouverte*, ne constitue qu'une contravention prévue par l'art. 479 C. pén., qui est de la compétence des tribunaux de simple police. — 1er mars 1832. Cr. régl. de juges. Germer. D.P. 32. 1. 191.

41. — L'art. 440 C. pén. est applicable aux individus faisant partie d'une bande armée, qui fixe arbitrairement le prix du blé, et force, par menace, les meuniers et marchands de blés à leur livrer leurs grains au prix qu'ils établissent. — 24 juin 1830. Cr. r. Gand. D.P. 30. 1. 303.

42. — Il en est de même si des femmes attroupées s'emparent à force ouverte, dans un marché, du blé vendu à un particulier, et se le font distribuer au prix qu'elles jugent à propos. — 17 janv. 1812. Cr. r. Monnier. D.A. 5. 183. D.P. 1. 1312. — Conf. Carn., art. 440, n. 7.

43. — Dans une accusation du crime de pillage d'objets mobiliers appartenant à l'état, avec la circonstance de bande et force ouverte, la cour d'assises peut poser la question de savoir si l'accusé est coupable de recélé de ces objets, comme résultant des débats, le pillage emportant le vol. — 29 déc. 1832. Cr. r. Pluvinet. D.P. 33. 1. 115.

44. — Le code n'exige pas, pour que les violences rentrent dans la classe de celles que punit l'art. 440, qu'elles soient exercées avec armes, ni que les auteurs du crime en soient porteurs (Carn., n. 6). Il n'est pas nécessaire non plus que le pillage ou dégât ait été commis dans une maison habitée ou servant à l'habitation; cette circonstance ne servirait qu'à l'appréciation de la moralité du fait, et à la graduation de la peine. — Carn., n. 8.

DESTRUCTION—DÉGRADATION. § 4.

45. — La peine est encourue aussitôt qu'on a fait partie d'une bande ou réunion, lors même qu'on n'aurait pas été arrêté sur les lieux. Mais devraient être déclarés coupables les individus qui auraient fait partie de la bande ou réunion, et qui, après s'être retirés au premier avertissement de l'autorité, auraient été arrêtés sans armes et sans faire résistance. — Carn., n. 9, 10.

46. — Si les denrées pillées ou détruites sont des grains, grenailles ou farines, substances farineuses, pain, vin, ou autre boisson, les chefs, instigateurs ou provocateurs seulement subissent, nécessairement, le *maximum* de la peine et de l'amende prononcées par l'art. 440 (C. pén. 442).

47. — Les termes de l'art. 442 pourraient faire croire, au premier aperçu, que les instigateurs et provocateurs seuls, et jamais les autres accusés seront passibles du maximum de la peine; mais le vrai sens de l'article, c'est que les chefs provocateurs et instigateurs seuls sont nécessairement condamnés au maximum, tandis que ce maximum demeure facultatif à l'égard des autres accusés. — D.A. 5. 183, n. 3; Carn., 2, p. 421, n. 2.

48. — Les chefs, instigateurs ou provocateurs seraient punis comme tels, alors même qu'ils n'auraient pas fait partie de la bande quand elle aurait agi. Mais leur peine ne pourrait être aggravée par les crimes qu'aurait pu commettre la bande où ils ne se trouvaient pas. L'aggravation ne tomberait que sur les auteurs des crimes, à moins qu'il ne fût déclaré qu'ils y ont excité la bande par leurs insinuations; ils seraient alors considérés comme complices. — Carn., n. 3.

49. — Ceux qui prouveront avoir été entraînés par des provocations ou sollicitations à prendre part aux violences énoncées dans l'art. 440, pourront n'être punis que de la peine de la réclusion (C. pén. 441).

50. — La réduction de peine permise dans les conditions de l'art. 441, peut être prononcée par le juge, lors même qu'il s'agit des denrées énumérées en l'art. 442. — D.A. 5. 187, n. 4.

51. — La présence de l'accusé dans la bande ou réunion, établit contre lui une présomption qu'il ne détruit pas par la simple allégation, mais seulement par la preuve des provocations et sollicitations (Carn., art. 441, n. 3). — Ceux à qui l'on fait l'application de l'art. 441 ne peuvent être condamnés à l'amende en même temps qu'à la réclusion. — Carn., n. 5.

52. — *Marchandises gâtées.* — Quiconque, à l'aide d'une liqueur corrosive ou par tout autre moyen, aura volontairement gâté des marchandises ou matières servant à fabrication, sera puni d'un emprisonnement d'un mois à deux ans, et d'une amende qui ne pourra excéder le quart des dommages-intérêts, ni être moindre de 16 fr.; si le délit a été commis par un ouvrier de la fabrique ou par un commis de la maison de commerce, l'emprisonnement sera de deux à cinq ans, sans préjudice de l'amende, ainsi qu'il vient d'être dit (C. pén. 443).

53. — Bien que cet article se serve du mot *quiconque*, il est évident qu'il ne concerne pas le propriétaire, toujours libre d'user et d'abuser de sa chose, tant qu'il ne cause pas de dommage à autrui (Carn., sur l'art. 443, n. 2). Il n'y aurait pas délit punissable, mais seulement matière à une action civile, si on n'avait pas agi volontairement et dans le dessein de nuire. Il en serait de même si le prévenu prouvait qu'il n'a gâté les marchandises ou matières que par des procédés qu'il employait dans l'intention de les améliorer. — Carn., n. 3.

54. — L'ouvrier ou commis dont parle l'art. 443, est celui de la maison même où le délit a eu lieu; il ne suffirait pas que ce fût le commis d'une maison de commerce quelconque, ou l'ouvrier attaché ailleurs au même genre de fabrication. — Carn., n. 5.

55. — Il faut que les marchandises aient été *gâtées*; il n'y aurait donc pas délit, si elles n'avaient reçu aucune altération des moyens employés pour les rendre défectueuses. — Carn., n. 6.

56. — Par matières *servant à fabrication*, il faut entendre, non pas toutes celles qui peuvent éventuellement être employées à une fabrication quelconque, mais celles qui sont actuellement destinées par le fabricant pour l'usage de sa fabrique; si elles n'ont pas reçu cette destination, ce sont des denrées ou marchandises soumises au système général de la législation. — Carn., n. 7.

57. — Bien que l'art. 443 punisse l'altération *par une liqueur corrosive ou par tout autre moyen*, s'il s'agit d'un établissement où l'on ne peut fabriquer qu'à l'aide de matières corrosives, l'ouvrier qui en aura fait l'emploi contre les règles de l'art, et détérioré par là les marchandises, mais non méchamment, n'est point passible des peines de la loi. — Carn., n. 8.

§ 5. — *Dévastation de plants et récoltes. — Coupe et mutilation d'arbres et fourrages. Rupture et destruction d'objets relatifs à l'agriculture.*

58. — *Récoltes et plants.* — Quiconque aura dévasté des récoltes sur pied ou des plants venus naturellement ou faits de main d'homme, sera puni d'un emprisonnement de deux ans au moins, de cinq ans au plus. Les coupables pourront, de plus, être mis, par l'arrêt ou le jugement, sous la surveillance de la haute police pendant cinq ans au moins et dix ans au plus (C. pén. 444).

Cet article ne dispose qu'à l'égard des récoltes sur pied; si la récolte était détachée du sol, le délit serait puni par d'autres dispositions du code. — Carn., art. 444, n. 2.

59. — La gravité de la peine et les termes mêmes de la loi annoncent assez que l'art. 444 ne serait pas applicable à un simple dégât; il prévoit la *dévastation*, c'est-à-dire le saccage et la ruine des plants et récoltes. La loi doit d'autant plus être entendue ainsi, que les art. 449 et 450 ont prévu le simple délit de coupe de grains et fourrages. — D.A. 5. 179, n. 1; Carn., n. 1.

60. — L'art. 444 C. pén. n'est relatif qu'à des plants venus naturellement ou de main d'homme en champ ouvert ou dans les pépinières, et non dans les bois et forêts. — 22 fév. 1821. Cr. c. Toulouse. Espinasse. D.A. 5. 180. D.P. 21. 1. 194. — Conf. D.A. 5. 179, n. 3; Carn., n. 3.

61. — *Arbres.* — La loi punit correctionnellement ceux qui abattent, mutilent, coupent, écorcent des arbres, ou détruisent des greffes.

Quiconque aura abattu un ou plusieurs arbres qu'il savait appartenir à autrui, sera puni d'un emprisonnement qui ne sera pas au-dessous de six jours ni au-dessus de six mois, à raison de chaque arbre, sans que la totalité puisse excéder cinq ans (C. pén. 445).

Les peines seront les mêmes à raison de chaque arbre mutilé, coupé, ou écorcé de manière à le faire périr (art. 446).

S'il y a eu destruction d'une ou de plusieurs greffes, l'emprisonnement sera de six jours à deux mois, à raison de chaque greffe, sans que la totalité puisse excéder deux ans (art. 447).

Le *minimum* de la peine sera de vingt jours dans les cas prévus dans les art. 445 et 446, et de dix jours dans le cas prévu par l'art. 447, si les arbres étaient plantés sur les places, routes, chemins, rues ou voies publiques ou vicinales ou de traverse (C. pén. 448).

Ce dernier article ne comprend pas les chemins de desserte. — Carn., n. 5.

62. — Quoiqu'il résulte de l'art. 445 C. pén., que la peine portée par cet article ne doit être appliquée qu'à celui qui a abattu des arbres qu'il savait appartenir à autrui, néanmoins les tribunaux, en condamnant un individu prévenu d'un tel délit, ne sont pas obligés, à peine de nullité, de déclarer explicitement que le délinquant savait que ces objets appartenaient à autrui. — 6 mai 1826. Cr. r. Bourgeois. D.P. 26. 1. 363. — *Contrà*, Carn., art. 445, n. 2.

63. — Le prévenu ne pourrait être poursuivi que civilement s'il était possesseur, depuis an et jour, des arbres coupés, quand même un jugement sur le pétitoire aurait déclaré qu'il n'en est pas le vrai propriétaire. — Carn., n. 4.

64. — Le fermier est passible des peines légales s'il coupe sciemment des arbres appartenant à son propriétaire.

Décidé, en ce sens, que l'art. 445 doit être appliqué au fermier qui, contre la volonté du propriétaire, coupe des arbres sur la propriété qui lui est donnée à bail, comme il le serait à toute autre personne. — 1er mai 1819. Metz. Maurice. D.A. 5. 181. D.P. 1. 1311. — Conf. Carn., art. 446, n. 4.

65. — Jugé de même que si les arbres ont été coupés et mutilés, la peine portée par l'art. 445 du C. pén. doit être appliquée au fermier, quand même son bail lui conférerait le droit d'élagage. — 13 juin 1818. Cr. c. Paris. Selves. D.A. 5. 181. D.P. 1. 1311.

66. — La cour royale, chambre des appels de police correctionnelle, devant laquelle un individu est traduit, comme prévenu d'avoir mutilé et coupé des

arbres appartenant à autrui; lequel allègue, pour sa défense, qu'il n'a agi ainsi qu'en vertu d'un bail à lui fait par le propriétaire qui lui conférait ce droit, est tenue, sous peine de méconnaître sa compétence légale, de juger l'exception proposée par le prévenu et d'examiner quelle était l'étendue des droits à lui conférés par le bail. — Même arrêt.

67. — Mais le fermier qui, en faisant les labours nécessaires à ses terres, endommage et coupe les racines des arbres appartenant au propriétaire, ne peut être soumis qu'à des dommages et intérêts envers le propriétaire. — 18 flor. an 10. Cr. c. Guesnier. D.A. 5. 180. D.P. 1. 1311.

Ici le fermier n'était coupable que d'imprudence ou maladresse dans le mode de culture, puisqu'on suppose qu'il n'a fait que les labours *nécessaires*. Dans l'espèce précédente, au contraire, la mutilation n'est pas une suite nécessaire de l'*elagage* concédé au fermier par son bail. On conçoit la distance qui sépare le simple élagage nécessaire à la santé des arbres, et la mutilation qui les fait périr ou les endommage sensiblement.

68. — Du reste, si le fermier n'avait fait la mutilation que par maladresse, en élaguant l'arbre suivant son droit, il ne devait être soumis qu'a une action civile.

69 — Car l'intention doit être jointe au fait de l'abattis ou de la mutilation des arbres, pour donner lieu à l'application des peines correctionnelles. Sinon, il n'y aurait lieu qu'à des dommages-intérêts en vertu de l'art. 1382 C. civ. Tels seraient les cas où un voiturier aurait abattu ou mutilé involontairement un arbre, en conduisant sa voiture; et où un individu aurait gravé son nom sur l'écorce assez profondément pour le faire périr.

70. — Les art. 445 et suiv. C. pén. ne sont relatifs qu'aux arbres plantés ailleurs que dans les bois et forêts; les délits commis sur ces derniers sont exclusivement régis par la législation forestière. — 14 mai 1813. Cr. c. Forêts C. Negro. D.A. 5. 179. D.P. 1. 1311.

71. — Jugé encore que l'art. 445 ne s'applique qu'aux abattis d'arbres épars ailleurs que dans les forêts; en conséquence, celui qui enlève à dos d'homme des fagots coupés dans un bois, commet un délit prévu par le code rural de 1791, et la prescription d'un mois, établie par l'art. 8, sect. 7 de cette loi, est applicable à ce délit. — 22 fév. 1821. Cr. c. Toulouse. Espinasse. D.A. 5. 180. D.P. 21. 1. 194.

72. — De même, celui qui enlève des tiges dans un bois, se rend coupable d'un délit forestier auquel s'applique la prescription établie par l'art. 8 du tit. 9 de la loi du 29 sept. 1791. — Même arrêt.

73. — La circonstance que le terrain sur lequel des arbres ont été coupés ou mutilés, était clos, ne change pas la nature du délit; la loi ne distinguant pas, cette circonstance ne peut donc qu'être un motif pour les juges d'appliquer le maximum. — Carn., 2, 427, n. 3; D.A. 5. 179, n. 4.

74. — Les art. 445, 446 et suivans ne sont pas applicables à la destruction ou mutilation des arbustes, bien qu'il y ait des arbustes précieux dont la destruction serait plus préjudiciable au propriétaire que celle de plusieurs pieds d'arbres, et que d'ailleurs ce mot *arbre* soit dans le langage ordinaire un terme générique. En effet, si l'on assimilait les arbustes aux arbres, alors il y aurait de l'arbitraire à distinguer entre les arbustes précieux et ceux qui n'ont aucune valeur; et l'application des peines fort graves prononcées par les articles précités serait déraisonnable. — D'ailleurs, la précision du langage des lois pénales n'admet pas l'interprétation des termes qui, ayant un sens particulier, grammatical et scientifique, ne reçoivent d'extension que par l'abus et l'incorrection du langage. — D.A. 5. 179, n. 5.

75. — Du reste, la destruction des arbustes, qui porterait le caractère de la dévastation, rentrerait évidemment dans l'application de l'art. 444 C. pén. — Sinon, et si, par exemple, un seul plant avait été détruit ou mutilé, il n'y aurait lieu qu'à une action civile. — D.A. 5. 179, n. 5.

Il faut remarquer que, d'après l'art. 446, les peines portées contre l'action de mutiler, couper ou écorcer les arbres, ne sont encourues que lorsqu'elle est de nature à faire périr les arbres. — D.A. 5. 179, n. 2.

D'un autre côté, ces expressions : *de manière à les faire périr* s'appliquent nécessairement aux deux cas où les arbres auraient été mutilés ou écorcés. — Carn., n. 3.

76. — Les règles de prescription établies par le code d'instruction criminelle s'appliquent à tous les crimes, délits et contraventions prévus dans le code pénal; ainsi, le délit prévu par l'art. 445 de ce dernier code, qui se prescrivait par un mois sous l'empire du code rural, ne se prescrit plus que par trois ans, conformément à l'art. 638 C. inst. cr. — 23 oct. 1812. Cr. c. Min. pub. D.A. 5. 182. D.P. 1. 1311.

77. — L'art. 447, relatif aux greffes, ne dit pas explicitement que l'auteur du délit a du savoir que l'arbre qui les portait ne lui appartenait pas : mais il l'a nécessairement supposé; car il n'y a pas de délit quand il n'y a pas intention de le commettre. La seule conséquence à tirer du silence de l'art. 447, c'est que le jugement de condamnation ne pourrait être annulé, parce que la question de savoir si le prévenu savait que l'arbre ne lui appartenait pas, n'aurait pas été formellement résolue. — Carn., n. 2.

Il est bien évident que l'art. 447 ne concerne pas les greffes que le propriétaire détruit sur sa propriété. — Carn., n. 3.

78. — *Grains ou fourrages.* — Quiconque aura coupé des grains ou des fourrages qu'il savait appartenir à autrui, sera puni d'un emprisonnement qui ne sera pas au-dessous de six jours ni au-dessus de deux mois (C. pén. 449).

L'emprisonnement sera de vingt jours au moins et de quatre mois au plus, s'il a été coupé du grain en vert (450).

Dans les cas prévus par le présent article et les six précédens (444, 445, 446, 447, 448, 449), si le fait a été commis en haine d'un fonctionnaire public et à raison de ses fonctions, le coupable sera puni du *maximum* de la peine établie par l'article auquel le cas se référera.

Il en sera de même, quoique cette circonstance n'existe point, si le fait a été commis pendant la nuit (C. pén. 450).

79 — Le fait d'arracher ou enlever quelques épis ne constitue pas le délit de l'art. 449; il faut que l'on ait cherché à s'approprier une portion des grains d'autrui, en les moissonnant ou les fauchant (Carn., n. 2). Il ne faut pas non plus confondre le délit correctionnel de l'art. 449 avec le simple maraudage puni par l'art. 471, n. 9 C. pén. — Carn., n. 1. — V. Délit rural.

80. — Les préparatifs, la tentative de la coupe ne donnent pas lieu à l'application de la peine; mais, d'un autre côté, le délit existe dès que la coupe a eu lieu, lors même que les grains ou fourrages n'ont pas été enlevés. — Carn., n. 4.

Si la coupe n'a été que le résultat d'une erreur sur la limite des héritages, ou s'il y a possession d'an et jour, la peine ne doit pas être appliquée. — Carn., n. 5.

81. — *Objets relatifs à l'agriculture.* — Toute rupture, toute destruction d'instrumens d'agriculture, de parcs de bestiaux, de cabanes de gardiens, sera punie d'un emprisonnement d'un mois au moins et d'un an au plus (C. pén. 451).

82. — Une brouette ne peut être considérée comme instrument d'agriculture. — Carn., n. 6.

83. — S'il y avait eu vol, par suite de la rupture ou destruction, ce serait la peine du vol, avec la circonstance de la rupture ou de la destruction, qui deviendrait applicable. — Carn., n. 4.

84. — Les peines de l'art. 451 ne changeraient pas, sauf aux juges à les graduer dans la limite du minimum au maximum, par cela que la rupture ou destruction aurait eu lieu la nuit, par plusieurs personnes, même avec armes. — Carn., n. 5.

§ 6. — *Bris de clôtures.*

85. — Quiconque aura, en tout ou en partie, comblé des fossés, détruit des clôtures, de quelques matériaux qu'elles soient faites, coupé ou arraché des haies vives ou sèches; quiconque aura déplacé ou supprimé des bornes ou pieds corniers, ou autres arbres plantés ou reconnus pour établir les limites entre différens héritages, sera puni d'un emprisonnement qui ne pourra être au-dessous d'un mois, ni excéder une année, et d'une amende égale au quart des restitutions et des dommages-intérêts qui, dans aucun cas, ne pourra être au-dessous de 50 fr. (C. pén. 456).

Cet article ne s'applique pas au propriétaire qui peut, comme il lui plaît, combler ses fossés, détruire ses haies, abattre ses murs de clôture, sans que les voisins puissent s'en plaindre. — Carn., n. 1.

Le même auteur, n. 2, pense que la destruction d'une clôture mitoyenne ne donne lieu qu'à une action civile et non à l'application de la loi pénale.

86. — L'art. 456 prévoit le délit de *destruction* totale ou partielle de clôture; le délit de *dégradation* de clôture reste régi par l'art. 17, tit. 2 du code rural de 1791.

87. — Le fait d'avoir renversé une clôture, s'il a été suivi du replacement de cette clôture opéré volontairement par l'auteur de la voie de fait, doit, encore bien que la clôture offre moins de solidité, être considéré comme constituant une *dégradation* et non une *destruction* de clôture. — 18 déc. 1830. Poitiers. Foucqueteau. D.P. 31. 2. 232.

88. — Rentrent dans l'application de cet article, le fait d'avoir enlevé le bois sec, et arraché des arbustes et plantes vives qui formaient la clôture d'une prairie; un tribunal de police ne peut connaître de ce délit correctionnel sans excès de pouvoir (L. 28 sept. 1791, art 17, 29, 37; C. des dél. et des pein, 600, 606). — 24 oct. 1806. Cr. c. Conihaut. D.A. 5. 177. D.P. 1. 1311.

89. — ... Le fait d'avoir coupé une haie, formant la clôture d'une vigne, et un arbre appartenant à autrui, ne rentre pas dans l'application du code rural de 1791. En conséquence, il est de la compétence, non du tribunal de simple police, mais du tribunal correctionnel. — 10 sept. 1813. Cr. c. int. de la loi. Royer. D.A. 5. 177. D.P. 1. 1311.

Ce même délit ne se prescrit pas par un mois, mais par trois ans, conformément à l'art. 638 du C. d'inst. cr. — Même arrêt. — V. au n. 76 un arrêt dans le même sens.

90. — .... Rentre dans l'application de l'article la destruction partielle d'une haie aussi bien que la destruction totale. — 6 mai 1826. Cr. r. Bourgeois. D.P. 26. 1. 365.

91. — ... Le fait de déplacer une borne est aussi puni par cet article.

92. — Et s'il y a eu outre anticipation sur la voie publique, il y a non seulement lieu à réparation civile à raison de cette anticipation, mais encore contravention prévue par l'art. 40 de la loi du 6 oct. 1791. — 18 juill. 1822. Cr. c. int. de la loi. Genot. D.A. 5. 178. D.P. 1. 1311.

93. — .... Le fait de forcer, à l'aide d'un instrument, la porte du cellier d'autrui — 29 oct. 1813. Cr. c. Min. pub. C. Valligny D.A. 5. 178. D.P. 1. 1311.

94 — L'arrachement de bornes est puni par l'art. 456, en ce qu'il a lieu pour faire disparaître une limite: lorsqu'il a lieu pour commettre un vol, c'est l'art 389 qui est applicable (Carnot, n. 6). Les bornes plantées par l'ordre de l'administration doivent être respectées comme celles qui l'auraient été par autorité de justice ou du consentement des parties. — Carnot, n. 10.

95. — Pour qu'un déplacement ou une suppression d'arbre rentre dans la disposition de l'art. 456, il faut qu'il soit mentionné que cet arbre était planté ou reconnu pour devoir servir de limite. — Carn., n. 7.

96. — Le détournement des eaux servant de limite à deux héritages rentrerait dans le cas de l'art. 456; ce serait une destruction de clôture; mais il ne faudrait pas confondre avec ce délit la simple dérivation d'une partie des eaux séparatives. — Carn., n. 8.

97. — Le mot *clôture* employé dans l'art. 456, s'applique aussi bien aux clôtures des maisons habitées qu'aux clôtures des propriétés rurales : en conséquence, c'est par les dispositions de cet article que doit être jugé le fait de forcer les barreaux de fer qui garnissent la fenêtre d'une maison habitée. — 31 janv. 1822. Cr. c. Besançon. Min. pub. C. Gondot. D.A. 5. 178. D.P. 1. 1311.

98. — Jugé de même que le mot *clôtures* comprend aussi bien les ouvrages qui ont été faits pour empêcher l'introduction dans tout ou partie des édifices ou maisons, et conséquemment les portes et fenêtres, que les ouvrages délimitatifs des héritages ruraux. — 7 avril 1831. Cr. c. Celabeheyty. D.P. 31. 1. 169.

99. — En conséquence, le fait d'avoir jeté des pierres contre une maison et d'en avoir brisé une fenêtre, constitue le bris de clôture; ce n'est pas là une simple contravention de police prévue par l'art. 475, n. 8, lequel ne s'applique qu'au jet de pierres, ou corps durs, ou immondices, qui n'ont ni brisé, ni dégradé, ni endommagé les maisons ou clôtures, et desquels il est résulté une simple atteinte au bon ordre et au respect des propriétés. — Même arrêt.

100. — Décidé encore, en vertu du même principe, que le fait d'avoir jeté des pierres contre une maison, et spécialement contre la caserne de la gendarmerie, et d'avoir brisé les vitres d'une fenêtre, constitue le bris de clôture prévu par l'art. 456 C. pén., et

non la simple contravention prévue par l'art. 475, n. 8 du même code.— 21 mars 1833. Cr. c. Min. pub. C. Couet. D.P. 33. 1. 184.

101. — Pour pouvoir poursuivre un individu en vertu de l'art. 456 C. pén., pour délit de destruction d'un mur de clôture, il faut que le constructeur ait le droit résultant de la possession annale du terrain (C. pr. 23).

Ainsi, une commune qui aurait élevé un mur sur un terrein dont la propriété lui était contestée par un habitant, ne pourrait pas poursuivre ce dernier conformément à l'article précité, pour fait de destruction du mur, si elle n'avait ni prouvé, ni même allégué la possession annale. Dans ce cas, il devrait être sursis au procès correctionnel jusqu'à ce qu'il soit statué sur le droit de propriété. — 8 janv. 1813. Cr. r. Min. pub. C. Copens.

102. — A supposer que, d'après l'avis du conseil d'état, du 8 fév. 1812, le fait d'avoir repris, *par violence*, la possession de la maison dont on a été judiciairement expulsé, ne soit punissable d'aucune peine, il ne s'ensuit pas que celui qui, pour rentrer dans cette possession, aurait détruit, en tout ou en partie, des clôtures, de quelques matériaux qu'elles fussent faites, ne soit pas passible des peines énoncées en l'article 456 C. pén.; cet art. doit, au contraire, lui être appliqué.— 5 fév. 1829 Cr. c. Grenoble. Min. pub. C. Armand. D.P. 29. 1. 139.

—V. Actes de l'état civil, Actions possessoires, Compétence administrative, Complicité, Enregistrement, Epizootie, Evasion, Faux, Féodalité, Louage, Péremption, Presse, Saisie-arrêt, Servitude, Suppression de titres, Voirie.

TABLE SOMMAIRE.

Acte conservatoire. 29.
Action civile. 20, 53, 67, 92.
Amende. 3, 25, 51, s.
Arbre. 60, s. 74, 85, 95, s.
Arbuste. 75.
Arme. 44, 84.
Auteur. 44.
Autorisation. 28.
Attroupement (peine). 16, 40, s.—V. Reunion.
Avertissement. 45.
Barreau. 97.
Blés. 41, s.
Borne. 91, 94.
Bris de clôture. 85.
Brouette. 82.
Cellier. 93.
Chef. 25, 48.
Chemin de desserte. 61.
Clôture. 85, s.
Compétence. 88, s.
Complicité. 43.
Dégât. 32, s.
Dégradation. 1, 14, s.
Délit rural. 1, 76.
Démolition. 26.
Deurée (prix). 41.
Dérivation (eau). 96
Destruction partielle. 86. 90.
Détention illégale. 24.
Dévastation. 58.
Dommage. 1.— intérêts. 52.
Eau. 1.
Edifice. 3, 11.
Effraction. 93.
Enclos. 73.
Epizootie. 1.
Erreur. 80.
Excuse (réparation). 87.
Fabrique. 52, s.
Fenêtre. 98, s.
Fonctionnaire (qualité). 27.
Forêt. 70, s.
Fossé. 85.
Fourrage. 78.
Garde-champêtre. 2.
Grain. 46, 59, s. 78.
Greffe. 61, 77.
Haie. 85, 89, s.
Homicide. 3, 12, s.
Ignorance. 62
Incendie. 1, 14.
Instrument arat. 81, s.
Intention. 4, s. 15, s. 62, 80, 102.
Jalon. 23.
Jet de pierre. 99.
Jugement (mention). 62.
Liqueur corrosive. 52, s.
Louage. 64, s.
Maison habitée. 44, 97.
Maraudage. 79.
Marchandise gâtée. 52.
Matière nuisible. 52.
Mitoyenneté. 85.
Monument. 14, s.
Moteur. 23, 31.
Officier de police. 2.
Opposition par violence. 25, 27.
Ouvrier. 52, 54.
Peine. 2, s. 25, 31, s 40, 44, s. 52, 58, 61, s. 78, s. 85, s. — (cumul) 2. — réduction. 50.
Pépinière. 60, s.
Pillage, 32, s.
Plant. 58, s.
Pont. 3.
Porte. 98.
Possession. 10.— annale. 101, s.
Prescription. 63, 72, 76, 89.
Présomption. 51.
Propriété (abus). 23.
Propriété d'autrui. 2, 4, s. 62, s. — mobilière. 32, s.
Provocateur. 47.
Question nouvelle. 43.
Recélé. 43.
Récolte. 58, s.
Réparation de délit. 87.
Résistance. 28, s.
Réunion armée. 14, 32, s. 37, s. 48, s.
Signes publics. 19.
Souscription. 72.
Spécification. 36.
Surveillance de police. 58.
Travaux publics. 25, 27, s.
Vengeance. 9.
Violence. 29, 102.
Vitre. 7, 100.
Voie de fait. 3, 12, s. 26.
Voie publique. 91.
Vol. 85, 94.

DÉSUÉTUDE.—V. Lois.—V. aussi Acte de notoriété, Presse.

DÉTAIL—DÉTAILLEUR. —V. Contributions indirectes, Patente, Saisie-immobilière, Vente.

DÉTENTEUR — DÉTENTION — DÉTENUS. — V. Avoué, Bannissement, Capitaine, Charte-partie, Compétence criminelle, Complicité, Contrainte par corps, Contributions indirectes, Déportation, Douanes, Droits civils, Evasion, Excuse, Faux incident, Garde nationale, Hypothèque, Interdiction, Liberte individuelle, Ministère public, Peine, Poids et Mesures, Poudre, Procès-verbal, Récidive, Recrutement, Régime dotal, Succession, Tabac, Vol.

DÉTÉRIORATION.—V. Assurance maritime, Avarie, Charte-partie, Chose, Communauté, Contrat à la grosse, Domaines nationaux, Dot, Hypothèques, Louage, Prêt, Propriété, Rapport, Séparation de patrimoines, Servitude, Tabac, Vente, Voirie.

DÉTOURNEMENT.—V. Vol.—V. aussi Abus de confiance, Baratterie de patron, Contrainte par corps, Eau, Escroquerie, Forêts.

DETTE. — V. Obligations, Paiement, Prêt, Remise de dettes.

DETTE CRIARDE.—V. Communauté.

DETTE PUBLIQUE.— 1.— On appele *dette publique* celle dont l'état est grevé, soit envers des particuliers, soit envers des communes, des hospices ou des établissemens publics quelconques. — Merlin, Rép., t. 3, p. 645.

2.— On appelle plus particulièrement dette publique les dettes déjà liquidées, et dette de l'état, celles pour lesquelles les créanciers sont admis, sous certaines conditions, à se pourvoir en liquidation.

§ 1er.— *Composition et garantie de la dette publique.*

§ 2.— *Liquidation des créances sur l'état.*

§ 3.— *Prescriptions et déchéances.*

§ 4.— *Compétence en matière de créances sur l'état.*

§ 1er.— *Composition et garantie de la dette publique.*

3.— La dette publique se compose d'abord de la dette non liquidée, et ensuite de rentes perpétuelles, de pensions viagères et d'obligations à terme.

4.— La *dette consolidée* se compose des rentes perpétuelles. Ces rentes portant intérêt à 3, 4, 4 1/2, 5, ou 5 1/2 pour 0/0 du capital nominal, sont inscrites au grand-livre de la dette publique. Elles sont *nominatives* ou *au porteur*.

5.— Les obligations à terme sont émises sous la forme de *bons du trésor* ou *bons royaux*, et composent *la dette flottante*.

6.— Les effets formant titre de la dette publique sont : les inscriptions de rente viagère, les inscriptions de rentes perpetuelles cinq pour cent consolidés, quatre et demi, quatre et trois pour cent, les bons royaux ou effets de la caisse de service, les actions sur certains canaux.—V., sur tous ces titres, Effets publics.

7.—La loi du 24 août 1793, afin de réunir sous une même dénomination tous les titres des créanciers de l'état, ordonna la confection d'un grand-livre de la dette publique. La loi du 9 vend. an 6 déclara remboursables les deux tiers de la dette inscrite, et n'en conserva que le tiers. La loi du 21 floréal an 10 donna à ce tiers constitué en perpétuel le nom de cinq pour cent consolidés; elle affecta au paiement le produit de la contribution foncière, et consacra un fond de dix millions à l'amortissement.

D'après la loi du 25 mars 1817, les intérêts de la dette publique et le service de la caisse d'amortissement sont assurés par les produits nets de l'enregistrement, du timbre, des domaines, des postes, et des loteries.

8.— Outre le grand-livre tenu à Paris, la loi du 14 avril 1819 a prescrit, dans chaque chef-lieu de département, l'ouverture d'un livre auxiliaire du grand-livre de la dette publique : il est tenu par le receveur-général.— V. Effets publics.

9.— L'extinction successive de la dette inscrite s'opère par l'amortissement, c'est-à-dire par l'achat, au moyen de fonds provenant du revenu public, de rentes qui ne sont plus rendues à la circulation. La première caisse d amortissement, créée par édit de déc. 1764, fut supprimée par déclaration du 30 juillet 1775. Elle fut rétablie par la loi du 6 frim. an 8. La loi de finances du 28 avril 1816 la reconstitua, avec sa seule véritable destination, l'extinction de la dette publique. La loi de finances du 25 mars 1817 dota la caisse d'amortissement de quarante millions, et du revenu des bois de l'état.—D.A. 6. 750, n. 4. —V. Caisse d'amortissement.

10.— « La dette publique est garantie. Toute espèce d'engagement pris par l'état avec ses créanciers est inviolable » (art. 61 charte constitutionnelle).

11.— Le gouvernement français ne peut être garant, envers des acquereurs de domaines vendus, en son nom, dans les pays redevenus étrangers, que des troubles et évictions provenant de son propre fait, et qu'il eût été en son pouvoir d'empêcher.

Ainsi, l'acquéreur d'une créance due par la municipalité d'une ville d'Italie, et vendue par l'état durant l'occupation de ce pays par les armées, ne peut, s'il est évincé de sa créance par le gouvernement étranger redevenu maître de sa créance, exercer une action en garantie contre l'état, bien que l'ambassadeur de France soit intervenu dans la contestation. — 26 mars 1823. Ord. cons. d'état. Bruley. Mac. 5. 228.

12.—Un créancier du gouvernement, à la Guadeloupe, qui a reçu, en paiement de ce qui lui était dû, des quittances d'imposition à recouvrer sur les contribuables de cette colonie, et qui appartenaient à des exercices antérieurs à la prise en possession par les Anglais, est non-recevable, après la rentrée de la colonie sous la domination française, à s'adresser au gouvernement pour liquider sa créance, et il doit continuer ses poursuites contre les contribuables qu'il a acceptés pour débiteurs, lesquels n'ont pu être libérés par les autorités anglaises — 4 mai 1525. Ord. cons. d'état. Danthouard.

13. — Pour être admis à jouir du bénéfice de l'ordonnance du 1er mai 1816, qui remboursait le montant de leurs acquisitions à ceux qui avaient été forcés par les alliés, en 1814, à acheter des bois de l'état, il faut *justifier* qu'on y a été contraint sous peine d'exécution militaire. — 11 fév. 1824. Ord. cons. d'état. Feyler. Mac. 24. 106.

§ 2. — *Liquidation des créances sur l'état.*

14.— La liquidation des dettes de l'état comprend la reconnaissance, la vérification et le réglement de la créance, l'application des déchéances, des prescriptions, la fixation du mode, des époques et des valeurs de paiement. — *Dict. du not.*, t. 3, p. 274.

15. — Les héritiers d'un créancier de l'état, à qui il a été remboursé une somme excédant sa créance, sont obligés de réintégrer le *trop payé* dans les caisses de l'état, encore bien qu'ils justifieraient que leur auteur avait cédé sa créance avant le paiement, prétendant que dans ce cas l'état devrait poursuivre les cessionnaires. — 24 janv. 1827. Ord. cons. d'état. Autran-Bélier.

16. — De ce qu'un individu a reçu, sans faire de réserves, par lui-même ou par son mandataire, le paiement d'une indemnité à lui due par l'état, et cela antérieurement à toute notification de la décision ministérielle qui réglait les bases de la liquidation, on ne peut considérer comme acquiescement de sa part à cette décision le fait de la réception de l'indemnité qui lui avait été allouée. — 20 mai 1831. Ord. cons. d'état. Boiteux. D.P. 33. 3. 96.

17. — Une ordonnance du roi a réglé le mode de paiement des créances à la charge de l'état, quand elles sont frappées d'opposition. — 16 nov. 1831. Ord. D.P. 31. 3. 53.

§ 3. — *Prescriptions et déchéances.*

18.— La loi du 24 août 1793 soumet à la prescription de cinq ans les arrérages de créances inscrites sur le grand-livre ; elle est encore en vigueur à cet égard. Des lois rendues à différentes époques ont prononcé des déchéances contre les créanciers de l'état, en retard de produire les titres nécessaires pour la liquidation de leurs créances.

19.— La déchéance a été appliquee, par une loi du 9 frim. an 7. aux créances anterieures à l'an 5, par un décret du 25 fév. 1808 et par une loi du 15 janv. 1810, aux créances antérieures à l'an 9; enfin, par la loi du 25 mars 1817, aux créances de l'arriéré antérieures à 1816, jusques et y compris l'an 9.

20.— L'art 5 de cette dernière loi porte que dans le délai de six mois, après sa publication, les créanciers de l'arriéré seront tenus de produire leurs titres, sous peine de déchéance; et celle des finances du 17 août 1822 déclare que les créances antérieures à 1816 et liquidées, seront éteintes et amorties au profit de l'état si le paiement n'en est pas récla-

mé avant le 1er avril 1823 pour les créanciers domiciliés en Europe, et avant le 1er janv. 1824, pour ceux résidant dans les colonies.

21. — Il ne restait plus qu'à statuer au sujet des créanciers qui, ayant été liquidés en vertu de la loi du 25 mars 1817, et ayant réclamé leur paiement, conformément à celle du 17 août 1822, avaient négligé de fournir les justifications nécessaires pour que ce paiement pût être régulièrement effectué. C'est à quoi a pourvu la loi du 28 janv. 1831, qui contient, en outre, des dispositions générales et d'avenir, relatives à la prescription des créances sur l'état.

22. — Cette loi du 28 janv. 1831 dispose, art. 8 : « Toute créance portant sur l'arriéré antérieur à 1816 et dont le titulaire ou les ayans-cause n'auront pas fourni, avant le 1er janv. 1832, les justifications nécessaires pour la délivrance du titre de paiement, sera définitivement éteinte et amortie au profit de l'état.

Art. 9. » Seront prescrites, et définitivement éteintes au profit de l'état, sans préjudice des déchéances prononcées par les lois, ou consenties par des marchés ou conventions, toutes les créances qui n'ayant pas été acquittées avant la clôture des crédits de l'exercice auquel elles appartiennent (c'est-à-dire avant le 31 déc.), n'auraient pu à défaut de justifications suffisantes, être liquidées, ordonnées et payées dans un délai de cinq années, à partir de l'ouverture de l'exercice, pour les créanciers domiciliés en Europe, et de six années pour les créanciers résidant hors du territoire européen. — Le montant des créances frappées d'opposition sera, à l'époque de la clôture des paiemens, versé à la caisse des dépôts et consignations. — Le terme de prescription des créances portant sur les exercices de 1830 et antérieurs, est fixé au 31 déc. 1834 pour les créanciers domiciliés en Europe, et 31 déc. 1835 pour les créanciers résidant hors du territoire européen.

Art. 10. » Les dispositions des deux articles précédens ne seront pas applicables aux créances dont l'ordonnancement et les paiemens n'auraient pu être effectués, dans les délais déterminés, par le fait de l'administration ou par suite de pourvois formés devant le conseil d'état. Tout créancier aura le droit de se faire délivrer, par le ministère compétent, un bulletin énonçant la date de sa demande et les pièces produites à l'appui. »

23. — Les jugemens des tribunaux ne sont pas des actes constitutifs, mais seulement déclaratifs des créances pour lesquelles ils prononcent des déclarations.

En conséquence, les créances de l'état reconnues ainsi, remontent au jour de leur cause, et peuvent être frappées de déchéance. — 8 août 1821. Ord. cons. d'état. D'Ogny. Mac. 2. 226.

24. — L'individu dont le titre contre le trésor public remonte à l'an 7, ne peut exiger le paiement de sa créance que sur le paiement de la même année, et d'après le mode prescrit à cet effet par la loi du 30 vent. an 9. — 31 mai 1808. Décr. Champon.

25. — L'émigré dont les biens ont été vendus, et qui n'a pas fait liquider sa créance sur l'état, conformément à la loi du 15 janv. 1810, est frappé par cette loi de déchéance, encore bien qu'il n'aurait cessé de réclamer depuis la confiscation de ses biens, mais sans produire alors ses pièces. — 24 oct. 1821. Ord. cons. d'état. de Champagne. Mac. 2. 378.

26. — Les créances sur l'état, et spécialement celles provenant de jouissances de fruits, antérieures au 1er vend. an 9, qui n'ont pas été liquidées avant le 1er juill. 1810, faute de présentation de titres, sont classées dans les liquidations arriérées dont le gouvernement n'a plus à s'occuper, encore bien que les réclamations aient eu lieu antérieurement au 1er juill 1800, si le défaut des formalités a retardé la présentation du compte jusqu'après ce délai. — 31 janv. 1813. Décr. cons. d'état. Lapuente-Rustier. S. 2. 234.

27. — Les créances qui remontent à l'an 6, et qui n'ont pas été liquidées par le conseil de la liquidation générale, avant le 1er juill. 1810, époque à laquelle ce conseil a été supprimé, se trouvent frappées de déchéance par les lois sur les finances, des 28 avril 1816 et 25 mars 1817, bien qu'un décret ait renvoyé ces créanciers dont les titres montent à 1,000 fr., par exemple, à se pourvoir conformément aux lois; cette fixation n'est pas une liquidation. — 11 fév. 1818. Ord. cons. d'état. Puybusque.

28 — Une créance antérieure à l'an 9, et prenant, par exemple, son origine dans une action en garantie contre l'état, est frappée de déchéance, aux termes du décret du 25 fév. 1808 et des lois de finances des 15 janv. 1810 et 25 mars 1817. — 20 juill. 1832. Ord. cons. d'état, Monneron. D.P. 32. 3. 145.

29. — La déchéance encourue, en vertu de la loi du 15 janv. 1810, par les créanciers de l'état qui n'ont pas formé leur demande en liquidation, dans le délai fixé, est applicable même à celui qui demande la rectification d'une rente viagère, inscrite par erreur sur une seule tête, lorsqu'elle devait l'être sur deux. — 27 mai 1816. Ord. cons. d'état. Royer.

30. — Un créancier de l'arriéré, et par exemple le propriétaire d'une maison qui a été détruite dans la guerre de 1814, est frappé de déchéance, s'il ne justifie pas qu'il a produit ses titres dans les six mois de la promulgation de la loi du 25 mars 1817. — 13 déc. 1833. Ord. cons. d'état. Palas. D.P. 34. 3. 31.

31. — La demande en remboursement d'une somme due à des créanciers de l'arriéré, pour une réquisition dont ils ont été frappés, bien que faite dans le délai de six mois exigé pour ces réclamations, ne peut pas tenir lieu de la production des titres, qui, faute d'avoir été faite dans le même délai, rend les réclamans non-recevables (Loi du 25 mars 1817, art. 5). — 20 fév. 1822. Ord. cons. d'état. Lessept et comp.

32. — La déchéance prononcée par la loi du 17 août 1822, à défaut d'inscription sur les registres de chaque ministère, n'est applicable qu'aux créanciers qui n'auraient pas réclamé le paiement des liquidations déjà faites, et non contre ceux dont la liquidation était ou est encore en instance (art. 5, l. du 17 août 1822). — 24 mars 1824. Ord. cons. d'état. Doumerc. C. Min. de l'intérieur.

33. — Les rentes et créances de toute nature provenant des anciennes liquidations ou de l'arriéré des divers ministères, dont l'inscription ou le paiement n'a pas été réclamé avant le 1er avril 1823, sont éteintes et amorties définitivement au profit de l'état. — Il importerait peu que, dans les délais, on eût obtenu un *visa*, si les autres pièces nécessaires n'ont pas été produites, le visa étant toujours donné sauf la justification des droits de celui qui l'obtient (L. 17 août 1822, art. 5). — 17 janv. 1834. Ord. cons. d'état. Besson. D.P. 34. 3. 35.

34. — Le créancier du gouvernement pour une indemnité qui lui était due pour une mission en Russie, ne peut pas être atteint de la déchéance prononcée par la loi du 25 mars 1817, lorsque son titre et sa réclamation étaient déposés dans les bureaux, antérieurement à cette loi. C'est en vain que l'on prétendrait qu'il aurait dû la renouveler depuis la loi. — 30 déc. 1822. Ord. cons. d'état. Forget.

35. — Les déchéances prononcées par la loi du 25 mars 1817 pour les dettes arriérées des divers ministères, ne sont pas applicables aux dépôts et consignations *nécessaires*, effectués postérieurement aux lois des 24 frimaire an 6 et 9 frimaire an 7; spécialement au dépôt fait en 1813, dans la caisse-coloniale de la Guadeloupe, de sommes provenant d'une succession ouverte dans cette colonie, occupée alors par les étrangers. — 9 nov. 1832. Ord. cons. d'état. Caillon. D.P. 33. 3. 17. — V. Macarel, ord. 1er sept. 1823, 17 déc. 1823, et ses observ., vol. 1832, p. 620.

36. — Le traité du 20 nov. 1815 a réglé le mode de remboursement de toutes les créances confisquées ou séquestrées sur les sujets anglais depuis 1793, sans exception de celles qui avaient été contractées dans les colonies françaises. En conséquence, ces dernières dettes sont comprises, ainsi que toutes celles dont le paiement pouvait être réclamé, en vertu du traité précité, dans l'extinction générale, opérée par l'art. 1er de la convention du 25 avril 1818. — 16 mai 1827. Ord. Cochrane. D.P. 28. 3. 34.

37. — Les dispositions de l'art. 19 du traité du 30 mai 1814 n'ont pas fait revivre les créances éteintes, et pour lesquelles la déchéance a été acquise pendant la réunion de l'île Maurice à la France. — 20 juill. 1832. Ord. cons. d'état. Moneron. D.P. 32. 3. 145.

§ 4. — *Compétence en matière de créances sur l'état.*

38. — La liquidation des dettes de l'état appartient évidemment à l'autorité administrative (L. 16-21 fruct. an 3; arrêté régl. 2 germ. an 5, 19 niv., 9 flor., 19 therm. an 9; ord. royale du 4 mars 1819, 13 nov. 1822, 4 fév. 1824).

39. — Les tribunaux ne peuvent connaître des actions qui tendent à faire déclarer l'état débiteur (L. 24 août 1790, tit. 2, art. 13; l. 16 fruct. an 3, et art. 80, l. 27 vent. an 8). — 11 mess. an 10. Req. c. int. de la loi. Laurent. D.A. 3. 175. D.P. 1. 734. — Merl., Rép., 3, p. 645.

40. — Lorsqu'une contestation entre particuliers peut donner lieu à une action en garantie contre l'état, les tribunaux peuvent statuer sur l'action principale, mais sans préjudice de l'action en garantie contre l'état, qui doit être alors portée devant l'autorité administrative (Décr. 6 janv. 1807).

41. — Les agens du gouvernement, et spécialement le consul-général d'Alger, qui a souscrit des lettres de change destinées à acquitter une redevance due par la France à cette régence, est justiciable de l'autorité administrative, bien qu'elles n'expriment pas qu'elles ont été créées pour fournitures pour le compte de l'état. — 11 avril 1810. Décr. Rault.

42. — La liquidation d'une créance sur l'état n'est pas suffisamment constatée par l'attestation de l'intendant militaire, directeur de l'arriéré; mais elle doit être considérée comme prouvée légalement par une lettre du ministre de la guerre (L. 25 sept. 1814). — En conséquence, un tribunal ne peut, sans empiéter sur l'autorité administrative, exiger un autre genre de preuve (L. 24 août 1790, tit. 2, art. 13). — 30 janv. 1827. Civ. c. Rouen. Roucourt. D.P. 27. 1. 126.

43. — Lorsqu'une rente, inscrite au grand-livre de la dette publique, a été, par arrêté administratif, frappée d'opposition jusqu'après l'apuration ultérieure des comptes que le rentier doit à l'état, il n'appartient pas aux tribunaux d'ordonner, au profit d'un tiers créancier du rentier, la délivrance immédiate de la rente, et d'en déterminer le montant. — 19 déc. 1827. Ord. Levallois. D.P. 28. 3. 34.

44. — S'il s'agit d'une expropriation pour cause d'utilité publique, c'est le jury spécial composé en conformité de la loi du 7 juillet 1833, qui, en cas de désaccord, fixe le montant de l'indemnité à payer par l'état (art. 38, 39 et suiv.).

45. — Le ministre du trésor peut se refuser à exécuter un jugement dont les dispositions sont contraires à la législation de la dette publique. — 3 janv. 1813. Décr. Detardif. S. 2. 174.

46. — Lorsqu'il s'élève des contestations entre l'état et les créanciers sur la nature et sur l'origine de la dette, c'est au ministre liquidateur à prononcer, sauf recours au conseil d'état — Corm., t. 2, p. 83.

47. — Lorsqu'il s'agit de la demande en paiement d'une créance sur l'état, demande qui a déjà été rejetée deux fois par décision ministérielle, c'est à propos que le conseil de préfecture s'est abstenu de statuer. — 14 mai 1828. Ord. cons. d'état. Mennet.

48. — C'est au conseiller d'état, directeur-général de la liquidation de la dette publique, et non à la commission du contentieux du conseil d'état, que doit être adressée la requête contre l'arrêté du conseil-général de la liquidation, tendant à obtenir le paiement d'une quantité de blés composant le chargement d'un navire mis à la disposition d'une armée française. — 16 mars 1807. Avis cons. d'état. Costa.

49. — Un arrêté du conseil-général de la liquidation de la dette publique, qui décide qu'un traité passé avec des particuliers et le ministre de la guerre, pour le service des hôpitaux militaires, constitue une entreprise et non une régie intéressée, ne peut être soumis à la censure du conseil d'état. — 6 nov. 1817. Ord. cons. d'état. Poyer. S. 4. 186.

— V. Acte de notoriété, Conseil d'état, Contributions, Effets publics, Ordre.

TABLE SOMMAIRE.

Acquiescement. 16.
Agent du gouvernement. 41.
Amortissement. 7, s.
Arriéré. 26.
Bon du trésor. 5.
Bons royaux. 6.
Chose jugée. 45.
Compétence. 38.
Colonie. 12.
Conseil d'état. 48.
Conseil-général. 49.
Contribution de guerre. 13, 30.
Déchéance. 18, s.
Délai. 18, s. 31.
Dépossession. 11.
Dépôt. 35.
Dette consolidée. 4, 7.
Dette flottante. 5.
Domaine. 1, s. 36, 43.
Etranger. 30.
Force majeure. 13.
Garantie. 10, s.
Grand-livre. 7, s.
Héritier. 15.
Ile Maurice. 28, 37.
Indemnité. 16.
Inscription. 33.
Intendant militaire. 42.
Intérêt. 7.
Inviolabilité. 10.
Lettre ministérielle. 42.
Liquidation. 2, s. 14, s. 32, 43. — générale. 27.
Opposition. 17.
Paiement. 36.
Pays étranger. 11.
Pension viagère. 3.
Prescription. 18, s.

Preuve certaine. 42. — Rente viagère. 6, 29.
Quittance d'imposit. 12. — Restitution. 15.
Rente perpétuelle. 5, 6. — Rétroactivité. 34.

DEUIL.—7. Communauté, Usufruit.

DÉVASTATION.—V. Attentat et complot, Destruction, Louage, Usufruit.

DÉVERSOIR.—V. Délit rural, Eau.

DÉVIATION.—V. Assurance maritime, Avarie.

DEVIS.—V. Louage, Marché.

DÉVOLUTION. — V. Appel, Communauté, Commune, Majorat, Succession.

DICTÉE.—V. Preuve littérale, Testament.—V. aussi Faux.

DIFFICULTÉS RÉELLES.—V. Cassation, Rescision, Transaction.

DIGUE.—V. Eau, Servitude.

DILIGENCES.—V. Voitures publiques.

DIMANCHE.—V. Jour férié.

DIME.—V. Féodalité, Louage.

DIMENSION.—V. Affiche, Assurance maritime, Autorité municipale, Forêts, Pêche, Presse, Timbre, Voirie.

DIPLOMATIE.—V. Agens diplomatiques, Enregistrement.

DIPLOME.—V. Art de guérir, Avocat, Compétence administrative, Droits civils, Elections.

DIRE.—V. Ordre.

DIRECTEUR.—V. Acquiescement, Actes de commerce, Commerçans, Compétence criminelle, Concussion, Conservateur, Théâtre, Voitures publiques.

DIRECTEUR DU JURY.—V. Compétence criminelle, Prise à partie.

DIRECTEUR-GÉNÉRAL.—V. Conseil d'état, Forêts.

DIRECTEUR DES POSTES. — V. Garde nationale.

DIRECTOIRE.—V. Conseil d'état, Lois.

DISCERNEMENT.—V. Acquittement, Attentat à la pudeur, Mineur, Récidive.

DISCIPLINE.— 1. — Pouvoir de police intérieure et de surveillance, établi pour maintenir dans les corps ou compagnies l'exacte observation des devoirs que leur imposent les lois de leur institution.

2.—L'action disciplinaire a cela de particulier, qu'elle s'exerce souvent sur des faits non définis à l'avance, mais dont l'appréciation est laissée à un pouvoir discrétionnaire.— Elle est du reste, comme on le verra, indépendante de toute action devant les tribunaux civils et criminels.

ART. 1er. — Discipline des cours et tribunaux.

§ 1er. — Des peines disciplinaires et de leur application.

§ 2. — Pouvoir disciplinaire des cours et tribunaux sur leurs propres membres.

§ 3. — Pouvoir disciplinaire des juges supérieurs sur les juges inférieurs.

§ 4. — Pouvoir disciplinaire du garde-des-sceaux.

§ 5. — Recours contre les décisions disciplinaires.

ART. 2. — Discipline des membres du ministère public.

ART. 3. — Discipline des greffiers et commis-greffiers.

ART. 4. — Discipline des officiers ministériels.

§ 1er. — Pouvoir des chambres de discipline.

§ 2. — Pouvoir disciplinaire des cours et tribunaux.

ART. 5. — Discipline des avocats près les cours et tribunaux, et près la cour de cassation.

ART. 6. — Discipline des notaires.

§ 1er. — Pouvoir disciplinaire de la chambre des notaires.

§ 2. — Pouvoir disciplinaire des tribunaux.

ART. 1er. — Discipline des cours et tribunaux.

3. — La loi laissait autrefois à la libre appréciation de la magistrature les peines encourues par ceux de ses membres qui avaient négligé ou violé leurs devoirs, ou compromis leur caractère. Mais à mesure que l'ordre judiciaire s'organisa, les dis-positions relatives à la discipline devinrent plus précises et plus complètes. — D.A. 11. 44, n. 1.

4. — Le ministre de la justice, créé par la loi du 27 avril 1791, supprimé par celle du 12 germ. an 2, rétabli par celle du 10 vendém. an 4, n'avait qu'un simple droit de surveillance; il était autorisé à donner aux juges les avertissemens nécessaires, et à veiller à ce que la justice fût bien administrée. Le sénatus-consulte du 16 therm. an 10 étendit ce pouvoir; le décret du 30 mars 1808, et la loi du 20 avril 1810 achevèrent de constituer la législation disciplinaire. L'art. 1042 C. pr. «porte que les dispositions des réglemens futurs sur la discipline judiciaire qui contiendront des mesures législatives, seront présentées au corps législatif dans trois ans. » Plusieurs réglemens, notamment le décret du 30 mars 1808, étaient dans ce cas : ils n'ont point été convertis en lois, et sont néanmoins journellement appliqués. — D.A. 11. 44, n. 2.

§ 1er. — Des peines disciplinaires et de leur application.

5. — Les peines de discipline dont sont passibles les magistrats, sont : la censure simple, la censure avec réprimande, la suspension provisoire (L. 20 avril 1810, art. 50) ; enfin, la déchéance (ib. 59).

6.—La censure ou réprimande emporte de droit privation de traitement pendant un mois : la suspension provisoire emporte privation de traitement pendant sa durée (art. 50); mais, ne durât-elle qu'un jour, elle est une peine plus grave que la censure avec réprimande.

7. — La suspension, dont la sanction se trouve dans l'art. 197 C. pén., doit être prononcée pour un temps déterminé, sinon elle équivaudrait à une destitution.

8. — L'art. 50 de la loi du 20 avril 1810 s'applique soit aux faits qui compromettent la dignité du magistrat, soit encore à tous les faits plus graves qui pourraient motiver des poursuites criminelles ou correctionnelles.—25 fév. 1826. Cr. c. int. de la loi. D.P. 26. 1. 259.

9.—Un juge qui se permet de vivre publiquement, dans la ville même où siège son tribunal, avec une femme autre que sa légitime épouse, et qui, en outre, fait inscrire sur les registres de l'état civil, comme nés d'une union légale, des enfans réellement adultérins, se rend coupable, à raison de ces faits, d'une faute grave qui autorise sa suspension par mesure de discipline. — 2 germ. an 13. Cass. sect. réun. Min. pub. Campmas. D.A. 11. 45. D.P. 5. 1. 325, et 2. 96.

10.—En effet, «le pouvoir disciplinaire, dit Favard (vo Cassation, sect. 2, n. 6), ayant pour but de maintenir la dignité de la magistrature, on est assurant la considération et le respect qui lui sont dus, doit s'étendre même aux actes de la vie privée qui seraient de nature à affaiblir, dans l'esprit des justiciables, ce respect et cette considération.»

11. — Un conseiller de cour royale qui appose sa signature au bas d'une adresse exprimant des vœux inconciliables avec les devoirs de magistrat, telle que serait, par exemple, une princesse de France détenue pour avoir porté la guerre civile sur le sol dont elle a été expulsée, compromet, par ce fait, la dignité de son caractère, et méconnaît les obligations que lui impose le serment qu'il a prêté; par suite, il encourt une suspension de ses fonctions pendant six mois (Sén.-cons. du 16 therm. an 10, art. 82).—14 janv. 1833. Ch. réun. c. Min pub. C. Baudouin. D.P. 33. 1. 167.

12.—La suspension qui serait prononcée contre un juge frappé d'une peine correctionnelle (emprisonnement et amende); dans ce cas, elle n'est point une peine nouvelle, mais elle est déterminée par l'une des causes graves énoncées dans l'art. 59 du sénatus-consulte du 16 therm. an 10.— 8 déc. 1809. C. cass. sect. réun. Min. pub. Courcelles. D.A. 11. 48. D.P. 10.1.146.

13.—Cette jurisprudence a été sanctionnée par l'art. 59 de la loi du 20 avril 1810, qui permet au ministre de la justice de dénoncer à la cour de cassation tout juge condamné à une peine même du simple police; et la cour peut, suivant la gravité des faits, déclarer le juge déchu ou suspendu de ses fonctions.— D.A. 11. 48, n. 3.
Toute condamnation d'un juge n'entraine cependant pas suspension ; il faut que le ministre le dénonce, s'il y a lieu ; et la cour de cassation, si elle était saisie de l'affaire, aurait encore à apprécier si le fait qui a donné lieu à la condamnation constitue une faute grave, dans le sens de l'art. 82 du sénatus-consulte du 16 therm. an 10. Il serait d'une rigueur excessive de suspendre un juge coupable d'une légère contra-vention de police ; et puni d'une faible amende. — Carn., p. 15; D.A. eod.

14.— Tout juge qui se trouve sous les liens d'un mandat d'arrêt, de dépôt, d'une ordonnance de prise de corps ou d'une condamnation correctionnelle, même pendant l'appel, doit être suspendu provisoirement de ses fonctions (L. 20 avril 1810, art. 58), jusqu'après la révocation du mandat de dépôt ou d'arrêt, ou de l'ordonnance de prise de corps, ou jusqu'après soit l'annulation sur l'appel, soit l'entière exécution de la condamnation. V. n. 28,

15. — Le magistrat qui, durant la suspension par lui encourue, commet une nouvelle faute, peut être frappé d'une nouvelle suspension qui prolonge la première.

16. — Il a été décidé que des juges qui acquittent un prévenu en se laissant fléchir par de simples considérations, lorsque d'ailleurs le délit est constant, sont passibles de censure (Sén.-cons. du 16 therm. an 10, art. 82).—15 prair. an 11. C. cass. sect. réun. Min. pub. Trib. spécial de Montbrison. D.A. 11. 45. D.P. 2. 990.

17. — Mais que les juges qui ont été d'un avis opposé à celui qui paraît à la cour de cassation mériter la censure, peuvent ne pas être censurés, alors même qu'ils ont demandé que leur cause ne fût point séparée de celle de leurs collègues. — Même arrêt.

18. — Carnot fait observer sur cet arrêt, p. 11, qu'en principe, un juge ne peut être condamné à des peines de discipline à raison de l'opinion qu'il a émise. Les opinions individuelles de chaque juge doivent rester secrètes. D'ailleurs, comment savoir qu'un juge qui s'est trompé n'était pas de bonne foi? Il doit toujours être présumé avoir jugé en conscience. Si la preuve contraire était acquise, il encourrait, non des peines de discipline, mais celles de la forfaiture (D.A. 11. 45, n. 1).—Cependant un magistrat pourrait manifester à l'audience une passion mal ou une partialité qui, sans constituer une forfaiture, exigeraient une répression disciplinaire.

19. — Le magistrat qui, après avoir dénoncé, dans des pétitions adressées à la chambre des députés et rendues publiques, l'existence de complots et machinations qui compromettraient la sûreté de l'état, et dont il a affirmé connaître les auteurs, refuse ensuite de donner sur ces faits et sur leurs auteurs les renseignemens propres à éclairer les recherches et à diriger l'action de la justice, encourt la censure attribuée à la cour de cassation par l'acte du 16 thermidor an 10.—28 nov. 1820. C. cass. sect. réun. Min. pub. Madier de Montjau, D.A. 11. 48. D.P. 21. 1. 3.

20. — Ce magistrat ne peut justifier un tel refus en alléguant un serment sur la foi duquel il se serait devenu dépositaire des renseignemens demandés qu'en promettant de ne les point révéler, ou de ne les révéler que dans le cas qui ne s'est pas encore réalisé. — Même arrêt.

21. — Les torts de ce magistrat sont aggravés par la publication qu'il fait, depuis sa citation à comparaître devant la cour de cassation, de rapports qu'en sa qualité de président de cour d'assises il a adressés au ministre de la justice ; à ce ministre seul il appartient de juger si ces rapports doivent être publiés ou demeurer secrets. — Même arrêt.

22. — Un juge qui publie dans un journal une lettre qu'il signe de sa qualité de juge au tribunal, ou qui, par lettre ainsi signée, adhère à un article de ce journal contenant des doctrines inconciliables avec les devoirs de son état, et spécialement avec le serment qu'il a prêté, encourt la censure avec réprimande de la cour suprême, encore qu'il n'ait point fait cette publication à raison de l'exercice de ses fonctions, et lors même que, poursuivi devant la cour d'assises pour le même fait, il a été acquitté par le jury (Sén.-cons. du 16 therm. an 10, art. 82). — 30 mai 1832. C. cass. ch. réun. Fouquet. D.P. 32. 1. 382.

23. — Le magistrat qui s'est affilié à des sociétés qui peuvent être regardées comme en opposition hostile avec le gouvernement et les institutions constitutionnelles, a compromis la dignité de son caractère, et encourt des peines disciplinaires. — Il soutiendrait en vain que, comme citoyen, il a la faculté de faire tout ce qui n'est pas formellement prohibé. — 19 avril 1833. Limoges. Ceyras. D.P. 33. 2. 228.

24. — Se rend également passible d'une peine disciplinaire le magistrat qui, contrairement à l'art. 1597 C. civ., se rend cessionnaire de droits litigieux, sans préjudice des dommages-intérêts auxquels il peut être condamné.

25. — Un discours de rentrée, qui contiendrait des

diffamations contre des particuliers, peut-il être l'objet de peines disciplinaires contre le magistrat qui le prononce? — 14 avril 1831. Cr. c. Douai. Fourdinier. D.P. 31. 1. 157.

26. — L'action disciplinaire peut être exercée contre un magistrat qui, traduit pour le même fait devant les tribunaux ordinaires, a été acquitté. — V. aussi Chose jugée.

27. — Il a été décidé qu'un juge, cité par voie de discipline devant une cour, ne peut être acquitté de la plainte sur l'unique motif qu'il a suffisamment atténué par sa défense les faits consignés dans la plainte du ministère public. — 15 avril 1826. Cr. c. int. de la loi. M.... D.P. 26. 1. 343.

28.—Ne se peut-il pas cependant que la défense ait atténué ces faits au point de démontrer que le magistrat n'a point compromis sa dignité? Oui, certainement; mais alors il ne faudrait point parler seulement d'atténuation; il faudrait constater des faits, ou une absence d'intention ou une méprise capable de faire disparaître tout fait blâmable ou même inconvenant.

29.—L'application antérieure d'une peine de discipline n'arrête pas l'action publique intentée pour le même fait. — 12 mai 1827. Cr. c. Marcadier. D.P. 27. 1. 240.—22 déc. 1827. Cr. c. Rouen. Beuret. D.P. 28. 1. 67.

§ 2. — *Pouvoir disciplinaire des cours et tribunaux sur leurs propres membres.*

30.—Les présidens des cours royales et des tribunaux de première instance doivent avertir d'office, ou sur la réquisition du ministère public, tout juge qui compromet la dignité de son caractere (L. 20 avril 1810, art. 49).

31.—L'avertissement est donné par le président du tribunal de première instance, s'il s'adresse à un juge de ce tribunal, à un suppléant, à un juge de paix ou à un suppléant de ce dernier; par le président de la cour, s'il s'adresse à un conseiller, ou au président du tribunal de première instance, ou si ce dernier néglige de donner lui-même l'avertissement dans l'un des cas où la loi le charge de ce soin.

32.—La réquisition du ministère public et l'avertissement du président se font par lettres missives. —D.A 11. 49, n. 1.

33.—Le président n'est pas tenu de déférer à la réquisition qui lui est adressée; mais, s'il refuse d'y faire droit, le procureur général donne connaissance du fait au garde-des-sceaux, qui agit d'après le droit que lui confère le sénatus-consulte de l'an 10.— Carré, n. 98, 99; D.A. 11. 49, n. 1.

34.—Si l'avertissement reste sans effet, le juge peut être puni de l'une des peines ci-dessus indiquées, la déchéance exceptée (L. 20 avril 1810, art. 50).

35. — Il n'est pas nécessaire que la seconde faute soit de même nature que celle qui a motivé l'avertissement; il suffit qu'elle compromette la dignité des magistrats. La loi ne fixe pas de délai, passé lequel le premier avertissement deviendra sans effet.

36. — Les cours et tribunaux exercent spontanément, de leur propre mouvement, et sans avoir besoin d'être provoqués par les citations ou réquisitions du ministère public, le pouvoir disciplinaire que leur confère l'art. 52 de la loi du 20 avril 1810, d'appeler devant eux les juges qui ont compromis la dignité de leur caractère.— 23 mars 1826. Cr. c. Limoges. Duch. D.P. 26. 1. 286.

37.—Si au lieu de faits relatifs à l'inconduite, à des égaremens de passion, on avait à reprocher à un juge des fautes graves, susceptibles même d'être poursuivies criminellement, l'avertissement préalable ne serait point nécessaire. C'est ce que porte une circulaire ministérielle.—D.A. 11. 49 et 50, n. 2.

38. — Jugé dans le même sens que les peines de discipline établies par l'art. 50 de la loi du 20 avril 1810 peuvent être appliquées, encore que les faits imputés au magistrat n'aient pas été l'objet d'un avertissement préalable, ou que l'avertissement qui lui aurait été donné ne serait pas demeuré sans effet. — 25 fév. 1826. Cr. c. int. de la loi. D.P. 26. 1. 259. — 19 avril 1833. Limoges. Ceyras. D.P. 33. 2. 228.

39. — On ne peut se dissimuler qu'il y a quelque chose de spécieux dans l'objection qui consiste à dire que la loi exige dans tous les cas l'avertissement préalable, sauf le droit du garde-des-sceaux, si la gravité des faits l'exige, de saisir directement la cour de cassation, sans qu'il soit nécessaire alors que l'avertissement ait eu lieu: mais quand un fait grave, immoral, coupable, afflige tout-à-coup la magistrature, quel avertissement préalable a pu avoir lieu; la loi dispose pour le cas où la dégradation du magistrat est successive, lente, insensible.

40.—Une cour royale peu exercer, même d'office, sans réquisition préalable du ministère public, le pouvoir disciplinaire envers un membre d'un tribunal placé dans son ressort, quand ce tribunal néglige d'exercer lui-même ce pouvoir. — 23 mars 1826. Cr. c. Limoges. Duch. D.P. 26 1. 286.

41. — Pour qu'une cour royale puisse exercer le pouvoir disciplinaire dont elle est investie par l'art. 54 de la loi de 1810, dans le cas où le tribunal de première instance néglige de l'exercer, il n'est pas exigé que cette négligence ait duré malgré les réquisitions du ministere public; elle s'induit de l'inaction où est resté ce tribunal et du silence gardé par son président sur des faits assez publics et assez notoires pour être connus de la cour royale. — 23 mars 1826. Cr. c. int. de la loi. Limoges. Duch. D.P. 26 1. 286. — V. aussi l'affaire Parquin, D.P. 34. 1. 313.

42. — Une cour royale, coupable d'une négligence semblable, devrait être reprise par le ministre de la justice (Sén.-cons. 16 therm. an 10, art. 81).

43. — Les lois n'ont point accordé aux tribunaux de commerce et aux conseils des prud'hommes le pouvoir disciplinaire sur leurs propres membres. Si quelqu'un d'entre eux compromettait son caractère, Carnot, p. 33, pense que le président devrait l'avertir qu'il le dénoncera, s'il ne s'amendait pas, à l'autorité supérieure, c'est-à-dire au ministre, lequel n'a d'ailleurs sur eux qu'un droit de surveillance dépourvu de sanction (arg. de l'art. 44, l. 20 avril 1810, et de l'art. 360 C. comm.) — D.A. 11. 50, n. 6.

44.— Aucune décision ne peut être prise que le juge inculpé n'ait été entendu ou duement appelé, et que le procureur-général (ou le procureur du roi) n'ait donné ses conclusions par écrit (L. 20 avril 1810, art. 55).

45.— Les conclusions écrites du ministère public doivent être communiquées au magistrat inculpé, et il doit lui être laissé le délai convenable pour préparer sa défense. — Carn., *Discip. jud.*, n. 10.

46.— Il a été jugé que le magistrat cité devant des magistrats supérieurs pour faits provoquant l'exercice de la discipline, ne peut se faire assister d'un ou de plusieurs conseils; il doit présenter par lui-même sa défense, soit orale, soit écrite.— 28 nov. 1820. C. cass. sect. réun. Min. pub. Madier de Montjau. D.A. 11. 46. D.P. 21. 1. 3.

Mais depuis, et dans l'affaire Baudouin (D.P. 33. 1. 167), la cour a sans difficulté laissé plaider un avocat, et avec raison; le droit commun réclame toute latitude pour la défense. — V. Défense.

47. — L'application des peines de discipline doit être faite par les *cours ou tribunaux* en la chambre du conseil. De ces termes, on doit conclure que la décision n'est pas valablement prononcée si toute les chambres n'y ont point participé. — Carré, p. 193, n. 104; D.A. 11. 50, n. 4.

48.— Jugé par suite qu'une décision disciplinaire, rendue contre un juge, est nulle si *tous* les membres de la cour qui la prononce n'y ont pas concouru. — Ainsi, si l'une des chambres de cette cour, occupée de juger comme cour d'assises, assiste aux conclusions du ministère puplic, et se retire sans prendre part concurremment avec les autres chambres à la délibération, l'arrêt qui prononce la peine de discipline n'émane pas de la généralité de la cour, et doit être cassé.— 6 fév. 1823. Cr. c. Amiens. int. de la loi. Mensois-Duprez. D.A. 11. 56. D.P. 2. 920, n. 7.

49.— Lorsqu'en vertu de l'art. 50 de la loi du 20 avril 1810, une cour ordonne que des poursuites criminelles ou correctionnelles seront dirigées contre un magistrat, elle doit, en ordonnant ces poursuites, le suspendre de ses fonctions, surtout quand la partie publique le requiert. — 25 fév. 1826. Cr. c. int. de la loi. D.P. 26. 1. 259.— V. n. 14.

50. — Le magistrat qui n'aurait pas été entendu pourrait former opposition; la loi ne le défend pas, et l'opposition est de droit commun. — Carnot, *loc. cit.*; D.A. 11. 55, n. 1.

51.—Les décisions de discipline relatives aux juges de paix et tribunaux de première instance ne peuvent être exécutées qu'après l'approbation des cours royales, et après qu'elles ont été soumises au garde-des-sceaux. — Les mesures de discipline des cours royales, sur leurs propres membres, sont également adressées au ministre, mais sans intermédiaire. On en a conclu que les actes disciplinaires intérieurs de la cour de cassation ne peuvent être déférés au ministre, comme ceux des cours royales. — Carré, p. 188, 189.

Les décisions des cours et tribunaux sont transmises au garde-des-sceaux, même dans le cas où elles se trouvent favorables au juge inculpé.—Carré, *eod.*; D.A. 11. 50, n. 3.

52.— En cas de suspension provisoire, le magistrat est tenu de s'abstenir de ses fonctions, jusqu'à ce que le ministre ait prononcé (L. 20 avril 1810, art. 56).

53.— Le ministre peut modérer, mais non aggraver la peine (Carn., n. 14). Du reste, il prononce sans qu'il s'établisse devant lui aucun débat contradictoire.

54.— C'est pour le maintien de la discipline que la loi charge le procureur-général ou un des avocats-généraux de faire, au commencement de chaque année judiciaire, un discours en audience publique et une mercuriale en chambre du conseil (Déc. 8 mars 1808, art. 101; l. 20 avril 1810, art. 8; déc. 6 juill. 1810, art. 34).— D.A. 11. 50, n. 5.

§ 3.— *Pouvoir disciplinaire des juges supérieurs sur les juges inférieurs.*

55. — Le sénatus-consulte de l'an 10 donne aux tribunaux supérieurs le droit de *surveiller* les tribunaux inferieurs; ce droit diffère de celui de discipline et de censure que la loi du 20 avril 1810 attribue aux juges des tribunaux civils sur les juges de paix, et aux cours royales sur les tribunaux civils, quand ceux-ci ont négligé de l'exercer eux-mêmes.— D.A. 11. 48, n. 9.

56.— C'est par avertissemens consignés dans des lettres missives, et non point par injonctions insérées dans des jugemens, que doit s'exercer ce droit de surveillance.— 26 prair. an 11. Civ. c. int. de la loi. Haricot. D.A. 11. 48. D.P. 3. 1. 693.

57.— La surveillance conférée aux tribunaux de première instance sur les juges de paix, n'autorise pas les premiers, lorsqu'ils infirment les jugemens des autres, à faire biffer les motifs des jugemens infirmés, et à ordonner que mention de leurs propres jugemens sera faite en marge des registres de la justice de paix.— 19 prair. an 11. Civ. c. int. de la loi. Wargny. D.A. 11. 49. D.P. 4. 1. 3.

58.— ... Ni à enjoindre au juge de paix de se conformer à telles ou telles dispositions.— 10 brum. an 12. Req. int. de la loi. Huissiers de Mortagne. D.A. 9. 18. D.P. 2. 414, et 4. 1. 128.

59.— Les deux décisions ci-dessus devraient avoir lieu quand même il ne s'agirait pas, comme dans le cas de ces arrêts, du droit de surveillance exercé par des tribunaux civils sur les juges de paix, mais par des cours royales sur les tribunaux d'arrondissement.— Carré, n. 96; Merl., Rép., v° Hiérarchie judiciaire; D.A. 11. 48, n. 9.

60.— Enfin, ce droit de surveillance ne s'étend pas jusqu'au droit de *reprendre*, réservé au garde-des-sceaux.— D A. 11. 48, n. 9.

61.—Le droit de surveillance immédiate et celui de censure appartiennent aux cours royales sur les tribunaux de commerce: mais ni les cours ni les tribunaux civils ne peuvent l'exercer sur les prud'hommes, dont les jugemens ressortissent aux tribunaux de commerce, et ceux-ci n'ont pas même de pouvoir disciplinaire sur leurs propres membres.— Carn., p. 30 et 31; D.A. 11. 49, n. 10.

62.— Les juges d'instruction se trouvent, en qualité d'officiers de police judiciaire, placés sous la surveillance du procureur-général. En cas de négligence, celui-ci les avertit et consigne l'avertissement sur un registre tenu à cet effet. S'il y a récidive, il les dénonce à la cour, qui, statuant dans la chambre du conseil, leur enjoint d'être plus exacts à l'avenir (art. 279, 280, 281, 282 C. inst. cr.). Ces articles ne parlent que de négligences. Si un juge d'instruction commettait une faute plus grave, il serait passible des règles de discipline établies par la loi du 20 avril 1810.— D.A. 11. 49, n. 11.

63.— Les maires ne sont soumis à la surveillance des tribunaux d'arrondissement qu'en leur qualité de juges de police, fonctions qu'ils exercent, dans certaines communes, concurremment avec le juge de paix.— Carn., p. 29; D.A. *loc. cit.*

64 — La loi du 20 avril 1810 confère, comme on l'a vu n. 40, s. un pouvoir disciplinaire très étendu aux cours royales; mais sans préjudice au droit du ministre de la justice de déférer les juges inculpés

devant la cour de cassation, si la gravité des faits l'exige (art. 56).— D.A. 11. 46, n. 7.

65.— La cour de cassation (présidée autrefois par le ministre de la justice, et aujourd'hui par son premier président) a droit de censure et de discipline sur les cours royales et les cours d'assises. Elle peut, pour causes graves, suspendre les juges de leurs fonctions ou les mander près du garde-des-sceaux pour rendre compte de leur conduite (Sénat.-cons. de l'an 10, art. 82; l. 20 avril 1810, art. 57).— D.A. 11. 44, n. 1.

66.— Le droit attribué à la cour de cassation, par l'art. 82 du sénatus-consulte du 16 therm. an 10, de suspendre, pour cause grave, les juges de leurs fonctions, ne s'applique pas seulement aux membres des cours royales; il a également trait aux juges de première instance.— 2 germ an 13. C. cass. sect. réun. Min. pub. Campmas. D.A. 11. 45. D.P. 5. 325, et 2. 96.

67. — ... Et aux juges de paix. — 8 déc. 1809. Cr. c. Courcelle. D.A. 11. 48, n. 2. — Conf. Carré, *L. org.*, n. 95; Merlin, Rép., v° Censure, n. 2.

68. — Le doute, à cet égard, naît de la rédaction vicieuse de l'art. 82 ci-dessus : « La cour de cassation a droit de discipline *sur les cours royales et d'assises*; elle peut suspendre les *juges*.... » La seconde partie de l'article est-elle absolue et illimitée, ou n'est-elle que corrélative à la première? Merlin a fait prévaloir l'opinion, que cet article porte dans sa seconde partie sur les juges en général. Il résulterait, disait-il, de l'interprétation contraire, que les membres des tribunaux inférieurs, si l'art. 82 ne leur était pas applicable, ne pourraient jamais, même pour les causes les plus graves, être suspendus de leurs fonctions, ou mandés près du ministre; car celui-ci, quand il est séparé de la cour de cassation, n'a, d'après l'art. 81, que le *droit de les surveiller et de les reprendre ;* et l'art. 83 ne donne sur eux aux cours d'appel qu'un droit de *surveillance* ; or, le droit de surveiller et de reprendre n'emporte pas celui de mander, encore moins celui de suspendre.

69. — Carnot pense, p. 29, que depuis la loi de 1810, ce sont les tribunaux de première instance qui, sauf la révision des cours royales, doivent prononcer la suspension des juges de paix, pour causes autres qu'une condamnation à une peine. Cependant la disposition finale de l'art. 56 de la loi du 20 avril 1810 se réfère sans restriction à l'art. 82 du sénatus-consulte de l'an 10. Si donc ce dernier article s'applique aux membres des tribunaux de première instance, il doit, ce semble, s'appliquer également aux juges de paix. — D.A. 11. 44, n. 2.

70. — La suspension ne peut être prononcée que pour causes graves. La cour de cassation est souveraine appréciatrice de la gravité des faits, et arbitre de la durée de la suspension.— D.A. 11. 45, n. 6.— V. n. 81 et suiv.

La cour de cassation n'est saisie que par un réquisitoire écrit du procureur-général, donné sur l'ordre du ministre de la justice. — D.A. 11. 44, n. 4.

71. — La cour de cassation prononce, toutes les chambres réunies; elle a été pendant long-temps présidée, dans ces circonstances, par le garde-des-sceaux, ce qui semble abusif, non seulement à raison de l'amovibilité de ce fonctionnaire, mais encore parce que c'est sur ses ordres que le magistrat inculpé est traduit devant la cour de cassation; et que le ministre qui va devenir juge semble s'être rendu partie en donnant cet ordre, qui suppose la conviction personnelle de la culpabilité (Carn., p. 3; D.A. *eod.*). Depuis 1830, deux arrêts rendus par la cour de cassation, en matière disciplinaire, l'ont été hors la présence du ministre, quoique l'art. 82 du sénatus-consul de l'an 10 semble exiger la présence du garde-des-sceaux.— D.A. 11. 44, n. 3. — V. n. 65.

72.— La censure prononcée par la cour de cassation se fait en audience publique, et non en la chambre du conseil (arg. de l'art. 52, déc. de 1810). — 28 nov. 1820. C. cass. sect. réun. Min. pub. Madier de Montjau. D.A. 11. 46. D.P. 21. 1. 3.

Cependant cette cour a quelquefois, pour éviter le scandale, prononcé la censure à huis-clos (D.A. 11. 44, n. 4). C'est aussi ce qui a été pratiqué dans les affaires Fouquet, Baudouin, et dans plusieurs autres depuis 1830.

73. — La censure d'un tribunal entier est, quand il y a lieu, l'objet d'une délibération de la cour de cassation; et la décision est rendue en forme d'arrêt, ou d'allocution directe.— D.A. 11. 43, n. 3.

§ 4.— *Pouvoir disciplinaire du garde-des-sceaux.*

74.— Aux termes du sénatus-consulte du 16 therm. an 10, et de la loi du 20 avril 1810, le garde-des-sceaux a le droit de surveiller et de reprendre les membres de tous les tribunaux; il peut aussi les mander à l'effet de s'expliquer sur les faits qui pourraient leur être imputés. Cette attribution ne confère au garde-des-sceaux le droit de prononcer aucune peine proprement dite : elle lui permet seulement de signaler des abus, d'y porter remède, de blâmer les tribunaux ou les magistrats qui auraient manqué à leurs devoirs.— D.A. 11. 44.

75.— Le droit de surveillance du garde-des-sceaux s'étend à toutes les personnes qui exercent les fonctions de juges; mais lorsque les fonctions ne sont point permanentes, le ministre n'a de pouvoir que sur les actes coupables commis pendant l'exercice de ces fonctions, tandis qu'un juge est soumis à la surveillance pour ses actions privées comme pour ses actes publics. Ce qu'on vient de dire s'applique aux juges suppléans, aux avocats ou avoués qui remplacent un juge empêché.— Carn., *Discipline judiciaire*, p. 15; D.A. 11. 44, n. 2.

76.— Tous les tribunaux ayant été placés, par le sénatus-consulte de l'an 10 (art. 81), sous la surveillance du ministre de la justice, les tribunaux de commerce (C. comm. art. 360), et même, suivant Dalloz et Carnot, p. 30, les prud'hommes et les arbitres eux-mêmes y sont soumis, pour les faits concernant l'exercice de leurs fonctions judiciaires. — Cependant un auteur, Coppeaux, pense que les prud'hommes ne sont soumis qu'à la surveillance du ministre du commerce, et que les arbitres sont placés dans une indépendance absolue de toute autorité publique.— *Dict. de proc.* de Bioche, t. 1er, p. 127.

77. — La surveillance du ministre de la justice ne s'étend pas aux conseillers de préfecture; quoique juges, ils ne sont que des autorités administratives, et demeurent indépendans du chef de la justice. Il en est de même des membres de la cour des comptes; la surveillance de leurs actes n'appartient qu'au ministre des finances.—Les conseils de guerre ne ressortissent que du ministère de la guerre (Carnot, p. 33, 34; D.A. 11. 44, n. 3); les cours et tribunaux des colonies, les tribunaux maritimes, que du ministre de la marine.

78. — L'avertissement donné par le garde-des-sceaux remplace-t-il celui qui émanerait du président d'une cour ou d'un tribunal, de telle sorte que le magistrat auquel s'adresse cet avertissement puisse, à la première faute qu'il vient ensuite à commettre, être puni disciplinairement ? On doit, ce semble, s'attachant à la lettre de la loi de 1810, décider la négative.

§ 5. — *Du recours contre les décisions disciplinaires.*

79. — Les réglemens disciplinaires présentent, sous ce rapport, les plus bizarres anomalies et de flagrantes dérogations aux garanties du droit commun.

Les décisions de la cour de cassation en matière de discipline, comme en toute autre, sont inattaquables et ont force de chose irrévocablement jugée. — D.A. 11. 55, n. 1.

80.—S'agit-il d'une décision des tribunaux de première instance? le magistrat inculpé n'a point la faculté d'appeler; seulement la sentence ne peut être exécutée avant d'avoir été soumise à la cour royale (L. 20 avril 1810, art. 51). — Mais, ni les juges punis, ni les magistrats des cours royales, n'ont, dans aucun cas, le droit de se pourvoir en cassation; il résulte des réglemens qu'il n'y a de recours qu'au ministre de la justice, qui seul peut approuver, modifier ou réformer *souverainement* les décisions disciplinaires. — Carnot, p. 9, n. 102; Carré, D.A. *loc. cit.*

81.—Jugé ainsi que les décisions des cours royales qui prononcent des peines de discipline contre un de leurs membres, ou contre des juges de première instance, quoique participant en apparence des jugemens et arrêts, en diffèrent essentiellement, et ne sont pas sujettes au recours en cassation (L. 20 avril 1810, art 49 et suiv.). — 12 fév. 1813. Cr. r. Miquel. D.A. 11. 55. D.P. 23. 1. 387.—17 juill. 1823. Req. Pothier. D.A. 11. 55. D.P. 23. 1. 389.

82.— Jugé de même que les décisions des cours royales prononçant, par forme de discipline, sur les poursuites du ministère public, la suspension provisoire contre les magistrats inculpés d'avoir compromis la dignité de leur caractère, ne peuvent être soumises à la censure de la cour de cassation; elles ne peuvent l'être qu'à celle du ministre de la justice, auquel il appartient de les approuver ou de les annuler. — 26 janv. 1830. Req. Sambardon. D.P. 30. 1. 193.

83.— Jugé de même encore que les décisions par forme de discipline, concernant soit des magistrats, soit des membres du barreau, ne sont que des mesures de police intérieure, qui n'ont pas le caractère de jugemens, ou arrêts proprement dits. — 20 avril 1830. Req. Paris. Avocats de Paris. D.P. 30. 1. 212.

84.— Jugé cependant qu'une décision en matière de discipline, prononcée contre un juge, et émanant de juges dans l'exercice de leurs fonctions, est un *acte judiciaire*, et, comme tel, susceptible d'être soumis à la censure de la cour de cassation, sur l'ordre du ministre de la justice (art. 441 C. inst. cr.). — 6 fév. 1823. Cr. c. Amiens. int. de la loi. Mensois-Duprez. D.A. 11. 56. D.P. 2. 920, n. 7.

85.— Mais, si un jugement de discipline est un acte judiciaire plutôt qu'un vrai jugement, c'est seulement en ce qu'il est prononcé dans la chambre du conseil, et ne reçoit son exécution que quand il a été approuvé par le garde-des-sceaux; mais dès qu'un pareil acte est susceptible de pourvoi *de la part du ministère public*, pourquoi, ne changeant pas de nature, est-il soustrait au même recours pour la partie intéressée ? Tout en signalant cette bizarrerie, Carré reconnaît, n. 105, que, d'après la législation qui constitue le ministre de la justice arbitre souverain dans les décisions disciplinaires, la cour de cassation ne peut statuer sur le pourvoi du juge, tandis qu'elle peut recevoir celui du ministre, s'il renonce à l'exercice de sa prérogative. — D.A. 11. 56, n. 2.

86.— Le magistrat inculpé ne peut saisir la cour suprême pour qu'elle évoque la cause; au ministre de la justice seul appartient ce droit (art. 82 du sénat.-cons. du 16 therm. an 10 et 56 de la loi du 20 avril 1810). — 17 juill. 1823. Req. Pothier. D.A. 11. 55 D.P. 23. 1. 389.

87.— La demande formée par ce magistrat, en renvoi devant une autre cour, pour cause de suspicion légitime, n'étant qu'un incident de la poursuite disciplinaire, ne peut être accueillie en cassation; cet incident doit être soumis à la cour appelée à prononcer. — Même arrêt.

88.— Carré, n. 103, pense, au contraire, que la demande en renvoi pour suspicion n'est point un incident de la cause disciplinaire; c'est un moyen donné à toute personne qui redoute des préventions défavorables; elle n'est point inhérente au fond, et ne peut être jugée que par la cour de cassation; la règle des accessoires n'aurait donc pas dû être appliquée dans l'espèce. — D A. *eod.*

ART. 2.—*De la discipline des membres du ministère public.*

89. — Le procureur-général de chaque cour a droit de surveillance sur tous les officiers du ministère public du ressort; il peut les rappeler à leurs devoirs; il en rend compte au garde-des-sceaux qui leur fait faire telles injonctions qu'il juge nécessaires. Les procureurs-généraux des cours royales sont sous la surveillance du procureur-général près la cour de cassation (sénat.-cons. du 16 therm. an 10, art. 84; l. 20 avril 1810, art. 60). — D.A. 11. 50, n. 1.

90.— Les procureurs du roi doivent aux procureurs-généraux, et ceux-ci au garde-des-sceaux, le compte de toutes les décisions disciplinaires qu'ils transmettent avec leurs observations; ils reçoivent les réclamations des inculpés (Décr. 30 mars 1808, art. 103, 104). — D.A. *eod.*, n. 2.

91.— Les membres des tribunaux et les officiers du ministère public sont placés dans une indépendance mutuelle, dont ces derniers ont, de tout temps, réclamé le privilége contesté par les parlemens (Carré, p. 281 et 282). Cette indépendance n'empêche pas les tribunaux et les membres des parquets de se surveiller réciproquement; mais ils sont obligés de se borner à de simples avertissemens donnés à l'autorité supérieure compétente. Les officiers du ministère public provoquent la censure des juges; les juges dénoncent au premier président et au procureur-général les officiers du ministère public qui auraient compromis leur caractère (L. 20 avril 1810, art. 61). — D.A. 11. 50, n. 3.

92. — Du principe de l'indépendance mutuelle, il suit que les tribunaux ne peuvent, dans aucun jugement ou délibération, censurer les membres du ministère public, leur faire aucune injonction, même sous forme d'invitation ou d'avertissement. — D.A. 11. 50, n. 4.

93. — Jugé ainsi que les officiers du ministère public ne sont pas soumis à la censure des tribunaux et des cours auprès desquels ils remplissent leurs fonctions. — 6 oct. 1791. C. cass. sect. réun. Min. pub. Trib. de Nesle. D.A. 11. 50. D.P. 3. 1. 2.

94. — C'est aux procureurs-généraux qu'il appartient de rappeler à leurs devoirs les officiers du ministère public (art. 60 et 61 de la loi du 20 avril 1810). — Ainsi, le tribunal qui adresse à l'organe du ministère public donnant ses conclusions l'avertissement de respecter la chose jugée et de ne pas continuer de parler, commet un excès de pouvoir. — 7 août 1818. Cr. c. Min. pub. Cambournac. D.A. 11. 50. D.P. 18. 1. 616.

95. — La délibération d'un tribunal de première instance, lue publiquement, et qui arrête que les termes employés par un substitut dans ses conclusions sont diffamatoires pour le tribunal, et que le président de la cour et le procureur-général en seront instruits, est une véritable censure infligée à ce substitut, censure qui n'appartient point aux tribunaux, mais seulement au ministre de la justice et au procureur-général. — 24 sept. 1824. Cr. c. Min. pub. Trib. d'Issoire. D.A. 11. 50. D.P. 24. 1. 343.

96. — Le pourvoi contre cette délibération doit être considéré comme cause urgente et peut être jugé par la section criminelle, jugeant comme chambre de vacation en matière civile. — Même arrêt.

97. — Si les faits imputés aux officiers du ministère public avaient le caractère de crime ou délit, ils rentreraient sous la compétence des tribunaux : il ne s'agirait plus alors de l'action du pouvoir disciplinaire. — Carnot, p. 48 ; D.A. 11. 51, n. 5.

ART. 3. — *Discipline des greffiers et commis-greffiers.*

98. — Les greffiers sont membres des cours et tribunaux auxquels ils sont attachés (L. 20 avril 1810, art 63).

99. — Ils sont coupables de faits de discipline, s'ils compromettent leur caractère dans leurs actions publiques ou privées ; mais ces faits ne les rendent justiciables des tribunaux qu'autant qu'ils ont le caractère de crime, de délit, ou de contravention. Ce sont les présidens des cours et tribunaux que la loi charge d'avertir et de réprimander les greffiers ; si les faits sont assez graves pour entraîner destitution, ils les dénoncent au ministre de la justice (L. 20 avril 1810, art. 62). Il en est de même des commis-greffiers que les greffiers doivent révoquer quand le tribunal le leur enjoint, après une seconde réprimande (Décr. 6 juill. 1810, art. 58). — D.A. 11. 52. n. 1.

100. — Un greffier qui refuserait, sans motif légitime, de faire un acte de son ministère, devrait être repris par le président ; s'il persistait, il encourrait la responsabilité civile, et même s'exposerait à la destitution. — Carnot, p. 52 ; D.A. *eod.*, n. 2.

101. — Le défaut de résidence des greffiers dans la ville où est établi le tribunal ou la cour, pourrait les rendre passibles de mesures disciplinaires.

102. — Un greffier ne serait point passible seulement de peines de discipline s'il exigeait de plus forts droits que ceux du tarif ; il encourrait la destitution. Il serait prévenu de faux, s'il délivrait des expéditions de jugement non signées par le président ou les juges, ou des expéditions de pièces non enregistrées avec la déclaration qu'elles l'ont été. Le refus, par un greffier, de représenter les minutes aux officiers du ministère public, donnerait lieu à l'application des peines de discipline. — Carnot, p. 54 ; D.A. *eod.*, n. 2.

103. — Les amendes que, dans des cas nombreux, les greffiers peuvent encourir, ne sont pas des peines de simple discipline ; il appartient aux tribunaux de les prononcer ; et si elles se multipliaient, le président devrait avertir le ministre de la justice. — Carnot, p. 55 ; D.A. 11. 52, n. 3.

104. — L'ordonnance du 10 mars 1823 enjoint aux présidens des tribunaux de commerce de vérifier exactement les feuilles d'audience, pour s'assurer de l'existence de la mention expresse de procuration spéciale donnée aux tiers chargés de défendre. — D.A. 11. 52, n. 4.

L'ordonnance du 5 nov. 1823 charge les juges de paix de dresser chaque mois, et d'envoyer au procureur du roi le procès-verbal de l'état des registres du greffe.

Quant aux secrétaires des administrations, lesquels remplissent auprès d'elles les fonctions de greffiers, ils ne sont placés que sous la surveillance de l'autorité administrative. — Carnot, p. 55 ; D.A. *eod.*

ART. 4. — *De la discipline des officiers ministériels.*

§ 1er. — *Pouvoir des chambres de discipline.*

105. — *Règles générales.* — Les officiers ministériels sont placés sous la surveillance du ministère public (L. 20 avril 1810, art. 45). Ils sont soumis, en matière disciplinaire, à l'autorité de leurs chambres de discipline respectives, autorité toute discrétionnaire, sinon en ce qui concerne les peines à infliger, du moins en ce qui touche l'appréciation des faits à punir.

106. — L'exercice de la juridiction des chambres disciplinaires est indépendant des poursuites exercées devant les tribunaux. Ainsi, quoiqu'une chambre de discipline se trouve chargée par le garde-des-sceaux de vérifier les faits imputés dans un écrit à des officiers ministériels, à l'effet d'appliquer, s'il y a lieu, les peines disciplinaires, cette circonstance ne constitue point une litispendance devant cette chambre, qui empêche les officiers inculpés de poursuivre l'auteur de l'écrit devant les tribunaux. — 28 sept. 1818. Cr. r. Paris. Selves. D.A. 7. 599. D.P. 2. 106, et 23. 1. 57.

107. — La juridiction des chambres de discipline n'est pas non plus exclusive de celles qu'exercent sur les officiers ministériels les cours et tribunaux. — 28 avril 1820. Cr. r. Rouen. Lavandier. D.A. 4. 550. D.P. 21. 1. 353.

108. — Les chambres peuvent exercer d'office leur pouvoir disciplinaire. — Carré, n. 156 ; Merl., Rép., v° Chambre des avoues. — V. n. 112.

109. — Les décisions des chambres, prononçant une peine disciplinaire ne peuvent être attaquées par appel ou cassation ; ni même par opposition, quand l'officier condamné par défaut a été duement appelé. — V. les arrêts des 28 avril 1832 et 4 déc. 1833, n. 213.

...Hors les cas d'incompétence et d'excès de pouvoir. — V nos observations, D.P. 33. 1. 358.

110. — Quand les chambres émettent de simples avis, ces avis n'ont d'effet qu'après leur homologation par les tribunaux, sur les conclusions du ministère public (Arrêté 13 frim. an 9, art. 3, 9 et 10 ; arrêté 2 therm. an 10 ; déc. 14 juin 1813, art. 99 ; C. civ. 83) ; homologation qui ne doit être poursuivie devant la cour ou le tribunal entier, que lorsque l'avis intéresse tout un corps d'officiers ministériels (Déc. 30 mars 1808, art. 27, 64), et qui doit être refusée quand il s'agit d'arrêtés contenant des dispositions réglementaires, ou établissant des peines disciplinaires autres que celles déterminées par les réglemens. — V. *infrà*.

Du reste, le droit d'appeler d'une décision portant refus d'homologation, n'appartient qu'au ministère public. — V. *infrà*.

111 — *Chambre des avoués.* — Lorsque les avoués d'un arrondissement ne sont qu'au nombre de quatre, ils sont tous de droit membres de la chambre (Arrêté 13 frim. an 9, art. 15 *in fine*). — S'ils sont moins de quatre, il n'y a pas de chambre (arg. des art. 4 et 6 de l'arrêté). dans ce cas, le pouvoir disciplinaire est exercé conformément à l'art. 102 du décret du 30 mars 1808.

112. — La chambre peut, d'office, ou sur le renvoi de la cour ou du tribunal, exercer son pouvoir disciplinaire, sans qu'il y ait plainte privée A la vérité l'art. 2 de l'arrêté du 13 frim. an 9 attribue à la chambre les plaintes et les réclamations de la part des tiers, mais l'art. 11 donne au syndic le pouvoir de déférer à la chambre les faits relatifs à la discipline, soit d'office, soit sur la plainte des parties intéressées, soit sur la dénonciation d'un membre de la chambre. — V. Carré, n. 156 ; Merl., Rép., v° Chambre des avoués ; D.A. 11. 53, n. 11.

113. — Une chambre d'avoues ne pourrait, d'office, prendre connaissance de faits imputés à un avoué, et qui seraient antérieurs à sa nomination ; mais elle le pourrait sur la provocation du tribunal qui voudrait s'éclairer sur la conduite d'un homme dont il a déterminé le choix par sa présentation, et de faire connaître la vérité au gouvernement. — Merlin, *loc. cit.* ; Carré, n. 157 ; D.A. *eod.*, n. 12.

114 — Le syndic a, comme le président, le droit de convoquer la chambre (Arr. 13 frim. an 9, art. 5).

115. — L'avoué inculpé est cité avec délai suffisant, qui ne peut être au-dessous de cinq jours, à la diligence du syndic, par une simple lettre indicative de l'objet, signée de lui, et envoyée par le secrétaire, qui en tient note (Arr. 13 frim. an 9, art. 11).

116. — Si l'avoué poursuivi, s'étant borné à proposer par lettre des exceptions préjudicielles, la chambre les rejette, elle peut, sans le faire citer de nouveau pour qu'il ait à se défendre au fond, statuer sur-le-champ. — 8 janv. 1830. Caen. Seminel. D.P. 30. 2. 288.

117. — Le rapporteur, après avoir recueilli les renseignemens sur l'affaire, en fait le rapport à la chambre. — Le syndic est entendu avant toute délibération. La chambre doit délibérer sur tous ses réquisitoires (Arr. 13 frim. an 9, art. 5).

118. — La chambre prend ses délibérations après avoir entendu ou appelé, dans la forme ci-dessus, les avoués inculpés ou intéressés, ensemble les tierces-parties qui voudraient être entendues, et qui, dans tous les cas, peuvent se faire assister ou représenter par un avoué (*ib.*, art. 13). — Elle peut délibérer valablement, quand les membres présens et votans forment au moins les deux tiers de ceux dont elle est composée (*ib.*, art. 4).

119. — Chaque membre a voix délibérative. Toutefois le syndic, lorsqu'il agit comme partie contre un avoué, n'a que voix consultative, et n'est point compté parmi les votans, à moins que son opinion ne soit à décharge. — En cas de partage, le president a voix prépondérante (*ib.*, art. 5).

120. — La chambre prononce contre les avoués, par forme de discipline, et suivant la gravité des cas, celle des dispositions suivantes qu'elle croit devoir leur appliquer, savoir : 1° le rappel à l'ordre ; 2° la censure simple, par la décision même ; 3° la censure avec réprimande, par le président, à l'avoué en personne, dans la chambre assemblée ; 4° l'interdiction de l'entrée de la chambre (*ib.*, art. 6)

121. — Si l'inculpation portée à la chambre contre un avoué paraît assez grave pour mériter la suspension, la chambre s'adjoint, par la voie du sort, d'autres avoués en nombre égal, plus un, à celui des membres dont elle est composée ; et, ainsi formée, elle émet son opinion sur la suspension et la durée, par forme de simple avis. — Les voix sont recueillies, en ce cas, par *oui* ou par *non* ; et l'avis ne peut être formé, si les deux tiers au moins des membres appelés à l'assemblée n'y sont présens. — Ces dispositions ne sont point applicables aux avoués des tribunaux où leur nombre total n'est pas au moins triple de celui des membres de la chambre (*ib.* 9).

122. — Toutefois, si la chambre, composée d'un nombre de membres inférieur au triple de celui des avoués exerçant près le tribunal, ne peut, d'office, donner un avis tendant à la suspension de l'un d'eux, elle en aurait le droit si elle y était provoquée par le tribunal. En effet, pourquoi le tribunal qui peut, de lui-même, suspendre un avoué, ne pourrait-il, avant de s'y décider, s'éclairer de l'opinion de la chambre ? — Merlin, Carré et Dalloz, *loc. cit.*

123. — Quand l'avis émis par la chambre est pour la suspension, il est déposé au greffe du tribunal ; expédition en est remise au procureur du roi, qui en fait l'usage voulu par la *loi* (Arr. 13 frim. an 9, art. 10), c'est-à-dire qui requiert la réunion du tribunal ou de la cour, pour qu'il soit statué sur la suspension (Déc. 6 juill. 1810, art. 63).

124. — Quand la chambre prononce une des peines prévues par l'art. 8 ci-dessus, sa décision (qui n'est plus alors un simple avis) est exécutée sans appel ou recours aux tribunaux (Arr. 2 therm. an 10, art. 1er).

125. — L'art. 3 de l'arrêté du 13 frim. an 9, n'assujettissant à l'homologation du tribunal que les actes de la chambre qu'il qualifie *avis*, cette formalité ne serait pas nécessaire pour une décision qui rejeterait une exception déclinatoire, ou une récusation contre un des membres de la chambre. — D.A. 11. 53, n. 13.

126. — Dans aucun cas, la chambre ne peut ordonner l'impression des arrêtés de police et de discipline intérieure (Arr. 2 therm. an 10, art. 3).

127 — Le secrétaire rédige les délibérations de la chambre, et en délivre toutes expéditons. — Le syndic en poursuit l'exécution (Arr. 13 frim. an 9, art. 5).

128. — Les agréés près les tribunaux de commerce, malgré l'analogie existante entre leurs fonctions et celles des avoués, ne peuvent être considérés comme des officiers ministériels, quoiqu'ils puissent être désavoués (V. Désaveu) ; ils n'ont aucun caractère public, ne sont point à la nomination du gouvernement ; leur ministère n'est point forcé. Ce sont, comme leur nom l'indique, des mandataires ordinaires, agréés par les tribunaux de commerce. En faisant application du code de procédure, du décret de 1808 et de la loi de 1810, on peut dire que, comme les avoués, les agréés peuvent recevoir des injonctions, que leurs écrits peuvent être supprimés ; mais les tribunaux de commerce ne peuvent les condamner ni à l'amende, ni à une suspension, ni à aucune autre peine. — Carnot, p. 114 ; Carré, t. 11, n. 483 ; D.A. 11. 54, n. 17.

129. — Jugé ainsi que les tribunaux de commerce n'ont pas le droit de suspendre ou d'interdire les personnes qui se présentent habituellement devant eux pour défendre les intérêts qui leur sont con-

fiés, surtout si l'inculpé n'a été ni entendu ni mis à même de se défendre. — 1er sept. 1818. Pau. Philippe. D.A. 11. 54. D.P. 23. 2. 44.

130. — *Chambre des commissaires-priseurs.* — L'art. 1er de l'arrêté du 29 germ. an 9 déclare communes aux chambres de discipline des commissaires-priseurs les attributions des chambres d'avoués. Ces officiers ministériels sont passibles de peines de discipline lorsqu'ils contreviennent aux lois et réglemens de leur profession (Carnot, p. 117; D.A. 11. 54, n. 18). Les membres composant leur chambre de discipline peuvent se transporter dans les ventes, inspecter les procès-verbaux et les parapher, s'ils le jugent convenable (Arr. 29 germ. an 9, art. 9).

131. — *Chambre des huissiers.* — Cette chambre est chargée de veiller au maintien de l'ordre et de la discipline parmi tous les huissiers de l'arrondissement, et à l'exécution des lois et réglemens qui les concernent, et de s'expliquer sur la conduite et la moralité des huissiers en exercice, toutes les fois qu'elle en est requise par les cours et tribunaux ou par les officiers du ministère public (Décr. 14 juin 1813, art. 70).

132. — Le rapporteur doit déférer à la chambre les faits passibles de peines disciplinaires, dans les mêmes cas où ce devoir est imposé au syndic de la chambre des avoués (*ibid.*, art. 77).

133. — Le syndic de la chambre des huissiers a les mêmes attributions que le président de la chambre des avoués. Il a la police d'ordre dans la chambre, propose les sujets de délibération, recueille les voix et en prononce le résultat. Sa voix, en cas de partage, est prépondérante (*ib.*, art. 76 et 77).

134. — Il doit convoquer la chambre toutes les fois qu'il en reçoit l'ordre du président du tribunal civil ou du procureur du roi (*ib.*, art. 59).

135. — Pour ce qui concerne la forme de la citation, le délai de la comparution, la citation des tierces-parties, la nécessité d'entendre le rapporteur, le nombre nécessaire de votans, il faut appliquer les mêmes règles que pour les avoués (*ib.*, art. 80 et suiv.).

136. — La chambre des huissiers peut prononcer les mêmes peines que celle des avoués, sauf qu'elle ne peut interdire l'entrée de la chambre pour plus de six mois (*ib.*, art. 71). Elle pourrait aussi charger son syndic de poursuivre devant les tribunaux la suspension de l'huissier inculpé (arg. des art. 75 et 76). — V. Huissiers.

137. — *Bureau des gardes du commerce.* — Un décret du 14 mars 1808, rendu en exécution de l'art. 625 C. comm., établit, pour la ville de Paris, des gardes de commerce chargés de l'exécution des contraintes par corps. Ils sont nommés à vie, mais peuvent être destitués par le ministre de la justice, si toutefois l'on reconnaît ce droit lorsqu'il n'y a pas condamnation, surtout puisqu'il s'agit d'un office transmissible à prix d'argent. — D.A. 11. 55, n. 20.

Les gardes du commerce doivent être considérés comme des huissiers pour un certain genre d'affaires; c'est pourquoi, dans les cas non prévus par le décret de leur institution, ils doivent être régis par les règles relatives aux huissiers. — D.A. *eod.*

Les plaintes des parties doivent être adressées au bureau de la chambre, dont le décret de 1808 règle la composition et le mode de procéder. Dans des cas prévus, le tribunal civil peut, sur la réquisition du ministère public, interdire le garde pour un an. Le décret ne dit pas si le tribunal prononce en chambre du conseil, ni s'il doit faire comparaître à la barre le garde inculpé; mais il faut, ce semble, se conformer à ce qui est prescrit sur ce point pour les huissiers. — D.A. *eod.* — V. Gardes du commerce.

Chambre des agens de change et courtiers. — V. ces mots.

§ 2. — *Pouvoir des cours et tribunaux et du garde-des-sceaux sur les officiers ministériels.*

138. — Les officiers ministériels qui sont en contravention aux lois et réglemens peuvent, suivant la gravité des circonstances, être punis par des injonctions d'être plus exacts ou circonspects, par des défenses de récidiver, par des condamnations de dépens en leur nom personnel, par des suspensions à temps : l'impression et même l'affiche des jugemens à leurs frais peuvent aussi être ordonnées, et leur destitution *provoquée*, s'il y a lieu (Décr. 30 mars 1808, art. 102).

139. — Même avant le code de procédure civile, les tribunaux avaient le droit de suspendre les huissiers de leurs fonctions. — 22 germ. an 11. Cr. r. Rouen. Doré. D.A. 9. 11. D.P. 2. 412.

140. — Les cours et tribunaux peuvent aussi prononcer la suppression des écrits injurieux ou diffamatoires (C. pr. 1036; l. 17 mai 1819, art. 23).

141. — Un tribunal peut, pour forcer un officier ministériel à se présenter devant la chambre de discipline, à la censure de laquelle sa conduite a été déférée, le suspendre de ses fonctions, jusqu'à ce qu'il s'y soit présenté. — 3 nov. 1806. Req. Limoges. Fusibay. D.A. 11. 53. D.P. 6. 2. 225.

142. — Cette décision, antérieure au décret de 1808, serait encore suivie aujourd'hui; la résistance, dit Carré, p. 298, n. 139, d'un officier ministériel à obéir à l'appel légal de paraître devant la chambre dont il est justiciable, est un fait de charge qui donne lieu à l'application de l'art. 102 du décret. — D.A. 11. 53, n. 8.

143. — Un tribunal peut encore, sans excès de pouvoir, enjoindre à un avoué de ne plus se mêler désormais aux explications que les parties comparantes sont appelées à donner au tribunal pour éclairer sa décision. — 13 juill. 1824. Civ. c. Metz. Millart. D.A. 2. 216. D.P. 24. 1. 351.

144. — De ces mots : *qui sont en contravention aux lois et réglemens*, on a induit que les cours et tribunaux n'ont d'autorité disciplinaire sur les officiers ministériels qu'à raison de fautes spécialement prévues par les lois et réglemens, et que les actes non compris dans cette catégorie sont de la compétence exclusive des chambres de discipline. Mais cette interprétation restrictive est généralement repoussée; et en effet l'art. 103 semble attribuer compétence aux tribunaux pour toutes les *fautes de discipline* des officiers ministériels.

145. — Les avoués sont passibles de peines disciplinaires lorsqu'ils refusent de prêter leur ministère sur la réquisition qui leur en est faite; lorsqu'ils refusent, sans motifs légitimes, de remplacer les juges absens ou empêchés, etc. (C. pr. 118; déc. 30 mars 1808, art. 49). — D.A. 11. 53, n. 14.

146. — Mais n'est passible d'aucune peine l'avoué qui, sans fraude, a conseillé un mauvais procès. — 13 juill. 1824. Civ. c. Metz. Millart. D.A. 2. 216. D.P. 24. 1. 351.

Par suite de ce principe, on a affranchi de toute action en garantie les notaires et autres officiers ministériels (V. Responsabilité). Mais si le conseil a été donné dans un esprit de chicane et pour émolumenter on a condamné l'avoué aux frais (D.P. 34. 1. 192. — V. Frais, Responsabilité). On a jugé de la même manière à l'égard de notaires qui n'avaient pas, dans leurs conseils, apporté assez de discrétion ou qui n'avaient pas donné à leurs clients les conseils que ceux-ci pouvaient se croire en droit d'attendre d'eux.

147. — ...Ni celui qui refuse de déposer comme témoin, dans un procès criminel, sur des faits dont il n'a eu connaissance qu'à l'occasion de l'exercice de ses fonctions. — 23 juill. 1830. Cr. r. Cressent. D.P. 30. 1. 321.

148. — La suspension peut être prononcée contre tout individu qui, remplissant une fonction près un tribunal, cause ou excite du tumulte et résiste à l'injonction qui lui est faite pour se retirer (C. pr. 89 et 90).

149. — Contre ceux qui produisent en justice des écrits injurieux ou diffamatoires (V. L. 17 mai 1819, art. 23).

150. — Contre les avoués qui négligent de rétablir les productions par eux prises en communication dans les *instructions par écrit* (V. ce mot); contre ceux qui emploient des termes injurieux contre les juges (C. pr. 512).

151. — Contre les avoués ou huissiers qui excèdent les bornes de leur ministère (C. pr. 132); ou qui ont fait des procédures et actes nuls, ou des actes ayant donné lieu à l'amende (C. pr. 1031); ou qui ont exigé de plus forts droits que ceux alloués par le tarif (Déc. 16 fév. 1807, art 66, 151).

152. — Contre les huissiers qui signifient l'acte d'appel d'un jugement rendu en dernier ressort. — 24 déc. 1807. Colmar. Lustig. D.A. 9. 11. D.P. 2. 412.

153. — ...Ou qui omettent d'indiquer au bas de leurs actes le coût d'iceux (Déc. 16 fév. 1807, art. 66); ou qui se rendent, même indirectement, adjudicataires des objets qu'ils sont chargés de vendre (Déc. 14 juin 1813, art. 38); ou qui sont convaincus, pour la deuxième fois, d'avoir signifié une copie d'exploit illisible ou contenant un nombre de lignes excédant celui fixé par la loi (*ib.* 44); ou qui ne remettent pas eux-mêmes les exploits et copies de pièces qu'ils sont chargés de signifier (*ib.* 45). Toutefois, à Paris, cette dernière contravention est tolérée. — V. Exploit.

154. — Un tribunal qui déclare nulle une saisie vexatoire, et suspend de ses fonctions l'huissier qui l'a pratiquée, ne doit pas ordonner l'affiche de cette dernière partie de son jugement, si le saisi ne l'a pas requise à titre de dommages-intérêts. — 10 nov. 1819. Bruxelles. N.... D.A. 9. 11, n. 2. D.P. 2. 413.

155. — La destitution est encourue, 1° par l'avoué convaincu de complicité de postulation illicite, par récidive (Déc. 19 juill. 1810, art. 2). — V. Avoué.

156. — 2° Par tout huissier qui, sans autorisation spéciale, tient, même sous le nom de sa femme, auberge, café, etc. (Déc. 14 juin 1813, art. 41); ou qui, sans cause valable, refuse d'instrumenter (*ib.* 42; arr. cons. 29 niv. an 11); ou qui ne laisse pas copie exacte de ses protêts, ou ne se conforme pas à l'art. 176 C. com., ou qui a chargé un huissier d'une autre résidence d'instrumenter pour lui, pour se procurer un droit de transport qui ne lui aurait pas été alloué, s'il eût instrumenté lui-même, ou qui a prêté sa signature pour favoriser une semblable fraude (Déc. 14 juin 1813, art. 36). — V. Huissier, Faux.

157. — 3° Enfin, par les commissaires-priseurs qui exercent la profession de marchands de meubles, de fripiers ou tapissiers, ou sont associés à un commerce de ce genre (Ord. 26 juin 1816, art. 12).

158. — La suspension et la destitution privent les officiers ministériels qui en sont frappés du droit de prendre part aux sommes versées dans la bourse commune. — V. à cet égard les art. 92, 104 et 105, déc. 14 juin 1813.

159. — Dans les cours et dans les tribunaux de première instance, chaque chambre connaît des fautes de discipline commises ou découvertes à son audience (Déc. 30 mars 1808, art. 103). — Les jugemens, dans ce cas, sont rendus en audience publique. Il n'est pas nécessaire, pour que la peine disciplinaire puisse être prononcée, qu'elle ait été requise par le ministère public.

160. — La compétence des tribunaux qui statuent par forme de discipline, est indépendante des règles relatives à l'exercice des actions publiques et privées pour la répression des délits correctionnels et de police simple; ainsi, lorsqu'un avoué est par cette voie suspendu de ses fonctions pour avoir outragé un juge du tribunal dans la salle des audiences, et qu'en appel, la cour décide que ce juge n'ayant pas été revêtu de son costume, et que les autres membres du tribunal ne s'étant pas trouvés dans la salle des audiences, ce juge n'a pas été injurié dans l'exercice de ses fonctions, et qu'en conséquence il y avait incompétence de la part du tribunal, comme tribunal civil, l'arrêt qui contient une pareille décision renferme un excès de pouvoir, et doit être cassé. — 13 déc. 1806. Req. Pau. int. de la loi. Soubiran. D.A. 11. 55. D.P. 6. 1. 680.

161. — Les peines de discipline que le décr. du 30 mars 1808 autorise les tribunaux à prononcer, pour les fautes découvertes à l'audience, doivent l'être par la chambre judiciaire devant laquelle ces fautes ont été commises. En conséquence, il y a lieu d'annuler, comme incompétemment prise, la délibération par laquelle les chambres d'un tribunal, réunies en la chambre du conseil, prononcent, sur le réquisitoire présenté par le procureur du roi, qui n'avait pas même fait des réserves à l'audience, une peine de discipline contre un officier ministériel. — 8 sept. 1821. Aix. M.... D.A. 11. 52. D.P. 23. 2. 45.

162. — L'avoué qui plaide sa propre cause, revêtu des insignes de sa profession, encourt, s'il s'écarte du respect dû au tribunal, des peines disciplinaires, de même que s'il plaidait pour une tierce personne. — 26 déc. 1828. Grenoble. P.... D.P. 29. 2. 100.

163. — Un tribunal de police est compétent pour condamner un huissier à l'amende, dans les cas prévus par l'art. 1030 C. pr., quand il n'est appelé à prononcer cette peine qu'incidemment à une affaire rentrant dans ses attributions. — 7 nov. 1806. Cr. c. Martin. D.A. 11. 500, n. D.P. 2. 1094. — 3 déc. 1822. Cr. c. Mazaud. D.A. 9. 20. D.P. 23. 1. 95.

164. — L'huissier suspendu de ses fonctions par un jugement de première instance, pour avoir procédé à une saisie vexatoire, n'est pas recevable à interjeter appel de ce jugement contre le saisi, lorsque celui-ci n'a posé contre lui aucunes conclusions. — 10 nov. 1819. Bruxelles. N.... D.A. 9. 11, n. 2. D.P. 2. 413.

165. — Les mesures de discipline à prendre sur les plaintes des particuliers ou sur les réquisitoires du ministère public, pour cause de faits qui ne se sont point passés ou qui n'ont pas été découverts à l'audience, sont arrêtés en assemblées générales, à la chambre du conseil, après avoir appelé l'individu inculpé (Déc. 30 mars 1808, art. 103).

166.—Déjà, avant le décret de 1808, les décisions qui censuraient ou suspendaient des officiers ministériels étaient affranchies de la publicité des audiences, et se rendaient en chambre du conseil.—3 nov. 1806. Req. Fusibay. D.A. 11. 53. D.P. 6. 2. 225.

167.— Une cour royale appelée à statuer sur des peines de discipline à infliger à un officier ministériel, doit, à peine de nullité, le faire en assemblée générale de tous ses membres, à l'exception de ceux qui en sont légitimement empêchés.— 24 nov. 1825. Req. Poitiers. int. de la loi. Dussourd. D.P. 26. 1. 13.

168.—Ainsi, une cour convoquée en assemblée générale pour statuer sur le réquisitoire du proc.-gén., provoquant la suspension d'un officier ministeriel, ne peut, d'après l'observation des conseillers composant la cour d'assises, qu'ils ne peuvent prendre part à aucune affaire jusqu'après la décision d'une affaire criminelle commencée, décider que l'assistance des membres de la cour d'assises, en ce cas, n'est pas nécessaire pour la validité de ses délibérations en assemblée générale (L. 27 vent. an 8, art. 80; déc. 30 mars 1808, art. 103; l. 20 avril 1810, art. 52).— Même arrêt.

169.—Les matières disciplinairés étant civiles (6 janv. 1835. Req. Amiens. Debourges. D.P. 35. 1. 85), c'est à la juridiction civile et non à la juridiction criminelle qu'il appartient de statuer. — V. n. 184, 244, 253.

170. — C'est au tribunal assemblé en chambre du conseil, et non au tribunal correctionnel, qu'il appartient de prononcer des peines de discipline contre les officiers ministériels, et, par exemple, contre un huissier qui se serait écarté de ses devoirs en instrumentant pour ses parens au degré prohibé. — 16 mai 1827. Grenoble. D.P. 28. 2. 101.

171. — L'amende, la restitution et les dommages-intérêts auxquels les huissiers (ou autres officiers ministériels) peuvent être condamnés, pour faits relatifs à leurs fonctions, par les tribunaux, sortent de la classe des mesures de simple discipline, doivent être prononcés par ces tribunaux en audience publique, et il y a, de leur part, excès de pouvoirs, s'ils prononcent de telles condamnations, réunis en chambre du conseil, comme en matière de discipline. — 3 mars 1829. Req. int. de la loi. C. Girot. D.P. 29. 1. 162.

172. — De même, la peine de l'emprisonnement ne peut être prononcée contre un huissier qu'en séance publique par un tribunal constitué de la manière et suivant les formes exigées pour la prononciation des jugemens, et non par les tribunaux en chambre du conseil (C. pr. 116; l. 20 avril 1810, art. 7; régl. 14 juin 1813, art. 71 et 73).— 17 nov. 1830. Req. int. de la loi. Augeard. D.P. 33. 1. 245.

173.— Les contestations entre le ministère public et les avoués, sur l'exercice du droit de plaidoirie conféré à ces derniers, doivent aussi être jugées en audience publique et par la juridiction ordinaire, au lieu de l'être par voie réglementaire en la chambre du conseil. — 31 déc. 1824. Amiens. Avoués de Beauvais. D.P. 25. 2. 12.

174. — Jugé de même que la demande que font les avoués, à qui le droit de plaider dans les affaires sommaires est dénié par le ministère public, d'être maintenus dans le droit de plaider dans toutes les affaires sommaires, est compétemment soumise au tribunal et jugée par lui en audience publique. On prétendrait en vain que cette demande aurait dû être formée par simple requête présentée au tribunal et jugée par le tribunal en chambre du conseil, pour être ensuite soumise à l'approbation du ministre de la justice. Ici ne s'applique pas l'art. 3 de l'ord. du 27 fév. 1822. — 23 avril 1825. Amiens. Avocats de Laon. D.P. 27. 1. 87.

175.— Les avoués ne sont justiciables, quant à la discipline, que des chambres, ou des cours, ou tribunaux auxquels ils sont attachés : ils ne peuvent être punis par des tribunaux qui leur soient étrangers; ainsi, un avoué traduit devant une cour d'assises, et acquitté, ne peut être suspendu par elle de ses fonctions.— 3 nov. 1820 (Décision ministérielle).

Toutefois, un avoué qui se serait chargé de la défense d'un accusé, s'étant rendu momentanément justiciable des juges appelés à prononcer sur l'accusation, pourrait être condamné par eux pour faits de discipline pendant l'exercice de ses fonctions de défenseur.— Carnot, p. 108; D.A. 11. 53, n. 16.

C'est de même au tribunal auquel un huissier est attaché qu'appartient exclusivement le droit de lui infliger des peines disciplinaires. — Carnot, p. 127; D.A. 11. 54, n. 19.

176. — L'huissier, poursuivi en vertu de l'art. 35 du décret du 14 juin 1813, qui punit d'une amende de 25 à 100 fr. le fait d'employer en frais deux transports lorsqu'il n'a fait qu'un seul voyage pour deux

actes, doit être jugé par le tribunal civil; il ne peut être traduit devant le tribunal correctionnel. — 22 mai 1828. Cr. c. Metz. int. de la loi. Hayem. D.P. 28. 1. 253.

177. — Les mesures de discipline prises par les tribunaux contre des officiers ministériels, ne sont point sujettes à l'appel ni au recours en cassation, sauf le cas où la suspension serait l'effet d'une condamnation prononcée *en jugement* (Déc. 30 mars 1808, art. 103), c'est-à-dire accessoirement à la décision d'un procès. La réclamation de l'officier condamné ne peut être adressée qu'au ministre de la justice.— D.A. 11. 56, n. 3.

178. — Jugé ainsi que l'arrêté d'un tribunal, pris en chambre du conseil, qui, sur la plainte du ministère public contre un officier ministériel, pour cause de faits qui ne se sont point passés et n'ont point été découverts à l'audience, applique des mesures de discipline à cet officier, n'est sujet ni à l'appel ni au recours en cassation.— 3 janv. 1828. Grenoble. Min. pub. C. M... D.P. 28. 2. 88.

179.—Jugé de même qu'un huissier ne peut appeler d'une décision prise par un tribunal de première instance réuni en assemblée générale en chambre du conseil, et qui le suspend de ses fonctions, par mesure de discipline, à raison de faits qui ne se sont point passés et n'ont point été découverts à l'audience. C'est là, non une véritable décision, mais un arrêté contre lequel l'huissier n'a de recours qu'auprès du ministre de la justice.— 31 janv. 1831. Nîmes. D.P. 31. 2. 177. —V. n. 80 et suiv.

180. — Même, lorsque les arrêtés disciplinaires, rendus en la chambre du conseil par les tribunaux de première instance, sont attaqués pour *incompétence*, il semble qu'on ne peut prendre la voie de l'appel, et que c'est au ministre, dans ce cas, à statuer sur la compétence, et à renvoyer, s'il y a lieu, à la juridiction ordinaire. — Bioche, *Dict de proc.*, t. 2, p. 148.

181. — Il a été jugé que des officiers ministériels, poursuivis en matière de discipline, ne sont pas recevables à se pourvoir en cassation en règlement de juges. — Les décisions dans ce cas ne sont soumises qu'à la révision du ministre de la justice. — 29 juill. 1823. Req. Martin. D.A. 11. 56, n. 2. D.P. 23. 1. 390.

182. — Cette décision a été critiquée par Carré (n. 142), qui pense toutefois que l'arrêt peut être justifié en ce qu'il aurait implicitement, et par le fait, décidé que la demande en règlement de juges ne peut être accueillie lorsqu'elle est formée après la décision disciplinaire. — D.A. 11. 56, n. 3.

183. — Lorsque des poursuites disciplinaires sont exercées conjointement contre un magistrat de première instance et des officiers ministériels attachés au même tribunal, la cour royale saisie de celles exercées contre le magistrat, est compétente, à raison de la connexité, pour connaître de celles qui concernent les officiers ministériels. — 29 juill. 1823. Req. Martin. D.A. 11. 56. D.P. 23. 1. 390.

184. — L'appel d'une décision rendue en matière disciplinaire par un tribunal de première instance doit être porté devant la cour royale, en assemblée générale, et non devant la chambre des appels de police correctionnelle. — 18 sept. 1823. Cr. c. Riom. Henry. D.A. 4. 605. D.P. 23. 1. 428.

185. — L'officier ministériel, suspendu de ses fonctions par un arrêt, sans avoir reçu communication des réquisitions du ministère public ou sans avoir été admis à y répondre, n'a pas besoin d'attaquer cet arrêt par opposition ou tierce-opposition; il peut le déférer à la cour suprême pour violation du droit de défense. — 7 août 1822. Civ. c. Orléans. Callaut. D.A. 4. 548. D.P. 22. 1. 478. — 30 août 1824. Civ. c. Nanci. L.... D.A. 4. 549. D.P. 24. 1. 288.

186. — Toutefois, il a été jugé qu'un avoué de première instance, condamné par une cour royale aux frais d'une procédure, sans avoir été appelé pour se défendre, ne peut se pourvoir en cassation contre cette condamnation. — 7 mars 1831. Req. Amiens. Wast. D.P. 31. 1. 119.

187. — L'avoué qui garde le silence au moment où une peine disciplinaire est requise contre lui à l'audience, est-il censé avoir renoncé à se défendre?

L'affirmative a été jugée à l'égard d'un avocat. — Aff. Lavandier. D.A. 4. 550. D.P. 24. 1. 353.

188. — Un arrêt de Bourges, du 13 fév. 1815, en déclarant non méritée la suspension d'un avoué, prononcée par le tribunal de première instance, a permis à cet avoué de faire, à ses frais, imprimer et afficher l'arrêt à cinq cents exemplaires.

189. — La cour de cassation, dans les cas où un arrêt portant suspension d'un officier ministériel

peut lui être déféré, ne s'occupe point de la constatation des faits, mais seulement de leur qualification. — V. Cassation.

190. — Le procureur-général rend compte de tous les actes de discipline au ministre de la justice, en lui transmettant les arrêtés avec ses observations, afin qu'il puisse être statué sur les réclamations, ou que la destitution soit prononcée, s'il y a lieu (Déc. 30 mars 1808, art. 103). — Le procureur du roi en chaque tribunal de première instance est aussi tenu de rendre, sans délai, un pareil compte au procureur-général en la cour du ressort, afin que ce dernier l'adresse au ministre de la justice avec ses observations (*ib.* 104).

191.— Ainsi, un arrêté disciplinaire ne devient obligatoire que par l'approbation du garde-des-sceaux, qui peut, soit adoucir, soit aggraver la peine. —Mais ce pouvoir de réformation directe ne lui appartient qu'à l'égard des *arrêtés* pris en la chambre du conseil, et non à l'égard des décisions rendues en audience publique, et qui ont le caractère de véritables jugemens. Celles-ci, si elles prononcent la suspension, sont susceptibles d'appel et de cassation; et si elles prononcent une peine moindre, elles ne peuvent être déférées à la cour suprême que dans l'intérêt de la loi (L. 27 vent. an 8, art. 80, 88).— D.A. 11. 57, n. 4; Bioche, *Dict. de proc.*, t. 2, p. 148.

Le ministre, lors même que le tribunal ou la cour a absous l'inculpé, paraît être autorisé, par l'art. 103, à appliquer une peine disciplinaire, en cas de réclamation formée par le ministère public contre l'indulgence de la première décision.

192.—Il paraît également autorisé, par le même article, après qu'une peine disciplinaire a été appliquée par un tribunal à un officier ministériel, à proposer au roi la destitution de ce dernier, quoique cette mesure n'ait point été provoquée par le tribunal.

193.—Carnot, p. 106, estime aussi que si un avoué, averti par la chambre de discipline, ne cessait pas de tenir une conduite scandaleuse, il pourrait être destitué par le ministre de la justice. Cette opinion paraît à Dalloz contestable; le droit de propriété d'un office acheté et transmissible semble militer contre ce pouvoir de destitution, sans condamnation judiciaire, accordé au ministre. — D.A. 11. 53, n. 15.

Mais le ministre ne peut destituer un officicier ministériel dont la conduite n'a point été préalablement soumise aux tribunaux.—V. Avoué, n. 27.

194.—L'ordonnance royale qui destitue un officier ministériel, même hors les cas prévus par la loi, est un acte administratif, insusceptible d'être attaque devant le conseil d'état par voie contentieuse. — 20 déc. 1833. Ord. Foucault.— V. Conseil d'état.

ART. 5.— *Discipline des avocats près les cours et tribunaux, et près la cour de cassation.*

195.—Hors les deux cas où le conseil de discipline de l'ordre des avocats prononce, soit l'interdiction à temps, soit la radiation d'un avocat, celui-ci ne peut interjeter appel de cette décision (Ord. 20 nov. 1822, art. 24).—30 juill. 1825. Nîmes. C... C. Sauvage. D.P. 26. 2. 18.

196.— Ainsi, un avocat n'est pas recevable à appeler de la décision du conseil de discipline qui réduit ses honoraires.—Même arrêt.

197.—La lettre par laquelle un avocat, après avoir reçu de son bâtonnier avis d'une décision du conseil de discipline qui lui interdit pour un temps l'exercice de son état, écrit à ce bâtonnier qu'il déclare interjeter appel de cette décision, et le prie d'en informer le conseil, cette lettre ne constitue pas un acte d'appel valable et régulier.— Même arrêt.

198.—Dans l'appel qu'il interjette d'une décision du conseil de discipline, un avocat ne peut intimer ni les membres de l'ordre ni le bâtonnier; et, en conséquence, si ce dernier ne comparaît pas sur l'appel à lui signifié, il ne doit pas être donné défaut contre lui.— 21 mars 1829. Civ. c. Bordeaux. Desquiron. D.P. 31. 1. 266.

199.—Lorsqu'une cour royale se réunit en assemblée générale pour prononcer disciplinairement sur l'appel d'une décision rendue contre un avocat, par le conseil de l'ordre auquel cet avocat appartient, il faut que chaque chambre présente au moins le nombre de magistrats nécessaire pour la composer séparément.— En conséquence, il y a lieu d'annuler l'arrêt rendu par une cour royale composée de quatre chambres, si *vingt-deux* membres seulement ont pris part à cet arrêt.—Même arrêt.

200.— Les attributions conférées aux conseils de discipline sur les membres de l'ordre des avocats, ne font point obstacle au droit qu'ont les tribunaux de

réprimer les fautes commises par les membres du barreau à leurs audiences.— 25 janv. 1834. Cr. r. Paris. Michel D.P. 34. 1. 90.

201. — La question de savoir si l'art. 103 du déc. de 1808 est applicable aux avocats, et si, par suite, ils peuvent, en matière disciplinaire, être jugés par les cours royales en premier et dernier ressort, a été suffisamment examinée v° Avocat, n. 225 et suiv. Nous y renvoyons.

202. — Il suffit qu'à l'audience, des inculpations contre un avocat, pour indélicatesse dans l'exercice de sa profession, soient faites publiquement, pour qu'à l'instant la cour doive, par arrêt rendu en audience publique, renvoyer l'examen des faits d'inculpation au conseil de discipline de l'ordre des avocats. — 21 juill. 1829. Req. Paris. Avocats de Paris. D.P. 30. 1. 212.

203. — La décision d'une cour royale, portant renvoi d'un avocat devant le conseil de discipline de son ordre, n'est susceptible ni de délibération, ni de censure de la part de ce conseil; et si cette censure a eu lieu, la cour royale, sur la dénonciation du ministère public, est autorisée à annuler ou déclarer non écrite cette partie de la délibération. — Même arrêt

204. — La décision d'une cour royale, portant annulation de la délibération de l'ordre des avocats, en ce que cette délibération serait la censure d'un arrêt de la cour, n'est pas susceptible de pourvoi en cassation : ici s'applique l'art. 103 du décret du 30 mars 1808. — 20 avril 1830. Req. Paris. Avocats de Paris. D P. 30. 1. 212.

205. — Le pourvoi pour incompétence, contre un arrêt de la cour royale, rendu en matière de discipline, est recevable, sans examiner au fond le mérite de l'incompétence. — 22 juill. 1834. Civ. r. Paris. Parquin. D.P. 34. 1. 313. — Conf. Dupin. et nos observ. *eod.* et D.P. 33. 1. 358.

206. — Un tribunal peut ordonner à un avocat-avoué, suspendu de ses fonctions d'avoué, de quitter l'audience où il s'est présenté comme avocat, en costume. — 15 déc. 1806. Req. int. de la loi. Soubiran. D.A. 11. 54. D.P. 6. 1. 680.

207. — Les art. 102 et suivans du déc. du 30 mars 1808 ne concernent point les avocats à la cour de cassation.

Des peines disciplinaires sont portées contre les avocats au conseil du roi, qui attaquent devant le conseil des décisions contradictoires (Déc. 22 juill. 1806, art. 32), ou qui présentent comme contentieuses des affaires qui ne le sont pas, ou portent au conseil des affaires de la compétence d'une autre autorité (*ibid.* 49).

208. — Dans une affaire contentieuse jugée le 1er sept. 1832, le garde-des-sceaux, après lecture faite de l'ordonn. du roi, prit la parole, au nom du conseil d'état, pour reprocher à l'un des avocats d'avoir méconnu ses devoirs, en exprimant, dans une requête au roi, des principes contraires à l'inviolabilité de la couronne, et pour lui enjoindre d'être plus circonspect à l'avenir.— V. aff. Genoude, v° Avocat, n. 184, et la défense, devant le conseil d'état, de Me Mandaroux, par Me Dalloz, D.P. 33. 3. 9.

ART. 6. — *Discipline des notaires.*

§ 1er. — *Pouvoir disciplinaire de la chambre des notaires.*

209. — On parlera, v° Notariat, de la composition et des attributions de la chambre des notaires. Il n'est question ici que du pouvoir disciplinaire qu'elle exerce.—La chambre, après avoir mandé les notaires à ses séances, peut prononcer contre eux, par forme de discipline, et suivant la gravité des cas, soit le rappel à l'ordre, soit la censure simple par la décision même, soit la censure avec réprimande par le président au notaire en personne, dans la chambre assemblée, soit la privation de voix délibérative dans l'assemblée générale de tous les notaires de l'arrondissement, soit l'interdiction de l'entrée de la chambre, pendant un espace de temps qui ne peut excéder trois ans pour la première fois, et qui peut s'étendre à six ans en cas de récidive (Déc. 4 avril 1806, art. 10).

210. — Pourrait-on prononcer l'exclusion d'un notaire de la chambre dont il a été élu membre?

Cette peine peut-elle être cumulée avec une autre peine disciplinaire, telle que la réprimande avec censure? — Dalloz a soutenu la négative, D.P. 33. 1. 358.

211.— Le notaire duement appelé peut-il former opposition à l'arrêté de la chambre qui l'a condamné par défaut. L'affirmative a été admise comme constante dans l'affaire Frérot (D.P. 34. 2. 229); mais la question ne paraît pas avoir été agitée. A

l'appui de l'opinion contraire, on a dit : Si la voie de l'opposition était ouverte, pourquoi l'art. 13 de l'arrêté du 2 nivôse an 12 aurait-il dit que si le notaire ne comparaissait point sur la lettre du syndic, il serait cité une seconde fois dans le même délai, à la même diligence, par ministère d'huissier ? Pourquoi l'art. 15 aurait-il dit que « la chambre prendra ses délibérations, dans les affaires particulières, après avoir entendu ou *duement appelé, dans la forme ci-dessus prescrite*, les notaires inculpés ? Pourquoi, enfin, cet arrêté n'aurait-il point fixe de délai pour l'opposition ? Le droit de former opposition a été introduit principalement dans l'intérêt de ceux qui peuvent avoir été condamnés sans avoir eu connaissance de la demande; mais cette impossibilité ne peut guère exister pour le notaire qui, après une lettre officielle du syndic, reçoit encore, en cas de non comparution, une assignation par huissier.

212.— Si l'inculpation paraît mériter la suspension, la chambre procede comme il a été dit *suprà*, n. 121, pour la chambre des avoués (V. les art. 11 et 12 du déc. du 4 avril 1806). Si le tribunal refusait d'homologuer sa décision, le ministère public pourrait seul appeler de ce jugement.

213.— Un tribunal est compétent pour ordonner la communication à un notaire de l'arrêté d'une chambre prononçant contre ce notaire des peines de discipline intérieure.—28 avril 1832. Paris. T... D.P. 32. 2. 117 et 33. 1. 358.

214.— Les décisions des chambres de discipline des notaires qui ne prononcent ni destitution, radiation ou suspension, ne sont pas des jugemens, mais des mesures d'ordre intérieur, et, dès lors, elles ne peuvent être l'objet d'un recours en cassation, même lorsqu'elles sont attaquées pour excès de pouvoirs.

Ces décisions ne sont pas non plus susceptibles de l'action en nullité devant les tribunaux ordinaires.—Même arrêt. — V. aussi D.P. 33. 1. 358.

215.— Le pourvoi contre un arrêt de cour royale qui s'est déclarée incompétente pour réformer une pareille décision, n'est pas non plus recevable.— Même arrêt.

Nous pensons, contrairement à la première de ces décisions, qu'il doit exister un recours contre les décisions disciplinaires affectées d'incompétence ou d'excès de pouvoir, puisqu'en excédant ses pouvoirs une chambre ou un tribunal peut infliger une peine cent fois plus grave que celle de la radiation ou de la suspension.— V. nos observ., D.P. *eod.*

216 — Le mode de recours indiqué par l'avocat-général Nicod, l'action en dommages-intérêts contre les membres de la chambre de discipline, ne paraît pas praticable. Ces chambres ont une existence légale qui place leurs actes hors de la catégorie des actes ordinaires auxquels est attachée une responsabilité. Si c'est, non la passion, mais *l'erreur* qui a dicté une décision viciée d'excès de pouvoirs, rendra-t-on les juges disciplinaires garans de cette erreur? Enfin, l'action en dommages-intérêts serait un moyen détourné de remettre en lumière, de discuter, de réviser, sans pouvoir les annuler toutefois, les décisions disciplinaires. Et ce n'est pas seulement à l'égard de celles qui seraient atteintes d'excès de pouvoirs que cette voie serait employée : on en ferait usage contre toutes mesures qu'on prétendrait inspirées par l'erreur ou par la passion. Une arène serait ouverte à des luttes incessantes. Si la décision émanait d'une cour royale, qu'elle voie prendre contre les membres de toutes les chambres réunies? Est-ce l'action directe et insolite en dommages-intérêts? Est-ce la prise à partie autorisée par la dernière jurisprudence (V. D.P. 32. 1. 281) seulement pour les cas de dol et fraude? Dans l'une comme dans l'autre hypothèse, le recours serait par trop illusoire et les objections qui viennent d'être faites n'acquièrent que plus d'énergie.

217. — Mais à quelle juridiction le notaire atteint par une délibération de la chambre devrait-il s'adresser? Est-ce à la cour de cassation? est-ce aux tribunaux ordinaires, par l'action en nullité? En faveur de cette dernière voie, on peut invoquer une analogie puisée dans la législation arbitrale. En effet, lorsqu'il y a excès de pouvoir ou violation des formes protectrices, la décision des arbitres est dépouillée du caractère de jugement : ce n'est plus qu'un simple acte susceptible de l'action en nullité devant les tribunaux ordinaires, qu'on ait renoncé ou non à tout recours. Une telle voie contre les décisions de la chambre des notaires serait encore justifiée par cette considération, que ce n'est pas seulement l'incompétence ou l'excès de pouvoirs qui peuvent les vicier ; elles peuvent aussi être affectées de nullités radicales. C'est ce qui arriverait si la chambre pre-

nait des mesures disciplinaires contre un notaire, sans l'avoir mis en état de se défendre, ou sans être composée du nombre de membres exigé par l'arrêté de l'an 12.— Des atteintes si graves trouveraient une répression naturelle devant la juridiction ordinaire. — Cependant, l'attribution de la cour de cassation paraît mieux fondée. Elle est plus prompte, plus directe, plus économique : elle est aussi moins retentissante dans la localité, et, par suite, convient mieux à la nature du pouvoir discrétionnaire. — D'un autre côté, il est de règle que les décisions en dernier ressort ne puissent être déférées à des juges d'appel. — V. nos observations, D.P. 33. 1. 360. — V. au reste ce que nous avons dit v° Cassation, n. 415.

218. — Lorsque le canditat à un titre de notaire croit avoir été calomnié dans les délibérations prises par la chambre à l'occasion de sa sollicitation, il a le droit de demander communication et expédition de ces délibérations, et les tribunaux peuvent, en cas de refus, l'ordonner, et désigner celles des délibérations dont la communication sera faite par l'intermédiaire du procureur du roi. — 31 aout 1831. Req. Caen. D.P. 31. 1. 325.

§ 2. — *Pouvoir disciplinaire des tribunaux sur les notaires.*

219. — Les peines qui peuvent être prononcées contre le notaire par les tribunaux, sont l'*amende*, la *suspension* et la *destitution* (L. 25 vent. an 11, art. 53). Quant aux dommages-intérêts, ils ne sont pas à proprement parler une peine, ils ne sont que la réparation du dommage causé.— D.A. 10. 436, n. 1.— V. n. 216.

220. — *Le remplacement.*— Cette faculté, qui appartient au gouvernement, de révoquer le notaire dans les trois cas suivans : si le notaire ne réside pas dans le lieu qui lui a été fixé (art. 5); s'il ne rétablit pas, dans le délai de six mois, l'intégralité de son cautionnement absorbé ou entamé par l'effet de la garantie à laquelle il est soumis (33); s'il accepte des fonctions déclarées incompatibles avec celles de son état (62); cette faculté du remplacement, disons-nous, n'est pas non plus une peine, car la révocation n'a lieu, dans les trois cas ci-dessus, que parce que le notaire est considéré comme démissionnaire. — D.A. 10. 436, n. 1.

221. — La loi du 25 ventôse a spécifié plusieurs cas dans lesquels la suspension ou la destitution des notaires pourraient être prononcées (V. art. 6, 16, 23, 26 et 33). Deux cas de destitution sont aussi prévus par les art. 68 et 176 C. comm.— Enfin, par une disposition dont la légalité est contestable, l'ordonnance du 3 juill. 1816 autorise, art. 10, la destitution, sans jugement préalable, du notaire qui conserve entre ses mains des sommes de nature à être versées dans la caisse des consignations.

222.— Du reste, les cas ci-dessus ne sont pas limitatifs ; les tribunaux ont un pouvoir discrétionnaire pour les suspension et destitution des notaires.—20 nov. 1811. Civ. c. Turin. Min. pub. C. Gaudé. D.A. 10. 437, n. 1.-1. D.P. 12. 1. 181.

223.— Jugé de même que les tribunaux peuvent prononcer, soit la suspension, soit la destitution de ces officiers, toutes les fois que leurs fautes sont jugées assez graves pour que l'intérêt de la société exige l'application de l'une ou de l'autre de ces peines.— Tel serait le cas où un notaire aurait été condamné pour habitude d'usure, et où, en outre, il se serait attiré de graves reproches de la part des magistrats, à l'occasion de deux procédures en faux dirigées contre deux actes qu'il avait reçus. — 24 juin 1828. Req. Bordeaux. Dejarnac. D.P. 28. 1. 292.

224.— Jugé, d'après la même règle, que le notaire qui déclare mensongèrement, dans le certificat qu'il délivre à un aspirant, que ce dernier a travaillé assidument et sans interruption dans son étude, pendant un temps désigné, encourt la suspension — 10 août 1824. Poitiers. Min. pub. C. A.... D.A. 1(. 437, n. 2. D.P. 2. 781, n. 7.

225. — .... Encore que ce soit par l'effet se d'une complaisance et non par motif de cupidi que le notaire a fait cette déclaration. — 28 fév. 1: o. Agen. Min. pub. C. O.... D.P. 26. 2. 107.

226. — ... La déclaration faite à la ch abre, par le notaire, que le certificat qu'il a déliv contenait une attestation contraire à la vérité, n orme pas une excuse admissible. — 10 août 18 . Poitiers. Min. pub. C. D.... D.A. 10. 438, n. 3.

227. — Quoique le fait, de la part m notaire, d'avoir envoyé son clerc dans une co aune de son arrondissement pour y recevoir une ite publique, et d'avoir revêtu de sa signature acte comme ayant été passé par lui, ne constitue t pas un faux

criminel à cause de l'absence d'intention de nuire soit aux parties, soit aux tiers, et de l'usage où certains notaires paraissent être d'en agir ainsi; cependant il constitue un faux matériel qui, bien qu'exempt de criminalité, est suffisant pour faire condamner le notaire en des peines de discipline, telle, par exemple, que la censure (L. 25 vent. an 11, art. 9). — 26 juin 1826. Nanci. Min. pub C. G... D.P. 26. 2. 234.

228. — Le fait, de la part d'un notaire, d'avoir manqué, sans excuse légitime, à la réunion générale annuelle des notaires du ressort, pour la nomination des membres de la chambre de discipline, est une désobéissance à la loi, punissable de peines disciplinaires..., et une telle infraction constituant une faute légère, il suffit de rappeler les contrevenans à l'ordre avec dépens, au lieu de les punir de la suspension temporaire, laquelle est réservée aux fautes graves. — 23 juill 1827. Bourges. Debeize, etc. D.P. 28. 2. 60.

229. — Il y a lieu de punir disciplinairement le secrétaire d'une chambre de notaires qui, d'après les ordres de la chambre, a refusé de délivrer au ministère public expédition entière d'une délibération concernant à la fois un objet de discipline intérieure et un objet d'ordre public. — 8 déc. 1828. Bourges. D.P. 29. 2. 97.

230. — L'obligation où est un notaire de prêter son ministère aux parties qui le réclament, ne va pas jusque-là, qu'il doive sanctionner des opérations illégales ou usuraires; et s'il a prêté son ministère à une operation qu'il savait être usuraire, quoiqu'il n'y ait eu aucun intérêt, il pourra, sans doute, etre declaré n'avoir pas encouru la peine de la suspension de ses fonctions; mais il y aura lieu de le déclarer passible de la censure avec réprimande. — 15 déc. 1828. Caen. G... D.P. 30. 2. 150.

231. — Le notaire coupable d'un délit qui blesse les mœurs sans porter atteinte à sa probité, est passible des peines disciplinaires que les tribunaux peuvent, en usant de la latitude qui leur est donnée par l'art 53 loi 25 vent. an 11, proportionner à la gravité du fait, et réduire à une suspension temporaire.—6 juin 1833. Bordeaux. Min. pub. C. V.... D.P. 33. 2. 226.

232.—Lorsqu'on ne peut attribuer au notaire, poursuivi pour faux par voie disciplinaire, aucune intention frauduleuse, et que le prétendu faux n'a causé aucun prejudice ni à l'état, ni aux parties contractantes, on ne peut prononcer contre lui la destitution. — 8 mars 1825. Colmar. Min. pub. C. A.... D.P. 25. 2. 183.

233. — Un notaire qui, sans abandonner la résidence qui lui a été fixee par le gouvernement, où il conserve encore son domicile et son étude, reçoit habituellement, certains jours de la semaine, des actes dans une autre ville du ressort de son arrondissement, mais où réside le notaire du lieu, ne peut, pour ce fait, être poursuivi par voie de discipline, c'est là une contravention à l'obligation de résidence, qui ne peut être réprimée que par le gouvernement, aux termes de l'art. 4 de la loi du 25 vent. an 11. — 23 déc. 1825. Nimes. Min. pub. C. Guérin. D.P. 26. 2. 83.— 21 fév. 1827. Req. D.P. 27. 1. 48.— 14 mai 1832. Paris. Letort. D.P. 32. 2. 122.

234. — Le refus d'examiner un candidat qui demande le rétablissement d'une charge anciennement supprimée dans le canton, ne saurait non plus exposer à des poursuites disciplinaires les membres d'une chambre des notaires, de qui ce refus émane. — 25 mars 1831. Douai. Allègre. D.P. 31. 2. 148. — 3 déc. 1827. Bordeaux. D.P. 28. 2. 140.

235. — Les tribunaux ne peuvent, en prononçant la destitution d'un notaire, l'autoriser à presenter un successeur (art. 91, l. 28 avril 1816). — 6 juin 1833. Bordeaux. Min. pub. C. V... D.P. 33. 2. 226.

236. — L'action disciplinaire contre les notaires est indépendante de l'action criminelle et correctionnelle; ainsi, un notaire peut être destitué par le tribunal, après l'expiration de la peine qu'il a encourue pour escroquerie.— V. Chose jugée.

237. — De même, il peut, après avoir été acquitté sur une accusation de faux, être destitué pour les mêmes faits par le tribunal civil. — 15 janv. 1825. Req. M. G. D.P. 25. 1. 129.

238. — De même encore, il peut, après avoir été absous en police correctionnelle, pour un fait dont la poursuite était prescrite, être suspendu de ses fonctions par mesure disciplinaire. — 30 déc. 1824. Req. T..... D.P. 25. 1. 129.

239. — Jugé cependant qu'un notaire ne peut être destitué disciplinairement, à raison d'un fait criminel déclaré prescrit par un arrêt de la chambre des mises en accusation, encore que cet arrêt ait énoncé que des présomptions graves s'élevaient contre le notaire. — 20 avril 1825. Bourges. Min. pub. C. L.... D.P. 25. 2. 249.

240. — Toutes suspensions, destitutions, condamnations d'amende et de dommages-intérêts sont prononcées contre les notaires par le tribunal de leur résidence, à la poursuite des parties intéressées, ou d'office, à la poursuite du procureur du roi (L. 25 vent. an 11, art. 53). — D.A. 10. 436, n. 2.

241. — Le ministère public ne peut poursuivre la destitution d'un notaire, sans assignation préalable de ce dernier. — 12 janv. 1810. Turin. N.... D.A. 10. 438, n. 2.

242. — Le notaire peut former opposition à la décision qui l'a destitué sans qu'il eût été assigné. — 20 nov. 1811. Civ. c. Turin. Min. pub. C. Gandi. D.A. 10. 457, n. 1. 1. D.P. 12. 1. 181.

243. — La suspension ou destitution d'un notaire peut être prononcée sur les poursuites d'office du ministère public, sans avis préalable de la chambre de discipline.—13 mai 1807. Req. Metz. Champeaux. D.A. 10. 438, n. 1. D.P. 7. 2. 109. — 23 juill. 1827. Bourges. Debeize. D.P. 28. 2. 60 — 3 déc. 1827. Bordeaux. Dejarnac. D.P. 28. 2. 140.

244.— De l'art. 53 de la loi du 25 vent. an 11, qui attribue juridiction au tribunal civil pour prononcer toutes destitutions, suspensions et condamnations d'amendes ou dommages-intérêts contre les notaires, il résulte, *a fortiori*, que le même tribunal est compétent pour connaître, non pas seulement des fautes spécifiées dans les art. 6, 25 et 53 de la même loi, mais encore de toutes infractions à la discipline, et, par exemple, du fait d'avoir manqué, sans excuse légitime, à la réunion générale pour la nomination des membres de la chambre. — 23 juill. 1827. Bourges. Debeize. D.P. 28. 2. 60.

245.— Jugé cependant que, dans l'exercice du pouvoir disciplinaire, la juridiction de la chambre des notaires et celle du tribunal de première instance, sont distinctes et indépendantes l'une de l'autre : celle-là prononce les peines de discipline intérieure, telles que censure simple, censure avec réprimande, privation de voix délibérative dans la chambre, interdiction de la chambre; le tribunal prononce les peines plus graves de la suspension, de l'amende, de la destitution : l'une est incompetente pour prononcer les peines applicables par l'autre.

Et que, par suite, quoique la chose jugée par la chambre de discipline ne lie pas les tribunaux, cependant ceux-ci ne peuvent prononcer, contre un notaire qui a été acquitté par une chambre de discipline, des peines simplement disciplinaires, telles que censure, réprimande, etc.; ils ne pourraient prononcer que les peines de suspension, destitution ou d'amende (C. civ. 1351). — 2 juin 1834. Nanci. M..... D.P. 34. 2. 219.

Il semble que si le ministère public avait, dès le principe, requis une peine d'une nature plus grave que celles dont les chambres peuvent faire l'application, le tribunal eût été compétent pour prononcer une peine moindre.

246.— L'appréciation des fautes commises par les notaires, et qui seraient de nature à entraîner leur suspension ou destitution, appartient exclusivement aux tribunaux; et, quelles que soient leurs décisions à cet égard, soit sous le rapport du fait, soit quant à la peine de discipline appliquée, elles échappent à la cassation.— 24 juin 1828. Req. Bordeaux. Dejarnac D.P. 28. 1. 292.

247.— Les notaires sont assignés devant la chambre civile où siége habituellement le président. Celui-ci retient l'affaire à sa chambre ou la renvoie à une autre, suivant qu'il le juge à propos (Déc. 30 mars 1808, art. 58, 61).

248.— Les cours et tribunaux doivent statuer sur les mesures de discipline, provoquées en vertu de l'art. 53 de la loi du 25 vent. an 11 contre les notaires, en audience publique et non en assemblée générale et en chambre du conseil, conformément à l'art. 103 du réglement du 30 mars 1808. Ce réglement ne s'applique point aux notaires; ils ne sont pas des officiers ministériels.— 28 fév. 1825. Agen. Min. pub. C. le notaire O... D.P. 26. 2. 107.—Conf. Amiens. D.P. 35. 1. 85.—V. aussi D.P. 33. 1. 358.

249.— Il a été décidé que le jugement par défaut qui démet de son opposition un notaire condamné aussi par défaut à la privation pendant un an de voix délibérative dans l'assemblée générale, ne doit produire son effet, quant à l'application de la peine prononcée, qu'après que ce jugement a été notifié au notaire (art. 15 de l'arrêté du 2 niv. an 12) — 25 août 1834. Paris. Min. pub. C. Frérot. D.P. 34. 2. 229.

250.— Tout jugement qui prononce sur une demande en suspension, destitution ou condamnation à l'amende du notaire, est sujet à l'appel, soit de la part du ministère public, soit de la part du notaire lui-même; mais le jugement est toujours exécutoire par provision, excepté quant aux condamnations pécuniaires (L. 25 vent. an 11, art. 53).— D.A. 10. 438, n. 7.

251.— Jugé ainsi que le ministère public peut appeler de la décision qui, statuant sur ses poursuites à fin de destitution d'un notaire, déclare qu'il n'y a pas lieu à l'application de cette peine.—13 mai 1807. Req. Metz. Champeaux. D.A. 10. 438, n. 1. D.P. 7. 2. 109.

252.— .... Il en est ainsi, encore bien que le ministère public ait fait signifier cette décision, même sans réserve et avec ordre de s'y conformer. — 13 déc. 1824. Civ. c. Min. pub. C. Bazille. D.P. 25. 1. 8.

253.— Les infractions à la loi du 25 vent. an 11, commises par les notaires, n'étant pas des délits, les amendes auxquelles ces infractions donnent lieu ne sont pas des peines; ainsi, les chambres d'appel de police correctionnelle sont incompétentes pour connaître de l'appel du jugement du tribunal civil devant lequel l'action en condamnation d'amende a été portée, conformément à l'art. 53. — 30 juin 1814. Cr. c. Min. pub. C. Friot. D.A. 1. 380. D.P. 14. 1. 473. — Conf. D.P. 35. 1. 85, — V. n. 169.

254.— Les délais de l'appel et de l'opposition sont ceux fixés par le code de procédure. L'évocation est admise en cette matière.— D.P. 35. 1. 85.

255. — Le recours en cassation n'est recevable qu'après que la voie de l'appel est épuisée.

256.— L'officier du ministère public qui a conclu en faveur du notaire, est néanmoins recevable à se pourvoir en cassation contre l'arrêt rendu conformément à ses conclusions.— 20 nov. 1811. Civ. c. Turin. Min. pub. C. Gandi. D.A. 10. 437, n. 1. D.P. 12. 1. 181.— V. Acquiescement.

257.— Le pourvoi formé par le ministère public contre un arrêt qui rejette la demande en destitution d'un notaire, devient sans intérêt et doit être rejeté, si, au moment où il a été formé, la démission du notaire, donnée par lui dès avant l'arrêt, était acceptée par le ministre, qui avait déjà pourvu à son remplacement par la nomination d'un candidat dont l'installation avait même eu lieu à la requête du ministère public lui-même.—11 juill. 1827. Civ. c. Montpellier. Min. pub. C. Sarda. D.P. 27. 1. 301.

258.— Les décisions des notaires, en assemblée générale, ne peuvent être soutenues, au nom de cette assemblée, par des commissaires autres que la chambre de discipline.— Tribunal de Paris. Frérot. D.P. 34. 2. 229.

—V. Agent de change, Agréé, Acquiescement, Audience, Avoué, Avocat, Avocat à la cour de cassation, Capitaine, Cassation, Commissaire-priseur, Compétence civile, Compétence criminelle, Compulsoire, Garde nationale, Honoraires, Huissier, Ministère public, Notaire, Peine, Presse, Théâtre, Tribunaux.

TABLE SOMMAIRE.

Absence. 228.
Acquiescement. 256.
Acte judiciaire. 84.
Action directe. 241.—publique. 36, s. 236, s.
Affiche. 138.
Agent de change. 137.
Agréés. 128, s.
Amende. 163.
Appel. 79, s. 109, s. 124, 177, s. 184, s. 195, 201, 214, s. 251, s.
Approbation. 85, 191.
Arbitre. 76.
Assemblée générale. 165.
Association illicite. 23.
Autorisation. 156.
Avertissement. 30, s. 56, 78, s. 91, s. 99, 138, s.
Avis 110.
Avocat. 195, s.— en cassation. 206, s.
Avoué. 111, s. 145, 151, 155, s. 162, 175.
Bâtonnier. 198.
Bourse commune. 158.
Cassation. 79, s 109, s. 181, s. 185, 201, s. 205, 214, s. 255, s.—(appréciation) 70, 189, 246.
Cause grave. 66.
Cautionnement. 220.
Censure. 50, 95, 120, 209.
Certificat. 224, s.
Chambre. 256. — des avoués. 111, s. — du conseil. 170, s. — de discipline. 105, s.—des notaires. 209, s.— réunies. 47, s. 199.
Chose jugée. 26, s. 236, suiv.
Citation. 246.
Colonie. 77.
Communication. 215, 218.
Commissaires - priseurs. 130, s. 157.
Comparution. 141, s.
Compétence. 87, 165, 175, s. 180, 213, 240, 244.— distincte. 2, s.
Concussion. 102, 151.
Connexité. 185.
Conseil. 146 — d'état. 194, 208. — de guerre. 77.—de préfecture. 77.
Convocation. 112.
Costume. 162, 206.
Cour royale. 61.—de cassation. 65, s.
Courtier. 137.
Défense. 44, s. 116, 162, 165, 185, s.
Défenseur. 44.

Délai. 35.
Délibération. 117, s. 218.
Délit d'audience. 159, 162, 165, 200.
Délit commun. 97.
Dénonciation. 91.
Désobéissance à la loi. 228.
Destitution. 99, 155, s. 192, s. 219, s.
Discours de rentrée. 25, 54.
Dommages-intérêts. 216, s. 219.
Droit litigieux. 24.
Equivalent. 197, s.
Erreur. 153.
Exception. 116.
Excuse. 16, 232.
Exécution. 127.—(signification) 249. — provisoire. 250.
Expédition. 102.
Evocation. 86, 254.
Faits étrangers. 144, 179.
Faux. 224, s. 247, s. — matériel. 156, s.
Faute grave. 9.
Frais. 138, 146.—frustratoires. 152, s. 176.—de transport. 176.
Gardes du commerce. 137.
Greffe. 104.
Greffier. 98, s.
Homologation. 110.
Honoraires. 196.
Huis-clos. 47, s.
Huissier. 131, s. 139, 151, 152, s. 156, 153, s.
Illisibilité. 153.
Incident. 87.
Incompatibilité. 156, 220.
Incompétence. 205.
Information. 190.
Injonction. 56, 58, 92, s. 153, s. 208.
Interdiction. 120, 209.
Intention. 232.
Instruct. préalable. 202, s.
Juge. 5, s.— de paix. 67. —de police. 63.—(nombre) 199. — (suppression) 57.— supérieur. 55.
Jugement (affiches). 154, 188. — (caractère) 83, s. V. Appel.— (impression) 126. — préjudiciel. 125.
Juridictions distinctes. 105, s.
Lettre. 32, 56, 115, 197.
Lieu public. 156.
Ligne d'écriture. 153.
Litispendance. 105.
Maire. 63.
Mandat de dépôt. 14.
Matière civile. 169. — urgente. 96.
Mensonge. 224.
Ministère forcé. 100, 156, 230.
Ministère public. 62, 89, s. 170, 218, 251, s.
Ministre. 51, 71, 85, 105. —de la justice. 4, 74, s. 138, s. 180, s. 190, s.— du commerce. 76.
Négligence. 41.
Notaire. 209, s. 219, s.
Observation. 90.
Officiers ministériels. 105, s. 138, s.
Omnipotence. 16.
Opinion. 18.
Opposition. 50, 109, s. 185, 211, s. 242.
Outrage. 95, 149, s. — (suspension) 140
Peine. 1, 191, 210, 245, s. —(amende) 103. — cumul) 236, s. — (délai) 249. — (modération) 53.— temporaire. 7.
Postulation illicite. 155, s.
Poursuite d'office. 36, s. 108, 112, s. 202, 243.
Pouvoir discrétionnaire. 222, s. 246.
Président. 257.
Prescription. 30, 99, 112.
Production. 150.
Prud'homme. 43, 70.
Publication. 21, s.
Publicité. 47, 166, s. 248.
Rappel à l'ordre. 120, 209.
Rapport. 117.
Refus. 159, 229, s.
Réglement de juge. 182.
Renvoi. 87, s.
Remplacement. 257.
Réprimande. 5, s. 60, 99, 120.
Reprise. 60.
Réquisition. 159.
Résidence. 101, 220, 253, suiv.
Résistance. 148.
Ressort. 175, s.
Réunion générale. 228.
Secrétaire. 229.
Serment. 20, 22.
Silence. 41, 187.
Sommation. 115.
Successeur. 235.
Surveillance. 57, s.
Suspension. 5, 68, 69, s. 82, 121, 138, 139, 148, s. 166, 191, 212, 219, s.— (effet) 164, s. 206. — provisoire. 14, s. 49, s.
Syndic. 112, 256.
Témoins. 147.
Tierce-opposition. 185.
Traitement. 6.
Tribunal. 5, s.— de commerce. 43, 61. — de paix. 65, s.— de police. 163.
Tribunaux. 138, s.— maritime. 77.
Vérification. 104, 105.
Vie privée. 10.
Voix consultative. 119.— délibérative. 209.

DISCOURS.—V. Discipline, Garde nationale, Presse, Propriété littéraire.

DISCOURS SÉDITIEUX.—V. Presse.

DISCUSSION.—1.—C'est le droit de rechercher et de faire vendre les biens du principal obligé avant ceux des personnes obligées secondairement à la même dette, ou certains biens du débiteur avant d'autres. Le droit de discuter ainsi les biens du principal débiteur constitue l'*exception* ou *bénéfice de discussion*.

2.—Le bénéfice de discussion appartient d'abord, sous certaines conditions, à la caution.—V. Caution, § 10.

3.—L'action en réduction d'une donation n'est recevable, contre les tiers-détenteurs des immeubles faisant partie des donations, et aliénés par les donataires, que discussion préalablement faite de tous les biens de ces derniers (C. civ. 930).—V. Donation.

4.—Le tiers-détenteur peut, sous des conditions déterminées par la loi, s'opposer à la vente de l'héritage hypothéqué qui lui a été transmis, et invoquer le bénéfice de discussion.—V. Hypothèque.

5.—Souvent le créancier ne peut faire vendre certains biens de son débiteur qu'après en avoir discuté certains autres. Par exemple, il ne peut poursuivre la vente des biens libres qu'en cas d'insuffisance des biens hypothéqués (C. civ. 2209); des biens soumis à une hypothèque subsidiaire qu'après la discussion des biens hypothéqués purement et simplement (Merl., Rép. v° Discussion); de ceux dont le revenu est égal à la créance, si le débiteur en offre la délégation (C. civ. 2212); des biens d'un mineur ou interdit qu'après la discussion de son mobilier (C civ. 2206, 2207); enfin, on ne peut poursuivre en même temps la vente des biens situés dans plusieurs arrondissemens et soumis à des exploitations différentes, à moins que la valeur n'en soit inférieure au total des créances inscrites (C. civ. 2210, 2211). Sur ces différens cas de discussion, V. Saisie-immobilière.

—V. Alimens, Assurances maritimes, Caution, Commerçans, Elections, Hypothèques, Lois, Ordre, Prescription, Saisie-immobilière, Succession, Surenchère.

DISETTE.—V. Amnistie.

DISJONCTION.—V. Condition, Exception, Jugement par défaut, Tierce-opposition.

DISJONCTIVE.—V. Cassation.

DISPENSE.—V. Autorité municipale, Avoué, Commerçans, Contrainte par corps, Contributions directes, Contributions indirectes, Cour d'assises, Domaines engagés, Domaine public, Douanes, Effet de commerce, Enregistrement, Exceptions, Faux, Forêts, Garde nationale, Juge, Louage, Mandat. Ministère public, Péage, Poste, Rapport, Requête civile, Substitution, Tribunaux, Tutelle, Usufruit, Voirie.

DISPONIBILITÉ. — V. Alimens, Garde nationale, Portion disponible.

DISPOSITIF.—V. Jugement.—V. aussi Actions possessoires, Appel, Garde nationale, Requête civile, Cassation, Chose jugée.

DISPOSITION.—V. Capacité, Dispositions entre-vifs et testamentaires, Donations, Legs, Obligations.

DISPOSITION COMMINATOIRE. — V. Cassation, Chose jugée, Condition, Délai, Jugement.

DISPOSITION D'OFFICE.—V. Nullité d'office.—V. aussi Action, Action civile, Amende, Appel, Aveu, Avocat, Brevet d'invention, Cassation, Commerçans, Commune, Compétence administrative, Compétence civile, Compétence criminelle, Conflit, Conseil d'état, Contrainte par corps, Forêts, Louage.

DISPOSITION ENTRE ÉPOUX.—V. Contrat de mariage, Donation entre époux.

DISPOSITIONS ENTRE-VIFS ET TESTAMENTAIRES.—1—Le code civil traite sous cette rubrique 1° de la capacité de donner et de recevoir; 2° des conditions; 3° des donations et du testament, etc.—On ne parle ici que de la capacité.—On trouvera les autres matières dont s'occupe ce titre du code, aux mots Condition, Donation entre-vifs, Donation par contrat de mariage, Donation entre époux, Exécution testamentaire, Legs, Partage d'ascendans, Portion disponible, Rapport, Testament.

ART. 1er. — *De l'intégrité des facultés intellectuelles et de la liberté d'esprit nécessaires pour disposer.*

§ 1er.—*De la démence ou imbécillité.—Interdiction, Nomination d'un conseil judiciaire.*

§ 2.—*De la maladie, Ivresse, Passion violente, Colère, Haine.*

§ 3.—*De l'erreur, Dol, Violence, Captation, Suggestion, Concubinage.*

ART. 2.—*Des mineurs.*

ART. 3 —*Des femmes mariées.*

ART. 4.— *Des morts civilement, des condamnés à certaines peines, des accusés, des étrangers, des religieux et des personnes incertaines.*

ART. 5.—*Des tuteurs.*

ART. 6.—*Des enfans naturels, adultérins et incestueux.*

ART. 7.—*Des médecins, chirurgiens et pharmaciens, des notaires et leurs parens.*

ART. 8.—*Des ministres du culte.*

ART. 9.— *Des Hospices, Corporations et Etablissemens religieux.— Autorisation.*

ART. 10.—*Des donations déguisées et des personnes interposées.*

§ 1er. — *Des libéralités en faveur d'un incapable, déguisées sous la forme d'un contrat à titre onéreux.*

§ 2.—*Des personnes interposées.*

ART. 11.—*De l'époque à considérer pour régler la capacité de donner et celle de recevoir.*

ART. 1er.—*De l'intégrité des facultés intellectuelles et de la liberté d'esprit nécessaires pour disposer.*

2.— Parmi les incapacités de donner ou de recevoir, établies par le code, les unes sont absolues, les autres relatives. Ainsi, un insensé ne peut faire aucune espece de disposition valable; les médecins, quoiques capables, en général, de recueillir des libéralités, ne peuvent profiter de celles qui leur sont faites par des personnes qu'ils ont soignées dans leur dernière maladie.— D.A. 5. 204.

3.— « Toutes personnes peuvent recevoir soit par donation entre-vifs, soit par testament, excepté celles que la loi en déclare incapables » (C. civ. 902). Ainsi tous les citoyens sont présumés capables, et il faut qu'un texte précis déclare le contraire.— D.A. *eod.*

4.—« Pour faire une donation entre-vifs ou un testament, il faut être *sain d'esprit* » (art. 901). Cette condition a une immense étendue. La raison de l'homme est sujette à une multitude d'altérations permanentes ou accidentelles.—C'est aux tribunaux à se déterminer par les circonstances. Le législateur, à dessein, s'est abstenu de spécifier, comme l'ancien droit, certaines causes d'aliénation morale.— D.A. 5. 204.

§ 1er.—*Démence ou imbécillité — Interdiction et nomination d'un conseil judiciaire.*

5.—L'imbécillité, la démence, la fureur produisent une incapacité générale pour tous les actes de la vie civile; elles vicient les contrats; elles annullent les libéralites.— D.A. 5. 204, n. 1.

6.— 1° *Du cas où l'interdiction du donateur ou testateur n'a été prononcée ni provoquée qu'après sa mort.*—L'art. 504 statue, dans ce cas, que « les *actes* faits par le défunt ne pourront être attaqués pour cause de démence. ., à moins que la preuve de la démence résulte de l'acte meme. »

7.— Cet article est-il applicable aux dispositions à titre gratuit?—Le projet de code portait, art. 901 : « Pour faire une donation entre-vifs ou un testament, il faut être sain d'esprit. Ces actes ne pourront être attaqués pour cause de démence, que dans les cas et de la maniere prescrite par l'art. 504. » Tous les membres du conseil d'état qui parlérent sur cet article en rejetèrent la seconde partie; Emmery, rapporteur du titre *de l'interdiction*, dit lui-même que l'art. 504 ne concernait ni les donations ni les testamens.

—Il ne s'éleva de débat que sur la question de savoir quel genre de preuve on admettrait; Tronchet pensait que l'on devrait exiger, surtout s'il s'agissait d'un testament, un commencement de preuve par écrit; le consul Cambacérès soutenait au contraire que la démence pourrait être établie par toute espèce de preuve. La première partie de l'article fut adoptée, la seconde, renvoyée après un nouvel examen du titre *de l'interdiction*. Cette révision parait avoir été oubliée, et l'on ne revint plus sur la rédaction de l'art. 901, ni sur sa corrélation avec l'art. 504. Toutefois, Bigot-Preameneu, orateur du gouvernement, et Jaubert, rapporteur du Tribunat, ont déclaré que l'art. 901, n'ayant pas fixé le mode de preuve de l'intégrité d'esprit, les juges ont la plus grande latitude dans l'application du principe.

D'où l'on a conclu généralement que l'art. 504 n'était relatif qu'aux obligations conventionnelles ordinaires, et que la preuve de la démence d'un testateur ou donateur peut être faite par toutes sortes de moyens, alors même que le testament ne contiendrait aucun indice de derangement d'esprit. Opinion de Grenier, n. 102, qui faisait partie du Tribunat lors de la discussion du code civil; Toull., t. 5, n. 56; Merlin, Rép, v° Testament, sect. 1re, § 1er, art. 1er, n. 2; Dur, t. 8, n. 155; D.A. 205, n. 3. Telle était l'opinion de Ricard, part. 1re, ch. 3, sect. 3, n. 145, et de Lamoignon —Merlin., *loc. cit.*, après un examen minutieux de divers arrêts de parlement, conclut que l'ancienne jurisprudence admettait, en thèse générale, la même interprétation.

Au contraire, Delvincourt, t. 2, p. 404, note 8; Malleville, sur l'art 504, induisent des termes absolus de cet article, qu'il s'applique aux dispositions gratuites comme aux contrats.

Delvincourt, à la vérité, fait une distinction: il ne voit l'art. 504 applicable aux dispositions gratuites, qu'autant que la démence a duré assez long-temps. « Si la démence, dit-il, est survenue peu de temps avant la mort, si le défaut de provocation de l'interdiction, de la part des parens, peut être raisonnablement attribué à l'espérance d'une prochaine guérison, il y aurait de l'injustice à leur refuser le droit

d'attaquer la disposition. »—Mais ne pourrait-on pas faire le même raisonnement pour les actes à titre onéreux? L'art. 504 cependant s'oppose à cette distinction. Pourquoi donc distinguer plutôt à l'égard des actes gratuits? Delvincourt invoque l'art. 901 ; mais en invoquant cet article, vous êtes forcé de reconnaître qu'il déroge à l'art. 504, et que dès lors il est seul applicable aux actes gratuits.

8.— La jurisprudence a décidé que l'art. 504 C. civ. ne s'appliquait pas aux donations et testamens, et qu'on était recevable à prouver la démence à l'époque de la donation ou du testament, bien qu'elle ne résultât pas de ces actes et que l'interdiction n'eût pas été provoquée du vivant du donateur ou testateur.—16 juin. 1810. Liége. Paques. D.A. 5. 208. D.P. 11. 2 4. — 22 nov. 1810. Req. Poitiers. Pleumartin. D.A. 5. 209. D.P. 11. 1. 27 et 49.—19 déc. 1810. Besançon. Vuillemont. D.A. 5. 212. — 17 juin 1812. Colmar. Jœger. D.A. 5. 213.—17 mars 1813. Req. Lyon. Brunet. D.A. 5. 213. D.P. 13. 1. 292.— 26 mai 1815. Paris. Dhaltz. D.A. 5 219. — 3 mai 1816. Rouen. Ozanne. D.A 5. 214. — 16 juill. 1817. Metz. Féant. D.A. 5. 215 D P. 18. 2. 12.—26 mars 1822. Req. Lyon. Hosp. de Mâçon. D.A. 5. 217. D.P. 22. 1. 337.— 10 mars 1824 Req. Bourges. Carrat. D.A. 5. 218. — 22 nov. 1827. Req. Poitiers. Regnault. D.P. 28. 1. 30. — *Contrà*, 30 mess. an 13. Paris. Gruel. D.A. 5. 208. D.P. 22. 1. 337.

9.— Et l'on peut prouver par témoins que la cause de la démence existait à l'époque d'un acte de donation attaqué, lors même qu'il s'est écoulé un long intervalle entre cet acte et la demande en interdiction.— 9 janv. 1808. Riom. D.A. 12. 652, n. 16.

10. — Il a même été jugé que l'art. 504 C. civ. n'étant point applicable aux donations ni aux testamens, on peut demander l'annulation, pour cause de démence, d'une donation entre-vifs, alors qu'un jugement irrévocable aurait rejeté une demande en interdiction, formée contre le donateur.— 17 mars 1813. Req Lyon. Brunet. D.A. 5. 213. D.P. 13. 1. 292.

11.— Et spécialement, lorsqu'un jugement déclare qu'un individu n'était ni en démence, ni dans un état d'imbécillité, mais que sa mémoire et ses autres facultés étaient seulement affaiblies, et en conséquence lui nomme un conseil judiciaire, les donations faites avant ce jugement peuvent être annulées après le décès du donateur; le jugement qui a rejeté l'interdiction ne peut avoir l'autorité de la chose jugée sur la question de validité des donations antérieures à la nomination du conseil judiciaire (C. civ. 901, 1351).— Même arrêt.

12.— Jugé de même que l'annulation d'un testament peut être provoquée par le motif que le testateur n'était pas sain d'esprit, lorsque, son interdiction ayant été demandée, le jugement qui la prononçait provisoirement a été annulé. — 14 fév. 1808. Aix. Beauquaire. D.A. 5. 221 D.P. 8. 2. 180

13.— Un donataire qui a signé l'acte ou jugement par lequel on nommait au donateur, reconnu imbécille, un nouveau tuteur en remplacement d'un précédent qui avait exercé ces fonctions pendant un grand nombre d'années, n'est pas recevable à nier l'état d'imbecillité du donateur, en se fondant sur ce que le jugement primitif d'interdiction ne serait pas produit. — 16 juill. 1817. Metz. Féant. D.A. 5. 215. D.P. 18. 2. 12.

14. — Toutefois, un acte qui, bien que qualifié *donation*, a tous les caractères d'un contrat onéreux, ne peut, après la mort du prétendu donateur, être attaqué pour cause de démence, si l'interdiction de ce dernier n'a été ni prononcée ni provoquée, et si la preuve de la démence ne résulte pas de l'acte même. C'est ici le cas d'appliquer l'art. 504 C. civ., et non l'art 901, relatif seulement aux actes de libéralités.— 16 avril 1832. Bourges. Roumier. D.P. 33. 2. 51.

15. — Les tribunaux n'admettent qu'avec circonspection la preuve de la démence d'un homme mort en possession de son état. Les demandes d'annulation doivent être appuyées sur des faits précis et nettement articulés. Les magistrats ne les reconnaissent comme concluans que lorsqu'ils contiennent une démonstration complète : jamais ils ne procèdent par induction, parce qu'il s'agit d'une incapacité. Ainsi, le grand âge d'un testateur, l'oubli de sa famille, l'importance des dispositions qu'il ferait en faveur de ses domestiques : toutes ces circonstances seraient par elles-mêmes insuffisantes pour constater la démence.— Gren., n. 103; D.A. 5. 205, n. 4.

16.— Jugé que la preuve testimoniale de la démence d'un testateur ne doit être admise qu'autant que les faits articulés sont graves, convenablement circonstanciés, et contenant les principales époques auxquelles ils se rapportent.— 3 mai 1816. Rouen. Ozanne. D.A. 5. 214.

17.— Par exemple, la preuve de quelques bizarreries dans les idées serait insuffisante. — 26 mai 1815. Paris. Dhaltz. D.A. 5. 219.

18.— Et le testament fait par une personne interdite, avant son interdiction, doit être validé *de plano*, et sans qu'il soit besoin d'ordonner une enquête pour constater l'état moral du testateur à l'époque de la confection de l'acte, lorsque le jugement qui a prononcé l'interdiction ne contient aucune disposition rétroactive, et qu'il résulte, soit du testament lui-même, soit de plusieurs actes passés par le testateur à la même époque, qu'il jouissait alors de la plénitude de sa raison.—18 flor. an 9. Poitiers. Poussineaud. D.A. 9. 554, n. 1.

19.— Des héritiers ne sont pas recevables à faire preuve de la démence d'un testateur, lorsqu'ils se bornent à demander de prouver la démence, sans préciser aucun fait particulier.— 19 déc. 1810. Besançon. Vuillemont. D.A. 5. 212. — 17 juin 1812. Colmar Jœger. D.A. *eod.*

20. — La preuve de la démence peut être puisée dans d'autres actes que le testament, surtout si celui-ci en contient par lui-même des indices.—10 fév. 1821. Toulouse. Savignac. D.A. 5. 216.

21.—Il a été jugé qu'un testament ne peut être annulé pour cause d'imbécillité, qu'autant que l'on trouve dans l'acte même, ou dans des écrits émanés du testateur, des preuves, ou au moins des commencemens de preuves d'imbécillité.— 30 germ. an 11. Paris. Lecouteux. D.A. 5. 218.

Mais cette décision nous paraît trop restreindre le mode de preuve. Il résulte des observations qui précèdent, et de la plupart des arrêts cités, qu'une enquête peut être ordonnée dans tous les cas où les faits allégués caractérisent la démence.

22.— Ainsi, jugé qu'il suffit qu'il soit déclaré par un arrêt que, lors de la confection de son testament authentique, avant et depuis cette confection, le testateur n'était pas sain d'esprit, pour que les juges aient dû annuler le testament, encore bien qu'ils reconnaîtraient que ce testament ne contient pas de dispositions bizarres qui prouvent par elles-mêmes l'égarement d'esprit. — 22 nov. 1827. Req. Poitiers. Regnault. D.P. 28. 1. 30.

23.— Toutefois, le juge peut refuser la preuve testimoniale, lorsque des actes authentiques tendent à détruire le fait de la prétendue démence. — 22 niv. an 9. Req. Lagardette. D.A. 5. 219. D.P. 3. 1. 328.

24. — Il n'est pas besoin de s'inscrire en faux, quoique le notaire ait mentionné que le testateur était sain d'esprit. C'est là un fait dont le notaire n'est pas constitué juge, qu'il n'a pas mission de constater, et sur lequel il ne peut émettre qu'une opinion contestable (Grenier, n. 103; Furgole, ch. 4, sect. 2, n 209; Dur, t. 8, n. 157; Delv., t. 2, p. 405, note 8; D.A. 5. 214, n. 5).— 3 mai 1816. Rouen. Ozanne. D.A. 5. 214. — 18 juin 1816. Req. Douai. Bailly. D.A. 5. 769. D.P. 16. 1. 578. — 27 fév. 1821. Req. Caen. Picquot-Delamarre. D.A. 11. 62, n. 8. D.P. 22. 1. 198.

25.— En tout cas, des légataires sont non-recevables à proposer, comme moyen de cassation, l'admission, sans commencement de preuve par écrit, de la preuve testimoniale d'un fait contraire à l'attestation des notaires, lorsque l'arrêt définitif qui annulle le testament ne s'appuie point sur ce fait, mais seulement sur ce que le testateur n'était pas sain d'esprit (C. civ. 1341, 1347). — 22 nov. 1810. Req. Poitiers. Pleumartin. D.A. 5. 208. D.P. 11. 1. 27.

26.— Lorsqu'un jugement, en annulant un testament pour vice de forme, déclare non-recevable la preuve offerte par les héritiers, de la démence du testateur déclaré sain d'esprit par le notaire, les héritiers ne peuvent, s'ils ne se sont pas portés incidemment appelans du jugement, se faire, contre l'arrêt qui a validé le testament, un moyen de cassation du rejet de la preuve par eux offerte. — 18 juin 1816. Req Douai. Héritiers Bailly. D.A. 5. 769. D.P. 16. 1. 578.

27.—Si le notaire avait énoncé dans un testament, qu'il a été *dicté* par le testateur, il y aurait là l'attestation d'un fait matériel, qui ne pourrait être combattue que par l'inscription de faux, si les héritiers prétendaient que le testateur était hors d'état de parler au moment de l'acte (Dur., t. 8, n 158; Gren, n. 103).— 3 déc. 1807. Req. Poitiers. Chabot. D.A 5. 696. D.P. 7. 1. 181.

28.— Il y aurait lieu aussi à l'inscription de faux pour prouver qu'à l'époque de son testament un testateur était, pour cause de maladie, dans l'impossibilité de faire connaître ses volontés, si le testament contient la mention que le testateur en a dicté les dispositions, et qu'après lecture de ces dispositions, qu'il a bien entendue et comprise, il y

a persisté.— 3 août 1829. Grenoble. Vallet. D P. 30. 2. 251.

29.— Il ne suffit pas, pour la nullité du testament, que le testateur eût des accès de démence plus ou moins fréquens. Il faut prouver que l'acte n'a pas été passé dans un intervalle lucide.

30.— Mais l'arrêt qui, après avoir reconnu ce principe, dans ses motifs, que la capacité morale de disposer à titre gratuit est exclusivement régie par l'art. 901 C. civ., et qu'il faut, pour la nullité du testament, que le testateur n'ait pas été sain d'esprit au moment même de la passation de cet acte, admet à faire preuve que *le testateur a eu de fréquens accès de démence dès sa jeunesse et jusqu'à son décès*, n'offre pas prise à la cassation. — 26 mars 1822. Req. Lyon. Hospice de Maçon. D.A. 5. 217. D.P. 22. 1. 337.

31 — De même, la décision qui, appréciant les résultats d'une enquête, déclare qu'un testateur n'était pas sain d'esprit à l'époque où il a disposé, ne peut être critiquée sur le fondement qu'il reconnaît que les faits prouvés ne constituaient pas un état permanent de démence. — 10 mars 1824. Req. Bourges. Carrat. D.A. 5. 218.

32.— De même encore, il suffit qu'elle ait reconnu en fait, d'après les enquêtes, que le testateur n'était pas sain d'esprit lors de la confection de cet acte; il n'est pas nécessaire qu'elle précise des faits particuliers constituant un état de démence. — 22 nov. 1810. Req. Poitiers. Pleumartin. D.A. 5. 208. D.P. 11. 1. 27.

33.— Comme les juges ne se décident en pareil cas que par une appréciation de faits, ils statuent comme jurés : leur décision échappe à la censure de la cour suprême.— D.A. 5. 205, n. 4.

34.— Jugé ainsi à l'égard d'un arrêt qui reconnaît que rien dans un testament n'annonce que le testateur fût, au moment où il a disposé, privé de ses facultés intellectuelles, et qui déclare que les faits de démence articulés par des héritiers contre un testament n'étaient ni précis, ni pertinens, ni par conséquent admissibles. — 17 août 1824 Req. Orléans. Delabrosse. D.A. 5. 219.

35.— 2° *Du cas où l'interdiction a été prononcée du vivant du donateur ou testateur.* — Il faut distinguer si l'interdiction est antérieure ou postérieure à la donation ou au testament :

36. — Est-elle postérieure? les héritiers, pour faire annuler la disposition, n'auront pas besoin de prouver que la cause qui a déterminé plus tard l'interdiction était notoire au temps de la disposition. L'art. 503 C. civ., qui exige cette condition de notoriété, ne concerne que les contrats. Les discours des orateurs du gouvernement ne laissent sur ce point aucun doute. — Gren., n. 106; Dur., t. 8, n. 155; Merl, Rép., v° Testament, sect. 1re, § 1er, art. 1er, n. 2 *bis*; Delv., t. 2, p. 405; D.A. 5. 206, n. 6.

37. — S'il s'agit d'un testament, une révocation postérieure à l'interdiction ne serait pas valable, sauf le cas d'intervalle lucide, dont nous parlerons tout à l'heure. La volonté du testateur doit être considérée au moment où la démence ne s'était pas encore déclarée, et non à l'époque de son décès, quoique le testament ne doive avoir effet qu'à cette époque.— Furgole, Ricard, Domat; Grenier, n. 105; Toull., t. 5, n. 57; D.A. 5. 206, n. 7.

38. — Antérieure à la disposition, l'interdiction en opère-t-elle de droit la nullité? En d'autres termes, est-ce le lieu d'appliquer l'art. 502 C. civ., portant : « tous actes passés postérieurement par l'interdit sont nuls de droit? » — L'affirmative est professée par Grenier, t. 1er, n. 104; Toull., t. 5, n. 57; Le lerc, t. 2, p. 234; Duranton et Delvincourt.

39.— Mais il s'élève de graves objections : d'abord, les lois romaines (*Inst.*, lib. 2, tit. 12, § 1er; *C. de curat. fur.*, l. 6), et l'ancienne jurisprudence: Joly de Fleury, dans ses plaidoyers, lors des arrêts des 11 mai 1705 et 10 juin 1701, rapportés dans l'ancien *Journal des audiences*; Lamoignon, dans ses arrêtés; d'Aguesseau, (*Plaidoy.* du 13 mars 1698) déclaraient valable le testament fait dans un intervalle lucide — En second lieu, l'art. 502 C. civ. peut ne s'entendre que des contrats à titre onéreux. Ainsi, la cour de cassation a décidé que l'art. 901 avait dérogé, pour les donations et testamens, à l'art. 504; ainsi, elle a jugé encore que l'art. 472 C. civ, qui déclare nul *tout traité* intervenu entre le tuteur et le pupille devenu majeur, doit, d'après l'ancienne jurisprudence et l'art. 2045 C. civ., ne s'appliquer qu'aux traités qui ont pour objet le compte de tutelle. De même enfin, l'art. 509, qui assimile l'interdit au mineur, n'a pas évidemment en vue la faculté de tester. Du reste, il n'est pas douteux que

l'interdit ne puisse avoir un intervalle de raison bien caractérisé qui lui rende momentanément toute son aptitude intellectuelle. Pourquoi les dispositions faites dans cet état ne seraient-elles pas valables? — D.A. 5. 207, n. 10.

40.—En tous cas, le jugement d'interdiction constituant une présomption d'incapacité, la preuve que le testateur était sain d'esprit au moment de l'acte, retombera à la charge du légataire. *Semel furiosus, semper furiosus præsumitur*. Il serait trop rigoureux de suivre alors la règle générale, qui impose aux héritiers la preuve de l'incapacité du testateur. C'est une exception équitable aux lois romaines qui, n'admettant pas l'interdiction pour cause de démence ou de fureur, exigeaient toujours de l'héritier la preuve que le testament avait été fait dans un état d'incapacité (D.A. *eod.*, n. 10).—20 nov. 1826. Caen. Manlion. D.P. 27. 2. 88.

41. — Jugé que, dans le cas où, pour faire annuler un testament, un héritier articule des faits tendant à prouver que le testateur était dans un *état habituel* d'imbécillité, il n'est pas nécessaire que les faits articulés se rapportent à l'époque du testament... Seulement, si le légataire prétend que le testateur a testé dans un moment lucide, c'est à lui d'en fournir la preuve.— Même arrêt.

42.— Le testament d'un individu mort en état d'interdiction, doit recevoir son effet, s'il a été fait dans les formes légales long-temps avant l'interdiction, et dans un temps où le testateur jouissait d'une entière liberté d'esprit; le seul effet de l'interdiction est de fixer le dernier état de la volonté du testateur.— 31 juill. 1823. Colmar. Meinrad-Munch. D.A. 5. 296. D.P. 1. 1317.

43.— Il suffit que les faits qui ont motivé l'interdiction d'une personne n'aient pas paru, à la cour royale, avoir exercé d'influence sur un testament antérieur à l'interdiction, pour que la révocation qui y est contenue doive recevoir tout son effet..., et cela, lors même que ce testament révocatoire ne serait antérieur que de huit jours à d'autres actes, dont l'annulation aurait été prononcée sur le motif que cette personne était alors dans un état notoire d'imbécillité (C. civ. 895).— 25 fév. 1834. Req. Caen. Dumesnil. D.P. 34. 1. 117.

44. — Doit-on maintenir le testament d'un interdit, s'il ne contient que des dispositions sages? La sagesse du testament fait-elle présumer celle du testateur? — D'après l'ancienne jurisprudence, Montigny (Rép. de Merlin, v° Interdiction, § 6, n. 1) n'adopte l'affirmative que dans le cas de testament olographe, la rédaction du testament authentique étant confiée à l'officier public, qui a pu négliger ou corriger les dispositions portant des signes de démence. Mais la sagesse du testament authentique lui semble un préjugé favorable, qui doit rendre bien plus sévère sur la preuve qu'il n'a pas été fait dans un intervalle lucide.— D.A. 5. 207, n. 10.

45. — Quel est l'effet de la nomination d'un conseil judiciaire dans le cas des art. 499 et 513 C. civ., relativement à la capacité de disposer à titre gratuit? Celui qui est pourvu de ce conseil ne peut, sans son assistance, *aliéner* ses biens ni les *grever d'hypothèque* (C. civ., *ib.*). Toute libéralité sera-t-elle considérée comme une *aliénation* dans le sens de la loi? La jurisprudence et les auteurs ne décident ainsi qu'à l'égard de la donation. — Le testament, dit-on, est un acte entièrement spontané qui ne peut admettre l'influence de la volonté étrangère d'un conseil; d'un autre côté, il n'a pas, comme les donations et les autres contrats, le danger d'un dessaisissement actuel et ruineux.—Toull., t. 5, n. 59; Grenier, t. 1er, n. 107; Merl., Rép., v° Testament, sect. 1re, § 1er, art. 1er, n. 3; Dur., t. 8, n. 167; D.A. 5. 207, n. 11.

46.— Jugé que l'individu à qui l'on a donné, pour cause d'imbécillité, un conseil judiciaire, n'est point, par là même, incapable de faire un testament.— 19 déc. 1814. Civ. c. Amiens. Taillefer. D.A. 5. 222. D.P. 15. 1. 93.— 27 août 1825 Lyon. Néel. D.P. 26. 2. 31.

47.— De même, un individu frappé par un jugement qui lui défend, pour cause de faiblesse d'esprit, de vendre et d'obliger ses biens, et même de les administrer sans l'assistance d'un curateur, conserve néanmoins la faculté de tester; un pareil jugement n'équivaut pas à un jugement d'interdiction. — 14 fév. 1808. Aix. Beauquaire. D.A. 5. 221. D.P. 8. 2. 180.

48.—... Dans ce cas, le testament ne peut être annulé qu'autant que l'on établit des faits précis de démence et de fureur.— Même arrêt.

49.— Toutefois, le jugement qui a déclaré qu'un

individu était dans un état d'imbécillité suffisant pour recevoir un conseil, et qui a nommé ce conseil, n'établit pas une exception de chose jugée contre la demande en annulation, pour cause d'imbécillité absolue, des dispositions entre-vifs ou testamentaires antérieures à ce jugement. En conséquence, est sujet à cassation l'arrêt qui refuse la preuve que le disposant était dans un état d'imbécillité absolue avant la demande en nomination de conseil ou avant l'arrêt qui a prononcé définitivement cette nomination (C. civ. 1351).— 19 déc. 1814. Civ. c. Amiens. Taillefer. D.A. 5. 222 et 8, n. 12. D.P. 15. 1. 93.— 27 août 1825. Lyon. Néel. D.P. 26. 2. 34.

50.— La donation entre-vifs, même faite avec l'assistance d'un conseil judiciaire, ne serait point de plein droit valable : les héritiers du donateur seraient toujours admis à prouver qu'il n'était pas *sain d'esprit*.— Dur., t. 8, n. 170.

51.— Au reste, quand un jugement d'interdiction a été rendu, le donataire dont la libéralité est ensuite attaquée, n'est pas recevable à y former tierce-opposition.— V. Interdiction.

§ 2.— *Des maladies ou infirmités, Passion violente, Suicide, Colère, Haine.*

52.— L'état de *maladie* n'est une cause de nullité du testament que lorsqu'il en résulte un trouble dans les fonctions de l'intelligence (C. 901).

.... Toutefois, un testament par acte public ne peut être attaqué sous prétexte qu'à l'époque qu'il a été fait le testateur était affligé d'une maladie aiguë, accompagnée de délire et transport, et qu'il n'a pu, ni comprendre ce qu'on lui aurait lu, ni exprimer sa volonté, lorsque l'acte mentionne que le testateur a dicté lui-même ses dispositions, en a entendu la lecture et y a persisté. Cette énonciation, incompatible avec l'idée du délire, ne peut être combattue qu'au moyen d'une inscription de faux (C. civ. 901, 1341). — 17 juill. 1817. Req. Rouen. Cavelan. D.A. 5. 225, et 224, n. 1. D.P. 17. 1. 418.

53.— La vieillesse ne constitue pas le cas de maladie, prévu par l'art. 218 de la coutume d'Auxerre, aux termes duquel une donation entre-vifs est réputée testamentaire et pour cause de mort, si le donateur est mort dans les quarante jours de la maladie dont il était atteint au moment de la donation. En conséquence, une donation faite par un vieillard non frappé de maladie conserve le caractère de donation entre-vifs, et n'est point révoquée par un testament postérieur, quoique le donateur soit mort trente-cinq jours après la donation.— 14 mars 1818. Paris. Perrette. D.A. 5. 492. D.P. 1. 1327.

54.— L'âge très avancé d'un testateur, joint à l'extrême importance du legs universel qu'il a fait, et à l'état de domesticité du légataire, ne sont pas des circonstances suffisantes pour décider que le testateur n'était pas sain d'esprit, ou ne jouissait pas de la plénitude de sa volonté. — 18 oct. 1809. Civ. r. Caen. Marette. D.A. 5. 711. D.P. 9. 1. 441.

55.— *Quid* de l'infirmité du sourd-muet? Il faut distinguer: sait-il écrire, il peut donner ou tester. Mais, s'il ne sait pas écrire, comment manifestera-t-il sûrement sa volonté; l'interprète n'a pas un caractère public qui commande la confiance, et l'interprétation peut d'ailleurs n'être que conjecturale. La loi le déclare incapable d'accepter une donation sans l'assistance d'un curateur spécial (C. civ. 936); à plus forte raison doit-elle refuser sa sanction à l'acte par lequel il se dépouillerait sur de simples signes. Les lois romaines ne permettaient qu'aux *soldats* sourds et muets de tester par signes. L'ordonn. de 1735, art. 2, annulait toutes dispositions faites dans cette forme, quoique rédigées par écrit d'après l'interprétation des signes.— Merlin, Rép., v° Sourd-muet; Delv., t. 2, p. 407, note 8; Ricard, *Donat.*, part. 1re, n. 134 et suiv.; D.A. 5. 224, n. 2.

Tout ceci ne peut plus, ce semble, être admis en thèse de droit absolu en présence de l'éducation si perfectionnée que les sourds-muets reçoivent aujourd'hui.

56.— Jugé qu'un sourd-muet de naissance est incapable de faire une donation entre vifs, surtout s'il ne sait pas écrire. — 12 mai 1809. Liége. Servotte. D.A. 5. 226.

57. — Quant à la forme du testament par laquelle l'aveugle, le muet ou le sourd-muet peuvent disposer, V. Testament.

58.— L'*ivresse*, lorsqu'elle est portée à un degré capable d'altérer les facultés intellectuelles, est une cause de nullité de la disposition.— Furgole, *Testam.*, ch. 5, p. 2, n. 10; Voet, *Qui testam. facere poss.*; D.A. *eod.*, n. 3.

59. — Jugé ainsi à l'égard d'un testament fait dans cet état, un mois avant la mort de son auteur. — 9 janv. 1823. Rouen. Ruel. D.A. 5. 227. D.P. 24. 2. 141.

60.— La preuve testimoniale de l'ivresse peut être admise, encore que le notaire ait exprimé dans l'acte que le testateur lui a paru *sain d'entendement*. Il n'est pas nécessaire de s'inscrire en faux, le notaire n'ayant point un caractère légal pour constater jusqu'à quel degré le testateur pouvait jouir de ses facultés intellectuelles.— Même arrêt. — V. n. 24.

61.— Une *passion violente*, qui priverait de l'usage de la raison, serait une cause de nullité de la donation ou du testament (D.A. 5. 225, n. 4). — 12 fév. 1812. Liége. Pâques. D.A. 5. 228.

62.— Le *suicide*, eût-il la jalousie pour excuse, n'est pas une preuve de démence; en conséquence, le testament fait, en faveur de son époux, par une femme qui, peu de momens après, se serait suicidée par jalousie, ne peut être annulé pour cause de démence, s'il est reconnu qu'au moment où elle a testé, cette femme jouissait de la plénitude de ses facultés. — 26 fév. 1829. Orléans. Lablée. D.P. 30. 2. 9.

63.— On ne peut considérer le fait de la tentative de suicide comme une preuve de démence suffisante pour faire annuler le testament olographe rédigé peu d'heures après que cette tentative a eu lieu, lorsque d'ailleurs le testateur n'a jamais donné le moindre signe d'aliénation d'esprit. — 3 fév. 1826. Caen. de B.... D.P. 29. 2. 6.

64.— Le suicide qui a immédiatement suivi la confection d'un testament olographe, n'est pas une preuve légale de la démence du testateur, et il suffit qu'il soit reconnu qu'il était sain d'esprit au moment où il a testé, pour que cette décision échappe à la censure de la cour de cassation: il importe peu qu'il soit énoncé dans cette décision que le suicide est un acte de frénésie. — 11 nov. 1829. Req. Aix. Baron. D.P. 29. 1. 383.

65.— L'action *ab irato* était admise par l'ancienne jurisprudence, et l'on en faisait un déplorable abus. — Ricard, part. 1re, ch. 3, sect. 14, et les notes de Bergier; Grenier, t. 1er, n. 146; Merlin, Rép., v° *ab irato*.

Le premier projet du code proscrivait cette action. Mais la rédaction actuelle garde le silence, et Bigot-Préameneu disait au corps législatif, « qu'il eût été mieux peut-être de tarir cette source de procès ruineux et scandaleux, en rejetant la nullité fondée sur la colère ou la haine. « Mais, ajoute-t-il, la fraude et les passions auraient cru avoir dans la loi même un titre d'impunité. Les circonstances peuvent être telles que la volonté de celui qui a disposé n'ait pas été libre, ou qu'il ait été entièrement dominé par une passion injuste; c'est la sagesse des tribunaux qui pourra seule apprécier ces faits, et tenir la balance entre la foi due aux actes et l'intérêt des familles; ils empêcheront qu'elles ne soient dépouillées par les gens avides qui subjuguent les mourans, ou par l'effet d'une haine que la raison et la nature condamnent. »

Toutefois, Grenier, t. 1er, n. 146 et Toull., t. 5, n. 717, soutiennent que l'on ne peut, sous prétexte qu'un testateur n'était pas sain d'esprit, faire revivre l'action *ab irato* dont le législateur a craint le scandale; ils ajoutent que si la colère ou la haine du testateur lui ont été inspirées par des manœuvres étrangères et frauduleuses, le testament devra être annulé pour cause de suggestion et de captation; mais que, si des sentimens entièrement personnels l'ont animé, l'on ne peut attaquer les dispositions, quelques bizarres ou injustes qu'elles paraissent.— Cette doctrine nous paraît trop absolue. Il nous semble que les tribunaux doivent admettre la preuve d'une haine ou d'une colère qui a été de nature à enlever au testateur le libre usage de sa raison.— Delv., t. 2, p. 406; Dur., t. 8, n. 161; D.A. 5. 225, n. 8.— C'est dans ce sens que s'est fixée la jurisprudence.

66.— Ainsi, jugé que si l'action *ab irato* n'est pas absolument proscrite par le code civil, elle ne doit être admise que dans le cas où la colère et la haine seraient parvenues chez le testateur à un tel degré de violence qu'elles auraient occasioné l'aliénation ou le dérangement de ses facultés intellectuelles. — 31 août 1810. Limoges. Delmas. D.A. 5. 231. — 23 juin 1816. Lyon. D.... D.A. 5. 231. D.P. 16. 2. 88. — 27 août 1824. Angers. Fournier. D.A. 5. 233. D.P. 1. 1313.

67.— Par exemple, l'âpreté d'une expression, surtout si elle est expliquée par des circonstances résultant de l'acte même, ne suffit pas pour faire annuler le testament.— 18 janv. 1808. Aix. Rigo. D.A. 6. 42. D.P. 1. 1345.

68.— De même encore, l'action *ab irato* ne doit pas être admise, 1° lorsqu'il n'existait pas une inimitié déclarée entre le testateur et l'héritier légitime qui a été dépouillé. — 31 août 1810. Limoges. Delmas. D.A. 5. 231.

69.— 2° Si un père, qui a eu un procès avec son gendre, pour des intérêts pécuniaires, ne fait aucune disposition en faveur de ce dernier et de sa femme, tandis qu'il avantage ses autres enfans. — 3 flor. an 12. Paris. Potel. D.A. 5. 250.

70. — 3° Si un testateur prive un de ses héritiers de sa succession, *pour cause d'indignité*, qu'il ne déduit pas, et déclare qu'au surplus telle est sa volonté parfaite. Peu importe que le motif de l'exhérédation soit juste ou injuste.— 27 août 1824 Angers. Fournier. D.A 5. 233. D.P. 1. 1313

71.— 4° S'il s'est borné à employer des expressions dures ou ironiques envers des héritiers legitimes, et que surtout ces héritiers se soient rendus coupables de mauvais procédés à l'égard du testateur. — 25 juin 1816. Lyon. D... D.A. 5. 231. D R. 16. 2. 68

72.— Le silence du code civil sur l'action *ab irato* prouve que cette action, qu'il n'a pas proscrite, doit être plutôt restreinte qu'étendue dans ses effets. Ainsi, lorsqu'un testateur déclare qu'il a été animé, dans le legs qu'il fait à un parent ou allié, par un sentiment de reconnaissance, on ne doit pas supposer qu'il ait eu en vue de s'en faire un prétexte pour nuire à ses enfans.— 28 frim. an 14. Paris. Thessier. D.A. 5. 250. D.P. 6. 2. 107.

§ 3.— *De l'erreur*, *Dol*, *Fraude*, *Violence*, *Captation*, *Suggestion*, *Concubinage*.

73 —Les causes qui vicient les contrats en général, annullent aussi les donations et les testamens. Dans l'un et l'autre cas, il ne suffit pas d'avoir l'esprit sain, il faut encore une entière liberté d'esprit. Ainsi *l'erreur*, *le dol*, *la fraude* ou *la violence* sont encore, comme sous les lois romaines et l'ancienne jurisprudence, des causes de nullité des testamens et des donations.— Ricard, part. 1re, ch. 1er, Furgole, ch. 5, sect. 3; Toull., t. 5, n. 701 et suiv., D.A. 5. 234, n. 1.

74.— Le dol ou la violence pratiqués pour empêcher de tester, donnent-ils lieu à des dommages-intérêts envers celui qui aurait été légataire sans cet obstacle? —V. Legs

75. — *Quid* de la *captation* et de la *suggestion*? Les lois romaines n'admettaient ces causes de nullité que lorsqu'elles portaient le caractère de manœuvres frauduleuses. L'ordonnance de 1735, art. 47, après avoir fixe les conséquences de l'inobservation des formes légales, ajoutait : « sans préjudice des autres moyens tirés de la captation ou suggestion desdits actes. » Ce qui semblait signifier, qu'indépendamment même de toute fraude, elles étaient un moyen d'annulation. — Le silence du code civil n'est point un motif de rejeter ce moyen. Mais, comme les rédacteurs ont été préoccupes des abus de cette foule de procès scandaleux nés sous l'empire de l'ordonnance de 1735, les tribunaux s'écarteraient du but de la loi, si, dans leur appréciation des faits, ils se déterminaient par d'autres considérations que celles du dol et de la fraude qui ont produit les déterminations du disposant. En un mot, le moyen de captation et de suggestion n'est autre, sous le code, que celui de dol et de fraude.—Toull., t. 5, n. 713; Grenier, t. 1er, n. 143; D.A. 5. 234, n. 2.—Telle est l'interprétation consacrée par plusieurs arrêts.

76 —Ainsi, jugé 1° que les faits de captation et de suggestion allégués contre un testament, n'étant autre chose que des faits de dol et de fraude, la preuve doit en être admise, comme elle l'est pour tous les autres actes, bien que le code civil n'ait pas énoncé formellement que les faits de captation et de suggestion seraient admis contre les testamens (C. civ. 901, 1109, 1116; ord. de 1735, art. 47).— 4 mars 1824 Req Montpellier. Fave. D.A. 5. 239.

77.—2° Que ces faits sont compris dans les moyens de nullité de tous les actes en général, lorsqu'on y trouve l'un des caractères de l'erreur, de la violence, du dol ou de la fraude, qui constituent l'absence du consentement. L'admission de la preuve de ces faits est abandonnée à la prudence des juges. — 9 juin 1824. Req Dijon. Silvestre. D.A. 5. 240. D.P. 1. 1313.

78.— 3° Que, pour qu'une demande d'annulation d'un testament pour cause de captation et suggestion puisse être admise, il faut qu'elle repose sur des faits caractéristiques de dol et de fraude.— 27 août 1824. Angers Fournier. D.A. 5 233. D.P. 1. 1313.

....Par exemple, de simples prières, des services, des caresses, des présens, ne seraient pas, quoique reprouvés souvent par la délicatesse, des causes de nullité. —D.A. 5. 234, n. 2.

79.—Mais il y a preuve de captation dans l'existence de dispositions faites par l'institué, au testateur à la même date et dans les mêmes termes que le testament de ce dernier, surtout si l'institué n'avait pas de fortune, tandis que celle du testateur était considérable. — 31 janv. 1814. Paris. Lefebvre. D.A. 5. 238. D.P. 15. 2. 25.

80. — D'autres arrêts ont décidé, d'une manière plus générale que sous l'empire du code, qu'un testament peut être annulé, 1° pour cause de captation.— 31 janv. 1814. Paris. Lefebvre. D.A. 5. 238. D.P. 15. 2. 25.

81.— 2° Lorsqu'il n'a pas été le fruit de la volonté libre du testateur, mais de l'obsession et de la suggestion. — 24 août 1807. Liége. Héritiers Rousseau. D.A. 5 236. D.P. 1. 1313.

82.— 3° Lorsqu'il n'est que le fruit d'une captation et suggestion artificieuse.— 21 avril 1808. Bruxelles. Gillion. D.A. 5. 237. D P. 1. 1313.

83. — 4° Lorsque la suggestion et la captation dont il est le résultat, portent le caractère de manœuvres frauduleuses (C. civ. 803, 902). —14 nov. 1831. Req. Paris. Hamel. D.P. 32. 1. 38.

84. — Et, par exemple, lorsque le légataire a inspiré à la testatrice, atteinte de maladie, le dessein de l'épouser, soit en s'annonçant à elle faussement comme appartenant aux familles les plus considérables, soit en lui remettant un testament portant aussi institution universelle, alors qu'il savait bien qu'en raison de la santé de la testatrice, il ne recevrait jamais d'effet.— Même arrêt.

85.— Une donation ou un testament peuvent être frappés de nullité pour cause de captation et de suggestion, lors même que le légataire ou le donataire y seraient restés étrangers, et *qu'elles auraient été exercées par un tiers.*—18 mai 1825. Req. Dijon. Guedeney. D.P. 25 1. 321.

86.— En tout cas, la captation et la suggestion ne sont une cause de nullité d'un testament, qu'autant qu'elles ont placé le testateur dans une situation telle que son testament n'était pas la libre et véritable expression de sa volonté — 27 août 1824. Angers. Fournier. D.A. 5. 233. D.P. 1. 1313.

87. — La question de savoir si un testament est l'expression de la volonté libre du testateur, ou s'il est le fruit de manœuvres employées envers ce dernier, est décidée souverainement par les cours royales. —14 nov. 1831. Req. Paris. Hamel. D.P. 32. 1. 38.

88. — L'influence de la suggestion ou de la captation est plus vraisemblable sur un testateur que sur un donateur qui se dépouille lui-même Mais ce n'est pas un motif suffisant de penser, comme quelques anciens auteurs, qu'une donation entre-vifs n'est pas attaquable pour cette cause.—D.A. 5. 233, n. 4.

89. — Le testament olographe laisse aussi moins de prise à la séduction que le testament public, le premier émanant tout entier du testateur. C'était la réflexion de Ricard et d'Aguesseau, répétée par les nouveaux auteurs. — Toull., n. 716; Gren., n. 145; D.A. *eod*.

90. —Le code civil n'ayant point expressément réservé la preuve des faits de captation et de suggestion, les juges sont libres de l'admettre ou de la rejeter, suivant les circonstances. — 18 mai 1807. Req. Grenoble. Montlovier. D.A. 5. 292. D.P. 7. 1. 287.

91. — Cependant on a posé, à cet égard, quelques règles Ainsi, il faut que les faits soient précisés; il ne suffirait pas d'une allégation vague de suggestion (Toull., t. 5, n. 714: Gren., n. 144; D.A. 5. 235, n. 3). — 14 juin 1806 Bruxelles. Martens. D.A. 5. 235. D.P. 7. 2. 17.

92. — Il faut en outre qu'ils soient caractéristiques de dol et de fraude, comme il a été dit ci-dessus, n. 77 et 78.

93. —La preuve offerte de la captation, de la suggestion et de la démence du testateur, à l'époque du testament, peut être refusée, par le motif que les faits allegués ne sont ni pertinens ni admissibles, sans que l'arrêt qui le décide ainsi donne ouverture à cassation. —8 juill. 1823. Req. Paris. Despreaux. D A. 5 532. D.P. 24. 1. 397.

94. — Pour que la preuve des faits de captation, dol et violence, offerte par des héritiers contre un légataire universel, soit admissible, il n'est pas nécessaire que chacune d'elles, prise isolément, soit grave, précise et concordante; il suffit qu'elles aient ce caractère dans leur ensemble. — 15 fév. 1832. Aix. Maurel. D.P. 33. 2. 36.

95. — La preuve des faits de suggestion n'est admissible que lorsqu'ils tendent à établir l'intention du testateur, de manifester une volonté contraire à celle qui est exprimée dans le testament. — 16 avril 1806. Grenoble. Montlovier. D.A. 5. 292. D.P. 6. 2. 152.

96. — Les tribunaux peuvent admettre la preuve de faits de captation et de suggestion, même *postérieurs* à la date du testament olographe attaqué pour cette cause, ces faits pouvant fournir l'explication des faits antérieurs. — 29 mars 1828. Angers. Delage. D.P. 29. 2. 92.

97. — Une cour royale, qui infirme un jugement rejetant la preuve de faits de captation et de suggestion, peut, sans contrevenir à l'art. 473 C. pr., ordonner une enquête sur ces faits déclarés inadmissibles par les premiers juges, et prononcer ensuite, par un autre arrêt, sur les résultats de l'enquête. — 4 mars 1824. Req. Montpellier. Fave. D.A. 5. 239.

98.— La preuve par témoins est-elle admissible, lors même qu'il n'y a pas de commencement de preuve par écrit? Il a été convenu, lors de la discussion du code, et Bigot-Préameneu dit positivement que les tribunaux ont la plus grande latitude sur l'admission de la preuve. C'est ce qui peut s'induire d'ailleurs de l'art. 1353 C. civ., et ce qu'ont jugé implicitement plusieurs des arrêts cités plus haut.

99.— ... Jugé en sens contraire.—30 germ an 11. Paris. Lecouteux. D.A. 5 218.— 29 avril 1824. Req. Paris. Quarre-de-Viliers. D.A. 5. 644. D.P. 24. 1. 190.

Le premier de ces arrêts perd de son autorité, comme antérieur à la publication du code.

100.— Lorsqu'un testament est annulé pour captation, l'annulation ne porte pas seulement sur la disposition faite en faveur de la personne qui s'est rendue coupable de suggestion et de captation; elle frappe le testament tout entier.— 21 mai 1824. Grenoble. Truchet. D.P. 25. 2. 107.

101.— Lorsque, de deux testamens faits au profit du même individu, le dernier est annulé pour captation, le premier doit être exécuté, s'il n'a été l'objet d'aucune attaque.— Même arrêt.

102 — Des juges ne peuvent, tout en reconnaissant un testament valable, réduire des legs contenus dans ce testament, par le motif qu'ils sont le fruit de la suggestion et de la captation, lorsque du reste ils n'excèdent pas la quotité disponible (C. civ. 902. 916. 920).— 22 janv. 1810. Civ. c. Rennes. Boudrot. D.A. 5. 461. D.P. 10. 1. 31.

103. — Il nous reste à parler d'un fait qui a une liaison intime avec la captation : c'est le *concubinage*.

104.— Les lois romaines, considérant le concubinage sous un point de vue entièrement étranger à nos mœurs, nous ne signalerons point les vicissitudes qu'elles ont subies sur cette matiere. — Merl., *Quest. de dr.*, v° Concubinage, n. 1.

105.— En France, depuis l'ord de 1629 (art. 122), les donations faites à des concubines ont été déclarées nulles. Cette ordonnance ne fut point enregistrée aux parlemens d'Aix et de Rennes. Mais, dans leur ressort, la même prohibition résultait, soit du droit romain, soit des coutumes locales.

106.— Toutefois, l'incapacité prononcée par l'ordonnance n'était pas absolue.— D.A. 5. 255, n. 6.

107.—Ainsi, jugé qu'elle devait être appliquée avec les modifications introduites par la jurisprudence, c'est-à-dire que les dispositions entre concubins étaient rejetées, modifiées, ou admises selon les circonstances. Spécialement, devait être maintenu, sous l'empire de l'ancienne jurisprudence, le testament par lequel un individu faisait un legs à sa concubine, s'il résultait des circonstances que sa volonté avait été de la récompenser des soins qu'elle lui avait donnés; si le testateur et sa concubine étaient tous deux libres et non mariés, et que le legs n'excédât pas la quotité disponible (Ord. 1629, art. 132) — 1er fruct. an 13. Req. Amiens. Sinceny. D.A 5. 243. D.P. 5. 1. 549.

108. —D'après la même jurisprudence, les dispositions faites au profit de concubines libres étaient maintenues lorsqu'elles n'étaient pas excessives.— 2 juin 1808. Poitiers. Hidreau. D.A. 5. 245. D.P. 1. 1314.

109.— La preuve du concubinage n'était admise qu'autant qu'il y avait commencement de preuve par écrit, ou notoriété publique (C. civ. 901).— 23 therm. an 11. Poitiers. Servanteau. D.A. 5. 243, et 5. 235, n. 6. D.P. 1. 1314.

110.—Jugé aussi que la preuve n'était admissible que suivant les circonstances; qu'elle devait, par exemple, difficilement être autorisée, lorsque le concubinage était nié, et que la preuve tendait à constituer un adultère, et par conséquent à troubler la paix des mariages.—29 therm. an 12. Nîmes. Boule. D.A. 5. 248 D.P. 1. 1314.

111. — Les faits dont on demandait la preuve

devaient être succinctement articulés, et non vaguement énoncés (Ord. 1667, tit. 29, art. 1er).—19 germ. an 12. Paris. Châteaugiron. D.A. 5. 243. D.P. 1. 1313.

112.— Les donations entre concubins étaient prohibées sous l'empire de la coutume de Normandie.— 15 nov. 1826. Req. Caen. Cottun. D.P. 27. 1. 47.

113.— L'édit de Charles-Quint, de 1540, qui défend aux mineurs de donner leurs immeubles, par testament, à leurs concubines, n'est pas exclusivement relatif aux mineurs, et n'autorise pas les majeurs à faire de pareilles dispositions, réprouvées par la jurisprudence suivie dans le Hainaut.— 19 fév. 1823. Bruxelles. A.... D.A. 5. 256. D.P. 1. 1315.

114 —Les lois des 17 niv an 2 et 4 germ. an 8 ont-elles dérogé à la prohibition générale des dons entre concubins? Non, car ces lois n'ont pas un seul mot sur la capacité de donner ou recevoir. Elles ont uniquement pour objet de déterminer la portion de biens disponible. Cette dernière interprétation a prévalu.— Merl., *Quest.*, v° Concubine, n. 2; D.A. 5. 255, n. 7.— 2 juin 1808. Poitiers. Hidreau. D.A. 5. 245. D.P. 1. 1314.

115.—Ainsi, jugé que la prohibition de l'ordonnance a subsisté jusqu'au code civil. — 15 août 1816. Civ. c.— 19 janv. 1830. Req. Toulouse. Calvet. D.P 30. 1. 85.

116.— Spécialement, le don fait à une concubine, sous forme de rente ou autrement, sous. la loi de l'an 2, doit être annulé comme fait à un incapable.— Même arrêt.

117.— Toutefois, des époux ont pu, sous l'empire de la même loi, se faire par testament tous les avantages que la loi autorisait entre époux, encore qu'avant d'être mariés ils eussent vécu publiquement en concubinage.—19 therm. an 10. Poitiers Racapi. D.A. 11. 922, n. 8 D.P. 23. 2. 31.

118.— Sous le code civil, le concubinage est-il une cause de nullité des donations et testamens? Le projet du code déclarait « incapable de se donner ceux qui ont vécu ensemble dans un concubinage notoire.» Mais cette incapacité n'a pas été conservée, et l'art. 902 C. civ. ne permet pas de la suppléer On a considéré qu'il y aurait plus de danger encore pour la morale publique dans la manifestation des désordres ou des passions du testateur, dans le scandale d'actions dirigées quelquefois sans fondement contre la personne gratifiée. — Toull., t. 5, n. 719; Gren., t. 1er, n. 148; Merl., *ib.*; D.A. 5. 255, n. 8.

Le titre *des donations et testamens*, renfermant un système complet sur la matière, il n'y a pas lieu d'invoquer les art. 6, 1131 et 1133, qui ne s'appliquent qu'aux conventions.

119.— Jugé que le code civil n'a pas fait du concubinage une cause d'incapacité de recevoir des libéralités entre-vifs ou testamentaires (C. civ. 901, 902). — 19 germ. an 12. Paris. Héritiers Châteaugiron. D.A. 5. 243 D.P. 1. 1313.— 29 therm. an 12. Nîmes. Boule. D.A. 5. 248. D.P. 1. 1314.—7 juin 1809. Turin. Servetti. D.A. 5. 249. D.P. 10. 2. 27.—20 mars 1822. Pau. Laclède. D.A. 5. 253 D.P. 23. 2. 29.— 19 avril 1822 Poitiers. Rateau. D.A. 5. 254. D.P. 1. 1313. — 15 juin 1822. Grenoble. Dunand. D.A. 5. 254. D.P. 1. 1315 —17 juill 1826. Paris Hil .. D.P. 28 2 245. — 13 fév. 1829. Montpellier. Guinard D.P. 30. 2. 9. — 21 août 1833. Bordeaux. Marcilhac. D.P. 34 2. 202.

120.— Par les mêmes motifs, on a décidé que le concubinage, même adultérin, n'est plus, sous le code civil, une cause d'incapacité de recevoir, fût-il notoire et prouvé par des actes authentiques. — 7 juin 1809 Turin. Servetti. D.A. 5. 249 D.P. 10. 2. 27. — 25 mars 1824. Montpellier. C... D.A. 5. 255. D.P. 1. 1315.

121 — A la vérité, il a été jugé que si l'on peut induire du silence du code civ. que l'on peut avantager une concubine, cette conséquence ne peut aller jusqu'à dépouiller une épouse légitime, en validant, au profit d'une concubine notoirement adultère, des obligations constituant évidemment des donations déguisées. — 19 fév. 1823. Bruxelles. A.... D A 5. 255 D.P. 1. 1315. — Mais, dans l'espèce, les parties étaient régies par la coutume du Hainaut, qui prohibait formellement les dons entre concubins. L'arrêt donne ce principal motif, et ce n'est qu'accessoirement qu'il s'explique sur ce qu'on devrait décider sous l'empire du code civil.

122.—Quoi qu'il en soit, les dons entre concubins adultères étaient prohibés avant le code civil, et la nullité d'un tel don devait être prononcée, quand même il aurait eu lieu en pays étranger entre Français unis par un mariage nul (Ordon. 1629, art. 122).

— 15 juill. 1811. Civ. c. Paris. Champeaux. Grammont. D.A. 6. 492. D.P. 11. 1. 408.

123.— En tout cas, l'incapacité de recevoir devant exister, pour la nullité du testament, aux deux momens de sa confection et du décès du testateur, il a été jugé. 1° que lorsqu'une concubine se marie avec son amant, tandis qu'elle est encore dans les liens d'un précédent mariage non dissous, la bigamie, en supposant qu'elle soit une cause d'indignité ou d'incapacité de recevoir, ne peut lui être opposée si le premier mari vient à décéder avant le décès du second testateur, et que la bigamie soit postérieure au testament. L'incapacité dans ce cas se rapporte à un temps intermédiaire qui, d'après l'adage *media non nocent*, ne doit pas être pris en considération.— 7 juin 1809. Turin. Servetti, D.A. 5. 249. D.P. 10. 2. 27.

124.— 2° Que le legs fait par un individu à la fille légitime de sa concubine, ne peut être déclaré nul comme fait à une personne interposée, s'il est reconnu que le concubinage, d'où l'on induit contre la mère une cause d'incapacité, avait cessé à l'époque du testament. — 9 therm. an 10. Poitiers. D.A. 5. 251, n. 1.—28 juin 1820. Req. Riom. Legroing. D.A. 5. 251. D.P. 20. 1. 465.

125. — Lorsque des héritiers articulent différens faits tendant à prouver que le concubinage de leur auteur existait encore au moment du testament, les tribunaux ont un pouvoir discrétionnaire pour apprécier les faits et en admettre ou rejeter la preuve, sans que leur décision donne prise à la cassation.— Même arrêt.

126. — De ce que le concubinage ne produit aucune incapacité de donner et de recevoir, il suit qu'on n'est pas admissible à proposer ce fait comme seul moyen de suggestion et de captation; ce serait indirectement introduire une incapacité que les auteurs du code ont voulu exclure. — 20 mars 1822. Pau. Laclède D.A. 5. 253. D.P. 23. 2. 29.— 15 juin 1822. Grenoble. Dunand. D.A. 5. 254. D.P. 1. 1315. — 17 juill. 1826. Paris. Hil. D.P. 28. 2. 245.

127. — Mais le concubinage, réuni à d'autres circonstances, à des manœuvres frauduleuses, pourra être considéré comme un des élémens de captation. — D.A. 5. 235, n. 9.

128.— Ainsi, jugé que le concubinage fournit une présomption de captation, surtout lorsque le testateur avait une grande faiblesse d'esprit. — 31 janv. 1814. Paris. Lefebvre. D.A. 5. 238. D P. 15. 2. 25.

129. — C'est par une conséquence de cette distinction qu'il a été statué qu'on peut attaquer un testament pour cause de captation, sans porter par là aucune atteinte à la chose jugée, par un arrêt qui aurait rejeté la preuve offerte du concubinage entre le testateur et la légataire, peu importe que l'arrêt ait considéré que des dispositions faites en faveur du légataire par un acte antérieur sont suspectes aux bonnes mœurs. — 30 mai 1826. Req. Grenoble. Dunand. D.P. 26. 1. 291.

130.— Une autre distinction a été proposée. Si le concubinage, a-t-on dit, n'est plus une incapacité de donner et recevoir, c'est qu'on a craint des enquêtes, quelquefois injustes, et toujours scandaleuses. Mais ce motif n'existe plus lorsque le concubinage est *avoué formellement* dans la disposition, comme la cause qui l'a déterminée. La disposition alors sera nulle. Elle contient un outrage aux mœurs, et l'on ne peut plus présumer que l'intention du testateur a été de reconnaître des services, plutôt que de coupables complaisances.

Cette distinction nous paraît contraire aux art. 900 et 902 C. civ. La qualification ou la condition de concubinage doit être réputée non écrite, et la légataire maintenue dans son avantage, par cela seul qu'elle n'est pas au nombre des personnes que la loi déclare expressément incapables.

131. — Mais nous déciderions autrement s'il s'agissait, non plus d'une libéralité dans les formes ordinaires, mais d'une donation déguisée sous l'apparence d'un contrat à titre onéreux. Alors seraient applicables les art. 6, 1131 et 1133, qui annullent l'obligation sur cause illicite. Tel est le système (subtil il est vrai) que développe Merlin, Rep., v° Concubinage, n 3, et qui paraît consacré par la jurisprudence. — D.A. 5. 233, n. 1. — V. aussi Filiation adultérine.

132.— Ainsi, jugé que les dons faits par un homme marié à une concubine ne sont pas valables s'ils sont déguisés sous la forme de billets ou obligations, et que l'existence du concubinage soit avouée comme ayant été la cause de ces billets. — 25 mars 1808. Besançon. Ebaudy. D.A. 5. 243. D.P. 1. 1314

133. — Jugé de même que les dons faits, sous la

forme de billets, à une concubine adultère, et dont le concubinage est avoué être la cause véritable, doivent être annulés, comme contraires aux bonnes mœurs, surtout si le concubinage adultérin était de notoriété publique, et ainsi n'avait pas besoin d'être constaté par une enquête. — 17 janv. 1812. Grenoble. Roquette. D.A. 5. 246. D.P. 1. 1314.

134.— La nullité peut être prononcée, même au préjudice d'un tiers porteur des billets, surtout lorsque celui-ci a eu connaissance de la cause illicite de ces effets.— 25 mars 1808. Besançon. Ebaudy. D.A. 5. 245. D P. 1. 1314.

135 — De même encore, lorsqu'un mari et une femme, n'ayant que des parens collatéraux, ont fait une vente de tous leurs biens à leur servante avec laquelle le mari entretenait un commerce scandaleux dans le domicile conjugal, et de laquelle il a eu un enfant qu'il a reconnu au moment de la naissance, et plus tard lorsqu'il s'est marié avec cette fille, après la mort de son épouse, à laquelle la servante faisait éprouver des traitemens ignominieux; cette vente doit être annulée en ce qui concerne le mari sur la demande de ses héritiers, tant parce qu'elle renferme une donation déguisée, déterminée par une passion impétueuse, et fondée sur une cause contraire aux mœurs, que comme faite à une personne interposée pour avantager, au-delà de ce que la loi permet, un enfant adultérin.— 19 janv. 1814. Angers. Gaudin. D.A. 5. 247. D.P. 1. 1314.

Ce dernier motif de l'arrêt se concilie difficilement avec la doctrine, maintenant consacrée par la jurisprudence, que la reconnaissance directe et volontaire d'un enfant adultérin ne peut lui être opposée.— V. Filiation.

136.— Il suffit qu'une obligation, attaquée comme déguisant une libéralité faite à une concubine, par personne interposée, soit annulée pour fausse cause, pour que l'arrêt ne puisse être cassé, sous le prétexte que la loi ne prohiberait pas le don fait à une telle personne, alors surtout que la concubine a déclaré précédemment qu'elle était étrangère à l'objet du don ou de l'obligation (C. civ. 902, 1184). — 19 janv. 1830. Req. Toulouse. Teillier. D.P. 30. 1. 92.

ART. 2. — *Des mineurs.*

137.— La capacité du mineur n'est pas la même à l'égard des donations et des testamens.

La donation entre-vifs lui est entièrement interdite (C. civ. 903, 904), sauf par contrat de mariage et en faveur de son conjoint, avec l'assistance de ceux dont le consentement est requis pour la validité du mariage (C. civ. 1095).

Quant au testament, l'art. 904 C. civ. ne permet au mineur de disposer dans cette forme que lorsqu'il est parvenu à l'âge de seize ans. et jusqu'à concurrence seulement de la moitié des biens, dont la loi permet au majeur de disposer. »

On conçoit le motif de cette distinction : la donation entre-vifs, dépouillant actuellement et irrévocablement, était de nature à compromettre les intérêts du mineur. Il n'en est pas de même du testament.

138.— Sous l'empire du droit romain, le fils de famille ne pouvait faire un testament, même avec l'autorisation de son père; mais il pouvait disposer par donation à cause de mort, en sorte que l'acte était valable s'il portait qu'au cas où il serait nul comme testament, il vaudrait comme donation à cause de mort (L. 25, § 1er, ff. *de Mort. caus donat.*; Furgole, *Testam.*, ch. 14, n. 25).—27 juin 1810. Nîmes. Bardet. D.A. 5. 257. D.P. 1. 1315.

139.— Il n'était pas nécessaire que le consentement du père se trouvât dans l'acte même de donation à cause de mort, il pouvait être valablement donné dans un testament postérieur.— Même arrêt.

140.— Ce consentement n'était pas même nécessaire pour la validité de la donation, lorsque le père n'avait aucun droit d'usufruit légal sur les biens de son fils.— Même arrêt.

141.— L'art. 904 C. civ. ne faisant pas de distinction, le mineur de seize ans a la faculté de disposer de la moitié de ses biens, quoiqu'il ne soit pas encore émancipé. D'ailleurs le mineur ne peut être émancipé qu'à dix-huit ans quand il n'a plus ni père ni mère, et le mineur orphelin ne reçoit l'émancipation que de l'avis du conseil de famille; or, ce conseil n'étant composé que des parens du mineur, pourrait lui refuser l'émancipation, dans la vue de l'empêcher de disposer. —Delv., t. 2, p. 198, D.A. 5. 256, n. 2.

142.—Par ces mots, *parvenu à l'âge de seize ans*, il faut entendre seize ans accomplis: sinon on ne pourrait pas dire que le mineur est parvenu à l'âge de

seize ans, puisqu'il n'en aurait que quinze et quelques mois. Au reste, on ne mettait pas en doute, dans l'ancienne jurisprudence, que l'âge fixé pour tester dût être révolu. — Ricard, ch. 3, sect. 4, n. 196; Furgole, ch. 4, sect. 1re, n. 4; Dur., n. 186; Delv. et D.A. *ibid.*

143. — Lorsque le mineur a disposé de plus de la moitié de ses biens, par exemple quand il a fait un legs universel et qu'il meurt après sa majorité, sans révoquer son testament, la disposition doit-elle valoir pour le tout, ou seulement pour la moitié? Elle ne doit valoir que pour la moitié. En effet, la capacité du testateur doit exister aux deux momens de son décès et de la confection du testament. La loi regarde comme non écrite la volonté de donner au-delà de ce qu'il est permis : *nullæ sunt tabulæ testamenti, quas is fecit, qui testamenti faciundi facultatem non habuerit* (L. 19, ff, *qui testam. fac. poss.*). Le mineur peut avoir disposé d'une manière générale, quoique sachant bien que sa disposition serait réduite dans les limites de l'art. 904 C. civ. Peut-être, en ne changeant pas son testament, a-t-il prévu qu'il n'aurait que cet effet limité. Dans le doute, l'intérêt des héritiers, qui ont un titre constant dans la loi, doit l'emporter sur l'intérêt des légataires ; la règle générale pour le mineur est l'incapacité de disposer ainsi. La faculté accordée par l'art. 904 doit, comme toute exception, être restreinte plutôt qu'étendue.

On a élevé deux objections. D'abord, il s'agit, a-t-on dit, de la disponibilité des biens, qui se détermine par les lois, à l'époque du décès du testateur. C'est un statut réel et non personnel, que contient l'art. 904 C. civ. — Mais nous remarquons que cet article est placé dans le chap. 2, *de la capacité de disposer ou de recevoir par donation ou testament*, et non dans le chap. 3, intitulé *de la portion de bien disponible;* qu'en outre l'étendue de la faculté de tester a dû être réglée sur le degré de raison et d'expérience du mineur de seize ans. C'est donc en considération de la personne, plutôt que des biens, qu'a été porté l'art. 904. Ajoutons que la théorie de la distinction des statuts, si féconde en subtilités et en controverses (V. Loi), ne peut avoir qu'une autorité bien incertaine, comparée aux principes généraux que nous invoquions tout-à-l'heure.

144. — La seconde objection est puisée dans la loi 81 ff. *de Legatis* 2°, d'après laquelle le légataire qui ne pouvait recevoir qu'une portion des biens du testateur au moment de la faction du testament, devenait habile à recueillir le bénéfice entier du legs, si, au moment du décès du testateur, l'obstacle qui l'empêchait de recevoir avait cessé. Il est aisé de voir que cette loi, relative à la disponibilité des biens régis par les lois *Voconia* et *Falcidia*, est un véritable statut réel qui n'a rien de commun avec la capacité de tester, qui a tous les caractères d'un statut personnel.

Au surplus, c'est dans le sens de cette opinion que se sont prononcés les auteurs et la jurisprudence. — Delv., t. 2, p. 199, notes; Merl., Rép., t. 17, p. 642; Dur., n. 188; D.A. 5. 257, n. 4.

145. — Jugé que le legs universel fait par un mineur de seize ans ne peut avoir d'effet que pour la moitié de ses biens, conformément à l'art. 904 C. civ., encore qu'il soit décédé après avoir atteint sa majorité et sans avoir changé ses dispositions. — 7 juill. 1811. Grenoble. Candy. D.A. 5. 259. D.P. 13. 2. 43.

146. — La portion de biens dont la loi défend au mineur, âgé de plus de seize ans, de disposer par testament, ne forme pas, au profit des héritiers collatéraux, une *réserve* qui opère la saisine en leur faveur, et qui, par suite, oblige le légataire universel à leur demander la délivrance du legs (C. civ. 904, 1004 et 1006). — 22 janv. 1828. Poitiers. Martineau. D.P. 30. 2. 120.

147. — La loi qui défend au mineur de donner entre-vifs et ne lui permet de tester qu'à seize ans, et d'une moitié de ses biens, ne lui impose pas la prohibition de recevoir; elle exige seulement que la libéralité soit acceptée par les père et mère, tuteur ou curateur du mineur (C. civ. 935). — V. *infrà.*

Le droit romain, dans une sévérité qui fut tempérée plus tard soit par Justinien, soit par la jurisprudence, déclarait nulle toute donation entre-vifs faite par le père à ses enfans non émancipés (L. 1re, ff., et l. 11, 17, C. *de Donat.*). On alléguait pour motif que le père et le fils n'étant censés former qu'une seule et même personne, il ne pouvait intervenir de stipulation entre eux. Toutefois, on faisait exception pour les donations à titre rémunératoire, ou en faveur de mariage.

148. — Jugé que, d'après la jurisprudence suivie dans les pays régis par le droit romain, la donation

faite par un père aux enfans soumis à sa puissance était valable, surtout lorsqu'elle avait été ratifiée expressément, ou par le silence du père jusqu'à son décès. — 16 fév. 1811. Turin. Sappa. D.A. 5. 258. D.P. 1. 1316.

Quant à la portion de biens dont peut disposer un mineur laissant des héritiers à réserve, V. Portion disponible.

ART. 3. — *Des femmes mariées.*

149. — La femme mariée, même non commune ou séparée de biens, ne peut donner entre-vifs ou acquérir à titre gratuit, sans le concours du mari dans l'acte, ou son consentement par écrit, ou sans l'autorisation de la justice (C. civ. 217, 905 et 934).

150. — Mais la femme n'a pas besoin d'autorisation pour tester (C. civ. 905); parce qu'alors l'effet de la disposition ne doit commencer que dans un temps où son décès aura mis fin à la puissance maritale. D'ailleurs le testament est un acte essentiellement spontané : *Testamentorum jura per se firma esse debent, non ex alieno arbitrio pendere.* — D.A. 5. 264, n. 2.

151. — Cependant, sous l'empire de la coutume de Liége, la femme mariée ne pouvait, à cause du droit de *mainplévie*, disposer par testament, sans le consentement de son mari; ce consentement ne résultait pas suffisamment de ce que le mari aurait fait un testament conçu dans les mêmes termes que celui de sa femme, passé le même jour, et devant le même notaire. Un tel consentement ne pouvait être prouvé par témoins. — 30 juin 1818. Bruxelles. Mineur. D.A. 5. 264.

152. — La femme mariée sous l'empire de la coutume de Bourgogne, qui interdisait aux femmes de disposer, même par testament, sans l'autorisation de leur mari, a continué d'être frappée de cette incapacité, même après avoir obtenu sa séparation de corps, et avoir fixé son domicile dans une coutume qui permettait à la femme de tester sans autorisation. — 19 janv. 1807. Req. Brossard. D.A. 10. 167, note 1-2. D.P. 7. 1. 113.

153. — La femme ne peut sans autorisation acquérir par testament, soit un legs universel, soit un legs particulier (C. civ. 217, 776). — V. Autorisation de femme.

ART. 4. — *Des morts civilement, des condamnés à certaines peines, des accusés, des étrangers, des religieux, et des personnes incertaines.*

154. — *Du mort civilement.* — Il ne peut ni disposer de ses biens, en tout ou partie, soit par donation entre-vifs, soit par testament, ni recevoir à ce titre, si ce n'est pour cause d'alimens (C. civ. 25). — V. Droits civils.

155. — *Condamnés à certaines peines.* — L'art. 29 C. pén. met « *en état d'interdiction légale*, pendant la durée de sa peine, le condamné à la peine des travaux forcés à temps ou de la réclusion » ; il doit lui être nommé un curateur pour gérer et administrer ses biens dans les formes prescrites pour la nomination des tuteurs aux interdits.

156. — Cet état d'interdiction légale entraîne-t-il l'incapacité de tester? Non : le code pénal de 1810 n'a point reproduit ces mots, qui se trouvaient dans la disposition, d'ailleurs conforme, de l'art. 2, tit. 4 du code de 1791 : « Ne pourra, pendant la durée de la peine, *exercer par lui-même aucun droit civil.* » A la vérité, on objecte que celui à qui la loi ôte l'administration de la plus faible partie de ses revenus, ne doit pas être autorisé à disposer de la pleine propriété de ses biens; que l'interdiction légale doit produire le même effet que l'interdiction judiciaire, la loi employant dans l'un et l'autre cas le même mot *interdiction*, et prescrivant le même curateur et les mêmes formalités pour son administration.

Mais on peut répondre : il y avait nécessité d'ôter au condamné l'administration de ses biens, puisque le seul fait de sa détention ne lui permettait pas de s'en occuper directement. Les incapacités ne doivent point se suppléer par induction (C. civ. 902). L'ancien droit ne retirait la faculté de tester qu'aux condamnés à des peines perpétuelles entraînant mort civile. L'interdiction légale a surtout pour objet l'administration des biens du condamné; et le condamné ne devait pas être complètement assimilé à l'interdit judiciaire, par cela seul que l'un est sain d'esprit et que l'autre n'a plus ses facultés intellectuelles. Ce n'est pas sans intention, probablement, que le législateur de l'an 10 n'a pas adopté les expressions du code de 1791.

157. — Ainsi a été jugé valable le testament fait, pendant la durée de sa peine, par un condamné à la réclusion, qui est décédé avant l'expiration du terme

de sa détention. — 28 déc. 1822. Rouen. Diard. D.A. 5. 275. D.P. 23. 2. 65.

158. — *Accusés* — La détention ou l'état d'arrestation d'un individu, dans une prison, ne le rend pas incapable de tester. — 28 prair. an 13. Req. Montpellier. Brunel. D.A. 8. 620. D.P. 5. 1. 461.

159. — *Étrangers* — La loi du 14 juill. 1819, abolissant les art. 11 et 912 C. civ., pour revenir à la législation de l'assemblée constituante, leur a rendu la faculté indéfinie de recevoir comme de disposer par donation entre-vifs et par testament. — V. Droits civils.

160. — *Religieux.* — L'ancienne jurisprudence déclarait les religieux de toute espèce incapables de recevoir par donation ni par testament. — Ricard, chap. 3, sect. 5, n. 310 et suiv.

Les jésuites se trouvaient compris dans cette prohibition. Mais lorsque cette société fut supprimée, les édits de mai et juin 1777 rendirent à tous ses membres, pour l'avenir, même à ceux qui avaient fait des vœux solennels, la jouissance de tous les droits civils, notamment celui de faire ou recevoir tous legs ou donations (D.A. 5. 266. n. 6). — 17 nov. 1818. Civ. r. Nîmes. Tempié. D.A. 5. 272. D.P. 19. 1. 17.

161. — Lorsqu'un acte de la puissance publique temporelle a sécularisé des religieux, ils deviennent aussitôt capables de donner et de recevoir, alors même qu'ils ne seraient pas encore déliés de leurs vœux par l'autorité spirituelle : c'est ce qui a été jugé quant à la faculté de tester (D.A. 5. 266, n. 7). — 13 août 1813. Trèves. Goerres. D.A. 5. 272. D.P. 1. 1306.

Ce qu'on vient de dire ne concerne que les religieux considérés comme individus. Quant aux corporations religieuses, V. art 9.

162. — *Des personnes incertaines* — On considère comme n'existant pas les personnes *incertaines*, parce qu'il n'est pas possible de savoir si c'est véritablement à elles que s'adresse la libéralité.

Cependant une disposition faite à une personne inconnue devient valable, si l'incertitude peut être levée par quelque désignation, par l'indication de quelque acte à venir : telle serait, selon les auteurs, cette clause : Je donne à celui qui épousera ma fille. — D.A. 5. 266, n. 3.

Ferrière et Ricard, 1re part., ch. 13, sect. 11, n. 560, veulent aussi, pour la validité d'un don à une personne incertaine, qu'il y ait un prétexte apparemment raisonnable. Furgole, ch. 6, sect. 2, n. 29, combat cette opinion, et soutient que, pourvu que la volonté du testateur soit clairement manifestée, on ne doit point en rechercher les motifs. — D.A. *ibid.*

163. — L'art. 910 C. civ. permet de disposer au profit des pauvres *d'une commune*, mais avec l'autorisation du roi, quoiqu'individuellement ils puissent n'être pas connus du disposant. C'est ainsi qu'il a été jugé, par application de la loi 24, C. *de Episcop. et cleric.*, qu'avant le code un legs à des personnes incertaines était valable, lorsqu'il avait lieu en faveur des pauvres. — 4 germ. an 13. Req. Bruxelles. Lemettre. D.A. 5. 266. D.P. 5. 1. 562.

164. — Il n'est parlé dans l'art. 910 C. civ. que des dispositions faites au profit des *pauvres d'une commune*. Suit-il de là qu'on ne pourrait disposer au profit des *pauvres en général?* Le doute vient de ce que ces deux modes de disposition étaient nettement distingués par la loi romaine, qui avait jugé nécessaire une décision particulière pour valider les libéralités de la seconde espèce, quoique les premières fussent déjà permises (L. 49, § 1er, C. *de Episc. et cler.*). Toutefois, la faveur d'une telle disposition nous porte à la croire valable dans les deux cas. D'ailleurs, ce sont les pauvres de la commune du testateur qui profiteront le plus souvent même de la libéralité faite dans les termes les plus généraux. Cette interprétation a été implicitement consacrée par la cour de Bordeaux. — 10 août 1814. Martial. D.A. 5. 269. D.P. 15. 2. 17.

165. — C'est ainsi encore qu'il a été jugé qu'il n'est pas nécessaire, dans une disposition faite au profit des pauvres, de désigner ceux-ci d'une manière positive; qu'ainsi serait valable, et devrait être attribué aux pauvres, le legs d'une somme à employer en *bonnes œuvres.* — 10 août 1814. Bordeaux. Martial. D.A. 5. 267, et 266, n. 4. D.P. 15. 2. 17. — V. n. 230, s.

166. — *Quid* de la disposition par laquelle un testateur laisse à son exécuteur testamentaire une portion de ses biens pour l'employer en bonnes œuvres, sans être tenu de rendre compte? — Est-elle nulle comme laissée à la volonté d'un tiers? On l'a jugée valable en invoquant la distinction établie par les lois romaines entre le legs laissé à la pure vo-

lonté d'un tiers, et celui pour lequel on s'en est rapporté à son discernement et à sa probité, *ad arbitrium boni viri*.—Même arrêt.

167. — La disposition par laquelle le testateur charge ses exécuteurs testamentaires d'employer une partie du prix de ses meubles en messes et en bonnes œuvres, suivant ses intentions, ne doit point être considérée comme un legs fait à personnes incertaines.—16 juill. 1834. Civ. r. Caen. Sobier. D.P. 34. 1. 390.

168.—De même, on a validé la disposition par laquelle le testateur ordonne que tous ses biens seront vendus à la diligence d'un exécuteur testamentaire pour le produit en être employé à faire dire des messes, bien qu'aucun légataire ne soit désigné.—30 janv 1808. Turin. Falleti. D.A. 11. 641. D.P. 2. 1148. — 24 août 1825. Pau. Guimet. D.P. 26. 2. 4.—26 nov. 1828. Civ. c. Pau. Guimet. D.P. 29. 1. 34.

169.—Cette disposition toutefois ne peut recevoir son exécution sans l'autorisation du gouvernement. —26 nov. 1828. Civ. c. Pau. Guimet. D. P. 29. 1. 34. —*Contrà*, 24 août 1825. Pau. Guimet. D.P. 26. 2. 4.

ART. 5.—*Des tuteurs.*

170. — L'art. 907 C. civ. porte : « Le mineur, devenu majeur, ne pourra disposer, soit par donation entre-vifs, soit par testament, au profit de celui qui aura été son tuteur, si le compte définitif de la tutelle n'a été préalablement rendu et apuré. — Sont exceptés les ascendans des mineurs, qui sont ou qui ont été leurs tuteurs. »

171. — On a craint que le tuteur n'abusât de sa position, soit pour obtenir une libéralité de son pupille, en lui persuadant une richesse qu'il n'aurait pas, soit pour lui faire acheter à ce prix le compte que la loi lui impose le devoir de rendre. — D.A. 5. 276, n. 1.

Le motif de la prohibition, fort raisonnable pour les donations entre-vifs, n'a pas la même force quant aux dispositions testamentaires, qui n'ont d'effet qu'à la mort du disposant, et qui sont toujours révocables. Aussi étaient-elles valables sous l'ancien droit, d'après le principe qui autorise le legs de la libération faite a un debiteur (L. 9 et 31, § 2, ff. *de Liberat. legat.*).

172.—L'art. 907 établit une présomption légale de la classe de celles que les anciens jurisconsultes appelaient *juris et de jure*, c'est-à-dire qui dispensent de toute preuve, et auxquelles on ne peut opposer aucune preuve contraire. Ainsi, la libéralité qu'aurait faite un pupille devenu majeur au profit de son tuteur avant l'apurement du compte de tutelle, ne pourrait être validée, par cela qu'au moment de la disposition une grande distance aurait séparé, même dès long-temps, le donateur du donataire, et semblerait avoir rendu toute influence impossible. Le tuteur ne serait pas admis à fournir la preuve de cette impossibilité. — Ricard, ch. 3, sect. 9; Grenier, t. 1er, n. 120; D.A. 5. 277, n. 3.

173. — *Le mineur devenu majeur....* Est-ce que le mineur émancipé, mais non majeur, ne pourrait pas disposer en faveur de son ancien tuteur? Il semble que l'émancipé qui a reçu et apuré le compte de tutelle est, vis-à-vis son tuteur, dans la même position que l'individu parvenu à sa majorité.— Delv., t. 2, p. 203; D.A. 5. 277, n. 5.

Mais le contraire a été jugé, vu les termes restrictifs de l'art. 907 : et l'on peut ajouter que l'ascendant de l'ex-tuteur ou la suggestion sont plus redoutables sur le mineur simplement émancipé, que sur celui qui a atteint sa majorité. — 14 déc. 1814. Bruxelles. Lievens D A. 5. 277. D.P. 1. 1310.

174.—*Au profit de celui qui aura été son tuteur...* Par analogie, la même incapacité de recevoir s'applique au second mari de la femme, maintenue dans la tutelle de son enfant. La puissance maritale, ne permettant pas à la femme d'agir sans la coopération du mari, fait de celui-ci un *co-tuteur*, selon l'expression de l'art. 396 C. civ, responsable solidairement de la gestion postérieure au mariage. — 18 janv. 1821. Metz Housseaux. D.A. 5. 278. D.P. 23. 2. 51.

175.—Jugé ainsi, même à l'égard d'un second mari qui, sans que la femme se fût fait maintenir, lors de son convol, dans la tutelle de ses enfans nés du premier lit, a géré induement les biens de ceux-ci, soit pendant son mariage avec cette femme, soit même depuis la mort de cette dernière.—4 mars 1822 Limoges. Biergeon. D.A 5. 279. D.P. 1. 1316.

176. — Jugé, au contraire, que l'incapacité de recevoir ne s'applique pas au second mari de la mère, bien que celle-ci ait conservé la tutelle sans s'y faire maintenir. — 16 août 1833. Nimes. Bju.... D.P. 34. 2. 164.

177. — Il suffit que le subrogé-tuteur gère de fait

la tutelle (par suite de confiance de la part du tuteur), pour que, de même que le tuteur, il soit incapable de recevoir aucune libéralité du mineur (C. civ. 907). — 26 juill. 1828. Grenoble. Chapuis. D.P. 29. 2. 73.

Dans l'espèce, le tuteur était un vieillard hors d'état d'administrer lui-même La gestion avait été confiée constamment au subrogé-tuteur.

178. — Mais, hors ce cas, il ne faudrait pas comprendre les subrogés-tuteurs dans la prohibition de l'art. 907. De même, elle ne s'étend pas aux curateurs, ni, à plus forte raison, aux administrateurs, instituteurs, pédagogues, etc., quoique l'ancienne jurisprudence les frappât dans ce cas d'incapacité. Les dispositions faites à ces personnes sont susceptibles d'annulation pour cause de captation ou suggestion prouvée. Mais les tuteurs seuls sont placés par le code sous la présomption légale qui anéantit leur disposition.—Gren., t. 1er, n. 122, 123; Toull., t. 5, n. 65; Delv., t. 2, p. 203, note 1re; Dur., n. 200 et 202; D A. 5. 277, n. 6.

179.—La prohibition ne va pas non plus jusqu'aux héritiers du tuteur, l'art 907 étant fondé sur des considérations exclusivement personnelles.—Mêmes auteurs.

Toutefois, la disposition qui serait faite, avant la mort du tuteur, a sa femme, a ses enfans, ne pourrait subsister, comme faite à personnes interposées (C. civ. 912; Gren., n. 121; D.A. 5. 277. n. 4). — 15 fév. 1827. Req. Rennes. Layéant. D.P. 27. 1. 143.

180.—Le conseil judiciaire peut recevoir du prodigue, mais non l'assister dans la donation que lui ferait celui-ci. *Nemo in negotio suo auctor esse potest.*—Dur., n. 202.

181.—*Si le compte définitif n'a été préalablement rendu et apuré...* Un compte est *apuré* lorsqu'il a été présenté et débattu, et que le reliquat en a été fixé soit de gré à gré, soit en justice, en telle sorte que ce reliquat forme une créance incontestable en faveur de celui au profit duquel il existe. L'art. 907 n'a pu vouloir donner à ces mots *compte apuré* une acception autre que celle qu'ils ont dans le langage ordinaire; car il suffit que le compte de tutelle ait été réglé pour que le pupille connaisse sa position et ne soit plus sous la dépendance de son tuteur; conséquemment, pour que le double motif de l'incapacité du tuteur cesse d'exister. L'esprit de la loi concourt donc avec son texte pour repousser l'idée que le paiement du reliquat soit nécessaire, afin d'habiliter le tuteur a recevoir. — Bergier, comm. de Ricard, ch. 3, sect. 9; Grenier, t. 1er, n. 119; Toull., t. 5, n. 65; Delv., t. 2, p. 303; Dur., n. 199; D.A. 5. 276, n. 2.

182.— Il n'est pas nécessaire non plus, à la différence des traités prévus par l'art. 472 C. civ., que la libéralité ait été précédée de la remise des pièces justificatives du compte, constatée par un récépissé du disposant, dix jours au moins avant l'acte de disposition.— Dur., n. 199.

183.—*Sont exceptés les ascendans*, etc.—Peu importe qu'ils soient remariés ou non, la loi ne distingue pas.— Grenier, *ib.*: D.A. 277, n. 7.

Mais l'exception ne s'applique pas aux alliés des ascendans, par exemple au second mari de la mère tutrice. L'affection filiale seule a le pouvoir d'effacer la présomption de captation; cette affection n'existe légalement qu'envers le père qu'un enfant tient de la nature, et non envers celui que la loi lui donne, et en qui l'on peut plus aisément soupçonner des intérêts opposés (Dur., t. 8, n. 197; Delv., t. 2, p. 203, n. 3; D.A. 5. 277).— 18 janv. 1821. Metz. Housseaux. D.A. 5 278. D.P. 23. 2. 51.

184.— Néanmoins, si le tuteur ou l'ex-tuteur est en même temps l'héritier du mineur, l'annulation de la disposition, en vertu de l'art. 907, ne l'empêcherait pas de recueillir la portion de biens qui lui reviendrait comme héritier; son titre alors ne serait plus dans l'acte de libéralité, mais dans la loi. — Grenier, t. 1er, n. 125; D.A. 5. 277, n. 7.

ART. 6.— *Des enfans naturels, adultérins et incestueux.*

185. — Les enfans naturels ne peuvent rien recevoir au-delà de ce qui leur revient à titre de succession (C. civ. 908), et les enfans adultérins n'ont droit qu'à des alimens (C. civ. 762).— V. Filiation naturelle et Succession.

La nullité de la reconnaissance d'un enfant adultérin ou incestueux est-elle tellement absolue, que des héritiers légitimes soient non-recevables a prouver qu'un testateur ou donateur est le père adultérin de ceux en faveur desquels il dispose?— V. Filiation naturelle.

ART. 7.— *Des médecins, chirurgiens et pharmaciens, des notaires et de leurs parens.*

186.— *Médecins, chirurgiens et pharmaciens.*— L'art. 909 porte : « Les docteurs en médecine ou en chirurgie, les officiers de santé et les pharmaciens qui auront traité une personne pendant la maladie dont elle meurt, ne pourront profiter des dispositions entre-vifs ou testamentaires qu'elle aurait faites en leur faveur, pendant le cours de cette maladie. »—

Cet article ne parle que *des docteurs en médecine ou en chirurgie, des officiers de santé et des pharmaciens...* Doit-on étendre la prohibition, par analogie, à d'autres personnes, non comprises dans cette énumération? Cette question a fait naître plusieurs difficultés, quoiqu'en général les incapacités ne doivent pas se suppléer (C. civ. 902).

187.—Et d'abord, on a demandé si la prohibition s'appliquait aux gardes-malades; nous ne le pensons pas (Toull., t. 5, n. 67; Grenier, t. 1er, n. 128; D.A. 5. 280, n. 4 — *Contrà*, Delv., t. 2 p. 203, notes). Il n'y a aucune comparaison à établir entre un garde-malade et un médecin, quant à l'influence dont le législateur a voulu prévenir les effets.—Furgole, quest. 34, sur l'ord. de 1731; Dur., n. 252.

188. — *Quid* des sages-femmes? Quoique munies d'un diplôme après le cours d'études et les examens prescrits, on ne saurait les ranger dans la classe des officiers de santé. Le principe que les incapacités ne s'étendent pas, doit donc encore prévaloir (D.A. 5. 280, n. 3).—Cependant nous ne nous dissimulons pas que l'opinion contraire offre de bien puissantes raisons d'analogie dans les cas où les sages-femmes sont appelées pour l'accouchement. Elles sont alors arbitres de la santé et de la vie même de leurs malades.

189.— On a voulu étendre l'incapacité des médecins aux instituteurs même et maîtres de pension, à raison de leur influence sur leurs élèves (Delv., *ib.*). Mais n'est-ce pas évidemment outrer les raisons d'analogie? On peut dire tout au plus que la loi présente une lacune.— D.A. 5. 280, n. 6.

190.— Il est un cas où l'analogie doit suffire pour faire prononcer l'incapacité de recevoir; nous voulons parler des empiriques, des charlatans, et de tous ceux, en un mot, qui exercent l'art de guérir, sans titre légal, et qui ne se trouvent pas ainsi dans l'énumération de l'art. 909. Il serait superflu, disait M. Jaubert, dans son rapport au Tribunat, de remarquer que la loi atteindra, par voie de conséquence nécessaire, tous ceux qui, dépourvus d'un titre légal, oseraient néanmoins s'ingérer dans l'art de guérir. Ceux-ci, en effet, présentent moins de garanties, de savoir et de moralité. D'ailleurs, comme il est défendu d'exercer la médecine sans titre, c'est le cas de la maxime : *Nemo debet ex delicto suo consequi emolumentum.* Telle est l'opinion unanime des auteurs anciens et modernes.—Ricard, ch. 3, sect. 9, n. 501; Grenier, t. 1er, n. 126; Toull., t. 5, n. 68; Dur., n. 251; Delv., t. 2, p. 203, notes; D A. 5. 281, n. 8.

191.— Jugé ainsi à l'égard d'un individu qui exerçait la profession de médecin sans titres, et qui avait reçu chez lui le testateur, comme pensionnaire, quelques années avant son décès.— 9 mai 1820. Paris. Ragey. D.A. 5. 282. D.P. 21. 2. 25.

192. — Jugé de même à l'égard d'une femme qui exerçait habituellement l'art de guérir, mais sans aucun titre.— 6 fév. 1830. Grenoble. Trouillet. D.P. 30. 2. 223.

193.— Il a été décidé cependant que l'incapacité de recevoir, prononcée par l'art. 909 C. civ., ne s'applique point à un individu qui est reconnu n'être ni médecin, ni chirurgien, ni officier de santé, ni pharmacien, alors même qu'il ferait ses études médicales, et qu'il aurait été articulé et qu'on aurait demandé à prouver qu'avant de suivre les cours de l'école, il voyait, dans son pays, des malades et pratiquait l'art de guérir.— 24 juill. 1832. Req. Angers. Bizardière. D.P. 32. 1. 300.

194.— Comme le médecin en titre a seul une action pour exiger le salaire ou la récompense de ses soins, on conçoit que, dans les cas qui précèdent, le testateur a pu vouloir exprimer sa reconnaissance à ceux qui lui ont prodigué leur zèle. Les circonstances de la maladie, la nature des soins prodigués, suffiraient, à défaut d'énonciation dans le testament, pour faire présumer une intention rémunératoire, et valider ainsi la libéralité.

195. — Jugé dans un cas semblable que la disposition universelle faite au profit du médecin sans titre, peut valoir comme disposition rémunératoire, sauf à la faire réduire, eu égard à l'importance des services rendus et aux facultés du disposant.— 9 mai 1820. Paris. Ragey. D.A. 5. 282. D.P. 21. 2. 25.

196.— Jugé pareillement, qu'en supposant que la loi atteigne ceux qui, dépourvus de titre légal, s'ingéreraient néanmoins des fonctions de l'art de guérir, sa disposition ne serait pas applicable, s'il était reconnu, en fait, que c'est à la reconnaissance pour une affection tendre qu'on doit attribuer les soins donnés au testateur dans sa dernière maladie, et que cette affection fut évidemment la cause déterminante, et la seule, des dispositions testamentaires faites au profit de celui qui a soigné le défunt.— 24 juill. 1832. Req Angers. Bizardière. D.P. 32. 1. 300.

197.— Quoiqu'un médecin ait donné des soins à une personne pendant une partie de l'état constant de souffrance dans lequel elle a été, à partir d'un accident qui lui est survenu, jusqu'à sa mort, cependant si, dès deux ans avant le testament par lequel celle-ci l'a institué son héritier universel, il avait abdiqué légalement sa qualité de médecin, il ne peut être frappé de l'incapacité établie par l'art. 909 C. civ. — 12 janv. 1833. Req. Agen. Noguès. D.P. 33. 1. 71.

198.—L'incapacité qu'établit l'art. 909 est subordonnée au concours de deux circonstances : il faut 1° que le médecin en faveur duquel a été faite la libéralité, *ait traité le disposant pendant la maladie dont il est mort;* 2° que la disposition ait été *faite pendant le cours de cette maladie.*

Ainsi, la disposition ne serait pas attaquable, si le donateur ou testateur avait été soigné par le médecin donataire dans une première maladie dont il serait guéri; à moins que la guérison n'eût été qu'apparente, et que la maladie prétendue nouvelle ne fût, dans la réalité, la continuation de l'ancienne. Les tribunaux ne peuvent guère décider sans le secours des gens de l'art, si, au moment de la donation, le donateur portait le germe du mal qui l'a conduit au tombeau.—D.A. 5 280, n. 2.

199.—L'état souffrant et valétudinaire dans lequel un individu est resté jusqu'à sa mort, à la suite d'une fracture qui lui est arrivée dans un âge avancé, ne peut être regardé comme constituant, dans le sens de l'art. 909 C. civ., la *maladie dont cet individu est mort;* et la mort, arrivée long-temps après l'accident, et dans un âge avancé (82 ans), a pu être réputée l'effet unique de la vieillesse.— 12 janv. 1833. Req. Agen Noguès. D.P. 33 1. 71.

200. — Il faut que le malade ait été traité par le médecin; cette expression restreint l'incapacité au médecin habituel du malade, et ne permet pas de l'étendre à celui qui n'aurait été appelé qu'une ou deux fois en consultation. On sent, en effet, que l'influence de celui-ci doit être infiniment moindre, et que la prévoyance du législateur n'aurait pu s'en alarmer, sans se montrer en quelque sorte tyrannique. — Toull., t. 5, n. 69; Delv., t. 2, p. 205, n. 5, D.A. 5, 280, n 3.

Toutefois, si les visites du médecin consultant devenaient assez fréquentes pour qu'on put le regarder comme adjoint au médecin ordinaire dans le traitement de la maladie, il devrait être soumis à la même incapacité.— D.A. *ibid.*

201. — L'incapacité ne s'étend pas non plus au pharmacien qui s'est borné à vendre des médicamens. L'art. 909 veut qu'il y ait eu traitement du malade, et il l'exige indistinctement pour le pharmacien comme pour le médecin. — Delv., t. 2, p. 204, n. 5; Toull., t. 5, n. 69; Dur., n. 253; D.A. 5. 280, n. 7.

202.— Mais les circonstances dont les fournitures faites par le pharmacien ont été accompagnées, pouvant, par leur réunion, par leur nombre, par leur continuité, constituer ce qu'on appelle traiter un malade, les tribunaux peuvent ordonner la preuve de ces circonstances pour juger la validité du legs ou de la donation.— Même arrêt.

203. — La disposition faite par une testatrice, en faveur de la fille de son médecin, ne peut pas être attaquée en nullité, comme faite à un incapable par personne interposée, sur le motif qu'au moment de la confection du testament, la testatrice était affectée d'un petit bouton qui, après plusieurs années, s'est converti en une plaie cancéreuse, avec laquelle elle est morte dans un âge avancé (77 ans), s'il est constaté, d'ailleurs, qu'à cette époque du testament on n'appliquait que quelques remedes familiers, sans prescription du médecin, sans traitement, et que cette infirmité n'empêchait nullement la malade de vaquer à toutes ses affaires (C. civ. 909, 911). — 16 janv. 1834. Grenoble. Alméras-Latour. D.P. 34. 2. 163.

— Le pourvoi contre cet arrêt a été rejeté.—D.P. 35. 1. 218.

204.—L'incapacité dont parle l'art. 909 s'applique-t-elle au médecin qui a traité sa femme dans la maladie dont elle est décédée? Non, l'art. 1094 permet généralement aux époux de s'avantager, sans admettre l'exception qui résulterait de l'art. 909. Et d'ailleurs, comment supposer que le législateur ait voulu placer un mari dans l'alternative de comprimer ses plus chers sentimens, de s'arracher à la pieuse sollicitude dont il est animé pour les jours de son épouse, enfin, de trahir le plus sacré des devoirs, ou de renoncer au prix de son dévoûment et de sa tendresse (arg. C. civ. 212)?— Gren., t. 1er, n. 127; Toull., t. 5, n. 66; Dur., n 257; D.A. 5. 281, n. 9.— 19 avril 1806. Turin. Berttati. D.P. 6. 2. 217. —30 août 1808. Req. Lyon. Héritiers Rey. D.A. 5. 284. D.P. 8. 1. 428.

205.— Mais la question présente une sérieuse difficulté, lorsque le médecin n'a épousé sa femme que pendant la maladie dont elle est morte. Il resulte de deux arrêts de la cour suprême,

1° Que le mariage du médecin avec sa malade, même pendant la maladie dont elle est morte, couvre l'incapacité prononcée par l'art. 909; mais que l'incapacité du médecin subsiste, nonobstant sa qualité de mari, lorsqu'il est reconnu, en fait, que les libéralités qu'il a obtenues de sa malade, au lieu d'être determinées par l'affection conjugale qu'elle avait pour lui, n'ont eu d'autre cause que l'abus de l'empire qu'il avait sur elle, comme médecin.— 11 janv. 1820. Civ. r. Paris. Bonnet. D.A. 5 288. D.P. 20. 1. 65.

206.— 2° Qu'avant le code civil, sous le droit romain et des anciennes ordonnances, le mariage du medecin avec sa malade couvrait l'incapacité de recevoir, dont ces lois frappaient les médecins ; et les libéralités faites par la femme malade à son mari, médecin, ne pouvaient être attaquées qu'autant qu'il était prouvé qu'au lieu d'être déterminées par l'affection de la future ou de la femme pour son mari, ces liberalités n'avaient eu d'autre cause que l'abus de l'empire que ce dernier exerçait sur elle en raison de son art (L. 9, C. *de Profess. et de medicis*; ord. 1510, art. 46; ord. 1539, art. 131).— 21 aout 1822. Civ. c. Montpellier. Boyer. D.A. 5. 291. D.P. 22. 1 482.

207. — Ce système, consacré deux fois après les discussions les plus solennelles et les plus mûres délibérations, subordonne, comme on le voit, la question aux circonstances, et la livre à l'appréciation souveraine des cours royales; ce qui, suivant Dalloz, 5, 281, n. 10, n'est pas sans danger. Duranton, n. 258, declare le médecin incapable, lorsqu'il a épousé la femme dans la seule vue de couvrir l'incapacité, et de s'enrichir ainsi contre le vœu de la morale et de la loi.

208.—Jugé, sans distinction, que l'incapacité qui frappe le médecin n'est pas effacee par le mariage que celui-ci a contracté avec sa malade, pendant la maladie dont elle est morte.— 24 fev. 1817. Paris. Dehan. D.A. 5. 285. D.P. 17. 2. 76.

209. — Quoi qu'il en soit, le mariage du médecin avec une de ses malades, contracté dans les formes légales, ne pourra être argue de simulation par les heritiers, ou attaqué, sous prétexte qu'il n'aurait été contracté que pour eluder la prohibition de l'art. 909 C. civ.

La simulation n'est point une cause de nullité du mariage (C. civ. 180). On a prétendu qu'il en était autrement dans le droit romain, mais on a fait une confusion. La loi romaine punissait le célibat. Pour échapper à la peine, des citoyens feignaient de vivre en mariage. Alors, sans doute, la loi déclarait le mariage simulé. Mais lorsqu'il avait été contracté avec les formalités requises, l'objet des lois contre le célibat étant rempli, le mariage n'était plus attaquable pour simulation.— En vain a-t-on invoqué aussi la prohibition des mariages *in extremis*. Le code civil n'a point renouvele à cet égard les anciennes ordonnances, et les tribunaux excederaient leur pouvoir en suppléant à son silence.—D.A. 5. 284, n. 1. —V. Mariage.

210.— Avant le code civil, l'action que les héritiers du donateur avaient pour faire révoquer les liberalites faites par la malade à son medecin, était une action rescisoire qui se prescrivait par dix ans, et non une action en nullité, prescriptible seulement par trente ans (Ord. 1510, art. 46).— 21 août 1822. Civ. c. Montpellier. Boyer. D.A. 5. 291. D.P. 22. 1. 482.

Cependant Meynard, en ses arrêts, t. 1er, ch. 73, n. 1, cite un arrêt du parlement de Toulouse, du 21 juin 1594, qu'il dit rapporté par Charoudas, liv. 9, ch. 19, et qui aurait jugé prescriptible par trente ans l'action révocatoire des donations faites par le malade à son médecin. Mais, en lisant Charoudas, *loc. cit.*, on voit que l'arrêt a jugé pour la prescription de dix ans.— D.A. 5. 291, n. 1.

211. — Le délai de l'action sous le code serait e core de dix ans. — Dur., n. 258.

212. — L'article 909 admet deux exceptions à règle d'incapacité qu'il établit : l'une pour les do rémunératoires, l'autre pour les dispositions en f veur des médecins parens du malade. Il faut q les dons remunératoires « aient été faits à titre pa ticulier, eu égard aux facultés du disposant et a services rendus » (C. civ. 909). C'est aux trib naux à apprécier la fortune du disposant, la natu et la durée de la maladie, l'assiduite du médeci sa renommée, en un mot, toutes les circonstanc propres à faire juger si la libéralite est véritabl ment rémuneratoire. Si la disposition paraît exce sive, le juge doit la réduire à une juste porportio mais non l'annuler. — D.A. 5. 281, n. 11.

« Les dispositions universelles sont exceptées dans le cas de parenté jusqu'au quatrième deg inclusivement, pourvu toutefois que le décédé n'a pas d'héritiers en ligne directe, à moins que cel qui profiterait de la disposition, ne soit lui-mêm un de ces héritiers » (C. civ. 909); les co-héritie ne pourraient demander que la réduction, dans cas où la disposition entamerait leur réserve.

213. — *Dans le cas de parenté...*, et non d'al liance, l'incapacité du médecin est la règle géné rale, et l'exception ne doit point s'étendre. Les lien du sang et les affections de famille ne la rende point applicable aux alliés (D.A. 5. 281, n. 12) — 12 oct. 1812. Civ. r. Turin. Allara. D.A. 5 282. D.P. 13. 1. 106.

214.—*Des notaires et leurs parens.*—Aux terme de la loi du 25 vent. an 11, les notaires ne peu vent ni instrumenter pour eux-mêmes, ni rece voir d'actes dans lesquels leurs parens ou alliés e ligne directe à tous les degrés, et, en collatérale jusqu'au degré d'oncle et de neveu inclusivement seraient parties, ou *qui contiendraient quelque dispositions en leur faveur* (L. 25 vent. an 11 art. 8 et 68).

Ces dernières expressions ont été, avec raison jugées applicables aux testamens; en conséquence les parens ou alliés d'un notaire, dans les degrés indiqués par la loi, se trouvent frappés de l'incapacité relative de recevoir des legs par testamens reçus par ce notaire. — 8 mai 1811. Douai. de Bucy. D.A. 5. 292. D.P. 13. 2. 57.

215. — Un testament qui contient des legs en faveur de pareilles personnes est nul pour le tout. — Même arrêt.

ART. 8. — *Des ministres du culte.*

216. — Après avoir probibé les dispositions du malade en faveur du médecin, l'art. 909 C. civ. ajoute. « les mêmes règles seront observées à l'égard du ministre du culte. » Remarquons d'abord que l'incapacité prononcée contre les ministres du culte n'est point absolue; elle ne s'applique, comme il a été jugé, qu'à ceux qui ont rempli les fonctions de leur culte auprès du testateur. C'est ainsi que la prohibition contre le médecin ne le frappe qu'autant qu'il a traité le malade. — 18 mai 1807. Req. Grenoble. Montlovier. D.A. 5. 292. D.P. 7. 1. 287.

217. — Toutefois, quelles fonctions faut-il que le ministre du culte ait rempli auprès du disposant; est-il nécessaire qu'il l'ait confessé pendant sa dernière maladie? L'ancienne jurisprudence restreignait à ce cas l'incapacité, et c'est ainsi que l'art. 909 C. civ. est entendu par Grenier, t. 1er, n. 129; Dur., n. 159; Toull., t. 5, n. 70

218. — Ainsi, le ministre du culte qui est continuellement resté auprès d'une personne pendant la maladie dans laquelle elle a fait son testament et dont elle est morte, qui lui a donné l'extrême-onction sans l'avoir cependant confessée, n'est pas incapable de recueillir les dispositions faites à son profit dans ce testament.— Même arrêt, Montlovier.

219. — Selon Toullier, t. 5, n. 70, la prohibition ne peut s'appliquer aux ministres du culte protestant, qui n'admet point la confession auriculaire.

Cette restriction nous paraît arbitraire. L'art. 909 comprend dans la généralité de ses expressions les ministres de tous les cultes. Les discours des hommes d'état qui ont coopéré à la confection de la loi parlent, sans distinction, *de ceux qui auraient administré les consolations de la religion...; du ministre du culte qui a assisté le disposant dans sa dernière maladie* (Rapports de MM. Joubert et Favard, membres du Tribunat). — La confession n'est pas le seul moyen d'influence; des conseils, des exhortations peuvent, au nom de la religion, exercer un grand empire sur le malade. Les sug-

gestions de la cupidité ne se mêleront pas moins à un entretien ordinaire qu'aux paroles de la confession. — D.A. 5. 292, n. 2.

Dans l'espèce de l'arrêt qui précède, la cour de Grenoble a maintenu le legs, « considérant que la loi nouvelle, prise dans son véritable sens, n'est applicable qu'aux ministres du culte qui auraient dirigé la conscience du testateur dans sa dernière maladie, et au tribunal de la pénitence; que l'administration de l'extrême-onction ne serait pas suffisante pour caractériser l'empire du prêtre sur l'esprit du malade, etc. »

Mais l'autorité doctrinale de cet arrêt s'affaiblit beaucoup devant cette autre considération qu'il exprime lui-même : » qu'aucun des faits allégués n'était prouvé ; qu'ils étaient même *de toute invraisemblance, d'après les opinions* que le testateur avait manifestées par écrit dans un codicille, trouvé après son décès.... » —On peut croire que la cour eût décidé autrement si les assiduités du prêtre, même sans confession, avaient été de nature à captiver l'esprit du malade par l'influence de son caractère sacerdotal.

Remarquez, du reste, qu'en rejetant le pourvoi contre cet arrêt, la cour suprême n'a pas spécifié celles des fonctions du culte qui peuvent entraîner l'incapacité de recevoir : elle remarque, » qu'*en fait* l'arrêt décide que le prêtre n'avait rempli aucune fonction de son culte auprès du testateur. »

220. — Deux autres exceptions à l'incapacité des ministres du culte se trouvent dans l'art. 909 C. civ.: 1° le cas de dispositions rémunératoires, 2° le cas de parenté. Appliquez ce que nous avons dit de ces exceptions, à l'égard des médecins.—V. *suprà*, art. 7.

221. — Il n'est pas nécessaire que le legs fait par un malade à son confesseur, soit dit expressément rémunératoire, comme semble l'exiger un arrêt de la cour de Montpellier, du 19 mai 1813. Roubois. D.A. 5. 294. D.P. 1. 1316. — Le caractère du legs peut s'induire des circonstances.

222.— Ainsi, on a vu une disposition rémunératoire dans la clause par laquelle un testateur donne à un prêtre et neveu du prêtre l'administration des biens de son légataire mineur, avec dispense de rendre compte et de faire inventaire. — 16 avril 1806. Grenoble. Montlovier. D.A. 5. 292. D.P. 7. 1. 287.

223. — L'incapacité ne doit pas se présumer ; ainsi, une vente d'immeubles faite avec rétention d'usufruit, à un prêtre confesseur du vendeur, ne peut pas être supposée le fruit de la simulation, ni considérée comme un legs fait au profit d'un incapable, lorsque les héritiers qui en demandent la nullité ne font, d'ailleurs, la preuve d'aucun fait de simulation (C. civ. 911).— 19 mai 1813. Montpellier. Roubois. D.A. 5. 294.. D.P. 1. 1316.

224.— L'incapacité ne doit pas s'étendre d'un cas à un autre qui n'a pas été formellement prévu. Ainsi, le prêtre qui a assisté un testateur dans ses derniers momens, n'est pas inhabile à être nommé exécuteur testamentaire, s'il n'est fait aucune disposition à son profit et s'il n'est pas dispensé de rendre compte, encore que la généralité des biens soit destinée à faire dire des messes, et que, par conséquent, les héritiers naturels soient sans intérêt pour exiger la reddition d'un compte et pour surveiller l'emploi des biens.—24 août 1825. Pau. Guimet. D.P. 26. 2. 4.

ART. 9.—*Des hospices, Corporations et Établissemens publics. — Autorisation.*

225 — C'est pour empêcher l'accumulation de grands biens entre les mains des corporations et des établissemens publics, que, dès 1749, un édit du roi exigeait une autorisation par lettres-patentes, pour la validité des libéralités faites aux colléges, séminaires, hospices et communautés, parce que les gens de main-morte ne pouvaient vendre (art. 1 à 3). — D.A. 5. 294, n. 1.

226.— Cet édit toutefois n'était pas applicable aux legs faits pour payer un instituteur pour l'instruction d'une commune. — 1er vent. an 8. Civ. c. Enreg. C. Dupuy-Lafarge. D.A. 5. 293. D.P. 3. 1. 236.

227.—Il ne s'appliquait pas non plus aux dispositions faites pour la fondation d'une chapelle vicariale. — 31 juill. 1823. Colmar. Meinrad-Munch. D.A. 5. 296. D.P. 1. 1317.

228.— Le même édit n'est plus en vigueur depuis les lois nouvelles qui régissent les établissemens publics (L. 3 messid. an 11. C. civ. 910 ; l. 2 janv. 1817). — Même arrêt.

229 — Une déclaration du 28 juillet 1772 révoqua, d'une manière explicite, la disposition de l'édit de

DISPOSITIONS ENTRE-VIFS. ART. 9.

1749, relative aux hospices : ceux-ci demeurèrent capables de recevoir jusqu'à la publication du code civil. Ainsi, jugé que sous l'empire des déclarations et édits antérieurs à la révolution, les hôpitaux pouvaient recevoir, à titre de legs, un immeuble ou la somme représentative de sa valeur (Edit. de 1749, art. 17 ; déclarat. de 1762, art. 9 ; déclarat. de 1780). —13 fruct. an 11. Civ. c. Hosp. de Moissac. D.A. 5. 295. D.P. 3. 1. 757.

230.—L'art. 910 C. civ. porte : « Les dispositions, soit entre-vifs, soit testamentaires, au profit des hospices, des pauvres d'une commune ou d'établissemens d'utilité publique, n'auront leur effet qu'autant qu'elles seront autorisées par une ordonnance royale. » — Cette autorisation peut être implicite et résulter d'une ordonnance qui autorise l'emploi de la somme donnée.— 21 nov. 1831. Bourges. Séminaire de St.-Maxent. D.P. 33. 2. 25.

Et l'autorisation donnée à une commune suffit pour une autre commune qui reclame le même legs. — 7 juill. 1834. civ. r. Paris. Hosp. de Paris. D.P. 34. 1. 196.

231.—Cet article ne s'applique pas à un legs pour faire dire des messes : — 16 juill. 1834. Civ. r. Caen. Solués. D.P. 34. 1. 390.

Ni à un legs fait aux pauvres. D.P. 35. 2. 26.—Ni à un don manuel remis à l'administrateur d'un séminaire, ... surtout si l'autorisation a été donnée depuis.— 26 nov. 1833. Req. Bourges. Fraigneau D.P. 34. 1. 40.

232. — Un arrêté du 4 pluv. an 12 conféra aux sous-préfets le pouvoir d'autoriser les administrateurs des hospices à accepter les legs en argent ou meubles n'excédant pas 300 fr. Les legs d'immeubles ou de sommes plus considérables sont restés soumis à l'autorisation du gouvernement.

L'autorisation, de quelque source qu'elle émane, ne fait que sanctionner, et, en quelque sorte, rendre exécutoires les dispositions; mais elle n'en préjuge pas la validité, qui peut toujours être contestée devant les tribunaux. L'ordonnance du 2 avril 1817 contient à cet égard une déclaration expresse (D.A. 5. 294, n. 3).—31 juill. 1823. Colmar. Meinrad-Munch. D.A. 5. 296. D.P. 1. 1317.

Au reste, l'autorisation d'accepter ne préjudicie en aucune manière aux droits des tiers (Dur., p. 451), qui peuvent se pourvoir en réduction devant le conseil d'état et même faire valoir les considérations qu'ils croient propres à empêcher que l'autorisation ait lieu.

En tout cas, tant qu'elle n'est pas autorisée, une commune n'a pas qualité pour réclamer l'exécution du legs, encore bien qu'il ne s'agisse que d'en fixer l'assiette ou la nature.— 7 juill. 1834. Civ. r. Paris. Hosp. de Paris. D.P. 34. 1. 296.

233.—Depuis le concordat de 1802, le chef du gouvernement avait autorisé la formation de plusieurs établissemens ecclésiastiques, lesquels, aux termes des articles 73 et 74 du même concordat, ne pouvaient recevoir ou acquérir que des rentes. Un décret du 12 août 1807, et une ordonnance du 10 juin 1814, relative aux fondations, dons et legs faits aux églises, séminaires, fabriques, hospices, associations religieuses et autres établissemens publics, étendent et régularisent l'autorisation de recevoir. —D.A. 5. 294, n. 4.

234.—Le nombre toujours croissant des associations inspira au gouvernement la proposition de la loi du 2 janvier 1817. Cette loi consacre le principe de la nécessité d'une loi pour la formation d'établissemens ecclésiastiques, autorise les legs ou donations d'immeubles ou rentes, sauf la permission du roi, et déclare inaliénables ces immeubles ou rentes, à moins que l'aliénation n'en soit approuvée par le roi.—D.A. 5. 295, n. 5 et n. 1.

235.—Une ordonnance du 2 avril 1817 contient des dispositions réglementaires, qu'on rappellera en parlant de l'acceptation des donations sur les propriétés des établissemens ecclésiastiques et autres.— D.A. *ibid.*—V. Donation et Legs.

236.—Enfin, la loi du 4 mai 1825 a donné une existence légale aux congrégations et communautés de femmes. Aucune association religieuse de femmes ne peut s'établir qu'en vertu d'une loi ; mais il suffit d'une ordonnance royale, insérée dans la quinzaine au Bulletin des lois, pour la formation d'un établissement, dépendant de cette association une fois autorisée (art. 1 à 3).

Ces établissemens peuvent acquérir et aliéner avec l'autorisation du roi ; mais il ne peut être fait en leur faveur, à titre gratuit, que des dispositions particulières (art 4, 1°).

237.—Les personnes faisant partie d'un établisse-

ment de femmes ainsi autorisé, ne peuvent disposer au profit de cet établissement, ou de l'un de ses membres, que du *quart* de leurs biens, à moins que le don ou legs n'excède pas 10,000 fr., ou que la donataire ou légataire ne soit héritière en ligne directe de la donatrice ou testatrice. Cette prohibition n'a lieu toutefois que six mois après l'autorisation accordée à l'établissement (art. 5).

238.—Aucune loi nouvelle ne s'est occupée des associations religieuses d'hommes. Elles sont en conséquence restées sous le régime général de la prohibition (L. 18 août 1792); quelques unes ont été rétablies en vertu de décrets ou ordonnances : elles sont tolérées comme associations ; mais aucune loi ne les autorise à acquérir, recevoir et aliéner.

239. — Il résulte des notions qui précèdent, que toute corporation religieuse non autorisée est absolument incapable de recevoir. Il en est de même, et à plus forte raison, de celles qui auraient eu autrefois une existence légale, si, après avoir été supprimées, elles n'ont pas été légalement rétablies.

....Ainsi, jugé que la corporation des Jésuites, bannie par un édit de 1764, et non rétablie par une loi postérieure, est inhabile à profiter d'un legs (C. 902).—29 mars 1826. Req. Douai. Le Grand-Masse. D.A. 5. 295, n. 7. D.P. 27. 1. 50.

240.—Peu importe que le legs ait été fait directement ou par une personne interposée, à l'effet de remettre le legs à la société. La disposition n'en est pas moins nulle dans ce dernier cas (C. civ. 902, 911).— 27 avril 1830. Req. Colmar. Schneider. D.P. 30. 1. 224.

241.—La disposition par laquelle un testateur veut que la valeur de tous ses biens soit employée à faire dire des messes, peut être considérée comme un legs fait en faveur d'une fabrique et, dès lors, elle doit être autorisée par le gouvernement.—26 nov. 1828. Civ. c. Pau. Guimet. D.P. 29. 1. 34 — V. n. 169.

242.—Lorsqu'un don fait pour l'érection d'une chapelle vicariale est accompagné de clauses qui ont pour but l'avantage de la cure et paroisse cantonnale, il est considéré comme fait à un établissement public autorisé par la loi ; mais le considérât-on comme fait uniquement à la chapelle, il n'est pas moins valable. — 31 juill. 1823. Colmar. Meinrad-Munch. D.A. 5. 296. D.P. 1. 1317.—V. n. 227.

243.—Le legs fait pour une chapelle vicariale ne peut être envisagé comme devenu caduc, sous prétexte qu'il sépare la propriété de l'usufruit, et ainsi ne consomme pas l'aliénation, par cela qu'il contient une clause qui appelle de préférence un parent du disposant à desservir la chapelle, et qui, à défaut de parent dans l'église, confère le droit de collation à cinq des plus proches parens.—Même arrêt.

244. — La clause du droit de collation, dans une fondation de chapelle, ne rend pas la disposition caduque, lorsque le testateur impose au chapelain l'obligation de se faire agréer par l'évêque diocésain, ce qui rentre dans la collation de l'ordinaire. D'ailleurs, la suppression, par les lois nouvelles, des droits de collation, aurait seulement pour effet de faire considérer comme non écrite la clause qui y serait relative, et la disposition elle-même devrait subsister en tout ce qui serait compatible avec la législation actuelle. — Même arrêt.

ART 10.—*Des donations déguisées et des personnes interposées.*

245. — L'art. 911 C. civ. porte : « Toute disposition au profit d'un incapable est nulle, soit qu'on la déguise sous la forme d'un contrat onéreux, soit qu'on la fasse sous le nom de personnes interposées. »

Cet article se divise naturellement en deux paragraphes : 1° des libéralités en faveur d'un incapable, déguisées sous la forme d'un contrat à titre onéreux ; 2° des personnes interposées.

§ 1er.—*Des libéralités en faveur d'un incapable, déguisées sous la forme de contrats à titre onéreux.*

246. — L'acte qui contient une donation déguisée au profit d'un incapable, est nul par le fait seul de l'incapacité du donataire.—Le déguisement de la libéralité, sous la forme d'un contrat onéreux, ne suffirait pas pour la faire annuler, si le donataire était capable. C'est dans ce sens, du moins, que la jurisprudence s'est fixée après de grandes controverses. —V. *infrà*.

C'est à la sagesse des juges à discerner dans quels cas l'acte contient une donation déguisée.—Proudhon, de l'*Usuf.*, t. 5, n. 2363, cite plusieurs exemples.

247.—Est-ce au donataire ou aux héritiers du donateur à prouver quel est le véritable caractère de l'acte?—Selon Delvincourt, le contrat étant fait avec un incapable, la donation est présumée: par conséquent, c'est au donataire à prouver la nature commutative du contrat; autrement, dit-il, les adversaires du donataire seraient souvent obligés de prouver un fait négatif, par exemple la non numération du prix, ce qui est impossible.—Mais l'art 911 n'établit de présomption que pour l'interposition des personnes, et non pour la simulation de l'acte. Les présomptions ne doivent pas s'étendre d'un cas à un autre. Il faut donc revenir au principe, que tout acte fait foi entre les parties qui l'ont souscrit et que c'est à celui qui l'attaque à prouver qu'il n'est qu'un déguisement. La prohibition de donner à une personne n'empêche pas de contracter avec elle. La preuve, d'ailleurs, imposée aux héritiers du donateur, ne sera pas nécessairement négative comme on le suppose. La simulation s'induit de bien des circonstances, d'autant qu'en cette matière toute espèce de preuves est admise.—Dur., t. 8, n. 267; D.A. 5. 301, n. 2.

248.—La donation déguisée, faite à une personne interposée, n'est pas moins nulle que si elle était faite à l'incapable lui-même. Mais la simulation ne doit pas plus se présumer que dans le cas précédent. — Dur., t. 8, n. 269; Gren., t. 1er, n. 125; D.A. 5. 301, n. 3.

249.—Une vente par un malade, dans le cours de sa dernière maladie, au médecin qui le soignait, peut être annulée lorsqu'il résulte des circonstances particulières de la cause, que cette vente n'est qu'une disposition gratuite déguisée; par exemple, si une grande partie du prix est représentée par une rente viagère, que le vendeur se soit réservé l'usufruit de la chose vendue, et que l'acte n'ait été enregistré qu'après le décès du vendeur, quoique passé un mois auparavant. — 5 mai 1807. Req. Riom. Lacarrière. D.A. 5. 301. D.P. 7. 1. 284.

§ 2.—*Des personnes interposées.*

« Toute disposition au profit d'un incapable est nulle, quoique faite sous le nom de personnes interposées (C. civ. 911). »

250.—*De l'interposition légalement présumée.* — Aux termes de l'art. 911 C. civ. : « Sont *réputés* personnes interposées les père et mère, les enfans et descendans, l'époux de la personne incapable. » Sont *réputés*... Il s'agit là d'une présomption légale, dite *juris et de jure*, qui dispense de toute preuve et contre laquelle aucune preuve ne peut être reçue (C. civ. 1352).—D.A. 5. 302, n. 2.

Néanmoins, nous ne croyons pas qu'il soit dans l'esprit de la loi de s'opposer à ce qu'un donataire prouve, par les services rendus au donateur, que la disposition est à titre rémunératoire et n'a rien d'excessif. — Delv., t. 2, p. 205, notes, D.A. 5. 303, n. 10.

251.—Avant le code, la mère n'était point légalement présumée personne interposée. Par conséquent, on ne doit point admettre cette présomption contre une légataire qui tient ses droits d'un testament dont l'effet est antérieur à la promulgation du code (C. civ., 2, 911). — 2 juin 1808. Poitiers. Ildreau. D.A. 5 245. D.P. 1. 1314.

252.—De même, avant le code, l'interposition n'était point présumée à l'égard des enfans de l'incapable. Ainsi, dans une coutume où les dons entre époux étaient prohibés, une femme pouvait valablement donner au fils d'un précédent mariage de son époux.—17 pluv. an 6. Civ. c. Foreau. D.A. 5. 308. D.P. 3. 1. 143.

253.—Sous la loi du 17 niv. an 2, l'époux d'un incapable était-il présumé personne interposée? L'art. 26 de cette loi ne prohibe que les avantages faits aux successibles. Mais il serait facile, a-t-on dit, d'éluder la prohibition, si elle ne s'étendait pas au conjoint du successible, la jouissance pouvant se transmettre ainsi au successible lui-même, et la propriété à ses enfans. On a répondu que les prohibitions ne devaient point s'étendre par induction.

254.—Le 28 niv. an 8, la cour suprême a cassé un jugement qui ne présumait pas l'interposition (Lebatteur. D.A. 5. 303. D.P. 3. 1. 393.). — Le 18 fruct. an 9, la section des requêtes a, au contraire, rejeté cette présomption (Hérit. Wagenard D.A. 5. 304). D.P. *eod.*

255.—L'art. 911 C. civ. n'a pas seulement basé la présomption d'interposition sur la faculté de succéder, mais encore sur l'affection réciproque. Ainsi, l'époux succède rarement à son conjoint. Les frères et sœurs qui ne sont pas compris dans la prohibition succèdent aussi souvent et même pour une plus

DISPOSITIONS ENTRE-VIFS. ART. 10, § 2.

grande part que le père ou la mère. — Dur., t. 8, n. 272.

256.—De là cette conséquence, fondée d'ailleurs sur ce que l'art. 911 ne distingue pas : c'est que la prohibition s'applique au cas de filiation naturelle, adultérine ou incestueuse. — Delv., t. 2, p. 208; Dur., t. 8, n. 272; Toull., t. 5, n. 79; D.A. 5. 302, n. 5. — C'est ce qui résulte de divers arrêts.

257.—On ne doit pas regarder comme contraire à ce système un arrêt qui a décidé que la constitution d'une rente viagère en faveur de la mère d'un enfant naturel, par le père de celui-ci, n'était pas nulle pour interposition de personne. Cette rente, en effet, a été considérée non comme une *donation*, mais comme le paiement d'une dette et l'indemnité d'un dommage. D'ailleurs la nature même de l'acte excluait toute possibilité de transmission à l'enfant naturel, et, partant, toute idée de fraude.—30 déc. 1819. Cour de cass. (arrêt cité par les auteurs).

258.—Jugé que la mère de l'enfant naturel conçu, mais non encore né au jour du testament ni au jour du décès du testateur qui a reconnu cet enfant, doit être réputée personne interposée, et le legs universel à elle fait par le père de l'enfant doit être annulé — 26 avril 1833. Paris. Serré. D.P. 34. 2. 1.

Cela est bien jugé.— D'abord, il paraît généralement reconnu que l'art. 911 C. civ., relatif à l'interposition de personne, s'applique à la filiation naturelle et même adultérine, aussi bien qu'à la filiation légitime (V. Jurisprudence générale de Dalloz, vº Disposition entre-vifs, t. 8, p. 302, n. 5). — Ensuite, il ne semble pas moins résulter de la combinaison des art. 725, 911 C. civ., avec la jurisprudence qui permet de reconnaître un enfant avant qu'il soit né, que, dès que les père et mère d'un enfant naturel sont légalement connus, ils se trouvent placés sous l'influence de la disposition de l'art. 911, sans aucun égard à la circonstance que l'enfant ne serait pas encore né. Dans ce cas, la présomption de l'art. 725 doit pouvoir être invoquée contre lui comme pour lui; autrement, les sages précautions de la loi seraient trop facilement éludées.

259.—Lorsqu'un individu qui a vécu en concubinage adultère, non contesté, avec une femme dont il a eu un enfant reconnu par lui dans l'acte de naissance antérieur au code civil, fait à cette femme, sans fortune, un acte authentique par lequel il déclare que tous ses meubles appartiennent à elle, et reconnaît qu'elle lui a remis, plusieurs années auparavant une somme de ..., dont il s'est obligé de lui payer l'intérêt, un pareil acte doit être considéré comme une donation faite à une personne interposée, à la mère pour l'enfant incapable de recevoir; en conséquence, les tribunaux peuvent, sans qu'il y ait eu d'inscription de faux, suspendre l'exécution de cet acte (C. civ 908, 911, 1319).— 13 fév. 1806. Bordeaux. Ducom. D.A. 5. 304. D.P. 1. 1319.

260.— De même, la présomption d'interposition s'applique à la mère de l'enfant *adultérin*.— 13 août 1806. Angers. Duchisnes. D.P. 7. 2. 49

261.— ... Et quoique le père donateur fût devenu ultérieurement le mari de la donataire (C. civ. 908, 911, 1352).— 13 juill. 1813. Civ. c. Grenoble. Rey. D.A. 5. 303. D.P. 1. 1319.

262.— Dans ce cas, les juges ne peuvent admettre aucune circonstance comme preuve contraire à la présomption légale d'interposition. Spécialement, de ce que la mère qui a reçu un don ou legs du père de l'enfant, s'est constitué en dot tous ses biens, en se mariant à un autre, ce qui les rend inaliénables, il ne résulte pas une présomption contraire au fidéicommis tacite fait à la mère pour transmettre le don à l'enfant adultérin. La circonstance que cet enfant ne peut recevoir que des alimens est également insignifiante (C. civ. 911).— Même arrêt.

263.—Il a même été jugé que l'individu, père d'un enfant légitime et d'un enfant dont la naissance adultérine n'est pas contestée, ne peut disposer au profit de la mère de ces deux enfans; cette mère est considérée comme personne interposée à l'égard de son enfant adultérin, et le legs doit être annulé comme si l'enfant légitime n'existait pas. En vain objecte-t-on qu'il est incertain que la mère consente à transmettre le don dans une proportion égale à l'enfant légitime et à l'enfant adultérin, et que dans le doute sur la destination de la libéralité, on doit admettre la supposition la plus conforme à la morale (C. civ 908, 911).— 25 mars 1823. Agen. Geneste. D.A. 5. 306. D.P. 1. 1320.

264. — Les observations qui précèdent s'appliquent, par les mêmes raisons, au cas de filiation incestueuse, ainsi jugé, que le père d'un enfant incestueux, quoiqu'il ne puisse disposer au profit de ce dernier, peut cependant être réputé personne

DISPOSITIONS ENTRE-VIFS. ART. 10, § 2.

interposée, à l'effet de transmettre à son fils un legs que ce dernier était incapable de recevoir.— 5 mars 1827. Toulouse. Peudaries. D.P. 27. 2. 154.

Remarquez du reste que depuis le code une reconnaissance directe de paternité adultérine ou incestueuse est complètement nulle est sans effet (C. civ 335); qu'elle ne peut être opposée ni à l'enfant pour faire annuler les libéralités faites en sa faveur, ni par l'enfant pour obtenir des alimens. La jurisprudence est fixée dans ce sens.— V. Filiation.

265.—Lorsqu'un jugement annulle la donation faite à la mère d'un enfant adultérin, s'il résulte du jugement que cette décision a été motivée sur ce que la mère n'a été employée que comme un moyen de transmettre à cet enfant ce que la loi défendait de lui donner, on ne peut considérer ce jugement comme étranger aux intérêts et à l'état des enfans. En conséquence, ils sont recevables à y former tierce-opposition, et à y intervenir sur l'appel interjeté par la mère donataire.— 7 avril 1824. Poitiers. Pellerin. D.P 25. 2. 102.

266.— La parenté adoptive ferait également présumer l'interposition. Elle imite la parenté naturelle, et produit les mêmes effets, lorsque la loi n'en a pas décidé autrement.— Dur., t. 8, n. 274.

267.— Mais l'art. 911 ne s'appliquerait pas aux alliés. Les beaux-père et belle-mère, gendre et bru, beau-fils et belle-fille de l'incapable ne seraient pas réputés, de droit, personnes interposées.— Dur., t. 8, n. 275.

268.— La présomption d'interposition ne peut, sous quelque prétexte que ce soit, être étendue à des personnes autres que celles désignées par la loi. Les autres parens de l'incapable peuvent être réellement interposés; mais ce n'est plus qu'une interposition de fait qu'il faut prouver; seulement, la parenté constitue, selon les circonstances, un indice plus ou moins grave d'interposition. Ainsi, la présomption d'interposition, établie contre les père et mère, ne doit point s'étendre par analogie aux autres ascendans. En vain objecte-t-on que la présomption ne regarde pas seulement les *enfans* de l'incapable, mais tous ses *descendans*.—D.A. 5. 302.—*Contrà*, Delv., *loc. cit.*

269.— A plus forte raison, la présomption ne doit pas atteindre les collatéraux.— 16 avril 1806. Grenoble. Héritiers Montlovier. D.A. 5. 293. D.P. 6. 2. 152.

270.— De même encore, et parce que les fiançailles ne créent plus de lien entre les futurs, on ne présumera plus, comme autrefois, personne interposée la fiancée d'un incapable, même dans l'intervalle de la publication des bans à la célébration du mariage. Peut-être doit-on regretter que les rédacteurs du code n'aient pas, à quelques modifications près, admis les anciens principes. Mais ce n'est pas une raison suffisante pour suppléer une incapacité qui n'est pas dans la loi.— Toull., t. 5, n. 81; D.A. 5. 302, n 4.—*Contrà*, Gren., t. 1er, n. 133.

271.— Il est un cas où la présomption légale d'interposition est plus étendue que dans l'art. 911 C. civ.; c'est le cas de donation entre époux. L'art. 1098 règle la quotité de biens dont un époux peut disposer en faveur de l'autre, et déclare nulle toute donation déguisée, ou faite à personne interposée. L'art. 1099 ajoute : « Sont réputées faites à personnes interposées les donations de l'un des époux aux enfans ou à l'un des enfans de l'autre époux, issus d'un autre mariage, et celles faites aux parens dont l'autre époux est héritier présomptif au jour de la donation, encore que ce dernier n'ait point survécu à son parent donataire.— V. *infra*.

272 — *De l'interposition non présumée et qui doit être prouvée.*—Le fidéi-commis tacite au profit d'un incapable a toujours été considéré comme nul, et les lois romaines contenaient à ce sujet de nombreuses dispositions commentées par Furgole (ch. 6, sect. 3), et analysées avec une lumineuse précision par Domat, liv. 5, tit. 3, sect. 3, n. 5, 6 et 7.

273 —L'interposition ayant pour but d'éluder une prohibition, se constate, comme la fraude, par toute espèce de preuves (C. civ 1353). Il en était de même dans le droit romain et sous l'ancienne jurisprudence.— V. Substitution.

274.— Jugé que l'interposition peut être prouvée par témoins ou par des présomptions graves. On dirait en vain que le légataire peut être soumis seulement au serment décisoire ou à l'interrogatoire sur faits et articles (C. civ. 1341, 1348, 1353).— 27 avril 1830. Req Colmar. Schneider. D.P. 30. 1. 224.

275.—Pareillement, les tribunaux peuvent tirer, des présomptions fournies par les circonstances, la preuve qu'un legs fait par un mineur est adressé à

une personne interposée pour le faire parvenir au tuteur incapable de recevoir, et que cette disposition a été le résultat de la captation du tuteur (C. civ. 901, 907, 911).—19 juill. 1814. Bruxelles. Abrassart. D.A. 5. 309. D.P. 1. 1320.

276.— En quel termes le serment doit-il être déféré au légataire ou donataire, s'il n'existe aucun indice de l'obligation de restituer? Selon Furgole et Pothier, il doit jurer non seulement qu'il n'y a pas eu de convention entre le disposant et lui, mais qu'il ne croit pas que le don ou legs ait été fait pour être restitué à un incapable, et qu'il n'entend pas le lui rendre. Mais il suffit, d'après Grenier, *loc. cit.*, du serment qu'il n'y a pas eu accord ni communication sur la restitution à l'incapable. S'il y avait eu une simple convention verbale, le donataire serait tenu de l'obligation au moins naturelle de restituer, mais lorsqu'il n'y a pas même eu de convention verbale, le donataire n'est obligé sous aucun rapport; et s'il restitue alors, le substitué reçoit non du disposant, mais du donataire directement, ce que la loi ne défend pas. — D.A. 5 303, n. 6.

277.— Il a même été jugé que quoiqu'un donateur ait la pensée qu'en faisant une donation à une personne, cette personne donnera les objets de la donation à une autre, son opinion ne doit pas être considérée comme une condition tacite, constituant une interposition de personnes, et la donation ne peut être annulée comme entachée de ce vice, lors même que le donataire aurait disposé des objets donnés selon la pensée du donateur (C. civ. 896). — 31 janv. 1827. Caen. Delatouraille. D.P. 29. 2. 103.

278.— *A quel cas d'incapacité s'appliquent les règles sur l'interposition de personne.*— Il est incontestable d'abord qu'elles concernent les tuteurs qui n'ont pas encore rendu et fait apurer leur compte de tutelle (art. 907), les enfans naturels (art. 908), les médecins et ministres du culte (art. 909), les officiers du vaisseau à bord duquel le testateur a fait ses dernières dispositions (art 997). — D.A. 5. 303, n. 8.

279.—Ainsi, jugé que la femme du testateur doit être considérée comme personne interposée, et le legs à elle fait annulé, si le compte du tuteur est déclaré irrégulier (Gren., n. 121. D.A. 5. 277, n. 4).—15 fév. 1827. Req. Rennes. de Lavéant. D P. 27. 1. 143.

280. — La question ne peut plus se présenter à l'égard des étrangers, depuis que la loi du 14 juill. 1819 leur a reconnu, comme aux Français, l'entière capacité de donner et de recevoir.

281.— *Quid* du mort civilement? Son incapacité absolue de recevoir écarte l'idée de toute interposition. La personne interposée ne pourrait pas plus lui transmettre que le donateur ou testateur; d'ailleurs le système contraire ferait rejaillir l'incapacité de recevoir sur la famille du condamné, quoique, dans l'esprit de nos lois, les peines comme les fautes soient purement personnelles.—Toull., t. 5, n. 80, Dur., t 8, n. 276; Gren., t. 1er, n. 132; Favard, v° Fidei-commis tacite, n. 8; D.A. 5. 303, n. 9.

Toutefois, le mort civilement étant capable d'acheter et vendre, on pourrait demander contre lui la nullité d'une donation déguisée sous la forme d'un contrat onéreux.

282.— L'interposition de personnes ne peut avoir lieu à l'égard des communes, hospices ou autres établissemens publics, puisque la personne interposée ne pourrait pas elle-même donner sans les formalités nécessaires pour la validité du legs ou don, et que ces établissemens sont capables de recevoir directement du disposant.—28 mars 1810. Bruxelles. Hérit. Vanhoeck. D.A. 5. 308. D.P. 1. 1320.

Mais si un contrat passé avec les administrateurs d'une communauté cachait une disposition gratuite, les héritiers du disposant pourraient se prévaloir de l'art. 911, pour obtenir l'annulation du contrat. — D.A. 5. 303, n. 8.

283.—Les concubins ne sont plus, depuis le code, incapables de se donner respectivement, comme il a été expliqué, art. 6. Seulement la captation peut se présumer plus facilement et devenir dans ce cas la cause de nullité de la disposition.

284.— Mais l'admission de la preuve testimoniale étant facultative de la part du juge, il n'y a violation d'aucune loi dans l'arrêt qui juge que, pour faire annuler un legs, comme fait par interposition de personnes à un incapable, on ne peut être admis à offrir la preuve testimoniale que la personne qu'on prétend incapable vivait en concubinage avec le testateur (C. civ. 901).— 30 déc. 1829. Req. Riom. Perethon. D.P. 30. 1. 84.

285.— *Effets de la nullité pour interposition de*

personne.— La donation ou le legs, nuls pour cette cause, sont anéantis à l'égard de la personne interposée, comme à l'égard du donataire ou légataire réel. C'est le seul moyen, en effet, d'empêcher que la libéralité ne parvienne à l'incapable. — Delv., *loc. cit.*; Toull., t. 5, n. 83; D.A. 5. 303, n. 7.

286.— Mais il n'y a d'annulé que ce que l'incapable ne pouvait recevoir; le surplus est maintenu. *utile per inutile non vitiatur.*— Dur., n. 278.

287.— La bonne foi ne se présumant pas dans ce cas, les fruits induement perçus seraient restituables, non du jour de la demande, mais de l'époque de la donation ou de la délivrance du legs (L. 11 et 8, ff. *de his quæ ut ind. auf.*).

288.—Une règle générale, qui s'applique à toutes les personnes, réputées interposées, c'est qu'elle ne sont point incapables par elles-mêmes, mais seulement à l'occasion d'un autre, à qui la donation est présumée faite par leur intermédiaire. Si donc ce tiers est prédécédé au moment soit de la donation, soit du décès du testateur, il ne s'agira plus d'interposition de personne, et dès lors la disposition sera valable.—31 mai 1825. Colmar. Vitteman. D.P. 26. 2. 51.

ART. 11.— *De l'époque à considérer pour régler la capacité de donner et celle de recevoir.*

289.—Les lois romaines avaient, sur cette matière, des textes nombreux; leurs commentateurs, sous l'ancienne jurisprudence, s'étaient jetés dans des subtilités inextricables, qui faisaient sentir le besoin de quelques règles précises. Le code, cependant, garde un silence presqu'absolu, qui doit étonner.

290.— La seule règle qu'il contienne, est celle de l'art. 906: « Pour être capable de recevoir entre-vifs, il suffit d'être conçu au moment de la donation. Pour être capable de recevoir par testament, il suffit d'être conçu à l'époque du décès du testateur. Néanmoins, la donation ou le testament n'auront leur effet qu'autant que l'enfant sera né viable. »

Cette disposition, bien insuffisante, nécessite quelques explications.

291.— *Des donations entre-vifs.*— La capacité de *donner* doit s'apprécier au moment de la perfection de l'acte Or, une donation entre-vifs est parfaite par le seul consentement des parties, c'est-à-dire quand elle a été acceptée (C. civ., art 932, 938). Si la donation et l'acceptation sont simultanées, le donataire doit être capable à cette époque. — Mais si l'acceptation est séparée, il faut que le donateur soit capable, tant à l'époque de la donation qu'à celle de l'acceptation; s'il cessait de l'être avant l'acceptation, la volonté du donateur ne concourrait pas légalement avec celle du donataire. — D.A. 5. 310, n. 2.

292. — Il faut même que le donateur soit capable lors de la notification de l'acceptation, si elle est faite par acte séparé. L'art. 932 C. civ. n'attribue d'effet à la donation, *à l'égard du donateur, que du jour où l'acceptation lui a été notifiée.* Jusque-là, il n'y a donc point de contrat, point de lien (Dur., t. 8, n. 165).— *Contrà*, Grenier, n. 138 *bis*, qui dit que la donation a une existence légale sans la notification; que cette formalité, exigée pour la première fois par le code, n'a pour objet que d'apprendre au donateur qu'il est lié.

Peu importe que l'incapacité du donateur, survenue avant la notification, ait une cause autre que la privation des droits civils; que, par exemple, il ne soit plus sain d'esprit; la donation ne demeurera pas moins sans effet.— Dur., *eod.*

Grenier, n. 138 *bis*, qui admet cette opinion dans le cas de privation de droits civils, la rejette dans les autres cas. La notification, dit-il, serait faite utilement à ceux qui représentent ou assistent l'incapable interdit, prodigue ou femme mariée.—Cette distinction nous paraît toute arbitraire. La loi veut une adhésion réciproque, un accord connu des deux parties; il faut donc que les deux volontés soient capables de concourir au même moment et en pleine connaissance de cause. Pourquoi l'incapacité naturelle n'aurait-elle pas le même effet que l'incapacité civile?

Grenier, *ib.*, pense encore que les héritiers du donataire qui a accepté, pourraient notifier l'acceptation, *pourvu que ce fût du vivant du donateur.* Mais il y a là contradiction de principes, puisque, si le donateur était lié par la seule acceptation, il devrait suffire que la notification fût faite à ses héritiers.— Dur., t. 8, n. 166.

293.—Quant à la capacité de *recevoir*, faut-il qu'elle existe au moment de la donation? Il est généralement reconnu qu'une donation non acceptée n'est

qu'un projet qui, à l'égard du donataire, n'a aucune force, et ne devient contrat que par l'acceptation. Il suffit donc que le donataire soit capable en acceptant. Par cela seul que le donateur n'a pas révoqué sa disposition, il y a concours de deux volontés, lorsque cette acceptation a lieu.—Toull., t. 5, n. 95, 96; Dur., t. 8, n. 225, 234; Gren., t. 1er, n. 138; D.A. *ibid.*, n. 3.

294.— Jugé au contraire que la capacité de recevoir entre-vifs doit exister au moment de la donation; qu'on ne peut l'acquérir ultérieurement. — 8 vent. an 13. Req. Bordeaux. Lafaye. D.A. 5. 311. D.P. 5. 2. 92.

295.—*Des testamens.*— La capacité de *tester* doit exister d'abord au moment où l'on dispose. La loi suppose que l'incapable n'a pas eu de volonté. Peu importe donc que l'incapacité ait cessé avant le décès du testateur.—Malleville, *sur l'art.* 912; Toull., t 5, n. 86; Gren, t. 1er, n. 139, 141; Delv., t. 2, p. 405, note 7: D.A. 5. 311, n. 5.

296. — Toutefois, un testament olographe daté d'une époque où le testateur était incapable, par exemple pour cause d'émigration, est valable, si le disposant, devenu pleinement capable de tester, a écrit à la suite de son testament une clause additionnelle, qui en règle l'exécution, et a placé sur l'enveloppe ces mots: *Cette enveloppe contient mon testament.* Dans ce cas, le testateur est censé avoir renouvelé ses dispositions à l'époque où il a recouvré sa capacité (C. civ. 902, 1338. anal.).— 15 juin 1813. Paris. Rohan. D.A. 5. 276.

297.—La capacité doit exister encore au temps du décès: mais cette règle n'est applicable qu'à la capacité résultant de la jouissance des droits civils. Ainsi, la disposition ne cesse pas d'être valable, parce que le testateur a perdu depuis ses facultés intellectuelles et est mort dans cet état.—Domat *Lois civ.*, liv. 3, tit. 1er, sect. 2, n. 16; Ricard, part, 2, n. 145; Furgole, *Testam.*, ch. 4, sect. 2, n. 211 et ch. 2, n. 78; Dur., t. 8, n. 163.—V. *suprà.*

298.— Ainsi, qu'un testateur, depuis son interdiction et dans un intervalle lucide, révoque le testament antérieur, cette révocation sera sans effet (C. civ. 502), et le testament valable. — Furgole, *ib.*; Dur., n. 163.

299. — Il n'est pas nécessaire que le testateur ait toujours été capable de tester dans l'intervalle du testament au décès. L'incapacité intermédiaire serait sans influence sur la disposition. — Mêmes auteurs.

300. — Quant à la capacité de *recevoir*, elle n'est jamais requise au moment du testament (arg. C. civ. 906). Le légataire, en effet, n'a eu aucune part à cet acte, et le vœu du testateur est que le legs ne parvienne à sa destination qu'après sa mort. Le droit romain, toutefois, avait une règle contraire, mais fondée sur des usages qui nous sont entièrement étrangers (§ 4, instit. *de hæred. qualit. et differ*). L'ord. de 1735, art. 49, statuait comme l'art. 906 C. civ. Furgole, *Testam.*, ch. 6, n. 14 à 20, prétendait, quoique commentant cette ordonnance, que, pour les institutions pures et simples, la capacité de l'institué devait exister aux deux époques de la confection de l'acte et du décès du testateur. Mais cette opinion est rejetée par Ricard, part. 1re, n. 829, 830; Dur., t. 8, n. 230, 231; D.A 5 311, n 6.

Il suffit d'être capable de recevoir au décès du testateur, si le legs est pur et simple.

301. — Mais si la disposition est conditionnelle, il faut distinguer si elle dépend d'un événement incertain, et qu'elle soit telle que, dans l'intention du testateur, la disposition ne doive être exécutée qu'autant que l'événement arrivera ou n'arrivera pas; il suffit et il est nécessaire que le légataire soit capable lors de l'accomplissement de la condition. La disposition est déclarée *caduque* par l'art. 1040, si le légataire décède avant cette époque. Le code civil a rejeté ainsi, d'accord avec Pothier, l'opinion de ceux qui attribuaient aux conditions insérées dans les testamens un effet rétroactif. — Malleville, t. 2, p. 373; Dur., t. 8, n. 231; Gren., t. 1er, n. 142; Toull., t. 5, n. 91 à 94; D.A. *ibid.*, n. 7.

302. — Mais il suffit de la capacité du légataire au décès du testateur, « si, dans l'intention du testateur, la condition ne fait que suspendre *l'exécution* de la disposition ». Le droit alors est *acquis* au légataire et *transmissible à ses héritiers*, à compter du décès du testateur (C. civ. 1041).—D.A. 5. 311, n. 7.

303.—Les diverses règles que nous venons d'exposer sur la capacité de donner ou recevoir par testament ont reçu de fréquentes applications lors du passage de la législation ancienne à nos lois intermédiaires, et de ces lois au code. — V. Loi.

304. — Jugé, par application de la législation ancienne, que les légataires, non coupables au moment du testament et même de la mort du testateur, peuvent recueillir le legs s'il a une échéance plus éloignée que le décès du testateur, et que les légataires soient capables au jour où le legs vient à échoir. (Serres, *Institut.*, liv. 2, tit. 10, n. 4).—4 germ. an 13. Req. Bruxelles. Lemettre. D.A. 5. 266. D.P. 5. 1 362.—V. Legs.

— V. Donation, Donation par contrat de mariage, Donation entre époux, Exécuteur testamentaire, Legs, Partage d'ascendant, Portion disponible, Rapport, Retour légal, Testament.—V. aussi Communauté, Contrainte par corps, Condition, Dot, Rescision, Succession, Succession irrégulière, Substitution, Usufruit.

TABLE SOMMAIRE.

Acceptation. 293, s.
Accessoire. 127.
Accusé. 158.
Adoption. 266.
Adultere. 119.
Age. 53.
Alliance. 267.
Appréciation. 207.
Ascendant. 183, s. 250, s.
Association religieuse. 236.
Autorisation. 169, 230, s. — maritale. 149, s.
Bigamie. 123.
Bonnes mœurs. 129, s.
Capacité. 193, 240, 291. — intermédiaire. 123. — de recevoir. 300, s.
Captation. 75, s. 84.
Caractere. 84.
Cassation 207. — (appréciation) 7, 22, 30, 33, 87, 90, 128.
Cause illicite. 131.
Chapelle. 244.
Chirurgien. 186.
Chose jugée. 10, 49, 129.
Colere. 63, s.
Commune. 226, 282.
Compte. 181, s.
Conception. 258.
Concubinage. 103, s. 283, suiv.
Condamné 155, s.
Condition illicite. 277, 304.
Congrégation. 236.
Conseil judiciaire. 45, s. 180.
Consentement. 139, s.
Convol. 175 s.
Corporation 225, s.
Date. 35, s. 96, 123.
Délivrance. 146.
Démence. 62, s.
Descendant. 250, s.
Diplôme. 188.
Disposition entre-vifs. 7, s. — rémunératoire. 195, s. 212, s. 220. — testamentaire 84, 197.
Donation. 8, s. 137, 291, s.— deguisée. 14, 116, 131, 250, s. — entre époux. 271. — entre-vifs. 7. — rémunératoire. 250.
Droits civils. 154, 292, 297.
Emancipation. 141.
Empirique. 190.
Epoux 204, 250, s. 279.
Erreur. 73, s 77.
Etablissement publ. 225, 230, s. 282
Etranger. 120, 280.
Fabrique 241.
Faiblesse d'esprit. 128.
Femme. 62. — mariee. 149, s.
Fiançailles 270.
Filiation adultérine. 260, s. — naturelle. 256, s. 278
Fondation. 227, 244.
Fraude. 65, 73 — à la loi. 274, s.
Frere. 253.
Fruits (bonne foi). 287.
Garde-malade. 187.
Haine. 65.
Hospices. 225, s. 282.
Impossibilité. 172.
Incapable. 246, 249, s.
Indivisibilité. 100, 213.
Inscription de faux. 24, s.
Interdiction. 35, s. — légale. 155, s.
Interpretation restrictive. 268, s.
Intervalle lucide. 39, s. 298.
Ivresse. 58.
Jésuite. 160, s. 312, s.
Legs. 304. — pieux. 167, s. 224, 231.
Libéralité déguisée. 246, suiv.
Maladie. 51, s. 249.
Mari. 204.
Mariage simulé. 209.
Médecin. 186, 193, 197, 249, 278.
Mention (notaire). 60.
Mineurs. 137, s. 170, s.
Ministre du culte. 216, s.
Mort civile. 134, 281, s.
Muet. 55, s.
Notaire. 214, s.
Notoriété 119.
Nullité. 285.
Parenté. 214, 220, s. 250.
Pauvre. 163, s. 230, s.
Passion violente. 61.
Personne incertaine. 162. —interposée. 124, 249, s. s.
Pharmacien. 186.
Prescription. 210, s.
Présomption. 250, s. — legale. 172, s. — restreinte. 268.
Prêtre. 278.
Preuve. 7, 30. — (commencement) 98, s. — discrétionnaire. 90, s. 125, s. — facultative. 284. — testimoniale. 16, s.
Religieux. 160, s. 216, s.
Rentes. 257.
Rescision. 210, s.
Réserve. 212.
Retroactivité 250, s. 289, s.
Révocation. 298.
Saisine. 146.
Séparation de corps. 152.
Simulation. 246.
Sourd. 55, s.
Subroge-tuteur. 177, s.
Substitution 272, s.
Suggestion. 75, s.
Suicide. 62, s
Temps intermédiaire. 291, s.
Testament. 8, s. 295, s. — olographe. 89, 296.
Tierce-opposition. 50, s.
Tiers. 85.
Tutelle. 187.
Tuteur. 170, s. 278, s.
Viabilité. 291, s.
Vieillesse. 53, s.
Vol. 73, s.

DISPOSITION GENÉRALE. — V. Autorité municipale, Compétence, Lois.

DISPOSITION LÉGISLATIVE. — V. Conflit d'attribution, Lois.

DISPUTE.—V. Autorité municipale.

DISSENTIMENT.—V. Acte respectueux, Capitaine.

DISSIMULATION.—V. Faux, Fraude, Requête civile, Simulation, Stellionat.

DISSIPATION.—V. Alimens, Communauté.

DISSOLUTION.—V. Alimens, Chose, Commissionnaire, Communauté, Contrainte par corps, Contrat de mariage, Dot, Droits civils, Elections départementales, Exceptions, Faillite, Garde nationale, Hypothèques, Louage, Mariage, *Presse*, Société, Société commerciale, Transaction.

DISTANCE.—V. Délai, Exploit. — V. aussi Appel, Attroupement, Autorité municipale, Caution, Communauté, Contrainte par corps, Distribution par contribution, Douanes, Effets de commerce, Elections législatives, Enquêtes, Forêts, Garde nationale, Jugement, Loi, Mines, Ordre, Saisie-immobilière, Saisie des rentes sur particuliers, Servitude, Surenchère, Veirie, Voirie, Voitures publiques.

DISTILLATEUR—DISTILLERIE —V. Autorité municipale, Contributions indirectes, Louage.

DISTRACTION.—V. Frais.—V. aussi Appel, Avoué, Choses, Chose jugée, Communes, Enregistrement, Partage de communauté, Portion disponible, Saisie-exécution, Saisie-immobilière, Vente.

DISTRIBUTION PAR CONTRIBUTION. — 1. — C'est la répartition du prix des biens du débiteur, entre ses créanciers, au marc le franc de leurs créances.

ART. 1er. — *En quel cas, entre quelles personnes, et sur quelles sommes la contribution a lieu.*

ART. 2 — *De la contribution amiable.—Délai.*

ART. 3. — *De la contribution judiciaire —Tribunal qui en connaît.*

§ 1er. — *Consignation des deniers.*

§ 2. — *Nomination du juge-commissaire.*

§ 3. — *Sommation de produire et de prendre communication.*

§ 4. — *Production des titres, et forclusion.*

§ 5. — *Collocation provisoire.*

§ 6. — *Dénonciation de l'état de collocation provisoire ; Contredits et forclusion.*

§ 7. — *Contestations sur le réglement provisoire.—Délai.*

§ 8. — *Demandes de subrogation à la poursuite.*

§ 9.— *Réglement définitif.—Paiement.*

ART. 1er. — *En quel cas, entre quelles personnes, et sur quelles sommes la distribution a lieu.*

2.—Les biens du débiteur sont le gage commun de ses créanciers, et le prix s'en distribue entre eux par contribution, à moins qu'il n'y ait entre ces créanciers des causes légitimes de préférence (2093 et 2094 C. civ.). — C'est dans ces dispositions que réside le premier principe de toute la matière.

3. — La distribution par contribution peut avoir lieu à la suite d'une saisie immobilière; elle devient nécessaire lorsque les créances hypothécaires étant payées, il existe des créanciers chirographaires, ou lorsque le produit de la vente est inférieur à des priviléges ou hypothèques qui se trouvent en concours. — D.A. 10. 854, n. 2

4. — Ainsi, lorsque, sur la demande d'un créancier, tendant à la distribution du prix d'un immeuble vendu, il y eu non pas un ordre, mais un simple jugement de distribution ordonnant à l'acquéreur de payer au créancier la somme qui lui est due, il peut, si depuis, et après que l'acquéreur a rempli les formalités pour purger les hypothèques légales, il survient des inscriptions nouvelles, être ordonné une nouvelle distribution entre tous les créanciers. — 24 fév. 1826 Limoges. Puymauri. D.P 26. 2. 170.

5. — Quand les biens du débiteur suffisent pour payer les créances et frais, et qu'il s'accorde avec ses créanciers, ils passent un acte, portant délégation, au profit de chaque créancier, sur le dépositaire des fonds, du montant de sa créance. Si le débiteur et les créanciers ne s'accordent pas, il faut distinguer : lorsque le refus vient du débiteur, les créanciers doivent prendre contre lui un jugement qui les autorise à toucher, du dépositaire des fonds, la somme qui leur est due. Lorsque les difficultés viennent d'un créancier, le débiteur et les créanciers qui s'accordent passent un acte notarié contenant délégation au profit de tous du montant des créances ; puis on signifie cet acte au récalcitrant, et l'on en poursuit contre lui l'homologation. Si les juges reconnaissent que les deniers délégués sont suffisans, ils prononcent l'homologation, et condamnent les contestans aux dépens (Pigeau, t. 2, p. 180). Dans les cas où les deniers suffisent pour payer, on conçoit qu'il n'existe pas de distribution proprement dite.

6. — Si le produit de la vente des biens saisis est suffisant pour payer toutes les créances, et que les créanciers soient d'accord entre eux, ils reçoivent donc du débiteur ou du dépositaire de leur gage la somme qui leur est due, et en donnent quittance. L'intervention d'un notaire ne devient nécessaire que pour le cas où le tiers-saisi ou le dépositaire des deniers voudrait que l'identité des personnes aux mains desquelles ils doivent payer fût constatée authentiquement. — D.A. 10. 854, n. 3.

Si un officier a procédé à la vente, et que le prix soit suffisant, rien n'empêche cet officier de satisfaire sur-le-champ, sous sa responsabilité, tous les créanciers, pourvu qu'ils soient d'accord et présens. — Berriat, p. 541; Hautefeuille, p. 355; Carré, n. 2160; D A. 10 854, n. 3.

7. — Mais il y a lieu à distribution par contribution toutes les fois que les deniers arrêtés ou le prix des ventes ne suffisent pas à payer tout ce que doit le débiteur (Demiau, p. 427; D.A. 10. 854, n. 5; Thomine, t 2, n. 726). — *Contrà*, il n'y a lieu à cette distribution que lorsque le débiteur est en déconfiture (Commailles, t. 2, p. 230; Hautef., p. 355). S'il n'existe qu'un seul créancier, il est évident qu'il ne saurait y avoir lieu à contribution; il prend tous les deniers existant.

8. — Il paraît équitable d'appliquer à la distribution par contribution l'art. 775 C. pr., qui veut au moins trois créanciers pour qu'on puisse provoquer l'ouverture de l'ordre sur une vente volontaire. — D.A 10. 855, n. 6. — *Contrà*, Pigeau, 2, p. 246.

9. — Pour qu'il y ait lieu à contribution, il suffit que le paiement intégral soit douteux. Les créanciers qui prétendent que les deniers déposés ou saisis sont suffisans, peuvent obtenir leur paiement par provision, à charge de donner caution de rapporter dans le cas d'insuffisance. — Pig, 2, p. 180.

10.—Au cas où il existerait plusieurs opposans, s'il n'y a somme suffisante que pour désintéresser le saisissant, il n'y aura pas moins lieu à distribution; car la qualité de saisissant ne donne aucun privilége.— Carré, art 656.

11.—Tous les biens d'un débiteur étant le gage commun de ses créanciers, ceux-ci sont tous admis à la distribution, alors même qu'ils n'auraient pas formé d'opposition ; la formalité de l'opposition n'est pas indispensable, mais, dans tous les cas, elle est une mesure conservatoire qu'il serait imprudent de ne pas prendre le plus tôt possible.—*Dict. de proc.*, v° Distributoin par contribution, n. 10.

12. — Ordinairement, la distribution a lieu entre les créanciers chirographaires. Mais, en cas de faillite, les créanciers hypothécaires, non colloqués sur le prix des immeubles, ont le droit de concourir, à proportion de ce qui leur reste dû, avec les chirographaires, sur les deniers appartenant à la masse (C. comm 539). Les créanciers hypothécaires ont même des droits encore plus étendus (C. comm. 540, 541). — V. Hypothèque, Faillite). On pense que les mêmes principes s'appliquent en matière ordinaire, hors le cas de faillite. — *Dict. de proc.*, n. 13.

13. — Tous les créanciers qui veulent prendre part à la distribution, sont ordinairement connus par les dénonciation et opposition que la loi prescrit (C. pr. 575; *Dict. de proc.*, n. 14, 15).

14.— Tant que la distribution n'est pas faite, de nouveaux créanciers peuvent former une nouvelle saisie et participer à la distribution, à moins que la forclusion de produire n'ait été encourue (*eod.* n. 16).

15. — Lorsqu'un créancier a négligé de former opposition, ses propres créanciers peuvent la former pour lui ; les créanciers sont toujours admis à exercer les droits de leur débiteur (C. civ. 1166; — *Dict. eod.*, n 17).

16. — La distribution par contribution s'ouvre sur le prix de vente des biens saisis, ou sur des deniers saisis-arrêtés, et en général sur le prix de toutes les valeurs mobilières du débiteur.

La loi fait à cette règle deux exceptions : 1° les fruits de l'immeuble hypothéqué, échus depuis la dénonciation de la saisie au débiteur, sont immobilisés et distribués par voie d'ordre (C. pr. 689.— V. Ordre); 2° les arrérages de rentes hypothéquées

avant la loi du 11 brum. an 7, échus depuis la dénonciation de la saisie du fond de la rente, sont également immobilisés et distribués par voie d'ordre (C. pr. 655). — Pig., t. 2, p. 197.

17. — Dans certains cas, la distribution s'ouvre sur le prix d'immeubles; c'est ce qui a lieu, 1° lorsque les créanciers hypothécaires ou privilégiés ont été désintéressés, ou bien quand n'y en a pas. Le prix, quoique d'origine immobilière, se partage alors entre tous les opposans; 2° lorsque des créanciers ont pris inscription sur un immeuble au nom de leur débiteur, créancier lui-même du saisi; ce débiteur est colloqué au rang attribué à sa créance; mais le montant de sa collocation, bien que d'origine immobilière, est réservé pour être partagé par distribution entre tous ses créanciers inscrits ou opposans, avant la clôture de l'ordre (C. pr. 778; Grenier, *Hypoth.*, p. 355; Berriat, p. 625). 3° lorsque des créanciers, ayant un privilége du même ordre, absorbent et au-delà la somme à distribuer, cette somme est distribuée entre eux en proportion du montant de leurs créances respectives (*Dict. de proc.*, n. 9).

18. — La distribution s'exerce aussi, dans l'ordre prescrit par les lois, sur les cautionnemens des officiers ministériels. — V. Cautionnement. — V. aussi *Dict. de proc.*, v° Distribution, n. 156 et suiv.

Art. 2. — *De la contribution amiable. — Délai.*

19. — La loi veut, dans tous les cas où il y a contribution entre les parties, qu'elles tentent de régler leurs droits à l'amiable.

20. — Si les deniers arrêtés ou le prix des ventes ne suffisent pas pour payer les créanciers, le saisi et les créanciers sont tenus dans le mois de convenir de la distribution par contribution (656 C. pr.). L'essai de distribution amiable prescrit par cet article n'est que facultatif, malgré les termes impératifs *sont tenus* dont se sert le législateur : ce qu'il a seulement voulu, ainsi que l'exprima Réal dans l'exposé des motifs, c'est que les juges et les créanciers soient bien pénétrés de son vœu pour qu'il se fasse une distribution amiable. — D.A. 10. 854, n. 4. — *Contrà*, Thom., t. 2, n. 729.

Le silence des parties pendant un mois suffit pour établir leur refus de s'accorder, et pour qu'il soit permis de poursuivre l'exécution des art. 657 et suiv. — D.A. 10. 854, n. 4.

21. — Le saisi ou l'un des créanciers peut, durant le délai de l'art. 656, sommer les parties intéressées de se régler à l'amiable : celle qui s'y refuse sans de justes motifs, doit supporter les frais de la distribution. — Carré, *L. de la proc.*, n. 2158 et 2160; D.A. 10. 855, n. 7; Thom., t. 2, n. 729 et 730; Dem., art. 656.

22. — Le *délai d'un mois* prescrit par l'art. 656 C. pr. court, pour les sommes saisies-arrêtées, du jour de la signification au tiers-saisi du jugement qui fixe ce qu'il doit rapporter; pour les deniers provenant de ventes ordonnées par justice ou resultant de saisies-exécutions, saisies-foraines, saisies-brandons, ou même de ventes volontaires auxquelles il y aurait eu oppositions, du jour de la dernière seance du procès-verbal de vente; pour les sommes provenant de saisies de rentes ou d'immeubles, du jour du jugement d'adjudication (Ord. du 3 juill. 1816, art. 8). — D.A. 10. 855, n. 8; Thom., t. 2, n. 730.

23. — Les créanciers qui s'accordent peuvent faire entre eux tel arrangement qu'ils jugent convenable, pourvu qu'il ne soit contraire ni aux lois, ni aux mœurs, ni à l'ordre public. Si le dépositaire a été partie dans leur acte, il paie; sinon on doit le lui notifier. — Pigeau, t. 2, p. 171; Berriat, p. 556; Favard, t. 2, p. 112; Hautef., p. 353; D.A. 10. 855, n. 9.

24. — Si c'est le saisi qui se refuse à l'exécution de la convention amiable, on prend jugement contre lui, et on le notifie au dépositaire. Si c'est un créancier, on fait prononcer l'homologation de l'accord, et condamner les refusans aux frais, si les deniers suffisent (V. n. 5 et suiv.) S'il y a insuffisance, ou même en cas de doute, la distribution judiciaire est ordonnée. — Pigeau, 2, p. 171, 173; Favard, 2, p. 112; Berriat, p. 556; Haut., p. 356; D.A. 10. 855, n. 10.

25 — Un tuteur peut acquiescer a une contribution amiable pour son pupille, sans autorisation du conseil de famille; car il ne s'agit que d'un droit mobilier (Pig., 2, 181). Le mineur émancipé pourrait y consentir sans l'assistance de son curateur, si la dette consistait en revenus ou fruits (C. c. 482). — Pig., 2, p. 181.

Art. 3. — *De la contribution judiciaire. — Tribunal qui en connait.*

26. — La contribution judiciaire est celle qui a lieu à défaut d'accord des créanciers entre eux ou avec le débiteur. La tentative de contribution amiable n'a pas besoin d'être constatée comme un préliminaire de conciliation; le silence des parties pendant un mois suffit pour autoriser à ouvrir la contribution judiciaire (*Dict. proc.*, n. 23).

27. — Les dispositions qui vont être exposées s'appliquent à toutes les distributions par contribution. Ainsi, la règle qui veut que la distribution par contribution de sommes saisies ait lieu, non par le tribunal, mais par commissaire et suivant les formes spéciales tracées par le code de procédure, s'applique à la distribution du cautionnement d'un officier ministériel, tel que courtier. En conséquence, le jugement qui, en l'absense du saisi, et bien que sur les conclusions des créanciers, a fait lui-même cette distribution, sans renvoi devant un commissaire et sans se conformer aux formes spéciales du code, a dû, sur l'appel du saisi pour incompétence, être annulé (C. pr. 656). — 29 août 1832. Civ. c. Douai. Gauwin. D.P. 32. 1. 402.

28. — La contribution judiciaire peut être poursuivie aussitôt après l'expiration du délai accordé pour la contribution amiable, et après la consignation des deniers. Elle se poursuit à la requête du saisissant, ou, à son défaut, de la partie la plus diligente. — V. *infrà*, § 1er et 2.

La distribution poursuivie avant l'expiration du délai de la contribution amiable ne serait pas nulle; elle peut avoir lieu dès qu'il est constaté que les parties ne sont pas d'accord. — *Dict de proc.*, n. 33; Berriat, p. 555 et 610.

29. — Le tribunal compétent pour statuer sur la contribution judiciaire, c'est celui dans le ressort duquel le jugement ordonnant la vente reçoit son exécution, si les deniers proviennent d'une vente; et, s'ils proviennent d'une saisie-arrêt, celui qui l'a déclarée valable. — Berriat, p. 556; D.A. 10. 856, n. 7. — V. Saisie.

30. — Lorsque deux saisies faites contre le même débiteur ont donné lieu à une demande en distribution devant deux tribunaux différens, les procédures doivent être réunies et continuées devant le tribunal qui, le premier, a été saisi de l'une de ces poursuites. — 25 août 1809. Req. Letellier. D.A. 10 856, n. 2. — 23 août 1809. Civ. régl. de juges. Duchatenet. D.P. 6. 2. 163. — Conf. Thom., 2, 180, n. 732.

31. — .... Alors surtout que le débiteur, et le créancier qui poursuit devant l'autre tribunal, sont domiciliés dans le ressort du premier. — Même arrêt.

32. — Jugé aussi en ce sens que la distribution entre les créanciers d'une faillite du produit de la vente d'objets mobiliers dépendans de cette faillite, et situés en divers arrondissemens où ils avaient été saisis, doit être poursuivie devant le même tribunal, et ce tribunal doit être celui du lieu où etaient le domicile et le principal établissement des faillis. — 3 fruct. an 13. Req Gombaut. D.A. 10. 836, n. D.P. 5. 2. 191.

33. — La distribution doit être jugée par le tribunal civil, alors même que, pendant la poursuite, le débiteur serait tombé en faillite (*Dict. proc.*, n. 34). — 5 juin 1823. Paris. D.A. 3. 354. D.P. 24. 2. 40.

§ 1er. — *Consignation des deniers.*

34. — Faute par le saisi et les créanciers de s'accorder dans le délai, l'officier qui a fait la vente doit consigner dans la huitaine suivante, et à la charge de toutes les oppositions, le montant de la vente (C pr. 657). — L huissier qui aurait négligé de consigner selon le vœu de la loi, deviendrait passible de dommages-intérêts, s'il en était résulté quelque préjudice pour les créanciers. — Thom., 2, n. 731; D.A. 10. 855, n. 11.

35. — A plus forte raison en serait-il passible s'il refusait d'effectuer le dépôt. Pour y être forcé, il peut être assigne par tout créancier devant le président du tribunal qui statue en référé et ordonne le dépôt, ou devant le tribunal, pour être condamné aux intérêts des sommes à déposer. — *Dict. de proc.*, n. 27.

La désobéissance à une injonction de dépôt expose l'officier public à une destitution (Ord. 3 juill. 1816, art. 10).

36 — Il a été jugé que l'art. 657 n'est pas applicable a un commissaire-priseur qui, à la réquisition du curateur d'une succession vacante, a vendu des meubles de cette succession; que cet officier ne peut pas être condamné à payer les intérêts de ces sommes après le delai d'un mois et huit jours accordé pour la consignation, mais seulement depuis le jour où elles lui ont été demandées en justice. — 30 mars 1812. Rennes. Alexandre. D.A. 10. 855, n. D.P. 2. 900.

Cet arrêt ne serait plus suivi depuis l'ordonn. de 1816.

La règle générale est aujourd'hui que tous les détenteurs de deniers appartenant à un débiteur sur qui l'on veut ouvrir une contribution, sont obligés de consigner.

37. — Ainsi, le tiers-saisi, l'adjudicataire d'une rente et le curateur à une succession vacante sont soumis à l'obligation de consigner, les uns, ce dont ils ont été jugés débiteurs, l'autre, le prix de son adjudication (Ord. de 1816, art. 2, § 7 et 13). — D.A. 10. 855, n. 12.

38. — Toutefois, la consignation ne peut être exigée du tiers-saisi avant la huitaine qui suit le mois écoulé depuis la signification du jugement qui valide la saisie-arrêt. — *Dict. proc.*, n. 28.

39. — Si l'huissier a payé quelque dette privilégiée et incontestable, comme les loyers, les frais funéraires, les impositions, il doit consigner les quittances de ces paiemens. — Thom., 2, n. 731.

40 — Les huissiers et commissaires-priseurs n'étant point chargés de faire la distribution, ni autorisés à se constituer juges des priviléges, sont garans des paiemens qu'ils peuvent avoir faits mal à propos, sauf leur recours contre ceux qui les auraient reçus (C. 1242). — Thom., 2, n. 731; *Dict. proc.*, n. 25.

41. — L'officier qui a fait la vente peut, d'après la taxe du juge sur la minute du procès-verbal, déduire ses frais du montant de la consignation. Il doit être fait une mention de cette taxe sur les expéditions (C. pr. 657). — D.A. 10. 855, n. 11 et 13.

42. — Le tiers-saisi peut également, avant de consigner, retenir ses frais réglés selon la taxe. — Carré, quest. 2165; Pigeau, 2, p. 181; D.A. 10. 855, n. 1. — *Contrà*, Hautef., p. 357.

43. — Il ne peut être procédé à aucune distribution avant que la consignation n'ait été effectuée (Ord. 3 juill. 1816, art. 4); excepté dans le cas où un jugement autorise soit les tiers-saisis, soit les adjudicataires de rentes, actions, fruits, etc., à garder entre leurs mains le prix de l'adjudication jusqu'au moment de la distribution. — Pigeau, t. 2, p. 182; *Dict. proc.*, n. 29.

§ 2. — *Nomination du juge-commissaire.*

44. — Il est tenu au greffe un registre des contributions, sur lequel un juge doit être commis par le président, sur la réquisition du saisissant, ou, à son defaut de la partie la plus diligente : cette réquisition se fait par simple note portée sur le registre (C. pr. 658).

45. — La demande de nomination d'un juge-commissaire est le premier acte de la poursuite. Elle peut être faite par le saisissant, ou, à son défaut, *par la partie la plus diligente.*

46. — Ce mot *partie* comprend non seulement les créanciers, mais aussi le saisi lui-même. — Pigeau, 1, 173.

Mais, dans tous les cas, la réquisition ne doit être faite que par un seul intéressé, afin d'éviter les frais. — Pigeau, t. 2, p. 182.

47. — Le créancier qui requiert n'est pas tenu de justifier qu'il a tenté la distribution à l'amiable. — Carré, n. 2158; Demiau, p. 416; Favard, 2, 112; D.A. 10. 855, n. 3.

48. — La réquisition doit être datée et signée; si la loi ne le dit pas, la raison semble le demander. — Hautefeuille; Delaporte; D.A. 10. 855, n. 4.

49. — Cette réquisition doit être faite par le ministere d'un avoué : si plusieurs avoués se présentent à la fois, le président du tribunal devant lequel ils doivent se retirer décide sur-le-champ, sans procès-verbal, sans frais et sans appel ou opposition, quel sera celui dont la réquisition sera reçue (art. 95) — Thom., 2, n. 732; D.A. 10. 855, n. 5; Fav., 2, p. 113; Carré, n. 3167, 3168.

A Paris, on regarde comme s'étant présenté simultanément ceux qui font la réquisition le même jour, depuis neuf heures du matin jusqu'à trois heures du soir. — *Dict. de pr.*, n. 36.

50. — Le tribunal doit avoir soin de prononcer en faveur de celui auquel l'intérêt commun des parties assigne la préférence (Pigeau, 2, 167; D.A. *ibid.*). Généralement, on préfère le creancier au saisi, le saisi à l'adjudicataire ou au tiers-saisi, le créancier hypothécaire au chirographaire.

51. — A Paris, en cas de contestation sur la poursuite d'une contribution, les avoués se règlent devant leur chambre. — *Dict. de pr.*, n. 37.

52 — Le président ne peut nommer le juge-commissaire, qu'autant que la quittance de consignation est énoncée dans l'acte de réquisition (Thom.,

2, n. 732). Cette nomination se fait par le président, en marge de la réquisition (arg. art. 658, C. pr.).

53. — Le tribunal, bien que seul compétent pour prononcer sur les difficultés qui peuvent s'élever durant la procédure, ne peut lui-même faire la distribution (arg. de l'arrêt du 29 août 1832, *suprà*, n. 27.

54. — Selon Pigeau, 2, p. 183, la réquisition de poursuite peut se faire en temps de vacation; mais la nomination du juge-commissaire et la poursuite ne peuvent avoir lieu qu'après la rentrée. Toutefois, si le juge avait été nommé, les délais courraient, et la procédure se ferait pendant les vacations. — *Dict. de pr.*, n. 39.

§ 3.— *Sommation de produire et de prendre communication.*

55.— Après l'expiration des délais portés aux art 656 et 657, et en vertu de l'ordonnance du juge commis. les créanciers seront sommés de produire, et le saisi de prendre communication des pièces produites, et de contredire s'il y échet (C. pr. 659).

56.— Pour obtenir cette ordonnance, il faut présenter une requête au magistrat (art. 96) qui ouvre son procès-verbal par la mention qu'il en fait (C. pr. 735).— D.A. 10. 856, n. 1; Thom., 2, n. 732.

Ce procès-verbal demeure déposé au greffe. — Pigeau, 2, 184; Carre, art. 659.

57.—L'extrait de l'état des opposans doit être annexé à la requête (Favard, 2, p. 113, Pigeau, 2, p. 176; D.A. *ibid*).—Mais il est inutile d'y joindre copie de la réquisition et de la nomination d'un juge-commissaire. Il suffit de les énoncer dans la requête. —*Dict. de proc.* n. 41; *Contrà*. Pig. 2, 184.

58.—Le requérant doit en même temps déposer ses titres.— Delaporte, 2, 235; D.A. *ibid*.

59.—Au bas de la requête, le juge commis rend ordonnance portant permission de faire la sommation de produire, et ordinairement il commet un huissier à cet effet.

60.—Cette ordonnance est, à la diligence du poursuivant, signifiée à chaque opposant par acte d'avoué, sinon à partie, à défaut d'avoué.—Carré, Quest. 2171; D A. 10. 856, n. 1.

61.—Celui qui poursuit la contribution n'est tenu de faire sommation qu'aux créanciers opposans, mais il doit les sommer tous, excepté ceux qui n'auraient formé opposition que depuis la nomination du juge-commissaire, et qu'il n'est pas censé connaître.— Berriat, p. 557. Pig., *Comm.*, 2, 247.

§ 4.—*Production des titres et forclusion.*

62 —Dans le mois de la sommation qui leur est faite aux domiciles par eux élus dans leurs saisies ou oppositions, les créanciers doivent produire leurs titres entre les mains du juge-commissaire, avec acte contenant demande en collocation et constitution d'avoué (C. pr. 660). — Thom., 2, n. 733, D A. 10. 856, n. 2.

Ces productions se font ordinairement au greffe, parce que, suivant l'art. 1040, tous les actes du ministère du juge doivent être faits au lieu où siége le tribunal.—Thom., 2, n. 733.

63.—Les pièces sont censées produites *ès-mains du juge*, ce qui signifie qu'elles ne peuvent être retirées du greffe sur des récépissés des avoués (art. 10, tit. 14, ordonn. de 1667). Il doit être fait mention sur le procès-verbal du juge de chaque production à la date où elle est faite, comme s'il l'avait reçue lui-même.—Thom., 2, n. 733.

64 —Le même acte qui renferme la production et la demande en collocation doit contenir aussi la demande à fin de privilége (C. pr. 661). Le juge ne peut l'accorder d'office (C. pr. 480) Jusqu'à la clôture de l'état de collocation, on peut le demander par un acte additionnel, à ses frais et sans répétition.— Pigeau, *Comm.*, art. 661— V. *infrà*, n. 90.

65.—Si le propriétaire à qui il est dû des loyers veut être payé avant la distribution, il peut appeler la partie-saisie et l'avoué plus ancien en référé devant le juge-commissaire pour faire statuer préliminairement sur son privilége à raison des loyers (C pr. 661).—Le saisi est appelé par sommation a son avoué; et s'il n'en a pas constitué, la sommation lui est donnée à personne ou domicile (tar., 98). L'avoué le plus ancien, celui qui se trouve, lors de la demande, le plus ancien des opposans fondés en titre authentique, est également appelé. Les sommations doivent être données au jour indiqué verbalement par le juge-commissaire. Il prononce même *en défaut* (tar., 98), et si la demande du propriétaire est accueillie, les sommes à lui dues sont extraites de la masse à distribuer pour lui être payées de suite.—Carré, *L. de la pr.*, 2, n. 2173; D.A. 10. 857, n. 6, Pigeau, 2, 197.

DISTRIBUTION PAR CONTRIB. ART. 3, § 4.

66.—Les dispositions de l'art. 661, relatives à la demande du propriétaire, ne sont pas tellement attributives de juridiction, que le juge commis ne puisse, s'il y a contestation entre des créanciers se prétendant privilégiés, renvoyer la contestation devant le tribunal. En conséquence, sur ce renvoi, le tribunal doit s'abstenir de renvoyer à son tour devant le juge commis.—2 août 1831. Bordeaux. Montesquiou. D.P. 32. 2. 118.

67.—Le principal locataire a le même droit que le propriétaire (C. civ. 2102, 1°; C. pr. 819).—Pigeau, *Comm.*, 2, p. 251; *Dict. de proc.*, n. 71.

68. — L'on ne peut faire valoir le privilége, aux termes de l'art. 661, qu'après le mois échu pour produire; ce n'est qu'alors qu'on peut déterminer l'avoué le plus ancien des opposans contre qui l'action doit être introduite. — Pig., 2, p. 251; *Dict. pr.*, n. 74.

69.— Le jugement du juge-commissaire sur le privilége du propriétaire ou principal locataire est définitif (*Dict. pr.*, n 73), sauf l'opposition ou l'appel, s'il y a lieu (Pig., *Comm.* 2, p. 251). — 12 oct. 1812. Civ. r. Turin. Allara. D.A. 3. 282. D.P. 13. 1. 106.

70.— La demande en collocation doit être signée de l'avoué constitué et remise avec les titres (C. pr. 754); elle ne doit pas être signifiée (Tar. 97).—La production, la demande en collocation et la constitution d'avoué sont requises simultanément pour ne pas multiplier les frais. Elles doivent être faites dans le délai prescrit, à peine de forclusion (C. pr. 660).— D.A. 10. 856, n. 2

71.— La forclusion est-elle encourue par la seule expiration du délai d'un mois, à partir de la sommation de produire? — Oui. car la forclusion est une déchéance, et l'art. 1029 C. pr. statue qu'aucune déchéance prononcée par le code n'est comminatoire. Il y aurait donc infraction à cette disposition si l'on n'appliquait pas dans leur rigueur les termes de l'art. 660 pr. — Thom., 2, n. 733; Carré, quest. 2173, 2180; D.A. 10. 856, 857, n. 3; Berr., p. 557; Pig., t. 2, p. 198.

72. — Ainsi, le créancier opposant qui, dans le délai prescrit par l'art 660 C. pr., pour former sa demande en collocation et produire ses titres, a seulement fait un dire sur le procès-verbal du juge-commissaire, contenant demande en collocation, sans produire ses titres, doit être déclaré forclos.— 13 août. 1811 Paris. Gérôme. D.A. 10 858, n. 1. D.P. 23. 2. 127, n.

73.— A l'égard des créanciers non opposans, le délai fixe pour la production des titres est également fatal, encore bien que les deniers aient augmenté depuis la sommation de produire. — 27 juin 1811. Paris. Lefrançois. D.A 10. 859, n. D.P. 2. 902, n. 6.

74.— Jugé de même que le créancier qui, dans une distribution par contribution, n'a pas produit ses titres, dans le mois de la sommation qui lui en a été faite, est forclos d'une manière absolue, et n'est pas admissible à les produire plus tard, quoiqu'il offrirait de supporter les frais de sa production tardive (C. pr. 660). — Ici ne s'applique pas l'art. 757 C. pr.—30 mars 1829. Bordeaux. Perquier. D.P. 29. 2. 201.

75. — Jugé encore qu'en matière de distribution par contribution, le réglement provisoire opère forclusion contre les créanciers qui n'ont pas produit, de même que l'opère le réglement définitif contre ceux qui, ayant produit, n'ont pas contredit contre le réglement provisoire (C. pr. 604). — 7 juill. 1829. Paris. Folleville. D.P. 30. 2. 58

76.— Pour l'opinion contraire, on a soutenu que, dans l'art. 664, le législateur, en prononçant contre les créanciers et la partie saisie la forclusion de prendre communication de l'état de distribution, a eu soin de dire qu'elle aurait lieu *sans nouvelle sommation ni jugement*, que si son intention avait été d'être aussi rigoureux, dans le cas de l'art. 660, il se serait prononcé de la même manière; que les dispositions du code formant le titre de la distribution, doivent s'interpréter par celles qui composent le titre de l'ordre, et que l'art. 757 n'a pas en semblable circonstance prononcé la forclusion. — V. D.A. 10 856, n. 3; Pig., t. 2, p. 260; Delap., t. 2, p. 241.

77 — Jugé, en ce sens, que la forclusion n'est pas péremptoire et absolue, tant que le procès-verbal de distribution n'est pas clos; en conséquence, les créanciers peuvent produire jusqu'à la clôture de ce procès-verbal, même après le délai de la loi, mais à leurs frais.— 31 mai 1813. Rennes. N... D.A. 10. 860, n. D P. 2. 902, n. 1.

78 — Décidé de même que la forclusion que

DISTRIBUTION PAR CONTRIB. ART. 3, § 4.

prononce l'art. 660 C. pr. doit être entendue en ce sens, que le créancier n'est forclos de produire après le délai, que lorsque le commissaire a clos son procès-verbal, et arrêté le réglement provisoire ainsi, est recevable la production faite après le délai d'un mois, mais avant la clôture de l'ordre (660 663 C. pr.).— 11 déc. 1822. Paris. Dom. C. Cochez D.P. 23. 2. 127.

79.— En matière de distribution par contribution la forclusion prononcée contre les créanciers opposans, faute par eux de produire dans le mois de la sommation, s'applique, a plus forte raison, à ceux qui n'ont formé opposition ou production que postérieurement au réglement provisoire (C. pr. 660).— 30 juill. 1829. Paris. Fouchereau. D.P. 30. 2. 57.

80. — Cette forclusion est encourue nonobstant toute sommation de produire, faite au créancier par le poursuivant postérieurement au réglement provisoire, et nonobstant le réglement additionnel qui y a été fait par le juge-commissaire. — Même arrêt.

81.—Mais le créancier qui ayant formé sa demande en collocation dans le mois de la sommation de produire, n'a pu, à raison même de la nature de sa créance (laquelle résulte spécialement de salaires pour travaux), produire ses titres dans le délai qui lui a été fixé par le juge-commissaire, ne peut avant que le réglement définitif ait eu lieu, être déclaré forclos, faute d'avoir produit. Ici ne s'applique pas l'art. 660 pr... Il en doit être de même, à plus forte raison, à l'égard des créanciers qui, ayant déjà produit leurs titres avant le réglement provisoire, les ont fait enregistrer et les ont produit en bonne forme avant le réglement définitif. — 30 juill. 1828. Paris. Feuillet. D.P. 28. 2. 237.

82. — En matière de contribution, le délai d'un mois, fixe, à peine de forclusion, pour la production des demandes en collocation, ne court qu'à partir de la dernière sommation faite aux créanciers opposans (C. pr. 660, 663).— 7 fév. 1833. Paris. Bigaux. D.P. 33. 2. 115.

83.— Si donc les créanciers n'ont pas été sommés le même jour, la faculté de produire se prolonge, même après le mois, tant qu'il y en a encore qui sont dans le délai. — Pig., 2, p. 198.

84.— Mais, du moment de la clôture de la distribution, comme du moment de l'homologation de l'état d'ordre, tout est consommé, et la forclusion est acquise même à l'égard de ce créancier non légalement averti, sauf son recours contre ceux à qui la faute devrait en être imputée. (Thom., 2, 182 et 183; *Dict de proc.*, n. 53).—12 avril 1820. Toulouse. Duffacet. D.A. 10. 859, n. 5. D.P. 22. 2. 50.

85.— Peu importerait que la masse des deniers à distribuer eût augmenté depuis la forclusion. Seulement, alors, les créanciers forclos pourraient prendre part à cet excédant, de la même manière que lorsque la somme à distribuer n'est pas entièrement absorbée par les créanciers produisant. — Berriat, p. 557; Carré, art. 660, *Dict. de proc.*, n. 54

86.— Néanmoins, en cas de faillite, la forclusion ne s'applique pas aux créanciers non opposant, tant que la distribution n'est pas consommée par le paiement des bordereaux. On a dû venir au secours des créanciers dont les intérêts sont bien autrement compromis que lorsqu'il s'agit d'une contribution ordinaire, qui ne suppose pas toujours une déconfiture complète, et laisse ainsi un recours aux créanciers rétardataires (*Dict de proc.*, n. 55).— 18 avril 1828 Rouen. Lucas. D.P. 29. 2. 95.

87.— Du reste, comme la forclusion ne doit être que la peine de la négligence, et qu'elle ne pourrait être reprochée au créancier qui ne se serait pas présenté dans le mois, parce qu'il n'aurait pas été sommé de produire, il n'est pas douteux que le créancier non averti ne pût intervenir dans l'instance et produire ses titres, tant que l'état de distribution ne serait pas définitivement arrêté. — Thom., 2, n. 733.

88. — Tant que la distribution des deniers saisis-arrêtés n'est pas faite, de nouveaux créanciers peuvent former une nouvelle saisie et participer à la distribution.— 29 déc. 1818. Grenoble. Bouchet. D A. 10. 857, n. D.P. 2. 900, n. 2.

89.—.. A moins qu'à défaut de remise des titres de créance, en suite d'une injonction directe duement notifiée, il ne soit prononcé une forclusion tranchée. — Même arrêt

90.— Le créancier qui a produit ses titres et formé sa demande en collocation dans les délais, peut-il augmenter *ensuite sa demande* en y rattachant, par exemple, celle d'un privilége sur lequel il avait d'abord gardé le silence? Oui. car la demande en collocation par privilége s'est trouvée implicitement

comprise dans la demande en collocation de la dette à laquelle il se rattache ; l'accessoire suit le principal, seulement les frais pour la demande séparée à fin de privilége doivent rester à la charge du demandeur.— Merlin, Rép., v° Distribution, § 1er, n. 3; Pigeau, *Comm.*, 2, p. 259; Delaporte, 2, p. 237 ; D.A. 10. 857, n. 5.— *Contrà*, Demiau et Lepage.

91.— Mais il faudrait décider autrement, s'il s'agissait d'une dette qui fût distincte de la première, bien qu'elle appartînt au même créancier, et fût à la charge du même débiteur; dans ce cas on ne peut pas dire que la demande relative à la collocation de la nouvelle dette soit comprise dans la première, comme l'accessoire dans le principal; ce sont deux demandes bien distinctes à chacune desquelles il faut appliquer la forclusion de l'art. 660, forclusion qui s'étend non seulement au défaut de production de titres, mais encore à l'absence de demande en collocation.

92.—La forclusion qui frappe les créanciers non produisant n'éteint pas leurs titres; elle les prive seulement du droit de concourir, avec les créanciers produisant, dans le partage des deniers à distribuer au moment où elle est encourue. S'il survient depuis une augmentation dans le capital, ou si les deniers ne sont pas absorbés par la collocation de ceux qui ont produit, dans le premier cas, ils viennent en concurrence avec ceux-ci; dans le second, il partagent entre eux l'excédant. Mais s'il est survenu de nouvelles sommes à distribuer, de nouvelles sommations ont dû être faites; elles n'ont du être faites qu'aux créanciers qui les affectaient par leurs oppositions, parce que seuls ils peuvent prendre part à la distribution qui en sera faite.—D. A. t. 10, p. 857, n. 4; Favard, v° Distribution par contr ; *Dict. de proc.*, n. 120.

§ 5.— *Collocation provisoire.*

93.— Lorsque le délai fixé aux créanciers opposant pour produire leurs titres est expiré, et même auparavant, s'ils ont produit, le commissaire dresse, à la suite de son procès-verbal, l'état de distribution sur les pièces produites (663 C. pr.). Il n'est pas nécessaire de lui adresser une réquisition afin qu'il procède à cette opération : il peut s'y livrer d'office. —Carré, *L. de la proc.* n. 2178 ; Delaporte, t. 4, p. 240; Thom., 2, n. 734; D.A. 10. 858, n. 1.

94. — L'état des distributions commence par le visa sommaire 1° des pièces qui constatent la quotité de la somme à distribuer, et le nombre des oppositions existantes; 2° des originaux des sommations faites aux opposant; 3° des productions faites.—*Dict. de pr.*, n. 61.

95. — Pour former l'état, il établit d'un côté le montant de la somme à distribuer, et de l'autre la somme des créances en paiement desquelles elle est affectée; s'il en existe qui soient privilégiées, il les prélève sur la masse; il détermine ensuite la proportion dans laquelle se trouve l'excédant relativement aux dettes à payer. Chaque créancier y est porté pour la part à raison de laquelle sa créance contribue dans la somme à diviser. Le procès-verbal est clos provisoirement : il ne doit être ni levé ni signifié, et il n'est enregistré que lors de la délivrance des mandemens aux créanciers (Tar. 99).— D.A. 10. 860, n. 2.

96. — Le juge-commissaire peut, jusqu'à un certain point, examiner le mérite des titres produits : toutefois, il ne doit rejeter une demande en collocation qu'autant qu'elle est *évidemment* mal fondée. S'il y a doute, il doit accorder la collocation ; s'il se trompe, les parties intéressées ne manqueront pas de demander une rectification.—Favard, v° Distribu- § 2, n. 2, Thom., 2, n. 735; D.A. 10 860, n. 4.

97.— S'il n'y a pas de privilége, la distribution se fait en totalisant les créances, en comparant le total à celui des deniers à distribuer, et en allouant à chacun ce qui lui revient après avoir établi la proportion. Chaque créance forme l'objet d'un article séparé contenant les motifs de l'allocation ou du rejet.— *Dict. de proc.*, n. 64.

98. — S'il y a des priviléges, le juge en fait une classe à part, et réserve pour la seconde partie de son réglement les créanciers ordinaires, qui n'ont à se partager que la somme restant après l'acquittement des créances privilégiées (Pig., t. 2, p. 200).— Si les fonds manquent sur des créanciers privilégiés au même degré, il s'établit entre eux une contribution qui s'opère suivant les règles ordinaires (C. civ. 2097).

99.—Le créancier poursuivant n'a aucune préférence sur les créanciers opposans ; il ne vient qu'au marc le franc de sa créance.—*Dict. de proc.*, n. 67.

100. — Les frais de poursuite sont prélevés avant toute créance autre que celle pour loyers dus au propriétaire (C. civ. 662).

Par frais de poursuite on entend les frais de justice qui n'ont pour objet que la poursuite en contribution ; les autres frais de justice doivent être payés par préférence même aux loyers dus au propriétaire: — Pig., 2, p. 187 ; Carré, art. 602, n. 2176; Merl., Rép., v° Privilége, sect. 3, § 1er; *Dict. de proc.*, n. 68.—*Contrà*, Delaporte, 2, p. 288.

Quant au rang des priviléges entre eux, V. Hypothèque et Privilége. Sur la demande de privilége de la part du propriétaire, V. *suprà*, n. 65.

101.—Si la somme à distribuer vient d'un défunt, ses créanciers doivent être payés en entier avant ceux de l'héritier ou autre successeur, pourvu qu'ils aient demandé la séparation du patrimoine du défunt d'avec celui de l'héritier; qu'ils exercent ce droit dans les trois années du décès, s'il s'agit de meubles ; enfin, qu'ils n'aient pas fait novation de leurs créances en acceptant l'héritier pour débiteur. —Pig., *Comm.*, 2, p. 254; *Dict. de proc.*, n. 75.

102.—S'il y a, d'une part, des créanciers de l'auteur, de l'autre, des créanciers de l'héritier ou successeur, on doit, dans chacune des classes, colloquer d'abord les privilégiés suivant leur ordre, et ne colloquer les autres qu'autant qu'il y a de quoi payer les premiers en entier —Pig., 2, p. 252; *Dict. de proc.*, eod.

§ 6. — *Dénonciation de l'état de collocation provisoire, contredits et forclusion.*

103. — Le poursuivant dénoncera, par acte d'avoué à avoué, la clôture de l'état de distribution aux créanciers produisant et au débiteur avec sommation d'en prendre communication et de contredire sur le procès-verbal du commissaire dans la quinzaine (C. pr. 663).

104.—Si le débiteur n'a pas d'avoué constitué, la dénonciation lui est faite par exploit à personne ou domicile (Tarif, 29).—Delaporte, 2, 240, Demiau, p. 432 ; D.A. 10. 859, n. 1; Thom. 2, p. 185.

105. — Faute par les créanciers et le débiteur de prendre communication et de contredire dans le délai, ils demeurent *forclos*, sans nouvelle sommation ni jugement (C. pr. 664).

106.—Entre avoués, les délais de l'instruction ne sont pas francs; on doit compter du jour de la semaine auquel la dénonciation est faite à pareil jour de la quinzaine. Il en serait différemment quant au saisi s'il n'avait pas d'avoué ; la dénonciation qui serait faite à domicile comporterait un délai de quinzaine franche (C. pr. 1033).—Thom., 2, n. 735.

107. — Aucun contredit ne peut être admis de la part d'un créancier, après la quinzaine de la notification de l'état de collocation. — Carré, n. 2180; Dalloz, t. 10, p. 860, n. 3.

108.—. ..Encore bien que ce créancier aurait fait un dire sur le procès-verbal du juge-commissaire. — 17 juin 1813. Paris. Sergent. D.A. 10. 859, note. D.P. 2. 902, n. 7.

109. — Et que ce procès-verbal serait encore actuellement ouvert. — D.A. 10. 860, n. 5; Carré, n. 2180.— *Contrà*, Delaporte, 2, p. 241.

..... Il ne doit être fait aucun dire qu'autant qu'il y a lieu à contester (C. pr. 664).

110.— Toutefois, si un créancier attendait le dernier jour de la quinzaine pour contester la créance d'un autre, celui-ci pourrait répondre même après la quinzaine. — Il pourrait non seulement signifier sa défense, mais encore contester incidemment la créance de l'aggresseur (C. pr. 443).— Thom., *ibid.*

111. — La forclusion prononcée par l'art. 664 C. pr. ne s'applique qu'au cas où la contestation n'aurait été consignée sur le procès-verbal par aucun créancier. — 30 juill. 1829. Paris. Fouchereau. D.P. 30. 2. 57.

112.— Les contredits élevés dans les délais par un créancier profitent à tous les autres, même à ceux qui ont laissé passer la quinzaine sans faire aucune réclamation.— *Dict. de pr.*, n. 82.

113. — Le réglement provisoire acquiert aux créanciers en mesure la saisine des deniers à distribuer. — 7 juill. 1829. Paris. Folleville. D.P. 30. 2. 59.

114. — Le jugement sur les contredits doit être signifié au domicile réel du vendeur de l'immeuble dont le prix est à distribuer, et non au domicile élu d'office pour lui par le conservateur; cette élection de domicile ne peut avoir aucun effet à son égard. — 31 mai 1813. Paris. Duplanil. D.A. 10. 852, n. 14. D.P. 2. 899, n 10.

§ 7. — *Contestation sur le réglement provisoire. — Délai.*

115. — S'il s'élève des difficultés, le juge-commissaire renverra à l'audience; elle sera poursuivie par la partie la plus diligente, sur un simple acte d'avoué à avoué, sans autre procédure (C. pr. 666).

116. — La contestation du réglement provisoire se fait par un simple dire sur le procès-verbal (C. pr. 663). Ce dire est signé par l'avoué du contestant.

117. — Le renvoi à l'audience est mentionné sur le procès-verbal à la suite du dire du contestant. *Dict. proc.* n. 88.

118. — Le juge-commissaire, en renvoyant à l'audience, doit arrêter l'état pour les créances reconnues premières en ordre de privilége et non contestées, parce que les incidens ne doivent pas, sans nécessité, retarder le paiement des créances non litigieuses et reconnues préférables (Thom.; Pig, t. 2, p. 183; Carré, Quest. 2185 ; D.A. 10. 860, n. 2). Il doit ordonner la délivrance de leurs mandemens à ces créanciers.— Favard, Rép., v° Distribution, § 2, n. 4.

119. — Et ces mandemens peuvent être exécutés même avant le jugement des incidens, ainsi que cela résulte par analogie de l'art. 758 C. pr, qui dispose que les créanciers antérieurs, dans l'ordre, à ceux dont les créances sont contestées, alors qu'il ont obtenu leurs bordereaux de collocation, ne sont *tenus à aucun rapport à l'égard de ceux qui produiraient ultérieurement*. L'état de distribution est définitif par rapport à ces créanciers privilégiés, et le juge-commissaire doit, en ordonnant la délivrance des mandemens, ordonner aussi, en vertu de l'ordonnance du 3 juill. 1816, la remise de l'état de distribution ainsi arrêté au dépositaire des deniers consignés pour que celui-ci puisse être obligé à l'acquittement des mandemens de collocation.

120. — Cependant on a pensé que l'état de collocation, n'étant définitif qu'après le jugement des difficultés élevées sur sa confection, les mandemens délivrés dans l'espèce ne pouvaient être exécutés avant le jugement des incidens. — D.A. 10. 861, n. 3.

121. — Le greffier délivre expédition du renvoi à l'audience à la partie la plus diligente; celle-ci le signifie aux personnes qui doivent être en cause.

122.—On doit appeler seulement le créancier contestant, le contesté, le saisi et l'avoué le plus ancien des opposans; le poursuivant ne peut être appelé en cette qualité, parce que le plus ancien suffit pour défendre la masse (C. pr. 667). —Thom., t. 2, n. 737; D.A. 10. 861, n. 4.

123. — Cet avoué nécessaire, désigné par la loi pour représenter tous les créanciers, doit être payé par préférence et comme ayant le privilége des frais de justice sur les deniers à distribuer, sauf le recours des créanciers en général sur celui qui a succombé dans la contestation. — Thom., *ibid.*

124. — L'avoué le plus ancien est celui qui, à la fin du mois accordé pour produire. est le plus ancien des avoués des créanciers fondés en titre authentique, et, s'il n'y en a pas, en titre privé. — Pigeau, *Comm.*, art. 667.— V. n. 65.

125. — Si l'avoué le plus ancien avait le même intérêt que le créancier contesté, ou s'il représentait un créancier privilégié, il ne pourrait représenter la masse, parce que dans un cas il a intérêt particulier et que dans l'autre il n'en a aucun. — Carré, 2, n. 2187 ; D.A. 10. 861, n. 4.

On appellerait alors l'avoué le plus ancien après lui. — Pig., *eod.*

126. — Il ne résulte pas de l'art. 667 C. pr. que tout créancier n'ait la faculté de se choisir un avoué pour se défendre personnellement, à la charge de supporter seul les frais tant actifs que passifs qu'il aurait occasionés (arg. de l'art. 527. C. pr.).—Thom., *ibid.*

127. — La partie qui n'a pas d'avoué doit être appelée par exploit à personne ou domicile. — Carré, n. 2186; Pig., *Comm.*, 2, p. 251 ; Delaporte, 2, p. 238 ; Pig., 2, p. 193 ; Favard, 2, p. 116 ; D.A. *ibid.*

128. — Si au jour indiqué l'affaire ne pouvait être discutée, et qu'on indiquât un autre jour, il ne serait pas nécessaire de signifier un nouvel avenir (C. pr. 666). — Carré, 2, p. 193 ; Pigeau, *Comm.*, 2, p. 263 ; D.A. 10. 861, n. 5.

129. — Les difficultés, quelque soit leur nombre, ne forment qu'une instance et doivent être décidées par le même jugement.— Favard, Rép., v° Distribution, § 2, n. 4 ; D.A. 10. 860, n. 1.

130. — Le jugement doit être rendu sur le rapport du juge-commissaire et les conclusions du ministère public (C. pr. 668).

131.— Les défenses ne doivent pas être fournies par écrit ; elles ne peuvent l'être qu'à l'audience, ou

les parties sont admises à plaider, et après le rapport du juge-commissaire.—Carré, 2, n. 2189, 2190, et 1, quest. 478; Pig., 2, p. 193; Fav., p. 116; Dem, p. 433; Hautef., p. 361; D.A. 10. 861, n. 6; *Dict. proc.*, n. 97.—V. Ordre.

132.— Le dire du créancier contestant, inséré au procès-verbal, est regardé comme conclusions prises à la barre; en conséquence, bien qu'il ne se présente pas à l'audience pour plaider, le jugement qui intervient n'en est pas moins considéré comme contradictoire; il était en état de qualités posées; cela suffit pour qu'il ne soit pas donné défaut. On se borne à énoncer qu'il a été entendu en son dire seulement. — Fav., Rep., v° Distribution, § 3, n. 3; D.A. 10. 861, n. 7.—*Contrà*, Pig., *Comm.*, art 668.

133.—Les principes de l'ordre relativement aux frais de la contestation doivent s'appliquer à la distribution. — Pig., t. 2, p. 194 et suiv.; Carré, n. 2191, 2197; Berr., p. 559; D.A. 10, 862, n. 15; *Dict. pr.* n. 98.

Le jugement doit en contenir la liquidation; ils sont taxés comme ceux des autres causes.

134 — Le jugement qui prononce sur la contestation de la demande en collocation d'un créancier est susceptible d'appel, si la somme à distribuer excède 1,000 fr., encore que la somme pour laquelle on lui a refusé la collocation ne s'élève pas à 1,000 fr. — Carré, t. 2, p. 2192; Thom., t. 2, p. 190; D.A. 10. 861, n. 9. *Dict. proc.*, n. 101.—V. Ordre et Degrés de juridiction.

Contrà.— Il ne doit être fait à cet égard aucune exception aux règles générales sur la compétence. — Favard, v° Distribution, § 3, n. 4.

135.— *Délai.* — L'appel des jugemens rendus sur les contestations doit être interjeté dans les dix jours de la signification à avoué (C. pr. 669), ou à domicile, s'il n'y a pas eu d'avoué constitué.

136.—Ainsi, l'appel d'un jugement qui a prononcé sur une distribution de deniers provenant en partie de la vente des immeubles du débiteur et en partie de la vente de son mobilier, n'est pas susceptible du délai ordinaire de trois mois; il doit être interjeté dans les dix jours de la signification du jugement, et ce délai est le même pour les créanciers en sous-ordre que pour les créanciers colloqués directement (C. pr. 443, 669, 763). — 2 janv. 1811. Lyon. Chabot. D.A. 10. 861, n. 1. D.P. 2. 902.

137.— Mais le délai de l'appel d'un jugement qui ordonne la distribution du prix provenant de licitation d'un immeuble, est de trois mois, à compter de la signification, et non de dix jours, comme le délai de l'appel des jugemens rendus en matière d'ordre (C. pr. 443 et 763).— 27 nov. 1824. Amiens. Chasnet. D.A. 4. 793. D P. 25. 2. 117.

Remarquez que dans cette affaire le jugement dont était appel ne décidait pas des contestations élevées sur le réglement provisoire dressé par le juge-commissaire, mais qu'il prononçait sur la question de savoir s'il y aurait lieu à procéder par voie de distribution sur le prix d'une maison licitée; ce jugement, par sa nature, rentrait dans les règles ordinaires de l'appel.

138.— Le délai de l'appel contre un jugement sur distribution faite à l'audience, après les débats respectifs des parties, est de trois mois.— Ici sont inapplicables les art. 669 et 763 C. pr. (C. pr. 443). — 20 juill. 1832. Bourges. Chamblant. D.P. 34. 2. 196.

139. —Dans le cas où la distribution qui a donné lieu à contestation, provenait en partie du prix d'un immeuble, suivra-t-on, pour la signification de l'appel, les dispositions de l'art. 669 ou celles de l'art. 763? Cette signification devra-t-elle être faite à personne ou domicile, ou pourrait-elle être faite à avoué? Dans le doute, dit Carré, quest. 2194, on doit suivre celles de l'art. 763, parce qu'elles présentent plus d'avantages à l'appelant, et qu'elles sont établies pour des contestations plus importantes, qui sont celles de l'ordre.— D.A *cod.*, n.

140.— Toutefois, il a été jugé que l'appel d'un jugement rendu en matière de distribution par contribution du prix d'un immeuble dépendant d'une succession acceptée sous bénéfice d'inventaire, est valablement signifié par un seul et même exploit au domicile de l'avoué des héritiers bénéficaires (C. pr. 669).— 21 déc 1824. Rouen. Masselin. D.A. 10. 861, n. D.P. 2. 902, n. 2.

141. — Le délai de dix jours n'est pas franc (Thom., 2, p. 190 et 191). L'art. 669 porte, en effet, qu'il sera interjeté *dans les dix jours.*

142.— Il ne doit pas être augmenté d'un jour par trois myriamètres de distance; il n'en est pas ici comme en matière d'ordre où l'augmentation est ordonnée par l'art. 763 C. pr.— 4 mars 1828 Caen.

Viriot. D.P. 29. 2. 199. — 26 fév. 1830. Bourges. Folts. D P. 30. 2. 129.—*Contrà*, Carré, 2, n. 2193; Fav., v° Enquête, sect, 1re, § 3, n. 5; Pig., 2, p. 194; Hautef., p. 361; Delap., 2, 243; D.A. 10. 861, n. 8.

143.— Jugé aussi que le délai de dix jours pour interjeter appel d'un jugement sur distribution par contribution, doit être augmenté en raison des distances du domicile réel de chaque partie (C. pr. 669, 763).— 14 mars 1825. Nanci. Trésor. C. Marchaud. D.P. 31. 2. 61.

144.— L'acte d'appel doit être signifié au domicile de l'avoué (C. pr. 669).

145.— Si le saisi n'a pas constitué avoué, le jugement et l'acte d'appel doivent lui être signifiés à personne ou domicile. — Carré, n. 2194; Fav., 2, p. 117; Dem., p 433; D.A.; Thom, *ib.*

146.— Si toutes les parties ont constitué avoué, la signification à la personne de l'intimé n'est pas valable; il faut que ce soit l'avoué qui ait été averti par la signification.

147.— Les parties indiquées dans l'art. 667 doivent seules être intimées sur l'appel (C. p. 669).

148.— Les créanciers qui, après s'être rendus opposans depuis l'ouverture du procès-verbal de distribution, n'ont point notifié leurs oppositions, et ne sont point intervenus dans une première instance entamée sur des contestations entre les créanciers qui ont fait leurs diligences, ne doivent pas être intimés sur l'appel (C. pr. 669).— 2 août 1831. Bordeaux. Montesquiou. D.P. 32. 2. 118.

149.— Lorsque, dans une instance sur distribution par contribution, un créancier prétend qu'un jugement rendu par défaut contre le débiteur saisi, au profit d'un autre créancier, l'a été en fraude de ses droits, il ne peut repousser ce jugement *de plano*, comme *res inter alios judicata*, mais il peut l'attaquer par la tierce-opposition pour la première fois en appel, si cette voie se rattache comme moyen de défense à l'action principale, encore qu'on soutienne qu'il a été représenté par son débiteur (C. civ. 1167; C pr. 474).— 30 juill. 1829. Paris. Fouchereau. D.P. 30. 2. 57.

150.— L'acte d'appel doit contenir citation et énonciation des griefs, et la cour y statue comme en matière sommaire (C. pr. 669). Mais l'acte d'appel qui ne contient pas assignation et énonciation de griefs n'est pas nul pour ce motif. — Carré, t. 2, n. 2165; D.A. 10. 861, n. 10.

151.— Thomine, n. 738, pense, au contraire, qu'il est nul s'il ne contient point assignation, parce que le code ne reconnaît point d'appel volant, et que l'assignation, dans un acte d'appel, est une formalité essentielle.

152.— L'appel des jugemens rendus sur des contestations nées à la suite d'une distribution, doit toujours être jugé comme matière sommaire. En vain prétendrait-on faire résulter une dérogation à l'art. 669, de l'art. 101 du tarif, qui porte que les depens, dans les contestations en matière de contributions, doivent être réglés comme dans les autres matières, suivant leur nature sommaire ou ordinaire. Il résulte seulement de cet article que les dépens peuvent n'être pas fixés par le réglement, si l'objet du litige s'élève au dessus de 1,000 fr. — Merl., Rép., v° Saisie-immobilière, § 8, n. 4; D.A. 10. 861, n. 11.

153. — Le saisi et les créanciers sur qui les fonds manquent, ont leur recours, pour les dépens, contre ceux qui ont succombé, dans les contestations, pour les intérêts et arrérages courus pendant ces contestations. — Pig., t. 2, p. 202; *Dict. de proc.*, n. 111.

154. —La signification de la décision rendue sur l'appel, à personne ou domicile, n'est pas expressément ordonnée; toutefois, il faut la faire, car elle est nécessaire pour faire courir les délais de cassation— *Dict. de proc.*, n. 112.

§ 8. —*Demandes de subrogation à la poursuite.*

155.— Si le poursuivant, après avoir fait commettre le juge qui doit procéder à la distribution, abandonne son action ou néglige de faire les actes nécessaires, l'un des opposans peut demander à l'audience d'être subrogé à la poursuite.—Thom., 2, p. 180, n. 732; D.A. 10. 856, n. 6.

156. — L'art. 779, qui contient les règles d'après lesquelles la demande en subrogation dans un ordre doit être faite, s'applique par analogie à la distribution. — D.A. 10. 856, n. 6; Thom., *ibid.* — V. Ordre.

157. — Il y a négligence et retard, par exemple, quand on n'a pas, dans les délais fixés, requis l'or-

donnance du juge-commissaire pour sommer de produire, fait les sommations, ou dénoncé le clôture du procès-verbal.—Pig, 2, p. 207.

158.— La subrogation peut être également demandée par le débiteur saisi, par les créanciers des opposans, par le dépositaire des fonds, par tous ceux, en un mot, qui ont le droit de poursuivre la contribution.—*Dict. de proc.*, n. 115.

159.—La subrogation est demandée dans la même forme que celle aux poursuites d'ordre; le tribunal peut la prononcer de suite, ou accorder un délai au poursuivant, pour qu'il mette à fin les poursuites.—*Dict. de proc*, n. 116, 117.

§ 9.— *Réglement définitif.—Paiement.*

160. — S'il n'y a point de contestation, le juge-commissaire clôt définitivement son procès-verbal, arrête la distribution des deniers, et ordonne que le greffier délivrera mandement aux créanciers, s'ils affirment la sincérité de leurs créances (C. pr. 665).

161. — Lorsqu'il y a contestation, après l'expiration du délai d'appel, et, en cas d'appel, après la signification de l'arrêt au domicile de l'avoué, le juge-commissaire clôt son procès verbal, ainsi qu'il est prescrit par les art. 665, 670 C pr.

162. — L'affirmation exigée par l'art. 665 C. pr. doit être faite dans les mains du greffier par le créancier assisté de son avoué, sans qu'il soit besoin d'y appeler les autres parties. — Favard, t. 2, p. 115; D.A. 10 860, n. 8.

163.— Elle peut être faite par un fondé de pouvoir du créancier; et, en effet, ce n'est que pour le serment proprement dit que la loi requiert l'intervention de la partie elle même. — Comaille, 2, p. 239; D A *ibid.* — *Contra*, Favard, t. 2, p. 115, qui exige l'affirmation par le créancier en personne.

164. — Il est dressé procès-verbal séparé de l'affirmation; l'avoué doit le signer ainsi que la partie, si elle sait ou peut signer. Il n'est pas nécessaire qu'elle soit faite avec les solennités du serment. — Favard, *ibid*; Carré, *L. de la pr.*, n. 2181, D.A. 10. 860, n. 8.— *Contrà*, Delaporte, 2, 242, qui exige la formalité du serment.

165. — La justification de l'expiration des délais après lesquels il peut être procédé au réglement définitif, se fait par la représentation du certificat de l'avoué poursuivant, contenant la date de la signification du jugement à l'avoué, ou s'il s'agit de la signification de l'arrêt, par un certificat de l'avoué et du greffier, constatant qu'il n'y a pas d'opposition.— Pigeau, *Comm.*, p. 266.

166.— En procédant à la clôture du procès-verbal, le commissaire calcule 1° les droits de greffe et d'enregistrement; 2° le coût de l'extrait des main-levées et de leur droit d'enregistrement; 3° les frais de poursuite de contribution; 4° les intérêts des sommes admises en contribution; 5° les frais de production de chaque créance, ceux du mandement de collocation et de quittance. — *Dict. de pr.*, n. 124.

167.— L'ordonnance qui clôt le procès-verbal exclut définitivement de la collocation les créanciers non produisant; mais cette peine de forclusion ne s'applique qu'à l'instance engagée et non à une instance nouvelle qui pourrait s'engager sur une nouvelle distribution de deniers.— Thom., 2, p. 187.

168. — Jugé, d'après ce principe, que lorsque le procès-verbal de distribution a été clos, la distribution des deniers arrêtée entre tous les créanciers saisissant et opposant, et les mandemens délivrés, aucun autre créancier du débiteur saisi n'est plus recevable à former opposition sur les deniers déposés. — 1er juin 1807. Paris. Selves. D.A. 10. 858, n. 2. D.P. 2. 901, n. 5.

169 — Lorsque l'état de distribution par contribution a été clos sur la réquisition de la partie poursuivante, qui a déclaré avoir sommé tous les créanciers à l'effet de produire, et que l'homologation en a été déclarée, les créanciers opposant qui n'ont pas été colloqués sont non-recevables à réclamer une nouvelle distribution, encore que, par la négligence du poursuivant, ils n'aient reçu aucune sommation de produire. — 12 avril 1820. Toulouse. Duffacet. D.A. 10 859, n. D.P. 22. 2 30.

170.— Mais le poursuivant est, dans ce cas, tenu de réparer le préjudice que sa négligence a fait éprouver aux créanciers.— Même arrêt.

171. — Lorsque les deniers ont été distribués entre les poursuivans, s'il en reste encore, leur distribution donne lieu à une nouvelle procédure de contribution entre les non produisant.— Pigeau, 2, p. 199, Berriat, p 557.

172. — S'il y a eu contestation, le juge-commissaire doit, dans la clôture de son procès-verbal, se conformer à ce que le jugement en dernier ressort ou l'arrêt ont prescrit pour le réglement définitif, et colloquer, par privilége, le plus ancien pour les frais qu'il a faits en représentant la masse des créanciers opposans.— Carré, t. 2, n. 2197; D.A. 10. 862, n. 12

173. — Mais si le juge ne s'est pas conformé aux décisions rendues sur les contestations relatives à la distribution, la partie a la voie d'action principale devant le tribunal, lorsque le préjudice qui lui est causé ne provient que d'une erreur du juge; elle a la prise à partie, si le juge est coupable de dol. —*Dict. de pr.*, n. 131.

174.— Le réglement définitif prononce main-levée des oppositions formées par les créanciers non produisans ou non colloqués, et de celles formées par les créanciers colloqués, quant aux sommes distribuées.— Pigeau, *Pr. civ.*, 2, p. 207.

175. — En faisant le réglement définitif, le juge-commissaire ordonne que le greffier délivre un mandement de collocation à chaque créancier colloqué, sauf affirmation préalable de la sincérité de la créance (C. pr. 670).

176.— Les mandemens sont délivrés par le greffier, huitaine après la clôture du procès-verbal (art. 670). L'affirmation de sincérité de la créance doit être faite par la partie en personne, assistée de son avoué, lequel signe le procès-verbal qui est mis à la suite de celui de la distribution.—*Dict. de pr.*, n. 127.

177. — Le mandement n'est que l'extrait textuel du réglement en ce qui concerne chaque créancier; cet extrait est délivré en expédition, revêtu de l'intitulé et de la formule exécutoire.—*Dict. de pr.*, n. 128.

178. — Lorsque la portion contributoire d'un ou de plusieurs créanciers est si modique qu'elle ne mérite pas qu'on fasse les avances et qu'on remplisse toutes les formalités qu'exige le mandement, il est assez ordinaire que les collocations de ces créanciers soient réunies à celle du plus fort créancier, pour que celui-ci touche la totalité et rende ensuite aux autres leurs portions respectives. Cela se pratique au tribunal de Paris, pour toutes les collocations au-dessous de 50 fr. — Favard, v° Distribution, § 2, n. 3; D.A. 10. 860, n. 7; *Dict. de pr.*, n. 129.

179 — Le paiement des créanciers se fait sur la signification du mandement au détenteur des fonds. Le mandement est exécutoire de plein droit contre celui qui doit payer. — Pigeau, 2, p. 207, *Dict. de proc.*, n. 134.

180.— Les mandemens doivent être délivrés sur les préposés de la caisse des dépôts et consignation (Ordonnance du 3 juill. 1816, art. 4). — D.A. 10. 860, n. 9.

181. — Ces préposés doivent-ils exiger, outre la remise du mandement, celle des certificats délivrés conformément à l'art. 548 C. pr. ?—Oui, suivant une circulaire du ministre de la justice, du 1er sept. 1812, dont l'accomplissement sera probablement exigé par ceux des préposés qui en auront connaissance. —Cependant cette formalité ne paraît pas nécessaire pour rendre valable les paiemens faits par la caisse des consignations, car les mandemens sont eux-mêmes la preuve de ce qu'on ferait constater par ces certificats. Et, en effet, les mandemens de collocation ne doivent être délivrés qu'après la clôture du procès-verbal par le juge-commissaire, clôture qui ne peut être prononcée par ce magistrat qu'après qu'il a vérifié lui-même ou que le jugement n'était pas attaqué, ou, s'il avait été attaqué, que le recours exercé contre lui était définitivement jugé. — Favard, Rép., v° Distribution, § 2, n. 4; D.A. 10. 860, n. 10.

182.— Une copie de l'état de distribution doit être remise par le greffier au dépositaire des deniers consignés, pour qu'il puisse être obligé à l'acquittement des mandemens de collocation (Ordonnance du 3 juill. 1816).

183.— Les intérêts des sommes admises en distribution cessent du jour de la clôture du procès-verbal de distribution, s'il ne s'élève pas de contestation; en cas de contestation, du jour de la signification du jugement qui a statué; en cas d'appel, quinzaine après la signification du jugement dont est appel (C. pr. 672).

184. — D'après l'art. 14 de l'ordonnance du 3 juillet 1816, la caisse des dépôts et consignations paie l'intérêt de la somme consignée, à raison de 3 pour cent, à compter du soixante-unième jour, à partir de la date de la consignation, jusques et non compris celui du remboursement; d'où il paraît résulter que tout créancier qui se présente après le soixante-unième jour, doit recevoir, à ce taux de 3 pour cent, en sus du montant de son mandat, l'intérêt de la somme y portée. — D.A. 10. 862, n. 14.

185.— Le créancier intégralement payé remet les titres, pièces et bordereaux à celui qui le paie, pour que celui-ci puisse les représenter au saisi pour sa décharge. Si le paiement n'est que partiel, il garde ses titres, sur lesquels celui qui dresse la quittance mentionne l'à-compte. — Pigeau, 2, p. 207.

—V. Agent de change, Appel, Caution, Cautionnement de fonctionnaire public, Compétence civile, Certificat de fonctionnaire, Contrainte par corps, Contributions directes, Enregistrement, Douanes, Faillite, Frais, Louage, Ministère public, Ordre, Saisie-arrêt, Saisie-immobilière, Société, Succession, Usufruit, Vol.

TABLE SOMMAIRE.

Accessoire. 91.
Acte d'avoué. 60.
Acte conservatoire. 11.
Affirmation. 160, s. 175.
Annexe. 57.
Appel (délai). 134, s.
Arrérages. 16.
Assignation. 150.
Avoué. 51, 70, 106, 144, s. 162, s.—(préférence) 49. — ancien. 65, s. 122, s.—constitué. 105.
Bordereau. 149.
Cassation. 183.
Cautionnement. 27.
Certificat. 181.
Clôture. 77, 160, s
Collocation. 64, s. 171.— provisoire. 92, s.
Commissaire-priseur. 36, 40.
Communication. 55, s.
Compétence. 27, 29, 53, 66.
Consignation. 28, 34.
Contestation. 115, s.
Contredit. 106.
Contribution. 2, s. 26. —amiable. 19, s. 49.
Copie. 182.
Créancier. 99. —(action) 15.— hypothécaire. 12, s.—(nombre) 7, s.
Curateur. 37.
Date. 48.—(priorité) 49.
Degré de juridiction. 134.
Délai. 22, 28, 38, 55, 68, s. 103, s. 119. —(augmentation) 142, s. — *à quo*. 82.— franc. 142.
Délégation. 5.
Demande augmentée. 90.
Dénonciation. 103, s.
Dépôt. 180.—public. 184. — de titres. 59
Dire. 72, s. 108, s. 116, s.
Domicile. 104, s. 145, 161, s.—(failli) 52. — élu. 114, 144.
Enregistrement. 95.
Etat. 57, 94, s. — de collocation. 103, s.—de distribution. 160.— définitif. 120.
Examen. 96.
Exécution (formule). 177.
Exploit. 127. — d'appel (forme). 150.
Faillite. 12, s. 52, s. 85.
Forclusion, 71, s. 105, s.
Frais. 41, s. 100, 126, 134, 152, 172. — de justice. 123.
Fraude. 149.
Fruits. 16.
Greffe. 63.
Greffier. 121, 182.
Homologation. 4, 24, 169.
Huissier. 40, 59.
Immobilisation. s. 16,
Incident. 53, 149.
Indivisibilité. 129, 187.
Instance nouvelle. 167.
Institution. 35, s.
Intérêt. 50, 153, 183. — (action) 10.— collectif. 123.
Juge-commissaire. 42, 70, 96.
Jugement. 120, s.— contradictoire. 132.
Liquidation. 133.
Louage. 65, 67.
Mandat. 163.
Mandement. 95, 160, s. 176, s.
Matière sommaire. 152.
Mention. 41, 56, 117.
Mesure d'office. 93, 176.
Ministère public. 130.
Officier ministériel. 34.
Opposition. 15, 65, 73, 168.
Ordonnance. 55, s.
Paiement partiel. 187.
Partie. 46, 147.
Président. 49.
Preuve. 21.
Privilége. 39, 64, 66, s. 98, s. 118, s. 172.
Procès-verbal. 72, s. 95, 108, s. 160.
Production. 62, s. 81.
Purge. 4.
Quittance. 52.
Rapport. 130.
Récépissé. 64.
Réglement. 51.— additionnel. 80.— définitif. 174. — provisoire. 74, 113, 115.
Renvoi. 117.
Réparation (dommages). 170.
Requête. 56.
Réquisition. 48, 52, s.
Responsabilité. 40.
Saisies diverses. 22.—immobiliere. 3. — nouvelle. 88.
Séparation de patrimoines. 102
Serment. 164.
Signature. 48, 70, 116, 164.
Signification. 154.
Sommation. 55, s. 65, 82, s. — nouvelle. 76, 106.
Subrogation. 158, s. — aux poursuites. 135.
Succession bénéficiaire. 140.
Taxe. 41.
Tierce-opposition. 149.
Tuteur (acquiescement). 25.
Vacances. 54.

DISTRIBUTION D'ÉCRITS.—V. Crieurs, Presse.— V. aussi Elections.

DIVAGATION.—V. Animaux, Autorité municipale, Compétence criminelle, Délit rural, Forêts.

DIVERTISSEMENT.—V. Recélé.

DIVIDENDE.—V. Droits civils, Effet de commerce, Faillite, Société.

DIVISION (BÉNÉFICE DE).— 1.— C'est l'exception par laquelle la caution poursuivie par le créancier pour toute la dette, obtient que l'action soit divisée entre toutes les cautions.

2.— La division peut être demandée par toute caution, même judiciaire, par ses héritiers, par son certificateur.

3.— La division peut être demandée par la caution, lors même qu'elle serait gênante pour le créancier. Ainsi, il importe peu que les autres cautions demeurent hors du ressort ou que l'une d'elles ne soit engagée qu'à terme ou sous conditions, sauf, dans ce cas, le recours contre les cofidéjusseurs, si l'un d'eux est devenu insolvable.— Poth., n. 421; Delvinc., 2, p. 491.

4.— Le bénéfice de division n'a pas lieu, lorsque les cofidéjusseurs étaient incapables, quand même la caution prétendrait avoir ignoré l'incapacité.— Pothier, n. 424; Basnage, *Hypoth.*; *Dict. de proc.*, v° Division, n. 7.

5.— L'exception de division est péremptoire: elle peut être invoquée même après la défense au fond.—Poth., n. 425; Delv., 2, p. 490; Pigeau, 1, p. 262.

6.— L'exception de division se propose par la voie d'offres réelles que fait la caution de la part dont elle est personnellement tenue dans la dette. Si le créancier consent, il donne quittance. S'il refuse, on l'assigne en validité d'offres réelles.

Si, malgré les offres, le créancier exerçait des poursuites, il faudrait l'assigner en référé pour faire ordonner au provisoire qu'il sera sursis à toute contrainte et poursuite jusqu'après le jugement sur les offres et sur l'exception. — Pigeau, 1. 2, p. 9; *Dictionnaire de proc.*, n. 11, 12.—V. Caution, § 11.

7.— Loin de pouvoir dire qu'une caution, parce qu'elle a renoncé à l'exception de division, a obligé solidairement ses héritiers, sa renonciation ne peut s'entendre, à l'égard du créancier, que de la division de son action entre les fidéjusseurs, lorsqu'il en existe — 14 juill. 1818. Bruxelles. Castique. D. A. 10. 537, n. 5. D. P. 2. 796.

8.— L'exception du *bénéfice de division* proprement dite, ne s'applique qu'en matière de cautionnement. Toutefois, la division des droits ou des obligations peut être demandée dans d'autres circonstances.

9.— En général, quand une obligation a été contractée par plusieurs, sans solidarité, la dette se divise entre eux de plein droit. Chacun n'est tenu que de sa part. On peut distinguer alors autant de dettes distinctes qu'il y a de débiteurs.— V. Obligations.

10. — S'il y a solidarité entre les débiteurs, le créancier peut s'adresser à l'un d'eux, à son choix, pour la totalité de la dette, sans que ce débiteur puisse demander la division (C. civ. 1204).—V. Solidarité.

11.— Les dettes et charges d'une succession se divisent entre les héritiers, chacun y contribuant dans la proportion de sa part héréditaire (C. civ. 870).

12.— Vis-à-vis les créanciers, les héritiers sont tenus des dettes et charges, personnellement pour leur part et portion, mais hypothécairement pour le tout, sauf leur recours contre les co-héritiers ou légataires universels (art. 875).— V. Succession.

—V. Caution, Contributions directes, Eau, Hypothèques, Indivision, Mandat, Partage, Saisie-immobilière, Société commerciale, Tribunaux.

TABLE SOMMAIRE.

Caution. 1, s.
Certificateur. 2.
Défense au fond. 5.
Garantie. 3.
Héritier. 11, s.
Offres réelles. 6, s.
Renonciation. 7.
Solidarité. 7. 9.

DIVORCE.—1.— C'est la dissolution du mariage, prononcée par l'officier de l'état civil, après jugement qui l'a ordonnée.

2. — On ne peut méconnaître que l'esprit du siècle ne tende à autoriser le divorce aboli par la loi de 1816, et peut-être fera-t on une chose bonne, pourvu qu'on l'environne de grandes difficultés qui devront consister en des épreuves longues et assez souvent renouvelées pour que l'incompatibilité des humeurs ou le danger de la vie commune soient rendus manifestes.

Dans l'incertitude si la proposition qui deux fois a déjà échoué devant la chambre des pairs, sera reproduite avec des dispositions nouvelles qui chan-

geront l'économie du titre du divorce au code civil, ou si les pouvoirs législatifs se borneront à rapporter la loi de 1816, on va recueillir les décisions rendues sur cette matière, soit avant, soit après le code. On en passe sous silence un assez grand nombre qui, tenant au système établi par les lois antérieures au code, ne seront jamais d'aucun intérêt.

On prévient, au reste, que c'est à l'article Séparation de corps qu'on trouvera l'exposé de la doctrine des auteurs et l'ensemble complet des décisions communes aux deux matières. La séparation de corps a été respectée par le législateur de 1816; elle est juste et necessaire. — Ici on se borne à retracer les décisions spéciales au divorce.

Les lois de nivôse et de floréal an 2, sur le divorce, ne sont pas applicables hors des cas par elles prévus. — 3 brum. an 9. Civ. c. Bonnemort. D.A. 10. 158, n. 1-1. D.P. 3 1. 285.

§ 1er.— *Jurisprudence antérieure au code civil, et questions transitoires.*

§ 2.— *Divorce par consentement mutuel.*

§ 3.— *Divorce pour cause déterminée.*

§ 4.— *Fins de non-recevoir.*

§ 5.— *Procédure, Enquête, Jugement et Mesures provisoires.*

§ 6.— *Effets du divorce. Droits de survie.—Héritiers.*

——

§ 1er.— *Jurisprudence antérieure au code civil, et questions transitoires.*

3.— Les divorces prononcés avant le code civil, et dont il existe un acte régulier, ne peuvent être attaqués ni à raison des causes pour lesquelles ils auraient été prononcés, ni à raison du manque de quelques formalités dans les actes; et spécialement, en ce qu'ils auraient été prononcés huit jours après la première épreuve, tandis que la loi de l'an 3 exigeait six mois.— 17 janv. 1807. Nîmes. Teulé. D.A. 1. 923, n. 11.

4.—Jugé, dans le même sens, que ces divorces, s'ils sont revêtus d'ailleurs des formes extérieures et matérielles prescrites par les lois, sont inattaquables; et spécialement, le divorce obtenu contre un mari absent depuis plus de cinq ans de France, est inattaquable, encore bien que, pendant ce temps, il aurait été en correspondance avec sa femme, et qu'ainsi celle-ci n'aurait pas ignoré son existence.— 22 mars 1806. Sect. réun. c. Orléans. Mac-Mahon. D.A. 11. 923, n. 13. D.P. 6. 1. 275.

5.— Jugé que la loi transitoire du 26 germ. an 11 maintient indistinctement tous les divorces antérieurs au code civil, et que, dès qu'il existe un acte formel de prononciation de divorce, les parties sont non-recevables à critiquer ce divorce, sous prétexte de nullité résultant, soit de la cause pour laquelle il a été demandé, soit des actes de poursuite qui l'ont précédé —1er fév. 1807. Civ. c. Riom. Couguet-Florat. D.A. 11. 925, n. 14. D.P. 7. 1. 82.

6.— Et cette loi, qui veut que ces divorces aient leurs effets, doit être considérée comme une loi de police générale, en ce sens qu'elle assujettit à son empire tous les individus, soit français, soit étrangers, résidant sur le territoire français. — Même arrêt.

Cet arrêt, en décidant que la fin de non-recevoir, tirée de la loi transitoire de germinal, s'applique à tous les divorces antérieurs au code civil, condamne l'opinion que la section civile avait manifestée, lors de la délibération dont l'arrêt du 30 pluv. an 13 a été le résultat.— D A. *eod.*

7.— Mais elle ne pouvait étendre son empire et ses effets au-delà du territoire français, ni dissoudre ou former des liens entre personnes qui n'étaient pas sous sa puissance; ni, par conséquent, donner à un ministre de France le pouvoir de prononcer sur l'état de ces étrangers. — 25 fév. 1818. Req. Paris. Gnudi. D.A. 10. 88, n. 2. D.P. 18. 1. 129.

8 — Et les émigrés ou absens contre lesquels les divorces ont été prononcés ne peuvent être admis à critiquer la cause du divorce : ils ne peuvent plus examiner que le point de fait, c'est-à-dire le point de savoir s'il existe ou non un acte de divorce revêtu de sa forme extérieure.— 18 prair. an 12. Avis cons. d'état. Mac-Mahon. D.A. 11. 922, n. 9.

9. — Cependant, sous l'empire de la loi du 20 sept. 1792, on a jugé, contrairement aux arrêts qui précèdent, que la femme peut, même après la mort de son mari, attaquer de nullité le divorce qui a été prononcé contre elle pour prétendue absence pendant cinq ans.— 9 fruct. an 13. Paris. Dufey. D.A. 11. 923, n. 10. D.P. 2. 701, n 1.

10.— Toutefois, si la femme contre laquelle le divorce a été prononcé a eu, du vivant de son époux, une connaissance suffisante de la célébration du second mariage qu'il a contracté, ou du moins, si, à raison de la publicité de ce mariage et de sa résidence sur les lieux, elle est censée l'avoir connu, sans avoir jamais réclamé, elle sera non-recevable, après le décès de celui-ci, à demander la nullité du divorce.— 19 therm. an 10. Poitiers. Racapé. D.A 11. 922, n. 8. D.P. 23. 2. 31.

§ 2.— *Du divorce par consentement mutuel.*

11. — En matière de divorce par consentement mutuel, les formalités doivent être tellement exécutées avec rigueur, que, faute par l'un des époux de produire l'acte de décès de son aïeul aux époques déterminées par l'art. 279, 280 et 283 C. civ., toute la procédure doit être annulée, encore bien que l'époux se serait réservé de faire cette production; qu'il l'aurait en effet opérée depuis; il importerait peu aussi qu'à cette époque l'aïeul dût avoir plus de cent vingt ans, et que son décès fût mentionné dans l'acte de décès de l'aïeule.— 2 sept. 1806. Turin. Machiera. D.A. 11. 927, n. 1.

12.— En cas de dissentiment entre le père et la mère de l'un des époux qui veulent demander le divorce par consentement mutuel, l'autorisation donnée par le père seul n'est pas suffisante : l'art. 150 C. civ., relatif au mariage, auquel se réfère l'art. 278, n'est pas applicable au cas de dissentiment des époux. — 3 oct. 1810. Civ. c. Liége. int. de la loi. Ghysels. D.A. 11. 927, n. 2. D.P. 10 1. 481.

§ 3. —, *Du divorce pour cause déterminée.*

13.— Le code civil porte :

Art. 229. — « Le mari pourra demander le divorce pour cause d'adultère de sa femme;

Art. 230. — » La femme pourra, etc...

Art. 231.— » Les époux pourront réciproquement demander le divorce pour excès, sévices, injures graves de l'un envers l'autre;

Art. 232.— » La condamnation de l'un des époux à une peine infamante, sera pour l'autre époux une cause de divorce. »

14. — Le divorce pour cause déterminée peut-il être prononcé pour des faits antérieurs à la promulgation de la loi sur le divorce, ou qui ont eu lieu pendant l'émigration des parties?

L'arrêt de la cour d'appel de Bruxelles paraît avoir adopté l'affirmative, quoique celui de la cour de cassation semble consacrer une opinion contraire, tout en rejetant le pourvoi contre la décision de la cour de Bruxelles (L. 20 sept. 1792).—12 fév. 1806. Civ. r. Delabarre. D.P. 6. 2. 97.

15.— En cas de demande en divorce pour cause d'adultère, on a jugé qu'il suffit que la preuve de l'adultère résulte de présomptions, de lettres propres à opérer la conviction des juges, encore bien que les coupables n'aient pas été vus commettant le délit. — 27 fév. 1807. Bordeaux. L... D.A. 11. 929, n. 6. D.P. 2. 1252.

16.— Toutefois, une telle demande n'est pas recevable de la part du mari qui laisserait sa femme dans une habitation isolée, loin de lui, et dans une société notoirement dangereuse pour les mœurs de celle-ci. — 6 avril 1811. Paris. C... D.A. 11. 932, n. 7. D.P. 12. 2. 29.

17.— La femme est recevable à provoquer le divorce pour cause d'adultère du mari avec une concubine tenue dans la maison commune, encore que cette concubine soit une servante choisie par la femme elle-même. — On dirait en vain que ce n'est pas là, au vœu de la loi, une concubine tenue dans la maison commune : et le jugement qui, reconnaissant les liaisons du mari et de sa complice, prononce le divorce en lui faisant défense de se marier avec celle-ci, doit être confirmé. — 13 fruct. an 11. Amiens. Dufort. D.A. 11. 932, n. 6. D.P. 2. 1234.

18.—Elle serait également recevable, encore bien qu'elle aurait quitté le domicile commun pour se retirer auprès de ses parens, et que ce soit depuis et pendant son absence que le mari aurait entretenu sa concubine dans le domicile marital. — 2 prair. an 12. Poitiers. Lambert. D.A. 11 930, n. 7. D.P. 2. 1253. — 24 juill. 1812. Douai. B...D.A. *ibid.*

19.— Quant aux sévices, on a jugé qu'il n'est pas besoin qu'ils mettent la vie de l'époux en danger; il suffit qu'ils soient assez graves pour lui rendre la vie commune insupportable.—15 vend an 13. Besançon. Roy. D.A. 11. 928, n. 2. D.P. 2. 1251. — 16 germ. an 13. Besançon. Roy. D.A. 11. 886, n. 2. D.P. 2. 1234.

20 — Jugé aussi que des sévices ou mauvais traitemens doivent faire prononcer le divorce, quoiqu'ils aient été provoqués par des injures : il ne saurait y avoir de compensation entre des paroles et des sévices.—10 vent an 11. Poiters. Régnier. D.A. 11. 931, n 2. D.P. 2. 1253.

21.— Et, en un cas pareil, la demande peut être intentée même après un mariage de vingt années : ici ne s'applique pas l'art. 277 C. civ.—28 mai 1813. Trêves. Wendelin. D.A. 11. 932, n. 4. D.P. 2. 1254.

22 — Et le mari n'est pas moins que la femme recevable à demander le divorce pour mauvais traitemens et injures graves. — Même arrêt.

23.— Mais l'injure grave est une cause de divorce distincte de celle qui se fonde sur l'adultère; en conséquence, l'époux qui a demandé le divorce pour la cause déterminée d'injure grave, n'est pas fondé à faire résulter ensuite cette injure de l'adultère de sa femme; et c'est à tort qu'un jugement admet l'adultère comme injure grave dans le sens de la loi. — 8 déc. 1807. Colmar. L... D.A. 11. 929, n. 5. D.P. 2. 1252.

24. — Relativement à la question de savoir ce qui constitue *les injures graves*, on a jugé que des lettres écrites par l'un des époux à l'autre époux ou à ses père et mère, ne peuvent être, quels que soient les reproches qu'elles contiennent, considérées comme injures graves, de nature à faire prononcer le divorce. — 7 pluv. an 12. Metz. L H... D.A. 11. 928, n. 3. D.P. 2. 1252.

25. — Décidé cependant que des expressions outrageantes contenues dans des lettres confidentielles, écrites, soit à la femme, soit à des tiers, peuvent, selon les circonstances, être considérées comme injures graves —29 juill. 1806. Poitiers. Garreau. D.A. 11. 892, n. 1. D.P. 6. 2. 237.

26.— Jugé que le fait, par un mari, d'avoir, avec autorisation de la police, transporté et détenu dans une maison de santé sa femme atteinte de démence constatée, n'est pas un sévice de nature à autoriser la femme à demander le divorce, en se fondant sur ce que l'approbation du juge civil n'aurait pas été demandée.— 10 janv. 1807. Paris. Vincent. D.A. 11. 886, n. 4. D.P. 2. 1234.

27.—Ainsi encore, ce que dit pour sa défense l'époux actionné en divorce, encore qu'il se livre à des accusations violentes contre l'autre époux, ne peut être considéré comme *injures graves*, surtout s'il y a eu de vives provocations.— 15 germ. an 13. Turin. Falletti. D.A. 11. 929, n. 4. D.P. 2. 1252.

28. — On a même jugé que des coups portés par un mari à sa femme, alors qu'ils trouvent leur excuse dans des dépenses excessives, dans des défauts de caractère et des courses au dehors non approuvées par le mari, ne sont pas une cause suffisante de divorce (C. civ. 231). — 25 mess. an 12. Turin. Bunna. D.A. 11. 928, n. 1. D.P. 2. 1231.

29.— Avant le code civil, on a décidé que l'accusation d'un fait emportant peine afflictive, suivie de la déclaration négative d'un jury, pouvait, suivant les circonstances, n'être pas considérée comme une injure grave, dans le sens de la loi du 20 sept. 1792. — 19 mess. an 13. Civ. r. Deshommais. D.P. 5. 2. 167.

30. — Est une cause suffisante pour faire prononcer le divorce sur la demande de l'autre époux, la condamnation à une peine infamante même antérieure au code civil (C. civ. 2, 232). — 8 oct. 1808. Turin. Fantin. D.A. 11. 930, n. 8. — 25 mai 1808. Turin. Canova. D.A. 11. 930, n. 9. D.P. 9. 2. 15.

31 — Jugé aussi que l'inaccomplissement, par l'un des époux, des obligations mutuelles imposées par la loi, est une cause suffisante de divorce; ainsi, le refus du mari de recevoir sa femme dans son domicile, de l'y nourrir et de l'y entretenir, donne lieu au divorce pour cause déterminée. — 8 fruct. an 13. Bruxelles. Quarré. D.A. 11. 939, n. 10. D.P. 2. 1253.

32.— De même encore, on peut considérer comme un abandon donnant lieu au divorce la conduite du mari qui a quitté sa résidence ordinaire, et est allé habiter dans une autre ville sans en prévenir sa femme, sans lui donner de ses nouvelles, et sans lui faire passer aucun secours pendant plus de trois ans. — 28 flor. an 9. Bordeaux. Fourquenotte. D.A. 11. 920, n. 1.

33.— Mais le fait, de la part d'une femme, de n'avoir pas suivi pendant deux ans son mari dans le nouveau domicile qu'il s'est choisi dans une autre ville de France, a pu n'être pas regardé comme un abandon suffisant pour faire prononcer le divorce

contre elle. — 11 fruct. an 12. Req. Paris. Coublot. D.A. 11. 920, n. 2. D.P. 5. 1. 75.

34. — L'absence, dans le sens de la loi de 1792, peut s'entendre de la non présence au domicile. — 22 mars 1806. Sect. réun. c. Orléans. Mac-Mahon. D.A. 11. 925, n. 13. D.P. 6. 1. 275.

§ 4.—*Des fins de non-recevoir.*

35.—Celui des époux contre qui le divorce est demandé pour cause déterminée peut opposer à l'époux demandeur, par voie d'exception et comme fin de non-recevoir, des faits constitutifs de la même cause de divorce.—7 niv. an 7. Civ. c. Deshommais. D.A. 11. 931, n. 1. D.P. 3. 1. 183.

36.—Et particulièrement, sous l'empire de la loi du 20 sept. 1792, l'époux défendeur à l'action en divorce pour déréglement de mœurs pouvait opposer l'inconduite de l'époux demandeur, pour faire déclarer celui-ci non-recevable dans sa demande.—Même arrêt.

37.—Cependant, en sens contraire, on a jugé que l'inconduite de la femme demanderesse en divorce n'élève pas en faveur du mari une fin de non-recevoir, à l'aide de laquelle il puisse repousser la demande; seulement, il est toujours libre aux tribunaux d'examiner les torts réciproques, et d'accorder ou de refuser le divorce.— 14 prair. an 13. Req. Orléans. Chevé. D.A. 11. 931, n. 3. D.P. 5. 1. 511.

38.—L'art. 272 C. civ. porte : « L'action en divorce sera éteinte par la réconciliation des époux, survenue soit depuis les faits qui auraient pu autoriser cette action, soit depuis la demande en divorce. »

39.—La réconciliation des époux ne peut s'induire du fait seul de leur co-habitation depuis les actes sur lesquels la demande en divorce était fondée.—4 avril 1808. Civ. r. Bruxelles. Verlomen. D.A. 11. 934, n. 12. D.P. 8. 1. 180.

40.—Sur le point de savoir quand il peut y avoir réconciliation, la cour de cassation a décidé que les circonstances, que, depuis les faits sur lesquels une demande en divorce pour sévices est basée, les époux auraient bu, mangé et conversé ensemble, et que la femme aurait continué de faire la cuisine comme par le passé, sans que la paix ait été de nouveau troublée, les juges ont pu induire une réconciliation des époux.—Même arrêt.

41.—Toutefois, de ce que depuis la connaissance des faits d'adultère d'une femme, son mari aurait continué de demeurer avec elle, il ne résulte pas nécessairement une réconciliation; et l'on ne saurait induire cette réconciliation de la requête du mari, dans laquelle il parle de la co-habitation qui a suivi les déréglemens de sa femme, si, dans cette même requête, qui ne doit point être divisée, il exprime les causes de ses chagrins domestiques et ses projets de vengeance, qu'il déclare différer jusqu'après les couches de sa femme.—9 fruct. an 12. Bordeaux. Laclotte. D.A. 11. 933, n. 11. D.P. 5. 2. 8.

42.—La reconnaissance faite par un mari, dans des actes publics, de la qualité de *femme divorcée* à celle qui a fait prononcer son divorce d'avec lui, le rend non-recevable à demander plus tard l'annulation du divorce. — Le décider ainsi, ce n'est pas contrevenir à l'art. 6 C. civ.—24 pluv. an 13 Req. Trèves. Buehler. D.A. 11. 933, n. 10. D.P. 5. 2. 92.

43.—La femme ne peut être déclarée non-recevable dans sa poursuite en divorce, en ce qu'elle n'habite pas la maison de son père, qui lui a été indiquée par le tribunal, alors que c'est son père lui-même qui l'a placée dans la maison où elle s'est retirée, et que son mari ne lui fournissait pas d'alimens dans la maison indiquée par le tribunal. — 10 vent. an 12. Paris. Grandidier. D.A. 11. 933, n. 8. D.P. 2. 1254.

44.—Et encore bien que ce serait le domicile indiqué par le tribunal, qu'elle aurait quitté, il ne résulterait pas que la femme doive nécessairement être déclarée déchue de sa demande : les juges doivent au contraire apprécier les causes de l'absence. —16 janv. 1815. Civ. c. Amiens. Rennecourt. D.A. 11. 933, n. 9. D.P. 16. 1. 129.

45.—Jugé aussi que le fait, par un époux, d'avoir demandé et obtenu la séparation de corps, ne le rend pas non recevable à former plus tard une demande en divorce pour causes nouvelles, et, par exemple, le mari qui a fait prononcer la séparation de corps contre sa femme pour injures graves, peut ensuite demander le divorce pour adultère.— 16 déc. 1811. Civ. c. Aix. Civate. D.A. 11. 934, n. 14. D.P. 12. 1. 117.

46. — D'après le même principe, l'époux qui s'est désisté d'une première demande en divorce, dans laquelle il avait omis certains faits, en se réservant de la renouveler, peut la renouveler dans une seconde requête comprenant tout à la fois les faits déjà articulés et les faits omis : on dirait en vain qu'il y a eu renonciation irrévocable équivalente à réconciliation, et que l'on n'a pu se prévaloir que de faits postérieurs au désistement (C. civ. 236). — 18 mars 1811. Paris. Poirson. D.A. 11 936, n. 16. D.P. 2. 1255.

47. — Toutefois, on a jugé que tout arrangement intervenu pendant l'instance en divorce, par lequel les époux conviennent de vivre séparément, emporte désistement de la procédure engagée. — 20 juin 1807. Turin Cigliutti. D.A. 11. 935, n. 15. D.P. 2. 1255.

§ 5. — *Procédure, enquête, jugement et mesures provisoires.*

48. — *Procédure avant le code civil* — La femme n'a pas besoin d'être autorisée pour ester en jugement sur sa demande en divorce. — 6 germ. an 10. Paris. Danneville. D.A. 11 943, n. 24.

49. — Jugé aussi que la femme n'a pas besoin d'autorisation à l'effet de former sa demande en divorce pour cause déterminée. — 23 germ. an 13. Req. Defitz-Lacoste. D.A. 11. 936, n. 2. D.P. 5. 2. 133. — 29 pluv. an 10. Paris. Travers. D.A. 11. 936, n. 1. D.P. 2. 1253.

50. — Et dans les assignations qu'une femme fait donner à son mari pour divorce, son domicile est suffisamment indiqué si elle énonce sa résidence de fait. — 6 germ. an 10. Paris. Danneville. D.A. 11. 943, n. 24.

51.—Sous l'empire de la loi du 20 sept. 1792, on a jugé qu'il n'y a pas nullité d'une demande en divorce pour incompatibilité d'humeur, en ce que cette demande contiendrait l'indication d'autres motifs. — 17 vend. an 14. Req. Aix. Langlois. D.A. 11. 921, n. 3. D.P. 6. 1. 21.

52. — L'obligation de faire prononcer le divorce dans les six mois après la dernière tentative de conciliation, imposée par la loi du 20 sept. 1792, ne subsistait plus depuis la loi du 1er compl. an 5. — En conséquence, on n'a pu déclarer déchu un individu, pour ne l'avoir pas fait prononcer dans ce délai. — 24 therm. an 13. Civ. c. Morio. D.A. 11. 921, n. 7. — 17 vend. an 14. Req. Aix. Langlois. D.A. 11. 921, n. 3. D.P. 6. 1. 21.

53. — Jugé dans le même sens à l'égard d'une demande en divorce pour incompatibilité d'humeur. —3 flor. an 13. Civ. r. Desroches D P. 5. 1. 515.

54. — Jugé encore que l'art. 14 de la loi du 20 sept. 1792, sur le divorce, qui ordonne à l'époux demandeur d'observer une seconde fois les formalités prescrites, s'il n'a fait prononcer le divorce dans les six mois après les formalités préliminaires remplies, ne s'applique pas au cas où c'est par le fait de l'époux défendeur, et spécialement par suite de l'opposition qu'il a formée, que le divorce n'a pas été prononcé. — 12 août 1808. Civ. c. Silvestre. D.A. 11. 921, n. 6. D.P. 2. 1249.

55.—Jugé encore que, sous la même loi, il n'était pas nécessaire non plus, à peine de nullité, que les procès-verbaux des assemblées de famille, qui devaient précéder la prononciation du divorce pour incompatibilité d'humeur, continssent la mention expresse que les parens ou amis avaient tenté de concilier les époux, et que, pendant leur explication, l'officier public s'était retiré. — 29 fruct. an 10. Req. Robillard. D.P. 3. 1. 523.

56. — Et, dans ce cas, il n'était pas également nécessaire, à peine de nullité, qu'un acte particulier de l'officier public, et signifié à l'époux défendeur, indiquât l'époque des assemblées préliminaires; il suffisait que l'époux demandeur annonçât purement et simplement à son conjoint la convocation de ces assemblées. — 3 flor. an 13. Civ. r. Desroches. D.P. 5. 1. 515.

57.— Jugé encore que, dans le même cas, le demandeur n'est pas tenu de faire constater par un exploit d'huissier ou par tout autre acte particulier, que les parens indiqués dans l'acte de convocation ont été invités à se présenter à la première assemblée de famille, encore bien qu'on prétendrait qu'un des parens indiqués a été remplacé par un ami (L. 20 sept. 1792, art. 8, § 2). — 11 frim. an 14. Civ. c. Aix. Granet. D.P. 6. 1. 72.

58.— En effet, il été décidé que le demandeur peut, à défaut de parens dans la commune où le divorce est poursuivi, appeler des amis aux assemblées de famille (L. 20 sept. 1792, art. 8, § 2).— 13 frim. an 14. Civ. c. Bourges. Blondeau. D.P. 6. 2. 41.

59. — Les parens peuvent même se faire représenter par des mandataires aux assemblées de famille tenues suivant la loi du 20 sept. 1792, surtout si ces mandataires sont présentés comme amis du conjoint dont ils représentent les parens. — 1er vent. an 13. Civ. c. Caen. Duboschet. D.P. 5. 1. 319.

60.— La nullité des procès-verbaux d'assemblées de parens ne rend pas nulle les actes antérieurs de la procédure, tels que la comparution, l'ordonnance de l'officier public et la signification de ces actes au conjoint défendeur.— 19 germinal an 12. Req. Berenguier. D.P. 4. 1. 352.

61.— Le juge de paix, quoique compétent pour statuer sur l'opposition formée à un mariage sous la loi de 1793, est incompétent pour connaître d'une demande en nullité d'un divorce, formée incidemment. — 25 vend. an 13. Civ. c. Gasqui. D.A. 11. 921, n. 4. D.P. 5. 1. 27.

62.— *De la procédure depuis les lois nouvelles.*— Nous placerons les arrêts suivant l'ordre naturel de la procédure. Viendront donc d'abord ceux qui s'appliquent aux règles générales de la procédure, puis ceux relatifs à *l'enquête*, au *jugement*, à *l'appel*, *mesures provisoires*, et enfin ceux relatifs aux *effets du divorce.*

63.— Le code civil renfermant un système complet d'instruction sur les demandes en divorce pour cause déterminée, il n'est permis de recourir aux règles de la procédure ordinaire qu'autant qu'il l'a expressément ordonné.—Arrêt (*apr. delib. en ch. du cons.*). —28 déc. 1807. Civ. c. Paris. Chappey. D.A. 11. 939, n. 13. D.P. 8. 1. 7.

64.— C'est ainsi qu'il a été jugé que l'art. 1040 C. proc., portant que « tous actes ou procès-verbaux du ministère du juge seront faits au lieu où siége le tribunal, » n'est pas applicable à la procédure en divorce les actes préliminaires peuvent être faits en l'hôtel du juge.— 16 août 1811. Besançon. Lémard. D.A. 11. 938, n. 8. D.P. 12. 2. 29.

65. — La requête en divorce pour cause déterminée doit, à peine de nullité, indiquer en détail les faits sur lesquels la demande est fondée, préciser les époques et les lieux; il ne suffirait pas d'exprimer qu'on a été l'objet d'excès, de sévices et d'injures graves, et l'on prétendrait en vain que ce n'est que lors de la preuve par témoins qu'il est nécessaire de préciser les faits (C. civ. 236).— 2 juill. 1810. Limoges. Gorsas. D.A. 11. 937, n. 6. D.P. 11. 2. 108.

66. — Jugé encore qu'elle doit déterminer avec précision le jour, l'heure et toutes les circonstances du fait, et non pas se borner à articuler vaguement et sans nul détail qu'une femme, par exemple, s'est rendue coupable d'adultère. — 18 fév. 1806. Paris. Baillon. D.A. 11. 940, n. 14.

67.— Et pour que la demande soit censée détailler les faits, comme le prescrit l'art. 236 C. civ., il est nécessaire que ces faits soient rapportés avec leur date et l'indication exacte de tous les titres, ou des circonstances qui en sont distinctives.— 20 mess. an 13. Colmar. H.... D.A. 11. 937, n. 4. D.P. 2. 1255.

68.—Aussi, une telle demande, qui ne détaillerait pas les faits, doit être rejetée sans que l'époux demandeur soit recevable à réparer cette omission dans un acte signifié au défendeur, après la comparution devant le président, quoiqu'avant l'audience publique. — 14 mars 1806. Paris. Desarcis. D.A. 11. 937, n. 5. D.P. 2. 1256.

69. — C'est d'après ce principe qu'on a décidé que les juges ne doivent tenir aucun compte des faits proposés depuis la requête en divorce. — 30 juill. 1806. Civ. c. Riom. Chappel. D.A. 11. 941, n. 20. D.P. 6. 1. 710.

70. — En sens contraire, on a jugé qu'elle peut être renouvelée d'une manière régulière. — 2 juill. 1810. Limoges. Gorsas. D.A. 11. 937, n. 6. D.P. 11. 2.208.

71.—L'art. 241 C. civ., portant « que le demandeur en divorce, en vertu de la permission du juge, fera citer le défendeur à comparaître en personne à l'audience dans le délai de la loi, » s'entend du délai de huitaine dont parle l'art. 3 du tit. 3 de l'ord. de 1667, et non de celui de trois semaines, dont il s'agit à l'art. 5 du même titre de cette loi, puisque le défendeur doit se présenter en personne.— 13 fruct. an 11. Paris. Duffort. D.A. 11. 938, n 7.

72.— Et en cas de suspension de la permission de citer conformément à l'art. 240 C. pr, on doit, à l'expiration du délai, demander au juge une permission nouvelle, et alors il ne peut la refuser; toutefois, si la citation a été donnée sans demande préalable de cette permission, le tribunal doit se borner à annuler la citation, au lieu de rejeter la demande en divorce.— 16 août 1811. Besançon. Lémard. D.A. 11. 938, n. 8. D.P. 12. 2. 29.

75. — Jugé aussi que lorsqu'en l'absence du président du tribunal, le juge qui le remplace a répondu une requête en divorce, et a ordonné la comparution de l'époux devant lui, il ne cesse pas d'être autorisé à recevoir lui-même les comparans, encore qu'au jour fixé pour la comparution, le président soit de retour (C. civ. 236 et 238). — 16 août 1811. Besançon. Lémard. D.A. 11. 938, n. 8. D.P. 12. 2. 29.

74. — L'époux qui a formé une demande en séparation de corps ne peut plus abandonner son action pour intenter, sur les mêmes faits, une demande en divorce. — 27 nov. 1809. Aix. Hermitte. D.A. 11. 934, n. 13. D.P. 2. 1254.

75. — A l'audience à huis-clos, le défendeur ne peut, de même que le demandeur, se faire assister que d'un conseil, outre son avoué; il ne serait pas fondé à se faire assister d'un avoué et de trois avocats. — 17 mars 1808. Rouen. Devarin. D.A. 11. 943, n. 25.

76. — Les plaidoiries en cette matière peuvent avoir lieu à huis-clos lorsqu'il y crainte de scandale; ici s'applique l'art. 87 C. pr., et on opposerait en vain les art 881 C. pr.; 245, 258 C. civ. — 15 déc. 1808. Req. Riom. Cotton. D.A. 11. 941, n. 19. D.P. 9. 1. 32.

77. — Il peut être produit à l'appui d'une demande en divorce pour adultère des pièces qui n'auraient pas été mentionnées dans la requête. — 12 frim. an 14. Bruxelles. Poot. D.A. 11. 936, n. 3.

78. — Jugé aussi qu'on peut s'appuyer sur des sévices ou injures graves antérieurs à la loi qui a permis le divorce. — 21 flor. an. 12. Turin. Buniva. D.A. 11. 925, n. 15. D.P. 2. 1249.

79. — Et l'art. 273 C. civ., qui autorise le demandeur à intenter une nouvelle action pour cause survenue depuis la réconciliation, n'exige pas que les faits postérieurs à la réconciliation soient tellement graves qu'ils suffisent à eux seuls, indépendamment des faits antérieurs, pour motiver le divorce. — 28 mai 1813 Trêves. Wendelin. D.A. 11. 932, n. 4. D.P. 2. 1254.

80. — Il n'est pas exigé non plus que les nouvelles pièces sur lesquelles une demande en divorce est fondée soient signifiées en copies au défendeur; il suffit qu'elles lui soient communiquées par la voie du greffe. — 12 frim. an 14. Bruxelles. Poot. D.A. 11. 936, n. 3.

81. — Toute demande en divorce, formée postérieurement au code civil, quoique se rattachant à une demande antérieure à ce code, mais dont l'annulation a été prononcée par jugement passé en force de chose jugée, doit être jugée d'après les règles prescrites audit code. En conséquence, une telle demande doit être repoussée, si elle est fondée sur l'incompatibilité d'humeur, que le code n'admet plus comme cause de divorce (L. 26 germ. an 11). — 17 mars 1806. Bordeaux. G... D.A. 11. 927, n. 16.

82. — La non pertinence de faits allégués par le demandeur en divorce doit être considérée comme une fin de non-recevoir tenant essentiellement au fond de l'action, et qui ne saurait, par conséquent, être examinée qu'après qu'un premier jugement a prononcé que la demande en divorce est admise. — 18 frim. an 14. Civ. c. Paris. Lapourielle. — 26 mai 1807. Req Amiens. Lapourielle. D.A. 11. 938, n. 9. D.P. 6. 1. 173, et 7. 1. 539.

83. — La femme demanderesse est autorisée à quitter le domicile de son mari, aussitôt après la remise de la requête en divorce et des pièces à l'appui. — 4 fév. 1807. Trêves. Uebel. D.A. 1. 359. D.P. 1. 110.

84. — Il a été jugé qu'un époux qui poursuit le divorce pour adultère, ne peut être obligé, par l'autre époux, de mettre en cause le prétendu complice. — 12 frim. an 14. Bruxelles. Poot. D.A. 11. 936, n. 3.

85. — La pension alimentaire accordée par l'art. 301 C. civ. à l'épouse qui a obtenu le divorce, ne peut être adjugée par le tribunal avant que le divorce ait été admis et prononcé: on ne peut accorder qu'une provision. — 11 fruct. an 13. Rouen. Paquet. D A. 11. 945, n. 4. D.P. 6 2. 173.

86. — En principe, l'action d'adultère passe aux héritiers lorsqu'elle a été commencée par le mari. — 26 avril 1806. Bruxelles. Boot. D.A. 11. 945, n. 5. n. 1. D.P. 6. 2. 145.

87. — *Enquête.* — Les formalités du code de procédure en cette matière s'appliquent aux enquêtes en matière de divorce. — 15 avril 1813. Nanci. Hurlin. D.A. 11 940, n. 18. D P. 14. 2. 28.

88. — Cependant, il a été décidé que le code civil a établi un droit nouveau et une forme spéciale de procédure, principalement à l'égard des enquêtes, et que, spécialement, on ne peut annuler une enquête en ce qu'il n'a pas été fait aux témoins l'interpellation de déclarer s'ils étaient parens, alliés ou serviteurs des parties, etc. — 3 mai 1809. Civ. r. Maurette. D.A. 11. 940, n. 17. D.P. 9. 1. 176.

89. — Dans le même sens encore, la cour de cassation a jugé que la nécessité d'entendre tous les témoins assignés, et de mentionner au procès-verbal d'enquête le défaut de comparution des témoins (C. pr. 269, 275), ne s'applique pas aux matières de divorce, spécialement régies par le code civil (C. civ. 249). — 22 nov. 1815. Req. Paris. Montarcher. D.A. 11. 940, n. 16. D.P. 15. 1. 605.

90. — Toutefois, les témoins doivent être entendus séparément comme en matière ordinaire, et il y a lieu d'annuler la disposition qui porte qu'ils seront entendus en présence les uns des autres. — 15 avril 1813. Nanci. Hurlin. D.A. 11. 940, n. 18. D.P. 14. 2. 28.

91. — On a jugé aussi que la nullité résultant de ce que le procès-verbal ne mentionne pas que les témoins ont déposé sans lire de projet écrit, peut être suppléée d'office par le juge. — 15 avril 1813. Nanci. Hurlin D A. 11. 940, n. 18. D.P. 14. 2. 28.

92. — Mais le procès-verbal d'enquête doit, à peine de nullité, être lu aux témoins (C. civ. 255). — Même arrêt.

93. — Si, dans une instance en séparation de corps, formée uniquement pour excès, sévices et injures graves, des témoins appelés par le défendeur, au lieu de déposer sur ces faits, ont articulé des faits d'adultère contre la femme demanderesse, ces témoins ne peuvent, sur une action en divorce pour adultère formée depuis par le mari, et fondée sur leur témoignage, être entendus à l'appui de cette dernière demande. — 18 fév. 1806 Paris. Boillon. D.A. 11. 940, n. 14.

94. — On peut entendre pour témoins des parens ou domestiques, encore que la demande ait été formée sous l'empire d'une législation qui n'admettait pas ce témoignage (C. civ. 2, 251). — 1er frim. an 13. Bruxelles. Frison. D A. 11. 940, n. 15.

95. — Mais après le jugement qui autorise le demandeur à faire la preuve des faits allégués, le défendeur, qui jusque là a fait défaut, n'est plus recevable à désigner des témoins. — 21 juill. 1809. Paris. Hemener. D A. 11. 944, n. 29.

96. — Lorsque l'enquête a été ordonnée sur la question unique de savoir si des propos diffamatoires ont été ou non tenus par le mari, celui-ci ne peut faire interroger les témoins sur le point de savoir si ces propos avaient été justifiés par les désordres de sa femme. — 20 frim. an 14. Bruxelles. Bar. D.A. 11 905, n. 1.

97. — Les nullités commises dans les enquêtes en matière de divorce sont d'ordre public, et ne sont pas susceptibles d'être couvertes. — 15 avril 1813. Nanci. Hurlin. D.A. 11. 940, n. 18. D.P. 14. 2. 28.

98. — Mais l'époux contre lequel une enquête a été annulée peut la recommencer à partir de l'acte annulé. — Même arrêt.

99. — Et il le peut, soit que la première enquête ait été déclarée nulle par sa faute, ou par celle d'un officier public dont il a employé le ministère (C. pr. 879, 881). — 8 juin 1808. Civ. c. Maillard. D.P. 8. 2. 111. — 28 déc. 1807. Civ c. Paris. Choppey. D.A. 11. 939, n. 13. D.P. 8. 1. 7.

100. — Jugé de même pour la contre-enquête, encore que le défendeur n'aurait pas assigné ses témoins pour le jour fixé pour l'audition. En un tel cas, et après l'audition des témoins du demandeur, il a pu être fixé au défendeur un nouveau jour pour faire entendre les siens..., surtout si l'on se trouvait alors dans des circonstances critiques (C. civ. 252). — 27 juill. 1814. Bordeaux. Solberg. D.A. 11. 939, n. 12.

101. — *Aveu.* — Lorsqu'un mari avoue avoir porté des coups à sa femme, mais en ajoutant que celle-ci avait donné occasion par ses dépenses, ses défauts de caractère et ses courses au dehors, cet aveu ne peut pas être divisé. — 25 mess. an 12. Turin. Buniva. D.A. 11. 928, n. 1. D.P. 2. 1251.

102. — Dans cette matière, on a jugé que les aveux du défendeur au divorce pour cause déterminée doivent être pris en considération pour établir la preuve des faits allégués par la partie demanderesse; et lorsque ces aveux peuvent contribuer à constater les causes de divorce alléguées par l'époux qui le réclame, les juges ne peuvent exiger que ces causes soient *pleinement* constatées par des moyens indépendans de ces aveux (C. civ. 244). — 11 frim. an 14. Civ. c. Turin. Buniva. D.P. 6. 1. 76.

103. — Voici les arrêts rendus sur les formalités relatives *aux jugemens* en matière de divorce:

Il n'est pas exigé que le jugement qui admet la preuve des faits contenus dans le procès-verbal dressé dans l'audience à huis-clos, retrace ces faits. — 12 frim. an 14. Bruxelles. Poot. D.A. 11. 936, n. 3.

104. — Le procureur du roi ne peut agir par voie d'action, et s'opposer judiciairement à l'exécution d'un jugement qui, après la loi du 8 mai 1816, permet de faire prononcer, par l'officier de l'état civil, le divorce réclamé et poursuivi avant cette loi (L. 16-24 août 1790, tit. 8, art. 2; L. 20 avril 1810, art. 46). — 5 juill. 1824. Civ. c. Aix. Nielly. D.P. 35. 1. 299.

Les jugemens prononçant sur la validité du divorce sont d'ordre public. — V. Acquiescement.

105. — On ne peut, par le même jugement, admettre la demande en divorce et ordonner la preuve des faits sur lesquels il est fondé. Il faut deux jugemens séparés, l'un qui admette la demande, l'autre qui, après cette admission, autorise la preuve. — 27 mars 1813. Paris. Irard. D.A. 11. 939, n. 10.

106. — Aussi, il a été décidé qu'il y a lieu de casser l'arrêt qui, avant toute admission, déclare les faits non pertinens (C. civ. 246, 247). — 18 frim. an 14. Civ. c. Paris. Lapourielle. — 26 mai 1807. Req. Amiens Lapourielle. D.A. 11. 938, n. 9. D.P. 6. 1. 173, et 7. 1. 539.

107. — Toutefois, on a jugé que le tribunal peut, en déclarant pertinens les faits articulés, et en en autorisant la preuve, renvoyer à une audience suivante pour les opérations prescrites par les art. 247, 250 et 252 C civ. — 29 juill. 1812. Liége. d'Yves. D.A. 11. 939, n. 11.

108. — Le tribunal peut admettre, à l'appui de la demande en divorce, des faits postérieurs à cette demande (art. 242 C. pr). — 18 frim. an 14. Civ. c. Paris. Lapourielle. — 26 mai 1807. Req. Amiens. Lapourielle. D.A. 11. 938, n. 9. D.P. 6. 1. 173, et 7. 1. 539.

109. — Mais il n'est pas nécessaire que le jugement contienne le récit détaillé des faits, il suffit qu'il y soit déclaré que la preuve des sévices allégués par le demandeur était acquise. — 12 mess. an 12. Bruxelles. Swister. D.A. 11. 943, n. 27.

110. — L'arrêt qui, en déclarant une demande en divorce bien établie et suffisamment justifiée, renvoie la prononciation de l'arrêt définitif à un an, conformément à l'art. 260 C. civ., peut être attaqué par le recours en cassation, avant que cet arrêt définitif soit rendu. — 18 frim. an 14. Civ. c. Paris. Lapourielle. — 26 mai 1807 Req. Amiens. Lapourielle. D.A. 11. 938, n. 9 D.P. 6. 1. 173.

111. — Il n'est pas exigé que le jugement qui prononce le divorce pour adultère contienne la défense faite par la loi à l'époux adultère de se marier avec son complice. — 12 frim. an 14. Bruxelles. Poot. D.A. 11. 936, n. 3.

112. — C'est au tribunal qui a prononcé le divorce que doivent être portés tous les incidens sur les réglemens d'intérêts civils des époux, encore bien que le mari aurait transféré son domicile dans un autre ressort, où il aurait même formé une demande en nullité du divorce. — 30 mars 1807. Bruxelles. Borerembroech. D.A. 11. 943, n. 26. D.P. 2. 107.

113. — Le jugement par défaut qui prononce le divorce n'est pas susceptible d'opposition. — 7 mars 1809. Aix. R..., D.A. 11. 943, n. 28.

114. — Et ce, encore bien qu'il aurait autorisé le demandeur à faire la preuve des faits articulés. — 21 juill. 1809. Paris. Hemener. D.A. 11. 944, n. 29.

115. — Toutefois, il a été décidé que la section ou chambre des vacations est compétente pour statuer sur le mérite d'une opposition formée au divorce, si les juges pensent que l'affaire requiert célérité. — 6 germ. an 10. Paris. Danneville. D.A. 11. 943, n. 24.

116. — Quant aux fins de non-recevoir fondées sur la non pertinence des faits allégués et sur la réconciliation des époux, elles doivent être considérées comme tenant essentiellement au fond — 30 juill. 1806. Civ. c. Riom. Chappel. D.A. 11. 941, n. 20. D.P. 6. 1. 710.

117. — C'est d'après le même principe qu'il a été jugé qu'une cour ne peut, sur l'appel du jugement d'admission, statuer sur des fins de non-recevoir, parce qu'elles tiennent essentiellement au fond. — 30 juill. 1806. Civ. c. Riom. Chappel. D.A. 11. 941, n. 20. D.P. 6. 1. 710.

118. — C'est ainsi encore que l'appréciation des sévices et injures graves appartient tout entière aux juges du fond, sans que la cour de cassation puisse être appelée à la critiquer. — 14 prair. an 13. Req. Orléans. Chevé. D.A. 11. 931, n. 3. D.P. 5. 1. 511.

119. — Lorsqu'en raison de la nullité de l'un des

actes de la procédure en divorce, un jugement a annulé tous les actes du divorce, sans s'expliquer davantage sur les actes qu'il entend annuler, cette annulation doit être entendue en ce sens, qu'elle annulle tous les actes et même la demande en divorce. En conséquence, la loi transitoire du 26 germ. an 11, qui autorise la continuation des demandes en divorce formées avant le code, conformément aux lois alors existantes, ne s'applique pas à une demande pareille, c'est-à-dire à une demande nulle.... Tellement que si cette demande avait pour objet un divorce pour incompatibilité d'humeur, cette espèce de divorce n'a plus pu être admise sous le code qui la proscrit. — 21 oct. 1807. Civ. r. Bordeaux. Graves. D.A. 11. 921, n. 5. D.P. 8. 1. 80.

120. — L'art. 235 C. civ., qui ordonne la suspension de l'action civile en divorce, lorsque quelques uns des faits allégués par l'époux demandeur donnent lieu à une poursuite criminelle, ne s'applique pas au cas où il y a action criminelle pour faux témoignage, intentée par l'époux défendeur contre l'un des témoins produits par l'époux demandeur en divorce. Dans ce cas, les juges civils peuvent passer outre à la prononciation du divorce, avant l'arrêt criminel sur le faux témoignage (C. civ. 235). — 22 nov. 1815. Req. Paris. Montarcher. D.A. 11. 940, n. 16. D.P. 15. 1. 605.

121. — A l'égard *de l'appel*, on peut appeler du jugement d'admission de la demande avant le jugement définitif (C. civ. 262). — 30 juill. 1806. Civ. c. Riom. Chappel. D.A. 11. 941, n. 20. D.P. 6. 1. 710.

122. — Et l'époux demandeur peut, sur l'appel, modifier ses conclusions et restreindre sa demande à une séparation de corps (C. civ. 307; C. pr. 464). — 13 août 1814. Paris. P..... D.A. 11. 942, n. 22. D.P. 16. 2. 31.

123. — *Contra* · 8 juill. 1807. Nîmes. Vinson. D.A. 11. 952, n. 5. D.P. 2. 1254.

124. — Mais l'appel est suspensif comme le pourvoi en cassation; en conséquence, on n'a pu procéder à une enquête nonobstant l'appel du jugement d'admission d'enquête et de preuve des faits. — 20 janv. 1807. Agen. Bertrand. D.A. 11. 942, n. 23.

125. — Jugé qu'en cas de divorce demandé pour injures graves et excès, les juges d'appel, tout en reconnaissant que les juges de première instance auraient pu surseoir pendant une année, à raison des circonstances peu graves, ne peuvent ordonner ce sursis dès que le tibunal n'a pas cru devoir le prononcer. — 15 vend. an 13. Besançon. Roy. D.A. 11. 928, n. 2. D.P. 2. 1251.

126. — Cependant la cour d'appel peut, à titre de complément d'instruction, ordonner une enquête et y procéder elle-même, au lieu de renvoyer devant les premiers juges. — 18 frim. an 14. Civ. c. Paris. Lapourrielle. — 26 mai 1807. Req. Amiens. Lapourielle. D.A 11. 938, n. 9. D.P. 6. 1. 175, et 7. 1. 539.

127. — Si, en première instance, le défendeur s'est borné à opposer une fin de non-recevoir résultant du défaut d'autorisation, il n'est pas recevable à opposer pour la première fois, en appel, la nullité prise de ce qu'en tête de l'exploit il n'aurait pas été donné copie du procès-verbal de non conciliation. — 29 pluv. an 10. Paris. Travers. D.A. 11. 936, n. 1. D.P. 2. 1255.

128. — A plus forte raison, en cas de nullités non relevées en première instance, ni en appel, les juges d'appel ne peuvent pas, surtout après la confirmation de ce jugement, par un arrêt non attaqué, suppléer au silence du défendeur et prononcer d'office sur ces nullités par l'arrêt qui statue sur le fond (C. civ. 247). — 29 juin 1812. Civ. c. Hurlin. D.P. 13. 1. 54.

129 — Il y a lieu aux *mesures provisoires* prescrites par le code civil, dans l'intérêt des enfans, aussitôt après que l'époux demandeur a remis au président du tribunal la requête dont parle l'art. 236: — Ainsi, la femme demanderesse a pu dès lors réclamer, et, suivant les circonstances, obtenir la garde de son enfant. — 27 germ. an 13. Bruxelles. Watry. D.A. 11. 945, n. 34.

130 — Mais si, en vertu d'accord entre un mari et sa femme avant leur divorce, l'un des enfans a été confié à la mère, le mari ne peut, sans le consentement de celle-ci ou de justice, faire enlever cet enfant du toit maternel. — 3 pluv. an 10. Bruxelles. Thielens. D.A. 11. 946, n. 6.

131. — Cependant, en sens contraire, on a jugé que l'acte par lequel deux époux déterminent, avant le divorce par consentement mutuel, à qui seront confiés, après le divorce, les enfans nés du mariage, peut recevoir, dans la suite, sur la demande d'un des époux, telles modifications qu'exigera l'intérêt des enfans. — Même arrêt.

132. — Quant à la garde des effets dépendans de la communauté, la seule mesure que la femme demanderesse puisse demander et que les tribunaux puissent accorder, c'est l'apposition des scellés et l'inventaire.

Mais l'obligation de fournir caution ne peut être imposée au mari établi gardien judiciaire. — 26 fév. 1808. Colmar. Aaron. D.A. 11. 944, n. 31. — 6 août 1806. Bruxelles. Desouter. D.A. 11. 945, n. 32. D.P. 9. 2. 170.

133. — Jugé que le mari reste, pendant les poursuites, maître des droits et actions de sa femme; ainsi, il peut, sans son concours, former une demande en partage des successions à elle échues et qui tombent dans la communauté. — 7 pluv. an 12. Paris. Blavoyer. D.A. 11. 945, n. 33.

134. — La femme demanderesse a pu être autorisée à quitter le domicile de son mari immédiatement après le dépôt de la demande en divorce, et avant même qu'elle eût été signifiée au mari. — 4 fév. 1807. Trèves. Uebel. D.A. 11. 944, n. 30.

135. — Les juges ne sont pas obligés d'accueillir *de plano*, et sans sursis, la demande en pension alimentaire de la femme; ils ont pu ordonner un plus ample informé. — Même arrêt.

136. — La disposition de l'ordonnance de 1673, qui prescrit de faire afficher au greffe les demandes en séparation de corps entre commerçans, n'a point été abrogée par la loi du 15 fruct. an 6; ces formalité sont même jugées applicables en cas de divorce. — 5 janv. 1830. Req. Paris. Vanlerbergh. D.P. 30. 1. 86.

§ 6. — *Des effets du divorce. Droits de survie. — Héritiers.*

137. — Le divorce, à la différence de la séparation de corps, anéantissait les liens du mariage. — C'est ainsi que l'art. 295 C. civ. porte: « Les époux qui divorceront, pour quelque cause que ce soit, ne pourront *plus se réunir.* »

138. — Quant aux avantages contractuels entre époux, ils étaient, sous la coutume belge et avant le code civil, révoqués au préjudice de celui des époux contre lequel le divorce avait été prononcé. — 25 mars 1813. Bruxelles. Libulon. D.A. 11. 919, n. 1-7.

139. — ... Et ce, encore que le décès survenu de l'autre époux, trois jours après, empêcherait la prononciation du divorce par l'officier de l'état civil. — 26 avril 1806. Bruxelles. Boot. D.A. 11. 945, n. 5. D.P. 6. 2. 145.

140. — Toutefois, il a été jugé que lorsque le mari a obtenu le divorce pour adultère, et que, par le même arrêt, la femme a été condamnée à la réclusion, sur les conclusions du ministère public, s'il arrive que le mari décède avant que la cour de cassation ait statué sur le pourvoi dirigé par la femme contre cet arrêt, et, par suite, avant la prononciation du divorce par l'officier de l'état civil, puisque le pourvoi est suspensif, la condamnation doit rester sans effet pour la réclusion comme pour le divorce, et il n'y a lieu à statuer sur le pourvoi. — 17 juin 1813. Req. Galibert.

Cela résultait forcément et de l'art. 258, qui veut que le mari se retire devant l'officier civil pour faire prononcer le divorce, ce que son décès rendait impraticable, et de la disposition qui déclare le pourvoi suspensif, ce qui écarte l'autorité de la chose jugée. — Quant à la réclusion, c'était un accessoire qui tombait avec le principe.

Le divorce prononcé pour cause d'absence peut être attaqué même après la mort de l'époux qui l'a obtenu. — 9 fruct. an 13. Paris. Dufay de la Provenchère. D.A. 10. 112. D.P. 2. 701, n. 1.

141. — L'art. 1452 C. civ., portant que le divorce ne donne pas lieu à l'ouverture des droits de survie, ne s'applique point à un douaire établi autrefois pour s'ouvrir lors de la dissolution du mariage ou lors du divorce. — 5 mai 1807. Req. Caen. Lair. D.A. 11. 945, n. 1. D.P. 7. 1. 304.

142. — Une femme divorcée par consentement mutuel ne peut pas revenir contre l'acte dans lequel les parties ont réglé, antérieurement au divorce, et sous la loi de 1792, les effets du divorce quant aux biens, quoique, lors de la confection de l'acte, elle n'ait point été autorisée à contracter. — 9 brum. an 10. Bruxelles. Limnandier. D.A. 11. 945, n. 2.

143. — Mais il a été jugé que la disposition de la loi du 20 sept. 1792, qui déclare éteints et sans effet, dans le cas de divorce, les droits matrimoniaux emportant gain de survie, n'est pas applicable au cas où le divorce a été prononcé sur la demande du mari et sur la représentation d'un jugement de séparation de corps et de biens obtenu contre lui par sa femme, donataire précipuaire. — Par suite, celle-ci est fondée à réclamer son préciput ou douaire. — 23 germ. an 10. Req. Paris. Buffon D.A. 11. 923, n. 12. D.P. 3 1. 457. — V. D.A. *eod.*, une note de M. Denevers, dans laquelle on prévoit quelques difficultés que peut faire naître l'application du code civil (art. 299, 306, 310) relativement aux gains de survie stipulés en faveur des époux.

144. — Si le divorce sur la foi duquel un mariage a été contracté vient à être déclaré nul, le second mariage ne peut subsister: toutefois, ce mariage, s'il a été contracté de bonne foi, produit tous les effets civils du mariage, tant en faveur des enfans, qu'en faveur des époux. — 9 mess. an 13. Paris. Perrier. D.A. 11. 945, n. 31. D.P. 2. 701, n. 1. — 9 fruct. an 13. Paris. Dufey. D.A. 11. 923, n. 10. D.P. 2. 701, n. 1.

145. — Jugé que les héritiers collatéraux d'un époux divorcé ne peuvent quereller de leur chef le divorce obtenu par leur auteur. — 19 therm. an 10. Poitiers. Racapé. D.A. 11. 922, n. 8. D.P. 23. 2. 31.

146. — Toutefois, un divorce, tout en conservant ses effets vis-à-vis des époux, a pu être déclaré simulé sur la demande des créanciers et à leur égard, sans que l'arrêt tombe sous la censure de la cour de cassation. — 1er mess. an 11. Civ. r. Limoges. Larivière D.A. 11. 946, n. 7. D.P. 3. 1. 696.

147. — La simulation, dans ce cas, peut résulter de ce que les époux n'ont pas cessé de cohabiter ensemble depuis le divorce. — Même arrêt.

148. — Jugé aussi que lorsque le divorce a été prononcé pour cause d'émigration, et que l'épouse divorcée s'est remariée en conservant avec elle les enfans du premier mariage, sans avoir consulté les parens, le mari amnistié peut demander qu'un conseil de famille soit convoqué à l'effet de délibérer si les enfans doivent être remis entre ses mains, sans que, dans ce cas, la cour de cassation puisse casser l'arrêt qui homologue la délibération du conseil de famille (L. 20 sept. 1792). — 6 therm. an 12. Req. Paris. Rioust. D.P. 5. 1. 77.

— V. Séparation de corps. — V. aussi Acquiescement, Alimens, Audience solennelle, Communauté, Contrainte par corps, Conciliation, Domicile, Dot, Election législative, Enregistrement, Faux incident, Frais et dépens, Honoraires, Hypothèques, Interdiction, Loi, Ministère public, Rapport, Requête civile, Rescision, Saisie-exécution, Succession irrégulière, Usufruit.

TABLE SOMMAIRE.

Abandon. 16, 32.
Absence. 8, 18, 34, 140.
Action civile. 120.
Adultère. 13, s. 86.
Affiche. 136.
Aliment. 43.
Appel. 121, s.
Assemblée de famille. 55, s.
Autorisation de femme. 48, s. 133, 142.
Aveu (indivisibilité). 101, suiv.
Avoué. 75.
Bonne foi. 144.
Cassation (appréciation). 118.
Cause déterminée. 13, s.
Caution. 132.
Collatéraux. 145.
Communication (greffe). 80.
Comparution. 71.
Compensation. 36, s.
Compétence. 112.
Complicité. 41, s. 84, 114.
Conciliation. 39, s. 52, 64.
Conclusion modifiée. 122, suiv.
Concubine. 17.
Connaissance. 10, 41.
Conseil. 75.
Consentement mutuel. 11, s.
Créancier. 146, s.
Danger. 19.
Décès. 9, 11, 139, s.
Défense. 27.
Délai. 3, s. 21, 52, s. 71.
Délai nouveau. 100.
Demande nouvelle. 127.
Dépôt de demande. 134
Désistement. 46, s.
Détention. 26.
Dissentiment. 12.
Domicile conjugal. 83, 134.
Douaire. 141.
Droit de survie. 141.
Effet. 137.
Effet suspensif. 124.
Emigration. 148.
Emigré. 8.
Enfant. 129, s. 148, s.
Enquête. 65, 87, s. 126.
Enquête nouvelle (acte nul). 98, s.
Epreuve. 3.
Etranger. 7.
Fin de non-recevoir. 35, s. 116, s.
Forme. 4, 11.
Héritier. 86.
Hôtel du juge. 64.
Incompatibilité. 51.
Indivisibilité. 119.
Injure. 13, s.
Interprétation rigoureuse. 11.
Inventaire. 132.
Jugement (mention). 104, s. — définitif. 110. — distinct. 105.
Juge de paix. 61. — suppléant. 73.
Lecture. 92.
Lettre. 15, 24, s.
Loi personnelle. 7. — de police. 6.
Mention. 91, 104, s.
Mesure provisoire. 129.
Ministère public. 103.
Mise en cause. 84.
Nullité. 5, s. 144. — d'office. 128. — ordre public. 37.
Obéissance. 55.

Opposition. 113, s.
Option. 74.
Pension alíment. 83, 135.
Permission. 71, s.
Pertinence des faits. 82, 106, 116
Précision des faits. 65, s. 109, s.
Présomption. 15.
Preuve 66. — par huissier. 57.
Procédure. 14, s. 63.
Procès-verbal. 55, 91, s.
Production nouvelle. 77.
Provocation 20, 27.
Publicité. 76.
Question préjudicielle. 120.— transitoire. 3, s.
Ratification. 10, 42.
Réciprocité. 22, 36, s.
Réconciliation. 79, 117.
Réitération. 70.
Remise d'audience. 107.
Renonciation. 5, 120.
Rétroactivité. 3, s. 14, 30, 78, 81.
Révocation. 138.
Scellé. 132.
Séparation de corps. 45, 136, s.—volontaire. 47.
Sévice. 13, s.
Signification. 80.
Simulation. 140.
Sursis. 120.
Témoin. 88, s.— (interpellation) 88.—(parenté) 94.

DIXIÈME.—V. Enregistrement, Surenchère, Théâtre.

DOCTEUR EN MÉDECINE.—V. Art de guérir, Elections législatives.

DOCTRINE.—V. Cassation, Presse.

DOGME.—V. Culte, Presse.

DOL.—V. Fraude, Simulation.—V. aussi Abus de confiance, Assurances maritimes, Aveu, Avocat, Avoué, Cassation, Commissionnaire, Contributions directes, Désaveu, Désistement, Effet de commerce, Escroquerie, Honoraires, Hypothèques, Louage, Mandat, Prêt, Partage, Prise à partie, Rente, Rescision, Saisie-immobilière, Succession, Transaction, Vol.

DOL PERSONNEL.—V. Requête civile.

DOMAINE.—V. Aquiescement Appel, Avoué, Cassation, Chose jugée, Commune, Compensation, Compétence administrative, Concession, Conciliation, Conseil d'état, Domaine national, Domaine public, Enregistrement, Eaux, Forêts, Garantie, Hypothèques, Loi, Nom, Pêche, Pension, Prescription, Saisie-gagerie, Saisie-immobilière, Servitude, Usufruit, Vol.

DOMAINE APANAGER.— 1.—L'apanage est cette portion du domaine de la couronne que nos rois, après avoir établi l'hérédité du trône au profit d'un seul de leurs enfans, donnèrent à leurs autres enfans pour leur tenir lieu de part héréditaire et les aider à vivre suivant leur rang et dignité.— D.A. 6. 353.

2.—La législation sur les apanages se présente sous diverses phases suivant les diverses époques de notre histoire (D.A. 6 354). Il est certain toutefois que dans la constitution ancienne du royaume l'établissement des apanages faisait partie de notre droit public.

3.—L'art. 23 de la loi du 8 nov. 1814 réduisit les apanages à de simples rentes : et tel est l'état actuel de la législation.

4.— La règle que le roi doit apanage à ses frères, et mariage à ses sœurs et filles, a survécu même aux réformes législatives opérées par l'assemblée constituante : la loi du 21 déc. 1790 n'a rien innové à cet égard; elle est tombée en 1792 avec la monarchie; l'empire lui a rendu l'existence par l'art. 35 du sénatus-consulte du 30 janv. 1810. Et c'est pour remplir cette obligation que la loi du 8 nov. 1814 a déclaré (art 23) qu'il serait payé annuellement par le trésor royal une somme de huit millions pour les princes et princesses de la famille royale, *pour leur servir d'apanage.* C'est ainsi encore que dans la loi du 15 janv. 1825, on lit (art. 3), «il sera payé par le trésor royal la somme annuelle de sept millions pour tenir lieu d'apanage aux princes et princesses de la famille royale. »

5.— La loi du 2 mars 1832 a constitué au profit du prince royal un véritable apanage d'un million, qui peut être augmenté par une loi spéciale à l'époque de son mariage (art. 20).

6.—Sous l'ancienne monarchie et sous l'empire de Bonaparte, l'apanage des princes consistait ordinairement en biens-fonds; c'était un démembrement du domaine de l'état; mais l'ordonnance de 1566 avait, pour ce cas, dérogé au principe de son inaliénabilité — D.A 6. 354, n. 6 et 7.

7.— La question de savoir quels sont les droits de l'apanagiste, s'ils sont ceux d'un propriétaire ou d'un usufruitier, ne peut plus s'élever sous l'empire d'une législation qui ne reconnait que des apanages mobiliers. — Les immeubles donnés en apanage à la branche d'Orléans, qui formaient le dernier apanage réel existant encore, se trouvent aujourd'hui avoir fait retour au domaine de l'état par l'avènement de Louis Philippe d'Orléans au trône de France (L. 2 mars 1832, art. 4).—D.A. 6. 354 et suiv.

On se borne à ce peu de mots sur cette matière qui amènera bien rarement des contestations devant les tribunaux. — On peut consulter, au reste, *le Traité des apanages* que Dupin vient de publier, et dans lequel la matière est traité d'une manière complète.

—V. Arrérages, Choses, Elections législatives, Enregistrement, Féodalité.

DOMAINE CONGÉABLE. — 1. — C'est celui dont le détenteur ou *domanier* était tenu de se dessaisir à la volonté du propriétaire.

2.— Par le bail à domaine congéable, usité surtout en Bretagne, le propriétaire transmettait au preneur la jouissance du fonds et la propriété de la superficie, c'est-à-dire des édifices et autres objets.

3. — Le droit qu'avait le propriétaire foncier, de congédier à sa volonté le domanier, s'appelait *congément.* Toutefois, ce droit ne pouvait être exercé, dans le cas où il y avait un terme fixé, qu'à l'expiration de ce terme.— D.A. 6. 369.

4.— Depuis la loi du 6 août 1791, le droit de congément est réciproque entre le foncier et le superficiaire.— 17 avril 1815. Civ. r. Rennes. Breger. D.A. 6. 373. D.P. 15. 1. 246.

5. — Cette réciprocité s'applique aussi bien aux baux à domaine congéable, postérieurs à la promulgation de cette loi, qu'à ceux qui existaient antérieurement.— 17 avril 1815. Civ. r. Rennes. Breger. D.A. 6 373. D.P. 15. 1. 246.

6. — Ainsi, les domaniers peuvent toujours user de la faculté du congément, à moins d'une renonciation expresse. — 8 déc. 1829. Civ. r. Rennes. Damax-Creux. D.P. 30. 1. 10.

7. — Et, encore que la faculté du congément ne puisse être exercée par les domaniers qu'autant qu'ils sont en possession de la totalité de la tenue, s'il est constant, en fait, que la portion qui avait été aliénée par le colon, lui a été rétrocédée, les juges peuvent admettre le congément, lors même que l'acquéreur serait resté en possession de l'objet rétrocédé (art. 11 de la loi du 6 août 1791). — Même arrêt.

8. — Lorsque cette résolution avait lieu, le propriétaire était obligé de rembourser au domanier les améliorations et réparations utiles qu'il avait faites sur le fonds. Ces diverses prestations étaient appelées *droits convenanciers*, et la rente annuelle que payait le colon pendant la durée du bail était désignée sous le nom de *rente convenancière.*—D.A. *eod.*

9. — Les édifices et superficie sont réputés immeubles à l'égard de tout autre que le propriétaire foncier, même vis-à-vis du cessionnaire de ce dernier. — En conséquence, le cessionnaire est acquéreur *d'un immeuble*, et, comme tel, doit payer le droit de quatre pour cent. — 1er vent. an 12. Civ. c. Enreg. C. Urboy. D.A. 6. 372. D.P. 1. 1358.

10 — Il s'ensuit encore que si cette cession est faite moyennant une somme d'argent et à la charge d'une rente convenancière due par le cédant au bailleur du domaine congéable, le droit proportionnel doit être perçu tant sur la somme à payer que sur la charge d'acquitter la rente convenancière (L. 22 frim. an 7, art. 15).— 13 nov. 1820. Civ. c. Enreg. C. Mazurié. D.P. 27. 1. 40.

11. — En conséquence encore de ce principe, la superficie pouvait être hypothéquée et même était soumise au retrait lignager. Les colons étaient tenus d'en fournir aveu et déclaration; ils étaient pour cet objet soumis à la juridiction du seigneur. — D.A. 6. 370.

12. — La loi des 7 juin et 6 août 1791 maintint cette espèce de baux, en les dégageant de tout ce qu'ils contenaient de féodal; elle accorda même, comme nous l'avons vu, le droit de congément au domanier.

13. — Mais la loi des 27 août et 7 sept. 1792 alla plus loin; elle déclara les domaniers propriétaires du fonds, et leur permit de racheter les redevances annuelles dont ils étaient tenus. — D.A. 6. 370, n. 6.

14.— Aussi l'héritier d'un domanier qui, en vertu de la loi du 27 août 1792, a remboursé au propriétaire foncier la rente convenancière, ne peut, après la promulgation de la loi du 9 brum. an 6, qui abroge celle du 27 août 1792, exercer le congément contre ses co-héritiers, quand même il aurait été convenu entre le propriétaire foncier et cet héritier, qu'après la mort de son père il aurait cette faculté. — 21 therm. an 8. Civ. c. Bodros. D.A. 6. 371. D.P. 1357.

15. — Sont irrégulières les offres tendant au rachat d'une rente convenancière autorisée par la loi du 27 août 1792, si elles n'ont été faites ni au chef-lieu du fief, ni au foncier, ni à son fermier, ni au préposé à la recette des droits féodaux. — 4 therm. an 9. Civ. r. Carlouer. D.A. 6. 372. D.P. 1. 1358.

16.— Un décret du 29 flor. an 2 déclara que toute rente convenancière, originairement créée avec un mélange de féodalité, était entièrement éteinte. La loi du 9 brum an 6 a remis en vigueur celle des 7 juin et 6 août 1791.— D.A. *eod.*

17.— Mais comme cette dernière loi ne s'exprime point sur la rétroactivité, elle n'est censée avoir abrogé que pour l'avenir, de telle sorte que les colons qui ont fait le rachat autorisé par la loi de 1792, avant la promulgation de la loi du 9 brum. an 6, ne peuvent être dépossédés en vertu de cette dernière loi.—16 juill. 1828. Civ. c. Rennes. Mahé. D.P. 28. 1. 328.

18. — Cependant il a été jugé que bien que le décret du 27 août 1792 ait aboli les rentes convenancières, cependant, comme la loi du 9 brum. an 6, en annulant ce décret, a remis en vigueur le décret du 6 août 1791, qui maintient ces rentes, les arrérages en sont dus même pendant le temps où la loi intermédiaire a été en vigueur. — 3 août 1812. Civ. c. Sauzé. D.A. 6. 372. D.P. 1. 1358.

19. — Et le conseil d'état, par avis du 23 frim. an 10, a, par des motifs de générosité, pensé que le gouvernement devait faire la remise des arrérages échus dans le temps intermédiaire.— D.A. 6. 370.

20. — Par un autre avis du 4 août 1807, approuvé le 18 du même mois, il maintient la remise faite des arrérages aux domaniers, et déclare que les rentes convenancières subsistent, quoiqu'elles soient mélangées de féodalité. — D.A. 6. 370.

21. — La question de savoir si le remboursement de la rente convenancière, fait sous l'empire de la loi du 27 août 1792, qui avait déclaré les domaniers propriétaires incommutables du fonds de leurs tenures, sauf l'obligation de payer les redevances convenancières rachetables au gré de ces derniers, a eu pour effet de soustraire les domaniers qui ont opéré ce remboursement, à l'application de la loi du 9 brum. an 6, qui, abrogeant celle du 27 août 1792, a maintenu les propriétaires fonciers de domaines congéables dans la propriété des tenures, est une question de propriété dont la connaissance appartient aux tribunaux et non à l'autorité administrative, quoique le remboursement dont il s'agit d'apprécier les effets ait été effectué en vertu d'un arrêté administratif entre les mains du trésor, comme étant aux droits du propriétaire foncier émigré.— 11 nov. 1822. Civ. r. Rennes. Derrien. D.A. 6.373. D.P. 22. 1. 503.

Le propriétaire foncier d'un domaine congéable ne peut être condamné au remboursement, tant qu'il est incertain que les objets aient ou non diminué de valeur.— 13 juill. 1813. Rennes. Launai du Portal. D.A. 7. 662.

22.— Depuis la publication du code civil, les rentes convenancières sont soumises à la prescription établie par l'art. 2277. Il ne peut s'élever aucun doute à cet égard.—D.A. *eod.*

23.— La question de savoir si, avant le code civil, les rentes convenancières étaient prescriptibles par cinq ans, a été décidée par l'affirmative, par un décret du 4 août 1806. — Domaines C. Luken. D.A. 6. 370, n. 8.

24. — L'acte par lequel un nouveau fermier d'un domaine congéable devient propriétaire des édifices et superficie appartenant à l'ancien colon, à supposer qu'il constitue une cession d'immeubles, cependant cet acte n'étant pas de nature à être transcrit, en ce que les hypothèques consenties par cet ancien colon sur ces édifices s'évanouissent lorsqu'il cesse d'en être propriétaire, il n'est assujetti qu'au droit de 4 pour 100 et non au droit de 5 1/2. — 11 nov. 1833 Civ. r. Enreg. C. Leguyader. D.P. 33. 1. 308.

25.— La cession, par le propriétaire foncier, d'une tenue convenancière du droit de congédier les colons domaniers, n'est pas assujettie au droit de 1 fr. 50 c. pour cent pour droit de transcription.— 5 mai 1834. Civ. r. Enreg. C. Leroux. D.P. 34. 1. 212.

TABLE SOMMAIRE.

Arrérages. 18.
Congément. 3, s.
Colon. 11.
Enregistrement. 9, s. 24.
Féodalité. 12, 16, 20.
Hypothèque. 11.
Immeuble. 9, s. 24.
Louage. 2, s.
Offres. 15.
Prescription. 22, s.

Propriété. 2, s.	Rente. 8, 15, s.
Rachat. 13, s.	Retrait. 11.
Réciprocité. 4, s.	Retroactivité. 17.
Redevance. 13, s.	Superficie. 2, s.
Remboursement. 21, s.	Transcription. 24, s.
Renonciation. 6.	

DOMAINE DE LA COURONNE. — 1. — Le domaine de la couronne n'est, d'après la nouvelle forme de notre gouvernement, autre chose que la liste civile. — D.A. 6. 351.

Il a été rendu depuis la révolution diverses lois : 1° celle qui ouvre un crédit provisoire pour la liquidation des dettes de l'ancienne liste civile, et pour le paiement de secours aux anciens pensionnaires. —15 mars 1831. D.P. 31. 3. 17.

2° Celle qui ouvre des crédits au profit des créanciers pensionnaires de l'ancienne liste civile.

3° Celle des 8-11 avril 1834, relative à la liquidation de l'ancienne liste civile.—D.P. 34. 3. 37.

§ 1er. — *Origine, composition et destination de la liste civile.*

§ 2. — *Du mode d'administration des biens qui la composent.— Actions judiciaires.*

---

§ 1er. —*Origine, composition et destination de la liste civile.*

2. — La liste civile est une institution des gouvernemens représentatifs ; elle comprend, 1° une somme annuelle dont le monarque a la pleine *propriété ;* 2° la simple *jouissance* de domaines, châteaux et autres biens mobiliers ou immobiliers. Cette seconde classe de biens est une portion du domaine de l'état, à qui en appartient la nue-propriété ; elle forme ce que nos lois appellent *la dotation de la couronne.* — D.A. 6. 352, n. 1.

3. — La liste civile est exclusivement destinée aux dépenses personnelles du monarque et à celles de sa maison.

Elle a souffert plusieurs modifications depuis la loi du 9 juin 1790 qui l'a établie, jusquà nos jours.— V. D.A. 6. 352.

4. — La charte de 1814, art 23, et celle de 1830, art. 19, ont déclaré que la liste civile serait fixée pour toute la durée du règne par la première législature assemblée depuis l'avènement du roi.

5. — Conformément à cette disposition, la loi du 2 mars 1832 (D.P. 32. 3. 14), de même que celle du 15 janv. 1825 (*ibid.* 25. 3. 1), a ordonné qu'il serait payé annuellement par le trésor public une somme de douze millions pour la dépense du roi et de sa maison. Elle a réduit la dotation immobilière qui n'est plus fixée que pour la durée du règne, et qui est déclarée inaliénable et imprescriptible. Les biens qui la composent ne peuvent être échangés qu'en vertu d'une loi (art. 8 et 9 de la loi du 2 mars 1832). —D.A. 6. 352, n. 3.

Les lois de Hesse-Cassel s'opposent-elles à ce que le souverain du pays convertisse en franc-alleu les fiefs dépendans de la couronne, et les aliène sans charge de retour? — 18 août 1828. Civ. c. Boucheporn. D.P. 28. 1. 385.

6. — Avant la loi du 2 mars 1832, les biens particuliers du prince qui parvenait au trône de France, étaient dévolus à l'état à l'instant de son avènement, et l'effet nécessaire et légal de cette dévolution était de l'affranchir de toute action personnelle de la part de ses créanciers, qui devenaient créanciers de l'état (L. 20 nov. 1814, art. 20).— 30 janv. 1822. Civ. c. Paris. Min. de la maison du roi. C. Desgraviers. D.A. 6. 759. D.P. 22. 1. 80. — 26 avril 1824. Civ. c. Paris. Min. de la maison du roi. D.P. 24. 1. 153.

7. — Mais la loi du 2 mars 1832 a abrogé ce principe par son art. 22 et a déclaré que « le roi conserve la propriété des biens qui lui appartenaient avant son avènement au trône, » et l'art. 10 porte que « les biens de la couronne ni le trésor public ne seront jamais grevés des dettes des rois, non plus que des pensions par eux accordées. »

C'est une heureuse innovation, dans notre droit public, qui garantit à la fois l'intérêt de l'état contre des prodigalités et l'intérêt des tiers contre de vaines et folles espérances.

Les dépenses arriérées de l'ancienne liste civile sont payables sur les mêmes fonds et dans les mêmes valeurs que les autres dépenses, à la charge du trésor, des exercices correspondans ; seulement, c'est le ministre de la liste civile qui en règle et ordonnance les créances. — 25 fév. 1818. Ord. cons. d'état. Hereau.

Ainsi, un entrepreneur qui a exécuté des travaux à la machine de Marly, dont la créance a été reconnue en 1808, et acquittée en partie par le ministre de l'intérieur, a dû, depuis la restauration, porter ses réclamations, pour le surplus de sa créance, devant le ministre de la maison du roi, attendu que la machine de Marly se trouve, dès cette époque, dans ses attributions.— Même ordonnance.

8. — Les deniers de la liste civile sont insaisissables (art. 29).

§ 2. — *Du mode d'administration des biens composant la liste civile —Actions judiciaires.*

9. — Les actions concernant la dotation de la couronne sont dirigées par et contre l'intendant-général de la liste civile. Elles sont d'ailleurs instruites et jugées dans les formes ordinaires, sauf la présente dérogation à l'art. 69 C. pr. (L. 2 mars 1832, art. 27). — V. D.A. 6. 353, n. 5.

10. — Cette maxime, que le roi ne plaide que par procureur, avait été consacrée dès l'origine de la liste civile, et confirmée par un grand nombre de dispositions législatives. — D.A. 6. 352 et suiv.

11.— Toutefois, la loi qui nous occupe a réformé un vice dans la législation antérieure, qui avait chargé les procureurs du roi et les procureurs-généraux de plaider et de défendre les causes du roi. Cette législation, qui blessait l'indépendance du ministère public, avait excité de nombreuses réclamations. — D.A. 6. 353, n. 4.

12. — Si la contestation élevée contre l'intendant de la liste civile intéressait la propriété de la dotation immobilière de la couronne, nous pensons que, conformément à l'art. 15 de la loi du 15 mars 1791, la contestation devrait être notifiée au préfet qui a remplacé le procureur-général syndic, afin qu'il pût défendre les intérêts de l'état. Car le roi n'a qu'un droit de jouissance sur la dotation de sa couronne, dont les immeubles sont une dépendance du domaine de l'état.—V. Dalloz, A. 6. 353, n. 2, qui professe une opinion qui n'est pas contraire à la nôtre parce qu'il raisonne d'après des principes qui ont été changés.

13 — Ni l'ordonnance qui a nommé un administrateur chargé de la liquidation de l'ancienne liste civile, ni la loi du 15 mars 1831, n'ont apporté de modification au droit commun, relativement à l'exercice des droits de ses créanciers, lesquels restent libres de poursuivre judiciairement le recouvrement de leurs créances. — 13 mars 1832. Paris. Chambrun. D.P. 32. 2. 112.

Les artistes du Conservatoire, dont les engagemens ont eu lieu sous Charles X, ne peuvent s'adresser, pour le paiement de leurs traitemens fixés par ces engagemens, aux liquidateurs de la liste civile de l'ex-roi (Ord. 25 janv 1831).— 30 juill. 1833. Paris. Banderali. D.P. 34. 2. 86.

14. — Le conseil d'état n'est pas compétent pour prononcer sur la demande en paiement d'une somme que des individus auraient prêtée à Henri IV, quand il était encore prince de Navarre, encore bien qu'ils fussent porteurs d'un titre (art. 14, § 2, décret du 11 juin 1806). — 6 sept. 1825. Ord. cons. d'état. Krockow. C. Intend. du roi.

15. — Les rois de France n'ont jamais eu le droit d'aliéner, à titre incommutable, les biens et droits cédés à la couronne en vertu de conquête.— 2 juill. 1833. Civ. c. Préf. du Doubs. D.P. 33. 1. 295.

— V. Chasse, Choses, Communes, Domaine apanager, Domaines engagés, Forets, Prescription.

TABLE SOMMAIRE.

Action. 9, s.	Liquidation. 13.
Avènement. 6.	Liste civile. 1, s.
Compétence. 14.	Mandat *ad litem.* 10.
Créancier. 7.	Ministère public. 11.
Dette. 7.	Préfet. 12.
Dotation. 2, 12.	Prescription. 5.
Inaliénabilité. 5, s. 15.	Saisissabilité. 8.

DOMAINE DIRECT.—V. Louage, Servitude.

DOMAINES ENGAGÉS ET ÉCHANGÉS —1.—Les domaines engagés ou échangés sont ceux des biens composant, avant 1789, le domaine de l'état, et qui en avaient été détachés par aliénation ou échange.

On appelait les premiers *domaines engagés*, parce que l'aliénation n'en était que temporaire et révocable d'après un vieux principe de notre *droit public* qui en prononçait l'inaliénabilité. Les rois de France, lors de leur sacre, juraient de la maintenir.

§ 1er. — *Notions générales et historiques sur la nature et la législation des domaines engagés et échangés.*

§ 2. — *Des droits et des obligations, soit de l'engagiste, soit de l'état, d'après la loi du 14 ventôse an 7.*

§ 3.— *Des exceptions à la loi du 14 ventôse.*

§ 4. — *De ceux à qui appartient la faculté de soumissionner.*

§ 5.— *Des échangistes.*

§ 6.— *De la compétence en cette matière.*

---

§ 1er. — *Notions générales et historiques sur la nature et la législation des domaines engagés et échangés.*

2.— En 1566, Charles IX rendit, au sujet du domaine, une ordonnance qui a depuis fait la base des réglemens en cette matière jusqu'à la révolution. Elle porte que le domaine ne pourra être aliéné, 1° que pour apanage des puînés des rois de France ; 2° pour les nécessités de la guerre; que, dans ce dernier cas, il devra être expédié des lettres-patentes, et qu'il y aura faculté de rachat perpétuel ; que les détenteurs sans concession valable devront restituer les fruits, depuis leur jouissance ou celle de leurs prédécesseurs; qu'enfin, ceux qui dissimuleront le titre auquel ils détiennent des fonds sujets à réversion, seront déchus et privés du droit et jouissance de ces fonds. Cependant beaucoup de biens furent détachés depuis, comme avant, du domaine public. Louis XIV, Louis XV et Louis XVI prirent des mesures plus ou moins sevères, plus ou moins opposées pour les faire rentrer; mais leurs moyens restèrent à peu près inéfficaces.

3.— La loi du premier décembre 1790 vint proclamer l'aliénabilité du domaine de l'état, en vertu d'un acte législatif, et le rachat perpétuel des aliénations postérieures à 1566, en maintenant toutefois celles antérieures, à moins de clause contraire exprimée dans les titres. Elle établit la prescription quarantenaire au profit des engagistes.

4.— Une autre loi, du 30 nov. 1793 (10 frim. an 2), modifia la première, et proclama la révocation immédiate de toutes les aliénations autres que celles faites purement et simplement avant le premier fév. 1566. Elle établit la juridiction arbitrale pour décider les contestations, et admit les engagistes dépossédés à faire liquider leurs créances. Cette loi injuste, dont l'effet était de les priver de leur gage sans les rembourser, fut suspendue par un décret du 13 frim. an 3; et un autre, du 7 nivôse an 5, ordonna la réintégration des échangistes dépouillés à la fois de leurs propriétés et de celles données en échange.

5.— La loi du 14 vent an 7 vint enfin fixer le sort des possesseurs de ces domaines, et leur permit de devenir propriétaires incommutables en payant le quart de la valeur des biens.

6.— Ils pouvaient encore restituer à l'état et exiger le remboursement de leurs finances d'engagement. Cette loi confirma tous les échanges consommés sans dol ni fraude avant le premier juillet 1789.

7.—Le bénéfice de cette loi, qui ne s'appliquait pas aux concessions des forêts au-dessus de 150 hectares ni des terrains enclavés ou à 715 mètres de ces forêts, fut étendu par la loi du 11 pluv. an 12, qui maintint seulement la révocation des concessions des bois au-dessus de 150 hectares.

Cette loi ne reçut point d'exécution, et les engagistes et échangistes continuèrent à jouir de leurs bois en versant au trésor le quart du produit des coupes.

8.— Il a cependant été décidé que l'art. 10 de cette loi, qui autorisait l'aliénation des terrains engagés, quoiqu'ils se trouvassent situés à une distance moindre de 715 mètres des forêts domaniales, ne s'appliquait qu'aux terrains vains et vagues et non à ceux plantés d'arbres.— 3 déc. 1817. Ord. Roncy. D.A. 6. 303.

9.— A l'égard de ces derniers, la prohibition de les aliéner, maintenue par la loi du 11 pluv. an 12, a été levée par l'art. 116 de la loi des finances du 28 avril 1816 — Même ordonn.

10.— La loi des finances de 1816 régla le taux d'engagistes *des forêts de* 150 hectares, et celle du 15 mars 1818 l'étendit aux échangistes dont les échanges n'avaient pas été consommés avant 1789 Toutefois, cette dernière loi, en disposant que si les échanges avaient été accompagnés des évaluations prescrites par l'édit de 1711, et que les biens reçus par l'état eussent été par lui vendus, les échangistes pouvaient devenir propriétaires incommutables en payant la somme résultant de ces évaluations, imposait une

obligation injuste, car, par son aliénation, l'état avait ratifié, et les choses n'étaient plus entières.

11.— Cette variation dans la législation, qui autorisait la régie à des recherches continuelles, avait porté l'inquiétude et le trouble dans la classe des propriétaires de tous biens. Aussi la loi du 12 mars 1820 déclara qu'après trente années à partir de la loi du 14 vent. an 7, tous les possesseurs actuels de domaines seraient libérés sans justification de leur part.

12. — Cette loi avait accordé neuf ans à l'administration des domaines pour exercer ses actions, et ce n'est qu'au moment où ce délai a été près d'expirer, qu'elle a lancé une quantité innombrable de sommations qui ont prorogé l'action domaniale pendant trente ans. — D.A. 6. 295 à 300.

§ 2.—*Des droits et des obligations, soit de l'engagiste, soit de l'état, d'après la loi du 14 vent. an 7.*

13. — La concession faite, dans le quatorzième siècle, par le prince, d'un domaine de la couronne, sous clause de retour au profit de l'état en cas d'extinction de la descendance légitime, a été frappée de la révocation prononcée en faveur de l'état par la loi du 14 vent. an 7.— 3 avril 1827. Paris. Rohan. D.P. 32. 1. 274.

14 —Avant cette loi, tant que la faculté de rachat, autorisée par l'ord. de 1566, n'avait pas été exercée, le domaine engagé était la propriété de l'engagiste, en conséquence, un domaine engagé compris dans une succession ouverte en 1790, y avait nature d'immeubles.— 17 juin 1824. Req. Douai. Becq. D.A. 6. 302. D.P. 1. 1353.

15. — En devrait-il être autrement d'une succession ouverte depuis la loi du 14 vent. an 7? Les motifs de l'arrêt cité porteraient à le penser, car on y lit que cette loi ne se borne pas à autoriser le rachat perpétuel, comme l'ord. de 1566, mais révoque expressément, sauf quelques exceptions, les aliénations de biens domaniaux postérieures à 1566. Toutefois, selon nous, il faut distinguer entre l'engagiste qui est encore en temps utile pour faire la soumission de payer le quart de la valeur des biens, et celui qui n'y est plus.

16.— Le droit du premier, tant que le délai fatal n'est pas expiré, est incontestable et représente un immeuble entre ses mains. Le droit du second, au contraire, nous paraît comme une créance de la plus-value sur une propriété dont le fonds appartient à autrui, et d'une nature mobilière.— D.A. 6. 300, n. 2.

17.— Ici, nous devons exposer que la loi du 14 vent. an 7, après avoir établi en principe la révocation des aliénations du domaine, consenties postérieurement à l'ordonnance de 1566, déclare, par son art. 14, que les engagistes dont les titres se trouvent frappés de révocation pourront faire la soumission de payer en numéraire le quart de la valeur des biens à eux aliénés, et qu'à cette condition ils resteront propriétaires incommutables. Voici du reste le texte de cet article :

« Les engagistes (non maintenus) qui auront fait la déclaration ci-dessus (des fonds faisant l'objet de leur engagement) pourront, dans le mois suivant, faire devant la même administration (centrale du département) la soumission irrévocable de payer en numéraire métallique le quart de la valeur desdits biens estimés comme il sera dit ci-après, avec renonciation à toute imputation, compensation ou distraction de finances ou améliorations. En effectuant cette soumission, ils seront maintenus dans leur jouissance ou réintégrés en icelle, s'ils ont été dépossédés, et que lesdits biens se trouvent encore sous la main de la nation, déclarés en outre et reconnus propriétaires incommutables, en tout assimilés aux acquéreurs de biens nationaux, aliénés en vertu des décrets des assemblées nationales. »

18.— Les aliénations du domaine de l'état, à titre gratuit, se trouvent assujetties au paiement du quart de leur valeur ou au délaissement, tout comme les engagemens ou aliénations à titre onéreux, la loi ne faisant aucune distinction à cet égard. — 14 nov. 1832. Civ. c. Colmar. Préfet du Haut-Rhin. D.P. 33. 1. 77.— 2 juin 1834. Civ. c. Colmar. Préfet du Haut-Rhin. D.P. 34. 1. 267.

19. — Il en est de même pour les concessions à bail emphytéotique, consenties par des donataires, à titre gratuit, de domaines de l'état. — 19 mars 1833. Civ. c. Colmar. Préfet du Haut-Rhin. D.P. 33. 1. 198.

20. — Et l'état a le droit d'exercer les actions que lui confère la loi du 14 vent. an 7, encore bien qu'il aurait touché le prix du rachat d'une rente emphytéotique grevant les immeubles. — 2 juin 1834. Civ. c. Colmar. Préfet du Haut-Rhin. D.P. 34. 1. 267.

21.—Le fait, par l'état, d'avoir vendu la rente grevant un domaine engagé, ne lui a pas enlevé le droit de demander plus tard le quart de la valeur de l'immeuble, ou la dépossession, encore bien que le détenteur aurait acquis lui-même cette rente — 12 mai 1834. Civ. c. Colmar. Préfet du Haut-Rhin. D.P. 34. 1. 243.

22. — Doit être considéré comme une donation purement gratuite, l'abandon fait à un de ses chambellans pour les services rendus par lui et ses auteurs, par le prince, du droit de rachat à lui appartenant sur un domaine engagé, de la mieux-value de ce domaine et de la propriété d'une forêt sur laquelle l'engagiste n'avait que le droit de prendre du merrain, annuellement, jusqu'à une certaine somme, encore bien que ce domaine et cette forêt auraient été aliénés antérieurement à la même personne pour des sommes plus ou moins fortes; en conséquence, est nul un arrêt qui déclare qu'un tel acte est une aliénation *à titre onéreux*. — 3 déc. 1832. Civ. c. Lyon. Préfet de l'Ain. D.P. 33. 1. 79.

23. — Un bien cédé au souverain, par suite d'un traité après une conquête, est domanial *ipso jure*; par suite, la cession d'un tel bien, faite par le souverain, tombe sous le coup de la loi du 14 vent. an 7.—2 juill. 1833. Civ. c. Besançon. Préfet du Doubs. D.P. 33. 1. 295.

24. — *Quid* à l'égard des ascensemens faits en Lorraine ? — V. n. 57 et suiv.

25.— Les domaines cédés en Franche-Comté par les anciens souverains de ce pays, avec réserve de rachat perpétuel, sont soumis à la révocation prononcée par la loi du 14 vent. an 7; en conséquence, les détenteurs de tels biens ne peuvent, sous aucun prétexte, en être déclarés propriétaires incommutables; ils sont astreints à payer le quart de la valeur, ou à en souffrir la dépossession. — 20 mai 1834. Civ. c. Besançon. Préfecture du Doubs. D.P. 34. 1. 251.

26.— Les engagistes qui ont été maintenus dans la propriété des terrains domaniaux à la charge de payer le quart de leur valeur, ont dû payer ce quart non d'après la valeur à l'époque de l'engagement, mais d'après celle au temps de l'estimation, sans distraction de ce qu'ils avaient déboursé pour faire sur ces biens des constructions et améliorations.— 19 août 1813. Décr. Ellisson. D.A. 6. 303. —... Ni sans imputation ni compensation.—D.A. 6. 296, n. 12.

27.— A défaut du rôle de la contribution foncière de 1793, c'est d'après l'estimation des experts, et non d'après le rôle de la contribution d'une époque postérieure à 1793, que doit être évaluée une forêt engagée et soumissionnée par l'engagiste (L. du 6 flor. an 4, § 3). — 5 sept. 1821. Ord. cons. d'état. Buon. D.A. 6. 304.

28. — Nous croyons, pour l'intelligence de ces deux notices, devoir rapporter ici le texte de l'art. 19 de la loi qui nous occupe :

« Il sera procédé à l'estimation de la manière suivante, savoir : pour les *maisons*, *cours*, *jardins*, *usines* et *dépendances*, par une première opération, les experts les estimeront d'après leurs connaissances locales et relativement au prix commun actuel des biens dans le lieu ou aux environs; par une seconde, relativement au prix commun en 1790, en formant le capital de seize fois le revenu dont lesdits objets étaient susceptibles, sans considérer les baux à ferme ou à loyer, s'ils ne s'élevaient pas au véritable prix; par une troisième, s'il y avait des baux en 1790, les maisons et usines, les cours et jardins en dépendant seront évalués sur le pied de leur valeur en 1790, calculée à raison de seize fois leur revenu net; et pour les *terres labourables*, *prés*, *bois*, *vignes* et *tout autre terrain*, par une première opération, les experts estimeront la valeur d'après leur connaissances locales et relativement au prix commun actuel des biens de même nature dans le lieu ou les environs; par une seconde, ils estimeront la valeur, d'après le montant de la contribution foncière de 1793, en prenant pour revenu net d'une année quatre fois le montant de cette contribution et en multipliant la somme par vingt; et par une troisième, s'il y avait des baux existant en 1790, la valeur sera fixée sur le pied de la même année et calculée à raison de vingt fois le revenu d'après lesdits baux. A l'égard de ce dernier cas et de ceux non prévus ci-dessus, les experts se conformeront au § 3 de la loi en forme d'instruction, du 6 flor. an 4, relative à l'exécution de celle du 28 vent. précédent. Les experts motiveront leur rapport sur chacune des bases, et les administrations, dans leurs arrêtés, en énonceront les

résultats, se fixeront à celui qui sera le plus avantageux pour la république et en feront mention expresse, le tout, à peine de nullité » (L. 14 vent. an 7, art. 19).

29.—La loi du 14 vent., dans le cas de maintenue de l'engagiste principal, maintient implicitement les sous-aliénataires comme étant aux droits du vendeur. Ainsi, l'engagiste principal, devenu, par le paiement du quart, propriétaire incommutable, ne peut point, sous le prétexte que ses sous-inféodataires n'ont pas, comme lui, réclamé en temps utile le bénéfice de la loi de l'an 7, les obliger au délaissement des portions de terrain qu'il leur a sous-inféodées — Ces derniers, au contraire, s'ils offrent de contribuer jusqu'à due concurrence au remboursement du quart en principal et frais payés par l'engagiste principal, doivent être maintenus dans la possession des fonds en qualité de sous-engagistes.— 3 fév. 1819. Ord. Mallin. D.A. 6. 304.

30. — Les anciens engagistes n'ont point été, par le seul fait du paiement du quart de la valeur estimative des biens, affranchis des redevances annuelles qui grevaient les biens engagés au profit du domaine national.— 21 août 1826. Metz Dorr. D.P. 29. 1. 96 — 5 niv. an 12. Civ. c. Thallaye. D.P. 4. 1. 234. — 23 juill. 1833. Civ. c. Metz. Domaine. C. Villemin. D.P. 33. 1. 297.

31.— Il en est ainsi, spécialement, alors que l'arrêté qui constitue l'engagiste propriétaire incommutable, l'oblige à payer ces redevances : et l'arrêt qui décide le contraire, sur le motif que l'arrêté de maintenue du préfet n'a point été notifié à l'engagiste, encourt la cassation (L. 14 vent. an 7, art. 14). — Même arrêt.

32.— Il en est encore et particulièrement ainsi, lorsque les anciens engagistes n'ayant pas fait, dans un délai prescrit, leur soumission de payer le quart de la valeur des biens, n'ont été relevés de cette déchéance qu'à la charge de payer, outre cette somme, les redevances dont il s'agit.— 7 janv. 1829. Civ. r. Metz. Dorr. D.P. 29. 1. 96.

33.— .... Et que le propriétaire actuel des biens autrefois engagés s'est lui-même personnellement obligé, dans son contrat d'acquisition, passé avec l'administration, d'acquitter ces redevances. — Même arrêt.

34.— Cette jurisprudence paraît contraire à l'esprit de la loi du 14 ventôse, et se trouve condamnée par un avis du conseil d'état, du 9 sept. 1805, rendu sur un conflit auquel avait donné lieu un arrêt de la cour suprême, du 5 niv. an 12. Aussi nous pensons que le paiement du quart de la valeur affranchit l'immeuble entre les mains de l'engagiste de toute réclamation ultérieure de l'état (D.A. 6. 300, n. 3). —Cependant dans l'espèce de la dernière notice, nous adoptons la décision de la cour, parce qu'il était intervenu une transaction qui liait personnellement l'engagiste.

35.— Ainsi, les domaines soumissionnés ont été affranchis des charges et hypothèques dues par l'engagiste au domaine.—4 juin 1809 Décr. Thobois. D.A. 6. 315.

Par exemple, des rentes d'engagement dues à l'état sur des moulins et héritages, ont été éteintes et supprimées par suite de la soumission du quart.— 25 therm. et deuxième jour complémentaire an 12. Décr. D.A. 6. 301.

Jugé même que, par le paiement du quart auquel il s'est soumis, l'engagiste a pu être déclaré affranchi des redevances, quoique l'obligation de les payer lui ait été imposée par l'arrêté qui a accepté sa soumission, si non seulement il n'a pas exécuté cette condition, mais si, au contraire, il s'est pourvu pour en être déchargé.—24 nov. 1834. Civ. r. Metz. le Domaine. D.P. 35. 1. 36.

...... L'arrêté administratif ne serait obligatoire pour l'engagiste qu'autant qu'il aurait reçu son assentiment et sa ratification. — Aff. Mathis. D.P. 35. 1. 264.

36.—Il n'a été rien préjugé sur les redevances dues à des tiers, ni par la loi de ventôse, ni par les avis du conseil d'état, des 16 frim. an 12 et 22 mess. an 13.—4 juin 1809. Décr. Thobois. D.A. 6 315.

Ces tiers sont étrangers aux transactions légales intervenues entre l'état et les engagistes.— D.A. 6. 301.

37.— Le contrat de vente ne préjuge rien à leur égard, et ils peuvent faire valoir leurs droits contre l'engagiste; seulement, c'est aux tribunaux et non à l'autorité administrative qu'il appartient de statuer en cette matière.— 8 avril 1809. Décr. cons. d'état. Thobois.

Et, dans ce cas, l'engagiste n'est pas affranchi du

service de ces charges ou rentes existantes dans les concessions primitives, bien que l'acte de vente explique qu'il est libéré de toutes charges.— 6 juin 1807. Décr. cons. d'état. Bertault.

38.— Un avis du conseil d'état, du 22 fruct. an 13, établit en principe que les rentes dues pour domaines engagés, ayant été abolies au profit des échangistes et engagistes qui se sont libérés aux termes de la loi du 14 vent. an 7, la régie des domaines ne peut en poursuivre le recouvrement.— D.A. 6. 301.

39 — Toutefois, il n'y a pas lieu à la restitution d'arrérages de rentes, d'engagement, payés antérieurement à cet avis.— 23 juin 1806. Decr. Maniez. D.A. 6. 303.

40.— Celui qui, hors de la présence de l'état, s'est rendu sous-concessionnaire d'un engagiste de l'état, ne peut invoquer directement, à son profit, le bénéfice des lois sur les domaines engagés (notamment de celle du 1er déc. 1790, art. 31); ces lois ont été rendues exclusivement en faveur des engagistes directs de l'état.— 29 juill. 1829. Req. Paris. Bouclier. D.P. 29. 1. 310.

41.— En admettant que la loi du 14 vent. an 7, et les lois postérieures eussent fait revivre, au profit de l'engagiste, un doit précédemment éteint, et que le sous-concessionnaire eût pu prétendre une participation à ce droit, le sous-concessionnaire était dans l'obligation de se conformer, à l'égard et vis-à-vis de l'engagiste, aux offres et aux soumissions prescrites par ces lois.— Même arrêt.

42.— L'engagiste originaire ou ses héritiers ont pu prescrire par une possession de quarante ans sous la loi du 1er déc. 1790, et de trente depuis le code civil. Mais, indépendamment de cette prescription ordinaire, les tiers-acquéreurs ont celle de dix et vingt ans, lorsqu'ils ont acquis depuis l'aliénabilité du domaine de l'état, et s'ils ont ignoré l'origine du bien qui leur a été vendu. — D.A. 6. 301, n. 3 et 6 (C. civ. 2265).— V. Prescription et D.P. 35. 1. 143.

43.— Les engagistes qui sont devenus propriétaires incommutables, au moyen du paiement du quart, sont passibles d'un droit de mutation dans la proportion de l'obligation qui leur est imposée.— 12 avril 1806. Civ. c. Domaine. Meunier. D.A. 6. 302. D.P. 1. 1353.

44.— La stipulation, dans l'acte de sous-concession d'un domaine engagé, que l'engagiste se réunira au sous-concessionnaire pour obtenir du roi l'irrévocabilité de l'engagement sur la tête du sous-concessionnaire qui, à cause des dépenses à faire, y a le plus grand intérêt, une telle stipulation a pu être déclarée faite autant dans l'intérêt de l'engagiste que du sous-concessionnaire, sans qu'une telle déclaration donne prise à la censure de la cour de cassation.— 29 juill. 1829. Req. Paris. Bouclier. D.P. 29. 1. 310.

45.— Et si la stipulation est devenue impossible, par suite de dispositions législatives, la nullité prévue pour le cas où cette irrévocabilité ne serait pas accordée, s'est accomplie de plein droit, et les lois postérieures n'ont pu redonner l'existence au contrat.— Même arrêt.

46.— Les émigrés réintégrés dans les biens qui se trouvaient encore entre les mains du gouvernement, en vertu des lois des 5 déc. 1814 et 28 avril 1816, ont dû aussi payer le quart de leur valeur.

§ 3.— *Des exceptions à la loi du 14 ventôse an 7.*

47.— Ces exceptions, au nombre de quatre, sont énumérées dans l'art. 5 de la loi.— La première a pour objet les aliénations spécialement confirmées par des décrets particuliers non rapportés ni abrogés. Les trois autres ont trait aux aliénations de biens dépendant du *petit domaine*.— D.A. 6. 304.

48.— La loi du 14 vent. an 7 n'a eu pour objet d'atteindre que les aliénations des biens dépendans du domaine de l'état, connu autrefois sous le nom de domaine de la couronne.— En conséquence, elle ne s'applique pas aux biens qui n'ont pas été expressément unis et incorporés au domaine du roi, et qui n'ont pas été tenus et administrés pendant dix ans par les officiers du roi.— 8 janv. 1834. Paris. Préfecture de la seine. D.P. 34. 2. 101.

49.— Les biens du domaine, situés en Artois, et aliénés avant la réunion de l'Artois à la France (1558), l'ont été irrévocablement, malgré les ordonnances de 1495, 1531, 1540 et 1545, rendues, la première, avant le traité de Madrid, par Philippe-le-Bel, et les autres après ce traité, par les souverains du pays.— 21 juill. 1831. Req. Douai. Béthune-Sully. D.P. 33. 1. 160.

50.— Il suffit que celui qui, en échange de sa propriété, a reçu des domaines engagés, ait été, par

lettres-patentes enregistrées avant 1789 et après évaluation régulière, déclaré propriétaire incommutable de ces domaines, pour qu'il se trouve à l'abri de l'effet révocatoire de la loi. — V. n. 69.

..... Il importerait peu que, dans un procès, auquel l'état était étranger, entre lui et un engagiste, un arrêt du conseil, en l'autorisant à exercer le retrait à l'égard de celui-ci, eût déclaré précédemment et par simple énonciation, qu'il serait lui-même passible du retrait (C. civ. 1351).

..... Il importerait peu encore qu'un arrêt de la cour des comptes, en lui délivrant un titre destiné à remplacer les actes d'échange qui avaient péri dans un incendie, eût décidé qu'il ne posséderait les domaines reçus en échange qu'à *titre d'engagement* (C. civ. 1351).— 31 janv. 1833. Req. Toulouse. Préf. de la Haute-Garonne. D.P. 33. 1. 337.

51.— Les lais et relais de la mer, même non encore formés, ont pu, avant la révolution, comme faisant partie du petit domaine de l'état, être valablement et irrévocablement aliénés par nos rois; tellement que cette aliénation continue d'avoir effet à l'égard des tiers-acquéreurs, nonobstant la disposition de la loi de 1790, qui a déclaré que les lais et relais de la mer font partie du domaine public; et cela, sans distinguer les relais formés à cette époque, de ceux qui ne l'on été que depuis (C. 538). — 18 mai 1830. Req. Poitiers. Préfet de la Vendée. D.P. 30. 1. 250.

52.— Dans le cas de la concession de fonds provenant des petits domaines, ces fonds étant, par leur nature, aliénables et prescriptibles, le concessionnaire peut invoquer, contre la demande en paiement des rentes seigneuriales dont ils étaient grevés, les lois abolitives de la féodalité. — 18 avril 1810. Civ. r. Domaine C. Thouvenot. D.A. 6. 307. D.P. 1. 1353.

53.— L'exception établie par l'art. 5, n. 3, relativement aux terres vaines et vagues, landes, bruyères et marais, s'applique, non pas seulement aux aliénations faites moyennant des redevances, mais aussi à celles faites pour un capital fourni, et bien que la concession comprît des prés, des cabanes et des bâtimens. — 1er prair. an 13. Civ. r. Poitiers. Concessionnaires des marais de Rochefort. D.A. 6. 305. D.P. 5. 2. 158.

54.— Lorsque, dans l'acte de vente de la superficie d'un bois, il est dit que l'acquéreur aura la faculté de devenir propriétaire du fonds en payant une redevance annuelle, et sous les conditions de défricher ledit fonds, l'acquéreur qui use de cette faculté acquiert un terrain *vain et vague*; en conséquence, l'aliénation de ce fonds rentre dans l'exception portée par l'art. 5 de la loi du 14 vent. an 7. — 10 fév. 1808. Civ. r Nanci. Domaine C. Deludres. D.A. 6. 306. D.P. 1. 1353.

55.— Pour décider si un terrain est vain et vague, et si, comme tel, l'aliénation qui en a été faite par l'état ou ceux qui sont aux droits de l'état est irrévocable, les tribunaux doivent s'attacher à l'état du terrain à l'époque de la concession.— 15 mars 1820. Civ. c. Besançon. Domaine C. Lambert. D.A. 6. 308. D.P. 20. 1. 299.

56.— Les aliénations de terrains épars, dépendant du domaine de l'état, sans édifices et au-dessous de la contenance de cinq hectares, faites en vertu d'arrêté du conseil, antérieur au 14 juillet 1789, ne sont pas révoquées, bien que le contrat d'aliénation n'ait été passé que postérieurement à la même époque (L. 14 vent. an 7, art. 5, § 4).— 6 avril 1824. Req. Nanci. Domaine C. Dommange. D.A. 6. 311. D.P. 1. 1354.

57.— Les lois sur les domaines engagés sont inapplicables à une terre dont la patrimonialité a été reconnue par la puissance souveraine, et est devenue la condition sous laquelle la Lorraine et le Barrois ont été cédés à la France. — 27 janv. 1807. Civ. c. Nanci. Noailles-Poix. D.A. 6. 303. D.P. 1. 1353.

58. — Ainsi, les concessions de terres vaines et vagues, consenties par les anciens ducs de Lorraine avant la réunion de ce pays à la France, ne peuvent être considérées comme des aliénations du domaine de l'état, dont la loi du 14 vent. an 7 prononce la révocation; surtout si la patrimonialité de ces terres a été reconnue par d'anciens arrêts de la chambre des comptes (Edit du 14 juill. 1729).— 15 juill. 1823. Civ. r. Nanci. Domaine C. Gadel. D.A. 6. 310. D.P. 24. 1. 23.

59.— Le principe de l'inaliénabilité du domaine *ducal* n'ayant pas toujours été admis en Lorraine, c'est à l'état, qui revendique aujourd'hui un immeuble situé dans cette province, à prouver qu'il en faisait partie à l'époque où ce principe a été introduit, encore que le domaine eût une propriété pour une part dans l'immeuble. — 25 déc. 1833. Req. Nanci. Préfet des Vosges. D.P. 34. 1. 72.

60.— Le dernier ressort de la justice est le signe

caractéristique de la souveraineté; ainsi, les ducs de Bar, qui relevaient du parlement de Paris, n'étaient pas souverains, malgré la jouissance de certains droits régaliens que leur avait laissés la couronne, et les biens par eux aliénés étaient non des domaines engagés susceptibles de l'application de la loi du 14 vent. an 7, mais des biens patrimoniaux aliénés à titre perpétuel et irrévocable.— 30 janv. 1821. Req. Nanci. Domaine C. Bourlon. D.A. 6. 308. D.P. 21. 1. 141.

61.— Bien que le domaine de l'état fût inaliénable dans le duché de Lorraine, avant la réunion de ce pays à la France, les terres vaines et vagues, maisons, usines et autres objets de même nature, tellement dégradés ou détruits que la reconstruction en était devenue nécessaire, pouvaient être aliénés, pourvu que les aliénations eussent été faites par la chambre des comptes, après affiches et publications (Edits des 18 mars 1722, 14 juill. 1729, 16 sept. 1729). — 5 nov. 1822. Req. Nanci. Domaine C. N.... D.A. 6. 310. D.P. 1. 1354.

62.— L'engagement pris par Louis XV, dans la déclaration du 28 août 1736, lors de la réunion à la France des duchés de Bar et de Lorraine, de respecter les lettres-patentes du 14 mai 1736, qui restituaient plusieurs terres à la maison de Beauveau, sur le motif que ce n'était que par erreur qu'on les avait réunies au domaine ducal comme domaines engagés, a eu pour effet de conférer une propriété irrévocable à ces détenteurs réintégrés, en sorte que, quel que fût le caractère domanial ou patrimonial des biens restitués, il n'est plus possible de leur appliquer les lois sur les domaines engagés.— 4 fév. 1835. Req. Nanci. Préfet de la Meurthe. D.P. 35 1. 145.

63.— Les dispositions révocatoires de la loi du 14 vent. an 7 ne sont point applicables aux accensemens de biens domaniaux, faits par les anciens ducs de Lorraine, lorsque ces concessions avaient été expressément confirmées à titre irrévocable, avant la réunion de la Lorraine à la France, par des jugemens exécutés, et qui avaient, à cette époque, acquis l'autorité de la chose jugée.— 2 avril 1835. Req. Nanci. Préfet de la Meurthe. D.P. 35. 1. 213.

64.— Après avoir retracé les décisions qui ont eu à fixer la portée des exceptions contenues dans l'art. 5 de la loi de l'an 7, il reste à dire un mot de la situation dans laquelle se trouvent aujourd'hui les engagistes.

65.— Les propriétaires qui ont été troublés par les sommations de la régie des domaines, ont intérêt à faire lever cet interdit qui pèse sur leur propriété et résulte de l'action qui peut être incessamment exercée contre eux. Nous pensons donc que, contrairement aux principes généraux qui ne permettent pas qu'on puisse obliger quelqu'un à exercer un droit dans un temps qu'il ne lui plaît pas de choisir, les propriétaires troublés dans leur possession peuvent appeler le domaine devant les tribunaux pour faire prononcer la main-levée de la sommation. Il s'agit ici d'une matière spéciale, et les tribunaux devraient prendre en considération le retard de la régie, qui a eu plus que le temps nécessaire pour s'éclairer sur le mérite de ses actions et le préjudice causé par une incertitude qui peut se prolonger pendant trente ans.—D.A. 6. 305, n. 2.

66.— Toutefois, les propriétaires feront prudemment de s'adresser d'abord à la régie elle-même, et d'épuiser les voies administratives.—*Eod.*

§ 4.— *De ceux à qui appartient la faculté de soumissionner.*

67.— Le droit de soumissionner n'appartient évidemment qu'à l'engagiste et à ses héritiers ou ayans-cause, qui justifient d'un titre d'engagement.— D.A. 6. 312.

68.— Les héritiers du cessionnaire d'un domaine engagé en vertu d'un arrêté de l'ancien conseil, révoqué par une *loi spéciale* en 1791, ne peuvent être admis à faire la soumission autorisée par l'article 14 du 14 ventôse an 7, laquelle n'admet que les engagistes proprement dits, c'est-à-dire ceux qui en ont encore la qualité, et non ceux qui l'ont perdue. — 10 juill. 1832. Ord. cons. d'état. Maudet D.P. 32. 3. 137.

69.— On ne peut considérer comme engagiste l'individu auquel des bois ont été concédés, si les lettres-patentes, portant concession à son profit, n'ont pas été enregistrées, et s'il n'a jamais été mis en possession des biens concédés. Ses héritiers ne peuvent point, en offrant de se conformer aux dispositions des lois des 14 vent. an 7 et 28 avril 1816, demander la maintenue de la concession faite à leur auteur.— 27 déc. 1820. Ord. Hérit. Bretonnière. D.A. 6. 312.

70. — La faculté de soumissionner les forêts audessus de 150 hectares, que refusait l'art. 15, § 2 de la loi du 14 vent. an 7, et qu'accorde l'art. 116 de la loi du 28 avril 1816, appartient à celui-là seul qui aurait eu le droit de réclamer la finance d'engagement, et, par conséquent, au légataire universel, à l'exclusion de l'héritier du sang de l'engagiste, cette dernière loi n'ayant pas été portée dans le même esprit que la loi du 5 déc. 1814. — 30 mars 1824. Civ. r. Paris. Duparc. D.A. 6. 312. D.P. 24. 1. 134.

71. — Le délai d'un mois, accordé aux engagistes par l'art. 13 de la loi du 14 ventôse an 7, pour déclarer les biens dont ils sont détenteurs est de rigueur; cet article prononce formellement la déchéance.

72. — Mais le second délai d'un mois qui leur est accordé par l'art. 14 pour faire leur soumission de payer le quart, n'est point fatal : ils conservent la faculté de soumissionner tant que l'état n'a fait aucun des actes nécessaires pour parvenir à la vente judiciaire de l'immeuble. Cet article ne prononce aucune déchéance de l'engagiste en retard; cette interprétation paraît rentrer dans l'esprit de conciliation de la loi. — D.A. 6. 302, n. 7.

73. — Si un engagiste, dans l'ignorance de l'origine de sa propriété, a plaidé contre la régie et n'a point fait les déclarations et soumissions dans les délais prescrits par les art. 13 et 14 de la loi du 14 ventôse, on pourrait croire, d'après l'économie de la loi, qui semble ne pas supposer de litige possible pendant leur durée, qu'il serait privé de son bénéfice : cependant nous ne pouvons croire que les tribunaux adoptent une telle doctrine : *summum jus, summa injuria :* la loi du 14 vent. n'est pas une transaction offerte aux engagistes dont la position est douteuse, mais à ceux qui sont réellement détenteurs de biens domaniaux ; c'est sur la vente et le partage du prix de l'immeuble, entre l'état et l'engagiste, que s'opère la transaction. Il faut donc que le droit soit fixé, il faut que le défendeur soit reconnu engagiste. — D.A. 6. 302, n. 8.

74. — Les engagistes de forêts composées de futaies et de taillis ne sont pas recevables à diviser leur soumission, afin d'acquérir les taillis séparément de la futaie, et se dispenser ainsi de payer la totalité de la futaie ; mais ils peuvent retirer leur soumission et se pourvoir en liquidation de leur finance d'engagement. — 3 sept. 1821. Ord. cons. d'état. Buon. D.A. 6. 304.

75. — Dans l'évaluation des forêts composées de futaies et de taillis, les futaies doivent être comprises pour la totalité de leur valeur. — Même ordonn.

§ 5. — *Des échangistes.*

76. — L'échange d'un bien domanial est, comme la vente, une aliénation ; comme elle, il devait être essentiellement révocable. Cependant, la loi du 14 vent. an 7 (art. 5, n. 1) maintient irrévocablement « les échanges consommés légalement et sans fraude avant le 1er janv. 1789, pour les pays qui, à cette époque, faisaient partie de la France, et avant les époques respectives des réunions, quant aux pays réunis postérieurement audit jour 1er janv. 1789. » C'est qu'un grand nombre de ces échanges avaient été faits dans l'intérêt du domaine lui-même. — D.A. 6. 313.

77. — « Les échanges, porte l'art. 19 l. du 1er déc. 1790, ne seront censés consommés qu'autant que les formalités prescrites par les lois et réglemens auront été observées et accomplies en entier ; qu'il aura été procédé aux évaluations ordonnées par l'édit d'oct. 1711, et que l'échangiste aura obtenu et fait enregistrer dans les cours les lettres de ratification nécessaires pour donner à l'acte son dernier complément. » Voilà ce qu'il faut entendre par échanges *légalement consommés* dans les pays formant la France au 1er janv. 1789. A l'égard des pays réunis, l'art. 6 du 14 vent. dit que les échanges devront avoir été faits conformément aux lois qui y étaient en vigueur.

78. — Il faut encore que l'échange ait été *fait sans fraude*. Mais suffirait-il que le domaine eût éprouvé une lésion du huitième, eu égard au temps de l'aliénation, pour que l'échange fût réputé fait en fraude de ses droits, comme le voulait l'art. 20 du 1er déc. 1790? Non, car l'art 6 du 14 vent. ne renvoie qu'à l'art. 19 de celle du 1er déc. 1790, relatif aux formes légales de l'échange, mais nullement à l'art. 20 de cette même loi, qui définit les caractères de la fraude. Il suit de là qu'on rentre dans le droit commun ; que l'application de la fraude appartient aux tribunaux, et que la lésion n'est une cause de rescision qu'autant qu'elle est d'outre moitié. — D.A. *ibid.*

79. — Les échanges postérieurs à l'édit de 1566 demeurent assimilés aux domaines engagés ; et les devoirs imposés aux engagistes sont obligatoires pour les échangistes qui veulent conserver leur propriété. — D.A. *ibid.*

§ 6. — *De la compétence.*

80. — La compétence en cette matière est à la fois administrative et judiciaire ; on peut dire qu'en général c'est à l'autorité administrative qu'il appartient de prononcer toutes les fois que, la domanialité étant reconnue, il ne s'agit plus que de l'exécution de la loi du 14 vent. an 7 entre l'état et l'engagiste ; mais qu'au contraire les tribunaux sont seuls appelés à statuer sur la question de domanialité et sur toutes les contestations qui peuvent s'élever entre l'engagiste et des tiers. — D.A. 6. 314.

81. — Il a donc été décidé qu'en matière de domaines engagés, les questions de propriété appartenant exclusivement aux tribunaux, doit être annulé un arrêté d'ancienne administration départementale qui aurait maintenu un individu dans la propriété incommutable de terres provenant d'un domaine d'ancien souverain. — 3 avril 1827. Paris Rohan. D.P. 32. 1. 274. — 15 nov. 1831. Ord. cons. d'état. Min. pub. C. Laffitte. D.P. 33. 3. 100.

82. — Sauf au détenteur à faire valoir ses droits devant les tribunaux, s'il se prétend placé dans le cas des exceptions accordées, pour les terres vaines et vagues, par les art. 5 et 27 de la loi du 14 vent. an 7. — 15 nov. 1831. Ord. cons. d'état. Min. pub. C. Laffitte. D.P. 33. 3. 100.

83. — Autrement, dit de Cormenin, l'état serait à la fois juge et partie dans sa propre cause, sur une question préalable qui, touchant au fond même du droit contesté, semble devoir appartenir aux tribunaux, d'après les termes de l'art 27 de la loi du 14 vent. an 7. Et, d'ailleurs, l'art. 28 de cette loi paraît réduire la compétence de l'autorité administrative à la liquidation des créances et autres répétitions sur l'état. — *Quest.*, v° Domaines engagés.

84. — Les tribunaux sont encore seuls compétens pour prononcer sur les contestations qui ont pour objet les *exceptions* prévues par la loi du 14 vent. an 7. Et, par exemple, le conseil de préfecture serait incompétent pour prononcer le maintien d'un engagement, sous le prétexte qu'il serait exceptionnellement déclaré irrévocable par la loi. — 29 mars 1832. Ord. cons. d'état. Min. pub. C. Poinsignon. D.P. 33. 3. 74. — 14 juin 1809. Décr. D.P. 17. 2. 122.

85. — Il doit se borner à émettre un simple avis sur la question de savoir s'il est ou non de l'intérêt du domaine de soutenir une action judiciaire. — 6 déc. 1820. Ord. Admin. des dom. C. Guyot. D.A. 6. 316.

86. — Il n'appartient qu'aux tribunaux de décider si un immeuble engagé est ou non compris parmi ceux dont la loi du 14 vent. an 7 a confirmé l'aliénation (art. 27). — 25 fév. 1818. Ord. Deutsche. D.A. 6. 316.

87. — Ainsi, un tribunal a pu, sans violer les règles de la compétence administrative, juger que telle partie d'un domaine engagé n'avait pu être comprise dans le contrat d'engagement, parce que, lors de ce contrat, le roi avait renoncé à cette portion en faveur de la commune sur laquelle le domaine était situé ; et les juges n'ont fait qu'user de leur droit d'appréciation en se fondant sur le titre même d'engagement, ainsi que sur des actes, soit antérieurs, soit postérieurs, émanés des autorités publiques (LL. des 24 août 1790, 16 fruct. an 3, 28 pluv. an 8). — 15 déc. 1832. Req. Montpellier. Casteilla. D.P. 33. 1. 111.

88. — Il appartient donc aux tribunaux et non aux conseils de préfecture de décider si des bois litigieux entre une commune et un particulier qui les a possédés à titre d'engagement, sont d'origine communale ou domaniale. — 18 mars 1816. Ord. Guyard de Changey. D.A. 6. 316

89. — .... De statuer sur les moyens proposés par le possesseur de biens inféodés, à l'effet d'être dispensé, à l'égard de ces biens, du paiement du quart de la valeur estimative, requis par la loi de l'an 7. — 13 janv. 1816. Ord. Rochechouart. D.A. 6. 316.

90. — ... Sur la question de savoir si les domaines soumissionnés en exécution de la loi du 14 vent. an 7 ont été affranchis de toutes rentes, hypothèques et prestations quelconques, notamment des droits de terrage. — 4 juin 1809. Déc. Thobois. D.A. 6. 315.

91. — ..... De connaître enfin de l'action des tiers qui prétendent que les engagistes ne sont pas, par le paiement du quart effectué en vertu de l'art. 14 de la loi de vent. an 7, libérés vis-à-vis d'eux des charges qui leur sont dues. — 8 avril 1809. Déc. cons. d'état. Thobois.

92. — L'engagiste que la révolution a dépouillé des fiefs qui lui avaient été concédés peut, nonobstant l'arrêté de district qui a remis ces fiefs au domaine, et les décisions du ministre des finances qui ont confirmé l'arrêté, saisir les tribunaux de la question de propriété, en ce qui touche les biens non vendus. — 18 mars 1818. Ord. D'Andlaw. D.A. 6. 316.

93. — C'est à eux de connaître des contestations élevées entre l'engagiste principal et les sous-aliénataires, relativement à la validité et aux effets du contrat du sous-engagement ; aussi le conseil de préfecture excède sa compétence en statuant sur le point de savoir si l'engagiste principal, devenu propriétaire incommutable, a droit de rentrer dans la possession des portions des terrains engagés qui ont été sous-aliénés lorsque les sous-aliénataires n'ont pas profité de la loi du 14 vent. an 7. — 3 fév. 1819. Ord. Mallin. D.A. 6 304.

94. — C'est à eux encore de statuer sur toutes les questions incidentes qui peuvent s'élever à l'occasion de l'abolition des rentes affectées sur les domaines engagés, dont les détenteurs se sont libérés, aux termes de la loi du 14 vent. an 7 ; et, particulièrement, c'est devant eux que doit être portée l'action en garantie exercée contre la régie, qui, postérieurement à la soumission de l'engagiste de payer le quart de la valeur estimative du domaine engagé, a transporté à un tiers le cens affecté sur ce domaine. — 22 nov. 1811. Décr. D'Hennezel. D.A. 6. 315.

95. — Les tribunaux sont compétens pour connaître de la tierce-opposition à des arrêts de l'ancien conseil du roi, lorsqu'il s'agit de la propriété d'un domaine de l'état. — 18 août 1818. Civ. c. Rouen. Delatour-Duligny. D.A. 6 314. D.P. 1. 1354.

96. — En supposant cependant qu'une cour royale puisse refuser de statuer sur une tierce-opposition semblable, elle doit du moins, dans ce cas, s'abstenir de statuer sur le fond de la contestation. — Même arrêt.

97. — Lorsqu'un préfet a passé contrat, moyennant le paiement du quart, d'un bien engagé, et lorsqu'ensuite l'administration des domaines prétend qu'un terrain compris dans la vente n'a jamais été possédé à titre d'engagement, la question de propriété que fait naître la prétention de la régie est de la compétence exclusive des tribunaux ordinaires, et ce n'est qu'après que cette question préjudicielle a été résolue, qu'il appartient aux conseils de préfecture de connaître de la vente passée par le préfet. Ainsi, est nul, pour cause d'incompétence, l'arrêté du conseil de préfecture qui, tout à la fois, prononce sur la question d'engagement et sur la validité de la vente. — 1er déc. 1824. Ord. Rey, etc. D.A. 6. 316.

98. — Les engagistes soumissionnaires étant, aux termes de la loi du 14 ventôse, assimilés aux acquéreurs de biens nationaux, il en résulte que les conseils de préfecture sont compétens pour statuer sur la validité d'une vente administrative opérée en vertu de la loi précitée. — Même ordonnance.

99. — Sont de la compétence du conseil de préfecture et non du préfet, les contestations élevées entre un engagiste et la régie, relativement à l'expertise d'un domaine engagé. *Spécialement*, lorsque la régie a estimé la valeur du domaine d'après les rôles de la contribution de 1793, et qu'au contraire les experts, écartant ce mode d'estimation, par ce que l'article de la matrice du rôle relatif au fonds engagé comprenait d'autres biens patrimoniaux de l'engagiste, ont porté la valeur du domaine, d'après leurs connaissances locales et le prix commun des biens de même nature, à un taux moins élevé que celui fixé par la régie ; dans ce cas, il n'appartient pas au préfet de déclarer insuffisante l'estimation des experts, et d'adopter celle de la régie. — 7 fév 1809. Déc. Tillette-Montfort. D.A. 6. 315.

100. — Les conseils de préfecture excèdent leur compétence en prononçant sur la propriété de terrains revendiqués à titre d'alluvion, d'une part par le domaine, de l'autre, par un engagiste, et en ordonnant la résiliation du bail de ces terrains, passé par le domaine à un tiers. — 13 juin 1821. Ord. Min des fin. C. Tossette. D.A. 6. 316.

101. — Les préfets dépassent leur compétence, s'ils préjugent par leurs arrêtés les droits respectifs d'un concessionnaire et d'un tiers, et s'ils prononcent entre eux sur les effets et l'étendue des exceptions portées par la loi du 14 vent. an 7 (art. 27). — 13 nov. 1822. Ord Couturier. D.A. 6. 316.

102. — Mais un arrêté qui décide qu'un des engagistes qui s'est fait, en son nom personnel, relever de la déchéance encourue par tous, a acquis à tous les autres le bénéfice du relief, ne décide que la question administrative de déchéance ; il ne touche

point à la question de propriété — Dès lors, s'il y a pourvoi, ce doit être par recours devant le ministre et non par appel au conseil d'état.— 31 janv. 1817. Ord. Décarsins. D.A. 6. 316.

103.— Il suffit que la décision administrative qui admet les sous-concessionnaires *détenteurs* de domaines engagés, à soumissionner le quart de la valeur de ces biens, concurremment avec l'engagiste, réserve à ce dernier ses droits contre les sous-concessionnaires, pour qu'il ne soit pas fondé à prétendre qu'il s'agit là d'une question de privilége ou de propriété, qui ne peut être jugée que par les tribunaux ordinaires — 16 mai 1832. Ord. cons. d'état. Société de Cotentin. D.P. 32. 3. 116.

104. — Toutefois, comme nous l'avons déjà dit *suprà* (§ 3), il a été décidé que les engagistes seuls, et non leurs cessionnaires, peuvent soumissionner.— 10 juill. 1832. Ord. cons. d'état. Maudet. D.P. 32. 3 137.

105.— Le ministre des finances. saisi par de prétendus engagistes, de leur demande en soumission, est compétent pour vérifier leur qualité (L. 14 vent., art. 27).— Même ordonn.

— V. Compétence adminisiratrative, Domaine de l'état, Domaine public, Domaine de la couronne, Eau, Enregistrement, Prescription, Voirie.

TABLE SOMMAIRE.

Abolition. 38.
Action. 65.— forcée. 65.
Aliénation. 1, s. 47, s.
Arbitrage. 4.
Arrérages. 39.
Action. 49.
Capacité. 67.
Cassation (appréciation). 45.
Cessionnaire. 104.
Chose jugée (exécution). 50.
Compétence. 80, s.
Concession. 7, 40, 53, s.
Conquête. 23.
Déchéance. 32, 102.
Délai. 16, s. 71, s.
Délaissement. 18, 29.
Description. 3.
Domaine de l'état. 1, 23, s. 48, s.
Echange. 1, s. 76, s.
Emigré. 46.
Emphytéose. 19.
Engagement. 2, s.
Engagiste. 65, s.
Enregist. 43.
Estimation. 27, s.
Evaluation. 10, 75.
Exception. 47, s.
Expertise. 27, 99.
Extinction. 41, 90.
Féodalité. 52, 94.
Forêt. 7, s. 73.
Franche-Comté. 25.
Héritier. 68, s.
Hypothèque. 35, 90.
Indivisibilité. 74.
Interprétation. 87, s.
Lettre-patente. 2, 50, 69.
Libération. 30, s.
Lorraine. 58, s.
Ministre des finances. 105.
Obligation. 40.
Paiement 5, 89.
Petit domaine. 47, s.
Prescription. 11, 42.
Preuve 59.
Prix. 89.
Quart de la valeur. 5, s.
Rachat. 14.
Ratification 76.
Redevance. 18, s. 30, s.
Relais de la mer. 51.
Renonc. présumée. 21.
Rente. 38, s. 94. — féodale. 52.
Rescision. 78.
Restitution 6.
Réunion. 24, 57, s.
Révocation. 1, s. 13, s. 47, 76, s.
Soumission. 17, s. 67, 102, s.
Sous-concessionnaire. 40, suiv.
Stipulation pour autrui. 44.
Tierce-opposition. 95, s.
Tiers-acquéreur. 42.
Titre gratuit 18, s.
Vacant. 53, s. 83.

DOMAINE DE L'ÉTAT.— 1.— On comprend par ce mot les choses qui appartiennent au corps politique de la nation, considéré *ut universitas*, et dont ce corps seul doit recueillir tous les émolumens (Proud., v° Domaine public, t. 1er, p 270) — Autrefois, les mots Domaine de l'état, Fisc, Domaine de la couronne, Domaine du roi, étaient synonymes ou du moins employés indifféremment (D.A. 6. 295, n. 2): on distinguait les droits régaliens majeurs et mineurs entre les petits domaines (V. n. 4, 10), et le domaine inaliénable Des idées mieux comprises, un système régulier d'impôts, ont introduit des distinctions plus exactes.— D.A. 6. 295, n. 3 et suiv.

ART. 1er.— *Nature du domaine de l'état. — Son inaliénabilité.*
ART. 2. — *Compétence en matière de domaine de l'état.*
ART. 3.— *Des actions domaniales.*
§ 1er.—*Des fonctionnaires chargés de l'exercice des actions domaniales.*
§ 2.— *De l'instruction des affaires domaniales. —Mémoires, Avoués, Avocats.*
§ 3.—*Fins de non-recevoir, Acquiescement, foi due aux registres de la régie, Contrainte, Droit d'appel, Intervention.*

—

ART. 1er.—*Nature du domaine de l'état.—Son inaliénabilité.*

2.— Le domaine de l'état se compose immobilièrement des forêts, terres labourables, prairies, maisons et édifices dont la propriété est attribuée à l'état en vertu de contrats civils ou d'actes législatifs. Il se compose mobilièrement de rentes, d'actions sur les canaux, etc., et généralement de tous les objets mobiliers qui, susceptibles d'une propriété privée, lui sont acquis d'une manière légale.

3.— Tous les biens vacans et sans maître, et ceux des personnes qui décèdent sans héritiers, ou dont les successions sont abandonnées lui appartiennent, aux termes de l'art. 539 C. civ.

4.— Il en est de même des terrains, des fortifications et remparts des places qui ne sont plus places de guerre, s'ils n'ont été valablement aliénés ou si la propriété n'en a pas été prescrite contre lui (C. civ. 541).— D.P. 35. 2. 57.

Cependant, avant 1789, les fossés, glacis et fortifications étaient rangés dans la classe des petits domaines; et la concession qui en était faite par le prince, à rente perpétuelle et seigneuriale, avec les formes alors prescrites, était irrévocable.—17 juill. 1811. Civ. c. Besançon. Barraut. D.A. 8. 469. D.P. 11. 1. 449.

5.— L'ancien droit public de la France, consacré par l'ordonnance de 1566, déclarait inaliénable le domaine de l'état, alors domaine de la couronne. —V. Domaines engagés, Domaine public, et D.P. 35. 1. 89.

6. — Les pays réunis au territoire du royaume étaient soumis de plein droit à cette législation, encore bien que la réunion se fût opérée par voie de traité et non par voie de conquête. — 7 mai 1834. Req. Metz. Verrerie de Goëtzenbruck. D.P. 34 1. 108.—V. aussi Domaines engagés, n. 23.

7.— Le domaine direct d'un fief situé en Alsace, et relevant de la maison d'Autriche, a été valablement déclaré avoir été réuni de plein droit à la couronne de France par le traité de Westphalie.— 9 juill. 1833. Civ. c. Colmar. Wignacourt. D.P. 33. 1. 300.

8.— Du reste, le domaine de l'état était inaliénable en Lorraine avant comme depuis la réunion de ce pays à la France.— 28 mars 1833. Nanci. D.P. 34. 1. 198, n. 2. — 7 mai 1834. Req. Metz. Verrerie de Goëtzenbruck. D.P. 34. 1. 198.—V. 35. 1. 14.—V. aussi Domaines engagés, n. 57 et suiv.

9.— L'on doit faire remonter à 1600 l'époque à laquelle le principe de l'inaliénabilité du domaine dans ce duché, écrit depuis long-temps dans les édits antérieurs, a reçu de l'usage sa confirmation. —281 mars 1833. Nanci. D.P. 34. 1. 198, n. 2.

10. — Les terres restées en déshérence échéaient dans le domaine privé et aliénable des ducs de Lorraine, et non dans le domaine non aliénable. — 23 août 1819. Nanci. le Domaine C.-Gadel. D.P. 24. 1. 23.

11. — Il est inexact de prétendre que, même depuis 1768, les biens faisant autrefois partie du temporel des évêques de Metz, aient été compris dans le domaine de l'état. —15 fév. 1832. Req. Nanci. Préfet des Vosges. D.P. 32. 1. 132.

12. — Quoique prince souverain, ils pouvaient valablement disposer de leurs propriétés comme de biens libres. — Même arrêt.

13.— Par le même motif, les biens appartenant aux jésuites de Metz, et qui, après leur expulsion, avaient été cédés par l'état aux chanoines réguliers qui leur avaient succédé dans l'enseignement, ont pu être valablement aliénés par ceux-ci — Même arrêt.

14.— La loi du 22 nov. 1790 est venue poser le principe de l'aliénabilité du domaine de l'état, en vertu d'une disposition législative.

15.—Ce domaine ne peut être échangé qu'en vertu d'une loi. En conséquence, tous les actes faits en son absence sont réputés simples projets d'échange (L. 22 nov. 1790).— 22 janv. 1820. Ordonn. cons. d'état. De Villedeuil.

.... Et celui consommé par un préfet, en vertu d'une autorisation du chef de l'état, peut être annulé, si rien dans cette autorisation n'indique la volonté du souverain de déroger à la législation en vigueur et d'imprimer un caractère définitif à des actes préparatoires.— Même ordonnance.

16.—Et une ordonnance du 12 déc. 1827 a déterminé les règles à suivre dans l'instruction des demandes d'échange d'immeubles contre des propriétés de l'état. — D.P. 27. 3. 21.

.... Et il a été rendu, les 3-13 mai 1834, une loi relative à l'échange de la partie non apanagère du Palais-Royal contre la forêt de *Bruadan* et le bois dit le *Buisson-de-Briou* dépendant du domaine de la couronne.— D.P. 34. 3. 49.

17.—Une loi du 15 floréal an 10 porte que les biens

ruraux appartenant à la nation et non réservés, seront vendus aux enchères suivant les formes qu'elle prescrit, ainsi que les biens indivis avec les particuliers, s'ils ne sont susceptibles de partage.

18.—Quoique la confection des partages des biens indivis entre l'état et des particuliers appartienne aux préfets, sous l'approbation du ministre des finances, cependant les contestations qui s'élèvent, tant sur la forme que sur le fond de ces partages, doivent être décidées par les conseils de préfecture, sauf l'appel au conseil d'état.—12 janv. 1813. Décr. Quintanadoine. D.P. 13. 2 80.

19.—Lorsque des actions sur le canal du Midi ont fait retour au domaine de l'état par le bannissement du donataire, et qu'elles ont été légitimement recouvrées par les anciens propriétaires, l'ordonnance royale qui révoque ce bannissement, n'emporte point révocation de la peine, bien qu'elle aurait pu y être comprise, si ces actions avaient encore été dans les mains du domaine. — 29 janv. 1823. Ord. cons. d'état. Defermon.

20.— La restitution des actions représentant la valeur des canaux, opérée en vertu de l'art. 10 de la loi du 5 déc. 1814, comprend les actions qui faisaient partie de la liste civile, comme celles qui appartenaient au domaine de l'état.—12 mai 1824. Req. Paris. Bassano. D.P. 24. 1. 245.

21. — Bien que le révélateur de biens célés ou usurpés ait droit à un quart de leur valeur, en cas de réintégration, néanmoins, il n'est pas fondé à faire annuler la décision ministérielle déclarant qu'il n'y a lieu de donner suite à cette dénonciation ou à agir contre les détenteurs. — Les motifs de cette décision sont :

« Considérant que la régie du domaine a seule le droit de revendiquer les biens usurpés sur l'état, et d'en poursuivre le délaissement contre les détenteurs;

» Que le droit du révélateur se borne à fournir des documens à l'administration pour la mettre à portée de poursuivre le délaissement, si elle le juge convenable, et à demander la récompense promise, lorsque les biens ont été recouvrés, mais qu'il ne s'étend point jusqu'à pouvoir se constituer partie contre elle, dans le cas où elle ne croit pas devoir donner suite à la révélation, etc. » — 9 avril 1817. Ord. cons. d'état. Sevestre.

ART. 2. — *Compétence en matière de domaine de l'état.*

22.—Toute contestation relative à la validité d'une vente faite au nom de l'état doit être portée *de plano* au premier degré de la juridiction administrative, et non au conseil d'état, quelle que soit l'autorité qui l'ait consentie.— 26 mars 1812. Décr. cons. d'état. Gicubega.

23.— Toutes les actions domaniales autres que celles qui sont relatives à la vente des biens nationaux, et qui intéressent l'état, soit en demandant, soit en défendant, sont de la compétence des tribunaux. — 23 fév. 1820. Ord. cons. d'état. Dom. C. Turnier, etc.

24.— En conséquence, un conseil de préfecture n'est pas compétent pour maintenir, dans la propriété de terrains afféagés, certains cultivateurs. — Même ordonnance.

25.— En matière domaniale, les réclamations contre les arrêtés des préfets doivent être portées devant le ministre des finances (art. 3, déc. du 23 fév. 1811). — 28 sept. 1816. Ord. cons. d'état. Dubois. Berthelot.

26. — Lorsque l'administration des domaines a décerné une contrainte contre le fermier d'un domaine national; que, sur l'opposition formée par ce fermier, l'administration centrale du département, et ensuite le ministre des finances, ont statué, les tribunaux ne peuvent plus être saisis de la difficulté ni en connaître, sans empiéter sur les droits de l'autorité administrative. — 13 mess. an 12. Civ. c. Domaine C. Martinon. D.A. 6. 320.

27.— Les tribunaux sont compétens pour prononcer sur les contestations relatives au recouvrement des revenus nationaux (L. 12 sept. et 9 oct. 1791). — 3 pluv. an 10. Req. Flecteu. D.A. 8. 523. D.P. 2. 284.

28.— Le juge des référés est incompétent pour statuer sur l'exécution d'une contrainte de la direction des contributions indirectes : de telles contestations devant, de même que celles avec la régie de l'enregistrement, être jugées dans la forme spéciale établie par la loi de l'an 7.— Par suite, il doit, sur l'opposition à une saisie faite en vertu d'une telle

contrainte, se déclarer incompétent. — 3 juin 1833. Civ. c. int. de la loi. Vacquier. D.P. 33. 1. 225.

29.— Il ne peut être sursis à l'exécution d'une contrainte, laquelle est exécutoire nonobstant opposition (L. 28 avril 1816, art. 239). — Même arrêt.

30 —Les réclamations formées par un Anglais dont les biens ont été réunis au domaine par suite du décret de 1806, qui déclarait l'Angleterre en état de blocus, ont dû être portées, après le traité de paix du 20 nov. 1815, et suivant l'art. 9 du même traité, devant la commission mixte créée par ses articles additionnels. Ainsi, la déchéance encourue par celui qui s'est pourvu devant le ministre au lieu de se pourvoir devant cette commission, doit être imputée non au ministre mais à la partie. — 27 août 1817. Ord. cons. d'état. Hunt. S. 4. 120.

31.— Les condamnations prononcées contre le gouvernement ne peuvent être poursuivies que par les voies administratives, et non par le moyen d'exécutoires délivrés par les tribunaux.—11 mars 1825. Cr. c. Min. pub. C. Decroix. D.P. 25. 1. 264.

32.— Une décision intervenue anciennement sur le point de savoir comment le détenteur d'un bien domanial prêtera foi et hommage au suzerain, ne peut être considérée comme ayant eu pour objet la question de savoir si le bien était patrimonial ou domanial; en sorte que cette décision, encore bien qu'elle aurait admis que le détenteur prêterait foi et hommage dans des termes qui pourraient faire supposer la non domanialité du fonds, ne peut être opposée comme ayant jugé définitivement ce point. — 2 juill. 1833. Civ. c. Préfet du Doubs. D.P. 33. 1. 295.

33.— Le débiteur du prix d'un immeuble vendu en 1799 par une corporation religieuse, et payable aux créanciers inscrits, devenu par la main mise de la nation débiteur envers l'état pour le surplus des prix des sommes à payer aux créanciers, reste, pour l'exécution de son contrat, dans le droit commun. —29 mai 1811. Décr. cons. d'état. Sandigliane.—V. n. 125.

34. — Ainsi, la régie ne peut décerner contrainte pour la somme lui arrivant après le prélèvement des sommes à payer aux créanciers; elle doit produire ses bordereaux à l'ordre ouvert, comme représentant la corporation religieuse. — Même ordonnance.

ART. 3. — *Des actions domaniales.*

35.— Les actions domaniales sont celles relatives au domaine de l'état.

§ 1er. — *Des fonctionnaires chargés de l'exercice des actions domaniales.*

36.— Avant la révolution, les actions intéressant la propriété du domaine de l'état ou de la couronne ne pouvaient être dirigées ni contre le fermier, ni contre l'inspecteur-général du domaine; ils n'avaient pas qualité pour y défendre.— 3 avril 1827. Paris. Rohan. D.P. 32. 1. 274.

37.— Le procureur-général à la cour des comptes représentait le souverain, en matière domaniale.— 2 juill. 1833. Civ. c. Préfet du Doubs. D.P. 33.1.295.

38.— Les actions dans lesquelles l'état était intéressé, devaient, aux termes des lois des 5 nov. 1790 et 27 mars 1791, être dirigées contre le procureur-général syndic du département.—8 pluv. an 13. Civ. c. Dijon. int. de la loi. D.A. 6. 345. D.P. 5. 2. 79. — 7 janv. 1809. Civ. c. Comm. de Payeur. D.A. 6. 346. — 6 déc. 1813. Civ. c. Saux-Tavannes. D.A. 6. 345. — 31 juill. 1815. Civ. c. Domaine C. de Vromart. D.A. 6. 345. — 22 juin 1818. Civ. c. Saux-Tavannes. D.A. 6. 345. D.P. 1. 1355. — 30 juin 1818. Civ. c. Rollet. D.A. 6. 346. — 18 juin 1823. Civ. c. Desaix. D.A. 6. 345. D.P. 23. 1. 487.

39.— L'agent national ou le procureur du district n'avait pas qualité pour le remplacer. En conséquence, les actions dirigées contre ce dernier et les jugemens intervenus sont nuls, encore qu'il ait présenté des défenses et concouru à la nomination des arbitres, si d'ailleurs il n'a pas été autorisé à cet effet par l'administration départementale.—8 pluv. an 13. Civ. c. Dijon. int. de la loi. D.A. 6. 345. D.P. 5. 2. 79. — 7 janv. 1809. Civ. c. Comm. de Payeur. D.A. 6. 346. — 6 déc. 1813. Civ. c. Saux-Tavannes. D.A. 6. 345. — 31 juill. 1815. Civ. c. Domaine C. Vromart. D.A. 6. 345. — 22 juin 1818. Civ. c. Saux-Tavannes. D.A. 6. 345. — 30 juin 1818. Civ. c. Rollet. D.A. 6. 346. — 18 juin 1823. Civ. c. Desaix. D.A. 6. 345. D.P. 23. 1. 487.

40. — Il importerait même peu qu'un arrêté de cette administration eût autorisé l'agent national à faire toutes les diligences nécessaires pour se procurer les pièces favorables à sa cause, si du reste elle ne l'avait pas expressément autorisé à défendre

la demande d'une commune.— 15 déc. 1817. Civ. c. De Mahuet. D.A. 6. 344.

41.— Sous l'empire de la loi du 14 frim. an 2, les poursuites devaient être dirigées contre le président de l'administration départementale, qui avait remplacé le procureur-général syndic du département. En conséquence, est nulle une sentence arbitrale rendue en l'an 3 au profit d'une commune contre l'état, si les poursuites ont été dirigées par cette commune, non contre le président de l'administration départementale, mais contre l'agent national du district de la situation des biens (L. 15 mars 1791, art. 13 et 14; l. 14 frim. an 2, sect. 3, art. 6).— 7 janv. 1809. Civ. c. Comm. de Payeur. D.A. 6. 346. —30 juin 1818. Civ. c. Rollet. D.A. 6. 346.— 9 mars 1823. Civ. c. Préfet du Haut-Rhin. D.P. 23. 1. 194. — 20 fév. 1826. Civ. c. Prefet du Bas-Rhin. D.P. 26. 1. 172.

42. — Toutefois, une demande formée par une commune contre l'état aux droits d'un émigré, en réintégration de biens dont elle prétendait avoir été dépouillée par l'abus de la puissance féodale, a pu être suivie contre l'agent national du district, au lieu de l'être contre l'administration départementale, si cette dernière administration a autorisé le district de la représenter à cet effet (L. 27 mars 1791, art. 13 et 14; l. 14 frim. an 2, art. 6).— 14 août 1821. Civ. r. Lauraguais. D.P. 21. 1. 553.

43. — L'action d'une commune en revendication de biens prétendus usurpés et possédés par un émigré, dirigée contre l'émigré, n'a pu être régularisée par l'approbation qu'aurait donnée l'administration du district à la nomination des arbitres qui devaient statuer; et le jugement intervenu doit être annulé, surtout s'il ne s'est pas écoulé un mois depuis cette approbation (L. 11 fév., 8 août et 2 sept. 1792; l. 10 juin 1793, art. 12). — 15 mess. an 11. Civ. c. Poultier. D A. 6. 344. D.P. 1. 1355.

44.— Les procureurs-syndics ou agens nationaux des districts n'ont jamais eu qualité pour recevoir les significations des jugemens rendus contre la nation, en matière de domaines nationaux; ces significations devaient être faites à l'administration centrale des départemens, soit en la personne du procureur-général syndic, en vertu des lois de 1790 et 1791, soit au président de l'administration centrale en vertu de la loi du 14 frim. an 2.— 18 therm. an 13. Civ. r. Bavière. D.P. 5. 2. 186.

45. — Sous la loi du 14 frim. an 2, une signification faite à l'agent national du district, d'un jugement obtenu contre l'état en matière de domaines nationaux, n'a pu faire courir les délais du pourvoi en cassation contre l'administration supérieure; la signification aurait dû être faite au procureur-général syndic, et, plus tard, au président de l'administration centrale (L. 15-27 mars 1791, art. 14; l. 14 frim. an 2, art. 5 et 6). — 20 juin 1820. Civ. c. Reynach. D.A. 1. 649. D.P. 21. 1. 131.

46.— Ainsi donc, dans un procès contre l'état, la signification d'un jugement ne pouvant être faite au procureur-syndic du district, une telle signification est irrégulière, et n'a pu faire courir le délai d'appel.— 17 juill. 1810. Req. Metz. Comm. d'Hayanges. D.A. 3. 62. D.P. 1. 698.

47.— La loi du 23 juill. 1793 n'a point eu pour effet de mettre les actions domaniales, en ce qui concernait les biens nationaux confisqués, dans les attributions exclusives des régisseurs de l'enregistrement; de cette loi ne résulte nullement l'abrogation des lois de 1789, 1790, et de la constitution de frim. an 2, dans les dispositions qui déterminent les attributions des corps administratifs..... Et spécialement, sous l'empire de la loi de juill. 1793, une commission administrative de département avait encore qualité pour acquiescer à une sentence arbitrale rendue contre l'état représentant un émigré.— 26 fév. 1834. Civ. r. Besançon. Broissia. D.P. 34. 1. 164.

48. — La loi du 28 pluv. an 8 (art. 3) déclare les préfets seuls chargés de l'administration, et l'art. 69 C. pr. dispose que l'état doit être assigné en leur personne ou à leur domicile.

49.—La jurisprudence du conseil d'état est que le préfet n'a pas plus besoin de l'autorisation du conseil de préfecture pour intenter une action domaniale *judiciaire*, que pour y répondre (L. 27 mars 1791, art. 3; 10 niv. an 4, 28 pluv. an 8). — 18 nov. 1818. Ord. cons. d'état. D.A. 6. 343. — 4 mars 1819. Ord. cons. d'état. D.A. 6. 343. — 2 fév. 1821. Ord. cons. d'état. D.A. 6. 343. — 18 avril 1821. Ord. cons. d'état. D.A. 6. 343. — 8 mai 1822. Ord. cons. d'état. D.A. 6. 343.— 26 mars 1823. Ord. cons. d'état. D.A. 6. 343, n. 5.

50. — La jurisprudence de la cour de cassation

était d'abord contraire. Ainsi, elle jugeait que l'action qu'un préfet intente au nom de l'état est non-recevable s'il n'y a pas été préalablement autorisé par le conseil de préfecture (L. 23 oct. 1790, tit. 3, art. 13, 15). — 8 fév. 1819. Civ. r. Besançon. Préfet de la Haute Saône. D.P. 33. 1. 379.

51. — Mais, depuis, elle s'est prononcée dans le sens de la jurisprudence du conseil d'état, et elle juge que, d'après la loi du 28 pluv. an 8, abolitive de celle de nov. 1790, le préfet étant *seul* chargé de l'administration (art. 3), et les attributions du conseil de préfecture étant limitées par l'art. 4, un préfet n'a pas besoin, pour intenter une action en justice, de l'autorisation du conseil de préfecture. — 9 avril 1834. Civ. c. Toulouse. Préfet du Tarne-et-Garonne. D.P. 34. 1. 152.

52 — C'est ainsi que l'avait déjà décidé la cour royale de Bordeaux, par arrêt du 26 nov. 1828. Prefet de la Gironde. D.P. 33. 2. 127.

53.— Du reste, il est bien entendu que le droit attribué aux préfets, d'intenter et de soutenir les actions domaniales, ne s'applique qu'aux actions intentées ou soutenues *devant les tribunaux* (L. 5 nov. 1790, art. 13). — D.A. 6. 343, n. 6.

54.—En en exceptant toutefois les actions qui ont pour objet de simples recouvremens, tels que fermages de biens nationaux ou arrérages de rentes. Dans ce cas, l'administration des domaines agit seule (L. 19 avril 1791).— D.A. 6. 343, n. 7.

55.— Il a été jugé qu'une action intentée en première instance (V. Fonctionnaire) par le directeur du domaine, peut valablement être poursuivie en appel par le préfet, l'un et l'autre étant les agens de l'état.— 9 avril 1834. Civ. c. Toulouse. Préfet de Tarn-et Garonne. D.P. 34. 1. 152.

56.—Quoique les biens qui composent la dotation de la caisse d'amortissement fassent partie du domaine public, cette caisse a néanmoins qualité pour défendre aux actions concernant la propriété de ces biens (L. 28 avril 1816, art. 145).— 21 nov. 1823. Nîmes. Préf. de Vaucluse. D.P. 26. 1. 322.

57.—Toutefois, son droit n'est pas exclusif de celui des préfets.—Si donc, dans une instance relative à un bien concernant sa dotation, cette caisse soutient que ce n'est point elle, mais le préfet seul qui a qualité pour agir, et si ce préfet est intervenu et a défendu au fond en adhérant aux moyens et aux conclusions prises par la caisse d'amortissement, il y a eu, dans ce cas, valable défense des intérêts du domaine, et le préfet ne peut se faire un moyen de cassation de ce que l'arrêt qui adjuge la propriété litigieuse à l'adversaire du préfet et de la caisse d'amortissement réunis, aurait décidé que cette caisse avait seule qualité pour agir.— 26 juin 1826. Civ. r. Nîmes. Préfet de Vaucluse. D.P. 26. 1. 322.

58.— Dans toutes les actions domaniales portées devant l'autorité administrative, l'administration des domaines doit agir seule et sans l'intervention des préfets.— D.A. 6. 343, n. 6.

59.— Les directeurs des domaines ont donc seuls qualité pour suivre ces actions devant le conseil d'état, soit en demandant, soit en défendant, par l'organe du ministre des finances et d'un avocat aux conseils du roi.— D.A. 6. 343, n. 6.

60.— C'est en vertu de ce principe qu'il a été décidé que les significations des arretés des conseils de préfecture, rendus contradictoirement avec le domaine, doivent être faites à sa requête ou contre lui, et qu'elles engendrent le rejet du pourvoi devant le conseil d'etat, par fin de non-recevoir après l'expiration des délais.—Cormenin, t. 1er, p. 111; D.A. 6. 343, n. 2.

61.— La décision rendue sur le rapport du conseiller d'état ayant le département des domaines nationaux antérieurement au décret réglementaire du 23 fevrier 1811, est contradictoire avec le domaine, lequel est non-recevable à l'attaquer par tierce-opposition.— 15 mars 1826. Ord. Domaine C. Bailly. D.P. 26. 3. 26.

§ 2.— *De l'instruction des affaires domaniales. — Mémoires, Avoués, Avocats.*

62. — L'instruction des causes dans lesquelles l'état est intéressé est soumise à quelques règles dérogatoires au droit commun. La premiere est l'obligation imposée à tout individu qui a une action à exercer contre l'etat, de s'adresser d'abord au préfet, par simple mémoire.— D.A. 6. 346, n. 1.

63.—Voici le texte de la loi qui impose cette obligation : « Il ne pourra être exercé aucune action contre ledit procureur-général syndic, en ladite qualité (de représentant de l'état), par qui que ce soit, sans qu'au préalable on ne se soit pourvu par simple mémoire, d'abord au directoire du district

pour donner son avis, ensuite au directoire du département pour donner une décision ; aussi, à peine de nullité, les directoires de district et de département statueront sur le mémoire, dans le mois, à compter du jour qu'il aura été remis avec les pièces justificatives au secrétariat du district, dont le secrétaire donnera un récépissé et dont il fera mention sur le registre qu'il tiendra à cet effet : la remise et l'enregistrement du mémoire interrompront la prescription, et, dans le cas où les corps administratifs n'auraient pas statué à l'expiration du délai ci-dessus, il sera permis de se pourvoir devant les tribunaux » (L. 5 nov. 1790, tit. 3, art. 15).

64.—Ainsi donc, lorsqu'une action est dirigée contre l'état, il faut au préalable se pourvoir par simple mémoire, d'abord au directoire du district, puis au directoire du département (L. du 5 nov. 1790, art. 15).— 12 prair. an 11. Req Comm. de Pressigny. D.A. 6. 347. D.P. 1. 1355.—4 fév. 1807. Civ. c. Delacaze. D.A. 6. 347. D.P. 1. 1555.

65. — Aujourd'hui, c'est au préfet seul qu'il faut l'adresser, lequel doit donner son avis sur ce mémoire. — 16 mai 1806. Décr. D.A. 6. 346.— 7 juill. 1809. Décr. D.A. 6. 346 —12 mars 1811. Décr. D.A. 6. 346.— 28 août 1823. Avis du cons. d'état. D.A. 6. 346.—17 mars 1826. Bordeaux. Beaumont. D.P. 31. 1. 125.— Conf. D.A. 6. 346, n. 2 ; Cormenin.

66.— Ainsi, une commune ne peut intenter une action contre l'état, si elle n'a au préalable remis à l'autorité administrative le mémoire exigé par l'art. 15 de la loi du 5 mars 1790.— 19 nov. 1811. Civ. c. Préfet du Bas-Rhin. D.A. 6. 349. D.P. 1. 1356.— 3 juill. 1828. Nanci. Préfet des Vosges. D.P. 29. 2. 100. — 9 juin 1834. Bastia. Domaine C. Comm. de Campitello. D.P. 34. 2. 214.

Le dépôt préalable d'un mémoire n'étant exigé que pour les actions à *introduire* contre l'état, et non pour celles que l'état intente lui-même, il suit de là que la partie défenderesse en première instance, qui interjette appel, n'est pas soumise à cette formalité. — 27 août 1833. Req. Bourges. Pref. de la Nièvre. D.P. 34. 1. 444.

67.— Lorsque le domaine intente une action et qu'à l'occasion de cette action s'élève une question de propriété privée, les tribunaux ne peuvent prononcer, si, au préalable, on ne s'est pourvu par simple mémoire.— 29 therm. an 11. Req. Liége. Domaine C. Scheper. D.A. 6. 350 D.P. 4 1. 30.

68. — Lorsqu'un tribunal, avant dire droit sur une contestation engagée entre deux particuliers, à l'occasion d'un terrain litigieux, ordonne que la partie qui poursuit l'instance sera tenue d'appeler en cause le préfet du département, à l'effet d'y faire valoir les droits que l'état pourrait avoir sur ce terrain, cette partie, quoiqu'elle ne prenne pas de conclusions formelles contre le préfet, doit néanmoins se pourvoir préalablement par simple mémoire. — 6 avril 1829. Toulouse. Narbonne. D.P. 29. 2. 161.

69. — Sans la formalité préalable du mémoire, il n'est point d'action en garantie possible contre le commissaire du département, en cette qualité. — 12 germ. an 8. Civ. c. Caseneuve. D.A. 6. 350. D.P. 1. 1357. — 3 fruct. an 9. Civ. c. int. de la loi. D.A. 6. 350.

70. — Est nulle toute procédure qui n'a pas été précédée de la présentation d'un mémoire. — 17 mars 1826. Bordeaux. Laurière. D.P. 31. 1. 125, n. 2. — 3 juill. 1828. Nanci. Préfet des Vosges. D.P. 29. 2. 100. — 6 avril 1829. Toulouse. Narbonne. D.P. 29. 2. 161. — 16 déc. 1830. Nîmes. Préfet de l'Ardèche. D.A. 6. 346, n. 3. D.P. 31. 2. 223.

71. — Et les jugemens qui la suivent sont eux-mêmes entachés de nullités, ainsi que cela a été jugé sur une demande exercée contre l'état par une commune, en revendication de biens dont elle se prétendait dépouillée. — 19 nov. 1811. Civ. c. Préfet du Bas-Rhin. D.A. 6. 349. D.P. 1. 1356.

72. — L'appel d'un semblable jugement est recevable, encore qu'il ait été signifié au directeur des domaines. Ce fonctionnaire ne représentait pas le gouvernement. — 19 nov. 1811. Civ. c. Préfet du Bas-Rhin. Comm. de Micteshein. D.A. 6. 349. D.P. 1. 1356.

73. — Il est recevable, lors même que l'exécution en a été ordonnée par un jugement postérieur passé en force de chose jugée, et rendu entre la commune et le fermier détenteur des biens revendiqués. — Même arrêt.

Et les agens de l'administration forestière, spécialement l'inspecteur forestier d'un arrondissement, n'ont pas capacité suffisante pour exercer les actions du domaine, par conséquent, pour recevoir les significations qui le concernent, même en matière de forêt ou de servitude sous sa surveillance. — 22 nov. 1826. Ord. cons. d'état. Seyler et Walter.

74.— Toutefois, il a été jugé que le défaut de présentation d'un mémoire au préfet, de la part de celui qui veut intenter une action contre l'état, ne constitue qu'une irrégularité qui peut être couverte par la défense au fond. — 16 août 1831. Bourges. Préfet du Cher. D.P. 33. 2. 76. — 14 août 1833. Civ. r. Lyon. Préfet de l'Ain. D.P. 33. 1. 308.

75.—... Que le préfet qui, seul chargé de l'administration, a la faculté d'exiger la présentation du mémoire, est irrecevable à se plaindre de l'omission de cette formalité, s'il a défendu au fond, tant en cause principale qu'en appel, sans en exiger l'accomplissement. — 14 août 1833. Civ. r. Lyon. Préfet de l'Ain. D.P. 33. 1. 308.

76. — Mais en admettant que le défaut de présentation de mémoire préalable constitue une nullité, cette nullité est-elle d'ordre public ?

77. — Oui, cette nullité est d'ordre public. Elle n'est pas couverte par les défenses au fond, et peut être proposée pour la première fois en cause d'appel (C. pr. 173). — 17 mars 1826. Bordeaux. Laurière. D.P. 31. 1. 125, n. 2. — 16 déc. 1830. Nîmes. Préfet de l'Ardèche. D.P. 31. 2. 223.— *Contrà*, D.P. 35. 1. 106.

78. — La ratification donnée par les administrations départementales, pendant le cours d'une instance, à tous les actes qui ont précédé, ne la couvrirait pas. — 12 prair. an 11. Req. Comm. de Pressigny. D.A. 6. 347. D.P. 1. 1355.

79. — Elle doit être prononcée même d'office par le juge. — D.A. 6. 346, n. 3.

80. — Cette nullité entraîne même l'anulation du jugement déjà rendu, lorsqu'il est attaqué en temps utile par l'une des voies légales établies pour sa réformation (Merl., Rep., t. 13, p. 252 ; D.A. 6. 346, n. 3). — 19 nov. 1811. Civ. c. Préfet du Bas-Rhin. D.A. 6. 349. D.P. 1. 1356.

81. — La présentation d'un mémoire préalable n'est pas nécessaire lorsqu'il s'agit d'une demande subsidiaire formée dans le cours de l'instance, qui n'est qu'une émanation, ou même qu'une restriction de la demande principale. Ainsi, après avoir introduit régulièrement contre l'état une demande en délaissement d'une forêt, on a pu, par des conclusions subsidiaires, demander que, si l'on succombait sur la propriété, et qu'on fût déclaré simple usager, on fût admis au cantonnement, en vertu de la loi de 1792, sans être obligé de présenter au préalable, à l'administration, un mémoire relativement à ces conclusions subsidiaires.—4 janv. 1831. Req. Bourges. Préfet de la Nièvre. D.P. 31. 1. 124.

82. — Cette formalité n'est pas non plus nécessaire, lorsqu'il ne s'agit pas d'une demande introductive d'instance, mais de l'exécution d'un jugement, et, par exemple, d'une sentence arbitrale entre les parties, ayant acquis force de chose jugée, exécution refusée par le préfet, sous le prétexte que la sentence avait besoin d'être interprétée. — 22 mai 1832. Req. Paris. Préfet de l'Yonne. D.P. 33. 1. 63.

83. — Elle ne l'est pas non plus, alors que la demande judiciaire a été précédée d'une contestation devant le conseil d'état et que le renvoi devant les tribunaux a été prononcé par ordonnance (L. du 5 nov. 1790, art. 15).—14 nov. 1833. Req. Metz. Préfet de la Moselle. D.P. 34. 1. 100.

84. — Il a même été jugé que dans le cas où l'acquéreur d'une prétendue rente transférée par l'état, étant menacé d'éviction, exerce son recours en garantie, il n'est pas obligé, à peine de nullité, de faire précéder sa demande en garantie d'un mémoire à l'administration, si, d'ailleurs, il a suffisamment averti le domaine par la signification du jugement qui ordonne la mise en cause de l'état, et si le préfet, autorisé par le conseil de préfecture à ester en jugement, a pris des conclusions dans la cause. —14 mars 1825. Civ r. Colmar. Préfet du Bas-Rhin. D.P. 25. 1. 281.—5 mars 1827. Civ. r. Colmar. Préfet du Bas-Rhin. D.P. 27. 1. 160.

85.— Du reste, la loi de 1790 n'ayant pas indiqué la forme des mémoires dont elle prescrit la présentation, les juges peuvent déclarer satisfaisant au vœu de la loi la signification, par le demandeur, des titres sur lesquels il se fonde, et la sommation de reconnaître amiablement le droit, objet de sa demande. — 16 août 1831. Bourges. Préfet du Cher. D.P. 33. 2. 76. — Le mémoire peut être suppléé par des équivalens, par des procès-verbaux de délibérations du conseil municipal, relatives au procès. — D.P. 35. 1. 106.

86. — La signification au préfet, d'un exploit contenant copie des titres sur lesquels une demande en reconnaissance des droits d'usage est fondée, avec invitation de reconnaître ces droits, suffit pour satisfaire au vœu de la loi du 5 nov. 1790 — 9 avril 1834. Civ. r. Bourges. Préfet du Cher. D.P. 34. 1. 164.— 9 juin 1834. Bastia. Dom. C. Comm. de Campitello. D.P. 34. 2. 214.

87. — Mais l'autorisation de plaider, demandée et obtenue du conseil de préfecture par une commune, ne peut remplacer la formalité de présentation d'un mémoire préalable. — 3 juill. 1828. Nanci. Préfet des Vosges. D.P. 29. 2. 100. — 16 déc. 1830. Nîmes. Préfet de l'Ardèche. D.P. 31. 2. 223.

Car, indépendamment de cette formalité, elle devait encore obtenir l'autorisation de plaider.

88. — Elle prétendrait en vain que la demande d'autorisation a suffisamment fait connaître l'objet de l'action. — 16 déc. 1830. Nîmes. Préfet de l'Ardèche. D.P. 31. 2. 223.

89. — Néanmoins, il a été jugé, avec raison, selon nous, que les mémoires présentés au préfet par une commune, pour justifier sa demande en autorisation pour plaider contre l'état, ont pu être considérés comme remplissant suffisamment le vœu de la loi. — 14 juin 1832. Req. Rouen. Dom. C. Comm. de Saint-Georges. D.P. 32. 1. 240.

90.— ... Que la remise du mémoire préalable à la demande judiciaire des communes, exigée par la loi du 5 nov. 1790, a pu être suppléée par les actes de l'instruction administrative qui ont précédé la concession de l'autorisation de plaider, si ces actes ont fait connaître au préfet les moyens de la commune, avant qu'elle n'ait intenté sa demande en justice (L. 5 nov. 1790, tit. 3, art. 15). — 2 juill. 1833. Req. Bourges. Préfet du Cher. D.P. 33. 1. 299.

91.— ... Qu'en conséquence, il ne saurait résulter une nullité de ce que la commune, une fois autorisée, aurait assigné l'état sans présentation préalable d'un nouveau mémoire. — 14 juin 1832. Req. Rouen. Domaine C. Comm. de Saint-Georges. D.P. 32. 1. 240.

92.—Le mémoire est réputé produit en temps opportun, lorsqu'il est déposé après l'assignation en justice, mais avant que cette assignation ait été suivie d'aucun acte de procédure de la part de l'état, notamment avant qu'il ait constitué avoué sur l'action intentée contre lui.—20 août 1833. Req. Lyon. Préfet de l'Ain. D.P. 33. 1. 341.

93. — La formalité du mémoire préalable, qui tient lieu du préliminaire de conciliation, qui n'est pas admis pour les contestations domaniales (C. pr. 49), a été évidemment introduite dans l'intérêt de l'état, et afin de donner aux autorités chargées de sa défense la faculté d'arrêter le procès à sa source, s'ils jugeaient que la réclamation dirigée contre le domaine fût fondée.— D.A. 6. 346, note 2.

94.— De ce qu'une action ne peut être intentée contre la régie des domaines, sans qu'on ait, au préalable, adressé un mémoire au conseil de préfecture, il ne s'ensuit pas que le préfet puisse, par ce motif, élever le conflit lorsqu'un fermier assigné, par l'administration des domaines, devant les tribunaux, à déguerpir les lieux, refuse, sous prétexte qu'il en jouit d'après un usage du pays, à titre de culture perpétuelle, moyennant une rente fixe et invariable.— 6 nov. 1813. Décr. Diss.

95.—Comme nous venons de le voir, les communes sont obligées d'obtenir du conseil du préfecture l'autorisation de paraître soit en demandant, soit en défendant devant les tribunaux.

96.—Aussi, sont frappés de nullité les jugemens intervenus sur une demande exercée contre l'état par une commune, en revendication de biens dont elle se prétend dépouillée, lorsque cette demande n'a pas été autorisée par l'administration départementale, soit par un arrêté spécial, soit par le silence de cette administration pendant plus d'un mois, à partir du jour de la remise du mémoire et des pièces justificatives (L. 5 nov. 1790, tit. 3, art. 15).— 11 pluv. an 8. Civ. c. Comm. de Vauffrey. D.A. 6. 343. D.P. 1. 1353.

97.— Une commune n'est pas dispensée d'obtenir une autorisation, par cela que l'affaire aurait d'abord été engagée devant un tribunal correctionnel qui l'aurait renvoyée devant le tribunal civil.— 27 nov. 1823 Req. Amiens. Comm. de Bernay. D.A. 6. 350. D.P. 1. 1357.— 16 mess an 10. Civ. c. int. de la loi. D.A. 6. 351. — 20 niv. an 11. Civ. c. Domaine C. Neveu. D.A. 6. 351.

98.— Les préfets plaidant pour l'état peuvent-ils se dispenser de constituer avoué ?— Ils ne peuvent s'en dispenser que dans les cas où l'état est partie dans une instance relative à des perceptions. Dans ceux au contraire où il s'agit d'une question de propriété, ils doivent en constituer. — 11 déc. 1826. Montpellier. Comm. d'Odeilho. D.P. 28. 2. 52.

99.— Les préfets plaidant pour l'état peuvent se dispenser de constituer avoué, soit en demandant, soit en défendant.— 10 therm. an 4. Arrêté cons. d'état. D A. 6. 346.— 25 janv. 1827. Pau. Préfet des Landes. D P. 28. 2. 52. —7 fév. 1828. Bourges. Préfet du Cher. D.P. 29. 2. 52.— 27 août 1828. Civ. c. Toulouse. Préfet du Tarn. D.P. 28. 1. 402.— 12 mars 1831. Colmar. Vel'c. D.P. 32. 2. 61.— 16 août 1831. Bourges. Préfet du Cher. D.P. 33. 2. 76.

100.— L'état a pour défenseur légal le ministère public.— 27 août 1828. Civ. c. Toulouse Préfet du Tarn D.P. 28. 1. 402.— 16 août 1831. Bourges. Préfet du Cher. D.P. 33. 2. 76 — 24 juill. 1833. Civ. c. Nanci. Préfet de la Meuse. D.P 33. 1. 271.

101.— D'où il suit que l'appel interjeté par un préfet et qui ne contient pas de constitution d'avoué, ou qui n'en contient qu'une vicieuse, n'est pas annulable. — 27 août 1828. Civ. c. Toulouse. Préfet du Tarn. D.P. 28. 1. 402. — 16 août 1831. Bourges. Préfet du Cher. D.P. 33. 2. 76.

102. — Par suite, les préfets ont la faculté, dans les causes qui intéressent le domaine, de constituer avoué et de faire plaider les causes domaniales par des avocats. —7 fév. 1828. Bourges. Préf. du Cher. D.P. 29. 2. 52. — 5 fév. 1829. Poitiers. Préf de la Vienne. D P 29. 2. 263. — 28 mars 1831. Nanci. Préf. de la Meurthe. D.P. 31. 2. 106. — 29 juin 1831. Toulouse. Narbonne. D.P. 31. 2. 214. — 2 juin 1834. Paris. Préf. de l'Aube. D.P. 34. 2. 155.

103. — Le président Séguier ayant, à la suite du dernier de ces arrêts, observé que l'administration devrait s'attacher à procéder d'une manière expresse et uniforme, Me Teste a répondu que l'intention de l'administration était, en effet, de faire présenter, pour toutes les causes du domaine, des avoués et des avocats.

Au reste, on fait observer que depuis un assez grand nombre d'années, il était d'usage, à la première chambre de la cour royale de Paris, qu'on se bornât à entendre la lecture, par l'organe du greffier, du mémoire déposé au nom du domaine Le ministère public donnait ensuite ses conclusions dans le sens qu'il lui convenait d'adopter. — D.P. *eod.*, note.

104.— L'adversaire du domaine n'est pas fondé à s'opposer à ce qu'un avoué et un avocat soient admis à présenter la défense de l'état, sous le prétexte que le ministère public est le défenseur-né de ses intérêts. Il opposerait aussi, en vain, qu'en cas de perte de son procès contre l'état, il aurait à supporter des frais que la loi a voulu éviter. — 7 fév. 1828. Bourges. Préf. du Cher. D.P. 29. 2. 52.

105. — Quoique la jurisprudence, qui autorise les préfets à se faire représenter par un avoué et à plaider par le ministère d'un avocat, soit généralement admise, les cours ne sont pourtant pas unanimes sur ce point.

106.—Ainsi, il a été jugé que le ministère public étant exclusivement investi par la loi de la défense des intérêts domaniaux, les préfets lorsqu'ils agissent dans ces intérêts, n'ont pas le droit de se faire représenter devant les tribunaux par un avoué et de confier la plaidoirie à un avocat — 21 juin 1830. Nanci. Préf. de la Meurthe. D.P. 30. 2. 241.

107.—Et que c'est avec fondement que le ministère public s'oppose à ce qu'il soit conclu et plaidé par l'avocat. — Même arrêt.

108 — On est même allé jusqu'à décider que l'usage où sont les préfets de se faire représenter dans les affaires domaniales, par un avoué ou un avocat, est un abus qui n'a pas pu abroger la loi. — Même arrêt.

109.— La chambre civile de la même cour, saisie quelques jours plus tard de la même question, l'a résolue dans le même sens. —D.P. 30. 2. 242, note.

110. — En matière domaniale, un arrêt par défaut rendu contre l'état, est censé rendu contre une partie n'ayant pas d'avoué, quoique l'état aurait fait, dans son appel, élection de domicile au parquet du procureur-général près la cour, et qu'un officier du ministère public aurait pris des conclusions à l'audience, si l'état n'avait d'ailleurs produit aucun moyen de défense, ni constitué aucun avoué; par suite, le délai pour former opposition en pareil cas ne court pas à partir de la signification faite au procureur-général, mais du jour de celle faite au préfet poursuivant (C. pr. 157).

111. — En un tel cas, d'ailleurs, le procureur-général n'aurait pu former l'opposition par acte d'avoué à avoué exigée par l'art. 160 C. pr.— 24 juill. 1833. Civ. c. Nanci. Préf. de la Meuse. D.P. 33. 1 271.

112.— Les attributions conférées au ministère public, comme défenseur légal des droits de l'état, consistant uniquement à lire les moyens consignés dans les mémoires du préfet et à les faire valoir, s'il les croit fondés, n'ont rien de commun avec les actes de procédure qui sont du ministère de l'avoué responsable, ministère indépendant aussi de celui des préfets pour l'introduction, la suite et l'instruction des affaires domaniales. — 24 juill. 1833. Civ. c. Nanci. Préf. de la Meuse. D.P. 33. 1. 271.

113.— Par une espèce de transaction entre la jurisprudence qui admet que l'état peut toujours constituer avoué et celle qui lui refuse ce droit, il a été jugé que l'état peut constituer un avoué dans les causes telles que les ordres ou les expropriations qui exigent un grand nombre de formalités; mais que, dans une cause où tout se réduit à une simple expertise et à plaider à l'audience, le ministère d'un avoué ne doit point avoir lieu. — 20 avril 1825. Bourges. Préfet de la Nièvre. D.P. 28. 2. 178.

114.—La disposition de l'art. 17 de la loi du 27 vent. an 9, qui dispense la régie de l'enregistrement de l'obligation d'employer le ministère des avoués est générale et s'applique aux affaires concernant la perception des revenus nationaux, comme à celles relatives aux droits d'enregistrement. — 20 niv. an 11. Civ. c. le Domaine C. Lefebvre. D.A. 6. 350. D.P. 1. 1357. — 27 nov. 1823 Req. Amiens. Comm. de Bernay. D.A. 6. 350. D.P. 1. 1357. — 13 pluv. an 11. Civ. c. Enreg. C. Cailleux. D.A. 6. 350. — 4 vent. an 11. Civ. c. Enreg. C. Neveu. D.A. 6. 350. — 4 vent. an 11. Civ. c. Enreg. C. Gontier. D A. 6. 350.

115. — Les règles spéciales de procédure tracées dans les lois des 22 frimaire an 7 et 27 ventôse an 9, ne sont applicables qu'aux instances ayant pour objet la perception de l'impôt —*Spécialement*, l'instruction *par simples mémoires et sans plaidoirie* n'est ordonnée que pour la perception du droit d'enregistrement, et non pour des affaires concernant le recouvrement des revenus nationaux. — 16 juin 1807. Req. Enreg. C. Rouly. D.A 6. 351. D.P. 7. 2. 108.

116. — Ainsi, la défense orale et par plaidoiries peut, en matière de domaines engagés, être admise, malgré l'art. 27 de la loi du 14 vent. an 7, qui déclare qu'il sera procédé au jugement sur mémoires respectivement fournis ou remis. — 19 juin 1832. Toulouse. Tauriac. D.P. 33. 2. 2. — 8 janv. 1830. Colmar. Préf. du Haut-Rhin. D.P. 30. 2. 195.

Cela nous semble bien jugé; car il serait d'une rigueur inouïe de forcer une partie plaidant contre le domaine, qui est représenté par des hommes exercés, par le préfet et le ministère public, de ne se défendre que sur simples mémoires. —Il faudrait, au moins, une prohibition qui ne se trouve pas dans la loi, l'on peut même dire que cette loi disposant que l'affaire sera jugée à *l'audience*, et non en chambre du conseil, admet virtuellement les plaidoiries, ne fussent que celles du ministère public. Or, conçoit-on la justice qu'il y aurait de laisser parler le ministère public, lorsque la partie adverse devrait garder le silence? — D.P. *eod.*, note.

117. — Les dépens obtenus par la partie qui plaidait avec l'assistance *d'un avoué* contre le préfet, en matière de domaines engagés, doivent être liquidés selon les règles ordinaires, et non restreints aux simples déboursés, comme dans les instances en perception des droits d'enregistrement (L. 14 vent. an 7, art. 27; 22 frim. an 7, art. 65; 27 vent. an 9, art. 19; C. pr. 130). — 19 juin 1832. Toulouse. Tauriac. D.P. 33. 2. 2.

118.—L'état, lorsqu'il s'agit de domaines engagés, est soumis, quant à l'instruction des procès, aux formes tracées par le code de procédure: tous les réglemens anciens sont abrogés. — 8 janv. 1830. Colmar. Préfet du Haut-Rhin. D.P. 30. 2. 195.

§ 3. — *Fins de non-recevoir, acquiescement, foi due aux registres de la régie.—Contraintes, droit d'appel. Intervention en cassation.*

119. — Un arrêté de préfecture qui, sur la demande d'un propriétaire de poursuivre le domaine, en la personne d'un préfet, décide la question sur le fond du droit contesté, n'a point le caractère de la chose jugée et ne fait point obstacle à ce qu'il soit procédé devant les tribunaux; il ne lie point les tiers intéressés; mais il peut lier les agens de l'administration comme décision d'économie intérieure. — 3 juill. 1816. Ord. cons. d'état. Ruyaut de Cambronne.

120. — Un simple arrêté émané de la commission administrative d'un département, pour l'homologation d'un arrêté municipal, pris pour la vente de certains biens dans lesquels une commune a été réintégrée par sentence arbitrale rendue contre l'état, doit être considéré comme un acquiescement qui ne permet plus d'attaquer cette sentence, et non pas comme un simple acte de tutelle. — 26 fév. 1834. Civ. r. Besançon. Broissia. D.P. 34. 1. 164.

121. — L'exécution donnée par l'administrateur du domaine à un arrêté du préfet, qui, depuis a été annulé par décision ministérielle, ne peut être opposée au domaine, tant que cette décision n'a pas été réformée; et les tribunaux qui, sur les poursuites exercées par le domaine en vertu de la décision ministérielle, accueillent contre lui la fin de non-recevoir prise de l'exécution ou acquiescement donné aux arrêtés annulés, commettent un excès de pouvoir. — 21 nov. 1831. Civ. c. Paris. Préfet de la Seine. D P. 32. 1. 89.

122.— La signification faite par le préfet, et *sans l'ordre* du ministre, d'un arrêté du conseil de préfecture contre lequel le ministre s'est pourvu, ne forme pas pour le défendeur un acquiescement dont il puisse se prévaloir. — 24 oct. 1832. Ord. cons. d'état. Fraixe. D.P. 33. 3. 20.

123. — L'acquiescement, par l'administration du domaine, exerçant pendant le séquestre le droit d'un émigré, à un arrêté d'un conseil de préfecture statuant en l'an 9 sur une question de propriété au profit d'une commune usagère contre cet émigré, lui est opposable, de telle sorte qu'il ne peut aujourd'hui se pourvoir contre cet arrêté. — 6 nov. 1817. Ord. cons. d'état. le Duc de Bourbon.

.... Enfin, le paiement, par un débiteur, entre les mains du receveur des domaines. sans protestation ni réserve, des frais et des arrérages d'une rente, auquel il a été condamné par arrêté du conseil de préfecture, emporte acquiescement à cet arrêté, et le rend inattaquable.— 7 avril 1819. Ord. cons. d'état. Fichet. C. le Domaine. D.A. 5. 109.

124. — Les extraits des registres de la régie des domaines, certifiés par les membres de cette administration, n'ont pas pleine foi en justice, comme s'ils étaient revêtus de la signature d'un fonctionnaire public, à laquelle la loi a attaché l'authenticité (C. civ., art. 1335).— 16 juin 1807. Req. Enreg. C. Rouly. D.A. 6. 351. D.P. 7. 2. 108.

125. — Les contraintes ayant pour objet le paiement d'arrérages de rentes dus à l'état, ne peuvent être visées que par le président du tribunal du district où sont situés les biens hypothéqués pour la sûreté du paiement des arrérages, et non par le président du tribunal du lieu où ces arrérages doivent être payés (L. 7 sept. 1791, art. 4).— 10 therm. an 13 Req. Bruxelles. Enreg. C. Poldres. D.P. 6. 2. 9.—V. n. 33.

126.— Le droit conféré à l'état par la loi du 28 brum. an 7, de se rendre appelant des sentences rendues en faveur des communes, pendant le cours de l'arbitrage forcé, profite à ceux qui possédaient conjointement et par indivis avec l'état les biens adjugés aux communes par les sentences arbitrales. — 12 prair. an 11. Req. Comm. de Pressigny. D.A. 6. 347. D.P. 1. 1355.

127. — L'émigré amnistié et réintégré dans ses anciennes propriétés a le droit d'*intervenir* dans une instance en cassation d'un jugement qui, d'après la loi du 28 brum. an 7, a reçu l'état appelant d'une sentence arbitrale par laquelle une commune l'avait évincé de la propriété ou de l'usage d'une forêt possédée par cet émigré avant son émigration. — Même arrêt.

TABLE SOMMAIRE.

Acquiescement. 24, 120, suiv.
Action. 2, 21, 33. — des canaux. 20. — domaniale. 36, s.
Administration du domaine. 121.
Agent national. 39, s.
Aliénation. 4, s. 10, s.
Anglais. 30.
Apanage. 13.
Appel. 126.
Arbitrage. 39.
Autorisation. 40, 87, s.— (préfet) 50, s.
Avis. 65.
Avocat. 102, s.
Avoué. 98, s.
Ayant-cause. 33, s.
Caisse d'amortissement. 56.
Chose jugée. 26, 32, 73, 119.
Commission administrative. 120 — mixte. 30.
Commune. 66, 95, s.
Compétence. 22, s. 119, s.
Conflit. 94.
Conseil d'état. 22, s.
Constitut. d'avoué. 101, s.
Contrainte. 28, 33, 125.
Contribution indir. 28.
Corporation religieuse. 33, 34.
Degré de juridiction. 22.
Directeur des domaines. 55, 72.
Domaine de la couronne.

5.— engagé. 116.— national. 16.
hange. 11, s.
nigré. 16, 123, 127.
iquête. 6.
iregistrement. 47.
juivalent. 85, s.
xécution. 31, 121.
xpropriation. 17.
iefs. 7.
oi et hommage. 52.
ortification. 4, s.
rais. 117.
idivision. 126.
istruction. 62.
ntervention. 127.
ugement par déf. 110, s.
orraine. 8.
Mémoire. 62, s. 115. —(incident) 81. —(ordre public) 76.
Meuble. 2.
Ministère public. 104.
Ministre des finances. 25.
Nullité d'office. 79. — d'ordre public. 74. — relative. 75.
Place de guerre. 4, s.
Préfet. 48, s. 122.
Président. 41.
Preuve certaine. 124.
Procédure. 118.
Procureur-général. 37, s. —syndic. 39, s.
Qualité. 36, s.
Rempart. 4, s.
Ratification. 78.
Registre (preuve). 124.
Restitution. 16.
Réunion. 6, s.
Révélation. 21.
Revendication. 21.
Royauté. 17.
Succession vacante. 3.
Sursis. 29.
Taxe. 117.
Tierce-opposition. 61.
Vacant. 3.
Visa. 125.

DOMAINE EXTRAORDINAIRE. — 1 — On comprenait sous ces expressions les biens spécialement affectés à récompenser les grands services civils et militaires, à subvenir aux dépenses des armées, élever des monumens, faire faire des travaux publics, encourager les arts, et ajouter à la splendeur de l'empire.

2.— Il se composait de tous les biens que le chef du gouvernement acquérait par des conquêtes ou traités (Senat.-cons. du 30 janv. 1810).— Il ne pouvait en être disposé que pour les objets que nous venons de faire connaître — D.A. 6. 364, n. 3.

3.— La réversion, en cas d'extinction de la descendance masculine des donataires, devait toujours être établie dans l'acte d'investiture.— Toute disposition était irrevocable.— Plusieurs de ces dotations étaient attachées à des titres héréditaires (C. civ. 896) —Le domaine extraordinaire était administré par un intendant spécial, et avait une caisse particulière. —D.A. 6. 364, n. 3.

4. — L'administration du domaine extraordinaire qui a géré d'office les dotations, jusqu'à la mise en possession des donataires, conformément à l'art. 10 du décret du 4 mai 1809, n'est tenue que de la restitution des fruits perçus, sans être responsable des autres portions de revenus dont le recouvrement n'aurait pas eu lieu.—12 avril 1832. Ord. cons. d'état. Thiry. D.P. 34. 3. 68.

5.—Le domaine extraordinaire n'existait déjà plus lorsqu'est venue la loi du 2 mars 1832, sur la liste civile, qui porte (art. 23) : « Il ne sera plus formé de domaine extraordinaire. En conséquence, tous les biens meubles et immeubles acquis par droit de guerre ou par des traités patens ou secrets, appartiendront à l'état, sauf, toutefois, les objets qu'une loi donnerait à la couronne. »

6.—Cette disposition fut, lors de la discussion de la loi à la chambre des députés, critiquée par M. Lherbette, qui crut y voir un empiètement sur les droits des législateurs à venir, et une violation à l'art. 19 de la charte, en ce qu'elle laissait supposer que la liste civile pourrait être augmentée pendant la durée du règne.— Duverg., p. 77 (année 1832).

§ 1er.— *Des donataires.*

§ 2.— *Compétence en matière de dotation.*

§ 1er.— *Des donataires.*

7.—Malgré son abolition pour l'avenir, le domaine extraordinaire a laissé après lui deux classes de donataires dont les intérêts sont réglés par des lois spéciales. La première se compose des donataires dont les dotations se trouvaient assises sur des biens situés en France, et qui en conservent la jouissance héréditaire.

La deuxième comprend ceux dont les dotations avaient été formées de biens situés en pays étrangers, et qui ont été dépossédés par suite de la rentrée de ces pays sous la domination de leurs anciens souverains.— D.A. 6. 364.

8.— L'art. 11 de la loi du 26 juill. 1821 s'occupe des dotations assises en France sur les canaux. Il porte : « Après cinq ans écoulés à compter de la date des actes constitutifs des dotations sur les canaux, sans que les titulaires, ou les appelés à leur défaut, se soient présentés par eux-mêmes ou par leurs fondés de pouvoir, munis de la preuve de leur existence, pour réclamer les actions comprises dans les dotations qui les concernent, les anciens propriétaires auront droit à la jouissance provisoire des actions non réclamées, sans néanmoins que lesdites actions cessent de rester sous les noms des titulaires, avec les mêmes numéros qui se trouveront désignés dans le titre constitutif des dotations. » — D.A. 6. 366.

9.— L'article 12 ajoute : « L'équivalent d'un semestre échu de la totalité des actions présumées vacantes, sera toujours laissé à la caisse des consignations, comme premier gage des dividendes perçus, à restituer aux titulaires absens qui se présenteront ou à leurs ayans-droit. »

Enfin, l'art. 13 dispose que : « Lorsqu'il se sera écoulé trente ans à compter du jour de l'envoi en possession provisoire, sans que les titulaires aient réclamé, ou qu'on ait rapporté la preuve de leur existence, l'envoi en possession deviendra définitif, conformément au code civil ; et les actions seront rendues aux anciens propriétaires et replacées sous leur nom ; qu'il en sera de même dans le cas où avant l'expiration des trente années ci-dessus mentionnées, on justifierait, soit de l'acte de décès des titulaires, soit de l'accomplissement des formalités prescrites par les lois, pour suppléer à ces actes et constater le decès des militaires absens. » — D.A. 6. 366.

10.— On passe à la seconde classe de donataires, à celle dont les dotations avaient pour siége des biens situés en pays étranger.

11. — On ne fera pas l'historique des divers actes législatifs qui ont successivement créé, modifié, suspendu et enfin consolidé leurs droits. — V. D.A. 6. 364, n. 1 à 8.

12. — On arrive de suite à la loi du 26 juillet 1821, qui est la loi vivante sur cette matiere : l'art. 1er dispose :

« Les donataires français entièrement dépossédés de leurs dotations situées en pays étranger et qui n'auraient rien conservé en France, ainsi que les veuves et les enfans de ceux qui sont décédés, pourront être inscrits au livre des pensions, en indemnité de la perte desdites dotations, avec jouissance, du 22 déc. 1821, pour une pension dont le montant sera réglé, — pour les donataires de première, deuxième, troisieme et quatrieme classe, à la somme de 1,000 fr. ;—pour ceux de cinquième classe à celle de 500 fr., et pour ceux de sixième classe à celle de 250 fr. — Ces pensions seront réversibles sur les veuves et les enfans des donataires ; elles seront d'abord possedées par le donataire, ensuite moitié par la veuve et moitié par les enfans, par égale portion, avec réversibilité en faveur des survivans de la veuve et des enfans, en telle sorte que l'extinction n'ait lieu qu'après le décès du dernier survivant. L'inscription en sera faite sur les listes qui seront arrêtées par le roi. — La liste de ces pensions sera insérée au Bulletin des lois.

Art. 2. « Les donataires à qui il reste une portion de dotation, inférieure à l'indemnité qui leur serait accordee s'ils avaient perdu la totalité, pourront recevoir une pension égale à la différence de cette indemnité avec la dotation qui leur reste. »— D.A. 6. 366.

13.— Il résulte du premier de ces articles, que les pensions constituées par cette loi sont de la même nature que toutes les autres pensions sur l'état. L'inscription au grand-livre les réunit, les confond avec ces dernieres, et leur rend communes toutes les règles et toutes les formalités auxquels celles-ci sont soumises ; et comme les demandes en paiement des arrérages dans les trois ans (arrêté du 15 flor. an 11), les justifications en cas de décès font partie de ces règles et de ces formalités ; leur inobservation doit entraîner vis-à-vis du donataire ou de son ayant cause les mêmes conséquences qu'à l'égard de tous les autres pensionnaires ou de leurs représentans.

14. — Favard est d'un avis contraire, en ce qui touche la prescription de trois ans des arrérages de pensions. Il pense que les dispositions de l'arrêté du 15 flor. an 11, en ce point, sont abrogées par l'art. 2277 C. civ.— Mais l'art. 2277, qui ne contient pas d'abrogation expresse, n'en contient pas plus une tacite, car la prescription de trois ans de l'arrêté n'a rien de contraire à celle de cinq ans dont parle l'art. 2277. Rien ne les empêche d'exister simultanément. Le système contraire proscrirait toutes les législations spéciales. — D.A. 6. 366, n. 9.

15. — On pense aussi que l'interprétation saine et équitable de ce même art. 1er veut que même les veuves dont les maris sont décédés avant le 1er avril 1814 soient admises, concurremment avec l'enfant mâle des donataires au bénéfice de cette loi.

En effet, elle appelle à jouir de l'indemnité qu'elle crée, les donataires vivans ainsi que les *veuves et les enfans de ceux qui sont décédés*. Elle ne dit pas de ceux qui sont décédés à telle époque, parce que le législateur savait fort bien qu'un assez grand nombre de donataires avaient péri dans les campagnes de 1812 et 1813, et qu'obliger leurs veuves et leurs enfans à justifier de leurs droits et qualités, c'eût été leur prescrire une chose impossible. On n'avait point tenu régistre de tant d'illustres morts. — On objecterait en vain que la mort du donataire avant le 1er avril 1814 avait ouvert les droits de l'appelé (l'enfant mâle). — D.A. 6. 367, n. 12.

16. — En cas de décès d'un ou de plusieurs des enfans depuis le partage de la pension, la portion qui leur avait été attribuée est réversible tant aux enfans survivans qu'à la veuve. Dans le silence, sur ce point, de la loi de 1821, il est naturel d'appliquer les principes ordinaires et d'effectuer le nouveau partage sur les mêmes bases que celles d'après lesquelles a eu lieu la répartition première. — D.A. 6. 367, n. 14.

17. — Toutefois, l'indemnité accordée à l'aîné des enfans d'un donataire, comme ayant perdu la dotation dont il avait été saisi de plein droit par la mort de son père, survenue avant le 30 mai 1814, n'est pas, en cas qu'il vienne à décéder célibataire, réversible sur sa mère et ses frères et sœurs. La loi du 26 juill. ne les a pas appelés à recueillir la pension accordée au donataire. On ne peut donc les y faire participer. — D.A. 6. 367, n. 15.

18. — L'art. 12 du décret du 24 août 1812 soumettait les veuves des donataires qui se remariaient à l'obligation d'obtenir une autorisation préalable, sous peine de perdre leur pension. Mais la loi de 1821 n'a pas renouvelé cette disposition ; aussi, nous pensons que les veuves remariées depuis le 1er avril 1814, sans avoir obtenu cette autorisation, n'ont point pour ce seul motif perdu leurs pensions. Car elles ont pu avec bonne foi se persuader que les obligations des anciens majorats n'étaient plus obligatoires depuis 1814. Le défaut de paiement des pensions et l'incertitude sur le sort des dotations perdues, les justifie de leur conduite.— Toutefois, nous n'hésitons pas à croire que les veuves remariees sans autorisation avant le 1er avril 1814 ne soient déchues sans retour de tout droit à la pension, car elles ne peuvent alléguer aucune excuse, et leur pension était déjà éteinte au 1er avril 1814. — D A. 6. 368, n. 15.

19. — La loi de 1821 n'établit d'indemnité qu'en faveur des donataires français. Ainsi, l'étrangère qui, ayant épousé un donataire français dont elle n'a point eu d'enfans, retourne ou continue de résider dans son pays depuis le décès de son mari, perd les droits attachés à sa qualité de veuve. — D A. 6. 368, n. 16.

20. — La fille puînée d'un donataire de sixième classe, décédé sans enfans mâles, qui a été appelée par le décret du 3 janv. 1812 à recueillir la dotation dont sa sœur aînée avait perdu la jouissance pour n'avoir point epousé avant l'âge de 30 ans un militaire en retraite par suite d'honorables blessures, a droit à l'indemnité représentative de cette dotation. mais sous la condition imposée à sa sœur. — Neanmoins si les trente ans étaient accomplis au moment où cette indemnité a été accordée, nous pensons qu'elle aurait encore après sa trentième année un laps de tems égal à celui qui était encore à courir jusqu'à cette epoque au moment où la dotation a été perdue, c'est-à-dire au 1er avril 1814. En effet, en perdant la dotation, la fille du donataire a pu croire qu'elle était affranchie d'une obligation attachee à une possession qui n'existait plus. La troisieme sœur ou l'état ne viendraient donc qu'après. — D.A. 6. 368, n. 17.

21.—Les petits-fils ou les filles d'un donataire, appelés, à défaut d'enfans mâles de celui-ci et en vertu de permissions spéciales, à recueillir sa dotation, ont un droit exclusif à l'indemnité, si le premier donataire est decédé avant le 1er avril 1814, parce qu'ils avaient alors un droit ouvert. Mais si ce donataire est decédé depuis, sa veuve, aux termes de la loi du 26 juillet 1821, a droit pour partie à cette indemnité. — D.A. 6. 368, n. 18.

22.— La pension est, comme l'eût été la dotation perdue, réversible sur le fils adoptif du donataire. L'art. 1er de la loi du 26 juill. 1821 se sert de l'expression générale d'*enfans*, qu'on ne peut limiter à ceux nes du mariage (C. civ. 350).— D.A. 6. 368, n. 19.

Mais l'autorisation du chef de l'état pour l'adoption d'un titulaire est nécessaire pour qu'il puisse avoir droit au rapport (art. 35 et 36 du décr. du 1er

mars 1808), même pour la transmission d'une dotation militaire de 500 fr.—Bien que l'on puisse dire que cette autorisation n'est nécessaire que lorsqu'il y a transmission d'un titre de noblesse. — 16 nov. 1852. Ord. cons. d'état Rocances. D.P. 33. 1. 17.

23.— Toutefois, il a été décidé que la loi du 26 juillet 1821 n'a pas entendu accorder le bénéfice de cette réversibilité aux enfans *adoptifs*, même du sexe féminin, dont l'adoption n'aurait pas été préalablement autorisée par le roi dans la forme voulue par les statuts sur les majorats.— 14 oct. 1831. Ord. cons. d'état. Henry. D.P. 32. 3. 17.

24.— Elle est même réversible vers l'enfant naturel légalement reconnu ; car bien qu'il ne soit proprement pas héritier, il a un droit sur la succession de ses père et mère, et ce droit s'étend sur tous les biens qui la composent.— D'ailleurs, les dotations étant originairement transmissibles à la descendance masculine légitime, *naturelle* et adoptive des donataires (Décr. du 1er mars 1808, art. 35), la pension qu'ils ont obtenue doit avoir le même caractère.— D.A. 6 369, n. 19.

25.—Le titre héréditaire auquel avait été attachée une dotation perdue en totalité ou en partie, doit passer à la descendance légitime, naturelle ou adoptive du donataire de mâle en mâle, par ordre de primogéniture, comme si la dotation existait encore. Car dès que la dotation a été formée, le titre est devenu réversible au fils aîné du titulaire, né ou à naître. Il y a eu droit acquis au profit de sa descendance masculine légitime, et elle ne peut en être dépouillée que dans le cas formellement prévu où elle viendrait à s'éteindre.— D.A. 6. 369, n. 21.

26.— Les pensions accordées en vertu de la loi du 26 juillet 1821 ne sont pas soumises aux dispositions prohibitives du cumul (art. 6).

27.—Ainsi, une veuve de donataire inscrite à raison de la perte de sa pension et remariée à un donataire dépossédé, aura droit à la réversion de la pension de son second mari, sans pour cela perdre la jouissance de la première pension qu'elle tenait de sa qualité de veuve, parce que la seconde resulte d'une nouvelle qualité qu'elle a pu acquérir par un second mariage.— Ainsi, la fille d'un donataire, qui, après avoir recueilli l'indemnité accordée à son père, épouse un donataire dépossédé, pourra, devenue veuve, obtenir la réversion de la pension dont jouissait ce dernier, parce qu'elle la réclame en une nouvelle qualité.—Ainsi encore, les fils de donataires dépossédés, dotés personnellement eux-mêmes, en récompense de leurs propres services, pourront, nonobstant cette dotation ou la pension qui en est l'indemnité, réclamer la réversion, sur leur tête, de la pension accordée à leur père. — D.A. 6. 369, n. 20.

28.— Une décision du ministre des finances, du 13 juin 1822, a déclaré les pensions des donataires et de leur famille affranchies de toute retenue, sur le motif que les indemnités que représentent les pensions, et que les donataires touchaient depuis 1816, n'étant soumises à aucune retenue, les pensions doivent elles-mêmes participer à ce privilége, alors surtout que la loi du 26 juill. 1821 les a établies sans aucune condition.— D.A. 6. 367, n. 10.

29.— Les ordonnances des 5 juin, 7 déc. 1816 et 13 juill. 1820, quant à l'obligation de résidence en France et d'autorisation pour en sortir, ne concernant que les militaires pensionnés, ne s'appliquent pas aux titulaires des pensions représentatives des dotations.— Ces pensions sont incessibles et insaisissables — D.A. 6. 367, n. 11.

Celui qui, par suite de son inscription sur la liste du 24 juillet 1815, a été banni de France, en conformité de la loi du 12 janv. 1816, et privé des actions appartenant au domaine extraordinaire qui leur avaient été conférés à titre gratuit, n'a pu être réintégré dans la propriété de ces actions, au préjudice des anciens propriétaires à qui elles avaient été remises en vertu de la loi du 5 déc. 1814, par suite de la loi du 12 janv. 1816, et l'ord. du 25 mai suivant. —23 janv. 1823. Ord. cons. d'état. Caraman. D.P. 24. 1. 150. — *Contrà*, 31 mai 1832. Ord. cons. d'état. Merlin. D.P. 33. 3. 118 — 18 août 1832. Ord. cons. d'état. Réal. D.P. 32. 3. 120.—Conf. D.P. *eod.*

L'ordonnance du 25 mai 1816 ne peut être considérée comme une exécution de la loi du 12 janv. précédent.—D.P. *eod.*

§ 2.— *Compétence en matière de dotations.*

30.— Les revendications formées par des communes ou par des particuliers sur la propriété des biens appartenant anciennement aux émigrés et formant plus tard les dotations de la légion-d'honneur, sont de la compétence des tribunaux ordinaires et non point des conseils de préfecture. On ne peut point assimiler ces dotations à des ventes nationales, car elles n'étaient pas, comme celles-ci, precédées d'affiches, de publications, d'expertises qui mettaient l'ancien propriétaire à même de défendre ses droits (Décr. de juill. 1812).— Cormenin, v° Dotations.

31.— Les conséquences de ce principe ont été étendues aux ventes même des biens cédés par la légion-d'honneur à la caisse d'amortissement : ainsi les contestations relatives à la vente des biens de cette espèce doivent être régies, à l'égard des tiers, par les règles du droit commun (Décr. du 17 janv. 1814).—Cormenin, v° Dotations.

32.— Le même principe s'applique aux donations de biens nationaux, faites aux communes, par des décrets spéciaux ou généraux (Décr. 9 août 1811).

33.—... Aux restitutions de rentes faites aux anciennes fabriques (7 therm. an 11, arrêté gouv. ; 22 oct. 1817, ord. royale).

....Aux affectations de biens nationaux provisoires ou définitives, faites aux hospices, même en remplacement de leurs biens vendus (L. du 7 sept. 1821 ; 6 mars 1816, ord. royale).

34.— Ces dispositions réservent toujours tacitement le droit des tiers, sauf l'action des donataires évincés contre l'état, en indemnité, s'il y a lieu, après l'événement des débats judiciaires.— Cormenin, v° Dotations.

35.— Les questions relatives à la propriété du bien réclamé sont du ressort des tribunaux. Celles relatives à l'indemnité des aliénataires évincés sont du ressort de l'administration.— Cormenin, v° Dotations.

36.— C'est en conséquence de ce dernier principe qu'il a été jugé que l'arrêt qui condamne l'état, comme garant d'une rente par lui transferée, à rembourser à l'acquereur le prix du transfert qui avait été acquitté avec une rescription du trésor, n'est que déclaratif du droit du garanti, et ne porte aucun *obstacle* à l'application des lois administratives pour régler la forme du remboursement, remplacement ou indemnité (L. 27 prair. an 8).— 3 mars 1827. Civ. r. Colmar. Préfet du Bas-Rhin. D.P. 27. 1. 160.

— V. Compétence administrative, Enregistrement, Majorat, Ministère public.

TABLE SOMMAIRE.

Absence. 9.
Adoption. 22, s.
Arrerages. 14.
Autorisation. 21.
Banni. 29.
Caisse d'amortissement. 31.
Canaux. 8, s. 29.
Commune. 32.
Compétence. 30.
Cumul. 26, s.
Décès. 9.
Délai. 8.
Dotation. 5, s. 29.
Droit personnel. 21.
Enfant. 16.
Enfant naturel. 24.
Envoi en possession. 9.
Etranger. 19.
Eviction. 34.
Fabrique. 33.
Fruit. 4.
Gestion. 4.
Grand-livre. 13.
Hospices. 33.
Indemnité. 12, 20, 34, s.
Inscription. 13.
Légion-d'honneur. 30.
Liste civile. 5, s.
Majorat. 22, s.
Militaire. 29.
Pays étranger. 7, 10.
Pension. 12, 23.
Prescription. 14.
Rentes 33.
Résidence. 29.
Réversion. 3, 12, 24, s.
Veuve. 13, s.

DOMAINES NATIONAUX.—V. Caution, Choses, Compétence administrative, Contrainte, Contributions directes, Enregistrement, Prescription, Propriété, Transaction, Vente administrative, Voirie.

DOMAINE HONORIFIQUE.—V. Commune.

DOMAINE PRIVÉ.— 1.— Les biens qui appartenaient personnellement au roi, avant son avènement au trône, et ceux qu'il acquiert à titre gratuit ou onéreux, pendant son règne, composent le domaine privé du roi (L. du 2 mars 1832, art. 22).—D.A. 6. 356, n. 1.

2. — La loi du 2 mars 1832 est introductive d'un droit nouveau. Avant elle, il avait été toujours constant, comme cela résulte d'un grand concours d'autorités et de témoignages historiques, que les biens *patrimoniaux* du prince étaient, du jour de son avénement au trône, reunis de plein droit au domaine de la couronne ou de l'état. L'effet de cette réunion était perpétuel et irrévocable (D.A. 6. 356 à 358). — La loi du 9 nov. 1814, relative à la liste civile et à la dotation de la couronne, avait consacré aussi, par son art. 20, le principe de la confusion du domaine du prince. — 30 janv. 1822. Civ. c. Paris. Min. de la maison du roi. C. Desgraviers. D.A. 6. 359. D.P. 22. 1. 80. — 19 fév. 1824. Orléans (mêmes parties). D.A. 6. 364. D.P. 24. 2. 131.

3.— Il n'est pas moins certain que jusqu'à la révolution de 1789, les biens que le prince avait acquis à titre gratuit ou onéreux, depuis son avènement au trône, se confondaient avec ceux de l'état. C'était la conséquence nécessaire de *cette alliance indissoluble* que le roi était censé avoir formée avec sa couronne.

4.— Mais dès 1789, le roi et l'état cessant d'être confondus, le *domaine privé*, quant à ces derniers biens seulement, fut créé par la loi du 22 nov. 1790 (art. 7), constitué par le sénatus-consulte du 30 janv. 1810 (art. 3), et confirmé par les lois des 9 nov. 1814, 15 janv. 1825 et 2 mars 1832.— D.A. 6. 358, n. 3 à 7. D.P. 25. 3. 1 et 32. 3. 14.

5.— Le roi peut disposer de son domaine privé, soit par actes entre-vifs, soit par testament, sans être assujetti aux règles du code civil, qui limitent la quotité disponible (L. du 2 mars 1832, art. 23).— Le motif de cette dérogation aux principes généraux, est qu'on a voulu empêcher qu'une part considérable de la succession du roi passât, par l'effet du mariage de ses filles, à des princes ou souverains étrangers, tandis que les princes français, par leur mariage avec des filles de rois étrangers, et d'après le droit public des nations étrangères, ne recevraient qu'une dot, un trousseau.

6. — La question de savoir ce que deviendra le domaine privé, en cas de mort du roi sans en avoir disposé par acte entre-vifs ou par testament, était résolue par une disposition proposée par la commission et entièrement conforme à l'art. 22 de la loi du 9 nov. 1814, qui voulait que dans ce cas le domaine privé fût réuni de plein droit au domaine de l'etat. — Mais cette disposition a été supprimée sans que les débats en fassent connaître la raison. Nous pensons toutefois, et dans le silence de la loi, que le domaine privé, à défaut de disposition, doit être partagé entre les héritiers du roi, selon les règles du droit commun. En effet, l'art. 24, en disant que les propriétés du domaine privé sont soumises à toutes les lois qui régissent les autres propriétés, les assujettit certainement aux lois sur les successions. — Duvergier, 1832, p. 76.

7.—Les droits des créanciers du roi et les droits des employés de sa maison, à qui des pensions de retraite seraient dues par imputation sur un fonds provenant de retenues faites sur leurs appointemens, demeurent toujours réservés sur le domaine privé délaissé par le roi décédé (art. 26).

8. — Les titres exécutoires le sont seulement sur tous les biens meubles et immeubles composant le domaine privé. Ils ne le sont, en aucun cas, sur les effets mobiliers renfermés dans les palais, manufactures et maisons royales (art. 28).

9. — Les actions intéressant le domaine privé sont dirigées par et contre l'administrateur de ce domaine. — Elles sont d'ailleurs instruites et jugées dans les formes ordinaires, sauf la présente dérogation à l'art. 69 C. pr. (art. 27).

10.— Il a été rendu une ordonnance du roi sur le personnel de l'administration provisoire des domaines privés du roi, l'apanage de sa maison, et des domaines des princes et princesses, le 17 mars 1831. D.P. 31. 3. 18 — V. Domaine de la couronne, Domaines engagés, Domaines de l'état, Obligation.

DOMAINE PUBLIC.— 1.— Il s'entend des choses qui appartiennent à l'être moral et collectif que nous appelons le *public*. — Proudhon, *Tr. du domaine public*, n. 202 et suiv.

§ 1er.— *De la nature du domaine public et des biens qui le composent.*

§ 2.— *De son inaliénabilité.*

§ 3.— *Fonctionnaires chargés d'agir au nom du domaine public —Compétence, Instruction.*

§ 4.— *Affectation d'un immeuble domanial à un service public.*

—

§ 1er.— *De la nature du domaine public et des biens qui le composent.*

2. — Il n'est, pour personne individuellement, ni même pour l'état, un domaine de propriété, car chacun a également, et au même titre, le droit d'en jouir suivant sa destination, et ce droit appartient même aux étrangers qui se trouvent à portée d'en user.— Proudh., *eod.*

3.— Il résulte de là que le gouvernement n'exerce sur les fonds de ce domaine qu'un droit de protection, pour en assurer la jouissance à tous, mais non un droit de propriété exclusif pour l'état. — Proudh., *eod.*

4. — Si les immeubles qui appartiennent au domaine public peuvent produire certains avantages, ou être la cause de certaines perceptions utiles, comme sont les péages sur les ponts et sur les canaux de navigation, il n'en résulte pas qu'ils doivent être classés au rang des fonds productifs et patrimoniaux de l'état, parce que leur destination principale n'en a pas moins uniquement pour but le service public, et que les perceptions de cette nature sont des impôts indirects perçus sur les navigateurs ou les passans, et non pas un vrai produit de fonds.— Proudh., *eod.*, n. 204.

5. — Alors même qu'il s'agirait de quelques produits du sol, comme ils ne seraient jamais perçus par l'état qu'en qualité de mandataire du public, pour satisfaire aux impenses d'entretien des services auxquels le fonds est consacré, il n'en résulterait, au profit de l'état, aucun indice de propriété. — Proudh., *eod.*

6.— Les choses qui font partie du domaine public étant, par leur destination, placées hors du commerce, et étant par là même imprescriptibles (C. 2226), tandis que celles appartenant à l'état sont soumises aux principes généraux de la prescription (C. 2227), il s'ensuit qu'il y a une différence essentielle entre la nature civile des biens publics et celle des fonds patrimoniaux de l'état. — Proud., *eod.*, n. 205.

7. — L'art. 86 du décret du 16 déc. 1811, qui déclare propriété de l'état tous les arbres plantés sur le terrain des routes, à l'exception, toutefois, de ceux qui ont été plantés en exécution de la loi du 9 vent. an 13, est applicable aux arbres plantés ou achetés des riverains par un particulier, en vertu d'une concession à perpétuité consentie en 1764, moyennant une redevance annuelle. — 29 mai 1813. Déc. cons. d'état. Flamen.

8.— Le domaine public proprement dit se compose généralement de toutes les parties du territoire qui ne sont pas susceptibles d'être asservies aux règles de la propriété privée. — Proudh., *eod.*, n. 207.

9. — La loi du 4 dec 1790, art. 2, § 1er, porte : « Les chemins publics, les rues et places des villes, les fleuves et rivières navigables, les rivages, les lais et relais de la mer, les hâvres et les rades..... sont considérés comme une dépendance du domaine public. »

10.—A l'énumération de cet article, l'on doit ajouter les canaux de navigation intérieure qui ont été établis par le gouvernement, parce que, retirés du domaine privé par l'expropriation dans l'intérêt du public, ils sont, par destination, placés dans son domaine. — Proudh., *eod.*

11. — Il a été rendu une ordonnance du roi relativement aux formalités qui doivent précéder les concessions des relais de mer. alluvions et autres objets dépendant du domaine public.—25 sept. 1825. D.P. 25. 3. 30.

12 — Suivant l'art 103 de la loi du 3 frim. an 7, sur l'assiette des impôts, « les chemins publics, vicinaux, et les rivières, ne sont pas cotisables ; » ce qui signifie qu'ils sont en dehors des règles de la propriété foncière, et que, par conséquent, ils appartiennent au domaine public. — Proudh., *eod.*

13.—L'art. 538 C. civ. porte : « Les chemins, routes et rues à la charge de l'état, les fleuves et rivières navigables ou flottables, les rivages, lais et relais de la mer, les ports, les hâvres, les rades et généralement toutes les portions du territoire national qui ne sont pas susceptibles d'une propriété privee, sont considérés comme une dépendance du domaine public. »

.....Enfin, l'art. 540 C civ. ajoute : « Les portes, murs, fossés et remparts des places de guerre et des forteresses font aussi partie du domaine public. »— V. Dupin et Dalloz, aff. de la citadelle de Blaye. D.P. 35. 1. 89.— V aussi Domaine de l'état, n. 4

14. — On doit aussi comprendre dans le domaine public les églises où les fidèles s'assemblent pour l'exercice de leur religion, soit parce que ces édifices sont civilement et religieusement consacrés au service public et divin, soit parce qu'ils ne sont pas non plus compris dans les rôles de la contribution foncière, qui frappe sur la propriété. — Proudh., *eod.*

Mais l'affectation par le gouvernement d'une église au service public d'un culte n'emporte point concession de la propriété.

En conséquence, l'hospice auquel cette affectation a été faite ne peut non plus réclamer la propriété d'un couvent dépendant de cette église, si antérieurement elle avait déjà été l'objet d'une semblable affectation, et surtout si cette affectation n'a pas été convertie en loi.— 25 juill. 1827. Ord cons. d'état Consistoire de Nérac. C. Hospice de cette ville.

15.— Mais les chapelles qui sont dans la *dépendance* des maisons particulières, et, par exemple, sur une place attenant aux maisons, sont, ainsi que les biens dont elles peuvent être dotées, comprises dans l'exception de l'art. 22 de la loi du 24 août 1790, qui, en attribuant à l'état la propriété de toutes les *chapelles publiques*, excepte de la confiscation les chapelles renfermées dans l'*enceinte* des maisons particulières, et desservies par un chapelain à la seule disposition du propriétaire — 6 mai 1829. Bastia. Prefet de la Corse. C. Piétri. D.P. 29. 2. 221.

16.— Le domaine public se compose aussi des propriétés qui sont réunies au territoire par des traités ou par des conquêtes. — V. Domaines engagés, n. 28, 57, s.; Domaine de l'état, n. 6, s.; Domaine privé, n. 2. D P. 35. 1. 213.— V., sur les effets de la réunion, sur l'échange, la garantie, Dupin et Dalloz, D.P. 35. 1. 89.

§ 2.— *De l'inaliénabilité du domaine public.*

17.— Les biens qui composent le domaine public étant par leur nature placés hors du commerce et n'étant pas susceptibles d'une propriété privée (C. 538), sont dès lors inaliénables — Proudhon, *Dom. pub.*, n. 208 et 209. — V. une théorie sur l'ancien droit, aff. Grammont, D.P. 35. 1. 89.

18.— Toutefois, leur inaliénabilité provenant de l'ordre civil, lequel peut être changé, n'est pas absolue.— Proudh., *eod*, n. 209

19.— Mais, pour leur enlever ce caractère, il est nécessaire de supprimer le service public auquel ils étaient destinés. Sans cette condition, le gouvernement ne pourrait aliéner valablement un fonds du domaine public. — Proudh., n. 210.

20.— Ainsi, l'aliénation pure et simple, consentie par le gouvernement, d'un canal de navigation intérieure au profit d'une ou plusieurs personnes, à la charge d'y entretenir le cours de la navigation dans l'intérêt du commerce, ne peut les investir de l'incommutable propriété du canal. Ce n'est là qu'un acte d'engagement toujours révocable. Néanmoins, les concessionnaires sont devenus, par cet acte, maîtres de percevoir à leur profit et sans être tenus à en rendre compte, les revenus de l'octroi de navigation.— Proudh., n. 211.

21.— Mais, dans le cas de dépossession des concessionnaires, serait-on tenu de les indemniser? Oui, suivant la nature des actes et des circonstances.— Proudh., *eod.*

22.— En conséquence des principes que nous venons d'énoncer, il a été jugé que des lettres-patentes, par lesquelles le domaine concède à une compagnie la propriété d'un canal navigable et de ses francs-bords, ont pu, encore bien que les termes en paraissent généraux, être interprétées en ce sens, que le domaine n'a pas entendu donner aux concessionnaires une propriété à ce point absolue, qu'ils puissent forcer les propriétaires qui ont depuis construit des maisons longeant et avoisinant le franc-bord, de n'ouvrir les volets et les portes de leurs maisons qu'en dedans et non en dehors, et de supprimer leurs tuyaux de descente des eaux, alors surtout qu'il ne résulte de cette servitude aucun dommage appréciable pour les concessionnaires.— 29 fév. 1832. Req. Lyon. Canal de Givors. D.P. 32. 1. 129.

23.— Le droit de propriété résultant de la concession faite par le domaine d'une propriété servant à un usage public, doit être entendu en ce sens, que le concessionnaire doit souffrir tout ce qui, sans lui nuire d'une manière appréciable, est compatible avec l'usage public.— 10 fév. 1831. Lyon. Canal de Givors. D.P. 32. 1. 129

24 — Si le domaine public n'est pas susceptible d'une aliénation directe, il ne s'ensuit pas qu'il ne le soit pas non plus d'une aliénation indirecte, c'est-à-dire, qu'il ne soit pas prescriptible. Au contraire, les chemins et les routes, les rivières, les ports, les hâvres, les rades, les portes, les murs. fossés, remparts des places de guerre et des forteresses, les églises, etc, tombent dans le domaine de la prescription, dès lors qu'ils sont abandonnés ou détruits et sans qu'il soit besoin d'un acte législatif pour établir leur abandon ou destruction — Proudh., n. 214 à 230, D.A. 11. 214, n. 2.— Du reste, V. Prescription.— V. aussi D.P 35. 2. 57.

25 — Ajoutez qu'encore bien que les rivages de la mer fassent partie du domaine public, les établissemens qui y sont formés par concession du gouvernement, tels que pêcherie, saline, etc., peuvent entrer dans le commerce. — *Spécialement*, une pêcherie établie par la tolérance du gouvernement sur le rivage de la mer, constitue, au profit de celui qui l'a formée ou de ses héritiers, un droit immobilier dont il a la jouisssance exclusive, et qui, bien que résoluble au gré du gouvernement, est susceptible d'etre grevé de l'hypothèque légale de la femme du concessionnaire. — 5 avril 1824. Caen. Langin. D P. 25. 2. 125.

26. — L'arrêt du conseil, du 13 nov. 1714, qui obligeait les possesseurs des îles, îlots, et ceux qui jouissaient sans titres des lais et relais, à payer à l'état une rente (le dixième de la valeur) pour indemnité, ne doit pas être entendu en ce sens, qu'en cas de non paiement, les possesseurs doivent être privés de leurs terrains : seulement, le domaine a le droit de les contraindre à l'effectuer.— 21 juill. 1828. Civ. r. Amiens. Préfet de la Somme. D.P. 28. 1. 341.

27. — La nouvelle destination donnée à une place tendant à la faire servir aux exécutions capitales, ne donne pas lieu à une demande en indemnité contre l'administration départementale, de la part des propriétaires de maisons situées sur cette place (C. civ. 1382). — 14 janv. 1834. Paris. Ledieu. D.P. 34. 2. 27.

§ 3. — *Fonctionnaires chargés d'agir au nom du domaine public.—Compétence, Instruction.*

28.— Les fonctionnaires chargés de veiller à la conservation du domaine public et d'agir dans ce but soit en demandant soit en défendant, sont les préfets des départemens ou les maires des communes, suivant que la charge d'acquisition du fonds et d'entretien du service public pèse sur l'état, le département ou la commune. Dans les deux premiers cas, c'est le préfet, dans le dernier, le maire (C. pr. 69).— Proudh., n. 231 et suiv.: Dur, n. 200.

29. — Les tribunaux sont seuls compétens pour connaître des questions de propriété qui intéressent le domaine public.

Spécialement, des questions d'usurpation sur les chemins, routes, etc. (V. Voirie), et de la prescription des fonds du domaine public, lorsque le gouvernement a expressément supprimé le service auquel ils étaient assujettis, ou même encore, lorsque, par des dégradations matérielles, ils ont été réduits à un état tel que le service public auquel ils avaient été civilement consacrés ne peut plus s'y exercer, et que l'autorité publique, préposée à la conservation de ce service, en a fait abandon. — Proudh., *eod.*, n. 234 et 235.

30. — Une contestation qui s'élève entre particuliers sur la propriété d'un objet à l'égard duquel l'état pourrait prétendre des droits, et spécialement sur la propriété d'arbres abattus le long de la grande route, ne cesse pas pour cela d'être de la compétence des tribunaux (L. 27 vent. an 7, art. 27). — 31 juill. 1820. Civ. c. Amiens. Baude, etc. D A. 6. 315. D.P. 21. 1. 209.

31. — Quant aux formes de l'instruction des affaires qui concernent le domaine public, elle sont les mêmes que celles exprimées à l'article Domaine de l'état.

§ 4. — *Affectation d'un immeuble domanial à un service public.*

32 — « Les ordonnances qui auront pour objet d'affecter un immeuble appartenant à l'état à un service public de l'état, seront concertées entre le ministre qui réclamera l'affectation et le ministre des finances. — L'avis du ministre des finances sera toujours visé dans ces ordonnances, qui seront contre-signées par le ministre du département au service duquel l'immeuble devra être affecté. Elles seront insérées au Bulletin des lois » (Ord. royale, 14-28 juin 1833). — D.P. 33. 3. 72.

33. — Lorsque des décrets *spéciaux* ont mis, en 1810, à la disposition du ministre de l'intérieur, des bâtimens de l'état pour former un dépôt de mendicité dans un département, sans dénommer ce département comme concessionnaire, ces bâtimens n'ont pu être rangés depuis dans la classe des bâtimens concédés aux départemens par le décret du 9 avril 1811. — 26 août 1831. Ord. cons. d'état. Min. de l'int. D.P. 33. 3. 19.

—V. Actions possessoires, Avoué, Choses, Colonies, Commune, Compétence administrative, Conciliation, Contrainte par corps, Contributions directes, Domaines engagés, Domaine national, Eau, Ministère public, Peage, Peche, Prescription, Propriété littéraire, Servitude, Tierce-opposition, Vente administrative, nationale, Voirie.

TABLE SOMMAIRE.

Action. 28.
Affectation. 13, 32.
Arbre. 7, 30.
Biens patrimoniaux. 4.
Canal. 10, 20.
Chapelle. 15
Compétence. 29.
Concession. 7, s. 22.
Domaine de l'état. 6.
Eau. 9, s.
Eglise. 14.
Etranger. 2.
Exécution publique 27.
Fossé. 13.
Fruit 5.
Impôt. 4, 20.
Inaliénabilité. 17.
Indemnité. 21, 27.
Maire. 28.
Mendicité. 33.
Octroi. 20.
Péage. 4.
Place. 9 — de guerre. 13.
Police. 3, s.
Préfet. 28.
Prescription. 6, 24, s. 29.

Propriété. 2, s.
Qualité. 28.
Redevance. 26.
Réunion. 16.
Rivage de la mer. 9, 25.
Usage. 2.
Utilité publique. 25.
Voie publique. 9, s. 29, s.
Voirie. 9, s. 29.

DOMAINE UTILE. — V. Commune, Louage, Propriété, Servitude.

DOMESTICITÉ--DOMESTIQUE.—V Abus de confiance, Alimens, Autorité municipale, Cassation, Certificat, Chose jugée, Commissionnaire, Communauté, Compétence civile, Compétence criminelle, Complicité, Compte, Désertion, Droits civils, Droits politiques, Domicile, Elections législatives, Elections municipales, Excuse, Exploit, Garde nationale, Legs, Louage, Mandat, Ministère public, plainte, Porte, Prescription, Presse, Privilége, Procès verbal, Propriété, Recrutement, Responsabilité, Saisie-immobilière, Succession, Voirie, Vol, Témoins.

DOMICILE.— 1.— C'est le lieu du principal établissement d'un individu : il est distinct de la simple résidence et du domicile élu.— V. ce mot.

§ 1er.—*Des caractères du domicile.—Manières dont il s'acquiert et se conserve.*

§ 2.—*Personnes qui ont ou n'ont pas un domicile propre.—Femme, Mineur, Condamné, Domestique, Invalide, Marin, Etranger.*

§ 3.—*Du changement de domicile.—Fonctionnaire, Preuve.*

—

§ 1er. — *Des caractères du domicile.—Manières dont il s'acquiert et se conserve.*

2.— Le domicile de tout Français, quant à l'exercice de ses droits civils, est au lieu où il a son principal établissement (C. civ., art. 102).— D.A. 6. 374, n. 2.

3.— Le principal établissement d'une personne est dans le lieu qui est le centre de ses affaires et le siége de sa fortune, et dont elle ne s'éloigne qu'avec l'espoir et le désir d'y revenir (L. 7, C. *de Incolis*).— Toull., t. 1er, n. 364.

4.— Lorsqu'une société a plusieurs maisons de commerce, le domicile de la société est au lieu où est établi le principal siége du commerce.— 18 pluv. an 12. Req. Chaine. D.A. 3. 319. D.P. 1 785.

5.— Il n'est pas toujours facile de reconnaître d'une manière certaine le lieu où une personne a son principal établissement, lorsqu'elle réside alternativement dans deux endroits différens. Cependant, on peut regarder comme signes caractéristiques du domicile, 1° le paiement du droit *fixe* de patente dans une commune ; 2° le service de la garde nationale dans tel endroit : 3° la comparution comme défendeur en matière personnelle devant tel tribunal, sans y avoir proposé le déclinatoire.— Dur., t. 1er, n. 354.

6.— Ainsi, un individu, et, par exemple, un député qui, outre le domicile politique dans un lieu, a un domicile de fait dans un autre lieu, où il a un appartement meublé à ses frais, où il paie la contribution personnelle, est justiciable du tribunal de ce dernier domicile, pour le paiement des objets de consommation qui lui ont été vendus et délivrés en sa demeure (C. pr. 59).— 25 mai 1826. Paris. De Laurencin. D.P. 27. 2. 134.

7.— On doit considérer le domicile comme un contrat par lequel le domicilié s'oblige à supporter sa part des charges communales, en même temps qu'il acquiert le droit de participer à tous les avantages de la cité. Dès lors, les conditions essentielles du domicile sont, comme celles de tout contrat, le consentement du domicilié, et sa capacité de contracter.— Il faut en ajouter une autre également essentielle, le fait d'habitation réelle dans le lieu où l'on veut fixer son principal établissement. Sans le concours de cette dernière circonstance, la volonté, même déclarée, d'habiter dans un lieu, ne manifesterait aux yeux de la loi qu'un projet abandonné ; et de même, le fait isolé d'habitation, quelque prolongé qu'il fût, ne constituerait jamais qu'une simple résidence.— D.A. 6. 374, n. 3.

8.— Une fois que le domicile est acquis, l'intention suffit seule pour le conserver : bien plus, l'intention de conserver son domicile est toujours présumée, surtout à l'égard du domicile d'origine, tant qu'il n'y a pas manifestation d'une volonté contraire.— D.A. 6. 374, n. 4.

9.— Sous l'empire des lois romaines, qui exigeaient, pour déterminer le domicile, *factum et animum*, le juge pouvait, pour déterminer cette intention, consulter l'*esprit de retour* vers un premier domicile.— 27 fév. 1834. Req. Bordeaux. Puyferrat. D.P. 34. 1. 342.

10.— Ainsi, il a été jugé, 1° que le domicile d'origine, lorsque l'intention de le changer n'est pas prouvée, ne se perd point par une longue résidence en pays étranger, encore bien qu'on s'y soit marié, qu'on y ait élevé sa famille et établi le siége de ses affaires.— 30 juill. 1811. Paris. De Saint-Germain. D A. 6. 383. D.P. 1. 1360.

11. — 2° Le Français qui passe aux colonies ne perd point, par la longue résidence qu'il y fait, et quoiqu'il y ait établi le siége de ses affaires, son domicile d'origine, alors surtout qu'il est décédé en revenant en France, et après avoir vendu les biens qu'il possédait dans les colonies. — 3 août 1812. Paris. Dumont. D.A. 6. 384. D.P. 1. 1360.

12. — 3° Lorsqu'un individu a quitté la France pour s'établir dans une colonie, mais qu'il n'a jamais fait aucune signification de translation de domicile, un tribunal peut tirer, des faits et de la correspondance de cet individu, la preuve de son intention de revenir en France, et induire qu'il y a conservé son domicile. Par une conséquence ultérieure, la succession de ce citoyen est censée ouverte en France, quoiqu'il soit mort aux colonies, et elle doit être réglée conformément aux lois existantes et publiées sur le continent à l'époque du décès. — 14 fev. 1832. Req. Agen. Pouderson. D.P. 32. 1. 354.

13.— 4° Que le domicile d'origine n'est pas changé par cela seul que le domicilié l'aurait quitté depuis de longues années pendant lesquelles il aurait suivi la carrière militaire, et lors même qu'il aurait résidé, après, pendant trois mois comme simple particulier, dans un autre lieu ; alors surtout qu'il est constant qu'il a été inscrit comme notable au lieu de son domicile, et qu'il y a continuellement payé les impôts, et y est demeuré inscrit sur les tableaux de la population.— 11 vend. an 13. Req. Destaing. D.P. 5. 2. 34.

14. — 5° Que celui qui ne quitte son domicile d'origine que pour se rendre aux armées, est censé l'avoir conservé. — 10 vend. an 13. Req. Destaing. D.A. 6. 382. D P. 1. 1359.

15.— Dans tous les cas, le domicile se perd par le seul fait de la naturalisation à l'étranger, encore qu'il soit reconnu qu'on a conservé l'esprit de retour. — 17 juill. 1826. Civ. c. Pau. Descande. D.P. 26. 1. 418.

16. — En fixant le domicile au lieu où l'on a son établissement *principal*, le code civil a évidemment consacré, à la différence du droit romain (L. 6, § 2, *ad municipalem*), le principe de l'unité du domicile réel. On ne doit donc plus distinguer aujourd'hui, comme on le faisait sous l'ancienne législation, un domicile de droit et un domicile de fait. — D.A. 6. 374, n. 5.

17. — Par suite, est nul l'exploit d'appel dans lequel il est donné deux domiciles à l'intimé (C. pr. 61). — 6 août 1829. Lyon. Comm. de Champdor. D.P. 29. 2. 210.

18. — Le domicile est un, *mais relativement à l'exercice des droits civils* seulement, comme le dit l'art. 102, et ces mots établissent, on le voit, un autre principe, long-temps combattu, que le domicile réel est distinct et indépendant du domicile politique. Toutefois, il importe de remarquer que l'exercice des droits politiques peut être souvent un des caractères de l'établissement principal, et servir par conséquent d'indice pour faire reconnaître le domicile civil. — D.A. *loc. cit.*

19. — Jugé, en conséquence, que le lieu où un individu exerce ses droits politiques ne peut être considéré comme constituant un domicile civil.—13 mai 1809. Paris. Saiffert. D.A. 6 380. D.P. 1. 1361.

20. — Jugé qu'on peut avoir un domicile litigieux (c'est-à-dire pour procès, distinct du domicile réel ; et, par exemple, l'existence d'un domicile *ad litem* s'induit suffisamment, soit de ce qu'un individu aurait un établissement dans un lieu autre que celui où il a le siége de sa famille et son domicile réel, soit d'actes et de décisions judiciaires, qui n'ont été ni désavoués ni attaqués par la partie à laquelle ils attribuent un domicile qu'elle prétend plus tard n'être pas son domicile réel ; et ces actes peuvent être invoqués même par celui qui n'y a pas été partie, pour prouver l'existence du domicile litigieux. — 28 déc. 1815. Req. Gaudechart. D.A. 6. 377.

Cette décision est contraire au principe de l'unité de domicile, consacré par l'art. 102 C. civ., et constamment proclamé dans les discussions au conseil d'état ; elle ne doit pas être suivie — D.A. 6. 377.

21.—Malgré le principe de l'unité de domicile consacré par l'art. 102, aujourd'hui encore, comme sous l'empire de l'ordonnance (V. Rodier, art. 3, tit. 2, n. 3 et 7, septième question), un marchand, par exemple, qui aurait des établissemens de commerce en divers endroits, sans que, par un fait de préférence bien déterminé, il fasse connaître lequel de ces établissemens il aura choisi pour son domicile, serait valablement assigné à l'un ou à l'autre.— Maleville, t. 1er, p. 125 ; Merlin, v° Déclinatoire, p. 361 ; D.A. 7. 779, n. 6.

22.— Jugé que pour la validité de l'énonciation du domicile dans les actes de procédure, il suffit de la mention du domicile *apparent*, surtout lorsque c'est la partie elle-même qui l'indique, comme si, par exemple, un fonctionnaire a indiqué le domicile où il exerce ses fonctions.—20 juin 1832. Req. Bourges. Duligondais. D.P. 32. 1. 250.

23.— De ce qu'un débiteur aurait indiqué dans une obligation un domicile autre que celui où il réside et où il exerce sa profession, cependant, s'il n'a pas signifié légalement son changement de domicile et l'intention d'adopter pour domicile celui-là seul qu'il a indiqué dans l'obligation, et où il paie ses contributions, le commandement et les poursuites en saisie ont pu être légalement faits au domicile de sa résidence et de sa profession, alors, d'ailleurs, que c'est là qu'il a toujours été assigné dans d'autres procès (C. civ. 102, 103, 104, 105).— 8 fév. 1832. Req. Angers. Hardyau. D.P. 32. 1. 99.

24.— Est valable l'assignation donnée par l'avoué à son client afin d'obtenir le remboursement de ses avances au domicile déterminé par celui-ci en divers actes, tels que le pouvoir qu'il a donné et les significations qui lui ont été faites, encore que l'inscription au rôle de la contribution mobilière, et sur la liste des émigrés, ou d'autres circonstances, semblent fixer le domicile ailleurs.—3 août 1807. Paris. Cholais. D.A. 7. 804. D.P. 2. 103.

25.— Lorsqu'il s'agit de déterminer le domicile auquel a dû être signifié un acte, tel, par exemple, qu'un commandement d'expropriation, le juge peut, avec raison, déclarer les faits postérieurs à cette signification comme sans influence à cet égard. — 27 fév. 1834. Req. Bordeaux. Puyferrat. D.P. 34. 1. 342.

§ 2.—*Des personnes qui ont ou n'ont pas de domicile propre.—Femme, Mineur, Condamné, Domestique, Invalide, Marin, Etranger.*

26.— Le droit d'avoir un domicile ne saurait appartenir aux personnes qui ne jouissent pas de leurs droits, telles que les femmes mariées, les mineurs, les interdits.— D.A. 6. 375, n. 8.

27.— *Femme mariée.*— Elle n'a point d'autre domicile que celui de son mari (C. civ. 108). Cette règle, conçue dans les termes les plus absolus, ne paraît susceptible d'aucune exception. Nul doute qu'elle ne fût applicable soit dans le cas où, par des circonstances quelconques, la femme n'aurait jamais habité le domicile de son mari, soit dans le cas où elle aurait obtenu de celui-ci un consentement exprès à ce qu'elle se constituât un domicile à part. Nul doute encore que la simple séparation de biens, judiciaire ou conventionnelle, ne pût, même réunie aux circonstances dont on vient de parler, faire fléchir le principe établi par l'art. 108.— D.A. 6. 375, n. 8.

28.— On ne doit avoir aucun égard au régime sous lequel la femme s'est mariée, ni au fait de sa résidence. — 26 juill. 1808. Civ. c. Colmar. Orthel. D.A. 7. 613. D.P. 8. 1. 426.

29.—Jugé, par suite de ces principes, que le mari demandeur en divorce assignait valablement sa femme au domicile conjugal, quoiqu'elle eût, de son consentement, résidé dans un autre lieu.— 7 mai 1809. Aix. B... D.A. 6. 379. D.P. 10. 2. 54.

30.—Et la femme qui n'est ni marchande publique, ni séparée de corps, ne peut, quoique séparée de fait, être valablement assignée qu'au domicile de son mari.—1er mai 1823 Req. Boisselet. D.A. 9. 731. D.P. 23. 1. 239.

31.— La séparation de biens ne confère point à la femme la faculté d'avoir un domicile autre que celui de son mari.—12 juillet 1806. Colmar. Bertsch. D.A. 10 121. D.P. 2. 702.

32.— Il n'y a pas lieu de surseoir à une demande en séparation de biens jusqu'à ce que la femme qui s'est retirée auprès de ses père et mère soit rentrée dans le domicile marital. — 19 avril 1817. Paris. Sauré. D.A 10. 123, n. 2. 6. D.P. 17. 2. 134.

33. — La femme mariée qui abandonne le domicile de son mari ne peut se constituer un autre domicile, et acquérir la jouissance des droits civils en pays étranger. — 11 août 1817. Paris. Guadi. D.A. 10. 88, n 2. D.P. 17. 2. 139.

34. — Toutefois, lorsque depuis plusieurs années, la femme a quitté le domicile de son mari, pour se retirer chez ses père et mère, c'est devant le tribunal du lieu de sa résidence actuelle, et non devant le tribunal de son domicile de droit, que son interdiction doit être poursuivie, le premier de ces tribunaux étant le plus à portée de vérifier les faits sur lesquels est fondée la demande en interdiction. —20 germ. an 13. Bordeaux. Lamesure. D.A. 6. 379. D.P. 1. 1359.

35. — Merlin, Rép., t. 17, p. 187 et Dalloz, A. 6. 375, n. 9, pensent que la femme mariée conserve toujours le domicile du mari, même après la séparation de corps : ils se fondent sur les termes généraux de l'art. 108. Toullier, t. 1er, n 773, et Duranton, t. 1er, n. 363, sont d'une opinion contraire; ils soutiennent que la séparation de corps ayant pour objet de décharger la femme de l'obligation de résider avec son mari, elle acquiert par là le droit de choisir un domicile.

36. — Sous l'ancienne législation (comme sous la nouvelle), la séparation, soit volontaire, soit même judiciaire des époux, ne donnait pas a la femme, quelque temps que cette séparation eût durée, un autre domicile que celui de son mari; en conséquence, c'est à ce domicile que la succession de la femme était réputée ouverte. — 26 juill. 1808. Req. Lyon. Thézan. D.A. 6. 378. D P. 8. 1. 471. — 20 avril 1808. Req. Riom. Plantade. D.A. 6. 378. D.P. 8. 2 72.

37. — Jugé que la séparation de corps donne à la femme le droit de se choisir un domicile, à la charge par elle de faire connaître à son mari les divers domiciles qu'elle occupera successivement. — 28 avril 1807. Dijon. Benon. D.A. 6. 379. D.P. 1. 1338.

38. — Ce n'est que pendant l'instance en séparation de corps, et non lorsque la séparation a été prononcée, qu'il appartient aux tribunaux d'assigner un domicile à la femme — Même arrêt.

39. — Encore bien que le jugement qui a ordonné à la femme mariée de demeurer chez ses père et mère ait acquis l'autorité de la chose jugée, néanmoins, si ces derniers refusent de recevoir leur fille, le jugement est comme non avenu, et l'on ne pourrait pas se prévaloir de l'acquiescement que la femme aurait donné à ce jugement pour lui prescrire un autre domicile. — Même arrêt.

40. —Quoique, dans les qualités d'un jugement, il soit dit qu'une femme a son domicile à Saint-Lizier (Arriège), mais qu'elle réside, avec son mari, préfet à Auch, chef-lieu du Gers, l'appel du jugement peut lui être valablement notifié en ce dernier lieu (C. pr. 466). — 10 mai 1826. Toulouse. Tobler. D.P. 26. 2. 214.

41. — Si la femme fait un commerce séparé de celui de son mari, elle peut avoir un domicile particulier pour les faits de ce commerce; et le mari, à raison de ces faits, est valablement assigné devant le juge de ce domicile (arg. C. pr. 420). — Delvincourt. t, 1er, p. 251.

42. — *Mineur.* — Le mineur non émancipé, dit l'art. 108, aura son domicile chez ses père et mère ou tuteur ; le majeur interdit aura le sien chez son tuteur —Duranton prévoit le cas où, pour une cause quelconque, le père survivant n'exercerait pas la tutelle, et il décide que le domicile du tuteur serait aussi celui du mineur. — D.A. 6. 375, n. 10.

43. — Jugé, en conséquence, que le domicile du mineur est au lieu où la succession de son père s'est ouverte, et où il a été procédé à la nomination du tuteur. — 16 pluv. an 7. Sect. temp. c. Descayrac. D.A. 7. 780. D.P. 3. 1. 188.

44. — Une fille mineure qui, après avoir déserté la maison paternelle pour cause de mauvais traitemens, ne s'est pas tout d'abord adressée à la justice, doit y être avant tout réintégrée, sauf ensuite à faire valoir ses griefs. — 31 déc. 1811. Caen. D... D.A. 11. 490, n. 3. D.P. 2. 1069, n. 2.

45. — Un exploit signifié au père d'une fille majeure de vingt et un ans, mentionne le véritable domicile de celle-ci, lorsqu'il la déclare domiciliée dans un lieu où elle a, en effet, établi sa résidence ordinaire, et où il paraît évident qu'elle a l'intention de fixer son domicile. — 8 juill. 1831. Nîmes. Buisson. D.P. 31. 2. 169.

46. — Avant l'abolition du divorce, le mineur ne cessait pas d'avoir son domicile légal chez son père, bien que son entretien et son éducation eussent été, par suite du divorce, confiés à sa mère. — 9 prair. an 10. Paris. Richard. D.A. 6. 380.

47. — Cependant, il n'y a pas lieu d'ordonner la détention d'une fille par cela seul qu'elle persiste à demeurer avec sa mère divorcée et refuse à rentrer chez son père qui la réclame; le père devant faire valoir ses droits par les moyens puisés dans l'usage ordinaire de la puissance paternelle. — 2 pluv. an 12. Bruxelles. M... D.A. 11. 491, n. 1. D.P. 2. 1090, n. 3. — V. aussi Puissance paternelle.

48. — La loi n'admettant pas la distinction de tuteur *honoraire* et de tuteur *onéraire*, il s'ensuit que, lorsqu'un mineur a sa mère pour tutrice, c'est au domicile de celle-ci, et non à celui de l'individu désigné par le conseil de famille comme tuteur onéraire du mineur, que doivent être faites les poursuites en expropriation dirigées contre ce dernier. Dans ce cas, le tuteur onéraire ne peut être envisagé que comme l'agent d'affaires de la tutelle. — 28 flor. an 12. Paris. Rodier. D.A. 6. 379. — V. Tutelle.

49. — L'enfant naturel en minorité a son domicile chez celui de ses père et mère qui l'a reconnu (Delv., 1, 249, n. 4; D.A 6. 375, n. 11), à moins que la tutelle ait été confiée à un étranger, cas où il semble que le domicile se trouve chez ce dernier. — V. Tutelle.

50. — Si l'enfant n'est pas reconnu, il n'a pour domicile, jusqu'à sa majorité ou son émancipation, que l'hospice ou il est reçu, à moins qu'il ne lui ait été donné un tuteur. — D.A. *eod.*

Le mineur émancipé, de quelque manière que ce soit, ne se trouvant pas compris dans les termes de l'art. 108 C. civ., il peut, dans le silence de la loi, se choisir un domicile. — Dur., t. 1er, n. 308.

51. — *Interdit.* — Le domicile réel que l'interdit avait, à l'époque de l'interdiction et de la nomination du curateur, peut rester le domicile de la curatelle, lorsque cela a été ainsi ordonné par le juge. — 24 brum. an 9. Req. Lafare. D.A. 1. 451. D.P. 3. 1. 293.

52. — *Condamné.* — Le domicile des condamnés aux travaux forcés à temps, a la réclusion et à la détention, est, pendant la durée de leur peine, c'est-à-dire, tant qu'ils seront en état *d'interdiction* légale, chez le curateur qui leur est nommé, aux termes de l'art. 29 C. pén. — Dur., 1, n. 372; D.A. 6. 375, n. 12.

53. — Le mort civilement conserve, jusqu'à l'exécution de l'arrêt qui l'a condamné, le domicile qu'il avait antérieurement a cette condamnation, nonobstant sa détention hors du lieu de ce domicile (C. civ. 103). — 30 janv. 1817. Paris. Worbe. D.A. 6. 381. D.P. 1. 1359.

54. — Les déportés étant frappés de mort civile, n'ont plus de droits a exercer en France ; ils ne peuvent plus y avoir de domicile. Si le gouvernement leur accorde la jouissance de quelques droits civils, ce n'est que dans le lieu de leur deportation. Là seulement ils peuvent avoir un domicile. — Merl., Rép., v° Domicile, § 4, n. 4 — V. Déportation.

55. — Jugé cependant, à l'égard des déportés par mesure politique ou législative, qu'ils conservent pendant leur deportation le domicile qu'ils avaient auparavant, et qu'on a pu les assigner à ce domicile. — 16 frim. an 11. Civ. r. Agen. Doumerc. D.A. 5. 48 D.P. 1. 1285. — *Contrà*, Merl., Rep. 16, p. 186, 4e édit ; D.A. 6. 377, n. 22, qui se fondent sur la généralité de la loi. — Il semble, au reste, que si une exception devait être faite, on ne devrait l'admettre qu'autant qu'elle serait favorable au déporté. — *Contrà*, Merl., D.A. *loc. cit.*

56. — Les majeurs qui servent ou travaillent habituellement chez autrui ont le même domicile que la personne qu'ils servent ou chez laquelle ils travaillent, car on peut dire que c'est là que se trouve leur principal établissement. Toutefois, cette disposition ne s'applique ni au mineur non émancipé, domestique ou apprenti, ni à la femme domestique dans une maison que n'habite point son mari, ni enfin aux individus qui ne demeurent point *avec* la personne pour laquelle ils travaillent, comme ordinairement les vignerons, métayers, jardiniers d'une maison de campagne, intendans, économes et autres semblables. Dans ces différens cas, le mineur conserve le domicile de ses père, mère, ou tuteur; la femme, celui de son mari; et toutes les autres personnes désignées, leur domicile particulier. — Dur., t. 1er, n. 374 ; D.A. 6. 376, n. 19.

57. — Jugé que les majeurs qui servent ou travaillent habituellement chez autrui, ayant le même domicile que la personne qu'ils servent, ou chez laquelle ils travaillent, doivent être, en matière personnelle, assignés à ce domicile, sans distinguer s'ils en avaient un, ou non, avant d'entrer au service. — 8 avril 1829. Bordeaux. Riffaud. D.P. 29. 2. 217.

58. — A l'égard du *marin*, l'art. 419 C. pr. déclare valables toutes les assignations données à bord à la personne assignée. C'est une sorte d'attribution temporaire et légale de domicile. — Delaporte, t. 1er, p. 386, les auteurs du *Commentaire sur les annales du notariat*, t. 2, p. 499, induisent de cette disposition la conséquence que la remise d'une assignation à personne ne pourra se faire à bord qu'autant qu'elle aurait pour objet un des cas indiqués par l'art. 418 du même code. Ils s'appuient de l'autorité de Valin, *Comment. sur l'ordonnance de la marine*, livre 2, tit. 2; mais cette opinion ne repose pas sur des raisons assez puissantes pour la faire triompher du principe que tous les exploits sont valablement signifiés à la partie, quelque part qu'on la rencontre. Mais il faut reconnaître que la disposition de l'art. 419 a eu pour objet d'autoriser, pour les causes énoncées à l'art. 418, d'assigner à bord de bâtimens comme on le ferait au domicile de l'assigué, et que, s'il ne se trouve pas sur le bâtiment, l'assignation peut valablement être laissée à bord. — D.A. 7. 779, n. 9. — V. Carré, t. 1er, p. 181, n. 2; t. 2, p. 68; Favard, v° Ajournement, p. 144.

59. — L'assignation est valablement donnée au capitaine de navire à bord de son bâtiment; il est présumé avoir ce domicile jusqu'a preuve contraire. — 16 mai 1815. Bruxelles. Desmedt. D.A. 7. 782. D.P. 2. 156.

60. — L'hôtel des invalides est le véritable domicile des militaires qui y sont admis. — 16 janv. 1807. Paris. Micault de Courbeton. D.A. 6 383.

61. — Ici se présente la question de savoir si un étranger peut, sans l'autorisation du roi, acquérir en France un domicile proprement dit. Merlin, Rép., t. 16, p. 160, soutient l'affirmative, en se fondant sur l'ancienne jurisprudence qui, à son avis, doit être encore suivie, et sur ce qu'aucun motif plausible ne s'oppose à ce que l'étranger puisse se constituer un domicile en France, sans l'autorisation du gouvernement, comme il peut, sans cette autorisation, y contracter mariage, y acquérir hypothèque. L'opinion contraire se fonde sur les termes de l'art. 102 : « le domicile de *tout Français*, etc., » sur la discussion qui eut lieu lors de la rédaction de l'art. 13 C. civ., et surtout du discours de M Gary. « Il n'y a, disait-il, aucune objection contre la disposition qui veut que l'étranger ne puisse établir son domicile en France, s'il n'y est admis par le gouvernement. C'est une mesure de police et de sûreté, autant qu'une disposition législative. » — D.A. 6. 376, n. 13.

62. — Avant la publication du code, l'étranger pouvait acquérir en France un domicile réel. — 8 therm. an 11. Req. Walsch-Serrant. D.A. 6. 380. D.P. 1. 738.

63. — Jugé que l'étranger résidant en France, et qui y paie une contribution mobilière, n'y est pas censé domicilié, s'il n'a pas obtenu la permission préalable du gouvernement. En conséquence, il est sujet à la contrainte par corps pour les condamnations qui interviennent, en matière commerciale, au profit d'un Français contre lui. — 16 août 1811. Paris. princesse Poniatowska. D.A. 3. 348. D.P. 12. 2. 79.

64. — De plus, la résidence particulière qu'une étrangère, mariée à un de ses compatriotes, a faite en France, même du consentement de son mari, n'a pu la soustraire aux lois qui gouvernaient son état et sa personne, ni lui constituer un domicile véritable en France. Ainsi, l'agent diplomatique français, envoyé dans son pays, n'a aucun caractere pour prononcer son divorce. — 25 fév. 1818. Req. Paris. Gaudi. D.A. 10. 88, n. 2 D.P 18. 1. 129.

65. — Toutefois, l'individu devenu Français par la réunion de son pays à la France, s'il a acheté un immeuble à Paris (où il réside et paie des contributions personnelles), peut être réputé avoir, au moins quant aux actions judiciaires intentées contre lui, fixé son domicile à Paris, encore bien qu'il ait sa famille et la masse de ses propriétés dans son pays d'origine, où il paie aussi les contributions personnelles, et où il a déclaré qu'il entendait continuer d'exercer ses droits politiques. — 13 mai 1809. Paris. Saiffert. D.A. 6. 386. D.P. 1. 1361.

66. — Au surplus, le fait de l'établissement du domicile d'un étranger en France s'apprécie de la même manière, et d'après les mêmes circonstances que celui des régnicoles. — 15 mars 1831. Paris. Bonar. D.P. 31. 2. 112. — V. Etranger.

§ 3. — *Du changement de domicile. — Fonctionnaire, Preuve.*

67. — L'art. 103 C. civ. déclare que le changement de domicile s'opère par le fait d'une habitation réelle dans un autre lieu, joint à l'intention d'y fixer son principal établissement. — C'est, comme on le voit, sans qu'il soit nécessaire d'attendre l'expiration d'aucun délai, ni d'avoir fait aucune déclaration préalable, que s'opèrent, par le seul concours du fait et de l'intention, l'abdication de l'ancien domicile et l'appréhension d'un nouveau. — D.A. 6. 376, n. 14.

68. — Il n'était pas nécessaire, même avant le code, pour opérer le changement de domicile civil, d'une résidence effective d'une année entière dans le domicile nouveau qu'on se choisissait ; il suffisait que cette résidence, quoique de peu de durée, eût

été jointe à la volonté d'acquérir le nouveau domicile — Ici ne s'appliquait point l'art. 6 de la constitution de l'an 8, qui ne permettait aux citoyens d'exercer leurs droits *politiques* que dans les communes où ils avaient un an de domicile (art. 6, Constit. de l'an 8, et 103 C. civ.).— 2 flor. an 10. Req. Grenoble. Lacoste D.A. 6. 384. D.P. 1. 1360. — 12 vend. an 11 Req. Pulligueux. D.A. 6. 384. D.P. 1. 1360.

69. — Jugé de même sous le code civil, quelque courte qu'ait été la résidence dans le nouveau lieu, par exemple, quand elle n'aurait duré que trois semaines. — 1er sept. 1815. Limoges. Thabaraud. D.A. 6. 384 D.P. 1. 1360.

70.— La preuve du fait est toujours facile à établir. Quant à celle de l'intention, elle peut résulter soit d'une déclaration expresse, soit de certains faits déterminés qui, aux yeux de la loi, suppléent entièrement cette déclaration ; soit enfin d'une foule de circonstances que la loi ne pouvait ni énumerer, ni prévoir, et dont elle a, en conséquence, abandonné l'appréciation à la sagesse des tribunaux.— D.A. 6. 376, n. 15.

71.—En conséquence, dans le cas de changement de domicile, l'appréciation du fait de la translation réelle dans le nouveau lieu, appartient exclusivement aux juges du fond. — 9 juin 1830. Req. Pau. Martin. D.P. 31. 1. 282.

72. — Pour que la déclaration expresse du changement de domicile soit une preuve complète de la volonté de l'opérer, il faut qu'elle ait été faite tant à la municipalité du lieu qu'on quittera, qu'à celle du lieu où l'on aura transféré son principal établissement (art. 104). —Ainsi, la déclaration faite à l'une des deux municipalités seulement, ne constituerait qu'une de ces circonstances, dont l'art. 105 laisse aux juges le soin de déterminer les effets.— D.A. 6 376, n. 16.

73. — La déclaration faite à une municipalité, qu'on entend transporter son domicile dans son territoire, ne peut, si ce transport n'est pas effectué par un abandon réel du domicile actuel, opérer le changement de domicile.— 10 août 1811. Bordeaux. Dubreuil. D.A. 6 385. D.P. 1. 1361. — 23 juin 1819. Poitiers. Liadouze. D.A. 6. 386. D.P 1. 1361. — 28 août 1810 Paris. Pomme. D.A. 6. 386. D.P. 1. 1361.

74.— Et, dans ce cas, un exploit est valablement signifié à l'ancien domicile (C. pr. 69, § 8, 70). — 7 nov. 1832. Civ. r. Riom. Mabru. D.P. 33. 1. 47. — 23 juin 1819. Poitiers. Liadouze. D.A. 6. 386. D.P. 1. 1361.

75.— Décidé aussi, 1° que la simple déclaration faite à deux mairies, de transférer un domicile de l'une à l'autre, sans être suivie du fait d'habitation réelle, n'a aucun effet à l'égard des tiers. — 4 fév. 1832. Riom. Pourrat. D.P. 32. 2. 104.

76.— Et, dans ce cas, un acte de surenchère a pu être valablement signifié à l'ancien domicile du débiteur, et, en son absence, au maire de la commune.— Même arrêt.

77.—Jugé, 2° que la déclaration de changement de domicile peut, aux yeux du juge, ne pas suffire pour établir ce changement, si, dans des actes qu'il a le droit d'apprécier, il trouve une intention contraire.— 27 fév. 1834. Req. Bordeaux. Puyferrat. D.P. 34. 1. 342.

78.—Au surplus, les déclarations régulières faites conformément à l'art. 104 C. civ., pour manifester l'intention de changer son domicile, ne peuvent être détruites que par des déclarations postérieures et de même nature, et non par des probabilités et des présomptions.— 25 janv. 1827. Req. régl. de juges. Lenfant. D.P. 27. 1. 119.

79.— L'individu qui abandonne son ancien domicile et va résider dans un autre endroit sans avoir fait les déclarations préalables exigées par l'art. 104 C. civ., ne peut être considéré comme débiteur forain.—3 juill. 1807. Pau. Bareigt. D.A. 10. 524, n. 1 D.P. 2. 794, n.

80.— La déclaration faite par un fonctionnaire public au préfet de son département, qu'il entend fixer son domicile dans le lieu ou il exerce ses fonctions, n'est pas à elle seule une preuve légale du changement de domicile.— 16 mai 1809. Req. Proget. D.A. 6. 381. D.P. 9. 2. 81.

81.— Quant à la question de savoir si on peut valablement assigner un individu, qui a changé de domicile sans faire la déclaration prescrite par l'art. 104, à son ancien domicile, c'est une pure question de circonstance. Il est abandonné à la conscience du juge de prononcer si le demandeur a connu ou s'il a ignoré le changement de domicile.— Carré, t. 1er, p. 182 ; D.A. 7. 779, n. 7.

82.— Ainsi, il a été jugé que la partie qui change de domicile dans le cours d'une instance, sans remplir les formalités prescrites par l'art. 104 du C. civ., est valablement assignée au domicile où l'instance a commencé et dans les délais que comporte ce domicile, quel que soit d'ailleurs l'éloignement de son nouveau domicile. — 13 germ. an 12. Req. Paris. Simons. D.A. 7. 805. D.P. 4. 1. 298.

83.— Jugé encore que la signification d'un jugement correctionnel par défaut est valablement faite au dernier domicile du condamné, encore que celui-ci ait ultérieurement changé son domicile, mais sans annoncer son changement par une déclaration préalable.— 11 juin 1825. Cr. c. Min. pub. C. Perre. D.P. 25. 1. 394.

84.—Si, pendant l'instruction du procès, dans l'intervalle du jugement de première instance à l'appel, une partie changeait de domicile sans que ce jugement fut connu de l'autre, les significations faites à l'ancien domicile seraient valables.—D.A. 7. 779, n. 7.

85.— Jugé que le changement de domicile par l'appelant, pendant l'instance d'appel, n'a d'effet à l'égard de l'intimé qu'autant qu'il lui aurait été *notifié;* ainsi, la signification de l'arrêt intervenu et du commandement est valablement faite à l'ancien domicile: il importerait peu que, dans quelques actes, le nouveau domicile fût mentionné.— 19 mai 1807. Turin. Ponte-Sombriabio. D.A. 7. 788. D.P. 2. 159.

86.—Toutefois, ne peut plus être assigné à son premier domicile, celui qui, au prescrit de l'art. 104, a manifesté l'intention d'en changer; peu importe qu'il ait quitté son nouveau domicile (C. pr. 68, 69). —3 mai 1808. Nîmes. Rose. D.A. 7. 782. D P. 2. 156.

87.— De même, est nulle l'assignation donnée dans la forme indiquée pour ceux qui n'ont ni domicile, ni résidence connue, encore qu'à l'ancien domicile de la partie assignée le portier ait déclaré ignorer sa nouvelle demeure, si d'ailleurs elle a rempli les formalités prescrites par l'art. 104 du C. civ.—10 juin 1811. Paris. Froidefond. D.A. 7. 782. D.P. 14. 2. 71.

88.—Il y a encore nullité, lorsque l'exploit est signifié a un domicile que l'assigné a declaré régulièrement avoir quitté, surtout si, dans un acte antérieur, le requérant a reconnu ce changement de domicile.— 9 août 1819. Rennes. Decroix. D.A. 7. 784. D.P. 2. 157.

89.— Quand, dans l'ignorance que l'une des parties a changé son domicile, une cour a renvoyé la cause devant le tribunal du domicile de cette partie, cela doit s'entendre du domicile connu des juges lorsqu'ils ont ordonné le renvoi. Il en est ainsi surtout si le procès est relatif au partage d'une succession ouverte a cet ancien domicile. — 12 therm. an 9. Req. Riom. Perregaud. D.A. 6. 383.

90. — Lorsqu'un individu qui, dans le cours de l'instance, a indiqué un domicile, n'y demeure plus au jour où l'huissier s'y présente pour lui signifier le jugement, et qu'il est déclaré à l'huissier, par les voisins, qu'ils ignorent où il réside, la signification doit être laissée à un voisin, ou, sur son refus, au maire, comme au cas d'absence de l'assigné et des siens de son domicile, et non au parquet du procureur du roi, comme au cas où l'assigné n'a pas de domicile connu (C. pr. 68, 69, n. 8). — 21 fév. 1828. Amiens. Leindet. D.P. 30. 2. 24.

91.—Il suffit qu'un citoyen n'ait plus de domicile dans le lieu indiqué comme étant son domicile dans un acte de vente, et que celui où il a pu se retirer, ainsi que celui de sa résidence actuelle soient inconnus, pour que copie d'un exploit de surenchère, à lui signifié, ait pu être valablement remise par l'huissier au procureur du roi, conformément au n. 8 de l'art. 69 C. pr., avec affiches à la porte du tribunal; et l'arrêt qui le juge ainsi ne saurait être annulé, sous le prétexte que ce citoyen ayant fait précédemment une déclaration de changement de domicile, c'est au voisin ou au maire qu'en un cas pareil la copie aurait dû être remise....., alors que rien ne constate que cette déclaration de changement de domicile ait été alléguée devant la cour royale.— 2 mai 1832. Req. Metz. Vissoux. D.P. 32 1. 174.

92.— Quant aux faits d'où la loi fait résulter la preuve du changement de domicile, ils sont spécifiés dans les art. 107 et 109 C. civ. Le premier dispose que l'acceptation de fonctions publiques conférées à vie emporte translation du domicile du fonctionnaire dans le lieu où il exerce ses fonctions, et que cette translation s'opère *immédiatement*, c'est-à-dire, sans doute, à partir le plus souvent du jour où l'acceptation des fonctions est signalée par la prestation du serment. — D'après l'art. 106, au contraire, le citoyen appelé à une fonction publique temporaire ou révocable, conservera le domicile qu'il avait auparavant, s'il n'a pas manifesté d'intention contraire.— D.A. 6. 376, n. 17.

93. — Les fonctions dont, aux termes de l'art. 107 C. civ., l'acceptation opère la translation du domicile de celui qui en est revêtu, doivent, pour opérer cette translation, être dépouillées du double caractère de temporaires et révocables ; ainsi, celles de percepteur des contributions indirectes, conférées même à vie, étant, de leur nature, révocables, n'ont point l'effet de changer le domicile du fonctionnaire, et de valider, par conséquent, les significations qui lui seraient faites au lieu où il exerce ses fonctions. — 11 mars 1812. Req. Provost. D.A. 6. 382.

94.— Jugé encore que les fonctions du percepteur de contributions dans une commune n'y transportent pas nécessairement le domicile du fonctionnaire ; l'exploit dans lequel il indique un autre domicile n'est pas nul (C. pr., art. 61).— 17 août 1810. Paris. Groguier. D.A. 7. 739. D.P. 2. 143.

95. — Le changement de domicile d'un fonctionnaire amovible peut, comme celui d'un simple particulier, être déterminé par les circonstances, sans qu'il soit besoin, pour l'établir, de la double déclaration exigée par l'art. 104 C. civ. — 11 juill. 1831. Req. Dijon Gauthier. D.P. 31. 1. 225.

96. — Ainsi, un préfet, qui fait sa résidence habituelle au chef-lieu de son département, peut être considéré comme y ayant son domicile, et y être valablement assigné (C. civ. 106; C. pr. 61). — 10 mai 1826. Toulouse. Tobler. D.P. 26. 2. 214.

97. — Mais il n'y a pas preuve suffisante de la translation du domicile, dans le fait du fonctionnaire révocable qui, à raison de ses fonctions, quitte son domicile d'origine, vend tous les biens qu'il y possédait, écrit au préfet de son département qu'il entend se fixer au lieu où il est envoyé, et qui s'y est livré à un grand nombre d'opérations commerciales. — 16 mai 1809. Req. Projet. D.A. 6. 381. D.P. 9. 2. 81.

98. — Au surplus, la décision fondée sur ce qu'il résulte de certains faits et des circonstances qu'elle énumère, que le domicile d'un fonctionnaire révocable est au lieu où il exerce ses fonctions, échappe à la censure de la cour de cassation, encore bien que cette décision n'exprimerait pas que le changement de domicile résulte de l'intention du fonctionnaire, et quoiqu'il n'ait fait aucune déclaration expresse à cet égard. — 20 juin 1832 Req. Bourges. Duligondais. D.P. 32. 1. 250.

99 — Les termes dans lesquels est conçu l'art. 107 interdisent absolument au fonctionnaire à vie la faculté d'avoir son domicile hors du lieu de l'exercice de ses fonctions, et cette prohibition n'a pas besoin non plus d'être justifiée. La loi pouvait en faire une condition de l'acceptation d'un emploi à vie.— D.A. 6. 376, n. 18.

100 — Jugé cependant que le fonctionnaire investi de fonctions à vie n'a pas dans le lieu où il les exerce son domicile si exclusivement, qu'on ne puisse induire, de certains actes qu'il a faits, la volonté d'en indiquer un autre pour suivre des contestations qui le concernent. Dans ce cas, un exploit d'appel peut être valablement donné à ce dernier domicile. — 22 fév. 1815. Bruxelles. D'Arembert. D.A. 6. 382. D.P. 1. 1359.

101.— La dignité de pair de France n'emporte pas nécessairement fixation de domicile à Paris ; aucune loi, en effet, ne porte que les pairs y auront nécessairement leur domicile ; de plus, l'exercice de leurs fonctions n'est pas continuel, et puis d'ailleurs, Paris n'est pas nécessairement le lieu de la réunion des chambres. C'est ce qu'avaient jugé les arrêts du 9 juin 1736 et 6 sept. 1761 du parlement de Paris.

102.— Le domicile des princes du sang est toujours dans la capitale du royaume.—Bourjon, *Droit commun de la France*, t. 1er, p. 107.

103.— Enfin, en l'absence de déclarations expresses ou de faits décisifs qui manifestent l'intention de fixer son domicile dans tel ou tel lieu, la loi fait dépendre la preuve de cette intention de circonstances qu'elle abandonne à l'appréciation des juges.— Les principales de ces circonstances, comme nous l'avons vu au n. 5, sont, en général, le service de la garde nationale, le paiement des contributions personnelles, l'établissement d'un commerce, l'énonciation de la demeure dans les actes où l'on figure, la comparution comme défendeur en matière personnelle devant tel tribunal, sans avoir proposé de déclinatoire, etc. — D.A. 6. 377, n. 20.

104.— Jugé ainsi que le paiement de la contribution personnelle et mobilière, pendant sept années

consécutives, dans une commune où l'on a transféré sa résidence, constate suffisamment la translation du domicile, s'il concourt avec l'habitation effective dans cette commune, et avec la radiation du domicilié au rôle de la contribution dans la commune qu'il a quittée, et si rien ne fait d'ailleurs présumer qu'il ait eu l'espoir d'y retourner.— 19 mars 1812. Req. Montclar. D.A. 6. 387. D.P. 12. 1. 552.

105.— Et la volonté de changer son domicile résulte suffisamment de ce qu'on a fait transporter dans un nouveau lieu ses meubles et marchandises; qu'on y a monté ménage, et établi un commerce.— 1er sept. 1813. Limoges. Thabaraud. D.A. 6. 384. D.P. 1. 1360.

106.— Cette volonté résulte encore du fait, de la part d'un fonctionnaire révocable, d'avoir transporté ses meubles dans le lieu où il exerce ses fonctions de receveur de l'enregistrement; d'avoir figuré dans des testamens et actes de l'état civil; d'avoir donné une procuration où il s'est dit *domicilié* dans ce lieu; d'avoir refusé ailleurs une fonction plus lucrative; d'y avoir payé ses contributions, fait le service de la garde nationale, supporté les charges municipales; d'y avoir fait un bail pour neuf années, et enfin, de n'avoir conservé aucun logement dans son domicile originaire (C. civ. 104).— 11 juill. 1831. Req. Dijon. Gauthier. D.P. 31. 1. 225.

107.— Le Français qui a quitté le domicile conjugal pour aller remplir des fonctions révocables en pays étranger, et qui, pendant la suspension de ces fonctions, a résidé en France dans un autre lieu que celui de son ancien domicile, peut être réputé, suivant les circonstances, avoir acquis un domicile nouveau, bien qu'il n'ait fait à cet égard aucune déclaration expresse, et que sa femme et son fils aient continué de résider à son ancien domicile.— 14 août 1823. Paris. Marson. D.A. 6. 388.

108. — Mais le changement de domicile, relativement à la fixation du lieu de l'ouverture de la succession, ne résulte pas nécessairement de ce que le défunt n'aurait pas fait publier ses bans de mariage dans son ancien domicile, et de ce qu'il se serait qualifié, dans divers actes, domicilié dans un autre lieu, si cette qualification était fondée sur des motifs particuliers, comme, par exemple, de faciliter des emprunts et arrangemens avec les capitalistes et négocians du lieu de sa résidence.— 23 janv. 1817. Req. Perret. D.A. 6. 386.

109.— Le séjour temporaire de l'étudiant dans la ville où il fait ses études, celui des individus condamnés au bannissement ou à la peine de l'emprisonnement, dans le lieu où ils subissent leur condamnation, ne font pas présumer l'intention d'abdiquer leur ancien domicile.— De même, le militaire conserve celui qu'il avait avant d'entrer au service.— D.A. 6. 377, n. 21.

110.— Ainsi, l'acceptation et l'exercice de fonctions militaires, essentiellement révocables, par exemple, celles de lieutenant-colonel attaché au dépôt central d'artillerie à Paris, ne supposent pas l'intention d'abandonner le domicile d'origine, et de transférer le domicile dans le lieu où s'exercent ces fonctions. Cette intention ne résulte pas non plus de ce que ce fonctionnaire avait, dans ce lieu, loué et meublé un appartement pour lui et son épouse; qu'il y payait les contributions, et que, dans plusieurs actes authentiques et privés, il avait dit y demeurer.— 1er mars 1826. Req. régl. de juges. Forceville. D.P. 26. 1. 268.

—V. Absence, Acte de notoriété, Action personnelle, Arbitrage, Actions possessoires, Affiche, Agens diplomatiques, Appel, Arrêt, Assurance maritime, Attroupemens, Autorité municipale, Avocat, Avoué, Capitaine, Cassation, Caution, Certificat de vie, Chasse, Commissionnaire, Communauté, Communes, Compétence, Compétence administrative, Compétence civile, Compétence commerciale, Compétence criminelle, Compte-courant, Conseil d'état, Conservateur, Contrainte par corps, Contributions directes, Crieurs publics, Déportation, Dot, Douanes, Droits civils, Effet de commerce, Elections départementales, Elections législatives, Elections municipales, Etranger, Enquête, Enregistrement, Exceptions, Exploit, Fabriques, Faillite, Faux, Forêts, Garde nationale, Hypothèques, Instruction, Jugement, Liberté individuelle, Mandat, Mandat d'exécution, Mariage, Ordre, Partage, Patente, Prescription, Presse, Prêt, Procès-verbal, Rente, Requête civile, Saisie-arrêt, Saisie-foraine, Saisie-immobilière, Société commerciale, Surenchère, Testament authentique et olographe, Tierce-opposition, Vente, Vol.

TABLE SOMMAIRE.

Abandon. 33.
Absence. 90, s.
Assignation. 24, 29.
Autorisation royale. 61.
Avance. 24.
Avoué. 24.
Capacité. 7, s.
Capitaine. 59.
Cassation (appréc.). 71.
Changement. 13, 37, 67, s.
Chose jugée. 59.
Colonie. 11.
Comptoir. 21.
Condamné. 52. — militaire. 109.
Consentement. 7.
Contrainte par corps. 63.
Contribution. 6, 65, 94, 103, s. 110.
Curateur. 52.
Débiteur forain. 79.
Déclaration. 67.
Demande. 34.
Déportation. 54.
Député. 6.
Divorce. 29.
Domestique. 56, s.
Domicile. 13.
Domicile *ad litem*. 20. — apparent. 22. — élu. 23. — politique. 6, 18.
Emancipation. 50.
Enfant. 47. — naturel. 49.
Erreur. 108.
Esprit de retour. 12.
Etablissement. 3, 21.
Etranger. 61, s. 63.
Etudiant. 109.
Exécution. 23.
Exploit. 58, 74. — d'appel. 17.
Femme. 27. — marchande. 41, s.
Fonction. 92.
Fonctionnaire. 22, 80, 106.
Garde nation. 5, 103, s.
Indivisibilité. 16.
Invalide. 60.
Intention. 7, s. 45, 68, s.
Interdiction. 34, 51.
Marin. 58.
Minorité. 42, 56.
Ministère public. 90, s.
Mort civile. 53.
Naturalisation. 15.
Pair de France. 101.
Partage. 89.
Patente. 5.
Pays étranger. 10.
Présomption. 78.
Préfet. 96.
Présomption. 8, s.
Preuve. 25, 66.
Puissance patern. 47, s.
Qualité. 108.
Résidence. 45, 68.
Réunion. 65.
Séparation de corps. 27, 35.
Service militaire. 13.
Serviteur. 56.
Signification. 25, 85.
Société. 4.
Succession. 36.
Surenchère. 75.
Tutelle. 42, s.
Tuteur onéraire. 48.

DOMICILE CONJUGAL. — V. Mariage. — V. aussi Alimens, Autorisation de femme, Communauté, Contrainte par corps, Dot, Lois, Puissance maritale.

DOMICILE ÉLU. — 1.— C'est celui qui, en vertu soit de la loi, soit d'une convention, soit de la simple volonté de l'une des parties, est indiqué pour l'exécution d'un acte, d'un jugement ou l'instruction d'un procès.

2. — L'assignation au domicile élu doit contenir le délai de distance comme si elle était donnée à domicile réel. — 6 fév. 1810 Agen. Sommabère. D.A. 7. 802. D.P. 12. 2. 12.

3. — Dans tous les cas, l'assignation donnée au domicile élu est valable, encore qu'elle n'indique pas le domicile réel, ou qu'elle ne l'indique que d'une manière erronée. — 14 fév 1817. Bordeaux. Denoix. D.A. 1. 503. D.P. 17. 2. 127.

4. — Divers principes règlent les effets de cette élection, selon qu'elle est le résultat des dispositions de la loi, des conventions des parties, ou de la simple volonté de l'une d'elles.

§ 1er. — *De l'élection de domicile légale ou forcée. Exécution.*

§ 2. — *De l'élection conventionnelle.*

§ 3. — *De l'élection volontaire ou facultative.*

—

§ 1er.—*De l'élection de domicile légale ou forcée. Exécution.*

5. — La loi a exigé l'élection de domicile pour certains actes (C. civ. 176, 2148; C. pr. 61, 422, 435, 559, 569, 584, 634, 637, 673, 783, 789, 927); son but est de faciliter les moyens de se défendre contre un acte d'exécution. Il saisit de cette exécution le juge du lieu, et épargne au défendeur le soin de chercher son adversaire. — D.A. 7. 793, n. 2.

6.— L'art. 584 C. pr. est ainsi conçu : « Il (tout commandement à fin de saisie-exécution) contiendra élection de domicile, jusqu'à la fin de la poursuite, dans la commune où doit se faire l'exécution, si le créancier n'y demeure; et le débiteur pourra faire à ce domicile élu toutes significations, même d'offres réelles et d'appel. »

7. — L'élection de domicile faite, conformément à l'art. 584 C. pr., dans le lieu où se font les poursuites, n'empêche point que, dans le cas où le titre en vertu duquel s'opèrent ces poursuites contient une élection de domicile, pour son exécution, dans un lieu différent, le créancier poursuivant ne puisse être assigné devant le juge de ce dernier domicile, en nullité des poursuites par le débiteur qui se prétend libéré. — 6 janv. 1825. Paris. Voguet. D.P. 31. 2. 180.

8. — Jugé encore que, lorsque dans un acte les parties conviennent qu'en cas de contestation, elles ne pourront plaider que devant tel tribunal, et qu'à cet effet le débiteur a élu domicile dans le ressort de ce tribunal, le commandement en saisie-immobilière fait au domicile élu est valable, et le débiteur ne peut le faire annuler, sous prétexte que le commandement aurait dû être fait à son domicile réel. — 27 juin 1823. Bourges. Blanchard. D.A. 7. 798. D.P. 24. 2. 105.

9. — Les actes de poursuite en saisie-immobilière sont valablement signifiés au domicile élu pour l'exécution de l'acte en vertu duquel les poursuites sont faites, encore bien que, depuis, le débiteur ait cessé d'habiter à ce domicile.— Les art. 673 et suiv. C. pr. ne dérogent pas à l'art. 111 C. civ. — 22 juin 1809. Paris. Gibon D.A. 7. 797. D.P. 2. 161.

10.— Il en est de même à l'égard du commandement à fin de saisie-immobilière.— 5 fév. 1811. Req. Guyénot. D.A. 7. 798.

11. — L'élection de domicile que le créancier saisissant est obligé de faire dans le lieu de la saisie, ne constitue pas mandataire du créancier celui chez lequel l'élection est faite. En conséquence, le paiement fait à ce domicile, en d'autres mains que celles du créancier ou de son mandataire, n'opère pas la libération du débiteur.— 6 frim. an 13. Req. Farêt-Fournès. D.A. 6. 390. D.P. 1. 1361.— Merl., vº Domicile élu, § 1er, n. 4.

12.—Et l'élection de domicile faite par un huissier dans un commandement de payer, avec sommation au débiteur de faire le paiement à ce domicile, n'emporte pas, pour l'avoué chez lequel le domicile est élu, une procuration pour recevoir la somme due au créancier.— 9 janv. 1812. Bruxelles. Rullens. D.A. 6. 390. D.P. 1. 1361.

13.— Le domicile élu en exécution des articles précités du code de procédure, ne sera pas désormais celui où toute espèce d'acte relatif à l'objet du litige pourra être signifié. Les seules significations qui pourront y être valablement faites devront avoir un rapport direct avec l'acte contenant l'élection de domicile, telles par exemple, que les oppositions à cet acte, les demandes en main-levée d'opposition, celles en élargissement.— D.A. 7. 795, n. 2.

14.— Mais l'appel, soit des jugemens intervenus sur les dernières demandes, soit des jugemens servant de base aux actes d'exécution qui contiennent élection de domicile, ne peut être signifié à ce domicile; on rentre dans la disposition de l'art. 456 C. pr.—D.A. 7. 793, n. 2.

15.— L'art. 584 C. pr. fait seul exception au principe que l'acte d'appel doit être signifié à personne ou domicile. D'après cet article, l'appel du jugement en vertu duquel il y a commandement à *fins d'exécution* est valablement signifié au domicile élu par ce commandement ou par acte portant élection de domicile signifié postérieurement à ce commandement, mais toujours *dans le lieu où l'exécution doit se faire*.— D.A. 7. 795, n. 3.

16.— Jugé 1º que l'art. 584 C. pr. ne dispense pas de réitérer l'assignation sur l'appel à personne ou à domicile.— 2 janv. 1809. Paris. Poulain. D.P. 9. 2. 40.

17.— ... 2º Que l'appel signifié au domicile élu dans le commandement est nul; cette élection de domicile n'a d'effet que pour les incidens qui pourraient s'élever sur la saisie.— 30 juin 1808. Paris. Bati. D.A. 7. 808. D.P. 22. 1. 431.

18.— 3º Qu'il est nul surtout si le commandement porte seulement que la partie sera contrainte *par voie de droit*, et s'il n'énonce pas l'intention de la part du requérant de procéder à la saisie-exécution. — 6 mars 1811. Trèves. N .... D.A. 7. 811.

19.— 4º Que l'acte d'appel signifié au domicile élu par l'exploit de signification du jugement est nul, lorsque cette signification ne contient pas en même temps commandement de payer.— 25 juill. 1810. Montpellier. Saint-Martin. D.P. 11. 2. 88.

20.— 5º Que même l'appel signifié au domicile élu dans la signification d'un jugement, avec commandement de s'y conformer, aux peines de droit, est nul, si le jugement n'est pas susceptible d'une exécution immédiate. En un tel cas, le commandement n'est dans la réalité qu'une simple sommation d'obéissance à laquelle on ne peut appliquer la disposition exceptionnelle de l'art. 584 C. pr.— 28 août 1811. Civ. c. Toulouse. Robin. D.A. 7. 810. D.P. 11. 1. 420.— 24 avril 1812. Limoges. Chabroud. D.A. 7. 811.

21. — 6° Que la signification de l'appel au domicile élu dans le commandement est nulle, alors d'ailleurs que l'appel ne *fait pas suite au commandement*. — 20 juill. 1824. Req. Rouen. Guilhery. D.A. 7. 810. D.P. 24. 1. 302.

22. — 7° Que l'appel d'un jugement de compétence, distinct du jugement qui sert de base à un commandement, encore que les deux jugemens portent sur le même objet de litige, n'est pas valablement signifié au domicile élu dans ce commandement. — 1er mars 1822. Bruxelles. Rabaud. D.A. 7. 814. D.P. 2. 163.

23. — En tout cas, l'appel signifié au domicile élu dans le commandement n'a qu'un effet suspensif, et doit être réitéré à personne ou domicile, à peine de nullité. — 20 janv. 1808. Bruxelles. Steffens. D.A. 7. 809. D.P. 22. 1. 431.

24. — Jugé, au contraire, 1° que l'appel est valablement signifié au domicile élu dans le commandement qui précède la saisie-exécution (C. pr., art. 456, 584). — 3 janv. 1809. Paris. Fallopa. D.A. 7. 809. D.P. 2. 164. — 23 janv. 1810. Req. Bruxelles. Cartier. D.A. 7. 809. D.P. 2. 164. — 9 janv. 1811. Trèves. Kayser. D.A. 7. 809. D.P. 2. 164. — 10 janv. 1815. Liége. Favechamps. D.A. 3. 341. D.P. 1. 793.

25. — 2° Que l'appel signifié au domicile élu dans le commandement est valable, sans qu'il soit besoin de le réitérer à personne ou domicile. — 16 juill. 1811. Civ. c. Paris. Poulain. D.A. 7. 809. D.P. 11. 1. 342.

26. — 3° Qu'il est valablement signifié au domicile élu dans un acte qui contient notification d'un jugement et de l'exécutoire des dépens, avec commandement d'obéir à ce jugement et de payer les frais. — 13 juin 1824. Toulouse. Bonnafous. D.A. 7. 812. D.P. 2. 164.

27. — 4° Que l'appel est valablement signifié au domicile élu, soit dans le commandement fait en vertu d'un jugement portant condamnation à payer une somme déterminée, avec *les intérêts qu'elle a produits et produira jusqu'au jour du paiement*. — Une telle condamnation est *certaine*, et l'exécution du jugement peut être poursuivie sans liquidation préalable. — 20 août 1822. Req. Nîmes. Carrière. D.A. 7. 812. D.P. 22. 1. 431.

28. — L'appel est encore valablement signifié soit dans la signification du jugement, portant *sommation d'y obéir sous peine d'être contraint par corps*; c'est là un véritable commandement, aux termes des art. 583 et 584 C. pr. — 13 mars 1818. Rennes. Bournichon. D.A. 7. 787. D.P. 2. 158.

29. — ...Soit même dans un acte postérieur au commandement, surtout si l'élection de domicile, exigée par l'art. 584, a été omise dans le commandement. — 30 mars 1808. Turin. Provana. D.A. 7. 813.

30. — 5° Qu'en thèse, lorsque, pour la validité d'une procédure, la loi exige une élection de domicile, toutes significations, même d'appel, peuvent être faites à ce domicile. — 24 avril 1808. Bourges. Rebecque. D.A. 7. 813. D.P. 2. 170.

31. — 6° Que l'appel d'un jugement qui a statué sur une demande en main-levée d'opposition à scellés, est valablement signifié au domicile élu dans cette opposition. — Même arrêt.

32. — 7° Que l'appel d'un jugement qui prononce sur les nullités proposées contre une saisie-immobilière, peut être interjeté au domicile élu dans le commandement, encore que cet appel soit dirigé contre un établissement public; l'original de l'exploit n'est même pas assujetti à la formalité du visa. — 29 août 1810. Liége. Renard. D.A. 7. 825. D.P. 2. 169.

33. — 8° Que l'appel contre une commune poursuivant une expropriation forcée, qui est signifié au domicile élu dans le commandement, chez l'individu qui la représente dans la poursuite, est valable, encore que ce soit un autre que le maire (C. pr. 69). — 16 déc. 1809. Liége. Gilson. D.A. 7. 824. D.P. 2. 169.

34. — La signification de l'appel au domicile élu chez l'avoué qui a occupé en première instance est nulle; cependant il en serait autrement si l'acte ne renfermait pas d'autre élection de domicile, et que celui élu chez l'avoué fut sur le lieu de l'exécution. — D.A. 7. 795, n. 4.

35. — Jugé que lorsque le créancier, dans le commandement de payer fait à son débiteur, a élu *deux domiciles*, l'un dans le lieu où demeure ce dernier, l'autre dans une autre commune, sans distinguer lequel des deux domiciles est élu pour l'exécution, l'acte d'appel peut être valablement signifié dans l'un ou dans l'autre. — 6 août 1822. Nîmes. Paulet. D.A. 6. 390. D.P. 1. 1501.

36. — De même, si, dans un commandement à fin de saisie-exécution, il est élu deux domiciles, l'un chez l'avoué qui a occupé en première instance, l'autre chez un habitant de la commune où le commandement est signifié, l'appel du jugement peut être valablement signifié à l'un ou à l'autre de ces domiciles : et, par exemple, il peut être signifié au domicile élu chez l'avoué, encore bien que, dans le commandement, il serait dit qu'élection de domicile est faite chez un habitant de la commune du débiteur *jusqu'à la fin de la poursuite en exécution* : on dirait aussi en vain que l'élection chez l'avoué n'était que de pure forme. — 21 août 1828. Req. Orléans. Sapey. D.P. 28. 1. 395. — Conf. D.A. 7. 795, n. 4.

37. — Jugé, au contraire, que, dans ce cas, l'appel n'a pu être valablement signifié au domicile de l'avoué; un tel domicile ne devant pas être réputé élu pour l'exécution, dans le sens de l'art. 584 C. pr., mais seulement pour les actes ordinaires de la procédure. — 25 août 1828. Lyon. Dupont. D.P. 28. 2. 207.

38. — Au reste, la faculté accordée par l'art. 584 du C. pr., de signifier l'appel au domicile élu dans le commandement, ne s'entend que de l'appel des jugemens qui interviendraient sur ce commandement. Tout autre appel doit être signifié à personne ou domicile, à peine de nullité. — 21 août 1809. Besançon. Henry. D.A. 7. 817. D.P. 2. 165.

39. — Il n'est pas nécessaire que le commandement qui précède la contrainte par corps porte élection de domicile dans le lieu où siége le tribunal qui doit connaître de l'exécution (C. pr. 780). — 22 août 1827. Montpellier. Jalaguier. D.P. 28. 2. 71.

40. — L'appel du jugement qui a rejeté la demande en nullité d'une arrestation provisoire faite en vertu de la loi du 10 sept. 1807, est valablement signifié au domicile élu par le créancier (C. pr. 780, 783, 789). — 1er déc. 1831. Bordeaux. Martini. D.P. 32. 2. 54.

41. — Et lorsque le fondé de pouvoir qui a fait procéder, au nom de son mandant, à l'arrestation du débiteur de celui-ci, est domicilié dans la commune où l'emprisonnement a été exécuté, tandis que le mandant n'a dans cette commune ni domicile réel ni domicile d'élection, l'appel interjeté par le débiteur du jugement qui a rejeté sa demande en élargissement, est valablement signifié au domicile du fondé de pouvoirs. En un tel cas, le domicile du mandataire doit être assimilé au domicile d'élection que la loi oblige le créancier d'indiquer. — Même arrêt. — V. Contrainte par corps.

42. — L'art. 584 C. pr. est-il applicable au cas d'appel d'un jugement qui prononce sur la validité ou invalidité d'une saisie-arrêt? Non, car il est exceptionnel, et l'art. 456, qui exige la signification de l'appel à personne ou domicile, est général (D.A. 7. 793, n. 5). — 7 avril 1812. Bruxelles. Danhieux. D.A. 7. 816. D.P. 13. 2. 23.

43. — Il a été jugé que l'appel signifié au domicile élu dans la saisie faite en vertu de permission du président du tribunal de commerce est valable. — 14 août 1816. Rennes. Leroux. D.A. 7. 816. D.P. 2. 166.

44. — La faculté accordée par l'art. 584 C. pr., de signifier l'acte d'appel au domicile élu par un commandement s'étend au tiers-saisi, en ce sens qu'il peut notifier son appel au domicile dont parle l'art. 559. — 12 juin 1812. Liége. Chainaie-Raymond. D.A. 7. 815. D.P. 2. 166.

45. — L'appel signifié au domicile élu, par le préfet représentant le domaine, au parquet du procureur du roi, est nul; il doit être signifié à la personne ou au domicile du préfet; l'élection de domicile n'a d'effet que pour la procédure de première instance (C. pr. 68, 456). — 10 août 1820. Rennes. Préfet du Finistère. D.A. 7. 756.

46. — Sous l'ord. de 1667, la signification d'un jugement définitif, faite au domicile élu dans une acte de saisie, n'était pas valable. — 22 juin 1824. Civ. c. Fillet. D.A. 6. 598. D.P. 1. 1456.

47. — Et, en principe que les exceptions sont de droit étroit et que l'art 584 est exceptionnel, il suit que cet article doit être restreint au cas spécial qu'il prévoit.

48. — Ainsi, l'ordonnance sur référé qui a annulé un commandement a dû, pour faire courir le délai de l'appel, être signifiée, non au domicile élu dans le commandement, mais au domicile réel du créancier (C. pr. 809). — 1er août 1828. Bordeaux. Besse. D.P. 29. 2. 32.

49. — Les mêmes principes, relatifs aux actes qui, d'après le code de procédure, doivent contenir élection de domicile, sont applicables au domicile élu dans l'inscription hypothécaire (C. civ. 2156, 2148). — D.A. 7. 795.

50. — Ainsi, jugé 1° que le jugement qui rejette la demande en distraction d'un immeuble compris dans une saisie, est valablement signifié au domicile élu par le revendiquant dans une inscription qu'il a sur les immeubles saisis (C. 2148). — 22 août 1807. Nîmes. Peyronnel. D.A. 7. 800. D.P. 2. 162.

51. — 2° Que lorsqu'après une adjudication sur saisie-immobilière, un créancier hypothécaire élit, en renouvelant son inscription, un nouveau domicile, c'est à ce nouveau domicile que le créancier poursuivant l'ordre doit faire les sommations de produire, et non à celui indiqué dans les inscriptions antérieures; si les sommations ont été faites à ce dernier domicile, le créancier qui a été déclaré forclos, peut se pourvoir contre le jugement par tierce-opposition. — 21 déc. 1824. Req. Rennes. Beslay. D.P. 25. 1. 104.

52. — 3° Que l'appel d'un jugement d'ordre est valablement signifié au domicile élu dans le bordereau d'inscription hypothécaire. — 25 avril 1818. Req. Rennes. Mayer. D.A. 7. 817. D.P. 2. 167.

53. — 4° Que l'appel formé contre le jugement qui a prononcé sur une contestation survenue dans l'ordre, peut être signifié au domicile élu dans l'inscription du créancier contre lequel il est interjeté. — 29 avril 1831. Poitiers. Lascazes. D.P. 31. 2. 136.

54. — 5° L'appel d'un jugement qui statue sur la demande en main-levée d'inscription, prise par la régie des contributions indirectes, peut être valablement signifié au domicile qu'elle a élu, dans l'inscription, chez son receveur particulier — 7 août 1829. Lyon. Dagallier. D.P. 29. 2. 214.

55. — L'élection de domicile n'a d'effet que vis-à-vis des personnes à l'égard desquelles elle est prescrite; ce serait donc irrégulièrement que d'autres personnes feraient au domicile élu des significations pour des causes étrangères à l'acte qui a nécessité l'élection.

56. — La partie saisie peut seule profiter de l'exception posée en l'art. 584 C. pr.; ainsi, l'assignation donnée par un tiers au domicile élu par le saisissant, dans un commandement, est nulle. — 26 juin 1811. Paris. Sébillant. D.A. 7. 800. D.P. 11. 2. 161.

57. — Et l'appel signifié par une partie au domicile élu, dans un commandement fait à une autre partie qui se trouve en cause, est nul. — 19 mars 1808. Turin. Camosso. D.A. 7. 814. D.P. 2. 165.

58. — Toutefois, un tiers intéressé à intervenir dans les actes d'exécution, peut signifier son intervention au domicile élu dans ces actes, domicile élu en raison de l'objet de ces actes et nullement des personnes. Le résultat de cette faculté laissée au tiers, sera souvent la conservation de droits qui, sans cela, se réduiraient à rien. D'ailleurs la prohibition de ce droit introduirait dans les effets de l'élection de domicile une distinction que la loi n'a nulle part consacrée. — Merl., Rép., v° Domicile élu, p. 21. D.A. 7. 796, n. 6.

59. — D'après l'art. 422 C. pr., les parties non domiciliées dans le lieu ou siége le tribunal de commerce sont obligées pareillement, en matière commerciale, de faire élection de domicile sur le plumitif de l'audience.

60. — Et lorsque, par suite d'une opposition à la délivrance de marchandises, formée par le vendeur contre l'acquéreur, l'opposant a fait une élection de domicile dans le lieu de la destination, pour les contestations auxquelles cette opposition pourra donner lieu, celui auquel les marchandises vendues étaient expédiées peut assigner le vendeur à ce domicile élu, à l'effet de se faire donner acte de son abandon des marchandises : il n'est pas nécessaire que cette demande soit signifiée au domicile réel du vendeur. — 9 juin 1830. Req. Martinique. Joques. D.P. 30. 2. 366.

61. — Mais cette élection n'est pas suppléée par l'élection faite dans l'exploit d'ajournement. En conséquence, la partie adverse a été autorisée à faire signifier les actes de l'instance non à ce dernier domicile, mais au greffe du tribunal, comme le prescrit l'art. 422 C. pr., pour le cas où l'élection n'a pas été faite sur le plumitif. — 26 fév. 1830. Bordeaux. Loche. D.P. 30. 2. 282.

62. — Toutefois, la signification d'un jugement, faite au domicile élu, ne fait point courir le délai de l'appel. L'art. 422 C. pr., qui dit que toute signification, même du jugement définitif, sera faite à domicile élu, n'a pour objet que la procédure à suivre en première instance et l'exécution du jugement, mais ne met pas la partie en demeure d'appeler. Il ne déroge pas à l'art. 443. — 28 janv. 1828. Lyon. Bertrand. D.P. 28. 2. 105. — 25 avril 1821. Bruxelles. Espanet. D.A. 2. 760. D.P. 1. 635.

63. — De même, l'appel d'un jugement de commerce, obtenu par un négociant domicilié hors du territoire français, doit, à peine de nullité, être notifié à son domicile réel, non à celui qu'il a élu en France, et on doit lui accorder le délai auquel il a droit en vertu de l'art. 73 C. pr. (C. pr. 73, 456, 584). — 1er déc. 1831. Montpellier. Tesse. D.P. 33. 2. 122.

§ 2. — *De l'élection conventionnelle.*

64. — Le domicile élu par les parties, pour l'exécution de leurs engagemens, est une clause aussi obligatoire que toutes celles que renfermerait l'acte. C'est donc à ce domicile que doivent être signifiés tous les exploits relatifs à l'exécution de l'obligation renfermant l'élection de domicile. — D.A. 7. 796, n. 7.

65. — L'art. 111 C. civ. porte en effet, « lorsqu'un acte contiendra, de la part des parties ou de l'une d'elles, élection de domicile, l'exécution de ce même acte dans un autre lieu que celui du domicile réel, les significations, demandes et poursuites relatives à cet acte, pourront être faites au domicile convenu, et devant le juge de ce domicile. »

66. — L'art. 111 C. civ. en déclarant l'élection de domicile dans un contrat attributive de juridiction, n'a fait que consacrer un principe ancien, et qui s'applique même à l'élection de domicile stipulée dans un contrat passé avant le code, par exemple, en 1792, mais postérieurement à l'introduction dans notre droit de la règle, que les parties peuvent choisir leurs juges, et que les juridictions ne sont pas de droit public. — 28 juill. 1811. Paris. Lachaise. D.A. 6. 390. D.P. 1. 1361.

67. — Jugé aussi que cet article est applicable même aux actes antérieurs à sa publication (C. civ. 2). — 3 fruct. an 13. Bruxelles. Broens. D.A. 7. 796. D.P. 6. 2. 160.

68. — On ne peut exciper du domicile élu que pour l'objet spécial pour lequel il a été déterminé. Ainsi, lorsque des parties ont élu domicile pour l'*exécution* d'un traité et d'une transaction, l'une d'elles ne peut exciper de cette élection pour décliner la compétence de tout autre tribunal, si elle est attaquée pour l'*annulation* de cet acte à cause de dol. — 21 juill. 1834. Bordeaux. Salles. D.P. 34. 2. 226.

69. — En effet, le contrat est ici dérogatoire au droit commun; il doit être restreint aux choses qui y ont donné lieu et aux personnes entre lesquelles il a été stipulé; voilà la règle que consacrent d'autres décisions. — Voy. notamment les nos 76 et suiv.

70. — La faculté conférée par l'art. 111 C. civ., d'élire domicile pour l'exécution des actes dans un lieu *autre* que le domicile réel, est *démonstrative* et non limitative : ainsi, le domicile élu peut être le même que le domicile réel, en telle sorte que le changement de domicile de la partie ne change pas le lieu de l'exécution de l'acte. — 24 janv. 1816. Req. Paris. Jouenne. D.A. 7. 797. D.P. 16. 1. 123. — 5 août 1809. Colmar. Achard. D.A. 6. 389. D.P. 1. 1362.

71. — Lorsque les parties ont fait, dans un acte et pour son exécution, élection de domicile à leur domicile réel, la signification de tous les actes qui y sont relatifs, est valablement faite à ce domicile, encore bien que, depuis et avant l'assignation, la partie assignée ait transféré son domicile dans un autre lieu. — 3 avril 1829. Amiens. Dumas. D.P. 29. 2. 248.

72. — De même, l'élection de domicile, faite par une maison de commerce pour l'exécution d'un traité avec une autre maison, ne cesse pas d'exister par le changement de résidence et même par la dissolution de la société. — 21 juill. 1834. Bordeaux. Salles. D.P. 34. 2. 226.

73. — Au surplus, celui qui fait élection de domicile doit désigner clairement le lieu qu'il choisit; l'ambiguïté serait interprétée contre lui. — 8 therm. an 11. Civ. c. Pinot. D.A. 9. 366. D.P. 2. 484. — 25 vend. an 12. Civ. c. Paris. Jouin. D.A. 7. 807. D.P. 4. 1. 121.

74. — La loi n'a pas restreint le choix des parties; elles peuvent, pour faciliter l'exécution de leurs conventions, élire domicile partout où il leur plaît, même dans leur domicile réel.

75 — Il est hors de doute que l'omission dans un contrat d'élection de domicile, propre à faciliter son exécution, peut, du consentement respectif des parties, être réparée dans un acte *postérieur et séparé*. — D.A. 6 388, n. 2.

76. — Le domicile élu ne remplace le domicile réel qu'à l'égard des objets pour lesquels il est élu. Les significations faites à ce domicile pour des objets étrangers, et par des personnes autres que celles auxquelles la loi générale ou la loi du contrat donne le droit, sont radicalement nulles. — Proudhon, t. 1er, p. 120.

77. — Ainsi, de ce qu'un entrepreneur de fournitures pour l'armée aurait invité plusieurs de ses employés de se présenter pour leurs paiemens au lieu où il a établi le siége de ses opérations pour l'armée, et aurait fait vis-à-vis d'eux une sorte d'élection de domicile, il ne s'ensuit pas qu'un autre individu avec lequel il aurait contracté, au sujet de ces opérations, sans lui faire la même invitation, soit fondé à se prévaloir de cette élection et à l'assigner devant le tribunal de ce lieu; il doit, au contraire, l'assigner devant le tribunal de son domicile (C. pr. 59). — 8 juin 1826. Req. régl. de juges. Ouvrard. D.P. 26. 1. 304.

78. — Jugé que la notification du transport d'une créance faite au domicile élu pour l'exécution du contrat, est nulle vis-à-vis les tiers, cette notification doit être faite au débiteur à personne ou domicile (C. 1690). — 30 nov. 1809. Bruxelles, Huin. D.A. 7. 799. D.P. 2. 162.

79. — Est valable l'assignation à fin d'exécution d'un acte, et, par exemple, la citation en conciliation, signifiée au domicile élu dans cet acte. — 25 germ. an 10. Civ. r. Delaunay. D.A. 7. 796. D.P. 2. 161.

80 — Toutefois, lorsque le titre constitutif d'une rente porte qu'elle sera payable au domicile du créancier, et que celui-ci a fait à son débiteur un commandement contenant élection de domicile, la demande en validité d'offres réelles, faite par le débiteur, ne doit pas être portée au tribunal du lieu du domicile élu, mais devant le juge du domicile du créancier (C. pr. 59, 584). — 10 avril 1813. Paris. Duchaufour. D.A. 4. 675. D.P. 13. 2. 108.

81. — Au surplus, les créanciers d'un contractant qui a stipulé une élection de domicile peuvent, lorsqu'ils exercent les droits de leur débiteur, assigner au domicile élu le co-contractant de ce dernier (C. civ. 1166). — 5 août 1809. Colmar. Achard. D.A. 6. 389. D.P. 1. 1362.

82. — Et les poursuites à fin de paiement des droits de mutation résultant d'un acte de vente sous seing-privé, qui contient élection de domicile de la part de l'acheteur, peuvent être valablement exercées contre ce dernier au domicile élu. — Vainement dirait-on que le domicile n'a pas été élu envers la régie, ni par un acte dans lequel elle ait été partie ou qui lui ait été signifié. — 24 juin 1806. Req. D'Hanjus. D.A. 6 388. D.P. 6. 1. 450.

83. — L'élection de domicile étant une partie intégrante de la convention à laquelle elle se rapporte, conserve ses effets nonobstant le décès de la personne chez laquelle les parties avaient établi fictivement domicile, sauf, dans ce cas, le choix d'un autre domicile dans le même lieu. — Dur., t. 1er, n. 381; D.A. 6. 388, n. 2.

84. — Par le même motif, le domicile élu ne peut pas être révoqué tant que la cause du contrat subsiste, à moins du consentement des parties, et, en cas de décès de l'une d'elles, l'élection se transmet tant activement que passivement aux héritiers et ayans-cause des parties qui l'ont stipulé. — Bacquet, *des Droits de justice*, t. 1er, p. 31; Proudhon, *Cours de droit*, t. 1er, p. 120; Dur., t. 1er, n. 381; D.A. 6. 388, n. 2.

85. — L'un des contractans ne peut, sans le consentement de l'autre, changer *le lieu* du domicile élu, ni révoquer purement et simplement l'élection de domicile; mais il peut, sans ce consentement, transporter le domicile élu chez un nouveau mandataire demeurant dans le même lieu que le premier (C. civ. 2003). — 19 janv. 1814. Civ. c. Paris. Ameyet. D.A. 6. 391. D.P. 14. 1. 120.

86. — Si le même acte renferme l'élection de domicile dans un lieu, et le choix d'un autre pour le paiement de la dette, les significations relatives à l'exécution de l'acte doivent être faites au domicile élu. — Dur., t. 1er, n. 377.

87. — Quelques auteurs ont pensé que l'élection de domicile pour l'exécution d'un acte n'était qu'attributive de juridiction, et ne dispensait pas de la signification des demandes au domicile réel. Ils ont surtout cherché à appliquer ce principe au domicile indiqué pour le paiement des effets de commerce, mais la jurisprudence a banni cette distinction, que proscrivent et la raison et la loi. — D.A. 7. 796, n. 7.

88. — Mais la signification à domicile réel, même pour le cas où il y aurait élection de domicile pour l'exécution de l'acte ne serait point nulle. La remise à personne ou domicile présentant, en effet, la plus solide garantie de la fidèle remise de l'acte, pourra toujours être choisie, à moins, toutefois, que l'élection de domicile ne soit dans l'intérêt du défendeur; mais, dans ce cas même, la nullité de l'assignation à domicile réel ne saurait être prononcée; ce serait une simple inexécution de convention qui pourrait peut-être donner lieu à des dommages-intérêts (C. civ. 111). — D.A. 7. 796, n. 7.

89. — Ainsi, l'élection de domicile pour l'exécution d'un acte n'enlève pas au créancier la faculté d'assigner à domicile réel. — 23 vent. an 10. Req. Paris. Brancas. D.A. 7. 797. D.P. 3. 1. 443.

90. — Et l'élection d'un domicile unique pour la signification des actes de la procédure, faite par plusieurs litis-consorts, n'oblige pas l'adversaire, sous peine de supporter les frais de plusieurs significations, de signifier le jugement ou l'arrêt à ce domicile, et il peut les signifier au domicile réel de chacun des litis-consorts, par copie séparée (C. civ. 111). — 27 fév. 1832. Civ. r. Paris. Beyssat. D.P. 32. 1. 115.

91. — De même, l'élection d'un seul domicile où tous les actes de l'instruction devront être signifiés en une seule copie pour tous les litis-consorts, faite par un huissier sans pouvoir spécial de la part de ceux-ci, et sans qu'ils aient signé l'exploit, n'oblige pas l'adversaire à faire ses significations à ce domicile, encore bien que l'huissier n'ait pas été désavoué.

On doit surtout le décider ainsi, si, au nombre de ces litis-consorts, il se trouve des mineurs, des femmes mariées : ces personnes ne pouvant renoncer à leurs droits. — Même arrêt.

92. — Mais comme ce n'est que dans l'intérêt des parties condamnées que la loi exige la signification du jugement au domicile réel ou à personne, elles peuvent y renoncer. Ainsi, lorsque, dans un acte d'intervention, plusieurs parties ont déclaré qu'elles entendaient que la signification du jugement à intervenir et autres actes d'exécution leur seraient signifiés collectivement, et par une seule et même copie, à un domicile élu, c'est à ce domicile, et par une seule copie, que la signification doit être faite; les significations faites au domicile réel de chacune des parties, et par copies séparées, doivent être déclarées frustratoires. — 2 fév. 1826. Req. Rouen. Martin. D.P. 26. 1. 133.

93. — Une question encore controversée est celle de savoir si le jugement obtenu sur une obligation contenant élection de domicile, et l'appel qui serait interjeté de ce jugement, sont valablement signifiés au domicile élu. Plusieurs arrêts ont décidé négativement cette question, en se fondant sur ce que l'élection de domicile pour l'exécution d'un acte se borne aux poursuites de première instance, et ne saurait se rapporter ni à la signification du jugement de condamnation, ni à l'instance sur l'appel. Cette décision est contraire à l'art. 111 C. civ. Cet article, en effet, autorise les poursuites en exécution d'un acte au domicile élu. Or, la signification du jugement ou de l'appel ne sont autre chose que la poursuite en exécution de l'acte. — D.A. 7. 796, n. 8.

94. — décidé que le jugement ne peut être signifié au domicile élu pour l'exécution d'un acte; il doit l'être au domicile réel. — 20 mars 1810. Colmar. Levy. D.A. 7. 804. D.P. 2. 858.

95. — Est nulle aussi l'acte d'appel signifié au domicile élu, pour l'exécution d'un acte tel, par exemple, qu'un acte de liquidation entre associés ou communistes, qui, plus tard, devient l'objet d'une contestation. — 11 avril 1829. Paris. Carcassonne. D.P. 29. 2. 207.

96. — Sous l'ord. de 1673, la simple indication de domicile pour le paiement d'un effet de commerce était attributive de juridiction aux juges du lieu (Ord. 1673, tit. 12, art. 17). — 25 prair. an 10. Civ. r. Colmar. Betfort. D.A. 3. 768. D.P. 1. 983.

97. — Jugé en ce sens que l'indication dans un effet de commerce du lieu où le paiement doit être fait, est une véritable élection de domicile pour l'exécution de l'obligation; les poursuites pour arriver au paiement y sont valablement signifiées. — 17 avril 1811. Civ. c. Colmar. Jacob. D.A. 7. 800. D.P. 2. 162.

98. — De même, les poursuites pour arriver au paiement d'une lettre de change, ainsi que le jugement qui condamne au paiement, sont valablement signifiés au domicile qu'elle indique pour ce paiement. — 30 mars 1807. Bruxelles. Schmitd. D.A. 7. 801. D.P. 2. 162.

99. — Par suite, celui qui accepte une lettre de change peut être assigné, pour toutes les contestations que cette lettre pourra faire naître, au domicile indiqué pour le paiement; de plus, pour l'assigner valablement, on n'est pas tenu d'observer la règle d'un jour par trois myriamètres de distance en-

tre le lieu où siége le tribunal, et le domicile réel du défendeur. — 4 fév. 1808. Req. Paris. Mariette. D.P. 8. 1. 57.

100. — Mais il a été jugé que la simple indication d'un lieu pour le paiement d'une obligation *non commerciale* n'est pas, comme l'election de domicile, attributive de juridiction. — 29 oct. 1810. Civ. c. Lyon. Goiffon. D.A. 6. 389. D.P. 10. 1. 506.

101. — . . . Et en cas de non paiement, le protêt ne peut avoir lieu qu'au domicile réel du souscripteur; surtout si le billet était causé pour valeur reçue comptant et non pour marchandises. — 5 janv. 1806. Colmar Maglin.

102. — Est nulle par conséquent, soit la signification du jugement de condamnation, au domicile élu pour le paiement d'une lettre de change. — 29 nov. 1809. Turin Fontanoue. D.A. 7. 801. D.P. 2. 162. — 6 fév. 1810. Agen. Sommabère. D.A. 7. 802. D.P. 12. 2. 12. — 20 mars 1810. Colmar. Lévy. D.A. 10. 749, n. 2. D.P. 2. 858, n. 3.

103. — ... Soit l'appel signifié au domicile élu dans l'acceptation de la lettre de change. — L'élection de ce domicile doit être restreinte au paiement de la lettre de change et aux poursuites en première instance (C pr 456). — 26 fév. 1810. Treves. Hapelkamp. D.A. 7 820. D.P. 10 2. 120. — *Contrà*, 8 janv. 1810. Turin. Benedetto. D.A. 7. 819. D.P. 2. 168.

104. — Au surplus, l'élection ou indication de domicile dans un effet de commerce résulterait de ces mots, *s'adresser à l'échéance à tel endroit*, désigné dans le billet — 17 avril 1811. Civ. c. Colmar. Jacob. D.A. 7. 800. D.P. 2. 162.

§ 3. — *Election de domicile volontaire ou facultative.*

105. — On nomme élection de domicile volontaire, celle qui est faite par l'une des parties, soit par l'acte introductif d'instance, soit par une signification séparée. Cette élection est plus restreinte que la précédente; elle tient d'ailleurs du mandat. — D.A. 7. 796, n. 9.

106. — Toute personne peut faire élection d'un domicile, meme les etrangers, pour l'exécution des actes qu'ils passent en France. — 23 therm. an 12. Paris. Devill. D.A. 3. 250. D.P. 1. 702.

107. — Toutefois, pour qu'une signification puisse être faite a un mandataire, il faut qu'une élection de domicile ait eté faite chez ce dernier.

En conséquence, est nulle une assignation donnée à un propriétaire, au domicile du gérant de ses propriétés. — 1er mars 1824. Lyon. D.P. 31. 1. 344.

108. — Celui qui n'a pas de domicile actuel en France, par suite de son emploi dans les armées, peut, dans un acte d'appel, et sans violer l'art 61 C. pr., indiquer son domicile chez son mandataire demeurant en France. — 4 fev. 1811. Paris. Bourgoin. D.A. 3. 678. D.P. 1. 964.

109. — Le débiteur est valablement assigné, relativement aux offres réelles, au domicile élu chez un avoué par l'exploit qui contient ces offres (C. pr. 68). — 7 mess. an 11. Paris. Testu. D.A. 7. 804. D.P. 2. 162.

110. — Et la signification des jugemens obtenus contre des créanciers opposans, par l'acquéreur qui a obtenu des lettres de ratification, se fait valablement au domicile élu dans l'acte d'opposition — 8 fév. 1808. Paris. Giard. D.A. 7. 800. D.P. 2. 162

111. — Sous l'ordonnance, comme sous le code de procédure, on doit annuler l'appel signifié au domicile élu dans la signification du jugement chez l'avoué qui a occupé en premiere instance (C. pr. 456). — 13 nivôse an 13. Poitiers. Noël. D.A. 7. 818. D.P. 2. 167. — 21 aout 1807. Turin. Ferrero. D.A. 7. 818. D.P. 2. 167. — 13 mai 1807. Civ. c. Demoiselle Daquenoy. D.A 7. 818. — 28 oct. 1811. Civ. c. Harth. D.A. 7 818.

112. — ....Encore bien que le domicile chez l'avoué qui a occupé en premiere instance eût été élu par l'intimé pour l'execution des poursuites sur lesquelles est intervenu le jugement dont est appel. — 21 avril 1831. Bordeaux. D.P. 31. 2. 178.

113. — ... Est nul aussi l'appel signifié soit au domicile elu chez l'agréé (C. comm 648) — 11 déc. 1811. Florence. Baschlin. D.A. 7. 819. D.P. 2. 168.

114 — .. Soit au domicile élu dans un acte d'offres réelles (C. 1258). — 14 août 1807. Bruxelles. D.A. 7. 816.

115. — ... Soit même au domicile élu en première instance devant le tribunal de commerce, encore que l'élection de domicile fût forcée, et que, depuis l'appel signifié, l'intimé ait, dans des actes d'execution de jugement, conservé le même domicile. — 25 vend. an 12. Civ. c. Paris. Jouin. D.A. 7. 807. D.P. 4. 1 121.

116. — Est nul aussi l'appel signifié au domicile élu dans la signification du jugement chez un procureur fondé, encore qu'il eut pouvoir de proceder sur appel, surtout s'il n'habite pas la commune où l'exécution du jugement doit avoir lieu, et si d'ailleurs le jugement n'est pas susceptible d'une exécution immediate. — 2 juill. 1824. Grenoble. Borel. D.A. 7. 806. D.P. 2. 163.

117. — Jugé au contraire que l'acte d'appel a pu être valablement signifié 1° au domicile élu chez l'avoué dans la signification du jugement de première instance. — 30 nov. 1809. Pau. Prielley. D.A. 7. 817. D.P. 2. 167. — 2 janv. 1809. Paris. Garda. D.P. 9. 2. 40.

118. — ... 2° Au domicile élu dans l'exploit de signification d'un jugement. — 28 août 1829. Poitiers. Lange. D.P 30. 2. 213.

119. — 3° Au domicile élu en première instance, lorsque, depuis, l'intimé parait avoir conservé ce domicile. — 9 janv. 1806. Rouen. Imminck. D.A. 7. 808. D.P. 2. 164.

120. — Au surplus, s'il résulte des faits que la partie a entendu conserver le domicile qu'elle a élu, jusqu'à la fin du procès, ou bien, si le domicile a éte elu chez un mandataire général, l'appel et même le pourvoi y seront valablement signifiés. — D.A. 7. 796, n. 9.

121. — Ainsi, l'exploit d'appel est valablement signifié, 1° au domicile du fonde de pouvoir général et spécial, autorisé à faire des actes pour la validité desquels l'élection de domicile est requise — 12 juin 1812. Liége. Chainais-Raymond. D.A. 7. 815. D.P. 2. 166.

122. — 2° Au domicile d'un fondé de pouvoir qui a reçu charge d'élire domicile et de plaider sur appel. — 3 mai 1808 Liége. Rœder. D.A. 7. 806. D.P. 2. 163. — 22 juin 1806. Civ r. Hamas. D.A. 7. 806.

123. — 3° Au domicile élu dans la signification du jugement, chez un fondé de pouvoirs généraux, surtout si, pendant le cours de l'instance, domicile était élu chez l'avoué qui a occupé. — 10 aout 1810. Liége. dame d'Harscamp. D.A 7. 806. D.P. 2. 163.

124. — Il est valablement signifié à un étranger, en la personne et au domicile de son mandataire spécial en France, surtout lorsqu'il s'agit de matiere commerciale. — 13 mars 1818. Rennes. Bournichon. D.A. 7. 787. D.P 2. 158.

125. — L'exploit d'appel signifié au domicile du fonde de pouvoirs d'un militaire en activité de service est valable, quoique la procuration ne contienne point élection de domicile, si le fondé de pouvoir a eté le tuteur du militaire, et si ce dernier, depuis sa majorité, n'a pas manifesté l'intention de changer de domicile. — 4 fév. 1812. Liége. Collin. D.A. 7. 806. D.P. 2. 163.

126. — Un acte d'appel signifié à des individus non domiciliés en France, dans le domicile par eux elu *pour tous les actes quelconques*, est valable, encore que, dans l'exploit de signification du jugement, une nouvelle election ait été faite en l'étude de l'avoué qui a occupé dans l'instance. — 8 août 1821. Req. Legardeur. D.A. 9. 960, n. 1-2 D.P. 21. 1. 509.

127. — L'élection de domicile chez un avoué d'appel autorise à faire, à ce domicile, toutes significations d'actes intervenus dans l'instance, encore qu'il soit dit dans l'exploit que l'election de domicile est faite sans autre attribution. — 13 germ. an 12. Req. Simons. D.A. 7. 805. D.P. 4. 1 298.

128. — La signification de l'acte d'appel d'un jugement de police, faite par le condamné à la partie civile, au domicile élu par celle-ci, est valable. — 2 déc. 1826. Cr. c. Ancillon. D.P. 27 1. 352.

129. — En tout cas, l'acte d'appel signifié à un domicile élu doit contenir, à peine de nullite, l'énonciation du domicile réel de l'intimé (C. pr. 61, 456, 584). — 14 mai 1811. Turin. F.... D.A. 7. 742. D.P. 14. 2. 48.

130. — Une administration ecclésiastique qui n'a ni bureau ni commis en permanence ne peut pas critiquer l'appel signifié chez son receveur, surtout lorsque celui-ci, dans l'inscription qu'il a prise au nom de l'administration, a fait pour elle élection de domicile dans sa propre demeure. — 25 avril 1817. Colmar. Carbiston. D.A. 12. 737, n. 24.

131. — ... Encore bien que le mandataire n'ait pas fait usage du pouvoir qu'il a reçu, d'élire domicile pour le mandant dans le contrat qu'il devait passer au nom de ce dernier, néanmoins ce pouvoir donné par le mandant equivaut contre lui à une élection effective dans la demeure du mandataire. — 24 juin 1806. Req. D'Houyns. D.A. 6. 389. D.P. 6. 1. 450.

132 — Delvincourt, t. 1er, p. 82, et Merlin, s'élèvent avec raison contre cette décision. On n'a jamais pu prétendre, en effet, que le pouvoir d'élire domicile emporte élection; c'est comme si l'on disait que le pouvoir de vendre emporte vente; que le pouvoir de prêter emporte prêt. — D.A. 6. 388.

133. — Considérée sous le rapport de mandat, l'élection de domicile volontaire cesse par la mort du mandant ou du mandataire; toutefois. les circonstances seules décideront de la nullite ou de la validité des significations, selon que la partie qui les a faites a pu connaître ou ignorer le décès; en tout cas, cette élection de domicile n'a d'effet que pour l'objet de l'acte qui la renferme, et en général l'appel ou le pourvoi en cassation seraient nuls si la signification en était faite au domicile élu en première instance ou dans la signification du jugement ou de l'arrêt. — D.A. 7. 796, n 9.

— V. Exécution, Exploit. — V. aussi Compétence civile, Compétence commerciale, Conseil d'état, Contrainte, Contributions indirectes, Domicile, Elections départementales, Enregistrement, Hypothèques, Ordre, Saisie-exécution, Saisie-immobilière.

TABLE SOMMAIRE.

Acceptation. 99.
Administration. 130.
Agree. 113.
Appel. 14.
Appel. — V. exploit d'appel.
Avoué. 34, 109, s.
Cassation. 120.
Changement. 70, 125.
Conciliation. 79.
Contrainte par corps. 39, suiv.
Convention 8, s. 85.
Commandement. 6, s. 39, s.
Commune. 53, s.
Compétence. 97, 100.
Comptoir. 72.
Créancier. 81.
Décès. 83, s. 133.
Désaveu. 91.
Distance. 2, 99.
Domaine de l'état. 45.
Domicile réel. 87.
Effet de commerce. 96, suiv.
Effet suspensif. 23
Election conv 59, s.
Election légale, 5, s.
Election volont. 105, s.
Enregistrement. 82.
Equivalent. 28, 61, 97, 131.
Erreur. 2.
Etranger. 65, 106, 124.
Exécution. 5, s. 15, s. 80, 86, 93, s. 100, 116, s.
Incident. 17.
Exploit. 2, 13.
Exploit d'appel. 16, s. 103.
Exploit unique. 90.
Faculté. 88, s.
Héritier. 84.
Huissier. 91.
Inscription hypoth. 49, s.
Indication. 100.
Indivisibilité. 68.
Intention. 4, 120, 125.
Intérêt distinct. 90.
Interprétation. 73.
Interprétation restrictive. 37, 51, 76, 87, s.
Intervention. 58, 92.
Jugement. 50, s. 93, s.
Jugement de police. 128.
Lettre de change. 98.
Mandat, 5, 11, 106, 121, s. 133. — spécial. 91.
Mention. 129.
Militaire. 125.
Mineur. 91
Offre réelle. 114.
Ordre. 51, s.
Paiement. 11, s.
Palais. 130.
Plumitif. 59.
Prefet 45.
Procureur du roi. 43.
Receveur. 130.
Réitération. 23.
Renonciation. 92.
Réparation d'erreur. 75.
Rétroactivité. 66, s.
Révocation. 84, s.
Saisie-arrêt. 42.
Saisie-immobiliere. 8, s.
Signification. 29, s. 93, s.
Tierce-opposition. 51, s.
Tiers. 77.
Transport. 78.
Tribunal de Commerce. 59, s.
Visa. 32.

DOMICILE POLITIQUE. — V. Domicile, Droits politiques, Elections législatives, Elections municipales, Fonctionnaire.

DOMICILE RÉEL. — V. Appel, Contrainte par corps, Elections departementales, Elections législatives, Hypothèques, Ordre, Saisie-immobilière.

— V. Destruction. — V. aussi Action civile, Actions possessoire, Animaux, Autorité municipale, Capitaine, Communauté, Communes, Commissionnaire, Compétence civile, Dommages-intérêts, Droits civils, Faillite, Forêts, Hypothèques, Louage, Manufacture, Nantissement, Peine, Prescription, Prêt, Propriété, Remplacement militaire, Servitude, Société commerciale, Usufruit, Voirie.

DOMMAGE ÉVENTUEL. — V. Action civile, Actions possessoires, Garantie, Responsabilité.

DOMMAGES-INTÉRÊTS. — 1. — C'est l'indemnité de la perte qu'une partie a faite, et du gain qu'elle a manqué de faire. Le préjudice éprouvé résulte, ou d'un fait nuisible, indépendant de toute convention, ou de l'inexécution d'une convention. Nous ne traiterons ici que cette dernière espece de dommages-intérêts. L'autre est exposée au mot *responsabilité*.

ART. 1er. — *Causes pour lesquelles les dommages-intérêts sont dus.*

§ 1er. — *Dol et faute du débiteur.*

§ 2. — *Cas fortuit ou force majeure.*

ART. 2. — *Quand les dommages-intérêts sont dus.*

ART. 3. — *En quoi consistent les dommages-intérêts. — Jusqu'où ils s'étendent. — Solidarité.*

§ 1er. — *Dommages-intérêts réglés par le juge.*

§ 2. — *Dommages-intérêts réglés par la convention des parties.*

§ 3. — *De la solidarité.*

ART. 4. — *Mode de fixer les dommages-intérêts.*

ART. 1er. — *Causes pour lesquelles les dommages-intérêts sont dus.*

2. — Le débiteur peut être condamné à des dommages-intérêts, soit pour inexécution de ses engagemens, soit pour retard dans l'exécution (C. civ. 1147).

3. — Mais, à proprement parler, les dommages-intérêts ne sont dus que pour inexécution : car, s'il en est dû aussi pour retard dans l'exécution, c'est qu'une obligation qui n'est pas remplie à temps est censée non exécutée. On peut dire de même que celui qui n'a donné qu'une mauvaise exécution, n'exécute pas. — D.A. 10. 481, n. 1.

4. — En général, l'inexécution de toute obligation, quel qu'en soit l'objet, donne lieu à des dommages-intérêts. Le débiteur les doit, s'il y a lieu, qu'il s'agisse d'une obligation de donner, ou de faire ou de ne pas faire. La loi porte même expressément que toute obligation de faire ou de ne pas faire se résout en dommages-intérêts, en cas d'inexécution de la part du débiteur (C. civ. 1142).

5. — Il faut, en principe, pour qu'il y ait lieu à dommages-intérêts, qu'il ait existé un véritable lien de droit. On a donc jugé avec raison que des soins donnés à un enfant par une personne qui paraît avoir eu le secret de sa naissance, ne pourraient devenir le fondement d'une action en dommages-intérêts contre ses héritiers. — 20 fév. 1810. Paris. Hippolite. D.A. 8. 597, n. D.P. 10. 2. 155.

6. — Par suite de la même règle, pour que les dommages-intérêts soient dus, il faut que l'obligation ait une cause licite : l'inexécution d'une obligation sur une cause illicite ne donne pas lieu à une action en dommages-intérêts. En rappelant ce principe, Toull., 6, n. 292 et suiv., examine s'il applique aux promesses de mariage (V. Mariage). — Si des pères s'engagent à marier ensemble leurs enfans mineurs et stipulent une peine, l'inexécution donnera-t-elle lieu à des dommages-intérêts? La négative, appuyée sur les lois romaines et canoniques, résulte de ce que la cause d'une pareille convention est illicite comme attentatoire à la liberté des mariages.

7. — Toullier, 6, n. 382, propose plusieurs distinctions : suivant lui, la convention ne serait pas nulle, si la peine était stipulée contre celui des deux pères qui s'opposerait au mariage · elle le serait, si la peine menaçait l'enfant qui refuserait le mariage convenu, parce qu'alors le père serait intéressé à contraindre la volonté de son enfant. Chardon, *du Dol*, n. 617, et Dalloz repoussent cette distinction ; car, si la promesse de marier deux enfans ensemble est illicite dans son essence, peu importe le moyen choisi pour la maintenir. Or, une promesse de ce genre nous paraît dangereuse pour les mœurs et la paix des familles. S'engager par des promesses formelles, et sous la sanction d'une clause pénale, c'est annoncer l'intention d'amener, par tous les moyens dont un père peut disposer, une union qui ne doit être déterminée que par le choix le plus libre. Quels dangers ne courent pas les deux enfans, si leurs goûts, leur caractère, leurs idées ne répondaient pas au vœu de leurs parens? A la vérité, lorsque la peine n'est stipulée que contre celui des pères qui refusera son consentement, on ne peut pas dire, comme Chardon, qu'il est intéressé à contraindre son fils. Il faut se borner à répondre que l'obligation principale étant nulle, la clause pénale l'est aussi (art. 1227). Toullier dit ensuite que si la peine est stipulée en général, pour l'inexécution du mariage, il faut attendre l'évènement ; que la peine ne sera pas exigible, si le refus vient de l'enfant ; qu'elle le sera s'il vient du père. Ce motif même tourne contre la validité de la promesse en elle-même : car il prouve qu'elle pourra un jour mettre le père et le fils en opposition, et porter ainsi le trouble dans la famille. — D.A. 10. 482, n. 6 et 7.

8. — Le retard apporté dans l'exécution d'une convention contraire à l'ordre public ne saurait être le

fondement d'une demande en dommages-intérêts. — 21 déc. 1831. Bastia. D.P. 31. 2. 203.

9. — L'inexécution d'une condition potestative donne lieu à des dommages-intérêts. — 9 juill. 1834. Civ. r. Grenoble. Commandeur. D.P. 34. 1. 300.

10. — Les obligations nulles pour vice de formes ou pour une autre cause tenant au fond du droit, ne peuvent donner lieu à des dommages-intérêts en cas d'inexécution. — Roll., v° Dommages-intérêts, n. 29.

La vente à terme, sans réserve, restriction ni modification, d'une marchandise, et par exemple d'eaux-de-vie ou *trois-six*, est valable, lorsque, d'ailleurs, les actes et circonstances prouvent que la vente est réelle et non le résultat d'un pari ; en conséquence, l'inexécution d'un pareil marché donne lieu à des dommages-intérêts (C. civ 1134, 1135, 1610, 1611 ; C. pén. 422). — 29 déc. 1827. Montpellier. Syndics Caum. D.P. 28. 2. 153.

11. — Quand un individu a contracté en une certaine qualité, telle que celle d'évêque, mais sans avoir pris l'autorisation qui lui était nécessaire en raison de l'objet du contrat, l'inexécution de l'engagement ne donne sans doute lieu contre lui à aucuns dommages-intérêts, soit en sa qualité d'*évêque*, soit en son *propre* et privé nom ; mais elle l'oblige à la restitution, sous peine de dommages-intérêts, des titres qui lui avaient été remis, en considération de l'engagement, avec tous les droits et priviléges qui y étaient attachés (C. civ. 1142, 1376, 1379). — 2 avril 1833. Colmar. Evêque de Strasbourg. D.P. 34. 2. 107.

§ 1er. — *Dol et faute du débiteur.*

L'inexécution ou le retard d'exécution provient soit du dol, soit d'une faute du débiteur, soit d'un cas fortuit ou d'une force majeure.

12. — Le dol est quelquefois réprimé par des peines ; dans tous les cas il donne lieu à des dommages-intérêts, s'il s'est manifesté dans l'inaccomplissement d'une obligation. Non seulement le débiteur répond de son dol, mais il ne pourrait jamais stipuler qu'il n'en serait pas responsable. — Toullier, t. 6, n. 223, 226 ; L. 23, D. de *Reg. jur.* ; D.A. 10. 481, n. 2.

13. — Il y a dol toutes les fois que l'une des parties, dans le dessein de nuire à l'autre, n'a point exécuté, ou a retardé d'exécuter une obligation. — Rolland, v° Dommages-intérêts, n. 4.

14. — Il importe même peu que le débiteur n'ait pas eu le dessein de nuire, s'il n'a manqué à ses obligations que par mauvaise foi. — Toull., t. 6, n. 224 ; Roll, n. 9.

15. — Pour que le débiteur soit en *faute*, il suffit, en général, qu'il n'exécute pas, comme il y est obligé, son engagement. Il n'est dispensé des dommages-intérêts que lorsqu'il « justifie que l'inexécution provient d'une cause étrangère qui ne peut lui être imputée, encore qu'il n'y ait aucune mauvaise foi de sa part. » Tels sont les termes de l'art. 1147 C. civ.

16. — Mais, s'il ne fait pas cette preuve, il supporte les dommages-intérêts, encore qu'il n'y ait aucune mauvaise foi de sa part ; c'est la conséquence de sa faute, de son imprudence, de sa négligence, enfin de son fait. — D.A. 10. 482, n. 5.

17. — De ces expressions générales, il résulte que la loi n'admet plus la distinction ancienne des fautes en graves, légères et très légères, telle que la consacrait la législation romaine. — Toullier, t. 6, n. 231, 234 ; D.A. 10 482, n. 5 et 479, n. 4. — V. Responsabilité et Obligations.

18. — En général, le débiteur est en faute quand il ne remplit pas son engagement sans avoir d'excuse légitime, sans avoir été empêché par un événement qu'on ne peut lui imputer. Toute omission provenant de défaut de soin ou de l'ignorance de choses que l'on pouvait ou que l'on devait savoir, est une faute (arg. art. 1148, 1382, 1383 C. civ.). — Roll., n. 14. — V. aussi, sur l'appréciation des fautes, Dur., t. 16, n. 210.

Aucune de ces causes d'inexécution ne sont étrangères au débiteur ; c'est la condition exigée de l'art. 1147, pour qu'il soit déchargé du paiement des dommages-intérêts.

19. — Des dommages-intérêts ont pu être prononcés contre un individu, et même aussi contre un établissement public, tel qu'un Mont-de-Piété où des objets volés avaient été irrégulièrement déposés, lorsque, par une résistance mal fondée, il a causé un dommage réel aux propriétaire de ces objets (C. civ 1149, 1382). — 28 nov. 1832. Civ. r. Colmar. Mont-de-Piété de Strasbourg. D.P. 33. 1. 97.

Si un notaire, après s'être obligé à présenter un tiers qui lui serait désigné par une autre personne,

pour le faire nommer en sa place, se refuse à faire cette présentation, et que ce tiers recoure en dommages-intérêts contre cet autre individu, il y a lieu de les faire supporter au notaire (C. civ. 1142). — 17 janv. 1833. Limoges. Lachaud. D.P. 33. 2. 187.

20. — Le débiteur n'est point passible des dommages-intérêts, quoique l'inexécution ne provienne pas d'une cause étrangère, si cette cause ne *peut lui être imputée* (C. civ. 1147). — C'est pourquoi la loi dit que le débiteur est condamné, *s'il y a lieu* ; les magistrats ont le pouvoir de juger l'excuse et la question d'imputabilité (C. civ. 1137). — Toull., n. 255 ; Roll., n. 7, 8.

21. — Le fait d'un tiers, s'il ne peut être imputé au débiteur, est une cause étrangère au débiteur, qui empêche qu'il puisse être condamné à des dommages-intérêts. — Roll., n. 18.

22. — Mais un père tuteur, qui a stipulé dans un acte, *tant en son nom personnel* que comme *se portant fort* pour son fils, est tenu à une indemnité si son fils se refuse à exécuter l'engagement — 16 fév. 1814. Civ. c. Gênes. Méardi. D.A. 12. 523, n. 3.

23. — Celui qui n'a pas exécuté son obligation ou qui est en retard de l'exécuter, étant, par cela seul, réputé en faute, c'est à lui de prouver son excuse, en justifiant que l'inexécution ou le retard provient d'une cause étrangère qui ne peut lui être imputée (C. civ. 1147).

§ 2. — *Cas fortuit ou force majeure.*

24. — Il n'y a lieu à aucuns dommages et intérêts lorsque, par suite d'une force majeure ou d'un cas fortuit, le débiteur a été empêché de donner ou de faire ce à quoi il était obligé, ou a fait ce qui lui était interdit (C. civ. 1148).

25. — C'est au débiteur à prouver le cas fortuit. Toutefois, dans certains cas, cette preuve faite ne détourne pas la condamnation ; par exemple, 1° s'il s'est spécialement chargé des cas fortuits ; 2° s'il est en demeure, et qu'il ne prouve pas que la chose eût également péri entre les mains du créancier ; 3° s'il a soustrait la chose (art. 1302) ; 4° si le cas fortuit a été précédé d'une faute de sa part ; dans cette dernière supposition, c'est au créancier à prouver la faute. — Toull., t. 6, n. 228 ; Delv., 2, 531 ; D.A. 10. 481, n. 3 ; Roll., n. 19 à 24.

Un négociant, demande Delvincourt, qui vend à termes des marchandises qu'il n'a pas, doit-il des dommages-intérêts, si une force majeure l'empêche de les faire venir assez tôt pour les livrer dans le délai? Oui, car c'est au vendeur à s'imputer d'avoir vendu ce qu'il n'avait pas. En général, l'impuissance personnelle et relative n'est pas une cause de nullité des engagemens. — D.A. 10, *eod.*

26. — Si le débiteur d'une obligation, dont un cas fortuit a empêché l'exécution, ne peut être condamné à des dommages-intérêts, il ne peut non plus réclamer ce qui lui a été promis, ni conserver ce qui lui aurait été payé. Ainsi, dans le louage, la perte de la chose décharge le locataire de l'obligation de payer le prix du bail. A cet égard, il faut remarquer la différence entre les obligations de faire et celle de donner. La perte de la chose est supportée par le créancier de l'objet à livrer, et celui qui devait donner conserve le droit de demander le prix (C. civ. 1138). — D.A. 10. 479. et 482, n. 4.

27. — L'invitation par écrit de l'autorité municipale, faite à un directeur de spectacle, d'éloigner de la scène un de ses artistes, ne donne pas le droit à ce directeur de rompre, sans dommages-intérêts, pour cause de force majeure, l'engagement qu'il a contracté avec cet artiste, alors, surtout, que ce dernier, qui a terminé ses débuts, et même a joué postérieurement, n'a ni négligence, ni incapacité à s'imputer (C. civ. 1382). — 28 nov. 1820. Toulouse. L..... D.P. 30. 2. 77.

ART. 2. — *Quand les dommages-intérêts sont dus.*

28. — Les dommages-intérêts ne sont dus que lorsque le débiteur est en demeure de remplir son obligation ; telle est la règle générale (art. 1146) applicable aux obligations de donner et de faire. — D.A. 10. 482, n. 8 ; Roll., n. 30.

29. — Mais l'art. 1146 ne s'applique pas au cas de réparations pécuniaires encourues en vertu des art. 1382 et 1383 C. civ. — 30 janv. 1826. Civ. r. Dom. C. Teutsch. D.P. 26. 1. 102.

30. — Jugé de même que l'art. 1146 C. civ. n'est point applicable aux dommages-intérêts qui sont dus pour un fait qui porte préjudice à autrui. Ainsi, des dommages-intérêts peuvent être accordés au propriétaire supérieur sur les fonds duquel le pro-

priétaire inférieur a fait refluer les eaux qui en découlaient, bien que ce dernier propriétaire n'ait point été mis en demeure de faire cesser le préjudice par lui causé au fonds supérieur.— 8 mai 1832. Req. Tilly. D.P. 32. 1. 176.

31.—Quand le débiteur est-il en demeure?— Dans les obligations de ne pas faire, le débiteur doit les dommages-intérêts par le seul fait de la contravention (art. 1145). Pour les autres obligations, il faut d'abord examiner si elles sont pures et simples, à terme ou conditionnelles. L'exécution des obligations pures et simples peut être exigée sans délai; celle des obligations conditionnelles aussitôt après l'accomplissement de la condition; quant aux obligations à terme, le créancier ne pouvant rien exiger avant l'expiration du terme, le débiteur n'est en demeure qu'après le jour fixe pour terme : il a ce jour entier pour remplir son engagement (Toull., t. 6, n. 239, Dur., 10, n. 443). Dans tous ces cas, si le débiteur n'exécute point au moment où la créance est exigible, il est en retard; mais il n'est pas toujours en demeure, dans le sens légal du mot. — D.A. 10. 482, n. 9.

32.— A cet égard, l'art. 1139, qui détermine les cas où le débiteur est en demeure, s'applique à toute espèce d'obligations. Lorsque l'art. 1146 porte que les dommages-intérêts ne sont dus que quand le débiteur est en demeure, il faut bien avoir recours à la définition de l'art. 1139, le seul qui ait statué sur ce point.— Toull., t. 6, n. 246; Delv., 2, 528; D.A. 10. 482, n. 10; Roll., v° Demeure, n. 17.

33.—Le droit romain voulait que la seule échéance du terme fixé pour l'exécution fut considérée comme une mise en demeure; l'ancienne jurisprudence française regardait comme simplement comminatoires les clauses par lesquelles les parties convenaient expressément que l'échéance du terme mettrait le débiteur en demeure, sans qu'il fût besoin d'aucune sommation. Le code n'accueille ni l'un ni l'autre de ces systèmes; l'expiration du terme ne suffit plus par lui-même, du moins en général, pour constituer la demeure : mais les parties peuvent convenir, et leur pacte est obligatoire pour les tribunaux, que la mise en demeure résultera de la seule échéance du terme (art. 1139).— D.A. 10. 482, n. 11; Roll., v° Demeure, n. 16.

34.— En rapprochant les diverses dispositions du code, on peut dire que le débiteur est mis en demeure, 1° par la convention; 2° par la loi; 3° par la seule inexécution, dans le cas prévu par l'art. 1146; 4° par une sommation, ou autre acte équivalent. — D.A. 10. 482, n. 18.

35.— 1° Le débiteur est constitué en demeure par la convention, lorsqu'elle porte que, *sans qu'il soit besoin d'acte, et par la seule échéance du terme*, le débiteur sera en demeure (art. 1139). Delvincourt, 2, 529, n., pense que les mots, *par la seule échéance du terme*, suffisent sans l'addition de ceux, *sans qu'il soit besoin d'acte;* parce que ces expressions sont claires et qu'on ne doit point supposer dans les contrats de clause inutile.—Toullier, t. 6, n. 249, pense qu'il serait imprudent de ne pas insérer dans la convention la formule toute entière : mais qu'un arrêt pourrait difficilement être cassé pour avoir donné effet à la stipulation de mise en demeure par *la seule échéance du terme*, quoiqu'elle n'ajoutât pas *sans qu'il soit besoin d'acte*.—Roll., v° Demeure, n. 18, 19, D.A. 10. 482, n. 13.

36. — La convention constitue-t-elle le débiteur en demeure pour les obligations de donner, lorsque la dette est quérable, ou faut-il que le créancier constate qu'il s'est présenté au jour et au lieu indiqués pour le paiement? Delvincourt, 2, 529, n., pense que cette dernière obligation n'est point imposée au créancier. Suivant lui, les offres réelles doivent être faites au domicile du créancier, quand il n'y a pas stipulation pour le lieu du paiement (art. 1247); donc le débiteur qui n'a pas fait d'offre, même pour une dette quérable, est en demeure, bien que rien ne constate que le créancier se soit présenté pour recevoir. Mais l'opinion contraire semble devoir être préférée. En effet, le paiement doit être fait au lieu convenu, sinon au domicile du débiteur; ce dernier satisfait à son obligation en tenant la chose, quand le terme expire, au lieu du paiement. Si le créancier ne se présente pas, il est censé avoir renoncé à la stipulation relative à la mise en demeure. Sans doute le débiteur pouvait, après l'échéance du terme, faire sommation au créancier; mais c'est une faculté, non une obligation. Pour mettre réellement le débiteur en demeure, le créancier devrait donc constater qu'il acte qu'il s'est présenté, et que le débiteur était absent ou a refusé de payer. Autrement, il n'y aurait plus de différence entre les dettes quérables et les dettes portables. — Toull., n. 249, 261 et 262; Dur., 10, n. 442; Roll., v° Demeure, n. 20 et 38, 39, 40; D.A. 10. 483, n. 14.

37.— 2° La mise en demeure est quelquefois prononcée par la loi. Par exemple, dans le prêt à usage, si l'emprunteur emploie la chose à un autre usage ou pour un temps plus long qu'il ne le devait, il est tenu de la perte arrivée même par cas fortuit (art. 1881) — Toull., t. 6, n. 250; Roll., v° Demeure, n. 21, 22, D.A. 10. 483, n. 15.

38. — 3° La seule inexécution met le débiteur en demeure, lorsque la chose qui devait être donnée ou faite ne pouvait l'être que dans un certain temps que le débiteur a laissé passer (art. 1146).— Poth., n. 147; Toull., n. 251.— Ainsi j'ai chargé un avoué de faire un acte soumis à un délai péremptoire, comme un appel, etc.; selon les circonstances, la décision pourra souffrir des difficultés en fait. Les magistrats devront apprécier si, en effet, la chose ne pouvait plus être donnée ni faite utilement après le temps fixé. — Toull.; D.A. 10. 483, n. 16; Roll., n. 23 à 28.

39. — La preuve de l'impossibilité d'accomplir l'engagement après l'échéance du terme étant démontrée, le débiteur d'une obligation de faire est toujours passible de dommages-intérêts, si l'inexécution provient de son fait. Quant aux obligations de donner, il faut distinguer entre les dettes portables et les dettes quérables. Lorsque la dette est quérable et que le créancier ne se présente pas au lieu où le paiement doit être fait, le débiteur ne se trouvant pas en demeure, ne doit aucuns dommages-intérêts, lors même que la chose ne pourrait plus utilement être livrée: car c'est le créancier qui a laissé passer le temps utile. — Durant., 10, n. 466; D.A. 10. 483, n. 17.

40.— 4° Le débiteur est mis en demeure par une sommation ou autre acte équivalent (art. 1139). La sommation ne suffit pas, il faut une demande, lorsque l'obligation a pour objet une somme d'argent. C'est un huissier ou un notaire qui doit rédiger la sommation — Toull., 6, n. 252; Roll., v° Demeure, n. 8, 9; D.A. 10. 483, n. 18.

41.— Par *actes équivalens*, on peut entendre une citation en conciliation contenant sommation de payer, une demande en justice, une reconnaissance authentique ou même privée de l'interpellation, une citation en conciliation, enfin tout acte écrit propre à certifier que le débiteur est en retard. — Toull., 6, n. 253; Dur., 10, 441; D.A. 10. 483, n. 19; Roll., n. 13, 14, 15.

42.— Mais aucune interpellation verbale ne serait suffisante — Toull., 6, n. 253; Roll., n. 11, 12.

43.— Aucun acte ne peut opérer la mise en demeure lorsqu'il y a empêchement légal de payer au créancier; ainsi, l'acte d'un mineur non émancipé ne mettrait pas le débiteur en demeure. Il en est de même si c'est le débiteur qui se trouve légalement empêché de délivrer la chose; par exemple, la sommation, adressée au mineur lui-même, de livrer une chose qui ne peut l'être que par son tuteur. — D.A. 10. 483, n. 20.

44. — Par l'effet de la demeure, le créancier a droit aux fruits et aux dommages-intérêts; ces objets forment la matière d'une obligation accessoire, née aussitôt qu'il y a demeure d'exécuter l'obligation principale (Toull., n. 254). Ce droit étant acquis au créancier, le débiteur ne peut plus le forcer, par ses offres réelles, d'accepter l'exécution de l'obligation principale (Toull., n. 255; Roll., n. 30). Duranton, t. 10, n. 448, dit, sans motiver cette opinion, que la demeure du débiteur est purgée par des offres réelles régulières.— D.A. 10. 483, n. 21.

45. — La mise en demeure du débiteur principal perpétue l'obligation de la caution; mais la mise en demeure de la caution ne nuit pas au débiteur principal. Quant aux débiteurs solidaires, V. les art. 1205, 1206, 1207 C. civ., et v° Obligations.—D A. 10. 483, n 22.

46. — Le créancier peut renoncer expressément ou tacitement à la mise en demeure de son débiteur. Ainsi, il est censé renoncer, lorsqu'après que le débiteur a été mis en demeure, il renouvelle l'obligation principale, sans réserve des droits acquis par la demeure; ou lorsqu'il accorde un délai, aussi sans réserve, pour exécuter l'obligation principale. — Toull., 6, n 256; Dur., 10, n. 449; Roll., n. 32, 33; D.A. 10. 483, n. 23.

47.— L'expiration des délais peut aussi détruire l'effet de la demeure; mais des distinctions sont nécessaires. Si le créancier a mis son débiteur en demeure par une citation en conciliation, non suivie d'assignation dans le mois, cette citation étant comme non avenue, le débiteur est censé n'avoir pas été mis en demeure (C. pr., art. 57). Si le créancier a introduit une instance, les effets de la demeure ne cessent, par discontinuation des poursuites, que lorsque le débiteur a demandé la péremption. La demande déclarée périmée est comme non avenue. Enfin, si le créancier s'est borné à une sommation ou acte équivalent, autre qu'une citation en conciliation, on ne peut appliquer ici l'art. 57 C. proc., qui n'a en vue qu'un cas spécial, ni les dispositions relatives à la péremption, puisqu'il n'y a pas d'instance commencée. Cependant on ne saurait penser que la loi ait voulu donner à une simple sommation qui, par elle-même, ne suffirait pas pour interrompre la prescription, autant et plus de durée qu'à une action principale. Alors il appartient aux tribunaux de juger, d'après les circonstances, si l'inaction du créancier, depuis la sommation, a suffi pour purger la demeure du débiteur (Toull., 6, n. 257 à 260; Duranton, t. 10, n. 450; Roll., n. 33, 34, 35, 36; D.A. 10,84, n. 24). Delvincourt pense, t. 2, 529, note, qu'à la différence de la demande, susceptible d'être périmée, la sommation a un effet perpétuel, et que la demeure continue jusqu'au paiement ou aux offres suivies de consignation.—*Contrà*, D.A. *eod.*

ART. 3.— *En quoi consistent les dommages-intérêts.— Jusqu'où ils s'étendent. — Solidarité.*

48 — Sous ce rapport, il faut distinguer les obligations dont l'inexécution donne lieu à des dommages-intérêts réglés par le juge ou par la convention des parties; et celles dont l'inexécution donne lieu à des dommages-intérêts fixés par la loi. Ces dernières sont celles qui ont pour objet le paiement d'une somme d'argent; dans ce cas, les dommages-intérêts ne consistent que dans les intérêts de la somme.—V. Intérêts.

49 —Ainsi, un entrepreneur de remplacemens militaires, qui n'a point payé à son échéance la somme due au remplaçant engagé par lui, ne peut pas, outre les intérêts, être condamné à des dommages-intérêts pour retard dans le paiement. — 21 août 1829. Aix. Raineri. D.P. 29. 2. 288.

50 — En matière correctionnelle, la loi laisse à la conscience des magistrats le pouvoir d'arbitrer les dommages-intérêts qui peuvent résulter du délit qui leur est dénoncé. En conséquence, il n'y a pas violation des articles 1149 et 1153 C. civ., dans l'arrêt qui, outre la condamnation au paiement des intérêts d'une certaine somme, adjuge à la partie civile, à titre de dommages-intérêts, les fruits civils produits par cette somme durant l'instance.— 19 mars 1825. Cr. c. Roumage. D.P. 25. 1. 266.

51. — La contrainte par corps peut être prononcée en matière civile pour dommages-intérêts excédant 300 francs (C. proc 126).— V. Contrainte par corps.

§ 1er.— *Dommages-intérêts réglés par le juge.*

52 —Lorsque les parties n'ont pas d'avance fixé l'indemnité que devra celle qui n'exécuterait pas ou tarderait à exécuter son engagement, c'est le juge qui en fait l'évaluation. Le premier soin du juge doit être d'examiner le caractère du fait qui donne lieu aux dommages-intérêts. Le cas fortuit ou la force majeure déchargent entièrement le débiteur : son fait, sa faute, son dol le rendent responsable; l'étendue de son obligation diffère alors selon qu'il a été de bonne ou mauvaise foi.— D.A. 10. 484, n. 1.

53.— Le fait, c'est-à-dire l'inexécution ou le retard dans l'exécution, doit être établi par l'un des genres de preuves reçus en justice.— V. Preuve.

54.— Le juge doit rechercher ensuite si le fait est imputable au débiteur (V. *suprà*, art. 1er). S'il est reconnu que le débiteur n'a point d'excuse qui puisse le soustraire à l'imputation du fait; le juge doit examiner quelles sont les pertes occasionées.

55.— En général, les dommages-intérêts se composent de la perte faite par le créancier et du gain dont il a été privé, afin de prévenir les abus de l'extension de cette règle, la loi ajoute immédiatement, sauf les exceptions et modifications ci-après (art. 1149). Le créancier, demandeur en dommages-intérêts, doit prouver la perte et l'omission de gain (Duranton, 10, n. 471). Le gain ne doit pas s'entendre d'une manière relative, c'est-à-dire du bénéfice spécial que le créancier comptait retirer de la chose d'après l'usage auquel il la destinait, mais de ce qu'elle produit actuellement, et qu'elle aurait produit en sa faveur si elle lui eût été livrée. — D.A. 10. 484, n. 2.

56 —Ainsi, lorsqu'un bail antérieur s'oppose à la prise de possession de l'acquéreur, les clauses, surtout celles relatives à la garantie d'une vente, s'expliquant contre le vendeur, il s'ensuit que celui-ci doit une indemnité à l'acquéreur qu'il a garanti de

tous troubles et empêchemens quelconques, si, par le fait, ce bail antérieur s'oppose à la prise de possession. Les dommages-intérêts doivent être calculés, non sur la valeur spéculative que, d'après l'emploi qu'il devait s'être proposé d'en faire, l'acquéreur donnerait à l'immeuble, mais sur sa véritable valeur productive, et sur la perte qui résulte de l'empêchement ou de prendre possession ou de l'affermer à plus haut prix. — 20 août 1818. Metz. Defilley. D.A. 10. 484, n. D.P. 19. 2. 5.

57. — Les dommages-intérêts, prononcés contre un notaire pour défaut de solidité d'un placement, qu'il était, comme mandataire, chargé d'opérer, peuvent, selon les circonstances, être restreints au-dessous de la somme placée, dans le cas, par exemple, où le prêteur, étant sur les lieux, a pu surveiller lui-même l'état de l'emprunteur, et dans le cas encore où il y a espoir de recouvrement de partie de la somme prêtée. Il importe peu que le prêteur fasse offre de céder ses droits au notaire (C. civ. 1149).—30 mai 1829. Toulouse. Ollier. D.P. 30. 2. 181.

58.—Lorsque le débiteur est de bonne foi, il n'est tenu que des dommages-intérêts prévus ou qu'on a pu prévoir lors du contrat; tandis que, s'il y a eu dol de sa part, il doit les dommages imprévus; mais, même dans ce cas, les dommages ne doivent comprendre, à l'égard de la perte éprouvée par le créancier et du gain dont il a été privé, que ce qui est une suite immédiate et directe de l'inexécution de la convention (art. 1150, 1151).

59. — D'après ces dispositions, le débiteur de bonne foi n'est tenu que des dommages prévus ou qui pouvaient l'être, et non de ceux qu'on n'a pu prévoir, lors même qu'ils seraient la suite immédiate et directe de l'inexécution. Jugé, en ce sens, que les dommages-intérêts doivent s'étendre aux pertes essuyées par l'effet et à l'occasion de l'inexécution de l'engagement, mais non pas à celles qui n'ont pas été prévues lors du contrat, et qui n'ont avec la cause qu'un rapport éloigné. Ainsi, celui qui s'est engagé à faire cesser une saisie-exécution pratiquée sur les meubles et marchandises d'un artisan, d'un maître de forges, par exemple, doit bien, s'il n'a pas rempli son obligation, indemnité pour le chômage des usines, la perte sur le bois et les charbons qui ont été vendus, et pour les frais de poursuites, mais il ne saurait être tenu à des dommages intérêts ni pour les engagemens onéreux que celui en faveur de qui il s'était obligé prétend avoir été forcé de contracter, ni pour la perte du crédit de ce dernier, ni pour les menaces de la contrainte par corps.— 7 mars 1818. Bruxelles. Meuret. D.A. 10. 484, n. D.P. 2. 788, n.

60.— Les art. 1150 et 1151 C. civ. ne s'appliquent qu'aux dommages-intérêts résultant de l'inexécution des obligations; ils ne s'appliquent par conséquent pas aux réparations pécuniaires, comme l'a décidé l'arrêt du 30 janvier 1826, rapporté au n. 29.

61. — Dans le cas d'éviction d'un acquéreur, le vendeur est tenu de lui rembourser toutes les dépenses nécessaires et utiles qui devaient être prévues; mais non les dépenses de pur agrément qui pouvaient ne pas avoir lieu;—si le vendeur connaissait la cause d'éviction, sa mauvaise foi l'oblige à rembourser même les dépenses de pur agrément (art. 1634, 1635). Le vendeur ayant pu prévoir que la chose augmenterait de prix, il doit tenir compte de la plus-value, même indépendante du fait de l'acquéreur; à cet égard, l'art. 1633 C. civ. a rejeté la distinction que faisait Pothier, n. 164, entre l'acquéreur de bonne foi et l'acquéreur de mauvaise foi. — Toull., 6, n. 284, 285; Dur., 10, n. 472; D.A. 10. 484, n. 4.

Un autre exemple, fourni par Pothier, n. 166, se trouve dans la vente d'une chose infectée d'un vice redhibitoire, par exemple, un cheval morveux. Si le vendeur ignorait le vice, il ne serait tenu que de la perte du cheval péri; tandis que s'il était de mauvaise foi, il devrait le prix non seulement de ce cheval, mais de tous ceux auprès desquels il aurait été placé, et auxquels il aurait communiqué la maladie. Mais, ainsi que l'observe Pothier, n. 167, et, d'après lui, Duranton, si, n'ayant pas le moyen d'acheter d'autres chevaux, j'ai négligé la culture de mes terres, et que, par suite, le défaut de revenus m'ait empêché de faire face à mes engagemens, le vendeur, même de mauvaise foi, ne sera pas tenu de m'indemniser des frais de poursuites, saisie, etc. : ce sont là des conséquences éloignées et non immédiates de son dol. — D.A. *eod.*; Roll., n. 57, 58, 60.

62.— Les suites éloignées de la faute du débiteur sont à sa charge, si elles consistent en différentes pertes successives, causées par un seul fait, lorsque ces pertes ont ce fait pour cause unique. On en verra ci-après un exemple, dans le fait d'un architecte.— Toull., t. 6, n. 287.

63.— Pothier, n. 161, en disant que le débiteur de bonne foi ne doit que les dommages prévus ou qui pouvaient l'être, ajoute que les parties sont censées n'avoir prévu que les dommages que le créancier pourrait souffrir à raison de la chose, *propter ipsum rem non habitam*, et non ceux que l'inexécution pourrait lui causer dans ses autres biens. Les exemples que nous avons cités confirment cette règle (Delv., 2, 532, n.). On peut consulter Pothier, n. 161 et suiv.— D.A. 10. 485, n. 5.

64.— Lorque le débiteur est de mauvaise foi, il répond des dommages, même imprévus, pourvu qu'ils soient la conséquence immédiate de l'inexécution (art. 1151). Quand y a-t-il mauvaise foi? Il est des fautes si grossières, des négligences tellement impardonnables, qu'on les assimile à la mauvaise foi: telle est l'impéritie d'un artisan dans les ouvrages concernant son état. Toutefois, l'assimilation de la faute au dol doit dépendre des circonstances: car il est bien des degrés d'impéritie et de fautes; les tribunaux devront difficilement, à moins qu'il n'y ait une imprudence patente, mettre à la charge de l'artisan d'autres dommages que ceux qui raisonnablement pouvaient être prévus.

Un charpentier me fournit de mauvais étais pour soutenir une maison. La maison s'écroule par suite de la faiblesse des étais; le charpentier doit m'indemniser, non seulement de la perte des étais, mais encore de la destruction du bâtiment que de meilleurs étais auraient prévenue. L'indemnité ne s'étendra pas aux meubles : je devrai m'imputer mon imprudence de les avoir laissés dans une maison étayée.—Il en serait autrement si la maison s'écroulait pendant le temps de la responsabilité, par suite de mauvaise construction, l'entrepreneur, qui aurait mal fait exécuter les travaux, devrait m'indemniser de la perte de la maison et des meubles : par meubles, on entend un mobilier convenable à l'état de celui qui devait occuper la maison. Mais, quelle que fût la richesse du mobilier, l'entrepreneur serait tenu de le payer, s'il s'y était expressément engagé, ou s'il était prouvé qu'il avait agi avec mauvaise foi dans la confection des travaux. — La responsabilité, dans ces cas, porte aussi sur les loyers dont le propriétaire est privé; car c'est une perte qui provient immédiatement de la mauvaise exécution du contrat. — Domat, liv. 3, tit. 5, sect. 2; Poth., *Oblig*, n. 163, 165; Dumoulin, *de eo quod inter est*, n. 63, 64; Toull., 6, n. 287; Dur, 10, n. 477, 478; Delv., t. 2, p. 532, note; Roll., 63, 64.

65.— Domat, *loc. cit.*, enseigne que les tribunaux peuvent, en condamnant l'architecte, avoir égard à sa fortune, et modérer les dommages intérêts s'il se trouve dans une position peu aisée. Toullier, 6, n. 289, 290, combat cette doctrine. La bonne foi, l'ignorance du débiteur, les mauvais procédés, ou l'imprudence du créancier peuvent, suivant les circonstances, excuser ou atténuer la faute, la négligence; mais la situation de fortune ou de famille de celui qui est reconnu coupable d'une faute ne doit pas influer sur sa responsabilité.— D.A. 10. 485, n. 7; Roll., n. 65, 66

66.— On a demandé ce qu'il faut décider dans le cas où une personne ayant loué des voitures pour enlever une récolte, et où l'inexécution de la convention ayant retardé l'enlèvement, un orage a détruit la récolte. Delvincourt, t. 2, p. 533, n., pense que le dommage, quoique étant bien la suite de l'inexécution, n'a pu être prévu; qu'ainsi le débiteur n'en répond qu'autant qu'il est de mauvaise foi. Toullier, 6, n. 286, établit d'abord que l'indemnité ne s'étend pas aux pertes que le défaut de récolte a pu faire essuyer au créancier dans ses autres affaires; quant à la perte de la récolte, il faut distinguer, dit Toullier; point de dommages-intérêts si, par un cas fortuit, une force majeure, les chevaux et la voiture promis n'ont pu être fournis. Si cette excuse n'existe pas, il y a dol, ou seulement faute. Dans le cas de mauvaise foi, par exemple, si le débiteur a loué à d'autres pour faire un bénéfice plus considérable, il doit indemniser de la perte entière de la récolte, si le dommage a été la suite immédiate et directe de l'inexécution, suivant les circonstances : ainsi, le créancier ne semblerait pas devoir faire retomber toute la perte sur le débiteur, si lui-même, pouvant se procurer d'autres voitures, avait négligé de le faire, négligence qui elle-même pourrait être expliquée et excusée par la confiance dans la foi promise. Mais si le créancier n'a pu se procurer d'autres voitures avant l'orage, l'indemnité serait due pour la perte entière.— Alors même qu'il y aurait quelque négligence de la part du créancier, il n'en doit pas moins être dédommagé du salaire des ouvriers renvoyés, et autres frais faits pour préparer la récolte; car, dans ce cas, on ne peut lui reprocher aucune faute.—Supposons qu'il n'y ait pas mauvaise foi; que le débiteur ait manqué à son engagement, par exemple, à raison de ce qu'un tiers à qui les voitures étaient louées, ne les a pas ramenées à temps, ce retard n'est pas un fait étranger au débiteur : il devait prendre ses mesures pour faire rentrer ses voitures à temps; mais, comme il n'y a pas dol, il n'est tenu que des dommages qui pouvaient être prévus : or, un orage, dans la saison des récoltes, est un événement assez prévu, pour qu'on puisse en rendre le débiteur responsable.— D.A. 10. 485, n. 8; Roll., n. 61.

67 — La loi ne peut tracer que quelques principes généraux sur l'évaluation des dommages-intérêts : l'application, abandonnée à la prudence des tribunaux, varie à l'infini, suivant les circonstances. Les juges doivent s'appliquer à réparer la perte éprouvée plus qu'à dédommager du gain non réalisé.— Dur., 10, n. 481; D.A. *eod.*

68.— Au surplus, lorsque les dommages-intérêts ne sont fixés ni par la loi ni par la convention des parties, les juges ont un pouvoir discrétionnaire pour cette fixation : *spécialement*, lorsqu'ils en ont accordé à un acquéreur de biens dotaux que le mari vendeur s'était obligé à garantir de *tous dépens, dommages-intérêts*, et qui a été évincé, cet acquéreur ne peut pas attaquer leur décision, basée sur des faits particuliers, par le recours en cassation, sous prétexte que son indemnité est trop faible, et que des experts n'ont pas été nommés. — 17 mars 1819. Req. Nîmes. Montseveny. D.A. 10. 486, n. D.P. 19. 1. 377.

69. — Pour que des dommages-intérêts ou une provision puissent être accordés par un tribunal à celui qui les réclame, il n'est pas nécessaire que le préjudice causé ait été constaté par le tribunal; il suffit qu'il résulte de l'aveu de la partie, comme si, par exemple, elle se borne à contester sur la quotité (C. pr. 135).— 11 juill. 1826. Req. Rigaud. D.P. 26. 1. 425.

70. — Le juge ne peut prononcer la compensation des dommages-intérêts avec d'autres créances (C. civ. 1295).— Pigeau, 2, p. 604.

71. — Les demandes en dommages-intérêts sont portées devant diverses juridictions, selon la nature des faits qui y donnent lieu. — V. Action civile, Compétence.

§ 2. — *Dommages-intérêts réglés par la convention des parties.*

72.— Afin de prévenir les incertitudes d'une évaluation judiciaire, et de se soustraire aux difficultés de la preuve du dommage éprouvé et du grain perdu, les parties peuvent convenir que celui qui manquera d'exécuter le contrat paiera une certaine somme, à titre de dommages-intérêts. Dans l'ancienne jurisprudence, une pareille clause empêchait le créancier de réclamer une somme plus forte, mais elle n'empêchait pas le débiteur d'obtenir une réduction, si le tort causé ne s'élevait pas à la somme convenue. L'art. 1152 porte « qu'il ne peut être alloué une somme plus forte ni moindre. » Cette règle reçoit une exception pour le cas où, dans une obligation ayant pour objet le paiement d'une somme d'argent, les parties auraient stipulé, pour dommages-intérêts, une somme supérieure au taux de l'intérêt légal. — Toull., 6, n. 275; Dur., 10, n. 483; Delv., 2, 533, n; Roll., n. 45, 46; D.A. 10. 486, n. 11.

73. — L'art. 1152 C. civ. n'enlève point aux magistrats le droit de décider si le fait de l'inexécution est constant; s'il doit être attribué à la partie poursuivie pour avoir manqué au contrat, ou jusqu'à quel point elle peut être responsable (C. civ. 1152). — 16 juin 1832. Lyon. Grassot. D.P. 34. 2. 195.

Cette espèce, qui nous semble très bien jugée, ne doit pas être confondue avec la question de savoir s'il pourrait appartenir au juge de réduire, en cas d'excès, la somme stipulée à titre de clause pénale. — La jurisprudence ancienne admettait cette réduction, comme nous l'avons vu (Pothier, *Oblig.*), et la jurisprudence moderne ne semble pas vouloir la repousser (D.A. 10, 476): elle ferait en cela, pour le cas de l'art. 1152, ce que le législateur a fait expressément en cas d'usure ou de vente donnant une lésion de plus des sept douzièmes.—D.P. *eod*, note.

74.— La convention dont parle l'art. 1152 est une clause pénale. Le créancier, comme celui d'une obligation avec clause pénale, peut demander l'exécution de l'obligation principale, au lieu de la somme. Toutefois, cette faculté cesse si, au lieu d'avoir voulu seulement, par la fixation d'une somme, traiter à

forfait des dommages-intérêts en cas d'inexécution de l'obligation principale, les parties ont entendu convertir l'obligation principale en celle de payer la somme : alors le choix appartient au débiteur, qui peut se libérer en payant la somme promise. Quand les contractans sont-ils censés avoir voulu faire cette espèce de novation? Cela dépend des termes de l'acte et des circonstances. Duranton, 10, n. 485, pense que, s'il y a doute, la conversion de l'obligation *de faire* se présumera plus facilement, parce qu'il est naturel de croire que, sachant qu'il ne pourrait être précisément contraint, le débiteur a voulu régler ce qu'il devrait d'indemnité s'il voulait ne pas exécuter. Dans les obligations *de donner*, au contraire, la convention sera, de préférence, considérée comme une clause pénale, puisque l'exécution peut être obtenue sans attenter à la liberté, et le créancier pourra encore demander l'obligation principale au lieu de la somme. — D.A. 10. 486, n. 12.

75. — Cette convention ne rend pas l'obligation alternative, comme si l'on avait dit : Je promets de donner telle chose ou telle somme. Il s'ensuit que le débiteur ne doit pas la somme si, avant la mise en demeure, la chose a péri par cas fortuit, car il ne devait cette somme qu'à titre de dommages-intérêts pour le cas d'inexécution par sa faute. — D.A. 10. 486, n. 13.

En cas de prêt d'une rente sur l'état qui a été vendue, à défaut de remboursement au terme convenu, à un cours inférieur à celui qu'elle avait et qui lui avait été reconnu au moment du prêt, on doit regarder non comme une partie de la somme due par le prêteur, mais comme des dommages-intérêts, la somme allouée au prêteur pour différence entre le cours au temps du prêt et celui au jour de la vente. Par suite, il a pu être déclaré que le prêteur, bien qu'il eût hypothèque sur les biens du débiteur pour l'obligation de rendre la rente, n'avait cependant pas d'hypothèque pour la somme accordée à titre de différence ou de dommages-intérêts (C. civ. 1134, 1135, 1142). — 11 mars 1834. Req. Paris. Est. D.P. 34. 1. 133.

On n'a pu, suivant nous, arriver à cette solution sur le point fort délicat qui était ici contesté, qu'en faisant prévaloir la lettre de la stipulation sur son esprit; car il paraît bien naturel que si, pour assurer la restitution du prêt de billets de banque, de rentes au porteur ou de rentes sur l'état, le prêteur a exigé une constitution hypothécaire, c'est qu'il a voulu se mettre à l'abri des pertes qu'il pourrait éprouver par suite de la dépréciation du titre prêté. Mais la cour royale ne l'a point pensé ainsi, et il était difficile que la question posée dans ces termes par elle pût être envisagée différemment par la cour de cassation. — D.P. *eod.*, note.

§ 3. — *De la solidarité.*

76. — En matière criminelle, tous les individus condamnés pour un même crime ou pour un même délit sont tenus solidairement des dommages-intérêts (C. pén., art. 55). Remarquez que cet article ne parle pas des individus condamnés pour simple contravention.

Quant aux quasi-délits, V. Responsabilité.

Un mari, poursuivi conjointement avec sa femme, comme complice de vols commis par celle-ci, peut être condamné, solidairement avec elle, à des dommages-intérêts civils, encore bien qu'il soit acquitté, alors qu'il est décidé qu'il a profité de ces vols. — 22 janv. 1830. Cr. r. Letellier. D.P. 30. 1. 90.

77. — C'est seulement contre les condamnés que l'art. 55 C. pén. ordonne la solidarité; d'où il résulte qu'elle n'a point lieu contre les plaignans ou dénonciateurs contre lesquels des dommages-intérêts sont adjugés : ils ne se sont rendus coupables, envers l'accusé ou prévenu, d'aucun crime ni délit. — D.A. 9. 660, n. 6.

78. — Quant aux dommages-intérêts en matière civile, la question de solidarité est plus difficile. L'art. 1202 C. civ. porte que la solidarité ne se présume point, et qu'il faut qu'elle soit expressément stipulée, à moins que la solidarité n'ait lieu de plein droit, en vertu d'une disposition de la loi. Or, cette disposition n'existe pas expressément pour les dommages-intérêts.

Cependant Pigeau, t. 2, p. 604, pense que la solidarité a lieu en matière de dommages-intérêts, parce que, sans la réunion de tous ceux qui ont causé le dommage, il n'y aurait pas eu de dommage.

79. — Jugé, en ce sens, que la solidarité peut être prononcée, en matière civile, pour dommages-intérêts, tels, par exemple, que ceux reclamés, contre les auteurs d'une vente simulée, par l'acquéreur, à raison du préjudice et des frais qui lui ont été occasionés pour faire maintenir son acquisition contre l'action des créanciers, en fraude desquels elle a eu lieu (C. civ. 1200, 1382; C. pén. 55). — 26 fév. 1829. Paris. Morizot. D.P. 29. 2. 134.

80. — Jugé, en sens contraire, que quoiqu'un fait serait de nature à donner lieu à une action solidaire en dommages-intérêts contre ses auteurs, si cette action était formée devant les tribunaux de répression, il ne saurait en être de même si les dommages-intérêts sont réclamés devant les juges civils : ici s'applique la règle que la solidarité ne se présume pas (C. civ. 1202; C. pén. 55). — 16 fév. 1829. Bordeaux. Duchet. D.P. 30. 2. 66.

81. — Décidé aussi que la condamnation à des dommages-intérêts prononcée contre divers individus, en ce qu'ils se seraient opposés à des travaux exécutés par des propriétaires, n'est ni solidaire, ni indivisible entre ces derniers (C. pr. 126, C. civ. 1218). — 5 déc. 1827. Civ. c. Boudiet-Lange. D.P. 28. 1. 41.

82. — Décidé encore que la solidarité ne peut être prononcée pour des dommages-intérêts, lorsque ces dommages ne procèdent pas du même fait (C. civ. 1202). — 17 janv. 1832. Civ. c. Delacroix. D.P. 32. 1. 79.

83. — Mais, jugé qu'en matière de dommages-intérêts, il y a nécessité de prononcer la solidarité entre ceux qui les doivent, s'il est impossible de déterminer la part de chacun dans le dommage. Ainsi, dans le cas où des établissemens ont, par les exhalaisons qui en émanent, causé un préjudice à la propriété de leur voisin, sans qu'il soit possible de déterminer la proportion dans laquelle chaque établissement doit être tenu du dommage, il y a lieu de prononcer la solidarité contre les propriétaires..., alors, d'ailleurs, que cette proportion sera déterminée plus exactement par ces propriétaires qui ont déjà fait des offres au réclamant. — 11 juill. 1826. Req. Rigaud. D.P. 26. 1. 425. — V. Obligation solidaire.

84. — Lorsque, de deux individus condamnés par défaut à payer solidairement certaine somme à titre de dommages-intérêts, l'un a, sur sa seule opposition, fait réduire la condamnation en ce qui le concerne, tandis que, sur l'appel interjeté par l'autre, le jugement a été confirmé, ce dernier, s'il est actionné en paiement de la totalité de la somme, a pu être déclaré mal fondé à se prévaloir de la réduction prononcée au profit de son co-obligé solidaire; et l'arrêt qui a décidé que la réduction ne portait point atteinte à la condamnation prononcée contre lui, sauf à lui à se pourvoir contre le jugement de réduction, ne viole pas les principes de la solidarité (C. civ. 1208, 1213, 1285). — 30 janv. 1827. Req. Hoclet. D.P. 27. 1. 127.

ART. 4. — *Mode de fixer les dommages-intérêts.*

85. — Lorsque, d'après la discussion élevée devant lui, le juge peut apprécier les dommages-intérêts, il doit en faire la liquidation dans le jugement de condamnation prononcé contre le débiteur (C. pr. 128).

86. — Si l'évaluation immédiate des dommages-intérêts n'est pas possible, le tribunal statue sur le fond du droit, et ordonne que les dommages-intérêts seront donnés par état, il surseoit à en faire la liquidation jusqu'après la production des preuves faites en conformité de la procédure toute spéciale tracée pour ce cas (C. pr. 128, 523). — Berriat, p. 495, n. 9; *Dict. de proc.*, v° Dommages-intérêts, n. 38.

87. — La déclaration des dommages-intérêts sera signifiée à l'avoué du défendeur, s'il en a été constitué; et les pièces seront communiquées sur récépissé de l'avoué, ou par la voie du greffe (C. pr. 523).

88. — Lorsqu'une partie a contesté, pour défaut de pièces justificatives, l'état de dommages-intérêts qui lui a été notifié, le juge peut, sur cette contestation, fixer les dommages-intérêts, sans que la partie soit fondée à prétendre que la contestation par elle élevée n'ayant point été suivie d'une communication de pièces justificatives, le jugement a été prononcé alors que la cause n'était pas en état (C. pr. 523, 524, 525). — 20 nov. 1832. Req. Wilson. D.P. 33. 1. 58.

89. — Les émolumens de l'avoué qui dresse la déclaration sont fixés d'après le nombre d'articles qui la composent (*Tarif*, art. 141). — Le juge examine si l'avoué n'a pas divisé les articles pour augmenter ses émolumens (Sudrand, n. 424). Mais le tribunal peut être appelé à apprécier les réductions du juge taxateur. — Chauveau, *Tarif*, 2, p. 36; *Dict. de proc.*, n. 39.

90. — L'avoué qui a occupé pour le défendeur dans l'instance n'a pas besoin d'un pouvoir nouveau pour occuper sur la liquidation des dommages-intérêts. Toutefois, il faut, pour cela, que la liquidation de ces dommages ait lieu dans l'année du jugement qui les adjuge. — Berriat, p. 495, n. 5; *Dict. de proc.*, n. 40.

91. — Si le défendeur n'a pas constitué avoué, il est évident, quoique l'art. 523 ne s'explique pas à cet égard, que la déclaration doit lui être signifiée à personne ou domicile, avec assignation (Berriat, p. 495, n. 9. Carré, sur l'art. 523). Dans ce cas, il est bon, pour éviter les frais d'un nouvel acte, de déclarer, dans la signification, qu'on est prêt à communiquer les pièces justificatives de la demande. — *Dict. de proc.*, n. 42.

92. — Le défendeur sera tenu, dans les délais fixés par les art. 97 et 98, et sous les peines y portées, de remettre les pièces, et, huitaine après l'expiration desdits délais, de faire ses offres au demandeur, de la somme qu'il avisera pour les dommages-intérêts, sinon, la cause sera portée sur un simple acte à l'audience, et il sera condamné à payer le montant de la déclaration, si elle est trouvée juste et bien vérifiée (C. pr. 524). Le délai accordé au défendeur pour remettre les pièces est celui de quinzaine. — Pigeau, t. 2, p. 352; Carré, art. 524, n. 1835. — *Contrà*, Demiau, art. 524.

93. — Les art. 97 et 98 auxquels renvoie l'art. 524 ne contenant aucune peine, il faut, pour qu'une peine soit applicable, consulter l'art. 107, qui se réfère aux art. 97 et 98 (Lepage, 357). Selon Carré, n. 1836, c'est à l'art. 191 qu'il faut recourir.

94. — La huitaine accordée au défendeur pour faire ses offres étant toute dans son intérêt, il peut renoncer à ce délai, et présenter ses offres plus tôt. Mais le demandeur ne pourrait l'actionner avant l'expiration du délai. — *Dict. de proc.*, n. 46.

95. — Les offres sont transmises au demandeur par acte d'avoué à avoué.

L'avoué du défendeur doit poser des apostilles sur la déclaration, afin que le demandeur sache sur quel article son adversaire fait porter la réduction. — Tarif, art. 142, *Dict. de proc.*, n. 47, 48.

96. — L'art. 524 n'exige pas que les offres soient réelles. Il faut donc, si l'on veut se libérer, les renouveler par exploit à la partie, et en consigner le montant dans la forme prescrite par les art. 812 et suiv. C. pr. (Carré, n. 1839; Pig., 2, p. 4 6). Lorsque, aux termes de l'art. 524, la contestation est portée à l'audience, elle s'instruit et se juge dans la forme ordinaire. — *Dict. de proc.*, n. 50.

97. — Si le défendeur acquiesce à la déclaration, le demandeur peut l'appeler à l'audience pour obtenir un jugement qui lui donne acte de l'acquiescement, et porte condamnation au paiement (Ord. 1667, tit. 32, art. 2). — Carré, n. 1840; Delap., 2, p. 105; *Dict. de proc.*, n. 51. — *Contrà*, Demiau, art. 524.

98. — Le tribunal auquel est reportée la contestation sur la déclaration, peut employer toutes les voies légales d'instruction, telles que comparution de parties, rapports d'experts, descentes sur les lieux, etc. — Berriat, p. 495, n. 9; Carré, n. 1841.

99. — Lorsqu'un tribunal a liquidé les dommages-intérêts à une somme fixe, en ajoutant : *Si mieux n'aiment les parties les faire déterminer à dire d'experts* dans un délai fixé, les juges peuvent, même après l'expertise faite par les parties, en ordonner une nouvelle; en effet, la fixation offerte aux parties ayant été refusée par elles, elle doit être réputée non avenue : dès lors, le jugement ne peut plus être considéré que comme un interlocutoire, qui ne lie pas les juges et ne les empêche pas de s'éclairer par une seconde expertise (Carré, n. 1842, *Dict. de proc.*, n. 53). Si les offres contestées sont jugées suffisantes, le demandeur sera condamné aux dépens, du jour des offres (C. pr. 525). — *Dict. de proc.*, n. 54, 55, 56, 57.

100. — On peut, en appel, poser de nouveaux faits pour la fixation des dommages-intérêts réclamés en première instance (art. 464 C. pr. civ.). — 28 fév. 1824. Rennes. Haranchipy. D.A. 11. 624, n. 2-1. D.P. 2. 1141, n. 2. — V. Degrés de juridiction.

101. — La disposition par laquelle une cour, en prononçant des dommages-intérêts, ordonne que, faute de paiement, celui qui succombe sera obligé de délaisser, à celui qui obtient gain de cause, une quotité d'immeubles d'une valeur égale à ces dommages-intérêts, cette disposition n'est que comminatoire, dépendante de la volonté des parties; elle ne fait que tracer un mode d'exécution admis dans le droit romain; elle ne vicie pas l'arrêt, si c'est le droit romain qui était applicable à l'action jugée. — 6 avril 1826. Req. Bastia. Viterbi. D.P. 26. 1. 244.

— V. Responsabilité. — V. aussi Acquiescement, Actes de l'état civil, Action civile, Actions possessoires,

Agent de change, Amnistie, Appel, Autorité municipale, Avarie, Avoué, Avocat, Brevet d'invention, Bigamie, Capitaine, Caution, Cassation, Assurance maritime, Charte-partie, Chasse, Choses, Chose jugée, Commissionnaire, Communauté, Communes, Compensation, Compétence, Compétence administrative, Compétence civile, Compétence commerciale, Compétence criminelle, Compte, Concession, Condition, Confiscation, Conseil d'état, Conservateur, Contrainte par corps, Contrat de mariage, Contributions indirectes, Cour d'assises, Degré de juridiction, Dénonciation calomnieuse, Désaveu, Douanes, Droits civils, Effet de commerce, Enregistrement, Escroquerie, Exceptions, Fabriques, Faillite, Faux, Faux incident, Forêts, Frais, Garantie, Homicide, Huissier, Incendie, Juge, Loterie, Louage, Mandat, Manufacture, Ministère public, Nom, Notaire, Obligation, Ordre, Outrage, Pâturage, Péage, Pêche, Peine, Plainte, Presse, Prêt, Prise à partie, Prises maritimes, Promesse de mariage, Propriété, Propriété littéraire, remplacement militaire, Saisie-arrêt, Saisie-exécutoire, Saisie-gagerie, Saisie-immobilière, Servitudes, Société, Société commerciale, Substitution, Témoins, Théâtre, Transaction, Tutelle, Vente, Voirie, Vol.

TABLE SOMMAIRE.

Accessoire. 44, 58, s.
Acquiescement. 97.
Appel. 100.
Architecte. 65, s.
Avoué. 87, s.
Carucière. 55, s.
Cas fortuit. 24.
Cause étrangère. 20, s.
Cause illicite. 6, s.
Caution. 45.
Clause pénale. 73.
Compensation. 70.
Complicité. 76.
Conciliation. 47.
Condition potestative. 9.
Contrainte par corps. 51.
Convention. 72, s.
Délai. 38, 47, s. 92.
Dépôt. 19.
Dette quérable. 36.
Dispositions comminatoires. 101.
Echéance 33, s.
Equivalent. 34, s. 40, s.
Etablissement public. 19.
Exhalaison. 83.
Eviction. 61, s.
Faute. 12, s.
Femme. 76.
Fixation. 85, s.
Force maj. 11, 24, s. 51, s.
Frais. 89, 99.
Fraude. 12, s.
Fruit. 44, 50.
Garantie. 61, s.
Greffe. 84.
Indivisibilité. 81, s.
Impossibilité. 39.
Inexécution. 2, s.
Intention. 13, s.
Intérêt. 48, s. 50.
Interpellat verbale. 42.
Lien de droit. 5, s.
Liquidation. 88, 99.
Mandat légal. 22.
Mauvaise foi. 64, s.
Mineur. 45.
Mise en demeure. 30, s. 75.
Notaire. 19, 57.
Novation 74, s.
Nullité. 10.
Obligation. 26.—de faire. 4, s. — illicite. 6, s. — alternative. 75.—nulle. 10, s.— personnelle. 5, s. 10, s.
Office. 19.
Offre réelle. 44, 94, s.
Peine. 77, 93.
Peremption. 47.
Perte. 62.
Perte de la chose. 75.
Placement. 59.
Porte-fort. 22.
Pouvoir discrétionnaire. 50, 52, 67, s.
Preuve. 53, s.
Procédure. 85, s.
Promesse de mariage. 6.
Reddition. 72.
Réduction. 84, 95.
Refus. 27.
Remplacement. 49.
Rente sur l'état. 75.
Reparation civile. 50.
Reserve. 46.
Résistance. 19.
Responsabilité. 1, 73.
Retard. 3, 8, 11.
Simulation. 79.
Signification. 87, s.
Solidarité. 45, s. 76, s.
Sommation. 34.
Stipulation comminatoire. 53, s.
Théâtre. 27.
Tiers. 21.
Tuteur. 22, 43.
Valeur réelle. 56, s.
Vente. 36.

DOMMAGE MORAL.—V. Peine.

DON.—V. Alimens, Complicité, Concussion, Enregistrement, Fonctionnaire public, Hospices, Transaction.

DON MANUEL. — S'entend des dons d'argent ou d'objets mobiliers, faits de la main à la main et sans acte.

§ 1er. — *Validité du don manuel.*
§ 2. — *Choses qui en sont susceptibles.*
§ 3.—*Dons manuels faits par l'entremise d'un tiers.*
§ 4. — *Preuve de ces dons.*
§ 5. — *Règles communes aux dons manuels et aux donations.*

—

§ 1er.— *De la validité des dons manuels.*

1. — Elle était généralement admise sous l'ord. de 1731. L'art. 1er disait *tous actes de donations* seront rédigés... et non *toutes donations*: d'où l'on concluait qu'il y avait des dons exempts de formalités (D'Aguesseau, lett. 54; Ricard, part. 1re, n. 890 et suiv.; Furgole, sur l'art. 1er; Pothier, *Donat.*, sect. 2, art. 1er). — L'art. 931 C. civ. dit aussi *tous actes portant donation*. L'art. 948 exige un état estimatif, annexé à tout acte de donation d'effets mobiliers. M. Jaubert, orateur du Tribunat, a reconnu formellement la validité des dons manuels. D'ailleurs *possession vaut titre* (C. civ. 2279). —Toull., t. 5, n. 177; Merl., *Quest.*, vo Donation, § 6, et Rép., § 7, quest. 2; Gren., t. 1er, n. 176, 179; Durant., t. 8, n. 388; D.A. 5. 534, n. 1.

La jurisprudence, comme on va le voir, a consacré cette interprétation.

2. — Jugé que les dons manuels ne sont sujets à d'autres formalités qu'à la tradition réelle (C.civ. 931). — 12 déc. 1815. Civ. r. Besançon. Bonguyot. D.A. 5. 538. D.P. 16. 1. 132.

3. — Jugé aussi que les formalités voulues par les art. 910 et 937 C. civ. ne s'appliquent pas aux dons manuels; qu'ainsi, ceux faits à un séminaire, sont parfaits par la délivrance que fait le donateur, à l'administrateur du séminaire, de l'objet donné, lorsque d'ailleurs l'autorisation a été accordée même après le décès du donateur. — 26 nov. 1833. Req. Bourges. Fraigneau. D.P. 34. 1. 40.—V. D.P 35. 2 46.

4. — L'ordonnance qui autorise l'emploi de la somme remise à titre de don manuel à l'administrateur d'un séminaire, constitue une autorisation implicite et suffisante de l'acceptation de ce don, encore qu'elle n'indique pas le nom du donateur. —21 nov. 1831. Bourges. Séminaire de Saint-Maixent. D.P. 33. 2. 25.

5. — Le don manuel est parfait par le dessaisissement du donateur et l'appréhension, par le donataire, de l'objet donné, lors même qu'il est fait sous condition onereuse. — Même arrêt.

6. — Le don manuel fait à cause de mort est-il valable par la seule tradition, comme le don manuel entre-vifs? Dans les deux cas, *la possession vaut titre* (C. civ. 2279). S'il y avait lieu de faire exception à cette règle, ce serait plutôt pour les dons entre-vifs, qui, dépouillant irrévocablement le donateur, semblent commander plus de précautions, — Merl., *Quest. de dr.*, vo Donation, § 6, n. 3; Favard, vo Don manuel, n. 4; D.A. 5. 535, n. 3.

7. — Il a été jugé cependant que la donation *de manu ad manum* qu'un auteur mourant fait de ses manuscrits, est réputée donation à cause de mort, et soumise comme telle aux formalités des testamens. — 4 mai 1816. Paris. Lesparda. D.A. 5. 536. D.P. 17. 2. 6.

Mais cet arrêt donne lieu à deux observations :

1o Le second *considérant* de l'arrêt fait résulter des circonstances la présomption de *dépôt*.

2o La donation à cause de mort et le legs sont distincts : l'une est une sorte de convention, qui se forme par le concours de deux volontés : l'autre dépend uniquement de la volonté du testateur. La donation à cause de mort transfère la propriété actuellement, seulement elle est résoluble en cas de survie du donateur. — Peu importe que l'art. 893 n'admette plus que deux modes de disposer : la donation entre-vifs et le testament. Cet article règle en général la manière de disposer à cause de mort, comme l'art. 931 règle en général la manière de disposer entre-vifs.

En tout cas, s'il y a doute sur le genre du don manuel, la tradition réelle fera supposer qu'il a eu lieu entre-vifs plutôt qu'à cause de mort.— Merl., *loc. cit.*

§ 2. — *Choses susceptibles de don manuel.*

8 — Avant l'ord. de 1731, on n'admettait que les dons manuels de sommes modiques ou d'objets de peu de valeur. Les termes généraux du code, et les motifs présentés lors de la discussion, ne permettent plus cette distinction arbitraire. Il s'suffit que la volonté de donner soit bien constante. — D.A. 5. 534, n. 2.

9.— Le don manuel de créances ou droits incorporels et mobiliers est-il valable? La question d'abord ne peut concerner la remise du titre, que fait le créancier au débiteur : évidemment, elle produit l'effet d'une donation (C. civ. 1282, 1283).

10.— Si le titre est remis à un autre que le débiteur, cela ne suffit pas pour rendre le possesseur propriétaire; il faut une cession ou un acte régulier de libéralité. Dans les art. 1607 et 1689 C. civ., la remise des titres est signalée comme mode de délivrance ou comme exécution de la cession; mais la cession seule transmet la propriété. Le titre est la preuve de la créance, et non la créance même. Aussi les droits incorporels ne sont-ils pas susceptibles d'une véritable possession, telle que le suppose l'art. 2279; le titre enfin peut avoir été remis dans un tout autre but que la donation (Gren., t. 1er, n. 179 *bis*; Toull., t. 5, n. 179; Delv., t. 2, p. 253; Merl., *loc. cit.*; Dur., n. 396 ; Fav., vo Don manuel; D.A. 5. 535, n. 4).— 14 juill. 1818. Metz. Marchal. D.A. 5. 541. D.P. 23. 1. 429.— 20 juill. 1819. Colmar.— 24 juill. 1822. Req. Lyon. Lorrain. D.A. 5. 541. D.P. 23. 1. 428.

11.—Le contraire a été jugé, mais dans une espèce bien favorable à la validité du don. Une boite, renfermant des titres de créances, avait été transportée par le défunt, quelque temps avant sa mort, chez sa fille naturelle, à l'insu des autres héritiers; les circonstances excluaient toute idée de dépôt. La tradition, dans ce cas, a suffi pour transmettre la propriété des objets, bien qu'ils consistassent en créances (Toull., t. 5, n. 179, note 2; D.A. 5. 538, n. 1).—16 déc. 1807. Trèves. Stumm. D.A. 5. 538. D.P. 23. 1. 429.

12. — Le don manuel de créances n'étant valable qu'autant que le transport en est fait dans les formes spéciales à ces créances, un bon pour *un tel*; mis sur un billet, et signé du porteur, n'est point suffisant pour en transporter la propriété à celui qui s'en prétend donataire.— 15 mai 1833. Agen. Lafontan. D.P. 33. 2. 248.

13.— Des billets à ordre peuvent-ils être donnés de la main à la main et sans acte? Suffit-il de la simple remise des billets avec un endossement en blanc? Non : il est nécesssaire que l'endossement soit rempli du nom de celui auquel les billets sont donnés. L'endossement en blanc ne transfère pas la propriété (C. comm. 137, 138.— Merlin, *Quest. de droit*, vo Donation, § 6).— 14 juill. 1818. Metz. Marchal. D.A. 5. 541. D.P. 23. 1. 429.

14.— Il a été jugé au contraire que l'endossement de billets à ordre, quoique fait en blanc, en transmet la propriété au porteur, sauf l'exception naturelle et nécessaire des cas de faillite et d'héritier à réserve.— 12 déc. 1815. Civ. r. Besançon. Bonguyot. D.A. 5. 538. D.P. 16. 1. 132.

En critiquant cette décision, Merlin, *loc. cit.*, remarque qu'elle eût pu se justifier de cette autre manière : dans l'espèce, les billets avaient été remis au donataire par l'intermédiaire d'un tiers. L'endossement en blanc valait procuration au tiers de les transmettre au donataire par un endossement régulier; le mandataire était présumé avoir rempli son mandat, et cette présomption ne pouvait être combattue devant la cour suprême.— D.A. 5. 540, n. 1.

15.— Jugé par la même cour que, si après avoir revêtu un effet de commerce d'un endossement irrégulier (comme ne contenant pas la valeur fournie), l'endosseur a, par un acte séparé (tel qu'une lettre adressée à l'endossé), manifesté l'intention de lui donner le montant de l'effet, cette lettre a été justement déclarée, au moins entre les parties ou leurs héritiers non réservataires, avoir suppléé à l'irrégularité de l'endossement, bien qu'elle ne vaille elle-même, ni comme donation, ni comme testament. En disant que l'endossement irrégulier ne vaut que comme procuration, l'art. 138 C. comm. établit une simple présomption, susceptible de la preuve contraire dans le cas dont il s'agit. — 25 janv. 1832. Req. Amiens Mareschal D.P. 32. 1. 393.

16.—Quel que soit l'avis qu'on adopte sur l'insuffisance de la tradition pour le transport des billets à ordre, il paraît au moins raisonnable de valider le don manuel d'effets *au porteur*. Ces créances sont si intimement unies au titre qui les constate, qu'elles en paraissent inséparables (D.A. 5, p. 535, n. 5). —23 mai 1822. Req. Paris. Diert-Kerck-Weerde. D.A. 5. 542. D.P. 22. 1. 318.

17.— A l'égard des rentes sur l'état, il faut que le transfert ait été signé par le donateur, pour que le donataire devienne propriétaire, il ne suffit pas de la tradition du titre.

§ 3. — *Des dons manuels faits par l'entremise d'un tiers.*

18.— Le don est valable par la tradition faite à un tiers, pour le remettre au donataire; et il n'est pas besoin que le tiers soit muni d'une procuration expresse et authentique.— 12 janv. 1822. Caen. Edeline. D.A 5. 545.

19.—Le tiers est tenu de le remettre au donataire, qui peut l'actionner comme mandant —Même arrêt.

20.—Mais le dessaisissement est-il irrévocable par le seul fait de la remise au tiers? Il faut encore que le don ait été accepté par le donataire lui-même. *Nemini invito beneficium datur*. Cette acceptation, du reste, n'est soumise à aucune formalité. Il suffit que le donataire ait manifesté l'intention de profiter du don.—Même arrêt.

21.—Faut-il au moins que l'acceptation du donataire soit intervenue avant le décès du donateur?

Le don n'est irrévocable que par le concours des deux volontés, et la propriété ne peut rester en suspens. Le donateur est donc mort propriétaire des objets donnés, s'ils n'ont pas été acceptés de son vivant. La remise au tiers ne le dessaisissait que sous la condition de cette acceptation. Elle lui était la possession corporelle, mais non la propriété. En un mot, le contrat n'a pu se former. — Merlin, *Quest. de dr.*, v° Donation, § 6, n. 3; Dur., t. 8, n. 393, 394.

22. — Jugé, en conséquence, qu'un don manuel est caduc, si la personne chargée de remettre au donataire l'objet donné, n'en a pas fait la remise avant le décès du donateur (C. civ. 893). — 1er mars 1826. Paris. .. — 5 fév. 1827. Bordeaux. Gude. D.P. 27. 2. 118. — 9 déc. 1829. Trib. de Soissons. Mareschal. D.P. 32. 1. 393. — *Contra*, 12 déc. 1815. Civ. r. Besançon. Bonguyot. D.A. 5. 538. D.P. 16. 1. 132.

23. — Cet arrêt de rejet est critiqué par Merlin et Duranton, *loc. cit.*

La cour de Besançon s'était fondée sur ce que le tiers est devenu le *negotiorum gestor* du donataire, et qu'il a donc pu accepter pour lui. — Mais vous n'êtes mon *negotiorum gestor* que si j'ai un intérêt *déjà né* à gérer. Or, mon intérêt à la donation ne date que du jour de mon acceptation. C'est mettre l'effet avant la cause. Il ne peut y avoir de *lien de droit* vis-à-vis moi, si vous stipulez pour moi sans que j'aie intérêt et sans mon mandat (C. civ. 1119). — Les art. 933, 935, en déterminant le mode et la capacité d'acceptation pour autrui, laissent assez supposer qu'une donation ne peut être acceptée par un *negotiorum gestor*. Aussi l'art. 5 de l'ordonn. de 1731 n'attribuait-il effet à la donation acceptée par celui qui s'était porté fort pour le donataire, que du jour de la ratification par celui-ci. La loi romaine, si facile à admettre les donations, décide formellement dans notre espèce que la donation est sans effet, si le tiers n'a pas remis la chose au donataire avant le décès du donateur (L. 2, § 6, ff. *de Donat.*). Le même principe se trouve dans les lois 41, ff. *de Reb. credit.*, 8, Cod. *de Obligat. et action.*

24. — Quoi qu'il en soit, il a encore été jugé que la remise de billets à ordre par un père à sa fille, et par l'intermédiaire d'un tiers, constitue une donation simulée valable, quoique ce tiers n'ait endossé les effets qu'après la mort du père donateur (C. civ. 931, 951) — 24 janv. 1834. Grenoble. Verdat. D.P. 34. 2. 166.

25. — La remise d'une dette peut être faite sous condition et par l'entremise d'un tiers, pour le cas où le créancier mourrait. Il a été jugé que la quittance donnée alors par le créancier doit avoir son effet, quoique la remise n'ait pas été effectuée par le tiers avant la mort du créancier. — 2 avril 1823. Req. Limoges. Ardoin. D.A. 10. 612. D.P. 23. 1. 182.

Cette décision est critiquée par Duranton, t. 8, n. 395. Elle est motivée sur ce que l'art. 1282 n'assujettit la remise d'une dette à aucune formalité; mais il s'agit dans cet article de la remise *conventionnelle*, qu'on a placée au titre des *obligations conventionnelles*. Dans l'espèce, c'est une libéralité *à cause de mort*, faite par fidéi-commis (Voy. le titre au Digeste, *de Liberatione legatâ*). Or, une libéralité ne peut se faire que de deux manières: ou par testament, ou par acte entre-vifs, c'est-à-dire par convention expresse ou tacite, entre le créancier et le débiteur, ou celui qui serait chargé de recevoir pour ce dernier.

26. — Il y aurait plus de motifs de déclarer valable le don ou la remise de dettes, s'il avait été impossible au donataire d'accepter du vivant du donateur, et au donateur de disposer autrement que de la main à la main par l'intermède d'un tiers. — Ainsi, un moribond appelle un notaire, il n'a plus la force de dicter ses dernières volontés. Il se contente de remettre au notaire des sommes ou objets mobiliers, qu'il charge de transmettre à des amis, à des domestiques, à des bienfaiteurs; il meurt aussitôt après. Des dons aussi naturels, faits dans la seule forme que la nécessité permettait d'employer, ne devront-ils recevoir aucune exécution?

27. — De même, il faudrait les déclarer valables, s'ils avaient été faits à titre de restitution, par des motifs de délicatesse et d'honneur, plutôt qu'en vue de conférer une libéralité. Les juges, dans ce cas, auraient égard à la probité du tiers, qui déclarerait la destination du don. — Dur., t. 8, n. 397.

28. — Il faut que la volonté de donner soit bien constatée, et que le donataire soit désigné d'une manière non équivoque.

29. — Il a été jugé que la remise faite par un mourant à son domestique, avec ordre de le déposer chez un notaire, d'un paquet contenant tout à la fois et un testament, dans lequel le domestique est institué pour une certaine somme, et un bon royal de pareille somme, sur lequel était écrit *pour un tel* (le nom du domestique), peut être considéré comme ne constituant pas un don manuel du bon royal au profit du domestique. — 9 mars 1829. Paris. Sonnet. D.P. 29. 2. 146.

30. — Le don manuel, fait par l'entremise d'un tiers, n'est pas sans quelque ressemblance avec le dépôt. C'est en distinguant ces deux sortes d'actes qu'il a été jugé que si le dépôt fait avec destination n'a pas été remis en totalité à la personne indiquée pour le recevoir, le déposant conserve le droit de réclamer ce qui reste entre les mains du dépositaire, et transmet ce droit à ses héritiers (arg. C. civ. 1939).

Spécialement, les héritiers ont cette action contre un curé qui avoue avoir reçu verbalement en dépôt une somme qu'il dit être chargé de distribuer aux pauvres, et qui n'a pas encore été distribuée en totalité (D.A. 5, p. 65, n. 1). — 22 nov. 1819. Civ. r Nîmes. Pouzol. D.A. 5. 64. D.P. 19. 1. 644.

§ 4. — *De la preuve du don manuel.*

31. — Cette preuve est soumise aux règles générales. Si le don excède 150 fr., la preuve testimoniale n'est pas admissible, à moins de commencement de preuve par écrit. — 20 janv. 1826. Grenoble. Poncet. D.P. 26. 2. 109.

32. — Si le donataire déclare avoir reçu de la main à la main telle somme ou tel objet à titre de don, les héritiers du donateur ne peuvent diviser l'aveu du donataire et réclamer ce qu'il déclare avoir reçu.

33. — Si l'on allègue qu'il y a eu vol ou enlèvement furtif, les tribunaux apprécient cette prétention d'après les circonstances du fait et la moralité de la personne. Mais il est clair que, dans le doute, on doit présumer le don plutôt que le vol. Le serment peut être déféré au donataire sur le fait de la donation.

34. — Il faut se garder de confondre le don manuel avec certains actes ou contrats, qui ne sont pas de cette nature, bien qu'ils aient quelque apparence d'analogie. Ainsi, on jugera, selon les circonstances, si le défunt a eu l'intention de donner, ou simplement de faire un prêt à usage, un dépôt, etc.

Spécialement, on verrait un dépôt plutôt qu'un don manuel dans la remise d'une somme d'argent faite par le défunt à un aubergiste chez lequel il était malade. — 30 juill. 1828. Bourges. Chauve. D.P. 29. 2. 253. — V. un autre exemple de dépôt, *suprà*, n. 11.

§ 5. — *Règles communes aux dons manuels et aux donations entre-vifs.*

35. — Quoique le don manuel soit dispensé de toute formalité extérieure, il n'en conserve pas moins son caractère de libéralité.

De là ces conséquences:

36. — 1° Le don manuel ne peut être fait à un incapable, ni à une personne interposée. La présomption de l'art. 2279 n'exclut pas la preuve contraire. — Gren., t. 1er, n. 176; Toull., t. 5, n. 178; D.A. 5. 536, n. 7.

Cependant, Locré, *Espr. du C. civ.*, t. 1er, p. 388; Toull., t. 1er, p. 202, pensent que le don manuel étant un acte du droit des gens, peut être fait et reçu par les personnes déchues de l'exercice des droits civils, comme le mort civilement, pourvu qu'il s'agisse d'objets susceptibles d'être transmis de cette manière.

37. — 2° Le don manuel est sujet à rapport et réductible, s'il excède la quotité disponible. — V. Rapport, Portion disponible.

38. — 3° Il est irrévocable, comme les donations entre-vifs.

39. — Ainsi, un don manuel, parfait et consommé par la tradition, ne peut être annulé sous le prétexte qu'un acte postérieur, portant reconnaissance du don, n'est pas revêtu des formes prescrites pour les donations: *Utile per inutile non vitiatur* (C. civ. 931). — 23 mai 1822. Req. Paris. Diert-Kerck-Weerde. D.A. 5. 542. D.P. 22. 1. 518. — 19 juill. 1831. Bordeaux. Gouges. D.P. 32. 2. 59.

40. — Mais la libéralité serait déclarée nulle si la tradition était *postérieure* au titre vicieux, le donateur ne pouvant réparer par aucun acte les vices de forme (C. civ. 1339). Ce serait le cas de la maxime: *Melius est habere non titulum, quam habere vitiosum.* — D.A. 5. 536, n. 6.

— V. Disposition entre-vifs. — V. aussi Communauté, Enregistrement, Rapport.

TABLE SOMMAIRE.

Acceptation. 20, s.
Autorisation. 3.
Aveu. 32.
Ayant-cause. 30.
Caractère. 25.
Cession. 12, s.
Décès. 21, s.
Dépôt. 11, 30.
Désignation. 29.
Don à cause de mort. 6.
Droit incorporel. 9, s. — civil. 36. — des gens. 36.
Effet de commerce. 12, s. — au porteur. 16, 29.
Endossement. 13, s.
Établissement public. 5, suiv.
Formes. 2, s. 39.
Incapable. 36.
Intention. 34.
Interprétation 34.
Mandat. 14, 18, s. — authentique. 18.
Manuscrit 7.
Obligation naturelle. 27.
Possession. 1.
Preuve. 31, s. — testimoniale. 31, s.
Rapport. 37.
Remise de dette. 25.
Rente sur l'état. 17
Restitution. 27.
Serment décisoire. 32.
Tradition. 7.

DONS MUTUELS. — V. Loi, Succession.

DONS RÉMUNÉRATOIRES. — V. Dispositions testamentaires, Donation, Legs, Rapport.

DONATAIRE. — V. Donation. — V. aussi Alimens, Appel, Louage, Rapport, Saisie-immobilière, Succession, Tierce-opposition, Usage.

DONATION. — 1. — L'art. 894 C. civ. la définit: « un acte par lequel le donateur se dépouille actuellement et irrévocablement de la chose donnée en faveur du donataire qui l'accepte ». L'art. 893 range la donation parmi les dispositions à titre gratuit.

ART. 1er. — *Caractères essentiels des donations entre-vifs.*
§ 1er. — *Gratuité des donations.*
§ 2. — *Du dessaisissement actuel et irrévocable*
§ 3. — *Donation de biens à venir.*
§ 4. — *Donation sous condition potestative. Résolution.*
§ 5. — *Donation sous condition de payer certaine dette.*
§ 6. — *Donation avec réserves de disposer.*
ART. 2. — *De l'acceptation des donations.*
§ 1er. — *Nécessité de l'acceptation. Donations qui en sont dispensées.*
§ 2. — *Formes de l'acceptation.*
§ 3. — *Par qui l'acceptation peut être faite. Majeur, Recours en garantie. Femme, Mineur, Enfant conçu, Condamné, Établissement public.*
§ 4. — *Recours en garantie pour défaut d'acceptation.*
§ 5. — *Effets de l'acceptation.*
ART. 3. — *Forme des donations entre-vifs.*
§ 1er. — *Règles générales.*
§ 2. — *Dons manuels.* — V. ce mot.
§ 3. — *Donation déguisée.* — V. ce mot.
ART. 4. — *État estimatif des meubles donnés.*
§ 1er. — *A quelles donations il s'applique.*
§ 2. — *Ses formes.*
ART. 5. — *Transcription des donations.* — V. ce mot.
ART. 6. — *Des donations sous réserve d'usufruit de la nue-propriété.*
ART. 7. — *Effets des donations.*
§ 1er. — *Obligation de garantir.*
§ 2. — *Obligation du donataire quant aux dettes.*
ART. 8. — *Interprétation des donations.*
ART. 9. — *Retour conventionnel.* — V. ce mot.
ART. 10. — *Exception à la règle de l'irrévocabilité des donations entre-vifs.*
§ 1er. — *Inexécution des conditions. Révocation, Délai, Effet.*
§ 2. — *Ingratitude du donataire. Caractère. Révocation, Délai, Effet.*
§ 3. — *Survenance d'enfant au donateur. Révocation, Délai, Effet.*

ART. 1er. — *Caractères essentiels des donations entre vifs.*

2. — Les caractères essentiels de la donation entre-vifs sont: la *gratuité*, le *dessaisissement actuel et irrévocable*, *l'acceptation.*

§ 1er. — *De la gratuité des donations.*

3. — Quoique gratuite de sa nature, la donation peut être faite sous certaines charges; les art. 918, 945, 953 C. civ. le supposent formellement. Mais, dans ce cas même, elle ne cesse pas d'être considérée comme une transmission *à titre gratuit*, telle-

ment que le droit d'enregistrement se perçoit *sans distraction des charges* (L. 22 frim. an 7, art. 14 et 15). — V. Enregistrement.

4. — Cependant, si la charge imposée au donataire égale l'avantage qu'il retire de la donation, il n'y a plus libéralité; le contrat devient un simple échange, une convention, *do ut des, do ut facias* (C. civ. 1107). — Delv., t. 2, p. 272; Toull., t. 5, n. 185; D.A. 5. 484, n. 1.

5. — La nomination par le gouvernement à un office n'est pas une donation, au moins dans le sens de l'art. 1401 C. civ. — 13 nov. 1833. Douai. Ducorroy. D.P. 34. 2. 128.

6. — Pour déterminer la nature de l'acte, il faut donc comparer les charges au bénéfice de la disposition. Or, cette appréciation est dans le domaine exclusif des juges du fait, et ne peut donner lieu à cassation. — 24 nov. 1825. Req. Angers. Boisnard. D.P. 26. 1. 12.

7. — *Spécialement*, la question de savoir si un acte de cession de droits successifs indivis, qualifié de donation, constitue une vente en raison de la quotité des charges, dépendant de l'examen des clauses de l'acte et de l'évaluation des charges, une cour royale a pu décider, sans donner ouverture à cassation, et sur la demande d'un co-héritier qui, pour exercer le retrait successoral, voulait faire considérer la donation comme une vente, qu'il y a véritablement un acte de libéralité. — Même arrêt.

8. — Peu importe que les charges aient été stipulées au profit du donateur ou d'un tiers. On a prétendu que, dans le premier cas, la donation était réductible (C. civ. 918), révocable pour inexécution des conditions (C. civ. 953), mais qu'elle était affranchie des formes spéciales de la donation, et non révocable pour ingratitude ou survenance d'enfans (Toull., t. 5, n. 185). La jurisprudence n'a jamais admis cette distinction qui n'a aucun appui dans la loi. — D.A. 5. 484, n. 1.

9. — Ainsi, jugé qu'on peut voir une véritable donation soumise aux formalités ordinaires, dans l'acte par lequel une personne cède et transporte tous ses biens à la charge d'être nourrie et entretenue par les cessionnaires. —... fév. 1807. Bruxelles. Andrieux. D.A. 5. 371.

10. — Jugé de même que la charge imposée à un donataire, de payer au donateur une rente viagère, n'altère pas la nature de l'acte et ne lui enlève pas son caractère de donation (C. civ. 894). — 12 prair. an 12 Liége. Horion. D.A. 5. 493. D.P. 1. 1327.

11. — Sous l'ordonnance de 1731 (art. 20), l'acte, qualifié donation entre-vifs irrévocable, et par lequel le donataire se soumet, envers le donateur, à payer une rente viagère, à la servir ou faire servir tant en santé qu'en maladie, à payer une somme à ses héritiers présomptifs parties dans l'acte, et enfin à payer diverses sommes après le décès du donateur, constituaient une véritable donation entre-vifs et non une vente; en conséquence, le défaut d'insinuation devait faire prononcer la nullité d'un pareil acte. — 20 mess. an 13. Req. Montpellier. Jaume. D.A. 5. 493. D.P. 5. 2. 169.

12. — A plus forte raison, doit-on décider ainsi, lorsque la charge de nourrir, loger et entretenir les donateurs est stipulée par un gendre et une fille, dans la donation faite de tous leurs biens par un père et une mère. Les enfans étaient déjà, en vertu de la loi seule, soumis à cette obligation, sous l'ordonnance de 1731; un pareil acte devait être annulé, s'il n'avait pas été insinué (Ord. 1731, art. 20). — 16 juin 1810. Colmar. Gruneissen. D.A. 5. 294. D.P. 1. 1327.

13. — Cependant il a été jugé, à l'égard de la régie, il est vrai, qu'un tel acte devait être réputé translatif de propriété à titre onéreux. — 22 nov. 1808. Req. Enreg. C. Liége. D.A. 5. 495. D.P. 8. 1. 524.

14. — En tout cas, on doit considérer comme acte à titre onéreux, l'acte par lequel une mère abandonne ses biens à ses enfans, sous la réserve de quelques meubles-meublans, moyennant une rente viagère, et la décharge d'une action que ces enfans avaient acquise, contre leur mère, des enfans d'un premier lit de son mari. En conséquence, la régie de l'enregistrement n'a qu'une année pour former sa demande en expertise des biens ainsi abandonnés (C. civ. 894; L. 22 frim. an 7, art. 17 et 61). — 1er mars 1809. Civ. r. Enreg. C. Diot. D.A. 5. 496. D.P. 9. 1. 124.

15. — Lorsqu'un acte de ratification, par voie d'accord et de transaction d'un pacte de famille précédemment arrêté, contient une constitution de rente viagère que des enfans font à leur père, pour leur satisfaction et pour lui assurer une existence convenable, cet acte ne peut être considéré comme une donation; en conséquence, le mineur qui l'a signé sans autorisation légale n'est plus recevable à en demander la nullité s'il a gardé le silence pendant plus de dix ans après sa majorité (Ordonn. 1539, art. 134; C. civ. 1304). — 23 frim. an 10. Sect. réun. c. Paris. Lespinasse. D.A. 5. 495. D.P. 3. 1. 411.

16. — En cas de souscription ouverte par le maire d'une commune, pour la construction d'un édifice public, la soumission ou souscription volontaire, faite entre les mains du maire par l'un des habitans, a pu être considérée comme un acte intéressé, ou contrat commutatif, et non comme une donation à titre gratuit, soumise aux formalités prescrites à l'égard des donations en général. Le donateur devait participer à l'avantage commun résultant de la construction projetée. Par suite, une telle soumission, faite entre les mains du maire, a pu être déclarée obligatoire, quoique le souscripteur soit décédé avant que le maire eut été autorisé à l'accepter (C. civ. 932, 937). — 7 avril 1829. Req. Paris. Reverchon. D.P. 29. 1. 211.

17. — Qui donne ce qu'il est obligé de donner, ne fait pas une véritable donation : *Donari videtur, quod nullo jure cogente conceditur* (L. 82, ff. *de Reg. jur.*). La disposition, alors, n'est plus gratuite, puisqu'on se libère d'une dette. C'est un mode de paiement. *datio in solutum*. — Domat, liv. 1er, tit. 10, sect. 1re; D.A. 5. 485, n. 3.

18. — Toutefois, il faut que la dette puisse donner lieu à une action civile, ou que, si elle est purement naturelle, elle soit au moins appréciable en argent. Dans ce cas seulement, il n'y a pas libéralité. La loi s'oppose à la répétition de ce qui a été payé en exécution d'une obligation naturelle. — Furgole, sur l'ord. 1731, art. 20; Ricard, *Donat. condit.*, n. 61 à 63; Gren., n. 188; Toull., t. 5, n. 186; Delv., t. 2, p. 272; D.A. 5. 485, n. 3.

19. — La loi 34 ff *de Donat.* refuse de voir une donation dans la libéralité faite par un individu à celui qui se serait porté sa caution. Mais, dit Ricard, *loc. cit.*, c'est là un de ces services qui ne peut produire aucune obligation estimable en argent, au-delà du dommage que la caution a réellement souffert; c'est un secours gratuit que les hommes se prêtent réciproquement les uns aux autres, et qui n'impose que le devoir tout intérieur de la reconnaissance — D.A. *ibid.*

Il semble résulter de l'opinion de Delvincourt, t. 2, p. 272, que l'obligation naturelle, de quelque nature qu'elle soit, ôte à la donation son caractère de libéralité.

20. — C'est aux tribunaux à déterminer, d'après les circonstances, la nature de l'obligation qui a motivé la donation.

Ainsi, un beau-frère avait constitué sous seing-privé une rente viagère au profit de la sœur utérine de son épouse, qui était dans l'indigence. Cet acte a été maintenu, quoique ne présentant pas les formalités de la donation entre-vifs. « Attendu qu'il avait pour cause une obligation fondée sur les lois morales de la délicatesse et de l'honneur; que les lois romaines contraignaient même civilement les frères dans l'opulence à fournir des alimens à leur frère, *même naturel*, qui était dans le besoin; que d'ailleurs il résultait des faits de la cause, que la constitution n'avait été que la conséquence d'un pacte, d'une convention de famille. » — 6 mai 1825. Douai. Coluet. D.P. 25. 1. 7.

21. — De même, on a considéré comme l'acquittement d'une dette morale, et l'on a, par conséquent, dispensé des formalités de la donation entre-vifs, 1° l'acte renfermant l'abandon de divers objets, laissés en reconnaissance de soins et secours prodigués par le donataire et sa femme pendant plusieurs années (C. civ. 894, 931). — 18 juill. 1809. Colmar. Duvernois. D.A. 5. 497. D.P. 1. 1327.

22. — 2° L'acte par lequel un individu constitue une rente viagère gratuite à sa servante, sous la condition que l'acte resterait sans effet si elle ne servait son maître jusqu'à sa mort. — 13 vend. an 11. Req. Orléans. Gaullier. D.A. 5. 496. D.P. 1. 1327.

23. — 3° L'acte par lequel des héritiers, pour récompenser les services rendus par une cuisinière à leur auteur, abandonnent à cette dernière une rente en grains. — 10 dec. 1808. Colmar. Arbogast. D.A. 5. 497. D.P. 1. 1327.

24. — Dans ces divers cas, l'acte contient-il une donation? les héritiers ne seraient plus recevables à opposer le vice de forme, s'ils l'avaient exécuté volontairement (C. civ. 1340), soit en payant une somme à une tierce personne qui s'y trouverait gratifiée. — 18 juill. 1809. Colmar. Duvernois. D.A. 5. 497. D.P. 1. 1327.

25. —... Soit en abandonnant, pour services rendus, une rente modique et viagère, lorsqu'ils ont laissé exécuter cet acte pendant plusieurs années. — 10 déc. 1808. Colmar. Arbogast. D.A. 5. 497. D.P. 1. 1327.

26. — Remarquez qu'il n'y aurait lieu aux solennités prescrites pour la donation, que si la valeur du don rémunératoire excédait notablement la dette susceptible de réclamation en justice, ou l'obligation naturelle, appréciable en argent (arg. C. civ 960). — Furgole, sur l'art. 20 de l'ordonn.; Gren., t. 1er, n. 446; Toull., t. 5, n. 186; Delv., t. 2, p. 287 et 288, notes; D.A. 485, n. 6, 17.

27. — L'appréciation de fait qui a pour but de déterminer si l'acte est une donation entre-vifs ou une simple obligation, échappe à la censure de la cour suprême. — 22 août 1826. Req. Douai. Coluet. D.P. 27. 1. 7.

28. — Le code civil ne résout formellement que deux questions relatives aux dons rémunératoires : 1° l'art. 909 maintient, dans une juste proportion avec les facultés du disposant et les services rendus, les dons rémunératoires à titre particulier faits par un malade à son médecin. — V. Disposit. entre-vifs.

2° L'art. 960 soumet les dons rémunératoires à la révocation pour survenance d'enfant : ce qui doit s'entendre avec quelques restrictions. — V. *infrà*, art. 10, § 3.

29. — La qualification de *rémunératoire*, l'énonciation de services rendus, ne suffisent pas pour rendre la donation inattaquable par les héritiers du donateur, si elles contient quelque illégalité à leur préjudice; il faut que le donataire prouve les services (Ricard, *Disp. cond.*, ch. 3, n. 54 et suiv.; Toull., t. 5, n. 186; D.A. 5, p. 485, n. 4). Mais l'énonciation ferait foi contre le donateur lui-même, si elle était précise et non de style. — *Ibid.*

30. — Une modification toutefois est apportée par Ricard, *loc. cit.*, n. 58 : la seule énonciation des services ne suffirait pas, dit-il, pour fonder une action en garantie de la part du donataire. Dans la pensée de donner ce qu'il possédait, le donateur a pu se porter plus facilement à faire des déclarations qu'il n'a point prévu devoir lui être préjudiciables, au point de l'obliger d'abandonner encore une autre partie de ses biens; dans ce cas, la vérité des services doit au moins être *légèrement discutée*, ajoute Ricard. — D.A. *eod.*, n. 4.

31. — La preuve, fournie par le donataire, des services rendus, ne ferait considerer l'acte rémunératoire comme contrat onéreux, que jusqu'à concurrence de la valeur des services (arg. C. civ. 909). — Ricard, n. 55; Toull., n. 186; D.A. *eod.*, n. 5.

32. — Il est des actes entre-vifs qui peuvent procurer un avantage purement gratuit, et qui, cependant, ne sont pas soumis aux solemnités prescrites pour les donations. — D.A. 5. 484, n. 2. — On en verra divers exemples, ci-après.

33. — Ainsi, des actes faits entre co-héritiers, à titre de transaction, de pacte de famille, n'ont point le caractère de donations entre-vifs, alors même qu'ils contiennent des libéralités à l'égard d'un ou plusieurs héritiers; en conséquence, ils ne peuvent être annulés, par cela seul qu'ils sont sous seing-privé, surtout s'ils ont été exécutés sans réclamation pendant une longue suite d'années (C. civ. 931). — 15 nov. 1827. Req. Metz. Geoffroy. D.P. 28. 1. 23.

34. — Lorsqu'une mère remet à l'un de ses enfans, pour la garder en propre, partie des sommes qu'un autre de ses enfans avait touchées pour elle en qualité de mandataire, elle doit être réputée avoir voulu faire un arrangement de famille, lequel est dispensé des formalités exigées pour les dispositions entre-vifs.... Par suite, on ne serait pas fondé à critiquer la remise, sous le prétexte que, dans la réalité, elle ne serait qu'une donation nulle à défaut d'observation des formes prescrites pour cet acte (C. civ. 931, 1108). — 20 nov. 1832. Req. Paris. Dehamel. D.P. 33. 1. 59.

Ces décisions, tout importantes qu'elles sont, ne peuvent être citées que comme exemples de la manière dont les règles rigoureuses du droit fléchissent et quelquefois disparaissent devant les appréciations d'actes et d'intentions de la part de nos tribunaux. — De telles décisions ne sauraient tirer à conséquence; mais il n'est pas moins du plus grand intérêt de les connaître.

35. — Encore que l'acte par lequel des enfans *abandonnent* à leur mère les revenus de tous les biens de leur père prédécédé, ne mentionne aucune condition onéreuse pour prix de l'abandon, cependant il ne peut être considéré comme donation entre-vifs, alors que les termes dans lesquels il est

rédigé n'en présentent point le caractère, alors, d'ailleurs, qu'il y a présomption suffisante que cet acte avait pour objet d'éviter les frais d'un partage de communauté, ou le *rapport* à faire au partage, et de procurer à la mère un supplément nécessaire à sa subsistance.

Un tel acte est dès lors valable, quoique fait sous seing-privé. — 1er avril 1824. Metz. François. D.P. 33. 2. 166.

§ 2. — *Du dessaisissement actuel et irrévocable.*

36. — Le dessaisissement consiste dans la translation de la propriété, sans qu'il soit besoin de la *tradition* (C. civ. 938). Tel est le principe général de la législation nouvelle. Ainsi s'évanouissent toutes les subtilités imaginées sous l'ancien droit, pour éluder, par des clauses de traditions feintes, la loi de la tradition réelle, qui devait être accomplie du vivant du donateur. — Grenier, *Disc. hist.*, sect. 1re; Toull., t. 5, n. 221, 222 : D.A. 5. 486, n. 8.

37. — La donation faite dans un pays où le dessaisissement judiciaire était exigé comme condition de validité, ne peut être annulée pour défaut de réalisation, si elle a été faite après la publication de la loi du 19 sept. 1790, encore que la loi du 13 avril 1791 n'ait été publiée qu'après le décès du donateur (Merlin, *Quest. de droit*, vº Donation, § 3; l. 19 sept. 1790, art. 3 ; l. 13 avril 1791, art. 24). — 14 mess. an 9. Civ. c. Gilkinet. D.A. 5. 559. D.P. 1. 1330.

38. — Le consentement des parties ne suffit pas toujours pour transférer la propriété au donataire.

Ainsi, 1º dans le cas de donation d'une chose mobilière à deux personnes successivement, celle qui a été mise en possession réelle doit être préférée et demeure propriétaire, si elle est de bonne foi, bien que son titre soit postérieur en date (C. civ. 1141); — 2º s'il s'agit de créances ou autres droits incorporels mobiliers, le donataire n'est saisi, à l'égard des tiers, que par la signification de la donation au débiteur (C. civ. 1690); — 3º quant aux immeubles, la donation ne produit son effet, à l'égard des tiers, que par la transcription — V. Transcriptions des donations.

39. — Il n'est pas nécessaire que le dessaisissement porte sur la propriété pleine; l'usufruit peut en être détaché. Le donateur peut faire la réserve à son profit, ou disposer au profit d'un autre, soit de la nue-propriété, soit de l'usufruit ou de la jouissance des biens donnés (C. civ. 949). — D.A. 5. 490, n. 30.

40. — Le dessaisissement doit être irrévocable : *donner et retenir ne vaut*. La stabilité des propriétés et la sécurité des tiers motivent cette règle. — D.A. 5. 486, n. 10.

41. — Il résulte évidemment de l'irrévocabilité de la donation, que le donateur ne peut plus, par un testament ultérieur, obliger le donataire à rapporter les biens dont il a été disposé, pour régler le préciput légué à son co-héritier. Le rapport n'est pas dû d'ailleurs au légataire (C. civ. 857). — 5 juill. 1825. Civ. r. Agen. Aubian. D.P. 25. 1. 445.

42. — Il résulte du même principe quatre autres conséquences fort importantes, que nous examinerons successivement. C'est que la donation ne peut comprendre des biens à venir, ni être faite sous condition potestative, ou sous condition de payer certaines dettes non prévues, ou avec réserve de disposer d'un objet compris dans la donation.

§ 3. — *Donation de biens à venir.*

43. — « La donation entre-vifs ne peut comprendre que les biens présens du donateur, et si elle comprend des biens à venir, elle est nulle à cet égard » (C. civ. 943). — L'ord. de 1731, art. 15, annulait la donation pour le tout. — Furg., sur cet article ; D.A. 5. 448, n. 16.

44. — Par *biens à venir*, il faut entendre, dit Furgole, *loc. cit.*, « ceux que le donateur ne possède pas, et sur lesquels il n'a ni droit, ni action pure ou conditionnelle pour les prétendre et les espérer. » — Maleville, sur l'art. 943 ; D.A. 5. 488, n. 17.

45. — Ainsi, le droit, l'expectative certaine sont des objets susceptibles d'être donnés entre-vifs, s'il n'y a pas de prohibition légale comme pour les successions futures; ce sont des portions actuelles de l'actif du donateur. — D.A. *ibid.*

46. — Il a été jugé ainsi sous l'empire de l'ordonnance de 1731, art. 15, même à l'égard de droits éventuels, tels que droits successifs non encore échus. — 17 nov. 1829. Req. Dijon. Dugon. D.P. 29. 1. 417.

Sous le code, il ne serait pas permis de disposer d'un droit à une succession future (art. 1130).

47. — Dans le cas qui précède, on a considéré comme une donation de droits éventuels révocables pour survenance d'enfans, et non comme une cession de biens, l'abandon gratuit fait par un frère de son droit d'aînesse (non ouvert encore) au profit de son frère, en présence du père commun qui assigne, dans le même acte, des parts à ses enfans. — Même arrêt.

48. — Il n'y pas donation de biens à venir dans la clause par laquelle le donateur d'un immeuble, sous réserve d'usufruit, ordonne que la récolte qui se trouvera existante lors de son décès, appartiendra au donataire. Le donateur n'a fait ainsi qu'exprimer surabondamment ce qui était dans la loi, c'est-à-dire l'effet ordinaire de la consolidation de l'usufruit à la propriété (C. civ. 585). — 25 pluv. an 3. Civ. c. Milhaud. D.A. 5. 504. — 27 janv. 1819. Civ. c.

49. — Il n'y aurait pas même donation de biens à venir, si le donateur, sous réserve d'usufruit, avait ordonné que les fermages de l'année où il décédera appartiendraient au donataire; c'est là une modification de l'usufruit. — 14 flor. an 11. Req. Douai. Driancourt. D.A. 5. 505. D.P. 1. 1328.

50. — Ne sont point des donations de biens à venir, dans le sens de l'art. 943 C. civ., 1º le don d'un usufruit, quoique ce soit en réalité un don de produits à naître; 2º la donation du vin que produira telle vigne l'année prochaine. Le donateur ne peut se soustraire à l'exécution de ces dispositions. — Dur., t. 8, n. 459.

51. — De même, je puis donner entre-vifs les bénéfices que je retirerai de telle société déjà formée, mais non d'une société qui n'existerait pas encore et que je serais libre de ne pas contracter. La donation serait faite sous condition potestative. Elle serait nulle aussi, comme faite sous la même condition, si la société déjà formée était du nombre de celles que chacun des associés peut dissoudre à sa volonté. — Dur., t. 8, n. 460.

52. — *Quid*, s'il a été donné une somme *payable après le décès du donateur* ? Il faut distinguer : est-elle payable sur les biens présens : elle peut être l'objet d'une donation entre-vifs. L'obligation est parfaite dès le moment de l'acte. L'exécution seule est renvoyée à l'époque du décès du donateur. Le donataire en obtenant hypothèque sur les biens présens, peut prévenir l'insolvabilité du disposant. — Ricard, n. 1036 ; Gren., t. 1er, n. 7 ; Delv., t. 2, n. 275 ; D.A. *eod.*, n. 18.

La donation serait valable, quoiqu'il ne fût point dit sur quels biens la somme serait payée. Le droit du donataire existe irrévocablement. — Dur., t. 8, n. 457.

53. — Mais la donation serait nulle, si la somme était stipulée payable sur les *biens à venir seulement*. Il est loisible au donateur de ne rien laisser à son décès. — Ricard, Delv., D.A. *ibid.*

S'il est dit : *la somme à prendre sur les biens que je laisserai à mon décès*, Duranton, t. 8, n. 458, veut que, dans le doute, l'énonciation s'entende d'un simple terme, plutôt que d'une limitation stricte des biens qui doivent fournir à l'exécution de la disposition : *potiùs valeat quam ut pereat.* Mais il nous semble que la question demeure toujours subordonnée à ce point de fait : le donateur a-t-il, ou non, le moyen de rendre la libéralité sans effet ? En d'autres termes, pour que la libéralité vaille, quoique payable seulement après le décès du donateur, il faut que le donataire puisse prendre des sûretés *actuelles*, puisse en *garantir dès à présent* l'effet. Car, si d'un côté l'art. 938 C civ. ne fait pas de la *tradition* une condition nécessaire de la donation entre-vifs, de l'autre, les art. 943, 944 même code annullent la donation de biens *à venir*, ou dont *l'exécution dépend de la seule volonté* du donateur. Voilà les articles qu'il s'agit toujours de concilier. Le donateur eût-il l'intention de stipuler un simple délai de paiement, la donation ne serait pas moins nulle si, n'offrant pas de garanties *actuelles*, l'effet de la libéralité était laissé à sa discrétion. — Duranton cite un arrêt de la cour de Riom, du 25 fév. 1825 (D.P. 27. 2. 12), comme ayant validé la donation d'une somme *à prendre sur les biens les plus clairs et les plus liquides de la succession du donateur*. Mais il oublie d'ajouter que dans l'espèce le donateur avait *hypothéqué* pour sûreté du paiement *tous ses biens présens*, et spécialement tel immeuble dont il désignait la nature et la situation. Cette circonstance ne fait que confirmer notre interprétation. — Duranton cite aussi Grenier, comme ayant modifié dans sa troisième édition l'opinion qu'il avait émise dans la seconde, n. 7 *bis*, et qui est conforme à la nôtre. Mais c'est encore là une erreur; Grenier se borne à rapporter l'arrêt de la cour de Riom, et n'exprime pas d'opinion nouvelle.

54. — Du reste, les distinctions que nous venons de faire sont en grande partie consacrées par la jurisprudence ancienne et nouvelle. — V. D.A. *eod.*, n. 18, et vº Enregistrement, ch. 1er, sect. 7, p. 116, où l'on cite divers exemples.

55. — Ainsi, jugé que la donation d'une somme exigible au décès du disposant opère dessaisissement irrévocable, et doit valoir comme donation entre-vifs, 1º si les biens présens sont affectés hypothécairement pour sûreté du paiement. Peu importe que le disposant ait donné la somme *à prendre sur les biens les plus liquides de sa succession*, avec réserve d'usufruit et du droit de retour. — 25 fév. 1825. Riom. Mourguy. D.P. 27. 2. 12.

Cependant trois arrêts, des 12 fév. 1734, 17 avril 1735 et 21 mai 1737, ont refusé de voir une donation entre-vifs irrévocable dans la donation d'une somme à prendre sur les biens que le disposant laissera au jour de son décès, quoiqu'il y eut la clause expresse de *l'affectation et hypothèque* de tous biens *présens* et à venir du donateur, et *de la réserve d'usufruit.* — *OEuvres* de Cochin, t. 4, p. 395.

56. — 2º Si l'acte *qualifié entre-vifs* contient *constitution d'hypothèque* pour sûreté du paiement de la somme donnée, et stipulation du droit de retour au profit du donateur. Peu importe qu'il soit dit que la somme sera prise sur certains fonds de la *succession* du donateur et *après son décès.* — 1er juin 1829. Bourges. Harancourt. D.P. 29. 2. 299.

57. — 3º Si une personne déclare *donner, par donation entre-vifs, au futur époux, ce acceptant, la somme de....., à prendre, au cas qu'elle prédécède son mari, sur les immeubles propres seulement qui dépendront de sa succession...., sans entendre hypothéquer sa moitié des meubles et acquêts de ladite communauté.., et, dans le cas où elle survivra, n'affecter et hypothéquer ses immeubles propres que jusqu'à concurrence de...., et se réserver la réversion des sommes données en cas de décès des donataires sans enfans, et de leurs enfans sans autres enfans* (C. civ. 894). — 6 août 1827. Civ. c. Angers. d'Haraucourt. D.P. 27. 1. 453.

58. — 4º Si le donateur se *constitue dès à présent débiteur* de la somme payable après sa mort ; s'il s'oblige à en payer les intérêts du jour même de l'acte ; s'il délègue, pour sûreté du paiement, une créance actuelle sur un tiers, et qu'il hypothèque en outre tous ses biens ; si, enfin, l'acte renfermant la donation est remis au même instant dans les mains du donataire (C. civ. 894). — 22 avril 1817. Req. Paris. Landon. D.A. 5. 500. D.P. 17. 1. 408.

59. — 5º Si, dans la clause d'un contrat de mariage, par laquelle l'un des futurs époux donne à l'autre une somme d'argent à prendre sur tous ses biens *après le décès du donateur*, le donateur hypothèque spécialement pour la sûreté de ce don des biens présens et déterminés; s'il déclare se démettre et dessaisir de ces biens hypothéqués pour l'exécution, et jusqu'à concurrence de l'objet de la donation, et, enfin, si le futur époux donataire est présent et accepte la donation. Dans ce cas, il y a donation entre-vifs, et non donation à cause de mort, devenant caduque, par le prédécès du donataire (C. civ. 894, 1091, 1092, 1093, 1083). — 9 déc. 1825. Rouen. Guillard. D.P. 26. 2. 144.

60. — Mais il n'y a pas dessaisissement irrévocable, ni, par conséquent, donation entre-vifs, 1º si la somme donnée est à prendre seulement *dans la succession du donateur*, ou *après le décès du donateur sur les biens qui pourront lui appartenir.* Il est évident qu'alors il dépend du donateur d'anéantir ou diminuer sa libéralité. — 5 août 1819. Metz. Vendel. D.A. 6. 212.

61. — 2º S'il est dit qu'en cas de prédécès du donataire, ses héritiers n'auront droit qu'à telle somme déterminée, beaucoup inférieure à la somme donnée. Peu importe que l'acte ait été qualifié donation entre-vifs, et que la somme donnée soit payable après le décès du donateur, sur les biens *qui lui appartiennent* et pourront lui appartenir, *même avec affectation hypothécaire* des biens présens pour sûreté du paiement. — Du moins, l'arrêt qui le décide ainsi est à l'abri de la cassation (C. civ 894). — 29 déc. 1823. Civ. r. Paris. Party. D.A. 5. 501. D.P. 24. 1. 20.

62. — La cour suprême, comme on le voit, s'est abstenue de résoudre la question en thèse générale, se bornant à considérer la décision de la cour royale comme une appréciation de fait. Or, cette décision nous paraît erronée; car il y avait obligation irrévocable pour le donateur dès le moment de

acte, et la somme était à prendre, même avec hy-othèque sur les biens présens, en cas d'insuffi-ance des biens à venir. L'*exécution* seulement était envoyée après le décès du donateur. Le droit de etour, ou la réduction de la somme au préjudice es héritiers n'effaçaient pas le caractère d'irrévo-abilité de la donation.— D.A. 5. 502, n. 1.

63.— En résumé, il faut considérer si la *disposi-ion* porte sur les biens présens; si le donataire est utorisé, *dès le moment de l'acte*, à faire des actes onservatoires sur les biens que le disposant *pos-ède*; s'il n'y a, enfin, de différé que l'*exécution* de obligation. Dans ce cas, le dessaisissement s'est péré, quoiqu'il soit dit dans l'acte que la somme era payée par les *héritiers sur tels ou tels immeu-les de la succession*.— Gren., t. 1er, n 7 *bis*.

64.— Les termes de l'acte, la position respective les parties, la cause de la libéralité devront être ppréciés par le juge, comme manifestant l'inten-ion du donateur. Ainsi, il résulte des arrêts qui récèdent que l'intention de se dessaisir irrévoca-lement est facile à présumer, lorsqu'il y a séparé-ent ou concurremment l'une ou l'autre de ces trois lauses : *Réserve d'usufruit*, *stipulation du droit e retour*, *affectation hypothécaire des biens pré-ens*.

Mais il ne suffirait pas de la qualification de *do-ation entre-vifs*. En principe, la nature d'un acte e détermine par sa substance et son objet, plutôt ue par la dénomination qu'il a plu aux parties de ui donner.

65.— Ainsi, ne peut être évidemment considérée i valoir comme donation entre-vifs, quoique qua-ifiée telle par le donateur, la disposition dans la-uelle le donateur a stipulé qu'elle n'aurait son effet u'après sa mort, et dans le cas seulement où il 'aurait aucun enfant à lui survivant; que ce ne se-ait qu'à cette époque, et non plus tôt, que le do-ataire prendrait en propriété et en jouissance les iens à lui donnés. Une pareille disposition ne peut, n conséquence, être assujettie aux formalités des onations entre-vifs.—7 vent. an 13. Civ. r. Rouen. lugués. D.A. 5. 526. D.P. 5. 1. 305.

66. — Mais on peut voir une donation entre-vifs ans l'acte par lequel un individu fait donation à ses eveux de tous ses biens meubles et immeubles *pour voir effet après sa mort*, et à charge de l'usufruit u profit de leur mère (C. civ. 894).—26 déc. 1816. ruxelles. Bosseau. D.A. 5. 521. D.P. 1. 1328.

67.— L'acte par lequel un individu, légataire niversel de son époux, dans le but d'éviter que le estament par lequel il a été institué légataire soit ttaqué, a consenti à admettre celui qui, dans le cas e mort *ab intestat* de l'époux, eût recueilli par oitié sa succession, à partager avec ses héritiers pro-res, et l'autre moitié, par moitié entre eux, les biens u'il laissera à son décès, a pu être regardé comme 'appliquant à la succession du décédé et non à cel'e u contractant, et par conséquent ne renfermant ni ne donation de biens à venir, ni un traité sur une uccession future (C. civ. 943, 1130, 1600).—24 avril 1827. Civ. r. Angers. Jallier. D.P. 27. 1. 213.

68.— Etait valable, sous l'empire de la coutume le Cambrai, une donation rémunératoire faite par n homme très avancé en âge, lorsqu'il n'était pas tabli que le donateur fût alors atteint d'une mala-die dangereuse; que la donation contenait l'abandon de la propriété aux donataires dès l'instant de la do-nation et à perpétuité (Cout. de Cambrai, tit. 3, art. 4).—14 flor. an 11. Req. Douai. Driancourt. D.A. 5. 505. D.P. 1. 1328.

69.— La donation entre-vifs d'une somme d'ar-gent, faite sous l'ord. de 1731, n'a point grevé les biens acquis *postérieurement* par le donateur; au-trement il y aurait eu un moyen indirect de compren-dre des biens à venir dans la donation entre-vifs, ce que défendait l'ord., art. 15. Ainsi, les créanciers du donateur, quoique postérieurs à la donation, doi-vent être préférés sur les immeubles, alors même qu'à l'époque de la donation le disposant possédât des biens plus que suffisans pour en remplir l'objet, et que ces biens ne lui aient été ravis que par des événemens de force majeure.—31 mars 1824. Civ. r. Angers. de Mondreville. D.A. 5. 506. D.P. 24. 1. 151.

Cette décision serait également applicable sous le code.

70.— La prohibition de donner des biens à venir forme un statut réel. Elle a pour objet direct une transmission de propriété, sans considération de la qualité ou de la capacité des personnes.

Dès lors, les biens situés en France ne peuvent être l'objet d'une donation de biens à venir, même si l'acte est passé, et le donateur domicilié dans un pays où une disposition de cette nature est permise. — D.A. *eod.*, n. 19.

Si, au contraire, la prohibition formait, comme on l'a prétendu, un statut mixte, la donation des biens à venir, faite dans un pays où la législation l'auto-rise, devrait recevoir son exécution, quelles que fussent les lois des pays où sont situés les biens don-nés; mais cette dernière interprétation a été rejetée par la cour de cassation.—3 mai 1815. Req. Thomas. D.A. 5. 503. D.P. 15. 1. 450.

§ 4.— *Donations sous condition potestative. Ré-solution.*

71.—L'art. 944 déclare nulle « toute donation en-tre-vifs, faite sous des conditions dont l'exécution dépend de la seule volonté du donateur. » Il en est de même pour les obligations en général (C. civ. 1174).

72.— Mais la donation peut être faite sous toute condition suspensive ou résolutoire, pourvu qu'elle soit casuelle ou mixte, et non subordonnée unique-ment à la volonté du donateur (arg. C. civ. 944, 953 combinés). En un mot, il faut appliquer aux conditions des dons entre-vifs, les règles concernant les contrats. C'était la doctrine des anciens auteurs. —Furgole, Ricard, Domat, liv. 1er, tit. 10, sect. 1re, n. 11; Gren., t. 1er, n. 22; Durant., t. 8, n. 475, 476; Dalloz, n. 13, v° Obligation.

73.— Ainsi, jugé que la condition de survie du donataire au donateur n'est pas contraire à l'es-sence de la donation entre-vifs (C. civ. 894).— Une telle condition, *suspensive*, *casuelle*, n'empêche pas le dessaisissement actuel et incontinent du do-nateur (C. civ. 940, 944) — 29 déc. 1825. Toulouse. Lay. D.P. 33. 2. 147.— 27 mars 1833. Bruxelles. Link. D.P. 34. 2. 100.

—Duranton, n. 480, approuve cette décision. La donation est irrévocable, à la différence des dona-tions à cause de mort, seulement l'exécution est sus-pendue jusqu'au décès du donateur.

74.— Une donation serait-elle nulle parce qu'elle contiendrait la condition que si le donateur revenait de la maladie dont il serait alors atteint, s'il échap-pait à un péril dont il était menacé, les biens donnés lui retourneraient? Non : tout est casuel dans la condition dont il s'agit; il y a dessaisissement ac-tuel et irrévocable. Le donataire ne peut plus en être dépouillé par la seule volonté du donateur; mais, dit-on, le donateur s'est préféré au donataire, et dès lors il y a disposition de la succession ou dona-tion à cause de mort : ce que la loi ne permet plus. Cette objection confond les principes du droit romain et ceux du code. A Rome, la donation à cause de mort étant autorisée en général, le juge, pour la distin-guer d'une donation irrévocable par l'intention pré-sumée du disposant, recherchait dans les termes de l'acte s'il s'était préféré lui-même au donataire. Mais, sous le code, qui n'admet de donation révocable qu'entre époux, il n'y a plus à se demander si la disposition n'a été faite qu'en contemplation de la mort; il suffit qu'elle présente les caractères essen-tiels et les formes légales de la donation entre-vifs, tels que les définit le code. Or, nous le répétons, il y a dans le cas prévu dessaisissement actuel et ir-révocable.— Delv., t. 2, p. 273; Dur., n. 478, D.A. p. 487, n. 14.—*Contrà*, Gren., t. 1er, n. 10; Toull., t. 5, n. 274.

75.— De même, la donation serait entre-vifs et valable, quoique subordonnée à la condition que le donateur, alors père, n'aura plus d'enfans lors de son décès.— Ricard, *des Donat.*, n. 1047; *des Dispos. condit.*, n. 202; Dur., n. 479; D.A. *eod.*, n. 14.

76.— Lorsqu'une donation est faite sous la condi-tion que le donataire aura un enfant vivant au décès du donateur, il ne suffit pas, pour que la condition soit réputée accomplie, que le donataire ou ses hé-ritiers représentent un acte attestant qu'un enfant lui est né avant le décès du donateur; ils doivent prouver l'existence de cet enfant à l'époque du dé-cès. — La présomption qu'un individu est réputé vivre cent ans, tant que son décès n'est pas prouvé, n'est point applicable.—18 germ. an 13. Paris. Maby. D.A. 1. 187. D.P. 1. 74.

77.— Il en serait ainsi, en un mot, de toute autre condition non potestative, quoiqu'elle ne dût se vé-rifier qu'à la mort du disposant. — D.A., *ibid.*

78. — *Quid* de la clause qui résout la donation en cas de mariage du donateur? Il faut distinguer : est-il dit, *si le donateur se marie avec telle personne déterminée*; c'est sans contredit une condition mixte, qui n'annulle pas la donation.

79.— Peut-être devrait-on décider de même si la condition était que le donateur se mariât dans tel délai fort limité, avec une personne de tel pays ou de telle localité.

80. — Est-il dit simplement : *si le donateur se marie*, sans désignation de personne, la condition est *potestative*, en ce que le donateur pourra se marier si bon lui semble (Gren., t. 1er, n. 13 et 1; Delv., t. 2, p. 274). Toullier, t. 5, n. 172, objecte qu'il faut ici le concours de deux volontés, et qu'il y a lieu de valider la donation, comme celle faite sous la condition resolutoire que le donateur n'aura pas d'enfans. Mais c'est la loi, et non le donateur, qui révoque la disposition dans le cas de survenance d'enfans, puisque le donateur, y eût-il renoncé hypo-thétiquement, la révocation s'opérerait de même (V. *infrà* les arrêts cités). Elle s'opère dans l'in-térêt des enfans, et non en faveur seulement du mariage (C. civ. 960). — Dall., 5. 487, n. 15.

Durant., n. 477, paraît incliner pour l'opinion de Toullier, adoptée par l'annotateur de Ricard, chap. 4, tit. 1er, n. 1038.

81. — Ce que nous disons de la clause qui résout la donation en cas de mariage du donateur, s'appli-que à la même condition, conçue sans forme sus-pensive : Je donne *si je me marie, ou si je ne ma-rie pas*, Duranton, n. 477, pense même qu'il y a plus forte raison d'annuler la disposition dans ce second cas, parce que la condition résolutoire semble au moins rentrer dans l'esprit de l'art. 960 C. civ.

82. — A plus forte raison encore regarderait-on comme potestative cette condition : je donne, ou je révoque ma donation, *si je prends ou si je ne prends pas un état, ou tel état* (Parlem. de Paris, 5 sept. 1702).— Dur., n. 477.

83. —... Ou cette autre condition : je donne *en cas que je n'aille pas à Beauvais* (Ricard, *Donat.*, première partie, chap. 4, n 1038; Gren., n. 11; Dur., n. 477. Cependant Pothier, *des Obligat.*, n. 48, dé-clare valable cette convention : je vous promets dix pistoles, *en cas que j'aille à Paris* : il n'est pas entièrement en mon pouvoir, dit-il, de ne les pas donner, puisque je ne puis m'en dispenser qu'en m'abstenant d'aller à paris.»

A nos yeux, une telle condition, stipulée comme *résolutoire* de la donation, laisserait le donataire à l'entière discrétion du donateur. Ce serait bien *don-ner et retenir*.

§ 5. — *Donations sous condition de payer certai-nes dettes.*

84. — La donation est nulle, « si elle a été faite sous la condition d'acquitter d'autres dettes ou charges que celles qui existaient à l'époque de la donation, ou qui seraient exprimées, soit dans l'acte de donation, soit dans l'etat qui devrait y être an-nexé » (C. civ. 945; ord. de 1731, art. 16).

85.—En droit romain, le donateur pouvait assu-jettir le donataire à l'acquittement des dettes, char-ges et legs qu'il laisserait lors de son décès. Il en était autrement dans les pays coutumiers, où domi-nait la maxime *donner et retenir ne vaut*.—L'art. 16 de l'ord. de 1731 annula les donations faites sous la condition de payer les dettes et charges de la succession du donateur, en tout ou en partie. La même nullité résulte évidemment de l'art. 945 C. civ.—Gren., t. 1er, n. 48; D.A. 5. 489, nos 24, 25.

86.— Il en serait ainsi, lors même que les legs mis à la charge du donataire seraient contenus dans un testament existant, auquel se référerait le dona-teur. L'art. 945 veut que les charges soient expri-mées dans la donation même, ou dans un état par-ticulier annexé, et non dans un acte étranger, révo-cable d'ailleurs par le donateur, ce qui rendrait l'effet de la donation incertain. — Furgole, sur l'art. 16 de l'ordonnance de 1731; Gren., n. 49; D.A. *eod.*, n. 25.

86.—Remarquez ces mots de l'art. 945 : *d'autres dettes que celles qui existaient à l'époque de la donation, ou qui seraient exprimées soit dans l'acte*; etc. Le sens de l'article est que l'on peut mettre à la charge du donataire *toutes* les dettes existantes; ou *certaines dettes existantes aussi*, qui seraient spé-cialement désignées. Duranton, n. 482, suppose, au contraire, que la loi a entendu, pour les dettes dé-signées, des dettes *à venir*. Mais la loi, ainsi inter-prétée, serait moins conséquente. Toutefois, une dette ou charge *à venir*, mais susceptible d'être fixée au moment de la donation, sans qu'il dépende de la volonté du donateur de l'augmenter, ne vicierait pas la disposition. Ici ne peut s'appliquer la maxime: *donner et retenir ne vaut*.— Furgole, Gren., D.A. *loc. cit.*

87.—Ainsi, serait valable la condition de payer les frais funéraires du donateur Cette charge n'est pas indéterminée ni arbitraire. Elle se règle d'après les convenances de dignité ou de fortune, et les usages du pays. A cet égard, il ne s'élevait aucun doute sous l'ancien droit.—Mêmes auteurs.

88.—Mais nous déciderions autrement, quant à la charge d'acquitter les legs pieux ou rémunératoires que le donateur pourrait faire par la suite. Remarquez que Dumoulin, Ricard et Chabrol, qui expriment l'opinion contraire, écrivaient avant l'ord. de 1731, art. 13. Ricard allait même jusqu'à décider que le donataire pouvait être tenu d'*accomplir le testament* que ferait le donateur.—Furgole, *loc. cit.*; Grenier, n. 49; D.A. 5. 489, n. 25.

89.— Selon Duranton, n. 487, le donataire peut être chargé de payer des legs qu'on se propose de faire et dont on fixe le *maximum*, ou même certains legs rémunératoires à des domestiques ou autres, dont le *quantum* serait déterminé *arbitrio boni viri*, eu égard à la fortune du donateur.

90.—La donation peut-elle être faite à condition que le donataire paiera seul toute la réserve? L'ord. de 1731, art. 16, annulait une telle disposition. Le doute vient de ce qu'en donnant à d'autres personnes les biens qui lui restent ou ceux qu'il acquiert par la suite, le donateur pourrait anéantir sa libéralité, la réserve devant se prendre, en vertu de la clause, sur cette donation, et non sur les donations subséquentes. Mais la raison de décider en faveur de la donation, c'est que l'existence d'héritiers à réserve lors du décès du donateur est une circonstance indépendante de sa volonté.

91.—En tout cas, la donation n'eût pas été nulle, sous l'ordonnance comme sous le code, par cela seul qu'elle contiendrait la réserve, de la part du donateur, de la *légitime de droit de ses filles, et de la fixer à un taux convenable*. Ce n'est là qu'une charge imposée par la loi même, ou inhérente à la donation. Les mots *légitime de droit* excluent l'arbitraire dans la fixation, et les expressions, *de la fixer à un taux convenable*, n'attribuent pas au donateur le droit de dépasser les bornes prescrites par la loi (Ord. de 1731, art. 16, C. civ. 944, 946, anal.).—12 août 1808. Nîmes. Durand. D.A. 5. 524. D.P. 1. 1328.

92.— *Quid* de la condition de payer les dettes que le donateur contractera jusqu'à concurrence d'une certaine somme, ou, ce qui est la même chose, de payer une somme fixe sur les dettes que le donateur pourra contracter? C'est là une réserve de disposer, que l'art. 946 déclare nulle au profit des héritiers.—Toull., t. 5, n. 223; Dall. 5. 489, n. 27.

93.—Si l'on a donné tous les biens meubles et immeubles, à la charge, par le donataire, de payer toutes les dettes du donateur, tant chirographaires que passées devant notaire, sans distinction de celles existantes au moment de la donation, et de celles qui pourraient exister lors du décès du donateur, et de payer 50 fr. à chacune des servantes qui seraient au service du donateur lors de son décès, sans que le nombre en fût fixé; une pareille donation doit être annulée, et ne peut être maintenue seulement quant aux immeubles (Ord. 1731, art. 16; C. civ. 945). — 17 term. an 7. Civ. c. Mosnier. D.A. 5. 503. D.P. 3. 1. 209.

94.— La condition de payer les dettes actuelles peut être imposée au donataire d'une quotité de biens ou d'un immeuble particulier, comme au donataire universel. Les termes généraux des art. 944, 945, ne permettent plus le doute qui avait été exprimé sous l'ordonn. de 1731, moins explicite, et que combattait déjà Furgole.—Dall. 5. 489, n. 23.

95.—Jugé que la donation d'une universalité, par exemple, de tout le commerce du donateur, ne cesse pas d'être une véritable donation, par cela que le donataire a été chargé de payer toutes les dettes inhérentes à ce commerce et existantes au moment de la donation (C. civ. 894).— 12 prair. an 12. Liége. Horion. D.A. 5. 493. D.P. 1. 1327.

96. — Quant à la proportion dans laquelle les donataires particuliers, universel ou à titre universel, concourent au paiement des dettes actuelles et fixes du donateur, V. ci-après.

§ 6.— *Donations avec réserve de disposer.*

97. — « Si le donateur s'est réservé la faculté de disposer d'un effet compris dans la donation, ou d'une somme fixe sur les biens donnés, et qu'il meure sans en avoir disposé, cet effet ou cette somme appartiendra aux héritiers du donateur, nonobstant toutes stipulations contraires » (C. civ. 946; ord. 1731, art. 16). — Ainsi, la donation n'est nulle que pour l'objet réservé, parce qu'elle est révocable à l'égard de cet objet. — Dall. 5. 393, n. 2.

98.— Le mot *effet*, dans l'art. 946 C. civ., s'entend des immeubles comme des effets mobiliers.

99.— Pour l'application de cet article, il faut que la réserve de disposer soit absolue, et au profit du donateur; qu'elle ait, en un mot, tous les caractères

de la condition potestative. S'il s'agissait d'une réserve purement éventuelle, faite dans l'intérêt d'un tiers, elle ne profiterait pas toujours aux héritiers du donateur (Gren., t. 1er, n. 17; Toull., t. 5, n. 226; Delv., t. 2, p. 274; Dall. 5. 394, n. 15). Par exemple, la donation contient la faculté de disposer d'une pension viagère déterminée, en faveur de l'épouse du donateur, et dans le cas où elle lui survivrait. Si la femme meurt la première, les héritiers du donateur n'auront rien à réclamer. L'objet réservé, la rente, est éteint par le prédécès de la femme. — 17 therm. an 13. Aix. Roure. D.A. 5. 405. D.P. 1. 1324.

100. — Si le donateur est mort le premier, il faut distinguer. A-t-il disposé de la rente réservée? Les héritiers n'ont rien à réclamer, à moins que la rente excédât la quotité disponible. Mais n'a-t-il été fait aucune disposition de la rente? les héritiers pourront demander qu'elle soit servie à leur profit pendant la vie de la personne désignée; car la donation, en ce qui concernait la rente, était nulle, comme dépendant entièrement de la volonté du donateur.—Delv. et Dall., *ibid.*

101. — A été jugée nulle comme ne contenant pas dessaisissement irrévocable, la donation entre-vifs, avec réserve d'usufruit, de biens meubles et immeubles, dans laquelle le disposant a stipulé pour lui la faculté de changer à son gré le mobilier, à charge de le remplacer, mais sous la condition qu'en cas de remplacement, il ne pourra résulter, de l'état estimatif des effets mobiliers, annexé à la donation, aucune action, soit pour augmentation, soit pour diminution de la valeur portée dans l'état (C. civ. 944, anal.: ord. 1731, art. 16).—23 janv. 1809. Paris. Delatour. D.A. 5. 490. D.P. 1. 1327.

L'arrêt a considéré que l'éventualité résultant du pouvoir de changer, viciait la donation des immeubles. Sous ce rapport, l'arrêt nous semble susceptible de critique, l'éventualité se bornant aux meubles d'après la clause de la donation (arg. C. civ. 946, conforme à l'art. 16, ord. 1731).

ART. 2. — *De l'acceptation des donations.*

§ 1er. — *Nécessité de l'acceptation. — Donations qui en sont dispensées.*

102. — L'art. 932 C. civ. porte : « La donation entre-vifs n'engagera le donateur, et ne produira aucun effet que du jour qu'elle aura été acceptée en termes exprès. » — La donation entre-vifs est regardée comme un contrat qui exige, en conséquence, le concours de la volonté des deux parties.

103. — Le projet du code avait défini la donation un *contrat*, à l'exemple des anciens auteurs. Furgole seul, quest. 1re, n. 32; 3, n. 17; 8, *sur l'ord.* 1731, cherchait à établir l'opinion contraire; mais le mot *acte* fut substitué dans l'art. 894 C. civ., sur l'observation du chef du gouvernement, que le contrat imposait des charges mutuelles. Les nouveaux auteurs ne sont pas moins unanimes à qualifier la donation un contrat.

Il résulte, en effet, des art. 1105 et 1106, que la donation purement gratuite est un contrat unilatéral de bienfaisance, et la donation faite sous certaines charges imposées par le donateur, un contrat synallagmatique à titre onéreux.— Dall. 5. 507, n. 2.

104.— L'acceptation était requise sous le droit romain (L. 1 et 9, § *ult. de Donat.*; *Institut.*, lib. 2, tit. 7, § 2). Le droit coutumier présentait quelque incertitude, lorsque l'ord. de 1731 (art 5 et 6) disposa formellement comme l'art. 932 C. civ. — D.A. 5. 507, n. 2.

105. — Il y a des donations qui sont dispensées d'une acceptation expresse. Telles sont : 1° les donations faites par contrat de mariage (C. civ. 1087; ord. 1731, art. 10);— 2° Les donations aux appelés, dans le cas de substitution, pourvu que le premier donataire ait accepté (C. civ. 1048, 1049; l. 17 mai 1826). L'art. 11 de l'ord. 1731 le déclarait formellement. Les appelés peuvent ne pas être conçus au temps de la donation, nonobstant la règle générale de l'art. 906. L'art. 1055 permet au substituant de nommer un tuteur pour surveiller l'exécution de la condition. Les articles suivans entrent dans le détail des formalités conservatoires du droit des appelés, et il n'est pas fait mention de l'acceptation (Toull., t. 5, n. 215, 216; Dall. 5. 509, n. 10);—3° les donations indirectes, qui sont la condition d'une convention ou d'une donation faite à un tiers (C. civ. 1121, 1975).

106. — Et, par exemple, la réserve d'usufruit, faite en faveur d'un tiers, dans une donation par contrat de mariage, n'est pas une libéralité soumise à l'acceptation.—19 nov. 1832. Toulouse. Meilhau. D.P. 33. 2. 29.

107.— Du moins, il n'est pas besoin que les donations indirectes soient acceptées dans la forme voulue pour les donations directes : tout acte par lequel le tiers manifestera l'intention de profiter de la disposition, la rendra irrévocable. — Dur., t. 8, n. 417; Toull., n. 215 et 216; Gren., t. 1er, p. 189; D.A. 5. 484, n. 2, et 508, n. 6.—V. Obligations.

Furgole, sur l'art. 5 de l'ord. 1731, décidait autrement, mais par des raisons devenues sans force depuis la disposition des art. 1121 et 1975 C. civ.

108.—Ainsi, l'on a considéré comme une acceptation suffisante

La réception des arrérages d'une rente constituée au profit d'un tiers (C. civ. 1973). — 5 nov. 1818. Req. Lyon. De la Coste. D.A. 5. 522. D.P. 19. 1. 220.

109.— Il suffirait aussi d'une déclaration par acte d'huissier.

110.— Le tiers peut faire sa déclaration même après la mort du donateur, mais avant toutefois qu'il n'ait été pris aucun arrangement entre les héritiers du donateur et le donataire direct, car il est en leur pouvoir de se dégager de la condition non acceptée par le tiers.— Delv., t. 2, p. 263; Dall. 5. 508, n. 8.

111.— Un exemple de donation indirecte dispensée d'une acceptation expresse et authentique, est l'assurance qu'un individu peut contracter sur sa propre vie, mais sous la condition que, l'événement arrivant, le prix sera payé, non à l'assuré, ni à ses héritiers ou créanciers, mais à une tierce personne. —V. l'excellent traité des assurances de Grun et Joliat, ch. 8, n. 397.

112.— Est aussi dispensée d'une acceptation expresse, 1° la renonciation que fait un légataire universel, en faveur des enfans de son co-légataire décédé avant le testateur, au droit d'accroissement qui lui appartient. L'acceptation peut s'induire du concours des parties à l'inventaire et du mode de partage qu'elles ont arrêté.

113. — Il en est de même de la renonciation que fait à l'institution l'héritier institué, pour opérer un partage égal avec son frère, co-héritier. Une telle renonciation n'a pas besoin d'être faite devant notaire (C. civ. 894, 931).— 27 janv. 1806. Paris. Desorgues. D.A. 5. 491. D.P. 1. 1327.

114.—2° La renonciation à l'usufruit en faveur du nu-propriétaire, à un droit de servitude, à un droit d'hypothèque, à une action quelconque. Dans tous ces cas, dit Proudhon, n. 2206, l'effet immédiat de la renonciation, consistant à opérer l'affranchissement de la personne ou du *fonds*, n'est qu'un retour à la liberté ou à l'ordre naturel des choses. Il n'y avait pas lieu d'exiger pour ces sortes de remises à titre gratuit les mêmes formalités que lorsqu'il s'agit d'un transport de propriété ordinaire.

115.— 3° La remise de la dette.—V. Obligation.

116. — 4° Les dons manuels. — V. ce mot.

117.— Ainsi, l'on ne peut attaquer, pour défaut d'acceptation, la donation d'une somme d'argent, lorsque l'acte de donation constate qu'au moment même où il a été passé, cette somme a été comptée au donataire, qui en a donné décharge (C. civ. 932). — 6 janv. 1831. Grenoble. Barge. D.P. 32. 2. 90.

118.— 5° Les donations faites sous la forme d'un contrat onéreux.— 4 juin 1829. Paris. Loysel. D.P. 31. 2. 21.

C'est la conséquence de la jurisprudence, qui valide entre parties capables les donations ainsi déguisées.

119.—6° Les donations rémunératoires, lorsqu'elles sont moins la récompense spontanée que le salaire obligé d'un service ou d'un travail. — Dall. 5. 508, n. 5. — V. le développement de cette distinction, art. 1er.

120. — Jugé que, sous l'empire des lois romaines, il n'était pas besoin de l'acceptation expresse d'une constitution de rente viagère faite à un ancien domestique pour services rendus. L'acceptation pouvait s'induire de la réception des arrérages, de la remise demandée par le donataire du titre constitutif. Elle pouvait même se prouver par témoins. — 11 juill. 1810. Bruxelles. Deglimes. D.A. 5. 517. D.P. 11. 2. 23.

121. — Sous l'ord. de 1731, la donation faite pour des services dont le prix ne peut être demandé en justice, devait être acceptée formellement, à peine de nullité.— 21 déc. 1812. Paris. Sainte-Marie. D.A. 5. 521. D.P. 13. 2. 97.

122. — La donation non acceptée, qui se fait par simple promesse, et que les Romains appelaient *pollicitation*, était obligatoire en certains cas, par exem-

ple, lorsqu'elle avait un objet d'utilité publique (*tit. ff. de Pollic.*).—En France, les pollicitations ont été implicitement proscrites par l'ord. de 1731, qui impose la nécessité de l'acceptation expresse, même pour les donations faites en faveur de l'église, ou pour causes pies (art 8). — Poth., *Donat.*, sect. 2, art. 1er. — Le même système est reproduit par l'art. 937 C. civ. —Toull., n. 217; Dall. 5. 509, n. 11.

§ 2. — *Des formes de l'acceptation.*

123. — La donation doit être *acceptée en termes exprès* (C. civ. 932). L'ord. de 1731, art. 6, portait aussi : « l'acceptation sera expresse, sans que les juges puissent avoir aucun égard aux circonstances dont on prétendrait induire une acceptation tacite ou présumée, et ce, quand même le donataire aurait été présent à l'acte de donation et qu'il l'aurait signé, ou quand il serait entré en possession des choses données ». Si le code n'a pas reproduit ces expressions, c'est qu'on les a jugées inutiles; mais on n'a pas entendu rejeter la règle qu'elles posent. L'orateur du gouvernement l'a déclaré positivement au corps législatif. — Dall. 5. 509, n. 12.

124. — Cependant Toull., t. 5, n. 189, conclut du silence du code, que *l'entrée en possession* du donataire équivaut à l'acceptation. « On ne doit point suppléer les nullités. La formalité de l'acceptation expresse n'est que le résultat de l'aversion des coutumes pour la donation, et il faut alléger l'entrave, plutôt que l'aggraver. » Enfin, dit cet auteur, l'exécution volontaire d'un acte nul pour vice de forme a pour effet, en général, de le rendre inattaquable (C. civ. 1338).—Mais l'art. 1339 fait exception à cette règle pour les donations (V. Obligation); et d'ailleurs la nécessité de l'acceptation étant requise dans l'intérêt du donateur, il faudrait que l'exécution volontaire émanât du donateur lui-même. — Gren., t. 1er, n. 57 *ter.*; Delv., t. 2, p. 469, note 3; Dall. 5. 509, n. 12.

125. — Le mot *accepter* n'est pas sacramentel. Il suffit que le juge voie dans les expressions employées la manifestation non équivoque de la volonté d'accepter. Ainsi, il a été jugé maintefois que la dispense de rapport pouvait s'induire de termes équipollens, quoique le rapport soit ordonné par les art. 843, 919, à moins que la donation n'ait été faite *expressément par préciput et hors part ou avec dispense du rapport*. De même, bien que l'art. 972, après avoir déterminé minutieusement les formes de la dictée, de la lecture des testamens par acte public, ajoute : Il est fait du tout mention *expresse*, une foule d'arrêts ont rejeté le système tendant à exiger que la mention fût toujours conçue dans les termes que la loi emploie pour prescrire la formalité mentionnée.—Toull., n. 188; Dall. *eod.*, n. 13.

126. —Toutefois, il faut n'attacher aucun effet aux clauses de style, à ces locutions routinières, communes à tous les contrats, et qui se perpétuent dans chaque province. Remarquez que la loi demande plus que dans les contrats ordinaires; elle exige la déclaration la plus irrécusable, la volonté du donataire d'accepter la libéralité.—Dall., *ibid.*

127.—Entre autres exemples, Rousseau de Lacombe refuse de voir une acceptation suffisante dans les termes *agréer la donation, l'avoir pour agréable, l'approuver*.—Grenier, n. 57 *bis*, à la différence de Toull., n. 188, regarde comme une clause de style surabondante la formule : les *parties l'ont ainsi voulu et consenti*. Ces diverses mentions nous paraîtraient en général suffisantes.

128. — L'omission du mot *accepté* ou de termes équivalens sur la minute de l'acte rendrait la donation nulle, quand même il eût été rétabli dans la grosse. C'est ce qu'a jugé un arrêt du 30 avril 1635. — Denizart, v° Acceptation; Toull., n. 188.

129.— L'acceptation peut être faite, du vivant du donateur, par un acte postérieur et authentique, dont il reste minute; la donation ainsi acceptée n'a d'effet, à l'égard du donateur, que du jour où l'acceptation lui a été notifiée (C. civ. 932).

130.—Dans l'ancienne jurisprudence, suivie dans le pays de Liége, il fallait, comme sous le code civil, qu'une donation, pour être obligatoire, fût acceptée par le donataire, du vivant du donateur. En conséquence, l'acceptation, faite sans mandat au nom de donataires absens, par le notaire qui a reçu l'acte, ou par l'un des donataires, ne rend la donation valable qu'autant qu'elle a été ratifiée par les donataires avant la mort du donateur (C. civ. 932, 933). — 26 déc. 1816. Bruxelles. Bosseau. D.A. 5. 521. D.P. 1. 1328.

131. — Les mots *et authentiques dont il restera minute* furent ajoutés dans l'art. 932 C. civ., sur les observations du Tribunat. Il est clair que l'acceptation doit être passée devant notaire, comme la procuration dans le cas de l'art. 933.—Gren., t. 1er, n. 59; Dall. *eod.*, n. 18.

132.—Autrefois, la notification n'était pas requise, et la donation avait son effet du jour où elle avait été acceptée. On doit donc appliquer à la notification ce que les anciens auteurs enseignent sur la simple acceptation non notifiée. Ainsi, le donateur n'est lié que par la notification : jusque-là il peut révoquer l'acte qui n'est qu'un projet. — Toull., t. 5, n. 206, 209, 210; Durant., n. 418; Dall. 5. 511, n. 23.

133. — Si donc le donateur décède avant la notification, quoique depuis l'acceptation, il n'y a point eu lien de droit, et dès lors les biens donnés demeurent dans la succession du donateur.—Durant., n. 420; Delv., t. 2, p. 257; Dall. *eod.*, n. 24.

134. — Jugé cependant, 1° qu'une donation faite sous l'ord. de 1731, et nulle à défaut d'acceptation de la part du donataire alors mineur, a pu être valablement acceptée depuis sa majorité par acte non signifié au donateur, encore que cette acceptation ait eu lieu sous l'empire du code (C. civ. 932).— 17 janvier 1831. Paris. Voiry. D.P. 32. 1. 162.

135. — 2° Que la validité de l'acceptation, par le tuteur, d'une donation faite à son pupille, ne peut être contestée, lorsque la mère du mineur a accepté pour le mineur après la mort du donateur (C. civ. 935). — 13 déc. 1808. Colmar. Pflieger. D.A. 5. 527. D.P. 1. 1329.

136. — Il suit des mêmes principes que la notification doit être faite du vivant du donataire. Ses héritiers ne seraient plus à temps pour remplir cette formalité. Il n'a pu d'ailleurs leur transmettre un droit qu'il n'avait pas encore acquis. — Delv., t. 2, p. 256, 257; Toull., t. 5, n. 212; Durant., n. 421; Dall. 5. 510, n. 21. —*Contrà*, Gren., n. 138 *bis.*

Si le donataire avait laissé un fondé de pouvoir qui n'eût pas encore accepté, ce mandataire ne pourrait plus accepter après la mort du mandant; ses pouvoirs se trouveraient révoqués.—Mêmes auteurs.

137. — L'incapacité de droit ou de fait du donateur, avant la notification, aurait le même effet que le décès. — Durant., n. 165 et 421; Toull., n. 213; Delv., t. 2, p. 256. —*Contrà*, Gren., *loc. cit.*

138. — Quant à l'incapacité du donataire, il faut distinguer : privé des droits civils, il ne pourrait ni accepter, ni notifier son acceptation. S'il est seulement tombé dans un état d'incapacité physique ou morale, telle que la démence, le tuteur pourra accepter pour lui. — *Ibid.*, et Dall. *eod.*, n. 22.

139. — Si l'acceptation ou la notification de l'acceptation avait lieu dans les dix jours qui précèdent la faillite du donateur, la donation demeurerait sans effet (C. comm. 444). — Delv., *loc. cit.*; Dall., n. 25. —V. Faillite.

140. — Il est entendu qu'une donation entre-vifs, demeurée sans acceptation pendant la vie du donateur, ne peut valoir comme disposition testamentaire. Elle n'est qu'un simple projet, qui n'attribue aucun droit et qui diffère du testament tant par la forme que dans sa substance. — Bigot Préameneu, *Expos. des mot.*; Dall. 5. 510, n. 19.

141.— L'acceptation contenue dans un acte passé entre le donateur et le donataire n'aurait pas besoin d'être notifiée. Le contrat a procuré au donateur une pleine connaissance de l'acceptation (arg. C. civ. 1690). — Gren., n. 58; Delv., t. 2, p. 257; Dall. *eod.*, n. 17.

142.— La notification de l'acceptation se fait régulièrement par un huissier, à personne ou domicile. L'huissier la constate, soit par un procès-verbal, soit par une mention sur l'original de l'acte, dont copie est remise au donateur.—Dur., n. 422; Gren., t. 1er, n. 58; Dall., *eod.*, n. 16.

143.— Le défaut ou les vices de l'acceptation sont-ils couverts par l'exécution volontaire de la donation ? Sur cette question, qui naît de la combinaison des art. 1338, 1339, 1340, V. Obligations.

144.— L'acceptation n'est point une simple forme des donations, quoique les articles du code qui en traitent soient placés sous cette rubrique; elle est de l'essence de l'acte; de là tous les auteurs ont eu soin de distinguer l'acceptation et les formalités de l'acceptation. — Poth., *Donat.*, sect. 2, art. 1er; Gren., t. 1er, n. 56; Toull., t. 5, n. 187; Dall. 5. 508, n. 4.

145. — Ainsi, la donation, même faite en pays étranger, doit être acceptée pour avoir effet en France, quoiqu'il en fût autrement dans le pays où elle a été passée. La maxime *locus regit actum* ne concerne que les formalités simplement destinées à constater la vérité de l'acte, et non celles qui tiennent à la substance du contrat. — 21 déc. 1812. Paris. Sainte-Marie. D.A. 5. 521. D.P. 13 2. 97.

146. — Si le donataire ou son fondé de pouvoir avait accepté en pays étranger, les formalités de l'acceptation seraient réglées par la loi de ce pays. — Même arrêt.

Cependant, la donation faite en Allemagne par un Français à un absent, a été déclarée nulle pour irrégularité de l'acceptation, en ce qu'elle était émanée, non du donataire ou de son fondé de pouvoir, mais d'un habitant du pays, que le notaire fit intervenir, conformément à la loi locale. — Même arrêt.

§ 3.—*Par qui l'acceptation peut être faite.—Majeur, Femme, Mineur, Enfant conçu, Condamné, Etablissement public.*

147. — On va parler ici des donations faites 1° à un majeur capable; 2° à une femme mariée; 3° à un mineur ou à un interdit; 4° à l'enfant simplement conçu; 5° à celui qui est pourvu d'un conseil judiciaire; 6° à un condamné à la peine des travaux forcés à temps ou de la réclusion; 7° à un sourd-muet; 8° aux hospices, aux pauvres d'une commune, à des établissemens d'utilité publique. Enfin, on parlera du recours contre les maris et tuteurs pour défaut d'acceptation.

148.— 1° *Donation à un majeur capable.* — L'acceptation doit être faite par le donataire ou en son nom par un fondé de pouvoir (C. civ 933). La procuration doit porter « pouvoir d'accepter la donation faite, ou un pouvoir général d'accepter les donations qui auraient été ou qui pourraient être faites » (C. civ. 933). L'ordonn. de 1731, art. 5, se contentait d'une *procuration générale.*

149.—La procuration doit être notariée; une expédition doit en rester annexée à la minute de la donation, ou de l'acceptation, si elle est faite par acte séparé (C. civ. 933). L'ordonn. de 1731, art 5, se bornait à exiger que la procuration demeurât annexée à la minute de la donation. L'authenticité est un surcroît d'entraves, qui montre le peu de faveur qu'ont les donations entre-vifs sous l'empire du code. — Durant., t. 8, n. 430.

150.— La procuration peut-elle être faite en brevet. Le doute vient du mot *expédition*, employé par l'art. 933. Mais remarquez que la loi ne dit pas, comme dans l'art. 931, qu'il *restera minute* de la procuration; qu'alors, dès qu'elle est *annexée à la minute de la donation*, le vœu de la loi est rempli, puisque tous les actes qui constatent l'authenticité de la donation demeurent entre les mains du notaire. — V. la discussion au conseil-d'état.

Cependant quelques auteurs exigent en outre que le notaire ait constaté l'annexe de la procuration en brevet par la relation dans l'acte de donation ou d'acceptation, afin qu'il ne soit pas au pouvoir du notaire lui-même de supprimer la procuration. — Toull., t. 5, n. 191; Delv., t. 2, p. 258; Dall. 5. 511, n. 28. — Duranton, t. 8, n. 431, paraît exiger dans tous les cas que la procuration soit en minute.

151.—Le défaut d'annexe de la procuration, même passée en minute, entraînerait la nullité de l'acceptation. Les formalités prescrites par l'art. 933 sont toutes d'une égale rigueur. — Furgole, sur l'ord. de 1731, art. 5.

152.—Il a été jugé, toutefois, que le défaut d'annexe de la procuration n'était pas, sous l'ordonnance de 1731, une cause de nullité, alors d'ailleurs que le donateur qui connaissait l'acceptation ainsi faite, n'a exigé ni cette annexe, ni la preuve du mandat. — 17 janv. 1831. Paris. Voiry D.P. 32. 1. 162.

Cette dernière circonstance ne prouve rien à nos yeux. « Le donateur ne peut réparer *par aucun acte confirmatif* les vices d'une donation entre-vifs » (C. civ. 1339). Remarquez du reste qu'il y avait dans l'espèce d'autres motifs allégués par l'arrêt, de déclarer la donation valable. Elle avait été plus tard acceptée directement et authentiquement par le donataire.

153.— Selon l'art. 5 de l'ordonnance de 1731, si la donation avait été acceptée par un tiers qui se serait porté fort pour le donataire absent, la donation n'aurait d'effet que du jour de la ratification expresse faite par le donataire dans un acte notarié et avec minute. Il en serait ainsi sous le code. — Delv., t. 2, p. 256; Toull., t. 5, n. 192; Durant., n. 425; Dall., p. 511, n. 31.

Mais la ratification devrait seule être considérée comme l'acceptation, et soumise aux règles générales de l'acceptation et de la notification. — Gren., t. 1er, n. 60, croit prudent de faire une acceptation directe, comme si nul ne s'était porté fort.

154.—La ratification ne serait plus utile après le décès du donateur. — 5 fév. 1827. Bordeaux. Gude. D.P. 27. 2. 118.

155.— L'art 5 de l'ordonnance de 1731 ajoutait :

« Défendons à tous notaires et tabellions d'accepter les donations, comme stipulant pour les donataires absens, à peine de nullité de ces stipulations. » Cette disposition doit encore être observée. L'art. 7 de la loi du 6 octobre 1791, à laquelle il n'a pas été dérogé en ce point par celle du 25 ventôse an 11, permettait bien aux notaires de représenter les absens dans les inventaires, comptes, partages et autres opérations amiables, mais *sous la condition qu'ils ne pourraient instrumenter dans lesdites opérations*. — Durant., t. 8, n. 426; Toull., n. 192.

156. — Toutefois, le notaire qui a reçu la donation peut représenter le donataire dans l'acte d'acceptation séparé et reçu par un autre notaire. — Durant., n. 427.

157.— Un parent du notaire qui reçoit l'acte de donation, peut être chargé des pouvoirs du donataire, à l'effet d'accepter, quoiqu'il fût parent au degré où le donataire ne pourrait recevoir l'acte, si cet acte le concernait; il en est de même d'un clerc de notaire. Il ne faut pas confondre en effet la qualité de mandataire avec celle de partie ou de témoin instrumentaire. — Durant., n. 428.

158. — Lorsqu'une donation est faite à deux ou plusieurs individus, tous doivent accepter, quoiqu'il s'agisse d'une même chose, d'un même immeuble donné en commun. L'acceptation de l'un ne profiterait pas à l'autre.

159.— Spécialement, il a été jugé que l'acceptation d'un don, faite par l'un des donataires, tant pour lui *que pour ses compagnons*, ne peut valoir pour les autres donataires qu'autant qu'ils ont approuvé ou ratifié l'acceptation faite en leur nom. Il en doit être ainsi, alors même que la libéralité consiste en une pension viagère réversible sur le dernier vivant (C. civ 952).— 26 nov 1823. Bruxelles. Gratheux. D.A. 5. 519. D P. 1. 1328.

160.— Y a-t-il lieu au droit d'accroissement entre les donataires? Gren, n 442 invoque pour la négative l'ancienne jurisprudence (Furgole, quest. 1re, *sur les donations*). — Il convient, ce nous semble, de distinguer les deux cas des art. 1044 et 1045 C. civ.

Dans le cas de l'art. 1044, on ne présumera pas que le donateur a voulu se dépouiller de la totalité de l'objet au profit d'un seul des donataires, le dessaisissement entre-vifs étant plus pénible et moins favorisé par la loi que la transmission à cause de mort.

Mais, dans le cas de l'art. 1045, si le donateur a offert par acte notarié sa maison à Pierre, et que, dans une autre partie de l'acte, il l'ait offerte à Paul, il paraît évident que celui des deux qui seul accepte, aura toute la maison.

161.— L'acceptation faite par un fondé de pouvoir est soumise aux mêmes règles que si elle émanait du donataire lui-même. Ainsi, elle doit être faite du vivant du donateur, et notifiée.—Gren., n. 58; Dall., *eod.* 511, n. 3.

162. — L'acceptation personnelle du donataire, tenant à la substance même de l'acte, est rigoureusement nécessaire pour l'exécution en France de toute donation; il importerait peu que l'acte eût été passé dans un pays où une donation pourrait être acceptée par un tiers sans mission. La maxime *locus regit actum* ne concerne que les formalités extrinsèques et non substantielles de l'acte (Dur., n. 429; Toull., n. 190, n.; Dall, *eod* 512, n. 32). — 21 déc. 1812. Paris. Sainte-Marie. D.A. 5. 521. D.P. 13. 2 97.

163.— L'acceptation d'une libéralité est un fait tellement personnel, que des créanciers ne seraient pas fondés à accepter à la place de leur débiteur, qui refuserait ou négligerait de le faire. Le donataire, en effet, n'a, avant l'acceptation, ni droit ni action transmissible à des héritiers, ou cessible à un tiers.—Toull., t. 5, n 211; Dall. 5. 511, n. 29.

164.— L'acceptation ne peut non plus émaner des héritiers du donataire.— V. *suprà*.

165. — La procuration d'accepter emporte pouvoir de notifier l'acceptation au donataire L'un est une conséquence directe de l'autre.— Dur, n. 432.

166.— La procuration donnée par un futur époux pour le représenter dans son contrat de mariage, et accepter les libéralités qui lui seraient faites, a-t-elle besoin d'être authentique? Non, dit Dur., n. 435, l'art. 1087 C. civ. et la faveur du mariage dispensant ces libéralités d'une acceptation expresse. Mais y aura-t-il authenticité, si le mandat d'accepter est conféré par acte sous seing-privé? Au mot *Mandat*, nous avons établi les principes à l'aide desquels cette question doit être résolue. Du reste, l'opinion de Duranton paraît la plus rationnelle.

167.—2° *Donation à une femme mariée.*—Elle « ne peut l'accepter sans le consentement de son mari, ou, en cas de refus, sans autorisation de la justice » (C. civ. 934, 217, 219).

168.—L'art. 9 de l'ordonnance de 1731, qui contenait la même disposition, ajoutait : « n'entendons néanmoins rien innover sur ce point à l'égard des donations faites à la femme, pour lui tenir lieu de paraphernal, dans les pays où les femmes mariées peuvent avoir des biens de cette qualité. » Cette exception n'est plus conciliable avec l'art. 1576 et les termes absolus des art. 217, 219, 934 C. civ. — Maleville, sur l'art. 934; Gren., t. 1er, n. 63; Fav., v° Donation, sect. 2, § 1er, n. 1 et 4; Dall. *eod.* 512, n. 33.

169. — Il n'est pas besoin d'une autorisation *expresse* du mari. Il suffit de son *concours dans l'acte*, ou de *son consentement par écrit*, même sous seing-privé (art. 217 et 934 combinés).—Toull., t. 5, n. 203; Dur., t. 8, n. 434; Dall. *eod.* 512, n. 33.

En tout cas, l'acte séparé qui contient le consentement du mari, doit être annexé à la minute de la donation.— Dur., n 434.

170.— Nul doute que le mari ne puisse autoriser sa femme pour les donations qu'il lui fait ou qu'il en reçoit pendant le mariage : et la présence du mari est une autorité suffisante. Il en était ainsi autrefois des donations mutuelles. — Ricard, part. 1re, n. 857; Poth., *Puiss. marit.*, n. 42; Toull., t. 5, n. 203; Dall. 5. 512, n. 33.

Le tuteur, au contraire, ne peut autoriser le mineur, quand il contracte avec lui.

171.— Le mari est de droit curateur de sa femme mineure, émancipée par le mariage (C. civ. 476). Dès lors, il peut l'autoriser à accepter une donation (C. civ. 935). — 11 mars 1811. Pau. Moudran. D.A. 10. 647. D.P. 12. 2. 68.

172.— Mais un mari *mineur* ne peut autoriser sa femme même majeure. Il faut avoir recours à la justice.—V. Mariage.

173. — Il est entendu que le mari seul ne peut accepter pour la femme. Il faut l'acceptation expresse de celle-ci.— *Contrà*, Furgole, quest. 4.

174.— La nullité résultant du défaut d'autorisation est-elle absolue? Le donateur et ses héritiers peuvent-ils l'invoquer? L'affirmative était consacrée par l'ancienne jurisprudence (Furgole, sur l'art. 9 de l'ord. de 1731; Poth., *des Oblig.*, n. 52; Ricard, part. 1re, ch. 4). Mais remarquez qu'alors le défaut d'autorisation maritale engendrait une nullité absolue pour tous les actes ou contrats. Sous le code, l'opinion contraire nous paraît mieux motivée.

175.— L'art. 1125 C. civ. pose cette règle générale : « Les personnes capables de s'engager ne peuvent opposer l'incapacité du mineur, de l'interdit, ou de la *femme mariée* avec qui elles ont contracté. » Selon l'art. 225, « la nullité fondée sur le défaut d'autorisation ne peut être opposée que par la femme, par le mari, ou par leurs héritiers. » Or, cette disposition se réfère à l'art. 217, où il est dit que « la femme ne peut... acquérir, *à titre gratuit* ou onéreux, sans le concours du mari, etc. » Le principe est donc que la femme mariée peut toujours faire sa condition meilleure.— L'art. 934 renvoie d'ailleurs aux art. 217 et 219, *titre du Mariage*, et il ne porte pas de nullité, comme l'art. 931.

Voici les objections : 1° il est de la nature de la donation qu'elle soit fixe et irrévocable tant de la part du donataire que du donateur. — Ce principe n'est point particulier aux donations : il a une égale force à l'égard des ventes, transactions et autres contrats (C. civ. 1124): — 2° Jaubert disait au Tribunat : « L'acceptation qui ne lierait pas le donataire ne saurait engager le donateur; ainsi, il est naturel que la femme mariée ne puisse accepter sans le consentement, etc. » — 3° le défaut d'autorisation fait présumer que la donation n'a pas une cause honnête, et dès lors la femme ne doit pas en profiter. — Mais cette considération ne serait propre qu'à motiver l'action du mari ou de ses héritiers. Le donateur n'est pas recevable à alléguer sa propre turpitude : — 4° l'accceptation n'est pas censée exister, tant que la femme n'a pas été autorisée. — Pétition de principe : car il s'agit de savoir si l'acceptation expresse, quoique non autorisée, est valable en soi, à l'effet de lier le donateur. C'est une question de *capacité*, et non de *forme*. Or, la loi dit que la femme est toujours capable de rendre sa condition meilleure; que son incapacité n'est que relative; — 5° « Dans les actes, dit Ricard, *loc. cit.*, pour lesquels la loi requiert une *solennité exacte*, elle requiert par la même raison une *habileté* dans toutes les personnes dont le consentement est nécessaire » — Cela ne prouve rien. Le principe de l'art. 1125 ne distingue pas. Les conventions d'hy-

pothèque sont aussi des actes qui requièrent une *solennité exacte* (C. civ. 2127), et cependant le débiteur qui aurait consenti l'hypothèque à la femme mariée, ne pourrait opposer le défaut d'autorisation; — 6° l'art 934 dit que la femme mariée *ne pourra*, etc.; laquelle expresssion, selon Dumoulin, *tollit potentiam juris et facti*. — Mais cette règle n'est nullement rigoureuse, et, par exemple, les mots *ne peut*, dans l'art. 217, et ceux *sont nuls de droit*, dans l'art. 502, n'empêchent pas que l'incapacité qu'ils consacrent soit purement relative dans le sens de l'art. 1125. — Toull., t. 5, n. 193; Dur., t. 8, n. 435; Guillon, *des Donat.*, t. 1er, p. 401.— *Contrà*, Gren., t. 1er, n. 61 *bis*; Proudh., *C. du droit franç.*, t. 1er, n. 276; Merl., Rép., v° Donation; Delv., t. 2, p. 268; Dall. 5. 512, n. 34.

176.—Quant à la jurisprudence, elle offre peu de monumens sur la question.

La nullité a été déclarée absolue et opposable par le donateur, dans le cas où un pere avait donné à sa fille mariée, et opposait la nullité, en qualité d'héritier à réserve de sa fille, au mari donataire contractuel de celle-ci. — 25 janv. 1830. Toulouse. Andrillon. D.P. 30. 2. 230.

Mais l'opinion contraire a pour elle, par analogie, deux arrêts relatifs à l'acceptation faite par un mineur, sans l'autorisation requise.— V. ci-après.

177.—En tout cas, le mari ne serait plus à temps, après le décès de sa femme, pour autoriser l'acceptation émanée de celle-ci.—27 janv. 1830. Toulouse. Audrillon. D.P. 30. 2. 259.

178.— 3° *Donation à un mineur ou à un interdit.* — « La donation faite à un mineur non émancipé ou à un interdit, doit être acceptée par son tuteur, conformément à l'art. 463 » (C. civ. 936), c'est-à-dire, avec l'autorisation du conseil de famille. Il suffisait sous l'ord. de 1731, art. 7, de l'acceptation du tuteur.

179.— Le tuteur ne peut accepter ni autoriser le pupille à accepter la donation qu'il fait lui-même au pupille. *Nemo potest esse auctor in rem suam*, on ne peut contracter ni stipuler avec soi-même. — Ricard, part. 1re, n. 859; Gren., n. 61 *bis* et 65; Toull., t. 5, n 202; Dur, n. 443; Merl., Rép., v° Mineur, § 7, n. 4: Delv., t. 2, p. 475, note 4; Dall. 5. 515, n. 47.

180.—Jugé ainsi dans un cas où le donateur était à la fois père et tuteur.— 11 juin 1816. Civ. c. Dijon. Bouhier. D.A. 5. 528. D.P. 16. 1. 432.—14 août 1829. Riom. Morel. D.P. 32. 2. 76.

181.— La donation faite par le tuteur aux pupilles peut être acceptée avec l'autorisation du conseil de famille, soit par le subrogé-tuteur (arg. C. civ. 420), soit par un tuteur *ad hoc* (arg. C. civ. 936), nommé par le conseil de famille.— Mêmes auteurs.

182.—Si le mineur seul accepte la donation, sans l'assistance du tuteur, la nullité de l'acceptation peut-elle être opposée par d'autres que par le mineur? Non, les raisons de décider sont les mêmes que celles exposées ci-dessus à l'égard de la femme mariée.— Bourjon, Bergier, Pothier, Prévost de la Janès; Toull., t. 5, n. 193; Guillon, *des Donat.*, t 1er, p. 401; Durant, t. 8, n. 437.— *Contrà*, Furgole, *sur l'art. 7 de l'ord.*; Sallé, Damours, Boutaric, Lacombe, d'Aguesseau, dans sa correspondance avec le parlement de Toulouse; Gren., t. 1er, n. 61 *bis*; Proudh., *C. de dr. franç.*, t. 1er, p. 276; Delv., t. 2, p. 268; Merl., Rép., v° Mineur, § 7, qui avait d'abord embrassé l'avis opposé; Dall. 5. 512, n. 40.

183.— La jurisprudence des parlemens de Paris et de Toulouse déclarait valable l'acceptation du mineur seul

Sous le code, la question a divisé les tribunaux. Pour la validité de l'acceptation, 12 août 1808. Nîmes. Durand. D.A. 5. 524. D.P. 1. 1328.— 14 août 1829 Riom. Morel. D.P. 32. 2. 76.— *Contrà*, 11 juin 1816. Civ. c Dijon. Bouhier. D.A. 5. 529 et 530, n. 1. D.P 16. 1. 432.

Dans le premier et le troisième de ces arrêts, il s'agissait de donations faites sous l'ord. de 1731; mais les principes étaient les mêmes.

184.— De même, la nullité résultant de ce que le tuteur aurait accepté sans l'autorisation du conseil de famille, ne serait pas opposable au mineur.— 13 déc. 1808. Colmar. Pflieger. D.A. 5. 527. D P. 1. 1329.— 27 avril 1824. Metz. Destable. D.A. 5. 528. D.P. 1. 1322.

185.— Duranton, t. 8, n. 446, critique cette solution Sans doute, dit-il, le mineur seul a capacité pour faire sa condition meilleure. Mais le tuteur agit sans pouvoir, et n'est point censé, par conséquent, représenter le mineur, quand il ne se conforme pas aux règles que la loi prescrit comme condition de son mandat.

186.— Il nous semble, du reste, que le donateur pourrait, avant d'exécuter la donation, exiger qu'elle fût ratifiée par qui de droit, afin de faire supporter au mineur les conséquences de son acceptation (C. civ. 463, 2e alin.). Ce n'est pas là demander la nullité de la donation ni la révoquer, mais exiger des garanties. Les représentans de l'incapable ne sauraient se refuser à l'option entre le maintien ou la nullité de la donation.

187.— Si le tuteur avait fait donation au mineur, et que le subrogé-tuteur l'eût acceptée sans autorisation du conseil de famille, le donateur ou ses héritiers ne pourraient pas opposer la nullité de l'acceptation, par cette raison toute particulière que le tuteur est responsable envers le mineur du défaut d'acceptation; qu'il a dû veiller à ce que l'acceptation fût régulière. On repousserait la demande en nullité par le principe: *Quem de evictione tenet actio, eumdem agentem repellet exceptio.*— Delv., t. 2, p. 475.

188.— Sous l'ancienne jurisprudence suivie dans le Brabant, le greffier d'une cour de justice ne pouvait accepter valablement une donation pour un mineur; la donation était nulle si, postérieurement, et du vivant du donateur, le donataire n'avait pas notifié expressément cette acceptation (C. civ. 931, anal.).— 23 janv. 1810. Liége. Ancion. D.A. 5. 526. D.P. 1. 1328.

189.— «Le mineur émancipé peut accepter avec l'assistance de son curateur» (C. civ. 935; ord. 1731, art. 7).—Il est évident que le ministère du curateur se borne à autoriser, mais non à accepter à la place du mineur.

190.— «Néanmoins, ajoute l'art. 935 C. civ. (conforme à l'art. 7, ord. 1731), les père et mère du mineur émancipé ou non, ou les autres ascendans, même du vivant des père et mère, quoiqu'ils ne soient ni tuteur, ni curateur du mineur, peuvent accepter pour lui.»

191. — Les père, mère, ou autres ascendans qui acceptent pour leur descendant mineur, ont-ils besoin de l'autorisation du conseil de famille? Non. L'art. 935, après avoir renvoyé à l'art. 463, établit une disposition exceptionnelle et dérogatoire qui s'annonce par le mot *néanmoins*. D'ailleurs, *du vivant des père et mère*, il n'y a pas de conseil de famille constitué (Durant., t 8, n. 441; Toull., t.5, n. 197; Delv., t.2, p. 262: Merl., Rép., v° Mineur, § 7, n. 3; Gren., n. 156; Favard, Rép., v° Donation entre-vifs, sect. 2, § 1er, n 1, Dall. 5. 515, n. 41).— 25 juin 1812. Req. Bruxelles. Delabarre. D.A. 5. 528. D.P. 12. 1. 465.

192.— Peu importe que l'ascendant soit en même temps tuteur: car il peut également accepter en sa seule qualité d'ascendant (Proudh., *Cours de dr. fr.*, t. 2, p. 220). — Même arrêt. — 20 mars 1811. Bruxelles. Lebouchel. D.P. 12. 2 70.

193. — La mère peut-elle accepter sans l'autorisation du père? D'un côté, l'on dit que l'interposition de l'enfant sera le moyen indirect de faire arriver à la femme des libéralités d'une origine suspecte et que le mari n'eût pas autorisées; que même le mari est intéressé à ce que telle donation à son enfant n'éveille pas des soupçons sur la paternité clandestine du donateur. Enfin, dit-on, on ne peut stipuler pour autrui, dans les cas où l'on ne pourrait stipuler seul pour soi-même (Lacombe, sur l'ord. de 1731, art. 7).—Conf. Gren., t. 1er, n. 64, qui ajoute que cette interprétation *était suivie en pratique.*

Mais on répond: la femme n'est soumise à l'autorisation que pour les actes qu'elle fait en son nom. Elle ne l'est pas, par exemple, pour le mandat (C. civ. 1999); or, le pouvoir d'accepter pour un fils est un mandat conféré par la loi. — Il ne résulte de là aucune obligation de la femme sur ses biens propres, qui soit susceptible de nuire au mari. — La loi n'a considéré que l'affection et le lien du sang, indépendamment de la puissance maritale; l'ord. de 1731, art. 7, portait que l'acceptation serait faite par *le père ou par la mère.*—Furgole, sur l'ord., art. 7 et 9; Toull., t. 5, n. 198; Delv., t. 2, p. 262; Durant., t. 8, n. 438; Dall., p. 515, n. 43.

194. — Cette dernière interprétation a été consacrée à l'égard d'une donation passée sous l'ord. de 1731. — 12 avril 1832. Req. Paris. Voiry. D.P. 32. 1. 162.

195. — A plus forte raison doit-on ainsi décider, s'il s'agit, non de la mère, mais d'une aïeule; l'acceptation non autorisée pour un petit-fils a moins de dangers, sous le rapport moral, que celle pour un fils.

196 — Les ascendans peuvent accepter..., *même du vivant des père et mère* (C. civ. 935), mais non sur leur refus. Autrement l'autorité du père et les mœurs du donataire seraient exposées à de fâcheuses atteintes. —Delv., t. 2, p. 262; Dall. *eod.*, n. 44.

Nous ne pensons pas même que les ascendans, si les père et mère refusaient, pussent faire délibérer sur ce différend par un conseil de famille convoqué extraordinairement. — *Contrà*, Delv., *ibid.*

197. — Pareillement, la donation à une femme mineure pourrait être acceptée par l'ascendant, du vivant même du mari, mais non sur le refus de celui-ci.

198. — La femme mineure n'a pas besoin d'autorisation de son ascendant pour accepter la donation qui lui est faite par son mari.—6 août 1823. Douai. Moreau. D.P. 33. 1. 303.

199. — Les ascendans peuvent-ils accepter pour un majeur interdit? Le doute vient de ce que l'art. 935 assimile dans son 1er § le mineur et l'interdit, quant à l'acceptation par le tuteur; mais qu'il n'est plus mention que du mineur dans le paragraphe relatif à l'acceptation de l'ascendant. Il y a eu pur oubli, dit Duranton, n. 442, l'assimilation étant la règle générale. — Ne peut-on pas objecter cependant que l'ascendant a des rapports plus intimes avec le mineur qu'avec le majeur interdit; que la loi tient compte de cette différence, puisque la tutelle légale n'est pas admise en matière d'interdiction?

200. — En tout cas, l'absence d'un fils majeur, des circonstances graves, telles qu'une maladie, qui l'empêcheraient d'accepter personnellement, ne seraient pas des considérations suffisantes pour autoriser l'intervention des ascendans. — Furgole, sur l'ord.; Dall. 5. 515, n. 36.

201. — Un descendant n'accepterait valablement la donation faite à un ascendant interdit, que s'il en était tuteur; il ne pourrait agir en sa seule qualité de descendant, quelle que soit la force des liens du sang; l'exception contenue dans l'art 935 ne doit pas s'étendre par analogie. — Furgole, sur l'art. 7, ord. de 1731; Dall. *eod.*

202.—La donation faite à l'enfant naturel reconnu, peut être acceptée par ses père et mère (arg. C. civ. 383), mais non par les ascendans, l'enfant naturel étant censé n'avoir pas de famille (arg. C. civ. 756). Un curateur nommé *ad hoc* agirait à défaut de pere et mère.— Furgole, sur l'art. 7 de l'ord.; Gren., t. 1er, n. 67 et 68; Toull., t. 5, n. 199; Delv., t. 2, p. 262; Dur., t. 8, n. 440; Dall. *eod.* 515, n. 46.

203. — 4° *Donation à un enfant qui n'est que conçu.* — Les père et mère peuvent accepter pour lui (Gren., t. 1er, n. 69; Toull., t. 5, n. 197; Dall., *eod.* 515, n 45), ou le curateur au ventre, autorisé du conseil de famille (arg. C. civ. 463; Furgole, sur l'art. 7, ord. de 1731).—Mais il est entendu qu'il doit naître viable, pour que l'acceptation ait son effet.

204. — 5° *Donation à celui qui est pourvu d'un conseil judiciaire.* — Il peut l'accepter sans l'assistance de ce conseil, à moins que la donation ne l'obligeât à certains actes dont il n'est pas capable seul. Par exemple, s'il devait abandonner quelques uns de ses propres biens, si l'objet donné était litigieux, etc. (arg. C. civ. 513).

205.—6° *Donation à un condamné à la peine des travaux forcés à temps ou à la réclusion.*—Elle est acceptée par le curateur nommé en vertu de l'art. 29 C. pén, et d'après l'analogie entre l'*interdiction légale* et l'interdiction pour démence; l'autorisation du conseil de famille paraît nécessaire, d'autant plus que le curateur n'est nommé que pour gérer les biens, comme un tuteur ordinaire.— Dur., t. 6, n. 421, et t. 8, n. 448.

206. — 7° *Donation à un sourd-muet.* — Il peut accepter lui-même, ou par un fondé de pouvoir, s'il sait écrire, sinon par un curateur nommé à cet effet, suivant les règles établies au *titre de la tutelle* (C. civ. 936).

207.— 8° *Donation au profit d'hospices, des pauvres d'une commune ou d'établissemens d'utilité publique.* — «Elles seront acceptées, dit l'art. 937 C. civ., par les administrateurs de ces communes ou établissemens, après y avoir été duement autorisés.» — L'histoire de la législation à cet égard a été déjà exposée en partie, v° Dispositions entre-vifs et testamentaires.— V. aussi Don manuel.

208. — En droit romain, les libéralités faites pour un service public étaient valables sans acceptation. Il suffisait d'un commencement d'exécution, pour rendre irrévocable la simple promesse, offre ou pollicitation (L. 1re, § 2, ff. *de Pollicitat.*). Mais selon Ricard, *Donat*, part. 1re, ch. 4, sect. 1re, n. 843, nos ordonnances n'exceptaient pas *la cause pie* d'une formalité aussi essentielle que l'acceptation.

209.— Le principe de capacité et le mode général d'acceptation, prévus par les art. 910 et 937 C. civ. ont été régularisés par l'ordonnance royale du 2 avril 1817, qui a réuni les dispositions contenues dans les décrets des 4 pluv. an 12, 12 août 1807, 30 déc. 1809, 6 nov. 1813, et une ordonnance du 10 juin 1814.— Dall. 5. 516.

210.— D'après l'art. 1er de l'ordonnance du 2 avril 1817, les dispositions entre-vifs ou par testament, de biens, meubles et immeubles, au profit des églises, des archevêchés et évêchés, des chapitres, des grands et petits séminaires, des cures et succursales, des fabriques, des pauvres, des hospices, des colléges, des communes et en général de tout établissement d'utilité publique et de toutes associations religieuses reconnues par la loi, ne pourront être acceptées qu'après avoir été autorisées par le roi, le conseil d'état entendu, et de l'avis préalable des préfets et évêqués, suivant les divers cas.

211. — Il suffit de l'autorisation du préfet pour l'acceptation des dons ou legs en argent ou objets immobiliers n'excédant pas 300 fr. (art. 1er): ce qui doit s'entendre de 300 fr. en *capital* (Arrêté 4 pluv. an 12).

212.— L'autorisation n'est accordée qu'après l'approbation provisoire de l'évêque diocésain, s'il y a charge de services religieux (art. 2).

213. — L'art. 3 détermine par quels administrateurs doivent être acceptées les libéralités faites en faveur de certains établissemens.

Les dons ou legs, faits aux évêchés, cathédrales ou séminaires, sont acceptés par les évêques; aux chapitres, par les doyens des chapitres; aux cures ou succursales, ou pour la subsistance des ecclésiastiques employés pour les desservir, par les curés ou les desservans; aux fabriques ou pour l'entretien des églises et le service divin, par les trésoriers des fabriques; aux associations religieuses, par le supérieur; pour la dotation des pasteurs ou pour l'entretien des temples, par les consistoires; pour les colléges ou les fondations de bourses, ou de chaires nouvelles, par les administrateurs des colléges; pour la généralité des habitans, ou pour le soulagement et instruction des pauvres de la commune, par les maires.

214. — Les ordonnances et arrêtés d'autorisation détermineront. pour le plus grand bien des établissemens, l'emploi des sommes données, et prescriront la conservation ou la vente des effets mobiliers, lorsque le testateur ou le donateur auront omis d'y pourvoir (art. 4).

215. — Tout notaire dépositaire d'un testament contenant un legs au profit de l'un des établissemens ou titulaires mentionnés ci-dessus, sera tenu de leur en donner avis lors de l'ouverture ou publication du testament. En attendant l'acceptation, le chef de l'établissement, ou le titulaire, fera tous les actes conservatoires qui seront jugés nécessaires (art. 5).

216.— Il a été décidé que pour faire ces actes conservatoires, et pour ester en jugement sur les difficultés auxquelles ils peuvent donner lieu, les hospices n'ont pas besoin de l'autorisation speciale du conseil de préfecture. — 28 mars 1821. Ord. cons. d'état. Moydieu.

217.— Les établissemens donataires ne pourraient être autorisés, par l'autorité supérieure, à se mettre provisoirement en possession des biens (Arrêté du gouvernement, du 29 vend. an 11).—Hospice d'Agde.

218. — Une ordonnance du 14 janv. 1831 a modifié en quelques points celle du 2 avril 1817. L'art. 6 de l'ord. de 1817 dispensait de la nécessité d'autorisation les acquisitions et emplois en rentes constituées sur l'état ou les villes; les établissemens ci-dessus désignés pouvaient les acquérir dans les formes ordinaires de leurs actes d'administration. Cet article est abrogé formellement par l'art. 1er de l'ord. de 1831, qui ajoute: «En conséquence, aucun transfert ni inscription de rentes sur l'état, au profit d'un établissement ecclésiastique ou d'une communauté religieuse de femmes, ne sera effectué qu'autant qu'il aura été autorisé par une ordonnance royale, dont l'établissement intéressé présentera, par l'intermédiaire de son agent de change, expédition en due forme, au directeur du grand-livre de la dette publique.»

219. — Aucun notaire ne pourra passer acte de vente, d'acquisition, d'échange, de cession ou transport, de constitution de rente, de transaction, au nom de ces établissemens, s'il n'est justifié de l'ordonnance royale, portant autorisation, et qui devra y être entièrement insérée (art. 2).

220. — Nulle acceptation de legs au profit des mêmes établissemens ne sera présentée à l'autorisation, sans que les héritiers connus du testateur

aient été appelés par acte extrajudiciaire pour prendre connaissance du testament, donner leur consentement à son exécution, ou produire leurs moyens d'opposition. S'il n'y a pas d'héritiers connus, extrait du testament sera affiché, de huitaine en huitaine, et à trois reprises consécutives, au chef-lieu de la mairie du domicile du testateur, et inséré dans le journal judiciaire du département, avec invitation aux héritiers d'adresser au préfet, dans le même délai, les réclamations qu'ils auraient à présenter (art. 3). Ne pourront être présentées à l'autorisation les donations faites à des établissemens ecclésiastiques ou religieux, avec réserve d'usufruit en faveur du donateur (art. 4).

221. — L'état de l'actif et du passif, ainsi que des revenus et charges des établissemens légataires ou donataires, vérifié et certifié par le préfet, sera produit à l'appui de la demande en autorisation.

222. — Ces dispositions sont applicables aux autorisations à donner par le préfet, en vertu de l'art. 1er de l'ord. de 1817 (art 6).

223. — L'autorisation pour l'acceptation ne fait aucun obstacle à ce que les tiers intéressés se pourvoient, par les voies de droit, contre les dispositions dont l'acceptation a été autorisée (Ord. 1817, art. 7). — Cette règle doit s'entendre, non seulement des demandes en nullité, mais aussi des réclamations contre l'excès des libéralités, leurs inconveniens, leur danger, leur inconvenance, etc. — D.A. 5. 517, n. 52.

224. — Sur les formalités spéciales qui précèdent l'acceptation par le trésorier d'une fabrique (Décr. 30 déc. 1809, art. 59), V. Fabriques.

225. — Tant que l'acceptation des administrateurs n'a pas été autorisée par le gouvernement, le donateur n'est pas obligé. Au conseil d'état, on rejeta, lors de la discussion de l'art. 937, une proposition tendante à ce que l'acceptation provisoire des administrateurs pût donner à l'acte ses effets, sauf la ratification du gouvernement. — Malevile, sur l'art. 937; Dur., t. 8, n. 450; Gren., t. 1er, n. 71; Delv., t. 2, p. 262; D.A. 5. 516, n. 51.

226. — Cependant, il a été jugé que l'autorisation du gouvernement, quoique postérieure au décès du donateur, avait validé l'acceptation, faite antérieurement par le maire, d'un don à la commune, dans le cas d'une souscription ouverte par le maire pour la construction d'un édifice communal. Le souscripteur avait déclaré s'obliger tant pour lui que pour ses héritiers. Mais on a considéré qu'il s'agissait moins d'une donation que d'un contrat intéressé pour un service public qui devait profiter au souscripteur comme aux autres habitans. — 7 avril 1829. Req. Paris. Reverchon. D.P. 29. 1. 211.

227. — De ce que les administrateurs n'ont pas le pouvoir d'accepter sans y être autorisés, Duranton, n. 450, conclut que l'autorisation doit précéder l'acceptation; qu'en conséquence, le donateur n'a point été lié par une acceptation antérieure à l'autorisation, et que la libéralité demeure sans effet s'il décède ou change de volonté dans l'intervalle de l'autorisation à une acceptation nouvelle. En thèse générale, l'acceptation par un tiers non fondé de pouvoir du donataire, ne fait pas obstacle à la caducité de la donation, nonobstant la maxime, *ratihabitio mandato æquiparatur* (arg. C. civ. 932, 933). Or, l'administrateur était sans qualité pour accepter, tant qu'il n'y avait pas été autorisé. — *Contrà*, Delv., *ibid*.

228. — Il suffit que l'acceptation d'un legs universel fait à une ville, ait été autorisée, pour qu'une nouvelle autorisation ne soit pas nécessaire à une autre commune qui se prétend légataire d'un don particulier ou d'une fondation contenue dans le même testament (C. civ. 910). — 7 juill. 1834. Civ. r. Paris. Hospices de Paris. D.P. 34. 1. 296.

229. — Les règles du droit commun sur l'acceptation des donations sont applicables aux établissemens publics, tant qu'il n'y a pas été expressément dérogé (Fav., v° Donation entre-vifs, sect. 2, § 1er, n. 1 et 8; D.A. 5. 517, n. 54). Ainsi, le donateur n'est lié que par la notification de l'autorisation. — Corm., v° Fabriques; Dall. *eod*., n. 51.

230. — Les établissemens publics ne sont pas restituables contre le défaut d'acceptation. — Fav., *loc. cit.*; Dall., n. 54.

§ 4. — *Recours en garantie pour défaut d'acceptation.*

231. — L'art. 942 C. civ., calqué sur l'art. 14 de l'ordonnance, déclare les mineurs et les femmes mariées non restituables contre le défaut d'acceptation, sauf leur recours contre leur mari ou tuteur, s'il y échet, sans que, dans aucun cas, il y ait lieu à restitution, si le mari ou le tuteur se trouvait insolvable.

232. — Remarquez ces mots *s'il y échet*: les tribunaux ont à examiner si c'est par la faute ou la négligence du mari ou du tuteur, que la donation n'a pas été acceptée. — Furg., sur l'art. 14 de l'ord.; Toull., t. 5, n. 201; Dall. 5. 516, n. 48.

233. — Si c'est le tuteur lui-même qui a fait la donation, est-il garant du défaut d'acceptation? Non, l'acte doit être considéré comme un simple projet, que le tuteur se réservait de révoquer à son gré. D'ailleurs il paraîtrait étrange qu'un tuteur s'imposât lui-même, dans ce cas, la garantie d'un acte qui n'était que l'exercice d'un bienfait. — Gren., t. 1er, n. 66 et 66 *bis*; Toull., t. 5, n. 202; Delv., t. 2, p. 26; Dall., p. 516, n. 49. — *Contrà*, Ricard, qui invoque l'ancienne jurisprudence; Pothier, *Donat. entre-vifs*, sect. 2, art. 1er.

234. — Il en serait de même, si le tuteur avait fait ou laissé faire une acceptation nulle. La nullité ne doit pas l'exposer plus à la garantie que le défaut d'acceptation. Cette solution cependant nous paraît fort douteuse, et peut dépendre des circonstances. — Gren. et Dall., *ibid*. — *Contrà*, Toull. et Delv., *ibid*.

Elle a été aussi diversement jugée.

235. — Ainsi, un père, donateur et tuteur, a été déclaré responsable du défaut d'acceptation régulière pour avoir omis de faire nommer à son fils un tuteur spécial chargé d'accepter. — 11 juin 1816. Civ. c. Dijon. Bouchier. D.A. 5. 529. D.P. 16. 1. 432.

236. — Le contraire a été décidé, même dans un cas où le père s'était expressément obligé *à faire valoir* la donation. — 14 août 1829. Riom. Morel. D.P. 32. 2. 76.

237. — Du reste, la question de responsabilité doit recevoir la même solution, soit que le donateur lui-même ou ses héritiers demandent la nullité de l'acte, soit que des tiers porteurs d'une donation régulière veuillent évincer le donataire mineur. — D.A. *eod*., n. 49.

§ 5. — *Effets de l'acceptation.*

238. — La donation n'a d'effet, *à l'égard du donateur*, que du jour de l'acceptation (C. civ. 932).

Il en est de même à l'égard des tiers: ainsi, le donataire ne prend les objets donnés qu'en souffrant les aliénations que le donateur aurait faites, ou les hypothèques qu'il aurait consenties. — Poth., *loc. cit.*; Toull., t. 5, n. 214; Delv., t. 2, p. 256, notes; Maleville, sur l'art. 932; Dall. 5. 511, n. 27.

239. — Jugé même que sous l'ancienne jurisprudence suivie dans le Brabant, une donation était censée révoquée, et par conséquent nulle, si, avant l'acceptation régulière du donataire, le donateur avait hypothéqué les biens donnés. — 23 janv. 1810. Liége. Ancion. D.A. 5. 526. D.P. 1. 1328.

240. — Lorsqu'il ne s'agit de l'intérêt ni du donateur, ni des tiers, l'acceptation remonte-t-elle au temps de la donation? Par exemple, deux époux se marient avec la clause de communauté des acquêts seulement; le mari accepte une donation d'immeuble qui lui avait été faite avant le mariage; l'immeuble demeure-t-il propre au donataire? Non, la donation n'est rien avant l'acceptation, vis-à-vis soit du donataire, soit du donateur. Qu'on n'objecte pas par analogie que la ratification a un effet rétroactif. L'acceptation est toute distincte, on ne peut la supposer intervenue avant qu'elle l'ait été réellement; et l'on suppose au contraire que celui qui ratifie a voulu dès le temps de l'acte ce qui a été fait en son nom. — Poth., sect. 2, art. 1er; Delv., t. 2, p. 256; Dall. 5. 511, n. 25.

241. — Lorsqu'une donation est annulée pour défaut d'acceptation, les donataires qui ont possédé et joui de bonne foi en vertu de cet acte, doivent restituer les fruits, à partir du jour, non de la donation, mais de la demande judiciaire d'annulation (C. civ., art. 550). — 26 déc. 1816. Bruxelles. Bosseau. D.A. 5. 521. D.P. 1. 1328.

242. — La donation une fois acceptée, ne serait pas révoquée par la seule renonciation du donataire. La propriété des objets donnés ne pourrait revenir au donateur que par l'effet d'un nouvel acte de donation, revêtu des formalités requises pour le premier (arg. C. civ. 893, 931), à moins qu'il n'y eût dans celui-ci une clause de retour pour un cas déterminé qui viendrait à se réaliser (C. civ. 951, 952). — Delv., t. 2, p. 226; Dall. *eod*., n. 11.

243. — L'acceptation est-elle irrévocable lorsque la donation a été faite sous certaines charges? La donation est alors un contrat régi par les art. 1184 et 1228 C. civ.; le donateur a la faculté, comme tout créancier, de forcer le donataire à l'exécution des conditions, s'il ne préfère demander la résolution du contrat.

L'art. 1052 C. civ. suppose une seconde donation, faite sous condition que les biens précédemment donnés seront grevés de restitution. Le donataire ne peut renoncer à la seconde disposition pour s'affranchir des charges dont elle a grevé la première.

A la vérité, l'art. 084 C. civ. permet de s'en tenir à la donation de biens presens, si elle comprend en même temps des biens à venir, pour n'être tenu que des dettes existantes au jour de la donation. — Mais la donation de biens à venir ne transmet rien, si ce n'est une simple espérance; et c'est au décès seulement du donateur qu'on pourra connaître les charges dont elle est grevée. Il était juste d'accorder jusque là le droit d'y renoncer; et encore a-t-il fallu une disposition expresse pour consacrer ce droit. Le donataire de biens présens accepte, au contraire, en pleine connaissance de cause.

Il est essentiel, objecte-t-on, que la donation confère un avantage au donataire. Mais cet avantage peut exister, quoique accompagné de certaines charges. Si les charges excèdent ou égalent l'émolument (ce que ferait supposer la renonciation du donataire), c'est le cas de considérer la donation comme un véritable contrat à titre onéreux, et, dès lors, de soumettre le donataire à l'exécution des conditions. Ce sont les clauses du contrat qui lui impriment son caractère, et non la qualification qu'il a reçue des parties. — Gren., t. 1er, n. 79 et suiv.; Toull., t. 5, n. 185, 283; Malev., t. 2, p. 422; Dur., t. 8, n. 17; Delv., p. 494, n. 1; D.A. 5. 507, n. 3. — *Contrà*, Furgole, qui ne voyait rien de synallagmatique dans une donation quelconque.

Cette solution s'applique même aux donations onereuse faites à des établissemens publics ou à des corporations autorisées. — Gren. et D.A. *ibid*.

244. — La donation acceptée par un mineur avec toutes les formalités prescrites lie-t-elle irrévocablement le donataire comme le donateur, en telle sorte que si la donation était grevée de quelques charges, le mineur ne pût abdiquer la libéralité pour se délivrer des charges? L'art. 463 C. civ. porte formellement: « La donation..... *aura, à l'égard du mineur, le même effet qu'à l'égard du majeur.* » C'est ainsi que l'art. 466 déclare le partage définitif à l'égard des mineurs comme des majeurs, lorsqu'il a été fait régulièrement. Mais, objecte-t-on, l'art. 463 a entendu ne lier que le donateur. — A quoi bon, dès lors, la disposition finale de cet article? Pourquoi même requérait-on l'autorisation du conseil de famille? — C'était, ajoute-t-on, pour empêcher le tuteur d'accepter des donations qui n'auraient pas une cause pure et honorable. Tel n'est pas le motif; l'ordonn. de 1731, art. 7, dispensait de tout avis de famille, et, antérieurement, Ricard ne l'exigeait que pour lier irrévocablement le mineur. — Les donations onéreuses, dit-on encore, faites aux mineurs, doivent être assimilées aux successions qui leur échoient, et qui ne sont jamais acceptées que sous bénéfice d'inventaire. — Mais il est évident que si les charges sont exorbitantes, le mineur pourra demander la rescision pour lésion, comme s'il s'agissait d'un contrat commutatif.

245. — On oppose aussi l'opinion de plusieurs anciens auteurs: mais remarquez que le code consacre, bien plus formellement que ne le faisait la législation antérieure, le principe que les actes passés par le tuteur avec toutes les formalités requises, sont censés faits par le mineur lui-même, en état de majorité. — Dur., t. 8, n. 444; Dall., p. 513, n. 39. — *Contrà*, Gren., n. 83, qui avait d'abord adopté le même sentiment.

246. — Il est entendu que la renonciation à une donation pure et simple, ou la révocation mutuellement consentie d'une donation onéreuse, ne peut préjudicier aux tiers, qui, depuis la donation, ont contracté avec le donataire (arg. des art. 788, 1167, 2225 C. civ.). — D.A. *ibid*.

ART. 3. — *De la forme des donations entre-vifs.*

§ 1er. — *Règles générales.*

247. — « Tous actes portant donation entre-vifs seront passés devant notaires dans la forme ordinaire des contrats, et il en restera minute, sous peine de nullité » (C. civ. 931; ord. 1731, art. 1 et 2). — Il convenait de s'assurer d'une manière irréfragable de la volonté du donateur, peu présumable en fait de libéralités et surtout de libéralités entre-vifs. — D.A. 5. 329, n. 1.

248. — La demission de biens, dans les coutumes (par exemple, celle de Normandie) où elle était irrévocable et opérait dessaisissement actuel, était

une vraie donation entre-vifs ; qui devait, en conséquence, à peine de nullité, être faite devant notaires. (Ord. 1731, art. 1er; C. civ. 931, anal.).—18 fruct. an 13. Req. Rouen. De Fremont. D.A. 5. 490. D.P. 5. 1. 562.—21 avril 1818. Civ. c. Caen. Barbotte. D.A. 5. 490. D.P. 18. 1. 319.—28 juill. 1818. Civ. c. Picot. D.A. 5. 490. D.P. 18. 1. 481.

249.— C'est la loi du 25 vent. an 11 qui régit la forme des actes notariés. Ici nous nous bornerons à mentionner les applications qui en ont été faites aux donations. On trouvera le commentaire général de cette loi aux mots Notariat, Obligations.

250. — Entre autres formalités communes aux donations et aux autres actes notariés, la jurisprudence a signalé, 1° la mention du lieu où l'acte a été passé, laquelle peut résulter des diverses énonciations contenues dans l'acte, sans que la mention soit spéciale et formelle (C. civ. 931; l. 25 vent. an 11, art. 12).—10 juin 1819. Bruxelles. Deconinck. D.A. 5. 531. D.P. 1. 1329.

251.— Il suffit d'énoncer le nom de la ville ou commune où la donation a été passée ; l'indication de la maison n'est pas indispensable (L. 25 vent. an 11, art. 12).—Même arrêt.

252.— 2° La date de l'acte : il n'est pas nécessaire qu'elle soit énoncée à la fin de la donation ; elle peut l'être au commencement (L. 25 vent. an 11, art. 12).— Même arrêt.

253.—3° La signature des parties, à peine de nullité.— 11 janv. 1822. Bruxelles. N... ... D.A. 5. 532. D.P. 1. 1329.

254.— Si le donateur a déclaré ne savoir signer, la donation n'est pas nulle par cela qu'il serait prouvé que le donateur aurait une fois, avant la donation, formé sa signature d'après un modèle qu'on lui avait fourni : il faudrait qu'on prouvât qu'il savait et pouvait signer à l'époque de la donation (L. 25 vent. an 11, art. 14) — 25 mars 1824. Bruxelles. Dewachter. D.A. 5. 532. D.P. 1. 1329.

255.— 4° La signature de tous les témoins qui ont concouru (Ord. 1731, art. 2; C. civ. 931, anal.). — 1er flor. an 11. Paris. Graillot. D.A. 5. 533. D.P. 1. 1329.

256.— Les héritiers du donateur sont recevables à demander l'annulation de la donation pour défaut de signature de l'un des témoins, après la mort du donateur ; et ce n'est même qu'à cette époque que la prescription de l'action en nullité commence à courir contre eux.— Même arrêt.

257. — Le notaire qui n'a pas fait apposer sur la minute d'un acte de donation la signature des témoins, et qui, dans une expédition fournie par lui a néanmoins fait mention de cette signature, est responsable, envers les donataires, de la nullité de la donation.— Même arrêt.

258.— Dans ce cas, l'action en garantie contre le notaire n'étant ouverte qu'au moment où a été exercée l'action principale en nullité de la donation, la prescription de l'action en garantie ne commence à courir que depuis l'introduction de la demande en nullité.—Même arrêt.—V. Responsabilité.

259.— La minute de l'acte est exigée *à peine de nullité*, pour assurer l'irrévocabilité de la donation : si elle était délivrée en brevet, et que le donateur vînt à s'en emparer, il serait maître d'anéantir la donation.— D.A. 5. 530, n. 4.

260.— Si la minute s'était perdue par cas fortuit ou force majeure, on serait admis à prouver cette perte par témoins, la preuve que la loi a été accomplie au moment de l'acte suffirait pour faire déclarer la donation valable.—Furgole, *ib.*; D.A. *eod.*, n. 4.

261.— La loi sur le notariat a défendu aux notaires de se dessaisir des minutes des actes qu'ils reçoivent; ils ne peuvent en délivrer que des expéditions. La donation serait donc nulle, si la minute avait été remise au donateur, et l'expédition au donataire, quoiqu'il ne fût pas facile alors au donateur d'anéantir les traces de la disposition. — Dumoulin; D.A. *eod.*, n. 5.— *Contrà*, Furgole, *loc. cit.*

262.— Le même acte peut contenir une libéralité par plusieurs donateurs, en faveur d'un seul donataire, comme par un seul donateur en faveur de plusieurs donataires.

263.— Une donation mutuelle peut même se faire par un seul acte (arg. C. civ. 960). La loi ne prohibe cette forme que pour les testamens et pour les donations entre époux pendant le mariage (C. civ. 968 et 1097), parce que ces actes sont révocables. — Delv., t. 2, p. 252; Gren., n. 186, Dur., t. 8, n. 387; D.A. 5. 530, n. 6.

264. — La donation peut-elle être faite par mandataire? La loi ne s'y oppose pas. Mais il faut que la procuration contienne tous les élémens de l'acte de donation, les clauses et conditions, la désignation des biens qu'on entend donner. Il faut aussi que la procuration soit notariée, sinon, rien ne garantirait authentiquement la volonté libre du donateur.

265.— Il a été cependant décidé que le mandat de donner n'a pas besoin d'être spécial et authentique; qu'il suffit, selon la règle générale, qu'il soit verbal ou sous seing-privé. — 19 août 1824. Toulouse. Agam. D.P. 26. 1. 225.

266.— Mais remarquez qu'il y avait, dans l'espèce de l'arrêt, d'autres circonstances, qui en justifiaient le dispositif. Aussi, la cour de cassation, en rejetant le pourvoi, s'est-elle bien gardée de reproduire le motif de la cour royale. Elle s'est bornée à décider qu'en tout cas la nullité résultant de ce que le mandat serait sous seing-privé, ne pourrait être opposée ni par le donateur lui-même, ni par l'acquéreur son ayant-cause, surtout si cet acquéreur avait, depuis le décès du disposant exécuté volontairement la donation (arg. C. civ. 1349). — 21 mars 1826. Req. Toulouse, Agam. D.P. 26. 1. 225.

267.—Du reste, on ne conçoit pas l'utilité de faire une donation par procureur ; car l'acceptation du donataire peut être exprimée plus tard et par un acte séparé.—V. *suprà*.

268.— La donation nulle pour vice de forme doit être refaite en la forme légale (C civ. 1339). — Sur l'effet de la ratification par le donateur ou les héritiers, V. Obligation.

§ 2.—*Don manuel.*—V. ce mot.

§ 3.—*Donation déguisée.*—V. ce mot.

Art. 4.—*De l'état estimatif des meubles donnés.*

269.—C'est dans la vue de rendre la donation des meubles fixe et irrévocable, de pouvoir déterminer avec précision la quotité disponible et la proportion dans laquelle un donataire de tout le mobilier doit contribuer aux dettes, que le législateur a statué que « tout acte de donation d'effets mobiliers ne sera valable que pour les effets dont un état estimatif, signé du donateur et du donataire, ou de ceux qui acceptent pour lui, aura été annexé à la minute de la donation (art. 948).—D.A. 5. 554, n. 1.

270.—Le défaut d'état estimatif peut être opposé par le créancier postérieur à la donation. — 11 juin 1814. Amiens. Legrand. D.A. 5. 563. D.P. 15. 2. 57.

271.—Il peut l'être par le donateur lui-même (C. civ. 948). — 12 prair. an 12. Liége. Horion. D.A. 5. 293 et 493. D.P. 1. 1327.

272.— S'il n'y a qu'une partie des effets mobiliers qui n'ait pas été décrite et estimée, la nullité ne porte que sur cette partie.—12 prair. an 12. Liége. Horion. D.A. 5. 475. D.P. 1. 1327.—28 nov. 1826. Limoges. Combe. D.P. 29. 2. 84.

§ 1er.—*A quelles donations s'applique l'état estimatif.*

273.—Est-il besoin de cet état si la tradition réelle a suivi la donation? Le projet de l'art. 948, conforme à l'art. 15 de l'ord. de 1731, portait : Toute donation d'effets mobiliers, *s'il n'y a point de tradition réelle*, sera nulle s'il n'a été annexé à la minute de la donation un état estimatif, etc. Mais cette rédaction fut rejetée sur l'observation de Tronchet : « Toutes les fois, dit-il, que la donation est faite par un acte, elle doit être accompagnée d'un titre, *même quand il y a tradition réelle*, parce que, sans cette précaution, on ne parviendrait point à fixer la légitime des enfans. Comment, d'ailleurs, en cas de révocation, le donateur pourrait-il reprendre en nature les objets qui existeraient encore sans cet état? Maleville, sur l'art 948; Gren., t. 1er, n. 169; D.A. *eod.*, n. 2.— *Contra*, Toull., t. 5, n. 180, Dur., t. 8, n. 406, qui objectent que la tradition a rendu la donation valable comme don manuel.

274.—Le don manuel est valable sans état estimatif, lorsque la tradition est antérieure à tout acte de disposition.—V. Don manuel.

275.—Sous l'ordonn. de 1731 (art. 15), une donation de biens meubles ne pouvait pas être annulée pour défaut d'annexe, à la minute, d'un état détaillé des choses données, lorsque l'acte portait que ces biens consistaient en quelques meubles et effets mobiliers, *de tout quoi* le donateur s'est dépouillé en faveur du donataire, *qui pourra de suite en prendre possession.* — 12 août 1808. Nîmes. Durand. D.A. 5. 524. D.P. 1. 1328.

276.—L'état estimatif des effets mobiliers est requis dans les donations faites sous certaines charges, comme dans les donations purement gratuites. Il n'est pas moins nécessaire dans les deux cas d'assurer l'irrévocabilité de la donation et l'obligation proportionnelle aux dettes.

277.—Jugé ainsi quant à une donation de tout le mobilier et d'un fonds de commerce, à la charge de payer une rente annuelle et toutes les dettes du donateur.—12 prair. an 12. Liége. Horion. D.A. 5. 493. D.P. 1. 1327.

278.—Cependant, a été déclarée valable, même à l'égard des effets non désignés dans l'état estimatif, une donation universelle d'effets mobiliers faite à *titre onéreux* (par exemple, à la charge de nourrir et loger le donateur sa vie durant), alors qu'il est exprimé dans l'acte que les objets qui ne se trouveraient pas énoncés dans l'état estimatif, n'en sont pas moins compris dans la donation. — 26 mars 1829. Angers. Durdan. D.P. 30. 2. 78.

279.—L'expression *effets mobiliers* dont se sert l'art. 948 comprend toutes les choses déclarées meubles par la loi (art. 520). Les distinctions nettement établies par le code civil font cesser, à cet égard, les difficultés que présentait l'ancienne jurisprudence.—Furgole, *sur l'ord. de* 1731, art. 15; D.A. 5. *eod.*, n. 5.

280.—Ainsi l'état estimatif est nécessaire, à peine de nullité, pour les donations de meubles incorporels. C'est ce qui a été jugé à l'égard d'une donation *des reprises mobilières, que le donateur peut avoir sur telle succession.*—28 nov. 1826. Limoges. Combe. D.P. 29. 2. 84.

281.— Toutefois, s'il s'agit d'une créance ou d'une rente, il suffit d'énoncer le capital, le débiteur et le titre.— Gren., t. 1er, n. 174; Toull., t. 5, n. 182; Durant., t. 8, n. 408.

282.— Remarquez que pour produire son effet à l'égard des tiers, une donation de meubles incorporels doit être notifiée comme tout transport de droits incorporels (C. civ. 1690). — Grenier, t. 2, n 173; Toull., t. 5, n. 183; D.A. 5. 555, n. 6.

283.— Il suit de là, 1° qu'une seconde donation, notifiée au débiteur, serait préférée à une donation de date antérieure non notifiée; 2° que le débiteur serait libéré par le paiement au créancier originaire, fait avant la notification; 3° que les créanciers du donateur pourraient saisir les droits donnés, entre les mains du débiteur, au préjudice du donataire dont la donation n'aurait pas été notifiée.

284. — Ce n'est *qu'à l'égard des tiers* que la notification est nécesssaire (C. civ. 1690). La donation, de même que la cession, a effet entre les parties, sans cette formalité. Ricard seul (*des Donat*, part. 1re, n. 965) soutenait le contraire dans l'ancien droit, mais en se fondant sur un texte de la coutume de Paris, qui n'était point explicite comme l'art. 1690 C. civ.— Toull., Gren., *loc. cit.*; D.A. 5. 555, n. 7.

285.—L'état estimatif n'est point de rigueur pour les donations d'objets mobiliers que la loi déclare immeubles par destination; spécialement, pour une donation d'animaux destinés à la culture, de semences, engrais et ustensiles aratoires.— Furgole, sur l'art. 15, ord. de 1731; Gren., t. 1er, n. 171, 172; Toull., t. 5, n. 184; Dall. *eod.*, n. 9.—(C. civ. 948, 522 et suiv.).— 17 therm. an 13. Aix. N... D.A. 5. 556. D.P. 1. 1330.

286.—Cependant la prudence conseille dans ce cas même l'état estimatif, pour prévenir toute difficulté, surtout lorsque la donation est faite avec réserve d'usufruit. Par là les droits du donataire et des héritiers du donateur seront mieux assurés.—Toull., D.A. *loc. cit.*

287.— Dans le cas de réserve d'usufruit, l'état estimatif servant à déterminer la valeur des réclamations que le donataire pourra élever contre le donateur ou ses héritiers, le donataire ne serait recevable dans son action qu'au décès du donateur et à l'expiration du terme de l'usufruit, et non aussitôt après la perte des objets, quoiqu'elle soit une cause d'extinction de l'usufruit. Cette opinion de Proudhon, *de l'Usuf.*, t. 5, n. 2648, est susceptible de quelques doutes.

288.—Une donation mobilière, telle, par exemple, qu'une donation de rentes sur l'état, faite même en France, par un étranger à sa femme, aussi étrangère, a pu être déclarée n'être pas régie par les lois françaises, et être maintenue, comme transmission mobilière, au profit de la femme, bien que l'acte ne soit pas revêtu des formes de la donation, et nonobstant la maxime *locus regit actum.* La loi française ne régit que les immeubles des étrangers (C. civ. 938).— 19 mai 1830. Civ. r. Paris. Tuaffe. D.P. 30. 1. 245.

§ 2. — *Formes de l'état estimatif.*

289.— Il faut 1° qu'il soit annexé à la minute de la donation ; 2° qu'il soit signé des deux parties. Si les parties ou l'une d'elles déclarent ne savoir ou ne pouvoir signer, l'état estimatif doit être fait en

forme d'acte public.—Rousseau de la Combe, Furgole, sur l'art. 15 de l'ord.; Gren., t. 1er, n. 170; Delv., t. 2, n. 254; Toull., t. 5, n. 181; D.A. 5. 555, n. 4.

290.— Les objets donnés doivent être évalués article par article dans l'état estimatif. Il ne suffit pas d'une estimation en bloc, même à la suite d'une désignation détaillée des meubles; du moins c'est ce qui s'observe dans la pratique. De même, pour l'état des dettes, prescrit par l'art. 945 C. civ, on ne se borne pas, après la designation de tous les créanciers, à énoncer le total des sommes dues; on indique le montant de chaque dette séparément.

291.— Le but de la loi serait atteint, et la donation valable sans annexer aucun état, si l'acte de disposition renfermait la description détaillée, avec estimation, de tous les meubles donnés. Tel était l'ancien usage.— Gren., t. 1er, n. 170; Toull., t. 5, n. 181; Durant., t. 8, n. 409; D.A. 5 eod., n. 3.

292.—Le vœu de l'art. 948 est encore rempli, sans qu'il soit besoin d'état annexé, 1° lorsque la donation exprime que le mobilier donné consiste *dans la constitution portée au contrat de mariage du donateur*.— 28 nov. 1826. Limoges. Combe. D.P. 29. 2. 84.

293.— 2° Lorsqu'elle renvoie à un inventaire du mobilier, dressé précédemment sur la demande du donateur; peu importe que cet inventaire ne soit pas signé par le donateur et le donataire, ni annexé à la donation.—11 juill. 1831. Req. Dijon. Gauthier. D.P. 31. 1. 225.

ART. 5.— *Transcription des donations*.— V. ce mot.

ART 6.—*Des donations sous réserve d'usufruit, ou de la nue-propriété.*

294.—L'art. 949 C. civ. permet au donateur de « faire les réserves à son profit ou de disposer au profit d'un autre de la jouissance de l'usufruit des meubles ou immeubles donnés. »

295.— Le donataire est immédiatement saisi de la nue-propriété, sans qu'il soit besoin, comme autrefois, d'exprimer que le donateur se constitue possesseur à titre précaire, vis-à-vis du donataire. Cette clause de *constitut et précaire* avait été imaginée parce qu'alors la propriété ne passait au donataire comme à l'acheteur que par la tradition. — Duranton, n. 462; Gren., n. 53.

296. — L'usufruit et la nue-propriété peuvent être donnés par le même acte à deux personnes différentes. Il est nécessaire alors que toutes deux acceptent expressément.— Dur., n. 463.

297.— Mais si la réserve de l'usufruit avait été faite au profit de l'un comme condition de la donation à l'autre, ce serait le cas de l'art. 1121. L'acceptation du tiers n'aurait pas besoin d'être expresse (Duranton, n. 464 — V. ci-dessus). — Dans le même cas, si le tiers n'acceptait pas la donation, l'usufruit ne passerait pas de suite au donataire. Le donateur en jouirait pendant le temps qu'en eût joui le tiers (arg. C. civ. 946).— Dur., n. 465.

298.—La réserve de la faculté de disposer de l'usufruit au profit d'un tiers même désigné n'attribue rien à ce tiers. Il faut que la disposition soit contenue dans un nouvel acte à titre, gratuit ou onéreux; et si cette disposition est gratuite, elle doit, comme donation directe, être acceptée en termes exprès. Ce n'est plus le cas de l'art. 1121.—Dur., n. 466.

299.— Il n'est pas nécessaire que le donateur désigne le tiers au profit duquel il se réserve de disposer de l'usufruit. L'art. 949 ne l'exige pas plus que l'art. 946. La donation est faite sous la déduction d'un droit d'usufruit en général. En vain objecterait-on que le donateur peut ainsi restreindre les effets de sa libéralité, en faisant choix d'une personne jeune. ce qui étendrait la durée probable de l'usufruit.—Dur, n. 467.

300.— La donation sous réserve d'usufruit, d'une quotité de biens présens, à la charge, par le donataire, de renoncer à un legs qui devait lui être payé par le donateur en qualité d'héritier, porte même sur le montant de ce legs, lequel doit être réputé faire partie de la succession du donateur.—26 nov. 1832. Toulouse. Fournials. D.P. 33. 2. 115.

301.— Le donateur peut se réserver pour lui, ou pour en disposer au profit d'un tiers, la *nue-propriété* d'un ou plusieurs objets compris dans la donation. Cette réserve n'est point prohibée par l'art. 946: l'objet sur lequel elle porte n'est donné qu'en usufruit. Aussi la nue-propriété passerait-elle aux héritiers du donateur et non au donataire, lors même que la donation fût par contrat de ma-

riage; l'art. 1086 n'est pas applicable. —Dur., n. 468.

302.— La donation en avancement d'hoirie d'un capital que le donateur conserve, en s'obligeant à en payer l'intérêt jusqu'au remboursement, ne donne au cessionnaire de ce capital, après le décès du donateur, d'autre droit que celui de se présenter au partage par opposition, et de prendre une inscription hypothécaire sur les immeubles échus au donataire cédant; mais elle ne le rend pas créancier personnel ou hypothécaire de la succession. Du moins, la cour qui le decide ainsi ne viole aucune loi, et se renferme dans les limites de l'interpretation des conventions, qui lui appartient souverainement, tant qu'elle ne change pas la nature de l'acte interprété (C. civ. 882).— 27 mai. 1828. Req. Dijon. Merle. D.P. 28. 1. 257.

303.—D'après l'art. 950 C. civ., si la donation, faite avec réserve d'usufruit, est d'effets mobiliers, le donataire a action contre les héritiers du donateur *pour raison des objets non existant*, jusqu'à concurrence de la valeur qui leur aura été donnée dans l'état estimatif. Il faut sous-entendre: *sans préjudice des cas fortuits*, prouvés par le donateur ou ses héritiers. On appliquerait par analogie le droit commun résultant des art. 589, 615, 616, 1302 et 1567 C. civ.— Dur., n. 469.

ART. 7. — *Effets des donations.*

304. — La donation entre-vifs a plusieurs sortes d'effets: les uns, principaux et essentiels; les autres, secondaires et accidentels.

Les premiers consistent dans le dessaisissement actuel (V. *suprà*, art. 1er, § 2), l'accomplissement des conditions stipulées par le donateur (*ibid.*, § 1 et 2), la révocabilité pour inexécution des conditions, ingratitude et survenance d'enfans.—V. *infra*.

Les seconds, dont il sera exclusivement question dans cet article, concernent l'obligation de garantie du donateur, et l'obligation du donataire aux dettes.

§ 1er. — *Obligation de garantie.*

305. — Un donateur n'est pas tenu, en général, à la garantie des choses données.— Quand il n'y a pas de clause de garantie, le donateur est présumé n'avoir voulu donner la chose que telle qu'il la possédait et comme elle pouvait lui appartenir; ainsi, en cas d'éviction, par suite ou d'une demande en revendication, ou d'une action hypothécaire, il n'y a point de recours a exercer contre le donateur, pas meme pour la répétition des frais occasiones pour la donation (L. 18, ff. *de Donat.*).—Pothier, *Donat.*, sect. 3, art. 1er; Ricard, part. 1re, n. 954; Durant., t. 8, n. 525, 526; D.A. 5. 572, n. 2.

306. — Lorsqu'une donation porte sur la somme due au donateur par un tiers, si la dette se trouve moindre, le donataire supporte le déficite; par exemple, je donne a Paul 1,000 fr. que me doit Pierre; si Pierre ne doit que 800 fr., le don sera limité à cette somme, sans que Paul puisse me demander le surplus. L'énonciation des 1,000 fr. n'exprime que la fausse opinion où j'étais sur le montant de ma créance, mais c'est la créance seulement que j'ai entendu donner.

307. — Le donataire d'une pension rémunératoire ne peut exiger le paiement des années échues pendant que le donateur était privé de la jouissance de ses revenus par une force majeure, telle que la confiscation de ses biens. — 11 juill. 1810. Bruxelles. Deglimes. D.A. 5. 517. D.P. 11. 2. 23.

308. — Il y a plusieurs exceptions à la règle qui dispense le donateur de la garantie. Ainsi, 1° le donateur est garant s'il a frauduleusement donné une chose qu'il savait ne pas lui appartenir, ou s'il a hypothéqué les choses données avant la transcription, afin d'occasioner des dépenses au préjudice du donataire.—Domat, liv. 1er, tit. 10, sect. 5; Pothier, *Intr. au tit. 15 de la coutume* d'Orléans, sect 4; Furgole, quest. 39, n. 37, sur l'ord. de 1731; Gren., t. 1er, n. 97; Durant., n. 527; D.A. 5. 472, n. 2.

309. — Il est entendu que le donataire, s'il était de mauvaise foi au moment de la libéralité, n'aurait aucune action en dommages-intérêts contre le donateur (arg. C. civ. 1599). — Durant., n. 529.

310. — 2° Le donataire qui paie un créancier pour éviter le délaissement, ou qui, forcé de délaisser, paie un créancier sur le prix, peut réclamer son remboursement contre le donateur. Le donataire doit être alors considéré comme toute personne qui a acquitté la dette d'un tiers.— *Ibid.*

311. — 3° Si le donateur de la chose d'autrui deve-

nait héritier du propriétaire véritable de la chose, il ne pourrait la revendiquer contre le donataire; car, s'il n'a pas pu transférer un droit qu'il n'avait pas encore, il doit être présumé avoir voulu renoncer, en faveur du donataire, à tous les droits qui pourraient un jour lui appartenir dans cette chose. — Pothier, *des Donat.*, sect. 3, art. 1er, § 1er; Durant., 8, n. 529; D.A. 5. *eod.*, n. 4.

312.—4° Dans la donation de sommes ou de choses *in genere*, comme un cheval indéterminé, tant d'hectolitres de froment,.. etc., le donateur est garant de la bonté du paiement qu'il fait en exécution de cette libéralité ou de l'éviction que vient à éprouver le créancier donataire (arg. C. civ. 1238).— Durant., n. 530.

313. — 5° La constitution de dot oblige le donateur à la garantie (C. civ. 1440) si elle a les caractères d'une libéralité à l'égard de la femme donataire; elle est un contrat à titre onéreux à l'égard du mari, qui s'oblige à supporter les charges du ménage. — Delv., t. 2, n. 266; Durant, n. 528; D.A. 5. 572, n. 3. — V. Contrat de mariage.

314. — Mornac et Grenier, t. 1er, n. 97, enseignent qu'il y a toujours lieu à garantie lorsque le don est rémunératoire. Cela ne nous paraît vrai que si le don est l'acquittement d'une dette estimable à prix d'argent; il constitue alors un véritable contrat à titre onéreux; mais, à l'égard d'une dette naturelle non appréciable, le don rémunératoire conserve le caractère d'une libéralité. — D.A. *eod.*, p. 484, n. 5.— V. *suprà*.

315.—Le donataire évincé peut toujours répéter du donateur ce qu'il lui a payé en exécution des charges de la donation, et jusqu'à concurrence des produits que le donataire a retirés de la chose. Autrement le donateur retiendrait l'excédant sans cause, ou pour une cause qui a manqué son effet: ce qui revient au même.—Dur., n. 531.

316.—Toutefois, si les charges avaient été stipulées en faveur d'un tiers, le donateur, qui n'en aurait pas profité, ne serait tenu à aucune restitution. Mais le tiers y serait obligé. Dur., n. 531, subordonne l'obligation du tiers aux circonstances et à la nature des charges.

317. — Le donataire peut toujours exercer la garantie contre ceux dont le donateur tenait la chose à titre onéreux. Le donateur lui a transmis tous ses droits, même éventuels, sur cette chose.—Dur., n. 532.

§ 2.—*Obligation du donataire quant aux dettes.*

318.—On doit s'étonner et regretter à la fois que les rédacteurs du code aient gardé le silence sur un point si important. Du moins, il n'en est mention que dans l'art. 945, qui déclare nulle la donation entre vifs, « si elle a été faite sous la condition d'acquitter d'autres dettes ou charges que celles qui existaient à l'époque de la donation, ou qui seraient exprimées soit dans l'acte de donation, soit dans un état annexé ». Cette disposition a été expliquée ci-dessus.

319. — Deux hypothèses sont à prévoir, selon que le donataire a été ou non chargé formellement des dettes: dans le premier cas, le donataire est seulement tenu des dettes antérieures à la donation, et non de celles contractées depuis (arg. C. civ. 945).—Gren., t. 1er, n. 89; D.A. 5. 573, n. 6.

320.—Mais le donataire est-il obligé aux dettes à défaut de stipulation? Il faut distinguer, selon que la donation est à titre particulier ou universel.

321.—A titre particulier, le donataire, comme le légataire (C. civ. 871), n'est pas tenu des dettes, sauf l'action hypothécaire sur les biens donnés.

Et même, à moins d'une inscription hypothécaire, on ne ferait plus exception, comme autrefois, pour la rente foncière qui grèverait l'immeuble; cette rente ne confère plus au créancier qu'un droit personnel contre le débiteur (C. civ. 529, 530).— Dur., t. 8, n. 472.

322. — Si la donation est à titre universel, il faut sous-distinguer. Est-elle d'une quote-part des biens qui se trouveront au décès? Dans les termes de l'art. 1082 C. civ., le donataire sera tenu proportionnellement des dettes; on l'assimile alors à un héritier, comme le légataire à titre universel (arg. C. civ. 1085).

323.—Mais la donation est-elle d'une quote-part de biens présens? là commence la difficulté. Il s'est formé trois systèmes.

Les uns affranchissent le donataire de toute obligation. Ils argumentent de l'art. 945, qui ne prévoit que le cas où les dettes sont formellement imposées au donataire. Or, ajoute-t-on, l'obligation ne pour-

DONATION. ART. 7, § 2.
DONATION. ART. 7, § 2.

rait résulter que de la convention ou de la loi. — Il n'y a, dit-on encore, que le titre universel qui puisse obliger aux dettes : et il ne peut se rencontrer de titre universel dans une donation entre-vifs, puisqu'elle est bornée nécessairement aux biens présens, et que l'universalité embrasse le présent et l'avenir, ou ce qui peut appartenir dans tous les temps à une personne.—Chabot, sur l'art. 871, n. 9.

324.—Le second système fonde par analogie l'obligation du donataire sur les art. 1003, 1009, 1010, 1012, 1024, relatifs aux légataires. Ainsi, le donataire universel de biens présens est tenu personnellement de toutes les dettes existantes et ayant date certaine avant la donation ; le donataire à titre universel d'une partie proportionnelle, et le donataire particulier d'objets déterminés n'est obligé de supporter que les charges spécialement établies sur les objets donnés (Gren., t. 1er, n. 86 et suiv.; D.A. 5. 373, n. 7). Pothier, *Donat.*, sect. 3, art. 1er, § 2, appliquait aussi les mêmes règles aux donataires et légataires.

325. — D'autres enfin ne donnent pour base à l'obligation du donataire que la *volonté présumée* du donateur (Ric., part. 3, n. 1522 ; Toull., t. 5, n. 817, 818 ; Dur., n. 472, 473). Cette doctrine, la plus raisonnable à nos yeux, conduit souvent aux mêmes résultats que le second système. Mais elle en diffère en plusieurs points que nous signalerons tout à l'heure.

326.—Duranton, n. 473, pense qu'en général il y a lieu de présumer dans le donateur l'intention de mettre à la charge du donataire une quotité de dettes proportionnelle aux biens donnés, et ayant toutes acquises, bien entendu, une date certaine au jour de la donation.

327.—Si les dettes à la charge du donataire avaient été spécifiées dans la donation, il ne serait pas obligé au-delà ni en-deçà, fussent-elles inférieures ou supérieures à la quotité des biens donnés (Dur., n. 473, 3°). Si, dans l'absence de toute clause, le donateur avait payé les dettes sans rien demander au donataire, on présumerait dans le donateur l'intention de l'en affranchir.— Dur., n. 473, 4°.

328. — Il en serait de même si le donateur avait livré les biens sans faire aucune réserve à l'égard des dettes (Dur., n. 473, 4°).— 3 avril 1827. Nîmes. Domergue. D.P. 27. 2. 125.

329.— Cette interprétation, dans les deux cas qui précèdent, serait plus favorable encore si la donation et les dettes étaient de peu d'importance.— Dur., n. 473, 4°.

330. — *Quid*, si la donation, au lieu d'être d'une quotité *de tous les biens*, ne comprend qu'une espèce de biens, tout ou partie soit du mobilier, soit des immeubles ? — Appliquera-t-on les art. 1010 et 1012? le donataire contribuera aux dettes ; car le legs, en pareil cas, est réputé *à titre universel* (Poth , Gren., Dall., *loc. cit.*). Ne considérera-t-on que la volonté présumée du donateur ? on décidera autrement. « Quand je donne, dit Toullier, n. 818, *tous mes biens* ou la *moitié de mes biens*, je ne puis être censé donner au-delà de ce qui m'appartient réellement, et ce que je dois ne m'appartient pas. Au contraire, si je donne mes immeubles ou la moitié de mes immeubles, il ne résulte pas de ces expressions que j'aie voulu faire de mes dettes une déduction proportionnelle à la valeur de tous mes autres biens, et me mettre par là dans le fâcheux embarras de présenter au donataire un état estimatif de mon mobilier, de mes crédits et actions, en un mot, de faire mon bilan. » La maxime dit bien : *bona non intelliguntur, nisi deducto ære alieno* ; mais non pas *immobilia vel mobilia non intelliguntur*, etc. C'est l'observation de Cujas, sur la loi 37, ff. *de Usu et usuf. per leg. dat.* —Delv., t. 2, p. 277.

Duranton, n. 473, 5°, pense que la question est subordonnée aux circonstances de la cause, et qu'il y a ici moins de motifs que lorsque la quotité donnée est de tous biens présens, de présumer dans le donateur la volonté d'imposer au donataire une partie des dettes.

331. — La jurisprudence n'a point encore résolu la question. Elle ne s'est prononcée qu'à l'égard de la donation d'une quotité de tous les biens, et a décidé dans ce cas que le donataire à titre universel est, comme le légataire à titre universel, tenu des dettes antérieures à la donation.—2 déc. 1809. Riom. — 29 avril 1817. Limoges. Boutot. D.A. 5. 577. D.P 1. 1331.— 13 avril 1821. Toulouse. Bonnet. D.A. 5. 580. D.P. 1. 1332.— 3 avril 1827. Nîmes. Domergue. D.P. 27. 2. 125.

332. — Jugé que le donataire d'une quote-part de biens présens n'est pas tenu au paiement des dettes du donateur, si l'acte de donation ne renferme aucune clause à cet égard ; et surtout, si rien ne fait présumer qu'il ait été dans l'intention des parties d'imposer cette obligation au donataire. — 3 avril 1833. Montpellier. Robert. D.P. 34. 2. 40.

333.—Il n'y a pas d'universalité, ni par conséquent d'obligation aux dettes, dans la donation de plusieurs objets énoncés séparément, sans qu'il soit dit que les biens donnés composent tous les biens présens ; peu importe que ces biens forment réellement toute la fortune du donateur. Le donateur peut, sans le savoir, posséder d'autres biens ; il peut ultérieurement en acquérir : ses héritiers ne les recueilleraient qu'en payant les dettes. — Ricard, Poth., *loc. cit.*; Gren., n. 91; D.A. 5. 573, n. 9.

334.—Ainsi, l'on a jugé faite comme à titre particulier la donation portant que le donateur donne, entre-vifs, le quart au total dans deux habitations, granges, établies, cours, jardins, chenevières, prés, terres labourables, situés au lieu de Corveau, paroisse de Gravier. La portion donnée ne peut, en effet, par la nature des choses, augmenter ou diminuer ce qui constitue le titre particulier d'une donation ou d'un legs. — 2 déc. 1829. Civ. r. Bourges. Bossu. D.P. 30. 1. 16.

335.— Toutefois, lorsque, dans un acte ayant pour objet des dispositions à titre de partage entre ses enfans, un père détaille plusieurs propriétés et déclare que ce sont *les seuls biens qui lui restent*, et les donne à l'un de ses enfans, mais sans dire expressément que les biens donnés comprenaient tous ceux dont il était propriétaire, l'acte comprend une universalité, surtout s'il n'est pas articulé que le père eût d'autres biens ; en conséquence, le donataire doit être considéré comme donataire à titre universel (Dall. *eod.*, n. 9). — 29 avril 1817. Limoges. Boutot. D.A. 5. 577. D.P. 1. 1331.

336.—De même, on a vu une donation universelle dans l'acte par lequel des père et mère déclarent expressément que leur intention est, conformément à la promesse qu'ils en avaient faite dans le contrat de mariage de leur fils aîné, de faire à leurs enfans donation du *restant de leurs biens présens, et de procéder en* même temps à la distribution et au partage du tout ; il importe peu que, dans la suite du même acte, le père et la mère procèdent par voie d'énumération, en attribuant à chacun de leurs enfans les biens destinés à former le lot particulier ; ce mode nécessaire pour procéder au partage en exécution de la donation, ne peut changer la nature de la libéralité. — 23 mars 1827. Bordeaux. Briançon. D.P. 27. 1. 126.

337.— La réserve d'un objet, ou celle de disposer d'une somme, n'empêche pas la donation de tous biens présens, ou d'une quote-part de ces biens, de conserver son caractère d'universalité ; en conséquence, quoique les choses réservées n'appartiennent pas au donataire (art 946), il n'en est pas moins tenu, suivant la nature de son titre, de payer les dettes, ou d'y contribuer proportionnellement. — Pothier, sect. 3, art. 1er, § 2; Furgole, sur *l'art. 16 de l'ord. de* 1731; Grenier, t. 1er, n. 92; Dall. *eod.*, n. 10.

338.— Du principe que l'obligation proportionnelle aux dettes dérive, non de la loi, mais de la volonté présumée du donateur, il suit que cette présomption peut être combattue par toute preuve contraire, sans qu'il soit besoin d'une dispense expresse de contribuer aux dettes. Par exemple, la dispense s'induira si le donateur fait, sans déduction, la délivrance entière des biens donnés, ou s'il les partage avec le donataire ; surtout s'il paie toutes les dettes sans rien lui demander. — Ricard, part. 3, n. 1523 et suiv.; Toull., n. 818.

Gren., t. 1er, n. 90; D.A. 5. 373, conséquens à l'opinion, que l'obligation de contribuer aux dettes résulte de la loi, pensent qu'elle ne peut être modifiée que par des clauses expresses.

339. — Jugé à l'égard d'un donataire à titre universel, que la dispense de contribuer aux dettes peut être tacite, le donataire n'étant pas tenu aux dettes de plein droit, mais par suite de la présomption que telle a été la volonté du donateur. Par exemple, la dispense résulte de la délivrance immédiate et sans réserve des objets donnés et surtout de ce que la créance dont il s'agit reposait spécialement, au moment de la donation, sur un immeuble non compris dans la libéralité, et qui n'a pas cessé de demeurer dans les mains du donateur. — 3 avril 1827. Nîmes. Domergue. D.P. 27. 2. 125.

340.— L'obligation du donataire aux dettes, soit qu'on la fasse dériver de la loi, soit de la volonté présumée du donateur, ne force pas les créanciers de diviser leur action entre le donateur et le donataire. Le donateur peut être actionné directement, sauf son recours contre le donataire. Mais les créanciers ne sont pas tenus de discuter préalablement le donateur. Cette discussion n'est prescrite par aucune loi, et ils ont une action personnelle contre le donataire.

341.— Jugé que l'action des créanciers contre un donataire universel subsiste tant qu'il existe entre ses mains quelque émolument de la donation, et sans qu'ils soient obligés de discuter préalablement les biens survenus depuis au donateur, alors surtout qu'il n'est pas justifié que celui-ci soit dans un état de solvabilité complète (C. civ. 945). — 23 mars 1827. Bordeaux. Briançon. D P. 27. 2. 126.

342.— Le donataire universel ou à titre universel des biens présens, est-il tenu des dettes *ultra vires*, s'il n'a pas fait d'inventaire? Non. Les formalités du bénéfice d'inventaire ne sont prescrites que pour les successions *ab intestat*, ou à l'égard d'un légataire universel, saisi par la loi à défaut d'héritiers à réserve, et qui a pu commettre des soustractions au préjudice des créanciers (V. ci-après, arrêts cités). Mais le danger des soustractions n'est pas le même ici, puisqu'à peine de nullité il a dû être dressé un état estimatif des meubles.—Ricard, *loc cit.*; Gren., t. 1er, n. 95; D.A. 5. 574, n. 14.—*Contrà*, l'annotateur de Ricard, et Auroux des Pommiers.

343.— Toutefois, nous déciderions autrement s'il s'agissait d'une donation universelle de biens à venir ou de biens présens et à venir, et qu'il n'y eût pas d'héritier à réserve. Le donataire alors serait assimilé au légataire universel. — Gren , D.A. *eod.*

344.— Jugé, au contraire, à l'égard d'une donation universelle entre époux et par contrat de mariage, que le donataire n'est tenu aux dettes que *ob rem*, ou jusqu'à concurrence des biens donnés ; que les art. 793 et suiv. ne s'appliquent qu'aux successions *ab intestat*, et non aux donations ; que telle était l'ancienne jurisprudence, attestée notamment par un arrêt du parlement de Paris, du 28 mai 1626, rendu sur les conclusions de l'avocat-général Talon, et lors de la prononciation duquel le président avertit les avocats de ne plus donner avis aux légataires et donataires d'obtenir des lettres de bénéfice d'inventaire.— 29 fév. 1820. Req. Paris. de l'Etang. D.A. 5. 578. D.P. 1. 1331.

345.— Il a été jugé, dans la même espèce, que la qualité de donataire n'est point indélébile comme celle d'héritier, et que les art. 778, 783, 792, 801, 805, 806 C. civ. ne sont point applicables aux donations. En conséquence, le donataire, même universel, qui a accepté et recueilli la donation, peut toujours s'en dessaisir, en restituant les biens donnés et tout ce qu'il en a perçu ; n'étant sujet aux dettes qu'à raison de sa possession, dès que sa saisine finit, il peut, sans qu'on puisse lui opposer la confusion, poursuivre le paiement de ses créances personnelles. L'appréhension qu'il ferait, après sa renonciation, de quelqu'un des objets donnés ne le rendrait pas de nouveau donataire, mais l'obligerait seulement à restitution.— Même arrêt.

346.— S'il a été dressé un état des dettes, annexé à la donation universelle ou à titre universel, le créancier omis, mais antérieur à la donation, aura-t-il l'action personnelle contre le donataire? Il l'aura, si l'on admet que le donataire est obligé en vertu de la loi. L'état des dettes n'est requis par l'art. 943 que pour prévenir la fraude des actes antidatés qui feraient supporter au donataire des dettes postérieurement contractées. — Delv., t. 2, p. 276; D.A. *eod.*

Mais si l'on fait reposer l'obligation sur la volonté présumée du donateur, la solution sera susceptible de doutes, selon les circonstances. En spécifiant, dira-t-on, certaines dettes, le donateur a entendu excepter les autres.

347.— Jugé que le donataire universel de biens présens, tant qu'il existe entre ses mains quelque émolument de la donation, est tenu des dettes antérieures à la donation, bien qu'il n'en ait été fait mention ni dans l'acte ni dans l'état qui y a été annexé (C. civ. 870).—23 mars 1827. Bordeaux. Briançon. D.P. 27. 2. 126.

348. — Quand une donation de tous les biens est faite à la charge de payer *toutes* les dettes hypothécaires et chirographaires du donateur, d'après l'état qui sera annexé à la donation, les tribunaux ont pu, sans encourir la censure de la cour de cassation, décider, par appréciation des différentes clauses de la donation, qu'une dette non portée dans l'état, devait être acquittée par le donataire, surtout si celui-ci en a eu connaissance, et a manifesté l'intention de l'acquitter (C. civ. 945). — 18 fév. 1829. Cr. r. Amiens. Michel. D.P. 29. 1. 152.

349. — Si le donateur devient insolvable, les créanciers antérieurs à la donation pourront l'atta-

quer comme faite en fraude de leurs droits : *Nemo liberalis, nisi liberatus* (C civ. 1167).—Toull., n. 818, Poth., *Introd. à la cout. d'Orléans*, sect. 4, n. 65; Delv., t. 2, p. 276; Gren., t. 1er, n. 93; Dall., 5. 573, n. 12).— 20 frim. an 14 Nîmes. Houy. D.A. 5. 562. D.P. 6. 2. 117. — Même après transcription.— 24 mars 1830. Req. Paris. Lemaistre. D.P. 30. 1. 180.

350 — Peu importe, dans ce cas, que le donataire eût été formellement dispensé de contribuer aux dettes. Cette dispense n'est qu'un complément de la libéralité, obligatoire entre le donateur et le donataire, mais qui ne lie pas plus les créanciers que la libéralité elle-même (*ibid.*).—23 mars 1827. Bordeaux. Briançon. D.P. 27. 2. 126.

351 — La dispense n'aurait d'effet, à l'égard des créanciers, que si le donateur était solvable. Alors leur action devrait être intentée exclusivement contre le donateur.

352.— L'engagement du donataire étant personnel et indépendant de toutes formalités hypothécaires, n'est point résolu par la transcription de la donation. — 15 avril 1821. Toulouse. Bonnet. D.A. 5. 580 D.P. 1 1332.

353.— Il a été jugé aussi que l'action en nullité, pour fraude aux droits des créanciers, est recevable, même après la transcription. — V. plusieurs arrêts; *infra.*

354.— Sur les autres questions que fait naître cette action, V. Obligations.

ART. 8.— *Interprétation des donations.*

355.— La règle la plus générale qu'on puisse établir en cette matière, c'est que nul ne se dépouillant facilement de ses droits, le dessaisissement à titre gratuit ne doit pas se présumer, ou que, dans le doute, les libéralités doivent s'entendre d'une manière restrictive.— D.A 5. 574, n. 15.

356.— La difficulté d'interprétation porte le plus souvent sur la nature des biens qu'on a entendu donner (V. plusieurs arrêts, v° Choses), ou sur l'exécution des conditions stipulées par le donateur. Voici quelques exemples offerts par la jurisprudence.

357. — Lorsqu'un donateur déclare donner *tous ses biens réels*, et qu'il ajoute, *consistant en terres, prairies et rentes*, la donation ne comprend point les maisons du donateur, autres que celles désignées spécialement, ni les jardins et *pachis*, alors même qu'il ajoute la clause, *rien excepté ni réservé*; ces expressions se réfèrent nécessairement aux biens désignés sous la qualification de terres et prairies. — 7 mai 1817. Bruxelles. Piret. D.A. 5. 574. D.P. 1. 1331.

358. — Sous l'empire de la coutume de Namur, l'expression *biens réels* comprenait tous les immeubles proprement dits, qu'il y eût ou non deshéritance ou adhéritance et investissement de ces biens de la part du donateur. — Même arrêt.

359. — Lorsqu'il a été fait donation d'un domaine avec ses *appartenances* et *dépendances*, on peut, pour déterminer ce qui est compris dans une telle donation, admettre le donataire à prouver la manière dont la donation a été exécutée entre les parties. — 11 déc. 1823. Agen. Garceau. D.A. 5 576. D.P. 24. 2. 165.

360. — On a jugé, à l'égard d'un acte portant donation d'une somme de *six* ou *seize mille* fr., que si le premier mot est tellement surchargé qu'il soit impossible de le distinguer nettement, la donation doit être réduite à la seule somme clairement indiquée, celle de *mille* fr., et sans qu'il soit besoin de former inscription de faux.—27 juill. 1825. Req. Bordeaux. Valette D.P. 25 1. 384.

361. — Un père qui a donné tous ses biens à ses enfans, en se réservant seulement l'usufruit, ne peut valablement recevoir le paiement des capitaux à lui dus, et le donataire peut exiger un nouveau paiement du débiteur qui a payé entre les mains du père donateur (C. civ. 949). — 16 fév. 1811. Turin. Sappa. D.A 5. 258. D.P. 1. 1316.

362. — Lorsqu'en donnant ses biens à l'un de ses enfans, un père le charge de payer aux autres une somme pour tenir lieu de légitime, l'enfant n'est pas moins seul donataire. Les autres ne doivent point participer aux dettes antérieures à la donation, parce qu'il a été dans l'intention du donateur que la créance tenant lieu de légitime demeurât à l'abri de toute atteinte.— 29 avril 1817. Limoges. Boutot. D.A. 5. 577. D.P. 1. 1331.

363. — Une donation faite à *une succession* est censée faite à tous ceux qui ont droit à la succession, en vertu de testament, ou par la vocation de la loi, dans la proportion des droits qui leur appartiennent. — 22 déc. 1829. Civ. c. Enreg. C. Viénot. D.P. 30. 1. 20.

ART. 9. — *Retour conventionnel.* — V. ce mot.

ART. 10. — *Exceptions à la règle de l'irrévocabilité des donations entre-vifs.*

364.—Aux termes de l'art. 953, « la donation entre-vifs ne peut être révoquée que pour inexécution des conditions sous lesquelles elle est faite, pour ingratitude et pour survenance d'enfans. — Ces causes opèrent aussi révocation des testamens. — 26 déc. 1827. Civ. c. Orléans. Chantereau. D.P. 28. 1. 72. — V. Legs et Séparation de corps.

365. — Le code n'a pas mis l'effet de la stipulation du droit de retour au nombre des *exceptions à la règle de l'irrévocabilité des donations*; c'est que le donateur ne révoque pas par là son bienfait, puisqu'il en avait limité l'étendue par la condition; la libéralité a reçu au contraire sa pleine exécution dans la mesure même de la convention. — Durant, t. 8, n. 534.

366.—Dans les pays de droit écrit, et particulièrement d'après les principes admis dans le ressort du ci-devant parlement de Toulouse, les donations faites par les pères de famille aux enfans qu'ils avaient en leur puissance, étaient essentiellement révocables, sauf le cas où elles avaient lieu par contrat de mariage; et de plus elles étaient censées révoquées par rapport aux créanciers du donateur, quand les obligations postérieures qu'il avait contractées ne pouvaient se concilier avec leur exécution. — 25 nov. 1828. Req. Montpellier. Darène. D.P. 29. 1. 50.

§ 1er.— *Inexécution des conditions.—Révocation, Délai, Effets.*

367. — L'inexécution des conditions mises à la donation, ne la rend pas toujours révocable. Il y a des conditions que la loi répute non écrites (C. civ. 900. — V. Condition); d'autres, dont la seule insertion entraîne la nullité de la donation (C. civ. 896, 943 à 946).

368. — *Quelles conditions donnent lieu à la révocation.* — Il faut distinguer la *condition* proprement dite, les *charges* et la *cause* de la donation. Cette distinction, comme on le verra plus loin, a des effets importans, soit pour le mode de révocation, soit pour l'obligation de restituer les fruits.

369. — La *condition* proprement dite s'entend d'un événement incertain auquel on subordonne la naissance ou la résolution d'un droit; les *charges* sont des obligations de faire ou de s'abstenir; ce que la loi romaine appelait des *modes* de la donation (*Cod., tit. de Donat. quæ sub modo, vel conditione*, etc.). — La condition, dans le premier cas, est *casuelle*; dans le second, *potestative*. — Or, la révocation pour *inexécution des conditions* ne s'applique évidemment qu'aux donations sous condition potestative. — Toull., t. 5, n. 278; Dur., t. 8, n. 537, 543.

370. — Par exemple, je donne à Paul, *à condition que si mon neveu revient des îles dans les dix ans, la donation demeurera sans effet*. La donation est sous condition résolutoire, mais sans charges Elle est révocable, non pour inexécution, mais par l'événement même de la condition.

371. — Je donne à Paul, *si tel navire rentre au port de Marseille dans l'année du contrat*. C'est là une donation sous condition suspensive. La disposition est caduque, mais non révoquée, si la condition ne s'accomplit pas. Le donataire n'a jamais eu de droit sur la chose donnée. — Dur., n. 541.

372. — Mais je donne à Paul, *à condition qu'il paiera telles de mes dettes, ou qu'il me servira une rente viagère de tant par an*, etc.; la donation est faite avec *charges*, et révocable si le donataire ne les accomplit pas; c'est le cas de l'art. 954 C. civ. — Dur., t. 8, n. 543.

373. — Maintenant il s'agit de distinguer la *condition* et la *cause* ou le motif de la donation. Le non accomplissement de la condition opère la révocation. Mais l'erreur dans la cause ou la fausseté du motif n'a pas en général le même effet. — Domat, liv. 1er, tit. 10, sect. 1re, n. 13; Furgole, *Testam.*, ch. 5, sect. 6 et ch. 7, sect. 3, n. 8 et suiv.; Delv., t. 2, p. 297, n. 4; Dur., n. 546, Toull., n. 284.

374.— Par exemple, *je donne à Paul, s'il a géré mes affaires*. La donation est conditionnelle. Elle sera nulle, si Paul n'a pas géré; et c'est à lui à faire la preuve de la gestion.

375. — Mais, *je donne à Paul, parce qu'il a géré mes affaires.*— Il n'y a pas là de condition, et la donation aura effet, quoique Paul n'ait pas géré. La fausseté de la cause est assimilée à l'absence de toute cause (C. civ. 1131). Or, la donation n'a pas besoin d'être fondée sur une cause expresse. Il suffit de la bienveillance du donateur ou de la volonté de conférer un bienfait (L. 52 et 65, § 2, *de Cond. indeb.*). —Delv. et Dur., *ib.*

376. — Il faut donc distinguer si la clause est conçue en forme de condition, ou simplement en forme d'expression de cause. Cette observation prouve combien on doit apporter de soins et de lumières dans la rédaction des actes.

377. — Toutefois, la fausseté du motif exprimé suffirait pour faire annuler la donation, s'il était prouvé clairement qu'elle n'aurait pas eu lieu sans ce motif (L. 72, § 6, ff. de *Condit. et dem.*).— Ricard, n. 340; Delv. et Dur., *loc. cit.*

A plus forte raison, s'il y avait eu dol du donataire, s'il avait persuadé faussement au donateur qu'il avait géré des affaires.— *Ibid.*

378.— La cause de la donation est exprimée quelquefois par une désignation d'emploi de la chose donnée. L'effet de cette clause est subordonné à l'intention du donateur. Elle n'est pas toujours obligatoire.— Dur., n. 548.

379. — Par exemple, je donne à Paul 10,000 fr. *pour lui faciliter l'acquisition d'une maison*. Cet emploi a pu n'être pas le motif déterminant, mais une cause secondaire : et la donation recevra son exécution, quoique Paul ne fasse pas d'acquisition (L. 2, § 7, ff. *de Donat.*).—Merl., Rép., v° Donation, § 1er; Dur., n. 548.

380. —Je donne à Paul 10,000 fr. *pour l'aider à rebâtir sa maison, qui a été incendiée.*— Mon but principal a été de l'indemniser de sa perte, de le secourir. Mais si Paul achète une maison nouvelle, au lieu de rebâtir l'ancienne, ou même s'il emploie la somme de toute autre manière, la donation n'aura pas moins son effet. J'ai spécifié le mode d'emploi que je présumais devoir être choisi par le donataire, mais sans entendre l'y contraindre, puisque je n'y avais aucun intérêt.— Dur., *ib.*

381.— De même enfin, la désignation d'emploi n'est pas obligatoire dans cette disposition générale : *Je donne à Paul tant, pour l'aider à s'établir, à faire ses études*, etc., j'ai consulté le besoin probable du donataire, mais sans lui imposer de nécessité. Aussi jugeait-on constamment dans ce cas que le legs devait être délivré, et même qu'il était transmissible aux héritiers du légataire, avant que l'emploi désigné eût pu être fait.— Ricard, *Disposit. condit.*, n. 45 et suiv.; Delv., t. 2, p. 498, n. 4.

382.— Mais, dans les exemples qui précèdent, la clause d'emploi serait obligatoire, si la somme avait été donnée *à condition* qu'elle servirait à l'acquisition d'une maison,... à rebâtir la maison incendiée. — Merl., *loc. cit.*

383. — Il en serait de même si le donateur avait assigné à la somme une destination spéciale, dans l'intérêt du donataire : par exemple, *pour faire ses études en droit ou en médecine.*—Dur., n. 550.

Jugé ainsi dans le cas d'une somme donnée à un jeune homme, *pour être employée à faire ses études ecclésiastiques.* — 22 déc. 1825. Grenoble. Gellin. D.P. 26. 2. 83.

384. — A plus forte raison, la destination spéciale serait-elle obligatoire, si elle était dans l'intérêt du donateur : par exemple, *je donne tant à Paul pour élever un tombeau à mon père, à mon ami.* — Dur., n. 549.

385. — *Par qui et dans quel délai la révocation peut être demandée.*—Elle *n'a jamais lieu de plein droit* (C. civ. 956). Elle doit être demandée en justice, conformément à l'art. 1184.

386. — Ainsi, il a été décidé que les juges, comme dans le cas d'une obligation ordinaire, ont la faculté d'accorder au donataire un délai pour accomplir les charges de la donation, et spécialement pour payer la pension viagère stipulée par le donateur. — 7 déc. 1829. Bordeaux. Pujos. D.P. 30. 2. 117.

387. — Toutefois, les art. 956 et 1184 ne s'appliquent qu'aux donations sous condition potestative. La donation sous condition casuelle, suspensive ou résolutoire, est caduque de plein droit, si l'événement n'arrive pas, ou révoquée de plein droit par l'arrivée de l'événement (arg. C. civ. 960). Dans ce dernier cas, si le donateur refuse de rendre la chose, ce n'est plus une action en révocation que le donateur intentera, mais une revendication ou une action en restitution Il sera tenu seulement de prouver que l'événement s'est accompli. — Dur., n. 540.

388. — La donation n'est révocable que sur la demande du donateur Si elle avait été faite sous certaines charges stipulées au profit d'un tiers, celui-ci ne pourrait demander la révocation pour inexécution des conditions: il ne le pourrait du moins que comme créancier du donateur, s'il avait cette qualité, et non en vertu de la stipulation. — Delv., t. 2, p. 281; D.A. 5. 585, n. 3.

389. — La révocation doit être demandée contre le donataire lui-même, et non contre les tiers. Il

faut qu'avant la revendication le contrat soit déclaré résolu avec le donataire : mais il convient de mettre les tiers en cause, pour que le jugement leur soit commun, sinon ils opposeraient l'exception, *res inter alios judicata aliis nec nocet, nec prodest*, ou du moins la tierce-opposition (C. pr. 474). On sent, en effet, que le jugement rendu contre le donataire seulement pourrait n'être l'effet que de sa négligence ou de la connivence des parties. — Dur., n. 543.

390. — Le donateur peut confirmer la donation, ou renoncer expressément à l'attaquer, à la différence de la révocation pour survenance d'enfans (Dur., n. 540). Les créanciers pourraient exercer les droits du donateur, s'il n'y avait point encore renoncé, à la différence de la révocation pour ingratitude.

391. — Ainsi, l'acquéreur d'un bien précédemment donné sous certaines conditions qui n'ont point été remplies, et qui est poursuivi en éviction par le donataire, peut repousser cette demande en excipant du défaut d'accomplissement des conditions de la donation, quoique le donateur soit mort sans avoir exercé l'action en révocation, et que son héritier, en vendant les biens qui faisaient l'objet de la donation, n'ait pas déclaré expressément qu'il faisait cession à l'acquéreur de l'action révocatoire. — 2 janv. 1827. Pau. Loustau. D.P. 29. 2. 164.

392. — L'action en révocation est transmissible aux héritiers du donateur, quoique les charges n'aient cessé d'être remplies que depuis sa mort. De même, elle a lieu contre les héritiers du donataire (arg. C. civ. 724). — Dur., t. 8, n. 551.

393. — Le donateur a-t-il le choix ou de provoquer la révocation, ou de forcer le donataire à exécuter les conditions imposées? C'est demander, en d'autres termes, si l'acceptation d'une donation onéreuse est irrévocable. — V. n. 480.

394. — En tout cas, si la condition est de nature à être accomplie par toute personne, elle peut l'être par un tiers à la place du donataire (arg. C. civ. 1237). — Delv., t. 2, p. 281.

395. — Dans quel délai la révocation doit-elle être demandée? Il faut distinguer : l'action contre le donataire ou ses héritiers ne se prescrit que par trente ans. Ce n'est pas le cas de l'art. 1304 C. civ. : car il ne s'agit point de faire rescinder le contrat, mais au contraire d'en poursuivre l'exécution. — Dur., n. 552; Delv., t. 2, p. 490, note 4. — Les créanciers agissant en fraude ne sont pas soumis au délai de l'art. 1304. — 24 mars 1830. req. Paris. Lemaistre. D.P. 30. 1. 180.

396. — Quant aux tiers-détenteurs, ils peuvent opposer la prescription de dix et vingt ans (*ibid.*). Mais il en serait autrement, si le donataire, dans l'acte de vente, avait fait mention de la donation et des conditions qui y étaient apposées ; l'acquéreur ne pourrait invoquer sa bonne foi. Il nous paraît même qu'une simple mention de la donation serait de nature, selon les cas, à faire présumer la mauvaise foi.

397. — De quel jour court la prescription contre le donataire? Du jour où il a pu et dû exécuter la condition (arg. C. civ. 2257. — Delv. et Dur., *ib.*) Mais elle court contre les tiers du jour de leur acquisition, le donateur pouvant faire tous actes conservatoires de son droit (C. civ. 1180 — Dur., n. 553). — C'est ce que nous avons dit avec plus de développement de l'action résultant du droit de retour. — V. Retour conventionnel.

Au reste, le juge n'est pas obligé de prononcer la révocation dès qu'elle est demandée ; il peut accorder un délai au donataire (C. civ. 1184). — 7 déc. 1829. Bordeaux. Pujos. D.P. 30. 2. 117.

398. — *Effets de la révocation.* — Les biens donnés rentrent dans les mains du donateur, libres de toutes charges et hypothèques du chef du donataire. Les tiers-détenteurs sont passibles des mêmes actions que le donataire lui-même (C. civ. 954).

399. — L'hypothèque même de la femme s'évanouit, quoique la donation ait été faite par contrat de mariage. — L'exception de l'art. 952 ne doit pas s'étendre d'un cas à l'autre (arg. C. civ. 963). — Gren., t. 1er, n. 210; Delv., t. 2, p. 78; Dur., t. 8, n. 543; D.A. 5. 585, n. 4.

400. — Quant à la restitution des fruits, il faut distinguer : si la donation est avec charges, et que le donataire ne les ait pas exécutées, il devra les fruits à compter de la donation. Autrement, il les retiendrait *sine causâ*. Car il n'y avait droit qu'à condition qu'il remplirait ses engagemens, et, ne les ayant pas remplis, il ne peut être considéré comme possesseur de bonne foi (Dur., n. 543; Toull., t. 5, n. 342). — C'est par erreur que Delvincourt, t. 2, p. 282, date la restitution du jour seulement où la condition potestative devait être accomplie.

401. — Les juges, du reste, pourraient avoir égard aux motifs qui ont empêché l'exécution des conditions, et réputer le donataire possesseur de bonne foi, jusqu'à la demande en révocation (Toull., n. 342). En tout cas, les fruits à restituer doivent se compenser avec ce que le donataire a payé des charges en exécution de la donation. — Dur., n. 543.

402. — Si la donation était sous condition casuelle, les fruits ne seraient dus par le donataire que du jour où il a pu connaître l'événement (arg. C. civ. 960. — Dur., n. 542). Quant aux tiers, ils ne doivent les fruits, dans tous les cas, que du jour de la sommation ou notification. — Delv., t. 2, p. 282; Dur., n. 542.

403. — Si un même acte de donation contient des libéralités pures et simples, et des dispositions grevées de conditions, la résolution de ces dernières n'annulle pas les autres; mais il faut que les différentes dispositions du même acte soient distinctes et puissent s'exécuter isolément. — D.A. 5. 585, n. 6.

404. — Et lorsque, par une première clause d'un contrat de mariage, une donation est faite à l'un des époux avec réserve de l'usufruit des biens donnés, et que, par une clause subséquente, le donateur se démet de cet usufruit au profit des futurs époux, sous la condition que ces derniers seront tenus de le nourrir, loger et entretenir, l'inexécution de cette condition n'entraîne pas la nullité de la donation. — La clause renfermant abandon de l'usufruit est seule frappée de nullité (C. civ. 953). — 17 avril 1818. Riom. Albessart. D.A. 5. 580. D.P. 21. 2. 34.

405. — A l'égard des révocations de donation par contrat de mariage, donation déguisée, entre époux, de legs, de testament, V. ces mots. — V. aussi Séparation de corps.

§ 2. — *De l'ingratitude du donataire.* — *Caractères, Délai.*

406. — L'ord. de 1731 ne contenait aucune disposition sur cette cause de révocation, admise par les lois romaines (*C. de Revoc. donat.*). — D.A. 5. 586, n. 1, et qui s'applique aussi aux legs. — V. n. 364, 418.

407. — On va examiner, 1° *quels faits constituent l'ingratitude ;* 2° *quelles donations sont révocables pour cette cause;* 3° *comment s'exerce l'action en révocation ;* 4° *quels sont les effets de la révocation.*

408. — *Des faits qui constituent l'ingratitude.* — « La donation entre-vifs ne pourra être révoquée pour cause d'ingratitude que dans les cas suivans : 1° si le donataire a attenté à la vie du donateur ; 2° s'il s'est rendu coupable envers lui de sévices, délits ou injures graves ; 3° s'il lui refuse des alimens » (C. civ. 955).

409. — On retrouve les mêmes causes de révocation dans la loi dernière *C. de Revoc. donat.* — Les anciens auteurs y ajoutaient la plupart des causes qui motivaient l'exhérédation d'après la Novelle 115. — Ricard, part. 3, ch. 6, n. 690; Dur., t. 8, n. 554.

410. — Maintenant il ne serait plus permis d'ajouter aux cas d'ingratitude, spécifiés par le code. Les termes restrictifs de l'art. 957, et la discussion du conseil d'état annoncent qu'on a voulu prévenir tout arbitraire. — Dur., *ibid.*; D.A. 5. 587, n. 9.

411. — 1° *Si le donataire a attenté à la vie du donateur.* — On n'exige pas qu'il ait été *condamné* pour cet attentat, comme dans le cas d'indignité (C. civ. 727). C'est que probablement le donataire a paru plus coupable que l'héritier, l'un tenant son droit de la loi, l'autre de la seule volonté du donateur. — Toull., t. 5, n. 331; Delv., t. 2, p. 284; Gren., t. 1er, n. 212; Dur., n. 555; D.A. *eod.*, n. 11.

412. — Mais il faut qu'il y ait eu *volonté* d'attenter à la vie du donateur. La démence ou la légitime défense de soi-même rendraient l'art. 955 inapplicable (arg. C. pén. 64 et 328). — Dur., n. 556.

413. — *Quid* de la tentative manifestée par des actes extérieurs suivis d'un commencement d'exécution, mais qui a manqué son effet par la seule volonté du donataire? On considérerait ce repentir soudain comme effaçant le tort de la volonté première (arg. C. pén. 2). — Dur., n. 556.

414. — 2° *S'il s'est rendu coupable de sévices, délits ou injures graves envers le donateur.* — Par exemple, si le donataire a frappé le donateur, *si in eum manus impias intulerit* (L. ult., C. *de Revocand. donat.*); s'il l'a diffamé, calomnié; s'il lui a imputé des faits coupables ou honteux. — Dur., n. 557.

415. — Il peut y avoir *injure grave* dans la publication même d'un fait vrai (arg. C. pén. 368). — Ricard, *ibid.*, n. 693; Poth., *Donat.*, sect. 3, art. 3, § 1er; Toull., t. 5, n. 332; Delv., t. 2, p. 499; D.A. 5. 587, n. 12.

416. — On conçoit que la gravité de l'offense dépend d'une foule de circonstances laissées à l'appréciation du juge : le lieu, la publicité, l'état, l'âge et le sexe des parties. On aura égard surtout à la perversité de l'intention ; car un mouvement d'impatience ou de colère n'emporte pas oubli du bienfait. — Dur., n. 557.

Ajoutons que des injures vagues, des assertions qui ne porteraient point sur l'honneur, les mœurs, la probité, seraient insuffisantes. — D.A. *eod.*

417. — Jugé qu'il n'y a pas lieu à la révocation, pour ingratitude, d'une donation faite par un père à son fils, par cela seul que ce dernier a, dans une lettre, mais sans signature et sans adresse, traité le donateur de *voleur ;* surtout si la lettre n'a pas eu de publicité, si elle a été écrite après un grand nombre d'années d'une conduite irréprochable, dans le cours d'une contestation judiciaire où la résistance du père avait été reconnue mal fondée, et en réponse à une demande réputée injuste; enfin si les parties sont des personnes dont l'éducation a été négligée. — 29 avril 1825. Toulouse. Pierre Pendaries. D.P. 25. 2. 220.

418. — Tout *délit* n'emporte pas ingratitude. La loi, sans doute, a entendu parler des délits commis sur la personne du donateur. Ainsi, le fait de chasser sur le champ du donateur sans sa permission ne serait pas une cause de révocation (Dur., n. 557); mais le vol commis envers le testateur, avant son décès, est un délit dans le sens de l'art. 955. — Aff. Chantereau, V. n. 364.

419. — Il en serait de même de soustractions de peu d'importance. Déjà la loi 10, C. *de Revoc. donat.*, le décidait ainsi ; et le code a voulu restreindre plutôt qu'étendre les causes de révocation admises par cette loi. — Dur., n. 557.

420. — Ainsi, jugé que la donation faite à un domestique qui, postérieurement, a été condamné par une cour d'assises pour soustractions de faible importance envers le donateur, et qui ne sont pas de nature à compromettre ses moyens d'existence, n'est pas révocable pour cause d'ingratitude. — 17 janv. 1833. Paris. Cachin. D.P. 33. 2. 192.

421. — Toutefois, il y a délit et injure suffisans pour faire révoquer la donation, si un domestique, donataire de son maître, ayant reçu de celui-ci un pouvoir général d'administrer ses biens, et, qu'abusant de cette confiance, il commette des infidélités dans sa gestion ; si, de plus, il cherche, par de faux rapports, à diviser les membres de la famille du donateur. — 29 mars 1806. Paris. Dandlaw. D.A. 5. 589. D.P. 1. 1332.

422. — Même décision pour le cas où le domestique, après avoir capté toute la confiance de son maître, abuse de cette confiance. — 28 avril 1813. Nîmes. Roux. D.P. 23. 2. 3.

423. — Le refus d'un donataire de renoncer, en faveur du donateur, à l'objet donné, peut, d'après les circonstances, être considéré comme constituant l'ingratitude et faire révoquer la donation : par exemple, s'il s'agit de sommes détournées au préjudice du trésor, et que le donateur, en ne les restituant pas, soit exposé à une peine infamante. — 12 mai 1830. Req. Paris. Cauchois. D.P. 30. 1. 246.

424. — Les sévices ou injures, commis envers la femme ou les enfans du donateur seraient de nature, selon Delvincourt, t. 2, p. 284, à motiver la révocation (Arg. § 2, instit. *de Injur ;* C. civ. 1113). Pothier, art. 3, § 2, exige que, dans ce cas, l'injure soit extrêmement grave.

Néanmoins, l'art. 955 semble supposer que l'offense a été commise *envers le donateur* personnellement; et les causes de révocation ne s'étendent pas par analogie. En tout cas, il faudrait que l'injure eût aussi profondément affecté le donateur que s'il en était lui-même l'objet. — Dall. *eod.*, n. 10.

425. — Il est entendu que la donation ne serait pas révocable pour offense envers la veuve ou les enfans du donateur : commise après sa mort, elle ne peut plus rejaillir sur lui. — Poth., et D.A. 5. 587, n. 12.

426. — 3° *S'il a refusé des alimens au donateur.* — Il faut que le donateur soit dans le besoin, et le donataire en état de fournir les alimens. — Dur., t. 8, n. 558.

427. — La circonstance que le donateur aurait des enfans ou ascendans en état de le nourrir, ne justifierait point le refus du donataire. Celui-ci devrait contribuer aux alimens, ou même les fournir seul, eu égard à l'étendue de la libéralité. — Dur., *ibid.*

428. — Ainsi, les tribunaux distingueraient entre une donation absolue et celle contenant réserve en faveur du donateur : entre la donation universelle et celle d'une quotité seulement ou d'un objet particulier, surtout s'il était de modique valeur. Il ne faut pas que, sous prétexte d'alimens, on porte atteinte au principe de l'irrévocabilité des donations. — Gren., n. 213, Dur., n. 558; Toull., n. 333; D.A. 5. 588, n. 13.

429. — *Des donations révocables pour ingratitude.*

— Sont sujettes à cette révocation, 1° les donations mutuelles ou réciproques ; et la peine ne doit porter que sur le donataire ingrat, lors même que les deux donations ont été faites par le même acte. En vain le défendeur soutiendrait-il que la donation qu'il a faite était la condition de l'autre ; c'est sa faute si le contrat ne reçoit point son exécution dans toutes ses parties (Arrêt 18 déc. 1714).— Poth., sect. 3, art. 3, § 3 ; Delv., t. 2, p. 284 ; Dur., t. 8, n. 565 ; Toull., t. 5, n. 329 ; D.A. 5. 385, 586, n. 3. — Grenier., t. 1er, n. 218, semble incliner pour la révocation des deux donations.

430.— 2° La donation onéreuse, jusqu'à concurrence de l'excédant des charges. — Pothier, *loc. cit.*— V. n. 480 et suiv.

431.— 3° La remise gratuite d'une dette (Delv., p. 284 ; Dur., n. 266).— Mais il en serait autrement si la remise était faite dans des vues intéressées, comme par transaction pour éviter un procès, ou par contrat d'atermoiement pour faciliter le paiement.— Poth., *ib.*; D.A. 5. 587, n. 8.

432.— 4° La donation de droits successifs, ainsi que la renonciation au profit d'un ou de plusieurs des co-héritiers.— Dur., *ib.*

433.— 5° Les dons manuels.

434 — *Quid* des donations rémunératoires ? Elles sont révocables, lorsqu'elles présentent le caractère d'une vraie libéralité, suivant la distinction établie par Dalloz, 5. 584, n. 3., et jusqu'à concurrence de ce dont elles excèdent la valeur appréciable des services rendus.

L'art. 953 est général. Si l'art. 960 déclare expressément que les donations rémunératoires seront révoquées pour survenance d'enfans, on ne doit pas y voir une exception qui confirmerait la règle générale pour l'irrévocabilité des donations rémunératoires ; son unique but a été de déclarer que la révocation pour survenance d'enfans aura lieu *de plein droit*, tandis que la révocation pour ingratitude doit toujours être prononcée en justice.—Poth., sect. 3, art. 3, § 3 ; Gren., t. 1er, n. 218 ; Delv., t. 2, p. 287 ; Dur., n. 567 ; D.A. 6. 384, n. 2.—*Contrà*, Toull., t. 5, n. 328.

435.— La jurisprudence a prononcé aussi la révocation dans la proportion des services appréciables rendus au donateur. Ainsi, les héritiers doivent payer au donataire pour ces services une somme arbitrée par le tribunal — 29 mars 1806. Paris. Dandlaw. D.A. 5. 389. D.P. 1. 1332.— 17 août 1831. Req. Rennes. Gaucher. D.P. 31. 1. 311.

436.— Les donations en faveur de mariage ne sont pas révocables pour ingratitude (C. civ. 959).— Le conjoint et les enfans ne devaient pas être victimes de la faute de l'époux donataire.

Quid cependant des donations faites entre époux par contrat de mariage ? Doit-on les distinguer, quant à la révocation, des donations faites aux époux par des tiers ? — Non, disent la cour de cassation et la plupart des cours royales et des auteurs. — Dalloz (V. Séparation de corps) incline vers l'affirmative, et des arrêts récens viennent de confirmer cette opinion (V. D.P. 35, 2e partie). — Ce dernier système doit triompher.

437.— Le donateur ne pourrait renoncer, dans l'acte de donation, à demander la révocation pour cause d'ingratitude (L. 5, § 1er, ff. *de Pactis dotal.*). — Delv., p. 284.

438 — *Comment s'exerce l'action en révocation.* — La révocation pour ingratitude n'a pas lieu de plein droit ; elle doit être demandée en justice (C. civ. 956).

439 — Dans quel délai doit être formée l'action ? « Dans l'année à compter du jour du délit imputé par le donateur au donataire, ou du jour où le délit a pu être connu par le donateur » (C. civ. 957). Si le donateur n'a pas agi dans l'année, c'est qu'il a pardonné l'offense, et l'action est éteinte. — Toull., t. 5, n. 335 ; Dur., n. 560.

440. — Pothier, sect. 3, art. 3 § 3, pense que si la révocation avait pour cause un grand crime, l'action devrait durer aussi long-temps que celle en réparation du crime. Les termes bien clairs de l'art. 957 ne permettent plus d'admettre cette exception. — Delv., *ibid.*; D.A. 5. 588, n. 19.

441. — Le délai pour demander la révocation d'une donation entre époux court à dater des faits d'ingratitude et n'est pas suspendu par une instance en séparation de corps intentée par l'époux donateur.— 15 janv. 1828. Douai. Thuillier. D.P. 28. 2. 136.

442.— L'action serait éteinte, quoique l'année ne fût pas écoulée, si le donateur avait expressément remis l'injure, ou qu'il se fût réconcilié avec le donataire (L. 11, § 1er, ff. *de Injur. et fam. libell.*, § *ult.*; *Institut. de injur.*). — Poth., sect. 3, art. 3, § 5 ; Toull., n. 335 ; Gren., n. 215 ; Dur., t. 8, n. 561 ; D.A. 5. 588, n. 21.

443. — « La révocation ne peut être demandée contre les héritiers du donataire » (C. civ. 957), ni pour le fait de leur auteur, ni pour leur propre fait. —Poth., § 4 ; Dur., n. 562.—V. Séparation de corps.

444. — *Quid* si la demande a été formée contre le donataire, et qu'il soit mort pendant l'instance ? Le donateur pourra la reprendre contre les héritiers ; c'est le cas de la maxime : « *Omnes actiones quæ morte aut tempore pereunt, semel inclusæ judicio salvæ permanent* (L. 139 *D. de Reg. jur.*).—Ricard, n. 708 ; Poth., *des Donat.*, sect. 3 ; Delv., t. 2, p. 285 ; Toull., t. 5, n. 337 ; Dur., n. 562 ; D.A. 5. 588, n. 7.

Le doute vient de ce que l'action a quelque chose de pénal, et que l'art. 957 C. civ. ne dit rien de ce cas, quoiqu'il contienne une modification semblable quant à l'action des héritiers du donateur.

445. — Delvincourt pense même que l'action a lieu contre les héritiers du donataire, si celui-ci est mort en attentant, ou peu après avoir attenté à la vie du donateur.

446. — L'action des héritiers serait également recevable si le donateur s'était trouvé, depuis l'offense jusqu'à sa mort, dans une impossibilité physique de former la demande.— Gren., t. 1er, n. 214 ; D.A. *eod.*, n. 18.

447. — Les héritiers du donateur ne peuvent agir qu'autant qu'il aurait lui-même formé la demande ou qu'il serait décédé *dans l'année du délit* (C. civ. 957).— Les héritiers, dans ce dernier cas, n'ont que le temps qui restait au donateur au moment de sa mort.— Dur., n. 562.— V. Legs et Sép. de corps.

448. — Mais il est des cas où le délai d'un an ne courra contre les héritiers du donateur que du jour où ils auront connu le délit. Par exemple, si le donateur meurt assassiné, et que les héritiers ne découvrent que plusieurs années après que le donataire est l'assassin. Autrement, l'action accordée aux héritiers deviendrait illusoire. D'ailleurs *contra non valentem agere non currit præscriptio* (Poth. ; Delv., *ibid.*; D.A. *eod.*, n. 20).— 11 mai 1830. Rennes. Gaucher. D.P. 31. 1. 312.

449. — Jugé que le délai d'un an dans lequel l'action en révocation d'une donation doit être intentée, est opposable aux héritiers du donateur (C. civ. 957). — 15 janv. 1828. Douai. Thuillier. D.P. 28. 2. 136.

450. — Les créanciers pourraient continuer les poursuites commencées par le donateur, mais non les intenter directement. L'action déjà exercée fait partie de la succession.— Dur., t. 8, n. 561, et t. 10, n. 559.

451. — Le mineur, étant réputé majeur à l'égard de ses délits, n'est point à l'abri de la révocation pour ingratitude (C. civ. 1310). Mais on aurait égard à l'âge et à la nature du délit. — Poth. et Ricard ; Gren., n. 219 ; Dur., t. 8, n. 564 ; Toull., n. 338 ; Delv., t. 2, p. 284 ; D.A. 5. 587, n. 6.

452.—Ainsi, a été déclarée valable la renonciation à une donation faite à un mineur, lorsque cette renonciation, consentie par le tuteur en vertu d'autorisation du conseil de famille, homologuée par le tribunal, est le seul moyen d'éviter au donateur une peine infamante, en lui permettant de s'acquitter des sommes par lui détournées au préjudice du trésor — Dans ce cas, le refus du donataire (s'il eût été majeur) aurait constitué une ingratitude dans le sens de l'art. 955 C. civ. — Les héritiers du donataire sont, dès lors, mal fondés à critiquer cette renonciation (C. civ. 457, 955, 1314). — 14 juill. 1825. Paris. Cauchois. D.P. 27. 2. 104.

453. — La révocation peut être demandée contre la femme mariée, quoique le mari ne soit pas intervenu dans le fait d'ingratitude. — Gren., n. 219 ; Delv., t. 2, p. 284.

454 — Mais, dans ce cas, le mari perdra-t-il la jouissance des biens donnés ? Non, si la donation était antérieure au mariage, et qu'il se soit marié sous un régime qui lui attribuait cette jouissance. Elle a peut-être déterminé le mariage. Elle doit lui être conservée en vertu de l'art. 958.— Mais on déciderait autrement, si la donation avait été faite pendant le mariage.— Dur., n. 563.

455. — L'ingratitude du mari ne peut nuire à la femme donataire ; elle n'attribuerait même pas au donateur le droit d'enlever au mari la jouissance des biens donnés, car il la tient, non du donateur, mais de ses conventions matrimoniales (Ricard, part 3e, ch. 6, n. 676 ; Gren., t. 1er, n. 219 ; Delv., *loc. cit.*). Pothier, *Donat.*, sect. 3, art. 3, § 2, ajoute à l'exemple du mari celui du titulaire, dont l'ingratitude ne ferait pas révoquer la donation faite à son église.— D.A. 5. 588, n. 7.

456. — *Effets de la révocation.* — « Elle ne préjudicie ni aux aliénations faites par le donataire, ni aux hypothèques et autres charges réelles qu'il a pu imposer sur l'objet de la donation, pourvu que le tout soit antérieur à l'inscription qui aura été faite de l'extrait de la demande en révocation en marge de la transcription prescrite par l'art. 939 » (C. civ. 958).

457.— L'ingratitude du donataire ne produit donc pas les mêmes effets que la clause de retour, l'inexécution des conditions, et la survenance des enfans. C'est qu'ici, disent les auteurs, la cause de révocation est intrinsèque et ancienne, et que là elle est extérieure et nouvelle, n'entrant pas probablement dans les prévisions du donateur et des tiers.—Toull., t. 5, n. 322 à 324 ; Dur., n. 559 ; Delv., t. 2, p. 285 ; Gren., t. 1er, n. 216 ; D.A. 5. 588, n. 14.

458. — La révocation pour ingratitude n'a pas d'effet rétroactif même à l'égard du donataire. Ainsi, il est condamné seulement « à restituer la valeur des objets aliénés, *eu égard au temps de la demande*, et les fruits, *à compter du jour de cette demande* » (C. civ. 958). Les anciens auteurs n'étaient pas même tous d'accord sur le point de savoir si la valeur des objets aliénés devait être restituée.— Poth., sect. 3, art. 3, § 4 ; Dall. *eod.*, n. 16.

459.— Il suit de l'art. 958 que le donataire doit indemniser le donateur de la valeur des charges réelles que le donataire aurait imposées sur les biens, tels que droits de servitude, d'usufruit, etc.

460.— *Quid*, si le donataire n'avait pas fait transcrire ? L'omission de cette formalité ne devant pas nuire au donateur, il pourrait faire inscrire l'extrait de sa demande sur le registre des transcriptions, même sur le registre des inscriptions (Toull., t. 5, n. 323. Dall., *eod*, n. 15). Mais il serait plus sûr de faire faire de suite la transcription, pour faire inscrire ensuite la demande en marge, comme le prescrit l'art. 959.

§ 3 — *De la survenance d'enfans au donateur.*

461 — Cette révocation est fondée sur la présomption naturelle que le donateur n'eût pas disposé, s'il avait prévu avoir un jour des enfans. Aussi, n'a-t-elle pas lieu, comme nous le verrons, lorsque le donateur avait déjà des enfans ou descendans au moment de la disposition.

462.— La révocation pour survenance d'enfans est empruntée à la célèbre loi *si unquam*. C. *de Revoc. donat.*, qui soulevait dans l'ancienne jurisprudence de nombreuses difficultés, terminées en grande partie par l'ordonnance de 1731.— Furgole, sur l'art. 39 de l'ord. ; Ricard, part. 3, ch. 5 ; D.A. 5. 591, n. 1

463.— Les lois intermédiaires n'avaient rien prononcé sur cette matière ; d'où l'on en a conclu que l'ordonnance était applicable aux actes passés sous la loi du 17 niv. an 2, et la jurisprudence a confirmé cette opinion.— Chabot, *Quest. trans.*, v° Révocation de donation ; D.A. *ibid.*

464.— Spécialement, il a été jugé que la loi du 17 nivôse an 2 n'ayant pas traité de la révocation des donations par survenance d'enfans, n'a point abrogé l'art. 39 de l'ordonnance de 1731. En conséquence, n'était point révocable, pour cette cause, une donation entre époux, faite sous l'empire de la loi du 17 nivôse (L. 17 niv. an 2, art. 61).— 29 mess. an 11. Req. Poitiers. Crossard. D.A. 5. 595. D.P. 4. 1. 65.

465. — Le code civil a reproduit textuellement toutes les dispositions de l'ordonnance, sauf deux légers changemens : 1° l'art. 960 excepte les dons en faveur de mariage faits par *les ascendans aux conjoints*, ou *par les conjoints l'un à l'autre*. L'art. 39 de l'ordonnance disait seulement *faits par les ascendans ou conjoints* ; 2° l'art. 960 déclare la donation révoquée par la légitimation d'un enfant naturel par mariage subséquent, *s'il est né depuis la donation*. Cette disposition n'était pas dans l'ordonnance.— D.A. 5. 591, n. 1.

466 — Tour à tour nous examinerons, 1° quelles donations sont sujettes à révocation ; 2° dans quels cas s'opère la révocation pour survenance d'enfant ; 3° comment ; 4° quels en sont les effets ; 5° dans quel délai doit s'exercer la revendication.

467. — *Donations sujettes à révocation.*— L'art 960 C. civ. n'excepte que « les donations en faveur de mariage, faites par les ascendans aux conjoints ou par les conjoints l'un à l'autre. » — Il semblait inutile d'excepter les donations faites par les ascendans, puisqu'elles n'étaient pas révocables d'après la règle générale, par cela même qu'ils avaient un enfant ou descendant au moment où ils disposaient.—

Quant à la seconde exception, elle est fondée sur ce que le donateur devait naturellement penser qu'il aurait des enfans; qu'il a pu préférer son épouse à ses enfans; que ceux-ci d'ailleurs doivent succéder exclusivement au donataire; qu'enfin la donation a peut-être déterminé le mariage.— Dur., p. 653, n. 574, note.

468.— La donation que ferait l'un des conjoints *aux enfans de l'autre* serait révoquée par la naissance d'un enfant au donateur. Là ne se réunissent pas tous les motifs de l'exception, bornée d'ailleurs par le texte aux donations que se font les conjoints *l'un à l'autre*. — *Ib.*

469.— *Quid*, si le donateur se marie avec la donataire, postérieurement à la libéralité? Il y aura lieu à la révocation, l'art 960 n'exceptant que les donations *en faveur de mariage*, faites par les *conjoints* l'un à l'autre. Les parties n'avaient pas encore la qualité de *conjoints*, lors de la donation, et elle n'a pas été faite en considération de cette qualité. — Dur., t. 8, n. 574.

Cette décision toutefois nous paraît plus conforme au texte qu'à l'esprit de la loi.

470.— L'enfant né d'un second mari est-il une cause de révocation des donations faites au conjoint du premier mariage? Le texte de la loi est contre la révocation, qui est d'ailleurs de droit étroit. Mais on objecte avec force que le donateur n'a pas entendu que, de son vivant, les choses données devinssent la propriété des collatéraux de sa femme, au préjudice de ses propres enfans d'un nouveau mariage.— Merlin, *Question de droit*, v° Revocation de donation; Chabot, *Question transitoire*, v° Révocation de donation, § 1er, n. 3; Dur., n. 528; Toull., n. 310. — *Contrà*, Gren., n. 199; Delv., t. 2, p. 289; D.A. 5. 592, n. 7.

471.— Jugé qu'une donation entre époux n'était réductible, d'après la loi du 17 nivôse, qu'en faveur des enfans de leur union, ou d'un mariage précédent, et non des enfans issus d'un mariage ultérieur du donateur (L. 17 niv. an 2, art. 13 et 14). — 29 mess. an 11. Req. Poitiers. Crossard. D.A. 5. 595. D.P. 4. 1. 65.

472.— La loi parle de donations faites *en faveur du mariage*. — *Quid* des donations faites entre époux *pendant le mariage?* Elles ne seraient pas révoquées par la survenance d'enfans. L'art. 960 ne s'applique pas à ce cas. De même, la loi *si unquam*, C. *de Révoc. donat.*, et l'ord. de 1731, ne statuaient que sur des donations entre-vifs irrévocables. L'art. 1094 C. civ., en fixant la quotité dont l'un des époux peut disposer au profit de l'autre, même pendant le mariage, ne distingue pas si les enfans existaient ou non au moment de la donation. — La révocation, d'ailleurs, pour survenance d'enfans, est principalement dans l'intérêt du donateur, or, n'est-il pas toujours libre de révoquer la libéralité dont il s'agit (C. civ. 1096). — Dur., n. 587; Delv., *ib.*

473.— Hors les deux exceptions que nous venons de signaler, l'art. 960 soumet à la révocation « *toutes donations* entre-vifs, *de quelque valeur* qu'elles puissent être, *à quelque titre* qu'elles aient été faites, et encore qu'elles fussent *mutuelles ou rémunératoires.* » — Cette disposition doit être entendue avec quelques restrictions.

474.— Par exemple, les petits présens de choses mobilières faits de la main à la main, ne sont pas révocables pour survenance d'enfans (arg. C. civ. 852).— Furgole, sur l'art. 39 de l'ord.; Poth., sect. 3, art. 2, § 1er; Gren., n. 185; Toull., n. 311; Dur., n. 589; D.A. 5. 592, n. 5.

475.—Il en serait de même d'une donation *rémunératoire*, si elle n'avait de la donation que le nom, et qu'elle fût en réalité le paiement d'une dette, appréciable en argent, exigible devant les tribunaux. La même distinction est faite dans les cas de rapport et de réduction. — Furgole, sur l'art 20 de l'ord. de 1731; Delv., t. 2, p. 287, 288; Gren., t. 1er, n. 188; D.A. 5. 485, n. 6.

476.— Il suffit, selon quelques auteurs, que la donation ait pour cause une obligation morale ou naturelle, le paiement d'une telle dette n'étant point sujet à répétition (Ricard, *Disposit. condit.*, t. 2, chap 3, n. 61; Furgole. *ib.*; arg., l. 19, § 1er, 5 et 6, ff. *de Donat.*). — Mais cette interprétation n'est plus soutenable en présence de l'art. 960 C. civ., qui révoque même les *donations rémunératoires*. Peut-on concevoir une donation ayant ce caractère sans qu'il y ait eu quelques services rendus par le donataire, et par conséquent quelque obligation morale du donateur?

477.— C'est par cette considération qu'on a déclaré révocable, pour survenance d'enfans, un acte contenant constitution d'une rente viagère à titre gratuit, en faveur d'une ancienne domestique, pour récompense de services rendus, qui ne donnaient pas lieu à une action civile (Dur., n. 591). — 30 juin 1815. Bruxelles. Van-Swac. D.A. 5. 498. D.P. 1. 1327.

478.— Avant l'ord. de 1731, Ricard ne croyait pas révocables les donations mutuelles, les réputant moins une libéralité qu'un contrat aléatoire, parce que, disait-il, « le donataire reçoit les biens du donateur comme le prix du risque qu'il court de lui faire passer les siens au cas où il mourrait avant lui. —Mais on peut répondre qu'il y a même raison de présumer que le donateur n'aurait pas disposé, s'il eût su avoir des enfans.

479.—La révocation de l'une des donations mutuelles entraîne-t-elle la resolution de l'autre? Oui; car celle-ci était la condition de celle-là. Si l'on décide autrement dans le cas d'ingratitude, c'est que le donataire ingrat n'est digne d'aucune faveur, et que les parties n'ont pas vraisemblablement entendu que l'ingratitude de l'une d'elles motiverait la révocation même de la libéralité qu'il aurait faite à l'autre.— Poth., *ibid.*, Gren., n. 187 *bis* (qui avait d'abord embrassé l'opinion contraire); Toull. n. 308; Dur., n. 590; D.A. 5.592, n. 6.—*Contrà*, Delv., p. 287.

480.—Les donations à titre onéreux sont-elles révocables. Elles le sont pour ce dont l'émolument excède les charges (Poth., *ibid.*; Dur., n. 592). C'est dans la même proportion qu'on les déclare généralement révocables pour ingratitude, sujettes à réduction ou au rapport.—V. n. 430, et v° Succession.

481.—Mais il faut bien considérer si les parties ont entendu faire une donation. Quelqu'émolument qui en résultât pour l'une d'elles, une convention ne serait pas atteinte par la survenance d'enfans.

De même, si les charges étaient à peu près égales de part et d'autre, l'acte, quoique qualifié donation, serait maintenu comme convention.

482.—C'est ainsi que la donation d'une rente viagère constituée à titre onéreux a été jugée non révocable pour survenance d'enfans (C. civ. 960, 1968). —2 avril 1829. Req. Guadeloupe. St.-Michel. D.P. 29. 1. 207.

Mais cet arrêt ne décide pas qu'en thèse générale les donations à titre onéreux sont exceptées de la révocation.

483.—La révocation atteint toutes donations, même indirectes ou déguisées, sous la forme de contrat à titre onéreux.—V. Donation déguisée.

Spécialement, la renonciation faite conditionnellement et avec réserve par l'appelé à une substitution, est une véritable donation, lorsqu'il est reconnu qu'elle a été gratuite; et elle est susceptible, en conséquence, de révocation pour survenance d'enfans (Ord. 1731, art. 39; C civ. 960) —28 frim. an 13. Req. Dijon. de Villiers-Lafaye. D.A. 5. 596. D.P. 5. 2. 72.

484. — *Dans quels cas a lieu la revocation.* — Il faut d'abord que le donateur n'ait pas d'enfans ou descendans actuellement vivans dans le temps de la donation (C. civ. 960).

485.—Quoique la loi s'exprime au pluriel, il suffirait d'un seul enfant ou descendant au moment de la donation pour la rendre irrévocable (arg. l. 148. ff. *de Verbo sig.*).—Poth., sect. 3, art. 2, § 2; Dur., t. 8, n. 574; D.A. 5. 392, n. 9.

486.—Peu importe que le donateur ait eu des enfans avant la donation, s'il n'en a plus au moment même, elle est révocable.—Poth., *ibid*; Toull., p. 300; Gren., t. 1er, n. 182; D.A. *eod.*, n. 8.

487.—*Quid*, si l'enfant du donateur était mort civilement au temps de la donation? On doit décider comme s'il était mort naturellement (arg. C. civ. 25).—Gren., n. 181; Dur., n. 578; Delv., *t.* 2, p. 288; D.A. 5. 593, n. 12. —*Contrà*, Toull., n. 300.

488.—Réciproquement, son retour à la vie civile sera considéré comme la survenance d'un nouvel enfant.— De la Rouvière, *Révocat. des donations*, ch. 39; Delv., t. 2, p. 290; Dur., n. 579; D A. *ibid.* —*Contrà*, Toull., *ibid.*

489.—Toutefois, si la réintégration dans la vie civile n'était due qu'à des lettres de grâce, on déciderait autrement, ces lettres ne pouvant jamais nuire aux tiers. — Dur, t. 8, n. 580 et t. 1er, n. 240.—V. Droits civils et politiques.

490.—Si l'enfant était absent lors de la donation, son retour inespéré la rendrait-il révocable? Non. La révocation est de droit étroit, et le donateur devait prévoir la possibilité du retour. Que n'a-t il stipulé la condition résolutoire. — Dur., t. 8, n. 583; Toull., t. 5, n. 299.—*Contrà*, Furgole, *loc. cit.*; Ricard, part. 3, n. 596; Poth., sect. 3, art. 2, § 2; de la Rouvière, ch. 12; Delv., t. 2, p. 290; Gren., n. 183.

Peu importe même que la donation ait été faite depuis la déclaration d'absence. En vain objectera-t-on alors que l'absent est présumé mort plutôt que vivant. D'abord cette présomption n'est vraie qu'après l'envoi définitif en possession de ses biens. En second lieu, il ne faut considérer ici que l'opinion personnelle du donateur. Or, comment prouverez-vous qu'il ne conservait pas quelques doutes sur l'existence ou le décès de son fils. Que d'incertitude et d'arbitraire!—*Contrà*, D.A. 5. 593, n. 13.

491.— La loi prononce la révocation, même dans le cas où l'enfant aurait déjà été conçu au temps de la donation (art. 961). Mais il faut que cet enfant naisse viable (arg. C. civ. 725); car c'est à titre d'héritier qu'il reprendra les choses données par son père. Ainsi pensent tous les auteurs (D.A. *eod.*, n. 10).— 8 fév. 1830. Bordeaux. Merle. D.P. 30. 2. 160.

492. — C'est la naissance d'un enfant *légitime* qui révoque les donations antérieures (C. civ. 960). L'enfant, *même posthume*, les révoque. Mais il ne faut pas qu'il soit né après les trois cents jours de la mort du mari. Il ne serait plus présumé né du mariage (C. civ. 315). — Durant., n. 574. — V. Filiation.

493. — L'enfant né d'un mariage putatif révoque-t-il la donation? Il faut distinguer: si les deux époux, ou le donateur seulement, sont de bonne foi, la donation sera révoquée (arg. C. civ. 201, 202).

Mais si le donateur est de mauvaise foi, elle sera seulement réductible lors de l'ouverture de la succession (Furgole. Pothier, *ibid*; Gren., t. 10, n. 191; Toull., t. 5, n. 302; D.A. *eod.*, n. 14).—Delvincourt, t. 2, p. 290, admet dans ce dernier cas la révocation, mais au profit de l'enfant seul, qui jouira des biens du vivant du donateur.—Duranton, n. 586, n'accorde pas de droit à l'enfant sur les biens donnés avant le décès du donateur, parce qu'il ne peut les recueillir qu'à titre d'héritier. Mais il pense qu'on doit « *réserver les droits de l'enfant sur ces biens pour les exercer après la mort* du donateur, en acceptant sa succession, comme s'il était né d'un mariage légitime. » — Ces deux auteurs ne disconviennent pas de la singularité de leur interprétation, qui, sous prétexte de concilier les droits du père et de l'enfant, s'écarte du principe, que l'enfant n'a aucune espèce de droit aux biens donnés avant le décès du donateur.

494.— L'adoption est généralement considérée comme insuffisante pour produire la révocation.— Delv., t. 2, p. 290; Dur., n 581; Toull., t. 5, n. 303; Gren., *de l'Adop*, n. 39; D.A. 5. 594, n. 15.

495.— Mais il est clair que l'adopté aurait sa part des biens rentrés, si la révocation s'était opérée par la survenance d'un autre enfant, cet enfant fût-il mort avant son père, avant même que le père eût repris les biens.— Dur., *ibid.*—V. Adoption, n. 67, et suiv., et Portion disponible.

496.— Sous l'ordonnance de 1731, la légitimation d'un enfant naturel, par mariage subséquent, révoquait les donations entre-vifs, même postérieures à la naissance de cet enfant.— 28 frim. an 13 Req. Dijon. de Villiers-Lafaye. D.A. 5. 596. D.P 5. 2. 72.

Il faut, sous le code, que l'enfant *soit né depuis la donation*.

497. — Il a été jugé que la mort civile du donateur met la donation à l'abri de la révocation, même pour le cas où des enfans surviendraient au donateur d'un mariage contracté depuis son retour à la vie; spécialement, la donation entre-vifs qu'un religieux a faite avant sa profession, n'est point révoquée par la naissance d'un enfant survenu au donateur marié depuis l'abolition des vœux monastiques (C. civ. 25 anal, 968).—27 mai 1820. Liége. Delahamaide D.A. 5. 597. D.P. 1. 1332.

498.— Mais cette décision, combattue par Merlin et Berlier, dans une consultation (*Quest. de dr.*, v° Révocation de donation, § 3), confond à tort les droits ouverts pendant la mort civile, et ceux qui, ne consistant qu'en une simple expectative, n'ont pris naissance que depuis la restitution à la vie civile. *Media tempora non nocent.* Le mort civilement pourrait évidemment recueillir les successions ouvertes depuis sa réintégration. Pourquoi ne profiterait-il pas de même des effets d'une révocation? Pourquoi surtout en ravir le bénéfice aux enfans du donateur? — D.A. 5. 593, n. 11.

499.— Autrefois, quand un homme d'une maison illustre et qui n'avait que des filles, avait fait une donation à un parent de même nom et de mêmes armes, la survenance d'un enfant mâle révoquait la donation. Il est superflu de remarquer qu'une telle décision ne pourrait plus en aucune manière se justifier sous le code (Dur., n. 584; D.A. *eod.*, n. 16).

L'esprit féodal dictait cette décision, contraire d'ailleurs à l'art. 39 de l'ord. de 1731.

500. — *Comment s'opère la révocation.* — Elle a lieu *de plein droit* (C. civ. 960), et nonobstant toute clause ou convention par laquelle le donateur aurait renoncé à la révocation (C. civ. 965).

501. — La donation demeure révoquée, lors même que le donataire serait entré en possession des biens donnés, et qu'il y aurait été laissé par le donateur depuis la survenance de l'enfant (C. civ. 962).

502. — *Effets de la révocation.* — Les biens compris dans la donation révoquée rentrent dans le patrimoine du donateur, libres de toutes charges et hypothèques du chef du donataire, sans qu'ils puissent demeurer affectés, même subsidiairement, à la restitution de la dot de la femme de ce donataire, de ses reprises ou autres conventions matrimoniales; ce qui a lieu quand même la donation aurait été faite en faveur du mariage du donataire et insérée dans le contrat, et que le donateur se serait obligé comme caution, par la donation, à l'exécution du contrat de mariage (C. civ. 963). — V. n. 398.

503.— Si l'on avait maintenu le cautionnement, c'eût été de la part du donateur une renonciation indirecte à la révocation (C. civ. 965). Mais l'on a toujours reconnu que le cautionnement par un autre que le donateur serait un contrat ordinaire, et qu'il ne tomberait pas sous la loi de la révocation. — Furgole, sur l'art. 42 de l'ord. de 1731; Toull., t. 5, n. 310; Maleville, sur l'art 963; D.A. 5. 594, n. 18.

504.— Les donations ainsi révoquées ne peuvent revivre ou avoir de nouveau leur effet, ni par la mort de l'enfant du donateur, ni par aucun acte confirmatif: et si le donateur veut donner les mêmes biens au même donataire, avant ou après la mort de l'enfant, il ne le peut que par une autre disposition (C. civ. 964).

505.— C'est dans l'intérêt du donateur que s'opère la révocation. De là ces conséquences : 1° le donateur, rentré en possession des biens compris dans la donation révoquée, en devient le maître absolu, et il peut en disposer à titre onéreux ou gratuit; 2° il peut les donner à un étranger, même du vivant de l'enfant qui a causé la révocation, sauf la réduction si la réserve est entamée; 3° si l'enfant ne peut succéder à son père, les biens ne retournent pas au donataire, mais aux autres héritiers du donateur.— Toull., n. 318, 319; Gren., n. 203, 204; D.A. 5. 594, n. 19.

506.— Jusqu'à la notification, une présomption légale de bonne foi protége le donataire; aussi la preuve de la connaissance de l'événement ne suppléerait nullement au défaut de notification (Poth., *Donat.*, sect. 3, art. 2, § 4; Toull., t. 5, n. 321; Gren., t. 1er, n. 208; Delv., t. 2, p. 293; Dall., 594, n. 21). — 2 avril 1829. Req. Guadeloupe. St.-Michel. D.P. 29. 1. 207.

507.— Cependant il ne serait pas besoin de notification au donataire, pour faire courir la restitution des fruits, s'il avait été lui-même nommé tuteur de l'enfant qui révoque la donation. L'art. 962 C. civ. exige seulement que le donataire ait connu la naissance de l'enfant par exploit *ou tout autre acte en bonne forme.* Or, tel est l'acte solennel qui confère au donataire la qualité de tuteur. — 6 nov. 1832. Req. Nîmes. Avon. D.P. 33. 1. 31.

508.— Les arrérages des rentes viagères sont des *fruits civils*, et non des *capitaux*; le donataire d'une rente viagère n'est donc pas obligé, en cas de révocation de la donation, de restituer les arrérages qu'il a perçus (arg. C. civ. 588, 1568). — 2 avril 1829. Req. Guadeloupe. St.-Michel. D.P 29. 1. 207.

509. — Il s'agit dans l'art. 962 de fruits régulièrement *perçus*. Une perception illégale et anticipée ne nuirait pas au donateur.— Delv., t. 2, p. 292, D.A. 5. 594, n. 22.

510.— Réciproquement, les fruits civils *échus*, mais non *perçus* avant la notification, appartiennent au donataire (Delv., t. 2, p. 292). — 8 janv. 1816. C. civ. Montpellier. Varaiges. D.A. 5. 596. D.P. 16. 1. 163.

511. — Et remarquez qu'il a droit à ces fruits en vertu de la donation, et non simplement comme possesseur de bonne foi; par exemple, s'il n'avait pas été mis en possession; si le donateur avait continué de percevoir les fruits, le donataire pourrait réclamer ceux échus dans le temps intermédiaire.

512. — Ainsi jugé sous l'ordonnance de 1731, qui contenait les mêmes principes que le code. — 8 janv. 1816. Civ. c. Montpellier. Varaiges. D.A. 5. 596. D.P. 16. 1. 163

513.— Quant au tiers-détenteur, il ne doit rendre les fruits que du jour de la demande en revendica-

tion formée contre lui, demande qui doit être accompagnée non seulement d'une copie de l'acte de naissance de l'enfant du donateur, mais aussi de la copie de l'acte de donation. — Poth., *loc. cit.*; Gren, n. 208; Toull, t. 5, n. 321; D.A. 5. 594, n. 25.

514. — 5° *Delai pour l'action en revendication.* «Le donataire, ses héritiers ou ayans-cause, ou autres détenteurs des choses données, ne peuvent opposer la prescription pour faire valoir la donation revoquée par la survenance d'enfans, qu'après une possession de trente années, qui ne peuvent commencer à courir que du jour de la naissance du dernier enfant du donateur, même posthume; et ce, sans préjudice des *interruptions*, telles que de droit» (C. civ. 966).

515 — Par *interruption*, l'art. 966 entend tout ce qui met obstacle à l'accomplissement de la prescription; par conséquent, les *suspensions* comme les *interruptions*. Une expression incomplète a pu échapper aux redacteurs du code, là où ils ne traitaient pas encore de la prescription. Autrement il y aurait cela de bizarre, que la prescription serait suspendue au profit des enfans du donateur dans tous les cas de révocation autres que celui qui leur est le plus favorable.— Dur., n. 602; Gren, n. 207; Delv., p. 292.

516. — Le tiers-acquéreur, trompé sur le titre de son auteur, ne pourrait-il pas prescrire par dix et vingt ans? Le doute vient de ce que l'acquéreur, quand il connaît le titre gratuit de son vendeur, doit s'attendre à la révocation pour les causes prévues par la loi. Mais il en est autrement si le donataire a fait voir un acte de vente, par exemple, au lieu de la donation. Cependant les termes absolus de l'art. 966 C. civ. semblent s'opposer à la prescription de dix et vingt ans.

517. — L'action en revendication peut être intentée par l'enfant, apres la mort du père donateur, qui ne l'avait pas encore exercée (arg. C. civ. 960, 962, 964. — Dumoulin et Tiraqueau; D.A. 5. 594, n. 224 —*Contrà*, Ricard, part. 3, chap. 5, n. 936; de la Rouvière, chap. 17). — 6 nov. 1832. Nîmes. Req. Avon. D.P. 33. 1 30.

518. — Elle pourrait être exercée par l'enfant, bien que, depuis la survenance, le donateur aurait formellement renoncé à se prévaloir de la nullité de plein droit que la loi prononce. En effet, si l'on considère cette renonciation comme une donation nouvelle, elle ne peut valoir qu'autant qu'elle en a les formes extérieures (C. civ. 964), et si l'on veut y voir un acte confirmatif de la donation annulée, cet acte se trouve proscrit par la loi (C. civ. 964). — D.P. 33. 1. 30, n. 1.

519. — Si les objets donnés consistent en choses mobilières corporelles, et qu'elles soient sorties de la possession du donataire, le donateur ne peut les revendiquer.—Rousseau de la Combe, Gren., t. 1er, n. 205; D.A. *eod*, n. 20.

520. — Mais comme la règle, en fait de meubles la possession vaut titre, ne concerne que les choses mobilières corporelles, le donateur pourra revendiquer les créances comprises dans la donation, et que le donataire a cédées à des tiers, encore que la cession eût été notifiée par les tiers au débiteur. Toutefois, le debiteur serait valablement libéré s'il avait payé au cessionnaire avant la notification de la naissance de l'enfant, sauf le recours du donateur contre le donataire. — Gren., n. 205; D.A. *eod.*

—V. Alimens, Assurances maritimes, Cassation, Choses, Chose jugée, Communauté, Compétence civile, Condition, Contrat de mariage, Domaine extraordinaire, Domaine national, Domaine privé, Donation par contrat de mariage, Donation entre époux, etc., Dot, Droits civils, Enregistrement, Faillite, Garantie, Hypothèques, Legs, Mandat, Nom, Portion disponible, Prescription, Rente, Retour, Séparation de corps, Servitudes, Substitution, Succession, Tierce-opposition, Transaction, Usage, Usufruit, Vente.

TABLE SOMMAIRE.

Abandon. 35.
Acceptation. 16, 102, s. 141, s. 231, s. 298. — (capacité) 147, s. — (effet) 238, s. — (formes) 123, s.—expresse. 103, s. 123.—distincte. 158, 296.
Accessoire. 357, s. 391.
Accroissement. 112, 160.
Acte authentique. 129, s. —en brevet. 238.—notarié. 247, s. — notarié (mention du lieu) 250.
Alimens. 9, s. — (refus) 426, s.
Adoption. 494, s.
Annexe. 149, s. 292, s.
Annonce. 220.
Ascendant. 192, s.
Assignation de part. 47.
Autorisation. 207, s. — de femme. 167, s. 193. —entérinée. 179.
Avancement d'hoirie. 302.
Ayant-cause. 237, 391.
Bénéfice. 342, s —futur. 51.
Biens présens et à venir. 403.—à venir. 43, s. 243, 343.
Bonne foi. 5, 400, s.
Caducité. 74, 387.
Caractère. 2, s.
Cassation (appréciation). 6, 27, 61, 302, 348.
Cause. 373.—fausse. 377, suiv.
Caution. 19.
Charge. 3, s. 84, 243, s.
Chose d'autrui. 311.
Clause de style. 29.
Commune. 226, s.
Compensation. 401.
Corruption. 203.
Condamnation. 411.
Condamné. 203.
Condition. 71, s. 369, 391. —de se marier. 77, s. —potestative. 42, 77, 387, 400, s. — résolutoire. 72, s.—de survie. 73.—suspensive. 69, s. 371, s.
Conseil de famille. 191. —judiciaire. 204.
Constitution de dot. 313.
Contrat. 103, s.
Créancier. 163, 390. — postérieur. 69, 270.
Curateur. 202.
Date. 69, s. — certaine. 38, 319, s. 346. — (fin de l'acte) 252.—(priorité) 283.
Décès. 16, 37, 130, 133, s. 154, 177, 226, 256, 287, 443, s.—(date) 100.
Délai. 439, 514, s. — de grâce. 386.
Délit. 414.
Démissison de biens. 243, s.
Dessaisissement, 2, 30, s. 304, s. 355.
Dette. 84, s. 318, s. 330. — (contribution) 350.
Discussion. 340.
Domm.-intér. (mauvaise foi). 309.
Donation à titre universel. 322, s.
Donataire particulier. 321, s. — universel. 336, s. 342. s.
Donation à cause de mort. 54, s. 73, s.—conditionnelle. 71, s.—déguisée. 105, s. 118, s. 483. — mutuelle. 263, 429, 479. — entre époux. 464, 472. — onéreuse. 243, 393, 430, 480. — par contrat de mariage. 106, 430, 465.
Don manuel. 268, 273, s. 474.— mutuel. 433. — rémunératoire. 23, s. 68, 88, 119, 307, 314, 401, 434, 473, s.
Droits éventuels. 46, s. 302.— personnel. 163, 443.
Effets. 98, 304, s.
Enfant conçu. 401, 203. —naturel. 202, 406.
Emancipation. 171, 189.
Equivalent. 108, s. 124, s.
Etablissement pub. 207, s. 243.
Etat. 84.— estimatif (forme) 269, s. 289, 318, s. 346.
Etranger. 288.
Exécution volontaire. 24, 143.
Expédition (brevet). 259, 261.
Evêque. 212, s.
Fabrique. 210, 224.
Faillite. 139.
Femme mariée. 167, s. 453.
Force majeure. 260, 307.
Formes. 21, 247, s.
Fraude. 308, 349.
Fruits. 458.—(bonne foi) 241, s. — (restitution) 400, 507, s.
Garantie. 30, 231, s. 305, s. 312, s.
Grâce. 489.
Gratuité. 3, s.
Héritier (peine). 443.
Hospice. 207.
Hypothèques. 33, s. 239, s. 398, s.
Incapable. 137, s.
Inconciliabilité. 366.
Indivisibilité. 244, 262, 272, 340, 363, 403.
Inexécution. 367, s.
Ingratitude. 406, s. 452, 455, 457, s.
Injure grave. 414, s.
Immeuble par destination. 285.
Inscription de faux. 360.
Impossibilité. 446.
Insinuation. 11, s.
Intention. 65, 412.
Interdit. 179, 199.
Interprétation restrictive. 355, s. 410.
Interruption. 515.
Legs. 211, s. —pieux. 88.
Loi réelle. 70, 288. — (tenue) 162.
Maire. 226.
Maladie. 68, 200.
Mandat. 148, s.—authentique. 264, s. 149, 166. —spécial. 265.
Mari (droit). 434.
Mariage putatif. 493.
Mauvaise foi. 509.
Mention. 396.
Mention expresse. 250, suiv.
Mesure conservatoire. 216, s. 397.
Meuble. 98, 279, s.
Modèle d'écriture. 254.
Mort civil. 487, 497, s.
Mineur. 134, s. 231, 244, 178, s. 451.
Minute. 269, s.
Mise en cause. 389.
Muet. 206.
Nomination. 5.
Notaire. 219.—(acceptation) 155, s.
Notification. 132, s. 141.
Nullité relative. 174, 182, s. 199.
Obligation naturelle. 18, s. 475.
Option. 393.
Pacte de famille. 20, 33, s.—sous seing-privé. 36.
Parenté. 157.
Pays étranger. 70, 145, s. 162.
Père. 233, 190.
Prescription. 256, s. 395, s. 439, 515, s.—départ. 397.—suspension. 441.
Présomption (décès). 76.
Preuve. 76, 260.
Preuve testimoniale. 120.
Plein droit. 386, 438, 500.
Priorité. 38.
Pollicitation. 122.
Procuration (brevet). 130.
Porte-fort. 153.
Portion disponible. 8.
Possession (meuble). 520. —provisoire. 217.
Pouvoir discrétionnaire. 232.
Qualification. 65.
Rapport. 41.
Ratification. 24, 33, 130, 153, s. 208, 227, 240, 268, 390.
Recours. 310.
Réduction. 8, 471.
Renonciation. 113, s. 244, s. — illégale. 437, 500.
Rente. 287. — sur l'état. 218. — viagère. 10, 14,

s. 22, 159.
Répétition. 18, 315.
Rescision (délai). 15.
Réserve. 14, 90, s. — de disposer. 30, s. 97, s. 398.— d'usufruit. 286, s. 294.
Responsabilité. 231, s. 257. — (notaire) 257.
Restitution. 230, s.
Retour. 457, s.— conventionnel. 365.
Revendication. 514.
Révocabilité. 304, 364.
Révocation. 8, 239, s. 367, s. 398.— (délai). 439, s.—(effet) 398, s. 456, s.
Séminaire. 210.
Sévice. 414.
Signature. 255, s.
Simulation. 30, 64, s.
Sourd. 206.
Souscription. 16, 226.
Stipulation pour autrui. 159.
Substitution. 105.
Succession future. 42, s.
Surcharge. 360.
Survenance d'enfant. 434, 461, s. 488, s. 518.
Témoin. 255, s.
Tempsintermédiaire. 498.
Testament. 140. 364.
Tiers. 455, s. 489.
Tradition. 275, s.—réelle. 36, s.
Transcr. des donations. 295.
Transmissibilité. 293.
Transport. 7, 391.—(notification) 284.
Tuteur. 170, 179, s. 251, suiv.
Usufruit. 39, 66, 296, 299, suiv.
Vente. 9, s.
Viabilité. 205, 491.
Vœu monastique. 497.
Vol. 417, s.

DONATION DE BIENS PRÉSENS ET A VENIR.— V. Donation par contrat de mariage, Enregistrement, Substitution.

DONATION A CAUSE DE MORT.—1.—C'est une donation révocable dans laquelle le donataire intervient et accepte. Son nom lui vient de ce que, dans l'origine, elle n'était jamais faite que pour avoir effet après la mort du disposant.

2.—Ce mode de disposer est emprunté au droit romain (L. 35, § 2, D. *de Mort. caus. donat.*). Il était fort usité autrefois dans les pays de droit écrit.

3.—La révocabilité était un caractère commun de la donation à cause de mort et du testament. Mais ces deux actes différaient en plusieurs points. Ainsi, il ne fallait point dans la donation l'institution d'héritier ni diverses formalités intrinsèques ou extrinsèques du testament; mais il était besoin du concours des deux volontés, ou de l'acceptation du donataire. La chose pouvait être délivrée immédiatement au donataire, sauf restitution, si le donateur venait à révoquer. — Gren., *Discours historique*, sect. 3; Merl, Rép., v° Donation, sect. 10; Roll., v° Donation à cause de mort, n. 2, 3.

4.—De cette nécessité d'acceptation, l'on concluait que la donation à cause de mort tenait plus des contrats que des dispositions testamentaires.—Roll., n. 4.

5.— La donation à cause de mort était faite, ainsi que l'annonce sa dénomination, *en vue de la mort.* On s'en servit dans l'origine pour les momens de péril, lorsqu'on se croyait sur le point de perdre la vie On remettait ses biens à un ami pour le cas de mort, et sauf à les reprendre si l'on échappait au danger (L. 1re à 6, D. *de Mort. causâ donat.*).

On voit par là que cette donation n'excluait pas la tradition actuelle.— Roll., n. 5.

6.—Plus tard, on recourut à ce mode de disposer, même hors le cas de péril, et l'on appela donation *à cause de mort* toute disposition révocable, faite entre-vifs. On a même étendu ce nom, et par abus de langage, à des dispositions *irrévocables*, aux donations de biens à venir faites par contrat de mariage. On a considéré que dans ces donations, comme dans celles à cause de mort, le disposant sous-entend la condition de survie, soit du donataire lui-même, soit de ses enfans ou descendans (C. civ. 1082) — V. Donation par contrat de mariage.

7.—L'ordonnance de 1731, art. 3, portait: « Toutes donations à cause de mort, *à l'exception de celles qui se feront par contrat de mariage*, ne pourront dorénavant avoir aucun effet, dans les pays même où elles sont expressément autorisées par les lois ou par les coutumes, que lorsqu'elles auront été faites dans la même forme que les testamens ou les codicilles, en sorte qu'il n'y ait à l'avenir dans nos états que deux formes de disposer de ses biens à titre gratuit, dont l'une sera celle des donations entre-vifs, et l'autre celle des testamens ou des codicilles. »

8. — L'ordonnance n'avait point interdit par là les donations à cause de mort. Elle en fixait seulement les formalités extérieures. Ainsi, la donation faite dans les formes du testament n'aurait pas été nulle, comme testament, parce que le donataire y serait intervenu et que la disposition eut été qualifiée à *cause de mort* (Furgole, *sur l'art. 3 de l'ord.*). Le parlement de Dijon l'a décidé expressément, le 4 juin 1751. — Merl., *ibid.*; D.A. 5. 185, n. 3; Roll., n. 7, 8.

9. —D'après le code civil, art. 893, « On ne pourra disposer de ses biens à titre gratuit que par donation entre-vifs ou par testament, dans les formes ci-après établies. » Et Jaubert disait: (Rapport au Tribunat) « La distinction des dispositions de dernière volonté en testament, codicilles *ou donation à cause de mort*, ne subsistera plus. On ne connaîtra qu'une seule espèce de dispositions de dernière volonté. Elles s'appelleront *Testamens.* » — D.A. 5. *cod.*

10.— Mais, jugé que l'art. 893 C. civ., d'où résulte la prohibition des donations à cause de mort, ne s'applique pas aux donations antérieures au code civil, encore que le donateur soit décédé depuis le code.—31 août 1808. Turin. Bonetti. D.P. 9. 2. 38.

11. — On n'annulerait pas, sous le code, une disposition testamentaire, qualifiée *donation à cause de mort*, lors même que le légataire l'eût acceptée dans l'acte et que le testateur lui eût fait délivrance de la chose. L'art. 967 permet de disposer *sous toute dénomination propre à manifester la volonté*. En général, c'est par leur substance et non par leur qualification qu'il faut apprécier la nature des actes. La disposition serait, aux yeux de la loi nouvelle, un véritable testament, et en produirait tous les effets. La présence du légataire à l'acte ou la délivrance anticipée de la chose ne sont point des causes de nullité du legs. — Merl, Rép., v° Donation, sect. 10 et *Quest. de droit*, *ibid.*, § 6; Toull., t. 5, n. 11; Gren., *Observ. prélim.*, n. 13 *bis*; *Dict. du notariat*, 3e édit., n. 11; D.A. 5. *eod.*; Roll., n. 17, 18, 19.

12.— Ainsi, très souvent les notaires des pays de droit écrit qualifient, dans leurs actes, *donation à cause de mort* les donations de biens à venir faites par contrat de mariage. Il n'est venu à la pensée de personne de réputer ces actes nuls pour le seul emploi de cette locution.

13. — Dans une disposition entre époux, faite *pendant le mariage*, le donateur avait déclaré « *faire donation à cause de mort*, à son conjoint *à ce présent et acceptant*, en telle forme que pareille donation puisse valoir, de tous les biens qui lui appartiendraient au jour de son décès. » L'acte avait été reçu par un notaire et deux témoins. On prétendit l'acte nul, à raison de *sa qualification*, et du non accomplissement des formes testamentaires. L'acte a été maintenu comme *donation de biens à venir*, permise entre époux pendant le mariage dans la forme des donations. — 27 août 1814. Nanci. Ménestrel. D.P. 16. 2. 16.

14.— Dans le doute, une donation doit être considérée comme entre-vifs, plutôt que comme à cause de mort. — Roll., n. 21.

15.— La disposition qui, dans le code, présente le plus d'analogie avec la donation à cause de mort proprement dite, est la donation de biens présens ou à venir que se font les époux pendant le mariage, et qui est essentiellement révocable. — V. Donation entre époux.

16.— Il ne faut pas confondre avec les donations à cause de mort, celles qui sont immédiatement irrévocables, mais dont l'exécution seule est renvoyée après la mort du donateur. — V. Donation, n. 51 et suiv.

Lorsque de pareilles donations se confondent avec les véritables donations à cause de mort, elles peuvent encore être valables, comme donations de biens à venir, quand elles sont faites par contrat de mariage. — V. Donation entre époux, n. 17 et suiv., et Donation par contrat de mariage, n. 33.

Malgré cette analogie, les deux espèces de donations n'ont jamais dû et ne doivent pas être confondues l'une avec l'autre.—V. Donation entre époux, n. 70 et suiv.

17.— N'est pas non plus donation à cause de mort celle qui contient la condition de survie du donataire ou du donateur.— V. Donation, n. 73 et suiv.

18.— Le code permet dans les contrats de mariage les donations sous conditions potestatives; cela donne aux dispositions le caractère de donation à cause de mort, alors même qu'elles ne portent que sur des biens présens — V. Donation par contrat de mariage, n. 12, 173.

19.— Mais on ne considérait pas, sous l'ancienne jurisprudence, comme donation à cause de mort, les donations par contrat de mariage contenant réserve de disposer.— V. Donation par contrat de mariage, n. 176. — V. cependant *eod.*, n. 199.

20.— L'institution contractuelle, autorisée par le code présente des analogies avec la donation à cause de mort, dont elle diffère cependant sous plusieurs rapports.— V. Donation par contrat de mariage, n. 23 et suiv.

21. — Les donations mutuelles entre époux, par contrat de mariage, admisés dans plusieurs coutumes, étaient des donations à cause de mort.— V. Donation entre époux, n. 50 et 58.

Quant aux donations mutuelles entre époux pendant le mariage, V. ce mot, n. 113 et suiv.

—V. Condition, Donation, Donation par contrat de mariage, Donation entre époux, Legs, Testament.

TABLE SOMMAIRE.

Acceptation. 4.
Biens à venir. 12.
Contrat de mariage. 7, s.
Donation entre époux. 15, s. —entre-vifs. 13, s.— mutuelle. 21, s.— par contrat de mariage. 18, s.
Forme. 8.
Interprétation. 14.
Nullité. 11.
Qualification. 13.
Réserve de disposer. 19, s.
Rétroactivité. 10.
Révocabilité. 3.
Testament. 8.

DONATION CONDITIONNELLE. — V. Condition, Donation.—V. aussi Communauté.

DONATION CONTRACTUELLE.—V. Donation par contrat de mariage, Succession.

DONATION PAR CONTRAT DE MARIAGE. —1. —On entend par là la donation faite dans un contrat en faveur des époux ou des enfans à naître d'eux, par des tiers.—Il sera parlé, au mot Donation entre époux, des donations mutuelles et réciproques que les époux se font entre eux.

§ 1er. — *De la donation de biens présens.*
§ 2. — *De la donation de biens a venir, ou de l'institution contractuelle.*
§ 3. — *De la donation de biens présens et à venir.*
§ 4. — *De la donation sous des conditions potestatives.*
§ 5. — *Règles communes aux donations faites aux époux par contrat de mariage. Forme, Nature, Interprétation, Réduction.*

§ 1er. — *De la donation de biens présens.*

2. — Toute donation entre-vifs de biens présens, faite par contrat de mariage aux époux ou à l'un d'eux, est soumise aux *règles générales* prescrites pour les donations ordinaires (art. 1081). De là plusieurs conséquences: 1° une telle donation « ne peut avoir lieu au profit des enfans à naître, si ce n'est dans les cas de substitution énoncés au chap. 6 » (C. civ. 1081), ou autorisés par la loi du 17 mai 1826.— V. Substitution.

3. — En autorisant les donations à charge de rendre aux enfans à naître, la loi du 17 mai 1826 n'a point autorisé par cela même les donations faites directement à ces enfans. Les deux cas sont différens, et l'exception ne doit point être étendue au-delà de ses limites. — Gren., t. 2, n. 409; Dur., t. 9, n. 665; D.A. 6. 204, n. 3.

4. — Toutefois, la donation faite aux époux ou à un époux *et aux enfans à naître* ne serait nulle que vis-à-vis des enfans. L'art. 896 C. civ. annulle bien la disposition même par laquelle on est chargé de conserver et de rendre; mais cet article est inapplicable par une double raison: 1° s'il y avait substitution, elle serait permise dans ce cas par la loi du 17 mai 1826; 2° il n'y a pas substitution dans la simple énonciation *et aux enfans à naître.* On doit plutôt y voir une clause de style, sous-entendue d'ailleurs dans tous les contrats, où l'on est censé acquérir pour soi et ses héritiers. — Toull., t. 5, n. 820; D.A. *eod.*, n. 3.

5. — La donation de biens présens par contrat de mariage doit être transcrite et accompagnée d'un état estimatif (C. civ. 939, 948). Le code n'a point reproduit l'exception contenue dans l'ord. de 1731, art. 17; et la place qu'occupe dans le code l'art. 948 ne laisse aucun doute sur ce point. — Merlin, Rép., v° Donation, sect. 5, § 1er, n. 4; Dur., t. 8, n. 505 et t. 9, n. 668-7°, 8°; Demante, t. 2, p. 226, n. 485; D.A. *ibid.*

6. — Jugé que l'exception par laquelle l'ord. de 1731 dispensait de l'insinuation les donations de biens présens *faites en ligne directe par contrat de mariage*, n'a plus eu lieu, quant à la transcription, soit sous la loi du 11 brum. an 7, soit depuis le code civil; qu'en conséquence, le défaut de transcription a pu être opposé par un créancier inscrit du donateur. — 2 avril 1821. Civ. c. Paris. Barbuat. D.A. 5. 560. D.P. 21. 1. 216. — 23 juill. 1822. Civ. c. Paris. Cherjean. D.A. 5. 560. D.P. 1. 1331.

7. — Le prédécès du donataire, même sans postérité, ne rend pas la donation caduque (arg. C. civ. 1089). — Gren., t. 2, p. 405; Toull., t. 5, n. 821; Demante, *ibid.*; Dur., t. 9, n. 666; D.A. *eod.*, n. 4.

8. — L'assimilation entre la donation entre vifs

et celle de biens présens par contrat de mariage, reçoit plusieurs exceptions : 1° il n'est pas besoin d'une acceptation expresse (C. civ. 1087). La présence des parties au contrat de mariage et leur signature suffisent.

9. — 2° Il n'y a pas lieu à la révocation pour ingratitude (C. civ. 959). — V. Donation.

10. — 3° La donation n'est pas révocable pour survenance d'enfans, si elle est faite par les ascendans ou par l'un des conjoints à l'autre (C. civ. 960). — V. Donation.

11. — 4° Elle n'est pas nulle, quoique faite sous l'une des conditions potestatives enoncées aux art. 944 à 946. L'art. 1081, qui renvoie aux *règles générales* des donations entre-vifs, doit être limité ici par l'art. 947 C. civ., qui, en exceptant les donations par contrat de mariage, ne distingue pas si elles sont de biens présens ou à venir. — Dur., t. 8, n. 485; Gren., n. 408; Toull., t. 5, n. 825, 826; Demante, p. 226, n. 485; D.A. 5. 204, n. 10.

12. — Mais remarquez qu'il y aurait, dans ce cas, une donation à cause de mort, quoique portant sur des biens présens seulement. Le prédécès du donataire la rendrait caduque; aussi l'art. 1086 est-il du nombre de ceux qu'énumère l'art. 1089, relatif à la caducité. — *Ibid*.

13. — Si le donateur s'est réservé de disposer d'un effet ou d'une somme compris dans la donation (C. civ. 1086), la donation est distincte de la réserve : la première étant irrévocable, n'est point caduque par le prédécès du donataire. Mais il en est autrement de la seconde, qui n'est que purement éventuelle. — 27 déc. 1815. Civ. c. Riom. Laden. D.A. 6. 225. D.P. 16. 1. 232.

14. — L'art. 1088 déclare *caduque* « toute donation en faveur du mariage, si le mariage ne s'ensuit pas. »

15. — Il en serait ainsi d'une donation, faite même hors contrat de mariage, si la condition du mariage futur y avait été formellement exprimée. La loi dit : Toute donation, etc. — Gren., n. 407; Toull., n. 820; Delv., p. 419; D.A. 5. 204, n. 7.

16. — Mais il faut distinguer si le mariage était ou non spécifié avec telle personne. Spécifié, le mariage était la condition *sine quâ non* de la donation. Non spécifié, il n'en était que le motif, sans que, dans ce cas, le défaut de mariage dût entraîner la caducité (Gren., n. 407; Dur., n. 667: D.A. *eod.*, n. 9). Par exemple, *je donne à Paul pour lui faciliter un établissement ou un mariage avantageux*. Peu importe, selon Duranton, *ibid*, que je susse que le donataire recherchait telle personne. La donation ne serait pas caduque si Paul restait célibataire.

17. — Mais il en serait autrement si le contrat de mariage avait été déjà passé, et que j'en eusse connaissance, ou s'il résultait de l'ensemble de ma disposition la preuve que j'ai donné en vue du mariage projeté. — Dur., *ibid*.

18. — Un mariage déclaré nul étant comme non avenu, n'empêcherait pas la caducité; mais ce serait sans préjudice des droits des tiers de bonne foi. — Delv., p. 419; Dur., t. 9, n. 669; D.A. *eod.*, n. 8.

19. — La donation en faveur de mariage, faite par acte séparé et antérieur au contrat de mariage, ne se distingue de la donation entre-vifs que par les deux effets précisés aux art. 959 et 1088. Elle ne produit pas les autres effets attachés aux donations par contrat de mariage (art. 947, 1082 à 1087, 1089, combinés). — Dur., n. 666; D.A. *eod.*, n. 12. — *Contra*, Toull., n. 829, 830.

Cette distinction importante se reproduira plus loin.

§ 2. — *De la donation de biens à venir, ou de l'institution contractuelle.*

20. — Les ascendans, les collatéraux, et même les étrangers peuvent, par contrat de mariage, disposer de *tout ou partie des biens qu'ils laisseront au jour de leur décès*, tant au profit des époux qu'au profit des enfans à naître de leur mariage, dans le cas où le donateur survivrait à l'époux donataire. Non seulement une pareille donation peut être faite au profit des enfans à naître, mais elle est toujours présumée, en cas de prédécès du donateur, avoir eu effet envers les enfans et descendans du donataire (art. 1082).

21. — La diposition ainsi faite des biens à venir en tout ou en quotité, s'appelle *institution contractuelle*, parce qu'elle est le don total ou partiel de l'hérédité. Les donations de biens à venir, fort usitées autrefois dans les pays coutumiers, ont été autorisées dans le but de faciliter les libéralités en faveur de mariage.

22. — *Nature et caractère de l'institution contractuelle.* — Elle ne transmet qu'une espérance de succession, mieux assurée que celle de l'héritier *ab intestat*, puisque l'institué ne peut plus être dépouillé par des dispositions gratuites (C. civ. 1083). Elle participe de la donation entre-vifs, en ce qu'elle n'est *révocable* que par des aliénations à titre onéreux; et de la succession *ab intestat*, en ce qu'il faut, pour profiter de l'institution, que le donataire ou ses enfans survivent au donateur. C'est dans ce sens que, selon la définition d'anciens auteurs, l'institution contractuelle est un *don irrévocable de la succession*.

23. — L'institution contractuelle a quelque analogie avec les donations à cause de mort, telles que les autorisait le droit romain et la jurisprudence française antérieure à l'ordonnance de 1731. Mais elle en diffère aussi en plusieurs points.

24. — Ces deux donations ont cela de commun : 1° que leur effet n'est déterminé qu'au décès du disposant, puisque l'instituant peut faire des aliénations à titre onéreux, ou des dons modiques à titre gratuit (C. civ. 1083); 2° qu'elles sont caduques par le prédécès du donataire et de sa postérité; 3° qu'elles peuvent se former par convention. — Dur, t. 9, n. 672.

25. — Mais elles présentent ces différences notables. 1° l'institution contractuelle est irrévocable, sauf le cas de survenance d'enfans et d'inexécution des conditions; 2° le prédécès du donataire seul rendait caduque la donation à cause de mort, quoique ses enfans survécussent au donateur; 3° la donation à cause de mort se faisait généralement hors du contrat de mariage et à tout autre qu'un futur époux. — Dur., *ibid*.

26. — Lorsque les clauses d'un contrat de mariage ne présentent pas nettement les caractères d'une institution contractuelle, c'est aux tribunaux qu'il appartient d'apprécier l'acte et de déterminer sa véritable nature : et leur décision souveraine échapperait à la censure de la cour suprême, parce qu'elle ne serait qu'une interprétation (D.A. 5. 206, n. 4). — 1er mars 1821. Req. Metz. de Vendel. D.A. 6. 212. D.P. 21. 1. 191.

27. — Il n'y aurait contravention qu'autant qu'en reconnaissant l'existence d'une institution contractuelle, l'arrêt ne lui aurait pas attribué les effets prescrits par les lois. — 13 janv. 1814. Req. Douai. Thobois. D.A. 6. 211. D.P. 14. 1. 256.

28. — La clause d'un contrat de mariage par laquelle un père ou une mère impose à sa fille l'obligation de rapporter sa dot à la masse de la succession, ne suppose pas une institution contractuelle, quoiqu'elle suppose un droit de successibilité; l'absence d'une institution contractuelle, en ce cas, doit se présumer surtout si le donateur ajoute à la clause imposant l'obligation de rapporter aux autres enfans, les mots *suivant les droits qu'ils pourraient avoir*. — Même arrêt.

29. — Le droit de représentation, accordé aux petits-enfans dans les contrats de mariage, ou le rappel à la succession, ne produit pas une institution contractuelle. — Même arrêt.

30. — Dans un contrat passé sous l'empire d'une coutume qui appelait exclusivement l'aîné des enfans mâles à l'hérédité, s'il se trouve une clause ainsi conçue : « Les futurs époux ont institué pour leurs héritiers les enfans qu'ils pourront procréer de leur mariage suivant le for (la coutume), sans que, pour ladite institution héréditaire, ils entendent vincler ni porter atteinte à la liberté de disposer portée par les autres clauses », l'arrêt qui, interprétant la volonté des parties, reconnaît, dans une pareille clause, une institution régulière au profit du fils aîné sur l'hérédité de ses père et mère, est à l'abri de la censure de la cour suprême. — 7 nov. 1832. Req. Pau. Loustaud. D.P. 33. 1. 32.

31. — La disposition par laquelle les père et mère, dans le contrat de mariage de leur fils, lui « donnent et assurent, dès à présent, en la meilleure forme que donation puisse être, une somme à prendre dans leurs successions et avant partage faire, » constitue, non une donation entre-vifs qui saisisse le donataire, mais une institution contractuelle qui laisse le donateur maître de disposer de ses biens à titre onéreux (C. civ. 894, 1083). — 1er mars 1821. Req. Metz. de Vendel. D.A. 6. 212. D.P. 21. 1. 191.

32. — La clause d'un contrat de mariage dans laquelle on trouve à la fois et une institution universelle d'héritier et une donation entre-vifs et irrévocable de tout ce dont le donateur peut disposer au profit de son enfant donataire, a pu être déclarée contenir non une donation dépouillant actuellement le donateur, mais une simple institution contractuelle, et par suite la substitution fidéi-commissaire contenue dans une pareille institution, s'est trouvée abolie par la loi du 14 nov. 1792, si, à cette époque cette substitution n'était pas encore ouverte. — 24 août 1831. Civ. r. Bordeaux. Boissel. D.P. 31. 1. 293.

33. — Une donation qui ne peut avoir effet qu'après la mort du donateur, peut, considérée comme donation à cause de mort, participer à la nature des institutions contractuelles irrévocables, si elle est faite dans un contrat de mariage, et que la révocabilité n'ait pas été expressément stipulée. — 7 vent. an 13. Civ. r. Rouen. Huguès. D.A. 5. 326. D.P. 5. 1. 303.

34. — La promesse insérée dans un contrat de mariage, d'instituer pour tout ou partie de la succession, vaudrait-elle institution? On décidait autrefois affirmativement. Delvincourt, t. 2, p. 422, notes, adopte cet avis, qu'il appui « sur l'art. 1589, portant que la promesse de vente vaut vente. »

35. — Mais cette règle est fondée sur ce que la vente, qui est du droit des gens, tire sa perfection du consentement des parties. Les formalités du contrat de mariage et des donations qu'il renferme ont été introduites par le droit civil : sans elles le consentement des parties n'a aucune efficacité. L'institution contractuelle doit être écrite dans le contrat de mariage, et ne saurait se suppléer par la promesse d'instituer, laquelle ne peut être réalisée par aucun acte ultérieur. — D.A. 5. 206, n. 5.

36. — La *promesse d'égalité* équivaut-elle à une institution contractuelle? On désigne par là la clause par laquelle un père assure à l'un de ses enfans une part égale à celle des autres. Cette clause autrefois était assimilée à l'institution contractuelle (Merlin, Rép., v° Institut. contr., § 6, n. 3). Il en doit être de même sous le code. Le père renonce ainsi à la faculté de disposer de la portion disponible au profit de ses autres enfans et au préjudice de l'institué. Cette renonciation étant implicitement contenue dans l'institution contractuelle, ne peut pas être attaquée comme ayant pour objet une succession future. C'est là une exception introduite pour faciliter les libéralités en faveur de mariage. — Dur., n. 655; Delv., *loc. cit.*; D.A. 6. 206, n. 6.

37. — Ainsi, jugé que le père et la mère qui, dans le contrat de mariage d'un de leurs enfans, se sont interdit *la faculté de faire aucune disposition gratuite* au profit de l'autre, ne peuvent plus disposer de la quotité disponible ou de partie même en faveur d'un enfant de celui-ci. — 26 janv. 1833. Paris. Thélusson. D.P. 33. 2. 197.

38. — Pareillement, la promesse d'égalité, stipulée par contrat de mariage passé sous l'ancien droit et spécialement sous l'empire de la coutume de Paris, équivalait à une institution contractuelle ordinaire, en ce sens qu'elle entraînait pour son auteur déchéance absolue du droit d'avantager ses enfans au préjudice de l'institué, d'une manière directe ou indirecte, encore que l'instituant soit décédé sous l'empire du code civil. — 11 mars 1834. Req. Paris. Reghat. D.P. 34. 1. 270.

39. — Mais la promesse d'égalité n'a d'effet qu'au profit de l'enfant auquel elle a été faite. La quotité disponible pourrait donc lui être donnée, sans que les autres enfans eussent le droit de se plaindre. — Dur., n. 656; Delv. et D.A. *ib.*

40. — La promesse d'égalité n'empêcherait pas le père de disposer au profit d'un étranger. — Duranton, n. 655, semble énoncer le contraire; mais il a fait confusion. Pour que la quotité disponible ne pût pas être donnée à un étranger, il faudrait qu'à chacun des enfans, le père eût dans leur contrat de mariage fait promesse de sa *part héréditaire entière*. Mais il en est autrement, lorsque le père a simplement assuré à l'un des enfans une part égale à celle des autres.

41. — *Par qui l'institution contractuelle peut être faite.* — Le mineur, dans son contrat de mariage et avec les formalités prescrites par l'art. 1398 C. civ., peut disposer au profit de son conjoint de tous les biens qu'il laissera à son décès. Mais l'institution contractuelle qu'il ferait au profit d'un tiers serait nulle. L'art. 104 ne permet au mineur que de disposer par testament. Le testament est toujours révocable, l'institution contractuelle ne l'est pas. — Gren., n. 431, *bis*; Merl., Rép., t. 16; v° Institution contractuelle, § 4; D.A. *eod.*, n. 7.

42. — La femme mariée, sous quelque régime que ce soit, ne peut faire une institution contractuelle sans l'autorisation du mari. L'art. 905 C. civ. ne la dispense de cette autorisation que pour le testament, et l'art. 217 la soumet en général à cette formalité pour les actes d'aliénation. Or, instituer contractuel-

lement, c'est *aliéner*, puisque l'instituant est lié. — Dur., t. 9, n. 723; Delv., t. 2, p. 423; D.A. 6. 207, n. 8. — *Contrà*, Gren., n. 431.

43.— La femme mariée sous le régime dotal peut comprendre ses immeubles dotaux dans une institution contractuelle. Ce n'est plus une question de capacité, mais de disponibilité. Si la dot a été déclarée inaliénable, c'est pour qu'elle soit conservée pendant le mariage; c'est une garantie donnée à la femme contre le mari. La femme pourrait léguer ses immeubles dotaux; or, quant à ses effets, l'institution contractuelle est une disposition testamentaire. — Gren., n. 431; Delv., p. 423; D.A. 6. 207

44.— L'action en nullité de l'institution contractuelle faite par le mineur et la femme mariée, se prescrit-elle par dix ans à compter du jour de la majorité ou de la dissolution du mariage? Selon l'art. 134 de l'ord. de 1539, le délai de dix ans donné aux mineurs, à compter de leur majorité, pour attaquer leurs actes, courait contre eux *tant en défendant qu'en demandant*.— Merlin, Rép., v° Institution contractuelle, §4, n. 2, ne croit pas, dans l'espèce, la prescription de dix ans opposable, l'art. 1304 C. civ. ne limitant ainsi que l'action en nullité. Ce qui laisse, dit-il, subsister la règle : *quæ temporalia sunt ad agendum, perpetua sunt ad excipiendum* : règle dont Merlin développe l'effet, Rép., v° Prescription, sect. 2, § 25. — Gren., t. 2, n. 431 *bis*, et Dur., t. 9, n. 725, qui interprètent autrement cette règle, répondent que l'art. 1304 ne distingue pas, et qu'il est appuyé sur les mêmes motifs que l'art. 134 de l'ord. de 1539. — D.A. *eod.*, n. 7.

45.—Jugé à l'égard d'une institution contractuelle faite en 1764 par un mineur décédé en 1807, que l'institution est nulle, mais que les héritiers de l'instituant sont non-recevables à l'attaquer, s'il a gardé le silence pendant dix ans à compter de sa majorité. L'arrêt se fonde sur l'art. 134 de l'ord. de 1539.—30 avril 1814. Req. (Arrêt cité par les auteurs, mais non découvert).

46.—*Au profit de qui peut être faite l'institution contractuelle.* — Toutes les donations mentionnées dans les art. 1082, 1084, ne peuvent être faites qu'au profit des futurs époux et de leurs enfans à naître; car la faveur accordée à ces dispositions n'a d'autre fondement que le mariage.—Gren., n. 429, et Toull., t. 5, n. 831; D A. 6. 207, n. 10.

47.— Autrefois, on instituait souvent *à la charge d'associer*, c'est-à-dire, de faire participer un tiers, et par exemple les frères ou sœurs de l'institué, au bénéfice de l'institution. Cette clause serait-elle valable sous le code civil? Non, par la raison que les donations de biens à venir n'ont été permises qu'en considération du mariage, et par conséquent en faveur des époux seulement (Gren., n. 423; Delv., t. 2, p. 263; Dur., t. 9, n. 694). — 19 déc. 1821. Bourges. Cutard. D.A. 6. 217. D.P. 22. 2. 151.

Merlin, Rép., v° Institution contractuelle, § 5, n. 8, dans une dissertation étendue, motive l'opinion contraire sur d'anciennes autorités et sur l'art. 1121 C. civ., qui permet de *stipuler au profit d'un tiers*, lorsque telle est la condition d'une donation faite à un autre.

Mais, dans le cas de cet article, le tiers pourrait être donataire direct, au lieu que la personne qui ne se marie pas ne pourrait être l'objet direct de l'institution contractuelle. On ne voit pas dès lors comment elle lui profiterait indirectement. La charge d'association était regardée par tous les anciens auteurs, par ceux mêmes qui l'admettaient, comme un abus imaginé pour éluder la loi, qui ne permet pas de donner à un tiers des biens à venir. Or, un abus que la loi nouvelle ne consacre pas expressément et qui est contraire à ses principes, ne doit plus être toléré.

Merlin, du reste, croit l'institution révocable au profit du tiers, comme une donation ordinaire à cause de mort. L'irrévocabilité n'a lieu en faveur des époux, que comme ayant déterminé le mariage, et faisant partie des conventions matrimoniales, qui, en général, ne doivent plus recevoir de changement après la célébration nuptiale. — Toull., t. 5, n. 831, notes, signale le débat, sans prendre parti.

48.— Remarquez, pour éviter toute confusion, que la clause d'association n'est pas nulle, comme contenant une substitution prohibée. D'anciens auteurs y ont vu un fidéi-commis. Mais il suffit d'observer que l'institué n'est point chargé de *conserver* et de *rendre* au tiers. Tous deux sont appelés directement. Il n'y a point *d'ordre successif*; dès lors l'art. 896 C. civ. évidemment n'est pas applicable.—Dur., t. 9, n. 694, 697.

49.—Et même, pour qu'il y eût substitution prohibée, il ne suffirait pas que l'institué fût chargé de ne s'associer le tiers qu'après avoir joui seul de toute l'institution pendant un certain temps; il faudrait encore que l'époque de la remise au tiers fût celle même du décès de l'institué. — Dur., n. 697. — V. Substitution.

50.— Ainsi, l'on a jugé valable une clause d'association insérée dans une donation universelle de biens présens, faite par acte entre-vifs ordinaire, et qu'on prétendait nulle pour substitution (Arrêt de Riom, du 16 juill. 1818). — V. Substitution.

La disposition eût été pareillement déclarée valable, faite par contrat de mariage, puisqu'il ne s'agissait que de biens présens.

51.— La clause d'association étant déclarée nulle dans les donations de biens à venir, est-ce l'institué ou l'héritier du sang qui doit recueillir la part destinée aux tiers? On dit, pour l'institué, que la clause est une de ces conditions que l'art. 900 C. civ. répute non écrites dans les libéralités (Delv., t. 2, p. 263; Merl., *ib.*; D.A. 6. 207, n. 11). — 19 déc. 1821. Bourges. Cutard. D.A. 6. 217. D.P. 22. 2. 151.

Mais il nous semble mieux de faire prévaloir ici l'intention évidente du donateur, lorsque surtout c'est un ascendant. Il n'a pas voulu donner la totalité de l'institution à un seul des enfans, et déshériter ou réduire à la réserve ses frères et sœurs.— Gren., et Dur., *ib.*

La question, du reste, est discutée avec une grande étendue par Merl. et Gren, *loc. cit.*, qui invoquent l'ancien droit.

52.— Si la clause d'association était dans un contrat antérieur au code, elle devrait recevoir son exécution au profit du tiers, quoique l'instituant fût décédé depuis le code. La clause étant autrefois irrévocable, ses effets doivent être régis par la loi du jour du contrat (Chabot, *Question transitoire*, v° Institution contractuelle; Gren., n. 423).— Merlin, comme on l'a dit déjà, prétend au contraire que l'instituant aurait la faculté, jusqu'à son décès, de révoquer la disposition faite au profit du tiers.

53.— Jugé que sous la coutume d'Auvergne une institution contractuelle contenant clause d'association d'un tiers, était irrévocable, même en ce qui concerne le tiers. — 13 janv. 1818. Req. Riom. Bellonte. D.A. 5. 584. D.P. 18. 1. 665.

54.—L'institution contractuelle pourrait-elle être faite *directement* au profit des enfans à *naître* du mariage? Non. En principe, il faut exister pour être capable de recevoir. L'art. 1088 appelle les enfans, mais *dans le cas où le donateur survivrait à l'époux donataire*. La loi suppose donc l'époux donataire direct. D'ailleurs, le but de l'institution contractuelle est d'encourager les mariages. On n'a dérogé que dans cette vue aux règles ordinaires. Or, si l'époux ne devait pas personnellement profiter de l'institution, elle serait presque sans influence pour déterminer le mariage. Qu'arriverait-il enfin si l'époux donataire survivait au donateur sans enfans? Ce seraient donc les héritiers du donateur qui conserveraient les biens jusqu'à ce qu'il fût né des enfans à l'époux, c'est-à-dire jusqu'à la dissolution du mariage? Mais ce résultat, qui offre tous les inconvéniens de la substitution prohibée, n'a pu être dans la pensée de la loi. — Delv., p. 425; Dur., t. 9, n. 678; D.A. 6. 207, n. 12.

55. — La vocation des enfans à naître, soit par l'instituant, soit par la loi, forme, au profit de ces enfans, une substitution vulgaire tacite. L'époux donataire est appelé directement; si sa mort avant le donateur l'empêche de recueillir, ses enfans profitent de l'institution; mais *jure proprio*. Telle était l'ancienne jurisprudence. — Gren, n. 415; Delv., p. 426; Toull., n. 840; Dur., n. 679; D.A. *eod.*, n. 13.

56. — Ainsi, jugé que sous l'ancienne coutume d'Auvergne, l'institution d'héritier, portée en contrat de mariage, était réputée faite au profit des enfans à naître du mariage de l'institué, en ce sens, que si celui-ci mourait avant l'instituant, ses enfans profiteraient du bénéfice de l'institution, *jure suo*, et de même que s'ils avaient été institués eux-mêmes, expressément, dans le contrat de mariage de leur père (C. civ. 1082). — 21 août 1829. Riom. Pommier. D.P. 29. 2. 297.

57. — Par conséquent, si l'un des fils de l'institué avait été, en se mariant, doté par son père, sous la clause que la dot emporterait *exclusion de toute succession*, cette exclusion en cas de prédécès de l'institué, se trouvait sans effet, relativement à la succession de l'aïeul instituant, laquelle succession n'ayant jamais résidé sur la tête de l'institué, passait directement aux petits-fils. — Même arrêt.

58. — Pour que les enfans recueillent l'institution *jure suo*, il faut qu'elle n'ait pas été déjà recueillie par l'époux, ou, en d'autres termes, que celui-ci soit décédé avant le donateur. Autrement, les enfans ne la recevraient plus que par transmission, et en acceptant par conséquent la succession de l'institué.— Dur., n. 680.

59. — Mais ils n'auraient pas besoin d'accepter la succession de l'institué, s'ils avaient été appelés expressément dans la forme d'une substitution fidéicommissaire autorisée par les art 1048, 1049 C. civ., ou par la loi du 17 mai 1826 (Dur., n. 682).—V. Substitution.

60. — Quoique ne venant pas comme héritiers de l'institué, les enfans substitués recueillent l'institution dans l'ordre de présentation. On doit présumer que tel a été l'intention du testateur. D'ailleurs, c'est le droit commun; si l'institué prédécède, laissant des enfans et des petits-enfans, les enfans partageront par tête, les petits-enfans par souche. On décidait ainsi, même dans les coutumes où la représentation n'était pas admise. — Dur., t. 9, n. 686; Gren., n. 419; Toull., n. 843; Delv., p. 426; D.A. 6. 208, n. 17.

61. — La substitution tacite au profit des enfans à naître, étant fondée sur la présomption de la volonté de l'instituant, devrait céder à l'expression précise d'une volonté contraire. Ainsi l'instituant pourrait stipuler la caducité de l'institution pour le prédécès du donataire, soit qu'il eût ou non des enfans. — Delv., p. 423; D.A. *ibid.*

62. — L'instituant peut-il stipuler qu'en cas de prédécès du donataire laissant des enfans, il partagera inégalement la succession à leur profit? Cette clause était usitée anciennement sous plusieurs coutumes. Et Delvincourt, p. 426, pense que, pouvant ne rien donner aux enfans, l'instituant peut à plus forte raison leur donner inégalement.

63.—Mais on a répondu : L'art. 1082 suppose la donation contractuelle faite au profit de tous les enfans et descendans. C'est ainsi que l'art. 1050 C. civ. veut que la substitution autorisée par les articles précédens profite à *tous* les enfans du grevé, sans distinction. L'instituant ne pourrait se réserver le droit de changer l'institution, de la rendre sans effet au préjudice de l'époux institué; les enfans sont aussi véritablement institués; et ce qui ne pouvait être fait valablement à l'égard de leur père, ne peut l'être non plus vis-à-vis d'eux. — Gren., n. 417, Merl, Rép., v° Institution contractuelle, § 12, n. 9; D A. *eod.*, n. 14.

64. — Merlin s'exprime avec doute, et surtout il pense que la loi du 17 mai 1826, qui permet de substituer l'un des enfans seulement du grevé, semble, par analogie, autoriser la clause dont il s'agit. Duranton, t. 9, n. 692, approuve cette clause. Il ne s'agit point en effet de substitution fidéi-commissaire. L'instituant peut stipuler que la donation sera caduque, s'il survit au donataire, ou que les enfans de celui-ci n'en profiteront pas. La présomption de l'art. 1082 n'exclut point la preuve d'une volonté contraire. S'il s'agissait de biens présens, le donateur pourrait stipuler le retour ou la résiliation de la donation, même dans ses effets à l'égard des tiers (C. civ. 951, 952). A plus forte raison peut-il se réserver, en cas de prédécès du donataire, la faculté de disposer inégalement des biens de l'institution au profit des enfans.

65.— Mais on a fait cette distinction : dans le cas précédent, les enfans *existent* lorsque l'instituant fait son choix ou la distribution inégale des biens. Il se réserve une faculté, qu'il ne doit exercer qu'après le prédécès du donataire. La clause serait toute différente et non valable, s'il était dit qu'en cas de prédécès du donataire, les biens de l'institution appartiendraient inégalement aux enfans, à raison, par exemple, de l'âge ou du sexe. On dispose alors au profit d'enfans *qui ne sont pas encore nés ni conçus*. Or, une telle disposition ne peut valoir que par institution contractuelle ou substitution. De sa nature, l'institution contractuelle profite à tous les enfans; et il n'y a pas là de substitution, le donataire n'ayant pas recueilli. — Dur., n. 692.

66. — L'instituant peut, au surplus, se réserver un effet ou une somme, et stipuler qu'il en disposera au profit de l'un des enfans à naître (arg. C. civ. 1086). — Gren. et Merl., *ibid.*

67. — Si l'institution ne déroge pas à l'égalité, les enfans, saisis d'un droit égal par la substitution, ne peuvent être dépouillés de cet avantage par l'institué mort avant l'instituant, alors même que celui-ci y aurait donné son consentement. — Gren., n. 416; Dur, n. 688; Delv., p. 426; D.A. 6. 208, n. 15.

68. — L'instituant ne pourrait non plus, après la mort du donataire, choisir un des enfans du mariage pour recueillir exclusivement les biens, ou

dans une part plus forte. C'est la conséquence de l'irévocabilité de l'institution.—Dur., n. 690.

69.— Jugé ainsi sous l'empire des anciennes lois, alors même que la quotité de biens donnée par préférence à l'un des enfans, n'excédait pas la portion qui aurait été disponible, s'il n'y avait pas eu d'institution. — 5 juin 1825. Toulouse Dubouch. D.P. 26. 2. 118. — Conf. Dur., t. 9, n. 690.

70. — L'institution contractuelle n'est permise qu'en faveur des époux et des enfans à naître *de leur mariage*. Elle ne profite donc pas (art. 1082) aux enfans qui seraient issus d'autres mariages de l'institué. Si l'instituant était un ascendant, les enfans des différens lits pourraient réclamer leur portion dans la réserve légale, mais comme héritiers légitimes, et non en vertu de l'institution contractuelle.— Gren., n. 420; Toull., n. 851; Dur., n. 682; D.A. 6. 208, n. .8

71. — Il est entendu que si le donataire avait survécu à l'instituant, qu'il eût recueilli lui-même les biens, les enfans des différens lits les partageraient comme d'autres biens dans la succession de leur auteur. — Dur., n. 682.

72. — Sous l'ancienne comme sous la nouvelle jurisprudence, le droit d'accroissement existe entre les donataires ou les institués conjoints. La donation de biens à venir produit, quoique irrévocable quant au lien de droit, les mêmes effets que le testament; les raisons du droit d'accroissement sont les mêmes dans l'un et l'autre cas. — Ricard, Furgole, Gren., n. 422; Toull., n. 844; D.A. 6. 208, n. 19.

73.—Un enfant naturel reconnu peut être institué contractuellement par son père; mais celui-ci ne peut lui attribuer dans sa succession au-delà de la part qui lui est assignée par la loi, car alors ce serait lui conferer la qualité d'*héritier*, qui lui est refusée (C. civ. 756 et 908).

74.— *Effets de l'institution contractuelle. Aliénations postérieures.* — L'instituant ne s'engage qu'à laisser sa succession; c'est même cette latitude qui a rendu si commun l'usage des institutions contractuelles. En conséquence, il peut librement aliéner a titre onéreux, et hypothéquer ses biens. — D.A. 6. 208, n 20.

75.— La renonciation, par l'instituant, au droit d'aliéner ses biens, faite soit dans le contrat de mariage, soit par acte postérieur, est nulle comme stipulation sur succession future (Dur., t. 9, n. 712, 713). — 4 déc. 1810. Riom. Grouillet. D.A. 6. 213. D.P. 23. 2 21.

76. — L'aliénation postérieure à l'institution doit être faite de bonne foi et sans fraude; ainsi, on annulerait l'acte qui, sous la forme de vente, cacherait une disposition gratuite. Les circonstances offriront aux magistrats le moyen de reconnaître et d'annuler les dispositions prohibées. — Toull., n. 855; Gren., t. 2, n. 412; Dur., t. 9, n. 412; D.A. 6. 209, n. 20.

77.— Il en serait de même d'une fausse reconnaissance de dettes; et l'institué serait facilement admis à faire la preuve de cette simulation, même par témoins. — Dur., t. 9, n. 710.

78.— Mais une servitude a pu être constituée de bonne foi sur les biens affectés de l institution contractuelle.— Dur., n. 708.

79.—La vente moyennant une rente viagère est dans les droits de l'instituant. C'est un contrat à titre onéreux, qui peut, à la vérité, déguiser facilement une libéralité au profit de l'acquéreur, si le taux de la rente n'est pas, à raison de l'âge du donateur ou d'autres circonstances, en proportion avec la valeur des biens aliénés. Mais la loi ne défend à l'instituant que les dispositions gratuites, et telle n'est point, en principe, l'aliénation dont il s'agit. — Dur., n. 711.

80. — Aussi a-t-on jugé valable la vente moyennant rente viagère, même *de tous les immeubles* que possédait l'instituant. — 4 déc. 1810. Riom. Grouillet. D.A. 6. 213. D.P. 23. 2. 21, n. 1.

81. — Dans l'espèce de cet arrêt, on n'alléguait point de fraude commise par l'acquéreur. Mais s'il y avait des présomptions graves d'un concert entre les parties pour dépouiller l'institué, sans une aliénation sincère, les juges annuleraient la constitution de rente.— Dur. *eod.*, n. 714.

82. — Lorsque, tout en reconnaissant qu'une vente, faite par un instituant, a été préjudiciable à l'institué, les juges n'ont pas déclaré que cet acte fût véritablement simulé, et ne contînt qu'une libéralité déguisée: ils ne sont pas tenus de l'annuler dans son entier (C. civ. 911).— 5 nov. 1806. Civ. r. Limoges. Jabouille. D.A. 5. 324. D.P. 7. 1. 1.

83.— Une première institution contractuelle gé-

nérale l'emporte sur celle qui serait faite ultérieurement, et ne permet plus à l'instituant de disposer, à titre gratuit *universel*, d'aucune partie de sa fortune (art. 1083 C. civ.).— Dur., t. 9, n. 705; D.A. 6. 209, n. 21.— 23 fév. 1818. Civ. c. Amiens. Accard. D.A. 6. 215. D.P. 18. 1. 167.

84.— Cependant le don à titre universel fait par l'instituant à son héritier réservataire et dans les limites de cette réserve, serait valable; mais il serait réductible, s'il excédait les bornes de la réserve.— Dur., 9, n. 705.

85.—Par une donation contractuelle faite au profit des enfans à naître de son fils, un père est censé avoir disposé irrévocablement et non pas seulement à titre d'avancement d'hoirie, tellement qu'il ne lui est plus permis de disposer de la quotité disponible au préjudice des donataires. — 16 juin 1830. Req. Corse. Cannelli. D.P. 30. 1. 348.

86.—Lorsqu'après avoir fait une institution contractuelle, avec rétention d'usufruit, un individu fait une seconde institution au profit d'un autre institué, la préférence est due au premier institué. Dans ce cas, et en supposant que l'on puisse assimiler l'institution contractuelle à une donation entre-vifs, la rétention d'usufruit constitue tradition, et par conséquent possession de la chose donnée. — 14 pluv. an 9. Bordeaux. Latour. D.A. 6. 213. D.P. 1. 1351.

87.— L'institution d'héritier, faite par contrat de mariage en faveur du conjoint, ne prive pas l'instituant du droit de faire une institution nouvelle, par acte entre-vifs : seulement l'effet de celle-ci est subordonné à la validité ou à la caducité de la première.

... Il le peut, alors surtout que l'époux institué y a consenti.— 29 août 1832. Bourges. Baudin. D.P. 34. 2. 120.

.... La renonciation de l'époux à l'instution faite à son profit par contrat de mariage, ne profite au nouvel institué qu'autant que celui-ci l'a acceptée. —Même arrêt.

88.— Un légataire universel n'est pas recevable à demander la nullité d'une institution contractuelle, faite par un oncle à son neveu, en se fondant sur la loi du 17 nivôse an 2, qui défendait ces sortes de donations, mais qui n'admettait que les héritiers naturels du donateur à proposer cette nullité; et cela bien que la succession du donateur se soit ouverte sous le code civil.— 16 août 1830. Civ. c. Bordeaux. Lavillauroy. D.P. 30. 1. 330.

89.—La personne instituée contractuellement par un individu qui avait déjà fait une institution contractuelle au profit d'un autre, n'est tenue de restituer les fruits que du jour de la demande judiciaire, et non du jour du décès de l'instituant (C. civ. 550).— 14 pluv. an 9. Bordeaux. Latour. D.A. 6. 213. D.P. 1. 1351.

90.—L'instituant peut faire des dispositions à titre particulier, nonobstant une institution universelle, s'il le fait sans fraude ni préjudice pour le donataire et même avec le consentement de ce dernier. — 3 juill. 1821. Paris. Forceville. D.A. 6. 216. D.P. 23. 2. 20.

91.—Les créanciers du donataire ne peuvent, après la mort de l'instituant, attaquer la renonciation faite par leur débiteur, sous le prétexte qu'il n'a pu se dépouiller à leur préjudice des droits que lui conférait l'institution (Dur., t. 9, n. 716).— Même arrêt.

92.—Toutefois, le seul consentement de l'institué, du vivant de l'instituant, ne suffirait peut-être pas pour assurer le sort de la donation : on pourrait le regarder comme un pacte sur une succession future. —Delv., p. 428.

93.— A la vérité, il a été jugé que si l'institué a consenti que le donateur disposât d'une somme plus forte que celle dont il s'était réservé de disposer, les créanciers de l'institué, postérieurs au consentement, ne peuvent attaquer cette disposition, comme faite au préjudice de leurs droits, surtout si elle a servi à doter la fille de l'institué.— 8 nov. 1815. Civ. c. Riom. Besse. D.A. 12. 460, n. 1. D.P. 15. 1. 584.

94.—En autorisant les dons de sommes modiques, la loi a dû s'en rapporter, pour déterminer ce caractère de modicité, à la prudence des juges, qui décideront suivant l'objet de ces dons et la fortune du donateur. — Gren., n. 413; Toull., n. 834; Merl., Rép., t. 16, p. 504; Dur., t. 9, n. 704; D.A. 6. 209, n. 21.

95.— Il n'est pas nécessaire qu'un don postérieur à l'institution soit *rémunératoire*; il suffit, pour le maintenir, qu'il soit modique.—Delv., p. 428; Toull., n. 834; D.A. 6. 209, n. 22.

96.— L'individu qui a fait au profit de l'un de ses enfans une institution contractuelle et universelle, peut, en se remariant, faire à sa future épouse une donation d'usufruit ou pension viagère, si elle n'est point excessive d'après les biens et revenus du donateur. — 19 frim. an 14. Besançon. Crémel. D.A. 6. 214. D.P. 1. 1351.

97. — Sur l'effet de la réserve de disposer d'un objet ou d'une somme compris dans l'institution contractuelle, V. n. 195 et suiv.

98. — L'institué a droit sur tous les biens dont l'instituant se trouve saisi à son décès, sans qu'on puisse rechercher par quel événement ils sont tombés en la possession de l'instituant : par exemple, de ce qu'une future épouse était exclue de la succession paternelle par la réception de sa légitime, au moment où elle instituait un de ses enfans par son contrat de mariage, et n'a été rappelée que postérieurement à la succession paternelle, il ne résulte pas de là que l'enfant institué n'ait pas droit aux biens recueillis par sa mère dans cette succession.— 7 nov. 1832. Req. Pau. Loustau. D.P. 33. 1. 32.

99. — Le donataire contractuel ne peut revendiquer entre les mains des tiers les meubles dont, malgré la prohibition de la loi, le donateur ou instituant aurait ultérieurement disposé à titre gratuit. — Delv., *loc. cit.*; D.A. 6. 209, n. 24.

100.— Mais la revendication est permise pour les immeubles; autrement, la prohibition de la loi serait facilement éludée. Le recours contre l'instituant peut être illusoire en cas d'insolvabilité; que serait d'ailleurs ce recours, si l'institution contractuelle s'étendait à tous les biens du donateur.— *Ibid.*

101. — L'institué contractuellement est tenu des dettes de la succession au même titre et dans les mêmes proportions qu'un légataire universel ou à titre universel.— V. Legs.

102.— Lorsque, par son contrat de mariage, un frère aîné est institué par son père héritier universel, à la charge, par lui, de payer à ses puînés leurs légitimes et lorsque ceux-ci ont ratifié ces conventions et reçu les sommes qui leur avaient été constituées, le frère aîné, en vertu de son titre, pouvant seul exercer les droits actifs de la succession, doit aussi être tenu seul des charges, ses frères n'étant que des *légitimaires conventionnels*.— Dans un tel état de chose, les créanciers de ces derniers seraient non-recevables à venir, du chef de leurs débiteurs, prendre inscription sur les biens de la succession : ce serait violer le principe, que le gage, en argent, du créancier d'une succession, ne doit recevoir aucune atteinte; en effet, dans ce cas, les légitimaires sont assimilés à des créanciers. — 8 fruct. an 11. Riom. Périssel.

103.— *Des formes de l'institution contractuelle.* — Faut-il que l'institution contractuelle soit faite dans le *contrat de mariage* ou, si elle a lieu par acte séparé, que cet acte soit postérieur au contrat et s'y réfère par l'observation des formalités prescrites aux art. 1396 et 1397 C. civ.? Plusieurs auteurs la déclarent valable dans la forme de tout acte authentique passé évidemment *en faveur du mariage* et antérieur à sa célébration. Jusqu'à cette époque, dit-on, la loi permet de restreindre et modifier les conventions matrimoniales dans le but d'empêcher une rupture entre les futurs époux. Elle doit de même autoriser des dispositions favorables au mariage.—Merl., Rép., v° Institution contractuelle, § 3, et *Quest. de droit*, v° Remploi, § 4; Gren., n. 426; Toull., n. 830.

104.—Mais on répond : D'après l'art. 1082, on peut disposer des biens *à venir* par *contrat de mariage*. Cet article, contenant une exception, doit être restreint au seul cas prévu. Les conventions matrimoniales sont des pactes de famille auxquels concourent les parens des deux époux. Le but n'est pas atteint par une donation passée entre le donateur et le donataire seulement.

On sent qu'il y a une différence entre des changemens apportés à des dispositions déjà faites, et des dispositions entièrement nouvelles, dérogatoires au droit commun. Si, après le contrat, mais avant la célébration, des parens ou des étrangers veulent faire une donation ou institution contractuelle, ils doivent, du moins, se conformer à l'art. 1397, et la faire rédiger comme une suite du contrat, avec lequel elle est censée ne faire plus qu'un seul et même acte.—Delv., D.A. 6. 209, n. 25.

105.—La donation de biens à venir ne peut plus avoir lieu après la célébration du mariage. Mais si elle a précédé, peu importe qu'il se soit écoulé un temps considérable entre la confection de l'acte et la célébration.— Gren., n. 427; D.A. *eod.*, n. 26.

106.—La mort de l'instituant, survenue dans l'in-

tervalle du contrat de mariage à la célébration, est sans influence sur l'institution. La condition de l'institution, c'est-à-dire le mariage, venant à s'accomplir, produit un effet rétroactif au jour du contrat. Le consentement de l'instituant a suffi pour rendre l'institution valable; sa présence n'était pas indispensable à la célébration. Il est de principe qu'on peut donner sous une condition qui ne s'effectue qu'après le décès de celui qui donne.—Gren., n. 428; Delv., p. 426; D.A. *eod.*, n. 27.

107.—L'institution contractuelle est dispensée de la formalité de l'acceptation expresse (art. 1087).

108.—Elle n'est pas sujette à la transcription pour les objets immobiliers. Le donataire n'est pas actuellement saisi; l'instituant peut encore vendre ou hypothéquer ses biens. D'ailleurs, pour quels immeubles se ferait la transcription? Ceux-là seulement appartiendront au donataire, que le donateur *laissera à son décès* (Gren., n. 430; Toull., n. 845; Delv., p. 427; Dur., t. 9, n. 706 et t. 8, n. 506; D.A. 6. 210, n. 29).—2 janv. 1827. Pau. Loustau. D.P. 29. 2. 164.

109.—Les donataires, même à titre particulier, des biens compris dans l'institution, opposeraient vainement le défaut de transcription (Dur., n. 706). —V. Transcription.

110.—De même, l'institution contractuelle n'est pas assujettie, pour les objets mobiliers, à l'annexe de l'état estimatif, prescrite par l'art. 948 pour les donations entre-vifs; on ne sait quels meubles existeront lors du décès de l'instituant.—D.A. *eod.*

111.— *De la révocation et de la caducité des institutions contractuelles.*—Stipulée en faveur du mariage, la donation contractuelle des biens à venir n'est pas révocable pour cause d'ingratitude (art. 959).—Jugé cependant que la donation de biens présens et à venir faite en faveur de mariage est aussi, comme toute autre donation entre-vifs, révocable pour inexécution des conditions. — 9 fév. 1832. Toulouse. Rigade. D.P. 32. 2. 68.— V. Donation, Donation entre-époux, Dot, Séparation de corps.

112.—Elle est aussi révoquée de plein droit par la survenance d'un enfant au donateur autre qu'un ascendant. Il y a parité de motifs pour les institutions contractuelles et les donations entre-vifs; le même caractère d'irrévocabilité de la part du donateur rend nécessaire la révocation par la loi. — Gren., n. 425; Toull., n. 846; D.A. 6. 210, n. 30.

113.—La caducité a lieu, aux termes de l'art. 1089, si le donateur survit à l'époux donataire et à *sa postérité.*

114.—Et par là il faut entendre la postérité *issue du mariage.* L'art. 1089 se réfère à l'art. 1082, qui parle des *enfans ou descendans à naître du mariage.* Ce sont les seuls enfans que l'instituant ait eu la volonté de favoriser. La loi a suppléé ou présumé cette volonté. Mais elle n'a pas entendu appeler à l'institution des individus que le donateur lui-même n'eût pas pu appeler par une déclaration formelle. Car le don irrévocable de l'hérédité n'est permis, comme on l'a vu plus haut, qu'en faveur du mariage; et c'était pour éluder ce principe qu'autrefois on recourait à la *clause d'association*, qui n'est plus permise pour les biens à venir.—Si l'institution devait profiter aux enfans nés d'un mariage antérieur ou postérieur, la loi les eût fait venir en concurrence avec les enfans du mariage, même pour le partage des biens donnés. Il fallait logiquement, ou les exclure tout-à-fait, ou les appeler sur la même ligne que les enfans du mariage. Le mot *postérité*, enfin, si on voulait l'interpréter à la lettre, s'appliquerait même aux enfans naturels, ce qui n'est pas supposable cependant.—Merl., Rép., vº Institution contractuelle, § 12, n. 9; Toull., n. 842; Delv., t. 2, p. 423; Dur., t. 9, n. 722; D.A. *eod.*, n. 31.

115.— La caducité a été prononcée dans un cas où l'institué décédé avant l'instituant, ne laissait que des enfans issus d'une union postérieure (C. civ. 1089).— 19 déc. 1821. Bourges. Cutard. D.A. 6. 217. D.P. 22. 2. 151.

116.—Peu importe que l'instituant soit un ascendant. En vain dirait-on alors qu'il a voulu embrasser dans sa libéralité tous les enfans de son fils donataire. Il n'a pas été en son pouvoir de disposer des biens à venir, autrement qu'en faveur des enfans du mariage, pour lequel il a fait l'institution. D'ailleurs, la volonté qu'on lui prête n'est pas présumable. Pourquoi aurait-il entendu se lier à l'égard des enfans nés d'une union différente : son but n'était que d'encourager le mariage projeté. Et il n'avait pas besoin de faire une disposition pour transmettre ses biens aux enfans d'une autre union, puisqu'ils devaient les recueillir *ab intestat.* La théorie de la loi dans sa simplicité est bien préférable à des inductions conjecturales et toutes arbitraires.—Dur., t. 9, n. 722.

117.—Cependant la distinction se trouve appuyée, non par le *dispositif*, mais par les *considérans* de deux arrêts.—4 déc. 1810. Riom. Grouillet. D.A. 6. 213 D.P. 23. 2. 21 —19 déc. 1821. Bourges. Cutard. D.A. 6. 217. D.P. 22 2. 151.

118.—Lorsque la donation ou institution contractuelle est caduque, les biens ne sont point soumis aux actions des créanciers de l'institué ou donataire. Celui-ci n'ayant jamais été saisi, n'a pu vendre ou hypothéquer : la condition ne s'étant pas accomplie, il n'a pas eu plus de droits que n'en aurait eu un héritier présomptif.— D.A. 6. 210, n. 32.

119.—Ainsi, jugé que le don de biens à venir fait par contrat de mariage ne se réalisant qu'au décès du donateur, et n'entrant dans le domaine du donataire qu'à cette époque, il s'ensuit qu'en cas de décès de ce dernier avant le donateur, le donataire n'a jamais pu disposer de ces biens, même en faveur du donateur : seulement le don est caduc, s'il n'existe pas des enfans du mariage.—5 juill. 1826. Nîmes. Maurel. D.P. 27. 2. 169.

120.—Toutefois, Maleville, assimilant l'instituant, dans le cas de la caducité, au donataire entre-vifs qui exerce le *retour conventionnel*, en conclut que les biens repris par l'instituant demeurent grevés de l'hypothèque subsidiaire de la femme de l'institué, hypothèque, dit-il, conservée par l'art. 952. Mais il n'y a pas d'analogie, l'institution contractuelle n'ayant jamais saisi l'institué.—Gren., n. 424; Toull., n. 844; D.A. *eod.*

121. — Jugé qu'en effet il y a incompatibilité entre un droit de retour et une institution contractuelle, laquelle ne dessaisit pas le donateur. — 24 août 1831. Civ. r. Bordeaux. Boissel. D.P. 31. 1. 293.

§ 3. — *De la donation de biens présens et à venir.*

122.—*Caractères de la donation de biens présens et à venir.* — Elle participe à la fois de la nature des donations entre-vifs et de celle des biens que le disposant laissera à son décès. Les donations ordinaires ne peuvent avoir pour objet que des biens présens (art. 943), l'art. 1084, par exception en faveur de contrats de mariage, permettant d'y donner cumulativement des biens présens et à venir, *en tout ou en partie.*— D.A. 6. 218, n. 1.

123.— Remarquez ces mots : *en tout ou en partie;* il s'agit d'une donation *universelle* ou à *titre universel.* Ces mots *en partie* doivent être entendus seulement d'une *quotité*, et non d'objets certains et déterminés, ou de sommes d'argent faisant *partie* des biens présens du donateur. Pour ces objets ou sommes, il y a une donation entre-vifs de biens présens, régie par l'art. 1081.— Dur., t. 9, n. 730.

124. — Ainsi, dans cet exemple : *je donne à Paul une maison et la moitié de mes biens à venir*, le donataire est saisi irrévocablement de la maison. Il y a deux dispositions distinctes : l'une régie par l'art. 1081, l'autre par les art. 1082, 1083 et 1086. La caducité (art. 1089) et l'obligation aux dettes (art. 1084, 1085) ne s'appliqueront point à la donation de la maison (Dur., n. 730).—V. D.P. 35. 1. 204.

125. — Il en serait de même de la donation d'une somme *payable au décès du donateur.* Le terme mis à l'exécution n'empêche pas qu'il n'y ait donation entre-vifs et irrévocable de biens présens. — Dur., n. 730. — V. nos observ., vº Disposition entre-vifs.

126.— La clause d'un contrat de mariage, portant que le père de la future épouse, l'institue *son héritière de tous ses biens présens et à venir, sous la réserve de l'usufruit, sa vie durant*, constitue, non une donation de biens présens et à venir, mais une institution contractuelle d'héritier... Par suite, l'instituant a pu valablement aliéner tout ou partie des biens qu'il avait, pourvu qu'il ne l'ait pas fait en fraude de l'institution (C. civ. 1082, 1084).—17 nov. 1828. Bordeaux. Teysson. D.P. 29. 2. 81.

127.— Une disposition faite par des père et mère, et ainsi conçue : « Lesquels font donation entre-vifs pure, parfaite et irrévocable, et à cause de noces, de la généralité de leurs biens présens et à venir, et tels qu'ils se trouveront à leur décès, sous la réserve de l'usufruit et à les partager par égale part avec le frère de celui en faveur de qui la donation est faite, » est une donation de biens présens et à venir (C. civ. 1084).— 5 janv. 1810. Besançon. Ganneval. D.A 6. 220. D.P. 1. 1351.

128. — La donation de biens présens et à venir varie dans ses effets. Si l'on a annexé à l'acte un état des dettes du donateur, existant au jour de la donation, le donataire peut, lors du décès du donateur, s'en tenir aux biens présens, en renonçant au surplus des biens du donateur (art. 1084); si l'état n'a point été annexé, le donataire est obligé d'accepter ou de répudier la donation pour le tout; en cas d'acceptation, il n'a droit qu'aux biens existant au jour du décès du donateur, et il est soumis au paiement de

toutes les dettes et charges de la succession (art. 1085).

129.— L'ordonn. de 1731, art 17, n'exigeait point un état des dettes et charges existant au jour de la donation; et cependant le donataire de biens présens et à venir avait, comme aujourd'hui, la faculté de diviser la disposition et de s'en tenir aux biens présens. Le code a introduit en ce point une amélioration qui permet plus de fixité et moins d'arbitraire dans la donation de biens présens. Le donateur ne peut plus en altérer les effets. — Dur., n. 728.

130.— *Effets de la donation de biens présens et à venir, quand il existe un état des dettes.* — Le donataire peut diviser les biens, opter pour les biens présens, et ne payer que les dettes relatives aux biens qu'il conserve. L'institué contractuellement n'a pas le même droit : il faut qu'il accepte ou qu'il répudie la succession pour le tout.— D.A. 6. 218, n. 3.

131. — Le donataire ne pourrait pas réclamer les biens à venir en payant les dettes futures, et renoncer aux biens présens pour se dispenser de payer les dettes existant au jour de la donation : l'option ne lui est accordée que pour les biens présens.— Dur., t. 9, n. 726.

132.— Le donataire qui opte pour les biens présens n'est pas tenu de supporter les dettes que le père donateur a contractées dans l'acte même de la donation, et, par exemple, dans le contrat de mariage; ces dettes doivent être considérées comme postérieures à la donation, et rentrant dans les biens à venir du donateur. — 2 fév. 1830. Nîmes. Thibon. D.P. 30. 2 231.

133. — Mais si la donation de biens présens et à venir par contrat de mariage est faite par préciput, par des père et mère au profit d'un de leurs enfans, sans être accompagnée d'un état des dettes, l'institué est oblige de supporter l'effet d'une constitution dotale faite en simple avancement d'hoirie, et par le même acte, au profit d'un autre enfant des donateurs.— 12 nov. 1818. Req Limoges. Ribière. D.A, 6. 220. D.P. 19. 1. 340.

134. — Pour qu'il y ait lieu à la division de la donation, la loi exige un état des dettes et charges existant au jour de la donation, mais non un *état estimatif des meubles* et effets mobiliers. L'absence de cet état n'empêcherait donc pas le donataire de faire son option.— D.A. 6. 219, n. 8.

135. — Le défaut d'état du mobilier n'annulerait pas la donation; l'art. 948 n'exige cette formalité comme condition de validité, que pour les donations purement entre-vifs, et non pour celles par contrat de mariage. L'art. 868 suppose qu'il peut exister une donation sans état. — Gren., n. 436; Dur., t. 9, n. 733; D.A. *eod.*

136. — Les meubles dont l'état n'a été pas dressé sont seulement censés compris dans les biens à venir, et le donataire les prend tels qu'ils se trouvent. — Toull., t. 5, n. 854, notes; D.A. *eod.*

137.—Peu importe l'existence d'un état estimatif des meubles, lorsque le donataire, au lieu d'opter pour l'une des espèces de biens, accepte pour le tout : l'effet de cette acceptation est de faire considérer le donataire comme un véritable institué : or, ce n'est que pour la donation des biens présens, et non pour celle des biens à venir, que la loi exige un état. — Fav., vº Contrat de mariage, sect. 4, n. 2; D.A. *ib.*

138.—Ainsi, jugé que la donation de biens présens et à venir faite par contrat de mariage est valable quant aux effets mobiliers, quoiqu'il n'y ait pas été annexé d'état estimatif, si le donataire n'a point opté pour les biens présens, mais a accepté la donation pour le tout (C. civ. 948 et 1084).—27 fév. 1821. Civ, r. Agen. Pinel. D.A. 6. 223. D.P. 21. 1. 184.

139.—Il s'élève de grandes difficultés sur les effets de la donation de biens présens et à venir, quant aux biens présens, et lorsqu'il a été annexé un état des dettes.

140. — Le donataire est-il propriétaire à l'instant même des biens présens, comme dans toute donation ordinaire? Faut-il voir dans la donation deux dispositions distinctes : l'une de biens présens, soumise aux règles générales des donations entre-vifs; l'autre de biens à venir, soumise aux règles de l'institution contractuelle? La plupart des auteurs se prononcent pour l'indivisibilité, et assimilent entièrement la donation de biens présens et à venir à l'institution contractuelle. — Ils se fondent sur l'art. 1089, qui, se référant à l'art. 1084, déclare caduque la donation dont il s'agit, *si le donateur survit à l'époux donataire et à sa postérité.* — Et ils pourraient ajouter l'art. 1093, qui, assimilant formellement la donation de biens à venir, et celle de biens présens et à venir, déclare qu'*elles ne seront point transmissibles aux enfans issus du mariage*, *en*

cas de décès de l'époux donataire avant l'époux donateur. Le donataire n'est donc saisi actuellement ni des biens présens, ni des biens à venir.— Le but de la loi a été d'encourager les dispositions en faveur de mariage. On conçoit donc qu'elle laisse au donateur la jouissance et la chance de caducité en cas qu'il survive au donataire. Il sera d'autant plus porté à faire la libéralité en biens présens et à venir; et le donataire, de son côté, y trouvera plus d'avantage que dans une donation qui serait de biens à venir seulement, puisque, par la faculté d'option, il sera sûr d'avoir les biens présens, nonobstant toute aliénation postérieure *à titre onéreux* ou gratuit. — Il est vrai que le donateur aurait pu stipuler expressément et la réserve d'usufruit et le retour en cas de prédécès du donataire. Mais la loi interprète sa volonté dans le sens qui lui est le moins onéreux. Le doute doit s'interpréter contre le donataire, et même, à ne considérer que la nature des choses, telle est l'intention probable du donateur. S'il donnait *un bien déterminé et telle quotité de biens à venir*, on supposerait facilement l'intention de se dessaisir de l'objet présent. Mais quand il donne *le tiers ou le quart de ses biens présens et à venir*, est-il présumable qu'il a entendu se soumettre actuellement aux difficultés et au désagrément d'un partage, plutôt que de se voir dépouiller par la voie du sort de tels ou tels de ses biens présens, auxquels il ne tient pas avec une égale affection; il eût plutôt désigné ceux dont il préférait se dessaisir. — Toull., t. 5, n. 859; Gren., n. 434; Dur., t. 9, n. 736; D.A. 6. 218, n. 6.

141.—Pour l'opinion contraire, on dit: L'esprit de la loi doit l'emporter sur sa lettre. L'idée dominante du *chapitre sur les donations par contrat de mariage* est de permettre en faveur du mariage ce qui est défendu dans les cas ordinaires. C'est d'étendre, et non de restreindre la disponibilité ou les effets de la donation. Puisque la donation de biens présens saisit actuellement en règle générale; puisqu'elle a cet effet, d'après l'art. 1081, dans le contrat de mariage, pourquoi la seule circonstance, qu'il a été donné en même temps des biens à venir, entraînerait-elle une dérogation à la règle commune? L'art. 1089 se réfère à l'art. 1084, mais pour les biens à venir seulement. Son but est de déclarer *caduque* dans le contrat de mariage toute donation qui serait *nulle* hors du contrat. Mais la donation de biens présens et à venir, faite hors du contrat de mariage, n'est point nulle pour les biens présens (C. civ. 943). L'art. 1089, d'ailleurs, n'a pas été rédigé avec soin: car le mot *postérité* n'eût pas dû être employé si vaguement: On a voulu désigner seulement les enfans *issus du mariage*, et c'est ainsi encore qu'on est obligé de faire fléchir la lettre de la loi devant son esprit (Delv., t. 2, p. 430, 431). Cette opinion avait été professée dans sa première édition, par Grenier, qui l'a rétractée depuis. Dur., t. 9, n. 536, la croit *plus rationnelle, plus conforme aux principes*. C'est *à regret*, dit-il, qu'il cède à la lettre de l'art. 1089.

142. — Jugé que la donation devient caduque par le prédécès du donataire et de sa postérité, avant le donateur, tant pour les biens présens que pour ceux à venir (C. civ. 1089).—5 janv. 1810. Besançon. Ganneval. D.A. 6. 220. D.P. 1. 1351.

143. — Il en était de même sous l'empire de l'ordonnance de 1731, art. 17. — 8 janv 1828. Limoges. Besse. D.P. 29 2. 98.

144. — Mais remarquez qu'il y avait plus de motifs que sous le code de décider ainsi: 1° l'ordonnance ne prescrivait point un état des dettes existant au jour de la donation. On se trouvait ainsi dans le cas de l'art. 1085, qui attribue alors à la donation les effets de l'institution contractuelle; 2° l'ordonnance annulait pour le tout, et non pas seulement pour les biens à venir, la donation de biens présens et à venir, faite *hors du contrat de mariage*. Ainsi, pour les biens présens, la caducité étant plus avantageuse au donataire que la nullité, l'ordonnance étendait la disponibilité en faveur du mariage, au lieu que le code, en la restreignant, semble se mettre en contradiction avec les principes généraux sur les donations par contrat de mariage. Toutefois, sous l'empire même de l'ordonnance, Furgole, *sur l'art.* 17, et Lebrun, *des Success.*, liv. 3, chap. 2, n. 37, croyaient la transmission actuelle et irrévocable pour les biens présens. Cette interprétation, que nous rejetons sous le code et que nous aurions rejetée à plus forte raison sous l'ancien droit, n'était pas admise par Ricard, *des Donat.*, part. 1re, n. 1063, qui écrivait avant l'ordonnance.

145. — Avant le code, dans le ressort du parlement de Toulouse et sous l'ordonnance de 1731, la condition de *survie* du donataire et de sa postérité était sous-entendue dans la donation des biens *présens et à venir* faite par contrat de mariage..., et la validité d'une telle donation était subordonnée, même pour les biens présens, à cette condition de survie; elle était caduque en cas de prédécès. — 10 déc. 1833. Toulouse. Lychenne. D.P. 34. 2. 58.—Le pourvoi contre cet arrêt a été rejeté.—D.P. 35. 1. 155.

146.—Jugé cependant que sous l'ancien droit, et, par exemple, dans le Comtat-Vénaissin, une donation, par contrat de mariage, de biens présens et à venir, transmettait actuellement et irrévocablement au donataire la propriété des biens présens; mais, à l'égard des *biens à venir*, outre que le donateur pouvait les grever à titre onéreux, la donation qui en était faite devenait caduque, si le donataire décédait sans enfans avant l'auteur de la donation. — 3 juill. 1827. Req. Nîmes. Duplessis. D.P. 27. 1. 290.

147.—Si le donataire n'est pas propriétaire à l'instant même des biens présens, mais seulement au décès du donateur et dans le cas de survie du donataire, il résulte de là plusieurs conséquences:

148. — 1° Les enfans du donataire viennent *jure suo* pour les biens présens. S'ils survivent au donataire et au donateur mort depuis le donataire, ils n'ont pas besoin, pour recueillir ces biens, d'accepter la succession de leur père. — Dur., Gren., D.A. *ibid.*

149. — La donation, par contrat de mariage, de biens présens et à venir, faite sous l'ordonnance de 1731, art. 17, et la jurisprudence du parlement de Toulouse, par un ascendant à son fils et aux siens, était, à l'égard *des biens à venir*, assimilée à une institution, c'est-à-dire renfermant condition de survie du donataire au donateur; et si le donataire décédait le premier, il ne transmettait aucun droit à ces biens..., pas même à ses enfans, en contemplation desquels, il est vrai, l'institution était aussi réputée faite, et qui succédaient, dans ce cas, *jure proprio*, et non comme tenant leurs droits du donataire.—11 janv. 1827. Req. Nîmes. Delafare. D.P. 27. 1. 115.

150. — 2° Les biens présens, en cas de survie du donateur au donataire, n'appartiendront qu'aux enfans issus du mariage pour lequel ils ont été donnés.—*Ibid.*

151.— 3° Le donataire ne peut diviser la donation, et opter, qu'après la mort du donateur. C'est d'ailleurs ce qui résulte du texte même de l'art. 1084: « Il sera libre au donataire, *lors du décès du donateur*, de s'en tenir aux biens présens, etc. (D.A. 6. 219, n. 7).—30 avril 1811. Riom. Missonnier. D.A. 6. 222, note.

152.—Cependant il a été jugé, mais sous l'empire de l'ancien droit et par un arrêt dont les motifs n'ébranlent pas la doctrine ci-dessus, que le donataire de biens présens et à venir peut, même du vivant du donateur, renoncer tant aux biens à venir qu'aux biens présens, pour s'exonérer des dettes. — 15 mars 1820. Grenoble. Fontaine. D.A. 6. 221. D.P. 1. 1351.

153. — Du reste, après le décès du donateur, le donataire universel de biens présens et à venir peut, en tout état de cause, même après avoir volontairement procédé au partage de la succession, partage provoqué par lui donataire, renoncer aux biens à venir, pour s'en tenir aux biens présens.— 28 juin 1823. Grenoble. Poncet. D.A. 6. 222. D.P. 1. 1351.

154.— 4° Le donataire ne peut s'opposer à ce que (tous ses droits d'ailleurs conservés pour le cas de prédécès de ce dernier) il soit procédé à l'expropriation des biens présens (C. civ. 1084 et 1089).— 19 juill. 1831. Bordeaux. Vedrennes. D.P. 32. 2. 24.

155.— 5° Le donataire ne doit pas de suite les droits de mutation de propriété quant aux biens présens.— V. Enregistrement.

156.— 6° Les biens repris par le donateur, en cas de caducité, ne sont point grevés de l'hypothèque subsidiaire de la dot, comme dans le cas du retour conventionnel (Toull., n. 860, 861; Dur., t. 9, n. 736; D.A. 6. 218, n. 5). — V. ci-dessus, n. 120.

157.— Toutefois, dans le cas d'une donation faite, en contrat de mariage, à un fils par un père qui a reçu la dot de la future, il peut être décidé, même vis-à-vis d'un créancier inscrit postérieurement, par appréciation des termes de la donation, que les biens donnés ne font retour au profit du donateur qu'avec la charge de *l'hypothèque légale* de la dot (C. civ. 1083, 1089, 2093, 2121, 2135).— 7 avril 1829. Req. Montpellier. Boucharat. D.P. 29. 1. 210.

158.— Quoique le droit du donataire soit suspendu, et que la jouissance demeure au donateur sans qu'il ait besoin de se la réserver, le donataire peut et doit faire transcrire la donation pour les immeubles présens. — Gren., n. 347; Dur., t. 9, n. 736 et 737; D.A. 6. 219, n. 10.

159.—A la différence de l'institution contractuelle, le donateur de biens présens et à avenir ne peut aliéner, même à titre onéreux, ou par libéralité modique, les biens présens qu'il a précédemment donnés: du moins ces aliénations sont révocables en cas de survie du donataire ou de ses enfans.— Gren., n. 433; Dur, t. 9, n. 736; D.A. 6. 219, n. 6.

160.— Le donateur ne pourrait pas disposer autrement des biens présens, lors même qu'il aurait été à son tour institué légataire universel par le donataire, décédé avant lui, mais laissant des enfans du mariage. S'il est ressaisi, par cette institution, des biens qu'il avait donnés, ces biens retombent pour lui dans la classe des *biens à venir*, qu'il ne peut, en cas de survie des enfans nés du mariage, aliéner gratuitement au préjudice de ces derniers.— 5 juill. 1826. Nîmes. Maurel. D.P. 27. 2. 169.

161.—*Subrogation.*— Lorsqu'une mère qui a fait, par un contrat de mariage, donation de tous ses biens présens et à venir au profit des enfans à naître du mariage, possédait, à cette époque, une créance en paiement de laquelle elle a reçu un immeuble, s'il arrive qu'après le décès de la donatrice, ses enfans renoncent aux biens à venir pour s'en tenir aux biens présens, ils ne peuvent prétendre droit sur l'immeuble vis-à-vis des tiers-acquéreurs, comme faisant partie des biens présens; en un tel cas, il n'y a pas subrogation de l'immeuble à la créance.— 26 mai 1830. Bordeaux. Rivière. D.P. 31. 2. 120.

162. — *Effets de la donation de biens présens et à venir, quand l'état des dettes n'a pas été annexé.* — La donation produit les mêmes effets que la donation de biens à venir, ou institution contractuelle. — Dur., t. 9, n. 731; D.A. 6. 218, n. 2

163.— Le défaut d'annexe des dettes et charges à la donation de biens présens et à venir la transforme en institution contractuelle pure; mais le donataire n'est pas moins fondé à faire annuler les donations postérieures, apparentes ou déguisées. Le second donataire ne saurait se prévaloir de ce défaut d'annexe (C. civ. 1084 et 1085. — Dur., t. 9, n. 731). — 27 fév. 1821. Civ. r. Agen. Pinel. D.A. 6. 223. D.P. 21. 1. 184.

164.—A défaut d'état annexé, l'art. 1084 fait supporter au donataire *toutes les dettes de la succession.* C'est qu'on suppose un donataire *universel*; le donataire d'une *quotité* de la succession n'est tenu que d'une part *proportionnelle* des dettes et charges.— 26 nov. 1826. Toulouse. Leferdugué. D.P. 27. 2. 80.—12 juin 1832. Nîmes. Bousquet. D.P. 33. 2. 65.

165. — Lorsque, par contrat de mariage, il a été disposé de tout le mobilier que le donateur laissera à son décès, et qu'il n'a pas été annexé d'état des dettes existant au jour du contrat, le donataire qui accepte cette qualité, est tenu des dettes en proportion de ce qu'il prend dans la succession; il n'est pas un simple donataire particulier (C. civ. 1081, 1084, 1085, 1095). — 15 nov. 1811. Paris. Lenoble. D.A. 6. 220. D.P. 1. 1351.

166.— A défaut d'état des dettes, le donataire de biens présens et à venir doit acquitter, non pas seulement une part proportionnelle à son émolument dans les dettes existant à l'époque du décès du donateur, mais bien la totalité de ces dettes, surtout s'il s'est mis en possession de l'hérédité sans faire inventaire, et se trouve ainsi, par son fait, dans l'impossibilité de constater l'importance de la succession.— 12 nov. 1818. Req. Limoges. Ribière. D.A. 6. 220. D.P. 19. 1. 340.

167.— *Formes, Capacité.*— Comme les donations de biens à venir, les donations de biens présens et à venir doivent être faites par contrat de mariage, et non par d'autres actes (D.A. *eod.*, n. 9).— V. ci-dessus, n. 2.

168.—La capacité de donner des biens présens et à venir se règle par les mêmes principes que celle d'instituer contractuellement.—Gren., n. 436; D.A. 6. 220, n. 11.

169. — Cette disposition peut émaner de toutes personnes, et s'adresser tant aux époux ou à l'un d'eux qu'aux enfans à naître de leur mariage, mais non aux enfans à naître directement. L'ordonnance de 1731 permettait, au contraire (art. 17), de faire directement aux enfans la donation de biens présens et à venir. Tel n'est plus l'esprit du code (art. 1082, 1084).—Dur., t. 9, n. 729; D.A. 6. 218, n. 1.

§ 4.— *De la donation sous des conditions potestatives.—Réserve de disposer. — Questions transitoires.*

170.— L'art. 1086 permet deux espèces de dispo-

sitions : 1° La donation aux époux et aux enfans à naître de leur mariage, sous la condition de payer indistinctement toutes les dettes et charges de la succession du donateur, ou sous d'autres conditions dont l'exécution dépendrait de sa volonté; 2° la donation de biens présens, sous réserve de disposer d'un effet ou d'une somme.

171. — *Conditions potestatives.* — Une donation de biens présens, par contrat de mariage, peut-elle être faite sous de telles conditions? Le doute vient de ce que l'art. 1081 soumet aux *règles générales* la donation de biens présens, et qu'il ne la permet pas en faveur des *enfans à naître*, au lieu que la donation peut être faite à ces enfans dans le cas de l'art. 1086. D'où l'on conclut que l'art. 1086 n'est applicable qu'aux donations de biens à venir, ou de biens présens et à venir cumulativement: — Mais cette interprétation est rejetée par les auteurs. L'art. 947 dispense les donations par contrat de mariage de l'application de l'art. 944, relatif à la prohibition des conditions potestatives. Si l'art. 1086 n'avait entendu que statuer sur des dispositions de biens à venir, à quoi bon permettre formellement la condition *inhérente à leur nature*, de payer toutes les dettes de la succession? — Toull., n. 825, 826; Gren., n. 438, 1439; Dur., t. 9, n. 740; D.A. 6. 225, n. 2.

172. — Jugé qu'une donation de biens présens, faite par contrat de mariage, n'est pas nulle par cela qu'elle contient des conditions dépendantes de la volonté du donateur, par exemple, la réserve, par ce dernier, de fixer les parts héréditaires ou les droits légitimaires des autres enfans. A cet égard, les art. 947 et 1086 contiennent, pour les contrats de mariage, exception aux principes des art. 944 et 1081.— 27 déc. 1815. Civ. c. Riom. Ladeu. D.A. 6. 225. D.P. 16. 1. 232.

173.— Toutefois, lorsque le donateur, par l'effet de la condition potestative, peut la rendre sans effet, la disposition, quoique ayant pour objet des biens présens, participe de la nature des donations à cause de mort. Et, par conséquent, elle serait caduque, d'après l'art. 1089, en cas de prédécès du donataire sans postérité.— D.A. *eod.* 225.

174. — *Réserve de disposer.* — Nous allons en examiner successivement les effets par rapport à la donation de biens présens, à la donation de biens à venir ou institution contractuelle, et à la donation cumulative de biens présens et à venir. Nous terminerons par les notions communes à ces différens cas. Cette réserve peut, avec les effets réglés par l'art. 1086, être insérée dans une donation de biens présens par contrat de mariage. S'il n'a pas été disposé de l'objet ou de la somme réservée, ils appartiendront, non aux héritiers du donateur, comme le prescrit l'art. 946, mais au donataire ou à ses héritiers. C'est ainsi que, par les raisons que nous avons signalées plus haut, il faut concilier les art. 1086 et 1081. — D.A. 6. 225, n. 3.

175.— Toutefois, la réserve de disposer n'a pas, comme la condition potestative, l'effet de rendre la donation de biens présens semblable à une donation de biens à venir, et caduque, par conséquent, dans le cas de l'art. 1089 La caducité ne porte alors que sur la réserve, qui seule est éventuelle, et non sur la donation qui a été faite actuellement et irrévocablement pour tout ce qui n'a pas été réservé.— Gren., Toull., Dall., *ibid*; Dur., n. 741.

176. — Sous l'ordonnance de 1731, qui ne contenait point d'article restrictif, correspondant à l'art. 1089 C. civ., on décidait que la donation sous réserve n'était point une donation à cause de mort, et que le donataire ayant eu un droit sur les biens réservés, l'avait transmis à ses héritiers.—Furgole, *sur l'art.* 18 *de l'ord.*; D.A. 5. 395, n. 17.

177.— Ainsi, jugé, sous l'empire de cette ordonnance, que la disposition, faite en contrat de mariage, par laquelle le donateur, après avoir donné la moitié de tous ses biens, se réserve l'autre moitié pour en disposer à sa volonté, néanmoins avec clause de consolidation en cas de non disposition, est une libéralité irrévocable, transmissible aux enfans du donataire, et non une libéralité susceptible de devenir caduque par le prédécès de ce donataire, comme le serait une donation à cause de mort. — 24 déc 1822 Grenoble. Rognin. D.A. 5. 406. D.P. 1. 1325.

178. — Lorsque, dans la donation de biens à venir, l'instituant s'est réservé le droit de disposer d'un effet, d'une somme, il peut en disposer au préjudice de l'institué, quelque considérable que soit l'objet réservé. — Gren., n. 414; Toull., n. 834; Delv., p. 428; D.A. 6. 225, n. 28, et 5. 395, n. 14.

179. — La donation faite conformément à cette réserve ne saurait être attaquée sous prétexte que des ventes faites avant ou depuis la donation ont rendu stérile l'institution.— Dur., t. 9, n. 715.

180. — Elle ne serait pas nulle comme faite en fraude de l'institution, par cela seul qu'elle serait d'une valeur supérieure à celle réservée par l'instituant; elle serait seulement réductible. — 7 juin 1808. Civ. c. Amiens. Dupuy. D.A. 5. 460. D.P. 8. 1. 342.

181. — Un propriétaire qui, après avoir disposé de ses biens dans une institution contractuelle, en est resté saisi, et avec réserve d'une portion de libre disposition, a pu établir des servitudes, par destination du père de famille, sur les biens compris dans l'institution, sans que les héritiers institués puissent par la suite opposer, pour empêcher l'exercice des servitudes, qu'à l'époque de leur établissement il était incapable de disposer des biens. — 20 déc. 1825. Req. Riom. Verdonnet. D.P. 26. 1. 29.

182. — Quand l'instituant s'est réservé la faculté indéfinie de faire des legs pieux et de constituer à ses filles des dots à la charge de l'héritier institué, l'institution contractuelle n'est pas moins irrévocable. Elle n'a point l'effet d'un simple testament, qui peut être révoqué directement. La révocation ici ne peut se faire que d'une manière indirecte et par l'espèce de libéralité prévue dans la réserve de disposer (Dur., t. 9, n. 742). — 27 janv. 1809. Grenoble. Ricard. D.A. 5. 332. D P. 1. 1321.

183. — Dans la donation cumulative de biens présens et à venir, la réserve de disposer a l'effet de rendre caduque, aux termes de l'art. 1089, la donation des biens présens sur lesquels elle porte, lors même qu'il a été annexé un état des dettes et charges existant au jour de la donation. — Dur., n. 743.

184.—L'objet ou la somme réservés appartiennent de plein droit au donataire ou à ses héritiers, sans qu'il soit besoin d'une énonciation spéciale dans la disposition. Cette intention du donateur se présume par cela seul qu'il s'est réservé la liberté de disposer. Tels étaient les principes de l'ancien droit. —Gren., n. 440; D.A. 5. 395, n. 10.

185.— Il faut bien distinguer, dans une donation, ce qui est réservé *avec la faculté d'en disposer*, et ce qui est réservé sans cette faculté. Par exemple, *je vous donne tous mes biens, moins telle maison.* La maison ici est retranchée de la donation; et si je n'en dispose pas au profit d'un autre, elle appartiendra à mes héritiers.— D.A. 5. 395, n. 12.

186.— A cet égard, on consultera les termes de l'acte, et l'intention présumée du disposant. — Furgole, sur l'art. 18 de l'ordonn. de 1731; Gren., n. 440; Toull., n. 828; Dur., n. 741; D.A. 5. 393, n. 4.

187.— Ainsi, lorsque dans une donation par contrat de mariage, le donateur s'est réservé, non pas la liberté de disposer d'une somme, mais bien une somme fixe et déterminée, et qu'en outre il a exprimé l'emploi pour lequel il la réservait, la somme appartient aux héritiers du donateur, dans le cas où celui-ci décède sans en avoir fait l'emploi qu'il avait lui-même indiqué au contrat. — 19 janv. 1827. Bordeaux. Cornuaud. D.P. 28. 2. 155.

188. — Mais il n'y a pas retranchement pur et simple dans la clause par laquelle, dans un contrat de mariage, un père donne à l'un de ses enfans tous ses biens présens et à venir, *sous la réserve* qu'il se fait de certains objets, *pour en pouvoir disposer à sa volonté*; il n'y a là qu'une disposition conditionnelle; et si le donateur décède sans avoir disposé des choses réservées, elles appartiennent au donataire. — 5 fév. 1806. Nîmes. Cabanis. D.A. 5. 404. D.P. 1. 1328.

189. — Celui qui, par contrat de mariage, donne les deux tiers de ses biens, en déclarant que, *dans le cas où il ne disposerait pas de l'autre tiers réservé en propriété, ce tiers ferait suite de ladite donation*, n'établit pas une réserve dans le sens de l'art. 18 de l'ord. de 1731.—La donation de ce tiers est une donation à cause de mort, annulée par la loi du 7 mars 1793. — 6 août 1806. Civ. r. Carrié. D.P. 6. 1. 529.

190.— Lorsqu'en stipulant la réserve d'une somme, le donateur exprime le motif qui l'a décidé à faire cette réserve, la mention de ce motif ne doit pas être considérée comme établissant une condition, et comme obligeant le donateur à donner à la somme la destination indiquée, de telle sorte que la réserve soit regardée comme non avenue si elle reçoit un emploi différent. — 19 janv. 1827. Bordeaux. Cornuaud. D.P. 28. 2. 155.

191. — Lorsqu'après avoir fait une donation universelle sous réserve d'usufruit, et sous la réserve de disposer d'une certaine somme d'argent, le donateur dispose ultérieurement de cette somme par une cession, la somme n'est pas dès lors exigible sur les biens du donataire, elle ne peut être réclamée qu'après l'extinction de l'usufruit, et sur les biens donnés (C. civ. 946, 1086). — 15 juin 1817. Nîmes. Grolée. D.A. 5. 405. D.P. 1. 1328.

192.— La *réserve de disposer* ne doit pas être non plus confondue avec une simple charge mise éventuellement à la donation. Ainsi, la clause par laquelle le donateur de biens présens se réserve la faculté d'assurer sur ces biens une pension viagère à sa femme, est une simple charge sur les fruits des biens donnés; et, par conséquent, la donation, fût-elle même régie par l'art. 946 C. civ., comme étant hors contrat de mariage, le capital de la pension ne pourrait être réclamé contre le donataire, si la femme était morte avant son mari (Toull., t. 5, n. 226; Gren., t. 1er, n. 17; D.A. 5. 395, n. 13). — 17 therm. an 13. Aix. Roure. D.A. 5. 405. D.P. 1. 1324.

193. — La circonstance que la femme est morte avant le mari donateur a dû influer sur la décision qui précède. Les héritiers du donateur, dit Delvincourt, t. 2, p. 274, n'avaient rien à réclamer, puisque l'objet réservé, la rente viagère, s'était éteinte par le prédécès de la femme.— D.A. *ibid.*

194.— Mais, *quid*, dans la même espèce, si le donateur était mort le premier? Delvincourt, *ibid.*, fait cette distinction : si le donateur avait disposé de la rente réservée, la disposition serait valable. Les héritiers n'auraient rien à réclamer. S'il n'en avait pas disposé, les héritiers pourraient demander que, durant la vie de la femme, la rente leur fût servie. Car la donation était nulle, en ce qui concerne la rente, à l'égard de laquelle le droit du donataire dépend entièrement de la volonté du disposant. C'est le cas de l'art. 946, puisque nous supposons la donation hors contrat de mariage.— D.A. *ibid.*

195. — *Questions transitoires sur la réserve de disposer.* — On a déjà dit que l'ordonn. de 1731 (art. 16 et 18) contenait, à cet égard, la même distinction que le code (art. 946 et 1086); c'est-à-dire que les objets réservés appartenaient aux héritiers du donateur ou à ceux du donataire, selon qu'il s'agissait d'une donation de biens présens, ou d'une donation de biens à venir ou de biens présens et à venir par contrat de mariage.

196.— La loi du 18 pluv. an 5 ne fit point cette distinction. Elle porte (art. 2) : « Les réserves faites par les donateurs ou *auteurs d'institutions contractuelles*, qui n'en auraient pas valablement disposé, feront partie de la succession *ab intestat*, sans imputation sur les légitimes ou portions de légitime dont les héritiers institués ou donataires auraient été grevés. » Il est du reste fait exception pour les réserves acquises aux institués ou donataires, conformément à l'ordonn. de 1731, par le décès des instituans ou donateurs, avant la loi du 5 brum. an 2.

197.—L'art. 2 de la loi du 18 pluv. an 5 n'est point applicable à des réserves de simple jouissance, qui finissent nécessairement et s'éteignent sans retour au décès du donateur ou de l'instituant.— 17 germ. an 11. Paris. D.A. 5. 397, n. 1.

198.—La faculté de vendre certains biens réservés dans une institution contractuelle, antérieure aux lois de la révolution, dont l'auteur est décédé sous la loi de l'an 5, ne donne pas aux légitimaires le droit de réclamer, dans la succession de ce dernier, les biens réservés, ces biens sont compris dans l'institution.— 23 juin 1824. Agen. Dareux. D.P. 25. 2. 9.

199.— Une donation, par contrat de mariage, faite par des père et mère au profit de l'un de leurs enfans, doit être considérée comme une disposition à cause de mort, lorsque les donateurs se sont réservés une faculté illimitée de disposer des biens compris dans l'institution. En conséquence, si une donation semblable a été faite avant les lois de 1793 et de l'an 2, et que les père et mère soient morts depuis la publication de ces lois, les biens réservés doivent appartenir aux seuls enfans légitimaires, en vertu de l'art. 2 de la loi du 18 pluv. an 5. — 9 janv. 1817. Req. Pau. Tapie. D.A. 5. 398. D.P. 17. 1. 364.

La donation, par contrat de mariage, du tiers de ses biens, faite par un père à l'un de ses enfans sous la loi de l'an 2, qui prescrivait l'égalité absolue entre les enfans, doit avoir cet effet qu'elle est irrévocable pour ce tiers attribué, tellement que le donateur n'a pu y porter atteinte par une disposition faite sous le code civil, sous l'empire duquel il est décédé, et

qui lui a permis de disposer du quart de ses biens.

.....En un tel cas, c'est d'après son état au jour du décès que la consistance de la succession a dû être estimée pour l'appréciation du tiers assigné contractuellement —16 mai 1834. Req. Agen. Sauriac. D.P. 34. 1. 387.

200.— Sous l'ordonnnace de 1731, donner les deux tiers de ses biens, et dire, relativement à l'autre tiers, que *ne disposant pas dudit tiers réservé en propriété, il fera suite de la donation*, ce n'était pas établir une réserve dans le sens de l'art. 18 de l'ord. Ce n'était qu'une simple disposition à cause de mort, qui ne devait recevoir son exécution qu'à l'instant de la mort du donateur. En conséquence, cette disposition éventuelle ayant été révoquée par la loi du 7 mars 1793 a dû profiter au légitimaire sans imputation sur la légitime, et non au donataire, en vertu de l'art. 2 de la loi du 18 pluv. an 5, si le père donateur est mort depuis la loi de 1793. — 12 août 1806. Req. Agen. Sommabère. D.A. 5. 396.

201. — En rendant aux héritiers *ab intestat* les biens réservés, sans imputation des légitimes, *dont les donataires auraient été grevés*, la loi du 18 pluv. an 5 entend les légitimes imposées par la loi comme celles qui auraient été stipulées par contrat (D. A. 5. 393, n. 7).—24 prair. an 13. Nîmes. Martin. D.A. 5. 402. D.P. 1. 1323.

202.— L'institué contractuellement, grevé d'une légitime inférieure à la légitime de droit, doit le supplément de la légitime de droit, sans qu'on puisse déduire de la réserve le montant de ce supplément. En effet, l'art. 1er de la loi du 18 pluv. n'a maintenu l'institution que pour qu'elle ait effet *conformément aux anciennes lois*. Or, si la réserve avait accru à l'institué comme le prescrivaient ces lois, ce n'eût été qu'à la charge d'acquitter la légitime de droit.— 14 frim an 10 Req. Riom. Chassaing. D.A. 5. 399. — 12 germ. an 13. Civ. c. Riom. Bouchet. D.A. 5. 399. D.P. 5. 2. 137.

203. — Sous l'empire de la même loi, la réserve faite par le donateur dans une donation de biens présens et à venir, appartenait aux légitimaires, en cas de non disposition, cumulativement avec leur légitime, encore que le donataire eût répudié les biens à venir pour s'en tenir aux biens presens.— 2 sept. 1807. Civ. c. Lyon. Marcoux. D.A. 5. 401. D.P. 1. 1323.— 9 fév. 1832. Toulouse. Pujo. D.P. 32. 2. 144.

204.— Cependant il a été jugé que lorsqu'une donation contractuelle de biens présens et à venir a été faite, sous l'ordonnance de 1731, par un père à son fils aîné, avec assignat d'une somme de 1,000 fr. au fils second et sous la réserve de pouvoir disposer de 300 fr.; quoique le donateur ne décède que sous la loi du 18 pluv. an 5, sans avoir disposé de la réserve, si le donataire renonce aux biens à venir, les effets de la donation doivent être réglés par l'ordonnance de 1731, et non par la loi du 18 pluv. an 5. — En conséquence, comme aux termes de l'ordonnance de 1731, le donataire n'était tenu qu'au paiement de l'assignat, le légitimaire, qui, ayant réclamé sa légitime de droit, l'a fait fixer à 1,300 fr., c'est-à-dire à une somme égale à l'assignat et à la réserve, ne peut prétendre que le donataire doit subir le retranchement de la réserve sur les biens donnés.—30 déc. 1824. Grenoble. Billaudaz. D.A. 5. 403. D.P. 1. 1323.

205. — Si l'institution contractuelle, faite sous l'ordonnance, ne s'était ouverte que sous le code par le décès de l'instituant, les héritiers *ab intestat* ne pourraient plus, comme sous la loi de l'an 5, demander à la fois et leur légitime et la portion de biens dont l'instituant s'était réservé de disposer. Ils n'auraient droit qu'à la légitime (Chabot, *Quest. transit.*, vº Réserve sur les biens donnés, § 3; Gren., n. 442; D A. 5. 393, n. 6). — 29 août 1806. Grenoble. Jannon. D.A. 5. 398. D.P. 7. 2. 15.

206.— Ainsi, jugé dans ce cas, que lorsque le donateur s'est réservé une certaine somme, et a imposé au donataire l'obligation de payer une somme fixe à ses frères et sœurs pour légitimes, cette créance réservée peut être adjugée aux légitimaires, si, réunie à la légitime, elle ne dépasse pas la réserve légale. — 17 oct. 1811. Civ. r. Siraudin. D.P. 12. 1. 222.

207.— Pareillement, le légitimaire n'a droit qu'à la légitime, si une donation de biens présens et à venir a été faite sous l'ordonnance de 1731 et que le donateur, décédé sous le code, n'ait laissé que les biens présens lors de l'institution. — 8 avril 1809. Grenoble. Bouthoux. D.A. 5. 400. D.P. 1. 1323.

208.— Mais par quelle loi se calculera la légitime? Par la loi du jour de la donation, si l'on veut exercer le retranchement sur les biens non réservés; par la loi du décès de l'instituant, si le retranchement porte sur les objets réservés. A l'égard de ces objets, la disposition n'était qu'éventuelle ou à cause de mort, et révocable. On suit ainsi, par cette distinction de deux donations différentes dans la même disposition, le principe qui subordonne le calcul de la réserve à la loi du décès ou à la loi du temps de la libéralité, selon que cette libéralité est ou non révocable. — Gren., n. 442; D.A. *eod.*, n. 6. — V. Portion disponible.

209. — Jugé ainsi que c'est par la loi en vigueur lors du décès du donateur que doit être réglée la réserve légale, lorsqu'il s'agit d'une donation faite par contrat de mariage sous une loi antérieure, mais que la donation n'est pas irrévocable; telle serait celle de la moitié des biens du disposant, sous réserve, par celui-ci, de disposer de l'autre moitié qui serait consolidée à la donation en cas de décès du donateur sans en avoir disposé; la donation n'est qu'éventuelle quant à la moitié que s'était réservée le donateur et dont il n'a pas disposé.—29 août 1806. Grenoble. Joannon. D.A. 5. 398. D.P. 7. 2. 15.

210.— En exceptant du partage entre héritiers *ab intestat* les réserves dont il avait été valablement disposé, la loi n'a entendu parler que de celles dont il avait été disposé en faveur de tiers étrangers (D.A. *eod.*, n. 7). — 1er avril 1823. Civ. r. Limoges. Cibot. D.A. 5. 401. D.P. 1. 1323.

211.— Et, par exemple, les réserves sont acquises aux héritiers, sans imputation sur leur légitime, encore qu'elles leur eussent été *données* formellement par leur auteur, depuis la loi de l'an 5. Il importe peu qu'elles aient été conférées par le disposant aux légitimaires; elles leur appartenaient déjà. Le but du législateur est le même dans les deux cas: améliorer le sort des légitimaires. Ce n'est donc pas le lieu d'appliquer la loi ancienne, d'après laquelle les donations faites aux légitimaires des choses réservées s'imputaient sur la légitime.— Même arrêt.

212. — La disposition faite dans l'intervalle de la loi du 5 brum. an 2 à celle du 18 pluv. an 5, au profit de personnes appelées à la succession, n'était pas valable.— D.A. *eod.*, n. 7.

213. — Mais remarquez que depuis les lois du 7 mars 1793 et du 17 niv. an 2, il a pu être fait des réserves dans les donations, pourvu qu'elles n'eussent pas lieu au profit des personnes appelées par la loi au partage des successions, et qu'elles n'excédassent point la quotité disponible, telle qu'elle se trouvait alors déterminée. — Chabot, *loc. cit.*; D.A. 393, n. 3.

214.— Lorsque, par suite du prédécès d'un donataire, le donateur qui a survécu, a repris, par droit de retour, une portion de biens réservés qu'il avait donnée, cette portion, qui dès lors fait partie de sa succession *ab intestat*, appartient aux légitimaires, en vertu de l'art. 2 de la loi du 18 pluv. an 5, et les héritiers institués ne sont pas recevables à demander la nullité, pour cause de substitution abolie, d'une clause par laquelle une portion réservée avait été donnée. — 1er avril 1823. Civ. r. Limoges. Cibot. D.A. 5. 401. D.P. 1. 1323.

§ 5.— *Règles communes aux donations faites aux époux par contrat de mariage.—Forme, Nature, Interprétation, Réduction.*

215. — Toutes ces donations sont dispensées de l'acceptation expresse (art. 1087); caduques, si le mariage ne s'ensuit pas (art. 1088); révocables pour survenance d'enfans (art. 960), mais non pour ingratitude (art. 959).

216.—*Formes.*— Les donations par contrat de mariage doivent, à peine de nullité, être rédigées devant notaires (art. 1394).

217. — Ce principe était déjà consacré dans l'ancienne jurisprudence pour toutes dispositons présentant réellement le caractère de donations. Sous l'ord. de 1731, par exemple, une institution, faite en faveur d'un enfant à naître, n'était pas valable si elle était dans un contrat de mariage sous seing-privé, et dès lors la preuve de l'existence des conventions matrimoniales, qui la contenaient, était frustratoire et inadmissible (Ord. 1731, art. 1, 2, 10, 46).— 20 mai 1818. Civ. c. Pau. Prugnes. D.A. 6. 227. D.P. 18. 1. 433.

218. — Etaient nulles également les donations faites dans un contrat de mariage sous seing-privé, par un père à des enfans qu'il avait sous sa puissance (art. 1er et 46 de l'ord.).— 25 nov. 1828. Req. Montpellier. Darène. D.P. 29. 1. 30.

219. — Mais on a déclaré valable une donation entre-vifs, faite, en Provence, sous l'ord. de 1731, par un père à son fils *majeur*, dans des articles de mariage, rédigés *sous seing-privé.* — 18 avril 1825. Aix. Savoie. D.P. 29. 1. 29.

220. — Une semblable donation ne pouvait même être annulée sur le motif que les articles de mariage qui la contenaient avaient été rédigés plusieurs années après la célébration.— Même arrêt.

221.— Au reste, la nullité résultant de ce qu'une donation faite sous l'ord. de 1731, était contenue dans un acte de mariage sous seing-privé, n'est pas tellement d'ordre public, qu'elle n'ait pu être couverte par la renonciation du donateur, renonciation qui a pu être induite par une cour royale d'un acte réglant l'exécution de partie de l'objet donné, encore bien que, pour le surplus exigible seulement au décès du donateur, celui-ci ait déclaré faire *réserve de tous ses droits...*; au moins l'arrêt qui décide que cette réserve n'a pas trait au moyen de nullité, n'offre qu'une appréciation d'acte qui échappe à la censure de la cour de cassation (C. civ. 1338). — 24 nov. 1828. Civ. r. Aix. Héritiers Savoye. D.P. 29. 1. 29.— V. Contrat de mariage.

222.— Les donations à cause de mort, faites sous l'ord. de 1731, dans un contrat de mariage sous seing-privé, passé entre Français dans un pays étranger, sont valables, si la loi du pays où elles ont été rédigées autorise à les faire en cette forme.— 11 mai 1816. Paris. Bertin. D.A. 6. 228. D P. 1. 1352.

223. — Et même, quoique faite en France et sous seing-privé, une donation, ayant le caractère de donation à cause de mort, était valable sous l'empire d'une coutume qui permettait cette forme pour les contrats de mariage, l'ord. de 1731 n'ayant d'ailleurs exigé l'authenticité que pour les donations entre-vifs, et ayant dispensé les donations à cause de mort, faites par contrat de mariage, des formalités des testamens et codicilles. — 7 vent. an 13. Civ. r. Rouen. Huguès. D.A. 5. 326. D.P. 5. 1. 305.

224. — Les actes ayant le caractère de donations entre-vifs, tels que les démissions de biens sous la coutume de Normandie, ne pouvaient être valablement faits dans des contrats de mariage sous seing-privé, quoique l'usage autorisât, dans cette province, les contrats de mariage sous seing-privé. — 18 fruct. an 13. Req. Rouen. De Fremont. D.A. 5. 490. D.P. 5. 1. 562.

225. — La promesse de garder succession, faite sous la coutume de Normandie, dans un contrat de mariage, par un père au profit de ses enfans, n'est point une donation entre-vifs, et n'est point sujette aux formalités prescrites pour cette espèce d'actes; en conséquence, elle est valable, quoique contenue dans un contrat de mariage sous seing-privé. — 27 mars 1816. Civ. r. Caen. Le Picard. D.A. 6. 229. D.P. 16. 1. 201.

226. — Une telle promesse devait avoir son effet, même contre les tiers. — Même arrêt.

227.— Jugé, toutefois, qu'un contrat de mariage, passé sous seing-privé, dans une province où l'usage avait autorisé cette forme, n'a de date certaine contre les tiers que du jour de son enregistrement; en conséquence, s'il n'a été enregistré qu'après la publication des lois de 1793, qui prohibent tout avantage contraire à l'égalité des partages dans les successions, il ne peut être opposé aux co-héritiers qui demandent le partage égal. — 18 fruct. an 13. Req. Rouen. De Fremont. D.A 5. 490. D.P. 5. 1. 562.

228.— La formalité de l'insinuation, prescrite par l'art. 244 de la coutume de Normandie pour les promesses de garder succession, renfermées dans des contrats de mariage, a cessé d'être nécessaire, depuis l'ord. de 1731, non seulement à l'égard du futur époux, mais même à l'égard des autres enfans du disposant.—27 mars 1816. Civ. r. Caen. Le Picard. D.A. 6. 229. D P. 16. 1. 201.

229. — *Nature des donations contractuelles.* — Elles n'ont pas le caractère de pures libéralités: elles font partie des conventions matrimoniales, espèces de traités entre les deux familles. Comme les actes à titre onéreux, elles donnent lieu à la garantie, en cas d'éviction (D.A. 6. 226, n 2 — V. Contrat de mariage.) — 22 niv. an 10. Civ. r. Marcelin. D.A. 6. 226. D.P. 1. 1351.

230.— Jugé de même que la donation par contrat de mariage n'est point un acte gratuit ni de pure libéralité; il est, au contraire, rangé dans la classe des actes onéreux, soumis, par suite, à la garantie; qu'ainsi le donateur doit, à ses frais, donner mainlevée des inscriptions qui frappent, de son chef, les immeubles donnés à l'un des époux. — 3 juill. 1828. Rouen. Adam. D.P. 30. 2. 131.

231.— Lorsque, sur une demande en garantie de la part du donataire par contrat de mariage contre les héritiers du donateur, il est reconnu qu'il y avait présomption de fraude de la part du donateur, les héritiers sont non-recevables à soutenir devant

la cour de cassation que le donateur ne savait pas que le bien donné ne lui appartenait plus; et que le donataire avait cette connaissance.—22 niv. an 10. Civ. r. Marcelin. D.A. 6. 226. D.P. 1. 1351.

232.— Jugé que lorsqu'un père dispose, dans le contrat de mariage de son fils, de l'universalité de ses biens meubles et immeubles, *en faveur des futurs conjoints*, sans que la future épouse soit nominativement comprise dans cette disposition, ni qu'il soit fait mention que c'est au profit personnel de chacun des époux par moitié, la donation est censée faite au profit du fils seulement. Il en doit être ainsi, surtout si la dot de la future est très inférieure à celle du futur, et que les gains nuptiaux en sa faveur soient limités, par le contrat de mariage, aux choses mobilières.—9 juin 1810. Bruxelles. Cuiret. D.A. 6. 226. D.P. 1. 1351.

233.—*Réduction.*— On réduit à la quotité disponible les libéralités en faveur de mariage, comme toutes autres donations.

234.— Les avantages indirects faits par les père et mère dans le contrat de mariage de leurs enfans ne sont pas nuls, mais seulement réductibles lorsqu'ils excèdent la quotité disponible.— 27 juill. 1816. Colmar. Steffan. D.P. 17. 2. 13.

235.— Il peut y avoir lieu à la réduction de l'institution contractuelle entre les enfans de l'institué, nés de différens mariages. Par exemple, un fils unique a été, dans son contrat de mariage, institué héritier universel par son père ; il a eu deux enfans de cette union. Plus tard, il se remarie, et a deux autres enfans du second mariage; il meurt ensuite, et le père donateur, qui lui a survécu, laisse pour seuls héritiers ses quatre petits-enfans. Ceux du second mariage pourront prendre le quart de la succession de l'aïeul, c'est-à-dire la moitié de la portion qui aurait appartenu à leur père à titre de réserve. Le bénéfice de l'institution se réduira donc pour les deux enfans du premier mariage à l'autre moitié dont l'aïeul pouvait disposer.—Dur., t. 9, n. 685.

236 —Si l'aïeul avait laissé d'autres enfans, la distribution de sa succession se ferait toujours d'après le même principe, seulement on calculerait la réserve en raison de leur nombre.— Dur., *ib.*

237.— C'est par la loi du jour de la donation irrévocable que se détermine la quotité de biens dont le donateur a pu disposer. Cette règle est développée, avec toutes les applications de la jurisprudence, vº Portion disponible.

— V. Communauté, Contrat de mariage, Donation, Donation entre époux, Donation déguisée, Dot, Loi, Portion disponible, Retour.

TABLE SOMMAIRE.

Acceptation. 8, 59, 107.
Accroissement. 72, s.
Acte notarié. 216.
Acte sous seing-privé. 218, s.
Annexe. 162.
Association. 47, s. 114.
Autorisation de femme. 42.
Avancement d'hoirie. 85.
Biens à venir. 11, 20, s. 137. — présens. 2. — présens et à venir. 122, suiv.
Bonne foi. 18.
Caducité. 7, 12, s. 142, 175.
Capacité. 168.
Cassation (appréciation). 27.
Changement. 104, s.
Charge d'associer. 47.
Condition 124, s. 190.— de survie. 145. — potestative. 11, 170, s.
Contrat gratuit. 229, s.— de mariage. 1, s.
Créancier (action). 91.
Cumul. 203.
Date. 152(préférence).86.
Décès. 106, 194.
Dette. 101, 166.—(date). 132.
Dessaisissement. 160.
Désignation. 16.
Disposition. 90.
Donataire à titre universel. 164, s. — universel. 164.
Donation à cause de mort. 12, 23, s. 33, 173, s. 199, 222, s.—déguisée. 79, s. —entre-vifs. 32.
Don modique. 94. — rémunératoire. 95.
Dotalité. 43.
Droit des tiers. 39.
Effet. 74.
Enfant à naître. 4, 46, s. 170.—naturel. 73, 114.
Etat estimatif. 5, 129, 134, 162, 183.
Exclusion. 57.
Forme. 103, s. 167, s. 216, s.
Fraude. 90, 126, s.
Fruit. 89.
Hypothèque. 156. — légale. 157.
Indivisibilité. 140, s.
Ingratitude. 9, 215.
Institution contractuelle. 20, s.
Intention. 184.
Interprétation. 26, 98, 232.
Mineur. 41, s.
Normandie. 224.
Nullité (délai). 44.
Legs pieux. 182.
Liberté de disposer. 74.
Objet réservé. 173.
Pacte de famille. 104.
Portion disponible. 37, s. 69, s 233, s.
Prescription. 44.
Promesse d'égalité. 36, s.
Rapport. 28.
Réduction. 84, 180, 233.
Renonciation. 87, 153.
Rente viagère. 79, s.
Représentation. 29, 58, 148.
Réserve de disposer. 13, 170, s. 184, s.—jouissance. 197. — legale. 203.
Retour conv. 120, s.
Retroact. 38, 98, 195, 237.
Révocation. 87, 111, s. 159.
Qualité. 88.
Question transitoire. 193.
Servitude. 78.
Subrogation. 161.
Substitution. 2, 32, 48, s.
Succession future. 36, 75.
Survenance d'enfant. 10, 25, 112, 215.
Transcription. 5, s. 108, s. 198. 228.
Tiers. 18.
Titre onéreux. 139, s.
Usufruit. 191.

DONATION DE DROITS SUCCESSIFS.—V. Succession.

DONATION DÉGUISÉE. — 1. — La donation déguisée ou simulée est nulle, si elle est faite au profit d'un incapable (C. civ. 911). On ne peut faire indirectement ce qu'on ne peut directement.

2.— Ainsi, jugé que lorsqu'une vente faite par un père à son fils, sous l'empire d'une loi qui prohibait les avantages en ligne directe, est reconnue n'être qu'une donation déguisée, elle est frappée de nullité dans son essence, et ne peut valoir comme acte translatif de propriété.— 23 fév. 1826. Limoges. Pinthon. D.P. 26. 2. 108.

3. — Une vente faite par un malade, pendant sa dernière maladie, au médecin qui le soignait, peut être annulée lorsqu'il résulte des circonstances qu'elle n'est qu'une donation déguisée.— 5 mai 1807. Req. Lacarriere. D.A. 5. 501. D.P. 7. 284.

4. — L'exécution d'une donation déguisée faite à un incapable, ne peut, quoiqu'elle ait lieu à une époque où l'incapacité a cessé, valider cette donation, si elle n'a lieu de la part du donateur qu'afin de faire cesser les poursuites du donataire en paiement des choses données. — 19 janv. 1830. Req. Toulouse. Calvet. D.P. 30. 1. 85.

5. — *Quid*, si la donation intervient entre personnes capables de donner et recevoir? Est-elle nulle, par cela seul qu'on l'a déguisée sous la forme d'un contrat onéreux? La jurisprudence, comme on va le voir, paraît désormais fixée dans le sens de la validité, enseignée par presque tous les auteurs. — Chabot, *Quest. transit.*, vº Donation déguisée; Grenier, t. 1er, n. 180; Merlin, *Quest. de dr.*, vº Donation, § 5; Toull., t. 4, n. 474; Dur., n. 400, 401. — *Contrà*, Delv., t. 2, p. 181.

6. — Voici en substance tous les élémens du débat, d'une part on dit : il est permis de faire indirectement ce qu'on peut directement. La simulation d'un contrat n'opère de nullité entre les parties que si elle viole quelque prohibition légale. Cette distinction était dans les lois romaines (L. 36, ff. *de Contrah. empt.*; l. 5 et 9, C. *eod.*; l. 46, ff. *loc. cond.*; l. *ultimt.*, ff. *pro donat.*). Elle est approuvée des anciens auteurs, Faber, Dumoulin, Furgole, *sur l'ord. de* 1731, art. 1er. « L'ordonnance, disait Furgole, n'a voulu que régler la forme des donations expresses, et qui sont pratiquées le plus communément. » — Les lois intermédiaires ont souvent assimilé la donation déguisée à la donation proprement dite. Ainsi, la loi du 17 niv. an 2 (art. 26), annulle toutes les donations à charge de rentes viagères, et les ventes à fonds perdu faites en ligne directe ou collatérale depuis le 14 juill. 1789; et la loi du 18 pluv. an 5 rapporte l'effet rétroactif pour ces ventes, comme pour les dispositions purement gratuites dans la forme.— Enfin, l'art. 911 C. civ., en ne prononçant la nullité des donations déguisées qu'à l'égard des incapables, fait assez entendre que la nullité n'est pas encourue dans les autres cas.

7. — On objecte : l'art. 893 C. civ. ne reconnaît que deux manières de disposer à titre gratuit : la donation entre-vifs et le testament *dans les formes ci-après établies*. L'ordonnance de 1731 n'avait point un texte si précis. — Ce n'est pas seulement pour la sauve-garde du donateur, mais surtout dans l'intérêt de sa famille que ces formalités ont été établies; et, sous ce rapport, la simulation qui tend à les éluder, blesse essentiellement les droits des tiers. — Si les dons manuels sont valables, nonobstant l'art. 893, c'est que l'art. 931 ne règle les formalités que de *tous actes portant donation*, et que l'orateur du gouvernement s'est prononcé pour la validité. Mais il n'y a pas les mêmes raisons à l'égard des donations déguisées. — D'ailleurs, n'y a-t-il pas contradiction à scinder la nature de l'acte, à le regarder comme donation, lorsqu'il s'agit de la réduction à la quotité disponible, et comme vente, lorsqu'on se dispense des formes de la donation? N'est-ce pas par la substance des actes, et non par leur qualification, qu'il faut en déterminer la forme et les effets? Un acte sera donc soumis ou non aux formalités de la donation, selon qu'il aura plu aux parties de l'appeler *donation* ou *vente!*

8.— La question a été résolue successivement sous l'empire de l'ordonnance de 1731, des lois intermédiaires et du code civil. Mais il y avait sous ces diverses législations les mêmes raisons de déclarer la donation valable. On verra qu'il s'est manifesté d'abord quelque incertitude dans la jurisprudence.

9.— Ainsi, sous l'ordonnance de 1731, on a jugé qu'une donation déguisée sous la forme de vente était nulle, même entre personnes capables de donner et recevoir, l'ordonnance n'autorisant que deux manières de disposer à titre gratuit, la donation entre-vifs et le testament —10 frim. an 10. Req. D A. 5. 544, n. 1. — 8 frim. an 13. Req. Toulouse. Dallac. D.A. 5. 544. D.P. 5. 1. 244.— 30 prair. an 13. Req. D.A. *ib.*, n. 1. D.P. 5. 2. 186. — 15 mess. an 13. Req. D.A. et D.P. *eod.*

10. — Le contraire a été jugé par les arrêts suivans.— 6 pluv. an 11. Civ. c. Besançon. N... D.A. 5. 545. D.P. 3. 1. 543. — 23 therm. an 11. Poitiers. Vernault. D.A. 5. 546, n. 1. — 10 prair. an 12. Poitiers. D.A. 5. 546, n. 1.—15 brum. an 14. Req. Dijon. Bruley. D.A. 5. 552. D.P. 6. 1. 39 — 19 nov. 1810. Civ. c. Bruxelles. Vaudaudael. D.A. 5. 550. D.P. 11. 1. 58. — 31 mai 1813. Civ. c. Zerbarini. D.A. 5. 550. D.P. 1. 1329.

11. — Décidé dans ce dernier sens que des billets souscrits sous le droit ancien ne peuvent être annulés comme contenant une donation non revêtue des formalités prescrites, soit par le statut local (par exemple, l'ordonnance du 31 juill. 1456, pour le Dauphiné), soit par l'ordonnance de 1731, ces lois n'étant relatives qu'aux donations proprement dites, et non aux libéralités tacites faites sous la forme d'autres contrats, sans frauder les droits des tiers. — 5 janv. 1814. Civ. c. Grenoble. Autelme. D.A. 5. 546. D.P. 14. 1. 201.

12. — Sous l'empire des lois intermédiaires, il a été décidé d'abord que ces lois (notamment celles des 17 niv. an 2 et 4 germ. an 8), n'ayant rien statué à l'égard des formes des actes de disposition à titre gratuit, il fallait s'en référer aux lois anciennes.— 8 frim an 13. Req. Toulouse. Dallac. D.A. 5. 544. D.P. 5. 1. 244.

13.—Sous la loi du 17 niv. an 2, la donation déguisée sous la forme d'un contrat onéreux n'était pas nulle, mais réductible seulement à la quotité disponible.— 22 août 1810. Civ. c. Rouen. Bréant. D.A. 5. 549. D.P. 10. 1. 439.—26 juill. 1814. Civ. c. Grenoble. Paul. D.A. 5. 549. D.P. 14. 1. 493. — 31 juill. 1816. Civ. c. N..., D.A. 5. 549. D.P. 16. 1. 592.

14.—Jugé aussi sous l'empire de la loi du 17 nivôse que des héritiers (deux sœurs d'une défunte) seraient non-recevables à demander l'annulation de la vente faite à un étranger, d'une ferme appartenant à leur sœur, sur le motif que cet étranger s'étant marié quelque tems après avec leur nièce, la vente n'était autre chose qu'une donation déguisée. —Ils seraient non-recevables, 1º si, au moment de l'acte considéré comme vente, aucune loi ne se serait opposée à son exécution; 2º parce que la loi du 17 niv. an 2, qui s'opposait aux avantages faits à un successible, n'établissait pas une incapacité absolue, mais prononçait la réduction de la donation, en cas qu'elle excédât la portion disponible.—22 août 1810. Civ. c. Bréant. D.A. 5. 549. D.P. 10. 1. 439.

15.—Lorsqu'une vente a été faite à un prix déterminé; qu'elle a eu lieu en faveur d'un non successible, des héritiers sont non-recevables à en demander la nullité comme donation déguisée (L. du 17 niv. an 2), sous prétexte que la venderesse portait une affection particulière à la famille de l'acquéreur, et qu'au surplus elle n'avait pas besoin de vendre. —3 germ. an 10. Req. Guérin.

16.—Dans les décisions qui précèdent, il s'agissait de la donation d'un objet particulier. La donation universelle, quoique déguisée, eût été déclarée nulle pour le tout, comme violant la prohibition des lois du 17 niv. et du 22 vent. an 2.— Merl., *Quest. de droit*, vº Avantages aux héritiers présomptifs, § 8; D.A. 5. 550, n. 1.

17.—Il en était de même sous la loi du 4 germ. an 8.—6 pluv. an 11. Civ. c. Besançon. N... D.A. 5. 545, D.P. 3. 1. 583 (appliquez ici l'observation qui précède).—*Contrà*, 24 nov. 1808. Req. Rouen. Lempérière. D.A. 5. 545. D.P. 8. 1. 580.

18.—Sous le code, la jurisprudence s'est généralement prononcée pour la validité des donations déguisées entre personnes capables. — 7 frim. an 13. Civ. c. Bruxelles. Leurquin. D.P. 5. 1. 244.—31 août 1809. Civ. r. Agen. Deshons. D.A. 5. 553. D.P. 9. 1. 460. — 31 oct. 1809. Req. Agen. Leshons. D.A. 5. 553.—19 nov. 1810. Civ. c. Bruxelles. Vandendael.

D.A. 5. 550. D.P. 11. 1. 58. — 31 mai 1813. Civ. c. Zerbarini. D.A. 5. 550. D.P. 1. 1329. — 20 oct. 1812. Civ. c. Besançon. Rigonneau. D.A. 5. 554. D.P. 1. 1330. — 6 juin 1814. Civ. c. Grenoble. Belle. D.A. 6. 165. D.P. 14. 1. 385. — 26 juill. 1814. Civ. c. Grenoble. Paul. D.A. 5. 549. D.P. 14. 1. 495. — 31 juill. 1816. Civ. c. N... D.A. 5. 550. D.P. 16. 1. 592. — 13 août 1817. Civ. c. Caen. Lecesne. D.A. 5. 551. D.P. 18. 1. 98. — 6 mai 1818. Civ. c. Caen. Leboursier. D.A. 5. 552. D.P. 1. 1330. — 11 mai 1818. Bruxelles. D.A. 5. 552, n. 2. — 20 nov. 1818. Riom. Saraille. D.A. 10. 651, n. 3. D.P. 20. 2. 33. — 10 janv. 1821. Amiens. Galland. D.A. 12. 417, n. 2. D.P. 2. 1323. — 25 janv. 1823. Bastia. Morazzani. D.A. 5. 550. D.P. 1. 1330. — 22 juin 1825. Lyon. Solichon. D.P. 26. 2. 128. — 20 nov. 1826. Civ. c. Orléans. Chevalier. D.P. 27. 1. 60. — 25 avril 1827. Civ. c. Guadeloupe. Lafontaine. D.P. 27. 1. 210. — 13 nov. 1827. Req. Dijon. Boisselet. D.P. 28. 1. 18.

19. — Une donation simple peut valablement être faite sous la forme d'une donation mutuelle, quand d'ailleurs le donateur et le donataire sont également capables de donner et de recevoir par donation simple. — 23 juin 1813. Civ. c. Montpellier. Frégeville. D.A. 6. 258. D.P. 13. 1. 344.

20. — La validité de la donation déguisée peut recevoir exception dans plusieurs cas :

1° Si elle est le résultat de manœuvres frauduleuses. Le dol est une cause de nullité des donations comme des contrats. — 1er mai 1812. Paris (arrêt cité par les auteurs).

21. — 2° Si, en prenant la forme du contrat à titre onéreux, le donateur a fait une libéralité pure et simple, sans qu'il y ait aucune charge imposée au donataire; ou s'il a exprimé formellement l'intention de donner.

Spécialement, jugé que l'acte par lequel une personne s'engage à payer à une autre ou à son ordre une somme de ..... *pour laquelle il contribue à sa dot*, est une véritable donation, et doit être annulé pour défaut des formalités prescrites pour les donations (Ord. 1731, art. 1er; C. civ. 931). — 8 déc. 1808. Nîmes. de Cabanne. D.A. 5. 491. D.P. 1. 1327.

22. — 3° Si elle a été faite en vue d'un événement qui ne s'est pas réalisé. — Ainsi, lorsqu'il est reconnu, soit d'après un commencement de preuve par écrit, soit par un grand nombre de présomptions, qu'un acte de vente ne renferme dans la réalité qu'une donation faite en vue de mariage, cette vente doit être déclarée nulle, si le mariage projeté n'a pas eu lieu — 7 mars 1820. Civ. r. Caen. Desmare. D.A. 10. 748, n. 4. D.P. 20. 1. 264.

23. — 4° Si l'intention de donner n'existait pas. — Ainsi, la vente faite sans prix ou à vil prix, peut être déclarée nulle pour défaut de prix réel, ou rescindable pour lésion de plus de sept douzièmes (C. civ. 1674). — 28 déc. 1831. Req. Orléans. Gamelin. D.P. 32. 1. 41. — 9 janv. 1832. Civ. r. Rouen. Lefebvre. D.P. 32. 1. 66.

24. — La demande en nullité serait proposable, même par les héritiers non à réserve du vendeur, et quoique celui-ci eût exécuté l'acte (arg. C. civ. 1674). — Même arrêt.

25. — Elle serait proposable par le vendeur lui-même. Mais les tribunaux devraient rechercher avec soin l'intention qui a présidé à l'acte. La donation déguisée serait obligatoire pour le vendeur, s'il avait entendu donner. Admettre, dans tous les cas, son action en nullité, ce serait deroger à la règle de l'irrévocabilité des donations.

26. — Ainsi, l'on s'est exprimé en termes trop généraux, lorsqu'on a jugé que la vente, nulle pour défaut de prix, ne peut être considérée comme donation deguisée qu'entre successibles ou contre les héritiers du vendeur, mais non contre le vendeur lui-même qui demande cette nullité (C. civ. 893). — 10 mai 1826. Bourges. Millet. D.P. 27. 2. 42.

27. — En tout cas, l'acquéreur qui déclarerait n'avoir achete que pour faire passer les biens sur la tête d'un tiers, ne pourrait opposer à l'action en nullité du vendeur que celui-ci a entendu faire une donation déguisée; ce serait au tiers lui-même à faire valoir cette exception. — 22 nov. 1808. Toulouse. Sayve. D.A. 5. 554. D.P. 9. 2. 112.

28. — L'art. 1340 C. civ., d'après lequel la ratification ou exécution volontaire d'une donation par les héritiers ou ayans-cause du donateur, *après son décès*, emporte leur renonciation à critiquer la donation, s'applique même aux donations déguisées. — 12 nov. 1827. Civ. r. Rouen. Leprestre. D.P. 28. 1. 16.

29. — La vente faite à un successible moyennant une rente *foncière*, peut être attaquée par les autres successibles comme contenant une donation déguisée, pourvu que leur approbation ou ratification de la donation n'ait pas eu lieu *après le décès* de l'auteur commun. — Même arrêt.

30. — La preuve de la simulation est à la charge de celui qui prétend la donation déguisée; la foi est due aux actes jusqu'à preuve contraire. — Toull., t. 5, n. 81.

31. — Jugé que de simples présomptions sont insuffisantes pour faire déclarer qu'une reconnaissance d'une somme reçue n'est qu'une donation déguisée, même à l'égard du souscripteur de cet acte. — 1er juin 1814. Civ. c. Metz. Henry. D.A. 5. 370. D.P. 1. 1322.

32. — La question de savoir si un acte constitue une *donation* avec charges, ou bien une *vente*, est dans les attributions exclusives des cours royales. Leur décision à cet égard n'est pas susceptible de cassation. — 24 nov. 1825. Req. Angers. Boisnard. D.P. 26. 1. 12.

33. — La femme divorcée qui ayant reçu deux immeubles de son mari, en rétrocède un à celui-ci, par acte du même jour, est réputée faire une donation, bien que l'acte de rétrocession soit qualifié d'addition au premier et de pacte de famille. — D.P. 35. 1. 145.

34. — La donation déguisée est révocable pour survenance d'enfant. — 9 janv. 1820. Toulouse. Darmenté. D... D.A. 10. 745. D.P. 21. 2. 88.

35. — Cette révocation peut être demandée par l'enfant, devenu héritier de son père donateur, quoique celui-ci ne l'ait pas provoquée de son vivant. — 6 nov. 1832. Req. Caen. Avon. D.P. 33. 1. 31.

36. — L'action en révocation pour survenance d'enfans, d'une donation déguisée, n'est prescriptible que par trente ans. — Même arrêt.

37. — La donation déguisée est réductible à la quotité disponible.

38. — Mais comme elle ne cesse pas d'être valable, quoique réductible, elle ne peut être attaquée par les heritiers non à réserve. — 15 brum. an 14. Req. Dijon. Buley. D.A. 5. 552. D.P. 6. 1. 39. — 31 oct. 1809. Civ. r. Agen. Deshons. D.A. 5. 553. D.P. 9. 1. 460.

39. — Ne peut être présenté devant la cour de cassation, s'il ne l'a pas été devant les juges de première instance ni d'appel par des conclusions formelles, le moyen tiré, contre des billets déguisant une donation, de ce que cette donation excéderait la quotité disponible, et serait sujette à réduction. — 5 janv. 1814. Civ. c. Grenoble. Antelme. D.A. 5. 547. D.P. 14. 1. 201.

40. — La donation déguisée est-elle sujette à rapport? La dispense de rapport doit-elle se présumer par cela seul que le donateur a pris la voie indirecte? — V. Succession.

41. — Les effets d'une donation déguisée doivent être appréciés, en ce qui touche la quotité disponible et le rapport, non d'après les lois existant au moment de l'acte, mais bien d'après les lois en vigueur à l'époque du décès du donateur; il en est ainsi notamment d'une donation déguisée, consentie sous l'empire de la loi du 17 niv. an 2, en faveur d'un successible (C. civ. 913). — 20 juill. 1829. Bordeaux. Carpentey. D.P. 30. 2. 106. — *Contrà*, 19 fév. 1814. Rouen. Lanan. D.P. 15. 2. 97.

— V. Aveu, Caution, Communauté, Condition, Enregistrement, Partage, Rapport, Succession irrégulière, Vente.

TABLE SOMMAIRE.

Capacité. 18, s.
Cassation (appréciation).
Condition (défaillie). 22.
Donation. 21, s. — onéreuse. 3, s.
Fraude. 20, s.
Héritier. 24.
Indivisibilité. 16, s.
Intention. 21, s.
Malade. 3.
Moyen nouveau. 39.
Portion disponible. 37, s.
Présomption. 31.
Prix. 23, s.
Ratification. 4, 24, 28, s.
Rente. 29.
Rétroactivité. 12, s. 41.
Révocation. 34, s.
Simulation 1, s.
Surven. d'enfans. 34, s.
Testament. 6, s.
Vente. 3, s.

DONATION ENTRE ÉPOUX. — 1. — On désigne sous ce mot les libéralités que les époux se font, soit l'un à l'autre, soit mutuellement, par leur contrat de mariage ou pendant le mariage.

ART. 1er. — *Des dispositions entre époux par contrat de mariage.*

§ 1er. — *Des donations faites par l'un des époux seulement.*

§ 2. — *Des donations mutuelles entre époux.*

ART. 2. — *Des dispositions entre époux pendant le mariage.*

ART. 3. — *De la capacité des époux pour disposer entre eux.*

ART. 1er. — *Des dispositions entre époux par contrat de mariage.*

§ 1er. — *Des donations faites par l'un des époux seulement.*

2. — L'art. 1091 C. civ. porte : « Les époux pourront, par leur contrat de mariage, se faire réciproquement, ou l'un des deux à l'autre, telle donation qu'ils jugeront à propos, sous les modifications ci-après exprimées. »

3. — *Donations de biens présens.* — Aux termes de l'art. 1092 C. civ., « toute donation entre-vifs de biens présens, faite entre époux par contrat de mariage, ne sera point censée faite sous la condition de survie du donataire, si cette condition n'est formellement exprimée; et elle sera soumise à toutes les règles et formes ci-dessus prescrites pour ces sortes de donations. »

4. — Ces mots, *ci-dessus prescrites*, s'appliquent aux règles établies pour les donations par contrat de mariage; mais non à celles qui régissent les donations de biens présens en général (arg. C. civ. 947). — Dur., t. 9, n. 756.

5. — La condition de survie du donataire peut être stipulée dans la donation de biens présens entre époux. L'effet alors en est suspendu jusqu'à l'événement de la condition. Le donateur conserve la propriété; mais la donation est irrévocable. — Dur., n. 757.

6. — Jugé, par ce motif, qu'avant l'événement de la condition, le donateur, ni ses créanciers ne peuvent plus aliéner l'objet donné. — 22 mai 1817. Metz. Zimmermann. D.A. 6. 238. D.P. 18. 2. 40.

7. — Jugé cependant que, lorsque, par un contrat de mariage, un époux donne à l'autre l'usufruit de ses immeubles pour le cas où le donataire survivrait, cette donation est à cause de mort, et subordonnée à la double condition de la survie du donataire, et de l'existence, en nature, des immeubles au moment de l'ouverture de la succession du prémourant : si les immeubles ont été aliénés, l'usufruit n'est pas conservé sur le prix. — 12 avril 1820. Dijon. Morestin. D.A. 6. 238. D.P. 1. 1352.

Dans l'espèce de cette décision, le mari donataire avait, du consentement de la femme, vendu tous les immeubles de celle-ci; et il réclamait l'usufruit sur le prix de ces immeubles. Ces circonstances ont dû influer sur le juge.

8. — Jugé aussi, sous l'ancien droit, qu'une donation faite entre époux, par contrat de mariage, sous la condition de survie, a pu, quoique ayant pour objet des biens présens, certains et désignés dans l'acte, être considérée comme une donation à cause de mort, et en conséquence déclarée non soumise à l'insinuation. — 8 vend. an 14. Req. Lyon. Héritiers Paule. D.A. 6. 233. D.P. 6. 1. 27.

9. — ..... Et l'arrêt qui le décide ainsi par appréciation de l'acte, tombe sous la censure de la cour de cassation. — Même arrêt.

10. — La clause d'un contrat de mariage par laquelle un des époux fait à l'autre une donation qualifiée *entre-vifs et en cas de survie*, d'une somme déterminée, ne constitue point un legs ou toute autre disposition à cause de mort, mais bien des conventions matrimoniales pour la garantie desquelles le donataire a droit de prendre une inscription hypothécaire, même du vivant du donateur (C. civ. 2135). — 13 juill. 1831. Lyon. Fraisse. D.P. 33. 2. 222.

11. — Une donation faite entre époux par contrat de mariage sous l'empire de la loi du 17 nivôse an 2, était subordonnée à la condition de survie du donataire, surtout si l'acte contenait la clause que le donataire ne jouirait qu'après le donateur, ainsi que des stipulations relatives au prédécès du donateur. — 26 juin 1824. Grenoble. Meyer. D.P. 25. 2. 40.

12. — Il peut résulter des termes de la clause et des circonstances que le donateur a entendu disposer droit de retour, une condition résolutoire au cas de prédécès du donataire. Alors la donation dessaisit actuellement de l'usufruit et de la propriété. Et la preuve de l'accomplissement de la condition est à la charge du donateur. — Dur., n. 757.

13. — Le don fait, dans un contrat de mariage par un époux à son épouse, d'un droit d'habitation et d'usufruit de certains appartemens dans une maison à lui apprtenant, est présumé fait sous la condition de survie de la donataire. — 22 mai 1817. Metz. Zimmermann. D.A. 6. 238. D.P. 18. 2. 40.

14.—Le don mobile d'une certaine quotité des biens qui lui adviendront dans la succession de sa mère, fait sous la coutume de Normandie par la future à son époux, devenait caduc par le prédécès de ce dernier avant sa femme, encore qu'il restât des enfans du mariage.—17 mai 1831. Req. Rouen. Angeville. D.P. 32. 1. 192.

15. — Les parures et bijoux donnés à la femme par le mari, reviennent à ce dernier en cas de prédécès de son épouse lorsque la donation de ces objets n'a pas été stipulée au contrat. — 21 mars 1832. Aix. Morand. D.P. 33. 2. 102.

16. — La condition de survie, dans une donation entre époux, faite à titre irrévocable, ne peut être arbitrairement suppléée. Ainsi, lorsqu'un mari a donné tous ses biens à sa femme, pour, par elle en jouir selon ses *plaisirs et volonté*, s'il arrive que la femme vienne à décéder avant son mari, les biens appartiendront aux héritiers de la femme.— 17 prair. an 12. Nîmes. Hérit. Courbessas.

17. — La donation d'une somme payable après le décès de l'époux donateur, est une donation entre-vifs, si cette somme doit se prendre sur les biens présens, et une donation à cause de mort, si elle doit se prendre sur les biens que le donateur laissera lors de son décès. Cette dernière, nulle dans les actes ordinaires, a, dans les contrats de mariage, l'effet d'une donation de biens à venir, sujette à la caducité. — D.A. 6. 231, n. 8 et 5. 488, n. 18.

18. — Ainsi, jugé que la donation, faite dans un contrat de mariage, par un mari à sa femme, d'une somme d'argent à prendre sur les biens du donateur à son décès, est une donation à cause de mort et non entre-vifs, *bien que le donateur confère hypotheque sur ses biens présens;* en conséquence, elle est caduque en cas de prédécès de la donataire (C. civ. 1089, 1091, 1093). — 24 janv. 1822. Req. Guadeloupe. Hérit. Roux. D.A. 6. 241. D.P. 22. 1. 180.

19. — La rente viagère constituée par la femme en faveur de son mari survivant, ainsi que la faculté pour celui-ci de reprendre, au cas de prédécès de sa femme, les dentelles et diamans qu'elle a reçus de lui et de son père, constituent un droit de survie qui ne peut se réaliser qu'au cas de décès, tellement que, jusque-là, le mari n'est pas fondé à s'inscrire sur les biens de sa femme, séparée de corps, pour sûreté de ces droits éventuels (C. civ. 1168, 1179 et 1180). — 1er juill. 1829. Req. Lyon. Lavie. D.P. 29. 1. 284.

20. — Une donation entre époux a le caractère d'une donation entre-vifs, lors même que le donateur s'est réservé l'usufruit des biens donnés pendant sa vie, avec le droit de faire, pour les améliorer, tous les actes de propriété qu'il jugerait convenables, et qu'il s'est réservé tout à la fois et la propriété et l'usufruit des mêmes biens, en cas de prédécès du donataire (C. civ. 949, 951, 952). — 16 juill. 1817. Req. Rouen. Guiry. D.A. 6. 259 D.P. 18. 1. 534.

21.—Il y a aussi une donation entre-vifs dans l'acte par lequel un des époux donne à son conjoint, pendant le mariage, et en cas de predéces, tout son mobilier et l'usufruit de ses immeubles. — 18 nov. 1806. Rennes. Boutlier. D.A. 6. 249 D.P. 6. 2. 235.

22.—On a vu (vo Donation entre-vifs) par divers exemples combien les clauses et la rédaction de l'acte peuvent influer sur le caractère de la disposition.

23.—L'arrêt qui décide qu'une donation contenue dans un contrat de mariage est à cause de mort, et ne doit avoir son effet qu'au cas de survie de la donataire, n'est pas sujet à la censure de la cour de cassation. — 24 janv. 1822. Req. Guadeloupe. Héritiers Roux. D.A. 6. 241 D.P. 22. 1. 180.

24.— La donation de biens présens, faite entre époux par contrat de mariage, doit être transcrite pour les immeubles; si elle comprend des meubles et effets, il doit en être dressé un état estimatif (art. 939, 948, 1092). — D.A. *eod.*, n. 9.— Aussi a-t-on annulé, comme ne satisfaisant pas au prescrit de l'art. 948 C. civ. la clause contractuelle portant donation des reprises (mobilières), que le donateur peut avoir sur les biens de telle ou telle succession. — 28 nov. 1826. Limoges. Combe. D.P. 29. 2. 84.

25.—La donation, à titre de gain de survie de l'usufruit de la moitié d'un domaine, quoique irrévocable, participant plus de la donation à cause de mort que de la donation entre-vifs, est opposable aux tiers, quoi qu'elle n'ait pas été transcrite et qu'elle comprenne des biens susceptibles d'hypothèque (C. civ. 939). — 7 mai 1829. Toulouse. Delage. D.P. 30. 2 262.

26.— Avant comme sous le code, le défaut de transcription d'une donation faite par un mari à sa femme, ne peut être opposé à la femme, par les tiers qui ont acheté du mari les biens donnes : les tiers sont, dans ce cas, des ayans-cause du mari (C. civ. 941). — 31 mars 1830. Angers. Chollet. D.P. 30. 2. 180.

27.— Si la donation de biens présens entre époux est subordonnée à une condition dont l'exécution dépende entièrement de la volonté du donateur, la nature des choses la fait rentrer dans la classe des donations de biens à venir, dont parle l'art. 1093; en conséquence, elle serait caduque par le prédécès du donataire. Si le donateur de biens présens s'est réservé de disposer d'une somme ou d'un effet, les objets non réservés restent la matière d'une donation entre-vifs; quant aux choses réservées, la donation éventuelle est une disposition de biens à venir, ou de biens présens et à venir, régie par l'art. 1086.—Gren., n. 446, 447; Delv., t. 2, p. 448; Dur., t. 9, n. 758; D.A. 6. 231, n. 10.

28.— Mais la donation des effets réservés, faite entre époux par contrat de mariage, serait caduque, non pas seulement par le prédécès du donataire et de sa postérité, aux termes de l'art. 1089, mais même par le prédécès du donataire seul, puisque l'art. 1093 déclare que la donation de biens à venir ou de biens présens et à venir n'est point transmissible aux enfans issus du mariage, en cas de décès de l'époux donataire avant l'époux donateur. — Mêmes auteurs.

...... Sous les anciennes lois, la donation contractuelle, faite entre époux par contrat de mariage, ne devenait point caduque par le prédécès de l'époux donataire laissant des enfans. — 9 août 1833. Lyon. Duc. D.P. 34. 2. 18.

29.— Une donation contractuelle dont la minute est déclarée ne pas exister par le donateur lui-même, n'est pas nulle, si l'expédition de l'acte est représentée, et si notamment il résulte des énonciations de cette expédition, que la minute a existé.— 29 nov. 1830. Req. Badua. D.P. 31. 1. 8.

30.—*Donation de biens à venir ou de biens présens et à venir.*— L'art. 1093 la déclare « soumise aux règles établies par le chapitre précédent, à l'égard des donations pareilles qui leur seront faites par un tiers, sauf qu'elle ne sera point transmissible aux enfans issus du mariage, en cas de décès de l'époux donataire avant l'époux donateur. »

31. — Mais une déclaration formelle rendrait la donation transmissible aux enfans. L'art. 1093 contient une simple présomption. L'époux donateur doit préférer que ses enfans recueillent ses biens en qualité d'héritiers, plutôt que comme donataires. Ils sont invités ainsi à accepter sa succession (Dur., t. 9, n. 760). D'ailleurs, l'époux survivant conserve ainsi le moyen de faire respecter aux enfans la puissance paternelle.—Si la donation de biens présens et à venir a été faite sans annexe d'un état des dettes, la donation est caduque par le prédécès du donataire, laissant même de la postérité. C'est encore la conséquence des art. 1089 et 1093 combinés.— Dur., n. 760.

32.—La donation faite dans le contrat de mariage, par le mari à sa femme, du quart en usufruit de tous ses biens présens et à venir, n'est qu'un gain de survie, qui ne donne aucun droit actuel sur les biens du mari.— En conséquence, si celui-ci vend ses biens, cette donation ne sera point, comme l'hypothèque légale, un obstacle à la valable libération de l'acquéreur. — 18 juin 1833. Agen. Saubès. D.P. 34. 2. 58.

Jugé aussi que les libéralités contractuelles entre époux ne peuvent, en cas de séparation de biens, être exigées contre le donateur — D.P. 35. 1. 222.

33 —La donation de tous biens en jouissance, tels qu'ils seront au décès, faite en contrat de mariage avant le code, par un époux à l'autre, est irrévocable, et c'est uniquement par la loi en vigueur lors du contrat qu'une telle donation est régie quant à ses effets, quoique le donateur serait décédé sous le code civil, laissant même des enfans.—30 août 1831. Agen. Gladé. D.P. 32. 2. 219. — Conf. D.P. 35. 1. 100, 200.

34.— La donation, dans un contrat de mariage par l'un des époux à l'autre, de l'usufruit des immeubles qu'il laissera à son décès, est valable, quoique faite sous la réserve de pouvoir vendre, échanger et disposer entre-vifs de tout ou partie de ces immeubles, surtout si l'on peut induire des termes employés dans la clause contenant cette réserve, que le donateur n'avait entendu se réserver, en cas de disposition à titre gratuit, que le droit de donner la nue-propriété, en laissant tout l'usufruit à son épouse (C. civ. 894, 1083, 1091, 1093).— 13 août 1812. Amiens. Cochet D.A. 6. 237. D.P. 1. 1352.

35.— Le droit de faire annuler les dispositions exorbitantes faites à titre gratuit, au préjudice d'une donation de biens à venir renfermée dans un contrat de mariage, et une clause contenant réserve de disposer des biens précédemment donnés, n'appartient qu'à l'épouse donataire; les héritiers du mari ne peuvent s'en prévaloir, surtout pour faire tomber la donation elle-même.— Même arrêt.

36. — *Règles générales.* — Les donations entre époux par contrat de mariage ne sont point révocables pour cause de survenance d'enfans; elles sont dispensées de l'acceptation expresse; elles sont caduques si le mariage ne s'ensuit pas (art. 960, 1088, 1092, 1093).

37. — En Piémont, les donations entre époux, faites par contrat de mariage, n'étaient point soumises aux formalités exigées pour les autres donations entre-vifs.— 2 mess. an 10. Turin. Fantolini. D.A. 10. 171, n. 1-4. D.P. 2. 714, n. 7.

38. — Sous la coutume de Normandie, on déclarait nulle la donation faite par la femme à son époux par contrat de mariage sous seing-privé, lors surtout que le contrat n'avait pas été signé, selon le prescrit de la coutume, par les principaux parens du donateur.— Il importerait peu que l'acte eût été fait sous l'empire de la loi du 17 niv. an 2, et que la donatrice fut décédée sans enfans.—24 avril 1816. Rouen. Soudé.

39. — Le divorce était une cause légale de révocation; et c'est une grave question de savoir si la séparation de corps produit le même effet (V. Séparation de corps).—En tout cas, l'ingratitude, à supposer qu'elle suffise pour faire annuler une donation entre époux, doit, quant à ses effets, être appréciée d'après la loi en vigueur au moment de la donation. — D.P. 35. 1. 200.

L'adultère de l'un des époux, légataire de l'autre, peut être opposé par les héritiers, comme cause d'ingratitude envers le testateur, opérant révocation du legs, encore que le testateur serait décédé sans se plaindre de l'adultère de son conjoint. — 15 juin 1831. Req. Colmar. Melh. D.P. 31. 1. 204.

40.— Le code de commerce, art. 549, renferme une espèce de révocation, puisqu'il défend à la femme dont le mari est en faillite, d'exercer aucune action à raison des avantages qui lui ont été faits par contrat de mariage. Et réciproquement les créanciers du mari ne peuvent se prévaloir, dans aucun cas, des avantages faits par la femme au mari dans ce contrat.— D.A. 6. 232.

41.— Une donation, même entre époux, et par contrat de mariage, doit être annulée pour fraude aux droits des creanciers, et sur la demande de ces derniers, bien que l'époux donataire n'ait pas participé à la fraude, et l'ait ignorée (C. civ. 893, 1167). — 11 juill. 1829. Paris. Lemaistre. D.P. 30. 1. 180.

42. — Toutefois, lorsque des biens, donnés par une femme à son mari, ont ensuite été vendus par les époux, conjointement et solidairement, les acquéreurs qui ont été de bonne foi, et qui ont ignoré les vices de la donation, en ce qu'elle serait frauduleuse pour les créanciers de la donatrice, ne peuvent être évincés par ces créanciers, qui ont fait prononcer la nullité de la donation, pour fraude à leurs droits (C. civ. 1165, 1599).— 24 mars 1830. Req. Paris. Lemaistre. D.P. 30. 1. 180.

43.— Le mari n'est pas recevable à attaquer lui-même, comme contenant une libéralité déguisée, la clause du contrat de mariage par laquelle il reconnaît avoir reçu de sa femme une somme d'argent qu'elle s'est constituée en dot. — 2 juill. 1831. Grenoble. Fayollat. D.P. 32. 2. 137.

44. — La renonciation de la femme à la donation à titre universel à elle faite par son mari dans leur contrat de mariage, a pu être déclarée résulter suffisamment de ce que, depuis la mort du mari, la femme a réclamé l'exécution d'un testament par lequel celui-ci a, sous forme de réglement des droits de celle-ci sur ses biens, substitué à la donation contractuelle le legs, en faveur de la donataire, d'une somme déterminée (C. civ. 894, 1395, 1338). — 21 mars 1832. Req. Caen. Bacon. D.P 32. 1. 145.

§ 2. — *donations mutuelles entre époux par contrat de mariage.*

45.— Ces donations, formellement autorisées par l'art. 1091 C civ., sont soumises aux mêmes régles que les dispositions faites par un seul des époux. Ce ne sont pas des conventions à titre onéreux, comme d'anciens auteurs les qualifiaient. L'art. 1091 les comprend sous le nom de donation, et l'art. 960 C. civ. les déclare révocables pour survenance d'enfans.— V. Donation.

46.— Ainsi, doivent être considérés comme donations les avantages stipulés par les époux dans leur contrat de mariage, bien que ces avantages soient réciproques, et faits sous la condition de survie du donataire; en conséquence, un gain de survie réciproque, établi dans un contrat de mariage, est soumis, comme tout autre avantage contractuel, à la réserve légale; ainsi, lorsque l'un des époux donateur décède sans descendans, la nue-propriété de la moitié des biens est réservée aux ascendans (C. civ. 915, 1090, 1092, 1093, 1094). — 21 déc. 1821. Toulouse. Armengaud. D.A. 5. 421.

47.— La donation mutuelle peut être de quotités inégales; l'un des époux peut donner la propriété ou une propriété, et l'autre l'usufruit seulement.— Dur., t. 9, n. 763.

48.—La clause par laquelle deux époux se donnent, par leur contrat de mariage, tout ce dont ils peuvent disposer, *pour*, *par le survivant*, *en jouir à compter du décès du premier mourant*, *sans néanmoins être tenu à fournir aucune caution*, ne contient pas un don de propriété, mais seulement un don d'usufruit.— 25 mars 1815. Req. Riom. Beaufranchet. D.A. 5. 344. D.P. 15. 1. 192.

49. — Dans cette clause d'un contrat de mariage, que « le survivant sera *propriétaire absolu* des meubles et effets mobiliers et actions réputées telles de la communauté, et *dispensé de donner caution*, les juges peuvent, par appréciation des faits, actes et circonstances, voir une donation de *l'usufruit des immeubles* (C. civ. 711, 724, 931). — 24 déc. 1828 Req. Douai. Héritiers Rousseau. D.P. 29.1. 80.

50.— Les donations mutuelles entre époux, telles que les admettaient plusieurs coutumes, appartenaient à la classe des donations à cause de mort. Aussi, sou l'ancienne jurisprudence, étaient-elles exemptes de l'insinuation.—Chabot, *Quest. transit.*, vº Donation entre époux; D.A. 6. 231, n. 5.

51.— Ainsi, jugé qu'une donation mutuelle, par contrat de mariage, au survivant des époux, de l'usufruit des biens qui se trouveront au décès du prémourant, ne pouvant être considérée comme une donation entre-vifs de biens présens, n'était pas assujettie à l'insinuation (Ord. 1731, art. 20; lett.-pat. de 1769).— 25 vent. an 11. Civ. r. Paris. Neucourt. D.A. 6. 233. D.P. 3. 1. 622.

Et la clause d'un contrat de mariage, par laquelle les époux « *se font donation mutuelle de l'usufruit de tous leurs biens, meubles et immeubles, en faveur du survivant d'eux, l'effet de laquelle donation se réduira en cas d'existence d'enfans du mariage....* », a pu être considérée comme contenant une donation de biens présens et à venir, et non pas seulement une donation de biens présens. — 11 déc. 1832. Req. Besançon. Bégeot. D.P. 33. 1. 103.

52.— .... Ni le don mutuel fait, par contrat de mariage, en faveur de l'époux survivant, de biens qui appartiendraient au donateur lors de son décès. — 16 nov. 1813. Req. Paris. Samson. D.A. 6. 234. D.P. 13. 1 618.

53.— .... Ni la donation faite avant le code, entre époux à titre de gain de survie, par contrat de mariage, ou la donation à cause de mort. — 31 mars 1830. Angers. Chollet. D.P. 30. 2. 180.

54.— D'après la jurisprudence du parlement de Bordeaux, la stipulation, en contrat de mariage, d'un agencement réciproque, était considérée, non comme une simple libéralité, mais comme une convention aléatoire et intéressée; elle a pu, dès lors, être déclarée constituer une dette de la succession frappant sur les propres comme sur les autres biens de l'hérédité.—17 août 1830. Req. Bordeaux. Ballyas. D.P. 30. 1. 391.

55. — La stipulation de survie, dans une donation mutuelle de biens présens, n'enlèverait pas à cette disposition le caractère de donation entre-vifs; c'est ce qui résulte de l'art. 1092. Mais si elle portait sur des biens à venir, ou sur des biens présens et à venir, elle changerait de nature et deviendrait donation à cause de mort. Dans ce dernier cas, il faudrait appliquer l'art. 1093, c'est-à-dire les principes des donations de biens présens et à venir, ou des institutions contractuelles faites par des tiers.

Lorsque deux époux se sont fait par contrat de mariage donation mutuelle de tous leurs biens présens et à venir, sous la condition de survie, l'époux qui devient donataire par la mort de son conjoint n'est pas obligé d'accepter ou de répudier pour le tout cette donation; il peut s'en tenir aux biens présens pour s'exonérer des dettes postérieures. — 15 déc. 1813. Req. Lyon. Noir, etc. D.A. 6. 235. D.P. 15. 1. 7.

Cet arrêt, quoique rendu sous l'ordonnance de 1731, devrait évidemment être suivi sous le code.

56.— Lorsque des époux se sont fait par contrat de mariage donation mutuelle au survivant de tous leurs biens, celui des époux qui s'est rendu coupable du meurtre de l'autre ne peut réclamer l'effet de cette donation, non qu'elle soit révoquée pour cause d'ingratitude, mais parce que les chances de survie, que l'époux coupable a perdu par son crime le droit de réclamer pour lui, sont censées accomplies au profit de l'autre (C. civ. 959, 1091). — 5 mai 1818. Req. Caen. Desbuissons. D.A. 6. 236. D.P. 19. 1. 92.

57.—La donation mutuelle entre époux, par con-

trat de mariage, de l'universalité de leurs biens en faveur du survivant, doit être régie dans ses effets par les lois existant au moment où elle a été stipulée; et, par conséquent, si les époux avaient un enfant naturel, et qu'à ce moment les lois ne lui attribuassent qu'un droit à des alimens sur la succession paternelle, l'enfant ne pourrait, quoique la succession se fût ouverte sous le code, exercer un droit plus étendu au préjudice du donataire universel.— 9 juill. 1812. Req. Paris. Abadie. D.A. 12. 313, n. 1. D.P. 1. 1321.

58.— Les art. 1 et 2 de l'ordonnance de 1731, d'après lesquels les donations entre-vifs devaient, à peine de nullité, être faites devant notaires, ne sont pas applicables aux donations réciproques entre époux qui sont des donations à cause de mort.— 3 flor. an 13. Civ. r. Rouen. Davrilly. D.A. 10. 54, n. 2.

ART. 2.— *Des dispositions entre époux pendant le mariage.*

59.— La plupart des coutumes prohibaient les donations entre époux pendant le mariage, ou ne permettaient que les dons mutuels. Le droit romain autorisait les époux à se faire des donations à cause de mort; quant aux donations entre vifs, elles étaient toujours révocables à la volonté du donateur.—D.A. 6. 242, n. 1.

60 —Une telle donation, en pays de droit écrit, était révocable, alors même qu'elle avait été qualifiée de donation mutuelle, irrévocable (L. 32, § 1 et 2, ff. *de Donat. inter vir. et uxor.*; Nov. 162, ch. 1er).— 25 mai 1827. Lyon Guenichon. D.P. 28. 2. 127.

Celle faite sous la loi du 17 nivôse an 2 était aussi révocable.—Req. D.P. 35. 1. 101.

61.— L'art. 1096 C. civ. déclare toujours révocables les donations faites entre époux, quoique qualifiées entre-vifs; la révocation peut être faite par la femme, sans autorisation de son mari ni de justice. Enfin, ces donations ne sont pas révoquées par la survenance d'enfans. Ces dispositions sont applicables aux donations mutuelles comme aux donations simples.— Fav., vº Don mutuel entre époux, n. 2; D.A. 6. 242, n. 1.

62.— Cette révocabilité a un double motif: on craint que le donateur ne soit pas libre à raison de l'ascendant ou de la séduction de l'autre époux; on veut inviter les époux à se continuer de bons procédés, pour mériter que la donation ne soit pas révoquée.

Aussi leur permet-on de révoquer même les donations entre-vifs faite aux enfans d'un premier mariage de l'autre époux.—V. n. 135.

63.— Les époux peuvent-ils renoncer, par leur contrat de mariage, à la faculté de se faire des donations pendant le mariage? Non, l'art. 1388 leur défend de déroger aux dispositions prohibitives du code. Or, l'art. 1119 ne permet pas de stipuler pour un autre que pour soi-même; et il est évident que les époux, toujours maîtres de révoquer leurs dispositions, n'ont aucun intérêt à s'interdire d'avance la faculté de s'avantager. L'art. 1130 prohibe toute stipulation sur une succession future: or, l'époux qui stipule ici, n'ayant point en vue un intérêt personnel, ne fait au fond que promettre à ses héritiers de ne pas leur enlever ses biens.— Merl., Rép., vº Renonciation, § 1er, n. 3.

La question autrefois était fort controversée. La jurisprudence nouvelle a consacré l'interprétation suivante.

64.— Ainsi, jugé que les époux peuvent s'avantager pendant le mariage, encore que, par leur contrat, ils aient réciproquement renoncé à se faire d'autres dons que ceux qui se trouvent dans ce contrat, lorsque d'ailleurs cette renonciation n'a été consentie au profit d'aucune personne dénommée ou désignée dans l'acte, et qui eût été en droit d'en réclamer l'exécution (C. civ. 6, 1387).— 31 juill. 1809. Civ. r. Amiens. Héritiers Thiercelin. D.A. 6. 243. D.P. 9. 1. 273.

65.— Pareillement, la clause d'un contrat de mariage, par laquelle deux époux s'interdisent la faculté de disposer, l'un en faveur de l'autre, de leurs biens propres, n'étant pas obligatoire pour eux, l'un des époux peut, malgré cette renonciation, instituer l'autre son légataire universel.— 22 déc. 1818. Civ. c. Nanci. De Greische D.A. 6. 245. D.P. 19. 1. 71.

66.— La clause par laquelle des époux s'interdisent réciproquement de disposer de certains biens, est nulle, quoique renfermée dans un contrat de mariage, les stipulations matrimoniales ne devant être maintenues que lorsqu'elles renferment une véritable convention, et non quand elles ne sont qu'une

promesse contraire à la liberté et à l'intérêt de époux, surtout si elles sont faites sans le concours e l'approbation des héritiers, seuls intéressés à leu représentation; en conséquence, une semblabl clause n'empêche pas l'un des époux qui n'a poin d'héritiers à réserve, de disposer en faveur de l'autre de l'universalité de ses biens.—Même arrêt

67.—Décidé de même qu'un époux peut tester au profit de son époux, quoique, par leur contrat de mariage, ils se soient respectivement interdit à l'un ou à l'autre de disposer, soit à cause de mort, soit entre-vifs, soit par testament, sans le consentement de l'autre, à peine de nullité (Merl., Rép., vº Renonciation, § 1er).—15 juill. 1812. Req. Bruxelles. Villers etc. D.A. 6. 244. D.P. 1. 1352.

68.—Une telle clause ne peut être validée comme une application de la règle ancienne, *paterna paternis, materna maternis*, même si les époux sont domiciliés dans un pays où cette règle était observée, s'ils se sont mariés sous l'empire de la loi du 17 niv an 2, ou de celle du 4 germ. an 8.— 22 déc. 1818. Civ. c. Nanci. de Greische. D.A. 6. 245. D.P. 19. 1. 71.

69 —L'art. 12, tit. 9, de la coutume de Malines, devait être entendu en ce sens, que l'époux survivant était obligé de s'en tenir exclusivement, ou aux conventions matrimoniales, ou au testament du prédécédé, ou au statut municipal, sans pouvoir les cumuler, à moins qu'il n'eût été convenu du contraire par le contrat de mariage. Il n'en résultait pas qu'une clause du contrat de mariage pût empêcher le survivant de s'en tenir au testament que le prédécédé ferait en sa faveur.— 15 juill. 1812. Req. Bruxelles. Villers, etc. D.A. 6. 244. D.P. 1. 1352.

70.— Par sa révocabilité, la donation entre époux semble se rapprocher de la donation à cause de mort; elle n'est point cependant de la même nature. Déjà l'ord. de 1731 reconnaissait entre elles une différence: l'art. 3 autorisait, sous certaines conditions, la donation à cause de mort; l'art. 46 déclarait que, quant aux dons entre mari et femme pendant le mariage, il n'était rien innové jusqu'à ce qu'il y fût autrement pourvu. Au mot *donation par contrat de mariage*, et en comparant l'institution contractuelle ou la donation de biens à venir, nous avons fait connaître les principaux caractères qui distinguaient autrefois la donation à cause de mort.—D.A. 6. 242, n. 3.

71.— Le code civil ne reconnaît plus la donation à cause de mort proprement dite. Il permet aux époux de disposer entre-eux, soit par donation entre-vifs révocable, soit par testament.

72.— La donation, quoique révocable, diffère en plusieurs points du testament, si elle a pour objet des *biens présens*. Elle saisit 1º actuellement le donataire, prend son effet du jour de l'acceptation, et non du jour où le donateur décède; 2º le donataire, par la même, n'est pas, comme le légataire, assujetti à la demande en délivrance; 3º la mort civile du donateur, postérieurement à la donation, loin d'annuler la disposition, ne fait que la confirmer. — Gren, n. 453; Toull, n. 920 et 921; Delv., t. 2, p. 449; Dur., t. 9, n. 778; D.A. *eod.*, n. 4.

73.— La donation de biens présens, faite entre époux pendant le mariage, est-elle, comme la donation de biens à venir, caduque par le prédécès du donataire? Le doute vient de ce que le donataire a été saisi, et que la loi n'a pas prononcé la caducité comme elle l'a fait dans les cas des art. 1039, 1089, et notamment de l'art 1093, placé sous la même rubrique, *des Disp. entre époux*. Mais la révocabilité de la donation doit y faire sous-entendre la condition de survie. La donation n'est confirmée que par le silence du donateur *jusqu'à sa mort*; or, on ne peut ni donner ni continuer de donner à un donataire qui n'existe pas. Cela s'induit *à contrario* de l'art. 1092, qui ne sous-entend pas la condition de survie dans la donation de biens présens *par contrat de mariage* On peut, à plus forte raison, tirer la même induction de l'art. 1093 C. civ., qui, nonobstant leur irrévocabilité, déclare caduques les donations faites dans les termes de cet article. Enfin, il y a une raison décisive, à nos yeux, dans la combinaison des art 1092, 1093, 1086, 1089 Supposons la donation de biens présens, faite avec réserve de disposer de l'un des objets donnés. L'objet réservé n'appartiendrait pas au donataire prédécédé, parce que le donateur *pouvait toujours en disposer*. Dur., t. 9, n. 777, adopte cette opinion, qu'il avait d'abord rejetée. Delv., t. 2, p. 449; Toull., n 918; Gren., n. 454. D.A. 6, *eod.*, n. 5, admettent la caducité sans distinguer entre les donations de biens présens et de biens à venir.

74 — La donation de *biens à venir*, faite pendant le mariage, diffère-t-elle du testament? Des trois

différences que nous venons de signaler, la première évidemment n'existe pas. Quant aux deux autres, Gren., Toull., Delv., *loc. cit.*, les constatent, sans distinguer la donation de biens présens et celle de biens à venir. Comme Dur., t. 9, n. 778, nous ne les croyons applicables qu'aux donations de biens présens. Les donations de biens à venir ne sont au fond et sauf la forme d'actes entre-vifs, que des dispositions testamentaires. C'est un simple don de l'hérédité; l'espérance du donataire n'est pas mieux fondée que celle d'un légataire. Merlin, *Quest.*, v° Révocation de donation, examine la question sous l'influence des anciens principes, et la résout dans le même sens.

En conséquence, la mort civile du donateur rendra sans effet la donation de biens à venir. — Dans le droit romain, qui déclarait alors la donation irrévocable (L. 13, § 1er, ff et 24 *C. de Donat. int. vir et uxor.*), on supposait qu'elle ne portait que sur des biens présens, dont le donateur s'était réellement dessaisi. — Dur., n. 778.

75.— Par une autre conséquence, la donation serait sujette à la demande en délivrance, comme un legs ordinaire. Le contraire a été jugé, toutefois, à l'égard d'un don fait entre époux pendant le mariage, de l'usufruit de tous les biens qui appartiendraient au donateur lors de son décès.— 29 août 1834. Paris. Mondel. D.P. 35. 2. 23.

76.— Une donation entre-vifs, faite d'un époux à l'autre pendant leur mariage, est sujette aux formalités des donations entre-vifs, et ne peut être annulée sous prétexte que, toujours révocable pendant la vie du donateur, et ainsi formant une donation à cause de mort, elle ne contient pas les formes des dispositions testamentaires (Gren., n. 457; Delv., p. 449; Toull., n. 917; Dur., t. 9, n. 770; Dall., *eod.*, n. 6; C. civ. 947, 1096). — 22 juill. 1807. Civ. c. Rennes. int. de la loi. Lecouvreur. D.A. 6. 247. D.P. 7. 1. 361.

77.— Et il en serait ainsi, même d'un acte ayant pour objet des biens à venir, portant la qualification et renfermant les caractères d'une donation à cause de mort; il peut être fait entre époux pendant le mariage sous les formes d'un testament, et sous celles de donations entre-vifs (Mêmes auteurs) — 5 déc. 1816. Req. Nanci. Boursier. D.A. 6. 249. D.P. 17. 1. 368.

78.—Jugé, sous l'ancienne législation, que l'acte par lequel un des époux donne à son conjoint pendant le mariage, et en cas de prédécès, une partie du bien qu'il laissera lors de sa mort, est un testament qui doit être annulé, s'il ne renferme pas les conditions exigées pour la validité d'une donation à cause de mort. Il en doit être ainsi, lors même que cet acte serait qualifié donation entre-vifs.—15 therm. an 13. Rennes. Cheny. D.P. 6. 2. 233.

79.— Le don entre époux par acte entre-vifs doit être accepté expressément; il n'y a d'exception que pour les donations comprises dans un contrat de mariage (art. 1087).— Gren., n. 458; Toull., n. 917; D.A. *eod*, n. 7.

80.— Faut-il, à peine de nullité, un état estimatif du mobilier dans les donations faites entre époux pendant le mariage? Le doute vient de ce que les donations sont révocables, et que l'état estimatif a été principalement exigé par l'art. 948, pour que le donateur ne puisse livrer moins qu'il n'a donné. Cependant nous le croyons nécessaire dans les donations de *biens présens*; l'état estimatif fait connaître ce qui a été donné pour le cas de révocation légale, réduction ou rapport. Ainsi, le rapport du mobilier se fait *sur le pied de la valeur lors de la donation* (C. civ. 868). — Toull., n. 917; Gren., n. 459 *bis* (qui avait d'abord pensé le contraire); D.A. *eod.*, n. 7.

81.—Cette opinion a été consacrée à l'égard d'une donation entre vifs du quart en usufruit et du quart en propriété des biens meubles et immeubles que possédait actuellement l'époux donateur.— 16 juill. 1817. Req. Rouen. Daptot. D.A. 6. 239. D.P. 18. 1. 534.

82.— Mais nous déciderions autrement dans le cas d'une donation *de biens à venir*. A quoi bon alors l'état estimatif, puisqu'il n'y a rien de transmis actuellement?— 27 août 1834. Paris. Mondel. D.P. 35. 2. 23.

Ainsi jugé à l'égard d'une donation de l'usufruit de tous les biens que le donataire laisserait à son décès.

Elle n'exige pas d'état estimatif du mobilier, quoiqu'elle embrasse l'usufruit de tous les biens qu'il laissera à son décès.

83.—Jugé de même dans le cas d'une donation de biens *présens et à venir*, faite (par un mari à sa femme pendant le mariage) sous la condition que le donataire prendra les biens donnés dans l'état où ils se trouveront au décès, et acquittera les dettes du donateur à cette époque, encore qu'il n'ait pas été annexé à la donation un état estimatif du mobilier. — 5 déc. 1825. Riom. Sadoul. D.P. 27. 2. 112.

84.— Les dons entre époux ne sont pas soumis à la transcription; elle est sans objet dès que le donateur peut aliéner, soit par donation, soit par vente ou autre acte translatif de propriété, les objets donnés à son époux.— Gren., n. 456; Delv., p. 450; D.A. *eod.*, n. 9.

85. — La donation entre époux peut avoir lieu sous des conditions potestatives et sous la réserve de disposer d'un effet ou d'une somme; réserve qui, en cas de non disposition, profite au donataire comme lorsqu'il s'agit de donation faite dans un contrat de mariage (art. 947 et 1086 combinés).— Gren., n. 459; D.A. 6. 243, n. 8.

86.— Jugé, sous l'ancien droit, que lorsqu'un même acte, passé entre époux pendant le mariage, contient à la fois une donation de biens présens et une donation de somme à prendre sur des biens à venir, la donation est valable quant aux biens présens, quoique nulle pour les biens à venir. Telle était la jurisprudence des pays coutumiers, à laquelle il n'avait point été dérogé par l'ordonnance de 1731 (Ord. 1731, art. 17 et 46). — 15 flor. an 9. Paris. Héritiers Guinault. D.A. 6. 246. D.P. 1. 1352.

87.— L'art. 1096 permet de révoquer la donation faite pendant le mariage, mais sans prescrire aucune forme. Il se borne à dispenser la femme du consentement de son mari. Tout acte régulier, soit authentique, soit devant notaire, produirait révocation si elle était clairement exprimée. Il est dans l'esprit de la loi de ne point entraver la faculté de révoquer par des formes plus ou moins compliquées. Toull., n. 923; D.A. 6 243, n. 12; Gren., n. 462, et Dur., n. 779, concluent au contraire, du silence de la loi, qu'elle a entendu se référer aux règles sur la révocation des testamens. Mais Grenier dit plus loin, n. 455, que la révocation d'une donation entre époux n'est opérée par un testament qu'autant qu'elle y est signalée par une clause *expresse*; qu'il ne suffirait donc pas de révoquer tous testamens antérieurs. Cette opinion fort juste, partagée par Toull., n. 923, semble contraire à la complète assimilation de la donation entre époux, et du testament sous le rapport de la révocation. — D.A. *eod.*, n. 12.

88.— Un acte postérieur qui contiendrait des dispositions incompatibles avec la donation, ou qui y serait contraire, en opérerait la révocation, quoiqu'elle n'y fût pas expressément stipulée.—D.A. *eod.*, n. 13.

89.— Ainsi, lorsqu'une femme mariée, après avoir donné tous ses biens à son mari par donation faite pendant le mariage, donne postérieurement avec l'autorité de son mari, dans un contrat de mariage d'une de ses nièces, une somme *fixe par préciput*, cette donation irrévocable par préciput d'un objet déterminé, révoque la donation faite au mari, dans sa totalité; le préciput, n'ayant lieu que dans le concours des héritiers de droit pour dispenser du rapport le précipuaire, ne saurait comporter une donation antérieure de tous les biens du donateur.— 9 juin 1830. Civ. r. Lyon. Guichenon. D.P. 30. 1. 279.

90.— Mais la donation d'une somme d'argent, par le mari à sa femme, pendant le mariage, n'est point révoquée par une donation postérieure à titre de préciput, en faveur d'un enfant issu d'un premier lit, bien que ces donations réunies excèdent la quotité disponible, surtout s'il n'est pas justifié qu'à l'époque de la seconde disposition, le donateur savait que les deux libéralités excédassent le quart de sa fortune.— 21 mai 1829. Toulouse. Julia. D.P. 29. 2. 292.

91.— Il y aurait révocation tacite par l'aliénation, à quelque titre que ce fût, de l'objet précédemment donné. — D.A. *eod*, n. 14.

92.—Cependant la donation de *tous les biens présens et à venir*, faite par l'un des époux à son conjoint durant le mariage, n'est pas révoquée par l'aliénation que l'époux donateur (ou son conjoint autorisé de lui) aurait faite d'objets compris dans la donation : le donataire conserve le droit d'exiger le prix de la vente : ici ne s'applique pas l'art. 1038 C. civ., qui a pour objet seulement le cas où le testateur a légué un corps certain. Un légataire *universel* aurait droit au prix. Il en doit être de même du donataire de tous biens présens et à venir. — 5 déc. 1825. Riom. Sadoul. D.P. 27. 2. 112.

D'ailleurs, c'est le donataire lui-même qui avait vendu, du consentement de la femme donatrice, et en stipulant le prix pour lui ou ses héritiers.

93. — Une vente *forcée* de l'objet donné ne serait pas considérée comme acte révocatoire, parce qu'elle n'indique pas de la part du donateur la volonté d'anéantir sa libéralité.

94.—Une hypothèque consentie par l'époux donateur n'enlèverait pas la propriété au donataire; seulement les héritiers du donateur ne seraient point tenus de dégager l'immeuble, qui resterait grevé au préjudice du donataire, sauf le recours de ce dernier, s'il était forcé de payer la dette pour éviter l'action des créanciers inscrits. Ici s'appliquent par analogie les dispositions qui régissent les legs. — Toull., n. 924; Delv., p. 430; D.A. 6. 243, n. 14.

95.—Une donation faite par un époux à son conjoint, en remplacement d'une autre donation contenue dans leur contrat de mariage, passé sous une législation qui permettait aux époux de changer leurs conventions matrimoniales, mais seulement de leur consentement commun, est un acte irrévocable régi par la loi existante à l'époque où il a été fait —24 août 1825. Req. Colmar. Foltz. D.P. 25. 1. 430.

96.—Pour la réduction des donations entre époux faites pendant le mariage, on ne les entame qu'après l'épuisement des legs, et quelle que soit la date des deux dispositions. — Toull., n. 922; Levass., *Port. dispon.*, n. 115; D.A. 5. 454, n. 47, et 6. 243, n. 11.

Cette solution n'est pas douteuse, s'il s'agit d'une donation de biens présens, parce qu'elle saisit actuellement le donataire. Mais il y a plus de difficulté pour les donations de *biens à venir*, qui, comme on l'a vu ci dessus, laissent les biens à la libre disposition du donateur, et n'ont, en général, que les effets d'un legs.

97.—Lorsqu'un avantage entre époux consiste en choses mobilières, sa validité doit être déterminée par la loi du domicile des époux. En conséquence, était nul le legs d'une somme d'argent, fait par une femme à son mari, si les époux étaient domiciliés dans le ressort d'une coutume qui prohibait les avantages entre époux, encore que l'époux disposant eût des immeubles en pays de libre disposition, que le don fût à prendre sur tous ses biens, et que le contrat de mariage contînt soumission aux lois de ce pays de libre disposition (C. civ. 3). — 2 juin 1808. Req. Paris Talaru. D.A. 6. 232. D.P. 6. 1. 460.

98. — L'ordonnance de 1735 avait abrogé les testamens mutuels; mais il s'élevait encore des difficultés sur la validité des dons mutuels entre époux. Le code civil lève tous les doutes; l'art. 968 reproduit, à l'égard de toutes personnes, la prohibition portée dans l'ordonnance; et spécialement l'art. 1097 défend aux époux, pendant le mariage, de se faire, par acte entre-vifs, ou par testament, aucune donation mutuelle et réciproque par un seul et même acte.— D.A. 6. 250, n. 1.

99. — Une disposition mutuelle renfermée dans deux actes testamentaires séparés, passés le même jour, au même instant, ne serait pas nulle (V. Testament) Il en serait de même, et par les mêmes motifs, pour les dons mutuels entre époux (Gren., n. 460; Toull., n. 916; Fav., v° Contrat de mariage, sect. 4, § 2, art. 3; D.A. *eod.*, 250, n. 1). — 22 juill. 1807. Civ. c. Rennes int. de la loi. Lecouvreur. D.A. 6. 247. D.P. 1. 361.

100. — L'art. 1097 C. civ., qui annulle les donations mutuelles faites entre époux pendant le mariage, par un seul et même acte, ne s'applique point au cas où des époux émigrés, mariés en pays étranger, se sont mariés de nouveau en France, dans la crainte que leur première union n'y fût sans effet, et se sont fait, pour la première fois et par contrat de mariage, donation mutuelle. — La présomption de bonne foi, qui résulte de l'état de controverse sur la question de la validité des mariages entre émigrés, rend cette donation inattaquable. — 14 juin 1828. Paris. Leboullanger. D.P. 28. 2. 192.

101. — Du reste, les dons mutuels entre époux qui peuvent être faits par des actes séparés, soit testamentaires, soit entre-vifs, doivent présenter l'accomplissement des formalités propres à celle des deux espèces d'actes que les époux ont préférée. — Fav., v° Donation mutuelle entre époux, n. 3; D.A. *eod.*, n. 1.

102.— Il n'est pas nécessaire, pour la validité d'un don mutuel fait entre époux pendant le mariage, qu'il y ait égalité parfaite entre les choses données par chacun des deux époux; ainsi, le défaut de réciprocité partielle n'autorise point l'annulation du don mutuel. — 23 juin 1813. Civ. c. Montpellier. Beaudecourt. D.A. 6. 259. D.P. 13. 1. 344.

103. — Et même, quoique qualifiée don réciproque, elle n'est pas nulle par cela qu'il n'y a pas

réellement réciprocité de la part de l'épouse : elle doit valoir comme donation simple par le mari, lorsque, d'ailleurs, les époux étaient capables de se donner, et que l'acte était exempt de dol et de fraude. — Même arrêt.

104. — Sur la révocation des dons mutuels entre époux, V. n. 59, 71 et suiv. et Donation.

105. — Avant le code civil, les dons mutuels entre époux étaient une source de fréquentes contestations. Les coutumes qui les autorisaient les assujettissaient à des conditions différentes, selon les provinces. La loi du 17 nivôse an 2 permit indéfiniment aux époux de se faire tels avantages qu'ils jugeraient convenables, et abolit les lois et coutumes locales. — D.A. 6. 250, n. 2.

106. — Ainsi, une donation mutuelle faite entre époux, sous l'empire de la loi du 17 niv. an 2, était valable, même dans les pays où la coutume la prohibait; et il n'était pas nécessaire de se conformer aux lois anciennes sur les formalités ou conditions particulières aux donations mutuelles; il suffisait des formalités relatives à l'essence des actes et à la capacité des personnes (Merl., *Quest. de droit*, v° Don mutuel; Chabot, *Quest. transit.*, v° Don mutuel entre conjoints, § 1er; D.A. *eod.*, n. 3). — 25 fruct. an 11. Civ. c. Baisle. D.A. 6. 252. D.P. 4. 1. 78.

107. — Par exemple, une semblable donation n'était pas nulle pour défaut d'inventaire du mobilier donné. — Même arrêt.

108. —... Ni pour avoir eu lieu peu de temps avant le décès de l'un des époux (Merlin, *Quest. de droit.*, v° Don mutuel, § 4). — 12 fruct. an 10. Cass. (arrêt cité).

109. —... Ou pendant sa dernière maladie (Merlin, *Quest. de dr.*, v° Signature, § 3; Coutume de Touraine, art. 243). — 30 mess. an 11. Civ. r. Orléans. Hérit. Château-Châlons. D.A. 6. 253. D.P. 3. 1. 722. — 28 prair. an 13. Req. Metz. Munant. D.A. 6. 254. D.P. 50. 4. 9.

110. —... Ni enfin parce qu'elle ne présentait les caractères ni d'un testament, ni d'une donation entre-vifs, ni d'un testament conjonctif. Jugé ainsi à l'égard d'un don mutuel fait pour le survivant (Merl., *Quest. de dr.*, v° Don mutuel, § 3; ord. 1731, art. 3 et 46; ord. 1735, art. 77; cout. de Valenciennes, art. 17; l. 7 niv. an 2, art. 13 et 14). — 1er vent. an 9. Req. Plichon. D.A. 6. 251. D.P. 3. 1. 419.

111. — Un don mutuel entre époux fait par acte sous seing-privé, sous l'empire de la loi du 17 niv. an 2, qui permet les avantages entre époux, sans en régler la forme, dans un pays où, avant cette loi, les époux ne pouvaient se donner mutuellement, pendant le mariage, est valable, surtout, s'il a eu lieu pour suppléer à des conventions matrimoniales, passées légalement dans cette forme, et perdues par accident (L. 17 niv. an 2, art. 14 et 61). — 6 juill. 1808. Req. Caen. Hérit. Durand. D.A. 6. 255. D.P. 8. 1. 352.

112. — Une donation mutuelle entre époux passée pendant le mariage sous la loi de l'an 2, n'est pas nulle par cela que l'époux survivant n'a pas signé l'acte, tandis qu'il savait signer, lorsque d'ailleurs il n'y a pas suggestion ni captation de la partie qui a déclaré ne savoir signer. — 30 mess. an 11. Civ. r. Orléans. Hérit. Château-Châlons. D.A. 6. 253. D.P. 3. 1. 722.

113. — Le don mutuel passé sous la loi de l'an 2, est irrévocable, s'il ne porte que sur des biens présens. Mais s'il comprend des biens à venir, on doit y voir une donation à cause de mort, sujette à révocation et à caducité. On eut décidé ainsi sous l'ordonnance de 1731; et la loi de l'an 2 n'a pas dérogé en ce point à l'ancien droit. — D.A. *eod.*, n. 4.

114. — Ainsi, la donation mutuelle, pendant le mariage, faite sous la loi de l'an 2, *des biens que le prémourant laissera à son décès*, est une donation à cause de mort essentiellement révocable, qui peut être révoquée par un testament ultérieur de l'un des donateurs. — 22 juill. 1821. Rouen. Morisse. D.A. 6. 257.

115. — De même, le don mutuel de *tous leurs biens*, fait pendant le mariage, entre époux, sous la loi du 17 niv. an 2, a pu, comme donation à cause de mort et suivant le principe de droit commun, lequel n'était modifié que par quelques coutumes, être révoqué par l'un des époux dans son testament, sans le consentement de l'autre, et *spécialement* par la femme, sans le consentement de son mari, et même sans l'avertir de cette révocation. — 4 avril 1832. Req. Caen. Laroche. D.P. 32. 1. 140.

116. — Un tel don pouvait spécialement être révoqué par un legs rémunératoire. — 26 nov. 1812. Caen. Duhamel. D.A. 6. 264. D.P. 1. 1352.

117. — Pareillement, sous la loi de l'an 2, une donation mutuelle entre époux *des biens que le prémourant laissera lors de son décès*, faite pendant le mariage par acte public, quoique qualifiée *entre-vifs* et *irrévocable*, n'était pas sujette à insinuation dans les quatre mois, les donations entre époux ne constituant jamais des dons entre-vifs, mais des donations à cause de mort (C. civ. 1096, anal.). — 14 prair. an 13. Civ. c. Dijon. Beugon. D.A. 6. 255. D.P. 5. 1. 400.

118. — L'insinuation n'était pas requise non plus pour la donation mutuelle de l'usufruit des biens que le prémourant laisserait lors de son décès, faite sous la loi du 17 niv. an 2 et pendant le mariage. Elle constituait une donation à cause de mort, ou un gain de survie, mais non une donation entre-vifs. — 9 frim. an 11. Rouen. Fresné. D.A. 6. 257.

119. — Toutefois, il a été décidé au contraire que toute donation mutuelle entre époux, pendant le mariage, faite sous la loi du 17 niv. an 2, est irrévocable, et ne peut devenir caduque par le prédécès du donataire, alors même qu'elle aurait en partie pour objets des biens à venir. — 16 juin 1818. Civ. c. Metz. Hérit. Moraine. D.A. 6. 258. D.P. 18. 1. 440.

120. — Merlin, *Quest. de droit*, v° Révocation de donation, fait contre cette décision une critique très savante; sa doctrine est partagée par Dalloz, *eod.*, n. 4.

121. — Le don mutuel est régi par le statut du lieu où l'acte a été passé, et non par le statut personnel du domicile. — Merl., et Chabot, *loc. cit.*; D.A. 6. 251, n. 5.

122. — En conséquence, il doit être exécuté en entier, si la coutume du lieu où il a été fait porte qu'il est irrévocable, alors même que l'un des époux serait décédé dans un endroit régi par une coutume restrictive des dons mutuels. — 3 mess. an 5. Civ. c. Famy. D.A. 6. 251. D.P. 3. 1. 111.

123. — Quelle loi est applicable aux donations mutuelles antérieures au code, mais dont les auteurs sont décédés depuis sa publication? il faut distinguer : la *forme* est régie par la loi en vigueur lors de la donation. Les parties ne pouvaient pas suivre d'autre loi. — D.A. 6. 251, n. 6.

124. — Ainsi, une donation mutuelle entre époux faite pendant le mariage par un seul et même acte avant la publication du code civil, ne peut, sans effet rétroactif, être déclarée nulle en vertu de l'art. 1097, bien que les époux soient décédés sous son empire (C. civ. 2, 1097). — 23 juin 1813. Civ. c. Montpellier. Beaudecourt. D.A. 6. 259. D.P. 13. 1. 344.

125. — S'agit-il de l'effet et de l'exécution du don mutuel? il faut encore distinguer : si le don mutuel est irrévocable, caractère que lui attribuaient la plupart des coutumes et la loi du 17 niv. an 11, son étendue se détermine par le statut en vigueur au temps du contrat. S'il est révocable, d'après la coutume, ou parce qu'il comprenait des biens à venir, il faut suivre la loi du temps où décède le premier mourant des deux époux. — Chabot, *loc. cit.*, § 3; Fav., v° Don mutuel entre époux, n. 7 et suiv.; D.A. *eod.*, n. 6.

126. — Ainsi, une donation mutuelle entre époux, de la propriété de leurs meubles, et de la jouissance de leurs immeubles, faite sous la loi du 17 niv. an 2, est irrévocable comme une donation entre-vifs; en conséquence, les effets de cette donation doivent être déterminés par les lois existantes au temps où elle a été passée. — 11 nov. 1818. Civ. c. Caen. Delangle. D.A. 6. 263. D.P. 18. 1. 645.

127. — *Spécialement*, lorsqu'une donation mutuelle entre époux, faite sous la loi du 17 niv. an 2, dans un pays où la coutume déclare meubles les bestiaux et ustensiles aratoires, ne comprend que la propriété des meubles, l'on ne peut y faire entrer les bestiaux et ustensiles aratoires, en vertu de l'art 524 C. civ., encore que le donateur soit décédé sous l'empire de ce code; et de même, le donataire de l'usufruit n'est point tenu de donner caution si les lois existantes à l'époque de la donation mutuelle ne l'y assujettissaient (L. 17 niv. an 2, art. 13, 14, 61, C. c. 2, 524, 601). — Même arrêt.

128. — Lorsqu'un testament mutuel fait entre époux, avant le code civil, contient la clause qu'après le décès du survivant les biens, *s'il s'en trouve*, retourneront à leurs souches, les expressions, s'il s'en trouve, doivent être entendues en ce sens, que, pourvu que le survivant meure propriétaire, le retour doit avoir lieu : en conséquence, la disposition testamentaire que ferait le survivant, ne devant avoir d'effet qu'après sa mort, n'empêcherait pas le retour stipulé (C. civ. 747, 1097). — 4 mars 1811. Paris. Leblanc. D.A. 6. 263. D.P. 1. 1332.

ART. 3. — *De la capacité des époux pour disposer entre eux.*

129. — On s'occupe ici de la capacité et non de la disponibilité dont il est parlé à l'article Portion disponible.

La capacité de chacun des époux majeurs pour disposer en faveur de l'autre, est la même qu'entre étrangers. L'époux mineur ne peut donner, par contrat de mariage à l'autre époux, qu'avec le consentement et l'assistance de ceux dont le consentement est requis pour la validité de son mariage; mais avec ce consentement, il peut donner tout ce que la loi permet à l'époux majeur de donner à l'autre conjoint (1095). L'art. 903 porte lui-même, pour ce cas, une exception à la règle qui défend toute disposition au mineur âgé de moins de seize ans. — D.A. 6. 264, n. 1.

130. — Mais le mineur âgé de moins de seize ans, ne peut faire de donation à son conjoint *pendant le mariage*. L'art. 1095 n'a dérogé aux art. 903 et 904 que dans le but de faciliter ou provoquer les mariages. — Toull., t. 5, n. 295; Gren., n. 461; D.A. *eod.*, n. 2.

131. — Si le mineur a plus de seize ans, il pourra donner à son épouse la moitié de la quotité réglée par l'art. 1094 (arg. C. civ. 904). — Dur., t. 8, n. 187; D.A. *eod.*, n. 3.

132. — Jugé, en effet, que la quotité disponible dont il est permis à l'époux mineur de disposer par testament au profit de son conjoint, est fixée par l'art. 904 et non par l'art. 1094 C. civ. En conséquence, l'époux mineur ne peut donner à son conjoint que la moitié des biens dont il pourrait disposer s'il était majeur, et cela encore qu'il ne laisse aucun héritier à réserve. — 11 déc. 1812. Paris. Lerebours. D.A. 6. 265. — 15 janv. 1822. Limoges. Hérit. Claux. D.A. 6. 265. D.P. 23. 2. 1.

133. — Mais dans quelle forme le mineur pourra-t-il disposer de cette quotité? Dans la forme testamentaire. C'est la seule que l'art. 904 permette au mineur, bien que la donation entre époux pendant le mariage soit révocable comme le testament. — Maleville, sur l'art. 1095; Gren., n. 461; Levasseur, *de la Quotité disponible*, n. 63; Toull., n. 925; D.A. *eod.*, n. 3.

Cette décision, que les auteurs fondent seulement sur le texte de l'art. 904, peut paraître rigoureuse, si la donation est de biens *à venir*, et qu'ainsi elle ne nuise pas plus au mineur qu'un legs ordinaire. Les formes du testament, qui peut même être olographe, n'offrent pas plus de garantie contre la sédution que celles de la donation. Mais s'il s'agit de biens *présens*, on comprend que le mineur n'ait pas la faculté de s'en dessaisir à titre gratuit, même d'une manière révocable.

134. — Jugé toutefois à l'égard d'une donation de biens à venir, que le mineur âgé de plus de seize ans, ne peut, durant le mariage, disposer en faveur de son conjoint autrement que par testament. En conséquence, la donation *des biens qu'il laissera à son décès*, peut être annulée, sur la demande de ses héritiers, encore même qu'il soit décédé en majorité (C. civ. 903, 904, 1091). — 10 nov. 1820. Paris. Rouvel. D.A. 5. 263. D.P. 24. 2. 156.

135. — La donation pendant le mariage par un époux à l'enfant du premier lit de son conjoint, peut être annulée comme faite à une personne interposée dans le but de soustraire la donation entre époux à la révocabilité autorisée par la loi (C. civ. 1096, 1099, 1100). — 11 nov. 1834. Civ. c. Rouen. Eudeline. D.P. 35. 1. 18.

Il nous a semblé qu'ici c'était moins une nullité qu'il faut prononcer qu'une révocation que l'on doit autoriser; mais dans l'espèce l'époux donateur avait demandé la nullité de la donation pendant le mariage, et cette demande constituait bien une révocation formelle. Et, en effet, il y a si peu nullité que si l'époux, capable d'ailleurs de disposer, meurt sans la demander ou plutôt sans révoquer, la donation est inattaquable. Au reste, la solution de la cour, critiquée dans quelques recueils, nous a paru propre à mettre l'un des époux à l'abri de l'influence ou des obsessions de l'autre, et, par suite, rentrer complétement dans l'esprit de la loi. — V. nos observ. D.P. 35. 1. 18 et 20 (note).

— V. Donation par contrat de mariage, Donation déguisée, Dot. — V. aussi Choses, Enregistrement.

TABLE SOMMAIRE.

Acceptation. 79.
Acte notarié. 58. — sous seing-privé. 111.
Adultère. 39, s.
Agencement. 54.
Autoris. de femme. 61.
Ayant-cause. 23, s.
Biens présens. 3, s. 72. — présens et à venir. 27, 30, s. 92. — à venir. 51, 55, s. 73, s. 82, s. 96, 113.
Bonne foi. 42.
Caducité. 14, 73, s. 117, suiv.
Capacité. 129 s.

Cassation (appréciation). 10, 23, 49.
Caution. 49.
Condition potestative. 85. — résolutoire. 12. — de survie. 3, s.
Contrat de mariage. 2, s. 65.
Créancier. 41.
Date (priorité). 99.
Délivrance. 72, s.
Dessaisissement. 12.
Dette héréditaire. 54.
Divorce. 59.
Don mobilier. 14.
Donation à cause de mort. 7, s. 17, s. 23, 50, s. 58, s. 70, s. 113, s. — mutuelle. 46, s. — pendant le mariage. 59, s.
Emigré. 100.
Enfant naturel 57.
Erreur de droit. 100.
Etat. 24, s. 31. — estimatif. 80, s.
Faillite. 40.
Formes. 76, 111.
Fraude. 41, s.
Gain de survie. 32, 46, 55, s.
Hypothèques 10, 18, s. 94.
Indivisibilité. 55, 86.
Ingratitude. 39, s. 56.
Insinuation. 8, 51, s. 117, suiv.
Interprétation. 49.
Inventaire. 107.
Joyaux. 15.
Legs rémunératoire. 116.
Liberté de disposer. 63.
Loi personnelle. 97. — réelle. 121, s.
Mari. 109.
Mineur. 129, s.
Minute. 29.
Moyen nouveau. 100.
Normandie. 58.
Présomption. 13.
Portion disponible. 129, 132, s.
Priorité. 99.
Question transitoire. 11.
Réciprocité. 101, s.
Reduction. 96.
Renonciation illicite. 63, s. — présumée. 44.
Réserve de disposer. 26, s. 85. — légale. 46.
Retour conventionnel. 15. — légal. 126.
Rétroactivité. 35, 87, 95, 125, s.
Révocation. 36, s. 56, 59, s. 113 — formes. 87, s. — tacite. 87, s.
Séparation de corps. 39.
Signature. 112.
Simulation (qualité). 43. — sous seing-privé. 38.
Testament. 67, 74, s. — mutuel. 98.
Tiers détenteurs 42.
Transcription. 24, s. 84, 117, s.
Usufruit. 13, 20, s. 49.

DONATION ENTRE-VIFS. — V. Donation. — V. aussi Disposition entre-vifs, Donation, Succession.
DONATION ÉVENTUELLE. — V. Condition, Enreg
DONATION MUTUELLE — V. Donation, Donation entre époux, Communauté, Enregistrement.
DONATION ONÉREUSE. — V. Donation, n. 243, 393, 430, 480; Donation déguisée, n. 3 et suiv.
DONATION REMUNÉRATOIRE. — V. Donation, Donation par contrat de Mariage, Donation entre époux.
DONATION A TITRE UNIVERSEL. — V. Donation, Retrait successoral, Succession.
DONATION UNIVERSELLE. — V. Donation, Garantie, Legs, Succession.
DONNER ACTE. — V. Acquiescement, Acte, Jug.
DONNEUR D'ORDRE. — V. Effet de commerce.
DORURE. — V. Fausse monnaie.
DOSSIER. — V. Avoué, Prescription.

DOT—DOTALITÉ. — 1. — La dot est, sous le régime dotal, comme sous les autres régimes déjà exposés v° Communauté, le bien que la femme apporte au mari pour supporter les charges du mariage, c'est la loi elle-même qui donne cette définition (C 1540). La *dotalité* est le caractère de ce qui est soumis au régime dotal. — Le régime dotal est un système d'association conjugale d'après lequel la dot se trouve régie par des regles particulières, dont la plus notable est celle qui en prohibe l'aliénation. — Roll. de Vill., v° Régime dotal, t. 6, p. 147, D.A., v° Mariage (contrat de), t. 10, p 293, n. 1; Tessier, t. 1er, p. 4.

Dans le langage judiciaire, le mot *dot* exprime particulièrement les apports de la femme sous ce dernier régime. Sous les autres régimes, on se sert préférablement du mot *apports*. C'est comme affectée des dotalites, comme soumise au régime dotal, que la dot va être envisagée : ce sont les règles de ce régime qui vont être exposées. L'acception donnée ici au mot *dot* est tellement générale que les deux traités qui ont été publiés sur la matière portent le titre de *Traité de la dot*, et non pas traité du régime dotal. Les auteurs ont cédé en cela aux habitudes reçues : on croit devoir les imiter, en donnant toutefois pour rubrique à notre article les mots *dot-dotalité*, ce qui suffit pour déterminer le sens dans lequel on va parler de la dot.

2. — Le régime dotal tire bien manifestement son nom du mot *dot*, et c'est une distraction de quelques auteurs d'avoir dit le contraire (Rol., *eod.*; D.A. *eod.*) — Seulement, la loi s'étant servi du mot *dot* pour exprimer les apports de la femme sous tous les régimes, il résulte de là qu'elle n'a pas de règles qui lui soient propres, mais qu'elle subit nécessairement l'influence de celles du régime sous lequel elle est constituée.

3. — Le régime dotal est dû au génie de Rome; il reposait sur cette maxime, *interest reipublicæ mulierum dotes salvas esse*; il s'établit en France, avec le reste des lois romaines, sur une grande partie du territoire. Ce régime tient aux idées qui ont fait établir les substitutions, les retraits lignagers : et l'on peut avancer que ce n'est pas l'esprit de la démocratie qui lui a donné naissance; il formait le droit commun dans les pays du droit écrit, tandis que la communauté était en vigueur dans les pays de coutume Le code a admis l'un et l'autre régime; mais il a fait de la communauté le droit commun, et il faut une stipulation expresse, pour qu'il soit dérogé à celle-ci. Cependant, telle est la force des habitudes, que, dans les pays autrefois régis par le droit écrit, la presque totalité des contrats de mariage contient adoption du régime dotal. — D.A. 10. 293, n. 2; Dur., 15, n. 318.

§ 1er. — *Constitution de la dot.*
§ 2. — *Contribution des parens au paiement de la dot. — Garantie, Intérêts.*
§ 3. — *Administration des biens dotaux.*
§ 4. — *Jouissance du mari. — Charges.*
§ 5. — *Cas où le mari devient propriétaire des biens dotaux.*
§ 6. — *Remploi.*
§ 7. — *Inaliénabilité de la dot immobilière et mobilière — Fruits et intérêts.*
§ 8. — *Effets de l'inaliénabilite quant à la capacité de la femme.*
§ 9. — *Effets de la séparation de biens quant à l'inaliénabilité, soit de la dot, soit des fruits et intérêts.*
§ 10. — *Effets du décès quant à l'inaliénabilité de la dot.*
§ 11. — *Loi qui régit la dot, soit quant au territoire ou statut personnel et réel, soit en raison de l'époque de sa publication. — Questions transitoires.*
§ 12. — *Exceptions de prohibition d'aliéner. — Autorisation.*
§ 13. — *Exceptions établies par la loi, Faculté d'aliéner. — Etablissement des enfans, Prison, Alimens, Dettes de la femme, Licitation, Échange.*
§ 14 — *Exceptions non expressément établies, mais controversées en jurisprudence. — Adition d'hérédité, Depens, Délit, Dommages-intérêts,* etc.
§ 15. — *Prescription.*
§ 16. — *Nullite ou révocation de l'aliénation de la dot. — Mari, Tiers, Femme, Héritiers.*
§ 17. — *Restitution de la dot. — Qualité pour la demander. — Preuve du versement — Choses restituables, Fruits, Interêts, Délai de la restitution. — An de Deuil, Alimens, Partage des fruits. Insolvabilité, Rétention.*
§ 18. — *De la paraphernalité* — V. ce mot.

§ 1er. — *Constitution de la dot.*

4. — Il ne suffit pas que les epoux aient déclaré qu'ils se marient sous le regime dotal : il convient encore qu'ils déterminent d'une manière précise quels sont les biens de la femme qu'ils entendent revêtir d'un caractere de dotalité. La loi distingue en effet deux espèces de biens, sous le régime dotal. Les uns, appeles biens *dotaux*, sont administres par le mari, et frappes, d'apres le droit commun, d'inaliénabilité; les autres, connus sous le nom de *paraphernaux*, sont aliénables et administrés par la femme. — V. Paraphernalité.

5. — L'art. 1542 dispose « que la constitution de dot peut frapper tous les biens présens et à venir de la femme, ou tous ses biens présens seulement, ou une partie de ses biens presens et à venir, ou meme un objet individuel. » Mais s'il n'y a stipulation contraire, l'art. 1541 déclare dotal tout ce que la femme se constitue ou qui lui est donne en contrat de mariage. — Si la femme s'est bornée à dire, en termes généraux, qu'elle se constitue tous ses biens, cette constitution ne comprend pas les biens à venir (art. 1542). Cette derniere regle d'interprétation était suivie dans l'ancienne jurisprudence. — V. Roussilhe, *Traité de la dot*, 1, n. 140; D.A. 10. 195, n. 1; Tessier, t. 1er, p 9, et suiv.

6. — La simple déclaration qu'on entend se marier sous le régime dotal, ne suffit pas pour frapper de dotalité les biens futurs de la femme non spécialement constitues en dot. — V. Tessier, t. 1er, p. 5.

En consequence, l'acquéreur d'un immeuble vendu par les epoux, ne peut se refuser de payer son prix, jusqu'à justification, par le mari, d'un remploi solide, encore bien que cet immeuble aurait été acquis pour *faire emploi* de deniers échus à la femme par succession. — 20 janv. 1832. Bordeaux. Durand. D.P. 32. 2. 136.

7. — De ce que l'art. 1392 du code civil porte que le contrat de mariage doit contenir la déclaration *expresse* que les époux se soumettent au *régime dotal*, doit-on conclure qu'il est nécessaire que ces expressions se trouvent sacramentellement dans le contrat? ne peuvent-elles pas, conformément à l'esprit général de la législation, être suppléées par des equivalens? L'affirmative était admise sous la loi romaine et sous l'ancienne jurisprudence (L. 23, ff. *de Jur. dotium.* — Salviat, v° Dot, p. 377; Favre, *eod*, *de Jur. dotium defin*, p. 18; Duperrier, *Max. du dr. fr.*; Merl., *Quest.*, v° Dot, § 2). — Malgré les termes de notre art. 1392, la même doctrine est suivie sous le code (Benoît, *Tr. de la dot*, t. 1er, n. 4; D.A. 10. 195, n. 3; Dur., 15, n. 398, 399; Tessier, t. 1er, p. 10 et suiv.). Mais on comprend combien les expressions qu'on aura employées devront être précises et exemptes de toute équivoque.

8. — Au reste, les équivalens sont admis avec plus de facilité suivant qu'il s'agit d'un contrat passé en pays de droit écrit et dans des localités où l'on est encore dans l'usage général de se marier sous le régime dotal. Dans les pays de communauté, il faudra que l'expression soit plus certaine, car l'interprétation devra, par une double raison, tendre à faire prévaloir le régime de communauté.

Le système de constitution implicite (mais non tacite. — Tessier, t. 1er, p 10) de la dot est reconnu par un grand nombre de décisions, rendues presque toutes dans des espèces regies par la législation antérieure au code.

9. — Jugé 1° que la loi romaine n'exigeait pas que la volonte de rendre dotaux et susceptibles du droit de retour les immeubles donnés en paiement de la dot pécuniaire, fut expressément declarée; les juges doivent s'attacher à l'intention des parties qui ont contracté sous son empire. — 23 août 1832. Req. Pau. Prisonnier. D.P. 32. 1. 389.

10. — 2° Qu'avant le code civil, les constitutions implicites de dot etaient admises en Provence, et l'aliénation des biens ainsi constitués en dot était nulle, bien que l'acquéreur eût cru acheter un bien paraphernal — 7 flor. an 11. Req. Aix. Audibert. D.A. 10. 293 n. 1. D.P. 2. 743, n 2.

11 — 3° Que, dans le ressort du parlement de Bordeaux, il n'était pas nécessaire que la constitution de dot eût lieu en termes expres. — 18 nov. 1830. Agen. Bernard. D.P. 31. 2. 254.

12 — 4° Que, par la constitution générale en dot de tout ses biens presens et à venir, faite par une fille, du consentement de son père, dans son contrat de mariage passé en Dauphiné, pays régi par le droit romain, les droits de cette fille sur la succession de ce dernier ont été empreints du caractère de dotalité, et, par suite, il y a lieu d'annuler, au moins quant aux immeubles, comme alienation du fonds dotal, la vente faite par cette fille à son frère, même avant partage, de tous ses droits mobiliers et immobiliers dans la succession paternelle, ouverte sous le code civil. — 16 mars 1829. Civ. c. Grenoble. Romey. D.P. 29. 1. 179.

13. — 5° Que, suivant la jurisprudence du parlement de Bordeaux, lorsque la femme, en se mariant, déclarait se constituer tous ses biens et droits (quoiqu'elle n'employât pas le mot dot), elle imprimait à tous ses biens présens et à venir un caractère de dotalité, qui les rendait inaliénables et imprescriptibles. — 23 janv. 1830 Bordeaux. Gand D.P. 30. 2. 83.

14. — 6° Que la constitution genérale de biens présens et à venir pouvait, selon la jurisprudence constante en pays de droit ecrit, si elle n'était pas stipulee en termes expres, s'induire de stipulations équipollentes. Par exemple, cette constitution peut s'induire de ce que les époux, après s'être constitué respectivement leurs droits et prétentions, déclarent ensuite que les droits et prétentions de la femme, échus *et à échoir*, ne peuvent exceder en valeur telle somme, et enfin, que l'epoux est chargé de la procuration générale de la femme. — 3 juin 1832. Grenoble. Flandin. D.P. 32. 2. 219

15. — 7° Que, sous la coutume d'Auvergne, la femme qui se constituait en dot une somme d'argent, en declarant que cette somme formait tout son avoir, excluait de la *dotalité* les immeubles qui pouvaient lui advenir postérieurement, par suite des droits dont elle avait l'exercice en se mariant. — 7 déc. 1830. Req. Riom Henry. D.P. 31. 1. 16.

16. — 8° Qu'en pays de Saintonge, régi par le droit écrit, la simple déclaration faite par les époux, dans leur contrat de mariage, qu'ils se prenaient *en tous leurs biens et droits*, avait pour effet de les soumettre au régime dotal, et de rendre les biens de la femme inaliénables. — 8 déc. 1824. Poitiers. Forestier. D.A. 10. 293, n. 2. D.P. 2. 743, n. 1.

17 — 9° Que la clause dans un contrat de mariage passé sous l'usance de Saintes, que les époux ont déclaré « s'associer avec tous et chacun de leurs biens et droits, et contracter une société usagère », équivaut à une soumission expresse au régime dotal. — 24 mars 1825. Poitiers. Rambault. D.P. 25. 2. 164.

18. — 10° Que l'institution contractuelle contenant

constitution en faveur du mariage, et passée dans le ressort de l'usance de Saintes, a tous les caractères de dotalité. — Conséquemment, l'immeuble compris dans une telle institution est dotal et inaliénable. — 22 fév. 1827. Req. Poitiers. Bertrand. D.P. 27. 1. 148.

19 — 11° Que la clause par laquelle une femme a déclaré, dans son contrat de mariage passé sous l'usance de Saintes, que « pour la recherche, exaction et acquittement de tous ses droits présens et à venir, elle constitue son mari son procureur-général et spécial, avec pouvoir de les exiger, recevoir, traiter et transiger, » équivaut à une soumission expresse de la femme au régime dotal, pour tous ses biens. En conséquence, la vente d'un immeuble appartenant à la femme, consentie par le mari, pendant le mariage, est entachée de nullité. — 4 juill. 1818. Grenoble. Muraillat. D.A 10. 296, n. 2. D.P. 2. 744, n 3.

20.—12° Même, sous le code, l'intention de soumettre au régime dotal tant les biens présens que ceux à venir de la femme, peut résulter de l'ensemble du contrat de mariage; il n'est pas nécessaire d'une constitution précise et formelle. Ainsi, le fait, de la part d'une femme qui a déclaré se marier sous le régime dotal, d'avoir, dans son contrat de mariage, constitué son mari pour son procureur *irrévocable* de ses biens presens et à venir, avec defense de les aliéner ou de les hypothéquer, indique suffisamment qu'il a été dans l'intention de la femme de soumettre tous ses biens, tant à venir que présens, au régime dotal. — 27 fév. 1825. Grenoble. Perrin. D.P. 25. 2. 163.

21 —13° Que, de même, le fait seul d'avoir, dans son contrat de mariage, *institué son mari son procureur irrévocable pour le régime et administration de ses biens présens et à venir*, emporte soumission de la femme au régime dotal pour tous ses biens. En conséquence, elle n'a pu, durant le mariage, disposer de ses biens par donation entre-vifs. — 28 mai 1825 Grenoble. Mounier. D.P. 25. 2. 164.

22.— 14° Mais en sens contraire, de la stipulation contenue dans un contrat de mariage, que la femme *se constitue tous ses biens présens et à venir* pour la régie desquels elle établit son mari *procureur-général et spécial*, il ne résulte pas l'adoption du régime dotal: les époux doivent être censés avoir adopté le régime de la communauté..., surtout s'il est stipulé entre eux une société d'acquêts, dans laquelle tombent les revenus des biens constitués.—20 avril 1831. Lyon. D... D.P. 32. 2. 37.

23.— 15° Que, lorsqu'en déclarant se marier sous le régime en communauté, la femme a stipulé qu'elle ne fait entrer dans la communauté qu'une somme déterminée, et que l'excédant de cette somme et tous les biens qui pourront lui échoir par la suite, seront *sa dot* ou feront *augmentation de dot*, cette stipulation, jointe à une clause du contrat qui ne permet au mari d'aliéner, avec le consentement de sa femme, que certains immeubles désignés seulement, ne suffit pas pour faire considérer les autres immeubles de la femme comme ayant été soumis au régime dotal, et comme ne pouvant dès lors être valablement aliénés par la femme après sa réparation de biens, et avec le consentement de son mari. — 10 juill. 1821 Rouen. Montgrard. D.A. 10. 164, note 2. D.P. 2. 712, n. 2.

24. — 16° Jugé de même que la clause par laquelle la femme investit, dans son contrat de mariage, le futur époux du titre de son procureur-général et irrévocable, n'emporte pas soumission au régime dotal, et qu'il en était autrement sous l'ancien droit (C civ. 1542). — 12 fév. 1830. Grenoble. Chastel. D.P. 32. 2. 181.

25. — Toutefois, d'après l'usance de Saintes, lorsque des biens avaient été, dans un contrat de mariage, déclarés de nature de propres, et non paraphernaux, ils ne pouvaient pas être regardés comme dotaux, et ils ne pouvaient être vendus par le mari avec le consentement de sa femme. — 9 janv. 1823. Poitiers. Laplanche. D.A. 10. 296, n. 3. D.P. 2. 744, n. 4.

26 — Dans une donation universelle faite en pays de droit écrit, par contrat de mariage, il n'y avait de dotal que la partie donnée pour le support des charges du ménage. — 11 juin 1830. Toulouse. Ratier. D.P. 31. 2. 199.

27.— L'adoption du régime dotal ne peut donc résulter que d'une déclaration expresse, faite dans le contrat de mariage. Ainsi, la simple stipulation que la femme se constitue ou qu'il lui est constitué des biens en dot, ne suffit pas pour soumettre ces biens au régime dotal. Ainsi encore, la soumission au régime dotal ne pourrait pas résulter de la simple déclaration faite par les époux, qu'ils se marient sans communauté, ou qu'ils seront séparés de biens; et cette nouvelle conséquence est rendue évidente par les art. 1529, 1530 et suiv. — D.A. 10. 293, n. 3; Dur., 15, n. 3-3; Roll., Rép., 6, 148, n. 4 et 7.

28.—Aussi, la stipulation que la femme se constitue des biens dotaux et paraphernaux, et que les époux se marient sans communauté, ne suffit pas pour les soumettre au régime dotal; en d'autres termes, cette stipulation n'équivaut pas à la déclaration expresse exigée par l'art. 1392 C. civ., que la femme entend se marier sous le régime dotal.— 11 juill. 1820. Req. Martin. D.A. 10. 293, n. 3. D.P. 21. 1. 107.

29.— Si les biens présens et futurs de la femme sont déclarés dans le contrat inaliénables, cette déclaration équivaut-elle à une soumission expresse au régime dotal? Oui (Bellot, t. 4, p. 3 et suiv.), car les tiers ni les parties contractantes ne peuvent pas être dans l'erreur sur la portée de cette stipulation. Dalloz paraît ne pas partager cet avis; il craint que cette stipulation insolite et vicieuse ne tende à corrompre la simplicité du régime établi par le législateur (D.A. 10. 294, n. 4). Il recommande avec raison aux notaires de ne pas l'employer.—Si partie des biens est seule declarée inaliénable, quel sera le caractère de ceux à l'égard desquels le contrat ne s'est pas exprimé? Ils seront paraphernaux (Bellot, *cod.*); on devrait, ce semble, déclarer plutôt qu'ils seront dotaux, à supposer qu'on ne doive pas leur attribuer le caractère de biens communs, en vertu du principe posé par Bellot: à savoir, qu'on ne peut se marier à la fois sous deux régimes differens. Et, en effet, il serait injuste de ravir au mari, sous prétexte d'une expression pareille, le revenu des biens à l'égard desquels le contrat serait muet.—D.A. 10. 294, note 1re; Dur., 15, 323, n. 332.

30.—Remarquez que les époux, en se soumettant au régime dotal, peuvent stipuler une société d'acquêts, dont les effets sont réglés par les art. 1498 et 1499 (1581 C. civ.). — D.A. 10. 294, n. 5; Roll., 6, 149, n. 15.

31.—En pays de droit écrit, dans le même cas, la société générale de tous biens, stipulée par le contrat de mariage, n'était point un obstacle à la dotalité, surtout quand l'épouse s'était réservé le droit de renoncer à cette société pour s'en tenir à ses propres. — 8 dec. 1824. Poitiers. Forestier. D.A. 10. 293, n. 2. D.P. 2. 743, n. 1.

32.—Une veuve qui aurait des enfans du premier lit pourrait-elle, en se remariant, se constituer en dot tous ses biens présens et à venir? Ne devrait-on pas, dans certains cas, annuler cette constitution, comme contenant un avantage indirect au préjudice des enfants? Le président Boyer (décis. 201, n. 3) pensait qu'elle pouvait se constituer tous ses biens, « pourvu que le contrat ne contienne aucun pacte; que le mari gagnera la dot »; et Salviat, nouv. ed., v° Dot, p. 380, ajoute que la femme peut toujours donner au mari autant qu'à l'un des enfans le moins avantagé. Aujourd'hui, il faudrait, ce nous semble, se renfermer dans la règle tracée par cette dernière décision. Ainsi, les revenus des biens dotaux surpassent-ils considérablement la valeur des charges du ménage, l'excédant sera soumis à l'application de l'art. 1098 C. civ. Cependant on pourrait objecter avec l'art. 1527, que « les simples bénéfices résultant des travaux communs, et des économies faites sur les revenus respectifs, quoique inégaux, des deux époux, ne sont pas considérés comme un avantage fait au préjudice des enfans du premier lit » Mais cet article appartient au régime dotal où la femme a la moitié des bénéfices; ici, au contraire, il s'agit du système dotal, d'après lequel tous les revenus de la dot sont perçus exclusivement par le mari. L'art. 1527 est donc inapplicable.—Delv., 3, 100, n. Bellot, 4, 36; D.A. 10. 295, n. 2.— V Tess., t. 1er, p. 198 et suiv.

33.— Au surplus, la dot constituée en pays de droit écrit, par un premier mariage, n'était pas de plein droit présumée l'être pour un second en cas de convol: il aurait fallu une déclaration à cet égard. — 11 juin 1830. Toulouse. Ratier. D.P. 31. 2. 199.

34.— Cette jurisprudence était admise particulièrement dans le comtat Venaissin.— 30 déc. 1808. Nîmes. Villeserres. D.A. 10. 297, n 4. D.P. 2. 745, n. 1.

35.— Si le contrat de mariage, portant adoption du régime dotal, ne contient aucune constitution de dot ni explicite ni implicite, tous les biens de la femme doivent être réputés paraphernaux (Furgole, quest. 25, *sur les donations*; Griffon, *œuvres d'Henris*, 4, 828; Salviat, v° Dot, p. 377; Biret, p. 177; Toull., 12, p. 15; Dur., 15, n. 330; arg. des art. 1574 et 1575) Ils sont au contraire tous frappés de dotalité, selon Roussilhe, *Tr. de la dot*, 1, n. 138; Dumoulin, *conseil* 144 d'Alexandre, l. 3; Guypape, quest. 468 et 469; Boucher d'Argis, *Tr. de l'aug. de dot*, ch. 2; Bellot, t. 4, p. 451; Vill, n. 30; D.A. 10. 297, n. 4; arg. de l'art. 1541. — Ceci paraît plus exact: la paraphernalité est d'ailleurs, comme dit Dalloz, l'exception.—*Contrà*, Tessier. —V. Paraphernalité.

36 — Jugé cependant que la soumission au régime dotal n'est pas suffisante pour rendre dotaux tous les biens de la femme, il n'y a de dotal que les biens qui ont été spécialement constitués en dot; ceux qui ne l'ont pas été sont paraphernaux. Ainsi, lorsqu'une femme, après avoir déclaré en termes généraux se soumettre au régime dotal, s'est seulement constitué en dot une somme d'argent et ses meubles et effets mobiliers, ces objets seuls sont dotaux et inaliénables; les immeubles de la femme sont paraphernaux (C. civ. 1391, 1541, 1542, 1574).—4 août 1827. Limoges. Samie. D.P. 28. 2. 58.

37.—De même, la déclaration générale, faite par les époux, qu'ils entendent se marier sous le régime dotal, ne suffit pas pour dotaliser tous les biens apportés par la femme, alors qu'elle est suivie d'une constitution spéciale de dotalité de son mobilier. En un tel cas, il a pu être jugé, par appréciation de la clause, que cette constitution particulière était restrictive de la déclaration générale, et que les immeubles apportés par la femme étaient restés paraphernaux.— 9 juin 1829. Req Limoges. Meunier. D.P 29. 1. 267.

38.— Quels sont les biens de la femme que la constitution tacite doit embrasser. La femme qui n'a pas spécifié les biens qu'elle entendait constituer dotaux ou se réserver comme paraphernaux, est présumée avoir voulu se constituer tous ses biens; mais, d'après l'art. 1542, deuxième alinéa, la constitution générale de tous les biens de la femme ne peut frapper que les biens présens de cette dernière. Si la femme n'avait pas de biens présens, la constitution tacite porterait sur tous les biens à venir. — D.A. 10. 298, n. 5.—Sur les divers modes de constitution de dot, V. Tessier, t. 1er. p. 9 à 43, et 202 et suiv.

39 — Sous l'empire du droit romain, la dot pouvait être constituée, et, par conséquent, augmentée après le mariage (Paul, liv. 2, sent., tit. 22, § 1er). Plusieurs arrêts de nos anciens parlemens prouvent que l'augmentation de dot pendant le mariage était autorisée dans les pays de droit écrit (Roussilhe, t. 1er, n. 243; Guyot et Merlin, Rép., v° Dot, § 4, n. 2).—Aujourd'hui, d'autres principes se trouvent consacrés sur ce point. D'après les art. 1394 et 1395, les conventions matrimoniales doivent être rédigées avant le mariage et ne peuvent recevoir aucun changement après la célébration: le législateur a mis la règle relative à la constitution de dot en harmonie avec les dispositions générales, en décidant, par l'art. 1543, que la dot ne peut être constituée ni *même* augmentée pendant le mariage. Mais, comme on le voit, cette dernière partie de l'article, qui prohibe l'augmentation de la dot, ne doit pas être entendue en ce sens que l'étendue de la fortune dotale de la femme ne puisse s'agrandir après le mariage. Ce serait mettre l'art. 1543 en contradiction avec l'art. 1542, qui permet la constitution des biens à venir. L'art. 1543 doit être interprété en ce sens qu'on ne peut, par une convention postérieure au mariage, étendre la dotalité à des biens qui, d'après le contrat de mariage, devraient être paraphernaux. — D.A. 10. 298, n. 6. Dur, 15, n. 358; Roll, 6, 150, n. 34; Tess. t. 1er, p. 43 et suiv.

40. — Résulte-t-il de l'art. 1543, ainsi entendu, que, dans le cas où les biens présens auraient été seuls constitués, on ne pourrait, dans une donation qu'on ferait à la femme après son mariage, stipuler comme condition que l'objet donné serait dotal et par conséquent inaliénable? Oui, sans doute. L'art. 1543 a prohibé toute augmentation de dot dans l'intérêt des tiers, que les époux pourraient facilement induire en erreur en ne leur faisant connaître que leur contrat de mariage. Or, l'intérêt des tiers est le même, soit que l'augmentation de dot provienne du fait des époux, soit qu'elle résulte d'une condition imposée par un donateur. Aussi l'art. 1543 n'a-t-il pas dit: les *époux ne peuvent*, mais, *la dot ne peut* être augmentée. La condition d'inaliénabilité devrait donc être réputée non écrite, aux termes de l'art. 900. — Bellot, 4, 37; Benoît, 1, n. 29; Dur., 15, n. 359; Roll., 6, 151, n. 35; D.A. 10. 198, n. 7.

41. — En conséquence, lorsqu'une femme s'est constitué en dot une somme qui lui a été donnée par son père, si celui-ci vient à lui donner, pendant le mariage, une seconde somme pour supplément de sa légitime, ce supplément ne sera point dotal.— 24 mai 1833. Pau. Lacabanne. D.P. 34. 2. 92.

42 — Toutefois, suivant Duranton, t. 15, n. 360, le donateur peut valablement mettre la condition

que les biens donnés seront inaliénables pendant le mariage? Il se fonde 1° sur ce que ce bien ne deviendrait pas pour cela dotal; 2° sur ce que cette condition n'a rien de contraire aux lois ni aux bonnes mœurs; *Contrà*, Tessier, t. 1er, p. 47,

43.— Mais supposons, au contraire, que, d'après le contrat de mariage, la dotalité dût s'étendre aux biens à venir : le donateur pourra-t-il soustraire à cette charge l'immeuble qu'il donnerait à la femme, en stipulant que cet immeuble serait aliénable? Dalloz pense, avec Bellot, que cette condition devrait être exécutée. Ici, l'intérêt des tiers ne peut être compromis comme dans le cas qui précède : il n'existe donc aucune raison pour enlever à celui qui donne, la liberté de soumettre sa libéralité aux conditions qu'il juge convenables. Il ne croit pas cependant que cette condition d'aliénabilité eût pour effet de rendre l'immeuble paraphernal. Quoique aliénable, l'objet donné ferait partie de la dot; le mari aurait par conséquent le droit de l'administrer et d'en percevoir les fruits. — D.A. 10. 299, n. 8. Tess., *eod*.

44. — Jugé cependant qu'avant le code, comme depuis, la constitution generale de dot, ou déclaration qu'une femme soumet au régime dotal tous ses biens présens et à venir, a cet effet, que la dotalité, ou inaliénabilité est imprimée d'avance aux biens à venir comme aux biens présens, tellement que l'inaliénabilité existe même à l'egard des biens donnés depuis à la femme, bien que sous la condition expresse d'aliénabilité, condition qui doit être réputée non écrite, comme contraire à l'ordre public (C. civ. 900, 1554). — 18 janv. 1830. Nîmes. Brigadet. D.P. 30. 2. 177.

45.— La règle d'après laquelle la dot ne peut être augmentée pendant le mariage, s'opposerait-elle à ce que l'on pût comprendre dans la dot l'usufruit qui viendrait se réunir pendant le mariage à la nue-propriété d'un fonds que la femme possedait et s'était constitué en se mariant? La loi 4, ff. *de Jure dotium*, décidait que cette accession de l'usufruit ne devait pas être considérée comme la constitution d'une nouvelle dot, mais comme une augmentation de l'immeuble dotal, semblable à celle qui se ferait par alluvion. Aujourd'hui, la pleine propriété de l'immeuble devrait aussi être reputée dotale. Car la femme, quand elle se constitue une dot, manifeste la volonté d'apporter quelque chose à son mari pour supporter les charges du mariage : or, quelles ressources le mari pourrait-il puiser pour l'entretien du ménage dans une nue-propriété inaliénable?— Benoît, 1, n. 67; Roll. de Villarg., 6, 151, n. 38; Proud., *de l'Usuf.*, n. 1923, 2011, et 2683; D.A. 10. 299, n. 9; Tessier, *eod.*, 98 et suiv.

46.— Mais la même décision ne saurait être adoptée dans le cas inverse, c'est-à-dire lorsque la dot a consisté seulement dans l'usufruit d'un immeuble, et que la nue-propriété de ce même immeuble vient à échoir à la femme pendant le mariage, à moins que les biens à venir n'aient été enveloppés par la constitution de dot. Dans cette hypothèse, la chose constituée par le contrat suffit pour remplir le vœu de la loi. On ne peut donc pas supposer la même intention aux époux.— D.A. 10. 299, n. 10.

§ 2.— *Contribution des parens au paiement de la dot.— Garantie, Intérêts.*

47.—Après avoir déterminé l'étendue du pouvoir des époux à l'égard de la constitution de dot, le législateur a fixe la proportion dans laquelle les biens du père et de la mere doivent contribuer au paiement de la dot, lorsqu'elle a été constituée par eux ou par l'un d'eux. — L'ancienne jurisprudence ne possedait sur ce point que des doctrines vagues et incertaines, occasionées en partie par les dispositions divergentes de la loi 7 C. *de Dot. prom.* et de la novelle 21 de l'empereur Léon. — V Roussilhe, *de la Dot*, t. 1er, ch. 5, § 1 et 2.—La loi nouvelle lève tous les doutes par les règles les plus précises. — D.A. 10 299, n. 11.

48. — D'abord, la stipulation dans un contrat de mariage, que des père et mère s'obligent à nourrir gratuitement leurs fille et gendre et les enfans qui naîtront d'eux, présente une constitution dotale, et non un don ou legs d'alimens.—7 fév. 1826. Req. Paris. Billoud. D.P. 26. 1. 160

49. — L'art. 1544 suppose d'abord que le père et la mère de la future sont vivans. En ce cas, dit cet article dans sa première partie, si les père et mère constituent conjointement une dot sans distinguer la part de chacun, elle sera censée constituée par portions égales; et celá, ajoute Dalloz, avec tous les auteurs, alors même que la dot consisterait en un immeuble propre à l'un des époux, sauf l'action que pourra exercer contre l'autre celui à qui l'immeuble appartenait.—D.A. 10. 299, n. 12; Dur., 15, n. 365. — V. Tessier, t. 1er, p. 137 et suiv.

..... Jugé même que l'avancement d'hoirie consistant en une pension annuelle constituée au profit d'un enfant par ses père et mère conjointement, est censé constitué par portions égales entre ces derniers, encore que tous les biens présens et à venir de la mère soient déclarés dotaux par son contrat de mariage, passe sous l'empire de la coutume d'Auvergne, qui ne permettait pas à la fémme de disposer au-delà du quart de ses biens dotaux pour le mariage de ses enfans (C. civ. 1544). — 25 mars 1820. Riom. Maisonneuve. D.A. 10. 299, n. 1. D.P. 21. 2. 75.

50.— Les père et mère peuvent aussi stipuler que la dot qu'ils constituent en commun à leur fille, sera imputée pour la totalité sur la succession du prémourant.—11 juill. 1814. Civ. c. Grenoble. Durand. D.A. 12. 427, n. 1. D.P. 14. 1. 594.

51. — Mais, continue l'art. 1544, « si la dot est constituée par le père seul pour droits paternels et maternels, la mère, quoique présente au contrat, ne sera point engagée, et la dot demeurera en entier à la charge du père. » Cette seconde disposition suppose d'abord, comme on le voit, que la mère n'a pas donné son consentement formel à la constitution de dot : elle a été seulement présente au contrat; or, cette présence peut n'avoir été motivée que par un sentiment de déférence pour son mari, ou par le désir naturel d'assister à des conventions d'un intérêt si grave pour sa fille. La même disposition suppose, en second lieu, que le père et la mere de la future sont eux-mêmes mariés sous le régime dotal, ou avec clause de séparation de biens. Car, si le père et la mère s'étaient mariés sous le régime de la communauté, il faudrait alors appliquer l'article 1439, d'après lequel la dot qui a été constituée par le mari seul en effets de la communauté doit être supportée pour moitié par la mère, à moins qu'elle ne renonce à la communauté. De là il résulte que si le père et la mère, en se soumettant au régime dotal, avaient stipulé une société d'acquêts, et que le père eût constitué la dot avec ces derniers biens, la mère, quoiqu'elle n'eût pas donné son consentement au contrat, serait obligée pour moitié, de même que sous le régime de la communauté. — D.A. 10. 299, n. 12; Bellot, t. 4, p. 48; Dur. 15, n. 367.—V. Tessier, t. 1er, p. 120 et suiv.

52 —L'art. 1545 prévoit le cas du prédécès du père ou de la mère au moment de la constitution de dot. « Si le survivant des père ou mère constitue une dot pour biens paternels et maternels, sans spécifier les portions, la dot se prendra d'abord sur les droits du futur époux dans les biens du conjoint prédécédé, et le surplus sur les biens du constituant. » Remarquons avec Delvincourt, 3, 101, n., que cet article supposant que le survivant a déclaré qu'il constituait la dot pour biens paternels et maternels, il faut en conclure que s'il s'était borné à dire qu'il constitue une dot, elle devrait s'imputer en totalité sur ses biens, et nullement sur les biens du prédécédé.—Nous devons observer encore que, dans l'hypothèse de l'article, les biens du constituant ne contribuent pour le paiement de la dot qu'en cas *d'insuffisance* des biens du prédécédé. — D.A. 10. 300, n. 13; Dur., 15, n. 368, 371.—V. Tessier, t. 1er, p. 128 s.

53.— De même, la dot qu'un père a constituée à sa fille, tant de son chef qu'à valoir sur la succession maternelle, sans spécifier les portions, doit d'abord être prise sur les biens de cette succession, et le surplus sur ceux du constituant. Par suite, il y a lieu d'annuler l'arrêt qui a déclaré qu'elle serait prise moitié sur les biens paternels et moitié sur les biens maternels (C. civ. 1545). — 17 déc. 1828. Civ. c. Poitiers. Bruneau. D.P. 29. 1. 66.

54.— Enfin, l'art. 1546 dispose que « quoique la fille dotée par ses père et mère ait des biens à elle propres dont ils jouissent, la dot sera prise sur les biens des constituans, s'il n'y a stipulation contraire. » Il est évident, en effet, qu'à moins d'une stipulation contraire, on doit présumer que le pere a entendu donner *de suo*. — Dur., 15, n. 372; D.A. 10. 300, n. 14; Tessier, *eod.*, 134 et suiv.

55. — Dans aucun cas, un père ne peut se refuser au paiement de la dot qu'il a promise à sa fille, sur le motif que celle-ci ayant renoncé dans l'acte aux successions qui pourraient lui échoir, contre les termes de l'art. 791 du C. civ., la constitution de la dot se trouve frappée de nullité. Seulement, dans ce cas, la clause de renonciation est réputée non écrite, aux termes de l'art. 900 C. civ. — 10 août 1811. Turin. Bal. D.A. 10. 302, n. 1. D.P. 22. 2. 132, n. 2, 3, 4.

56.—Au reste, le père qui a reçu, lors du mariage de son fils, la dot de sa belle fille avec affectation hypothécaire sur ses biens, est définitivement libéré par le paiement qu'il fait à son fils, pendant le mariage, de la somme qu'il a touchée, encore bien que la belle-fille n'ait pas assisté à ce paiement; en conséquence, si le mari tombe en faillite, la femme ne pourra exiger de son beau-père le remboursement de sa dot.— 31 juill. 1833. Toulouse. Caussé. D.P. 34. 2. 147.

57.— Jugé au contraire que le père qui a hypothéqué ses biens au remboursement de la dot mobilière de sa belle-fille, qu'il a reçue conjointement avec son fils, n'est pas libéré de toute obligation de remboursement, par cela qu'il a payé à son fils, pendant le mariage, la somme qu'il avait touchée avec lui

Mais il ne peut dans ce cas être condamné *solidairement* avec son fils à rembourser la totalité de la dot. — Il n'est tenu, au contraire, que comme *caution*, de telle sorte qu'il peut réclamer le bénefice de discussion autorisé par l'art. 2021 du C. civ.— 9 déc. 1820. Pau. Saint-Gès. D.A. 10. 230, n. 1. D.P. 22. 2. 98.

58.— Enfin, le gendre ne peut être contraint par son beau-père à recevoir en immeubles la pension qui lui a été promise en argent (C. civ. 1243).— 25 mars 1820. Riom. Maisonneuve. D.A. 10. 299, n. 1. D.P. 21. 2. 75.

59.—Sous l'empire du droit romain, ceux qui avaient constitué la dot n'étaient soumis à la garantie que lorsqu'ils l'avaient formellement promise, et dans le cas où la chose donnée en dot avait été estimée (L. 1re, C. *de Jure dotium*). Mais notre ancien droit s'était écarté de ces principes en décidant, sans distinction, que la garantie était toujours due (Roussilhe, t. 1er, n. 96). Aujourd'hui, cette dernière règle est expressément consacrée par l'art. 1547, et il résulte de ses termes généraux, que la femme qui se serait elle-même constitué sa dot, serait tenue envers son mari de la garantie sur ses paraphernaux. — Villarg., 6, 151, n. 39; Dur., 15, n. 374; D.A. 10. 300, n. 15.

60.— Jugé en effet qu'en Normandie, lorsqu'un père avait donné ou promis une propriété foncière en dot à sa fille, il était garant de l'éviction.— 13 mess. an 10. Rouen. Lebreton. D.A. 10. 300, n. 2-1. D.P. 2. 745, n. 2.

61.— En conséquence, la loi du 16 niv. an 6, qui autorise la réduction des dots constituées postérieurement au 17 niv. an 2, lorsqu'elles excèdent le montant d'une portion héréditaire sur les biens du constituant, ne s'applique point au cas où la réduction serait demandée par l'auteur même de la constitution dotale. Ce texte ne dispose qu'en faveur des héritiers venant à partage avec la fille dotée.— 6 flor. an 13. Paris. Bussy. D.A. 10. 301, n. 3. D.P. 2. 745, n. 3.

62.— Jugé cependant que la dot constituée, en Normandie, par le père à sa fille, était de sa part une pure libéralité qui constituait la fille simple créancière de son père et non co-propriétaire de ses biens. Elle était par conséquent tenue de prendre une inscription hypothécaire pour la conservation de sa créance.— 9 avril 1823. Civ. c. Caen. Cardier. D.A. 10. 300, n. 2. D.P. 23. 1. 179.

63.— Mais supposons, dans le cas où la dot a été constituée par le père ou la mère ou par un étranger, que le mari qui souffre l'éviction, néglige d'exercer l'action en garantie pendant le mariage, cette action sera-t-elle ouverte à la femme quand le mariage sera dissous? Le motif qui a porté le législateur à autoriser, dans ce cas, l'action en garantie, est pris de ce que la constitution de dot n'est pas une libéralité à l'égard du mari, mais un vrai contrat à titre onéreux qui l'oblige a subvenir aux frais du ménage. Or, la constitution de dot n'a pas ce caractère vis-à-vis de la femme : pour elle, la dot est une donation. On pourrait donc penser, avec Delvincourt, t. 3, p. 102, n., que, dans l'espece, la garantie n'appartiendrait pas à la femme. Cependant, si l'on adoptait ces principes, il faudrait leur faire subir une exception avec le même auteur dans le cas où les biens laissés par le mari sont insuffisans pour la nourriture, l'entretien et l'éducation des enfans communs : alors, dit Delvincourt, la femme peut dire qu'elle a, comme son mari, les charges du mariage a soutenir, et que, par conséquent, elle ne possède pas la chose à titre gratuit.— D.A. 10. 301, n. 16.

Benoît, t. 1er, n. 80; Duranton, 15, n. 375; de Villargues, 6, 151, n. 40, ont professé que dans tous les cas l'action en garantie était ouverte au profit de la femme. Ils se fondent, 1° sur la généralité des art. 1440 et 1547, qui n'autorisent aucune restriction; 2° sur ce que la femme étant évincée de la propriété, c'est elle que la loi a dû avoir principalement en vue; 3° enfin sur ce qu'elle reçoit la dot pour faire

face, pour sa part, aux charges du mariage, et que dès lors ce n'est pas à titre purement gratuit qu'elle la reçoit — Conf. Tessier, *eod.*, 193.

64.— Si l'on considère la dot comme une donation par rapport à la femme, il suivra, ainsi que le dit Delvincourt, *loc. cit.*, que si l'action en garantie avait été exercée par le mari, et que la dot eût été restituée à la femme après la dissolution du mariage, elle devrait une indemnité au constituant, proportionnée à la valeur dont elle se serait enrichie, en exceptant toutefois le cas dont nous avons parlé à la fin du numéro précédent.— D.A. 10. 301, n. 17.

65.— *Intérêts.*— A l'obligation de garantir la dot, le législateur a ajouté, par l'art. 1548, celle d'en payer les intérêts, alors même qu'ils n'auraient pas été stipulés par le contrat. Cette nouvelle disposition est fondée en justice. En effet, la dot, sous le régime dotal comme sous le régime de la communauté, est apportée au mari pour supporter les charges du mariage. Il est donc nécessaire, lorsque la dot promise ne lui a pas été payée, qu'elle produise au moins des intérêts qui viennent l'indemniser de ses dépenses.—D.A 10 301, n. 18; Tessier, t. 1er, p. 162.

66.—Aussi, sous la coutume de Paris, comme sous le code, l'héritier donataire, et particulièrement l'enfant auquel ses père et mère, en le mariant, se sont engagés à payer une dot, a le droit de réclamer contre ses frères les intérêts de l'objet donné, c'est-à-dire de la dot, qui étaient échus avant l'ouverture de la succession des père et mère, et cela sans distinction entre les arrérages ou intérêts perçus et ceux qui ne le sont pas, comme aussi sans égard à cette circonstance, que la fortune des père et mère aurait considérablement diminué (Cout. de Paris, art. 309; C. civ. 856).— 23 juin 1818. Paris. Darthel. D P. 23. 2. 50.

67 —Et même, d'après la loi 54, ff *de Donat. inter vir. et uxor*, un mari qui, pendant toute la durée de son mariage, n'a point réclamé les intérêts de la dot de sa femme, n'est pas reputé en avoir fait remise, lorsque ce n'est point par la femme elle-même, mais par le père de celle-ci, que la dot avait été promise.— 10 déc 1817 Req. Montpellier. Escape. D.A. 10 301. n. 1. D.P. 18. 1. 179.

68 — Mais, quoique l'art. 1549 C. civ. attribue au mari les revenus ou intérêts de la dot, cependant si, pour se libérer envers ses créanciers, il leur a vendu tous ses biens et s'est mis dans l'impossibilité de fournir aux besoins de sa famille, la femme, même non séparée, peut obtenir contre les acquéreurs les intérêts de sa dot depuis le jour de la vente, en tant que ces intérêts sont nécessaires aux besoins de la famille (L 29, C. *de Jure dotium*). — 12 août 1825. Pau. Darampé. D.P. 26 2 85.

69 — Cependant, nous pensons que si la chose constituée en dot n'était pas de sa nature productive d'intérêts, comme si, par exemple, la dot ne consistait qu'en linge, vêtemens ou meubles-meublans, non estimés par le contrat, le mari ne serait pas fondé à en réclamer —Roussilhe, t 1er, n. 325.

Il nous semble qu'il en serait de même si la dot consistait en une créance à terme qui ne porterait pas d'intérêts. Le simple fait de la constitution dotale de cette créance ne pourrait empirer la condition du débiteur: et, de son côté, le dotateur serait à l'abri de toute demande, puisqu'en constituant une créance de cette nature, il a suffisamment manifesté, jusqu'à preuve contraire, l'intention de ne pas payer d'intérêts —Delv., 3, 103 notes; Dur., 15, n. 382; D.A. 10 302, n. 18 et 19; Tessier, *eod*, 167.

70.— Il suit de ce que les intérêts de la dot ne sont dus au mari que pour l'aider à supporter les charges du mariage, que si la nourriture et l'entretien de la femme et des enfans qu'elle peut avoir n'avaient rien coûté au mari, comme, par exemple, dans le cas où elle et ses enfans auraient vécu aux frais du constituant, le mari n'aurait pas droit aux intérêts de la dot. Telle était la doctrine professée dans l'ancienne jurisprudence par Roussilhe, t. 1er, n. 318.— Delv., 3, 103, notes; D.A. 10. 302, n. 20.

71.— Mais que décider, dans le même cas, si le contrat de mariage contient la stipulation expresse des intérêts de la dot? Delvincourt, *loc. cit*, a fait une distinction qui nous paraît très judicieuse. « Si, dit cet auteur, le constituant, en consentant les intérêts, s'était en même temps engagé à garder et entretenir la femme, alors cet entretien serait censé faire partie de la constitution dotale, et le mari pourrait en outre exiger les intérêts intégralement. Dans le cas contraire, il y aurait lieu à compensation jusqu'à due concurrence. » — Roussilhe, 1, n. 230; D.A. 10. 302, n. 21.

72.—En tous cas, les intérêts des deniers dotaux ne peuvent être stipulés au-delà de cinq pour cent. —3 juill. 1832. Aix. Durand. D.P. 34. 2. 99.

73.—Tout ce que nous venons dire prouve que les intérêts de la dot ne commencent à courir qu'à compter du jour de la célébration du mariage, et non à compter du jour du contrat. Mais *quid* si des termes ont été stipulés pour le paiement de la dot? L'ancienne jurisprudence ne faisait courir les intérêts qu'après l'échéance des termes (Roussilhe, 1, n. 314). Mais notre code a dérogé à ces principes. L'art. 1548 dispose, en effet, que les intérêts de la dot courent *de plein droit* du jour du mariage, encore qu'il y ait terme pour le paiement, s'il n'y a stipulation contraire. — Dur., 15, n. 380; Villarg., 6, 152, n. 44; D.A. 10. 302, n. 22.

74.—Jugé que l'art. 1440, aux termes duquel les intérêts de la dot courent sans qu'il soit besoin de demande, s'applique aux sommes constituées au mari comme à celles qui le sont à la femme.—Ainsi, lorsque le donateur s'est réservé, sa vie durant, l'usufruit des sommes données, les intérêts courent de plein droit du jour de son décès, et sans qu'il soit besoin d'une demande pour les faire courir. — 13 mars 1827. Civ. c. Agen. Florentin. D.P. 27. 1. 168.

75.— Mais lorsqu'une dot a été stipulée payable à termes, les intérêts ne commencent à courir que du jour de l'expiration du terme convenu; et si le terme expire avant la célébration du mariage, ce n'est que de cette dernière époque qu'ils commencent à être dus (C. civ. 1548).— 10 août 1811. Turin. Bal. D.A. 10. 302, n. D.P. 22. 2. 132, n. 1, 2, 3, 4.

76.— Au contraire, la dot constituée sous l'ancien droit porte intérêt du jour de sa constitution, quel que soit celui qui l'a constituée, sans distinguer si la loi l'obligeait à le faire, ou s'il ne l'a consentie que volontairement et par pure générosité.— 2 niv. an 14 Req. Riom. Mathon. D.A. 12. 366, n. 1. D.P. 6. 2. 50.

77. — D'après la jurisprudence du parlement du Dauphiné, les intérêts de la dot d'une femme décédée, n'étaient dus que du jour de la demande, et non à partir du décès, lorsque la femme avait disposé de cette dot au profit de son mari. — 15 juill. 1833. Civ. r. Grenoble. Dallen. D.P. 33. 1. 289.

§ 3.— *Administration des biens dotaux.*

78.—L'art. 1549 est ainsi conçu: « Le mari seul a l'administration des biens dotaux pendant le mariage. Il a seul le droit d'en poursuivre les débiteurs et détenteurs, d'en percevoir les fruits et les intérêts, et de recevoir le remboursement des capitaux. Cependant il peut être convenu par le contrat de mariage que la femme touchera annuellement, sur ses seules quittances, une partie de ses revenus pour son entretien et ses besoins personnels. »

79.—Toutefois, la femme, après le décès de son mari, n'est pas obligée d'exécuter le bail de ses biens dotaux, consenti par son mari, moyennant un prix soumis à des chances de gain ou de perte, comme si, par exemple, ce prix consiste en actions dans une société commerciale (C. civ. 1671).—2 fév. 1832. Bordeaux. Héliot. D.P. 32. 2 94.

80 —... Elle n'est pas tenue surtout d'entretenir le bail, si la stipulation qu'il renferme la constitue associée, et, comme telle, l'oblige à exécuter les engagemens de la société.—Même arrêt.

81.—D'après l'art. 1428, le mari, sous le régime de la communauté, a le droit d'exercer seul les actions mobilières et possessoires appartenant à la femme, et il peut même exercer, sans le consentement de cette dernière, les actions relatives à la propriété de ses biens personnels. En éclarant que le mari pourra, sous le régime dotal, poursuivre seul les détenteurs des biens dotaux de la femme, l'art. 1549 semble avoir été mis par le législateur en harmonie avec l'art. 1428. Nous devons remarquer que le moderne législateur s'est écarté en cela des principes de l'ancienne jurisprudence. Roussilhe, t. 1er, n. 217, atteste, en effet, qu'autrefois le mari ne pouvait, en cette qualité, *exercer seul les actions réelles concernant la propriété du fonds dotal.* La nouvelle doctrine est cependant conforme aux lois 11, C. *de Jure dotium*, et 9, C. *de Rei vindicatione.* —Vill., 6, 154, n. 68; Dur., 15, n. 387; D.A. 10. 302, n. 3; Tessier, t. 2, p. 138 et suiv, reconnaît aussi au mari le droit d'exercer toutes les actions possessoires, réelles, en revendication; celles en bornage, p. 147, *eod.*

82.—Jugé que la femme peut, avec l'assistance de son mari, agir en paiement de sa dot, lorsque c'est à elle que la dot a été promise.—10 août 1811. Turin. Bal. D.A. 10. 302, n. 1. D.P. 22. 2. 132, n. 2, 3, 4.

83.—Jugé cependant, 1° que les poursuites contre les débiteurs de sommes dotales doivent être dirigées par le mari, à peine de nullité; de telle sorte qu'une saisie faite à la requête de la femme est nulle, encore que le mari ait paru dans l'acte de saisie pour l'autoriser. —La femme prétendrait en vain qu'elle a le droit de faire, avec la simple autorisation de son mari, un acte conservatoire de sa dot mobilière, encore que celui-ci eût seul le droit d'en percevoir les fruits.—4 fév. 1822. Limoges. Frédon. D.A. 10. 303, n. 2. D.P. 22. 2. 131.

84.—2° Que c'est au mari seul, et non à la femme, qu'il appartient de poursuivre le débiteur de la dot mobilière constituée à celle-ci, et, en cas de vente des biens du constituant, de requérir une surenchère, conformément à l'art. 2185 C. civ.—22 mai 1807. Montpellier. Deidier. D.A. 10. 303, n. 3. D.P. 24. 1. 234.

85.—3° que le mari n'a pas le droit, pour obtenir le paiement de la dot qui a été constituée en argent à sa femme, de faire vendre les immeubles échus à celle-ci dans la succession du constituant.—2. fév. 1809. Riom. Andrieux. D.A. 10. 303, n. 4. D.P. 2. 745, n. 5.

86.— Toutefois il peut, sous le régime dotal, opposer en compensation sa propre dette avec les sommes dotales dues à sa femme par celui dont il est débiteur — La différence des qualités sous lesquelles il se trouve à la fois débiteur et créancier n'est pas, dans ce cas, un obstacle à la compensation. —13 déc. 1823. Grenoble. Bizet. D.A. 10. 304, n. 5. D.P. 2. 746, n. 6.

87.—En pays de droit écrit, lorsque la femme s'était constitué tous ses biens en dot, le mari ne pouvait point renoncer, moyennant une certaine somme, à l'action en supplément de légitime qui compétait à sa femme.— 1er fruct. an 9 Civ. r. Tranchant. D.A. 10. 304, n. 6. D P. 3. 1. 386.

88.—Le mari peut-il procéder seul au partage définitif des biens dotaux, tant en demandant qu'en défendant? On fonde la négative sur ce que le mari n'ayant que la jouissance, ne peut provoquer ce partage sans le concours de sa femme en qui réside la propriété; que l'art. 818 C. civ. est général; que l'art. 1549 n'a trait qu'aux actions qui ne touchent pas à la propriété, et qu'enfin l'aptitude de la femme pour concourir au partage résulte de l'art. 83 C. pr. (Conf. Proudh., *Usufr.*, 3, n. 1245; Chabot, *des Success.*, t. 3, p. 86; Bellot, 4, 137 et 415; Toull., 14, n. 156, 215; Dur., 15, n. 396; Tessier, 2, p. 142, n. 838). On invoque, au contraire, pour l'affirmative, 1° les termes de l'art. 1549 qui, à la différence de l'art. 1428, accorde au mari le droit de poursuivre les détenteurs de biens dotaux, ce qui comprend le pétitoire comme le possessoire; 2° les art. 1558, 1559, desquels il résulte que le consentement de la femme n'est pas exigé lorsque l'aliénation est nécessaire.—On écarte l'art. 818 par le motif qu'il ne s'applique qu'au régime de la communauté sous lequel l'aliénation des biens de la femme est permise, raison qui a fait exiger la présence de celle-ci.—Conf. Delv., 2, 140, note; Benoît, 1, n. 117; Duport Lavillette, *Quest de dr.*, t. 3, p. 73, D A. 10. 303, n. 4.

Sous le droit romain, le partage nécessaire ou provoqué contre la femme était permis; le partage volontaire était prohibé. Notre ancien droit l'admettait indistinctement; mais le concours de la femme était nécessaire.—Pothier, *Succession*, ch. 4, § 2, p. 170; Cout d'Orléans, n. 154; Valin, Cout. de la Rochelle, t. 1er, p 492, Ferriere, Cout. de Paris, t. 3, p. 238, n. 10; Boucheul, Chabrol, Roussilhe, 1, n. 217; Tessier, t. 2, p. 143.—Ce dernier système paraît devoir être encore suivi sous le code.

89.—Jugé avant le code dans le sens prohibitif du partage.— 1er pluv. an 10. Toulouse. Jurisp. inédite de cette cour, p 208.

90.—Jugé aussi que le mari qui s'est marié avant le code, ne peut, sous ce code, faire procéder au partage des biens dotaux, sans le concours de sa femme.—24 fév. 1809. Agen. Breuil. D.A. 10. 304, n. 1. D P. 11. 2. 46.

91.— Toutefois, il est sans difficulté qu'il peut provoquer seul un partage provisionnel (C. 818). — Proudh., 3, n. 1245; Chabot, 3, p. 86; Pig., 2, p. 705; Dur., 7, n. 125.

92.— Mais, dans le cas où le mari devient seul, et en son nom personnel, acquéreur d'un immeuble appartenant par indivis à sa femme, celle-ci a le droit, alors même qu'elle est mariée *sous le régime dotal*, et à plus forte raison s'il s'agit de biens *paraphernaux*, de retenir l'immeuble aux conditions prescrites par l'art. 1408 C. civ., dont la disposition est générale, et ne doit pas être restreinte au cas où les époux sont communs en biens. —Seulement, la femme, si elle est mariée sous le régime dotal, doit déclarer sa volonté de retenir l'immeuble, à l'époque où elle règle ses droits; et quand il s'agit de biens paraphernaux, elle doit faire cette déclaration immédiatement après l'acqui-

sition faite par son mari.— 12 mars 1828. Limoges. Guyard. D.P. 29. 2. 127.

93.— D'après l'opinion qu'il adopte sur la question du n. 88, Dalloz pense que le mari peut former seul une demande relative à une servitude : *Qui potest plus, potest minùs.*—D.A. 10. 305, n. 5.

Mais il ne peut faire remise d'une servitude, ni en imposer une, même avec le consentement de la femme : cette opinion, de Tessier, t. 1er, p. 366 et t. 2, p. 148 et suiv., est sans difficulté.

94.— Le mari qui peut *poursuivre* les détenteurs des biens dotaux, peut-il *défendre* à l'action relative à ces biens? Oui.—Delv., *loc. cit.*, Dur., 15, n. 393; D.A. 10. 305, n. 6.

95.— Mais il ne résulte pas de l'art. 1549 C. civ., qui donne au mari seul le droit de poursuivre les détenteurs du bien dotal, que la femme n'ait pas le droit de défendre aux actions immobilières dirigées contre le fonds dotal. *Spécialement*, c'est directement contre la femme légalement autorisée, et non contre le mari seul, que doit être dirigée une demande tendant à réclamer une servitude sur un immeuble dotal; l'assignation donnée au mari seul serait nulle (C. civ. 2208).—16 mars 1827. Bordeaux. Gardet. D.P. 28. 2. 39. — Conf. d'Héricourt, Brodeau, Renusson, Roussilhe, t. 1er, p. 259, 473; Dur., 15, n. 397; Tessier, t. 2, p. 151, n. 831. — *Contra*, Delv., t. 3, p. 412, n. 6; D.A. 10. 305, n. 6.

96. — Si le mari refuse de poursuivre les détenteurs, la femme peut se faire autoriser à exercer elle-même les poursuites.—Bellot, t. 4, p. 63; D.A. 10. 306, n. 7.

97.— Comme administrateur de la dot, le mari, d'après l'art. 1549, a seul le droit de recevoir le remboursement des capitaux appartenant à la femme, et grevés de dotalité. Il suit de là que le débiteur qui rembourse au mari des sommes dotales, n'a pas le droit d'exiger de lui le remploi.— Vill., 6, 154, n. 62; D.A. 10. 306, n. 8; Dur., 15, n. 403.

98.— Jugé, en effet, que l'art. 1549 C. civ. plaçant, sans aucune restriction, la faculté de recevoir les capitaux de la dot au rang des actes d'administration, sans imposer, à celui qui en fait le remboursement, l'obligation de veiller à ce qu'il en soit fait remploi, le débiteur qui rembourse des sommes mobilières et dotales, soit au mari, soit à la femme séparée de biens, sans exiger qu'il en soit fait remploi, ne s'en libère pas moins valablement; bien plus, il n'aurait pas même le droit de contraindre le mari au remploi (C. civ. 1234, 1449, 1549, 1550).— 25 janv. 1826. Civ. c. Aix. Chabas. D.P. 26. 1.195. Conf. Tessier, t. 2, p. 127.—V. aussi Remploi.

99.—De même, l'art. 1549 donnant au mari seul le droit de recevoir les capitaux de la dot de sa femme, et l'art. 1550 le dispensant de fournir caution pour la réception de cette dot, à moins qu'il n'y soit assujetti par le contrat de mariage, le débiteur qui rembourse au mari des sommes dotales n'a pas le droit d'exiger de lui le remploi. — 27 juin 1825. Caen. Catois. D.P. 26. 2. 193.—Conf. Tess., t. 2, p. 12.

100.— Bien plus, la clause qui, dans un contrat de mariage, et sous le régime dotal, oblige le mari à faire emploi des deniers dotaux, est étrangère aux débiteurs qui, par conséquent, ne sont pas tenus d'en suivre et surveiller l'emploi, et doivent se libérer entre les mains du mari, sans exiger la justification de cet emploi.—4 juin 1831. Paris. Roy. D.P. 31. 2. 220.

101.—Mais le créancier d'une somme, par lui prêtée sur le fonds dotal en vertu d'autorisation judiciaire, est tenu d'en surveiller l'emploi. — 10 fév. 1832. Aix. Aillaud. D.P. 32. 2. 72.

102.— Il résulte encore des termes généraux de l'art. 1549, que le remboursement des rentes constituées en dot peut être reçu par le mari sans le concours de la femme. Telle était, malgré quelques légères dissidences, la doctrine généralement reçue dans l'ancien droit (V. Guyot et Merlin, Rép., v° Dot, § 7, n. 4). Cependant Delvincourt, t. 3, p. 104, notes, fait observer que s'il s'agit de rentes foncières, il faudra appliquer la disposition finale de l'art. 4, tit. 2 de la loi du 29 déc. 1790, d'après laquelle, lorsque le remboursement de ces sortes de rentes était fait entre les mains d'un tuteur, curateur ou *mari*, le redevable était garant du remploi du prix du rachat, si mieux il n'aime le consigner; auquel cas il n'est délivré aux tuteurs, curateurs et maris, qu'en vertu d'une ordonnance du juge rendue sur les conclusions du procureur du roi, auquel il doit être justifié du remploi. Mais les termes de l'art. 1549 sont absolus, et repoussent toute distinction. — Bellot, 4, 189; Dur., 15, n. 404; D.A. 10. 306, n. 9.

103. — Lorsqu'une rente, créée sous la coutume de Normandie, mobilisée par l'effet du code civil, a été léguée, sous ce même code, à une femme mariée sous la coutume, le mari en peut recevoir le capital, sans être tenu de donner un remplacement. — 2 mai 1829. Rouen. Vauquelin. D.P. 29. 2. 302.

104. — Le mari a aussi, et lui seul, le droit de recevoir le compte de tutelle dû à sa femme, lorsqu'elle s'est constitué tous ses biens. — Dur., 15, n. 405.

105. — Jugé même qu'un mari, sous le régime dotal, a qualité pour transiger sur le compte de tutelle dû à sa femme. — 20 janv. 1830. Montpellier. Pailloux. D.P. 30. 2. 124. — *Contra*, Tessier, t. 2, p. 147. — V. Arbitrage.

106. — Il suffit qu'une quittance sous-seing privé, consentie par un mari comme administrateur des biens dotaux de sa femme, ait une date antérieure à la séparation de biens prononcée entre les époux, pour qu'elle soit, sauf les cas de fraude, opposable à celle-ci, encore bien que cette date n'ait été fixée par aucune des circonstances prévues par l'art. 1328 C. civ. — A cet égard, la femme ne peut être considérée comme *un tiers*, dans le sens de cet article (C. civ. 1322, 1549). — 28 nov. 1833. Req. Lyon. Métra. D.P. 34. 1. 30.

Le principe auquel cette question se rattache a la plus grande portée. Il nous paraît certain que si l'institution de l'enregistrement était rendue à sa destination originaire, qui était uniquement d'assurer la date des actes, la décision de la cour serait non moins abusive que contraire aux principes. Mais, en présence des droits fiscaux si considérables, et cependant si facilement perceptibles, cette décision, malgré les graves inconvéniens qui peuvent en résulter, nous paraît réunir en sa faveur les plus puissantes considérations. C'est, au reste, ce que démontre très bien le rapport de M. le conseiller de Broé, dans cette affaire.— Conf. Tessier, t. 2, p. 127.

107. — La clause contractuelle portant que le mari sera tenu de passer des reconnaissances authentiques de toutes sommes qu'il touchera pour son épouse, afin d'en assurer la restitution à qui de droit, a pu être réputée relative seulement au règlement des intérêts respectifs des époux, et non à ceux des tiers vis-à-vis de la femme; et, par suite, les quittances sous seing-privé à eux délivrées par le mari, ont pu être déclarées avoir effet à l'égard de la femme (C. civ. 1549).— 25 janv. 1831. Lyon. Pollot. D.P. 32. 2. 16. — V. Preuve littérale.

Il a fallu certainement pousser loin l'esprit d'interprétation, et regarder cette interprétation comme bien puissante, pour arriver, en présence de la clause contractuelle, à une pareille conséquence.

108. — Si le mari était mineur, pourrait-il également poursuivre seul les débiteurs et détenteurs de la dot, ou recevoir seul le remboursement du capital des rentes apportées en dot par sa femme? Pour l'affirmative, dira-t-on que, d'après l'art. 1990, le mineur émancipé peut être choisi pour mandataire, et que, dans l'espèce, le mari doit être considéré comme mandataire général de sa femme.— Mais nous ferons remarquer qu'aux termes du même article le mandant n'a d'action contre le mineur son mandataire, que d'après les règles générales relatives aux obligations des mineurs, et qu'ainsi il ne peut rien répéter de celui-ci, s'il a dissipé la somme qu'il avait touchée en son nom. Or, cette disposition est inconciliable avec la garantie dont le mari doit être tenu envers sa femme, à raison des sommes qu'il a reçues pour le compte de cette dernière. L'art. 1990 est donc inapplicable. Il faut s'en tenir à l'art. 482, d'après lequel le mineur émancipé ne peut intenter une action immobilière, ni y défendre, même recevoir et donner décharge d'un capital mobilier, sans l'assistance de son curateur. Et cette dernière disposition, relative aux créances qui appartiennent aux mineurs, s'applique avec d'autant plus de justesse au paiement des sommes dotales, que le mari est pour ainsi dire propriétaire de ces sommes pendant le mariage. — Bellot, 4, 61; Villarg., 6, 154, n. 64; D.A. 10. 306, n. 10; Tessier, t. 2, p. 126, n. 825.

109. — Le mari pourrait-il établir, par acte entre-vifs, un droit d'usufruit sur le fonds dotal de son épouse? Tous les droits de l'usufruitier appartiennent au mari à l'égard des biens dotaux. Or, l'art. 595 C. civ. donne à l'usufruitier le pouvoir d'aliéner son droit. Mais le cessionnaire ne pouvant jouir de plus de droits que le mari lui-même, son usufruit cessera à la dissolution du mariage, ou même avant cette époque, si une séparation de biens vient à être prononcée entre les époux. — Proudh., *Tr. de l'usufr.*, 1, n. 365; D.A. 10. 306, n. 14.

110. — La femme pourrait-elle se réserver l'entière administration de sa dot? Nous ne le pensons pas. Le législateur a dit positivement que le mari *seul* avait l'administration des biens dotaux. C'est aussi l'opinion de Bellot, t. 4, p. 298, de Dur., 15, n. 401, 402; D.A. 10. 307, n. 19; Tessier, t. 1er, p. 85 et suiv. et t. 2, p. 121.

111.— Mais lorsque les époux, en se mariant sous le régime dotal, stipulent, pour la femme, la faculté expresse de vendre, aliéner, échanger, avec l'autorisation de son mari, les immeubles acquis des deniers dotaux, la femme a capacité suffisante pour faire, conjointement avec son mari, l'acquisition d'une maison, et employer à cette fin les sommes qui lui ont été constituées en dot. — Le mari est non-recevable, pour s'attribuer l'acquisition en totalité, à demander la nullité de ce contrat, sur le motif que la femme s'étant obligée solidairement envers les tiers au paiement du prix de l'acquisition, elle a excédé les limites de sa capacité et des conventions matrimoniales (C. civ. 1554). — 1er juill. 1829. Req. Lyon. Lavie. D.P. 29. 1. 284.

112. — A supposer que le mari ait action pour la répétition du coût du contrat de mariage, des honoraires du notaire et frais de quittances par lui payés, c'est contre les père et mère qui ont constitué une dot à la femme, que le mari devra exercer son action (C. civ. 1548). — Même arrêt.

§ 4. — *De la jouissance du mari.—Charges qui l'accompagnent.*

113. — *Jouissance.* — Le mari n'est pas seulement administrateur de la dot, il en est encore usufruitier (Tessier, 2, 377); il perçoit, d'après l'art. 1549, les fruits et les intérêts. Ajoutons que si, parmi les biens dotaux de la femme, il se trouvait un droit d'usufruit ou une pension viagère, le mari pourrait en jouir comme de tout autre bien dotal. L'art. 1568, dont nous parlerons plus bas, le dit expressément à l'égard de l'usufruit. — Vill., 6, 155, n. 73; Dur., 15, n. 438; D.A. 10. 306, n. 11.

114. — Mais, d'après l'art. 1571, le mari n'a droit aux fruits des biens dotaux qu'en proportion du temps que le mariage a duré; si donc un mariage contracté le 1er janv. vient à se dissoudre le 1er mai, le mari, n'ayant eu à supporter les charges du mariage que pendant quatre mois, tiers de l'année, il ne pourra prétendre qu'au tiers des fruits (1571 C. civ.). — Dur., 15, n. 456; D.A. 10. 366, n. 52.

115. — Ce principe, comme on le voit, n'a besoin d'explication qu'à l'égard des fruits perçus la dernière année du mariage. Pour en faire une saine application, il faut distinguer plusieurs espèces de fruits : les uns naturels (le produit spontané de la terre, le croît des animaux) et industriels (les fruits qu'on obtient par la culture) ne s'acquièrent que par la perception (583, 584 C. civ.). Les autres, civils (arrérages des rentes, intérêts des capitaux, loyers des maisons, prix des baux à ferme), sont réputés s'acquérir jour par jour (586 C. civ.).— Dur., 15, n. 444; Tess., t. 2, p. 156 et suiv.

116. — Parmi ces derniers, il faut encore distinguer les fruits civils réguliers, tels que ceux énumérés en l'art. 586, des fruits civils irréguliers, tels que le produit des manufactures, des mines, des carrières, etc.— D.A. 10. 368, n. 65.

117.— A l'égard des fruits civils réguliers, comme ils s'acquièrent jour par jour, le mari n'a droit qu'à ceux échus entre la célébration et la dissolution du mariage. Toutes les échéances, soit antérieures, soit postérieures à cette époque appartiennent à la femme, et doivent lui être restituées si elles ont été perçues par son époux, et qu'elle lui en demande compte. Roussilhe, t. 1er, n. 338, a enseigné la même doctrine. — Dur., 15, n. 445 et 446; D.A. 10. 306, n. 13, et 368, n. 66.

118. — Il est possible que le mari ait négligé de faire produire aux biens dotaux des fruits civils, par exemple, de renouveler le bail d'une maison dotale. — D'abord, tant que dure le mariage, point de question; ces revenus sont perdus pour le mari. Mais si cette maison se trouve sans locataire, et par suite sans revenus, à la dissolution du mariage, la femme ou ses héritiers auront-ils le droit d'intenter une action en indemnité contre le mari? Oui (C. 1562. — Benoît, 2, n. 210).— Dalloz dit que, suivant cette opinion, l'indemnité pourrait être demandée lorsque le mari aurait loué au-dessous de la valeur, ce qui serait bien rigoureux et ce qui devra faire admettre difficilement l'action en indemnité pour négligence (D.A. 10. 369, n. 67).— Toutefois, le principe de l'action existe, car le mari est tenu de sa faute. — Tessier, 2. 182 et suiv.

119.— Supposons maintenant que le mari s'étant mis en possession de la maison dotale, en ait joui pendant plusieurs mois, et qu'ensuite il l'ait donnée à bail. Si, dans cette hypothèse, le mariage se dissout avant l'expiration de la dernière année, la part

du mari dans le prix du bail ne devra évidemment être formée que dans la proportion de la durée de ce bail pendant l'année. Car si, en se fondant sur l'art. 1571, on calculait cette part d'après la durée du mariage lui-même, la maison, pour le temps où le mari l'a habitée, aurait produit double fruit en sa faveur, puisqu'on ajouterait au bénéfice de sa jouissance personnelle une part proportionnelle du prix du bail. — Benoît, 2, n. 211; D.A. 10. 369, n. 68.

120. — Quant aux fruits civils irréguliers, nous avons à déterminer ceux de la dernière année qui appartiennent au mari. Pour les connaître, l'exploitation de l'établissement devra continuer à se faire en commun, après la dissolution du mariage, entre le survivant des époux et les héritiers de l'autre, jusqu'à l'expiration de la dernière année. A cette époque, on réunira en masse tous les produits pendant cette même année, et l'on fixera la part du mari ou de ses héritiers, conformément à l'art. 1571. — D.A. 10. 369, n. 70.

121. — Si la continuation de l'exploitation de l'usine était impossible, alors, comme le dit Benoît, t. 2, n. 214, il faudrait faire vendre les marchandises confectionnées, pour en partager le prix, ou bien procéder au partage des produits en nature. A l'égard des marchandises non confectionnées, Benoît a pensé qu'elles devaient être vendues toutes les fois que l'une des parties se refusait au partage en nature. Il semble à Dalloz qu'il vaudrait mieux s'en rapporter sur ce point à la décision du juge. — D.A. 10. 369, n. 71.

122. — Il est possible cependant que le mari et la femme ou leurs héritiers se trouvent obligés de suspendre le partage jusqu'à la fin de l'année. Cela pourrait arriver dans le cas où le fonds dotal consisterait en un établissement qui ne produirait des revenus qu'à une certaine époque de l'année, comme, par exemple, un café, une auberge, un établissement de bains, qui ne seraient ouverts que pendant la belle saison. Il est évident que, dans ce cas, aucun partage ne pourrait avoir lieu immédiatement après la dissolution du mariage, si cette dissolution était arrivée avant la saison d'exploitation. — V. Benoît, *loc. cit.*; D.A. 10. 369, n. 72.

123. — Il pourrait arriver encore que l'année ne fût pas suffisante pour la confection des marchandises. L'exploitation de l'usine devrait alors continuer en commun jusqu'au moment où elles seraient entièrement achevées. — Benoît, t. 2, n. 215; D.A. 10. 369, n. 73.

124. — Ce qui vient d'être dit à l'égard du partage des produits d'une usine ou d'une manufacture, s'applique également aux produits des mines, carrières et tourbières apportées en dot par la femme. Ainsi, l'on devrait attendre la fin de la dernière année du mariage pour cumuler ensemble toutes les extractions faites pendant cette année, et déterminer sur cette masse la portion qui doit revenir au mari. — D.A. 10. 369, n. 74.

125. — Remarquez qu'il n'en saurait être ainsi dans le cas où la mine n'ayant été découverte que depuis la célébration du mariage, le mari en aurait obtenu la concession du gouvernement. Dans ce cas, en effet, aux termes de l'art. 7 de la loi du 21 avril 1810 (V. Mines), le mari est propriétaire de la mine. Mais, comme le propriétaire de la mine est tenu de payer une rente foncière au propriétaire de la surface, d'après les art. 6, 18, 19 et 42 de la même loi, le mari ou ses héritiers seront obligés, après la dissolution du mariage, de s'acquitter envers la femme ou ses héritiers des arrérages de cette rente. — D.A. 10. 369, n. 75.

126. — Quant aux carrières et tourbières qui viendraient aussi à être découvertes pendant le mariage, les mêmes dispositions ne leur sont point applicables. Il faut donc observer, avec Proudhon, que les extractions qui en auraient été faites n'étant pas au rang des fruits, d'après les art. 598 et 1403, il serait, à ce sujet, dû à la femme ou à ses héritiers une indemnité proportionnée à la valeur de ce qui aurait été enlevé du fonds dotal. — V. Proudh., t. 5, n. 2705 et 2706; Bellot, t. 4, p. 276; D.A. 10. 369, n. 76. — Il en est de même d'un trésor. — Tessier, 2, p. 162.

127. — *Fruits naturels et industriels.* — L'art 1549 dispose d'une manière générale, que le mari pourra percevoir les fruits de tous les héritages que sa femme lui apporte en dot. Ainsi, comme l'usufruitier, aux termes de l'art. 585, le mari a le droit de recueillir tous les fruits pendans par branches ou par racines, sur les immeubles dotaux, au moment de la célébration du mariage. Cependant, si ces fruits se trouvaient déjà engagés envers des tiers, comme si, par exemple, des créanciers de la femme les avaient déjà frappés d'une saisie-brandon, il est

évident que le mari ne serait pas en droit de les percevoir : il ne pourrait obtenir que ce qui resterait du prix après que les créanciers auraient été payés. — Proudh., *de l'Usufr*, t. 5, n. 2710; D.A. 10. 306, n. 12; Tessier, 2, p. 160 et suiv.

128. — Mais, si le mari a perçu les fruits pendans, il en devra, à la dissolution du mariage, et quelle qu'ait été sa durée, le rapport à la femme ou à ses héritiers. — De leur côté, ces derniers devraient, à la même époque, tenir compte au mari des fruits du fonds dotal qui se trouvaient levés au moment de la célébration du mariage. — V. Proudh., t. 5, n. 2709; Dur., 15, n. 450; D.A. 10. 368, n. 60; Tess., p. 163.

129. — Quant à ceux de la dernière année du mariage, l'art. 1571, en ordonnant qu'ils seraient partagés, a entendu parler non seulement des fruits non encore perçus à la dissolution du mariage, mais indistinctement de tous les fruits de la dernière année, et, par conséquent, de ceux que le mari aurait déjà récoltés. Ainsi, lorsqu'un mariage contracté le 1er janvier viendra à se dissoudre par la mort de la femme dans l'intervalle de la récolte des blés et des vendanges, les blés perçus par le mari devront être réunis aux raisins cueillis par les héritiers de la femme, pour former la masse sur laquelle on doit procéder au partage. — D.A. 10. 366, n. 50.

130. — De là, il suivrait encore que le mari aurait droit à une portion de la récolte qui n'aurait été semée qu'après la dissolution du mariage, mais qui serait cueillie avant l'expiration de la dernière année. Ainsi, supposons, avec Proudhon, t. 5, n. 2697, un mariage contracté dans le mois de novembre. La femme décède le 1er mars. Immédiatement après sa mort, ses héritiers sèment de l'avoine sur une partie des immeubles dotaux : le produit de ces semences devra être partagé avec le mari, sauf le prélèvement à exercer par les héritiers à raison de leurs frais de culture. — D.A. 10. 366, n. 51.

131. — La disposition de la loi qui fait courir la dernière année à compter du jour où le mariage a été célébré, ne devrait-elle pas recevoir une exception dans le cas où le mari ne serait entré en jouissance de l'immeuble dotal que plusieurs mois après la célébration du mariage? L'affirmative était expressément consacrée, dans le droit romain, par la loi 5, ff. *Solut. matrim.* La même décision est aujourd'hui professée par Benoît, t. 2, n. 190. Suivant cet auteur, ce n'est là qu'une règle générale, applicable seulement aux cas pour lesquels elle a été faite, c'est-à-dire à ceux où le mari entre en possession des biens dotaux dès la célébration du mariage. Mais, lorsque le mari prouvera que cette possession ne lui a été conférée qu'à une époque postérieure, c'est à partir de cette époque et non à partir du jour de la célébration, que la dernière année devra commencer. Quoique cette règle soit conforme à l'équité et au droit romain, la crainte de substituer, dans une matière de sensible importance, l'incertitude à la règle fixe posée par le code, la fera rejeter dans la plupart des cas. — Au reste, le mari ne serait pas recevable à invoquer le bénéfice d'une exception à l'article cité, s'il avait été convenu, dans le contrat nuptial, qu'il n'entrerait en jouissance de l'immeuble dotal qu'à l'époque où il lui a été réellement livré. Il est en effet hors de doute que les règles tracées par l'art. 1571, à l'égard du partage des fruits de la dernière année entre le mari et la femme ou leurs héritiers, peuvent être modifiées d'avance par des stipulations du contrat de mariage. Or, dans l'hypothèse, on devrait présumer que le mari a renoncé à en exciper, à la dissolution du mariage pour augmenter sa part dans le partage des fruits. — La même fin de non-recevoir pourrait encore être opposée au mari, si la possession du fonds dotal ne lui avait été livrée longtemps après le mariage, qu'à cause de sa négligence à poursuivre les détenteurs de ce fonds. — D.A. 10. 367, n. 53; Dur. 15, n. 451.

132. — La disposition de l'art. 1571 étant une dérogation aux règles de l'usufruit, doit, ce semble, être restreinte à son cas spécial, c'est-à-dire aux fruits *de l'année*, sans s'enquérir des cas peu nombreux où les fruits ne se récolteraient qu'à des époques plus éloignées ou plus rapprochées et sans récompense de part ni d'autre pour les frais de culture, lesquels sont une charge de l'usufruit. Dans ce système, les fruits perçus au-delà du terme d'un an sont présumés avoir été consommés par les époux, qui *lautius vixerunt*. Quant aux fruits à percevoir au-delà de la récolte de l'année, il n'est pas probable que le mari ait compté sur ces fruits pour soutenir les charges du ménage. Toutefois, ce système qui, affranchissant le mari de constater par des inventaires, des états, chaque coupe, chaque récolte, paraît se concilier avec cette sorte d'abandon qui doit exister entre des époux, n'est point adopté par les auteurs; tous interprètent l'art. 1571 d'une ma-

nière plus rigoureuse. En supposant que leur interprétation doive être admise, nous passerons en revue quelques unes des difficultés nombreuses auxquelles cette interprétation donne lieu (D.A. 10. 367, n. 54), en notant, toutefois, qu'il peut être convenu que les fruits appartiendront en entier au survivant. — Tessier, t. 1er, p. 167, n. 201.

133. — D'après ces auteurs, les différentes espèces de fruits à partager, les divers modes de culture du fonds dotal, les circonstances fortuites, donnent lieu à de sérieuses difficultés. Proudhon et Benoît se sont efforcés chacun de les résoudre. — D.A. 10. 367, n. 55.

134. — Supposons d'abord que le partage ne dût embrasser que des fruits naturels ou industriels. Nous avons déjà dit que tous ceux *cueillis* avant la dernière année, soit par le mari, avant la dissolution du mariage, soit après, par les héritiers de la femme, devaient être confondus pour être partagés entre eux. — D.A. 10. 367, n. 56.

135. — « Nous disons *cueillis*, remarque Dalloz, parce que nous pensons, avec Proudhon, t. 5, n. 2708, et Benoît, t. 2, n. 198, que ces fruits appartiennent à l'année où il sont récoltés, et non à celle où on en a fait la culture. Sans doute on pourrait dire, en raisonnant avec un peu de rigueur, que les fruits n'étant venus qu'à l'aide des semences, il serait plus naturel de les rapporter à l'époque de ces travaux, qu'à celle de la récolte (L. 7, § 9, *in fine*, ff. *Solut. matrim.*) Mais cette règle ne pourrait jamais être invoquée pour apprécier les conséquences de l'usufruit marital. N'est-il pas incontestable, en effet, que les récoltes semées avant le mariage sont perçues, après le mariage, par le mari, comme fruits de la dot? Or, il n'en serait pas ainsi dans le cas où les fruits devraient s'appliquer à l'époque de la culture. D'ailleurs cette opinion aurait pour résultat de reculer le partage jusqu'à l'époque où les fruits, cultivés durant la dernière année du mariage, seraient parvenus à leur maturité. Or, un pareil retard dans la liquidation et le compte des fruits pourrait entraîner de grands inconvéniens. — D.A. 10. 367, n. 57.

136. — Quelle règle faudrait-il suivre dans le partage des fruits à l'égard des immeubles dotaux, dont la culture serait divisée par assolemens? Que décider, par exemple, dans le cas où un immeuble de soixante ares aurait été divisé en trois portions de vingt ares, dont deux seraient cultivées chaque année pendant que la troisième resterait en jachère? Quarante ares seulement étant cultivées et ayant un produit tous les ans, c'est comme si l'usufruit marital n'avait pour objet qu'un domaine de quarante ares; et, cette proposition établie, la liquidation et le compte des fruits, dans cette espèce, ne présentent pas plus de difficultés que dans une espèce ordinaire. Ainsi, en supposant que, dans ce cas, le mariage ait duré trois ans quatre mois, il faudra dire que pendant les trois premières années le mari a perçu les fruits des quarante ares en compensation des impenses du ménage, et qu'à l'égard des fruits de la dernière année, il aura le droit d'en réclamer le tiers. Ce système consiste, comme on le voit, à n'avoir aucun égard, dans le compte des fruits, à la portion laissée en jachère. — Benoît, t. 2, n. 199; D.A. 10. 367, n. 58.

137. — Mais si l'immeuble dotal restait tout entier en jachère de trois années l'une, comment faudrait-il procéder au partage? Tous les fruits cueillis durant la période de trois années devraient être cumulés pour être partagés dans la proportion de la durée du mariage. Ainsi, supposons, avec Delvincourt, t. 3, p. 119, notes, un mariage contracté le 1er janvier de l'année de jachère : si ce mariage se dissout trois ans après à la même époque, il n'y aura lieu à aucun partage entre le mari et la femme ou leurs héritiers; le mari, dans ce cas, ayant dû faire tous les fruits siens jusqu'au moment de la dissolution du mariage. Mais si, dans la même hypothèse, ce n'était qu'à la fin de la quatrième année, durant laquelle l'immeuble a été encore en jachère, que le mariage vînt à se dissoudre, alors, afin que le mari n'eût pas à supporter deux années de jachère pour deux années de produit, on devrait lui accorder le tiers des fruits à échoir pendant les deux années qui restent à courir. Le mari aurait droit aux deux tiers de ces mêmes fruits, si le mariage avait duré cinq ans. — D.A. 10. 368, n. 59.

138. — Il a été dit plus haut que le partage devait porter sur tous les fruits de l'année. Mais supposons un mariage célébré le 1er octobre. Peu de jours après, le mari vendange la vigne que sa femme lui avait apportée en dot. Dans le mois de septembre suivant, la chaleur de la température ayant hâté la maturité des raisins, le mari vendange encore la même vigne. Le 1er octobre, la femme meurt. Le

mari, dans ce cas, pourrait-il prétendre à la totalité ou à une portion de la seconde vendange? Cette récolte devrait-elle, au contraire, être dévolue exclusivement aux héritiers de la femme? Cujas donnait au mari le droit de retenir les deux récoltes.—Conf. D.A. 10. 368, n. 61.—*Contrà*, Proudhon, t. 5, n. 2715, Benoît, t. 2, n. 197.

139.— Par le même motif, Dalloz rejette la doctrine de Proudhon, qui enseigne, t. 5, n. 2715, que, si le mariage avait été célébré dans une année précoce, après la vendange déjà faite, et qu'il fût dissous au bout d'un an, mais avant la vendange qui ne viendrait que tardivement à maturité, le mari ou ses héritiers auraient le droit de réclamer cette récolte toute entière en compensation des charges du mariage dont elle devait naturellement indemniser le mari.—D.A. 10. 368, n. 62.

140.—Si le mari avait vendu tout ou partie des récoltes à partager, à une personne insolvable, sur qui devrait retomber la perte? Benoît, t. 2, n. 201, distingue : si l'insolvabilité de l'acquéreur existait au moment de la vente, le mari seul doit être responsable de la perte; il doit s'imputer, en effet, de n'avoir pas pris des renseignemens suffisans sur la solvabilité de la personne avec laquelle il devait contracter : mais si l'insolvabilité de l'acquéreur n'est arrivée qu'après la vente, la perte doit être supportée en commun par le mari et les héritiers de la femme. Tout en partageant cet avis, Dalloz dit qu'il est susceptible de difficulté dans la pratique.—D.A. 10. 368, n. 63.

141.—Les règles qu'on vient de poser s'appliqueraient-elles aux fruits qui ne se perçoivent qu'à des époques périodiques plus éloignées, et, par exemple, aux coupes de bois?—D'abord, on ne peut s'empêcher de décider qu'en principe les coupes de bois, encore sur pied au moment de la dissolution du mariage, de même que les récoltes annuelles pendantes par branches ou par racines à la même époque, peuvent être atteintes par l'usufruit marital. Quel motif, en effet, pourrait servir de fondement à une distinction entre ces deux espèces de fruits? Les coupes de bois, comme les fruits annuels, sont destinées à l'acquit des charges du mariage. Les impôts qui grèvent les forêts dotales doivent être payés par le mari, de même que les impôts des domaines qui donnent des fruits tous les ans.—Mais dans quelle proportion le mari devra-t-il jouir des coupes de bois? Dans la proportion, disent les auteurs, de la durée du mariage comparée à l'intervalle qui s'écoule entre les coupes. Ainsi, supposons que les coupes n'aient lieu que de vingt ans en vingt ans. Au moment où le mariage a été célébré, une coupe venait de se faire. Le mariage dure dix ans. Dans ce cas, la moitié de la première coupe qui se fera devra être dévolue au mari. Si, au contraire, une coupe avait eu lieu immédiatement après la célébration du mariage, et que le mariage n'eût duré que le même temps, le mari devrait restituer la moitié de la coupe à la femme ou à ses héritiers (V. la loi 7, § 7, ff. *Solut. matrim.*).—Delv., t. 3, p. 119, notes; Proudhon, t. 5, n. 2735; Bellot, t. 4, p. 273; Dur., 15, n. 458; D.A. 10. 368, n. 64.

142.—Si les biens dotaux produisent des fruits naturels ou industriels et des fruits civils, comment faudra-t-il régler le partage des fruits de la dernière année? Dans cette hypothèse, le partage ne peut pas présenter plus de difficulté que lorsqu'il n'existe que des fruits d'une seule espèce. En effet, pour donner exactement aux parties tout ce qui peut leur revenir, on devra procéder séparément au partage des récoltes, et au partage des fruits civils, comme si ces fruits appartenaient à deux dots distinctes l'une de l'autre. Par ce moyen, chacun des époux prenant la portion qui lui revient sur les diverses parties du revenu, est assuré d'avoir entièrement ce qui lui était dû sur le tout.—Proudhon, t. 5, n. 2716; Benoît, t. 2, n. 212; D.A. 10. 369, n. 77.

143.—Mais soit un mariage contracté le 1er octobre; la femme avait apporté une vigne en dot; le mari recueille la vendange peu de jours après la célébration. Le 1er novembre, il afferme la vigne. Le dernier jour du mois de janvier suivant, c'est-à-dire quatre mois après la célébration, le mariage est dissous. On demande quels doivent être, dans ce cas, les droits du mari? Sa part doit-elle se prendre seulement sur la vendange? doit-elle se prendre au contraire et sur la vendange et sur le prix du bail?—V. sur ce point la dissertation indiquée, D.A. 10. 370, n. 78; Dur., 15, n. 435.—V. n. 138.

144.—Les créanciers du mari pourraient-ils faire saisir les fruits des immeubles dotaux? L'affirmative n'est pas douteuse (1166 C. civ.). Mais la femme pourrait demander la séparation de biens.—D.A. 10. 306, n. 15.

145.—Lorsque la femme s'est constitué en dot tous ses biens présens et à venir, pourrait-on lui faire donation d'un immeuble sous la condition que les fruits ne seraient pas perçus par le mari? La loi autorise une pareille condition lorsqu'il s'agit de l'usufruit paternel ou maternel (C. civ. 387). Le donateur doit avoir la même liberté quand il s'agira de l'usufruit marital.—Proud., t. 1er, n. 286; Merl., Rép., v° dot, § 2, n. 10; D.A. 10. 306, n. 16.—*Contrà*, Roussilhe, t. 1er, n. 333.

146.—Cependant si la donation était faite à la femme par l'un de ses ascendans, tenu envers elle d'une légitime ou réserve, la prohibition d'usufruit devrait être sans effet à l'égard des biens formant le montant de cette réserve, et à dater de l'époque où le droit en serait ouvert, parce que la donataire, la tenant des mains de la loi plutôt que de celles du donateur, il n'appartiendrait point à celui-ci de la soumettre à une condition qui pût la modifier et la soustraire aux dispositions du droit commun.—Proud., *eod.*; D.A. *eod.*

147.—Jugé que, dans le cas où une femme s'est mariée sous une constitution générale de dot, tant pour ses biens présens que pour ses biens à venir, encore qu'elle puisse recevoir par testament un immeuble à titre de bien paraphernal, cependant les conditions imposées aux legs ne sauraient aller jusqu'à changer, au préjudice du mari, la nature du contrat de mariage: dès lors, doit être regardée comme non avenue, la condition que la femme aura le droit d'aliéner le bien légué, sans l'autorisation de son mari (C. civ. 1549 et 1576).—18 janv. 1830. Nîmes. Brigadet. D.P. 30. 2. 128.

148.—L'art. 1549 déclare qu'il peut être convenu, par le contrat de mariage, que la femme touchera annuellement, sur ses seules quittances, une partie de ses revenus pour son entretien et ses besoins personnels.—Les créanciers de la femme dont les titres n'ont pas une date certaine, antérieure au mariage, pourraient-ils saisir ces revenus? Non, puisque ces revenus étant ainsi détournés de leur destination, l'entretien de la femme retomberait à la charge du mari, qui se trouverait par là payer indirectement ces sortes de créanciers.—Delv., 3, 104, n.—Conf. arrêt, 9 août 1820. Villarg., 6, 155, n. 74 et s.; D.A. 10. 306, n. 17; Dur., 15, n. 442.—V. Communauté.

149.—Les époux auraient-ils le droit de stipuler que les fruits seront dotaux? Delvincourt, 3, 104, notes, décide que ce pacte ne serait valable que dans le cas où ces fruits seraient assez considérables pour former des capitaux dont les intérêts pourraient servir au mari pour soutenir les charges du mariage. Il nous semble que cette opinion est trop rigoureuse, et que la convention qui rendrait les fruits dotaux pourrait, dans tous les cas, être maintenue en partie. En effet, quel serait le résultat de cette convention, lorsque les intérêts des revenus capitalisés ne seraient pas suffisans pour aider le mari à supporter les charges du mariage; ce serait d'obliger le mari à subvenir à ces charges, avec le revenu de ses biens personnels. Or, cette stipulation constituerait en faveur de la femme une véritable donation indirecte qu'il faudrait imputer sur la portion de biens dont les conjoints peuvent disposer entre eux; ce n'est que lorsque cette mesure se trouverait comblée, que les fruits devraient cesser d'être dotaux, ou ne continuer à l'être que dans l'hypothèse posée par Delvincourt.—D.A. 10. 307, n. 18.—On peut stipuler la dotalité pour l'excédent des besoins du ménage.—Tessier, t. 1er p. 88; mais on ne peut stipuler une renonciation à succession future.—V. n. 55 et Oblig., ou des conditions illégales.—V. n. 149, s; ou que les époux seront tenus de demeurer dans la même ville que les constituans.—Tessier, t. 1er, p. 84, s.; qu'on pourra détériorer la dot, *idem*, p. 90, ou que le mari ne garantira que son dol, *idem*; qu'en cas de prédécès du mari, une partie de la dot passera aux enfans, *idem*; que le mari prédécédant, ses héritiers ne seront pas tenus de restituer la dot, *idem*, p. 92.

150.—*Charges du mari.*—Dabord, remarquez que la jouissance des biens dotaux est accordée au mari, en considération des charges du ménage, qu'il doit supporter.

151.—Aussi, la femme qui a été dotée, et qui, depuis le divorce prononcé entre elle et son mari, a payé des comptes de fournitures faites durant le mariage, peut en répéter le montant contre ce dernier.—20 août 1807. Nîmes. Nogarède. D.A. 1. 339. D.P. 1. 102.

152.—Le mari est tenu, à l'égard des biens dotaux, de toutes les obligations de l'usufruitier (1562). Il existe toutefois une exception à cette règle, c'est que, à la différence de ce dernier, le mari n'est pas tenu, de droit commun, de fournir caution pour sûreté de la dot (601, 1550 C. civ.).—Dur., 15, n. 406 et 459, note.—Il est tenu des frais des procès relatifs à la jouissance et peut répéter, à la dissolution du mariage, ceux relatifs à la propriété des biens dotaux.—Tessier, t. 2, p. 189.

153.—L'art. 1562 met à sa charge les détériorations de l'immeuble dotal survenues par sa négligence. Ainsi, pour empêcher ces détériorations, le mari, comme usufruitier, devra faire à l'immeuble toutes les réparations d'entretien. Quant aux grosses réparations, il est aussi tenu de les faire en sa qualité d'administrateur, sauf à en répéter le montant contre la femme à la dissolution du mariage.—Dur., 15, n. 460, 461; D.A. 10. 311, n. 36; Tessier, p. 193.

154.—N'aurait-il pas le droit, même pendant l'existence du mariage, de s'en faire rembourser sur les paraphernaux de la femme? Suivant Duranton, t. 15, n. 462, la femme, en lui livrant les biens en dot, est censée lui avoir promis de les tenir en bon état, afin qu'il puisse en jouir pour supporter les charges du mariage. Dès lors, il a fait l'affaire de la femme, et doit avoir contre elle l'action *negotiorum gestorum*, dès le temps où la dépense a été faite.

155.—Le même auteur, t. 15, n. 463, pense en outre que, pour les améliorations faites aux biens dotaux, il serait dû au mari indemnité jusqu'à concurrence de la plus-value. L'art. 599, relatif à l'usufruit, n'est point applicable au mari, car celui-ci a toujours un juste motif de les améliorer. D'ailleurs, s'il ne devait pas en être indemnisé, il ne les ferait pas, et les intérêts de la femme et des enfans en souffriraient; il a donc, au contraire, mandat tacite pour faire ces améliorations; au lieu que l'usufruitier pourrait, pour son avantage personnel, entraîner le propriétaire dans des dépenses d'améliorations, que celui-ci n'aurait peut-être pas le moyen de faire; Proudh. t. 5, p. 476; Toull., t. 14, n. 324; Tessier, t. 2, p. 195.

156.—Mais il est évident, ainsi que l'observe Delvincourt, t. 3, p. 105, notes, que si l'immeuble dotal venait à périr par cas fortuit, et autrement que par l'effet du défaut de réparations, la femme n'aurait rien à répéter contre le mari, alors même qu'à l'époque de l'accident l'immeuble se trouvait en état d'être réparé. En effet, le défaut de réparations n'a porté aucun préjudice à la femme. Si même il s'agissait de réparations nécessaires, ce défaut lui a été profitable, puisque, dans le cas où le mari les eût faites, la femme eût été obligée de l'indemniser malgré la perte de l'immeuble.—D.A. 10. 311, n. 37.

157.—En sa qualité d'usufruitier, le mari supporte les impôts ordinaires mis sur les biens dotaux; mais, pour les charges extraordinaires qui y sont établies pendant le mariage, c'est la femme qui en est tenue sur ses paraphernaux; toutefois, le mari lui tient compte des intérêts (609 et 1562 C. civ.).—Dur., 15, n. 464.—V. Paraphernaux.

158.—Enfin, si la constitution de dot était générale, le mari supporterait les intérêts et arrérages des rentes dues par la femme, parce que ce sont des charges de la généralité des fruits, dont il jouit seul dans ce cas.—Il en serait de même des pensions alimentaires, dues par la femme à ses ascendans, et de l'entretien des enfans mineurs qu'elle aurait eus d'un premier lit.—Dur., 15, n. 465, 466 et 467.

159.—Le mari est aussi responsable des prescriptions acquises pendant le mariage. Mais l'art. 1562 n'a pu entendre parler, comme on le verra au § 15, que des prescriptions commencées avant l'union des époux et accomplies depuis; et nous devons observer avec la loi 16, ff. *de Fundo dotali*, que, dans ce même cas, aucun recours ne pourrait être exercé par la femme contre son mari, si, au moment du mariage, il ne manquait que très peu de jours pour compléter la prescription. On ne peut alors reprocher aucune négligence au mari.—D.A. 10. 310, n. 35.

160.—Terminons en disant, avec l'art. 1563, que si la dot se trouvait mise en péril par la mauvaise administration du mari, ou par le mauvais état de ses affaires, la femme, pour en obtenir la restitution, pourrait poursuivre la séparation de biens.—Et peu importerait que la dot tout entière consistât en immeubles inaliénables. La femme peut être intéressée à les retirer des mains du mari, soit pour empêcher le dépérissement qu'amènerait, de la part de ce dernier, le défaut de réparations, soit pour mettre les revenus destinés à soutenir les charges du mariage à l'abri des saisies dont les créanciers du mari pourraient les frapper.—Delv., t. 3, p. 105, notes; D.A. 10. 311, n. 38.

§ 5.—*Cas où le mari devient propriétaire des biens dotaux.*

161.—D'abord, il semble suivre du principe de l'inaliénabilité de la dot, que la condition de la femme ne pouvant être compromise, les acquisitions qu'elle fait doivent être réputées payées avec les deniers du mari, *ex re mariti*, et qu'ils lui appar-

tiennent, à moins que la femme ne prouve leur origine.— V. la dissertation de Tessier, t. 1er, p. 204, s.

Ainsi il a été jugé 1° que les immeubles acquis par la femme qui ne possède point de biens extra-dotaux, sont réputés achetés des deniers du mari, et appartiennent, par conséquent, à ce dernier. — 22 fév. 1809. Riom. Clavières. D.A. 10. 336, n. n. 2. D.P. 2. 758, n. 1.

162. — 2° Que la femme mariée sous le régime dotal, qui, à l'époque de son mariage, n'avait pas de capitaux disponibles, et qui, par la suite, a fait des acquisitions d'immeubles, est censée les avoir faites avec les deniers de son mari, encore que celui ci ait consenti à ces acquisitions, et que, par son industrie et son activité, la femme ait contribué à l'accroissement de la fortune du mari; en conséquence, elle doit les rapporter à la masse de la succession de celui-ci (C. civ. 1098, 1581). — 2 août 1825. Toulouse. Valette. D.P. 26. 2. 22.

163. — 3° Que l'épouse mariée sous le régime dotal, avant le code, et qui faisait des placemens pendant le mariage, étant censée les faire des deniers du mari, lorsqu'elle ne pouvait leur assigner une autre origine, c'est au mari que revient, après la mort de sa femme, le montant de ces placemens, et c'est lui aussi qui doit supporter les pertes qui peuvent en résulter (C. civ. 1096). — 21 mars 1832. Aix. Morand. D.P. 33. 2. 102.

164.—Ensuite, il peut aussi arriver que le mari ait la propriété des biens dotaux. Pour expliquer les règles posées sur ce point par le législateur, il faut distinguer les meubles des immeubles. — D.A. 10. 307, n. 20.

165.—A l'égard des meubles, l'art. 1551 s'exprime en ces termes: « Si la dot ou partie de la dot consiste en objets mobiliers mis à prix par le contrat, sans déclaration que l'estimation n'en fait pas vente, le mari en devient propriétaire, et n'est débiteur que du prix donné au mobilier. »— Ainsi, le simple fait de l'estimation suffit pour transporter au mari la propriété des meubles estimés. Ces meubles sont par conséquent aux risques du mari pendant le mariage; qu'ils aient ou non péri quand le mariage vient à se dissoudre, le mari ou ses héritiers doivent toujours à la femme le montant de l'estimation. La loi 10, § 4, ff. *de Jure dotium*, consacrait les mêmes principes. Nos anciens pays de droit écrit les avaient adoptés.—Roussilhe, t. 1er, n. 191; Villarg., 6, p. 156, n. 79 et 80; Dur., 15, n. 409; D.A. 10. 307, n. 21. — *Quid* à l'égard d'un fonds de commerce? —V. Tessier, t. 2, p. 211.

166 — Mais remarquez avec la loi 17, § 1er, ff. *de Jure dotium*, que pour que l'estimation produise cet effet, il faut que le mariage ait lieu. Si le projet de mariage était rompu, le mari devrait restituer la chose et non le prix. *Res igitur repeti debeat, non pretium.*— Dur., 15, n. 414; D A. 10 307, n. 22.

167.— Jugé qu'en pays de droit écrit l'estimation des biens dotaux n'avait en général pour objet que la fixation des droits d'enregistrement plutôt que le transfert de la propriété au mari. — 11 juin 1830. Toulouse Rotier. D.P. 31. 2. 109.

168. — Si les objets mobiliers constitués en dot consistaient en des choses dont on ne peut jouir qu'en les consommant comme l'argent comptant, le blé, le vin, etc., leur estimation serait-elle nécessaire pour que le mari en acquît la propriété? La loi 42 ff. *de Jure dotium*, décidait que ces choses étaient toujours censées estimées. Notre ancien droit suivait la même doctrine (Merl., Rép., v° Dot, § 7 n. 1). Aujourd'hui, la même opinion est reçue par tous les auteurs. Il suffira donc, lorsque les meubles donnés en dot seront des choses fongibles, que le contrat de mariage en détermine la quantité et la qualité. Le mari pourra en disposer comme propriétaire, sauf la restitution dont il sera tenu à la dissolution du mariage, soit en nature, conformément aux indications du contrat, soit en argent, d'après les mercuriales de l'année où le mariage a été célébré.— Bellot, 4, 71; Delv., 3, 104, n.; Villarg., 6, 156, n. 81; Dur, 15, n. 410; D.A. 10. 307, n 23.; Tessier, t. 2, p. 206, s.

169. — Mais il peut arriver au contraire que la valeur des meubles apportés en dot soit énoncée dans le contrat de mariage, sans que le mari devienne propriétaire de ces meubles; c'est ce qui aura lieu lorsque des obligations ou des contrats de rente auront été constitués par la femme. Le législateur a lui-même reconnu cette doctrine par l'art. 1567.—Cependant si, comme nous l'avons prévu plus haut, n. 100, le débiteur de la rente venait à la rembourser entre les mains du mari, celui-ci, dès ce moment, serait responsable de cette somme, et devrait la restituer à la dissolution du mariage. — Delv., t. 3, p. 104, n.; Villarg, 6, 156, n. 80; D.A. 10 307, n. 24; Tessier, t. 1er, p. 254 et suiv.

170. — Les époux ont la faculté de stipuler qu'à dissolution du mariage la valeur donnée aux meubles par le contrat, ou les meubles eux-mêmes seront restitués. *Quid*, dans ce cas? La loi 10, § 6, ff. *de Jure dotium*, a posé plusieurs distinctions qu'il faut admettre aujourd'hui. Si la femme s'est réservé le choix, elle pourra réclamer ou le prix ou la chose. La perte ou la détérioration de la chose sera par conséquent à la charge du mari, lorsque la femme demandera le prix. Si le choix appartient au mari, la chose sera encore à ses risques, en ce sens que, si elle n'existe plus, il sera obligé de payer le montant de l'estimation. Mais si la chose existe, il pourra la restituer en nature, quoique détériorée, pourvu que le dépérissement ne puisse pas lui être imputé. Si l'époux qui devait faire le choix n'était pas désigné dans le contrat de mariage, le choix appartiendrait au mari comme débiteur (art. 1190). — Delv., 3, 104, n. D.A. 10. 307, n. 25.

171. — Si l'estimation était inexacte au préjudice, soit de la femme, soit du mari, y aurait-il lieu à rescision pour cause de lésion? Oui, sans doute; et cela, quand même la lésion ne serait pas des sept douzièmes. Car, bien qu'elle produise l'effet d'une vente, on ne peut pas néanmoins la considérer comme une vente ordinaire (V. l. 6, § 2, ff. *de Jure dotium*, Guyot et Merlin, v° Dot, § 7, n. 1). — Toutefois, Duranton pense, 15, n. 422, que cette espèce de vente doit produire les effets ordinaires de la vente. « Aussi, dit-il, n. 423, serait-elle sujette à rescision pour cause de lésion *de plus des sept douzièmes*; et si c'était la femme qui eût livré son immeuble, la prescription de l'action ne courrait pas pendant le mariage » (2255 C. civ. — Dur., 15, n. 424). — Au reste, est-ce bien aux époux que l'on devrait aujourd'hui permettre de critiquer l'exactitude de l'estimation? Nous pensons que cette faculté ne leur serait concédée que dans le cas ou l'époux demandeur établirait qu'il a été victime de l'erreur ou du dol. A défaut de cette preuve, l'inexactitude de l'estimation devra être considérée comme un avantage indirect fait par l'époux qui en souffre au profit de l'autre. L'action ne serait donc ouverte qu'en faveur de ceux qui ont le droit de contester ces avantages quand ils sont excessifs, comme, par exemple, des enfans d'un premier lit (Delv., 3, 105, n.) —Mais remarquons, comme nous l'avons déjà dit implicitement en posant la question, que la contestation ne peut jamais avoir pour objet que de faire rectifier l'estimation, et non de détruire l'effet de l'estimation, savoir, la translation de la propriété au mari. — D A. 10. 307, n. 26.

172.— De ce que la propriété des meubles dotaux passe au mari quand il y a estimation, il faut conclure que la propriété de ces meubles reste à la femme quand ils ne sont pas estimés. Mais que décider lorsque les créanciers du mari ont frappé ces meubles de saisie? Delvincourt, t. 3, p. 105, notes, après avoir dit, d'après Rousseau de Lacombe, qu'anciennement la femme pouvait empêcher la vente en justifiant de sa propriété, déclare qu'aujourd'hui l'on devrait appliquer l'art. 554 C. comm, d'après lequel la propriété des meubles de la femme est acquise, dans le même cas, aux créanciers du failli. Cette opinion nous semble trop rigoureuse. La disposition de l'art. 554, exorbitante du droit commun, nous paraît devoir être limitée au cas de faillite. La doctrine de l'ancien droit devrait donc, selon nous, être maintenue.—V. Dur., 15, n. 416; D.A. 10. 307, n. 27.

173.— A Rome, et dans nos pays de droit écrit, les immeubles, comme les meubles, devenaient la propriété du mari par l'effet de l'estimation qui en était faite dans le contrat. Le nouveau législateur n'a pas cru devoir adopter cette règle. L'art. 1552 dispose en effet que l'estimation donnée à l'immeuble constitué en dot n'en transporte point la propriété au mari, s'il n'y en a déclaration expresse. On présume alors que l'estimation n'a eu lieu qu'afin de donner une valeur à l'immeuble, et faciliter par là l'évaluation des dommages-intérêts que la femme pourrait avoir à réclamer dans le cas où le mari aurait fait subir des dégradations à l'immeuble. — Villarg., 6, 156, n. 82; Dur., 15, n. 417; D.A. 10. 308, n. 28.

174. — Mais, dans le ressort du parlement de Toulouse, l'estimation des biens fonds donnés en dot à la future, a pu être déclarée valoir vente au profit du mari, s'il n'y avait convention expresse contraire, ou s'il résultait du contrat que l'estimation n'avait été faite que pour la fixation des droits de contrôle, sans que l'arrêt qui le décide ainsi, en se fondant tout à la fois sur l'ancienne législation combinée avec la jurisprudence et l'interprétation du contrat, puisse donner ouverture à cassation.— 3 janv. 1831. Req. Agen. Daguzan D.P. 31. 1. 74.

175.—Jugé, au contraire, qu'avant le code civil, l'estimation de l'immeuble dotal, faite dans le contrat de mariage, n'en transportait pas la propriété au mari, s'il résultait des circonstances de la cause que cette estimation n'avait été faite que pour servir à la fixation des droits de contrôle, et non pas dans l'intention de rendre le mari propriétaire de ces immeubles. — 5 fév. 1822. Toulouse. Vigouroux. D.A. 10. 308, n. 1. D.P. 22. 2. 34.

176.— La renonciation faite par un enfant mineur dans son contrat de mariage, à la reddition du compte de tutelle que lui doit son père, et la reconnaissance qu'il y insérerait, que ce dernier était devenu propriétaire de la dot immobilière de sa femme par l'estimation qu'il en aurait faite, sont nulles, alors même que le mineur a procédé, dans ce contrat, avec l'assistance et l'autorisation de son père tuteur et de son grand-père.— Même arrêt.

177.— Le cautionnement intervenu pour faire ratifier ces renonciation et reconnaissance en temps utile, est pareillement nul.— Même arrêt.

178.— Si le contrat porte que l'estimation de l'immeuble en transporte la propriété au mari, c'est alors une véritable vente. De là il suit, 1° que le mari n'est plus que débiteur du prix; 2° que l'immeuble est à ses risques et périls; 3° qu'il n'est point aliénable; 4° que le mari doit les droits de mutation sur le pied de vente d'immeubles.—Dur., 15, n. 418, 421.

§ 6. — *Remploi.* — V. ce mot.

§ 7.—*Inaliénabilité de la dot immobilière et mobilière. — Droit ancien, Fruits et intérêts de la dot.*

179. — L'inaliénabilité de la dot forme le caractère distinctif du régime dotal. Le législateur romain en avait consacré le principe par la loi *Julia, de Fundo dotali.*— Mais cette loi, qui ne prohibait l'aliénation du fonds dotal que pour le cas où la femme refusait d'y consentir, fut reconnue insuffisante par Justinien. Il statua en conséquence, par la loi 15, C *de rei uxoriæ actione*, et dans ses institutes, liv. 2, tit 8, *in princip.*, qu'à l'avenir le fonds dotal ne pourrait être aliéné par le mari, même avec le consentement de la femme, *ne*, dit-il, *sexus muliebris fragilitas in perniciem substantiæ earum convertatur.*— Dur., 15, n. 468, 469, 470; D.A. 10. 311, n. 1.

180. — En France, les pays soumis au droit romain avaient admis en général le principe de l'inaliénabilité de la dot. Cependant, une distinction bizarre avait été émise dans plusieurs arrêts des parlemens d'Aix et de Bordeaux. D'après ces décisions, la dot ne pouvait être aliénée par le mari, même avec le consentement de la femme; mais la femme pouvait l'aliéner elle-même, pourvu qu'elle fut autorisée par son mari. En outre, les provinces du Lyonnais, Forez, Beaujolais et Mâconnais, quoique régies par le droit écrit, avaient formellement exclu de leur territoire la doctrine de l'inaliénabilité de la dot.—V. une déclaration du 20 avril 1664, enregistrée plus tard au parlement de Paris. Quant aux pays de coutume, soumis pour la plupart au système de communauté, la femme y jouissait de la liberté d'aliéner ses biens dotaux avec l'autorisation de son mari. Mais les coutumes d'Auvergne, t. 14, art. 3; de Normandie, art. 538; de Bordeaux, art. 54, et de la Marche, art. 299 et 300, reconnaissaient, comme la loi romaine, l'inaliénabilité des biens dotaux — Dur, 15, n. 472; D.A. 10. 311, n. 2.—Et elle s'applique aux droits immobiliers incorporels, comme aux droits corporels.—Tessier, t. 1er, p. 307. —Voyons d'abord les décisions régies par le droit antérieur au code.

181. — Par biens dotaux frappés d'inaliénabilité, on ne comprenait, sous la législation romaine, et dans les provinces où, comme en Dauphiné, le droit romain était suivi, que les biens dont le mari avait été, par la tradition, mis en possession, soit à l'époque du mariage, soit pendant le mariage. Mais à l'égard des actions compétant à la femme, même sous le régime dotal, telle que l'action en partage de biens à elle échus pendant son mariage, le mari en avait la libre administration. — 6 fév. 1828. Grenoble. Popon. D.P. 31. 1. 195.

182 — Jugé aussi que les biens dotaux *inaliénables* étaient, suivant l'ancien droit, ceux-là seulement qui étaient passés dans la possession du mari par la tradition, et que l'on ne pouvait regarder comme tels les droits héréditaires revenant à la femme, soit à titre de légitimaire, soit à titre d'héritier, tant qu'ils étaient indivis: jusqu'au partage, ces droits pouvaient être aliénés par le mari (C. 826, 150). — 31 janv. 1834. Grenoble. Sardon. D.P. 34. 2. 175.

183. — Sous la coutume de Normandie, n'étaient réputés immeubles, et déclarés inaliénables, que les deniers donnés pour le mariage des filles, soit par le père, la mère, ou autres ascendans, soit par le frère, ou autres personnes, et destinés à être leur dot; ainsi, les deniers constitués par l'épouse elle-même, comme fruit de ses épargnes, ne pouvaient avoir de caractère dotal, d'après cette coutume, et pou-

vaient être valablement aliénés par elle, lorsqu'elle en aurait repris l'administration. — 15 déc. 1829. Req. Caen. Lemoine. D.P. 30. 1. 44.

184.— Lorsqu'un contrat de mariage, passé sous l'empire de la coutume de Normandie, contient une stipulation de communauté, mais que les clauses qui l'établissent la restreignent aux acquêts que les époux feront sur les produits de leur industrie ou les revenus de leurs biens, et disposent que toutes les autres propriétés demeureront propres à chacun des époux, une pareille communauté n'est point inconciliable avec le régime dotal du statut normand. En conséquence, lorsque le prix d'une rente apportée en mariage par la femme, a été aliéné par le mari, et que, postérieurement, cette femme s'est engagée solidairement avec son mari, la dot étant inaliénable, les créanciers ne peuvent être subrogés par la femme dans l'hypothèque qu'elle avait pour sûreté de sa dot. — 19 déc. 1827. Civ. c. Rouen. Guilbery. D.P. 28. 1. 64.

185.— Les biens de la femme normande, aliénés par son mari pendant la durée de son mariage, doivent être remplacés sur les immeubles acquis par celui-ci pendant le mariage, à titre de licitation.— 5 juin 1825. Rouen. Delarue. D.A. 10. 315, n. 15. D.P. 2. 749, n. 15.

186.— La conversion en rente viagère du prix de l'immeuble aliéné sans formalités par une femme normande séparée civilement, n'est pas un remplacement valable de cet immeuble dans le sens de l'art. 127 des Placités.— 17 juill. 1823. Caen. Vaumousse. D.A. 10. 321, n. 20. D.P. 2. 752, n. 18.

187.— Le fils d'une femme normande, a qui sa mère a donné, sous la réserve d'une pension alimentaire, les sommes qui lui sont dues, en vertu d'un jugement, par l'acquéreur d'un de ses biens dotaux, ne peut pas, en excipant d'une nouvelle donation qui lui fait remise de la pension viagère, prétendre toucher le montant des sommes dues par l'acquéreur, sans justifier de l'emploi d'un capital nécessaire pour assurer le service de la rente stipulée au profit de sa mère.— 23 janv. 1824. Rouen. Vasse. Renoult. D.A. 10. 355, n. 16 et 315. D.P. 2. 748, n. 12, et 757, n. 7.

188 — Le droit de propriété, que l'art. 329 de la coutume de Normandie, exclusive de la communauté entre époux, attribuait à la femme sur la moitié des conquêts immeubles faits par son mari pendant le mariage, n'était point un droit purement successif, mais un droit acquis à la femme du vivant même de son mari. En conséquence, il n'a point été aboli par la loi du 17 niv. an 2, art. 61.— 30 mars 1825. Civ. r. Rouen. Enreg. C. v^e et héritiers Delaunay. D.P. 25. 1. 248.

189.— L'art. 432 de la coutume de Normandie, qui permettait au donateur qui n'avait qu'un seul héritier de disposer en faveur de ce dernier de la totalité de ses biens, ne portait aucune atteinte au principe de l'inaliénabilité de la dot prononcée par les art. 538 et suiv. de la même coutume. Ainsi, la femme normande ne pouvait donner tous ses biens à son fils, hors du cas de son établissement. — 23 janv. 1824. Rouen. Vasse-Renoult. D.A. 10. 315, n. 12. D.P. 2. 748, n. 12, et 757, n. 7.

190.— Dans le ressort du parlement de Grenoble, les biens reçus par le mari, en paiement de la dot de son épouse, ne devenaient pas la propriété de celle-ci, lorsqu'ils étaient donnés en paiement par d'autres que par les constituans de la dot.— En conséquence, le mari restait maître de disposer à volonté de ces biens, sauf à la femme ses répétitions contre son mari (C. civ. 1406, 1553). — 23 avril 1830. Grenoble. Martinon. D.P. 30. 2. 251.

191. — Dans les pays régis par le droit écrit, l'aliénation des biens dotaux ne pouvait être validée sur le motif que le prix de ces biens avait été employé à retraire ou à libérer les biens paraphernaux. — 29 brum. an 5. Civ. c Jouannet. D.A. 10. 315, n. 6. D.P. 3. 1. 94.— V. Paraphernaux.

192. — D'après les principes du droit romain, adoptés par la coutume d'Auvergne, l'aliénation du bien dotal de la femme n'est nulle que lorsqu'elle est faite au préjudice des droits de la femme.— 27 juill. 1825. Riom. Denebonde. D.P. 26. 2. 127.

193. — Elle est tellement inaliénable que les jugemens rendus contre la femme mariée sous l'empire du droit écrit, n'autorisent le créancier qui les a obtenus à prendre inscription que sur les biens extra-dotaux. — 8 août 1809. Limoges. Davy. D.A. 10. 323, n. 1-1. D.P. 2. 753, n. 1.

194.— Après cette analyse, on passe au système du code : Le premier projet de loi sur le *contrat de mariage*, tout en autorisant parmi nous le régime dotal, déclarait cependant (art 138) que les biens dotaux ne seraient pas inaliénables, et que même toute convention contraire serait nulle. Les motifs de cette innovation, exposés au conseil d'état par Berlier, étaient qu'il paraissait peu conforme au droit de propriété, que la femme se privât du droit d'aliéner, et s'imposât à elle-même des entraves qui seraient souvent suivies de regrets; que cette incapacité civile nuirait à la société entière, et n'était qu'une espèce de substitution dont la femme se grevait elle-même. Mais, sur l'observation de Portalis et Cambacérès, que prescrire l'aliénabilité de la dot, c'était dénaturer entièrement le système dotal, et que d'ailleurs l'inaliénabilité n'avait pas les inconvéniens des substitutions, puisqu'elle n'existait et n'avait de résultat que pendant la durée du mariage, et qu'elle s'évanouissait aussitôt qu'il était dissout. La disposition de l'art. 138, quoique défendue par Treilhard, fut changée en celle contenue aujourd'hui dans l'art. 1554 C. civ.—D.A. 10. 311, n. 3.— L'inaliénabilité doit être maintenue, quoique la femme ait faussement déclaré que le fonds vendu n'était pas dotal (Tessier, t. 2, p. 1), et que le mari eût de quoi répondre de la dot.— *Ibid.*

195.— Lorsqu'une dot constituée en argent a été, en vertu d'une loi, acquittée en immeubles, les créanciers de la femme ne sont point recevables à exercer aucun droit sur ces immeubles, sous le prétexte que leur valeur est supérieure à la somme constituée en dot. — 8 août 1809. Limoges. Davy. D.A. 10. 323, n. 1. D.P. 2. 753, n 1.

196. — *Meubles*. — En établissant pour le régime dotal le principe de l'inaliénabilité, le code civil n'a parlé que des immeubles (1554 à 1559) : résulte-t-il de là qu'il ait voulu maintenir la dot mobilière sous la règle commune de l'aliénabilité? — D'abord, la question ne peut regarder les meubles estimés, sans déclaration que l'estimation n'en fait pas vente, puisqu'ils deviennent la propriété du mari — Pour les meubles non estimés, remarquons en premier lieu, que l'inaliénabilité est incontestable à l'égard du mari; car la vente qu'il pourrait en consentir devrait être annulée comme vente de la *chose d'autrui* (arg. 1551 et 1560). La loi 10, § 1er, ff. *de Jure dotium*, l'établissait d'une manière non équivoque, et sa décision était adoptée dans les pays de droit écrit (V. D'Espeisses, t. 1er, tit 15, sect. 5, n. 29; Henry, t. 2, p. 778, Domat, p. 97, et les Rec. de Lapeyrère, Salviat et Catelan). A l'égard de la femme, la dot mobilière n'est pas plus aliénable. En effet, la loi ne doit-elle pas une protection égale à la femme qui n'apporte que des meubles en dot qu'à celle qui a des immeubles? ... Et cela, d'autant plus que, souvent dans nos mœurs, les fortunes mobilières sont plus considérables que les fortunes en immeubles. — Il y aurait de l'inconséquence à refuser le privilége de la dot là précisément où il est plus facile au mari de compromettre l'existence future de sa femme. D'un autre côté, le texte de la loi ne repousse pas moins que son esprit la distinction qu'on voudrait établir. — En effet, l'art. 1549 ne confère au mari que l'administration des biens dotaux, sauf l'exception de l'art. 1551; et les art. 1555 et 1556 déterminent, par exception, deux cas où il est permis à la femme d'aliéner ses *biens* dotaux. Pourquoi cette affectation de se servir d'un terme générique, si la prohibition d'aliéner ne s'étendait à la dot mobilière comme aux immeubles ?— Quant à l'art. 1554, il n'a parlé que de l'inaliénabilité des immeubles dotaux, parce que, *vis-à-vis des tiers*, l'aliénation de la dot mobilière est toujours possible, les meubles n'ayant pas de suite entre leurs mains; mais la dot mobilière n'en est pas moins *inaliénable* en principe; et si la revendication n'est pas admise contre les tiers *mis en possession réelle* des meubles ou deniers dotaux, c'est que la nature même des choses y résiste, et que la faveur de la dot a dû céder à une règle d'application plus générale. — D.A. 10. 348, n. 50.— Dur, 15, n. 541, 546; Tessier, t. 1er, p. 289. — *Contra*, Toull., t. 14, p. 185, 202, 325 et suiv.

197. — Il a été jugé cependant que l'art. 1554 C. civ., prohibitif de l'aliénation des immeubles dotaux, ne s'applique pas à la dot mobilière de la femme, et, par exemple, à un capital faisant partie de la dot de la femme. — 24 août 1822. Rouen. Grant-Devaux. D.P. 26. 1. 183.

198.— Mais il a été décidé, au contraire, 1° que la dot mobilière est inaliénable.— 26 juin 1824. Rouen. Nourry-Vallée. D.A. 11. 824, n. 3. D.P. 25. 2. 21.

199.— ... Et insaisissable.— 26 août 1820. Paris. Lanoux. D.A. 10. 348, n. 2. D.P. 2. 759, n. 1.

200.— 2° Que, par suite, l'obligation solidaire contractée par deux époux mariés sous le régime dotal ne peut, après la séparation de biens, être poursuivie sur la dot de la femme, bien que cette dot ne consiste qu'en une somme d'argent.— 1er fév. 1819. Civ. r. Limoges. Devoyon. D.A. 10. 349, n., n. 2. D.P. 19. 1. 129.

201.— Toutefois, la clause insérée dans un contrat de mariage, contenant stipulation de régime dotal avec société d'acquêts, par laquelle la femme s'est réservé la faculté d'aliéner et d'hypothéquer les immeubles qu'elle pourrait acquérir par la suite, emporte nécessairement pour elle le droit d'aliéner sa dot mobilière, et de se désister, au profit des tiers, de son hypothèque légale.— 3 juin 1829. Lyon. Bidon. D.P. 29. 2. 164. — V. Tessier, t. 1er, p. 319. — Cette même société empêche qu'à la dissolution il y ait lieu au partage des fruits. — Tessier, t. 1, p. 167, s.

202.— La femme mariée sous le régime dotal ne peut consentir une subrogation dans son hypothèque légale, si sa dot est mobilière (C. civ. 1551).— 10 août 1831. Paris. Leplaideur, etc. D.P. 32. 2. 223

203.— Qu'il s'agisse de meubles corporels ou incorporels, peu importe; la dot n'en reste pas moins inaliénable : telle est du moins l'opinion émise par Dalloz, dans une consultation relative à la cession d'une créance dotale consentie par un sieur Marion, tant en son nom que comme procureur fondé de sa femme. Il a même soutenu en thèse que le cessionnaire étant le plus souvent de mauvaise foi, puisque la dotalité des obligations ou constitutions de rente qui lui sont cédées lui sera révélée par la communication des titres, l'on devait pouvoir revendiquer contre lui les deniers qu'il aurait touchés à la suite de la cession.— V. du reste Bellot, t. 4, p. 175, 440, 509; D.A. 10. 349, n. 51; Tessier, t. 1er, p. 339.— V. n. 180.

204.— Et cette opinion de Dalloz a été adoptée par un arrêt d'admission, duquel il résulte que les créances faisant partie de la constitution dotale de la femme, sont frappées d'inaliénabilité entre les mains du mari, en ce sens que celui-ci n'a pu valablement les céder à un tiers avant leur échéance, tant en son nom que comme procureur fondé de sa femme.— 30 août 1830. Req. Paris. Marion. D.P. 33. 1. 240.— Conf., Teissier, t. 1er, p. 344.

205.— Néanmoins, le privilége de l'inaliénabilité de la dot, étant une exception au droit commun, doit être borné au seul cas pour lequel il a été établi, et ne doit pas, par conséquent, s'étendre aux dons en argent pour «*plus amples bagues et bijoux*» faits à la femme par le mari.— La somme provenant de ces dons peut donc être engagée en tout ou en partie par la femme, et doit être distribuée aux créanciers personnels de celle-ci (C. civ 1554).— 3 août 1832. Bordeaux. Vond'horen. D.P. 33. 2. 61.

206.— Et l'arrêt qui considère comme des actes de sage administration, 1° la transaction passée par des époux sur le capital litigieux d'une rente (de 600 fr.) faisant partie de la dot mobilière de la femme (laquelle, d'ailleurs, s'est réservée d'aliéner sans remploi des immeubles jusqu'à concurrence de 12,000 fr.); 2° le remboursement de cette rente fait à la femme, ne peut être cassé, sur la demande de la femme, sous prétexte qu'il violerait la loi qui prohibe l'aliénation du fonds dotal (C. civ. 1554, 1549).— 10 janv. 1826. Civ. r. Rouen. Grant-Devaux. D.P. 26. 1. 163.

207.— *Fruits.* — L'inaliénabilité s'étend-elle aux fruits? Evidemment non; autrement la famille serait exposée aux privations, alors même que les revenus de la dot seraient suffisans pour leur procurer la plus grande aisance. D'ailleurs, la dot est donnée pour supporter les charges du mariage. Mais le droit d'aliéner les fruits de la dot a ses limites; il ne doit pas s'étendre jusque là, qu'ils puissent être impunément détournés de cette destination. S'il y a aliénation anticipée et frauduleuse, la femme, en faisant prononcer la séparation de biens, rentrera dans l'administration de sa dot, et dans le droit de la faire servir au soutien des charges de la famille, nonobstant les actes par lesquels le mari en aurait d'avance aliéné les fruits, car les fruits ou intérêts *vice alimentarum sunt.* — D.A. 10. 352, n. 55. — V. n. 241.

208.— Ainsi, il a été très bien jugé que les intérêts de la dot ne peuvent être alloués aux créanciers personnels du mari. — 1er fév. 1828. Montpellier. v^e Mazel. D.P. 28. 2. 158.

209. — Mais il y a inexactitude, ce semble, dans le principe général, que les intérêts de la dot sont inaliénables comme la dot elle-même.— 1er fév. 1828. Montpellier. v^e Mazel. D.P. 28. 2. 158. — 24 mai 1833. Pau. Lacabanne. D.P. 34. 2. 92.

§ 8.— *Effets de l'inaliénabilité quant à la capacité de la femme.*

210.— L'art. 1554 est ainsi conçu : « Les immeubles constitués en dot ne peuvent être aliénés ou hypothéqués, pendant le mariage, ni par le mari, ni par la femme, ni par les deux conjointement..... » Le principe de l'inaliénabilité de la dot, quoique caractéristique du régime dotal, n'en est cependant pas, comme nous le verrons tout à l'heure, une condition essentielle (C. civ. 1557). Nous dirons seulement que ce principe n'est point applicable à l'immeuble de la femme, estimé dans le contrat, avec

déclaration que l'estimation vaut vente : cet immeuble, devenu la propriété du mari, n'est pas dotal.— D.A. 10. 336, n. 1 ; Dur., 15, n 473 et 474.

211. — La capacité de la femme reste, à l'égard de ses biens extra-dotaux, la même que si elle n'avait pas stipulé que sa dot serait soumise au régime dotal ; mais, à l'égard de ses biens dotaux, il s'établit une foule de controverses qui sont retracées dans les divers paragraphes de cet article. En voici quelques autres :

212.—Des termes de l'art. 1554, il résulte, 1° que le fonds dotal n'est inaliénable que pendant le mariage. Dès lors, la vente consentie par la femme majeure, dans l'intervalle du contrat à la célébration, ne pourrait être annulée. Mais la vente serait nulle si elle avait été faite par le mari seul. C'est alors la chose d'autrui qui a été vendue. Dalloz pense même que, dans ce cas, le mari pourrait revendiquer l'immeuble contre l'acquéreur après la célébration du mariage, sauf les dommages-intérêts auxquels il pourrait être condamné. Ce droit lui paraît dériver en sa faveur de l'art. 1549, qui charge le mari de poursuivre les détenteurs de la dot.—Bellot, t. 4, p. 140, D.A. 10. 346, n. 48.—De même la dot semble pouvoir être l'objet de toute disposition à titre gratuit, ayant, de sa nature, trait à la mort de la femme. C'est, au moins, l'opinion de Tessier, t. 1er, p. 310.— Mais nous sommes disposés à en excepter les libéralités qui sont irrévocables, à moins qu'elles n'aient eu lieu dans l'un des cas exceptés par l'art. 1558.

213.—La prohibition faite à la femme normande d'aliéner ses biens dotaux, ne lui ôtait point la faculté d'en disposer par testament. — 14 août 1821. Req. Caen. Chrétien. D.A. 10. 314, n. 10. D.P. 21. 1. 468. — Cela doit être encore suivi. — Chabrol ; Furgole, *du Test.*, t. 2, p. 58 ; Roussilhe, t. 1er. p. 67 ; Portalis. *Legisl. civ.*, t. 13, p. 207 ; Tessier, t. 1er, p. 310.— *Contrà*, Merlin, v° Dot, § 14.

214.—La femme peut-elle donner à son mari ses biens dotaux par acte entre-vifs pendant le mariage? L'affirmative doit, ce semble, être prononcée, mais avec cette restriction, légale d'ailleurs, que la donation sera toujours révocable. — Conf. Richard, ch. 2, n. 25 à 33 ; Dur., 15, n. 536 ; Grenier, *des Don.*, t. 1er, p. 23 : Merl., Quest., v° Révocation de don., § 4, n. 1 ; Guilhon, Tessier, t. 1er, p. 313.—C'est aussi, ce qui s'induit des décisions que voici :

1° La vente que le mari a consentie d'un bien dotal de sa femme normande, en vertu d'une donation que celle-ci lui en a faite pendant le mariage, ne peut être attaquée par les héritiers de la femme, si elle est décédée sans avoir révoqué sa libéralité.— Il n'y a là aucune atteinte au principe de l'inaliénabilité de la dot.—1er déc. 1824. Req. Caen. Leperdriel. D.A. 10. 315, n. 14. D.P. 24. 1. 473.

215 —2° La donation entre-vifs que les époux se font pendant le mariage étant toujours révocable, on ne peut regarder comme aliénation du fonds dotal la donation de ses biens dotaux faite par une femme à son mari : c'est là une donation à cause de mort qui ne peut être critiquée par les héritiers de la femme (C. civ. 1096, 1554).—5 déc. 1825. Riom. Sadoul. D.P. 27. 2. 112.

216.—Mais la femme mariée sous le régime dotal ne peut, même avec l'autorisation de son mari, disposer de ses immeubles en faveur d'un de ses parens, dans la forme d'une institution contractuelle. Chabrol, Roussilhe, Grenier, t 2, p. 49, Guilhon, t. 2, p. 371 ; Delv., t. 2, p. 659 ; Duranton. t. 9, n. 724 ; Tessier, t. 1er, p. 310.— La femme dotale peut-elle donner ses biens présens et à venir cumulativement, avec ou sans un annexe de l'état des dettes ? — V. la dissertation de Tessier, p. 310 et suiv., qui, sur ce point controversé et sujet à des distinctions, adopte l'affirmative.

.... Toutefois, et bien que cette disposition soit nulle, elle peut être validée par elle, après le décès de son mari ; mais si elle ne le fait, ses héritiers sont fondés à en demander la nullité.—18 fév. 1834. Nîmes. Auquier. D.P. 34. 2. 230

217.—Sous le code, la femme, mariée sous le régime dotal, peut contracter avec l'autorisation de son mari, et son obligation est valable (C. civ. 1123, 1534). — 14 nov. 1828. Rouen. Cavelier. D.P. 30. 2. 158.

218.—Il a été jugé que, sous la coutume d'Auvergne, le pouvoir indéfini, donné au mari en contrat de mariage par sa femme mineure, assistée de son père, d'aliéner ses biens dotaux, n'était pas valable.— 7 juill. 1830. Req. Riom. Delrieu. D.P. 30. 1. 373.

219.—En pays de droit écrit, la femme mariée, quoiqu'elle ne pût aliéner ses biens dotaux, pouvait néanmoins acquiescer verbalement au jugement qui en prononçait l'adjudication.—3 avril 1810. Riom. Mioche. D.A. 10. 311, n. 1. D.P. 2. 747, n. 2.

220. — La femme qui s'est constitué en dot tous ses biens présens et à venir, ne peut surenchérir (C. pr. 710). — 27 août 1813. Lyon. Bessaire. D.A. 10. 336, n 1. D.P. 24. 1. 234, n. 2. Tessier, t. 1er, p. 448.

221.— La renonciation de la femme en faveur des créanciers de son mari, à son droit de priorité d'hypothèque sur des immeubles affectés à sa dot, constitue une véritable aliénation de biens, interdite à la femme dont tous les biens sont dotaux. — 1er juill. 1809. Paris. Germon. D.A. 10. 336, n. 18 D.P. 9. 2. 165, n. 2.

222.—Peut-elle transiger sur les difficultés nées d'un partage fait entre elle et ses co-héritiers? L'affirmative, fondée sur ce qu'il faut distinguer entre les aliénations volontaires et les aliénations forcées, et qu'ici il s'agit d'une aliénation forcée, à supposer qu'un partage ait ce caractère, est adoptée par Maleville (D.P. 31. 1. 152, n. 2). — Elle pourrait, ainsi que son mari, transiger dans les limites du droit d'administration et de jouissance.—Tessier, t. 1er, p. 367.— V. n. 228.

223. — Ainsi, dans le cas où une institution contractuelle a été faite au profit de la femme mariée sous le régime dotal, elle a la capacité de transiger sur les droits incertains, litigieux et indéterminés que cette institution lui confère, sans qu'elle puisse être recevable, ensuite, à prétendre qu'une telle transaction doit être considérée comme une aliénation du fonds dotal. — 16 mai 1829. Paris. Moraux. D.P. 29. 2. 190.

224. — La vente sous seing-privé que la femme a consentie, avant son mariage, de l'un de ses immeubles, ne peut, quoique l'enregistrement de l'acte n'ait eu lieu que depuis le mariage de la venderesse, être attaquée par son mari, comme étant une aliénation d'un immeuble dotal, lorsque, des circonstances de la cause, il résulte que la vente a été faite sans fraude avant le mariage (C. civ. 1328, 1413, 1558).— 23 janv. 1832. Paris. Hérisson. D.P. 32. 2. 74.

225. — Au reste, les engagemens contractés par la femme, de même que les autorisations qu'elle a pu recevoir, à l'effet de s'obliger, doivent toujours être interprétées dans le sens qui conserve la dot, plutôt que dans celui qui la fait sortir des mains des époux.— On suit la règle générale ; Tessier, t. 1er, 94 et suiv.

226. — Aussi a-t-il été jugé que la décision qui, sur la demande en nullité de l'engagement contracté par une femme mariée sous le régime dotal, déclare que cet engagement *sera exécuté*, doit être entendu en ce sens, qu'il n'a statué que sur la validité de l'obligation ; et il ne saurait, sous le prétexte qu'il a été allégué par la femme qu'elle n'avait que des biens dotaux, être annulé en ce qu'il aurait ordonné l'exécution sur ses biens, lesquels sont inaliénables. —26 avril 1832. Req. Paris Barbier. D.P. 32. 1. 167.

227. — Et l'arrêt qui, nonobstant l'opposition du mari, a autorisé l'aliénation d'un immeuble de la femme, ne peut être critiqué devant la cour de cassation, sous le prétexte que le fonds était dotal, si la question de dotalité n'a point été agitée devant la cour royale. — 15 déc. 1830. Req. Grenoble. Duserre. D.P. 31. 1. 8.

228. — La femme ne peut compromettre (Tessier, t. 1er. p. 372.— V. n. 322 ; V. Arbitrage, n. 143), même sur partage, *cod.*, n. 144.—V. n. 222.— Mais la partie adverse ne peut opposer la nullité.—V. Arbitrage, n. 214 ; Tessier, t. 2, p. 4.—...Ni aliener la dot pour faire le négoce.—Tessier, t. 1er, p. 319.—V. n. 595.

§ 9.— *Effets de la séparation de biens quant à l'inaliénabilité, soit de la dot, soit des fruits et intérêts.*

229. — L'inaliénabilité existe pendant *toute la durée* du mariage.— Peu importe que la séparation de biens vienne à être prononcée dans la suite. En effet, malgré cette séparation, le mariage n'en subsiste pas moins ; d'ailleurs, les rédacteurs du code ont bien prévu qu'elle pourrait survenir entre les époux mariés sous le régime dotal, et cependant ils n'ont pas fait de cette circonstance un cas où l'immeuble deviendrait aliénable. De plus, il y aurait eu inconséquence, de leur part, à abandonner la dot à la merci de la femme, au moment même où une mesure vient d'être prise pour mettre cette dot à l'abri des dissipations du mari.— D.A. 10. 346, n. 49 ; Dur., 15, n. 519 ; Tessier, t. 1er, p. 301.— *Contrà*, Toull., t. 14, p. 277. — Néanmoins, Tessier pense que la femme ne peut recevoir les capitaux de sa dot que moyennant emploi ou bail de caution, t. 1er, p. 348.

230.—Au contraire la séparation rend les biens dotaux aliénables (C. 1561).— 23 avril 1813. Nîmes Dupeloux. D.A. 10. 346, n. 2. D.P. 13. 2. 89.—Conf. Delv., 3, p. 114, qui se fonde sur ce que le fonds dotal devient prescriptible après la séparation.

231. — Mais peut-on conclure de là qu'il est aliénable? Non, sans doute. La prescription des biens dotaux ne pouvait courir contre la femme avant la séparation, parce que jusque là l'administration de ces biens appartenant au mari, il n'était pas juste que la femme pût devenir victime de la négligence que ce dernier aurait pu mettre à interrompre la prescription. Mais après la séparation, le même motif n'existe pas ; la femme possède alors, avec l'administration des biens dotaux, le droit d'empêcher les tiers de les acquérir par prescription. Ces biens devaient donc être déclarés prescriptibles. — D.A. *cod.*

232.—Jugé, en conséquence, 1° que la séparation de biens ne fait pas cesser l'inaliénabilité de la dot.— 18 fév. 1813. Aix. Paysan. D.A. 10. 347, n. 1. D.P. 14. 2. 5.—19 août 1819 Req. Rouen. Delamarre. D.A. 10. 347, n. 2. D.P. 19. 1. 503.

233. — 2° Que les engagemens irréguliers de la femme séparée de biens, quoiqu'ils ne soient pas nuls d'une nullité absolue, et qu'ils soient valables et exécutoires sur ses biens libres, n'en restent pas moins sans force sur ses biens dotaux. — 26 fév. 1834. Req. Paris. Charpentier. D.P. 34. 1. 122.

234.—3° Que la femme, fût-elle séparée de biens, ne peut aliéner son immeuble constitué en dot, sans autorisation de justice, lors même que cette aliénation aurait lieu pour acquitter une dette à elle personnelle, et antérieure à la constitution dotale (C. civ 1558). — 26 avril 1827. Riom. Berthonnet. D.P. 29. 2. 78.

235.— 4° Que le jugement de séparation portant que la femme pourra jouir et *disposer* de sa dot, ne doit pas être entendu en ce sens, qu'il l'autorise à l'aliéner, mais en ce sens seulement qu'il lui confère les droits que le mari avait auparavant sur la dot, c'est-à-dire les droits de l'administrer et d'en percevoir les intérêts ou les fruits (C. civ. 1449).— 17 nov. 1830. Montpellier. Boyer. D.P. 32. 2. 3.

236.— 5° Que l'obligation contractée, avec affectation hypothécaire sur ses biens dotaux, par la femme autorisée de son mari, est nulle, quoiqu'elle ait été séparée de biens ; et la femme peut, sur l'exécution réclamée contre elle, même après le décès de son mari, proposer cette nullité (C. civ. 1449, 1554).— 31 déc. 1832. Nîmes. Escomel. D.P. 33. 2. 104

237 —6° Que, par la séparation de biens, la femme mariée sous le régime dotal ne reprenant que l'administration de ses biens, avec la faculté de disposer de son mobilier, il en résulte que les paiemens que fait l'acquéreur d'un immeuble dotal aux créanciers inscrits, sur le prix de la vente judiciairement autorisée, sont nuls, lorsqu'ils sont faits pour éteindre des obligations non autorisées de cette femme (C. civ. 1449, 1554).—9 janv. 1828. Req. Sautel. D.P. 28. 1. 85.

238. — 7° Que la femme séparée ne peut ni restreindre l'hypothèque légale qu'elle a pour sa dot, ni donner main-levée des inscriptions par elle prises : ce serait une donation indirecte de la dot, qui est prohibée.— 19 nov. 1833. Civ. r. Rouen. Doutté. D P. 33. 1. 393.

Troplong enseigne, *Hypoth.*, p. 432, n. 597, 598, p. 506, n. 635, p. 533, n. 640, que la femme peut renoncer à son hypothèque légale ou la restreindre, 1° à l'égard des tiers, en tant qu'il n'en résulte pas de préjudice pour sa dot ; 2° à l'égard du mari, lorsqu'il reste à celui-ci assez de biens pour répondre de la dot — Cela paraît incontestable ; les spécialités font seules difficulté. — V. n. 221.

239. — Il est au reste sans difficulté qu'une obligation souscrite, durant le mariage, au profit d'une femme mariée sous le régime dotal, ne peut, après la séparation de corps des époux, être aliénée par le mari au préjudice de la femme, sous le prétexte que celle-ci n'en prouve point l'origine ou l'*undè habuerit*, lorsque, d'ailleurs, il résulte d'un acte émané du mari, qu'il a précédemment reconnu le droit de propriété de sa femme sur la créance dont il s'agit. — 1er juill. 1830. Grenoble. Patton. D.P. 31. 2. 246.

240. — Et ce qu'on dit à l'égard des immeubles s'applique aussi aux meubles dotaux de la femme séparée.— D.A. 10. 350, n. 52.— V. n. 190.

241.— *Fruits et intérêts.*— Le même principe a été appliqué pareillement aux fruits et revenus des biens dotaux, mais avec des modifications qu'il importe de faire connaître.

242.— La femme normande séparée de biens pouvait aliéner les revenus de ses immeubles *dotaux*, après que ces revenus étaient *amobiliés*. Toutefois, elle pouvait demander que les obligations par elle contractées ne fussent exécutées sur les fruits de ses biens dotaux, que distraction faite de la portion strictement nécessaire pour subvenir aux charges du mariage.— 10 janv. 1820. Civ. c. Rouen. Girault. D.A. 10. 323, n. 21. D.P. 20. 1. 37.

243. — Les fruits ou revenus des biens dotaux et les intérêts des sommes dotales sont saisissables, après la séparation de biens, par les créanciers de

la femme, comme ils l'étaient, avant cette séparation, par les créanciers du mari (C. civ. 1549, 1568, 1571). — 9 avril 1823. Civ. c. Cibiel. D.A. 10. 353, n. 2. D.P. 23. 1. 173.

244.— De même, les revenus des biens dotaux peuvent être saisis par le créancier envers lequel une femme, séparée de biens, s'est obligée conjointement avec son mari : car il n'est pas vrai de dire que les revenus sont inaliénables comme la dot.—28 mars 1827. Civ. c. Carpentier. D.P. 27. 1. 186.

245.— Et après sa séparation de biens, la femme peut, sans l'autorisation de son mari, non seulement s'obliger, mais aliéner une partie de ses revenus dotaux, pourvu que ce soit dans les limites d'une bonne administration. — 13 déc. 1831. Grenoble. Blanc. D.P. 32. 2. 88.

246. — Jugé encore que les obligations d'une femme séparée de biens, et mariée sous le régime dotal, sont valables et peuvent être exécutées sur les fruits et revenus de la dot *encore existans;* mais que les exécutions ne peuvent avoir lieu sur les biens dotaux, jusqu'à concurrence des fruits et revenus échus depuis la séparation, et qui ont été consommés par la femme, ou compensés avec des intérêts par elle dus. — 24 déc. 1823. Grenoble. Potalier. D.A. 10. 353, n. 3. D.P. 2. 759, n. 4.

247.— Jugé cependant, 1° que l'obligation consentie par la femme ne peut être exécutée sur les fruits et revenus de sa dot, alors même qu'elle eût été séparée de biens à l'époque où elle a donné ce consentement.— 19 déc. 1829. Toulouse. Cantayre. D.P. 30. 2. 148.

248. — 2° Que la garantie qui aurait été promise par une femme séparée de biens, dans un acte de vente du fonds dotal, déclaré nul, ne saurait être exercée sur les revenus de ce fonds.— Il importerait peu aussi que depuis la femme fût devenue veuve. — 26 avril 1827. Riom. Berthonnet. D.P. 29. 2. 78.

249.— 3° Que l'obligation d'une femme qui a obtenu sa séparation de biens, ne peut être exécutée sur les intérêts de sa dot mobilière, si cette obligation dérive d'une cause étrangère à l'administration de ses biens, ou qui n'ait pas pour objet l'entretien et les besoins de sa famille. — 12 août 1824. Pau. Lucantis. D.A. 10. 353, n. 4. D.P. 2. 760, n. 1.

250.— Et lorsqu'après avoir fait prononcer sa séparation de biens, la femme a pris à ferme les immeubles de son mari pour un prix qu'elle doit retenir en paiement des intérêts de sa dot mobilière, les revenus de ces immeubles ne peuvent être saisis par les créanciers de la femme que dans les mêmes cas où pourraient l'être les intérêts de la dot mobilière dont ils tiennent lieu.— Même arrêt.

251.— 4° Que les revenus dotaux, ayant pour destination spéciale les charges du mariage, ne peuvent être affectés au paiement des obligations contractées par la femme, même depuis sa séparation de biens, qu'autant que ces obligations pourraient être considérées comme des actes de simple administration.— 14 fév. 1832. Paris. Buisson. D.P. 32. 2. 85.

252. — 5° Que le principe que les revenus dotaux sont essentiellement destinés à pourvoir aux charges du ménage, n'empêche point que la partie de ces revenus, excédant ce qui est nécessaire à l'entretien de la famille, ne puisse et ne doive être affectée au paiement des dettes contractées par la femme, après sa séparation, même hors des limites d'une simple administration.— Même arrêt.

253.— 6° Que les revenus ou intérêts des biens dotaux de la femme séparée de biens ne peuvent être saisis par ses créanciers, en exécution des engagemens qu'elle a contractés envers eux, que pour le surplus de ce qui est reconnu nécessaire pour fournir des alimens à sa famille. — ... Par suite, et à défaut de biens libres, on a pu valablement déclarer que la saisie ne serait maintenue que pour les deux treizièmes des fruits dotaux. — 20 fév. 1834. Req. Paris. Charpentier. D.P. 34. 1. 122.

254.— Au reste, les revenus d'un fonds dotal inaliénable ne peuvent être saisis entre les mains de la femme, après sa séparation de biens, en vertu d'une obligation que la femme duement autorisée, aurait consentie avant cette séparation (C. civ. 1549, 2092).— 11 janv. 1831. Req. Amiens. Lafitte. D.P. 31. 1. 51. — 15 janv. 1824. Agen. Girard. D.A. 10. 354 D.P. 2. 761, n. 4.—Conf. Tessier, t. 1er, p. 358, s.

255 — ... Et pour une autre cause que les charges du ménage. — 11 juill. 1826. Montpellier. Nombel. D.P. 27. 2. 133.

256.— Dans ce cas, les obligations contractées par la femme, solidairement avec son mari, avant que la séparation de biens ait été prononcée entre eux, ne peuvent être exécutées après la séparation sur les intérêts échus et à échoir de la dot, lors même qu'ils sont nécessaires aux besoins et aux charges du ménage.

... Ni sur les sommes allouées à la femme dans l'ordre ouvert sur son mari pour frais de séparation de biens et de collocation à l'ordre, qui sont conservatoires de sa dot. — 2 mars 1833. Bordeaux. Mazens. D.P. 33. 2. 192.

§ 10.—*Effets du décès quant à l'inaliénabilité de la dot.*

257. — Il faut distinguer les obligations antérieures à la dissolution du mariage, de celles qui n'ont été contractées par la femme que depuis.

258.— A l'égard de celles-ci, elles sont exécutoires sur les biens de la femme qui ont repris le caractère d'aliénabilité entre ses mains. Mais, relativement à celles qui ont été contractées pendant que le mariage subsistait, elles ne peuvent affecter le fonds dotal; autrement, la femme aurait trop de facilité à aliéner indirectement la dot, et à la détourner de la destination à laquelle il a été dans l'intention du constituant de la faire servir. Et ici, cette faculté serait bien désastreuse ; car l'aliénation se faisant dans l'avenir, la femme ne recevrait le plus souvent qu'un prix insignifiant de ses biens; et, d'un autre côté, elle se laisserait aller d'autant plus aisément à aliéner ses biens, qu'elle n'éprouverait pas un dessaisissement actuel, et qu'elle ne devrait les perdre qu'à une époque qui échappe communément à ses prévisions, l'époque de son décès, ou celui de son mari.— Conf. Bellot, 4, p. 94; Benoît, 2, p. 443; D.A. 10. 353, n. 54; Dur., 15, p. 531, n. 532; Tessier, t. 1er, p. 320, n. 521; *Contrà*, Rousseau de Lacombe, v° Dot, p. 174; Faber, Despeisses, Delv., 3, p. 340.

Jugé cependant que l'inaliénabilité des biens dotaux normands cessait par la dissolution du mariage. En conséquence, à la mort d'une femme normande, ses biens devenaient le gage de ses créanciers, quelle que soit la date de leurs titres. — 6 déc. 1825. Paris. Bellecôte. D.P. 26. 1. 326.

259.— Et, sous le code, les obligations valablement consenties par la femme pendant le mariage, peuvent, après le décès de celle-ci, être exécutées sur les biens qu'elle avait apportés en dot. L'inaliénabilité de ces biens ne peut être invoquée par ses héritiers. — 13 mars 1821. Paris. Adde. D.A. 10. 355, n. 1-1. D.P. 2. 761, n. 1.

260.— Mais il a été jugé, 1° que les biens dotaux de la femme mariée sous la coutume de Normandie, ne peuvent, même après son décès, être affectés au paiement des dettes qu'elle a contractées pendant le mariage, soit quant à la propriété, soit quant aux revenus, au préjudice de ses enfans, encore bien qu'ils n'aient accepté sa succession que sous bénéfice d'inventaire.—8 mars 1832. Req. Caen. Chanu. D.P. 32. 1. 129.

261. — 2° Que les engagemens souscrits par une femme mariée en pays de droit écrit et séparée de biens, ne pouvaient être exécutés sur sa dot, même après la dissolution de son mariage, et bien qu'il fût déclaré par un jugement passé en force de chose jugée qu'elle les avait contractés pour fournitures à sa famille. — 18 juin 1808. Limoges. Landon. D.A. 10. 313, n. 8. D.P. 2. 747, n. 7 et 9. 2. 11.

262. — 3° Que l'obligation contractée, pendant le mariage, par une femme mariée sous le régime dotal, ne peut, même après la dissolution, être exécutée sur les biens dotaux (C. civ. 1554, 1560). — 2 fév. 1810. Riom Fargès. D.A. 10. 356, n. 1. D.P. 2. 762, n. 3. — 31 déc. 1832. Nîmes. Escomel. D.P. 33 2. 104. — 12 juin 1833. Paris. Grelein. D.P. 33. 2. 162.

263. — 4° Ni même *sur les fruits* de ces immeubles.— 26 août 1828. Civ. c. Nanci. Formel. D.P. 28. 1. 401. D.P. 35. 1. 177.

264. — 5° Que l'inaliénabilité du fonds dotal peut aussi être invoquée par les héritiers de la femme à l'effet de le soustraire à l'exécution d'engagemens contractés par celle-ci pendant le mariage. — 8 déc. 1828. Caen. Chanu. D.P. 32. 2. 21.

265. — 6° Que la nullité de l'aliénation du fonds dotal, par suite d'expropriation forcée en vertu d'hypothèques, peut être demandée par les héritiers de la femme après la dissolution du mariage, encore que le prix provenant de l'aliénation aurait servi à payer une dette de la femme, mais postérieure au contrat de mariage. — 5 mars 1833. Pau. Fourcade. D.P. 33. 2. 208.

266. — Cependant la femme mariée sous le régime dotal, qui, poursuivie depuis la dissolution de son mariage, en paiement d'une obligation par elle souscrite pendant sa durée, s'est laissée condamner par jugement passé en force de chose jugée, sans demander que son engagement ne pût être exécuté sur les immeubles qui étaient dotaux lors du contrat, n'est pas fondée à réclamer, plus tard, que ces immeubles soient affranchis des poursuites du créancier (C. civ. 1350, 1354). — 19 nov. 1831. Grenoble. Durif. D.P. 32. 2. 80.— Conf. Tessier, t. 1er, p. 324.

§ 11.— *Loi qui régit la dot, soit quant au territoire, ou statut personnel et réel, soit en raison de l'époque de sa publication. — Questions transitoires.*

267.— *Statut personnel et réel.* — C'est à l'article *lois* qu'on trouvera le commentaire de l'art. 3 du code civil, et les principes relatifs à la personnalité et à la réalité des statuts. On va retracer ici les décisions qui se rapportent à la dotalité (V. aussi Tessier, t. 1er, p. 456). Le principe du droit romain d'après lequel la dot était inaliénable, forme un statut *réel.* Ainsi, la femme mariée dans un pays de droit écrit, tel que l'était celui de Gex, a pu valablement aliéner un immeuble dotal situé dans le Lyonnais, où cette prohibition avait été abolie par l'édit de 1664. — 2 mai 1825. Civ. r. Lyon Maconnex. D.P. 25. 1. 311.

268.— Suivant le dernier état de la jurisprudence du parlement de Paris, la loi romaine; prohibitive de l'aliénation du fonds dotal, était un statut réel, lequel n'était obligatoire que pour les biens situés dans le ressort des parlemens qui admettaient cette loi. — En conséquence, la femme née et mariée dans un pays de droit écrit, a pu aliéner les biens qui lui sont échus dans le ressort du parlement de Paris, où l'aliénation du fonds dotal était permise, si, d'ailleurs, son contrat de mariage ne contenait pas de clause d'inaliénabilité indéfinie de ces biens. — 11 août 1825. Req. Bordeaux. Couturier-Lasalle. D.P. 25. 1. 407.

269. — La femme mariée en pays de droit écrit n'a pu engager sa dot mobilière, quoiqu'au moment du contrat elle eût son domicile à Paris... Surtout si, par son contrat de mariage, elle s'était expressément soumise au droit écrit.— 8 août 1809. Limoges. Davy. D.A. 10. 323, n. 1. D.P. 2. 753, n. 1.

270.— La femme mariée sous l'empire d'une coutume qui lui accordait un privilége sur les meubles de son mari pour sûreté de sa dot, avec stipulation expresse que les conventions matrimoniales seraient réglées par cette coutume, a pu être privée du bénéfice de cette stipulation, par cela que son mari a transféré postérieurement son domicile sous une autre coutume qui ne reconnaît point un pareil privilége sur les meubles.— 17 fév. 1821. Paris. Nouvellet. D.P 22. 2. 36.

271. — Jugé aussi que le statut normand qui prohibait l'aliénation des biens des femmes mariées, était un statut *réel* et non un statut *personnel;* en conséquence les biens situés en Normandie, qui ont été acquis avant l'abrogation du statut normand, par une femme mariée sous l'empire d'une coutume différente de ce statut, n'ont pu, même après la publication du code civil, être aliénés pendant le mariage. — 21 avril 1813. Req. Solem. D.A. 10. 328, n. 7. D.P. 14. 1. 406.

272.— La dot constituée à la future avec remploi sur un immeuble situé en Normandie appartenant au mari, domicilié dans cette province, est devenue par là inaliénable, quoique le contrat de mariage, passé à Paris, lieu du domicile de la future, ait établi entre les époux une communauté soumise aux règles tracées par la coutume de ce dernier lieu, avec dérogation expresse à cet égard à toute autre coutume, notamment à celle de Normandie. — 25 juin 1816. Civ. r. Caen. Descoudrès. D.A. 10. 325, n. 3. D.P. 17. 1. 54.

273. — Dans cette hypothèse, les intérêts de la dot échue depuis le mariage sont également inaliénables.—Même arrêt.

274. — Jugé encore qu'une femme mariée à Paris avant le code civil et séparée de biens par son contrat de mariage, n'a pu, même depuis la publication du code, aliéner valablement, avec la seule autorisation de son mari, ses biens dotaux situés en Normandie.— *En d'autres termes*, l'art. 127 des Placités de Normandie, qui défendait à la femme séparée de biens d'aliéner ses immeubles sans permission de justice et avis de parens, était un statut *réel* qui a continué, même après la publication du code, de régir les biens des femmes mariées situés en Normandie.— 12 juin 1815. Civ. c. Martin. D.A. 10. 328, n. 8 D.P. 15. 1. 407. — 27 fév. 1817. Ch. réun. r. Crotat. D.A. 10. 329. D.P. 17. 1. 145.

275.—Mais, jugé que la femme qui, en se mariant à Paris, s'était constitué en dot des biens situés en Normandie, et qui avait expressément déclaré dans son contrat de mariage que, pour le remploi de ses propres, elle se soumettait à la coutume de Paris (laquelle autorisait toutes conventions de la femme, relatives à sa dot, pourvu qu'elle fût autorisée par son mari), était soumise à la coutume de Paris, et non à la coutume de Normandie, pour l'appréciation

de toutes les conventions avec ses créanciers au sujet de son hypothèque légale et du remploi de sa dot. Ainsi, lorsque les biens de Normandie avaient été aliénés par le mari, cette femme ne pouvait arguer du statut normand pour prétendre primer dans l'ordre ouvert pour la distribution du prix d'une maison appartenant à son mari et situés à Paris, les créanciers en faveur desquels elle avait renoncé à son hypothèque légale et à tous ses autres droits. — 22 juill. 1819. Req. Paris. Monchenu. D.A. 10. 326, n. 4. D.P. 20. 1. 413.

276.— N'était-ce pas un principe général qu'il ne se faisait pas de remploi de coutume à coutume? — 4 mars 1834. Civ. r. Orléans. Lenoir-Dubreuil. D.P. 34. 1. 287.

277.— La femme qui n'était ni née, ni mariée, ni domiciliée en Normandie, pendant l'existence de la coutume, mais qui s'était mariée en pays de communauté, avec exclusion de communauté, a pu, autorisée par son mari, vendre les biens qui lui ont été donnés par sa mère, ou qu'elle a recueillis dans la succession de celle ci, depuis l'abolition de la coutume, quoiqu'ils soient situés en Normandie. — L'acquéreur n'est pas fondé à demander un remplacement, dans la crainte d'un recours subsidiaire, si ce remplacement n'a pas été stipulé dans le contrat. — 24 juillet 1824. Rouen. Chabrillant. D.A. 10. 324, n. 2. D.P. 2. 754, n. 2.

278.— Jugé cependant que la femme normande, mariée à Paris sous le régime de la communauté, n'a pu, postérieurement au code, engager, même avec le consentement de son mari, les immeubles normands qui lui avaient été constitués en dot. — Dans ce cas, l'inaliénabilité de la dot n'est pas seulement établie dans l'intérêt de la femme, mais encore dans celui de ses héritiers. Les intérêts des capitaux dus à un mineur, n'appartenant à son père, à titre d'usufruit légal, qu'à la charge de l'entretenir et de l'élever, ne peuvent être saisis. — 10 mars 1823. Paris. Fischer. D.A. 10. 331, n. 9. D.P. 22. 2. 184.

279.— La femme mariée sous la coutume de Normandie, avec la clause de séparation de biens, ne peut hypothéquer les biens qui lui sont échus, même depuis le code, par succession en ligne directe, sans avoir préalablement rempli les formalités prescrites par l'art. 127 des Placités de 1666. — 22 août 1821. Civ. r. Rouen. Lebret. D.A. 10. 332, n. 10. D.P. 21. 1. 561.

280. — Encore bien que la fille normande qui a épousé un Parisien, se soit, dans son contrat, soumise au régime de communauté établi par la coutume de Paris, cependant les immeubles normands, qui sont échus à cette femme en ligne directe, même sous la loi du 17 niv. an 2, modificative du statut normand, n'ont pu être aliénés par la femme. On objecterait en vain que l'obligation émane d'une femme parisienne et non d'une femme normande; on dirait encore en vain qu'à l'époque de l'obligation contractée sous le code civil, le statut prohibitif ayant disparu, la convention matrimoniale qui stipulait formellement la communauté, convention valable en soi, ne rencontrant plus d'obstacle de la part du statut local abrogé, doit recevoir son exécution (C. civ. 2, 3).—11 janv. 1831. Req. Amiens. Lafitte. D.P. 31. 1. 51.

281.— La femme normande mariée avant l'abolition de la coutume de Normandie, qui, par son contrat, s'est soumise à la communauté réglée par celle de Paris, a pu valablement aliéner, surtout depuis le code civil, soit la *dot en argent* qui lui avait été constituée en se mariant, soit les *valeurs mobilières* qui lui sont ultérieurement advenues, même par succession en ligne directe et sur le territoire de la Normandie.

..... Mais cette femme ne peut, encore qu'elle se fût soumise à la coutume de Paris, ni aliéner ni hypothéquer les immeubles qui lui sont échus en Normandie par voie de succession directe, *et avant le code civil*, ni céder l'action en récompense du prix de ceux échus sous la même coutume et avant le code, que son mari aurait aliénés; il en serait autrement si, quoique situés en Normandie, ces immeubles ne lui étaient échus que depuis le code civil.— 29 avril 1834. Civ. r. Amiens. Joly. D.P. 34. 1. 231.

282. — Une femme, mariée sous l'empire d'une coutume de communauté, et possédant des biens dotaux en Normandie, a pu, en vendant ces biens, et nonobstant la nullité de cette aliénation, aux termes du statut normand, s'obliger à la garantie de la vente, et affecter à cette garantie ceux de ses biens situés hors du ressort de la coutume normande. — 19 août 1812. Civ. r. Rouen. Sombret. D.A. 10. 332, n. 11. D.P. 13. 1. 35.—5 mai 1818. Civ. r. Sombret. D.A. 10. 332, n. 11. D.P. 18. 1. 552.

283.—La disposition de la coutume de la Marche, sous l'empire de laquelle tous les biens présens et à venir de la femme étaient, de droit commun, dotaux et frappés d'inaliénabilité, constitue un statut réel ne réglant que les biens situés dans son ressort, tellement que la femme a pu aliéner, même depuis la publication du code, les biens à elle échus dans l'enclave d'autres coutumes qui ne prohibaient pas cette aliénation (C. civ. 2, 3). — 16 mai 1831. Req. Paris. Chiral. D.P. 31. 1. 151.

284.— Au reste, le caractère dotal d'un immeuble situé en France, acquis par une femme étrangère, doit être apprécié par la loi française et non par la loi du pays de cette femme (C. civ. 3). — 15 mars 1831. Paris. Bonar. D.P. 31. 2. 112.

285.— *Questions transitoires.* — La promulgation du code civil n'a porté aucune atteinte au caractère des dots constituées au profit de femmes mariées sous l'empire de coutumes qui admettaient le régime dotal comme règle de l'association conjugale. Il y aurait eu rétroactivité : le principe de l'art. 2 C. civ. s'y opposait ouvertement.— V., v° Lois, le commentaire de l'art. 2.— V. aussi les décisions indiquées, v° Donation par contrat de mariage et Donation entre époux.— V. enfin les n. 000.

286.—La femme dont tous les biens ont été déclarés dotaux par son contrat de mariage, antérieur au code civ., n'a pu, depuis ce code, s'engager valablement pour son mari.— 1er juill. 1809. Paris. Germon, etc. D.A. 10. 336, n. 18. D.P. 9. 2. 165, n. 2.

287.— Et le régime dotal établi par le code civil n'est point applicable aux dots constituées antérieurement à la promulgation de ce code. En conséquence, la femme mariée sous la coutume de Normandie, suivant laquelle la dot pouvait être donnée entre-vifs aux enfans, même hors du cas de leur établissement, a pu, sous l'empire du code civil, aliéner sa dot par une semblable donation. — 27 août 1810. Civ. c. Caen. Soumillon. D.A. 10. 334, n. 15. D.P. 10. 1. 459.— 3 sept. 1811. Civ. c. Montpellier. Marquier. D.A. 10. 334, n., n. 15. D.P. 11. 1. 418.

288.— C'est d'après les dispositions de la coutume de Normandie, et non d'après le code civil que doit être appréciée la validité d'une aliénation ou d'une hypothèque consentie par une femme mariée sous la coutume de Normandie. — 19 déc. 1810. Civ. c. Rouen. Min. pub. int. de la loi. D.A. 10. 337, n. 2. D.P. 11. 1. 43.

289.— La femme mariée sous la coutume de Normandie, a pu, depuis la publication du code civil, aliéner les propres normands qui lui sont échus par succession collatérale, postérieurement à ce code.— 19 août 1812. Civ. r. Rouen. Sombret. D.A. 10. 332, n. 11. D.P. 13. 1. 35.

290.— Jugé, au contraire, 1° que cette femme qui, depuis la publication du code civil, a aliéné, conjointement avec son mari, ses immeubles dotaux, peut, en cas d'insolvabilité de ce dernier, exercer contre les acquéreurs le recours que lui accordait le statut normand.— 10 juin 1809. Rouen. Piel. D.A. 10. 333, n., n. 13. D.P. 2. 756, n. 6, et 9. 2. 165.

291.—2° Que même la femme normande, mariée, sans contrat de mariage, sous l'empire de la loi du 17 niv. an 2, et qui, depuis la publication du code civil, a vendu un immeuble dotal, peut exercer contre l'acquéreur le *recours subsidiaire* autorisé par les art. 539 et 540 de la coutume de Normandie : ainsi, la disposition qui établit ce recours n'a point été abolie par la loi du 17 niv. an 2, et a continué d'exister même à l'égard des aliénations faites sous le C. civ., au profit de la femme mariée antérieurement.— 30 avril 1811. Req. Rouen. Cirette. D.A. 10. 334, n., n. 14. D.P. 11. 1. 239.

292.—Une femme mariée en pays de communauté ne peut hypothéquer les immeubles situés en Normandie, à elle échus depuis le code (Cout. de Norm., art. 541; C. civ., art. 2, 1387 et 1487).—13 janv. 1815. Caen. Chaplain. D.A. 10. 333, n., n. 12. D.P. 2. 755, n. 5.

293.— Et la femme mariée sous l'empire du statut normand n'a point été relevée, par la loi du 17 niv. an 2, de l'incapacité de donner entre-vifs, à son mari, ses biens dotaux, et la nullité de la donation ne peut être contestée dans ce cas, sous le prétexte qu'il s'agit d'un don mutuel que la femme n'avait fait à son mari que pour le cas où ce dernier lui survivrait.—6 avril 1818. Civ. r. Caen. Delalonde. D.A. 10. 326, n. 6. D.P. 18. 1. 284.—25 nov. 1822. Civ. c. Rouen. Lucas. D.A. 10. 326, n., n. 6. D.P. 2. 755, n. 4.—6 mai 1824. Caen. Caumont. D.A. 10. 326, n., n. 6. D.P. 2. 755, n. 4.

294.—Une femme mariée sous la coutume de Normandie a pu, depuis la loi du 17 niv. an 2, disposer entre-vifs de ses biens dotaux en faveur de son mari.— 13 nov. 1819. Rouen. Frontin. D.A. 10. 326, n. 5. D.P. 2. 755, n. 3.

295.—Une femme mariée sous la coutume de Normandie ne peut, sous le code civil, donner à ses enfans tout ou partie de ses biens dotaux qu'en faveur de leur établissement.— 23 janv. 1824. Rouen. Vasse-Renoult. D.A. 10. 335, n., n. 16, et 10. 315. D.P. 2. 758, n. 12 et 757, n. 7.

296.— Deux époux mariés dans le ressort du parlement du Dauphiné, dont la jurisprudence validait la donation des biens dotaux faite en contrat de mariage en faveur d'étrangers ou de collatéraux, ont pu faire une pareille donation depuis la promulgation du C. civ. Cette jurisprudence avait l'effet d'un statut réel.— 25 juin 1822. Grenoble. Mille. D.A. 10 335, n., n. 17. D.P. 2. 757, n. 8.

297.— Les biens normands d'une femme mariée en pays de communauté et sous le régime de la communauté, ont conservé, même après la publication du code civil, le caractère d'inaliénabilité que le statut de Normandie leur attribuait pendant toute la durée du mariage.—8 déc. 1828. Caen. Chanu. D.P. 32. 2. 21.

298.— D'après l'ancienne jurisprudence du Dauphiné, le mari ayant l'exercice et la libre disposition des actions dotales mobilières et immobilières, il a pu transiger valablement, par traités intervenus sous l'empire du code civil, sur les droits successifs revenant à sa femme, alors que le mariage est antérieur au code, quelle que soit, d'ailleurs, l'époque de l'ouverture de la succession.—7 déc. 1832. Grenoble. Genevez. D.P. 33. 2. 175.

§ 12. — *Exceptions à la prohibition d'aliéner. — Autorisation.*

299. — Le principe de l'inaliénabilité du fonds dotal n'est pas tellement inflexible qu'il ne reçoive, comme tous les principes du droit, des exceptions (C. civ. 1555). La loi a déterminé un certain nombre de ces exceptions, et la controverse s'était établie sur le point de savoir si cette loi est limitative ou simplement démonstrative. Jusqu'ici la jurisprudence paraît tendre à resserrer plutôt qu'à étendre l'interprétation qu'elle donne à la loi. Un point, au reste, sur lequel il semblait facile de s'entendre, était celui de savoir, si lorsqu'une cause légitime d'aliénation, c'est-à-dire une cause admise positivement par la loi, existe, il est encore besoin de l'autorisation maritale ou de celle de la justice. Quoique l'autorisation paraisse protectrice, on verra qu'il est des cas où l'on a cru pouvoir s'en passer. — Il faut se conformer strictement aux termes de l'autorisation (Tessier, 1, 445); elle peut permettre l'hypothèque aussi bien que la vente (C. civ. 1554; C. comm. 7).— Grenier, *des Hyp.*, 1, n. 34; Dur., 15, n. 507; Tessier, 1. 438; D.P. 33. 2e partie. — V. n. 302.— L'aliénation doit porter de préférence sur les paraphernaux, ensuite sur les objets les moins utiles.— Tessier, 1, 437.

300. — L'aliénation du fonds dotal ne pouvait, sous l'ancienne jurisprudence, être faite sans formalité de justice, quoiqu'elle eût lieu pour juste cause, comme, par exemple, pour acquit des dettes de la femme, antérieures au mariage. — 9 mars 1831. Nîmes. Pradier. D.P. 32. 2. 60 — Jugé, au contraire, qu'il n'était pas besoin des formalités de la justice. — 27 juillet 1825. Riom. Delpeuch. D.P. 26. 2. 127, n. 2. — 19 avril 1831 Nîmes. Fastier. D.P. 32. 2. 60.

301. — Mais pour que l'aliénation du fonds dotal de la femme normande puisse être valablement autorisée, il n'est pas indispensable que les parens assemblés en conseil de famille aient positivement reconnu la nécessité de la vente, il suffit que la majorité s'en soit rapportée à justice. — 6 juill. 1824. Caen. Onfroy. D.A. 10. 310, n., n. 15. D.P. 2. 749, n. 14.

302. — L'emprunt que la femme a été autorisée par justice à faire avec hypothèque sur l'immeuble dotal, a pour effet de faire perdre à cet immeuble le caractère de dotalité, jusqu'à concurrence des sommes empruntées.—14 fév. 1832. Paris. Buisson. D.P. 32. 2. 85.—En cas de vente, le surplus du prix reste dotal.— Tessier, 1. 437.

303. — La femme mariée sous le régime dotal pouvant s'obliger toutes les fois qu'il y a une cause légitime d'obligation, par exemple, pour cause d'amélioration des immeubles dotaux, il s'ensuit que la femme qui aurait, avec l'autorisation de son mari, acquis une maison en son *nom personnel*, à laquelle elle aurait fait ajouter ensuite d'autres constructions et améliorations, serait non-recevable à en refuser le paiement aux ouvriers qui ont travaillé de bonne foi, sous le prétexte que le mari étant l'administrateur des biens dotaux, elle ne pouvait être personnellement obligée. — 3 niv. an 13. Paris. Pescol.

304. — Au reste, le mari, en autorisant sa femme à accepter une succession, ne contracte par là, en-

vers les créanciers de cette succession, aucun engagement personnel ; ainsi, lorsque les époux sont mariés sous le régime dotal, le co-héritier de la femme autorisée par son mari à accepter une succession, n'a pas le droit de poursuivre, sur les fruits et revenus des biens dotaux, le recouvrement des sommes qu'il a avancées pour payer les créanciers de la succession — 16 nov. 1824. Civ. c. Amiens. Croy-Chanel. D.A. 10. 208, n. 1.

§13. —*Exceptions établies par la loi, Faculté d'aliéner,—Établissement des enfans, Prison, Alimens, Dettes de la femme, Réparations, Licitation, Échange.*

305. — *Faculté d'aliéner, stipulée par contrat de mariage.* — L'art. 1557 C. civ. porte, à cet égard, que l'immeuble dotal peut être aliéné, lorsque l'aliénation en a été permise par le contrat de mariage; mais, jusqu'à l'aliénation, la femme reste propriétaire de l'immeuble (ou *du meuble*, s'il s'agit d'un meuble non estimé), et elle a seule, par conséquent, le droit d'en consentir l'aliénation, en se faisant, toutefois, autoriser conformément à la loi.— Dur., 15, n. 475; D A. 10. 336, n. 1.

306. —La faculté d'aliéner, portée par l'art. 1557, donne-t-elle le droit d'échanger? Il y a controverse (V. n. 366). Il a même été jugé que c'était le droit d'échange seul qui résultait de cet article.— V. n. 371.

..... Notez que s'il résulte des termes du contrat de mariage que le mari a mandat d'aliéner, le consentement de la femme ne sera pas nécessaire pour la validité de l'aliénation. — Dur., *loc. cit.*; Bellot, t. 4, p. 114; D.A. 10. 337, n. 2.

307. — Si, dans ce dernier cas, le mari vend l'immeuble dotal au-dessous de sa valeur, la femme pourra-t-elle répéter contre lui le montant de la plus-value? Nous ne le pensons pas. On voit tous les jours, comme le dit Roussilhe (*de la Dot*, t. 1er, n. 404), des particuliers vendre leur propre bien à un prix inférieur à la valeur que fixeraient des experts; or, le mari n'est pas obligé de porter plus d'attention à ce qui concerne les biens de la femme qu'aux siens propres. — D.A. 10. 337, n. 3.

308.— Cependant, si de fortes présomptions de fraude s'élèvent contre le mari, ou bien, si la lésion excède les sept douzièmes, le mari devra restituer à la femme le montant intégral de la valeur réelle de l'immeuble. Il faut même dire que, dans le cas d'une lésion des sept douzièmes, la femme pourra, avec l'autorisation de son mari pendant le mariage, ou de la justice, si elle est séparée, ou seule, après la dissolution du mariage, intenter l'action en rescision de la vente contre l'acquéreur. Mais cette faculté ne doit lui être accordée qu'à la condition imposée à tout vendeur, par l'art. 1676, de former sa demande avant l'expiration de deux années, à compter du jour de la vente. En effet, le droit en vertu duquel l'acquéreur peut, à l'expiration des deux années, repousser l'action du vendeur, est une véritable prescription. Or, il résulte, de l'art. 1561, que les prescriptions relatives à l'immeuble dotal ne sont prohibées en faveur de la femme que lorsque cet immeuble se trouve, aux termes du droit commun, frappé d'inaliénabilité. — Bellot, t. 4, p. 116, D.A. 10. 337, n. 4.

309. — La femme mineure peut-elle valablement déclarer que ses biens dotaux seront aliénables? — Oui, suivant Duranton, t. 15, n. 476, pourvu qu'elle soit duement assistée dans le contrat de mariage. Car, dit il, « c'est là une convention matrimoniale, et le mineur, assisté de ceux dont le consentement est requis pour la validité du mariage, peut, avec leur consentement, faire valablement et sans espoir de restitution toutes les conventions dont le contrat de mariage est susceptible » (1398 C. civ.). — V. Tessier, t. 1er, p. 383.

310.—Quoi qu'il en soit, la simple déclaration que l'immeuble dotal pourra être aliéné n'emporte point nécessairement le pouvoir de l'hypothéquer. Car, bien que l'hypothèque puisse conduire à l'aliénation, cependant le droit d'hypothéquer et celui d'aliéner ne sont point identiques (1507 et 1508, anal.); et si la faculté d'hypothéquer n'a pas aussi été réservée, elle n'existe pas. Par la même raison, la seule réserve du pouvoir d'hypothéquer l'immeuble dotal n'emporte pas celui de l'aliéner. Enfin, en se réservant la faculté d'aliéner et d'hypothéquer les biens dotaux, les époux ne se sont point réservé implicitement par là la faculté de compromettre sur les contestations relatives à ces mêmes biens. En effet, le pouvoir de transiger, qui est le même que celui d'aliéner (2045), n'emporte pas celui de compromettre (1989) : d'ailleurs, les causes des femmes dotales sont sujettes à communication au ministère public (83 C. pr.), et l'on ne peut compromettre sur ces causes (1004 C. pr.).— Dur., 15, n. 479. 480 et 481.— V. Arbitrage, n. 147 et suiv., 213 et suiv. — D'après Tessier, le pouvoir de *vendre* ne donne pas le droit d'hypothéquer, mais le pouvoir d'*aliéner* donne le droit d'hypothéquer, échanger, compromettre, renoncer à hypothèque (t. 1er, p. 388 et suiv.).

311. — Jugé que la faculté d'aliéner le fonds dotal, réservée par l'art. 1557 C. civ., n'emporte pas celle d'hypothéquer (C. civ. 1557, 217, 1554, 1558). —28 janv. 1830. Req. Agen. Delaporte. D.P 30. 1. 92.

312. — Jugé cependant qu'elle emporte celle de donner main-levée de son hypothèque légale. — 16 mai 1832. Lyon. Vaney. D P. 33. 2. 179.

313.— *Établissement des enfans.*— Une seconde exception à la règle de l'inaliénabilité du fonds dotal se trouve, tracée dans les art. 1555 et 1556. Le premier de ces deux articles dispose que la femme peut, avec l'autorisation de son mari, ou, sur son refus, avec permission de justice, donner ses biens dotaux pour l'établissement des enfans qu'elle aurait d'un mariage antérieur; mais, ajoute-t-il, si elle n'est autorisée que par justice, elle doit réserver la jouissance à son mari. — La femme, continue l'art. 1556, peut aussi, avec l'autorisation de son mari, donner ses biens dotaux pour l'établissement des enfans communs. Et par *enfant* on entend les petits-enfans, surtout lorsque l'enfant du premier degré est decédé.—Tessier, t. 1er, p. 376.

314. — Sous l'empire de la coutume de Normandie, de même que sous le code civil, la femme pouvait aussi aliéner ses biens dotaux pour l'établissement de ses enfans.— 28 janv. 1823. Caen Legonix. D.A. 10. 314, n. 11. D.P. 2. 748, n. 11.

315. —La femme qui a été autorisée par la loi à donner ses biens dotaux pour l'établissement de ses enfans, peut les donner non seulement pour sa part dans la dot des enfans, mais encore pour acquitter la part pour laquelle le mari y contribue, sauf ses reprises et hypothèques sur les biens du mari. — 4 fév. 1830. Bordeaux. Piston. D.P. 30 2. 287.

316.— Elle peut même les hypothéquer pour l'établissement des enfans communs (Dur., 15, n. 491, Tessier, t. 1. p. 379).—7 juin 1825. Montpellier. Teissier. D.P. 26. 2. 11.

317.— Bellot, t. 4, p. 110, a remarqué qu'il fallait, pour que l'immeuble dotal pût être aliéné au profit des enfans de la femme, que ces enfans n'eussent pas par eux-mêmes de biens suffisans pour se procurer un établissement. Dans le cas contraire, dit-il, la justice devrait refuser son autorisation; le mari, en motivant son refus sur ce défaut de nécessité de l'aliénation, pourrait l'empêcher. Bellot va même jusqu'à dire que, dans le cas où, malgré son opposition, la justice aurait autorisé l'aliénation de l'immeuble, le mari pourrait la faire annuler. Nous pensons avec Bellot qu'il serait peut-être conforme à l'esprit du législateur et à l'équité, que la justice refusât de permettre l'aliénation, lorsque les enfans de la femme se trouvent déjà en possession d'une certaine fortune. Mais, si ce motif n'arrête point le juge, et qu'en vertu de son autorisation formelle, l'immeuble dotal ait été aliéné, on doute que l'action en nullité du mari puisse être accueillie par les tribunaux : ne serait-il pas en effet injuste que des tiers se vissent ravir la propriété d un immeuble qu'ils auraient acquise de la femme, sur la foi d'une autorisation judiciaire dont il ne leur est pas permis de discuter les motifs?— Benoit, t. 1er, n. 223; D.A. 10. 338, n. 7.

318.— Quand il s'agit des enfans communs, l'art. 1556 ne dit pas, comme le précédent, qu'en cas de refus du mari, la femme pourra recourir à la justice. Faut-il en conclure qu'elle ne jouit pas de cette faculté? Delvincourt dit, t. 3, p. 107, notes, « quand il s'agit des enfans du premier lit de la femme, l'on peut supposer que le mari n'apportera pas une très bonne volonté pour ce qui les concerne; et cependant comme la faveur du mariage exige qu'ils soient dotés, on permet à la femme de les doter avec l'autorisation de justice, en cas de refus du mari et sans préjudicier aux droits de celui-ci. Il n'y a pas la même chose à craindre, quand il s'agit des enfans communs; le mari doit être présumé avoir pour eux autant d'affection que la femme. D'ailleurs, on a dû éviter autant que possible de mettre ces enfans dans une espèce d'indépendance de la volonté du père, en autorisant la mère à les doter sans le consentement de son mari » — Conf. Bellot, t. 4, p. 110 et suiv.; l'opinion contraire pourrait s'appuyer du rapport fait au Tribunat par Duveyrier. Cet orateur, après avoir dit que l'aliénation peut avoir lieu pour l'établissement des enfans d'un premier lit de la femme, et pour l'établissement des enfans communs, ajoute : « *Dans ces deux cas*, la femme n'a besoin que du consentement de son mari; ce n'est qu'à défaut de ce consentement qu'elle a recours à l'autorisation du juge.»—Villarg., t. 6. p. 159, n. 111; D.A. 10. 338, n. 8.

319. — Duranton distingue: si les enfans communs sont mineurs relativement au mariage, l'autorisation du père est exigée d'une manière générale (373 C. civ.), et doit s'étendre sur une dot constituée même avec des biens de leur mère. Si, au contraire, les enfans, majeurs quant au mariage, n'ont plus besoin de son consentement pour se marier, on ne voit pas pourquoi la mère, au refus de son mari de l'autoriser, ne pourrait pas l'être par la justice, à l'effet de disposer de ses biens dotaux pour leur établissement, à la charge d'en réserver la jouissance au mari? (Dur., 15, n 497).—Il semble que l'autorisation de la justice peut intervenir dans tous les cas et sans inconvéniens.

320.— Au reste, il ne faudrait pas que l'aliénation ne fût que simulée et ne dût pas profiter à l'enfant; car, la donation du bien dotal, faite concurremment par les époux à leur fille, même pour son établissement par mariage, peut être annulée, s'il est établi que cette donation n'a point tourné au profit de la donataire, et n'a réellement profité qu'au père donateur (C. civ. 1557) — 7 juill. 1830. Req. Riom. Delrieu. D.P. 30. 1. 383.

321. — Le mari qui autorise sa femme à donner un immeuble dotal pour servir de dot à leur enfant, sans déclarer qu'elle est mariée sous le régime dotal, n'est pas tenu de dommages-intérêts envers le donataire, si, d'ailleurs, on ne peut lui imputer ni dol ni fraude (C. civ. 1560) — 14 mai 1829. Grenoble. Sibeud. D.P. 32. 2. 119 et 176.

322. — Que faut-il entendre par le mot *établissement*, dans le sens de l'art. 1556 C. civ.?

323 —Par *établissement*, il faut entendre non seulement un établissement par mariage, mais encore tout développement actuel d'un genre de talent ou d'industrie auquel l enfant se détermine définitivement, et duquel il se propose de s'occuper d'une manière exclusive ou principale, et, par exemple, l'exercice de la profession de notaire. Mais le législateur n'a pu vouloir comprendre, sous ce mot, les spéculations passagères en agriculture, en commerce, en entreprises de travaux publics, auxquels l'enfant se serait livré sans paraître y attacher l'idée d'un établissement sérieux et définitif. — 25 janv. 1823. Caen. Legonix. D.A. 10 314. D.P. 2. 748. — V. Dur., 15, n. 494 et 495; Vill., 6, p. 159, n. 112 et suiv., et nos observations, D.P. 33. 1. 103; Tessier, t. 1 er, p. 376.

Cette décision repousse implicitement la limitation admise par l'arrêt qui suit.

324.—Sous le code civil, comme sous l'empire du droit écrit, la dot peut être aliénée non seulement pour *l'établissement* par mariage des enfans, mais pour tout établissement quelconque.— 17 mai 1826. Toulouse. Daubert. D.P. 33. 2. 152.

325.—Ainsi, l'exemption du service militaire étant un moyen de procurer un établissement à un fils, des père et mère peuvent, pour acheter un remplaçant, hypothéquer un immeuble dotal (C. civ. 1556; Cout. de Norm., art. 484). Seulement le tribunal qui autorise l'emprunt doit le réduire selon le prix courant des remplaçans militaires.— 25 fév. 1828. Rouen. Legras. D.P. 28. 2. 88. — *Contrà*, Dur., t. 15, n. 495; Tessier, t. 1, p. 449.

326.— Jugé cependant que les biens dotaux ne peuvent être aliénés pour l'établissement des enfans, qu'autant que l'enfant en faveur duquel cette aliénation a lieu, se trouve dans une position qui assure aux autres enfans la conservation de la dot, laquelle ne doit être pourlui qu'un avancement d'hoirie. —4 août 1832. Grenoble. Grand. D.P. 33. 2. 102.

327.—Cette décision paraît contraire à l'esprit de la loi, qui a voulu encourager le mariage, procurer aux enfans des ressources, et souvent même à la famille, en donnant à un enfant un établissement qui lui permettra de soutenir ses parens et de leur donner un appui qu'ils ne trouvent pas dans la modicité de la dot de la mère. D'ailleurs, il y a toujours quelque chose d'éventuel dans un établissement, et la limitation de la cour de Grenoble serait destructive de la faculté donnée aux époux par l'art. 1558. — V. nos observations, D.P. 33. 2. 103.

328.—*Prison.*—L'art. 1558 énumère de nouvelles exceptions au principe de l'inaliénabilité du fonds dotal. Mais, à la différence des aliénations dont nous venons de parler, celles qu'autorise l'art. 1558 sont soumises à des formalités particulières. Ici le consentement des époux ne suffit point. L'aliénation ne peut avoir lieu qu'avec la permission de la justice, et aux enchères, après trois affiches.—Dur., 15, n 502; D.A. 10. 339, n. 9; Tessier, t. 1. p. 420.

329. — Ainsi, la femme séparée ne peut aliéner un immeuble dotal, pour tirer son mari de prison, qu'avec l'autorisation de la justice, conformément à l'art. 1558 C. civ.— 18 fév. 1813. Aix. Payan. D.A. 10. 347, n. 1-1. D.P. 14. 2. 5.

330.— Et, à supposer même qu'avant le code, la jurisprudence, sous l'empire de laquelle une femme

s'est mariée, lui permît d'aliéner, sans autorisation de justice, ses biens dotaux pour tirer son mari de prison, elle n'est pas moins tenue, sous le code, pour une cause pareille, d'observer les formalités prescrites par l'art. 1558 C. civ., c'est-à-dire qu'elle doit se faire autoriser par la justice, et, à défaut, elle est fondée à demander la nullité de la vente. On dirait en vain que c'est là donner à la loi un effet rétroactif. — 25 mars 1830 Grenoble. Pillon. D.P. 31. 2. 214.

331.— Les biens dotaux peuvent, d'après l'art. 1558, être aliénés pour tirer de prison le mari ou la femme. Cette disposition est générale, et s'applique par conséquent à tous les cas où l'un des époux se trouve en prison, quelle que soit la cause de son emprisonnement. Ainsi, lorsque le mari ou la femme, détenu pour crime ou délit, sera retenu en prison après l'expiration de sa peine, faute de pouvoir payer les réparations civiles auxquelles il a été condamné, l'aliénation de l'immeuble dotal pourra avoir lieu. Cambacérès demandait, il est vrai, au conseil d'état, que la dot de la femme ne pût servir à tirer le mari de prison lorsqu'il y aurait été mis à raison d'un délit ou pour dettes contractées au jeu. Mais les termes généraux de l'art. 1558 prouvent que cette exception n'a pas été adoptée. — Benoît, t. 1er, n. 228 ; Dur., 15, n. 507 et 508 ; D.A. 10. 339, n. 10 ; Tessier, t. 1er, p. 418.

332.— La femme peut, pour faire sortir son mari de prison, aliéner non seulement sa dot immobilière, mais encore sa dot mobilière.— 22 nov. 1832. Bordeaux. Benquarel. D.P. 33. 2. 158.

333.— En outre, lorsqu'une femme mariée sous le régime dotal a été autorisée par justice à vendre aux enchères ses immeubles dotaux pour tirer son mari de prison, si le créancier donne main-levée provisoire de l'écrou du mari, sous la condition, 1° que la femme mettra à fin la vente autorisée ; 2° qu'un tiers se rendra caution solidaire, cette caution ou le créancier peuvent, à défaut par la femme de poursuivre la vente, se faire autoriser par la justice à la poursuivre eux-mêmes.— 30 mars 1833. Lyon. Benoît. D.P. 33. 2. 145.

334.— Mais il faut remarquer que l'art. 1558 C. civ., qui permet l'aliénation de l'immeuble dotal pour tirer de prison *le mari ou la femme*, ne peut s'étendre au cas où l'un des deux est simplement menacé de la contrainte par corps.— Ainsi, sont nuls les engagemens contractés par une femme sur ses biens dotaux, à l'effet de prévenir l'emprisonnement dont son mari est menacé par des créanciers porteurs de titres emportant contrainte par corps, et cela, encore qu'elle ne les ait contractés qu'en vertu d'une autorisation judiciaire fondée sur l'art. 1558.— 4 juill. 1826. Caen. Poline. D.P. 27. 2. 47.—Conf. Dur., 15, n. 509.

335.— Mais l'aliénation devrait-elle être autorisée pour tirer le mari de prison, quoique celui-ci pût obtenir sa liberté en faisant cession de biens? — Oui Delv., 3, p. 108, n. ; D.A. 10. 339, n. 11.— *Contra*, Benoît, t. 1er, n. 229 ; Bellot, 4. 125.

336. — *Alimens.* — L'art. 1558 autorise encore l'aliénation de la dot pour fournir des alimens à la famille, dans les cas prévus par les art. 203, 205 et 206, au titre *du Mariage*. — Mais remarquons, avec Bellot, t. 4, p. 127, que, pour qu'il y ait lieu à l'application de cette disposition, il ne suffit point que les personnes désignées dans les trois articles cités se trouvent dans le besoin ; il faut encore que les époux ne puissent satisfaire à ces nécessités ni par les revenus de la dot, ni au moyen de leurs autres biens personnels. Le fonds dotal, en un mot, ne peut être attaqué que lorsque les autres ressources sont entièrement épuisées.— Dur., 15, n. 510 ; D.A. 10. 339, n. 12.

337.—Jugé qu'en pays de droit écrit, la femme qui s'était constitué tous ses biens en dot, pouvait, lorsque son mari n'avait pas de biens, affecter sa dot, même sans autorisation de justice, au paiement de son *logement* et de celui des personnes à qui elle est dans l'obligation de fournir les alimens, desquels le logement fait nécessairement partie. — 19 déc. 1809. Aix. Campon. D.A. 10. 312, n. 4. D.P. 2. 747, n. 4.

338.— Et, sous le code, les meubles dotaux de la femme séparée, peuvent être vendus pour assurer le paiement des loyers dont la femme séparée est débitrice. — 2 juin 1831. Paris. Buisson. D.P. 31. 2. 140 ; Tessier, t. 1er, p. 418.

339. — Il faut remarquer encore que l'autorisation d'aliéner l'immeuble dotal devrait aussi être accordée pour fournir des alimens au mari, quoique ce dernier ne soit point désigné dans les art. 203, 205 et 206. Il est impossible, en effet, que le même lé-

DOT—DOTALITÉ. § 13.

gislateur, qui a regardé l'aliénation comme nécessaire lorsqu'il s'agit de rendre le mari à la liberté, ait pu défendre cette aliénation quand il s'agit de lui conserver la vie, en l'empêchant de périr de faim. — Dur., *loc. cit.* ; D.A. 10. 339, n. 13 ; Tessier, t. 1er, p. 414.

340. — Jugé que lorsque deux époux se sont mariés sous le régime dotal, et que, par leur contrat de mariage, la femme a donné à son mari tous ses biens dans le cas où ce dernier lui survivrait et où elle décéderait sans enfans, les tribunaux peuvent, si les époux se trouvent dans le besoin, et s'ils ont atteint un âge qui ne permette pas de supposer qu'ils aient jamais des enfans, autoriser l'aliénation des biens dotaux, sous la condition qu'une partie seulement du prix sera remise aux vendeurs, et que l'autre partie sera placée entre les mains, soit de l'acquéreur, soit de toute autre personne, en une rente viagère constituée sur la tête de chacun des deux époux. — 21 août 1820. Rouen. Martin. D A. 10. 339, n. 3. D.P. 21. 2. 59.

341. — L'aliénation de l'immeuble dotal devrait-elle être permise pour tirer de prison les personnes indiquées dans les articles 203, 205 et 206? Il nous semble que la négative est la seule opinion que l'on puisse adopter. Il s'agit ici d'une exception au droit commun : or, en matière d'exception, on ne peut, sans s'exposer à s'écarter des intentions du législateur, étendre l'application de la loi à des cas qu'elle n'a pas formellement prévus. Il est vrai que, dans le numéro précédent, on a dit que, malgré le silence du texte, on devait autoriser l'aliénation de la dot pour fournir des alimens au mari ; mais on ne le dit que parce qu'une proposition contraire ferait tomber le législateur dans une choquante anomalie. Dans l'hypothèse, il n'en est pas de même, puisque la nécessité d'obtenir des alimens pour vivre est rigoureusement plus pressante que le besoin de voir finir une captivité qui, dans tous les cas, ne peut être que temporaire. — D.A. 10. 340, n. 14.

342.—*Dettes de la femme.* — L'aliénation est encore permise dans le cas où il s'agit de payer les dettes de la femme ou de ceux qui ont constitué la dot, pourvu que ces dettes aient une date certaine, antérieure au contrat de mariage (Dur., t. 15, n. 511 ; D.A. 10. 340, n. 15), quoique *liquidée* depuis.—Tessier, t. 1er, p. 426.—Quelles sont les dettes des constituans dont la dot est tenue?— V. Tessier, t. 1er, p. 428.

343.—Des lettres de change souscrites pour prêts faits à une société commerciale, dont une femme, mariée depuis, sous le régime dotal, faisait partie, ont pu, s'il n'y a aucune fraude, être déclarées avoir une date certaine antérieure au contrat de mariage, quoiqu'elles n'aient été enregistrées que depuis, et, par suite, être poursuivies sur ses biens dotaux (C. civ. 1328, 1558). — 17 mars 1830. Req. Rouen. Lafontaine. D.P. 30. 1. 176. — 1er déc. 1830. Civ. c. Rouen. Harel. D.P. 31. 1. 9.

344.—L'aliénation du fonds dotal peut être autorisée pour payer les dettes de la femme, non seulement lorsque c'est elle-même qui s'est constitué la dot, mais encore dans le cas où l'immeuble lui a été donné par un tiers. En effet, par suite de la donation, l'immeuble est devenu la propriété de la femme, et, par conséquent, le gage de ses créanciers personnels.—Dur., 15, n. 513 ; D.A. 10. 340, n. 16.

345 —Déjà, sous l'empire du droit romain, le mari pouvait, pendant le mariage, aliéner, sans autorisation de justice, les immeubles dotaux de sa femme, pour acquitter les dettes que celle-ci avait contractées soit envers lui, soit envers des tiers, avant le mariage, et auxquelles elle avait hypothéqué ces immeubles (L. 15, C. *de Rei uxoriæ actione*). — 15 nov. 1820. Req. Grenoble. Fayard. D.A. 10. 312, n. 5. D.P. 21. 1. 350.

346 —Mais, dans le cas où les titres de créances ont une date certaine antérieure au contrat de mariage, n'y a-t-il pas une différence à faire entre les créanciers hypothécaires et les créanciers chirographaires? Les premiers ont le droit de suivre l'immeuble grevé, en quelque main qu'il passe : le fait de la constitution de dot ne peut donc les empêcher d'en poursuivre l'expropriation. En est-il de même des seconds? Oui. — Delv., 3, p. 108, n. ; Bellot, 4, p. 92 et 367 ; Dur., 15, n. 512 ; D.A. 10. 340, n. 17.

347.— Toutefois, si la constitution de dot avait eu lieu en fraude des droits des créanciers chirographaires, et que le mari fût complice de la fraude, alors ces créanciers, usant de la faculté qui leur est donnée par l'art. 1167, pourraient poursuivre la nue-propriété de l'immeuble dotal.— Dur., *loc. cit.* ; D.A. 10. 340, n. 18.

348. — Il résulterait donc des explications qui précèdent, si elles étaient adoptées, que, lorsque le législateur a dit que l'immeuble dotal pourra être

DOT—DOTALITÉ. § 13.

aliéné pour payer les dettes de la femme ou de ceux qui ont constitué la dot, pourvu que ces dettes eussent une date certaine antérieure au contrat de mariage, il a supposé que l'aliénation du fonds dotal serait volontairement demandée par les époux. Dans ce cas, le juge, avant d'accorder son autorisation, devra examiner, quand il s'agira des dettes du constituant, si ce dernier n'a pas lui-même assez de ressources pour acquitter ses dettes ; si, d'ailleurs, l'aliénation du fonds dotal ne porte pas une atteinte trop grave à la fortune des époux ; et quand il s'agira des dettes de la femme, le juge devra vérifier si on ne pourrait pas trouver les moyens de les payer avec les revenus de la dot, ou le prix des paraphernaux que la femme peut posséder, paraphernaux qui, au surplus, devraient, ce semble, servir à payer les créanciers de la femme antérieurs au mariage, quoique leurs titres n'eussent pas date certaine. — Bellot, t. 4, p. 130 et 131 ; Dur., 10. 340, n. 19.

349.— De ces termes, « dettes antérieures *au contrat de mariage*, » employés par l'art. 1558, quatrième alinéa, serait-on fondé à conclure que l'aliénation de l'immeuble dotal ne pourrait être autorisée pour payer des dettes contractées par la femme après *le contrat*, mais ayant date certaine antérieurement *au mariage*? Une telle distinction nous paraît sans motifs. La même considération de bonne foi protège cette classe de créanciers, comme ceux antérieurs au contrat. D'ailleurs, l'art. 1410, qui renferme pour la communauté une disposition analogue, a confondu toutes les créances ayant une date certaine antérieure *au mariage*, pour les opposer aux créances postérieures au mariage. Or, aucune raison, sous le régime dotal, ne motive la nécessité de déroger à cette règle. On pense donc que les mots *contrat de mariage* ne se trouvent dans l'art. 1558 que par suite d'une erreur de rédaction semblable à celle de l'art. 2194. Telle paraît aussi être l'opinion de Delvincourt, qui, sur l'art. 1558, parle constamment de *dettes ayant date certaine antérieure au mariage*. — D.A. 10. 341, n. 20. — Conf. Bellot, 4, p. 409 ; Toull., n. 340 ; et nos observ., D.P. 34. 2. 101. — *Contrà*, Dur., 15, n. 514 ; Tessier, t. 1er, p. 421.— V. aussi n. 212.

350.— Jugé cependant que la dot ne peut être aliénée pour payer les dettes de la femme, postérieures au contrat de mariage, encore qu'elles soient antérieures à la célébration civile du mariage. — 7 janv. 1830. Montpellier. Faure. D.P. 30. 2. 151.

351.— *Réparations.*— D'après le cinquième alinéa de l'art. 1558, une partie des immeubles dotaux peut encore être aliénée pour faire les grosses réparations indispensables pour la conservation du reste. Nous avons déjà vu, en parlant des obligations du mari à l'égard des biens dotaux, que le mari devait, comme usufruitier, supporter les réparations d'entretien ; et même qu'en sa qualité d'administrateur, il devait faire l'avance des frais des grosses réparations, sauf son indemnité contre la femme à la dissolution du mariage. Il suit de là que le juge ne devra, dans l'hypothèse, permettre l'aliénation de l'immeuble dotal qu'après qu'il aura été constaté par des experts que les réparations à faire sont réellement de *grosses* réparations, et que d'ailleurs le mari n'a pas des ressources suffisantes pour les consommer. L'aliénation de l'immeuble dotal devrait encore ne pas être ordonnée si la femme possédait des paraphernaux.— D.A. 10. 341, n. 21 ; Tessier, t. 1er, p. 420.

352.— Il peut arriver qu'au lieu de provenir, comme à l'ordinaire, de la vétusté ou de la force majeure, le délabrement des biens dotaux qui nécessite les grosses réparations, ne doive être attribué qu'à la négligence du mari. Dans ce cas, l'aliénation d'une partie du fonds dotal pourra également être permise ; mais la femme aura le droit de demander une indemnité au mari. — V. Bellot, t. 4, p. 134 ; D.A. 10. 341, n. 22.

353. — *Indivision.* — Le dernier cas dans lequel l'art. 1558 autorise l'aliénation de l'immeuble dotal, est le cas où cet immeuble se trouve indivis avec des tiers, et qu'il est reconnu impartageable. Alors l'immeuble indivis peut être licité (et la licitation a lieu en justice. — Tessier, 1, 411), soit à la poursuite du mari, soit à la poursuite des co-héritiers ou co-propriétaires de la femme. Mais la licitation peut avoir des résultats différens pour les époux. En effet, l'adjudication de l'immeuble peut être prononcée en faveur de l'un deux, ou en faveur d'un étranger. Examinons séparément ces divers cas. — Dur., 15, n. 505 ; D A. 10. 341, n. 23.

354.— Remarquons cependant, 1° que la licitation ou le partage d'un immeuble appartenant par indivis à plusieurs propriétaires, au nombre desquels se trouve une femme mariée sous le régime dotal, doit être assimilée à une vente, en ce sens qu'il ne

peut produire les effets déterminés par l'art 883 C. civ., qu'autant que cette licitation a été faite suivant les formes de l'art. 1558 C. civ., c'est-à-dire avec permission de justice, aux enchères, après trois affiches et constatation judiciaire de l'impossibilité de partager l'immeuble. — 23 août 1830. Civ. r. Rouen. Thibaudier. D.P. 30. 1. 347.

355.— 2° Que la prohibition d'aliéner le fonds dotal, portée par l'art. 3, chap. 14 de la coutume d'Auvergne, ne s'entendait que des aliénations volontaires, et non de celles qui avaient lieu par l'effet du partage d'un immeuble indivis. En conséquence, la femme, provoquée à un tel partage, pouvait y procéder avec l'autorisation de son mari, *sans aucune formalité de justice.* — 27 juill. 1829. Req. Rochette. D.P. 29. 1. 312.

356.— D'abord, si c'est au mari que l'immeuble est adjugé, la femme a le choix ou d'abandonner l'immeuble, en recevant le prix de la portion qui lui appartenait, ou de reprendre le tout, en remboursant au mari la portion de prix qu'il a payée. — Delvincourt, t. 3, p. 109; Benoit, 1, n. 244; D.A. 10, 341, n. 24; Dur., 15, n. 363; Tessier, 1. 278.

357. — Jugé que si le mari d'une femme qui s'est constitué en dot une portion d'immeuble qu'elle possède indivis avec d'autres personnes, achète les portions de ces personnes, il peut, quoique l'acquisition soit censée faite pour sa femme, aliéner, hypothéquer ces portions, et dans ce cas la femme ne peut exercer le retrait en offrant le remboursement du prix d'acquisition, surtout si les offres ne sont pas suffisantes pour désintéresser les créanciers hypothécaires, et ceux-ci sont fondés à poursuivre la licitation de l'immeuble (C. civ. 1408).—22 juill. 1825. Grenoble. Allier. D.P. 26. 2. 52.

258.— Si l'immeuble avait été adjugé à la femme duement autorisée, il appartiendrait alors tout entier à la femme. Mais serait-il dotal pour le tout? Delvincourt et Dalloz pensent qu'il n'y aurait de dotale que la portion primitivement constituée en dot. Il est vrai que, d'après l'art. 1408, l'acquisition faite par l'un des époux pendant le mariage de la portion d'un immeuble dont il était propriétaire par indivis au moment de la célébration, forme un propre de communauté; mais il est facile d'expliquer le motif pour lequel cette disposition ne peut régir les époux mariés sous le régime dotal. Le partage n'étant que déclaratif de propriété, la portion de l'immeuble indivise, acquise par la femme pendant le mariage, est censée avoir été possédée par elle au moment de la célébration. Or, sous le régime de la communauté, les immeubles possédés par la femme au moment où elle se marie sont propres de plein droit. Sous le régime dotal, au contraire, la dotalité ne s'établit en général qu'en vertu d'une convention expresse des époux. On ne peut donc frapper de dotalité la portion de l'immeuble indivis à l'égard de laquelle cette convention n'existe pas. — Delv., t. 3, p. 110, n.; Bellot, t. 4, p. 480; Dur. 15, n. 361; D.A. 10. 341, n. 25; Tessier, t. 1er, p. 275, n 554.

..... Jugé que l'acquisition est censée faite pour la femme, sans distinguer si le fonds est dotal ou paraphernal.— D.P. 35. 2. 79.

359.—Si l'immeuble indivis est adjugé à un étranger, alors, aux termes du dernier alinéa de l'art. 1558, la portion du prix qui revient à la femme est dotale, et il doit en être fait emploi comme tel.— Il en sera ainsi, d'après la même disposition, dans les autres cas prévus par l'art. 1558, toutes les fois qu'après avoir satisfait aux besoins reconnus, il restera une partie du prix de la vente. — Dur, 15, n. 362 et 516; D.A. 10. 342, n. 26.

360.— Voyez, quant à la question de savoir si cet emploi est une condition tellement nécessaire, que l'acquéreur puisse, avant de se libérer, en exiger l'accomplissement, v° Remploi.

361. — Au surplus, quand une femme mariée sous le régime dotal a consommé, avec l'autorisation de son mari, le partage de ses biens dotaux, qu'elle possédait indivisément avec son père et ses sœurs, il n'est plus permis aux époux de les soumettre à un nouveau partage; le premier est un acte irrévocable; tout autre serait nul comme pouvant porter atteinte à des droits inaliénables (C. civ. 815). — 8 déc. 1824 Poitiers. Forestier. D.A. 10. 293, n. 2. D.P. 2. 743, n. 1.

362. — Un nouveau partage ne peut même pas être consenti, par le motif qu'il est survenu au père un enfant qui devra un jour avoir une portion dans les biens compris au premier partage. Il faudrait attendre, dans ce cas, le décès du père (C. civ. 1078).— Même arrêt.

363.— Nous avons dit plus haut que, dans les cas prévus par l'art. 1558, l'aliénation des biens dotaux ne pouvait avoir lieu qu'avec permission de justice. Mais ne faudrait-il pas en outre l'assentiment de la femme? Delvincourt, t. 3, p. 109, notes, a soutenu la négative. D'abord l'art. 1559 exige formellement, pour le cas d'échange, le consentement de la femme; et la loi garde le silence à cet égard pour les cas prévus par l'art. 1558 : de là il résulte, suivant cet auteur que, dans ces derniers cas, le consentement de la femme a été considéré comme inutile. D'ailleurs les hypothèses énumérées dans le dernier article sont des cas de nécessité; dès lors il eût été presque contradictoire d'exiger, pour l'aliénation, le concours de la femme. Enfin les formalités qui accompagnent cette aliénation mettent la femme à l'abri de toute fraude. Malgré ces raisons, l'opinion de Delvincourt, dit Dalloz, ne nous paraît point admissible. En principe, nul ne peut être dépouillé de sa propriété sans un fait de sa volonté, si ce n'est pour cause d'utilité publique. On devra donc distinguer, à notre avis, dans les cas prévus par l'art. 1558, ceux où la femme peut être contrainte à l'aliénation, pour l'exécution d'une obligation que la loi lui impose, de ceux où la loi ne lui impose aucune obligation. Ainsi, lorsqu'il s'agira de donner des alimens à la famille, de faire des réparations sans lesquelles la jouissance du mari serait illusoire, de partager un objet indivis, l'aliénation pourra être forcée : mais il en sera autrement si l'aliénation est demandée pour tirer le mari ou la femme de prison. — Toutefois, et en toute hypothèse, il nous paraît que la femme doit être mise à même de faire connaître les motifs de son refus.— D.A. 10. 342, n. 29.

364.—Quoi qu'il en soit, l'aliénation d'un immeuble dotal, faite par le mari et par la femme conjointement, mais sans autorisation de justice, est nulle, encore que le prix ait été employé à l'acquittement des dettes personnelles de la femme (C. civ. 1554 et 1558).

Dans ce cas, l'acquéreur n'est pas autorisé à retenir cet immeuble jusqu'au remboursement des sommes qui ont servi à désintéresser les créanciers de la femme.

Il n'est pas non plus fondé à réclamer le remboursement des réparations qu'il a faites sur le fonds dotal, et qui n'en ont pas augmenté la valeur. — 1er déc. 1819. Nîmes. Rouveyrol. D.A. 10. 342, n. 2. D.P. 2. 758, n. 2, et 21. 2. 3.

365. — Mais que décider dans le cas inverse, c'est-à-dire lorsque l'aliénation étant demandée par la femme, le mari s'y oppose? le juge devra-t-il accorder son autorisation? Nous pensons que, dans aucun des cas prévus par l'art. 1558, le consentement du mari ne pourrait êre regardé comme indispensable. S'il est vrai de dire, en effet, que parmi les cas énumérés dans cet article, il en est quelques uns où l'aliénation n'est pas pour le mari d'une nécessité rigoureuse, il n'en est pas de même à l'égard de la femme. — Mais, lorsque l'aliénation aura lieu malgré l'opposition du mari, la femme devra-t-elle réserver en faveur du mari l'usufruit de l'immeuble dotal? Une distinction semble commandée par l'équité entre le cas où la cause de l'aliénation constituait une obligation pour le mari comme pour la femme, et le cas où la femme seule se trouvait obligée. Au premier cas, l'usufruit ne peut être réclamé par le mari; dans le second, il a le droit de le retenir. Ainsi, l'aliénation a-t-elle lieu, sur la demande de la femme, pour payer des alimens à la famille, le mari, obligé comme la femme à payer ces alimens, perdra l'usufruit par l'aliénation de l'immeuble. Il devrait encore en être ainsi dans le cas d'aliénation pour faire de grosses réparations à l'immeuble, d'autant plus qu'en empêchant le dépérissement de ce qui reste, ces réparations donnent à l'usufruit marital plus de garanties de durée. Le mari ne pourrait, au contraire, être privé de l'usufruit, si l'immeuble dotal était aliéné, contre son gré, pour tirer la femme de prison, ou pour payer les dettes de la femme et de ceux qui ont constitué la dot.—Bellot, t. 4, p. 371, a émis cependant une opinion contraire pour ce dernier cas, sur le motif que les dettes du constituant sont une charge du fonds dotal. Mais, d'après ce que nous avons dit plus haut, cette raison n'est pas admissible.— D.A. 10. 342, n. 30.

366.—*Echange.*—L'art. 1559 établit une dernière exception au principe de l'inaliénabilité de la dot, pour le cas où les époux désirent échanger l'immeuble dotal. Mais il exige que l'immeuble reçu en contre-échange par les époux ne soit pas d'une valeur inférieure de plus d'un cinquième à la valeur de l'immeuble dotal. — Cet article ne prévoit pas le cas où ce serait au contraire l'immeuble dotal qui se trouverait inférieur en valeur à l'immeuble contre lequel il est échangé. Que faut-il conclure de ce silence? L'échange pourrait-il être autorisé, et, dans ce cas, l'excédant de valeur serait-il dotal? Dalloz pense que l'affirmative devrait être adoptée sur ces deux questions, alors même que la différence de valeur excèderait un cinquième. Et l'on argumenterait vainement, dit-il, de l'art. 1543, qui prohibe toute augmentation de la dot pendant le mariage. Cette disposition a été créée principalement dans l'intérêt des tiers. Or, les tiers ne sauraient être compromis ici, puisque, lorsque la valeur de l'immeuble dotal se sera trouvée inférieure à la valeur de l'immeuble reçu en contre-échange, il ne leur sera pas plus difficile de connaître la qualité de ce dernier immeuble, que dans le cas où les immeubles ont été d'une valeur égale, ou dans le cas prévu par l'art. 1559. D'ailleurs l'opinion contraire n'aurait-elle pas l'inconvénient de restreindre dans des limites trop étroites la faculté accordée aux époux par l'art. 1559? Enfin si, dans quelques circonstances, cette espèce d'échange pouvait donner lieu à quelque fraude ou faire naître quelque inconvénient, le juge n'aurait-il pas le droit de refuser son autorisation? —D.A 10. 343, n. 31; Bellot, 4, p. 147; Tessier, 1, p. 262 et suiv.

367.—Sous les coutumes de Béarn et de Navarre, l'échange d'une dot pécuniaire pouvait s'opérer contre des immeubles, lesquels prenaient le caractère de dotalité.—23 août 1832. Req. Pau. Prisonnier. D.P. 32. 1. 389.

368.—Il suffisait, sous l'ancien droit, qu'il y eût échange d'un fonds dotal, pour que le fonds reçu en échange eût le caractère de dotalité; il n'était prescrit, à cet égard, aucune formalité.— 10 juill. 1833. Agen. Rodier. D.P. 34. 2. 206.

369.—La faculté réservée aux époux, conformément à l'art. 1557, d'aliéner le fonds dotal, emporte la faculté de l'échanger.— 25 avril 1831. Req. Lyon. Merloz. D.P. 32. 1. 54.—V. n. 310.

...... Jugé cependant, 1° que la faculté donnée au mari, conformément au même article, de vendre les immeubles dotaux, n'entraîne pas celui de les échanger, surtout sans le concours de la femme et sans formalités.— 7 fév. 1832. Toulouse. Miegeville. D.P. 33. 2. 36.

370.— Au reste, le pouvoir d'échanger ne donne pas celui de vendre ou d'aliéner. — Tessier, t. 1er, p. 388.

371.—2° Que même la faculté d'aliéner, portée par l'art. 1557 C. civ., doit être entendue en ce sens, qu'il est permis seulement à la femme d'échanger le bien dotal, ou de convertir un immeuble en meubles, mais que le caractère dotal subsiste toujours. — 25 janv. 1830. Req. Agen. Delaporte. D.P. 30. 1. 92.

372.—Les immeubles reçus par une femme, de la part de son mari, même après séparation de biens, et par le traité qui, dans la quinzaine, a réglé les reprises de la femme, en remplacement des biens dotaux aliénés par le mari, sans que ce remplacement ait été accompagné des formes prescrites au cas d'échange des biens dotaux, n'ont pas le caractère de dotalité des biens qu'ils représentent : et, par suite, ils ont pu être valablement aliénés par la femme.—5 fév. 1829. Bordeaux. Périgney. D.P. 29. 2. 198.

373.—Enfin, de ce que le même jour où un immeuble dotal a été vendu, on aurait employé le prix à l'achat d'un autre immeuble, il ne saurait résulter que ce dernier doive être réputé acquis en échange et avoir caractère de dotalité, si aucunes des formalités prescrites à cet égard par le code civil n'ont été remplies.—10 juill. 1833. Agen. Rodier. D.P. 34. 2. 206.

§ 14.—*Exceptions non expressément établies par la loi, mais controversées en jurisprudence.—Adition d'hérédité, Dépens, Délits, Dommages-intérêts,* etc.

374. — *Adition et spoliation d'hérédité.* — A ces exceptions au principe de l'aliénabilité du fonds dotal, ne pourrait-on pas ajouter le cas où la femme, légalement autorisée, a accepté purement et simplement une succession grevée de dettes? Dans ce cas, les biens dotaux ne pourraient-ils pas être expropriés par les créanciers du défunt, après que les biens de l'hoirie auraient été épuisés? Sous l'empire de l'ancienne jurisprudence, Roussilhe a soutenu l'affirmative (V. t. 1er, n. 368 et 423). Cependant cet auteur fait une exception à l'égard des fruits, pour toute la durée du mariage, lorsque le mari a refusé d'autoriser la femme à accepter la succession. Ces solutions devraient-elles être suivies aujourd'hui? Non; car les obligations de la femme, quoique duement autorisée, ne peuvent en aucune manière affecter les biens dotaux, sans violer les art. 1554, 1555 et suiv. (Dur., 15, n. 533; D.A. 10. 350, n. 53) .. A moins que la succession échue ne fût dotale.— Tessier, 1. 447.

375. — En effet, il n'y a d'autres exceptions au principe de l'inaliénabilité du fonds dotal, consacré par l'art. 1554 C. civ., que celles établies par les art. 1555, 1556, 1557 et 1558 du même code. Ainsi, la femme qui a appréhendé une succession sans faire inventaire, ne peut, durant le mariage, être expropriée de ses biens dotaux pour le paiement des dettes de cette succession. — 3 janv. 1825. Civ. c. Lyon. Bernard. D.P. 25. 1. 3.

376. — Et une femme mariée sous le régime dotal, qui s'immisce dans une succession et fait des actes d'héritier pur et simple, n'est pas tenue des dettes et charges sur ses biens dotaux autres que ceux provenant de cette succession (C. civ. 802, 873, 1383, 1554). — 28 fév. 1834. Req. Agen. Favre. D.P. 34. 1. 93. — V. dans le sens de cette importante décision, D.P. 25. 1. 3, et Dur., 15, p. 615, n. 533.

377. — L'art. 544 de la coutume de Normandie, d'après lequel les condamnations obtenues contre une femme mariée, pour *cause de méfait ou médit, ou autre crime*, pouvaient être exécutées, en cas d'insuffisance des fruits, sur tous ses biens, même dotaux, est applicable à la condamnation purement civile prononcée contre une femme convaincue de soustractions frauduleuses dans une succession ouverte en sa faveur. Ainsi, dans ce dernier cas, la femme a pu être poursuivie sur ses biens dotaux par les créanciers de la succession (C. civ 801). — 18 mai 1824. R q. Rouen. Rosselin. D.A. 10. 317, n. 16. D.P. 2. 750. n. 15. — Conf. Duranton, Bellot et la discussion de Dalloz, Aff. Favre, D.P. 34. 1. 93. — *Contrà*, Nicod, *eod.*

378. — La femme est-elle tenue sur ses biens dotaux par suite des *délits* qu'elle a commis. — Oui, Duranton, Bellot, Dalloz, D.P. 34. 1. 93.

379. — Et lorsqu'une femme normande est poursuivie comme coupable de banqueroute frauduleuse, c'est une cause suffisante pour autoriser la vente de ses biens dotaux, afin de désintéresser ses créanciers. — 6 juill. 1824. Caen. Onfroy. D.A. 10. 316, n. 15. D.P. 2. 749, n. 14. — *Contrà*, Nicod, D.P. 34. 1. 93.

380. — Devrait-on appliquer la même décision aux cas où il s'agirait de dépens et de dommages-intérêts prononcés contre la femme, dans un procès où elle aurait succombé ? Ici, comme dans l'espèce qui précède, on peut argumenter contre les tiers du silence des articles du code qui énumèrent les exceptions au principe de l'inaliénabilité de la dot. Cependant ne pourrait-on pas dire que s'attacher, dans l'hypothèse, avec une si grande rigueur au texte de la loi, c'est ouvrir la source des abus les plus dangereux et s'écarter, par conséquent, de la véritable intention du législateur. Certains de demeurer pendant la durée du mariage à l'abri de toute poursuite, parce que leur fortune ne consisterait qu'en biens dotaux, les époux ne craindraient pas d'intenter tous les jours, contre une foule de tiers, les actions les plus téméraires et les plus vexatoires, ou de résister avec entêtement aux demandes les mieux fondées. Le repos des citoyens doit-il être ainsi abandonné à la merci des caprices du mari et de la femme, sans que ceux-ci, quoique possesseurs de biens considérables, soient tenus à aucune réparation actuelle à raison du dommage qu'ils ont causé. Suspendre toute action jusqu'après la dissolution du mariage, qui pourra souvent être fort éloignée, n'est-ce pas garder envers les époux des ménagemens qu'ils ne méritent point. Mais ces considérations peuvent-elles l'emporter sur l'argument puisé dans le texte de la loi ? S'il en était ainsi, il faudrait, pour déterminer l'étendue de l'action que les tiers pourraient exercer pendant le mariage sur les biens dotaux, se demander si la femme agit dans le procès avec l'autorisation ou sans l'autorisation de son mari. Dans le premier cas, le mari ayant lui-même compromis par son consentement ses droits à la jouissance du fonds dotal, l'action pourrait porter sur la pleine propriété de ce fonds. Dans le second cas, la nue-propriété seule pourrait être vendue. Ces opinions étaient aussi professées dans l'ancien droit par Roussilhe, t. 1er, n. 421. Mais Serres, dans ses *Institutes*, liv. 2, tit 8, p. 152, déclare, au contraire, que les biens dotaux ne peuvent être poursuivis qu'à la dissolution du mariage : et c'est l'avis des auteurs modernes. — Proudh., *Usufr.*, 1, n. 1780; Benoît, 1, n. 170; Dur., 15, n. 534, D.A. 10. 357, n. 56, Tessier, 1, p. 451.

381. — Il importe peu que les dépens aient eu lieu dans un procès relatif à la propriété des biens dotaux ou paraphernaux. — Tessier, 1, p. 451.

382. — Jugé, avant le code civil, que les dépens auxquels une femme a été condamnée dans un procès relatif à ses biens paraphernaux, peuvent être répétés pendant la vie même du mari sur les sommes dotales qu'il a entre ses mains, alors qu'il a

non seulement autorisé sa femme dans le procès, mais qu'il a intenté lui-même l'action, non *ratione mandati* ou *ratione ministerii*, mais librement et comme *negotiorum gestor.* — 20 brum. an 13. Nîmes. Guérin. D.A. 10. 357, n. 1. D.P. 2. 747, n. 6.

383. — Et depuis, 1° qu'après la dissolution du mariage, les sommes dotales de la femme peuvent être saisies par des créanciers, en vertu de condamnations aux dépens prononcées contre elle dans un procès relatif *à ses biens paraphernaux*, qu'elle a eu une cause raisonnable de soutenir, et qu'elle a soutenu avec l'autorisation de son mari. — 20 juill. 1822. Toulouse. Martin. D.A. 10. 356, n. 1. D.P. 2. 762, n. 2

384. — 2° Le paiement des honoraires de l'avocat et des émolumens de l'avoué, dus par la femme séparée, à l'occasion de la liquidation de ses reprises dotales, peut être poursuivi sur le capital de la dot. — 20 mars 1833. Toulouse. Marion. D.P. 33. 2. 115.

385. — Jugé, au contraire, 1° que sous l'ancienne jurisprudence, et dans les pays de droit écrit, lorsqu'une femme mariée, non séparée de biens, avait été condamnée aux dépens, dans une contestation relative à ses immeubles dotaux, l'exécution de cette condamnation ne pouvait être poursuivie contre elle sur sa dot. — 28 août 1828. Toulouse. Castagné. D.P. 30. 2. 111.

386. — 2° Que la femme séparée de biens ne peut aliéner sa dot, même pour le remboursement des frais exposés pour elle par son avoué, dans l'instance en séparation de biens contre son mari. — 11 mai 1833. Agen. Bouton. D.P. 34. 2. 47. — Tessier, 1. 462.

387. — 3° Que la femme n'est pas tenue, sur ses biens dotaux, des frais d'un procès qu'elle a injustement intenté — 28 fév. 1834. Req. Agen. Favre. D.P. 34. 1. 93.

388. — Ce qu'on a dit à l'égard des dépens ou dommages-intérêts encourus par la femme en matière civile, s'appliquerait-il de même aux amendes ou réparations pécuniaires auxquelles la femme pourrait être condamnée pour cause de crime, de délit ou de quasi-délit ? D'abord ici, comme dans le cas qui précède, si la femme n'avait agi dans le procès qu'avec l'autorisation de la justice, les condamnations ne devraient être exécutées, pendant le mariage, que sur la nue-propriété des biens dotaux, si le mari n'était pas convaincu de complicité des méfaits (V. l'art. 1424 C. civ.). — L'aliénabilité du fonds dotal, dans cette dernière hypothèse, a été reconnue, sous l'ancienne jurisprudence, par Roussilhe, t. 1er, n. 424. Elle était aussi explicitement consacrée par l'art. 544 de la coutume de Normandie. — D.A. 10. 357, n. 57. — Conf. Bellot, t. 4, p. 98, et Dur., 15, n. 533. — *Contra*, Delv., 3, p. 112, n. et Benoît, t. 1er, p. 191 et t. 2, n 254. — *Contrà*, Tessier, 1, p. 454.

389. — Et il a été jugé qu'en prohibant d'une manière absolue l'aliénation des biens dotaux, l'art. 1554 C. civ. n'a entendu parler que des engagemens ordinaires, et n'a pas eu en vue les obligations résultant de délits ou quasi-délits commis par la femme; ces dernières obligations peuvent donner lieu à l'expropriation des biens dotaux. — 18 mai 1824. Req. Rouen. Rosselin. D.A. 10. 317, n. 16. D.P. 2. 750, n. 15. — 28 août 1827. Nîmes. Gaillard. D.P. 28. 2. 198.

390 — Des décisions, controversables il est vrai, ont fait aussi des exceptions au principe de l'inaliénabilité.

391. — Dans le cas où l'aliénation est forcée et résulte d'une transaction, V. n. 222.

392. — .. Ou d'acquiescement, V. n. 219.

393. — ... Ou de testament, V. n. 213.

394. — ... Ou de vente sans fraude, par acte sous seing-privé antérieur au mariage (V. n 224). Ou d'expropriation pour cause d'utilité publique. — Tessier, t. 1er, p. 455.

395. — Mais, sous la coutume de Normandie, pas plus que sous le code civil, la femme, marchande publique, ne peut aliéner ni hypothéquer sa dot pour faire le négoce. — 19 déc. 1810. Civ. c. Rouen. Martin. D.A. 10. 358. D.P. 11. 1. 43.

§ 15. — *Prescription.*

396. — D'après le premier alinéa de l'art. 1561, les immeubles dotaux, non déclarés aliénables par le contrat de mariage, sont imprescriptibles pendant le mariage, à moins que la prescription n'ait commencé auparavant. Ainsi, d'après ces derniers termes, la prescription commencée avant le mariage peut s'accomplir après sa célébration, sauf l'action en garantie que la femme pourra exercer contre son mari. — Cette partie de l'art. 1561 fut attaquée par Tronchet, comme contraire aux principes de l'imprescriptibilité, laquelle, d'après cet orateur, devait être absolue. Tout au plus, disait-il, peut-on

déclarer la prescription suspendue pendant la durée du mariage comme dans le cas de la minorité. Mais Treilhard fit observer que cette suspension aurait des effets extraordinaires ; que si, par exemple, la prescription avait commencé trois ans avant le mariage, et si le mariage avait duré cinquante ans, il en résulterait qu'elle ne s'accomplirait que vingt-sept ans après la dissolution, et qu'ainsi l'action aurait duré quatre-vingts ans. — Villarg., t. 6, p. 167, n. 183, 184 et 185; D.A. 10. 358, n. 58. — La femme n'a, dans ce cas, que l'action en garantie, quoique son mari soit insolvable ; mais si, avant que la prescription fut accomplie, elle décédait laissant des enfans mineurs, il y aurait suspension par minorité. — Tessier, 2, p. 101.

397. — Le principe consacré par la loi 3 au C., *Si quandò sine decreto minorum*, qu'un mineur n'avait que cinq années, à partir de sa majorité, pour demander la nullité de la vente de ses biens faite sans formalités, n'est pas applicable à la vente d'un bien dotal, faite par contrat de mariage dans une province de droit écrit. — 8 juill. 1824. Req. Montpellier. André. D.A. 1. 539. D.P. 1. 192.

398. — Pour qu'une pareille vente fût valable en Roussillon, il fallait que la femme mineure déclarât connaître ses droits et y renoncer. — Même arrêt.

399. — Mais, suivant la seconde disposition de l'art. 1561, les immeubles dotaux deviennent prescriptibles après la séparation de biens, quelle que soit l'époque à laquelle la possession ait commencé. Dans ce cas, c'est la femme elle-même qui doit interrompre la prescription. — Remarquons cependant avec Benoît, t. 1er, n. 180 *in fine*, que s'il restait peu de jours, lors du jugement qui prononcerait la séparation de biens, pour que la prescription fût acquise, le mari en demeurerait responsable. — D.A. *loco cit.*

400. — L'action révocatoire des aliénations faites sous le code civil, sans avis de parens ou autorisation de justice, par une femme normande séparée de biens, se prescrit par dix ans, aux termes de l'art. 1304, à compter du jour de la vente. — 17 juill. 1823. Caen. Vaumousse. D.A. 10. 321, n. 20. D.P. 2. 752, n. 18.

401. — Sous l'empire des lois romaines, la femme séparée de biens judiciairement, n'avait qu'un délai de dix ans à partir de l'acte d'aliénation par elle fait postérieurement à sa séparation, pour former sa demande en *désistat* du fonds dotal qu'elle avait vendu. — 24 juin 1824. Req. Dupuy. D.A. 10. 315, n. 9. D.P. 2. 748, n. 8.

402. — Il est bon d'observer encore que la prescription ne courait pas contre la femme, même après la séparation des biens, si l'action en interruption dirigée contre le possesseur devait réfléchir contre le mari. Telle est, en effet, la disposition de l'art. 2256 C. civ. — D.A. 10 358, n. 59. — V. Prescription.

403 — L'art. 1561 parle des immeubles dotaux, et nullement des créances qui peuvent avoir été constituées en dot. C'est qu'à l'égard de ces créances, la prescription peut commencer et s'accomplir même pendant le mariage, au profit des débiteurs. Mais, dans ce cas, si c'est par la négligence du mari que la prescription n'a pas été interrompue, les biens de ce dernier seront responsables envers la femme de la perte de la créance. — V. Benoît, t. 4, n. 181 et 182; Villarg., 6, p. 168, n. 192; D.A. 10. 358, n. 60.

404. — Mais faudrait-il dire, avec l'art. 93 de la coutume de la Marche et quelques anciens auteurs, que, lorsqu'une créance aura été prescrite par la faute du mari, et que ce dernier se trouvera insolvable à la dissolution du mariage, la femme pourra agir contre les débiteurs, comme s'il n'y avait point eu de prescription? Non, ce serait une inconséquence d'admettre le recours de la femme contre le tiers-possesseur, après avoir reconnu le principe que la prescription peut être acquise contre elle. La femme, qui connaissait l'insolvabilité de son mari, pouvait, pour interrompre elle-même la prescription, faire prononcer sa séparation de biens. — Nouveau Dunod. Benoît, t. 1er, n. 183; Vill., 6, p. 168, n. 193; D A 10 359, n 61.

405. — Selon la jurisprudence des anciens parlemens, l'action dotale de la femme en restitution contre les engagemens par elle souscrits pour autrui, s'ouvrait par sa séparation ou par le décès de son mari. Cette action durait dix ans. — Mais, lorsque la femme était obligée solidairement avec son mari, et que l'action pouvait réfléchir sur ce dernier, elle n'était pas obligée dans les dix ans de la séparation, et pouvait laisser son droit en suspens. — 24 mai 1813. Limoges. Sabataut-Lablanchardérie.

§ 16. — *Nullité ou révocation de l'aliénation du fonds dotal. — Mari, Tiers, Femme, Héritier.*

406. — On vient d'exposer les règles générales qui gouvernent l'inaliénabilité *des biens dotaux*. Si ce-

pendant, malgré la prohibition de la loi, la femme ou le mari, ou tous les deux conjointement, aliènent le fonds dotal, la femme ou ses héritiers pourront faire révoquer l'aliénation après la dissolution du mariage, sans qu'on puisse leur opposer aucune prescription pendant sa durée : la femme aura le même droit après la séparation de biens.— Le mari, lui-même, pourra faire révoquer l'aliénation pendant le mariage, en demeurant néanmoins sujet aux dommages et intérêts de l'acheteur, s'il n'a pas déclaré dans le contrat que le bien vendu était dotal (C. civ. 1560).— D.A. 10. 543, n. 32.

407.— Le mari a le droit de poursuivre lui-même la nullité de l'aliénation qu'il a consentie. Cette exception à la règle, d'après laquelle nul n'est recevable à exciper de sa propre faute, *suâ turpitudine*, a été établie dans l'intérêt de la femme et des enfans, à l'entretien desquels les fruits de l'immeuble dotal sont destinés. Mais cette faculté que le mari possède pendant toute la durée du mariage, sans que l'acquéreur puisse arguer contre lui d'aucune prescription, il ne peut plus l'exercer quand le mariage est dissous. La vente ne peut alors être rescindée que sur la demande de la femme ou de ses héritiers.— Dur., 15, n. 527; D.A. 10. 343, n. 33; Vill., 6, p. 104, n. 150; Troplong, Tessier, t. 1er, p. 17, n. 695.

408.—Le mari pouvait, sous le droit ancien, comme sous le code civil, revendiquer les biens dotaux aliénés même par son concours et par son fait, et l'on ne serait pas fondé à lui opposer un jugement rendu entre lui et sa femme, qui aurait refusé d'accueillir une demande en séparation de corps, sous le prétexte que les biens de sa femme n'étaient pas dotaux. C'est *res inter alios judicata*. — 10 juill. 1833. Agen. Rodier. D.P. 34. 2. 206.

409. — Mais si, après la dissolution du mariage, le mari se trouve héritier de sa femme, pourra-t-il intenter l'action en révocation? Bellot, t. 4, p. 209, a soutenu la négative, mais seulement pour le cas où l'acquéreur a ignoré la nature de l'immeuble; s'il en a eu connaissance, Bellot pense que le mari pourra former contre lui la demande en nullité. Cette distinction ne paraît nullement fondée. La circonstance de la bonne ou mauvaise foi de l'acquéreur doit être vérifiée pour savoir si, en cas de revendication, le mari doit ou non être condamné à des dommages-intérêts; mais cette circonstance est indifférente, ce nous semble, pour la décision de la question de savoir si, dans l'espèce, le mari peut revendiquer. Or, on a vu que le mari n'avait pas le droit de demander lui-même l'annulation de la vente de l'immeuble dotal après la dissolution du mariage. Il est vrai que, dans l'espèce, le mari a succédé aux droits de la femme qui aurait pu faire prononcer la nullité; mais cette qualité d'héritier ne peut effacer en lui sa qualité de vendeur. On doit donc, dans tous les cas, lui appliquer la règle, *quem de evictione, tenet actio eumdem agentem repellit exceptio*.—Delv., t. 3, p. 113, notes; Vill., 6, p. 164, n. 163; D.A. 10. 343, n. 34.

410.— Il résulte de l'art. 1560 que le mari qui revendique l'immeuble dotal qu'il a vendu, est sujet à des dommages-intérêts en faveur de l'acquéreur, lorsqu'il n'a pas déclaré dans le contrat que l'immeuble vendu était dotal. — D.A. 10. 343, n. 38; Dur., 15, n. 523; Tessier, 2, p. 21.

411.— Mais l'art. 1560 C. civ. d'après lequel le mari qui demande la révocation de l'aliénation du fonds dotal, est passible de dommages-intérêts, s'il n'a pas déclaré la dotalité du fonds, ne s'applique qu'au cas où l'aliénation a été faite par le mari lui-même, et non au cas où il a simplement autorisé sa femme à aliéner.— 14 mai 1829. Grenoble. Sibeud. D.P. 32. 2. 119.— Conf. Tessier, 2, p. 24.

412.— L'autorisation donnée par un mari à sa femme, d'aliéner le fonds dotal, ne pourrait être assimilée à une renonciation de sa part aux fruits du fonds aliéné et dont il a la libre disposition, qu'autant que l'aliénation serait valable. — Même arrêt.
L'art. 1558 fournit un argument contre cette décision.

413.— Si cette déclaration de dotalité n'a pas été faite dans le contrat de vente, le mari ne serait-il pas recevable à prouver que l'acquéreur avait d'ailleurs connaissance de la nature de l'immeuble? Bellot, t. 4, p. 190, et 450 admet la preuve testimoniale; Delvincourt, t. 3, p. 113, veut qu'il y ait un commencement de preuve de l'ignorance de l'acquéreur. Il résulte de la discussion au conseil d'état, suivant Dalloz, que l'intention du législateur a été de n'admettre la mauvaise foi de l'acquéreur que lorsqu'une déclaration formelle de l'acte de vente lui a révélé la qualité de l'immeuble.— D.A. 10. 343, n. 35.

En effet, c'est là un fait dont il a été possible à l'acquéreur de se procurer une preuve écrite.—Mais, d'un autre côté, il semble qu'un commencement de preuve, accompagné de présomptions graves suffirait, d'après le droit commun, pour établir ce fait.

414.— Jugé que le mari qui, pendant le mariage, poursuit la révocation de l'aliénation de l'immeuble dotal qu'il a lui-même vendu, est sujet aux dommages-intérêts de l'acheteur, quoiqu'il ait déclaré dans l'acte de vente que l'immeuble vendu était dotal, s'il a déclaré également, mais à tort, qu'il vendait en vertu de pouvoirs à lui donnés par son contrat de mariage (C. civ. 1560, 1382).— 13 fev. 1824. Grenoble. Guillermet. D.A. 10. 343, n. 1. D.P. 2. 758, n. 3.

415.— Si le mari avait déclaré dans le contrat la dotalité de l'immeuble, l'acheteur ne pourrait prétendre à des dommages-intérêts, quoique la revendication fût poursuivie par le mari lui-même. Cette proposition, qui découle du dernier alinéa de l'art. 1560, est conforme à la disposition de l'art. 1599, relatif à la vente de la chose d'autrui.— D.A. 10. 344, n. 36.—Conf Tessier, 2, p. 21.

416.— Et il importerait peu, dit Dalloz, dans ce cas, que le mari se fût expressément soumis par le contrat à l'obligation de garantir la vente, ou bien qu'il eût fourni une caution. L'acquéreur de mauvaise foi ne doit jamais obtenir d'indemnité. Il est vrai qu'une doctrine contraire se trouve émise dans un arrêt de la cour de cassation, du 11 mars 1807; mais cet arrêt n'a pu et n'a entendu appliquer que les dispositions de la coutume d'Auvergne.—V. Serres, *Instit. du dr. franç.*, liv. 2, tit. 8, et Duperrier, t. 2, p. 39.— Dans la discussion sur l'art. 1560, Portalis avait dit que l'acquéreur, s'étant rendu complice du mari, ne méritait aucun ménagement. Pelet fit observer alors que, même dans ce dernier cas, l'acquéreur avait pu acheter dans la persuasion que la vente se réduirait pour lui en dommages-intérêts. Portalis répondit que la vente ne pouvait produire aucun effet, puisque la dot devait être rendue en nature.

Ainsi, dit Merlin, Rép., v° Dot, § 8, n. 3, la promesse de garantie, apposée à la vente du fonds dotal, ne donne aucune action à l'acquéreur qui, en achetant, a eu connaissance du vice de cette vente; et il est bien sensible que si une pareille promesse n'est pas obligatoire pour le mari, elle ne peut pas l'être davantage pour sa caution.— D.A. 10. 343, n. 35.— *Contrà*, Bellot, t. 4, p. 200 et suiv.; et Dur., 15, n. 524 et Tessier, 2, p. 7, qui, se fondent sur ce que la nullité ne résulte que d'une exception personnelle de la femme, et avec raison, ce semble.—V. plus haut, et arrêt du 3 août 1825. Req. Bordeaux. Monville. D.P. 25. 2. 387.

Ainsi, le mari peut valablement cautionner la vente du fonds dotal et promettre de la ratifier (Tessier, 2, p. 7), et cette promesse, si elle était donnée par la femme, l'obligerait sur ses paraphernaux.— Tessier, *eod.*, p. 8, V. n. 426.—Jugé qu'un étranger et les enfans de la femme peuvent valablement cautionner une semblable vente.— Même arrêt.

417.—Mais de ce que l'acquéreur de mauvaise foi ne peut réclamer des dommages-intérêts contre le mari, faut-il conclure que, dans le même cas, il n'aurait pas droit de demander la restitution du prix? Nous ne balançons pas, dit Dalloz, à décider que le mari doit restituer le prix, soit que la revendication ait eu lieu sur sa poursuite, soit qu'elle ait été faite par sa femme.

Quid si à la déclaration de la nature de l'immeuble se trouvait ajoutée une stipulation de non garantie? Delvincourt, t. 3, p. 114, notes, a pensé que, dans ce cas, le mari ne serait pas tenu de restituer, pourvu toutefois que la rescision de la vente eût été prononcée à la requête de la femme ou de ses héritiers; car, si c'était le mari lui-même qui eût intenté l'action, on devrait l'obliger à la restitution, comme étant tenu de ses faits. Cette distinction paraît fondée (art. 1628 et 1629). Il est bon de remarquer cependant avec Bellot, t. 4, p. 191, qu'elle pourra donner lieu quelquefois à une collusion entre les époux.— Dur., 15, n. 523; D.A. 10. 344, n. 38; Tessier, 2, 89.

Cependant, si le prix avait profité au mari, il devrait le restituer : la femme, dans le même cas, devrait y être aussi tenue. — Conf. Tessier, 2, p. 48, 89; mais on doit prouver que la femme a profité : il ne suffirait pas que le contrat énonçât qu'elle a reçu l'argent : on suppose que le mari, *ut potentior*, l'a pris. — Tessier, *ibid.*

418.— Lorsque l'acquéreur a le droit de demander la restitution du prix, peut-il retenir le fonds jusqu'au remboursement? Non, sans doute. Comme on le dit, c'est principalement dans l'intérêt des enfans et de la femme, que la loi accorde au mari la faculté de revendiquer le fonds qu'il a vendu; les fruits de la dot sont spécialement destinés à supporter les frais du ménage. Or, il peut arriver, et il arrivera le plus fréquemment dans l'hypothèse, que le mari aura dissipé les deniers de la vente. Si donc on donnait à l'acquéreur le droit de retenir le fonds jusqu'au remboursement, l'intention du législateur ne pourrait être le plus souvent remplie. — Delv., t. 3, p. 114; D.A. 10. 344, n. 39.

419.—Mais si, d'après la disposition de l'art. 1560 C. civ., le mari peut faire révoquer l'aliénation des biens dotaux, sans être tenu de rembourser préalablement aux acquéreurs le prix dont il aurait profité, il n'en est pas ainsi à l'égard des impenses, améliorations et augmentations qui peuvent être survenues aux biens dotaux.— 10 juill. 1833. Agen. Rodier. D.P. 34. 2. 206.

420.— L'acquéreur serait-il recevable à demander lui-même la nullité de la vente? Merlin, Rép., v° Dot, § 9, a distingué le cas où l'acheteur au moment de la vente a ignoré le vice du contrat, et celui où il en a eu connaissance : dans le premier cas, il donne à l'acquéreur le droit de demander la nullité; mais, dans le second, il lui refuse le droit de se plaindre. C'est à l'acquéreur, dit-il, d'attendre l'événement de l'éviction à laquelle il a bien voulu s'exposer. Deux arrêts du parlement de Provence, du 9 décembre 1707 et du 26 mars 1711, sont cités par Merlin à l'appui de cette distinction. — Delv., t. 3, p. 113, n.; D.A. 10. 343, n. 40.— *Contrà*, Bellot, 4, p. 192.

421.— Toutefois Duranton, t. 15, n. 528, enseigne que « l'acquéreur qui a acheté *du mari et de la femme* l'immeuble dotal, ne pourrait demander la nullité, lors même que l'immeuble ne lui aurait pas été déclaré dotal; c'est sa faute de ne s'être pas fait représenter le contrat de mariage. » — Cette opinion qui, dans la réalité, ne contredit pas celle qui précède, est partagée par d'autres auteurs, qui n'accordent à l'acquéreur l'action révocatoire qu'autant que la vente a été faite par le mari seul, en son propre nom comme propriétaire des biens dotaux : parce qu'il y a, en cas pareil, vente de la chose d'autrui (C. civ. 1599).—Troplong, *Traité de la Vente*, t. 1er, p. 388 et 2, p. 625; Tessier, 2, p. 11.—*Contrà*, Toull., 14, p. 263.

422.— Il a été jugé 1° que la nullité de la vente de fonds dotal, n'étant pas d'ordre public, mais uniquement relative à l'intérêt de la femme ou de ses héritiers, ne peut être demandée par l'acquéreur (qu'il ait ou non connu la dotalité des biens) contre la femme qui, d'ailleurs, lui offre caution en cas d'éviction.— 11 déc. 1815. Civ. r. Riom. Maysonnial. D.A. 12. 938. D.P. 16. 1. 43.— 24 déc. 1828. Grenoble. Perroud. D.P. 29. 2. 162.

423.— Et 2° que la nullité résultant de la vente du fond dotal, ne peut être opposée que par la femme, ses représentans et le mari, et non contre eux par l'acquéreur de ce fonds, à moins qu'il n'ait été conduit par des manœuvres frauduleuses à contracter, dans l'ignorance de cette dotalité.

Et le simple défaut de déclaration de la dotalité ne suffirait pas pour établir ces manœuvres, alors d'ailleurs que l'acquéreur, soit par le domicile de la femme, soit par le titre d'administrateur des biens dotaux, donné au mari dans le cahier des charges, a pu présumer cette dotalité.— 26 fév. 1833. Paris. Fricot. D.P. 33. 2. 144.

424.— Jugé cependant que la vente d'un bien dotal peut être déclarée nulle, sur la demande de l'acquéreur à qui on a laissé ignorer la qualité de l'immeuble vendu. — 30 nov. 1810. Riom. Dubios D.A. 12. 133, n. 14. D.P. 2. 1301.

425.— Quant à la femme ou à ses héritiers, on sait que l'art. 1560 leur accorde le droit de faire révoquer l'aliénation après la dissolution du mariage. — Dur., 15, n. 530; D.A. 10. 345, n. 41.

426.— Et la femme peut demander la nullité de l'aliénation d'un fonds dotal, nonobstant la promesse de garantie par elle donnée;....... seulement, l'effet de cette garantie, c'est-à-dire, l'action en remboursement du prix ou dommages-intérêts, peut être exercé sur ses biens libres ou paraphernaux (D.A. 10. 343, n. 41; Dur., 15, n. 530; Tessier, 2, p. 76).— 16 janv. 1828. Grenoble. Cret. D.P. 28. 2. 241.— *Contrà*, Bellot, t. 4, p. 206, qui pense que la garantie de la femme ne pouvait produire aucun effet. — Il importerait peu que la femme fût associée d'acquêts. — Tessier, 2, p. 79.

427.— La femme qui est héritière de son mari (et il en est de même de tout héritier pur et simple), peut-elle demander la nullité de l'aliénation consentie par ce dernier? Oui, car les droits et les qualités sont distincts. — Bellot, 4, p. 181; D.A. 10. 343, n. 42.— Tessier, t. 2, p. 27 et 37, distingue et

avec raison, ce semble : 1° ou l'aliénation a été faite par le mari seulement, sans promesse de garantie en son propre nom ; 2° ou le mari, qui a vendu en nom *qualifié* a promis de garantir ; 3° ou le mari a vendu comme propriétaire et en son propre nom.— dans les deux derniers cas, les héritiers (femme ou autre) seront non-recevables à revendiquer ; ils le seront dans le premier, puisque la nullité n'est que relative et que le mari n'était pas tenu lui-même à la garantie.

Il en serait autrement si les héritiers de la femme n'avaient accepté que sous bénéfice d'inventaire la succession du mari.— Tessier, t. 2, p. 41.

428.— Delvincourt refuse, et avec raison, ce semble, puisque la nullité n'est que relative, le droit de revendication aux héritiers de la femme qui a aliéné elle-même. — Conf. Tessier, t. 2, p. 28, note. — *Contrà*, D.A. *eod*; Dur., 16, p. 268, n. 255.

429.—Dans quel délai la femme est-elle tenue de former sa demande? Si la vente a été consentie par le mari seul, et que l'acquéreur soit de mauvaise foi, la femme devra jouir, pour la revendication de son immeuble, du délai de trente ans fixé par l'art. 2262. Si l'acquéreur était de bonne foi, la femme, aux termes de l'art. 2265, pourrait être repoussée par la prescription de dix ou vingt ans. Tous ces délais, bien entendu, ne pourraient commencer à courir qu'à compter de la dissolution du mariage, ou de la séparation de biens (1561). Mais si la vente a été faite par la femme elle-même, avec son mari, il s'agit alors d'une action en rescision, qui, aux termes de l'art. 1304 C. civ., doit être intentée dans le délai de dix ans. La femme sera donc obligée de réclamer son immeuble contre l'acquéreur dans les dix ans qui suivront la dissolution du mariage.— Delv. 3, p. 112; Dur., 15, n. 521 et 526; D.A. 10. 345, n. 43.

430.—La femme peut-elle demander la révocation ou la nullité pendant le mariage? *Quid* si elle est séparée? *quid* à l'égard des tiers-acquéreurs?

Retraçons d'abord les décisions rendues dans des espèces régies par le droit antérieur au code :

431. — La vente du fonds dotal, quoique faite par le mari sous l'empire du code civil, ne peut être attaquée, pendant le mariage, ni par le mari, ni par la femme qui n'a point fait prononcer la séparation de biens lorsque les époux se sont mariés dans le ressort d'un parlement où la faculté de retraire le fonds dotal aliéné était interdite aux époux jusqu'à la dissolution du mariage, ou la séparation de biens. — Cette prohibition avait lieu dans le ressort du parlement de Dauphiné. — 21 mai 1824. Grenoble. Vindret. D.A. 10. 336, n. 19. D.P. 2. 757, n. 9.

432. — *L'action subsidiaire* accordée à la femme normande contre l'acquéreur de l'immeuble dotal, ne peut être considérée comme une simple action *hypothécaire*, mais comme un droit de *revendication* qui a pu se conserver sous les lois nouvelles, sans qu'il ait été nécessaire de prendre inscription au bureau des hypothèques. — 30 avril 1811. Req. Rouen. Cirette. D.A. 10.334, n., n. 14 D.P. 11.1.259.

433. — La femme normande, dont un immeuble a été aliéné pendant le mariage, a le droit d'exiger de l'acquéreur la valeur de l'immeuble, d'après estimation au moment de la vente, alors même que l'acquéreur devrait encore une grande partie du prix (Cout. 542; Placités, art. 125).—15 mars 1826. Req. Caen. Hallain. D.P. 26. 1. 201.

434. — L'action en répétition du juste prix des immeubles dotaux aliénés, que la coutume de Normandie accorde à la femme contre son mari, compète à la femme séparée *contractuellement* comme à celle qui a fait prononcer sa séparation en justice (*Placités*, 127, cout. de Normandie, 539). — 13 août 1811. Paris. Provenchère. D.A. 10. 318, n. 17. D.P. 2. 751, n. 16.

435 — L'action subsidiaire contre les acquéreurs peut être exercée du vivant même du mari (Cout. norm. 540). — Même arrêt.

436.— En outre, la femme, mariée en Normandie, et qui, dans son contrat de mariage, s'est expressément soumise aux dispositions de la coutume de Normandie, peut exercer, contre les tiers-acquéreurs de ses biens vendus pendant le mariage, la revendication admise par cette coutume, alors même que les biens vendus ne seraient échus à la femme que depuis la publication du code civil (Coutume, 542). — 15 mars 1826. Req. Caen. Halluin. D.P. 26. 1. 201.

437.— Jugé que l'art. 542 de la coutume de Normandie, qui accorde aux détenteurs de biens dotaux l'option de les rendre en nature ou d'en payer le prix, s'applique seulement au cas où il y a eu vente par la femme, et non à celui où il y a eu donation.

— 29 août 1827. Req. Rouen. Alleaume. D.P. 27. 1. 481.

438.— Les art. 538 et suivans de la coutume de Normandie, qui donnent à la femme une action récursoire contre son mari pour la restitution du prix de ses biens dotaux *aliénés pendant le mariage*, ne sont relatifs qu'aux aliénations à titre onéreux, et non aux donations, dont le mari même qui a concouru à ces actes, en autorisant sa femme, ne saurait être responsable ; et il en est de même aujourd'hui sous le code, dont l'art. 1450 C. civ. rend le mari garant du prix de l'immeuble aliéné par la femme même séparée (C. civ. 1450). — Même arrêt.

439.— L'héritier qui a disposé du mobilier de la succession d'une femme normande séparée civilement, n'est pas recevable à recourir contre les tiers-acquéreurs qui ont contracté avec cette femme, depuis sa séparation civile, sans observer les formalités requises.—17 juill. 1823. Caen. Vaumousse. D.A. 10. 321, n., n. 20. D.P. 2. 752, n. 18.

440.— Mais celui qui, sous l'empire du statut normand, a acquis d'une femme séparée de biens un immeuble dotal, ne peut demander la nullité de la vente, lors même que la femme n'a été autorisée ni par justice, ni par un avis de parens, s'il a connu la nature de l'immeuble par la relation dans l'acte de vente du contrat de mariage de la venderesse, suivant lequel elle est séparée de biens. — Dans ce cas, l'acquéreur est censé avoir voulu courir les chances de l'action en nullité (Placités, 127). — 25 juin 1822. Req. Daguin. D.A. 10. 323, n., n. 23. D.P. 22. 1. 327.

441.— A supposer qu'on puisse, sous la coutume de Normandie, considérer comme équivalente à partage la cession faite, par une femme mariée sous l'empire de cette coutume, à son co-héritier de tous ses droits successifs, tant mobiliers qu'immobiliers, cette femme peut néanmoins, nonobstant cette cession et à défaut de récompense sur les biens de son mari, recourir subsidiairement, à l'égard des immeubles, contre son co-héritier cessionnaire, comme tiers-détenteur de ses biens dotaux.— 1er mars 1832. Req. Caen. Barassin. D.P. 32. 1. 405.

442.—Sous le code, la femme peut-elle demander la révocation ou la nullité de l'aliénation pendant le mariage ? Le doute naît de ce que l'art. 1560 dit que la femme aura ce droit après *la dissolution du mariage* ; d'où l'on induit qu'elle n'a pas ce droit pendant le mariage. — Tessier, t. 2, p. 73, n. 761; —*Contrà*, Toull., 14, n. 228.

443.—Il a été jugé qu'elle peut, pendant son mariage et en agissant avec son époux, faire révoquer l'aliénation de ses biens dotaux vendus par son mari seul, quand, par une clause spéciale de son contrat de mariage, elle s'est réservé la faculté de les aliéner elle-même.—13 fév. 1824. Grenoble. Guillermet. D.A. 10. 343, n. 1. D.P. 2. 758, n. 3. — Il est sans difficulté, qu'après le mariage, elle peut demander cette nullité, quoiqu'elle ait des biens paraphernaux, et qu'elle se soit rendue garant.

444.—Si elle est séparée de biens, son droit est incontestable, et est établi par l'art. 1560 lui-même. —22 nov. 1832. Bordeaux. Beuquarel. D.P.33.2.158.

445.—En tous cas, la femme qui obtient le délaissement de ses biens dotaux induement aliénés par son mari, n'est pas obligée de tenir compte à l'acquéreur évincé de l'augmentation de valeur purement *naturelle* qui est survenue à l'immeuble, mais seulement des dépenses qu'il a réellement faites pour l'améliorer.— 18 avril 1833. Bordeaux. Laville. D.P. 34. 2. 89.—V. n. et la dissertation de Tessier, *Tr. de la dot*, t. 2, p. 93, n. 779 et t. 1er, p. 284.

446.—La femme est-elle forcée d'exercer l'action en nullité contre l'acquéreur? Ne pourrait-elle pas abandonner cette action, pour poursuivre sur les biens du mari, en vertu de son hypothèque légale, la répétition du prix de l'immeuble? Dalloz n'hésite pas à dire qu'à la dissolution du mariage, la femme a la faculté d'opter entre l'action révocatoire et l'action hypothécaire sur les biens du mari. Ce sentiment, qui est partagé par Merlin, *Quest.*, v° Remploi, § 9, p. 670, se fonde sur la loi 30, C. *de Jure dotium*, et sur la disposition générale de l'art. 2135. D'ailleurs, il suffit de remarquer que la dot peut consister en meubles comme en immeubles, pour demeurer convaincu que la loi n'a pas dû restreindre l'exercice de l'action hypothécaire, et qu'il n'y a pas de raison pour en affranchir les créanciers qui ont dû agir en conséquence.—D.A. 10. 345, n. 44.

447. — Jugé cependant que, quoique séparée de biens, la femme dotale ne peut exercer, pendant le mariage, si le mari a vendu l'immeuble dotal, que l'action en revendication contre l'acquéreur, et non l'action en collocation sur le prix contre les créanciers du mari, la femme n'ayant pas cessé d'en être propriétaire, et son consentement ne suffisant pas, pendant le mariage, pour aliéner l'immeuble que la

loi déclare inaliénable. — Conf. Grenier, 1, p. 562; Benoît, 1, p. 369 ; Bellot, 4, p. 164. — 29 août 1826. Nîmes. Volle. D.P. 27. 2. 172. — 8 mars 1817. Grenoble. Simon. D.P. 28. 2. 9.— 31 août 1827. Grenoble. Proby. D.P. 28. 2. 144.— 3 juill. 1828. Grenoble. Guillermy. D.P. 29. 2. 7. — 14 déc 1830. Poitiers. S. 31. 2. 215.— 7 janv. 1831. Montpellier. Espinas. D.P. 31. 2. 222.

448.—Jugé au contraire que la femme dont les biens dotaux ont été aliénés par son mari, peut, après sa séparation de biens, exercer, à son choix, ou l'action en révocation de la vente contre les tiers-détenteurs, ou l'action hypothécaire sur les biens de son mari (C. civ. 1560, 2121, 2135).—Conf. Merl., Quest., v° Remploi, § 9, n. 2 ; Troplong, *Hypoth.*, 2, 249 ; Tessier, qui démontre que l'ancienne jurisprudence était conforme, t. 2, p. 62, n. 750. — 24 juill. 1821. Civ. c. Amiens. Croy. D.A. 9. 141. D.P. 21. 1. 449.— 28 mars 1823. Rouen. S. 34. 2. 10.— 27 juill. 1826. Req. Grenoble. Durand. D.P. 26. 1. 431. — 1er fév. 1826. Aix. Pierreymond. D.P. 27. 2. 172. — 28 mai 1830. Bordeaux. Furt. D.P. 31. 2. 120.

449. — Dans ce cas, on n'admet qu'une collocation éventuelle dont le montant n'est remis à la femme qu'à la dissolution du mariage (D.A. 10. 345, n. 45). — Delvincourt paraît admettre une collocation définitive, ce qui est contraire à la jurisprudence.— V. Hypothèques et D.P. 35. 1re partie.

450. — Au reste, l'acquéreur ne doit pas la restitution des fruits de la dot, perçus avant la dissolution du mariage ni ceux perçus avant la séparation de biens, puisqu'*ils* appartiennent au mari ; il ne les doit même, depuis, qu'autant qu'il a su que l'immeuble était dotal (C. civ. 1750).—Tessier, t. 2, p. 99.

451.— La femme peut, à la dissolution du mariage, ratifier la vente de l'immeuble dotal. Cette ratification peut être expresse ou tacite. Elle serait tacite dans le cas prévu par l'art. 1338 C. civ., où la femme, après la dissolution du mariage, aurait volontairement exécuté la vente; mais elle ne peut ratifier qu'après la dissolution du mariage.— Tessier, 2, p. 44.— V. Ratification.

On demande à ce sujet si la perception des intérêts du prix de la vente ou des arrérages de la rente, moyennant laquelle l'aliénation avait été consentie, constituent, de la part de la femme, une exécution de cette aliénation.—Bellot, t. 4, p. 210 et suiv., est d'avis qu'en ce cas, la femme doit toujours être présumée avoir voulu ratifier la vente, a moins qu'elle n'établisse qu'elle ignorait l'existence du contrat, comme si, par exemple, elle avait pensé que l'acquéreur ne possédait l'immeuble qu'à titre de fermier. Il semble que cette doctrine n'est pas à l'abri de critique. On peut dire, en effet, que les intérêts du prix de la vente ne sont pour la femme que la représentation des fruits de l'immeuble. Or, n'est-il pas naturel que dans les premiers temps de sa viduité, la femme privée de ces fruits, touche les intérêts qui les remplacent, et qui, peut-être, sont actuellement nécessaires à son entretien? Si l'immeuble dotal avait été échangé pendant le mariage, et qu'après sa dissolution, la femme voulût demander la nullité de cet acte, pourrait-on lui opposer, comme fin de non-recevoir, la perception qu'elle aurait déjà faite des fruits de l'immeuble reçu en contre-échange? Non sans doute. Or, quelle différence y a-t-il entre les deux cas? — Au reste, certaines circonstances pourraient, dans ce cas, faire présumer, de la part de la femme, l'intention de ratifier la vente. Mais la simple perception des intérêts du prix ne doit pas, de plein droit, produire, en faveur de l'acquéreur, une fin de non-recevoir contre l'action révocatoire que la femme voudrait plus tard intenter (Benoît, t. 1er, n. 258 et 259; Merl., Rép., v° Dot, § 8, n. 2; D.A. 10. 346, n. 46) — Tessier n'admet les ratifications tacites qu'avec difficulté.— V. sa dissertation, t. 2, p. 59, n. 749.

452. — Aussi, la réception d'une somme d'argent payée par un mari à sa femme divorcée, à compte sur ses reprises, ne constitue pas une ratification de la vente de ses biens dotaux, de sorte qu'elle peut encore en demander la nullité. — Du moins l'arrêt qui le décide ainsi, par appréciation des titres et circonstances, ne donne point ouverture à cassation (C civ. 1338). — 22 fév. 1827. Req. Poitiers. Bertrand. D.P. 27. 1. 148.

453. — Mais lorsqu'une femme a consenti, pendans son mariage, relativement à ses biens dotaux, une transaction qu'elle a volontairement exécutée depuis le décès de son mari, ses héritiers, qui, à leur tour, ont pareillement exécuté cette transaction, sont non-recevables à l'attaquer, sous prétexte d'incapacité de la femme à la consentir (C. civ. 1338). — 20 avril 1831. Civ. r. Grenoble. Popon. D.P. 31. 1. 195.

454. — Au reste, la femme qui peut disposer par testament de son bien dotal, peut, par le même raison, valider, dans un tel acte, les ventes de ses biens dotaux, faites pendant le mariage; et l'acquéreur n'est pas fondé à demander une caution pour crainte d'éviction (C. civ. 905, 1554).Tessier, t. 2, p. 45.— 20 déc. 1832. Bordeaux. Masmoulet. D.P. 33. 2. 179.

455. — Mais il est évident que la ratification faite par la femme, pendant le mariage, de l'aliénation illégale d'un fonds dotal consentie par le mari, est nulle comme l'aliénation elle-même; elle ne peut rendre la femme non-recevable à attaquer cette aliénation.— 28 fév. 1825. Civ. r. Toulouse. Poux. D.P. 25. 1. 180.—Conf., Tessier, t. 2, p. 44 et 60.—*Contrà*, Toullier, si la ratification a eu lieu après la séparation de biens, t. 2, p. 44. — Mais cette dernière opinion doit être rejetée.

§ 17.— *Restitution de la dot, Qualité pour la demander, Preuve du versement au mari.— Responsabilité, Choses restituables, Fruits et intérêts, Délai de la restitution.—An de deuil, Alimens, Partage des fruits, Insolvabilité, Rétention.*

456.— *Qualité*. — La dot ne passant entre les mains du mari que pour l'aider à supporter les charges du mariage, il en résulte qu'on doit pouvoir en demander la restitution, soit après que le mariage a cessé d'exister, soit après qu'il a été constaté, par un jugement de séparation, que le mari, loin de consacrer les biens dotaux à l'utilité du ménage, les mettait en péril par sa mauvaise gestion (C. civ. 1561, 1563, 1564.—D.A. 10. 359, n. 1).—La restitution est faite par le mari ou ses héritiers à la femme ou à ses héritiers (C. civ. 1564, 1572.—Tessier, t. 2, p. 220). —Toute personne qui, dans le contrat, s'est engagée à la restituer, est tenue à cette restitution (Tessier, t. 2, p. 221). La femme dotale n'en serait tenue que sur ses paraphernaux (*ib.*).—En pays de droit écrit, où le mariage n'émancipait pas, le père présent au contrat de son fils mineur, non émancipé, était responsable de la dot. (Tessier, t. 2,—p. 223,—V. n. 470). — Le mari doit restituer, quoiqu'il ne lui reste pas de quoi vivre.— *Ibid.*, p. 229.

457.—Mais, pour que la femme puisse se faire restituer sa dot par les tiers-acquéreurs des biens de son mari, il n'est pas nécessaire, comme lorsqu'elle répète cette dot contre son mari, qu'elle se fasse préalablement séparer de biens : ici doit s'appliquer la loi 29 du code *de Jure dotium* (C. civ. 1549, 1563).—12 août 1825. Pau. Darampé. D.P. 26. 2. 85.

458.— Jugé que la femme mariée sous le régime dotal, même avec société d'acquêts, ne peut, lors du partage des acquêts immobiliers, et surtout vis-à-vis des créanciers de la société, exiger une part d'immeubles pour la remplir de sa dot immobilière. Elle n'a droit qu'au prélèvement, avant tout partage, de ses deniers dotaux, et il y a lieu à licitation des immeubles (C. civ. 1576, 1472). — 11 août 1832. Agen. Quillot. D.P. 33. 2. 213.

459.— D'après l'ancien droit romain, si le mariage se dissolvait par la mort de la femme, le mari gagnait la dot lorsqu'elle n'était pas profectice, c'est-à-dire lorsqu'elle n'avait pas été constituée par un ascendant paternel (V. Cujas, lib. 9, obs. 4). Mais cet usage fut aboli par Justinien, dans la loi unique, § 6, C. *de Rei uxoriæ actione*. Cet empereur décida que le mari ne gagnerait plus la dot, à moins que cet avantage ne lui eût été expressément assuré par le contrat de mariage. — Dans notre ancien droit, plusieurs coutumes s'écartèrent de cette dernière disposition; à Bordeaux, à Montpellier, à Montauban, à Toulouse et dans quelques parties de la province d'Auvergne, le mari survivant gagnait la dot en tout ou en partie (V. Guyot et Merlin, Rép., v° Dot, § 11, n. 2). — Aujourd'hui, ces coutumes se trouvent entièrement abrogées. De même que sous le droit de Justinien, le mari, sous le code civil, ne peut prétendre à la dot que lorsque donation expresse lui en a été consentie. Dans le cas contraire, il doit restituer la dot à la femme ou à ses héritiers. — D.A. 10. 359, n. 2.

460.— Lorsque le mariage est dissous par le décès du mari, la dot doit être restituée à la femme elle-même. Cependant si la femme n'avait pas encore atteint sa majorité, elle ne pourrait, quoiqu'émancipée par le mariage, exiger la restitution des héritiers du mari, qu'en se faisant assister d'un curateur. C'est ce qui résulte de l'art. 482 C. civ. Dans l'ancien droit, Roussilhe, t. 2, n. 514, professait une opinion contraire. — Villarg., 6, p. 168, n. 197; D.A. 10. 360, n. 3; Tessier, t. 2, p. 230.

461.— Mais que décider dans le cas où la femme aurait renoncé dans le contrat de mariage à réclamer sa dot ? La loi 16, ff. *de Pact. dot*, déclarait cette clause invalide, d'où il suivait que, malgré la clause, la restitution de la dot était due à la femme ou à ses représentans. La même nullité ne pourrait pas être prononcée de plein droit. On pourrait, en effet, considérer cette renonciation de la femme comme une donation indirecte de sa dot au profit de son mari. Or, dans ce cas, on aurait seulement à examiner si cette donation excède la quotité des biens, dont la loi permet aux époux de se gratifier; seulement, les circonstances qui auraient précédé le contrat, et la manière dont la clause serait conçue, pourraient laisser beaucoup à l'interprétation, et déterminer le juge pour l'une pour ou l'autre opinion.— Benoît, 2, n. 118; D.A. 10. 360, n. 4; Tessier, t. 2, p. p. 227, et suiv.

462.— *Preuve du versement de la dot au mari.* — Mais pour que l'on puisse exiger du mari la restitution de la dot, il faut qu'il soit établi qu'il l'a reçue. — S'il s'agissait de meubles que la femme prétendrait avoir possédés au moment du mariage ou lui être échus pendant sa durée, la preuve de leur existence résulterait d'abord de l'inventaire que le mari est tenu d'en faire dresser, comme usufruitier, aux termes des art. 1562 et 600 du code civil. — Mais lorsque le mari aura négligé de remplir cette formalité, il semble que la femme devra être admise, à la dissolution du mariage, à prouver la consistance et la valeur de son mobilier par la preuve testimoniale ou la commune renommée. Ici doivent s'appliquer, par analogie, les art. 1415 et 1504. A cet égard, nous n'admettons pas l'exception qui est faite par Bellot, t. 4, p. 19, et au *post-scriptum* placé à la fin du même volume, pour les meubles apportés en mariage par la femme, c'est-à-dire à une époque où elle n'était pas sous la dépendance du mari. En un mot, ce dernier est tenu comme usufruitier; il doit en remplir les obligations. — D.A. 10. 362, n 25.

463.— En conséquence, la femme mariée sous le régime dotal, et qui a fait prononcer sa séparation de biens, peut être admise à prouver par témoins, même à l'égard des créanciers de son mari, la consistance et la valeur des meubles par elle apportés à son mari, et servant à l'exploitation d'un établissement tenu par ce dernier.—2 fév. 1820. Riom. Lafon. D.A. 10. 362, n. 2. D.P. 22. 2. 86.

464.— La preuve de la réception des meubles dotaux par le mari pourrait encore résulter d'une reconnaissance signée du mari, quelle soit authentique ou non. (V. une exception, v° Faillite). Mais la quittance pourrait être annulée sur la demande des héritiers ou créanciers du mari, si, à l'aide de présomptions graves, précises et concordantes, l'on parvenait à démontrer la simulation ou la fraude des époux.— Bellot, t. 4, p. 21, 263 et 456; Benoît, t. 1er, n. 118 et suiv.; Dur., 15, n. 567; D.A. 10. 363, n. 26; Tessier, t. 2, p. 234, 236 et suiv.

465. — Jugé que les quittances de dot qui n'ont point été données par devant notaires, sont valables, lorsqu'il est constant qu'elles sont sincères et véritables. — 2 sept. 1806. Req. Grenoble. Balastron. D.A. 10. 359, n., n. 2. D.P. 6. 1. 621 et 2. 765, n. 2.

466.— Et que la reconnaissance du mari, qu'il a reçu les sommes constituées en dot à sa femme, a effet à l'égard des tiers jusqu'à preuve contraire.— 26 août 1820. Paris. Lanoux. D.A. 10. 348, n. 2.-1. D.P. 2. 759, n. 1; Tessier, t. 2, p. 240.

467.— Au contraire, suivant les anciennes ordonnances de Franche-Comté, les quittances dotales ne pouvaient être opposées aux créanciers du mari, quand elles étaient sous seing-privé; il en est de même sous l'empire du code civil.— 10 mars 1812. Besançon. Pochet. D.A. 10. 363, n. 1.-1.

468.— Lorsque le contrat de mariage fait mention de la numération des sommes dotales en présence des notaires, les créanciers du mari ne peuvent attaquer la quittance de la dot comme simulée et frauduleuse, qu'en prenant la voie de l'inscription de faux. — 26 juill. 1817. Bruxelles. Lacoste. D.A. 10. 363, n. 2.

469.— Si, pour prouver le versement de ses deniers dotaux entre les mains de son mari, la femme ne pouvait représenter une quittance régulière de ce dernier, pourrait-elle suppléer à cet acte par la preuve testimoniale? Dalloz ne le pense pas. Dans cette espèce, on ne peut appliquer à la femme que les règles du droit commun, d'après lesquelles la preuve par témoins n'est admise que lorsqu'il s'agit d'une valeur au-dessous de 150 fr., à l'égard des sommes ou valeurs excédant ce taux, il doit en être passé acte devant notaires ou sous seing-privé. — Benoît, t. 2, n. 132 et suiv.; D.A. 10. 363, n. 27. *Contrà*, Pothier, Favard, Tessier, t. 2, p. 248 (C. civ. 1348).—Le mari ne serait pas recevable à arguer de simulation la quittance par lui donnée.—Tessier, t. 2, p. 242.— La reconnaissance de la réception qu'il ferait par testament ne vaut qu'à l'égard de ses héritiers et non de ses créanciers.—*Ibid*, p. 246. — V. Obligation.

470.— *En* pays de droit écrit, la présence et le consentement du père au contrat de mariage de son fils, non émancipé, le rendaient subsidiairement responsable de la restitution de la dot, et même de l'acquit de l'augment stipulé au profit de sa bru. La loi du 28 août 1792, qui rend tous les fils de famille *sui juris*, n'a pu faire cesser cette obligation résultant d'un mariage antérieur à cette loi. — 2 sept. 1806. Req. Grenoble. Balastron. D.A. 10. 359, n., n. 2. D.P. 6. 1. 621 et 2. 765, n. 2.—V. n. 456.

471. — Et le mari est débiteur et responsable de la dot de sa femme, quoiqu'elle ait été touchée, non par lui, mais par un tiers (le beau-père) qui en a été chargé par le contrat de mariage (C. civ. 1564). — 12 juill. 1831. Nîmes. Latourfondue. D.P. 31. 2. 216.— Conf. Tessier, t. 2, p. 255, quoiqu'elle ait été touchée par la femme entre les mains de laquelle elle a péri, ou quoique celle-ci ait apporté en dot la chose d'autrui.

472.— La présomption de paiement de la dot après dix ans, que l'art. 1569 C. civ. a empruntée de la novelle 100, ch. 2, et à notre ancienne jurisprudence, pourrait-elle être invoquée par la femme qui se serait elle-même dotée *de suo*? — Si l'on ne consulte que la lettre de cet article, on n'hésitera pas à adopter l'affirmative, aucune distinction ne s'y trouvant établie entre le cas où la constitution de dot a été faite par un tiers, et le cas où elle a été faite par la femme elle-même. Dalloz croit cependant, avec Delvincourt, t. 3, p. 117, notes, et Bellot, t. 4, p. 256, que, malgré le silence de la loi, on ne peut s'empêcher de décider que la femme qui s'est dotée elle-même, ne doit pas être dispensée de prouver, même après les dix ans, qu'elle s'est libérée entre les mains de son mari. Remarquons, en effet, que l'art. 1569 introduit lui-même une exception à la règle qu'il pose pour le cas où le mari aura fait des diligences contre les débiteurs de la dot. Mais pourrait-on reprocher au mari de n'avoir pas exercé des poursuites contre sa femme? La négative semble pouvoir être induite des termes même de l'art. 1569 (V. la loi 33, ff *de Jure dotium*).— Duranton, t. 15, n. 566, est d'une opinion contraire. — D.A. 10. 363, n. 28.

473.— Mais, de ce que le mari n'a pas exercé des poursuites immédiatement après l'échéance du terme fixé pour le paiement du résidu dotal, il ne s'ensuit pas que la femme puisse le répéter contre lui, sans prouver qu'il a été réellement perçu par son mari, lorsqu'il est justifié surtout que toutes les diligences que ce dernier eût pu faire pour en obtenir le paiement auraient été inutiles, à raison du grand nombre des dettes inscrites antérieurement à l'exigibilité de la créance dotale, sur les biens assujettis à son paiement.— 9 juill. 1830. Paris. Gardères. D.P. 33. 2. 65.

474.— Jugé même que la présomption, que la dot a été payée au mari, s'il s'est écoulé dix ans depuis l'échéance des termes pris pour le paiement, ne peut être invoquée par la femme, après qu'elle a traité sans aucune réserve avec les héritiers de son mari, sur le partage de la succession de ce dernier : en un tel cas, elle doit être réputée avoir renoncé à la présomption de la loi, et doit prouver le paiement qui en aurait été fait au mari : elle exciperait aussi en vain de son erreur; ce serait là une erreur de droit contre laquelle elle ne pourrait se faire restituer (C. civ. 1569, 2052). — Même arrêt.

475. — Le mari n'est pas présumé avoir reçu la dot, même après trente ans de mariage, lorsqu'avant ces trente ans la femme elle-même est devenue débitrice directe de cette dot. — 2 juin 1818. Grenoble. Voisin. D.A. 8. 316. D.P. 1. 1320.

Les revenus d'une dot due par la femme sont présumés avoir été consommés dans le ménage. — Même arrêt.

476. — Lorsque plusieurs termes auront été stipulés pour le paiement de la dot, le délai de dix ans commencera-t-il à courir à la suite de chaque terme à l'égard des portions de la dot qui devaient être payées à ces diverses époques? Ce délai ne courra-t-il au contraire qu'après l'échéance du dernier terme?— On doit faire courir un délai particulier à la suite de chaque échéance. — Bellot, 4, p. 259; D.A. 10. 364, n. 29; Dur., *eod.*; Tessier, t. 1er, p. 160. — *Contrà*, Roussilhe, t. 2, p. 100, 220; Toullier, t. 14, n. 320.

477. — Pour que la présomption établie par l'art. 1569 ne puisse être invoquée par la femme ou ses héritiers contre le mari, il est nécessaire, dit le même article, que ce dernier justifie de diligences inutilement par lui faites pour s'en procurer le paiement. Mais que doit-on entendre par ce mot *diligences*? — En parlant de diligences inutilement faites, le législateur, peut-on dire, a voulu désigner des poursuites véritables, exercées par le mari dans les formes judiciaires, et poussées par lui jusqu'à la

dernière extrémité. Ainsi, la représentation d'un commandement et d'un procès-verbal de saisie ne serait pas suffisante. Il faudrait, comme le dit Benoît, t. 2, n. 134, que le mari rapportât un procès-verbal de carence, dans le cas où le constituant n'aurait eu qu'une fortune mobilière, et dans le cas où il aurait eu des immeubles, une clôture définitive d'ordre de laquelle il résulterait qu'il n'aurait pu être colloqué en rang utile —Bellot, t. 4, p. 261, explique l'art. 1569 de la même manière. — Toutefois il y a une convenance sociale qui permet rarement de pousser les choses à ce point de rigueur entre personnes surtout qui sont unies par des liens si étroits : les circonstances modifieraient donc beaucoup, selon nous, ces décisions. Quoi qu'il en soit, il est évident que si, lors des poursuites, l'insolvabilité du débiteur de la dot était notoire, le mari pourrait être dispensé de les continuer. — D.A. 10. 364, n. 30.

478. — Mais la présomption d'après laquelle le mari est censé, après dix ans, avoir été payé de la dot, n'existe qu'au profit de la femme ou de ses héritiers. La prescription trentenaire pourrait seule être opposée par les débiteurs. Cette proposition, qui fut d'abord dans l'ancienne jurisprudence l'objet de quelques doutes, est aujourd'hui universellement admise.— Bellot, t. 4, p. 255; Benoît, t. 1er, n. 122, et Delv., t. 3, p. 113, notes; D.A. 10. 364, n. 31.

479.— Jugé que la prescription décennale, établie par le droit romain en matière de dot, ne peut être opposée au mari par les auteurs de la constitution dotale. Ceux qui doivent fournir la dot ne peuvent être libérés que par la prescription trentenaire. — 19 niv. an 10. Colmar. Loyauté. D.A. 10. 364, n. 1. D.P. 2. 763, n 3.

480.— Jugé aussi que dans le ressort du parlement de Languedoc la prescription de la demande en remboursement de la dot ne courait pas contre la femme qui était restée en possession des biens de son mari *par droit d'insistance*. — 29 déc. 1808. Nîmes. Bergougnoux. D.A. 10. 364, n. 1-2. D.P. 2. 763, n. 4.

481.— *Choses restituables.*— Si la dot comprend des immeubles, le mari est tenu de les rendre en bon état de réparations. Mais, comme nous l'avons déjà dit, il aura le droit de répéter contre la femme le montant des dépenses nécessaires faites pour empêcher l'immeuble dotal de périr, et cela, quand même l'immeuble aurait ensuite été détruit par une force majeure. — Le mari pourra aussi répéter contre elle le montant de ses impenses utiles, mais seulement jusqu'à concurrence de la valeur dont le fonds dotal se trouve augmenté par l'effet de ces impenses au moment de la restitution (L. *unic.*, § 5, chap. *de Rei uxoriæ actione*. — V. Caen. 3 déc. 1826. D.P. 27. 2. 52).—Quant aux dépenses voluptuaires, le mari, d'après la même loi, ne peut pas les réclamer; seulement il a la faculté d'enlever du fonds tout ce qui peut en être détaché sans le détériorer.— V. Delv., t. 3, p. 116, notes, et Benoît, t. 2, n. 216 et suiv.; D.A. 12. 361, n. 15; Tessier, t. 2, p. 273.

482.—Jugé en effet que les augmentations faites par le mari sur les biens dotaux de sa femme sont sujettes à récompense. Ainsi, lorsque le mari a fait des améliorations, par exemple, des constructions sur la propriété dotale de son épouse, si elle est encore redevable des impenses, les créanciers du mari, qui ont fait saisir les arbres abattus par lui sur le fonds dotal, peuvent opposer à la femme qui les revendique la compensation du prix de ces arbres jusqu'à concurrence de la valeur des améliorations (C. civ. 599, 1562).— 3 déc. 1826. Caen. Duverger. D P. 27. 2. 52.

483.— Avec le fonds dotal, le mari est obligé de restituer les accessoires. Ainsi il devra tenir compte des bestiaux et ustensiles aratoires qui garnissaient l'immeuble au moment du mariage — D.A. 10 361, n. 16.

484.— Il en serait de même dans le cas où ce serait une usine qui aurait été constituée en dot. Le mari serait obligé de la restituer avec les approvisionnemens et les ustensiles nécessaires à son exploitation. Le mari n'aurait pas même le droit de les retenir sur le motif que l'usine en était dépourvue au moment du mariage, car, par l'effet de cette rétention, l'usine tomberait dans un état de chômage qui porterait le plus grand préjudice à la femme, et de là naîtrait en faveur de cette dernière une action en dommages-intérêts contre son mari. Les approvisionnemens et les ustensiles qui garnissent l'usine doivent donc y rester, dans tous les cas, sauf l'indemnité que le mari peut avoir à répéter contre sa femme.— Bellot, t. 4, p. 243, et Benoît, t. 2, n. 178 et 179; D.A. 10. 361, n 17.

485 —Remarquons encore avec Benoît, t. 2, n. 175, que si au moment du mariage il s'était trouvé dans l'usine une certaine quantité de matières destinées à être mises en œuvre, ces matières ayant nécessairement fait partie de la constitution dotale, le mari devrait en restituer une égale quantité. Mais s'il n'en existait pas à l'époque de la constitution de la dot, et qu'on en trouvât dans l'usine à la dissolution du mariage, le mari pourrait les garder comme lui appartenant.— D.A. 10 361, n. 18.

486.— Supposons que l'immeuble dotal eût été estimé dans le contrat de mariage avec déclaration que l'estimation valait vente au profit du mari; si cet immeuble existait en nature à la dissolution du mariage, la femme ou ses héritiers pourraient-ils en exiger la restitution? Non;—l'estimation a dépouillé la femme de tout droit à la propriété estimée. Le mari ne sera donc tenu qu'à la restitution du prix. Cependant il en serait autrement si le contrat de mariage prévoyant le cas où l'immeuble estimé ne serait pas aliéné par le mari pendant le mariage, avait déclaré que, dans cette hypothèse, la femme pourrait, à son choix, exiger l'immeuble ou le prix.— Bellot, t. 4, p. 245 et suiv.—V. aussi Benoît, t. 2, n 152; D.A. 10. 361, n. 19; Tessier, t. 2, p. 270.

487.— Lorsque la dot consiste en un droit immobilier, tel qu'un usufruit, l'art. 1568 C. civ., emprunté à la loi 7, § 2, ff. *de Jur. dot.*, n'oblige le mari, qui, d'ailleurs, est soumis dans ce cas aux charges d'un usufruitier, à ne restituer que le droit d'usufruit.— Dur., 15, n. 560 et 561; D.A. 10. 361, n. 20.

488.— Si la dot comprenait des meubles, il faudrait distinguer entre les meubles dont le contrat de mariage a transféré la propriété au mari, et les meubles dont la propriété est restée à la femme. A l'égard des premiers, nous avons déjà dit que le mari ne devait restituer que la valeur résultant de leur estimation. Quant aux seconds, le mari est obligé de rendre ceux qu'il a reçus. Mais remarquons avec l'art. 1566, applicable, ce semble, au trousseau même non estimé de la femme, que si ces meubles ont dépéri par l'usage et sans la faute du mari, il ne sera tenu de rendre que ceux qui resteront et dans l'état où ils se trouveront. — Dur., 15, n. 555; D.A. 10. 361, n. 21.

489. —Jugé que lorsque par leur contrat de mariage les époux ont exclu tout à la fois le régime dotal et celui en communauté, et que la femme s'est constitué en dot des meubles estimés, avec déclaration que l'estimation n'en conférait pas la propriété au mari, celui-ci n'est tenu, à la dissolution du mariage, qu'à restituer, non point le montant de l'estimation du mobilier dotal, mais ce mobilier lui-même en nature. — 12 mai 1813 Paris. Jumelin. D.A. 10. 361, n. 1.

490.— Lorsque le trousseau a été estimé dans le contrat, il semble que la femme ne devrait pouvoir demander à la dissolution du mariage que le prix de l'estimation. Mais l'art. 1566 lui accorde encore, dans ce cas, la faculté de retirer les linges et hardes à son usage actuel; et tels étaient aussi les principes que l'on suivait dans l'ancienne jurisprudence (V. Roussilhe, t. 1er, n. 167). Cependant l'art. 1566, s'écartant en cela de l'ancien droit, dispose que ce que la femme retient lui sera précompté.—V. sur ce point, Roussilhe, t. 1er, ch. 7; Bellot, t. 4, p. 247; Benoît, t. 2, n. 155, 156; Dur., 15, n. 556; D.A. 10. 362, n. 22.

491. —Si parmi les meubles dotaux se trouvaient compris des meubles incorporels tels que des obligations ou constitutions de rentes dont le remboursement n'aurait pas eu lieu pendant le mariage, le mari, à la dissolution, ne serait tenu qu'à la restitution des contrats; et si, pendant le mariage, ces droits incorporels avaient péri ou souffert des retranchemens qu'on ne pût imputer à la négligence du mari, aucun recours ne pourrait être exercé contre lui à cet égard par la femme ou ses héritiers. Ces principes, consacrés par l'art. 1567, ont été puisés dans la loi 49, ff. *Solut. matrim.*—Mais la perte de ces droits serait à la charge du mari, si elle pouvait être imputée à sa négligence. Ainsi, nous dirons, avec la loi 33, ff. *de Jur. dot.*, que la perte serait pour le mari, s'il avait fait novation de la créance dotale, en acceptant un nouveau débiteur qui serait devenu insolvable. Il en serait de même d'après la loi 71, ff. *de Jur. dot.*, dans le cas où le mari, ayant négligé de poursuivre le remboursement du capital à l'échéance de l'obligation, se serait vu plus tard dans l'impuissance de l'exiger par la déconfiture du débiteur. Au reste, c'est au juge qu'il appartient de décider dans les espèces particulières qui lui sont soumises, si le mari mérite ou non le reproche de négligence. — Benoît, 2, n. 151; Dur., 15, n. 559; D.A. 10. 362, n. 23; Tessier, t. 2, p. 276.

492.— Ainsi, le mari qui n'a pas pris les mesures nécessaires pour la conservation de la créance dotale de sa femme, en devient personnellement responsable, et l'arrêt qui déclare positivement que la perte de la créance est le résultat de la négligence du mari, est irréfragable dans cette déclaration.— 9 nov. 1830. Req. Rouen. Suchon. D.P. 30. 1. 392.

493. — Jugé encore qu'un mari marié sous le régime dotal, est responsable, envers la femme, de sa négligence à exiger, même de son beau-père, la dot, aux échéances convenues par le contrat de mariage. Et, en cas d'expropriation de ses biens par ses créanciers, la femme a droit d'être colloquée immédiatement, et sans attendre le résultat d'une cession qui aurait été faite par le beau père, en acquittement de la dot (C. civ. 1562). — 4 août 1829. Aix. Gassin. D.P. 29. 2. 183.

494.— Si la dot avait été constituée en deniers, et que les espèces métalliques avec lesquelles elle aurait été soldée vinssent à subir une réduction pendant le mariage, le mari serait obligé de restituer la dot suivant la valeur des espèces au moment du contrat. Les parlemens de Toulouse et de Grenoble avaient rendu plusieurs arrêts conformes à cette doctrine, ainsi que l'atteste Benoît, t. 2, n. 135. Cet auteur enseigne la même doctrine. — D.A. 10. 362, n. 24; Tessier, t. 2, p. 204 et suiv., 269.

495. —Si donc, par un contrat de mariage antérieur au code civil, et régi par le droit romain, il a été constitué en dot, à la femme, des objets estimés en livres tournois, le mari n'en doit la restitution, sous le code civil, que d'après la valeur de la livre tournois, encore que, pendant le mariage, il ait exigé des créances dotales en francs, quoiqu'elles ne pussent l'être qu'en livres; le bénéfice qu'il a fait, dans ce cas, doit lui profiter. — 13 juill. 1826. Req. Grenoble. Allier. D.P. 26. 1. 414.

496. — Jugé, au contraire, que de l'art. 15 de la loi du 11 frim. an 6, portant que le prix des ventes de mobilier est payable, non en papier-monnaie, mais en numéraire, et de l'ancien comme du nouveau droit (art. 1551 C. civ.), d'après lequel l'estimation de la dot mobilière dans le contrat de mariage, en fait vente au mari, il résulte que si le prix d'une dot mobilière a été évalué dans un contrat passé pendant le cours du papier-monnaie, la restitution doit en être faite aujourd'hui à la femme en *numéraire* et sans diminution, eu égard à la dépréciation du papier-monnaie (Tessier, t. 2, p. 269). — 29 mai 1827 Req. Bordeaux Brisson. D.P. 27. 1. 256.

497. — Mais le mari chargé de rendre compte à sa femme des créances dotales qui lui appartenaient et dont il a touché le montant en assignats, doit le faire d'après la valeur qu'avaient ces assignats à l'époque où il a reçu le remboursement effectif de ces créances, et non d'après la valeur des assignats aux différentes époques où ces créances étaient exigibles, aux termes du contrat de mariage. — 20 janv. 1807 Civ. c. Delorme. D.A. 10 362, n. 1. D.P. 7. 1. 49.

498.—*Fruits et intérêts.*— Le mari n'est pas seulement tenu de restituer le capital; il doit encore les intérêts de la dot, lesquels courent de plein droit, et sans qu'il soit besoin de les demander en justice. Une doctrine conforme était suivie dans l'ancienne jurisprudence, comme on peut le voir dans Roussilhe, t. 2, n. 526 et suiv., et dans le Répert. de Guyot et Merlin, vº Dot, § 11, nos 6, 7 et 8. Mais alors, comme aujourd'hui, lorsque le mariage se dissolvait par la mort du mari, la femme jouissait encore de quelques autres prérogatives. Une distinction est nécessaire pour l'explication de ces nouvelles règles. — D.A. 10. 365, n. 32.— V. Tessier, t. 2, p. 260, 264.

499.— Si le mariage est dissous par la mort de la femme, l'art. 1570 veut que l'intérêt et les *fruits* de la dot à restituer courent de plein droit au profit de ses héritiers depuis le jour de la dissolution. Aucune difficulté ne semble pouvoir s'élever sur l'application de cette disposition à l'égard des intérêts de la dot (D.A. *eod.*, n. 33).—S'il y a séparation de biens, les intérêts ne sont dus qu'à partir du jugement (Tessier, t. 2, p. 267).— Si la dot consiste en usufruit, ce droit, s'il est encore existant, doit seul être restitué. Si des fruits ont été donnés en dot *principaliter*, la restitution n'aura lieu que de ce qui excédera les besoins du ménage (Tessier, t. 2, p. 297); si la dot consiste en rente ou pension viagère, les arrérages ne sont pas non plus restituables (C. civ. 588; *ibid.*, p. 279); si la dot a été d'une office, on doit la restitution suivant sa valeur, ou, en cas de vente, le prix.

500.— A l'égard des fruits, l'art. 1570 paraît les attribuer exclusivement, à compter de la dissolution du mariage, aux héritiers de la femme; cependant l'art. 1571 donne au mari ou à ses héritiers le droit de prélever dans ce cas une part des fruits proportionnée au temps que le mariage a duré pendant la dernière année. Comment concilier ces deux arti-

cles? D'après Delvincourt, t. 3, p. 118, notes, on pourrait dire que dans l'art. 1570 il s'agit des fruits civils qui s'acquièrent jour par jour, et dans l'art. 1571, des fruits naturels et industriels. Mais cette interprétation ne paraît pas admissible. Le droit que l'art. 1571 accorde au mari ou à ses héritiers, embrasse les fruits civils comme les fruits naturels et industriels. Il semblerait donc plus exact et plus simple de dire, pour lever l'espèce d'antinomie qui existe entre ces deux articles, que l'un n'a pour objet que de fixer le point à partir duquel les fruits sont dus aux héritiers de plein droit et sans demande de leur part, tandis que le législateur a parlé dans l'art. 1571 du mode de partage des fruits; et cette disposition semble, en effet, devoir s'appliquer aux fruits civils comme aux fruits industriels.

501.—*Délai de la restitution.*—A l'égard du délai dans lequel le mari ou ses héritiers doivent restituer les biens dotaux, la loi nouvelle (art. 1564 et 1565), conforme sur ce point au droit romain et à notre ancienne jurisprudence, a établi plusieurs distinctions, suivant la nature des biens constitués et les conventions contenues à leur égard dans le contrat de mariage.—D.A. 10. 360, n. 5; Tessier, t. 2, p. 257.

502.—Les meubles non estimés doivent être restitués sur-le-champ. Il est clair néanmoins que si ces meubles consistaient en des objets dont le mari n'a pu user qu'en les consommant, le délai d'un an devrait être accordé pour la restitution. Nous avons vu, que le mari devenant, par la force des choses, propriétaire des meubles fongibles, il n'était tenu de restituer, à la dissolution du mariage, que des choses semblables en quantité, nature et bonté, ou leur valeur, suivant les mercuriales. Il y a donc, dans ce cas, et dans celui où il s'agit de meubles estimés, identité de motifs pour que la restitution ne puisse être exigée du mari qu'après un an.— Bellot, t. 4, p. 253; Dur. 15, n. 549 et 550; D.A. 10. 360, n. 6.

503.— Jugé que la surséance d'un an, introduite par l'art. 1565 au sujet de l'action en restitution de la dot n'est relative qu'à l'action de la femme contre les héritiers de son mari, pour la répétition de ses reprises dotales, et non à l'action hypothécaire de la femme contre le tiers-détenteur des biens du mari; à l'égard de laquelle la prescription commence à courir du jour de la dissolution du mariage. — 10 mars 1827. Grenoble. Plancl. D.P. 28. 2. 97.

504.—Les art. 1564 et 1565 ne s'expliquent pas catégoriquement à l'égard du délai dans lequel doivent être restituées les créances et les rentes. Mais il faut distinguer : Si, pendant le mariage, le mari a été remboursé par les débiteurs, le délai d'un an devra lui être accordé pour la restitution, de même que s'il s'agissait de sommes que la femme se serait constituées. Si le remboursement n'a pas eu lieu, le mari doit restituer les titres sans délai.— Bellot, t. 4, p. 256; D.A. 10. 360, n. 7.

505. — Si les meubles dont la propriété n'a pas été transportée au mari avaient été cependant vendus par lui, devrait-il jouir du délai d'un an pour la restitution du prix? Dalloz n'hésite pas à penser avec Bellot, t. 4, p. 234, et Delvincourt, t. 3, p. 115, notes, que le mari ayant ici excédé ses pouvoirs par la vente de ces meubles, il n'inspire pas assez de faveur pour qu'on doive lui accorder le bénéfice du délai. *Nemo ex delicto suo debet consequi emolumentum.* Il est vrai, ajoute-t-il, qu'une pareille vente ne pourrait être attaquée par la femme; mais l'intérêt des tiers a seul déterminé cette solution. Entre le mari et la femme, c'est toujours la loi du contrat de mariage qui doit être exécutée. Or, si dans l'espèce, les meubles eussent existé à la dissolution du mariage, la femme, aux termes du contrat, aurait eu le droit de les réclamer sur-le-champ. Il doit en être de même de la valeur qui les représente. — D.A. 10. 360, n. 8.

506. — Des motifs semblables entraîneraient la même décision, dans tous les cas où l'aliénation de l'immeuble dotal ayant eu lieu pendant le mariage, soit en vertu d'une stipulation du contrat nuptial, soit en vertu d'une disposition de la loi, le mari aurait négligé de remplir la condition de l'emploi avant la dissolution du mariage. — Benoît et Bellot n'ont posé chacun la question que pour le cas de l'aliénation de l'immeuble indivis. Le premier, dit Dalloz, l'a résolue dans un sens opposé à notre opinion (V. t. 2, n. 127); le second (t. 4, p. 237) a professé comme nous que la restitution devait s'opérer sans délai. — D.A. 10. 360, n. 9.

507. — Mais, même dans les divers cas où le délai d'un an se trouve concédé pour la restitution, il faudrait se garder d'en faire profiter le mari, si la restitution était la suite d'une sentence de séparation de biens. Car, par cette sentence, la justice a constaté que les deniers dotaux, comme tous les autres biens, ne pouvaient pas continuer à rester entre les mains du mari, sans péril pour la femme. — Il suit de là que si la séparation de biens n'était qu'un effet d'un jugement de séparation de corps, le délai d'un an devrait être accordé au mari, à moins que des circonstances ne fissent présumer sa déconfiture. — Bellot, t. 4, p. 238 et 239; Delv., t. 3, p. 116, notes; Dur., 15, n. 553 et 554; D.A. 10. 360, n. 10; Tess., p. 258.

508. — Jugé même qu'après sa séparation de biens, la femme peut poursuivre la restitution de sa dot mobilière, sans être tenue de fournir caution ou de faire emploi (C. civ. 1449, 1549). — 10 fév. 1830. Riom. Barial. D.P. 31. 2. 1.

509. — Les héritiers du mari ne seraient pas non plus recevables à invoquer la faveur de l'art. 1565, si le mari avait légué la dot à sa femme. Comme on l'a observé judicieusement dans le *Répert.* de Guyot et Merlin, v° Dot, § 11, n. 5, le seul effet que ce legs puisse produire, c'est d'investir la femme du droit de demander sur-le-champ la restitution de ses sommes dotales. — D.A. 10. 360, n. 11.

510. — Les époux ont-ils la faculté de stipuler dans leur contrat de mariage un délai différent de celui qui est fixé par l'art. 1565? D'après les lois 14, 15 et 16, ff., *de Pactis dotalibus*, la condition de la femme, à l'égard de la restitution de la dot, pouvait être améliorée par des conventions, mais elle ne pouvait pas être rendue plus mauvaise. Ainsi, un délai plus court pouvait bien être stipulé, mais non un délai plus long. *Ut autem longiore die solvatur dos, convenire non potest.*—Benoît a pensé, t. 2, n. 129, que les mêmes principes devaient être suivis parmi nous. Cette solution ne paraît nullement fondée; car la loi autorise aujourd'hui les époux à faire dans leur contrat de mariage toutes stipulations qui ne seront contraires ni aux mœurs, ni à aucune loi prohibitive. — La décision de la loi romaine ne peut donc s'accorder avec les règles de notre code. — Bellot, t. 4, p. 240; Delv., t. 3, p. 116, notes; D.A. 10. 360, n. 12; Tessier, t. 2, p. 256.

511. — Dans le cas où les époux n'auraient pas eux-mêmes stipulé une prolongation du délai légal, les juges pourraient-ils ajouter à ce délai, en vertu de la faculté qui leur est laissée pour les cas ordinaires, par l'art. 1244 C. civ.?—Bellot, t. 4, p. 241, a pensé que l'art. 1244 n'était pas applicable; mais il semble que le texte général de cet article s'applique à l'espèce actuelle, comme au cas où, soit le mari, soit ses héritiers, ne jouissent pas, pour la restitution, du bénéfice de l'art. 1565.—D.A. 10. 361, n. 13.

512.— La loi 24, § 2, ff. *de Solut. matr.*, soumettait les héritiers du mari à donner caution à la femme lorsque la restitution de la dot ne pouvait être exigée d'eux qu'après un an. Il est évident qu'aujourd'hui la même obligation n'existe ni à l'égard du mari, ni à l'égard de ses héritiers. Si le mari possédait des immeubles, la femme trouvera dans son hypothèque légale une garantie suffisante du remboursement qui lui est dû. Si le mari ne possédait que du mobilier, la femme ne l'ignorait pas; il lui reste d'ailleurs, dans ce cas, le bénéfice de séparation des patrimoines; la femme ne paraît donc pas recevable à se plaindre. Enfin, si elle avait cru pendant le mariage que sa dot courait quelques dangers, elle aurait pu demander la séparation de biens. — Guyot et Merlin, Rép., v° Dot, § 11, n. 5; Benoît, t. 2, n. 128; D.A. 10. 361, n. 14.

513.— *An de deuil, alimens, habitation.* —L'art. 1570, qui autorise la femme à exiger pendant l'an du deuil les intérêts de sa dot ou des alimens, est une conséquence de l'art. 1565, qui permet aux héritiers du mari de ne rembourser les sommes dotales qu'un an après la dissolution du mariage. — Il suit de là que si une partie de ces sommes avait été payée à la femme immédiatement après le décès du mari, les juges, qui seraient chargés d'arbitrer la quotité des alimens ou de la pension alimentaire pour lesquels la femme aurait opté, devraient avoir égard aux revenus qu'elle pourrait faire produire aux sommes restituées.— Dur., 15, n. 571; D.A. 10. 365, n. 34.

514.— Il en serait de même dans le cas où une partie de la dot aurait consisté en immeubles dont la possession aurait été rendue à la femme. Pour fixer, dans ce cas, la pension alimentaire, on devrait prendre en considération les revenus des immeubles possédés par la femme et les intérêts des sommes dotales qui n'ont pas encore été restituées. — Bellot, t. 4, p. 266; D.A. 10. 365, n. 35.

515.— On pense même que ce serait se conformer à l'esprit du législateur que de refuser les alimens à la femme, dans le cas où elle posséderait des immeubles considérables, sauf toutefois les intérêts qui devraient toujours lui être payés à raison des sommes dotales qu'elle n'aurait pas encore touchées. Lupérier, *Maxim. de droit*, t. 1er, liv. 5, et Serres, *Instit. de dr. fr.*, liv. 2, tit. 20, cités l'un et l'autre par Benoît, t. 2, n. 140, attestent que telle était autrefois la doctrine des pays de droit écrit. — V. cependant Dur., 15, n. 573; D.A. 10. 365, n. 36.

516. — Mais faudrait-il aller jusqu'à dire avec Bellot, t. 4, p. 266, et Duranton, t. 15, n. 572, que lorsque la dot consistera seulement en immeubles qui seront rendus à la femme immédiatement après le décès du mari, la femme *n'aura pas droit* à la pension alimentaire? Cette proposition paraît trop absolue. Sans doute, si les immeubles de la femme sont considérables, les alimens devront être refusés; mais si les revenus de ses immeubles ou de son immeuble ne suffisaient pas à sa nourriture et à son entretien, elle pourrait réclamer son droit de viduité. — D.A. 10. 365, n. 37.

517. — La femme a droit à des alimens, quand même elle n'aurait apporté aucune dot. En effet, ce n'est pas seulement comme équivalent de l'intérêt des deniers dotaux que le droit de viduité a été institué. Il l'a été encore dans cette pensée toute morale, que la femme qui vient de perdre son mari ne doit pas se trouver tout-à-coup réduite à la plus extrême misère. D'ailleurs, comme le remarque Benoît, t. 2, n. 141, le droit d'habitation que l'art. 1570 accorde à la femme, est une preuve que le législateur a voulu que pendant l'an du deuil elle ne manquât d'aucun genre de secours. — Au reste, cette opinion était admise sans aucune hésitation dans l'ancienne jurisprudence (V. Répert. de Guyot et Merlin, v° Dot, § 11, n. 6). On trouve même cité, *eod. loc.*, un arrêt du parlement de Toulouse, du 21 juill. 1677, qui jugea que la femme avait droit de demander des alimens, quoique l'héritier du mari lui eût rendu sa dot. — D.A. 10. 365, n. 38.

518. — Notez que si, dans les numéros qui précèdent, on s'est servi tour à tour, en parlant du droit de viduité, des mots *alimens* ou *pension alimentaire*, c'est parce que les alimens, dont parle l'art. 1570, peuvent être fournis en nature ou en argent. Mais on hésite à décider avec Benoît, t. 2, n. 143, que l'acquittement du droit de viduité de l'une ou de l'autre manière est subordonné à la volonté de la femme. Ne serait-il pas plus sage de s'en rapporter sur ce point à l'arbitrage du juge? — D.A. 10. 365, n. 39.

519.— La disposition de l'art. 1570 oblige encore les héritiers du mari à fournir l'habitation à la femme, durant l'année qui suit la dissolution du mariage. Mais quelle doit être l'étendue de ce droit d'habitation? Il est évident qu'on ne pourrait le borner à ce qui serait rigoureusement nécessaire pour le logement de la femme. L'art 632 dit expressément que celui qui a un droit d'habitation dans une maison peut y demeurer avec sa famille. Nous pensons même que la veuve pourrait loger encore dans la maison du défunt tous les domestiques que son rang et sa fortune l'autoriseraient à conserver. — Benoît, t. 2, n. 144; D.A. 10. 365, n. 40.

520. — S'il n'y avait pas de maison dans la succession du mari, le droit d'habitation n'appartiendrait pas moins à la femme. Les héritiers du mari seraient tenus, dans ce cas, de lui payer une somme suffisante pour qu'elle pût se loger convenablement (Benoît, t. 2, n. 145, et Bellot, t. 4, p. 267).—Mais si, dans la même hypothèse, le mari avait occupé avant sa mort une maison étrangère, en vertu d'un bail qui ne serait pas expiré à la dissolution du mariage, la femme aurait le droit de jouir du bail pendant l'an de deuil. C'est aussi le sentiment exprimé par Benoît, *loc. cit.*; Proud., n. 2800; D.A. 10. 366, n. 41.

521.— Si la femme refusait d'habiter dans la maison où demeurait le mari, ou dans toute autre maison de la succession, les héritiers seraient-ils obligés de lui payer en argent la valeur de son droit? Nous ne le pensons pas, et telle est aussi l'opinion de Benoît, *loc. cit.* — D.A. 10. 366, n. 42.

522.— Les habits de deuil doivent encore, d'après l'art. 1570, être fournis à la femme aux frais de la succession. Nous devons répéter à cet égard ce que nous avons dit en parlant du droit d'habitation, que le droit de la femme s'étend à tout ce qui est nécessaire non seulement à sa personne, mais encore à ses domestiques. — Dur., 15, n. 571; D.A. 10. 366, n. 43. — Elle y a droit, quoique le mari lui aurait fait un legs; et l'on ne pourrait l'imputer sur les revenus de la dot. — Tessier, t. 2, p. 263 et suiv.

523.— Dans l'ancienne jurisprudence, le deuil de la veuve était presque considéré comme chose sacrée. Aussi un arrêt rapporté par Brillon alla-t-il jusqu'à accorder à une femme, pour ses habits viduaux, une somme de 3,500 fr., quoique la suc-

cession du mari ne présentât pas assez de ressources pour payer tous les créanciers du défunt. Il n en saurait être de même sous le nouveau droit : la créance de la femme relative à ses habits de deuil n'ayant pas été placée par la loi au nombre des créances privilégiées, il en résulte que, dans l'hypothese, la femme devrait être payée au marc le franc avec les créanciers ordinaires. — Benoît, 2, n. 146; D A. 10. 366, n. 44.

524 — Si, pendant l'année de viduité, la femme avait été constamment retenue dans son lit par une maladie, serait-elle recevable à demander aux héritiers le montant de ses habits de deuil? L'affirmative fut jugée, dans l'ancienne jurisprudence, par un arrêt du parlement de Paris, du 3 août 1711. Benoît, t. 2, n. 147, a pensé que le même sentiment devait être suivi parmi nous. Cet auteur se fonde sur ce que le deuil de la femme ayant pour objet d'honorer la mémoire du défunt, ce serait y porter atteinte que de décider que puisque la femme n'a pu porter le deuil de son mari, on ne doit rien lui adjuger pour cela. On incline aussi à adopter cette doctrine. Cependant on pourrait, dans certains cas, s'il y avait convol, par exemple, la contester avec succès devant les tribunaux.— D.A. 10. 366, n. 45.

525.— Et en effet, on devrait, ce semble, maintenir l'ancienne jurisprudence, suivant laquelle la femme qui s'était remariée pendant l'année de son veuvage devait être privée de son deuil—V. Roussilhe, t. 2, n. 613.— *Contra*, Bellot, t. 4, p. 267; D.A. 10. 366, n. 46.

526.—Ce n'est qu'en faveur de la femme que les droits d'alimens, d'habitation et de deuil se trouvent établis par l'article 1570. Aussi le mari ne pourrait-il demander à les exercer contre les héritiers de sa femme, dans le cas où le mariage serait dissous par la mort de cette dernière. Il résulte cependant d'une doctrine professée par Delvincourt, t. 3, p. 116, notes, que, dans le cas où la femme aurait laissé une succession opulente, le mari qui serait dans la misère devrait pouvoir réclamer contre les héritiers, même autres que les enfans communs, une pension alimentaire. Mais cette décision, quoique dictée par un sentiment de justice et d'humanité, est destituée de tout appui légal.—D.A. 10. 366, n. 47.

527.—*Partage des fruits.*—L'art. 1571 déclare qu'à la dissolution du mariage (et l'on doit en dire autant de la séparation de biens), le mari et la femme ou leurs héritiers se partagent les fruits des immeubles dotaux — D.A. 10. 366, n. 48.

528.—Remarquons ici avec Proudhon, t. 5, n. 2698, qu'il résulte de l'art. 1571 que le partage doit se faire en nature, et que, par conséquent, la femme ne pourrait priver le mari ou ses héritiers de la portion de fruits que la loi leur attribue, en leur offrant en argent la valeur de ces mêmes fruits. Tous les auteurs qui ont écrit sur la matière enseignent même que le mari, avant de procéder au partage, aurait le droit de prélever sur la masse des fruits le montant des frais que lui aurait occasionés la culture des fonds dotaux. *Fructus eos esse constat, qui deductâ impensâ supererunt*, dit la loi 7 *in princip.*, ff. *Solut. matr.* (Proudh., *loc. cit.;* Benoît, t. 2, n. 196; Bellot, t. 4. p. 274; Delv., t. 3, p. 118, n.). Il nous semble cependant, ainsi qu'à ce dernier jurisconsulte, que si les frais de la récolte de la premiere année du mariage avaient été faits par la femme, comme, par exemple, si le mariage avait eu lieu à une époque ou les semences et les travaux se trouvaient consommés, le mari ne pourrait alors, à la dissolution du mariage, élever aucune réclamation au sujet des frais de culture de la dernière année, Une doctrine contraire a été soutenue par Bellot, *loc. cit.*—D.A. 10. 366, n. 49.

529. — *Privilèges de la dot. Perte par insolvabilité.*—Passons aux art. 1572 et 1773. Le premier de ces deux articles a eu pour objet d'abroger la loi *Assiduis*, 12, C. *qui potiores*, laquelle accordait à la femme, pour la répétition de sa dot, un *privilège* en vertu duquel elle primait les créanciers hypothécaires, même antérieurs au mariage. Cette disposition était en effet inconciliable avec l'esprit du nouveau régime hypothécaire. Suivant les principes qui servent de base à ce régime, la femme doit être primée par tous les créanciers dont l'hypothèque se trouvera régulièrement inscrite au moment du mariage.

530.—Quant à l'art. 1573, son application ne peut se réaliser que lorsque la dot a été constituée en argent comptant ou en effets mobiliers, ou bien lorsque l'aliénation de l'immeuble dotal a été permise au mari par le contrat de mariage.

531.—Si la dot consistait en un immeuble que la convention des époux n'aurait pas rendu aliénable, la circonstance de l'insolvabilité du mari serait indifférente, puisque, dans le cas où l'immeuble aurait été aliéné, la femme pourrait le faire rentrer dans ses mains en demandant la nullité de la vente.—Cependant Delvincourt enseigne, t. 2, p. 121, notes, que l'art. 1573 devrait être appliqué même dans le cas d'une dot immobilière, si l'immeuble avait éprouvé des dégradations par le défaut de réparations d'entretien : alors la femme dont le mari était insolvable, et n'avait ni art, ni profesion au moment du mariage, ne devrait le rapport de l'immeuble que dans l'état où il se trouverait actuellement, sauf l'action en indemnité contre le mari ou ses héritiers, dont elle serait tenue également de faire le rapport. —Mais la faculté donnée à la femme par la loi, de faire prononcer sa séparation de biens pour péril du fonds dotal, rendrait cette doctrine difficilement applicable.—Dur., 15, n. 575; D.A. 10. 370, n. 79.

532.—Le bénéfice établi en faveur de la femme par la première partie de l'art. 1573, ne lui est explicitement accordé que pour le cas où la dot a été constituée par le père? Résulte-t-il de là que si la constitution avait été faite par la mère, la perte de la dot tomberait uniquement sur la femme? L'art. 1573 est exceptionnel, dit Bellot, t. 4, p. 282; il doit être restreint au cas ou c'est le père qui a constitué la dot. Cependant, qu'il s'agisse d'une faute du père ou d'une faute de la mère, la fille qui en est victime n'inspire-t-elle pas le même intérêt dans les deux cas? —Dur., 15, n. 576; D.A. 10. 371, n. 80.

533.—Remarquez enfin, avec Benoît, t. 1er, n. 340, qu'en mettant la perte de la dot à la charge de la femme, lorsque le mari avait une profession au moment du mariage, le législateur a voulu parler sans doute d'une profession déjà exercée par le mari avec assez d'avantage pour que le père ait pu la considérer comme une garantie du remboursement de la dot. Ainsi, la simple possession du titre d'avocat ou de médecin que le mari aurait eu au moment du mariage ne suffirait pas toujours pour faire supporter à la femme la perte de sa dot dans le cas prévu par l'art. 1573.—D.A. 10. 371, n. 81.

534. — *Droit de rétention.* — C'était le droit qu'avait la femme de retenir les biens de son mari jusqu'au remboursement de ses biens dotaux. On le nommait aussi *droit d'insistance* dans le ressort du parlement de Bordeaux.— Tessier, t. 2, p. 330 et s.

535.—Jugé que la donation contractuelle faite par les époux à leur enfant commun, d'une quotité des biens qu'ils laisseront à leur décès, n'enlève point à la femme survivante la faculté d'exercer, sur la totalité des biens de son mari, le droit de *rétention* qui lui appartient, jusqu'au paiement intégral de ses reprises : il n'y a donc pas incompatibilité entre l'exercice de ce droit et l'existence de la donation.— 24 août 1831. Bordeaux. Barris. D.P. 32. 2. 6.

536.— Au surplus, le droit de *rétention* est éteint dès l'instant que la femme débitrice de l'un des héritiers de son mari, s'est libérée envers lui en lui cédant le montant de ses reprises matrimoniales. — Même arrêt.

537. — Mais la femme, suivant la jurisprudence de l'ancien parlement de Bordeaux, n'avait point de droit de rétention sur les biens de son mari, qu'autant que ce droit avait été stipulé dans son contrat de mariage.— 26 mars 1831. Bordeaux. Dubreuilh. D.P. 33. 2. 160.

538.— Toutefois, le droit d'insistance appartenait à la femme, sans qu'il fût besoin d'aucune stipulation à cet égard, mais il ne conférait à la femme la jouissance des biens du mari qu'à la charge d'en imputer les fruits sur les intérêts de sa dot, sans qu'elle eût le pouvoir de s'opposer à la vente de ces biens, lorsque cette vente était poursuivie par un créancier légitime de son mari, sauf le droit qu'elle avait de se présenter à l'ordre pour être colloquée suivant le rang de son hypothèque.— Même arrêt.

539.— Au reste, le droit d'*insistance*, en vertu duquel la femme jouissait des biens du mari jusqu'au remboursement de sa dot, n'était pas transmissible aux héritiers collatéraux de la femme : ils étaient, en conséquence, tenus de restituer les fruits par eux perçus pendant le temps que les biens du mari étaient restés entre leurs mains.—30 frim. an 13. Nîmes. Brunel. D.A. 10. 359, n. 1. D.P. 2. 763, n. 1.

§ 18.— *Des paraphernaux.*— V. ce mot.

— V. Paraphernalité, Remploi.—V. aussi Communauté, Contrat de mariage.—V. aussi Acquiescement, Alimens, Autorisation de femme, Caution, Chose jugée, Commerçans, Compétence administrative, Compétence commerciale, Contrat de mariage, Droits civils, Douaire, Enregistrement, Faillite, Garantie, Hypothèques, Intérêts, Loi, Louage, Mandat, Office, Partage, Prescription, Rapport, Rente, Saisie-immobilière, Séparation de biens, Séparation de patrimoines, Stellionat, Substitution, Succession, Succession bénéficiaire, Surenchere, Tierce-opposition, Usufruit, Vente.

TABLE SOMMAIRE.

Accession. 445.
Accessoire. 481, s.
Acquêt. 161, 239.
Acquiescement. 219.
Acte authentique. 107, 464, s.
Action. 81, s.—*de in rem verso*. 417.—possessoire. 81, s.—révocatoire. —V. Révocation.
Adition d'hérédité. 374, s.
Administration. 78, s. 235.
Aliénabilité. 13, s.
Aliénation. 179, s. — autorisée. 299, s. 305.— forcée. 222, 355.—indirecte. 263.
Alimens. 48, 61, 249, 253, 336, s. 341, 365, 513, s.
Amélioration. 155, 303, 419, 443, 481, s.
Amende. 388, s.
An de deuil. 513, s.
Arrérages. 158.
Assolement. 136.
Augmentation de dot. 22, 39, s.
Autorisation d'aliéner. 299, s.—de femme. 83, s. 217, 227, 230, 245, 348, 364, s. 411.—(obligation personn. 304.
Avancement d'hoirie. 49.
Avocat. 384.
Ayant-cause. 409.
Biens à venir. 5, s. 37.
Bois. 141.
Carrière. 124, s.
Caractère, 4, s. 40.
Cas 158.
Cassation (appréciation). 174, 452. — (jurisprudence) 174.
Caution 57, 99, 152, 286, 333, 416, 454, 508, 512. —nulle. 177.
Cession de biens. 335.
Charge du mariage. 1, 26, 150, s. — de l'administration. 113, s.
Chose fongible. 168, 502. — jugée. 226, 266.
Collocation provisoire. 450, s.
Communauté. 277, 297, s. 489. — (exclure) 27, s.
Comm. renommée. 462.
Compensation. 86.
Compromis. 228, 310.
Constitution. 47. — dotale. 4, s.
Contrat de mariage. 39, s. (changement) 145, s.
Contributions. 316.—des parens. 47.
Convol. 525.
Coupes de bois. 141, s.
Coutume de la marche. 283.
Créanciers. 144, 148. — hypothécaires. 346.
Culture. 135, s.
Date certaine. 106, 148, 212, 224, s. 231, s. 342, s. 349, 464, s.
Dation en paiement. 58.
Décès. 216, 236, 248, 257, s. 383, 427, 449, 460.
Défendeur. 94.
Délai. 501, s.
Délit. 377, s.
Dépérissement. 170.
Dépréciation. 494.
Dette antérieure. 235, s. 300, 342, s. 349.
Deuil. 512, s.
Divorce. 151, 452.
Dommages-intérêts. 212, 380, s. 410, s.
Domicile. 337.
Don manuel. 290.
Donation. 24, 40.— conditionnelle. 145.— par contrat de mariage. 216, 223, 340, 535. — déguisée. 162, s. 461. — entre époux. 205, 214, s. 293, s.
Dot mobiliere. 195, s. 240, s. 332.
Dotalité. 1, 179, s. 210.
Droit incorporel. 180, 203. 491, s. — d'insistance. 380, 535, s.—romain. 3. —successifs. 188.
Echange. 366, s.
Effet de commerce. 343.
Egalité. 48, s.
Emancipation. 108.
Enfans. 313, s. — petits. 321. — V. Etablissem.
Enregistrement. 167, 174, s. 178.
Entretien du ménage. 249. s. 261.
Equivalent. 7, s. 27, s.
Estimation. 165, s. 210, 486, s. 502.
Etablissement d'enfans. 287, 295, 313, s.
Exprop. pour utilité. 394.
Eviction. 60.— non-recevable. 409.
Exception. 305, s.
Femme. 78, 82, s. 111. — (capacité) 210, s.—(consentement) 363. — action. 81, s. — commerçante. 395.
Fonds de commerce. 165.
Force majeure. 158.
Frais. 152, 112, 380, s.
Fraude. 224, 347.
Fruits. 115, s. 148, s. 207, s. 241, s. 263, 498, s. 527.—(dotalité) 149. —(partage) 142, s. 527. —civils. 116, s.—naturels. 127, s.
Garantie. 59, s. 102, 288, s. —(promesse) 416, 426.
Habitation. 519.
Héritiers. 264, s. 425, s. 503, 509.
Honoraires. 112, 384.
Hypothèque. 62, 202, 221, 236, 238, 282, s. 302, 310, s. 503. — légale. 273, s. 446, s.
Ignorance (mention). 425.
Impôts. 141, s. 157.
Inaliénabilité. 179, s. 210, 230. — (exception) 297, suiv.
Indemnité. 118, 126.
Indivisibilité. 48, 182.
Indivision. 92, 181, s. 353, s. 441.
Inscription de faux. 468.
Insolvabilité. 140, 290, 404, 529.
Intention. 9, 16, 46.
Intérêts. 55, 113, 157, s. 207, s. 241, s. 498, s. 515. — (demande) 73, 77.— légaux. 73.
Interprétation. 5, s. 132, s. 225, s. 235.
Jachère. 137.
Jouissance. 115, s.
Joyaux. 205.
Legs d'alimens. 48.
Lésion. 171, 307.
Liberté des conventions. 110, s. 145, s. 149, 510.
Licitation. 121, 185, 353.
Loi personnelle. 267, s. — réelle. 267, s.
Louage 79, s. 118, s.
Mandat. 306. —d'aliéner. 365, s. 370, s. — général. 20; suiv.

Marchande publique. 395.
Mari. 31, s. — (obligation personnelle) 304.
Mariage (célébration). 212, 349, s.
Mesure conservatoire. 85.
Meubles. 58, 165, s. 195, s. 240, s. — incorporels. 205, s.
Mines. 124, s.
Mineur. 108, 309, 397, s. 460.
Monnaie (dépréciée). 494, suiv.
Moyen nouveau. 227.
Normandie. 185, s. 242, 257, s. 271, s. 287, s. 314, 432, s.
Novation. 491.
Nullité. 406, s. — (accessoire). 416. — relative. 228, 420, s.
Obligation. 81.
Ordre public. 149.
Paiement. 51, 56, 472, s.
Paraphernalité. 4, 29, 35, s. 43, 92, 154, 191, 548, 381, s. 426, 515.
Parent. 112, 470, s.
Partage. 88, 121, s. 353, 458. — des fruits. 527. — nouveau. 361.
Pension aliment. 158, 518.
Perte. 140, 491, 529. — de la dot. 56, s.
Portion disponible. 61, s.
Possession réelle. 181, s.
Prescription. 159, 231, 308, 395, s. 429, 476, s.
Présomption. 472, s. — (acquêt) 161, s. 239.
Preuve. 462. — testimoniale. 469.
Priviléges. 529.
Prison. 329, s.
Propriété. 164, s.
Puissance maritale. 110, s. 145, s.
Question transitoire. 285, s. 381, 436.
Quittance. 407, 465, s.
Rapports. 128, 162, s.
Ratification. 451. — (promesse) 177. — tacite. 451, s.
Réception de dot. 462, s.
Récolte. 128, s.
Recours subsidiaire. 290, suiv.
Reddition de compte. 176.
Régime dotal. 2.
Remboursement. 97, s.
Remplacement militaire. 325.
Remploi. 6, 97, s. 179, 185, s. 276, s. 359, s. 506.
Renonciation. 87, 202, 221, 238, 311, s. 461. — illégale. 110, s. — présumée. 451, s. — tacite. 412, 474.
Rente. 102. — viagère. 113, 186.
Réparation. 153, s. 349, s. 364, s. 481. — civile. 387, s.
Répétition. 132, 307, s. — (fruits) 151.
Rescision. 171, 307, s.
Réserve d'aliéner. 201, 305, 311, 443.
Résolution. 79.
Responsabilité. 56, s. 59, s. 118, s. 140, 159, s. 321, 352, 462, s. 470, s. 491, s.
Restitution. 129, s. 168, s. — (chose) 481. — de dot. 456, s. — de prix. 417, 425, 433.
Rétention. 364, 418, s. 534, s.
Rétroactivité. 285, s. 330.
Revendication. 432.
Révocation. 308, 400, 406, suiv.
Saisissabilité. 192.
Secondes noces. 32, s.
Séparation de biens. 109, 144, 229, s. 279, 399, 405, 444, s. 457, 507, s.
Servitude. 93.
Simulation. 320, 468.
Société d'acquêt. 30, 51, 201, 458.
Solidarité. 57, 111, 256.
Statut réel. 267.
Stipulation expresse. 7, s. 27, s.
Subrogation. 202. — de choses. 58.
Succession future. 50, 55, 149. — spoliée. 374, s.
Surenchère. 84, 220.
Sursis. 122.
Survenance d'enfant. 362.
Testament. 215, 454.
Tiers détenteur. 94, s. 290, 420, 457.
Transaction. 105, 206, 222, s. 298, 453.
Trousseau. 490, s.
Tuteur. 102, s.
Usufruit. 45, 109, 113, s. 145, 152, 487. — légal. 278, s.
Usure. 72.
Vente. 19. — nulle. 406, s.
Veuve. 32.

DOTATION. — V. Communauté, Communes, Compétence administrative, Domaine de la couronne, Domaine extraordinaire, Eau, Féodalité, Majorat, Ministère public.

DOUAIRE. — 1. — C'était un droit d'usufruit que la plupart de nos anciennes coutumes accordaient à la veuve et quelquefois aux enfans, sur une partie des biens de leur mari ou père. — D.A. 10. 373, n. 1.

§ 1er. — *Douaire proprement dit.*
§ 2. — *Douaire des enfans.*
§ 3. — *Questions transitoires.*

§ 1er. — *Douaire proprement dit.*

2. — Sous la coutume de Paris, le fonds du douaire constitué en mariage, était la propriété exclusive des enfans : la femme n'en avait que l'usufruit. — 11 juill. 1827. Req. Paris. Cardon. D.P. 27. 1. 301.

3. — Le douaire, quant à la nue-propriété et à l'usufruit, forme un tout indivisible, en ce sens que l'hypothèque légale attribuée à la femme pour son droit d'usufruit, conserve le droit des enfans sur la nue-propriété, sans qu'il soit besoin de renouveler l'inscription. — 25 fév. 1831. Paris. Tricotel. D.P. 31. 2. 103.

4. — Le douaire que la coutume de Normandie accordait à la femme survivante, était un droit réel et foncier, existant à son profit dès le moment de la célébration du mariage; ce n'était pas, par conséquent, à titre successif qu'elle l'acquérait. — 21 nov. 1828. Rouen. Duboc. D.P. 30. 2. 159.

5. — Mais, dans le cas où le tiers-détenteur a possédé avec juste titre et de bonne foi, la nullité de l'aliénation ne doit être prononcée qu'à la charge, par la femme, de restituer le prix à l'acquéreur, à moins qu'elle ne prouve que ce prix a tourné exclusivement au profit du mari. — Même arrêt.

6. — En Normandie, la constitution du douaire, faite par un parent collatéral, devait, quoique insérée dans un contrat de mariage sous seing-privé et non infirmé, recevoir son exécution. — 13 therm. an 13. Caen. Simon. D.A. 10. 373, n. 1. D.P. 2. 764, n. 2. — 14 avril 1812. Caen. Bourgeoise. D A. 10. 373, n. 1. D.P. 2. 764, n. 2.

7. — Le douaire pouvait frapper également les biens d'un collatéral ou du père du mari. — Mêmes arrêts.

8. — Le droit que l'art. 369 de la coutume de Normandie accordait à la femme, de demander douaire sur les biens du père ou de l'aïeul de son mari, doit être sévèrement restreint aux deux cas dont parlé cet article, c'est-à-dire au cas où le père ou l'aïeul ont été présens au mariage, et celui où ils y ont consenti. Les tribunaux ne peuvent étendre l'application de cet article aux cas dans lesquels on pourrait présumer que le père avait donné son consentement au mariage, ou bien que des circonstances notoires, indépendantes de sa volonté, l'avaient empêché d'y assister. — 12 mars 1823. Civ. c. Rouen. Renault. D.A. 10. 374, n. 2. D.P. 2 765, n. 1 et 23. 1. 170.

9. — Dans les pays de droit écrit, un droit à peu près semblable avait aussi été établi par l'usage au profit de la femme qui survivait à son mari. Ce droit était connu sous le nom d'*augment de dot*, ou d'*agencement;* il consistait ordinairement dans la jouissance d'une portion des biens du mari proportionnée à la dot qui avait été constituée à la femme. Mais, à la différence du douaire, qui ne conférait jamais à la femme qu'un droit d'usufruit, l'augment pouvait quelquefois porter sur la pleine propriété. Ainsi, l'usage voulait que lorsque la femme était restée en viduité jusqu'à sa mort, l'augment fût partagé par égales parts entre elle ou son héritier et les enfans. La portion de la femme était appelée portion *virile*. Lorsqu'il n'y avait pas d'enfant, l'augment tout entier appartenait à la femme en propriété. D'autres différences assez graves distinguaient encore l'augment du douaire. On les trouvera signalées dans Roussilhe, t. 2, n. 575 et suiv., et dans le Répert. de Guyot et Merlin, v° Augment. — D.A. 10. 374, n. 2.

10. — L'augment de dot stipulé dans le pays de droit écrit, et dans un contrat de mariage, constitue une donation entre-vifs irrévocable, encore bien qu'elle ne doive avoir son effet qu'à la mort du donateur, et en cas de survie de la part du donataire. — 9 mars 1831. Nîmes. Vernon. D.P. 32. 2. 167.

11. — Jugé que les conventions matrimoniales qui assignent à la femme une dot, un augment et un douaire, n'étant pas exclusives de la communauté, c'est à ce régime que se trouvent soumis les époux qui, après avoir arrêté ces conventions, se sont bornés à déclarer dans leur contrat de mariage qu'elles expriment tout ce dont ils sont demeurés d'accord, sans désigner le régime qu'ils entendaient adopter. — 23 juill. 1808. Turin. Rossi. D.A. 10. 164, note 1re. D.P. 9. 2. 103.

12. — Le douaire n'existe plus de plein droit sous la loi nouvelle. Cependant il ne sera pas inutile de rappeler les principales règles relatives à cette espèce de gain de survie, puisque les tribunaux ont encore assez souvent à les appliquer par suite de la dissolution de mariages contractés avant l'abrogation des coutumes. Cette matière a d'ailleurs fait naître plusieurs questions transitoires assez délicates, dont nous devons parler. — D.A. 10. 374, n. 3.

13. — *Règles générales sur le douaire.* — Nous avons dit plus haut que la femme tenait le douaire de la coutume elle-même, lorsque son contrat de mariage ne le lui avait pas expressément accordé. De là deux espèces de douaire : l'un *conventionnel*, c'est-à-dire résultant du contrat de mariage (on l'appelait aussi *préfix* ou *devis*); l'autre *coutumier*, c'est-à-dire établi par le statut local, dans le cas du silence des époux. — D.A. 10. 374, n. 4.

14. — Jugé que la stipulation d'un douaire préfix, dans un contrat de mariage passé à Paris sous l'empire de la coutume, n'empêche pas la femme de prétendre douaire coutumier sur les immeubles normands de son mari. — 21 vent. an 11. Rouen. Gouyer. D.A. 10. 375, n. 1. D.P. 2. 765, n. 2.

15. — Il existait cependant quelques coutumes, telles que les coutumes de la Marche, de La Rochelle, de Cambrai, d'Issoudun, etc., qui ne reconnaissaient que le douaire conventionnel. La femme ne pouvait donc réclamer aucun douaire, lorsque les biens du mari étaient situés dans le ressort de ces coutumes, si le mariage avait eu lieu sans traité nuptial, ou bien si ce traité était muet à l'égard du douaire. — D.A. 10. 374, n. 5.

16. — Dans les pays même où la coutume établissait un douaire en faveur de la femme, les époux avaient la liberté de s'écarter des dispositions des statuts locaux. Ainsi, lorsque le douaire coutumier devait embrasser le tiers des biens du mari, le contrat de mariage pouvait restreindre l'usufruit de la femme au quart de ces biens. Les époux pouvaient aussi faire porter le douaire conventionnel sur des biens autres que ceux qui étaient désignés par la coutume. — Enfin, les femmes avaient la faculté de renoncer, dans leur contrat de mariage, au droit de réclamer un douaire quelconque, ce privilége ne se trouvant créé que dans leur intérêt particulier. Mais cette renonciation devait être expresse. — V. Pothier, *Traité du douaire*, n. 3, 123 et suiv., et le *Répert.* de Guyot et Merlin, v° Douaire, sect. 1re, § 3; D.A. 10. 374, n. 6.

17. — Le douaire conventionnel pouvait-il excéder le douaire coutumier? La négative était admise dans plusieurs coutumes, telles que les coutumes de Normandie, de Tours, du Maine, du Poitou, etc.; l'on décidait, au contraire, que le douaire conventionnel n'avait pas de limites, et qu'il pouvait par conséquent excéder le coutumier, dans les coutumes de Paris et d'Orléans, et dans la plupart des coutumes. — Pothier, *Traité du douaire*, n. 127 et suiv.; D.A. 10. 374, n. 7.

18. — Jugé que quand la femme se constituait en dot tous ses biens présens et à venir, le mari pouvait lui constituer pour augment dotal une somme excédant le douaire coutumier. — Le mari ne pouvait révoquer cet augment par son testament. — 2 mess. an 10. Turin. Fantolini. D.A. 10. 171, n. 1-4. D.P. 2. 714, n. 7.

19. — D'après Pothier (*loco citato*), la même divergence existait parmi les coutumes, sur la question de savoir si la femme à qui un douaire avait été accordé par le contrat de mariage, pouvait renoncer à ce douaire pour s'en tenir au coutumier. Cette faculté lui était laissée par les coutumes de Meaux, de Troyes, de la Grande-Perche, etc. Mais les coutumes de Paris, d'Orléans, de Blois, et un très grand nombre d'autres suivaient une doctrine opposée. — D.A. 10. 374, n. 8.

20. — Mais quelle était l'étendue du douaire coutumier? D'abord les coutumes n'étaient pas uniformes à l'égard des biens du mari qui devaient être grevés du douaire. D'après la coutume de Paris et le plus grand nombre des coutumes, le douaire frappait tous les immeubles possédés par le mari au moment du mariage et tous ceux qui lui étaient advenus pendant le mariage en ligne directe ascendante; à défaut de ces biens, la femme n'avait aucun douaire à réclamer. D'après la coutume d'Orléans et quelques autres, la femme avait au contraire, dans ce dernier cas, le droit de demander un douaire subsidiaire sur les conquêts immeubles de son mari, et à défaut de conquêts, sur ses meubles. — La coutume de Sedan s'écartait aussi des dispositions de la coutume de Paris, en ajoutant, pour régler le douaire, aux immeubles qui appartenaient au mari au moment du mariage, non seulement ceux qu'il tenait de ses ascendans, mais encore ceux qui lui étaient advenus par ses descendans. — Enfin les coutumes de Berri et de Bourbonnais, au lieu d'accorder le douaire sur les immeubles que le mari avait lors du mariage, le faisaient porter sur ceux qu'il laissait lors de son décès, en exceptant les conquêts. — D.A. 10. 374, n. 9.

21. — Quant à la quotité du douaire, les coutumes de Paris et d'Orléans et beaucoup d'autres, accordaient en usufruit la moitié des biens; les autres n'accordaient que le tiers. Au nombre de ces dernières, étaient les coutumes de Normandie, de Bretagne, de Poitou, d'Anjou, du Maine et de la Grande-Perche. — Mais, parmi toutes ces coutumes, quelques unes accordaient la moitié ou le tiers, suivant la qualité des biens ou des personnes. — Ainsi, les coutumes de Calais et d'Artois fixaient le douaire à l'usufruit de la moitié des fiefs et du tiers seulement des biens tenus en roture. — Ainsi, dans la coutume de Tours, la quotité du douaire était du tiers pour les nobles, et de la moitié pour les veuves des roturiers, à moins qu'il ne s'agît de fiefs échus en tierce-foi, dans lesquels les roturières n'avaient que le tiers. — Dans le comté de Bourgogne, le douaire des femmes roturières était réglé au tiers en

usufruit de ce qu'elles avaient apporté en mariage. — D.A. 10. 375, n. 10.

22 — Les statuts qui établissaient le douaire et en déterminaient l'étendue, étaient des status *réels* et non des statuts *personnels*. Il résultait de là que, pour savoir si la femme avait droit à un douaire, ou pour régler la quotité du douaire qu'elle pouvait réclamer, il ne fallait consulter ni la coutume du lieu où le contrat de mariage avait été passé, ni celle du domicile du mari à son décès, mais la coutume dans le ressort de laquelle étaient situés les biens que devait grever le douaire (V., pour l'application de cette regle, Pothier, *Traité du douaire*, n. 128 et *passim*). — D.A. 10. 375, n. 11.

23. — Dans l'ancienne jurisprudence, le douaire, quoique semblable à la donation, n'était pas considéré comme une véritable libéralité. On s'accordait en général à le regarder comme une récompense des intérêts de la dot et des travaux de la femme, qui avaient profité au mari pendant le mariage, ou bien comme une suite de l'obligation que le mari était censé contracter en se mariant, de pourvoir, après après sa mort, à la subsistance de la femme qui lui survivait. Et de là on déduisait, comme conséquences, 1° que le douaire conventionnel ou coutumier n'était pas sujet à l'insinuation à laquelle les ordonnances avaient assujetti les donations; 2° que le douaire n'était exposé à aucun retranchement pour la légitime des enfans; 3° que la douairière avait le droit d'exiger pour sa jouissance des garanties que n'aurait pu obtenir un simple légataire d'usufruit. — Pothier, *loc. cit.*, n. 8 et suiv.; Guyot et Merlin, Rép., v° Douaire, sect. 1re, § 1er, et Proudhon, *Tr. de l'usuf.*, t. 1er, n. 252 *in fine*; D.A. 10. 375, n. 12.

24. — Jugé, au contraire, que le douaire et autres gains de survie sont pour la femme de véritables libéralités du mari, imputables par conséquent sur la quotité disponible, et non payables, comme dettes de la succession, sur la masse totale des biens, soit qu'ils proviennent à la femme de la volonté du mari, soit de l'autorité des statuts locaux : tels étaient spécialement le douaire et *la chambre garnie*, stipulés sous la coutume d'Anjou, surtout si les droits stipulés excédaient les avantages coutumiers. — 5 août 1824. Angers. Gilly. D.A. 12. 410, n. 1. D.P. 2. 1321.

25. — Le droit au douaire existait au profit de la femme, sous la condition de sa survie, dès le moment que le mariage avait été célébré. Le mari était donc tenu dès ce moment, envers sa femme, de l'obligation de lui conserver les immeubles qu'affectait le douaire; et, pour sûreté de cette obligation, la coutume accordait à la femme une hypothèque sur ces immeubles. De ces règles, il suivait que le mari, pendant le mariage, ne pouvait aliéner valablement au préjudice de la femme les biens sujets au douaire. Dans le cas de leur aliénation, la femme qui n'y avait pas consenti pouvait, à l'ouverture du douaire, demander l'éviction des tiers-acquéreurs jusqu'à concurrence de son usufruit, pourvu toutefois que le mari n'eût pas laissé dans sa succession assez de biens sujets au douaire pour fournir à la femme la portion qu'elle devait avoir dans l'usufruit de la totalité des biens. — Poth., *loc. cit.*, n. 190; D.A. 10. 375, n. 13.

26. — Mais en cas de vente, du vivant du mari, des biens hypothéqués au douaire de la femme, celle-ci ne peut point, quoiqu'il ne reste aux mains de l'acquéreur qu'une somme inférieure aux arrérages annuels du douaire, exiger que cet acquéreur retienne les intérêts de la somme restée entre ses mains, jusqu'à ce que ces intérêts, cumulés avec le capital qui les produit, s'élèvent à une somme assez forte pour assurer le service éventuel du douaire. — 30 juill. 1807. Paris. Hulot. D.A. 10. 375, n. 3. D.P. 2. 765, n. 3.

27. — Le droit de poursuivre les tiers-acquéreurs appartenait même à la femme, au moins pour l'exercice du douaire coutumier, malgré les lettres de ratification que ces tiers avaient pu obtenir, pendant la vie du mari, sans opposition de la part de la femme. Il n'en était pas de même lorsque les lettres de ratification avaient été prises sans opposition depuis l'ouverture du douaire. — Guyot et Merl., Rep., v° Douaire, sect. 1re, § 8, n. 2; D.A. 10. 375, n. 14.

28. — Mais la mort naturelle du mari pendant la vie de la femme était-elle la seule cause qui donnât lieu à l'ouverture du douaire? La femme n'avait-elle pas le droit de le réclamer après la mort civile du mari? L'affirmative était expressément décidée par la coutume de Melun; mais les autres coutumes s'étaient contentées de déclarer que la *mort* du mari donnait lieu à l'ouverture du douaire, et, d'après plusieurs jurisconsultes, tels que Dumoulin et Louet, cette expression ne devait s'entendre que de la mort naturelle. Il paraît cependant que l'opinion contraire était adoptée dans un grand nombre de coutumes. Elle n'était l'objet d'aucun doute en Normandie et dans le Nivernais. Un arrêt du 14 août 1567, cité par Coquille, l'avait consacrée. Tel est aussi le sentiment exprimé par Poth., *loc. cit.*, n. 155. — D.A. 10. 375, n. 15.

29. — En était-il de même dans le cas où le désordre des affaires du mari avait obligé la femme à faire prononcer la séparation de biens? Les coutumes de Maine, d'Anjou et de Nivernais le déclaraient en termes formels, et leurs dispositions étaient suivies en Normandie. Mais cette doctrine n'était pas admise dans la plupart des autres coutumes. Plusieurs suivaient une ancienne jurisprudence qui, dans le cas de séparation de biens, s'était bornée à accorder à la femme une pension réglée ordinairement à la moitié du douaire et à laquelle on avait donné pour ce motif le nom de *demi-douaire*. — Poth., *loc. cit.*, n. 157; D.A. 10. 375, n. 16.

30. — Jugé que le douaire et autres avantages nuptiaux portés au contrat de mariage de la femme normande, ou mariée sous la coutume de Normandie, étaient ouverts indistinctement, soit par le décès du mari, soit par la séparation des époux. — 26 mai 1830. Req. Rouen. Levacher. D.P. 30. 1. 262 — 10 juin 1809. Rouen. Piel. D.A. 10. 333, n. 13; 380, n. 2. D.P. 2. 756, n. 6, et 9. 2. 165.

31. — Mais ce douaire était inaliénable pendant le mariage : et, conséquemment, la femme, même autorisée, ne pouvait l'aliéner après la séparation de biens, quoiqu'elle eut été mise en possession du douaire par l'effet de cette séparation; les immeubles acquis depuis la séparation étaient les seuls que la femme pût aliéner. — 21 nov. 1828. Rouen. Duboc. D.P. 30. 2. 159. — 13 août 1823. Caen. Renoult. D.A. 10. 375, n. 4-1. D.P. 2. 765, n. 4.

32. — Jugé en outre que la femme normande qui a obtenu sa séparation de biens, mais qui, depuis, n'a pas cessé de vivre comme auparavant avec son mari, pendant un grand nombre d'années, sans mettre à exécution cette séparation, ne peut, vis-à-vis des tiers-acquéreurs des biens de son mari, réclamer les intérêts de son douaire, à compter du jour où sa séparation a été prononcée. — 19 nov. 1816. Civ. r. Faucon. D.A. 10. 376, n. 2. D.P. 17. 1. 108.

33. — Lorsque cette même femme a aliéné, conjointement avec son mari et depuis sa séparation, une rente qui pouvait lui tenir lieu de douaire, elle n'est pas recevable à demander contre les tiers la formation de lots à douaire, sans avoir préalablement demandé à prouver que la valeur de son douaire excédait celle de la rente aliénée; du moins, l'arrêt qui le décide ainsi ne viole aucune loi, et n'est pas susceptible de cassation. — Même arrêt.

34. — Lorsque le douaire s'ouvrait par la mort naturelle du mari, la femme, dans la plupart des coutumes, en était saisie de plein droit : d'où il suivait, entr'autres conséquences, que les fruits ou intérêts échus depuis la dissolution du mariage lui appartenaient. Mais dans quelques coutumes la saisine était refusée à la femme à l'egard du douaire conventionnel; telles étaient les coutumes de Senlis, Etampes, Châteauneuf. La coutume de Blois accordait au contraire à la femme la saisine du douaire conventionnel, et lui imposait l'obligation de demander aux héritiers du mari la délivrance du douaire coutumier. En Normandie, la femme n'était saisie de plein droit ni de l'un ni de l autre. — Poth., *Tr. du douaire*, n. 158 et suiv.; Guyot et Merl., Répert., v° Douaire, sect. 2, § 1er, n. 3; D.A. 10. 376, n. 17.

35. — L'ouverture du douaire était suivie du partage des biens du mari entre les héritiers de ce dernier et la femme. Après le partage, la femme percevait tous les fruits produits par les biens qui étaient affectés par son douaire, de même qu'aurait pu le faire un usufruitier. Mais si la jouissance de la femme avait tous les avantages d'un usufruit, elle était aussi soumise aux même charges. Ainsi, la douairière était tenue, comme l'usufruitier, de fournir caution. Quelques coutumes cependant avaient introduit à cet égard plusieurs distinctions. — V. Pothier, *loc. cit.*, chap. 4 et 5, et Rép., *loc. cit.*, § 2, 3 et 4; D.A. 10. 376, n. 18.

36. — Pour que la veuve, qui a droit au douaire sur les biens de son mari, soit, d'après la coutume de Normandie, tenue de supporter le tiers des rentes foncières qui grèvent ces biens, les ayans-droit du mari doivent prouver que ces rentes ou charges existaient déjà au moment du mariage. — 2 déc. 1833 Civ. c. Rouen. Ricard. D.P. 34. 1. 62.

37. — La loi du 26 brumaire an 6, aux termes de laquelle les arrérages qui avaient couru depuis le 12 nivôse an 3 jusqu'à la publication de la loi du 29 messidor an 4, devaient être payés moitié en grains et moitié en assignats, est seule applicable aux arrérages de douaires préfixs constitués avant l'émission du papier-monnaie, et non celle du 16 nivôse suivant, qui, en disposant que les douaires préfixs, ainsi que tous les autres avantages matrimoniaux, seraient acquittés en numéraire métallique, n'a eu en vue que les douaires établis pendant le cours du papier-monnaie. — 31 mars 1824. Req. Paris. Gouy-d'Arsy. D.A. 10. 191, n. 3. D.P. 24. 1. 212.

38. — La jouissance de la douairière ne s'éteignait que par les causes qui donnaient lieu à la cessation de l'usufruit. Ainsi, l'exercice du douaire finissait par la mort naturelle ou civile de la femme, par la remise de son droit, qu'elle consentait à l'héritier, par la prescription, par la résolution du droit qu'avait le mari sur l'heritage, à l'époque du mariage, par la confusion sur la tête de la femme du titre de propriétaire et de douairière, par l'extinction de la chose. — V. Pothier, *loc. cit.*, chap. 6, et Rép., *loc. cit.*, sect. 3, § 1er; D.A. 10. 377, n. 19.

39. — Mais il était des cas, déterminés par la jurisprudence ou par divers coutumes, où l'héritier du mari pouvait demander que la femme fût privée de son douaire. Ainsi, il résultait de plusieurs arrêts, que la femme pouvait en être dépouillée lorsqu'elle était convaincue de s'être livrée à la débauche pendant sa viduité et surtout dans l'an du deuil. Il en était de même à l'égard des femmes convaincues du crime de supposition de part. La coutume de Bretagne déclarait aussi, par son art. 354, que la femme veuve qui se remariait avec son domestique ordinaire perdait son douaire. Enfin, quelques coutumes punissaient de la même peine la femme qui avait mésusé de son usufruit en faisant subir des dégradations considérables aux héritages sur lesquels il était établi. — La femme coupable d'adultère pouvait même, du vivant du mari, être déclarée déchue de son douaire, aux termes des coutumes de Tours et d'Anjou. Les coutumes de Normandie et de Bretagne avaient des dispositions semblables à l'égard de la femme qui avait abandonné son mari. — V. Pothier, *loc. cit*, n. 256 et suiv., et Rép., *loc.*, *cit.*, § 2; D.A. 10. 377, n. 20.

§ 2. — *Douaire des enfans.*

40. — Il nous reste maintenant à faire observer qu'outre le douaire dont nous venons de parler, quelques coutumes avaient aussi établi un douaire en faveur des enfans du mariage. Ce douaire consistait dans la propriété des biens dont l'usufruit appartenait à la mère. — Mais, parmi les coutumes qui accordaient un douaire aux enfans, plusieurs avaient introduit quelques distinctions. Ainsi, les coutumes d'Étampes, Chateauneuf, Chartres et Dunois déclaraient qu'il n'y aurait douaire en faveur des enfans *qu'entre nobles*; la coutume de Clermont accordait douaire aux enfans dans les héritages roturiers, et leur refusait cet avantage dans les fiefs. Enfin, il résultait de la coutume de Dunois que l'enfant pouvait réclamer la propriété du douaire conventionnel, mais non celle du douaire coutumier. La coutume de Paris ne faisait aucune distinction. — D.A. 10. 377, n. 21.

41. — Dans le cas d'un douaire préfix constitué sous la coutume de Paris, qui déclarait le *douaire propre aux enfans*, on ne peut, lorsque ces derniers, après la mort de leurs parens, viennent réclamer leur douaire et les intérêts échus depuis son ouverture, en vertu du contrat de mariage de leur mère, rejeter leur demande, sous le prétexte que n'étant pas nommés dans le contrat, ils n'ont pas de titres pour agir. Dans cette hypothèse, les enfans sont saisis du douaire dès le moment où il s'ouvre, sans avoir besoin de le demander en justice (Cout. de Paris, 245 et 256). — 10 août 1821. Req. Lyon. Carray. D.A. 10. 377, n. 1 D.P. 2. 766, n 1.

42. — Les tiers-détenteurs ne peuvent exciper non plus des lettres de ratification obtenues par eux du vivant du père, l'art. 32 de l'édit de 1771 ayant excepté formellement de l'effet des lettres de ratification les douaires non ouverts. — Même arrêt.

43. — Le douaire d'un enfant du premier lit doit, d'après la coutume de Paris, être prélevé, pour régler ensuite, sur le surplus des biens, la part donnée à la seconde femme par son mari. Cette femme n'est pas recevable à opposer à l'enfant du premier lit la maxime du droit coutumier, que l'on ne peut être héritier et douairier (Cout. de Paris, articles 250, 251, 252.) — 23 mars 1815. Req. Riom. Beaufranchet. D.A. 5. 345. D.P. 15. 1. 192.

44. — La prescription ne peut courir au préjudice

des enfans donairiers qu'à compter du jour de l'ouverture du douaire. — 10 août 1824. Req. Lyon. Carray. D.A. 10. 377, n. 1. D.P. 2. 766, n. 1.

45. — Quant aux règles relatives à la nature du douaire des enfans, à sa quotité, à l'époque où le père en contracte l'obligation, à son ouverture, aux droits que les enfans peuvent exercer, à leurs garanties, nous devons nous borner à dire que sur tous ces points les règles sont les mêmes que celles que nous venons d'exposer à l'égard du douaire de la femme.—Nous remarquerons cependant que le droit de réclamer le douaire n'était accordé qu'à l'enfant qui avait renoncé à la succession de son père, et que celui qui avait renoncé devait imputer sur la part du douaire qui lui revenait tous les dons qu'il avait reçus de son père. — V. Pothier, *Traité du douaire*, partie 2, et Guyot et Merlin, Rép., v° Douaire, sect. 4; D.A. 10, 378, n. 22.

46. — Mais lorsqu'en établissant un douaire préfix en faveur de ses enfans, le père s'est réservé la libre aliénation des immeubles sujets au douaire, à charge de faire emploi du prix, l'exécution du remploi, tel qu'il a été stipulé, affranchit pleinement l'acquéreur des immeubles de l'hypothèque du douaire.—2 frim. an 13. Paris. Tournay. D.A. 10. 378, n. 1. D.P. 2. 478 et 766, n. 2.

§ 3. — *Questions transitoires.*

47.—Comme nous l'avons dit plus haut, le douaire coutumier n'existe plus sous la loi nouvelle. Pour que la veuve puisse aujourd'hui prétendre à l'usufruit d'une partie des biens de son mari, il faut que cet avantage lui ait été expressément assuré par ce dernier, soit dans le contrat de mariage, soit dans un acte postérieur. Et, dans ce cas, le gain de survie que la femme pourra réclamer ne doit être considéré que comme une donation ordinaire soumise aux règles du chap. 9 du titre des *donations*, quand même la libéralité aurait été désignée dans le contrat sous le nom de *douaire*.—Le code civil n'a pas maintenu davantage le douaire des enfans.—D.A.10.378, n.23.

48. — En conséquence (1390 C. civ.), est nulle la clause d'un contrat de mariage portant, au profit de la future, une stipulation d'un douaire sur les biens du futur époux, conformément à la ci-devant coutume de Poitou.—Pour qu'une stipulation de douaire fût valable, il faudrait qu'elle fût spécifiée en détail, de telle sorte que les effets pussent en être réglés par les lois nouvelles.—16 mars 1826. Poitiers. Guého. D.P. 26. 2. 243.

49. — Mais que décider à l'égard de ces deux espèces de douaire, lorsqu'un mariage contracté dans le ressort d'une coutume qui conférait ce gain de survie à l'épouse et aux enfans survivans, vient à se dissoudre par la mort du mari, sous l'empire du code civil? Il n'est pas douteux que la femme peut, dans ce cas, réclamer le douaire coutumier. En effet, ce droit dérivant pour elle d'une stipulation tacite de son contrat de mariage, on ne pourrait l'en dépouiller en vertu de la loi nouvelle sans porter atteinte au principe de la non rétroactivité (V. Chabot, *Quest. trans.*, v° Douaires coutumiers, § 2, et Proud., *Usufruit*, n. 257).— 30 août 1806. Angers. Belliard. D.A. 10. 378, n. 3. D.P. 7. 2. 1.

50.—La même décision ne saurait être suivie à l'égard du douaire des enfans, ainsi que cela résulte de trois arrêts de la cour de cassation, des 29 mess., 4 therm. et 2 fruct. an 12, rapportés v° Succession. Le motif de cette différence est pris de ce que le douaire des enfans ne peut dériver, comme celui de la femme, d'une convention tacite du contrat de mariage, puisqu'ils n'existaient point à cette époque. Ce douaire, comme le dit Chabot, *loc. cit.*, v° Douaire des enfans, est une espèce de légitime, une créance avec hypothèque, établie par la loi seule, sur les biens du mari, en faveur des enfans qui naîtraient du mariage qu'il contractait. Or, ce droit purement légal, et qui ne tenait en rien de la *convention*, a dû cesser d'être exigible, dès le moment où a cessé d'avoir force et autorité la loi qui le conférait.— D.A. 10. 378, n. 24.

51. — Jugé aussi que la loi du 17 niv. an 2 n'a pu porter aucune atteinte aux douaires conventionnels constitués sous l'empire des coutumes anciennes, avant la promulgation de cette loi. — 10 août 1824. Req. Lyon. Carray. D.A. 10. 377, n. 1. D.P. 2. 766, n. 1.

52.— Mais qu'elle est l'époque précise de l'abrogation du douaire coutumier? Les contrats de mariage cessèrent-ils de produire cet effet dès la promulgation de la loi du 17 niv. an 2? Les coutumes ont-elles, au contraire, prolongé leur empire jusqu'à la publication du nouveau code? Merlin avait pensé que le douaire n'avait été aboli que par le code civil (V. Rép., v° Gains nuptiaux, § 4). La cour de cassation a décidé, au contraire, par trois arrêts (V. *suprà*), que cette abrogation avait été prononcée par la loi de nivôse. Il résulte de cette jurisprudence que les contrats de mariage passés dans l'intervalle de la loi du 17 niv. an 2 et du code civil, n'ont conféré à la femme aucun avantage sur les biens du mari, s'ils ne contenaient à cet égard aucune stipulation expresse. — Conf. Chabot, *loc. cit.*, v° Douaire coutumier, § 1er, et Proudh., *loc. cit.*, n. 258 ; D.A. 10. 378, n. 25.

53.— Jugé cependant que dans les mariages contractés en Normandie, depuis la loi du 17 niv. an 2, l'époux a pu gager douaire à son épouse, en s'en référant en général à la coutume. Dans ce cas, le statut normand en règle tous les effets, tant par rapport aux époux que vis-à-vis des tiers.—20 fév. 1824. Caen. Delance.— 24 déc. 1824. Rouen. de Cacheleu. D.A. 10. 379, n. 2. D.P. 2. 767.

54.— Jugé, au reste, que sous l'empire de la loi du 17 niv. an 2, le douaire de la femme ne pouvait, par aucune convention, être rendu *propre* aux enfans.— 2 mars 1812. Paris. d'Hautefort. D.A. 10. 378, n. 4-1. D.P. 2. 766, n. 3.

55.— Nous avons vu plus haut que, d'après plusieurs coutumes, la quotité du douaire de la femme variait, dans les unes, suivant la qualité des biens, et dans les autres, suivant la qualité des personnes. Comment faudrait-il régler aujourd'hui le douaire d'une femme mariée sous l'empire de ces coutumes? A l'égard des distinctions fondées sur la différence entre la qualité des biens, nous devons dire qu'elles ont été abolies par le décret des 15-28 mars 1790, qui anéantit par son art. 13, tit. 1er, tous les effets que les coutumes, statuts et usages avaient fait résulter de la qualité féodale ou censuelle des biens. Ainsi, depuis la publication de ce décret, on n'a dû reconnaître d'autres biens que des francs-alleux; et dès lors tous les biens ont dû être gouvernés, tant pour le douaire que pour tous autres objets, par les lois qui n'étaient ni spéciales aux fiefs, ni spéciales aux censives, mais qui frappaient ou particulièrement sur les francs-alleux, ou sur les héritages en général, abstraction faite de toute qualité féodale ou censuelle.—Chabot, v° Douaire, § 3, n. 3; D.A. 10. 379, n. 26.

56. — D'après cela, s'il s'agissait de régler un douaire établi par une coutume qui parlait des francs-alleux, et qui accordait ou refusait un douaire à la femme sur les biens de cette nature, on devrait appliquer aux ci-devant fiefs et aux ci-devant censives la disposition de la coutume relative aux francs-alleux.—Guyot et Merl., Rép., v° Douaire, sect. 1re, § 4; Chabot, *loc. cit.*; D.A. 10. 379, n. 27.

57.— En conséquence, sous l'empire des lois abolitives des droits féodaux, les veuves ont pu réclamer le douaire coutumier, dans les coutumes qui, après avoir, par une disposition indépendante de toute qualité féodale ou censuelle de biens, déclaré qu'il est dû un douaire à la veuve, le fixaient, par des dispositions subséquentes, à l'usufruit de la moitié des fiefs et à celui du tiers des censives. Dans ce cas, c'est au tiers des biens ci-devant féodaux et censuels, et non à la moitié, que leur douaire a du être fixé.— 9 vent. an 11. Civ. c. Bourdon. D.A. 10. 379, n. 1. D.P. 2. 767, n. 5.

58.— Il en serait de même, quoique la coutume ne parlât point de francs-alleux, si elle possédait dans son territoire des biens allodiaux, et s'il était en même temps constaté qu'il était d'usage d'accorder ou de refuser à la veuve un douaire sur les francs-alleux. — Guyot et Merlin, Chabot, *loc. cit.*; D.A. 10. 379, n. 28.

59. — Mais s'il était certain que le territoire de la coutume ne possédait point des biens allodiaux, et que cette coutume, sans parler des francs-alleux, se fût bornée à dire que le douaire serait, par exemple, de la moitié sur les fiefs, et du tiers sur les censives, la femme, dans ce cas, pourrait-elle réclamer aujourd'hui son douaire? Chabot, v° Douaire, p. 365, a soutenu la négative. Cet auteur se fonde sur le décret des 15-28 mars 1790. Un sentiment contraire est professé dans le Rép. de Guyot et Merl., *loc. cit.* « De ce que, y est-il dit, les biens, de féodaux ou censuels qu'ils étaient, sont devenus allodiaux, il ne s'ensuit pas que la femme ne doive plus y avoir un douaire »— Quant à la quotité des biens que le douaire devrait embrasser, dans l'espèce, elle devrait être fixée d'après le taux relatif aux censives, et, par conséquent, être restreinte au tiers des biens du mari. — V., pour les motifs de cette dernière décision, le Rép., *loc. cit.*; D.A. 10. 379, n. 29.

DOUAIRE. § 3.

60. — A l'égard des douaires établis par des coutumes qui en variaient la quotité suivant la qualité des personnes, Chabot, v° Douaire, § 3, n. 3, et Guyot et Merlin, Rép., *loc. cit.*, s'accordent pour dire que la noblesse ayant été abolie, les femmes ci-devant nobles doivent être traitées pour le douaire comme les femmes roturières.— D.A. 10. 379, n. 30.

61. — Jugé aussi que le droit de la femme normande, quant à la mesure de son douaire coutumier, n'étant acquis que du jour de la mort de son mari ou du père de celui-ci, il en résulte que quand le fils et le père sont morts depuis les lois qui rappellent les filles à partage, le douaire est restreint au tiers de la portion héréditaire que les fils auraient recueillie d'après les nouvelles lois. — 22 prair. an 10. Rouen. Lebas. D.A. 10. 379, n. 2. D.P. 2. 767, n. 6.

62 —Pour sûreté de son douaire, la femme, avons-nous dit plus haut, avait une hypothèque sur les biens de son mari. La même garantie existe-t-elle aujourd'hui en faveur de la femme mariée avant l'abrogation des coutumes? Proudhon, *Traité de l'usufruit*, t. 1er, n. 262, établit une distinction entre le cas où le douaire est mobilier et celui où il consiste dans l'usufruit d'immeubles. Au premier cas, nul doute que le douaire de la femme ne doive être protégé, comme toutes les autres créances qu'elle peut avoir à exercer contre son mari, par l'hypothèque légale, indépendante de toute inscription, que lui défère l'art. 2135. Il faut observer cependant que, d'après le nouveau système hypothécaire, la femme ne pourrait, comme les coutumes lui en donnaient le droit, poursuivre les immeubles affectés à son douaire entre les mains des tiers-acquéreurs qui auraient rempli les formalités prescrites par la loi pour la purge des hypothèques légales. La femme qui, dans ce cas, voudrait conserver son douaire sur l'immeuble aliéné, serait tenue aujourd'hui de se conformer à la disposition de l'art. 2194.— D.A. 10. 380, n. 31.

63. — Quant à l'hypothèse où le douaire est immobilier, faut-il dire également que sa conservation est garantie par l'hypothèque légale, et que, par conséquent, la femme serait encore obligée, à l'égard de ce douaire, de prendre inscription dans le cas de l'art. 2194? L'affirmative résulte de l'arrêt suivant. — 9 sept. 1811. Civ. c. Banque territoriale. D.A. 10. 380, n. 2. D.P. 12. 1. 12.

Mais cette solution a été fortement critiquée par Proudhon, *de l'Usuf.*, t. 1er, n. 270 et suiv. D'après ce savant jurisconsulte, le droit éventuel de la femme à l'usufruit des immeubles du mari, ne peut être assimilé aux créances auxquelles s'applique le régime hypothécaire, et dès lors on ne doit invoquer sur ce point que les règles qui gouvernent la conservation du droit de propriété sur les immeubles. Ainsi, continue-t-il, « pour conserver à la femme son douaire immobilier en nature, il n'est pas nécessaire de prendre inscription au bureau des hypothèques, puisqu'elle n'est pas créancière hypothécaire sur les fonds, mais bien créancière du fonds même dont une portion de domaine lui est éventuellement due. » — Et de là il résulte encore que la femme, après le décès du mari, pourrait demander l'éviction des acquéreurs jusqu'à concurrence de son usufruit. — D.A. 10. 380, n. 32.

64. — Le douaire est un droit hypothécaire sur les biens du mari, en ce sens que, pour le conserver, la femme a dû, sous l'empire de la loi du 11 brum. an 7, prendre une inscription sur ces biens.— Arrêt ci-dessus.

65. — Jugé, conformément a cette dernière opinion, que le douaire ouvert par l'effet de la séparation de biens n'était point, sous la loi du 11 brum. an 7, assujetti à la formalité de l'inscription, quoique la séparation n'eût point été suivie de la formation des lots à douaire. Il en était de même à l'égard du douaire non encore ouvert. — 25 therm. an 13. Req. Rouen. Lambre. D.A. 10. 380, n. 1-1. D.P. 5. 1. 822.

66. — Nous avons vu que, dans plusieurs coutumes, le douaire s'ouvrait par la mort civile du mari et par la séparation de biens. Sous le code civil, les mêmes causes donneraient lieu à l'ouverture du douaire à l'égard de la femme mariée sous l'empire de ces coutumes (V. Proudhon, *Cours de droit*, t. 1er, p. 32; et deux arrêts des 10 juin 1809 et 5 avril 1815). —D.A. 10. 381, n. 33.

67. — La femme mariée dans le ressort d'une coutume qui accordait à la veuve la saisine de son douaire après la mort de son mari, jouirait-elle aujourd'hui de ce bénéfice? Non, sans doute, la saisine ne peut être rattachée à une convention; elle ne dérive que la loi. Or, la loi nouvelle n'investit de la saisine que l'héritier légitime ou institué. La femme ne

DOUAIRE. § 3.

pourrait donc, comme autrefois, avant son entrée en possession, intenter les actions possessoires. — Mais, quoique privée de la saisine, la veuve n'en a pas moins le droit de demander compte des fruits échus depuis la mort du mari, cet effet secondaire de la saisine pouvant être compris dans la convention expresse ou tacite en vertu de laquelle la femme possède le douaire. — V. Proudhon, *de l'Usufr.*, t. 1er, n. 259 et suiv.; D.A. 10. 381, n. 34.

68.— Remarquez enfin, avec le même auteur, *loc. cit.*, n. 278, que la prescription que le tiers-acquéreur peut opposer à la femme lorsqu'elle agit pour obtenir son douaire, est celle de dix ou vingt ans, soit qu'elle agisse par action hypothécaire (C. civ. 2160), soit qu'elle agisse comme usufruitière (C. civ. 2245). Mais, dans ces deux cas, la prescription ne pourra commencer à courir que du jour du décès du mari. — D.A. 10. 381, n. 35.

— V. Alimens, Communauté, Contrat de mariage, Dot, Enregistrement, Faillite, Hypotheques, Prescription, Rente, Usufruit.

TABLE SOMMAIRE.

Abrogation. 47, s.
Acte sous seing-privé. 6.
Action *de in rem verso*. 5.
Agencement. 9, s.
Augment. 9.
Biens à venir. 18.
Bonne foi. 5.
Caractère. 23, s.
Chambre garnie. 24.
Collatéraux. 6, s.
Communauté. 11.
Convention. 13.
Décès. 28, 47, s. 66.
Demi-douaire. 29.
Donation. 23. — à cause de mort. 10.
Douaire conventionnel et préfix. 13, s. 34, s. 41. — étendu. 17, s.
Douairier. 40, s.
Droits réels. 4.
Enfant. 40, s. 34.
Eviction. 25.
Extinction. 38, s.
Féodalité. 40, s. 55, s.
Fiefs. 40, s.
Filles. 61.
Fruits. 34.
Gain.— V. Survie.
Garantie. 23, s.
Héritier. 35, s.
Hypothèque. 25, s. 46, 64.— légale. 3, 62.
Immeubles. 63.
Inaliénabilité. 23, s.
Indivisibilité. 3.
Intérêt. 26.
Interprétation. 17.
Liberté des conventions. 16.
Loi générale. 12, s.— personnelle. 22, s.— réelle. 22, s.
Meubles. 62.
Mort civile. 28, 66.
Normandie. 6, s.
Ouverture. 28, s. 66.
Papier-monnaie. 36.
Partage. 35.
Perte. 39.
Portion disponible. 24.
Prescription. 44, 68.
Propriété. 2.
Question transitoire. 40, suiv.
Quotité. 55, s.
Ratification. 27, 42.
Remploi. 46.
Renonciation. 19, 45, s. — tacite. 46, s.
Rente foncière. 56.
Rétroactivité. 47, s.
Révocation. 18.
Saisine. 34, 66.
Séparation de biens 29, s. 65.
Statut réel. 22, s.
Survie. 25, 47, s.
Tiers-acquéreurs. 5, 27, 42, 68.
Transcription. 25.
Usufruit. 1, s. 47, s.
Veuve. 1, 47, s.
Viduité. 9.

DOUANES. — 1. — C'est l'institution qui a pour objet la prohibition de la sortie ou de l'importation de certaines marchandises, ou l'établissement de droits sur l'entrée ou l'exportation.

2.— *Historique.* — Avant 1789, le territoire français était couvert de lignes douanières, qui, sous les noms divers de *traites*, de *péage*, d'*issue foraine*, de *transit et tonlieu*, de *comptablie*, etc.., arrêtaient les libres communications dans l'enceinte du royaume, et, sous le prétexte de favoriser des localités, nuisaient au commerce général. En outre, chaque ligne de douanes avait son mode et son tarif particulier pour la perception des droits : c'était un chaos. — D.A. 6. 392, n. 1.

3. — Le décret du 5 nov. 1790 abolit toutes les douanes particulières, et les remplaça par un tarif uniforme, dont les droits se percevaient à toutes les entrées et sorties du royaume, sauf les exceptions, entrepôts et transits reconnus nécessaires. — Après ce tarif, un réglement général organisa le service, régla le mode de perception et de surveillance, et posa enfin les bases de la nouvelle législation douanière. Tel fut l'objet de la loi du 22 août 1791, qui forme encore la plus riche partie du code des douanes; mais plus de quinze cents décisions postérieures l'avaient modifiée ou interprétée dès l'année 1818. — D.A. 6. 392, n. 2.

4. — La loi du 4 germ. an 2 fut la première qui apporta des changemens un peu remarquables au code de 1791. — Après elle, et jusqu'à la restauration, le législateur eut principalement en vue la prohibition des marchandises anglaises. Un système exceptionnel régit les douanes jusqu'au retour de la paix, en 1814. — D.A. 6. 392, n. 3.

5. — La loi du 17 déc. 1814, et celle du 28 avril 1816, présentèrent sur la matière des théories nouvelles, laissant néanmoins subsister la plupart des décisions précédentes. Postérieurement, une loi du 21 avril 1818 promulgua des modifications intéressantes.

6. — Depuis lors, la législation générale a fait peu de progrès. Quelques lois et ordonnances sur des objets spéciaux ont été portées : nous en indiquerons seulement l'objet et la date.

7.— Ordonnance du roi portant autorisation d'importer, à dater du 1er janvier 1829, dans le port du Moule, situé à la Grande-Terre (Guadeloupe), et dans le port du Grand-Bourg (île Marie-Galante), les denrées et marchandises étrangères énumérées dans les tableaux annexés à l'ordonnance royale du 5 février 1826. — 20 sept. 1828. D.P. 28. 3. 5.

8. — Ordonnance du roi relative à l'importation des tapis et des nitrates de potasse et de soude. — 13 mai 1831. D.P. 31. 3. 45. — 2-5 juin 1834. Ordonnance du roi relative au tarif des douanes. — D.P. 34. 3. 68.

9. — Ordonnance du roi qui fixe provisoirement la prime d'exportation des draps, casimirs et autres tissus foulés de pure laine. — 13 mai 1831. D.P. 31. 3. 45.

10. — Ordonnance du roi sur l'organisation des employés des douanes en brigades armées. — 31 mai 1831. D.P. 31. 3. 46.

11.— Ordonnance du roi, additionnelle à celle du 31 mai 1831, sur l'organisation militaire des brigades des douanes.— 11-19 mai 1832. D.P. 32 3. 62.

12.— Ordonnance du roi relative à l'organisation de l'administration des douanes. — 3 janv. 1831. D.P. 31. 3. 10.

13. — Ordonnance du roi portant que les inspections des douanes organisées en bataillons formeront une légion dans chaque direction des douanes. — 9 sept. 1832. D.P. 32. 3. 118.

14. — Ordonnance du roi qui ajoute le port de Binic (Côtes-du-Nord) à ceux désignés pour l'importation et l'exportation des grains, farines et légumes.— 10 mars 1832. D.P. 32. 3. 18.

15. — Loi relative à l'importation et à l'exportation des céréales.— 15 avril 1832. D.P. 32. 3. 33.

16.— Ordonnance du roi relative à l'introduction des cotons filés.— 22-28 août 1834. D.P. 34. 3. 75.

17. — Il est temps qu'un nouveau code mieux coordonné vienne répandre la lumière au milieu de la confusion produite par tant de dérogation et de modifications successives. — D.A. 6. 392.

L'enquête commerciale faite par l'ordre et sous les auspices du gouvernement, les modifications partielles apportées aux tarifs, et le projet de loi présenté dans la session de 1835, annoncent que l'attention de l'autorité est spécialement fixée sur cet important objet.

18. — Un préfet peut ordonner le séquestre de marchandises étrangères introduites en France, bien qu'elles aient été saisies hors la ligne des douanes.— 1er juin 1807. Ord. cons. d'etat. Seroken.

19.— Il est défendu d'établir des usines ou grandes fabriques dans le rayon frontière sans l'autorisation du gouvernement (L. 1791, et l. du 28 avril 1816, art. 37). On empêche ainsi que des établissemens considerables ne deviennent des entrepôts frauduleux de marchandises prohibées, d'où elles pourraient se répandre avec facilite dans l'intérieur du territoire.— D.A. 6. 393.

20. — Les lois sur les douanes qui prohibent l'établissement de manufactures sans autorisation, près la frontière, hors les villes et communes ayant plus de deux mille âmes, s'appliquent aussi aux ateliers séparés dépendans de ces manufactures.

En conséquence, est nul l'arrêt par lequel une cour donne main-levée de la saisie d'une pièce d'étoffe faite sur l'extrême frontière, sous le prétexte qu'il serait prouvé qu'elle aurait été fabriquée en France, dans l'atelier d'un ouvrier dépendant d'une manufacture voisine — 14 déc 1832. Cr. c. Metz. Douanes C. Schreiber. D.P. 33. 1. 346.

21.— Les préposés doivent, en entrant au service de l'administration, s'engager, en cas de révocation, à quitter pendant cinq ans le rayon frontière, à moins qu'ils ne l'habitassent avant leur engagement (L. 28 avril 1818 art. 40). La loi a pour objet de prévenir les intelligences frauduleuses qui pourraient s'établir entre les anciens préposés et les contrebandiers, et fournir à ceux-ci des moyens faciles d'éviter la surveillance. Cette convention en elle-même est contraire à l'ordre public, en ce qu'elle enchaîne d'une manière absolue la liberté naturelle de fixer son domicile où l'on veut. Mais c'est la sanction surtout qui en est étrange. « *S'ils contreviennent à cette obligation*, ajoute la loi, *ils seront poursuivis comme vagabonds et gens sans aveu*. Jamais il n'a été d'une législation raisonnable de prévenir un délit possible par une peine grave et même déshonorante. — Dujardin de Sailly; D.A. 6. 393.

Art. 1er.— *De la ligne des douanes, ou rayon frontière.*
 § 1er.— *Fixation du rayon frontière.*
 § 2.— *Bureaux de douanes.*
 § 3.— *Frontière maritime.*
Art. 2. — *Des entrepôts.*
 § 1er.— *De l'entrepôt légal.*
 § 2. — *De l'entrepôt frauduleux.*
Art. 3. — *Du paiement des droits.*
Art. 4. — *Des contraventions.*
 § 1er.— *Du droit de poursuivre les contrevenans.*
 § 2.— *Des contraventions aux lois prohibitives de l'entrée ou de la sortie des marchandises.— Règles générales.*
 § 3.— *Des marchandises anglaises.*
 § 4.— *Des marchandises prohibées ou taxées en général, et de la réexportation.*
 § 5.— *Des contraventions aux lois sur les déclarations, la circulation des marchandises et les acquits-a-caution.*
Art. 5.— *Des peines.*
 § 1er.— *Des peines en général.*
 § 2.— *De la confiscation et revendication.*
 § 3.— *De l'amende.*
 § 4.— *De l'emprisonnement.*
 § 5.— *De la remise des peines.— Transaction*
Art. 6.— *De la responsabilité.*
Art. 7.— *Des dommages-intérêts dus par la régie.*
Art. 8.— *De la compétence.*
 § 1er.— *Compétence respective des juges français et étrangers, ordinaires et administratifs.*
 § 2.— *Compétence des juges de paix.*
 § 3. — *Compétence des tribunaux correctionnels.*
Art. 9.— *De la procédure, Appel, Opposition.*

Art. 1er.— *De la ligne des douanes, ou rayon frontière.*

§ 1er. — *Fixation du rayon frontière.*

22.— On entend par *ligne des douanes ou rayon frontière* l'espace en-deçà et autour des frontières, dans lequel le régime des douanes s'exerce dans toute sa rigueur. S'il n'avait été permis aux préposés des douanes de saisir les objets prohibés ou expédiés en fraude du tarif, que sur la ligne qui sépare un pays d'un autre, rien n'aurait été plus facile que d'éluder toutes les lois des douanes en franchissant rapidement la frontière. — D.A. 6. 392.

23.— Le rayon frontière a été fixé successivement à deux lieues, par la loi du 22 août 1791; à trois lieues, par les lois des 3 avril 1793 et 10 brum. an 5, pour empêcher la sortie des chiffes, et l'introduction des marchandises anglaises; enfin, à deux myriamètres (quatre lieues), par un arrêté du 5 frim. an 12, confirmé par la loi du 8 flor. de la même année, et cette disposition est encore en vigueur aujourd'hui (L. 28 avril 1816, art. 36).

24. — Un arrêté du 17 therm. an 4 avait permis de reculer le rayon frontière un peu au-delà de la mesure légale, lorsque la ligne intérieure des bureaux ne pourrait, par des difficultés locales, se placer à la distance prescrite.

25.— Jugé, en conséquence de cet arrêté, qu'on ne peut annuler une saisie sous le prétexte qu'elle a été faite hors des deux lieues frontières, alors d'ailleurs qu'elle l'a été entre les deux lignes de bureaux. — 23 brum. an 8. Civ. c. Douanes C. Gérard. D.A. 6. 394. D.P. 1. 1362.

26.— Mais une telle faculté était trop arbitraire; la loi du 28 avril 1816, art. 36, l'a restreinte, en défendant d'excéder, en pareil cas, la distance générale de plus d'un demi-myriamètre.— D.A. 6. 393.

27.— L'art. 35, tit. 13 de la loi du 22 août 1791, qui permet aux préposés, *en cas de poursuite de la fraude*, de la saisir même en-deçà des deux lieues des côtes et frontières, s'applique à des mar-

chandises que des préposés, postés en-deçà de la ligne, voient franchir cette ligne et se diriger vers l'intérieur.— 29 mai 1807. Cr. c. Douanes C. Moïse. D.A. 6. 396.

28.— Peuvent être saisies des marchandises prohibées à la sortie, par exemple, des grains, lorsqu'elles ont dépassé la frontière seulement de dix pas, quand même elles se trouveraient encore dans la banlieue d'une commune qui fait partie du territoire. — 19 vent. an 12. Sect. réun. c. Douanes C. Stevens. D.A. 6. 397. D.P. 1. 1363.

29.— Le rayon frontière doit être calculé d'après la loi du 22 août 1791, sans avoir égard aux sinuosités des routes, et en prenant la mesure la plus droite à vol d'oiseau (tit. 13, art. 42). Mais cette règle ne doit pas s'entendre en ce sens, que l'on ne tienne pas compte du penchant des montagnes, et qu'on décrive pour mesurer le rayon, une ligne parfaitement horizontale.— D.A. 6. 393. — *Contrà*, 28 juill. 1806. Civ. c. Douanes C. Peyronne. D.A. 6. 398. D.P. 1. 1363.

30.—Les sucres raffinés saisis dans les trois lieues frontières, à l'époque de la publication de la loi du 10 brum. an 5, sont confiscables faute de déclaration au bureau des douanes; l'art. 7 de cette loi qui les en exempte ne s'applique qu'aux sucres qui se trouvaient alors dans l'intérieur. — 8 germ. an 7. Cr. c. Douanes. C. Laporte. D.A. 11. 428, n. 22. D.P. 2. 1076, n. 22.

31.— Jugé de même que les trois lieues frontières dans l'étendue desquelles est exigée la déclaration prescrite par l'art. 9 de la loi du 10 brum. an 5, pour les marchandises réputées anglaises, et, par exemple, pour les sucres raffinés, ne font pas partie de *l'intérieur* du territoire. Ainsi, l'art. 8 de la même loi, qui exempte de cette déclaration les sucres raffinés qui se trouvent dans *l'intérieur* de la France, ne peut s'appliquer à des sucres saisis dans les trois lieues des frontières. — 16 pluv. an 7. Cr. c. Douanes C. Decock. D.A. 6. 397. D.P. 1. 1362.

32.— Les dispositions de la loi du 27 juill. 1822 et de l'ordonnance royale du lendemain 28, relatives à la prohibition d'avoir des bœufs ou vaches non marqués, dans la demi-lieue de la frontière la plus rapprochée de l'étranger, doivent s'entendre, non d'une demi-lieue, outre le rayon de douanes, qui est déjà de deux lieues, ce qui étendrait la prohibition à deux lieues et demie, mais seulement d'une demi-lieue, à compter de la ligne séparative des deux états limitrophes. — 8 juill. 1829. Civ. r Douanes C. Bobilier. D P. 29. 1. 295.

33.— Lorsqu'un individu, pris en contravention aux lois de douanes, demande la nullité de la saisie par le motif que le lieu où elle a été faite ne se trouve pas dans le rayon des douanes, c'est à lui à administrer la preuve de ce fait. — 11 sept. 1807. Cr. c. Douanes C. Benner. D.A. 6. 395. D.P. 1. 1362.

§ 2.— *Bureaux de douanes.*

34.— Deux lignes de bureaux placés sur les deux côtés du rayon, l'une vers l'intérieur, l'autre vers l'étranger, protégent l'exécution de toutes les mesures de surveillance, relatives à la circulation ou à l'entrepôt des marchandises sujettes aux droits ou prohibées à la sortie, à la saisie de toutes celles qui tenteraient de s'introduire en fraude, et à la répression des contraventions de toute espèce qui peuvent être commises, ou recevoir un commencement d'exécution.— D.A. 6. 392.

35.— Une ville, enveloppée du côté de l'intérieur par une ligne de bureaux de douanes, rentre nécessairement dans la ligne des douanes, quelle que soit du reste sa distance de la frontière.— 11 sept. 1807. Cr. c. Douanes C. Benner. D.A. 6 395. D.P. 1 1362.

36.— Un bureau de seconde ligne, placé dans l'intérieur d'une ville, rend cette ville, dans toute son étendue, quelle que soit sa distance de l'extrême frontière, partie intégrante de la ligne qui circonscrit le territoire prohibé. — 20 mai 1807. Cr. c. Douanes C. Moïse. D.A. 6. 396. D.P. 1. 1362.

37. — Une saisie n'est pas nulle, parce que les marchandises qui en sont l'objet ont été conduites à un bureau qui n'est pas le plus voisin du lieu de la saisie, la loi du 14 fruct. an 3 n'astreignant les préposés à conduire les marchandises au bureau le plus voisin, qu'autant que les circonstances le permettent. — 23 brum. an 8. Civ. c. Douanes C. Gérard. D.A. 6. 394. D.P. 1. 1362.

38.— Le transport des marchandises saisies au bureau le plus voisin ne peut être exigé dans l'intérieur du royaume.— 8 therm. an 8. Cr. r. Zvinger. D.A. 6. 449. D.P. 1. 1385.

39.— Il en est de même de l'affiche du procès-verbal à la porte du bureau (L. du 9 flor. an 7, art. 2, 6, 7).— Même arrêt.

40.— Jugé encore qu'on ne peut annuler une saisie depuis la loi du 14 fruct. an 3, parce que les marchandises qui en sont l'objet n'ont pas été déposées au plus prochain bureau, s'il résulte du rapport qu'il y avait plus de *commodité et de sûreté* à les déposer dans un bureau plus éloigné (Même loi, art. 2). — 28 niv. an 8. Cr. c. Douanes C. Desruelles. D.A. 11. 428, n. 26.

41. — Jugé, au contraire, que le transport et le dépôt des marchandises saisies devant être faits au bureau le plus prochain, les préposés ne peuvent l'effectuer à un bureau plus éloigné, sous le prétexte qu'il offre plus de ressource pour leur vérification, alors surtout que cette vérification a été presque terminée dans le domicile du prévenu, et qu'il ne reste plus qu'à peser les effets saisis.— 5 déc. 1817. Civ. r. Douanes C. Gendarme D.A. 6. 439. D.P. 18. 1. 70.

42.— *Il ne pourra*, porte l'art. 13 de la loi du 22 août 1791, *être établi ou supprimé aucun bureau sans un décret du corps législatif*. Cet article doit être entendu en ce sens, qu'une simple décision du gouvernement suffit pour opérer provisoirement des changemens de bureaux d'un lieu à un autre, ou l'établissement de ceux dont la nécessité est reconnue, mais que les dispositions ordonnées doivent être présentées à la sanction des chambres dans leur plus prochaine session (L. 29 flor. an 10, art. 1er; l. 17 déc. 1814, art. 34; arg. d'un arrêt de cass. 18 therm. an 11). — Dujardin de Sailly; D.A. 6. 393.

§ 3.— *Frontière maritime.*

43. — On ne répute côte maritime que les endroits baignés par les eaux de la mer à marée basse. — 9 mess. an 7. Civ. c. Douanes C. Guelderland. D.A. 6. 398. D.P. 1. 1363.

44. — Ainsi, bien que la navigation sur le Hondt jusqu'à la mer ait été, par l'art. 8 de la loi du 8 prair. an 3, déclarée libre entre la France et les Provinces-Unies, on ne peut en conclure que les rives de ce fleuve soient *côtes maritimes*, et en conséquence dispenser les marchandises qui circulent dans les deux lieues limitrophes de ces rives, des formalités prescrites par la loi du 22 août 1791 (tit. 3, art. 15, 16).— Même arrêt.

45. — Les rives de l'Escaut ne sont pas réputées côtes maritimes (L. 19 vend. an 6, art 3, 22 août 1791, art. 15, tit. 3).— 18 niv. an 8. Cr. c. Douanes C. Desruelles. D A. 11. 428, n. 26.

46.— L'art. 9 de la loi du 10 brum. an 5 a étendu à trois lieues le rayon en mer autour des côtes, en-deçà duquel les navires au-dessous de cinquante tonneaux, chargés de marchandises prohibées ne peuvent approcher sans s'exposer à la saisie (L. 22 août 1791, art. 1 et 2).— 20 mess. an 11. Sect. réun. c. Douanes C. Lesecq. D.A. 6. 442. D.P. 1. 1381.

ART. 2.— *Des entrepôts.*

47.— Le mot *entrepôt* a deux sens, 1° il s'entend d'un lieu où les commerçans déposent provisoirement des marchandises sujettes aux droits, qu'ils n'ont point le dessein de livrer à la consommation, mais qu'ils veulent réexporter à l'étranger. Tant qu'elles restent dans l'entrepôt, ces marchandises sont censées n'avoir point pénétré sur le territoire français, et lorsqu'elles en sortent pour passer à l'étranger, elles ne sont soumises qu'à un modique droit de magasinage ou de transit ou d'entrepôt légal.— D.A. 6. 399.

48. — Le mot *entrepôt* signifie, 2° un dépôt frauduleux de marchandises prohibées, soit à l'entrée, soit à la sortie, ou bien sujettes à des droits; et qui sont emmagasinées dans le rayon frontière, pour être exportées ou livrées à la consommation clandestinement et en fraude des lois sur les douanes.— D.A. 6. 399.

§ 1er.— *De l'entrepôt légal.*

49.— L'entrepôt légal est réel ou fictif. L'entrepôt réel est celui dans lequel les magasins qui servent de dépôt sont sous la clef de la douane, en telle sorte qu'ils ne peuvent être ouverts, et les marchandises extraites, sans son expresse volonté, indépendamment d'autres précautions rigoureuses prises pour empêcher les introductions et les sorties en fraude.— D.A. 6. 399.

50.— Autrefois, certaines villes maritimes jouissaient d'un entrepôt réel tellement illimité qu'elles étaient considérées comme territoire étranger par rapport à toute espèce de marchandises, et se trouvaient en effet hors de la ligne des douanes. On les appelait *ports-francs*. La loi du 11 niv. an 3 supprima la franchise de Dunkerque, de Marseille, de

Bayonne, et du ci-devant pays de Labour. Celle du port de Gênes fut respectée pendant notre domination en Italie.— D.A. 6. 399.

51.—Celui qui introduit secrètement et sans déclaration des marchandises dans un port-franc, viole non seulement les lois particulières à ce port, mais encore les lois générales sur les douanes; il doit être condamné aux peines de la loi, lors même que le réglement particulier au port dont il s'agit n'aurait prévu ni puni que le cas de déficit, et non celui où il se trouve un excédant (L. 22 août 1791, tit. 2, art. 1er et 20; 31 avril 1806, art. 44 et suiv.).—8 août 1808. Civ. c. Douanes C. Germano. D.A. 6. 400. D.P. 1. 1363.—24 oct. 1808. Civ. c. Douanes C. Carbonne. D.A. 6. 400. D.P. 8. 2. 190.

52.—Toutes les marchandises ne sont pas indistinctement admises dans l'entrepôt réel; et même celles-là seulement peuvent en jouir qui sont expressément énumérées dans la loi.—Le principe contraire existait dans les ports-francs; toutes marchandises pouvaient s'y introduire, à l'exception de celles que la loi en avait formellement exclues. Une disposition explicite de la loi du 30 avril 1806 avait proscrit du port de Gênes les marchandises anglaises.—D.A. 6. 399.

53.—Appliqué principalement aux *marchandises d'encombrement*, l'entrepôt fictif est plus généralement en usage; les objets qui s'y trouvent assujettis sont entre les mains des commerçans, à la charge par ceux-ci de les représenter à toute réquisition, et d'acquitter les droits, s'ils les livrent à la consommation.—D.A. 6. 399.

54.—L'entrepôt fictif dure jusqu'à l'accomplissement des formalités établies pour le faire cesser, lors même que les délais fixés par la déclaration d'entrepôt seraient expirés, et qu'on aurait fait avant leur expiration des démarches pour retirer les marchandises; ainsi, elles sont toujours frappées par la loi, et sujettes aux augmentations de droit survenues depuis l'expiration de ce délai.—3 oct. 1810. Civ. c. Douanes C. Baux. D.A. 6. 399. D.P. 1. 1363.

55.—Du droit d'entrepôt dérive le droit de *transit*. C'est celui de faire passer à l'étranger, en traversant le territoire national, certaines marchandises prohibées ou sujettes à des droits. Les commerçans qui usent du droit de transit sont tenus d'expédier les marchandises sous le plomb de la douane, et d'y joindre un acquit-à-caution portant soumission d'effectuer leur sortie. — Tout ce qui est relatif à l'entrepôt, soit réel, soit fictif, ainsi qu'au transit, est réglé par les dispositions non abrogées de la loi du 8 floréal an 11 (D.A. 6. 399).—Pour le privilége de la régie sur les choses entreposées, V. Hypothèque et Priviléges.

56.—Loi relative aux entrepôts des grains étrangers.— D.P. 25. 3. 5.

§ 2.—*De l'entrepôt frauduleux.*

57.—L'un des caractères attribués par la loi à l'entrepôt frauduleux, consiste en ce que les marchandises soient renfermées dans des *balles* ou *ballots*. —D.A. 6. 400.

58.—Mais la loi pourrait à chaque instant être éludée, si l'on n'ajoutait pas à cette définition une *interprétation* large (D.A. 6. 400).—C'est dans ce sens que la jurisprudence s'est prononcée.

59.—Ainsi, pour qu'il y ait contravention aux lois qui prohibent l'entrepôt de certaines marchandises (des drilles par exemple), dans les trois lieues frontières, il n'est pas nécessaire que les marchandises soient trouvées dans des caisses ou des ballots, il suffit qu'elles soient saisies entassées en assez grande quantité pour caractériser l'entrepôt, par exemple au poids de trente quintaux.—20 therm. an 12. Civ. c. Douanes C. Valraff. D.A. 6. 402, n. 12. D.P. 1. 1365.

60.—De même, l'art. 38, tit. 13 de la loi du 22 août 1791, qui répute en entrepôt dans la distance des deux lieues frontières, les marchandises autres que celles du cru du pays qui seront en *balles* ou *ballots* et ne seront pas accompagnées d'expéditions valables, n'est pas limitatif, en ce sens qu'il doit être appliqué aux marchandises qui se transportent dans des vaisseaux ou futailles.—Ainsi, peuvent être saisies des eaux-de-vie de genièvre trouvées en entrepôt chez un débitant de boissons, encore qu'elles n'aient pas été introduites sans avoir été perdues de vue par un préposé.— 18 nov. 1817. Civ. c. Douanes C. Castel. D.A. 6. 401. D.P. 18. 1. 226.

61.—La loi du 22 août 1791, qui répute en entrepôt et ordonne de confisquer les marchandises et balles ou ballots, autres que celles du cru du pays, saisies dans les deux lieues frontières, et qui ne sont

accompagnées d'aucun passavant délivré dans le jour de la saisie, ne s'applique pas seulement aux marchandises trouvées chez un commissionnaire ou autre individu qui n'en est pas propriétaire, mais encore à celles sur lesquelles le saisi peut justifier un droit de propriété.— 5 fruct. an 11. Civ. c. Douanes C. Schulz. D.A. 6. 401. D.P. 1. 1363.

62.— Tout ce qui est relatif à l'entrepôt prohibé est réglé par les art. 37, 38, 39, tit. 13, l. 22 août 1791. Les lois subséquentes n'ont rien ajouté à ces dispositions, sauf l'art. 38 de la loi du 28 avril 1816, qui, en prohibant l'entrepôt frauduleux *de toutes marchandises prohibées à l'entrée, ou dont l'admission est réservée à certains bureaux*, complète la loi de 1791, seulement applicable aux espèces *prohibées à la sortie ou assujetties à des droits*.— D.A. 6. 400.

63.— Les entrepôts de marchandises prohibées à la sortie, ou sujettes à des droits, sont permis dans les communes dont la population est au moins de deux mille âmes.— D.A. 6. 400.

64.— La population de la commune se détermine sans égard aux habitans des hameaux et des maisons écartées de l'enceinte de la commune même (Décr. de la conv. nation., du 1er vend. an 4).— D.A. 6. 400.

65.— L'art. 84 de la loi du 8 flor. an 11, qui étend à deux myriamètres des frontières les lois et réglemens sur la circulation et le transport des marchandises, s'applique aux dispositions des mêmes lois et réglemens qui en déterminent le mode de station et d'entrepôt, *et spécialement*, à celles qui défendent d'entreposer des marchandises dans les communes qui, situées dans les deux lieues frontières, n'ont pas plus de deux mille habitans.— 8 therm. an 13. Cr. c. Douanes C. Goetz. D.A. 6. 401. D.P. 5. 2. 185.

66.— La loi du 3 avril 1793, qui prohibe non seulement la circulation, mais encore l'entrepôt des drilles ou chiffons dans les trois lieues frontières, à moins que ces marchandises ne soient accompagnées d'acquits-à-caution, n'a pas été abrogée par la cessation de l'exécution de la loi du 12 pluviôse an 3, quoique celle-ci la rappellât expressément; elle a été d'ailleurs renouvelée par les dispositions de la loi du 19 therm. an 4.— 6 vend. an 8. Civ. c. Douanes C. Doppe-Giller. D.A. 6. 402. D.P. 1. 1364.

67.— Les entrepôts de grains sont prohibés dans les cinq kilomètres des frontières (L. 26 vent. an 5, art. 1er). — 6 prair. an 8. Cr. c. Douanes C. Hellenans. D.A. 6. 402. D.P. 1. 1364.

Cette prohibition a été abolie par la loi du 15 avril 1832 sur les céréales.— D A. 6. 402.

ART. 3.— *Du paiement des droits.*

68.— Le paiement des droits dus à la régie des douanes s'obtient par voie de contrainte, et cet exécutoire suffit pour autoriser la contrainte par corps (L. 22 août 1791, art. 32, tit. 13). Ce mode d'exécution sûr et rapide laisse peu de place aux discussions judiciaires.

69.— Ainsi, les redevables qui ne paient pas à l'échéance les billets par eux souscrits à l'ordre du receveur des douanes, peuvent être poursuivis par voie de contrainte; ils prétendraient en vain que le receveur ne leur a *pas fait crédit* dans le sens de la loi (L. 22 août 1791, art. 31, tit. 13). — 28 mai 1811. Civ. c. Douanes C. Léonardi, etc. D.A. 6. 404. D.P. 1. 1365.— 13 juill. 1813. Civ. c. Douanes C. Massuberty. D.A. *eod.*

70.— Les contraintes que le receveur délivre contre les redevables de la régie pour le montant des billets souscrits à son ordre, ne peuvent être annulées sous le prétexte que le tribunal de commerce est saisi des poursuites précédemment intentées. — Mêmes arrêts.

71.— La suppression des douanes dans une portion du territoire, lorsqu'on y a conservé les droits de navigation, n'ôte pas au receveur de ces droits la qualité nécessaire pour décerner des contraintes contre les débiteurs de la régie des douanes, lorsque surtout cette régie l'a spécialement chargé de l'apurement de ce qui lui était dû.— Même arrêt.

72.— Des marchandises qui, par ordre du gouvernement, ont été séquestrées à leur arrivée en France, ne sont passibles, lors de la levée du séquestre, que des droits établis par le tarif en vigueur lors de leur arrivée, et non de ceux établis par la loi existante à l'époque de la vente.— 29 janv. 1828. Req. Douanes C. Prop. de Léagle. D.P. 28. 1. 111.

73.— Des cotons établis en entrepôt fictif ne doivent payer les droits d'entrée, s'ils sont vendus de bonne foi antérieurement à un décret qui a augmenté ces droits, que d'après le mode existant lors de l'entrepôt fictif ou de la soumission de payer les droits d'entrée en cas de non-réexportation (L. 8 flor. an 11; décr. 22 fév. 1806).— 16 mars 1807. Décr. cons. d'état. Verninac.

74.— Lorsque, par un traité conclu entre le gouvernement et un négociant, celui-ci s'est chargé d'importer en France toutes les marchandises qui se fabriquent à Alger, s'il arrive que des droits de douanes, sur certains objets, viennent à être augmentés considérablement, ce négociant sera non-recevable à demander que cette augmentation ne pèse pas sur lui, ou bien qu'il lui soit accordé une indemnité, lorsque rien de pareil n'a été stipulé dans le traité. — 27 avril 1825. Ord. cons. d'état. Parel.

75.— Lorsque, dans une loi de douanes, deux droits ayant été établis sur deux qualités différentes de la même marchandise, on a trouvé, depuis cette loi, la manière de donner à la qualité inférieure de cette marchandise à peu près la même valeur que celle de la qualité supérieure, sans cependant employer les procédés qui donnent à la qualité supérieure sa plus grande valeur, il n'y a pas lieu de recourir aux experts du gouvernement pour qu'ils aient à prononcer quel est le droit analogue à percevoir sur cette marchandise, sous prétexte qu'il y aurait omission dans le tarif. — C'est le droit imposé sur la qualité inférieure qu'on doit percevoir.— 21 janv. 1834. Civ. r. Douanes C. Quesneau. D.P. 34 1. 102.

Le négociant qui, après avoir déclaré prendre en entrepôt fictif des marchandises, ne représente, sur la réquisition de la douane, que des marchandises de même espèce, n'ayant plus les mêmes marques que celles déclarées, est passible, aux termes de l'art. 15 de la loi du 8 flor. an 11, du droit et du double droit. Ce n'est pas un déplacement passible du droit simple. — 29 janv. 1834. Civ. c. Douanes C. Frois. D.P. 34. 1. 97.

77.— En matière de douanes, la perception de droits sur les sels transportés par eau, ne devient définitive qu'après la vérification faite au bureau le plus avancé en rivière, et si les droits ont été perçus au bureau de l'embarquement, la régie doit restituer une partie du montant de ces droits, proportionnelle à la quantité des sels reconnus avariés (Déc. du 11 juin 1806, art. 15). — 16 mars 1820. Req. Douanes C. Glaumont-Roullet. D.A. 6. 405. D.P. 20. 1. 216.

78.— Cette restitution doit avoir lieu à l'égard des sels transportés par rivière, comme à l'égard de ceux transportés par mer, alors surtout qu'il est reconnu que la rivière sur laquelle le transport a été effectué éprouve les influences de la mer et se trouve sujette aux mêmes sinistres. — Même arrêt.

79.— Mais si, à l'arrivée d'un bâtiment chargé de sels à sa destination, il n'y a eu aucune allégation d'avaries de la part du propriétaire, que le réglement des droits a eu lieu d'après les quantités mentionnées dans des actes des préposés des douanes non attaqués ni argués de faux, et qu'enfin le paiement de ces droits a été effectué en obligations à termes souscrites par la femme du propriétaire, fondée de ses pouvoirs, ce propriétaire ne peut ensuite être admis à prouver, soit par ses livres de commerce, soit par témoins, que le bâtiment a éprouvé, dans le trajet, des avaries qui ont diminué la quantité des sels, pour obtenir une diminution proportionnelle sur les droits perçus par la régie. — 22 mars 1820. Civ. c. Douanes C. Sandoz. D.A. 6. 404. D.P 20. 1. 271.

80.— Le capitaine d'un navire étant responsable, envers le chargeur, du chargement et des avaries qui peuvent s'y rencontrer, est légalement subrogé, par l'effet du remboursement, au paiement que le chargeur a fait à la régie des douanes du droit par elle réclamé sur des marchandises avariées, et, dès lors, il a qualité pour former contre elle une demande en restitution de ses droits induement perçus. — 16 juin 1823. Civ. r. Douanes C. Morneau. D.A. 6. 406. D.P. 23. 1. 426.

81.— Les dispositions du code de commerce, relatives à la déclaration d'avaries en matière d'assurances, ne sont point obligatoires pour les douanes régies par une législation toute spéciale. — Même arrêt.

82.— Ainsi, il suffit, pour qu'un capitaine ait droit d'obtenir la restitution des droits perçus par la régie sur des marchandises avariées, qu'il ait fait sa déclaration d'avaries, vérifiée par les gens de l'équipage, au bureau de la douane.— Même arrêt.

83.— Quoiqu'un receveur de douanes ait pu, d'après la loi du 24 avril 1806, recevoir en paiement des obligations suffisamment cautionnées, il n'a pas eu le pouvoir de transformer les acheteurs redevables du droit, en de simples cautions; et la cour de cassation a pu le juger ainsi, quoique l'arrêt attaqué eût déclaré que la novation en vertu de laquelle les acheteurs primitifs étaient devenus simples cautions, résultait des billets à ordre acceptés par la régie. — 14 mai 1816. Civ. c. Douanes C. Charvet. D.A. 9. 72. D.P. 16. 1. 286.

84.— Lorsqu'à leur arrivée en France, des marchandises ont été séquestrées et vendues par l'ordre du gouvernement, qui plus tard en a restitué la valeur au propriétaire, la prescription de deux ans ne court contre ce dernier, à l'égard des actions qu'il prétend avoir à exercer contre l'administration des douanes, pour indue perception de droits, qu'à compter du jour de la restitution des marchandises, et non point à partir du jour de la vente qui en a été faite.— 29 janv. 1828. Req. Douanes C. Propriétaires de Léagle. D.P. 28. 1. 111.

ART. 4.— *Des contraventions.*

85.— La tentative des délits de fraude aux lois sur les douanes est punissable comme le délit lui-même. — 1er déc. 1826. Cr. c. Douanes C. Maurice. D.P. 27. 1. 350.

86.— Toutefois, les préposés des douanes ne peuvent, hors le cas de flagrant délit, saisir, même accompagnés d'un commissaire de police, dans le domicile d'un commerçant qu'ils soupçonnent de contrebande, ses papiers domestiques ou ses registres. — 19 juin 1830. Nanci. Douanes C. Golzard. D.P. 30. 2. 236.

87.— L'art. 36, tit. 12 de loi du 22 août 1791, qui n'autorise les employés des douanes à faire des recherches dans les maisons situées dans l'étendue de leur police, pour y saisir les marchandises de contrebande, que dans le cas où ils ne les auront pas perdues de vue, et où ils seront arrivés au moment de leur introduction, doit être entendu en ce sens, que ces employés doivent s'occuper uniquement et exclusivement des moyens de parvenir à cette recherche, sans se livrer à aucune autre opération; en sorte que si, tout en s'occupant de l'objet de leur recherche, et pour s'en emparer, ils l'ont momentanément perdu de vue, par un fait ou une circonstance indépendante de leur volonté (par exemple, pour aller chercher leur patache), la saisie qu'ils en ont faite n'est pas moins conforme à la loi.— 23 oct. 1807. Cr. c. Douanes Fontana. D.A. 11. 422, n. 9. D.P. 2. 1071, n.

88.— Ni le code spécial publié à Cayenne, en janvier 1820, ni aucun autre réglement en vigueur dans la Guyanne française, n'ayant obligé les préposés des douanes à porter, dans l'exercice de leurs fonctions, un costume distinctif de leur caractère public, il suit de là que l'individu qui, sans avoir interpellé un préposé de faire connaître sa qualité par la représentation de sa commission, ni élevé aucune contestation sur le titre en vertu duquel un permis lui était demandé, a fait enlever un ballot de vive force, sans permis et malgré l'opposition d'un employé de la douane, n'a pu, à peine de cassation du jugement ou de l'arrêt d'acquittement, être renvoyé de la contravention prévue par l'art. 106 du code spécial de 1820 pour la Guyane française, sur le motif que l'employé n'était revêtu d'aucun costume ni signe extérieur indiquant sa qualité.— 29 janv. 1829. Cr. c. Cony. D.P. 29. 1. 125.

89.— Les préposés ne sont tenus d'apposer les scellés sur les écoutilles que dans le cas où ils n'opèrent pas le déchargement des marchandises saisies. — 24 juin 1808. Cr. c. Douanes C. Rick. D.A. 6. 436. D.P. 1. 1379.

90.— La marque et le numérotage des ballots saisis sur un navire par les préposés de la douane, ne sont pas prescrits lorsque le débarquement des marchandises a lieu immédiatement, et lorsque, surtout, leur transport à la douane a été effectué par les marins du navire saisi.— 21 juill. 1830. Req. Mallas. D.P. 30. 1. 376.

91.— Sur la constatation des contraventions aux lois des douanes, V. Procès-verbal.

§ 1er.— *Du droit de poursuivre les contrevenans.*

92.— Le droit de poursuivre la confiscation des marchandises saisies et la condamnation à l'amende, ne doit pas être restreint, pour les saisies faites dans l'intérieur du royaume, aux seuls préposés des douanes; il appartient à tous ceux que la loi investit du droit de saisir les marchandises prohibées. — 8 therm. an 8. Cr. r. Zyinger. D.A. 6. 449. D.P. 1. 1388.

93.—La régie des douanes a qualité pour poursuivre devant les tribunaux correctionnels les condamnations contre les fraudes constatées par ses agens.— 26 vend. an 9. Cr. c. Douanes C. Gerault. D.A. 6. 448. D.P. 1. 1385. — Le même jour, trois arrêts semblables.

94.—Le ministère public a qualité pour représenter la régie. Dès lors celle-ci ne peut former tierce-opposition contre un jugement rendu sur les conclusions du procureur du roi, sous le prétexte qu'elle n'y a pas été présente. — 16 mess. an 13. Cr. r. Douanes C. Broeschel. D.A. 6. 450. D.P. 5. 2. 155.

95.—Dans toute affaire de douanes, de la compétence des tribunaux correctionnels, le ministère public, quoique la régie soit poursuivante, est toujours partie principale et non partie jointe, et a droit de procéder par voie d'action (L. 28 avril 1816, art. 66).—21 nov. 1828. Cr. r. Crucq. D.P. 29. 1. 24.

96.—Le ministère public peut, de son chef, appeler d'un jugement rendu en matière de douanes, quoique la régie, partie poursuivante, ait laissé passer le délai sans appeler.... L'acquiescement de la régie ne pourrait arrêter l'action du ministère public, qu'autant qu'il aurait les caractères d'une transaction revêtue des formes légales.—Même arrêt.

97.—Mais, de ce que la loi de 1816 a ordonné l'envoi au ministère public, du rapport et des pièces saisies à l'intérieur par les employés de la douane, il ne s'ensuit pas qu'elle ait enlevé à l'administration des douanes le droit de poursuivre les contraventions, et, par exemple, d'appeler, de son chef, d'un jugement du tribunal correctionnel qui, en ordonnant la confiscation de tissus prohibés, l'aurait néanmoins condamnée aux frais du procès (L. 15 août 1793, art. 3; 28 avril 1816, art. 65). — 29 mars 1828. Cr. r. Paris. Douanes C. Vanderschirck. D.P. 28. 1. 199.

98.—Le ministère public, qui n'a point à requérir, contre les prévenus, de peines corporelles, mais seulement des confiscations et amendes, doit être considéré comme représentant dans l'instance l'administration des douanes; de sorte que, quoique celle-ci ait laissé le ministère public agir seul en première instance, sur une saisie faite à l'intérieur, elle n'est pas moins recevable à interjeter, de son chef, appel du jugement, sans qu'il y ait lieu de repousser cet appel, sous le prétexte qu'on ne peut appeler d'un jugement dans lequel on n'a pas été partie (L. 15 août 1793; 14 fruct. an 3; 9 flor. an 7.-28 avril 1816).

En cette matière, l'administration pourrait même, nonobstant l'appel du ministère public, transiger avec le prévenu, et arrêter, par là, l'action publique. —5 oct. 1832. Cr. c. Besançon. Douanes C. Bruley. D.P. 33. 1. 84.

99.—La régie des douanes ayant qualité pour appeler d'un jugement qui déclare une saisie nulle en la forme, on ne peut prétendre qu'un arrêt rendu sur un tel appel viole la chose jugée, sous le prétexte que le ministère public n'aurait appelé du même jugement qu'en ce qu'il aurait refusé de prononcer la confiscation des marchandises.— 19 mars 1807. Cr. Smitt, etc. D.A. 6. 452. D.P. 1. 1387.

§ 2.—*Des contraventions aux lois prohibitives de l'entrée ou de la sortie des marchandises. — Règles générales.*

100. — La nomenclature des marchandises prohibées, soit à l'entrée, soit à l'exportation, ne saurait entrer dans notre plan, et serait d'ailleurs d'une faible utilité, puisque le régime prohibitif est variable comme les circonstances qui le produisent ou le modifient. Nous rappellerons seulement les principes dominans.— D.A. 6. 407.

101. — L'exportation des marchandises dont la sortie est défendue, est généralement punie d'une amende de 500 fr. et de la confiscation des marchandises, ainsi que des moyens de transport. Il n'y a d'exceptions que celles qui sont formellement prononcées par la loi.— D.A. 6. 407.

102. — Quant aux marchandises prohibées à l'entrée, elles se divisent en deux classes : celles dont la prohibition est absolue, et celles dont la prohibition n'est que relative ou locale. Celles-ci peuvent s'introduire dans le royaume, mais seulement par certaines frontières ou bureaux désignés. La tentative d'introduction par tous autres bureaux devient dès lors un délit que la loi du 22 août 1791 punit d'une amende de 100 fr. Dujardin-Sailly, *Code des douanes*, p. 146, pense cependant que les circonstances de la tentative peuvent seules déterminer la quotité et l'amende. — D.A. 6. 407.

103. — Les marchandises dont la prohibition est absolue sont celles dont le gouvernement s'est réservé le monopole, et celles dont la consommation est défendue. Pour les premières, V. Contributions indirectes, Tabacs, etc. Nous ne traiterons que des autres.— D.A. 6. 407.

104.— Lorsque des marchandises non prohibées à la consommation ont été saisies, les préposés ne sont pas tenus d'en offrir la main-levée sous caution; c'est au prévenu à requérir d'eux cette main-levée (L. 9 flor. an 7, art. 7).— 15 juill. 1824. Req. Garnache. D.A. 11. 429, n. 28. D.P. 2. 1076, n. 28.

105. — L'administration des douanes n'est pas tenue, à peine de nullité, dans le cas où ses employés saisissent des objets prohibés à l'entrée, comme du sel de saline, d'offrir main-levée des moyens de transport sous caution, cette offre étant facultative en ce cas; elle n'est obligatoire que dans les saisies faites pour toute autre cause; ainsi, doit être cassé l'arrêt qui déclare nul un procès-verbal de saisie, parce qu'il ne ferait pas mention de l'offre de main-levée, sous caution, de la saisie des moyens de transport. — 10 nov. 1832. Cr. c. Besançon. Douanes C. Werthe. D.P. 33. 1. 312.

106. — On ne peut déclarer nulle une saisie de marchandises prohibées à l'exportation, sur un navire, par la raison que les saisissans n'auraient pas offert main-levée, sous caution, de ces marchandises, dont la consommation était permise en France; la loi ne prescrit l'offre de main-levée que des moyens de transport ou des marchandises saisies dans une maison. — 20 juill. 1831. Civ. c. Douanes Norrington. D.P. 31. 1. 275.

107. — Lorsqu'en annulant pour partie une saisie de divers marchandises, le jugement ordonne une vérification à l'effet de constater si le reste des objets saisis est de fabrique française, il ne peut prononcer immédiatement la main-levée des chevaux et voitures, et condamner la régie à l'indemnité. — 25 flor. an 7. Civ. c. Douanes C. Grenier. D.A. 6. 413. D.P. 1. 1370.

108. — Tout objet est réputé étranger dès qu'il entre sans certificat d'origine dans le cercle des douanes françaises établies sur le continent européen; et l'origine nationale n'est pas prouvée par cela seul que les objets sont venus en droiture des colonies françaises. — 16 brum. an 10. Cr. c. Douanes C. Alusse. D.A. 6. 413. D.P. 1. 1370.

109. — La décision par laquelle le jury d'examen déclare que des marchandises saisies par les préposés de la douane, sont d'origine étrangère, est souveraine, et ne peut être assimilée au résultat d'une expertise. — Le juge ne peut en conséquence en méconnaître l'autorité ni lui substituer un autre genre de preuve. — 26 avril 1833. Douai. Douanes C. Odoux. D.P. 33. 2. 132.

110. —En conséquence, doit être cassé l'arrêt qui, sur le motif que la décision du jury a été rendue en l'absence des parties, ordonne une nouvelle vérification des marchandises. — 3 oct. 1817. Cr. c. Douanes C. Noblot. D.A. 6. 416. D.P. 18. 1. 29.

111. — Le titre 6 de la loi des douanes du 28 avril 1816, qui, dans l'intérêt de l'industrie française, autorise la saisie des tissus de fabrique étrangère dans toute l'étendue du royaume, et dans le domicile même des particuliers, a créé un droit nouveau en faveur duquel on ne peut invoquer les lois existantes antérieurement à cette loi et maintenues par son art. 58, mais seulement quant à la répression de la contrebande par introduction ou circulation dans les rayons des douanes. — Ainsi, l'arrêt qui, sous prétexte que la saisie de cotons n'a été opérée que par un seul préposé, aurait refusé de prononcer l'amende encourue par ceux qui ont introduit des cotons filés étrangers, est sujet à cassation (C. inst. cr. 408, 413; loi 28 avril 1816, tit. 6, art. 60, 61, 62 et 66). — 4 mai 1833. Cr. c. Douanes C. L'Habit. D.P. 33. 1. 377.

112. — Cependant la tentative d'introduction de marchandises prohibées à la consommation, est punie moins rigoureusement lorsqu'elle a été effectuée par les *ports de commerce*, que dans le cas où elle a eu lieu *par terre* ou *par toutes autres frontières maritimes*. Ce dernier cas est de la compétence correctionnelle, et puni par les art. 41, 44, 51 et 53 de la loi du 28 avril 1816 et 34 de la loi du 21 avril 1818; l'autre est une contravention ordinaire de la compétence du juge de paix, et punie par l'art. 1er, tit. 5 de la loi du 22 août 1791, modifiée par l'art. 35 de la loi du 21 avril 1816.— D.A. 6. 407.

113.— Il y a des importations et des exportations qui sont non seulement permises, mais encouragées, par exemple celles des sucres.

Quand l'art. 17 de la loi du 21 avril 1818 porte que les fraudes et fausses déclarations tendant à obtenir par surprise un surcroît à la prime réellement due, seront punies d'une amende et que la prime sera refusée pour le tout, elle entend parler d'une déclaration faite de mauvaise foi; par suite, et s'il est reconnu que l'auteur d'une déclaration exagérée était de bonne foi, il a été justement affranchi de la peine de la loi de 1818.

.... La bonne foi de l'importateur doit le faire exempter, non seulement de l'amende, mais encore de la perte de la prime, quoique la fausse déclaration ait été reconnue par les experts ou jury spécial établi en matière de douane; et l'on prétendrait en vain, qu'au moins à l'égard de la prime, la décision du jury doit être souveraine pour les tribunaux. — 15 avril 1829. Req. Douanes C. Balguerie. D.P. 34. 1. 54. — 31 déc. 1833. Req. Douanes C. Thoron. D.P. 34. 1. 54.

114.— Le certificat des raffineurs et le certificat de sortie forment, envers la douane, la seule preuve légale des faits qui donnent droit à la prime d'exportation accordée aux sucres par l'art. 17 de la loi du 8 flor. an 11. — Dès lors, la prime devra être refusée en l'absence de l'un de ces documens, tels que le certificat de sortie, encore qu'il soit reconnu par le juge que les sucres sont arrivés à leur destination à l'étranger. — 28 fév. 1834. Req. Soulié. D.P. 34. 1. 130.

115.— Lorsque des raffineurs ont vendu leurs sucres, mais se sont réservé la prime d'exportation, c'est à eux de remplir les formalités pour obtenir le paiement de la prime réservée, et à veiller notamment à ce que le certificat de sortie des sucres soit dressé par les préposés de la douane, lors de la mise en mer du navire.

..... Et, dès lors, ils n'ont aucun recours contre les acheteurs à cet égard, alors surtout que ces derniers n'avaient, aux termes de la convention, d'autre obligation à remplir que celle de prévenir les raffineurs de l'expédition à l'étranger. — Même arrêt.

116.— La disposition de l'ordonnance du 13 mai 1831, qui porte à 13 1/2 p. 0/0 la prime de sortie à la valeur des draps et casimirs et autres tissus foulés de laine, ne s'applique pas à la bonneterie *orientale*; il ne lui est attribué qu'une prime *au poids* (L. 17 mai 1826; ord. 13 mai 1831) — 8 fév. 1832. Ord. cons. d'état. Benoit. D.P. 33. 3. 39.

§ 3. — *Des marchandises anglaises.*

117.— Avant de traiter des *marchandises prohibées en général et de la réexportation*, nous allons retracer sommairement les lois qui pendant vingt-cinq ans ont défendu l'introduction de tous les produits du sol ou des fabriques de l'Angleterre.—D.A. 6. 407.

118.— Les marchandises sorties des ateliers ou du territoire anglais furent proscrites du sol de la république française. Les préposés des douanes qui en avaient permis l'importation, toutes personnes qui en avaient importé, vendu ou acheté *directement ou indirectement* furent punis de *vingt ans de fers*. Toutes affiches, placards ou enseignes *conçus en langues anglaises*, ou indiquant des magasins de marchandises anglaises, ou portant des *signes* ou des *dénominations* anglaises, ainsi que tous journaux qui annonceraient la vente de pareilles marchandises, furent pareillement *proscrits*, à peine de vingt ans de fers. Toute personne qui aurait *porté* des marchandises anglaises, ou *en aurait fait usage*, dut être punie comme *suspecte*, suivant la loi du 17 sept. 1793 (Décr. du 18 vend. an 2, 9 oct. 1793).— D.A. 6. 407, n. 1.

119.— La loi du 10 brum. an 5, organisa un système de prohibition plus humain; elle assimila l'introduction des marchandises anglaises à un délit correctionnel, qu'elle punit de la confiscation des objets saisis et des moyens de transport, d'une amende triple de leur valeur, et d'un emprisonnement de cinq jours à trois mois.

Certaines marchandises furent présumées anglaises par cela seul qu'elles étaient saisies après avoir été importées en France, ou au moment de l'importation (même loi, art. 5).

Ceux qui voudraient importer tous autres objets non prohibés, devaient se munir d'un certificat attestant qu'ils provenaient de nations avec lesquelles la France n'était pas en guerre, à défaut de quoi les marchandises introduites seraient saisies comme anglaises (même loi, art. 137). — D.A. 6. 408, n. 2.

120.—La loi du 10 brumaire fut modifiée par celle du 19 pluv., même année. Les livres, ainsi que les toiles de coton blanches de l'Inde, d'une qualité commune, et destinées à l'impression, furent dispensés de la formalité du certificat.—La présomption de fabrique anglaise ne frappa plus la mercerie commune, les armes de guerre, les instrumens aratoires.— D.A. 6. 408, n. 3.

121. — La loi du 29 niv. an 6 déclara de bonne prise *tout* navire chargé en tout ou en partie de marchandises anglaises, et capturé par un bâtiment français. — D.A. 6. 408, n. 4.

122. — Mais il a été jugé que cette loi ne doit s'appliquer qu'aux marchandises véritablement anglaises et reconnues telles, et non à des marchandises simplement *réputées* anglaises par la loi du 10 brum. an 5. — 11 vend. an 8. Civ. c. Jacobs. D.A. 6. 409, n. 2, n. 1. D.P. 1. 1366.

123. — Un arrêté du 3 fruct. an 9 ordonna, à peine de présomption de fabrique anglaise, l'apposition d'une estampille sur les étoffes françaises qui pourraient être confondues avec celles de même qualité fabriquées en Angleterre. — D.A. 6. 407, n. 5.

124. — On ne peut donner main-levée d'une saisie de toiles de coton blanches, trouvées sans tête de pièces au domicile d'un fabricant et dépourvues de toute marque, sur le motif que l'arrêté du 3 fruct. an 9, qui répute de fabrique anglaise toute toile de coton non marquée ni estampillée avant l'apprêt et le blanchissage, ne fixe pas de délai pour l'apposition des marques, et encore sur le motif que les toiles saisies n'ont pas été trouvées dans les *magasins* du fabricant (L. 30 avril 1806). — 5 avril 1811. Cr. c. Douanes Lisichy. D.A. 11. 418, n. 2. D.P. 2. 1068, n. 2.

125. — La loi du 10 brum. an 5 ne frappait pas directement les denrées coloniales venues d'Angleterre. L'arrêté du 1er mess. an 11, confirmé par la loi du 22 vent. an 12, exigea un certificat de l'agent français au port d'embarquement, constatant que le chargement des diverses marchandises ou denrées coloniales s'était opéré sous ses yeux, et qu'elles ne provenaient ni de l'Angleterre, ni de ses colonies. — D.A. 6. 408, n. 6.

126. — Le décret du 30 vent. an 13 veut que les denrées coloniales étrangères soient accompagnées d'un certificat du consul de France, *au port de l'embarquement*, constatant qu'elles ne sont pas anglaises. — On ne peut considérer comme *port de l'embarquement* celui où le navire a été primitivement chargé, lorsqu'il y a eu déchargement et rembarquement dans un autre port, alors que rien n'atteste que les marchandises qui y ont été prises sont *identiquement* les mêmes que celles qui font l'objet du certificat délivré dans le premier. — 19 mars 1807. Cr. r. Smit. D.A. 6. 452. D.P. 1. 1387.

127. — L'arrêté du quatrième jour complémentaire an 11 donna plus de vigueur aux lois précédentes en augmentant la surveillance ainsi que les moyens de découvrir la fraude. — D.A. 6. 408, n. 6.

128. — Telle était la législation au commencement de l'empire : le chef du gouvernement ne se borna pas là. — Le blocus continental fut proclamé. Les décrets des 23 nov. et 17 déc. 1807, et du 11 janv. 1808 disposèrent : « Tous navires qui, après avoir touché à l'Angleterre, par *quelque motif que ce soit* (on n'exceptait pas même le cas de relâche forcée), entreront dans les ports de France, seront saisis et confisqués, ainsi que les cargaisons, *sans distinction de denrees et marchandises.* — Tout bâtiment, *de quelque nation qu'il soit*, qui aura souffert la visite d'un vaisseau anglais, *ou se sera soumis à un voyage en Angleterre*, ou aura payé une imposition quelconque au gouvernement anglais, est par cela seul déclaré *denationalisé*, a perdu la garantie de son pavillon, et est devenu propriété anglaise. Soit que lesdits bâtimens entrent dans nos ports ou dans ceux de nos alliés, soit qu'ils tombent au pouvoir de nos vaisseaux ; ils sont déclarés de bonne prise. — Les îles Britanniques sont déclarées en état de blocus sur mer comme sur terre. La suite du décret donne un intérêt dans la prise de la vente du vaisseau et de sa cargaison à ceux qui déclareront la violation du blocus, et déclare coupables de haute trahison les fonctionnaires ou agens du gouvernement qui auraient favorisé cette violation. — D.A. 6. 408, n. 7.

129. — Ce système de prohibition générale tomba à la restauration ; il n'existe plus aujourd'hui de prohibitions que celles qui sont prononcées spécialement contre telle ou telle espèce de denrées, venue de l'étranger. Toutefois, les dispositions de la loi du 10 brum. an 5 subsistent toujours comme prohibitives de l'entrée des marchandises *étrangères* énumérées dans son article 5 : ce point très important se trouve établi dans une circulaire du 21 juill. 1817. — Il en résulte que les monumens de jurisprudence qui ont fait l'application de cette loi aux marchandises anglaises ne sont pas devenus sans intérêt; mais la pensée politique sous l'influence de laquelle ils ont été rendus en affaiblit singulièrement l'autorité. — D.A. 6. 408, n. 8, et 409, note 1re.

130. — Les sucres candis sont compris dans ces expressions de la loi du 10 brum. an 5 : *sucres raffinés en pain ou en poudre.* — 15 niv. an 9. Cr. c. Douanes C. Laporte. D.A. 6. 409, n. D.P. 1. 1366. — 29 niv. an 9. Cr. c. Douanes C. Lammens. D.A. *eod.* D.P. 1. 1367.

131. — Celui chez qui on a trouvé des marchandises anglaises, doit, indépendamment de la confiscation de ces marchandises, être condamné à l'amende prononcée par l'art. 15, l. 10 brum. an 5 ; et vainement déclarerait-il qu'il a ignoré que ces marchandises fussent déposées chez lui, surtout si elles ont été trouvées dans son lit (C. des délits et des peines, art. 456). — 7 flor. an 12. Cr. c. Napp. D.P. 4. 1. 502.

132. — On ne peut ordonner la confiscation des marchandises énumérées dans l'art 5 de la loi du 10 brum. an 5, qu'autant qu'elles sont saisies à l'importation, ou qu'étant trouvées dans l'intérieur du territoire, il est prouvé qu'elles ont été importées. — 26 therm. an 9. Cr. c. Grégoire. D.A. 6. 410, n.

133. — La simple analogie que des marchandises trouvées dans l'intérieur peuvent avoir avec celles énumérées dans l'art. 5 de la loi du 10 brum. an 5 ne suffit pas pour les faire réputer de frabrique anglaise; ces marchandises ne peuvent être saisies qu'après avoir été reconnues véritablement provenir du commerce ou de l'industrie étrangère.

Les marchandises énoncées dans l'art. 5 de la loi du 10 brum. an 5 ne sont réputées provenir des fabriques anglaises que lorsqu'il est constaté qu'elles ont été importées en France de l'étranger. Il ne suffirait pas qu'elles fussent saisies au milieu d'autres marchandises dont on aurait établi l'origine anglaise. — 9 pluv. an 8. Cr. c. L'Abbé. D.A. 6. 410, n. D.P. 1. 1367. — 16 germ. an 9. Cr. c. Hanne. D. *eod.* — 28 pluv. an 8. Cr. c. Desraussène. — 6 therm. an 8. Cr. c. Roussel. D. *eod.*

134. — Les marchandises réputées anglaises par l'art. 5 de la loi du 10 brum. an 5, ne sont prohibées absolument, et quelle qu'en soit l'origine, que dans le cas d'importation, c'est-à-dire dans le cas où elles sont saisies dans le rayon frontière.

La saisie de marchandises réputées anglaises, faite dans l'intérieur du royaume, doit être annulée lorsque l'origine de ces marchandises ne peut être établie que par le procès-verbal, et que celui-ci est entaché de nullités radicales. — 16 germ. an 9. Cr. c. Henne. D.A. 6. 410, n. D.P. 1. 1368.

135. — Les marchandises étrangères trouvées dans le rayon prohibé sans certificat d'origine, sont réputées anglaises, d'après la loi du 10 brum. an 5, et saisissables, comme telles, bien qu'elles ne soient pas comprises dans l'art. 5 de cette loi.

Le certificat d'origine ne peut être suppléé par une vérification d'experts. — 16 pluv. an 11. Sect. réun. c. Douanes C. Morel. D.A. 6. 411, n 4. — 9 vend an 7. Cr. c. Douanes C. Ricker. D.A. et D.P. *eod.*

136. — Les basins qui ne sont revêtus d'aucune marque ni estampille, sont réputés anglais et saisissables comme tels. — 26 brum. an 12. Cr. c. Douanes C. Allain. D.A. 6. 411, n.

137. — La loi du 10 brum. an 5, qui ordonne la confiscation des chevaux et voitures servant au transport des marchandises anglaises, n'ayant fait aucune distinction entre le cas où ces chevaux et voitures appartiennent au saisi, et celui où il n'en est que détenteur précaire, on ne peut donner main-levée de la saisie d'un cheval qui servait à voiturer des marchandises anglaises, par le motif qu'il a été loué au prévenu par un homme qui ignorait l'usage qui devait en être fait. — 13 déc. 1810. Cr. c. Douanes C. Quelven. D.A. 6. 411, n. D.P. 1. 1369.

138. — L'art. 5 de la loi du 10 brum. an 5, qui répute marchandises anglaises certains objets importés de l'étranger, ne doit pas être entendu en ce sens, qu'on ne puisse saisir les marchandises qu'il spécifie, qu'au moment de l'importation; ces marchandises sont saisissables après l'importation effectuée, lorsque, trouvées dans un magasin de l'intérieur, elles ne sont accompagnées d'aucun certificat d'origine ou passavant en forme.

Le défaut de publication, dans certains pays réunis, des dispositions de la loi du 10 brum. an 5, qui assujettissaient les détenteurs des marchandises anglaises à en faire la déclaration dans un certain délai, afin d'opérer la réexportation, n'a pu empêcher la saisie de ces marchandises dans les magasins où elles se trouvent, lorsqu'on ne justifie pas qu'elles y aient été introduites antérieurement à cette loi. — 24 août 1811. Cr. c. Douanes C. Bartocc o. D.A. 6. 412, n. D.P. 1. 1369.

139. — Les peines prononcées par l'art. 15 de la loi du 10 brum. an 5, et l'arrestation ordonnée par le décret du quatrième jour complémentaire an 11, ne s'appliquent qu'aux individus détenteurs de marchandises prohibées à la consommation, ou qui étant seulement prohibées à l'entrée, ont été introduites frauduleusement sans certificat d'origine. — 27 nov. 1812. Cr. c. Haultermann. D.A. 6. 412, n. D.P. 1. 1369. — 4 déc. 1812. Cr. c. Pass. D.A. et D.P. *eod.*

§ 4. — *Des marchandises prohibées ou taxées en général, et de la réexportation.*

140. — Certaines denrées ou marchandises de la consommation la plus usuelle méritent quelques observations. La prohibition éventuelle à l'entrée et à la sortie des grains et farines, prononcée par les lois des 16 juill. 1819 et 4 juill. 1821, est abolie (L. 15 avril 1832, art. 1 et 7). — D.P. 32. 3. 33.

141. — Cette loi de 1832 tarife seulement les céréales soit à leur entrée, soit à leur sortie. Pour comparer la législation antérieure, D.A. 6. 409.

142. — Il en est de même de celle du 26 avril 1833, relative à la perception des droits d'entrée et de sortie sur les grains et farines. — D.P. 33. 3. 64.

143. — Les blés venant de l'Espagne ne sont passibles que du droit de 25 centimes porté par la loi du 7 juin 1820, s'ils ont été *produits* par ce pays. — 16 janv. 1833. Civ. r. Douanes C. Barazer. D.P. 33. 1. 148.

144. — Il en est de même de ceux des pays limitrophes ou même éloignés de la France. — 19 mai 1834. Civ. c. Balgueri. D.P. 34. 1. 248.

145. — Le droit d'entrée du girofle de la Guiane française est réduit à 60 c. par kil. — 19-26 août 1834. Ord. D.P. 34. 3. 74.

146. — Les riz sont toujours assimilés aux grains, et suivent, par conséquent, les phases de la législation sur les céréales. — V. les dispositions de la loi nouvelle et un arrêt du 14 pluv. an 11. Cr. c. Dorange. D.A. 6. 414. D.P. 1. 1370.

147. — De même, les sucres *candis* suivent la législation sur les *sucres raffinés en pain ou en poudre.* — 15 niv. an 9, *suprà*, § 3, n. 130.

148. — Les sucres provenant de Bourbon, n'ayant pas subi l'opération du terrage, n'étaient, avant la loi de 1833, assujettis qu'au droit fixé pour les sucres bruts, quoique, par une méthode nouvelle, on leur avait donné une valeur aussi grande que s'ils avaient été terrés. — 21 janv. 1834. Civ. r. Douanes C. Quesneau. D.P. 34. 1. 102.

149. — L'importation des armes a été permise aux particuliers par la loi du 22 août 1792, sauf les formalités qu'elle indique. Mais l'ordonnance du 24 juill. 1816 a défendu l'importation des armes de guerre sans un permis du ministre de la guerre, comme aussi l'exportation des armes de guerre aux particuliers. L'entrée et la sortie des poudres et salpêtres est prohibée par le lois et arrêtés des 11 mars 1793, 13 fruct. an 5, 16 mars 1813 : cependant l'arrêté du 18 pluv. an 8 a permis l'entrée des salpêtres par certains ports seulement. L'exportation des pierres à feu est défendue pendant la guerre (L. du 19 brum. an 8; déc. du 5 avril 1813; arr. du 6 prair. an 10). — D.A. 6. 412.

150. — Les *drilles* ou matières propres à la fabrication du papier ont été prohibées à l'exportation par la loi du 3 avril 1793 (V. *suprà*). — D.A. 6. 412.

151. — Quant aux réglemens relatifs aux sels, V. Sels.

152. — La loi du 10 brum. an 5 forme toujours la principale base des prohibitions à l'entrée. Il n'y a été fait que quelques additions, relatives surtout aux cotons filés, aux savons et aux fers étrangers. — D.A. 6. 413.

153. — L'art. 6 de la loi du 23 nov. 1814 sur l'importation des laines est spéciale pour les laines, et n'a été abrogé ni par celle du 17 déc. suivant, ni par aucune autre. — 4 juill. 1827. Civ. c. Douanes C. Piot. D.P. 27. 1. 291.

154. — La faculté que l'art. 6 de la loi du 23 nov. 1814 accorde au gouvernement, de suspendre ou de modifier les effets de cette loi, en présentant à la session suivante les motifs qui auraient déterminé cette mesure, n'est point limitée, dans sa durée, à l'intervalle d'une session à l'autre; par exemple, si, en vertu de cette faculté, une ordonnance royale a augmenté les droits sur les laines importées, il suffit qu'à la session suivante le ministère ait fait connaître à la chambre des députés seule les motifs qui ont déterminé l'ordonnance royale, pour que la condition prescrite par l'art. soit remplie, et que le droit continue d'être exigible, encore bien que l'ordonnance n'ait pas été convertie en loi. — 4 juill. 1827. Civ. c. Douanes C. Piot. D.P. 27. 1. 291.

155. — Ne peut être considéré comme un certi-

ficat d'origine valable celui qui, au lieu de constater que des marchandises ont été *fabriquées en Suisse*, déclare seulement qu'elles sont *propriété suisse*; peu importe que ces marchandises ne soient destinées qu'au transit. — Même arrêt.

156. — La partie de marchandises qui diffère de poids, de qualité, de quotité, ou de nature d'avec celles énoncées au certificat d'origine sous lequel elles ont été introduites, doit être saisie. — Même arrêt.

157. — On ne peut donner main-levée d'une saisie de marchandises étrangères de la nature de celles que la loi du 19 pluv. an 5 permet d'importer avec un certificat d'origine, avant d'avoir constaté qu'elles étaient, au moment de l'introduction, accompagnées de ce certificat. — On ne le peut non plus sous le prétexte d'une justification d'origine nationale, faite postérieurement à l'importation. — 8 prair. an 10. Cr. c. Douanes C. Kers. D.A. 6. 414. D.P. 1. 1370.

158. — On ne peut considérer comme déclaration suffisante, celle par laquelle un individu se disant détenteur de marchandises dont il n'indique ni la qualité, ni la quantité, ni la valeur, énonce qu'il les a achetées dans une vente publique; qu'il en ignore l'origine, mais qu'il ne les croit pas sujettes à déclaration; en conséquence, si de telles marchandises demeurées en la possession du même individu sont par lui expédiées pour une autre ville, saisies dans le trajet et reconnues étrangères, elles doivent être confisquées avec amende. — 30 oct. 1817. Cr. c. Douanes C. Grombach. D.A. 6. 415. D.P. 1. 1371.

159. — Toutes marchandises prohibées à l'entrée et confisquées pour avoir été introduites en fraude, doivent être réexportées. Les formalités de cette réexportation ont été réglées par la loi du 22 août 1791, et par l'ordonnance royale du 8 mai 1816. — D.A. 6. 413.

160. — Il n'est pas nécessaire, pour la valité d'une sommation faite par l'administration des douanes à un particulier, pour le constituer en demeure de réexporter une marchandise prohibée, qu'elle contienne la liquidation des droits auxquels cette marchandise est soumise. — 24 août 1831. Bordeaux. Monneyra. D.P. 32. 2. 8.

161. — Celui qui, sommé par l'administration des douanes de réexporter, dans un certain délai, une marchandise prohibée, n'a pas obtempéré à cette sommation, ne peut, après l'expiration du délai, et la vente régulièrement faite de la marchandise par la douane, former utilement opposition à la délivrance de cette marchandise à l'acheteur. — Même arrêt.

162. — La faculté de réexporter les marchandises d'origine étrangère, accordée par la loi du 28 avril 1816, aux détenteurs de ces marchandises, ne leur est acquise que lorsqu'ils ont accompli les formalités, et fait la déclaration prescrite par cette loi. — 30 oct. 1817. Cr. c. Douanes C. Grombach. D.A. 6. 415. D.P. 1. 1371.

163. — La preuve de réexportation ne peut résulter que d'un certificat de décharge régulièrement signé du receveur et du contrôleur du bureau de l'extrême frontière; on ne peut l'induire d'un permis d'embarquer apposé sur l'acquit-à-caution par le visiteur d'un bureau de seconde ligne, alors surtout que ce permis n'a pas été visé, ni les marchandises vérifiées au bureau de l'extrême frontière (L. du 22 août 1791, art. 6, tit. 3). — 17 therm. an 8. Cr. c. Douanes C. Lemercier. D.A. 6. 423. D.P. 1. 1374.

164. — Les marchandises prohibées à l'entrée ne peuvent être admises à transiter en France. — 17 flor an 11. sect. réun. c. Douanes C. Klenck. D.A. 6. 415 et 2. 267. D.P. 3. 1. 651.

165. — Lorsque, par l'effet des changemens successifs apportés en 1814, dans la ligne des frontières, une commune, aujourd'hui française, a fait momentanément partie du territoire étranger, on ne peut faire réexporter des sels d'origine française qui se trouvaient dans cette commune antérieurement à ces changemens, sous le prétexte qu'ayant été quelque temps hors du territoire national, ils doivent être considérés comme étrangers. — Un tribunal peut donc ordonner une expertise pour établir l'origine de ces sels. — 9 janv. 1816. Req. Douanes C. Baclaert. D.A. 6. 414. D.P. 16. 1. 295.

166. — L'art. 7, t. 2, de la loi du 4 germ. an 2, qui ordonne la visite de tous bâtimens au-dessous de cent tonneaux rencontrés dans les quatre lieues des côtes, et leur confiscation, s'ils portent des marchandises prohibées, n'est pas applicable aux bateaux naviguant sur le lac Léman, sauf le cas d'une tentative d'introduction frauduleuse. — 6 flor. an 10. Req. Douanes C. Chatillon. D.A. 6. 414. D.P. 1. 1370.

167. — L'art. 7, tit. 2, de la loi du 4 germ. an 2, qui ordonne la saisie de la cargaison et du corps du navire au-dessous de cent tonneaux, porteur de marchandises prohibées, qui seraient trouvés à l'ancre, ou louvoyant, hors le cas de force majeure, en-deçà de quatre lieues des côtes, ne s'applique pas aux navires inférieurs à ce tonnage, et porteurs de marchandises prohibées, qui seraient entrés dans un port français et auraient, avant toute visite, déclaré *sous leur dénomination véritable* ces mêmes marchandises. — Ici doit être appliqué l'art. 4, tit. 5, de la loi du 22 août 1791, qui en ordonne seulement la réexportation sans saisie. — 10 juill. 1816. Civ. r. Douanes C. Gratiet. D.A. 6. 416. D.P. 18. 1. 200.

§ 5. — *Contraventions aux lois sur les déclarations, les passavans, la circulation des marchandises et les acquits-a-caution.*

168. — *Des déclarations.* — Les déclarations en matière de douane sont réglées au titre 2 de la loi du 22 août 1791, modifié par la loi du 4 germ. an 2. — D.A. 6. 417.

169. — Les marchandises destinées à l'exportation ou à l'importation, celles qui doivent circuler dans le rayon frontière, doivent être déclarées au premier bureau des douanes, par leurs conducteurs ou propriétaires, à peine de confiscation et de 200 fr. d'amende. — Les capitaines et maîtres de navires sont tenus, à peine de 500 fr. d'amende, toutes les fois qu'ils entrent dans un port, de faire de leur chargement une déclaration sommaire ou détaillée : sommaire, lorsqu'ils entrent dans un port qui n'est pas celui de leur destination; dans ce cas, ils doivent y joindre l'énoncé des causes de leur relâche; détaillée, lorsqu'ils la font au bureau des douanes du port du débarquement. La même forme de déclaration est exigée pour l'exportation. — Ils sont tenus de représenter un *manifeste* contenant le catalogue détaillé de toutes les marchandises composant leur cargaison, à peine de saisie des marchandises omises ou différentes, et d'une amende de 1,000 fr. (L. 22 août 1791, tit. 2, art. 4 et 5). — D.A. 6. 417.

170. — Lorsqu'avant la visite qui doit contrôler la déclaration, le capitaine s'aperçoit de quelque erreur, il peut la réparer, pourvu que ce soit dans le jour même, et que la rectification ne porte que sur le poids, le nombre, la mesure ou la valeur des marchandises, en représentant les colis en même nombre, marques et numéros que ceux déclarés, ainsi que les mêmes espèces de marchandises. Il suit de là que la déclaration ne peut pas être rectifiée quant à *l'espèce* (L. 22 août 1791, tit. 2, art. 12). — D.A. 6. 417, et Merlin, qui cite cependant à tort, à l'appui de sa doctrine, l'arrêt suivant, Scharwegen du 12 vend. an 9.

171. — Le capitaine d'un bateau, qui a déclaré un chargement de blé, encourt la saisie, si les préposés, en visitant son navire, ont trouvé cachée une somme en numéraire dont il n'avait parlé ni dans sa déclaration, ni avant la visite des préposés, et qu'il a d'abord prétendu destinée à ses besoins, puis ensuite à un négociant de l'intérieur. — Il alléguerait en vain que, jusqu'à la délivrance de ses passeports, il pouvait ajouter à sa déclaration. — 12 vend. an 9. Civ. c. Douanes C. Scharwegen. D.A. 6. 417.

172. — Jugé aussi que le capitaine, forcé de relâcher dans un port autre que celui de sa destination, doit faire dans les vingt-quatre heures la déclaration de son chargement et des causes de sa relâche, sous peine de confiscation, dont il ne peut être exempté sous le prétexte de la nécessité de la relâche. — 14 germ. an 11. Civ. c. Douanes C. Scaratti. D.A. 6. 417. D.P. 1. 1372.

173. — Les dispositions d'après lesquelles les navires espagnols, chargés de contrebande, peuvent se mettre à couvert de toutes condamnations, en faisant, dans les vingt-quatre heures de leur entrée dans un port français, une déclaration de relâche forcée, ne s'appliquent pas au cas d'un navire au-dessous de cent tonneaux, saisi en contravention à la loi du 4 germ. an 2, louvoyant dans le rayon de deux myriamères de la côte, avec des marchandises prohibées, alors, d'ailleurs, qu'il est reconnu que cette relâche n'était qu'un prétexte. — 26 avril 1830 Req. Felieu. D.P. 30. 1. 227.

174. — L'assistance du consul espagnol, lors de la visite des bâtimens de cette nation par les employés des douanes françaises, n'est exigée, par la convention du 2 janv. 1768, qu'au cas où cette visite a lieu dans un port, et non au cas où elle est faite en mer. — Même arrêt.

175. — L'art. 2, tit. 13 de la loi du 22 août 1791, portant qu'en cas de nouvel établissement d'un bureau, les marchandises ne seront sujettes à confiscation, pour n'y avoir pas été conduites ou déclarées, que deux mois après la publication prescrite par cet article, ne s'applique qu'aux marchandises sujettes à déclaration et à la perception d'un droit, et non à celles dont la prohibition est absolue. — 18 déc. 1811. Civ. c. Douanes C. Vialli. D.A. 6. 417. D.P. 1. 1372.

176. — Pour que des marchandises prohibées à la sortie ne soient point saisies, lorsqu'elles ont été déclarées à un bureau de douanes, il est nécessaire que la déclaration en ait été faite *sous leur véritable dénomination*. Il ne suffirait pas que la déclaration *fût jugée n'être pas fausse*. — *Spécialement*, si des soies ont été déclarées *provenir de l'entrepôt de Gênes*, une telle déclaration, fût-elle vraie, n'est pas suffisante, en ce qu'elle n'énonce pas l'origine de cette marchandise. — 30 janv. 1809. Civ. c. Douanes C. Bruzo. D.A. 6. 418. D.P. 1. 1372.

177. — Le conducteur de marchandises qui, venant de l'extérieur, se présente à un bureau de douanes pour se faire délivrer un permis en transit de soies qu'il qualifie de *soies grèges*, d'après la déclaration du commissionnaire expéditeur, est en contravention, si ces soies sont reconnues être des soies *organsin*. — Il ne peut être exempté des peines de la loi, sous le prétexte que l'énonciation de soie grège se trouve dans un passavant qu'il avait obtenu à ce bureau, et que c'est la faute des employés s'ils ont qualifié la marchandise sans vérification. — 14 juin 1809. Civ. c. Douanes C. Sericano. D.A. 6. 418, n. D.P. 1. 1372.

178. — La loi n'ayant pas déteminé quelles sont les provisions de bord non sujettes à être portées sur le manifeste, on doit regarder comme telles les choses nécessaires aux réparations du navire. — Ainsi, ne peuvent être saisies, pour défaut d'énonciation sur le manifeste, seize caisses de clous portées régulièrement sur la déclaration des provisions de bord, et la régie des douanes est inadmissible à prétendre, pour la première fois devant la cour de cassation, que cette quantité excédait le nécessaire (L. 22 août 1791, art. 4, tit. 5; 4 germ. an 2, tit. 2, art. 1 et 2). — 10 déc. 1821. Civ. r. Douanes C. Knudsen. D.A. 6. 454, n. 1. D.P. 22. 1. 134.

179. — La déclaration par laquelle un négociant confond, comme étant d'une même dimension, et par suite, passibles du même droit, des barres de fer carrées de dimensions différentes, et par conséquent assujetties à des droits différens, est une fausse déclararation dans la *qualité* ou l'*espèce* des marchandises, punissable de confiscation et de 100 liv. d'amende, d'après l'art. 21, tit. 2, de la loi du 22 août 1791. — 8 juill. 1822. Civ. c. Douanes C. Tillmann. D.A. 6. 418. D.P. 22. 1. 486.

180. — Ceux qui expédient des marchandises d'un port français à un autre port français, sont tenus d'en déclarer la valeur au bureau de la douane du lieu de l'enlèvement, et si, lors de la vérification au départ, les préposés reconnaissent que la quantité est inférieure à celle portée sur la déclaration, et que le déficit excède le vingtième des marchandises ou denrées déclarées, la valeur des quantités manquantes sera réglée suivant le prix courant du commerce au moment de l'expédition, et le déclarant obligé de payer, à titre de confiscation, la somme ainsi réglée, et de plus l'amende de 500 fr. (L. 8 flor. an 11, tit. 8).

181. — Par ces expressions *au départ*, cet article de la loi du 8 flor. an 11 a entendu l'époque à laquelle le chargement est fait et déclaré complet par le chargeur lui-même. — Ainsi, la peine est encourue dans le cas où la vérification est faite et la contravention constatée, même avant le moment du départ, mais après que le permis d'embarquement a été obtenu, que la soumission d'acquit-à-caution a été faite, et le volant de cet acquit et les expeditions du navire ont été préparés. — 30 mai 1827. Civ. c. Douanes C. Rebequi. D.P. 27. 1. 257.

182. — Les marchandises dont les droits se perçoivent sur la valeur peuvent être retenues par les préposés de la régie, à la charge d'en payer la valeur déclarée, et le dixième en sus, sans que les propriétaires puissent prétendre à rien de plus pour frais de transport ou indemnité. Ce droit de l'administration s'appelle droit de *préemption* (L. 22 août 1791, tit 2, art. 23). — Ce droit s'exerce quand la déclaration de la valeur paraît fausse.

183. — Le privilége de la *préemption* qu'a l'administration des douanes sur les marchandises dont la valeur lui serait inexactement déclarée, ne s'exerce que sur celles dont les droits se perçoivent *sur la valeur*, et non sur celles qui sont destinées à l'entrepôt réel : ces marchandises n'étant assujetties immédiatement à aucun droit de *perception*

(L. 22 août 1791, tit. 2, art. 23; 3 avril 1796, art. 23; 17 mai 1826, art. 1er). — 14 avril 1830. Req. Douanes C. Durand. D.P. 30. 1. 208.

184. — De même, quand la fausse déclaration faite à la douane porte sur la *qualité* de la marchandise, c'est la confiscation et l'amende de 100 fr. (si le droit auquel on veut se soustraire s'élève à 12 liv.) qui doit être prononcée; il n'y a pas lieu à préemption, si des laines reconnues être fines ont été déclarées communes par les propriétaires qui ont gardé le silence sur leur valeur, c'est de la *qualité* et non de la *valeur* qu'il s'agit; par suite, et même depuis les ordonnances des 31 octobre 1821, 27 juillet 1822, 13 juillet 1825, il ne saurait y avoir lieu dans ce cas à préemption; c'est la confiscation et l'amende de 100 fr., dans le cas où le droit auquel on voudrait se soustraire s'élèverait à 12 liv., qui doit être prononcée (L. 22 août 1791, tit. 2, art. 21, 23; 4 flor. an 4; 27 juillet 1822, art. 19). — 5 août 1828. Civ. c. Douanes C. Faurie, etc. D.P. 28. 1. 370.

185. — Lorsqu'il y a contestation sur la *qualité* des marchandises déclarées à la douane, les experts institués par la loi du 27 juillet 1822 font légalement cesser les doutes sur la *qualité* de la marchandise déclarée à l'entrée. — 5 août 1828. Civ. c. Douanes C. Faurie. D.P. 28. 1. 370.

186. — *Du passavant.* — Le passavant est un permis de circuler, délivré par les douanes aux propriétaires et conducteurs de marchandises qui doivent être transportées dans les deux myriamètres frontières. Le défaut de passavant en due forme entraîne la confiscation avec amende de cent livres. — Sont dispensés de cette formalité, les grains et graines, lorsque la sortie n'en est pas prohibée; et, dans tous les cas, lorsqu'ils ne font pas route vers la frontière, les bestiaux, poissons, pain, vin, cidre ou poiré, viande fraîche et salée, volailles, gibier, fruits, légumes, laitage, beurre, fromage et tous objets de jardinage. — D.A. 6. 419, n. 1.

187. — Jugé dans le même sens, le 25 germ. an 9. Sect. réun. c. Min. pub. C. Syerens. D.A. 6. 420. D.P. 1. 1373.

188. — Les ouvrages d'horlogerie sont sujets aux formalités prescrites pour la circulation des marchandises dans les deux lieues limitrophes des frontières; la loi de 1791, qui avait dispensé de ces formalités les objets de fabrication de divers départemens ayant été abrogée par celle du 19 vend. an 6. — 9 pluv. an 7. Cr. c. Douanes C. Girod, etc. D.A. 6. 420. D.P. 1. 1372.

189. — Les mules, mulets et chevaux âgés de plus d'un an, étant prohibés à la sortie, par la loi du 19 therm. an 4 (1), ne peuvent circuler dans les deux lieues frontières, sans passavant, alors même qu'ils se dirigeraient vers l'intérieur. Ils ne sont pas compris dans l'expression générique, *bestiaux* de l'art. 4 de la loi du 19 vend. an 6. — 17 juin 1806. Civ. c. Douanes C. Etchegaray. D.A. 6. 421. D.P. 6. 2. 151.

190. — Une administration municipale est sans pouvoir pour expédier un passavant. Cet acte doit être délivré par les préposés aux douanes. — 21 mess. an 7. Civ. c. Douanes C. Sagols. D.A. 6. 422. D.P. 1. 1374.

191. — On ne peut, ni par des expertises, ni par des dépositions orales, suppléer au défaut de permis d'embarquer, d'acquit-à-caution et de passavant exigés par la loi. — 28 therm. an 8. Cr. c. Douanes. Bonnafaud. D.A. 11. 418, n. D.P. 2. 1068, n. 1.

192. — Le passavant exigé par la loi du 26 vent. an 5 pour les grains qui circulent dans les vingt-cinq kilomètres des frontières ne pouvait être suppléé par un simple permis émané d'un agent municipal. — 16 prair. an 7. Cr. c. Douanes C. Hueni. D.A. 6. 420. D.P. 1. 1372.

193. — Lorsque l'état de guerre n'a pas permis à la régie des douanes d'organiser ses bureaux, ou même lorsque ceux qui, suivant la régie, étaient ouverts, ne portaient pas l'écriteau prescrit par l'art. 3, tit. 13 de la loi du 22 août 1791, la régie ne peut prétendre qu'un négociant n'a pas satisfait à la loi lorsqu'il s'est adressé à un inspecteur des douanes pour obtenir le passavant dont il avait besoin, et cela surtout quand toutes les démarches de ce négociant prouvent qu'il a eu la volonté de se mettre en règle. — 16 fév. 1818. Civ. r. Douanes C. Colmont. D.A. 6. 422. D.P. 18. 1. 331.

194. — Un arrêté du 22 thermidor an 10, relatif à la police du rayon frontière depuis *Versoix jusqu'à Anvers*, et qui a été étendu à toutes les frontières de terre par l'ordonnance du 27 juin 1814, règle la circulation des marchandises dans la demi-lieue limitrophe de l'étranger. — Dujardin-Sailly fait observer que les minuties portées à l'art. 5 de cet arrêté ne sont point dispensées du passavant, mais sont seulement exemptées de la représentation des expéditions qui justifient de leur extraction de l'intérieur. — D.A. 6. 419, n. 4.

195. — Les propriétaires ou conducteurs sont tenus d'indiquer précisément, en demandant le passavant, le lieu où les marchandises et denrées sont déposées, et le lieu de leur destination, ainsi que le jour et l'heure de leur enlèvement. Si les préposés soupçonnent la fraude, ils peuvent se transporter, lors de l'enlèvement, au lieu où les marchandises sont déposées, et en exiger la représentation à mesure de leur sortie, et avant leur départ. Si les propriétaires ou conducteurs refusent cette représentation ou ne peuvent la faire, ils sont passibles d'une amende de 500 fr. — D.A. 6. 419.

196. — Telles sont les dispositions de la loi du 19 vend. an 6, qui complète les art. 15 et 16 du tit. 3 de celle du 22 août 1791, et abroge l'art. 17 de cette même loi. — D.A. 6. 419.

197. — Le conducteur de marchandises, qui s'écarte de la route tracée par son passavant, commet une contravention, et le procès-verbal qui la constate en fait foi jusqu'à inscription de faux. Ainsi, le prévenu qui n'attaque ni la forme ni la sincérité de cet acte, ne peut être admis à prouver, comme fait justificatif, qu'il ne s'est nullement écarté de la route qui lui était prescrite. — 7 niv. an 12. Cr. c. Min. pub. C. Solé. D.A. 6. 421. D.P. 4. 1. 205.

198. — Les douanes ne peuvent jamais être forcées de permettre l'embarquement de grains dans un lieu autre que celui où se trouve un bureau, à moins de force majeure; la circonstance que les chemins d'un pays sont impraticables, sans dire positivement que le chemin à parcourir était tel, ne suffit pas pour justifier un jugement qui condamne la douane à donner un tel permis.

... L'art. 11, tit. 13 de la loi de 1791, ne peut non plus autoriser une telle décision; il ne s'applique qu'aux transports sur alléges et non à des chargemens sur des bâtimens même de cabotage. — 29 janv. 1834. Civ. c. Douanes C. Valery. D.P. 34. 1. 97 et 98.

199. — Dire que des chemins d'un pays sont impraticables, ce n'est pas exprimer suffisamment que les chemins par lesquels on doit passer ont ce caractère. — Même arrêt.

200. — Les marchandises prohibées à la sortie, et, par exemple, des farines saisies dans les cinq kilomètres frontières, sans être accompagnées de passavant, doivent être confisquées sans distinction; on ne peut en donner main-levée sous le prétexte que le conducteur, loin de chercher à les exporter, les introduisait au contraire dans l'intérieur. — 6 frim. an 9. Cr. c. Douanes C. Vanderbée. — Dujardin-Sailly, *des Douanes*, p. 136; D.A. 6. 420. D.P. 1. 1373.

201. — Le transport des grains et farines circulant dans les deux lieues frontières, était dans tous les cas astreint à la formalité du passavant, si la sortie en était prohibée; soit qu'ils fissent ou qu'ils ne fissent pas route vers la frontière. — Ainsi, doit être cassé le jugement qui, sous la loi du 26 vent. an 5, prohibitive de la sortie des grains, donne main-levée de grains saisis sans passavant, sous le prétexte qu'ils faisaient route vers l'intérieur (L. 19 vent. an 6, art. 4). — 25 germ. an 9. Sect. reun. c. Min. pub. C. Syerens. D.A. 6. 420. D.P. 1. 1373. — V. plusieurs autres espèces indiquées D.A. 6. 421, n. 1.

202. — Il y a lieu à la confiscation de marchandises mises en mouvement dans les deux lieues frontières, sans être accompagnées de passavant, alors même que cette pièce serait représentée après la saisie, lorsque surtout ce passavant tardif n'énonce pas les qualités, quantités, poids et mesures des marchandises, et que, d'un autre côté, les effets saisis sont en partie prohibés par la loi du 10 brum. an 5. — 5 mess. an 8. Cr. c. Douanes C. Kottlat. D.A. 6. 420, n. D.P. 1. 1373.

203. — Lorsqu'il est constaté par un procès-verbal qu'un individu a été saisi faisant circuler des marchandises dans le voisinage de l'étranger, sans passavant, le tribunal ne peut pas se dispenser de déclarer la saisie des marchandises bonne et valable; il ne peut pas excuser le contrevenant sur son intention (L. 9 flor. an 7, art. 16). — 8 therm. an 8. Cr. c. Min. pub. C. Bernel. D.A. 1. 574. D.P. 1. 211.

204. — Dans le cas où le conducteur de marchandises ou denrées transportées dans le rayon frontière, et sujettes à un droit de 20 francs par quintal, n'aurait pas, avant l'enlèvement, pris un passavant au bureau des douanes, ou aurait faussement énoncé, sur le passavant, les qualité, quantité, poids, nombre et mesure de ces marchandises ou denrées, et, par exemple, s'il s'agit d'un ballot de laine, et que la différence entre le poids réel et le poids déclaré par le conducteur soit de vingt ou trente kilogrammes, les tribunaux doivent condamner le conducteur aux peines prononcées par l'art. 41 de la loi du 28 avril 1816, sans qu'il leur soit permis d'excuser le contrevenant sur l'intention ou sur le défaut d'intérêt (L. 9 flor. an 7, tit. 4, art. 16). — 3 août 1827. Cr. c. Pau. Douanes C. Jaureguiberrg. D.P. 27. 1. 448.

205. — La cour de cassation peut décider, contrairement aux arrêts qui lui sont dénoncés, que des passavans sont surannés ou ne se rapportent pas aux marchandises saisies; les énonciations de fait sur ce point ne sont pas à l'abri de sa censure. — 19 vent. an 12. Sect. réun. c. Douanes C. Stevens. D.A. 6. 397. D.P. 1. 1363.

206. — Un passavant qui autorise à importer du *sel blanc*, ne peut couvrir un chargement de *sel gris* venant de l'étranger. — 9 juin 1817. Civ. r. Serruys. D.A. 11. 427, n. 18. D.P. 17. 1. 485.

207. — *Des acquits-à-caution.* — On entend généralement par acquit-à-caution un acte constatant que des marchandises prohibées ou sujettes à des droits, ont été admises soit à l'entrepôt, soit au transit, soit à la sortie du royaume, sous promesse cautionnée de les réexporter ou de les faire rentrer sur le territoire, à la charge, en cas d'inexécution dans un délai fixé, d'en payer la valeur, ou d'en acquitter les droits avec amende. — Les formalités relatives aux acquits-à-caution et à leur décharge sont réglées par le tit. 3 de la loi du 22 août 1791. — D.A. 6. 422.

208. — L'acquit-à-caution avait été substitué au simple passavant par la loi du 12 pluv. an 3, pour la circulation dans le rayon frontière; mais la loi du 19 vend. an 6 a rétabli les passavans. — D.A. 6. 422.

209. — L'art. 1er de la loi du 19 vend. an 6, en substituant le passavant à l'acquit-à-caution pour la circulation des marchandises dans les deux lieues frontières, n'a disposé que relativement à celles dont la sortie n'est pas prohibée; les autres doivent être accompagnées de l'acquit-à-caution. — Ainsi, on ne peut donner main-levée de marchandises prohibées à la sortie, saisies dans les deux lieues frontières avec un simple passavant, alors surtout que ce prétendu passavant n'est pas expédié par la douane. — 21 mess. an 7. Civ. c. Douanes C. Sagols. D.A. 6. 422. D.P. 1. 1374.

210. — On ne peut saisir un individu introduisant en France un cheval, muni d'un acquit-à-caution, sous le prétexte que cet acquit-à-caution n'a pas été visé au premier bureau, lorsque la saisie a eu lieu sur l'extrême frontière, et avant d'avoir dépassé le premier bureau. — 19 juill. 1831. Civ. r. Douanes C. Quinchon. D.P. 31. 1. 251.

211. — Le possesseur, sur la frontière, d'un terrain situé partie en France, partie en Belgique, qui, ayant des chevaux entiers pour l'exploitation de ses terres, a obtenu un acquit-à-caution qui autorise la libre circulation de ces chevaux, mais sans autorisation expresse de les faire passer à l'étranger, ne peut ni les y faire passer pour l'exploitation de la partie du terrain qui y est située, ni les introduire de Belgique en France, sans les conduire directement au premier bureau d'entrée: autrement, cette introduction constitue un fait d'importation prohibé, entraînant confiscation et amende. — 13 déc. 1827. Req. Capillon. D.P. 28. 1. 58.

212. — Mais un cheval employé à l'exploitation d'une ferme limitrophe de l'étranger, qui est reconnu être né et avoir été élevé dans cette ferme, circulant pour aller chercher des grains pour l'ensemencement de cette ferme, ne peut être saisi par les préposés des douanes, sous le prétexte qu'il n'est pas accompagné d'expédition, la loi dispensant de cette formalité en pareil cas. — 30 mai 1831. Civ. r. Douanes C. Dupont. D.P. 31. 1. 198.

213. — L'obligation résultant d'un acquit-à-caution ne peut être déchargée que par un certificat dans la forme établie par les art. 6 et suivans du titre 3 de la loi du 22 août 1791: aucune autre preuve ne saurait être admise, pas même celle qui résulterait d'un jugement constatant que le mauvais état des marchandises n'a pas permis de les conduire au bureau de sortie désigné. — D.A. 6. 422.

214. — Jugé spécialement qu'un jugement qui déclare que des tabacs pour lesquels il a été délivré un acquit-à-caution se trouvent dans un état de pourriture tel qu'il y a nécessité de les vendre, et que la décharge du bureau de destination n'en a pu être donnée, ne remplace pas le certificat de décharge exigé

(1) La sortie en est encore prohibée par la loi du 27 avril 1815.

par la loi, surtout lorsqu'il n'émane pas d'un tribunal du lieu de la destination de ces tabacs, et que c'est par le fait du propriétaire de ces marchandises qu'elles n'ont pas été transportées à leur destination primitive. — 30 therm. an 10. Civ. c. Douanes C. Miramont. D.A. 6. 424. D.P. 1. 1374.

215. — Lorsque le certificat de décharge d'un acquit-à-caution n'est pas représenté dans le délai prescrit, la partie est tenue d'en exécuter les clauses, soit en acquittant les droits, soit en payant la valeur des marchandises et des amendes; elle peut y être contrainte par corps, d'après l'art. 32, tit. 12 de la loi du 22 août 1791, non abrogé par la loi du 9 mars 1793, ni par celle du 4 germ. an 2, ni par celle du 15 germ. an 6, ainsi que l'a reconnu un arrêt de cassation du 14 vend. an 11 (Douanes C. Pluvinet). — V. Contrainte par corps.

216. — Celui qui ne rapporte pas une preuve légale de la réexportation des marchandises à lui délivrées sur acquit-à-caution, demeure convaincu de les avoir retenues sur le territoire de l'état. — 17 therm. an 8. Cr. c. Douanes C. Lemercier. D.A. 6. 425. D.P. 1. 1374.

217. — Il y a lieu de prononcer les peines portées par la loi, si les marchandises, voyageant sous acquit-à-caution, ne se trouvent pas, lorsqu'elles sont représentées au lieu de leur destination, exactement conformes, en qualité et quantité, à ce qui est porté dans les expéditions. — Le *visa* des préposés aux douanes dans les différens bureaux de passage n'exclut point la présomption de fraude, la reconnaissance de l'identité des marchandises ne devant être faite qu'au bureau indiqué pour la décharge de l'acquit-à-caution (L. du 22 août 1791, tit. 3, art. 6 et 9). — 8 nov. 1810. Cr. c. Douanes C. Reuli. D.A. 6. 424.

218. — L'art. 18, tit. 2 de la loi du 22 août 1791, qui affranchit du double droit l'excédant entre la quantité réelle des marchandises et la quantité déclarée, lorsque cet excédant est au-dessous d'un dixième, ne doit pas s'appliquer aux marchandises voyageant sous acquit-à-caution. — Elles sont régies, quant à cet excédant, par l'art. 9, tit. 3 de la même loi, qui les soumet indéfiniment au droit double. — 6 germ. an 8. Civ. c. Douanes C. Péelmans. D.A. 6. 425. D.P. 1. 1374.

219. — L'art. 9 de la loi du 1er août 1792, qui dispense du droit la seconde *futaille*, est inapplicable à la seconde *enveloppe* du café. — En conséquence, cette seconde enveloppe ne peut venir en déduction du poids brut. — Même arrêt.

ART. 5. — *Des peines.*

§ 1er. — *Des peines en général.*

220. — Les peines, en matière de douanes, sont pécuniaires ou correctionnelles. Elles consistent dans la confiscation, l'amende et l'emprisonnement. — D.A. 6. 425.

221. — Des peines afflictives et infamantes étaient même prononcées par la loi du 13 flor. an 11, et par l'art. 54 de la loi du 28 avril 1816, savoir, la *mort* pour le crime de contrebande avec attroupement et port d'armes, et les fers (dix à quinze années) pour les complices qui avaient ignoré le fait d'attroupement et de port d'armes, ou ceux des délinquans qui n'avaient pas fait usage de leurs armes. Ces peines devaient être appliquées par les cours spéciales, d'après la loi de l'an 11, et par les cours prévôtales, d'après celle de 1816. — D.A. 6. 425.

222. — Mais ces dispositions n'existent plus aujourd'hui; car, 1° le code pénal ne prononce plus la peine des fers; 2° l'art. 54 de la loi de 1816 a été expressément abrogé par l'art. 38 de la loi du 21 avril 1818; 3° il n'existe plus de cours spéciales ni prévôtales. La circonstance que les contrebandiers avec attroupement sont porteurs d'armes n'aggrave leur position qu'autant qu'ils en ont fait usage, et alors ils doivent être punis comme coupables de rébellion, d'après les art. 209 et suiv. C. pén (V. D.A. 6. 425 et la circulaire du 11 mai 1818). — V. toutefois les doutes exprimés par Dujardin-Sailly, *des Douanes*, p. 559 et 889.

223. — Il y avait contrebande avec attroupement, lorsque le contrebandier, porteur de marchandises prohibées, était accompagné de plus de trois personnes, quoiqu'il n'eût pas été constaté que ses compagnons, qui s'étaient enfuis, fussent aussi chargés de marchandises de contrebande (L. 13 flor. an 11, art. 1er et 3). — 15 flor. an 12. Cr. c. Douanes C. Schols. D.A. 2. 5. D.P. 4. 1. 435.

224. — L'existence de bâtons ferrés retrouvés sur le terrain de la lutte entre des contrebandiers et les préposés de la douane, est suffisante pour établir que la contrebande a été faite à main armée. — 20 fév. 1822. Ord. cons. d'état. Amel.

225. — Toute importation prohibée ou frauduleuse, tout fait de contrebande commis par des individus réunis en nombre supérieur à six hommes à pied, entraîne, contre tous ceux qui ont participé, comme intéressés d'une manière quelconque, à la fraude, les peines portées par les art. 18, 51 et 53, tit. 5 de la loi du 28 avril 1816, c'est-à-dire les trois peines de la confiscation, de l'amende et de l'emprisonnement. — 3 août 1827. Cr. c. Douai. Douanes C. Roussel. D.P. 27. 1. 446.

226. — Alors même que le fait d'avoir chargé, sur une diligence attelée et prête à partir, une malle remplie de tissus prohibés, ne pourrait être considéré, avant le départ de la voiture, que comme une tentative d'introduction frauduleuse, les peines n'en seraient pas moins applicables, la tentative des délits de fraude aux lois sur les douanes étant punissable comme les délits eux-mêmes. — 26 avril 1828. Cr. c. Amiens. Douanes C. Cornier. D.P. 28. 1. 227.

§ 2. — *De la confiscation et revendication.*

227. — La confiscation des objets de fraude s'applique à tous les délits, sans distinction, et c'est pour y parvenir que le premier acte de la procédure est la saisie des marchandises surprises en contravention.

228. — Le défaut de saisie de marchandises importées frauduleusement à l'aide de fausses expéditions, ne donne pas le droit aux délinquans de s'opposer aux poursuites et confiscation, lorsque la fausseté des pièces a été découverte. — 19 déc. 1806. Cr. r. Brissons. D.A. 11. 430. D.P. 2. 1078, n.

229. — La confiscation est la réparation du dommage causé par le délit; elle peut être poursuivie contre les héritiers du délinquant (D.A. 6. 425). — 9 prair. an 9. Cr. c. Douanes C. Beaussart. D.A. 6. 431. D.P. 1. 1376.

230. — La confiscation de marchandises prohibées à l'entrée, saisies à bord d'un bâtiment qui a déjà opéré un versement frauduleux, et qui se trouve, soit à l'ancre, soit louvoyant en-deçà des distances déterminées, pour épier le moment d'opérer un nouveau versement frauduleux, cette confiscation, requise par le ministère public, doit être prononcée, nonobstant la nullité du procès-verbal de saisie, et l'exception de relâche forcée alléguée par le prévenu. — 2 déc. 1824. Cr. c. Corse. Douanes C. Nervi. D.P. 25. 1. 99.

231. — Lorsqu'il a été opéré sur la côte un versement frauduleux de marchandises prohibées à l'entrée, telle que du blé, dont l'importation est défendue, il y a, par ce seul fait, lieu à l'application de l'art. 34 de la loi du 21 avril 1818. En conséquence, les marchandises trouvées à terre doivent être confisquées, nonobstant la nullité du procès-verbal de saisie. — Même arrêt.

232. — Les tribunaux, même en acquittant les prévenus, ne peuvent se dispenser d'ordonner la confiscation des objets de contrebande, requise par le ministère public. — 18 nov. 1826. Cr. c. Douanes C. Berard. D.P. 27. 1. 347.

233. — La confiscation prononcée par l'art. 8 de l'arrêt du conseil du 30 août 1784, et par l'art. 4 de l'ordonn. du 22 mai 1768, est applicable aux marchandises qui, étant sorties de l'entrepôt réel des douanes pour être embarquées à destination étrangère, ont été rapportées à terre, sans permis de l'administration, et déposées dans un magasin particulier. — On alléguerait en vain qu'il y a eu bonne foi, en ce que les marchandises n'ont été rapportées qu'à défaut par le navire d'avoir pu les contenir, et que le dépôt n'a eu lieu que provisoirement et parce que l'entrepôt de la régie était formé. — 20 mars 1827. Req. Delluc. D.P. 27. 1. 180.

234. — En général, la confiscation doit toujours être prononcée, quelle que soit la bonne foi de celui sur qui on a saisi des marchandises prohibées. — V. *infrà*.

235. — Les marchandises introduites en délit par la frontière de terre d'Espagne en France, doivent être confisquées comme celles qui l'ont été par mer; il importe peu que l'art. 2 de la convention du 24 déc. 1786 ne parle que de ces dernières. — 18 nov. 1826. Cr. c. Douanes C. Harguina. D.P. 27. 1. 347.

236. — Elles ne font point partie des pièces de conviction, que les autorités françaises sont tenues de livrer avec les prévenus aux tribunaux espagnols, en vertu de la convention du 24 déc. 1786, art. 16. — Même arrêt.

237. — Les traités politiques entre la France et l'Espagne n'exemptent pas de la confiscation les marchandises prohibées trouvées sur navire espagnol, dans d'autres cas que celui de relâche forcée dûment constatée. — 21 juill. 1830. Req. Mallas. D.P 30. 1. 376.

238. — S'il est vrai que la suspension, prononcée par la lettre du roi, du 16 déc. 1765, de la seconde partie de l'art. 3, tit. 1er des lettres-patentes d'octobre 1727 (qui défend aux navires étrangers d'approcher de la Martinique, à une distance moindre qu'une lieue), continue de subsister, néanmoins cette suspension ne porte aucune atteinte à la première partie de cet article; et, en conséquence, si un bateau étranger a été rencontré *en rade* de Saint-Pierre, à un quart de lieue de la ville, les tribunaux ne peuvent se dispenser d'en prononcer la confiscation, pour contravention à la prohibition portée dans cette première partie. — 3 juin 1829. Civ. c. Douanes C. Simon. D.P. 29. 1. 260.

239. — Mais il n'y a pas lieu de prononcer, par application des lettres-patentes de 1727 (tit. 1er, art. 3, § 1er), la confiscation d'un navire étranger rencontré dans une rade de la Martinique, à un quart de lieue des côtes, lorsque rien ne prouve que ce bâtiment, qui, au moment où il a été arrêté, était sous voile, et faisait route, avait l'intention *d'aborder*, c'est-à-dire de prendre terre, à l'effet d'opérer un débarquement. — 19 janv. 1831. Bordeaux. Douanes C. Sainte-Luce. D.P. 31. 2. 90.

240. — À la confiscation des objets de fraude se joint souvent celle des navires, chevaux, voitures, et autres moyens de transport. — D.A. 6. 425.

241. — Le décret du 11 juin 1806, en ordonnant la confiscation des *bateaux et embarcations* saisis en contravention aux lois prohibitives de la sortie des sels, n'a pas restreint ces expressions aux *petits bâtimens*; elles doivent être étendues aussi aux *navires* proprement dits, du port de plus de deux cents tonneaux. — 15 avril 1808. Cr. c. Douanes C. Vaulook. D.A. 6. 424. D.P. 8. 2. 101.

242. — La confiscation des navires chargés de sels, saisis pour contravention aux lois prohibitives de la sortie de cette denrée, n'a pas lieu seulement lorsque la cargaison est en totalité saisissable, mais aussi dans le cas où l'on ne confisque qu'un simple excédant entre le chargement et les acquits-à-caution (Décret du 11 juin 1806). — Même arrêt.

243. — Lorsqu'un navire ayant été séquestré par mesure de police, pour avoir tenté d'introduire des marchandises prohibées, a été relâché sous caution et le séquestre tenant, et qu'ensuite les marchandises qu'il avait déchargées sont saisies légalement, ce navire, alors même qu'il aurait remis en mer, peut être confisqué avec les marchandises, bien qu'il n'ait pas été compris dans le procès-verbal de saisie légale. — 19 mars 1807. Cr. r. Smitt, etc. D.A. 6. 452. D.P. 1. 1387.

244. — La loi ordonnant, en cas de saisie de marchandises prohibées, la confiscation des moyens de transport, il en résulte qu'en cas de saisie d'une malle contenant des tissus prohibés, sur une diligence, dans le rayon des frontières, il y a lieu de prononcer l'amende et la confiscation de la voiture et des chevaux (L. 4 germ. an 2, tit. 2, art. 10; 28 avril 1816, tit. 4, art. 38, tit. 5, art. 41). — 1er déc. 1826. Cr. c. Douanes C. Maurice. D.P. 27. 1. 350. — 26 avril 1828. Cr. c. Douanes C. Cornier. D.P. 28. 1. 227.

245. — La loi prononçant la confiscation de *tous* moyens de transport de la contrebande, et, par suite, de tous les objets ayant servi à son introduction frauduleuse, est générale, absolue, et il n'y a pas lieu à exception à l'égard des moyens de transport, sans lesquels cette introduction *aurait pu* s'opérer. Par exemple, en cas de saisie de tissus prohibés trouvés sous les vêtemens d'un individu monté sur un cheval attelé à une voiture, les tribunaux ne peuvent, sous le prétexte que le transport des tissus aurait pu avoir lieu indépendamment du cheval, se dispenser d'ordonner la confiscation du cheval, outre celle des tissus (L. 28 avril 1816, art. 41). — 25 oct. 1827. Cr. c. Colmar. Min. pub. C. Geyer. D.P. 28. 1. 6.

246. — C'est une application rigoureuse de la loi des douanes, justifiable cependant, en ce qu'une solution contraire laisserait des moyens faciles d'éluder l'art. 41 de la loi de 1816 (D.P. *eod.*). — *Quid*, si la cour royale avait décidé en fait que, dans l'espèce particulière, le cheval n'avait point servi au transport? La cour de cassation pourrait-elle réformer une décision semblable? — V. D.P. *eod.*

247. — La circonstance qu'une voiture publique, sur laquelle on a chargé des tissus prohibés, était attelée et prête à partir lors de la saisie, suffit pour

entraîner, avec la confiscation des marchandises, l'amende contre le conducteur et le directeur, et la confiscation des moyens de transport, et cela, quoique la voiture ne fût pas encore en circulation, que la feuille n'eût pas encore été signée et remise au conducteur; et que toutes ces circonstances fussent omises sur le procès-verbal.— 1er déc. 1826. Cr. c. Douanes C. Maurice. D.P. 27. 1. 350. — 26 avril 1828. Cr. c. Douanes C. Cornier. D.P. 28. 1. 227.

248. — L'art. 29, tit. 2 de la loi du 22 août 1791, qui exceptait de la confiscation les voitures et chevaux ayant servi au transport des marchandises prohibées, les fermiers et régisseurs des messageries, alors dites *nationales*, c'est-à-dire régies au nom de l'état, ne saurait, subsistât-il encore, s'appliquer aux entreprises privées des messageries, lors même qu'elles seraient autorisées à se qualifier de messageries royales... Au reste, cette exception est abrogée implicitement par l'art. 10, tit. 2 de la loi du 4 germ. an 2, et formellement par les art. 41 et 51 de la loi du 28 avril 1816, qui prononcent la confiscation de *tous* moyens de transport.— 1er déc. 1826. Cr. c. Douanes C. Maurice. D.P. 27. 1. 350. — 26 avril 1828. Cr. c. Amiens. D.P. 28. 1. 227.

249. — La confiscation des moyens de transport s'opère sur le voiturier ou porteur, alors même qu'il n'en est pas propriétaire. — V. *infrà*.

250. — Le prévenu du délit d'introduction frauduleuse de marchandises tarifées au-dessus de 20 fr. le quintal métrique, est passible de la pénalité prononcée par la loi du 28 avril 1816 (art. 41), et non de celle édictée par les lois des 6 et 22 août 1791, et 8 floréal an 11, sans qu'il y ait, d'ailleurs, à considérer si l'introduction a eu lieu de jour ou de nuit, dans tel ou tel rayon de la frontière. — 11 juill. 1832. Aix. Douanes C. Dalmasès. D.P. 33. 2. 89.

251. — Celui qui réclame des marchandises saisies, prétendant qu'il les a achetées pour les revendre, doit justifier d'une patente (L du 1er brum. an 7, art. 30). — 8 therm. an 8. Cr. r. Svinger. D.A. 6. 449. D.P. 1. 1385.

252. — L'art. 5, titre 12 de la loi du 22 août 1791, prohibe la revendication des objets saisis ou de leur prix, sauf le recours des propriétaires contre les auteurs de la fraude. — Ainsi, est nul le jugement qui admet une demande en revendication de marchandises valablement saisies et confisquées par un jugement contre lequel il n'a été formé ni opposition ni appel dans les délais de la loi. — 7 brum. an 7. Civ. c. Douanes C. Poot-Vander. D.A. 6. 413. D.P. 1. 1366.

253. — L'art. 5, tit. 12 de la loi du 22 août 1791, disposant que les objets saisis pour fraude en contravention, ne peuvent être revendiqués par les propriétaires, ni le prix réclamé par aucun créancier; et l'art. 1er du même titre, portant que si les propriétaires interviennent ou sont appelés par ceux sur lesquels les saisies ont été faites, il sera statué sur leur intervention ou réclamation, il en résulte que la cour qui admet l'intervention du réclamant des objets saisis, sans rien préjuger sur le mérite de la réclamation, ne viole point le premier de ces deux articles.— 1er juin 1827. Cr. c. Corse. Douanes C. Poggioli. D.P. 27. 1. 261.

§ 3. — *De l'amende.*

254. — L'amende est quelquefois fixe, quelquefois proportionnée à la valeur des objets saisis. — D.A. 6. 425.

255. — En matière de douanes, l'amende est considérée comme une *indemnité* accordée au trésor public. La régie des douanes la requiert, même dans le silence du ministère public; une partie de son produit appartient aux préposés saisissans — D.A. 6. 425.

256. — L'amende prononcée par l'art. 14 tit. 13 de la loi du 22 août 1791, contre toute personne qui injurie ou maltraite un préposé des douanes en exercice de ses fonctions, est une réparation civile et non une peine; elle peut, dès lors, être prononcée sur la demande de l'administration partie civile, cumulativement avec la peine requise par le ministère public, l'action de celui-ci ne faisant pas obstacle à l'action de la partie civile. — 17 déc. 1831. Cr. r. Berthelot. D.P. 32. 1. 92.

257.— L'amende prononcée en matière de douanes par les tribunaux correctionnels, n'est pas une peine, en ce sens qu'elle n'est pas exclusivement personnelle au délinquant et qu'elle peut être infligée aux personnes qui répondent de lui. — V. *infrà*, art. 6.

258. — Toutefois, l'amende participe de la nature des *peines*, en ce que, à la différence de la confiscation, elle ne peut être requise contre les héritiers

des prévenus. — Merlin, Rép., v° Appel, § 9; D.A. 6. 425.

259. — L'art. 18, tit. 4 de la loi du 9 flor. an 7, n'abroge les lois qui y sont expressément mentionnées, et spécialement l'art. 4 de la loi du 14 fruct. an 3, qu'en ce qui concerne les formalités des procès-verbaux; elle laisse subsister l'amende de 500 fr., prononcée par cette dernière loi contre l'importation ou l'exportation de marchandises prohibées. — Ainsi, doit être puni de cette amende tout individu prévenu d'avoir tenté d'exporter des matières d'or ou d'argent monnayées. — 12 prair. an 10. Civ. c. Douanes C Robert. D.A. 6. 428. D.P. 1. 1375.

260. — L'amende de 100 fr. prononcée par l'art. 39, tit. 13 de la loi de 1791, ne doit être infligée pour entrepôt frauduleux, que si une loi particulière n'en a pas prononcé une plus forte, comme dans les espèces d'entrepôt punies par l'art. 14 (L. 30 avril 1806, art. 5; l. 15 août 1793, art. 41; l. 28 avril 1816). — D.A. 6. 401.

261 — L'art. 2, tit. 2 de la loi du 4 germ. an 2, qui élève à 1,000 liv. l'amende prononcée par la loi du 22 août 1791, pour la contravention du capitaine de navire qui, arrivé à un port de relâche, ne fait point de déclaration sommaire des marchandises portées à son manifeste, ou fait une fausse déclaration, ne déroge point à la disposition de la même loi (art. 4 et 21, tit. 2), qui permet à la régie de retenir les marchandises des chargemens jusqu'au paiement de cette amende. — En conséquence, ces tribunaux ne peuvent contraindre la régie à restituer aux propriétaires les effets saisis sur le navire à raison de cette contravention. — 11 flor. an 9. Civ. c. Douanes C. Timmerman. D.A. 6. 428. D.P. 3. 1. 532.

262. — Lorsque des marchandises importées frauduleusement d'Angleterre à la faveur de fausses expéditions, n'ont pu être saisies à l'importation parce qu'on ne soupçonnait pas le faux, il ne peut être argué par les délinquans de ce défaut de saisie pour s'opposer aux poursuites d'amende, lorsque la fausseté des pièces a été découverte. — 19 déc. 1806. Cr. r. Brissons. D.A. 11. 430, n. D.P. 2. 1078, n. 7.

263.—Le décret du 8 mars 1811, qui fixe au triple de la valeur des objets saisis l'amende à prononcer contre les délinquans en matière de douanes, a abrogé les dispositions de la loi du 22 août 1791, relatives aussi à l'amende (Décr. du 8 mars 1811).— 26 mars 1812. Cr. c. Douanes C. Dikker. D.A. 1. 404 D.P. 1. 126.

264.—L'amende ne peut être réduite par le juge. — V. *infrà*, n. 269 et suiv., 277 et suiv.

§ 4.— *De l'emprisonnement.*

265.— L'arrestation des prévenus et un emprisonnement de trois jours à trois ans sont infligés aux délits d'importation *par terre* ou par *les frontières maritimes* autres que les *ports de commerce*, d'objets prohibés à l'entrée ou tarifés à un droit de plus de 20 francs par 100 kilogrammes.— D.A. 6. 425.

266.— La loi du 22 vent. an 12, qui prohibe l'introduction des sucres bruts, d'origine anglaise, est corrélative à la loi du 10 brum. an 5, dont elle étend les dispositions; en conséquence, l'importation de ces sucres doit être punie d'amende et d'emprisonnement, bien que la loi du 22 vent. an 12 n'ordonne que la confiscation.— 19 mars 1807. Cr. r. Smitt, etc. D A. 6. 432. D.P. 1. 1387.

267.—Il suffit que le poids des marchandises, autres que tissus, saisis par les employés des douanes, excède cinq kilogrammes, pour que le contrevenant doive être condamné à plus de trois jours d'emprisonnement (L. 28 avril 1816, art. 43).— 16 juin 1827. Cr. c. Douanes C. Hahn. D.P. 27. 1. 421.

§ 5.— *De la remise des peines.— Transaction.*

268. — En matière de contraventions aux lois douanières, l'existence du fait matériel suffit pour que la condamnation soit prononcée. Les tribunaux ne peuvent admettre aucune excuse, aucune circonstance atténuante.

269.— D'après l'art. 16 de la loi du 9 flor. an 7, il est défendu aux juges d'excuser les contrevenans sur l'intention.—Ainsi, doit être cassé le jugement qui s'abstiendrait de prononcer la confiscation d'une voiture et de chevaux servant au transport de marchandises prohibées, sous le prétexte que le saisi n'a pas eu l'intention de contrevenir à la loi.— 13 mess. an 7. Cr. c. Min. pub. C. Bonnet. D.A. 6. 427. D.P. 1. 1375.

Ce principe est consacré par un grand nombre

d'arrêts, et notamment par les suivans.— 2 frim. 8. Cr. c. Billy. D.A. 6. 427. D.P. 1. 1375, n. 1.— therm. an 8. Civ. c. Nicolle. D.A. 6. 427.— 15 ni an 7. Civ. c. Coops. D.A 6. 427.— 2 vend. an 1 Cr. c. Choos. D.A. 6. 427, note 1re.—V. *infrà*.

270.— Ainsi, on ne peut annuler une saisie grains formant un entrepôt prohibé dans le rayo frontière, sous le prétexte que cet entrepôt a é formé dans le but d'alimenter soit les marché soit les magasins d'une ville.— 17 germ. an 1 Cr. c. Douanes C. Tiemann. D.A. 6. 402.

271.— Doit pareillement être cassé le jugeme qui accorde main-levée d'une saisie de marchandis étrangères, de mousselines, par exemple, sur le m tif que le prévenu a agi de bonne foi, et a fait un déclaration d'où il résulterait (suivant la cour) sou mission éventuelle de réexporter ces objets, s'i étaient reconnus de fabrique étrangère.— 30 oc 1817. Cr. c. Douanes C. Grombach. D.A. 6. 415 D.P. 1. 1371.

272.— Si, au nombre d'objets de fabrique fran çaise, tels que montres, déclarés à la douane par u individu, il s'en trouve un certain nombre non dé claré, dont la nationalité n'est pas constante, ce individu doit être réputé coupable d'introductio frauduleuse de marchandises prohibées, et ne peu être excusé par aucune considération d'intentio ou autres circonstances (L. 28 avril 1816, art. 38) — 27 juin 1828. Cr. c. Min. pub. C. Godot. D.P. 28 1. 300.

273.— En cas de déclaration fausse faite à la douane, ou d'introduction frauduleuse de marchandises prohibées, il n'est point de circonstances de fai ou d'équité qui puissent dispenser les délinquans de la peine (L. 22 août 1791, 28 avril 1816, art. 38, 41 42, 9 flor. an 7, art. 16).—Même arrêt.

274 — Quelqu'évidentes que soient les preuves de la bonne foi, les tribunaux ne peuvent se dispenser de prononcer la confiscation d'un navire sur lequel ont été embarquées des marchandises prohibées, et de condamner le propriétaire à l'amende. — 20 juill. 1831. Civ. c. Douanes C. Norrington. D.P. 31. 1. 273.

275.— Il en est de même des objets qui ont servi au transport des tabacs circulant en contravention; ils doivent subir la confiscation, quelle que soit la bonne foi du voiturier, et encore bien qu'il ait été induit en erreur par la désignation fausse de la nature de la marchandise à transporter, ou qu'il donne les renseignemens les plus fidèles pour remonter à l'auteur du chargement. — 26 nov. 1829. Cr. c. Paris. Contr. ind. C. Hébert. D.P. 30 1. 10.

276.— La saisie d'un cheval faite sur un individu qui entrait en France avec ce cheval, muni d'un acquit-à-caution, mais passant par un chemin contournant le premier bureau d'entrée et par derrière ce bureau, et, dès lors, sans avoir fait viser son acquit-à-caution, ne peut être déclarée nulle, sous le prétexte que le prévenu n'avait aucun intérêt de frauder. — 19 juill. 1831. Civ. c. Douanes C. Mirlaud. D.P. 31. 1. 252.

277.— L'amende et l'emprisonnement prononcés contre les contrevenans aux lois, ne peuvent être ni remis, ni modérés sous le prétexte d'omissions dans le procès verbal, ou d'une déclaration d'officier municipal qui ne contrarie pas cet acte, lequel d'ailleurs n'est pas argué de faux. — 26 brum. an 7. Cr. c. Douanes C. Cochet. D.A. 6. 426. D.P. 1. 1374.

278.— Lorsque les préposés des douanes ont constaté dans un procès-verbal qu'un contrebandier, aperçu sur le territoire français, s'est jeté, pour éviter les poursuites des préposés, dans une rivière ayant son cours sur le territoire étranger, mais que, pour échapper aux dangers de la rivière, il a été obligé de saisir la main que lui tendaient les préposés de la douane, et qu'il a été ainsi ramené sur le territoire français, on ne peut se dispenser d'appliquer à cet individu les lois pénales, relatives à la contrebande, sur le motif qu'il a été saisi sur le territoire étranger, et qu'il n'est revenu sur le territoire français que par l'effet d'une force majeure; son premier débarquement, à supposer, d'ailleurs, que le procès-verbal n'ait pas dû faire foi complète du délit, ayant été libre et volontaire, et ayant suffi dès lors pour consommer le délit de contrebande (art 11, tit. 4 de la loi du 9 flor. an 7, et art. 41, tit. 5 de la loi du 28 avril 1816).— 3 juill. 1828. Cr. c. Douanes C. Jourdan. D.P. 28. 1. 310. — 25 juill 1829. Ch. réun. c. Metz. Douanes C. Jourdan. D.P. 29. 1. 313.

279.— Si une exception à l'art. 41 de la loi du 28 avril 1816, d'après lequel il suffit qu'un objet soit prohibé pour qu'il soit saisissable à l'importation, a

tée admise en faveur des vêtemens, à l'usage des voyageurs, cette exception ne saurait être étendue aux vêtemens et surtout aux tissus précieux dont on ne se couvrirait que dans la vue de masquer une introduction frauduleuse, ce qu'il appartient aux juges d'apprécier d'après la condition des personnes. Du moins, l'arrêt qui prononce la confiscation de deux schals, sur le motif qu'ils ont été importés comme objets de commerce et dans la vue de déguiser une introduction frauduleuse, par deux femmes qui s'en étaient vêtues, contient une appréciation d'où ne saurait résulter aucune violation de l'art. 23, tit. 10 de la loi du 22 août 1791. — 9 janv. 1829. Cr. r. Douai. Messine. D.P. 29. 1. 101.

280. — Mais le fait que des marchandises prohibées ont été expédiées d'un point d'une colonie à un autre point de la même colonie, par un agent du gouvernement, fournisseur de la marine, à un autre agent du gouvernement, aussi employé de marine, exclut toute idée de fraude; et, par conséquent, ces employés ont pu, sans infraction aux lois sur la matière, être déchargés des confiscations et amendes prononcées contre eux. — 4 fév. 1829. Req Martinique. Douanes C. Périalat. D.P. 29. 1. 137.

Cependant les tribunaux peuvent se dispenser de prononcer des peines quand ils reconnaissent le cas de relâche forcée.

281. — Mais l'exception de relâche forcée ne doit point être appliquée à un bâtiment qui, quoique se trouvant, par ce motif, soit à l'ancre, soit louvoyant en-deçà des distances déterminées, profiterait de sa position pour opérer ou tenter des versemens frauduleux. — 2 déc. 1824. Cr. c. Douanes C. Nervi. D.P. 25. 1. 99. — V. *suprà*.

282. — De même, les art. 2 et 3 de la loi du 10 brum. an 5 ordonnant la saisie de tout bâtiment chargé de marchandises anglaises qui serait entré dans un port du royaume, et n'exceptant de cette disposition que les bâtimens au-dessus de 100 tonneaux dont la relâche est forcée, un tribunal ne pouvait, sans violer formellement ces articles, donner main-levée d'un bâtiment de cinquante-cinq tonneaux entré dans un port de France avec une cargaison de marchandises anglaises, sous le prétexte que sa relâche était forcée. — 19 déc. 1807. Cr. c. Douanes C. Underdown. D.A. 6. 429. D.P. 1. 1373.

283. — L'art. 4, tit. 4 de la loi du 4 germ. an 2, permet aussi aux tribunaux d'exempter de la confiscation et de l'amende les individus coupables de fraude qui dénonceraient la corruption des employés.

284. — Mais cette exemption ne peut être accordée par les tribunaux qu'après la constatation judiciaire du fait de corruption. — 3 frim. an 12. Cr. c. Min. pub. C. Aschiery. D.A. 6. 428. D.P. 1. 1375.

285. — De plus, ce fait étant un délit emportant peine infamante, ne peut être prouvé devant le tribunal correctionnel, qui doit surseoir à statuer sur la saisie jusqu'à ce qu'il ait été procédé au jugement de la corruption. — Ainsi, un tribunal correctionnel excède ses pouvoirs lorsque, sur la dénonciation qui lui est faite par un prévenu de fraude, de certains faits tendant à établir la corruption des préposés, il entend des témoins produits par le dénonciateur, juge la corruption suffisamment constatée, et absout le saisi de toute peine. — Même arrêt.

286. — Les tribunaux étant tenus de prononcer les peines telles que la loi les établit, les juges (L. du 22 août 1791, tit. 12, art. 4) ne peuvent, à peine d'en répondre en leur propre et privé nom, modérer les confiscations et amendes, ni en ordonner l'emploi au préjudice de la régie.

287. — L'amende encourue en matière de douanes ne peut être remise ni réduite par le juge; à l'administration seule appartient ce droit. — 26 mars 1812. Cr. c. Douanes C. Dikker. D.A. 1. 404. — 11 juin 1813. Cr. c. int. de la loi. Auriac. D.A. 1. 403. — 11 juin 1818. Cr. c. Douanes C. Singer. — 6 sept. 1821. Cr. c. Douanes C. Conty. D.A. 1. 402. D.P. 1. 124, 125 et 126.

288. — C'est à l'administration seule qu'il appartient d'apprécier les causes d'excuses des contraventions aux lois des douanes, et de modérer la peine s'il y a lieu. — 21 juill. 1827. Cr. c. Douanes C. Lefèvre. D.P. 27. 1. 316. — 20 juill. 1831. Civ. c. Douanes. Norrington. D.P. 31. 1. 275.

289. — L'administration des douanes peut faire remise des peines, même après la condamnation; mais elle n'a ce droit qu'à l'égard des peines pécuniaires, et nullement à l'égard des peines corporelles, qui ne sauraient être modérées ou remises, après un jugement, que par la clémence royale. — D.A. 6. 426.

290. — Les dispositions du code pénal qui réduisent la peine, lorsque le coupable est âgé de moins de seize ans, ne s'appliquent pas aux contraventions à des lois spéciales, comme celles des douanes; les tribunaux ne peuvent se dispenser de prononcer les peines qu'elles établissent, lorsque la contravention est d'ailleurs constante; et c'est à l'administration seule qu'appartient le droit de remettre ou modérer les condamnations pécuniaires, eu égard à la bonne foi, à l'ignorance ou à l'âge des prévenus; les autres peines ne peuvent être remises que par un acte de la clémence royale. — 15 avril 1819. Cr. c. Douanes C. Fromel. D.A. 6. 429. D.P. 1. 1375.

291. — Le pouvoir de transiger fut accordé à la régie par l'art. 4, tit. 12 de la loi du 22 août 1791. Celle du 4 germ. an 2 sembla le lui retirer; il lui fut rendu par les lois du 23 brum. an 3, et du 9 floréal an 7 (art. 17). Ces dispositions législatives n'autorisaient cependant la transaction que lorsqu'elle avait lieu avant le jugement définitif; mais un arrêté des consuls, du 14 fructidor an 10, permit de transiger *soit avant, soit après le jugement*. Les formes de la transaction sont réglées par cet arrêté, modifié par l'art. 9 d'une ordonnance du 27 nov. 1816. — D.A. 6. 426.

292. — Lorsqu'il y a eu transaction consentie par l'administration des douanes sur des faits de fraude et de contrebande, l'action publique ne peut plus être intentée ni suivie devant les tribunaux, soit qu'elle ait pour objet des peines simplement pécuniaires, comme une amende, soit des peines corporelles, comme l'emprisonnement. — 30 juin 1820. Cr. r. Min. pub. C. Pollet. D.A. 6. 429. D.P. 1. 1376. — Le même jour, autre décision semblable.

293. — L'arrêté du 14 fruct. an 10, et l'ord. du 27 nov. 1816, qui autorisent les douanes à transiger sur des faits de fraude et de contrebande, n'imposant aucune obligation et ne donnant aucun droit aux citoyens, n'étaient pas de nature à être insérés au Bulletin des lois. — Même arrêt.

ART. 6. — *De la responsabilité.*

294. — En général, dans les principes du droit commun, chacun ne répond que de ses faits, des délits qu'il a commis. Cette règle est gravement modifiée par la législation sur les douanes, qui non seulement considère comme coupables du délit des individus contre lesquels elle établit de droit la présomption de faute, mais encore rend les tiers responsables, alors même qu'il est certain qu'ils sont personnellement innocens.

295. — Les contraventions aux lois de douanes peuvent entraîner contre certains individus des peines soit pécuniaires, soit corporelles, indépendamment de toute coopération de leur part à la contravention. — D.A. 6. 430.

296. — Ainsi, les père et mère sont responsables du délit de douanes commis par leur enfant mineur, et ils peuvent être condamnés à payer l'amende encourue par lui. — 6 juin 1811. Cr. c. Douanes C. Marchand. D.A. 1. 389. D.P. 11. 1. 322.

297. — Le père est tenu de cette responsabilité, toutes les fois qu'il n'administre pas la preuve qu'il n'avait pu empêcher son fils de commettre la contravention.

298. — L'individu dont la voiture, conduite par son fils mineur, est trouvée chargée de tissus prohibés, doit être réputé détenteur dans le sens de la loi du 28 avril 1816, art. 43, qui punit le fait seul de la détention, indépendamment de la bonne foi du détenteur, et cela, encore bien qu'il serait declaré, en fait, par les tribunaux, que le père n'a fait que louer sa voiture à un individu qui avait fait le chargement, et qui l'accompagnait au moment de la saisie. — 12 juin 1828. Cr. c. Amiens. int. de la loi. Douanes C. Leroux. D.P. 28. 1. 276.

299. — En matière de contravention aux lois des douanes, la loi atteint également ceux qui agissent pour leur propre compte et ceux qui agissent pour le compte d'autrui. Ainsi, le commissionnaire qui se présente au bureau des douanes pour faire expédier des marchandises en transit, et qui remet un certificat d'origine avec déclaration détaillée des fabricans, doit, si cette déclaration est inférieure à la quantité effective des marchandises, être considéré comme coopérant à la contravention et puni des peines prononcées par la loi. Il opposerait en vain que la contravention était déjà commise lorsqu'il s'est présenté, et qu'il n est aucunement établi par des faits antérieurs qu'il s'en soit rendu complice. — 28 juin 1811. Cr. c. Douanes C. Marcoz. D.A. 6. 426. D.P. 1. 1374.

300. — Lorsque des marchandises anglaises achetées à charge de réexportation, n'étaient pas représentées, on ne pouvait décharger de toute responsabilité les associés de l'acheteur, sous le prétexte qu'ils n'avaient pas concouru à l'obligation et à l'entrepôt souscrit par lui seul, lorsque surtout, associés pour le fait de ces marchandises, ils en étaient co-propriétaires. — 25 vent. an 13. Cr. c. Douanes C. Levêque, etc. D.A. 6. 431. D.P. 1. 1376.

301. — Toutefois, celui qui s'est soumis à l'entrepôt et à la réexportation de marchandises anglaises, par acte souscrit au bas d'un inventaire dressé par les préposés des douanes, ne peut être déchargé de cette obligation que par un nouveau procès-verbal qui constate ou l'importation ou la perte de ces marchandises. Ainsi, on ne peut admettre la preuve testimoniale pour établir que des faïences anglaises ont été brisées par cas fortuit dans un changement de magasins, et pour dispenser celui qui les avait achetées à charge de réexportation, de les représenter en nature ou d'en payer la valeur. — Même arrêt.

302. — On ne peut renvoyer de la plainte un aubergiste chez lequel ont été saisies des marchandises étrangères, sous le prétexte que ces marchandises ont été reçues par sa femme, qui n'a pu le rendre personnellement responsable; qu'elle n'a d'ailleurs été que momentanément l'instrument passif de la fraude; qu'elle a agi sans connaissance et sans intention, et que rien ne prouve que les objets saisis fussent destinés au prévenu. — 28 juill. 1820. Cr. c. Douanes C. Cadas. D.A. 6. 427, n. D.P. 1. 1375.

303 — Toute personne chez laquelle ou sur laquelle sont trouvées des marchandises prohibées, est responsable par cela seul de la contravention, aux termes de la loi du 21 avril 1818, dont l'art. 43 punit les détenteurs de tissus étrangers à l'égal des contrevenans eux-mêmes. Cette responsabilité est un bien fort préservatif contre la fraude. — D.A. 6. 430.

304. — Le *détenteur* de marchandises prohibées, ou introduites en fraude des droits, doit être puni des mêmes confiscations et amendes que l'introducteur (L. 28 avril 1816, art. 66; et art 43, l. 21 avril 1818). — 11 déc. 1829 Cr. c. Paris. Douanes C. Guyon. D.P. 30. 1. 21.

305. — Ainsi, contrairement aux règles générales du droit pénal, la loi présume tout détenteur de marchandises prohibées, propriétaire de ces marchandises et coupable de leur introduction. — Mais cette présomption va-t-elle jusqu'à interdire au détenteur la preuve qu'il est innocent de la contravention? S'il y a eu détention véritable, la preuve de la bonne foi du détenteur ne servirait à rien, puisqu'elle est même insuffisante à l'égard des aubergistes et voituriers, qui devraient cependant être favorisés par la loi (V. *infrà*). Mais si le prétendu détenteur alléguait, par exemple, que les marchandises ont été introduites chez lui à son insu, la preuve de ce fait détruirait non pas seulement la présomption légale de culpabilité, mais encore le fait même de la détention.

306. — C'est en ce sens qu'il faut interpréter l'arrêt qui décide que le détenteur (aubergiste ou autre) de marchandises prohibées saisies chez lui, n'est fondé à alléguer pour sa défense, qu'elles y ont été introduites à son insu, qu'autant qu'il en fournit la preuve. — 18 nov. 1826. Cr. c. Douanes C. Berard. D.P. 27. 1. 347.

307. — Un aubergiste ne peut prétendre que sa profession, jointe au fait que les effets saisis ont été reçus de bonne foi par sa femme, doit le faire exempter des peines prononcées contre le détenteur, et qu'il ne saurait même être considéré comme *détenteur* dans le sens légal. — 28 juill. 1820. Cr. c. Douanes C. Cadas. D.A. 6. 427, n. D.P. 1. 1375.

308. — Dalloz (A. 6. 430) pense qu'il est toujours permis de combattre la présomption légale de culpabilité par des preuves contraires : mais cette présomption va-t-elle jusqu'à interdire au détenteur la preuve qu'il est innocent de la contravention : la cour de cassation n'a décidé explicitement la négative qu'à l'égard des commissionnaires, entrepreneurs de voitures publiques et aubergistes (V. *infrà* la jurisprudence). — Dalloz pense que cette décision doit s'appliquer à tout détenteur quelconque.

309. — L'arrêt suivant semble confirmer cette opinion, en jugeant que celui qui s'était rendu adjudicataire de marchandises anglaises à charge de réexportation, n'était pas responsable de la soustraction qui en a été faite, si, d'après des circonstances particulières et reconnues constantes, cette soustraction ne pouvait être considérée que comme un cas fortuit, par exemple, si elle avait eu lieu à l'aide d'une effraction dont les auteurs étaient restés inconnus. — 5 vent. an 11. Cr. c. Debette. D.A. 6. 431. D.P. 1. 1376.

310. — Suffit-il, pour l'application de l'art. 43 de

la loi du 21 avril 1818, que les marchandises prohibées aient été trouvées sur la propriété ou dans une dépendance de l'habitation d'un citoyen, encore que le lieu où elles ont été saisies soit ouvert et accessible à tout le monde? Non, selon Dalloz, car ces marchandises prohibées peuvent avoir été déposées ou jetées sur la propriété d'un citoyen à son insu; et alors, comme nous le disions à l'instant, il n'y aurait pas détention ; car la détention suppose une occupation première. Il faut donc que les objets prohibés aient été trouvés sur la personne du détenteur ou dans une partie close de sa propriété.—D.A. 6. 430.

311 — Les dispositions de l'art. 29, tit. 2 de la loi du 22 août 1791, n'ont été aucunement modifiées par les lois des 28 avril 1816 et 21 avril 1818.— 19 août 1819. Cr. c. Douanes C. Messageries de Langres. D.A. 6. 433. D.P. 1. 1377. — 28 avril 1820. Cr. c. Lyon. Min. pub. C. Brimont. D.A. 6. 433 et 434. D.P. 1.1378.

312.— C'est avec une extrême sévérité que la jurisprudence de la cour de cassation fait encourir la responsabilité par les détenteurs, et qu'elle apprécie les preuves que fournit le détenteur pour combattre la présomption légale établie contre lui. — D.A. 6. 430.

313. — Ainsi, jugé que le mot *détenteur*, dont se sert la loi du 21 avril 1818, doit être entendu dans un sens matériel et absolu, en sorte que celui-là est puni comme auteur et complice de la fraude chez qui ou sur qui ont été trouvés les objets saisis, sans qu'on puisse exiger d'autre preuve de culpabilité. — 19 août 1819. Cr. c. Douanes C. Messageries de Langres. D.A. 6. 433. D.P. 1. 1377.

314.— ... Qu'il y ait ou non de sa part intention de fraude (L. 4 germ. an 2, tit. 6, art. 4; 21 avril 1818, art. 43).— 21 juill. 1827. Cr. c. Paris. Douanes C. Lefèvre. D.P. 27. 1. 316.

315.— Jugé de même que la loi du 21 avril 1818 punissant d'amende le *détenteur* de tissus prohibés, à la différence de celle du 28 avril 1816 qui n'appliquait cette peine qu'au *délinquant*, il suffit, pour qu'elle soit encourue, que le prévenu ait eu la *possession matérielle* des étoffes reconnues étrangères, et qu'il ne peut être renvoyé sous le prétexte que les objets saisis ne se trouvaient chez lui qu'à titre de nantissement.— 8 déc. 1820. Cr. c. Paris. Douanes C. Secretain. D.A. 6. 432. D.P. 1. 1377.

316.— Celui qui occupe un appartement dans lequel sont saisis des tissus reconnus étrangers, en est réputé *détenteur*, et est punissable comme tel, d'après la loi du 21 avril 1818. Il ne peut être renvoyé de la plainte, sous le prétexte que ces marchandises ont été déposées chez lui par son beau-frère, locataire pour sa part du même appartement; qu'il les y a laissées par complaisance, et ignorant qu'elles fussent prohibées. — 28 avril 1820. Cr. c. Douanes C. Boussin. D.A. 6. 431. D.P. 1. 1376.

317.— La circonstance qu'il a été possible à des étrangers de déposer des objets de contrebande dans le lieu où ils ont été trouvés, ne peut être une excuse pour celui chez lequel ces objets ont été saisis, et l'arrêt qui admettrait cette excuse serait sujet à la censure de la cour de cassation.— 15 nov. 1833. Cr. c. Douanes C. Etchinique. D.P. 34. 1. 60.

Il ne peut s'élever à cet égard de difficulté; on sent, en effet, combien il serait aisé à tout contrebandier de se soustraire aux peines de la loi, s'il suffisait d'alléguer simplement le fait que d'autres que lui ont pu déposer les objets de contrebande. Il n'y a que des cas de force majeure qui peuvent faire affranchir de la peine.— D.P. *eod.*, note.

318. — Quoique l'adjudicaire d'une habitation, sur laquelle on a saisi des objets prohibés, n'en ait pas encore pris possession au moment de la saisie, il ne doit pas moins, en sa qualité de propriétaire actuel, être condamné à l'amende prononcée, dans ce cas, par nos lois coloniales, sauf son recours contre l'ancien propriétaire.— 1er déc. 1829. Req. Martinique. Gérard. D.P. 29. 1. 415.

..... Mais un colon résidant en France, et qui a loué sa maison dans les colonies par le fait d'un mandataire, ne peut être puni de la peine prononcée contre les propriétaires dans la maison desquels on trouve des objets de contrebande; le locataire seul est passible, en ce cas, de cette peine.—19 janv. 1831. Civ. r. Douanes C. Périnon. D.P. 31. 1. 49.

319.— Les voituriers et porteurs des objets de fraude sont personnellement responsables du fait de la contravention, et conséquemment de l'amende (L. 22 août 1791, tit. 5, art. 1er, tit. 4, art. 12; l. 19 flor. an 7, tit. 4, art. 17; déc. 8 mars 1811, art. 1er). — 11 juin 1813. Cr. c. int. de la loi. Auriac. D.A. 1. 403. D.P. 1. 123.

320.—Le conducteur et le directeur d'une voiture publique sur laquelle on a chargé des tissus prohibés sont passibles de l'amende, par cela seul que la voiture était attelée et prête à partir lors de la saisie. — 26 avril 1828. Cr. c. Douanes C. Cornier. D.P. 28. 1. 227.— 1er déc. 1826. Cr. c. Maurice. D.P. 27. 1. 350.

321. — La confiscation des chevaux et autres moyens de transports de marchandises prohibées, doit avoir lieu sur le voiturier chargé de les conduire, alors même que le propriétaire des marchandises serait sur les lieux, et en aurait fait la déclaration. — 27 mars 1818. Cr. c. Colmar. Douanes C. Haffner. D.A. 6. 432. D.P. 18. 1. 330.

322.—Toutefois, les agens de transport dont la bonne foi est prouvée, et qui font connaître les vrais auteurs de la fraude, doivent être renvoyés des poursuites exercées contre eux comme détenteurs d'objets de contrebande : les coupables ainsi découverts doivent être seuls punis (L. 28 avril 1816, art. 43, 46).— 21 nov. 1828. Cr. r. Crucq. D.P. 29. 1. 24.

Il semble résulter de cet arrêt que le détenteur est déchargé de la responsabilité toutes les fois qu'il indique le véritable auteur de la fraude. Mais les arrêts suivans montrent que cette seule indication n'est pas suffisante.

323.— L'art. 29, tit. 2 de la loi du 22 août 1791, qui exempte de toute responsabilité les voituriers publics, lorsqu'ils ont porté, sur la feuille destinée à leurs déclarations, les marchandises saisies sur eux comme prohibées, doit être entendu en ce sens que les désignations portées sur cette feuille seront suffisantes pour mettre la régie en état d'exercer un recours contre les chargeurs.— Ainsi, on ne peut dégager de toute responsabilité le voiturier public, s'il s'est contenté de désigner un destinataire qui a méconnu l'envoi fait sous son nom, sans indiquer l'expéditeur, ou bien en mentionnant seulement son nom sans signature et sans autre énonciation spéciale qui pût diriger contre lui les poursuites de la régie. — 15 déc. 1818. Cr. c. Douanes C. Messageries royales. D.A. 6. 433. D.P. 1. 1377.

324.—Jugé pareillement que quand la loi qui a elle-même ordonné la confiscation des voitures, chevaux et équipages servant au transport des marchandises prohibées, a dispensé de l'*amende* les messagers et les conducteurs des voitures publiques, elle ne l'a fait que sous la condition que les marchandises trouvées sur leurs voitures seraient, lors de la saisie, portées sur la feuille servant à la déclaration, et que cette déclaration offrirait des indications suffisantes pour que la régie puisse exercer des poursuites contre le propriétaire ou l'expéditeur des marchandises.....: et, si la voiture était prête à partir, on alléguerait en vain que la feuille n'était pas encore signée (L. 22 août 1791, tit. 2, art. 29, et tit. 5, art. 1er).— 1er déc. 1826. Cr. c. Douanes C. Maurice. D.P. 27. 1. 350.

325.— Il ne suffirait pas, pour que les voituriers pussent être renvoyés de la poursuite, que la feuille se bornât à relater le nom du prétendu expéditeur, sans indication de nom ni de domicile, ou celui du destinataire, si les prévenus n'ont jugé à propos de mettre en cause ni cet expéditeur ni le destinataire (L. 21 avril 1818, art. 43).—3 août 1827. Cr. c. Paris. Douanes C. Toulouse. D.P. 27. 1. 447.

326.—De même, le conducteur n'est pas déchargé de la responsabilité si, sommé de s'expliquer sur une malle contenant des tissus prohibés, et non réclamée par aucun des voyageurs présens, il a déclaré qu'elle appartenait à un voyageur qu'il n'a nommé ni désigné en aucune manière, et que le directeur des messageries n'ait lui-même donné aucun renseignement sur cet objet.— 26 avril 1828. Cr. c. Douanes C. Cornier. D.P. 28. 1. 227.

327. — L'aubergiste chez lequel des marchandises prohibées ont été remises par un voyageur qui s'est enfui lors de leur saisie, le voiturier, et en général tout détenteur est responsable et ne peut être excusé, s'il ne fait connaître aucun propriétaire des marchandises contre lequel des poursuites puissent être efficacement dirigées. — 21 juill. 1827. Cr. c. Douanes C. Lefèvre. D.P. 27. 1. 316 — 28 juill. 1827. Cr. c. Min. pub. C. Gillet. D.P. 27. 1. 326. — 18 nov. 1826. Cr. c. Douanes C. Berard. D.P. 27. 1. 347.—30 mai 1827 Cr. c. Paris. Douanes C. Bouvier. D.P. 28. 1. 259. — 12 juin 1828. Cr. c. Amiens. int. de la loi. Douanes C. Leroux. D.P. 28. 1. 276.

328.— Il résulte des arrêts précédens que les détenteurs, voituriers, aubergistes ou autres ne sont déchargés de la responsabilité d'abord, qu'autant qu'ils sont de bonne foi et que le véritable auteur de la fraude indiqué par eux est solvable. Les mêmes conditions sont imposées aux commissionnaires, et voituriers publics, qui, à raison de leur profession, reçoivent des ballots fermés pour être rendus à leur destination.

329.— Ils sont considérés comme complices, et punissables comme tels, s'ils ne désignent pas ceux dont ils tiennent les marchandises prohibées, et, par exemple, si les individus par eux indiqués ne peuvent être découverts au domicile déclaré, ni ailleurs.— 6 mars 1824. Cr. c. Min. pub. C. Pelletier. D.A. 6. 434. D.P. 1. 1378.

330.—Mais lorsqu'à la rentrée d'un navire à qui la douane avait accordé un acquit-à-caution pour aller faire la pêche dans le nord, on découvre dans sa cargaison une assez grande quantité de bonneterie en laine, on ne peut pas condamner solidairement les armateurs à l'amende prononcée contre les délinquans, lorsqu'il est reconnu et déclaré qu'ils sont pleinement étrangers à l'introduction desdits objets; et que cette bonneterie appartenait aux gens de l'équipage qui l'avaient apportée pour leur compte et usage personnel (L. 22 août 1791, tit. 13, art. 20; *l.* 18 brum. an 5, art. 15). — 4 fév. 1813. Cr. r. Hoogendyk, etc.

ART. 7. — *Des dommages-intérêts dus par la régie.*

331.— Quand une saisie a été faite induement et qu'il est jugé qu'aucune contravention n'a été commise, le propriétaire ou conducteur des marchandises induement séquestrées a droit à la valeur des objets saisis, et à un pour cent par chaque mois, depuis le moment de la saisie jusqu'à celui de la remise ou de l'offre qui lui en est faite (L. 9 flor. an 7, art. 16).— D.A. 6. 435.

332.— Cette indemnité est due non seulement au propriétaire de la marchandise, mais aussi au propriétaire du navire (L. 14 fruct. an 3, art. 9). — 3 mess. an 11. Civ. r. Douanes C. Fierens, etc. D.A. 6. 436. D.P. 1. 1379.

333.— L'indemnité d'un pour cent par mois est la seule que les tribunaux puissent adjuger. Ils excèdent leurs pouvoirs en accordant, en outre, les dommages-intérêts pour diminution du prix des marchandises depuis la saisie (L. 18 fruct. an 3, art. 10, et 9 flor. an 7).— 16 vent. an 9. Cr. c. Douanes C. Bellard. D.A. 6. 435. D.P. 1. 1378.

334.— Ainsi, ils ne peuvent accorder des dommages-intérêts par état ou à dire d'experts. — 24 juin 1808. Cr. c. Douanes C. Rick. D.A. 6. 436. D.P. 1. 1379.

335. — L'indemnité d'un pour cent par mois ne s'applique qu'aux dommages qui résultent immédiatement de la saisie, et non pas aux pertes extraordinaires qui sont l'effet d'une conduite injuste de l'administration. — *Spécialement*, lorsque, par un premier jugement, les douanes ont été condamnées à payer l'indemnité légale et à donner main-levée d'une saisie mal fondée et d'un scellé injustement apposé, si, par le refus prolongé d'exécuter ce jugement passé en force de chose jugée, l'administration cause un dommage quelconque, elle doit le réparer et ne peut prétendre, pour s'y soustraire, que le juge qui l'y condamne viole la chose jugée par le jugement qu'elle s'obstine à ne pas exécuter. — 23 janv. 1821. Civ. r. Douanes C. Beuvin. D.A. 6. 436. D.P. 21. 1. 321.

336.— Il résulte de cette jurisprudence que l'indemnité ne peut pas être concédée par les tribunaux lorsque les préposés de la régie n'ont fait que ce qu'ils auraient eu le droit de faire, en supposant la réalité de la contravention; mais qu'on rentre dans le droit commun, et qu'il est dû un dédommagement de toutes pertes qui auront été éprouvées par l'effet d'actes étrangers à la saisie et dont la régie ou ses préposés auraient dû s'abstenir.— D.A. 6. 435.

337.— Les tribunaux ne peuvent accorder de dommages-intérêts à raison de l'arrestation des prévenus, lorsque d'ailleurs cette arrestation a été faite dans les limites légales (L. du 28 avril 1816, art. 41). — 30 août 1822. Cr. c. Douanes C. Pernelet. D.A. 6. 437. D.P. 1. 1379.

338.— Des recherches infructueuses faites au domicile d'un particulier, par des préposés des douanes, ne donnent pas lieu à l'indemnité de 24 fr. accordée par l'art. 40 de la loi du 22 août 1791, en faveur de celui chez lequel on a procédé à la visite; l'art. 59 de la loi du 28 avril 1816 qui permet les visites, n'ayant, par son art. 68, accordé d'indemnité que dans le cas d'injuste saisie, est censé l'avoir refusée dans tous les autres cas. — 31 juill. 1826. Civ. c. Douanes C. Trouillet. D.P. 26. 1. 436.

339.— Le titre 6 de cette loi crée un droit nouveau et spécial.— Même arrêt.

340.— A supposer que les permissions par écrit

exigées par les lois sur les douanes en vigueur dans les colonies pour le débarquement des marchandises de bord à terre, ou leur chargement de terre à bord, puissent être remplacées par des permis verbaux, il ne suffirait pas de la simple allégation du consentement de l'un des agens des douanes, consentement résultant du silence qu'il aurait gardé au sujet du déplacement sans permission écrite (Ord. 1687, tit. 2, art. 9; 7 nov. 1822).... Et il n'y aurait pas lieu, en tous cas, à rendre l'administration responsable du fait de son agent, cette responsabilité ne pouvant être invoquée que dans les cas de délits et de crimes de ses agens, commis dans l'exercice de leurs fonctions (C. civ. 1382). — 20 mars 1827. Req. Delluc. D.P. 27. 1. 180.

341. — Au cas d'exportation de marchandises, donnant lieu à une prime en faveur de l'importateur, la régie des douanes à la faculté, mais n'est pas obligée de faire accompagner les marchandises jusqu'au bureau de sortie. — Par suite, et dans le cas où cette précaution n'a pas eu lieu, on n'est pas fondé à la rendre responsable de la perte de la prime, pour inaccomplissement des formalités prescrites pour sa conservation.—2 juin 1829. Bordeaux. Cuzol. D.P. 30. 2. 7.

ART. 8.— *De la compétence.*

342.— La loi du 22 août 1791, tit. 1er, art. 1er, attribuait aux tribunaux de district, aujourd'hui d'arrondissement, la connaissance de toutes les affaires concernant les douanes, soit qu'il s'agît de contraventions ou de paiement de droits. — D.A. 6. 437.

343.— La loi du 14 fruct. an 3, art. 3, transporta cette juridiction aux juges de paix, et transforma par suite les tribunaux d'arrondissement en tribunaux d'appel pour tout ce qui se rapporte aux douanes.— D.A. 6. 437.

344.— Plusieurs restrictions ont été successivement apportées à cette compétence générale. La loi du 10 brum. an 5 donnait à juger aux tribunaux correctionnels toutes les infractions aux lois prohibitives des marchandises anglaises. — Celle du 26 vent. an 5 attribue à ces mêmes tribunaux la connaissance de tout délit de circulation des grains, dans les cinq kilomètres des frontières, lorsqu'ils sont prohibés à la sortie.— D.A. 6. 437.

345.— La loi du 28 avril 1816 a retiré aux juges de paix, pour les soumettre aux tribunaux correctionnels, « toute importation par terre d'objets prohibés, toute introduction frauduleuse d'objets tarifés dont le droit serait de 20 fr. par quintal métrique et au-dessus, et la saisie des tissus prohibés comme étrangers. » De plus, les délits de contrebande avec attroupement de plus de trois hommes à cheval ou de plus de six hommes à pied, attribués par cette même loi aux cours prévôtales, rentrent aujourd'hui dans la juridiction correctionnelle. — D.A. 6. 438.

346. — Enfin, la loi du 21 avril 1818 a étendu encore cette juridiction, en lui attribuant la connaissance de toutes les importations frauduleuses tentées ou exécutées par les frontières de mer, autres que les ports de commerce.— D.A. 6. 438.

347.—Quoi qu'il en soit, en matière de douanes, le juge de paix est toujours le juge ordinaire; et le tribunal correctionnel n'est que le juge d'attribution ou d'exception; en sorte que sa compétence doit toujours être restreinte, jamais étendue. Il a été jugé, toutefois, que, lorsque deux contraventions sont connexes et indivisibles, si l'une d'elles est de juridiction correctionnelle, elle entraîne l'autre devant ce tribunal.— D.A. 6. 441.

§ 1er.— *De la compétence respective des juges français et étrangers, ordinaires et administratifs.*

348.— Il n'y a nul excès de pouvoir dans le jugement d'un tribunal, qui, ayant à statuer sur l'introduction faite par un Espagnol de marchandises prohibées en France, renvoie cet individu avec le procès-verbal constatant le délit et les marchandises, pour être jugé par les juges de son pays, conformément à l'art. 6 de la convention passée avec l'Espagne, le 24 déc. 1786. — 2 déc. 1824. Cr. c. Pau. Int. de la loi. C. Belloqui. D.P. 25. 1. 81.

349.— La tentative de contrebande, par un navire espagnol, sur les côtes et hors d'un port de France, est de la compétence des tribunaux français, et passible des peines portées par les lois françaises: ici ne s'applique pas l'art. 2 de la convention du 24 déc. 1786 avec l'Espagne, qui, en cas de contrebande commise par des navires français ou espagnols dans les ports respectifs des deux nations, permet seulement la confiscation des marchandises de contrebande, et ordonne le renvoi du capitaine et de l'équipage devant la juridiction de leur pays respectif.—26 avril 1830. Req. Félieu. D.P. 30. 1. 227.

350.— Lorsqu'on met en question si le territoire sur lequel une saisie a été faite est territoire français, cette difficulté est de la compétence administrative, et les tribunaux ne peuvent la décider sans excès de pouvoir. — 9 fruct. an 8. Cr. c. Douanes C. Lançon. D.A. 6. 398. D.P. 1. 1363.

351.— C'est aux tribunaux et non à l'autorité administrative qu'il appartient de décider si une ordonnance qui a élevé le tarif des droits, est légale et obligatoire. — 4 juill. 1827. Civ. c. Aix. Douanes C. Piot. D.P. 27. 1. 291.

352.—Il n'appartient pas aux tribunaux de décider que des tissus que la régie soutient être prohibés, ne le sont pas.— 10 août 1833. Cr. c. Bastia. Douanes C. Giacobbini. D.P. 33. 1. 377.

353. — Les tribunaux, et non le conseil d'état, sont compétens pour décider si des objets introduits et ayant payé un droit d'admission dans un port appartenant à la France, peuvent ensuite être admis dans un autre port, en franchise de droits, bien que celui où ils ont payé ce droit n'appartienne plus à la France. La décision ministérielle, qui ordonne le contraire, est un ordre administratif qui ne fait point obstacle à ce qu'on procède devant les tribunaux.—20 nov. 1815. Ord. cons. d'état. Pouilley.

354. — Un préfet peut ordonner le séquestre de marchandises étrangères introduites en France, bien qu'elles aient été saisies hors de la ligne des douanes, et le tiers lésé doit se pourvoir pour la restitution de ses marchandises, non devant les tribunaux, mais devant le conseil d'état. — 1er juin 1807. Décr. cons. d'état. Snoken.

355. — La connaissance des actions civiles relatives à la perception des droits de douane, appartient aux tribunaux; spécialement celle qui a pour but la restitution de lettres de change, souscrites à un receveur des douanes pour le paiement du droit d'entrée de cotons étrangers. — 20 nov. 1815. Ord. cons. d'état. Michoud.

356. — C'est devant les tribunaux et non devant le conseil d'état qu'on doit se pourvoir à fin d'annulation d'une obligation souscrite au profit d'un receveur de douane pour droits dus sur des marchandises, bien qu'une décision ministérielle en ait ordonné l'exécution. Une telle décision est un ordre administratif et non une décision de justice.— 20 nov. 1815. Ord. cons. d'état. Morton.

357.—C'est au ministre des finances directement, et ensuite au conseil d'état, qu'il appartient de décider si une décision contenue dans une lettre adressée au directeur des douanes par le ministre du commerce, a prononcé une confiscation absolue, ou seulement la suspension de la restitution d'une somme déposée dans la caisse des douanes pour garantir les réexportations à faire, en vertu du décret du 24 déc. 1811. — 29 oct. 1819. Ord. cons. d'état. Fontaine. — V., sur les attributions respectives de l'administration et des juges de paix, le paragraphe suivant.

§ 2.— *De la compétence des juges de paix.*

358.— La compétence des juges de paix, en matière de douanes, s'étend à toutes les contestations civiles qui s'y rapportent.— Ils peuvent même prononcer sur la validité de la contrainte par corps, autorisée par l'art. 32, tit. 13, de la loi du 22 août 1791; mais, juges d'exception, ils ne peuvent à ce titre connaître de l'exécution de leurs jugemens (art. 553, C. pr. civ.).— 18 août 1811. Bruxelles. Vanhove. D.A. 6. 438.

359.— C'est au juge de paix qu'appartient exclusivement le droit de connaître des contestations en matière de douanes, alors même qu'elles sont introduites par voie d'opposition à des contraintes.— 8 niv. an 6. Civ. c. Douanes C. Taillefer. D.A. 6. 438. D.P. 3. 1. 140. — 8 nov. 1810. Req. Douanes C. Pinet. D.A. 6. 438, n. 2. D.P. 10. 1. 545.

360.— Jugé, toutefois, qu'il appartient aux tribunaux de première instance, à l'exclusion des juges de paix, de statuer en premier ressort sur une opposition formée, en matière civile, au préjudice de l'administration des douanes. — 24 août 1831. Bordeaux. Monneyra. D.P. 32. 2. 7.

361.— En attribuant au juge de paix la connaissance de toutes les affaires intéressant les douanes, les lois des 4 germ. an 2 et 14 fruct. an 3 ont implicitement abrogé l'art. 32, tit. 13, de la loi du 22 août 1791, qui ordonnait que les contraintes décernées par la régie seraient visées par l'un des juges du tribunal civil; ce visa doit être donné par le juge de paix.— 7 fruct. an 10. Civ. c. Douanes C. Beullens. D.A. 6. 439. D.P. 3. 1. 514.

362.— La question de savoir si la suppression des douanes dans une portion du territoire, influe sur l'exigibilité des droits dus avant cette suppression, est de la compétence des juges de paix (L. du 14 fruct. an 3, art. 10).— 28 mai 1811. Civ. c. Douanes C. Léonardi. D.A. 6. 403. D.P. 1. 1365.

363.— Les juges de paix étant compétens pour juger toutes affaires appartenant à l'administration des douanes, il résulte de là qu'un juge de paix est compétent pour décider d'après lequel de deux tarifs réglés par décret, une perception de droits a dû être faite (L. 14 therm. an 3, art. 10). — 29 janv. 1828. Req. Douanes C. Prop. de l'Eagle. D.P. 28. 1. 111.

364. — Jugé également que c'est au juge de paix et non à l'autorité administrative à statuer sur la question constitutionnelle de savoir si une ordonnance royale qui, dans certaines circonstances, avait élevé le tarif des droits, était ou non obligatoire. — 4 juill. 1827. Civ. c. Douanes C. Picot. D.P. 27. 1. 291.

365.—Une inscription de faux formée incidemment contre le procès-verbal des préposés des douanes est de la compétence du juge de paix saisi de la contestation (L. 4 germ. an 2, tit. 6, art. 12; 9 flor. an 7, tit. 4, art. 12).—1er niv. an 13. Civ. c. Geensen. D.P. 5. 2. 150.

366.—Ce juge ne doit point ordonner le renvoi des pièces au directeur du jury (L. 4 germ. an 2, tit. 6, art. 12 et 13; 9 flor. an 7, tit. 4, art. 12, C 3 brum. an 4, art. 533, 534, 535). — 13 frim. an 12. Civ. c. Douanes C. Geensen. D.P. 4. 1. 196.

367.— Toutes saisies faites dans les bureaux des côtes et frontières, par suite de déclarations fausses de la part des détenteurs, sont, à la différence des saisies pratiquées sur ces frontières contre les auteurs d'une contrebande ouverte et avec voie de fait, placées dans les attributions exclusives des juges de paix, et il y a lieu d'annuler, pour contravention à la disposition générale et absolue des art. 14 et 15 de la loi du 27 mars 1817, d'après lesquels cette sorte d'infraction n'entraîne que les condamnations établies par les lois de 1791 et de l'an 2, le jugement d'un tribunal correctionnel qui se déclare compétent pour en connaître. — 3 janv. 1829. Cr. c. Besançon. Douanes C Cattin. D.P. 29. 1. 91.

368.— A la différence de l'introduction, ou versement opéré en fraude, qui est de la compétence des tribunaux correctionnels, la simple tentative de fraude ou de contrebande par mer, est de la compétence des juges de paix (L. 21 avril 1818. art. 34, 36). — 26 avril 1830. Req. Félieu. D.P. 30. 1. 227.

369.— La compétence attribuée au juge de paix, en matière de douanes, par la loi du 14 fruct. an 3, s'étend à l'action intentée par la régie des douanes, en réparation d'injures verbales ou de menaces contre ses employés dans l'exercice de leurs fonctions. — 3 vent. an 10. C. civ. Douanes C. Miquel. D.A. 6. 439, n. 1.— 26 août 1816. Civ. c. Douanes C Broutin. D.A. 6. 439. D.P. 17. 1. 18.

370.—La compétence en matière de douanes étant attribuée au juge de paix le plus voisin du lieu de la saisie, tout autre juge de paix n'a pas qualité pour en connaître, et cette incompétence peut être proposée comme moyen de cassation, lorsqu'il n'a pas été possible de l'opposer en première instance et en appel. — 1er fruct. an 8. Civ. c. Juillerat. D.A. 6. 446. D.P. 1. 1383.

371.— Lorsque le transport et le dépôt des marchandises saisies n'ont pas été faits au bureau le plus prochain, le juge de paix du bureau plus éloigné où a été fait illégalement le dépôt, est incompétent pour connaître de la saisie (L. 9 flor. an 7, art. 2). — 3 déc. 1817. Civ. r. Douanes C. Gendarme. D.A. 6. 439. D.P. 18. 1. 70.

§ 3. — *De la compétence des tribunaux correctionnels.*

372.— L'attribution conférée aux tribunaux correctionnels, de toutes les saisies de marchandises prohibées par la loi du 10 brum. an 5, est une dérogation aux lois préexistantes. — 17 frim. an 9. Cr. c. Min. pub. C. Spanon, etc. D.A. 6. 441. D.P. 1. 1380.

373. — Jugé de même que les tribunaux correctionnels sont, en matière de douanes, des tribunaux d'exception; ils ne peuvent connaître des contraventions qu'autant qu'elles leur sont déférées expressément par la loi; — ainsi, ils ne peuvent statuer sur une saisie de grains circulant au-delà des cinq kilomètres frontières (L. du 26 vent.

an 5). — 6 fruct. an 8. Cr. r. Douanes C. Moonen. D.A. 6. 441. D.P. 1. 1380.

374. — Mais on ne peut considérer comme une simple contravention aux lois qui prohibent les entrepôts de grains dans les cinq kilomètres des frontières, l'introduction furtive dans un domicile de plusieurs sacs de grains pour éviter la poursuite des préposés qui ont constaté une tentative d'exportation frauduleuse. — En conséquence, la saisie de ces grains doit être portée devant le tribunal correctionnel chargé de connaître de telles exportations. — 6 frim. an 10. Cr. c. Douanes C. Hulten. D.A. 6. 441. n. 1. D.P. 1. 1380.

375.—La connaissance de la saisie qui a été faite, aux bureaux frontières, de certaines marchandises prohibées, fabriquées à l'étranger, dont la loi du 28 avril 1816, art. 59, autorise la recherche dans toute l'étendue du territoire, appartient au tribunal correctionnel, et non au juge de paix. — A cet égard, l'art. 15 de la loi du 27 mars 1817 n'a pas dérogé à celle de 1816, art. 65. — 18 avril 1833. Douai. Douanes C. Odour. D.P. 33. 2. 155.

376.— La loi du 9 flor an 7 (art. 11, tit. 1er), en permettant l'introduction des mousselines étrangères par certains bureaux, n'a pas dérogé aux dispositions de la loi du 10 brum. an 5, quant au certificat d'origine et à la compétence en cas d'introduction frauduleuse.— 17 frim. an 9. Cr. c. Min. pub. C. Spanon, etc. D.A. 6. 441. D.P. 1. 1380.

377. — Jugé de même qu'une saisie de mousselines introduites sans certificat d'origine, est de la compétence des tribunaux correctionnels (L. du 10 brum. an 5, art. 15).— 8 therm. an 8. Cr. r. Zvinger. D.A. 6. 449. D.P. 1. 1385.

378.— D'après la loi du 10 brum. an 5, au moment même où une marchandise étrangère, sans certificat d'origine, atteint le bureau des douanes, elle est, par cela seul, saisissable, sans qu'il soit nécessaire qu'elle ait depassé ce bureau : et, dès lors, l'art. 15 de la loi du 10 brum. an 5, modificatif de l'art. 2, tit. 5 de la loi du 22 aout 1791, donne juridiction au tribunal correctionnel — 14 germ. an 13. Cr. c. Douanes C. Tourneseint. D.A. 6 443. D.P. 1. 1367.

Ainsi, un tribunal correctionnel ne peut se déclarer incompétent pour connaître d'une saisie de marchandises, operée au moment de l'arrivée du conducteur à la barrière, sous le prétexte qu'elles n'ont pas dépassé le bureau des douanes, alors surtout que la tentative d'introduction en fraude est évidente; comme si, interpellé de déclarer son chargement, le voiturier a repondu négativement, et si les marchandises se sont trouvées cachées et masquées par le siége de la voiture. — 14 germ. an 13. Cr. c. Douanes C. Tourneseint. D.A. 6. 443. D.P. 1. 1382.

379 — Un tribunal correctionnel est compétent pour connaître d'une saisie de marchandises anglaises dont l'examen et la vérification ont été faits dans son ressort, et qui y a été affirmée, encore que le délit ait été constaté et la saisie opérée dans le territoire d'un autre tribunal, lorsque ce déplacement a été nécessité par des circonstances impérieuses et prévues par la loi, comme, par exemple, la crainte de rencontrer des contrebandiers armés. — 27 flor. an 9. Cr. c. Douanes C. Friandt. D.A. 6. 442. D.P. 1. 1381.

380. — Le tribunal correctionnel est compétent pour connaître de la saisie qui a été faite à la suite d'une tentative d'introduction résultante de l'approche en-deçà de deux lieues des côtes, d'un navire au-dessous de cinquante tonneaux, chargé de marchandises anglaises (L. du 10 brum. an 5, art. 2, 9, 11, 15, 17; du 22 aout 1791, tit. 5, art. 1er et 2). — 20 mess. an 11. Sect. réun. c. Douanes C. Losecq. D.A. 6. 442. D.P. 1. 1381.

381. — La loi du 10 brum. an 5 attribue juridiction aux tribunaux correctionnels, non seulement pour les saisies de marchandises anglaises, mais encore pour celles de toutes marchandises étrangères importées en France sans certificat d'origine. — 7 frim. an 9. Cr. c. Min. pub. C. Vanthillo. D.A. 6. 442. D.P. 1. 1380.

382.— Il est de principe général que toute peine pécuniaire en matière de douane, lorsqu'elle est prononcée seule, doit être appliquée par le juge de paix.

383.—Ainsi, le tribunal correctionnel est incompétent pour connaître de l'appel d'une sentence du juge de paix statuant en matière de contravention aux lois sur les douanes, alors même que cette sentence aurait été rendue par le juge de paix, jugeant comme tribunal de simple police, si aucun emprisonnement n'a été prononcé, le jugement étant alors en dernier ressort et ne pouvant être attaqué que par le recours en cassation (C. inst. cr. 172, 408, 413).— 19 juill. 1821. Cr. c. Marquis. D.A. 6. 444. D.P. 1. 1382.

384.— Un tribunal de police correctionnelle ne peut prétendre que l'emprisonnement d'un prévenu de contravention aux lois de douane, dans le cas où cet emprisonnement est commandé par la loi, soit une arrestation arbitraire dans le sens des art. 114 et 117 C. pén., lorsqu'il est établi qu'il n'existait pas de contravention. — Il excède d'ailleurs ses pouvoirs en jugeant ainsi, l'arrestation arbitraire ne pouvant être reconnue et établie qu'au grand criminel. — 30 août 1822. Cr. c. Douanes C. Pernelet. D.A. 6. 437. D.P. 1. 1379.

385.— L'art. 2 de la loi du 9 flor. an 7, qui ordonne de conduire les marchandises saisies au bureau le plus voisin, attribue juridiction au tribunal dans le ressort duquel est situé ce bureau; et ce tribunal ne peut se déclarer incompétent par le motif que le délit a été commis hors de son ressort. Ici ne s'applique pas l'art. 202 du code des délits et des peines. — 29 niv. an 9. Cr. c. Douanes C. Van-Deryrer. D.A. 6. 442. D.P. 1. 1380.

Art. 9.— *De la procédure.*

386. — Le titre 11 de la loi du 22 août 1791 s'en rapportait, pour cette matière, quant aux formes à suivre devant les tribunaux de district, qu'elle faisait juges ordinaires en matière de douanes, soit au décret général du 7 sept. 1790, soit aux formes de la procédure ordinaire.— D.A. 6. 445.

387.— La loi du 14 fruct. an 3, en attribuant aux juges de paix la compétence générale, régla quelques formes spéciales, et s'en référa pour les autres au droit commun.— D.A. 6. 445.

388.— Cette loi a été abrogée dans quelques unes de ses parties, et modifiée dans d'autres par celle du 9 flor. an 7.— Un décret du 28 sept. 1811 a complété les formalités relatives à la vente des objets saisis.— D.A. 6. 445.

389.—*Procédure devant les juges de paix. Citation.*— Il doit être donné citation au saisi à comparaître dans les vingt-quatre heures devant le juge de paix de l'arrondissement. En cas d'absence du prévenu, la copie sera affichée dans le jour à la porte du bureau (L. 9 flor. an 7, tit 4, art. 6).

390.— Cette citation par affiche à la porte du bureau n'est suffisante qu'autant que le prévenu et son domicile sont inconnus.— 23 août 1830. Req. Douanes C. Caire. D.P. 30. 1. 331.

391.— Elle doit être constatée par le même acte que la saisie; il n'est pas nécessaire qu'elle le soit par acte séparé. — 13 prair. an 9. Civ. c. Douanes C. Segers. D.A. 6. 445. D.P. 1. 1383.

392.—La citation donnée dans un procès-verbal clos *à midi*, pour le lendemain *à neuf heures du matin*, ne peut, sans violation de la loi, être déclaré nulle, sous le prétexte qu'elle aurait dû n'indiquer l'audience qu'après l'expiration de vingt-quatre heures. — 3 juin 1806. Civ. c. Douanes C. Gambarotta. D.A. 6. 445. D.P. 1. 1383.

393.— Suivant l'art. 6 du tit. 4 de la loi du 9 flor. an 7, la citation doit être faite, ainsi que les rapports et affiches, tous les jours indistinctement. Il ne faut pas conclure de là que l'on puisse citer à comparaître un jour férié, devant le juge de paix, sans sa permission.

394.— C'est ainsi qu'il a été jugé qu'une citation ne pouvait pas indiquer l'audience au décadi, jour auquel il était défendu aux juges de paix de siéger. — 3 vent. an 10. Civ. c Douanes C. Schowers. D.A. 6. 445, n. 1. D.P. 1. 1383.

395.— Mais il résulte nécessairement de l'article en question, que la citation pourrait être signifiée un jour férié; autrement la disposition de la loi serait sans objet. C'est en ce sens qu'il a été jugé que la défense de signifier des actes judiciaires les jours fériés ne s'applique pas aux procès-verbaux de saisie en matière de douanes, non plus qu'à l'assignation qu'ils doivent contenir (L. 17 therm. an 10, art. 5; C. pr. 1037).— 23 brum. an 8. Civ. c. Douanes C. Gérard. D.A. 6. 394. D.P. 1. 1362.

396.— Lorsque, par absence du juge de paix, il n'a pu être donné défaut contre des prévenus, régulièrement cités à comparaître dans les vingt-quatre heures de la clôture du procès-verbal, que le lendemain de l'échéance de la citation, les prévenus qui se sont présentés devant ce juge pour former leur opposition, en lui déclarant qu'ils n'avaient pas comparu parce qu'ils étaient en voyage, ne peuvent arguer en appel et en cassation de la nullité du jugement par défaut, sur le motif qu'il a été rendu tardivement; il résulte de leur démarche et de leur silence sur cette prétendue nullité devant le juge de paix, une présomption qu'ils ont eu connaissance suffisante du jour où le jugement par défaut devait être rendu. — 13 prair. an 9. Civ. c. Douanes C. Segers, etc. D.A. 6. 445. D.P. 1. 1383.

397.—*Jugement.*— Au jour indiqué pour la comparution, le juge entend la partie, si elle est présente. Il est tenu de rendre de suite son jugement (L. 9 flor. an 7, art. 13).

398.— Si les circonstances de la saisie nécessitent un délai, ce délai ne pourra excéder trois jours (Même art.).

399. — Ce délai est de rigueur. — Ainsi, doit être annulé le jugement rendu après son expiration : et, par exemple, douze jours après la comparution des parties. — 3 prair. an 11. Civ. r. Douanes C. Courtie. D.A. 6. 445. D.P. 1. 1383.

400. — Jugé pareillement qu'un jugement du tribunal de paix en matière de douanes est nul, s'il n'est pas rendu dans les huit jours qui ont suivi celui indiqué pour la comparution. — Même arrêt.

401. — Jugé, au contraire, que lorsque sur une citation à comparaître dans les vingt-quatre heures, datée du 1er, le préposé des douanes n'a pu poursuivre l'audience que le 6, le juge de paix ne saurait, sans déni de justice et excès de pouvoir, lui refuser jugement, sous le prétexte que ne pouvant, d'après la loi du 9 flor. an 7, accorder au prévenu qu'un délai de trois jours au plus, l'expiration de ce délai l'a dessaisi de la cause, et qu'il n'a plus pouvoir de prononcer. — 5 mars 1812. Cr. c. Florence. Douanes C. Lupi. D.A. 6. 445. D.P. 1. 1383.

Ce dernier arrêt semble bien juger, puisque la loi du 9 flor. an 7, malgré ses termes impératifs, ne contient pas de sanction. — D.A. 6. 446, n.

402. — Les préposés des douanes ne sont pas tenus d'employer, pour la signification des décisions des juges de paix en matière de douanes, l'huissier attaché à la justice de paix ; il peuvent charger de cette signification tel huissier que bon leur semble, ou bien la faire eux-mêmes (L. du 22 août 1791, tit. 13, art. 18). — 1er déc. 1830. Req. Cachot. D.P. 31. 1. 320.

403. — *Appel et opposition* — Le délai d'appel des sentences des juges de paix, en matière de douanes, n'est point le delai ordinaire de trois mois, mais bien le délai réduit à huit jours, par l'art. 6 de la loi du 14 fruct. an 3, lequel court à partir de la signification de ces sentences. — 10 déc. 1830. Req. Cattin. D.P. 31. 1. 21.

404. — Ces huit jours sont francs ; ni le jour de l'assignation, ni celui de l'échéance n'y sont compris (Ord. de 1667, tit. 3, art. 6; C. pr. civ. 1033).— 3 mess. an 9. Civ. c. Douanes C. Daems. D.A. 6. 447. D.P. 1. 1384.

405. — Jugé au contraire qu'un acte d'appel est valable, lorsqu'ayant été déclaré le 23, et notifié le 24, il contient assignation au 27. — 1er mess. an 7. Civ. c. Douanes C. Homans. D.A. 6. 447, note, n. 2. D.P. 1. 1384.

406. — Aucune loi n'oblige les préposés des douanes à se conformer, pour la forme des actes d'appel, aux règles générales de la procédure. — Ainsi, n'est pas nul un exploit d'appel qui ne contient pas les noms, prénoms et domicile des préposés qui le signifient, alors surtout qu'il rappelle expressément le proces-verbal de saisie dans lequel sont indiqués ces noms, prénoms et domicile. — 7 brum. an 8 Civ. c. Douanes C. Pollet. D.A. 6. 447. D.P. 1. 1384.

407.—D'après le même principe, un exploit d'appel n'est pas nul pour ne pas contenir l'énoncé sommaire des moyens et conclusions de l'appelant. — 19 frim. an 8. Civ. c. Douanes C. Marin. D.A. 6. 448, n. 1. D.P. 1. 1384.

408. — Les lois sur les douanes n'ayant rien changé au mode de se pourvoir contre les sentences des juges de paix, un jugement par défaut rendu par un juge de paix en matière de douanes, doit être attaqué par opposition : il ne peut l'être par appel qu'autant que l'opposition n'est plus recevable. — 1er fruct. an 8. Civ. c. Juillerat. D.A. 6. 446. D.P. 1. 1383.

409. — Un jugement par défaut rendu par un juge de paix en matière de douanes, peut être attaqué par appel, même après l'expiration du délai de trois jours fixé par la loi du 4 germ. an 2 (art. 4, tit. 6), si les défaillans n'y ont pas formé opposition dans le temps prescrit, et alors surtout qu'il n'a pas dépendu d'eux que cette opposition ne fût formée. — Même arrêt.

410. — Décidé même que les affaires dont la connaissance est attribuée à certains tribunaux qui

n'auraient pu en connaître sans cette attribution spéciale, devant, s'il n'y a pas dérogation dans la loi, y être instruites d'après les règles établies par ces tribunaux, le jugement rendu par défaut devant le tribunal de paix, en matière de douanes, *n'est pas susceptible d'appel*, de même que tous les jugemens rendus par défaut devant les justices de paix (L. 26 oct. 1790, tit. 3, art. 4). — 4 flor. an 10. Civ. c. Chemin. D.P. 3. 1. 464.

411. — En matière de douanes, comme en toute matière, les jugemens rendus par défaut, c'est-à-dire contre un saisi non comparant, sont susceptibles d'opposition. — 23 août 1830. Req. Douanes C. Caire. D.P. 30. 1. 331.

412. — *Procédure devant les tribunaux correctionnels*. — Les règles relatives à la procédure sont éparses dans les lois du 14 fruct. an 3, du 10 brum. an 5, du 9 flor. an 7, du 11 prair. an 7, du 28 avril 1816, du 21 avril 1818.

413. — *Assignation*. — Le prévenu qui n'aurait pas été mis en arrestation, sera cité à comparaître en personne devant le tribunal correctionnel; citation lui sera donnée à son domicile, s'il réside dans le ressort du tribunal, et, dans le cas contraire, elle lui sera donnée au domicile du procureur du roi, près ce même tribunal (L. 28 avril 1816, art. 45).

414. — Cette disposition de la loi du 28 avril 1816 est applicable, toutes les fois que le prévenu ne *réside* pas dans le ressort de ce tribunal, à la signification des jugemens par défaut rendus contre lui.

En conséquence, est sujet à cassation le jugement ou arrêt qui admet l'opposion tardive du prévenu, résidant hors du ressort du tribunal, à un tel jugement, sous prétexte qu'il ne lui avait pas été signifié à son propre domicile (C. inst. cr. 187; l. 28 avril 1816, art. 45; l. 14 fruct. an 3, art. 11). — 3 mai 1833. Cr. c. Colmar. Douanes C. Bardot. D.P. 33. 1. 375.

415. — Mais les exploits d'ajournement doivent, en matière de douanes, comme en matière ordinaire, faire mention de la personne à laquelle copie est laissée. — 1er mess. an 7. Civ. c. Douanes C. Homans. D.A. 6. 447. D.P. 1. 1384.

416. — Le prévenu d'une contravention à la loi du 10 brum. an 5 est valablement assigné devant le tribunal correctionnel au domicile du maire de la commune où la saisie a été faite, alors même que son véritable domicile serait connu (L. 14 fruct. an 3, art. 11; 11 prair. an 7, art. 1er; 10 brum. an 5, art. 15). — 18 fruct. an 9 Cr. c. Douanes C. Molard. D.A. 6. 451. D.P. 1. 1387.

417. — Un prévenu de délit de douanes, non présent à la rédaction du procès-verbal dressé contre lui, est valablement assigné par l'affiche de la copie du procès-verbal à la porte du bureau où a été rédigé ce procès-verbal, encore bien qu'il serait domicilié dans la commune même de la situation du bureau (L. 9 flor. an 7, tit. 4, art. 6). — 16 déc. 1833. Civ. c. Douanes C. Pellat. D.P. 34. 1. 49.

418. — Il n'est pas nécessaire, en matière de douanes, lorsqu'il y a plusieurs prévenus absens à assigner pour une seule contravention, que l'affiche du procès-verbal, ordonnée par la loi du 9 flor. an 7, pour remplacer les assignations à personne et à domicile, soit apposée en autant de copies qu'il y a de prévenus. — 11 avril 1831. Civ. c. Douanes C. Leroi. D.P. 31. 1. 140.

419. — La loi du 6 flor. an 7, qui permet d'afficher copie du procès-verbal à la porte extérieure du bureau des douanes, pour valoir assignation vis-à-vis des prévenus qui ne sont point présens, ne peut concerner que les personnes accusées de fraude ou de complicité de fraude, et non celles seulement responsables des faits et actes de leurs subordonnés. — 31 août 1832. Douai. Lehoucq. D.P. 33. 2. 14. — Ainsi jugé seulement en première instance.

420. — Une citation en police correctionnelle, donnée à des personnes prévenues de rébellion envers les employés des douanes (agens du gouvernement), est suffisamment libellée, aux termes de l'art. 183 C. inst. cr., lorsqu'elle porte que ces personnes sont traduites devant le tribunal de police correctionnelle, « pour s'y voir déclarer coupables d'être auteurs ou complices du délit de rébellion qui eut lieu le..., à tel endroit, contre les préposés des douanes de..., agissant dans l'exercice de leurs fonctions, et des violences exercées contre eux en réunion de plus de trois, et moins de vingt personnes, délit prévu par les art. 209 et 211 C. pén., encore bien qu'on aurait omis d'y mentionner la circonstance de voies de fait. » — Ainsi, est nul un jugement qui annulerait une telle citation comme n'étant pas suffisamment libellée, en ce qu'elle ne parlerait pas de voies de fait, la mention de violences exercées contre les preposés des douanes étant suffisante sur ce point. — 25 nov. 1831. Cr. c. Min. pub. C. Germa. D.P. 31. 1. 384.

421. — La loi du 27 vent. an 8, relative à la procédure, n'est pas applicable en matière de douanes. — 1er germ. an 10. Req. Min. pub. D.A. 6. 454. D.P. 1. 1389.

422. — Le ministère des avoués n'est pas exigé en matière de douanes. — Ainsi un tribunal de première instance ne peut déclarer qu'il n'admettra le receveur des douanes à conclure dans les affaires en matière de contravention aux lois des 10 brum. et 26 vent. an 5, que par le ministère d un avoué. — Même arrêt.

423. — Néanmoins, si la régie renonce à l'instruction des affaires sur simple mémoire et sans frais, elle ne peut se faire représenter à l'audience par ses agens, sans se servir du ministère des avoués. — 10 déc. 1821. Civ. r. Douanes C. Knudsen. D.A. 6. 454. D.P. 22. 1. 134.

424. — Il y aura trois jours au moins entre celui de la citation et celui indiqué pour la comparution, porte l'art. 184 C. inst. cr

425. — L'assignation donnée à un prévenu de contravention aux lois des douanes, et signifiée au domicile élu par lui dans le lieu de la saisie, ne peut pas être annulée, sur le motif qu'elle n'ajouterait pas au délai fixe le délai proportionnel à raison de la distance du domicile d'élection au domicile réel du prévenu (C. inst. cr. 184, 203; l. 11 prair. an 7, art. 1er). — 19 mars 1807. Cr. r. Smitt. D.A. 6. 452. D.P. 1. 1387.

426. — La loi du 28 avril 1816 sur les douanes, qui ordonne de citer directement les contrevenans devant le tribunal de police corectionnelle, ne s'oppose pas à ce que, lorsque les circonstances l'exigent, il soit procédé contre eux, sur les réquisitions du ministère public, par voie d'instruction préparatoire, suivant les lois générales (C. inst. cr. 182). — 3 sept. 1824. Cr. r. Paris. Raymond. D.A. 6. 450. D.P. 1. 1386.

427. — Ainsi, il n'était pas nécessaire que la citation devant le tribunal correctionnel fût précédée d'une instruction préalable devant le directeur du jury; le dépôt du rapport suffisait pour saisir le tribunal (L. 3 brum. an 4, art. 180, 181, 182; C. inst. cr. 182; l. 26 vent. an 5, art. 6; même décr. 29 frim. an 7). — 22 vend. an 7. Cr. c. Douanes C. Verhoeden. D.A. 6. 450. D.P. 1. 1386.

428. — Lorsqu'une contravention aux douanes est poursuivie contre deux individus, et que la chambre du conseil, après une instruction préparatoire en la forme ordinaire, a renvoyé l'un d'eux, et traduit l'autre en police correctionnelle, celui-ci n'est pas recevable à former opposition à l'ordonnance qui a mis son co-inculpé hors de proces, sous le prétexte qu'il aurait contre lui une action récursoire, sauf toutefois l'exercice de ce recours, s'il y a lieu, par-devant les tribunaux civils. — 3 sept. 1824. Cr. r. Raymond. D.A. 6. 450. D.P. 1. 1386.

429. — *Sursis, Jugement*. — Si, le prévenu comparaissant, il y a lieu d'accorder une remise, elle ne pourra excéder cinq jours, et, le cinquième jour, le tribunal prononcera, partie présente ou absente (L. 28 avril 1816, art. 47).

430. — Il ne peut être sursis à prononcer sur une contravention en matière de douanes, que dans le cas où l'on admet l'inscription contre le procès-verbal. — Un tribunal ne peut, en déclarant cette inscription non admissible de la part du prévenu, surseoir cependant à statuer, sauf au ministère public à poursuivre le faux criminellement. — 9 vent. an 13. Cr. c. Douanes C. Silvano. D.A. 6. 453. D.P. 5. 2. 103.

431. — On ne peut annuler un jugement par défaut rendu contre un prévenu de contravention, sous le prétexte que le défendeur ayant trois jours pour signifier ses moyens de faux contre le procès-verbal, le juge devait surseoir à prononcer son jugement jusqu'à ce que le délai fût expiré (L. 9 flor. an 7, art 12, tit. 4). — 18 fruct. an 9. Cr. c. Douanes C. Molard. D.A. 6. 451. D.P. 1. 1387.

432. — Lorsque la main-levée des objets saisis est ordonnée par un jugement qui est l'objet d'un pourvoi en cassation, la remise de ces objets ne doit être faite que sous caution (L. 9 flor. an 7, art. 15).

... Et même la remise ne peut être accordée pour des marchandises dont l'entrée est prohibée. — 10 août 1833. Cr. c. Bastia. Douanes C. Giacobbini. D.P. 33. 1. 377.

433. — *Appel et opposition*. — Les jugemens rendus par les tribunaux correctionnels contre des inconnus, en matière de contraventions à la loi du 10 brum. an 5, ne peuvent être attaqués par aucune autre voie que celle de l'appel dans les délais fixés. — Ainsi, le propriétaire de marchandises qui a d'abord formé une intervention tardive dans l'instance par défaut, ne peut, après que le jugement rendu contre des inconnus a acquis force de chose jugée par l'expiration des délais de l'appel, se prétendre recevable à l'attaquer par tierce-opposition (L. 11 prair. an 7, art. 4). — 3 mars 1809. Cr. c. Min. pub. C. Geyssens. D.A. 6. 456. D.P. 9. 2. 110.

434. — L'appel d'un jugement du tribunal correctionnel, interjeté au nom de la régie par un receveur des douanes, ou par le premier commis à la recette, ne peut être déclaré non-recevable, sous le prétexte que ce préposé n'est point muni d'un pouvoir spécial de son administration, pour former cet appel. — Il n'y a pas lieu de distinguer si ledit receveur exerce comme titulaire, ou par *interim* (L. 3 brum. an 4, art. 459; C. inst. cr. 204; l. 10 brum. an 5, art. 15). — 6 juin 1811. Cr. c. Douanes C. Fiorentini. D.A. 6. 456.

435. — Jugé aussi qu'en l'absence du receveur des douanes, le premier visiteur est recevable à interjeter appel, soit par lui, soit par un mandataire, sans qu'on puisse lui opposer le défaut de pouvoir spécial de la régie — 9 prair. an 7. Cr. c. Douanes C. Steeber, etc. D.A. 6. 457, n. D.P 1. 1390.

436. — Jugé encore qu'un lieutenant des douanes est recevable à interjeter un appel sans un pouvoir spécial de son administration, lorsque sa commission lui conférait un pouvoir général de faire *toutes poursuites et opérations requises*. — 26 mess. an 8. Cr. c. Douanes D.A. 6. 457, n.

437. — Les formalités prescrites par la loi du 22 août 1791 pour les déclarations d'appel, qui ne sont pas exigées par la loi du 14 fruct an 3, sont censées abrogées par cette dernière loi. — Ainsi, on ne peut annuler une déclaration d'appel, sur le motif que les préposés n'ont pas fait mention du tribunal devant lequel ils ont prêté serment. — 14 vent. an 8. Civ. c. Douanes C. Custis. D.A. 6. 448. D.P. 1. 1385.

438. — Lorsque le délai de dix jours dans lequel doit être jugé l'appel des jugemens correctionnels sur contravention à la loi du 10 brum. an 5, se trouve expiré, les juges ne peuvent, sans déni de justice, refuser de statuer sur cet appel, sur le seul motif de l'expiration du délai: alors d'ailleurs que l'appelant s'est conformé à la loi en tout ce qui dépendait de lui (L. 11 prair. an 7, art. 6). — 2 avril 1807. Cr. c. Douanes C. Muzio, etc. D.A. 6. 457. D P. 7. 2. 137.

439. — L'appel d'un jugement sur contravention aux lois des douanes doit être jugé sur une instruction judiciaire, et on ne peut avoir égard aux déclarations des témoins qu'autant qu'ils ont été entendus à l'audience, soit devant le tribunal correctionnel, soit devant celui d'appel. — Ainsi, doit être cassé le jugement de condamnation qui s'appuie sur un procès-verbal rédigé extrajudiciairement, à la seule poursuite de la partie plaignante, sans appeler le prévenu, et ne contenant d'ailleurs que la déclaration écrite d'un témoin qui n'a pas été entendu à l'audience. — 9 pluv. an 8. Cr. c. L'Abbé, etc. D.A. 6. 410, n.

440. — La commission spéciale créée par l'arrêté du 12 vend. an 11, pour le jugement sur appel des contraventions aux lois sur le commerce étranger dans les colonies, ne peut connaître d'une affaire qu'autant qu'elle en est saisie par un appel interjeté, soit par les parties, soit par le ministère public. — 16 fév. 1824 Civ. c. Thaldens-Beecker, etc. D.A. 6. 457. D.P. 24. 1. 511.

441. — Cette commission doit rendre ses arrêts *en audience publique*, même à la Guadeloupe, à peine de nullité: le silence de l'arrêt sur l'accomplissement de cette formalité en fait présumer l'inobservation, comme à l'égard des jugemens et arrêts émanés des tribunaux ordinaires. — Même arrêt.

Sur l'oposition aux jugemens par défaut, V. ce qui concerne les jugemens des juges de paix, art. 8, § 2.

— V. Acquiescement, Agens diplomatiques, Amende, Appel criminel, Arme, Assurances maritimes, Attentat et complot, Avoué, Capitaine, Cassation, Certificat d'origine, Charte-partie, Chose jugée, Colonies, Communes, Compétence civile, Compétence commerciale, Compétence criminelle, Confiscation, Contrainte, Contrainte par corps, Contributions, Eau, Enregistrement, Faillite, Faux, Faux incident, Garde nationale, Or et argent, Pêche, Peine, Postes, Prescription, Procès-verbal, Rébellion, Saisie-arrêt, Transaction.

TABLE SOMMAIRE.

Absence. 310, 417, s. 456.
Acquiescement. 96.
Acquit-à-caution. 55, 191,
  s. 207, 276.
Action. 92, s.—civile. 355.
  —publique. 92, s. 291,
  suiv.
Adjudicataire. 318.
Affiche. 39, 390, 417, s.
Amende. 101, s. 195, 220,
  s. 254, s. 264.—réduc-
  tion. 264.
Angleterre. 118, s.
Animaux. 189.
Appel. 90, s. 403, s. 410,
  433, s.
Armes. 149, s. 224, s.
Attroupement. 223, s.
Autorisation. 20, s. 162.
Autorité municipale. 190,
  suiv.
Avaries. 79, s.
Aveu. 578, s.
Avis. 109.
Avoué. 425.
Ballot. 57.
Barre de fer. 179.
Basin. 436, s.
Bateaux. 166.
Bestiaux. 32.
Blocus continental. 128.
Bonne foi. 131, s. 276. —
  V. Excuse.
Bonne-te orientale. 116.
Bulletin des lois. 293.
Bureau. 55, 56, s. 102,
  175, 192, 371, 578, 585,
  s.— voisin. 54, s.
Café. 219.
Capitaine. 80.
Cassation (appréciation).
  204, 246, s. 279.
Caution. 85, 104, 432.
Certificat. 120, s.—de dé-
  charge. 210, s. — de la
  régie. 135, s. — d'ori-
  gine. 108, s. 155, s.
  576, s.
Châles. 279.
Chemins écartés. 197,
  275. — impraticables.
  198.
Cheval. 155, 210, s. 245,
  s. 591.
Clinfons. 66.
Chose jugée. 433.
Circulation. 54.
Citation. 580, s.
Clou. 178.
Colonie. 88, 280, 459.
Colons. 319.
Commissionnaires. 61,
  299.
Commission de fonction-
  naire. 436. — spéciale.
  439.
Comparution. 395, s. 413,
  429.
Compétence. 112, 558, s.
Complicité. 513, s. 419.
Composition. 403, s. 433, s.
Conclusion. 407, 429.
Condamné. 120, s.
Conducteur. 193, s.
Connexité. 347.
Confiscation. 98, 101, 119,
  131, s. 158, 202, 220,
  227, s. 266, 274.
Consommation. 104, 140,
  152.
Consul. 126, 174.
Contrainte. 70, s. 359, s.
  —par corps. 68, 215.
Contravention. 85, s.
Contrebande. 223, s.
Contributions indirectes.
  105.
Convention. 74.
Copie. 415, s. — unique.
  418.
Corruption. 283, s.
Côte. 43, s. 258.
Coton. 16.— à filer. 111,
  152.
Débarquement. 90, 340.
Déchéance. 101.

Déclaration. 50, 51, 158,
  168, s.
Défense. 306.
Déduction. 249.
Déficit. 51. 180.
Degrés de juridiction.
  385.
Délai. 392, s. 424, s. —
  franc. 404, s. 424, s.
Démission. 22.
Denrées coloniales. 126,
  suiv.
Départ. 181.
Déplacement. 76.
Désignation. 323, s.
Détention. 302, s.
Détenteur. 328, s. 384.
Différence. 264, s.
Diligence. 244, s.
Dispense. 44, s. 186, s.
  302.
Distance. 26, 35, s. 258.
Dommages-intérêts. 331.
Domicile. 26. s. 111, s.
  590, 414, 425.
Donation. 83.
Droits. 2, 47, s. 68, s.
  142, s. 302. — double.
  76, 248.
Eau-de-vie. 60.
Effraction 309.
Embarquement. 126, 181.
Employé. 10.
Enquête. 17.
Entrepôt effectif. 34, s.
  47, s. 57, s. 183, 233,
  260, 301.
Enveloppe. 219.
Entrée. 1, 140.
Equivalent. 135, 155, 158.
Erreur. 170, s. 255, 405,
  suiv.
Escompte. 48.
Espagne. 255, s.
Estampille. 123, s.
Etranger. 348, s.
Excédant. 248.
Enlèvement. 88.
Excuse. 195, 205, 252, s.
  276, 279, s. 294, 298.—
  V. Peine.
Expertise. 75, 155, 185,
  191, 354.
Exploit. 389, s.— forme.
  404, s. 413, s.
Exportation. 9, 100.
Far ne. 14, 200, s.
Flagrant délit. 80.
Force majeure. 3, s. 214,
  278, s.
Frais. 97.
Franchise. 363.
Frontière. 18, s. 23, s. 65,
  194, 310, s. 307.— ma-
  ritime. 43, s. 112.
Futaille. 219.
Garantie. 428.
Genièvre. 60.
Girofle. 151.
Gra'ns. 13, 28, s. 56, 141,
  171.
Guyane. 88.
Héritier. 229, s. 258.
Hondt. 44.
Horlogerie. 188.
Huissiers. 409.
Importation. 1, s. 7, s. 100,
  s. 152, 158.
Impôt. 73.
Indemnité. 255, 331, s.
Indication. 406.
Inscription de faux. 365,
  430, s.
Instruction préparatoire.
  426.
Intention.— V. Excuse.
Intérim. 454.
Intérieur. 154.
Intervention. 255.
Juge de paix. 358.
Jugement par défaut. 596,
  408.
Jour férié. 394, s.
Jury. 409, s.
Laine. 155.

Légion. 13.
Liberté individuelle. 22.
Ligne. 18, s. 165.
Locataire. 316.
Loi. 5, 117, s. 368.
Main-levée. 104, s. 157,
  452.
Maire. 416.
Manufacture. 20, s.
Marchandises anglaises.
  4, s. 118, s.—prohibées.
  117, s. 552.
Marque. 90, 123, s.
Mémoire. 423.
Menace. 309.
Mention. 105, 591, 413,
  suiv.
Messageries. 248.
Mineur. 996.
Ministère public. 92, 413.
Ministre. 357.
Monnaie. 171, 289.
Monopole. 103.
Montre. 272.
Mousseline. 376, s.
Moyen nouveau. 370.
Nantissement. 31b.
Navigation. 43, s. 258.—
  fluviale. 78.
Navire. 121, 128, 166. s.
  230, s. 274, 282, 332,
  349, 580.
Noms. 406.
Nullité. 134, 230, s.
Offre réelle. 103, s.
Ordonnance royale. 364.
Organisation. 10.— mili-
  taire. 10.
Origine nationale. 108, s.
Outrage. 256, 369.
Paiement des droits. 68,
  suiv.
Papier. 80, 130.
Parent. 296.
Passavant. 61, 186, s. 209.
Patente. 332.
Péage. 2.
Peine. 119, s. 159, 168,
  s. 220, s. 296, s. — cu-
  mul. 256. — person-
  nelle. 229, s. — réduc-
  tion. 268, s.
Perception. 142, s.
Permis. 163, 235.
Permission. 340.
Poids. 59.
Population. 34.
Port. 14, s. 172.— de com-
  merce. 112.
Potasse. 9.
Poudre. 140, s.
Poursuite. 92, s.
Préemption. 183, s.
Présomption. 84, 120, s.
  155, 239, 305, 596.
Preuve. 33, s. 59, 79, s. 409,
  163, 185, 191, 197, s.
  213, s. 305, s. — tar-
  dive. 202.
Prime. 9, 112, s.
Prise maritime. 128, s.
Prison. 220, 265, s. 584.
Prix fait. 19.
Procédure. 367.
Procès - verbal. 39, 91,
  230, s.

Prohibition. 102, s.— gé-
  nérale. 140, s.
Plombage. 55.
Provision de bord. 178.
Qualité. 92, s.
Question préjudicielle.
  285.
Ratification. 82.
Rayon en mer. 46.—fron-
  tière. 18, s. 134.
Rébellion. 420.
Receveur. 69, s. 356, 434.
Réexportation. 117, s.
  159, s. 216, 300, s.
Restitution. 553.
Registre. 396.
Rolâche. 361. — forcée.
  172, s. 250, 247, 280, s.
Responsabilité. 80, 286,
  290, s. 419.
Restitution. 77, s.
Rétention. 182.
Rétroactivité. 72, s. 410.
Révélation. 283.
Revendication. 265.
Révocation de fonction.
  22.
Riz. 146.
Salpêtre. 149, s.
Scellé. 89.
Sel. 77, 151, 242.
Serment. 456.
Séquestre. 49, 79, 84, 243,
  551, s. 554.
Société. 300.
Soieries. 176.
Sommation. 160, s.
Sortie. 1.
Soumission. 261.
Subrogation. 80.
Sucre. 34, 75, 114, s. 147,
  s. 266. — candi. 130,
  147.
Sursis. 429, s.
Tabac. 214.
Tapis. 3.
Tarif. 8, 72, 250, 363, s.
  459.
Tentative. 85, 226, 278,
  349, 368, 380.
Territoire national. 165.
  — étranger. 50, s. 278.
Tierce-opposition. 94.
Tissus. 9. — étranger.
  111, s.
Transaction. 98, 291, s.
Transit. 2, 15, 164.
Transport. 101, s. 157, s.
  198, 240, s. 242, 321, s.
  371.
Tribunal correctionnel.
  572, s. 412, s. — étran-
  ger. 348, s.
Uniforme. 88, s.
Usine. 20.
Vagabondage. 22.
Valeur. 185.
Vérification. 107, s. 170,
  s. 352.
Vêtement. 248, 279.
Ville. 35.
Visa. 210, 217, 276, 361.
Visite. 87, 166, 170, s.
Voie de fait. 420.
Voiture. 244.
Voiturier. 319, s.

DOUBLE DROIT.—V. Douanes, Enregistrement,
  Vente.

DOUBLE ÉCRIT. — V. Preuve littérale. — V. aussi
  Assurance maritime, Assurance terrestre, Charte-
  partie, Commissionnaire, Compte, Mandat, Société
  commerciale, Vente.

DOUBLE EMPLOI.—V. Comptabilité, Compte, Patente.

DOUBLE LIEN.— V. Obligations, Parenté, Succession.

DOUTE.—V. Effet de commerce, Elections législatives, Elections municipales, Jugement, Peine.

DOUZIÈMES PROVISOIRES.—V. Contributions.

DRAPEAU.—V. Armée, Autorité municipale, Garde
  nationale.

DROGUISTE—DROGUERIE.— V. Art de guérir,
  Assurances maritimes, Autorité municipale, Droits
  civils.

DROIT D'ACCROISSEMENT.—V. Legs.— V. aussi
  Communauté, Substitution.

DROITS ACQUIS.—V. Assurances maritimes, Avocat, Compensation, Concession, Contrainte par
  corps, Elections législatives, Enregistrement,
  Faillite, Féodalité, Forêts, Hypothèques, Nom,
  Pêche, Péremption, Retrait successoral, Rétroactivité, Servitude, Substitution.

DROIT D'ASSISTANCE.—V. Juge, Tribunal.

DROITS D'AUBAINE.—V. Droits civils, Etranger.
  —V. aussi Compétence administrative, Succession,
  Succession irrégulière.

DROIT D'AUDIENCE.—V. Agens diplomatiques.

DROITS CIVILS.— 1. — Ce sont les droits qui
résultent de la jouissance de la qualité de Français.
— Il est aussi accordé en France certains droits civils aux étrangers même non naturalisés. — V.
Etranger, Naturalisation.

§ 1er.— *Caractère des droits civils.*
§ 2.— *Acquisition de la qualité de Français.*
§ 3.— *Perte de cette qualité.*
§ 4.— *Effets de la privation ou suspension des droits
  civils*

§ 1er.— *Caractère des droits civils.*

2.—L'art. 7 C. civ. porte : « l'exercice des droits
civils est indépendant de la qualité de citoyen, laquelle ne s'acquiert et ne se conserve que conformément à la loi constitutionnelle. »

3.—Et on lit, dans l'art. 8 : « tout Français jouira
des droits civils. »

4. — Il est de l'essence des droits civils qu'ils
soient personnels et ne puissent être acquis ou perdus que par un fait de la volonté. La loi, en effet, a
accordé un bénéfice en faveur de la naissance sur
le sol. Ce bénéfice ne peut être enlevé par un tiers
étranger à celui à qui on prétend le ravir. Il y a cependant controverse sur ce point (V. n. 35, 40, s), et tout
récemment on a introduit, et avec raison, une exception lorsqu'il s'agit de lois politiques. Ainsi, il a
été jugé que, par l'effet de la séparation de la Belgique et de la France, les Belges nés en France pendant la réunion, avaient (majeurs ou mineurs) perdu la qualité de Français. — V. le rapport de Lasa-
gni, D.P. 34. 1. 305.

5.—Les droits civils sont inaliénables, et les traités par lesquels un individu en aurait vinclé l'exercice en sa personne, devraient être annulés comme
portant sur un objet placé hors du commerce des
hommes.

6. — Dans les contestations sur les droits civils,
on doit adopter l'interprétation qui les conserve à
un individu, plutôt que celle qui les lui fait perdre.

§ 2.— *De l'acquisition de la qualité de Français.*

7. — Les art. 9 et 10 C. civ. sont ainsi conçus :
Art. 9. « Tout individu né en France d'un étranger,
pourra, dans l'année qui suivra l'époque de sa majorité, réclamer la qualité de Français, pourvu que, dans
le cas où il résiderait en France, il déclare que son
intention est d'y fixer son domicile, et que, dans le
cas où il résiderait en pays étranger, il fasse sa soumission de fixer en France son domicile, et qu'il l'y
établisse dans l'année à compter de l'acte de soumission.

Art. 10. » Tout enfant né d'un Français en pays
étranger est Français.

» Tout enfant né en pays étranger, d'un Français
qui aurait perdu la qualité de Français, pourra toujours recouvrer cette qualité, en remplissant les
formalités prescrites par l'art. 9. »

Les droits civils, distincts des droits politiques, ne sont pas restreints aux seuls Français, les
étrangers jouissent de certains droits en France, suivant la loi de la reciprocité (C. civ 11), et même du
droit de succéder (C. de 1819) : l'autorisation de résider en France leur confère la jouissance de tous
les droits civils (C. civ. 13). — V. Etranger, Naturalisation.

9. — La qualité de Français s'acquiert par la naissance, par la naturalisation (V. ce mot), par le mariage d'une étrangère avec un Français (V. Etrangers,
Naturalisation), par la réunion des états (V. plus
bas et les mots cités). — D.A. 6: 504, n. 1.

La *naissance* ne rend Français que l'enfant d'un
Français. — D.A. *ibid.*

10.—Cependant l'enfant né en France d'un étranger
qui a acquis la qualité de Français, sans les droits
de citoyen, n'est pas seulement Français comme
son père ; il est encore citoyen français, et, comme

tel, apte à exercer les droits politiques (L. 5 fév. 1817, art. 5 et 6; C. 7 et 8). — 12 fév. 1824. Rennes. Raentjens. D.A. 6. 511, n. 2. D.P. 24. 2. 92.

11.— La constitution de 1791, qui déclare citoyens français tous ceux qui sont nés en France d'un père Français, est applicable même à l'enfant dont le père, étranger d'abord, a acquis la qualité de Français en vertu de la loi du 30 avril 1790, pendant la minorité de son fils. — Les lois et constitutions subséquentes n'ont pu porter atteinte au droit acquis à l'enfant, lequel, par suite, n'a pas été soumis à la déclaration prescrite par l'art 9 C. civ. — 26 déc. 1829. Colmar. Porrenaud. D.P. 33. 2. 194.

12. — Jugé, au contraire, que la naturalisation étant un droit purement personnel et intransmissible par succession, il suit de là que l'enfant né en pays étranger, d'un père étranger qui, depuis, se serait fait naturaliser Français, ne cesse pas d'être étranger, bien qu'il fût en minorité à l'époque de cette naturalisation, et que, depuis sa majorité, il n'ait manifesté aucune intention de répudier la qualité acquise par son père (C. 7, 10). — 16 déc. 1828. Grenoble. Perregaux. D.P. 29. 2. 73.—V. n. 4.

13.—Il résulte de l'économie de la loi et de la doctrine des auteurs aussi bien que de la jurisprudence (V. notamment, arr. 16 déc. 1830. Nimes. Delecourt. D.P. 31. 2. 223), que la perte des droits civils en général doit être volontaire. Il semble qu'il devrait y avoir réciprocité pour leur acquisition, et qu'une volonté expresse et formelle, résultant de démarches faites à cet effet devrait être nécessaire.

14. — L'enfant né en France d'un étranger qui jouit des droits civils en vertu de l'art. 13 C. civ., est-il Français d'origine? Delvincourt, t. 1er, p. 189, n. 1re, se prononce pour l'affirmative, sans toutefois motiver son opinion. Mais n'est-il pas de principe que l'enfant suit la condition de son père? Or, et Delvincourt le reconnaît lui-même, p. 194, *loc. cit.*, l'étranger domicilié avec autorisation ne cesse pas d'être étranger. Les lois personnelles de son pays le régissent, comme il est expliqué au mot *Etranger*.

15. — Ainsi, la qualité de Français ne s'acquiert pas par le décret qui autorise l'étranger, en vertu de l'art. 13 C. civ., à établir son domicile en France, et à y jouir de tous les droits civils, si cette autorisation n'a été suivie ni d'une résidence assez longue pour obtenir la naturalisation, ni de la naturalisation même. — 13 juin 1814. Paris. Styles. D.A. 6. 508. D.P. 1. 1412.

16. — L'étranger autorisé à fixer son domicile en France et à y jouir des droits civils, n'est pas moins soumis, pour sa capacité, au statut personnel de son pays.— Si, par exemple, il était, dans son pays, incapable, comme religieux entré dans les ordres, de contracter mariage, cette incapacité le suivrait en France; par suite serait nul le mariage qu'il y aurait formé. — Même arrêt.

17.— Il faut donc décider que le père et le fils auront tous les deux la même qualité nationale et les mêmes droits civils, tant qu'ils continueront de résider en France. — Dur., t. 1er, n. 221; Légat, *Code des étrang.*, p. 7; D.A. 6. 505, n. 11.

18. — Cette décision doit, à plus forte raison, s'étendre à l'enfant né en France de l'étranger qui s'y est établi sans autorisation, quoiqu'à perpétuelle demeure, et sans esprit de retour dans sa patrie originaire.—Delv., t. 1er, p. 14, n. 7; D.A. 6. 505, n. 12. — *Contrà*, Proudh., t. 1er, p. 93.— V. Etranger.

19.—Sous l'ancien droit, les enfans nés en France d'un étranger étaient Français.—8 therm. an 11. Req. Walsch-Serrant. D.A. 6. 380. D.P. 3. 1. 738.

20. — Il en était de même des enfans nés en pays étranger d'un père Français, lorsque celui-ci n'avait pas établi son domicile dans ce pays, et perdu l'esprit de retour.—Même arrêt.

21. — Les enfans nés après l'émigration de leurs père et mère sont Français, si leur conception remonte à une époque antérieure à cette émigration. — 3 fév. 1813. Caen. Montalembert. D.A. 6. 841. D.P. 23. 1. 412, n.

22.—Celui-là seul est sujet du roi, dans le sens de l'art. 980 C. civ., et jouit des droits civils en France, qui est né Français, ou qui l'est devenu par des lettres de naturalisation, ou enfin qui, étant né dans un pays réuni à la France pendant la conquête, a fait, après la restitution de ce pays, les déclarations prescrites par l'ordonnance du 14 oct. 1814.— 23 avril 1828. Req. Toulouse. Bilhas. D.P. 28. 1. 223.

....Mais doit être reconnu comme Français, et capable d'être témoin dans un testament, l'individu né en Corse avant la réunion à la France, qui y a constamment demeuré depuis, y a contracté mariage avec une femme Corse, et y est devenu majeur sous la constitution de 1791, qui accordait la qualité de citoyen français à ceux qui avaient fixé leur résidence en France. On ne peut opposer à cet individu l'inaccomplissement des formalités prescrites par les lois antérieures pour l'acquisition de la qualité de citoyen français (C. civ. 2, 980; l. 3 sept. 1791). — 10 mars. 1824. Req. Bastia. Battesti. D.A. 5. 785. D.P. 1. 1341.

23. — La loi du 14 oct. 1814 a conservé aux habitans des pays autrefois réunis leurs droits civils et politiques, à la seule condition de déclarer leur volonté de rester en France et d'obtenir du roi des lettres de déclaration de naturalité. — Ces lettres constatent que celui qui les obtient n'a pas cessé de jouir de la qualité de Français. Expression d'un droit acquis et subsistant, elles diffèrent *des lettres de naturalisation*, qui n'attribuent qu'un droit nouveau. De là, l'avis du conseil d'état, du 17 mai 1823, qui a décidé que « les membres de l'ordre royal de la légion-d'honneur, devenus étrangers par les traités, ne sont recevables à demander le traitement accordé aux membres français de cet ordre, qu'autant qu'ils produisent, non des lettres de naturalisation (il faudrait alors qu'ils fussent reçus de nouveau dans l'ordre), mais des lettres déclaratives de naturalité, obtenues dans les délais fixés par la loi du 14 oct. 1814, ou par les ordonnances rendues pour son exécution, et conçues dans les termes nécessaires pour constater que les impétrans ont, sans aucune interruption, conservé la qualité de citoyen français. » — D.A. 6. 504, et 505, n. 7.

24. — La réunion d'un pays à la France n'a pas eu pour effet de rendre Français les individus étrangers à ce pays, et qui y résidaient au moment de la réunion. — 13 fev. 1818. Colmar. Maunsbendel. D.A. 5. 811. D.P. 1. 1342.

§ 3.— *De la perte de la qualité de Français.*

25. — Les devoirs que la patrie impose à tout citoyen ne souffrent pas de partage.

26. — En adoptant une patrie étrangère, on abdique donc la qualité de Français. — Cette abdication se présume dans les cas suivans: 1° naturalisation acquise en pays étranger; 2° acceptation, non autorisée par le roi, de fonctions publiques conférées par un gouvernement étranger; 3° acceptation, non autorisée, de service militaire chez l'étranger, ou affiliation, non autorisée, à une corporation militaire étrangère; 4° tout établissement non commercial, fait en pays étranger sans esprit de retour; 5° mariage d'une Française avec un étranger (C. civ. 17, 19, 21); 6° la mort civile (C. civ. 25. — V. Mort civile).— La constitution de l'an 8 ajoutait *l'affiliation à une corporation étrangère qui suppose des distinctions de naissance*. — D.A. 6. 513, n. 1.

27.—Mais, jugé qu'on ne peut plus invoquer, comme cause de perte des droits civils, cette dernière affiliation; à cet égard, l'art. 17 C. civ. a été abrogé par la loi du 3 sept. 1807. — 17 nov. 1818. Civ. r. Nîmes. Hérit. Tempié. D.A. 5. 272. D.P. 19. 1. 17.

28. — A tous ces cas, hors le simple établissement en pays étranger, est attachée une présomption *juris et de jure* de la renonciation à la qualité de Français. Vainement eût-on manifesté l'esprit de retour, soit par une prompte rentrée dans son pays, soit par tout autre indice de la volonté d'y revenir. Ces circonstances ne seraient pas un obstacle à l'effet ordinaire de la naturalisation; il n'en faudrait pas moins, pour recouvrer la qualité de Français, observer les formalités de l'art. 18 C. civ. — D.A. *ibid.*, n 2.

29 — Ainsi, alors même qu'un Français, en se faisant naturalirer en pays etranger, aux Etats-Unis d'Amérique, par exemple, aurait conservé l'esprit de retour, il n'en aurait pas moins perdu la qualité de Français. — 17 juill. 1826. Civ. c. Pau. Descande. D.P. 26. 1. 418.

30. — Mais l'individu qui est resté en pays étranger, après le délai fixé par les lois sur l'émigration, pour rentrer en France, n'est pas censé, par cela seul, avoir perdu l'esprit de retour, alors surtout qu'il a pris la qualité de *Français* dans des actes passés dans les pays où il avait fixé sa demeure. — 11 janv. 1808. Paris. Cardon. D.P. 8. 2. 117.

31.— Lorsqu'il est opposé à un Français réclamant un droit, qu'il a perdu la qualité de Français par un établissement fait en pays étranger, sans esprit de retour, et que, par suite, il ne peut prétendre au droit réclamé, c'est à celui qui allègue la perte de la qualité de Français, à prouver que l'établissement a eu lieu sans esprit de retour: l'adversaire n'est point obligé de prouver qu'il avait conservé cet esprit (C. civ. 17). — 26 juin 1829. Poitiers. Ténessu. D.P. 30. 2. 149.

32. — Les dispositions de l'édit de 1669, et la déclaration du 16 juin 1685, qui défendaient aux Français de s'établir en pays étranger, sans permission, sous peine de perdre la qualité de Français, n'emportaient pas cette peine de droit; elles étaient simplement comminatoires, tant qu'un acte de l'autorité publique n'avait pas dépouillé de sa qualité le Français passé à l'étranger.— 13 avril 1830. Req. Montpellier. Sicre. D P. 30. 1. 206.

33.—L'art. 15 de la constitution de l'an 3, qui dispose que tout citoyen qui aura résidé sept années hors du territoire de la république, sans mission ou autorisation donnée au nom de la nation, sera réputé étranger, n'est pas applicable au cas d'absence antérieure à sa promulgation.— 26 fév. 1829. Montpellier. Sicre. D.P. 29. 2. 282.

34.—Cet article d'ailleurs a été abrogé par la constitution de l'an 8; et cette abrogation résulte de cela seul, que la constitution n'a pas reproduit la même disposition. — 26 fév. 1829. Montpellier. Sicre. D.P. 29. 2. 257.

35.— *Naturalisation.*— Suffirait-il à un Français, pour perdre cette qualité, de déclarer par acte public qu'il ne veut plus appartenir à sa patrie originaire? Est-il nécessaire qu'une patrie nouvelle soit adoptée?— Il faut que la naturalisation *soit acquise* en pays étranger: ce sont les termes mêmes de l'art. 17. C'est par l'obéissance à un autre gouvernement, que le Français revêt une qualité incompatible avec celle de sujet de France. N'eût-il pas été impolitique de permettre de se soustraire aux charges publiques par un moyen aussi facile que la simple manifestation de la volonté de n'être plus Français? C'est pour éviter toute équivoque qu'on a retranché du projet du code ce mot *abdication*. Les orateurs du conseil d'état ont reconnu que, pour s'expatrier, il fallait, ou une suite de faits exclusifs de l'esprit de retour, ou une admission formelle par la naturalisation.— V. Locré, *Espr. du C. civ.*, t. 1er, p. 333; Dall., *ibid.*, n. 3.

36.— La perte de la qualité de Français, par la naturalisation en pays étranger, avait déjà été prononcée successivement par l'art. 6 de la constitution de 1791, par l'art. 5 de celle de 1793, et par les art. 12 de la constitution de 1795 et 4 de celle de l'an 8.

37.— On peut se faire naturaliser avec ou sans l'autorisation du roi. Les effets de la naturalisation, dans ces deux cas, sont énumérés par les décrets des 6 avril 1809 et 26 août 1811.— D.A. 6. 513, n. 4.

38.— La plupart des dispositions de ces décrets, quant à la possession et transmission des biens que les Français naturalisés en pays étranger peuvent avoir en France, se trouvent abrogées par la loi du 14 juill. 1819.— Légat, p. 37 et suiv.

39.— Du reste, l'obtention de l'autorisation pour se faire naturaliser à l'étranger, n'empêcherait pas la perte de la qualité de Français —Légat, p. 21 et 22.

40. — Toutefois, de ce qu'un établissement de commerce en Espagne serait suffisant, d'après les lois de ce pays, pour y opérer la naturalisation, il ne résulte pas qu'un Français qui y a élevé un pareil établissement, ait, par cela seul perdu sa qualité de Français. En conséquence, la veuve d'un tel individu, bien qu'originaire de l'Espagne et continuant d'y résider, a conservé sa qualité de Française qui lui avait été acquise par le seul effet de son mariage (C. civ. 17, 12). — 3 mai 1834. Paris. Hermet. D.P. 34. 2. 170.

41.— Cela nous a paru bien jugé (D.P. *eod.*); car, quoique l'art. 17 C. civ. porte que « la qualité de Français se perdra par la naturalisation *acquise* en pays étranger, » il faut, du moins, qu'il y ait volonté expresse et formelle de l'acquérir. Il faut que l'individu ait fait des démarches, qu'il ait manifesté le désir de l'obtenir: et on ne peut pas ainsi le revêtir d'une naturalisation étrangère, malgré lui et à son insu. Voilà le principe général, mais on ne peut se dissimuler qu'à l'égard d'une veuve qui, après le décès de son mari étranger, continue de résider dans le pays où elle est née, une exception paraît nécessaire, au moins pour le cas où il n'y a pas d'enfant du mariage.

42.— Un Français, religionnaire fugitif, sorti de France en 1751, qui s'est marié à l'étranger, y a transporté ses biens et sa famille, y a formé un établissement de commerce, et y est décédé en 1796, sans être rentré en France, et sans y avoir prêté le serment civique, comme le prescrivent les lois des 10 juill. et 9 déc. 1790, n'en a pas moins conservé la qualité de Français, et est réputé mort *integri status*, ces lois ayant abrogé l'ancienne législation contre les religionnaires fugitifs.—Ainsi, ses enfans sont capables de succéder en France à leurs parens français, décédés avant l'abolition du droit d'aubaine, si d'ailleurs ils n'ont fait aucun des actes

auxquels le code civil attache la perte de la qualité de Français. — 13 juin 1811. Req. Caen. Bernard. D.A. 6. 515 D.P. 11. 1. 350.

43.— A supposer que l'émigré qui, durant son émigration, s'est fait recevoir *grand bourgeois d'Hambourg*, a, par là, acquis une naturalisation en pays étranger et perdu la qualité de Français, cependant si, rentré en France sous l'empire de la loi du 22 frim. an 8, il s'y est constamment soumis aux diverses charges imposées aux Français, et a continué de résider en France, il est ainsi redevenu Français. En tout cas, il a recouvré de plein droit sa qualité de Français par la réunion de la ville d'Hambourg à l'empire français, en 1809, et il l'a conservée nonobstant la distraction ultérieure de cette ville du territoire français, lorsque, d'ailleurs, il a déclaré que son intention était de fixer en France son domicile....; par suite, il est admissible à prendre part, selon son rang, à l'indemnité accordée aux émigrés par la loi du 27 avril 1825. — 14 mars 1829. Paris. Murat. D.P. 29. 2 173.

44.— La rigueur extrême des décrets de 1809 et 1811 a fait demander s'ils conservaient force de loi depuis la charte.— Proudhon (*de l'Usufruit*, t. 4, n. 1986), et Guichard (*Traité des dr. civ.*, n. 307), les croient tombés en désuétude comme incompétemment émanés de l'ancien chef de l'état. Duranton (t. 1er, n. 173) motive l'opinion contraire sur ce qu'ils n'ont point été attaqués pour cause d'inconstitutionnalité dans les dix jours de leur publication; ce qui en efface l'illégalité, et les rend obligatoires, aux termes des art. 21, 37 et 44 de la constitution de l'an 8: telle est aussi la jurisprudence.— D.A. 6. 513, n. 5. — V. Lois.

45.— Deux arrêts du conseil d'état, du 19 juin 1814, insérés au *Bulletin des lois*, déclarent non avenus les jugemens et ordonnances rendus en exécution du tit. 2 du décret du 26 août 1811, contre des sujets français au service de la Prusse et de l'Autriche.— D.A. 6. 513, note.

46.— En punissant de confiscation et de la perte des droits civils la simple expatriation non autorisée, le décret du 26 août 1811 a violé un principe de droit naturel. Tous les publicistes reconnaissent que nul n'est contraint de demeurer dans le lieu où le hasard l'a fait naître, à moins que les circonstances ne changent en désertion ou félonie la transmigration dans un autre lieu. — Grotius, *de la Guerre et de la paix*, liv. 2, chap. 5, § 4; Puffendorf, liv. 8, chap. 11; Wolf, part. 7, p. 187; Richer, *de la Mort civ.*, p. 70 et 81; Merl, Rép., v° Souveraineté; D.A. 6. 513, n. 6.

47.— Toutefois, le décret du 26 août 1811 n'est pas applicable aux femmes; c'est ce qu'a décidé un avis du conseil d'état, du 12 mai 1812. Un autre avis du conseil d'état, du 14 janv. 1812, résout diverses questions nées de l'application du décret du 26 août 1811. — D.A. *ibid.*, n. 7.

48.— Depuis l'abolition de la confiscation, à qui passent les biens qui, selon l'art. 6 du décret du 26 août 1811, devaient être confisqués sur le Français naturalisé ou entré au service d'une puissance étrangère (art. 25) sans la permission du gouvernement? À ses héritiers, comme s'il était mort civilement. (Delv. 1, p. 205, n. 4; Dur. 1, n. 178, 179, 182, 197, 200)..... À l'expatrié lui-même.— D.A. 6 513, n. 8.

49.— L'incapacité de succéder, prononcée par le même art. 6 du décret de 1811, est-elle abolie par la loi du 14 juill. 1819, qui appelle indistinctement tous les étrangers à succéder en France? Non. — Delv, 1, p. 205; Dur., 1, n. 180, 195.—*Contrà*, Merlin, Guichard, n. 306; D.A. *eod.*, n. 9.— V. aussi D.P. 35. 2. 38.

50.— Le décret du 26 août 1811 est obligatoire, bien qu'il établisse une peine qu'aucune loi ne sanctionne.

En conséquence, celui qui a été, en vertu de ce décret, privé des droits civils en France par sa naturalisation en pays étranger sans autorisation du gouvernement, n'a pu, même depuis la loi du 14 juill. 1819, valablement disposer, par testament, des biens qu'il possède en France (C. civ. 17, 20; l. 13 juill. 1819), encore qu'il soit intervenu entre ces puissances des traités *abolissant le droit d'aubaine*. — Ces traités ne sont applicables qu'aux nationaux d'origine et non à ceux frappés par le décret.— 19 mars 1834. Pau Caminondo. D.P. 34. 2. 232.

51.— Il semble qu'on devrait plutôt s'attacher aux circonstances qui ont motivé le décret de 1811, qu'aux règles strictes du droit, et que des sentimens généreux devaient faire triompher la maxime *cessante causâ, cessat effectus*, surtout lorsque les traités ont depuis aboli le droit d'aubaine. Cette particularité était de nature à motiver une décision favorable au réclamant. Il ne devait pas, ce semble, être traité avec plus de rigueur qu'un autre étranger. — D.P. 34. 2. 232, note.

52. — La solde de retraite des Français naturalisés ou pensionnés chez l'étranger, est reduite d'un tiers pendant leur séjour hors de France (Ord. 7 déc. 1816); et pour jouir des deux autres tiers, il leur faut une autorisation spéciale du roi (Ord. 27 août 1814 et 5 juin 1816). — Dall., *ibid.*, n. 9 *bis*.

53.— La loi s'étant servi du mot *naturalisation*, il ne faut pas lui assimiler toute autre acte par lequel un Français obtiendrait, dans un pays étranger, la jouissance de certains droits civils (Légat, p. 22). Ainsi, la *dénization* accordée en Angleterre par de simples lettres du roi, ne suffit pas pour opérer la perte de la qualité de Français. — Aff. Crewe, v° Naturalisation.

54.— *Acceptation non autorisée de fonctions publiques.* — C'est un changement à la constitution de l'an 8, qui ne distinguait point de fonctions autorisées. On a pensé que l'intérêt de la France ou d'une nation alliée solliciterait quelquefois le service public d'un Français en pays étranger. — En cas de guerre ou de rappel, tout service de ce genre doit cesser (Décr. 6 avril 1809, art. 6 et 7; décr. 26 août 1811, art. 17). — Que doit-on entendre par *fonctions publiques?* L'avis du conseil d'état, des 14 et 21 janv. 1812, cinquième quest., en restreint la signification aux fonctions exercées près la personne d'un souverain étranger, ou dans une *administration publique étrangère*. — D.A. *ibid.*, n. 9.

55.— L'acceptation du titre de conseiller aulique à la cour de Russie, avec prestation de serment à l'empereur, fait perdre la qualité de Français. — 14 mai 1834. Civ. r. Paris. Despine. D.P. 34. 1. 245.

56.— L'exercice des fonctions ecclésiastiques en pays étrangers fait-il perdre la qualité de Français? — Il faut distinguer. si les emplois qu'y a occupés le prêtre n'ont eu rapport qu'à ce que le ministère sacerdotal a de spirituel ou de divin, et l'ont ainsi soumis à l'autorité ecclésiastique plutôt qu'à l'autorité civile, il conserve la qualité de Français. — Mais est-il réputé par la loi de ce pays fonctionnaire public? Y a-t-il prêté serment de fidélité au monarque? En a-t-il reçu un traitement comme en France? Alors il est censé avoir renoncé à la qualité de Français. — Cette distinction a été consacree par la cour suprême, le 17 nov. 1818 (D.A. 5 274). Le parlement de Rouen a jugé, le 10 août 1647, qu'un Français n'avait pas perdu cette qualité par l'acceptation de bénéfices ecclésiastiques accordés par le roi d'Angleterre. — Conf. Merl., Rép., v° Français, § 1er, n. 4; Guichard, n. 311; D.A. 6. 514, n. 10

57 — Ainsi, un Français peut exercer des fonctions ecclésiastiques en pays étranger sans l'autorisation du gouvernement français; l'autorisation n'est nécessaire que pour un étranger qui voudrait exercer en France les fonctions de son état (L. 18 germ. an 10, art. 32). — 17 nov. 1818. Civ. r. Nîmes. Tempié. D.A. 5. 272. D.P. 19. 1. 17.

58.— Nul ecclésiastique ne peut, sans perdre la qualité de Français, poursuivre ou accepter la collation faite par le pape, d'un évêché *in partibus*, s'il n'a été autorisé du gouvernement. — D.A. *ibid.*

59.— Et, bien que nommé avec l'autorisation du roi, il ne peut recevoir la consécration avant que ses bulles n'aient été examinées en conseil d'état et que le roi n'en ait permis la publication (art. 2, décr. du 7 janv. 1808).

60.— L'exercice de la profession d'avocat, sans autorisation du roi, devant les tribunaux étrangers, ne suffit pas pour faire perdre la qualité de Français (C. civ. 17).—12 juill. 1826. Montpellier. Mc Travy. D.P. 27. 2. 140.

61.—Elle ne constitue pas, à proprement parler, une fonction publique; elle est d'ailleurs entièrement indépendante. Le diplôme est moins une investiture qu'une preuve de capacité. La même décision doit s'appliquer aux médecins et chirurgiens, également libres dans l'exercice de leur état, et qui ne revêtent un caractère public que lorsqu'ils sont admis par le roi dans les armées, ou préposés à l'administration publique des hospices. — D.A. 6. 514, n. 11.

62 —L'acceptation du titre de commissaire des relations commerciales d'une puissance étrangère ne fait pas perdre la qualité de Français (Décis. min. du 28 vend. an 9).— Ces fonctions n'obligent pas à résider dans les pays étrangers, et ceux qui en sont chargés ne sont en quelque sorte que des mandataires des puissances étrangères.—Légat, p. 29.

63.—*Mariage d'une Française avec un étranger.* —Elle s'est soumise volontairement à la même extranéité que son mari. Les lois personnelles de la France cesseront de la suivre, et l'on s'attachera à la loi domiciliaire du mari, pour savoir si, afin de s'obliger ou d'ester en jugement, elle a besoin en France de l'autorisation maritale. C'est ce que démontre fort bien Merlin, v° Loi, § 6, n. 4, et ce qui ne nous paraît pas contestable.—Légat, p. 53; D.A. 6. 514, n. 12.

64.—Mais perd-elle la qualité de Française, si son mari, Français au moment du mariage, s'est depuis expatrié? Non, le principe général du code est qu'on ne change de patrie que par sa propre volonté. Si le mariage avec un étranger ôte à la femme sa qualité originaire, c'est que, libre de contracter ce mariage, et en connaissant les effets, elle y renonce spontanément.—Autrement, ce serait la punir de la fidélité à son époux, que la loi d'ailleurs l'oblige de suivre en pays étranger (C. civ. 214).—Conf., Delv., p. 188, note 5; Dur., t. 1er, n. 186; Maleville, sur l'art. 12, C. civ; Locré, *Espr. du C. civ.*, t. 1er, p. 358; Légat, p. 34; D.A. 6. 515, n. 13.

65.—Cependant, contrairement à ce principe, il a été jugé que la femme française qui s'est mariée en France à un Belge d'origine, mais devenu Français, avant le mariage, par la réunion de la Belgique à la France, a perdu sa qualité de Française, aussi bien que la femme qui épouserait un individu étranger au moment du mariage, si, depuis le traité de Paris, qui a séparé la Belgique de la France, son mari est retourné se fixer en Belgique et a perdu la qualité de Français en négligeant de remplir les formalités imposées par le traité de 1814, aux individus belges, pour conserver la qualité de Français. Qu'en conséquence, elle doit porter devant les tribunaux belges la demande en séparation de biens qu'elle veut former contre son mari; et que, si elle en a saisi les tribunaux français, le mari est fondé à demander son renvoi devant les juges belges (C. civ. 19). —25 août 1825. Metz. de Masbourg. D.P. 27. 2. 93.

66. — La femme française qui, ayant épousé un étranger, qu'elle a d'abord suivi dans le pays de ce dernier, est revenue avec lui en France, où elle résidait au moment où il y est décédé, et où elle a continué de résider depuis son veuvage, est réputée avoir recouvré, de plein droit, la qualité de Française, sans avoir eu besoin de faire, à cet égard, aucune déclaration (C. civ 19).—19 mai 1830. Civ. r. Paris. Taaffe. D.P. 30. 1. 245.

67.—Le mariage qu'une femme étrangère, fût-elle née en France, mais sans avoir fait la déclaration prescrite par l'art. 9 C. civ., a contracté avec un Français qui a perdu cette qualité par l'acceptation de fonctions en pays étranger, ne fait pas obstacle à ce qu'elle soit réputée étrangère.—14 mai 1834. Civ. r. Paris. Despine. D.P. 34. 1. 245.

68.—La déclaration imposée par la loi du 24 oct. 1814, aux habitans des pays réunis, ne peut se présumer ni se suppléer. De droit commun, la qualité de régnicole, acquise par la réunion, se perd par la séparation. Si donc des lois postérieures subordonnent à certaines formalités la conservation de cette qualité, elle doit nécessairement dépendre de leur accomplissement.—La simple continuation de la résidence en France ne la conserverait pas.—Dall. *ib.*, n. 8.

69.—Ainsi, le Belge, devenu Français par la réunion de son pays à la France, a perdu, par le démembrement de ce pays en 1814, non seulement la qualité de citoyen, mais celle même de Français, s'il n'a pas fait la déclaration prescrite par la loi du 13 oct. 1814, et bien qu'il n'eût pas cessé de résider en France. — 14 avril 1818. Req. Paris. Vanherke. D.A. 6. 466. D.P. 19. 1. 103.

70.— Jugé de même pour un Savoyard. — 2 août 1827. Lyon. Min pub. C. Pacout. D.P. 28. 2. 56.—23 avril 1828. Req. Toulouse. Bilbas. D.P. 28 1. 223.

Et, dans ce cas, cet individu n'est pas soumis à la loi du recrutement en France.— Même arrêt.

71. — Mais l'étranger qui a acquis la qualité de citoyen français, en remplissant les conditions exigées par les lois antérieures à 1814, qui a constamment joui de cette qualité, et ne l'a perdue par aucun fait déterminé par la loi, doit être reconnu citoyen français, et admis à la jouissance des droits électoraux, encore bien qu'il n'ait pas rempli les conditions imposées par la loi du 14 oct. 1814 (C. civ. 2). — 12 nov. 1827. Montpellier. Sallin. D.P. 28. 2. 13.

72. — Toutefois, les individus réunissant toutes les qualités exigées par les art. 1 et 2 de la loi du 14 oct. 1814, ne sont pas réputés de plein droit citoyens français; ils ne peuvent exercer les droits attachés à cette qualité, et voter, par exemple, dans les assemblées électorales, qu'après l'obtention des lettres de déclaration de naturalité, encore que le gouvernement, connaissant leur extraction

étrangère, leur eût conféré, depuis 1814, des fonctions publiques telles que celles de maire et président d'un tribunal de commerce. — 18 août 1824. Rouen. Lombard. D A. 6. 512. D.P. 1. 1413.

73.—Le fils d'un étranger devenu Français par la réunion de sa province à la France, a perdu, comme son père, la qualité de Français, par la séparation ultérieure des deux pays, si le père, ni lui-même, n'ont pas usé du bénéfice de la loi du 14 oct. 1814. — 16 nov. 1829. Douai. Marlier D.P. 30. 2. 119.— 25 mars 1834. Paris. Préfet de Seine-et-Marne. D.P. 34. 2. 157.—16 juill. 1834. Req. Paris. Préfet de Seine-et-Marne. D.P. 34. 1. 305.

74.— Il importerait peu que le fils fût né en France.— Mêmes arrêts.

75.— Qu'il fût mineur au moment où le pays conquis a été séparé. — 16 nov. 1829. Douai. Marlier. D.P. 29. 2. 119.

76.— Et qu'il n'eût pas cessé de résider en France. — 25 mars 1834. Paris. Préfet de Seine-et-Marne. D.P. 34. 2. 157.

77. — Spécialement, l'enfant né d'un habitant de la Belgique, pendant l'incorporation de ce pays à la France, est néanmoins étranger, si, après la séparation opérée par les traités de 1814, le père n'a pas, pour conserver la nationalité française, rempli les conditions imposées par la loi du 14 oct 1814, encore bien qu'au lieu de retourner en Belgique, il n'ait pas cessé, depuis la conquête, de résider avec son fils dans un des anciens départemens de France. — 16 juill 1834. Req. Paris. Préfet de Seine et-Marne. D.P. 34. 1. 305.

78.— En conséquence, le fils de cet individu n'est pas habile à exercer les droits électoraux (C. civ. 7).— 16 nov. 1829. Douai. Marlier. D.P. 30. 2. 119.

79.—Le fils mineur suit-il, quant à l'acquisition ou à la perte des droits civils, la condition de son père?

80.—Jugé pour l'affirmative que l'étranger mineur né en France d'un étranger devenu Français par la réunion momentanée de son pays à la France, a perdu la qualité de Français, comme son père, si celui-ci ne l'a point conservée en se conformant à la loi du 14 oct. 1814. — 18 fév. 1831. Grenoble. Savoie. D.P. 34. 2. 53.

81. — ... Et, comme son père, il est rendu à son ancienne nationalité par l'effet des traités.— 16 juill. 1834. Req Paris. Préf. de Seine-et-Marne. D.P. 34. 1. 305.

82.— Mais on fonde la négative sur ce que les lois et constitutions postérieures à celle de 1791 n'ont pu porter atteinte à la qualité de Français acquise à l'enfant dont le père, étranger d'abord, a lui-même acquis cette qualité en vertu de la loi du 30 avril 1790, pendant la minorité de son fils; et, par suite, celui-ci n'a pas été soumis à la déclaration prescrite par l'art. 9 C. civ.— 26 déc. 1829. Colmar. Perrenod. D.P. 33. 2. 194.

83. — De même, l'enfant né Français ne perd pas cette qualité, par cela seul que le père vient à en être dépouillé pendant sa minorité.— Spécialement, la séparation des pays réunis, en ôtant au père la qualité de Français, acquise par la réunion, n'empêche pas que le fils, né pendant la réunion, et mineur lors de la séparation, ne conserve la qualité de Français, qu'il doit à sa naissance (C. civ. 9).— 28 mars 1831. Douai. Préf. du Nord. D.P. 31. 2. 223. —V. n. 4.

§ 4.— *Effets de la privation ou suspension des droits civils.*

84. — La privation des droits civils résultant d'un jugement est *totale* ou *partielle*. — D.A. 6. 518.

Nous nous occuperons ici de la *privation partielle* de ces droits, et de ses effets.—Pour ce qui est de la *privation totale*, V. Mort civile.

85. — 1° On peut être privé, à temps (C. pén. 9 et 43), ou à perpétuité (C. pén. 28), de certains droits civils.— Mais cette privation ne doit être prononcée par les tribunaux qu'autant qu'elle est autorisée par une disposition particulière de la loi (C. pén. 43).— Elle est encourue, ou comme peine (C. pén. 42), ou comme conséquence d'une peine (28). —D.A. 6. 538, n. 1.

86. — 2° L'incapacité d'administrer ses biens emporte nécessairement celle de les vendre, de souscrire des lettres de change, et de faire tous autres contrats.— D.A. 6. 538, n. 2.

87. — Ainsi, le condamné aux travaux forcés à temps, étant incapable d'administrer ses biens pendant le temps de sa peine, ne peut pas souscrire des lettres de change; celles qu'il aurait souscrites sans date certaine sont annulables, comme supposées faites après sa condamnation, si des présomptions graves motivent cette supposition, et font croire d'ailleurs que ces lettres contiennent une donation déguisée. — 27 nov. 1823. Rouen. Launay. D.A. 6. 538, n. 1.

88. — Ainsi encore, une vente d'immeuble, consentie par un individu condamné à une peine emportant suspension de l'exercice des droits civils, doit, pour être valable, porter une date certaine antérieure à l'arrêt de condamnation. Si elle n'a pas cette date, les créanciers du condamné peuvent demander la nullité de cette vente, comme faite en fraude de leurs droits.—7 mai 1806. Rouen. Liniaire. D.A. 12. 858, n. 2. D.P. 2. 1456.

89.— Et l'acquéreur ne peut prouver par témoins l'authenticité de la date par la preuve vocale. — Même arrêt.

90.— Le ministère public peut même requérir la nullité d'une telle vente dans l'intérêt de la loi. — Même arrêt.

91. — Le curateur du condamné ne peut ratifier la vente, sans autorisation du conseil de famille, au préjudice des enfans mineurs du condamné.—Même arrêt.

92. — Mais la jurisprudence a modifié quelques lois exceptionnelles, frappant d'incapacité certaines personnes; c'est ainsi qu'on a décidé qu'un prêtre, quoique détenu en vertu de la loi du 3 brum. an 4, n'en avait pas moins la faculté de vendre ses biens. — 19 germ. an 11. Nîmes. Bassinet. D.A. 12. 857, n. 2. D.P. 2. 1455.

93. — Et de même encore la vente faite en 1792, par un ecclésiastique dépouillé de ses fonctions et placé sur la liste des déportés, par suite de ces actes appelés lois, ne peut être déclarée nulle, en alléguant que le vendeur était alors frappé de mort civile.— 5 mai 1813. Orléans. Maucourt. D.A. 12. 857, n. 3. D.P. 2. 1455.

94. — L'incapable d'administrer peut-il tester? — V. Dispositions entre-vifs et testamentaires.

95.—L'art. 29 C. pén., prescrivant les mêmes formes pour les nominations du curateur des biens du condamné et du tuteur de l'interdit judiciaire, c'est au juge de paix à recevoir les délibérations de famille (C. civ. 505, 406 et suiv.). Dans ces deux cas, ce point était douteux avant le nouveau code pénal, à l'égard du curateur, dont le Code pénal de 1791, tit. 4, art. 3, pourvoit le condamné en état d'interdiction légale.— D.A. *ibid.*, n. 3.

96. — Le curateur donné à un condamné aux fers à temps, selon le code pénal du 6 oct. 1791, tit. 4, art. 2 et 3, devait être nommé par le tribunal, et non par le juge de paix du domicile du condamné. — Toute nomination faite par le juge de paix était nulle et sans effet. — 16 frim. an 13. Agen. Denis. D.A. 6. 538, n 2. — 12 mai 1808. Rouen. Hermel. D.A. 6. 538, n. 2.

97.—L'art. 31 C. pén. ne permet pas que, pendant la durée de la peine, il soit remis au condamné aucun secours, aucune portion de ses revenus. Carnot s'élève contre la rigueur de cette prohibition. — Toutefois, il n'est pas défendu de prélever, en vertu du jugement rendu sur l'avis des parens et du curateur, les sommes nécessaires pour élever et doter ses enfans, ou fournir des alimens à sa femme, à ses enfans, à ses père ou mère, s'ils sont dans le besoin. Cette faculté est fondée sur le droit commun. Elle s'exerce sur les biens séquestrés de l'accusé contumax (C. inst. cr. 475), comme sur ceux de l'interdit judiciaire (C. civ. 511). — Elle était autorisée par une disposition expresse du C. pén. de 1791 (part. 1re, tit. 4, art. 5), qui, quoique non reproduite par le C. pén. de 1810, ne doit pas être considérée comme abrogée. C'est l'opinion de Carnot, sur l'art. 31 C. pén., et Toullier, t. 1er, n. 222. — D.A. 6. 539, n. 4.

98.— Quand commence la privation partielle des droits civils, par suite de condamnation à une autre peine (C. pén 28)? — Elle date, comme la mort civile, de l'exécution, et non de la prononciation du jugement (C. civ. 26). Conséquence d'une peine, elle ne doit pas la précéder. — L'avis du conseil d'état, du 8 janv. 1823 (D.A. 6. 536), l'a décidé ainsi, en déclarant que les lettres de grâce « accordées avant l'exécution du jugement *préviennent* les incapacités légales, et *rendent inutile* la réhabilitation. » — D.A. *ibid.*, n. 5.

99. — De l'état de faillite, il ne résulte, pour le failli, ni interdiction, ni privation des droits civils. — 6 juin 1831. Req. Besançon. Blondeau. D.P. 31. 1. 311.

100. — Pour ce qui est relatif à la manière dont peut cesser la *privation partielle des droits civils*, V. Réhabilitation.

101.—L'art. 8 de la loi du 13 déc. 1779, d'après lequel la jouissance des droits civiques est suspendue par l'état de domestique à gages, n'ayant été abrogé ni modifié jusqu'à ce jour par aucune loi, un domestique est incapable d'être témoin dans un acte notarié, autre qu'un testament, et, par exemple, dans une donation entre-vifs (L. 25 vent. an 11, art. 9; C. 7, 951).—23 juin 1827. Rennes. M.... D.P. 27. 2. 152.

—V. Domicile, Etranger.—V. aussi Adoption, Agens de change, Agens diplomatiques, Alimens, Amnistie, Armée, Attentat, Attentat à la pudeur, Avocat à la cour de cassation, Avoué, Bannissement, Cassation, Cession de biens, Chose jugée, Colonies, Compétence administrative, Compétence criminelle, Condamnation, Contrainte par corps, Contributions directes, Coutume, Donation, Dispositions entre-vifs et testamentaires, Domicile, Droits politiques, Effets de commerce, Elections départementales, Elections législatives, Elections municipales, Garde nationale, Jugement, Loi, Obligations, Peines, Prescription, Recrutement, Succession, Témoins, Testament, Tutelle, Vente.

TABLE SOMMAIRE.

Abdication. 26, 35, s.	Incapable. 84, s.
Affiliation. 26.	Indemnité. 43.
Aliénabilité. 5.	Intention. 4, 28.
Alimens. 97.	Interdiction légale. 86, 5, suiv.
Autorisation. 14, s. 32, 37, s. 57.	Interprétation. 6.
Avocat. 60, s.	Lettre de change. 86, s.
Belgique. 77.	Lettre de naturalité. 23.
Chirurgien. 61.	Liberté individuelle. 46.
Citoyens. 2, 10, s. 71, s.	Loi (décret). 44, 50.
Compétence. 65.	Loi personnelle. 16.
Condamné. 87.	Mariage. 16, 63, s.
Confiscation. 46, s.	Médecin. 61.
Conseiller aulique. 55.	Mineur. 11, 79, s.
Consul. 62.	Mort civile. 26, 88, s.
Conventions. 5.	Naissance. 9, s.
Curateur. 95, s.	Naturalisation. 9, s. 26, s. 33, 52, s.
Date certaine. 88, s.	Pays étrangers. 26, s.
Déclaration. 66, s.	Pension. 52.
Décret. 44, 50.	Perte. 25, s.
Dénization. 53.	Présomption. 26, s. 66.
Déportation. 93.	Prêtre. 16, 42, 56, s. 97.
Diplôme. 61.	Preuve. 31. — testimoniale. 89.
Domestique à gages, 101.	
Domicile. 14, s.	
Donation déguisée. 87.	Privation partielle. 84, s.
Dot. 97.	Recrutement. 70.
Droit acquis. 23.	Réhabilitation. 100, s.
Droits personnels. 4, 11, s. 73, s. 79, s.	Religieux fugitif. 42.
	Renonciation. 26.
Effet. 84, s.	Réquisition d'office. 90.
Elections. 71.	Résidence. 22.
Emigré. 21, 30, s. 42, s.	Réunion. 22, s. 68, s.
Esprit de retour. 28, s.	Secours. 97.
Etablissement. 41.	Séparation de biens. 65. — de corps. 65 — de territoire. 73, s.
Etrangers. 7, s. 65.	
Evêché. 58, s.	
Exécution (délai) 98.	Serment civique. 42.
Expatriation. 46.	Service militaire. 26.
Faillite. 99.	Succession. 38, 42, 48, s.
Femme. 47, 63, s.	Témoin. 22, 100.
Fonctions publiques. 26, 67, 72.	Testament. 94.
	Vente. 86, s.
Français. 3, 7, s.	Veuve. 41, 66.

DROITS CIVIQUES. — V. Droits civils.—V. aussi Attroupemens, Elections, Peines.

DROITS DE COMMISSION.—V. Commissionnaire, Faillite, Prescription.

DROITS D'ENTRÉE.—V. Contributions indirectes, Octroi.

DROITS ÉVENTUELS.—V. Absence, Action, Adoption, Condition, Hypothèques, Retrait successoral, Succession, Succession vacante, Transaction.

DROIT FÉODAL —V. Communes, Féodalité.

DROIT DES GENS.—V. Droit naturel.

DROIT DE GRACE.—V. Amnistie.

DROIT DE GREFFE.—V. Enregistrement, Greffe.

DROIT INCORPOREL.— V. Choses, Commissaire-priseur, Dot, Enregistrement, Louage, Prescription.

DROIT D'INSISTANCE.—V. Dot.

DROIT LITIGIEUX.—V. Transport.—V. aussi Avocat, Avoué, Communes, Conflit, Retrait successoral, Saisie-immobilière, Transaction.

DROIT NATUREL ET DES GENS. — 1. — On nomme droit naturel le système des règles imposées aux hommes par leur propre nature, pour les diriger dans leur conduite. Le droit des gens n'est autre chose que le droit naturel appliqué aux nations considérées comme états moraux et collectifs.

2.—Par cela que la loi naturelle dérive de la nature même de l'homme, elle a pour caractère principal d'être immuable et universelle. *Nec erit alia Romæ, alia Athenis, alia nunc, alia post hâc; sed in omnibus et omni tempore, una, sempiterna et immortalis.*

ART. 1er.—*Droit naturel.*

ART. 2.—*Droit des gens.*

§ 1er.—*Droits et devoirs généraux des nations.*

§ 2.—*De la liberté des mers.*

§ 3.—*De la guerre.*

§ 4.—*De la neutralité.*

§ 5.—*Des traités.*

§ 6.—*Des agens diplomatiques.*

3.—On ne s'attend pas à trouver ici la discussion et l'appréciation des divers systèmes qui ont été établis sur le droit naturel. Quelque intéressant que soit, même pour le légiste, ce travail de critique philosophique, il sort des bornes de cet ouvrage. Il a été fait, d'ailleurs, avec talent par une foule de jurisconsultes, notamment par Garran de Coulon (Rép. de Merl., v° Droit naturel), par Malpeyre (*Résumé du dr. nat. et du dr. des gens*, p. 35 et suiv.), et, en dernier lieu, par un homme supérieur, M. Jouffroi (*Leçon de dr. natur.*). — Tout ce qu'on se propose de faire ici, c'est de présenter, le plus brièvement possible, les principes les plus généraux du droit naturel et des gens. Dans cette exposition nous suivrons plus particulièrement la théorie professée par Malpeyre dans l'ouvrage précité, théorie non entièrement nouvelle, sans doute, mais complétée par cet estimable auteur et présentée par lui avec beaucoup de clarté et de méthode.

ART. 1er.—*Droit naturel.*

4.—On peut réduire à six, suivant Malpeyre, les lois primitives de la nature humaine, savoir : 1° *la sagacité comparative* (peut-être un mot plus général, celui de *raison*, par exemple, conviendrait-il mieux);—2° *l'amour de soi;*—3° *l'attrait des sexes l'un vers l'autre;* — 4° *la tendresse des père et mère pour leurs enfans;* — 5° *le sentiment religieux;* — 6° *la sociabilité.* C'est de ces sources premières que découlent les droits, les devoirs et toutes les institutions humaines.

5.—1° *Sagacité.* — L'intelligence de l'homme est naturellement droite, c'est-à-dire que toute personne dont l'organisation est complète, a naturellement assez de lumières pour discerner le bien moral du mal moral.

6. — L'étude de l'homme prouve qu'il n'est pas seulement un être intelligent, mais qu'il est un être libre. Il suit de là qu'auteur de ses actions, il en est responsable.

L'intelligence de l'homme est perfectible, et sa liberté est en raison de son intelligence. C'est donc pour lui le premier des devoirs de cultiver celle-ci.

7.—Le jugement que porte la raison de la bonté morale de telle de nos actions produit en nous un sentiment de bonheur. Le jugement contraire produit le remords, qui forme un des élémens du malheur.

8. — Des jurisconsultes ont considéré la raison comme le principe unique des lois naturelles; c'est à tort; elle doit régner et dominer partout; elle est la directrice de toutes nos facultés; elle est la première, mais non l'unique loi de l'homme moral.

9.— 2° *Amour de soi.* — « Tout être animé est porté par la nature à sa propre conservation, à défendre sa vie et son corps, à éviter tout ce qui peut lui nuire, à se procurer tout ce qui est nécessaire à son existence » (Cic. *de Officiis*, lib. 1). — De cette loi naît le devoir et le droit de veiller à notre conservation.

10.— Le premier devoir étant de se conserver soi-même, le suicide n'est légitime dans aucun cas; il ne l'est ni pour le citoyen, qui ne veut point survivre à la liberté de son pays, ni pour le malheureux que l'infortune accable, ni pour la femme qui défend sa pudeur, car l'honneur ne peut se perdre que par un acte de notre propre volonté; ni même, suivant quelques auteurs, pour l'innocent qui recule devant l'échafaud. — La même loi qui défend le suicide interdit le duel. — Pagès (de l'Arriège); *Encyclop. moderne*, v° Droit naturel.

11.— D'après la même loi, l'homme n'a pas le droit de se mutiler. Les fakirs, les eunuques volontaires sont également condamnables. Mais on peut se mutiler en se faisant couper un membre gangréné. Inutile d'insister, comme le font de graves auteurs, sur une vérité si claire.

12.— L'homme peut-il être soumis à l'esclavage? Répétons, en les défigurant à regret, pour plus de brièveté, ces argumens invincibles de Rousseau : « Il n'est pas vrai de dire que le droit des gens a voulu que les prisonniers fussent esclaves, pour qu'on ne les tuât pas. Il n'est permis de tuer dans la guerre qu'en cas de nécessité; or, on ne peut prétendre que l'homme qui en a fait un autre esclave, ait été dans la nécessité de le tuer. — Il n'est pas plus vrai de dire qu'un homme libre puisse se vendre; la vente suppose un prix; l'esclave se vendant, tous ses biens entreraient dans la propriété du maître; le maître ne donnerait donc rien, et l'esclave ne recevrait rien. — Un homme pût-il se vendre, un peuple ne le pourrait pas; car l'homme qui se fait l'esclave d'un autre se vend tout au moins pour sa subsistance. Mais un peuple, pourquoi se vend-il? Un roi ne fournit pas à ses sujets leur subsistance, c'est le contraire.—Dire qu'un homme ou un peuple se donne gratuitement, c'est dire une chose absurde; un tel acte est nul, comme dicté par la démence. — Quand chacun pourrait s'aliéner lui-même, il ne peut aliéner ses enfans; ils naissent hommes et libres; leur liberté leur appartient; nul n'a le droit d'en disposer.

13.—» Renoncer à la liberté, ajoute Rousseau, c'est renoncer à sa qualité d'homme, aux droits de l'humanité et même à ses devoirs; il n'y a nul dédommagement possible pour quiconque renonce à tout; une telle renonciation est incompatible avec la nature de l'homme; c'est ôter toute moralité à ses actions, que d'ôter toute liberté à sa volonté. »

14.— Pour justifier l'esclavage des nègres, on a fait surtout valoir l'infériorité, par rapport aux Européens, de leurs facultés intellectuelles, infériorité dont, il faut en convenir, la structure anatomique de leur tête offre l'incontestable preuve. Mais nous répondons avec Malpeyre : les nègres ont tous les organes fondamentaux de l'intelligence; l'exercice et la civilisation développeraient infailliblement ces organes. D'ailleurs, cette infériorité intellectuelle fût-elle invincible, elle ne détruirait pas la qualité d'homme, et ne pourrait justifier le pouvoir sans limites qu'on s'arroge sur ces malheureux (*Droit naturel et des gens*, p. 95).

15.— Du devoir de la conservation, dérive le droit de la défense. — L'homme attaqué, qui ne peut se défendre qu'en tuant son adversaire, doit le tuer. La loi de sa conservation lui donne tout droit sur l'assaillant et sur ceux qui seraient, par leur volonté ou par hasard, un obstacle inévitable à son salut. Celui qui aide son semblable attaqué, a les mêmes droits que lui contre l'agresseur. Mais, comme on ne se défend que pour se conserver, on ne peut pousser la défense plus loin que la conservation ne l'exige; car, a dit Barthole, « le droit de se défendre ne provient pas de l'injustice de l'agresseur; il vient directement et immédiatement du soin de notre propre défense. » Nul n'a le droit de se défendre s'il n'est actuellement attaqué. Tous les droits cessent au moment où l'on est en sûreté. — Pagès (de l'Arriège). *Encyclop. moderne*, v° Droit naturel.

16.— Des auteurs graves décident que si des hommes meurent de faim dans un désert, ils peuvent s'entre-dévorer, après le tirage au sort; que si plusieurs personnes surchargent une barque battue par la tempête, elles ont le droit de jeter à la mer une partie d'entre elles, toujours après la formalité du tirage au sort, et en ayant soin d'épargner le propriétaire de la barque. Ils ajoutent qu'on n'a pas le droit, dans un naufrage, de se cramponner à une planche dont un autre s'est saisi. Disons, avec Pagès, que quand la conservation de tous est attaquée, chacun a le droit de préférer la sienne à celle des autres.

17.— 3° *Attrait des sexes l'un vers l'autre.* — De même qu'elle a pourvu à la conservation de l'individu par le sentiment de l'amour de soi, de même, la nature a pourvu à la conservation de l'espèce, par un autre instinct non moins puissant, celui qui attire l'un vers l'autre les deux sexes. L'amour est donc l'une des principales lois de notre nature, loi d'où dérive le devoir de la conservation de l'espèce, et, par suite la condamnation du célibat. — Pagès, *loc. cit.*

18.— Le but du mariage, la nature même de l'homme, semblent repousser la polygamie; Montesquieu pense, il est vrai, que les lois qui la défendent en Europe et qui l'autorisent en Asie et en Afrique sont en rapport avec les climats de ces diverses parties du monde. Mais il est aujourd'hui généralement reconnu que cet auteur a attribué aux climats une influence exagérée. On conteste l'authenticité des calculs par lesquels il prétend établir que tandis qu'en Europe, il naît plus de garçons que de filles, il naît au contraire en Asie et en Afrique

plus de filles que de garçons. Montesquieu avoue lui-même que la polygamie n'est pas, dans les climats méridionaux, une institution utile. De plus, elle est, les faits l'attestent, moins favorable que le mariage à l'accroissement de la population. Elle ne peut convenir qu'aux états despotiques, où la femme est esclave. Elle altère enfin profondément et le sentiment de l'amour conjugal et le sentiment de l'amour paternel.

19.—La polyandrie est encore plus contraire que la polygamie à la loi de la propagation, puisque le père ne pouvant être connu, les maris doivent tous se refuser à donner des soins à l'enfant. Aussi la polyandrie n'est-elle admise qu'au Thibet.

20.— Il suit de ce qui précède que le mari et la femme ont un droit mutuel et exclusif l'un sur l'autre. L'adultère, dit Pagès, *loc. cit.*, est donc un véritable vol, plus odieux chez la femme, parce qu'elle place le mari dans la nécessité de nourrir des enfans dont il n'est pas le père.—Les époux, outre la fidélité, se doivent une assistance mutuelle dans leurs besoins. Le mari doit protéger et diriger sa femme, celle-ci lui doit en retour une juste déférence.

21.—Suivant l'auteur qu'on vient de citer, le mariage contracté par la volonté libre des époux, peut, en droit naturel, se dissoudre par la volonté contraire; mais on blesserait les lois de conservation, si la séparation avait lieu avant que l'éducation des enfans fût terminée, et que la femme fût assurée de n'en pas porter un autre dans son sein.

22. — 4° *Tendresse des père et mère pour leurs enfans.*—L'homme, à sa naissance, est dans l'impuissance absolue de pourvoir à ses moindres besoins. Mais l'amour de ses père et mère supplée sa faiblesse. Ce sentiment est encore l'une des grandes lois de notre nature. Les principaux devoirs qu'elle impose aux parens sont de donner à l'enfant les soins, les alimens nécessaires, de l'instruire à pourvoir par lui-même à ses besoins, de le corriger par des châtimens modérés.

23.—Le pouvoir paternel cesse, suivant Pagès, *loc. cit.*, au moment où l'éducation est terminée.—Si, ajoute-t-il, le fils continue d'exister avec le père, c'est par l'établissement formel ou tacite de la société de famille.

24.— 5° *Sentiment religieux.*— Le sentiment qui nous porte naturellement vers l'Être suprême, est un des attributs exclusifs de l'humanité; il est, par son importance, la première loi de notre nature morale. C'est de ce sentiment que découlent tous les cultes par lesquels, sous des formes progressivement rationnelles, la religion a favorisé la marche de la civilisation.

25.— 6° *Sociabilité.*— Le besoin de vivre en société ou le sentiment de la *sociabilité* est encore une de ces lois primitives de notre nature, d'où découlent nos droits et nos devoirs. On sait assez avec quelles ressources d'esprit un illustre écrivain a combattu l'idée, que la sociabilité soit une loi naturelle. Son opinion n'a plus de partisans. Elle est réfutée, à notre avis, par ce fait seul, que dans tous les temps, dans tous les pays, les hommes se sont réunis en société. Rien à conclure de quelques exemples isolés, de sauvages trouvés dans les forêts de l'Europe, vivant dans un complet isolement. La constitution défectueuse de ceux d'entre eux qu'on a pu observer, atteste que ces malheureux étaient de véritables idiots. La constitution physique et morale de l'homme démontre d'ailleurs qu'il a été créé pour vivre en société.—Pourquoi, sans cela, aurait-il reçu le don de la parole, le sentiment de ses devoirs envers ses semblables, et de hautes facultés qu'il ne peut mettre en action ou complètement développer que dans l'état social?

26.— L'existence de la société a pour condition essentielle la justice ou le respect des droits de tous. Elle repose encore sur l'échange de secours et de bons offices que se doivent réciproquement les hommes, nul ne pouvant se suffire à soi-même.

27.—Des relations des hommes entre eux dérivent les contrats. — V. Obligations.

Les obligations du droit naturel peuvent être exigées devant le tribunal de la *résidence* du défendeur. — V. Etranger.

28.—L'état de société donne naissance au droit de propriété; car, sans la garantie que lui donne l'association, le droit de propriété ne serait que le droit du premier occupant, droit qui s'évanouirait à l'instant même où cesserait la possession réelle et effective de la chose qui en aurait été l'objet. « La propriété, dit B. Constant, existe *de par la société*; la société a trouvé que le meilleur moyen de faire jouir ses membres des biens communs à tous, ou

disputés par tous avant son institution, était d'en concéder une partie à chacun, ou plutôt de maintenir chacun dans la partie qu'il se trouvait occuper, en lui en garantissant la jouissance, avec les changemens que cette jouissance pourrait éprouver, soit par les chances multipliées du hasard, soit par les degrés inégaux de l'industrie. La propriété n'est autre chose qu'une convention sociale. »—*Principes de politique*, p. 221.

29.—Le droit de propriété, né de l'état de société, en devient à son tour le plus ferme fondement; et à ce titre il est un droit sacré. Toutefois, en sa qualité de convention sociale, la propriété est de la compétence et sous la juridiction de la société. Ainsi, on peut, mais moyennant une juste et préalable indemnité, être dépossédé de sa propriété pour cause d'utilité publique, pourvu que cette utilité soit bien constatée.

30.—L'inviolabilité de la propriété doit fléchir encore dans quelques autres cas. Il est évident par exemple, que le voyageur qui, mourant de faim, ne peut se procurer autrement des alimens, a le droit de cueillir des fruits sur le terrain d'autrui. La conservation présente de l'un, dit Pagès, *loc. cit.*, passe avant la conservation future de l'autre.

31.—*L'occupation* fut la première manière d'acquérir la propriété (elle est encore aujourd'hui le moyen d'acquérir les objets qui n'ont pas de maîtres); mais une fois les biens de la terre répartis entre les membres de la société, de nouveaux modes d'acquisitions s'établirent. Ce n'est point ici le lieu d'en parler avec détail. Nous dirons simplement que les manières dérivatives d'acquérir la propriété peuvent être rangées en trois classes : 1° celle résultant d'une volonté expresse, l'échange, la vente, la donation entre-vifs ou à cause de mort ;—2° celle résultant d'une volonté que les lois civiles induisent des plus fortes présomptions, pour éviter, dans l'intérêt public, des débats funestes et des interruptions dans la jouissance. A cette classe se rattache le mode d'acquisition par succession et par prescription ;—3° enfin, celle résultant d'une volonté légalement contrainte, les ventes forcées, les prises faites sur l'ennemi.

32.—En consentant à vivre en société, l'homme consent par là même à faire tous les sacrifices indispensables au maintien de l'état social; en échange des garanties et de la protection que la société lui accorde, il renonce à l'exercice de la partie de sa liberté naturelle dont le sacrifice est essentiel au maintien de la chose publique.

33.—Mais quelle est cette portion de liberté dont l'intérêt public exige absolument l'abandon; où est la limite entre ce que les gouvernés ne peuvent refuser sans mettre la société en péril, et ce que les gouvernans ne peuvent exiger sans tyrannie? Nous n'avons point à aborder ici cette grande question, dont la solution varie suivant les divers degrés de civilisation, et qui doit être par conséquent l'objet d'un débat éternel. Disons seulement que, dans ce débat, trop souvent sanglant, et où triomphe tour à tour le principe de l'ordre et celui de la liberté, le vainqueur a presque toujours abusé de sa victoire. Ainsi, d'une part, nous avons vu Napoléon, entouré des élémens d'ordre les plus puissans que l'on puisse concevoir, une armée dévouée, un peuple enthousiaste, des fonctionnaires respectés; nous l'avons vu, disons-nous, s'irriter à l'idée qu'un avocat pût proférer en public quelques paroles de blâme contre son gouvernement; nous l'avons vu soumettre à une censure odieusement minutieuse les écrits, pourtant si réservés, de ces *idéologues* qui lui inspiraient tant d'aversion. — Et, d'un autre côté, nous voyons aujourd'hui les amis de la liberté, par une exagération contraire, attaquer avec acharnement, sous prétexte d'une amélioration qui doit être lente et mesurée pour être progressive, les dernières et faibles digues qui s'opposent encore aux envahissemens d'une licence effrénée.

34. —L'un des principaux droits naturels dont l'état de la société exige le sacrifice, est celui de se faire justice à soi-même. C'est au magistrat institué à cet effet que doit demander réparation des injures qui lui sont faites, quiconque est attaqué dans sa personne, son honneur ou ses biens; il n'y a d'exception à cette régle que lorsqu'on se trouve dans la nécessité de repousser une violence personenlle contre laquelle on ne peut obtenir le secours de la société.

35.—Les sociétés sont instituées dans l'intérêt de tous ceux qui en font partie. Et comme elles ne peuvent avoir de meilleurs juges de leur intérêt qu'elles mêmes, il s'ensuit que la masse des citoyens doit concourir directement ou indirectement à l'exercice du pouvoir souverain ou législatif.—Malpeyre, *Droit naturel*, p. 164.

36. — Le principe de la souveraineté du peuple, c'est-à-dire la suprématie de la volonté générale sur toute volonté particulière, ne peut, dit B. Constant, être contesté. La loi doit être l'expression ou de la volonté de tous, ou de celle de quelques uns. Or, quelle serait l'origine du privilége exclusif que vous concéderiez à ce petit nombre? Si c'est la force? la force appartient à qui s'en empare : elle ne constitue pas un droit, et si vous la reconnaissez comme légitime, elle l'est également, quelles que mains qui s'en saisissent, et chacun voudra la conquérir à son tour. Si vous supposez le pouvoir du petit nombre sanctionné par l'assentiment de tous? ce pouvoir devient alors la volonté générale (*Principes de polit.*, p. 1.

37. — Mais la souveraineté du peuple, suivant le même auteur, n'est pas illimitée, comme l'a prétendu Rousseau, qui n'a fait, dans son *Contrat social*, que déplacer le despotisme sans le détruire. Il y a, au contraire, une partie de l'existence humaine, qui, de nécessité, reste individuelle et indépendante, et qui est de droit hors de toute compétence sociale. La souveraineté n'existe que d'une manière limitée et relative. Au point où commence l'indépendance individuelle, s'arrête la juridiction de cette souveraineté. Si la société franchit cette ligne, elle se rend aussi coupable que le despote qui n'a pour titre que le glaive exterminateur. Les droits individuels auxquels aucune autorité ne peut porter atteinte sans déchirer son propre titre, sont la liberté individuelle, la liberté religieuse, la liberté d'opinion, dans laquelle est comprise sa publicité, la jouissance de propriété, la garantie contre tout arbitraire. — V. dans l'ouvrage précité un admirable développement de ces principes.

38. — On vient de voir quels sont les principaux droits du citoyen ; voici maintenant ses devoirs généraux : Obéir au gouvernement, si ses actes tendent au bien être de tous ; obéir encore, mais en tâchant de l'éclairer, si l'on croit que, par erreur, il s'égare dans sa marche; lui résister, s'il devient oppresseur, c'est-à-dire s'il porte atteinte aux droits inviolables dont il est parlé dans le numéro précédent, et si l'on n'a pas à craindre que la résistance n'amène l'anarchie, toujours pire que le plus mauvais gouvernement ; enfin, contribuer de sa personne et de sa fortune au maintien de la chose publique. — V. Malpeyre, *Dr. nat.*, p. 167.

39.— On a nié que les lois naturelles eussent une sanction. C'était ne tenir aucun compte des remords qui suivent toujours, et des peines physiques qui accompagnent souvent leur violation ; c'était oublier que les lois positives qu'on doit considérer, quand elles sont justes, comme inspirées par la nature, viennent prêter leurs secours aux lois naturelles ; que la société punit de ses mépris les mauvaises actions qui ne sont pas atteintes par les lois positives ; c'était oublier enfin la crainte qu'inspire aux hommes la perspective des peines, du moins morales et temporaires, qui doivent, dans une vie ultérieure, punir les infractions, commises dans celle-ci, à la loi du devoir.

ART. 2.— *Droit des gens.*

40.— Le droit naturel, dérivant de la nature humaine, ne régit pas seulement les relations d'individus à individus, mais aussi celles de peuple à peuple. On le nomme alors *droit des gens primaire*, pour le distinguer du droit résultant des traités intervenus ou des usages établis entre les états, et qu'on nomme *droit des gens secondaire.*

§ 1er.— *Droits et devoirs généraux des nations.*

41. — Toutes les nations ont les mêmes droits à exercer et les mêmes devoirs a remplir, quelle que soit leur force ou leur faiblesse numérique. — Chacune d'elles peut se constituer et se gouverner comme il lui plaît, et user, à son gré, de tous ses moyens pour se conserver et pour accroître sa puissance et sa prospérité. Nulle autre nation n'a le droit de s'arroger sur elle aucune préséance.

42.— Le territoire qu'une nation habite est sa propriété exclusive. — Il en est de même, dit Malpeyre, d'après le consentement tacite des peuples civilisés, des contrées désertes ou occupées par des peuplades sauvages, dont une nation prend possession en y plantant son drapeau, bien qu'elle n'y fonde aucun établissement. — Mais il est permis, ce semble, de révoquer en doute la légitimité de cette propriété que des nations prétendues civilisées s'adjugent sur des contrées habitées par d'autres peuples, en vertu d'une plantation de drapeaux, et sous prétexte que ceux-ci sont sauvages. Le plus ou moins grand degré de civilisation ne saurait altérer en rien le droit de propriété acquis à un peuple par le fait de son établissement sur le territoire qu'il occupe, pourvu, 1° que cette occupation soit réelle effective; car une horde errante qui ne fait que passer d'un lieu à un autre, n'a de droit sur aucun ; 2 que l'étendue du territoire soit proportionnée aux besoins du peuple qui prétend y avoir droit. Nul doute, dit Perreau (*Élém. de législat.*, p. 201), que le premier occupant aurait aussi le droit de former un établissement sur le territoire qui s'étendrait au-delà de cette proportion ; car le droit de propriété n'est juste qu'autant qu'il est raisonnable et qu'il peut être véritablement exercé.

43. — Nous ne pensons pas non plus que la prise de possession de contrées *désertes*, par des navigateurs qui n'y font aucun établissement réel, suffise pour en assurer la propriété à leurs nations. De tels actes, dit encore Perreau, doivent être entièrement assimilés à ces ridicules dispositions par lesquelles les papes avaient donné la prétendue propriété d'une grande partie de la terre aux souverains de Castille et de Portugal.

44. — Le droit exclusif de propriété d'une nation se divise en droit de *domaine* (par lequel elle use et dispose de tout ce que le pays peut lui offrir de ressources et d'avantage) et en droit d'*empire*, par lequel elle commande seule sur son territoire, permet et défend à son gré tout ce qui s'y fait. Ces deux droits sont inséparables.

45.— Une nation a le droit de permettre ou de défendre, à qui il lui plaît, l'accès de son territoire. Quand elle le permet, c'est toujours sous la condition tacite que l'étranger respectera ses mœurs, ses usages, et sera passible de ses lois de police et de sûreté. — De son côté, la nation s'oblige, par cette permission, à protéger la personne et les biens de l'étranger. Elle ne saurait lui refuser le droit de tester, d'acheter, de vendre, etc.

46.— La donation entre-vifs est du droit des gens. — V. affaire Malans et V. Mort civile.

47. — Il est toutefois des droits qu'elle ne saurait sans danger leur accorder, que lorsqu'ils perdent, par la naturalisation, la qualité d'étrangers ; ce sont les droits attachés au titre de citoyen, par exemple, le droit de participer aux élections, de porter les armes, d'être témoin instrumentaire dans les actes publics, etc. —V. ces mots.

48.— Suivant Perreau, p. 204, une nation ne peut imposer à l'étranger aucune charge à titre de rétribution de la sauvegarde qu'elle lui accorde. Mais comment, pouvant refuser l'entrée sur son territoire, ne pourrait-elle pas ne l'accorder que sous telle condition?

49.—On ne conteste plus aujourd'hui l'absurdité du prétendu droit d'aubaine, c'est-à-dire du droit qu'aurait une nation de s'emparer des biens des étrangers morts sur son territoire, et des biens que le naufrage y a jetés. Les immeubles acquis par l'étranger suivent toujours la loi du pays où ils sont situés.

50.— Ordonnance du roi qui prescrit la publication de la convention et de l'article additionnel concernant l'établissement réciproque des Français en Suisse et des Suisses en France, conclus entre la France et les cantons et états du corps helvétique y dénommés.— 23 sept. 1827. D.P. 27. 3. 17.

51.— Le territoire de chaque nation est sacré; tout proscrit qui y a reçu asile ne peut, tant qu'il continue d'y résider, être saisi que d'après l'autorisation expresse du souverain. Mais il est de l'intérêt des nations d'exercer le droit, ou plutôt de remplir le devoir de l'hospitalité, avec discernement. Il ne faut pas, sous prétexte de protéger le malheur, se rendre en quelque sorte le complice des crimes les plus hideux.

52.— Les traités politiques entre les divers états contiennent des clauses particulières sur ce qui est relatif aux extraditions.— V. Compétence (matière criminelle, art. 1er).— V. aussi l'ordonnance du roi, qui prescrit la publication de la convention conclue entre la France et la Bavière pour l'extradition réciproque des déserteurs.— 9 mai 1827. D.P. 27. 3. 14.

53.— Et l'ordonnance qui prescrit aussi la publication de la convention, sur le même objet, conclue entre la France et la Prusse.— 21 sept. 1828. D.P. 28. 3. 13.

54.— Il a été jugé que le droit de livrer un étranger prévenu de délits dans le pays dont il est originaire, aux tribunaux de ce pays, appartient au roi, en vertu des droits *qu'il tient de sa naissance*, et non ensuite des traités.— Il peut, dès lors, l'exercer sans qu'il en résulte une atteinte au droit qu'il a d'accorder protection et asile aux infortunés qui se réfugient en France, et l'arrestation ainsi opérée en vertu d'une simple ordonnance, et même dans le silence des traités, constitue une détention légale.—

30 juin 1827. Cr. c. Douai. Delagrainville. D.P. 27. 1. 288.

Cette décision qui devrait, ce semble, être encore suivie aujourd'hui, ne pourrait plus, sous la charte de 1830, être motivée sur les droits que le roi tient de sa naissance, puisqu'il tient directement de la volonté du peuple, et non de sa naissance, la royauté et tous les droits qui y sont attachés.

55.— Un peuple peut permettre ou interdire l'importation sur son territoire de telle ou telle marchandise, ou en assujettir l'entrée à une taxe. Convient-il qu'il use de ce droit? c'est une autre question.

56.— L'intérêt des nations leur prescrit de s'accorder mutuellement protection et amitié. Si donc l'une d'elles est injustement attaquée, si elle est en proie à la famine, à la peste, c'est un devoir pour les autres de la protéger, si elles le peuvent sans compromettre leur existence, de lui livrer les denrées nécessaires à des prix raisonnables, de lui offrir tous les genres de secours compatibles avec le soin de leur propre sûreté. C'est un devoir aussi pour tout peuple éclairé de contribuer à la propagation de l'instruction chez ses voisins.

57.— Une nation dont le territoire est traversé par un fleuve, qui va ensuite arroser celui d'une nation voisine, ne doit point disposer des eaux de ce fleuve d'une maniere préjudiciable à celle-ci.

58.— Il est généralement admis parmi les nations, de rendre tout état responsable du tort qu'un de ses membres fait à un étranger, et de l'obliger à réparation — Ainsi, une nation qui, sans l'ordonner, souffrirait cependant que ses membres exerçassent la piraterie, donnerait lieu contre elle à une guerre juste, à moins qu'elle ne prouvât qu'elle est réduite, pour quelque cause que ce soit, à l'impossibilité de réprimer ces désordres.—Perreau, p. 270.—V. Prises maritimes.

59.— La prescription a lieu entre nations, comme entre particuliers.

§ 2.— *De la liberté des mers.*

60.— La question de la liberté des mers, si vivement débattue au seizième siecle, notamment entre Selden et Grotius, est dès long-temps résolue dans le sens de l'opinion de ce dernier. On ne conteste plus que la mer, étant insusceptible de culture et de bornage, on ne peut acquerir sur elle aucun droit de propriété, et qu'elle échappe, par la mobilité de ses flots, à tout acte de prise de possession. Ainsi, aucune nation ne peut legitimement mettre obstacle à ce que les autres jouissent, dans toute l'étendue des mers, de la faculté imprescriptible de naviguer et de pêcher.— Mais une nation peut valablement renoncer à exercer cette faculté sur telle ou telle mer.

61.— Toutefois, l'empire de chaque état s'étend sur sa mer territoriale, c'est-à-dire sur la mer qui baigne ses côtes jusqu'à la portée du canon. Cette partie de la mer est censée comprise dans le territoire de la nation à qui appartiennent les côtes; elle peut y exercer les mêmes droits de domaine et de juridiction.

62.— Lorsque tous les rivages d'une mer appartiennent à une seule nation, et qu'ils circonscrivent un espace d'eau qui n'a aucune communication avec le reste de la mer, ou qui l'a par une entrée étroite, cette partie de la mer peut être légalement possédée, puisqu'on peut dire qu'elle est occupée, circonscrite et défendue.— Azuni, *Système universel des principes du droit maritime de l'Europe*, ch. 1er.

63.—Mais, quand les portions du rivage dont est entourée cette mer renfermée, appartiennent à des nations différentes et indépendantes les unes des autres, la nation qui possède les terres formant le détroit, n'a point le droit de refuser le passage et la navigation intérieure aux vaisseaux désarmés; elle peut seulement exiger la visite des navires qui passent par le détroit et interdire le passage des vaisseaux armés, quand, par leur nombre ou par d'autres circonstances particulières, il y a lieu à de justes défiances.— Même autorité.

64.—Lorsque les détroits maritimes sont placés de manière qu'ils servent de communication nécessaire à deux mers, dont la navigation est commune à toutes les nations ou à plusieurs, celle qui est maîtresse des détroits n'en peut refuser le passage, pourvu qu'on en use avec modération, et qu'il n'en puisse résulter pour elle aucun dommage — Azuni, 1, 65.

65.— Le souverain d'un détroit peut n'en permettre le passage qu'à certaines conditions : il peut, par exemple, imposer des droits modiques au passage des navires, soit à raison de l'incommodité

qu'ils occasionent, en l'obligeant à faire garder son territoire, soit à raison de la sûreté qu'il leur procure en les protégeant contre l'ennemi, en éloignant les pirates, et en se chargeant d'établir des pilotes, des fanaux et signaux nécessaires, etc.

66.— Les étrangers sont soumis aux lois de police et de sûreté du peuple dans la mer territoriale duquel ils naviguent; ce qui n'empêche point qu'ils ne continuent d'être placés sous l'autorité du chef qui les commande.— Azuni, 1, 85.

67.— Il n'est pas permis d'inquiéter un navire dans les ports ou baies des puissances neutres. La prise d'un navire, faite sous le canon d'une ville, et à une distance de la terre, comprise sous la juridiction d'une puissance neutre, est injuste et nulle.— Grotius, *de Jure belli ac pacis*, lib. 3, cap. 3, § 1er, cap. 17, § 3; Vattel, *Droit des gens*, liv. 3, ch. 7, § 3; Azuni, 2, 248.

68.— Alors même que le combat naval a commencé en pleine mer, on ne peut poursuivre le navire ennemi jusque dans le voisinage du territoire d'une puissance neutre. Mais celle-ci doit, dans cette hypothèse, obliger le vaisseau réfugié à désarmer et à ne plus mettre à la voile pendant la durée de la guerre.— Azuni, 2, 249.— *Contrà*, Casaregis, *de Commercio*, disc. 24, n 2.

69.— Le privilége de ne pouvoir être arrêté même dans les eaux territoriales ou dans le port d'une nation, établi par le droit des gens en faveur des navires amis ou neutres, cesse dès que ces navires, au mépris de l'alliance ou de la neutralité, commettent des actes d'hostilité envers cette nation. — 7 sept. 1832. Cr. c. Aix. Carlo-Alberto. D.P. 32. 1. 417.

70.— Il suffit que le navire portant pavillon d'une nation amie ou neutre *ait été nolisé* pour une destination supposée et pour servir à l'exécution d'un *complot* contre la France, par des Français, auteurs de ce complot, et *contienne* des pièces de bord désignant ceux-ci *sous de faux noms*, pour qu'en cas d'agression de leur part contre l'état, ou seulement en cas de simple commencement d'acte hostile, en ce que, par exemple, on aurait débarqué plusieurs des conspirateurs, on soit autorisé à arrêter et à mettre en jugement ceux restés sur le navire; et il y a lieu d'annuler l'arrêt qui, se fondant sur le principe qu'un navire est la continuation du territoire de la nation à laquelle il appartient, ordonne leur relâchement.

..... Dans ce cas, il y a lieu d'arrêter et de mettre en jugement même le capitaine étranger qui commande le navire, et l'on doit annuler l'arrêt qui le renvoie de la prévention, sous le prétexte qu'il n'a point participé au complot...

..... Dans ce cas encore, l'arrestation a pu avoir lieu, quoique le navire fût en état de *relâche forcée* dans les eaux territoriales ou dans les ports de la France.

.... Dans ce cas enfin, l'arrestation a pu être faite quatre jours après le commencement d'acte hostile imputé aux auteurs du complot. — 7 sept. 1832. Cr. c. Aix. Carlo-Alberto. D.P. 32. 1. 417.

71.— Jugé de même que le principe du droit des gens, d'après lequel tout navire étranger portant le pavillon de sa nation, est censé continuer le territoire de cette nation, et comme tel doit être inviolable, cesse d'avoir son effet, lorsque, quoiqu'ami ou neutre, il commet des actes d'hostilité sur le territoire français, en ce que, par exemple, il débarque sur le rivage de la France partie des auteurs d'un complot contre la sûreté de l'état, et qu'il garde à son bord l'autre partie.

En vain invoquerait-il contre son arrestation, dans ce cas, l'exception de relâche forcée, en ce que, par fortune de mer, il aurait été obligé d'aborder à un port français, alors que le fait de cette relâche forcée ne serait pas suffisamment justifié, alors, d'ailleurs, qu'il y aurait eu simultanéité entre l'agression et la capture nécessitée par légitime défense.— 13 oct 1832. Lyon. Min. pub. C. Kergorlay. D.P. 33. 2. 145.

72.— Ces décisions sont justes (sauf peut-être celle relative à la mise en jugement du capitaine (V. n. 73 et suiv.).— Il nous semble hors de controverse qu'un navire portant le pavillon d'un neutre ou d'un allié, qui commet des actes d'hostilité contre la France, sur son territoire ou dans la mer territoriale, peut être arrêté pour ce fait, et traduit, comme tout auteur d'un délit commis en France, devant la juridiction française. C'est la loi de police, la loi de conservation qui saisit l'agresseur.

Mais ce droit d'arrestation expire-t-il dès que le navire a quitté l'eau territoriale? Non, sans doute; tant que la prescription ne sera pas acquise, et que le navire sera commandé par le capitaine auteur ou

complice de l'acte d'agression, ce navire qui s'est mis en état d'hostilité avec la France, pourra être poursuivi en pleine mer, et arrêté par droit de représailles, et ramené sur le territoire français, qu'il a attaqué. Le droit de le poursuivre ne s'arrêtera que lorsque le navire sera entré dans la mer territoriale d'une nation neutre ou amie. Quant au prétendu principe suivant lequel un navire est réputé *la continuation du territoire auquel il appartient*, ce principe, ainsi que le démontre Azuni (t. 1er, ch. 2, art. 7, § 2, et t. 2, p. 197), cesse d'avoir son effet, lorsqu'il y a eu des actes d'hostilités.— V. nos observations D.P. 32. 1. 422, n.

73.— Mais tout ceci suppose le cas où le capitaine, qui exerce une sorte de souverainte sur son navire, est auteur ou complice de l'acte hostile dirigé contre la France : car, s'il a été trompé par quelques passagers (noliseurs ou non du navire, ce qui nous paraît indifférent) qu'il se sera chargé de débarquer, ou définitivement ou temporairement, sur telle côte, tel rivage, dans tel port, dans telle île, sans se permettre lui-même aucune espèce d'agression contre la France, il ne sera permis d'arrêter ni sa personne, ni son navire : ou du moins il devra, après que la visite du navire aura été faite, et que son innocence aura été reconnue, être relâché avec ceux des passagers qui auront aussi été proclamés innocens de toute participation au délit. — D.P. 32. 1. 422, n.

74.— Quant à l'exception de *relâche forcée*, c'est à tort que, dans l'espèce des arrêts ci-dessus, elle était invoquée par le navire arrêté. Que cette exception protège des accusés ou des condamnés qui, en fuyant leur pays, sont rejetés malgré eux sur ses côtes par la tempête, rien de plus conforme aux lois de l'humanite. C'est le cas, ou jamais, de se diriger par cette regle sublime : *Res sacra miser*. Mais demander la même protection pour le conspirateur ou l'assassin qu'une force majeure fait tomber en notre pouvoir au moment même où il tente de consommer son crime; la demander pour le pirate qui, ennemi de toutes les nations, est en état permanent d'hostilité contre elles; la demander, disons-nous, dans de tels cas, non comme la concession d'une grâce mais comme la reconnaissance d'un droit, ce serait pousser un principe de philanthropie jusqu'à ses plus grandes exagérations; ce serait tenter d'obscurcir et de corrompre toutes les notions de justice et d'humanité.—D.P. 32. 1. 423, n.

75.— Mais l'arrêt ci-dessus, de la cour de cassation, devait-il casser l'arrêt de la cour royale, en ce qu'il ordonnait la mise en liberté du capitaine? Non, puisque ce capitaine avait été déclaré par la cour royale, appréciatrice souveraine du fait, n'avoir pas conspiré : la supposition de la destination du navire ne pouvait qu'être un cas de prise maritime, ressortissant de la juridiction du conseil d'état.— D.P. 32. 1. 423, n.

76.— Quoique le droit de pêche dans la mer territoriale soit considéré comme un des attributs de la souveraineté, cependant les divers gouvernemens ont coutume de ne se réserver que la grande pêche, celle qui se fait à des temps marqués de l'année et dans des lieux déterminés; ils permettent à leurs sujets la pêche qui se fait pour les besoins du peuple; ils la permettent même aux peuples voisins, quand ceux-ci, de leur côté, laissent la même liberté. Quant au mode et au temps de la pêche, il appartient aux gouvernemens de les fixer dans les mers de leur domination, soit pour empêcher la destruction du poisson, soit pour prévenir les embarras que les pêcheurs pourraient causer à la navigation.— Azuni, 1, 91 et suiv.

§ 3.— *De la guerre.*

77.— Toute nation a le droit de repousser par la force une injuste agression, ou d'exiger, par cette voie, l'exécution d'une obligation certaine. Mais la guerre, mesure légitime quand elle est nécessaire, n'est qu'un acte d'atroce et sauvage démence quand elle a pour cause un motif frivole ou injuste. On éprouve quelque honte à répéter, après tant d'autres, une vérité si simple. Et pourtant les conquérans, ces grands tueurs d'hommes, sont encore, au dix-neuvième siècle, l'objet d'une imbécile et funeste admiration. *Justum est bellum quibus necessarium est, pia arma quibus nulla nisi in armis relinquitur spes.*—Tite-Live, liv. 9.

78 — Malpeyre regarde comme licite (p. 187) la guerre offensive lorsque la nation attaquée refuse de réparer quelque injure manifeste. Si par *injure*, il entend *injustice*, nous sommes de son avis. Mais si par ce mot il entend désigner seulement un outrage, nous ne saurions voir là une cause suffisante pour légitimer la guerre, qui n'a d'excuse que la néces-

sité. Si le duel est absurde entre particuliers, il est absurde entre nations.

79.— Les inquiétudes que peuvent causer à une nation, soit les préparatifs de guerre que ferait un autre peuple, soit l'alliance que ce peuple contracterait avec un troisième, ne sont point, ce nous semble, des causes légitimes de lui déclarer la guerre. Chercher à connaître et à pénétrer les causes de ces préparatifs, le but de cette alliance; se tenir en mesure de résister à une aggression soudaine; former de son côté des alliances défensives, voilà tout ce que nous paraissent prescrire, dans ce cas, la prudence et la justice.—Perreau, p. 235, émet une opinion contraire, pour le cas où l'on aurait de fortes raisons de supposer que les préparatifs ou les alliances dont on veut prévenir les effets ont pour cause des intentions hostiles.

80. — L'accroissement, par des voies légitimes, de la puissance d'une nation, ne peut non plus en autoriser une autre à lui déclarer la guerre, sous prétexte de sûreté, quand d'ailleurs il n'est donné à celle-ci aucun sujet direct de plainte: « Nous ne sommes jamais, dit Perreau, en droit d'attaquer celui qui a le pouvoir de nous nuire, par cela seul qu'il en a le pouvoir: il faut que nous soyons de plus *presque* assurés qu'il en a la volonté. » Cette proposition semble évidente; nous voudrions seulement retrancher le mot *presque*.

81. — Perreau regarde comme hors de doute qu'une nation *qui a à redouter les nouvelles attaques d'un voisin dont elle a déjà éprouvé l'injustice*, a le droit, pour se garantir de toute surprise, de s'emparer sur celui-ci des forteresses et du terrain nécessaire pour assurer sa frontière.— Il nous semble qu'on réfute suffisamment cette opinion en l'énonçant.

82. — Une nation a non seulement le droit, mais le devoir d'entrer en guerre pour défendre ses alliés, pourvu que la cause de la guerre soit juste de la part de ces derniers. Grotius exige une seconde condition, savoir, qu'il y ait espoir de succès. Perreau rejette avec raison cette décision, puisqu'il l'a restreint au cas où l'allié attaqué *refuse de s'arranger sous des conditions raisonnables*.

83. — Quel parti prendre si nos alliés se font la guerre? Evidemment, le parti qui nous paraît le plus juste; et si la question de justice est douteuse, rester neutre.

84. — Peut-on intervenir à main armée dans les querelles intérieures d'une nation? Une pareille intervention, si elle est spontanée, est un acte odieux. Si elle est provoquée, elle n'est permise, à notre avis, qu'autant que le parti qui la demande forme évidemment la majorité de la nation en proie à la guerre intestine. Dans le cas contraire, c'est-à-dire, lorsque ce n'est plus entre un peuple et un parti factieux et puissant, mais pour ainsi dire entre deux peuples distincts que la guerre a lieu, il faudrait que la justice des prétentions de l'un d'eux fût bien évidente pour qu'il fût permis d'intervenir en sa faveur.

85. — Une nation ne peut, au moment où une guerre éclate, retenir les personnes appartenant à la nation ennemie, ni saisir leurs biens avant le terme qu'on doit leur fixer pour sortir du pays, à moins qu'on n'ait à user de représailles. — Perreau, p. 242.

86. — Suivant Grotius, il n'y a de permis dans la guerre, comme moyens, que ce qui a une liaison nécessaire avec sa fin. Or cette fin n'étant que la réparation du tort que l'on a éprouvé, tout ce que l'on fait de mal, mais *avec dessein*, au-delà de ce qu'exige cette réparation, est injuste.

87. — On a le droit d'agir d'une manière hostile (soit contre l'ennemi, soit contre ceux qui, même forcément, font cause commune avec lui), pour réparation tant du tort originaire qui a amené la guerre, que de celui éprouvé depuis par suite de la guerre. La nécessité de mettre l'ennemi hors d'état de nuire, peut même justifier quelquefois le mal que l'on lui fait au-delà de la mesure de son tort actuel. — Perreau, 246.

88. — On regarde comme interdit par l'humanité l'emploi de certaines machines dont l'effet serait de causer d'effroyables incendies, d'épouvantables destructions. C'est un crime horrible d'empoisonner les fontaines, les puits, les armes, d'assassiner, de mordre les balles, etc. — Les stratagêmes, les ruses de guerre, l'usage des espions, sont au contraire permis; mais il ne faut pas confondre, avec la ruse, la perfidie qui violerait une convention faite avec l'ennemi.

89. — Il ne doit, autant que possible, être exercé d'hostilité que contre les membres de la nation ennemie qui nous combattent ou tâchent de nous nuire. Les enfans, les femmes, les vieillards, les infirmes, etc., doivent être épargnés. Il en est de même des soldats blessés, désarmés.

90. — Est-il des cas où le soin de notre sûreté ne permet pas d'user de cette modération, et où, par exemple, nous ne pouvons, sans encourir de grands dangers, ni faire des prisonniers, ni conserver ceux que nous avons faits? Cette question nous rappelle involontairement un effroyable épisode de notre campagne d'Egypte. On vient de faire trois mille prisonniers: on ne peut les garder, faute de vivres, ni les renvoyer, de crainte de grossir les rangs ennemis. Ces malheureux sont là, sur le rivage, les mains liées derrière le dos, attendant en silence qu'on prononce sur leur sort. Trois jours entiers s'écoulent dans cette attente. Enfin la nécessité a dicté un ordre impitoyable, et trois mille hommes sont massacrés! Qui répondra envers la postérité d'un acte si horrible? Les auteurs de la guerre, à moins que ceux qui l'ont ordonné n'aient pas tout tenté, même vis-à-vis de l'ennemi, pour le prévenir.

91.— Car s'il est un principe évident, c'est que la guerre, même la plus juste, ne peut légitimer que le mal qu'il est absolument nécessaire de faire à l'ennemi.

92.— A partir de quel moment le droit que nous avons, dans une guerre juste, de saisir les biens de l'ennemi, soit pour indemnité, soit pour sûreté, nous en rend-il propriétaires? Est-ce à l'instant même qu'ils tombent en notre possession, ou n'est-ce que lorsqu'ils sont mis à couverts de la poursuite de l'ennemi, et qu'il est censé avoir perdu l'espoir de les reprendre? Est-ce, enfin, lorsque nous les avons eus en notre possession pendant un certain temps? La première opinion, professée par Burlamaqui, *Princ. de droit pol.*, t. 2, et par Perreau, p. 256, contre l'avis de Grotius, semble seule admissible. En effet, dit Burlamaqui, « tout ennemi, comme tel, et tant qu'il demeure tel, conserve toujours la volonté de recouvrer ce que l'autre lui a pris; l'impuissance où il se trouve pour l'heure ne fait que le réduire à la nécessité d'attendre un temps plus favorable, qu'il souhaite et recherche toujours. Ainsi, par rapport à lui, la chose ne doit pas être plus censée prise, lorsqu'elle est en lieu de sûreté, que quand il est encore en état de la poursuivre. Tout ce qu'il y a, c'est que, dans ce dernier cas, la possession du vainqueur n'est pas aussi assurée que dans le premier. Et la vérité est que cette distinction n'a été inventée que pour établir les règles du droit de *post-liminie*, ou la manière dont les sujets de l'état, à qui l'on a pris quelque chose dans la guerre, rentrent dans leurs droits, plutôt que pour déterminer le temps de l'acquisition des choses prises sur l'ennemi. »

93.— Les belligérans ont le droit de s'emparer des marchandises ennemies qu'ils trouvent sur des navires neutres. Ce droit, il est vrai, paraît heurter celui qu'ont, de leur côté, les neutres de n'être point troublés dans leur navigation. Mais, lorsque le droit d'un peuple est en opposition avec celui d'un autre, il est juste que celui des deux qui éprouve le moins de dommage du sacrifice de son droit, en fasse l'abandon. Or, dans l'hypothèse, l'atteinte portée à la liberté des neutres est presque entièrement compensée par l'indemnité qui leur est payée pour le retard, et par le paiement du nolis des marchandises prises sur leur navire; tandis qu'on ne peut dédommager le belligérant du tort incalculable que lui causerait l'augmentation des forces que son ennemi obtiendrait des neutres, dans le système contraire.

94.— Une nation ne peut s'emparer des biens de ceux qui ne font pas cause commune avec ses ennemis, quoique ses biens soient trouvés sur le territoire ou sur les vaisseaux de ces derniers. Elle ne peut que les saisir provisoirement pour arrêter les fraudes, sauf à les rendre dès que les vrais propriétaires seront reconnus.— Perreau, p. 257.

95. — Un peuple neutre a toujours le droit de se servir des bâtimens de l'une des puissances belligérantes pour continuer son commerce de la même manière qu'il le faisait avant la guerre; et, en cas de prise des bâtimens sur lesquels sont chargées ses marchandises (non destinées à l'usage de la guerre), il suffit qu'il justifie de la propriété de celles-ci pour qu'elles ne puissent être confisquées.—Vattel, *Dr. des gens*, liv. 3, ch. 1er, § 113; Azuni, 2, 210 et suiv.

96.— Si, parmi les choses prises sur l'ennemi, il s'en trouve qui aient appartenu à d'autres, et dont il se soit rendu maître par droit de la guerre, les anciens propriétaires ne sont pas fondés à les réclamer.— Perreau, p. 257.

97.— Les puissances maritimes belligérantes sont dans l'usage d'autoriser respectivement leurs sujets à armer des navires pour courir sur les bâtimens ennemis et s'en emparer, à la charge d'abandonner au trésor public une partie de la *prise*. Cet usage est un reste de barbarie. La course sur mer ne devrait être permise que sur les vaisseaux appartenant à l'*état* ennemi, et non sur les bâtimens marchands appartenant aux sujets de cet état. Pourquoi agir dans les guerres maritimes autrement qu'on ne le fait dans les guerres ordinaires, où l'on n'attente plus ni à la personne ni aux biens des citoyens désarmés? Le droit de chaque belligérant ne devrait-il pas être restreint à des mesures de surveillance propres à empêcher que l'état ennemi ne puisse être aidé dans sa résistance par le commerce maritime auquel se livrent ses sujets? — V. Prises.

98.— Malpeyre reproduit, p. 195, l'opinion de la plupart des publicistes, qui considèrent la conquête comme un titre légitime à la souveraineté. Nous ne saurions admettre un tel principe. La conquête, c'est la force; la force ne peut conférer aucun droit. Si le pays conquis accepte ensuite expressément ou tacitement la souveraineté du vainqueur, c'est de ce consentement, et non de la conquête, que dérive le droit de ce dernier. On ne peut pas même dire que la conquête ou la force confère un droit au vainqueur quand elle fait légitimement rentrer dans ses mains les choses précédemment usurpées sur lui par le vaincu; car, dans ce cas, le droit du vainqueur, sur ces choses, était antérieur à l'emploi de la force, à la conquête.

99. — Perreau admet aussi le droit de conquête, sous les conditions suivantes: « Lorsque la guerre a été manifestement injuste de la part du vaincu, et qu'il n'a point de moyens pour réparer ses torts envers le vainqueur; — ou lorsque celui-ci ne peut se rassurer contre la crainte d'une nouvelle attaque, autrement que par la conquête; — ou, enfin, lorsque les habitans du pays conquis se sont rendus coupables envers lui de graves attentats » — Mais qui ne voit qu'aux yeux du vainqueur l'injustice du vaincu sera toujours assez manifeste, ses attentats toujours suffisamment graves pour légitimer la conquête. — Lorsque le pays conquis n'a pas de moyens pour réparer ses torts envers le vainqueur, il nous semble évident que ces torts restent irréparés, aussi bien dans le cas où la conquête a lieu que dans le cas contraire.— Enfin, le vainqueur qui est assez fort pour opérer la conquête d'un pays aurait, ce semble, assez mauvaise grâce à alléguer qu'il ne peut se rassurer contre la crainte d'une nouvelle attaque qu'en effectuant cette conquête.

100.—Au surplus, si l'on admet le prétendu *droit de conquête* (jeu de mots qu'il faudrait laisser aux poètes), du moins doit-on reconnaître alors, avec Malpeyre, qu'on ne peut ravir aux vaincus ni la liberté, ni leurs biens, ni leurs lois, ni leur religion. Il est heureux, toutefois, pour les vaincus, que les conseils de la politique soient à cet égard conformes aux règles de la justice.

101.—Les publicistes reconnaissent que le consentement arraché par la crainte, à la suite d'une guerre qui serait injuste de la part du vainqueur, n'obligerait pas le vaincu. Mais il en serait autrement, ajoutent-ils, si le sujet de cette guerre n'était pas entièrement dénué de justice, et si surtout le gouvernement du vainqueur se montrait équitable et doux. Cette dernière partie de l'opinion des publicistes ne peut valoir, ce semble, que comme conseil de prudence. A nos yeux, alors même que la conduite d'une nation aurait été *quasi-légitime* au début de la guerre, elle a cessé de l'être par l'abus de la force qui a effectué la conquête.

102.—Les autres nations doivent, suivant Perreau, p. 258, reconnaître comme légitimes les droits que le vainqueur exerce à titre de conquérant, à moins que sa cause ne soit évidemment d'une injustice telle qu'il n'en puisse résulter aucun droit.

§ 4.— *De la neutralité.*

103.— La neutralité est définie par Azuni, t. 2, « la continuation exacte de l'état pacifique d'une puissance, qui, lorsqu'il s'allume une guerre entre deux ou plusieurs nations, s'abstient absolument de prendre aucune part à leurs contestations. »

104.— Les états qui veulent être considérés comme *neutres* dans une guerre survenue entre d'autres peuples, doivent s'abstenir de favoriser ouvertement ou clandestinement aucun de ses derniers, et par conséquent de donner des secours en hommes ou en argent, ou de fournir aucun objet servant directement à la guerre, tels qu'armes, munitions, etc.

105.— Le droit de rester neutre ou de prendre

part à une guerre appartient essentiellement à toute nation, sans qu'elle ait de compte à rendre à aucune autre de sa conduite.— Perreau, p. 262.

106.— La nation qui veut être neutre n'a pas besoin de le manifester par un acte public, ni d'en convenir par un traité avec les belligérans. La déclaration de neutralité résulte suffisamment de ce que l'on continue de tenir envers ceux-ci la même conduite pacifique et impartiale qu'auparavant.—Azuni, p. 2, 35.

107.— Ce n'est pas s'associer à la guerre que de fournir avec modération des secours promis et dus par une ancienne alliance.— Perreau, p. 262.

108.— Une nation qui (comme la Suisse, par exemple) met d'ordinaire quelques régimens à la solde de diverses puissances, ne sort pas de l'état de neutralité, en accordant des troupes à l'un des belligérans exclusivement à l'autre; il en serait autrement si ces levées de soldats n'étaient point justifiées par un usage antérieur et constant, si elles n'avaient lieu qu'au moment même de la guerre, ou si elles étaient tellement considérables qu'elles donnassent à l'un des combattans une supériorité marquée.— Perreau, p. 263.

109.—De même, des prêts d'argent faits à l'un et refusés à l'autre, ne constituent point un acte d'hostilité, lorsqu'ils ne sont pas faits directement dans la vue de favoriser le premier, et que la nation qui prête, connue pour être dans l'usage de faire valoir son argent, ne paraît prêter de préférence à l'un des belligérans qu'à raison de la plus grande confiance qu'il inspire.—Perreau, *eod.*

110.—L'un des belligérans ne peut non plus considérer comme hostilité la vente qu'une nation neutre fait à l'autre de ses marchandisés, même de celles dites de contrebande de guerre (telles que des armes, bois de construction, navires, munitions de guerre), lorsque ces marchandises sont l'objet de son commerce ordinaire; qu'on va les acheter chez elle, et qu'enfin elle ne refuse pas d'en vendre indistinctement, et aux mêmes conditions, aux deux peuples en guerre.— Perreau, *eod.*

111.—Mais *quid*, lorsque la nation neutre porte ces mêmes marchandises chez l'un des belligérans? Elle ne fait en cela qu'user de son droit. Mais, d'un autre côté, l'autre belligérant ne fait aussi qu'user du sien, en saisissant des objets destinés à assurer le triomphe de son ennemi. Dans ce conflit de droits, et pour prévenir de funestes collisions, les peuples d'Europe sont convenus d'interdire, comme neutres, le commerce de certaines marchandises désignées sous le nom de contrebande, dénomination qui comprend tous les objets servant directement à la guerre. A l'exception de ces objets et de ceux spécifiés par des traités particuliers, les neutres peuvent faire librement avec les nations en guerre le commerce de toutes espèces de marchandises.

112.—Les marchandises de contrebande sont de bonne prise lorsqu'on les saisit.— Les bâtimens neutres doivent donc, par suite de cette convention, souffrir la visite des belligérans. Cette visite consiste dans l'appel que fait un navire armé, par un porte-voix ou un coup de canon, à un autre navire en pleine mer, afin que celui-ci approche et laisse examiner les papiers dont il est muni et qui constatent la nationalité du vaisseau, la quantité et la qualité des objets de son chargement. Les belligérans sont en droit d'exiger, même par la force, l'accomplissement de cette formalité.

113 —Le navire armé en guerre qui veut en forcer un autre d'approcher, doit d'abord affirmer, par un coup de canon sans boulet, que le pavillon qu'il porte est sincère et loyal; il doit ensuite rester en panne, à distance d'une portée de canon, et mettre en mer sa chaloupe montée d'un petit nombre d'officiers qui se dirige vers le vaisseau neutre pour aller en faire la visite.

114.—On se contente d'ordinaire de voir les connaissemens, les certificats, etc.; mais on a le droit de faire une visite rigoureuse de toute la cargaison, lorsque l'on est fondé à suspecter ces divers renseignemens.—Perreau, 265.

115.—Certaines circonstances peuvent rendre illicite un commerce généralement permis. Par exemple, les vivres que l'on porterait à une ville assiégée, à un port bloqué, seraient de bonne prise.

116.—Un port n'est bloqué que lorsque, par les dispositions de la puissance qui l'attaque, des vaisseaux stationnés près des côtes en rendent l'abord évidemment dangereux.

117.—La neutralité adoptée par une nation devient une loi sacrée et générale pour tous ceux qui habitent, à quelque titre et pour quelque temps que

ce soit, dans l'étendue du territoire sujet à la domination de cette puissance. Et celle-ci, tant qu'ils respectent sa neutralité, leur doit asile et protection.

§ 5.—*Des traités.*

118.—Les *traités*, c'est-à-dire les conventions que les états font entre eux sur les choses qui les intéressent, doivent, quand d'ailleurs ils sont le résultat de consentemens libres, être exécutés de bonne foi, et interprétés suivant les règles d'équité que notre code civil a énumérées dans les art. 1156 et suivans.

119.—Lorsque l'une des parties a déjà exécuté quelques conditions d'un traité, et que l'autre meurt avant d'avoir rempli aucun de ses engagemens, nul doute que le successeur ne doive ou satisfaire aux conditions qui obligeaient celui qui l'a précédé, ou dédommager l'autre partie.—Perreau, p. 227.

120.—Un traité diplomatique, s'il n'a pas été promulgué en France, ne peut devenir la base de poursuites judiciaires contre les citoyens (C. civ. 1; Sénat.-consulte, 4 août 1802, art. 58; 18 mai 1804, art 41, et Charte, 13).—28 nov. 1834. Cr. r. Paris. Min. pub. C. Jauge. D.P. 34. 1. 409.

121. — Tout traité de paix a pour objet de terminer la guerre et d'en prevenir le retour. Le vaincu ne peut le rompre, comme non librement contracté, qu'autant que les conditions que lui a imposées le vainqueur seraient d'une injustice odieuse. Le système qui autoriserait la rupture des traités, sous prétexte de lésions, aurait pour l'humanité des conséquences désastreuses.

Les conventions qu'un danger pressant peut obliger une nation de contracter, même avec des pirates, doivent être observées. Il en faut dire autant de celles conclues avec des rebelles, quelque criminelle que pût être leur rébellion. — *Fides jurisjurandi servanda.*

122 — Il est de principe, sauf clause contraire, que l'on se tient réciproquement quitte de tous les dommages causés avant ou pendant la guerre, de ceux même qu'on ignore, mais on ne comprend pas dans cette remise les dettes que les particuliers ont contractées avant la guerre, et dont les créanciers n'ont pu, tant qu'elle a duré, poursuivre le paiement. — Perreau, p. 276.

123. — Tout traité de paix est regardé comme perpétuel, si son exécution est suspendue par la survenance d'une nouvelle guerre résultant de prétentions autres que celles qui ont été l'objet du traité, celui-ci doit, à la cessation de la guerre, reprendre toute sa vigueur, sans qu'il soit besoin d'une nouvelle négociation. — *Secus*, si ce sont les causes mêmes de la première guerre qui ont amené la rupture du traité; une convention expresse est alors nécessaire pour que ce traité reprenne son empire. — Même autorité.

124. — La paix n'est pas essentiellement rompue, par cela seul que l'un des alliés de la nation avec laquelle on l'a conclue, reprend les armes, ni par le seul fait d'hostilités commises par quelques uns des sujets de cette nation, à moins que le gouvernement ne refuse la satisfaction due. — Perreau, p. 277.

125. — Le souverain a le droit d'envoyer à l'ennemi, comme otages, pour assurer l'exécution d'une convention quelconque, tels ou tels des membres de la nation. Inutile de dire que ceux-ci ne doivent point tenter de s'échapper du lieu qui leur est assigné. Inutile encore de rappeler que l'inexécution des obligations pour lesquels ils sont engagés ne permet que de les retenir prisonniers, jamais d'attenter à leur vie.

126. — Lorsqu'une ville ou province est remise à une nation par une autre pour sûreté d'une convention, il n'est pas permis à l'engagiste de rien changer à l'état matériel, ni aux lois et usages de cette ville ou province, lors même que l'exercice immédiat de la souveraineté lui aurait été expressément cédé. Il doit apporter à la conservation de la ville engagée le même soin qu'à la conservation de son propre pays. Enfin, il a droit, si l'obligation, sujet de l'engagement, n'est pas remplie, de retenir le territoire à lui remis. — Perreau, 280.

127.— Quelquefois, un peuple s'oblige à en aider un autre dans la poursuite de ses droits contre ceux qui violeraient une obligation commune. Pour que le garant puisse s'immiscer dans l'exécution du traité qu'il a garanti, il faut qu'il y ait, d'une part, violation, de l'autre, plainte. Il n'est tenu de remplir son obligation qu'autant que la nation qu'il a promis d'aider n'a pas seule les moyens de faire valoir le traité; qu'elle n'a fait naître aucun juste motif de ne point exécuter cet acte; que les clauses de celui-ci n'ont point été changées; et qu'enfin il n'est survenu aucune circonstance qui rende le traité préjudiciable aux droits d'un tiers. — Perreau, p. 281.

A la différence des traités de paix, les *trèves* ne sont que la suspension des hostilités pendant un délai déterminé, à l'expiration duquel elles recommencent de plein droit. Toute chose doit demeurer, durant ce délai, en l'état où elle était lors de la conclusion de la trève.

128.— Dans le cas d'une trève absolue et indéterminée à l'égard des personnes et des choses, on peut, en s'abstenant de toute hostilité, prendre, pendant sa durée, toutes les mesures propres à garantir la sûreté pour l'avenir, lever des troupes, réparer des fortifications, former des magasins. — Perreau, p. 268.

129.— La trève particulière ou limitée à certaines choses ne permet exactement de faire que ce dont on est convenu. Ce serait violer une trève, accordée seulement pour donner le temps d'enterrer les morts, que d'employer ce temps à choisir un poste plus sûr.— Même autorité.

130.— La trève n'oblige pas ceux qui l'ont ignorée. Si, de part et d'autre, ceux-ci ont continué des hostilités, la trève n'est pas rompue.— Elle ne l'est même pas par des hostilités particulières commises par des subalternes qui en avaient connaissance, lorsque leur chef offre la satisfaction demandée par l'ennemi.

131. — Les chefs des gouvernemens ont seuls le droit de faire des trèves générales ou à longues années; quand ils confient ce pouvoir à ceux qui les représentent dans des pays éloignes, c'est toujours sous la condition supposée de la ratification. — Perreau, p. 270.

132. — Les *sauf-conduits* doivent toujours être littéralement interprétés. Ils ne valent que pour les personnes mêmes auxquelles on les accorde.— Les *cartels* les *capitulations* doivent être religieusement observés, ainsi que les conventions que les particuliers peuvent faire avec l'ennemi, par exemple, lorsqu'ils se sont engagés au paiement de contributions pour se racheter du pillage.

§ 6.— *Des ambassadeurs et agens diplomatiques.*

133.— La personne des ambassadeurs est inviolable. La survenance de la guerre avec les peuples auxquels ils appartiennent n'excuserait pas les insultes ou les mauvais traitemens dont ils seraient l'objet.— Représentans du prince qui les a envoyés, ils traitent d'égal à égal avec le souverain près duquel ils sont accrédités, et ne sauraient être soumis à la juridiction de ce dernier ou de ses tribunaux.

134. — L'inviolabilité des ambassadeurs souffre quelques exceptions sur l'étendue desquelles les auteurs ne sont point d'accord. Malpeyre établit les distinctions suivantes : si un ambassadeur prend les armes et use de violence, le gouvernement attaqué a, sans contredit, le droit de repousser l'agression par la force.... Mais, dans toutes les autres circonstances, soit que le ministre ait conspiré contre la nation chez laquelle il est envoyé et contre la vie du prince, soit qu'il ait commis quelque crime atroce contre les sujets, il n'est pas permis à la nation chez laquelle il réside de le juger : autrement il ne jouirait jamais de la sécurité qu'exige l'exercice de ses fonctions. On lui susciterait des accusations, et, sous prétexte de rechercher les preuves d'un crime, on violerait son domicile, sa correspondance. On ne peut donc que le renvoyer chez lui et l'accuser devant son souverain.— Op. conf. Isambert, *Annales polit. et diplom.* — *Contrà*, Vattel et Burlamaqui.— On pourrait excepter peut-être le cas où il y a guerre et où l'on ne pourrait espérer justice de la part de la nation de l'ambassadeur.

135. — Quant aux biens d'un ambassadeur, on est généralement d'accord qu'un ambassadeur ne peut être poursuivi pour dettes devant les tribunaux du pays où il réside, et que l'inviolabilité de sa personne s'étend à tous ses biens mobiliers, sans distinction entre ceux qu'il possède comme ambassadeur et ceux qu'il possède comme personne privée, distinction qui, si elle était admise, ferait naître mille abus.

136.—Mais tout procès concernant les *immeubles* qu'il possède dans le pays où il remplit sa mission, doit être porté devant les juges, et décidé suivant les lois de ce pays.— Il n'y a d'exception à cette règle que relativement à l'hôtel de l'ambassade, lorsqu'il appartient à l'ambassadeur ou à son souverain. Cet hôtel jouit de tous les priviléges attachés à l'habitation d'un ambassadeur, tant que celui-ci l'occupe (Malpeyre, p. 221) —L'inviolabilité de l'agent diplomatique se communique à sa femme, à ses enfans, à toutes les personnes de sa suite. Les courriers qu'il envoie sont sacrés, ses lettres et dépêches inviolables.

137.—Quoique les consuls et agens consulaires ne jouissent pas des mêmes priviléges que les am-

bassadeurs, néanmoins le souverain qui les reçoit dans ses états s'engage par là même à leur accorder la sûreté et la liberté nécessaires à l'accomplissement de leurs fonctions.

138.— Si, contre le droit des gens, l'envoyé d'une nation avait été arrêté, cette nation pourrait-elle légitimement exercer, par représailles, la même voie de fait contre l'envoyé du peuple qui a donné l'exemple de la violence? Perreau décide l'affirmative, p. 223, tout en reconnaissant toutefois que ce droit de représailles ne saurait s'étendre jusqu'à nous donner le droit de mettre à mort l'envoyé d'un peuple qui aurait fait périr un de nos envoyés. Un premier crime, en effet, ne saurait en légitimer un second. — V. Agens diplomatiques.

— V. Agens diplomatiques, Assurances maritimes, Colonies, Contrat de mariage, Droits civils, Prescription, Prises maritimes, Vente.

TABLE SOMMAIRE.

Action judiciaire. 121.
Adultère. 20.
Affection. 4.
Agens diplomat. 125, 133.
Alimens. 30.
Alliés. 82.
Ambassadeur. 133, s.
Amour. 4, 9, 17, s.
Anthropophage. 16.
Arme prohibée. 88.
Arrestation. 70.
Assistance. 56.
Belligérant. 93, s. 106.
Blocus. 115, s.
Bonne foi. 118.
Capitaine. 7.
Cassation. 74.
Capitulation. 132.
Cartel. 132.
Célibat. 17.
Citoyens. 47.
Conquête. 98, s.
Consentement. 101.
Conservation. 9, s.
Consul. 133, s.
Contrebande. 111.
Contributions de guerre. 132.
Côtes. 61.
Coup de canon. 112, s.
Culte. 24.
Décès. 118, s.
Défense. 15, s. — légitime. 82.
Détroit. 64.
Donation. 46.
Drapeau. 42.
Droits d'asile. 51.— d'aubaine. 49.— civils. 47, s. — de conquête. 99. —des gens. 1, 40.— de guerre. 77, s.— politiques. 47, s.
Duel. 10, 78.
Eaux. 57, 60, s.
Education. 23, 56
Egoisme. 9, s.
Election. 35, s.
Enfant. 20, 22, s. 89.
Epoux. 20.
Esclavage. 12, s.
Etranger. 48, s. 66.
Exécution. 118, s.
Expropriation pour utilité. 29, s.
Extradition. 54, s.
Femme. 89.
Finesse. 89.
Fruits. 30.
Gages. 126.
Guerre 12, 68, s. 77.—injuste. 99. — offensive. 77, s.
Hostilités. 87, s. 110, s.
Ignorance. 130.
Importation. 55.
Indemnité 92, 122.
Intelligence. 4, s.
Interprétation. 118.
Intervention armée. 87.— de nation. 41.
Inviolabilité. 133.
Juridiction territoriale. 61.
Justice. 34, 83, s.
Liberté. 12, s.— du commerce. 93, s. 110, s.—des mers. 59.—individuelle. 37, s.—naturelle. 32.
Loi. 36, s.—réelle. 49.
Marchandises. 93, s. 110, suiv.
Mariage. 18, s.
Mer. 60, s.
Morale. 7.
Mutilation. 11.
Navigation. 60, s.
Navire. 63, s.
Nègre. 14.
Neutralité. 68, 93, s. 103, s.
Obéissance à la loi. 38, s.
Obligation naturelle. 27, s. 32.— sociale. 32, s.
Occupation. 31, 42, s. 92.
Outrage. 34.
Pavillon. 70, s.
Pêche. 76.
Peine. 39
Perfidie. 88.
Pillage. 132.
Police. 63, s. 79.
Polygamie. 18, s.
Prescription. 31, 59.
Prêt. 109.
Prise maritime. 115, s.
Prisonnier. 12, 90.
Prohibition. 67, s. 88.
Propriété. 28, s. 42, s. 57, 60, s. 92.— territoriale. 41.
Protection. 56.
Pudeur. 10.
Puissance patern. 22, s.
Raison. 4, 8.
Ratification. 131.
Rébellion. 121.
Réciprocité. 56.
Relâche forcée. 68, s. 74.
Religion. 4, 24.
Remords. 7.
Renonciation illégale. 12.
Représailles. 58, 85, 128.
Résistance. 38.
Responsabilité. 58.
Revendication. 96.
Rivage. 65.
Royauté. 54.
Rupture. 123, s.
Ruse. 89.
Sanction. 39.
Sauf-conduit. 132.
Secours. 107, s. 127.
Siége. 115.
Sociabilité. 4, 24, 28, s. 56.
Souveraineté. 36, s. 131.
Succession. 31.
Suicide. 10.
Suisse. 50.
Tendresse. 22.
Territoire. 61.
Tirage au sort. 16
Traité. 50, s. 118, s.
Traité de paix. 123.
Trêve. 127, s.
Vieillards. 89.
Violation. 48.
Violence. 101.
Visite maritime. 63, 112, s.
Vol. 30, 85.

DROIT D'OCTROI.—V. Octroi.

DROIT DES PAUVRES. — V. Compétence administrative, Théâtre.

DROIT PERSONNEL.—V. Obligations personnelles. —V. aussi Absent, Action, Adoption, Agens de change, Alimens, Appel, Autorité municipale, Caution, Chose, Communauté, Concession, Dot, Droits civils, Effet de commerce, Louage, Naturalisation, Ordre, Servitude, Succession irrégulière, Usufruit, Vente.

DROIT DE PLACE.—V. Autorité municipale, Halles.

DROITS POLITIQUES.— 1.— Ces droits consistent, en général, dans l'aptitude à toutes les fonctions publiques, dans la faculté de concourir plus ou moins directement, soit à l'exercice de la puissance et des fonctions publiques, soit à leur établissement.— D.A. 6. 458 et 540, n. 1.

La puissance législative résidait tout entière dans la main du monarque, et la France ne comptait que des *sujets*, lorsque la révolution de 1789 les associa au partage de la souveraineté, et en fit des citoyens en leur conférant des droits politiques.— D.A. 6. 540, n. 1.

§ 1er.— *De la jouissance et acquisition des droits politiques.*

§ 2.— *Perte, privation ou suspension des droits politiques.*

§ 3.— *Troubles à l'exercice des droits politiques. Vente de suffrages.*

---

§ 1er.— *De la jouissance et acquisition des droits politiques.*

2.— Les droits politiques et les droits civils diffèrent. Ils sont indépendans les uns des autres (C. civ. 7). Ils consistent dans le droit d'être électeur, d'être éligible à la chambre des députés, aux conseils de département ou de municipalité, d'être pair, juré, fonctionnaire public (Toullier, 1, p. 254), témoin dans les actes notariés. — Les droits civils n'ont aucun rapport avec l'exercice de la puissance publique. Les uns et les autres s'acquièrent par la naissance et par la naturalisation.

« Tout Français, porte l'art. 1er de la loi du 5 fév. 1817, *jouissant des droits civils et politiques.....*, est appelé à concourir à l'élection des députés, etc. » — D.A. 6. 540, n. 1.

3.— *Des Français d'origine.* — Tout droit politique, quelqu'en soit l'objet, donne nécessairement part à la direction des affaires de l'état, et délègue ainsi à celui qui l'exerce une portion de la souveraineté. La capacité politique ne devait donc pas être soumise aux mêmes règles que la simple jouissance des droits civils.—La fragilité de leur sexe ôte aux femmes cette capacité. Elle est subordonnée encore à des garanties de lumières, de probité, de dévouement à la chose publique, que la loi stipule plus ou moins sévèrement, selon l'importance des fonctions à remplir. La personne qui réunit ces conditions, est distinguée sous le nom de *citoyen*. Cette qualité « ne s'acquiert et ne se conserve que conformément à la loi constitutionnelle (C. civ. 7). » —D.A. 6. 540, n. 2.

4.— La constitution dont il s'agit est celle du 22 frim. an 8. L'art. 2 est ainsi conçu : « Tout homme né et résidant en France, qui, âgé de vingt-un ans accomplis, s'est fait inscrire sur le registre civique de son arrondissement communal, et qui a demeuré, depuis, pendant un an sur le territoire de la république, est citoyen Français. » — L'usage a introduit deux modifications : 1° l'état politique n'est plus constaté par une inscription civique : aucun registre n'est tenu, à cet effet, dans nos municipalités; 2° on est citoyen dès vingt-un ans; il n'est plus nécessaire de résider une année après cet âge sur le territoire français. — D.A. *ibid.*, n. 3.

5.— En général, les incapacités en matière de droit politique ne se suppléent pas et ne s'étendent pas. — 25 août 1834. Civ. c. Moissinac. D.P. 34. 1. 332.

6.— Les descendans des religionnaires expatriés, nés en pays étrangers et réintégrés par la loi du 15 déc. 1790, sont, par rapport aux droits politiques, placés dans la même catégorie que les Français d'origine. Cela a été ainsi décidé en 1824, à l'occasion de l'éligibilité de Benjamin-Constant, après une longue et savante discussion par la chambre des députés (*Monit.* des 28 mars, 17, 22 et 24 mai 1824). Cette décision se trouve confirmée encore par la reconnaissance que fit postérieurement la chambre de la validité de l'élection de Roman et Odier (*Monit.* 9 fév. 1828). — D.A. 542, n.

7.— Les colonies sont régies par des lois et des réglemens particuliers. Les hommes de couleur qui les habitent ne sont pas représentés à la chambre des députés. Les contributions qu'on y paie ne servent point à la composition du cens électoral. — De toutes ces dispositions, on conclurait à tort que l'accès des fonctions publiques, l'exercice des droits électoraux, sont interdits aux hommes de couleur résidant en France. Leur qualité de Français les fait indubitablement participer, hors des colonies, au droit commun à tous les autres Français de la métropole. — D.A. 6. 541, n. 6. — V. Elections.

8.— *Des étrangers naturalisés Français.* — Les divers modes de naturalisation sont tracés v° Naturalisation. — Aujourd'hui l'étranger, s'il est majeur, devient simultanément Français et citoyen par le seul effet de la naturalisation. C'est un changement à la loi du 2 mai 1790, qui subordonnait la qualité de citoyen à une prestation de serment, qu'elle n'exigeait pas pour la qualité de Français (27 avril 1819. Req. Paris et 18 mars 1823, Paris).—V, Naturalisation, et D.A. 6. 509 et 510).

La constitution de 1793 dispensait de cette formalité. Tous ceux qui, sans l'accomplir, ont satisfait aux autres conditions, dont cette loi faisait dépendre les droits politiques, n'ont pu en être dépouillés par les constitutions de 1795 et de l'an 8, qui ont de nouveau imposé le serment civique. La loi ne doit jamais s'interpréter dans un sens rétroactif (C. civ. 2.) —10 nov. 1827. Lyon. D.A. 6. 541, n. 7. D.P. 28. 2. 14.

9.— La loi du 14 oct. 1814 a bien dispensé les individus des pays ci-devant réunis à la France, de l'obligation généralement imposée aux étrangers par l'acte du 22 frim. an 8, de faire, dix ans d'avance, leur déclaration de se fixer en France, sous la seule condition de déclarer, dans les trois mois, qu'ils persistaient dans la volonté de s'y fixer ; mais cette loi n'a pas moins exigé, ainsi que le décret du 17 mars 1809, que leur naturalisation fût prononcée par le roi, ou qu'ils obtinssent des lettres de déclaration de naturalité, et qu'ils ne jouissent des droits de citoyens français, sans lesquels on ne peut être électeur, *qu'à partir du moment où ils auraient obtenu ces lettres.*—27 juin. 1831. Req. Bourges. Bertholet. D.P. 31. 1. 187.

10.—Le point de fait constaté par un arrêt, qu'un étranger, qui demandait à être porté sur la liste électorale, n'avait point encore obtenu ses lettres de naturalité au moment de la clôture de la liste, ne peut être contredit devant la cour de cassation, par la production d'une liste imprimée et certifiée par le préfet.— Même arrêt.

11.— Suffirait-il à l'administration de révoquer en doute la nationalité d'un électeur, pour qu'il fût obligé de prouver qu'il n'est pas étranger? Non : le doute est favorable à la qualité de Français, surtout s'il demeure depuis de longues années en France. Quel régnicole jouirait en sécurité de son état politique, s'il était tenu, par exemple, de justifier de son inscription sur les anciens registres civiques ? Cependant un conseil de préfecture a rayé un individu de la liste électorale pour défaut de cette justification, bien que l'impossibilité en fût constatée par le maire de la commune, qui certifiait que ces registres n'existaient plus depuis 1814. La cour de Rennes a, le 7 mai 1827, réintégré l'électeur, en considération de la faveur de la nationalité, et des présomptions conformes que présentait la cause. Ici, d'ailleurs, l'impossibilité de la preuve était imputable à l'administration et non à l'électeur (Arr. anal. 6 fév. 1826. D.P. 26. 1. 164).— D.A. 6. 541, n. 8.

12.— L'incapacité produite par la qualité d'étranger est d'ordre public. Elle n'est point par conséquent du nombre de celles que peut couvrir la possession d'état. En vain eût-il été membre de divers colléges électoraux; en vain eût-il participé aux délibérations de la chambre élective: le caractère politique dont il était revêtu doit disparaître en même temps que l'erreur sur sa capacité. C'est l'esclave devenu préteur, dont parlent les lois romaines: l'esclavage découvert, les jugemens qu'il a rendus subsistent, mais l'esclave descend du siége d'où son incapacité l'exclut.

13.— Ajoutons même que s'il s'agissait de son éligibilité, un motif particulier s'opposerait à ce qu'une décision précédente de la chambre des députés, qui l'aurait admis dans son sein, eût, pour l'y maintenir, l'effet inviolable de la chose jugée. La chambre confondrait en elle seule deux pouvoirs qu'elle n'a pas, la prérogative royale et l'autorité de la chambre des pairs, dont le concours est indispensable, selon l'ordonnance du 4 juin 1814, pour relever l'étranger de l'incapacité de siéger dans l'une ou l'autre des assemblées législatives.— D.A. *ib.*, n. 9.

14.— L'ordonnance du 4 juin 1814 a apporté une

restriction toute nouvelle aux droits d'une classe entière de citoyens français : Aucun étranger ne peut siéger dans l'une ou l'autre des deux chambres, « à moins que, par d'importans services rendus à l'état, il n'ait obtenu des lettres de naturalisation vérifiées par les deux chambres. » Essayons de circonscrire, dans ses justes limites, l'application de cette ordonnance, qui, contemporaine de la charte, en peut être regardée comme un article complémentaire. Publiée plus tard, elle eût excédé les bornes du pouvoir exécutif, puisqu'elle modifie des lois antérieures. — A quels étrangers s'applique t-elle? dans quelles formes doit se faire la vérification par les deux chambres? Telles sont les deux questions qu'elle a fait naître. — D.A. *ibid.*, n. 11.

15. — D'abord et de plein droit, la séparation des territoires, stipulée dans le traité du 30 mai 1814, avait dépouillé ces étrangers du titre de Français et de toutes les prérogatives qui lui sont attachées. — D.A. 6. 542, n. 13.

16. — Ensuite, remarquez que l'ord. de 1814 ne tient aucun compte de leur possession d'état aux étrangers, devenus auparavant citoyens par la réunion momentanée de leur pays, eussent-ils même rempli des fonctions législatives jusqu'en 1814. Il importe, est-il dit dans le préambule, de ne voir siéger dans les chambres que des hommes *dont la naissance* garantisse l'affection au souverain et aux lois de l'état, et qui aient été *élevés dès le berceau* dans l'amour de la patrie. La loi du 14 oct. 1814 est plus explicite encore. elle dispose formellement que l'étranger, à qui la réunion a conféré les droits civils et politiques, et qui depuis la séparation a fait la déclaration prescrite par l'art. 1er, conserve toutes les prérogatives de citoyen, hors l'aptitude à la législature (Duverg., p. 504). L'enfant, toutefois, né en France de cet étranger, sera plus favorisé que son père, à qui manquaient l'origine et l'éducation françaises. L'ordonnance, sans aucun doute, ne l'atteindra pas. — D.A. 6. 541 et 542, n. 12.

17. — L'interdiction de siéger dans l'une ou l'autre des deux chambres sans lettres de naturalisation atteint-elle indistinctement tous les étrangers d'origine, quoique devenus citoyens français avant l'ord. du 4 juin 1814, ou n'est-elle applicable qu'aux étrangers qui avaient cette qualité par le seul fait de la réunion de leur pays, ou qui l'acquerront à l'avenir? — Dalloz pense, que la nécessité de grandes lettres de naturalisation pour l'aptitude à la législature, ne regarde que les étrangers naturalisés depuis le 4 juin 1814, ou qui n'étaient auparavant citoyens français, que par la réunion.

18. — Ainsi, les individus réunissant toutes les qualités exigées par les art. 1 et 2 de la loi du 14 oct. 1814, ne sont pas réputés de plein droit citoyens français; ils ne peuvent exercer les droits attachés à cette qualité, et voter, par exemple, dans les assemblées électorales, qu'après l'obtention des lettres de déclaration de naturalité, encore que le gouvernement, connaissant leur extraction étrangère, leur eût conféré, depuis 1814, des fonctions publiques, telles que celles de maire et président d'un tribunal de commerce. — 18 août 1824. Rouen. Lombard. D.A. 6. 512. D.P. 1. 1413.

19. — L'individu né en France d'un étranger devenu momentanément Français par la réunion de son pays à la France, n'est pas Français, si depuis que ce pays a cessé de faire partie de la France, il n'a pas rempli les conditions prescrites par la loi du 14 oct. 1814. — 2 août 1827. Lyon. Min. pub. C. Pacot. D.P. 28. 2. 56. — 23 avril 1828. Req. Toulouse. Billias. D.P. 28. 1. 223. — V. Droits civils, n. 69 et suiv.

20. — Quel est donc le but véritable de l'ordonnance du 14 juin? C'est d'interdire les fonctions législatives à tous ceux que l'interdiction peut frapper *sans effet rétroactif*, à ces membres du sénat ou du corps législatif, sortis des cinquante départemens qui n'avaient été Français que par la réunion, et qui cessèrent de l'être par la séparation du territoire; mais non à ceux qui avant la réunion étaient établis, domiciliés en France sans esprit de retour dans leur patrie. C'est le cas en un mot de s'en tenir à la lettre de l'ordonnance du 4 juin, portant : *conformément aux anciennes constitutions françaises, aucun étranger*, etc., et ne l'appliquer à *aucun Français* revêtu de cette qualité lors de la publication de l'ordonnance. C'est le seul moyen d'empêcher une rétroactivité arbitraire, et la violation même des anciennes constitutions qu'on rappelle, et qui limitaient les droits de l'étranger pendant son extranéité, plutôt qu'après qu'il était devenu Français. — D.A. 6. 542 et 543, n. 13.

21. — Et, à l'égard de ces derniers, on ne doit exiger ni lettres de naturalisation pour leur éligibilité, ni la déclaration prescrite par l'art. 1er de la loi du 14 oct. 1814, pour leur capacité électorale. — D.A. 6. 543, n. 14.

22. — Aussi a-t-il été jugé que l'étranger qui a acquis la qualité de citoyen français, en remplissant les conditions exigées par les lois antérieures à 1814, qui a constamment joui de cette qualité, et ne l'a perdue par aucun fait déterminé par la loi, doit être reconnu citoyen français, et admis à la jouissance des droits électoraux, encore bien qu'il n'ait pas rempli les conditions imposées par la loi du 14 oct. 1814 (C. civ. 2). — 12 nov. 1827. Montpellier. Sallin. D.P. 28. 2. 15.

23. — On avait proposé d'ajouter à l'art. 39 de la loi du 19 avril 1831, que nul ne serait éligible *s'il n'est pas né Français*. Mais Vatimesnil fit observer qu'il ne suffit pas d'être naturalisé français ; qu'un homme naturalisé est Français, mais qu'il n'est pas apte à être nommé à la chambre des députés ; qu'ainsi l'amendement n'atteindrait pas le but que son auteur se proposait. — Bérenger, rapporteur, dit : » il est deux sortes de naturalisation ; la naturalisation simple donne des droits civils, la grande naturalisation donne des droits politiques, par exemple, le droit de siéger à la chambre des députés ou à la chambre des pairs. Si vous mettez *né français* seulement, vous-assimilerez les droits de la grande et de la petite naturalisation. Il peut arriver qu'au moyen des lettres de naturalisation un citoyen puisse être admis à la chambre des députés, comme il l'est à la chambre des pairs. » « S'il reçoit des lettres de naturalisation, dit Commartin, auteur de l'amendement, il est réputé *né français*.» L'amendement fut rejeté. En résumé, les lettres de grande naturalisation sont toujours nécessaires, conformément à l'ordonnance du 4 juin 1814, pour siéger à la chambre des députés. — Duvergier, p. 239.

24. — La vérification, par les chambres, des lettres de grande naturalisation, porte-t-elle uniquement sur la régularité intrinsèque de ses lettres et l'identité des personnes, ou consiste-t-elle dans l'appréciation du fond même et du mérite de la concession royale? La question a été résolue, dans ce dernier sens, toutes les fois qu'elle s'est présentée: le 1er déc. 1814, pour le maréchal Masséna et d'autres étrangers entourés de glorieux souvenirs; le 13 déc 1815, pour le lieutenant-général comte Loverdo; le 13 déc. 1816, pour le duc de Dalberg et de Greffulhe; le 25 avril 1828, pour de Hohenlohe et d'Aremberg ; et les 16 fév. et 6-15 mars 1833, pour les comtes de Reinhard et de Celles (D.P. 33. 3. 36 et 37). Tels sont les précédens de la chambre des députés, confirmés à la chambre des pairs, par la même interprétation de l'ordonnance du 4 juin 1814. C'est ainsi que les parlemens exerçaient autrefois le droit de vérification pour de semblables lettres : souvent ils refusaient de passer outre, ou en modifiaient les clauses. — D.A 6. 543, n. 15.

25. — Aussi l'ordonnance se sert-elle du mot *vérifier :* elle ne dit pas, suivant la formule de style, que les lettres seront lues, publiées et enregistrées dans les chambres. — D.A. *eod.*, n. 15.

26. — Notez, au reste, qu'en général, les droits politiques ne sont jamais, comme les droits civils, conférés à l'étranger avec le simple agrément du roi (C. civ 14). Ils ne s'acquièrent et ne se conservent que conformément à la loi constitutionnelle (C. civ. 7). — Par conséquent, un étranger, admis à établir son domicile en France, et que le gouvernement, excédant les bornes de son pouvoir, aurait promu à des fonctions publiques, même en connaissant son extranéité, se prévaudrait vainement de cette délégation irrégulière des droits politiques pour réclamer, devant les tribunaux, quelque avantage que ce soit, attaché exclusivement à la qualité de citoyen. — 18 août 1824. Rouen. Lombard, *supra*, n. 18.

27. — Les lettres de naturalité accordées sous l'ancienne législation sont demeurées sans autorité légale, et n'ont point conféré la qualité de Français à ceux qui les ont obtenues, si, indépendamment de la vérification et de l'enregistrement des cours souveraines, elles n'ont pas été enregistrées au parlement, à la cour des comptes et à la chambre des domaines. — 3 juill. 1833. Paris. Duc de Bavière. D.P. 33. 2. 223.

§ 2. — *Perte, privation ou suspension des droits politiques.*

28. — Toutes les manières par lesquelle se perd la qualité de Français (V. Droits civils) emportent privation de celle de citoyen. On la perd, en outre, par la condamnation à des peines afflictives ou infamantes (Constit. de l'an 8, art. 5; C. civ. 17; C. pén. 9, 42, 43, 109, 123, 185, 187, 401, 403, 406 et 410). — L'exercice des droits politiques peut n'être que suspendu. Cette suspension résulte de l'état d'absence déclarée ou présumée, d'interdiction judiciaire, d'accusation ou de contumace, de domesticité à gages (V. Droits civils, n. 101), de faillite, ou de détention à titre gratuit, et en qualité d'héritier immédiat de la succession totale ou partielle d'un failli (Constit. de l'an 8, *ibid.*) — D.A. *eod.*, n. 4.

Notez cependant, à l'égard du contumax, que par le seul fait de sa représentation dans le délai de cinq ans, il reprend l'exercice de ses droits. — 17 juin 1834. Rennes. De lahaie. D.P. 34. 2. 214. — V. Elections.

29. — La charte, en déclarant tous les Français égaux devant la loi, s'oppose-t-elle à ce que l'enfant du failli soit encore déchu momentanément des droits de citoyen, tant qu'il détient à titre gratuit les biens de son père? — Oui, la charte, loi générale, maintient toutes les incapacités prononcées par les lois antérieures. — D.A. 6 540 et 541, n. 5.

30. — Ainsi, l'art. 5 de la constitution de l'an 8, en ce qu'il a de relatif au failli et à son héritier immédiat, détenteur à titre gratuit de sa succession, n'a pas été abrogé par la législation postérieure. — 18 sept. 1831. Ord. Chaillon. D.P. 31. 3. 44. — 9 juill. 1832. Civ. r. Gauthier. D.P. 32 1. 304.

31. — Il s'applique au failli concordataire comme à celui qui n'a pas obtenu de concordat. — 18 sept. 1831 Ord. Chaillon. D.P. 31. 3. 44.

32. — Et son héritier immédiat est aussi privé du droit de citoyen. — 9 juill. 1832. Civ. r. Gauthier. D.P. 32. 1. 304.

33. — Il s'applique, même sans effet rétroactif, à l'héritier immédiat du failli, bien que la faillite ait eu lieu auparavant, si l'acceptation de la succession est intervenue depuis cette loi — 18 sept. 1831. Ord. Chaillon. D.P. 31. 3 44.

34. — Du même principe qui place la qualité de citoyen dans l'ordre public, il suit évidemment que l'administration, pour refuser de m'inscrire sur la liste électorale, se prévaudrait, sans succès, comme d'une fin de non-recevoir, des actes dans lesquels j'aurais reconnu que je suis étranger. Il me sera toujours permis de revenir contre ces actes, tant que je ne me trouverai pas réellement dans l'un des cas où la loi enlève les droits politiques. Hors ces cas, des conventions quelconques n'auront rien changé à mon état, qui n'est pas ma propriété privée. — D.A. *ibid.*, n. 10.

35. — Ainsi, nul n'est présumé abandonner l'état politique qu'il tient de la loi, ni admis à transiger à cet égard. — En conséquence, on ne peut opposer à un Français des actes ou acquiescemens, dont on prétendrait induire qu'il a renoncé à cette qualité. — 12 fév. 1824 Rennes. Haentjens. D.A. 6. 511, n. 2. D.P. 24. 2. 92. — 14 fév. 1824 Amiens. Thiébault. D.A. 6. 512, n. 1. D.P. 24. 2. 95.

§ 3. — *Trouble à l'exercice des droits politiques. — Vente de suffrages*, etc.

36. — La charte a garanti aux citoyens la jouissance de certains droits politiques dont l'exercice est une propriété sacrée. Toutes personnes qui troublent ou empêchent cet exercice se rendent donc coupables; de là les peines correctionnelles de l'art. 109 C. pén., contre chacun de ceux qui, par attroupement, voies de fait ou menaces, auraient empêché un ou plusieurs citoyens d'exercer leurs droits civiques.

37. — La circonstance que l'empêchement a eu lieu par attroupement, voies de fait ou menaces est constitutive du délit, et la question doit en être formellement posée au jury. L'empechement par simple attroupement, sans voies de fait ni menaces, a lieu quand des individus étrangers ou non à l'exercice des mêmes droits se sont reunis en assez grand nombre pour intercepter toutes les entrées du lieu où doivent s'exercer ces droits.

38. — La tentative d'empêchement n'est point punissable, le fait n'étant qu'un délit, et la loi ne s'en étant pas expliquée. — V. Tentative.

39. — Les criminalistes doutaient, avant la loi de 1832, modificative du code pénal, que l'art 463 C. pén., relatif à la réduction des peines correctionnelles, fut applicable au delit d'empêchement à l'exercice des droits civiques, attendu que le dommage n'était pas appréciable en argent (Carnot). Que doit-on penser aujourd hui? — V. Peines.

40. — Le délit prend le caractère de crime s'il a été commis par suite d'un plan concerté pour être exécuté soit dans tout le royaume soit dans un ou plusieurs départemens, soit dans un ou plusieurs arrondissemens; la peine alors est le bannissement (C. pén. 110).

41.— La tentative seule est dans ce cas punissable (C. pén. 2), car il s'agit non plus d'un délit, mais d'un crime.

42. — Tout citoyen qui, étant chargé dans un scrutin, du dépouillement des billets contenant les suffrages des citoyens, sera surpris falsifiant ces billets ou en soustrayant de la masse, ou y en ajoutant, ou inscrivant, sur les billets des votans non lettrés, les noms autres que ceux qui leur auraient été déclarés, sera puni de la peine de la dégradation civique (C. pén. 111).

La peine était le carcan dans l'ancien article.

43.—La peine infamante était prononcée dans le premier cas; car le simple fait s'aggrave d'une violation de dépôt et d'un abus de confiance.

44.— Pour qu'il y ait lieu à l'application de cet article, le coupable doit avoir été surpris en flagrant délit; l'action ne peut plus être intentée si les faits n'ont pas été constatés pendant l'opération même du scrutin. « L'on a dû craindre, a dit l'orateur du gouvernement, d'ouvrir une issue trop facile à de tardives et téméraires recherches pour des faits qui ne laissent plus de traces quand le scrutin est détruit et qu'on a terminé les opérations qui s'y rapportent. Combien, dans cette matière surtout, les espérances trompées, les prétentions évanouies, et l'amour-propre blessé ne feraient-ils pas naître d'accusations hasardées, s'il était permis de les recevoir après coup et hors les cas où le coupable est surpris, pour ainsi dire, en flagrant délit. — 28 fév. 1812. Cr. c. Aubier. D.A. 11. 119, n. 5. D.P. 12. 1. 274.

45.— Le fait, de la part d'un individu qui n'est pas électeur, d'avoir voté dans un collége électoral pour la nomination d'un député, ne constitue ni crime ni délit. Il n'y a là ni un délit relatif à l'exercice des droits civiques (C. pén. 109), ni usurpation de fonctions publiques (C. pén. 253). — 26 juin 1822. Amiens. Guimier. S. 24. 2. 209.

46.— L'achat et la vente d'un suffrage, *à un prix quelconque* dans des élections, est un délit prévu par l'art. 113 C. pén. — Peu importe que le prix n'ait pas été convenu en argent: les mots prix *quelconque* embrassent dans leur généralité toutes les conventions *intéressées* par lesquelles on obtient du votant un suffrage favorable; « de sorte, dit Carnot, qu'il y aura eu *prix* bien réel, dans le sens du code, lorsque l'on aura fait la promesse au votant, soit de lui conserver la place qu'il occupe, soit de lui en procurer une. » — D.A. 12. 547, n. 6.

Outre la peine principale, le vendeur et l'acheteur du suffrage sont condamnés chacun à une amende double de la valeur des choses reçues ou promises.

47. — Pour déterminer, dans le cas où le prix consistera dans une place, le montant de l'amende, il suffira, suivant le même auteur, de calculer les produits de la place qu'occupe le votant ou de celle qui lui a été promise: « Dans tous les autres cas, ajoute Carnot, rien ne sera plus facile que de s'assurer du bénéfice qu'auraient pu procurer au votant les promesses qui lui auraient été faites, ou les chances de perte que les menaces auraient pu lui faire éprouver. » — D.A. 12. 547, n. 6.

—V. Elections.—V. aussi Cession de biens, Cour d'assises, Domicile, Droits civils, Droits politiques, Témoin, Faillite.

TABLE SOMMAIRE.

Accusé. 28.	Incapacité. 5.
Acquiescement. 35.	Interdiction légale. 28, s.
Age. 4.	Juré. 2.
Attroupement. 36, s.	Liberté. 36.
Autorisation. 26.	Naturalisation. 7.
Cassation (appréciation de fait). 10.	Nègres. 7.
Chose jugée. 12.	Pair de France. 2.
Citoyens. 3.	Peine. 28, 36.
Colonies. 7.	Perte. 28, s.
Contumace. 28.	Possession d'état. 12.
Corruption. 46.	Présomption. 5, 11, 35.
Déclaration. 9, s.	Preuve. 11.
Délégation politique. 26.	Privation. 28, s.
Député. 2, 14.	Registres civiques. 4.
Droits civils. 2, s.	Religionnaire. 6.
Election. 12.	Renonciation illégale. 34.
Eligibilité. 3, s.	Rétroactivité. 8, 20.
Erreur commune. 12.	Réunion. 9, s.
Etranger. 8, s.	Scrutateur. 42.
Failli. 28, s.	Séparation de territoire. 15.
Faux. 42, s.	Serment civique. 8.
Femme. 3.	Serviteur. 28.
Français. 2, s.	Successeur. 28, s.
Héritier. 28, s.	Suffrages vendus. 46, s.
Tentative. 38, s.	Violence. 36, s.
Vérification. 27.	Vote. 42, s.

DROIT DE PRÉSENTATION.—V. Office.

DROIT PROPORTIONNEL.—V. Enregistrement.

DROIT PUBLIC.—V. Cassation, Droits civils, Droits naturels et des gens, Droits politiques.

DROIT RÉEL.—V. Action réelle.—V. aussi Actions possessoires, Adoption, Choses, Communes, Confiscation, Hypothèques, Louage, Partage, Prescription, Propriété, Rapport, Rente, Saisie-immobilière, Servitudes, Succession, Usage, Usufruit.

DROIT RÉGALIEN.— V. Domaine public.

DROIT DE RÉTENTION.—V. Dot, Garantie, Hypothèques, Nantissement, Rapport.

DROITS-RÉUNIS.—V. Contributions indirectes.

DROIT ROMAIN.—V. Loi.

DROIT ROYAL.—V. Amnistie.

DROIT SEIGNEURIAL.—Féodalité, Louage.

DROIT SUCCESSIF. — V. Absence, Alimens, Communauté, Contrat de mariage, Enregistrement, Garantie, Papier-monnaie, Partage, Prescription, Rente, Rescision, Retrait successoral, Succession, Vente.

DROIT DE SUITE.—V. Hypothèques.

DROIT DE SUPERFICIE.—V. Choses.

DROIT DE SURVIE.— V. Communauté, Donation entre-époux, Dot, Douaire.

DROIT DES TIERS.—V. Tiers, Obligations. —V aussi Alimens, Bigamie, Contrainte par corps.

DROIT DE TIMBRE.—V. Timbre.

DROIT DE TITRE.—V. Enregistrement.

DROIT D'USAGE.—V. Forêts, Usage.

DUCROIRE.—V. Commissionnaire.

DUEL. — 1. — Le duel est le fait de deux individus qui vident avec loyauté une querelle, dans un combat singulier.

2.— Henri IV défendit le duel; Louis XIV fit un code spécial contre les duellistes (Edit de 1669 et de 1711); Louis XV fit serment, à son sacre, de ne leur accorder jamais de grâce: les tribunaux eurent une grande sévérité contre eux, à ce point qu'un membre du parlement convaincu de ce crime, fut condamné à être rompu vif; la mémoire de son adversaire supprimée, son laquais puni des galères. —Le code de 1791 qualifia et punit les diverses espèces d'homicides: il fut muet sur le duel.— Le rapporteur du code de 1810 classa, au nom de la commission, dans son travail, tous les résultats du duel: on devait croire que son opinion, restée incontestée, ferait cesser toute incertitude; néanmoins Carnot, Merlin, Mourre, la chambre des pairs et la cour de cassation ont été d'avis que, dans l'état actuel, le duel ne pouvait être poursuivi lorsqu'il avait été loyal.—Courvoisier, dans un réquisitoire du 18 mai 1824, soutint une opinion contraire (V. les développemens D.A. 12. 956 et suiv).— Et depuis, étant ministre, il a présenté, le 14 février 1829, à la chambre des pairs, un projet de loi que Dalloz dit avoir été conçu avec sagesse et qui fut retiré.— D.A. *eod.*

Tout récemment, au sujet d'une pétition, Dupin a été d'avis que lorsqu'un homme avait été tué en duel, c'était un devoir pour les juges de renvoyer son adversaire devant la cour d'assises; il a pensé que c'était là un frein qui, par la crainte des peines ou de la perte des droits civils, arrêterait les duellistes.—On sait que c'est ce qui a eu lieu fréquemment, et chaque poursuite n'a abouti qu'à amener l'éloge du vainqueur, de son courage, et implicitement à préconiser le duel.— Ce remède n'est pas bon: il ne peut être efficace que dans les cas peu nombreux où le duel n'a pas été loyal.—D'ailleurs, que doit faire le jury? Parler comme la société, juger comme la société, c'est-à-dire rester dans un état stationnaire et même ralentir la réforme au lieu de la hâter, car l'impunité et le triomphe des duellistes ont ce résultat.

3.—La sévérité qu'on a déployée contre le duel a échoué. On est bien d'accord sur ce point, que c'est par l'éducation, par une voie intelligente et insensible qu'il faut agir sur les esprits.— Mais toujours est-il qu'il faut une action. Or, qui en aura l'exercice? On a vu que le jury, bon pour qualifier le fait social, est impuissant pour opérer une réforme; la mobilité de sa composition s'y opposerait d'ailleurs. Il faut, pour une œuvre pareille, un corps qui ait de l'unité, et qui ait mission spéciale de travailler dans une idée d'avenir. D'un autre côté, c'est par les efforts de ses hommes sages qu'une nation perfectionne ses mœurs et non par la préconisation des mêmes abus.

4.— Dans cet état, plusieurs choses nous semblent propres à préparer une réforme: 1° classer le fait du duel au nombre des délits; 2° établir pour ce délit particulier des peines plutôt civiles ou disciplinaires qu'afflictives et infamantes, qu'on étendrait, mais avec discrétion, aux témoins; 3° investir une juridiction (les cours royales, par exemple) du droit de constater le fait du duel et de le punir; 4° rendre cette juridiction, comme cela a lieu en matière de discipline ou de postulation, indépendante de celle qui, lorsque les cas paraîtront l'exiger, devra connaître de la poursuite criminelle, c'est-à-dire des cours d'assises.

On passe à la jurisprudence, qui n'a, comme on va le voir, que peu de décisions sur cette matière.

5.— La cour de cassation a jugé que les édits et déclarations qui considéraient le duel comme un crime sont abrogés depuis le code pénal de 1791 (C. pén. 4, 295, 304). — 19 sept. 1822. Cr. c. Min. pub. Durré. D.A. 12. 961, n. 3. D.P. 2. 1495.

6.— Et que, bien que le fait du duel blesse profondément la religion et la morale et porte une atteinte grave à l'ordre public, il n'est néanmoins qualifié crime par aucune loi; qu'ainsi, l'on doit renvoyer de toutes poursuites le prévenu d'un homicide commis dans un duel. — 4 déc. 1824. Cr. c. Paris. Harty. D.A. 12. 960, n. 3. D.P. 24. 1. 419.— 8 août 1828. chamb. réun. c. Metz. Laberte. D.P. 28. 1. 374.—*Contrà*, Courvoisier, Réquisit; D.A. 12. 957.

7.—...Que, dès lors aussi, l'arrêt qui renvoie devant la cour d'assises un individu comme coupable d'homicide volontaire, doit être cassé s'il adopte les motifs d'un réquisitoire, desquels il résulte que cet homicide a eu lieu dans un duel. — 11 mai 1827. Cr. c. Laberte. D.P. 27. 1. 240.

8.— .... Alors d'ailleurs que le combat a eu lieu sans déloyauté ni perfidie. — 8 janv. 1819. Cr. c. Montpellier. Gazelles. D.A. 12. 957, n. 2. D.P. 1. 23. — 8 août 1828. Ch. réun. c. Metz. D.P. 28. 1. 374.

9.— Car il est des circonstances dans lesquelles l'homicide résultant d'un duel constitue un meurtre et même un assassinat, et peut être puni comme tel.— D.A. 12. 961.

10.—Ainsi, est coupable de meurtre avec préméditation, et peut être poursuivi comme assassin, celui qui, dans un duel au pistolet à six pas de distance, ayant obtenu du sort l'avantage de tirer le premier, a persisté à vouloir user de son avantage et a donné la mort à son adversaire, malgré les instances des témoins pour déterminer les combattans à s'éloigner davantage: et il est coupable surtout, s'il a été le provocateur du duel: et il l'est alors même que son adversaire, blessé mortellement, aurait eu la force de décharger son pistolet et lui aurait fait une blessure.— 21 sept. 1821. Req. Treis. D.A. 12. 961, n. 4. D.P. 24. 1. 425.—Mais cette décision, dans l'état actuel, souffre difficulté, et le jury ne la sanctionnerait pas, à notre avis.

11.— C'est à la chambre d'accusation à examiner jusqu'à quel point l'homicide qui est résulté d'un duel, a été la suite de la nécessité d'une légitime défense de soi-même, et elle doit renvoyer le prévenu, s'il ne l'a commis qu'en se défendant loyalement contre l'aggression de son adversaire (C. pén. 319). — 8 janv. 1819. Cr. c. Montpellier. Gazelles. D.A. 12. 957, n. 2. D.P. 1. 23.

12.—Cette chambre peut donc, en appréciant le caractère des faits imputés, décider que l'individu qui a commis un homicide dans un duel ne se trouvait pas dans le cas d'une légitime défense, et le renvoyer comme meurtrier devant la cour d'assises. — 19 sept. 1822. Cr. c. Min. pub. Durre. D.A. 12. 961, n. 3.

13.— Enfin, à supposer que le consentement d'un duelliste à subir les chances du duel, le rende non-recevable à réclamer des dommages-intérêts pour les blessures qu'il pourrait avoir reçues, cependant, s'il est tué dans le duel, il peut être accordé à sa femme et à ses enfans, pour le préjudice qu'ils éprouvent par cette mort, et sur leur action directe, des dommages-intérêts contre son adversaire.— Tel serait le cas où ce dernier, quoique acquitté de l'accusation de meurtre sur la déclaration du jury qu'il n'est *pas coupable*, est jugé, par la cour d'assises, avoir, par sa faute grave, causé le préjudice allégué (C. civ. 1382).— 29 juin 1827. Cr. r. Lelorrain. D.P. 27. 1. 286.

—V. Complicité, Droit naturel, Homicide, Voies de fait.

DUPLICATA.—V. Enregistrement, Effets de commerce.

E

EAU.—1.—On désigne, sous ce mot, la masse d'élément liquide qui environne la terre, soit qu'elle y adhère par sa propre nature, soit qu'elle y arrive par l'effet de la pluie ou de la résolution des neiges et vapeurs.

2. — C'est sous le rapport du droit que l'eau est considérée dans cet article.

3. — L'eau, considérée en général et seulement quant à sa substance, n'appartient à personne, et rentre dans la classe des choses désignées dans le droit romain sous le nom de *res communes* (*Inst. de rer. div.*, § 1er et 2).

4. — Les cours d'eau se distinguent en trois classes : *navigables, flottables, non flottables.* D'autres distinctions ont été faites : *eaux vives* ou de source et *eaux pluviales, eaux courantes et stagnantes, eaux publiques et privées.* Mais la première classification est celle qui a le plus d'importance et qui résulte des termes mêmes de la loi.

5.—Les cours d'eau, en général, sont à considérer, soit dans leurs lits, soit dans les ouvrages ou établissemens qui les bordent.

ART. 1er. — *Des eaux navigables et flottables.*

§ 1er.— *Des eaux navigables.*

§ 2.— *Des eaux flottables.*

§ 3.— *Dispositions communes.*

§ 4.— *Des canaux.*

ART. 2.— *Des eaux non navigables ni flottables.*

§ 1er.— *Des petites rivières et ruisseaux.*

§ 2.— *Des eaux de source et pluviales.*

§ 3.— *Des marais.*

§ 4.— *Des étangs.*

§ 5.— *Des puits, citernes et égouts.*

ART. 3.— *Des moulins et usines à eau.*

§ 1er.— *De l'autorisation.— Cas où elle est nécessaire.*

§ 2.— *Conditions de l'autorisation.*

§ 3.— *Dispositions diverses.— Modification et Suppression d'usines, Chômage.*

ART. 4.— *De la compétence.*

§ 1er.— *Compétence relativement aux rivières navigables et flottables.—Dispositions générales.*

§ 2.— *Compétence des préfets.*

§ 3.— *Compétence des conseils de préfecture.*

§ 4.— *Compétence des tribunaux civils.*

ART. 5. — *Compétence relativement aux eaux non navigables ni flottables.*

§ 1er.— *Compétence des préfets.*

§ 2.— *Compétence des conseils de préfecture.*

§ 3.— *Compétence des tribunaux civils.*

ART. 1er.— *Des eaux navigables et flottables.*

§ 1er.— *Des eaux navigables.*

6.— Les eaux ou rivières *navigables* sont celles qui portent des bateaux, trains ou radeaux, soit de leur fond, soit *avec artifices et ouvrages de mains.* — Garnier, t. 1er, p. 5, suppl. p. 12 à 15; Favard, vº Navigation, sect. 2, n. 7; D.A. 12. 1026, n. 1.

7.— Il ne suffit pas qu'une rivière porte bateaux, pour qu'elle soit réputée navigable. Le législateur n'a compris sous ce nom que les rivières portant des bateaux pour des transports publics, qui nécessitent l'établissement d'un halage, d'un port ou quai, ou de tous autres accessoires d'une navigation véritable. — Garnier, t. 1er, p. 7 et 8; D.A. *cod.*, n. 2.

8. — Ainsi, l'établissement d'un bac sur une petite rivière ne saurait par lui seul la faire considérer comme navigable. — Garnier, *cod.*; D.A. *cod.*

9. — Les rivières navigables ont toujours fait partie du domaine public (Ord. 1669, tit. 27, art. 41; édit. de 1683; l. 22 nov. 1790, art. 2; C. civ. 538; ord. cons. d'état, 19 mai 1821.) — Garnier, *Tr. des eaux*, n. 14; Dur., t. 5, n. 200; D.A. 12. 1027, n. 4, et 11. 449, n. 6.

10. — L'ordonnance de 1669, qui ne plaçait dans le domaine public que les rivières navigables de leur fond, et non celles qui n'étaient devenues navigables que par l'ouvrage de l'homme, ayant été abrogée par l'art. 538 C. civ., qui ne fait aucune distinction entre ces deux espèces de rivières, le propriétaire riverain d'un canal; autrefois rivière non navigable, mais qui depuis a été déclaré navigable, ne peut aujourd'hui réclamer le droit de pêche sur ce canal.— 29 juill. 1828. Req. Paris. D'Harville. D.P. 28. 1. 355.

11. — Du moment que les rivières navigables font partie du domaine public, il en résulte que leurs lits appartiennent aussi à ce domaine.— Proud., n. 742.

12. — Le titre du domaine public n'étant fondé que sur la navigabilité de la rivière, il s'ensuit que là où cette qualité manque, la rivière doit cesser de faire partie du domaine public.

13. — Ainsi, les parties de la rivière *supérieure*, à l'endroit où elle commence à devenir navigable, ne sont pas la propriété de l'état (Arr. du parl. de Paris, 9 déc. 1651; édit d'avril 1683; arr. cons. 10 août et 9 nov. 1694; déclar. 13 août 1709; ord. cons. d'état, 22 janv. 1824).—Garnier, t. 1er, p. 14 et suiv.; Dur., t. 5, n. 203; Favard, Rép., vº Servitude, sect. 1re; Merlin, Rép., vº Rivière, § 1er, n. 3; D.A., t. 12, p. 1026, n. 3; t. 11, p. 449, n. 7; Proud, *du Dom. publ.*, n. 752.

14.— Toutefois, pour conserver la navigabilité de la rivière, l'administration publique peut, toutes les fois qu'elle le jugera nécessaire, défendre de pratiquer dans sa partie supérieure, même dans les ruisseaux y affluant, les prises d'eau que la loi permet pour l'irrigation des fonds riverains (644 C. civ.) dans les ruisseaux ou rivières ni navigables ni flottables (L. 10, 72, ff. *de Aquâ*, lib. 39, tit. 3).—Proud., *cod.*, n. 753.

15. — Il peut s'élever des contestations sur l'état même d'une rivière, savoir si elle est, en tout ou en partie, navigable ou non. Mais, d'après les termes de l'art. 3 de la loi du 15 avril 1829, le roi doit déterminer, par des ordonnances rendues d'après enquête de *commodo* et *incommodo*, quelles sont les parties du fleuve qui appartiennent au domaine public.

16. — Quant aux bases sur lesquelles l'administration doit s'appuyer pour fixer ce classement des rivières, ce sont l'usage constant des lieux et les anciens décrets et ordonnances émanés du gouvernement, qui auraient déclaré la rivière navigable à partir de tel ou tel point. — Proud., n. 1018.

17. — Une rivière commence à être navigable et flottable au point où il existe des *passalis.*—19 janv. 1832. Ord. cons. d'état. Cayla. D.P. 32. 3. 135.

18. — Lorsque, dans une contestation devant les tribunaux, au sujet de l'exécution d'un bail passé entre l'adjudicataire de la pêche d'une rivière et ses sous-fermiers, il s'élève la question préjudicielle de savoir si une rivière affluant à celle dont la pêche a été affermée, est ou non navigable, cette question qui, par sa nature, est administrative, doit être décidée par le préfet et non par le conseil de préfecture. — 27 déc. 1820. Ord. cons. d'état. Mellon.

19.— Une fois qu'une rivière est reconnue ou déclarée navigable depuis un point quelconque, toute sa partie inférieure rentre dans la propriété de l'état, soit parce que les ordonnances citées plus haut mettent formellement les rivières dans le domaine du roi, *depuis le lieu où elles sont navigables*, soit parce que l'interprétation contraire favoriserait les tranchées ou anticipations qui compromettraient l'intérêt public en rendant peut-être la navigation impossible.— Garn., p. 18 et suiv.; Merl., vº Rivière, § 1er, n. 3; D.A. t. 12, p. 1027, n. 3; t. 11, p. 449, n. 7; Dur.; t. 5, n. 205, Fav., Rép., vº Servitude, sect. 1re.

20.— Ainsi, les bras des rivières navigables, quoiqu'ils n'aient pas ce caractère, font partie du domaine public. Par là on maintient l'usage complet de la navigation en prévenant des dérivations ou usurpations qui deviendraient plus fréquentes avec l'espoir qu'on aurait de les conserver.— Garnier, p. 8; D.A. *cod.*, n. 3; Daviel, p. 33 et 144; Proudh., n. 758.—*Contrà*, Chardon, *de l'Alluvion*, p. 68.

21.—Toutefois, si le bras non navigable ni flottable d'une rivière portait ses eaux dans une autre région, et ne se réunissait plus au corps de la rivière, il cesserait, dès son point de séparation, de faire partie de la grande rivière, et n'appartiendrait plus à la classe de celles qui sont navigables et flottables. — Proudh., n. 760.

22.— Du moment qu'une rivière navigable appartient au domaine public, il s'ensuit que les frais d'entretien de cette rivière doivent être à la charge de l'état.

23.—Toutefois, s'il est question de réparer ou reconstruire une écluse qui sert tout à la fois au roulement d'une usine et à l'exercice de la navigation, les frais doivent être supportés seulement en partie par le trésor public, et en partie par les propriétaires de l'usine. — Ord. 10 janv. 1821. Mac., t. 1er, p. 34; Proudh., n. 764.

24. — Dans ce cas, c'est l'autorité administrative qui règle la contribution des dépenses.

§ 2.— *Des rivières flottables.*

25.— Les rivières *flottables* sont celles où peuvent flotter des bois sans être chargés ou voiturés dans des bateaux. On distingue deux sortes de flottages : l'un à bois réunis en trains ou radeaux, l'autre à pièces de bois isolées ou *à bûches perdues*. De là deux espèces bien distinctes de rivières flottables.— Garnier, t. 1er, p. 9; D.A. 12. 1027, n. 4.

26. — Le flottage par trains ou radeaux s'exerce lorsque des groupes de bois coupés en bouts de moindre ou médiocre grandeur sont assujettis les uns avec les autres par des perches et des liens, et sont lancés à flot dans la rivière comme ne formant qu'un seul corps.— Proudh., n. 857.

27. — Le flottage s'exerce à bûches perdues lorsqu'on lance en rivière, bûche à bûche, des morceaux de bois destinés au chauffage, pour les faire descendre jusqu'aux ports où l'on a construit des arrêts pour retenir la flotte, tandis qu'on la retire de l'eau.

28.— Les rivières flottables à bois réunis en trains ou radeaux sont une dépendance du domaine public. — Garnier, t. 1er, p. 10; Dur., t. 5, n. 200; D.A. 12. 1027, n. 5, et 11. 449, n. 6.

29. — Pour ce qui concerne les frais d'entretien des rivières flottables à bois réunis, Proudhon fait une distinction : « Si le curage de la rivière, dit-il, ne doit être fait que pour enlever quelques obstacles d'atterrissemens formés dans l'intérieur, sur le passage des trains et radeaux, qui ne peuvent plus franchir les lieux obstrués, alors la dépense doit être supportée par l'état, comme n'ayant pour objet que le maintien de l'exercice du service public.

» Si, au contraire, le curage de la rivière n'est devenu nécessaire que pour délivrer la contrée des inondations et marécages dont elle se trouve affligée par le défaut d'une libre évacuation des eaux, c'est aux frais des propriétaires du voisinage que l'opération devra avoir lieu, conformément aux règles tracées par la loi du 14 flor. an 11.

» Si enfin le curage de la rivière doit avoir lieu tout à la fois, soit dans l'intérêt du service public de la flottabilité, soit dans l'intérêt des propriétaires du voisinage, les frais devront en être supportés en partie par l'état et en partie par les fonds de la contrée. »

30.— Le droit d'ordonner le curage d'une rivière non navigable appartient non aux conseils de préfecture, mais au préfet.— 10 fév. 1816. Ord. cons. d'état. Guillermin.

31. — La distinction faite ci-dessus quant à la propriété des rivières navigables relativement aux parties qui sont au-dessus ou au-dessous du point où la navigabilité commence, se reproduit au sujet des rivières flottables à bois réunis, et reçoit la même solution.— Garnier, t. 1er, p. 14 et 18; Dur., t. 3, n. 203; Favard, vº Servitude, sect. 1re; Merlin, vº Rivière, § 1er, n. 3; D.A. t. 12, p. 1027, n. 3; t. 11, p. 449, n. 7.

32. — Les communications navigables que l'état entretient sont-elles les seules qui lui appartiennent? Doit-on laisser aux communes ou aux particuliers les cours d'eau navigables qui sont à leur charge, et qu'on ne peut considérer, dans le système de la navigation intérieure, que comme des routes vicinales ou privées, établies pour le service spécial des communes, des habitations, des exploitations agricoles ou industrielles? Oui. — Allent., Rép.; Favard, vº Vicinalité, § 2; Cormenin, vº Cours d'eau, p. 8; D.A. 12. 1027, n. 6.

33.—Jugé qu'un ruisseau qualifié marral et comme tel appartenant à une commune, ne peut être considéré comme voie publique. — 5 janv. 1809. Cr. c. Min. pub. C. Darnès. D.A. 11. 501, n. 9. D.P. 9. 2. 43.

34.— Les rivières simplement flottables à bûches perdues ne font pas partie du domaine public; elles appartiennent aux riverains. (Garnier, t. 1er, p. 22 et suiv.; Cormenin, p. 38; Favard, vº Vicinalité, § 2; D.A. 12. 1027, n. 5, et 11. 449, n. 8; Daviel,

p. 144; Chardon, p. 75). — 9 nov. 1694, arrêt du conseil. — 21 fév 1822, ord. cons. d'état. — 23 août 1823. ord.

35. — Pour qu'on puisse exercer le flottage à bûches perdues sur une rivière ou un ruisseau, il n'est pas nécessaire que le cours d'eau ait été reconnu ou déclaré par l'autorité publique asservi à ce genre de flotabilité. L'eau courante, en effet, n'est dans le domaine de personne : d'où il résulte que l'usage doit en appartenir à tous. Or, c'est cette qualité d'eau courante qui constitue précisément le moyen de transport. D'ailleurs la faculté du flottage à bûches perdues est éminemment renfermée dans la grande liberté décrétée, sur l'usage des eaux courantes, par l'article 9 de la loi du 25 août 1792. — Proud., n. 1198.

36. — Il n'est dû aucune indemnité aux propriétaires riverains du cours d'eau où s'exerce le flottage à bûches perdues, pour l'exercice de cette espèce de navigation, ni pour le passage des flotteurs le long des bords de ce cours d'eau. — Proud., n. 1205.

37. — Cependant, lorsque, pour favoriser le passage d'une flotte, il est nécessaire d'arrêter le mouvement d'un moulin légalement établi sur une rivière, le meûnier est en droit d'exiger une indemnité de chômage.

38 — La loi du 28 juill. 1824, relative à la taxe de l'indemnité due par les flotteurs aux propriétaires des fonds riverains des cours d'eau, à raison des dépôts de bois faits sur ces fonds avant de les lancer à l'eau, ne s'applique qu'au flottage exercé sur la Seine et ses affluens. Pour toutes les autres parties de la France, l'indemnité doit être réglée d'après les termes du droit commun. — Proud., n. 1215.

§ 3. — *Dispositions communes.*

39. — On parlera au mot *propriété* des îles, îlots atterrissemens qui se forment dans les rivières navigables ou flottables. — V. Propriété.

40. — Les riverains ne peuvent établir sur les rivières navigables ou flottables aucun barrage, aucune digue avancée, sous quelque dénomination que ce soit, sans l'expresse autorisation du gouvernement (Ord. 1669, tit. 27, art. 42).

41. — Toutefois, comme la défense est de droit naturel, les riverains ont la faculté de fortifier les bords de leurs héritages pour les mettre à l'abri des ravages des eaux. *Ripas fluminum reficere, munire, utilissimum est.* — Chard., *de l'Alluvion*, n. 191.

42. — Mais la première condition que les riverains ne doivent jamais perdre de vue en faisant ces travaux de défense, est de ne porter aucune entrave à la navigation.

43. — Au surplus, la prudence veut qu'avant de faire, dans un cours d'eau navigable, un ouvrage tant soit peu important, on en obtienne l'autorisation de l'administration qui, dans ce cas, en prescrit la forme, les dimensions et les conditions. Cette autorisation est même indispensable d'après Daviel, p. 140, et Proud., n. 770. — *Contrà*, Chard., *loc. cit.*, n. 193.

44. — Par suite, si un riverain construisait des ouvrages pour la défense de sa propriété, sans avoir obtenu d'autorisation, il serait passible d'une amende; néanmoins, si ces ouvrages étaient reconnus inoffensifs à la navigation, l'administration ne devrait pas en prononcer la destruction (Proud., n. 770; Chard., *loc. cit.*). — Ord. 16 janv. 1828. Administrateurs des hospices de Troyes.

45. — Au reste, dans le cas même où les travaux exécutés ne sont pas nuisibles à la navigation, les voisins peuvent en demander la destruction, s'ils éprouvent un dommage réel. — Chard., n. 198; Proud., n. 771.

46. — D'après le droit romain, les riverains des fleuves et rivières navigables peuvent, par des ouvrages, reporter leur rive sur la ligne qu'elle occupait l'été précédent; et conséquemment reprendre tout ce dont les eaux se sont emparées depuis, pourvu que leurs travaux ne donnent pas à ces eaux un cours différent de celui qu'elles avaient alors (L. 1re, lib. 43, tit. 15, ff.). — Chard., n. 194.

47. — Au surplus, tout riverain peut élever à son gré tous les ouvrages propres à défendre sa propriété d'un débordement, tels que digues ou chaussées, alors qu'ils sont construits sur son propre terrain et hors du lit du cours d'eau. Les autres riverains ne peuvent se plaindre de ce que les eaux sont par là refluées en cas de débordement sur leurs héritages, puisqu'il leur était aussi permis de leur côté de repousser les eaux en construisant des ouvrages semblables (Chard., n. 201). — Arrêt de la cour d'Aix, daté de 1813. S. 14. 2. 9.

48. — Il est défendu « à toutes personnes de détourner l'eau des rivières navigables et flottables, ou d'en affaiblir le cours par tranchées, fossés ou canaux, à peine, contre les contrevenans, d'être punis comme usurpateurs et les choses réparées à leurs dépens. » L'administration doit veiller à ce que nul ne détourne le cours des eaux sans y être autorisé par l'administration centrale, et sans pouvoir excéder le niveau déterminé (Ord. 1669, tit. 27, art. 44; arrêtés du direct. 13 niv. an 5 et 9 vent. an 6). — Garnier, t. 1er, n. 18 et 19; Favard, v° Canaux d'irrigation; D.A. 12. 1027 et 1028, n. 7 et 11. 449, n. 10.

49. — Les contraventions à l'arrêté du 9 vent. an 6 sont constatées et poursuivies par l'autorité administrative (L. 9 flor. an 10). — Favard, v° Cours d'eau; D.A. 11. 450, n. 11.

50. — Cette prohibition ayant pour base l'intérêt public, peut être levée par le gouvernement qui, dans ce cas, doit prendre toutes les précautions nécessaires pour qu'il ne soit pas porté atteinte à la navigation.

51. — Toutefois, la défense de détourner l'eau des rivières navigables ou flottables n'empêche pas d'y puiser de l'eau, d'y laver et d'y abreuver les bestiaux, sans pouvoir cependant passer sur l'héritage riverain dont on n'est pas propriétaire. — Garnier, t. 1er, n. 18.

52. — Le gouvernement peut même non seulement accorder des concessions partielles, mais encore abandonner la jouissance totale d'une rivière navigable ou flottable, par exemple, dans le cas où la pêche et la navigation ne l'indemniseraient pas des frais d'entretien. — Garnier, t. 1er, n. 20; D.A. 11, *eod.*, n. 12.

53. — Par suite, une ville que l'état a subrogée temporairement dans ses droits sur la propriété d'une rivière, peut invoquer les mêmes principes que lui à l'égard de la possession de cette rivière. — 29 juill. 1828. Req. Paris. D'Arville. D.P. 28. 1. 355.

54. — Toutefois, la concession faite par le gouvernement n'emporte pas aliénation au profit du particulier : elle est, au contraire, généralement révocable. — Pardess., n. 77.

55. — Le fleuve considéré en lui-même, et comme agent de navigation, rentre dans la classe des choses qui sont hors du commerce, et qui, aux termes de l'art. 2226, ne sont pas prescriptibles. — Proud., *Dom. pub.*, n. 735.

56. — Quant aux îles et atterrissemens qui se forment dans les rivieres navigables, on peut les acquérir par prescription. Cela résulte d'une manière formelle des derniers termes de l'art. 560 C. civ. (Proudh., *loc. cit.*). — V. pour tout ce qui concerne la prescription des eaux, le mot Prescription.

57. — Les rivières navigables et flottables faisant partie du domaine public, il s'ensuit qu'il n'est permis à personne, sans l'autorisation du gouvernement, de fouiller dans le lit de ces rivières pour en tirer du sable et des pierres. — Denizart, v° Rivière; Loys., *Tr. des seigneuries*, ch. 12, n. 120; Chard., n. 48.

58. — Le droit de pêche sur les rivières navigables et flottables appartient à l'état. — V. Pêche.

59. — Une loi du 29 flor. an 10 établit un droit de navigation intérieure sur les fleuves et rivières navigables qui n'y ont point encore été assujettis. Elle détermine les formalités à remplir pour la fixation des tarifs, en raison des besoins de chaque localité. Un arrêté du gouvernement, du 8 prair. an 11, règle l'exécution de cette loi (V. Péage). — Fav., v° Navigation, sect. 2, n. 2 et 5; D.A. 12. 1028, n. 8.

60. — Une loi récente a fixé le tarif du droit de navigation sur la basse Seine.

§ 4. — *Des canaux.*

61. — *Canaux proprement dits.* — Des canaux ne peuvent être ouverts à la navigation ou au flottage qu'en vertu d'une loi ou d'une ordonnance royale, suivant l'importance des travaux (L. 7 juill. 1833, art. 3). — Voyez (D.P. 32. 3. 11) la loi du 20 fév. 1832, qui autorise l'exécution du canal des Pyrénées, et (D.P. 32. 3. 57) celle du 20 avril-3 mai 1832 qui autorise l'exécution d'un canal latéral à la Garonne.

62. — Les canaux de navigation intérieure sont sous la surveillance de l'administration des ponts-et-chaussées.

63. — Toutes les eaux qui tombent naturellement ou par l'effet des ouvrages d'art, soit dans les canaux, soit dans leurs rigoles nourricières, soit enfin dans les réservoirs ou étangs, sont en entier à la disposition des canaux, nonobstant tous usages contraires. — Il est défendu d'en détourner les eaux, à moins de concession (toujours révocable). — 22 fév. 1813. Décr. Sir. 13. 2. 368.

64. — Le gouvernement peut même toujours, moyennant une juste indemnité, s'emparer des sources et ruisseaux qui peuvent servir à alimenter le canal. — Proudh., n. 795.

65. — Mais, dans ce cas, l'expropriation doit avoir lieu selon les formes prescrites par la loi du 7 juill. 1833, attendu qu'il y a là une véritable expropriation foncière, puisque les propriétaires riverains sont dépouillés du terrain sur lequel coule la source ou le ruisseau. — Proudh., *loc. cit.*

66. — Il arrive souvent que l'établissement d'un canal cause des dommages par les infiltrations qui s'opèrent, et qui vont, soit humecter, soit inonder les terres voisines. Les propriétaires de ces fonds ont alors droit à une indemnité. — Proud., n. 1563.

67. — Les canaux sont la propriété de l'état ou des compagnies autorisées à les entreprendre. — Garnier, *Tr. des eaux*, p. 148; D.A. 12. 1028, n. 9.

68. — Il peut y avoir aussi des canaux qui, quoique servant à quelque partie de navigation intérieure, sont néanmoins la propriété foncière des particuliers qui les ont fait creuser à leurs frais et sur leurs propres héritages.

69. — C'est ainsi qu'un canal de désséchement, construit par une association des propriétaires riverains d'un cours d'eau non navigable, est une propriété privée. Par suite, s'il y a des usines ou autres édifices à construire ou à détruire, par voie d'autorité, c'est aux tribunaux et non à l'administration d'en connaître. — 1er sept. 1825. Arr. cons. Colombet. D.P. 26. 3. 15.

70. — Les canaux forment une propriété d'espèce toute particulière dans les mains des compagnies auxquelles ils sont vendus par l'état. — La société qui en est propriétaire ne peut changer la destination primitive des canaux, ni céder ou transporter tout ou partie de son droit. — 16 mars 1810. Déc. S. 10. 2. 284.

71. — De même, la propriété d'un canal appartenant à un simple particulier est grevée de la servitude perpétuelle de rester en cet état, et de livrer passage à tous ceux qui le réclament, conformément aux réglemens et aux tarifs. — 5 mars 1829. Req. Paris. Fildier. D.P. 29. 1. 169.

72. — Les droits des compagnies autorisées à creuser un canal sont déterminés par l'acte de concession. — Garnier, t. 1er, p. 148; D.A. *eod.*

73. — Jugé que l'adjudicataire d'un canal qui, par un article du cahier des charges, s'est obligé de reprendre et d'achever les travaux, étant, dès ce moment, substitué aux lieu et place du gouvernement, ne pourrait pas se refuser de prendre à sa charge le paiement du loyer d'un terrain nécessaire pour le dépôt des matériaux, sous le prétexte que la location en avait été faite antérieurement à son adjudication. — 6 juin 1830. Ord. cons. d'état. Honnorez.

74. — L'obligation imposée à des concessionnaires par leur traité, de recreuser à une profondeur déterminée l'un des canaux compris dans la concession, ne comprend pas nécessairement l'obligation d'abaisser au même niveau l'écluse de ce canal. — 26 déc. 1830. Ord. cons d'état. Comp. des canaux D.P. 32. 3. 8.

75. — En cas de contestation entre l'administration publique des canaux d'Orléans et de Loing, et des particuliers, c'est à l'édit de concession de 1679 qu'il faut avoir recours, lors même qu'entre ceux-ci et les propriétaires des canaux il serait intervenu une transaction, avant que le gouvernement s'en fût emparé. — 27 août 1817. Ord. cons. d'état. Comp. des canaux d'Orléans et de Loing.

76. — Jugé que le propriétaire d'actions sur le canal du Midi, à titre de dotation de l'ancien gouvernement, en a été privé par suite de leur retour à l'état en vertu de la loi du 12 janv. 1816 et des ordonnances des 17 janvier et 25 mai de la même année, s'il a été compris dans l'ordonnance du 24 juill. 1815. — 29 janv. 1823. Ord. cons. d'état. Defermon. Mac. 5. 29.

77. — Et, dans ce cas, ces actions ont dû être restituées aux anciens propriétaires, en vertu de la loi du 5 déc. 1814, et ce, du jour de la publication de l'ordonnance du 25 mai 1816. — Même ordonnance.

78. — La propriété d'un canal fait de main d'homme entraîne la présomption légale de la propriété des francs bords de ce canal et des arbres qui y sont plantés. — Toute possession de ces francs bords par des tiers ne peut être considérée que comme de tolérance, et par suite ne peut faire preuve de pro-

priété en faveur de ces tiers (C. civ. 546, 553, 2232). 12 fév. 1830. Paris. Leharle. D.P. 30. 2. 117. — 30 janv. 1833. Toulouse. Depeyre. D.P. 33. 2. 112.— 10 sept. 1832. Toulouse. Beauquesne. D.P. 33. 2. 49.

79.— Conformément à ce principe, lorsqu'une prairie bordant un canal a été adjugée à plusieurs propriétaires, sans qu'il soit nommément question, dans le cahier des charges, des talus du canal, les adjudicataires ne sont pas fondés à les réclamer, surtout s'ils sont absolument nécessaires à la jouissance de ce canal et s'ils en font partie intégrante.— 26 mars 1812. Décr. cons. d'état. Martinet.

80.— Les canaux de navigation qui sont faits, soit aux frais du trésor public, soit aux dépens des particuliers, ne sont taxés à la contribution foncière qu'en raison du terrain qu'ils occupent, comme terre de première qualité (L. 5 flor. an 11, art. 1er). —Garn., *eod.*; Fav., v° Navigation, n. 1; D.A. *cod.*, n. 9.

81.— Les frais à faire pour le curage des canaux doivent être payés d'après les anciens réglemens ou les usages locaux, et ne peuvent être répartis, malgré ces réglemens et usages, entre les propriétaires riverains, par les conseils de préfecture. Mais si des changemens survenus exigent des dispositions nouvelles, on peut faire un nouveau réglement d'administration publique.— 9 avril 1817. Ord. cons. d'état. La communauté des propriétaires des marais de Bordeaux.

82.— Une loi du 29 flor. an 10 établit un droit de navigation intérieure sur les canaux qui n'y ont pas été encore assujettis. Elle détermine les formalités à remplir pour la fixation des tarifs, en raison des besoins de chaque localité. Un arrêté du gouvernement, du 8 prair. an 11, règle l'exécution de cette loi.

83. — Dans tous les cas, les propriétaires de canaux de navigation ne peuvent, même avec l'autorisation du gouvernement, percevoir d'autres droits que ceux fixes par les tarifs, tant qu'il ne s'agit que de l'usage du canal, tel qu'il a été détermine par le titre de concession.— 5 mars 1829. Req. Paris. Fildier. D.P. 29. 1. 169.

84.— Mais lorsqu'il s'agit d'un usage auquel les concessionnaires n'ont pas été assujettis, tel que de souffrir le *stationnement* des bateaux dans le canal pendant un temps plus long que ne l'exigent les besoins de la navigation ; les propriétaires du canal peuvent être autorisés à percevoir un droit à raison de ce stationnement, dont le prix ne leur est pas fixé par les tarifs.— Même arrêt.

85. — Jugé que les propriétaires du canal de Fouchy qui, en vertu des lettres-patentes de 1676 et de la sentence du bureau de la ville de Paris, de 1733, avaient droit à une rétribution pour le flottage des bois sur leur canal, ne peuvent aujourd'hui, à cause des changemens survenus dans l'état des canaux, en réclamer l'exécution littérale ; néanmoins, ils ont droit à une indemnité qui doit être fixée par le ministre de l'intérieur.— 23 oct. 1816. Ord. cons. d'état. Lafoulotte, etc.

86.— L'art. 8 du décret organique du 10 mars 1810, relatif au canal du Midi, en déclarant que ce canal ne pourrait être assujetti à aucune taxe particulière, n'a entendu parler que de taxes toutes spéciales à ce canal et hors du droit commun. Mais si, plus tard, une ordonnance interdit toute exception à la perception du droit, les matériaux et objets transportés par la voie de ce canal ne peuvent échapper à cette disposition.— 2 fév. 1825. Ord. cons. d'état. Canal du Midi.

87.—Les mesures du gouvernement, relatives aux canaux, sont des actes d'administration publique qui ne sont pas susceptibles d'être attaquées par la voie contentieuse.— Décr. 10 sept. 1808. Canaux d'Orléans. S. 17. 2. 23.

88.— Ainsi, lorsque, sur la demande du concessionnaire d'un canal, tendant au rapport d'une ordonnance qui a révoqué la concession, une ordonnance nouvelle a autorisé, avant faire droit, des études et reconnaissances sur le terrain, pour la rédaction d'un projet de canal, avec réserve de statuer ensuite ce qu'il appartiendra, une telle ordonnance ne peut être attaquée devant le conseil d'état par des tiers concessionnaires de canaux voisins de celui dont la concession a été révoquée.— 30 janv. 1828. Ord. cons. d'état. Comp. d'Orléans. D.P. 31 3. 37.

89.— L'autorité administrative est seule compétente, 1° pour connaître de la répression des délits commis sur les canaux navigables.— Décr. 8 avril 1809. Hesse. S. 17. 2. 120.

90.— 2° Pour constater et réprimer les anticipations et détériorations commises sur les canaux, leurs chemins de hallage, francs bords, fossés et ouvrages d'arts en dépendant, comme aussi pour trancher les contestations auxquelles les ouvrages à exécuter peuvent donner lieu.— 13 mai 1809. Décr. cons. d'état. Deloince.

91.— 3° Pour statuer sur les contestations entre le propriétaire d'un canal qui ne lui a pas donné la largeur déterminée par l'acte de concession, et les propriétaires riverains lésés par l'inexécution de cette clause. — 17 juin 1809. Décr. cons. d'état. Roussel.

92.—Néanmoins, lorsqu'une contravention à un réglement administratif, commise sur un canal non navigable ni flottable, mais dérivé d'une rivière navigable ou flottable, n'est relative qu'à l'usage ou à l'abus qui a été fait des eaux de ce canal, au détriment des intérêts privés des propriétaires riverains ou des usagers, sans que la hauteur des eaux de la rivière d'où ce canal est dérivé et où il se décharge, puisse en éprouver aucune altération, cette contravention n'est qu'une contravention de petite voirie, et rentre dans la compétence des tribunaux de simple police. — 18 mars 1825. Cr. r. Petit. D.P. 25. 1. 445.

93 —Il en serait autrement d'une contravention à un réglement administratif, commise sur un canal dérivé d'une rivière navigable ou flottable, et intéressant la dérivation des eaux de la rivière, leur décharge ou leur hauteur; ce serait là une contravention de grande voirie, dont la connaissance appartiendrait à l'autorité administrative. —Même arrêt.

94.—Lorsque des canaux établis dans une ville pour la préserver des inondations, ont été encombrés par suite de travaux ou de plantations exécutés par les propriétaires riverains, ils doivent être, par eux et à leurs frais, rétablis dans leur état primitif. — 20 nov. 1815. Ord. cons. d'état. Tabuteau.

95.— Au surplus, outre les règles générales de la grande voirie qui s'appliquent aux canaux, il peut y avoir pour l'usage de chacun d'eux des réglemens de discipline locale.—Proud., n. 799.

96.—Jugé enfin que lorsqu'au sujet de la jouissance d'un canal particulier, cédée moyennant indemnité aux riverains par un réglement administratif qui a fixé le temps et la durée de cette jouissance, il a été nommé, par les riverains, des syndics, à qui ils ont attribué l'action en répression des contraventions à ce réglement, le propriétaire du canal a pu être déclaré sans qualité pour agir contre les usagers dans le cas de ces contraventions; le droit d'en poursuivre la répression, comme de surveiller l'entretien du canal, n'appartient qu'aux syndics.

Est-il vrai de dire que, dans ce cas, le propriétaire du canal soit sans intérêt?—27 août 1828. Req. Charleval. D.P. 28. 1. 403.

97.—*Canaux d'irrigation.*— Outre les canaux de navigation intérieure, il est des canaux de dérivation qui servent à conduire les eaux d'une rivière vers un lieu qui, quoique plus bas, n'en serait pas arrosé naturellement.

98.—Ces canaux, creusés à main d'homme, ne doivent être construits et entretenus qu'aux frais des propriétaires de prés, à l'irrigation desquels ils sont destinés.

99.—Il se forme alors ordinairement, sous le nom collectif de compagnie d'arrosans, un contrat de société qui a ses syndics pour agir dans l'intérêt de la masse.

100. — Les canaux d'irrigation sont quelquefois d'une telle importance que leur établissement peut être ordonné pour cause d'utilité publique; mais alors il est nécessaire de recourir au pouvoir législatif pour les autoriser (L. 23 pluv. an 12).

101.—Dans tous les cas, l'administration publique a droit de surveillance sur toutes les entreprises relatives à l'irrigation.—Proudh., n. 1535.

102.— La compagnie des arrosans a la propriété exclusive du canal et des terrains reconnus nécessaires à son service.—Proudh., n. 1538.

103. — Par suite, elle est tenue de payer l'impôt foncier assis sur le canal, lequel impôt doit être taxé en raison du terrain occupé par le canal, mais comme terre de première qualité dans la commune de la situation (L. 3 flor. an 11, art. 1er).

104. — Tous les propriétaires qui profitent du canal d'irrigation doivent contribuer proportionnellement à tous les frais de construction et d'entretien.— 31 mars 1819. Ord. cons. d'état. Villiard.

105.— Ils ne peuvent refuser de payer le montant de leur quote part dans la contribution, par ce motif que la prescription, reçue en matière de contributions publiques, leur est acquise. En d'autres termes, on ne peut appliquer aux contributions relatives aux canaux et cours d'eau, les lois concernant les contributions publiques. — 29 oct. 1823. Ord cons. d'état. Carriga. C. Arnaud, Mac. 5. 693.

106. — Quant aux contestations élevées contre une société d'arrosans par un de ses membres, relativement à la quotité des contributions auxquelles il est imposée pour sa part, s'il n'y a pas de réglement, mais seulement usage, elles appartiennent non aux tribunaux, mais aux conseils de préfecture. — 13 août 1825. Ord. cons. d'état. Gabriac.

107. — Mais les tribunaux sont compétens pour statuer sur la contestation élevée entre la société et l'un de ses membres, qui prétend n'en point faire partie.— 6 fév. 1822. Ord. cons. d'état. Loubier.

108. — Chaque fonds appelé à profiter de l'irrigation a droit à la prise d'eau, et c'est là un droit de servitude active qui lui est du par le canal.

109. — Si, pour faire la distribution des eaux, il est besoin de recourir à des usages anciens ou à des titres, c'est aux tribunaux qu'appartiennent les contestations auxquelles ce partage peut donner lieu, et le préfet ne peut ordonner une prise d'eau provisoire pendant les débats judiciaires.— 25 juin 1817. Ord. cons. d'état. Synd. du canal de Dalt.

110. —Il a été jugé que le gouvernement seul a le droit de décider si des arrosans ont encouru la déchéance de leurs droits par l'inexécution des conditions qui leur étaient imposées.— 15 août 1821. Ord. cons. d'état. Trincon.

ART. 2.— *Des eaux non navigables ni flottables.*

§ 1er. — *Des petites rivières et ruisseaux.*

111.—Les petites rivières qui ne sont ni navigables ni flottables rentrent, à la différence des grandes rivières, dans le domaine privé, quant à la jouissance des avantages qu'on en peut tirer, attendu que la loi en fait généralement abandon aux propriétaires riverains.

112.— Il faut cependant excepter de cet abandon, 1° la faculté de prise d'eau pour service personnel; 2° l'usage du cours d'eau pour le flottage à bûches perdues; 3° la faculté d'établir des moulins et autres usines qui ne peut être accordée que par l'administration.— Proud., n. 931.

113. — Ici se présente naturellement la question de savoir à qui appartient le lit des rivières non navigables, ni flottables. — D'après le droit romain, le lit, comme la rivière, faisait partie du domaine public. *Flumina autem omnia et portus publica sunt. Idcòque jus piscandi omnibus commune est in portu fluminibusque* (Inst., § 2, *de Rer. div.*). En France, on suivait d'autres règles. Les petites rivières avec leur lit appartenaient presque partout au seigneur haut justicier. Depuis l'abolition de la féodalité, le silence de la loi sur la propriété des cours d'eau non navigables ni flottables a donné lieu à de vives dissidences sur la question de savoir à qui appartient le lit de ces rivières.

114. — Plusieurs auteurs pensent qu'il fait partie du domaine public. Ils se fondent sur l'art. 2 de la loi du 1er janv. 1790, « qui charge les préfets de l'administration relative à la conservation des propriétés publiques, à celles des forêts, *rivières* et autres choses *communes* »; sur l'art. 103 de la loi du 3 frim. an 7, portant « que les rues, les places publiques et les rivières ne sont pas cotisables »; sur la loi du 22 janv. 1808, qui déclare que le gouvernement n'est tenu à aucune indemnité dans le cas où il veut rendre une rivière navigable; sur l'art. 563 C. civ., qui consacrerait une véritable confiscation, si le lit appartenait réellement aux riverains. Ils ajoutent que s'il y a des dispositions dans la loi qui attribuent aux riverains le droit de pêche, le droit d'irrigation, on n'en trouve aucune qui leur accorde le lit; et que s'il a fallu des dispositions expresses pour attribuer aux riverains certains droits, c'est que, dans la pensée du législateur, ces cours d'eau n'appartenaient pas aux riverains, car il eût été, autrement, absurde d'accorder à quelqu'un le droit de se servir de sa propre chose. Cette opinion est embrassée par Merl., v° Rivière, t. 17, Proud, n. 936. — V. également dans ce sens une dissertation de Dalloz, D.P. 34. 1. 108.

D'autres auteurs pensent au contraire que le lit appartient aux propriétaires riverains. Ils invoquent, en faveur de leur opinion, l'art. 538 C. civ., qui n'accorde à l'état que les rivières navigables et flottables; les art. 560 et 561, qui attribuent aux propriétaires riverains la propriété des îles et atterrissemens qui se forment dans le sein des petites rivières; l'art. 644, qui permet à celui dont la rivière traverse la propriété, de la détourner, à la charge de la rendre, à sa sortie, à son cours ordinaire. Ils s'appuyent enfin sur la discussion qui eut lieu à la chambre des pairs lors de la présentation de la loi de la pêche fluviale. A cette occasion, la question actuelle y fut vivement discutée: tous les orateurs qui prirent la parole se prononcèrent en faveur des riverains, à l'exception

du ministre des finances, qui soutint les droits de l'état. Plus tard, un membre de la chambre des pairs fit une proposition tendante à ce que les droits des riverains fussent consacrés par une loi formelle. La commission qui fut nommée à ce sujet reconnut à l'unanimité les droits des riverains sur le lit de ces rivières; et on ajourna la proposition qui avait été faite, par le motif que le code civil ne laissait aucun doute sur la question, et consacrait formellement les droits des riverains. Cette dernière opinion est soutenue par Toull., t. 3, n. 144; Garnier, t. 2, notes; Chard., n. 45; Tropl., *Tr. de la presc.*, t. 1er; n. 145.

115. — Pour la garantie des droits d'irrigation, de pêche et autres, dont les propriétaires riverains jouissent sur les rivières non flottables, ceux-ci peuvent, suivant les circonstances, employer le secours des actions possessoires à l'effet de repousser tout trouble qui leur serait causé. — Proudh., n. 994.

116. — Ainsi, un juge de paix est compétent pour ordonner, entre deux particuliers, par voie d'action possessoire, la destruction de travaux exécutés sur une rivière non navigable. — 6 déc. 1820. Ord. cons. d'état. Causam.

Il en serait autrement si ces travaux avaient été exécutés par l'ordre de l'autorité administrative. — 22 janv. 1824. Ord. cons. d'état. Garcement.

Jugé de même lorsque le nouvel œuvre n'est que l'exécution, par le préfet, d'une décision ministérielle, spécialement, lorsqu'il s'agit de diminuer la hauteur de déversoirs, ordonnée par le ministre. — 22 nov. 1826. Ord. cons. d'état. Petit.

117. — Les avantages accordés aux riverains sur les petites rivières sont indivisiblement unis aux fonds bordant le cours d'eau et ne peuvent avoir une existence solitaire et séparée de ces fonds. — Proudh., n. 996.

118. — Néanmoins, il peut y avoir entre les deux propriétaires de chaque bord des droits acquis à l'un à l'exclusion de l'autre. Ainsi, à supposer que l'un des propriétaires ait exclusivement joui, pendant trente ans, du droit de pêche, il aura prescrit ce droit contre le propriétaire de l'autre bord (L. 15 avril 1829, art. 2).

119. — La puissance exécutive peut à son gré déclarer navigable ou flottable une rivière qui ne l'était pas, sauf l'indemnité due pour la privation du droit de pêche, et pour la servitude du chemin de hallage.

120. — Mais, dans ce cas, l'état ne doit aucune indemnité ni à raison de son lit (Décr. 22 janv. 1808. — D.A. 11. 449, n. 9; Proud., 1014), ni à raison de la privation qu'éprouvent les riverains du droit de prise d'eau dont ils jouissaient.

121. — Il peut même par des travaux rendre une rivière navigable et par là la faire entrer dans le domaine de l'état, sans être obligé d'en payer le prix aux riverains. — Merl., v° Rivière. — V. n. 114.

122. — Mais, de ce que les riverains sont forcés, par suite de la navigabilité, de supporter une servitude, il ne s'ensuit pas qu'ils perdent la propriété du lit de la rivière. Ils en reprendraient la jouissance si elle cessait d'être navigable ou si elle prenait un nouveau cours. — Garnier, t. 1er, n. 23; D.A. *eod.*

123. — Quant aux îles qui étaient déjà formées, avant que la rivière ne fût déclarée navigable, elles continuent de rester la propriété des riverains.

124. — Par suite, s'il devient nécessaire, pour rendre la rivière navigable, d'enlever ces îles, il y aura lieu à l'expropriation pour cause d'utilité publique. — Proud., n. 1014.

125. — Lorsque, pour rendre une rivière navigable, il est nécessaire de supprimer des moulins ou autres usines, ou de les déplacer ou modifier, et que ces usines ont été autorisées par le gouvernement, les propriétaires doivent être indemnisés (C. civ., art. 545; l. 16 sept. 1807, art. 48).

126. — Mais, dans ce cas, par qui et comment devra être réglée l'indemnité? — *S'il* y a suppression de la totalité ou de la partie la plus essentielle de l'usine, la loi du 7 juill. 1833, sur l'expropriation publique, devient applicable. Si au contraire il s'agit simplement de quelques modifications à opérer à l'usine, comme alors il n'y aurait pas une véritable expropriation, l'indemnité devrait être réglée conformément à la loi du 16 sept. 1807. — Proudh., n. 839.

127. — Jugé en ce sens, avant la loi de 1833, que si des travaux de redressement d'une rivière, entrepris postérieurement à la loi du 8 mars 1810, ont enlevé à une usine son moteur, l'indemnité due, à raison de cette dépossession, a dû être fixée, d'après cette dernière loi, par les tribunaux, à défaut de conciliation des parties sur le montant (L. 16 sept. 1807). — 17 août 1825. Ord. cons. d'état. Manisse. D.P. 26. 3. 14.

128. — Mais si les moulins ou les usines dont la destruction devient nécessaire pour rendre une rivière navigable ont été établis sans l'autorisation du gouvernement, il ne sera dû aucune indemnité.

129. — Tout ce qui touche au curage et à l'établissement ou entretien des digues des petites rivières est réglé par la loi du 14 flor. an 11.

130. — D'après l'art. 1er de cette loi, il est pourvu au curage des canaux et rivières non navigables, et à l'entretien des digues et ouvrages d'art qui y correspondent, de la manière prescrite par les anciens réglemens, ou d'après les usages locaux.

131. — Lorsque l'application des réglemens ou l'exécution du mode consacré par l'usage éprouvera des difficultés, ou lorsque des changemens survenus exigeront des dispositions nouvelles, il y sera pourvu par le gouvernement dans un réglement d'administration publique, rendu sur la proposition du préfet du département, de manière que la quotité de la contribution de chaque imposé sera toujours relative au degré d'intérêt qu'il aura aux travaux qui devront s'effectuer (L. 14 flor. an 11, art. 2).

132. — Quant aux rôles de répartition des sommes nécessaires au paiement des travaux d'entretien, réparation et reconstruction, ils sont dressés sous la surveillance du préfet, rendus exécutoires par lui, et le recouvrement s'en opère de la même manière que celui des contributions publiques. S'il s'élève des contestations relativement à la répartition et à la confection des travaux, c'est le conseil de préfecture qui doit en connaître (L. 14 flor. an 11, art. 3 et 4).

133. — Ainsi, d'après ces articles, le conseil de préfecture statue sur les dégrèvemens qui peuvent être demandés de la part de ceux qui prétendent que leurs fonds sont trop imposés comparativement aux autres.

134. — Il statue encore sur les difficultés relatives à la confection des travaux, c'est-à-dire qu'il peut condamner les ouvriers ou entrepreneurs qui auraient mal exécuté les travaux, à des dommages-intérêts. — Proudh., n. 1037.

135. — C'est l'administration qui détermine les endroits où devront être déposés les déblais du curage. Mais le propriétaire sur le fonds duquel ces déblais seront rejetés, a droit à une indemnité. — Proudh., n. 1039.

136. — Cette indemnité doit être supportée par tous les propriétaires qui profitent du curage, et le rôle de répartition en doit être dressé par le préfet.

137. — Dans le cas où il devient nécessaire de creuser un fossé pour mieux fixer le cours des eaux à l'avenir, c'est l'administration qui doit en déterminer la direction.

138. — L'intérêt public qui nécessite le curement d'une petite rivière peut quelquefois exiger, ou qu'on enlève les îles qui s'y trouvent, ou qu'on en élargisse le lit. Mais toujours c'est l'administration qui doit ordonner ces diverses opérations.

139. — Toutefois, comme nul ne peut être tenu de sacrifier sa propriété pour le salut des autres, une indemnité est due, dans ce cas, aux propriétaires soit des îles, soit du terrain qui est enlevé pour l'élargissement du lit.

140. — Quant au montant de l'indemnité, il doit être judiciairement fixé, si les parties ne se sont pas accordées amiablement; et l'administration en fait ensuite la répartition entre tous ceux qui doivent la supporter. — Proudh., n. 1050.

141. — A la différence de ce qui a lieu pour les rivières navigables et flottables, les propriétaires riverains des petites rivières peuvent faire au bord de leurs héritages tous ouvrages de protection nécessaires pour défendre leurs propriétés. — Proudh., n. 1227. — V. n. 47.

142. — Ainsi, tout propriétaire riverain peut établir au-devant de son fonds et parallèlement à la rivière tous les ouvrages qui peuvent servir à défendre sa propriété.

143. — De même encore, il peut construire sur son fonds et au-dessus des bords, une digue pour prévenir l'inondation de sa propriété dans les cas de débordement. — Proudh., n. 1228.

144. — Toutefois, si les ouvrages pratiqués par le propriétaire riverain s'avançaient dans le lit du fleuve, les propriétaires de la rive opposée qui en éprouveraient un préjudice actuel, pourraient en demander la destruction; et si le préjudice était éventuel, ils pourraient seulement exiger un cautionnement d'indemnité de la part du constructeur. — Proudh., n. 1229.

145. — Dans ce cas, c'est aux tribunaux ordinaires qu'appartient la répression de ces anticipations faites sur le cours de l'eau.

146. — Les propriétaires riverains des petites rivières, ayant le droit de pêche, peuvent construire dans la rivière même tous les ouvrages de pêcherie, gords et autres barrages.

147. — Mais, dans ce cas, d'après l'art. 24 de la loi du 15 avril 1829, les ouvrages ne doivent pas être construits de manière à empêcher entièrement le passage du poisson.

148. — Si une partie se trouvait lésée par ces ouvrages, elle devrait s'adresser aux tribunaux ordinaires pour en faire prononcer la destruction (Déc. 12 avril 1812).

149. — Tout propriétaire riverain ayant droit de pêche, a par suite le droit de d'avoir une barque sur cette rivière.

150. — Mais l'exercice de ce droit de barque doit être borné aux usages privés, et le propriétaire ne peut point en user pour passer des tiers d'une rive à l'autre.

151. — Le propriétaire riverain a encore le droit de se servir de l'eau qui borde son héritage pour l'irrigation de sa propriété. Nous ne parlerons pas ici du droit d'irrigation. — V. Servitude.

152. — Seulement nous dirons que le propriétaire riverain a le droit de faire dans la rivière un barrage pour faciliter l'irrigation, pourvu toutefois que ce barrage ne porte préjudice à personne. — Proudh., n. 1280.

153. — Dans le cas où il est intervenu entre les propriétaires riverains des conventions pour régler l'usage des eaux, ces réglemens ont force obligatoire.

§ 2. — *Des eaux de source et pluviales.* — V. Servitude et Propriété.

§ 3. — *Des marais.* — V. ce mot.

§ 4. — *Des étangs.*

154. — On appelle *étang* un amas d'eau contenu par une chaussée ou digue, et dans lequel on nourrit du poisson. — D.A. 12. 1031, n. 1.

155. — Chacun est libre de faire un étang sur son fonds, sans entreprendre sur le domaine public ou les propriétés privées. Il n'est besoin d'autorisation administrative qu'autant que la superficie de l'étang excéderait cinquante hectares, ou que la chaussée serait placée sur ou contre un chemin public (2e proj. C. rur., art. 262). — D.A. *eod.*, n. 2.

156. — Les poissons des étangs y jouissant de leur liberté naturelle, sont considérés comme immeubles par accession; mais, dès l'instant où la bonde de l'étang est levée pour le mettre en pêche, on est dans l'usage de les regarder comme meubles, et comme susceptibles d'être l'objet d'une saisie-mobilière. — Proudh., n. 1579.

157. — Si, dans un débordement des eaux, les poissons d'un étang passent dans un autre, ils sont acquis au propriétaire de l'étang dans lequel ils ont émigré, à moins qu'ils n'y aient été attirés par fraude et artifice (C. civ. 564).

158. — Tout propriétaire d'un étang peut y chasser ou y faire chasser en tout temps, comme dans celles de ses propriétés qui sont closes (Décr. 30 avril 1790, art. 13).

159. — Autrefois, le propriétaire d'un étang pouvait forcer le voisin d'en recevoir les eaux, moyennant indemnité (Arr. 27 nov. 1460); mais aujourd'hui nul ne peut être dépossédé que pour cause d'utilité publique (C. civ. 545). — Guyot, Rép., v° Etang; Garn., t. 2, p. 105; D.A. *eod.*, n. 3.

160. — Les propriétaires riverains, de leur côté, ne peuvent faire sur l'étang des prises d'eau pour l'irrigation de leurs héritages. — Proudh., n. 1422.

161. — L'étang doit être entretenu dans un état non préjudiciable à autrui. Le préjudice peut avoir deux causes principales : l'inondation, et des exhalaisons méphitiques.

162. — Pour l'inondation, il faut distinguer trois circonstances; si la hauteur des eaux n'a pas été déterminée par l'administration, c'est le cas prévu par la loi du 6 oct. 1791, qui, tit. 2, art. 15, condamne au paiement du dommage et à une amende qui ne doit jamais excéder le montant de l'indemnité; si la hauteur des eaux a été déterminée, c'est le cas de l'art. 457 C. pén.; enfin, si cette hauteur n'a pas été excédée, il n'y a pas de délit, ni, par conséquent, d'amende; mais une indemnité n'est pas moins due. Il n'était pas au pouvoir de l'administration de grever de servitude les propriétaires voisins. — 23 janv. 1819. Cr. c. Min. pub. C. Guéron. D.A. 4. 778. D.P. 19. 1. 58, v° Délit rural. — 6 nov.

1824. Cr. r. Parrain. D.A. *eod.* D.P. 24. 1. 455. — Garn., t. 2, p. 103; D.A. 12. 1031, n. 4.

163 — Il faut remarquer en outre que si le mauvais état de la chaussée ou le défaut de curage rendait imminente l'irruption des eaux, les voisins, pour prévenir le dégât, pourraient sommer le propriétaire de faire les réparations utiles.— Boutaric, *Droits seig.*, p. 370; Garn., *eod.*; Merl., Rép., v° Etang; Toull., t. 3, n. 138; Dur, t. 4, n. 408; D.A. *eod.*

164 — Quant aux exhalaisons méphitiques, lorsque les étangs, d'après les avis et procès-verbaux des gens de l'art, peuvent occasioner, par la stagnation de leurs eaux, des maladies épidémiques ou épizootiques, les préfets sont autorisés à en ordonner la destruction, sur la demande des conseils municipaux, et d'après les avis des sous-préfets (L. 11 septembre 1792).—La même mesure est prescrite pour le cas où, par leur position, les étangs sont sujets à des inondations qui envahissent et ravagent les propriétés inférieures.— D.A. *eod.*, n. 5.

165.— La loi du 14 frim. an 2, qui avait ordonné le dessèchement de tous les étangs et lacs qu'on est dans l'usage de mettre à sec pour les pêcher, et de ceux dont les eaux sont rassemblées par des digues ou chausées, a été rapportée par une autre loi du 13 mess. an 3.

Le dessèchement des étangs est aujourd'hui soumis aux formalités de la loi du 16 sept. 1807 (V. *suprà*, § 1er).— D.A. *eod.*

166. — Si deux étangs sont si voisins que l'eau de l'un touche la chaussée de l'autre, le propriétaire inférieur doit-il vider ses eaux pour faciliter la pêche de l'étang supérieur? Oui; l'art. 640 C. civ. assujettit le fonds inférieur à supporter les eaux du fonds supérieur, sauf aux tribunaux à concilier les intérêts divers, aux termes de l'art. 645. — Garnier, t. 2, p. 105, n. 112.

Non; l'art. 640 C. est inapplicable; il ne parle que des eaux qui coulent *naturellement* sans que la main de l'homme y ait contribué. C'est à celui qui construit l'étang à s'assurer préalablement du moyen de faire écouler ses eaux. Il s'agit là d'une véritable servitude qui ne peut être établie que de l'une des manières déterminées par la loi.— Dur., n. 411.

167.— Sous l'ancienne législation, le propriétaire inférieur y était obligé, encore même qu'il n'y fût pas assujetti à titre de servitude.— Merl., v° Étang; D.A. *eod.*, n. 6.

168 — Un jugement ou arrêt ne viole point les droits de propriété, ni les principes en matière de servitude, lorsqu'en ordonnant le rétablissement de la bonde d'un étang, il prescrit le mode et les momens où le propriétaire de l'étang pourra en faire usage sans nuire aux fonds inférieurs (C. civ. 640, 644, 645). — 16 fév. 1832. Req. Metz. Ræder. D.P. 32. 1. 381.

169. — L'alluvion n'a pas lieu à l'égard des étangs (C civ. 558); le propriétaire de l'étang conserve toujours le terrain que l'eau couvre, quand elle est à la hauteur de la décharge. Il suit de là une présomption de propriété qui exclut le bénéfice de toute possession contraire. Aussi, l'action possessoire n'est point recevable contre le propriétaire de l'étang pour le terrain compris dans les limites dont il s'agit. — 23 avril 1811. Civ r. Leboutellier. D.A. 1. 244. D.P. 11. 1. 326. —Garnier, t. 2, p. 108; Toull., t. 3, n. 139; D.A. *eod.*, n. 7.

170.— Les bords d'un étang, et surtout d'un étang *ouvert*, ont le caractère de vaine pâture et non celui de grasse pâture, et, par suite, ils ne peuvent être acquis par prescription au préjudice du propriétaire de l'étang. — 28 mars 1831. Bordeaux. Comm. de Châtres. D.P. 34. 2. 89.

171.— La vente d'un étang s'étend-elle au poisson qu'il renferme? On a distingué : l'étang est-il destiné à nourrir du poisson et à sa reproduction? nul doute que le poisson n'en fasse partie; l'art. 524 C. civ. lève en termes formels l'incertitude qu'exprimaient d'anciens auteurs. Le poisson n'avait-il été déposé que provisoirement, contre la destination de l'étang, et non pour son service ou son exploitation habituelle? Dans ce cas, il est excepté de la vente. — Godefroy, *sur l'art.* 207 *de la coutume de Normandie;* Delv., *sur l'art.* 524 C. civ.; Garnier, t. 2, p. 109; D.A. 12. 1031 et 1032, n. 8.

172. — Y a-t-il lieu à la résolution de la vente d'un étang pour indication dans le contrat d'une étendue qui excède de plus du vingtième l'étendue réelle? —Oui; les art. 1617 à 1619 C. civ. sont généraux: les produits, et, par conséquent, le prix d'un étang, varient selon son étendue. D'ailleurs, on a pu l'acheter dans l'intention de le mettre à sec et en culture (Arr. 4 avril 1765).— Dénizart, v° Etang; Garnier, t. 2, p. 109; D.A. 12. 1032, n. 9.

173.— Toutefois, on a dit que dans une telle vente, ce n'est pas précisément le terrain qu'on achète; que l'étang contient par sa nature une superficie dont les bornes sont constantes et invariables; qu'il est superflu de la spécifier dans le contrat. — V. D.A. *eod.*

174. — Quand il est question de décider quelle est l'étendue ou contenance d'un étang, on doit prendre pour règle la hauteur du déversoir, plutôt que s'arrêter à la mesure indiquée par les titres. — 20 mars 1826. Nanci. Gand. S. 26. 2. 203.

175 — Néanmoins, l'art. 558 C. civ., d'après lequel l'étendue d'un étang doit être déterminée par la hauteur du déservoir plutôt que par les titres, n'est pas applicable au cas où ce déservoir a été clandestinement changé. En un tel cas, la hauteur a pu être fixée d'après les titres. — 9 août 1831. Req. Nanci. Gand. D.P. 32. 1. 32.

176.— Lorsque les champs voisins d'un étang sont inondés par le fait du propriétaire de l'étang, qui en a élevé le déversoir au-dessus de la hauteur déterminée par un réglement ancien, la demande en destruction de nouvel œuvre et en dommages-intérêts doit être soumise aux tribunaux, sans que l'autorité administrative ait rien à ordonner ou décider dans une telle contestation (L. 6 oct. 1791, tit. 2, art. 16; C. pén. 457).— 9 mai 1827. Arr. cons. Luden. Sir. 28. 2. 32.

177.— C'est aux tribunaux et non à la justice administrative qu'il appartient de prononcer sur des contestations élevées entre des propriétaires voisins, au sujet d'un étang particulier, dont l'un d'eux opère le dessèchement.— 20 oct. 1819. Arr. cons. Chapsal. Sir. 21. 2. 215.— 31 oct. 1821. Ord. cons. d'état. le pays de Lathan.— 14 nov. 1821. Ord. cons. d'état. Casaneau.

178.— L'ordonnance de 1669, tit. 25, art. 17 et 18, contient plusieurs dispositions sur la pêche des étangs.— V. Pêche.

§ 5.— *Des puits, citernes et égouts.*

179.— Un *puits* est un trou profond, creusé de main d'homme, ordinairement revêtu de pierres en dedans, et fait exprès pour en tirer de l'eau.— L'art. 674 C. civ. renvoie aux usages et réglemens particuliers pour la distance et autres précautions à observer quant à cet ouvrage. « Nul ne peut, sans autorisation, creuser un puits à moins de cent mètres des nouveaux cimetières transférés hors des communes; les puits déjà existans peuvent, après visite contradictoire d'experts, être comblés en vertu d'une ordonnance du préfet, sur la demande de la police locale » (Décr. 7 mars 1808).— Merl., Rép., v° Puits; Favard, Rép, v° Puits; Garnier, t. 2, p. 114; D.A. t. 12, p. 1032, n. 1.

180.— De ce qu'on s'est conformé aux usages et réglemens en construisant un puits, il ne résulte pas que si cette construction cause un préjudice aux voisins, on soit à l'abri d'une action en indemnité. — Garn., p. 118; D.A. *eod.*, n. 2.

181.— Un arrêt du 28 mai 1659, rapporté par Garnier, *loc. cit.*, condamne à une amende le propriétaire d'un puits pour ne l'avoir pas tenu couvert. Dans l'espece, un cheval s'y était précipité, et le puits existait dans l'intérieur d'un héritage privé. Cœpolla (*de Servit*, cap. 47) n'approuve cette décision que pour le cas où le puits serait creusé dans un lieu public. Garnier admet, dans les deux cas, l'obligation de couvrir et enclore le puits pour éviter tous les accidens.— V. D.A. *eod.*, n. 3.

182.— Nul n'a le droit de puiser dans le puits d'un autre, sans le consentement du propriétaire, excepté pour les cas d'incendie. Le propriétaire d'un puits ne peut point détourner l'eau qui l'alimente, ni le combler ni le détruire, lorsqu'un tiers y a des droits, car ce serait les lui faire perdre (L. 2, ff. *de Rivis*).

Les co-propriétaires d'un puits doivent tous contribuer aux frais d'entretien.

183.— Mais celui qui renonce à sa co-propriété est-il tenu des réparations actuellement nécessaires? — Non; l'art. 656 C. civ. permet, sans distinction, au co-propriétaire d'un mur mitoyen de se soustraire aux charges en abandonnant son droit de mitoyenneté, et ici il y a analogie parfaite (Garnier, t. 2, p. 121). Cependant Cœpolla, sur la loi 4, ff. *Comm. divid.*, pense qu'il n'est affranchi que des réparations ou reconstructions futures. Ayant joui, dit-il, des avantages de la chose, il doit en supporter les charges, et ne peut faire un abandon qui nuirait à la propriété commune. Mais le législateur a dû considérer que la renonciation n'interviendrait d'ordinaire que lorsque le mur serait en mauvais état. — D.A. *eod.*, n. 4.

184. — Le fermier a, quant à la jouissance, le même droit que le propriétaire, mais il n'est point obligé aux grosses réparations ni au curage du puits (C. civ. 1720 et 1756). — Garnier, n. 141.

185. — Il existe d'anciennes règles encore applicables pour le mode de jouissance d'un puits, s'il n'a été stipulé par titre. 1° Le puits est-il renfermé dans une cour? celui qui a le droit de puisage peut exiger une clé des serrures, afin de n'être point gêné dans l'exercice de son droit (*Cout. de Normand.*, art. 621); 2° il ne doit pas tirer continuellement de l'eau, de manière à tarir le puits et à le rendre inutile au propriétaire : on pourrait le réduire *ad legitimum modum* (L. 3, *C. de Aquæd.*); 3° il n'est pas autorisé à passer dans la cour à toute heure de la nuit, pour puiser l'eau (L. *iter* ff. *de Comm. præd.;* Cœpolla et Bartole *sur cette loi;* Basnage, t. 2, p. 292; Mornac, *in leg.* 4 ff. *de Serv.;* parlem. de Paris, 16 fév. 1618; Garnier, p. 122); 4° celui qui doit la servitude est tenu aussi de fournir un chemin *ad aquam hauriendum* (L. 3, § *de Serv. rust. præd.;* C. civ. 696); mais l'entretien de ce chemin est à la charge du voisin qui s'en sert (L. 1er, ff *de Fonte;* C. civ. 698). — D.A. *eod.*, n. 5.

186.—Deux ordonnances de police, des 21 juin 1726 et 20 janv. 1727, obligent les habitans de Paris à avoir dans chaque maison un puits garni de poulies et cordes, un ou plusieurs sceaux, à peine de 300 fr. d'amende. C'est là une servitude établie pour l'utilité publique. Ces ordonnances pourraient recevoir encore leur exécution, et des dispositions semblables pourraient être prescrites pour les départemens (C civ. 650).—Garn., p. 119; D.A. 12. 1032, n. 6.

187.— Certains puits, peu profonds, servent d'abreuvoirs aux bestiaux. La servitude d'abreuvage est soumise à des regles spéciales : 1° un arrêté du directoire, du 3 mess. an 7, défend de conduire aux abreuvoirs publics les bestiaux infectés d'une maladie contagieuse. La prohibition serait la même pour les abreuvoirs particuliers; — 2° des ordonnances de police défendent d'y conduire par un seul homme plus de trois chevaux à la fois, et de puiser de l'eau aux abreuvoirs et autres endroits où l'eau est sale et croupissante. Une déclaration du 22 avril 1782 fait exception pour les maîtres de poste, qui peuvent en conduire jusqu'à quatre. Cette déclaration est encore en vigueur, ainsi que l'a décidé la cour de cassation, le 8 sept. 1809; — 3° d'après la loi 30, ff. *de Serv. præd. rust.*, celui qui, en vendant le fonds, se réserve l'abreuvage et une portion de terrain autour, n'est pas censé s'être réservé le propriété de ce terrain, mais le simple usage, comme lui facilitant l'accès de l'abreuvoir. — D.A. *eod.*, n. 7.

188.— La question de savoir s'il y a lieu de rétablir, pour cause d'utilité publique, un puisard existant au-devant d'une propriété et à côté d'une route, appartient au préfet et non au conseil de préfecture. — 27 mai 1816. Ord. cons. d'état. Chazelle.

189.— Les *citernes* diffèrent des puits, en ce que les unes contiennent des eaux pluviales; les autres, des eaux vives. Du reste, les règles que nous venons d'exposer leur sont communes. — Cæpolla, *Tract.* 11, ch. 47, n. 6; Merl., v° Cloaque; Garn., p. 125; D.A. *eod.*, n. 8.

190. — *L'égout* ou *cloaque* est destiné à recevoir, outre les eaux pluviales, les immondices. La distance à observer pour les cloaques n'est pas la même que pour les puits ou citernes. Il n'y a point de règles générales sur cette matière. Tout dépend, dans l'application, de la situation du cloaque, de son étendue, de sa destination, des exhalaisons plus ou moins malsaines qui s'en échappent (V. Coutume de Paris, art. 217). — Desgodets; Merl., v° Cloaque; Garn., p. 126; D.A. *eod.*, n. 9.

ART. 3.— *Des moulins et usines à eau.*

§ 1er.— *De l'autorisation.—Cas où elle est nécessaire.*

191. — Les moulins et usines construits soit sur une rivière navigable ou flottable, soit sur un simple cours d'eau, sont soumis aux mêmes règles, hors une ou deux exceptions, que nous signalerons ci-après.— D.A. 12. 1032 et 1033, n. 1.

192.— Dans les temps antérieurs à l'établissement des fiefs, on ne trouve aucune disposition législative qui ôte la faculté de bâtir des moulins pour son usage personnel ou qui en fasse un droit fiscal. Une loi du code théodosien défend seulement aux parti-

culiers de détourner le cours des eaux qui servent aux moulins publics, et même d'en solliciter la permission de l'empereur. — D.A. 12. 1035, n. 2.

193. — Mais le *droit de mouture*, pour l'usage du moulin que le seigneur eut seul le privilége de construire, et la *banalité* du moulin ou la défense aux vassaux de faire moudre ailleurs, furent des conséquences de la féodalité, que vint abolir, avec certaines modifications, la loi du 15 mars 1790 (V. Féodalité, ch. 3, sect. 2 et 10). — D.A. *eod.*, n. 3.

194. — Nul ne peut établir des *moulins* dans les fleuves et rivières navigables et flottables, à peine d'amende (Ord. 1669, tit. 27, art. 42). Il n'y a d'exception que pour les moulins déjà existans et fondés en titres ou possession centenaire, remontant au-delà de 1566 (Ord. 1669, art. 41; édit de 1683). — D.A. *eod.*, n. 4.

195. — L'arrêté du directoire, du 19 vent. an 6, prescrit (art 5) la destruction, dans le mois, de tous ceux de ces établissemens *qui ne se trouveront pas fondés en titres*, ou qui n'auront d'autres titres que des concessions féodales abolies. « Cette disposition ne tient aucun compte de la possession, quelque longue qu'elle soit; mais il faut remarquer, 1° que le directoire exécutif n'ayant pas autorité pour abroger une loi, la possession qui remonte au-delà de l'édit de 1566 est encore un titre suffisant, d'après l'ord. de 1669; 2° que, selon une circulaire du ministre de l'intérieur, du 21 germ. an 6, « l'esprit de la loi étant seulement de faciliter la navigation et de supprimer les obstacles qui l'entravaient, l'administration doit conserver les établissemens, *quoique non fondés en titre*, qui ne gênent pas la navigation ou même qui lui sont utiles. » Dans ce cas, le propriétaire n'est tenu que d'obtenir l'autorisation du gouvernement. — Garn., t. 2, p. 140; Merl, v° Moulins, § 7, art. 4, n. 3; Corm., v° Cours d'eau; Fav., v° Moulins, n. 6; D.A. 12. 1035, n. 6.

196. — Ainsi, depuis l'ordonnance de 1669, aucun droit n'ayant pu être concédé par un seigneur foncier sur les cours d'eau navigables, il en résulte que l'administration a le droit de faire détruire les travaux exécutés par un concessionnaire sur ces cours d'eau, nonobstant sa possession. — 6 déc. 1826. Civ. c. Colmar. Préfet du Haut-Rhin. D.P. 27. 1. 84.

197. — C'est au gouvernement qu'on doit s'adresser pour obtenir une ordonnance de concession permettant de construire les usines à eau : cette ordonnance n'est rendue qu'après une enquête *de commodo et incommodo.*

198. — La demande en autorisation est adressée au préfet; le préfet la renvoie au maire, à l'ingénieur d'arrondissement, et, s'il y en a un, à l'inspecteur de la navigation. Le maire affiche la pétition à la porte de la mairie pendant vingt jours, avec invitation aux parties intéressées de faire leurs observations dans ce délai, au secrétariat de la mairie, ou au plus tard dans les trois jours de l'expiration du délai. Le maire, l'ingénieur, l'inspecteur, rédigent leur avis motivé; l'ingénieur dresse en outre un plan des lieux. Le maire transmet son avis au préfet; l'ingénieur, à l'ingénieur en chef; l'inspecteur, au bureau de la navigation. L'ingénieur en chef donne son avis. Enfin, toutes les pièces sont remises au préfet pour former son arrêté motivé, qui, par une disposition expresse, doit porter surséance d'exécution jusqu'à l'intervention de la sanction royale. Cet arrêté doit contenir en outre, conformément à la loi du 19 ventôse an 6, 1° l'obligation formelle aux ingénieurs de surveiller immédiatement l'exécution des travaux indiqués aux plans et devis; 2° celle au concessionnaire de faire à ses frais, à la fin des travaux, constater leur état par un rapport de l'ingénieur, dont une expédition sera déposée aux archives de la préfecture, et une autre adressée au ministre de l'intérieur; 3° la clause qu'il ne sera dû au concessionnaire aucune indemnité pour les dispositions que le gouvernement aviserait, dans l'intérêt de la navigation, du commerce ou de l'industrie, sur le cours d'eau où est situé le moulin. L'arrêté du préfet est adressé avec les pièces au ministre de l'intérieur, sur le rapport duquel est donnée, s'il y a lieu, l'homologation du roi (Circul. min. 19 therm. an 6). — D.A. 12. 1035, n. 1.

199. — C'est aussi au ministre de l'intérieur que doivent être adressées les oppositions en autorisation de constructions d'usines sur les cours d'eau, qu'ils soient ou non navigables et flottables (Edit de 1669; arrêté du gouv. 19 vent. an 6; l. 29 flor. an 10). — 22 janv. 1823. Ord. cons. d'état. Montauberie.

Il en serait de même sur un canal dépendant d'une rivière navigable et flottable, bien qu'on n'aurait fait qu'ajouter un tournant à une usine autorisée. — 27 avril 1825. Ord. cons. d'état. Demolon. — 17 août 1825. Ord. cons. d'état. Pinel.

200. — Lorsque le ministre de l'intérieur a accordé à un propriétaire riverain le droit d'établir un moulin à roue et un barrage dans la rivière, le ministre de la guerre ne peut pas ordonner la destruction de cette construction, par le motif qu'elle est nuisible à une poudrière. — 6 sept. 1814. Ord. cons. d'état. Clérisseau.

201. — Une ordonnance royale autorisant définitivement l'établissement d'une usine, avec les conditions nécessaires tant pour le réglement d'eau de cette usine que pour satisfaire au besoin de l'irrigation des prairies, ne peut être modifiée par une décision ministérielle qui constituerait, par exemple, un réglement d'eau supplémentaire : la décision du ministre doit se borner à prescrire les mesures nécessaires pour l'exécution complète de l'ordonnance royale. — 8 juin 1831. Ord. cons. d'état. Lucas. D.P. 33. 3. 97.

202. — Mais l'acte de concession d'une usine peut toujours être modifié ou changé par nouvelle ordonnance, suivant la gravité des dommages qui seraient reconnus résulter de son établissement au préjudice des propriétés voisines. — Prouh., n. 1067.

203. — Dans tous les cas, on ne peut attaquer par la voie contentieuse une ordonnance royale qui autorise sur une rivière navigable la construction d'une usine et de travaux intéressant à la fois la navigation et la défense militaire, lorsque surtout toutes les parties intéressées ont été entendues. — 24 oct. 1827. Ord. cons. d'état. Bridier.

Ou que l'ordonnance d'autorisation a visé l'opposition formée antérieurement, ainsi que les moyens qui y étaient mentionnés. — 7 mai 1823. Ord. Porguet.

204. — Ceux qui sont lésés par ces travaux peuvent intenter une action en dommages-intérêts contre les auteurs. — 6 sept 1825. Ord. cons. d'état. Roulhac.

205 — Le droit d'autoriser la contruction d'usines nouvelles, sur un canal dérivant d'une rivière navigable et flottable, n'appartenant qu'à l'autorité royale et non aux tribunaux, on doit rejeter l'opposition à l'ordonnance d'autorisation formée par d'autres propriétaires d'usines, encore bien que des actes et jugemens intervenus entre les parties auraient réglé l'usage des eaux. — 25 mai 1832. Ord. cons. d'état. Aplé. D.P. 32. 3. 117.

206. — Non seulement on ne peut construire une usine sans autorisation, mais encore on ne peut construire, sans encourir une amende, sur les bords d'une rivière navigable, même à une distance prescrite par les ordonnances et réglemens, par exemple à dix pieds, si surtout un canal dont le plan n'est pas encore définitivement adopté, devait entraîner par son exécution la démolition de ces bâtimens. — 20 nov. 1822. Ord. cons. d'état. Pagès.

207. — De plus, le propriétaire riverain d'un ruisseau navigable à son embouchure dans un fleuve, et servant de refuge dans les hautes marées aux gabarres et petites embarcations, ne peut faire des plantations sur ses bords sans y être préalablement autorisé, surtout si elles interceptent le chemin de halage et si elles tendent à y augmenter les envahissemens et atterrissemens. — 28 fév. 1828. Ord. cons. d'état. de Brivazac.

208. — Toutes les fois qu'il est question de construire un moulin ou une usine, l'établissement n'en peut être légalement consommé qu'en vertu d'une ordonnance du roi (Proud., n. 1123). — 28 fév. 1809. Décr. cons. d'état. Monalery. — Par suite, un préfet ne peut permettre d'établir un obstacle quelconque au libre cours des eaux dans une rivière navigable, sans l'autorisation expresse du gouvernement. — 27 déc. 1820. Ord. cons. d'état. Jacomet.

209. — De même, un conseil de préfecture excède les bornes de sa compétence en autorisant la construction d'une usine dans une rivière non navigable, comme aussi en statuant sur l'opposition des tiers à ces constructions et en déterminant la hauteur d'un barrage à établir dans un canal de dessèchement à l'occasion de cette usine. — 30 mars 1821. Ord. cons. d'état. L'association des vidanges de Tarascon C. Colombet.

210. — Néanmoins, s'il ne s'agit que de permettre l'exhaussement ou de prescrire l'abaissement d'une écluse ou de son déversoir, il n'est pas besoin d'obtenir une ordonnance royale; il suffit seulement d'en obtenir l'autorisation du préfet. — Proud., *loc. cit.*

211. — Lorsque l'exécution d'un arrêté du préfet qui autorise l'établissement d'une usine, a été subordonnée à l'approbation de l'autorité supérieure, et que l'approbation n'a pas été donnée, le propriétaire qui a construit sur la foi de cet acte est censé n'avoir point de titre légal; en sorte qu'une ordonnance royale, qui accorde postérieurement l'autorisation, peut modifier les conditions primitivement imposées, sans qu'elle soit susceptible d'être attaquée par la voie contentieuse. — 1er mars 1826. Ord. Houppin. D.P. 26. 3. 17.

212. — De même, le propriétaire qui a obtenu du préfet l'autorisation de construire une usine, doit bien se garder d'en faire la construction avant d'avoir l'approbation du ministre, si l'autorisation y a été subordonnée, car il peut être déchu de son autorisation, et condamné à détruire les ouvrages qui pourraient nuire au cours de la rivière ou aux moulins situés dans le voisinage. — 15 oct. 1802. Ord. cons. d'état. Gabet.

213. — Est-il besoin de l'autorisation du gouvernement pour construire un moulin sur un cours d'eau non navigable ni flottable? Non; l'arrêté de l'an 6, de même que l'ordonnance de 1669, ne parlent que des rivières navigables ou flottables; et si la police de ces eaux est confiée aux préfets, c'est une police toute locale qui a pour but de régler, dans l'intérêt public, la hauteur des eaux et de veiller à ce que le niveau ne soit pas dépassé. Les rédacteurs du second projet du code rural ont consacré cette interprétation en déclarant suffisante l'autorisation du préfet (art. 217), quoique, par l'art. 177, ils exigent pour les rivières navigables la permission du gouvernement. — V. D.A. 12. 1035 et 1034, n. 7.

214. — En effet, si aucune loi n'impose expressément aux riverains d'un cours d'eau privé la formalité de l'autorisation royale, du moins les lois des 20 août 1790 et 6 oct. 1791, qui chargent les préfets de fixer la hauteur des eaux pour prévenir la submersion des prairies, amènent à l'exiger; car elles ne disent pas que l'autorisation du préfet sera *définitive*. De droit commun, on peut en appeler, et le ministre de l'intérieur peut, dans l'intérêt public, solliciter du roi, en conseil d'état, la réformation de l'arrêté préfectoral. Le projet du code rural, qu'on invoque, n'a jamais été obligatoire. Des rivières, quoique non navigables ni flottables, intéressent parfois un trop grand nombre de riverains, pour que l'érection des usines n'y soit pas l'objet d'un réglement d'administration publique. La nécessité de ce réglement a été reconnue par des lois encore subsistantes pour des matières analogues : pour le curage des cours d'eau non navigables ni flottables (L. 4 mai 1803); pour les usines qui emploient le feu (L. 21 avril 1810), et les fabriques insalubres de première classe (L. 15 oct. même année). Les dispositions relatives à la hauteur des eaux, aux barrages, etc., n'ont pas moins d'importance que celles sur le curage. L'établissement d'un nouveau moulin peut influer sur la marche de ceux construits au-dessus et au-dessous, et cette influence s'étendre même au-delà des limites d'un département. Des réglemens faits à cet égard, il peut résulter et des obligations pour les uns, et des titres pour les autres : titres que le code civil prescrit aux tribunaux de respecter, et qui deviennent, par conséquent, des propriétés transmissibles, auxquelles on ne saurait donner trop d'authenticité et de fixité. La jurisprudence administrative s'est prononcée dans ce sens (Circul. du 21 germ. an 6 et de l'an 12; décr. 2 fév. 1808, 11 nov. 1811). — Une décision ministérielle, du 30 août 1810, avait établi que les usines dont il est question pourraient être permises par le ministre de l'intérieur, sur le rapport du directeur-général et l'avis du conseil des ponts et chaussées; mais on a senti le vice de cette exception qui a été formellement rejetée, le 31 oct. 1817, par le comité de l'intérieur du conseil d'état, dont le ministre a adopté l'avis. Deux ordonnances des 30 mai et 8 août 1821 ont jugé de même que l'autorisation ne pouvait être accordée « que par le roi, sur le rapport du ministre, et d'après l'avis du préfet. » Telle est l'interprétation de Garnier, p. 143 à 153; Cormenin, p. 11 et suiv.; Favard, n. 5; Merlin, Rép., v° Moulins, § 7, art. 4, n. 3; D.A. 12. 1034, n. 7.

215. — Le conseil d'état est allé même plus loin : il a déclaré l'autorisation nécessaire, même pour les constructions le long d'un marche-pied, et a condamné à l'amende le particulier qui ne l'avait pas demandée, quoiqu'il n'eût pas commis d'anticipation sur le chemin (Ord. 20 nov. 1822). — Garn., t. 2, p. 145; D.A. *eod.*, n. 1.

216. — C'est en vertu de ce principe, que le propriétaire des deux rives d'un cours d'eau n'est pas fondé à y construire, sans autorisation, une digue et un déversoir, bien que ce cours d'eau ne soit ni navigable, ni flottable, surtout si, dans la vente nationale des rives, qui avait eu lieu antérieurement, l'acquéreur avait promis de ne pas reconstruire de

moulin pour des motifs de salubrité. — 30 avril 1828. Ord. cons. d'état. Sarrest.

217. — En tout cas, l'autorisation du souverain pour l'établissement d'une usine sur une rivière ni navigable, ni flottable, ne peut être suppléée par l'autorisation du préfet et l'approbation d'un ministre (L. du 19 vent. an 6; inst. min. 19 therm. an 6). — Jugé aussi que le roi seul a le droit de modifier les anciennes autorisations, et de faire les réglemens d'eau. — 23 avril 1832. Ord. cons. d'état. Estabel. — 8 août 1821. Ord. cons. d'état. Hutrel.

218. — Cependant, il suffit à un propriétaire d'usine de l'autorisation du préfet, sous l'approbation du ministre, pour construire une *passerelle* sur la partie d'une rivière qui n'est ni navigable ni flottable.

En conséquence, les propriétaires voisins ne peuvent s'opposer à son établissement, si elle ne nuit pas au roulement de leurs usines, et surtout si leur hauteur est assez élevée pour laisser un libre passage aux bateaux. Ils invoquent en vain des titres privés, s'ils ne contiennent aucune clause qui s'oppose à leur établissement. — 21 juin 1826. Ord. cons. d'état. Moret.

219. — La nécessité de l'ordonnance royale ne serait pas douteuse, même pour les usines sur cours d'eau privés, si elles étaient situées dans la ligne des douanes (L. 27 août 1791, tit. 13, art. 37). Les moulins, quoique antérieurs à la loi, peuvent être frappés d'interdiction, s'il est prouvé qu'ils servaient à la contrebande des grains et farines. — D.A. *eod.*, n. 8.

220. — L'autorisation est-elle nécessaire même pour les innovations qu'on voudrait apporter à l'usine? — Oui, si elles sont *importantes* (Instr. min. 19 therm. an 6). Ainsi, l'autorisation est indispensable, soit pour le transport d'un moulin d'un endroit de la rivière à l'autre, soit pour le rétablissement d'un moulin détruit (Lettres-patentes de fév. 1675 et de 1677). — Garnier, t. 1er, p. 48; Favard, v° Moulins, n. 9; D.A. *eod.*, n. 9; Proud, n. 1193.

221. — Par suite, l'autorisation de reconstruire un moulin incendié peut être refusée même sans indemnité, si le propriétaire ne justifie pas d'un titre ancien, émané de l'administration, bien qu'il excipe d'une existence très ancienne et d'une autorisation du préfet, de rétablir cette usine dans un temps où elle avait été détruite par les eaux, si cet arrêté n'a point été approuvé par le ministre. — 8 juin 1831. Ord. cons. d'état. Beaugrand.

222. — L'innovation aurait-elle besoin d'autorisation, si, sans changer la dépense des eaux, elle dénaturait l'exploitation, et, par exemple, convertissait un moulin à blé en filature hydraulique? — Oui, car la nouvelle opération rompt spontanément toutes les habitudes d'une commune, peut même y apporter le trouble, et modifie le titre constitutif de la jouissance concédée ou tolérée. — Favard, *eod.*

223. — Non, le système contraire serait un acheminement à la restauration des maîtrises et au renversement de la liberté accordée au commerce par l'art. 7 de la loi du 2 mars 1791, puisque l'industrie ne serait plus libre dans toute usine mise en jeu par le secours de l'eau. Du reste, l'autorisation serait nécessaire pour toute destination nouvelle qui exigerait un autre emploi de l'eau, un plus grand nombre de roues motrices. — Garnier, *eod.* — V. D.A. *eod.*, n. 10.

224. — En général, les innovations qui ont besoin d'être autorisées, sont celles qui sont de nature à apporter *un obstacle quelconque au libre cours des eaux* (Ord. 1669; arrêté 19 vent. an 6). Ainsi, sont exempts de l'autorisation tous travaux qui, au lieu de l'arrêter, auront pour but de faciliter l'écoulement de l'eau, ou le laisseront dans le même état. Il sera donc permis, par exemple, d'abaisser les barrages et déversoirs, d'agrandir le débouché des vannes, de réparer les roues, écluses et tout autre accessoire du mécanisme du moulin. On conçoit que si la plus grande facilité d'écoulement nuisait aux propriétés voisines, et que les tiers eussent intérêt à ce que les barrages et déversoirs conservassent la hauteur déterminée par l'administration, l'abaissement devrait être autorisé. — Favard et Garnier, *loc. cit.*; D.A. t. 12, p. 1034 et 1035, n. 11.

225. — Il peut arriver tel cas d'urgence où, pour des travaux même qui changeraient en quelque manière le cours des eaux, on serait dispensé d'autorisation. C'est ce qu'a jugé le conseil d'état, le 31 mai 1821, à l'occasion d'avaries produites par la débacle des glaces. — D.A. t. 12, p. 1035, n. 12.

226. — L'on a prétendu qu'à part la circonstance de procès, où le moindre retard aurait compromis l'existence de l'établissement, l'autorisation doit être préalable à toute réparation. Garnier et Dalloz pensent, au contraire, que l'administration n'a le droit d'intervenir qu'après la confection des ouvrages, ou lorsqu'ils sont arrivés au point d'entraver la navigation.

§ 2. — *Conditions de l'autorisation.*

227. — Une clause banale termine tous les actes du gouvernement qui autorisent les usines à eau : c'est que, « dans aucun temps ni sous aucun prétexte, il ne pourra être prétendu aucune indemnité ni chômage, à raison des dispositions que le gouvernement jugerait à propos de faire pour l'avantage de la navigation, du commerce et de l'industrie, même dans le cas de démolition » (Arrêté 13 vend. an 12 : décr. 31 janv. 1806, 12 mars 1811; ord. 15 mars 1826. — D.A. t. 12, p. 1035, n. 13). — 15 mars 1826. Ord. cons. d'état. Gauthier. D.P. 26. 3. 12.

228. — De telles stipulations seraient-elles proposables pour l'érection d'une usine sur un cours d'eau non navigable? — Non; elles ne sont applicables qu'aux rivières *navigables* et du domaine public (Ord. 11 avril 1821 et 15 mars 1826). L'état n'a que la police et non la propriété des cours d'eau dont il s'agit (C. 644), et dès lors que l'usine offre toutes garanties d'innocuité, le gouvernement ne saurait en ordonner la destruction sans indemnité (C. 545; l. 8 mars 1810). — Isambert, *de la Voirie*, t. 1er, p. 219; Daviel, *Pratique des cours d'eau*; Garnier, t. 2, p. 159; D.A. *eod.*; Cormenin, v° Cours d'eau, p. 10.

229. — Toutefois, dans la prévoyance d'une navigabilité prochaine du cours d'eau, ou d'une dérivation nécessaire pour alimenter des cours d'eau navigables ou rivières canalisées, le gouvernement peut imposer la condition de la démolition future sans indemnité. Autrement, il se verrait exposé, soit à des indemnités très onéreuses, soit à l'abandon de ses projets d'utilité publique. — Cormenin, *eod.*

230. — Une autre condition de l'autorisation est, qu'elle ne préjudicie pas aux droits des tiers (L. 6 oct. 1791); mais il faut un préjudice réel pour qu'un particulier puisse s'opposer à ce que les eaux soient employées à faire mouvoir une usine. — Cormenin, p. 26; Garnier, t. 2, p. 162; D.A. *eod.*, n. 14.

231. — Ainsi le propriétaire de la rive opposée à celle où l'on veut construire une usine, est fondé à s'opposer à l'ordonnance d'autorisation, s'il est propriétaire même de la partie de la rive où le barrage doit être apposé. — 10 août 1828. Ord. cons. d'état. Cinglant.

232. — De même, si une ordonnance royale autorise un établissement, tel qu'une verrerie, sur les francs bords d'un canal, les propriétaires de ce canal peuvent se pourvoir devant les tribunaux, si l'établissement a été construit sur leur terrain — 12 avril 1829. Ord. cons. d'état. Canal du Midi. D.P. 33. 3. 83.

233. — Jugé encore que l'instruction administrative qui doit précéder l'autorisation, ne fait point obstacle à que les questions de propriété et de servitude, élevées par les propriétaires riverains ayant des droits d'irrigation, soient portées devant les tribunaux. — 2 août 1826. Ord. cons. d'état. Bachelar.

Surtout lorsqu'elles sont fondées sur des titres ou sur l'usage. — 18 janv. 1826. Ord. cons. d'état. Bouis. D.P. 26. 3. 14.

234. — De même l'autorisation accordée pour la construction d'une usine ou d'un pont, sur une rivière qui n'est ni *navigable*, ni flottable, doit être entendue en ce sens, qu'elle n'empêche pas les tiers de faire valoir devant les tribunaux, seuls compétens à cet égard, leurs droits de propriété. — 10 janv. 1832. Ord. cons. d'état. Martin. D.P. 32. 3. 136. — 11 fév. 1829. Ord. cons. d'état. Larocque. — 26 mars 1829. Ord. cons. d'état. Jacquot. — 2 mars 1832. Ord. cons. d'état. Dellier. D.P. 32. 3. 114. — 31 juill. 1832. Ord. cons. d'état. Boisson C. Demoustier. — 6 mai 1829. Ord. cons. d'état. Delomme.

235. — Lorsqu'un préfet, dans l'intérêt public, ordonne des travaux dans une rivière ni navigable ni flottable, et qu'il porte atteinte aux droits d'un tiers, celui-ci doit se pourvoir devant le ministre compétent pour faire annuler l'arrêté du préfet, et ensuite devant les tribunaux pour la discussion de ses droits. — 20 nov. 1815. Ord. cons. d'état. Buhotel.

236. — L'état ne peut autoriser, pour l'érection d'une usine, l'expropriation d'un riverain, quoiqu'en offrant indemnité. Le sacrifice de la propriété n'est dû qu'à l'utilité publique. — Corm., *loc. cit.*; Fav., n. 5; Garn., t. 1er, p. 52; D.A. 12. 1035, n. 15.

237. — De là est née cette question : Le gouvernement peut-il, au profit d'un tiers, disposer de tout ou partie de la pente d'un cours d'eau non compris dans les dépendances du domaine national? — Non; la pente des cours d'eau est un genre de propriété des riverains. — Corm., *eod.*; Fav., *eod.*; Garn., *eod.*; D.A., *eod.* — *Contrà*, Proud., n. 1237.

EAU. ART. 3, § 2.

238. — Toutefois, pour encourager l'industrie, le gouvernement dispose de la pente d'eau, lorsqu'il n'en résulte pas de préjudice notable pour les tiers (C. civ. 645). — Corm., *eod.*; D.A. *eod.*

239. — Jugé au contraire que la pente des cours d'eaux non navigables ni flottables, doit être rangée dans la classe des choses qui n'appartiennent privativement à personne, dont l'usage est commun à tous, et réglé par des lois de police. — En conséquence, nul ne peut prétendre à une propriété absolue sur la pente d'un cours d'eau, si cette prétention n'est appuyée sur aucune concession spéciale ou possession ancienne (C. civ. 714). — 14 fév. 1833. Req. Rouen. Martin. D.P. 33. 1. 138.

240. — Si un entrepreneur d'usine était propriétaire des deux rives sur une assez grande longueur, pour que la pente put devenir une force motrice, la pente serait à sa disposition. — Corm., *eod.*

241. — Dans quel cas l'autorisation ne peut-elle être accordée? Suffirait-il qu'un préjudice dût en résulter pour une usine déjà existante? Il faut distinguer entre les causes de préjudice : est-ce l'eau qui, en remontant ou regorgeant, entrave la marche du premier moulin? l'opposition du propriétaire est légitime. C'était la doctrine de tous les anciens auteurs (Barthole, ff. *de Fluminib.*; Godefroy et Flaust, *sur l'art.* 210, *cout. de Normand.*; Legrand, *cout. de Troyes*, art. 180; Brodeau, *cout. de Paris*, art. 71; Boucherel, *cout. de Poitou*, art. 40). Le préjudice n'a-t-il pour cause que la diminution de revenus provenant de la concurrence? l'opposition n'est pas fondée. C'est ce qu'enseignent d'Argentrée, Favre, *C. de Serv., et aq. def.* 5; Henrys, t. 1er, liv. 3, ch. 3, quest. 34. — La jurisprudence administrative a eu deux occasions de consacrer le même principe (Décr. 5 janv. 1813; ord. 22 juill. 1818). — D.A. 12. 1035 et 1036, n. 16.

242. — Ainsi, le propriétaire d'une usine n'est pas fondé à s'opposer à l'ordonnance qui autorise la construction d'une usine voisine de la sienne, lorsqu'il résulte que, dans l'état de cette concession, le jeu de cette usine ne nuit point à la sienne. — 21 nov 1821. Ord. cons. d'état. Ternaux.

243. — L'autorisation de construire une usine, notamment une raffinerie de sucre, ne peut être refusée à un négociant, bien qu'il y ait opposition de quelques personnes, lorsqu'il résulte des rapports et avis de l'architecte inspecteur, de la petite voirie, de celui d'un membre du conseil de salubrité et surtout des déclarations de la majorité des habitans du lieu, que cet établissement ne peut compromettre ni la sûreté ni la salubrité publique, au moyen de certaines charges et conditions. — 28 sept. 1816. Ord. cons. d'état. Coulay.

244. — Jusques à quand l'opposition des tiers est-elle recevable? Jusqu'à l'ordonnance royale qui autorise l'établissement. — Garnier, t. 1er, p. 153.

Mais cette ordonnance elle-même peut être attaquée par les tiers dans le délai du réglement du 22 juill. 1806 (Ord. 30 mai 1821 et 28 avril 1824); à moins que les moyens des opposans n'aient été vidés dans l'acte d'autorisation (Ord. 7 mai 1823). — Cormenin, p. 27, pense que l'opposition à l'autorisation est admissible en tout état de cause, à moins qu'elle n'ait pas été formée, si l'ordonnance est contradictoire, dans les trois mois du jour de la signification régulière qui en aurait été faite à la requête des concessionnaires. — D.A. *eod.*, n. 17.

245. — Le pourvoi au conseil d'état contre un arrêté du conseil de préfecture qui ordonne l'abaissement d'une digue servant à conduire en plus grande quantité les eaux d'une rivière sous les roues d'une usine, n'est pas recevable, s'il a reçu publiquement son exécution, bien que, lors de sa signification, on ait déclaré qu'on se pourvoirait, et si on ne le fait que plus de huit mois après l'exécution et après les délais. — 23 juin 1819. Ord. cons. d'état. Mahon.

246. — Le propriétaire d'une usine, comme on vient de le dire, n'a droit à aucune indemnité à raison de la diminution du produit ou de la clientelle résultant de l'établissement d'une nouvelle usine, mais si les deux usines se trouvent établies sur la même rivière, comment devra-t-on régler entre elles l'usage matériel du cours d'eau?

247. — Si les deux usines ont été autorisées par le gouvernement, l'usage matériel du cours d'eau doit avoir lieu selon le réglement qui a été fait par l'administration. A défaut de réglement, les tribunaux doivent se déterminer d'après les règles du droit commun. — Proud., n. 1120.

248.— Si les deux usines n'ont pas été autorisées, et s'il y a absence de tout réglement, dans la coutume locale sur l'usage des cours d'eau, c'est le maître de l'usine la plus ancienne qui doit avoir un droit prépondérant, par l'effet de son droit de premier occupant, et il a une action en dommages-intérêts pour le préjudice matériel qui lui est occasioné par l'établissement de l'autre usine. — Proud., n. 1121.

249.— Il peut même demander la destruction de la nouvelle usine, si elle nuit, soit par le refoulement des eaux, soit de toute autre manière, à la marche de son établissement.—Garn., t. 1er, p. 45.

§ 3. — *Dispositions diverses. — Modification et suppression d'usines.—Chômage.*

250.— Si un moulin est situé soit sur une rivière qui n'est ni navigable ni flottable, soit sur une bifurcation naturelle de cette rivière, les propriétaires riverains dans la partie supérieure pourront, en vertu de l'art. 644 code civil, faire des prises d'eau dans la rivière pour servir à l'irrigation de leurs propriétés.— Proud., n. 1075.

251.— Au contraire, s'il est reconnu que le canal du moulin a été fait à main d'homme, les propriétaires riverains ne peuvent y pratiquer aucune rigole pour en attirer les eaux à l'usage de l'irrigation de leurs fonds. En effet, selon ce qui a été dit plus haut, les francs bords d'un canal appartiennent au propriétaire du canal; dès lors, les propriétaires adjacens ne peuvent user du bénéfice de l'art. 644, puisque leurs fonds ne bordent pas l'eau courante. — Proudh., n. 1082.

252.— Toutes les fois que l'existence d'une usine occasionne des dégradations soit sur d'autres usines précédemment établies, soit sur les fonds voisins de la rivière, les propriétaires qui souffrent ces lésions, de quelque nature qu'elles soient, sont en droit de s'en plaindre à la justice, et leurs actions en dommages-intérêts doivent être admises nonobstant que l'usine ait été établie avec l'autorisation du gouvernement.— Proudh., n. 1116.

253.— Lorsque le déversoir de l'écluse d'un moulin se trouvant élevé au-dessus de la hauteur légale, a occasioné des inondations sur les propriétés voisines, le fermier devra être condamné aux dommages-intérêts, si c'est lui qui a exhaussé le barrage du moulin; si au contraire le barrage était tel avant son entrée en jouissance, c'est le propriétaire qui devra supporter la condamnation (C. pén. 457). — Proudh., n. 1141.

254.— Si la reconstruction d'une vanne a été autorisée dans l'intérêt de la navigation, le propriétaire riverain ne peut s'en plaindre, sous prétexte que la reconstruction constitue une servitude à son préjudice, et au profit du propriétaire de l'usine.— 16 nov. 1825. Ord. Lancelin. D.P. 26. 3. 12.

255.— Il suffit que l'existence d'une usine établie sur une rivière navigable ou flottable apporte quelque lésion dans le service public du cours d'eau, pour que le gouvernement puisse en ordonner la destruction, alors même que cette usine eût été construite avec son autorisation. Mais, dans ce cas, le propriétaire a droit à une indemnité (Arrêté 27 prair. an 9). — Corm., v° Cours d'eau, p. 29.

256.— D'après l'art. 48 de la loi du 16 sept. 1807, les usines établies sur toutes sortes de cours d'eau non navigables ni flottables, peuvent être supprimées ou modifiées chaque fois que cette mesure est nécessaire pour l'exécution de quelques établissemens ou travaux d'utilité générale, ordonnés par le gouvernement.

257.— Il est dû alors une indemnité au propriétaire, à moins que l'usine ne soit pas fondée en titre, ou que le titre constitutif n'ait été consenti par le gouvernement que sous la condition que, le cas arrivant, elles seraient démolies sans indemnité.

258.— Outre le cas d'utilité publique, la suppression ou la modification d'une usine peut être demandée à raison des sinistres et des dégâts que ses barrages ou écluses peuvent causer aux propriétés voisines.— Proudh., n. 1166.

259.—Mais, dans ce cas, il n'est dû aucune indemnité au propriétaire, alors même que l'usine a une existence légale. L'administration publique, en effet, n'ayant pas le pouvoir de disposer des biens des particuliers, les concessions pour établissemens d'usines ne sont toujours faites que sous la condition exprimée ou sous-entendue, que nulle personne tierce n'en ressentira de dommage. Or, du moment qu'il arrive que des tiers se trouvent lésés par le fait de l'existence de l'usine, le propriétaire ne peut se plaindre de la destruction de l'usine, puisqu'il s'était soumis d'avance à une pareille condition.— Proudh., n. 1169.

260. — C'est au préfet, sauf recours au ministre, qu'appartient le droit de déterminer la direction et la dimension des canaux ou bien des moulins ou usines; de fixer la hauteur des déversoirs de leurs écluses, et de régler en un mot tout ce qui est relatif au roulement des eaux.

261. — En conséquence, un préfet qui a concédé à un particulier le droit de dériver les eaux d'un ruisseau, sous des conditions tendantes à conserver les droits des riverains pour l'arrosage de leurs propriétés, peut révoquer cette concession s'il est constant qu'il a manqué aux clauses de son contrat en troublant ces riverains dans l'arrosement de leurs terres, encore bien que ce cessionnaire soutiendrait que la contestation n'a pour objet que des intérêts privés justiciables des tribunaux (Arrêté du 9 vent. an 6 et 9 vent. an 13). — 13 janv. 1813. Décr. cons. d'état. Simon.

262. — Jugé de même que c'est à l'autorité administrative à fixer l'élévation des retenues d'usines situées sur une rivière navigable, encore bien que ce soit sur la plainte des riverains contre lesquels le propriétaire invoque des titres particuliers; mais c'est aux tribunaux à fixer les droits respectifs des propriétaires, résultant de leurs titres. — 20 juin 1812. Décr. cons. d'état. Delatour.

263. — Le propriétaire d'usine, qui, d'après un réglement local, doit faire cesser le travail de son usine pour livrer les eaux à l'irrigation des prairies, et qui n'a pas exécuté cette prescription, ne peut pas être excusé, sous le prétexte que les eaux étaient au-dessus de la hauteur fixée pour l'irrigation, lorsque ce moyen d'excuse n'est pas prévu par le réglement (C. pén. 471, n. 5). — 16 janv. 1830. Cr. r. Corbillé. D.P. 30. 1. 82.

264. — Le préfet est également compétent pour statuer sur toutes les réclamations relatives aux modifications à opérer sur le roulement des usines à eau, sur le plus ou moins de hauteur à donner à l'écluse ou au déversoir (L. 20 aout 1790 et 6 oct. 1791, tit. 2, art. 16).

265. — Ainsi, lorsque les vannes d'un moulin préjudicient à des propriétés privées, et surtout à une propriété publique, notamment à un pont, le préfet, comme chef de l'administration active et non le conseil de préfecture, peut en ordonner le changement. — 4 juin 1815. Ord. cons. d'état. Waringhen.

266. — Jugé même qu'il peut statuer en première instance sur l'opposition et la demande en déplacement d'une usine privée de son cours d'eau par la construction d'un canal. — 22 nov. 1826. Ord. cons. d'état. Serpette.

267. — C'est devant le ministre et non devant le conseil d'état que doit être attaqué un arrêté administratif, spécialement celui qui ordonne la destruction d'un barrage construit sur le cours d'une rivière, par le propriétaire et pour le service d'une scierie. — 21 août 1816. Ord. cons. d'état. Guérin.

268. — Mais s'il s'agit de la suppression d'une usine autorisée par le gouvernement ou de l'entière démolition de ses barrages, c'est au roi, en son conseil d'état, qu'il faut s'adresser.—23 août 1821. Ord. cons. d'état. Macarel, t. 2, p. 294.

269. — Toutefois, si la suppression d'une usine était demandée par la raison que le constructeur aurait manqué de se conformer aux conditions prescrites par l'ordonnance de concession, ce dernier pourrait être condamné à démolir, soit par le préfet, s'il ne s'agissait que d'une petite rivière; soit par le conseil de préfecture, si la contravention avait été commise sur une rivière navigable ou flottable. — 20 juin 1821. Ord. cons. d'état. Mac., t. 2, p. 97.

270. — Les conseils de préfecture peuvent encore ordonner la démolition de travaux commencés sans autorisation et malgré opposition sur une rivière navigable, et condamner les auteurs à une amende, encore bien que les travaux n'auraient été exécutés que d'après l'avis favorable du directeur des ponts et chaussées. — 22 janv. 1823. Ord. cons. d'état. Montaubérie.

271.—Au reste, on ne peut attaquer une décision ministérielle en ce qu'elle a ordonné la suppression de divers ouvrages élevés sur un cours d'eau par des propriétaires d'usines, en contravention aux ordonnances d'autorisation.

Mais si, par la même décision, le ministre prescrit de nouvelles mesures pour le réglement d'eau, il commet un excès de pouvoir, en ce que c'est au roi seul, en conseil d'état, que ce droit appartient. — 9 mai 1834. Ord. cons. d'état. Avignon. D.P. 34. 3. 63.

272.—C'est au roi, en son conseil d'état, qu'il faut s'adresser pour demander la suppression d'une usine plus ou moins ancienne établie sur une petite rivière, et dont le propriétaire se trouve en possession non contestée, encore bien que cette usine n'ait pas une existence légale.—Proudh., n. 1176.

273.—Néanmoins, lorsque les débats ne portent que sur quelques modifications de barrages qui ont été faites ou entreprises sans autorisation du roi, la jurisprudence du conseil d'état est que les préfets et les ministres peuvent en ordonner la démolition (29 août 1721, 11 août 1824, 2 mai 1827, ord. cons. d'état).—Mac., t. 2, p. 295, t. 6, p. 522, t. 9, p. 228.

274. — Au reste, lorsqu'il n'est point intervenu d'ordonnance autorisant l'établissement d'une usine, les ouvrages commencés sans autorisation légale peuvent être interdits par arrêté du préfet, confirmé par le ministre (20 août 1821, ord. cons. d'état). —Mac., t. 2, p. 293.

275.—Toutes les fois qu'il est nécessaire d'arrêter le mouvement d'un moulin établi sur un cours d'eau, soit à cause de travaux exécutés par l'état, soit pour favoriser le passage d'une flotte, le meunier peut exiger une indemnité de chômage (Ord. 1669, tit. 27, art. 45)

276.—La disposition de l'ordonnance de 1669, tit. 27, art. 45, qui fixe à 2 liv. les dommages-intérêts dus au propriétaire d'un moulin pour chaque jour de chômage, est toujours en vigueur; les juges ne sauraient lui allouer d'indemnité plus forte. — 27 juill. 1808. Civ. c. Gally. D.A. 12. 1036, n. 1. D.P. 2. 1512.

277.—Néanmoins, la loi du 28 juillet 1824 fixe à 4 fr. l'indemnité du chômage des moulins situés sur la Seine et ses affluens. Mais cette loi est-elle applicable au reste de la France? Oui, d'après Proudh., n. 1212, parce que partout en France les meuniers doivent naturellement jouir de la même protection et que le prix des choses étant partout augmenté dans la même progression depuis 1669, l'équité demande partout la même augmentation dans les indemnités de chômage.—L'opinion contraire est soutenue par Garnier, t. 1er, p. 182.

278.—Au surplus, lorsqu'il s'agit d'une indemnité due par l'état pour dommage temporaire, tel, par exemple, que le chômage d'un moulin, par suite des prises d'eau nécessaire au service de la navigation d'un canal, le conseil de préfecture est seul compétent pour régler cette indemnité, dans les formes prescrites par la loi du 16 sept. 1807.—3 juin 1831. Ord. cons. d'état. Magniez. D.P. 33. 3. 97.

279.—Et dans ce cas l'arrêté qui intervient, ne peut être annulé pour défaut de motifs, s'il s'appuie sur les rapports des ingénieurs.—11 nov. 1831. Ord. cons. d'état. Millet. D.P. 33. 3. 99.

280.—C'est encore les conseils de préfecture qui doivent fixer l'indemnité due à un propriétaire d'usines, pour chômage, par suite de travaux publics, d'après les formes prescrites par la loi du 16 sept. 1807.—3 juin 1831. Ord. cons. d'état. Magniez. D.P. 33. 3. 97.—Lorsqu'il y a un bail, ils doivent la fixer d'après son prix. —28 oct. 1831. Ord. cons. d'état. D.P. 34. 3. 65.— Mais ils doivent tenir compte, non pas seulement du chômage proprement dit, mais encore de l'entretien des machines, du coût de la patente, des frais d'exploitation, qui ne cessent pas immédiatement avec la cessation du travail de l'usine, de l'intérêt du capital nécessaire à l'exercice de l'industrie, etc. — 6 fév. 1831. Ord. cons. d'état. Brun.

281.—L'arrêté intervenu dans ce cas peut être attaqué par l'administration des ponts-et-chaussées, si les propriétaires de l'usine n'ont pas fait courir contre elle le délai par la signification de cet arrêté, encore bien que l'expertise sur laquelle serait fondé cet arrêté n'aurait point été renouvelée par les ordres du préfet, ainsi que la loi le lui permet; qu'il l'aurait, au contraire, transmis au commissaire central du canal en l'invitant à en assurer l'exécution. —6 déc 1820. Ord. cons. d'état. Min. de l'int.

282 —Jugé enfin que le fermier d'un moulin acheté et supprimé par l'état, a perdu tous droits à une indemnité, pour perte d'achalandage, à dater du jour où il a quitté son usine pour porter son industrie ailleurs; mais il a droit, pour le temps antérieur, à une double indemnité; l'une pour chômage du moulin, qu'il y a lieu de fixer d'après la commune évaluation des experts, s'ils sont demeurés d'accord sur ce point; et l'autre, pour perte d'achalandage, qu'il convient de fixer à un cinquième du produit ordinaire du moulin; en un tel cas, les intérêts de cette double indemnité doivent courir à partir du jour du juge-

ment du tribunal qui en a réservé le réglement au conseil de préfecture.—11 nov. 1831. Ord. cons. d'état. Millet. D.P. 33. 3. 99.

283.—D'après l'art. 34 de la loi du 16 sept. 1807, des réglemens d'administration publique fixent la part contributive du gouvernement et des propriétaires pour l'entretien et réparation des levées, barrages, pertuis, écluses, auxquels sont intéressés des propriétaires de moulins ou usines. La même loi leur garantit une indemnité de fonds ou de dépréciation, lorsque ces établissemens sont détruits au dénaturés par l'effet des travaux de desséchement ou autres mesures d'utité publique.— D.A. *eod.*, n. 18.

284.— Jugé que les dépenses d'entretien de digues et écluses construites par des propriétaires d'usines pour rendre une rivière navigable, qui est entrée depuis dans le domaine public, doivent être réparties entre le gouvernement et les propriétaires (L. des 30 flor. an 10, 16 sept. 1807, art. 34; ord. des eaux et forêts, art. 41, tit. 27). — 23 avril 1823. Ord. cons. d'état. Rabeau. — 25 nov. 1831. Ord. cons. d'état. Min. de l'int.

285. — Les propriétaires de moulins ou usines, situés sur une rivière navigable, qui profitent de la retenue des eaux au moyen d'une digue, doivent contribuer aux réparations de cette digue mise à la charge des propriétaires riverains par d'anciens usages et réglemens. — 10 janv. 1821. Ord. cons. d'état. Delard-Buscou.

286.— C'est au préfet et non au conseil de préfecture qu'appartient l'exécution d'un réglement d'administration publique qui met, moyennant une contribution proportionnelle, à la charge de propriétaires d'usines l'entretien d'une digue ou chaussée servant à leur procurer des eaux nécessaires à la marche de leurs usines. — 29 oct. 1823. Ord. cons. d'état. Syndics de la faillite Boyer.

287.— Lorsqu'une usine a été cédée par le gouvernement, sous la condition que l'acquéreur entretiendra la chaussée et autres ouvrages qui en dépendent, cette clause ne peut s'étendre à la réparation et perfectionnement d'une écluse uniquement destinée au service de la navigation, qui doit être une charge publique. — 6 juin 1830. Ord. cons. d'état. Tauriac.

288.— Enfin, le particulier autorisé par le préfet, sur sa demande, à établir un barrage sur une rivière, et qui, faute de l'entretenir ensuite, est obligé, par l'autorité, de la réparer ou d'y renoncer, doit, s'il renonce, payer les honoraires de l'ingenieur chargé de la visite du barrage, et le préfet peut, pour le paiement, délivrer exécutoire contre lui; mais, en cas d'opposition, le conseil de préfecture doit prononcer sur son mérite.— 10 sept. 1817. Ord. cons. d'état. Dupuichand.

289.— Il n'est mention, dans cet article, ni des usines *insalubres*, ni des *moulins à vent*. — Les premières sont l'objet d'un traité particulier, v° Manufactures. Quant aux seconds, il suffit de remarquer, 1° qu'ils sont, comme les moulins à eau, compris dans la prohibition d'en établir sur la ligne des douanes pour favoriser la contrebande (L. 21 vent. an 11, art. 1 et 2); 2° qu'à la différence des moulins à eau, il n'est besoin d'aucune autorisation pour les construire; 3° que cependant l'autorité municipale peut, pour la facilité et la sûreté des communications, prescrire une certaine distance des routes, afin que la rotation rapide des roues ou la projection de l'ombre des ailes n'effraie pas les chevaux. — On trouve un réglement semblable du conseil supérieur d'Artois, du 13 juill. 1774, obligatoire pour cette seule province, qui prescrit la distance de deux cents pieds au moins des chemins royaux, et de cent cinquante des autres chemins, à peine de 200 fr. d'amende.—Favard, v° Moulins à vent; D.A. 12. 1032 et 1033, n. 1.

ART. 4.— *De la Compétence.*

§ 1er.— *Compétence par rapport aux rivières et canaux navigables et flottables.— Dispositions générales.*

290.— Les fleuves et rivières navigables et flottables étant la propriété de l'état, l'administration en appartient nécessairement au gouvernement, et le contentieux de cette administration, aux tribunaux administratifs : les tribunaux judiciaires ne peuvent avoir à prononcer que sur les contestations qui s'élèvent entre particuliers pour la jouissance de ces eaux, et lorsque l'état n'a aucun intérêt dans le litige, car alors le débat est purement civil, puisqu'il n'a pour objet qu'un intérêt privé.—D.A. 3. 223.

Voilà le principe fondamental; on va le suivre dans ses applications.

291. — Aux termes de la loi du 6 oct. 1791, de celle du 14 flor. an 11, et de l'arrêté du 19 vent. an 6, aucun pont, aucune chaussée permanente, aucun changement de direction ou élargissement du lit des eaux, aucune usine ou écluse, aucun batardeau, moulin, digue ou autre obstacle au libre écoulement des eaux dans les rivières navigables et flottables, et dans les canaux d'irrigation ou de desséchement généraux (Ord. des 2 déc. 1819, et 27 déc. 1820), ne peuvent être établis sans la permission du préfet, et le préfet ne peut accorder cette permission qu'avec l'autorisation expresse du gouvernement.— D.A. 3. 223.

292.— La décision qui intervient sur la demande d'être autorisé à établir un moulin, même sur un cours d'eau non navigable ni flottable, est un réglement d'administration publique qui, soit qu'il rejette la demande, soit qu'il l'admette sous des conditions que le pétitionnaire estime inutileme nt onéreuses, n'est pas susceptible d'être attaqué par la voie contentieuse.— Cotelle, *Droit administ.*, t. 2, p. 320.

293.— Ainsi, une ordonnance qui autorise, dans l'intérêt de la navigation, des travaux à faire dans le bras d'une rivière navigable, ne peut être attaquée par la voie contentieuse; mais elle ne fait pas obstacle à ce que le plaignant intente une action en dommages-intérêts contre les entrepreneurs des travaux.— 6 sept. 1823. Ord. Roulhac de Maupas. D.P. 26. 3. 12.

294.—Un réglement d'eau est susceptible d'opposition de la part de ceux qui n'ont pas été entendus, et à l'égard desquels il n'est pas statué contradictoirement, s'il leur porte préjudice. — 12 août 1829. Huot.

295. — Mais le recours des opposans à un réglement d'eau rendu contradictoirement avec eux, et d'une manière définitive, lorsque leurs moyens avaient été visés, a été plusieurs fois rejeté par le conseil.— 7 mai 1823. Ord. Ponguet.—1er mars 1826. Ord. Houpin. D.P. 26. 3. 17.

296. — Un réglement d'eau est encore susceptible d'opposition de la part de toutes les parties intéressées, si le recours a lieu pour cause d'incompétence (par exemple, si des particuliers qui se plaignent de restrictions apportées à leur point d'eau, prouvent, par les motifs même du réglement, que ces restrictions n'avaient pour base qu'un intérêt privé. — 28 fév. 1828. Ord. Dars), ou pour excès de pouvoirs, par exemple, si un préfet a mis en chômage perpétuel, comme non autorisée, une usine autorisée par le ministre; dans ce cas, le recours contre l'arrêté du préfet est recevable devant le conseil, *omisso medio*.—29 août 1821. Martin.

297. — L'administration ne s'immisce pas dans l'appréciation des titres privés, en tant qu'ils donnent lieu à quelques contestations; mais lorsqu'ils ne sont point l'objet d'une discussion, elle les prend pour base des réglemens d'eau à faire, si l'intérêt public n'exige pas qu'on les écarte. — V. Cotelle, *eod.*, 2, 334.

298. — L'administration rapporte quelquefois ses arrêtés pour mieux satisfaire à l'intérêt public, ou par respect pour les droits des tiers.

299.— Par la raison qu'au gouvernement seul appartient d'autoriser l'établissement d'une usine, une ordonnance royale est nécessaire pour la révocation de cette autorisation dans les cas prévus par la loi, d'office ou sur la demande des tiers intéressés (Ord. du 29 août 1821).— D.A. 3. 223.

300.— En cas d'abus et de désordre dans le régime des eaux, il appartient toujours à l'administration de modifier le réglement d'une usine, d'un moulin, par exemple, sans qu'aucune prescription puisse être acquise contre ce droit. En effet, dit Cotelle (*eod*), nul ne peut prescrire contre son titre; or le titre d'autorisation du moulin est, vis-à-vis de tous, une sorte d'attestation qu'il n'est point nuisible, au moment où le réglement qui l'autorise est délivré. Mais il ne peut conférer le droit de nuire impunément, si l'état des choses change et que le point d'eau devienne préjudiciable à la contrée. — *Droit administ.*, 2, 340.

301. — Au contraire, la hauteur d'eau fixée par des ouvrages extérieurs deviendrait, après trente ans, un droit fondé sur la prescription, si la demande d'un nouveau réglement d'eau était formée par des riverains prétendant eux-mêmes à jouir des eaux.— Même autorité.

302. — Le propriétaire d'une usine modifiée ou détruite, n'a droit à aucune indemnité, si ces mesures ont été nécessitées par les changemens survenus dans les eaux (Ord. 24 janv. 1834. Lamblin. D.P. 34. 3. 39). *Secùs*, si elles ont été prescrites pour l'exécution de projets nouveaux qu'on ait adoptés

dans l'intérêt de la navigation, ou par toute autre cause d'utilité publique.— Même autorité.

303. — Lorsque l'administration a autorisé une usine sur une rivière navigable ou non navigable, si, au lieu de réclamer des dommages-intérêts devant les tribunaux pour les dommages soufferts, les riverains se plaignent que l'établissement autorisé a diminué la hauteur des eaux qui traversent leur propriété, ou en a rendu la pente plus ou moins rapide, cette réclamation, tendant à faire révoquer ou modifier l'acte administratif, doit être portée devant l'autorité administrative (L. 24 août 1790; 28 sept. et 6 oct. 1791). — 14 fév. 1833. Req. Rouen. Martin. D.P. 33. 1. 138.

304.— Il faut aussi un réglement d'administration publique, pour fixer la part contributive du gouvernement et des propriétaires réclamans, dans la répartition des dépenses relatives à l'entretien des écluses et autres ouvrages qui intéressent simultanément la navigation et les usines (L. 16 sept. 1807, art. 14; ord. 2 juill. 1820, 23 avril 1823). — D.A. 3. 223.

305.—Jugé de même que la police des cours d'eau, de quelque nature qu'ils soient, le soin de pourvoir au curage des canaux, la conservation et l'entretien des chemins, digues et ouvrages qui y correspondent, sont exclusivement confiés au gouvernement. — Seulement, les propriétaires riverains ont le droit de se réunir en syndicat à l'effet de proposer au gouvernement les vues les plus propres à utiliser ces eaux dans l'intérêt de leur propriété. — 10 mars 1827. Cr. r. Malgat. D.P. 27. 1. 392.

306. — Tels sont les cas dans lesquels il faut nécessairement l'intervention de l'autorité royale. Tous les autres actes de surveillance et de police des rivières navigables sont au pouvoir des préfets, sauf le contrôle et l'approbation des ministres, et surtout du ministre des travaux publics. — D.A. 3. 223.

§ 2.— *Compétence des préfets.*

307.— C'est aux préfets qu'il appartient :

1° De prescrire, dans l'intérêt général des propriétaires riverains et de l'ordre public, la construction de barrages pour empêcher la déperdition des eaux (Ord. 20 nov. 1815 et 26 fév. 1823). — D.A. 3. 224.

308.— Jugé de même que les préfets sont compétens pour autoriser la reconstruction d'une vanne dans l'intérêt d'une usine et de la navigation. — 16 nov. 1825. Ord. Lancelin. D.P. 26. 3. 12.

309.— 2° D'ordonner le curage des canaux et rivières, et de régler le mode de paiement des frais occasionés par ces travaux, sauf le recours au conseil de préfecture, dans le cas où il y aurait contestation sur le paiement (Déc. 12 avril 1812 et ord. 6 mars 1816).— D.A. 3. 224.

310. — Jugé ainsi qu'il suffit, d'après la loi du 16 sept. 1807, que des travaux publics soient faits sur une rivière flottable, au profit du commerce de flottaison et de quelques riverains, pour que l'administration soit autorisée, 1° à diriger elle-même les travaux; 2° à en faire payer les frais aux intéressés; 3° à régler la portion contributive de chacun.— 12 mai 1819. Ord. Bardet. D.A. 12. 685, n. 14. D.P. 2. 1401.

311.— Les tribunaux n'ont pas le droit de dresser un réglement pour le mode d'entretien d'un canal, ni pour l'adjudication et la direction des ouvrages et la répartition des dépenses.— 5 nov. 1823. Ord. D.A. 3. 228, n. 1.

312. — 3° De faire exécuter, même sur les propriétés particulières, les travaux urgens que l'intérêt public ou communal peut réclamer pour amener les eaux ou les éloigner, sauf le recours et indemnité de la part des propriétaires (Ord. 18 nov. 1818). — D.A. 3. 224.

313.— 4° De régler la hauteur des eaux des moulins, l'emplacement des usines et la dimension des déversoirs (L. 6 oct. 1791, tit. 2, art. 16; arr. du gouv. du 19 niv. an 6; décr. des 19 mars et 11 août 1808, 17 oct. 1809, 3 janv. 1812; ord. des 8 mars 1814, 31 mars 1819, 2 juill. 1820, 19 fév. 1823). — D.A. 3. 224.

314. —Lorsque la hauteur des eaux d'une rivière a été déterminée par l'autorité administrative, les tribunaux de police correctionnelle ne peuvent, sous le prétexte que les arrêtés administratifs n'ont pas été homologués par le pouvoir judiciaire, refuser de condamner les contrevenans. — 29 brum. an 9. Cr. c. int. de la loi. D.A. 3. 229. D.P. 1. 755.

315.— Lorsque l'administration a permis l'établissement d'un déversoir de moulin, elle est seule compétente pour connaître des contestations qui s'élèvent sur la position et la hauteur de ce déversoir.

Ainsi, un tribunal de police ne peut condamner le propriétaire du moulin à une amende, pour avoir arrêté le libre cours des eaux, ni lui faire défense de les retenir.—28 mai 1807. Cr. c. Richard-le-Loup. D.A. 3. 230. D.P. 1. 755.

316.— Les conseils de préfecture ne peuvent ni faire des réglemens d'eau, ni modifier ceux émanés des préfets. S'ils s'immisçaient dans la connaissance des réglemens d'eau, sous les rapports administratifs, le conseil d'état annulerait leurs arrêtés et rétablirait les choses dans leur premier état, jusqu'à ce qu'il fût statué régulièrement par les préfets.

317.— Les tribunaux de police sont incompétens pour statuer sur une action en dommage causé par les eaux d'un moulin, lorsqu'il est constaté que les eaux étaient au-dessous de la hauteur du déversoir autorisé par l'administration. — 25 août 1808. Cr. c. Bellamy. D.A. 3. 230. D.P. 1. 756.

318.— Des jugemens qui auraient fixé la hauteur de chûte d'un moulin, ne pourraient, quoique passés en force de chose jugée, faire obstacle à ce qu'il fût procédé ultérieurement par l'administration, dans l'intérêt public, à un réglement du cours d'eau. — 24 mai 1823. Ord. Delon.

319.— De même, l'existence de conventions particulières en vertu desquelles le propriétaire d'un moulin prétendrait pouvoir maintenir, vis-à-vis des riverains, les eaux à leur hauteur actuelle, ne saurait paralyser l'exercice du droit qu'a l'administration de fixer la hauteur de ces eaux — 17 janv. 1831. Ord. Waendendriès. D.P. 31. 3. 55.

320.— L'autorité administrative est compétente pour faire un nouveau réglement d'eau, et fixer la hauteur du déversoir d'une usine lorsque le propriétaire en a déplacé ou changé le système hydraulique. Mais c'est aux tribunaux à prononcer sur la demande formée par le propriétaire d'une autre usine, pour le dommage causé par ce changement ou déplacement. — 24 fév. 1830. Ord. cons. d'état. Desobry C. Bejot.

321.— L'arrêt qui, reconnaissant que le déversoir d'un moulin a été exhaussé, ordonne par son dispositif que les parties se pourvoiront devant l'autorité administrative pour *faire fixer de combien la hauteur actuelle des eaux sera abaissée*, ne porte point atteinte aux droits exclusifs de l'administration, lorsque les motifs mentionnent que le renvoi devant le préfet a lieu pour fixer la hauteur des eaux; dans ce cas, le dispositif peut et doit être interprété par les motifs, et l'on prétendrait en vain qu'il y a violation de l'art. 13, tit. 2 de la loi du 16-24 août 1790, et de celle du 16 fructidor an 3, soit en ce que l'administration, à qui seule il appartient de fixer la hauteur des eaux, se trouverait, dans l'espèce, enchaînée par cette décision; soit en ce que l'administration avait déjà précédemment fixé la hauteur du déversoir. — 6 déc. 1831. Req. Dijon Pernel. D P. 33. 1. 58.

322.— 5° Il appartient encore aux préfets d'ordonner la suspension et la destruction des travaux d'une usine établie sans autorisation préalable, et même ceux faits à une usine autorisée, si de graves motifs d'ordre public, légalement vérifiés, en nécessitaient la démolition (Décr. 28 fév. et 15 oct. 1809; ord. des 21 et 31 août 1816). — D.A. 3. 224.

323.— S'il s'agit d'ouvrages entrepris par une association de propriétaires sur les bords d'une rivière flottable en cette partie de son cours, l'autorité administrative seule a le droit de faire modifier ou détruire lesdits ouvrages, s'ils ont été exécutés irrégulierement et sans autorisation, ou s'ils sont offensifs contre la rive opposée. — 19 oct. 1825. Ord. Comm. de Châteaurenard, etc. D.P. 26. 3. 13.

324.— Les jugemens ou poursuites judiciaires qui tendraient à paralyser l'effet des arrêtés administratifs, pris par les préfets pour la destruction des moulins, écluses, chaussées, etc., non autorisés, ou contraires à l'intérêt public ou à celui des riverains, doivent être annulés par la voie de conflit; le tout sans préjudice des questions de propriété qui doivent être portées devant les tribunaux ordinaires (Décr. 28 fév. 1809; *id.* 15 oct. 1809; *id.* 21 août 1816. D.A. 3. 229, n. 1) — Les principes sur les constructions faites ou à faire sur les rivières et canaux navigables ont été fixés par un arrêté très important du 9 vend. an 6. — V. Favard, Rép., v° Cours d'eau, n. 2.

325.— 6° De faire changer et abaisser les vannes des moulins et usines, et de réprimer les inondations qui proviendraient de leur exhaussement (Décr. des 18 mai 1812 et 4 juin 1813; ord. du 29 déc. 1819). — D.A. 3. 224.

326. — Jugé de même que c'est à l'administration qu'appartient le droit d'ordonner les mesures propres à prévenir les inondations occasionées par un moulin au détriment d'une ou de plusieurs communes, encore bien que le propriétaire alléguât une longue possession sans trouble. Et, dans ce cas, le réglement d'eau, prescrit par l'administration, ne peut pas donner lieu à l'application des principes du droit en matière d'expropriation pour utilité publique.— 24 janv. 1834. Ord. cons. d'état. Lamblin. D.P. 34. 3. 39.

327 — Jugé cependant que la question de savoir s'il y a lieu de supprimer une vanne établie avec l'autorisation de l'administration et d'après la direction de ses agens, pour le service de la navigation sur un canal flottable, est de la compétence exclusive des tribunaux.—18 nov. 1818. Ord. cons. d'état. Lancelin.

328. — L'administration est compétente pour ordonner la suppression de lavoirs flottans établis sur une rivière, sans que le propriétaire de ces lavoirs puisse discuter par la voie contentieuse les motifs d'utilité publique sur lesquels cette suppression est fondée. — 28 janv. 1822. Ord. de la Morlière.

329. — Mais si l'acte qui ordonne, dans l'intérêt de la navigation, l'établissement ou la suppression d'usine, ne peut être attaqué par la voie contentieuse, du moins il ne statue que sans l'indemnité due à ceux dont il blesserait les droits acquis.— 6 sept 1825. Ord. Roulhac.

330.—Ainsi, est compétemment rendu et insusceptible d'être attaqué par la voie contentieuse l'acte administratif qui, sur la demande tendant à faire légaliser un moulin existant anciennement, sans autorisation, sur une petite rivière, déclare soumettre, par des considérations d'ordre public, la conservation de cette usine à la condition d'une réduction de hauteur dans la digue de retenue, *sans préjudice des droits des parties et des tiers, résultant de titres privés.* — 28 oct. 1831. Ord. Cazeau. D.P. 34. 3. 67.

331. — 7° D'ordonner, sauf l'approbation du directeur-général des ponts et chaussés, la construction d'ouvrages propres à favoriser le flottage des bois, sans préjudice du recours au ministre de l'intérieur, et ensuite au conseil d'état, si ces arrêtés changeaint le point d'eau, le régime des écluses et des ponts, ou s'ils entravaient le service des moulins et bateaux (Déc. 14 juill. 1811). — D.A. 3. 224.

332. — 8° De révoquer les concessions faites à des particuliers, de dériver les eaux des rivières navigables, lorsque les conditions de la concession sont violées (Arr. du gouv., du 19 vent. an 6; ord. des 30 mars et 9 juill. 1820 et 18 déc. 1822). — D A. 3. 224.

333. — 9° D'ordonner la consolidation des alluvions par des plantations de pieux et autres ouvrages, dans l'intérêt public, et par provision, l'enlèvement des bancs de sable, de barrages, lavoirs et autres travaux que des particuliers auraient fait exécuter dans le lit des rivières, et qui seraient susceptibles de gêner la navigation, et d'occasioner des inondations dans les grandes crues d'eau (Déc. des 28 mars et 18 août 1807, 5 janv. 1813; l. 29 flor. an 10, art. 3; ord. 22 août 1822). —D.A. 3. 224.

334. — 10° De déclarer si une rivière est navigable ou flottable (Déc. 22 janv. 1808; ord. des 6 et 27 déc. 1820). — D.A. 3. 224.

335. — Cette dernière attribution, conférée aux préfets et aux ministres, est exorbitante, en ce qu'elle leur permet de réunir au domaine de l'état un cours d'eau qu'un particulier peut regarder comme sa propriété privée. Il est d'ailleurs souvent difficile de reconnaître si une rivière est, ou non, navigable ou flottable. — On prépare, dit-on, un état général des rivières flottables et navigables, qui sera constatée par une ordonnance royale Ce sera alors par voie d'ordonnance que les changemens qui surviendront seront constatés. — Il serait, ce semble, plus légal, que la contestation fût débattue contradictoirement devant les tribunaux, comme toutes les questions de propriété qui s'élèvent entre le domaine et les particuliers. — D.A. 3. 224.

336. — 11° De régler, entre les propriétaires riverains, dans le silence de leurs titres à cet égard, le mode de jouissance des eaux d'une rivière. — 28 mai 1827. Civ. c. Rouen. Beautier, etc. D.P. 27. 1. 251.

337. — Quand ce règlement administratif a été fait, s'il arrive que l'un des riverains prétende que ce réglement ne lui est pas applicable, et qu'il doit jouir des eaux conformément à ses titres, la connaissance de cette prétention qui contrarie le réglement administratif, est de la compétence de l'autorité administrative; et le tribunal, devant qui le déclinatoire est élevé, doit renvoyer devant cette autorité...., alors surtout que celui qui prétend faire prévaloir ses titres sur le réglement, a précédemment reconnu la compétence de cette autorité, en lui demandant la modification du réglement.—Même arrêt.

338. — Les préfets sont compétens pour empêcher et même pour faire détruire les ouvrages établis sur une propriété communale pour l'exploitation d'une usine. — Ainsi, et spécialement, ils sont compétens pour ordonner la destruction d'un canal pratiqué pour l'écoulement des eaux d'un ruisseau dans le but de le faire servir de moteur à une usine, alors que le canal a été creusé sur un terrain communal par le propriétaire de l'usine non autorisée. — 28 fév. 1809. Décr. cons. d'état. Monalery.

339. — Les préfets sont encore compétens pour connaître des oppositions formées par les particuliers contre les dispositions des réglemens d'eau arrêtés par eux. — Mais ils ne le sont pas pour connaître des contraventions qui ont lieu à ces réglemens; ils doivent enjoindre aux maires de les poursuivre devant les tribunaux de police. — 23 avril 1823. Ord. cons. d'état. Lacombe C. Chambon.

340. — Les préfets ont, comme on voit, le droit de prendre toutes les mesures de surveillance, de police et d'administration qui peuvent intéresser l'ordre public sous le rapport de la navigation, du flottage, de l'intérêt général des riverains, du passage des gués, de l'approvisionnement des villes et autres services publics, mais sauf l'approbation du ministre des travaux publics, devant lequel le recours est d'ailleurs ouvert aux parties intéressées. — D.A. 3. 224.

341. — Les arrêtés intervenus sur les contestations purement administratives ne peuvent être l'objet d'un pourvoi par la voie contentieuse. Spécialement, l'arrêté d'un préfet, bien qu'approuvé par le ministre, qui refuse à un propriétaire riverain d'établir un moulin à blé sur un cours d'eau, par des motifs d'intérêt public, notamment, parce que son établissement tendrait à interrompre le cours d'un gué et qu'il pourrait détruire, par le creusement du lit du ruisseau, les fondations d'un pont.— 13 août 1823. Ord. cons. d'état. Bénard.

342. — Remarquez, avec Cormenin, que, dans les différens cas qui viennent d'être rappelés et autres analogues, les préfets n'ont, à proprement parler, que des propositions à faire, soit au directeur-général des ponts et chaussées, soit au ministre des travaux publics. *Ils* s'abstiendront sagement d'exécuter les mesures qu'ils proposent, avant d'avoir reçu l'approbation de l'autorité supérieure, n'étant pas placés dans une sphère assez haute pour apprécier l'opportunité de l'exécution, ses inconvéniens ou ses avantages généraux. — D.A. 3. 224.

343. — Toutefois, ajoute Cormenin, s'il y a urgence, si un pont menace de s'écrouler, si des digues se rompent, s'il faut, à l'instant même, creuser un écoulement pour des torrens à travers les fonds d'un particulier; si des travaux construits sans autorisation interrompent le libre cours des eaux: dans tous ces cas et autres, l'exécution peut précéder l'approbation du ministre, mais à la charge par les préfets de rendre immédiatement compte des mesures de police ou de sûreté par eux prises et sans préjudice du recours des parties intéressées (*Quest. de dr. adm.*, Prol., p. 114). — D.A. 3. 224.

344. — A Paris, il existe un préfet de police créé par la loi du 28 pluv. an 8. Les attributions de ce préfet, en ce qui concerne les eaux, sont nettement déterminées par les art. 22, 24, 33, 34 et 43 de l'arrêté du gouvernement du 12 messidor an 8, qui définit ses fonctions en général. Un arrêté du 3 brum. an 9 étend les attributions du préfet de police aux communes de Saint-Cloud, Meudon et Sèvres, et, d'après un autre arrêté du 6 messidor an 10, il préside le conseil de préfecture dans la séance hebdomadaire où ce conseil prononce sur les affaires contentieuses qui touchent à la police. — D.A. 3. 224.

345. — Du reste, comme l'administration des préfets et des conseils de préfecture ne s'étend pas au-delà des limites du département, c'est au ministre de l'intérieur seul qu'il appartient de statuer sur les réclamations qui s'élèvent à l'occasion des digues ou autres travaux ordonnés dans un système général de navigation, ou pour la sûreté des riverains et des communes dépendantes de deux ou plusieurs départemens (Ord. 24 mars 1820). — D.A. 3. 224.

346. — Les mesures relatives à la conservation des ponts et à la sûreté des transports par eau, notamment celles qui ont pour objet la fixation de la grandeur des bateaux servant à la navigation, rentrent, comme mesures de police, dans les attributions du ministre de l'intérieur (L. 16-24 août 1790, tit. 11, art. 3, § 5; arrêté 16 messidor an 8). — 1er juill. 1831. Cr. r. Savry. D.P. 32. 1. 159.

347. — Par suite, une décision ministérielle qui,

en exécution d'une ordonnance, détermine la grandeur de certains bateaux que l'ordonnance admet à la navigation, mais dont elle n'avait pas fixé la dimension, est obligatoire. — 1er juill. 1831. Cr. r. Savry. D.P. 32. 1. 159.

348.—Nous ne devons pas omettre de dire que, d'après l'art. 1er de l'arrêté des consuls, du 8 prairial an 11, la navigation intérieure de la France est divisée en bassins, dont les limites sont déterminées par les montagnes et coteaux qui versent les eaux dans le fleuve principal, et chaque bassin est subdivisé en arrondissement de navigation. — D.A. 3. 224.

349.—L'art. 2 porte que les portions de fleuves et rivières faisant partie des départemens autres que celui dans lequel est placé le chef-lieu d'arrondissement de navigation intérieure, sont mises dans les attributions administratives du préfet de ce chef-lieu, et ce, seulement en ce qui concerne les travaux à exécuter dans le lit et sur les bords de la rivière et des fleuves; le surplus de l'administration continue à être exercé par le préfet du territoire — D.A 3. 224.

350.—L'art. 15 du même arrêté veut que les contestations qui s'élèvent sur la perception des droits de navigation, soient portées devant le sous-préfet, sauf le recours au conseil de préfecture; il déroge à l'art. 4 de la loi du 30 flor. an 10, qui conférait *de plano* le jugement de ces contestations aux conseils de préfecture.—D.A. 3. 225.

351.—Les inspecteurs-généraux et particuliers de la navigation et des ports sont chargés de veiller à l'exécution des lois et réglemens de police et de constater les contraventions; leurs fonctions sont exactement détaillées dans une instruction du 4 brum. an 9.—D.A. 3. 225, n.

352.—Les ingénieurs ont également une sorte de police sur les eaux; ils dirigent les travaux autorisés et dressent des procès-verbaux des contraventions, et, en cas d'urgence, ils peuvent ordonner certaines mesures (V. L. des 19 janv., 18 août 1791 et 1er juill. 1792, et l'instruction du 26 flor. an 4).—D A. 3. 225, n.

353.—Le pouvoir de constater les contraventions sur les eaux appartient aussi aux conducteurs de travaux, aux agens de la navigation, aux maires et adjoints, aux commissaires de police, à la gendarmerie, sauf à ceux de ces fonctionnaires qui ne sont pas assermentés à prêter serment devant le préfet (L. du 29 flor. an 10, art. 2); aux employés des droits réunis et des octrois (Déc. du 18 août 1810, art. 1er), et enfin aux gardes-champêtres (Déc. des 16 sept. 1811 et 10 avril 1812).—D.A. 3. 225, n.

§ 3.—*Compétence des conseils de préfecture.*

354.—On vient de voir les attributions des agens de l'administration active, relativement aux eaux navigables et flottables; dans le paragraphe précédent, ces actes divers d'administration et de police donnent lieu fréquemment à des réclamations de la part des particuliers qui se prétendent lésés; la matière devient contentieuse et dès lors c'est aux conseils de préfecture à prononcer définitivement, puisque toutes les matières contentieuses de l'administration leur sont dévolues.—D.A. 3. 225.

355.—Ainsi, par exemple, les conseils de préfecture sont seuls compétens pour statuer, 1° sur la répartition des frais de réparations ordonnées par l'administration dans les chaussées, pertuis, ou canaux d'arrosement tirés des rivières navigables (Ord. des 13 avril et 2 juill. 1809, 7 fév. 1813, et 3 juin 1820).—D.A. 3. 226.

356. — 2° Sur toutes les contestations qui pourraient s'élever entre les compagnies des canaux et le gouvernement, tant sur les traités que sur les réglemens d'exécution (L. 5 août 1821).—D.A 3. 225.

357. — 3° Sur le réglement des indemnités dues pour les dommages causés aux propriétés riveraines par les inondations qui proviennent des eaux des contre-fossés des canaux navigables, ainsi que sur les frais d'expertise faits pour dresser ce réglement (L. 6 oct. 1791).—D.A. 3 225.

358. — 4° Sur les questions d'indemnités dues à raison de travaux de navigation ordonnés avant la publication de la loi du 8 mars 1810 (L. 16 sept. 1807; décr. 18 août 1810). — 15 mars 1826. Ordonn. Gautier. D.P. 26. 3. 12.

359. — 5° Sur l'indemnité due à raison du chômage d'une usine, occasioné par des travaux d'utilité publique (Ord. 5 mai 1830).

360.—6° Sur les questions de propriété et les actions au possessoire, lorsqu'elles s'élèvent entre des flotteurs et des propriétaires riverains à l'occasion de bois de flottage déposés sur un terrain riverain d'une rivière flottable (Ord. de 1672).—4 fév. 1824. Boutrou.

361.—Indépendamment de cette compétence, les conseils de préfecture ont une juridiction répressive en cette matière; elle résulte de la loi du 28 pluv. an 4, et de celle du 29 flor. an 10, qui leur attribuent le contentieux de la grande voirie —D.A. 3. 225.

362. — D'après ces lois, les conseils de préfecture ont le pouvoir de réprimer les anticipations pratiquées sur les rivières navigables et flottables, d'interdire les entreprises constatées par les agens de la navigation; d'ordonner la destruction des atterrissemens, barrages, gords, chaussees, moulins, usines et autres ouvrages construits sans autorisation, et de prononcer des amendes contre les contrevenans (Décr. des 28 mai 1809, 3 août 1811, 23 et 25 avril 1812, 23 janv. 1813; ord. des 18 nov. 1818, 24 mars 1820, 20 juin 1821, 22 janv. et 19 fév. 1823).— D.A. 3. 225.

363.— Jugé ainsi que c'est aux conseils de préfecture qu'il appartient de juger les questions de contravention en matière de cours d'eaux navigables et flottables. — 22 juin 1823. Ord. Damay. D.P. 26. 3. 13.

364.— Et, par conséquent, les contestations entre propriétaires d'usines situées sur une rivière *navigable* et *flottable*, au sujet des entreprises faites par l'un d'eux, et prétendues préjudiciables à l'autre.— 1er fév. 1833. Ord. cons d'état. Baudoin. D.P. 33. 3. 41.

365 — Ainsi que la contravention de la part d'un *riverain* qui, autorisé seulement à déposer des matériaux *dans le lit* d'une rivière flottable, pour y construire un mur de soutenement, encombre *toute une partie* de la riviere (C civ. 538; décr 22 janv. 1808; l. 29 flor. an 10).— 19 janv. 1832. Ord. cons. d'état. Cayla. D.P 32. 3. 135.

366.—Mais comme ils n'ont dans leurs attributions que le contentieux de la grande voirie, ils sont incompétens pour statuer sur les empiètemens commis en amont du point où une rivière commence à être flottable: c'est aux tribunaux ordinaires qu'il appartient de prononcer sur une telle question. — 31 mars 1825. Ord. Harvier. D.P. 26. 3. 17.

367.—L'arrêté du gouvernement, du 28 mai 1803, n'attribuant de juridiction aux autorités administratives du chef-lieu d'arrondissement de navigation qu'en ce qui concerne les travaux d'utilité publique à exécuter dans le lit et sur les bords des fleuves et rivières, il s'ensuit que le conseil de préfecture est incompétent pour prononcer sur une contravention commise sur le cours d'une rivière hors des limites de ce chef-lieu. — 21 déc. 1825. Ord. Joly. D.P. 26. 3. 13.

368. — Lorsqu'un dépôt de chanvre qui a fait périr des poissons dans une rivière navigable, a été caractérisé par les procès-verbaux des gardes-champêtres et poursuivi par l'inspecteur des forêts comme un delit de pêche, c'est aux tribunaux qu'il appartient de prononcer. — L'autorité administrative ne peut revendiquer la connaissance de cette contestation, sous prétexte qu'il s'agit d'une contravention en matière de grande voirie. — 11 janv. 1826. Ord. Girardin. D P. 26. 3. 13.

369. — Du reste, le conseil de préfecture ne peut prononcer qu'une peine pécuniaire; en sorte que si la contravention présentait en même temps les caractères d'un délit de nature à entraîner l'application d'une peine corporelle, le conseil de préfecture devrait renvoyer le délinquant devant les tribunaux criminels, mais après avoir, toutefois, épuisé sa propre juridiction. (Décr. 21 mars 1807).— D.A. 3. 225.

370. — Le conseil de préfecture ne prononce que sauf le recours des parties intéressées au conseil d'état, puisqu'en règle générale, toutes les décisions des conseils de préfecture sont susceptibles de ce recours. Mais le roi prononçant dans son conseil, comme souverain administrateur autant que comme souverain juge, il s'ensuit qu'il peut ou surseoir à la destruction des travaux faits sur les rivières navigables, ou n'en permettre le maintien que sous certaines conditions, ou, enfin, renvoyer les parties devant le préfet ou le ministre de l'intérieur pour faire procéder à l'accomplissement de ces conditions dans un délai déterminé (Ord. 3 juill. 1820) — D.A. 3. 223.

371. — Un conseil de préfecture est incompétent pour ordonner le rétablissement d'un passage pour les gens à pied, le long d'une rivière flottable, sur un terrain adjugé nationalement, si cette servitude n'a pas été imposée dans l'adjudication. — 22 janv. 1823. Ord. cons. d'état. Giblaine.

372. — Les conseils de préfecture ne sont compétens ni pour établir un nouveau réglement d'eau, ni pour appliquer les anciens réglemens ou prononcer sur la destination du père de famille: dans le premier cas, c'est à l'autorité supérieure, dans le second, c'est à l'autorité judiciaire qu'il appartient de statuer.— 2 fév. 1825. Ord Raguet. D.P. 26. 3. 16.

373. — Enfin, de ce qu'un article du cahier des charges contenant l'adjudication de l'ouverture d'un canal, attribuerait au conseil de préfecture le droit de prononcer sur les clauses et conditions y énoncées, il ne résulte pas que ce soit à ce conseil de préfecture qu'il appartient de déterminer le nombre et la position des ponts exigés par la nécessité des communications.— 24 mars 1824. Ord. cons. d'état. Min. de l'int.

§ 4.—*Compétence des tribunaux civils.*

374. — Il reste à déterminer la compétence des tribunaux ordinaires en matière de fleuves et canaux navigables et flottables.— Les eaux navigables sont sans doute la propriété de l'état; mais les particuliers acquièrent sur ces eaux des droits d'usage plus ou moins étendus, lorsque, pour satisfaire aux besoins de l'agriculture et à ceux de l'industrie, le souverain permet des canaux de dérivation ou autorise l'établissement des usines qu'on rencontre sur la plupart des rivières navigables. De là, entre les concessionnaires, des intérêts souvent opposés, auxquels l'administration est quelquefois entièrement étrangère, et dont l'appréciation ne peut appartenir qu'aux tribunaux.— D.A. 3. 225.

375 — Il en est de même d'une foule de contestations qu'on voit s'élever soit entre les concessionnaires et usiniers et les simples riverains, soit entre ceux-ci isolement, au sujet de l'usage qu'ils font des eaux. — Enfin, les particuliers peuvent avoir des questions de propriété à démêler avec le domaine, relativement aux dépendances des fleuves et rivières navigables, et l'autorité judiciaire seule est compétente pour les résoudre. — D.A. 3. 225

376.—Ainsi, c'est aux tribunaux à connaître, 1° des contraventions commises par les propriétaires d'usines, moulins, ou terrains riverains, lorsque ces contraventions n'intéressent que les parties privées, et donnent lieu seulement à des dommages-intérêts de particulier à particulier (Déc. des 25 avril 1812 et 23 sept 1810). — D.A. 3. 223.

377.—2° De la manière dont des particuliers doivent jouir d'une portion d'eaux navigables, en vertu de concessions qui leur ont été faites, dans les limites de ces concessions (Ord. 28 juill. 1819). — D.A. 3. 223.

378. — De l'indemnité concernant le préjudice causé à des propriétés par la trop grande élévation du déversoir, lors même que cette surélévation des eaux serait produite par les travaux prescrits dans l'arrêté autorisant la construction du moulin....

379. — .... Il en est ainsi surtout alors que dans l'acte administratif portant autorisation de construire ce moulin, il est dit que le propriétaire de l'usine demeurera garant, aux termes de la loi du 6 oct. 1791. des dommages que les eaux pourraient causer aux propriétés voisines, par la trop grande élévation du déversoir ou autrement. — 2 janv. 1832. Civ. r. Delabrière. D.P. 32. 1. 63.

380 — L'absence de cette réserve dans l'acte administratif n'aurait point fait changer la décision de l'arrêt; car l'arrêté fixant la hauteur d'eau n'a pour objet que d'accorder à l'usinier la chûte qu'il demande, et qu'il ne peut obtenir que sauf le droit d'autrui.

381. — Jugé ainsi que, lorsque, de la hauteur à laquelle les eaux d'une nouvelle usine ont été fixées par l'administration, il résulte des dégâts ou dommages pour d'autres usines, les tribunaux peuvent apprécier l'étendue de ces dommages, sans entreprendre sur l'autorité administrative.—23 mai 1831. Req. Rennes. D.P. 31 1. 311.

382. —C'est aux tribunaux de connaître des dommages-intérêts auxquels peut avoir droit le concessionnaire d'une prise d'eau dont les travaux ont été, sur l'opposition d'un voisin intéressé, suspendus par une décision ministérielle annulée depuis.— 9 nov. 1832. Ord. cons. d'état. Suchelet. D.P. 33. 3. 19.

383. — L'action en dommages-intérêts, formée devant les tribunaux ordinaires par le propriétaire d'une usine supérieure contre le propriétaire d'une usine inférieure, à raison du préjudice que lui a fait éprouver le refoulement des eaux, ne peut être déclarée non-recevable, sous le prétexte que le point d'eau de chacune des deux usines n'aurait pas été fixé par l'autorité administrative devant laquelle les parties seraient en instance pour cet objet. — 5 mars 1833. Civ. c. Toulouse. Delagarrière. D.P. 33. 1. 158.

384.— Remarquons, avec Cotelle, que les concessionnaires peuvent être tenus d'indemniser les tiers d'une manière plus large, que l'administration elle-même ne serait tenue de le faire; car elle a pu les placer plus ou moins complètement dans ses droits, et les réserves stipulées dans leurs titres doivent faire loi. Mais les tribunaux ne doivent pas faire sortir des titres administratifs d'autres conséquences que celles qu'ils ont pu avoir aux yeux du gouvernement (*Dr. administ.*, 2, 333).

385. — Les tribunaux sont compétens pour *condamner un usinier à détruire les travaux* qu'il fait conformément à une ordonnance d'autorisation par lui obtenue, si ces travaux occasionnent à la propriété d'un tiers un dommage matériel. — 13 nov. 1828. Ord. Wachenheim.

386.— Garnier pense que, dans l'espèce, les tribunaux judiciaires auraient dû se borner à proclamer le droit de la partie à laquelle les travaux portaient préjudice, et à lui accorder des dommages-intérêts, sauf à elle à s'adresser à l'administration pour faire révoquer l'ordonnance de concession. Macarel, au contraire, décide que les tribunaux ne doivent pas craindre d'annuler, par le fait, les ordonnances d'autorisation, lorsque les réclamations sont fondées; qu'il suffit de leur accorder la force d'un titre provisoirement exécutoire, en vertu duquel l'impétrant posséderait son usine; que c'est aux tribunaux de protéger la propriété contre toute atteinte, dont l'ordonnance elle-même n'a pas entendu la grever. Enfin, Cotelle pense concilier ces deux opinions en distinguant le cas où le dommage causé par les travaux autorisés, est un dommage matériel, et le cas où il ne constitue qu'un dommage moral. Sans doute, dit-il, il n'appartient pas aux tribunaux de paralyser l'action du gouvernement, lorsqu'il dispose des eaux dans l'intérêt de l'industrie. Si donc, la destruction d'un moulin était fondée sur des considérations purement morales que l'autorité administrative eût nécessairement appréciées, il y aurait là un empiètement des tribunaux sur l'autorité administrative. Mais quand on voit le conseil d'état renvoyer les entrepreneurs de travaux publics devant les tribunaux ordinaires, pour y répondre aux demandes en indemnités dirigées contre eux, à raison d'extractions de matériaux faites sans avoir rempli les formalités nécessaires, comment ne reconnaîtrait-on pas à ceux-ci le droit de réprimer les atteintes commises à la propriété dans l'exécution d'un réglement d'eau auquel l'impétrant seul a intérêt, et qui ne lui aura été octroyé que sous la condition expresse ou tacite de réparer le dommage qui en résulterait pour autrui, et d'en faire surtout cesser la cause (*Dr. admin.*, 2, 348)?

387.—Les tribunaux connaissent 3° de la propriété des contre-fossés des canaux et de celle des terrains délaissés dans les rivières (Décr. 22 oct. 1808 et 4 juin 1809; ord. 19 fév. 1823).— D.A. 3. 225.

388. — 4° De l'interprétation des titres respectifs des propriétaires d'usines et concessionnaires de canaux et des questions de propriété, de servitude et d'ancien usage des eaux, élevées au sujet de prises d'eau dans des canaux flottables et navigables, pour le roulement des usines (Ord. 18 déc. 1822).— D.A. 3. 225.

389. — Ainsi, un préfet ne peut, sans excès de pouvoir, dans une contestation entre deux propriétaires d'usines, statuer sur leurs droits respectifs à l'usage des eaux, d'après les anciens réglemens et leurs titres particuliers.— 28 fév. 1828. Ord. cons. d'état. Jars C. Tenneguy.

390.— La concession accordée à un exploitant de forges pour l'établissement d'un canal, ne lui confère ni droit, ni privilége au préjudice des propriétaires riverains, de telle sorte qu'en cas de trouble dans leur possession, soit par le creusement d'un nouveau canal, soit par l'enlèvement d'arbres et de quartiers de rochers, ils sont fondés à porter leur action devant les tribunaux : on prétendrait vainement que, s'agissant de l'exercice d'un droit de concession accordé par l'autorité administrative, cette dernière seule est compétente.— 19 oct. 1808. Décr. Hardouin.

391. — Quand un contrat de vente nationale ne contient aucune disposition spéciale sur la propriété ou l'usage du bras de la rivière sur lequel il existe un moulin vendu, son application appartient aux tribunaux ordinaires des canaux. — 7 mars 1821. Ord. Dieux. D.A. 6. 329.

392.— 5° Du droit d'attache des ouvrages sur les digues ou rives extérieures (Ord. 19 fév. et 17 juill. 1823).— D.A. 3. 225.

393.— 6° Enfin, des troubles et dommages causés à la jouissance des fermiers de la pêche et à tous établissemens d'exploitation, soit par des entrepreneurs de travaux publics ou autres, soit par des particuliers (Décr. 29 déc. 1812 et 4 juin 1815).— D.A. 3. 225.

394.— Les tribunaux sont compétens pour prononcer sur le réglement qu'il y a lieu de donner en matière de prise d'eau dans un intérêt purement privé, à défaut de réglement administratif (C. civ. 645; ord. 15 nov. 1819).

ART. 5. — *Compétence par rapport aux eaux non navigables, ni flottables.*

395.— Les eaux non navigables ni flottables appartiennent en propriété aux particuliers sur le fonds desquels elles prennent leur source, et, quant à l'usage, à ceux dont elles bordent et traversent les héritages (641, 643 et 644 C. civ.); mais la surveillance de ces eaux est trop intimement liée à l'intérêt public pour demeurer étrangère au gouvernement. Aussi l'administration est-elle chargée de rechercher les moyens de faciliter le libre écoulement des eaux, de les diriger vers un but d'utilité générale, et de tenir les eaux à une hauteur qui ne nuise à personne (Ord. de 1669, art. 42, 43 et 44; l. des 20 août 1790 et 6 oct. 1791; arr. du gouv., du 2 vent. an 6). — D.A. 3. 226.

396. — Il suit de là que, sous plusieurs rapports, la compétence de l'autorité administrative et des tribunaux est la même pour les eaux non navigables que pour les eaux navigables : toutefois, il est un grand nombre de points importans sur lesquels les deux compétences sont mutuellement différentes.— D.A. 3. 226.

§ 1er. — *Compétence des préfets.*

397. — Le seul acte d'administration et de police des rivières non navigables pour lequel une ordonnance royale soit nécessaire, c'est l'établissement d'un moulin ou d'une usine (L. 6 oct. 1791, tit. 2, art. 16).— D.A. 3. 226.

398. — Lorsqu'il ne s'agit pas d'un cours d'eau naturel, mais d'un canal de desséchement construit de main d'homme, et qui constitue essentiellement une propriété privée, l'administration est incompétente pour accorder à des tiers aucune autorisation d'usines, et, par conséquent, pour prononcer un sursis à la destruction d'un barrage construit par un particulier.— 1er sept. 1825. Ordonn. Colombet. D.P. 26. 3. 15.

399. — Dans tous les autres cas, les préfets ont pouvoir suffisant pour agir, sauf l'approbation du ministre de l'intérieur.

Ainsi, c'est aux préfets 1° à fixer la hauteur des déversoirs, barrages et autres ouvrages, la dimension des vannages et biez des moulins (Déc. 2 fév. 1808 et 2 juill. 1812; ord. 20 nov. 1816, 2 juin 1819, 30 mars 1821, 16 avril 1823 et 7 avril 1824).— D.A. 3. 226.

400. — Jugé de même que la fixation de la hauteur des eaux d'un ruisseau, même non navigable, est dans le domaine de l'administration. — 19 déc. 1826. Req. Guy. D.P. 27. 1. 97.

401.— Jugé encore que, si l'action relative à la fixation de la hauteur des eaux d'une rivière non navigable ni flottable, et spécialement celle relative au refoulement des eaux, à la hauteur ou à l'abaissement du déversoir, bien que formée entre simples particuliers propriétaires d'usine, ne repose sur aucun titre, elle est de la compétence de l'autorité administrative et non de celle des tribunaux, et ceux-ci doivent délaisser les parties à se retirer devant l'autorité administrative pour faire fixer la hauteur de leur déversoir (L. 28 sept. 1791, tit. 1er, art. 16).

.....Il en serait autrement si l'action reposait sur des titres ou des conventions intervenus entre ces parties; en un tel cas, l'autorité judiciaire serait compétente pour fixer cette hauteur en tant qu'il s'agirait de l'exécution des titres, et sans préjudice des droits de l'autorité administrative, dans le cas où elle croirait devoir faire un réglement pour ces eaux..... ici ne s'applique pas l'art. 6 C. civ., suivant lequel il n'est pas permis de déroger par des conventions particulières aux lois touchant à l'ordre public. — 4 juin 1834. Req. Caen. Desprey-Boutry. D.P. 34. 1. 263.

402. — L'action en cessation du refoulement des eaux doit être assimilée à l'action en fixation de la hauteur de ces eaux.— Même arrêt.

403.— 2° A ordonner le changement des vannes, et à faire des réglemens pour interdire la construction des ponts flottans sur les cours d'eau, sans autorisation, lorsque ces ponts nuisent au libre écoulement des eaux, et, enfin, à faire détruire les écluses, chaussées, moulins, et en général tous les travaux non autorisés (Décr. des 16 avril et 22 déc. 1811; ord. 28 août 1822).— D.A. 3. 226.

404.— Bien que l'autorité administrative soit compétente pour interdire à un particulier ou à une commune d'entreprendre, sans autorisation, aucune tranchée dans le lit d'une rivière non navigable ou dans ses atterrissemens, cependant, s'il s'élève des contestations au sujet d'une digue construite sous les auspices de l'administration, elles doivent être soumises au ministre de l'intérieur; mais si ces contestations sont élevées à l'occasion de la jouissance des eaux, elles appartiennent aux tribunaux. — 24 mars 1820. Ord. cons. d'état. Boyer C. Comm. du Cheval-Blanc.

405. — 3° A statuer sur les améliorations à apporter au cours des rivières; sur la réparation des rives des torrens; sur la conservation ou la suppression des aquéducs qui traversent les routes départementales, sauf, dans les trois cas, recours au ministre de l'intérieur (Ord. 10 juill. et 14 août 1822, 26 fév. 1823). — D.A. 3. 226.

406. — Jugé encore que les préfets, sauf l'approbation des ministres, sont compétens pour autoriser la construction d'un aquéduc sur un chemin public. — 26 oct. 1825. Ordonn. Riboud. D.P. 26. 3. 22.

407.— Les tribunaux, par exemple les juges de paix, sont incompétens pour ordonner, par forme de mesure de police administrative, des travaux et et des réparations aux cours d'eau non navigables. —4 fév. 1807. Req. régl. de juges. D.A. 3. 228. D.P. 7. 1. 217.

408.— Et, à plus forte raison, pour ordonner le changement du lit d'une rivière ou d'un ruisseau, à l'effet d'en prévenir les débordemens (Déc. 22 déc. 1811). — V. Merl., Rép., v° Cours d'eau, n. 6: D.A. 3. 228, n.

409. — 4° A prescrire toutes les dispositions nécessaires pour le curage des rivières et canaux, répartir la dépense entre les riverains, et rendre les rôles de répartition exécutoires, sauf le recours de ceux qui se prétendraient lésés au conseil de préfecture (L. 14 flor. an 7; déc. des 4 août 1811 et 12 avril 1812; ord. des 20 nov. 1815, 10 fév., 6 mars et 25 oct. 1816 et 9 avril 1817).— D.A. 3. 226.

410.— Les conseils de préfecture sont incompétens pour statuer sur une demande en réformation d'arrêtés rendus par les préfets, pour ordonner le curage et le redressement d'un ruisseau.— 17 mars 1825. Ordonn. Chabin. D.P. 26 3. 15.

411.— 5° A homologuer les réglemens d'eau proposés par les conseils municipaux dans l'intérêt général des riverains (Ord. 2 juin 1819), et approuver les mesures de police et de sûreté prises par les maires, relativement aux cours d'eau (Ord. 4 juin 1823), sauf, dans les deux cas, le recours au ministre de l'intérieur et ensuite au conseil d'état.—D.A. 3. 226.

412.— 6° A dresser les reglemens d'eau nécessaire, dans l'intérêt public et dans celui des propriétaires riverains. — Ainsi, l'individu dont la propriété est traversée par un ruisseau, peut être soumis à un réglement administratif (C. civ. 644). S'il se croit lésé par l'application que les tribunaux en ont faite, il doit poursuivre la réformation du jugement dans l'ordre de la hiérarchie judiciaire. — 3 juin 1818. Ord cons. d'état. Guestiers.

413.— 7° A faire des réglemens relatifs à l'usage des cours d'eau non navigables ni flottables.— .... Et l'infraction à ces réglemens est passible des peines de police.— 16 nov. 1833. Cr. c. Min. pub. C. Caverne. D.P. 34. 1. 59. — 10 fév. 1830. Ord. cons. d'état. Thibaut. D.P. 30. 3. 15.

414.— Jugé de même que les préfets ont le droit de faire des réglemens particuliers sur l'usage des cours d'eau; même sous le rapport de l'irrigation, lorsque ces cours d'eau sont communs à divers propriétaires; et, par exemple, ils peuvent fixer les jours et les heures où les riverains de ces cours d'eau pourront en user pour l'irrigation de leurs propriétés.— 10 fév. 1827. Cr. c. Montalambert. D.P. 27. 1. 386.

415. — Jugé dans le même sens que la question de savoir si un ancien réglement sur l'irrigation doit être supprimé pour lui en substituer un nouveau, n'appartient qu'à l'administration publique — 2 nov. 1832. Ord. cons. d'état. Hab. de Chamas. D.P. 33. 3. 21.

416. — L'arrêté d'un préfet, qui fixe la direction d'un cours d'eau entre plusieurs propriétaires riverains, et qui détermine les jours et les heures pendant lesquels chacun des propriétaires pourra s'en servir, est obligatoire, tant qu'il n'a pas été ré-

formé par l'administration supérieure.—6 déc. 1833. Cr. c. Min. pub. C. Boulanger. D.P. 34. 1. 59.

417. — L'autorité administrative a le droit de régler, dans l'intérêt de l'industrie, l'usage des prises d'eau sur une rivière non navigable ni flottable. — En conséquence, lorsqu'un réglement administratif a réglé entre les riverains le mode de jouissance des eaux d'une riviere, le riverain, à qui ses titres antérieurs à ce réglement attribuent sur la rivière une prise d'eau, mais sans regler la manière dont ce droit sera exercé, n'est pas fondé à prétendre qu'il ne doit pas être soumis au réglement administratif. — 21 juill. 1828. Paris. Beautier. D.P. 28. 2. 241.

418.—Les préfets sont aussi compétens pour faire, dans l'intérêt public, des reglemens préparatoires sur des cours d'eau non navigables ni flottables : toutefois, ces réglemens doivent être faits, sous réserve, pour les tiers et pour les parties, des droits résultant de leurs titres respectifs ; et s'il est disposé qu'au moyen des mesures ordonnées, la réclamation d'un propriétaire riverain n'a plus d'objet, le réglement doit être annulé dans cette partie, et l'on ne doit maintenir que la partie réglementaire, laquelle ne deviendra définitive que par la sanction royale.—31 juill. 1832. Ord. cons. d'état. Boisson, etc. D.P. 32. 3. 143.

419 —De même les réglemens par lesquels les préfets déterminent l'usage des cours d'eau non navigables ni flottables entre les riverains, sont de véritables réglemens de police.—10 fév. 1827. Cr. c. Montalambert. D.P. 27. 1. 386.

420. — 7° Enfin, en matière de réglement d'eau dépendant d'un cours d'eau, même non navigable ni flottable, l'administration a toujours le droit de prescrire des mesures propres à faire cesser tout dommage public, tel qu'exhalaison ou interception des eaux au préjudice des communes, et cela, sans que la vente nationale consentie à un particulier, ou sa longue possession conforme à ses titres, puissent mettre obstacle à l'exercice de ce droit ; et c'est en vain qu'on prétendrait que la question doit être résolue par les tribunaux.— 20 juill. 1832. Ord. cons. d'état. Ricord. D.P. 32. 3. 143.

421.—Lorsque le réglement d'eau d'une rivière non navigable ni flottable a été fait par le préfet, contradictoirement avec les propriétaires riverains, le ministre des travaux publics n'est pas compétent pour y faire des changemens dans un intérêt purement privé.— 30 mars 1821. Ord. Gay-Lugny.

§ 2.— *Compétence des conseils de préfecture.*

422. — Les conseils de préfecture ont, relativement aux eaux non navigables, toutes les attributions qui leur sont dévolues comme juges du contentieux de l'administration. Ainsi, ils statuent, par voie contentieuse, sur les difficultés qui s'élèvent au sujet des arrêtés par lesquels les préfets ont déterminé la dimension des biez et la hauteur des eaux, toutes les fois que le litige intéresse la généralité des riverains ou la salubrité publique (Déc. 12 avril 1812; ord. 20 nov. 1816).— D.A. 3. 226.

423.— La loi du 14 flor. an 11 leur attribue aussi, comme juges du contentieux des contributions, le droit de connaître de toutes contestations relatives au paiement des dépenses occasionées par le curage des rivières et canaux, et par la réparation des digues et autres ouvrages nécessités par le curage (V. aussi décr. 12 avril 1812 ; ord. 10 fév., 6 mars et 23 oct. 1816, 9 avril 1817, 20 nov. 1822, 17 juill. 1823, et 23 juin 1824).— D.A. 3. 226.

424.— Ils connaissent aussi des contestations entre une société d'arrosans et l'un des associés qui réclame contre sa cotisation qu'il prétend excessive (Ord. 13 août 1823), pourvu que la qualité d'associé ne soit pas contestée, cas auquel il faudrait recourir aux tribunaux (Ord. 6 fev. 1822).— D.A. 3. 226, n. 11.

425.— Le droit de statuer, apres l'homologation des rôles par le préfet, sur la quotité des taxes des arrosans, appartient au conseil de préfecture. — 2 nov. 1832. Ord. cons. d'état. Hab. de Chamas. D.P. 33. 3. 21.

426 — Enfin, un arrêté du gouvernement, du 6 niv. an 11, art. 9, leur confere, on ne sait à quel titre, le pouvoir de prononcer sur les questions de propriété des eaux minérales, lorsque le débat s'élève entre l'état et une commune — D.A. 3. 226.

427.— Mais les conseils de préfecure ne sont pas compétens pour connaître des infractions aux réglemens de police, ni des entreprises sur les cours d'eau non navigables, car ces conseils sont des tribunaux d'exception, et la loi du 29 flor. an 10, qui développe celle du 28 pluv. an 8, ne leur attribue que la connaissance des contraventions commises sur les canaux, fleuves et rivières navigables, sur leurs chemins de halage, francs-bords, fossés et ouvrages d'art. Les anticipations sur les eaux non navigables ni flottables appartiennent aux tribunaux (Ord. 14 aout 1822, 24 déc. 1823, 7 avril et 22 déc. 1824.—D.A. 3. 226).—19 janv. 1825. Ord. Velvert. D.P. 26. 3. 17.

428. — Cependant cette décision paraît à Henrion (*Comp. des juges de paix*, p. 507) avoir été rendue problematique par la loi du 9 vent. an 13, qui attribue aux conseils de préfecture le jugement des contraventions commises sur les chemins vicinaux, auxquels, suivant cet auteur, on doit assimiler les eaux non navigables, comme la loi du 29 flor. an 10 assimile les fleuves et rivières navigables aux grandes routes. — Mais cette assimilation n'ayant point été faite par la loi, pour les eaux non navigables, comme elle l'est pour les eaux navigables, on ne peut, sur une simple analogie, étendre une juridiction exceptionnelle.— D.A. 3. 226, n. 12.

429.— Ajoutons, d'ailleurs, avec Garnier, *Régime des eaux*, 2e part., p. 272 et suiv., que les fleuves navigables peuvent être placés sur la même ligne que les grands chemins, parce que les uns et les autres appartiennent à l'état et sont consacrés à l'usage général ; mais qu'il n'en est pas de même des petites rivieres et des ruisseaux, à l'égard des chemins vicinaux. Ceux ci, en effet, appartiennent aux communes, et servent à l'usage de tous les habitans, tandis que les eaux dont il s'agit sont la propriété de celui à qui appartient le fonds sur lequel jaillit la source, et les riverains seuls ont le droit d'en user ; d'un autre côté, les frais de curage des rivières non navigables sont exclusivement a la charge des riverains, tandis que les frais de réparation des chemins vicinaux sont supportés par tous les habitans de la commune.— *Ibid.*

430.— Jugé cependant que les conseils de préfecture sont compétens pour statuer sur une contravention commise dans le bras non navigable d'une rivière navigable.

Ainsi, bien que les propriétaires riverains d'usine aient été autorisés par le préfet à faire enlever à leurs frais des atterrissemens qui s'y sont formés, cependant, si, loin de se borner a en faire simplement le curage, ils font enlever un bloc de moellon et de pierres, découvert au fond de l'eau, ils peuvent être, par le conseil de préfecture, condamnés à une amende, bien que ce bras ne soit pas navigable, et qu'il n'y ait aucune plainte de la part des riverains.— 16 mai 1827. Ord. cons. d'état. Varillet.

431. — Jugé aussi que si une construction a été commencée sans autorisation sur les bords d'un canal non navigable, c'est là une contravention de la compétence des conseils de préfecture qui ont pouvoir pour la réprimer, en ordonnant la suspension des travaux. — 27 avril 1825. Ord. Demolon, D.P. 26. 3. 17.

432.—...Et qu'un conseil de préfecture est compétent pour ordonner le comblement d'un fossé fait sans autorisation pour détourner les eaux d'un ruisseau L'arrêté intervenu, dans ce cas, ne peut être annulé, bien qu'il renvoie les parties devant l'autorité compétente pour en permettre le rétablissement.— 4 juin 1823. Ord. cons. d'état. Langlade C. Martinot.

§ 3. — *Compétence des tribunaux civils.*

433. — Les tribunaux sont appelés à statuer, 1° sur toutes les entreprises faites dans les petites rivières, canaux, ruisseaux (L. 28 sept. 1791, tit. 2, art. 40 ; décr. 12 avril 1812 ; ord. 14 août 1822, 16-23 avril et 21 mai 1823).— D.A 3. 227

434.— Et, par exemple, sur la demande en démolition d'une digue construite par un propriétaire riverain sur un cours d'eau.— 10 fév. 1830. Riom. Richard. D.P. 33. 2. 34.

435.— ...Sur l'action en *réparation* de *dommages* causés par un barrage construit dans un cours d'eau non navigable ni flottable. — 21 fev. 1834. Req. Rouen. Cacheux. D.P. 34. 1. 147.

436. — Ils peuvent même ordonner la destruction de ce *barrage*.— Même arrêt.

437. — Jugé de même que si les entreprises faites sur des cours d'eaux ne compromettent pas l'intérêt public, mais portent seulement sur des intérêts privés, la connaissance en appartient aux tribunaux.— 8 avril 1829. Ord. cons. d'état. Petit. D.P. 33 3. 85.

438. — En cas d'anticipation sur une rivière non navigable, ce sont les tribunaux civils et non les tribunaux correctionels qui doivent prononcer, le fait dont il s'agit n'étant prévu par aucune loi pénale, ainsi que l'ont reconnu divers arrêts de la cour de cassation.— D A. 3. 227, n. 1.

439. — Il appartient encore aux tribunaux de statuer sur toutes les contestations qui s'élèvent entre meuniers, maîtres de forge ou propriétaires d'usines ou entre des meuniers et des riverains, ou entre une commune et un particulier, lorsqu'il ne s'agit que d'intérêts et conventions privés (Décr. des 23 avril 1807, 24 juin 1808, 3 janv., 15 oct. et 28 nov. 1809, 11 août et 23 sept. 1811 ; 6-11 janv. et 22 mai 1813 ; ord. des 30 août 1814, 20 juin et 28 sept. 1816, 11 juin 1817, 13 mai 1818, 23 juin et 4 août 1819, 30 janv. et 31 oct. 1821, 10 juill. 1822 et 21 mai 1823, 9 mars 1831).—D A. 3. 227.

440. — ... Sur les contestations entre riverains à l'occasion du mode d'usage d'un cours d'eau non dépendant du domaine public.— 29 juill. 1825. Colmar. Riettling. D.P. 27. 2. 34.

441.—.... Sur un droit de prise d'eau, dans un ruisseau qui n'est ni navigable ni flottable.—26 oct. 1825. Ord. Riboud. D.P. 26. 3. 22.

442 —.... Sur la demande tendant à faire ordonner le curage d'un ruisseau, quand cette demande est formée dans un intérêt privé, à l'occasion d'un procès élevé entre deux propriétaires, et qui n'intéresse pas la généralité des riverains.—8 mai 1832. Req. Angers. Tilly. D.P. 32. 1. 176.

443.—.... Sur l'application à faire, dans un intérêt purement privé, des réglemens existans non attaqués, relatifs à l'emploi, au cours et à l'usage des eaux (Ord. des 20 juin 1816, 26 fév. 1817, 3 juin 1818, 23 juin et 4 août 1819, 30 mars, 30 mai et 28 nov. 1821, 6 et 20 fév. 1822 et 8 mai 1823).—D.A. 3. 227.

444.— ... Sur les contestations entre particuliers, si la rivière n'est ni navigable ni flottable dans la partie de son cours qui donne lieu à contestation, et s'il s'agit de contravention à un ancien réglement d'eau.— 19 janv. 1823. Ord. cons. d'état. Vialet C. d'Alausier.

445.—.... Sur les contestations entre deux propriétaires de moulins établis sur un ruisseau, relativement à la hauteur à laquelle le propriétaire inférieur doit tenir les eaux, encore bien que l'autorité administrative ait précédemment fixé la hauteur du déversoir pour préserver d'inondation le moulin supérieur : ce n'est que quand il s'agit de l'intérêt public que l'autorité administrative connaît de la hauteur des eaux.—27 fév. 1826. Bordeaux. Eyquart. D.P. 26. 2. 163.

446.—.... Sur les questions d'intérêt privé élevées par des propriétaires riverains contre ceux d'une usine à l'occasion de réparations faites à une digue située dans la partie d'une rivière qui n'est pas navigable, bien qu'elle le soit plus bas. — 30 avril 1828. Ord. cons. d'état. Sudré C. Lafon.

447.—. ..Sur les contestations entre le propriétaire d'un moulin et les riverains, ayant pour objet de faire, dans l'intérêt seul des parties, réduire à la hauteur déterminée par des arrêtés administratifs, les eaux d'une rivière non navigable.—17 déc. 1833. Toulouse. Ducassé. D.P. 33. 2. 133.

448.—.... Sur la demande en indemnité du dommage causé à une propriété, encore bien que l'autorité eût fixé la hauteur des vannes d'irrigation dont la non ouverture a occasioné le dommage. — 2 janv. 1832. Civ. c. Rouen. Duval. D.P. 32. 1. 62.

449.—.... Sur le réglement qu'il y aurait lieu de dresser en matière de prise d'eau, dans le même intérêt purement privé, à défaut de réglement administratif (Ord. 15 nov. 1819).—D.A. 3. 227.

450. — .... Sur l'application des conventions et transactions particulières qui ont pour objet la direction d'un cours d'eau, toujours dans un intérêt privé (Ord. 9 déc. 1821).—D.A. 3. 227.

451.—.... Sur les difficultés concernant l'exécution d'une transaction intervenue entre des particuliers à l'occasion de contestations relatives à la hauteur des eaux destinées à desservir leurs usines, quand d'ailleurs les parties ne contestent pas la hauteur des eaux, sur laquelle il n'appartient qu'à l'autorité administrative de prononcer dans l'intérêt public.—19 frim. an 8. Civ. c. Chavy. D.A. 3. 230. D.P. 3. 1. 226. — 6 therm. an 13. D.A. 3. 231, n. 1.

452. — .... Sur la propriété et la possession d'un cours d'eau non navigable ni flottable, et qui a été l'objet d'une transaction entre les parties : le préfet ne peut revendiquer le litige.— 13 mars 1810. Civ. c. Marty. D.A. 3. 233. D.P. 10. 1. 149.

453.— La contestation, fût-elle administrative, le préfet ne pourrait qu'élever le conflit et non faire droit au fond, sans attendre que le conseil d'état eût réglé la compétence. — Même arrêt et ord. du 6 janv. 1813. D A. 3. 234.

...Les tribunaux prononcent aussi : Sur les questions de propriété, d'usage et de servitude relativement aux sources et fontaines (Ord. 2 juill. 1821). — D.A. 3. 227.

454. — ..... Sur la demande qu'un particulier intente contre une commune, pour être maintenu dans la propriété d'un ruisseau ayant source dans le terrain communal, et qui lui a été concédé par un ci-devant seigneur. — 23 vent. an 10. Req. Commune de Greisembach. D.A. 3. 231. D.P. 3. 1. 445.

455. — ...... Sur la propriété et la possession des eaux thermales, lorsque le débat s'élève entre une commune et un particulier, ou entre l'état et un particulier (Décr. 16 frim. an 14 et 15 janv. 1809). — D.A. 3. 227.

456. — ..... Sur l'usage des eaux des canaux de dérivation (Ord. 23 avril 1823). ... Sur l'ancien état des eaux d'un étang (Décr. 12 avril 1812 ; ord. 21 mars, 31 oct. et 14 nov. 1821), et sur les contestations entre voisins, qui s'élèvent au sujet du dessèchement d'un étang particulier (Ord. 20 oct. 1819). — D.A. 3. 227.

457. — .... Sur les questions de propriété entre le congrès des acquéreurs d'un canal d'irrigation et des actionnaires du même canal, au sujet d'une prise d'eau (Ord. 20 juin 1821). — D.A. 3. 227.

458. — ...... Sur la priorité de jouissance des eaux entre plusieurs arrosans, soit d'après l'acte de concession, soit d'après les usages existans (Ord. 15 août 1822), et sur la contestation entre une société d'arrosans et un propriétaire qui prétend n'en pas faire partie, encore que cette société ait été autorisée par l'administration ; ainsi que sur toutes les difficultés qui dépendent de l'examen du contrat de société, de faits d'exécution et d'acquiescement (Ord. 6 fév. 1822). — D.A. 3. 227.

459. — .... Jugé même que, quoiqu'un droit d'arrosage, sur une rivière appartenant à une commune, ait été fixé par un réglement, arrêté par une délibération du conseil municipal, homologuée par le préfet, les contestations qui s'élèvent à l'égard de la jouissance de ce droit, fondées sur des titres ou réglemens antérieurs, sont de la compétence des tribunaux judiciaires alors surtout, que le préfet a mis, dans son arrêté d'homologation, qu'en cas de contestation sur l'exécution de ce réglement, les parties seraient renvoyées à se pourvoir devant qui il appartiendrait. — 10 mai 1830. Civ. r. Aix. Comm. de Besse. D.P. 30. 1. 235.

460. — Enfin, les tribunaux connaissent généralement de toute contestation qui a pour objet l'appréciation d'un droit de propriété, d'usage ou de servitude, dans un intérêt privé. — D.A. 3. 227.

461. — Ainsi, lorsqu'une ordonnance a autorisé la conservation d'un moulin sur un cours d'eau dont la propriété n'a pas été réclamée, on peut former opposition à cette ordonnance, en se fondant sur la question de propriété ; et, dans ce cas, c'est aux tribunaux ordinaires qu'il appartient de prononcer. — 27 avril 1825. Ord. Labbey-Larroque. D.P. 26. 3. 16.

462. — Jugé de même que lorsqu'il ne s'agit pas d'un réglement général pour des usines, mais d'une simple autorisation de faire, sur une rivière qui n'est ni navigable ni flottable, une prise d'eau pour l'irrigation des prés et pour l'usage du moulin d'un particulier, et qu'il y a des oppositions à cette autorisation, fondées sur des titres de propriété, l'appréciation de ces titres est du ressort des tribunaux, et doit précéder toute décision administrative. — 14 déc. 1825. Ord. Ricou. D.P. 26. 3. 16.

463. — Jugé de même que lorsque des oppositions à une demande en autorisation de construire un moulin sur un cours d'eau non navigable ni flottable, sont fondées sur des titres de propriété, d'usage et de servitude, l'appréciation des titres et droits des parties appartient aux tribunaux, et doit précéder toute décision administrative. — 18 janv. 1826. Ord. Bouis. D.P. 26. 3. 14.

464. — La contestation qui s'élève, au possessoire, entre un particulier qui réclame la possession dans laquelle il est de faire dériver sur son fonds des eaux dont la source est dans un terrain communal, et un autre particulier auquel la commune a cédé l'usage de ces eaux par une délibération approuvée du préfet, n'est pas pour cela de la compétence de l'autorité administrative, mais bien de celle du juge de paix. — 15 prair. an 12. Civ. c. Valdesey. D.A. 3. 232. D.P. 24. 1. 415.

465. — Cette décision est juste. Toute la difficulté, on le sent bien, venait de ce que la délibération du conseil municipal avait été revêtue de l'approbation du préfet, laquelle était présentée comme un acte administratif. Mais ce n'était point un acte de cette nature : en effet, dit Henrion, *Comp. des juges de paix*, p. 287 et suiv., il ne faut pas perdre de vue que les pouvoirs des officiers municipaux sont de deux sortes : propres et délégués. Les premiers sont ceux qui dérivent du mandat qu'ils ont reçu de leurs concitoyens, et les seconds, ceux qu'ils exercent en vertu d'une délégation à eux faite par le gouvernement. Les uns ne leur confèrent qu'une manutention domestique ; les autres les rangent dans la classe des fonctionnaires publics. Lorsqu'ils agissent en cette dernière qualité, c'est-à-dire comme agens du gouvernement, les actes émanés d'eux sont de véritables actes administratifs. Mais ceux qu'ils font comme agens de leurs communes, tels que les baux à fermes des biens communaux, n'ont pas ce caractère ; ce ne sont que des actes privés, soumis aux mêmes règles que toutes les transactions que les citoyens peuvent faire entre eux. Dans l'espèce de l'arrêt ci-dessus, la délibération approuvée du préfet n'était qu'un acte de surveillance tutélaire, nécessaire pour rendre la commune habile à contracter (V. au surplus le décret du 21 janv. 1812, rapporté par Henrion, *loc. cit.*). — D.A. 3. 233, n.

466. — C'est de même au juge de paix et non à l'autorité administrative qu'il appartient de connaître de la contestation élevée entre deux acquéreurs de domaines nationaux, au sujet de la jouissance d'un cours d'eau à laquelle chacun d'eux prétend avoir droit. — 15 janv. 1808. Paris. Ardant. D.A. 3. 233. D.P. 1. 756.

467. — Cette décision est conforme à un décret du 24 mars 1806, ainsi motivé : « Considérant que l'autorité administrative n'est compétente pour connaître des difficultés qui s'élèvent entre des acquéreurs de biens nationaux, que lorsque ces difficultés sont relatives au fond ; que, dans l'espèce, le juge de paix a seulement à prononcer sur une demande possessoire, et que, dès lors, il n'excédera pas ses pouvoirs, attendu qu'il ne préjugera ni du mérite du fond ni des titres de propriété, etc. » (V. dans le même sens, Corm., *Prolég.*, v° Cours d'eau, § 2). — Henrion, *Compét. des juges de paix*, 5e édit., p. 364, semble aussi se ranger à cette doctrine, qu'il avait d'abord combattue. — D.A. 3 233, n. 3.

468. — Mais si, sur l'action intentée par un usinier, à l'effet de faire remettre au même état la chaussée d'un ruisseau qu'un riverain a exhaussée, il intervient un arrêté du préfet qui maintient l'exhaussement, le juge de paix doit surseoir à prononcer sur l'action possessoire, jusqu'à ce que cet arrêté ait été réformé par l'autorité administrative supérieure. — 13 mars 1810. Civ. c. Marty. D.A. 3. 233. D.P. 10. 1. 149.

469 — Il n'y a pas contradiction entre cet arrêt et les deux précédens. Car, d'une part, dans ces deux espèces, les décisions administratives ne faisaient que créer un droit de propriété ou d'usage qui n'emportait pas virtuellement le fait matériel de la possession : conséquemment, ces décisions n'étaient pas susceptibles d'être contredites par le jugement à intervenir sur l'action possessoire ; tandis que, dans l'espèce actuelle, le juge de paix n'aurait pu ordonner la destruction de l'exhaussement, sans contredire ouvertement l'arrêté du préfet qui avait maintenu cet exhaussement. D'autre part, dans les deux arrêts précédens, il s'agissait d'une convention faite par des officiers municipaux, et, comme le fait observer Henrion, de pareils actes ne sont pas proprement des actes administratifs ; ce sont des conventions semblables à celles des particuliers (*Comp. des juges de paix*, p. 286, dern. édit.). — D.A. 3. 233.

470. — Le juge de paix est compétent, et non le conseil de préfecture pour connaître de l'action possessoire intentée entre riverains pour entreprise sur une rivière navigable, si la rivière ne commence à être telle qu'au-dessous de l'endroit où sont situées les propriétés des parties. — 23 août 1819. Civ. r. Brousse. D.A. 12. 1026, n° 1. D.P. 19. 1. 584. — 29 juin 1813, v° Action possessoire.

471. — Le juge de paix serait-il également compétent, pour le lieu même où la rivière est navigable (les juges de première instance ont prononcé l'affirmative) ? — Même arrêt.

472. — Un juge de paix excède ses pouvoirs, lorsque, au lieu de se borner à statuer sur la question possessoire qui lui est soumise, il ordonne la destruction d'un ouvrage construit par ordre de l'administration (Ord. 24 janv. 1824). — Mac. 1824, p. 30 ; D.A. 3. 233, n. 4.

473. — L'autorisation donnée par un ministre, pour l'établissement d'un barrage et d'un réservoir, sur un cours d'eau non navigable, n'empêche pas que le juge de paix ne soit compétent pour connaître de la complainte formée par les propriétaires riverains, pour le trouble apporté par cet établissement à la jouissance qu'ils avaient du cours d'eau. — 28 juill. 1820. Liége. Guillaume. D.A. 3. 233. D.P. 1. 756.

474. — L'action en complainte peut être exercée devant le juge de paix, par le propriétaire d'une usine, contre les riverains supérieurs qui ont laissé passer une année sans arroser leurs fonds, lorsqu'ils détournent l'eau pour cet usage. En effet, s'ils avaient été trente ans sans arroser, le propriétaire du moulin aurait acquis la propriété exclusive des eaux par prescription ; or, la complainte est admise en matière prescriptible. Lorsque les riverains sont demeurés pendant un an sans arroser leurs bords, et qu'ils ont laissé toute l'eau au propriétaire de l'usine, il est probable qu'il est intervenu une convention entre les parties. Ainsi jugé par un arrêt de cassation, du 20 avril 1824, cité par Cotelle, t. 2, p. 357.

475. — Lorsque les propriétaires de moulins à eau dérivée d'un fleuve navigable, ont refusé de faire chômer leurs usines, sur l'invitation de l'éclusier, agissant en vertu des ordres donnés par l'administration pour des mesures concernant la navigation, et que l'éclusier a fait, par ordres supérieurs, arrêter les moulins, ces propriétaires ne peuvent pas, à raison de ce fait, le poursuivre devant les tribunaux par voie possessoire ; et le juge de paix est incompétent pour connaître d'une pareille action. C'est à l'autorité administrative seule qu'il appartient de prononcer sur les réclamations que les propriétaires pourraient avoir à former contre cet employé pour le trouble apporté à leur jouissance des eaux. — 1er fév. 1822. Bruxelles. Deconinck. D.A. 3. 235. D.P. 1. 757.

476. — Remarquez que, dans cette espèce, il s'agissait non seulement d'un fait commis par un employé de l'administration, agissant dans cette qualité, mais que ce fait était lié à des travaux concernant la navigation ; or, la surveillance et la police des eaux navigables sont dans les attributions exclusives de l'autorité administrative. — D.A. 3. 236, n.

477. — Le conseil d'état a même décidé, relativement à un cours d'eau non navigable, que lorsque des travaux ont été ordonnés par un acte administratif, dans l'intérêt d'une commune, et qu'un particulier réclame contre l'exécution de ces travaux, sous prétexte qu'ils portent préjudice à sa propriété, la contestation est de la compétence de l'autorité administrative (Ord. du 30 juin 1824). — D.A. 3. 236, n.

478. — Lorsque l'autorité administrative a prescrit la confection de certains travaux ou la destruction de certains ouvrages sur un cours d'eau, les tribunaux peuvent ordonner l'exécution des travaux ou des changemens prescrits. — 3 pluv. an 10. Rouen. Goutard. D.A. 3. 228. D.P. 1. 757. — Conf. Garnier, *Régime des eaux*, 2e part., p. 316 ; D.A. 3. 229, n.

479. — L'infraction aux réglemens relatifs aux cours d'eau non navigables ni flottables, est de la compétence des tribunaux et non de celle de l'autorité administrative. — 16 nov. 1833. Cr. c. Min. pub. C. Caverne. D.P. 34. 1. 59.

480. — Les contraventions à un réglement d'eau pris par l'administration doivent être réprimées par le tribunal de simple police. — Ainsi, lorsque des vannes, d'après ce réglement, doivent être ouvertes ou fermées certains jours, et que l'un des ayans-droit est contrevenu à cet état de choses, il doit être condamné par le tribunal de simple police. — 18 oct. 1827. Cr. c. Min. pub. C. Hubert. D.P. 27. 1. 511.

481. — Lorsqu'un maire a pris un arrêté portant défense de détourner les eaux d'un canal, et que des particuliers, qui ont contrevenu à cet arrêté, excipent d'une prétendue possession, le tribunal de police ne peut renvoyer les parties à fins civiles, sauf à reprendre les erremens de l'instance, le cas échéant. Une pareille décision contient un excès de pouvoir : si les contrevenans avaient des réclamations à faire contre l'arrêté, ils devaient les porter devant l'autorité compétente, et cependant obéir à l'arrêté. — 16 mai 1811. Cr. c. Min pub. D.A. 3. 234. D.P. 12. 1. 555.

482. — Jugé dans le même sens que l'exception de propriété, alléguée par le prévenu de contravention à un arrêté portant réglement d'un cours d'eau entre des particuliers, n'oblige pas le juge à surseoir, une telle exception, tant que le réglement n'est pas rapporté, étant insuffisante pour faire disparaître le délit. — 6 déc. 1833. Cr. c. Min. pub. C. Boulanger. D.P. 34. 1. 59.

483. — Lorsque l'autorité administrative a pris des mesures pour faire cesser la stagnation des eaux sous la maison d'un particulier, sans rien mettre à

la charge de ce particulier, celui-ci ne peut être condamné que le tribunal de police à un amende, et à procurer l'écoulement des eaux. — 18 flor. au 9. Cr. c. Bonneau, D.A. 3. 227. D.P. 1. 754.

—V. Forêts.—V. aussi Actions possessoires, Autorité municipale, Communes, Compétence administrative, Concession, Conseil d'état, Domaine engagé, Domaine national, Enregistrement, Féodalité, Forêts, Péage, Prescription, Propriété, Servitude, Tierce-opposition, Vente, Voirie.

TABLE SOMMAIRE.

Abandon. 185.
Accessoire. 69, 156, s. 171.
Achalandage. 282.
Acquéduc. 406.
Acquiescement. 248, 547, 458.
Acte administratif. 87, s. 203, 207, 263, 370, s. 477, s.
Action des canaux. 77.
Actions possessoires. 113, s. 169, 560, 467, s.
Adjudicataire. 73.
Alluvion. 39, 169.
Amende. 315
Anticipation. 113, 215, 562, 427, 458.
Atelier insalubre. 289.
Atterissement. 56, 123
Autorisation. 61, s. 100, 155, 174, s. 195, s. 213, s. 242, 291, 379, s. 473. —(condition) 227, s. —(formes) 198. —(modification) 202, 211, 217, s. 206 — (révoquée) 208, s.
Bac. s.
Banalité. 193
Barrage. 40, 269, s. 288, 599.
Bateau. 6, 25, s. 546, s. 599.
Biez. 169, 399, 422.
Bonde. 169.
Bords. 170
Bras de rivière. 20, s.
Bûches perdues. 54, s.
Cahier des charges. 73.
Canal. 390.—d'irrigation. 97, s. — d'Orléans.75. — du Midi. 86.
Cantion. 144.
Chasse. 158.
Chemin vicinal.423, s.
Chômage. 37, 227, 275, s. ; 5'.
Cimetière. 179.
Citerne. 189.
Clause de style. 227.
Cloaque. 190.
Clôture. 181.
Commerce. 55.
Communes. 39, 558.
Compagnie. 96, 99, 102.
Compétence. 18, 36, 69, 88, s. 106, s. 116, 152, s. 138, 145, 148, 176, s. 188, 199, 203, 275, s. 260, s. 286, s. 377. —conseil de préfecture. — V. Préfet, Tribunaux civils.
Concession. 140, s. 196, s. 207, 279, s. 382, s. 377.
Conducteur de travaux. 356.
Conflits. 452.
Conseil de préfecture. 315, s.— (compétence) 554, 422. — d'état. 77, s. 203, s. 293, s. 528, s. 570.
Construction. 140, s. 194, s. 215, s. 255,425, s. 481.
Contraventions. 39, s. 580, s. 502, 576, 427, s. 470, s.
Contribution. 80, 104, 152, 140, 182 283, s. 510, s. — foncières. 80, 105.
Convention. 319.
Cours d'eau. 290, s. — (compétence) 290, s.
Curage. 22, s. 29, s. 81, 105, 129, s. 153, s. 509, 442.
Déchéance. 110.
Déclaration de navigabilité. 1, 9, 334, s.
Dégrèvement. 155.
Délibération. 464, s.
Démolition. 44, s. 206, 255, 522, s. 454, s.
Dépense. 50.
Dépenses.—V. Contrib.
Dépendance. 28, s.
Desséchement. 69, 165, 456.
Détournement. 65, s. — des eaux. 48, s.
Destruction. 94, 164, 269, s. 582, 585.
Déversoir. 174, s. 210, 260, 51, s. 378, 599, s.
Digue. 40, 47, 145, 154, s. 284, s. 404.
Direction. 46.
Distance. 179, s. 190, 206.
Domaine public. 9, s. 28, 86, 111, s.
Dommages-intérêts. 66, 378, s. 434.
Dotation. 76.
Douanes. 819.
Droits. 59, s. — de navigation. 82, s.
Eau flottable. 23, s.—navigable. 6, s. 193. — non navigable. 92, s. 111, s. 215, 228, 395, s. —pluviale. 189.—thermale. 455.
Écluse. 210.
Égouts. 190.
Embarras. 42, 365.
Enquête de commodo. 15, 197, s.
Entretien. 22, s. 29, s. 129, s. 161, 284, s. 504.
Équivalent. 217.
Étang. 154, s.
Évocation. 296, 550.
Exécution parée. 152.
Exhalaison. 161, s.
Expertise. 357.
Expropriation publique. 64, s. 119, s. 229, 250, 526.
Extraction. 57.
Flottage. 85.
Flottaison. 25, s.
Fonds supérieur. 31, s. 159, 160, s
Force majeure. 182, 225, 545.
Fossés. 42, 157.
Frais. 22, s. 29, s.
Franc-bord. 78, s.
Fraude. 157.
Hallage. 119.
Hauteur. 260, s. 301, s. 515, s. 580, 599, s.
Homologation. 314, 411.
Honoraires 368.
Ile. 125, s. 158.
Immeuble. 156.
Incendie. 182.
Indemnité. 56, s. 64, s. 88, 119, s. 155, s. 140, 162, 180, 227, s. 246, 275, s. 557, s. — (fixation) 140.
Indivisibilité. 117, s.
Infiltration. 260.
Ingénieur. 352.
Inondation. 145, 161, s. 326.
Inspecteur de navig.351.
Intérêt privé. 435, s.
Interprétation. 75, 79, 287, 388, s. 410, 462.
Juge de paix.406, s.464, s.
Lavoir. 528.
Liberté d'industrie. 246, 155, 214, 247, 260, 272, 304, 511, s 516, s. 526, s. 372, 412, s.
Lit. 4, 11, s. 115, s. 120, 158, s.
Louage. 73.
Meubles. — V. immeubles.
Ministre. 347.
Moulin. 191, s. — à vent. 290.
Mouture. 193.
Motifs. 279, 511.
Navigabilité. 15, s.
Navigation. 6, s. 42. — (organisation) 548, s.
Nouvel œuvre. 116.
Opposition. 295, s.
Ordonnance royale. 244.
Ouvrage artificiel. 6, 10, 78, s. 98, s. 166, 251, 598.
Passage. 51.
Pâture grasse. 170.
Pêche. 68, 118, s. 146, s. 178, 508.
Peine. 48, s. 561, s. 569, 415, 488.
Pente d'eau. 205, 237, s.
Péril imminent. 165, 545
Permission illégale. 208.
Plantation. 207.
Poisson. 154, 156, s. 171.
Police. 62, 101, s. 508, s. 535, s. 562, s. 595, 411.
Ponts et chaussées. 62, 554.
Possession. 115, s.—partielle. 51, s.
Préfet. 18, 291, s. 549, s. — (compétence) 507, s. 538, s. 540, s. 589, 597, s.
Préjudice éventuel. 144, 241.
Prescription. 5, s. 115, 118, 170, 196, 500, s.
Présomption. 76
Prise d'eau 14, 109, 160.
Propriété. 2, 19, s. 52, 67, 70, s. 115, s. 455.
Puits. 179, s. — cordes. 186.— entretien. 182.
Sceau. 186.
Puisage. 182.
Puisard. 151, 188.
Quest. préjudicielle. 18, 481, s. — de propriété. 455, s.
Radeau. 6, s. 25, s.
Reconstruction. 284.
Réhabilitation. 76.
Refoulement. 47, 259 ; 401.
Réglement. 24,56, 454, s. 155, 214, 247, 260,272, 304,511, s 516, s. 526, s. 372, 412, s.
Réparations. 165, 185, s. 220, s. 284, s. 504, 555, 409, 425.
Répartition. — V. Contributions.
Résolution. 172.
Rétractation. 208, s.
Révocation. 54, 552.
Riverains. 34, s. 59, s. 96, 142, s. 100.
Rivière. 6, s.
Rivière petite. 111, s.
Ruisseau. 53, s.
Sables. 57.
Serment. 565.
Servitudes. 85, s. 108, 122, 162, 168, s. 183, s. 554, s. 452.—légale. 159.— perpétuelle. 71.
Sommation. 165.
Sursis. 481, s.
Suspension 522, s. 451.
Syndics. 90, 505.
Tabac. 79.
Talus. 79.
Tarif. 51, s. 82, 86.
Tiers. 250, s. 259, 550.
Titre. 195.
Titre contesté. 297.
Transaction. 452.
Transport. 55.
Travaux. 45, s. — d'argence. 512, 592.
Tribunaux civils (compétence). 574, s. 407, 455, suiv.
Usage. 51, 151. — local. 100, 150. — personnel. 112.
Usagers. 96.
Usine. 142, 125, s. 191, suiv.
Utilité publique. 100.
Vanne. 264, 708, 525, s. 599.
Vente. 171, s.
Verrerie. 252.
Voie publique. 55, s.
Voirie (grande). 561.

EAU COURANTE.—V. Servitude.

EAU MINÉRALE.—V. Louage.

EAU NAVIGABLE — V. Eau.—V. aussi Commune, Pêche, Propriété, Servitude.

EAU PLUVIALE. — V. Eau.— V. aussi Actions possessoires, Autorité municipale, Servitude.

EAU SALÉE.—V. Mines.

EAU-DE-VIE.—V. Contributions indirectes, Douane, Vente.

ÉBOULEMENT.—V. Servitudes.

ÉBRANCHAGE. — V. Compétence civile, Forêts, Propriété, Servitude, Voirie.

ÉGARRISSAGE.—V. Forêts.

ECCLÉSIASTIQUE.—V. Culte, Prêtre.

ÉCHANGE — 1. — L'échange est un contrat par lequel les parties se donnent respectivement une chose pour une autre (C. civ. 1702).

§ 1er. — *Nature et forme de l'échange; en quoi il diffère de la vente.*
§ 2. — *Choses qui peuvent être l'objet d'un échange.*
§ 5. — *Effets de l'échange. Droits et obligations de l'échangiste.*

§ 1er. — *Nature et forme de l'échange; en quoi il diffère de la vente.*

2. — L'échange est un contrat commutatif, c'est-à-dire que chaque parties'engage à donner une chose qu'elle regarde comme l'équivalent de celle qu'on lui donne (C. civ 1104). C'est en quoi il diffère de la donation mutuelle, dans laquelle les parties n'ont pas égard à la valeur des choses qu'elles se donnent. —Pothier, t. 16, v° Échange, n. 2.

3. — On ne doit pas considérer comme renfermant un échange, l'acte de partage dans lequel un des co-héritiers garde l'usufruit, et l'autre la nue-propriété de tous les biens indivis (L. 6, § 10, D., *Comm. divid.*). — Roll., n. 3.

4. — L'échange étant soumis à un droit spécial d'enregistrement, il s'élève fréquemment, sous le rapport de la perception du droit, des difficultés sur le véritable caractere de l'acte présenté comme échange.—V. Enregistrement.

5. — C'est avec la vente que l'échange présente la plus grande affinité, *permutatio vicina emptioni* (L. 2, ff. de Rer. permut.). Aussi le code civil, art. 1707, a-t-il déclaré communes à l'échange les règles de la vente auxquelles il ne fait pas exception.— Durant., t. 16, n. 543 ; D.A. 12. 957, n. 1 ; Roll., n. 4 et 5.

6. — Une première différence entre les deux contrats, c'est que le prix de l'échange ne consiste point en argent, mais dans une chose donnée en contre-échange (art. 1702). En second lieu, chacun des permutans est considéré à la fois comme acquéreur et comme vendeur. — Durant., 16, n. 547; D.A. 12. 957, n. 2; Roll., n. 6, 7.

7. — Jugé, d'après ces principes, que lorsqu'un immeuble a été vendu moyennant tant de pièces de vin que les parties ont estimées en argent, cette estimation ne fait pas du contrat une vente, et ne confère pas à l'acquéreur le droit de se libérer en payant la valeur des vins, mais bien les vins en nature.—25 therm. an 15. Civ. c. Lyon. Ruesagel. D.A. 12. 957, n. 1. D.P. 2. 1485.

L'immeuble donné à l'échangiste en contre-échange ne peut être assimilé à un prix de vente.— 10 juill. 1819. Turin. Tribaudino. D.A. 9. 58.

8. — Si une chose a été cédée à la fois contre une autre chose et une somme d'argent, il y a vente jusqu'à concurrence de cette somme. —Roll., n. 8.

9. — Le contrat par lequel un meuble est chargé contre un immeuble peut être considéré comme un échange ; toutefois, les juges doivent apprécier, par la nature du meuble, si les parties n'ont pas voulu éluder les lois sur l'enregistrement et sur la lésion. Delvincourt, p. 65, note, propose la règle suivante : il y a vente, si la chose donnée comme prix est telle que le vendeur pouvait facilement s'en procurer une pareille : comme si la cession d'une pièce de terre etait faite moyennant cent setiers de blé ; dans le cas contraire, il y a échange. — Roll., n. 21.

10. — Il y a un véritable échange, lorsqu'une servitude est cédée contre un immeuble(Roll., n. 22).— Les règles de la vente s'appliquent à l'échange, quand la loi n'établit pas d'exception; il s'ensuit que le réméré peut être convenu dans les échanges comme dans les ventes, soit au profit d'une seule ou de toutes les parties. — Durant., 16, n. 548.

11.— Aux termes de l'art. 1703, l'échange s'opère par le seul consentement, de la même manière que la vente.—D.A. 12, 957, n. 5.

12. — Ainsi, l'opération de change de monnaies est complète du moment où le changeur a reçu les pièces et fixé la valeur.— Il ne peut, en conséquence, lorsque l'opération est ainsi consommée, demander à l'échangiste la restitution de ce qu'il aurait payé à celui-ci au-delà de la valeur de ses monnaies (C. civ. 1255).— 11 mars 1835. Paris. Sidi-Mohammed. D.P. 35. 2. 142.

13.—Il résulte de cette règle que la chose que chacun des contractans a promis de donner en échange, est aux risques de celui à qui elle est promise ; de même que dans la vente, la chose est aux risques de l'acheteur.— Roll., n. 10.

14.— Si le mode d'échange était abandonné à un tiers, et que celui-ci ne put ou ne voulut point faire l'estimation des choses destinées à être réciproquement échangées, on appliquerait l'art. 1592, et le contrat serait annulé —D.A. 12. 957, n. 5.

15.—Jugé, en ce sens, que lorsque les copermutans ont nommé des experts pour régler la manière dont se fera l'échange, et que l'un de ces experts vient à décéder avant l'expertise, il n'y a qu'un simple projet d'échange, qui ne lie aucun des contractans (art. 1592 C civ.) — 8 nov. 1806. Grenoble. Félix. D.A. 12. 957, n. D.P 2. 1486.

16.— L'échange, comme la vente, peut être fait purement et simplement, ou sous condition suspensive ou résolutoire.— Roll., n. 13.

Si donc, un acte d'échange contient des stipulations éventuelles, celui qui les accepte doit se soumettre à leur résultat.— 13 juin 1813. Orléans. Morière. D.A. 12. 938, n. D.P. 2. 1486.

17.— L'échange peut être fait par acte sous seing-privé comme par acte authentique (C.civ. 1582, 1707).

Toutefois, il faut un acte notarié pour les échanges contractés avec le domaine de la couronne ou avec l'état (Décr. 11 juill. 1812; ordonn. 12 déc. 1827).— Roll., n. 11, 12.

18.— Les frais de l'échange sont supportés réciproquement par les deux copermutans (C. civ. 1593). — Roll., n. 14.

§ 2.— *Choses qui peuvent être l'objet d'un échange.*

19.— Toutes les choses qui peuvent être vendues peuvent être échangées. L'échange d'une chose appartenant à une autre serait nul, d'après l'art. 1599 C. civ.— D.A. 12. 937, n. 4.

20.— Jugé, en conséquence de ce principe, que l'échange d'un domaine dont une portion appartient par indivis à un tiers, peut, s'il a été fait sans sa participation, être annulé comme étant une aliénation de la chose d'autrui.— Cette nullité doit être prononcée, encore que, depuis les poursuites commencées, le partage ait été provoqué et achevé.— 16 janv. 1810. Req. Pignard. D.A. 12. 938 D.P. 10. 1. 159.

Jugé dans le même sens que l'art. 1599 C. civ., qui déclare nulle la vente de la chose d'autrui, s'applique à l'échange, encore que l'échange soit entièrement consommé par la livraison respective et la prise de possession de tous les biens échangés.— 16 avril 1822. Poitiers. Pascault. D.A. 12. 938.

21.— S'il est reçu en principe que la vente de la chose d'autrui est nulle, on doit ajouter également que, lorsqu'une des parties, en contractant, connaît le vice de l'acte, elle se soumet à toutes les chances qui peuvent en résulter. Cette jurisprudence s'applique aux contrats d'échange.— D.A. 12. 938, n. 2.

22.— Quoique l'immeuble dotal soit inaliénable, il peut néanmoins être la matière d'un échange, moyennant les conditions fixées par l'art. 1559.— V. Dot.

23.— Les formalités voulues pour la validité de l'échange d'un fonds dotal n'étant prescrites que dans l'intérêt de la femme et de ses héritiers, l'action en nullité qui naît de leur inaccomplissement n'est pas ouverte à celui qui a consenti, avec le mari ou la femme, l'échange d'un tel fonds (art. 1560; 1599, 1225 C. civ.).—11 déc. 1815. Civ. r. Mayssonnial. D.A. 12. 938, n. D.P. 16. 1. 43.

24.— Les immeubles faisant partie des domaines de l'état ou de la couronne peuvent être échangés, en suivant les formalités déterminées par le décret du 11 juill. 1812 et l'ordonn. du 12 déc. 1827. — V. n. 17.

§ 3.— *Effets de l'échange.— Droits et obligations de l'échangiste.*

25.— L'effet de l'échange est de faire passer la propriété sur la tête de celui qui reçoit la chose en échange. Il s'opère, quant à la transmission, une espèce de subrogation d'une des choses à l'autre.

26.— Si l'immeuble échangé appartient exclusivement à l'un ou l'autre des deux époux, l'immeuble reçu en échange devient propre par l'effet de la subrogation : *Subrogatum capit naturam subrogati* (C. civ. 1407.— Poth., v° Vente, n. 630; Roll., v° Échange, n. 37, 38, 39.— V. Communauté).— Une subrogation de la même nature s'opère par l'échange de l'immeuble dotal (C. civ 1559).— Roll., n. 40.— V. Dot.

27.— Quant à la question de savoir si les hypothèques existant sur le fonds cédé en échange passent sur l'immeuble reçu, et si les échangistes peuvent remplir les formalités de la purge des hypothèques, V. Hypothèques.

28.— La principale obligation de chacun des copermutans, c'est de livrer la chose échangée. Ils sont tous deux, en effet, considérés comme vendeurs.— V. n. 5.

29.— Les règles relatives à la contenance de l'objet vendu ne s'appliquent pas rigoureusement à l'échange. Presque toujours l'échange est déterminé par un motif de convenance personnelle, et la chose reçue en échange n'est acceptée que parce qu'elle est reconnue avoir la valeur de celle cédée en contre-échange. Il est donc difficile d'admettre une demande d'indemnité pour défaut de contenance d'un immeuble échangé; les circonstances peuvent néanmoins servir à faire connaître si les parties ont entendu contracter *ad corpus* et non *ad mensuram*. — D.A. 12. 938.

30.— Ainsi, jugé que dans un échange fait *ad corpus*, et non *ad mensuram*, de deux immeubles estimés chacun au même prix, les parties ne peuvent réclamer une indemnité pour défaut de mesure (C. civ. 1616, 1619).— 1er mai 1807. Colmar-Hugues. D.A. 12. 938, n. D.P. 2. 1486.

31.— Les doutes qu'un acte d'échange peut laisser sur l'étendue de l'objet cédé par l'un des copermutans, doivent être résolus contre lui (C. civ. 1602, 1707). — 14 mai 1830. Pau. Laixagne. D.P. 31. 2. 83.

32. — Dans le silence d'un acte d'échange, sur le point de savoir si un biez traversant un fonds vendu et compris dans ses confins, a été vendu avec ce fonds, on a pu déclarer, par interprétation de l'intention des parties, que c'était la jouissance seulement, et non la propriété du biez qui avait été cédée, sans donner prise à la censure de la cour de cassation (C. civ. 1602, 1156, 1341, 1353). Et spécialement, on a pu le décider ainsi, dans un cas où le biez servait au mouvement d'un moulin appartenant au vendeur et resté sa propriété. — 1er juill. 1834. Req. Paris. Flachat. D.P. 34. 1. 412.

Cette décision faisait quelque difficulté en thèse de droit rigoureux; car, d'une part, la propriété d'un fonds se compose du dessus et du dessous (C. civ. 552), et celui qui achète un fonds est présumé avoir acquis tous les accessoires et tout ce qui a été destiné à son usage perpétuel (C. civ. 1615). D'un autre côté, les clauses obscures des actes s'interprètent contre le vendeur (1602). Cependant le biez d'un moulin ou servant au jeu d'une usine doit plutôt être considéré comme l'accessoire du moulin que du fonds qu'il traverse; ce n'est pas d'une propriété pareille qu'il est vrai de dire que la propriété du fonds emporte la propriété du dessus et du dessous; il en serait de même si un aqueduc s'était trouvé au-dessous de la propriété acquise. Il y avait donc silence dans l'acte d'échange sur ce point, et l'état des lieux, la position des parties déterminaient l'interprétation du contrat, dans le sens qui lui a été donné. Par là s'écartait aussi l'objection tirée de l'art. 1602. — D.P. *eod.*, n.

33. — L'art. 1704 statue que celui des échangistes qui, après avoir reçu la chose donnée en échange, prouve que l'autre contractant n'était pas propriétaire de celle qu'il a donnée, ne peut être forcé de livrer celle qu'il a promise, mais seulement de rendre celle qu'il a reçue. Cette disposition est expressément limitée au cas où la livraison n'aurait pas encore eu lieu; et celui des échangistes qui aurait déjà donné sa chose ne serait plus recevable à la revendiquer à l'autre contractant, par le motif que celle qu'il aurait reçue serait la propriété d'autrui. Il n'aurait à exercer que l'action en nullité, fondée sur l'art. 1599.— Durant., t. 16, n. 544, est d'avis contraire pour le dernier cas; il pense que l'action en revendication appartient au co-échangiste qui a reçu la chose d'autrui après avoir livré la sienne.— Roll., n. 28; D.A. 12. 938, n. 6.

34. — Jugé que l'art. 1704, qui permet à l'échangiste de retenir la chose promise en échange, s'il prouve que celle qu'il a reçue n'appartenait pas à son copermutant, ne s'applique pas à celui qui, ayant déjà livré sa chose, voudrait, avec le secours de la même preuve, en faire la revendication. — 11 déc. 1815. Civ. r. Mayssonnial. D.A. 12. 938, n. D.P. 16. 1. 43. — *Contrà*, Roll., n. 28.

35. — Soit que l'échange fût consommé, soit qu'il ne le fût pas, le copermutant que la juste crainte d'une éviction forcerait à demander la nullité de l'échange aurait le droit de réclamer des dommages-intérêts contre celui qui l'aurait ainsi trompé. — Roll., n. 29.

36. — De l'art. 1704, il résulte que le copermutant qui a donné en échange la chose d'autrui, ne serait pas recevable à repousser l'action en nullité déjà intentée par l'autre échangiste, même si, rapportant une ratification du véritable propriétaire, il prouvait qu'il n'y a plus de danger d'éviction (Roll., n. 27). — Ce principe semble consacré par l'arrêt du 16 janv. 1810, *suprà*, n. 20.

37. — Le copermutant évincé de la chose qu'il a reçue en échange, peut revendiquer celle qu'il a donnée (C. civ., art. 1705). Quant à la revendication contre les tiers-acquéreurs de la chose donnée en contre-échange, la question, diversement résolue par les anciens parlemens (L. 1re, § 1er, ff., et 1, C. *de Rer. permut*; Répert. de Merl., v° Échange, § 2), n'est pas décidée par l'art. 1705 qui, en accordant la faculté de répéter, ne dit point si c'est contre le copermutant seulement, ou aussi contre les tiers-acquéreurs. Merlin prétend que l'effet de la revendication est borné aux parties contractantes, car la loi, en astreignant le vendeur qui veut poursuivre hypothécairement le tiers-détenteur, à la nécessité d'une inscription hypothécaire, manifeste par là l'intention de lui enlever la ressource de la revendication s'il avait négligé de s'inscrire.— Mais il ne faut pas confondre l'action hypothécaire avec l'action en revendication faute de paiement du prix. Que la première soit refusée à celui qui ne s'est pas conformé aux prescriptions de la loi, rien de plus juste. Cela ne peut paralyser le droit qu'il a d'exercer la seconde. D'ailleurs, le défaut d'inscription n'empêche pas le vendeur de poursuivre, même contre les créanciers hypothécaires et les aliénataires, la résolution de la vente pour défaut de paiement du prix. — Roll., n. 32; Dur., t. 16, n. 546; D.A. 12. 939, n. 7.

38. — Jugé que la faculté accordée à l'échangiste évincé de la chose qu'il avait reçue en échange, de répéter celle qu'il a donnée en contre-échange, ne peut s'exercer que vis-à-vis du copermutant, et non vis-à-vis des tiers-acquéreurs (1705 C. civ.). — 14 prair. an 12. Civ. r. Nîmes. Bastier C. Sarran. D.A. n. D.P. 2. 1486.

39. — De même, dans le ressort du parlement de Grenoble, le copermutant évincé de la chose qu'il avait reçue en échange, n'avait aucune action contre les tiers-détenteurs des immeubles par lui donnés en contre-échange, lorsque ces immeubles avaient été aliénés par son co-échangiste; il n'avait qu'une action en garantie contre celui-ci (C. civ. 1705). — 23 avril 1830. Grenoble. Martinon. D.P. 30. 2. 231.

40. — Jugé au contraire que l'échangiste évincé de la chose reçue en échange peut revendiquer la chose qu'il a donnée, quoiqu'elle ait été vendue ou hypothéquée à un tiers. — 25 mai 1813. Aix. Varèse. D.A. 12. 939, n. 2. D.P. 2. 1486.

41. — Dans le cas où il a été contracté, le même jour, entre deux négocians, des obligations réciproques, l'un souscrivant au profit de l'autre un billet à ordre, celui-ci, de son côté, souscrivant au profit de celui-là quatre lettres de change, de valeur à peu près égale au billet, l'arrêt qui, dans cette négociation, n'a vu qu'un contrat de change, et refusant, sur ce motif, d'appliquer les principes relatifs à l'échange, invoqués par l'un des souscripteurs contre l'autre, depuis tombé en faillite, a rejeté la demande en revendication des billets dans la faillite de ce dernier, ne peut donner prise à la cassation (C. civ., art. 1184, 1705). — 23 fév. 1829. Civ. r. Besançon. Noirot-Peignot. D.P. 29. 1. 158.

42. — L'échangiste ne devant, en général, être évincé qu'autant qu'il pourra reprendre le fonds qu'il a donné en échange, il s'ensuit que, dans le cas où *tous* les biens d'un débiteur ont été expropriés, sur la poursuite de ses créanciers unis, si, au nombre de ces créanciers, il s'en trouve qui soient inscrits sur un immeuble donné en échange par leur débiteur, ils sont non-recevables et mal fondés, dans le cas où ils n'ont pu être colloqués dans l'ordre ouvert pour la distribution du prix des biens qu'ils ont fait exproprier, à prétendre exercer leurs hypothèques ou priviléges sur l'immeuble donné par leur débiteur à l'échangiste; et cela, encore bien que celui-ci n'eût pas encore purgé ces hypothèques (C. civ. 1705). — 28 juill. 1827. Rouen. Vimard. D.P. 28. 2. 25.

43.— Quoi qu'il en soit du droit de revendication contre les tiers, et précisément par ce qu'il y a doute sur ce point, les notaires agiront prudemment en stipulant dans les actes d'échange, qu'en cas d'éviction, l'échangiste évincé reprendra sa chose dans quelque main qu'elle se trouve. Cette stipulation étant une condition expresse de l'échange; chaque immeuble échangé ne peut passer à des tiers que sous cette condition.— Favard, Rép., v° Échange; Roll., n. 33.

44.— Toutefois, le copermutant évincé de la chose qu'il a reçue en échange, a le droit, en répétant sa chose, de conclure encore à des dommages-intérêts.— Dur., 16, n. 545.

45.— Le propriétaire qui échange un terrain contre une maison appartenant à l'état, démolie ensuite pour cause d'utilité publique, a droit, si l'échange est annulé faute de formalités, et si le terrain donné en contre-échange ne peut lui être rendu, de réclamer non pas la valeur des terrains à l'époque de l'échange, mais celle de la maison donnée en contre-échange à l'époque de sa démolition. — 31 juill. 1812. Décret cons. d'état. Decotte.

46.— L'échangiste ne peut pas demander la rescision du contrat pour cause de lésion (C. civ. 1706).

47 — De ce que la rescision pour cause de lésion n'est pas admise en matière d'échange, il ne s'ensuit pas que les juges ne puissent pas annuler un échange, fait par fraude pour déguiser une opération usuraire. — 25 mars 1825. Colmar. Ober. D.P. 25. 2. 173.— Conf. D.A. 12. 937, n. 2.

48. — Le principe que la rescision pour cause de lésion n'a pas lieu dans les échanges, s'applique aussi aux échanges faits avec soulte; l'art. 1706 ne distingue pas, malgré la multiplicité de contrats de ce

genre faits avec soulte. Si cependant il y avait lieu de à voir une vente déguisée dans le contrat qualifié échange, il faudrait admettre l'action en rescision. — Dur., 16, n. 547.

— V. Assurance maritime, Choses, Communes, Communauté, Domaines engagés, Dot, Conseil d'état, Elections législatives, Enregistrement, Fabriques, Forêts, Garantie, Garde nationale, Hypothèques, Louage, Partage, Prescription, Prêt, Retrait successoral, Servitude, Succession, Usage, Usufruit, Vente, Vol.

TABLE SOMMAIRE.

<table>
<tr><td>Accession. 52.</td><td>Garantie. 35, 39.</td></tr>
<tr><td>Acte authentique. 17.</td><td>Hypothèques.26, 37.</td></tr>
<tr><td>Caractère. 2, s.</td><td>Indivision. 20.</td></tr>
<tr><td>Cassation (appréciation).</td><td>Interprétation. 51, s.</td></tr>
<tr><td>52, 41.</td><td>Monnaie. 12.</td></tr>
<tr><td>Choses. 19, s.— d'autrui.</td><td>Obligation. 25, s.</td></tr>
<tr><td>19, s. 53, s.</td><td>Partage. 3.</td></tr>
<tr><td>Condition. 16.</td><td>Rachat. 10.</td></tr>
<tr><td>Consentement. 11.</td><td>Règle. 5.</td></tr>
<tr><td>Domaine de l'etat. 17, 24.</td><td>Répétition. 38.</td></tr>
<tr><td>Domm.-intérêts. 35, 44.</td><td>Rescision. 46, s.</td></tr>
<tr><td>Dot. 22, s. 26.</td><td>Résolution. 59, s.</td></tr>
<tr><td>Effet. 25, s.</td><td>Restitution. 58.</td></tr>
<tr><td>Estimation. 7, 14, 50.</td><td>Revendication. 59, s.</td></tr>
<tr><td>Eviction. 55.</td><td>Servitude. 40.</td></tr>
<tr><td>Expertise. 15.</td><td>Simulation. 9.</td></tr>
<tr><td>Faillite. 41.</td><td>Subrogation. 26.</td></tr>
<tr><td>Frais. 18.</td><td>Tradition 28,53.</td></tr>
</table>

ÉCHANTILLON.—V.Commissionnaire, Compétence commerciale, Mandat, Vente.

ÉCHARPE.—V. Attroupement, Autorité municipale, Fonctionnaire.

ÉCHALAS.—V. Choses, Jours fériés, Usufruit.

ÉCHÉANCE.—V. Cassation, Caution, Contrainte par corps, Délai, Dot, Douanes, Effet, de commerce, Exploit, Faillite, Hypothèques, Louage, Ordre, Paiement, Papier-monnaie, Rapport, Saisie-arrêt, Saisie-immobilière, Société, Vente.

ÉCHELLE.—V.Assurances maritimes, Avaries, Contrat à la grosse, Effets de commerce.

ÉCHENILLAGE. — 1. — C'est la destruction, sur les arbres et arbrisseaux, des bourses et toiles contenant les nids et les œufs de chenilles.

2. — La loi du 26 vent. an 4 prescrit que l'échenillage ait lieu dans toutes les communes, chaque année, dans le mois de février. La même disposition se trouve dans l'art. 471, n. 8 C. pén., qui punit d'une amende de 1 à 5 francs les propriétaires, fermiers ou locataires qui refusent de l'exécuter.

5. — Les maires et adjoints sont même autorisés à faire faire l'échenillage par des ouvriers qu'ils choisissent, et exécutoire du dépenses est délivré par le juge de paix, sur les quittances des ouvriers, contre lesdits propriétaires et locataires, sans que ce paiement puisse dispenser de l'amende (L. 26 vent., art. 7).

4. — Un tribunal de police ne peut se dispenser d'appliquer les peines encourues par ceux qui négligent d'écheniller leurs arbres dans les campagnes ou jardins où cette obligation est prescrite par la loi ou les réglemens, sous le prétexte que, 1° la rigueur de la saison a rendu ce soin difficile; 2° que, dans le procès-verbal qui constate la contravention, on ne fait pas connaître le nombre des nids trouvés sur les arbres non échenillés; 5° que le commissaire de police n'a pas satisfait à la disposition de l'art. 7 de la loi du 26 vent. an 4, qui l'oblige à faire procéder lui-même à l'échenillage à ceux des arbres qui le négligent. — 21 mai 1829. Cr. c. Min. pub. C. Mangin, etc D.P. 29. 1. 248.

5. — Pour que la peine soit encourue, il faut que l'exécution de la loi ait été ordonnée par un arrêté du maire, ou que la publication en soit faite vers le 24 janvier de chaque année (même loi).

6. — Les dispositions ci-dessus ne s'appliquent qu'aux arbres épars, aux haies ou buissons. Le propriétaire d'un bois ou d'une forêt ne pourrait être soumis à l'échenillage (Lettre du ministre des finances, du 11 avril 1821).

7.—Le préfet est chargé du soin de faire écheniller les arbres qui sont sur les domaines non affermés de l'état.

—V. Forêts.

ÉCHEVIN.—V. Communes.

ÉCHOPPE.—V. Autorité municipale.

ÉCHOUEMENT. — V. Assurances maritimes, Autorité municipale, Avarie, Baratterie de patron, Capitaine.

ÉCLAIRAGE. — V. Autorité municipale, Forêts, Peine, Voitures publiques, Voirie.

ÉCOLE.—V. Enseignement, Forêts.

ÉCOLE DE DROIT.—V. Avocat, Enseignement.

ÉCOLE ECCLÉSIASTIQUE.—V. Contributions directes, Enseignement.

ÉCOLE POLYTECHNIQUE.—V. Pension, Elections législatives.

ÉCORÇAGE.—V. Forêts.

ÉCOULEMENT. — V. Eau, Servitudes.

ÉCOUTILLES —V. Douanes.

ÉCRIT — V. Affiche, Aveu, Avocat, Capitaine, Cassation, Communauté, Compétence commerciale, Contrainte par corps, Crieurs publics, Domicile, Empoisonnement, Faux, Louage, Prêt, Propriété littéraire, Transaction, Tribunaux.

ÉCRIT PÉRIODIQUE.—V. Enregistrement, Presse.

ÉCRITEAU.—V. Douanes.

ÉCRITURE.— V. Preuve littérale.—V. aussi Affiche, Agent de change, Assurance maritime, Aveu, Caution, Charte-partie, Commerçans, Effet de commerce, Contrat à la grosse, Elections municipales, Enregistrement, Escroquerie, Faillite, Faux, Faux incident, Hypothèques, Obligation, Ordre, Propriété, Procès-verbal, Saisie-immobilière, Société commerciale, Vente.

ÉDIFICE PUBLIC.—V. Attentat à la pudeur, Autorité municipale, Contrainte par corps, Contributions directes, Domaine public, Vente nationale, Vol.

ÉDIT.—V. Loi.

EDITEUR.—V. Compétence commerciale, Elections départementales, Presse.

ÉDITION.—V. Communauté, Propriété littéraire.

ÉDUCATION. — V. Communauté, Droits civils, Pension, Puissance paternelle, Rapport, Usufruit.

EFFETS DE COMMERCE. — 1. — Sous la dénomination générale d'effets de commerce, nous comprenons les divers actes usités dans le commerce pour faciliter le mouvement du numéraire dont ils font en quelque sorte fonction, soit par la simplicité du mode de leur transmission, soit par les garanties spéciales destinées à assurer le paiement des valeurs qu'ils représentent (D.A. 6. 553, s.— 25 avril 1826. Req. Rouen. Damerval. D.P. 26. 1. 269.

2. — Les plus importans et les plus usuels de ces actes, les seuls dont le code de commerce se soit spécialement occupé, sont la lettre de change et le billet à ordre. Il y a en outre le mandat, le billet de change, le billet a domicile, le billet au porteur, dont nous ferons connaître les règles, dans le silence de la loi.

3. — Historique et droit transitoire — Il serait difficile de préciser l'époque à laquelle la lettre de change vint prêter son puissant secours aux transactions commerciales. Le premier monument de notre législation qui en fasse mention, est l'édit de Louis XI, du mois de mars 1462, relatif à la tenue des foires de Lyon. Mais il est certain que l'usage en est beaucoup plus ancien : car, dans les civilisations peu avancées, la coutume précède toujours la loi ; l'édit suppose même cet usage, qu'il ne fait que sanctionner.— D.A. 6. 553, n. 1.

4.—La lettre de change fut définitivement organisée, sous le règne de Louis XIV, par l'ordonnance de 1673. Cette ordonnance subsista jusqu'à la publication du nouveau code de commerce, sans recevoir presque aucune modification des lois de la révolution. On n'a à signaler, parmi ces lois, que celle du 6 therm. an 5, qui autorisait le dépôt, dans la caisse du receveur de l'enregistrement, de tout effet négociable dont le porteur ne s'était pas présenté dans les trois jours de l'échéance.—Eod., n. 2.

5.—L'autorisation du dépôt s'appliquait, 1° aux effets négociables échus même avant la publication de la loi du 6 therm. an 5. — 5 oct. 1814. Civ. c. Noyné. D.A. 6. 553, n., n. 7. D.P. 14. 1. 599.

6.— 2° A ceux souscrits entre négocians ou non négocians. — 12 mess. an 9. Civ. c. Royer. D.A.G. 553, n., n. 4. D.P. 1. 1441.— 13 brum. an 10. Civ. c, Penne. D.A. ibid., n., n. 5.

7.— 3° A ceux souscrits au profit d'étrangers.— 5 oct. 1814. Civ. c. Noyné. D.A. 6. 553, n. 7. D.P. 14. 1. 529.

8.— 4° A ceux qui se trouvaient souscrits à l'or-

dre du tireur lui-même. — 12 vend. an 7. Civ. c. int. de la loi, D.A. 6. 553, n. 1. D.P. 3. 1. 169.

9.— 5° Enfin, à ceux qui n'avaient pas encore été négociés. — Même arrêt.

10. — Il n'était pas rigoureusement nécessaire que le dépôt fût fait trois jours après l'échéance. Il pouvait avoir lieu plus tard, s'il avait été impossible de l'opérer avant. — 5 brum. an 8. Civ. c. Moreau. D.A. 6. 553, n. 2. D.P. 3. 1. 220.—12 fév. 1806. Req. Minel. D.A. 6, 553, n. 6. D.P. 6. 2. 74.

11. — Lorsqu'un billet était fait à l'ordre du souscripteur, puis passé à l'ordre d'un tiers, l'acte de dépôt qui ne mentionnait que ce dernier ordre, n'était point pour cela irrégulier. — 12 mess. an 9. Civ. c. Royer. D.A. 6. 553, n. 4. D.P. 1. 1441.

12. — Le débiteur pouvait déposer cumulativement plusieurs billets, sans qu'il ne fût nécessaire qu'il y eût autant d'actes de dépôt que de billets; un seul acte suffisait. — 12 fév. 1806. Req. Minel. D.A. 6. 553, n. 6. D.P. 6. 2. 74.

13. — La loi du 6 therm. an 5, en indiquant au débiteur un moyen de se libérer, ne le privait pas de ceux que pouvaient lui offrir les lois antérieures; ainsi, le débiteur d'un billet était dégagé par la remise des fonds au domicile indiqué pour le paiement.— 4 frim. an 8. Civ. c. Blanquart. D.A. 6. 553, n. 3. D.P. 3. 1. 228.

14. — Il paraît difficile que les tribunaux aient encore aujourd'hui à faire l'application de la loi du 6 therm. an 5.

15. — L'ordonnance de 1673, toujours en vigueur, nonobstant la modification légère que lui avait fait subir la loi du thermidor, ne pouvait plus suffire aux besoins nouveaux du commerce . on jugea donc à propos de corriger ses imperfections, de suppléer à ses lacunes, lorsqu'on s'occupa de la rédaction d'un code commercial.

16.— Outre le texte de l'ordonnance, les législateurs modernes avaient pour les guider les ouvrages de plusieurs jurisconsultes célèbres : Savary, dans son Parfait négociant ; Dupuy de la Serra, dans son Art des lettres de change ; Pothier, dans son traité sur le Contrat de change ; Jousse, enfin, dans son judicieux Commentaire sur l'ordonnance. De ces sources, et après les critiques des cours et tribunaux du royaume, et les discussions au conseil d'état et au Tribunal, est sortie la loi qui nous régit.—D.A. 6. 553, n. 2.

ART. 1er.— De la lettre de change et de ses caractères.

§ 1er.— Nécessité de la remise d'un lieu sur un autre.

§ 2.— Date de la lettre de change.

§ 3.— Énonciation d'une somme à payer.

§ 4.— Mention du nom de celui qui doit payer.

§ 5.— Indication de l'époque et du lieu du paiement.

§ 6.— Expression de la valeur fournie.

§ 7.— De l'ordre que doit contenir la lettre de change.

§ 8.— Mention du nombre d'exemplaires tirés.

§ 9.— Cas où la lettre de change est payable au domicile d'un tiers et ou elle est tirée par ordre et pour le compte d'un tiers.

§ 10.— Supposition de nom, de qualité, de domicile, de lieu, etc.

§ 11.— Des personnes qui ne peuvent faire ou signer des lettres de change.

§ 12.— La loi française est-elle applicable aux lettres de change créées en pays étranger ?

ART. 2.— Du billet à ordre et de ses formes.

ART. 3.— De la provision.

§ 1er.— Provision dans l'intérêt du tireur.

§ 2.— Provision dans l'intérêt du tiré.

§ 3.— Provision dans l'intérêt du porteur.

§ 4.— Provision dans le cas où la traite est tirée d'ordre et pour le compte d'un tiers.

ART. 4.— De l'acceptation.

§ 1er.— De l'obligation du tireur et des endosseurs, relativement à l'acceptation.

§ 2.— Des obligations du porteur, relativement à l'acceptation.

§ 3.— Des obligations du tiré, relativement à l'acceptation.

§ 4.— Comment l'acceptation doit être donnée.

§ 5.— Des effets de l'acceptation.

§ 6.— Des suites du refus d'acceptation.

§ 7.— De l'acceptation par intervention.

ART. 5.— *De l'échéance des lettres de change et billets à ordre.*
ART. 6.— *De l'endossement.*
§ 1er.— *De l'endossement régulier.*
§ 2.— *De l'endossement irrégulier.*
§ 3.— *De l'endossement en blanc.*
ART. 7. — *De la solidarité.*
ART. 8.— *De l'aval.*
ART. 9.— *Du paiement. — Du paiement par intervention.*
§ 1er.— *De celui qui demande le paiement par intervention.*
§ 2.— *De celui qui doit payer.*
§ 3.— *Du paiement en lui-même.*
§ 4.— *De l'intervention au paiement.*
ART. 10.— *Des droits et devoirs du porteur.*
§ 1er.— *De l'obligation du porteur relativement à la présentation des effets et à la nécessité de protester.*
§ 2.— *De l'action du porteur en cas de faillite de l'un des obligés.*
§ 3.— *De l'action du porteur contre le tiré.*
§ 4.— *De l'action du porteur contre les endosseurs et de celle de l'endosseur qui rembourse contre son cédant, autre que le tireur et que le tiré.*
§ 5.— *De l'action du porteur, ou de l'endosseur qui a remboursé, contre le tireur.*
ART. 11.— *Des protêts.*
ART. 12.— *De la retraite et du rechange.*
ART. 13.— *De la prescription.*
ART. 14.— *Du billet à domicile.*
ART. 15.— *Du billet de change.*
ART. 16.— *Du mandat.*
ART. 17.— *Du billet au porteur.*
ART. 18.— *Du simple billet.*

ART. 1er.— *De la lettre de change et de ses caractères.*

17.— La lettre de change n'est que l'exécution d'un contrat primitif dont elle suppose nécessairement l'existence; ce contrat est le *contrat de change*, qu'il ne faut pas confondre avec son instrument. — D.A. 6. 554, n. 1.

18.— Le contrat de change est un contrat particulier qui a ses règles propres, quoiqu'il présente d'ailleurs des analogies assez fréquentes avec le mandat, la vente et le cautionnement. — *Ibid.*

19.— La matière du contrat ne peut être qu'une somme à payer, en une monnaie quelconque; le but est de faire trouver cette somme dans un lieu déterminé, autre que celui où se fait la convention. — D.A. *eod.*, n. 2.

20. — Une fois les consentemens réciproques donnés, le contrat est parfait : la partie qui ne l'exécuterait pas s'exposerait à des dommages-intérêts. L'exécution s'opère au moyen de la livraison de la lettre de change. Une lettre de change est donc un acte par lequel une personne s'oblige à faire payer à une autre personne, ou à celle qui exerce ses droits dans un lieu déterminé, une certaine somme dont elle a reçu la valeur. Lors de l'acceptation, il intervient au contrat un obligé de plus qui prend l'engagement de payer conformément au mandat qu'il en a reçu. — *Eod.*

21.—Celui qui fournit la lettre de change s'appelle *tireur*. Celui sur qui elle est fournie, s'appelle *tiré*, et *accepteur* lorsque la lettre lui a été présentée et qu'il l'a revêtu de son *acceptation*. On nomme *preneur* ou *bénéficiaire* celui au profit duquel la lettre est tirée : s'il a fourni la valeur, il est *donneur de valeur*. *L'endosseur* est celui qui transmet la lettre de change à un tiers par un *endos*, ou acte mis ordinairement sur le dos de l'effet, et qui, au moyen de certaines formalités, opère une *cession* du titre; de là lui est-aussi venu le nom de *cédant*. — Le *porteur* est le possesseur actuel de l'effet.—*Ibid.*, n. 3.

22.— L'écriture est de l'essence de la lettre de change. La preuve testimoniale serait admise pour prouver l'existence du contrat, mais elle ne pourrait suppléer à la lettre de change elle-même. — D.A. *eod.*, n. 4.

23.— La lettre de change est presque toujours rédigée sous seing-privé. Cet usage est tellement constant, qu'on a même douté si une lettre de change passée devant notaires, est une véritable lettre de change. Mais il n'y a évidemment pas de motif pour empêcher de donner à un tel acte la forme authentique : aucun inconvénient ne peut en résulter (Merl., Rép., v° Lettre de change, § 2, n. 7 et t. 16; Pard., t. 2, p. 374; D.A. *eod.*, n. 4).—On a jugé à l'égard du billet à ordre qu'il pouvait être notarié.—V. n. 140.

24.— Il n'est pas indispensable que la lettre de change soit écrite par celui qui la tire. Elle peut l'être par un tiers. Dans ce cas, il est d'usage qu'en la signant, le tireur fasse précéder sa signature d'un *bon pour la somme de...* mais cette précaution n'est pas plus de rigueur que l'approbation d'écriture, quand même la lettre de change serait souscrite par un individu *étranger au commerce* (C. civ. 1326. —D.A. *eod.*, n. 4). — 10 mess. an 11. Civ. r. Conte. D.A. 6. 565. D.P. 3. 1. 712.—10 mars 1808. Limoges. Bertrand. — V. Acte de commerce.

25.— De ces notions générales sur la lettre de change, on va passer à l'examen détaillé de chacune des formalités spéciales dont la réunion est nécessaire pour la constituer et lui faire produire les effets privilégiés que la loi a attachés à cette sorte d'effet de commerce.

§ 1er.—*Nécessité de la remise d'un lieu sur un autre.*

26 — L'ordonnance de 1673 n'exigeait pas qu'il y eût *remise d'un lieu sur un autre*, c'est-à-dire que la lettre de change fût payable dans un lieu autre que celui d'où elle était tirée; mais la jurisprudence en avait fait une formalité substantielle (D.A. 6. 555, n. 1).— 2 vend. an 10. Civ. r. Frelon. D.A. 6. 555, n. n. 2. — 8 brum. an 14. Req. Nîmes. St.-Andeol. D.A. 6. 555. D.P. 6. 1. 43.

27.— Lors de la discussion du code de commerce, le Tribunat proposa de supprimer cette formalité, sous prétexte qu'il était extrêmement facile de l'éluder; mais le conseil d'état crut avec raison, selon nous, ne devoir pas s'arrêter à cette proposition.

28.—Il n'est pas nécessaire que la lettre de change soit tirée d'une *place de commerce* sur une autre *place de commerce* : il suffit qu'elle contienne remise *d'un lieu* sur *un autre*. La question fut ainsi décidée au conseil d'état. A la vérité, l'art. 632 C. comm., en parlant des actes soumis à la juridiction commerciale, s'exprime ainsi : ....« entre toutes personnes, la lettre de change *ou* remise d'argent faite *de place en place*. » Mais, dans l'intention du législateur, ces dernières expressions sont synonymes de celles-ci : *d'un lieu sur un autre*.—Locré, sur l'art. 110; D.A. 6. 555, n. 2.

29.— Jugé, conformément à ces principes, que tout acte portant engagement de compter ou faire compter, *dans un certain lieu*, une somme qu'on reçoit *dans un autre lieu*, est une lettre de change, et soumet, dès lors, le souscripteur, même non négociant, à la juridiction commerciale. — 3 déc. 1829. Toulouse. Teulière. D.P. 32. 2. 13.

30.— Jugé, au contraire, que lorsque l'art. 632 C. comm. répute acte de commerce la remise *de place en place*, il a entendu parler de remise d'un lieu *où se tient la banque*, où *se fait le négoce d'argent* : il ne suffirait donc pas que la remise fût faite d'une *commune rurale* sur une place de banque, et il n'est pas vrai de dire que le mot *place* soit employé dans l'art. 632 C. comm., comme synonyme de *lieu*. — 21 juin 1826. Lyon. Poncet. D.P. 26. 2. 245.

31.—Ainsi encore, si un billet souscrit dans un village où il n'existe aucun commerce, a été stipulé payable dans une place de commerce, il n'y a point remise d'argent de place en place, et par suite d'acte de commerce (C. comm. 632). — 12 mars 1832. Lyon. Denis. D.P. 33. 2. 226.—Voyez opinion contraire de Dalloz, *Jur. gén.*, v° Effets de commerce, sect. 1re, art. 1er, § 1er.

32.— Le législateur ne détermine pas la distance qui doit exister entre le lieu où une lettre de change est tirée et celui où elle est payable : c'est une question abandonnée à l'appréciation des juges qui, pour la résoudre, doivent consulter les circonstances et surtout les besoins du commerce. — Pard., t. 2, p. 376; Merl., Rép, t. 16, v° Lettre de change; D.A. 6. 555, n. 3.

33 — Jugé que deux communes distinctes, telles que *Paris* et *la Villette*, ne peuvent être considérées, quelle que soit leur proximité, comme une seule et même *place de commerce*.

L'arrêt qui le décide ainsi échappe à la censure de la cour de cassation. — 1er mars 1832. Paris. Dupont-Blondel. D.P. 32. 2. 105. — 6 mars 1833. Req. Paris. Poisson. D.P. 33. 1. 131.

34.—Il suffit que deux communes, quelque rapprochées qu'elles soient, aient une municipalité et un octroi distincts, pour qu'elles puissent être considérées respectivement comme *place de commerce*.— 28 avril 1826. Paris. Dupont-Blondel. D.P. 33. 1, 132, n. 1.

35.—Jugé qu'une lettre de change tirée d'un bourg sur une ville qui n'en est distante que de deux lieues et demie, satisfait à la condition de la remise d'un lieu sur un autre.— 24 sept. 1814. Bruxelles. N.... D.A. 6. 556.

36 — Cette condition manque dans une lettre de change tirée sur un individu domicilié *dans la même commune* que le tireur, encore bien que l'un habite l'intérieur de la ville, et que l'autre habite un château de la banlieue.— 23 avril 1830. Bordeaux. Lajonie. D.P. 30. 2. 268.

37.— Comme nous l'avons dit précédemment, le caractère principal de la remise d'un lieu sur un autre est que la lettre de change soit stipulée payable dans un autre lieu que celui où elle a été souscrite.

Celui qui tire une lettre de change à son ordre, ne pourrait donc pas stipuler qu'elle sera payable par l'accepteur *dans le lieu même de sa confection*. Une pareille traite, fût-elle acceptée par le tiré, ne serait pas une lettre de change, mais bien une simple promesse qui rendrait l'accepteur non négociant justiciable des tribunaux civils. — 21 juill. 1819. Bruxelles. Devriès. D.A. 6. 557, n. 2. D.P. 1. 1442.

38.— Jugé cependant qu'une traite, tirée d'une place sur une autre, est, bien qu'indiquée par l'accepteur payable dans le lieu d'où elle est tirée, valable comme lettre de change.— 8 août 1833. Paris. D.P. 33. 2. 226.

39.— Au reste, si la lettre de change étant stipulée payable dans un autre lieu que celui de sa confection, il intervenait entre le porteur et l'accepteur des conventions *postérieures* par suite desquelles le paiement devrait avoir lieu dans le lieu même où la lettre de change a été souscrite, dans cette hypothèse, le premier contrat de change n'est nullement dénaturé; seulement il s'en forme un second en vertu duquel une somme d'abord payable dans un lieu, le devient ensuite dans un autre. — D.A. 6. 555, n. 4.

40.— Jugé qu'une lettre de change tirée d'un lieu sur un autre, à l'ordre du tireur, est parfaite, quoique ce dernier l'ait endossée dans le lieu même ou elle était payable. — 28 fév. 1810. Req. Caen. Guilbert. D.A. 6. 556. D.P. 10. 1. 265 — *Contrà*, 6 mars 1830. Toulouse. Duclos. D.P. 30. 2. 158.

Le motif principal de ce dernier arrêt est que la lettre de change tirée à l'ordre *du tireur lui-même*, ne devient parfaite que par l'endossement; d'où suit que cet endossement, constituant le contrat, doit contenir remise de place en place.

41.— La loi n'exige pas que le tireur ait son domicile dans le lieu où la lettre de change a été faite, et le tiré dans celui ou elle est payable : la remise d'un lieu sur un autre suffit. — D.A. 6. 555, n. 5.

42. — Il importe peu, pourvu que cette remise existe, que le tireur et le tiré habitent la même commune. La circonstance que l'acceptation a été faite dans le lieu même de la confection de la traite, n'est d'aucune importance. — 29 août 1807. Turin. Marentino. D.A. 6. 556, n. 2. D.P. 1. 1442.

§ 2.— *Date de la lettre de change.*

43.— La date est exigée pour constater la capacité, pour servir à la preuve qu'il n'y a pas supposition de lieu; elle fait donc partie de la constitution de la lettre de change, et rien ne peut la suppléer.— Merl., Rép., t. 16, p. 628; Pard., t. 8, p. 378; D.A. 6. 557, n. 1.— V. n. 39.

44.—Néanmoins, sous l'ordonnance de 1673, comme sous le code de commerce, le défaut de date dans une lettre de change ne dispense pas le tireur d'en rembourser la valeur, le cas échéant, à celui qui la lui a fournie; ce titre vaut comme simple promesse.— 5 juill. 1819. Nîmes. Oudan. D.A. 6. 557. D.P. 1. 1442.

45.— L'art. 1328 C. civ., qui veut que les actes sous seing-privé ne fassent foi à l'égard des tiers que du jour où ils ont acquis *date certaine*, n'est pas rigoureusement applicable aux lettres de change et billets à ordre (D.A. 6. 557, n. 2).—28 juin 1825. Civ. r. Rennes. Orinel. D.P. 25. 1. 346. — 4 juin 1827. Toulouse. Delmas. D.P. 28. 2. 194.

46.—Mais, d'un autre côté, les lettres de change ne sont pas des actes *authentiques*, et dès lors leur date ne fait pas foi jusqu'à inscription de faux.— D.A. *eod.*, n. 2. —V. n. 22.

47.— Il faut conclure de là qu'en cette matière tout est abandonné à l'appréciation des juges, qui, pour constater la véritable date d'une lettre de change, peuvent admettre tels genres de preuves que bon leur semble.

48.— Aussi, a-t-il été jugé que la preuve qu'une lettre de change, acceptée en blanc, a été postdatée, est admissible quand, de cet acte, sortent de fortes présomptions de fraude.— 27 déc. 1830. Riom. Ricard. D.P. 33. 2. 241.

§ 3.— *Enonciation de la somme à payer.*

49.— La troisième condition exigée par l'art. 110 C. comm., c'est que la lettre de change énonce la *somme à payer*. Quelques cours et tribunaux de commerce avaient demandé que l'on exigeât cette énonciation *en toutes lettres*, afin d'empêcher les altérations de chiffres; mais on n'a pas cru nécessaire de l'ordonner à peine de nullité.—D.A. 6. 558, n. 1.

50.— L'erreur dans la somme ne pourrait être opposée par le tireur ou l'accepteur qu'au tiré, et non au tiers-porteur de bonne foi.—D.A. *eod.*, n. 2.

51.— On a vu plus haut que la lettre de change peut être écrite par un tiers, et que souvent le tireur fait précéder la signature d'un *bon pour la somme de...* Dans ce cas, si la somme portée dans le corps de l'acte est différente de celle indiquée dans le *bon*, il faut suivre la règle générale, contenue dans l'art. 1327 C civ., et s'arrêter à la somme moindre, sauf la preuve de l'erreur.— *Eod.*, n. 3.

§ 4.— *Mention du nom de celui qui doit payer.*

52 — La lettre de change doit contenir le nom *de celui qui doit payer*, c'est-à-dire le nom de celui sur qui elle est tirée. Cependant, l'absence du nom et de l'adresse du tiré n'entraînerait pas dans tous les cas la nullité de la lettre de change. Cette omission pourrait être couverte par diverses circonstances et notamment par l'acceptation du tiré.— D.A. 558, n. 1.

53.— Un effet de commerce, bien que payable dans un lieu autre que celui où il a été souscrit, ne peut être regardé comme une lettre de change, mais seulement comme un billet d'avis, s'il ne contient pas l'indication d'un tiers ou du tireur lui-même, comme payeur. En conséquence, on ne peut lui appliquer la prescription de cinq ans, établie par l'art. 21, tit. 5, ord. de 1673.— 1er therm. an 11. Civ. r. Schirck. D.A. 6. 558. D.P. 3. 1. 731.

54.— Jugé qu'une lettre de change tirée par un individu *sur lui-même*, est parfaite lorsqu'il y a remise de place en place, et que d'ailleurs toutes les autres formalités voulues pour sa validité ont été remplies.—1er mai 1809. Civ. c. Turin. Montgenent. D.A. 6. 559. D.P. 9. 1. 200.—30 mess. an 13. Nîmes. Rubichon. D.A. 6 560, n., n. 1.— 22 juin 1829. Nîmes. Manselon. D.P. 30. 2. 143.—*Contrà*, Pard., t. 1er, n. 333, 485, 1re edit.— 22 juillet 1825. Toulouse. Olive. D.P. 25. 2. 247.

55.— Un effet tiré de Boulogne, ainsi conçu: *Je paierai sur cette lettre de change, à l'ordre de Dufaur, la somme de.... que passerez sans autre avis de.... Cabaré. — A M. Dastre, à Saint-Gaudens....* Un tel effet a tous les caractères d'une lettre de change, c'est-à-dire remise de place en place et le concours de trois personnes: les mots, *je paierai*, qu'on y lit, et l'obligation personnelle qui en résulte de la part du tireur, constituent seulement l'intervention d'une quatrième personne, que la loi, qui a déterminé les caractères de la lettre de change, ne défend pas. — 22 juill 1826. Toulouse. Cabaré. D P. 27. 2. 116. — 14 mai 1828. Req. Toulouse. Cabaré. D.P. 28. 1. 246.

56.— Une lettre de change énonçant simplement qu'elle est *payable au porteur*, est aux yeux de la loi une véritable lettre de change, du paiement de laquelle la connaissance appartient conséquemment aux tribunaux de commerce (Décl. 21 janv. 1721). —17 août 1812. Civ. c. Riom. Deschamps. Bull. civ.

§ 5.— *Indication de l'époque et du lieu du paiement.*

57. — Les formalités exigées pour constater le défaut de paiement, les délais pour exercer les recours, ne permettent pas de suppléer arbitrairement à l'omission de l'époque et du lieu du paiement.— Pard., t. 2, p. 382; D.A. 6. 560, n. 1.

58. — Cette omission ne peut être valablement réparée dans l'acceptation; car ce n'est pas au tiré à indiquer l'époque du paiement, mais bien au tireur: permettre au tiré de suppléer à l'absence de l'une des formes essentielles à la lettre de change, ce serait exposer les porteurs à une foule d'inconvéniens. — D.A. *eod.*, n. 1. — *Contrà*, 14 mai 1829. Paris. Veret. D.P. 29. 2. 210.

59.— C'est par suite du principe, que la date du paiement est rigoureusement exigée pour la régularité d'une lettre de change et d'un billet à ordre, que la cour royale de Paris a décidé, par arrêt du 29 avril 1829, qu'un engagement dont l'échéance était indiquée par ces mots: je paierai *toutefois et quant*, n'avait pas le caractère d'un billet à ordre. — D.A. 6. 199, n. 2. D.P. 29. 2. 249.

§ 6. — *Expression de la valeur fournie.*

60. — Le code de commerce exige, comme l'ord. de 1673, que non seulement la *valeur fournie*, mais encore *l'espèce* de cette valeur, soient exprimées dans la lettre de change. — D.A. 6. 560, n. 1.

61. — Puisque l'énonciation de *l'espèce* de valeur fournie est indispensable, il faut conclure que les mots *valeur reçue* et ceux de *valeur entre nous*, *valeur entendue*, qui n'en expriment pas l'*espèce*, sont insuffisans. L'ancienne comme la nouvelle jurisprudence, les auteurs qui ont commenté soit l'ordonnance, soit le code, sont d'accord sur ce point (Vincens, 2, p. 177; Merl., Rép., t. 16, vo Lettre de change, § 2, n. 2; D.A. 6. 560, n. 2). — 19 juin 1810. Req. Vanderhoeven. D.A. 6 561. D.P. 10. 1. 334. — 13 mars 1811. Turin. Pecchio D.A. 6. 562, n 3. D.P. 11. 2. 202. — 23 mars 1814. Colmar. Pfeffinger. D.A. 6. 562. D.P. 1. 1443. — 1er déc. 1831. Paris. Beaudouin. D.P. 33 2. 54.

62. — Ainsi jugé à l'égard d'un billet causé: « valeur entendue et entre nous connue. » — 18 janv. 1833. Metz. Lavaux. D.P. 34. 2. 157.

63. — .... Et à l'égard d'un « autre causé valeur entendue en un acte. » — 31 janv. 1833. Paris. Dubarry. D.P. 33. 2. 88.

64. — Il paraît difficile d'admettre l'opinion de Pardessus (t. 2, p. 390), qui attribue aux tribunaux le droit de juger, d'après les circonstances, si ce que les parties *entendaient entr'elles* était une valeur qui pût remplir le vœu de la loi. Le législateur n'a attaché de grands priviléges à la lettre de change, qu'à cette condition, qu'elle serait régulière et notamment qu'elle énoncerait *l'espèce* de la valeur fournie; rien ne peut donc suppléer à l'omission de cette énonciation.— D.A. 6. 561, n. 2.— V. n. 47.

65. — On ne peut regarder comme une lettre de change, un effet tiré d'un lieu sur un autre à l'ordre d'un tiers, mais dans lequel le tireur énonce la valeur en ces termes: *Valeur que vous avez reçue en espèces*, au lieu de dire comment celui à l'ordre de qui la traite est tirée lui a fourni valeur. Vainement voudrait-on faire considérer cet effet commé tiré *à l'ordre du tireur lui-même;* dans ce cas même, il ne vaudrait comme lettre de change qu'autant que le tireur l'aurait revêtu d'un endos exprimant la *valeur fournie* par le bénéficiaire. — 26 déc. 1816. Bruxelles. Langlet. D.A. 6. 562, n. 2. D.P. 1. 1443.

66.—Mais une lettre de change, causée *valeur prêtée pour mon besoin*, est réputée simple promesse, comme n'exprimant pas suffisamment la nature de la valeur fournie. — 29 avril 1829. Paris. D.A. 6. 561, n. 1.

67. — Une lettre de change causée *valeur en compte*, prouve, même entre le tireur et celui à l'ordre duquel elle est tirée, que la valeur a été fournie, comme si toute autre cause y était énoncée.

Et quand même le tireur alléguerait qu'il a souscrit l'effet par complaisance, et que les livres du bénéficiaire en font foi; quand même il offrirait de prêter serment qu'il ne doit rien, les juges ne seraient point obligés de surseoir à prononcer condamnation, et d'ordonner l'apport des livres. Il en serait ainsi, à plus forte raison, si le tireur n'administrait aucune preuve à l'appui des faits allégués, et si, d'ailleurs, les juges étaient convaincus de la sincérité de la créance. — 20 août 1818. Req. Toulouse. Mellis. D.A. 6. 562. D.P. 19. 1. 148.— V. n. 48.

68. — Une lettre de change causée *valeur en moi-même*, n'est valable que sous deux conditions, à savoir: 1° qu'elle ait été tirée à l'ordre *du tireur lui-même;* 2° qu'elle ait été endossée à un tiers, avec énonciation *de la valeur fournie* par ce dernier.— Pard., t. 2, p. 389; D.A. 6 561, n. 5.— V. n. 65.

69. — Sur certaines places, on souscrit quelquefois des lettres de change avec ces mots *valeur changée*, ce qui signifie qu'elles se livrent par le tireur avant que la valeur lui ait été fournie et contre une promesse de payer donnée par le preneur. Il est évident que jusqu'à la réalisation de cette promesse, la lettre de change n'est point parfaite. Mais cette imperfection n'est opposable, par le tireur, qu'au bénéficiaire seul et non au tiers-porteur. Car celui-ci ne peut savoir si la condition sous laquelle le tireur a consenti à donner une lettre de change, c'est-à-dire le paiement de la promesse, a été remplie par le bénéficiaire.— D.A. 6. 561, n. 6.

70. — Lorsqu'une lettre de change a été causée *pour échange d'effets négociables*, les règles tracées par le code civil, en cas d'échange, ne sont point applicables.— 17 juin 1825. Besançon. Noirot-Peignot. D.P. 29. 1. 158.

71.—La loi n'exige point que la valeur fournie provienne *d'une opération commerciale:* serait donc valable une lettre de change causée *valeur fournie en immeubles*, *en retour de partage*, *pour prix d'un fermage*, *d'un transport*, etc.

72.— Il serait inutile d'*exprimer*, préalablement à la souscription des lettres de change, que le contrat de change est entièrement indépendant d'un autre contrat qui l'a précédé: l'intention des parties ressort suffisamment des actes par elle faits.— Locré, sur l'art. 110; Pard., t. 2, p. 391; Vinc., t. 2, p. 178; D.A. 6. 561, n. 1. D.P. 1826. 2. 190.

73.— Jugé qu'encore que des traites aient tous les caractères extérieurs de lettres de change, et qu'elles ne contiennent aucune simulation, néanmoins, si elles n'ont eu pour cause que *l'acquittement d'un prêt*, *précédemment contracté et reconnu par acte notarié*, elles n'ont pas le caractère du contrat de change, qui est de recevoir une somme dans un lieu, *afin* de la faire toucher dans un autre lieu; ce sont de simples promesses dont la connaissance n'appartient pas aux tribunaux de commerce, et qui ne peuvent entraîner, contre le souscripteur non négociant, la contrainte par corps. — 5 nov. 1825. Rouen. Dufour. D.P. 26. 2. 86.

74.—Toutefois, le défaut d'énonciation de la nature des valeurs fournies n'entraîne pas la nullité des lettres de change; il en résulte seulement la nécessité d'établir la nature de ces valeurs.—30 août 1826. Req. Leducq. D.P. 27. 1. 15. — 4 juin 1825. Toulouse. Pomarede. D.P. 25. 2. 190.— V. n. 64.

75.— L'accepteur d'une lettre de change n'a pas qualité pour opposer au tiers-porteur le défaut d'une suffisante énonciation de la valeur fournie, soit dans la lettre, soit dans l'endossement. — 15 mars 1826. Paris. Goddes. D.P. 26. 2. 223.

76.— La plupart des difficultés que nous venons d'examiner, relativement à la nécessité de mentionner dans les lettres de change la *valeur fournie* et l'*espèce* de cette valeur, se reproduisent par rapport au billet à ordre, comme on le verra plus bas.

§ 7. — *De l'ordre que doit contenir la lettre de change.*

77. — La lettre de change doit être *à l'ordre* de quelqu'un, pour qu'elle puisse devenir négociable par la voie de l'endossement. Si elle n'était pas revêtue *de cet ordre*, elle ne vaudrait que comme simple promesse. — Locré, sur l'art. 110; D.A. 6. 564, n. 1.

78. — Les expressions *à ordre* ne sont pas sacramentelles; il suffit que le titre exprime d'une manière non équivoque l'intention de payer à celui auquel il aura été transmis. Les mots *à un tel* ou *en sa faveur* ne seraient pas suffisans; mais ceux-ci *à un tel* ou *à sa disposition*, ou *à celui auquel il la transmettra*, rempliraient le vœu de la loi.—Pard., t. 2, p. 327; D.A. 6. 564, n. 5.

79. — La lettre de change peut être à l'ordre d'un *tiers*, c'est à-dire à l'ordre d'une personne autre que celle qui donne la valeur. Dans ce cas, on indique ordinairement le nom de la personne qui a fourni cette valeur; cependant on peut se dispenser de le faire, sans qu'il en résulte aucun inconvénient.

80.—Le donneur de valeur n'est soumis à aucune garantie, quand même son nom figurerait dans la lettre de change; car, aujourd'hui, pour être garant, il faut être signataire de la traite (art. 140 C. comm.).—D.A. 6. 564, n. 2.—*Contrà*, Dupuis de la Serra, art. des Lettres de change, ch. 16, § 4 et 5.

81.—La lettre de change peut être tirée *à l'ordre du tireur lui-même*, et dans ce cas elle est presque toujours causée *valeur en moi-même*. Mais elle ne devient parfaite et par conséquent elle ne peut produire ses effets légaux, que lorsque le tireur l'a passée à *l'ordre d'un tiers* par un endos, et qu'il mentionne dans cet endos *la valeur qu'il reçoit*. A ces conditions, la lettre de change devient aussi régulière que si elle avait renfermé dès l'origine l'indication de l'ordre et de la valeur fournie: la raison en est que l'endos fait corps avec le titre et le complète (Locré, sur l'art. 110; Pard., t 2, p. 386; Merl, Rép., t. 16, vo Lettre de change; Vincens, t. 2, p. 180; D.A. 6. 564, n. 3). — 10 mess. an 11. Civ. r. Conte. D.A. 6. 564 et 7. 837. D.P. 3. 1. 712. — 31 mars 1813. Turin. Baldrini. D.A. 6. 567, n. 2. D.P. 1. 1443.— 6 juill. 1826. Paris. Grangent. D.P. 27. 2. 102.— 14 janv. 1828. Toulouse. Vignaux. D.P. 28. 2. 193.— V. n.

82. — Lorsqu'une lettre de change est tirée *va-*

leur en soi-même et *à son ordre*, et que le contrat de change ne se forme qu'au moyen *de l'ordre*, cela ne dispense pas le tireur qui passe cet ordre d'y observer toutes les formalités prescrites par l'art. 137 C. comm., pour en transmettre la propriété : ainsi le défaut de date dans cet ordre le vicie, encore que le corps de la traite soit daté : le motif de cette décision, c'est que le tireur ne fait jamais qu'un *endossement*, et que dès lors cet endossement doit, pour être parfait et valable, réunir toutes les formalités exigées par la loi. — 23 juin 1817. Civ. c. Fauveau. D.A. 6. 867. D.P. 17. 1. 488. — 14 nov. 1821. Civ. c. Roussel. D.A. 6. 568, n. 1. D.P. 22. 1. 151. — *Contra*, Vinc., t. 2, p. 181; D.A. 6. 564, n. 4. — 2 prair. an 13. Civ. r. Paris. Lanchère. D.A. 6. 565. D.P. 5. 1. 447.

83. — Lorsqu'une lettre de change tirée par un individu *à son ordre*, valeur *en lui même*, est transmise à un tiers par un endossement *irrégulier*, elle ne peut sans doute produire aucun effet légal; mais l'irrégularité, quelle qu'elle soit, est couverte par des endossemens subséquens qui sont *réguliers* et qui réunissent toutes les conditions exigées par l'art. 138 C. comm. pour leur validité. — V. n. 65.

§ 8. — *Mention du nombre d'exemplaires tirés.*

84. — La lettre de change peut être tirée par *première, deuxième, troisième*, enfin en autant d'originaux qu'il plaît au tireur, pourvu que chaque exemplaire l'indique (110 C. comm.). — Plusieurs cas peuvent se présenter.

85. — Le premier et le plus fréquent, c'est lorsque la lettre est tirée avec deux ou plusieurs exemplaires, *afin que l'un étant envoyé à l'acceptation du tiré, la négociation de la traite puisse être faite.* Dans ce cas, l'exemplaire négocié indique où est celui qui a été envoyé à l'acceptation. Alors, le dépositaire de la première la rend à celui qui est porteur d'un duplicata. Dans quelques villes, le dépositaire fait cette délivrance au porteur des duplicata *même non endossés*; dans d'autres villes, au contraire, il exige que *cet endossement* lui soit représenté. — D.A. 6. 569, n. 2.

86. — Le second cas est celui où l'on n'a créé plusieurs exemplaires que *dans la crainte d'une perte*; alors le tiré non accepteur est libéré par le paiement qu'il fait sur l'exemplaire qui lui est présenté le premier. Si donc les duplicata ont été, par erreur ou par dol, endossés à des personnes différentes, celle qui est la moins diligente doit faire protester, et n'a qu'un recours à exercer contre ses endosseurs immédiats, jusqu'à celui qui a commis la fraude ou l'erreur. — D.A. *eod.*, n. 3.

87. — Le troisième cas est celui où la lettre de change, acceptée ou non, *est perdue*; nous verrons à l'article *du Paiement*, quelles sont les formalités à remplir pour arriver à en obtenir le paiement. — D.A. 6, 569, n. 5.

88. — Lorsqu'on n'a pas eu la précaution de tirer une lettre de change par première, seconde ou troisième, il devient quelquefois impossible de réparer cette omission : d'abord, parce qu'il faudrait remonter d'endosseur en endosseur jusqu'au tireur, pour avoir toutes les signatures; ensuite, parce que la lettre de change peut avoir circulé sur des places très éloignées. Pour remédier à cet inconvénient et pour conserver au porteur la faculté de négocier la lettre de change, tandis qu'il envoie l'original à l'acceptation, on a imaginé de faire des *copies* de la traite. L'usage de ces copies n'est point sanctionné par la loi; mais on reconnaît généralement aujourd'hui qu'il doit être conservé dans l'intérêt même du commerce (D.A. 6. 569, n. 5). — 14 janv. 1830. Paris. Chevalier. D.P. 30. 2. 171.

89. — Il n'est pas douteux que le droit de délivrer *ces copies* appartient à celui *qui a envoyé la traite à l'acceptation, et qui néanmoins veut la négocier avant le retour*. Dans ce cas, le cédant est responsable de la fidélité de la copie qu'il négocie; et s'il a commis quelque erreur ou quelque fraude, les personnes auxquelles la copie a été négociée, remontent jusqu'à lui pour exercer leur action. — D.A. *eod.*, n. 5.

90. — Celui qui *endosse une traite en faveur d'un tiers*, peut, *en lui remettant l'original*, lui en donner en même temps une *copie certifiée et endossée*, pour que l'endosseur puisse envoyer l'original à l'acceptation, et, avant le retour, négocier la copie; mais, dans ce cas, le créateur de cette copie doit y mentionner exactement tout ce qui se trouve *sur l'original.*

91. — Spécialement, si le créateur de la copie a apposé son endossement *sur l'original*, il doit mentionner cet endossement *sur la copie*, et il pourrait être

déclaré responsable envers les tiers, auxquels cette copie aurait été négociée, si, après y avoir relaté tous les endossemens antérieurs au sien, il ajoutait les mots *jusqu'ici copie*, sans y comprendre son endossement propre. La raison en est qu'il peut ainsi induire les tiers en erreur, en leur faisant croire *que l'original n'est pas endossé par lui*, et que, par conséquent, il ne peut être négocié en même temps que la copie. — 14 janv. 1830. Paris. Chevalier. D.P. 30. 2. 171. — V. D.A. 6. 569, n. 5.

92. — Toutefois, la responsabilité devrait n'être pas prononcée contre le créateur de la copie, si le tiers auquel elle a été négociée, n'a pas fait les diligences nécessaires pour s'assurer si le créateur de la copie est resté nanti de l'original; et si, d'ailleurs, ce tiers paraît n'avoir agi que pour le compte de celui en faveur duquel la copie a été faite, et qui avait déjà livré, abusivement, l'original à la circulation. — Même arrêt.

93. — La copie ne pourrait être créée par celui qui, *ayant endossé une traite et l'ayant remise à l'endosseur*, ne se trouve plus nanti de l'original : en effet, lorsque l'original d'une lettre de change est endossé et livré au cessionnaire, le cédant ne conserve plus aucun droit, et la copie ayant pour objet de l'obliger à faire remettre l'original à celui à qui il la délivre, comment pourrait-il s'engager à livrer ce qu'il n'a plus? comment le cessionnaire pourrait-il acquérir une seconde fois ce dont il est déjà en possession?..... — Vincens, 2, p. 280; D.A. 6. 569, n. 5.

§ 9. — *Cas où la lettre de change est payable au domicile d'un tiers, et où elle est tirée par ordre et pour le compte d'un tiers.*

94. — Il peut se présenter une foule de circonstances où il est avantageux d'user de la faculté accordée par l'art. 112 C. comm., de tirer une lettre de change sur un individu, et de la stipuler payable au domicile *d'un tiers* : cela arrive notamment lorsqu'on a besoin de faire compter des fonds en un lieu où l'on n'a point de correspondant. Si on a quelque correspondant dans une ville voisine, on tire sur lui et on le charge de faire tenir les fonds au domicile indiqué — D.A. 6. 570, n. 1.

95. — Un effet ainsi conçu : « Au....., il vous plaira payer, contre le présent mandat, à l'ordre de M. Julien, la somme de..... valeur en marchandises qu'il vous a livrées ce jour, et embarquées.... suivant avis de..., signé Destigny.... — A M. Dauge, à Paris, etc, » a pu être déclaré constituer une lettre de change tirée pour le compte d'autrui. — 4 mai 1831. Civ. r. Destigny. D.P. 31. 1. 188.

96. — L'art. 111 C. comm. ajoute que la lettre de change peut être tirée *par ordre et pour le compte d'un tiers.* De graves difficultés se sont élevées à l'occasion des traites tirées de cette manière. Quelles sont les obligations du tireur, tant à l'égard des tiers que du tiré? Quelles sont celles du donneur d'ordre? Quels sont les droits du tiré et des tiers-porteurs contre le donneur d'ordre et le tireur? L'examen de ces questions aura lieu aux §§ *Provision*, et *Droits des porteurs.*

§ 10. — *Supposition de nom, de qualité, de domicile, de lieu*, etc.

97. — L'art. 112 C. comm. répute « simples promesses toutes lettres de change contenant supposition *soit de nom, soit de qualité, soit de domicile, soit des lieux* d'où elles sont tirées ou dans lesquels elles sont payables. » Le motif de cette disposition est que les lettres de change qui ne contiennent pas *en réalité* toutes les conditions exigées par l'art. 110, ne sont pas *des actes de commerce* et par conséquent ne peuvent rendre ceux qui les font, justiciables de la juridiction commerciale, et contraignables par corps. — D.A. 6. 570, n. 1.

98. — L'art. 112 ne parle que de *supposition* et non *d'omission* de quelqu'une des formalités exigées par l'art. 110. La raison en est bien simple : c'est que chacune de ces formalités est substantielle et nécessaire à la validité de la lettre de change; l'absence d'une seule de ces formalités, empêche donc la lettre de change d'avoir une existence légale. — D.A. *eod.*, n. 1.

99. — L'art. 112 étant muet *sur la supposition de cause*, il semble qu'on doit en conclure qu'elle ne suffirait point pour convertir une lettre de change en une simple promesse. Mais cette supposition, une fois établie, il faudrait qu'il fût bien prouvé que la lettre de change a réellement une autre cause que celle énoncée dans le corps de l'acte et en outre que cette cause pouvait faire la matière du contrat de change. — Locré, sur l'art. 112.

100. — Si cette preuve n'était pas faite, s'il était constant, au contraire, d'une part, que la cause énoncée dans la lettre de change est supposée, de l'autre, qu'il n'existe aucune autre cause, par exemple, qu'en réalité il n'a été fourni *aucune valeur*, quoique l'acte en mentionne une, il n'est pas douteux que, dans ce cas, la lettre de change serait frappée d'une nullité radicale : la raison en est qu'il ne peut exister de contrat sans cause (art. 1108 et 1131 C. civ. — Merl., Rép., t. 16, v° Lettre de change, § 2, n. 2 *bis*; D.A. 6. 571, n. 2). — 20 nov. 1817. Req. Paris. Raymond. D.A. 6. 571. D.P. 18. 1. 640.

101. — Jugé qu'une lettre de change tirée au profit d'un prête-nom du donneur de valeur, ne peut être réputée *sans cause*, ni contenir une stipulation *pour autrui*, dans le sens de l'art. 1119 C. civ. — 11 fév. 1808. Rouen. Beauchamp. D.A. 6. 571, n. 2. D.P. 1. 1448.

102. — Jugé cependant que la supposition de valeur dans une lettre de change est opposable comme la supposition de nom, de qualité, de domicile et de lieu. Le tiers porteur n'est pas recevable à demander le paiement, s'il a connaissance de la simulation. — 25 janv. 1815. Civ. r. Descoutures. D.A. 11. 59, n. 3. D.P. 2. 921.

103. — Il en est de même s'il est certain, en fait, qu'elles ont pour objet de déguiser des trafics honteux et des opérations usuraires. — Dans un cas pareil, les lettres de change ne doivent pas être annulées, mais réduites au capital prêté, augmenté des intérêts légaux. — 10 mars 1808. Limoges. Bertrand. S.8.2.153.

104. — Encore qu'une lettre de change présente tous les caractères déterminés par la loi, celui au profit duquel elle a été tirée peut opposer au tireur ou à l'accepteur, que cette lettre de change contient supposition *de nom, de qualité, de domicile* ou *de place*. — Cette supposition étant prouvée, la lettre de change ne vaut plus que comme simple promesse, qui, sous l'ordonnance de 1673, n'était soumise qu'à la prescription de trente ans. — 22 juin 1825. Req. Bourges. Mevolhon. D.P. 25. 1. 345.

105. — Jugé, par suite du même principe, qu'encore qu'une lettre de change soit régulière ostensiblement, si on prouve qu'elle contient *supposition de lieu*, et que les fonds n'ont pas été fournis *au souscripteur*, mais *à un tiers pour lequel le souscripteur a consenti à s'engager*, cette traite n'est qu'une simple promesse dont les tribunaux de commerce ne peuvent connaître si aucun des obligés n'est commerçant. — 15 juin 1813. Colmar. Wolf. D.A. 6. 572. D.P. 1. 1448.

106. — Lorsque l'accepteur s'oblige à payer dans un lieu qu'il désigne *comme son domicile*, quoique réellement ce ne soit pas le sien, cette énonciation est moins *une supposition* de lieu qu'une *élection de domicile.* — 31 mars 1813. Turin. Baldrini. D.A. 6. 567, n. 2. D.P. 1. 1445.

107. — Mais par quelles preuves démontrera-t-on la supposition de *valeur*, de *lieu*, de *nom*, de *domicile*? — Par toutes les preuves usitées en matière commerciale, à savoir : la preuve testimoniale, le serment, l'interrogatoire sur faits et articles, etc. — Merl., Rép., t. 16, v° Lettre de change, § 2; D.A. 6. 574, n. 3.

108. — Jugé, par application de ce principe, qu'encore qu'une lettre de change soit souscrite *valeur reçue comptant*, la preuve testimoniale peut être ordonnée, même sans commencement de preuve par écrit, pour démontrer la fausseté de cette déclaration. — 20 juin 1810. Req. Pau. Marimpoey. D.A. 6. 572. D.P. 10. 1. 299

109. — ... Qu'il en est de même lorsqu'il s'agit d'établir la supposition de lieu. — 3 juill. 1812. Bruxelles. N.... D.A. 6. 574, n. 1. D.P. 1. 1449. — 21 fév. 1831. Bordeaux. Rolland. D.P. 33. 2. 73.

110. — Les juges peuvent, *sur de simples présomptions*, décider qu'une lettre de change, supposée tirée d'un lieu sur un autre, ne l'a été que dans le lieu même où elle était payable, et lui assigner une date autre que celle qui s'y trouve énoncée. — 1er août 1810. Req. Paris. Musnier. D.A. 6. 574. D.P. 10. 1. 479.

111. — Ainsi, la simulation de lieu peut s'induire de ce que le tireur n'est pas négociant, et de ce qu'il a son domicile ailleurs qu'au lieu d'où la lettre est tirée. — 28 juin 1810. Bruxelles. Powits. D.A. 6. 573, n. 1. D.P. 1. 1448.

112. — Le porteur et les endosseurs auxquels on oppose qu'une lettre de change a une cause illicite, peuvent être condamnés à comparaître en personne devant les tribunaux et à produire leurs livres de commerce. — 28 mai 1808. Colmar. Juillerat. D.A. 6. 573, n. 2. D.P. 1. 1448.

113.— Les juges peuvent admettre qu'il y a simulation, d'après de simples dépositions orales.—7 oct. 1811. Bruxelles. D.A. 6. 574, n. 2.

114.— Si les tribunaux ont le droit, pour éclairer leur religion, de recourir à toutes sortes d'élémens de preuve, ils ne sont pas néanmoins forcés de les admettre.

115.— Ils peuvent refuser la preuve testimoniale, s'ils la jugent inutile d'après les circonstances du procès.—21 nov. 1816. Riom. Bellut. D.A. 6. 574, n. 3. D.P. 1. 1449.

116.—S'ils sont convaincus de la sincérité de la cause d'une lettre de change, ils peuvent refuser d'ordonner la production des livres du bénéficiaire, auxquels le porteur offre de s'en rapporter. — 20 août 1818. Req. Toulouse. Mellis. D.A. 6. 563. D.P. 19. 1. 148.

117.—L'accepteur d'une lettre de change n'est pas recevable à s'inscrire incidemment en faux, sous prétexte que le tireur est une personne supposée; il est, à cet égard, sans intérêt, puisque l'acceptation prouve qu'il a reconnu le tireur comme étant un personnage réel.—29 août 1825. Paris. St.-Sauveur. D.P. 26. 2. 79.

118.—L'accepteur est recevable à prouver contre le *preneur*, en faveur de qui une lettre de change a été consentie, une fraude faite à la loi, telle *qu'une supposition de lieu*, qui réduirait cette lettre de change aux effets d'une simple promesse.—21 fév. 1831. Bordeaux. Rolland. D.P. 33. 2. 72.—V. les observations qui accompagnent cet arrêt. D.P. *eod.*

119.—Les suppositions *de nom, de qualité, de domicile, de lieu*, ne peuvent être opposées *au tiers porteur de bonne foi* qui n'a pu être à même de savoir la vérité (Pard., t. 2, p. 544; Merl., Rép., t. 16, v° Lettre de change, § 2, n. 2 *bis*; D.A. 6. 571, n. 4. D.P. 33. 2. 72) —18 juin 1808. Bruxelles. Puthemans. D.A. 6. 576, n. 4. D.P. 1. 1450.—9 déc. 1808. Paris. Leawenworth. D.A. 6. 575, n. 3. D.P. 1. 1449.—26 déc. 1808. Civ. r. Belz. D.P. 9. 1. 80 et 2. 41. — 20 août 1812 Bruxelles. Depaepe. D.A. 6. 576, n. 5. D.P. 1. 1450.—18 mars 1819. Req. Nîmes. Héraud. D.A. 6. 575. D.P. 19 1. 427 —21 janv. 1815, 8 janv. et 16 avril 1819, 28 juill. 1820. Bruxelles. D.A. 6. 575, n. 1. — 12 fév. 1822. Bruxelles. Schœder. D.A. 4. 742. D.P. 1. 1254. — 22 mai 1828. Paris. Viegra. D.P. 28. 2. 114.

120.—Mais les suppositions *de nom, de domicile, de lieu*, etc., pourraient être opposées au tiers-porteur, si l'on prouvait *qu'il en a eu connaissance.*— Pard., Merl, D.A. *eod.*

121.—La conséquence du changement de caractère de l'obligation contenant une supposition, est de rendre cette obligation non commerciale, quand elle est souscrite par des individus étrangers au commerce et pour des opérations non commerciales: dans ce cas, le paiement ne peut en être poursuivi devant les juges de commerce, à moins que l'un des signataires ne soit commerçant, et dans ce cas même, la contrainte par corps ne peut être prononcée contre le non commerçant. C'est alors le cas d'appliquer l'art. 636 du code de commerce.—D.A. 6. 571, n. 5.—V. Compétence.

§ 11. — *Des personnes qui ne peuvent faire ou signer des lettres de change.*

122.—En général, il est permis à toute personne de prendre part au contrat de change. Cette règle souffre cependant quelques exceptions qui dérivent du même principe d'incapacité dont la loi civile frappe certains individus. — Ainsi, l'interdit, celui qui est pourvu d'un conseil judiciaire, ne sont pas liés par le contrat de change.—Ne sont pas non plus liés commercialement les femmes et les filles non marchandes publiques et les mineurs non autorisés à faire le commerce, qui ont apposé leur signature sur une lettre de change, soit comme tireur, accepteur ou endosseur. A l'égard des femmes et filles, leur engagement ne peut valoir que comme *simple promesse;* à l'égard des mineurs, il est *nul*, sauf les droits respectifs des parties, conformément à l'art. 1312 C. civ —D.A. 6. 576, n. 1.

123.—Toutefois, cette incapacité cesse, lorsqu'au lieu de s'obliger *personnellement*, les incapables ne font office que de *mandataires* et de *facteurs;* par exemple, lorsque la femme d'un marchand est dans l'usage de signer, *au su de son mari*, des lettres de change *pour son mari*, qui peut-être ne sait pas écrire; il importe surtout au petit négoce, qu'on valide de pareils engagemens, sans lesquels il ne pourrait pas s'exercer.—Poth., *Cont. de ch.*, n. 28; D.A. 6. 576, n. 2.

124 —De ce que l'engagement des femmes et des filles non marchandes, sur les lettres de change, ne

vaut que comme simples promesses, il n'en résulte cependant pas qu'elles ne soient justiciables du tribunal de commerce.—Voyez à cet égard l'art. 636 C. comm., et les mots Actes de commerce, Compétence commerciale, où l'on traite les diverses questions qui peuvent naître des art. 113 et 636 C. comm.

125.— Les lettres de change souscrites par un mandataire porteur d'un mandat général, contînt-il pouvoir de régler et d'acquitter toutes les dettes du mandant, ne doivent être considérées que comme simples promesses civiles (C. civ. 1988).—10 juin 1833. Aix. Vérau. D.P. 34. 2. 34.

126.— Une autre question, fort controversée devant les tribunaux, s'est élevée au sujet de l'art. 1326 C. civ., qui exige le *bon et approuvé* en toutes lettres de la somme contenue au billet non écrit de la main du signataire. On la trouvera discutée avec le développement qu'elle comporte, v° Preuve littérale où se placent naturellement toutes les questions auxquelles a donné naissance l'application de l'art. 1326 C. civ.— V. Merl., v° Billet, t. 16, § 1er; Toull., liv. 3, tit. 3, ch. 6, n. 284 et suiv.; Duranton, sur l'art. 1326.

§ 12. — *De la législation applicable aux lettres de change créées en pays étranger.*

127.— Ici se présente la grave question de savoir par quelles lois doivent être régies les lettres de change créées ou endossées en pays étranger: est-ce par les lois du pays où les lettres de change *ont été faites* ou *endossées?* est-ce au contraire par les lois du pays *ou elles sont payables?* — Nous croyons qu'il faut distinguer ce qui est relatif *à la forme*, de ce qui est relatif *à l'exécution* du contrat; ce qui est relatif *à la forme*, sera régi par les lois du pays où les lettres de change ont été créées ou endossées; ce qui est relatif à *l'exécution*, sera régi par les lois du pays où elles sont payables. Cette distinction est basée sur les principes généraux du droit, modifiés par ceux qui sont propres à la lettre de change; elle est adoptée par la plupart des auteurs anciens et modernes, et notamment par Pard., n. 1485, 2e édit.; Vinc., t. 2, n. 182; Merl., Rép., t. 16, v° Lettre de change, § 2, n. 8, et t. 17, v° Protêt, § 9; D.A. 6. 577. — Conf. D.P. 33. 2. 59.

128. — Jugé, par application de ce principe, que lorsqu'il s'agit de savoir si une lettre de change est *régulière*, c'est la loi du pays *où elle a été créée ou endossée* qu'il faut consulter, et non celle du lieu ou elle est payable. — 28 avril 1809. Trèves. Seiths. D.A. 6. 578. D.P. 1. 1451.— *Contra*, 20 frim. an 14. Trèves. Herithayum. D.A. 6. 577. D.P. 1. 1449. — 20 janv. 1808. Bruxelles. Lefebvre. D.A. 6. 578, n. 1. D.P. 1. 1451.

129.— Un endossement en blanc, transférant, d'après la loi anglaise, la propriété d'une lettre de change, doit, s'il a eu lieu de la part d'un étranger envers un Français, être considéré comme obligation entre Français et étrangers, dont, par conséquent, les tribunaux français peuvent connaître.

130.— Il suffit qu'il soit déclaré que, suivant la loi anglaise, la propriété d'une lettre de change est transférée par un endossement en blanc, pour qu'une telle déclaration échappe à la censure de la cour de cassation. — 25 sept. 1829. Ch. des vac. r. Rouen. Arnold. D.P. 29. 1. 364.

131.— Jugé aussi que c'est la loi du lieu où le contrat de change a été formé qu'il faut consulter pour régler l'étendue des droits résultant de ce contrat, et non pas la loi du lieu où la lettre de change est payable.— Ainsi, le porteur d'une lettre de change tirée de France sur l'Angleterre, *à trente jours de vue*, ne peut exiger le paiement contre le cédant que trente jours après le protêt faute d'accepter, encore que, de ce protêt, il résulte que le tiré est inconnu au lieu indiqué pour le paiement, et ce, conformément aux art. 131 et 163 C. comm., et contrairement à l'usage suivi à Londres, qui est d'exercer le recours immédiatement.— 4 fév. 1815. Bruxelles. Desment. D A. 6. 579, n. 1. D.P. 1. 1451.

132.— Par la création d'un effet à ordre, le souscripteur, étranger ou non, est censé s'obliger à en payer le montant au porteur, lequel acquiert par là une action directe contre lui.

Par suite, l'étranger qui a souscrit à l'ordre d'un étranger un effet de commerce, que celui-ci a endossé au profit d'un Français, peut être traduit par ce dernier devant les tribunaux français, et contraint par corps au paiement.— 26 janv. 1833. Req. Paris. Inglée. D.P. 33. 1. 54.

133. — L'acceptation d'une lettre de change soumet nécessairement celui qui l'opère à la législation de tous les pays où le porteur se trouvera domicilié lors de l'échéance.

Spécialement, l'étranger souscripteur ou accepteur d'une lettre de change créée ou acceptée en pays étranger, mais endossée en faveur d'un Français, peut, à la requête de ce dernier, être incarcéré provisoirement, en conformité de la loi du 10 sept. 1807, s'il se trouve momentanément en France. — 29 nov. 1831. Paris. Cochrane. D.P. 32. 2. 53. — 12 janv. 1832. Douai. Bloqué. D.P. 32. 2. 53.

134.— Il en serait autrement si le souscripteur ou accepteur prouvait que l'endossement n'a eu lieu que dans la vue de le soustraire à ses juges naturels et de le faire arrêter en France, preuve qu'il doit lui être permis de fournir.

135.— Le recours exercé par un endosseur français contre le tireur étranger, *le jour même où le protêt a été notifié à l'endosseur français*, doit être déclaré formé dans le délai, encore bien que, d'après la loi du pays de cet étranger, le protêt doive être notifié *le jour même de sa date*. La raison en est qu'il faut concilier ici la loi française avec la loi étrangère. D'après la loi française (art. 165 C. comm.), le porteur a *quinze jours* pour notifier le protêt à l'endosseur contre lequel il exerce son recours. Cet endosseur est donc dans l'impossibilité de notifier le protêt au tireur étranger, *le jour même de la date de ce protêt;* il satisfait à toutes les exigences en faisant la notification *le jour même où le protêt a été notifié à sa personne ou à son domicile.*— 5 fév. 1832. Aix. Schilizzi. D.P. 32. 2. 178.— V. nos observ., *eod.*

136. —La négociation d'une lettre de change venant de l'étranger n'est pas nulle, par cela seul que cette lettre de change n'a pas été préalablement soumise *au timbre* ou *au visa* pour timbre (L. 13 brum. an 7). — 24 mai 1809. Req. Mortier. D.P. 9. 2. 111.

ART. 2. — *Du billet à ordre et de ses formes.*

137. — Le billet à ordre est un effet souscrit par une personne à l'ordre d'une autre personne et contenant promesse de lui payer une certaine somme à une époque déterminée.— D.A. 6. 579, n. 1.

138. — Le billet à ordre n'est pas par lui-même, comme la lettre de change, *un acte de commerce;* mais il contracte cette qualité lorsqu'il est souscrit par un négociant ou pour une opération commerciale. Alors, il jouit des priviléges attachés à la lettre de change, et en même temps il est soumis presque aux mêmes règles.— D.A *eod.*, n. 1.

139.—On a parlé, v° Compétence commerciale, § 5, des billets à ordre sur lesquels figurent la signature de négocians et de non négocians. On se borne à y renvoyer pour ce qui concerne la compétence et la contrainte par corps. On renvoie aussi v° Acte de commerce, pour les cas où un effet à ordre souscrit ou endossé par un non commerçant peut être considéré comme acte de commerce. — V. aussi Commerçant.

140. — Un billet à ordre peut être créé par acte notarié. — 18 nov. 1833. Civ. c. Lyon. Chalambel. D.P. 33. 1. 353.— *Contrà*, D.P. 33. 2e partie.

141. — Le billet à ordre doit, comme la lettre de change, énoncer, 1° la date; 2° la somme à payer; 3° le nom de celui à l'ordre de qui il est souscrit; 4° l'époque du paiement; 5° la valeur fournie en espèces, marchandises en compte ou de toute autre manière (V. Compétence commerciale). Sur ces diverses formalités, on peut consulter ce qui a été dit dans le précédent article, en parlant de la lettre de change. Nous mentionnerons cependant dans celui-ci, les principales difficultés qui se sont élevées en ce qui concerne le *billet à ordre*.

142. — Le billet à ordre doit énoncer *le nom de celui à l'ordre de qui il est souscrit:* Les mots *ou en sa faveur*, qui, dans un billet, suivent immédiatement ceux-ci, *je paierai à un tel*, ne sont pas équivalens des mots *ou à son ordre*. En conséquence, un pareil billet n'est pas transmissible par la voie de l'endossement. — 24 oct. 1809. Douai. Parent. D.A. 6. 579. D P. 10. 2. 61.— V. n. 78.

143.— Le billet à ordre doit mentionner *l'époque du paiement*.

144. — Un billet ainsi conçu: Je paierai, *toutes fois et quantes*, à M..... ou à son ordre, la somme de...., n'exprimant pas suffisamment l'époque à laquelle le paiement doit s'effectuer, n'est point un billet à ordre, transmissible par voie d'endossement. —On dirait en vain que les mots *toutes fois* et *quantes* équivalent à ces mots *à vue* ou *à présentation*. — 28 avril 1829. Paris. Longuemarre. D.P. 29. 2. 249.

145. —Le billet à ordre doit mentionner *la valeur fournie* et l'*espèce* de cette valeur.

Jugé en conséquence que, sous l'ordonn. de 1673, l'énonciation suivante, *valeur pour les bons offices*

que j'ai reçus de lui, était insuffisante (tit. 5, art. 23 et suiv., ord. 1673). — 13 vent. an 13. Civ. r. Paris. De Choiseul. D.A. 6. 580. D.P. 5.1. 317.

146.— Un billet à ordre, causé simplement *valeur reçue*, n'a pas le caractère d'un billet à ordre et ne doit être considéré que comme simple promesse.— 21 déc. 1811. Besançon. Pouguet. D.A. 6. 580. D.P. 1. 1452.— 1er fév. 1812. Trèves. Dufau. D.A. 6. 581, n. 1. D.P. 1. 1452. — 14 janv. 1822. Bruxelles. Heathcote. D.A. 6. 581, n. 2. D.P. 1. 1452.— 17 nov. 1828. Toulouse. Faillon. D.P. 29. 2. 145.

147.— En conséquence, l'inobservation des règles relatives au délai du protêt des lettres de change, n'empêche pas le recours du porteur contre l'endosseur. — 1er fév. 1812. Trèves. Dufau. D.A. 6. 581. D.P. 1. 1452.

148.— Entre le souscripteur et le bénéficiaire d'un billet à ordre, causé seulement *valeur reçue*, le défaut d'expression de la nature de la valeur fournie peut être suppléé par des preuves extrinsèques; par exemple, les énonciations de livres de commerce. — En conséquence, un tel billet est commercial de sa nature, et, par suite, en cas de faillite de l'un des souscripteurs, le bénéficiaire peut actionner le co-souscripteur, même non négociant, à fournir caution (C. comm. 188 et 448). — 2 août 1816. Angers. Hardiau. D.A. 6. 581. D.P. 1. 1452.

149. — Un effet souscrit en la forme des billets à ordre par un négociant au profit d'un non négociant, et causé *valeur reçue à ma satisfaction*, n'est pas un billet à ordre; par suite, le tribunal de commerce est incompétent pour en connaître, même si, parmi les endosseurs assignés, il figure des négocians (C. comm. 188, 637).— 18 mai 1824. Liége. Blondeau. D.A. 6. 582, n. 2. D.P. 1. 1453.

150. — Un billet à ordre, causé *valeur entendue en un acte*, ne remplissant point les conditions de l'art. 188 C. comm., relativement à l'énonciation de la valeur fournie, ne peut être considéré comme effet commercial; par suite, la juridiction consulaire est incompétente pour connaître des effets d'un pareil billet. — 31 janv. 1833. Paris. Dubarry. D.P. 33. 2. 88.

151.— Des billets à ordre conçus *valeur en règlement de ce jour*, et souscrits par suite d'une vente d'immeubles, sont *des effets de commerce*, et par conséquent doivent être soumis à la juridiction commerciale, s'il est établi d'ailleurs que la vente des immeubles était faite en vue d'opérations de commerce. — 11 mars 1806. Paris. Levavasseur. D.A. 6. 580. D.P. 1. 1451.

152. — Des billets à ordre causés *valeur en quittance du prix de vente d'immeubles* sont négociables, quoiqu'ils ne soient pas de véritables effets de commerce; en conséquence, ils sont soumis aux différentes formalités prescrites par les lois, pour constater les refus de paiement, et les délais pour exercer le recours contre les endosseurs (Ord. 1673, tit. 5, art. 13 et suiv.). — 1er avril 1811. Civ. r. Bordeaux. Julienne. D.A. 6. 582. D.P. 11. 1. 335.

153.— Le souscripteur d'un billet à ordre causé *valeur en contractant, valeur en quittances dans ces présentes*, peut opposer au tiers-porteur toutes les exceptions qui naissent du contrat qui a donné lieu à la création de ce billet.— Ainsi, s'il a été créé pour le prix de la vente d'un immeuble, et si, dans le contrat, le vendeur s'est obligé à rapporter mainlevée des inscriptions, le souscripteur peut se refuser au paiement envers le tiers-porteur, par le motif que la radiation des inscriptions n'a point encore eu lieu. — 8 therm. an 8. Bordeaux. Racle. D.A. 6. 583, n. 1. D.P. 1. 1453.— 15 janv. 1813. Caen. Douesnel. D.A. 6. 583, n. 2. D.P. 14. 2. 77.

154. — Jugé, par application du même principe, que l'acquéreur de biens fonds qui a souscrit, en paiement de son prix, des billets à ordre causés *valeur reçue en biens fonds*, ne peut être contraint au paiement de ces billets, même envers les tiers-porteurs, s'il a juste sujet de craindre une action hypothécaire, et, à plus forte raison, si, par suite d'un ordre, les créanciers hypothécaires ont appréhendé le prix de l'immeuble (C. comm. 136; C. civ. 1653). — 17 avril 1832. Bourges. Chantelaire. D.P. 33. 2. 1. — V. les observations qui accompagnent cet arrêt.

155.— Jugé au contraire qu'un billet à ordre souscrit sans condition, étant, pour le tiers porteur, comme le serait une pièce de monnaie, le souscripteur ne peut lui en refuser le paiement, quelle que soit la qualité de la valeur fournie: ainsi le souscripteur d'un billet à ordre, causé *valeur reçue en immeubles vendus suivant acte daté*, est tenu de payer le tiers porteur, quoiqu'il existe des inscriptions sur les immeubles contre le vendeur au profit duquel les billets ont été souscrits, et que ce vendeur se soit engagé à rapporter main-levée de ces inscriptions. — 6 août 1825. Bourges. Sadrou. D.P. 26. 2. 190.

156.— Jugé encore que le souscripteur de billets à ordre causés *valeur reçue en immeubles*, ne peut se prévaloir *auprès des tiers porteurs* de ce que la vente de l'immeuble est nulle, par exemple, comme comprenant des biens dotaux. En vain prouverait-il que la nullité de cette vente a été prononcée, et que, par conséquent, les billets par lui souscrits n'ont plus de cause: il est obligé de payer. — 6 fév. 1830. Paris. Laforest. D.P. 31. 2. 25.

157.— Le souscripteur d'un effet de commerce causé *valeur en compte*, ne peut refuser le paiement à celui au profit de qui cet effet est souscrit, sous le prétexte qu'il n'en a pas reçu la valeur dans un compte ou autrement: il doit d'abord payer, sauf à faire usage du titre dans le compte qu'il établira avec son adversaire.—24 juin 1818. Bruxelles. Mertens. D.A. 6. 582, n. 1. D.P. 1. 1452.

158.—Un billet souscrit par un non négociant, qui n'énonce pas *l'espèce de valeur fournie*, bien qu'il soit à l'ordre d'un tiers-négociant, ne peut être considéré *comme billet à ordre*... Par suite, le tribunal de commerce est incompétent pour connaître de la demande en paiement d'un tel effet, contre le souscripteur, encore bien que le billet soit revêtu de signatures commerciales (C. comm. 188, 637).— 17 nov. 1828. Toulouse. Faillon. D.P. 29. 2. 145.

159.—Jugé encore, qu'un billet à ordre qui n'énonce point *la valeur fournie*, perd le caractère d'effet commercial; mais il subsiste comme contenant la preuve d'une obligation, et le paiement peut en être poursuivi par la voie ordinaire.— 12 fév. 1825. Bourges. Rignault. D.P. 26. 2. 124.

160. — Jugé au contraire qu'un billet à ordre conserve sa nature commerciale, quoiqu'il ne soit pas fait mention de la valeur fournie.— 18 fév. 1830. Paris. Goullet. D.P. 30. 2. 220.

161.— Il y a preuve suffisante qu'un billet à ordre n'a pas eu pour objet une opération de commerce; et, par conséquent, les débiteurs, non commerçans, du montant de ce billet, ne sont pas sujets à la contrainte par corps, lorsqu'ils autorisent le créancier à prendre inscription sur leurs immeubles, et ont déclaré que la somme prêtée avait été employée à leurs affaires (C. comm., art. 636).— 23 août 1811. Lyon. Baudr'co. D.A. 4. 649. D.P. 1. 1206.

162.—Pour qu'un billet à ordre soit valable, il ne suffit pas qu'il ait *une cause* et que cette cause soit exprimée par la valeur fournie; il faut encore que la cause dont il s'agit *soit licite*. Si elle était réprouvée par la loi, le billet serait nul; la nullité pourrait même être opposée *au tiers porteur*, si l'on prouvait qu'il a connu la cause illicite du billet à ordre. — V. n. 100 et suiv.

163.— Jugé, par application de ce principe, que les engagemens contractés envers une société de remplacement militaire non autorisée, sont illicites et nuls, même envers les porteurs de bonne foi, *si la cause est énoncée dans les billets à ordre*.— 25 nov. 1831 Bordeaux. Rault. D.P. 32. 2. 126.

164.—Jugé encore que lorsqu'un billet à ordre, causé *valeur en marchandises*, est déclaré n'avoir eu pour cause qu'une opération illicite, telle que la contrebande, la nullité qui s'ensuit peut être opposée au tiers porteur, si celui-ci a eu seulement *connaissance* de la véritable cause du billet; et alors même qu'il prouverait l'avoir reçu en paiement, et avoir été reconnu judiciairement étranger aux faits de contrebande.— 25 mars 1828. Req. Amiens. Couturc. D.P. 28. 1. 191.

165.— Un billet à ordre doit être *pur et simple*; il ne peut être fait sous condition.— Ainsi, un billet à ordre perd son caractère commercial et cesse d'être soumis à la juridiction du tribunal de commerce, si le paiement en est subordonné à une condition et, si d'ailleurs cette condition consiste dans un fait qui, en cas de contestation, devrait être débattu devant les juges civils.— 19 juin 1824. Poitiers. Fourca. D.P. 25. 2. 10.

ART. 3.— *De la provision.*

166.— On appelle *provision* la valeur que le tiré doit avoir entre les mains pour payer la lettre de change fournie sur lui.— Les principes relatifs à la provision varient selon que la lettre est tirée *pour le compte du tireur lui-même*, ou bien *d'ordre et pour le compte d'un tiers*; de là, la nécessité de les examiner dans deux articles séparés.

167.— Il importe à trois personnes que la provision existe à l'échéance de la lettre de change: au *tireur*, afin que sa signature ne soit pas en souffrance; *au tiré*, accepteur, qui a bien voulu se charger du mandat de payer pour le tireur, et, enfin, au *porteur* au profit duquel l'obligation est contractée.—Examinons donc la provision sous ces trois points de vue.

§ 1er.— *De la provision, dans l'intérêt du tireur.*

168. — Le tireur étant le principal obligé d'une lettre de change, c'est à lui à faire la provision à l'échéance; il doit donc envoyer directement les fonds au tiré, ou les lui faire tenir, soit en nature, soit en marchandises, par l'intermédiaire de l'un de ses correspondans.— D.A. 6. 584, n. 2.

169.— Non seulement le tireur doit faire la provision, mais encore il est responsable, envers le porteur et les endosseurs, *de l'existence* (à l'échéance) *de la provision par lui faite*. Quelque soit donc le motif pour lequel la traite ne soit point acquittée par le mandataire, le tireur doit la payer, sauf son recours, s'il y a eu lieu, contre le mandataire, pour inexécution du mandat, par négligence, faute ou dol. — D.A. 6. 5. 584, n. 3.

170. — Il est à cette règle une exception: c'est lorsque le porteur a négligé de faire, *en temps utile*, les actes nécessaires pour constater le refus de paiement par le tiré. Dans ce cas, si le tireur parvient à prouver que *le tiré avait provision à l'époque de l'échéance*, il est déchargé de la garantie envers le tiers-porteur. La raison en est que si ce dernier eût été diligent, il est probable que l'effet aurait été acquitté lors de la présentation qu'il en aurait dû faire à l'époque indiquée.— D.A. 6. 584, n. 4.

171.— Sous l'ordonn. de 1673 (tit. 5, art. 16), les endosseurs d'une lettre de change étaient assimilés au tireur: ils ne pouvaient donc, comme ce dernier, s'affranchir d'une action, même tardivement intentée contre eux par le porteur, *qu'en prouvant que la provision existait à l'échéance entre les mains du tiré*. Cette preuve était mise à leur charge, soit qu'il n'y ait pas eu de protêt ou de dénonciation de protêt, soit que cette double formalité eût été tardivement remplie. — 9 prair. an 12. Req. Toulouse. Roger. D.A. 6. 588. D.P. 4. 1. 450.—1er fruct. an 6. Civ. c. Tisanné. D.A. 6. 588, n. 2. D.P. 3. 1. 18.— 26 prair. an 10. Civ. c. Bruxelles. Botte. D.A. 6. 588. D.P. 3. 1. 493.—23 therm. an 10. Req. Semm. D.A. 6. 588, n. 3. D.P. 1. 1453.

172. — L'art. 5 précité ne faisait aucune distinction entre les endosseurs qui n'avaient signé *que pour la garantie de l'effet*, et ceux *qui avaient fourni la valeur*; il s'appliquait aux uns et aux autres.— 14 therm. an 11. Civ. C. Merckex. D.A. 6. 589, n. 3. D.P. 3. 1. 714, n.

173.— A plus forte raison s'appliquait-il aux tireurs et endosseurs qui, postérieurement au protêt, avaient retiré la provision en argent ou en marchandises des mains de l'accepteur tombé en faillite avant le protêt; en vain auraient-ils allégué qu'ils étaient créanciers de l'accepteur par compte courant d'une somme suffisante pour le paiement de la traite, puisque l'état de faillite rendait cette créance incertaine. — 7 germ. an 11. Civ. c. Desprez. D.A. 6. 592. D.P. 3. 1. 650.

174.— Mais, dans ce cas, la garantie accordée au tiers-porteur n'était pas solidaire contre les endosseurs qui n'avaient pas concouru au retrait de la provision.—Même arrêt.

175.—L'art. 16, tit. 5 de l'ordonn. de 1673, qui soumettait les tireurs et endosseurs à garantir le tiers-porteur, même après protêt tardif, lorsque le tiré n'avait pas provision, n'était pas applicable *aux billets à domicile*, c'est-à-dire aux billets à ordre payables à un domicile autre que celui du souscripteur. — 24 pluv. an 3. Civ. c. Levasseur. D.A. 6. 589. D.P. 3. 1. 60. — 8 germ. an 13. Paris. Julian. D.A. 6. 589. D.P. 1. 1453, note 2, n. 2.— 1er sept. 1807. Civ. c. Bordeaux. Breville. D.A. 6. 589, n. 2, et 743. D.P. 1. 1453 — Voyez plus bas, n. 205 et suiv.

176.— Le code de commerce s'est montré plus favorable aux endosseurs que l'ordonn. de 1673: aujourd'hui, le porteur d'une lettre de change qui veut conserver son action en garantie contre eux, doit, *sous peine de déchéance*, faire le protêt et la notification du protêt dans le délai déterminé par la loi (art. 168 C. comm.). Le porteur qui n'a pas rempli cette double formalité dans le délai prescrit, ne conserve d'action *que contre le tireur*; encore même, comme nous l'avons déjà vu, celui-ci peut s'affranchir de toute garantie, *en prouvant qu'il y avait provision à l'échéance de la lettre de change* (art. 117, 170 C. comm.). Mais comment doit être faite cette preuve? quel caractère doit réunir la provision

pour qu'elle puisse produire son effet légal? Voilà ce qu'il est essentiel d'examiner.

177.—La preuve de l'existence de la provision entre les mains du tiré, à l'échéance de la lettre de change, peut être faite par tous les moyens usités en matière commerciale; c'est-à-dire, soit par témoins, soit par la représentation des livres et de la correspondance, soit même à l'aide de simples présomptions. — 12 fév. 1822. Bruxelles. D.... D.A. 6. 600, n. 1. D.P. 2. 1489.

178.— Jugé cependant que le tireur d'une lettre de change, poursuivi en garantie par un porteur après l'expiration des délais, ne peut demander à prouver, *par témoins*, que la provision était faite chez le tiré lors de l'échéance, surtout si, au moment du protêt, le tiré a déclaré ne rien devoir au tireur, et n'avoir point provision. — 19 fév. 1808. Bruxelles. Wouter. D.A. 6 599. D.P. 1. 1457.

179.—Mais cet arrêt paraît avoir été déterminé *par les circonstances du procès*: c'est ce que prouvent les motifs, et notamment cette partie du dispositif..., « *sans s'arrêter à la preuve subsidiairement et vaguement offerte*... » On ne peut donc en rien conclure contre le principe que nous avons posé précédemment.

180.—Jugé, en conséquence, que les principes des lois romaines et du code civil, relativement à l'effet des actes sous seing-privé vis-à-vis les *tiers*, ne sont point applicables aux preuves de la provision faite par le tireur au tiré.

181.—Un acte sous seing-privé pourrait donc être considéré *comme ayant date certaine*, quoiqu'il ne réunît aucune des conditions exigées par l'art. 1328 C. civ. — 3 déc. 1806. Req. Toulouse. Martin-Lacoste. D.A. 6. 696. D.P. 7. 1. 15.

182.— Le *non commerçant* qui ne s'est pas fait un moyen, en cause d'appel, de ce que les livres de commerce de son adversaire ont été admis contre lui pour prouver la provision d'une lettre de change, ne peut se faire un moyen de cassation, de ce que les livres lui aient été opposés comme établissant une preuve, quoique *non régulièrement tenus* (C. civ. 1329; C. comm 12 et 13).— 12 fév. 1822. Bruxelles. D... D.A. 6. 600, n. 1. D P. 2. 1489.

183. — Lorsque l'absence de provision à l'échéance a été déclarée par une cour royale, *d'après les faits* dont l'appréciation lui appartient souverainement, le tireur ne serait pas fondé à prétendre, devant la cour, qu'il résulte de ses registres qu'il était créancier du tiré pour le montant de la traite, et que la cour royale n'a pu refuser d'admettre la preuve de l'existence de la provision, sans violer la foi due aux registres d'un commerçant, jusqu'à inscription de faux. — 23 fév. 1831. Req. Rouen. Lanelle. D.P. 31. 1. 322.

184. — Mais quelles conditions doit réunir la provision, pour qu'elle puisse produire son effet légal et *notamment affranchir le tireur qui prouve son existence, de l'action tardivement engagée par le tiers porteur* ?

185. — Il faut que le tireur établisse d'abord que cette provision existait *au moment même de l'échéance de la lettre de change*. Il ne suffirait pas d'établir qu'elle existait *antérieurement* (D.A. 6. 584, 586, n. 2 et 14). — 13 juill. 1831. Bordeaux. Lejouteux. D.P. 32. 2. 5.

186. — Il ne suffirait pas non plus d'établir qu'elle a existé *postérieurement à l'échéance de la lettre de change*. — D.A 6. 584 et 586, n. 2 et 14.

187. — Jugé en conséquence que, pour qu'un compte courant fasse preuve qu'il y avait provision pour le paiement d'une lettre de change, il faut que le tiré soit, *au jour de l'échéance de la traite*, manifestement débiteur du montant; il ne suffirait pas qu'il le devînt *plus tard*, faute par lui d'avoir acquitté divers effets portés alors à son crédit, et que l'on a dû reporter à son débit par suite de ce non paiement. — 9 mai 1812. Liége. Gauland. D.A. 6. 598. D.P. 1. 1455.

188. — Cependant, lorsqu'avant l'échéance d'une lettre de change, le tireur a invité le tiré à l'acquitter, promettant de le couvrir de ses avances par le courrier suivant, et que celui-ci, ayant refusé de payer la traite faute de provision, il y a eu protêt, si depuis, des fonds sont reçus par le tiré du tireur, ces fonds peuvent être réclamés par le porteur, *comme provision affectée à la traite*, encore qu'ils ne se soient pas trouvés entre les mains du tiré *à l'époque de l'échéance*, et quoiqu'ils consistent d'ailleurs en billets non encore échus. — 22 mars 1825. Lyon. Bellati. D.P. 25. 2. 172.

189. — Le tireur doit établir ensuite qu'au moment de l'échéance de la lettre de change, le tiré se trouvait débiteur envers lui d'une somme *au moins égale au montant de la lettre*: il n'y a pas provision, si le tiré ne se trouve débiteur *que d'une somme moindre* (C. comm. 116). — D.A. 6. 586, n. 13. — 9 mai 1812. Liége. Gauland. D.A. 6. 598. D P. 1. 1455.

190. — Il faut, quoique la loi ne s'en exprime pas d'une manière formelle, que la dette du tiré soit *exigible à l'échéance de la lettre de change*. Si elle ne l'était pas, il n'y aurait pas provision, puisque le tiré ne serait obligé de payer qu'à l'expiration du terme. — D.A. 6. 586, n. 13.

191. — Il faut en outre que la dette soit payable *au domicile même du tiré*: car s'il a été stipulé que le paiement se ferait *dans une autre ville*, le tiré peut trouver un bénéfice à faire parvenir les fonds dans le lieu convenu; le change peut lui être favorable, et on n'a pas le droit de le priver de cet avantage. — D.A. 6. 586, n. 13.

192. — Il n'est pas nécessaire que la dette ait été *liquidée* et *arrêtée* entre les parties: il suffit qu'elle soit au moins égale au montant de la lettre de change. — Locré, sur l'art. 116; Pard., t. 2, p. 465; Vinc. t. 2, p. 191; D.A. 6. 586, n. 14.

193. — La provision ne consiste pas uniquement en numéraire ou valeurs effectives, et en un débit du tiré envers le tireur; elle peut aussi, à l'égard des tiers, consister en un crédit ouvert au tireur, qui alors peut en user, soit en tirant lui-même, soit en le faisant faire par un tiers; dans ce cas, le tireur pour compte ne peut être responsable que *de la réalité du crédit ouvert*. — 7 déc. 1815. Colmar. Seeck. D.A. 6. 603. D.P. 16. 2. 120.

194.— Le consignataire de marchandises est légalement réputé avoir ouvert un crédit au propriétaire de ces mêmes marchandises, toutes les fois que, de son consentement, ce propriétaire tire ou fait tirer sur lui des traites que le consignataire accepte ou porte à son débit (C. comm. 93, 116). — Même arrêt.

195. — Le tireur d'une lettre de change ne peut être considéré comme ayant fait provision pour le paiement de cette lettre, par cela seul qu'il a accepté à découvert, c'est-à-dire sans être nanti, pour le compte du tiré, une traite dont le montant surpasse la valeur de la sienne, mais qui n'est payable que *postérieurement* à cette dernière;... par suite, le porteur ne peut être déclaré déchu de son recours contre le tireur, par le motif qu'il ne l'aurait pas fait protester dans le délai utile. — 20 mai 1828. Paris. Berte-Hamoir. D.P. 28. 2. 227.

196.— Non seulement le tireur est tenu de prouver que la provision avait été faite entre les mains du tiré, accepteur ou non; il doit encore démontrer que cette provision existait *intacte* à l'époque de l'échéance; que la somme était *disponible*, *qu'aucun empêchement n'était survenu à ce que le tiré la comptât intégralement au tiers-porteur*.

197.— C'est ainsi qu'il a été jugé que la faillite de l'accepteur ou du tiré, arrivée avant l'échéance de la traite, détruisait la provision entre ses mains, et que le porteur conservait son recours contre le tireur, *malgré la tardiveté du protêt* (Pard., t. 2, p. 467; D.A. 6. 585, n. 4). — 7 fév. 1816. Req. Paris. Wilchens. D.A. 6. 595. D.P. 16. 1. 249. — 10 fév. 1824 Bordeaux. Charvet. D.A. 6. 595. D.P. 24. 2. 111.— 31 juill. 1832. Civ. c. Paris. Assy-Jalabert. D.P. 32. 1. 340.

198. — Il importerait peu que la faillite n'eût été prononcée *que postérieurement à l'échéance de la lettre de change*, si, du reste, l'ouverture en est fixée *avant cette échéance*.— Même arrêt, Charvet.

199.— Quand une traite est payable dans un lieu *autre que le domicile du tiré*, et que, faute de paiement, le protêt en a été fait, *mais tardivement*, il suffit au tireur, pour échapper au recours du porteur, de prouver que le tiré avait provision *à son domicile*: il n'est pas nécessaire d'établir que cette provision existait *au lieu où la traite était payable* (Pard., t. 2, p. 467; D.A. 6. 585, n. 6). — 24 fév. 1812. Civ. c. Paris. Debray-Valfresne. D.A. 6. 590. D.P. 12. 1. 327. — 31 mars 1813. Rouen. Debray-Valfresne. D.A. 6 592, n. 1. D.P. 1. 1453.—*Contrà*, Vincens, t. 2, p. 337.—17 mai 1811. Paris. Debray-Valfresne. D.A. 6. 590. D.P. 1. 1453.

200. — Nous venons de voir toutes les conditions que devait réunir la provision pour que le tireur qui prouve son existence entre les mains du tiré, à l'échéance de la lettre de change, puisse être affranchi *de l'action tardive* du porteur. Il nous reste à faire observer maintenant que le tireur ne peut être dispensé de cette preuve, par aucune circonstance, quelque puissante qu'elle soit.

201. — Jugé en conséquence que le porteur d'une lettre de change conserve son recours contre le tireur, *encore qu'il n'y ait jamais eu protêt*, s'il est constant que le tiré n'a jamais eu provision. — 23 août 1815. Civ. c. Caen. Pinot. D.A. 6. 725. D.P. 1. 1484.

202.— Jugé encore que *l'acceptation d'une lettre de change* ne dispense pas le tireur de prouver qu'il y avait provision à l'échéance, lorsqu'il est poursuivi en garantie par le tiers-porteur qui a fait tardivement protester. — 21 mars 1810. Bruxelles. Allard. D.A. 6. 590. D.P. 10. 2. 104. — 13 juill. 1831. Bordeaux. Lejouteux. D.P. 32. 2. 5. — *Contrà*, 8 germ. an 13. Paris. Julian. D.A. 6. 589, n. 2. D.P. 1. 1453.

203.— Mais lorsque le tireur a prouvé *l'existence de la provision à l'échéance de la lettre de change*, il se trouve irrévocablement affranchi de toute action en garantie à l'égard du porteur qui n'a fait faire le protêt que tardivement.

204.— Jugé en conséquence que le porteur n'a pu être relevé de la déchéance de son action contre le tireur, *sous le prétexte que la traite ayant été faite sur papier libre, il n'était pas obligé d'avancer les droits de timbre*. — 2 juill. 1828. Civ. c. Guérin-Roussel. D.P. 28. 1. 329.

205.—La disposition des art. 117 et 170 C comm., qui attribue au tireur d'une lettre de change le droit de s'affranchir de toute action en garantie tardivement engagée contre lui par le porteur, *en prouvant qu'il y avait provision à l'échéance de la lettre*, ne s'applique point au souscripteur *d'un billet à domicile*. La raison en est que le billet à domicile diffère essentiellement de la lettre de change, en ce qu'il est souscrit et payable *par un même individu*, tandis que la lettre de change est tirée *par un individu* et payable par un *tiers* que l'on nomme *tiré*. L'absence de ce tiers dans le billet *à domicile* fait qu'on ne peut appliquer à ce billet les règles relatives à *l'acceptation* et à la *provision* (Pard., n. 462 et suiv.; Vinc., t 2, p. 309; D.A. 6. 589, n. 1, et 743, n. 6). — 21 fév. 1828. Paris. Charrier. D.P. 28. 2. 31. — *Contrà* Poth, *trait. du cont. de ch.*, n. 215; Merl., *Quest.*, t. 1er, vo Billet à ordre. — 31 juill. 1817. Req. Lafond. D.A. 6. 727. D.P. 18. 1. 371. — V. n. 806.

206.— A qui appartient la provision, lorsqu'elle a été faite par le tireur entre les mains du tiré, et que le tireur vient à tomber en faillite avant l'échéance de la lettre de change? Cette provision devra-t-elle revenir aux créanciers de la faillite du tireur? Sera-t-elle au contraire la propriété exclusive des tiers-porteurs?

207.— La question a été examinée dans trois cas différens, quoique, comme on verra, cette distinction ne soit pas admise par la jurisprudence la plus accréditée. On distingue 1° le cas où la lettre de change a été *acceptée*; 2° celui où la provision a été affectée *spécialement* au paiement de la lettre; 3° celui où il n'y a eu ni *acceptation* ni *affectation* de la provision.

208.— Si la lettre de change *a été acceptée*, il nous paraît évident que dès ce jour la provision qui existait déjà entre les mains du tiré est devenue irrévocablement affectée au paiement de la lettre de change; de telle sorte que si le tireur tombe en faillite *après l'acceptation*, la provision appartiendra aux tiers-porteurs. Cette opinion est unanimement adoptée.— D.A. 6. 585, n. 8 et 9.

209.— Il en sera de même, *si la provision a été spécialement affectée par le tireur au paiement d'une lettre de change*, quand même cette lettre de change ne se trouverait pas encore acceptée au moment de la faillite du tireur; la raison en est que, *par cette affectation spéciale*, le tireur a transmis au tiers-porteur des droits dont il ne pourrait pas le dépouiller. Or, la faillite du tireur ne peut avoir plus de puissance que sa volonté propre.— D.A. 6, n. 8 et 9.

210.— Dans le troisième cas, celui où il n'y a ni *acceptation du tiré*, ni *affectation spéciale* de la provision, la difficulté est plus grave. Toutefois, nous inclinerions à penser que le tireur ne se trouve nullement dessaisi, jusqu'à l'échéance de la lettre de change, de la propriété de la provision: il peut la retirer si bon lui semble; il peut en faire l'usage qu'il juge convenable; si elle périt, bien certainement ce n'est pas le tiers-porteur qui supportera la perte, mais bien le tireur lui-même. Donc, ce dernier est seul propriétaire de la provision avant comme après sa faillite. Donc, après cette faillite, ce n'est pas le tiers-porteur qui doit profiter exclusivement de la provision, mais bien la masse des créanciers qui est mise par la loi au lieu et place du débiteur. — D.A. 6. 585, n. 7, 8.

211.— Jugé, conformément à ces principes, qu'il

faut qu'il y ait *acceptation* d'une lettre de change de la part du tiré, pour que la provision faite entre ses mains soit irrévocablement affectée au paiement de la lettre de change; de telle sorte que, si le tireur tombe en faillite avant l'acceptation, la provision doit être comprise dans l'actif de la faillite. — 17 avril 1821. Toulouse. Boscus, etc. D.A. 6. 596. D.P. 22. 2. 92. — 16 juin 1828. Paris. Duval. D.P. 28. 2. 228. — Voyez en ce sens nos observations, D.P. 31. 1.34.

212.— Il a cependant été jugé par plusieurs arrêts que, *lorsque la provision se trouvait avoir existé entre les mains du tiré à l'époque même de la création de la lettre de change, et qu'on pouvait induire des circonstances de la cause, que le porteur avait dû compter sur cette provision et la considérer comme un gage*, la propriété en appartenait réellement au porteur, quand même le tireur serait tombé plus tard en faillite, avant l'acceptation de la lettre de change.— Le motif principal de ces arrêts est que, dans le cas posé, *la provision a été affectée spécialement au paiement de la lettre de change*; d'où il suit qu'elle a été cédée, transportée au porteur *dès l'instant même de la création de la traite*; d'où suit encore qu'en cas de faillite du tireur, cette provision doit appartenir au porteur, préférablement à la masse des créanciers — 28 juin 1825. Civ. r. Rennes. Orinel. D.P. 25. 1. 346.— 19 mai 1830. Paris. Jacquet. D.P. 30. 2. 236.— 22 nov. 1830. Civ. c. Paris. Duval. D.P. 31. 1. 34.— 6 déc. 1831. Paris. Mackensie. D.P. 32. 2. 39.—25 juill. 1832. Poitiers. Augier. D.P. 33. 2. 111.

213.—Restreint à la spécialité sur laquelle ils ont statué, ces arrêts peuvent, malgré la généralité des termes de la plupart, paraître n'avoir pas jugé la question pour le cas où il n'y a eu ni acceptation ni affectation spéciale.

214.— Aussi la limite a-t-elle été franchie par d'autres arrêts qui ont décidé que, lorsque le tireur tombait en faillite avant l'acceptation de la lettre de change, la provision existant entre les mains du tiré devait appartenir au porteur préférablement aux syndics, *quand même cette provision n'aurait été effectuée en partie que postérieurement à la création de la lettre de change, et quand même elle n'aurait pas été affectée spécialement au paiement de cette lettre*, ou qu'il n'y aurait pas eu acceptation expresse de la part du tiré.— 15 fév. 1832. Req. Rennes. Leray. D.P. 32. 1. 88.— 25 juill. 1832. Poitiers. Augier. D.P. 33. 2. 111.— 3 fév. 1835 Civ. c. Montpellier. Caldayron. D.P. 35. 1. 135.

215.— Le protêt d'une lettre de change non acceptée, fait avant la faillite du tireur, ou avant que cette faillite ait pu être connue au lieu du paiement, opère la saisine de la provision au profit du porteur, en telle sorte que ce porteur a seul droit, malgré la faillite, au prélèvement de cette provision. Dans ce cas, le protêt équivaut *à la signification du transport d'une créance*. Or il est de la nature de la signification de saisir irrévocablement le créancier, même à l'égard des tiers (art. 1690 C. civ.).—31 déc. 1827. Paris. Livio. D.P. 29. 2. 266.

216.— Le preneur d'une lettre de change n'est pas saisi, dès avant l'échéance, et par l'acceptation du tiré, de la propriété de la provision existant entre les mains du tiré au moment de la négociation. — 18 avril 1833. Paris. Hollandu. D.P. 33. 2. 187.

217.— En tout cas, la provision n'est plus censée exister entre les mains du tiré, dès le moment où celui-ci, débiteur envers le tireur qui l'a avisé, d'une traite tirée sur lui, a déclaré qu'il n'acquitterait pas cette traite, et s'est libéré en souscrivant, au profit de son créancier, des effets payables même après l'échéance de la lettre de change — Même arrêt.

218.— Un créancier du tireur peut-il saisir-arrêter les deniers servant de provision entre les mains du tiré?

Nous pensons, d'après les distinctions précédemment faites, que la saisie serait nulle si elle était opérée *après l'acceptation de la lettre de change*, ou lorsque la provision *a été affectée spécialement* au paiement de cette lettre. Mais elle serait valable, si elle était opérée *avant l'acceptation* et s'il n'y avait pas d'ailleurs *affectation spéciale* de la provision; la raison en est que, dans ce cas, le porteur conserve la propriété de la provision jusqu'à l'échéance de la lettre de change. — D.A. 6. 585, n. 9.

219.—Jugé au contraire que le porteur d'une lettre de change est, du jour de la confection de la traite, saisi de la propriété et même de la provision existante entre les mains du tiré, indépendamment de l'acceptation; en conséquence, un créancier du tireur ne peut valablement saisir cette provision entre les mains du tiré, non encore accepteur, au préjudice du porteur de la traite. — 11 fruct. an 8. Paris. Neveu, etc. D.A. 6. 594. D.P. 1. 1454. — 28 juin 1825. Civ. r. Rennes. Orinel. D.P. 25. 1. 346.

220. — L'endossement d'une lettre de change, opérant un transport au profit du porteur, ce dernier se trouve définitivement saisi de la provision existante par la signification de cet endossement au tiré, ou par le protêt dressé contre ce dernier, lequel protêt équivaut à signification.... tellement qu'après ce protêt, aucune saisie-arrêt ne peut plus être pratiquée, par des tiers, sur la provision, laquelle est irrévocablement acquise au porteur.— 9 juill. 1828. Aix. Armand. D.P. 29. 2. 252.

221. — Le porteur d'une lettre de change n'a ni droit de propriété, ni, par conséquent, un privilége sur la provision; il n'a que des droits personnels contre ceux qui sont portés au contrat de change. Ainsi, en cas de faillite de l'accepteur, il ne peut réclamer un privilége sur la provision; il doit venir au marc le franc avec les autres créanciers. — 4 fév. 1822. Paris. Rotschild. D.A. 6. 595. D.P. 1. 1454. — 20 mars 1830. Toulouse. Lacals. D.P. 31. 2. 28.

222. — Lorsque l'accepteur de traites tombe en faillite *après avoir reçu provision*, et sans avoir acquitté ses acceptations, le tireur, failli lui-même, mais qui, par suite d'un concordat, a payé un dividende au porteur de ses traites, a droit de demander à être admis au passif de la faillite de l'accepteur pour le montant de la provision qu'il lui avait envoyée, et cela, encore que les tiers-porteurs exercent eux-mêmes un recours contre l'accepteur pour leur entier paiement.— La raison en est que, par le paiement du dividende stipulé au concordat (quelque *faible* que soit ce dividende), le tireur s'est libéré complétement à l'égard des tiers-porteurs: ce serait donc exiger de lui un double paiement, que de lui refuser la restitution de la provision par lui versée entre les mains du tiré.— 11 juin 1825. Paris. Basindrant. D.P. 26. 2. 62.

§ 2.— *Provision dans l'intérêt du tiré.*

223.— Lorsque le tiré a accepté une traite, il lui importe que la provision soit faite par le tireur: car *l'acceptation suppose la provision; elle en établit la preuve à l'égard des endosseurs* (C. comm. 117). Le tiré est donc personnellement obligé envers ces derniers, quelle que soit la négligence du mandant à lui procurer les moyens de remplir son mandat.— D.A. 6. 585, n. 10.

224. — Mais cette présomption de provision, résultant du fait de *l'acceptation*, n'existe point à l'égard du tireur; et lorsque le tiré et le tireur sont en présence, le premier peut, au contraire, se faire un titre de son acceptation pour demander d'en être indemnisé.— Pard., t. 2, p. 460 et 464; D.A. 6. 585, n. 10.

225.— Le tiré *accepteur* pourrait-il opposer le défaut de provision au porteur d'une lettre de change *faite par le tireur à son ordre, et transmise par un endos irrégulier*? Sans aucun doute, à moins que le porteur ne justifiât qu'il a lui-même fourni valeur au tireur. La raison est simple: le porteur, dans ce cas, ne peut être considéré que comme le *mandataire du tireur*; on peut donc lui opposer toutes les exceptions qui auraient pu l'être au tireur lui-même.— D.A. 6. 585, n. 10.

226.— Le négociant qui a accepté une traite *à découvert*, moyennant la promesse que lui a faite le tireur, de le couvrir à l'échéance, et qui néanmoins n'a pas reçu de provision, peut (cette échéance arrivée) fournir une traite sur son débiteur pour se couvrir; la raison en est que le tireur ayant manqué à sa promesse, est responsable du dommage qu'il a causé au tiré; il ne peut donc se plaindre de ce qu'on le fait figurer malgré lui dans un contrat de change.— Jousse, *Comm.*, art. 4, t. 5; Vinc., t. 2, p. 491; D.A. 6. 586, n. 11. — *Contrà*, Savary, t. 1er, p. 1re, liv. 5, ch. 2, p. 266.

227.—Lorsque le tiré n'a point accepté, il n'est tenu de payer *qu'autant qu'il a provision*. Si elle lui a été faite *spécialement*, et qu'il n'ait pas refusé d'accomplir le mandat qu'on lui a confié, il est responsable du non paiement à l'échéance, et il doit supporter les dommages-intérêts qui peuvent être la suite du défaut de paiement.— D.A. 6. 586, n. 12.

228.— Jugé en conséquence que le tiré qui, ayant provision *spéciale pour une lettre de change*, mais non pour une seconde postérieure en date et en échéance, a refusé d'acquitter l'une et l'autre aux époques indiquées, se fondant sur la faillite du tireur, et n'a ensuite versé la provision au porteur de la deuxième traite qu'en vertu d'un jugement contradictoire entre lui et ce porteur, mais par défaut contre le propriétaire de la première, doit être condamné envers ce dernier au paiement de la lettre de change, *faute d'avoir fait connaître la spécialité de la provision; et d'avoir refusé le paiement à l'échéance*. Il n'a qu'un recours personnel contre celui auquel il a induement payé.— 22 juin 1824. Civ. c. Filler, etc. D.A. 6. 598. D.P. 1. 1456.

229.— Si le tiré n'a pas reçu *de valeurs, et qu'il ne doive rien au tireur*, il n'est pas obligé à acquitter la traite; seulement le tireur a une action contre lui dans le cas où il aurait promis de faire honneur à la traite, *même sans avoir de fonds*. Mais cette action ne dérive point du contrat de change, elle résulte du contrat de mandat.— D.A. 6. 586, n. 12.

230.— Quant au sort de la provision entre les mains du tiré, il faut distinguer le cas où il a accepté la lettre de change et celui où il n'a pas accepté. *S'il y a acceptation*, il ne peut se dessaisir qu'à ses périls et risques, puisqu'il est personnellement obligé. La perte même de la provision, de quelque manière qu'elle arrive, ne détruit pas l'obligation à l'égard des tiers: l'accepteur n'a, s'il y a lieu, qu'une action contre le tireur par suite du mandat.

Mais *lorsqu'il n'y a pas eu acceptation*, la provision n'est qu'en dépôt entre ses mains. Il reste bien soumis aux obligations d'un dépositaire, mais il n'est point porté dans le contrat de change, et nul n'a de recours à exercer contre lui par suite de ce contrat. Si le porteur veut le poursuivre, ce ne peut être *qu'en se faisant substituer aux droits du tireur*, et, dans ce cas, il est exposé à se voir opposer toutes les exceptions que le mandataire pourrait faire valoir contre l'action de son mandant. — D.A. 6 586, n. 15.

231.— Si, avant l'échéance de la traite non acceptée, le tireur vient à tomber en faillite, le tiré pourra appliquer la provision à *ce qui lui est personnellement dû*, à moins que cette provision ne lui ait été faite *avec spécialité*, ou qu'il ait promis de l'employer au paiement de la lettre de change fournie sur lui.— D.A. 6. 586, n. 16.

§ 3.— *Provision dans l'intérêt du porteur.*

232.—Comme on a fait connaître, dans les §§ qui précèdent, toutes les difficultés qui pouvaient intéresser le tiers-porteur de la lettre de change; il est inutile d'y revenir de nouveau.

§ 4.— *Provision, dans le cas où la lettre de change est tirée d'ordre et pour le compte d'un tiers.*

233. — Nous avons à examiner ici l'étendue des obligations que contracte, 1° celui qui tire la lettre de change d'ordre et pour le compte d'un *tiers*; 2° celui pour le compte duquel elle est tirée et qui a donné ordre de la tirer.

234.— 1° *Obligations du tireur pour compte d'un tiers.*—L'art. 115 C. comm. s'exprime ainsi: «La provision doit être faite par le tireur ou par celui pour le compte de qui la lettre de change sera tirée, *sans que le tireur cesse d'être personnellement obligé.*» De là s'était élevée la question de savoir si le tireur *pour compte* était obligé non seulement envers le porteur et les endosseurs (ce dont tout le monde convenait), mais encore *envers le tiré*.

La plupart des cours royales avaient adopté la négative, par le motif que le tireur, à l'égard du tiré, ne pouvait être *qu'un mandataire*. Or, le tiré en acceptant, connaissait nécessairement le mandant; d'où suit qu'il ne pouvait s'adresser qu'à lui pour le rendre responsable du défaut de provision.

Toutefois, la cour de cassation n'avait pas cru devoir se ranger à cette opinion: elle trouvait les termes de l'art. 115 trop précis, pour se permettre de distinguer là où la loi ne distinguait pas.

235. — Elle avait jugé en conséquence, que le tireur d'une lettre de change, *par ordre et pour compte d'autrui*, est personnellement obligé envers le tiré comme envers le porteur; d'où suit que si le donneur d'ordre n'a pas fait provision, le tiré peut contraindre le tireur à la faire ou à la justifier. — 27 avril 1812. Civ. r. Turin. Leignadier. D.A. 6. 600. D.P. 1. 1458.

236.—...Que le tiré, accepteur pur et simple de la lettre de change fournie *par ordre et pour compte d'autrui*, qui n'a pas reçu provision et qui a payé la lettre de change, a son recours contre le tireur pour compte, encore qu'il eût une parfaite connaissance de l'ordre donné à ce tireur par le tiers et qu'il eût écrit à celui-ci qu'il ferait honneur à la traite, en l'invitant à faire la provision. — 25 mai 1814. Civ. c. Paris. Hasselgreen. D.A. 6. 602. D.P. 14. 1. 303.

237.— ...Que le tireur *par ordre et pour compte d'autrui*, qui a remboursé la lettre de change que le tiré, accepteur pur et simple, n'a pas voulu payer

à l'échéance, faute de provision du donneur d'ordre, n'a pas d'action contre ce même tiré, à moins qu'il ne prouve la provision. — 23 juin 1812. Req. Paris. Duveluz D.A. 6. 601, n. 2. D.P. 1. 1459.

238.— Cependant, cette jurisprudence était tellement rigoureuse, que la cour de cassation elle-même avait senti la nécessité de la modifier toutes les fois que cette modification était compatible avec les principes du code.

239.— C'est ainsi qu'elle jugeait (et les cours royales avec elle) que lorsqu'il résultait de la correspondance des parties, de leurs livres et des autres circonstances de la cause, que l'accepteur avait entendu n'avoir pour débiteur *que celui pour le compte de qui la lettre de change avait été tirée*, le tireur pour compte était affranchi de toute obligation envers lui. — 7 déc. 1815. Colmar. Seck. D.A. 6. 604, note. D.P. 16. 2. 120. — 22 mai 1817. Req. Paris. Hasselgreen. D.A. 6. 603, n. 1. D.P. 18. 1. 427. — 1er déc. 1818. Req. Lyon. Coudert. D.A. 6. 604. D.P. 19. 1. 203.

240.— ...Que, lorsque l'accepteur d'une lettre de change tirée *pour compte d'un tiers*, a porté sur ses livres le montant de la lettre de change au débit du donneur d'ordre, et que ce dernier a également porté sur les siens le même montant au crédit de l'accepteur, il est censé y avoir provision à la traite, en telle manière que le tireur pour compte est déchargé de toute responsabilité à l'égard de l'accepteur. — Même arrêt.

241. — La loi du 19 mars 1817 a fait cesser la divergence fatale qui existait entre la jurisprudence de la plupart des cours royales et celle de la cour régulatrice : elle a disposé, conformément aux vrais principes, que le tireur pour compte n'était obligé *qu'envers les endosseurs et le porteur seulement ;* d'où suit qu'il est dégagé de toute responsabilité *à l'égard du tiré*.—Voyez Vinc., t. 2, p. 194 et suiv.; Merl., Rép., t. 16, v° Lettre de change, § 4, n. 10 *bis* ; D.A. 6. 587, n. 18.

242 — Mais cette loi du 19 mars 1817 a-t-elle simplement *interprété* le code de commerce, ou, au contraire, l'a-t-elle *réellement modifié ?* — Nous croyons que cette modification existe ; elle nous paraît résulter des termes mêmes de la loi, qui s'exprime ainsi : « L'art. 115 C. comm. *sera modifié ainsi qu'il suit.* »

243.— Il y avait donc nécessité de faire une *modification*, un changement et non une simple *interprétation* de l'art. 115. Il suit de là que la loi du 19 mars 1817 ne peut régir les lettres de change créées avant sa publication (D.A. 6. 604, note 1re). — *Contrà*, 29 mars 1817. Lyon. Coudert. D.A. 6. 603. D.P. 19. 1. 203.

244.— Le tireur d'une lettre de change par ordre ou pour compte d'autrui, est personnellement obligé, à ce titre, envers le porteur, *quoiqu'il n'ait pas reçu de valeurs*, et que l'effet énonce que les valeurs ont été fournies au donneur d'ordre lui-même. — 4 mai 1831. Civ. r. Destigny. D.P. 31. 1. 188.

245. — Mais de ce que le tireur reste garant du paiement envers les endosseurs et le porteur, il en résulte que s'il est forcé de rembourser, il a lui-même une action contre le tiré qui a accepté : car alors il n'est plus un simple intermédiaire. Par le remboursement qu'il a fait, il s'est mis aux lieu et place du porteur, et il s'est trouvé substitué à tous ses droits et actions.— D.A. 6. 587, n. 19.

246.— En cas de protêt tardif, le tireur peut-il repousser le recours exercé contre lui par le porteur, en prouvant que la provision a été faite par un tiers pour compte duquel la traite était tirée, quoique cette traite ne mentionne pas qu'elle a été tirée pour compte?

L'affirmative ne nous paraît pas douteuse; car le tireur peut faire la provision soit par lui-même, soit par un tiers qui, dans ce cas, doit être considéré comme son mandataire. Peu importe au preneur que la provision soit faite par l'un ou par l'autre : il suffit qu'elle existe *à l'échéance de la lettre de change.*— D.A. 6. 587, n. 20.

247. — 2° *Obligation du donneur d'ordre ou de celui pour compte duquel la traite a été tirée.* — Nul doute que le donneur d'ordre ne soit obligé *à l'égard du tiré :* c'est lui qui est chargé de faire la provision et qui est responsable envers le tiré, si elle n'a pas été faite.— D.A. 587, n. 20.

248. — Lorsqu'une lettre de change a été tirée *par ordre d'autrui*, le tiré qui, nonobstant l'usage contraire, a acquitté cette lettre de change *sans avoir reçu aucun avis de celui pour compte de qui elle était tirée*, est néanmoins fondé à lui en répéter le montant, encore que celui-ci n'ait nullement profité des fonds : il suffit, dans ce cas, pour que le donneur d'ordre soit lié, que le tireur ait reçu de lui le mandat de tirer la lettre de change, et que ce mandat n'ait pas été révoqué par un avertissement

donné au tiré. (D.A. 6. 606, note 1re).—14 août 1817. Req. Nîmes. Gazay. D.A. 6. 603.

249. — Le porteur d'une lettre de change tirée *par ordre et pour le compte d'un tiers* n'a pas de son chef et en vertu du contrat de change, une action *directe* contre le donneur d'ordre : il peut seulement agir contre ce dernier *comme subrogé aux droits du tireur signataire de la lettre de change*, sauf les exceptions que le donneur d'ordre aurait à lui opposer. (Locré, Pard., Merl., t. 16, § 4, n. 10 *bis ;* D.A. 6. 587, n. 21).— 19 déc. 1821. Civ. c. Paris. Garagnon. D.A. 6 607. D.P. 22. 1. 14. — 1er mai 1822. Rouen. Garagnon. D.A. 6. 610, n. 1. D.P. 22. 2. 103. — 9 mars 1832. Paris. Millot. D P. 32. 2. 125.

Jugé à plus forte raison qu'il en doit être ainsi, lorsque le tireur déclare *que c'est lui qui a reçu les valeurs*, et non pas le donneur d'ordre.— 8 juill. 1826. Pau. Courreges. D.P. 28. 2. 191.

250.—Le porteur n'a d'action que contre le tireur et les accepteurs.

....Et ces derniers n'ont pas de recours l'un contre l'autre; mais seulement contre le donneur d'ordre; ils doivent être admis à la faillite, sans préférence (Civ. r. Paris. D.P. 35. 1. 77)

251.— Jugé même que les porteurs de lettres de change tirées pour le compte d'un tiers, n'ont, contre le donneur d'ordre *indiqué par des initiales*, ni action directe, ni même action par *subrogation*, aux droits du tireur tombé en faillite. Spécialement, en cas de faillite du tireur, de l'accepteur et de l'ordonnateur, les tiers-porteurs n'ont droit qu'à un dividende dans la faillite du tireur pour compte, comme tous autres créanciers (C. comm. 118, 140). — 27 août 1832. Civ. c. Paris Steinmann. D.P. 33. 1. 19.

252.— Le négociant qui commande à un tiers d'acheter pour son compte, et lui donne ordre de tirer sur une personne désignée et de remettre les traites en paiement au vendeur des marchandises, ne peut être considéré comme *tireur* de ces mêmes traites. — En conséquence, si le porteur non payé à l'échéance n'a pas exercé contre ce donneur d'ordre des poursuites dans la quinzaine du protêt, celui-ci ne peut opposer cette fin de non-recevoir au paiement des marchandises qui lui est demandé, en offrant de prouver qu'il y avait provision (Ord. 1673, tit. 5, art. 3 et 15). — 16 août 1809. Civ. c. Paris. Pouyet. D.A. 6. 606. D.P. 9. 1. 225.

ART. 4.— *De l'acceptation.*

253. — L'acceptation d'une lettre de change est la déclaration par laquelle celui sur qui cette lettre est tirée, contracte l'engagement de la payer Elle peut être considérée sous le rapport, 1° de l'obligation du tireur et des endosseurs de la procurer; — 2° du preneur de la requérir; — 3° de l'obligation dans laquelle le tiré peut être de la donner; — 4° de la manière dont elle doit être donnée; — 5° des effets qu'elle produit; — 6° des suites du refus d'accepter; — 7° de l'acceptation par intervention.

§ 1er. — *Des obligations du tireur et des endosseurs, relativement à l'acceptation.*

254.— L'ordonn. de 1673 ne soumettait nullement *les endosseurs* d'une lettre de change à procurer l'acceptation au tireur, ou du moins elle ne donnait à ce dernier aucun recours contre eux en cas de refus d'acceptation : ce recours n'était autorisé que contre *le tireur;* encore même était-il dû à la jurisprudence, plutôt qu'aux termes même de l'ordonnance. —V. Jousse, note 4, sur l'art. 2, tit. 5; Poth., n. 70; D.A. 6. 611, n. 6.

255. — Le nouveau code de commerce s'est montré plus sévère. Il déclare (art. 118 et 120) que « le tireur et les endosseurs sont garans solidaires de l'acceptation; que sur la notification du protêt faute d'acceptation, les endosseurs et le tireur sont respectivement tenus de donner caution pour assurer le paiement de la lettre de change à son échéance, ou d'en effectuer le remboursement avec les frais de protêt et de rechange. »

256. — De la généralité de ces dispositions, on a conclu avec beaucoup de raison, ce nous semble, que de ce qu'un aval a été apposé à une lettre de change, il ne résulte pas que, faute d'acceptation, le porteur ne soit point fondé à faire protester et à exiger caution pour sûreté du paiement; dans ce cas, le donneur d'aval est, comme le tireur et les endosseurs, tenu de fournir caution, ou de rembourser à l'instant le montant de la traite (C. comm. 120, 141, 142). — 12 déc. 1827. Toulouse. Maupas. D.P. 29. 2. 139.

257.— On a jugé aussi que si le tiré refuse d'accepter des lettres de change tirées par l'acheteur

au profit du vendeur en paiement du prix d'un immeuble, et conformément aux clauses du contrat, celui-ci peut exiger le paiement ou une caution, encore bien qu'il serait stipulé que le contrat de vente ne serait annulé qu'en cas *de non paiement des traites à l'échéance.*— 10 avril 1832. Bordeaux. Queyrens. D.P. 33 2. 15.

258. — On avait prétendu que dans le cas où le tireur ou les endosseurs préféreraient rembourser, ils devaient être autorisés à retenir l'intérêt du montant de la lettre de change, au cours de la place, depuis le jour du remboursement à celui de l'échéance. Mais cette prétention, qui avait été accueillie par les rédacteurs du code, fut repoussée au conseil d'état, par le motif qu'il ne devait pas être permis de changer la convention faite avec le porteur en payant avant le terme, dans la vue de se ménager des intérêts.— D.A. 6. 612, n. 6.

259. — Puisque la solidarité existe entre tous les endosseurs et le tireur, suffit-il que l'un d'eux seulement fournisse caution ou bien le porteur peut-il exiger une garantie de chacun?

260 — Dans ce cas, le porteur a deux marches à suivre : il peut s'adresser *collectivement* à tous les endosseurs et au tireur, et alors ceux-ci peuvent s'entendre pour lui fournir une caution. Ou bien, il peut s'adresser *à l'un* des co-obligés de préférence aux autres, et celui-ci, après avoir fourni sa caution, a droit de recourir contre ceux qui le précèdent pour en obtenir la même garantie ou le remboursement, en vertu du principe général, que chaque endosseur est tenu envers son cédant et tous ceux qui le suivent.— D.A. 6. 612, n. 6.

261. — La solvabilité de la caution est jugée par le tribunal, en cas de contestation. — D.A. 6. 612, n. 6.

262. — La caution admise n'est solidairement obligée qu'avec celui qu'elle a garanti. — D.A. 6. 612, n. 6.

§ 2.— *Des obligations du porteur relativement à l'acceptation.*

263. — Le porteur d'une lettre de change a le droit d'en requérir l'acceptation ; ce droit est en général facultatif; il devient cependant une obligation dans deux cas :

264.— Premièrement, lorsqu'il s'agit d'une lettre de change *à un temps de vue*, parce que c'est alors la date de l'acceptation qui fixe l'échéance de la lettre de change.

265.— Dans ce cas, la présentation à l'acceptation doit être faite dans certains délais, sous peine de perdre le recours en garantie contre les endosseurs et même contre le tireur qui prouve que la provision était faite. Ces délais sont ceux prescrits par l'art. 160 C. comm. Le code avait gardé le silence à l'égard des lettres à jours et mois de vue, payables *en pays étrangers* : on n'avait appliqué l'art. 160 qu'aux effets tirés de France *sur les établissemens français;* mais la loi du 19 mars 1817 a comblé cette lacune.— D A. 6. 610, n. 1.

266.— Le second cas dans lequel le porteur est obligé de requérir l'acceptation, c'est lorsque son cédant *lui en a fait une obligation*, pour être bien assuré qu'à l'échéance le tiré ne refusera pas le paiement.

267.—Dans ce cas, quelle peine encourrait-on, si on négligeait de faire accepter ? Perdrait-on son recours en garantie contre le cédant ? Nous ne le pensons pas, parce que le cessionnaire n'a accepté qu'un *mandat* différent du contrat de change.—Mais le recours que l'on conserverait serait illusoire : on serait exposé à une action en dommages-intérêts et repoussé par cette exception dans la demande en remboursement. — Pard., t. 2, p. 419; Vinc, t, 2, p. 248; D.A. 6. 611, n. 2.

268.— Jugé, conformément à ce principe, que le porteur d'une lettre de change payable à jour fixe n'est pas obligé de la faire protester faute d'acceptation *pour conserver son recours contre les endosseurs*, encore bien qu'il lui ait été recommandé de présenter la traite à l'acceptation et de faire le nécessaire.— 20 avril 1811. Bruxelles. Klaust. D.A. 6. 615. D.P. 11. 2. 204.

269.— Le porteur peut requérir l'acceptation de deux manières : ou par lui-même ou par un intermédiaire. Lorsqu'il la demande *lui-même*, il se présente au tiré, s'il est sur les lieux, ou bien, il envoie l'effet par lettre. s'il est en relation avec le tiré, en le priant de le lui retourner revêtu de son acceptation.— D.A. 6. 611, n. 3.

270.— Lorsque le porteur emploie *un correspondant*, c'est un mandat qu'il confie : le mandataire doit donc remplir exactement tout ses devoirs, sous peine de dommages et intérêts.— D.A. 6. 611, n. 3.

271.—Jugé, en conséquence, que le négociant qui

s'est obligé de procurer l'acceptation d'une lettre de change, est responsable du défaut d'acceptation et de paiement, en *cas de faillite du tireur* (C. civ. 1992; C. comm. 125).— 23 avril 1813. Aix. Contamine. D.A. 6. 616. D.P. 2. 680.

272.—Nous avons vu, article 1er, que la lettre de change pouvait être tirée *sur un individu* et payable au domicile *d'un tiers*. Dans ce cas, à quel domicile l'acceptation doit-elle être demandée et le protêt levé? Merl., vº Provision, p. 306, et Pard., t. 2, p. 423 et 451, enseignent que c'est toujours au domicile du tiré, sans considérer le lieu où la lettre est payable —Vincens, t. 2, p. 259, est d'une opinion contraire. Nous croyons qu'une distinction est ici nécessaire; trois cas peuvent se présenter:

273.—1º Ou bien le domicile *du paiement* n'est pas indiqué, par exemple, lorsqu'une lettre de change est tirée sur Paul de Lyon, payable dans Paris, et alors il est évident que la traite doit être présentée à Paul à Lyon pour qu'il indique, en acceptant, le lieu où le paiement se fera dans Paris. l'art. 123 C. comm., prevoit ce cas.

274. — 2º Ou bien le domicile réel du tiré n'est pas indiqué, et au contraire le domicile élu l'est clairement; par exemple, si un effet est tiré sur Paul, payable à Paris, telle rue, et alors comme la résidence de Paul n est pas connue, il n'est pas possible de présenter l'effet à un autre domicile que celui indiqué pour le paiement.

275. — 3º Ou bien enfin le domicile élu et le domicile réel sont l'un et l'autre mentionnés sur l'effet, comme dans le cas d'une lettre de change tirée sur Paul, demeurant à Paris, telle rue, payable a Lyon au domicile de Jacques.

276. — C'est alors que la difficulté est vraiment sérieuse. Toutefois, nous pencherions à croire que l'acceptation doit être requise et le protêt fait *au domicile du tiré;* il nous semble plus conforme à la saine raison de demander une promesse dans un lieu où celui qui doit la faire a son domicile ordinaire, que dans celui où il ne réside pas et où il n'est même pas obligé de se transporter pour faire payer la lettre de change. Le mandat pour accepter, donné à une autre personne que le tiré, offre des dangers et donnerait lieu à beaucoup de contestations. —D.A. 6. 611, n. 5.

§ 3. —*Des obligations du tiré relativement à l'acceptation.*

277. —Le tiré n'est point obligé d'accepter la lettre de change fournie sur lui. Mais il doit accepter ou refuser *à présentation*, ou au plus tard dans les *vingt-quatre heures*. Ce délai lui est accordé afin qu'il réfléchisse sur le parti qu'il doit prendre. Après vingt-quatre heures, il doit rendre la traite acceptée ou non. Sous l'ordonn. de 1673, lorsqu'il la retenait plus long-temps, il était censé avoir accepté (V Jousse, tit. 5, art. 2, p. 75).—Le code actuel ne le soumet qu'à des dommages-intérêts envers le porteur, en supposant même que ce dernier en ait éprouvé (art. 125). —D.A. 6. 612, n. 7.

278. — Dans l'usage, celui qui présente une traite à l'acceptation, n'en tire point de reçu; il se confie à la loyauté du tiré. Cependant, l'art. 125 C. comm., sainement interprété, lui donne le droit d'en exiger un, et en outre de faire constater dans ce reçu l'heure du dépôt. Si le tiré se refusait à le délivrer, le porteur pourrait faire protester immédiatement. Le mandataire ferait très bien d'user de cette précaution, pour se mettre à l'abri de toute responsabilité. — D.A. 6. 612, n. 7.

279.— A défaut de reconnaissance ou de reçu, la preuve testimoniale serait admissible pour constater le moment de la présentation de la traite.—D.A. 6. 612, n. 7.

280. —Le tiré qui a accepté une lettre de change, mais qui, *avant de la remettre au porteur*, a biffé son acceptation, n'est point obligé au paiement; en conséquence, il ne peut être assigné par action principale devant un autre tribunal que celui de son domicile, en paiement de cette lettre non acceptée (D.A. *eod.*, n. 7). —26 mars 1811. Liége. Rulland. D.A. 6. 615, n. 2.

281. —Le tiré, avons-nous dit, est maître de refuser l'acceptation; mais le peut-il toujours impunément? Qu'il ne soit pas contraint, malgré lui, de devenir partie au contrat de change, c'est ce qui ne peut faire de doute; mais il peut avoir contracté explicitement ou implicitement des obligations dont l'inaccomplissement le soumet à des dommages-intérêts. C'est ce qui a lieu, lorsqu'il a permis à un correspondant de tirer sur lui jusqu'à concurrence d'une certaine somme, lorsque, avant ou après la création de la lettre de change, il s'est engagé à accepter, et que, néanmoins, il refuse d'effectuer cette acceptation. — D.A. 6. 612, n. 8.

282.— Jugé, conformément à ces principes, que la promesse faite par un banquier, dans une lettre missive, de *faire honneur* à des traites qui seraient tirées sur lui par une maison de commerce pour le compte d'un tiers, oblige ce banquier au paiement de ces traites, même non acceptées, envers le tireur, lorsque celui-ci, par suite de protêt faute d'acceptation, s'est vu forcé d'en rembourser le montant au porteur. — 16 mars 1825. Req. Paris. Worms. D.P. 25. 1. 206.

283. — Mais le tiré serait-il également responsable, s'il refusait d'accepter une lettre de change tirée sur lui par son créancier, lorsque la dette est de nature commerciale et qu'elle se trouve d'ailleurs liquidée et reconnue? Nous ne le pensons pas, parce qu'il n'est pas permis a un créancier d'empirer le sort de son débiteur, et que ce serait l'empirer que de le forcer à changer la nature de la créance en le forçant à accepter: en effet, il pourrait être distrait de ses juges naturels en cas de non paiement, exposé à des droits de rechange et de compte de retour. —Merl., Rép., t. 16, vº Lettre de change; Pard., t. 2, p. 424; Vinc., t. 2, p. 191; D.A 6. 612, n. 8.

284. — Jugé, conformément à ces principes, que le débiteur peut refuser d'accepter une lettre de change tirée sur lui par son créancier, et qu'une pareille traite, denuée d'acceptation, ne peut autoriser le porteur à poursuivre le tiré, soit par action directe, soit par la voie de la saisie-arret. — 7 niv. an 7. Civ. c. Bonamy. D.A. 6. 615. D P. 3. 1. 181. — 31 juin 1812. Liége. Weyer. D.A. 6 615, n. 1.

285.—Juge encore que lorsqu'une lettre de change est tirée par un créancier sur son débiteur, pour l'acquittement d'une dette non commerciale, et que ce débiteur refuse d'accepter et de payer, les frais de protêt et de retour doivent être supportés par le tireur et non par le tiré.— 16 avril 1818. Req. Delacroix. D.P. 19. 1. 96.

286.— Il arrive quelquefois que le propriétaire d'une lettre de change l'adresse ou en transmet la propriété au tiré lui-même: si celui-ci n'est pas dans l'intention d'accepter, il doit faire protester sur lui-même (qu'il soit porteur en vertu d'un endossement ou sans endossement), et ensuite retourner la traite à son mandant ou a son cédant.— D.A. 6. 612, n. 9.

287.— Mais s'il avait pris la traite à la négociation et en avait compté la valeur à son cedant, serait-il censé avoir accepté, pourrait-il se dispenser du protêt faute d'acceptation, et revenir, à l'échéance s'il ne voulait pas payer, exercer son recours? La décision dépendrait des circonstances; cependant, quoiqu'en règle générale, le porteur ne soit pas tenu de faire accepter, il y aurait ici un silence coupable; et si, dans l'intervalle, les garanties des endosseurs contre le tireur avaient été diminuées, il nous paraîtrait juste d'en faire peser les conséquences sur le tiré.— D.A. 6. 612, n. 9.

288.—Si, après être devenu cessionnaire, le tiré accepte, il n'est pas douteux qu'il ne pourra plus *négocier* la traite: les qualités de créancier et de débiteur s'étant réunies en la même personne, la dette s'est trouvée éteinte.—Vinc., t. 2, p. 268; D.A, 6. 612, n. 9.

289.— Le tiré ne peut retenir la lettre de change qui lui est présentée à l'acceptation par son débiteur; car cette lettre ne constitue pas un titre de créance échu et susceptible d'être compensé avec une autre créance. —D.A. 6. 613, n. 10.

290 — Il ne peut accepter cette lettre *sous la condition de se payer à lui-même à l'échéance:* toute acceptation conditionnelle est réprouvée par la loi (124 C. comm.).— Vinc., t. 2, p. 244; Pard., t. 2, p. 440; D.A. 6. 612, n. 10 —*Contrà*, Dupuy de la Serra, ch. 8; Poth., n. 47.

§ 4.— *Comment l'acceptation doit être donnée.*

291.— D'après l'ord. de 1673, comme d'après le code de commerce, l'acceptation doit *nécessairement* être donnée *par écrit*.— D.A. 6. 613, n. 11.

292.— Jugé en conséquence qu'elle ne peut être suppléée par aucun des moyens de droit à l'aide desquels on prouve ordinairement les obligations, et particulièrement par le serment décisoire.— 14 mai 1810. Turin. Rouzo. D.A. 6. 619, n. 2. D.P. 11. 2. 42.

293.— L'acceptation doit être *signée*. Pardessus pense qu'un paraphe pourrait, dans certains cas, être considéré comme signature. Il faudrait que l'usage du négociant, d'accepter de cette manière, fût bien constaté pour qu'il fût obligé, car la loi est formelle. —D.A. 6. 612, n. 11.

294.—Il n'est pas nécessaire que l'acceptation *soit datée*, à l'exception du cas où la lettre de change est *à un certain temps de vue*. Alors, la date fixe l'époque du paiement; mais, dans ce dernier cas, le défaut de date n'annulle pas l'acceptation; seulement il rend la lettre exigible au terme y exprimé, à compter de sa date.— D.A. 6. 613, n. 14.

295.— On demande si le défaut de date de l'acceptation empêcherait le porteur qui n'aurait pas fait protester a l'échéance calculée d'après la date de la traite, d'exercer son recours contre les obligés; ou bien s'il pourrait être admis à prouver l'époque réelle où l'acceptation non datée lui a été délivrée? La difficulté est sérieuse.

296.— Toutefois, nous inclinerions à penser que le porteur ne peut être admis a cette preuve, d'une part, parce que l art. 122 C. comm. est précis; de l'autre, parce que législateur paraît avoir voulu punir le porteur de la négligence dont il s'est rendu coupable en ne faisant pas dater l'acceptation. Cette opinion est partagée par Locré et Dalloz, p. 614, n. 14: elle est combattue par Pardessus, t. 1er, n. 52. La cour de cassation semble avoir partagé l'opinion de Pardessus, en décidant que les juges peuvent, pour fixer l'époque de l'acceptation d'une lettre de change, se fonder sur des présomptions dont ils sont seuls appréciateurs. — 21 mars 1808. Req. Paris. Cabarus. D.A. 6. 617. D P. 8. 1. 184.

297. —Il n'est pas nécessaire que l'acceptation exprime la *somme à payer*, puisque cette mention se trouve dans le corps de la lettre de change. Cependant il est prudent de l'exprimer, pour prévenir les altérations qui peuvent plus tard être faites dans le corps même de la lettre, altérations dont il est souvent difficile de rapporter la preuve.— D.A. 6. 613, n. 11.

298.— L'art. 122 C. comm. porte que l'acceptation est exprimée par le mot *accepté;* cette expression n'est point sacramentelle; elle peut être suppleée par des termes équivalens, tels que ceux-ci: *Je paierai, je ferai honneur, j'acquitterai*, et autres locutions aussi précises; mais il faut qu'elles soient claires et non equivoques. — Locré, sur l'art. 122; Pard., t. 2, p. 43; Merl., Rép., vº Acceptation de lettre de change, et t. 16, vº Lettre de change; D.A. 6. 613, n. 12.

299. —Cependant il a été jugé que sous l'ordonnance de 1673, comme sous le code de commerce, le négociant qui répond à son correspondant *qu'il fera bon accueil* à une lettre de change qu'il a tirée ou qu'il se propose de tirer sur lui, n'est pas censé accepter cette traite.— 16 juin 1807. Civ. r. Lyon. Albrecht. D.A. 6. 620. D.P. 7. 1. 385. — 23 déc. 1809. Bruxelles. Proost. D.A. 6. 620, n. 1. D.P. 10. 2. 91.

300.— La lettre *missive* par laquelle le tiré écrit au tireur *qu'il acceptera, qu'il paiera* sa traite, ne peut être considérée comme une véritable acceptation. Le tiré peut en conséquence la rétracter et ne point accepter ni payer à l'échéance, s'il n'a pas provision.

301.— Une telle missive, eût-elle été adressée *au porteur*, pourrait bien être réputée obligatoire pour le tiré, mais ne serait pas une véritable acceptation. —21 août 1827. Lyon. Chavanne. D.P. 28. 2. 135.

302.— La déclaration faite par le tiré, lors de la présentation d'un duplicata irrégulier d'une lettre de change, *qu'il a provision entre les mains, mais qu'il ne peut payer dans l'état d'imperfection où est le duplicata*, ne constitue pas une acceptation formelle de la traite.... Tellement que cette traite étant retrouvée, il soit tenu de la payer, surtout si la provision n'existait plus entre les mains.—20 fév. 1830. Paris. Collon. D.P. 31. 2. 29.

303.— Un simple *visa* apposé par le tiré sur une lettre de change, mais *sans signature*, ne peut constituer légalement une acceptation, quand même ce *visa* sans signature serait suffisant, dans l'usage de la place.— 14 mai 1810. Turin. Rouzo. D.A. 6. 619, n. 2. D.P. 11. 2. 42.—28 déc. 1824. Req. Paris. Steigner. D.P. 25. 1. 118.

304.—La décision doit être la même dans le cas où le *visa* dont il s'agit *serait daté et signé;* car il n'exprime pas suffisamment l'intention d'accepter (D.A. 6. 610, 613 et 614, n. 1, 12 et 14).— *Contrà:* 8 nov. 1809. Turin. Pugliése. D.A. 6. 619. D.P. 10. 2. 62.

305. —Une simple acceptation en blanc, en ces termes: *accepté payer la somme de* 8,000 fr. au 1er oct. 1818, avec la signature de l'accepteur, ne peut, alors qu'elle n'a pas été remplie par le preneur dans la succession duquel elle se trouve, être assimilée à une lettre de change: c'est un acte incomplet, en tant que commercial, qui, par suite, n'est pas obligatoire contre le souscripteur.—20 mars 1832. Req. Caen Lemière. D.P. 32. 1. 131.

306. — Même décision en ce qui concerne une acceptation en blanc ainsi conçue : « accepté payer ladite somme de 1,519 fr., au domicile et échéance ci-dessus. » — 13 mars 1827. Caen. Saussey. D.P. 28. 2. 78.

307. — Le mot *accepté* avec la signature de l'accepteur, mis sur un effet tiré par un individu à son *propre ordre*, et qui n'a été endossé à un tiers que *postérieurement à son échéance*, suffit pour engendrer une obligation civile ; vainement l'accepteur dirait-il qu'il n'est pas commerçant, et qu'il n'a pas mis de bon et approuvé conformément à l'art. 1326 C. civ. — 11 janv. 1808. Bruxelles. Lefebvre. D.A. 6. 617. D.P. 1. 1452.

En Angleterre, la simple signature vaut acceptation. — D.P. 35. 2. 60.

308. — La lettre de change pouvant être tirée par un individu, et payable au domicile *d'un tiers*, lorsque ce domicile n'est pas indiqué, il doit l'être par l'acceptation. Le porteur doit exiger cette indication, et refuser, comme incomplète, toute acceptation qui ne la contiendrait pas. — D.A. 6. 614, n. 15.

309. — D'après l'ordonnance de 1673, comme d'après le code de commerce (art. 124), l'acceptation d'une lettre de change doit être *pure et simple* : le porteur est donc en droit de refuser toute acceptation contenant des stipulations *conditionnelles*, par exemple, que le tireur fera les fonds à l'échéance, que les marchandises que le tiré attend lui seront envoyées, ou que celles qu'il a reçues seront vendues, etc. — D.A. 6 6 4, n. 16.

310. — Toutefois, le négociant, à l'acceptation duquel une lettre tirée par l'ordre d'un tiers, est présentée, peut, dans le cas où la solvabilité de ce dernier ne lui est pas suffisamment démontrée, ou refuser purement et simplement, ou n'accepter que pour le compte du tireur et non pour celui du donneur d'ordre, et sans que ce mode d'acceptation soit assujetti par la loi à la formalité préalable d'un protêt, surtout si le tiré a, par une lettre antérieure à l'acceptation, informé le tireur de son intention à cet égard (C. comm. 119, 120, 124). — 11 avril 1834. Paris. Contard. D.P. 34. 2. 225.

Ne pourrait-on pas dire que cette décision déroge au principe posé dans l'art. 124 C. comm., qui prohibe tout caractère conditionnel imposé à l'acceptation ? Qui, du porteur ou du tireur, est responsable des modifications ou conditions que l'acceptation apporterait à l'engagement ?

311. — Mais l'acceptation peut être *restrictive quant à la somme*. Le tiré, débiteur d'une certaine somme, peut bien vouloir accepter pour le montant de sa dette, mais sans s'obliger au delà. Il eût été injuste et contraire aux intérêts du commerce, de mettre obstacle à ces acceptations restreintes. La loi les autorise donc, mais elle laisse au porteur le libre exercice de ses droits pour la partie de la somme non acceptée. — D.A. 6. 614, n. 17.

312. — L'acceptation d'une lettre de change doit être donnée *sur la lettre elle-même*, et ne peut l'être ni par une lettre missive, ni par aucun autre acte séparé. (D.A 6. 613, n 13). — 16 avril 1823. Civ. c. Bordeaux. Raba. D.A. 6. 621. D.P. 23. 1. 114. — 21 août 1827. Lyon. Chavanne. D.P. 28. 2. 135.

313. — *Contrà*, Locré sur l'art 122 C. comm. ; Merl., Rép., t. 7, v° Lettre de change, et t. 16, *eod. verbo*; Pard., t. 2, p. 435 et 427; Vinc., t. 2, p. 260. — 10 août 1814. Liege. Kelleter. D.A. 6. 622, n. 1re.

§ 5. — *Des effets de l'acceptation.*

314. — L'acceptation, comme nous l'avons vu au paragraphe qui précède, oblige l'accepteur à payer la lettre de change, soit qu'il ait, soit qu'il n'ait pas provision.

315. — L'acceptation délivrée au porteur est *irrévocable*. Pardessus t. 2, p. 446, pense que tant que la traite n'a pas circulé, l'accepteur est encore recevable à se faire restituer par les moyens légaux contre son engagement ; mais cette opinion nous paraît contraire à l'art. 121 C. comm. — D.A. 6. 614, n. 18.

316. — Jugé, conformément à ce principe, que l'accepteur d'un effet de commerce qui a des exceptions à proposer contre son acceptation, telles que la fraude, l'abus de confiance, ne peut les faire valoir que contre *le tireur* et non contre *le tiers-porteur*. — 24 avril 1827. Req. Paris. Driver-Cooper. D.P. 27. 1. 214.

317. — L'accepteur ne peut opposer sa minorité au *tiers-porteur de bonne foi* — 24 niv. an 9. Paris. Thurot. D.A. 6 619. D.P. 1. 1460.

318. — L'accepteur d'une lettre de change ne peut se refuser de la payer, sous le prétexte qu'elle a été

passée par le tireur au porteur, *valeur en compte*, et qu'ainsi il faut que le porteur justifie qu'il est créancier par compte du montant de la traite. — 10 pluv. an 13. Req. Caen. Mariette. D.A. 6. 616. D.P. 5. 2. 79. — V. n 157.

319. — L'individu qui s'est engagé à accepter et à payer les traites tirées sur lui, par un tiers, ne peut pas se refuser à remplir son obligation, sous le prétexte, que le fondé de procuration pour tirer les lettres de change n'avait pas un pouvoir spécial à l'effet d'en tirer sur lui : et ce moyen doit être surtout écarté, s'il est proposé pour la première fois en cour de cassation, et fondé par exemple sur ce que le tireur était en faillite au moment de la création de la traite. — 22 vent. an 12. Civ r. Parthon.

320. — La novation résultant d'un délai accordé à l'accepteur d'une lettre de change, après l'expiration du terme, peut néanmoins être opposée aux tiers porteurs postérieurs à cette novation, encore qu'ils aient ignoré cette circonstance. — 21 mars 1808 Req. Paris. Cabarrus, etc. D.A. 6. 617. D.P. 8. 1. 184.

321. — L'accepteur de traites qui, par suite de cette acceptation, ont été négociées par le tireur qui en a touché le montant, est censé en avoir fait les avances. Ainsi, quoique le consignataire de marchandises qui a accepté des traites tirées sur lui par le consignateur, qui les a négociées et en a touché le montant, ait fait faillite et n'ait pu, par suite, payer les traites à l'échéance; néanmoins le tireur ou consignateur ne peut obtenir, par la revendication, les marchandises consignées, sans comprendre, dans les avances doit il dont tenir indemne l'actif du failli ou consignataire, le montant des traites dont lui, tireur, a touché le montant en les négociant : le consignataire doit, pour ses avances ou acceptations, profiter du privilége qui lui est garanti par les art. 93, 94, 579 C. comm. — 4 juill. 1826. Req. Rouen. Leseigneur. D.P. 26. 1. 401.

322. — L'accepteur d'une lettre de change peut être poursuivi devant le tribunal du lieu indiqué *où il s'est obligé de payer*, quoique ce tribunal ne soit pas celui de son domicile.

323. — Il n'est pas nécessaire, dans le cas où l'accepteur d'une lettre de change est assigné à un lieu autre que son domicile, d'observer l'augmentation des délais à raison de l'éloignement. — 26 nov. 1808. Paris. Commerson. D.A. 6. 618. D.P. 1. 1460.

324. — Lorsque le tireur de lettres de change tombe en faillite, et que, par suite d'un concordat passé avec ses créanciers, il paie une dividende aux porteurs, l'accepteur (ou ses syndics, s'il est lui-même tombé en faillite) n'a aucune action à raison de ces traites contre le tireur, encore que les porteurs aient le droit de recourir contre lui, accepteur, ou de se faire admettre au passif de sa propre faillite jusqu'à leur parfait paiement. — 11 juin 1825. Paris. Basindraut. D.P. 26. 2. 62.

§ 6. — *Des suites du refus d'acceptation.*

325. — Le refus d'acceptation se constate par un protêt *faute d'accepter*. Le porteur n'est obligé à le lever que dans le cas où la loi et la convention lui font un devoir de présenter la lettre de change à l'acceptation. Dans ce cas, le protêt doit être fait, soit dans les délais de l'art. 160, lorsqu'il s'agit des effets à un temps de vue, soit sans aucun retard, s'il s'agit d'un mandat imposé par le cédant au cessionnaire. Ce protêt est à peu près dans la même forme que celui qui constate le refus de paiement. Il n'est pas nécessaire que ce soit le propriétaire même qui fasse protester. Tout individu porteur, même par un endos en blanc, a ce droit, s'il a été chargé de faire présenter la traite à l'acceptation : l'intermédiaire peut faire aussi protester au nom de son correspondant. — D.A. 6. 611, n. 4.

326. — Le porteur doit ensuite notifier le protêt *faute d'acceptation* au tireur et aux endosseurs, qui, comme nous l'avons vu plus haut, n. 257 et suiv., sont respectivement tenus de donner caution pour assurer le paiement de la lettre de change à son échéance ou d'en effectuer le remboursement avec les frais de protêt et de rechange (art. 120. C. comm.). — D.A. 6. 612, n. 6.

§ 7. — *De l'acceptation par intervention.*

327. — L'aceptation par intervention ne peut avoir lieu qu'après le protêt portant refus d'accepter par le tiré; jusque là rien ne constate que ce dernier ne veuille pas faire honneur à la signature du tireur. Rien ne s'oppose à ce que le même acte contienne, à la suite du protêt, la mention de l'intervention ;

c'est même ainsi que cela se pratique. L'intervenant doit signer son intervention; la simple déclaration de l'officier ministériel serait insuffisante. — D.A. 6. 614, n. 19.

328. — Toute personne peut intervenir, même le tiré qui ne voudrait pas accepter directement, mais qui désirerait ne pas laisser en souffrance la signature d'un des endosseurs. Lorsque la traite est tirée pour compte d'un tiers, le tiré peut refuser d'accepter *pour le compte de ce tiers*, et intervenir pour l'honneur de la signature *du tireur* qui est obligé envers les endosseurs. L'intervention peut être faite dans l'intérêt de tous ceux qui figurent au titre, ou seulement dans l'intérêt de l'un deux. L'acte doit l'exprimer formellement; le silence sur ce point ferait supposer l'intervention applicable à toutes les signatures. — D.A. 6. 614, n. 20.

329 — Lorsque plusieurs personnes se présentent en même temps pour intervenir, celle qui libère le plus d'endosseurs doit être préférée : c'est le principe proclamé par l'art. 159 C. comm., et on doit l'appliquer par analogie à l'acceptation par intervention. Cependant, et avant tout, la préférence est due à la personne qui a été indiquée pour accepter *au besoin*. — D.A. 6. 615, n. 20.

330. — L'intervenant lève le protêt, et notifie son intervention, dans le plus bref délai, à celui pour lequel il est intervenu. L'inexécution de cette obligation entraîne contre lui des dommages-intérêts pour le préjudice qu'il peut avoir causé par ses retards; par exemple, si, dans l'ignorance de l'intervention, des fonds ont été envoyés au tiré, et que celui-ci soit tombé en faillite aussitôt après. — D.A. 6. 615, n. 21.

331. — L'acceptation par intervention lie l'intervenant envers le porteur de la même manière qu'une acceptation ordinaire. Mais celui-ci ne perd point pour cela son recours contre les endosseurs et le tireur ; il peut leur demander caution ou le remboursement. La raison en est que le porteur a droit de ne pas se contenter de la substitution d'un acceptateur à celui dont on lui avait promis l'acceptation. Cependant si la lettre est acceptée par intervention *par le tiré*, le porteur n'a plus aucun motif pour exercer le recours contre ses obligés. — D.A. 6. 615, n. 22.

332. — Quant à l'intervenant, il n'a point d'action contre celui pour lequel il est intervenu, tant qu'il n'est pas constitué en avances. — D.A. 6. 615, n. 23.

ART. 5. — *De l'échéance des lettres de change et billets à ordre.*

333 — L'échéance d'une lettre de change ou d'un billet à ordre est l'époque à laquelle le paiement peut en être exigé. Cette échéance est certaine ou incertaine.

334. — Elle est certaine, *lorsqu'elle est fixée définitivement par le tireur*. L'ordonnance de 1673, faisait une différence entre un effet payable *à jour fixe* et celui qui était payable *à jour déterminé* : le premier ne jouissait d'aucun délai de grâce ; le porteur devait, faute de paiement, faire protester le jour même de l'échéance. Le second ne devait être protesté qu'après un certain délai qui variait suivant les localités, et qui était de dix jours à Paris. Cette distinction a été abolie par le code de commerce. — D.A. 6. 623, n. 1.

335. — L'échéance est également certaine dans les effets tirés ou souscrits *à un ou plusieurs jours, à un ou plusieurs mois, à une ou plusieurs usances de date*. C'est alors le jour de la date qui fixe invariablement celui de l'échéance; et ce jour ne dépend plus d'aucun événement. — D.A. 6. 623, n. 2.

336. — La computation des jours pour les effets à *un ou plusieurs jours* se calcule à partir du jour qui suit celui de la date. — D.A. 6. 623, n. 2.

337. — La computation pour les effets tirés *à un ou plusieurs mois de date* se fait conformément au calendrier grégorien, c'est-à-dire *d'un quantième au quantième correspondant*, sans aucune distinction entre les mois plus longs et ceux plus courts; ainsi, une lettre de change souscrite à neuf mois de date *le 28 février*, dans une année non bissextile, échoit le 28 *novembre suivant* et non le 31 (D.A. 6. 623, n 2). — 13 août 1817. Civ. r. Orléans. Nabon. D.A. 6. 627. D.P. 17. 1. 525. — 16 février 1818. Civ. c Paris. Prevel. D.A. 6. 628, note 1re. D.P. 18. 1. 185. — 16 fév. 1818. Civ. c. Paris. Nabon. D.A. 6. 629, n. D.P. 18. 1. 185, n. — 21 juill. 1818. Civ. c. Paris Jauge. D.A. 6. 629, note. — 3 mars 1819. Orléans. Jauge. D.A. 6. 629, note. D.P. 1. 1402.

338. — Il ne faut pas confondre les lettres de change tirées payables *fin d'un mois* avec celles tirées *à un ou plusieurs mois de date*. Les effets stipulés payables *fin d'un mois* sont à une échéance d'un jour

déterminé ou fixe, qui est de dernier du mois, quel que soit le nombre des jours de ce mois. — D.A. 6. 623, n. 3.

339.— L'usance est une période déterminée de trente jours, lesquels se comptent du *lendemain* de la date de l'effet; il ne faut, dans ce cas, faire aucune attention aux quantièmes des mois du calendrier, et faire seulement le calcul des jours. — D.A. 6. 623, n. 4.

340. — L'échéance est encore *certaine*, lorsque l'effet est stipulé payable *en foire*. Dans ce cas, si la foire ne dure qu'un jour, l'effet est payable ce jour même; si elle a plusieurs jours de durée, l'échéance a lieu le jour de la clôture. Autrefois, c'était la veille de cette clôture.— D.A. 6. 623, n. 5.

341. — L'échéance est incertaine, lorsque l'effet est souscrit *payable à vue;* il doit alors être payé à sa présentation (Ord. de 1673, tit. 5, art. 4; art. 130 C. comm.).— D.A. 6. 623, n. 6.

342. — L'échéance est encore incertaine quand les effets sont créés payables à un ou plusieurs jours, à un ou plusieurs mois, à une ou plusieurs usances *de vue*. Alors elle est fixée par la date de l'acceptation ou par celle du protêt faute d'acceptation. Le jour de l'acceptation ne se compte pas, suivant la règle *dies à quo non computatur in termino*.— D.A. 6. 623, n. 7.

343. — Lorsque l'échéance de la lettre de change est à un jour férié légal, elle est payable la veille; mais, à défaut de paiement, le protêt ne doit se faire que le lendemain du jour férié (art. 162). — D.A. 6. 623, n. 8.

344.— « Tous délais de grâce, de faveur, d'usage ou d'habitude locale, pour le paiement des lettres de change, sont abrogés » (art. 135 C. comm.). Néanmoins, des motifs d'intérêt public et de force majeure ont fait déroger à cette règle en 1830 : le 31 juillet, la commission municipale de Paris, prenant en considération les circonstances, rendit un arrêté par lequel elle prorogea de *dix jours* les échéances des effets de commerce payables à Paris depuis le 26 juill. jusqu'au 15 août inclusivement, de manière à ce que les effets échus le 26 juill. ne fussent payables qu'au 5 août, et ainsi de suite.

Ce même jour, 31 juill. 1830, le tribunal de commerce de Paris ordonna la transcription de cet arrêté sur son registre des délibérations. — D.P. 30. 2. 234.

ART. 6.— *De l'endossement.*

§ 1er.— *De l'endossement régulier.*

345.—L'endossement régulier est l'acte contenant certaines énonciations prescrites par la loi, au moyen desquelles la propriété d'un effet de commerce se transmet par celui qui possède le titre à celui qui en devient cessionnaire.— D.A. 6. 629, n. 1.

346.— Nous avons à examiner ici, 1° quels sont les effets de commerce qui peuvent être transmis par la voie de l'endossement; 2° quelles sont les formes de cet endossement; 3° quelle est l'époque à laquelle il peut être valablement consenti; 4° enfin, quels sont les effets de l'endossement régulier.

347.— *Effets de commerce transmissibles par endossement.*—Les lettres de change et les billets à ordre sont les principaux effets de commerce qui peuvent être transmis par la voie de l'endossement.

348. — Sous l'ordonn. de 1673, comme sous le code de commerce, la propriété des billets à ordre se transmet par un endossement régulier, lors même que les individus entre lesquels la négociation a eu lieu, ne sont *ni marchands, ni commerçans*. — 13 déc. 1810. Liége. Termonia. D.A. 6. 631. D.P. 1. 1464.— 3 niv. an 10. Paris. Tabuteau. D.A. 6. 631, n. 1. D.P. 1. 1464.— 9 mars 1822. Colmar. Wolhlgemutz. D.A. 6. 631, n. 1. D.P. 1. 1464.

349.— Un billet à ordre souscrit par un individu non commerçant *et pour cause étrangère au commerce*, est négociable et transmissible par la voie de l'endossement.— 13 nov. 1821. Civ. c. Teisset. D.A. 6. 632. D.P. 1. 1464. — 28 nov. 1821. Req. Nanci. de Nettancourt. D.A. 6. 635. D.P. 22. 1. 77. — 28 mars 1832. Toulouse. Esquilat. D.P. 32. 2. 145. —

350.— Les lettres de change ou billets à ordre qui n'énoncent pas *de valeur fournie*, ou qui en énoncent une *irrégulière*, peuvent néanmoins être transmis à des tiers par la voie de l'endossement. — 21 mars 1810. Bruxelles. Allard. D.A. 6. 590. D.P. 10. 2. 104.— 14 janv. 1822. Bruxelles. Heathcote. D.A. 6. 581, n. 2. D.P. 1. 1452. — 18 janv. 1823. Civ. c. Besançon. Levrier. D.P. 23. 1. 49. — 19 juill. 1826. Rouen. Heudrou. D.P. 33. 2. 155.— *Contrà*, 21 déc. 1811. Besançon. Pougnet. D.A. 6. 580. D.P. 1. 1452.

351.— Dans ce cas, l'accepteur des traites au profit du tireur ou à son ordre serait *surtout* non-recevable à critiquer ce mode de transmission (Arrêt précité, de Rouen, du 19 juill. 1826).

352.— Jugé, comme conséquence des principes précédemment exposés, qu'une lettre de change qui ne contient aucune mention de *valeur fournie*, devient parfaite dès qu'il y est apposé un endossement régulier qui contient cette mention et indique l'espèce de valeur fournie.— 4 juin 1825. Toulouse. Pomarede. D.P. 25. 2. 190.

353. — La propriété d'une lettre de change ou d'un billet à ordre irrégulier, en ce qu'il n'énonce pas la *valeur fournie*, est valablement transférée par l'endossement *régulier* qui en a été fait, quoique cet endossement émane d'un individu qui n'en était porteur qu'en vertu d'un endossement irrégulier, c'est-à-dire d'un endossement qui, comme la lettre de change ou le billet lui-même, n'énonçait aucune espèce de *valeur fournie*.—30 mars 1809. Bruxelles. Rousseau. D.A. 6. 567, n. 1. D.P. 1. 1445.— 9 fév. 1814. Req. Bruxelles. de Roi-Powis. D.A. 6. 566. D.P. 1. 1445.— 18 janv. 1825. Civ. c. Besançon. Lévrier. D.P. 25. 1. 49. — 22 mars 1825. Lyon. Bellati. D.P. 25. 2. 172.

354.— Une lettre de voiture est transmissible par la voie de l'endossement (C. comm. 101, 102).— 10 janv. 1826. Lyon. Verrier. D.P. 26. 2. 170.

355.—Une simple *reconnaissance* n'est pas, comme un billet à ordre, transmissible par l'endossement fait dans la forme usitée dans le commerce. — En conséquence, le souscripteur de la reconnaissance peut en refuser le paiement au porteur, qui se présente en vertu de cet endossement, surtout s'il existe des oppositions entre ses mains (C. civ. 1138, 1689. D.A. 6. 749, n. 1). — 11 avril 1827. Civ. r. Dumonteil. D.P. 27. 1. 197.

356.— Si une obligation notariée peut être transférée par voie d'endossement par suite de conventions, cet endossement n'est cependant qu'une cession et d'élégation civile; en conséquence, en cas de non-paiement, l'endosseur n'a pas de recours contre son cédant, à raison de l'insolvabilité du débiteur, si ce recours n'a pas été stipulé. — 26 août 1818. Lyon. Rhenter. D.A. 6. 631. D.P. 1. 1464.

357.— Jugé que l'hypothèque stipulée dans un billet à ordre passé devant notaire, est transmissible par voie d'endossement, en ce sens que cet endossement fait foi de sa date, et qu'on ne peut opposer au porteur aucune exception de paiement ou de compensation dont il ne serait pas averti par son titre (C. civ. 1328, 1690; C. comm. 136, 187, 188). — 4 juin 1830. Lyon. Chalambel. D.P. 33. 1. 353.

Quelques arrêts de la cour de cassation semblaient avoir préjugé cette décision en ce sens; mais, soit que la cour ait été touchée des difficultés que cette jurisprudence pourrait susciter, soit qu'elle ne l'ait pas trouvée suffisamment fondée sur le texte et sur l'esprit de la loi, soit enfin qu'elle ait pensé que le jour n'était point encore venu où les habitudes sociales en réclameraient impérieusement l'application, elle s'est en quelque sorte arrêtée tout court devant son œuvre. Une fin de non-recevoir inaperçue, et peu digne, suivant nous, de l'être, a détourné ses méditations; elle lui a permis de renvoyer à un autre temps le problème qui lui était proposé, et d'où pouvait sortir un système de mobilisation du sol, incompatible peut être avec l'état actuel de la législation.

Au reste, voyez un arrêt contraire au précédent, D.P. 35. 2. 65.

358.— *Formalités requises pour la régularité d'un endossement.* — Un endossement, pour être régulier, doit énoncer: 1° la date; 2° la valeur fournie; 3° le nom de celui à l'ordre de qui il est passé (137 C. comm.).

359.—La formalité *de la date* est aussi importante dans l'endossement que dans le corps de l'effet. Elle peut servir à constater si l'endossement est postérieur à la faillite, à la mort du cédant; en un mot, si le cédant et le cessionnaire étaient l'un et l'autre en état de contracter à l'époque indiquée.— D.A. 6. 629, n. 2.

360. —La fidélité de la date est garantie autant que possible par la disposition rigoureuse de l'art. 139 C. comm., portant qu'il est défendu d'antidater les ordres, à peine de faux. Mais cette disposition ne s'applique qu'au faux commis *sciemment et dans l'intention de nuire;* elle ne saurait s'étendre à une date simplement *erronée*.— D.A. 6. 629, n. 2.

361.— Un endossement qui porte ces mots, *ut retrò, ut suprà*, n'est pas daté; et, par conséquent, il ne vaut, ainsi que tout endossement irrégulier, que comme procuration. — 23 juin 1817. Civ. c. Fauveau D.A. 6. 567. D.P. 17. 1. 488.—14 nov. 1821. Civ. c. Paris. Roussel. D.A. 6. 568. D.P. 20. 1. 151. — Conf. Vincens et Dalloz, qui remarquent que la leçon est sévère.

362.— Jugé de même, 1° à l'égard d'un endossement revêtu d'une date *évidemment fausse*, et cette fausseté peut se prouver par des actes et des faits, sans qu'il soit besoin de s'inscrire en faux.— 18 janv. 1823. Colmar. D.A. 6. 638, n. 1. — 29 mars 1813. Civ. c. Bruxelles. Maès. D.A. 6. 638. D.P. 13. 1. 509.— V. n. 360.

363.— ... Et le porteur saisi en vertu d'un tel endossement non daté, peut être déclaré non-recevable à demander le paiement au tireur, si son endosseur désavoue le mandat en prétendant n'avoir pas fourni la valeur à ce même tireur. — 13 juin 1810. Colmar. Knoderer. D.A. 6. 638, n. 2. D.P. 1. 1466.

364.— Dans ce cas, le défaut de date peut être opposé, non seulement par l'endosseur, mais par le *tireur* et *l'accepteur*.—29 mars 1813. Civ. c. Bruxelles. Maes. D.A. 6. 638. D.P. 13. 1. 509.

365. — Jugé cependant que c'est dans l'intérêt exclusif des endosseurs, que la date de l'endossement est exigée; d'où suit que si les endosseurs ne se plaignent pas, l'accepteur ne peut opposer l'absence ou l'irrégularité de la date. — 20 août 1812. Bruxelles. Depaepe. D.A. 6. 576, n. 3. D.P. 1. 1450.

366. — L'endossement doit exprimer *l'espèce de la valeur fournie*. Ici s'appliquent tous les principes exposés n. 352 et suiv.; car, quoique la loi ne répète point les prescriptions contenues dans l'art. 110, il faut s'y reporter pour voir par quelles énonciations on peut satisfaire à ce qu'elle exige : le défaut d'indication de valeur fournie rend l'endos irrégulier. — D.A. 6. 629, n. 3.

367. — L'endossement qui n'exprime point *en quoi la valeur a été fournie*, n'est point transmissible de la propriété; il ne vaut que procuration.— 13 déc. 1810. Liége. Termonia. D.A. 6. 631. D.P. 1. 1464.

368. — Ainsi jugé à l'égard d'un endossement conçu *valeur reçue* (Ord. 1673, tit. 5, art. 23; C. comm. 138, 188) — 24 juin 1812. Civ. c. Tardif. D.A. 6. 638. D.P. 12. 1. 423. — 9 août 1810. Bruxelles. Vandamme. D.A. 6. 639, n. 1. D.P. 11. 2. 21. — 19 nov. 1812. Bruxelles. Pausch. D.A. 6. 639, n. 1. — 18 mai 1813. Civ. c. Royannez. D.A. 6. 639, n. 2. D.P. 13. 1. 324.

369.— Un endossement causé *valeur en recouvrement* ne transfère point la propriété; il ne vaut que comme procuration. Il en est ainsi, surtout si l'effet est endossé de cette manière par une administration à son préposé.— 23 déc. 1806. Paris. Mony-d'Herbisse. D.A. 6. 640, n., n. 4 D.P. 1. 1466.

370. —L'endossement causé *valeur entendue* est irrégulier et ne constitue qu'une simple procuration. — 4 janv. 1832. Bastia. Cagnazolli. D.P. 33. 2. 115.

371. — L'endossement causé *valeur reçue comptant* est régulier et transmet la propriété.— 13 nov. 1821. Civ. c. Teisset. D.A. 6. 632. D.P. 1. 1464.

372. — Sous le code de commerce, comme sous l'ordonnance de 1673, l'endossement causé *valeur en compte* est régulier et translatif de propriété. — 14 flor. an 9. Civ. r. Hayaert. D.A. 6. 631. D.P. 3. 1. 353.— 27 nov. 1827. Civ. c. Rennes. Valois. D.P. 28. 1. 32.

373.— Un endossement, quoique causé *valeur en compte*, transfère immédiatement le droit de disposer de l'effet, sans que l'endosseur puisse prétendre, contre *les tiers-porteurs*, ne s'être dessaisi de la propriété de l'effet que sous la condition résolutoire qu'il serait justifié d'un compte qui le constituerait débiteur de son cessionnaire; de sorte qu'à défaut de cette justification, il doit être considéré comme n'ayant jamais cessé d'être propriétaire de l'effet (D.A. 6. 630, n. 10).—25 juill. 1832. Req. Poitiers. Fould. D.P. 33. 1. 68.

374.— Celui qui s'avoue débiteur direct d'un billet à ordre, n'est pas recevable à critiquer son endossement, comme n'énonç nt pas la valeur reçue. — 22 juin 1813. Nanci. Douanes C. Spéry. D.A. 6. 481, n. 1. D.P. 1. 1398.

375. — Lorsqu'un endossement ne porte point mention de la valeur fournie, les tribunaux peuvent décider que la lettre de change n'a été remise au porteur que pour sûreté d'une dette précédemment contractée.— 27 vend. an 11. Req. Lesage. D.A. 6. 644. D.P. 3. 1. 553.

376.—De ce que le preneur, dans un effet de commerce, l'a endossé au profit d'un tiers, en ces mots: *valeur à lui appartenant*, il ne résulte pas que ce preneur ne doive être considéré que comme mandataire de celui à qui il l'a endossé; il a pu, au contraire, être regardé comme obligé direct envers le porteur, sans que cette appréciation tombe sous la censure de la cour de cassation (C. comm. 137, 187).— 11 déc. 1833. Req. Bayon. D.P. 34. 1. 67.

377.— Cette décision touche à un point fort intéressant dans la négociation des effets de commerce. On doit regretter que la question se soit produite en des termes tels que la cour n'a vu dans la solution qui lui a été donnée, qu'un acte du pouvoir discrétionnaire.

On dit, en droit, contre cette solution : tout endosseur a le droit de mettre telle condition qu'il veut en transmettant un effet de commerce par la voie de l'ordre, pourvu qu'elle ne répugne pas à l'ordre public ou aux bonnes mœurs. Cette condition doit être religieusement observée; le tiers-porteur ne peut s'en plaindre, puisqu'il a été averti d'avance de la limitation apportée dans l'acte d'endos. De là, il suit que l'endosseur pourra s'exonérer de la garantie envers les tiers-porteurs; il n'aura qu'à l'exprimer dans l'acte d'endos, et c'est ce qu'il a pu faire, ce semble, en se servant de ces mots : *valeur à lui appartenant*. Ils indiquent nécessairement qu'il n'a agi que comme mandataire de celui à qui il endosse l'effet; il est impossible de leur attribuer un sens différent; car, exprimer que la valeur du montant du billet appartient à celui à qui il est transmis, c'est dire qu'on n'en était pas soi-même le propriétaire véritable, et qu'on n'a été que simple mandataire.—Mais on répond, avec avantage : s'il est permis de mettre telle condition que l'on veut à un acte d'endos, il faut que cette condition soit exprimée en termes clairs et précis : il faut que nulle personne ne puisse se méprendre sur le sens qu'elle doit avoir : la bonne foi veut qu'on ne soit pas obligé d'avoir recours à une interprétation difficile et cachée pour connaître le véritable sens des mots. Or, dans l'espèce, les mots *valeur à lui appartenant* annoncent-ils qu'on est un mandataire? Ces termes sont évidemment ambigus et équivoques; ils n'indiquent pas clairement au tiers-porteur qu'on n'est tenu d'aucune garantie à son égard; comment, dès lors, rendre celui-ci victime de sa bonne foi? C'est l'endosseur seul qui doit supporter la peine de ne s'être pas exprimé d'une manière précise; il devait savoir qu'un mandat ne se présume jamais, et qu'il doit être formel. Il semble donc qu'en l'absence de toute autre preuve du mandat, connue du tiers-porteur, l'interprétation donnée par la cour royale était en quelque sorte forcée ... elle était, en tout cas, un acte du pouvoir discrétionnaire du juge.

378.— Au reste, l'endossement d'un billet à ordre qui ne porte la signature d'aucun négociant, et qui, par cela, n'est point un effet de commerce, n'est pas assujetti à l'énonciation de la nature de la valeur fournie.— Il suffit qu'il soit causé *valeur reçue*, pour transmettre la propriété du billet. — 12 juill. 1820. Req. Tissié. D.A. 6. 640, n. 3. D.P. 21. 1. 146.

379.— Si le paiement est réclamé par le cessionnaire même de l'endosseur, la question devient plus grave. Pardessus, t. 2, p. 404, et Vincens, t. 2, p. 229, pensent que l'endosseur peut exiger le compte avant d'être contraint à payer. Dalloz, p. 630, n. 10, trouve cette opinion hasardée; il croit que la solution dépend entièrement des circonstances, et, qu'ainsi, elle est abandonnée à la prudence des juges. — V. n. 47

380 — Le nom de celui auquel le titre est cédé est indispensable pour faire connaître le véritable propriétaire. Mais l'omission du nom ne rendrait pas l'endos absolument *nul*; il vaudrait toujours comme *procuration*.— D.A. 6. 629, n. 4.— *Contrà*, Vincens, 2, p. 241.

381.— L'omission de l'*ordre* aurait, à notre avis, des conséquences plus graves : si l'endossement présentait toutes les autres régularités exigées par la loi, on devrait penser qu'en s'abstenant de transmettre l'effet avec l'énonciation de l'*ordre*, le cédant a imposé à son cessionnaire l'obligation *de n'en pas faire la négociation*. Le porteur aurait donc le droit de recevoir, de poursuivre, *et non de transférer*. Mais si l'endos contenait d'autres irrégularités, par exemple l'absence de valeur fournie, l'omission de l'*ordre* n'empêcherait pas le porteur nommé d'être regardé comme mandataire ayant pouvoir de transmettre.— D.A. 6. 629, n. 5.

382. — Par la signification du protêt d'un billet endossé quoique *non à ordre*, il y a transmission régulière au profit du *tiers-porteur*, tellement que le souscripteur ne peut lui opposer le défaut de cause de ce billet, et en refuser le paiement (C. civ. 1689; C. comm. 136, 187).— 6 fév. 1830. Paris. Laforest. D.P. 31. 2. 25. — V. les observations qui accompagnent cet arrêt.

383.— La remise purement manuelle d'un billet à ordre, de la part du créancier, entre les mains d'un tiers, mais *sans* ordre ou endossement régulier, est insuffisante pour en transférer à celui-ci la propriété, encore bien que tous deux soient non commerçans,

EFFETS DE COMMERCE. ART. 6, § 1er.

la transmission d'un effet négociable ne résultant, aux termes des art. 136, 137 et 138 C. comm., applicables aux non commerçans comme aux commerçans, que d'un endossement régulier... Par suite, la remise d'un tel effet pour payer une dette de jeu ne peut être considérée comme un paiement, dans le sens de l'art. 1967 C. civ.; et le montant de l'effet, s'il a été touché par le gagnant, peut être répété par le perdant.—17 juill. 1828. Req. Bordeaux. Darenne. D.P. 28. 1. 334.

384. — *Epoque à laquelle l'endossement peut être valablement consenti.* — Il n'est pas douteux qu'un effet de commerce *non encore échu* est transmissible par la voie de l'endossement.

385. — Une jurisprudence presque générale aujourd'hui décide même qu'un effet de commerce peut être transmis par endossement *après son échéance;* que le porteur, en vertu d'un pareil endos, jouit des droits d'un porteur ordinaire; que, par conséquent, le souscripteur ne peut lui opposer que les exceptions qui seraient personnelles à ce porteur, et non celles qu'il aurait pu opposer à celui à l'ordre duquel la traite a été souscrite. — 6 avril 1809. Paris. Barbazan. D.A. 6. 635, n. 2. D.P. 10. 2. 54.— 30 avril 1812. Bruxelles. Lefebvre. D.A. 3. 344. D.P. 1. 794.— 28 nov. 1821. Req. Nanci. De Nettancourt. D.A. 6. 633. D.P. 22. 1. 77. — 14 janv. 1822. Bruxelles. Heathcote. D.A. 6. 581, n. 2. D.P. 1. 1452. — 5 avril 1826. Civ. c. Angers. Avias. D.P. 26. 1. 228. — 1er déc. 1828. Lyon. Humbert. D.P. 31. 2. 90. — 31 août 1831. Paris. Inglès. D.P. 32. 2. 119. — 26 juill. 1832. Toulouse. Malgouyre. D.P. 32. 2. 200.— 26 janv. 1833. Req. Paris. Inglès. D.P. 33. 1. 54. — 28 janv. 1834. Req. Toulouse. Bories. D.P. 34. 1. 122.

Cette jurisprudence nous semble exacte, et aucune bonne raison, à notre avis, ne saurait s'élever contre elle; tandis qu'elle s'appuie, au contraire, sur de puissantes considérations, tirées de la permanence du caractère de l'effet commercial, du silence de la loi, de l'intérêt du tireur, à qui un délai pour le paiement peut être souvent bien utile, et enfin de la bonne foi du porteur.—*Contrà*, Savary-Parère, t. 36, p. 247; Pard., t. 2, p. 406; Delv., *Droit comm.*, t. 2, p. 108; D.A. 6. 630, n. 11. — 24 juill. 1808. Paris. Chesneau. D.A. 6. 634. D.P. 1. 1465. — 4 janv. 1817. Paris. Delarue. D.A. 6. 705. D.P. 1. 1477.—13 juill. 1820. Limoges. Pilté-Grenet. D.A. 6. 635, n. 1. D.P. 21. 2. 68.

386. — Et le tireur ne peut opposer au tiers-porteur de bonne foi d'un effet endossé, même après l'échéance, les exceptions qu'il pourrait opposer à celui à l'ordre duquel la traite a été souscrite. — 28 janv. 1834. Req. Toulouse. Bories. D.P. 34. 1. 122.

Cette décision découlait naturellement de celle qui précède. Tout ce qu'on peut alléguer de plus favorable dans l'intérêt du tireur, c'est qu'il est possible qu'il ait négligé de retirer de la circulation un effet qu'il avait acquitté; mais entre la négligence du tireur et la bonne foi du porteur, la préférence ne saurait être douteuse. Le premier doit, en tout cas, s'imputer d'avoir laissé son effet entre les mains du preneur ou porteur, car ce serait, dans l'hypothèse la plus favorable, cette négligence qui aurait causé l'erreur des tiers. Au reste, la jurisprudence paraît aussi n'avoir pas mis de distinction entre cette question et la première.

387. — Jugé aussi qu'un effet de commerce peut être transmis par la voie de l'endossement après son échéance, même quand il y a eu *acceptation* de la part du tiré. — 1er déc. 1828. Lyon. Humbert. D.P. 31. 2. 90.

... Et même après *protêt*. — 1er déc. 1828. Lyon. Humbert. D.P. 31. 2. 90. — 26 janv. 1833. Req. Paris. Inglès. D.P. 33. 1. 54.— *Contrà*, 14 juill. 1824. Grenoble. Dijon. D.A. 6. 637, n. 2. D.P. 1. 1466.

388. — Un effet de commerce ne peut plus être transmis à un tiers par la voie de l'endossement, *lorsque le souscripteur est tombé en faillite*

389. — Le porteur qui a reçu cet effet après la faillite, peut, bien qu'il ne l'ait point fait protester le lendemain de son échéance, s'en faire rembourser le montant par son cédant, sur le fondement que le débiteur ayant failli au moment de la cession, la créance cédée n'avait pas d'existence réelle, et cela en vertu des principes du droit commun sur le transport des droits incorporels. L'endosseur qui a remboursé ainsi le porteur à cause de l'existence de la faillite lors de l'endossement, peut, de son côté, être privé de son recours sur les endosseurs qui lui ont transmis le billet avant la faillite, par le motif que le protêt n'a pas été fait dans le délai de la loi. — 20 déc. 1821. Req. Pelletier. D.A. 6. 636, n. 1. D.P. 22. 1. 25.

390. — Lorsqu'une maison de commerce a reçu, par endossement à son profit, des remises d'un né-

EFFETS DE COMMERCE. ART. 6, § 1er.

gociant avec lequel elle était en compte courant, et avant la faillite de ce dernier, elle en demeure propriétaire après la faillite, et peut en poursuivre le recouvrement, sauf à compter du remboursement avec la masse, jusqu'à concurrence de la somme due par compte courant. Peu importe que les remises, d'abord portées au crédit du négociant qui les avait faites, aient été contre-passées à son débit, à défaut d'acquittement aux échéances; de cette opération intérieure, relative seulement au compte courant, on ne peut induire une renonciation à la propriété des effets, lorsqu'ils n'ont pas été retournés, et que les détenteurs s'en prévalent (C. comm. 136, 137, 187, 534). — 27 nov. 1827. Civ. c. Rennes. Valois. D.P. 28. 1. 32.

391. — Le propriétaire d'une lettre de change, qui l'a transmise à un failli postérieurement à sa faillite, a le droit de la revendiquer entre les mains de personnes qui la détiendraient par suite d'endossement de ce failli (C. comm. 583). — 24 juin 1834. Civ. c. Paris. Pongerard. D.P. 34. 1. 278.

392.—Celui qui a payé une lettre de change par intervention, ne peut en transmettre la propriété par la voie de l'endossement (C. comm. 159). — 30 juill. 1830. Paris. Rey. D.P. 34. 2. 22.

393. — *Effets de l'endossement régulier.* — Le principal effet de l'endossement régulier, est de transmettre au cessionnaire la propriété de la traite endossée.

394.—L'endossemet régulier fait participer celui qui l'appose sur une lettre de change ou un billet à ordre, au contrat primitif. Il s'ensuit que l'endosseur garantit les obligations prises par le souscripteur, et qu'à moins de stipulation expresse, tous les endosseurs postérieurs ont une action contre lui. — D.A. 6. 630, n. 6.

395. — Lorsqu'une obligation à ordre notariée, consentie entre négocians, sous l'ordonn. de 1673, pour vente de marchandises, a été transmise par la voie de l'endossement, les juges peuvent, sur l'action du tiers-porteur, condamner solidairement tant l'endosseur que le souscripteur, à l'exécution de l'obligation, sans violer aucune loi : le principe des art. 1693, 1694 et 1695 C. civ. est ici inapplicable;... et, dans ce cas, y eût-il négligence de la part du porteur, en ce qu'il aurait laissé perdre un recours utile contre le souscripteur, ce porteur agissant dans sa propre chose, et non comme mandataire de l'endosseur, ne pourrait être responsable de sa négligence.— 30 juill. 1828. Civ. r. Bordeaux. Godefroy. D.P. 28. 1. 359.

396.— Le prêteur qui a reçu des lettres de change à titre de gage ou nantissement, en est, de plein droit, réputé *tiers-porteur*, si elles sont revêtues d'un endossement régulier en sa faveur; il peut, à l'échéance, les faire protester et en poursuivre le paiement, même contre le dernier endosseur qui les lui avait données en nantissement. — 11 mai 1810. Paris. Perdonnet. D.A. 6. 632. D.P. 10. 2. 144.

397.— Il suffit que des lettres de change aient été endossées par le propriétaire au profit de celui qui en est détenteur, pour que, vis-à-vis des tiers, la propriété s'en trouve transférée à ce dernier, encore bien que, par un écrit séparé remis à l'endosseur, ce dernier aurait déclaré ne les retenir qu'à titre de nantissement pour sûreté de pareille somme à lui due; dans ce cas, d'ailleurs, il est vrai de dire que cet écrit constitue moins un nantissement qu'une simple condition apposée au transfert pur et simple..; du moins, l'arrêt qui le juge ainsi, par appréciation des actes, et déclare, par suite, inapplicable, sur la revendication des créanciers de l'endosseur failli, l'art. 2074 C. civ., qui exige que l'acte de nantissement soit enregistré, échappe à la censure de la cour de cassation. — 17 mars 1829. Req. Montpellier. Laussel. D.P. 29. 2. 183.

398 — La loi dit que l'endos régulier transmet *la propriété du titre*. Ce principe ne doit pas être pris d'une manière trop absolue. Il est certain qu'un endos, même régulier, peut être attaqué pour cause de *dol*, de *fraude*, ou de *simulation :* on peut démontrer, par exemple, que le porteur en vertu d'ordre régulier, n'est cependant qu'un *mandataire*, un *prête-nom*, et par suite lui opposer les exceptions que l'on a à faire valoir contre le cédant. — Merlin, Rép., v° Endossement, n. 4; D.A. 6. 630, n. 8.

399.— Jugé, conformément à ces principes, que, malgré la régularité d'un endossement, les juges peuvent admettre la preuve testimoniale et des présomptions, pour établir que l'endosseur est réellement étranger à la négociation des effets sur lesquels figure sa signature. — 28 mars 1821. Req. Rouen. Poullain-Dumesnil. D.A. 6. 634, n. 3. D.P. 1. 1465.

400.— … Que si l'ordre, quoique régulier, n'est pas sincère, le tiers-porteur peut, d'après les circonstances, être déclaré non propriétaire.— 25 nov. 1807. Req. Aix. Emeric. D.A. 6. 633, note 1re. D.P. 8. 1. 40.

401.— Néanmoins, lorsque les circonstances de la cause ne laissent aucun doute dans l'esprit des juges *sur la sincérité de l'endossement* d'un effet de commerce, ils peuvent refuser d'ordonner l'interrogatoire du porteur, et même la prestation de serment sur la sincérité de l'endos, quoique la demande en ait été faite par le débiteur.— 3 fév. 1819. Req. Metz. Pillard. D.A. 6. 634, n. 3. D.P. 1. 1465.

402.— Le tiers-porteur d'une lettre de change, en vertu d'un endossement régulier, n'est pas tenu de justifier qu'il a réellement fourni la valeur. On ne peut attaquer un semblable endossement que par la voie extraordinaire de dol ou de fraude. — 8 avril 1826. Paris. Joyeux. D.P. 26. 2. 139.

403.— Le vice d'un endossement, résultant de ce que la signature de l'endosseur a été surprise par dol, n'est pas opposable au porteur de bonne foi, en vertu d'un endossement ultérieur.— 6 août 1807. Req. Paris. Bigot D.A. 6. 633. D.P. 7 1. 432.

404. — L'accepteur d'un effet de commerce qui a des exceptions à proposer contre son acceptation, telles que la fraude, l'abus de confiance, ne peut les faire valoir que contre le tireur, et non contre le tiers-porteur qui en réclame le remboursement en vertu d'un endossement régulier. — 24 avril 1827. Req. Paris. Driver-Cooper. D.P. 27. 1. 214.

405. — Le défaut de *valeur fournie* ne peut être opposé par l'accepteur d'une lettre de change au tiers-porteur qui en demande le remboursement en vertu d'un endossement régulier. celui-là seul peut s'en prévaloir qui a transmis la lettre de change au tiers-porteur. — Même arrêt.

406. — Des à-comptes payés par le souscripteur au porteur, quoique non mentionnés dans le billet, ont pu, par appréciation des circonstances, être opposés au tiers-porteur, et la date de l'endossement passé à celui-ci, être déclarée simulée et postérieure aux à-comptes, sans inscription de faux (C. comm. 136, 137, 187; C. civ. 1239). — 21 avril 1829. Req. Aribert. D.P. 29. 1. 224.

407. — Souvent, malgré la régularité de l'endos, le porteur n'est qu'un *mandataire;* c'est ce qui arrive, lorsqu'un négociant transmet l'effet à un correspondant pour en faire la négociation ou en soigner la rentrée. Il en est de même lorsque le cessionnaire chargé de se procurer des effets pour un correspondant, les lui transmet avec son endos. Cet endossement n'est alors entre les parties que la suite d'un mandat et ne peut avoir d'autres conséquences.— D.A. 6. 630, n. 9.

408. — Jugé, conformément à ce principe, que celui qui transmet, par un endossement régulier, des effets de commerce à un négociant, *avec mandat de les négocier pour acquitter d'autres effets payables au domicile de ce négociant*, ne lui transfère pas la propriété de ces effets. – En conséquence, en cas de faillite de ce négociant, il peut les revendiquer même entre les mains des tiers auxquels ils n'ont été remis qu'avec un endossement en blanc, encore bien que ceux-ci aient fourni la valeur. — 18 nov. 1812. Civ. c. Rouen. Petou. D.A. 6. 630. D.P. 13. 1. 84.

409.— Mais comment devra être faite la preuve, que des effets de commerce n'ont été endossés en faveur d'un tiers que *pour qu'il puisse les négocier au profit du mandant*? Si le mandataire nie ce fait; s'il veut s'attribuer la propriété de la traite, l'endosseur pourra-t-il être admis à la preuve testimoniale, pour démasquer une pareille fraude? Au premier abord, nous serions d'avis de l'affirmative; car la fraude fait exception à toutes les règles, surtout en matière commerciale. Néanmoins, l'opinion contraire a été embrassée par la cour de cassation.

410.— Elle a décidé, par l'arrêt dont la date suit, que lorsqu'un billet a été transmis par endossement à un tiers, la propriété du billet se trouve transférée au profit de ce dernier; tellement que les juges correctionnels n'ont pu, sur la plainte en abus de confiance contre le preneur et le porteur, en ce que ce dernier se serait approprié le montant du billet qui ne lui avait été confié que pour le négocier moyennant salaire, admettre, contre la stipulation du billet, la preuve par témoins de cette allégation, et, par suite, annuler le billet sans violer les art. 136, 137, 138 C. comm. et 1341 C. civ.— 16 mai 1829. Cr. c. Aix. Armand. D.P. 29. 1. 243.

411.—Toutefois, la bonne foi de la part du porteur d'un billet à ordre argué de faux, ne suffit pas pour autoriser les tribunaux à condamner les endos-

seurs à payer ce billet avant la décision à intervenir sur le faux, encore bien que l'action en faux ne serait dirigée que contre le premier ou l'un des premiers endosseurs, et que la demande en paiement ne concernerait que des endosseurs subséquens.— 20 nov. 1833. Civ. c. Paris. Meslier. D.P. 34. 1. 19.

§ 2.—*De l'endossement irrégulier.*

412.—On appelle endossement irrégulier celui qui manque de l'une ou plusieurs des conditions exigées pour la régularité des endossemens. On va examiner, 1° *les personnes qui peuvent se prévaloir de l'irrégularité; 2° les effets de cette irrégularité.*

413.—*Personnes qui peuvent se prévaloir de l'irrégularité.* — Un endossement irrégulier par défaut de mention de valeur fournie ou par toute autre cause, peut être opposé *par toute partie intéressée.* —18 mai 1813. Civ. c. Royannez. D A. 6. 639, n. 2. D.P. 13. 1. 324.

414.—Jugé en conséquence que le *souscripteur* d'une lettre de change ou d'un billet à ordre, est recevable à contester l'endossement de ce billet ou de cette lettre, s'il a intérêt à le faire, soit pour n'être pas distrait de ses juges naturels, soit pour opposer des exceptions à l'endosseur. — 19 nov. 1827. Bordeaux. Daumy. D.P. 28. 2. 49.—*Contrà*, sous l'ord. de 1673, tit. 5, art. 23 à 26.— 2 prair. an 13. Civ. r. Paris. Lanchère. D.A. 6. 565. D.P. 5. 1. 447.— 29 brum. an 13. Civ. c. Paris. Belot. D.A. 6. 641. D.P. 5. 1. 111.

415. — Cependant, lorsque le tiers porteur d'un billet à ordre prouve *qu'il en a fourni réellement la valeur*, le *souscripteur* de ce billet devient, par ce seul fait, non-recevable à lui opposer l'irrégularité en la forme des endossemens et avals. Les tribunaux peuvent rejeter, comme inutile, l'offre que fait le souscripteur d'établir cette irrégularité.— 8 nov. 1826. Req. Grenoble. Doublier. D.P. 27. 1. 42. —V. n 456.

416.—Jugé aussi que le *souscripteur* d'un billet à ordre transmis à un tiers, en vertu d'un endossement irrégulier, ne peut opposer à ce tiers, réputé mandataire, que son mandat est nul pour cause de démence du mandant, si ce dernier n'est frappé d'aucune interdiction, et si personne ne réclame dans son intérêt.— 7 janv. 1815. Paris. Triquet. D.A. 6. 640. D P. 23. 2 7.

417.—L'*accepteur* d'une lettre de change n'a pas qualité pour opposer au tiers-porteur le défaut d'une suffisante énonciation de la valeur fournie. —15 mars 1826. Paris. Goddes. D.P. 26. 2. 223.

418.—L'*endosseur* peut opposer lui-même au porteur l'irrégularité de l'endossement.—27 vend. an 11. Req. Lesage. D.A. 6. 644. D.P. 3. 1. 553.

419 —*Effets de l'endossement irrégulier.*—D'après l'art. 138 C. comm., l'endossement irrégulier *n'opère pas le transport; il n'est qu'une procuration.* Ainsi jugé 1° à l'égard de l'irrégularité de la date (V. n. 361); 2° du défaut de mention de la valeur fournie. —V n. 367.

420.—Mais quels sont les effets de cette procuration?—Le silence du législateur, et, par suite, l'incertitude de la jurisprudence mettent dans l'impossibilité de les déterminer d'une manière invariable. (V. Merl., Rép. v° Endossement; Vinc., t. 2, p. 235; Pard. t. 2, p. 408; Dall., *eod.* 637, n. 2).—Voici cependant les principes qui tendent à s'établir :

421.—On reconnaît généralement aujourd'hui que le porteur d'un effet de commerce, en vertu d'un endossement irrégulier, par exemple, qui ne contient pas *de date* ou n'énonce pas *l'espèce de valeur fournie*, a néanmoins, comme mandataire, le droit *de transmettre la propriété de cet effet à un tiers* (D A. 6. 637, n. 4).— 20 janv. 1814. Req. Bruxelles. De Roi-Powis. D.P. 14. 1. 237.— 2 nov. 1815 Liége. Vincent. D.A 6. 641, note 2. — 29 fév. 1816. Paris. Saillard. D.P. 16 2. 86.— 12 août 1817. Req. Saillard. D.A. 6. 641. D.P. 18. 1. 470.—4 mars 1820. Bruxelles. Buysé-Laslée. D.A. 6. 641, note 2. — 18 janv. 1825. Civ. c. Besançon. Levrier. D.P. 25. 1. 49.— 22 mars 1825. Lyon. Bellati. D.P. 25. 2. 172.

422. — Sous l'ord. de 1673, le porteur d'un effet négociable en vertu d'un endossement irrégulier pouvait en poursuivre le recouvrement, *en son nom personnel*, contre le souscripteur, lequel n'avait pas le droit de lui opposer l'irrégularité de l'endos (Ord. 1673, art. 3, 23, 24 et suiv., tit. 5.) — 29 brum. an 13. Civ. c. Belot. D.A. 6. 641. D.P 5. 1. 111.

423. — Quelques cours royales ont jugé qu'il en devait être de même sous le code de commerce. — 2 fév. et 5 mai 1820, 18 mai 1822. Bruxelles.—6 mars 1822. Amiens. Dutilloy. D.A. 6. 642, note 1re.

424. — Mais ce principe est aujourd'hui aban-

donné : on considère au contraire comme certain que le porteur d'un endossement irrégulier, n'étant qu'un simple mandataire, ne peut agir *qu'au nom de son mandant* et se trouve passible des mêmes exceptions qui auraient pu être opposées à son mandant. — D.A. 6. 637, n. 4.

425. — Ainsi, 1° lorsque le porteur d'un billet de commerce se trouve débiteur de celui qui l'a souscrit, il ne peut opposer à celui-ci ou à son cessionaire la compensation, si le billet ne lui a été transmis que par un endossement irrégulier. — 10 sept. 1812. Req. Amiens. Dubois-Lubainville. D.A. 3. 681. D.P. 13. 1. 60.

426. — Le porteur d'un effet de commerce, en vertu d'un endossement qui n'exprime pas la valeur fournie, doit être déclaré non-recevable dans sa demande personnelle contre le souscripteur en paiement de cet effet, alors même qu'outre l'endossement irrégulier, il a en sa faveur une cession sous seing-privé, si l'acte de cession n'a acquis date certaine que postérieurement à la demande en justice. —10 juill. 1822. Civ. r. Hubert. D.A. 6. 643. D.P. 22. 1. 474.

427. — Cette fin de non-recevoir n'est pas couverte par la reconnaissance que le souscripteur aurait faite de sa dette devant le bureau de conciliation. Il ne reste, dans ce cas, au porteur, que le droit de renouveler sa demande au nom du mandant. — Même arrêt.

428.— Jugé aussi que le porteur d'une lettre de change, dont l'endossement est irrégulier, ne peut exiger le paiement de cette lettre contre l'accepteur ou tireur, *en son nom personnel*; mais seulement *comme mandataire*, et, dès lors, il est passible des mêmes exceptions que celui de qui il tient son droit. En conséquence, l'arrêt qui, sous le prétexte qu'il est légitime porteur, l'autorise à poursuivre son paiement contre l'accepteur ou tireur, ne peut être maintenu, sous le prétexte qu'il ne contient qu'une appréciation de fait qui échappe à la censure de la cour de cassation; c'est là, au contraire, une violation des art. 137 et 138 C. comm. — 22 avril 1828. Civ. c. Paris. Stiessberger. D.P. 28. 1. 221.

429.— On considère encore comme certain que le porteur d'un endossement irrégulier *qui prouve avoir fourni valeur à son endosseur*, est réputé propriétaire de l'effet, de même que s'il était porteur d'un endossement régulier . en conséquence, il peut poursuivre le paiement de l'effet *en son nom personnel*, et on ne peut lui opposer que les exceptions qui lui sont personnelles. (D.A. 6. 638, n. 5).— 21 mars 1811. Lyon. Souchay. D.A. 6. 642. D.P. 11. 2. 162. — 16 déc. 1812. Liége. Ceulenez. D.P 6. 642, n. 2.— 25 août 1827. Nîmes. Soulier. D.P. 28. 2. 35. — V. n. 415.

430.— Jugé, par suite du même principe, que, quand la loi dit que l'endossement qui n'exprime pas la valeur fournie, ne vaudra que comme procuration, elle n'établit par là qu'une simple présomption, laquelle n'exclut pas la preuve du contraire, lorsqu'il s'agit de régler les droits respectifs de celui qui a fait l'endossement et de celui à qui il est fait, c'est-à-dire du porteur et de l'endosseur.— 25 janv. 1832. Req. Amiens. Mareschal. D P. 32 1. 303. — 31 juill. 1833. Req. Montpellier. Estève D.P. 33. 1. 308.

Ainsi, lorsqu'après avoir revêtu un effet de commerce d'un endossement irrégulier, comme ne contenant pas la valeur fournie, l'endosseur a, par un acte séparé, tel qu'une lettre adressée à l'endossé, manifesté l'intention de lui donner le montant de l'effet, cette lettre a été justement déclarée, au moins entre les parties ou leurs héritiers non réservataires, avoir suppléé à l'irrégularité de l'endossement, encore bien qu'elle ne vaille elle-même ni comme donation, ni comme testament. — Même arrêt, Mareschal.

431.—Ainsi encore celui qui revendique des effets trouvés dans le portefeuille d'un failli, auquel il les a remis avec endos en blanc, peut être repoussé de sa demande, s'il résulte des circonstances de la cause que les endos avaient pour but d'en transférer la propriété.— Même arrêt Estève, n. 430.

Et en effet, les opérations commerciales se prouvant par les registres, par la correspondance, et même par témoins, on comprend que cette jurisprudence doit être suivie — A l'égard de la disposition de l'art. 553 C comm., elle ne fournit aucun argument direct, dans un sens ni dans l'autre

432.— En un tel cas, la propriété de la traite est acquise, à l'égard des tiers, au porteur de l'endossement irrégulier, encore bien que son cédant aurait tenu l'effet en vertu d'un endossement *simulé.* — V. arrêt de Nîmes, n. 429.

433.— Mais comment devra être faite la preuve, que le porteur d'un endossement irrégulier a fourni

valeur à l'endosseur? — Par tous les moyens usités en matière commerciale, à savoir : par les livres, la correspondance, les bordereaux de négociation, la preuve testimoniale, etc.— D.A. 6. 638, n. 5.

434.— Jugé cependant que le défaut d'indication de valeur fournie dans un endossement, ne peut être suppléé par aucune preuve étrangère à l'acte, et notamment par celle résultant des livres des parties, en telle sorte que, malgré cette preuve, l'endossement ne vaut que comme procuration. — 23 juin 1817. Civ. c. Aix. Fauveau. D.A. 6. 567. D.P. 17. 1. 488.— 26 fév. 1827. Caen. Durand. D.P. 28. 2. 138.

435.— Lorsque le porteur d'un endossement irrégulier a transmis lui-même l'effet à un tiers par un endossement régulier, et qu'à l'échéance *il en a acquitté le montant entre les mains de ce tiers-porteur*, il est devenu par cela même propriétaire légitime de l'effet. Il peut, en conséquence, en poursuivre le paiement en son nom, et on ne peut lui opposer que les exceptions qui lui sont personnelles. Ainsi jugé le 31 juillet 1828 par la cour suprême.— D.A. 6. 638, n. 6.

436. — Jugé au contraire que le souscripteur d'un effet de commerce, actionné en paiement par celui auquel le bénéficiaire du titre l'a transmis par un endos irrégulier, et qui, l'ayant négocié, a été obligé de le rembourser faute de paiement, peut lui opposer toutes les exceptions qu'il aurait à faire valoir contre le bénéficiaire; le remboursement opéré par le porteur en vertu d'un endos en blanc n'a pas changé la qualité du mandataire. — 17 janv. 1817. Bruxelles. Brugner. D.A. 6. 643. D.P. 1. 1467.

437. — Celui qui, par un ordre irrégulier, par exemple pour défaut de date, a transporté à un tiers une lettre de change, peut en poursuivre le paiement en son nom, contre l'accepteur, si, à l'échéance, il l'a remboursée après un protêt faute de paiement.— 27 avril 1808. Trèves. Kistner. D.A. 6. 642. D.P. 1. 1466.

438. — Telle est la doctrine qui tend à s'établir en cette matière. C'est celle qui est constamment suivie par le tribunal de commerce de Paris, qui en fait une application journalière. Elle est empreinte d'un esprit évident d'équité et ne paraît pas contrarier les principes du droit. — D.A. 6. 638, n. 7.

§ 3.— *De l'endossement en blanc.*

439.— L'endossement *en blanc* n'étant qu'une espèce d'endossement irrégulier, la plupart des règles que nous avons retracées, dans le précédent article, à l'égard de cette sorte d'endossement, s'appliquent naturellement ici. Toutefois, comme l'endossement en blanc diffère sous quelques rapports des autres endossemens irréguliers, nous avons jugé convenable d'en faire l'objet d'un article séparé, qui offre d'ailleurs l'avantage de rapprocher les nombreuses décisions que fournit la jurisprudence sur ce point particulier de notre sujet.

440.—1° *Personnes qui peuvent s'en prévaloir.*— Lorsqu'un billet à ordre, souscrit avant la publication du code de commerce, ne porte qu'un endossement en blanc, le *débiteur* de cet effet peut opposer au porteur les mêmes exceptions dont il aurait pu se prévaloir contre l'endosseur.— Les tribunaux peuvent, d'après les circonstances, déclarer que l'effet dont le porteur se prévaut, n'a été souscrit que par complaisance et sans que la valeur ait été fournie.— 9 juin 1814. Req. Paris. Ardent. D.A. 6. 653, n. 2. D.P. 14. 1. 430.

441.— Mais quoique l'endossement en blanc ne soit qu'une procuration qui laisse à l'endosseur la faculté de réclamer la propriété de l'effet ainsi endossé, néanmoins, le *souscripteur* ne peut, même après la mort de l'endosseur, faire valoir cette exception contre le porteur, qu'autant que lui, souscripteur, pourrait justifier qu'il a acquitté l'effet entre les mains de l'endosseur, ou qu'il peut opposer la compensation. — 4 mars 1828. Req. Lefebvre. D.P. 28. 1. 160.

442.—Le porteur d'un tel endossement en blanc a le droit d'actionner, en son nom personnel, un endosseur pour le remboursement de cet effet, lorsqu'il a déjà obtenu condamnation contre un subséquent endosseur qui avait la garantie sur le premier (C. comm. 137 et 138; C. civ. 1436, 1984).—26 avril 1826. Civ. r. Rouen. Tissot. D.P. 26. 1. 248.

443. — Mais le porteur, même de bonne foi, d'une acceptation en blanc, *soustraite* et remplie frauduleusement, ne peut obliger l'accepteur au paiement de la lettre de change. Le vice de faux dont cette pièce est entachée, la suit en quelques mains qu'elle se trouve. — 4 mai 1822. Bruxelles. Meulœmans. D.A. 7. 750. D.P. 2. 148.

444.—*L'accepteur* ne peut se refuser au paiement d'une lettre de change, sous prétexte que l'ordre est en blanc; les endosseurs et leurs créanciers sont les seuls qui puissent faire valoir ce moyen.— 25 brum. an 12. Paris. Desmousseaux. D.A. 6. 644. D.P. 1. 1467.

445.—Encore que l'endossement en blanc ne soit considéré que comme une procuration, néanmoins, si l'*endosseur en blanc* est forcé de convenir qu'il n'a aucun droit sur l'effet, il ne peut opposer l'irrégularité de l'endos. — 20 mars 1813. Paris. Laisné. D.A. 6. 647, n. 3.

446. — *Effets de l'endossement en blanc.* — Sous l'ordonn. de 1673, il équivalait à un ordre et *transférait la propriété de l'effet*, à moins que cet effet ne fût réclamé par les créanciers du signataire en blanc, ou qu'il ne fût dans le cas d'être compensé par les redevables de ce signataire (tit. 5, art. 25).— 2. prair. an 13. Civ. r. Paris. Lanchère. D.A. 6. 565. D.P. 5. 1. 447.— 18 mess. an 10. Civ. r. Piane. D.A. 6. 652, n. 1. D.P. 5. 1. 111. — 10 août 1814. Req. Amiens. Dessomes. D.A. 6. 652, n. 2. D.P. 14. 1. 493.

447.— Jugé qu'aujourd'hui les tribunaux peuvent s'appuyer sur *de simples présomptions* pour décider, d'après les circonstances, que le porteur du billet endossé en blanc en est véritablement le propriétaire. — 10 mars 1824. Civ. r. Paris. Lallemand. D.A. 6. 655. D.P. 1. 1469.

448. — A cet égard, leur décision, quelle qu'elle soit, échappe à la censure de la cour régulatrice. Ainsi, lorsqu'une cour royale a décidé qu'un endossement en blanc n'a pas transféré la propriété d'un effet de commerce au tiers-porteur, l'arrêt ne peut être soumis à la censure de la cour de cassation, par cela qu'il n'a pas statué sur le point de savoir si, comme le porteur le prétendait, la preuve du transport de propriété ne résultait pas des comptes, registres et autres titres des parties. — 8 janv. 1812. Req. Douai. Maclagan. D.A. 6. 653. D.P. 1. 1468.

449. — Jugé encore qu'une simple signature apposée au dos d'une lettre de change, a pu être déclarée n'en avoir pas transféré la propriété au porteur, sans que l'arrêt qui le décide ainsi encoure la cassation. — 27 vend. an 11. Req. Lesage. D.A. 6. 644. D.P. 3. 1. 553.

450. — N'est pas également soumis à la censure de la cour de cassation l'arrêt qui déclare, en fait, que le tiers-porteur, en vertu d'un endossement en blanc, est propriétaire de l'effet. — 24 fév. 1806. Req. Paris. Mouton. D.A. 6. 652. D.P. 6. 1. 249. — 18 mess. an 10. Civ. r. Piane. D.A. 6. 652, n. 1. D.P. 5. 1. 111. — 10 août 1814. Req. Amiens. Dessomes. D.A. 6. 652, n. 2. D.P. 14. 1. 493.

451.— Un ordre en blanc pour lequel il est reconnu qu'aucune valeur n'a été fournie, peut, suivant les circonstances, n'être pas considéré comme un simple *mandat*, mais bien comme un *cautionnement*, sans que l'arrêt qui le décide ainsi donne prise à la censure de la cour de cassation. — 11 juill. 1820. Req. Riom. Clavel. D.A. 6. 653. D.P. 21. 1. 150.

452. — L'endossement en blanc transfère-t-il au moins la propriété au porteur, dans le cas où ce dernier prouve avoir fourni valeur à l'endosseur? Oui : le porteur est surtout astreint à cette preuve, lorsque le propriétaire originaire des lettres de change ou billets se plaint d'en avoir été dépouillé par celui qui a donné l'endossement en blanc. — 3 fév. 1817. Paris. Liste civ. C. Barandon et comp. D.A. 6. 644, n. 1. D.P. 17. 2. 99.

453. — Jugé, par application de ce principe, que celui qui, après avoir tiré une lettre change à son ordre, l'a endossée en blanc, doit la payer au porteur, encore bien qu'il n'en aurait pas touché la valeur, et que l'endossement aurait été rempli par un tiers, s'il est d'ailleurs constant que le porteur en a payé le montant à la personne à qui cette somme devait être remise, dans l'intention du tireur. — 11 fév. 1833. Civ. c. Rouen. Pinel-Fournier. D.P. 33. 1. 143.

454.— Jugé au contraire 1° qu'un endossement en blanc ne vaut que procuration, encore que le porteur justifie qu'il a fourni la valeur. — Ou plutôt, lorsqu'un effet de commerce a été endossé en blanc, toute preuve extrinsèque de valeur fournie est insuffisante pour suppléer au vice de l'endossement. — 18 nov. 1812. Civ. c. Rouen. Petou. D.A. 6. 650. D.P. 13. 1. 84.

455. — 2° Que la preuve que le porteur d'une traite en vertu d'un endossement en blanc, en a fourni la valeur, ne peut résulter, vis-à-vis de l'accepteur et du tireur, que d'un endossement conforme à l'art. 137 C. comm.; il ne suffirait pas dès lors qu'il offrît de prouver par ses registres qu'il a réellement fourni cette valeur. — 26 fév. 1827. Caen. Durand. D.P. 28. 2. 138.

456.— 3° Que l'endossement en blanc d'une lettre de change n'en transmet pas la propriété au porteur, *encore bien qu'il serait constant qu'il en a fourni la valeur*. Il n'est que mandataire; en conséquence, le débiteur de cette lettre de change peut se refuser à la payer au porteur, en se fondant sur ce que le signataire de l'endossement en blanc lui doit une plus forte somme, et qu'il entend lui opposer la compensation.— 13 juin 1831. Civ. c. Paris. Friedlein. D.P. 31. 1. 210.

457.— L'endossement en blanc transfère-t-il la propriété au porteur, lorsque ce dernier a négocié l'effet et qu'il prouve l'avoir remboursé au tiers porteur à l'échéance? Quoique celui qui a dans ses mains un effet par suite d'un endossement en blanc ne soit considéré que comme mandataire, néanmoins il peut acquérir le titre de légitime propriétaire, si, après avoir négocié l'effet, il le rembourse, après protêt, au porteur en vertu d'un endos régulier : son titre est alors dans le remboursement et non dans l'endos en blanc; il peut donc poursuivre tant son endosseur médiat que tous ceux qui figurent sur l'effet. — 11 mars 1812. Colmar. Bachofen. D.A. 6. 648, n. 1.— 24 fév. 1827. Rouen. Lenfant. D.P. 33. 2. 151.

458.— Jugé au contraire que, de ce que le porteur d'une lettre de change en vertu d'un endossement régulier, a été remboursé par l'un des signataires de cette traite à qui elle avait été passée en vertu d'un endossement en blanc, lequel ne vaut que comme procuration, il ne s'ensuit pas que ce dernier, de simple mandataire, devienne propriétaire de la lettre de change; et partant, s'il recourt contre le tireur ou l'accepteur, il est passible des exceptions que ces derniers pourraient faire valoir contre le signataire qui a transmis la traite au porteur.— 26 fév. 1827. Caen. Durand. D.P. 28. 2. 138. —V. n. 467.

459.— *Droits du porteur d'un endos en blanc.*— Ce porteur peut-il remplir l'endos à son profit? L'affirmative n'est pas douteuse, pourvu que le porteur agisse *sans fraude*, c'est à-dire qu'il ait légitimement fourni la valeur de l'effet dont il s'attribue ainsi la propriété (D.A. 6. 644, n. 3).—12 juill. 1809. Bruxelles. Leva. D.A. 6. 649. D.P. 1. 1468.—19 fév. 1810. Nîmes. Barjeton. D.A. 6. 649, n. 1. D.P. 1. 1468.— 30 avril 1812. Paris. Marchand. D.A. 6. 649, n. 1. D.P. 1. 1468.

460.— Ainsi, l'endos en blanc peut être régulièrement rempli par celui qui est devenu propriétaire d'un billet, lorsque les livres de ce dernier constatent qu'il n'y a pas eu antidate dans l'ordre; les signatures en blanc, conférant, d'après la jurisprudence commerciale, la propriété des lettres de change à ceux qui justifient y avoir droit.— 10 fév. 1809. Orléans. Beaumarié. S. 9. 2. 400.

461.—Ainsi, le porteur d'une lettre de change endossée en blanc, devenu créancier de son endosseur antérieurement à l'échéance de cette lettre, peut convertir à son profit cet endossement en un endossement régulier, et se transférer à lui-même la propriété de la lettre de change.— 24 avril 1827. Req. Paris. Driver-Cooper. D.P. 27. 1. 214.

462.—Mais le porteur d'un effet en vertu d'un endossement en blanc ne peut, quoiqu'il ait fourni la valeur, remplir efficacement, à son ordre, ledit endossement *après la faillite de son endosseur*, et après que, par acte public, il a été constaté qu'avant l'échéance cet effet était endossé en blanc.— 18 nov. 1812 Civ. c. Rouen. Petou, etc. D.A. 6. 650. D.P. 13. 1. 84.

463.—Il ne pourrait même établir le transport par d'autres voies que celles énoncées en l'art. 138 C. comm; tout autre preuve ou tous moyens extrinsèques sont de nul effet. Et, par exemple, le porteur serait non-recevable à opposer ses registres et bordereaux, fussent-ils tenus avec toutes les formes voulues par la loi.—29 juin 1813. Amiens. Delarue, etc.

464.— Un endossement qui est écrit d'une autre main que celle de l'endosseur, est considéré comme n'existant pas, s'il est prouvé que cet endos a été apposé au-dessus de la signature en blanc, sans la participation du signataire, lorsqu'il y a des présomptions de croire que ce signataire, qui était une femme, n'avait pas l'intention de négocier ces effets, et qu'ils ne l'ont été que par le mari. — 28 mars 1821. Req. Rouen. Poullain-Dumesnil. D.A. 6. 634, n. 3. D.P. 1. 1465.

465.—Il n'y a pas lieu à admettre une inscription de faux de la part d'un endosseur d'une lettre de

hange qui, en apposant sa signature, l'a fait précé-er d'un *bon pour la somme de...*, contre l'endosse-ient rempli par une main étrangère. — 21 nov. 816. Riom. Bellut. D A. 6. 574, n. 3. D.P. 1. 1449.

466. — Le porteur en vertu d'un endossement en lanc peut-il transmettre l'effet à un tiers par la oie de l'endossement ? Oui. — 17 août 1807. Civ. . Aix. Ventre. D.A. 6. 645. D.P. 8. 1. 38. — 3 août 814. Douai. Soyer. D.A. 6. 646, n. 2. — 28 mai 825. Toulouse. Pomadère. D.P. 26. 2. 136. —

467.— Jugé, par suite *de ce principe*, 1° *qu'un* mar-hand, porteur d'un effet négociable, en vertu d'un ndossement en blanc, et qui le passe à un autre narchand par un pareil endossement, peut lui en ransférer valablement la propriété par un acte xtrinsèque à cet endossement, en paiement du prix le marchandises que celui-ci lui vend et livre ; et ne pareille négociation peut être prouvée par émoins, sans un commencement de preuve par écrit (C. comm. 109, 136, 137, 138). — 17 déc. 1827. Civ. r. Deshays. D.P. 28. 1. 62.

468.— 2° Que celui qui, porteur d'une lettre de change en vertu d'un endossement en blanc, en transmet, par un endossement régulier, la propriété à un tiers qui lui en paie la valeur, est garant du paiement à l'échéance, et il ne peut se soustraire à l'obligation d'en rembourser le montant en cas de protêt, sous prétexte qu'il n'a agi qu'en qualité *de mandataire* du premier endosseur. — 1er déc. 1829. Req. Dubus. D.P. 33. 1. 245.

469.— Jugé cependant que l'endossement en blanc ne valant que comme procuration, l'endosseur est censé toujours propriétaire, quoique l'effet ait été transmis ensuite à un tiers par endossement régulier. Ce tiers ne peut donc pas plus poursuivre en son nom le paiement du billet, que ne le pourrait celui qui était porteur par endossement en blanc; par suite tous figurans au titre, même l'accepteur, peuvent opposer l'exception de l'irrégularité de l'endos. — 30 juin 1810. Bruxelles. Brépols. D.A. 6. 646, n. 2.

470.— Le porteur, en vertu d'un endossement en blanc, peut-il poursuivre le recouvrement de l'effet ? En quel nom doit-il exercer les poursuites? Jugé qu'il peut poursuivre le recouvrement de l'effet. — 3 août 1814. Douai. Soyer. D.A. 6. 646, n. 2. — 28 mai 1825. Toulouse. Pomarède D.P. 26. 2. 136.

471.—Mais il ne peut exercer les poursuites contre l'endosseur *en son nom propre*. La raison en est qu'il n'est considéré que comme *mandataire* de son cédant. — 28 mars 1809. Rouen. Beche. D.A. 6. 647. — V. n. 442.

472.— Jugé en conséquence qu'il ne peut assigner en garantie le souscripteur du billet, contre lequel le cédant lui-même, à raison de certaines circonstances, n'aurait aucune action. — 27 janv. 1812. Civ. c. Martin. D.P. 12. 1. 239.

473.—Cependant il a le droit d'actionner, *en son nom personnel*, un endosseur pour le remboursement de l'effet, lorsqu'il a déjà obtenu condamnation contre un subséquent endosseur qui avait la garantie sur le premier (C. comm. 137, 138; C. civ. 1136, 1984). — 26 avril 1826. Civ. r. Rouen. Tissot. D.P. 26. 1. 248.

474.— Quoique le porteur d'un billet, en vertu d'un endossement en blanc et comme tel irrégulier, ne soit réputé que simple mandataire, il peut cependant, *en son nom personnel*, poursuivre le souscripteur ou les endosseurs antérieurs, *s'il a désintéressé le porteur auquel il avait transmis ce billet et qui l'a fait protester*. Ce souscripteur et ces endosseurs ne peuvent plus opposer à ce porteur les exceptions dont ils auraient pu se prévaloir contre celui qui a donné son endossement en blanc. — 20 fév. 1816. Req. Poitiers. Nabon. D.A. 6. 647. D.P. 6. 1. 369. — 6 août 1825. Bourges. Sadron. D.P. 26. 2. 190.— *Contrà*, 23 fév. 1814. Rouen. Pugl. D.A. 6. 649, n. 2. D.P. 1. 1467.

Art. 7. — *De la solidarité.*

475.— Tous ceux qui ont *signé*, *accepté* ou *endossé* une lettre de change, sont tenus à la garantie solidaire envers le porteur, soit qu'ils exercent le commerce, soit qu'ils ne l'exercent pas (140 C. comm). — D.A. 6. 656, n. 1.

476. — Cette obligation solidaire s'étend même à la femme non marchande publique, qui souscrit un billet à ordre conjointement avec son mari négociant. — 22 nov. 1809. Riom. Despaleine. D.A. 6. 577. D.P. 10. 2. 126. — 8 fév. 1820. Paris. Cohanin. D.A. 6. 661. D.P. 21. 2. 22.

477.— L'endosseur peut cependant s'en mettre à l'abri, en stipulant dans l'endossement qu'il ne ga-

rantit pas la solvabilité de ses co-obligés. — D.A. 6. 656, n. 1.

478. — Le commissionnaire qui envoie des traites à son commettant et qui, pour effectuer cet envoi, est obligé de les endosser à l'ordre de ce dernier, se rend-t-il par là même garant solidaire du paiement? — Oui, à moins de convention expresse que l'endossement est sans garantie : on ne peut induire cette convention de la modicité de la commission allouée au commissionnaire (D.A. *eod.*, n. 1). — 31 janv. 1812. Paris. Schlumberger. D.A. 6. 657, n. 1. D.P. 1. 1470.

479. — Jugé cependant que, pour affranchir le commissionnaire endosseur de la garantie, il suffit qu'il soit bien prouvé qu'il n'a agi qu'en sa qualité de commissionnaire et dans l'intérêt de son commettant. — 12 fruct. an 10. Req. Paris. Meulemcester. D.A. 6. 656. D.P. 3. 1. 516.

480. — Mais il faut que la convention d'après laquelle l'endossement est stipulé sans garantie, soit exprimée *sur le titre même*. Il ne suffirait pas qu'elle fût contenue dans la correspondance, si l'effet se trouvait à l'échéance entre les mains d'*un tiers-porteur*. — D.A. 6. 656, n. 1.

481. — La solidarité doit être *entière*, c'est-à-dire qu'elle s'applique à toutes les sommes en capital, intérêts et frais, qui sont dues par suite du défaut de paiement à l'échéance. Un endosseur ne serait pas fondé à refuser le remboursement des frais de compte de retour et de retraite payés par ses endosseurs postérieurs; pas plus que les frais de dénonciation de protêt faite d'endosseur en endosseur. — D.A. 6. 656, n. 2.

482. — L'endosseur d'une lettre de change est obligé solidairement envers le tiers-porteur au paiement intégral, et il ne peut, sous aucun rapport, être considéré *comme la caution du tireur*. En conséquence, le tiers-porteur peut faire au tireur remise partielle de la dette et même de la contrainte par corps, sans pour cela libérer l'endosseur, surtout s'il s'est réservé ses droits contre lui (C. comm. 140, 164; C. civ. 1285 et 2021). — 11 fév. 1817. Civ. r. Poitiers. Videau. D.A. 6. 659. D.P. 17. 1. 230.

483. — Jugé au contraire que l'endosseur d'une lettre de change contre lequel le porteur a pris condamnation, ainsi que contre le tireur, peut demander la décharge de son obligation solidaire, si le porteur qui avait pris inscription hypothécaire sur les biens du tireur, a consenti à renoncer à cette hypothèque; c'est ici le cas d'appliquer l'art. 2037 C. civ., parce que l'endosseur n'est à proprement parler que *la caution du tireur*. — D.P. 21. 2. 4.

484. — Jugé de même que le porteur d'une lettre de change qui, dans un concordat, décharge l'accepteur de toute obligation, ne peut plus exercer de recours contre les endosseurs qui ne sont considérés que comme *les cautions solidaires* du débiteur principal. — 18 niv. an 10. Paris. Lecomte. D.A. 6. 660. D.P. 1. 1471.

485. — La solidarité cesse par le défaut de poursuites en temps utile de la part du porteur, ou encore par la prescription. — D.A. *eod.*

Art. 8. — *De l'aval.*

486.— L'aval est un cautionnement donné par une personne qui n'a ni *tiré*, ni *accepté*, ni *endossé* une lettre de change, ni *souscrit*, ni *endossé* un billet à ordre. Ainsi, pour donner un aval, il faut avoir été étranger au contrat, parce qu'on ne peut se cautionner soi-même. — D.A. 6. 662, n. 1.

487. — Comme l'aval rend celui qui le fournit obligé au paiement de la lettre de change ou du billet à ordre, il est évident que pour qu'il soit valable, il faut qu'il émane d'une personne capable de s'engager par lettre de change ou billet. — D.A. 6. 662, n. 1.

488. — *Forme de l'aval.* — L'ordonnance de 1673 ne prescrivait point de forme particulière pour l'aval; le code garde le même silence. Cependant il doit être rédigé *par écrit* : on ne serait point admis à prouver *par témoins* son existence. — D.A. 6. 663, n. 2.

489. — Il n'y a point de termes *sacramentels* auxquels on puisse reconnaître l'intention de faire un aval et desquels dépendent la validité du contrat. A cet égard, la plus grande liberté, dit Dalloz, est laissée aux tribunaux (D.A. 6, *eod.*, n. 2). Mais cela ne peut être que sous les restrictions indiquées au mot Cassation, n. 705 et suiv.

490. — Jugé que sous l'ordonnance de 1673, un engagement par acte séparé et ainsi conçu : « *Nous nous obligeons à l'acquit de telles traites, si elles n'étaient pas acquittées à leur échéance, ainsi et*

de la même manière que si nous en étions endosseurs, au moyen de quoi le présent engagement servira d'aval, » a pu être considéré par les tribunaux comme un endossement ordinaire, surtout, s'il y a eu des présomptions de croire qu'il a été considéré comme tel par le porteur : en conséquence, ces tribunaux ont pu, sans donner ouverture à cassation, prononcer la déchéance contre le porteur qui n'avait pas exercé son action dans la quinzaine du protêt. — 14 germ. an 9. Civ. c. Paris. Lanfrey. D.A. 6. 665. — 9 flor. an 10. Sect. réun r. Orléans. Lanfrey. D.A. 6. 665, n. 2. D.P. 3. 1. 465.

491. — Un engagement ainsi conçu : *Nous garantissons le présent billet*, écrit au dos d'un effet de commerce, peut n'être considéré que comme *une simple garantie*, et non comme un *aval* ; en conséquence, il n'entraîne pas la solidarité. L'arrêt qui le décidait ainsi sous l'ordonnance de 1673, n'encourait pas la cassation. — 14 therm. an 9. Civ. r. Paris. Barré. D.A. 6. 668. D.P. 1. 1471.

492.— Jugé de même que la garantie d'un billet à ordre, causé *valeur reçue comptant*, et souscrit par un non commerçant, n'est qu'un cautionnement civil et non un *aval* ; il n'en résulte aucune solidarité. — 25 mai 1807. Paris. Sancède. D.A. 6. 668, n. 1.

493 — Sous l'ordonnance de 1673, celui qui avait consenti, même par acte séparé, *une hypothèque* pour le paiement d'une lettre de change, était considéré comme ayant donné un aval, encore bien que l'acte de garantie fût postérieur à l'échéance de la lettre (Ord. 1673, tit. 5, art. 3 et 33). — 5 niv. an 13. Civ c. Bruxelles Perrier. St.-Etienne. D.A. 6. 667, n. 5. D.P. 5. 1. 175.

494. — L'aval résulte de la signature isolée d'un tiers au bas de celle du tireur, aussi bien que si ce tiers eût employé les mots *pour servir d'aval* ou *pour aval*. — 22 nov 1811. Colmar. Kautz. D.A. 6. 667, n. 4. D.P. 25. 2. 22.

495. — Et même la simple signature apposée au bas d'une lettre de change par une autre personne que le tiré, est considérée comme un aval. — 13 nov. 1830. Bruxelles. N... D.P. 33. 2. 200.

496. — Jugé cependant que la signature apposée par une femme au bas d'un billet à ordre, à côté de la signature du souscripteur, vaut comme cautionnement et non comme aval, la femme ne pouvant s'obliger commercialement. — 14 déc. 1833. Grenoble. Vualiet. D.P. 34. 2. 70.

497. — Un endossement irrégulier par défaut de mention de valeur fournie, ne peut être considéré comme *un aval*, et rendre l'endosseur responsable du paiement en faveur de la personne au profit de laquelle il a été fait. — 18 mai 1813. Civ. c. Royannez. D.A. 6. 639, n. 2. D.P. 13. 1. 324.

498.— Une cour royale peut décider, sans que son arrêt puisse encourir la censure de la cour de cassation, qu'un engagement par lequel un individu déclare *se porter garant et principal obligé de toutes les sommes prêtées ou à prêter par billets, lettres de change ou compte courant jusqu'à concurrence de* 20,000 *fr.*, réunit tous les caractères d'un aval; qu'en conséquence, celui qui l'a souscrit est, comme le débiteur principal, justiciable du tribunal de commerce. — 24 juin 1816. Civ. c. Montpellier. Saguhes. D.A. 6. 670. D.P. 16 1. 354.

499.— Lorsqu'un individu a cautionné le paiement, non de traites déterminées, mais de traites valeur *d'une certaine somme* déjà tirées et d'une *autre somme* non tirées, à condition qu'une certaine quantité de marchandises seraient mises de suite à sa disposition; dans ce cas, comme on ne peut déterminer sur quelles traites tomberait ce cautionnement, et que les porteurs ne pourraient justifier que ce sont les leurs plutôt que d'autres, on ne peut considérer cette garantie comme un aval qui puisse profiter aux tiers-porteurs. — En conséquence, le garant n'a pas besoin d'appeler ces derniers en cause pour faire constater avec eux que la condition imposée à son cautionnement n'a pas été remplie, et que, par suite, il ne doit produire aucun effet. — 27 juill. 1816. Bruxelles. Vanderstraeten. D.A. 6. 669, n. 1.

500.— La loi ne soumettant les avals à aucune formalité spéciale, un arrêt a pu décider, sans encourir la censure de la cour suprême, que deux signatures apposées sur le dos d'un effet, accompagnées de ces mots : *Payez à l'ordre de M...* (au profit duquel l'effet était cependant souscrit par une autre personne), constituait un véritable aval. — 30 mars 1819. Req. Lyon. Moulin. D.A. 6. 674. D.P. 19. 1. 358.

501.— L'engagement que prend un individu *de garantir le paiement de diverses lettres de change dont il déclare dans l'acte connaître parfaitement la cause, qu'il reconnaît même être endossées dans son intérêt par une personne qu'il désigne et jus-*

qu'à concurrence d'une certaine somme, constitue un véritable aval ou cautionnement commercial, encore que le garant ne soit pas commerçant; que la garantie soit donnée dans un acte séparé, et que l'acte n'exprime en termes formels, ni la date, ni l'échéance, ni le montant de chaque lettre de change. Dès lors, un tel aval, souscrit avant le code de commerce, a été soumis à la prescription portée par l'ord. de 1673, art. 21, tit. 5, contre les actions relatives aux lettres de change.—23 mars 1822. Toulouse. Orliac. D.A. 6. 667, n. 4. D.P. 23. 2. 20.

502.—Une lettre de crédit donnée à un négociant sur un autre négociant, peut être considérée comme un aval par anticipation des effets de commerce qui seront tirés ou fournis en exécution de ce crédit; encore que la lettre de crédit n'exprime pas que l'on fera usage du crédit en effets, et que l'on entendait garantir le paiement de ces effets. — 25 août 1825. Bourges. Imbert. D.A. 6. 668. D.P. 1. 1472.

503.—La déclaration d'un individu, *qu'il se rend garant et principal payeur, comme caution ou endosseur du souscripteur de billets à ordre*, constitue un aval pur et simple: en ce cas, cet individu ne peut opposer au porteur le défaut de protêt à l'échéance, sous le prétexte qu'il ne serait que simple endosseur et non donneur d'aval. — 24 janv. 1829. Grenoble. Rivoire. D.P. 29. 2. 113.

504.—L'aval donné sur une lettre de change ou sur un billet à ordre, même par un individu non négociant, n'a pas besoin, pour être valable, d'être revêtu des formalités prescrites par l'art. 1326 C. civ., sur le *bon et approuvé* en toutes lettres.—25 janv. 1814. Civ. c. Chabaud. D.A. 6. 669 D.P. 14. 1. 198.

505.—Sous l'ordonnance de 1673, telle qu'elle avait été primitivement interprétée, l'aval, pour produire ses effets commerciaux, devait nécessairement être mis *sur la lettre de change* ou *sur le billet à ordre;* il ne pouvait être donné par acte séparé. Cependant la nécessité d'apposer l'aval *sur le titre même* révèle un inconvénient grave pour le commerce: l'aval, ainsi mis en évidence, nuisait au crédit de celui dont la signature était garantie, en faisant naître des doutes sur sa solvabilité. Dès lors l'usage des avals par acte séparé s'introduisit sur presque toutes les places de commerce, et il fut sanctionné par la jurisprudence (D.A. 6. 663, n. 3). — 23 mars 1822. Toulouse. Orliac. D.A. 6. 667, n. 4. D.P. 23. 2. 20.—V. n. 488 et suiv. et 513.

506.—Les rédacteurs du code de commerce ont converti cet usage en loi, en statuant dans l'art. 142 que l'aval pourrait être donné *sur la lettre même ou par acte séparé*.

507.—Mais lorsqu'un aval est donné par acte séparé, il n'est pas nécessaire, pour qu'il constitue un acte de commerce, et soumette celui qui l'a souscrit à la juridiction commerciale, qu'il désigne la lettre de change à laquelle il s'applique. — 24 juin 1816. Civ. c. Montpellier. Saguhet. D.A. 1. 504 D.P. 16. 1. 354.—20 juill. 1809. Liége. D.A. 1. 505. D.P. 20. 2. 19.

508.—Par le mot *acte*, il ne faut pas seulement entendre des actes notariés ou sous signatures privées, faits dans les formes prescrites par les lois, mais encore tous engagemens par écrit, desquels il résulte l'intention de garantir commercialement le paiement d'un effet à son échéance: une simple lettre peut donc contenir un véritable aval. — Locré. sur l'art. 142 C. comm; Pard., t. 2, p. 463; Vincens, t. 2, p. 221; Merl., Rép., v° Aval; D.A. 6 663, n. 3.

509. — *Qui peut se prévaloir de l'irrégularité d'un aval?* — Évidemment toute partie intéressée, à moins qu'elle ne se trouve dans un cas d'exception.

510. — Et à l'égard de la femme, il suffit qu'elle ait apposé le mot *bon pour aval* avec sa signature, au bas d'une lettre de change souscrite par son mari, pour qu'elle ne soit pas recevable à se plaindre du défaut d'autorisation, la nature de cet aval en tenant lieu. — 23 janv. 1829. Riom. Giat. D.P. 32. 2. 99.

511. — Lorsque le tiers porteur d'un billet à ordre prouve *qu'il en a fourni réellement la valeur*, le souscripteur de ce billet devient, par ce seul fait, non-recevable à lui opposer l'irrégularité, en la forme, des avals apposés sur ce billet. Les tribunaux peuvent rejeter, comme inutile, l'offre que fait le souscripteur d'établir cette irrégularité. — 8 nov. 1826. Req. Grenoble. Doublier. D.P. 27. 1. 42.

512.—Sous l'ord. de 1673, on distinguait l'aval apposé *sur la traite*, de celui qui était donné *par acte séparé*. Le premier était général de sa nature; on ne pouvait ni le restreindre à certains biens, ni le soumettre à certaines conditions; le second au contraire était considéré comme un véritable cautionnement, pouvait être conditionnel et restrictif. — D.A. 6. 664, n. 9.

513.— *Caractères de l'aval. — Stipulations dont il est susceptible.*—Le code de commerce a supprimé cette distinction. Aujourd'hui l'aval apposé *sur le titre*, et l'aval donné *par acte séparé*, sont placés sur la même ligne, l'un et l'autre peuvent être généraux ou déterminés, limités ou illimités, au choix de celui qui les donne.— D.A. 6. 663, n. 4.

514.— Il suit de là que le donneur d'aval peut soumettre l'existence de son engagement à l'événement *d'une condition* quelconque. — D.A. 6. 663, n. 4.

515. — Il peut stipuler qu'il ne sera pas contraignable par corps et qu'il ne sera obligé que sur une partie de ses biens; par exemple, *sur ses meubles* ou *sur ses immeubles* (D.A. 6. 663, n. 4). — C'est ainsi qu'il a été jugé que, sous l'ordonn. de 1673, le donneur d'aval par acte séparé, qui déclarait s'obliger solidairement avec les tireurs et endosseurs au paiement, à quoi il affectait *ses meubles présens et à venir*, était bien justiciable du tribunal de commerce, mais qu'il était censé avoir exclu du cautionnement ses immeubles, et à plus forte raison l'engagement de sa personne et de sa liberté.— 20 vent. an 13. Paris. Boula. D.A. 6. 666. D.P. 23. 2. 21.

516.—Il a été jugé de même qu'un aval peut être constitué *en immeubles:* le porteur d'une lettre de change; pour sûreté de laquelle l'accepteur a affecté un immeuble au tireur, est, en vertu de l'endossement même, saisi du droit hypothécaire, sans cession particulière ni signification au débiteur, et il peut exercer les poursuites en expropriation.—14 juin 1819. Bruxelles. Degoes. D.A. 6. 669, n, n. 2.

517.— L'aval peut être donné pour *tout* ou *partie* de la dette, ainsi qu'on l'a reconnu au conseil d'état, et que, du reste, le permettent les principes sur le cautionnement.— D.A. 6. 663, n. 5.

518. — Il est même possible de le restreindre à *la garantie de l'acceptation*, c'est-à-dire que le donneur d'aval s'oblige, dans ce cas, à procurer au porteur la signature du tiré. Il faut alors que celui qui requiert l'obligation remplisse nécessairement les formalités pour constater le refus d'accepter, et qu'il exerce son recours dans les termes de l'art. 120 C. comm — D.A. 6. 663, n. 5.

519. — L'aval peut être fourni soit pour garantir la signature du *tireur*, soit celle de *l'accepteur*, soit enfin celle de *l'un* des endosseurs. — D.A. 6. 664, n. 6.

520. — Sous l'ordonn. de 1673, le donneur d'aval était assimilé à un endosseur, même quand l'aval avait été donné pour garantir la signature du *tireur* ou de *l'accepteur*. — En conséquence, il pouvait se prévaloir du défaut de dénonciation du protêt dans les délais prescrits pour faire cette dénonciation aux endosseurs (Ord. 1673, tit. 5, art. 13 et 15; Merl., *Quest.*, v° Aval).—14 flor. an 10. Civ. r. Parsy. D.A. 6. 671, n. 1. D.P. 3. 1. 470 —*Contrà*, 14 germ. an 9. Civ. c. Paris. Lanfrey. D.A. 6. 665. — 13 déc. 1815. Paris. Taillepied. D.A. 6. 666, n. 3.

521 — Sous l'empire du code de commerce, il a été reconnu par les auteurs et la jurisprudence, que *l'aval participe de l'obligation pour laquelle il est fourni;* que, par conséquent, il donne des droits et impose des devoirs analogues.

Lors donc que c'est la signature *du tireur* qui est garantie, le porteur n'est déchu pour cause de protêt tardif, qu'autant que le donneur d'aval prouve la provision.— 18 juin 1810. Limoges. Ramoux. D.A. 6. 671. D.P. 1. 1473.—12 fév. 1820. Bruxelles. N.... D.A. 6. 675, n. 1. D.P. 1. 1473 —26 janv. 1818. Civ. c. Dijon. Prisset. D.A. 6. 672. D.P. 18. 1. 264.—30 mars 1819. Req. Lyon. Moulin. D.A. 6. 674. D.P. 19. 1. 358.

522.—Si c'est la signature de l'accepteur pour laquelle l'aval a été donné, il n'y a de déchéance que celle qui résulte de la prescription quinquennale.

Enfin, à l'égard du donneur d'aval pour la signature d'un endosseur, le porteur est tenu de remplir les mêmes formalités et dans les mêmes délais qu'envers les endosseurs proprement dits. — V. Pard., t. 2, p. 468; Vinc., t. 2, p. 222; D.A. 6. 664, n. 6.

523.—Quelquefois, l'aval donné pour la signature d'un endosseur ne consiste qu'en une signature apposée sur le dos de l'effet à côté ou au-dessous de celle de l'endosseur. Il faut alors prendre garde de le confondre avec la signature en blanc pour un endos. S'il y a doute, c'est à celui qui prétend que la signature dont il s'agit constitue un aval, à le prouver; car en règle générale un cautionnement ne se présume pas.— D.A 6. 664, n. 8.

524.—Le plus souvent, l'aval est donné pour une ou plusieurs traites *déterminées* déjà créées ou sur le point de l'être; mais, il n'est point interdit de le fournir par avance pour des opérations futures, et pour des sommes limitées ou illimitées.— D.A. 6. 665, n. 7.

525.— *Effets de l'aval.*— « Le donneur d'aval est tenu solidairement et par les mêmes voies que les tireur et endosseur, *sauf les conventions différentes des parties* » (142 C. comm.). Nous avons vu précédemment que, par des conventions, l'aval pouvait être stipulé général ou déterminé, conditionnel ou pur et simple; inutile donc d'y revenir.

526.— L'effet des sûretés données par un tiers pour le paiement d'une lettre de change s'applique, en quelques mains qu'elles passent, à celui qui en est porteur, à moins de stipulation contraire. En conséquence, si un individu a consenti une hypothèque pour le paiement d'une lettre de change, au profit de celui qui en était porteur à l'échéance, et que celui-ci ait reconnu que cette lettre de change appartient à une autre personne dont il n'est que le commissionnaire, cette dernière personne a le droit de poursuivre en son nom personnel le garant, considéré comme *donneur d'aval*, sans qu'on puisse lui opposer que l'obligation n'a pas été prise envers elle. — 5 niv. an 13. Civ c. Bruxelles. Perrier. Saint-Etienne. D.A. 6. 667. D.P. 5. 1. 175.

527.— Les donneurs d'aval non négocians qui garantissent les signatures de négocians apposées sur des billets à ordre, se soumettent évidemment à la contrainte par corps; leur obligation en effet participe de la nature de l'obligation principale, c'est-à-dire qu'elle constitue *un véritable acte de commerce*. Dès lors, les donneurs d'aval ne peuvent plus invoquer l'exception contenue en l'art. 637 C. comm.; ils se trouvent au contraire soumis à la contrainte par corps, d'après les termes même de cet article.—D.A. 6. 664, n. 10.

ART. 9.— *Du paiement, et du paiement par intervention.*

§ 1er.— *De celui qui demande le paiement par intervention.*

528.— Le porteur d'un effet de commerce doit justifier, ou qu'il en est le légitime propriétaire, ou qu'il a mandat d'en opérer le recouvrement. Il justifie de sa propriété *par un endossement régulier* souscrit en sa faveur; il prouve son mandat, soit par un endossement irrégulier ou en blanc, soit par tout autre acte émanant de son correspondant; une simple lettre de ce dernier suffirait pour constituer le mandat.— D.A. 6. 675, n. 2.

529.— Jugé que le possesseur d'une lettre de change échue, qui en demande le paiement, doit à plus forte raison justifier de son titre de propriété ou de son pouvoir de poursuivre, s'il est prouvé que, lors de l'échéance, la lettre de change était entre les mains d'un autre porteur qui avait fait le protêt et intenté des poursuites.—4 janv. 1817. Paris. Delarue. D.A. 6. 705. D.P. 1. 1477.

530.—Puisque le porteur qui requiert le paiement doit justifier qu'il est légitime propriétaire ou mandataire, il est évident que l'effet ne doit contenir aucune lacune pour qu'il puisse être payé sans contestation. Si donc il se trouvait une interruption dans la série des endossemens, le débiteur devrait refuser de payer; le porteur n'aurait autre chose à faire que de remonter à son endosseur et de lui réclamer le remboursement, et celui ci à son cédant, jusqu'à la personne qui aurait transmis le titre sans en avoir le droit.— D.A. 6. 675, n. 3.

531.—Il ne suffit pas que le porteur représente un endossement régulier souscrit en sa faveur; il faut encore, s'il en est requis, qu'il justifie *de sa bonne foi*. Jugé en conséquence que l'accepteur d'une lettre de change peut, à l'échéance, refuser d'en payer le montant au porteur, en soutenant *qu'il n'est pas porteur de bonne foi*. Il est fondé, dans ce cas, à discuter les droits et qualités de ce porteur.—4 août 1825. Paris. Alli-Perret. D.P. 25. 2. 234.

532.— Jugé encore que le tiers-porteur d'un effet extorqué par violence doit, s'il était de mauvaise foi, c'est-à-dire s'il a connu la violence, perdre la valeur même de cet effet; il peut en outre être condamné à des dommages-intérêts envers le souscripteur.—26 janv. 1819. Req. Rouen. Petit. D.A. 6. 684. D.P. 19. 1. 398.

533.—Quelquefois le porteur, très régulièrement saisi du reste, n'est pas fondé à réclamer le paiement du débiteur; c'est lorsqu'il est détenteur d'un duplicata *non accepté*, et que l'acceptation se trouve *sur un autre duplicata*, qu'il n'a pu se procurer ou qui ne lui pas été remis. Dans ce cas, le porteur fait protester et exerce son recours contre son cédant,

qui lui-même agit contre son endosseur immédiat, et ainsi de suite jusqu'à celui qui a commis la faute de ne pas indiquer l'endroit où devait être l'effet accepté, ou bien qui a négocié frauduleusement un duplicata non accepté à une personne, et celui qui est revêtu de l'acceptation, à une autre.— D.A. 6. 675, n. 4.

534. — Le propriétaire d'un effet peut l'avoir égaré. Il fallait prévoir cette possibilité et y pourvoir : c'est ce qu'a fait le code de commerce, art. 149, 150 et suiv.— Plusieurs cas ont été prévus : le premier est celui où la lettre de change a été faite par première, seconde, troisième, quatrième, etc., sans qu'aucun des duplicata ait été *accepté*. Alors, comme le tiré ne doit le paiement à aucun des doubles spécialement, le porteur, qui a perdu la première ou la seconde, peut poursuivre sur une troisième et réciproquement, sans aucune autre justification, sans autorisation du juge.— D.A. 6. 675, n. 5.

535.— Le second cas est celui où le duplicata, *revêtu de l'acceptation*, se trouve égaré. Celui qui a perdu ce titre doit alors obtenir une ordonnance du juge et fournir caution. Pour obtenir cette ordonnance, il faut qu'il établisse qu'il était possesseur du duplicata *accepté* et qu'il l'a égaré : l'accepteur est admis à fournir les preuves contraires.

Sous l'ancienne législation, on présentait une requête au juge consulaire, qui en ordonnait la communication à l'accepteur et prononçait après avoir contradictoirement entendu les parties. Le code ne prescrit pas la procédure à suivre pour obtenir l'ordonnance. A Paris, il est d'usage d'assigner devant le tribunal de commerce qui rend un jugement. On pourrait aussi présenter une requête au président du tribunal, qui, après une communication au débiteur, rendrait une ordonnance.— D.A. 6. 676, n. 6.

536 — Le troisième cas est celui où le porteur *ne peut représenter aucun exemplaire de la lettre de change, et où il n'en a été créé qu'un seul*. Alors, qu'il y ait eu acceptation ou qu'il n'y en ait pas eu, le propriétaire ne peut obtenir le paiement qu'après l'avoir fait ordonner par le juge et avoir fourni caution. Mais, pour que le juge lui accorde sa demande, il faut qu'il justifie de sa propriété par des livres (C. comm. 152).

Le juge peut, dans un ordre, colloquer le porteur d'une première expédition d'un acte notarié qui a été perdu et qui était stipulé transmissible par voie d'ordre, sans recourir aux règles prescrites par les art. 150, 151, 157 et 187 C. comm. — 13 mars 1828. Req. Rouen. Lemarrois. D.P. 28. 1 175.

La preuve résultant *des livres* ne peut-elle être suppléée par aucune autre, par exemple, par celle qui naîtrait de la correspondance? — A l'égard des négocians, non; l'art. 152 est trop précis. Cependant, Locré nous apprend qu'il a été reconnu au conseil d'état, que la correspondance pourrait être invoquée pour suppléer à ce que les livres auraient d'incomplet ou d'irrégulier. A l'égard des non négocians, on ne peut se dissimuler qu'il y a lacune dans la loi, puisqu'eux ne tiennent point de livres. Aussi sommes-nous enclins à penser qu'ils peuvent suppléer à l'absence de ces livres par toute autre preuve qui sera jugée convaincante par les tribunaux.— Pard., t. 2, p. 489; D.A. 6. 676, n. 7.

537. — L'art 153 C. comm. est ainsi conçu : « En cas de refus de paiement, sur la demande formée en vertu des deux articles précédens, le propriétaire de la lettre de change perdue conserve tous ses droits par un acte de protestation. » Locré enseigne que la première partie de cette disposition ne doit pas s'entendre du refus qui pourrait être fait d'obéir à l'ordonnance du juge, mais bien du refus que fait l'accepteur avant d'avoir été condamné, et au moment où le propriétaire se présente à lui pour le paiement. Cette explication est évidemment erronée, les termes de la loi la repoussent : puisqu'il s'agit du *refus de paiement sur la demande formée*, cela ne peut s'entendre du refus *avant cette demande*.— D.A. 6. 676, n. 8.

Jugé que l'acte de protestation ne peut être valablement fait qu'après la demande en paiement formée conformément aux art. 151 et 153 C. comm.— 3 mars 1834. Civ. c. Dijon. Juif. D P. 34 1. 128.

538.— Celui qui a perdu une lettre de change ou un billet à ordre, ne doit pas être déchu de son recours contre les endosseurs, par cela seul qu'avant de faire l'acte de protestation indiqué par l'art. 153 C. comm., il n'a pas obtenu l'ordonnance du juge, qui peut remplacer son titre. Cette ordonnance n'étant exigée que pour la sûreté des débiteurs, et pour qu'ils ne paient l'effet qu'au véritable propriétaire, il suffit que celui-ci justifie de ses droits en demandant le paiement devant le tribunal de commerce (D.A. *cod.*, n. 8).—10 déc. 1828. Req. Lițiat D.P. 29. 1. 57. — 29 avril 1829. Toulouse. Carayon. D.P. 29. 2. 177. — *Contrà*, 15 mars 1826. Lyon. Bralemann. D.P. 29. 2. 20.

539. — L'acte de protestation dont parle l'art. 153 n'est pas la même chose que le protêt proprement dit : le protêt doit faire mention de la présentation du titre au débiteur; l'acte dont nous nous occupons est une déclaration que le titre est égaré, avec mise en demeure de payer nonobstant cette perte. Cet acte doit être fait, comme le protêt qu'il est destiné à remplacer, *le lendemain* de l'échéance, et notifié aux tireurs et endosseurs dans les formes et délais prescrits pour la notification du protêt. — D.A. 6. 677, n. 9.

540 — Nous avons vu ce qu'un propriétaire, qui a perdu son titre, doit faire pour obtenir le paiement malgré cette perte; mais l'échéance peut encore être éloignée, le propriétaire de l'effet peut avoir intérêt à le négocier ; la loi vient alors à son secours, en lui fournissant les moyens d'obtenir un duplicata : d'après l'art. 154 C. comm., conforme au règlement rendu par le parlement de Paris, le 30 août 1714, « le propriétaire de la lettre de change égarée doit, pour s'en procurer la seconde, s'adresser à son endosseur immédiat, qui est tenu de lui prêter son nom et ses soins pour agir envers son propre endosseur; et ainsi en remontant d'endosseur en endosseur jusqu'au tireur de la lettre. » — D.A. 6. 677, n. 10.

541.— Il a même été jugé que l'obligation imposée aux endosseurs, par cet article, s'appliquait au cas où le délai dans lequel la lettre de change égarée était payable, se trouve *expiré*.— 9 juill. 1813. Turin. Rittalore. D.A. 6. 686. D P. 13. 2. 103.

542.— Tous les frais sont à la charge de celui qui a perdu l'effet, même les ports de lettres et autres dépenses; mais si l'un ou plusieurs des endosseurs refusent leurs soins et leur nom, après en avoir été requis, tous les frais, dépens et faux frais, faits par toutes les parties depuis le refus, sont à la charge de celui qui a refusé. Lorsque le propriétaire est parvenu jusqu'au tireur, celui-ci doit lui délivrer le duplicata demandé; mais il doit indiquer avec soin le numéro de l'exemplaire qu'il donne et même exprimer que c'est en remplacement de l'exemplaire perdu.— D.A. 6. 678, n. 10.

543.— Dans les cas prévus par les art. 151 et 152, le propriétaire est tenu de fournir caution : aujourd'hui, comme sous l'ordonnance de 1673, les engagemens de cette caution durent trois années (C. comm. 155).— D.A. 6. 678, n. 11.

544.— Si le propriétaire d'une lettre de change volée ou perdue n'a pas usé des moyens que lui donnait la loi pour réparer cette perte, ou s'il lui a été impossible d'établir judiciairement sa propriété, il lui reste encore une ressource : celle de revendiquer la traite pendant trois ans aux mains des tiers-porteurs.

Celui qui a escompté cette traite revendiquée comme volée ou perdue, doit justifier de l'existence de son cédant (C. civ. 2279, 2280). — 14 janv. 1822. Caen. Peltzer. D.A. 6. 686. D.P. 1. 1475

545.— Sous l'ancienne jurisprudence, le porteur ne pouvait consentir à recevoir *une partie* du montant de l'effet, sans perdre son recours contre les endosseurs pour le surplus. Cette jurisprudence, dit Locré, mettait le porteur dans une fâcheuse alternative. Le code de commerce l'a modifiée avec juste raison, tout en ordonnant au porteur de faire protester pour la partie de la somme non payée : les droits de tous sont ainsi conservés. — D.A. 6. 678, n. 12.

546.— Mais le porteur n'est point forcé de recevoir la partie de la somme qui lui est offerte, parce que nul n'est tenu d'accepter des paiemens partiels lorsqu'il est stipulé qu'il n'y en aura qu'un seul.— D.A. 6. 678, n. 12.

547.— Le porteur qui consent à recevoir du tiré ou du souscripteur, lorsqu'il s'agit d'un billet à ordre, ou enfin de l'un des endosseurs, d'autres effets pour le paiement de ceux échus, perd-il son recours contre les autres obligés aux titres? Il faut distinguer : si le porteur a conservé ses anciens titres, il est évident qu'il n'a pas entendu faire novation et qu'il n'a voulu qu'accorder quelques délais pour le paiement. Au contraire, s'il a remis les anciens titres en recevant les nouveaux, sans faire aucune réserve, il a fait novation et a perdu ses anciens droits. Cette distinction a été admise par un arrêt de la cour de Paris, du 18 janv. 1827 (Affaire Boinest C. Carton); elle l'est très souvent par le tribunal de commerce de Paris — D.A. 6. 678, n. 12.

548. — Lorsque le lendemain de l'échéance d'un effet de commerce, et après le protêt dressé sur le souscripteur, le porteur se présente chez une personne indiquée pour payer au besoin, laquelle déclare qu'elle est prête d'acquitter l'effet, à la condition que le protêt lui sera remis enregistré, le porteur doit faire enregistrer le protêt et se représenter ensuite pour recevoir son paiement : ce n'est point à la personne indiquée au besoin à aller solder l'effet chez le porteur.—1er fév. 1825. Caen. Guilbert. D.P. 25. 2. 156.

§ 2.— *De celui qui doit payer*.

549.— La déclaration du 28 nov. 1713, rapportée par Jousse, *Comment. sur l'ord. de* 1673, tit 5, art 4, avait érigé en principe que le porteur d'une lettre de change ne pouvait être contraint d'en recevoir le paiement *avant l'échéance*.

550.— Le code de commerce, art. 146, a répété la même disposition, attendu qu'en matière d'effet de commerce, le terme est stipulé en faveur du créancier comme en faveur du débiteur.

Cependant ce n'est là qu'une faculté à laquelle le créancier peut renoncer, lorsque le porteur y consent; les tiré, accepteur et souscripteur peuvent donc payer avant l'échéance. Mais, dans ce cas, ce paiement anticipé est fait à leurs périls et risques (144 C. comm.); il sera nul, s'il a été opéré d'après un faux acquit. Si le tiré qui l'a effectué n'a point accepté, et s'il n'a pas reçu provision, il court les chances d'insolvabilité des tireurs, sans avoir de recours contre celui auquel il a payé. — D.A. 6. 678, n. 13.

551.— Lorsque l'échéance est arrivée et que l'effet est présenté, quelles précautions le tiré doit-il prendre pour payer valablement? La première est d'examiner si la signature émane du tireur : s'il a du doute sur la vérité de cette signature, il doit s'abstenir de payer. — D.A. 6. 678, n. 14.

552.— C'est ainsi qu'il a été jugé que la banque de France n'est pas tenue de payer aux tiers-porteurs, quelle que soit leur bonne foi, les billets de banque reconnus faux, encore bien que l'imitation soit tellement parfaite que les particuliers se soient trouvés dans la presque impossibilité de la reconnaître (L. 24 germ. an 11; C. civ. 1235).— 4 juill. 1832. Trib. de Comm. de Paris Gendron. D.P. 32. 3. 140.

553.— Il peut arriver que le tiré ne découvre le faux *qu'après avoir donné son acceptation*; dans ce cas, il ne peut se refuser de payer au porteur de bonne foi, qui n'a peut-être pris l'effet à la négociation qu'en considération de la signature de l'accepteur. Mais il peut exercer son recours contre l'auteur du faux. A cet effet, les endosseurs sont tenus de lui justifier de l'existence et de l'individualité de leurs cédans; car nul n'est censé ignorer avec quelle personne il a contracté. Celui qui ne fait pas cette justification est responsable du dol et de la fraude; la présomption du faux pèse sur lui. — Pard., t. 2, p. 533; D.A. 6. 678, n. 14.

554.— Mais si, trompé par la ressemblance de la signature qui lui est représentée avec celle du tireur, le tiré *non accepteur* a payé, pourra-t-il exercer une action en répétition contre le porteur?— Cette question est de la plus grande difficulté. Cependant nous inclinerions à penser que la répétition doit être admise, attendu qu'il est de principe en droit que le paiement d'une chose qui n'est pas due peut être réclamé, et qu'il est permis de revenir contre un contrat exécuté par erreur (C. civ. 1109, 1235, 1377. —V. D.A. 6. 678, n. 15).—Cette opinion a été admise par la jurisprudence. — 22 avril 1828. Bordeaux. Piganneau. D.P. 28. 2. 160.— 5 fev. 1821. Paris. Perrier. D.A. 6. 687. D.P. 24 2. 178. — 26 fév. 1822. Lyon. Verillat. D.A. 6. 688. D.P. 24 2. 179.

555.— Le porteur ainsi contraint de restituer au tiré le montant de l'effet de commerce, pourra-t-il exercer un recours contre les endosseurs, ou bien ceux-ci pourront-ils lui opposer le défaut de protêt et de poursuites en temps utile? — Nous inclinerions à penser que le recours du porteur doit être admis : d'une part, on ne peut reprocher à ce dernier aucune négligence; s'il n'a pas fait protester, s'il n'a pas exercé plus tôt des poursuites contre les endosseurs, c'est qu'il n'y avait aucun intérêt, le paiement effectué par le tiré l'ayant complètement désintéressé; d'autre part, il est de principe que le cessionnaire d'une créance doit en garantir l'existence au temps du transport (C. civ. 1693), et rien n'indique que l'endosseur soit affranchi de cette obligation.— D.A. 6. 679, n. 15.— V. n. 651.

556.— Une seconde précaution que doit prendre celui auquel un effet est présenté pour obtenir paiement, c'est d'examiner si le titre ne contient aucune falsification *dans les sommes*. Il faut distinguer plusieurs cas :

557.— Le premier est celui où l'effet a été falsifié *avant d'être présenté à l'acceptation*. Si le tiré se borne à écrire le mot *accepté*, ou répète dans son acceptation la somme portée sur le titre, il ne peut

se dispenser de payer; par son imprudence, il a contribué à tromper le tiers de bonne foi.— Pard., t. 2, p. 534, D.A. 6. 679, n. 16.

558. — Le second cas est celui où la falsification n'a été faite *qu'après l'acceptation* de l'effet. Dans cette hypothèse, nous pensons que l'accepteur ne sera obligé de payer que la somme pour laquelle il a accepté, soit qu'il ait mentionné cette somme dans son acceptation, soit qu'il ne l'ait pas mentionnée. Nous ne pouvons croire avec Pardessus, *loc. cit.*, que ce défaut de mention rende la position de l'accepteur défavorable aux yeux des tribunaux; nul article de loi ne prescrit à l'accepteur d'énoncer la somme pour laquelle il accepte. — D.A. 6. 679, n. 17.

559. — Le troisième cas est celui où l'effet *n'a point été revêtu d'acceptation.* Si le tiré s'aperçoit de la falsification, il doit refuser le paiement. Mais, s'il ne la découvre point et qu'il paie, peut-il demander son remboursement *au tireur?* Il faut distinguer : si l'effet a été avisé avec indication de la véritable somme, le tiré est impardonnable de l'avoir payé; si, au contraire, la lettre porte qu'elle est payable sans avis, ou si elle n'a point été avisée, le tiré, qui a reconnu la signature du tireur, peut lui demander le remboursement de ce qu'il a payé en plus, parce que l'imprudence a été commise par le mandant qui n'a point fait connaître, à l'avance, le mandat qu'il donnait au tiré.—D.A. 6 679, n. 18.

560.— Que l'effet de commerce ait ou n'ait point été avisé, l'accepteur est toujours en droit d'exercer une action en répétition *contre le porteur.*—D.A. 6. 679, n. 18.

561.—Jugé, conformément à ce principe, que le négociant qui, après avoir reçu avis qu'un mandat d'une certaine somme est tiré sur lui, acquitte ce mandat, mais falsifié et transformé en une lettre de change d'une somme beaucoup plus considérable, a le droit de répéter contre le porteur de cet effet la somme qu'il lui a payée au nom du tireur. — 26 fév. 1822 Lyon. Vaillat. D.A. 6. 688, n. 1. D.P. 24. 2. 179.

562 — Dans le cas de falsification dans la somme, comme dans celui de faux dans la signature, chaque cédant est tenu de faire connaître à son cessionnaire la personne qui lui a transmis l'effet, et de se prêter à toutes les recherches nécessaires pour découvrir l'auteur de la falsification Ainsi, un endosseur ne pourrait s'opposer à la vérification de ses livres et de sa correspondance.— D.A. 6. 679, n. 19.

563.—Après avoir examiné le titre, le tiré doit porter son attention sur les endossemens et vérifier *s'ils se suivent tous sans interruption.* Il peut arriver que la chaîne des ordres présente quelques lacunes, et qu'une personne sans qualité, sans droit, ait passé l'effet par elle trouvé, ou dérobé. Quelle que soit la régularité de l'endossement qui a transmis la propriété au porteur, comme nul ne peut disposer de la chose d'autrui, et qu'il n'est point possible que le porteur n'ait pas su le vice de sa possession, le paiement que le tiré ferait ne serait pas valable. Le tiré ne pourrait donc exercer son recours contre le tireur pour se faire rembourser le montant de l'effet; bien plus, s'il y a acceptation, il est exposé à payer une seconde fois, sur les poursuites intentées par le véritable propriétaire. — Vinc., t. 2, p. 281; D.A. 6. 680, n. 20.

564. — Le tiré doit s'assurer ensuite que l'effet dont on lui demande le paiement n'a pas déjà été acquitté. — Il a été jugé que des lettres de change tirées par première, deuxième, troisième, ne sont censées représenter qu'une seule et même valeur, bien que les expressions, *payez par cette deuxième ou troisième de change*, ne soient pas suivies de celles-ci, *si ne l'avez fait par la première*, usitées dans le commerce; et encore que les porteurs des deuxième et troisième offrent la preuve de faits tendant à établir que les trois lettres de change portaient sur des valeurs distinctes. Le tiré qui a payé la *première* ne peut donc être contraint d'acquitter la *deuxième* ou la *troisième.* — 26 nov. 1807. Pau. Dubasque. D.A. 6. 685. D.P. 1. 1474.

565.— Lorsqu'une lettre de change a été tirée par *première et seconde*, avec cette mention, *qu'il n'y aurait lieu à payer la seconde qu'autant que la première ne serait pas acquittée*, s'il arrive que l'un des endosseurs, en vertu d'ordres exprimés purement et simplement sur les deux titres, ayant passé la *première* à un tiers, et la *seconde* à un autre tiers, celui-ci se trouve, par suite du paiement de la *première*, fait au tiers-porteur par le tiré, sans droit contre ce dernier, qui a refusé ensuite de payer la seconde, il doit s'imputer sa propre négligence de ne s'être pas assuré préalablement si le paiement de la première avait été effectué; et, par suite, il n'est pas fondé à recourir en garantie contre les endosseurs antérieurs à celui de qui il tient la *seconde*, sous le prétexte qu'ils n'auraient pas dû revêtir d'ordres purs et simples les deux titres. — 4 avril 1832. Req. Paris. Chevalier. D.P. 32. 1. 349.

566. — En payant, le débiteur doit avoir soin d'exiger *que le titre lui soit rendu.* S'il ne prenait pas cette précaution, s'il laissait le titre entre les mains du porteur, il serait responsable, à l'égard des tiers, de l'usage que ce dernier pourrait encore en faire. — D.A. 6. 680, n. 21.

567.—Il a été jugé, conformément à ce principe, que le montant d'un billet à ordre, saisi entre les mains du souscripteur qui le paie en exécution du jugement de validité, *sans exiger la remise du billet*, peut, nonobstant ce paiement, être répété au souscripteur par le porteur qui l'a reçu par la voie de l'endossement.—5 avril 1826. Civ. c. Angers. Avias. D.P. 26. 1. 228.

...... Le tiré ou le souscripteur a-t-il le droit d'exiger que le titre lui soit remis *avec un acquit?* Sans aucun doute; l'art. 145 C. comm., qui établit la présomption de la libération par le paiement à l'échéance, ne met point à l'abri de toutes recherches : le débiteur peut donc demander une reconnaissance formelle du paiement, et, à défaut, se refuser à effectuer ce paiement.— D.A. 6. 680, n. 23.

568.— L'acquit doit être donné par le propriétaire ou le mandataire chargé de recevoir. Nous avons vu que celui qui a un endos, même irrégulier, à son profit, a qualité suffisante pour toucher au moins comme mandataire. Il en est de même de celui auquel le mandat a été donné par correspondance. Il est alors d'usage de joindre le pouvoir à l'effet. Cependant le mandat par lettre n'est pas sans inconvéniens : il arrive que le débiteur se refuse quelquefois à payer, lorsque le porteur et le mandataire ne lui sont pas suffisamment connus.—D.A. 6 680, n. 21.

569. — Celui qui se contente d'un acquit donné par une personne, en énonçant que c'est pour une autre, et qui ne se fait point représenter le mandat, ne paie qu'à ses risques et périls; vainement invoquerait-il qu'il a retiré l'effet qu'il a payé, le paiement n'emporte pas libération de plein droit.—D.A. 6. 680, n. 22.

570.— Si le paiement avait été fait contre la remise du titre *non acquitté*, le débiteur serait-il valablement libéré? Non; l'art. 145 C. comm., plus sévère que l'art. 1282 C. civ., n'établit *qu'une présomption* de libération en faveur de celui qui paie une lettre de change à son échéance. S'il s'élevait des doutes sur la réalité du paiement, le débiteur serait donc obligé de compléter, par ses livres ou de toute autre manière, la présomption résultant en sa faveur de la représentation de l'effet. En cette matière, tout est abandonné à l'appréciation des tribunaux. — D.A. 6. 680, n. 24.

571.— Le débiteur qui a payé un effet de commerce *sur un faux acquit*, est-il valablement libéré? Cette question était fortement controversée sous l'ancienne jurisprudence. Les auteurs du code n'ont pas jugé convenable de la résoudre législativement; ils ont préféré laisser aux tribunaux le soin d'apprécier les circonstances.—Seulement, comme la libération se présume plus facilement, qu'elle est toujours plus favorable, on a admis en principe, comme nous venons de le voir, que le paiement établit, pour le débiteur, la présomption de sa libération. C'est à celui qui veut contester la validité de ce paiement, de prouver la mauvaise foi du débiteur, sa collusion ou sa négligence inexcusable.— D.A. 6. 681, n. 25.

572.— Le porteur qui se présente au domicile d'une personne indiquée *au besoin*, doit être prêt à remettre, 1° l'effet acquitté; 2° le protêt (fait sur le débiteur principal) revêtu de l'enregistrement. La personne indiquée au besoin est en droit d'exiger, comme condition de son paiement, que le protêt soit enregistré.—V. n. 548.

573.— Le paiement d'une lettre de change par le tiré, sans exiger un endossement régulier, le rend non-recevable à recourir contre les endosseurs, sous le prétexte qu'à l'échéance il n'avait pas la provision — 15 fév. 1832. Aix. Grué. D.P. 32 2. 203.

§ 3.— *Du paiement en lui-même.*

574.—La lettre de change doit être payée en *la monnaie qu'elle indique*, porte l'art. 143 C. comm.— Ce principe repose sur le motif, que le créancier ne peut être contraint à recevoir, autre chose que ce qui lui a été promis.— D.A. 6. 681, n. 27.

575.—Mais ici se présente une question assez grave: lorsqu'un effet de commerce, souscrit en France ou en pays étranger, a été stipulé payable en

France, en une monnaie étrangère, par exemple, *en piastres, en livres sterlings*, le débiteur est-il contraint d'effectuer le paiement en cette monnaie étrangère? L'affirmative n'est pas douteuse, si la stipulation est précise, si elle porte, par exemple, *payez cent piastres réelles et non autrement*, ou *non en autres monnaies.* Mais si la stipulation est générale, si elle manque de ce caractère de précision, alors nous pensons que le débiteur pourra payer ou bien en la monnaie étrangère indiquée dans la traite, ou bien en une autre monnaie du pays, où la précédente a cours légal, ou bien enfin en une monnaie française, évaluée d'après le cours du change avec la monnaie étrangère. Le motif de notre décision, c'est qu'on ne saurait présumer que nécessairement la provision a été faite en une certaine espèce de monnaie qui n'a point de cours dans le lieu où réside l'accepteur; l'usage n'étant pas, entre négocians, de faire uniquement des dépôts de monnaie pour le paiement des lettres de change, la provision se faisant encore de bien d'autres manières.

576.—Il arrive quelquefois que pour ne pas laisser dans l'incertitude le cours du change, le tireur fixe lui-même un cours dans l'effet, ou stipule qu'il sera fixé par son mandataire à l'ordre duquel il passe la lettre de change.— V. Vincens, 2, p. 387; Locré, sur l'art. 143; D.A. 6. 681, n. 27, 28.

577.—Si, dans le pays où doit se faire le paiement, un papier-monnaie a été substitué au numéraire, ou créé pour circuler conjointement avec lui, le porteur peut-il refuser le paiement en papier-monnaie?

578.— Il faut distinguer si l'effet a été créé avant l'émission du papier-monnaie, ou postérieurement à cette émission. Dans le premier cas, le porteur est en droit de refuser le paiement en papier-monnaie, et s'il a été contraint de le recevoir par la loi qui a émis ce papier, il a du moins un recours en indemnité contre le tireur. Dans le second cas, le porteur ne serait en droit de refuser le paiement en papier-monnaie, qu'autant qu'il existerait dans la traite quelque clause en vertu de laquelle ce mode de paiement serait interdit.— V. Vincens, t. 2, p. 290; D.A. 6. 681 et 682, n. 29 et 30.

579.—Un avis du conseil d'état, du 30 frimaire an 14, a formellement déclaré que les billets de banque n'étaient pas un papier-monnaie; qu'ainsi, l'offre de billet de banque ne fait pas le paiement et n'empêche pas le protêt.—D.A. 6. 682, note.

580.—La plus grande célérité est nécessaire dans les opérations commerciales. De là deux dispositions importantes dans la loi, relativement au paiement des lettres de change : la première, c'est qu'il n'est admis d'opposition au paiement *qu'en cas de perte de la traite ou de la faillite du porteur* (149 C. comm.); toutes les autres causes qui, en matière ordinaire, donnent lieu à former opposition, ne peuvent arrêter le paiement des effets de commerce.— D.A. 6. 682; n. 31.

581.—Jugé en conséquence qu'une saisie pratiquée par un tiers créancier sur la personne au profit de laquelle le billet à ordre avait été originairement souscrit, ne peut empêcher le remboursement qui doit être fait au porteur.—Dans ce cas, il n'y a pas lieu à la mise en cause du saisissant.—10 mai 1808. Bruxelles. Guwnert. D.A. 6. 684. D.P. 1. 1473.

582.—La seconde disposition, qui est fondée sur la nécessité du paiement à l'échéance, est celle qui défend aux juges d'accorder aucun délai au débiteur d'une lettre de change (157 C. comm.).—D.A. 6. 682, n. 31.

583.—Jugé, en conséquence, que les tribunaux de commerce ne peuvent accorder des délais pour le paiement de billets à ordre, lorsqu'ils en prononcent la condamnation. L'art. 1244 C. civ. n'est point applicable aux effets de commerce.—22 juin 1812. Civ. c. Delaporte. D.A. 6. 710. D.P. 12. 1. 435.

584.—Cependant, lorsque le billet à ordre est dû *par un non commerçant*, et que d'ailleurs il n'a pas pour cause *une dette commerciale*, le tribunal peut accorder au débiteur un délai de grâce. — 31 juill. 1817. Req. Lafond. D.A. 6. 727. D.P. 18. 1. 371.

585. — De ce que les juges ne peuvent accorder aucun délai pour le paiement des lettres de change, il ne s'ensuit pas que l'accepteur doive être condamné sans délai, même provisoirement, s'il allègue *que la lettre de change est désavouée par le tireur;* mais, dans le même cas, l'endosseur doit être condamné à payer de suite, surtout si l'endossement est antérieur à l'acceptation.—12 sept. 1812. Bruxelles. Messel. D.A. 6. 684. D.P. 1. 1473.

§ 4.—*De l'intervention au paiement.*

586.—Une lettre de change peut être payée par

tant intervenant pour le tireur ou pour l'un des endosseurs (158 C. comm.). — Le paiement par intervention ne dispense point du protêt; et même le protêt doit non seulement contenir le refus de payer, mais encore la mention de l'intervention et celle du paiement : ces constatations peuvent se mettre à la suite de l'acte. Si l'intervenant payait sans protêt, il ne serait pas substitué aux droits du porteur et serait considéré comme un simple mandataire du tiré ou accepteur. Il n'aurait de recours que contre le tireur et l'accepteur. — D A. 6. 682, n. 33.

587. — Dans quelques villes, et notamment à Paris, souvent la loi s'exécute d'une manière très irrégulière et qui peut donner lieu à de graves difficultés : l'huissier se présente d'abord chez le tiré, ensuite chez les personnes indiquées au besoin pour payer; il fait dire à celui qui veut intervenir, qu'il paiera *après protêt* ou sur la remise *du titre et du protêt enregistré :* ensuite, il déclare qu'il *prend cette réponse pour refus de payer;* en conséquence, il clot son acte. Ensuite, il se borne à remettre ce protêt ainsi rédigé avec le titre, et il reçoit le paiement. Nous n'hésitons pas à le dire, cette manière de procéder, quelque usitée qu'elle soit, est extrêmement vicieuse. La loi exige que non seulement la mention de l'intervention soit faite dans l'acte, mais encore celle *du paiement lui-même ;* or, le mode dont nous venons de parler ne remplit pas cette dernière condition. On trouvera un exemple des graves inconvéniens qu'il entraîne, dans une espèce sur laquelle est intervenu un arrêt de la cour de Caen, du 1er fev. 1825. D.A. 6. 682, n. 33, 34. D.P. 25. 2. 156.

588. — Mais on demande si, dans le protocole tel qu'il est usité, la déclaration faite au protêt, que l'intervenant *offre de payer après protêt*, peut être considérée, sans autre sommation de la part de l'huissier, comme un refus pur et simple de payer, et si le porteur peut, dans ce cas, sans s'arrêter aux offres faites et les considérant comme refus, faire un compte de retour contre son cédant? — Nous ne le pensons pas, par la raison que le porteur ou l'officier ministériel qu'il a chargé, ayant lui-même adopté la marche généralement suivie pour les actes d'intervention, ne peut considérer comme un refus ce qui est constamment regardé comme une offre de payer : le compte de retour devrait dans ce cas retomber à la charge du porteur. — D.A. 6. 683, n. 34.

589. — Toute personne, avons-nous dit, peut intervenir au paiement : cela doit s'entendre même du tiré non accepteur, qui peut avoir ses raisons pour refuser de payer l'effet (par exemple, s'il n'est pas débiteur du tireur, quoique ce dernier se soit dit dans la traite *son créancier par compte*), mais qui peut intervenir pour l'honneur de la signature de l'un des endosseurs, peut-être même du tireur dont il connaît au reste la solvabilité. — En général, on ne doit intervenir au paiement que lorsqu'on est avisé, ou bien lorsqu'on connaît parfaitement la signature de celui pour lequel on veut payer. — D.A. 6. 683, n. 35.

590. — L'endosseur, qui a lui-même mis un besoin chez lui, peut, en cas de non paiement, intervenir pour lui-même, et payer pour l'honneur de sa signature. Cette intervention doit se constater de la même manière que si l'intervenant était un tiers étranger au titre. — D.A. 6. 683, n. 36.

591. — Mais ici s'élève une question assez grave : elle consiste à savoir si, lorsqu'un endosseur intervenant a offert de payer pour l'honneur de sa signature, le porteur doit nécessairement avoir égard à cette offre, et lui faire dénoncer le protêt dans la quinzaine? L'affirmative, pour nous, n'est pas douteuse. Le porteur qui préfère s'adresser à un endosseur subséquent à l'intervenant, et qui, pendant cette opération, néglige de faire la dénonciation du protêt dans le délai de quinzaine voulu par la loi, perd donc tout recours contre l'endosseur intervenant. Le tribunal de commerce de Paris l'a ainsi jugé les 24 déc. 1827 et 5 août 1828. — D.A. 6. 683, n. 36. — V. n. 795.

592. — Entre intervenans pour la même signature, la préférence appartient à celui qui s'est présenté le premier, à moins que parmi ceux qui interviennent il y en ait un qui ait été spécialement chargé, par la personne pour laquelle il intervient, *de payer au besoin*. — Entre intervenans pour signatures diverses, celui qui opère le plus de libérations doit toujours être préféré, par la raison que son intervention donne lieu à moins de frais : si donc une personne se présente pour le tiré, elle doit être préférée à toute autre; ensuite, la plus favorable est celle qui offre de payer pour le tireur : à défaut, celle qui intervient pour le premier endosseur, et ainsi de suite en descendant jusqu'au porteur. — D.A. 6. 683, n. 36.

593. — Le tiré qui, après avoir refusé d'accepter la lettre de change, intervient pour la payer, dans l'intérêt de l'un des endosseurs, doit être préféré à la personne indiquée *au besoin*, qui déclare vouloir payer pour le compte de ce même endosseur (C. comm. 158, 173). — 13 août 1831. Paris. Fould-Oppenheim. D.P. 33. 2. 68.

594. — Celui qui, même sans avoir reçu aucun avis, paie une lettre de change par intervention, et pour le compte de l'un des individus dont la signature est sur la lettre de change, peut, si cette signature est fausse, répéter contre le porteur de la lettre de change la somme qu'il lui a payée, sauf le recours de ce dernier, s'il y a lieu, contre ceux dont il tient l'effet. — 3 fév. 1824. Paris. Perrier. D.A. 6. 687. D.P. 24. 2. 178. — V. n. 560 et 732.

595. — Celui qui paie par intervention est subrogé à tous les droits de celui auquel il a payé, pour les exercer seulement *à partir de celui pour lequel il est intervenu* (C. comm. 159). — D.A. 6. 683, n. 37.

596. — Jugé, en conséquence, qu'un tiers qui paie une lettre de change par intervention *pour l'accepteur*, est subrogé dans les droits du porteur contre cet accepteur (C. comm. 158 ; C. civ. 1236). — 15 avril 1831. Paris. Saunders. D.P. 31. 2. 119.

597. — Celui qui paie par intervention une lettre de change protestée, peut recourir contre les endosseurs, bien qu'il n'ait reçu d'eux aucun ordre, et ne leur ait donné aucun avis particulier de ce paiement (art. 3, tit. 5, ord. de 1673; C. comm., art. 157, 158). — 12 flor. an 12. Paris. Margaron. D.A. 6. 687. D.P. 1. 1476.

598. — Il n'est pas tenu, pour être subrogé aux droits du porteur, de déclarer dans le protêt pour qui il entend payer (Ord. de 1673, tit 5, art. 3; C. comm. 158, anal.). — 9 déc. 1812. Civ. r. Talon. D.A. 6. 721. D.P. 13. 1. 564.

599. — Celui qui paie une lettre de change par intervention ne peut, quoique subrogé aux droits du porteur, en transmettre la propriété par la voie de l'endossement. — 30 juill. 1830. Paris. Rey. D.P. 34. 2. 22.

600. — L'art. 159 C. comm., d'après lequel le tiers qui paie par intervention pour le débiteur une lettre de change, n'a de recours *que contre ce débiteur*, ne s'applique pas au cas où un tiers se fait subroger, après un jugement de condamnation, aux droits de celui qui a obtenu ce jugement ; ainsi, un tiers qui se fait subroger au porteur du jugement, encore bien que ce serait pour arrêter l'effet d'une saisie pratiquée chez le débiteur, n'en a pas moins le droit d'exiger son paiement contre les endosseurs (C. civ. 1250 ; C. comm. 159). — 20 juin 1832. Civ. r. Paris. Urbain. D.P. 32. 1. 256.

601. — Si l'intervenant acquiert tous les droits du porteur contre celui dont il honore la signature, il est également soumis à tous les devoirs imposés à son cédant. Les délais pour la dénonciation du protêt et les poursuites à exercer doivent être aussi rigoureusement observés que s'il était le porteur lui-même ; mais il n'est point nécessaire que l'intervenant fasse signifier son intervention à celui pour lequel il a offert de payer, comme il est obligé de le faire dans le cas de l'acceptation par intervention. — D.A. 6. 683, n. 37.

ART. 10. — *Des droits et devoirs du porteur.*

§ 1er. — *De l'obligation du porteur relativement à la présentation des effets et à la nécessité de protester.*

602. — 1° *Obligation du porteur relativement à la présentation des effets. Délai, Déchéance.* — Le porteur est celui qui, en vertu d'une transmission régulière ou irrégulière, est en possession d'une lettre de change ou d'un billet à ordre.

603. — On ne peut considérer comme tiers-porteur d'une lettre de change celui qui, loin de l'avoir reçue par la voie de l'endossement, la tient d'un débiteur de son propre débiteur comme ayant été créée directement à son ordre. — 23 juill. 1817. Bruxelles. Horgnies-Renier. D.A. 10. 466, n. 1. D.P. 2. 786, n. 3. — V. plus haut.

604. — Le porteur d'un effet de commerce doit en exiger le paiement *le jour de son échéance* (C. comm. 161). Cette disposition est fondée sur l'intérêt bien entendu de toutes les parties qui peuvent figurer dans un contrat de change : des endosseurs, afin qu'en cas de non paiement ils exercent leur recours dans le plus bref délai ; du tireur, afin qu'il soit informé promptement du refus de payer, et qu'il prenne des mesures pour que sa signature ne demeure pas en souffrance ; enfin, du tiré, afin qu'il ne reste pas en suspens sur l'époque où l'effet lui sera présenté, et qu'il ne soit pas obligé de garder des fonds oisifs dans sa caisse. — D.A. 6. 689, n. 1.

605. — L'obligation imposée au porteur par l'art. 161 doit être remplie, *sous peine de déchéance :* ainsi, le porteur qui ne présenterait pas la traite *le jour de l'échéance* perdrait tout recours contre les endosseurs, quand même il ferait protester le lendemain, s'il est bien établi, d'une part, que le jour de l'échéance de la traite, le tiré payait à bureau ouvert; de l'autre, qu'il a suspendu ses paiemens le lendemain : la raison de cette décision, c'est que le porteur ne peut imputer le défaut de paiement qu'à sa propre négligence, et que, par conséquent, il ne peut rendre les tiers responsables d'une faute qui lui est personnelle. — D.A. 6. 689, n. 2. — *Contrà*, Vincens, t. 2, p 283.

606. — Sous l'ordonn. de 1673, le porteur d'une lettre de change *à vue* ou *à un certain temps de vue*, n'avait pas de délai fatal pour en faire la présentation, et ce délai n'était point laissé à l'arbitrage du juge : la prescription de cinq ans pouvait seule lui être opposée à défaut de présentation pendant ce laps de temps (D.A. 6. 623, n. 6). — 27 fev 1810 Civ. c. Guadeloupe. Bory. D.A. 6 624. D.P. 10. 1. 93.

607. — Ce système entraînait de graves inconvéniens, des pertes de provision, des procès nombreux. Aussi a-t-il été corrigé par l'art. 160 C. comm., qui fixe les délais dans lesquels le porteur d'une lettre de change à vue ou à temps de vue, doit, *sous peine de déchéance*, en exiger le paiement ou l'acceptation. — D.A. 6. 689, n. 3.

608. — Les prescriptions de la loi peuvent être modifiées par les conventions des parties ; il leur est loisible d'allonger ou de restreindre les délais fixés. — D.A. 6. 689, n. 3.

609. — Le porteur d'une traite *à vue*, qui anticipe le délai pour présenter son titre, n'est pas obligé, sous peine de déchéance, de faire protester sur ce premier refus de paiement. Il peut, s'il le juge convenable, attendre l'expiration des délais fixés par l'art. 160, présenter alors de nouveau sa traite, et faire protester, conformément à la loi. — D.A. 6. 689, n. 3.

610. — Si, avant l'expiration des délais fixés par l'art. 160, il a fait un protêt nul, il peut en recommencer un nouveau, tant que les délais dont il s'agit ne sont pas encore expirés.

611. — Jugé, conformément à ce principe, qu'un protêt faute de *paiement* d'une lettre de change, fait à l'époque indiquée par une acceptation irrégulière, n'est pas valable, et ne peut être considéré comme protêt faute *d'acceptation*, déterminant l'échéance de la lettre de change. En conséquence, le porteur n'est pas déchu de son recours contre les endosseurs et le tireur, pour n'avoir pas fait un protêt faute de paiement à cette prétendue échéance ; il suffit, pour qu'il puisse l'exercer, qu'il ait fait faire de nouveaux protêts faute d'acceptation et de paiement, *tant que le délai fixé par l'art.* 160 *C. comm. n'est pas expiré*. — 28 déc. 1824. Req. Paris. Steigner. D.P. 25. 1. 118.

612. — 2° *Obligations du porteur quant à la nécessité de protester.* — Sous l'ordonn. de 1673, lorsqu'une lettre de change ou un billet à ordre étaient stipulés payables *à jour fixe*, le protêt devait nécessairement être fait *le jour même de l'échéance* (Ord. 1673, tit. 5, art. 4). — 7 niv. an 7. Civ. r. Anoteau. D.A. 6. 625, n. 1. D.P. 3. 1. 182. — 6 oct. 1806. Civ. r. Debaussay. D.A. 6. 625, n. 2. D.P. 6. 1. 641. — 23 frim. an 11. Req. Guitre. D.A. 6. 625. D.P. 3. 1. 573. — 28 juill. 1810. Bruxelles. Depaèpe. D.A. 6. 714. D.P. 1. 1482.

613. — Lorsqu'il y avait lieu aux dix jours de grâce, le protêt ne pouvait être fait avant l'expiration de ces dix jours. — 23 frim. an 11. Req. Guitre. D.A. 6. 625. D.P. 3. 1. 573.

614. — Une lettre de change étant censée faite dans le lieu où elle est payable, c'est la loi en vigueur dans ce lieu et les usages qui régissent la forme du protêt et le temps dans lequel il doit être fait. — Ainsi, la lettre de change datée selon le calendrier grégorien, et tirée à deux mois de date, mais payable dans un lieu régi par le calendrier républicain, doit être protestée le soixante-unième jour, les mois républicains n'étant que de trente jours ; elle le serait tardivement le soixante-deuxième, sous le prétexte que la révolution des deux mois grégoriens est de soixante et un jours. — 18 brum. an 11. Req. Bruxelles. Coppens, etc. D.A. 6. 626. D P. 1. 1461.

615. — Le code de commerce a modifié sagement l'ancienne jurisprudence : aujourd'hui, il n'existe plus de délais de grâce, ni pour le paiement, ni pour

le protêt faute de paiement. Ce protêt doit nécessairement être fait *le lendemain du jour de l'échéance.* Rédigé plus tôt ou plus tard, il serait nul et ne garantirait pas le porteur de la déchéance.— D.A. 6. 689, n. 4.

616. — Jugé, conformément à ce principe, que le protêt d'un billet à ordre fait le *jour même de l'échéance* est nul. — 2 avril 1824. Agen. Carrère-Lagarrière. D.A. 6. 625. D P. 1. 1461. — 10 déc. 1832. Bordeaux. Servière. D.P. 33. 2. 171.

617.— Le protêt à faire au domicile de la personne indiquée pour payer *au besoin*, doit, en règle générale, être fait nécessairement *le lendemain de l'échéance.*— 1er fév. 1825. Caen. Guilbert. D.P. 25. 2. 156.

618. — La personne indiquée pour payer au besoin, étant en droit d'exiger que le protêt dressé sur le débiteur principal soit revêtu de l'enregistrement, il s'ensuit que le porteur peut être obligé de faire deux protêts successifs, l'un sur le débiteur principal, l'autre, et après l'enregistrement du premier, sur la personne indiquée au besoin. — Même arrêt.

619.— Mais que doit-on décider concernant les lettres de change et billets à ordre souscrits avant la publication du code de commerce, et qui ne sont venus à échéance que depuis cette publication?— Nous croyons qu'ils ont dû continuer d'être régis, quant au délai du protêt, par l'ordonn. de 1673. — Jugé, conformément à ce principe, que les protêts des lettres de change souscrites avant la promulgation du code de commerce doivent être faits, suivant l'ordonn. de 1673, *le jour même de l'échéance;* on ne peut appliquer à ce cas les art. 161 et 162 C. comm., qui veulent que le protêt soit fait *le lendemain de l'échéance.* — 28 juill. 1810. Bruxelles. Depaepe. D.A. 6. 714. D.P. 1. 1482.

620.—Jugé pareillement que l'art. 135 du code de commerce, qui abolit tout délai de grâce relativement aux lettres de change et billets à ordre, s'applique même aux effets souscrits *avant sa promulgation.* — Dès lors, le porteur d'un billet à ordre souscrit avant cette promulgation, mais échu depuis, qui ne l'a fait protester qu'après le délai de grâce, perd son recours contre les endosseurs. — 11 janv. 1810. Bordeaux. Mantz. D.A. 6. 706. D.P. 1. 1479.

621 — Le protêt, faute de paiement, ne peut être remplacé par *aucun autre acte* (175 C. comm.): un avertissement, une déclaration, un certificat, seraient insuffisans pour mettre le porteur à l'abri des fins de non-recevoir de la part des endosseurs, et souvent même du tireur. La raison de cette rigueur, c'est qu'il importe à la prospérité du commerce que les affaires n'éprouvent aucun retard.—D.A. 6. 690, n. 4.

622.— Le protêt ne pouvant être suppléé ni par aucun autre acte, ni par la preuve testimoniale, ne peut l'être, à plus forte raison, par *de simples présomptions* —En conséquence, une cour ne peut décider qu'il a lieu de présumer le protêt d'après les faits, pièces et circonstances de la cause, lorsque ce protêt n'est réellement référé ni indiqué dans aucune des pièces.—23 août 1813. Civ. c. Caen. Pinot. D.A. 6. 724. D.P. 1. 1484.

623.— Par une conséquence ultérieure, les intérêts ne peuvent être adjugés à partir du protêt, faute d'acceptation, sous prétexte qu'il y a présomption que le protêt, faute de paiement, a existé, mais que la date est incertaine (Ord. 1673, tit. 5, art. 10; tit. 6, art. 7).—Même arrêt.

624.— Jugé cependant que c'est remplir le vœu de la loi française, pour la formation des actes qu'elle prescrit, que de se conformer *à l'usage des lieux*, là où elle n'est pas en vigueur; en conséquence, la déclaration d'un notaire à Saint-Pétersbourg, qui énonce, suivant l'usage y établi, s'être présenté chez les personnes indiquées *au besoin* par la traite, doit être considérée comme un acte de protêt (C. comm. 173, 175). — 13 août 1831. Paris. Fould-Oppenheim. D.P. 33. 2. 68.

625.— On ne peut admettre d'autres exceptions que celles établies expressément par le code de commerce, à la disposition de ce code qui veut que le protêt soit fait *le lendemain de l'échéance.* Ainsi, est déchu de son recours contre le tireur, le porteur d'une lettre de change qui, au lieu de la faire protester *le lendemain de l'échéance*, aurait accordé au souscripteur une prorogation de délai, quoiqu'il n'ait consenti à cette prorogation que dans la vue d'éviter une forte amende qu'il aurait fallu payer en cas de protêts, attendu que la lettre de change était écrite sur un papier qui avait cessé d'avoir cours (C. comm. 163, 168, 169 et 170). — 14 déc. 1824. Civ. c. Douai. Baudin. D.A. 6. 697. D.P. 1. 1476.

626.— Quelle que soit la cause primitive d'une lettre de change, le porteur doit se soumettre aux règles prescrites pour le protêt, et le recours contre les accepteurs et endosseurs. — Ainsi, la circonstance qu'une lettre de change a été souscrite au profit de l'état, *par un adjudicataire de coupes de bois*, n'empêche pas que le porteur qui n'a pas fait faire de protêt faute de paiement, et qui n'a pas exercé de poursuites contre les endosseurs et accepteurs, dans le délai voulu, ne soit déchu de toute action contre eux.— 8 nov. 1825. Req. Nanci. Germain. D.P. 26. 1. 6.

627.— L'obligation de faire constater le défaut de paiement à l'échéance est tellement impérieuse, que le porteur n'en est dispensé *ni par le protêt faute d'acceptation, ni par la mort ou faillite du tiré* (C. comm. 163; ord 1673, tit. 5, art. 15).—D.A. 6. 691, n. 10.— V. n. 621.

628. — Si la date de l'échéance se trouve écrite d'une manière illisible dans la traite, de telle sorte, qu'elle peut s'appliquer à deux époques différentes, il est prudent pour le porteur de faire deux protêts, si toutefois il peut conserver l'effet sans craindre de tomber en déchéance dans l'intervalle du premier au second; mais, si les deux époques sont trop éloignées l'une de l'autre, le porteur ne doit pas attendre la seconde pour exercer son recours. Sa position est même si favorable, dans ce cas, que s'il n'avait protesté qu'à la seconde des époques, on ne pourrait lui en faire un reproche : il ne saurait être victime de l'incertitude que présente la date de l'échéance.— D.A. 6. 690, n. 5.

629. — Si le jour indiqué par la loi pour faire le protêt, est un jour férié légal, le protêt doit être fait le jour suivant (162 C. comm.). Ces mots *jour férié légal* ne doivent pas être entendus d'une manière trop rigoureuse: nous pensons qu'ils s'appliquent non seulement aux jours de dimanche et aux grandes fêtes reconnues par la loi, mais encore à celles consacrées par le gouvernement et par le pouvoir local, chacun dans la sphère de ses fonctions, en un mot, *à tous les jours de fête pendant lesquels les caisses publiques, la Bourse et les tribunaux sont fermés.* La raison de notre décision, c'est que, pendant ces jours, les officiers ministériels n'exercent pas leur ministère, et que, par conséquent, on ne peut reprocher au porteur d'un effet de commerce de n'y avoir pas recouru.— Pard., t. 2, p. 505; D.A. 6. 690, n. 6.

630 — *Cas où le porteur est dispensé de faire protester dans les délais légaux.* — Le billet à ordre souscrit par un individu *non négociant*, et qui n'a pas pour cause *des opérations de commerce*, n'est pas sujet à protêt dans le délai prescrit pour les effets de commerce. — 28 mars 1832. Toulouse. Esquilat. D.P. 32. 2. 145.

631. — Quand il est reconnu par les parties (en l'absence même de tout jugement) que la signature du tireur est fausse, et que le faux est l'ouvrage du premier endosseur, le tribunal de commerce peut, sans excéder les bornes de sa compétence, et sans violer aucun article du code de commerce, décider que le porteur n'a pas besoin de faire protester ni d'assigner dans les délais de la loi pour conserver action contre cet endosseur, qui, dans ce cas, est assimilé au tireur lui-même. — 10 mars 1824. Civ. r. Paris. Lallemand. D.A. 6. 655. D.P. 1. 1469.

632. — Le porteur d'une lettre de change qui n'a pu la faire présenter à son échéance; *par empêchement de force majeure*, ni par suite la faire protester en temps utile, conserve néanmoins son recours en garantie, à défaut de paiement, contre les tireurs et endosseurs, s'il prouve cette force majeure (V. Locré, sur l'art. 164, Vinc., t. 2, p. 209, D.A. 6. 690, n. 7).—28 mars 1810. Req Gênes. Bodin. D.A. 6. 692. D.P. 10. 1. 185. — 30 août 1809. Paris. Gandelet. D.A. 6. 694, n. 1. D.P. 1. 1476.— 25 janv. 1821. Req. Rouen. Delabarietta. D.A. 6. 693. D.P. 21. 1. 410. — 1er fév. 1825. Caen. Guilbert. D.P. 25. 2. 156. — 23 fév. 1831. Req. Rouen. Lanelle. D.P. 31. 1. 322.— *Contrà*, 12 mars 1812. Paris. Cabarrus. D.A. 6. 694, n. 2. D.P. 1. 1476.

633.—Nous avons vu plus haut, n. 344, que c'était par suite de ce principe que les échéances des effets de commerce payables depuis le 26 juillet 1830 jusqu'au 15 août suivant, avaient été prorogées *de dix jours;* de telle sorte qu'aucun protêt ne pouvait être fait, ni aucun recours en garantie exercé durant ce délai. — 31 juill. 1830. Commiss. municip. de Paris. D.P. 30. 3. 2.— 31 juill. 1830. Trib. de comm. de Paris. D.P. 30. 2. 234.

634 — Les tribunaux sont seuls appréciateurs des faits invoqués pour prouver la force majeure; ils peuvent donc admettre ou rejeter l'exception, d'après cette appréciation, sans encourir la censure de la cour suprême (V. Locré, Vinc., *loc. cit.*, D.A. 6. 690, n. 7) — 28 mars 1810. Req. Gênes. Bodin. D.A. 6. 692. D.P. 10. 1. 183.

635. — Jugé, en conséquence, que l'impossibilité où le porteur d'un effet de commerce aurait été de le faire parvenir au domicile du débiteur, *à cause de la contrariété des vents*, a pu être regardée comme un cas de force majeure, dispensant de l'obligation de protester.

636.— La décision qui, pour dispenser le porteur du protêt à l'échéance, se borne à constater le fait de force majeure qui y a mis obstacle, ne saurait être annulée, en ce qu'il n'aurait pas été déclaré, en même temps, *que le porteur avait fait toutes les diligences qu'il était en lui de faire, pour faire dresser protêt à l'échéance.* — 23 fév. 1831. Req. Rouen. Lanelle. D.P. 31. 1. 322.

637. — Jugé, par application du même principe, qu'encore qu'en règle générale le protêt à faire au domicile de la personne indiquée pour payer au besoin, doive être dressé le lendemain de l'échéance, cependant l'obligation où est le porteur de faire enregistrer le protêt dressé sur le souscripteur, avant de se présenter chez cette personne, peut être considérée comme une force majeure qui suspend le délai du protêt à faire au domicile de la personne indiquée au besoin, jusqu'après l'enregistrement.

638.— C'est aux tribunaux à apprécier le temps pendant lequel a duré la force majeure; et, par exemple, ils peuvent déclarer que le protêt fait, le 16, sur la personne indiquée au besoin, est tardif, si l'enregistrement du protêt sur le débiteur principal avait eu lieu le 2.— 1er fév. 1825. Caen. Guilbert. D.P. 25. 2. 156.

639.— Le porteur d'une lettre de change ne perd point sa garantie *contre son cédant*, faute de protêt à l'échéance, si, entre le jour où l'endossement a eu lieu, et celui où le protêt devait être fait, il n'y avait pas eu intervalle suffisant, à raison des distances, pour faire protester dans le délai prescrit. C'est au juge qu'il appartient de décider, dans ce cas, suivant les circonstances, si le protêt a pu être fait. — 31 août 1809. Nîmes. Barre-Desmons. D.A. 6. 696, n. 1. D.P. 10. 2. 94. — 21 juin 1810. Req. Nîmes. Salignon. D.A. 6. 694. D.P. 10. 1. 329.

640. — Le porteur ne conserve aucun recours contre les autres endosseurs, ni contre le tireur qui justifie avoir fait les fonds à l'échéance : à leur égard, la tardiveté du protêt n'est point excusable. — Pard., t. 2, p. 510; D.A. 6. 690, n. 8.

641. — Les parties peuvent déroger aux prescriptions de la loi par des conventions particulières, lorsque ces conventions ne sont point contraires à l'ordre public et aux bonnes mœurs. Il n'est donc pas douteux que le porteur d'une lettre de change ne puisse être dispensé de faire le protêt à défaut de paiement à l'échéance.— D.A. 6. 691, n. 9.

642. — Mais cette convention doit-elle nécessairement être constatée *par écrit*, ou, au contraire, peut-on prouver son existence *par la preuve testimoniale?* — Nous croyons que cette preuve doit être admise, lors même qu'il s'agirait d'une somme de plus de 150 fr.; car il s'agit ici d'une convention ordinaire qui n'offre rien d'illicite, et qui peut être prouvée par tous les modes usités en matière de commerce. — 31 juill. 1832. Civ. c. Paris. Assy-Jalabert. D.P. 32. 1. 340. — *Contrà*, 23 fév. 1830. Paris. Cousin. D.P. 30. 2. 252.

643. — Jugé que l'endosseur dont l'endossement est pur et simple, est fondé à opposer aux endosseurs subséquens le défaut de protêt, encore bien que la mention *retour sans frais* aurait été apposée par l'endosseur primitif. — Et la mention *retour sans frais*, à supposer qu'elle dispense du protêt, oblige néanmoins le porteur de prévenir le souscripteur de cette mention (dans le délai du protêt) du défaut de paiement par le tiré.— 6 déc. 1831. Req. Aubert. D.P. 31. 1. 362. — Ces propositions résultent implicitement plutôt qu'explicitement des termes de l'arrêt.

644. — De même, la condition de *retour sans frais* exprimée dans une lettre de change, et qui n'est point rappelée dans quelques uns des endossemens, n'empêche point le porteur de faire le protêt. — 8 janv. 1833. Trib. comm. de Louviers. Lecouturier. D.P. 33. 3. 86.

645. — Jugé cependant que les mots *retour sans frais*, mis au bas de sa signature par le tireur d'une lettre de change, dispensent le porteur de faire le protêt, non seulement vis-à-vis du tireur, mais encore vis-à-vis de tous les endosseurs.— 8 avril 1834.

Civ. r. Angers. Defos-Letheulle. D.P. 34. 1. 163. — Conf. D.P. 32. 2. 259.

646. — En cas de faillite du tireur d'une lettre de change, si l'endosseur, à qui le porteur en demande le paiement, *a promis de la payer à l'échéance*, cette promesse n'offrant rien d'illicite, peut être considérée comme dispensant le porteur du protêt faute de paiement à l'échéance, et comme obligeant l'endosseur, encore bien que le recours ne soit pas conservé contre lui par un protêt dans le délai : au moins l'arrêt qui le décide ainsi ne viole pas les art. 162, 165 et 175 C. comm. — 20 juin 1827. Req. Toulouse. Tajac. D.P. 27. 1. 270.

647. — Celui qui a endossé une lettre de change après son échéance et *avec promesse de garantir le porteur de toute prescription*, n'est pas recevable à lui opposer la déchéance résultant du défaut de protêt et de dénonciation de protêt en temps utile. — 11 juill. 1820. Req. Riom. Clavel. D.A. 6. 653. D.P. 21. 1. 150.

648. — L'endossement d'une lettre de change ainsi conçu : *payez à l'ordre de..., valeur reçue comptant avec garantie jusqu'à parfait paiement*, ne dispense point le porteur de faire le protêt en temps utile. — Le défaut de protêt peut lui être opposé, même par l'auteur de l'endossement ; c'est en vain qu'il soutiendrait que cette clause constitue un aval qui le dispense du protêt. — 22 juin 1829. Nîmes. Favant. D.P. 33. 2. 197.

649. — 4° *Conséquence du défaut de présentation de la traite et du défaut de protêt dans les délais fixés par la loi.* — Ces conséquences sont clairement établies par les art. 168, 169, 170 et 171 C. comm : il en résulte que le porteur est déchu de tous droits contre les endosseurs, sans que ceux-ci aient besoin de prouver qu'il y avait provision à l'échéance de la traite. — 21 juin 1810. Req. Nîmes. Saignon. D.A. 6. 694. D.P. 10. 1. 329.

650. — Il est même déchu de tous droits contre le tireur, si celui-ci parvient à prouver qu'il y avait provision à l'échéance (art. 4, 5). — V. n. 237.

651. — Jugé que, quoique le tireur ou souscripteur d'un effet négociable soit un *être imaginaire*, le défaut du protêt, en temps utile, n'affranchit pas moins tous les endosseurs (à l'exception du premier, qui, dans ce cas, doit être réputé tireur de l'effet) de tout recours de la part du porteur ; seulement, chaque endosseur peut être tenu de faire connaître au porteur son cédant immédiat : ici ne s'applique pas l'art. 1693 C. civ., sur l'obligation de garantir l'existence de la dette au temps de la cession (C. civ. 1693 ; C. comm. 168). — 25 avril 1808. Paris. Grainville. D.A. 6. 706. D.P. 1. 1478. — 20 mars 1828. Lyon. Pascal. D.P. 29. 2. 22. — 17 mars 1829. Civ. c. Lyon. Juif. D.P. 29. 1. 180.

652. — Jugé, au contraire, que chacun des endosseurs ou cédans d'un effet négociable, devant garantir l'*existence* de la créance au temps du transport, il suit de là que si le tireur de l'effet est imaginaire ou supposé, chaque endosseur ou porteur a un recours contre ceux qui le précèdent, encore bien qu'il n'y aurait pas eu protêt en temps utile de la part du porteur. — Et le recours existe surtout de la part du porteur contre l'endosseur qui a indiqué un *au besoin* chez lui, pour le cas de non paiement (C. comm. 168, C. civ. 1693). — 15 mars 1826. Lyon. Brolemann. D.P. 29. 2. 20.

653. — Si le débiteur remboursait sans s'apercevoir que la déchéance était encourue, il ne pourrait pas exercer une action en répétition contre le créancier, à moins qu'il n'eût été induit en erreur par des moyens de *dol* et de *fraude* : la raison en est que la déchéance est une simple exception à laquelle on peut renoncer, et que la dette d'ailleurs était naturelle. — Pard., t. 2, p. 518 ; D.A. 6. 705, n. 7.

654. — Jugé, conformément à ce principe, que l'endosseur d'une lettre de change, qui l'a remboursée au porteur, après un protêt nul, ne peut répéter contre celui-ci ce qu'il lui a payé par ignorance de la nullité qui viciait le protêt, alors que le porteur n'a employé ni dol ni fraude pour obtenir son remboursement (C. civ. 1235, 1376)..... En un tel cas, on se prévaudrait en vain, pour admettre le droit de répétition, de ce que les juges du fond auraient décidé que c'est par la *faute* du porteur que la nullité du protêt a été commise, et qu'il doit en répondre (C. civ. 1382). — 7 mars 1815. Civ. c. Quetin. D P. 33. 1. 219. — 22 mai 1833. Civ. c. Rouen. Roulland. D.P. 33. 1. 220. — V. les observations qui accompagnent cet arrêt.

655. — Jugé, au contraire, que l'endosseur qui a remboursé une lettre de change après un protêt *tardif*, peut répéter au porteur ce qu'il lui a payé dans l'ignorance de l'expiration du délai pour protester. — 28 juill. 1810. Bruxelles. Depaepe. D.A. 6. 714. D.P. 1. 1482.

656. — 5° *Garantie du porteur contre son mandataire.* — Si le porteur avait donné mandat à un tiers de présenter la traite et de la faire protester au besoin, il aurait un recours contre le mandataire qui n'aurait pas rempli ces obligations dans les délais voulus par la loi.

657. — Ainsi, bien qu'une lettre de change ne soit parvenue que le lendemain de son échéance dans les mains du banquier chargé d'en opérer le recouvrement, celui-ci est néanmoins responsable du défaut de protêt en temps utile, s'il a eu un délai suffisant pour faire faire le protêt (C. comm. 168 ; C. civ. 1382). — 25 août 1831. Paris. Fould. D.P. 32. 2. 19.

658. — L'action en garantie incidemment formée par le porteur d'une lettre de change, déchu de son recours contre l'endosseur, par suite du défaut de protêt, contre l'huissier par la faute duquel le protêt n'a pas eu lieu, est de la compétence du tribunal de commerce (C. pr. 71, 171). — 8 juill. 1811. Rouen. Goguely. D.A. 6. 726, n. 1. D.P. 1. 1485.

659. — Le protêt ne pouvant être remplacé par un procès-verbal de perquisition, l'huissier, qui ne fait que ce dernier acte, est responsable du défaut de protêt. — Même arret.

660. — L'huissier qui, à défaut d'acte de protêt dressé en cas de non paiement d'un billet contenant les mots *retour sans frais*, a été condamné à des dommages-intérêts envers l'un des endosseurs postérieurs au signataire de l'énonciation *retour sans frais*, ne saurait se faire un moyen de cassation de ce que cette énonciation dispensait de tout protêt, et, par suite, donnait à l'endosseur indemnisé le droit de s'en prévaloir contre les précédens signataires, alors qu'il n'est pas justifié devant la cour de cassation que l'endosseur indemnisé ait omis de se prévaloir de la mention *retour sans frais* pour obtenir son remboursement. — 6 déc. 1831. Req. Aubert. D.P. 31. 1. 362.

§ 2. — *De l'action du porteur en cas de faillite de l'un des garans ou obligés.*

661. — Le porteur d'un effet de commerce doit, pour conserver son recours contre le tireur et les endosseurs, le faire protester à son échéance, alors même que celui sur qui cet effet est tiré, est en état de faillite (C. comm. 163 ; ord. 1673, tit. 5, art. 15 ; D.A. 6. 691, n. 10). — 6 oct. 1806. Civ. r. Debaussay. D.A. 6. 625, n. 2. D P. 6. 1. 641. — 3 déc. 1806. Req. Toulouse. Lacoste. D.A. 6. 696. D.P. 7. 1. 15.

662. — Toutefois, nous ne connaissons qu'un cas où le tireur puisse opposer la déchéance au porteur : c'est lorsqu'il justifie qu'il avait pris ses mesures pour que l'effet fût acquitté à l'échéance, nonobstant la faillite du tiré. Il ne lui suffirait pas de prouver qu'il avait fait provision avant la faillite ; car le tireur est garant de l'existence de cette provision jusqu'au paiement, et la faillite de l'accepteur détruit cette provision, ainsi que nous l'avons établi, n. 197. A plus forte raison, le tireur serait-il non-recevable à opposer la déchéance, s'il n'avait pas même fait provision entre les mains du tiré (D.A. 6. 699, n. 4). — 19 niv. an 12. Paris. Bontemps. D.A. 6. 699, n. 1. D.P. 1. 1477.

663. — En cas de faillite du souscripteur d'un billet à ordre, le porteur ne conserve pas son recours, *même contre le premier endosseur*, s'il n'a pas fait protester dans le délai fixé par la loi. La raison en est que la loi n'établit aucune différence entre le premier endosseur et les endosseurs subséquens ; la déchéance peut être invoquée par eux tous, d'après l'art. 168 C. comm. — 17 janv. 1820. Civ. c. Royer-Willot. D.A. 6. 699, n. 2. D.P. 20. 1. 52.

664. — En cas de faillite du tireur d'une lettre de change, si l'endosseur à qui le porteur en demande le paiement *a promis de la payer à l'échéance*, cette promesse n'offrant rien d'illicite, peut être considérée comme dispensant le porteur du protêt faute de paiement à l'échéance, et comme obligeant l'endosseur, encore bien que le recours ne soit pas conservé contre lui par un protêt dans le délai. C'est ce qui a été jugé au paragraphe précédent par un arrêt de la chambre des Requêtes. — V. n. 646.

665. — La faillite rend toutes les dettes *exigibles*, par suite du principe, que le débiteur qui diminue les sûretés de son créancier, ou qui ne peut procurer les garanties qu'il s'était engagé à fournir, perd le bénéfice du terme (C. civ. 1188 ; C. comm. 163, 448). Le porteur n'a donc plus besoin d'attendre l'échéance pour faire protester ; il peut remplir cette formalité aussitôt après l'ouverture de la faillite, et exercer son recours contre les endosseurs et le tireur (D.A. 6. 691, 698, n. 10-1). — 11 pluv. an 10. Civ. c. Garnot. D.A. 6. 699. D.P. 3. 1. 428.

666. — Il n'est pas nécessaire, pour que le protêt puisse être fait *avant le délai fixé par la loi*, que la faillite ait été prononcée par un jugement ; il suffit qu'elle existe d'une manière *notoire*. Jugé, conformément à ce principe, qu'encore bien qu'un jugement n'ait pas encore déclaré la faillite ouverte du *souscripteur* au jour de l'échéance d'un billet à ordre, le protêt, faute de paiement, fait *le jour même de l'échéance*, n'en est pas moins valable, si, à l'époque du protêt, le souscripteur était en état de faillite *notoire* par la cessation de ses paiemens (C. comm. 163, 437). — 10 déc. 1832. Bordeaux. Servière. D.P. 33. 2. 171.

667. — Mais en quoi consistera le recours donné au porteur dans le cas de faillite de l'un des obligés de la lettre de change ? — Lui donnera-t-il le droit d'exiger de suite son paiement, ou bien ne pourra-t-il demander qu'une caution qui lui garantisse que ce paiement sera effectué à l'échéance de la traite ? — L'art. 163 C. comm. laissait cette question indécise ; mais l'art. 448 l'a résolue, en disant que « l'ouverture de la faillite rend exigible les dettes passives non échues ; à l'égard des effets de commerce par lesquels le failli se trouvera être l'un des obligés, les autres obligés ne seront tenus *que de donner caution pour le paiement à l'échéance, s'ils n'aiment mieux payer immédiatement.* » — D.A. 6. 698, n. 1-3.

668. — L'obligation imposée par cet article, de donner caution ou de payer immédiatement, s'applique-t-elle sans distinction au *tireur*, *à l'accepteur et à tous les endosseurs* de la traite, ou seulement à quelqu'un d'entre eux ? — A ne consulter que la généralité des termes de l'art. 448, on ne peut se dissimuler que l'obligation dont il s'agit pèserait *sur tous les signataires* de la traite, puisqu'ils sont tous *obligés* au titre, d'après l'art. 140 C. comm. Cependant nous pensons que cette obligation doit être restreinte à tous les signataires *postérieurs* à celui qui est tombé en faillite, et que, par conséquent, elle ne peut peser sur les signataires *antérieurs*.

669. — La raison de cette décision, c'est que chaque endosseur est garant de son cédant et de tous ceux qui le précèdent sur l'effet ; mais il n'est pas responsable de l'insolvabilité de son cessionnaire, arrivée avant l'échéance, ni de celle de tous les cessionnaires qui viennent après lui, parce qu'il ne l'a point garantie, pas plus qu'il n'a garanti les dols, les fraudes et les négligences dont ils peuvent se rendre coupables (Vinc., t. 2, p. 270 ; Boulay-Paty, *des Faillites*, t. 1er, p. 186, D.A. 6. 698, n. 2). — 28 mars 1811. Bruxelles. Desmet. D.A. 6. 700, n. 4. D.P. 11. 2. 147.

670. — Lavaux (*Obs. sur les faillites*, p. 29) explique l'art. 448 d'une manière beaucoup plus limitée que celle qu'on vient de lire : selon lui, cette disposition ne peut s'entendre que *du débiteur principal*, *tireur ou accepteur*, et jamais de la faillite de *l'un des endosseurs*. Mais c'est perdre de vue que chaque endosseur devient en quelque sorte débiteur principal lui-même, et que, sous ce rapport, tous ceux qui le suivent sont garans de son insolvabilité. — D.A. 6. 698, n. 2.

671. — La prestation de caution faite, sans réserve, par celui qui a été condamné à l'alternative de payer un effet de commerce dont l'un des débiteurs est en faillite, ou de donner caution, le rend non-recevable à appeler du jugement qui le condamne à payer.

672. — Et une contestation relative au point de savoir si un endosseur d'un effet de commerce, dont un failli est un des obligés, doit payer sur-le-champ ou donner caution, est de la compétence des tribunaux de commerce. — 10 juill. 1810. Paris. Crémieux. D.A. 6. 701, n. 6. D.P. 14. 2. 43.

673. — Il n'est pas nécessaire, sous peine de déchéance, que le porteur d'une lettre de change ou d'un billet à ordre, qui, en cas de faillite de l'un de ses endosseurs, l'a fait protester avant l'échéance, exerce son recours *dans les quinze jours* qui suivent la date du protêt. Il peut, s'il le juge convenable, attendre l'échéance de la traite. — 16 mai 1810. Req. Orléans. Beaumarié. D.A. 6. 700, n. 3. D P. 10. 1. 261.

674. — S'il a pris ce dernier parti, sera t-il obligé, à cette échéance, de faire un nouveau protêt faute de paiement, où, au contraire, pourra-t-il poursuivre le tireur et les endosseurs, sans remplir préalablement cette formalité? — Nous pensons qu'il sera

obligé de faire un nouveau protêt : car le tireur peut avoir envoyé des fonds à l'échéance de la traite, il peut avoir prié un de ses correspondans d'intervenir pour faire honneur à sa signature, en un mot, il peut avoir pris toutes les mesures nécessaires pour l'*exécution* de ses engagemens. Donc il est indispensable de constater l'*inexécution* par un nouveau protêt — D.A. 6. 691, n. 10 — *Contrà*, Pard., t. 2, p. 511.

675.— Le porteur de lettres de change acceptées par un commerçant tombé en faillite, perd son recours contre les endosseurs, s'il acquiesce sans réserve au concordat passé entre le failli et ses créanciers, et cela, encore qu'il ait fait protester les lettres de change à leur échéance. La raison en est que le porteur a traité de l'action résultant des acceptations *sans l'aveu et la participation de ses co-intéressés*, ce qui a dénaturé l'action de ceux-ci, en la subordonnant à la convention passée avec les porteurs. — 1er frim. an 10. Bruxelles. Tibergiou. D.A. 6. 702, n. 7. D.P. 22. 2. 169.

676. — Lorsque le tireur de lettres de change souscrites de bonne foi, tombe en faillite avant l'échéance, et que d'ailleurs la provision à l'échéance n'est point prouvée, les créanciers du tireur ne peuvent empêcher le recours du porteur contre l'accepteur, encore que les lettres de change aient été renouvelées par le tireur depuis la faillite, et qu'elles n'aient été acceptées que postérieurement à cette même époque. — 10 flor. an 13. Paris. Duchemin. D.A. 6. 701, n. 5. D.P. 1. 1477.

677.— Lorsque le porteur d'une lettre de change la transmet à un tiers, *postérieurement à la faillite du tireur*, il est obligé d'en garantir le paiement, lors même qu'il n'aurait pas souscrit d'endossement, et qu'en avouant la négociation, il soutiendrait l'avoir faite sans garantie. Il est soumis à cette garantie, lors même que la lettre de change n'aurait pas été protestée en temps utile. La raison de cette décision, c'est que le transport d'un effet de commerce postérieurement à la faillite du tireur, est nul, et que, de droit commun, tout cédant est garant de l'existence de l'objet cédé au temps de la cession.— 31 juill. 1817. Req. Pau. Rodriguo. D.A. 6. 700. D.P. 18. 1. 471.

§ 3.— *De l'action du porteur contre le tiré.*

678.— On a déjà fait connaître, n. 254 et suiv., les obligations du tiré à l'égard du porteur. On n'ajoutera ici que peu d'observations nouvelles. On doit d'abord distinguer s'il y a eu acceptation ou s'il n'y en a pas eu. Dans le premier cas, l'acceptation rend le tiré *directement obligé envers le porteur :* le tiré ne peut donc se dégager de son engagement sous aucun prétexte, et doit payer le montant de la traite.— D.A. 6. 702, n 1.

679.— Jugé que le porteur d'une lettre de change protestée, qui la passe au compte courant du tireur, ne perd point par là son recours contre les accepteurs (C comm. 168; C. civ. 1273, 1281).—V. n. 688.

680.— Si l'accepteur était créancier du porteur d'une somme *liquide* et *exigible*, rien ne s'opposerait à ce que la compensation s'établît entre les deux créances; il n'y a pas dans la loi, et il ne pouvait y avoir d'exception à la règle générale, pour les lettres de change.— D.A 6. 702, n. 1.

681.— Le porteur de plusieurs effets de commerce ayant diverses échéances, et qui ont été acceptés *par la même personne*, peut-il, en cas de protêt du premier, exiger *le remboursement* des autres non échus? — Nous ne le pensons pas : *en fait*, le protêt de la première traite peut avoir été occasioné par une simple négligence, par un simple retard dans les rentrées; forcer le débiteur à payer tout ses engagemens avant l'échéance, ce serait le prendre au dépourvu et le mettre dans la nécessité de suspendre complétement ses paiemens. *En droit*, un seul protêt ne constitue pas la faillite, et l'accepteur n'ayant donné d'autre sûreté à son créancier que sa signature isolée sur chacun des effets, le défaut de paiement de l'un de ces effets n'entraîne pas nécessairement l'exigibilité des autres qui sont des créances distinctes. Le porteur n'a donc que le droit d'obtenir condamnation *pour le titre échu*. — D.A. 6. 703, n. 2.

682.— Jugé cependant que le porteur de plusieurs effets de commerce ayant diverses échéances peut, en cas de protêt du premier, exiger *caution* pour les autres non encore échus.—3 janv. 1809. Bruxelles. N... D.A. 6. 703. D.P. 9. 2. 119.

683.— Alors même que le premier effet aurait été acquitté pendant l'instance, il est encore recevable à demander caution pour les autres (C. civ. 1188; C. comm. 448).— Même arrêt.

684.— Lorsque le tiré n'a pas accepté, le porteur

n'a *directement* aucune action contre lui, puisqu'il n'a point contracté d'engagement. Il serait même prouvé que la provision existe entre ses mains; qu'il avait promis d'accepter; que s'il ne paie pas, c'est par mauvaise volonté, qu'il n'en résulterait pourtant aucun droit en vertu du contrat de change. Ainsi, le tiré ne pourrait être, sous prétexte de la solidarité, distrait de ses juges naturels, et condamné à payer l'effet en souffrance. — D.A. 6. 703, n. 3.

685.— Jugé, conformément à ces principes, que celui qui n'a point accepté une lettre de change, ne peut être appelé en garantie devant le domicile du tireur actionné en paiement par le porteur, sous le prétexte qu'ayant ouvert un crédit au tireur, il a par là promis d'accepter les traites tirées sur lui (C. comm. 140; C. pr. 181).— 14 mars 1822. Colmar. Rœderer. D.A. 6. 662, n. 1. D.P. 1. 1471.

686.— Jugé aussi qu'une lettre de change tirée *pour solde de compte contesté*, ne donne au tireur qu'une action personnelle contre le tiré; qu'ainsi ce dernier ne peut être distrait de la juridiction de son domicile pour répondre devant les juges de commerce du domicile du tireur, à la demande en garantie de celui-ci attaqué par le porteur de la lettre.— 16 mai 1807. Colmar. D.A. 6. 663, n. 2.

687.— Mais le porteur, exerçant les droits du tireur, serait fondé à faire valoir, contre le tiré, tous les droits que ce mandant aurait contre son mandataire: il pourrait obtenir la restitution de la provision faite et des dommages-intérêts pour inexécution de la promesse d'accepter ou de payer à l'échéance. De son côté, le tiré pourrait opposer au porteur toutes les exceptions qu'il aurait à faire valoir contre son mandant. — D.A. 6. 703, n. 3.

§ 4.—*De l'action du porteur contre les endosseurs et de celle de l'endosseur qui rembourse contre son cédant, autre que le tireur et que le tiré.*

688.— 1° *De l'action du porteur contre les endosseurs.* — Il n'est pas douteux que le porteur qui n'est pas payé à l'échéance de la traite et qui a fait protester faute de paiement, peut exercer un recours contre les endosseurs. La circonstance qu'il aurait passé la traite *au compte courant du tireur*, ne suffit pas pour lui faire perdre ce recours (C. comm. 168; C. civ. 1273, 1281) — 18 juill. 1810. Bruxelles. Lepery. D.A. 6. 714. D.P. 1. 1481.

689. — L'art. 164 C. comm. lui permet de l'exercer de deux manières : ou collectivement contre tous les endosseurs, ou individuellement contre chacun d'eux. Lorsqu'il exerce *collectivement* son action en garantie, il a le choix de porter l'instance devant le tribunal de l'un des défendeurs, et tous les autres sont obligés de venir plaider devant le juge qu'il a choisi. S'il préfère la voie des poursuites *individuelles*, il doit assigner devant le tribunal de celui auquel il demande son remboursement.—D.A. 6. 703, n. 2.

690.— Dans l'un comme dans l'autre cas, l'action doit être intentée dans le délai de quinzaine, à partir du jour du protêt pour les lettres de change tirées d'une ville de France sur une autre ville de France. Mais si le défendeur est domicilié à plus de cinq myriamètres du lieu où la lettre de change était payable, le délai est alors augmenté d'un jour par deux myriamètres et demi, excédant les cinq myriamètres.— D.A. 6. 704, n. 3.

691. — Cette augmentation doit avoir lieu non seulement par deux myriamètres et demi excédant les cinq myriamètres, mais encore *pour une fraction de myriamètre* (par exemple, de quatre kilomètres) qui se trouve en sus des cinq myriamètres ou d'un nombre déterminé de fois deux myriamètres et demi. — 19 juill. 1826. Req. Marchais de Laberge. D.P. 26. 1. 423.

692.—On jugeait, sous l'empire de l'ord. de 1673, que la dénonciation du protêt devait être faite *dans la quinzaine* au tireur et aux endosseurs, lors même que le domicile de ce tireur et de ces endosseurs ne se trouverait pas indiqué sur la traite; seulement la dénonciation devait se faire alors par cri public, conformément à l'ord. de 1667, tit. 2, art. 9. — 22 juill. 1807. Civ. r. Paris. Bouchard. D.A. 6. 721. D.P. 1. 1483.

693. — A l'égard des lettres de change autres que celles tirées de France sur France, l'art. 166 C. comm. contient des délais qui varient suivant l'éloignement des lieux et les difficultés des communications. — D.A. 6. 704, n. 3.

694.—Les établissemens français dans les échelles du Levant et de la Barbarie sont, à l'égard des délais, comme les établissemens dans nos possessions. L'art. 166 C. comm. a omis de le dire ; mais cette disposi-

tion se trouve dans l'art. 160, et il y a assimilation parfaite entre les deux cas sur lesquels ont voulu statuer ces deux articles. — 13 août 1812. Gênes. Carpaneto. D.A. 6. 709, n. 2. D.P. 15. 2. 22.

695. — Le délai dans lequel le protêt d'une lettre de change payable en France doit être dénoncé aux tireurs et endosseurs français *résidant en pays étranger*, n'est pas réglé d'après la distance existante entre le lieu où la lettre de change est payable et le domicile du procureur du roi près le tribunal où la demande est portée. — Ce délai doit au contraire être fixé, soit conformément à l'art. 165 C. comm., en raison de la distance du domicile réel des tireurs et endosseurs, soit d'après les règles établies par l'art. 166 du même code. — Même arrêt.

696 — Dans le cas de poursuites collectives, le délai pour la *comparution* des endosseurs doit se calculer d'après la distance du domicile le plus éloigné ; mais les poursuites n'en doivent pas moins être exercées contre chacun d'eux dans les délais prescrits par les art. 165 et 166 C comm.—Le porteur ne pourrait pas réunir tous le délais et prétendre qu'il a le droit de jouir du plus long à l'égard de chaque endosseur, quel que soit le domicile de cet endosseur : en un mot, le jour *de la comparution* doit être le même pour tous ; mais le jour *où les poursuites doivent être exercées* varie selon les distances. — D.A. 6. 704, n. 4.

697.—La loi prescrit deux formalités pour l'exercice de l'action du porteur : la première, c'est la notification du protêt; la seconde, la citation en justice à défaut de remboursement. — D.A. 6. 704, n. 5.

698. — La notification du protêt doit avoir lieu soit dans le cas de poursuites collectives, soit dans le cas de poursuites individuelles. A la vérité l'art. 165 C. comm. ne statue que pour le cas de poursuites *individuelles;* mais il y a même raison de décider dans l'une comme dans l'autre hypothèse. — D.A. 6. 704, n. 5.

699. — La notification du protêt et la citation en justice peuvent être données *par un seul et même acte*. Cette manière de procéder fut reconnue légale au conseil d'état ; elle offre d'ailleurs l'avantage de ne pas multiplier les actes et d'éviter ainsi les frais — Locré, sur l'art. 167; D.A. 6. 704, n. 5.

700. — L'ord. de 1673 n'ayant pas de dispositions précises sur la nature des diligences à faire par les porteurs des billets à ordre, les tribunaux pouvaient, sous l'empire de cette loi, se conformer aux usages locaux à cet égard; ainsi, une cour pouvait, d'après l'usage du pays, décider que le porteur n'est point obligé d'assigner en garantie *dans la quinzaine*, et qu'il suffit de dénoncer le protêt dans ce délai (Ord. 1673, art. 31, 32). — 24 flor. an 13. Req. Colmar Guenin. D.A. 6. 712, n. 1. D.P. 5. 1. 371.

701.— Aujourd'hui cette double formalité est exigée, sous peine de déchéance (C. comm. 165, 168). — D.A. 6. 704, n. 5.

Jugé en conséquence qu'en matière de billet à ordre comme de lettres de change, les dénonciations de protêt, faites dans la quinzaine, ne peuvent, pour la conservation des droits des porteurs et endosseurs, être réputées des diligences suffisantes, si elles n'ont pas été suivies, dans le même délai, de citation en justice.—22 juin 1812. Civ. c. Delaporte. D.A. 6. 710. D.P. 12. 1. 453.

702.— Le porteur n'est pas obligé, pour conserver son recours, de donner suite à cette citation et d'obtenir jugement : le fait seule de la notification du protêt et de la citation en justice suffit pour la conservation de ses droits (D.A. 6. 704, n. 5). — Jugé en conséquence que le porteur d'une lettre de change ou d'un billet à ordre qui a dénoncé le protêt avec assignation au tireur ou au souscripteur, dans la quinzaine, n'est pas déchu de son recours, par cela qu'il n'aurait pas obtenu un jugement de condamnation, et qu'il aurait même négligé pendant longtemps de donner suite à son assignation, s'il n'a pas laissé l'instance se périmer ou son action se prescrire.

703. — Et le pourvoi en cassation formé par le porteur contre un jugement qui a décidé le contraire, ne peut être déclaré non-recevable, sous le prétexte que, depuis ce jugement, il s'est écoulé plus de cinq ans, et qu'ainsi l'action en paiement de la lettre de change ou du billet à ordre serait prescrite, aux termes de l'art. 89½C. comm., si ce même jugement n'avait pas été signifié. — 28 juill. 1824. Civ. c. Lefèvre. D.A. 6. 713. D.P. 24. 1. 331.

704. — Jugé encore que le porteur conserve son recours par la notification du protêt et l'assignation, quoique cette assignation n'ait été suivie d'aucun jugement, et que même elle ait été donnée *devant*

des juges incompétens. — 12 mars 1813. Bourges. Varennes. D.A. 6. 712, n. 2.

Cette notification aux endosseurs, avec assignation dans la quinzaine, conserve au porteur son recours contre eux-mêmes, quoiqu'il n'ait pris jugement que contre le souscripteur. — 11 mars 1835. Civ. c. Sénégal. Jay. D.P. 35 1. 194.

705.— 2° *De l'action de l'endosseur qui a remboursé, soit contre les endosseurs antérieurs, soit contre l'accepteur, soit enfin contre le porteur lui même.*— L'endosseur qui rembourse a le droit d'exercer le même recours que le porteur, soit collectivement, soit individuellement, parce qu'il devient porteur à son tour; son action doit être intentée dans les mêmes délais qui sont prescrits par les art. 165 et 166; mais, pour lui, ces délais commencent à courir *du jour de la citation qu'il a reçue du porteur.*— D.A. 6. 704, n. 6.

706.— Le délai de quinzaine accordé à l'endosseur par l'art. 167 C. comm., pour son recours contre les endosseurs qui le précèdent, est le même dans tous les cas, soit qu'il exerce des poursuites collectives ou individuelles, soit qu'assigné lui-même par le porteur avec ceux-ci, il y ait été condamné solidairement avec eux.

707. — Le délai court toujours de la citation qui lui a été donnée *à lui-même*, et non pas seulement de la date des dernières poursuites faites contre lui *en vertu de ce jugement.* — 18 nov. 1812. Bourges. Thomas. D.A. 6. 708, n. 1. D.P. 1. 1480.

708. — Jugé encore que les délais accordés à un endosseur pour exercer son recours contre son cédant courent du jour où cet endosseur a été poursuivi en garantie. L'endosseur qui exerce son recours en garantie, ne peut jouir des délais qui auraient appartenu à chacun des endosseurs subséquens, s'ils avaient voulu s'en prévaloir. — 7 janv. 1808. Bruxelles. Gambier. D.A. 6. 707, n. 1. D.P. 1. 1470.

709. — Le remboursement volontaire d'un effet protesté, fait par l'un des endosseurs dans la quinzaine qui a suivi le protêt, équivaut à la notification exigée par l'art. 165 C. comm., en telle sorte que l'endosseur qui a ainsi remboursé, a le droit d'exercer son recours contre les endosseurs qui l'on précédé.— 10 nov. 1812. Req. Bihel. D.A. 6. 707. D.P. 13. 1. 116. — 9 mars 1818. Civ. c. Lecuyer. D.A. 6. 707. D.P. 18. 1. 237.

710.— Chacun des endosseurs jouit d'un délai de quinzaine, pour exercer son recours, alors même qu'il a reçu l'effet du porteur, et qu'il l'a remboursé *sans aucune signification de protêt.* — 10 nov. 1812. Req. Bihel. D.A. 6. 707. D.P. 13. 1. 116.

711.— Lorsqu'une lettre de change a été remboursée successivement par plusieurs endosseurs, l'endosseur qui a remboursé le dernier ne peut réclamer que le délai de quinzaine qu'il a de son chef pour exercer son recours, et non autant de délais qu'il y a d'endosseurs qui ont acquitté la lettre de change. — 7 sept. 1815. Req. Orléans. Delcros. D.A. 6. 709. D P. 15. 1. 579.—11 janv. 1816. Colmar. Rieff. D.A. 6. 710, n. 1. D.P. 1. 1480 —29 juin 1819. Civ. c. Valet. D.A. 6. 710, n. 1. D.P. 19. 1. 431.

712.— Dans le cas de remboursement, le délai de quinzaine qui appartient à chaque endosseur pour exercer son recours, commence à courir *du jour du remboursement* effectué par cet endosseur (D.A. 6. 704. n. 6).—*Contrà*, 6 avril 1821. Bruxelles. D.A. 6. 709; n. 1.

713.— La preuve du remboursement se fait par tous les modes admis en matière commerciale; la correspondance, les livres, les témoins sont les élémens principaux de cette preuve. — D.A. 6. 705, n. 6.

714.— Il n'est pas nécessaire que ce remboursement soit fait *en espèces comptées.* Il peut résulter d'un article de compte, par exemple, lorsqu'on crédite la personne qui vous rend l'effet, de l'importance de cet effet et des frais. Si le titre avait été envoyé à un correspondant d'une autre place, avec un endos à son ordre, mais seulement pour en soigner l'encaissement, et que le mandant ne fût pas en compte avec le mandataire, le remboursement serait présumé s'être fait le jour où l'effet parviendrait au mandant, parce que c'est de ce moment que le mandataire est déchargé de toute responsabilité. — Vinc., t. 2, p. 330; D.A. 6. 705, n. 6.

715 —Lorsque le souscripteur et l'endosseur d'une lettre de change ou billet à ordre sont conjointement assignés par le porteur, et qu'il s'élève entre les deux premiers des contestations qui donnent lieu à une demande en garantie, laquelle, par suite du décès de l'une des parties, n'est pas en état d'être jugée à l'audience où vient la demande principale, les tribunaux ne peuvent refuser de statuer immédiatement, s'ils en sont requis, sur cette demande principale, et surseoir à prononcer jusqu'à ce que la demande en garantie soit en état; ce serait priver le porteur du bénéfice de la solidarité (C. comm. 140, 164). — 27 juin 1810. Civ. c. Grenoble. Barthelon. D.A. 6. 657 et 7. 627. D.P. 10. 1. 447; 2. 109. —17 frim. an 7. Civ. c. Rouen. Tarbé. D.A. 6. 658, n. 1. D.P. 3. 1. 95.

716. — Si, à cause de la rature sur une lettre de change entre les mains du porteur, de l'acceptation du sur-tiré, le paiement de la lettre de change est refusé par les personnes indiquées pour l'effectuer, et s'il y avait provision entre les mains de ces personnes, le porteur est non-recevable à exercer son recours contre les endosseurs et le tireur, encore bien que, depuis le refus de paiement, le porteur aurait obtenu du sur-tiré la réapposition de sa signature sur la traite : en un tel cas, la rature équivaut à la concession d'un terme.. ; et si, dans une telle position, l'un des endosseurs paie le porteur, cet endosseur, ne pouvant avoir plus de droit que le porteur, est privé de tout recours contre le tireur (C. comm. 170). — 25 juin 1827. Lyon. Novellit. D P. 28. 2. 22.

717.— Un souscripteur de billets ne peut former, *avant de les avoir acquittés*, une action en garantie contre celui qui, par une contre-lettre, s'en est reconnu le véritable débiteur. — 5 janv. 1826. Rennes. Leproux. D.P. 26. 2. 187.

718.— 3° *Cas où le porteur et les endosseurs qui remboursent sont respectivement dispensés de notifier le protêt et de citer en jugement dans les délais légaux.* — Nous avons vu que cette dispense résultait du remboursement volontaire effectué par celui qui se trouve actionné par le porteur ou par l'endosseur qui lui-même a remboursé : inutile d'y revenir. — D.A. 6. 704, n. 6.

719.— Cette dispense résulte encore des conventions qui ont pu être faites entre le porteur ou l'endosseur qui l'a remboursé, et celui contre lequel ils veulent diriger leur recours : si ce dernier déclare dans une lettre ou dans tout autre acte, qu'il se regarde comme mis en demeure, et qu'il consent à se reconnaître débiteur, sans que le créancier ait besoin de lui notifier le protêt et de le citer en justice, il n'est pas douteux que le porteur est à l'abri de la déchéance. — D.A. 6. 705, n. 7.

720.—Jugé par application de ce principe, que le défaut de dénonciation de protêt, dans le délai fixé, ne saurait être opposé au porteur par le tireur ou endosseur qui l'aurait prié de ne pas le poursuivre, en l'invitant, par exemple, à assigner d'abord l'accepteur. — 21 mars 1828. Bordeaux. Delpech. D.P. 28. 2. 111.

721.—L'exception tirée de la déchéance encourue par l'endosseur d'une lettre de change qui n'a pas exercé son recours à l'égard des endosseurs précédens dans les délais déterminés par la loi, est une véritable exception de prescription; elle peut être dès lors opposée en tout état de cause (C. civ. 2224; C. comm. 169).

Néanmoins, cette exception cesse d'être opposable, lorsque, postérieurement à l'expiration des délais déterminés, les garans ont reconnu ou avoué la dette (C. civ. 2248; C. comm. 169).—19 janv. 1833. Agen. Balette. D.P. 33. 2. 142.

722.— La force majeure, comme nous l'avons vu plus haut, serait encore une cause de dispense pour le porteur et pour l'endosseur qui a remboursé.

723.—Jugé, en conséquence, que la force majeure relève le porteur de la déchéance encourue pour dénonciation tardive du protêt.—30 août 1809. Paris. Gaudelet. D.A. 6. 694, n. 1. D.P. 1. 1476.

724.—Mais le défaut de dénonciation du protêt en temps utile aux endosseurs et au tireur, donne lieu à la déchéance contre le porteur, si la force majeure qu'il allègue avoir empêché cette dénonciation, n'est pas trouvée suffisante par les tribunaux qui en sont seuls appréciateurs. — 25 janv. 1821. Req. Rouen. Delabarietta. D.A. 6. 693. D.P. 21. 1. 410.

725.—4° *Conséquences du recours tardif.* — Ces conséquences sont les mêmes que pour le défaut de protêt en temps utile; elles consistent en ce que le porteur est déchu de tous droits contre l'endosseur; elles consistent en ce que l'endosseur qui a remboursé est déchu de tous droits contre les autres endosseurs. La même déchéance a lieu contre le porteur et les endosseurs à l'égard du tireur lui-même, si ce dernier justifie qu'il y avait provision à l'échéance de la traite (C. comm. 168, 169, 170).— D.A. 6. 705, n. 7.—V. n. 257.

726. —L'endosseur d'un effet de commerce qui s'est laissé condamner à en payer le montant au

porteur, sans exercer, dans les délais voulus, son recours contre le précédent endosseur, son cédant, se fonde en vain, pour agir, contre ce cédant, sur une subrogation que lui aurait consentie le porteur dans sa quittance du montant de la lettre de change (C. comm. 140, 165, 166, 167; C. civ. 1250).—21 déc. 1831. Bordeaux. Charron. D.P. 33. 2. 15 — Voyez nos observ. *cod*

727.—Un endosseur à qui le cédant oppose que le recours est tardif, ne peut prétendre que le transport était nul pour défaut de date. Cette nullité, s'il était recevable à la proposer, ne lui laisserait d'autre action que celle d'un mandataire ordinaire.—7 janv. 1808. Bruxelles. Gambier. D.A. 6. 707, n. 1. D.P. 1. 1479.

728.—Le débiteur qui aurait remboursé sans s'apercevoir que la déchéance était encourue, ne pourrait pas exercer une action en répétition contre le créancier, à moins qu'il eût été induit en erreur par des moyens de dol et de fraude.—Pard., t. 2, p. 518; D.A. 6. 705, n. 7.—V. n. 639, 721.

729.—Les effets de la déchéance prononcée par les art. 168, 169 et 170 C. comm., cessent en faveur du porteur contre le tireur ou contre celui des endosseurs qui, après l'expiration des délais fixés pour le protêt, la notification du protêt ou la citation en jugement, a reçu, par compte, compensation ou autrement, les fonds destinés au paiement de la traite (C. comm. 171): la raison en est que le tireur et l'endosseur n'ont plus, dans ce cas, aucun motif pour refuser le paiement d'une somme qu'ils ont reçue; ils ne peuvent plus se plaindre de la négligence du porteur, puisqu'elle ne leur a causé aucun préjudice. —D.A. 6. 705, n. 8.

730.—Outre les poursuites que le porteur peut exercer contre les endosseurs pour obtenir le paiement, et celles que l'endosseur qui a remboursé a le droit d'intenter contre ses garans, ils peuvent encore l'un et l'autre, en obtenant la permission du juge, saisir conservatoirement les effets mobiliers des tireur, accepteurs et endosseurs (C. comm. 172). —D.A. 6. 705, n. 9.

§ 5.—*De l'action du porteur et de l'endosseur qui a remboursé, contre le tireur.*

731. — Le porteur et l'endosseur qui a remboursé peuvent actionner le tireur conjointement avec les autres endosseurs ou isolément. Lorsque les formalités voulues par la loi pour la levée du protêt ont été remplies dans le délai fixé, le tireur ne peut opposer aucune exception pour se dispenpenser de payer. Mais si le protêt a été fait tardivement, ou bien si le porteur n'en a point fait faire, le tireur peut opposer la déchéance, *pourvu qu'il justifie que la provision existait à l'échéance.* S'il ne fait pas cette preuve, il est obligé de payer, comme dans le cas où le protêt a été fait et les poursuites intentées dans les délais voulus par la loi. — D.A. 6. 714, n. 1.

732. — Le porteur d'une lettre de change protestée n'est pas recevable à actionner en garantie le tireur *qui prouve avoir fait provision*, dans le cas où il s'est contenté de lui donner avis du défaut de paiement, par une simple lettre missive, au lieu de se conformer à l'art. 13, tit. 5 de l'ord. de 1673 (C. comm. 165, anal.) — 24 vend. an 12. Civ. r. Vanrobais. D.A. 6. 715. D.P. 4. 1. 145.

733. — Le porteur d'une traite qui, au lieu de la faire protester, promet à l'accepteur de n'en exiger le paiement qu'après l'événement d'une condition, perd tout recours contre le tireur *qui en a fait les fonds*, bien que la condition paraisse avoir été stipulée dans l'intérêt de ce dernier. — 16 fév. 1809. Grenoble. Chambaud. D.A. 6. 715. D.P. 1. 1489.

734. — Le tireur d'une lettre de change non acquittée, et par suite protestée, peut être appelé en garantie par celui sur qui il a fait retraite, devant le tribunal où est cité ce dernier, en paiement de la lettre tirée en retraite.— 2 juin 1808. Paris. Lancel-Carré. D A. 6. 662. D.P. 1. 1471.

735. — L'endosseur qui a négligé d'exercer son recours contre ses garans dans les délais fixés par la loi, est dans la même position que le porteur : il conserve ses droits contre le tireur, mais il peut être repoussé par l'exception de provision fournie. Sous l'ord. de 1673, l'endosseur était lui-même obligé, pour repousser l'action tardive du porteur, de prouver que la provision avait été faite. Le code de commerce déroge, en ce point, à l'ancienne législation.— D.A. 6. 715, n. 2.

736. — Lorsque les endosseurs et le souscripteur d'un effet de commerce ont été condamnés solidairement, et que, par le même jugement, ce dernier

a été condamné à garantir les endosseurs, ces endosseurs ne peuvent exercer de recours contre le souscripteur, et, par exemple, lui faire commandement, *sans que cet acte mentionne que le porteur a été désintéressé, et contienne l'offre de remettre les titres* Si donc ce souscripteur a été arrêté sans ces formalités préalables, il peut demander la nullité de son emprisonnement, encore bien que le procès-verbal d'arrestation contienne l'offre (tardive) de remettre les pièces (C. comm. 159, 167; C. civ. 1251). — 10 avril 1826. Lyon. Robert. D.P. 26. 2. 189.

757. — Le défaut de protêt à l'échéance d'une lettre de change régulière en sa forme, n'a pas pour effet de la faire dégénérer en simple promesse à l'égard du tireur, en telle sorte que celui-ci soit, par ce seul défaut de protêt, affranchi de la contrainte par corps. — 25 mai 1824. Civ. c. Montpellier. Terrein. D.A. 6. 716. D.P. 24. 1. 220.

Le motif de cette décision est que le protêt n'a d'autre but que de constater l'inaccomplissement de l'obligation; il ne peut avoir pour effet ni de la confirmer ni d'en changer la nature (D.A. 6. 715, n. 3). — 25 frim. an 9. Civ. c. Jeanniuck. D.A. 6. 717. D.P. 3 1 308.

758.— Les effets de la déchéance encourue même à l'égard du tireur qui justifie avoir fait provision, cessent d'avoir lieu lorsqu'il est prouvé que ce tireur a reçu par compte, compensation ou autrement, les fonds destinés au paiement de l'effet. Si donc, avant que le porteur ou l'endosseur eussent pu obtenir le paiement du tiré accepteur ou non accepteur, mais qui avait les fonds pour payer, il arrive que ce tiré a remis les fonds ou en a tenu compte au tireur, ou que ce dernier a opposé la compensation au tiré, le porteur et l'endosseur déchus rentrent dans tous leurs droits contre le tireur.— D.A. 6. 715, n. 4.

ART. 11.—*Des protêts.*

739. —Nous examinerons 1° à la requête de qui doit être fait le protêt; 2° par qui il doit être fait; 3° où il doit être fait; 4° quelles sont les formalités ou énonciations qu'il doit contenir; 5° en cas de nullité, si le porteur a un recours contre l'officier ministériel qui l'a commis.

740.— 1° *A la requête de qui doit être fait le protêt?*—Le protêt doit être fait à la requête *du porteur*, même lorsque l'effet ne lui a été transmis que par endossement irrégulier: car l'endos irrégulier n'est qu'une simple présomption de mandat; tant que l'exception qu'il peut faire naître n'est pas proposée, le porteur est considéré comme propriétaire. — D.A. 6. 717, n. 1.

741.— Le protêt peut même être fait à la requête d'une personne qui n'est pas propriétaire de la traite et dont le nom ne figure pas sur le titre: la raison en est qu'aucun texte de loi ne défend de faire toucher le montant d'une lettre de change par un mandataire; aucun texte n'interdit non plus de se constituer le *negotiorum gestor* du propriétaire d'un effet de commerce, et de faire, à ce titre, toutes les démarches qui peuvent être utiles pour prévenir la déchéance de ce propriétaire.— D.A. 6. 717, n. 2.— *Contrà*, Pard., t. 2, p. 502.

742.—Mais si, lors du protêt, le tiré déclarait qu'il ne paie point parce que celui qui requiert le paiement ne justifie point suffisamment de son droit ou de son mandat, et qu'ensuite ce tiré devint insolvable, le propriétaire ne serait pas fondé dans son action en recours contre ses garans, parce qu'ils pourraient lui imputer le défaut de paiement à l'échéance.— D.A. *eod*, n. 2.

743. — 2° *Par qui le protêt doit-il être fait?*— « Par deux notaires ou par un notaire et deux témoins, ou par un huissier et deux témoins » (C. comm. 173).— D.A. 6. 717, n. 3.

744.—Sous l'ordonnance de 1673, il n'était pas nécessaire, à peine de nullité, que l'huissier fût accompagné de deux recors pour la signification d'un protêt.— 9 déc 1812. Civ. r. Talon. D.A. 6. 721. D.P. 15. 1. 504.

745.— Un acte de protêt n'est point nul par cela que les notaires en ont gardé la minute.— 30 août 1813. Rouen. Véron. D.A 6. 724. D.P. 1. 1484.

746 — Le protêt doit, à peine de nullité, être signé par *les deux témoins* en présence desquels il a été rédigé; la signature d'un seul est insuffisante (C. comm. 173; C. pr. 1030). — 21 août 1832. Trib. de comm. de Paris. Cambure. D.P. 32. 3. 103.

747 — L'officier ministériel qui se présente pour la signification d'un protêt, doit en général être porteur de l'effet qu'il s'agit de faire protester; car il est possible que le débiteur veuille en acquitter le montant entre ses mains. Mais s'il n'était pas muni de cette pièce, le protêt par lui rédigé serait-il nul? La solution dépend d'une foule de circonstances qui varient selon les espèces et dont les tribunaux sont seuls appréciateurs.—D.A 6. 717, n. 3.

748.— Le protêt serait évidemment valable, si le porteur lui-même accompagnait l'officier instrumentaire chez le tiré, et là, faisait l'exhibition de son titre, au lieu et place du notaire ou de l'huissier (D.A. 6. 717, n 3) — 30 août 1813. Rouen. Véron. D.A. 6. 724. D.P. 1. 1484.

749.— 3° *Où le protêt doit-il être fait?* — « Au domicile de celui sur qui la lettre de change était payable, ou à son dernier domicile connu » (C. comm. 173). Si la lettre de change a été stipulée payable au domicile *d'un tiers* autre que le tiré, c'est au domicile de ce tiers que le protêt devra être fait.— D.A. 6. 717, n. 4.

750.— La signification à personne du tiré hors de son domicile, est nulle. — 18 juin 1834. Bordeaux. Durand. D P. 35. 2. 40.

751. — Jugé cependant que la loi n'exige pas l'accomplissement de cette formalité, à peine de nullité, si d'ailleurs elle a été suppléée de manière à ce qu'il n'en soit résulté aucun préjudice pour les parties intéressées. Et spécialement, on a validé, nonobstant la prétention contraire du tireur, un protêt signifié à un tiré trouvé dans une ville voisine, alors qu'il s'était borné à refuser de payer par le motif qu'il n'avait pas reçu les fonds de la traite par lui *acceptée* et que les marchandises pour le paiement desquelles la traite avait été tirée, n'étaient pas de bonne qualité...; alors qu'il n'y a pas eu protestation de sa part et qu'il n'est pas allégué que les intéressés aient éprouvé un préjudice de cette manière d'agir. — 20 janv. 1835. Civ. r. Angers. D.P. 35. 1. 116.

752. —Le protêt doit être fait au domicile du souscripteur d'un billet à ordre, quoiqu'à l'échéance ce dernier soit en état de faillite: la loi n'exige pas que le protêt soit fait au domicile des syndics (C. comm. 173, 494).— 5 mars 1818. Bruxelles. D.A. 6. 723, n. 2. D.P. 1. 1484.

753.— Quand une lettre de change, tirée sur un commerçant qui a son comptoir dans un lieu et sa résidence dans un autre, a été acceptée, le protêt doit être fait au lieu sur lequel la lettre de change a été tirée, qui est le lieu où elle doit être payée; il ne suffirait pas que le protêt fût fait au lieu de la résidence, quand même, lors du protêt, le tiré, accepteur, serait en faillite, et aurait fermé son comptoir (C. comm. 123, 173).— 11 janv. 1814. Bordeaux. Delvaille. D.A. 6. 722, n. 1. D.P. 1. 1483.

754.— Le portier d'une maison est le serviteur de toutes les personnes qui l'habitent, en telle sorte qu'un protêt fait en parlant au portier de la maison, est valable (C. pr. 68) — 25 mai 1816. Lyon. Chevelu. D.A. 6. 723. D.P. 18. 2. 29.

755.— Il n'est pas nécessaire de désigner le sexe du portier auquel a été remise la copie du protêt.— Même arrêt.

756.— Si la traite a été stipulée payable dans une autre ville que celle qu'habite le tiré, et que celui-ci refuse d'accepter, et par conséquent d'indiquer un domicile dans cette ville où le paiement devait avoir lieu, on demande où devra être fait le protêt? Est-ce au domicile du tiré? est-ce dans la ville où la traite était stipulée payable? Cette question est extrêmement grave; cependant nous inclinons à penser que le protêt doit être fait dans la ville où la traite était stipulée payable: nos raisons de décider sont que ce lieu a été indiqué dans l'intérêt du porteur que ce dernier s'est bien soumis aux chances d'un refus d'acceptation, mais qu'il n'a pu ni dû penser que ce refus anéantirait les conventions intervenues entre lui et le tireur. Nous pensons donc que le porteur devra faire procéder d'abord à un procès-verbal de perquisition, conformément à l'art 173 C. comm., et puis faire protester (D.A 6. 717. n. 5).— 19 juill. 1814. Civ. c. Grosier. D.A 6. 721. D.P. 14. 1. 435.

757.— Si la personne au domicile de laquelle la traite était payable, a changé de domicile, le protêt doit être fait *à son dernier domicile connu* (173 C. comm.) Si le porteur ou l'officier instrumentaire qu'il emploie, connaissent ce dernier domicile, il est inutile de recourir à l'ancien, et à plus forte raison d'y faire un protêt: le protêt fait au nouveau domicile suffit.

758.— Si le porteur et l'officier instrumentaire ne connaissent pas ce nouveau domicile, si on ne peut pas le leur indiquer à l'ancien, nous pensons qu'alors ils devront remplir les formalités prescrites par l'art. 68 C. proc. civ.: c'est-à dire que l'officier instrumentaire fera le protêt à l'ancien domicile connu; qu'il remettra la copie à un voisin qui signera l'original, et si ce voisin ne peut ou ne veut signer, il remettra la copie au maire ou adjoint de la commune.— D.A. 6. 718, n. 6.

759.—Après avoir fait le protêt au domicile indiqué pour le paiement, l'officier instrumentaire doit se transporter au domicile des personnes indiquées par la lettre de change pour la payer *au besoin* (173 C. comm.). Mais ici se présente une difficulté sujette à controverse: elle consiste à savoir si le tireur d'une lettre de change ou le souscripteur d'un billet à ordre est le seul qui ait le droit d'indiquer des besoins, ou si ce droit appartient encore aux endosseurs? Nous pensons que l'endosseur peut, comme le tireur, indiquer un besoin pour le paiement, et que le protêt doit être fait au domicile de ce besoin, comme à celui qui est indiqué par le tireur ou le souscripteur: nos motifs de décider sont que ce droit accordé aux endosseurs d'indiquer des besoins, se trouve consacré par un usage général; qu'il est fort avantageux au commerce; qu'il ne se trouve prohibé par aucune loi; qu'il trouve au contraire une sanction dans la disposition *générale* de l'art. 173; que le porteur ne peut se plaindre de l'obligation où il est de faire de nombreux protêts, puisqu'il a connu cette obligation lorsqu'il a consenti à ce que la traite fût endossée en sa faveur. — D.A. 6. 719, n. 7.— V. D.P. 35. 3. 17.

760.—Jugé au contraire que l'art. 173 C. comm. doit être entendu en ce sens, que le porteur de l'effet n'est tenu de faire protester *qu'au besoin* indiqué par le titre, c'est-à-dire *par le tireur*, et non à celui qui est indiqué *par les endosseurs*. — 24 mars 1829. Civ. r. Rebut. D.P. 29. 1. 192. — 3 mars 1834. Civ. c. Dijon. Juif. D.P. 34. 1. 123.

761. — Si la personne indiquée *au besoin* avait changé de domicile, l'huissier devrait se présenter *au dernier domicile connu*: la loi ne le dit pas; mais il faut suivre pour les besoins la même règle que pour le tiré. — D.A. 6. 720, n. 9.

762.— Enfin, l'officier instrumentaire doit se présenter au domicile du tiers *qui a accepté par intervention*, parce qu'effectivement ce tiers a contracté les obligations d'un accepteur, et que le porteur doit conserver le recours contre lui, tant pour lui-même que pour les endosseurs. — D.A. 6. 720, n. 10.

763. — Toutes ces présentations doivent être constatées par un seul et même acte. Si l'officier instrumentaire n'a pas le temps de faire toutes ces constatations dans la même journée, peut-il, en le mentionnant dans son protêt, continuer le lendemain? Nous pensons que oui; car il y a dans ce cas une sorte de force majeure. Mais il est prudent de commencer par se présenter au domicile *des obligés directs*, avant de se présenter au domicile *des besoins*.— Pard., t. 2, p. 506; D.A. 6. 720, n. 11.

764. — Lorsque le domicile indiqué est faux, le protêt doit être précédé d'un procès-verbal de perquisition, porte l'art. 173: c'est-à-dire, que l'officier instrumentaire doit s'adresser à toutes les personnes capables de lui donner des indications sur le tiré, le souscripteur ou les besoins. S'il ne parvient point à découvrir la personne indiquée, il clot son procès-verbal; il proteste ensuite, et il remplit les formalités prescrites par le n. 8, art. 69, C. pr. civ.. c'est-à-dire qu'il affiche une copie à la principale porte du tribunal de commerce, et en donne une seconde au procureur du roi, qui vise l'original. — D.A. 6. 720, n. 12.

765. — Ce protêt est indispensable pour conserver les droits du porteur; le procès-verbal de perquisition ne peut, sous aucun prétexte, en tenir lieu. — 8 juill. 1811. Rouen. Goguely. D.A. 6. 726. n. 1. D.P. 1. 1485. — 29 janv. 1831. Nanci. Houette. D P 31. 2. 107. — 6 déc. 1831. Req. Aubert. D.P. 31. 1. 361.

766 — Lorsque le souscripteur d'un effet a désigné pour le lieu du paiement une ville qui a plusieurs homonymes en France, sans ajouter aucune indication spéciale propre à éviter toute méprise, le protêt fait dans une ville du même nom que celle qui est désignée sur le titre, mais autre que la résidence du souscripteur, est-il nul? En cas d'offres réelles, le tiers-porteur doit-il supporter les frais? — La solution sur l'une et l'autre de ces questions dépend entièrement des circonstances. il faut examiner si le tiers-porteur a pu, ou s'il lui a été impossible de prévenir l'erreur dans laquelle il est tombé. Mais, en général, il nous semble que la jurisprudence doit tendre à favoriser la circulation des effets de commerce, et par conséquent elle doit être sévère envers les souscripteurs négligens et

facile pour les tiers-porteurs de bonne foi. — D.A. 6. 720, n. 13.

767. — 4° *Formalités ou énonciations que doit contenir le protêt.* — L'acte de protêt doit spécialement contenir la transcription littérale du titre, de l'acceptation, des endossemens et des recommandations qui y sont indiquées. Les erreurs dans la transcription ne seraient sans doute pas des nullités; mais elles pourraient donner lieu à des contestations, et par suite faire retomber les frais à la charge du porteur. — D.A. 6. 720, n. 14.

768. — En outre, le protêt doit contenir la sommation de payer le montant de l'effet; énoncer la présence ou l'absence de celui qui doit payer; les motifs du refus de payer, et l'impuissance ou le refus de signer. Il suffit, pour la validité du protêt, que la présence ou l'absence de celui qui doit payer puisse s'induire du contexte de l'acte; il n'est pas nécessaire d'en faire une énonciation explicite. — D.A. 6. 720, n. 15.

769. — L'importance des protêts est si grande, que le législateur a dû prendre tous les moyens en son pouvoir pour en constater l'existence. Aussi, l'art. 176 C. comm. dispose-t-il que « les notaires et les huissiers sont tenus, à peine de destitution, dépens, dommages-intérêts envers les parties, de laisser copie exacte des protêts et de les inscrire en entier, jour par jour, et par ordre de dates, dans un registre coté, paraphé et tenu dans les formes prescrites pour les répertoires. »

770. — Il a été jugé que le défaut de désignation de la personne à laquelle il a été laissé copie d'un protêt, n'en entraine pas nullité, alors qu'il résulte du protêt même que l'officier ministériel s'est transporté au domicile; ici s'applique l'art. 176 C. comm., lequel ne porte pas de nullités. — 11 juin 1830. Trib. de Marseille, Dalmas. D.P. 31. 2. 175. — *Contrà*, notre observ., *eod.*

771. — Malgré l'injonction formelle de l'art. 176, il est constant qu'aucun huissier ne délivre à Paris de copie des protêts aux domiciles où la loi exige qu'ils soient faits. C'est un abus, mais tellement enraciné, qu'il ne donne pour ainsi dire lieu à aucune réclamation. — D.A. 6. 720, n. 17.

772. — 5° *En cas de nullité d'un protêt, le porteur a-t-il un recours contre l'officier ministériel qui l'a commise?* — L'affirmative ne peut être susceptible d'un doute : elle résulte, d'une part, des art. 1382 et 1383 C. civ., qui rendent tout individu responsable du tort qu'il peut avoir causé à autrui par sa négligence ou par son imprudence; de l'autre, des art. 71 et 1031 C. proc., qui mettent à la charge de l'officier ministériel les actes nuls par lui faits, et qui le déclarent même, suivant les cas, passible de dommages et intérêts envers les parties.

773. — A supposer que l'huissier soit responsable de la nullité d'un protêt signifié à un domicile erroné, qui lui a été indiqué par le porteur, cependant ce dernier, *s'il a payé les frais de protêt à l'huissier, sans réclamation, en retirant les pièces*, est censé avoir approuvé ce qui a été fait, et, par suite, avoir renoncé à se prévaloir de la nullité (C. civ. 1338). — 29 août 1832. Req. Toulouse. Juriol. D.P. 32. 1. 364.

774. — Un tribunal de commerce saisi de la demande en nullité du protêt, ne peut prononcer des dommages-intérêts contre l'huissier qui a commis la nullité. Il doit, pour cet objet, renvoyer les parties à se pourvoir devant les tribunaux civils. — 19 juill. 1814. Civ. c. Grosier. D.A. 6. 721. D.P. 14. 1. 435. — V. Compétence.

775. — On vient de voir que les officiers ministériels, de même que tous autres mandataires, étaient responsables *du défaut de protêt en temps utile*, lorsque le porteur leur avait donné mission expresse de faire ce protêt.

776. — Le protêt peut-il être remplacé par quelqu'autre acte? — V. n. 621.

ART. 12. — *De la retraite et du rechange.*

777. — On appelle retraite une nouvelle lettre de change fournie en faveur d'un donneur de valeurs, sur l'un des endosseurs ou le tireur de la première. — Si, pour obtenir les fonds du preneur, le tireur du nouveau titre a été obligé de payer une certaine somme ou droit de change, parce qu'à cette époque le change était favorable au preneur, ce droit payé est ce qu'on nomme *rechange* (D.A. 6. 727, n. 1). — Cette partie du code de commerce, trop peu développée, n'a été que peu éclaircie par la jurisprudence. — D.A. 6. 730, n. 14.

778. — La faculté de faire une retraite appartient *à toute personne qui a droit au remboursement.* Elle n'est donc pas limitée au dernier porteur, ainsi que semblerait le faire croire la rédaction de l'art. 178 C. comm.; mais elle s'étend encore à l'endosseur qui a remboursé, au donneur d'aval pour un endosseur, à l'intervenant. — D.A. 6. 727, n. 2.

779. — Par la même raison, le droit de faire une retraite ne dépend pas *du porteur au moment de l'échéance* : quand même ce dernier n'en userait pas et se ferait rembourser par un endosseur sans employer préalablement ce moyen, nous pensons que cet endosseur pourrait faire retraite sur les autres garans. — D.A. 6. 728, n. 3.

780. — De ce que la retraite est un mode d'obtenir *le remboursement de l'effet protesté*, il suit qu'elle doit être exactement de la somme à laquelle le porteur a droit, comme de tous les frais légitimement faits pour obtenir ce paiement. Si donc, sous quelque prétexte que ce soit, le nouveau tireur excédait, dans la retraite, ce qu'il a droit de demander, le tiré serait autorisé à ne pas faire honneur à la traite sans s'exposer à des dommages-intérêts; et même tous les frais de retraite seraient à la charge du tireur. — D.A. 6. 728, n. 4.

781. — Pour déterminer l'importance de la somme que doit contenir la retraite, il est nécessaire d'établir un compte détaillé, qu'on appelle *compte de retour*. Ce compte se fait sur papier timbré, et contient les articles suivans : le principal de l'effet protesté, les frais judiciaires, une commission de banque, le courtage de la retraite, le droit payé à l'agent de change pour certificat, les frais de timbre de la retraite et du compte, les intérêts, les ports de lettres et la perte à la négociation de la retraite ou le rechange. Ensuite vient le certificat de l'agent de change sur le prix du rechange auquel la traite a été négociée. Dans les lieux où il n'y a pas d'agent de change, le certificat est délivré par deux commerçans. Enfin, lorsque la retraite est fournie sur l'un des endosseurs, elle est accompagnée d'un second certificat, qui constate le cours du change du lieu où la première lettre de change était payable sur le lieu d'où elle a été tirée. — Au compte de retour ainsi fait, il faut joindre le titre primitif et le protêt ou une expédition de cet acte. Le tout s'annexe à la retraite, au moyen de quoi le porteur se trouve subrogé à tous les droits du tireur, droits qu'il peut exercer, dans le cas où la retraite ne serait point acquittée. — D.A. 6. 728, n. 5.

782. — On a dit que la loi autorisait à porter au compte de retour *tous les frais légitimes.* De ce nombre sont, par exemple, les amendes pour contravention au timbre du fait des porteurs précédens, et que celui qui crée le compte de retour aurait été obligé d'acquitter. — D.A. 6. 729, n. 9.

783. — Mais nous croyons (contrairement à l'ord. de 1673, tit. 6, art. 4) que le porteur ne pourrait pas comprendre au compte les frais du voyage qu'il lui a plû de faire pour aller lui-même recevoir le paiement sur les lieux : il pouvait se dispenser de ce voyage, en confiant la traite à un correspondant ou à tout autre mandataire. — Vinc., t. 2, p. 313; D.A. 6. 729, n. 9. — *Contrà*, Locré, sur l'art. 181.

784. — On a dit que le compte de retour devait aussi contenir *le rechange*, c'est-à-dire la perte subie par le porteur dans la négociation de la retraite. Mais par qui ce rechange doit-il être supporté en définitive? Aujourd'hui, comme autrefois, le tireur ne peut supporter qu'un seul rechange, celui du lieu où l'effet avait été créé, au lieu où il était payable. Chaque endosseur ne peut également supporter qu'un rechange, celui du lieu où l'effet a été remis par lui, sur le lieu où le remboursement s'effectue (179, 182, 183 C. comm.). Le motif de ces diverses dispositions, c'est qu'il eût été trop sévère de faire supporter au tireur seul tous ces divers rechanges, quoiqu'il soit vrai de dire que c'est lui qui les a occasionés, en ne faisant pas provision à l'échéance. — Locré, sur l'art. 179; D.A. 6. 730, n. 12.

785. — Bien qu'un endossement soit passé dans un lieu régi par la loi française qui défend le cumul des rechanges, l'endosseur est tenu de payer plusieurs rechanges, si la lettre de change est tirée et indiquée payable dans un pays où le cumul des rechanges est permis (V. Vincens, 2, p. 317). — 17 août 1811. Gênes. Pollori. D.A. 6. 730 D.P. 1. 1486.

786. — L'intérêt du capital de la lettre de change est dû *à compter du jour du protêt* (184 C. comm.). Aussi cet intérêt se comprend-il dans le compte de retour par le porteur qui fait la première retraite; mais comme il ne peut le calculer que jusqu'à l'échéance de cette retraite, le législateur devait stipuler que tout porteur qui aurait remboursé, serait en droit de réclamer, non seulement les intérêts du capital compris dans le compte de retour, mais encore tous ceux courus depuis le protêt. C'est ce qui s'induit de la disposition générale de l'art 184. — D.A. 6. 730, n. 13.

787. — Cette disposition n'est pas faite *spécialement* pour les cas de retraite et de compte de retour; elle constitue un principe qui s'applique à toutes les hypothèses. — D.A. 6. 730, n. 13.

788. — Jugé, par application de ce principe, que lorsqu'un billet à ordre est protesté long-temps après son échéance, les intérêts ne peuvent être adjugés que *du jour du protêt*, et non du jour *où le billet est échu.* — 26 janv. 1818. Civ. c. Dijon. Prisset. D.A. 6. 672. D.P. 18. 1. 264.

789. — L'intérêt des frais de protêt, rechange et autres frais légitimes, n'est dû *qu'à compter du jour de la demande en justice* » (185 C. comm.). Cette disposition ne s'applique pas, d'après nous, au porteur à l'échéance, puisqu'au moyen de la retraite par lui opérée, il s'est désintéressé complètement, et par suite n'a pas à former une demande en justice. Elle s'applique plutôt au cas d'une demande en paiement intentée par celui qui, ayant remboursé la retraite fournie sur lui, a été obligé de s'adresser à justice pour être payé par ses garans. — D.A. 6. 728, 730, n. 7, 13.

790. — Dans l'usage, lorsque la maison qui fait le compte de retour est en relation d'affaires avec celle sur laquelle elle veut se rembourser, il ne se fait point de retraite, encore bien que le compte de retour porte qu'il en a été fait une. C'est un bénéfice pour le banquier, puisqu'il profite d'un rechange qu'en réalité il n'a point payé, et de la valeur d'un papier timbré qu'il n'emploie pas.

Entre négocians, cet abus peut être sans de grands inconvéniens, parce qu'il est général et que chacun en profite à son tour; mais il est préjudiciable aux non négocians pour lesquels la lettre de change a été également créée et qui en font un fréquent usage. — Vinc., t. 2, p. 321; D A. 6. 728, n. 6.

791. — L'emploi de la retraite dispense-t-il de remplir les formalités voulues par les art. 165 et 168 C. comm., pour la conservation des recours en garantie? Nous ne le pensons pas, car les art. 165 et 168 sont conçus en termes généraux; ils ne contiennent pas d'exception pour les cas de retraite. Nous pensons donc que, nonobstant cette retraite, il devra y avoir protêt, dénonciation de protêt et assignation dans les délais légaux. — Locré, sur l'art. 177; D.A. 6. 728, n. 7.

792. — Mais par qui devront être faites ces poursuites? Sera-ce par le *preneur* de la retraite ou bien par le tireur de cette retraite? — Nous pensons qu'elles devront être faites par le preneur de la retraite, puisqu'il est subrogé à tous les droits du tireur et qu'il est même détenteur du titre primitif qui, d'après l'art. 181 C. comm., a dû être annexé à la retraite. — D.A. 6. 729, n 7.

793. — Néanmoins, si les poursuites étaient faites par le tireur de la retraite, elles ne seraient pas nulles, parce que, quoique dessaisi de ses droits momentanément, il a un grand intérêt à ne pas encourir la déchéance, l'action qu'il aurait contre le porteur de la retraite pouvant ne pas lui offrir les mêmes garanties. Seulement, s'il y avait conflit de poursuites, les frais des actes faits par le porteur de la retraite seraient seuls légitimes et exigibles. — D.A. 6. 729, n. 7.

794. — Ce qu'on vient de dire de la première retraite qui serait faite par le porteur à l'échéance sur l'un des endosseurs, s'applique aux retraites subséquentes faites par les endosseurs qui ont remboursé. — D.A. 6. 729, n. 7.

795. — Mais supposons que les diligences aient été faites par le porteur avant la création de la retraite; si l'endosseur assigné venait faire offre de payer, serait-il passible des frais qu'aurait entraînés la retraite? L'affirmative nous paraît constante, d'abord parce que le porteur n'a fait que ce que la loi l'autorisait à faire : ensuite parce que si le paiement n'a pas eu lieu à l'échéance, c'est par la faute de tous les garans qui, par suite, doivent en supporter les conséquences; enfin parce que l'emploi de la retraite n'empêche pas de faire les diligences, et *vice versâ.* — *Contrà*, D.A. 6. 729, n. 8.

ART. 13. — *De la prescription.*

796. — L'art. 189 C. comm porte : « Toutes actions relatives aux lettres de change, et à ceux des billets à ordre souscrits par des négocians, marchands ou banquiers, ou pour fait de commerce, se prescrivent par cinq ans, à compter du jour du protêt ou de la dernière poursuite juridique, s'il n'y a eu condamnation, ou si la dette n'a été reconnue par acte séparé. — Néanmoins les prétendus débiteurs seront tenus, s'ils en sont requis, d'affirmer, sous serment, qu'ils ne sont plus redevables; et leurs veuves, héritiers, ou ayans-cause, qu'ils estiment de bonne foi qu'il n'est plus rien dû. »

Nous allons examiner, 1° quels sont les effets de commerce auxquels s'applique la prescription de cinq ans établie par l'art. 189 C. comm.; 2° à compter de quelle époque commence à courir cette

prescription; 3° quelles sont les causes qui la suspendent ou l'interrompent; 4° enfin quels sont ses effets, ses caractères, par qui elle peut être opposée.

797. — *Effets de commerce auxquels s'applique la prescription de cinq ans.* — L'ordonnance de 1673, tit. 5, art. 21, déclarait que les actions relatives *aux lettres de change* se prescrivaient par cinq ans; mais elle ne contenait pas de disposition analogue relativement *aux billets à ordre* qui, à cette époque, étaient assez peu en usage dans le commerce: ces billets ne se prescrivirent donc que par le laps de temps requis pour les obligations ordinaires (D.A. 6. 731, n. 1). — 3 vent. an 12. Bruxelles. Degavre. D.A. 6. 734. D.P. 1. 1486.

798. — Le nouveau code de commerce a supprimé cette distinction: aujourd'hui, toutes actions relatives aux billets à ordre, comme celles relatives aux lettres de change, se prescrivent par cinq ans (C. comm. 189). — D.A. 6. 731, n. 1.

799. — La prescription de cinq ans n'est pas applicable aux billets à ordre souscrits sous l'empire de l'ord. de 1673, alors même que cinq années se sont écoulées sans aucune poursuite depuis la promulgation du code de commerce (C. comm. 189; C. civ. 2, 2281). — La raison en est que, d'après l'art. 2 C. civ., *la loi ne dispose que pour l'avenir; qu'elle n'a point d'effet rétroactif* (D.A. *eod.*, n. 2). — 12 juin 1822. Req. Riom. Violle. D.A. 6. 735. D.P. 22. 1. 328. — 21 juill. 1824. Civ. c. Spyns-l'Hhermite. D.A. 6. 735, n. 2. D.P. 24. 1. 275. — 6 mai 1815. Paris. Georgel. D.A. 6. 736, note. D.P. 24. 2. 99. — 13 juin 1818. Riom. Durat Lussale. D.A. 6. 736, note. D.P. 22. 1. 328. — 23 mars 1822. Paris. Morillon. D.A. 6. 736, note. D.P. 24. 2. 99. — 27 janv. 1824. Liége. D.A. 6. 736, note.

800. — *Contrà*, 31 déc. 1013. Rouen. Duval. D.A. 6. 734. D.P. 14. 2. 59. — 21 nov. 1806. Bruxelles. Leclerc. D.A. 6. 735, n. 1. D.P. 22. 1. 328. — 2 fév. 1821. Bruxelles. Kairese. D.A. 6. 735, n. 1. — 21 fév. 1816. Paris. Delpech. D.A. 6. 735, n. 1. D.P. 22. 1. 328. — 2 mai 1816. Paris. Delpech. D.A. *eod.* D.P. 24. 2. 100.

801. — Jugé, dans le premier sens, que la prescription quinquennale ne s'applique pas à un billet à ordre, souscrit et échu avant la publication du code de commerce. — 20 avril 1830. Civ. c. Dagrenat. D.P. 30. 1. 212.

802. — La prescription quinquennale n'est applicable aux billets à ordre, qu'autant qu'ils ont été souscrits *par des commerçans* ou *pour fait de commerce.* S'ils ne réunissent pas ces conditions, ils rentrent dans la catégorie des obligations ordinaires. — D.A. 6. 731, n. 4.

803. — Et l'on doit, dans l'esprit de l'art. 189 C. comm., considérer comme négociant celui dont l'état de situation présente un passif considérable dans lequel sont compris des effets de commerce, et qui, dans son bilan, prend la qualité de marchand roulant. — 25 août 1809. Besançon. Bassand. D.A. 10. 595, n. 3. D.P. 2. 811, n. 2. — V. Commerçant.

804. — La prescription quinquennale peut être invoquée par *le donneur d'aval* qui garantit un effet de commerce créé *par des commerçans* ou *pour une opération commerciale*; car ce donneur d'aval fait un véritable acte de commerce. — D.A. *eod.*, n. 4.

805. — L'obligation de rendre compte d'une lettre de change *qu'on a reconnu avoir reçue*, se prescrit par trente ans comme les actions ordinaires, et non par cinq ans, comme les actions qui naissent des lettres de change (Ord. 1673, tit 5, art. 1er, 21, 28; C. comm. 189, anal.). — 19 janv. 1813. Civ. c. Lyon. Moutain. D.A. 6. 736. D.P. 13. 1. 208. — *Contra*, D.P. 35. 1. 57.

806. — La prescription de cinq ans admise contre les lettres de change et les billets à ordre, ne peut s'appliquer entre commerçans *au reliquat d'un compte courant*, justifié par la représentation des registres de commerce.

807. — Et l'on peut faire usage de ces registres après le laps de dix ans (C. comm. 11). — 10 nov. 1817. Rouen. Desjardins. D.A. 6. 736. D.P. 17. 2. 150.

808. — Une lettre de change *simulée* est sujette à la prescription de trente ans et non à celle de cinq. — 22 juin 1823. Req. Bourges. Mevolhon. D.P. 25. 1. 345.

809. — La seule négociation d'une lettre de change, souscrite au profit de l'état par un adjudicataire de coupes de bois, ne transmet pas au porteur le droit particulier que le gouvernement s'est réservé, dans le cahier des charges, de pouvoir poursuivre l'adjudicataire en paiement de l'adjudication par les voies ordinaires, en cas de non acquittement de la lettre de change, et outre l'action qui résulterait de ce non acquittement. — Ainsi, le porteur de la lettre de change qui n'a pas fait faire de protêt à l'échéance, et qui est resté cinq ans sans exercer de poursuites contre les endosseurs, ne peut prétendre qu'en vertu des conventions particulières du cahier des charges, il a le droit, comme étant à la place de l'état, de recourir contre les cautions de l'adjudicataire *pendant trente ans.* — 8 nov. 1825. Req. Nanci. Germain. D.P. 26. 1. 6.

810. — Une traite souscrite à l'ordre du receveur-général, en forme de lettre de change, par l'adjudicataire d'une coupe de bois royaux, en exécution d'une clause du cahier des charges, se prescrit par cinq ans comme toute lettre de change, aux termes de l'art. 189 C. comm., sans qu'il y ait lieu d'examiner si la traite intervenant dans l'espèce, sur obligation antérieure, résultant de l'adjudication, il y a novation, ou si l'obligation subsiste avec son caractère propre sous une forme nouvelle. — 15 déc. 1829. Req. Froidefont. D.P. 30. 1. 37.

811. — L'obligation souscrite dans la forme d'une lettre de change, mais dans laquelle le tireur se réserve *la faculté de renouveler*, au lieu de payer à l'échéance, ne constitue pas une véritable lettre de change, qui puisse être éteinte par la prescription de cinq ans. — 2 fév. 1830. Paris. Belon. D.P. 30. 2. 84.

812. — *Époque à compter de laquelle commence à courir la prescription quinquennale.* — La prescription court à compter du jour du protêt ou des dernières poursuites juridiques (189 C. comm.).

813. — S'il n'y a eu ni protêt ni poursuites, la prescription commencera à courir à compter *du lendemain de l'échéance*, puisque ce n'est que ce jour là que le protêt aurait pu être fait et le débiteur être mis en demeure de payer (Locré, sur l'art. 189; D.A. 6, p. 732, n. 5). — Jugé qu'il en était ainsi sous l'empire de l'ordonnance de 1673. — 31 juill. 1816. Civ. c. Baraduc. D.A. 6. 737, n. 1. D.P. 17. 1. 46.

814. — Et la jurisprudence s'est prononcée dans le même sens depuis la publication du code de commerce. — 13 avril 1818. Civ. c. Rouillon. D.A. 6. 737. D.P. 18. 1. 305.

815. — Sous l'ordonnance de 1673, la prescription de cinq ans ne commençait à courir que du lendemain des dix jours de grâce: la raison en est que le protêt ne pouvait être fait que ce jour là. — 25 mars 1813. Liége. Govaerts. D.A. 6. 737, n. 2. D.P. 1. 1487.

816. — Lorsque l'effet de commerce est à vue ou à un certain temps de vue, la prescription commence à courir à compter du jour du protêt ou de la dernière poursuite juridique; et s'il n'y a eu ni l'un ni l'autre, à compter *du lendemain de l'expiration des divers délais fixés par l'art.* 160 C. comm. la raison en est qu'à défaut d'échéance fixe pour les effets à vue ou à un temps de vue, le législateur en a lui-même déterminé une, et que si le porteur la laisse passer sans exiger le paiement ou l'acceptation, il est dans la même position que le porteur d'un effet à échéance déterminée. — D.A. 6. 732, n. 6.

817. — *Causes qui interrompent ou suspendent la prescription.* — La prescription est-elle interrompue et suspendue par la minorité, l'interdiction et l'absence? On ne le pense pas: l'art. 189 C. comm. est conçu en termes tellement généraux, qu'il exclut l'application de l'art. 2252 C. civ. — D'ailleurs il serait funeste au commerce que toutes les opérations commerciales dont une lettre de change ou un billet à ordre a été ou est encore l'instrument, se trouvassent suspendues, parce que cette lettre de change ou ce billet à ordre est tombé par succession ou autrement entre les mains d'un incapable. L'ordonnance de 1673, art. 22, décidait aussi la question en ce sens. — Locré, sur l'art. 189; D.A. 6. 731, n. 3.

818. — La prescription a pu être déclarée empêchée par l'impossibilité des communications, en raison de la guerre avec le lieu où le protêt et les poursuites juridiques devaient avoir lieu, sans que l'arrêt qui le décide ainsi tombe sous la censure de la cour de cassation (D.A. 6. 732, n. 8). — 5 août 1817. Req. Paris. Cavagnari. D.A. 7. 592. D.P. 18. 1. 400.

819. — En effet, la guerre peut être considérée comme un événement de force majeure capable d'interrompre le cours de la prescription de cinq ans établie en matière de lettres de change et de billets à ordre. — 9 avril 1818. Req. Paris. Rougemont. D.A. 6. 739. D.P. 19. 1. 97.

820. — Ainsi, celle qui a existé entre la France et l'Espagne depuis 1808 à 1814, a été interruptive de la prescription. — Même arrêt.

821. — Et pour que la prescription soit interrompue par la guerre, il n'est pas nécessaire qu'il ne soit resté entre les sujets des deux nations belligérantes aucun moyen même indirect de communications. — Même arrêt.

822. — La prescription de cinq ans ne peut être opposée au porteur de la lettre de change par le tireur qui, avant l'expiration des cinq années, s'est fait remettre de confiance la lettre, et en la détenant sans droit, même après le délai de prescription, a ainsi empêché les poursuites. — 21 mars 1828. Bordeaux. Delpech. D.P. 28. 2. 111.

823. — De même, le tireur d'une lettre de change protestée, qui a déterminé le porteur *à ne pas lui notifier le protêt, et à lui remettre la traite, pour en poursuivre le paiement contre l'un des endosseurs*, a pu être déclaré mal fondé à opposer plus tard au porteur, soit le défaut de notification du protêt, soit la prescription de la traite, s'il ne s'est pas écoulé cinq ans depuis que le porteur a été remis en possession de cette traite. L'arrêt qui le décide ainsi n'encourt pas la cassation (D.A. 6. 732, n. 8). — 3 janv. 1832. Req. Bordeaux. Delpech. D.P. 32. 1. 11.

824. — L'état de faillite et même de concordat ne suspend point, en faveur du porteur d'effets de commerce, la prescription quinquennale établie par l'art. 189 C. comm., alors surtout qu'il n'a été admis au passif de la faillite, ni partie dans le concordat.

825. — La raison en est que l'état de faillite ne s'oppose pas absolument à ce que le créancier ait été payé: le failli peut s'être adonné à de nouvelles affaires et sur leur produit avoir favorisé son créancier; il peut avoir emprunté à un tiers pour payer cette dette par préférence (D.A. 6. 732, n. 8). — 23 fév. 1827. Toulouse. Delpech. D.P. 27. 2. 137. — 14 fév. 1833. Req. Paris. Guillaume. D.P. 33. 1. 283. — *Contrà*, Pard., t. 2, p. 206.

826. — La prescription est interrompue *par une poursuite juridique*, c'est-à-dire par une citation en justice, une saisie, un commandement (2244 C. civ.). — D.A. 6. 733, n. 9.

827. — Le protêt fait dans les cinq ans à partir de l'échéance interrompt la prescription; car il constitue une interpellation juridique qui détruit la présomption de paiement (D.A. 6. 733, n. 9). — 25 mars 1813. Liége. Govaerts. D.A. 6. 737, n. 2. D.P. 1. 1487.

828. — L'interpellation faite à l'un des débiteurs solidaires interrompt la prescription à l'égard de tous les autres; car il n'existe dans le code de commerce aucune dérogation implicite ni explicite aux art. 1206 et 2249 C. civ.; cette interpellation, d'ailleurs, détruit la présomption de paiement à l'égard de tous les obligés solidaires, puisqu'elle prouve que la dette n'est pas encore payée; elle fait donc évanouir la base principale de la prescription (Pard., t. 2, p. 202; D.A. 6. 732, n. 7). — 13 déc. 1813. Paris. Taillepied. D.A. 6. 666, n. 3. — V. aussi n. 29.

829. — *Contrà* (implicitement): 23 fév. 1827. Toulouse. Delpech. D.P. 27. 2. 137.

830. — Si, avant l'expiration de cinq ans, la prescription a été interrompue par un protêt ou autres poursuites juridiques, elle recommence dans ce cas son cours quinquennal, soit du jour du protêt, soit du jour de la dernière poursuite: en conséquence, si le créancier reste dans l'inaction pendant cinq années, à compter de cette dernière époque, la prescription est alors acquise au débiteur (Pard., t. 2, p. 211; D.A. 6. 733, n. 10). — 13 avril 1818. Civ. c. Rouillon. D.A. 6. 737. D.P. 18. 1. 305.

831. — Mais si le créancier a obtenu une condamnation à la suite du protêt ou de toute autre poursuite juridique, la prescription quinquennale ne lui est plus applicable: car ce n'est plus une action *relative à une lettre de change* qu'il a à exercer, c'est *de l'exécution d'un jugement* qu'il s'agit, et ce droit d'exécution n'est prescriptible que par trente ans (D.A. 6. 733, n. 10). — 26 nov. 1808. Paris. Commerson. D.A. 6. 618. D.P. 1. 1460.

832. — Le porteur d'un effet de commerce qui a obtenu un jugement de condamnation contre *l'un des obligés seulement*, conserve ses droits contre *les autres obligés* pendant trente ans; car, ainsi qu'on l'a dit, n. 828, les poursuites exercées contre un des obligés solidaires, sont censées exercées contre tous: le jugement obtenu contre l'un deux doit donc produire un même et semblable effet contre tous. — D.A. 6. 733, n. 10.

833. — Jugé au contraire que quoique le porteur d'une lettre ait obtenu, contre le tireur, un jugement de condamnation, qui n'est prescriptible que par trente ans, néanmoins l'action qu'il a contre les endosseurs étrangers à cette condamnation, se prescrit par le délai de cinq ans. — 23 fév. 1827. Toulouse. Delpech. D.P. 27. 2. 137.

834. — La prescription de cinq ans court contre la lettre de change souscrite par un individu décédé, et dont l'un de ses héritiers est porteur, et n'est pas interrompue par l'état d'indivision dans lequel il a vécu avec ses co-héritiers, par rapport à la succession du souscripteur (C. comm. 89; C. c. 2248). — 10 juill. 1829. Toulouse. Belmary. D.P. 30. 2. 2.

835. — Il n'en est pas ainsi des lettres de change acquittées par l'un des co-héritiers, dans l'intérêt de la succession: son action, qui est celle du *négotiorum gestor*, dépouillée de tout caractère commercial, dure trente ans. — Même arrêt.

836. — La prescription est encore interrompue *par une reconnaissance de la dette dans un acte séparé* (C. comm. 189).

837.— La reconnaissance d'un des débiteurs solidaires interrompt la prescription à l'égard des autres (C. civ. 2249).— 22 août 1832. Bordeaux. Gaudin. D.P. 33. 2. 59.— V. n. 828,852.

838.— Pour que la reconnaissance de la dette par l'un des débiteurs solidaires puisse être opposée aux autres, elle doit avoir *une date certaine*, d'après le principe que les actes qui n'ont pas de date certaine ne peuvent être opposés aux tiers. Il serait autrement trop facile de commettre des fraudes et de faire revivre une dette éteinte, en s'entendant avec l'un des débiteurs pour la faire reconnaître.— D.A. 6. 733, n. 11.

839.— Si l'un des débiteurs solidaires tombait en faillite et que le créancier fît procéder à la vérification et à l'affirmation de sa créance, nous pensons que cette vérification et cette affirmation pourraient être opposées aux autres débiteurs solidaires : car l'admission au passif est enregistrée sur le procès-verbal; elle se fait sous la surveillance du juge-commissaire et des syndics, lesquels représentent la masse des créanciers, qui eux-mêmes exercent les droits du failli. — Pard., t. 2, p. 209; D.A. 6. 733, n. 11.

840.— Lorsqu'il ne s'agit pas d'opposer la reconnaissance de la dette faite par un seul débiteur aux co-débiteurs solidaires, il est permis d'être moins sévère sur l'admission des actes qui contiennent cette reconnaissance. Elle peut résulter d'une obligation privée, d'un compte, d'une lettre missive et de tout autre acte renfermant l'énonciation de la créance : les juges ont en cette matière un pouvoir discrétionnaire.— D.A. 6. 733, n. 12.

841.— Le souscripteur d'un billet à ordre qui, lors de la demande formée judiciairement contre lui par le porteur de cet effet, déclare *qu'il ne peut payer, parce qu'il a été formé des oppositions entre ses mains*, établit contre lui, par cette déclaration, une reconnaissance de la dette, qui le rend non-recevable à opposer, sur l'appel, la prescription portée dans l'art. 189 C. comm. (C. civ. 2248). — 7 janv. 1815. Paris. Triquet. D.A. 6. 640. D.P. 23. 2. 7.

842.— Pour que la prescription de cinq ans, en matière de billets à ordre et de lettres de change, soit empêchée par l'effet d'un acte séparé contenant reconnaissance de la dette, il n'est pas nécessaire que cet acte soit *postérieur* à la lettre de change ou au billet à ordre.— 2 fév. 1819. Req. Paris. Bruyères. D.A. 6. 740. D.P. 19. 1. 327. — *Contrà*, 30 déc. 1823. Bruxelles. D.A. 6. 740, n. 1.

843.— Le débiteur qui, en même temps qu'il oppose la prescription à la demande formée contre lui en paiement d'une créance, et, par exemple, d'une lettre de change, demande, de son côté, *à être subrogé au tiers-cessionnaire de cette créance qu'il prétend litigieuse*, reconnaît par là que la dette n'a point été acquittée, et paralyse l'effet de son exception de prescription (C. civ. 1699). — 18 janv. 182.. Req. Riom. Verny. D.A. 6. 741.

844.— Le souscripteur d'un billet à ordre qui a postérieurement reconnu la dette par une reconnaissance notariée, n'est plus recevable à opposer au créancier la prescription de cinq ans, encore qu'il ait été stipulé dans l'acte qu'il n'est pas fait novation à la créance, et que le créancier se soit réservé le droit de poursuivre commercialement le recouvrement des billets. — 14 janv. 1825. Paris. Delbeck. D.P. 26. 2. 123.

845.— La prescription de cinq ans ne peut être opposée contre des billets de change qu'autant que la dette n'a pas été reconnue par un acte séparé, et l'interprétation des actes dans lesquels une cour voit cette reconnaissance, ne peut donner prise à cassation. Ainsi, peut être considérée comme interruptive de la prescription la lettre par laquelle le tireur de lettres de change dispense le porteur de lui dénoncer les protêts, renonçant à opposer la déchéance pour défaut de dénonciation dans le délai (C. comm. 189). — 14 fév. 1826. Req. Orléans. Gabet. D.P. 26. 1. 159.

846. — La mention faite au dos d'une lettre de change, de la main du porteur, *que telles sommes ont été données en à-compte*, peut, lorsque ces paiemens sont reconnus par le débiteur, suppléer à l'acte exigé par l'art. 189 C. comm., et, par suite, avoir l'effet d'interrompre la prescription de cinq ans (D.A. 6. 733, n. 12).— 16 déc. 1828. Req. Ténégal. D.P. 29. 1. 65.

847.— L'acte séparé par lequel une prolongation de terme a été accordée aux débiteurs d'une lettre de change, a pu être regardé, non *comme une reconnaissance de la dette*, dans le sens de l'art. 2248 C. civ., mais *comme un simple acte additionnel à la lettre de change*, ne donnant lieu qu'à la prescription de cinq ans établie par l'art. 189 C. comm., tellement que si plus de cinq ans se sont écoulés depuis cet acte, la prescription de la dette a pu être opposée, encore bien qu'il ne se serait pas écoulé trente ans. L'arrêt qui le décide ainsi ne contient qu'une appréciation d'acte qui échappe à la censure de la cour de cassation.— 8 fév. 1830. Amiens. Nouzet. D.P. 31. 2. 36.— 9 août 1831. Req. Amiens. Benoit. D.P. 31. 1. 304

848.— Un acte, lettre missive ou autre, ne peut être regardé comme un titre séparé dans le sens de l'art. 189 C. comm., ayant effet de substituer à l'action quinquennale l'action trentenaire, qu'autant qu'il contiendrait reconnaissance de la dette, qu'autant que le débiteur des effets de commerce aurait entendu donner à son créancier un titre nouveau, lequel serait prescriptible seulement par trente ans. — 28 nov. 1831. Req. Orléans. Dupont. D.P. 31. 1. 363.—V. n. 805.

849.—Par exemple, la lettre écrite par le débiteur de traites à son créancier, dans laquelle il se félicite *de ce que ce dernier a promis de ne pas faire présenter ces traites (dont le montant est énoncé dans la lettre) à leur échéance, parce qu'à ces échéances il ne pourrait les payer faute de rentrées*, ne peut être considérée comme un acte séparé, dans le sens de l'art. 189 C. comm. : il n'y a là aucune expression de laquelle on puisse induire que le débiteur *ait voulu donner*, *par cette lettre*, *un titre nouveau à son créancier*.—Du moins, l'arrêt qui le décide ainsi, en interprétant l'intention de l'auteur de la lettre, échappe à la censure de la cour de cassation.—Même arrêt.

850.—Mais la lettre enregistrée, par laquelle le débiteur *demande à son créancier de lui accorder un délai pour payer un effet souscrit*, constitue une reconnaissance par acte séparé, susceptible d'interrompre la prescription quinquennale. — 22 août 1832. Bordeaux Gaudin. D.P. 33. 2. 59.

....Et il est nécessaire que l'acte que l'on prétend constituer *une reconnaissance*, émane du *débiteur* : aussi a-t-il été jugé par le tribunal de commerce de Paris, le 9 fév. 1829, qu'une lettre missive écrite *par un tiers*, au nom du débiteur, et dans laquelle il était déclaré que la dette n'avait jamais été payée, ne pouvait être invoquée comme ayant interrompu la prescription — D.A. 6. 733, n. 12.

851.—Au reste, il résulte d'un dernier arrêt, qu'il suffit qu'une promesse ou reconnaissance de somme portée en une lettre de change, ait pour cause un fait de commerce entre commerçans, pour qu'elle soit soumise à la prescription de cinq ans.— 10 déc. 1834. Req. Dijon. Bourion. D.P. 35. 1. 57.

852.— L'art. 189 C. comm. parle d'*un acte*; il rejette donc implicitement la preuve testimoniale; mais les juges pourraient induire la reconnaissance de la dette des explications que le débiteur donnerait dans une comparution de parties en personne devant le tribunal. Le jugement qui déclarerait que de ces explications résulte la preuve que la dette a été reconnue dans l'intervalle de cinq ans, serait à l'abri de toute censure (D.A. 6. *eod.*, n. 12).—La reconnaissance ne proroge-t-elle la dette que pour cinq ans? — V. Prescription.

853. — *Effets de la prescription*, *ses caractères*, *par qui elle peut être opposée.* — L'effet essentiel de la prescription est d'éteindre la dette et de libérer complètement le débiteur.

854.— Sous l'ordonnance de 1673, comme sous le code de commerce, la présomption de paiement d'une lettre de change ou d'un billet à ordre, résultant de la prescription de cinq ans, ne peut être anéantie *par des présomptions contraires* (Locré, sur l'art. 189; D.A. 6. 734, n. 13).— 9 brum. an 13. Civ. c Gauzy. D.A. 6. 738. D.P. 5. 1. 68. — 9 nov. 1812. Civ. c. Martin. D.A. 6. 738. D.P. 15. 1. 532. — 16 juin 1818. Civ. c. Limoges. Ardant. D.A. 6. 738, n. 1. D.P. 18. 1. 435.— 13 déc. 1828. Grenoble. Florence. D.P. 30. 2. 10.— *Contrà:* Catelau, en ses arrêts, t. 2, liv. 7 et 25; Jousse, sur l'art. 21 de l'ord. de 1673.

855. — Mais la prescription de cinq ans peut être écartée par de simples présomptions de non paiement, lorsque le débiteur s'est rendu coupable de *dol et de fraude* (C. comm. 189; C. civ. 1352, 1353). — 14 janv. 1818. Req. Lyon. Pons. D.A. 6. 739, n. 2, D.P. 18 1. 636.

856. — Jugé aussi que le débiteur d'une lettre de change ne peut opposer la prescription de cinq ans, lorsqu'il est *constant* que la lettre n'a pas été payée; l'arrêt qui reconnaît la preuve du défaut de paiement, dans les pièces du procès et dans les avis des parties, n'est point à cet égard sujet à cassation. — 23 août 1813. Civ. c. Caen. Pinot. D.A. 6. 724. D.P. 1. 1484.

857.— Sous l'ordonnance de 1673, comme sous le code de commerce, les prétendus débiteurs sont tenus, s'ils en sont requis, d'affirmer sous serment qu'ils ne sont plus redevables; et leurs veuves, héritiers ou ayans-cause, qu'ils estiment de bonne foi qu'il n'est plus rien dû (Ord. 1673, tit. 5, art. 21; C. comm. 189.— D.A. 6. 734, n. 14).— 9 brum. an 13. Civ. c. Gauzy. D.A. 6. 738. D.P. 5. 1. 68. — 9 nov. 1812. Civ. c. Martin. D.A. 6 738. D.P. 15. 1. 532. — 13 déc. 1828. Grenoble. Florence. D.P. 30. 2, 10.

858.— Mais la réquisition du serment doit être faite par celui qui se prétend créancier; le juge n'a pas le droit de le déférer *d'office*.— D.A. 6. 734, n. 14.

859. — Jugé aussi que les tribunaux ne peuvent prononcer *d'office* la prescription (Ord. 1673, tit. 5, art. 21; C. civ. 2223). — 9 brum. an 13 Civ. c. Gauzy. D.A. 6. 738. D.P. 5. 1. 68.

860. — La prescription peut être opposée par *toutes personnes*, à moins qu'elles ne se trouvent dans un des cas d'exception prévus par la loi.

861. — Celui qui a endossé une lettre de change après son échéance *et avec promesse de garantir le porteur de toute prescription*, n'est pas recevable à lui opposer la prescription de cinq ans, sous prétexte qu'il n'a pu renoncer à une prescription non encore acquise (C. civ. 2220).— 11 juill. 1820. Req. Riom. Clavel. D.A. 6. 633. D.P. 21. 1. 150.

862. — La prescription n'est pas opposable par celui qui prétendrait en même temps n'être pas tenu de payer le montant d'un billet, en ce qu'il ne l'aurait négocié que comme mandataire du premier endosseur.— 1er déc. 1829. Req. Dubus. D.P. 33, 1. 245.

ART. 14. — *Du billet à domicile.*

863. — On appelle *billet à domicile*, celui qui est stipulé payable à un domicile autre que celui du souscripteur.— D.A. 6. 742, n. 1.

864. — Il y a deux sortes de billets à domicile : les uns, qui ne contiennent à proprement parler *qu'une élection de domicile pour le paiement*, soit pour la convenance du créancier, soit pour celle du débiteur; les autres, dans lesquels l'élection de domicile n'a eu pour cause *qu'une remise d'argent d'un lieu sur un autre.*— D.A. 6. 742, n. 2.

865. — Les premiers sont de véritables *billets à ordre*, lorsque du reste ils contiennent toutes les énonciations prescrites par la loi pour ces sortes de billets. En conséquence, ils sont régis par les mêmes régles que les *billets à ordre* : c'est-à-dire que le souscripteur et les endosseurs ne sont justiciables des tribunaux de commerce et contraignables par corps, qu'autant que le billet a une cause commerciale ou qu'il est souscrit par des négocians.— D.A. 6. 742, n. 4.

866. — La question de savoir si les seconds sont des lettres de change, et par suite s'ils sont soumis aux mêmes régles, a été et est encore très controversée. Cependant nous n'hésitons pas à nous prononcer pour la négative : nos motifs sont qu'une lettre de change suppose nécessairement l'existence *d'un tiré*, c'est-à-dire d'une tierce personne chargée d'intervenir au contrat et d'acquitter la lettre au nom du tireur. Or le billet à domicile est *souscrit et payable* par *la même personne;* seulement la souscription se fait dans un lieu et le paiement dans un autre.— D.A. 6. 743, n. 6.

867.— Il suit de là que les régles sur l'*acceptation* et sur la *provision* sont inapplicables aux billets à domicile, parce que ces régles ne sont nécessitées qu'à cause du tiré, ce *tiers* qui doit accomplir l'obligation contractée par le tireur d'une lettre de change: aussi a-t-il été jugé, sous l'empire de l'ord. de 1673, et sous le code de commerce, que le porteur d'un billet à domicile ne peut être, comme celui d'une lettre de change, déchu de son action en garantie contre le souscripteur auquel il n'a pas fait notifier le protêt dans la quinzaine, quand même ce souscripteur justifierait avoir fait la provision au domicile indiqué.—21 fév. 1828 Paris. Charrier. D.P. 28. 2. 31.

868.— Si le billet à domicile n'est pas une lettre de change, on ne peut au moins disconvenir que lorsqu'il contient remise d'argent d'un lieu sur un autre, il constitue entre toutes personnes *un acte de commerce* qui rend le souscripteur et les endosseurs justiciables des tribunaux de commerce et contraignables par corps, quand même ce souscripteur et ces endosseurs ne seraient pas négocians et

que la cause du billet ne serait pas commerciale : Le motif de cette décision, c'est que l'art. 632 C. comm. répute acte de commerce « *entre toutes personnes*, les lettres de change *ou remises d'argent faites de place en place* » (D.A. 6. 742, 743, n. 5, 7).— 17 fév. 1807. Bruxelles. Duvivier. D.A. 6. 743. D.P. 1. 1487. — 28 nov. 1812, et 8 juill. 1820. Bruxelles. D.A. 2. 719, n. 1. D.P. 1. 635.— 4 déc. 1829. Bourges. Galas. D.P. 30. 2. 35.— 14 mai 1831. Toulouse. Foch. D.P. 32. 2. 13. — *Contrà :* 19 avril 1815. Bruxelles. G.... D.A. 6. 744, n. 2. D.P. 1. 1487. — 14 janv. 1817. Colmar. Maitrot. D.A. 6. 744. D.P. 17. 2. 67.— V. n. 865.

869.— Mais par qui devra être faite la preuve que le billet à domicile contient *une remise d'argent d'un lieu sur un autre?*— La forme seule du billet à domicile, lorsqu'il est fait dans un lieu pour être payé dans un autre, établit une présomption en faveur de la remise d'argent; ce sera donc à celui qui alléguera que telle n'est point la cause du titre, à fournir la preuve contraire. Le tiers-porteur ne pourrait d'ailleurs pas ordinairement l'administrer; ce serait exiger de lui l'impossible. — D.A. 6. 743, n. 8.

870.— Mais si ce porteur agissait individuellement contre *l'un des endosseurs* et prétendait le faire condamner par corps quoique non négociant, en se fondant sur la présomption résultant de son titre, il nous semble que les tribunaux ne pourraient refuser à cet endosseur un sursis à statuer, jusqu'à ce qu'il eût mis en cause ses garans pour se procurer la preuve que la cause du billet n'est pas une remise d'argent.— D.A. 6. 743, n. 8.

871.— Jugé, qu'à défaut de paiement d'un billet à domicile, le porteur peut se rembourser par une retraite sur le souscripteur.—14 janv. 1817. Colmar. Maitrot. D.A. 6. 744. D.P. 17. 2. 67.

872.— En cas de non paiement de cette retraite, le porteur peut assigner en garantie devant le tribunal de commerce, le souscripteur non négociant du billet à domicile, dont le non paiement a donné lieu à la retraite, encore bien que ce souscripteur n'eût point accepté cette retraite.—Même arrêt.

873.—Par la même raison, que le billet à domicile, quand il est *acte de commerce*, soumet les obligés à la juridiction commerciale et à la contrainte par corps, les actions qui y sont relatives se prescrivent par cinq ans et non par trente ans, conformément à l'art. 189 C. comm.—D.A. 6. 743, n. 9.

ART. 15. — *Du billet de change.*

874. — *Le billet de change* est l'engagement que contracte soit le preneur d'une lettre de change, lorsqu'il la reçoit sans en fournir la valeur immédiatement, de compter cette valeur à *une époque déterminée*, soit celui qui recevrait une somme d'argent pour fournir une lettre de change, de la délivrer au preneur, *également dans un temps fixé*. — Jousse, *Comm. sur l'ord.*, tit. 5, art. 27; D.A. 6. 745, n. 1.

875. — D'après cette définition, on voit qu'il y a deux espèces de billets de change : ceux pour lettres de change *fournies*, et ceux pour lettres de change *à fournir*. L'ordonn. de 1673 avait déterminé avec soin les mentions que ces billets devaient contenir. Ceux de la première espèce devaient exprimer, 1° celui sur qui les lettres de change avaient été tirées; 2° quel était celui qui était déclaré par ces lettres avoir fourni la valeur ; 3° quelle était la valeur déclarée dans les lettres, argent, marchandises et autres effets. Ces mentions était exigées, à peine de nullité du billet comme *billet de change;* il ne valait plus que comme *simple promesse.* — Les billets de la seconde espèce devaient faire mention, 1° au lieu où les lettres à fournir seraient tirées; 2° si la valeur en avait été reçue ; 3° par qui cette valeur avait été fournie; le tout également à *peine de nullité* (Ord. 1673, tit. 5, art. 27, 28 et 29).— Les billets de change différaient des lettres de change en ce qu'ils étaient payables *par le souscripteur*, et non par *un tiers*, et que ce paiement se faisait, en général, *dans le lieu où le titre était créé.*— Ordinairement les billets de change étaient faits *à ordre :* cependant cette condition n'était pas de l'essence de ces billets, qui pouvaient être faits *au nom de la personne en faveur de laquelle ils étaient souscrits.*— D.A. *cod.*, n. 2.

876.— Lorsqu'ils étaient à ordre, ils étaient transmissibles par la voie des endossemens ; dans le cas contraire, ils ne pouvaient être négociés.— Les délais pour exercer le recours en garantie, fixés pour les lettres de change, étaient applicables aux billets. — Jousse, *Comm. sur l'art.* 31, tit. 5, et Pothier, *Cont. de ch.*, part. 2, n. 213, pensaient que le porteur n'était pas obligé de faire protester, et qu'il pouvait se borner à faire constater le refus de payer *par une simple sommation*. Mais, dans la pratique, on faisait le protêt pour les billets comme pour les lettres de change. — Du reste, les billets étaient considérés comme *actes de commerce*, parce qu'ils participaient du contrat de change; en conséquence, ils soumettaient les obligés à la juridiction consulaire et à la contrainte par corps. — Poth., *loc. cit.*, n. 214; D.A. 6. 745, 746, n. 2.

877.— Le code de commerce garde le silence sur les *billets de change*. Néanmoins, il est certain qu'il n'a pas voulu les exclure : le tribun Duveyrier l'a déclaré d'une manière expresse. Cela résulte d'ailleurs de l'art. 188, qui permet de causer le billet à ordre, valeur reçue en espèce, marchandises, *ou de toute autre manière.* — Locré, sur l'art. 188 ; D.A. 6. 746, n. 3.

878.— Nous pensons donc que le billet de change devra être assimilé *à un billet à ordre*, et régi par les mêmes règles, pourvu que, d'ailleurs, il soit revêtu de toutes les formalités voulues pour ce dernier genre de billet. — D.A. 6. 746, n. 3.

879. — Mais quelle sera la nature du billet de change? Constituera-t-il toujours et sans distinction *un acte de commerce*, qui rende le souscripteur et les endosseurs justiciables des tribunaux commerciaux et contraignables par corps? — Nous n'hésitons pas à nous prononcer pour l'affirmative, car il s'agit ici de lettres de change, par conséquent de *remises d'argent d'un lieu sur un autre ;* les billets qui constatent ces opérations participent nécessairement de leur nature : ils sont le complément des lettres de change même. S'ils sont actes de commerce, les actions qu'ils engendrent sont prescriptibles *par cinq ans*, comme sous l'ordonnance et suivant l'art. 189 C. comm. — D.A. *cod.*, n. 3.

ART. 16.— *Du mandat.*

880.— Le *mandat* est un acte par lequel une personne donne l'ordre à un tiers de payer à une autre personne ou à son ordre une certaine somme. Les mandats sont d'un grand usage dans le commerce; on les désigne aussi quelquefois sous les noms *d'assignations* et *rescriptions*. — D.A. 6. 746, n. 1.

881.— Le mandat peut être créé dans un lieu et payable dans ce même lieu, comme aussi il peut être fourni d'un lieu sur un autre. — D.A. 6. 746, n. 2.

882.— Dans le premier cas, on ne peut jamais le confondre avec une lettre de change, puisqu'il manque de la condition essentielle à cette sorte d'effet de commerce, à savoir, *la remise d'un lieu sur un autre.* — D.A. 6. 746, n. 2.

883.—Dans le second, le mandat, s'il est d'ailleurs revêtu de toutes les autres formalités légales, présente extérieurement tous les caractères de la lettre de change. Néanmoins, nous pensons qu'il ne peut être assimilé à cet effet de commerce et jouir des mêmes avantages, puisque le souscripteur a déclaré en termes exprès qu'il n'entendait créer *qu'un mandat*. Dans notre opinion, ce mandat ne serait donc soumis ni *à l'acceptation*, ni *au protêt, faute d'acceptation.* — D.A. 6. 746, n. 2.

884.— Jugé, par l'application de ce principe, qu'il n'y a pas de lettre de change, mais *simple mandat* contenant délégation ou indication de paiement, dans l'acte portant : « M... chargé de la recette de mes terres, payez à l'ordre de .. etc. » et dans l'acceptation en ces termes : « J'accepte en la qualité que dessus, *pour payer en son temps.* » — 28 janv. 1828. Paris. Crémieu. D.P. 28. 2. 139.

885.—Jugé, au contraire, que le code de commerce ne reconnaissant, pour les transactions commerciales, que le billet à ordre et la lettre de change, il en résulte qu'un effet de commerce, qualifié *mandat*, s'il contient tous les caractères de la lettre de change, constitue *une véritable lettre de change*, et peut, en conséquence, être présenté à l'acceptation et protesté en cas de refus d'accepter de la part du tiré.

Peu importe qu'il soit d'usage, sur telle place, de ne pas présenter les mandats à l'acceptation ; cet usage est un abus qui doit être réprimé par les magistrats, et n'est, d'ailleurs, d'aucune considération pour une autre ville. — 30 juill. 1825. Rouen. Grenet. D.P. 27. 2. 185.

886.—Jugé, par application des mêmes principes, qu'un effet ainsi conçu : « Au...., il vous plaira payer, contre le présent *mandat*, à l'ordre de M. Julien, la somme de... valeur en marchandises qu'il vous a livrées ce jour, et embarquées... suivant avis de...., signé Destigny...—A. M. Dauge, à Paris, etc, » est une lettre de change et non pas un *mandat.* — 4 mai 1831. Civ. r. Destigny. D.P. 31. 1. 188.

887. — Persistant dans notre opinion, nonobstant ces arrêts, nous pensons que le porteur d'un effet qualifié *mandat*, n'aurait pas le droit de faire protester faute d'acceptation et d'exiger la caution dont parle l'art. 120 C. comm., *quand même il serait certain que le mandataire a les fonds nécessaires pour payer le mandat*. La raison de cette décision, c'est que la circonstance que le mandataire a les mains garnies, ne change rien à la nature de l'acte dont il s'agit : c'est toujours *un mandat*, et par conséquent il ne peut jouir des priviléges attachés à la lettre de change. — D.A. 6. 746, n. 2. — *Contrà*, Pardessus, *cod.*

888. — Sur presque toutes les places, il est d'usage, entre commerçans, de présenter les mandats au *visa* de celui sur qui ils sont fournis. Mais ce visa n'est pas obligatoire : le refus de le donner ne peut par conséquent être constaté par un acte de protestation. — D.A 6. 746, n. 2.

889. — Les mandats sont quelquefois *à ordre*, quelquefois en faveur *d'une personne déterminée*. Dans le premier cas, ils sont transmissibles; ils ne le sont pas dans le second. — D.A. 6. 746, n. 3.

890. — Lorsqu'ils sont *à ordre* et qu'ils contiennent *la valeur fournie*, ils participent de la lettre de change et du billet à ordre : ils sont alors soumis, pour la constatation du refus de paiement et l'exercice du recours en garantie, aux formalités prescrites par le code de commerce. — D.A. 6. 747, n. 3.

891. — Jugé cependant que la déchéance prononcée par l'art. 168 C. comm., contre le porteur de lettres de change ou de billets à ordre, n'étant point applicable à l'effet de commerce connu sous le nom de *mandat*, le porteur d'un pareil effet peut agir contre l'endosseur, même après l'expiration des délais prescrits pour le protêt par le code de commerce. — 4 juill. 1832. Bordeaux. Perrens. D.P. 33. 2. 19.

892. — Lorsqu'ils sont en faveur *d'une personne déterminée*, et qu'ils ne contiennent pas *dénonciation de valeur*, ils constituent une simple *promesse*, et par conséquent se trouvent affranchis du protêt, faute de paiement, et de l'exercice du recours en garantie dans les délais légaux.— D.A. 6. 747, n. 4.

893.—Jugé en conséquence qu'un mandat qui n'est ni *à ordre*, ni *au porteur*, ne devient pas sujet aux règles établies pour la garantie des effets de commerce, par cela seul qu'il a été négocié, et encore qu'il fût improprement qualifié *lettre de change.*— 24 vent. an 10. Req. Caussin. D.A. 6. 747. D.P. 3. 1. 447.— 16 pluv. an 13. Civ. c. Riom. Lecoq. D.P. 5. 2. 108.

894.—Dans l'un et l'autre cas, c'est-à-dire que le mandat soit *à ordre* ou en faveur *d'une personne déterminée*, le porteur serait responsable du retard qu'il aurait mis à se présenter chez le mandataire à l'échéance, s'il était établi par le mandant que les fonds étaient faits chez ce mandataire et que, s'ils ont péri, c'est faute par le porteur de les réclamer en temps utile. Le motif de cette décision, c'est que toute personne qui a causé un préjudice à autrui, par sa faute, en est responsable (1382, 1383 C. civ.). —Pard., t. 2, p. 549; D.A. 6. 747, n. 3, 4.

895.—Lorsque le mandat est fait payable *à vue* ou *à un certain temps de vue*, il est soumis aux principes que nous avons exposés pour les lettres de change conçues de cette manière : par analogie, on appliquerait les mêmes déchéances, faute de présentation dans les délais fixés par l'art. 160 C. comm., à moins de stipulation contraire.—D.A. 6. 747, n. 5.

896.—Les mandats sont-ils nécessairement des *actes de commerce* entre toutes personnes ? Nous pensons qu'il faut faire ici la distinction que nous avons signalée plus haut, sur les billets à domicile. Effectivement, le mandat peut quelquefois avoir pour cause *une remise d'argent d'un lieu sur un autre ;* mais d'autres fois aussi, il peut n'être qu'*un pouvoir pour toucher*, ou n'avoir pour objet qu'*un simple prêt d'argent*. S'il est juste de le faire participer aux priviléges des effets de commerce dans le premier cas, il serait contraire à l'équité, dans le second cas, de le soumettre aux principes rigoureux de la juridiction consulaire et de la contrainte par corps.— D A. 6. 747, n. 6.

897.—Jugé en conséquence que la contrainte par corps ne peut être prononcée pour le paiement de billets qualifiés lettres de change, mais qui ne constituent que de simples mandats, et ne contiennent pas même *remise d'un lieu sur un autre.*— 8 janv. 1812. Civ. c. Bordeaux. Vandhoren. D.A. 6. 747. D.P. 12. 1. 238.

898.—.... Elle ne peut même l'être à raison de la qualité des parties, et dans le cas où le tribunal de

commerce a été reconnu compétent par les parties, si l'objet des mandats *n'est pas commercial.*—Même arrêt.

899.—Les billets de commerce, autres que la lettre de change et le billet à ordre, sont soumis aux dispositions du droit commun et à l'empire de l'usage. Ainsi, dans la ville d'Anvers, l'usage du commerce relativement aux *assignations* ou *mandats de paiement*, connus sous le nom de *Bewys*, est d'en exiger le paiement *dans les vingt-quatre heures*, c'est-à-dire dans l'intervalle d'une bourse à l'autre; et, à défaut de paiement, le porteur conserve son droit au remboursement, en donnant avis à la personne dont il a reçu le billet, et en le lui remettant le *lendemain*, à la Bourse.—8 nov. 1816. Bruxelles. Smets. D.A. 6. 748, n. 2.

900.— Considérés par rapport à ceux sur lesquels ils sont fournis, les mandats donnent lieu de faire les observations que nous avons consignées à l'article 4, sur l'Acceptation, et aux articles 9 et 10, sur le Paiement et les actions du porteur : il faut distinguer si le mandataire a les fonds ou s'il ne les a pas. Dans le premier cas, il ne pourrait refuser de payer le mandat qu'en s'exposant à des dommages-intérêts, dans le cas où il aurait causé un préjudice au mandant. S'il n'a point de fonds, et qu'il n'ait fait aucune promesse de payer, il peut refuser d'accepter et d'accomplir le mandat qui lui est donné. Mais s'il a fait une promesse et qu'il ne puisse alléguer aucune raison valable pour ne pas la tenir, il s'expose à des dommages-intérêts par son refus.—Le porteur du mandat peut exercer les actions du mandant, excepté dans le cas où il n'est lui-même qu'un fondé de pouvoirs pour toucher.— D.A. 6. 747, n. 7.

ART. 17.— *Du billet au porteur.*

901. — Autrefois on souscrivait des billets portant promesse de payer une certaine somme à une personne dont on laissait le nom *en blanc*. Le parlement de Paris, par des arrêts de réglemens des 7 juin 1611 et 26 mars 1624, défendit ces sortes d'effets, qui ne servaient qu'à couvrir des usures et des fraudes. Pour les remplacer, on imagina les billets *au porteur*, c'est-à-dire qui sont payables à celui qui s'en trouve possesseur à l'échéance. L'usage en fut défendu également et par les mêmes motifs que les billets en blanc, par l'édit de mai 1716. Mais il fut rétabli par l'édit du 21 janv. 1721, qui rendit les souscripteurs justiciables du tribunal de commerce et contraignables par corps, lorsqu'ils étaient négocians et marchands, et que les billets énonçaient une valeur reçue comptant ou en marchandises.— D.A. 6. 749, n. 1.

902.— Le code de commerce garde le silence sur ces sortes d'effets. Mais il est généralement reconnu aujourd'hui que les billets au porteur, loin d'être prohibés par les lois nouvelles, sont autorisés par la loi du 15 thermidor an 3 : les dispositions du code civil, qui, dans toute obligation, exigent la *désignation d'un créancier*, sont ici inapplicables (D.A. 6. 749, n. 2).—10 nov. 1829. Req. Poitiers. Poirier. D.P. 29. 1. 384. — 25 mars 1830. Nîmes. Deleuze. D.P. 31. 2. 241.

903.— Les billets au porteur ne sont pas mis sur la même ligne que les billets à ordre : de la cause du billet et de la qualité du souscripteur dépendent donc les questions de savoir si les tribunaux de commerce sont compétens, et s'ils peuvent prononcer la contrainte par corps. — Locré, sur l'art. 188 C. comm. ; D.A. 6. 749, n. 2.

904.— La transmission des billets au porteur se fait légalement de la main à la main, et le porteur en est saisi sans qu'il soit tenu de signifier le transport.... Par suite, le débiteur ne serait pas fondé à lui opposer la compensation du chef de son cédant, encore bien que la date de la transmission ne serait pas établie, si, d'ailleurs, elle n'est point frauduleuse (D.A. *eod.*, n. 3). — 10 nov. 1829. Req. Poitiers. Poirier. D.P. 29. 1. 384.—9 mars 1822. Colmar. Wohlgmutz. D.A. 6. 631, n. 1. D.P. 1. 1464.

905. — Le propriétaire d'un billet au porteur ne peut, s'il ne justifie pas qu'il lui ait été volé ou qu'il l'ait perdu, ou qu'il l'eût confié à titre précaire à une personne qui en a disposé, le revendiquer sur celui qui l'a eu en sa possession.— 2 niv. an 12. Civ. c. Vambomel. D.P. 4. 1. 326.

906.— Le billet au porteur n'a pas besoin d'être protesté pour refus de paiement. Cependant, s'il s'agissait d'*un mandat au porteur*, il serait prudent de lever un protêt, afin d'éviter les exceptions que le souscripteur pourrait faire valoir dans le cas où il aurait fait les fonds chez le mandataire et où tout

recours contre ce dernier serait devenu illusoire ou impossible.— D.A. 6. 749, n. 4.

ART. 18.— *Du simple billet.*

907. — Le simple billet est la promesse que fait une personne de payer à une autre une telle somme qu'elle reconnaît lui devoir. C'est pourquoi cet engagement prend aussi le nom de *reconnaissance*.— D.A. 6. 749, n. 1.

908.— Une simple reconnaissance n'est pas, comme un billet à ordre, transmissible par l'endossement fait dans la forme usitée dans le commerce. — En conséquence, le souscripteur de la reconnaissance peut en refuser le paiement au porteur qui se présente en vertu de cet endossement, surtout s'il existe des oppositions entre ses mains (C. civ. 1138, 1689. — D.A. *eod.*, n. 1).— 11 avril 1827. Civ. r. Dumonteil. D.P. 27. 1. 197.

909.— Un simple billet qui n'est point souscrit à ordre, remis par un débiteur négociant à son créancier aussi négociant, en paiement de ce qu'il lui doit, n'est point censé, pour son recouvrement, être aux risques et périls de ce dernier, quoiqu'il porte l'acquit de la personne au profit de laquelle il avait été souscrit, et que celui qui l'a reçu ait remis son titre de créance ; en conséquence, si le signataire de cet effet vient à faire faillite, et que le porteur n'ait fait aucunes diligences et aucunes poursuites, celui qui l'a donné en paiement n'est pas moins obligé d'en rembourser le montant à son créancier. — Le motif de cette décision, c'est que la remise d'un simple billet *non à ordre*, ne peut équivaloir à la cession régulière de ce même billet, ni constituer le détenteur mandataire; de telle sorte que, nonobstant cette remise, celui au profit duquel le billet a été souscrit en demeure *seul* propriétaire et a *seul* qualité pour en poursuivre le recouvrement. — 27 mars 1811. Besançon. Bernard. D.A. 6. 749. D.P. 1. 1487.

910.— Entre négocians, ces sortes de billets sont censés *actes de commerce*, à moins qu'une autre cause n'y soit énoncée (C. comm. 638, § 2). Le souscripteur est donc justiciable du tribunal de commerce et contraignable par corps. Cependant, comme il ne peut y avoir de tiers-porteur, puisque les billets ne sont pas négociables, l'absence de cause exprimée n'est qu'une présomption que cette cause est commerciale; le débiteur peut donc détruire cette présomption par la preuve contraire. Mais lorsque le souscripteur n'est point négociant, la présomption est inverse ; la cause du billet est censée civile : et, par suite, c'est au demandeur à prouver que son titre se rattache à une opération commerciale faite avec lui par le débiteur. — D.A. 6. 749, n. 2.

911.—L'action qui résulte des billets simples n'est prescriptible que par trente années : l'art. 189 C. comm. ne leur est point applicable, puisqu'il n'établit une exception que pour les *lettres de change* et les *billets à ordre*. — D.A. *eod.*, n. 3.

—V. Acte de commerce, Agens de change, Appel, Caution, Chose, Commerçans, Commissionnaire, Compensation, Compétence administrative, Compétence civile, Compétence commerciale, Contrainte par corps, Domicile, Enregistrement, Escroquerie, Faillite, Faux, Hypothèques, Ordre, Prescription, Saisie-exécution, Suppression de titres.

TABLE SOMMAIRE.

Acceptation. 42, 194, 201, 208, s. 223, 229, s. 253, s. 263, s. 291, 351, 387, 404, 444, 533, s. 584, 756, 867, 884. — (acte séparé) 311. — (délai) 277, s.—(domicile) 172, s.—(effet) 314.—(preuve) 295.—(refus) 280, s. 319, s. 325, s. 553.—en blanc. 305, s.—conditionnelle. 310.—à découvert. 195, 226. —par intervention. 327, s.—V. Compétence.
Accepteur. 364, s.
Accessoire. 481.
Acquiescement. 672, 675.
A-compte. 406.
Acquit. 550, 564, 567, s.
Acte authentique. 46, s. —de commerce. 71, s. 97, 138, 151, s. 507, 527, 584, 630, 804, 867, 876, s; 896, 910. — notarié. 23, 73. — séparé. 311, 480, 501, 505, s. 512, s. 816, s —sous-seing-privé. 180, s.— V. Oblig.
Action collective. 689, 696.—directes. 249, s. 422, 428, 472, s.—judiciaire. 826, s.
Adjudicataire. 809
Affectation. 188, s. 207, s. 228.
Affiche. 764.
Antidate. 48, 460.
Approbation d'écriture. 24, 126, 307, 504.
Autorisation de femme. 509.
Aval. 256, 486, s. 804.—(carractère) 513, s.
Aveu. 526, 721.
Avis. 53. 560, 589, 594, 597, 732.
Ayant-cause. 406, 526.— V. Exception, Porteur.
Banque de France. 552, 579.
Bénéficiaire. 21.
Besoin. 329, 548, 572, s. 590, s. 617, s. 624, 637, 652, 758.
Billet à domicile. 2, 205, 863, s. — à ordre. 2, 45, 59, 347, 796, s. 878.—(formes) 157, s. — au porteur. 2, 56, 901, s.—de change. 2, 874, s.— simple. 907.
Bonne foi. 50.— V. Porteur.
Capacité. 122, s. 486, s.
Cassation (appréciation). 32, s. 183, 296, 376, 397, 447, s. 490, 498, 500, 624, 939, 849.
Cause. 60, s. 382, 865.—illicite. 162, s.—supposée. 99, s.
Caution. 18, 148, 255, s. 482, s. 486, s. 542, 667, s. 682, 809.—partielle. 517.
Certificat. 781.
Change. 576, 781.
Chiffre. 49, 297.
Commerçant. 24, 29, 111, 121, s. 307, 348, s. 378, 584, 626, 630, 802.
Commissionnaire. 478.
Communes. 30, s.
Compensation. 269, 386, 425, 441, 456, 679, 904.
Compétence. 29, 73, 105, 121, 124, s. 129, s. 139, 149, s. 128, s. 322, s. 507, 658, s. 689, 734, 865, s. 903.—(distraction) 280, s. 684, s.
Compte. 187. — courant. 390, 679, 688, 806.—de retour. 482, 781.
Condition. 69, 153, s. 164, s. 258, 290, 309, s. 373, s. 377, 397, 406, 499, 512, 514, 548, 733, 875.
Connaissance. 120, 162, s. 320.
Consentement. 20.
Consignataire. 194, 321.
Contrainte par corps. 73, 97, 161, 514, 527, 736, s. 868, s. 870, 897.
Contrat de change. 17, s.
Contrebande. 164.
Contre-lettre. 717.
Convention. 631.
Copie. 88, s. 534, 563, s. 769, s.—entière. 91.
Correspondance. 536, 562, 568, 713.
Correspondant. 266, 281.
Crédit ouvert. 192, s. 281, 502, s. 685.
Date (*ut retrò*). 361. — certaine. 29, s. 45, s. 59, 82, 180, s. 304, 838.
Décès. 627, 718.
Déchéance. 639, s. 662, 721, 731, 738, 891.
Délai. 131, s. 147, 253, 265, 277, s. 336, 359, 539, s. 612, s. 686, s. 700, s. 706, s.—(demande) 850. — de grâce. 334, s. 582, s. 613, 620. —*Jour à quo*. 613, s. 707, s. 712.
Dénonciation. 601. —V. Signification.
Dépôt. 4, s. 230.
Destitution. 769, s.
Dispense. 718, s. — V. Protêt.
Disposition d'office. 859.
Distance. 32, 639, 690, s.
Domicile 41, 272, s. 308, 749, s. 770.— élu. 106, 191, 863. — nouveau. 757, s.—supposé. 97, s.
Dommages-intérêts. 264. s. 550, 782, s.
Donneur d'ordre. 94, s. 233, s. 247.—de valeur. 21. 79, s.
Dot. 364.
Dotalité. 156.
Droit litigieux. 843. — personnel. 221, 422, 428, 435, 472, s. 708.
Duplicata. 84, 533, s. 564.
Echange. 70.
Echéance. 333, s. 384, s. 493, 549, s. 604, s. 647, 677.
Echelle du Levant. 694.
Ecriture. 22, s. 291, 464.
Effet de complaisance. 67, 440. — à vue. 606, 609, 816, 895.
Endossement. 40, 81, s. 144, 345, 393, 509. — (échéance) 384, s. — (effet) 393, s.—(forme) 358.—en blanc. 127, s. 431, 439, s. 523.—irrégulier. 225, 345, s. 412, s.
Endosseur. 21, 254, s. 418, s. 563, 663, 688, s. 725, s. 833.— (action). 705, s.
Enregistrement. 549, 572, 587, 618, 637, s.
Equivalent. 58, 67, 78, 298, s. 489, s. 621, s. 776.
Erreur. 50, s. 653, 766, s.
Espèce de valeur. 60, s.
Etranger. 7, 127, s. — (compétence) 129, s.
Eviction (crainte). 154, s.
Exception. 153, s. 225, 230, 313, 351, 382, s. 397, 413, s. 440, s. 503, 520, 687, 731, 904.
Exécution. 20.— (étranger) 127, s.
Exemplaire (nombre). 84.
Exigibilité. 190, 665, 681.
Exploit unique. 699.
Extinction. 853.
Faillite. 148, 173, 196, s. 206, s. 251, 251, 271, 321, s. 388, s. 397, 408, 431, 462, s. 580, 661, s. 752, 824, 839, 909.
Faute. 654.
Faux. 152, 350, s. 443, 551, s. 556, s. 571, 594, 631.
Femme. 122, s. 476, 496, 509.
Fille. 122.
Force majeure. 632, s. 722, s. 753, 817, s.
Frais. 281, 481, 542, 756. 782, s.
Fraude. 86, s. 120, 162, 398, 402, s. 531, s. 822. 855.
Fraude à la loi. 118.
Fraude.— V. Porteur.
Garantie. 80, s. 171, s. 501, 656, 662, s. 684, s.
Garantie. — V. Compétence.
Garantie (existence). 559, s. 651, s.
Garantie (sursis). 715.
Guerre. 818, s.
Gestion d'affaire. 835.
Huissier. 658, s. 769, s.
Hypothèques. 492.
Ignorance. 330.
Illisibilité. 628.
Immeuble. 71, 151, s. 161, 257, 515.
Imprudence. 559, s.
Indivisibilité. 481, 517, 828, 832.
Initiale. 251.
Inscription de faux. 47, s. 117, 411, 465.

Insolvabilité. 669.
Interdiction. 122, 416, 817.
Intérêts. 258, 623.
Intérêt (action). 117.
Intérêts (jour *à quo*) 786, suiv.
Interrogatoire sur faits et articles. 107, 112, 401.
Interprétation favorable. 51.
Interruption.— V. Prescription.
Intervention. 327, 392, 464, 528, s. 586, s. 752
Invitation. 720.
Jeu. 383.
Jour férié. 343, s. 629.
Lettre. 300, 568, 732, 840, 848, s.—d'avis. 53. —change. 2, 17, s. 811, 885.— tirée sur soi. 54, 65, 68, 81, s. — voiture 354.
Libération 86, 569, s.
Livre de commerce.—V. Registre.
Lieu du paiement. 57, s.
Lieu supposé. 97, s.
Liquidité. 192, 196.
Mandat. 123, 169, s. 218, 225, 234, s. 248. 270, s. 361, s. 376, 407, 416, 468, s 528, 559, 568, 727, 741, s. 862, 900, s. —négociable. 880, s.— spécial. 319.
Marchande publique. 122, 476.
Mention. 84, s.—de date. 57, s. — de somme à payer. 49, s.—du nom du payeur. 52. — expresse. 91.
Minorité. 317, 817.
Minute. 745.
Mise en demeure. 558.
Modification. 39, s.
Monnaie. 155, 577, s. — étrangère. 575.
Moyen nouveau. 182.
Nantissement. 596, s.
Négligence. 248, 255, 265, 287.
Nom (désignation). 580. — du payeur. 52, s.
Notaire. 743, s. 769, s.
Novation. 547, 810.—(délai) 515.
Nullité reparée. 85.
Obligation future. 524.— notariée 140, s. 156, 356, s. 395, 844. — personnelle. 223, s. 234, s.
Offres. 388, 795.
Ordre. 77, s. 381, s. 889. — en blanc. 451. — V. Billet à ordre, Donneur d'ordre, Tireur pour compte.
Originaux. 64, s. 534, s.
Paiement. 13, 328, s. 549, 604. — (suspension) 580, s.— par intervention. 528, s. 586, s. — partiel. 547, s.—à vue. 264, s. 241, s. 606.
Papier-monnaie. 577, s.
Paraphe. 293.
Pays étrangers. 127, s. 624, 695, 785.
Perquisition. 659, s. 764, suiv.
Personne. 54, s.—supposée. 117.
Perte. 534, s. 580.
Place de commerce. 26, s. 30.
Porte. 86, s.
Porteur. 21, 96, 120, 153, s. 252, s. 263, s. 316, s. 320, s. 373, s. 382, s. 395, s. 413, s. 422, s. 440, s. 459, 526, 531, s. 552, s. 558, 740, s. — (action) 678, s. 731.— (caractère) 602, s. — (droits et devoirs) 602, suiv.
Portier. 754.
Preneur. 21.
Prescription. 53, 104, 485, 501, 522, 606, 705, 721, 796, s. 911. — (convention) 608.—(effets) 853, s.—(interruption) 704, 817, s. — *jour à quo*. 812, 830.
Présentation. 277, s. 604.
Présomption. 224, 430, 478, s. 570, s. 854, 869, 873.
Prêt. 73.
Prête-nom. 101, 398.
Preuve. 45, s. 74, 100, 200, 292, s. 429, s. 448, 454, 528, 536, 570, 713, 869.—testimoniale. 22, 107, s. 176, s. 279, 593, s. 409, 462, 642, 852.
Privilége. 207, s. 221, s.
Procès-verbal. 704.
Procuration simple.— V. Mandat.
Promesse d'accepter. 319 — simple. 44, s. 66, 73, 77, s. 97, 122, s. 737, 875, 879.
Prorogation. 832.
Protêt. 130, s. 147, 175, s. 195, s. 215, 268, s. 387, 457, 503, 321, 539, 556, s. 612, 737, s. 827, 876.— délai. 612, s. — dispense. 631, s. 641, s 660, 664, s —(formes) 743, s.—(mention) 598, 767.— (preuve) 621, s. — (règle) 739, s. — distinct. 628. — faute d'acceptation. 325, s. — nouveau. 674.—partiel. 545.—sur soi. 286, suiv.
Protestation. 537, s.
Provision. 166, s. 314, 573, 650, 687, 725, 731, 867.— (preuve) 176, s. 185, s. 196. — affectée. 188, s. 207.—à l'échéance. 171, s. 186, s. — liquide. 196.—manquante. 175, 201, s. 302.—propriété. 206, s.
Qualités supposées. 97, s.
Quantième. 336, 614.
Question préjudicielle. 411.
Rature. 559, 716.
Rechange. 255, 777, s.
Reconnaissance. 334, 836, suiv.
Recors. 744.
Recours. 252, 265, 573, 640, 679, 688, s. 716. (délai) 700, 706.— tardif. 720, s.
Refus. 537, 377, s. — V. Acceptation.
Registres de commerce. 116, 177, 182, s. 536, 769, s. 806, s.
Remboursement. 705.
Remise de place. 26, s. 54, s. 97, s. 868, 881, s. 896.— partielle. 482.— de titres. 566, s. 572.
Remplac. militaire. 163.
Renonciation. 550, s. — V. Prescription.
Réparation d'erreur. 58.
Répétition. 560, 594, 653, s. 728
Rescription. 880.
Responsabilité. 248, 287, 535, 363, s. 658, s. 766, 772, 822, s. 894, 909.
Retour sans frais. 643, s. 660.
Retraite. 777, s.
Rétroactivité. 619, s. 789, suiv.
Revendication. 394, 408, 431, 544, 905.
Saisie-arrêt. 218, s. 581. — conservatoire. 730.
Serment décisoire. 292, 887.
Serviteur. 154.
Signature 123, s. 293, 303, s. 327, s. 446, s. 475, 495, 550, s. 746, s.— en blanc. 523.
Signification 692, s. 698, 705, 718, s.
Silence. 328.
Simulation. 97, s.—(connaissance). 120.
Solidarité. 174, 255, s. 259, s. 395, 475, 492, 525, 684, 689, 730, 802, 828, 837.
Solvabilité. 260, 477.
Sommation. 768.
Somme à payer. 49, s.
Statut réel. 127, s. 614.
Stipulation pour autrui. 101.
Supposition. 97, s. 808.
Subrogation 598, 600, 726, 781, 792, 843.
Témoin 743, s.
Terme. 550.
Tiers. 50, 75, 79, 94, 120.
Timbre. 136; 204, 625, 781, s.
Tiré. 21, 52, s. 223, 248, 277, s. 678, s.
Tireur. 21, 168, 233, 252, 254, s. 364, 662.
Tireur pour compte. 166, 193, 233, s. 247, s.
Transmissibilité. 347, s. 904.
Transport. 21, 345, s. 425, s. 466, s. —(signification) 215, 220.
Usage commercial. 248, 278, 503, 534, 614. — local. 624, 700, 885, s.
Usance. 339, s.
Usure. 103.
Valeur (nature). 148. — changée. 69, s.—comptant. 492.—en compte. 67, 117, 318, 372, s. — entendue. 61, s. 150, 370, s.—fournie. 61, s. 100, s. 141, s. 155, s. 350, s. 366, s. 374, s. 402, s. 413, s. 429. s. 440, s. 454, 811, 890.— — supposée. 107, s. — en soi. — V. Lettre tirée sur soi.
Violences. 532.
Visa. 303, 885.
Voisin 758.
Vol. 544, s. 903.

EFFET MOBILIER.—V. Choses.

EFFET PERDU.—V. Perte.

EFFETS PUBLICS. — 1. — Par le mot *effets publics*, les anciens réglemens désignaient deux sortes d'effets, les *effets publics* proprement dits, et les *effets royaux*. Mais quoique ces termes fussent pris souvent l'un pour l'autre, « ils ont chacun, dit le Nouv. Denizart (v° *Effets royaux*), une signification propre. Selon cette distinction, on comprend sous le terme *effets publics* tout contrat de rente, tout titre de créance dont le roi a autorisé la création et le commerce d'une manière spéciale, soit que l'état soit chargé de leur acquittement ou non. Il n'y a d'*effets royaux* proprement dits, que ceux qui doivent être acquittés immédiatement par le roi, soit au trésor royal, soit dans d'autres caisses qui lui appartiennent.

« Ainsi, tous les titres relatifs aux emprunts ouverts par le roi, tels que les contrats de rente, billets de loterie......, quittances ou simples bordereaux délivrés au trésor royal, sont des effets royaux proprement dits.... Au contraire, les actions. ... de toute compagnie autorisée à emprunter publiquement, sont bien des effets publics, mais ne sont pas des effets royaux. » Ces distinctions subsistent encore.

§ 1er.—*Des divers effets publics et de leur négociation.*

§ 2.— *Des jeux de bourse prohibés et des opérations analogues qui sont licites.*

---

§ 1er.—*Des divers effets publics et de leur négociation.*

2.— Dans la classe des effets dus *par l'état*, sont compris aujourd'hui, 1° les inscriptions de rente viagère ; 2° les inscriptions de rentes perpétuelles, dites cinq pour cent consolidés, quatre et demi pour cent, quatre et trois pour cent; 3° les bons royaux ou effets de la caisse de service; 4° les actions sur certains canaux.

3.— Dans la seconde classe d'effets publics, on range ceux des villes, des établissemens publics et de toutes les compagnies anonymes, qui ne peuvent exister qu'en vertu d'une autorisation du gouvernement (par exemple, les rentes de la ville de Paris, les actions de la banque de France, etc.), et enfin ceux émis par les gouvernemens étrangers (Ord. 2 nov. 1823).

4.— Les rescriptions-rachats de rentes, enregistrées ou non enregistrées, sont des effets publics. — 18 fév. 1806. Req. Paris. Grellet. D.A. 2. 724. D.P. 6. 1. 253. — 29 juin 1808. Civ. r. Paris. Mariette. D A. 2. 724. D.P. 8. 1. 360.

5.— Les inscriptions sur le grand-livre ne sont pas des effets de commerce.— 21 juin 1806. Paris. Dame Rousseau. D.A. 2. 480. D P. 1. 534.

6.— Pour réunir sous une même dénomination tous les titres des créanciers de l'état, la loi du 24 août 1793 ordonna la confection, en un ou plusieurs volumes, d'un grand-livre de la dette publique. Cette loi indiqua les différentes natures de créances composant la dette publique, qui seraient portées sur le grand-livre; elle régla le mode de transport des inscriptions.— D.A. 6. 750, n. 2.

7.— La loi du 9 vendém. an 6 déclara remboursables les deux tiers de la dette inscrite, et n'en conserva que le tiers, opération désastreuse qu'on a flétrie du nom de banqueroute. La loi du 8 nivôse an 6 ordonna l'établissement d'un nouveau grand-livre pour le tiers conservé de la dette publique. La loi du 21 floréal an 10 donna à ce tiers constitué en perpétuel le nom de cinq pour cent *consolidés*; elle affecta au paiement de cette dette le produit de la contribution foncière, et consacra un fonds de dix millions à son amortissement.

8.— D'après la loi du 25 mars 1817, les produits nets de l'enregistrement, du timbre, des domaines, de l'administration des postes, et des loteries, ont été affectés au paiement des intérêts de la dette publique, et au service de la caisse d'amortissement. — D.A. 6. 750, n. 2.

9.— Jusqu'en 1819, la négociation des rentes ne pouvait avoir lieu qu'à Paris. Il n'existait qu'un seul registre, le *grand-livre*, où la dette publique fût inscrite. Pour donner aux rentes plus de circulation et de faveur, la loi du 14 avril 1819 a ordonné, dans chaque département, l'ouverture d'un livre auxiliaire du grand-livre de la dette publique. Les négociations qui s'opèrent dans les départemens ont été soumises à quelques règles spéciales, indépendamment de celles qui leur sont communes avec les inscriptions sur le grand-livre — D.A. *eod.*

10.— Le minimun des inscriptions sur le grand-livre est de 10 fr. de rentes, aux termes de la loi du 17 août 1822; la loi de 1793 avait défendu les inscriptions pour les sommes au-dessous de 50 liv.

11.— Le grand-livre contient la liste alphabétique des propriétaires de rentes perpétuelles sur l'état. Chaque rentier a un compte ouvert; et, quoique un grand nombre d'inscriptions portent les mêmes noms et prénoms, il y a autant de comptes que d'inscriptions.

Le grand-livre est divisé en onze séries; les huit premières contiennent le compte de chaque nom par ordre alphabétique; la neuvième concerne les rentes des communes; la dixième, les majorats et rentes immobilières; la onzième, les comptes courans des établissemens publics, des agens de change, banquiers, etc.

C'est là ce qui compose la dette perpétuelle inscrite : les pensions et autres obligations de cette nature forment la dette viagère de l'état. La loi du 23 flor. an 2 avait ordonné la confection d'un grand-livre distinct pour la dette viagère; mais la loi du 8 niv. an 6, qui reconstitue la dette publique, statue qu'il ne serait pas fait un nouveau grand-livre pour cette dette viagère; que les créanciers seraient seulement débités des deux tiers sur le livre existant. — D.A. 6. 730, n. 3.

12.— Les inscriptions de rentes sur l'état sont meubles (art. 529 C. civ.); elles ne sont immeubles que quand elles sont employées à la dotation d'un majorat. Les rentes achetées par la caisse d'amortissement ne pouvant plus être transférées, on peut les considérer comme immobilisées. Du reste, les propriétaires des rentes ne peuvent les immobiliser à leur gré; car c'est de la loi qu'elles tiennent leur nature immobilière. — Merlin, Rép., v° Inscription sur le grand-livre, § 3; D.A. 6. 751, n. 5.

13.— Le titre de chaque créancier de rente sur l'état consiste dans l'extrait qu'il reçoit de son inscription; cet extrait renferme les noms et prénoms du propriétaire, la somme de rentes qui lui est due, le numéro de la série, l'époque de jouissance, le numéro du transport et celui du journal. — D.A. 6 751, n. 6.

14. — Une ordonnance du 29 avril 1831 a autorisé les propriétaires de rentes nominatives sur le grand-livre de la dette publique à en réclamer la conversion en rentes au porteur.— D.P 31. 3. 45.

15.— Une autre ordonnance du roi porte que les coupons d'arrérages seront attachés aux extraits d'inscriptions des rentes au porteur (Ord. 10 mai 1831. D.P. 31. 3. 46).

16.— Les erreurs qui auraient été commises sur le grand-livre de la dette perpétuelle ou sur celui de la dette viagère, quant aux noms, prénoms et date de naissance des créanciers de l'état, et ce, d'après les titres qui auraient servi à leur inscription sur les deux grands-livres, ne peuvent être rectifiées qu'en vertu des arrêtés des consuls (Ordonnances royales, arrêté du 27 frim. an 11). Les créanciers doivent joindre à leurs pétitions en rectification d'erreurs formées devant le ministre des fi-

tiques, les actes de notoriété et autres pièces authentiques, à l'aide desquels ils croient pouvoir constater l'erreur, et dont il est dressé inventaire au moment du dépôt (L. 8 fruct. an 5).

17.— S'il a été commis des erreurs dans l'extrait d'inscription, elles doivent être rectifiées, les unes par décisions ministérielles, les autres par des ordonnances royales : c'est ce qu'a réglé une décision du ministre des finances, du 2 juillet 1814. — D.A. 6. 751, n. 6.

18.— Le décret du 3 mess. an 12 défend de délivrer des duplicata des extraits d'inscription, et décide que les rentiers qui perdraient leurs extraits d'inscription, doivent en faire la déclaration devant le maire de leur domicile, en présence de deux témoins qui constatent l'individualité du déclarant. Cette déclaration est rapportée au trésor. Après en avoir fait constater la régularité, le ministre autorise le directeur du grand-livre à débiter le compte de l'inscription perdue, et à la porter à compte nouveau par un transfert *de forme*. Il est remis au réclamant un extrait original de l'inscription de ce nouveau compte. — Le transfert de forme dont il s'agit a lieu dans le sémestre qui suit celui pendant lequel la demande d'un nouvel extrait d'inscription a été adressée au ministre des finances.

19.— Des particuliers avaient demandé le rétablissement d'inscriptions, dont les unes avaient été transférées par un faussaire qui avait imité l'inscription, et dont les autres avaient été soustraites dans les bureaux du trésor. Le conseil d'état, par avis du 22 mess. an 9, décida qu'il devait être pourvu au rétablissement par des transferts d'inscriptions achetées sur la place, et que la dépense serait faite sur les fonds de négociation du trésor public. Cet avis ne fut point approuvé ; mais deux arrêtés du gouvernement ordonnèrent le rétablissement des inscriptions au profit des propriétaires légitimes. — Un avis du 19 frim. an 10 décida aussi que les transferts opérés en vertu de fausses procurations ne dépouillent pas le véritable propriétaire. — D.A. 6. 751, n. 6.

20.— Le trésor public étant tenu de rétablir les inscriptions volées dans ses bureaux et négociées, les notaires qui ont retenu les procurations reconnues fausses sans lesquelles la vente n'eût pu avoir lieu, doivent être garans envers lui du préjudice qu'il a éprouvé. — 19 mai 1806. Paris. Lallemand. D.A. 6. 751. D.P. 1. 1488.

21.— La réunion de deux ou plusieurs titres en un seul, s'opère sur la demande de l'ayant-droit, et la remise des titres a réunir, par un transfert de forme. — Mollot, *Bourses de commerce*, n. 234.

22.— Les mutations et transferts des effets publics sont soumis à des règles particulieres. Les lois des 22 pluv. an 5 et 3 vend. an 6 avaient réduit à un droit fixe les mutations d'inscriptions; la loi du 3 brum. an 7 les affranchit du timbre, et celle du 22 frim. de l'an 7 les exempta de l'enregistrement; les actes, relatifs à la transmission d'effets publics, ne sont sujets qu'à un droit fixe de 2 fr. (V. Enregistrement).— D.A. 6. 751, n. 7.

23.— Les agens de change ont seuls caractère pour vendre et acheter des effets publics.— 27 juin 1823. Paris. Delatte. D.A. 6. 760, n., n. 2. D.P. 1. 1493.

24.— La vente d'actions au porteur, faite entre agens de change, au comptant et avec livraison à la Bourse, investit définitivement l'agent de change, acquéreur de bonne foi, de la propriété de ces actions. — 16 mars 1833. Paris. Franchessin. D.P. 33. 2. 175.

25.— Et le propriétaire d'actions au porteur, négociées à la Bourse par le ministère de son agent de change, n'est pas recevable, en cas de disparition de celui-ci, à revendiquer ses actions contre l'agent de change acquéreur, alors que ce dernier s'en est lui-même dessaisi. — Même arrêt.

26.— Les agens de change ont aussi seuls le droit d'en constater le cours, lequel est déterminé par le résultat des négociations qui se font à la Bourse (C. comm. 72, 76). Ce cours légal n'est qu'une fiction vivement critiquée par Vincens, *Lég. commerciale*, liv. 1er, ch. 5, et qui doit son origine aux mesures violentes prises par les législateurs de la révolution pour soutenir la valeur des papiers créés en remplacement du numéraire.— D.A. 6. 751, n. 8.

27.— Non seulement le cours de la Bourse est le seul légal, mais il est défendu de faire aucune négociation d'effets publics ailleurs que dans le local et aux heures où se tiennent les assemblées de la Bourse. Malgré cette prohibition, souvent reproduite, des spéculations ont lieu, soit à la Bourse, après l'heure de l'assemblée, soit dans divers lieux publics.— D.A. 6. 751, n. 8. — V. Bourse de commerce.

28. — Renfermés dans un parquet, où le public n'entre pas, les agens de change font entre eux les achats et ventes de fonds publics ; un crieur public annonce chaque changement de prix ; le cours des valeurs, autres que les effets publics, n'est point annoncé par le crieur, mais imprimé et publié après la Bourse, sur les notes recueillies d'après les rapports réunis des agens de change. — V. Agens de change.

29. — Est nulle toute vente d'effets publics au moment de laquelle l'acheteur et le vendeur, quoique n'étant pas agens de change, ne se sont pas réciproquement donné leurs billets portant promesse de fournir dans le jour, savoir, l'un les effets négociés, et l'autre le prix desdits effets. — 26 août 1791. Civ. c. Borel. D.A. 6. 760. — 27 nov. 1811. Civ. c. Lyon. Duchesne. D.A. 6. 760, n. 1. D.P. 1. 1493.

30.— Un transport de créance sur l'état est valable, quoique la somme pour laquelle il a eu lieu n'ait été énoncée que par ces mots : « moyennant bon prix et satisfaction que le cédant a reconnu avoir reçus du cessionnaire ».—30 avril 1822. Civ. r. Fontaine. D.A. 6. 758. D.P. 1. 1488.

31.— Les transferts d'inscriptions sur le grand-livre de la dette publique sont faits par une déclaration reçue sur un registre tenu à cet effet : ils sont signés par un agent de change qui certifie l'identité du propriétaire, la vérité de la signature et des pièces produites (Arrêté 27 prair. an 10, art. 15).

32.— Le vendeur doit signer le transfert dans le délai de cinq jours.— V. *infrà*.

33.— Un transfert d'inscription sur le grand-livre de la dette publique ne peut être fait, hors la présence du vendeur, qu'au moyen d'une procuration speciale de sa part (L. 28 flor. an 7). — 19 mai 1806. Paris. Lallemand. D.A. 6. 751. D.P. 1. 1488.

34. — La procuration peut être sous signature privée.

35.—La forme des bordereaux présentés dans les bureaux de la dette inscrite pour dresser les déclarations de transferts a été réglée par un arrêté du ministre des finances, du 26 fév. 1821.

36.—Des bordereaux, soit de vente, soit d'achat d'effets publics, pour être réputés pièces justificatives, doivent essentiellement contenir, non seulement le nom de l'agent de change acheteur ou vendeur, mais encore le nom de celui duquel on a acheté ou auquel on a vendu.—La défense qui est faite aux agens de change d'enregistrer aucuns noms sur le livre-journal qu'ils sont obligés de tenir, ne s'entend que des noms des personnes qui les ont charges de negociations.—17 mars 1807. Req. Paris. D...., D.A. 6. 752, n. 1. D.P. 1. 1489.

37.—Il n'y a pas violation de la chose jugée dans un arrêt qui exige les bordereaux ainsi regularisés, lorsqu'un jugement arbitral, passé en force de chose jugee, avait simplement ordonné la preuve d'une négociation par bordereaux et comptes de l'agent de change.—Même arrêt.

38.—Il ne peut y avoir ouverture à cassation contre un arrêt qui decide en fait que des bordereaux n'établissent pas suffisamment un achat ou une vente d'effets publics.—Meme arrêt.

39.—L'agent de change est garant de la validité du transfert pendant cinq ans, à compter de la déclaration (Arrêté 27 prair. an 10). Cette disposition est une exception à l'art. 86 C.comm., qui defend aux agens de change de se rendre garans de l'exécution des marchés dans lesquels ils s'entremettent.—D.A. 6. 752, n. 9.

40.—Le transfert donne lieu à une nouvelle inscription au profit de l'acquéreur ; cette opération materielle exigeant du temps, cinq jours sont accordés pour la consommer ; mais l'acquéreur paie sans danger après la délivrance, au trésor royal, d'un bulletin attestant provisoirement que le consentement au transfert a été donné par l'ancien titulaire (Décr. 13 therm. an 13).—D.A. 6. 754, n. 9.

41.—Le délai de cinq jours doit également être accordé dans les marches à terme, à partir de leur échéance.—Il doit l'etre aussi sans doute pour les transferts qui ont lieu dans les départemens.—Moll., n. 224 et 225.

42.—L'inscription sur le grand-livre de la dette publique, du nom du nouveau titulaire d'une rente, constatant par elle-même, non seulement qu'il a acquis la propriété de cette rente, mais encore qu'il en a payé le prix, son vendeur ne peut être admis à prouver qu'il n'a rien reçu (invoquerait-il même des présomptions graves, concordantes et précises telles, par exemple, que l'existence entre ses mains du certificat de l'inscription intégrale) qu'autant qu'il s'agit d'une somme ou valeur moindre de 150 fr.—19 août 1823. Civ. c. Lacaze. D.A. 6. 754, n. 1. D.P. 23. 1. 334.

43.— Dans les négociations d'effets publics à la bourse, les agens de change agissent, non comme mandataires des parties, mais comme de véritables commissionnaires dans le sens de l'art. 91 C. comm.; dès lors, le vendeur et l'acheteur n'ayant aucune espèce de relation entre eux, ne peuvent avoir d'action directe l'un contre l'autre, mais seulement contre les agens de change qui seuls ont consommé la négociation.—Même arrêt.

44.—De l'agent de change à son client, le rapport naturel est celui d'un mandataire à son mandant : de là une action contre le commettant.

45.—Jugé ainsi que lorsqu'un agent de change achète et vend ensuite des effets publics par ordre et pour compte d'un individu, on ne peut pas dire qu'il a fait des négociations pour son compte, et qu'il a d'abord vendu à terme.—Il doit donc être considéré comme simple mandataire, et a droit, en cette qualité, de poursuivre son client en réglement de compte de l'exécution de son mandat.—22 juin 1814. Civ. r. Jacques. D.A. 6. 755, n. 1. D.P. 24 1. 313.

46.—Jugé cependant qu'un agent de change qui est censé n'avoir contracté que les mains garnies, ne peut jamais avoir d'action contre ses commettans. Et ceux-ci n'ont pas le droit, encore qu'il s'agisse, à l'occasion de marchés à terme, d'une différence entre le prix d'achat et le prix de revente d'effets publics, de répéter ce qu'ils ont volontairement payé.—10 avril 1823. Paris, M... D.A. 6. 756, n., n. 2. D.P. 1. 1491.

47.— Les agens de change n'étant garans des transferts que pendant cinq ans, on a demandé si le trésor public ne serait pas subsidiairement responsable, et même si, dans tous les cas, le trésor ne serait pas le premier garant, sauf son recours contre les agens de change ou tous autres auteurs de la vente frauduleuse. La négative resulte d'un avis du comité des finances, du 23 août 1822 (V. Rép. de Favard, v° Dette publique). Avant l'établissement des agens de change, un avis du conseil d'etat, du 28 therm. an 9, approuvé le 9 fruct. an 10, avait déjà décidé que le trésor n'etait pas garant des transferts faits sur fausses procurations. Un décret du 11 mai 1807 décide que le tresor doit remplacer les inscriptions transférées frauduleusement par suite d'omissions commises dans les bureaux du grand-livre. Dans l'espece sur laquelle est intervenu ce décret, il s'agissait d'une inscription vendue par l'usufruitier au préjudice du véritable propriétaire. —D.A. 6. 756, n. 11.

48. — Le prix de la vente d'effets publics peut être exigé dès le lendemain du transfert ; le mandataire qui, après avoir transféré une rente à un individu considere comme solvable, n'a pas exigé le prix de la vente, est responsable de l'insolvabilite de l'acquéreur survenue quelques jours après. — 22 avril 1824. Paris. Ricordeau. D.A. 6. 756. D.P. 1. 1491.

49.— Lorsque le vendeur ne livre pas les rentes achetées, l'agent de change de l'acquereur est tenu, dans les trois jours, de faire acheter, aux risques et périls du vendeur, la quantité de rentes qui devait être livrée.— D.A. 6. 754, n. 12.

50.— Une vente d'effets publics doit être considérée comme non avenue, si la livraison ne s'effectuant pas à l'époque stipulée, l'acheteur ne met, dans les trois jours, le vendeur en demeure, et ne fait pas, à défaut de livraison, acheter par le syndic des agens de change, aux risques et perils du vendeur, la quantité de rentes proposées.—7 mars 1811. Paris. Delaunay. D.A. 6. 758. D.P. 1. 1492.

51.— Les actes de mutations de rentes, autrement que par des ventes, doivent être accompagnés d'un certificat de propriété, délivré par un notaire ou un juge de paix ; si la mutation se fait en vertu d'un jugement, le certificat est délivré par le greffier depositaire de la minute (L. 28 flor. an 7). — D.A. 6. 756, n. 13.

52. — Les certificats fournis en exécution de cet article opèrent la decharge du trésor, et sont admis dans le jugement de ses comptes par la cour des comptes (L. 28 flor. an 7, art. 7).

53.— Il est des inscriptions non susceptibles d'être transférées, telles sont celles affectées a un majorat (Décr. 1er mars 1808) ; mais les inscriptions de rentes ou actions de la banque reprennent leur nature d'effets mobiliers, et deviennent disponibles par voie de transfert, lorsque la demande en institution de majorat a été rejetée ou retirée (Décr. 21 déc. 1808).

54.— D'après la loi du 24 mars 1806, art. 1er, les tuteurs et curateurs de mineurs ou interdits, qui

n'auraient, en inscriptions ou promesses d'inscriptions de cinq pour cent consolidés, qu'une rente de 50 fr. et au-dessous, en peuvent faire le transfert, sans qu'il soit besoin d'autorisation spéciale; ni d'affiches, ni de publications, mais seulement d'après le cours constaté du jour, et à la charge d'en compter comme du produit des meubles.

55.— Les mineurs émancipés, qui n'ont de même en inscriptions ou promesses d'inscriptions qu'une rente de 50 fr. ou au-dessous, peuvent également les transférer avec la seule assistance de leurs curateurs, et sans qu'il soit besoin d'avis de parens ou d'aucune autre autorisation (même loi, art. 2).

56.— Les inscriptions ou promesses d'inscriptions au-dessus de 50 fr. de rentes ne peuvent être vendues par les tuteurs et curateurs qu'avec l'autorisation du conseil de famille, et suivant le cours du jour légalement constaté; dans tous les cas, la vente peut s'effectuer sans qu'il soit besoin d'affiches ni de publications (art. 3). — Les procès-verbaux du juge de paix, contenant l'autorisation du conseil de famille, sont dispensés de l'homologation du tribunal (Décis. du ministre des finances, du 26 juin 1826).

57.— La loi du 24 mars 1806 est applicable au mineur devenu possesseur de rentes par successions ouvertes depuis le code civil, comme à celui qui en possédait avant le code (Avis du cons. d'état du 25 nov. 1806).

58.— Cette loi est applicable également aux curateurs de successions vacantes (Avis du cons. d'état, du 18 septembre 1807), et aux héritiers bénéficiaires (Avis du cons. d'état, du 11 janv. 1808). Ainsi, ils ne peuvent transférer les rentes excédant 50 fr., qu'après avoir obtenu, sur requête, l'autorisation du tribunal.— Cette autorisation est nécessaire aux envoyés en possession provisoire des biens d'un absent présumé, même pour transférer des rentes de celui-ci, qui n'excèdent pas 50 fr.—Moll., n. 218.

59. — La femme mariée sous le régime dotal ne peut, même assistée de son mari, vendre sans formalités une rente de moins de 50 fr. dépendant de sa dot, sauf dans les cas prévus par les art. 1555 et suiv. C. civ. La loi du 24 mars 1806 ne contient aucune exception à la règle de l'inaliénabilité de la dot. — 1er fév. 1819. Civ. r. Limoges. Devoyon. D.A. 10. 349. D.P. 19. 1. 129. — 1er avril 1823. C.c.

60. — Les étrangers, propriétaires de rentes sur l'état, peuvent en disposer à leur gré par donation ou testament, selon les lois de leurs pays, et sans que les héritiers français qu'ils laisseraient puissent exercer sur ces rentes le prélèvement dont il est question dans la loi du 14 juill. 1819. Un avis du conseil d'état, du 31 déc. 1819, le décide ainsi, mais en proposant, pour lever tout doute, de reconnaître aux étrangers cette faculté par une loi expresse. Cette loi n'a pas paru; seulement, un article du *Moniteur*, du 7 janv. 1820, établit que les art. 726 et 912 C. civ., abrogés par la loi de 1819, n'étaient relatifs qu'aux biens immeubles; que même sous l'empire de ces articles il était de droit constant en France que les étrangers pouvaient, nonobstant le droit d'aubaine, disposer à cause de mort des rentes qu'ils avaient en France; que leurs héritiers, soit testamentaires, soit *ab intestat*, y étaient reconnus quant à ces rentes; et que certainement la loi de 1819 n'a point entendu changer en ce point le droit existant. — Moll., n. 221; Favard, Rép., v° Dette publique, sect. 3, n. 10; D.A. 6. 956, n. 15.

61. — Il peut être formé opposition au transfert qui serait tenté par un incapable ou par le porteur d'une inscription volée. Mais cette mesure ne peut être utilement prise que dans le délai de cinq jours, prescrit pour la consommation de la négociation et toujours avant la signature du vendeur. C'est ce qui résulte formellement du décr. du 13 therm. an 13, art. 1er, et de la délibération de la chambre syndicale, du 10 fruct. an 10.

62.— Cette opposition, dit Mollot, n. 228, consiste dans un acte extra-judiciaire signifié au trésor (bureau des transferts), sans qu'il soit besoin d'énoncer un titre, ou d'obtenir une permission préalable du juge. N'étant pas une saisie-arrêt, elle n'en réclame pas non plus les formalités.— Il est sursis au transfert jusqu'au jugement à intervenir sur le mérite de l'opposition.

63.— De ce qu'un notaire, en délivrant à un individu, pourvu d'un conseil judiciaire, un certificat de propriété d'une rente sur l'état, n'aurait pas mentionné dans ce certificat l'incapacité dont cet individu était frappé, ce notaire ne peut, si aucun fait de négligence ou d'imprudence ne lui est reproché, être déclaré responsable envers lui du préjudice qu'il éprouve par suite de la vente de cette rente qu'il est parvenu à consommer, au moyen de ce certificat, sans l'assistance de son conseil. — 8

août 1827. Civ. c. Paris. Vaudermarcq. D.P. 27. 1. 455.

64.— Les arrérages des rentes sur l'état se paient à bureau ouvert, sans suivre l'ordre alphabétique de chaque nom. Suivant la loi du 24 août 1793, les paiemens devaient se faire le 1er janv. et le 1er juill. de chaque année; l'adoption du calendrier républicain fit substituer à ces époques celles du 1er vendémiaire et du 1er germinal : on les conserva lors du rétablissement du calendrier grégorien; c'est pourquoi on paie le 22 sept. et le 22 mars.— D.A. 6. 757, n. 21.

65.— D'après la loi du 28 flor. an 7, les arrérages devaient être payés au porteur de l'extrait d'inscription, sur la représentation du titre et de son acquit. Mais, pour empêcher qu'un tiers de mauvaise foi à qui l'extrait serait remis ne se donnât frauduleusement le pouvoir de transférer l'inscription remise entre ses mains, une ordonnance du 1er mai 1816 autorise le trésor à payer sur des procurations spéciales authentiques, rappelant les numéros et les sommes des inscriptions dont elles doivent tenir lieu au fondé de pouvoir. Le créancier reste saisi de l'extrait d'inscription qui seul peut être transféré.—Dans les départemens, les arrérages se paient chez le receveur-général. — D.A. 6. 757, n. 21.

66.— Les arrérages des rentes perpétuelles sur l'état se prescrivent par cinq ans; un arrêt du conseil d'état, du 3 avril 1809, approuvé le 13, détermine certaines formalités nécessaires pour que la prescription soit interrompue.— V. Merl., Rép., v° Inscription sur le grand-livre, § 7; D.A. 6. 758, n. 21.

67.— La loi du 24 août 1793 autorisait les oppositions à l'aliénation de la propriété, et au paiement des arrérages; les lois des 8 niv. an 6 et 28 flor. an 7 ont abrogé cette disposition. Aujourd'hui, aucune opposition n'est reçue, lors même qu'elle serait faite en vertu d'un jugement (Avis du cons. d'état, du 17 therm. an 10, et du comité de législation et des finances, du 11 nov. 1817).—D.A. 6. 758, n. 22.

68.— C'est d'après ces principes qu'un avis du conseil d'état, du quatrième jour complémentaire an 13, a décidé que les syndics d'une union de créanciers ne peuvent s'opposer au transfert des rentes appartenant à leur débiteur tombé en faillite, et au domicile duquel les scellés ont été apposés.— D.A. 6. 758, n. 22.

69.— L'opposition est admise dans deux cas seulement, 1° quand elle est formée par le propriétaire de l'inscription; 2° quand elle l'est par l'agent du trésor sur une rente appartenant à un comptable de deniers publics, dont les comptes ne sont pas apurés.— D.A. 6. 758, n. 22.

70. — *Inscriptions départementales.* — La loi du 14 avril 1819 a ordonné qu'il fût ouvert au grand-livre des cinq pour cent consolidés, au nom de la recette générale de chaque département, celui de la Seine excepté, un compte collectif qui comprend, sur la demande des rentiers, les inscriptions individuelles dont ils sont propriétaires.— Chaque receveur-général tient, en conséquence, comme livre auxiliaire du grand-livre du trésor, un registre spécial où sont nominativement inscrits les rentiers participant au compte collectif ouvert au trésor.

Il est délivré à chaque rentier inscrit sur le livre auxiliaire une inscription départementale, détachée d'un registre à souche et à talon. Cette inscription est signée du receveur-général, visée et contrôlée par le préfet. — Ces titres équivalent aux inscriptions délivrées par le directeur du grand-livre; ils sont transférables dans les départemens, comme les inscriptions le sont à Paris, et peuvent, à la volonté des parties, être échangées contre des inscriptions ordinaires (L. 14 avril 1819, art. 3 et 4). — V. aussi l'ordonnance rendue le même jour pour l'exécution de cette loi.

71. — Ainsi, la négociation des rentes est permise dans les chefs-lieux où se trouve le livre auxiliaire du trésor. — Mais le cours des rentes n'y étant pas coté, ce n'est que par leur acte ou bordereau de négociation, que les parties peuvent établir le prix de leur marché. Le cours coté à Paris n'est pas pour elles un cours nécessaire. — Moll., n. 238.

72. — C'est aux agens de change qu'appartient de préférence le droit d'opérer les négociations; cette décision s'induit de l'art. 6 de l'ord. du 14 avril 1819, portant que les déclarations de transfert sont signées du propriétaire assisté d'un agent de change, ou, *à défaut*, d'un notaire. Et si l'art. 21 permet que les receveurs généraux puissent être chargés d'opérer pour le compte des particuliers et *sans frais*, on voit par la suite de cette disposition (*sauf les frais*

de courtage justifiés par bordereaux d'agens de change), que l'ordonnance n'entend pas que la négociation ait lieu sans l'intervention de ces derniers. — Moll., n. 239.

73. — A défaut d'agens de change dans le chef-lieu, l'assistance des notaires est indispensable aux parties pour la consommation des transferts (Ord. 14 avril 1819, art. 6). Les notaires, dans ce cas, sont soumis à la même responsabilité, par rapport à la validité des transferts, que le seraient les agens de change qu'ils suppléent. — V. Agens de change.

74. — Il est loisible aux notaires de se charger aussi de la négociation des rentes. Mais leur signature sur les bordereaux que les parties pourraient leur demander ne serait, dit avec raison Mollot, n. 244, que celle de simples mandataires, de témoins privés du contrat. — Du reste, le notaire ne peut être tenu envers celui qui l'a chargé de la vente ou achat d'une inscription, que des obligations d'un mandataire ordinaire. Quant aux obligations exorbitantes imposées aux agens de change, telles que garantie de l'exécution du marché, la nécessité du secret, etc., les notaires n'y sont point soumis.

75. — Le transfert des *rentes viagères* (qu'il ne faut point confondre avec les pensions dues par l'état, car, quoiqu'insaisissables, elles ne sont point incessibles comme elles) s'opère de la même manière que celui des rentes perpétuelles (L. 28 flor. an 7).

76. — Les *bons royaux*, ou bons de la caisse de service, sont *à ordre* ou *au porteur*. Aux termes de la délibération déjà citée, du 10 fruct. an 10, « tous les effets au porteur doivent être livrés et payés dans l'intervalle d'une bourse à l'autre. — A l'égard des effets transmissibles par endossement, l'agent de change acheteur est tenu de remettre, dans l'intervalle d'une bourse à l'autre, les noms auxquels ils doivent être endossés. Le lendemain, ces effets doivent être livrés et payés, de manière que le troisième jour, y compris celui de la négociation, elle soit entièrement consommée. » Le retard dans cette consommation produit les mêmes effets que lorsqu'il s'agit d'inscription de rente.

77. — Les *actions sur certains canaux*, créées en exécution des lois des 5 août 1821 et 14 août 1822; sont *au porteur* ou *nominatives*.— Celles-ci se transfèrent par endossement.— La négociation des unes et des autres s'opère de la même manière que celles des bons royaux.

78. — Le nombre des effets publics qui ne constituent point une dette de l'état, est considérable. Ils sont, pour la plupart, émis par des compagnies autorisées. Le mode de leur négociation étant presque le même pour tous, on ne mentionne ici que les plus importans. Les *rentes sur la ville de Paris* sont au porteur, et se négocient, par conséquent, comme les actions au porteur. — V. *suprà*.

79. — *Actions de la banque de France.* — Le nombre et le montant de ces actions, les priviléges qui y sont attachés, l'immobilisation dont elles sont susceptibles, se trouvent réglés par la loi du 4 germ. an 11 et le décret du 16 janv. 1808.

80. — D'après l'art. 4 de ce décret, « la transmission des actions s'opère par de simples transferts sur des registres doubles tenus à cet effet. Elles sont valablement transférées par la déclaration du propriétaire ou de son fondé de pouvoir, signée sur les registres et certifiée par un agent de change, s'il n'y a opposition signifiée et visée à la banque. » On conçoit combien il importe à l'agent de change de ne pas certifier légèrement la déclaration et l'identité du propriétaire vendeur.

81. — Le délai pour la négociation et le transfert de ces actions doit, suivant Mollot, n. 262, être le même que celui fixé pour les rentes sur l'état (cinq jours). — En cas de retard dans la consommation, le même auteur pense qu'il y a lieu d'appliquer l'art. 4 de la délibération de la chambre syndicale des agens de change, du 10 fruct. an 10, c'est-à-dire de rendre l'agent de change responsable de l'exécution, sauf, s'il y a lieu, son recours contre son client.

82. — La loi du 24 mars 1806, relative à l'aliénation des rentes de 1,000 fr. et au-dessous, appartenant aux mineurs et interdits, est applicable aux actions de la banque (Déc. 25 sept. 1813).

83. — *Fonds étrangers.* — Ces effets, que, par dérogation à l'arrêt du conseil, du 7 juin 1785, l'ord. du 2 nov. 1823 a permis de coter à la bourse, sont tous *au porteur*, et, par suite, se négocient de même que les autres effets français de même nature.

84. — Les obligations de l'emprunt d'Espagne, de 1820, ne sont point de simples effets de commerce, mais de véritables effets publics étrangers dont la négociation ne peut avoir lieu que par l'entremise des agens de change. — 26 août 1823. Paris. Lachapelle. D.A. 6. 760, n., n. 3. D.P. 1. 1494.

§ 2. — *Des jeux de bourse prohibés et des opérations analogues qui sont permises.*

85. — Les négociations d'effets publics sont susceptibles de combinaisons variées. Les réglemens annoncés par l'art. 90 C. comm., comme devant pourvoir à tout ce qui concerne la négociation et la transmission de propriété des effets publics, n'ont point été faits; de là la nécessité de recourir à ceux qui existaient auparavant et la difficulté de concilier ces textes d'origine différente.

Les opérations habituelles de la bourse sont, en général, de trois espèces : les marchés au comptant, les marchés à terme et les marchés à prime.

86. — Les marchés au comptant se font entre deux agens de change dont l'un a des inscriptions à vendre, l'autre les fonds pour acheter ; et ils se liquident par la livraison et le paiement aussitôt après le délai nécessaire pour régulariser le transfert. Aucune difficulté sur la légalité de cette opération. — D.A. 6. 757, n. 17.

87. — On nomme marché à terme celui par lequel le vendeur s'engage à livrer la rente dans un certain délai, et l'acquéreur à payer à la même époque. — D.A. 6. 757, n. 18.

88. — On nomme marchés *fermes*, ceux qui doivent être exécutés par les parties, quelle que soit la baisse ou la hausse survenue à l'époque du terme sur la valeur de l'effet.

89. — Le marché *à prime* consiste à acheter de la rente à un prix plus élevé que le cours, à condition de pouvoir renoncer au marché, en abandonnant au vendeur une faible partie du prix, laquelle forme la prime : cette convention s'exprime par une formule semblable à celle-ci: 86 fr. dont un, c'est-à-dire qu'il y a un franc payé sans répétition, et qu'il restera 85 fr. à payer par l'acheteur lors du terme fixé, s'il retire la rente. Cette stipulation ne lie que le vendeur qui reste à la discrétion de l'acheteur ; elle est très propre à cacher des jeux ou paris illicites, et entraîne de funestes conséquences. — V. Vincens, liv. 6, chap. 5, n. 9; Coffinières, 2e partie; D.A. 6. 757, n. 20.

90. — Les marchés à terme, très fréquens à la Bourse, engagent fortement la responsabilité des agens de change, lorsque leurs cliens se trouvent dans l'impossibilité de remplir leurs obligations au terme fixé ; à la vérité les agens de change en atténuent les effets par les compensations qu'ils établissent entre eux ; mais ils n'en sont pas moins exposés à des livraisons de rentes et à des paiemens de reliquats énormes. — V. Vincens, *Lég. comm.*, liv. 6, chap. 5, n. 7 et 8; D.A. 6. 757, n. 18.

91. — Souvent les marchés à terme n'ont rien de réel ; ils sont passés par un vendeur qui n'a pas les rentes qu'il s'engage à livrer, et un acheteur qui n'a pas les fonds pour les payer; leur spéculation a pour objet unique le bénéfice qui résultera pour l'un et pour l'autre de la hausse ou de la baisse des fonds publics au terme prévu. Une pareille convention n'est qu'un jeu ou un pari, et à ce titre elle est illégale et nulle. — D.A. 6. 757, n. 18.

92. — Jugé ainsi que lorsqu'il n'est pas justifié qu'il y ait eu réellement achat et vente de rentes sur l'état, la loi n'accorde aucune action pour la différence entre le cours du jour du prétendu marché et celui du jour de la livraison. — 27 juin 1823. Paris. Delatte. D.A. 6. 760, n., n. 2. D P. 1. 1403.

93. — Jugé de même qu'une vente à livrer d'eaux-de-vie et d'esprits, lorsque les parties ont stipulé qu'en cas d'inexécution le contrat se résoudrait par le paiement de la différence entre le prix d'achat et le cours de la place, au moment où devait se faire la livraison, est un véritable pari pour lequel la loi refuse aux parties une action en justice, et dont les tribunaux doivent, d'office, prononcer la nullité (C. civ. 1965). — 28 août 1826. Bordeaux. Pazuengos. D.P. 27. 2. 56.

94. — Des dispositions tendant à prévenir les jeux de bourse se trouvent dans les anciens arrêts du conseil, notamment dans celui du 24 sept. 1724, car ils supposent tous que les effets vendus doivent être sur-le-champ livrés et payés. — L'art. 7 de l'arrêt du 7 août 1785 déclare nuls « les marchés et compromis d'effets royaux et autres quelconques, qui se feraient à terme et *sans livraison desdits effets ou sans le dépôt réel d'iceux*, constaté par acte duement contrôlé, au moment même de la signature de l'engagement.... » Des peines sévères sont prononcées contre les contrevenans. Cette mesure est motivée, dans le préambule de cet arrêt, sur ce que les marchés non précédés du dépôt dont il s'agit « sont des engagemens qui, dépourvus de cause et de réalité, n'ont, suivant la loi, aucune valeur, occasionnent une infinité de manœuvres insidieuses tendant à dénaturer momentanément le cours des effets publics, à donner aux uns une valeur exagérée, à faire des autres un emploi capable de les décrier; qu'il en résulte un agiotage désordonné, qui met au hasard la fortune de ceux qui ont l'imprudence de s'y livrer....., excitent la cupidité à poursuivre des gains immodérés et suspects, substituent un trafic illicite aux négociations permises... »

95. — L'art. 7 de l'arrêt du 2 oct. 1785 confirme la disposition de l'arrêt du 7 août précédent, et ajoute « qu'il pourra être suppléé au dépôt (des effets que cet arrêt exige), par ceux qui étant constamment propriétaires des effets qu'ils voudraient vendre, et ne les ayant pas alors entre les mains, déposeraient chez un notaire les pièces probantes de leur libre propriété. » — Enfin, les arrêts des 7 août et 2 oct. 1785 sont encore confirmés par un arrêt du 22 sept. 1786, et par un autre du 14 juill. 1787.

96. — Ces dispositions, en tant qu'elles annullent les marchés à terme d'effets publics, lorsque le dépôt de ces effets n'a pas eu lieu, sont encore en vigueur et applicables aux marchés à terme de rentes sur l'état, quoiqu'elles soient stipulées livrables à volonté. — 11 août 1824. Civ. r. Paris. Perdonnet. D.A. 6. 761. D.P. 24. 1. 306. — 11 août 1824. Civ. r. Paris. Augé. D.A. 6. 765. D.P. 24. 1. 322.

97. — Les principaux motifs de cette décision sont que la prohibition de ces sortes de marchés est reproduite et maintenue par la loi du 28 vend. an 4; — qu'il faudrait une loi formelle pour opérer l'abrogation de dispositions que le législateur a déclarées, en les publiant, indispensables au maintien de la morale publique ; — que cette abrogation ne peut résulter ni de l'art. 90 C. comm., dont l'objet a été d'autoriser le gouvernement à faire des réglemens sur la négociation des effets publics, et non de révoquer les réglemens existant à ce sujet; ni de l'art. 422 C. pén., puisque cet article n'est nullement inconciliable avec les arrêts du conseil, de 1785 et 1786; — qu'enfin, l'ord. du 12 nov. 1823, portant permission de coter le cours des effets publics étrangers, en disant que « l'arrêt du conseil, du 7 août 1785, est rapporté *en ce qu'il renferme de contraire à la présente* », décide par là même que cet arrêt subsiste dans ses autres dispositions.

98. — Jugé de même que des marchés à terme, bien qu'ils ne présentent pas le caractère du délit prévu et puni par les art. 421 et 422 C pén. (par exemple, lorsque le vendeur peut prouver qu'il était en mesure d'effectuer la livraison à l'échéance), ne peuvent jamais fonder une action civile. — 26 août 1825. Paris. Lachapelle. D.A. 6. 760, n. n. 3. D.P. 1. 1494.

99. — Jugé de même encore que pour qu'un marché à terme sur des effets publics doive être annulé, il suffit que l'agent de change ne prouve pas qu'au moment de la vente, il avait entre les mains les sommes nécessaires à l'achat ou les effets à livrer. Ici ne s'applique pas l'art. 422 C. pén., qui ne punit les paris sur les fonds publics qu'autant que le vendeur ne prouve pas qu'il avait les valeurs au temps de la livraison. — En conséquence, l'arrêt qui annulle un tel marché, par le motif que l'agent de change ne prouve pas qu'il avait, ou les fonds nécessaires pour l'achat, ou les effets à livrer au moment de la convention, ne peut être annulé, sous le prétexte qu'il devait déclarer en outre que l'agent de change ne prouve pas qu'il les avait en sa possession au moment de la livraison. — 2 mai 1827. Req. Paris. Couret, etc. D.P. 27. 1. 227.

100. — Cependant, suivant Vincens, Coffinières, Dalloz et Mollot, n. 323, l'absence du dépôt ne doit pas suffire seule à faire annuler le marché à terme, si, d'ailleurs, il était prouvé que ce marché était *sérieux*; si le vendeur des effets pouvait, lors du contrat, en disposer librement, si enfin les circonstances de la cause écartaient toute idée d'une spéculation sur de simples différences. L'absence de dépôt des effets fait bien présumer que le marché n'est qu'un jeu de bourse, mais elle n'exclut point la preuve contraire. — Cette opinion ne contrarie point les arrêts ci-dessus dans l'espèce desquels la circonstance, que le marché n'était pas sérieux concourait avec celle du défaut de dépôt.

101. — Jugé, conformément à la doctrine des auteurs ci-dessus, que la vente d'effets publics à terme, lorsqu'elle n'a point pour objet de déguiser une opération de jeu, est valable. — 29 mars 1832. Paris. Verrier. D.P. 32. 2. 150.

102. — Ainsi, quoiqu'il n'y ait pas, au moment de la vente à terme d'effets publics, dépôt effectif des effets de la part du vendeur et consignation du prix de la part de l'acheteur, le marché est néanmoins valable, si, d'une part, le vendeur avait en sa possession les effets vendus, qu'il tenait à la disposition de l'acheteur, et si, d'autre part, partie du paiement du prix était assurée au moyen d'un nantissement ou inscription de rente, remise par l'acheteur (C. civ. 1585, 1906). — Même arrêt.

103. — L'arrêté du 27 prair. an 10 et l'arrêt du conseil, du 7 août 1785, desquels il résulte que les marchés à terme ne sont valides qu'autant qu'ils sont accompagnés de la livraison ou du dépôt réel des effets, sont relatifs aux rapports des agens de change entre eux, et ne font aucune exception en leur faveur. — 2 mai 1827. Req. Paris. Courret. D.P 27. 1. 227.

104. — Quoique les marchés à terme sur les effets *publics* soient seuls déclarés nuls par les anciens réglemens, la même nullité s'étendrait, ce semble, d'après l'art. 1965 C. civ., aux marchés à terme qui auraient lieu pour de simples différences sur les effets particuliers. Seulement, l'absence du dépôt ne suffirait pas *seule* pour faire présumer que l'opération constitue un jeu. Le terme du marché pourrait d'ailleurs excéder deux mois. — Moll., n. 326.

105. — La question de savoir si, dans une vente d'effets publics, il y a ou non marché à terme prohibé, est du domaine exclusif des tribunaux. — 11 août 1824. Civ. r. Paris. Perdonnet. D.A. 6. 761. D.P. 24. 1. 306. — 11 août 1824. Civ. r. Paris. Augé, etc. D.A. 6. 765, n. 1. D.P. 24. 1. 322.

106. — Une vente d'effets publics, dont la livraison ne s'effectue pas et dont le prix n'est pas payé d'une bourse à l'autre, n'est point par cela seul réputée un marché à terme prohibé par les anciens réglemens, si le terme de ce marché n'excède pas deux mois. — 29 mai 1810. Paris. Delatte. D.A. 1. 326. D.P. 11. 2. 103.

107. — Il n'y a pas ouverture à cassation contre un arrêt qui a rejeté l'exception de nullité proposée contre une vente d'effets publics, par le motif qu'il est reconnu en fait qu'ils ont été livrés, encore que le billet qui contient l'obligation de l'acheteur porte qu'elle provient d'une différence. — 15 nov. 1813. Req. Paris. Servatius. D.A. 6. 759, n. 1. D.P. 1. 1493.

108. — Il n'y a pas ouverture à cassation contre un jugement qui déclare en fait qu'une vente d'effets publics n'est pas un marché à terme, quoique le vendeur ne fût pas, lors de sa conclusion, mais au su de l'acquéreur, propriétaire de l'inscription qu'il transférait; que l'acquéreur, loin de demander la résiliation pour raison du retard apporté dans l'expédition du transfert en sa faveur, s'est contenté de solliciter un délai pour en payer le prix, et que, dans la suite, l'inscription ayant été faite en son nom, il en a disposé comme de sa propriété. — 23 flor. an 9. Civ. r. Rigoult. D.A. 6. 758. D.P. 1. 1492.

109. — Des marchés à terme sur les effets publics, ayant pour objet des spéculations sur les résultats de la hausse et de la baisse, ne peuvent donner lieu à une action judiciaire. — 11 juin 1834. Req. Paris. Bouzain. D.P. 34. 2. 227.

110. — Et les marchés à terme d'effets publics étant prohibés et annulés par des considérations d'ordre public, ne peuvent être validés par aucune convention ni ratification. Ainsi, le débiteur qui, même depuis l'échéance du terme, aurait souscrit des billets pour les différences, est fondé à demander la nullité de ces billets. — 11 août 1824. Civ. r. Paris. Perdonnet. D.A. 6. 761. D.P. 24. 1. 306.

111. — Jugé de même que des billets sont nuls, bien que causés valeur en espèces, s'ils ont pour cause un jeu de bourse. — En conséquence, le souscripteur, actionné en paiement par le preneur, peut en demander la nullité ; on dirait en vain que ces billets ont opéré paiement de la dette, et que l'action en nullité est une véritable répétition de la dette payée, inadmissible aux termes de la loi. Il n'est pas vrai non plus de dire que le fait de souscription des billets est une renonciation à l'action en nullité, cette nullité étant d'ordre public (C. civ. 6, 1133, 1967). — 30 nov. 1826. Req. Paris. Deslongchamps. D.P. 27. 1. 73.

112. — Cependant, quoique la nullité soit d'ordre public, on ne peut opposer, pour la première fois, en cassation, que les opérations qui ont donné lieu à la demande en paiement de droits de courtage étaient illicites. — 16 avril 1833. Req. Paris. Séguin. D.P. 33. 1. 200.

113. — La nullité de ces marchés peut être invoquée non seulement par l'acheteur contre le vendeur et réciproquement, mais encore par l'un et l'autre contre les agens de change auxquels ils ont donné commission de les conclure. — 11 août 1824. Civ. r. Paris. Perdonnet. D.A. 6. 761. D.P. 24. 1. 306. — 11 août 1824. Civ. r. Paris. Augé, etc. D.A. 6. 765, n 1. D.P. 24. 1. 322.

114. — Un joueur de bourse, qui demande à son agent de change le compte de ce qu'il lui doit pour droits de courtage, renonce virtuellement à se prévaloir des lois qui prohibent les marchés à terme.— 16 avril 1833. Req. Paris. Séguin. D.P. 33. 1. 200.

115.— Le débiteur qui a souscrit un billet à ordre pour les différences, ne peut opposer l'exception de nullité au tiers-porteur, à moins qu'on ne prouvât que celui-ci a connu la véritable cause du billet lorsqu'il l'a acquis. Mollot cite un jugement du tribunal de la Seine qui l'a jugé ainsi sur sa plaidoirie.

116 — Quand une obligation est contractée en fraude à la loi, et notamment à une loi d'ordre public; comme si, par exemple, elle a pour cause une dette de jeu de bourse, la cause de cette obligation peut être prouvée par présomption (ou par témoins), quoique l'objet excède 150 fr. — 30 nov. 1826. Req Paris. Deslongchamps. D P. 27. 1. 75.

117.— Dans le cas de marchés à terme prohibés, aucune des parties n'a action, soit pour la répétition d'un gain quelconque, soit pour celle de la somme volontairement fournie pour garantie.— Ainsi, le client n'a pas d'action contre l'agent de change pour réclamer les valeurs remises pour couvertures (C. pén. 422 ; C. civ. 1966). — 16 août 1825. Paris. Court. D.P. 26. 2. 55.

118.— Jugé de même que bien que les marchés à termes, non accompagés du dépôt préalable, soient nuls, néanmoins, de même que l'agent de change qui a reçu du joueur perdant des sommes à compte sur la différence du cours entre l'achat et la revente des effets, n'a pas d'action en paiement du surplus de cette différence, de même le joueur n'a pas d'action en répétition des sommes payées à compte, dans le cas même où le paiement a été effectué non en argent, mais en effets de commerce ou en reconnaissances de liquidation à recouvrer (C. civ. 1965, 1967). — 25 janv. 1827 Req. Orléans. Rouvière. D.P. 27. 1. 124.— 22 mars 1832. Paris. Poisson. D.P. 32. 2. 67.

119.—Celui qui a fait des marchés à terme ou à livrer par l'intermédiaire d'un tiers, ne peut, sous le prétexte que ces marchés ne constituent qu'un jeu ou pari, se refuser de remettre à ce tiers les sommes nécessaires pour remplir les marchés contractés par ce dernier dans l'intérêt de son mandant. — 29 nov. 1831. Req. Queneșson. D.P. 32. 1. 120.

120.— Jugé cependant que la loi ne donnant jamais d'action pour l'exécution d'un jeu de hasard, le tiers qui a prêté son nom à l'un des joueurs, n'est pas recevable à réclamer, de lui, les sommes qu'il a payées par suite des pertes éprouvées (C. civ. 1251, 1965).—29 août 1828. Bordeaux. Lecoq. D.P. 29. 2. 135.

121.—La remise d'une inscription de rente à valoir sur le prix d'achat, faite par l'acheteur d'effets publics à terme, constitue, bien qu'effectuée sans écrit, un nantissement, qui ne peut être retiré qu'en remboursant les sommes dues pour l'opération (C. civ. 2074).— 29 mars 1832. Paris. Verrier. D.P. 32. 2 150.

122.— De ce que les marchés à terme ne sont pas prohibés, il n'en résulte pas que les agens de change puissent, sans un mandat exprès, même de l'autorisation de leur chambre syndicale, vendre des effets publics achetés pour un de leurs cliens qui aurait négligé d'en prendre livraison et d'en payer le prix à l'époque fixée.— 14 janv. 1821. Paris. Buthiau. D.A. 6. 752, n. 2. D.P. 1. 1493.

123.— Il arrive souvent que des rentes sont données en nantissement d'un prêt. Pour éviter des droits considérables d'enregistrement, les parties déguisaient ce nantissement sous la forme d'un transfert. En réduisant au droit fixe de deux francs seulement les nantissemens sur effets publics, la loi du 8 sept. 1830 a rendu cette simulation inutile. Quoi qu'il en soit, un pareil nantissement, s'il avait lieu, serait valable, suivant Mollot, n. 333, nonobstant le défaut des formalités prescrites par l'art. 2075 C. civ., attendu que le transfert tient lieu du nantissement; qu'une simulation qui ne lèse personne n'est pas défendue, et que l'authenticité du transfert rassure contre toute antidate.

124.— Le même auteur pense même que le créancier, s'il y est autorisé par la contre-lettre destinée à faire connaître que le transfert n'est que simulé, peut vendre la rente sans le consentement du débiteur ou l'autorisation de justice, les formalités établies par l'art. 2078 pour arriver à la disposition du gage, ne devant pas concerner les rentes, qui ont un cours certain et ne se négocient qu'à la bourse.

125.—Les marchés à terme donnent lieu à une opération connue sous le nom de *report sur la rente*. Elle consiste à acheter de la rente au comptant et à la revendre aussitôt à l'un des termes ordinaires, c'est-à-dire à la fin du mois, ou au mois suivant, à un prix plus élevé que celui d'achat; le vendeur garde son titre jusqu'au paiement; l'insolvabilité de l'acheteur au temps convenu n'expose le vendeur qu'à la différence entre le cours du marché et celui du jour auquel le paiement devait être fait (D.A. 6. 757); encore celui-ci peut-il prévenir ce risque en se faisant remettre par l'acheteur une prime de tant pour cent, imputable sur le prix lors de la livraison, et qu'il retiendra jusqu'à concurrence de la perte éprouvée par suite de baisse, faute par l'acheteur de prendre livraison contre le paiement du prix.— Moll., n. 340.

126.— La validité du contrat de report a été reconnue virtuellement par un arrêt de la cour de Paris, du 21 mars 1825, cité par Mollot, n. 341.

127.— Si, au terme fixé pour la revente (terme qui ne peut exceder deux mois), on veut continuer le report de la même quantité de rentes, on le peut de deux manières : 1° en achetant au comptant, *et en se faisant transférer* une inscription nouvelle de la même somme, que l'on revend aussitôt à terme ;— 2° en faisant transférer directement cette nouvelle inscription à celui auquel on a vendu à terme lors de la première opération, et en payant avec le prix dû par ce dernier l'achat au comptant de la nouvelle rente. La rente étant une sorte de monnaie, il est indifférent à mon acquéreur que je lui livre ma propre rente, inscrite en mon nom, ou que je substitue à cette rente celle que j'acquiers d'un tiers.— Moll., n. 342 et suiv.

128.— Rien n'empêche que les reports, qui ordinairement s'établissent sur les rentes seules, n'aient lieu également sur les actions de la banque, les fonds étrangers ou autres effets portant intérêt. — Moll., n. 347.

—V. Actes de commerce, Agens de change, Bourse de commerce, Courtiers, Faux, Vol.

TABLE SOMMAIRE.

Action de la banque. 53, 79.— de canaux. 2, 77. —de change. 23, s. 39, 72, s. 81, 122. — commerciale. 1, 3. — directe. 43, s.— judiciaire. 93, s.— au porteur. 25, 76, s.
Arrérages. 15, 64, s.
Autorisation. 3, 54, s. 122.— maritale. 51.
Billet de banque. 3.
Bons royaux. 2, 76.
Bordereaux. 35.
Bulletin. 40.
Capacité. 54.
Cassation (appréciation). 38, 105, s.
Certificat de propriété. 51, s. 63.
Certification. 31, 80.
Chose jugée. 37
Commissionnaire. 43, s.
Consentement. 29, s. 40.
Contrat. 29, 40, 61, 80, 89.
Conversion. 14.
Cour des comptes. 82.
Cours public 27, s. 71.
Crieurs. 28.
Curateur. 54, s.
Declaration. 80.
Délai. 40, s. 81, 106.
Départemens. 70, s.
Dépôt 104, s. 121.
Désignation. 13, s.
Dette publique. 6, s. — viagère. 16.
Différence. 107, 125.
Dot. 59.
Droits de change. 72, s.
Duplicata. 18.
Eau-de-vie. 93.
Effets royaux. 1.
Emprunt espagnol. 84.
Endossement. 76.
Enregistrement. 22.
Erreur. 16, s
Etranger. 60, 83, s.
Extrait. 17, s.
Faillite. 63.
Faux. 47.
Fonds étrangers. 83, s.
Grand-livre. 65.
Greffier. 51.
Homologation. 56.
Identité. 31, 80.
Immeuble. 12, 79.
Incapable. 54, s, 63, 82.
Inexécution. 49.
Insolvabilité. 48.
Inscription. 42. — sur le grand-livre. 5. — départementale. 70, s. — de rentes. 2.
Interdiction. — V. Incapable.
Jeu de bourse. 85, s.
Juge de paix. 51.
Livraison. 49, s. 92, s.
Loi personnelle. 60.
Majorat. 12, 53.
Mandat. 43, s. 74, 119.— authentique. 38, 64.— special. 33, s. 122.
Marché au comptant. 85, s.— ferme 88.— à prime. 89. — à terme. 41, 85.
Mineur émancipé. 55.— V. Incapable.
Monnaie. 26.
Nantissement. 121, s.
Négociation. 23, s. 29, 38, 43, 78.
Notaire. 20, 51, 73, s.
Nullité d'ordre public. 110, s.
Obligation illicite. 110, s.
Opposition. 61, s. 80.
Parquet. 28.
Pension. 16, s. 75.
Perte. 18, s.
Prescription de cinq ans. 47.
Preuve. 29, 42. — testimoniale. 116.
Ratification. 110, s.
Receveur-général. 70, s.
Registre. 36.
Renonciation présumée. 114, 120.
Rente sur la ville. 78.— viagère. 75.
Répétition. 46, 120.
Report. 125, s.
Responsabilité. 20, 39, 46, 73, s. 81.
Revendication. 25.
Signature. 32, 61.
Simulation. 91, s.
Titulaire. 40, s.
Tradition. 27.
Transfert. 21, s. 31, s. 41, s. 63, s. 80, s.
Trésor public. 47.
Tuteur. 54, s.
Usurpation de fonct. 29.
Vente. 29. — publique. 56.
Visa. 80.
Vol. 20.

EFFET RÉTROACTIF.—V. Loi, Rétroactivité.

EFFET SUSPENSIF.—V. Acquiescement, Acte respectueux, Action civile, Action possessoire, Amnistie, Appel, Cassation, Compétence administrative, Conseil d'état, contributions directes, Contributions indirectes, Garde nationale, Ministère public, Saisie-exécution.

EFFET TROUVÉ.—V. Enregistrement.

EFFRACTION.—V. Douanes, Peine, Vol.

ÉGALITÉ.—V. Contributions directes, Contributions et impôts, Louage, Société, Succession irrégulière, Théâtre.

ÉGLISE.—V. Action possessoire, Attentat à la pudeur, Autorité municipale, Commerçans, Fabriques, Féodalité, Forêts, Prescription, Vol.

ÉGOUT.—V. Eau, Servitude, Voirie.

ÉLAGAGE.—V. Action possessoire, Forêts, Louage, Servitudes, Voirie.

ÉLECTEUR.—V. Elections.

ELECTIONS.—V. Elections communales, Elections départementales, Elections législatives, Garde nationale.—V. aussi Armes, Avoué, Avocat, Cassation, Caution. Compétence administrative, Compétence civile, Conflit, Conseil d'état, Contrainte par corps, Contributions directes, Domicile, Droits civils, Droits politiques, Faillite, Forêts, Interdiction, Mandat, Ministère public, Rapport, Substitution, Tribunaux.

ÉLECTIONS COMMUNALES ou MUNICIPALES. —1.— On désigne ainsi les élections qui sont faites par les citoyens, soit des membres du conseil municipal ou communal, soit des candidats aux fonctions de maire.

2.— Les communes ou *municipes* remontent, par leur origine, à l'époque de l'agrandissement de l'empire romain; elles avaient, sous l'ancienne monarchie, et en vertu des chartes que leur avaient concédées les rois de France, le droit de choisir leurs officiers municipaux. Ce droit fut le résultat de la nécessité dans laquelle s'étaient trouvés Louis-le-Gros et ses successeurs, par suite des envahissemens de la féodalité, à laquelle ils avaient voulu opposer les habitans des paroisses réunies sous leurs bannières. Il fut bientôt enlevé aux communes, quand on n'eût plus besoin d'elles pour soumettre des seigneurs trop menaçans ou trop oppressifs. Toutefois, il leur avait été tour à tour rendu et repris de 1579 à 1771, lorsque la loi des 14-18 déc. 1789 vint appeler tous les citoyens actifs à concourir à l'élection de leurs officiers municipaux. Mais cette reconnaissance d'un droit pourtant imprescriptible, qui touchait si puissamment à tout ce que les communes ont de cher et d'intime dans leurs intérêts de localité, ne devait pas être long-temps respectée. La loi du 28 pluv. an 8 la méconnut, et confisqua ce droit lui-même au profit du gouvernement.

3.— Si, plus tard, et par un sénatus-consulte, du 16 therm. an 10, un simulacre d'élection et de candidature fut établi, il n'en resta bientôt plus aucune trace, la restauration avait tout oublié.

4.— Enfin, la révolution de 1830 vint ouvrir une ère nouvelle, et la charte modifiée promit « des institutions municipales fondées sur un système électif » (art. 69, § 7). — La loi du 21 mars 1831 réalisa cette promesse. On va développer successivement les dispositions de cette loi, et en faire ressortir les heureux effets, en même temps que nous signalerons les critiques dont elle fut l'objet au sein des deux chambres.

ART. 1er. — *Des conditions requises pour être électeur ou éligible.*
- § 1er. — *Jouissance des droits civiques.*
- § 2. — *De l'âge.*
- § 3. — *Du cens électoral et de l'éligibilité.*
- § 4. — *Du domicile.*
- § 5. — *De l'incompatibilité de certaines fonctions avec la qualité d'éligible et de conseiller municipal.*

ART. 2. — *De la formation et de la révision des listes.*
- § 1er. — *De la préparation et de la publication des listes électorales.*

§ 2. — *Des réclamations devant le maire. — Délai.*

§ 3. — *Du recours contre les décisions du maire.*

ART. 3. — *Des assemblées des électeurs communaux.*

§ 1er. — *De la convocation des assemblées. — Division en sections communales. — Nombre des conseillers à élire. — Composition du bureau. — Scrutateurs, Secrétaire, Procès-verbal, Président, Police. — Introduction illégale.*

§ 2. — *Du Scrutin, Bulletin, Vote.*

§ 3. — *De la majorité. — Nouveau scrutin.*

§ 4. — *Des fonctions du bureau. — Réclamation. — Délai. — Mention au procès-verbal.*

§ 5. — *Compétence des préfets et des conseils de préfecture. — Délai dans lequel ils doivent statuer. Notification de leurs arrêtés.*

§ 6. — *Effet de l'annulation d'une ou de plusieurs élections. — Vacances. — Convocation nouvelle.*

§ 7. — *Formes et délais du recours contre ces décisions. — Ordonnance.*

§ 8. — *Des cas où il y a incompatibilité pour parenté ou autre cause entre deux ou plusieurs électeurs. — Choix du même électeur par plusieurs colléges. — Option. — Préférence.*

ART. 4. — *Questions transitoires.*

ART. 1er. — *Des conditions requises pour être électeur ou éligible.*

§ 1er. — *Jouissance des droits civiques.*

5. — Le droit de prendre part aux fonctions électorales ne constitue-t-il pas un droit politique? N'est-il pas de la même nature que le droit d'être élu? Et, de même qu'un membre du conseil municipal, un maire, un adjoint doivent jouir de la qualité de citoyen, la même condition ne doit-elle pas être remplie par l'électeur? L'affirmative semble pouvoir être induite des dispositions combinées des art. 5 de la convention de l'an 8; 17 C. civ.; 9, 42, 43, 109, 123, 185, 401, 405, 406, 410 C. pén.; 13 de la loi du 22 mars 1831, sur la garde nationale (V. aussi le mot Droits politiques). — Mais le silence de la loi du 21 mars 1831 sur les élections municipales, ne devrait-il pas être interprété dans un sens plus favorable au droit d'élection?

6. — Cependant il a été décidé que le jugement qui refuse d'ordonner l'inscription du fils d'un failli qui accepte la succession du père, sur la liste des électeurs municipaux, ne viole aucune loi. — 9 juill. 1832. Civ. r. Gauthier. D.P. 32. 1. 304. — 18 sept. 1831. Ord. Chaillon. D.P. 31. 3. 44. — V. Droits politiques, n. 29.

7. — Il a été décidé, depuis, qu'une condamnation pour escroquerie ne suffit pas pour faire exclure un individu de la liste des électeurs municipaux, alors d'ailleurs qu'il paie le cens, et jouit de l'exercice de ses droits civiques; ici ne s'applique pas l'exclusion prononcée par l'art. 13 de la loi du 22 mars 1831 sur la garde nationale (L. 21 mars 1831, art. 32). — 25 août 1834. Civ. c. Moissinac. D.P. 34. 1. 332. — Conf. nos obs., *eod.*

8. — Le citoyen qu'on refuse d'inscrire sur la liste des électeurs municipaux de sa commune, sous prétexte qu'il ne jouit pas de ses droits civiques, peut se pourvoir directement devant le tribunal pour obtenir son inscription, sans être astreint à dénoncer préalablement au préfet la décision du maire. — 9 juill. 1832. Civ. r. Gauthier. D.P. 32. 1. 304. — 18 sept. 1831. Ord. Chaillon. D.P. 31. 3. 44.

§ 2. — *De l'âge.*

9. — Pour être électeur, il faut être âgé de vingt et un ans accomplis (L. 21 mars 1831, art. 11). — Mais quand la vingt et unième année doit-elle être accomplie? — C'est au 31 mars, époque de la clôture définitive des listes. En effet, on verra que les lois sur les élections des membres de la chambre des députés avaient présenté de graves difficultés dans l'application des dispositions qui voulaient que, lors des élections qui pourraient avoir lieu dans le cours de l'année plus d'un mois après la clôture de la révision annuelle des listes, on dressât des tableaux de rectification, afin d'écarter ceux des électeurs inscrits qui avaient perdu, et afin d'admettre ceux des électeurs qui avaient acquis la capacité électorale depuis cette époque. C'est pour prévenir ces difficultés si graves dans une matière analogue et même identique, que le législateur a, dans l'art. 40 de la loi qui nous occupe, déclaré que la liste faite au commencement de l'année n'éprouvera aucun changement, que tous ceux qui s'y trouveront portés y resteront, sauf

le cas de perte des droits civiques, et que personne ne pourra s'y faire porter dans le cours de l'année. Mais s'il n'est plus permis de se faire porter sur la liste dans le cours de l'année, il est certain que la condition relative à l'âge doit être accomplie au moment de la clôture des listes.

10. — La loi n'a pas déterminé les conditions d'âge pour les électeurs adjoints, c'est-à-dire pour ceux qui ne le sont qu'à raison de leur position sociale, ou des fonctions qu'ils exercent (V. n. 41). — Mais sans entrer dans le débat qui s'est élevé sur la question de savoir si c'est à vingt et un, ou à vingt-deux ans accomplis qu'un citoyen français jouit de la plénitude des droits réglés par l'art. 2 de la loi du 22 frim. an 8, il suffit de remarquer que le § 1er de l'art. 11 appelle à l'élection communale le censitaire âgé de vingt et un ans accomplis. On en doit conclure, par analogie, que les électeurs doivent avoir atteint cet âge. D'ailleurs, dans le silence de la loi, on ne peut prendre pour l'âge une limite qui descende au-dessous de celui auquel la législation fixe l'exercice des droits civils. Le comité de l'intérieur du conseil d'état ayant été consulté sur ce point, a, dans sa séance du 4 mai, émis l'opinion que pour être électeur communal, il faut *être majeur de vingt et un ans.* — Ainsi, les officiers de la garde nationale, qui n'auraient pas encore vingt et un ans, ne peuvent être inscrits sur la deuxième partie de la liste des électeurs communaux. — 10 mai 1831. Circ. min. D.P. 31. 3. 31.

11. — Suivant l'art. 47, les conseillers municipaux doivent être âgés de *vingt-cinq ans accomplis.* Le terme d'accomplissement doit s'entendre du jour de l'élection). Si donc la majorité absolue ou la pluralité était acquise à un électeur ayant moins de vingt-cinq ans, le bureau pourrait déclarer son élection non avenue, et faire procéder à une nouvelle nomination lors du second scrutin, ou proclamer le candidat qui viendrait ensuite selon l'ordre des suffrages. — 11 août 1831. Circ. min. D.P. 31. 3. 33.

§ 3. — *Du cens électoral et de l'éligibilité.*

12. — Les contributions *directes* payées dans la commune forment seules le cens électoral et d'éligibilité (L. 21 mars 1831, art. 11 et 15). Sous le nom de *contributions directes*, les lois de finances votées annuellement désignent, 1° la contribution foncière; 2° la contribution personnelle et mobilière; 3° la contribution des portes et fenêtres; 4° les patentes. — V. Elections législatives.

13. — « Sont appelés à l'assemblée électorale communale, les citoyens les plus imposés aux rôles des contributions directes de la commune, âgés de vingt et un ans accomplis, dans les proportions suivantes : — Pour les communes de mille âmes et au-dessus, un nombre égal au dixième de la population de la commune; — ce nombre s'accroîtra de cinq par cent habitans en sus de mille jusqu'à cinq mille; — de quatre par cent habitans en sus de cinq mille jusqu'à quinze mille; — de trois par cent habitans au-dessus de quinze mille » (L. 21 mars 1231, art. 11, n. 1er).

14. — La loi, telle qu'elle existe, exige comme conditions, 1° d'être citoyen; 2° d'être un des plus imposés aux contributions directes de la commune; 3° d'être âgé de vingt et un ans accomplis. Elle détermine ensuite le nombre des plus imposés d'après la population de la commune. La commission de la chambre des députés se décida à restreindre ainsi le nombre des électeurs, afin que le droit électoral ne fût exercé que par des citoyens offrant, par leur position sociale, des garanties de capacité et d'attachement à l'ordre; elle rappela les effets funestes qu'avait produit, à une autre époque, l'extension trop grande des droits politiques.

Kœchlin présenta un amendement qui admettait tout citoyen majeur jouissant des droits civils et payant la contribution *personnelle* à concourir à l'élection des conseillers municipaux. — Plusieurs autres amendemens conçus à peu près dans le même esprit furent présentés par Duboys-Aimé, Isambert Marchal et Lamarque. On invoquait, pour les faire admettre, le principe de la souveraineté du peuple, le droit qu'ont également tous les citoyens habitans d'une commune de choisir les magistrats municipaux, puisqu'ils supportent une partie des charges publiques.

Humblot-Conté, auteur de la proposition de loi, reconnut que tous ces amendemens avaient pour but d'appeler à l'élection le plus grand nombre de citoyens possible, tandis qu'au contraire la commission avait voulu limiter ce nombre, dans chaque commune, à celui des citoyens qui, plus que les autres, étaient en état d'en apprécier les intérêts et de connaître les hommes les plus capables de les bien gouverner. Les auteurs de ces amendemens,

ajouta-t-il, ne tiennent compte que *du droit*, la commission ajoute la *capacité*... Au surplus, pour mettre la chambre à même d'apprécier cette aristocratie et ces privilégiés, que l'on accuse la commission de vouloir créer d'une manière si illibérale, il suffit de dire qu'il y a en France dix-sept mille communes qui ont moins de cinq cents âmes, qui auront cinquante électeurs et dans lesquelles le cens descendra le plus souvent à 3 francs; qu'il en est vingt-huit mille qui ont moins de mille âmes et où le cens descendra, terme moyen, à 6 francs. Enfin « j'oserais garantir que la moyenne du cens des électeurs communaux n'atteindra pas 25 francs. »

15. — Paixhans proposa de substituer au système du cens variable des plus imposés, le système d'un cens fixe dans chaque commune, d'après la population. Les avantages qu'offrait cette proposition s'aperçoivent facilement. En prenant pour électeurs les plus imposés de chaque commune, jusqu'à concurrence d'une quotité déterminée, non seulement le nombre des électeurs doit varier, mais le cens qui confère la capacité électorale est nécessairement différent pour tous; de là incertitude pour chacun sur l'existence de son droit d'électeur. Paixhans, en fixant au contraire, dans chaque commune, suivant la population, un cens déterminé qui conférait la faculté de concourir à l'élection, levait toutes les difficultés et toutes les incertitudes; chacun pouvait savoir, en examinant la cote de ses contributions, s'il était ou s'il n'était pas électeur.

Cet amendement portait : « sont électeurs communaux ceux qui paient en contributions directes 5 francs pour les communes de mille habitans; 10 francs pour les communes de mille à trois mille; 15 fr. pour les communes de trois mille à vingt mille; 20 fr. pour les communes de vingt mille à cinquante mille; cinquante fr. pour les communes au-dessus de cinquante mille. » Lemarçay sous-amenda en proposant de réduire le cens.

16. — Kératry fit remarquer que ce système avait le double inconvénient, ou d'abaisser trop le cens ou de l'élever trop haut, ou de multiplier le nombre des électeurs d'une manière indéfinie, qui pourrait être désavantageuse à la chose publique, ou de les priver des droits qui leur appartiennent. — Le général Lamarque proposa d'admettre tous les Français payant la contribution personnelle et sachant lire et écrire.

17. — On critiqua les dispositions de l'article, en faisant remarquer : 1° que le nombre des électeurs n'augmente pas, d'après la population, autant que cela devrait être en prenant pour base la proportion établie à l'égard des communes de mille âmes et au-dessous; 2° qu'il est singulier que quelques centimes de contributions, payés en plus par un citoyen, lui confèrent le droit électoral refusé à son voisin.

Le rapporteur répondit que la préférence, résultant du paiement de quelques centimes payés en plus, tient à la nature même des choses, à la nécessité de fixer une règle et une règle fondée seulement sur la probabilité. — Je vais faire sentir ma pensée par une application à nos lois civiles, ajouta-t-il : « de deux hommes, dont l'un a vingt et un ans moins un jour, l'autre vingt et un ans plus un jour, le premier est privé de certains droits dont l'autre jouit; cette différence, qui tient à quelques heures, est souvent peu d'accord aussi avec la réalité; le plus jeune peut être aussi *capable* que l'autre l'est peu, et cependant la loi est-elle inconséquente? Non, parce qu'elle n'a pas été faite seulement pour ces deux jeunes hommes, mais pour tous les citoyens, et que l'expérience, ayant indiqué l'âge de vingt et un ans comme le plus convenable à la majorité, il a fallu en faire une règle générale, fondée, non pas sur quelques exceptions, mais sur ce que l'expérience prouve être le plus probable... — Appeler un dixième de la population dans les communes de mille habitans et au-dessous, a paru sans danger, parce que les intérêts ne sont pas compliqués; que les assemblées seront peu nombreuses, et que la population presque toute agricole et composée d'hommes qui se connaissent pour ainsi dire intimement, n'offre point les germes de ces passions qui s'échauffent si facilement ailleurs; à mesure que la population s'élève, il en est autrement : le budget grossit, les intérêts se compliquent, s'agrandissent, les habitans sont plus étrangers les uns aux autres; d'autres industries que l'industrie agricole viennent y figurer et y prédominer. Alors les assemblées trop nombreuses renferment de véritables dangers : dans des élémens si divers, les passions se glissent facilement, car il s'agit de grands intérêts; et pour peu que les assemblées deviennent tumultueuses, ou seulement les opérations trop longues, il en résulte l'éloignement des électeurs les plus recommandables, ceux qui composent

cette partie moyenne de la société, laborieuse, active, amie de la paix et avare de son temps, qui se rend aux assemblées, non pas pour cabaler, mais pour remplir régulièrement un devoir.....» — Il est un autre point de vue presque matériel, et qui ne doit pas cependant être négligé, c'est le temps nécessaire pour les opérations régulières d'une assemblée trop nombreuse. Avec quelque soin que vous la fractionniez, si vous adoptiez certains amendemens, vous verrez, en appliquant le calcul fait dans le rapport de votre commission, sur une assemblée de 4000 électeurs, combien ce temps est considérable, inconvénient grave encore, en ce qu'il fatigue les électeurs et écarte les hommes occupés, qui ne pourraient sacrifier une partie si notable de leur temps. — Duvergier, année 1831, p. 135 et 136.

18.— La manière de calculer le dixième de la population, quand elle n'est pas un multiple *de dix*, doit être la même que celle suivant laquelle on déterminait ci-devant le nombre des membres des colléges départementaux (fixé au quart du nombre total d'électeurs), c'est-à-dire que l'on néglige la fraction quand le nombre est plus près de la dixaine inférieure que de la dixaine suivante, et qu'à partir du nombre intermédiaire entre les deux dixaines, on force la fraction. Ainsi, pour 201, 202, 203 et 204 habitans, on compte 20 électeurs, comme si la population était de 200 âmes; pour 205 et 209, on compte 21 électeurs, comme s'il y avait 210 habitans. Ce calcul est fondé sur ce que les nombres 201, 202, 203, 204, sont plus près de 200 que de 210, et que les nombres 206, 207, 208 et 209 sont plus près de 210 que de 200. A l'égard de 205, qui est aussi éloigné de 200 que de 210, on adopte le calcul le plus favorable. Quant au nombre d'électeurs à raison de *tant par cent*, on compte la centaine *commencée* pour la centaine *accomplie*. C'est ainsi que l'a expliqué le rapport présenté à la chambre des députés par Dupin aîné, sur le premier projet de loi, concernant l'organisation municipale (Séance du 19 mars 1829). Cependant, il ne faut pas que ce calcul donne un nombre de censitaires supérieur au dixième de la population. Ainsi, on ajoute un électeur de plus depuis 1000 jusqu'à 1010 habitans, deux depuis 1010 jusqu'à 1020, trois depuis 1020 jusqu'à 1030, quatre depuis 1030 jusqu'à 1040, et cinq depuis 1040 jusqu'à 1100. — 10 mai 1831. Cir. min. D P. 31. 3. 30.

19.— Si le nombre de trente électeurs pris dans la commune n'était pas complet, quelque minime que fût la contribution que paierait *un citoyen*, il devrait être appelé pour compléter les trente électeurs (art. 12), ou pour compléter le dixième de la population totale, dans les communes qui ont plus de trois cents âmes. Mais il est important de remarquer que celui qui ne paie aucune contribution directe ne peut absolument, et dans aucun cas, faire partie du corps électoral, à moins toutefois qu'il ne s'agit de ces adjonctions du § 2 de l'art. 11.

20.— « Les dispositions relatives à l'attribution des contributions, contenues dans les lois concernant l'élection des députés, sont applicables aux élections réglées par la présente loi » (art. 41). — On a demandé si, alors que la loi du 21 mars 1831 s'en réfère aux lois concernant l'élection des députés, il faut entendre les dispositions en vigueur au moment de la promulgation de cette loi ou celles qui régissent les élections des députés au moment de son application. En d'autres termes, s'il faut suivre aujourd'hui les dispositions des lois de 1817, 1820 et 1828, ou celles de la loi du 19 avril 1831. — L'esprit de la loi du 21 mars, tel qu'il résulte des exposés des motifs et de la discussion, est en faveur de cette dernière interprétation. Il a toujours été entendu que l'attribution des contributions se ferait pour les électeurs communaux, suivant les mêmes règles que pour les membres des colléges électoraux : si l'intention du législateur avait été différente, il l'aurait formellement exprimée, en désignant par leur date les lois anciennes dont il aurait voulu conserver les dispositions pour les assemblées communales, quand elles allaient être modifiées à l'égard des colléges électoraux, ou au moins en les désignant par l'expression, *lois actuellement en vigueur*. Il y aurait anomalie et inconséquence à suivre une législation pour les élections communales, et une autre législation pour les élections des députés. Celle-ci est plus favorable à l'extension des droits électoraux, et cette considération devrait suffire pour lever tous les doutes s'il pouvait en exister. — 10 mai 1831. Cir. min. D.P. 31. 3. 30.

21.— La loi municipale, lorsqu'elle a renvoyé aux lois concernant l'élection des députés pour l'attribution des contributions, a entendu se référer aux dispositions générales de la loi du 9 avril 1831, notamment en ce qui touche l'assimilation de l'*avancement d'hoirie au titre successif*, et non aux dispositions transitoires de cette loi, lesquelles ne s'appliquent pas aux élections municipales (L. 21 mars 1831, art. 41; 19 avril 1831, art 7, 70). — 30 sept. 1831. Vac. cr. c. Mariotte. D.P. 32. 1. 103.

22.—Ainsi, les art. 4, 6, 7, 8 et 9 de la loi du 19 avril sont applicables aux électeurs communaux, mais seulement en ce qui concerne les contributions payées dans la commune. Les redevances des mines (art. 4) ne sont pas portées sur les rôles de la commune, et ne peuvent être comptées dans le cens communal, non plus que le diplôme universitaire (art. 5, Cir. min. *ib.*).

23. — Les centimes additionnels ordinaires ou extraordinaires, fixes ou indéterminés, et les sommes prélevées sur les négocians d'une ville, pour subvenir aux dépenses des bourses et chambres de commerce, doivent entrer dans le cens électoral. —V. Elections législatives.

24.— Le supplément d'octroi, qui remplace dans quelques villes l'impôt mobilier, ne compte point à l'électeur, parce que le produit de l'octroi est un impôt indirect.—V. Elections législatives.

25.— Les propriétaires des immeubles temporairement exemptés, peuvent les faire expertiser contradictoirement et à leurs frais pour en constater la valeur, de manière à établir l'impôt qu'ils paieraient, et qui doit leur être compté (L du 19 avril 1831, art. 4, § 2).— Il semble, au premier aperçu, que cette opinion n'est pas fondée, puisque l'art. 11 de la loi du 21 mars 1831 porte que. « sont appelés à cette assemblée (l'assemblée électorale), les citoyens les plus imposés aux rôles des contributions directes. » — Et en effet, pourrait-on dire, celui qui est exempté d'impôts, temporairement il est vrai, mais enfin celui qui en est exempté n'est point ou ne doit pas être porté sur les rôles de l'année, car il ne paie pas, et la quote-part qui devrait être à sa charge est payée par les autres contribuables. Dès lors qu'il n'a point les charges, pourquoi participerait-il aux avantages de la commune? — Mais si ce propriétaire ne paie point, c'est ou parce qu'un motif d'intérêt général, celui de favoriser des exploitations industrielles, importantes à la prospérité de l'état l'a ainsi voulu, ou bien encore parce que le désir de rendre plus brillant l'aspect des villes que doivent décorer d'importantes constructions, qu'on encourage ainsi, a exigé ce sacrifice apparent pour un avantage certain et à venir. Et certes, dans l'un et l'autre cas, on ne peut priver ce propriétaire du droit électoral dans la commune, puisque son intérêt personnel l'attache chaque jour d'avantage à cette commune, et que c'est précisément cet attachement à la localité qui a paru au législateur déterminant dans son choix.

26. — Les lois des 21 mars et 19 avril 1831, qui comptent au locataire l'impôt des portes et fenêtres des appartemens loués, à l'effet de former le cens électoral, ne dérogent pas aux règles du droit commun sur la maniere de prouver l'existence d'une location ou d'un bail contesté. — En conséquence, c'est conformément à ces mêmes règles qu'un citoyen doit prouver qu'il est locataire d'une maison, quand il demande que l'impôt des portes et fenêtres de la maison, dont il se prétend locataire, lui soit compté à l'effet de lui faire atteindre le cens électoral. — Et le tribunal qui se borne à déclarer 1° que ce citoyen ne produit aucun acte susceptible de le faire considérer comme locataire, et 2° à écarter de simples allégations ou attestations qu'il qualifie d'officieuses, ne viole aucune loi. — 11 juin 1834. Req. Maire de Corte. D.P. 34. 1. 345.— 30 mai 1834. Req. D P. 34 1. 346.

27. — L'art. 14 de la loi du 21 mars attribue non seulement au fermier, comme le fait l'art. 9 de la loi du 19 avril, mais encore au colon partiaire, le tiers de la contribution du domaine qu'ils exploitent, sans diminution des droits du propriétaire. Remarquez que la loi du 21 mars diffère aussi de celle du 19 avril en ce qu'elle n'exige pas que le bail à ferme ait une durée de neuf années.— Ce bail doit-il être authentique? doit-il au moins avoir une date certaine? Le ministre a dit d'abord qu'il devait être authentique (Inst. min., 10 mai 1831)

28.—Cette interprétation a été admise par un jugement qui a décidé, comme le ministre, que l'art. 14 de la loi du 21 mars 1831 devait être interprété par l'art. 9 de la loi du 19 avril suivant. — D.P. 33. 1. 183.

29. — Mais la cour de cassation exige seulement une date certaine, conformément à la règle des obligations, lorsque, comme ici, des tiers sont intéressés et ont le droit d'intervenir.

Ainsi, elle a jugé que le fermier ne peut, vis-à-vis des tiers, se faire maintenir sur la liste des électeurs communaux, au moyen de l'attribution du tiers de la contribution du fonds qu'il exploite à prix d'argent, qu'autant qu'il représenterait un bail écrit, d'une durée de neuf ans, si non authentique, au moins ayant date certaine : qu'ici s'applique le principe général de l'art. 1322; et que l'on prétendrait en vain que la notoriété publique, manifestée par le maire, le percepteur ou les répartiteurs, est suffisante (C. civ. 1322; l. 21 mars 1831, art. 14; 19 avril 1831, art. 9).— 25 fév. 1833. Civ. r. Préfet de la Côte-d'Or. D.P. 33 1. 183.

30.—Mais, à cette époque, le ministre, touché des difficultés que rencontrait son interprétation, avait déjà et dès long-temps changé d'avis; il avait ordonné de se contenter d'actes sous seing-privés ou même de la simple notoriété, si le bail n'était que verbal (Cir. 19 juill. 1831). Et c'est en ce dernier sens qu'il nous a semblé que la question, dominée par le droit politique plutôt que par le droit civil, devait être resolue.— D.P. 34. 3. 21.

31.—Aussi avons-nous admis l'opinion, qu'un fermier cessionnaire, par écrit sous-seing privé, du droit au bail authentique d'un autre fermier, pouvait faire valoir le tiers des contributions du propriétaire pour être inscrit sur la liste des électeurs communaux, si d'ailleurs son allégation paraissait sincère.— D.P. 34. 3. 21.

32. — La contribution des portes et fenêtres est une charge de l'habitation, et ne doit, dès lors, être comptée au propriétaire pour la formation du cens municipal, qu'en proportion de la portion de la maison qu'il habite (L. 21 mars 1831, art. 11, 41; 26 mars 1831, art. 24). — 30 sept. 1831. Vac. cr. c. Mariotte. D.P. 32. 1. 103.

33. — La contribution mobilière d'une maison doit, comme charge de l'habitation, être comptée au propriétaire qui l'habite en partie, pour la formation du cens, dans la même proportion que la contribution des portes et fenêtres, quoiqu'au moment de la formation des listes il n'ait pas encore été inscrit au rôle de la contribution mobilière (L. 26 mars 1831, art. 7, 12).— Même arrêt.

34.— La taxe personnelle exigée par l'art. 2 de la loi du 26 mars 1831 doit, dans la formation du cens municipal, être comptée même pour l'année courante à celui qui a fait une acquisition dans cette année, quoiqu'il ne soit pas encore porté sur les rôles de cette contribution.— Même arrêt.

35.— Quant à ce qui concerne l'impôt de la patente et la proportion dans laquelle il doit concourir à la formation du cens électoral des associés individuellement, V. Elections législatives.

36.— Ce qui a été dit relativement aux personnes qui profitent des contributions d'autrui et des délégations, est applicable ici, sauf quelques légères modifications que le sens de nos lecteurs suppléra sans peine.

37.— Il n'est admis, par la loi, qu'une seule délégation des mêmes contributions.

En conséquence, si, au moment ou une veuve a délégué une seconde fois ses contributions à une autre personne, en révoquant une délégation première, celui au profit duquel cette première délégation avait été faite, ne pouvant plus être éliminé de la liste municipale, la seconde délégation doit être déclarée comme non avenue, et il y a lieu d'annuler l'arrêt qui donne effet aux deux délégations (L. 19 avril 1831, art. 8) —15 mai 1833. Civ. c. Nîmes. Maire de Meude. D.P. 33. 1. 206.

38. — Les dispositions de l'art. 7 sur les époques de possession, de location et de l'exercice de l'industrie, sont applicables à la formation des listes communales (10 mai 1831. Cir. min.). — D.P. 31. 3. 30.

39.— Si deux citoyens paient la même cote contributive, le plus âgé doit être inscrit de préférence (10 mai 1831. Cir. min.).— D.P. 31. 3. 30.

40.— Tout ce que nous avons à dire relativement au cens des électeurs s'applique aux éligibles au conseil municipal, puisque les élus doivent être pris sur la liste des électeurs communaux (art. 15).

41.—Indépendamment des censitaires dont nous venons de parler, et que la loi. en considération des contributions qu'ils paient, appelle à exercer les droits électoraux dans la commune, il en est d'autres auxquels elle confère ces mêmes droits en considération des garanties de capacité et d'attachement à la localité qu'offre leur caractère ou leur position. —Ainsi, sont appelés à l'assemblée électorale : « Les membres des cours et tribunaux;—les juges de paix et leurs suppléans; — les membres des chambres de commerce, des conseils de manufactures, des conseils de prud'hommes : —les membres des commissions administratives des colléges, des hospices et des bureaux de bienfaisance;—les officiers de la garde nationale; les membres et correspondans de l'institut, les membres des sociétés savantes instituées

ou autorisées par une loi;— les docteurs de l'une ou de plusieurs des facultés de droit, de médecine, des sciences, des lettres, après trois ans de domicile réel dans la commune; — les avocats inscrits au tableau, les avoués près les cours et tribunaux, les notaires, les licenciés de l une des facultés de droit, des sciences, des lettres, chargés de l'enseignement de quelqu'une des matières appartenant à la faculté où ils auront pris leur licence, les uns et les autres après cinq ans d'exercice et de domicile réel dans la commune;—les anciens fonctionnaires de l'ordre administratif et judiciaire jouissant d'une pension de retraite;— les employés des administrations civiles et militaires jouissant d'une pension de retraite de six cent francs et au-dessus;—Les élèves de l'Ecole polytechnique qui ont été à leur sortie déclarés admis ou admissibles dans les services publics, après deux ans de domicile réel dans la commune: toutefois les officiers appelés à jouir du droit électoral en qualité d'anciens Elèves de l'école polytechnique, ne pourront l'exercer dans les communes où ils se trouveront en garnison, qu'autant qu'ils y auraient acquis leur domicile civil ou politique avant de faire partie de la garnison ; — les officiers de terre et de mer jouissant d'une pension de retraite; les citoyens appelés à voter aux élections des membres de la chambre des députés ou des conseils généraux des départemens, quel que soit le taux de leurs contributions dans la commune » (art. 11, n. 2).

Il a été jugé, relativement à des officiers de la garde nationale, qu'ils avaient le droit de voter, bien que, par suite du refus de s'habiller dans le délai fixé par la loi, on aurait pu les déclarer démissionnaires (art. 35 de la loi du 21 mars 1831).— 24 août 1832. Ord. cons. d'état. Bordenave. D.P. 34. 3. 65.

42.—Les greffiers ne sont pas électeurs, ils ne sont donc point compris dans les expressions: « Les membres des cours et tribunaux....»—Ils sont simplement officiers ministériels près les cours et tribunaux. On avait proposé de les admettre au nombre des électeurs de la seconde catégorie ou de ceux desquels on n'exige que la condition de capacité; mais cet amendement n'a point été admis.

43.—Les juges suppléans des tribunaux sont électeurs municipaux, car, indépendamment de cette considération qu'ils sont membres des tribunaux, qualité à laquelle le droit électoral est attaché, un argument puissant se tire en leur faveur de l'art. 7 qui précède. En effet, cet article porte que les juges suppléans aux tribunaux de première instance peuvent être maires ou adjoints, et l'article 3 dispose que les maires et adjoints doivent être choisis parmi les membres du conseil municipal, qui eux-mêmes doivent être pris parmi les électeurs (art. 15).

Il résulte, ce nous semble, bien clairement de ces dispositions, que les juges suppléans ont le droit de concourir aux élections communales.

44.—Le grade de licencié en droit n'étant point exigé pour être avoué, il en résulte que les avoués sont électeurs alors même qu'ils ne sont point licenciés. Cela, du reste, a été ainsi entendu lors de la discussion de la loi.

45.—Les licenciés ès-lettres qui professent dans les colléges royaux ou communaux des cours de littérature latine ou française, les licenciés ès-sciences qui y enseignent les mathématiques, la physique ou la chimie, et enfin les licenciés en droit qui peuvent y faire des cours de droit commercial, ainsi que cela se rencontre dans plusieurs villes, jouissent du bénéfice de la loi, s'ils réunissent d'ailleurs les deux conditions d'exercice et de domicile réel dans la commune depuis cinq ans.

46.—On proposa d'admettre comme électeurs les licenciés des diverses facultés, alors même qu'ils ne seraient ni inscrits au tableau des avocats ou des avoués, ni chargés de l'enseignement, pourvu qu'ils eussent dix ans de domicile réel dans la commune; d'admettre les bacheliers ès-lettres et sciences chargés de l'enseignement public, après cinq années d'exercice et de domicile réel dans la commune; les officiers de santé et les pharmaciens; mais toutes ces adjonctions et plusieurs autres furent repoussées. — Duvergier, p. 138.

47.—L'exercice des fonctions ou professions et la possession du titre qui donne le droit d'être inscrit comme électeur adjoint, doivent, comme la propriété, être possédés avant l'ouverture des opérations. Cependant, si, dans l'intervalle qui s'écoule entre cette époque et la clôture, un citoyen acquiert une de ces conditions ou vient à la perdre, il doit être inscrit ou retranché (10 mai 1831. Cir. min. D.P. 31. 3. 31.)

48.—Pour prévenir l'inconvenient que les chambres pensaient devoir résulter d'un nombre trop

considérable d'électeurs, on introduisit dans la loi l'article dont nous rapportons ici le texte : « Les citoyens, qualifiés pour voter dans l'assemblée des électeurs communaux, conformément au § 2 de l'art. 11, et qui seraient en même temps inscrits sur la liste des plus imposés, voteront en cette dernière qualité » (art. 13).

§ 4.—*Du domicile.*

49.—Une question qu'il est naturel d'examiner, et sur laquelle ont posé les débats législatifs à la chambre des députés, est celle de savoir s'il est nécessaire d'être domicilié dans la commune pour être électeur et éligible?

Humblot-Conté dit que la commission avait été frappée par la considération, que souvent, dans les petites communes, il n'y a pas de personnes suffisamment éclairées pour composer le conseil municipal, et qu'elle avait pensé qu'il convenait de laisser à ces communes la faculté de choisir un certain nombre de conseillers hors de la commune, et que, comme on avait décidé qu'on ne serait éligible au conseil municipal, qu'autant qu'on ferait partie du collége électoral, on avait dû établir que les citoyens propriétaires dans la commune, mais qui n'y seraient pas domiciliés, pourraient être membres du collége électoral.—« La commission, ajouta-t-il, n'a pas été arrêtée par cette autre considération, que les propriétaires non domiciliés dans la commune pourraient venir dominer les élections. Il n'est pas probable qu'un grand nombre d'électeurs forains puissent venir participer aux élections d'une commune; tout le monde sait que lorsqu'il y a des propriétaires forains dans une commune, il n'y en a ordinairement qu'un petit nombre; et ceux qui possèdent une grande partie de la propriété de la commune en sont le plus souvent éloignés. On a eu en vue d'appeler dans le corps électoral les petits propriétaires, qui quelquefois sont domiciliés dans une commune voisine, et qu'il serait utile de faire entrer dans le conseil municipal de la commune où ils ne sont pas domiciliés. »

50.—De Tracy répondit : « les intérêts qui composent ceux de la commune ne sont pas purement matériels; les membres du conseil municipal n'ont pas simplement à statuer sur des fonds, sur des dépenses, il est des intérêts moraux sur lesquels ils peuvent avoir à prononcer. Une commune est une véritable famille collective. Dès lors j'ai peine à concevoir comment des individus, à cause de leurs impôts, pourraient faire partie indéfiniment de cette espèce de famille.....—Je suppose, et l'exemple se présentera fréquemment, qu'un propriétaire foncier se trouve, en vertu de ses impôts, électeur communal dans cinq ou six communes voisines de celle où il est domicilié de fait. En général, l'assemblée électorale se tiendra dans un canton le même jour; est-il convenable, est-il possible même que cet électeur aille successivement voter dans toutes ces communes?...— Il est donc moral, utile, que le domicile soit une condition nécessaire pour voter dans une commune. Donnez ensuite toutes les garanties que vous jugerez convenables pour que les plus imposés, dans le cas prévu par la loi du 15 mai 1818, dans le cas où la commune vote un supplément à la contribution, y soient représentés en nombre suffisant; mais n'admettez pas indéfiniment les citoyens à prendre part, en vertu de leur cote d'imposition, à la participation des intérêts purement moraux de la commune. Cette disposition serait propre à étouffer des sentimens qu'il faut au contraire féconder, qui sont tout naturels, qui font qu'on aime à faire du bien dans sa localité, qu'on s'y attache comme à une seconde famille. »

Malgré ces observations, l'amendement que M. Marchal avait proposé à l'art. 11, tendant à exiger que pour être admis à voter dans une commune on y eût son domicile réel, fut rejeté par la chambre des députés; et il ne peut plus être l'objet d'un doute que le domicile dans la commune n'est point exigé des citoyens appelés, en raison de la quotité de leur cens, à concourir à l'élection du conseil municipal.—Duvergier, p. 137.

51. — Il ne peut donc y avoir aucun doute sur la question de savoir si un citoyen peut être électeur dans plusieurs communes. L'affirmative résulte de la disposition de l'art. 11, qui attache la qualité d'électeur à la condition de *plus imposé*, indépendamment du domicile, comme aussi de la discussion à la chambre des députés (Cir. min. 11 août 1831). — D.P. 31. 3. 33.

52.—Le § 2 de l'art. 11 qui contient l'énumération des fonctions, professions ou qualités qui donnent le droit de prendre part aux élections communales,

n'indique pas et on ne trouve exprimé formellement dans aucune des dispositions de la loi, du moins pour la plupart de ces adjonctions, s'il est nécessaire de joindre aux fonctions, professions ou qualités dont parle cet article, la condition du domicile dans la commune. — Mais l'ensemble de la discussion de la loi du 21 mars établit suffisamment que le législateur, en autorisant des adjonctions, n'a eu en vue d'appeler dans l'assemblée communale *que des habitans de la commune*, que des citoyens ayant leur *domicile réel* sur son territoire. Quelque doute pourrait s'élever à l'égard des électeurs qui concourent à l'élection des députés. Mais en consultant la séance de la chambre des députés, du 14 fév. (*Monit.*, du 15), on reconnaît que l'auteur de l'amendement qui avait pour objet de comprendre ces électeurs dans le § 2 de l'art 11, et un autre membre qui a parlé après lui, ont formellement énoncé qu'il s'agissait d'appeler les membres des colléges électoraux à faire partie de l'assemblée des électeurs de la commune *où ils résident*. Ainsi, un membre du collége électoral ne peut être inscrit comme adjoint, indépendamment de la quotité de sa contribution, que dans la commune de son domicile réel. — Des conditions de temps sont exigées de quelques unes des classes désignées au § 2 de l'art. 11. Les conditions de deux, trois et cinq ans de domicile doivent être accomplies avant l'époque de la clôture de la liste : c'est appliquer à la liste des électeurs communaux une disposition de l'art. 19 de la loi du 19 avril 1831. Quant au domicile réel des autres classes d'électeurs adjoints, il faut qu'ils soit acquis avant l'ouverture des opérations. — *Ibid.*

53. — « Le nombre des électeurs domiciliés dans la commune ne pourra, toutefois, être moindre de trente, sauf le cas où il ne se trouverait point un nombre suffisant de citoyens payant une contribution personnelle » (art. 12).

54. — Si cet article n'eut pas dit que le nombre des électeurs serait au moins de trente, dans plusieurs communes, il n'y aurait eu qu'un très petit nombre d'électeurs; l'art. 11 porte, en effet, que dans les communes de 1000 âmes et au dessous, le nombre des électeurs sera du dixième de la population; par conséquent, dans une commune de 100 âmes, le corps électoral eut été composé de dix individus. — Il est pourtant un cas où le nombre de trente ne sera pas complet; c'est lorsqu'il n'y aura pas trente citoyens inscrits au rôle des contributions. — Duvergier, p. 139.

55. — « Les membres du conseil municipal seront tous choisis sur la liste des électeurs communaux, et les trois quarts, au moins, parmi les électeurs domiciliés dans la commune » (art. 15).

« Les deux tiers des conseillers municipaux sont nécessairement choisis parmi les électeurs désignés au § 1er de l'art. 11; l'autre tiers peut être choisi parmi tous les citoyens ayant droit de voter dans l'assemblée en vertu de l'art. 11 » (art. 16).

56. — Les art. 15 et 16 doivent être combinés dans l'application; ainsi, en supposant que le nombre total des électeurs soit quatre vingt-dix ; que soixante soient compris dans le § 1er de l'art. 11, et trente dans le deuxième ; que d'ailleurs soixante-dix soient domiciliés dans la commune et vingt seulement hors de la commune ; en supposant en outre que le nombre des conseillers municipaux à élire soit douze, il faudra que neuf au moins soient pris parmi les plus imposés du § 1er de l'art. 11. Ainsi, huit conseillers devront être à la fois domiciliés dans la commune et compris dans le § 1er de l'art. 11 ; il faudra qu'un autre soit domicilié dans la commune, soit qu'il figure dans le premier ou dans le second paragraphe de l'art. 11; les quatre derniers pourront être choisis, comme on le voudra, parmi les domiciliés ou les non domiciliés, parmi les électeurs du premier ou du deuxième paragraphe de l'art. 11. — Cet exemple peut servir de guide; mais lorsque les deux tiers ou les trois quarts ne feront pas des nombres ronds, les fractions devront être comptées pour une unité. Ainsi, lorsqu'il y aura seize ou vingt et un conseillers à nommer, les deux tiers de seize étant dix deux tiers, il faudra onze conseillers pris dans le § 1er de l'art. 11, et les trois quarts de vingt et un étant quinze trois quarts, il faudra seize conseillers parmi les domiciliés. — Duvergier, p. 139.

57. — Ici se présente la grave question de savoir si les plus forts imposés forains pourront être appelés à se joindre au conseil municipal dans les cas prévus par les art. 39 et suiv. de la loi du 15 mai 1818?

Ces articles ordonnaient l'adjonction au conseil municipal des plus fort imposés forains, lorsqu'il était question de voter des centimes extraordinaires. Cette adjonction était fondée sur ce que les plus fort

imposés forains ne faisaient pas partie du conseil municipal composé de citoyens domiciliés dans la commune, sur ce qu'ils étaient cependant le plus intéressés dans le vote des centimes extraordinaires. Aujourd'hui les plus fort imposés même forains, étant appelés à faire partie du collége électoral, et pouvant être nommés conseillers municipaux, la nécessité de l'adjonction disparaît et l'on peut considérer comme abrogés les articles précités de la loi du 15 mai 1818. Cependant lorsque Mestadier fit observer à la chambre, qu'en rejetant l'amendement de Marchal, qui exigait des électeurs la condition du domicile dans la commune, la loi de 1818 disparaissait, plusieurs voix protestèrent par les cris *non, non!* Mais nous n'en pensons pas moins qu'il y a incompatibilité entre la loi actuelle et celle de 1818 qui, par conséquent, se trouve tacitement abrogée. — Duvergier, p. 138.

§ 5. — *De l'incompatibilité de certaines fonctions et qualités avec la qualité d'éligible et de conseiller municipal.*

58. — « Les préfets, sous-préfets, secrétaires-généraux et conseillers de préfecture, les ministres des divers cultes en exercice dans la commune, les comptables des revenus communaux, et tout agent salarié par la commune, ne peuvent être membres des conseils municipaux.. » (art. 18). — Ainsi, un ministre du culte, qui n'est pas en exercice dans la commune, peut être élu membre du conseil municipal, si d'ailleurs il réunit les qualités exigées par la loi. — Duvergier, p. 140.

59. — La loi n'entend parler que des cultes légalement reconnus; il ne peut dépendre du premier venu de se dire ministre d'un culte. Il ne faut pas considérer comme légalement reconnus seulement les cultes dont les ministres sont salariés par l'état; car, avant la loi du 8 fév. 1831, les ministres du culte israélite n'étaient pas salariés, et ce culte était cependant reconnu, puisqu'il était l'objet de dispositions nombreuses dans notre législation. Un culte est reconnu lorsque l'autorité publique le déclare formellement. lorsque, par ses actes, elle s'occupe de son regime intérieur, ou lorsqu'elle lui attribue certains droits, certaines prérogatives. — Duvergier, p. 133.

60. — On a demandé si, par l'expression *comptable des deniers communaux*, il faut entendre les revenus des hospices et bureaux de bienfaisance, et, en général, les comptables qui perçoivent les revenus des établissemens à l'existence desquels la commune concourt au moyen de subventions. — D'une part, on dit que ces établissemens ont une administration particulière et des revenus distincts et séparés de ceux des communes; que si des fonds d'origine communale entrent pour une partie dans leurs revenus, ces revenus ne sont pas ceux de la commune. — Mais, comme aux termes de l'ord. du 31 oct. 1821, art. 12, les conseils municipaux sont appelés à délibérer sur le réglement des budgets et des comptes, et sur d'autres affaires d'administration des hospices et établissemens charitables soutenus par les fonds communaux, cette considération doit faire assimiler les receveurs de cette classe d'établissemens aux comptables des deniers communaux. — Il n'en est pas de même des hospices et autres établissemens qui subsistent avec leurs revenus propres (Circ. min. 11 août 1831). — D.P. 31. 3. 36.

61. — Quel est le sens des mots *agent salarié par la commune?* — 1° On a demandé si cette désignation comprend les médecins des pauvres, qui touchent un traitement sur le budget, les bibliothécaires, les professeurs, payés également sur le budget, ou s'il faut la restreindre aux individus employés dans les divers services de l'administration communale? — On dit, pour cette dernière interprétation, que la loi n'a pas employé l'expression *tout salarié de la commune*, ni celle-ci, *tout citoyen salarié par la commune.* Toutefois, attendu que la limite serait difficile à reconnaître entre ce qui n'est pas *service administratif*, et que, sauf les individus recevant une pension sur le budget communal (auxquels ne peut convenir l'expression *agent salarie*), tout individu qui reçoit de la commune un *salaire*, le touche comme prix d'un travail qu'il exerce dans l'intérêt de la commune, d'un service qu'il rend à la communauté; il semble plus rationnel de ne point admettre d'exception, et de considérer comme exclu du conseil municipal tout individu qui reçoit un traitement ou salaire sur les fonds de la commune. — On doit d'ailleurs avoir égard à ce que les places ainsi salariées, n'étant nombreuses que dans les villes de quelque importance, l'inconvénient d'incompatibilités trop multipliées s'y fait moins sentir que dans les petites communes qui offrent peu de latitude pour les choix. — 2° Doit-on considérer comme salariées par la commune les personnes qui, sans recevoir un traitement sur le budget, sont rétribuées par des établissemens communaux tels que *hospices*, *colléges*, etc.? — La discussion qui a eu lieu à la chambre des députés (séances des 4 et 15 fév.; *Mon.* des 6 et 17 fév. 1831), laisse des doutes sur l'intention véritable du législateur. La chambre a rejeté deux amendemens tendant à exclure : 1° *des fonctions de maire et d'adjoint, les fonctionnaires salariés attachés à des établissemens auxquels la commune accorde, dans son budget, une subvention;* 2° *des fonctions de conseiller municipal les agens salariés par tout établissement placé sous la surveillance municipale.* L'auteur des deux amendemens a, en présentant le premier, émis l'opinion que l'incompatibilité prononcée par l'art. 18 (alors art. 22) n'atteignait pas les personnes salariées par ces établissemens. — Cette opinion est fortifiée par l'exclusion des places de maire et d'adjoint, établie par l'art. 6 à l'égard des fonctionnaires et employés des colléges communaux et des instituteurs primaires. Comme on a eu soin, pour éviter une répétition inutile, de faire disparaître dans l'art. 6 les incompatibilités applicables aux conseillers municipaux, puisque la qualité de conseiller municipal est nécessaire, avant toute autre, pour être maire ou adjoint, il paraît en résulter que les fonctionnaires et employés des colléges communaux peuvent être appelés dans les conseils municipaux quand, d'ailleurs, il sont électeurs; et cependant ils sont salariés par un établissement placé sous la surveillance municipale, et souvent même soutenus au moyen de fonds communaux. — On objectera peut-être que les commissaires de police, qui, en général, sont rétribués directement par les communes, se trouvent spécialement exclus, par l'art. 6, des fonctions de maire et d'adjoint; mais on peut répondre qu'il ne serait pas impossible qu'un commissaire de police fût payé sur d'autres fonds, ce qui a lieu, par exemple, pour les commissaires généraux et lieutenans extraordinaires de police, dont le traitement est payé sur les fonds du trésor. — D'un autre côté, les motifs qui ont fait établir l'exclusion relative aux agens salariés sur les fonds communaux, s'appliquent avec quelque raison à ceux qui sont salariés par des établissemens communaux.

62. — Toutefois, d'après les développemens qui précèdent, et en vertu du principe que les exceptions sont de droit étroit, et que les exclusions ne se présument pas, il semble que la prohibition dont il s'agit n'embrasse que les agens qui reçoivent un traitement ou salaire sur le budget de la commune (11 août 1831. Circ. min.). — D.P. 31. 3. 36.

63. — Encore bien que les fonctions de gérant provisoire de la recette municipale d'une ville soient incompatibles avec celles de conseiller municipal, si cependant, par lettres adressées au préfet et au maire, ce gérant, avant l'installation et même avant l'élection, a déclaré se démettre des fonctions qu'il avait provisoirement remplies, cette circonstance ayant fait cesser l'incompatibilité résultant soit de la qualité de comptable, soit de celle de salarié, son élection comme membre du conseil municipal est valable (L. 21 mars 1831, art. 18). — 16 août 1832. Ord. cons. d'état. Torte-Ostatet. D.P. 32. 3. 145.

64. — « ... Nul ne peut être membre de deux conseils municipaux » (art 18 *in fine*). — De Tracy demanda comment se ferait l'option dans le cas où un citoyen serait nommé membre de deux conseils municipaux. On répondit qu'une instruction ministérielle réglerait cela; que la loi ne pouvait pas tout dire.

65. — Suivant l'art. 20 de la loi du 21 mars. les parens au degré de père, fils et frère, et les alliés au même degré, ne peuvent, dans les communes de plus de cinq cents âmes, être, en même temps, membres d'un même conseil municipal (11 août 1831. Circ. min. D.P. 31 3. 35).

Si donc, dans un premier tour de scrutin, la majorité absolue était acquise à deux ou plusieurs électeurs qui fussent parens ou alliés entre eux aux degrés prohibés, la nomination de celui ou de ceux qui auraient obtenu le moins de voix serait considérée comme nulle (*ib.*).

Si, au second tour de scrutin, la pluralité était obtenue par un ou plusieurs électeurs parens ou alliés, soit avec des conseillers déjà nommés, soit avec des candidats ayant réuni plus de voix dans le même tour de scrutin, la nomination des nouveaux candidats qui se trouveraient dans ce cas serait également considérée comme nulle, et le nombre de conseillers à nommer serait complété en prenant les candidats qui suivraient selon l'ordre des suffrages (*id.*).

66. — On entend par *allié* d'une famille l'individu qui est uni par un mariage encore subsistant, ou qui l'a été par un mariage dont il reste des enfans, avec une personne de cette famille. Mais il n'y a point *alliance* dans le sens légal, entre des individus qui ont contracté mariage dans la même famille. Ainsi, les maris des deux sœurs ne sont point alliés dans le sens legal. L'alliance n'a lieu qu'avec les parens de la femme et non point avec ses *alliés*. L'empêchement établi par l'article 20 a donc lieu entre le père et le fils, entre les frères, entre le beau-père et le gendre, entre le beau-père et le beau-fils (fils de la femme), entre les beaux-frères, qui sont l'un époux, l'autre frère de la même femme, pourvu qu'il n'y ait pas veuvage sans enfans. L'alliance continue lorsqu'un second mariage a été contracté, et qu'il reste des enfans du mariage qui a établi l'alliance (*id.*).

ART. 2. — *De la formation et de la révision des listes.*

67. — La sincérité des listes électorales doit être le résultat de leur formation, ainsi que nous l'avons déjà dit — En commentant la loi du 21 mars 1831, nous classerons nos observations sous trois articles. — 1° De la préparation et de la publication des listes électorales; — 2° des réclamations devant le maire; — 3° du recours contre les décisions du maire.

§ 1er. — *De la préparation et de la publication des listes électorales.*

68. — Chaque année, au 1er janvier, le maire, assisté du percepteur et des commissaires répartiteurs, dresse la liste de tous les contribuables de la commune jouissant des droits civiques, et qualifiés à raison de la quotité de leurs contributions, pour faire partie de l'assemblée communale, conformément à l'art. 11. — Les plus imposés sont inscrits sur cette liste dans l'ordre décroissant de la quotité de leurs contributions (art. 40, et 32).

69. — Cette liste, pour ce qui est relatif aux électeurs appartenant à la catégorie du § 1er de l'art. 11, présente en regard du nom de chaque individu inscrit, la date de sa naissance et la quotité des impôts qu'il paie dans la commune; pour ce qui est relatif aux électeurs appelés à voter dans l'assemblée de la commune, en vertu du § 2 de l'art. 11, la liste doit, en regard de leur nom, indiquer leur âge, leur qualité, la date de leurs diplômes, inscriptions, domicile et autres conditions exigées par ce paragraphe. La liste doit en outre énoncer le chiffre de la population de la commune (art. 33 et 38).

70. — L'ordonnance du 15 mars 1827 déclare *officiels* pendant cinq ans les tableaux de population qui y sont annexés et qui concernent les départemens, les cantons et un certain nombre de villes. A l'égard d'un grand nombre de communes, le dernier recensement officiel est celui de 1821. Mais comme en général la population a augmenté depuis cette époque, il est juste de se rapprocher le plus possible de l'état actuel des choses, et de déterminer d'après la population officielle des cantons en 1827 celle de la commune à la même époque. Si depuis 1827, un recensement effectif a eu lieu, si enfin celui qui doit s'effectuer en 1831 était terminé, il faudrait l'adopter de préférence. — 10 mai 1831. Cir. min. D.P. 31. 3. 30.

71. — Le maire pourra considérer comme jouissant des droits civiques (supposé que cette condition soit nécessaire. — V. n. 6 et suiv.), celui qui n'en sera point privé par jugement, celui qui ne sera point étranger, celui qui aura vingt et un ans, sans s'occuper de la question fort délicate de savoir si la loi du 22 frim. an 8 est ou n'est pas abrogée. — Duvergier, p. 143.

72. — Le maire doit procéder seul (art. 38) à la formation de la liste des électeurs adjoints désignés par le deuxième paragraphe de l'art. 11. Toutefois il peut, pour ce travail, se faire assister de son adjoint ou de ses adjoints — 10 mai 1831. Cir. min. D.P. 31. 3. 30.

73. — Les gardes nationaux nommés rapporteurs ou secrétaires des conseils de discipline, avec rang de capitaines, lieutenans ou sous-lieutenans, conformément aux art. 101 et 103 de la loi du 22 mars, doivent être portés, en qualité d'officiers de la garde nationale, sur les listes des électeurs communaux, en vertu du § 2 de l'art. 11 de la loi sur l'organisation municipale. — 15 sept. 1831. Inst. min. D.P. 32. 3. 93.

74. — Les maires en exercice au moment de a

promulgation de la loi du 21 mars 1831, et de sa mise à exécution, n'ont pas le droit d'être inscrits sur la liste des électeurs communaux, en vertu de leur seule qualité de présidens des bureaux de bienfaisance; cette qualité, attachée à celle de maire, ne les rendant point *membres* de ces bureaux, et la loi ne conférant les droits électoraux qu'aux *membres* des bureaux de bienfaisance. — 25 fév. 1833. Civ. r. Préfet d'Ile-et-Vilaine. D.P. 33. 1. 153.

75. — La liste des électeurs ainsi dressée sera publiée et affichée dans la commune, le 8 janvier et communiquée au secrétariat de la mairie à tout requérant (art. 33 et 40).

76. — La liste doit être close définitivement le 31 mars, et il n'y est plus fait de changement pendant tout le cours de l'année (art. 40)

Jugé que la réclamation contre une inscription sur des listes prétendues irrégulières, et, par exemple, celle résultant de ce qu'un électeur de la deuxième section aurait été admis, par suite d'un changement opéré par le maire, à voter dans la première section, est tardive et non-recevable, si les listes sur lesquelles cette inscription a eu lieu ont été affichées et publiées sans avoir été attaquées dans les délais déterminés par la loi. — 21 juin 1833. Ord. cons. d'état. Toussaint. D.P. 33. 3. 93.

77. — Tout individu porté sur la liste des électeurs communaux, et contre l'inscription duquel il n'a pas été fait de réclamation, a le droit de participer aux opérations de l'assemblée électorale. — 16 août 1832. Ord. cons. d'état. Caillez. D.P. 32. 3. 145.

Excepté ceux qui auraient été privés de leurs droits civiques par un jugement (art. 40 *in fine*).

Les citoyens qui seraient porteurs d'un jugement du tribunal civil, rendu par suite du recours exercé en vertu de l'art. 42 de la loi du 21 mars, et qui aurait ordonné leur inscription, devront être admis aussi à voter (Circulaire ministérielle).

78. — Une fois l'élection municipale consommée, l'inscription de l'un des électeurs sur les listes communales ne peut plus être attaquée; ni la preuve testimoniale être admise à l'effet de prouver que l'un des votans n'était pas électeur, alors qu'on n'a pas réclamé auparavant (L. 21 mars 1831, art. 34, 40). — 10 juill. 1832. Ord. cons. d'état. Boussard. D.P. 32. 3. 131.

79. — Il résulte des dispositions de la loi qu'il doit s'écouler un délai de quatre-vingt-deux jours entre la première publication et la clôture des listes. — 10 mai 1831. Cir. min. D.P. 31. 3. 30.

80. — Il peut arriver que, dans le cours des trois mois pendant lesquels a lieu la révision des listes communales, celle des électeurs censitaires devienne incomplète par suite de décès ou de radiations ordonnées par les autorités chargées de statuer sur les réclamations, il est donc utile de former une liste supplémentaire analogue à celle que prescrit l'art. 20 de la loi du 19 avril sur les élections à la chambre des députés. Cette liste doit comprendre les plus imposés au-dessous des électeurs censitaires, selon l'ordre décroissant des contributions. Elle peut être limitée ainsi qu'il suit : vingt suppléans pour cent électeurs censitaires et au-dessous; trente suppléans depuis cent jusqu'à trois cents; quarante depuis trois cents jusqu'à cinq cents; cinquante depuis cinq cents jusqu'à mille censitaires; et un vingtième de la liste au-dessus de mille. — Mais comme cette liste de suppléans ne résulte pas d'une disposition textuelle de la loi du 21 mars et n'est qu'une application par voie d'analogie de la loi 19 avril, elle ne peut servir que pendant les trois mois de la révision et à titre seulement de renseignement administratif, pour combler les vides qui peuvent survenir dans le nombre légal des censitaires. Il n'y a pas lieu d'appliquer l'art. 35 de la loi du 19 avril, et de compléter la liste des suppléans, pour qu'elle puisse servir après la clôture. L'art. 40 de la loi du 21 mars est formel: il porte qu'après la clôture il ne sera point fait de changemens aux listes dans le cours de l'année. — 10 mai 1831. Cir. min. D.P. 31. 3. 30.

81. — On sait que les lois sur les élections des députés avaient, avant la loi du 19 avril 1831, présenté de grandes difficultés dans l'application des dispositions qui voulaient que, lors des élections qui ont lieu dans le cours de l'année, on dressât des tableaux de rectification, afin d'écarter ceux des électeurs inscrits qui auraient perdu leur capacité et afin d'admettre ceux auxquels la capacité électorale aurait été acquise depuis la formation de la liste annale. Ici, le législateur a déclaré que la liste faite au commencement de l'année n'éprouvera aucun changement, que tous ceux qui s'y trouveront inscrits y resteront, sauf le cas de perte des droits civiques, et que personne ne pourra s'y faire porter dans le cours de l'année. La permanence de la liste

est un avantage qui compense grandement l'inconvénient qu'il peut y avoir à ce que des individus qui ont les qualités requises pour être électeurs ne participent point à l'élection alors que d'autres qui les ont perdues y participent. — Duvergier, p. 144.

2. — *Des réclamations devant le maire. — Délai*, etc.

82. — Tout individu omis sur la liste électorale peut, pendant un mois à dater de sa publication et de son affiche, présenter ses réclamations à la mairie. — Dans le même délai, tout électeur inscrit sur la liste peut réclamer contre l'inscription de tout individu qu'il y croirait indûment porté (art. 34).

83. — Ainsi, comme on voit, pour réclamer contre l'inscription d'un individu inscrit, il faut soi-même être inscrit sur la liste, être électeur. — On avait, ainsi qu'on le verra en parlant des élections à la chambre des députés, prétendu que tout individu électeur ou non pouvait réclamer contre l'inscription d'un électeur, mais la loi du 19 mars 1831 a tranché la difficulté relativement à ces élections, en disposant que ce droit est exclusivement attribué aux électeurs et aux jurés, et la loi du 21 mars 1831 attribue ce même droit exclusivement aux électeurs municipaux, pour ce qui est relatif aux élections municipales. Par une conséquence de cet article, un électeur qui se croirait indûment inscrit pourrait réclamer sa propre radiation (10 mai 1831, Cir. min.). — D.P. 31. 3. 31.

Les défenses aux réclamations contre les élections municipales doivent être présentées immédiatement. — 16 août 1832. Ord. cons. d'état. Caillez. D.P. 32. 2. 145. — 17 janv. 1833. Ord. cons. d'état. Elect. de Marseille. D.P. 33. 3. 62. — Ce principe, qui se trouve dans les deux ordonnances citées, est, comme on voit, d'un vague trop grand pour qu'il soit d'une grande utilité.

84. — Dans le cas de demande en inscription formée par un contribuable non domicilié ou par un habitant qui serait temporairement absent, l'on peut admettre l'intervention d'un fondé de pouvoir (Cir. min.). Nous disons plus, on doit l'admettre. Il n'y a pas de raison suffisante pour s'y refuser, et d'ailleurs l'exercice des droits électoraux mérite trop de faveur, ainsi que l'a reconnu le ministre lui-même.

85. — Mais un électeur pourrait-il demander l'inscription d'un individu dont le nom ne figurerait pas sur la liste électorale? — La loi ne s'est pas expliquée sur cette question qui peut se présenter fréquemment. Mais comme il est admis en cette matière que la loi du 19 avril 1831 doit servir de commentaire à la loi du 21 mars de la même année, et que cette loi du 19 avril (art. 25) permet une telle réclamation, nous n'hésitons pas à nous prononcer pour l'affirmative.

86. — Cependant le ministre de l'intérieur, dans sa circulaire du 10 mai 1831, a pensé que l'action des tiers est restreinte aux seules *radiations*, et qu'ainsi un tiers ne peut réclamer une inscription.

87. — Le maire doit, dans le délai de huit jours et après avoir pris l'avis d'une commission de trois membres du conseil, délégués à cet effet par le conseil municipal, prononcer sur les réclamations qui lui ont été adressées. — Dans le même délai, il doit notifier sa décision aux parties intéressées (art. 35).

88. — Les décisions des maires doivent être motivées, et faire mention que la commission du conseil municipal a été entendue. — 10 mai 1831. Circul. min. D.P. 31. 3. 31.

89. — Les notifications doivent être faites par le garde-champêtre ou par l'appariteur de la commune, ou bien par le maire lui-même ou l'adjoint, s'il n'y a pas d'appariteur ou de garde champêtre. — Elles seront effectuées à la résidence des parties domiciliées dans la commune, et, s'il s'agit d'un contribuable qui n'y a pas de domicile, chez son fermier locataire ou correspondant habituel. — *Idem*.

90. — Mais que doit-on entendre par les mots *parties intéressées* de notre article? Faut-il entendre aussi bien celui qui réclame personnellement son inscription que le tiers qui réclame la radiation ou l'inscription d'un autre individu? — Il n'est pas douteux que celui qui réclame son inscription est, dans toute la force du terme, partie intéressée à la décision du maire. Quant au tiers qui réclame l'inscription ou la radiation d'un autre individu, il semble qu'il est aussi intéressé puisqu'il importe à tous que la liste soit sincère et que l'élection du conseil municipal soit bien le résultat du choix des électeurs appelés par la loi. — *Idem*, § 4.

91. — L'art. 35 porte que les décisions du maire doivent être notifiées dans le *même délai* (de huit jours). Cette disposition ne peut s'entendre que des

huit jours mentionnés dans la première partie de l'article et dans lesquels le maire est tenu de statuer. Elle n'a pas pour effet d'accorder pour la *notification* un nouveau délai de huit jours en sus du premier. Le sens de l'art. 35 est que, dans les huit jours après la réception d'une réclamation, la décision du maire doit être *rendue et notifiée*. — Circul. min., *ibid*.

92. — Lorsque les trente jours fixés par l'art. 40 sont accomplis, le maire ne peut plus recevoir de réclamations contre la teneur primitive de la liste communale. Elles doivent alors être adressées au préfet en conseil de préfecture. — Dans les huit jours suivans, le maire achève de juger les réclamations qui lui auraient été présentées. — 10 mai 1831. Cir.

93. — Il peut arriver que, pendant ces trente-huit jours, des électeurs inscrits viennent à décéder, à perdre les droits civils ou politiques, à vendre les biens, à quitter les fonctions ou l'industrie qui leur donnaient la capacité électorale. Si leur radiation n'est pas réclamée par un autre électeur ou par eux-mêmes, aux termes de l'art. 34, comment pourra-t-elle être effectuée? — On peut, à quelques égards, comparer le travail du maire en conseil municipal, pendant ces trente-huit jours, à celui que fait, pour les listes des colléges électoraux, le préfet en conseil de préfecture, depuis le 15 août jusqu'au 16 oct.; et si l'assimilation était complète, le maire ne pourrait pas, à cette époque, faire de radiation d'office. Toutefois, la loi du 21 mars ne contient aucune disposition qui applique aux opérations qu'elle prescrit les principes et les règles concernant les opérations relatives à la formation des colléges électoraux. Nous pensons donc que, dans ces trente-huit jours, le maire, assisté de la commission du conseil municipal, a le droit de rayer, par arrêtés motivés, les électeurs dont il s'agit. — Mais, avant de statuer, il doit faire connaître aux électeurs dont il croit devoir provoquer la radiation, les motifs de cette démarche; il doit aussi notifier sa décision comme dans le cas de l'intervention d'un tiers. — A l'égard des citoyens qui, soit par succession ou avancement d'hoirie, soit par la nomination à des fonctions désignées au deuxième paragraphe de l'art. 11, ou par l'investiture d'une qualité indiquée dans ce même paragraphe, acquerraient dans le même intervalle de trente-huit jours, la capacité électorale, ils peuvent réclamer eux-mêmes leur inscription (art. 34), et il est inutile que le maire les inscrive d'office. — 10 mai 1831. Circul. min.

94. — Ce système nous paraît difficile à admettre, car si, en raison des limites généralement peu étendues des communes, des rapports immédiats des citoyens avec le maire, on peut dire que les inconvéniens de ce pouvoir laissé au maire est peu à craindre pour les citoyens, il n'en est pas moins certain que dans les communes vastes et populeuses où l'instruction est peu répandue, ce pouvoir discrétionnaire est à redouter. Nous pensons donc qu'il est plus juste de s'en tenir au système de la loi du 19 avril 1831, sur les élections à la chambre des députés. — D'autant, qu'ainsi que l'a observé le ministre dans une autre partie de sa circulaire : « Il y aurait anomalie et inconséquence à suivre une législation pour les élections communales et une autre législation pour les élections des députés; que celle-ci étant plus favorable à l'extension des droits électoraux, cette considération devrait suffire pour lever tous les doutes, s'il pouvait en exister. »

95. — Si, dans les quarante-quatre jours qui s'écoulent (art. 40) depuis que le maire a fini de juger les réclamations portées devant lui, jusqu'à la clôture de la liste, des électeurs communaux viennent à décéder, à perdre les droits civils ou politiques, ou les autres conditions de la capacité électorale, il n'appartient plus au maire de les rayer, mais il doit s'adresser au préfet, en conseil de préfecture, pour provoquer leur radiation, après leur avoir communiqué (sauf en cas de décès ou de jugement portant privation des droits civils ou politiques) les motifs de cette démarche. La demande du maire doit être appuyée de pièces justificatives, et le préfet doit statuer en conseil de préfecture, comme s'il s'agissait d'une demande en radiation formée par un tiers (Circul. min.).

§ 3. — *Du recours contre les décisions du maire.*

96. — Toute partie qui se croira fondée à contester une décision rendue par le maire, dans la forme légale, peut en appeler devant le préfet dans le délai de quinze jours (art. 36).

97. — L'art. 42 porte, au contraire, que, *pour certains cas particuliers*, l'arrêté devra être soumis *au tribunal de première instance*, et cela *dans les dix jours* (L. 2 juill. 1828, art. 18). — 21 mai 1834. Req. Villecroze. D.P. 34. 1. 253.

98. — Nous ne pensons pas que cette expression,

toute partie, doive être prise dans un sens aussi large, aussi étendu qu'il semble d'abord. Et en effet, l'art. 35 de la loi du 19 avril suivant, dont la disposition, dans son paragraphe premier, est absolument la même que celle de notre article, sauf la différence quant à l'attribution de compétence, établit une restriction pour le cas où la décision du préfet, qui est dans la place du maire relativement à la matière qui nous occupe, aurait rejeté une demande d'inscription formée par un tiers. Eh bien, alors l'action ne peut être intentée que par l'individu dont l'inscription aurait été réclamée.— La raison que nous en avons donnée ailleurs, est que l'individu dont l'inscription a été réclamée par un tiers, et qui ne poursuit pas, dans le second degré de juridiction, l'action qui a été intentée en sa faveur, était peu digne de la sollicitude du législateur, qui devait aussi prendre en considération les tracasseries auxquelles l'administration aurait pu être en butte malgré le silence de la partie intéressée, qui se taisait peut-être dans la conviction où il était que son prétendu droit n'était pas fondé.

99. — La loi du 21 mars n'accorde pas à un électeur communal le droit de saisir directement le préfet en conseil de préfecture, de la demande en radiation d'un électeur dont il n'aurait pas contesté la qualité devant le maire. Les principes sur les délais pendant lesquels les réclamations sont ouvertes ne permettent pas de contester devant le préfet la capacité électorale d'un individu dont la capacité électorale n'aurait pas été attaquée dans le mois qui suit la publication de la liste; mais si la perte de la capacité électorale est postérieure à cette époque, la demande en radiation présentée par un tiers pourrait être reçue comme simple renseignement, et communiquée au maire qui provoquerait, s'il y avait lieu, la radiation (Cir. min., 10 mai 1831).

100. — Le recours contre la décision d'un maire en matière d'élection municipale, court du jour de l'affiche du tableau dans la section.

En conséquence, on ne peut recourir, le 12 mars, contre une décision du maire en matière d'élection municipale, lorsque le tableau de rectification a été affiché dès le 16 février précédent, c'est-à-dire plus de quinze jours avant le recours (L. 21 mars 1831, art. 36). — 23 nov. 1832. Ord. cons. d'état. Farel. D.P. 33. 3. 30.

101. — Les réclamations devant le préfet doivent être inscrites sur un registre, et on doit leur appliquer les garanties établies pour les listes des membres des colléges électoraux, par la loi du 19 avril, qui les a empruntées à celles du 2 juill. 1828. Mais cette application n'étant pas prescrite textuellement par la loi du 21 mars, ne peut être faite que par voie administrative, et les préfets n'ont pas le droit de l'imposer aux parties. Ainsi, lorsqu'un tiers réclame contre une décision du maire qui a rejeté une demande en radiation qu'il avait formée, les préfets ne doivent pas lui demander la preuve qu'il a notifié sa demande à l'intéressé, ainsi que le prescrit l'art. 26 de la loi du 19 avril, mais ils doivent communiquer eux-mêmes cette demande à l'intéressé, en l'invitant à répondre dans le délai de dix jours. — 10 mai 1831. Cir. min. D.P. 31. 3. 32.

102. — Le préfet doit, dans le délai d'un mois et en conseil de préfecture, prononcer sur le recours exercé contre la décision du maire (art. 36). Son arrêté motivé doit être notifié au maire et aux parties intéressées; si elles sont domiciliées dans la commune, le préfet doit charger le maire de leur en faire la notification dans la forme que nous avons indiquée pour la notification des décisions du maire (Cir. min., 10 mai).

103. — Le maire, sur le vu de l'arrêté, doit faire à la liste la rectification prescrite (art. 37). Mais la loi n'a rien spécifié sur la suite que doit recevoir une telle décision, quand elle est de nature à faire varier le nombre des censitaires ou des domiciliés. Ainsi, l'inscription d'un nouveau censitaire doit exclure le dernier inscrit sur cette liste : réciproquement, la radiation d'un des censitaires entraîne l'admission du plus imposé en dehors de la liste. C'est pour cela qu'on a indiqué plus haut la nécessité de former une liste supplémentaire. Le maire, assisté de la commission municipale, doit faire les changemens devenus nécessaires, en ayant soin de mettre le nombre des censitaires et des domiciliés en rapport avec les membres exigés par les art. 11 et 12 (Cir. min. 10 mai 1831).

104. — Il n'est pas nécessaire de publier immédiatement les arrêtés du préfet en conseil de préfecture, rendus en vertu de l'art. 36, ni les décisions prises par le maire, en conséquence de ces arrêtés. Il suffit de les comprendre dans un second tableau de rectification qui serait dressé avec l'arrêté de clôture. Ces tableaux sont analogues à ceux qui sont dressés pour les listes des colléges électoraux (L. 19 avril, art. 29 et 31 ; Cir. min .).

105. — On peut se pourvoir devant le conseil d'état contre l'arrêté du préfet qui paraîtrait blesser les intérêts des parties intéressées.

106. — Mais le conseil d'état ne peut statuer sur les questions relatives à la confection des listes électorales qu'autant qu'il y aurait recours contre un arrêté du préfet. — 21 juin 1833. Ord. cons. d'état. Lamblin. D.P. 33. 3. 93.

107. — Ces questions doivent toujours être jugées par le maire, sauf l'appel en conseil de préfecture. — 21 juin 1833. Ord. cons. d'état. Lamblin. D.P. 33. 3. 93.

108. — Toutes les décisions du conseil de préfecture en matière d'élections municipales, sont susceptibles de recours devant le conseil d'état : à cet égard, la loi du 21 mars 1831 ne déroge pas au principe général. — 3 mai 1833. Ord. cons. d'état. Bouzinac. D.P. 33. 3. 62. — 26 fév. 1832. Ord. cons. d'état. Debas. D.P. 32. 3. 110.

109. — Ainsi, c'est à tort que le conseil de préfecture aurait déclaré juger en dernier ressort. — 26 fév. 1832. Ord. cons. d'état. Debas. D.P. 32. 3. 110.

110. — Il semble résulter de l'ordonnance du conseil d'état, du 21 juin 1833, dont nous venons de parler, que toutes les décisions du maire, quelles qu'elles soient et sur quelques questions d'élections communales qu'elles aient statué, doivent être portées en appel devant le conseil de préfecture. Telle est du reste l'opinion formellement émise par le ministre de l'intérieur, dans sa circulaire du 10 mai 1831, qui pense que le tribunal civil forme, pour les difficultés de la nature de celles que mentionne l'art. 42, « un troisième degré d'instance, un degré supérieur où se jugent définitivement certaines questions, savoir : celles qui se rattachent à la jouissance des droits civils ou civiques, au domicile réel ou politique et à l'attribution des contributions (art. 42). » — Les motifs que le ministre donne de son opinion sont : que l'art. 36 dit en termes généraux que *toute partie peut appeler de la décision du maire devant le préfet*, et ne distingue pas entre les questions mentionnées à l'art. 12 et les autres questions qui peuvent se présenter. Que le préfet est saisi des unes comme des autres, et est tenu de statuer dans le délai d'un mois. Que ce n'est donc qu'après que le préfet a pris un arrêté, que la partie qui n'en est pas satisfaite peut se pourvoir devant le tribunal civil de l'arrondissement, qui juge définitivement de la même manière que la cour royale juge les actions intentées contre les arrêtés du préfet en matière d'inscriptions sur les listes des colléges electoraux (L. 2 juill. 1828, art. 18 ; l. 19 avril 1821, art. 33).

111. — Mais cette opinion paraît erronée : il ne doit y avoir que deux degrés de juridiction pour toutes les questions qui peuvent se présenter à la décision du maire; ensuite, suivant que ces questions se rattachent à l'art. 42 ou à d'autres dispositions de la loi du 21 mars, l'appel doit être porté soit devant le préfet, soit devant le tribunal civil (L. 21 mars 1831, art 32 ; 19 avril 1831, art. 17, 27, 35, 36).

112. — Ainsi, dans le cas où l'exclusion de la liste ou le refus, par le maire, d'y porter un individu, serait fondé sur ce que les impôts qu'il s'attribuait ne doivent point lui être comptés, sur ce qu'il n'aurait point la jouissance des droits civils ou civiques, ou encore sur ce que son domicile réel ne serait pas, dans le cas du § 2 de l'art. 11, établi dans la commune depuis le temps exigé par la loi; dans tous ces cas, le recours, contre la décision du maire, devrait être porté non point devant le préfet jugeant en conseil de préfecture, mais bien devant le tribunal civil de l'arrondissement qui jugerait en second et dernier ressort.

113. — L'arrêté du maire qui, dans les matières prévues par l'art. 42 de la loi du 21 mars 1831, doit être attaqué dans les dix jours devant les tribunaux ordinaires, ne peut l'être préalablement devant le préfet. — Du moins, si dans les mêmes matières on l'attaque préalablement devant le préfet, cela n'empêchera pas la déchéance résultant de ce que l'arrêté du maire n'aura pas été soumis dans les dix jours au tribunal de première instance. — L'art. 2246 C. civ. qui dispose que la citation donnée devant un tribunal incompétent interrompt la prescription, n'est pas applicable ici. — 21 mai 1834. Req. Villecroze. D.P. 34. 1. 253.

114. — Bien que la réclamation (en matière d'élections communales) *fondée sur l'incapacité légale d'un membre*, doive être portée devant le tribunal, cependant, si le conseil de préfecture a déjà prononcé, le tribunal ne peut plus être saisi (L. 21 mars 1831, art. 52). — 17 fév. 1832. Ord. cons. d'état. Préfet du Bas-Rhin. D.P. 32. 3. 111.

115. — Lorsque des électeurs se bornent à soutenir que les actes produits par des individus pour réclamer l'inscription sur la liste électorale, sont illégaux, nuls et simulés, c'est devant les tribunaux et non devant l'autorité administrative que doivent être portées de telles difficultés (L. 21 mars 1831, art. 42). — 21 juin 1833. Ord. cons. d'état. Elect. de Corte. D.P. 33. 3. 94.

116. — Quand un maire a, par un premier arrêté, maintenu un citoyen sur la liste des électeurs municipaux, et que, par un second, il a ajouté au cens électoral du même citoyen l'impôt des portes et fenêtres des appartemens qu'il occupait, l'appel dirigé spécialement contre le premier arrêté et ayant pour objet de faire déduire des cotes de ce citoyen *les contributions des portes et fenêtres qui lui ont été illégalement attribuées*, se trouve suffisamment dirigé contre le deuxième. — En conséquence, le jugement qui, sur l'appel, aura ordonné la radiation du citoyen de la liste électorale, comme n'étant pas suffisamment imposé, ne violera pas la chose jugée résultant du deuxième arrêté (C. civ. 1351). — 11 juin 1834. Req. Maire de Corte. D.P. 34. 1. 345.

117. — L'autorité de la chose jugée peut-elle résulter d'un arrêté d'un maire qui a statué soit sur l'inscription d'un citoyen sur la liste électorale, soit sur l'augmentation de son cens électoral (C. civ. 1351)? — L'affirmative a été regardée comme constante au sein de la chambre des requêtes. — Observation ajoutée par de Broé au bas de son rapport. — D.P. 34. 1. 345.

Il paraît que, sur cette question que l'arrêt a pu se dispenser de résoudre, on admettait que la *décision* du maire sur une *réclamation*, n'est pas un simple *acte administratif*, mais une *décision litigieuse* qui peut acquérir *l'autorité de la chose jugée*.

118. — On est étonné de trouver, dans l'art. 42, qu'il puisse, à propos des élections communales, être question du *domicile politique* d'un individu inscrit sur la liste ou qui demanderait à y être porté. Car, on l'a vu, et cela résulte formellement de l'esprit et de l'ensemble des dispositions de la loi, le domicile réel est le seul qui soit exigé pour les élections communales. Il est donc permis de penser que c'est par inadvertence que les mots : *ou politique*, ont été insérés dans cet article.

119. — Nous ne nous appesantirons point sur l'explication de l'art. 18 de la loi du 2 juill. 1828 auquel renvoie l'art. 42 de la loi du 21 mars 1831. Il se trouve commenté au mot Elections législatives, sous le paragraphe correspondant à celui qui nous occupe. Nous rappelerons seulement que la signification de l'exploit, faite le *onzième* jour, pourrait être déclarée tardive; — Que les dix jours ne courent qu'à compter de la notification de la décision du maire; — Que si, devant le tribunal, il y a deux parties en cause, celle qui voudrait proposer la nullité résultant de ce que l'exploit aurait été notifié après les dix jours, devrait proposer cette nullité avant de plaider au fond, sous peine de voir la nullité couverte par des défenses au fond (C. pr. 173); — Que les parties ont, après le rapport fait au tribunal, par l'un de ses membres, le droit de présenter leurs défenses par elles-mêmes ou par des avocats; — Qu'enfin le recours en cassation n'est pas suspensif, puisqu'il s'agit de matière civile et non point criminelle. — V., sur ces questions, ch. 1er, art. 2, § 3.

120. — Les jugemens du tribunal peuvent avoir pour effet de modifier la liste communale. Ils devront être notifiés au maire, qui fera en conséquence, sur la liste des électeurs communaux, les changemens prescrits. — 11 mai 1831. Cir. min. D.P. 31. 3. 32.

C'est une question de savoir si, après l'époque de la clôture, le maire pourrait faire les changemens consécutifs résultant médiatement de jugemens de tribunaux; si, par exemple, il pourrait, en cas de radiation d'un censitaire, appeler le plus imposé en dehors de la liste, ou réciproquement exclure le dernier censitaire, à raison de l'inscription d'un contribuable plus imposé que lui. — *Eod.*

Le texte de l'art. 40 paraît opposé à cette interprétation, puisqu'il porte qu'après la clôture il ne sera plus fait de changement aux listes dans le cours de l'année. Il semble donc résulter de là que si des jugemens interviennent après le 31 mars, conformément à l'art. 42, ces jugemens ne doivent avoir d'autre suite que celle qui résulte immédiatement de leur dispositif; et qu'ainsi il y a lieu d'inscrire ou de rayer l'individu qui en est l'objet, sans avoir aucun égard à la disproportion que cette inscription ou cette radiation établit entre les nom-

bres effectifs d'électeurs et ceux qu'exigent les articles 11 et 12. — *Ib.*

121. — Un électeur municipal, éliminé de la liste par l'effet d'un jugement ordonnant l'inscription, sur cette liste, d'un autre citoyen qu'on avait refusé d'y admettre, peut former tierce-opposition à ce jugement, s'il n'y a été ni partie ni appelé (C. pr. 474). — 22 mai 1832. Civ. c. Lecapelain. D.P. 32. 1. 205.

122. — Le 31 mars, le maire doit procéder, avec la commission du conseil municipal, à la clôture de la liste des électeurs communaux. Il dresse d'abord le second tableau de rectification : ce tableau présente le résultat des arrêtés du préfet, en conseil de préfecture, des jugemens des tribunaux civils, et des décisions prises par le maire pour donner suite à ces arrêtés ou jugemens. Il complète ou réduit la liste des censitaires et des domiciliés, pour la mettre en rapport avec la population. — 10 mai 1831. Cir. min. D.P. 31. 3. 32.

Mais il n'a plus à s'occuper de la liste supplémentaire dont il a été parlé ci-dessus, puisque cette liste ne peut plus servir après la clôture. — *Ib.*

L'arrêté de clôture contient le chiffre de la population de la commune. — *Ib.*

La liste une fois close, ne peut plus éprouver de changemens dans le cours de l'année, sauf ceux qui résulteraient de jugemens des tribunaux civils (art. 42), sauf encore pour cause de décès ou de perte de droits civils ou politiques. — *Ib.*

123. — L'introduction, de la part d'un maire, d'un certain nombre d'électeurs nouveaux, après la clôture définitive des listes, est une contravention à l'art. 40 de la loi du 21 mars 1831, qui doit entraîner la nullité de toutes les opérations électorales. — 30 mai 1834. Ord. cons. d'état. Labattut. D.P. 34. 3. 71.

ART. 3. — *Des assemblées des électeurs communaux.*

§ 1er. — *De la convocation de l'assemblée. — Division en sections communales. — Nombre des conseillers à élire. Composition du bureau. — Scrutateurs, Secrétaires, Procès-verbal, Président. — Police, Introduction illégale.*

124. — « L'assemblée des électeurs est convoquée par le préfet » (art. 43). La loi du 21 mars 1831 n'oblige pas le maire à convoquer à domicile les électeurs communaux pour leur faire connaître le jour de l'élection. — 16 août 1832. Ord. cons. d'état. Caillez. D.P. 32. 3. 145.

125. — Mais quel sera le mode de convocation? La loi de 1831 sur l'organisation municipale est muette à cet égard. On devra recourir aux moyens de publicité les plus simples, et en harmonie avec le degré d'instruction des localités. Le jour de l'élection sera donc indiqué, soit par affiches apposées aux portes des mairies et des églises, soit au son du tambour.

126. — « Dans les communes qui ont deux mille cinq cents âmes et plus, les électeurs sont divisés en sections. — Le nombre des sections est tel que chacune d'elles a au plus huit conseillers à nommer dans les communes de deux mille huit cents à dix mille habitans; six, dans celles de dix mille à trente mille; et quatre, dans celles dont la population excède ce dernier nombre.

» La division en sections se fait par quartiers voisins, et de manière à répartir également le nombre des votans, autant que faire se peut, entre les sections. — Le nombre et la limite des sections sont fixés par une ordonnance du roi, le conseil municipal entendu. « Chaque section nomme un nombre égal de conseillers, à moins, toutefois, que le nombre des conseillers ne soit pas exactement divisible par celui des sections, au quel cas, les premières sections, suivant l'ordre des numéros, nomment un conseiller de plus. Leur réunion a lieu, à cet effet, successivement à deux jours de distance.

« L'ordre des numéros est déterminé pour la première fois par la voie du sort, en assemblée publique du conseil municipal. A chaque élection nouvelle, la section qui avait le premier numéro dans l'élection précédente prend le dernier; celle qui avait le second prend le premier, et ainsi de suite (art. 44). Dans les communes qui ont moins de deux mille cinq cents âmes, les électeurs se réunissent en une seule assemblée. Toutefois, sur la proposition du conseil général du département, et le conseil municipal entendu, les électeurs peuvent être divisés en sections par un arrêté du préfet. Le même arrêté fixe le nombre et la limite des sections, et le nombre des conseillers qui doivent être nommés par chacune d'elles » (art. 45, § 1er).

127. — La division en sections est surtout nécessaire lorsqu'une commune est divisée en sections et que l'une de ces sections a des propriétés et des intérêts distincts. On sent que si l'une de ces sections n'avait pas de représentans spéciaux, elle pourrait être sacrifiée aux intérêts d'une autre section, dans le sein de laquelle seraient pris tous les membres du conseil municipal. M. Accarié, député, demanda qu'une disposition expresse de la loi consacrât le droit des sections propriétaires de biens distincts; mais on répondit que souvent cette disposition serait impraticable, lorsque, par exemple, la section ne serait composée que de quelques maisons, et qu'un très petit nombre d'électeurs communaux y auraient leur domicile. L'article, tel qu'il est, donne tous les moyens de subvenir aux besoins qu'ont certaines sections de communes d'avoir des représentans particuliers dans le conseil municipal, et il n'a pas l'inconvénient d'établir une règle dont l'exécution serait quelquefois impossible. — Duvergier, p. 145.

128. — Le nombre des conseillers à élire est de dix membres dans les communes de cinq cents habitans et au-dessous; de douze dans celles de cinq cents à quinze cents; de seize, dans celles de quinze cents à deux mille cinq cents; de vingt et un, dans celles de deux mille cinq cents à trois mille cinq cents; de vingt trois dans celles de trois mille cinq cents à dix mille; de vingt sept dans celles de dix mille à trente mille, et de trente six dans celles d'une population de trente mille âmes et au-dessus.

Dans les communes où il y a plus de trois adjoints, on doit élire un nombre de membres du conseil égal à celui des adjoints au-dessus de trois — Dans celles où il est nommé un ou plusieurs adjoints spéciaux et supplémentaires, en raison des difficultés ou de l'impossibilité des communications entre le chef-lieu et une portion de la commune, par suite des inondations de la mer ou de quelque autre obstacle, il faut aussi élire pour composer le conseil municipal un nombre égal à celui de ces adjoints (art. 9).

129. — Le président doit faire observer aux électeurs que leurs suffrages ne peuvent se porter que sur des citoyens inscrits sur la liste des électeurs de la commune, et âgés de 25 ans accomplis (art. 17), en ne dépassant pas toutefois les limites posées par les art. 15 et 16, qui exigent, 1° que les trois quarts au moins des conseillers soient domiciliés dans la commune; 2° que les deux tiers au moins soient au nombre des électeurs les plus imposés ou censitaires. Ainsi, on ne peut élire que le quart des conseillers parmi les électeurs non domiciliés, et que le tiers parmi les électeurs adjoints. Si la commune a plus de cinq cents âmes, le président doit faire observer que les parens et alliés au degré de père, fils ou frère, ne peuvent être à la fois membres du conseil municipal. Il doit appeler également l'attention des électeurs sur les incompatibilités prononcées par l'art. 18. — Circul. min. du 11 août 1831. D.P. 31. 3. 33.

130. — Le président doit faire connaître aux électeurs le nombre des conseillers qu'ils doivent élire. Ce nombre doit se trouver indiqué dans l'arrêté de convocation. — 11 août 1831. Circul. min. D.P. 31. 3. 33.

131. — Dans le cas d'une assemblée communale partagée en plusieurs sections, les choix faits par la première ou par les premières sections restreindront d'autant, quant au nombre d'électeurs adjoints ou non domiciliés, les choix que pourraient faire les dernières sections. Dès que la faculté d'élire un quart des conseillers parmi les électeurs non domiciliés, ou un tiers parmi les électeurs adjoints, sera épuisée, les sections qui n'auront pas encore voté, seront tenues de choisir parmi les électeurs d'une autre catégorie. — D.P. 33. 3. 38.

132. — « .....Les quatre scrutateurs sont les deux plus âgés et les deux plus jeunes des électeurs présens sachant lire et écrire; le bureau ainsi constitué désigne le secrétaire » (art. 44, § 7, *in fine*, et 48, § 2). — Le bureau une fois formé ne peut plus être modifié, lors même qu'il arriverait, dans le cours de la séance, des électeurs plus âgés ou plus jeunes que ceux qui siégent déjà au bureau (Instr. min. du 11 août 1831. D.P. 31. 3. 33).

133. — Le secrétaire, faisant partie intégrante du bureau, a le droit de prendre part aux délibérations du bureau; ses droits sont les mêmes que ceux des cinq autres membres, puisqu'aucune exception n'est exprimée formellement à son égard (11 août 1831. Circul. min. D.P. 31. 3. 33). — Le contraire semble avoir été décidé par ordonnance du conseil d'état, du 21 juin 1833. Bordenave. D.P. 33. 3. 93.

134. — Au reste, les délibérations d'une assemblée électorale, irrégulières en ce que le secrétaire y aurait pris part (art. 44, loi du 21 mars 1831), ne sont pas nulles quand elles ne sont que *provisoires*. — 24 août 1832. Ord. cons. d'état. Bordenave. D.P. 34. 3. 65. — V. n. 170.

135. — Le secrétaire doit aussitôt ouvrir le procès-verbal (*id.*). — Et ce procès-verbal doit, à peine de nullité, mentionner les formalités essentielles de l'élection. Ainsi, l'élection est nulle, s'il ne constate pas la prestation de serment des électeurs ou l'ouverture du scrutin pendant trois heures au moins. — 8 fév. 1833. Ord. cons. d'état. Elect. de Lizieux. D.P. 33. 3. 39.

136. — « Les sections sont présidées, savoir : la première à voter, par le maire, et les autres, successivement, par les adjoints dans l'ordre de leur nomination, et par les conseillers municipaux dans l'ordre du tableau...... » (art. 44).

137. — Lorsqu'avant même que le nouveau conseil municipal ait été installé, on procède à des élections nouvelles pour remplacer ceux des membres qui sont démissionnaires ou décédés depuis leur nomination, les élections peuvent être présidées par l'ancien maire ou adjoint qui remplissait les fonctions de maire au moment de ces élections partielles, encore qu'il n'ait été nommé, ni comme maire, ni comme adjoint, ni même comme membre du conseil municipal, lors des élections qu'il s'agit de compléter. — 21 juin 1833. Ord. cons. d'état. Champ. D.P. 33. 3. 96.

138. — « Le président a seul la police des assemblées. Elles ne peuvent s'occuper d'autres objets que des élections qui leur sont attribuées. Toute discussion, toute délibération leur sont interdites » (art. 48).

139. — Le président fait faire un appel des électeurs (Cir. min. *ibid.*). Nulle autre personne que les électeurs qui font partie du collége ou de la section, ne peut entrer dans la salle des séances, si ce n'est les membres des bureaux des sections qui, lors du dépouillement du scrutin pour l'élection des députés, se rendent au bureau central. — C'est pour éviter cette introduction de personnes étrangères que des cartes individuelles sont distribuées aux électeurs (Ord. 4 sept. 1820, art. 7).

140. — Notez que lorsque la présence d'un gendarme dans une salle d'élection n'a pas été constante, et que ses apparitions momentanées n'ont donné lieu à aucune réclamation, la délibération est régulière. — La présence des *gardes soldés* est permise, quand elle est justifiée par les besoins du service. — 24 août 1832. Ord. cons. d'état. Dupuy. D.P. 34. 3. 63.

141. — Et l'intervention du juge de paix du canton, dans les opérations électorales d'une commune, ordonnée par le préfet sur la demande du maire, pour donner à celui-ci les instructions nécessaires sur l'exécution de la loi, n'est pas une cause de nullité des élections, alors d'ailleurs qu'il n'a pris aucune part aux opérations. — 8 fév. 1833. Ord. cons. d'état. Elections de Bagat. D.P. 33. 3. 33.

§ 2. — *Du scrutin, Bulletin, Vote.*

142. — La distribution de bulletins, faite par le maire aux électeurs municipaux, pour écrire leurs votes, ne porte pas atteinte à la liberté des suffrages. Il en serait autrement si les bulletins avaient porté des numéros. — 8 fév. 1833. Ord. cons. d'état. Élections de Montfaucon. D.P. 33. 3. 39.

143. — La loi du 21 mars n'a pas formellement exprimé que les bulletins doivent être écrits *sur le bureau*, et la teneur du deuxième paragraphe de l'art. 49, qui autorise deux scrutins par jour, et qui estime à trois heures la durée de l'ouverture de chaque scrutin, semble annoncer que l'intention du législateur n'a pas été d'assujettir à cette formalité les élections communales. En effet, il serait impossible que cent cinquante électeurs et quelquefois plus, pussent successivement écrire chacun jusqu'à seize noms dans l'espace de trois heures et même dans l'espace de cinq à six (11 août 1831. Cir. min. D.P. 33. 3. 33). C'est qu'en effet « les assemblées des électeurs communaux procèdent aux élections au scrutin de liste ... »

144. — Toutefois, il a été décidé par le conseil d'état, qu'encore que la loi du 21 mars n'ait pas formellement disposé que les suffrages ne seraient authentiquement constatés que lorsqu'ils seraient écrits dans le sein de l'assemblée, le prescrit de cette formalité résulte suffisamment des autres lois d'élections aujourd'hui en vigueur. — 19 août 1832. Ord. cons. d'état. Lambert. D.P. 33. 3. 7.

145. — Cette formalité dont l'exécution est à désirer, quoiqu'elle ne paraisse point exigée par la

loi, deviendrait praticable, si l'on appelait à la fois plusieurs électeurs qui se placeraient tous à la table disposée à cet effet en avant du bureau, table à laquelle on aurait donné l'étendue nécessaire pour permettre à ces électeurs d'écrire en même temps leurs bulletins. — 11 août 1831. Cir. min. D.P. 31. 3. 33.

146. — Mais de ce que l'instituteur de la commune (n'étant pas électeur) aurait écrit les bulletins de quelques électeurs illettrés, sur l'invitation de ceux-ci, il n'y a pas nullité des élections municipales, si sa présence à l'assemblée a été tolérée par tous les citoyens qui en faisaient partie, si les membres du bureau n'y ont formé aucune opposition, si, lors de la lecture du procès-verbal des opérations dans le sein du collége, aucune réclamation ne s'est élevée, et alors, d'ailleurs, qu'il n'est aucunement justifié qu'il y ait eu des irrégularités dans l'expression des votes (L. 21 mars 1831, 18 avril 1831, art. 48). — 15 mars 1833 Ord. cons. d'état Elections de Saponnay. D P. 34. 3. 66.

147. — Les bulletins sont pliés par les votans avant d'être déposés dans la boîte du scrutin, et le vote est constaté par la signature d'un membre du bureau ou par un paraphe ou tout autre signe écrit en regard du nom de chaque votant. Comme il peut y avoir deux tours de scrutin, on ouvre deux colonnes en blanc sur la liste destinée à constater les noms des votans, ou l'on y laisse assez de place à côté des noms pour y pratiquer deux émargemens successifs. — 11 août 1831. D.P. 31. 3. 33.

148. — Avant de déposer son vote, chaque électeur qui vote pour la première fois, doit prêter (art. 47) le serment prescrit par la loi du 31 août 1830, et conçu en ces termes : « Je jure fidélité au roi des Français, obéissance à la charte constitutionnelle et aux lois du royaume » (*ibid.*). — Ce serment doit être constaté au procès-verbal à peine de nullité. — V. n. 155.

149 — Après que l'appel est terminé, le président doit faire faire un réappel des électeurs qui n'ont pas voté. Si après l'appel et le réappel il y a des électeurs présens dans la salle, et qui n'aient pas voté, leurs votes sont reçus immédiatement. — *Ibid.*

150 — « ...Le scrutin doit rester ouvert pendant trois heures au moins. Trois membres du bureau au moins doivent toujours être présens » (art. 50). — L'ouverture pendant trois heures doit être constatée au procès-verbal à peine de nullité. — V. n. 155.

151. — Si les trois heures que la loi a fixées pour minimum à la durée du scrutin, ne sont pas écoulées, le bureau attend l'expiration des trois heures pour clore le scrutin; et, dans ce cas, il reçoit les bulletins des électeurs qui se présentent pour voter. — 11 août 1831. Circ. min. D.P. 31. 3. 33.

Après l'appel, le réappel, le vote des électeurs présens, et pourvu que le scrutin soit resté ouvert *trois heures au moins* (art. 49), le président déclare que le scrutin est clos; il fait constater le nombre des votans au moyen de la feuille d'inscription; puis il fait procéder au dépouillement du scrutin. — *Ibid.*

152. — Le président ouvre la boîte, et compte le nombre des bulletins : ce nombre et celui des votans sont mentionnés au procès-verbal : s'ils ne sont pas identiques, le bureau décide, selon les circonstances, sur la validité de l'opération. Il est fait mention de la décision au procès-verbal. — *Ibid.*

153. — Si le nombre des bulletins excède celui des votans; qu'il y ait, par exemple, cent trois bulletins pour cent deux votans, il n'y a pas lieu d'annuler le scrutin, lorsque deux bulletins se trouvent pliés l'un dans l'autre, de manière qu'il est évident qu'ils ont été mis dans l'urne par un seul électeur; il y a lieu seulement à l'annulation d'un des deux bulletins. — 24 août 1832. Ord. cons. d'état. Bordenave. D.P. 34. 3. 65.

154. — Un des scrutateurs prend successivement chaque bulletin, le déplie, le remet au président qui en fait lecture à haute voix, et le passe à un autre scrutateur (L. 19 avril 1831, art. 51). — Le bureau doit rayer de tout bulletin,

1° Les derniers noms inscrits au-delà de ceux qu'il doit contenir;

2° Les noms qui ne désigneraient pas clairement l'individu auquel ils s'appliquent. — 11 août 1831. Circ min. D.P. 31. 3. 33

155. — Si un bulletin contenait moins de noms qu'il y a de conseillers à élire, il n'en devrait pas moins être procédé à son dépouillement. — *Ibid*

Deux des scrutateurs et le secrétaire tiennent note du dépouillement du scrutin sous la dictée du président. Si deux des trois relevés sont d'accord, ils obtiennent la préférence sur le troisième. Si tous les trois diffèrent, il faut recommencer le dépouillement. — *Ibid.*

156. — A la fin de chaque séance, les bulletins autres que ceux qu'il y aurait lieu d'annexer au procès-verbal, doivent être brûlés en présence de l'assemblée (L. 19 avril 1831, art. 52).

§ 3. — *De la majorité.* — *Nouveau scrutin.*

157. — « .... La majorité absolue des votes exprimés est nécessaire au premier tour de scrutin..... » (art. 50, Circ. *ibid*).

158. — En général, on ne compte pas comme *suffrages exprimés* ceux qui ne contiennent aucun nom, ou qui contiennent autre chose que des noms. Si le nombre des suffrages est impair, la moitié plus un se compte en prenant la moitié du nombre pair immédiatement inférieur, et l'augmentant d'une unité, par exemple, trente-huit sur soixante-quinze, quarante-cinq sur quatre-vingt-neuf. — On a demandé si la condition de réunir le tiers plus une des voix de tous les membres ayant droit de voter dans l'assemblée, était exigée pour les élections municipales, comme elle l'est pour l'élection des députés (L. du 19 avril, art. 54). Cette condition ne pourrait être exigée que si la loi du 21 mars l'avait prescrite (Circul. min. 11 août 1831. D.P. 31. 3. 34).

159. — Ainsi, ceux des électeurs qui obtiennent cette majorité sont proclamés conseillers municipaux, à l'exception de ceux qui sont atteints par les empêchemens établis par les art. 15, 16, 17, 18 et 20. Le bureau devrait, dans ce cas, déclarer que leur nomination est considérée comme nulle et sans effet (*ibid.*).

160. — Il peut arriver que le nombre de candidats qui obtiennent la majorité absolue excède le nombre des conseillers que l'assemblée doit nommer. Dans ce cas, la pluralité des suffrages détermine la préférence, et, en cas d'égalité des suffrages, le candidat plus âgé doit l'emporter.

161 — L'art. 49 laisse la faculté de procéder à un second scrutin, si le temps le permet; à son ouverture, le président fait connaître combien l'assemblée a de conseillers à nommer. Il doit en même temps indiquer combien il est encore possible de nommer de conseillers parmi les électeurs non domiciliés ou parmi les électeurs adjoints, sans dépasser les limites établies par les art. 15 et 16. Il est procédé à ce scrutin par bulletins de liste, comme pour le premier. Les mêmes formes sont observées pour l'appel des électeurs, la confection et le dépôt des bulletins, la clôture et le dépouillement du scrutin (Circul. min., *ibid.*).

162. — Mais la majorité relative des votes exprimés suffit à ce second scrutin (art 50). Si parmi les électeurs qui ont obtenu la pluralité des suffrages, il s'en trouvait qui fussent en dehors des limites posées par les articles 15 et 16, ou dans les cas d'empêchement prévus par les art. 17, 18 et 20, le bureau proclamerait ceux qui viendraient après eux (Circul. min. 11 août 1831) — D.P. 31. 3. 34.

163. — On pourrait penser qu'à raison de la nécessité de renfermer les choix dans les limites des art. 15 et 16, il y aurait lieu d'élire séparément les conseillers appartenant à ces diverses catégories; mais ce procédé, qui serait d'une difficile exécution, à cause de la double composition tant des électeurs domiciliés, les uns *adjoints*, les autres *censitaires*, que des électeurs censitaires, les uns *domiciliés dans la commune*, les autres *n'y ayant pas domicile*, aurait de plus l'inconvénient de multiplier les scrutins et de prolonger les opérations. L'art. 49, d'ailleurs, ne parle que de deux scrutins, l'un à la majorité absolue, l'autre à la majorité simple : et ce serait s'écarter de cette disposition littérale que de faire autant de doubles scrutins qu'il se présenterait de catégories diverses de conseillers à nommer. Il est donc plus régulier de ne faire que deux scrutins, et d'inscrire sur le bulletin de liste, lors du premier scrutin, autant de noms qu'il y a de conseillers à nommer, soit par l'assemblée unique, soit par la section. — *Id.*

§ 4. — *Des fonctions du bureau*, *Réclamations*, *Délai*, *Mention au procès-verbal.*

164. — « Le bureau juge provisoirement les difficultés qui s'élèvent sur les opérations de l'assemblée » (art. 50). Il doit juger provisoirement aussi les questions concernant les titres et les conditions d'éligibilité des conseillers élus. Il ne peut se dispenser de statuer sous prétexte de renvoyer à l'autorité supérieure, dont au surplus les droits restent entiers Ce refus de statuer arrêterait les opérations. — 11 août 1831. Circul. min. D.P 31. 3. 34.

165. — Toutefois, comme les incompatibilités éta-

blies par l'art. 18 entre les fonctions de conseiller municipal et diverses autres fonctions ou emplois, présentent des questions contentieuses, qui pourraient jeter le bureau dans de grands embarras; pour les décider, il peut dans ce cas s'abstenir de déclarer nulle l'élection douteuse, et laisser la décision de la difficulté au conseil de préfecture. — *Ibid.*

166. — Il a été décidé que le droit accordé au bureau ne s'applique qu'aux opérations confiées aux électeurs, et ne peut embrasser les questions relatives aux incapacités, incompatibilités et autres objets étrangers à l'opération elle-même, et pour lesquelles la loi a établi des juridictions spéciales. — 26 fév. 1832. Ord. cons. d'état. Debas. D.P. 32. 3. 110. — 11 août 1831. Circul. min. D.P. 31. 3. 34.

167. — Les délibérations du bureau n'étant que provisoires et soumises à l'autorité supérieure, les conseils de préfecture doivent examiner au fond les décisions de ce bureau, et, par exemple, ils doivent apprécier le grief consistant en ce que le bureau aurait validé plusieurs bulletins nuls pour défaut de désignation suffisante. — 21 juin 1833. Ord. cons. d'état. Champ. D.P. 33. 3. 96.

168. — Le défaut d'insertion au procès-verbal des décisions provisoires du bureau n'est pas une cause de nullité des élections, ces décisions pouvant toujours être déférées au conseil de préfecture. — Même ord.

169. — Tout membre de l'assemblée aura également le droit d'arguer les opérations de nullité. Dans ce cas, si la réclamation n'a pas été consignée au procès-verbal, elle devra être déposée dans le délai de cinq jours, à compter du jour de l'élection, au secrétariat de la mairie; il en sera donné récépissé, et elle sera jugée dans le délai d'un mois par le conseil de préfecture (art. 52).

170. — Des irrégularités commises dans le sein de l'assemblée électorale, par exemple, celles résultant, 1° de ce que le secrétaire aurait été compris au nombre des membres du bureau; 2° de ce que trois membres au moins du bureau n'auraient pas été présens (art. 49, loi du 21 mars 1831); 3° de ce que le secrétaire lui-même, le considérât-on comme membre du bureau, s'était absenté de l'assemblée; de telles irrégularités ne peuvent être dénoncées que dans le sein de l'assemblée... Il en doit être ainsi surtout si les griefs ne sont pas justifiés. — Même ord.

171. — Le refus par le président d'insérer au procès-verbal les protestations de plusieurs électeurs, n'entraîne pas la nullité des opérations. — 21 juin 1833. Ord. cons. d'état. Lamblin. D.P. 33. 3. 95.

172. — Ainsi, de ce qu'une protestation déposée par quelques électeurs, avant toutes opérations électorales, aurait été simplement annexée au procès-verbal, au lieu d'y avoir été consignée, il n'en saurait résulter une nullité des élections, alors surtout que les électeurs n'ont pas demandé qu'elle fût insérée au procès-verbal (L. 21 mars 1831, art. 52). — 21 juin 1833. Ord. cons. d'état. Champ. D.P. 33. 3. 96.

173. — Il doit être donné aux individus qui protestent un récépissé des protestations qu'ils ont déposées au secrétariat de la mairie (art. 52).

174. — Les pièces ou bulletins relatifs aux réclamations sont paraphés par les membres du bureau, et annexés au procès-verbal. — 11 août 1831. Circ. min. D.P. 31. 3. 34.

175. — La mention aux procès-verbaux, qu'ils ont été rédigés et lus à l'issue de la séance, n'est pas détruite par l'allégation du requérant, que le maire aurait été obligé de les faire recopier et mettre au net. — 24 août 1832. Ord. cons. d'état. Dupuy. D.P. 34. 3. 65.

176. — Le certificat de quelques électeurs à l'appui de prétendues irrégularités commises pendant le scrutin, ne fait pas preuve suffisante. — 21 juin 1833. Ord. cons. d'état. Toussaint. D.P. 33 3 95.

Après le délai de cinq jours, accordé par l'art. 52, pour effectuer le dépôt, la réclamation est tardive. — 25 janv. 1833 Ord. cons. d'état. Elect. de Mesmay. — 25 juin 1833. Ord. cons. d'état. Elect. d'Oradour. D.P. 34. 3. 76.

177. — Le délai de cinq jours doit se compter à partir de la clôture des opérations de l'assemblée. — 11 août 1831. Circ. min. D.P. 31. 3. 34.

178. — Les procès-verbaux des assemblées des électeurs communaux doivent être adressés, par l'intermédiaire du sous-préfet, au préfet, avant l'installation des conseillers élus. Si le préfet estime que les formes et conditions légalement prescrites n'ont pas été remplies, il doit déférer le jugement de la nullité au conseil de préfecture dans le délai de quinze jours, à dater de la réception du procès-

verbal. Le conseil de préfecture prononce dans le délai d'un mois (art. 51).

§ 5. — *Compétence des préfets et des conseils de préfecture. Délai dans lequel ils doivent statuer, Notification de leurs arrêtés.*

179. — La loi n'ayant pas exprimé à partir de quelle époque doit se compter le délai d'un mois dont il est parlé dans l'art. 51, et qui est accordé au préfet pour statuer sur la réclamation élevée devant lui, il y a lieu de le calculer de la même manière que pour les cas prévus par les art. 34, 35 et 36. Ainsi, le mois prescrit pour le jugement doit se compter à partir de la réception, soit du procès-verbal, soit de la réclamation.— 11 août 1831. Circ. min. D.P. 31. 3. 34.

180. — Attendu que les opérations d'une section peuvent souvent influer sur celles d'une autre section, et qu'il y aurait de l'inconvénient à scinder les décisions sur les élections des membres d'un même conseil municipal, le délai d'un mois, à l'égard des communes où les électeurs forment plusieurs sections, doit se compter à partir de la réception de tous les procès-verbaux des assemblées sectionnaires ou des réclamations formées les dernières (*ibid.*).

181. — Si la réclamation est fondée sur l'incapacité légale d'un ou de plusieurs des membres élus, la question sera portée devant le tribunal d'arrondissement, qui statuera comme il est dit à l'art. 42.

182.— Les décisions que le conseil de préfecture doit prendre dans le cas de l'art. 52, diffèrent de celles en matière d'inscriptions, relatives aux colléges électoraux, en ce que les conseillers ont voix délibérative, et que le préfet n'a que sa voix, qui l'emporte en cas de partage. En effet, les art. 51 et 52 disent que *le conseil...*, et non pas *le préfet en conseil*, doit statuer (Circ. précitée, *ibid.*).

183. — Toutefois, un préfet est compétent pour annuler l'élection d'un membre du conseil municipal, pour défaut de prestation de serment. — 31 août 1832. Ord. cons. d'état. Genoude. D.P. 33. 3. 9.

184.— Il y a excès de pouvoir de la part du conseil de préfecture, lorsqu'il réforme, même sur pièces nouvelles, un arrêté par lui contradictoirement rendu en matière d'élections municipales. — 24 oct. 1832. Ord. cons. d'état. Comm. de St.-Pée. D.P. 33. 3. 24.

185. — La voie de la tierce-opposition n'est pas ouverte contre l'arrêté d'un conseil de préfecture qui a statué sur la validité des élections d'une commune.— 29 juin 1832. Ord. cons. d'état. Election de Berniers. D.P. 33. 3. 117.—29 juin 1832. Ord. cons. d'état. Electeurs d'Entrecasteaux. D.P. 32. 3. 117. —17 janv. 1833. Ord. cons. d'etat. Elect. de Marseille. D.P. 33. 3. 62.

186. — Les arrêtés du conseil de préfecture doivent être notifiés par le préfet dans le plus bref délai possible. Si la réclamation est rejetée, il est procédé immédiatement à l'installation des conseillers élus. Si l'arrêté annulle toutes les opérations d'une assemblée unique ou sectionnaire, l'assemblée dont les élections sont cassées, doit être convoquée dans le délai de quinze jours à partir de cette annulation (art. 52, § 3). Le préfet doit donc prendre à cet effet un arrêté de convocation qui est transmis au maire avec l'arrêté d'annulation. S'il n'y a eu d'annulées que les opérations d'une seule section, et si les conseillers élus par les autres sections forment les trois quarts de la totalité des membres du conseil. le préfet peut faire procéder à l'installation de ceux-ci. Cependant, il n'y a point à cet égard de règle absolue, et quelquefois, pour ne point léser les intérêts d'une partie de la commune, il y a lieu de surseoir à l'installation du nouveau conseil municipal. Mais il faut avoir soin, dans ce cas, de hâter l'examen des opérations de l'assemblée sectionnaire nouvellement convoquée.— 11 août 1831. Circ. D.P. 31. 3. 34.

187.— Si la demande en nullité d'élections municipales a été dirigée par plusieurs électeurs dans un intérêt public et non personnel, il suffit que l'arrêté qui a maintenu ces élections ait été signifié à l'un deux, pour que cette signification ait fait courir, contre tous les réclamans les délais du recours, lequel n'est pas recevable s'il n'a été formé que plus de trois mois après, devant le conseil d'état (L. 21 mars 1831).— 15 mars 1833. Ord. cons. d'état. Elections d'Encausse. D.P. 34. 3. 66.

§ 6. — *Effets de l'annulation d'une ou de plusieurs élections.—Vacances, Convocation nouvelle.*

188. — S'il n'y a pas eu de réclamations portées devant le conseil de préfecture, ou si ce conseil a négligé de prononcer dans les délais ci-dessus fixés, l'installation des conseillers élus aura lieu de plein droit. Dans tous les cas où l'annulation aura été prononcée, l'assemblée des électeurs devra être convoquée dans le délai de quinze jours, à partir de cette annulation.

189.— En cas d'annulation, et si l'annulation ne portait que sur l'élection d'un ou de plusieurs des conseillers élus par une assemblée, cette assemblée devrait-elle, dans tous les cas, être convoquée de nouveau; ou le conseil de préfecture pourrait-il rectifier les opérations faites lors de la première convocation? Il faut, à cet égard, distinguer entre la décision qui aurait pour effet de *rétablir* un candidat qui aurait obtenu plus de voix qu'un ou plusieurs des candidats proclamés par l'assemblée, et la décision dont l'effet serait d'*annuler* l'élection d'un candidat proclamé, sans lui en substituer un autre qui le précédât dans l'ordre des scrutins. Le premier cas se présenterait si l'assemblée électorale avait, par une fausse application des empêchemens établis par les art. 15, 16, 17, 18, et 20, ou par tout autre motif, refusé mal à propos de proclamer un électeur ayant obtenu la majorité absolue au premier tour de scrutin, ou la majorité relative au second. Alors le conseil de préfecture, en déclarant qu'il a été régulièrement élu conseiller municipal, prononcerait l'annulation de l'élection du dernier des conseillers proclamés par l'assemblée unique ou par la section, selon l'ordre des suffrages, et il n'y aurait pas lieu à une nouvelle convocation.— 11 août 1831. Circ. D.P. 31. 3. 34.

190. — Si, au contraire, le conseil annulait, par un motif quelconque, l'élection de tel candidat proclamé, la place de ce conseiller deviendrait vacante, et il n'y aurait pas lieu d'appeler à le remplacer le candidat qui aurait eu le plus de suffrages après tous ceux qui auraient été proclamés. Ainsi, l'annulation de l'élection d'un conseiller ayant obtenu la majorité absolue au premier scrutin, ou ayant obtenu, par exemple, quarante-cinq voix au second scrutin, n'entraînerait pas nécessairement la nomination du candidat qui, ayant réuni vingt-sept voix à ce second scrutin, se trouverait le premier dans l'ordre des suffrages après tous les candidats élus par l'assemblée. Bien qu'on pût soutenir que le conseil de préfecture, en agissant ainsi, ne ferait que déclarer les choix qu'aurait proclamés le bureau de l'assemblée s'il avait justement appliqué les conditions légales, on doit considérer que la substitution d'un candidat de la minorité, faite loin des yeux de l'assemblée, pourrait donner lieu à des soupçons d'arbitraire : et il est préférable d'appeler les électeurs à donner de nouveau leurs suffrages. — *Ibid.*

191. — Il y aurait encore une exception à cette règle dans le cas (au reste fort rare) dont il est fait mention ci-dessus; savoir, s'il y avait plus de majorités absolues que de nominations à faire, et où, par conséquent, l'opération aurait été terminée au premier scrutin. Si, par exemple, de quinze candidats ayant obtenu cette majorité, douze seulement avaient pu et dû être proclamés conseillers, et si l'élection du dixième était annulée par le conseil de préfecture, le treizième devrait être déclaré conseiller par la même décision, puisqu'il aurait réuni la *majorité absolue* exigée par l'art. 49.—D.P. 31. 3. 35.

192. — Un conseil de préfecture, après avoir annulé l'élection d'un conseiller municipal pour défaut d'inscription sur les listes des électeurs communaux, est sans qualité pour désigner, comme devant le remplacer, celui qui a obtenu le plus de suffrages après lui, alors que ce n'est qu'après la clôture du procès-verbal des opérations que le nombre des suffrages a été constaté par le bureau. Ne serait-il pas également incompétent, quoique le nombre des suffrages aurait été constaté par le bureau avant que ses pouvoirs fussent expirés, c'est-à-dire, avant la clôture des opérations électorales? Et une telle faculté ne tendrait-elle pas à donner la préférence au candidat de la minorité? — 12 avril 1832. Ord. cons. d'état. Elections de Wissembourg. D.P. 32. 3. 111.

193. — Toutefois, si, durant l'instance relative à des élections municipales, l'un des parens qui produisait incompatibilité a renoncé à sa qualité de membre du conseil municipal, il y a lieu de maintenir comme membre de ce conseil l'autre parent, encore bien que son élection ait été annulée pour incompatibilité et sur le fondement qu'il avait obtenu moins de suffrages que le membre qui, depuis, a renoncé; et, en un tel cas, le recours au conseil d'état formé contre l'arrêté du conseil de préfecture par le membre dont l'élection n'avait pas été maintenue, doit être déclaré sans objet et sans effet. — 9 mars 1832. Ord. cons. d'état. Oyon. D.P. 32. 3. 111.

194.— L'annulation de l'élection d'un ou de quelques uns des conseillers élus par une même assemblée unique ou sectionnaire, ne doit pas retarder l'installation du conseil, si les membres dont l'élection est valable forment les trois quarts de la totalité. Il en serait de même s'il y avait des actions intentées devant le tribunal de l'arrondissement, contre la capacité d'un ou de quelques uns des conseillers élus par la même assemblée. Jusqu'au jugement du tribunal, les conseillers dont la qualité est contestée ne peuvent siéger au conseil; mais les autres doivent être installés, s'ils forment la majorité des trois quarts. — 11 août 18 1. Circ. min. D.P. 31. 3. 34.

195.— On a demandé s'il faut convoquer de nouveau, dans la quinzaine, l'assemblée dont un des choix a été annulé, bien que la vacance qui en résulte ne réduise pas le conseil municipal aux trois quarts de ses membres. Le texte de l'article 52 ne permet pas de différer cette convocation. D'ailleurs on peut remarquer que la vacance dont il s'agit ne rentre point dans la catégorie de celles dont il est question à l'art. 22. Les élections triennales ne sont *terminées* que quand chaque assemblée communale ou sectionnaire a élu tous les conseillers qu'elle doit nommer. Or, une élection annulée, soit pour vice de forme, soit pour défaut de capacité légale de l'élu, soit pour incompatibilité, empêchement, etc., est comme *non avenue* (Cir. min. 30 nov. 1831. D.P. 33. 3. 47).

196.— Mais les vacances qui ont d'autres causes qu'une élection annulée par arrêté du conseil de préfecture, ne donnent pas lieu à un remplacement immédiat, lorsque, seules ou avec les vacances pour élections annulées, elles laissent au conseil les trois quarts de ses membres. Ainsi, le décès où la démission d'un conseiller élu, survenant à la suite de l'élection et avant l'installation du conseil, rentrent dans la classe des vacances qui ont lieu *dans l'intervalle des élections triennales*, et reçoivent l'application de l'art. 22. Il n'est donc pas nécessaire de convoquer de nouveau une assemblée unique ou sectionnaire dont les choix deviennent incomplets avant l'installation du conseil, par des vacances de cette espèce.

Si, parmi les conseillers élus par une même assemblée, il y en a dont l'élection est annulée, et d'autres qui viennent à décéder où à opter, ou à se démettre de leurs fonctions, et si cependant le conseil municipal compte encore au moins les trois quarts du nombre de membres dont il doit être composé, il serait plus conforme au principe de ne pourvoir qu'au remplacement des premiers, puisque l'article 52 ne s'applique qu'à eux seuls, et que, pour les autres, l'assemblée a épuisé son droit d'élire.

197.—Par suite du même principe sur le complément des conselliers municipaux, si, dans l'intervalle entre les élections triennales, une ordonnance du roi autorise la création d'un adjoint en sus du nombre légal (article 2, § 2), il y a lieu à nommer un nouveau conseiller municipal. En effet, le droit de nommer ce conseiller supplémentaire n'a pas été encore exercé ; et la vacance de la place qu'il doit occuper n'est pas du nombre de celles que régit l'article 22.

Mais dans le cas où les électeurs de la commune sont partagés en sections, quelle est celle qui doit nommer ce nouveau conseiller ? Est-ce la section à laquelle est attaché l'adjoint spécial? est-ce celle à qui, suivant le § 5 de l'article 44, échoirait le droit de nommer un conseiller de plus? L'art. 2 de la loi dit que les adjoints spéciaux doivent être pris parmi les habitans de la fraction de commune qu'ils doivent administrer; or, ces adjoints ne peuvent être choisis que parmi les conseillers municipaux; il est donc tout naturel d'augmenter le nombre des conseillers municipaux dans la section qui embrasse les lieux pour lesquels l'adjoint spécial doit être nommé —V. D.P. 33. 3. 47, à la note.

198. — L'ancien conseil restera en fonctions jusqu'à l'installation du nouveau (art. 52).

§ 7. — *Formes et délai du recours contre les décisions.—Ordonnances.*

199.—La loi du 21 mars 1831, qui règle la procédure à suivre pour le jugement des demandes en nullité des opérations électorales, ayant établi des formes exceptionnelles et purement administratives, il n'est pas nécessaire que les arrêtés des conseils de préfecture aient été signifiés, pour faire courir les délais de re-

cours au conseil d'état. — 16 août 1832. Ord. cons. d'état. Ducastaing. D.P. 32. 3. 145.

200. — La disposition du réglement du 22 juill. 1806, qui ne fait courir le délai d'appel qu'à partir de la signification de l'arrêté du conseil de préfecture attaqué, ne s'applique pas en matière d'élections municipales. Ce délai court à partir de la connaissance qu'une partie a eue de cet arrêté. — 16 nov. 1832. Ord. cons. d'état. Lubac. D.P. 33. 3. 17.

201. — Le recours contre les arrêtés du conseil de préfecture, en matière d'élections municipales, doit être formé dans les trois mois, après que les parties ou l'une d'elles en ont eu connaissance. — 24 oct. 1832. Ord. cons d'état Comm. de St.-Pée. D.P. 33. 3. 24. — 17 janv. 1833. Ord. cons. d'état. Bolliac. D.P. 33. 3. 62.

202. — Est non-recevable, dès lors, le recours formé le 23 février contre un arrêté signifié le 3 novembre précédent. — 17 janv. 1833. Ord. cons d'état. Elec. de Bollène. D.P. 33. 3. 62.

203. — Mais le pourvoi est recevable, encore que l'arrêté attaqué ait été exécuté depuis par de nouvelles élections, si alors le réclamant a renouvelé ses protestations. — 19 août 1832. Ord. cons. d'état. Lambert. D.P. 33. 3. 7.

204. — Il est non-recevable de la part de ceux dont un arrêté du conseil de préfecture a annulé l'élection, comme membres du conseil municipal, lorsque, sans protestation aucune, ils ont pris part ensuite à de nouvelles élections. — 19 août 1832. Ord. cons. d'état. Freissinet. D.P. 33. 3. 7. — 19 août 1832. Ord. cons. d'état. Monteaudon. D.P. 33. 3. 6.

205. — Toutefois, il semble résulter de l'ordonnance qui suit, que la signification de l'arrêté du préfet est nécessaire pour faire courir les délais du pourvoi, lorsque la réclamation des électeurs a pour fondement un intérêt public et non individuel.

206. — Ainsi, lorsque la réclamation de plusieurs électeurs, contre le résultat des élections municipales, a pour fondement un intérêt public et non individuel, la signification, à quelques uns d'entre eux, de l'arrêté qui prononce sur cette réclamation, fait courir les délais du recours contre tous, en sorte qu'ils subissent une déchéance commune, lorsque leur recours n'a pas été formé en temps utile. — 29 juin 1832. Ord. cons. d'état. Elections de Hèches. D.P. 32. 3. 117.

207. — Le recours de l'électeur qui depuis a cessé de l'être, n'en est pas moins recevable. — 19 août 1832. Ord. cons. d'état. Lambert. D P. 33. 3. 7.

208. — Il n'est pas douteux que le recours au conseil d'état contre des élections municipales, avant qu'il ait été statué sur la réclamation par le conseil de préfecture, doit être rejeté comme prématuré et non recevable. — 7 nov. 1832. Ord. cons. d'état. Elections d'Etobon. D.P. 33. 3. 29.

209. — Des citoyens dont l'élection aux fonctions de conseillers municipaux, a été annulée par une ordonnance, lors de laquelle ils n'ont pas été appelés, sont recevables à y former tierce-opposition. — 3 mai 1833. Ord. cons. d'état. Bouzinac. D.P. 33. 3. 62.

210. — Mais de simples électeurs ne seraient pas également fondés à former tierce-opposition à cette ordonnance, lors de laquelle il n'a pas été nécessaire de les appeler. — 3 mai 1833. Ord. cons. d'état. Bouzinac. D.P. 33. 3. 62.

§ 8. — *Des cas où il y a incompatibilité pour parenté ou autre cause entre deux ou plusieurs électeurs. — Choix du même électeur par plusieurs colléges. — Option, Préférence.*

211. — En cas d'incompatibilité, pour cause de parenté ou d'alliance, entre deux électeurs nommés conseillers municipaux, la préférence entre eux doit être déterminée par l'antériorité de l'une des élections. — 23 avril 1832. Ord. cons. d'état. Vandelet. D.P. 32 3. 111. — 2 nov. 1832. Ord. cons. d'état. Elections de Grenade. D P. 33. 3. 21. — 23 nov. 1832. Ord. cons. d'état. Boulot. D.P. 33. 3. 29.

212. — ....Et non point par l'âge des élus. — 23 nov. 1832. Ord. cons. d'état. Boulot. D.P. 33. 3. 29.

213. — La préférence doit être déterminée par le nombre des suffrages obtenus par chacun des deux. — 23 avril 1832. Ord. cons. d'état. Vandelet. D.P. 32. 3. 111. — 23 nov. 1832. Ord. cons. d'état. Boulot. D.P. 33. 3. 29.

214. — ....Ou par le tirage au sort. — 23 avril 1832. Ord. cons. d'état. Vandelet. D.P. 32. 3. 111. — 2 nov. 1832. Ord. cons. d'état. Elections de Grenade. D.P. 33. 3. 21. — 23 nov. 1832. Ord. cons. d'état. Boulot. D.P. 33. 3. 29.

215. — Cela a été décidé ainsi, spécialement à

l'égard de l'élection de deux frères nommés conseillers municipaux. — 2 nov. 1832. Ord. cons. d'état. Elections de Grenade. D.P. 33. 3. 21.

216. — En un tel cas, chacun des deux conseillers élus peut, comme suffisamment intéressé, intervenir dans l'instance. — 23 nov. 1832. Ord. cons. d'état. Boulot. D.P. 33. 3. 29.

217. — Le ministre de l'intérieur, dans sa circulaire du 30 nov. 1831 (D.P. 33 3. 47), pense que ce mode qui a l'avantage de prévenir des choix sans résultat et les réélections qui en sont la suite, donne aux premières sections le pouvoir d'empêcher les choix que les autres sections seraient disposées à effectuer, et en conséquence il ne doute point qu'on ne puisse aussi employer la voie du sort pour les exclusions dont s'agit. Et alors, d'après le ministre, le tirage devrait être prescrit par arrêté du conseil de prefecture, et effectué par le conseil municipal

218. — Quoiqu'il soit aujourd'hui constant que le sort ne doit point déterminer la préférence entre deux électeurs parens ou alliés qui ont été tous deux nommés conseillers municipaux, il a été décidé que si un arrêté du conseil de préfecture ordonne que cette voie sera suivie, la délibération par laquelle le conseil municipal declare qu'il n'y a lieu d'exécuter, pour fausse application de la loi, est valablement annulée par le préfet en conseil de préfecture, et dans ce cas son arrêté ne peut être attaqué par la voie contentieuse. — 2 nov. 1832. Ord. cons. d'état. Elect. de Grenade. D.P. 33. 3. 21.

219. — C'est qu'en effet, il y a de la part du conseil municipal excès de pouvoir. Il est tenu d'exécuter les arrêtés du préfet mais il n'est point compétent pour juger de la légalité de ses actes. Sans cela, plus de hiérarchie de pouvoirs, plus de bornes aux envahissemens de l'arbitraire.

220. — En cas d'incompatibilité pour parenté entre deux membres du conseil municipal nommés par deux sections différentes, si l'un d'eux renonce à son élection, la nomination de l'autre doit être maintenue. — 26 fév. 1832. Ord. cons. d'état. Debas. D.P. 32. 3. 110.

221. — De ce qu'un membre du conseil municipal, inscrit, à l'époque de son élection, sur les listes électorales, a perdu sa qualité d'électeur communal, en ne payant plus le cens, il ne s'ensuit pas qu'il doive être révoqué de ses fonctions (L. 21 mars 1831). — 30 nov. 1832. Ord. cons. d'état. Chapelle. D.P. 33. 3. 25.

222. — En cas d'élection d'un même citoyen dans deux ou plusieurs conseils municipaux, il est évident qu'il a le droit d'option. — 30 nov. 1831. Circ. D.P. 33. 3. 47.

Mais s'il se refuse à opter, comment déterminera-t-on dans quel conseil il doit rester? On le déterminera au moyen du tirage au sort, effectué par le préfet en conseil de prefecture. Si les élections avaient été faites à des époques différentes, on pourrait considérer la plus ancienne comme devant subsister, et la dernière comme sans effet. La loi n'a point indiqué dans quel délai doit être déclarée ou reconnue la vacance résultant d'une double élection. On peut, par analogie avec ce qui a été établi pour la chambre des députés par l'art. 65 de la loi du 19 avril, accorder au citoyen élu dans deux ou plusieurs communes, un mois pour déclarer son option. Ce mois se compterait à partir de la vérification des pouvoirs, par le conseil de préfecture, ou du terme assigné aux réclamations, s'il n'en avait été formé ni par les citoyens, ni par le préfet (L. 21 mars, art. 51, 52; circ. 11 août). — *Ibid.*

223. — Lorsque le préfet est informé qu'un citoyen appartient à des conseils municipaux de deux ou plusieurs communes de son département, il doit l'inviter à opter; et, à défaut d'option dans le délai d'un mois, il doit procéder au tirage au sort, en présence du conseil de préfecture (*ibid.*).

Si les communes appartiennent à des départemens différens, le préfet doit, en outre, se concerter avec son collègue ou avec ses collègues. Il semble que, dans ce cas, le tirage au sort, à défaut d'option, devrait se faire dans le département ou la réunion illégale de fonctions a été découverte (*ibid.*).

224. — Il est arrivé qu'un même individu a été nommé conseiller municipal par deux sections d'une même commune; de là il est résulté une question à résoudre; savoir, qu'elle est l'élection qui doit subsister? La loi ne prohibant pas l'option, elle a pu être admise; mais à défaut d'option, il y aurait à employer, ou la voie du sort, ou la considération du plus grand nombre de suffrages obtenus, ou celle de la date de l'élection. Mais quel que soit celui de ces trois partis que l'on adopte, il ne

donne lieu à réélection que dans le cas prévu par l'art. 22. On aurait même pu envisager la seconde élection comme nulle, attendu que le choix déjà fait par la première section empêchait un choix identique, qui ne pouvait que laisser le conseil incomplet. — Dans cette manière de voir, la faculté de l'option ne serait pas même admise, et le conseil de préfecture annulerait les choix faits par la dernière ou par les dernières sections. Une telle décision rentrerait dans l'hypothèse de l'art. 52, et donnerait lieu à une réélection immédiate.

ART. 4. — *Questions transitoires.*

225. — Toutes les opérations relatives à la confection des listes pour la première convocation des assemblées des électeurs communaux, ont dû être terminées dans le délai de six mois, à dater de la promulgation de la loi du 21 mars 1831 (art. 53).

226. — La première nomination a dû comprendre l'intégralité de chaque conseil municipal (*ibid.*). Lors de la deuxième élection qui doit avoir lieu trois ans après, le sort désigne ceux qui sont compris dans la moitié sortant. — Si la totalité du corps municipal est en nombre impair, la fraction la plus forte sort la première (*ibid.*).

227. — L'exécution de la loi du 21 mars 1831 peut être suspendue par le gouvernement dans les communes où il le juge nécessaire. Cette suspension ne peut durer plus d'un an, à partir de la promulgation de la loi (art. 54).

228. — Une loi du 21-28 avril 1832 (V. D.P. 32. 3. 47) est venue autoriser le gouvernement à suspendre, pour une année, l'élection des conseillers municipaux, dans les communes où elle n'était pas encore valablement consommée. — Cette loi remettait ainsi en vigueur l'art. 54 de la loi du 21 mars 1831.

229. — Voyez une ordonnance du roi pour l'exécution partielle de la loi sur l'organisation municipale, jusqu'aux élections. — 19 avril 1831. D.P. 31. 3. 23.

TABLE SOMMAIRE.

Acquiescement. 209.
Académicien. 41.
Adjonction. 10, 41, 52, 72, 128.
Adjoint. 136.
Administrateur. 41.
Affiche. 75, 125.
Age. 9, s. 39, 71, 129. — (computation) 18. — (préférence) 132, s. 212.
Agent salarié. 58, s.
Alliance. 66.
Annexe. 174.
Annulation. 188, s.
Appariteur. 89.
Appel. 96, s. 110, s. 200. — (qualités) 110. — des électeurs. 139, 149.
Arrêté. 189. — (notification) 186, s.
Avancement d'hoirie. 21, 93.
Avocat. 41.
Avoué. 41, 44.
Bail authentique. 27, s.
Bulletin. 142, s.
Bureau. 132, s. 145, s. — (fonctions) 164, s. — de bienfaisance. 74.
Bulletin de liste. 145, 161. — nul. 155, 158.
Capacités perdues. 9, 221.
Cens. 12, s.
Centimes additionn. 23, s.
Certificat. 176.
Changement. 103, 120, s.
Chose jugée. 114, s. 184.
Citoyens. 14.
Clôture. 9, 76, 122, s.
Collocation. 124, s.
Compétence. 8, 107, s. 114, s. 164, 167, 180, s. 192, s. 219.
Comptable. 60.
Conseil d'état. 105, s. 199. — municipal. 219. — de préfecture. 108, s. 164, s. 178, 182, s. 192.
Conseiller municipal. 11,
53, s. — (nombre). 128, s.
Contributions (portes et fenêtres). 26, s. — directes. 12, s. — personnelles. 34.
Convocation. 188, s. 195, s.
Culte non reconnu. 58, s.
Date. 211, s. — certaine. 26.
Décès. 93, s.
Déchéance. 77, s. 92, 122, s. 169, s.
Défense. 88.
Degré de jurid. 110, s.
Délai. 77, s. 82, s. 87, 90, s. 96, s. 113, 169, 177, 186, 199, s. — *jour à quo*. 119, s. 177, 179, s.
Délégation de fonctions. 87. — d'impôts. 36, s.
Délibération provis. 134.
Dépouillement. 151, s.
Député. 20, s.
Destruction. 156.
Diplôme. 22.
Domicile. 49, s. 89. — politique. 118. — réel. 41, 52, 118.
Droits civils. 6, s. — civiques. 5, s. 71.
Ecole polytechnique. 41.
Ecriture. 143, s.
Electeur (capacité). 41, s. — (nombre) 14, 18, s. 53. — adjoint. — V. Adjonction. — forain. 57. — inscrit. 129. — multiple. 51. — suppléant. 80, s.
Election nouvelle. 186, s. 188, s.
Eligible. 40.
Empêchement. 65, s.
Escroquerie. 7.
Etranger. 71.
Evocation. 8.
Expertise. 25.
Exploit. 89.
Faillite. 6.
Faits étrangers. 138, s.
Fermier. 27, s.

Fonctions provisoires. 63.
Fonctionnaire. 41, s.
Garde-champêtre. — 89. nationale. 10, 73.
Gendarme. 140.
Greffier. 42.
Héritiers. 6.
Incompatibilité. 58, s. 165, 211, s.
Indivisibilité. 180
Inscription illégale. 92, s. 123.
Installation. 136, 178, 186, 188, s. 198.
Instituteur. 61.
Interprétation. 94.—favorable. 84, s.
Intervention. 216.
Juge de paix. 141.—suppléant. 43.
Jugement. 88, s. 102, s. —provisoire. 164. s.—administratif. — V. Délai, Motifs.
Juré. 83.
Lecture. 175.
Liberté. 142.
Licencié. 41, 44, s.
Liste. 67, s. —(changement) 76, s. — (permanence) 81. —(préparation) 68, s.—supplémentaire) 80, s. 103.
Louage. 26, s.
Maire. 74, 87, 96, s. 107, 117, 124, 136.
Majorité. 11, 157, s. 189, suiv.
Mandat. 84.
Médecin. 41.
Mention. 88, 135, 150, 168, s. 175.
Mines. 22.
Ministre du culte. 58, s.
Motifs. 88, 102.
Notaire. 41.
Numéro. 142.
Octroi. 24.
Officier. 41, 46, 73.
Option. 222, s.
Paraphe. 174.
Parenté. 65, 193, 211, 215, 220.
Partie. 98. — intéressée. 90.
Patente. 35.
Pensionnaire. 41.
Perte. 95.
Pharmacien. 45.
Police. 139.
Population. 13, s. 70, 126, s.
Possession. 47.— annale. 38, s. 47.
Préférence. 39, 211, s.
Préfet. 58, 97, s. 113, 124, 182, s.
Prescription. 115.
Président. 129, s. 136, s. 161.
Procès-verbal. 135, 164, s. 178.
Professeur. 41.
Protestation. 171, s. 203, suiv.
Prud'homme. 41.
Publication. 75, 104.
Qualité. 83, s. 169, s.
Question transitoire. 223, suiv.
Radiation. 86, 95.—d'office. 93.
Rapporteur. 73.
Ratification. 203.
Récépissé. 169, 173.
Receveur. 60.
Réclamation. 82, s. 96, s. 169, s.
Recours. 96, s.—(formes) 199, s. — prematuré. 208.
Rectification. 76, s. 103, suiv.
Remplacement. 195, s.
Renonciation. 220.
Résidence. 52.
Rétractation. 184.
Réunion. 124, s. 188, s. — illicite. 138, s.
Scrutateur. 132, 133.
Scrutin. 142, s. — (durée) 150, s.—nouveau. 157, s. 186, s.
Secrétaire. 73, 132, s. 170. — général. 58.
Section. 122, 131, s. 186, 197.
Serment. 148, 183.
Session. 31.
Signification. 87, 90, s. 102, 186, s. 199, s.
Sous-préfet. 58.
Succession. 93.
Suffrage. 213.—exprimé. 158.
Sursis. 164, s.
Suspension. 227, s.
Table. 145.
Tableau de rectification. 100, 122.
Tambour. 125.
Tierce-opposition. 122, 185, 209, s.
Tiers. 82, s. 90, 98.
Tirage au sort. 214, 217, suiv.
Vacances. 195, s.
Vote. 147.

ÉLECTIONS DÉPARTEMENTALES. — 1. — Ce sont celles qui se font pour la formation soit des conseils généraux de départemens, soit des conseils d'arrondissemens, d'après la loi du 22 juin 1833.— Voyez cette loi, D.P. 33. 3. 68.

2. — La nouvelle division du territoire français en *départemens, districts* et *communes*, adoptée par l'assemblée constituante dans le but de répartir plus également le territoire de la patrie, et de faire cesser cet esprit de rivalité et de haine qui existait de province à province, exigea de la part de cette assemblée une organisation nouvelle. Par la loi du 22 déc. 1789, elle établit au chef-lieu de chaque département un conseil administratif supérieur, sous la dénomination *d'administration de département*, et au chef-lieu de chaque district, un conseil inférieur, sous le nom *d'administration de district*. Les membres de ces deux conseils étaient nommés par les citoyens eux-mêmes dans des assemblées électorales. — La constitution de 1791 ne dérogea point à ce système d'organisation départementale; elle le confirma au contraire (tit. 3, ch. 4, sect. 2).

3.—Mais la constitution du 5 fruct. an 3, qui succéda à celle de 1791, n'adopta pas entièrement ce système. Empreinte de l'esprit révolutionnaire chaque jour *plus envahissant*, elle crut, tout en conservant dans chaque département une administration centrale, devoir substituer à l'autorité établie au chef-lieu du district une autorité centrale dont l'influence serait plus directe et plus immédiate sur la masse de la nation, dont on voulait à la fois exciter le patriotisme et comprimer les sentimens contraires à l'ordre établi.

4.— La loi du 22 pluv. an 8 abandonnant le système dernièrement adopté par la convention nationale, revint à celui de l'assemblée constituante, du moins pour ce qui est relatif à la hiérachie des pouvoirs administratifs et à leurs sièges. Elle créa des préfets chargés de l'administration du département, un sous-préfet par chaque district, désormais nommé *arrondissement communal*, et enfin, un maire dans chaque commune. Près du préfet était placé un conseil général de département; près du sous-préfet un conseil d'arrondissement, et près du maire un conseil municipal. — La restauration trouva les choses ainsi établies et les maintint jusqu'en 1828. A cette époque, une loi d'organisation fut présentée à la chambre des députés par M. de Martignac, alors ministre de l'intérieur. Une des questions les plus importantes qui s'éleva dans la discussion, fut celle de savoir si les conseils d'arrondissement seraient maintenus, comme le voulait le projet du gouvernement, ou s'ils seraient supprimés, ainsi que le proposait la commission, et remplacés par des assemblées cantonnales. Un des premiers votes de la chambre élective consacra l'opinion de sa commission; le ministère retira la loi.

5.— En 1832 et 1833, la même discussion s'est renouvelée, et alors on a vu les mêmes hommes qui, sous le règne de Charles X, avaient, par des considérations purement politiques, opiné pour la suppression des conseils d'arrondissement, voter pour leur maintien, dominés qu'ils étaient alors par des idées purement administratives.

6.— Pour combattre l'existence des conseils d'arrondissemens, on soutenait que ces corps n'avaient que des attributions sans importance, qui se réduisaient à la répartition de l'impôt entre les communes de l'arrondissement, à donner un avis motivé sur les demandes en décharge formées par les villes, bourgs et villages, à entendre le compte annuel du sous-préfet sur l'emploi des centimes additionnels destinés aux dépenses de l'arrondissement, et à exprimer une opinion sur l'état et les besoins de l'arrondissement; que ces attributions seraient mieux placées dans des conseils de canton; que l'on pouvait distinguer des intérêts de département, de communes et de cantons; mais qu'il n'y avait point, à proprement parler, d'intérêts d'arrondissement; que si les conseils d'arrondissement nommés par le roi s'étaient contentés de ces attributions, des conseils élus ne pourraient les considérer comme suffisantes; qu'ils pourraient devenir dangereux ou être inutiles; que l'on ne devait point multiplier les élections, pour lesquelles déjà se manifestait une grande indifférence. On ajoutait, pour démontrer la nécessité des conseils cantonnaux, qu'une foule d'intérêts se réunissaient au canton, que les maires s'y assemblaient pour préparer les listes électorales; que les opérations du recrutement et l'organisation de la garde nationale s'y faisaient; qu'enfin, les membres de ce conseil seraient mieux instruits des besoins des communes, et ne seraient point obligés à des déplacemens onéreux.

Dans l'intérêt des conseils d'arrondissement, on faisait valoir l'autorité de l'assemblée constituante et une expérience de trente années. On soutenait que partout où se trouve un agent actif de l'administration, on doit placer un corps délibérant: auprès du préfet, le conseil général; auprès du maire, le conseil municipal; auprès du sous-préfet, le conseil d'arrondissement; que, sauf quelques exceptions, les différens cantons d'un même arrondissement ont des intérêts et des besoins semblables; tandis qu'au contraire les arrondissemens d'un même département ont des besoins et des intérêts distincts auxquels il faut donner des organes et des représentans; qu'au chef-lieu de l'arrondissement se trouvaient placés l'agent de l'administration, le tribunal de première instance, le collége électoral; que là aussi il convenait de placer un conseil administratif spécial; qu'enfin ce conseil présenterait, sous le rapport des lumières et de l'indépendance, des garanties qu'on ne pourrait espérer de trouver dans les conseils cantonnaux. — Duvergier, année 1833, p. 201.

7.—Après une longue et vive discussion, qu'on vient de résumer, la chambre se décida en faveur des conseils d'arrondissement.

« Il y a dans chaque département un conseil général » (L. 22 juin 1833, art. 1er).

« Il y aura dans chaque arrondissement de sous-préfecture un conseil d'arrondissement..... » (*ibid.*, art. 20).

ART. 1er. — *De la formation des conseils généraux.*

§ 1er.—*Des conditions requises pour être électeur.— Droits politiques.—Age, Cens, Domicile.*

§ 2.—*Des conditions requises pour être éligible. Droits politiques, Age, Cens, Incompatibilité.*

§ 3.—*Du nombre des conseillers, et de la durée de leurs fonctions.*

ART. 2.—*De la session des conseils généraux.—Convocation.—Serment.*

ART. 3.—*De la formation des conseils d'arrondissement.*

§ 1er. — *Des conditions nécessaires pour être électeur d'arrondissement.*

§ 2.— *Des conditions nécessaires pour être éligible.*

§ 3.— *Du nombre des conseillers et de la durée de leurs fonctions.*

ART. 4.— *De la session des conseils d'arrondissement.—Convocation.— Serment.*

ART. 5.—*Des listes.*

§ 1er.—*Des listes des électeurs. — Listes complémentaires. — Conditions d'inscription.— Cens, Domicile*, etc.

§ 2.— *Des listes des éligibles*, etc.

ART. 6.—*Des assemblées.— De la tenue des assemblées électorales.*

§ 1er.—*De la convocation et de la répartition des électeurs. — Composition du bureau.— Présidence, Police, Vote, Scrutin, Ballotage, Procès verbal.*

§ 2.—*Du cas où il y a lieu à convocation nouvelle ou partielle.*

§ 3.—*Des réclamations —Appel et recours contre les élections et décisions du bureau.*

ART. 7.—*Des démissions et réélections après démissions.—Option.—Décès de conseillers élus.*

ART. 8.—*Dispositions transitoires.*

ART. 1er.—*De la formation des conseils généraux.*

§ 1er. — *Des conditions requises pour être électeur.—Droits politiques, Age, Cens, Domicile.*

8.— Les conditions nécessaires pour avoir le droit de concourir à l'élection des membres du conseil général, sont d'être inscrit sur la liste dressée à l'effet de nommer les députés, ou sur celle du jury, à moins qu'on n'en soit exclu pour cause de l'incompatibilité des fonctions judiciaires ou administratives avec les fonctions de juré. Toutefois, si le nombre des citoyens appelés à concourir à l'élection, est au-dessous de cinquante, le complément est formé par l'appel des citoyens les plus imposés (L. 22 juin 1833, art. 3, § 1er, et art. 30).

9.— Le projet désignait les électeurs de la manière suivante : « Sont électeurs 1° jusqu'à concurrence d'un nombre égal à un deux centième de la population de cette circonscription, les citoyens qui sont dans celle-ci les plus imposés par la réunion de toutes les contributions directes qu'ils paient dans le département; 2° tous les citoyens inscrits sur la liste départementale du jury; 3° ceux qui n'ont point été portés sur cette liste, à cause de l'incompatibilité de leurs fonctions judiciaires ou administratives avec les fonctions de juré; 4° les citoyens qui, dans un des départemens, sont inscrits sur la liste des électeurs appelés à voter pour la nomination des députés. — Les citoyens compris aux trois derniers paragraphes, qui seraient en même temps inscrits sur la liste des plus imposés de la circonscription, voteront en cette dernière qualité. »

10.— Divers amendemens furent proposés. Cabet demandait que tout citoyen payant 20 fr. de contributions directes fût électeur. — Comte voulait conférer la qualité d'électeur à tout Français payant 100 fr. de contributions directes dans le département, ou ayant des immeubles de 200 fr. de revenu, aux membres des conseils municipaux, aux officiers de la garde nationale, aux membres des cours et tribunaux, aux juges et suppléans des tribunaux de commerce, aux juges de paix, aux avocats, avoués, notaires, médecins, chirurgiens, pharmaciens, aux membres et correspondans de l'Institut, aux membres de sociétés savantes, aux chefs d'institution, aux ingénieurs des ponts et chaussées et des mines, aux professeurs d'une science ou des lettres, aux membres des chambres consultatives des manufactures et du commerce, aux prud'hommes et aux syndics ou administrateurs des caisses

d'épargne et de prévoyance, aux magistrats, administrateurs et officiers en retraite. — La commission avait enfin modifié le projet en ce que celui-ci comprenait, dans le un deux centième de la population, les électeurs et les membres du jury, tandis que la commission voulait que les électeurs et les jurés fussent appelés en sus du un deux centième de la population.

11. — Ce dernier système avait été adopté par la chambre des députés, mais la chambre des pairs a préféré attribuer seulement aux citoyens portés sur les listes électorales et du jury, la faculté d'élire les membres des conseils généraux. — M. le rapporteur à la chambre des pairs, examinant la question de savoir s'il était nécessaire de créer un nouveau ban électoral, disait : « N'entendez-vous pas proclamer d'avance que ces électeurs sont les véritables; qu'ils sont plus rapprochés des masses populaires; qu'ils en expriment mieux les opinions; qu'ils participent davantage au suffrage universel, signe parfait de l'élection? — N'êtes-vous pas convaincus que la chambre des députés sera dite une représentation moins vraie que les élus d'un corps électoral plus nombreux? Si donc vous avez craint de transporter l'administration locale dans la sphère politique, combien le péril deviendrait-il plus grand, lorsque l'esprit de parti pourrait soutenir que les conseils locaux sont l'expression plus complète et plus sincère des intérêts nationaux? Il nous a paru que nous devions ne pas exposer le pays et la constitution à un tel conflit; que s'il ne troublait pas le repos public, il entretiendrait du moins l'agitation des esprits et l'activité des factions. En outre, nous avons pensé que cette restriction dans le nombre des électeurs n'avait rien d'injuste et d'arbitraire; que si un très grand nombre de citoyens avait les lumières nécessaires pour bien juger des intérêts municipaux et de tout ce qui se passe sous leurs yeux et les touche directement; si, en conséquence, on a dû répartir largement le droit électoral de la commune, il n'en est pas ainsi pour les intérêts généraux d'un département. Leur examen et leur discussion exige plus de connaissances, plus de comparaisons. Il y faut un certain dégagement de l'esprit restreint des localités. Donc, il y a une analogie à peu près complète entre le choix d'un député et le choix d'un conseiller de département, et il est naturel de confier l'élection à un même corps électoral, divisé autrement, parce qu'il s'agit de donner une représentation à un autre ordre d'intérêts. — La complication de tant de listes électorales publiées, discutées, affichées, soumises à l'intervention des tiers, sans cesse rectifiées, absorbant les momens que les administrateurs pourraient si utilement employer, coûtant d'énormes frais d'impression; tous ces embarras nous ont aussi frappés. Déjà l'indifférence et la fatigue ont pu se laisser apercevoir. Ne décrions pas les institutions, en les prodiguant jusqu'au point d'en dégoûter les citoyens; alors l'élection ne deviendrait plus qu'une vaine et fausse formalité, et elle tomberait aux mains d'une activité intrigante. Ainsi, nous vous proposons d'attribuer l'élection des conseillers de département aux citoyens portés sur la liste électorale et celle du jury. Mais, lorsqu'un canton n'aura pas cinquante citoyens portés sur cette liste, le nombre sera complété par l'appel des plus imposés. Cette liste complémentaire sera dressée en même temps que la liste annuelle des électeurs et des jurés. Nous avons beaucoup tenu à ce qu'il n'y eût qu'une seule et même opération pour rédiger les tableaux électoraux. Du reste, le nombre total des électeurs que nous proposons d'appeler à élire les conseils de département, doit se trouver le même que dans le projet ministériel. Dans les cantons de population urbaine, le nombre des citoyens portés sur la liste électorale est en général au-dessus du deux centième de la population; dans les cantons ruraux, le deux centième est loin d'arriver à cinquante. Le complément des plus imposés est donc nécessaire dans un système comme dans l'autre. » — Duverg., p. 202 et 203.

12. — Il faut remarquer ici, dit Duvergier, *loc. cit.*, que les calculs du rapporteur sont parfaitement justes, et que la loi, telle qu'elle est rédigée, admet un nombre d'électeurs égal à celui que créait le projet du gouvernement; mais ce nombre est inférieur à celui que la chambre des députés avait cru devoir déterminer. — Dans l'article adopté par la chambre des députés, on trouvait une disposition qui appelait à l'électorat les citoyens qui, réunissant les conditions nécessaires pour être jurés, n'étaient point portés sur la listes du jury, à cause de l'incompatibilité de leurs fonctions judiciaires ou administratives avec les fonctions de juré. Cette disposition a

disparu dans la rédaction de la chambre des pairs; mais on la retrouve dans l'art. 30 de la loi. — Le projet contenait différentes dispositions sur le domicile, l'âge et la jouissance des droits civils des électeurs. On comprend qu'elles sont devenues inutiles dès qu'on a adopté le principe que les électeurs qui nomment les députés sont aussi appelés à nommer les membres des conseils généraux.

13. — Celui qui, n'étant pas électeur, dans le sens de la loi du 19 avril 1831, mais qui, comme porté sur la liste du jury, ou comme plus imposé a le titre d'électeur pour la nommination des conseillers de département, peut-il élire aussi une espèce de domicile politique pour l'exercice de ses droits électoraux? L'art. 33 décide, ainsi que nous le verrons plus bas, la question, affirmativement pour *le plus imposé;* mais il n'accorde pas la même faveur au citoyen porté sur la liste du jury, et l'on conçoit la raison de cette distinction. Celui qui possède, dans un canton où il n'est pas domicilié, des propriétés importantes, a intérêt, et par conséquent le droit de concourir à la nomination des membres du conseil de département. — Remarquons enfin que si l'art. 29 ne permet pas de voter ailleurs qu'au lieu de son domicile politique, ou de son domicile réel, il autorise l'électeur qui avait fait choix d'un domicile politique, pour l'élection des députés, de revenir à son domicile réel pour l'élection des membres du conseil de département. — Duverg., p. 212.

14. — Les conditions exigées des citoyens appelés à compléter le nombre de cinquante électeurs qui ne se trouvent pas compris dans les deux listes électorales et du jury sont, la jouissance des droits civiques, l'âge, le domicile, le cens contributif.

15. — *Droits politiques.* — L'expression de *citoyen* employée dans les art. 3, 32 et 35, prouve que nul ne peut être appelé comme électeur complémentaire, s'il ne jouit des droits civils et politiques. — 28 juin 1833. Circ. min. D.P. 33. 3. 104.

16. — *Age.* — L'âge doit être celui de vingt cinq ans; car les électeurs complémentaires ne sont investis du droit électoral pour les élections de département qu'en vertu de titres de la nature de ceux exigés par la loi du 19 avril 1831, 1° des citoyens qui nomment les députés; 2° des citoyens les plus imposés dans le canton, qu'il y a lieu d'adjoindre aux premiers en cas d'insuffisance de nombre. — *Ibid.*

17. — *Domicile.* — La condition du domicile exigée des citoyens qui veulent se faire comprendre au nombre des électeurs complémentaires, a été réglée par la loi du 22 juin. Elle exige que le citoyen plus imposé ait domicile réel dans le canton (art. 32), ou qu'il l'y ait transféré trois mois d'avance par déclaration aux greffes des justices de paix des deux domiciles (art. 33) — D.P. *Ibid.*

18. — *Cens électoral.* — La quotité du cens pour les électeurs complémentaires se calcule d'après les contributions directes *qu'ils paient dans le canton.* C'est en effet par rapport au canton, et sous le point de vue de la représentation des intérêts cantonnaux que ces électeurs complémentaires sont appelés; l'intention du législateur à cet égard n'est point douteuse.

19. — Le rapport de la commission de la chambre des pairs s'exprime en ces termes : « Nous pensons qu'il ne faut pas donner à un citoyen qui paie dans le canton une contribution insuffisante pour le placer sur la liste complémentaire des plus imposés, la faculté de réunir à cet impôt la cote d'imposition payée dans d'autres cantons : il pourrait ainsi expulser de la liste des plus imposés les contribuables qui ont un plus grand intérêt que lui aux affaires locales » (*Moniteur* du 3 avril, 1833, p. 959). Et le texte de l'art. 33 est conforme à ce principe, en énonçant formellement qu'il faut payer dans le canton la somme de contributions qui donne place sur la liste des plus imposés. — *Ibid.*

20. — Ainsi, pour être inscrit sur la liste complémentaire d'un canton, on ne peut se prévaloir que des impositions payées dans le canton (L. 22 juin 1833). — 15 nov. 1833. Bastia. Battesti. D.P. 34. 2. 69.

21. — Laurence, député, demanda si les attributions de contributions, le droit de délégation, tels qu'ils sont réglés par la loi du 19 avril 1831, art. 4, 5, 6, 7, 8 et 9, pour composer le cens de l'électorat, sont applicables en matière d'élection des conseils généraux? On lui répondit que sa question était résolue affirmativement par le projet de loi. En effet, l'art. 38 de ce projet portait : « les dispositions contenues dans les lois portées pour l'élection des députés, relativement au domicile, *à la délégation et à l'attribution des contributions*, sont applicables

aux citoyens qui doivent faire partie des listes électorales organisées par la présente loi. » Mais cet article a disparu de la rédaction présentée à la chambre des pairs par sa commission. — La loi ne s'expliquant pas, il faut reconnaître que les attributions de contributions doivent être faites suivant la loi du 19 avril 1831; que le droit de délégation peut être exercé pour composer le cens de l'électorat, attendu que les listes électorales étant les mêmes que celles qui servent à l'élection des députés, il est évident que l'électeur, une fois inscrit, soit à raison des contributions qu'il paie personnellement, soit à raison des contributions qui lui sont déléguées ou attribuées, a le droit de voter pour l'élection des conseillers, comme pour l'élection des députés (Duvergier, p. 204). — Cette opinion a été adoptée par le ministre de l'intérieur dans sa circulaire aux préfets, sous la date du 28 juin 1833.

22. — Quant aux conditions de temps exigées pour l'âge, le domicile et les contributions, elles sont déterminées par les art. 7 et 19 de la loi du 19 avril 1831. — *Ibid.*

23. — Les principes concernant le calcul du cens contributif des électeurs, dont s'occupe l'art. 32, sont établis dans le titre 1er de la loi du 19 avril 1831.

On trouvera n. 88, 135 et suiv. diverses décisions qui se rapportent au paragraphe présent.

§ 2. — *Des conditions requises pour être éligible, Droits politiques, Age, Domicile, Cens, Incompatibilité.*

24. — *Droits politiques, Age.* — « Nul ne sera éligible au conseil général de département, s'il ne jouit des droits civils et politiques; si, au jour de son élection, il n'est âgé de vingt-cinq ans, et s'il ne paie depuis un an au moins 200 francs de contributions directes dans le département. — Toutefois, si, dans un arrondissement de sous-préfecture, le nombre des éligibles n'est pas sextuple du nombre des conseillers de département qui doivent être élus par les cantons ou circonscriptions électorales de cet arrondissement, le complément sera formé par les plus imposés (L. 22 juin 1833, art. 4).

25. — Divers systèmes furent proposés pour remplacer celui que la loi consacre. On demandait surtout que tout électeur fût éligible; on invoquait comme raison d'analogie l'art. 16 de la loi du 21 mars 1831, qui rend éligibles au conseil municipal de la commune tous les électeurs de la commune; mais le rapporteur fit remarquer que lorsqu'on délibère sur les intérêts des communes qui exigent des excédens d'impôts, ce n'est pas seulement aux conseillers municipaux qu'on demande un avis, mais encore aux plus imposés de la commune, qui doivent leur être adjoints (L. 15 mai 1818, art. 39). Que le conseil général fonctionnant seul a le droit souverain de frapper le département d'impôts considérables; qu'il faut donc trouver dans ce conseil les garanties nécessaires; qu'il faut que, par lui-même et par lui seul, il présente toutes les conditions capables de rassurer le pays sur le bon et sage emploi de son autorité, et que c'est à la possession seule dans le département que cette garantie peut s'attacher. — On proposa de dispenser du cens d'éligibilité différentes classes de citoyens : les magistrats, les avocats, avoués, notaires; les médecins, pharmaciens; les officiers des gardes nationales, etc., enfin les individus admis à être électeurs pour la chambre des députés, suivant l'art. 3 de la loi du 19 avril 1831. Mais toutes ces propositions furent rejetées — Duvergier, année 1833, p. 203 et 204.

26. — *Domicile.* — Aucune condition de domicile n'est exigée pour l'éligibilité au conseil général. Ainsi, tout citoyen âgé de vingt-cinq ans, qui, depuis un an, paie au moins 200 francs de contributions directes dans le département, peut être élu au conseil général. — 15 sept. 1833. Inst. min. D.P. 33. 3. 108.

27. — L'art. 4 veut que le paiement du cens exigé ait lieu *depuis une année.* — Suivant la signification donnée constamment aux dispositions législatives en matière électorale, cela veut dire que l'éligible doit, depuis un an, posséder la propriété, avoir fait la location, pris la patente et exercé l'industrie, à raison desquelles il paie la quotité d'impôt déterminée par la loi. — *Ibid.*

28. — Le cens d'un éligible au conseil général de département ne peut lui être compté, quand la patente sur laquelle il repose ne lui a point été délivrée et n'a pas été par lui payée un an au moins avant les élections, alors surtout qu'il ne rapporte pas la preuve suffisante que l'industrie à laquelle il se livrait remonte à la même époque. — 28 août 1834. Req. Nîmes. Gauthier. D.P. 34. 1. 413.

29.— Les contestations qui s'élèvent sur le cens d'un éligible au conseil général de département se rattachent aux conditions constitutives de sa capacité légale, aux termes de l'art. 4 de la loi du 22 juin 1833, et doivent être exclusivement attribuées aux tribunaux ordinaires. — 28 août 1834. Req. Nîmes. Gauthier. D.P. 34. 1. 413.

30.— La loi du 22 juin 1833, en réglant la compétence des tribunaux ordinaires en matière d'élection, a implicitement abrogé les dispositions des lois du 24 août 1790 et du 16 fruct. an 3. — Même arrêt.

31. — Les règles tracées par la loi du 19 avril 1831 doivent être suivies pour les élections des conseillers de département, dans tous les cas qui n'ont pas été prévus expressément par la loi du 22 juin 1833. Il s'agit en effet de droits et d'opérations de même nature. Ces règles ont été déclarées applicables aux élections municipales par l'art. 41 de la loi du 21 mars 1831; et, bien qu'une disposition semblable n'ait pas été insérée dans la loi du 22 juin 1833, ce n'est pas une raison de considérer les capacités et les opérations qui font l'objet de ladite loi comme entièrement étrangères aux dispositions de la loi du 19 avril. Il ne serait pas rationnel que les élections intermédiaires entre celles des députés et celles des conseillers municipaux fussent régies par d'autres principes et d'autres formes. Ces trois sortes d'élections appartiennent à un seul et même système, dont les bases sont établies dans la loi du 19 avril 1831, et qui s'applique aux élections départementales et municipales, en tout ce qui n'a pas été réglé spécialement par les lois du 21 mars 1831 et du 22 juin 1833.

32.— En conséquence de ce principe, la plupart des dispositions du titre premier de la loi du 19 avril 1831 doivent être suivies pour le calcul du cens d'éligibilité aux conseils de département. Ainsi l'attribution des contributions de la femme, des enfans mineurs, de celles que la mère, aïeule ou belle-mère a déléguées, des droits de diplôme, des redevances des mines, etc., doit avoir lieu pour les élections départementales comme pour les élections à la chambre des députés. En résumé, les articles 4, 5, 8 et 9 de la loi du 19 avril, l'art. 6, sauf l'admission des contributions payées hors du département, et la disposition de l'art. 7, qui dispense de toute condition de temps le possesseur à titre successif ou par avancement d'hoirie, sont applicables à l'éligibilité définie par l'art. 4 de la loi du 22 juin. — 15 juill. 1833. Instr. min. D.P. 33. 3.

33.—Duvergier (année 1833, p. 204) ne croit pas qu'on puisse adopter cette opinion d'une manière absolue. Il pense que le rapporteur à la chambre des députés et la chambre elle-même ayant senti la nécessité d'une disposition explicite qui se trouvait dans le projet de loi envoyé par la chambre élective à la chambre des pairs, disposition qui ne se retrouve plus dans la loi, il n'est pas possible de la suppléer entièrement. Du reste, il concevrait assez que toutes les dispositions sur les attributions des contributions, qui sont plutôt la conséquence des règles du droit commun que des règles nouvelles, fussent appliquées aux élections des conseillers de département; il trouverait par conséquent raisonnable de compter au père les contributions de ses enfans mineurs, au mari les contributions de sa femme; mais là où il y a disposition nouvelle, création d'un droit spécial, comme, par exemple, lorsque la loi autorise certaines délégations, il est porté à penser que la raison d'analogie n'est pas assez puissante pour dispenser d'un texte formel.

34. — Il semble cependant que l'opinion adoptée par le ministre de l'intérieur doit être suivie. Les raisons sont plausibles, et l'on peut ajouter que la distinction établie entre *les attributions des contributions qui sont plutôt la conséquence des règles du droit commun que des règles nouvelles et les attributions des contributions qui sont la conséquence d'une disposition nouvelle*, ne nous paraît ni très fondée, ni très concluante. Qu'entendre par *les règles du droit commun* et par *les règles nouvelles* en matière d'élections? Voudrait-on par ces exceptions, *règles du droit commun*, entendre les règles établies quant à cette matière antérieurement à la loi du 19 avril 1831? Mais ces règles ne sont pas plus de droit commun que celles établies par cette dernière loi. La législation sur les élections est toute spéciale, et il nous semble résulter du discours du rapporteur à la chambre des pairs, que le désir de la commission, et, par suite de l'adoption du projet, celui de la chambre elle-même a été de conserver intact le système de la loi du 19 avril 1831. On n'a pas voulu étendre les bases posées par cette loi, mais aussi on n'a pas pu vouloir les restreindre. Et ne pourrait-on pas soutenir qu'alors que la chambre des pairs substituant une rédaction à celle adoptée par la chambre des députés et où se trouvait une disposition explicite sur la question qui nous occupe, qu'elle n'a point reproduite, a pensé que cette disposition n'était point nécessaire parce qu'elle était de droit commun en cette matière. On ne peut vouloir prétendre que la chambre a, par inattention, négligé de dire ce qu'il eût été si essentiel de ne pas taire.

35. — La commission de la chambre des députés avait adopté pour le dernier paragraphe de l'art. 4 la rédaction suivante : « Toutefois, si le nombre des éligibles n'est pas au moins sextuple de celui des membres du conseil général, le cens sera réduit jusqu'au taux nécessaire pour composer ce nombre. » — Mais la chambre des pairs modifia la disposition afin de donner à chaque arrondissement la faculté d'avoir des représentans pris dans son sein. « Autrement, disait le rapporteur, les cantons d'un arrondissement pauvre, et qui ne compteraient pas de grands propriétaires pourraient se voir contraints à choisir leurs délégués dans les autres arrondissemens, tandis que c'est justement pour être défendus contre les prétentions rivales qu'ils ont une élection à faire. » — Duvergier, p. 204.

36. — Il faut donc lire ce paragraphe comme s'il y avait : « .... Le complément sera formé par les plus imposés *de cet arrondissement*. Ne pourront être nommés membres des conseils généraux : 1° les préfets, sous-préfets, secrétaires-généraux et conseillers de préfecture;—2° les agens et comptables employés à la recette, à la perception ou au recouvrement des contributions et au paiement des dépenses publiques de toute nature; 3° les ingénieurs des ponts et chaussées et les architectes actuellement employés par l'administration dans le département; — 4° les agens forestiers en fonctions dans le département et les employés des bureaux des préfectures et sous-préfectures » (art. 5).

37.— Il y a incompatibilité entre les fonctions de receveur d'enregistrement et celles de conseiller de département (L. 22 juin 1833, art. 5, § 2). — 6 juin 1834. Ord. cons. d'état. Chardoillet. D.P. 34. 3. 73.

38.—Il y a de même incompatibilité entre les fonctions de receveur des hospices et celles de conseiller de département. — 7 janv. 1834. Bordeaux. Roux. D.P. 34. 2. 146.

39.— La question de savoir s'il y a incompatibilité entre les fonctions de receveur d'enregistrement et celles de membre de conseil général de département, n'est pas de celles réservées aux tribunaux par l'art. 52 de la loi du 22 juin 1833.— 6 juin 1834. Ord. cons. d'état. Chardoillet. D.P. 34. 3 73.

40. — « Les employés à l'assiette ou au recouvrement des contributions publiques sont bien distincts des agens aussi declarés inéligibles : ces derniers sont nommés et salariés par l'état. Les employés sont particulièrement payés par les agens qui recourent à leurs services; ainsi les commis, les caissiers, notoirement employés par un percepteur ou par un receveur dans son bureau, sont refusés par notre loi. En effet, ils sont trop dans la dépendance des fonctionnaires financiers qui ont un intérêt si personnel dans le vote de la partie des impôts qui est spéciale aux besoins du département » (Rapport de M. Gillon à la chambre des députés). — « Les ingénieurs des mines sont laissés dans l'éligibilité. Rien ne justifiait leur exclusion des conseils, où leur savoir et leur expérience seront infailliblement d'un grand secours. Leur indépendance est égale à celle de toute autre classe de citoyens; car ils ne surveillent, dans l'intérêt de la sûreté publique, que des travaux dont l'entreprise est laissée à des spéculations privées. » — 15 juill. 1833. Instr. min. D.P. 33. 3.

« Il suffit qu'un architecte soit employé dans le département par l'administration qui régit ce département, pour qu'il soit inéligible. C'est le sens que nous attachons à ce mot *administration*. Nous avons entendu exclure des conseils qui sont appelés à diriger et surveiller les chefs de cette administration, les architectes qui se trouvent eux-mêmes placés sous la surveillance immédiate de ces chefs. Tel l'architecte, qui est salarié des deniers publics pour donner ses soins à la construction ou au bon entretien d'un édifice qui est ou départemental ou propriété de l'état. Il n'en est pas ainsi de l'architecte employé pour la bâtisse ou la surveillance d'édifices appartenant à des communes ou à des établissemens communaux, comme colléges, hospices. Celui-là est beaucoup moins dans la dépendance du sous-préfet et du préfet. Si la sévérité s'étendait jusqu'à lui, elle équivaudrait presque à l'exclusion des architectes, prononcée en masse (*id.*).—Nous croyons utile l'exclusion des employés des préfectures et des sous-préfectures. Il est incontestable que dans le département où ils sont salariés par l'administration, ils ne promettent pas une indépendance assez certaine vis-à-vis du préfet et du sous-préfet, dont ils ont parfois les actes à juger » (*id.*).

41. — Le projet de loi excluait « les militaires et employés des armées de terre et de mer en activité de service. » La chambre des députés ne pensa pas qu'il y eût incompatibilité entre la qualité de militaire et les fonctions de membre des conseils généraux. — Comte avait proposé de déclarer incompatibles les fonctions des *ministres des cultes salariés par l'état*, et la chambre élective avait adopté cet amendement; mais la chambre des pairs le rejeta. Ainsi, un ecclésiastique peut être nommé membre d'un conseil général. — Duverg., année 1833, p. 205.

42.— Le projet du gouvernement contenait une disposition qui ne permettait pas aux parens, aux degrés de père, de fils, de frère, et aux alliés aux mêmes degrés, d'être en même temps membres d'un même conseil général. La chambre des députés la rejeta de même que la chambre des pairs. « C'est aux électeurs eux-mêmes, disait M. le rapporteur de cette dernière chambre, à juger si l'homme de leur choix est capable de sacrifier à ses intérêts privés les intérêts qu'il est chargé de défendre. Nous n'avons point trouvé qu'il y eût analogie entre un conseil électif chargé de contrôler l'administration, et un tribunal chargé de prononcer entre des parties. Cette prohibition est peut-être plus motivée lorsqu'il s'agit du conseil municipal d'une commune; mais de ce qu'elle a été insérée dans la loi municipale (art 20), il ne s'ensuit pas qu'un devoir d'uniformité oblige à la reproduire dans la loi que nous discutons...» — Duvergier, p. 205.

43.— « Nul ne peut être membre de plusieurs conseils généraux » (art. 6).

§ 3. — *Du nombre des conseillers, de la durée de leurs fonctions.*

44.— « Le conseil général est composé d'autant de membres qu'il y a de cantons dans le département, sans pouvoir toutefois excéder le nombre de trente. » (L. 22 juin 1833, art. 2).

« Un membre du conseil général est élu dans chaque canton » (art. 3), ou dans chaque circonscription électorale. — *Ibid.*

45.— La loi de 1789 avait fixé le nombre des conseillers généraux d'une manière uniforme, à trente-six; la loi du 28 pluviôse an 8 avait établi trois classes, 24, 20 et 16. M. de Martignac, dans le projet de 1829, avait proposé d'établir quatre classes, 30, 24, 20 et 16. — Trois systèmes étaient soumis aux chambres; l'un, le plus rationnel, voulait que le nombre des conseillers fût fixé, dans chaque département, d'après l'étendue du territoire, de la population et de l'impôt; mais dans l'application il présentait de graves inconvéniens; il obligeait à composer dans chaque département des circonscriptions électorales nouvelles, à former des agglomérations, et à opérer des morcellemens toujours difficiles, et donnant naissance à une foule de réclamations. — Le second système attribuait, d'une manière absolue et sans limitation, à chaque département, autant de conseillers qu'il renferme de cantons; ce qui donnait un *maximum* de 65 et un *minimum* de 19. — On s'arrêta enfin à un parti moyen, qui assigne un conseiller à chaque canton, sans toutefois, et quel que soit le nombre des cantons, sans toutefois que le conseil général puisse être composé de plus de trente membres. On doit remarquer qu'à la chambre des députés, et lors de la première discussion, on avait adopté le système d'un conseiller par canton, sans pour cela admettre que chaque canton aurait son assemblée électorale. On avait décidé, au contraire, qu'on formerait des arrondissemens électoraux déterminés par un tableau annexé à la loi. La chambre des pairs modifia cette disposition.—Duverg., année 1833, p. 202.

46.— « Les membres des conseils généraux sont nommés pour *neuf ans*; ils sont renouvelés par *tiers* tous les trois ans, et sont indéfiniment rééligibles. — A la session qui suit la première élection des conseils généraux, le conseil général doit diviser les cantons ou circonscriptions électorales du département en trois séries, en repartissant, autant qu'il est possible, dans une proportion égale, les cantons ou circonscriptions électorales de chaque arrondissement dans chacune des séries. Il est procédé à un tirage au sort pour régler l'ordre de renouvellement entre les séries. Ce tirage se fait par le préfet en conseil de préfecture et en séance publique. »

47.— Le projet adopté par la chambre des députés portait que les membres des conseils généraux étaient nommés pour six ans, et renouvelés par moitié tous les trois ans. La chambre des pairs crut devoir porter la durée des fonctions à neuf ans, afin de donner aux conseils un esprit de suite et de tradition, pour qu'il pût continuer les affaires commencées, les travaux entrepris, les dépenses entamées.— Duvergier, p. 206.

48. — La dissolution d'un conseil général peut être prononcée par le roi; en ce cas, il est procédé à une nouvelle élection avant la session annuelle, et au plus tard dans le délai de trois mois, à dater du jour de la dissolution (art. 9).

ART. 2 — *De la session des conseils généraux.— Convocation, Serment.*

49.— L'art. 12 de la loi du 22 juin 1833 est ainsi conçu :

« Un conseil général ne peut se réunir s'il n'a été convoqué par le préfet, en vertu d'une ordonnance du roi qui détermine l'époque et la durée de la session.

» Au jour indiqué pour la réunion du conseil général, le préfet donne lecture de l'ordonnance de convocation, reçoit le serment des conseillers nouvellement élus, et déclare au nom du roi que la session est ouverte.

» Les membres nouvellement élus, qui n'ont pas assisté à l'ouverture de la session, ne prennent séance qu'après avoir prêté serment entre les mains du président du conseil général.— Le conseil, formé sous la présidence du doyen d'âge, le plus jeune faisant les fonctions de secrétaire, nomme, au scrutin et à la majorité absolue des voix son président et son secrétaire.

» Le préfet a entrée au conseil général; il est entendu quand il le demande; il assiste aux délibérations, *excepté lorsqu'il s'agit de l'apurement de ses comptes.* »

50. — Ces derniers mots soulignés ont été ajoutés par la chambre des pairs. Le mot *délibération*, qui, à la chambre des députés, avait été entendu en ce sens, que le préfet n'avait le droit d'assister qu'à la discussion, aux débats, mais non à la délibération, c'est-à-dire à celle partie de la discussion qui, à l'instar de ce qui se pratique dans les tribunaux, a lieu entre les membres seuls lorsque les débats ont été déclarés clos, ce mot, disons nous, fut rétabli dans son sens naturel. Il fut convenu que le préfet aurait entrée même lors de cette délibération

Par suite, il devient superflu d'écarter le préfet, lors des votes, puisque le srutin est secret (art 13).

51.— Le serment que doivent prêter les membres du conseil général, est celui prescrit par la loi du 31 août 1830 qui est ainsi conçu : « Je jure fidélité au roi des Français, obéissance à la charte constitutionnelle et aux lois du royaume. »

52. — Le député Poulle demandait qu'il fût fait mention de la prestation du serment dans le procès-verbal de la séance, qui serait signé par tous les membres. Mais, sur l'observation que l'usage en était établi, l'amendement ne fut pas appuyé. — Duvergier, p. 206.

53 — « Les séances du conseil général ne sont pas publiques; il ne peut délibérer que si la moitié plus un des conseillers sont présens.....» (art. 13) Gillon avait proposé, non comme rapporteur, mais en son nom personnel, d'ajouter après le mot *conseillers*, ceux-ci, *en exercice.* La chambre des députés avait adopté cette proposition; la rédaction de la chambre des pairs ne l'a pas reproduite (Duverg., p. 208).— Nous pensons que si la chambre des pairs n'a pas reproduit cette proposition, c'est qu'elle l'a jugée inutile. L'article nous paraît s'entendre assez bien sans elle.

« Les votes sont recueillis au scrutin secret, toutes les fois que quatre des conseillers présens le réclament » (art. 13, *in fine*).

54. — Beaudet-Lafarge demanda que les conseils généraux pussent ordonner l'impression des procès-verbaux de leurs séances. Le ministre de l'intérieur répondit qu'un décret impérial défendait d'imprimer les procès-verbaux des séances des conseils et que la disposition réclamée, en supposant qu'elle dût être admise, devait être comprise tant dans la loi d'attribution, que dans la loi d'organisation départementale.— Péan demandait que, par analogie de l'art 25 de la loi du 21 mars 1831 sur l'organisation municipale, il fût dit que communication des délibérations du conseil ne pourrait être refusée à aucun des citoyens du département, mais sans déplacement. — Sur l'observation qu'il trouverait mieux sa place dans la loi d'attribution, cet amendement fut rejeté. — Duvergier, p. 208.

55.— « Tout acte ou toute délibération du conseil général, relatifs à des objets qui ne sont pas légalement compris dans ses attributions, sont nuls et de nul effet. La nullité sera prononcée par une ordonnance du roi » (art. 14). Il n'y a de nul dans une délibération que la partie seule de cette délibération qui porterait sur des objets hors de la compétence du conseil (Rapp. de Gillon).

« Toute délibération, prise hors de la réunion légale du conseil général, est nulle de droit (art. 15, § 1er).

« Elle est tout entière frappée d'une nullité radicale et absolue (*id.*). »

56.— L'art. 14 déclare nuls et de nul effet tout acte, toute délibération d'un conseil général, relatifs à des objets qui ne sont pas compris dans ses attributions.— L'art. 15 déclare nulles les délibérations prises hors de la réunion légale. Ainsi, la nullité de l'art. 14 dérive de la nature des actes; la nullité de l'art. 15 est prononcée à raison de l'illégalité de la réunion.— Ainsi, un conseil non légalement convoqué, ou qui prolongeant sa session au-delà du temps fixé par l'ordonnance de convocation, prend une délibération; cette délibération est nulle, bien qu'elle porte sur des objets compris dans les attributions des conseils généraux.

Jusque là point de dissentiment; mais la nullité des délibérations prises hors de la réunion légale est-elle une peine suffisante? Non. Il a été reconnu que ce fait, qui émanerait presque toujours d'un corps en révolte contre l'autorité, constituerait le délit que l'art. 258 C. pén. prévoit.— Duvergier, p. 209.

57.— « .... Le préfet, par un arrêté pris en conseil de préfecture, déclare la réunion illégale, prononce la nullité des actes, prend toutes les mesures nécessaires pour que l'assemblée se sépare immédiatement, et transmet son arrêté au procureur-général du ressort pour l'exécution des lois et l'application, s'il y a lieu, des peines déterminées par l'art. 258 C. pén. En cas de condamnation, les membres condamnés sont exclus du conseil et inéligibles aux conseils de département et d'arrondissement, pendant les trois années qui suivront la condamnation » (art. 5, § 2).

58 — L'art. 15, § 2, porte que le préfet transmet son arrêté au procureur-général pour l'exécution des lois et l'application, *s'il y a lieu*, de l'art. 258. Ces mots *s'il y a lieu* signifient-ils que les tribunaux sont appelés à juger s'il existe, dans la réunion illégale du conseil, les caractères du délit d'usurpation de fonctions? — Non, ils ont pour but seulement d'indiquer que l'application de l'article sera faite, lorsque, d'après les circonstances, le délit sera bien caractérisé, ou, pour employer les expressions de Macarel, « Si le fait et l'acte sont vraiment coupables dans l'intention de ceux qui s'y sont livrés. » Salverte avait demandé la suppression des mots *s'il y a lieu*, afin, disait-il, de préciser le cas où la peine pourrait être appliquée. Il ne doit jamais y avoir, ajoutait-il, dans une loi pénale, quelque chose d'arbitraire. Les mots *s'il y a lieu* sont tout-à-fait arbitraires.— Le rapporteur répondit. « Il est de la sagesse d'avoir une disposition non absolue, mais seulement facultative. Le texte porte *s'il y a lieu*, c'est-à-dire si l'examen des faits de la cause rend l'article applicable. » — Le sens des mots *s'il y a lieu* ne peut donc être douteux.—Duvergier, année 1833, p 209 et 210.

59.— On a vu que, lors de la discussion à la chambre des députés, quand certains membres se récrièrent sur la sévérité de la peine prononcée par l'art. 258 C. pén., on répondit que les tribunaux pourraient user de la faculté accordée par l art. 463 et modérer la peine. La commission, pour prévenir toute difficulté, proposa d'ajouter après la désignation de l'art. 258 les mots *modifié le cas échéant, par l'art. 463 du même code.*— Mais le président fit remarquer que par cela seul qu'on renvoyait à l'art. 258, la disposition de l'art. 463 devait recevoir son application : cette disposition étant générale et applicable à toutes les lois sans qu'il soit besoin de l'insérer dans aucune.— On répondit que les peines dont la modération était possible, aux termes de l'art. 463, étaient celles prononcées par le code pénal.— Le rapporteur dit qu'il avait cru devoir rappeler l'art. 463, qui est plus rassurant que tous les raisonnemens qu'on pourrait faire, et quant à la réflexion de notre président, ajouta-t-il, je demande que s'il n'est pas fait mention de l'art. 463, il soit bien entendu que le tribunal aura toujours toute latitude pour l'appliquer.— De toutes parts on répondit: *oui, oui!* — Néanmoins Péan insista : « Depuis la publication du code pénal, dit-il, des lois spéciales ont été rendues, qui portaient la peine d'emprisonnement. La cour de cassation a jugé que l'art. 463 n'était pas applicable aux peines prononcées par des lois spéciales; n'oublions pas que c'est d'une loi spéciale que nous nous occupons en ce moment. Il ne peut donc y avoir aucun inconvénient, et il y a au contraire nécessité de dire que les tribunaux pourront user de la faculté accordée par l'art. 463 C. pén. » — Le président répliqua que l'article renvoie purement et simplement à l'art. 258, qu'il n'introduit pas une peine nouvelle, et que par conséquent la peine à appliquer se trouve sous l'empire de l'art. 463. — Le renvoi à ce dernier article a disparu, et, comme on voit, Dupin a fait triompher indirectement à la chambre des députés le système qu'il n'a pu faire admettre par la cour de cassation; lequel, dans beaucoup de cas, est d'une application presque impossible.

60.— Dans la rédaction primitive de l'art 151, la condamnation par les tribunaux n'emportait pas nécessairement l'exclusion du conseil et l'inéligibilité. Pour que ces deux conséquences fussent produites, il fallait que le roi eût prononcé la dissolution. Puis on avait eu la pensée de laisser aux tribunaux la faculté de prononcer ou de ne pas prononcer, selon les cas, l'exclusion et l'inéligibilité; maintenant le texte est formel, et sans même qu'il soit besoin d'une disposition dans le jugement de condamnation, l'exclusion et l'inéligilité sont de droit au cas de condamnation.— Duvergier, *ibid.*

61.— Quels seront les tribunaux chargés de statuer sur le délit prévu par cet article? — On proposa le renvoi aux cours d'assises, par le motif que le délit est politique, et qu'aux termes de l'art. 69 de la charte tous les délits politiques doivent être jugés par le jury. — Pataille fit remarquer que les délits politiques sont renvoyés devant les cours d'assises, mais que cette disposition générale n'existe pas dans ces termes, qu'elle s'applique à des lois spéciales. — La chambre a laissé la question de compétence dans les termes généraux du droit. — Duvergier, *ibid.*

Nous ne doutons pas que ce ne soient les cours d'assises qui doivent connaître de ce délit.

62.— « Il est interdit à tout conseil général de se mettre en correspondance avec un ou plusieurs conseils d'arrondissement ou de département.— En cas d'infraction à cette disposition, le conseil général est suspendu par le préfet, en attendant que le roi ait statué » (art. 16).

63. — « Il interdit à tout conseil général de faire ou de publier aucune proclamation ou adresse » (art. 17, § 1er).—Dans le projet, après le mot *adresse*, on lisait les mots : *aux citoyens;* mais on supprima cette restriction afin que toute proclamation ou adresse, même au roi, fût prohibée. Des adresses au roi, dit le rapporteur à la chambre des pairs, exprimant soit une adhésion à tel ou telle mesure du gouvernement, soit des sentimens relatifs à tel ou tel événement, occuperaient les conseils administratifs de ce qui n'est point dans leurs attributions. Ils pourraient ainsi devenir ou les auxiliaires d'un parti, ou les adulateurs dociles d'un système ministériel qu'ils ne sont appelés à contester ou à appuyer qu'en ce qui touche les intérêts locaux; leurs délibérations consignées au procès-verbal suffisent pour témoigner de leur opinion sur les points où la législation et l'administration générale portent avantage ou préjudice à l'administration des affaires du département. » — Duvergier, p. 210.

64. — « En cas d'infraction à cette disposition, le préfet déclare par arrêté que la session du conseil général est suspendue : il est statué définitivement par ordonnance royale » (art. 17, § 2).

« Dans les cas prévus par les deux articles précédens, le préfet transmet son arrêté au procureur-général du ressort, pour l'exécution des lois et l'application, *s'il y a lieu*, des peines déterminées par l'art. 123 C. pén. » (art. 18).

65. — On a déjà expliqué le sens des mots *s'il y a lieu.* qui se retrouvent dans l'art. 18; ils y sont superflus : autrement on devrait les répéter dans chaque article des lois pénales.— Duvergier, p. 210.

66. — « Tout éditeur, imprimeur, journaliste ou autre, qui rend publics les actes interdits au conseil général par les art. 15, 16 et 17, est passible des peines portées par l'art. 123 C. pén. » (art. 19).

67. — La chambre des députés avait adopté une disposition additionnelle portant que : « hors le cas de dissolution, les membres du conseil général restent en fonctions jusqu'à l'installation de ceux qui doivent les remplacer. » La chambre des pairs crut devoir l'écarter. « Nous avons craint, disait son rap-

porteur, qu'un préfet, en retardant les élections, ne pût à son gré faire siéger encore au conseil général des membres qui n'en font plus partie. » — Ainsi, dès que les pouvoirs d'un conseiller ont cessé pour lui, il ne peut plus siéger sous prétexte que son remplaçant n'est pas installé. — Duvergier, p. 211.

ART. 3. — *De la formation des conseils d'arrondissement.*

§ 1er. — *Des conditions nécessaires pour être électeur d'arrondissement.*

68. — Les conditions nécessaires pour avoir le droit de concourir à l'élection des membres du conseil d'arrondissement sont les mêmes que celles exigées des citoyens appelés à nommer les conseillers de département : « les conseillers d'arrondissement sont élus dans chaque canton par l'assemblée électorale, composée conformément au 1er § de l'art. 3 » (art. 22, § 1er). Dès lors, pour ne pas nous répéter inutilement, nous renvoyons le lecteur à ce qui a été dit plus haut, aux nos 24 et suivans, où se trouvent expliquées les principales questions qui peuvent se présenter. — Nous renvoyons en outre le lecteur à l'article 5, §§ 1er et 2 qui traitent des listes, et où nous avons placé quelques observations sur le droit d'être porté sur ces listes.

§ 2.—*Des conditions nécessaires pour être éligible.*

69. — « Les membres des conseils d'arrondissement peuvent être choisis parmi tous les citoyens âgés de vingt-cinq ans accomplis, jouissant des droits civils et politiques, payant dans le département, depuis un an au moins, 150 fr. de contributions directes, dont le tiers dans l'arrondissement, et qui ont leur domicile réel ou politique dans le département. — Si le nombre des éligibles n'est pas sextuple du nombre des membres du conseil d'arrondissement, le complément est formé par les plus imposés » (L. 22 juin 1833, art. 23).

70. — Plusieurs des conditions exigées des éligibles aux conseils d'arrondissement sont les mêmes que celles exigées des citoyens qui prétendent se faire nommer membres des conseils généraux. Les uns et les autres doivent être âgés de vingt-cinq ans accomplis au jour de l'élection ; ils doivent jouir des droits civils et politiques. Ils doivent payer un certain cens dans le département depuis un an au moins.

71. — Ici les conditions exigées des candidats à l'un et l'autre conseil se séparent et deviennent plus ou moins favorables, plus ou moins gênantes suivant la nature des choses. — Aucune condition de domicile n'est exigée pour l'éligibilité au conseil général ; un domicile réel ou politique dans le département est nécessaire pour être nommé au conseil d'arrondissement. A mesure que les intérêts se rappetissent, on a voulu plus de garanties de dévouement et d'attachement aux localités. — Le même motif a fait ordonner que le tiers des contributions directes exigées des éligibles au conseil d'arrondissement fût payé dans cet arrondissement même. — Mais, comme nous l'avons annoncé, en même temps qu'on introduisait des conditions plus gênantes, on en accordait aussi de plus favorables aux éligibles pour les conseils d'arrondissement. Ainsi, au lieu de 200 fr. de contributions directes exigées des éligibles aux conseils généraux, on n'exige d'eux que 150 fr.

72.—On ne s'arrêtera pas à examiner les diverses questions qui peuvent naître du texte de l'art. 23 ; elles se trouvent déjà discutées sous le paragraphe correspondant de l'article qui précède, où le lecteur pourra les chercher.

73. — On se borne à remarquer ici que l'expression *domicile politique*, que l'on trouve dans l'art. 23, doit s'entendre non seulement du *domicile politique* proprement dit, établi en vertu de l'art. 10 de la loi du 19 avril 1831, pour l'exercice des droits politiques, mais encore du domicile qui peut être élu par tout citoyen, en vertu de l'art. 33 de la loi du 22 juin, pour être inscrit comme *électeur départemental*, afin de porter à cinquante le nombre des électeurs d'un canton. Il n'y a aucune raison de priver du droit d'éligibilité les citoyens qui jouissent dans ce domicile du droit électoral (Instr. min. 15 sept. 1833).— D.P. 33. 3. 108.

74. — « Les incompatibilités prononcées par l'art. 5 (relatif aux conseils généraux) sont applicables aux conseillers d'arrondissement » (art. 23, *in fine*). — V. n. 37 et suiv., ce qui a été dit sur ces incompatibilités.

75.— Les receveurs des hospices ne peuvent être élus membres des conseils d'arrondissement (L. 22 juin 1833, art. 5, n. 2). — 7 janv. 1834. Bordeaux. Roux. D.P. 34. 2. 146.

76. — Et il a été jugé que l'exclusion prononcée par l'art. 5, § 2, étant générale et absolue, a évidemment compris un *inspecteur des contributions....*, encore bien qu'il exercerait ses fonctions dans un autre département que celui où il a été élu.— 5 janv. 1834. Trib de Bourges. Fleury. D.P. 34. 3. 64.

77.— La question de savoir si les fonctions d'inspecteur des contributions rendent un individu inapte à être élu conseiller d'arrondissement, est de la compétence des tribunaux, comme incapacité légale (L. du 22 juin 1833, art. 52).— Même jugement.

78. — « Nul ne peut être membre de plusieurs conseils d'arrondissement, ni d'un conseil d'arrondissement et d'un conseil général » (art. 24).

§ 3. — *Du nombre des conseillers et de la durée de leurs fonctions.*

79. — « Il y a dans chaque arrondissement de sous-préfecture un conseil d'arrondissement, composé d'autant de membres que l'arrondissement a de cantons, sans que le nombre des conseillers puisse être au-dessous de neuf » (art. 20).

80.— « Si le nombre des cantons d'un arrondissement est inférieur à neuf, une ordonnance royale répartit entre les cantons les plus peuplés le nombre de conseillers d'arrondissement à élire pour complément » (art. 21).

81.—Voy. l'ordonnance du roi qui fixe dans les arrondissemens de sous-préfecture où il y a moins de neuf cantons, le nombre des conseillers d'arrondissement que chaque canton doit élire (20 août, 12 sept. 1833).—D.P. 33. 3. 94.

82.— Le nombre moyen des cantons de chaque sous-préfecture est de huit. — Trois cent sept arrondissemens comptent dix cantons et au-dessous. Les arrondissemens qui ont plus de douze cantons sont au nombre de vingt seulement.—Enfin trente-trois arrondissemens ont de dix à douze cantons.— Duverg., année 1833, p. 211.

83.— « Les membres des conseils d'arrondissement sont élus pour *six* ans. Ils sont renouvelés par moitié tous les *trois* ans. A la session qui suit la première élection, le conseil général divise en deux séries les cantons de chaque arrondissement. Il est procédé à un tirage au sort pour régler l'ordre de renouvellement entre les deux séries. Ce tirage se fait par le préfet en conseil de préfecture et en séance publique » (art. 25).

84.— « L'art. 9 de la présente loi est applicable aux conseils d'arrondissement » (art. 26). Nous renvoyons le lecteur au paragraphe correspondant du premier article (V. n. 44 et s.) pour le développement de ces divers articles, qui selon nous doivent s'interpréter par les diverses dispositions de loi qui se trouvent rapportées en cet endroit.

ART 4.— *De la session des conseils d'arrondissement.—Convocation, Serment.*

85 — « Les conseils d'arrondissement ne peuvent se réunir s'ils n'ont été convoqués par le préfet, en vertu d'une ordonnance qui détermine l'époque et la durée de la session.— Au jour indiqué pour la réunion du conseil d'arrondissement, le sous-préfet donne lecture de l'ordonnance du roi, reçoit le serment des conseillers nouvellement élus, et déclare au nom du roi que la session est ouverte.— Les membres nouvellement élus, qui n'ont point assisté à l'ouverture de la session, ne prennent séance qu'après avoir prêté serment entre les mains du président du conseil d'arrondissement. — Le conseil, formé sous la présidence du doyen d'âge, le plus jeune faisant les fonctions de secrétaire, nomme, au scrutin et à la majorité absolue des voix, son président et son secrétaire. — Le sous-préfet a entrée dans le conseil d'arrondissement ; il est entendu quand il le demande et assiste aux délibérations » (L. 22 juin 1833, art. 27).

86.—Remarquez que ce texte offre peu de différences avec celui de l'art. 12 (V. n. 49).—En effet, les conseils d'arrondissement, tout comme les conseils généraux, sont convoqués par le préfet en vertu d'une ordonnance royale qui dans tous les cas détermine la durée de la session.—Si le préfet ouvre la session du conseil général, le sous-préfet ouvre celle du conseil d'arrondissement. C'était une modification commandée par la nature des choses, le préfet ne pouvant se déplacer sans inconvénient, et se multiplier pour ouvrir la session de tous les conseils d'arrondissement de son département. — La seule différence réelle qui se rencontre dans notre article est la suppression de la disposition qui interdit aux préfets d'assister aux délibérations lorsqu'il s'agit de l'apurement de ses comptes (art. 12).

Ce qu'on a dit du serment, plus haut, n. 51 et suiv., s'applique ici.

87.— Il en est de même pour ce qui est relatif aux art. 13, 14, 15, 16. 17, 18 et 19, c'est-à-dire à la publicité des séances, au mode de scrutin, aux peines encourues par les membres qui ont pris des délibérations hors des attributions du conseil ou hors de sa réunion légale ; enfin pour ce qui est relatif à l'interdiction de correspondre avec d'autres conseils, de publier des proclamations ou adresses, et aux peines encourues par les infracteurs ; enfin pour ce qui est relatif aux peines encourues par les éditeurs, imprimeurs, journalistes, ou autres qui auraient rendu publics les actes interdits au conseil d'arrondissement.

ART. 5.—*Des listes.*

§ 1er.—*Des listes des électeurs.—Listes supplémentaires. Conditions d'inscription, Cens, Domicile*, etc.

88.—La liste des électeurs qui ont le droit de concourir à l'élection des conseillers de département ou d'arrondissement doit comprendre les citoyens appelés à nommer les membres de la chambre des députés et les citoyens portés sur la liste du jury (L. 22 juin 1833, art. 3).

89.—Mais indépendamment de cette liste, il en est une seconde qui doit être faite concurremment avec elle, et qui pour ce motif est dite *supplémentaire.*

90.—La liste supplémentaire doit comprendre, 1° les membres des colléges électoraux qui, ayant leur domicile politique séparé de leur domicile réel, veulent coopérer à l'élection des conseillers de département et d'arrondissement, dans le canton du domicile réel (art. 29); 2° les citoyens qui auraient été inscrits sur la liste départementale du jury, s'ils n'avaient été atteints par l'un des motifs d'incompatibilité mentionnés dans l'art. 383 C. inst. cr. (art. 30). — 28 juin 1833. Instr. min. D.P. 33. 3. 104.

91.—L'individu qui, en raison de ce qu'au 21 octobre, il n'aurait pas 30 ans accomplis, n'a pu être inscrit sur la liste de jury, ne peut, en vertu de la disposition qui donne aux membres du jury le droit de participer aux élections cantonales, jouir de ce droit, encore bien qu'au moment de ces élections, il ait atteint trente ans accomplis : ici il s'agit d'une question de capacité et non d'une question d'incompatibilité, et partant l'art. 30 de la loi du 22 juin 1833 est inapplicable. — 27 nov. 1833. Bastia. Guelfucci. —2 déc. 1833. Bastia. Lazzarotti. D.P. 34. 2 69.

92.—« Si un électeur qui, aux termes de l'art. 10 de la loi du 19 avril 1831, a choisi son domicile politique hors de son domicile réel, veut néanmoins coopérer à l'élection des conseillers de département ou d'arrondissement, dans le canton de son domicile réel, il est tenu d'en faire trois mois d'avance une déclaration expresse aux greffes des justices de paix du canton de son domicile politique et de son domicile réel » (art. 29).

93.—Les termes de cet article indiquent clairement que le droit électoral ne peut être exercé qu'au domicile politique dont il est question dans la loi du 19 avril 1831, ou au domicile réel. Ainsi, un électeur ne pourrait concourir à la nomination des membres des conseils généraux ou des conseils d'arrondissement, dans un canton où il paierait des contributions, mais où il n'aurait ni son domicile politique ni son domicile réel. Cette observation pourrait paraître inutile ou du moins surabondante, si, dans la discussion à la chambre des députés, on n'avait point paru un moment s'arrêter à l'idée que le droit d'élection dont il s'agit dans cette loi pourrait s'exercer dans un troisième domicile, qu'on aurait appelé ou domicile *élu*, ou domicile *municipal*, et qui eût pu être différent du domicile *politique* proprement dit et du domicile réel. Lascazes en avait même fait la proposition formelle, mais elle fut rejetée.—Duvergier, année 1833, p. 212.

94.—« Les citoyens qui n'ont pas été portés sur la liste départementale du jury, à cause de l'incompatibilité résultant de l'art. 383 C. instr. cr., doivent, d'office, ou sur leur réclamation, être inscrits comme ayant droit de coopérer à l'élection des conseillers de département ou d'arrondissement, dans le canton de leur domicile réel » (art. 30).

95.—La liste supplémentaire (art. 31) doit être dressée par canton, dans les mêmes formes, les mêmes délais, et de la même manière que la liste prescrite par la loi du 19 avril 1831. Elle devra donc, comme celle-ci, être publiée le 15 août de chaque année, soumise, du 15 août au 30 septembre, aux réclamations qui s'élèveraient contre sa teneur; close et arrêtée le 16 octobre.—28 juin 1833. Instr. min. D.P. 33. 3. 104.

96.—Dans les cantons où les membres des colleges électoraux législatifs, les jurés et les citoyens portes sur la liste supplémentaire ne forment pas un total de cinquante électeurs, il y a lieu à former une troisième liste dite *complémentaire*, composée des citoyens les plus imposés *dans le canton*, et qui ont dans ce canton leur domicile reel, ou y ont établi un domicile spécial (art. 3, 32 et 33).—*Ibid.*

97.—« S'il y a moins de cinquante citoyens inscrits sur lesdites listes, le préfet doit dresser une troisième liste, comprenant les citoyens ayant domicile réel dans le canton, qui doivent compléter le nombre de cinquante, conformement à l'art 3 de la présente loi. Cette liste doit être affichée dans toutes les communes du canton. Toutes les fois que le nombre de citoyens portés sur la liste électorale d'un canton et sur la liste supplémentaire mentionnee à l'art. 31 ne s'éleve pas au delà de cinquante, le préfet doit faire publier dans les communes du canton une liste dressée dans la même forme et contenant les noms des dix citoyens susceptibles d'être appeles à compléter le nombre de cinquante par suite des changemens qui surviendraient ultérieurement dans les listes électorales ou du jury » (art. 32).

98.—La liste complémentaire définie au paragraphe premier de l'art. 32 de la loi du 22 juin, est subordonnée au résultat des listes électorales et du jury, et de la liste supplémentaire, puisqu'elle a pour objet de porter à cinquante le nombre des electeurs de chaque canton. Il s'ensuit qu'elle doit être dressée, rectifiée et arrêtée en meme temps que les premières; sa publication et sa révision doivent donc avoir lieu dans les mêmes delais.

Quant aux formes de cette publication et de cette révision, l'art. 32 ne contient d'autres dispositions à cet egard, sinon qu'elle doit être affichée dans toutes les communes du canton; mais cette seule derogation aux règles prescrites par l'art 19 de la loi du 19 avril 1831, ne dispense pas de l'application des autres articles du titre 3 de ladite loi. L'ensemble du titre 3 de la loi du 22 juin établit suffisamment en effet que ces dispositions sont applicables a la liste complémentaire comme à la liste supplementaire, et l'intention du legislateur ne laisse aucun doute à cet égard, d'apres le rapport fait à la chambre des pairs, le 4 avril dernier (*Moniteur*, 8 avril, p. 958 et 959).—28 juin 1833. Instr. min. D.P. 33. 3. 104.

99.—Ainsi, la liste complémentaire dans les cantons où il sera nécessaire d'en former, devra être dressée de la même manière et dans les mêmes délais que les listes électorales et du jury, et que la liste supplémentaire mentionnée à l'art. 31. Seulement, au lieu d'être affichée dans les chefs-lieux de canton et dans les communes de plus de 600 âmes de l'arrondissement électoral elle le sera dans toutes les communes du canton.—*Ibid.*

100.—Il en sera de même de la liste de suppléans mentionnée au second paragraphe de l'art. 32, et qui devra être formée dans les cantons où le nombre total des electeurs qui nomment les conseillers de département et les conseillers d'arrondissement, ne s'élevera pas au-dessus de cinquante.—Cette liste de suppléans est destinée a compléter le nombre de cinquante, lorsque des changemens survenus dans le personnel des electeurs l'auront réduite au-dessous de ce nombre (V. les art. 20, 30, 32 et 35 de la loi du 19 avril 1831).—*Ibid.*

101.—Quels sont les droits qui déterminent l'inscription sur ces listes?

La liste supplémentaire contient deux classes de personnes: les électeurs qui optent pour leur domicile réel (art 29), et les citoyens qui auraient été inscrits comme jurés sans les motifs d'incompatibilité qui les empêchent de siéger en cette qualité (art. 30).—Les premiers ont seulement à justifier de leur inscription sur la liste des électeurs, et à faire, trois mois d'avance, une déclaration expresse de leur option aux greffes des justices de paix de leurs deux domiciles. Ce délai expire chaque année le 21 juillet, puisqu'il doit précéder de trois mois l'époque de la publication des arrêtés de clôture des listes, fixée au 21 octobre (Voy. le dernier paragraphe de l'art. 19 de la loi du 19 avril 1831).—*Ibid.*

102.—Les citoyens auxquels s'applique l'art. 30 de la loi du 22 juin seront en fort petit nombre. Ce sont ceux qui, n'étant pas electeurs, auraient eu droit d'être inscrits sur la seconde ou la troisième partie de la liste générale du jury (loi du 2 mai 1827, art. 2), et qui n'y ont pas été portés à raison des motifs d'incompatibilité exprimés dans l'art. 383 du C. d'instr. cr.—L'article 30 de la loi du 22 juin s'est servi de l'expression générale liste départementale du jury; par conséquent, il comprend la troisième partie de cette liste, dans les départemens où il est nécessaire de lui donner ce complément.—Ces départemens sont au nombre de cinq, savoir : Basses-Alpes, Hautes Alpes, Corse, Lozere, Hautes-Pyrénées. — La troisième partie de la liste départementale du jury, qui doit y être formée en vertu du dernier paragraphe de l'art. 2 de la loi du 2 mai 1827, afin de porter à huit cents le nombre total des jurés, se compose des citoyens âgés de trente ans au moins, les plus imposés après ceux qui figurent déjà sur les deux premières parties.—Ceux de ces citoyens qui, à raison du taux de leurs contributions, auraient été inscrits sur la troisième partie de la liste du jury, s'ils n'en avaient été exclus pour cause d'incompatibilité, doivent, suivant l'art. 30 de la loi du 22 juin, être portés sur la liste supplémentaire de leur canton.—*Ibid.*

103. — Indépendamment des motifs d'incompatibilité mentionnés dans cet article, il est d'autres causes qui peuvent exclure des fonctions de juré; par exemple, le défaut d'âge. Ces causes d'exclusion doivent agir également pour la confection de la liste supplémentaire; il n'y a donc pas lieu d'y porter les citoyens compris dans les catégories désignées par l'art. 2 de la loi du 2 mai 1827, ou se trouvant au nombre des plus imposés après les électeurs, et qui, ayant moins de trente ans, n'auraient pas, par ce motif, été inscrits sur la seconde ou la troisième partie de la liste générale du jury.—*Ibid.*

104.— La liste complémentaire mentionnée à l'art. 32 de la loi du 22 juin ne doit être dressée que lorsque la liste des électeurs et des jurés, et la liste supplémentaire réunies, ne comprennent pas un nombre total de cinquante citoyens pour le canton. Sa destination et sa formation sont analogues à celles de la liste complémentaire d'un collége électoral de cent cinqante membres (L. 19 avril 1831, art. 2). — *Ibid.*

105. — Il est utile de remarquer qu'il ne faut pas compter dans le nombre effectif des membres du collége électoral inscrits pour le canton, ceux qui auraient fait la déclaration autorisée par les art. 29 et 33 de la loi du 22 juin, à l'effet de coopérer dans un autre canton à l'élection des conseillers de département et d'arrondissement. De même, on ne doit pas compter dans le nombre effectif des jurés appartenant au canton ceux qui ont été inscrits comme tels, parce qu'ils sont électeurs dans un autre département (L. du 2 mai 1827, art. 2). On doit avoir égard à ces déductions, en dressant la liste complémentaire.— *Ibid.*

106.— « Tout citoyen payant dans un canton une somme de contributions qui le placerait sur la susdite liste des plus imposés, peut s'y faire inscrire, bien qu'il n'y ait pas son domicile réel, en faisant la déclaration prescrite par l'art. 29 » (art. 33).

107.— Cette faculté s'applique-t-elle aux individus qui ont droit d'être inscrits sur les listes mentionnées aux art. 3 et 31, c'est-à-dire qui seraient déjà électeurs ou jurés, ou empêchés d'être jurés par cause d'incompatibilité? Doit-elle au contraire être restreinte aux seuls citoyens qui ne seraient pas appelés à d'autres titre à élires les conseillers de departement et ceux d'arrondissement? La première opinion se fonde sur la généralité de l'expression *tout citoyen* employée dans l'art. 33, laquelle n'admet aucune exception. On en tire la conséquence qu'un citoyen qui serait déjà appelé, par l'art. 3 ou par l'art. 30, à coopérer aux élections dont s'occupe la loi du 22 juin, peut renoncer aux droits que lui donne à cet égard sa qualité d'électeur ou de juré, afin de les exercer dans tel canton où il peut figurer sur la liste complémentaire. Sans cette faculté, les individus dont il s'agit (sauf l'exception réglée par l'art. 29) seraient dans une position moins favorable, quant au domicile, que ceux qui, sans être électeurs ou jurés, paieraient dans plus d'un canton des contributions suffisantes, pour qu'ils puissent être portés sur la liste complémentaire.

Mais on peut objecter que l'art. 3 ne doit pas être considéré isolément, et qu'il faut le rapprocher des autres dispositions de la loi du 22 juin; que cette loi a réglé, quant au domicile, la position des électeurs par les art. 3 et 29 ; celle des jurés, par l'art. 3; celle des citoyens assimilés aux jurés, par l'art. 30; et que les art. 32 et 33 n'ont entendu parler que des citoyens qui ne seraient pas déjà, *à d'autres titres*, électeurs de département et d'arrondissement.

Il semble que la première interprétation doit être préférée comme étant plus conforme au texte de la loi du 22 juin, ainsi qu'aux règles qui avaient été établies dans les divers projets de loi discutés depuis trois ans sur les élections de département et d'arrondissement. — *Ib.*

108. — La formalité d'une double déclaration, prescrite dans les art. 29 et 33, prévient l'inconvénient du vote d'un même individu dans deux cantons différens. Toutefois, à l'égard de l'electeur ayant un domicile politique séparé du domicile reel, et qui voudrait, au lieu d'user de la faculté que lui donne l'art. 29, profiter de celle qui résulte de l'art. 33 (en donnant à cet article l'interprétation la plus etendue), il faudrait que la double déclaration se fît, 1° dans le canton de son domicile politique (puisque c'est là qu'en droit commun il devrait coopérer à la nomination des conseillers de département et d'arrondissement); 2° dans le canton où il désire être inscrit sur la liste complémentaire. Une déclaration dans le canton de son domicile réel serait inutile, puisque, par la séparation de son domicile politique, il n'est plus susceptible d'être inscrit comme electeur dans ce domicile réel. — *Ibid.*

109.— La liste complémentaire doit être rédigée dans la forme indiquée par l'art. 19 de la loi du 19 avril; mais elle est beaucoup plus simple que les listes électorales, puisqu'il n'y doit figurer que des contributions payées dans le canton.— La même forme est donnée à la liste de *suppléans;* elle doit être placée à la suite de la liste complémentaire.— *Ibid.*

110.— Les formalités relatives à la réception et au jugement des réclamations formées, du 15 août au 30 septembre, contre la teneur des listes mentionnées aux art. 31 et 32 de la loi du 22 juin, sont réglées par le titre 3 de la loi du 19 avril 1831.— V. n. 187 et suiv.

111.— Il semble seulement que, pour suivre l'esprit de l'art. 69 de cette dernière loi, le droit d'intervention, en ce qui concerne la révision des listes complémentaires mentionnées à l'art. 32 de la loi du 22 juin, doit être restreint aux seuls individus inscrits sur la liste du canton.— *Ibid.*

112.— L'article 69 de la loi du 19 avril 1831 est ainsi conçu : « Il sera formé, pour chaque arrondissement électoral, une liste des jurés non électeurs qui ont leur domicile réel dans cet arrondissement. Le droit d'intervention des tiers, relativement à cette liste, appartient à tous les électeurs et à tous les jurés de l'arrondissement. »

113.— Pour pouvoir attaquer l'inscription d'un individu sur une liste cantonale, il faut être inscrit soi-même sur cette liste; il ne suffirait pas de l'être sur celle d'un autre canton, alors même que les deux cantons seraient appelés à élire concurremment un membre du conseil général (L. 22 juin 1833, art. 25, 69).— 14 nov. 1833 Bastia. Tomasi.—23 nov. 1833. Bastia. Laurelli. D.P. 34. 2. 69.

114 — Toute demande formée par des tiers contre un électeur inscrit, ne pouvant être reçue qu'autant qu'elle lui a été signifiée, le prefet a pu la rejeter, à défaut de preuve, sans attendre l'expiration des dix jours (L. 29 avril 1832, art. 26).— 21 nov. 1833. Bastia. Biadelli. D.P. 34. 2. 69.

115.— Le recours contre un arrêté qui a rejeté la demande formée par des tiers contre un electeur inscrit, sur le motif qu'il ne justifiait pas d'avoir fait à l'électeur la notification prescrite par la loi, étant mal fondé, celui formé par le même acte, contre un précédent arrêté qui ordonnait l'inscription, est nul s'il n'a été fait dans les dix jours de la clôture et publication des listes (L. 19 avril 1832, art. 33). — Même arrêt.

116 — De ce que la loi du 22 juin 1833, sur les élections départementales, a modifié les formes ordinaires de la procédure, on ne peut pas prétendre qu'elle a, par son art. 53, qui déclare que le recours au conseil d'état sera exercé par la voie contentieuse, dérogé au réglement du 22 juill. 1806, qui en détermine le délai.— On ne peut pas soutenir, par exemple, que le recours contre un arrêté du conseil de prefecture doive être exercé dans les dix jours.— 2 mai 1834. Ord. cons. d'état. Theulier. D.P. 34. 3. 62.

117.— Le recours contre un arrêté du préfet n'est point nul par cela seul que l'exploit n'aurait été signifié, à la partie intéressée, qu'après six heures du soir (C. pr. 1030, 1037).— 18 nov. 1833. Bastia. Sutini. D.P. 34. 2. 69.

118.— Les préfets doivent, en prenant, le 16 octobre de chaque année, des arrêtés pour la clôture des listes électorales et du jury, en prendre aussi pour clore, en ce qui concerne chaque canton, les listes des électeurs ayant droit d'élire les conseillers de département et les conseillers d'arrondissement. — 28 juin 1833. Instr. min. D.P. 33. 3. 104.

119.— L'arrêté de clôture de la liste est censé pu-

blié le jour fixé par un précédent arrêté. — 23 nov. 1833. Bastia. Rossi. D.P. 34. 2. 68.

§ 2.— *Des listes des éligibles.*

120.— Lorsque, dans un arrondissement de sous-préfecture, le nombre des éligibles atteint le minimum exigé par les art. 4 et 25 de la loi, il est inutile d'en dresser la liste, puisque l'éligibilité consiste dans des *conditions absolues* qui peuvent être constatées indépendamment de toute inscription sur un tableau spécial. Telle est la situation de presque tous les arrondissemens du royaume (Instr. min. 15 sept. 1833).— D.P. 33. 3. 108.

121.— Les effets d'un partage remontent au jour où l'indivision a commencé; les certificats des maires constatant la possession annale et le paiement des contributions depuis une année au moins, font preuve suffisante de cette possession et de ce paiement; la possession annale et le paiement des contributions depuis une année peuvent être prouvés par un acte de notoriété; la contribution des portes et fenêtres d'une maison non louée doit être comptée au propriétaire, encore bien qu'un autre que le propriétaire y loge par charité; la délégation des contributions est autorisée pour la formation du cens d'éligibilité en matière d'élection aux conseils de département et d'arrondissement.— 9 avril 1834. Trib. de Saint-Quentin. D.P. 34. 3. 88.

122. — Les cinq centimes pour frais d'avertissement doivent être compris dans le cens d'éligibilité : il en est de même des sommes payées pour le traitement du garde-champêtre et de l'instituteur communal.— Même jugement.

123. — En matière d'élection au conseil d'arrondissement, les contributions qui sont entrées dans la formation du cens électoral de l'élu, et en vertu desquelles il a été inscrit sur la liste du jury, ne peuvent plus lui être contestées; au moins ce serait au réclamant à prouver que l'élu n'a pas droit à ces contributions. — Même jugement.

124 — Le nombre des membres du conseil général a élire dans les arrondissemens de sous-préfecture, est de trois au moins, et de seize au plus : celui des membres du conseil d'arrondissement varie depuis neuf jusqu'à vingt. Ainsi, les limites du nombre d'éligibles exigé par les art. 4 et 23, sont dix-huit et quatre-vingt-seize pour les conseils généraux, cinquante-quatre et cent vingt pour les conseils d'arrondissement. On voit par ces chiffres que presque partout il y aura un nombre suffisant de citoyens payant 200 fr. ou 150 fr. d'impôt direct. L'exception ne se présentera vraisemblablement que dans une dixaine d'arrondissemens. — 15 sept. 1833. Inst. min. D.P. 33. 3. 108.

125.— Mais lorsqu'il y a lieu d'admettre, comme *éligibles complémentaires*, des plus imposés au-dessous de 200 francs ou de 150 francs, la qualité d'*éligible* résulte, à l'égard de ces plus imposés, d'une *condition relative*, et ne peut être manifestée que par l'inscription sur une liste arrêtée par le préfet, et soumise à des garanties de contrôle et de vérification. — *Ibid.*

126.—...A moins que le préfet n'ait la certitude que, dans chacun des arrondissemens de sous-préfecture de son département, le nombre des éligibles, tant au conseil général qu'au conseil d'arrondissement, atteint le minimum exigé par l'art. 4 ou par l'art. 23, il doit faire un travail préliminaire pour vérifier si ces conditions sont remplies. Quand elles ne le sont pas, il doit s'occuper de dresser une liste d'éligibles égale au sextuple du nombre de conseillers à élire dans l'arrondissement, soit au conseil général, soit au conseil d'arrondissement. — *Ibid.*

127. — Parmi tous les éligibles du département, quels sont ceux qui doivent être considérés comme *éligibles de l'arrondissement?* Faut-il entendre par-là ceux qui sont domiciliés ou résidant dans l'arrondissement, ou ceux qui y sont imposés pour 200 francs au moins de contributions directes, ou ceux qui simplement y paient une contribution directe quelconque?

128. — De ces trois interprétations, la seconde est celle qui paraît devoir être adoptée. En effet, la loi du 22 juin n'a établi aucune condition de résidence ou de domicile pour l'entrée au conseil général : la seule condition spéciale à laquelle elle se soit arrêtée, a été celle de *payer dans le département* 200 *francs d'impôt direct.* Suivant l'esprit de la loi du 22 juin, la qualité *d'éligible de l'arrondissement au conseil général* est donc indépendante *du domicile ou de la résidence.* Puisque cette loi attache la qualité d'éligible du département au paiement d'un cens déterminé, c'est ce même cens qui doit faire attribuer aux diverses parties du département les éligibles qui leur appartiennent d'une manière plus spéciale. Il ne suffirait pas qu'un contribuable payât par exemple 5 francs d'impôt dans l'arrondissement et 196 francs dans tout le reste du département, pour être considéré comme éligible de l'arrondissement. Avec cette manière d'entendre l'art. 4, il pourrait arriver qu'un arrondissement pauvre n'eût pour éligibles que des citoyens qui paieraient la plus grande portion de leurs impôts dans d'autres parties du département. Ainsi, parmi tous les éligibles de département payant au moins 200 fr. d'impôt, chaque arrondissement doit en renfermer, payant 200 fr. au moins dans son ressort, en nombre sextuple des conseillers qui le représentent au conseil général. Si cette limite n'est pas atteinte, il y a lieu d'adjoindre des plus imposés au-dessous de 200 fr. — *Ibid.*

129. — Si, en suivant l'échelle décroissante des contributions, on trouve un citoyen qui soit déjà *éligible du département*, parce qu'il paie par exemple 190 fr. dans l'arrondissement et 60 fr. dans le reste du département, faut-il le comprendre dans le nombre *complémentaire?* L'affirmative ne paraît pas douteuse. De même que l'on compte comme éligible d'un arrondissement un citoyen qui est imposé pour 205 fr., et qui paie des contributions dans d'autres parties du département, de même on doit compter comme éligible complémentaire celui dont le cens d'arrondissement est assez rapproché de 200 francs pour l'assimiler aux éligibles d'arrondissement, tels qu'ils ont été définis ci-dessus. — *Ibid.*

130. — De plus, un même citoyen peut être éligible dans plusieurs arrondissemens de sous-préfecture du même département, s'il paie dans ces diverses parties du territoire 200 fr. et plus, ou une cote d'impôt assez rapprochée de 200 fr. pour le placer au nombre des éligibles complémentaires. — *Ibid.*

131. — Au reste, les listes d'éligibles d'arrondissement au conseil général ont seulement pour objet d'étendre l'éligibilité en la faisant descendre au-dessous de 200 fr., mais non pas d'obliger les assemblées électorales à restreindre leur choix dans les listes d'arrondissement. Ainsi une assemblée peut, dans tous les cas, et même lorsqu'il a fallu adjoindre aux éligibles des citoyens payant dans l'arrondissement moins de 200 fr., élire pour le conseil général un citoyen qui paie hors de l'arrondissement tout ou partie du cens de 200 fr. — *Ibid.*

132. — Les éligibles sont les citoyens *domiciliés* dans le département (c'est-à-dire ayant dans le département le domicile déterminé par le code civil, ou le domicile qui résulte, soit de l'art. 10 de la loi du 19 avril 1831, soit de l'art. 33 de la loi du 22 juin 1833), payant *dans l'arrondissement* au moins 50 fr. de contributions directes, et en outre 100 fr. au moins, soit *dans cet arrondissement*, soit *dans tout le reste du département*, et les payant depuis une année.

Leur nombre ne doit pas être au-dessous du sextuple des membres du conseil d'arrondissement. Quand cette limite n'est pas atteinte, il faut recourir à l'adjonction des *plus imposés.* — 15 sept 1833, Cir. min.—D.P. 33. 3. 108.

133. — Les *plus imposés* doivent-ils l'être par rapport à l'arrondissement seulement, ou par rapport à la fois *au département et à l'arrondissement?* En d'autres termes, faut-il, à la suite des éligibles tels que les définit la 1re partie de l'art. 23, inscrire les citoyens qui paient dans l'arrondissement le cens le plus rapproché de 150 fr., soit qu'ils paient ou non d'autres contributions dans le reste du département? Faut-il au contraire inscrire ceux qui atteignent le chiffre le plus élevé par la réunion des contributions qu'ils paient, 1° dans l'arrondissement, au-dessous et à partir de 50 fr.; 2° dans tout le reste du département? Ainsi, s'il n'y avait à inscrire qu'un éligible complémentaire, devrait-on prendre le citoyen qui ne paierait que 145 fr. de contributions directes, et les paierait dans l'arrondissement, de préférence à celui qui paierait 48 fr. dans l'arrondissement et 120 fr. au-dehors, en tout 168 fr.; ou 48 fr. dans l'arrondissement et 100 fr. au-dehors, en tout 148 fr.

134. — Cette question peut donner lieu à quelque doute. Toutefois, en considérant qu'il s'agit ici de représenter spécialement l'arrondissement de sous-préfecture; que déjà, pour la formation de la liste des éligibles d'arrondissement au conseil général, on a entendu qu'il fallait prendre les contribuables payant *dans l'arrondissement* 200 fr. au moins ou le cens le plus rapproché de 200 fr., et enfin que la combinaison des contributions payées dans l'arrondissement et au-dehors présenterait des difficultés d'exécution, le premier mode paraît devoir être adopté comme plus praticable, plus rationnel et plus conforme à l'esprit de la loi. Ainsi, les éligibles complémentaires qu'il faudrait inscrire pour atteindre le sextuple exigé par l'art. 25, seraient les citoyens âgés de vingt-cinq ans, domiciliés dans le département, et qui paieraient dans l'arrondissement le cens le plus rapproché de 150 fr. (Même instr. 15 sept. 1833). — D.P. 33. 3. 108.

135. — Ainsi qu'on l'a déjà remarqué ci dessus pour le conseil général, un même citoyen peut être éligible au conseil d'arrondissement dans deux ou plusieurs arrondissemens de sous-préfecture du même département, s'il paie dans chacun d'eux une cote suffisante de contributions directes. — *Ibid.*

136. — Par application de l'art. 20 de la loi du 19 avril 1831 et de l'art. 32 de la loi du 22 juin 1833, il convient de faire suivre chaque liste d'éligibles d'une liste de suppléans plus ou moins nombreuse (par exemple, cinq au moins, dix au plus) pour maintenir le nombre des éligibles dans la proportion légale du sextuple, en cas de réduction par décès ou autrement.— *Ibid.*

137. — Les conditions de temps exigées par les art. 4 et 23 peuvent donner lieu à quelques difficultés, quand l'époque de l'élection n'est pas déterminée au moment où l'on dresse les listes d'éligibles. Il faut alors prendre un terme approximatif correspondant à l'époque présumée de l'élection. De plus, il serait bon de joindre à la liste des suppléans un état comprenant, 1° les citoyens qui accompliraient les conditions de temps dans les jours qui suivront le terme approximatif déterminé d'avance, et qui, par conséquent, deviendraient éligibles, si l'élection était retardée; 2° les éligibles inscrits qui cesseraient de l'être par défaut d'accomplissement des conditions de temps, si les élections avaient lieu avant le terme approximatif (Instr. min. 15 sept. 1833). — D.P. 33. 3. 108.

138.—*Publication des listes d'éligibles.*—Il en est de ces listes comme de celles qui doivent être dressées pour l'élection des députés dans les départemens où il n'y a pas cinquante citoyens ayant domicile politique et payant 500 fr. de contributions directes (art. 33 de la charte). Bien que la loi du 19 avril 1831, ni celle du 22 juin 1833 ne renferment aucune disposition expresse sur la formation et la publication de ces listes, il convient de suivre les règles prescrites pour les listes électorales, ou du moins de s'en rapprocher autant que possible. — *Ibid.*

139.— La liste des éligibles doit être publiée un mois avant l'époque de l'élection. Le préfet en la publiant, consultera l'époque à laquelle il a l'intention de convoquer les électeurs. — *Ibid.*

140.— Il doit joindre à la liste un avis indiquant que les réclamations contre sa teneur seront reçues pendant les vingt jours qui suivront la publication, et jugées en conseil de préfecture, de manière que tout soit terminé dans les dix jours suivans. Le tableau de rectification qu'il pourrait y avoir lieu de former par suite de ces réclamations, devra être arrêté assez à temps pour être affiché dans la salle des séances de l'assemblée électorale, et remis au président le jour où commencent les opérations. — *Ibid.*

141.— La publication des listes dont il s'agit doit se faire par voie d'affiche et de dépôt aux mairies, dans les chefs-lieux de canton de l'arrondissement et dans les communes de cet arrondissement ayant au moins six cents habitans. — *Ibid.*

142.— La liste des éligibles d'arrondissement au conseil général doit contenir d'abord tous les citoyens qui paient le cens de 200 fr. dans l'arrondissement, puis, à la suite de ceux-ci, les citoyens qui sont inscrits en vertu du deuxième paragraphe de l'article 4. Elle doit indiquer les noms, prénoms, âge, profession, domicile des éligibles, et enfin le total de leurs contributions directes dans l'arrondissement.—Il est inutile d'indiquer chaque nature des contributions; mais il serait bon de les détailler par arrondissement de perception. — *Ibid.*

143.— La liste des éligibles au conseil d'arrondissement contiendra d'abord tous les citoyens payant 150 fr. au moins dans le département, dont 50 fr. au moins dans l'arrondissement; puis, à la suite de ceux-ci, les citoyens qui sont inscrits comme payant moins de 150 fr., mais les payant dans l'arrondissement. Les indications seront les mêmes que pour la liste des éligibles au conseil général. — *Ibid.*

ART. 6.—*Des assemblées et de la tenue des assemblées électorales.*

§ 1er.—*De la convocation et de la répartition des*

électeurs, Composition du bureau, Présidence, Police, Vote, Scrutin, Ballotage, Procès-verbal.

144.— C'est aux préfets qu'il appartient de fixer par un arrêté le jour ou les jours de réunion des assemblées électorales. — Leur arrêté, qui doit être affiché, désigne la commune où doit se réunir chaque assemblée ; il est convenable qu'il indique aussi le lieu et l'heure de la réunion. — 15 sept. 1833. Instr. min. D.P. 33. 3. 108.

145.— « Les assemblées électorales sont convoquées par le préfet au chef-lieu de canton, et lorsque l'assemblée comprend plus d'un canton, au chef-lieu d'un des cantons réunis. — Toutefois, le préfet peut désigner, pour la tenue de l'assemblée, le chef-lieu d'une commune plus centrale ou de communication plus facile » (L. 22 juin 1833, art. 34).

146 —Cette dernière disposition est surtout applicable dans le cas où le département aurait plus de trente cantons, et où il y aurait lieu à former des réunions de cantons conformément au tableau annexe à la loi du 22 juin 1833 et en exécution de son art. 3, § 2, qui veut que le département soit alors divisé en trente circonscriptions.

147.— Il est facultatif aux préfets de désigner le lieu où doit se tenir l'assemblée des électeurs : l'art. 34 de la loi du 22 juin 1833, portant qu'il pourra désigner un *chef-lieu* de commune, n'est qu'indicatif, et il ne saurait résulter une nullité de ce qu'il aurait désigné une *section* de commune (L. du 22 juin 1833, art. 34).— 23 mai 1834. Ord. cons. d'état. Carrié. D P. 34. 3. 69.

148.— « Il ne doit y avoir qu'une seule assemblée lorsque le nombre des citoyens appelés à voter n'est pas supérieur à trois cents. Au-delà de ce nombre, le préfet prend un arrêté pour diviser l'assemblée en sections; aucune section ne doit comprendre moins de cent, ni plus de trois cents électeurs » (art. 35).

149.— La répartition des électeurs doit être faite de telle sorte que les électeurs d'une même commune ou d'un même quartier soient, autant que possible, réunis dans une même section (15 sept. 1833. Instr. min.).— D.P. 33 3. 108.

150.— « Si l'assemblée n'est pas fractionnée en sections, la présidence appartient au maire du chef-lieu de canton. — Dans le cas contraire, le maire préside la première section. Les adjoints, à défaut des adjoints, les membres du conseil municipal de cette commune, selon l'ordre du tableau, président les autres sections » (art. 36, § 1 et 2).

151. — Cet article n'admet pas d'exception pour le cas où l'assemblée est convoquée dans une commune autre qu'un chef-lieu de canton. Ainsi, dans ce cas, la présidence appartient au maire du chef-lieu du canton où est située cette commune, et s'il y a plusieurs sections, elles sont présidées par les maires, adjoints et conseillers municipaux du même chef lieu (15 sept. 1833. Instr. min.).— D.P. 33. 3. 108.

152. — Si l'assemblée renfermait plusieurs sections, ou s'il y avait plusieurs assemblées de canton convoquées à la fois dans la même ville, le maire réunirait, la veille de l'ouverture de la session, ses adjoints, et, s'il était besoin, les premiers conseillers municipaux; ces fonctionnaires se distribueraient les présidences suivant l'ordre indiqué par l'art. 42 de la loi du 19 avril 1831. — *Ibid.* — V. n. 49 et 83.

153.— Gaetan-de-la-Rochefoucault demandait que le maire et ses adjoints, suivant le cas, eussent seulement la présidence provisoire, et que chaque section eût à composer son bureau par voie d'élection. Mais cette proposition ne fut point accueillie (Duverg., année 1833, p. 213). Il était en effet à craindre de trop prolonger les sessions pour les cantons ruraux, et par là d'écarter des assemblées un grand nombre de citoyens qui s'y seraient rendus s'ils n'avaient pas craint d'être ravis à leurs travaux agricoles, pendant un trop grand nombre de jours.

154.— On doit afficher dans la salle de chaque assemblée ou de chaque section et déposer sur le bureau (art. 40) les listes comprenant les électeurs départementaux du canton ou de la circonscription électorale.— On peut se servir pour cette affiche et ce dépôt des exemplaires qui doivent rester déposés dans les mairies (L. 19 avril 1831, art. 19; circ. min. 10 juill. 1833).

155 — Il faut de plus, pour l'appel et l'inscription des votans (art. 44), dresser une liste manuscrite où soient inscrits les noms des électeurs dont se compose l'assemblée ou la section. Cette liste comprend, à la suite de leurs noms, des colonnes en blanc en nombre suffisant pour indiquer, par la si-

gnature d'un membre du bureau en regard du nom de chaque votant, la participation de celui-ci aux divers scrutins (*ibid.*).— 15 sept. 1833. Instr. min. D.P. 33. 3. 108.

156.—Enfin il faut dresser, pour chaque assemblée ou section d'assemblée, une liste des dix électeurs les plus âgés et une liste des dix électeurs les plus jeunes parmi ceux dont elle se compose. Ces listes, qui doivent servir à la formation du bureau (art. 39), indiquent les dates de naissance. Pour que ces listes, et surtout celles d'inscription des votans, soient dressées avec exactitude et aient un caractère authentique, il est convenable qu'elles soient préparées et expédiées dans les bureaux de la préfecture, et arrêtées par les préfets comme les feuilles d'inscription pour les colléges électoraux.—*Ibid.*

157.— Il est utile de remettre au président de chaque assemblée ou section, un extrait de la loi du 22 juin 1833, comprenant les art. 3, 4, 5, 6, 22, 23, 24, et tout le titre 6, et de joindre à cet extrait une instruction sur la tenue de ces assemblées. Avec cet extrait et cette instruction devront être déposés sur le bureau, 1° un exemplaire de l'arrêté de convocation de l'assemblée; 2° un exemplaire de la liste des électeurs qui la composent; 3° la feuille d'inscription des votans; 4° une liste des dix électeurs les plus âgés, et une liste des dix électeurs les plus jeunes appartenant à l'assemblée ou à la section; 5° la liste des éligibles dans les arrondissemens où il y a lieu d'en former une.— *Ibid.*

158.— « Le président a seul la police de l'assemblée ou de la section où il siége » (art. 37)... Ses droits relativement au placement de la force armée, et aux réquisitions à donner aux autorités civiles et aux commandans militaires (L. 19 avril, art. 45, § 1er), résultent implicitement de ce que la police de l'assemblée ou de la section lui appartient. — 15 sept. 1833. Instr. min. D.P. 33. 3. 108.

159.— « ... Les assemblées ne peuvent s'occuper d'aucun autre objet que des élections qui leur sont attribuées. Toutes discussions, toutes délibérations leur sont interdites » (art. 37, *in fine*). — V. n. 56 et suiv.

160. — « Le président appelle au bureau, pour remplir les fonctions de scrutateur, les deux plus âgés et les deux plus jeunes des électeurs présens à la séance, sachant lire et écrire. Le bureau ainsi constitué désigne le secrétaire » (art. 39).

161.— Ce secrétaire n'a pas voix délibérative dans les décisions du bureau. Ainsi l'a décidé, à l'égard des élections municipales, une ordonnance du roi rendue en conseil d'état, le 24 août 1832, et motivée sur ce que, d'après le texte du dernier paragraphe de l'art. 44 de la loi du 21 mars 1831, dont la rédaction est la même que celle de l'art. 32 de la loi du 22 juin 1833, bureau est constitué quand il nomme le secrétaire; et que, par conséquent, le secrétaire est adjoint au bureau, mais n'en fait pas partie intégrante.— 15 sept. 1833. Instr. min. D.P. 33. 3. 108.

162. — « Nul électeur ne peut se présenter armé dans l'assemblée » (art. 38).— « Nul ne peut être admis à voter s'il n'est inscrit, soit sur la liste des électeurs et du jury, soit sur la liste supplémentaire mentionnée à l'art. 31, soit enfin sur la liste des plus imposés, mentionnée à l'art. 32. — Les listes doivent être affichées dans la salle et déposées sur le bureau du président. — Toutefois, le bureau est tenu d'admettre à voter ceux qui se présentent munis d'un arrêt de cour royale, déclarant qu'ils font partie d'une des listes susdites, et ceux qui sont en instance, soit devant le tribunal, soit devant le conseil de préfecture, au sujet d'une décision qui aurait ordonné que leurs noms seraient rayés de la liste.— Cette admission n'entraîne aucun retranchement sur la liste complémentaire des plus imposés » (art. 40, anal., l. 19 avril 1831, art. 46).

163. — Indépendamment des citoyens que le deuxième paragraphe de l'art. 40 admet à voter, encore qu'ils ne soient point portés sur les diverses listes dont parle cet article, « le droit de suffrage est exercé par le président de l'assemblée et par les présidens des sections, même lorsqu'ils ne sont pas inscrits sur les listes » (art. 36, § 3). Leur admission n'entraîne aucun retranchement. — 15 sept. 1833. Instr. min. D.P. 33. 3. 108.

164. — Avant de procéder à l'élection, soit du conseiller de département, soit du conseiller ou des conseillers d'arrondissement, le président doit faire connaître aux électeurs les conditions de l'éligibilité, telles que les déterminent les art. 4 et 23.—*Ibid.*

165.— Le président fait faire l'appel des électeurs. « Avant de voter pour la première fois, chaque membre de l'assemblée prête le serment prescrit par la loi du 31 août 1830 » (art. 41). Ce serment est

ainsi conçu : « Je jure fidélité au roi des Français, obéissance à la charte constitutionnelle et aux lois du royaume. »

166.— « Chaque électeur, après avoir été appelé, reçoit du président un bulletin ouvert, où il écrit ou fait écrire secrètement son vote, par un électeur de son choix, sur une table disposée à cet effet, et séparée du bureau; puis il remet son bulletin écrit et fermé au président, qui le dépose dans la boîte destinée à cet usage » (art. 42).

« La table placée devant le président et les scrutateurs doit être disposée de telle sorte que les électeurs puissent circuler à l'entour pendant le dépouillement du scrutin » (art. 43).

« Les votans sont successivement inscrits sur une liste qui est ensuite annexée au procès-verbal des opérations, après avoir été certifiée et signée par les membres du bureau » (art. 44).

« Trois membres au moins du bureau, y compris le secrétaire, doivent toujours être présens » (art. 47, § 2).

« Le bureau statue provisoirement sur les difficultés qui s'élèvent au sujet des opérations de l'assemblée » (art. 48).

167.—Toutes les réclamations sont insérées au procès-verbal, ainsi que les décisions motivées du bureau. Les pièces ou bulletins relatifs aux réclamations sont paraphés par les membres du bureau, et annexés au procès-verbal » (L. 19 avril 1831, art. 45, § 3). — Ces dispositions, bien qu'elles ne soient pas reproduites dans la loi du 22 juin 1833 qui nous occupe, sont des mesures d'ordre qui ne peuvent avoir que de l'avantage et qui doivent être suivies. — 15 sept. 1833. Instr. min. *eod.*

168.—Après que le réappel des électeurs a été fait, si le scrutin est resté ouvert pendant trois heures au moins (art. 47), on procède à son dépouillement.— « Lorsque la boîte du scrutin a été ouverte et le nombre des bulletins vérifiés, un des scrutateurs prend successivement chaque bulletin, le déplie, le remet au président, qui en fait la lecture à haute voix, et le passe à un autre scrutateur......— Dans les assemblées divisées en plusieurs sections, le dépouillement du scrutin se fait dans chaque section; le résultat en est arrêté et signé par les membres du bureau; il est immédiatement porté par le président de chaque section au bureau de la première section, qui fait, en présence des présidens de toutes les sections, le recensement général des votes » (art. 46, § 1er et 3).

169.—La commission de la chambre des députés avait ajouté : « Les présidens absens seront remplacés chacun par un scrutateur de leur section. » —Cette disposition n'a pas été reproduite à la chambre des pairs (Duvergier, p. 214).— Sans doute elle a été jugée inutile et l'on a craint peut-être de relâcher les liens du devoir qui doivent attacher le président à l'entière exécution de ses fonctions.

« Immédiatement après le dépouillement, les bulletins doivent être brûlés en présence de l'assemblée » (art. 46, § 2).

« La présence du *tiers* plus un des électeurs inscrits sur les listes, et la majorité absolue des votes exprimés sont nécessaires au premier tour de scrutin, pour qu'il y ait élection. — Au deuxième tour de scrutin, la majorité relative suffit, quel que soit le nombre des électeurs présens.—En cas d'égalité du nombre de suffrages, l'election est acquise au plus âgé » (art. 45).

170.—L'expression de notre article, *Electeurs inscrits sur les listes*, ne doit pas être prise dans un sens trop restreint; elle comprend évidemment les électeurs qui seraient admis à voter suivant le deuxième paragraphe de l'art. 40. En effet, s'ils ne sont pas matériellement inscrits sur les listes déposées sur le bureau et affichées dans la salle, ils doivent y être *ajoutés* par suite de l'arrêt de la cour royale, ou *rétablis*, du moins momentanément, par l'effet du recours suspensif.

Mais il ne paraît pas que le président ou les présidens qui ont droit de suffrage en vertu de l'article 36, § 3, doivent compter dans le nombre total, d'après lequel s'établit le tiers plus un, exigé par l'article 4. Leur droit résulte de leur qualité de président et non de leur capacité électorale, et ils ne sont pas inscrits sur la liste des électeurs (Cette dernière observation ne s'applique pas au fonctionnaire municipal qui, présidant une section, serait électeur dans une autre section de la même assemblée. Il devrait être compris parmi les électeurs présens). —15 sept. 1833. Instr. min. D.P. 33. 3. 108.

« Les deux tours de scrutin prévus par l'art. 45 ci-dessus peuvent avoir lieu le même jour; mais

chaque scrutin doit rester ouvert pendant trois heures au moins » (art. 47, § 1er).

171.—De la rédaction de ces deux articles, le ministre de l'intérieur, dans sa circulaire aux préfets, du 15 septembre 1833, conclut qu'il ne peut y avoir pour chaque élection que deux tours de scrutin, qui ont lieu, soit le même jour (art. 45) soit en deux jours successifs (art. 47).

172.—Le second scrutin dont parle l'art. 45 n'est pas un ballotage. Il est absolument indépendant du premier, quant aux candidats qui peuvent être portés sur les bulletins.—*Ibid.*

173.— Si l'assemblée est partagée en sections, les deux conditions nécessaires au premier tour de scrutin, et la majorité relative qui suffit au second tour, se calculent pour l'ensemble des sections et d'après le recensement général des votes (*ibid.*).

174.— Dans le cas où une ou plusieurs sections n'ont pas terminé leurs opérations, ou n'en ont fait que d'irrégulières, et où les conditions exigées pour une élection sont accomplies par le résultat des opérations des autres sections, ce résultat n'en est pas moins valable, et le candidat qui a obtenu le nombre de voix nécessaire doit être proclamé.

« En aucun cas, les opérations de l'assemblée électorale ne peuvent durer plus de deux jours » (art. 49).

175.—Jugé que bien qu'un individu se nommât *Fouquet de Lustar*, on ne pourrait demander l'annulation de trois bulletins portant simplement *Lustar*, s'il est généralement connu sous ce dernier nom.—23 mai 1834. Ord. cons. d'état. Caissaignard. D.P. 34. 3. 71.

176.— Lorsque, dans le cas prévu par l'art. 45 de la loi du 22 juin 1833, on a procédé à un second tour de scrutin qui a donné la majorité relative à l'un des candidats, même en attribuant à son compétiteur deux bulletins déclarés illisibles, l'élection de celui-là doit être maintenue. — 16 mai 1834. Ord. cons. d'état. Barré-Bertery. D.P. 34. 3. 70.

Dans le silence de la loi, cela paraît équitablement jugé. En effet, de quoi pourrait se plaindre le compétiteur, puisqu'en le traitant le plus favorablement possible, en lui accordant les deux bulletins déclarés nuls, il se trouvait ne pas avoir encore la majorité relative, nécessaire pour l'emporter sur l'autre candidat?

177.— La circonstance qu'un suffrage a été écrit sur un autre bulletin que celui présenté par le président, est sans influence lorsqu'en supposant même l'annulation de ce bulletin, la majorité absolue aurait été également acquise au candidat. — 23 mai 1834. Ord. cons. d'état. Caissaignard. D.P. 34. 3. 71.

178.— De ce qu'un bulletin aurait été déposé dans l'urne pendant l'absence d'un des membres du bureau, dans une assemblée d'élections départementales, on n'est pas fondé à attaquer l'élection, surtout lorsqu'elle a eu lieu à une forte majorité, et que l'annulation du bulletin serait sans influence sur la nomination. — 9 mai 1834. Ord. cons. d'état. Quetry. D.P. 34. 3. 62.

179.— Lorsque des bulletins ne peuvent s'appliquer qu'à la personne à laquelle ils ont été comptés, malgré quelques variations d'orthographe, l'élection doit être maintenue.— 6 juin 1834. Ord. cons. d'état. Laget. D.P. 34. 3. 73.

180.—Lorsqu'il n'y a plus qu'un membre à élire, s'il arrive qu'un bulletin porte deux noms, celui d'un conseiller déjà élu, et celui d'un des candidats, ce bulletin est valable et compte à ce dernier. — 9 mai 1834. Ord. cons. d'état. Colarey. D.P. 34. 3. 62.

§ 2. — *Du cas où il y a lieu à convocation nouvelle ou partielle.*

181. — Il est probable qu'il se rencontrera des années où il y aura lieu d'élire tout à la fois des membres ou tous les membres du conseil général, et des membres ou tous les membres des conseils d'arrondissement. — Alors, et dans le cas de la réunion de deux ou plusieurs cantons en une seule circonscription électorale, il faut, conformément à l'art. 22, convoquer d'abord les électeurs de la circonscription pour nommer le conseiller de département, puis séparément, ceux de chaque canton, pour nommer les conseillers d'arrondissement.

182. — A l'égard des cantons où les conseillers de département et d'arrondissement sont nommés par une seule assemblée composée des mêmes électeurs, il est quelquefois nécessaire que cette assemblée tienne deux sessions distinctes et séparées : la première pour l'élection du conseiller ou des conseillers de département; la seconde pour l'élection du conseiller ou des conseillers d'arrondissement.

Cette double session est dans certains cas le seul moyen de concilier les art. 47 et 49 de la loi du 22 juin, qui portent, l'un : que *les opérations d'une assemblée* ne pourront durer plus de deux jours ; l'autre, que *les deux scrutins pour chaque élection peuvent avoir lieu le même jour*. Il résulte de cette dernière disposition que les deux scrutins d'une élection peuvent employer deux jours, et que la durée de la session serait susceptible d'être portée à *quatre jours*, si, par *opérations d'une assemblée*, il fallait entendre la double élection des conseillers de département et des conseillers d'arrondissement. — Pour éviter cette irrégularité, il semble donc qu'on pourrait tenir deux sessions successives, l'une pour l'élection au conseil général, l'autre pour l'élection au conseil d'arrondissement (15 sept. 1833. Inst. min.).— D.P. 33. 3. 108.

183.— Mais faut-il que ces deux sessions se tiennent immédiatement l'une à la suite de l'autre, ou soient séparées par quelques jours d'intervalle? Ces deux modes sont également susceptibles d'être mis en usage; et chacun d'eux a ses avantages et ses inconvéniens sous le rapport de la promptitude des opérations et des chances qu'il offre pour rassembler ou retenir un plus grand nombre d'électeurs. Ces avantages et ces inconvéniens varient, d'ailleurs, selon les distances à parcourir, la nature des chemins, la saison où les opérations ont lieu, et la force numérique des assemblées.

On pourrait prendre un troisième parti, qui serait un terme moyen entre les deux qui viennent d'être indiqués : ce serait de convoquer les électeurs départementaux du canton pour une seule session, qui durerait deux jours, et dans laquelle ils procéderaient successivement aux deux élections. Si, le second jour, les élections n'étaient pas terminées, le préfet convoquerait de nouveau l'assemblée pour les élections qui resteraient à faire.

184. — Il y a lieu de croire que dans le plus grand nombre de cantons, deux jours suffiraient pour faire les deux élections, même quand chacune d'elles exigerait deux scrutins, puisque le scrutin du matin pourrait être terminé de midi à deux heures, et celui du soir commencer immédiatement.

Ces divers moyens peuvent être employés selon les circonstances et les localités (Inst. min. 15 sept. 1833).

185.— Si l'assemblée dans laquelle a eu lieu l'élection d'un membre de conseil d'arrondissement, est la même que celle qui, la veille, avait procédé à l'élection d'un membre de conseil général de département, il ne sera pas nécessaire que les votans renouvellent, pour cette dernière élection, le serment qu'ils avaient prêté pour la première, lorsque les deux opérations se sont succédées sans interruption (L. du 22 juin 1833, art. 3, 22, 41).—25 avril 1834. Ord. cons. d'état. Dauban. Même jour, *id.* Fualdès. D.P. 34. 3. 62, note.

186.—De même, lorsque l'assemblée dans laquelle a eu lieu l'élection d'un conseiller de département est la même que celle qui a procédé à celle d'un membre d'arrondissement, un seul procès-verbal suffit pour en constater le résultat, surtout si les deux assemblées se sont immédiatement succédées.— 23 mai 1834. Ord. cons. d'état. Caissaignard. D.P. 34. 3. 71.

§ 3.—*Des réclamations.—Appel et recours contre les élections ou décisions du bureau.*

187. — « Les procès-verbaux des opérations des assemblées, remis par les présidens, sont, par l'intermédiaire du sous préfet, transmis au préfet, qui, s'il croit que les conditions et formalités légalement prescrites n'ont pas été observées, doit, dans le délai de quinze jours à dater de la réception du procès-verbal, déférer le jugement de la nullité au conseil de préfecture, lequel doit prononcer dans le mois » (art. 50).

188.— « Tout membre de l'assemblée électorale a le droit d'arguer les opérations de nullité. Si sa réclamation n'a pas été consignée au procès-verbal, elle est déposée dans le délai de cinq jours, à partir du jour de l'élection, au secrétariat de la sous-préfecture, et jugée, sauf recours, par le conseil de préfecture dans le délai d'un mois, à compter de sa réception à la préfecture » (art. 51).

189.— Les art. 50 et 51 qu'on vient de citer reproduisent avec quelques développemens et modifications les dispositions de l'art. 51 et du § 1er de l'art. 52 de la loi du 21 mars 1831, sur les élections municipales, dispositions relatives à l'envoi des procès-verbaux, aux réclamations contre l'inobservation des conditions et formalités légalement prescrites, et au jugement de ces réclamations par le conseil

de préfecture. Seulement les réclamations qui n'auraient pas été consignées au procès-verbal doivent être déposées au secrétariat de la sous-préfecture, au lieu de l'être au secrétariat de la mairie. Il est formellement exprimé que le délai d'un mois, dans lequel le conseil de préfecture doit statuer, se compte à partir de la réception de la réclamation à la préfecture.—15 sept. 1833. Instr. min. D.P. 33. 3. 108.

190.— Eschasseriaux et Dulong, députés, partant de ce principe, que tout corps électif est nécessairement juge de la validité des élections qui servent à le former, proposaient d'attribuer aux conseils de département et d'arrondissement la connaissance des difficultés qui pourraient s'élever sur l'élection de leurs membres. Toutefois, ils consentaient à faire une exception à cette règle et à laisser aux tribunaux le jugement de toutes les questions relatives à la capacité des personnes, parce que ces questions toutes judiciaires exigent des connaissances spéciales, qui peuvent manquer aux nombres des conseils. Tout en reconnaissant le principe, le rapporteur combattit la proposition, surtout à raison des difficultés qu'elle présenterait dans l'exécution. Mais il déclara qu'il serait désirable que l'organisation du conseil de préfecture et du conseil d'état, appelés à statuer sur la validité des élections, donnât plus de garanties.— Duvergier, année 1833, p 214.

191. — Podenas demandait que la décision du conseil de préfecture fût provisoirement exécutoire. Le rapporteur et de Gérando, commissaire, répondirent que c'était le droit commun; que le recours au conseil d'état n'est pas suspensif de sa nature. — Duvergier, *ibid.*

192.— Toutefois, « le recours devant le conseil d'état est suspensif lorsqu'il est exercé par le conseiller élu » (art. 54, § 1er).

« Le recours au conseil d'état est exercé par la voie contentieuse, jugé publiquement et sans frais » (art. 55).

193. — Aucune disposition de la loi n'exigeant, à peine de déchéance, que la signature d'un requérant devant le conseil d'état, soit légalisée par le maire de sa commune, il suffit qu'elle ait été certifiée par le sous-préfet. — 6 juin 1834. Ord. cons. d'état. Laget. D.P. 34. 3. 73.

194.— « Si la réclamation est fondée sur l'incapacité légale d'un ou de plusieurs membres élus, la question est portée devant le tribunal de l'arrondissement, qui statue, sauf l'appel. L'acte d'appel doit, sous peine de nullité, être notifié dans les dix jours à la partie, quelle que soit la distance des lieux. La cause doit être jugée sommairement et conformément au § 4 de l'art. 33 de la loi du 19 avril 1831 » (art. 52).

195.— Le préfet a le droit de porter aussi sa réclamation devant les tribunaux contre l'incapacité d'un conseiller élu. Ce droit est implicitement reconnu par le deuxième paragraphe de l'art. 54, qui porte : « l'appel des jugemens des tribunaux n'est pas suspensif lorsqu'il est interjeté par le préfet » (art. 54, § 2).

196. — La loi du 21 mars 1831 sur les élections municipales, tout en attribuant, par son art. 52, § 2, aux tribunaux le jugement des réclamations ou recours concernant l'incapacité légale de l'un ou de plusieurs des conseillers élus, n'accorde point la faculté de l'appel contre les décisions de ces tribunaux qui statuent en dernier ressort. En cela l'art. 52 de la loi qui nous occupe a fait subir à ce système une grande dérogation.—V. Elections communales.

ART. 7.— *Des démissions et réélections après démission.— Option.— Décès des conseillers élus.*

197.— « Lorsqu'un membre du conseil général a manqué à deux sessions consécutives, sans excuses légitimes ou empêchemens admis par le conseil, il est considéré comme démissionnaire, et il est procédé à une nouvelle élection conformément à l'art. 11 » (art. 7).

198.— Dans le projet, l'article était rédigé de la manière suivante : « Tout membre d'un conseil général qui, sans excuse reconnue légitime par ce conseil, a manqué à deux sessions consécutives, est considéré comme démissionnaire et déclaré tel, sur le rapport du préfet, par le ministre dans les attributions duquel est l'administration départementale. » — La chambre des députés, partant de ce principe que les assemblées électives peuvent seules statuer sur l'admission ou l'exclusion de leurs membres, avait cru devoir faire déclarer la démission par le président du conseil général à la fin de la seconde session à laquelle aurait manqué le membre.— Cependant le rapporteur avait fait remarquer avec raison,

que le principe que la chambre avait voulu appliquer n'était point méconnu par la rédaction du projet, puisque l'exclusion ne pouvait être prononcée
que lorsqu'il n'y aurait point d'excuses légitimes,
et que la légitimité des excuses devait être appréciée par le conseil, dont les pouvoirs et l'indépendance restaient entiers.—Dans la rédaction actuelle,
on laisse aussi au conseil le droit de juger du mérite
des excuses, de la puissance des empêchemens;
mais on ne règle pas la marche à suivre, la procédure de l'exclusion.— Il nous semble dès lors que
ni le ministre, ni le conseil, ni le préfet n'ont à proclamer la démission , seulement l'arrêté par lequel
le préfet convoque l'assemblée électorale explique,
qu'elle est réunie pour procéder au remplacement
d'un membre du conseil, réputé démissionnaire pour
avoir manqué à deux sessions consécutives, sans
excuses légitimes admises par le conseil.— Il serait
cependant utile que le conseil eût constaté sur son
procès-verbal que le conseiller qu'il s'agit de remplacer a manqué pendant deux sessions consécu-
ves, et qu'il n'a pas présenté d'excuses ou que les
excuses qu'il a présentées n'étaient pas légitimes.—
Duvergy, p. 205.

199.— En vertu de l'art. 11 auquel renvoie l'art.
7, l'assemblée qui doit pourvoir à la vacance, est
réunie dans le délai de deux mois. »

200.— « Le conseiller de département élu dans
plusieurs cantons ou circonscriptions électorales,
est tenu de déclarer son option au préfet dans le
mois qui suit les élections entre lesquelles il doit
opter. A défaut d'option dans ce délai, le préfet, en
conseil de préfecture et en séance publique, décide
par la voie du sort à quel canton ou circonscription
électorale le conseiller doit appartenir — Il est procédé de la même manière, lorsqu'un citoyen a été élu
à la fois membre du conseil-général et membre d'un
ou plusieurs conseils d'arrondissement » (art. 10).

201.— « En cas de vacance par option, décès, démission, perte des droits civils ou politiques, l'assemblée électorale qui doit pourvoir à la vacance,
doit être réunie dans le délai de deux mois » (art.
11). «Les art. 7, 10 et 11 de la présente loi sont applicables aux conseils d'arrondissement » (art. 20).

Art. 8. — Dispositions transitoires.

202.— « L'élection des conseils généraux et des
conseils d'arrondissement sera faite dans le délai de
six mois, à dater de la promulgation de la présente
loi » (L. 22 juin 1833, art. 55).

« Le tableau des réunions de cantons prescrites
par l'art. 5 de la présente loi dans les départemens
qui ont plus de trente cantons, sera communiqué aux
conseils généraux et aux conseils d'arrondissement
institué, en vertu de la présente loi, dans leur plus
prochaine sessions.—Les observations pourraient
faire ces conseils sur les réunions de cantons seront
imprimées et distribuées aux chambres » (art. 56).

203.— La chambre des députés avait adopté une
disposition portant que le roi pourrait pendant un
an suspendre l'exécution de la loi dans les départemens où il le jugerait convenable. — Mais le rapporteur à la chambre des pairs fit remarquer que
l'on ne pouvait guère supposer que l'état d'un département rendît une pareille mesure nécessaire ;
que si un conseil général sortait des limites dans
lesquelles sont restreintes ses fonctions, ce serait
une véritable rébellion; qu'enfin on avait pu placer
une disposition semblable dans la loi municipale,
parce qu'on conçoit qu'une commune a pu être le
théâtre de troubles graves et qu'on ne voudrait pas
y mettre les partis en présence par la convocation
d'électeurs nombreux déjà engagés dans les dis-
cordes presque domestiques; qu'il n'en est pas ainsi
d'un corps électoral parsemé sur le territoire appartenant à diverses communes, que ce serait supposer le vaste territoire d'un département en proie
à des divisions qui agiteraient toutes les classes de
la population; que s'il en était quelqu'un dans ces
circonstances si malheureuses, les ministres auraient à en entretenir les chambres, et il y devrait
être pourvu par une loi spéciale et temporaire. —
Duvergier, année 1833, p. 215.

« La présente loi n'est pas applicable au département de la Seine : il sera statué à son égard par une
loi spéciale » (art. 57).

TABLE SOMMAIRE.

Absence. 197, s.
Administ. cantonale. 3.
Adresse. 65, s.
Affiches. 99, 140, s. 151.
Affinité. 49.

Age. 14, 16, s. 22, 24, s.
91, 103.
Agent forestier. 37 — sa-
larié. 37, s.
Annexe. 166.

Architecte. 37, 40.
Appel. 194, s.— nominal.
155, 103, s.
Armes. 162.
Arrêté (transmission). 58,
86.
Arrondissement. 80, s.
Ballotage. 172.
Bulletin. 166, 175, s. —
(destruction) 169.
Bureau. 155, s.—(attribu-
tion) 166.
Canton. 18, s. 80, 151, s.
Capacité. 8, s. 21, s. 68, s.
Cens. 18, s.
Centime. 122.
Clôture. 95, s. 118, s.
Circonscription. 140.
Citoyen. 107.
Condition. 157.
Compétence. 29, s. 55,
61, 77, 190, 193, s.
Comptable. 57.
Correspondance. 57.
Conseil d'arrondissem. 4,
s. 68, s. — général. 7,
31, 49.— (nombre) 44,
s. 79, s. 124.
Contributions directes.
20, s. 71, s. 121, s. 100,
127, s. — indirectes.
18, s.
Convocation. 49, 85, 144,
145, s. 199.—nouvelle.
181, s.
Cumul. 78.
Délai. 101, s. 114, s. 187,
s. — jour à quo.
187, s.
Délégation d'impôts. 21,
32, s. 191, s.
Délibération. 50, 53, 159,
suiv.
Délit politique. 61.
Démission. 197.
Département. 2.
Dépouillement. 168.
Dissolution. 48.
Domicile. 13, s. 17, s. 22,
20, suiv. 74, 127.—
élu. 15. — politique.
75, 92, s. 108, s.—réel.
92, s. 96, 106.
Doyen de l'âge. 49, 85.
Droits civils. 70, s. — ci-
viques. 14, s. 24, s. —
politiques. 14, s. 70, s.
Effet suspensif. 191, s.
Électeur. 9, s. 68. —
(nombre) 10, s. 145.—
complémentaire. 191, s.
Élections nouvelles. 191,
s. 197, s.
Éligible (nombre). 55, s.
Éligibilité. 24, s. 69, s.
120, s.
Erreur. 175, s.
Exclusion. 57.
Exploit. 117.
Faits étrangers. 56, s.
Femme. 32.
Fonctions (cessation). 67.
Frais. 192.—d'avert. 192.
Heure. 117.
Incapacité. 194, s.
Incompatibilité. 37, 74,
102, s.
Indivisibilité. 55, 156.
Ingénieur. 37, 40.
Inscription. 145, s. 165,
170.— d'office. 94.
Inspecteur. 77.
Installation. 157.
Instruction. 157.
Interprétation. 84.
Juré. 8, s. 92, 112, 123.
Justification. 101, s.
Liste. 88, s. — complé-
mentaire. 20, 90, s. 109,
s. 125, s.
Liste (éligible). 120, s.—
(formes). 142, s.
Manuscrit. 93, s. 158, s.
(publication) 93, s.
supplémentaire. 89,
suiv.
Maire. 151, s.
Majorité. 53, s. 179, 173,
suiv.
Mention. 52, 167, 138.
Militaire. 41.
Mineurs. 32.
Ministre du culte. 41.
Option. 200.
Ordre du tableau. 150.
Parenté. 42.
Paris. 203.
Partage. 194.
Patente. 28, s.
Peine (modération). 59.
Percepteur. 76.
Police. 163, s.
Population. 10.
Possession annale. 27,
121.
Préfet. 4, 37, 45, s. 85, s.
Président. 49, 85, 151,
166, s.
Procès-verbal. 52 , 167,
186, 187, s.
Proclamation. 63, s.
Publication. 95, s. 138; s.
— illégale. 66.
Publicité. 53, 187, 192.
Rappel. 168.
Receveur. 38, 75, s.
Réclamation. 95, 110, 187,
suiv.
Recours. 191, s.
Rectification. 140.
Remplacement. 169.
Renouvellement. 46.
Réunion-locale. 144, s.—
illicite. 55, s.
Scrutateur. 168.
Scrutin. 168, 171, s.—se-
cret. 54.
Secrétaire. 169, s. 166.—
général. 57.
Section. 150, s.
Serment. 49, 61, 65, 165.
Session. 85, s. 182, s.
Signatures. 166, 192.
Sous-préfet. 57.
Suspens. on. 62, 203.
Table. 166.
Tableau. 140.
Tiers. 110, 113, s.
Tirage au sort. 46 , 85,
200.
Usurpation de fonctions.
56, s.

ÉLECTIONS LÉGISLATIVES.—1.— Dans cet article on comprend à la fois ce qui regarde les électeurs et les éligibles, sous le rapport de la capacité.

Art. 1er. — Des conditions requises pour être électeur ou éligible.
Art. 2. — De l'Age.
Art. 3. — Du Cens électoral et de l'éligibilité.
§ 1er — Des Contributions admises pour le cens
électoral. Centimes additionnels. Colonies.
Droit ancien. Interprétation. Imputation du
cens.
§ 2. — Des Contributions foncières, et des personnes auxquelles on doit les imputer.
§ 3. — Des Contributions personnelles et mobilières.
§ 4. — Des contributions des portes et fenêtres.
§ 5. — Des patentes et diplômes.

---

§ 6. — Des personnes qui peuvent profiter des
contributions d'autrui. — Délégation
§ 7. — De la possession annuelle, antérieure
aux opérations électorales.
Art. 4. — Du Domicile politique.
Art. 5. — Incompatibilité de diverses fonctions
avec celles d'électeur et de député.
Art. 6. — De la formation des listes électorales.
§ 1er. — De la permanence des listes.
§ 2. — De la préparation et de la publication
des listes électorales. — Arrêtés. — Réduction
du cens. — Notification des arrêtés. Délai.
§ 3. — Des réclamations devant le conseil de
préfecture.— Formes, Mandat, Délai, Tiers;
Compétence des préfets.—Effet suspensif,
Communication.
§ 4. — Des listes supplémentaires ou tableau de
rectification.
§ 5. — Du recours contre les décisions du préfet et du conseil de préfecture.
§ 6. — Du recours en cassation. Exploit d'arrêt
d'admission. Formes, Signification, Délai.
§ 7. — Des rectifications ordonnées par décisions
judiciaires.
Art. 7. — De la compétence et des conflits.
Art. 8. — Des collèges électoraux.
Art. 9. — De la réélection des députés promus à des
fonctions publiques salariées et du mode de pourvoir aux places vacantes dans la chambre, par
suite d'option, démission ou décès des députés.
§ 1er. — De la réélection des députés promus à
des fonctions publiques salariées.
§ 2.— Du mode de pourvoir aux places vacantes
dans la chambre des députés, par suite d'option, décès, démission des députés.
Art. 10 — Questions transitoires.

Art. 1er. — Des conditions requises pour être électeur ou éligible.

2.— Ces conditions sont relatives : 1o à la jouissance des droits politiques; 2o à l'âge; 3o au cens;
4o au domicile ; 5o à l'incompatibilité de diverses
fonctions avec celles d'électeur et de député.
On a parlé de la première de ces conditions
1o Droits politiques.

Art. 2. — De l'âge requis pour être électeur ou
éligible.

3.— Sous la charte de 1814 (art. 40), «Les électeurs
ne pouvaient avoir droit de suffrage s'ils avaient
moins de trente ans. « Depuis la charte de 1830,
art. 34, et la loi du 19 avril 1831 (art. 1er), on est
électeur à l'âge de vingt-cinq ans , pourvu qu'on
réunisse en soi les autres conditions exigées par la
loi.— Une question grave avait été agitée avant la
promulgation de cette dernière loi, celle de savoir
à quelle époque les trente années devaient être accomplies. Était-il indispensable que la trentième
année fût révolue avant la clôture du tableau de
rectification prescrit par l'art. 21 de la loi du 2 juill.
1828 , ou suffisait-il qu'elle le fût avant le jour fixé
pour l'ouverture du collège?

4.— Quelques conseils de préfecture avaient pensé
qu'il était indispensable que la trentième année fût
révolue avant la clôture du tableau de rectification.
Mais cette décision créait une cause d'incapacité qui
n'était pas dans la loi. Elle la créait en violant deux
règles générales et élémentaires , qui veulent , et
que le doute s'interprète en faveur du droit d'élire,
et qu'il suffise , pour l'exercice de toute faculté conditionnelle , que la condition soit remplie au moment où la faculté doit être exercée. Elle ne pouvait pas même se fonder sur un prétexte quelconque
d'utilité ; car , si l'on savait le jour de la convocation du collège, et que l'on vînt à présenter son
acte de naissance, constatant en due forme que l'on
devait avoir trente ans à cette époque , il n'y aurait
nul fraude ni erreur à redouter.

5.— Aussi il avait été jugé qu'il suffit qu'au jour
de l'élection on doive avoir trente ans, pour qu'on
ait droit de se faire porter sur la liste électorale ,
encore bien qu'au jour de la clôture de cette liste
on n'ait pas encore atteint cet âge. — 5 mai 1829,
Montpellier. Raymond. D.P. 29. 2. 203.

6.— La même doctrine avait été consacrée pour
ce qui est relatif à l'âge des jurés : il leur suffit d'a-
voir trente ans à l'instant de l'ouverture des débats.
— 3 oct. 1822, Cr. r. Poitiers. Berton. B.A. 4. 562,
D.P. 22, 1. 145.

7.— Nous avions pensé, toutefois, que pour être accueillie dans ce cas par la cour royale, la réclamation de l'électeur devait se faire à une certaine époque. L'art. 21 de la loi du 2 juill. 1828 portait que « lorsque la réunion d'un collége aurait lieu dans le mois qui suivrait la publication du dernier tableau de rectification, clos le 16 oct. (art. 16)....., il ne serait fait à ce tableau *aucune modification.* » Il fallait donc, pour la régularité des opérations, déterminer un délai passé lequel aucune réclamation ne serait plus admise. En conséquence, celui qui, dans cette hypothèse, n'aurait parfait ses trente ans que le 16 octobre, au jour de l'assemblée électorale, eût sollicité en vain son inscription pendant cet intervalle. C'est ce que la cour d'Aix a jugé par un arrêt du mois d'avril 1829. — D.A. 6. 543, n. 1 et 2.

8. — La disposition de l'art. 19, § 4 (L. du 19 avril 1831) fait cesser les doutes sur cette question : « Le préfet inscrira sur la liste des électeurs ceux des individus qui n'ayant pas atteint, au 15 août, les conditions relatives à l'âge...., les acquerront avant le 21 octobre, époque de la clôture de la révision annuelle. »

Ainsi, il suffit qu'on doive avoir trente ans révolus avant le 21 octobre pour qu'on ait le droit de demander son inscription sur la liste électorale.

9. — A défaut de l'acte de naissance, l'électeur justifie valablement qu'il a l'âge requis, par la représentation d'autres actes authentiques qui ne permettent pas de douter qu'il n'ait atteint cet âge, particulièrement par la production du contrat et de l'acte civil de son mariage.—18 juin 1830. Bordeaux. Denoix. D.P. 30. 2. 194.

10.—Sous le système électoral, régi par la charte de 1814, les éligibles devaient avoir quarante ans (art. 38); depuis la nouvelle charte (art. 32), on est éligible à trente.

11.— On s'était demandé à quelle époque la quarantième année devait être révolue? — Et lors de la discussion de la loi du 5 fév. 1817, on rejeta la proposition qui exigeait qu'elle fût révolue au jour de l'élection. Cette décision fut prise, vu ces mots formels de la charte de 1814 : « Nul ne sera admis » (*Moniteur*, 6 janv. 1817). En conséquence, des députés élus avant cet âge, mais qui l'avaient atteint à l'ouverture de la session, furent plus tard proclamés membres de la chambre.— Mais la même question n'a pu se renouveler depuis la loi du 25 mars 1818, qui statue formellement, art. 1er, que « nul ne pourra être membre de la chambre des députés, si *au jour de son élection* il n'est âgé de quarante ans accomplis..... » C'est cette dernière rédaction qui a été adoptée par la nouvelle loi.— D.A. 6. 543 et 544, n. 3.

12.—Il est facile de sentir en effet que le texte de la charte (art. 32), n'est pas assez formel pour qu'on puisse considérer comme une dérogation la disposition qui veut que les trente ans soient accomplis au jour de l'élection.— Duvergier, 1831, p. 239.

13.— La circonstance qu'on a déjà été admis comme membre de la chambre des députés, peut être considérée comme suffisante pour dispenser, à la suite d'une élection nouvelle, de la représentation de l'acte de naissance. En un tel cas, foi est due à la première vérification de la chambre.— Dans les pièces produites à la chambre, la signature des maires de Paris doit être légalisée par le préfet. — 26 juill. 1831. Ch. des dép. Puyraveau. D.P. 31. 3. 29.

14.— Toutefois, des pièces légalisées par le sous-préfet seulement, et non par le préfet, ont pu être admises à la chambre des députés.—Même décision.

ART. 3 —*Du cens électoral et de l'éligibilité.*

15.—« Tout Français.... payant deux cents francs de contributions directes est électeur, s'il remplit d'ailleurs les autres conditions fixées par la présente loi » (L. 19 avril 1831, art. 1er).

16.— La commission de la chambre des pairs avait pensé qu'il y avait un inconvénient grave à subordonner la perte ou l'acquisition des droits électoraux, à la diminution ou à l'augmentation de l'impôt; elle fit remarquer que c'était le revenu et non l'impôt qui conférait la capacité électorale; que l'impôt n'était employé pour fixer le cens, que parce qu'il était lui-même un signe déterminant le revenu : qu'en conséquence, lorsque le revenu restait le même, la capacité ne devait pas changer; que cependant, en posant en règle générale qu'on est électeur lorsqu'on paie telle ou telle somme de contributions, on arrive nécessairement à ce résultat, qu'un dégrèvement ôte à plusieurs le titre et la qualité d'électeur, tandis qu'un accroissement d'impôts confère ces mêmes titres et qualités à un certain nombre. Pour entrer dans un système de fixité mettant la capacité électorale à l'abri des variations résultant des changemens dans la quotité des impôts, le rapporteur proposa, au nom de la commission, d'exiger pour composer le cens électoral, 150 fr., de contributions directes *en principal*. Cette disposition aurait en effet atteint le but qu'on se proposait. Car on sait que nos contributions directes se divisent en *principal* et en *centimes additionnels*; que toutes les fois qu'on augmente, ou qu'on diminue les contributions, on le fait sans toucher au principal, et en augmentant ou diminuant le nombre des centimes additionnels. Ainsi, on aurait pu désormais augmenter ou diminuer les impôts, sans rien changer à la position électorale.

17.—La chambre des pairs avait, en adoptant cette proposition, pris en considération les droits acquis; elle avait apprécié ce qui est ajouté aux diverses contributions directes, en centimes additionnels; mais elle n'avait pu faire à cet égard qu'un calcul approximatif, parce que le nombre de centimes varie suivant les différentes natures de contributions; elle avait pensé que 150 fr. de principal étaient à peu près la même chose que 200 fr. en principal et centimes additionnels. La chambre des députés ne crut pas devoir admettre cette innovation.—Duvergier, 1831, p. 220 et 221.

18.—« Si le nombre des électeurs d'un arrondissement électoral ne s'élève pas à 150, ce nombre sera complété en appelant les citoyens les plus imposés au-dessous de deux cent francs » (art. 2, § 1er).

19.—Il a été clairement expliqué, dans le rapport fait à la chambre des pairs, que, si dans un arrondissement électoral il y a moins de cent-cinquante électeurs payant 200 fr, cependant on ne devra pas appeler les plus imposés au-dessous de 200 fr., lorsque le nombre de cent cinquante sera complété au moyen des adjonctions établies par l'art. 3 —Duvergier, p. 221.

20.— « Lorsqu'en vertu du paragraphe précédent les citoyens payant une quotité de contributions égale se trouveront appelés concurremment à compléter la liste des électeurs, les plus âgés seront inscrits jusqu'à concurrence du nombre déterminé par ledit article » (art. 2, § 2).

« Sont en outre électeurs, en payant cent francs de contributions directes : 1° les membres et correspondans de l'Institut; 2° les officiers des armées de terre et de mer jouissant d'une pension de retraite de 1200 fr. au moins, et justifiant d'un domicile réel de trois ans dans l'arrondissement électoral. Les officiers en retraite pourront compter, pour compléter les 1,200 francs ci-dessus, le traitement qu'ils toucheraient comme membres de la légion-d'honneur » (art. 3).

21.—On avait proposé d'ajouter les membres des conseils généraux de département, les maires et adjoints des villes d'une population agglomérée de trois mille habitans ou chef-lieux de départemens et d'arrondissemens; les juges des cours et tribunaux en activité ou en retraite; les professeurs des facultés de droits et de médecine, etc.; les avocats inscrits sur les tableaux près les cours et tribunaux; les docteurs des facultés de médecine, les notaires et les avoués, avec certaines conditions relativement au domicile et à l'exercice de la profession; les licenciés en droit, ès-sciences et lettres, aussi avec certaines conditions; les anciens élèves de l'école polytechnique, les citoyens possédant une rente de 3,000 fr., inscrite au grand-livre et immobilisée pour cinq ans; les capitaines au long cours. Toutes ces adjonctions ont été rejetées.— Duvergier, p. 221.

22.— « Nul ne sera éligible à la chambre des députés. .., s'il ne paie 500 francs de contributions directes, sauf le cas prévu par l'art. 33 de la charte..» (art. 59).

23.— La chambre des pairs avait substitué au cens de 500 francs de contributions en principal et centimes additionnels, le cens de 400 fr. en principal, par les mêmes raisons qui l'avaient déterminée à fixer le cens électoral à 150 fr. en principal. — Duvergier, p. 239.

24.—L'art. 33 de la charte auquel renvoie l'art. 59 de la loi du 19 avril 1831, porte : « Si néanmoins il ne se trouvait pas, dans le département, cinquante personnes de l'âge indiqué, payant le cens d'éligibilité déterminé par la loi, leur nombre sera complété par les plus imposés au-dessous du taux de ce cens, et ceux-ci pourront être élus concurremment avec les premiers. »

25.— La quotité du cens doit être justifiée par la production des pièces destinées à la prouver, et délivrées par les autorités compétentes.

26.— Des ratures sur des pièces destinées à prouver le cens, ne peuvent en détruire la sincérité, alors que le relevé du rôle général délivré par le directeur des contributions directes, donne un résultat conforme.— 6 juill. 1830. Req. Orléans. Préf. du Loiret. D.P. 30. 1. 273.

§ 1er.— *Des contributions admises pour la composition du cens électoral. — Centimes additionnels, Colonies, Droit ancien, Interprétation. — Imputation du cens.*

27.— Les contributions *directes* forment seules le cens électoral (charte de 1814, art. 38, 39, 40; l. 5 fév. 1817, art. 1er: 25 mars 1818, art. 1er; 29 juin 1820, art. 4; 19 avril 1831, art. 1er et 4), et d'éligibilité à la chambre des députés (19 avril 1831, art. 60).

28. — Les contributions directes qui confèrent le droit électoral et d'éligibilité, sont la contribution foncière, les contributions personnelle et mobilière, la contribution des portes et fenêtres, les redevances fixes et proportionnelles des mines, l'impôt des patentes et les supplémens d'impôt de toute nature connus sous le nom de centimes additionnels (L. du 19 avril 1831, art. 4 et 60).

29. — Les lois qui avaient précédé celle de 1831 étaient loin d'être aussi explicites sur ces points divers que cette dernière; elles avaient donné lieu à beaucoup de difficultés : on les rappellera succinctement.

30.— Dans chacune des quatre contributions dont on vient de parler, on distingue un *principal* et des *centimes additionnels*. Ces centimes sont de deux espèces; les uns sont fixés dans leur nombre ou restreints à un *maximum*, au tableau qui accompagne la loi de finances, savoir : 1° les centimes imposés sur tous les départemens; 2° les cinq centimes communaux ordinaires; 3° les centimes départementaux facultatifs jusqu'au nombre de cinq; 4° les remises ou taxations des percepteurs et receveurs. Les autres sont les centimes extraordinaires, particuliers à tel département, à telle commune, et établis immédiatement par les corps administratifs et le gouvernement, pour dépenses urgentes et imprévues (L. 15 mai 1818, art. 39 à 43). — D.A. 6. 544, n. 3.

31. — Les contributions *indirectes* sont « tous les impôts assis sur la fabrication, la vente, le transport et l'introduction de plusieurs objets de commerce et de consommation, impôts dont le produit ordinairement avancé par le fabricant, le marchand ou le voiturier, est supporté et indirectement payé par le consommateur » (L. 8 janv. 1790). — D.A. *ibid.*, n 4.

32.— On se demandait alors si toutes les contributions directes concouraient à la formation du cens électoral? Et l'on était entré dans diverses distinctions, que nous allons parcourir. — La plus importante de toutes est celle qui tendait à déduire du cens les centimes votés par les corps administratifs, en sus des cinq centimes facultatifs, pour dépenses locales extraordinaires : introduite par le conseil d'état (Ord. 6 avril 1821), cette distinction a divisé la jurisprudence des cours.— D.A. 6. 544, n. 5.

33. — Dalloz s'était efforcé d'établir que les centimes extraordinaires sont des *contributions directes*; que le magistrat qui se refusait à les compter à un électeur, lui imposait par là une condition nouvelle qui n'était point dans la loi, et sortait de la sphere constitutionnelle pour entrer dans le champ de l'arbitraire. Cette opinion avait été admise par la jurisprudence de la plupart des cours.

34 — Ainsi, les centimes additionnels, soit ordinaires et fixes, soit extraordinaires et variables, doivent être comptés aussi bien que les contributions principales dont ils sont l'accessoire, pour établir le cens électoral (charte de 1814, art. 40; l. 5 fév. 1817, art. 1 et 2). — 25 juin 1829. Civ. r. Paris. Moreau. D.P. 29. 1. 278. — 23 juin 1829. Civ. c. Bourges. Deveaux. D.P. 29. 1. 278. — 15 déc. 1828. Pau. Naude. D P 29. 2. 46. — 30 avril 1829. Montpellier. Barbaza. D.P. 29. 2. 204. — 24 déc. 1828. Orléans. Lumier. D.P. 29. 2. 45.

35. — Cela est vrai à raison des centimes additionnels pour dépenses locales et communales.— 30 avril 1829. Montpellier. Barbaza. D.P. 29. 2. 204. — 1er juill. 1829. Toulouse. Darnaud. D.P. 29. 2. 270. — 14 juin 1830. Bordeaux. Combret. D.P. 30. 2. 208. — 13 déc. 1828 Rouen. Rotour. D.P. 29. 2. 46. — 10 sept. 1829. Bordeaux. Dumonteil. D.P. 29. 2. 300.— 26 juin 1830. Req. Préfet du Loiret. Gibault. D.P. 30. 1. 271.

36.—...Pour chemins vicinaux et salaire de garde-champêtre.—17 juin 1830. Bourges. Martin. D.P. 30.

2. 212. — 10 sept. 1829. Bordeaux. Dumonteil. D.P. 29. 2 300.

57. — ..... Pour dépenses départementales. — 14 juin 1830. Bordeaux. Combret. D.P. 30. 2. 208.

58.— Il en est de même pour les prestations en nature, exigibles en vertu de la loi du 28 juillet 1824, relative aux chemins vicinaux.— 26 juin 1830. Req. Préfet du Loiret. D.P. 30. 1. 271.

59.— ... Quand bien même les rôles ne seraient pas encore faits, s'il est certain, d'ailleurs, que le réclamant y sera porté.— 17 juin 1830. Bourges. Martin. D.P. 30. 2. 212.

40.— Jugé cependant que les centimes additionnels non compris dans la loi annuelle des finances, et imposés pour contributions locales et extraordinaires, ne doivent pas être comptés pour la formation du cens.— 26 déc. 1828. Bourges. Devaux. D.P. 29. 2. 46.— 20 nov. 1829. Paris Perrot. D P. 30. 2. 115.— 19 déc. 1828. Amiens. Moquet. D.P. 29. 2. 46. — 9 fév. 1829. Paris. Moreau. D.P. 29. 2. 120.— 25 sept. 1829. Amiens. Massey. D.P. 29. 2. 300.— — Conf. Fav., sect. 2, § 4, n. 2, v° Elections, et de Corm., *Quest.*, 3e édit., v° Elections.

41.— Mais il ne pouvait être douteux que les sommes prélevées sur les négocians d'une ville pour subvenir aux dépenses des bourses et chambres de commerce devaient entrer dans le cens électoral. C'est une contribution permanente, fondée par la loi du 28 vent. an 9, comprise dans tous les budgets depuis 1810. C'est une charge de l'état, qui pourvoit à des dépenses d'utilité générale, et qui, sans un mode particulier de prélèvement, eût pesé sur tous les habitans du département ou de la commune. La différence de rôle sur lequel se perçoit cette taxe, la faculté qu'ont les chambres de commerce d'en régler l'emploi, ne devaient changer en rien les caractères qui attachent à cet impôt l'élément de la capacité électorale.— D.A. 6.543 et 544, n.6.

42.—Ainsi, doivent être comptés pour former le cens d'un électeur, les centimes additionnels à la contribution de la patente qu'il paie pour fournir à la construction ou à l'entretien d'une bourse et aux dépenses de sa chambre de commerce.— 24 déc. 1828. Orléans. Lumier. D.P. 29. 2. 48.— 26 mai 1830. Civ. c. Amiens. Massey. D.P. 30 1. 185.—*Contrà*, l'arrêt cassé d'Amiens. D.P. 29. 2. 300.

43.—Aujourd'hui, tous les centimes additionnels, même les *centimes communaux*, sont compris dans la disposition de l'art. 4, § 1er de la loi du 19 avril 1831, qui fait cesser les incertitudes de la jurisprudence à cet égard. Les mots *de toute* nature ont été ajoutés précisément pour que l'article embrassât absolument tous les centimes additionnels, aussi bien ceux votés par les chambres d'une manière générale, que ceux perçus en vertu des votes des conseils généraux de département et des conseils municipaux. —Duverg., 1831, p. 222.

44.— La contribution pour vérification des poids et mesures, frappant directement sur la personne, est une contribution directe. — 19 juin 1830. Grenoble. Martin. D.P. 30 2. 255.

45.— Les concessionnaires des mines, selon la loi du 11 avril 1810, paient annuellement à l'état deux redevances ; l'une fixe, et qui peut être considérée comme le prix de l'acquisition ; l'autre, proportionnée au produit de la mine, réglée dans tous les budgets (Les mines sont des immeubles). La loi de 1810 déclare propriétaires ceux à qui elles sont concédées. La dernière de ces redevances est donc un impôt foncier et direct, qui doit compter à l'électeur.— D.A. 6. 545, n. 7.

46 — Mais on avait jugé que la redevance fixe, sur les mines, n'étant pas, comme la redevance proportionnelle, une contribution directe, ne peut compter pour le cens.— 14 juin 1830. Req. Aix. Amalbert. D.P. 30. 1. 290.

47.—Cette jurisprudence est proscrite par l'art. 4 de la loi du 19 avril 1831, que nous avons rapporté plus haut, et qui admet pour former la quotité du cens les redevances fixes et proportionnelles des mines.

48.— Ne sont pas computables aux militaires en activité ou en demi-solde, les retenues sur leurs traitemens, si ce n'est la cotisation à laquelle les soumet l'art. 1er de l'arrêté du 28 therm. an 10, pour la contribution personnelle et mobilière, s'ils ont une résidence fixe, et à raison de deux centimes par franc de leur traitement (Quest. min. 18 avril 1817).—Moureau, dans ses *Quest. élect.*, prétend qu'il faut tenir compte de leurs retenues à tous les fonctionnaires publics ou employés du gouvernement, parce qu'elles constituent véritablement une contribution directe; c'est une erreur — L'impôt, quel qu'il soit, est le prélèvement fait par l'état sur un citoyen, d'une valeur qui appartient à ce citoyen, de sa propriété, de sa chose. Ce n'est pas imposer quelqu'un que de diminuer son traitement. Le fonctionnaire reçoit moins annuellement; mais il ne donne rien à l'état de son propre argent.— D.A. 6. 545, n. 8.

49.— On doit, dit Dalloz, mettre hors du cens électoral les contributions payées aux colonies. Les lois des 29 juin 1820 (art. 3) et 2 juillet 1828 (art 7) exigent sur chaque liste électorale, l'indication des *départemens et arrondissemens* où sont payées les contributions. Comment les électeurs vérifieront-ils les pièces justificatives, dans le court délai que leur assigne la loi ? Que de mutations auront pu s'opérer et demeureront inconnues à la métropole ! Une ordonnance conforme, du 30 déc. 1823, est fondée sur deux autres motifs qui ne paraissent pas également décisifs : c'est que, d'après l'art. 73 de la charte, les colonies sont régies par des lois et réglemens particuliers, et que l'assiette, la quotité des contributions qui y sont perçues varient suivant les besoins et les volontés de l'administration.—Cependant une instruction ministérielle de 1817 avait résolu la question en sens opposé. — D.A 6. 545, n. 9.

50. — Moureau demandait qu'on admît dans le cens de l'électeur tous les impôts directs coloniaux, *hors la capitation des noirs*. Pourquoi dans ce système une telle distinction ? — Quelque odieux qu'il soit de baser un droit électoral sur la qualité de propriétaire d'un homme, ce sentiment ne suffirait pas pour écarter l'application de la loi, si elle était expressément applicable. On est propriétaire de l'homme en vertu de la charte, qui donne vigueur aux réglemens particuliers des colonies. Le tribut annuel, qui grève cette propriété, est une contribution directe immobilière. — D.A. *ibid.*

51.— L'art. 19, § 2 de la loi du 19 avril 1831, en exigeant que les listes électorales contiennent « en regard du nom de l'individu inscrit, l'indication des *arrondissemens de perception* où sont assises ses contributions.... », a laissé la question au même état. Mais il nous semble résulter du principe de la permanence des listes, et aussi du silence de la loi, que l'interprétation favorable à l'exercice du droit électoral doit être admise.

52 — Le supplément d'octroi qui remplace dans quelques villes l'impôt mobilier, compte-t-il à l'électeur ? Non. Le produit de l'octroi est une contribution *indirecte* (L. 8 janv. 1790). Peut-être la faveur du droit d'élection exigerait-elle qu'on se contentât de faire un décompte en masse et d'en partager le dividende soit par portion égale, soit au marc le franc, entre les diverses classes de contributions mobilières. — D.A. 6. 546, n. 10.

53.— Certains immeubles sont exempts d'imposition pendant un temps déterminé, à raison ou de pertes éprouvées, ou de l'intérêt qu'a l'état de favoriser d'importantes constructions dont la vente contribue à l'ornement des villes. Dans ce dernier cas, sont les maisons de la rue de Rivoli à Paris, et de la place Bellecourt à Lyon. Les propriétaires ont demandé qu'on leur tînt compte, selon diverses proportions, de la valeur de ces immeubles.

54.— A l'égard de ceux à qui une exemption ou radiation d'impôt a été accordée, on les traite comme s'ils ne jouissaient d'aucune réduction : ils sont admis suivant leur côte. — D.A. 6. 546, n. 11.

55.—Mais on refusait de compter aux propriétaires reconstructeurs l'impôt antérieur, ou *présumé*, parce que la loi n'exemptait que les propriétaires *payant*, et que ceux-là ne payaient pas.

56.—Mais cette interprétation, critiquée par Dalloz, *eod.*, a été proscrite par le § 2 de l'art. 4 de la loi de 1831, portant : « Les propriétaires des immeubles, temporairement exemptés d'impôts pourront les faire expertiser contradictoirement et à leurs frais, pour en constater la valeur, de manière à établir l'impôt qu'ils paieraient, impôt qui alors leur sera compté pour les faire jouir des droits électoraux. » — Duvergier, sur cette loi, p. 222, adopte l'opinion de Dalloz.

57.— Les droits politiques ont trop d'importance pour qu'il dépende d'une erreur de répartiteurs d'impôts ou du contribuable même, de les modifier à leur gré. Qu'on ait compté telles contributions à un particulier qui ne les devait pas, et que l'année suivante on l'en ait dégrevé, il ne saurait se prévaloir de ce qu'on les a fait entrer dans son cens électoral l'année précédente. — D.A. 6. 546, n. 12.

58.— Ainsi, l'arrêté d'un préfet qui admet un particulier à compter, pour former son cens électoral, certaines contributions..., ne peut, lors de la publication d'une nouvelle liste, être opposé par ce particulier comme ayant l'autorité de la chose jugée. — 16 janv. 1828. Lyon. Boulot. D P. 29. 2. 44. — 14 nov. 1828. Agen. Brugalières. D.P. 29. 2. 44. — 15 nov. 1828. Amiens. Hérault. D.P. 29. 2. 47. — 27 nov. 1828. Colmar. Holtzapffel. D.P. 29. 2. 44. — 2 déc. 1828. Paris. Peigné-Toisseidre. D.P. 29. 2. 44.

59.— Si un électeur a été imposé par erreur à deux contributions mobilières, la plus forte seulement doit lui être comptée, les eût-il acquittées toutes deux.—18 déc. 1828. Rennes. — 4 août 1829. Grenoble (Ces deux arrêts n'ont pas été trouvés dans les recueils).

60.— Les contributions doivent être comptées à l'électeur, quoique le rôle ne soit pas encore en recouvrement, s'il est constaté par un certificat du directeur des contributions directes qu'il y est imposé. — 14 juin 1830. Bourges. Grenouillet. D.P. 30. 2. 206.

61.—Et la circonstance que le contribuable est en réclamation pour faire réduire le montant de ses impôts, ne l'empêche pas de se servir de la totalité desdits impôts pour former son cens.—14 juin 1830. Bourges. Cochon. D.P. 30. 2. 207.

62.—Les attributions de contributions, autorisées pour les droits électoraux par l'art. 4, et dont nous venons de nous occuper ici, le sont également pour le droit d'éligibilité (art. 60).

63. — On termine ce paragraphe par cette règle générale, qu'en cette matière il faut interpréter le doute en faveur du cens électoral. — 10 sept. 1829. Bordeaux. Dumonteil. D.P. 29. 2. 300.

§ 2.— *Des contributions foncières, et des personnes auxquelles on doit les imputer.*

64.—Une même règle est commune à l'imputation des contributions, quelle qu'en soit la nature : c'est que, se rattachant au premier fondement de l'ordre public, elle ne peut varier au gré des contribuables hors les limites que la loi a assignées au pouvoir de déléguer; et que les conventions particulières n'y peuvent, en conséquence, rien changer. La clause qui déchargera l'un du paiement de l'impôt pour le mettre au compte de l'autre, n'est facultative qu'en ce qui touche les intérêts privés. Elle est sans influence sur le régime électoral, qui n'a sa base que dans l'assiette légale des contributions. — D.A. 6. 546, n. 13.

65.—La première garantie d'attachement aux lois et au bon ordre est dans la propriété.— De ce premier principe, disait Dalloz avant la loi de 1831, découlent, sans aucun doute, les conséquences ci-après : la contribution foncière doit profiter, « 1° à l'acquéreur à réméré, et non au vendeur. — L'acqueur est propriétaire.

» 2° Au débiteur de biens engagés par antichrèse, et non à l'engagiste, qui n'est ni propriétaire ni usufruitier, mais créancier saisissant (Sol. 16 sept. 1820).

» 3° Au preneur à bail emphytéotique, qui a le droit d'hypothéquer le bien, tandis que le vendeur ne peut ni l'hypothéquer, ni l'aliéner.

» 4° Au propriétaire de l'immeuble grevé de rentes, appelées originairement *rentes foncières*, et non au rentier, que les lois rendues depuis 1789 ont dépouillé de tout droit de propriété pour le transmettre incommutablement au détenteur, le propriétaire retînt-il sur le paiement de la rente une somme représentant le montant des impositions. Cette stipulation, conformément à la règle générale que nous avons déjà exposée dans l'un des numéros précédens, n'aurait pas plus d'influence sur son droit électoral qu'elle n'en a sur sa qualité de propriétaire ou d'usufruitier, payant directement le tribut à l'état.

» 5° Au preneur des biens concédés à *locatairie perpétuelle*, et dont le bailleur n'est plus devenu qu'un rentier, depuis que la loi du 18 déc. 1790 a déclaré *rentes foncières* les redevances à la charge du preneur.— Cette sorte de concession est fort usitée dans quelques uns des anciens pays de droit écrit ».— D.A. 6. 547, n. 14.

66. — Les contributions des fonds tenus en *domaine congéable* ou *convenant*, étaient, avant la loi du 19 avril 1831, réparties entre le propriétaire du fonds jusqu'à concurrence du cinquième de la rente convenancière, et le domainier pour tout l'excédant. Cette manière d'arbitrer l'impôt était d'un usage immémorial. Elle fut appliquée par la cour de Rennes, le 9 janvier 1829 (Sol. conf. ; 18 août 1817).— D.A. 6. 547, n. 15.

67.— La loi du 19 avril 1831 porte, art. 9, § 2 : « Dans les départemens où le domaine congéable est usité, il sera procédé de la manière suivante pour la répartition de l'impôt entre le propriétaire

foncier et le colon. — 1° Dans les *tenues* composées uniquement de maisons ou usines, les six huitièmes de l'impôt seront comptés au colon, et deux huitièmes au propriétaire foncier ; — 2° dans les *tenues* composées d'édifices et de terres labourables ou prairies, et formant ainsi un corps d'exploitation rurale, cinq huitièmes compteront au propriétaire et trois huitièmes au colon; — 3° enfin, dans les *tenues* sans édifices, dites *tenues sans étage*, six huitièmes seront comptés au propriétaire, et deux huitièmes seulement au colon, sauf, dans tous les cas, la faculté aux parties intéressées de demander une expertise aux frais de celle qui la requerra. » — Duvergier, *ibid.*

68. — L'indivision a donné naissance à quelques débats qu'il nous paraît bien facile d'éviter.

1° Que chacun jouisse des droits en proportion de ce qu'il paie dans un impôt commun à plusieurs;

2° Qu'il justifie de ces droits par titres authentiques;

3° Si l'un des co-héritiers a été particulièrement avantagé, qu'il en administre la preuve pour se faire compter une part plus forte de la contribution; voilà, en résumé, toutes les notions par lesquelles le bon sens trace à l'autorité la route qu'elle doit suivre.

L'inventaire fait à la mort de l'auteur commun mentionne et l'état de la propriété qu'il delaisse, et le nombre des personnes qui y ont droit : la production de cet acte doit suffire pour baser la répartition. S'il n'y a pas d'inventaire, un acte de notoriété devant le juge de paix ou le notaire, un certificat du maire de la commune, qui constatera l'existence des heritiers naturels ou institués, suffira également pour la division proportionnelle des charges dont l'immeuble indivis est grevé. — D.A. 6. 547, n. 16.

69. — Si un co-héritier prétend qu'il a reçu des avantages et qu'il doit, en conséquence, lui être compté une plus forte contribution qu'aux autres, il doit en justifier; jusqu'à la preuve contraire, il y a présomption que les co-héritiers possèdent proportionnellement à leurs droits successifs. — Duvergier, p. 223.

70. — Dans le calcul du cens électoral, on doit compter à un co-héritier sa portion intégrale des contributions de l'hérédité, bien que les autres co-héritiers aient un préciput en argent; ce préciput n'empêche pas que le co-héritier ne soit propriétaire de sa part dans les immeubles; il ne constitue qu'une créance sur ces immeubles. — 10 déc. 1828. Pau.

71. — Si, par l'effet de la renonciation de l'un des co-héritiers, aux avantages résultant en sa faveur du testament du chef de famille, les autres co-héritiers acquièrent le cens électoral, ce cens doit leur compter, sans que cette renonciation, et le partage qui l'a suivie, puisse être réputé simulé. — 18 juin 1830. Bordeaux. Lafaye. D.P. 30. 2. 205.

72. — Un héritier peut s'appliquer la totalité des contributions de la succession, lorsque son co-héritier a renoncé; il ne suffit pas de dire que le renonçant avait accepté d'abord et pris la qualité d'héritier, et qu'ensuite il n'a renoncé que pour conférer à son co-héritier le cens électoral. — 25 nov. 1829. Toulouse (Cet arrêt n'a pas été découvert).

73. — L'administration ne doit pas soulever des prétentions touchant aux intérêts privés que ne veulent point élever les intéressés. Lors donc que, pour former son cens électoral, un citoyen se prévaut d'un legs à lui fait, l'administration n'est pas recevable, si les intéressés gardent le silence, à opposer au réclamant que la libéralité excède la quotité disponible. — 3 oct. 1829. Bourges. Durand-Morinbeau. D.P. 30. 2. 28.

74. — Il en est ainsi, spécialement à l'égard du mari qui, légataire de l'usufruit de tous les biens de sa femme, veut profiter du cens dont ces biens sont grevés, encore qu'il ait de la testatrice des enfans âgés de plus de dix-huit ans. — Même arrêt.

75. — Lorsqu'il s'ouvre une succession à laquelle est appelé un individu dont l'existence n'est pas reconnue, l'héritier présent est en droit de demander que les contributions de la totalité des biens soient comptées exclusivement en sa faveur, pour former son cens électoral (C. civ. 136). — 16 juin 1830. Bordeaux. Chéri. D.P. 30. 2. 211.

76. — Un bien étant vendu à plusieurs acquéreurs, et le cadastre n'ayant pas déterminé la contribution de chaque portion, chacun d'eux profite de la portion d'impôt qu'ils se sont engagés à payer par acte authentique (11 sept. 1820. Solution). — Duvergier, 1831, p. 223.

77. — Il semblerait résulter du principe posé plus haut que la contribution foncière doit être imputée

ÉLECTIONS LÉGISLATIVES. ART. 3, § 2.

au propriétaire plutôt qu'à l'usufruitier; mais deux autres principes, qu'il fallait concilier avec cette règle, sollicitaient une solution contraire. C'est que les charges sont la mesure de la capacité électorale, et que la loi politique s'est soumise à la loi civile pour le réglement des cas généraux qu'elle n'a pas autrement expliqués. — Or, l'art. 608 C. civ. grève l'usufruitier « de toutes les charges annuelles de l'héritage, telles que *les contributions* et autres, qui, dans l'usage, sont censées charges des fruits, » et d'ailleurs, l'art. 597 du même code l'appelle généralement à jouir, comme le propriétaire, de tous les droits dont celui-ci a la jouissance (Ord. 22 oct. 1820). Les conventions des parties n'apporteraient aucun changement à cette solution. — D.A. 6. 547, n. 17.

78. — Ainsi, les contributions assises sur un immeuble doivent, pour l'inscription sur les listes électorales ou du jury, être comptées à l'usufruitier, et non au nu-propriétaire, encore bien qu'elles seraient payées par ce dernier (donataire de la nue-propriété des biens), en vertu d'une condition expresse imposée par le donateur. — 9 avril 1829 Req. Poitiers. Main. D.P. 29. 1. 215.

79. — Les mêmes principes s'appliquent à l'usufruit établi sous une condition résolutoire. La condition n'en modifie pas la nature; elle en subordonne seulement la durée à tel acte ou tel événement (Sol. 6 nov. 1820). — D A. 6. 547, n. 18.

80. — Mais, lorsqu'un propriétaire, en vendant un immeuble, s'en est réservé la jouissance pour un temps très court et s'est chargé d'en payer la contribution pendant un temps déterminé, il n'y a pas lieu de lui attribuer cette contribution, parce qu'il n'est pas véritablement usufruitier (Ord. du 27 janv. 1828). — Duvergier, p. 223.

81. — Dès que l'usufruit a pris fin, les contributions dont était grevé l'objet soumis à l'usufruit tombent à la charge du propriétaire; elles devront lui être comptées pour former son cens électoral, dès qu'il aura acquis la possession annale. — 18 juin 1830. Bordeaux. Denoix. D.P. 30. 2. 194.

82. — L'impôt foncier étant basé sur le revenu net (L. 3 frim. an 7 et 23 nov. 1798, art. 2), le propriétaire, qu'il le fasse payer ou non au locataire, en réduction du prix du loyer, supporte toujours en définitive le tribut imposé à sa propriété (Ord. 5 juin 1822). — D.A. *ibid.*

83. — De là, la disposition de la loi du 19 avril 1831, portant, art. 9, § 1er : « Tout fermier à prix d'argent ou de denrées, qui, par bail authentique d'une durée de neuf ans au moins, exploite par lui-même une ou plusieurs propriétés rurales, a droit de se prévaloir du tiers des contributions payées par lesdites propriétés, sans que ce tiers soit retranché au cens électoral du propriétaire.

84. — Il ne faut pas confondre le colon *partiaire* avec le fermier à *prix de denrées.* Le colon partiaire donne au propriétaire une quotité déterminée des fruits, la moitié, le tiers, le quart. Le fermier à prix de denrées, donne une quantité déterminée de fruits, cinquante pièces de vin, cinquante hectolitres de ble, etc.

On a proposé d'étendre au colon partiaire le droit accordé par cet article aux fermiers; mais cette proposition a été rejetée. — Duvergier, 1831, p. 226.

85. — Le duc Decazes, rapporteur, faisait remarquer que la disposition première de cet article pouvait donner ouverture à la fraude. « Vainement, disait-il, exige-t-on un bail de neuf années; l'électeur ou l'élu, lorsque son droit aura été reconnu ou exercé, pourra résilier son bail, s'il a été sérieux, et l'abandonner s'il n'a été que fictif. L'article exige, il est vrai, que le fermier exploite par lui-même; mais qu'entend-on par cette expression ? Ce n'est pas sans doute que le fermier exploite par ses mains? Lui sera-t-il interdit de l'affermer? Nous ne le pensons pas — S'il ne lui était pas permis d'exploiter par des métayers ou des colons partiaires, la disposition de la la loi serait illusoire pour cette partie si étendue du royaume, où ce dernier mode de culture est le seul usité, et peut-être pendant longtemps le seul possible dans beaucoup de localités.

« Le citoyen auquel il ne manquera que 20 ou 30 fr. pour atteindre le cens électoral, affermera réellement ou fictivement quelques portions de terre imposées à 60 ou 100 fr., et se trouvera ainsi électeur. Le cens d'éligibilité pourra être complété ou formé aussi facilement, et moyennant le léger sacrifice d'un droit d'enregistrement dix fois inférieur à celui qu'il aurait fallu payer et perdre pour acquérir simulément une propriété conférant ce même cens. Ce sera à la vigilance de l'administration et des tiers, relativement aux électeurs, à la sévérité de la chambre

des députés, pour les éligibles, à empêcher le succès de ces fraudes, sur lesquelles il suffira, sans doute, d'ailleurs, d'avoir appelé l'attention publique pour qu'elles soient rendues, si ce n'est impossible, du moins plus difficiles. »

86. — Il a été jugé, en conséquence, que quand la loi exige que le fermier exploite par lui-même, pour qu'il puisse se prévaloir du tiers des contributions, elle a entendu que la culture aurait lieu sous sa surveillance et direction et à ses frais; et qu'elle ne s'applique pas au cas où la ferme, objet du bail, est exploitée par des colons partiaires. — 7 juin 1831. Bourges. Delalande. D.P. 31. 2. 245.

87. — Toutefois, le ministre de l'intérieur a pensé qu'il y a lieu d'exiger du fermier une expédition en forme du bail, et un certificat du maire, attestant qu'il exploite par lui même et ne sous-afferme pas le domaine. — 20 avril 1831. Circul. min.

Mais cette décision doit être conciliée avec celle qui précède.

88. — L'art. 9 de la loi du 19 avril 1831, qui exige que le bail soit d'une durée de neuf ans au moins, pour que le fermier puisse se prévaloir du tiers des impositions, n'est pas applicable à un bail de neuf ans, mais avec faculté respective de le résilier à l'expiration de la sixième année. — 7 juin 1831. Bourges. Delalande. D.P 31. 2, 245.

89. — « Les contributions foncières... payées par une maison de commerce composée de plusieurs associés, seront, pour le cens électoral, partagées par égales portions entre les associés, sans autre justification qu'un certificat du tribunal de commerce, énoncant les noms des associés. Dans le cas où l'un des associés prétendrait à une part plus élevée, soit parce qu'il serait seul propriétaire des immeubles, soit à tout autre titre, il sera admis à en justifier devant le préfet en produisant ses titres » (L. 19 avril 1831, art. 6, § 3).

90. — Dans une société anonyme, aucun des associés ne peut s'appliquer une partie des contributions assises sur les immeubles de la société (Solut. des 15 sept. 1820, 3 nov. 1828, et 10 juill. 1829). — Duverg., p. 224.

91. — Le directeur-gérant d'une société en commandite ne peut faire entrer dans la formation de son cens électoral toutes les contributions qui grèvent l'immeuble acquis par lui pour le compte de la société. — 15 nov. 1829. Bourges. Duplaix. D.P. 30. 2. 27. — 10 mars 1830. Req. Bourges. Duplaix. D P. 30. 1. 166.

92. — « Les attributions de contributions, autorisées pour les droits électoraux, par les art. 6 et 9, le sont également pour le droit d'éligibilité » (art. 60). — Ces attributions sont celles dont nous venons de parler.

93. — On a soulevé la question de savoir si le fermier élu député, et dont le cens d'éligibilité se composait de partie des contributions du domaine qu'il exploitait, pourrait continuer à siéger pendant cinq ans, si son bail venait à expirer un an, par exemple, après l'élection.

On peut généraliser et demander si le député qui, par un événement quelconque, cesse de payer ou de pouvoir s'attribuer les contributions composant le cens d'éligibilité, peut continuer à siéger à la chambre?

Cette question est délicate; car, d'une part, le cens est exigé par la loi comme garantie d'attachement à l'ordre de choses établi, à la patrie, et, d'autre part, comme garantie d'indépendance de la part de l'élu. On craignait à la fois l'oubli de ses devoirs de la part du député, et l'usage des moyens d'influence et de séduction de la part du pouvoir. Dès lors que les garanties exigées par la loi viennent à manquer, il semblerait que l'élu dût quitter son siége et rentrer dans la classe des autres citoyens.

94. — Mais si ces considérations, puissantes d'abord en apparence, sont rapprochées d'autres considérations d'un genre différent, elles se montrent dans toute leur faiblesse. Et, en effet, le législateur, en exigeant des garanties de la part des éligibles pour qu'ils puissent être envoyés et admis à la chambre des députés, a fait tout ce qu'il pouvait faire. Il a même fait trop, peut-être; car, en exigeant déjà des garanties de capacité et de fortune de la part des électeurs, il aurait dû compter sur le discernement de ceux-ci. Mais, enfin, alors qu'il a voulu un cens d'éligibilité, et que l'élu est admis au sein de la représentation nationale, il ne pouvait le soumettre à présenter chaque jour son bilan, au risque de compromettre son crédit, sa position sociale, et de faire perdre à la chambre un temps précieux. Aussi, nous ne rencontrons dans la loi aucun texte positif pour l'expulsion, ce qui serait pourtant

nécessaire, car il s'agit d'une pénalité contre un député qui réunissait, lors de son admission, toutes les conditions requises.—Duvergier, p. 240, adopte aussi cette opinion.

95. — Lorsque des extraits de rôles sont signés par le percepteur, vérifiés et attestés par le maire, et que la signature de ce fonctionnaire est légalisée par le sous-préfet, ils présentent une assez grande authenticité pour qu'on doive y ajouter foi, sans la légalisation du préfet, encore qu'il soit fait usage de ces extraits dans un département autre que celui dans lequel ils ont été délivrés. — 15 juin 1830. Bordeaux. Léonardon. D.P. 30. 2. 210.

§ 3.— *Contributions personnelle et mobilière.*

96 — La contribution *personnelle et mobilière*, à laquelle un individu a été imposé, quoique depuis son décès, ne peut profiter à ses héritiers pour former leur cens électoral, encore qu'ils l'eussent payée au trésor.—28 mai 1830 Bordeaux. Mazeau. D.P. 30. 2. 212.

97. — Dans tous les cas, si elle pouvait être considérée comme dette de la succession, elle serait divisible entre les héritiers, et par la même raison profitable à chacun d'eux pour le cens électoral, quoiqu'elle eût été payée par un seul.—Même arrêt.

98. — Si une société, en nom collectif, occupe hors de son domicile des magasins, pour lesquels elle est inscrite au rôle de la contribution personnelle et mobilière; cet impôt, bien que qualifié personnel, doit être considéré comme une charge sociale, et profiter à tous les associés (Ord. du 25 fév. 1824).— Duverg., 1831, p. 224.

§ 4.— *Contributions des portes et fenêtres.*

99.— Est-ce au locataire ou au propriétaire que ces contributions profitent? — C'est au locataire, quelles que soient les conditions du bail, et encore bien que le bailleur se soit obligé de les acquitter.—9 fév. 1829. Paris. Moreau. D.P. 29. 2. 120.—15 nov. 1828. Amiens. Hérault. D.P. 29. 2. 47. — Conf. D.A. 6. 547, 548.—*Contrà*, 20 nov. 1828. Douai. Couailhac. D.P. 29. 2. 47.— 23 déc 1828. Douai. Laurent. D.P. 29. 2. 47.— 24 déc. 1828. Rennes. Guillolohan. D.P. 29. 2. 48 —23 juin 1829. Civ. r. Paris. Moreau. D.P. 29. 1. 278.— 24 nov. 1833. Bastia. Forcioli. D.P. 34. 2. 68.

100.— La loi nouvelle a adopté (art. 6, § 3) l'interprétation développée par Dalloz; elle porte : « L'impôt des portes et fenêtres des propriétés louées est compté, pour la formation du cens électoral, aux locataires ou fermiers. »

101.— Toutefois, la contribution d'une porte cochère, servant à l'usage commun, doit être répartie entre le propriétaire et le locataire. La loi du 4 frim. an 7, art. 551, a établi deux classes de portes et fenêtres qu'elle a différemment imposées, selon que leur usage est particulier à tels des locataires ou commun à tous. Dans ce dernier cas, le propriétaire et le locataire ont chacun une part contributive.—29 déc. 1828. Caen.—Voy. D.A. 6. 547 et 548, n. 20.

102.— On ne croit pas que cette décision ait subi aucune modification depuis la loi nouvelle, pour le cas où le propriétaire habiterait avec le locataire une partie de la maison louée; mais il en serait autrement si la maison était entièrement louée à un ou plusieurs locataires. Alors il y aurait lieu à s'en tenir rigoureusement au texte de l'art. 6, § 2.

103.— Les contributions des portes et fenêtres... payées par une maison de commerce composée de plusieurs associés, seront, pour le cens électoral, partagées par égales portions entre les associés, sans autre justification qu'un certificat du président du tribunal de commerce, énonçant les noms des associés.— V. n. 89.

104.— Du reste, l'arrêté du préfet, qui admet un particulier à compter, pour former son cens électoral, certaines contributions, telles que celle des portes et fenêtres, ne peut, lors de la publication d'une nouvelle liste, être opposé par ce particulier, comme ayant l'autorité de la chose jugée, et cette contribution, quoique admise en 1827, par exemple, peut lui être retranchée en 1828. — 15 nov. 1828. Amiens. Hérault. D.P. 29. 2. 47. — 16 janv. 1828. Lyon. Boulat. D.P. 29. 2. 44.— 14 nov. 1828. Agen. Brugalières. D.P. 29. 2. 44.— 27 nov. 1828. Colmar. Holtzapffel. D.P. 29. 2. 44. — 2 déc. 1828. Paris. Peigné-Teisseidre. D.P. 29. 2. 44.

§ 5. — *Des patentes. — Diplôme des chefs d'institution et des maîtres de pension.*

105.— Dans quelle proportion les droits de patente doivent-ils concourir à la formation du cens électoral des associés individuellement? — Dans la proportion de leur intérêt (Ordonn. 28 nov. 1827), si la patente est prise en nom collectif; et selon leur droit de patente, si elle est personnelle. — Quant au droit proportionnel à la location, il ne compte à chaque associé qu'autant qu'il justifie de sa part d'intérêt dans l'association (L. 1er brum. an 9; 25 mars 1817, art. 67; 15 mai 18 8, art 62). C'est une charge commune. Cette répartition n'a pas lieu pour les associés en commandite; ils sont exempts du paiement de patente (Ord. 22 oct. 1820). — D.A. 6. 548, n. 21.

106.— La patente payée par une maison de commerce doit, pour l'exercice des droits électoraux et du jury, être comptée à chacun des associés, dans la proportion d'intérêt qu'il a dans la société. — 2 oct. 1832. Bordeaux. Boudrot. D.P. 33. 2. 49.

107.— Comment chaque associé prouvera-t-il son droit? — Les préfets sont autorisés à demander aux réclamans la production de leur acte de société, ou de tout autre titre qui établirait leur propriété. L'extrait, déposé au greffe du tribunal de commerce, ne suffirait pas, si cet extrait ne faisait pas connaître en même temps et les droits de propriété, et les droits respectifs dans l'entreprise commerciale (Ord. 27 oct. 1820).— D.A. *ibid.*, n. 22.

108. — Il ne prouverait pas suffisamment le droit qu'il invoque par la simple déclaration de son prétendu associé, ou par des certificats de tierces personnes.—15 juin 1830. Bordeaux. Long. D.P. 30. 2. 209.

109.— La loi nouvelle a essentiellement modifié ces diverses solutions: elle porte, art. 6, § 3 : « Les contributions des patentes payées par une maison de commerce composée de plusieurs associés, seront, pour le cens électoral, partagées par égales portions entre les associés, comme nous l'avons remarqué au n. 89.

110. — C'est ainsi qu'elle a tranché toutes les difficultés qui pouvaient s'élever sur la matière. Les associés n'ont plus à justifier de la quotité de l'intérêt qu'ils ont dans la société : ils sont réputés avoir tous un droit égal.

111. — Les patentes sont personnelles : elles ne peuvent servir qu'à ceux qui les ont prises (L. 28 fruct. an 4. — D.A. 6. 548, n. 23). — 24 déc. 1828. Rennes. Guillolohan. D.P. 29 2. 48.— 16 juin 1830. Nanci. Leman. D.P. 30. 2. 203.

112. — En conséquence, la patente ne peut se transmettre ni profiter à celui qui succède à l'établissement de commerce (L. 1er brum. an 7, art. 25). — 16 juin 1830 Nanci. Leman. D.P. 30. 2. 203.

113.— Prise sous le nom du père, elle ne doit pas profiter aux enfans pour former leur cens électoral, encore que, dans la réalité, le commerce pour lequel la patente a été prise soit exercé par eux seuls depuis plusieurs années. — 24 déc. 1828. Rennes. Guillolohan. D.P. 29. 2. 48.

114 — La patente des fileurs de cocons, dont la fixation pour 1830 n'avait point encore eu lieu, a pu être comprise dans le cens électoral de celle de cette année, pour le taux de la patente payée en 1829, lorsqu'il était constant que celui qui voulait s'en prévaloir exerçait encore la même industrie. — 6 juill. 1830. Req. Préf. du Gard C. Silhol. D.P. 30. 1. 273.

115. — « La patente sera comptée à tout médecin ou chirurgien employé dans un hôpital, ou attaché à un établissement de charité et exerçant gratuitement ses fonctions, bien que, par suite de ces mêmes fonctions, il soit dispensé de la payer » (art. 4, § 3).

116.— *Du diplôme.*— « Le montant du droit annuel de diplôme, établi par l'art. 29 du décret du 17 sept. 1808, sera compté dans le cens électoral des chefs d'institution et des maîtres de pension, tant que les lois annuelles sur les finances continueront à en autoriser la perception.— Les chefs d'institution et les maîtres de pension justifieront du paiement du droit par la représentation de la quittance que leur aura délivrée le comptable chargé de la perception de ce droit » (art. 5, § 1 et 2).

§ 6.— *Des personnes qui profitent des contributions d'autrui.— Délégations.*

117.— « Pour former la masse des contributions nécessaires à la qualité d'électeur ou d'éligible, on comptera ...au père, celles des biens de ses enfans mineurs, dont il aura la jouissance, au mari, celles de sa femme, même non commune en biens (L. 5 fév. 1817, art. 2), pourvu qu'il n'y ait pas séparation de corps » (L. 19 avril 1831, art. 6, § 1 et art. 60).

118.— « Les contributions foncières, payées par une veuve, sont comptées à celui de ses fils, à défaut de fils à celui de ses petits-fils, et, à défaut de fils et petits-fils, à celui des gendres qu'elle désigne » (L. 29 juin 1820, art. 5).— La loi nouvelle est plus large; elle porte, art. 8 : « les contributions directes payées par une veuve ou par une femme séparée de corps ou divorcée, seront comptées à celui de ses fils, petits-fils, gendres ou petits-gendres qu'elle désignera. »

119.— Nous allons développer successivement ce qui a trait aux contributions du *mari*, du *père* et de la *femme veuve*, *séparée de corps* ou *divorcée*, en ayant soin de faire ressortir les différences de la nouvelle législation avec la précédente.

120.— *Du mari.* — La loi compte au mari les contributions de sa femme, *même non commune en biens*. Ce n'est donc pas le droit du mari sur les biens de la femme que la loi considère. La prérogative politique est donc attachée ou inhérente à la qualité de mari, tant que les causes ordinaires d'incapacité ne l'en ont pas séparée : « C'est un hommage à la puissance du père de famille, que la société est intéressée à entourer de la plus grande autorité, » disait Lainé, sur l'art. 2 de la loi du 5 fév. 1817 (*Moniteur*, 6 janv. 1817).— D.A. 6. 548, n. 1.

121.— De ce premier principe, il suit que les contributions de la femme divorcée ne peuvent compter à son ancien mari, s'ils n'ont pas contracté un second mariage (Solut. 26 mars 1819); qu'elles lui comptent, au contraire, s'ils ne sont que séparés de biens ou de corps.— *Ib.*

122.—On proposa à la chambre des députés d'excepter le cas de séparation. La proposition fut rejetée (*Moniteur*, *loc. cit.*). Le mari, en effet, ne conserve pas moins sa qualité, et la justice n'a prononcé que sur des affaires de ménage et pour la seule tranquillité de la famille. Néanmoins, on en est revenu plus tard à admettre cette proposition et aujourd'hui on ne compte au mari les contributions de sa femme commune ou non commune en biens, qu'autant qu'il n'y a pas séparation de corps entre eux (L. 19 avril 1831, art. 6).

123.— Mais il est certain que si les époux séparés de corps se réunissent, comme ils en ont le droit, le mari pourra de nouveau faire concourir à former son cens électoral les contributions de sa femme.— Duverg., p. 223.

124.— Le mari ne peut évidemment profiter que des contributions qui serviraient à la femme elle-même, si son sexe ne la rendait inhabile aux fonctions électorales.— De ce second principe il suit :

1° Que toutes les règles exposées ci-dessus à l'égard des personnes à qui les contributions doivent être imputées, sont fictivement applicables à la femme, pour devenir la mesure des droits du mari (Solut. 23 oct. 1820);

2° Qu'on n'imputera pas l'impôt assis sur les biens des enfans que la femme remariée a eus du premier lit : elle ne jouit pas de ces biens, conservât-elle la tutelle (C. civ 386);

3° Qu'il en sera de même des contributions afférentes à la succession indivise de la femme, fût-elle administrée par le mari veuf, et encore bien que les époux se soient mariés sous le régime de la communauté, et que les héritiers se soient réservé la faculté d'accepter la succession ou d'y renoncer (Sol. 7 sept. et 5 nov. 1820). La part d'imposition, proportionnelle à ses droits successifs, accroîtra à chaque héritier, dès l'ouverture de la succession. — D.A. *ibid.*, n. 2.

125.— *Du père.*— Ce n'est pas seulement à la qualité de père que la loi attache le droit de se faire compter les contributions de ses enfans; il faut que ses enfans soient *mineurs*, et qu'il ait la *jouissance de leurs biens*.

126.—D'où la conséquence, sans nul doute, 1° que le père et le fils ne sont plus autorisés, comme sous la législation antérieure à 1817, à se céder respectivement une partie ou la totalité de leurs contributions; — 2° que si les enfans sont émancipés, ou qu'il n'en ait la tutelle qu'en qualité d'aïeul, l'ascendant ne jouissant pas de leurs biens, ne pourra se prévaloir de leur impôt (C. civ. 384; Sol. 30 mars 1820).— D.A. 6. 548, n. 3.

127.— *De la femme veuve, séparée de corps ou divorcée.* — La capacité de déléguer n'est attribuée par la loi de 1820 qu'à la femme veuve.—Une femme mariée ne pouvait donc déléguer à ses enfans, même d'un premier lit, les contributions de biens dont ils avaient la propriété, et dont elle était usufruitière. Elles comptaient au second mari (Sol. 29 nov. 1820).

128.— La veuve interdite ne pouvait déléguer ses contributions; le conseil de famille ni le tuteur ne pouvaient les déléguer en son nom; mais les autres

incapacités civiles ne pouvaient affecter cette délégation, qui ne transmet pas un droit personnel (Sol. min. 29 août 1820, et 3 nov. 1828). — Duverg., p. 226.

129. — Mais que fallait-il entendre par ce mot *veuve*? Le décès du mari était-il nécessaire pour qu'une femme fût réputée dans cet état ? L'épouse d'un divorcé, d'un mort civilement (si l'on admet la rupture du mariage par la mort civile), était-elle veuve dans le sens de la loi ?

130. — La femme *divorcée* n'est pas, quoique non remariée, réputée *veuve* dans le sens de la loi qui permet à la veuve de déléguer ses contributions à son fils ou à son gendre, pour les rendre électeurs (L. 29 juin 1820, art. 5). — 3 oct. 1829. Bourges. Reignier. D.P. 29. 2. 304. — 25 janv. 1830. Req. Bourges. Reignier. D.P. 30. 1. 91.

131. — Favard et Cormenin, v° Elections, le pensent ainsi, tant à l'égard de la femme divorcée que de la femme du mort civilement. Néanmoins, le premier de ces deux auteurs convient que la position de la femme du mort civilement est *cependant analogue* à celle de la veuve. — S'il y a parité de raison, le bon sens veut parité d'effets. Est veuve (*vidua*) toute femme qui cesse d'avoir un mari. — D.A. *ibid.*, n. 6.

132. — La femme divorcée et non remariée est donc réputée *veuve*, dans le sens de la loi qui permet à la veuve de déléguer ses contributions à son fils pour le rendre électeur (C. civ. 722). — 8 déc. 1828. Rennes. Trottin. D.P. 29. 1. 48.

133. — La loi nouvelle, en laissant entière la difficulté en ce qui concerne la femme veuve, l'a tranchée à l'égard de la femme divorcée : « Les contributions directes payées par une veuve, ou par une femme séparée de corps ou divorcée, seront comptées à celui, etc..... »

134. — Elle est même assise sur une base plus large, car la femme séparée de corps peut, elle aussi, déléguer ses contributions, droit qu'on n'avait pas songé à lui faire avoir précédemment.

135. — L'art. 5 de la loi du 29 juin 1820, autorisant la femme veuve à déléguer ses contributions foncières, on en concluait :

136. —... Qu'elle ne pouvait déléguer ses contributions personnelle et mobilière. — 23 juin 1830. Bordeaux. Boucherie. D.P. 30. 2. 212. — 18 oct. 1830. Bourges. Morizat. D.P. 31. 2. 90.

137. —... Ni sa contribution des portes et fenêtres. — 11 déc. 1828. Caen. Carel. D.P. 29. 2. 47. — 23 juin 1830. Bordeaux. Boucherie. D.P. 30. 2. 212.

138. — Dalloz avait critiqué cette décision : et la loi nouvelle a fait cesser le doute en autorisant la délégation des contributions directes, ce qui embrasse toutes les contributions indiquées dans le présent paragraphe.

139. — « La veuve transportera donc, quelle qu'en soit la quotité, tous les impôts directs qui lui compteraient à elle-même, si elle était capable, sans en excepter les contributions des biens dont elle jouit comme tutrice de ses enfans.

140. — La faculté accordée à la veuve de déléguer ses contributions à son gendre, continue d'exister, bien que le gendre ait, après le décès de son épouse, contracté un second mariage, alors qu'il existe un enfant issu de la première union. — 21 oct. 1829. Paris. Cardet. D.P. 30. 2. 60.

141. — La mère adoptive peut déléguer ses contributions à son fils adoptif. — 9 sept. 1829. Nanci.

142. — Ce même article 5 de la loi du 29 juin 1820, portant que « les contributions foncières, payées par une veuve, sont comptées à celui de ses fils, *à défaut de fils*, à celui de ses petits fils, et, *à défaut de fils et petits-fils*, à celui de ses gendres qu'elle désigne », donnait lieu à des divergences d'opinions très grandes, relativement à l'ordre dans lequel pouvaient être faites les désignations.

143. — Ainsi, l'on avait jugé que la délégation faite par une veuve en faveur de son gendre était insuffisante, si elle ne mentionnait pas qu'elle lui était faite à défaut de fils et de petits-fils. — 17 juin 1830. Bordeaux. Lessance. D.P. 30. 2. 206. — 22 juin 1830. Bordeaux. Boucherie. D.P. 30. 2. 202.

144. —... Qu'elle devait au moins être accompagnée de la preuve que cette condition existait. — Mêmes arrêts.

145. — Et que si les pièces justificatives de l'existence de cette condition n'avaient pas été produites devant le préfet, elles ne pouvaient l'être devant la cour. — 17 juin 1830. Bordeaux. Lessance. D.P. 30. 2. 206.

146. — Toutefois, on avait jugé que la preuve qu'une veuve qui avait délégué ses contributions à son gendre, était sans fils ou petit-fils, devait être faite contre l'électeur et non par lui. — 6 juill. 1830. Req. Préf. du Loiret. D.P. 30. 1. 274.

147. — Bien plus, de ces mots, *à défaut de fils et petits-fils, à l'un de ses gendres*, le conseil d'état avait conclu que la délégation au gendre serait nulle, lors même que le fils ou petit-fils seraient incapables! (V. Ord. 22 oct. 1820). — Dalloz a vivement critiqué cette solution, (D.A. 6. 549, n. 8), qui a été aussi rejetée par les cours royales.

148. — Jugé en effet que les expressions *à défaut* de fils ou de petits-fils, qui se trouvent dans la loi du 25 juin 1820, doivent s'entendre de la capacité et non de l'existence de ces individus, et que la veuve ayant des fils ou des petits-fils incapables (à raison de l'âge) d'exercer les droits électoraux, peut déléguer ses contributions à son gendre — 13 sept. 1827. Limoges. Gadon. D.P. 28. 2. 15. — 27 sept. 1827. Amiens. Févez. D.P. 28. 2. 15. — 28 sept. 1827. Rennes. Boëlle, etc. D.P. 28. 2. 15. — 16 janv. 1828. Lyon. Boulot. D.P. 29. 2. 44. — 2 avril 1828. Montpellier. Mirepoix. D.P. 28. 2. 177. — 8 oct. 1828. Paris. Durand. D.P. 29. 2. 23. — 14 nov. 1828. Agen. Brugalières. D.P. 29. 2. 44. — 27 nov. 1828. Colmar. Holtzapffel. D.P. 29. 2. 44. — 2 déc. 1828. Paris. Peigné-Teisseidre. D.P. 29. 2. 45. — 1er juill. 1829. Toulouse. Darnaud. D.P. 29. 2. 270.

149. — Mais dans quelle situation devait se trouver la personne capable de cette délégation ? — Elle devait, suivant l'art. 5 (L. de 1820), être *le fils, le petit fils* ou *le gendre* de la veuve.

150. — Ainsi, l'aïeule ne pouvait déléguer au mari de sa petite-fille : la qualification de gendre n'appartenant pas à ce dernier. — 14 juin 1830. Bordeaux. Combret. D.P. 30. 2. 208. — Conf. Sol. min. des 9 et 11 sept. 1820 ; Favard, v° Elections, sect. 2, § 4, n. 31, et Cormenin, v° Elections. — *Contrà*, Dalloz, 6. 549, n. 7. — 16 juin 1830. Grenoble. Pey. D.P. 30. 2. 255.

151. — La loi nouvelle a tari la source de tant de débats en disposant que « les contributions seront comptées à celui des fils, petits-fils, gendres ou petits-gendres qui sera désigné ; » la femme désignera qui lui plaira ; son petit-fils par préférence à son fils, son gendre par préférence à l'un et à l'autre, etc., selon qu'elle le croira convenable. — Duvergier, p. 225.

152. — Quel est le mode de délégation ? — Elle ne peut pas se faire proportionnellement entre plusieurs enfans ou gendres de la veuve. La loi ne lui donne qu'un mandataire (Sol. 29 sept. 1820). — Mais le même individu a qualité sans contredit pour recevoir les délégations de plusieurs de ses ascendantes. — D.A. 6. 549, n. 9 ; Duvergier, p. 226.

153. — La désignation, faite par la veuve, n'a pas besoin d'être renouvelée pour chaque élection. — Elle cesse de droit par le convol à de secondes noces et pour les autres causes qui la rendent incapable de déléguer, et que nous avons signalées plus haut. — D.A. 6. 549, n. 10.

154. — Toutefois, il a été jugé que la délégation subsiste tant qu'elle n'est pas révoquée. — 21 juin 1830. Nanci. Gillon. D.P. 30. 2. 204.

155. — La désignation du délégué cesse par la volonté de la femme veuve, quand elle la révoque expressément. La révocation doit s'opérer dans la même forme que la délégation. En la laissant révocable, le législateur a probablement eu le but moral et politique d'affermir l'autorité maternelle, et de faciliter à celle dont les intérêts sont représentés le choix du mandataire qui pût le mieux, selon la variété des conjonctures, correspondre à ses opinions et à ses vœux. — D.A. *ibid.*

156. — On peut déléguer par acte sous seing-privé. — 28 juin 1830. Req. Préfet du Loiret. D.P. 30. 1. 271.

157. — Et cet acte sous seing-privé a pu être déclaré, d'ailleurs que la signature n'est pas méconnue, suffisant pour établir, vis-à-vis de l'administration, la preuve de la délégation (C. civ. 1319, 1322). — Même arrêt.

158. — Lorsque le préfet a décidé qu'une délégation faite par une veuve à son fils était temporaire, et devait être renouvelée, et a, par ce motif, réduit le cens de l'électeur, si celui-ci acquiesce à cette décision, et se présente ensuite avec une nouvelle délégation, cette délégation ne fait pas un double emploi ; elle constitue un droit nouvellement acquis. — 21 juin 1830. Nanci. Gillon. D.P. 30. 2. 204.

159. — Lorsqu'une veuve en seconde noces a délégué à son fils du premier lit la moitié des impôts que payait son dernier mari, le délégataire n'est pas tenu de fournir à l'administration la preuve que sa mère était mariée sous le régime de la communauté, et que les biens grevés des impôts délégués dépendaient de cette communauté (L. 29 juin 1820, art 5 ; C. civ. 1393 et 1402). — 6 nov. 1829. Bourges. Aveline. D.P. 30. 2. 27.

160. — Il en est de même de la délégation faite dans de telles circonstances par une veuve à son gendre ; ici ne s'applique pas la présomption de l'art. 1402. — 7 juill. 1830. Req. Préfet d'Indre-et-Loire. D.P. 30. 1. 274.

161. — Les délégations, comme leurs révocations, ne sont soumises qu'à l'enregistrement du droit fixe d'un franc (Décis. de la régie, du 10 juill. 1824, et instruct. génér., du 18 déc., même année, n. 1150, § 3). — D.A. *ib.*, n. 11 ; Duv., p. 226.

162. — Il n'est pas nécessaire que les contributions déléguées forment seules le cens électoral ; la délégation peut être faite pour compléter le cens, qui sera ainsi composé en partie des contributions déléguées et en partie des contributions personnelles payées par le délégataire (Duverg., p. 226). — Cela paraît évident.

§ 7. — *De la possession annale, antérieure aux opérations électorales.*

163. — L'art. 4 de la loi du 29 juin 1820 porte : « Les contributions directes ne seront comptées pour être électeur ou éligible que lorsque la propriété foncière aura été possédée, la location faite, la patente prise, et l'industrie sujette à patente exercée une année avant l'époque de la convocation du collége électoral. Ceux qui ont des droits acquis avant la publication de la présente loi, et le possesseur à titre successif sont seuls exceptés de cette disposition. » — Eviter l'improvisation frauduleuse d'électeurs, qui, la veille de la confection des listes, usurperaient un titre fictif ou précaire ; faire du système représentatif le miroir fidèle de l'opinion que la charte a voulu voir exprimer, tel est, dit Dalloz, le but de la loi. Le premier pouvoir de tout corps électif étant dans la confiance qu'il inspire, la sincérité doit être la première condition de l'élection. — Le mérite de cet utile innovation n'a pas été contesté, on s'est divisé seulement sur la durée du temps de la possession antérieure (*Moniteur*, 7 mai 1820, rapp. de Lainé). — D.A. 6. 549, et 550, n. 25.

164. — Ces principes, vrais en eux-mêmes, ont subi dans la loi nouvelle quelques modifications importantes : « Les contributions foncière, personnelle et mobilière et des portes et fenêtres, ne sont comptées que lorsque la propriété foncière aura été possédée ou la location faite antérieurement aux premières opérations de la révision annuelle des listes électorales. Cette disposition n'est point applicable au possesseur à titre successif ou par avancement d'hoirie — La patente ne comptera que lorsqu'elle aura été prise, et l'industrie exercée, un an avant la clôture de la liste électorale. »

165. — Ainsi, il n'est plus nécessaire que la propriété foncière soit possédée depuis une année au moment de la convocation du collége électoral, et la location faite une année aussi avant cette même époque, pour que les contributions foncière, personnelle et mobilière et des portes et fenêtres soient comptées au propriétaire ou au fermier ; il suffit que la propriété foncière soit possédée et la location faite antérieurement aux premières opérations de la révision annuelle des listes électorales.

166. — Cette possession antérieure à la révision annuelle des listes n'est même pas exigée des propriétaires qui détiennent à titre successif ou par avancement d'hoirie.

La patente seule doit, pour compter à l'électeur, avoir été prise et l'industrie exercée un an avant la clôture de la liste électorale. — Par suite de cette modification qui substitue une époque certaine, celle de la clôture de la liste, à une époque incertaine et indéterminée, celle de la convocation du collége électoral, pour ce qui est relatif à la prise de la patente et à l'exercice de l'industrie, il doit en résulter une confiance plus grande dans l'existence de son droit, de la part de l'électeur, et moins de tracasseries pour l'administration, qui n'est point ainsi obligée de contester l'époque plus ou moins rapprochée que les électeurs prétendraient devoir être celle des élections prochaines.

167. — La loi du 29 juin 1820 n'exceptait de la condition de la possession annale que les droits acquis et les titres successifs. — Toutefois, l'exception ne devait pas être prise à la lettre : il est évident, par exemple, que les contributions de la femme auraient compté au mari encore que le mariage n'eût pas un an de date. L'intention d'éluder la loi n'est pas ici présumable. — D.A. 6. 550, n. 1.

168. — L'échangiste n'était pas dispensé de la pos-

session annale des biens reçus en échange, quoiqu'il aurait possédé depuis plus d'une année les biens donnés par lui en contre-échange. — 12 juill. 1830. Req. Bourges. Gessat. D.P. 30. 1. 274.

169.—Cette décision se fonde sur ce que les contributions du nouveau domaine peuvent être inférieures à celles de l'ancien; c'est la possession contemporaine de l'élection qui devait avoir un an de date (Ord. 6 avril 1824).—La même solution a été consacrée par la cour de Paris, le 4 mai 1829.—La chambre des députés, en considération de la bonne foi d'un de ses membres, placé dans ce cas, n'en a pas moins ordonné l'admission (Séance 28 fév. 1828).—La manière loyale, dit Dalloz, dont doivent s'interpréter les lois électorales, nous porte à croire que les tribunaux auraient pu user sagement du pouvoir d'apprécier les circonstances, pour tenir compte de la bonne foi. Tel eût été le cas où, sans interruption dans le passage d'une propriété à l'autre, la dernière serait plus imposée.—S'il y avait eu remploi des biens de la femme, depuis moins d'un an, un autre motif, à nos yeux péremptoire, eût sollicité une semblable décision; c'est la destination légale à conserver à la femme une propriété équivalente à celle échangée (C. civ. 1434, 1435 et 1559).—D.A. 6. 550, n. 2.

170. — Celui qui possédait depuis plus d'un an la nue-propriété d'un bien dont il n'avait acquis l'usufruit que dans l'année, était dispensé de la possession annale de cet usufruit. Une ordonnance du 6 avril 1821 avait statué en sens inverse.—Mais la loi n'exigeait pas que l'impôt eût été payé une année. Cette durée n'était requise que pour *la possession de la propriété foncière*. C'est ainsi qu'il suffisait que la patente eût été *prise*, l'industrie *exercée*. La possession antérieure eut donc dû compter au nu-propriétaire, bien qu'il ne payât pas alors les contributions.—D.A. 6. 550, n. 3.—*Contrà*, Fav. et Corm., vº Elections.

171.—La donation de biens, faite en avancement d'hoirie, par un père à son fils, était-elle comprise sous la dénomination générale de *titre successif*, et le donataire, en conséquence, était-il dispensé de la possession annale?—Oui (D.A. 6. 550, n. 4).— 23 avril 1828. Rouen. de Clercy. D.P. 28. 2. 92.—20 mars 1829. Angers. Ollivier. D.P. 29. 2. 119.—11 sept. 1829. Douai. Mahon. D.P. 29. 2. 300.—*Contrà*, Fav., vº Elections, sect. 2, § 4.—25 août 1829. Paris. Isambert. D.P. 29. 2. 299.—19 janv. 1829. Caen. Chédeville. D.P. 29. 2. 118.

172.— Et il suffit au donataire de prouver qu'en réunissant à ses biens personnels les biens compris en la donation, il paie le cens électoral. — 23 avril 1828. Rouen. de Clercy. D.P. 28. 2. 92.

173. — Il y a même présomption d'avancement d'hoirie au profit du fils qui a reçu de ses père et mère une donation entre-vifs. — Même arrêt.

174.—Jugé que la démission de biens dispense aussi de la possession annale.— 18 juin 1830. Bordeaux. Denoix. D.P. 30. 2. 194.

175.— La loi nouvelle a mis un terme à la fluctuation de la jurisprudence et à l'incertitude des auteurs, en déclarant expressément que les possesseurs à titres successifs ou *par avancement d'hoirie* sont dispensés de l'obligation d'établir leur possession antérieure aux premières opérations de la révision annuelle des listes.

176. — Toutefois, la controverse ne se serait pas probablement engagée si la donation eût toujours été faite pour cause de mariage par le père ou tout autre ascendant. Favard reconnaissait lui-même qu'on devait l'assimiler, dans ce cas, à une transmission successive.

177. — Ainsi, il était jugé qu'une donation en avancement d'hoirie, que des père et mère avaient faite à leur enfant, par contrat de mariage, constituait un titre successif dispensant de la possession annale.— 13 juill. 1830. Civ. r. Préfet de la Seine. Leguey. D.P. 30. 1. 269. — 19 janv. 1829. Caen. Chédeville D.P. 29. 2. 118.

L'irrévocabilité était la raison qu'on en donnait. Un tel acte exclut en effet tout soupçon d'intrigues. D.A. 6. 550, n. 5.

178.— Du reste, le défaut de transcription d'une donation (contenue dans un partage anticipé) n'était pas un obstacle à ce que le donataire fût, quant à l'exercice des droits électoraux et vis-à-vis de l'administration, considéré comme investi de l'objet donné.— 29 juin 1830. Grenoble. Morin. D.P. 30. 2. 255.

179 — Il était encore certain qu'avant le partage, un veuf qui continuait d'administrer la communauté dissoute, cédait la jouissance de la moitié des biens aux héritiers de la femme *qui n'avaient pas encore accepté*. Qu'il n'était pas nécessaire qu'une telle cession remontât à plus d'une année. Que ce n'était ni une donation, ni une vente, mais un arrangement préalable au partage, qui était la conséquence des droits successifs du cessionnaire (Sol. 23 nov. 1820).— D.A. 6. 550, n. 6.

180. — Aujourd'hui encore, malgré cette modification de la loi qui n'exige plus qu'une possession antérieure seulement, ne fusse que de vingt-quatre heures, aux premières opérations de la révision annuelle des listes, cette restriction, en tout ce qu'elle peut avoir d'applicable, devrait être suivie.

181. — Les principes de droit commun doivent, comme on l'a dit plus haut, servir de règle à l'interprétation des lois électorales, qui n'y ont pas dérogé.

182. — De droit commun, le partage entre co-héritiers ou propriétaires par indivis, ayant un effet rétroactif au jour où l'indivision a commencé, il suit de là, que s'il est échu à un co-partageant un lot suffisant pour lui conférer le cens électoral, il doit être porté sur les listes pour la totalité de la contribution assise sur ce lot (C. civ. 883). — 14 janv. 1829. Orléans. Péan. D.P. 29. 2. 50. — 27 nov. 1828. Nanci. Bontoux. D.P. 29. 2. 117. — 12 juill. 1830. Req. Préf. de la Mayenne C. Paumard. D.P. 30. 1. 274.

183.— ... Encore bien que cet acte soit postérieur à la clôture du registre destiné à recevoir les demandes en radiation.—14 janv. 1829. Orléans. Péan. D.P. 29. 2. 50.

184.— Il suit encore que le propriétaire d'un immeuble indivis, à qui le partage a attribué l'usufruit de la totalité de cet immeuble, est fondé à se prévaloir, pour former son cens électoral, de la totalité des contributions dont il se trouve tenu par l'effet du partage..., si d'ailleurs ses droits dans l'immeuble indivis remontaient à plus d'un an. — 11 déc. 1828. Amiens. Oudin. D.P. 29. 2. 48.

185.— Du reste, tout acte, quelle que soit la dénomination que les parties lui ont donnée, qui tend à faire cesser l'indivision, entre co-héritiers, sur des immeubles de la succession, est un véritable partage, formant titre successif. En conséquence, l'héritier qui est saisi des biens de la succession, en vertu d'un acte qualifié vente, à lui passé par son co-héritier, n'a pas besoin de la possession annale pour être porté sur la liste des électeurs. — 27 nov. 1828. Nanci. Bontoux. D.P. 29. 2. 117.

186. — La même exception profitera au co-héritier acquéreur sur licitation de la totalité d'une succession immobilière, si ses droits dans l'immeuble remontent à plus d'une année (L. 29 juin 1820, art. 4).— 13 déc. 1828. Rouen. Bougarel. D.P. 29. 2. 48.

187.— Il a été jugé cependant que le partage d'une société ne peut être assimilé à celui d'une succession; que la dispense de la possession annale ne peut s'étendre à celui qui est devenu propriétaire d'immeubles par le partage d'une société (C. civ. 883 et 1872; l. 29 juin 1820, art. 4).— 17 juin 1830. Bourges. Parnajon. D.P. 30. 2. 211.

188. — Mais la fiction en vertu de laquelle on est censé avoir succédé seul, dès le moment de l'ouverture de la succession, aux biens qui la composent, ne peut toutefois préjudicier à l'héritier qui n'a pu compter sur la renonciation de son co-héritier, postérieure à la clôture des listes électorales.

189. — Ainsi, lorsque, par la renonciation à un legs d'usufruit, faite en déc. 1829, il y a eu réunion de l'usufruit à la nue-propriété, la possession annale du cens, grevant ces biens, n'est pas censée avoir été acquise, au 30 sept. 1829, au profit du propriétaire.., tellement qu'il n'encourt pas la déchéance pour n'avoir pas requis, à cette époque, son inscription sur les listes électorales, et qu'il peut se faire porter sur le tableau de rectification.— 5 juill. 1830. Préf. d'Indre-et-Loire C. Haime. D.P. 30. 1. 273

190.— Il est bon d'indiquer comment ces différens arrêts recevront aujourd'hui encore leur application. Lorsqu'il aura été décidé que, par un motif quelconque, la possession annale n'est pas exigée, il faudra en conclure aujourd'hui que le possesseur, placé dans ce cas particulier, pourra se faire inscrire sur la liste, bien qu'il ne fût pas en possession avant les premières opérations de la révision annuelle. — Duvergier, 1831, p. 224.

191. — De quel temps court l'année de la possession annuelle? 1º Du jour de l'acte de vente, s'il est authentique, et non du jour de l'enregistrement, comme l'a dit le ministre de l'intérieur. Ce n'est pas l'enregistrement *seul*, ainsi qu'il l'a prétendu, qui donne la date certaine à l'acte authentique, c'est le caractère de la personne qui le revêt de certaines formes.— D.A. *eod.*, n. 8.

192. — Dans le cas où l'on s'est porté fort pour un co-héritier, c'est du jour de la *ratification* de ce co-héritier, majeur ou mineur, et non du jour de la vente, que doit courir la *possession annale* au profit de l'acquéreur.—20 nov. 1829. Paris. Perrot. D.P. 30. 2. 115.

193.— 2º Du jour de l'entrée en jouissance de l'appartement ou de la maison, qui est l'objet de la location.

194.— 3º Du jour de la délivrance de la patente, si l'industrie a été *exercée* à la même époque, et de la délivrance du diplôme, pour les chefs d'institutions et maîtres de pension.

195.—L'art. 7, § 2 de la loi du 19 avril 1831, porte que: « la patente ne comptera que lorsqu'elle aura été prise, et l'industrie exercée un an avant la clôture de la liste électorale. »

196.— Génin fit remarquer, lors de la discussion, qu'il pourrait arriver, lorsqu'un négociant a changé de domicile, que la patente du domicile précédent ne lui fût pas comptée pour le cens électoral; pour éviter toutes difficultés, et rendre la disposition plus claire, il proposa d'ajouter « sans préjudice toutefois du droit résultant de l'autre patente payée l'année précédente.»—Le rapporteur répondit que cette addition était sans objet, et que malgré le changement de domicile, la patente doit toujours être comptée. Génin retira son amendement.— Duvergier, p. 225.

197.— Ces mots « et l'industrie exercée » ont été ajoutés sur la proposition de Séran, » afin, dit-il, de prévenir l'inconvénient qu'il y aurait à ce qu'une patente conférât le droit électoral sans avoir été prise pour exercer une industrie, elle ne doit conférer le droit électoral qu'autant qu'elle sera la représentation de l'industrie. « Ainsi, celui qui prétendrait à une patente, sans exercer réellement l'industrie, ne devrait pas être admis à exercer les droits d'électeur.— Duvergier, p. 225.

198.—On le décidait ainsi sous la loi précédente: Il faut, pour qu'une patente puisse entrer dans le cens électoral, qu'elle ait été prise et l'industrie exercée un an avant l'affiche de l'ordonnance de convocation, ou tout au moins avant la confection du tableau de rectification prescrit par l'art. 22 de la loi du 2 juillet 1828. — 14 juin 1830. Bourges. Grenouillet. D.P. 30. 2. 206.

199 — Lorsqu'une patente subit une augmentation en raison de la valeur locative d'ateliers, pour lesquels le commerçant paie déjà un droit proportionnel, cette augmentation peut entrer dans le cens électoral, sans qu'il en ait la possession annale.— Même arrêt.

200 — L'augmentation de patente, lorsqu'elle ne résulte que de l'extension d'une même industrie, n'est pas soumise à la condition de possession annale (L. 29 juin 1820, art. 4).—14 juin 1830. Bourges. Cochon. D.P. 30. 2. 207.— 28 juin 1830. Bordeaux. Boudin. D.P. 30. 2. 211.

201.— Mais si l'augmentation a pour cause une nouvelle industrie exercée dans d'autres ateliers, alors la possession annale est nécessaire.— 14 juin 1830. Bourges. Grenouillet. D.P. 30. 2. 206.

202.— Le changement fait spontanément par l'administration dans la classe de la patente d'un négociant, sans que le genre de commerce de ce négociant ait changé, ne peut nuire aux droits électoraux de ce négociant : ainsi, le banquier qui n'avait été porté précédemment sur les rôles que pour une patente de négociant, et dont la patente se trouve élevée, pour l'année courante, à raison de sa qualité de banquier, doit être porté sur les rôles à raison de la nouvelle patente. — 14 juin 1830. Grenoble. Dubeux. D.P. 30. 2. 256.

203. — Jugé que bien que l'individu dont la patente a été augmentée doive être inscrit au tableau de rectification pour le montant de l'augmentation survenue, encore qu'il la paie depuis moins d'une année; si la patente est ancienne, il ne peut plus être porté sur ce tableau, si la classe de sa patente est changée (L. 29 juin 1820, art. 4).—28 juin 1830. Bordeaux. Boudin. D.P. 30. 2. 211.

204. — Mais il nous semble que lorsque l'industrie est la même, quelle que soit l'augmentation de la patente, la possession annale ne doit pas être exigée pour cette augmentation : le législateur a voulu prévenir la fraude au moyen de laquelle on pourrait s'attribuer le droit électoral en prenant une patente la veille des élections; or, cette fraude n'est pas possible lorsque l'industrie est exercée depuis long-temps, et que c'est non la volonté du commerçant, mais la décision de l'autorité qui aug-

mente le taux de la patente en en changeant la classe.

205. — « Le montant de ce droit annuel (du droit de diplôme établi par l'art. 29 du décret du 17 sept. 1808) ne sera compté dans le cens électoral des chefs d'institution et des maîtres de pension qu'autant que leur diplôme aura au moins une année de date à l'époque de la clôture de la liste électorale » (art. 5, § 3).

206. — Avant la loi de 1831, on jugeait que la possession annale s'étendait jusqu'à *la convocation du collége électoral*, et non pas seulement jusqu'au 30 sept., époque de la clôture des listes (L. 29 juin 1820, art. 4; 22 de la loi du 2 juill. 1826, et 6, 1 2 mai 1827). — 20 nov. 1829. Paris. Perrot. D.P. 30. 2. 115.

207. — Mais que devait-on entendre par ces mots: *convocation du collége électoral?* — Grande incertitude sur ce point : les uns prétendaient que la possession annale devait être accomplie avant l'ordonnance de convocation.

208. — Et, dans ce système, il a été jugé que l'individu qui n'a acquis la possession annale de l'immeuble dont il se prévaut pour la formation de son cens électoral, que depuis l'ordonnance de convocation des colléges électoraux, quoique avant leur réunion, ne peut se faire porter sur la liste des électeurs. — 5 juill. 1830. Req. Rouen. Croisé. D.P. 30. 1. 272. — 14 juin 1830. Bourges. Grenouillet. D.P. 30. 2. 206.

209. — ...Qu'il importe peu que la possession annale, qui n'était point acquise au moment de l'ordonnance de convocation, l'ait été à l'époque où une ordonnance de prorogation est survenue. — 5 juill. 1830. Req. Rouen. Croisé. D.P. 30. 1. 272.

210. — Les autres au contraire prétendaient qu'il suffisait que la possession annale fût acquise avant le jour fixé pour la réunion des colleges. Et l'on trouve plusieurs arrêts qui l'ont ainsi jugé.

211. — Ainsi, pour être porté sur le tableau de rectification dressé en cas d'élection, il suffit que la possession annale s'accomplisse avant le jour fixé pour la tenue du collége électoral. Vainement objecterait-on que le tableau de rectification ne doit contenir que les droits acquis au moment de sa confection. — 14 juin 1830. Nanci. Dorin. D.P. 30. 2. 202. — 17 juin 1830. Bordeaux. Sanct. D.P. 30. 2. 202.

212. — Cette dernière opinion pouvait se justifier par les discours des orateurs qui prirent part à la discussion de la loi du 2 juill. 1828. Favard disait : « lorsque la réunion a lieu dans le mois qui suivra la clôture des listes..., il s'est écoulé un trop court intervalle de temps pour que la liste ait besoin d'être changée; mais il n'en est pas de même dans le cas où *la réunion* a lieu à une époque plus éloignée. Ici des capacités peuvent avoir été *acquises dans l'intervalle :* il est important de garantir l'exercice des droits qu'elles confèrent » (Séance du 9 mai 1828). — Lainé disait aussi à la chambre des pairs : « mais si le collége n'est réuni que deux mois après le 20 oct., des électeurs peuvent avoir perdu leurs droits. Un plus grand nombre aura acquis celui de l'être, le temps a enrichi un jeune Français de ses trente années, etc. » (*Moniteur*, p. 807, col. A.). — D.P. 30. 2. 203.

213. — Désormais ces questions ne pourront plus se reproduire. Il faut, d'après la loi nouvelle, que la propriété soit possédée ou la location faite antérieurement aux premières opérations de la révision annuelle des listes. L'art. 14 (L. 19 avril 1831) fixe l'époque de ces premières opérations ; ainsi la vérification sera fort aisée. Tout individu qui se présentera devra prouver qu'il possédait, ou qu'il était locataire avant l'époque fixée pour les premières opérations, conformément à l'art. 14. — Duvergier, p. 224.

214. — L'usage s'est établi de prouver la possession annale par les certificats des maires. — La chambre des députés a décidé souvent que l'attestation du directeur des contributions directes ne suffit pas (V. séances des 9 et 11 fév. 1828). Ce fonctionnaire n'est pas aussi fidèlement instruit des mutations qui s'opèrent dans l'année, que le chef de l'administration locale. — D.A. 6. 550 et 551, n. 9, notes.

215. — Ainsi la possession annale n'est pas légalement justifiée par un simple acte de notoriété; elle ne peut l'être que par un certificat du maire ou de son adjoint. — 16 juin 1830. Bordeaux. Godinet. D.P. 30. 2. 210.

216. — Dans les pièces produites à la chambre, la signature des maires de Paris doit même être légalisée par le préfet. — 26 juill. 1831. Ch. des députés. Puyraveau. D.P. 31. 3. 29.

217. — Quoique l'extrait de contributions délivré par le percepteur et légalisé, ne constate pas expressément la possession antérieure à la loi de 1831 sur les élections, il suffit que cet extrait ait été délivré en 1830, pour que cette possession antérieure soit virtuellement établie. — 25 juill. 1831. Ch. des députés. Senné. D.P. 31. 3. 28.

218. — Nonobstant le défaut de production du certificat de *possession* à délivrer par le maire, l'admission d'un élu qui a déjà siégé comme membre de la chambre, peut être prononcée. — 26 juill. 1831. Ch. des dép. Puyraveau. D.P. 31. 3. 29.

219. — Les cotes de contributions foncières qui ne sont pas accompagnées d'un certificat de possession, doivent être rejetées. — 23 juin 1830. Bordeaux. Boucherie. D.P. 30. 2. 212.

ART. 4. — *Du domicile politique.*

220. — Le domicile politique est la relation du citoyen avec le lieu où il doit exercer des droits politiques (Décr. 17 janv. 1806, art. 3).

221. — Il n'est pas un des élémens constitutifs du droit électoral; il ne fait que lui donner une assiette et le localiser (arg. de l'art. 102 du C. civ.). — 7 juin 1830. Nanci. Demetz. D.P. 30. 2. 200.

222. — « Le domicile politique de tout Français est dans l'arrondissement électoral où il a son domicile réel; néanmoins il peut le transférer dans tout autre arrondissement électoral où il paie une contribution directe, à la charge d'en faire, six mois d'avance, une déclaration expresse au greffe du tribunal civil de l'arrondissement électoral où il a son domicile politique actuel, et au greffe du tribunal civil de l'arrondissement électoral où il veut le transférer.... » (L. du 19 avril 1831, art. 10).

123. — Le duc Decazes a déclaré, dans la discussion, que 1° il n'y a pas nécessité pour l'électeur de payer des contributions *au domicile réel;* que cette obligation n'est imposée qu'à celui qui sépare son domicile réel, et qui ne peut placer son domicile politique que dans un lieu où il paie des contributions (Ord. 2 nov. 1820 et 6 avril 1821. — D.A. 6. 551, n. 4); — 2° que le domicile politique se réunit de droit au domicile réel, lorsqu'on cesse de payer des contributions dans le domicile politique, par la raison que l'électeur doit toujours pouvoir exercer ses droits quelque part; que la séparation des deux domiciles n'est qu'une fiction de la loi, et que cette fiction cesse du jour où le domicile politique perd son utilité par le non paiement du cens. » — C'est, du reste, ce qui a été décidé par une circulaire ministérielle, du 25 oct. 1823, et par un avis du comité de l'intérieur, du 10 juill. 1819. — Duverg., p. 227.

224. — L'individu qui remplit des fonctions inamovibles, ayant de droit son domicile réel et politique là où il exerce ses fonctions, ne peut transférer ailleurs son domicile politique, qu'en faisant, six mois d'avance, la déclaration au greffe du tribunal civil où il a élu son domicile réel, et à celui du lieu où il veut transférer son domicile politique. — 23 nov. 1833. Bastia. Rossi. D.P. 34. 2. 68.

225. — De ce que la loi du 19 avril 1831 exige que l'électeur, pour opérer la translation de son domicile, en fasse la déclaration six mois d'avance, on n'est pas fondé à conclure que la nouvelle inscription doive se faire après l'expiration de ces six mois. — 5 juin 1834. Req. Paris. Lheureux. D.P. 34. 1. 268.

226. — Le délai de six mois exigé par la loi ne commence à courir que du jour de la dernière des deux déclarations (Ord. 14 fév. 1824). — D.A. 6. 551, n. 1.

227. — La déclaration faite seulement trois mois d'avance, au greffe de la justice de paix, est insuffisante, lorsque ce n'est point comme censitaire, mais comme capable, que l'on demande à faire partie de la liste d'un autre canton que celui où l'on a son domicile réel (L. 22 juill. 1833, art. 29, 30, 33). — 23 nov. 1833. Bastia. Rossi. D.P. 34. 2. 68.

228. — La double déclaration exigée par la loi est soumise à l'enregistrement (art. 10).

229. — Et cet enregistrement donne lieu à la perception ordinaire du droit. Quelques doutes auraient pu s'élever à cet égard; une instruction ministérielle, du 31 mai 1817, paraissait affranchir de tous droits les actes relatifs à l'exercice des droits politiques, et notamment les déclarations pour translation de domicile politique. Partant de cette base, on aurait pu supposer que l'enregistrement devait être fait *gratis;* mais la chambre des députés a formellement manifesté l'opinion contraire, en supprimant les mots *sans frais* qui avaient été mis dans le projet, pour affranchir de tous droits les déclarations. — Duverg., p. 227.

230. — Mais quelle est la quotité de ce droit d'enregistrement? — La loi ne s'en est point expliquée, et nous pensons que dans son silence on ne peut exiger que le droit fixe d'un franc par chaque déclaration, droit que l'art. 68, § 1er, n. 23 de la loi du 22 frim. an 7 (12 déc. 1798), exige pour les déclarations pures et simples, en matière civile.

231. — Le défaut d'enregistrement rendrait-il la déclaration sans effet? Cette question peut paraître délicate; car, en général, la validité des actes ne dépend pas de la formalité de l'enregistrement; mais le motif particulier qui l'a fait admettre ici autorise à penser que la déclaration non enregistrée serait inutile. On a voulu rendre les fraudes impossibles, en donnant aux déclarations une date certaine. Si l'enregistrement n'avait pas lieu, un tiers, qui contesterait l'efficacité de la déclaration, serait fondé à dire : pour que la déclaration produise son effet, il faut qu'elle soit faite six mois d'avance. Dans l'espèce, elle n'est pas enregistrée; il n'est donc pas légalement certain qu'elle remonte à six mois; elle ne peut donc opérer la translation du domicile. — Mais, comme l'art. 1328 C. civ. indique des cas où les actes acquièrent date certaine autrement que par l'enregistrement, nous pensons que, dans ce cas, la validité de la déclaration devrait être admise, sauf les peines fiscales qu'aurait encourues la partie ou le greffier pour défaut d'enregistrement. — Duvergier, p. 227.

232. — Qui, de l'électeur ou du greffier, doit faire faire l'enregistrement de la déclaration du changement de domicile, et doit payer l'amende pour défaut ou retard d'enregistrement? — D'abord, il est certain que la déclaration de changement de domicile doit être faite au greffe du tribunal civil (L. 19 avril 1831, art. 10). En second lieu, il n'est pas moins certain que les droits d'enregistrement pour les *actes passés et reçus* au greffe doivent être acquittés par le greffier (L. 22 frim. an 7, art. 29). Il y a donc pour le greffier obligation de faire enregistrer la déclaration : « les greffiers qui auront négligé de soumettre à l'enregistrement, dans le délai fixé, les actes qu'ils sont tenus de présenter à cette formalité, paieront personnellement, à titre d'amende, et pour chaque contravention, une somme égale au montant du droit. — Ils acquitteront en même temps le droit, sauf leur recours pour ce droit seulement contre la partie » (L. 22. frim. an 7, art. 35).

233. — On pense que le délai pour l'enregistrement doit être de vingt jours (L. 22 frim., art. 20, 29).

234 — Tant que le délai prescrit pour obtenir le nouveau domicile n'est pas expiré, l'électeur, qui a réclamé, conserve l'ancien, et doit, s'il intervient des élections, être porté sur la liste électorale de l'arrondissement de ce domicile (Ord. 14 oct. 1827). La discussion, dont l'art. 25 de la loi du 2 juill. 1828 a été l'objet à la chambre des députés, a consacré positivement ce principe qui ressort aussi de la discussion à la chambre des pairs, de celle du 19 avril 1831, où il a été expressément reconnu par le rapporteur de la commission que l'électeur doit toujours pouvoir exercer ses droits quelque part.

235. — L'électeur dont la déclaration de translation de domicile n'a pas précédé de six mois la clôture des listes électorales, reste, jusqu'à renouvellement de ces listes, forcé d'exercer ses droits électoraux dans l'arrondissement auquel il appartenait avant la translation. — 5 juin 1834. Req. Paris. Lheureux. D.P. 34. 1. 268.

236. — Celui qui ne paie pas 200 fr. de contributions et qui a son domicile réel dans un arrondissement où, vu le nombre d'électeurs, il n'y a pas lieu d'appeler les plus imposés au-dessous de ce cens, pourra-t-il transférer son domicile politique dans un autre arrondissement où il y a nécessité d'appeler ces imposés, et pourra-t-il par ce moyen se rendre électeur? — Oui, car aucune disposition de la loi ne contrarie cette solution et rien dans les art. 2 et 10 ne s'y oppose. D'ailleurs, on a proposé à la chambre des députés d'interdire dans ce cas la translation du domicile politique; mais cet amendement a été rejeté. « L'art. 10, a dit le rapporteur, porte que le domicile politique de tout Français est dans l'arrondissement électoral où il a son domicile réel. Vous comprenez qu'il serait injuste de priver un citoyen, qui paierait des contributions dans un autre arrondissement que celui où il a son domicile réel, d'y remplir les fonctions d'électeur. » — Duverg., p. 228.

237. — Peut-on transporter son domicile politique dans un autre arrondissement où l'on ne paie pas de contributions, mais où l'on a des contributions déléguées? — L'affirmative ne nous paraît pas dou-

teuse. En effet, il faut bien admettre, en présence du texte et de l'esprit de la loi du 19 avril, que le cens des électeurs peut se composer exclusivement de contributions déléguées. Or, dans ce cas, il faut décider ou que la loi contient une exception à la règle qui autorise les électeurs à séparer leur domicile politique de leur domicile réel, ou bien admettre la solution que nous avons donnée. Or nulle part ne se montre cette exception que nous cherchons, donc nous sommes fondés dans notre conclusion.— Tel est aussi l'avis de Favard, v° Elections, et Duvergier, p. 228.

Cependant le contraire a été décidé par une solution ministérielle du 24 déc. 1823.

238.— La faculté de transférer son domicile politique dans une autre circonscription électorale, a lieu d'arrondissement à arrondissement, comme sous la loi de 1817, de département à département (L. 5 fév. 1817, art. 3; 29 juin 1820, art. 11).— 22 fév. 1830. Req. Amiens. Dieulouard. D.P. 30. 1. 153.

239.— Le domicile politique ne se transfère d'une commune à une autre qu'en vertu de déclarations spéciales. Il ne suffirait pas de la déclaration exigée par l'art. 103 C. civ., pour la translation du domicile réel. Cette solution, écrite presque littéralement dans l'art. 3 du décret du 17 janv. 1806, a été confirmée par la cour de Paris, le 19 janv. 1829.— D.A. 6. 551, n. 3.

240.—On a jugé, avant la loi de 1831, que les déclarations de transfert de domicile politique peuvent être faites sous la forme de lettres adressées aux préfets des deux départemens où l'on veut quitter et obtenir ce domicile.—29 déc. 1829. Grenoble. Perrier. D.P. 30. 2. 131.— 16 juin 1830. Req. Grenoble. Perrier. D.P. 33. 1. 245.

241.— La loi nouvelle s'explique d'une manière trop positive sur la nécessité d'une déclaration faite au greffe; on a attaché trop d'importance à la désignation du lieu où devait être faite cette déclaration, pour qu'il soit possible d'admettre qu'elle puisse être remplacée par une simple lettre, même enregistrée.

242.— « ... Dans le cas où un électeur aura séparé son domicile politique de son domicile réel, la translation de son domicile réel n'emportera pas le changement de son domicile politique, et ne le dispensera pas des déclarations ci-dessus prescrites, s'il veut le réunir à son domicile réel » (L. 19 avril 1831, art. 10).

243.— La cour de Grenoble avait jugé au contraire, avant la loi de 1831, qu'une double déclaration n'est pas exigée de la part de celui qui a son domicile d'origine dans le département où il veut exercer ses droits politiques, encore bien qu'il l'ait précédemment quitté; qu'il lui suffit d'une simple manifestation de sa volonté de le conserver.— 29 déc. 1829. Grenoble. Perrier. D.P. 30. 2. 131.

244.— Du reste, il était admis que la translation du domicile réel n'entraîne pas celle du domicile politique, lorsque ces domiciles sont distincts l'un de l'autre.— 16 juin 1830. Req. Grenoble. Perrier. D.P. 33. 1. 245.

245.— De ce qu'un citoyen aurait été inscrit, une année, et aurait voté sans réclamation, dans un département autre que le département ou arrondissement où il a son domicile réel, sans avoir fait la double déclaration exigée par l'art. 3 de la loi du 5 fév. 1817, pour la translation du domicile politique dans un autre département, il ne résulte pas qu'il doive être censé avoir acquis son domicile politique dans ce département : il conserve toujours son domicile politique au lieu de son domicile réel; et c'est en vain que, sur la demande de cet électeur, ou d'un tiers, en radiation de son nom des listes électorales de ce département, l'administration prétendrait devoir l'y maintenir, sur le prétexte que, par l'inscription et le vote, il aurait acquis un droit dont il ne pourrait se dépouiller que par l'accomplissement des formalités tracées par l'art. 3 de la loi du 5 fév. 1817.— 16 janv. 1829. Agen. Serieys. D.P. 29. 2. 237.

246.—Si le domicile politique est resté uni au domicile réel, la translation de ce domicile emportera également translation du domicile politique, sans qu'il soit besoin de faire les deux déclarations exigées par la loi. L'ancienne jurisprudence était constante sur ce point.— 15 juin 1830. Bordeaux. Langlumé. D.P. 30. 2. 210.—22 juin 1830. Bordeaux. Boucherie. D.P. 30. 2. 202.

247.—La double déclaration dont parle l'art. 3 de la loi du 5 février 1817 ne devient nécessaire qu'à l'égard du domicile politique, et seulement lorsqu'on veut le séparer du domicile réel.— 15 juin 1830. Bordeaux. Langlumé, D.P. 30 2. 210.

C'est ce qui, nous l'avons vu plus haut, est formellement décidé par la loi de 1831.

248.— L'art. 106 C. civ., qui attache la translation immédiate du domicile du fonctionnaire nommé à vie, à l'acceptation de ses fonctions, ne lui ôte pas le droit d'élire son domicile politique ailleurs que dans le lieu où il les exerce, en faisant les déclarations imposées. — L'art 21 de la loi du 2 juill. 1828 a remédié à un grave et fréquent abus en ôtant aux chefs de l'administration le pouvoir scandaleux d'envoyer à l'improviste des fonctionnaires former dans les colléges où elle était incertaine, la majorité des électeurs d'un parti. Tous les individus appelés à des fonctions publiques temporaires ou révocables, sont soumis à la double déclaration et aux mêmes délais que les autres citoyens. — D.A. 6. 551, n. 5.

249.— Ainsi, un fonctionnaire révocable, tel qu'un directeur de l'enregistrement, ne peut, sans faire la double déclaration prescrite par les lois de 1817 et 1828, transférer son domicile politique et exercer ses droits électoraux dans le lieu où le placent ses fonctions. — 29 déc. 1829. Grenoble. Perrier. D.P. 30. 2. 131.

250. — Un fonctionnaire amovible, comme un receveur particulier des finances, qui n'a pas fait la déclaration, qu'il entendait fixer son domicile dans le lieu où il exerce ses fonctions, ne peut, quel que soit le temps qu'il ait résidé en ce lieu, se faire porter sur la liste électorale de l'arrondissement. — 17 juill. 1830. Civ. r. Paris. Petit. D.P. 30. 1. 333.

251.—Les diverses considérations qui avaient fait admettre le principe posé dans la loi de 1828, ont dicté l'art. 11 de la loi du 19 avril 1831, qui porte : «Nul individu appelé à des fonctions publiques, temporaires ou révocables, n'est dispensé de la susdite formalité; les individus appelés à des fonctions inamovibles pourront exercer leur droit électoral dans l'arrondissement où ils remplissent leurs fonctions. »

252. — Le duc Decazes a déclaré qu'on devait sous-entendre, à la fin de l'article, ces mots : *sans qu'ils remplissent les formalités*. Ainsi les fonctionnaires inamovibles ne sont point assujettis à la double déclaration. — Duv., 1831, p. 229.

253. — La dignité de pair de France n'emporte pas abdication du domicile d'origine et translation d'un domicile nouveau dans le lieu où siégent les chambres, encore bien qu'on y réside habituellement. — 20 déc. 1829. Grenoble. Perrier. D.P. 30. 2. 152. — 29 déc. 1829. Req. Grenoble. Perrier. D.P. 33. 1. 245.

254. — La dignité de pair de France n'est pas exclusive d'un domicile politique hors du département de la Seine, encore même qu'on y réside habituellement. — 16 juin 1830. Req. Grenoble. Perrier. D.P. 33. 1. 245.

En effet, un pair de France ne peut être considéré comme fonctionnaire, par cela seul qu'il est pair de France.

255. — La déchéance pour un an, encourue par l'électeur qui, ayant des droits acquis avant le 18 sept., ne les a pas fait valoir à cette époque, suit cet électeur dans le nouveau domicile politique qu'il acquiert avant la révolution de l'année. Ce serait vainement qu'il dirait que cette translation de domicile lui donne, dans le département où il passe, des droits nouveaux.— 7 juin 1830. Nanci. Demetz. D.P. 30. 2. 200.

256.— Lors de la discussion de la loi du 2 juill. 1828, le rapporteur à la chambre des députés disait : « que l'élection du domicile devrait être annexée à l'acte même qui contient la déclaration du domicile politique. » La loi ne prescrit pas la forme de cette élection. On peut ou se présenter devant le préfet et faire sa déclaration, ou bien la lui notifier par huissier. — Duvergier, p. 230.

257.— « Nul ne peut exercer le droit d'électeur dans deux arrondissemens électoraux. »

ART. 5. — *Incompatibilité de diverses fonctions avec celles d'électeur ou de député.*

258.— Il avait été jugé, avant la loi de 1831, que la dignité de pair de France n'est pas incompatible avec l'exercice des droits électoraux. — 16 juin 1830. Req. Grenoble. Perrier. D.P. 33. 1. 245.

Isambert avait proposé cet article additionnel : « les pairs de France ne pourront faire partie des colléges électoraux d'arrondissement. » — Il invoquait la législation anglaise; mais cet article a été rejeté. — Duvergier, p. 227.

259. — Ce même député avait pensé que « Ne peuvent être *électeurs* dans le département où ils exercent leurs fonctions, les préfets et commandans

militaires; et dans les arrondissemens où ils exercent leurs fonctions, les sous-préfets, les procureurs du roi et leurs substituts. » — Mais cet article additionnel n'a pas été adopté.— Duvergier, p. 227.

260.— « Il y a incompatibilité entre les fonctions de député et celles de préfet, sous-préfet, de receveurs généraux, de receveurs particuliers des finances et de payeurs » (art. 64, § 1er).

261.—Ces incompatibilités sont absolues; en conséquence, il est impossible d'être à la fois préfet, ou sous-préfet, etc. et député. Un préfet ou un sous-préfet élu ne serait admis à la chambre qu'après s'être démis de ses fonctions. En se démettant, il doit être admis; aucun doute ne peut s'élever.— Duvergier, p. 240.

262 — « Les fonctionnaires ci-dessus désignés, les officiers généraux commandant les divisions ou subdivisions militaires, les procureurs-généraux près les cours royales, les procureurs du roi, les directeurs des contributions directes et indirectes, des domaines et enregistrement et des douanes dans les départemens, ne pourront être élus députés par le collége électoral d'un arrondissement compris en tout ou en partie dans le ressort de leurs fonctions » (art. 64, § 2).

263.— On conçoit bien l'utilité de cette disposition relativement aux officiers généraux, aux procureurs-généraux, etc., etc. Elle n'établit pas à leur égard une incapacité absolue ; elle defend seulement de les élire députés dans les colléges des arrondissemens compris dans leur ressort, et cela à cause de l'influence qu'ils pourraient exercer sur les électeurs ; partout ailleurs ils sont éligibles.

264.—Mais on se demandera peut-être à quoi bon dire que les préfets et sous-préfets, receveurs et payeurs ne pourront se faire elire dans les colléges des arrondissemens compris dans leur ressort, lorsque déja le premier paragraphe de cet art. 64 déclare d'une manière absolue que leurs fonctions sont incompatibles avec celles de député? La raison de cette disposition est simple et facile à donner : le paragraphe premier de l'art. 64 ne dit point qu'un préfet ou sous-préfet, etc., ne pourra être élu député; mais seulement que s'il est élu député et qu'il accepte, il cessera d'être préfet ou sous-préfet, etc. Puis le second paragraphe de cet article ajoute qu'un préfet, sous-préfet, receveur ou payeur ne pourra se faire nommer député dans un arrondissement compris dans le ressort de son administration. Sans cette seconde disposition, un préfet ou sous-préfet, etc., abusant de l'influence que lui donne naturellement sa position et sa place sur ses administrés, aurait pu se faire élire, et puis il aurait donné sa démission, faussant ainsi le principe de la représentation nationale.— Duvergier, p. 240.

265 —« Si, par démission ou autrement, les fonctionnaires ci-dessus quittaient leur emploi, ils ne seraient éligibles dans les départemens, arrondissemens ou ressorts dans lesquels ils ont exercé leurs fonctions, qu'après un délai de six mois, à dater du jour de la cessation des fonctions » (art. 64, § 3).

266.— Le législateur a pensé que les fonctionnaires dont il a supposé l'influence dangereuse, pourraient exercer cette influence jusqu'au moment des élections, et, la veille de la réunion des colléges, donner leur démission. Il a voulu, pour prévenir un pareil abus, qu'il y eût un intervalle de six mois au moins entre la cessation de leurs fonctions, et le jour de leur élection. Au surplus, comme cela est dit formellement, l'intervalle de six mois n'est exigé que dans le cas où l'élection est faite dans le ressort de l'administration des fonctionnaires. S'ils sont élus ailleurs, il n'y a plus d'intervalle nécessaire. En résumé, les préfets, sous-préfets, receveurs et payeurs ne peuvent se faire elire dans leur ressort, qu'après un délai de six mois, à dater du jour de la cessation de leurs fonctions ; mais il ne peuvent être admis à la chambre en qualité de députés, s'ils conservent leurs positions de préfet, sous-préfet, receveur ou payeur.

267.— Les officiers généraux, procureurs-généraux, procureurs du roi, directeurs, etc., ne peuvent se faire élire dans leur ressort qu'après six mois à dater du jour de la cessation de leurs fonctions ; s'ils sont élus hors de leur ressort, ils peuvent conserver leurs fonctions après l'élection et être admis à la chambre, sans cesser de les exercer.

268.— On demanda, à la chambre des députés, si les procureurs-généraux près la cour de cassation et la cour des comptes étaient compris dans la disposition de l'art. 64. Le rapporteur répondit qu'il n'était question que des procureurs-généraux près les cours royales.— Duvergier, p. 241.

269.—C'est qu'en effet l'influence des procureurs-

généraux près les cours de cassation et des comptes est peu à redouter, leurs rapports n'étant pas aussi immédiats avec leurs justiciables, qui sont répandus par toute la France, et qu'enfin, c'eût été prononcer contre eux une exclusion absolue, car leur ressort s'étend par tout le royaume.

270.— On demandait que la disposition atteignit les substituts des procureurs-généraux ; mais cette proposition fut rejetée.— Duvergier, *ib.*

ART. 6— *De la formation des listes électorales.*

271.— La sincérité des listes électorales doit être le résultat de leur formation. Que tous les droits soient garantis, toutes les fraudes déjouées, toutes les voies régulières ouvertes à la vérité : la loi du 2 juill. 1828 nous avait presque entièrement assuré ces avantages, la loi du 19 avril 1831 est venue les confirmer et élargir la base sur laquelle ces droits étaient assis.

272.— La loi du 2 mai 1827 avait déjà pourvu aux plus graves inconvéniens par la fixité qu'elle avait donnée aux listes. Quant aux lois antérieures des 5 fév. 1817 et 29 juin 1820, elles s'étaient bornées à l'énoncé de quelques règles, dont elles ne détaillaient pas le mode d'application.

§ 1er.— *De la permanence des listes.*

273.— « La liste des électeurs dont le droit dérive de leurs contributions, et la liste des électeurs appelés en vertu de l'art. 3, sont permanentes, sauf les radiations et inscriptions qui peuvent avoir lieu lors de la révision annuelle » (art. 13, l. 19 avril 1831). Cet article, sauf ce qui est relatif aux adjonctions dont ne parlait point la loi du 2 juill. 1828, reproduit l'article premier de cette dernière loi, article qui donna lieu lors de sa discussion, à de graves débats. On craignait qu'en déclarant les listes permanantes, les électeurs n'eussent la pensée qu'ils formaient un corps constitué, un quatrième pouvoir et qu'en conséquence ils ne s'arrogeassent le droit de former des réunions avant la convocation des colléges, d'établir des comités directeurs qui présenteraient de graves dangers. Ainsi, disait-on, avait commencé la révolution de 1789.

274. — On avait répondu qu'il y avait nécessité pour les électeurs de se réunir et de se concerter sur le choix à faire ; que des assemblées composées de l'élite des citoyens réunis dans un objet spécial, et à sept années d'intervalle, ne pouvaient avoir aucunes conséquences dangereuses, et qu'il était impossible de les assimiler aux anciennes sociétés populaires, ou aux sociétés se réunissant fréquemment et à des époques périodiques ; que l'art. 291 C. pén. ne pouvait être appliqué qu'à ces dernières ; qu'enfin, l'autorité elle-même avait reconnu que de pareilles réunions n'avaient rien d'illégal, puisque, dans une note publiée par le préfet de police de Paris, cet honorable magistrat n'avait cru devoir blâmer que le fait de la réunion *dans un lieu public*, sans autorisation de la police, et le compte rendu par les journaux.

275.— Quant à l'effet de la permanence des listes, le ministre de la marine avait dit que la permanence de la liste des députés et de la liste des pairs, ne donne ni aux députés ni aux pairs aucun droit hors le temps où ils sont appelés par le roi à siéger ; que la permanence de la liste des électeurs ne leur donne de droits que ceux qui leur sont attribués par la loi ; que par conséquent les listes électorales ne leur donnent pas plus de droits que la liste des vingt-cinq mille adresses, qui court dans Paris. — Duvergier, 1828, p. 228.

276.— Le rapporteur de la loi du 19 avril 1831 à la chambre des pairs a déclaré, au nom de la commission, que l'électeur inscrit n'a aucune justification à faire pour les années suivantes ; sauf le devoir de conscience de faire radier son nom de la liste, s'il sait ne plus payer le cens ou ne plus remplir les autres conditions.— Duvergier, p. 229.

277. — Le principe de la permanence des listes électorales établi par l'art. 1er de la loi du 2 juill. 1828, ne doit s'entendre que de l'inscription du *nom* des électeurs sur les listes, et non de la *quotité* des contributions qui leur sont attribuées, lesquelles sont variables d'une année à une autre. — 4 déc. 1828. Orléans. Péan. D.P. 29. 2. 49.— 14 juin 1830. Bourges. Lepelletier. D.P. 30. 2. 209.

§ 2.— *De la préparation et de la publication des listes électorales. — Arrêté. — Réduction de cens. Notification des arrêtés, Délai.*

278.— Le préfet seul n'est plus chargé de la préparation des listes.

Les préliminaires de la révision générale, qu'il doit faire du 1er juill. au 15 août, sont confiés un mois auparavant, pour chaque canton, aux maires, assistés des percepteurs.

279.— Ainsi, « du 1er au 10 juin de chaque année et aux jours indiqués par les sous-préfets, les maires des communes composant chaque canton doivent se réunir à la mairie du chef-lieu, sous la présidence du maire et procéder à la révision de la portion des listes.... qui comprend les électeurs de leur canton appelés à faire partie de ces listes. Ils doivent se faire assister des percepteurs du canton » (L. du 19 avril 1831, art. 14).

Cet article reproduit textuellement l'art. 2 de la loi du 2 juillet 1828

280.— « Dans les villes qui forment à elles seules un canton, ou qui sont partagées en plusieurs cantons, la révision des listes doit se faire par le maire et les trois plus anciens membres du conseil municipal, selon l'ordre du tableau. Les maires des communes qui dépendraient de l'un de ces cantons doivent prendre part également à cette révision, sous la présidence du maire de la ville. — à Paris, les maires des douze arrondissemens, assistés des percepteurs, doivent procéder à la révision sous la présidence du doyen de réception » (art. 15).

On ne remarque, entre cet article et l'art. 3 de la loi du 2 juill. 1828, d'autre différence que celle résultant de la suppression des adjoints du nombre des membres du conseil de révision des listes électorales. Cette suppression est, depuis le système municipal électif, une garantie de plus donnée aux électeurs de chaque canton.

281. — Sur le second alinéa de cet article, nous rappellerons l'observation faite en 1828, par le ministre de l'intérieur : « Il n'y a pas de doute, disait-il, que chaque maire dans son arrondissement fera d'abord son travail particulier, et qu'ensuite les douze maires présenteront, dans la réunion générale, leurs travaux partiels. » — Duvergier, année 1828, p. 228.

282.— Le résultat de la révision des listes par les maires des communes doit être transmis au sous-préfet, qui, avant le 1er juillet, l'adresse avec ses observations au préfet du département (art. 16).

283. — A partir du 1er juillet, le préfet doit procéder à la révision générale des listes (art. 17).

284. — Le préfet doit ajouter aux listes les citoyens qu'il reconnaît avoir acquis les qualités requises par la loi et ceux qui auraient été précédemment omis.— Il doit en retrancher, 1° les individus décédés ; 2° ceux dont l'inscription a été déclarée nulle par les autorités compétentes. — Il doit indiquer comme devant être retranchés, 1° ceux qui ont perdu les qualités requises ; 2° ceux qu'il reconnaît avoir été indument inscrits, quoique leur inscription n'ait pas attaquée. — Il doit tenir registre de toutes ces décisions, faire mention de leurs motifs et de toutes les pièces à l'appui (art. 18).

285.—Cet article ne dit plus seulement, comme le faisait l'article correspondant de la loi du 2 juill. 1828, le préfet *retranchera* de la liste les personnes qu'il énumérait et dont l'énumération est reproduite dans l'article qui nous occupe. Il établit deux catégories d'électeurs. Pour les uns, la décision du préfet, qui prononce leur retranchement de la liste, suffit à leur radiation ; pour les autres, le préfet est seulement appelé à indiquer ceux qu'il pense devoir être retranchés. Ainsi, la loi nouvelle a enlevé aux préfets pour les circonstances où il peut y avoir doute sur l'opportunité du retranchement, le droit de l'opérer, pour ne leur laisser que celui d'indiquer, de signaler les retranchemens qui leur paraissent devoir être faits. — Par ce moyen, le titre d'électeur a plus de stabilité, puisque le caprice du préfet seul ne peut suffire à l'enlever et qu'il faut une décision du conseil de préfecture pour opérer une radiation.

286.— En procédant à la confection du tableau de rectification prescrit par l'art. 22 de la loi du 2 juill. 1828, le préfet peut et doit d'*office* y comprendre les changemens que ce tableau est destiné à constater.— 22 juin 1830 Bordeaux. Duvergier. D.P. 30. 2. 209. — 7 juin 1830. Nanci. Drouot. D.P. 30. 2. 201.

287.— Spécialement, il peut y inscrire ceux qu'il croit réunir les qualités requises pour être électeur. — 22 juin 1830. Bordeaux. Boucherie. D.P. 30. 2. 202. — 7 juin 1830. Nanci. Drouot. D.P. 30. 2. 201.

Et il peut en retrancher ceux à qui ces qualités manquent. — 7 juin 1830. Nanci. Drouot. D.P. 30. 2. 201.

288.— Ainsi, il devrait y inscrire le condamné par contumace qui se représente dans les cinq ans, à supposer qu'on doive regarder comme légale la décision de la cour de Rennes, portant que, par le seul fait de sa représentation dans le délai de cinq ans, le condamné par contumace est en droit de se faire rétablir sur les listes électorales.— 17 juin 1834. Rennes. Delahaye. D.P. 34. 2. 214.— Mais l'état d'accusé que ce-

lui-ci conserve communément, alors qu'il n'y a pas d'amnistie, rend cette décision contestable.

289. — Ce serait méconnoître les attributions du préfet, que de prétendre qu'il ne doit y mentionner que le résultat des décisions par lui rendues comme juge, en conseil de préfecture, sur les réclamations des tiers ou des parties intéressées (art. 6, l. du 2 mai 1827, 22 de celle du 2 juill. 1828).—22 juin 1830. Bordeaux. Boucherie. D.P. 30. 2. 202.—22 juin 1830. Bordeaux. Duvergier. D.P. 30. 2. 209.

290.— Le laps de temps qui s'écoule depuis le 1er juin jusqu'au 15 août est consacré au travail spontané de l'administration ; ensuite et à partir du 15 août, chacun peut faire valoir ses droits ; mais il est certain que chaque particulier a toute faculté d'envoyer, même durant la première période, ses pièces au préfet, au sous-préfet ou aux maires pour faciliter leur travail et prévenir les erreurs, sans pouvoir, toutefois, exiger des récépissés, comme dans la seconde période (Explication de Cuvier, commissaire dans la loi du 2 juill. 1828). — Duvergier, 1831, p. 229.

291. — Les listes de l'arrondissement électoral, ainsi rectifiées par le préfet, doivent être affichées le 15 août, au chef-lieu de chaque canton et dans les communes dont la population est au moins de six cents habitans. Elles sont déposées, 1° au secrétariat de la mairie de chacune de ces communes ; 2° au secrétariat de la préfecture, pour être données en communication à toutes les personnes qui le requièrent. — La liste des contribuables électeurs doit contenir, en regard du nom de chaque individu inscrit, la date de sa naissance et l'indication des arrondissemens de perception où sont assises ses contributions propres ou déléguées, ainsi que la quotité et l'espèce de contributions pour chacun des arrondissemens. — La liste des électeurs désignés par l'art. 3 doit contenir en outre, en regard du nom de chaque individu, la date et l'espèce du titre qui lui confère le droit électoral, et l'époque de son domicile réel.— Le préfet inscrit sur cette liste ceux des individus qui, n'ayant pas atteint, au 15 août, les conditions relatives à l'âge, au domicile et à l'inscription sur le rôle de la patente, les acquerront avant le 21 octobre, époque de la clôture de la révision annuelle (art. 19).

292.—On a ajouté, dans le 1er § de cet article, les mots, *de l'arrondissement électoral*, afin de dispenser d'afficher les listes dans tout le département, comme on le faisait précédemment. Favard fit remarquer que l'ancien mode était fondé sur ce qu'il y avait autrefois une liste départementale des plus imposés, tandis qu'il n'y a plus maintenant que des listes séparées pour les divers arrondissemens, et que l'art. 25 restreint le droit d'intervention dans les limites de l'arrondissement électoral, d'où il conclut avec raison qu'il suffit d'afficher les listes de l'arrondissement dans les chefs-lieux de canton, et dans les communes de six cents habitans de l'arrondissement.— Duvergier, 1831, p. 229.

293.— Il faut indiquer non seulement les arrondissemens de perception, mais encore l'espèce et la quotité des contributions payées dans chaque arrondissement de perception. Mais l'article ne dit pas s'il faudra indiquer aussi et séparément la quotité des contributions *propres* et la quotité des contributions *déléguées*. On avait, lors de la discusion de la loi de 1828, demandé cette distinction, qui ne fut pas adoptée.— V. Duvergier, 1828, p. 230.

294.—Le duc Decazes a déclaré que si des élections avaient lieu le 19 octobre, elles seraient faites sur les listes de l'année précédente.—Duvergier, p. 230.

295.—Dans l'esprit de l'art. 19, c'est la liste-minute arrêtée et signée par le préfet et qui reste au secrétariat de la préfecture, et non la liste imprimée, qui forme le véritable titre relativement aux noms des électeurs qui doivent y être ou qui y sont portés.

En conséquence, l'omission, par erreur de l'imprimeur, du nom d'un électeur sur la liste imprimée, ne saurait nuire a celui-ci, ni faire courir contre lui le délai du recours, alors qu'aucune notification ne lui a été faite (L. 19 avril 1831, art. 19). — 31 juill. 1834. Req. Rouen. Préf. de l'Eure. D.P. 34. 1. 333.

296.— L'art. 20 de la loi de 1831 contient des dispositions entièrement neuves et qui sont la conséquence du principe posé dans l'art. 2. Cet article 20 porte : « S'il y a moins de 150 électeurs inscrits, le préfet ajoutera sur la liste qu'il publiera le 15 août, les citoyens payant moins de 200 fr. qui devront compléter le nombre de 150, conformément au § 1er de l'art. 2. Toutes les fois que le nombre des électeurs ne s'élèvera pas au delà de 150, le pré-

fet publiera à la suite de la liste électorale une liste complémentaire dressée dans la même forme et contenant les noms des dix citoyens susceptibles d'être appelés a compléter le nombre de 150, par suite des changemens qui surviendraient ultérieurement dans la composition du collége, dans les cas prévus par les art. 30, 32, et 35 » (art. 20).

Ces articles sont relatifs aux radiations qui pourraient être arrêtées en conseil de préfecture ou ordonnées par arrêts des cours royales, et qui nécessiteraient, pour le complément de la liste de 150 électeurs, qu'on eût recours aux contribuables les plus imposés.

297. — La publication prescrite par les art. 19 et 20 tient lieu de notification des décisions intervenues aux individus dont l'inscription aura été ordonnée. — Les décisions provisoires du préfet, qui indiquent ceux dont le nom devrait être retranché, comme ayant été induement inscrit, ou comme ayant perdu les qualités requises, seront notifiées dans les dix jours à ceux qu'elles concernent, ou au domicile qu'ils sont tenus d'élire dans le département pour l'exercice de leurs droits électoraux, s'ils n'y ont pas leur domicile réel, et, à défaut de domicile élu, à la mairie de leur domicile politique.— Cette notification et toutes celles qui doivent avoir lieu aux termes de la présente loi, seront faites suivant le mode employé jusqu'à présent pour les jurés, en exécution de l'art. 389 C. inst. cr (art. 21).

298.— La rédaction du § 2 de cet article est différente de celle du § 2, art. 8 de la loi 2 juill. 1828. Ce dernier article portait : « Toute décision ordonnant radiation sera notifiée dans les dix jours à celui qu'elle concerne..... » On s'était demandé s'il n'en devait pas être de même pour tout arrêté ordonnant un simple changement dans la quotité des contributions ?

299. — Jugé que tout arrêté du préfet qui réduit le cens électoral d'un individu déjà porté sur la liste, doit lui être notifié, comme celui qui ordonne sa radiation. — 14 juin 1830. Bourges. Lepelletier. D.P. 30. 2 209.— Conf. D.A. 6. 551.

300.— Et, à défaut de notification, on ne peut lui opposer la déchéance résultant de ce qu'il n'a pas réclamé dans les délais de la loi, et sa réclamation doit toujours être reçue, aucun délai n'a couru contre lui (L. 2 juill. 1828, art. 15, 18). — Même arrêt.

301. — Jugé, au contraire, que la loi n'exige pas que l'arrêté du préfet, portant simplement réduction du cens électoral, soit dénoncé à la personne. — La publicatition de la liste tient lieu de notification. — La notification à personne ou domicile n'est exigée que dans le cas de radiation (art 8, l. 2 juill. 1828). — 14 juin 1830. Bordeaux. Cuzol. D.P. 30. 2. 207.—14 déc. 1828. Orléans. Péan. D. P. 29. 2. 49.

302. — Mais, à l'égard de la radiation, il ne doit pas y avoir de difficulté sérieuse.

La notification à l'électeur, de la décision du préfet qui le raie des listes électorales, est indispensable pour faire courir les délais du recours contre cette décision (L. 19 avril 1831, art. 21. 23). — 31 juill. 1834 Req Rouen. Préf. de l'Eure. — 31 juill. 1834. Req. Rouen. Préf. de l'Eure. D.P. 34. 1. 333.

303.—L'art. 21, a dit M. le conseiller de Broé, admet bien que la publication des listes tient lieu de notification aux individus dont l'inscription est ordonnée, mais non pour les individus *retranchés* comme induement inscrits, ou comme ayant perdu les qualités requises..... En effet, le droit électoral étant le plus précieux, peut-être, des droits des citoyens, et le principe même de la permanence des listes consacrant pour eux ce droit, on comprend qu'ils ne peuvent en être privés qu'autant qu'ils ont été mis à porté de se défendre Autrement, les citoyens seraient tenus d'épier chaque année les publications des listes, pour voir s'ils y sont compris; et, s'ils n'habitent pas les lieux, d'y avoir un mandataire à cet effet. — Combien de surprises et de manœuvres seraient alors faciles ! — C'est précisément ce que la loi a voulu éviter... Aussi, l'art. 29, relatif au tableau de rectification, répète-t-il la disposition de l'art. 21, et, avant eux, les art. 8 et 15 de la loi de 1828, le disaient également.— D.P. *eod.*

Tout cela s'applique-t-il également à la simple réduction de contribution ?

304.— L'art. 18 de la loi du 19 avril 1831, qui autorise le préfet à rayer, sans notification, mais avec mention sur des registres spéciaux, des motifs et des pièces à l'appui, les individus décédés, ne s'applique pas au cas où, sur un renseignement donné par le maire de la commune, non de son domicile réel, mais de son domicile politique seulement, un électeur *vivant* aurait été rayé comme *mort;* il n'y aurait pas, dans ce cas, pièce suffisante et probante

dans le sens de la loi. — Et, dès lors, les délais du recours ne courraient pas contre l'électeur. Vainement argumenterait-on dans les deux cas de la *permanence des listes*, cette mesure étant établie, non contre les électeurs, mais en leur faveur.— 31 juill. 1834. Req. Rouen. Préf. de l'Eure. D.P. 34. 1. 333.

305.—D'ailleurs, a très bien remarqué M. de Broé, le préfet connaît, et officiellement, le domicile réel, par les déclarations exigées par l'art. 10 de la loi de 1831, comme par les lois précédentes. L'administration ne peut donc argumenter de sa propre faute, et l'individu vivant, qui, d'ailleurs, n'a pas perdu les qualités requises, n'a-t-il pas droit de dire qu'il n'a pu être rayé sans notification? Et, dès lors, point de déchéance contre lui... C'est ainsi qu'il avait été jugé (les 17 juill. 1830 et 29 juin 1831), que l'électeur inscrit ne pouvait souffrir du fait de force majeure, résultant du dégrèvement administratif qui lui avait enlevé son droit électoral.

306. — La décision de la radiation doit être motivée; la loi ne le dit pas, mais comment l'électeur défendrait-il son droit, s'il ignorait pourquoi on l'attaque ? L'art. 6 n'enjoint il pas d'ailleurs au préfet de faire *mention de leurs motifs et des pièces à l'appui* dans le registre qu'il doit tenir de toutes ces décisions ? Cette interprétation, qui résulte de la chambre des députés (Séance 2 mai), a été consacrée par la cour de Toulouse, sous l'empire de la loi du 2 mai 1827.

307. — Ainsi, la radiation d'un individu inscrit d'office, ne peut être opérée, pour défaut de justification de ses droits, qu'en vertu d'une décision *motivée* et légalement communiquée.—15 nov. 1827. Toulouse. Laromiguière. D.P. 29. 2. 86.

.... Avant la loi de 1831, si la notification n'était pas faite dans les formes prescrites, l'électeur aurait été reçu dans sa réclamation, même après le 30 septembre.

308. — Mais la nullité de la notification d'un arrêté du préfet n'est plus proposable de la part de celui qui, sans en exciper préalablement, a conclu, au fond, à la réformation dudit arrêté. — 17 juin 1830. Bordeaux. Alafaure. D.P. 30. 2. 194.

309. — Le délai pour notifier l'arrêté est de dix jours (art. 21). Ce délai court du jour de la décision et non de la publication de la liste. C'est ce qui fut établi à la chambre des députés lors de la discussion de l'art. 8 de la loi de 1828 et consacré par une circulaire ministérielle du 25 août de la même année.

310. — Lorsqu'une déclaration de changement de domicile a été faite à la préfecture, le préfet ne peut se dispenser de notifier ses arrêtés de radiation au nouveau domicile indiqué. — La notification qui, au mépris de la déclaration, serait faite, par exemple, à la mairie de l'ancien domicile, serait nulle et ne ferait courir aucune déchéance contre l'électeur. — 18 juin 1830. Bordeaux. Lafitte. D.P. 30. 2. 205.

311. — Le domicile de tout électeur est réputé connu de l'administration. — La notification qui serait faite à la mairie, sous le prétexte que le domicile de l'électeur n'est pas connu, serait nulle. — 17 juin 1830. Bordeaux. Duvigneau. D.P. 30. 2. 206.

312. — L'état civil de tout électeur est réputé connu de l'administration; ainsi, la notification d'un arrêté du préfet portant radiation, est sans effet lorsqu'au lieu d'être faite à personne ou domicile, elle est faite à la mairie, sous le prétexte que l'électeur est décédé.—Dans ce cas, il y a lieu à admettre la réclamation de l'électeur, quoiqu'elle n'ait pas été formée avant le 1er oct. (L. 2 juill. 1828, art. 8). — 17 juin 1830. Bordeaux. Videau. D.P. 30. 2. 211.

313. — L'électeur dont le nom a été rayé d'office de la liste permanente, sans que cette décision lui ait été notifiée, a le droit de demander son inscription sur le tableau de rectification prescrit par le titre 4 de la loi du 2 juill. 1828, quoiqu'il n'ait pas réclamé contre sa radiation avant le 30 sept. La déchéance ne lui est pas applicable (art. 8 de la loi citée). — 17 juin 1830. Bordeaux. Duvigneau. D.P 30. 2. 206.

314.— Pour qu'un citoyen dont le sens précédemment fixé par un arrêt qui le faisait figurer sur les listes électorales permanentes, soit mis en demeure de recourir contre l'arrêté du préfet par lequel ce cens se trouve diminué lors de la révision annuelle des listes, il faut que cet arrêté lui ait été signifié. — 29 janv. 1834. Bastia. Benedetti. D.P. 34. 2. 67.

315. — Un citoyen dont le cens, précédemment fixé par un arrêt de cour royale, a été diminué par arrêté du préfet lors de la révision annuelle de la liste, publiée le 16 août, n'est pas forclos du droit

de réclamer, en ce qu'il ne l'a pas fait avant le 30 sept., si l'arrêté ne lui avait pas été signifié.

..... Et, à défaut de cette signification, il est recevable à recourir *de plano* devant la cour royale, dans les dix jours de la publication du dernier tableau de rectification. — Même arrêt.

316.— Le défaut de notification d'un arrêté de radiation émané du préfet, autorise bien l'électeur rayé à se pourvoir devant la cour royale, tant que cette signification n'a pas eu lieu, mais il n'a pas pour effet de faire considérer comme non avenue la décision du préfet.— 17 juin 1834. Rennes. Delahaie. D.P. 34. 2. 214.

317.— La notification se fait par le ministère des huissiers ou des gendarmes, qui sont tenus de rapporter un reçu (L. 19 avril 1831, art. 21, § 3; C. instr. crim., art. 389).

318.— « Après la publication de la liste rectifiée, il ne pourra plus y être fait de changemens qu'en vertu de décisions rendues par le préfet en conseil de préfecture » (art. 22).

319.— Le préfet ne peut, lors de la réunion d'un collége, plus d'un mois après la publication de la dernière liste, rectifier une erreur qu'il aurait commise lors de la révision annuelle, et réduire le cens d'un électeur. Il ne peut faire d'autres changemens à la liste que ceux qui résultent d'événemens postérieurs.— 18 juin 1830. Bourges. Dupin. D.P. 30. 2. 211.

320.— L'art. 17 de la loi du 2 juill. 1828, portant que la liste, une fois close, les préfets ne peuvent y faire de changemens qu'en vertu d'arrêts rendus dans les formes déterminées au titre suivant, ne fait pas obstacle à ce que le préfet porte sur un propriétaire les impositions attribuées, par erreur, à son co-propriétaire dont l'inscription n'a pas été attaquée dans le délai de la loi, alors que cette rectification n'a point pour effet de priver de son droit électoral ce dernier, dont le cens est resté suffisant.— 14 janv. 1829. Orléans. Péan. D.P. 29. 2. 80.

321. —Il ne doit plus même, quoiqu'en conseil, rayer d'office, ni prononcer la radiation, que sur la réclamation d'un tiers et après notification préalable (Rouen. 22 déc. 1828). — D.A. 6. 551, n.

§ 3. — *Des réclamations devant le conseil de préfecture.—Formes, Mandat.—Délai, Tiers, Compétence du préfet, Effet suspensif, Communication.*

322.— A compter du 15 août, jour de la publication, il doit être ouvert, au secrétariat général de la préfecture, un registre coté et paraphé par le préfet, sur lequel doivent être inscrites, à la date de leur présentation et suivant un ordre de numéros, toutes les réclamations concernant la teneur des listes. Ces réclamations doivent être signées par le réclamant ou par son fondé de pouvoirs (art. 23, § 1er, l. 19 avril 1831).

323. — On demanda, lors de la discussion, que le pouvoir du mandataire fût spécial, mais on répondit qu'on l'avait toujours entendu ainsi, et la chambre refusa de faire l'addition proposée.— Duvergier, p. 231.

324. — Un simple mandat verbal suffit pour donner le droit au mandataire de réclamer, contre le préfet, l'inscription d'un électeur sur les listes ; la preuve de ce mandat résulte suffisamment de l'existence des pièces de l'électeur entre les mains du mandataire (C civ. 1985). — 20 déc. 1828. Rouen. Lefevre. D.P. 29. 2. 49.

325. — Si le pouvoir est sous seing-privé, doit-il être écrit sur papier timbré? doit-il être enregistré? Ces formalités fiscale n'ont pas été probablement dans le vœu du législateur. Il en dispense, si la procédure a lieu devant la cour royale (art. 18). La nécessité n'en est ordinairement absolue que devant les tribunaux. La date certaine est ici assurée par l'enregistrement des pièces à la préfecture, où sont inscrites, à la date de leur présentation, sur un registre coté et paraphé par le préfet, toutes les réclamations concernant la teneur des listes (art. 18). Deux circulaires, des 9 oct. 1827 et 25 août 1828, reconnaissent que le *mandat peut être en simple lettre* (C. civ. 1985, 1990).

326. — Un préfet ne peut point refuser de recevoir les pièces constatant les droits d'un individu à l'inscription sur la liste électorale, et d'opérer cette inscription, sous le prétexte que l'huissier, par exploit duquel ces pièces lui sont offertes, n'est pas porteur d'une procuration de l'électeur qui réclame l'inscription. — Dans ce cas, le refus ainsi motivé du préfet, et signé par lui, ne doit pas être considéré comme un *déni de justice*, contre lequel il faille recourir à l'autorité administrative supérieure,

mais bien comme une *décision* qui peut être déférée à la cour royale; on dirait en vain que les tribunaux ne peuvent statuer sur une *décision* (L. 5 fév. 1817, art. 16). — 13 nov. 1827. Toulouse. Martin. D.P. 29. 2. 86.

327. — Le mandat donné au fondé de pouvoirs peut être en forme de simple lettre (9 oct. 1827 et 25 août 1828. Circ. min.).

328.—Toutefois, il convient que la signature soit légalisée.— Duvergier, 1831, p. 231.

329. — La loi n'exigeant pas, sous peine de nullité, que la procuration en vertu de laquelle un tiers réclame l'inscription d'un individu sur la liste électorale, soit légalisée, il suffit qu'il n'y ait pas de doute sur la verité de la procuration ou de la signature du mandant, pour qu'une cour royale ait pu déclarer souverainement cette procuration valable. — 26 juin 1830. Req. Préf. de la Mayenne C. Feulon. D.P. 30. 1. 270.

330. — Le préfet doit donner récépissé de chaque réclamation et des pièces à l'appui. Ce récépissé doit énoncer la date et le numéro de l'enregistrement (art. 23, § 2).

331. — S'il se refusait à recevoir les réclamations et à en donner récépissé, on devrait faire signifier la réclamation, soit à lui, soit au secrétaire-général, par un huissier porteur de pièces.— Duvergier, 1828, p. 232.

332.— Tout individu qui croit avoir à se plaindre, soit d'avoir été induement inscrit, omis ou rayé, soit de toute autre erreur commise à son égard dans la rédaction des listes, peut, jusqu'au 30 septembre inclusivement, présenter sa réclamation, qui doit être accompagnée de pièces justificatives (art. 24).

333. — L'art. 11 de la loi du 2 juill. 1828 n'ordonne de réclamer, à peine de déchéance, que contre les omissions qui peuvent priver l'électeur d'un droit acquis, mais non contre celles qui ne sont pas de nature à changer sa position. — 7 juin 1830. Nanci. Drouot. D.P. 30. 2. 201.

334.—Par droit acquis, on doit entendre les droits qui, sans être complets actuellement, se compléteront, certainement, avant l'époque fixée pour leur exercice. — 14 juin 1830. Nanci. Dorin. D.P. 30. 2. 202.

335. — Celui qui, inscrit sur la liste annuelle, en est retranché par le préfet, sous prétexte que le cens déclaré sur cette même liste est réduit au-dessous du *minimum* déterminé par la charte, peut, par voie d'exception et de compensation, se prévaloir de contributions qu'il n'avait pas fait inscrire au 30 septembre. — 7 juin 1830. Nanci. Drouot. D.P. 30. 2. 201.

336.—Il ne paraît pas que l'on doive considérer comme frappés de déchéance, dit Favard, les individus qui, ayant réclamé avant le premier octobre, n'auraient pu alors faire admettre leurs réclamations, parce qu'ils ne les avaient pas accompagnées de pièces justificatives ou de preuves suffisantes.—Duvergier, p. 231.

337.—Le défaut de production de pièces justificatives du cens, dans le délai fixé, n'est pas un obstacle à l'inscription sur la liste, lorsque le retard ne provient pas du fait de l'électeur, mais de celui des fonctionnaires auxquels il a été obligé de demander les certificats. — 19 juin 1830. Grenoble. Valentin. D.P. 30. 2. 256.

338.—Dans le même délai (jusqu'au 30 sept.), tout individu inscrit sur les listes d'un arrondissement électoral peut réclamer l'inscription de tout citoyen qui n'y est pas porté, quoique réunissant les conditions voulues; la radiation de tout individu qu'il prétendrait induement inscrit, ou la rectification de toute autre erreur commise dans la rédaction des listes (art. 25, § 1er).

339.—On s'est servi dans l'article des mots : *les listes*, afin, dit le duc Decazes, d'indiquer que le droit de réclamer appartient également à toutes les personnes indiquées pour compléter la liste des cent cinquante.—Duvergier, p. 231.

340.—Mais on avait, sous l'empire de la loi du 2 juillet 1828, dont l'article 12 était rédigé dans les mêmes termes à peu près que le premier paragraphe de notre art. 25, soulevé la question de savoir si la faculté de réclamer ou l'inscription d'un électeur omis, ou la radiation d'un inscrit, était accordée à quelque tiers que ce fût? — L'affirmative avait été adoptée par Moureau (Comm. sur la loi du 2 juillet 1828, p. 20 à 25), sur le motif que dans l'art. 13 on parle généralement de demandes *formées par des tiers*.—Dalloz a soutenu que le texte, non moins que la discussion législative de ces deux articles, s'opposait à cette interprétation. En effet, a-t-il dit, l'art.

13 renvoie à l'art. 12 : « aucune des demandes énoncées dans *l'article précédent* » et l'art. 26 n'oblige les percepteurs à délivrer les extraits de rôle qu'à tout individu « *qualifié comme à l'art.* 12. » Un amendement fut proposé à la chambre des députés, où il était permis à tout individu *inscrit ou non* de demander l'inscription d'un électeur omis, et à tout individu *inscrit* de demander la radiation. On le motivait sur l'intérêt qu'a tout Français de savoir quels hommes on lui donnait pour juges, s'il était impliqué dans un procès criminel. Le rapporteur de la commission et l'un des commissaires du roi repoussèrent l'argument, et combattirent l'extension du droit en répondant qu'il faudrait dans ce cas admettre à la reclamation les femmes, les enfans et même les étrangers résidant en France, puisqu'ils sont tous également justiciables des cours d'assises (Séance 5 mai 1828). L'amendement fut rejeté.—D.A. 6. 551, n. 1.

341.—Toute discussion sur ce point est définitivement tranchée par le paragraphe 2 de l'art. 25, qui porte : « Ce même droit appartiendra à tout citoyen inscrit sur la liste des jurés non électeurs de l'arrondissement. » D'où il résulte nécessairement que les autres individus non inscrits comme électeurs ou comme jurés sont privés du droit de réclamation.

342.—Du reste, l'on doit entendre l'article comme s'il y avait *jurés non électeurs dans l'arrondissement*. Cela fut reconnu par la chambre des députés. —Duvergier, p. 232.

343.—On ne peut demander, après le 30 sept., la réduction du cens d'un électeur inscrit sur la liste générale du jury (L. 19 avril 1831, art. 25).—28 nov. 1833. Bastia. Biadelli. D.P. 34. 2. 68.

344.—« Les percepteurs des contributions directes sont tenus de délivrer sur papier libre, et moyennant une rétribution de 25 centimes par extrait de rôle, concernant le même contribuable, à toute personne portée au rôle, l'extrait relatif à ses contributions, et à tout individu qualifié comme il est dit à l'art. 25, tout certificat négatif ou tout extrait des rôles de contributions » (art. 36).

345.— S'il y a diffamation ou calomnie de la part du tiers réclamant, les tribunaux doivent prononcer les peines légales; s'il y a lésion, les dépens et les dommages-intérêts sont mis à la charge de qui de droit, en prenant en considération la bonne ou la mauvaise foi du réclamant; mais il est certain que l'électeur dont la qualité aura été critiquée, ne peut point répéter les frais qu'il a faits pour la justification de sa qualité, et, par exemple, les droits d'enregistrement qu'il aura été obligé de payer pour des actes qui, sans la réclamation, n'eussent pas été présentés à l'enregistrement. Cela résulte de la discussion, à la chambre des députés, sur l'art. 12 de la loi du 2 juillet 1828.— Duvergier, 1828, p. 233, et 1831, p. 232.

346.— Lorsqu'il s'agit, non de réclamation dans son intérêt personnel par un électeur, contre sa radiation de la liste, mais de défense à la demande en radiation de son inscription, formée par un tiers, l'électeur est recevable à produire ses défenses dans les dix jours de la notification de la demande, quoique le délai fixé par l'art. 1er de la loi du 2 juillet 1828, pour la notification des listes, serait déjà expiré. — 14 janv. 1829. Orléans. Péan. D.P. 29. 2. 50.

347.— En cas d'action des tiers, la clôture de la liste est suspendue, à l'égard de celui dont l'inscription est attaquée, jusqu'au jugement de l'action; en conséquence, ce dernier peut produire les titres justificatifs, même après le 30 septembre (L. 2 mai 1827, art. 3 et 4).—20 nov. 1829. Paris. Perrol. D.P. 30. 2. 115.

348.— Les tiers ne peuvent agir qu'individuellement; ils ne peuvent se réunir pour exercer une action collective (Circul. du 21 oct. 1828).

349. — Le réclamant doit joindre à sa demande la preuve « qu'elle a été par lui notifiée à la partie intéressée » (art. 25, § 2).

Quelles sont les formes de cette notification? La loi ne les indique pas : mais il suffira, ce nous semble, de donner à l'individu attaqué copie de la demande au préfet et des pièces qui la motivent. — Du reste, l'exploit sera soumis aux frais d'enregistrement. On n'enregistre gratis que les actes judiciaires nécessités par l'appel devant la cour royale (art. 35, § 4). — D.A. 6. 552, n. 2.

350.— Si plusieurs personnes réclamaient contre l'inscription d'un même individu, les frais des diverses significations seraient à la charge de ceux qui les feraient (Déc. à la chambre des députés). — Duvergier, 1828, p. 233, et 1831, p. 232.

351.— La notification serait-elle valablement faite

après le 30 septembre ? Non. On a élevé des doutes sur ce point : un mot les dissipera, la demande n'étant pas recevable après ce délai.—D.A. 6. 552, n. 3.

Ainsi, on ne peut demander, après le 30 septembre, la réduction du cens d'un électeur inscrit sur la liste générale du jury (art. 25). — 28 nov. 1833. Bastia. Biadelli. D.P. 34. 2. 68.

352.—Et, d'après l'art. 26, la preuve de la notification doit être jointe à la demande. Quoi de plus formel? Autrement la partie intéressée n'aurait pas, dans la plupart des cas, dix jours pour répondre, ni le conseil de préfecture, cinq jours pour prononcer avant le 16 octobre, époque de la clôture de la liste. — D.A. 6. 552, n. 3.

353.— Les dix jours accordés pour répondre à l'action des tiers ne courent qu'à compter du jour de la notification faite par huissier. C'est ce qu'indique la circulaire du 25 août 1828.— Le défendeur à la réclamation est admis à présenter son mémoire justificatif après le 30 sept. Ce délai n'a été imparti qu'au demandeur qui attaque la liste. Il fournira même de nouvelles pièces, s'il le juge nécessaire pour la preuve de son droit.— D.A. *eod.*, n. 4.

354.— Ainsi, le citoyen dont la radiation de la liste électorale a été réclamée par un tiers, sur le motif qu'il ne payait pas le cens requis, peut obtenir son maintien sur la liste, au moyen de partages faits depuis la demande en radiation.— En ce cas, et selon la règle du droit commun, l'effet du partage remonte au jour où l'indivision a commencé. — 14 janv. 1829. Orléans. B... D.P. 29. 2. 119.

355.— Il peut, en tout état de cause, produire des pièces nouvelles pour justifier son inscription; la jurisprudence qui prohibe la production de pièces nouvelles devant la cour ne lui est pas applicable. — 22 juin 1830. Bordeaux. Duvergier. D.P. 30. 2. 200.

356.— Le tiers électeur qui attaque une inscription, peut se servir, pour justifier sa réclamation, des preuves résultant des pièces produites par l'électeur inscrit; si donc il démontre, avec ces pièces, que l'inscription a été illégalement ordonnée, sa réclamation doit être accueillie. — 22 juin 1830. Bordeaux. Boucherie. D.P. 30. 2. 202.

357.— Les demandes formées devant le conseil de préfecture ne sont pas nulles par cela seul qu'elles ont été faites sur papier libre et sans avoir été enregistrées.—27 nov. 1833. Bastia. Olmeta. D.P. 34. 2. 68. —27 nov. 1833. Bastia. Vérina. D.P. 34. 2. 68.

358.— La cour de cassation a jugé, par arrêt du 3 juill. 1830, que le défaut d'enregistrement de l'exploit de signification de l'arrêt d'admission, en matière électorale, n'entraîne point la nullité de cet exploit.— D.P. 30. 1. 269.

359.— Le préfet doit statuer en conseil de préfecture sur les demandes dont il est fait mention aux art. 24 et 25 ci-dessus, dans les cinq jours qui suivent leur réception, quand elles sont formées par les parties elles-mêmes ou par leurs fondés de pouvoirs; et dans les cinq jours qui suivent l'expiration du délai fixé par l'art. 26, si elles sont formées par des tiers. Ses décisions doivent être motivées (art. 27, § 1er).

360.— Puisque la loi a confié le premier degré du contentieux des élections au préfet et au conseil de préfecture, il ne peut, sans déni de justice, se dispenser de statuer, d'une manière quelconque, sur l'admission ou le rejet d'une demande à lui adressée, afin d'être inscrit sur la liste électorale; et il ne pourrait se borner à renvoyer cette décision à la cour royale. — 25 août 1829. Paris. Isambert. D.P. 29. 2. 299.

361.— Il suffit qu'il soit constant que des pièces sont arrivées à la préfecture en temps utile, pour que le préfet ait été obligé de statuer sur la réclamation de l'électeur. — 6 juill. 1830. Req. Préf. du Loiret. Maslier. D.P. 30. 1. 273.

362.— C'est en conseil de préfecture que le préfet doit statuer sur les réclamations d'inscription sur la liste; il est incompétent pour y statuer seul, et une cour royale a attribution pour déclarer cette incompétence, dans le cas, par exemple, où il a refusé seul, et non en conseil de préfecture, de statuer sur la réclamation (L. 2 juill. 1828, art. 18). — 26 juin 1830. Req. Préf. du Loiret. Mègre. D.P. 30. 1. 271.

363.— Qu'arriverait-il si un préfet refusait ou négligeait de statuer avant le 20 octobre? Par quel moyen l'électeur pourrait-il faire valoir ses droits? La commission de la chambre des pairs s'est posé cette question ; elle a reconnu par l'organe de son rapporteur que le préfet ne pouvait plus statuer après le 20 octobre; que, par conséquent, le réclamant n'aurait d'autre recours que celui d'une ac-

tion en déni de justice dirigée contre le préfet. « La majorité de votre commission, a dit le duc Decazes, a pensé que cette action était tout-à-fait suffisante pour rassurer la société, et pour garantir les parties des inconvéniens d'un refus de statuer, ou d'une négligence si extraordinaire, qu'elle ne pourrait être considérée que comme un refus, et qualifiée aussi sévèrement ; que le préfet qui s'en rendrait coupable s'exposerait à des poursuites criminelles, et aux peines portées par les lois contre les dénis de justice ; qu'on ne devait pas prévoir qu'il s'en trouvât qui oubliassent leur devoir au point d'appeler sur eux l'application de ces lois, qui, dans tous les cas, étaient plus que suffisantes pour prévenir une prévarication contre laquelle il était inutile de chercher d'autre remède. » — Duverg., 1831, p. 233.

364. — Le préfet en conseil ne peut condamner aux dépens le tiers dont la réclamation est rejetée (14 avril 1820. Sol. min.).

365. — Une décision motivée, légalement communiquée, est nécessaire pour, à défaut de justification de ses droits, opérer la radiation d'un individu de la liste électorale, sur laquelle il a été inscrit d'office — 15 nov. 1827. Toulouse. Laromiguière. D.P. 29. 2. 86.

366. — Quoique la publication des listes rectifiées, faite le 15 août, tienne lieu, à la vérité, de notification aux citoyens intéressés, toutefois, passé cette époque, un citoyen ne peut être éliminé des listes par le conseil de préfecture, s'il n'a pas été mis à portée de réclamer dans le délai fixé.... Par suite, si l'élimination n'a été prononcée que le 8 décembre, l'électeur doit être maintenu. — 22 déc. 1828. Rouen. Lecanu. D.P. 29. 2. 49.

367. — L'arrêté du préfet qui admet un particulier à compter, pour former son cens électoral, certaines contributions ., ne peut, lors de la publication d'une nouvelle liste, être opposé par ce particulier comme ayant l'autorité de la chose jugée — 16 janv. 1828. Lyon. Boulet D.P. 29. 2. 44 — 14 nov. 1828. Agen. Brugalières. D.P. 29. 2. 44. — 15 nov. 1828. Amiens. Hérault. D.P. 29. 2. 47 — 27 nov. 1828. Colmar. Holtzapffel. D.P. 29. 2. 44 — 2 déc. 1828. Paris. Peigné-Tesseinière. D.P. 29. 2. 44.

368. — Une demande en inscription, en vertu d'une patente où se trouve *un prénom* différent de celui qui est attribué au réclamant par son acte de naissance et les autres pièces par lui produites, peut être rejetée pour défaut d'identité. — 19 juin 1830. Bordeaux. Courrier. D.P. 30. 2. 205.

369. — Si cette différence n'est qu'une erreur, ce n'est pas au préfet à en faire ni à en provoquer la rectification. — Même arrêt.

370. — « Les réclamations portées devant les préfets, en conseil de préfecture, auront un effet suspensif » (L. 19 avril 1831, art. 34). Par suite de cet effet suspensif, l'électeur réclamant aurait le droit de voter si les colléges se réunissaient avant la décision. — Duverg., p. 236.

371. — La communication, sans déplacement, des pièces respectivement produites sur les questions et contestations, doit être donnée *à toute partie intéressée* qui la requiert (art. 27, § 2). Ces dernières expressions doivent, ainsi que cela a été reconnu lors de la discussion de l'art. 14 de la loi du 2 juill. 1828, s'entendre des parties qui figurent dans la contestation. Un tiers étranger aux débats ne pourrait demander la communication. — Duverg., p. 232.

§ 4. — *Des listes supplémentaires ou tableau de rectification.*

372. — Tout ce que nous avons dit jusqu'ici des réclamations contre les listes relatives aux électeurs payant le cens intégral prescrit par la loi, est applicable aux réclamations qui peuvent s'élever contre la liste supplémentaire prescrite par le dernier paragraphe de l'art. 20. — Duv., p. 232.

373. — La loi du 2 juill. 1828, tit. 4, pourvoyait au cas où des élections générales ou partielles auraient lieu un mois après la clôture des listes définitives, et elle ordonnait que, dans ce cas, il fût dressé des tableaux de rectification contenant le nom des électeurs qui auraient acquis, soit par l'âge, soit par la possession annale, ou par succession, des droits électoraux, et que l'on retranchât le nom des électeurs qui auraient perdu leurs droits. — Ce système avait de graves inconvéniens ; la loi nouvelle tranche toutes les difficultés ; elle veut que la liste, une fois dressée, serve pour toute l'année (art. 32, § 2) ; plus de rectification, plus d'inscription possible pour les électeurs ayant acquis leurs droits depuis la clôture ; plus de radiation, si ce n'est au cas de décès ou de privation des droits ci-

vils ou politiques. — Sans doute, il résultera de là que quelques individus devenus électeurs ne voteront pas ; que quelques autres, ayant perdu cette qualité, voteront. Mais cet inconvénient est peu de chose en présence des avantages incontestables résultant de la fixité des listes. — Duverg., p. 232.

374. — Ainsi, pour le cas où les colléges électoraux auraient été convoqués plus d'un mois après la publication du dernier tableau de rectification annuelle, l'art. 22 de la loi du 2 juill. 1828 autorisait le préfet à dresser un nouveau tableau de rectification, et les intéressés devaient, dans ce cas, porter leur action directement devant la cour royale (art. 23).

375. — Le jour de l'échéance n'était pas compté dans le délai de huit jours, dans lequel devaient, à peine de déchéance, être présentées les réclamations d'inscriptions sur les listes. — 26 juin 1830. Req. Préfet du Loiret. Mègre. D.P. 30. 1. 271.

376. — Voici, du reste, quel était l'état de la jurisprudence sur cette partie de la législation électorale : celui qui, depuis la clôture définitive de la liste annuelle, avait éprouvé une augmentation de contributions qui lui conférait le cens électoral, devait être compris au tableau de rectification. — 15 juin 1830. Bordeaux. Léonardon. D.P. 30. 2. 210.

377. — Mais l'électeur inscrit, dont le cens avait été réduit d'office par le préfet, et qui avait laissé clore la liste annuelle sans réclamation, était non-recevable à demander son inscription sur le tableau de rectification. — 14 juin 1830. Bordeaux. Cuzol. D.P. 30. 2. 207.

378. — En conséquence de ce même principe, il y avait déchéance contre l'électeur qui, ayant droit de faire compter dans son cens des centimes additionnels, n'avait pas réclamé contre l'omission qui en avait été faite sur la liste révisée, avant sa clôture définitive. — 14 juin 1830. Bordeaux. Combret. D.P. 30. 2. 208.

379. — ... Et aussi contre l'individu qui possédait en vertu d'un titre successif avant le 30 sept., c'est-à-dire avant la clôture des listes générales, encore bien qu'il possédât depuis moins d'une année : le titre successif dispensant de la possession annale. — 13 juill. 1830. Civ. r. Préf. de la Seine C. Leguey. D.P. 30. 1. 269.

380. — .... Contre l'électeur qui, ayant été porté sur la liste générale pour une somme moindre que celle indiquée dans la cote contributive de ses immeubles, n'avait pas réclamé avant le 30 sept. — 22 juin 1830. Bordeaux. Boudin. D.P. 30. 2. 203.

381. — Et, dans ce dernier cas, si ces mêmes immeubles avaient postérieurement éprouvé une augmentation d'impôts, elle devait seule, comme constituant un droit nouveau, être ajoutée à la cote établie sur la liste générale, sans qu'on pût y ajouter en outre les contributions précédemment omises. — Il importait peu que l'électeur payât cette augmentation d'impôts depuis moins d'une année, l'annalité du cens n'étant pas exigée de celui qui avait la possession annale de l'immeuble imposé. — Même arrêt.

382. — Il y avait déchéance contre tout citoyen qui, réunissant au 30 sept. les conditions exigées pour être porté sur la liste annuelle, n'avait fait aucune réclamation. Le tableau de rectification n'était destiné qu'aux individus qui, depuis la clôture des listes annuelles, auraient acquis ou perdu la qualité d'électeurs. Dans ce cas, l'art. 6 de la loi du 2 mai 1827 n'était pas abrogé par la loi du 2 juill. 1828 — 25 juin 1829. Riom. Faurot. D.P. 29. 2. 203. — 25 sept. 1829. Vac. c. Douai. int. de la loi. C. Courty. D.P. 29. 1. 361. — 22 oct. 1829. Vac. c. Montpellier. int. de la loi. C. Solomon. D.P. 29. 1. 361. — 7 juin 1830. Nanci. Demetz. D.P. 30. 2. 200. — 1er juill. 1830. Civ. c. Paris. Préf. de la Seine. D.P. 30. 1. 265.

383. — La même décision était applicable au cas où un électeur, réunissant au 30 sept. les conditions nécessaires pour faire partie du collége départemental, n'avait pas réclamé à cette époque contre la teneur de la liste qui ne lui attribuait que le cens du petit collége. — 9 juin 1830. Nanci. Jeandel. D.P. 30. 2. 200.

384. — Le contraire de ces décisions, qui paraissent en harmonie parfaite avec l'esprit de la loi, avait cependant été jugé. Ainsi, le citoyen qui, réunissant toutes les conditions exigées pour être porté sur la liste électorale annuelle, n'avait fait aucune réclamation pour être porté sur cette liste, lors de sa clôture, n'en était pas moins, au cas d'élection à faire plus d'un mois après la clôture de la liste annuelle, fondé à requérir son inscription sur le tableau de rectification : dans ce cas, l'art. 6 de

la loi du 2 mai 1827 avait été abrogé par la loi du 2 juill. 1828. — 5 mai 1829. Montpellier. Janot. D.P. 29. 2. 202. — 6 mai 1829. Douai. Courty. D.P. 29. 2. 203.

Mais ces deux arrêts furent cassés dans l'intérêt de la loi par deux arrêts de la chambre des vacations de la cour de cassation, arrêts que nous venons de signaler au n. 382.

385. — Du reste, un individu, quoiqu'il n'eût acquis la possession annale qu'après la clôture des listes, était fondé à se faire porter sur le tableau de rectification : on aurait dit en vain qu'il ne pouvait plus être porté atteinte aux listes arrêtées. — 5 juill. 1830. Req. Préfet de la Sarthe. D.P. 30. 1. 273.

386. — Le citoyen inscrit comme électeur au 30 sept. pouvait requérir valablement, même après ce délai, son inscription sur la liste de rectification, pour d'autres contributions qui lui avaient été déléguées par sa mère. — 17 juill. 1830. Civ. r. Préfet de Seine-et-Oise. D.P. 30. 1. 269.

387. — L'électeur qui, après avoir concouru à l'élection d'un député, avait transporté son domicile politique dans un autre arrondissement où il n'avait pas le droit, pendant quatre années, de prendre part aux élections, pouvait, si le collége électoral de son nouveau domicile était convoqué avant l'échéance des quatre années, par suite de la dissolution de la chambre des députés, demander à être inscrit sur le tableau de rectification (L. 5 fév. 1817, art. 3). — 23 juin 1830. Bordeaux. Boudin. D.P. 30. 2. 207.

§ 5. — *Du recours contre les décisions du préfet et du conseil de préfecture.*

388. — « Toute partie qui se croira fondée à contester une décision rendue par le préfet, pourra porter son action devant la cour royale du ressort et y produire toute pièce à l'appui » (art. 33, § 1er).

389. — L'électeur dont le cens avait été précédemment fixé par un arrêt de cour royale, et figurait sur la liste électorale, peut se pourvoir directement devant cette cour, dans les dix jours de la publication du dernier tableau, contre la décision du préfet qui a diminué son cens, et qui ne lui a pas été dûment signifié — 29 janv. 1834. Bastia. Benedetti. D.P. 34. 2. 67.

390. — Mais lorsqu'un citoyen, provisoirement inscrit d'office lors de la révision annuelle des listes électorales pour un cens qui le faisait figurer parmi les plus imposés au-dessous de 200 fr., appelé à compléter le nombre de 150, a été depuis rayé de la liste pour insuffisance de cens, par un arrêté du préfet qu'il n'a attaqué ni avant ni après le 30 septembre, il n'est pas recevable à se pourvoir *de plano* devant la cour royale, en augmentation de cens (L. 19 avril 1831, art. 24). — 13 janv. 1834. Bastia. Marcelli. D.P. 34. 2. 67.

391. — Le droit de recours dont parle le § 1er de l'art. 33 ne s'étend pas aux tiers dans tous les cas. Ainsi, le § 3 de cet article ne leur permet pas de se pourvoir contre les décisions qui rejettent une demande d'inscription formée par eux. C'est qu'en effet l'électeur dont l'inscription a été demandée par un tiers et refusée malgré cette demande, est peu digne de la faveur du législateur, si son indifférence coupable lui fait négliger la poursuite d'une action qu'on ne lui a pas laissé ignorer. D'ailleurs, il fallait craindre les tracasseries dont des tiers auraient pu fatiguer l'administration, alors que les intéressés, mieux instruits de leur position, auraient gardé le silence.

392. — Si le préfet refusait ou négligeait de statuer avant le 20 oct., et se plaçait ainsi dans l'impossibilité de donner une décision, la commission de la chambre des pairs a pensé que la cour royale n'étant chargée de prononcer que sur les réclamations élevées contre les décisions du préfet, ne pourrait prononcer sur le recours des intéressés, puisqu'il n'y aurait point eu de décision de la part du préfet. — Voy. Duvergier, p. 233. — V. aussi n. 363.

393. — En conséquence, il a été jugé que la cour royale n'est compétente pour statuer sur une demande en inscription sur les listes électorales, qu'autant que cette demande a été préalablement soumise au préfet en conseil de préfecture. — 5 juin 1834. Req. Paris. Lheureux. D.P. 34. 1. 268.

394. — Toutefois, la cour de cassation semblait avoir jugé le contraire quand elle avait décidé qu'une cour royale est compétente pour statuer sur la réclamation d'un électeur, quoique le préfet n'ait pas prononcé sur cette réclamation, s'il est constant que les pièces ont été produites devant le préfet en temps utile ; que l'électeur ne peut souffrir de ce que

le préfet a négligé ou refusé de statuer. — 6 juill. 1830. Req. Préfet du Loiret. D.P. 30. 1. 273.

395.—Mais, lorsque, sur la sommation à lui faite par exploit, le préfet a refusé de recevoir les pièces qui lui sont présentées pour constater les droits d'un individu à être porté sur la liste électorale, refus fondé sur ce que la production des pièces n'était pas faite par une personne ayant pouvoir à cet effet et qu'il a signé son refus, il y a là décision contre laquelle le recours devant la cour royale est ouvert à la partie intéressée. Vainement on dirait que le refus ne constitue qu'un déni de justice qui ne peut être reprimé que par l'autorité administrative supérieure. — 13 nov. 1827. Toulouse. Martin. D.P. 29. 2. 86.

396. — La loi du 2 mai 1827 ne disait pas expressément si le recours devait être porté directement devant la cour royale; plusieurs cours avaient pensé néanmoins qu'elles étaient valablement saisies, sans que la demande eût été portée devant le tribunal de première instance; mais l'opinion contraire avait été adoptée par arrêt de la cour royale de Paris, du 12 nov. 1827, dans l'affaire Noel, confirmé par arrêt de la cour de cassation, du 21 fév. 1828 (D.P. 28. 1. 140). — Voy. *suprà*.

397.— La loi de 1831, en reproduisant l'art. 18 de celle de 1828, tranche la difficulté : c'est *directement* devant la cour royale que doit être porté le recours. — Duvergier, 1828, p. 235, et 1831, p. 234.

398. — Le recours devant la cour royale, autorisé en matière d'élection, est-il assimilé à l'appel? — 22 fév. 1830. Req. Poitiers. Fruchard. D.P. 30. 1. 119.

399.— D'après la loi du 2 juill. 1828, les réclamations contre les décisions du préfet doivent être portées devant la cour royale par action principale et non par voie d'appel.—8 oct. 1828. Paris Durand. D.P. 29. 2. 24.

400. — L'arrêté d'un préfet en conseil de préfecture, qui écarte un électeur de la liste, est moins un jugement qu'une contradiction à la demande de l'électeur.— 27 nov. 1828. Nanci. Bontoux. D.P. 29. 2. 117.

401. — « L'exploit introductif d'instance devra, sous peine de nullité, être notifié dans les dix jours, quelle que soit la distance des lieux, tant au préfet qu'aux parties intéressées » (art. 33, § 2). Le délai court du jour de la notification. Le ministre de l'intérieur l'a déclaré formellement lors de la discussion de la loi du 2 juill. 1828, et cela est d'ailleurs conforme aux règles du droit commun, qui ne fait courir les délais des recours en général qu'à compter de la signification. — Duvergier, an 1828 et an 1831, p. 235.

402.— Dans le délai déterminé par l'art. 18 de la loi du 2 juill. 1828, pour se pourvoir contre l'arrêté du préfet, il ne faut pas comprendre le jour *à quo*, qui de droit commun est toujours exclu.— 16 juin 1830. Nanci. Leman. D.P. 30. 2. 203.

403.— Mais la notification de l'assignation faite le *onzième jour* serait nulle, l'article exigeant qu'elle soit faite *dans les dix jours*.— Duvergier, 1828, p. 235 et 1831, p. 235.

404.— Il n'y a point d'augmentation du délai à raison des distances, le législateur a voulu le rendre toujours le même, afin de ne point se départir des divers autres délais établis pour la révision, publication et clôture définitive des listes.

405.— L'électeur dont le cens a été réduit lors de la révision annuelle des listes, n'est plus recevable à réclamer après leur clôture définitive. — Dans ce cas, lorsque la réduction est prononcée, non d'office par le préfet seul, mais par ce fonctionnaire statuant en conseil de préfecture, elle doit être attaquée dans les dix jours de la publication du tableau de rectification sur lequel l'électeur est porté (art. 18, l. 2 juill. 1828). — 15 juin 1830. Bordeaux. Coudert. D.P. 30. 2. 208.

406. — L'action intentée par des tiers électeurs, devant la cour, contre les décisions du préfet, relatives au tableau de rectification, doit être formée par exploit introductif d'instance. — 23 juin 1830. Bordeaux. Galos. D.P. 30. 2. 212.

407.— Elle doit être notifiée tant aux parties intéressées qu'au préfet. — 23 juin 1830. Bordeaux. Galos. D P. 30. 2. 212.—28 nov. 1833. Bastia. Franceschi. D.P. 34. 68. 2.

408. — Ainsi, celui qui se pourvoit contre une décision du préfet doit assigner ce magistrat devant la cour. — 27 nov. 1828. Nanci. Bontoux. D.P. 29. 2. 117.—16 juin 1830. Nanci. Jobert. D.P. 30. 2. 205.

— .....Et ce, dans la forme ordinaire des ajournemens; c'est contre ce fonctionnaire que s'engage l'instance. — 27 nov. 1828. Nancl. Bontoux. D.P. 29. 2. 117.

409.—Une requête adressée au premier président, bien que signifiée au préfet, mais sans ajournement, n'est pas suffisante pour saisir la cour (art. 18 et 23, l. du 2 juill. 1828). — 16 juin 1830. Nanci. Jobert. D.P. 30. 2. 205.

410.—Toutefois, cette nullité n'étant point d'ordre public, peut être couverte par des défenses au fond (C.pr. 173).—17 juin 1830. Bordeaux. Alafaure. D P. 30. 2. 194.

411.—Les tiers ne peuvent intervenir devant la cour que par action principale, et avant l'expiration des délais. — 15 nov. 1833. Bastia. Piétri. D.P. 34. 2. 68.

En effet, la voie de l'intervention en appel n'étant nullement prévue par la loi, qui n'accorde aux tiers qu'une action principale, il y a lieu à s'en tenir rigoureusement à l'observation des délais.

412.—Ce ne sont point les règles du code de procédure civile, mais bien celles de l'art. 389 C. instr. cr. qu'on doit suivre pour la validité des exploits en matière électorale.—3 juill. 1830. Civ. r. Préf. de la Seine C. Oger. D.P. 30. 1. 267.—5 juill. 1830. Civ. r. Préf. de la Seine C. Chalain. D.P. 30. 1. 268.— 6 juill. 1830 Civ. r. Préf. de la Seine C. Leroy. D.P. 30. 1. 270.

413.—Il n'est pas nécessaire que les ratures et renvois d'une assignation, en matière électorale, soient approuvés, lorsqu'ils ne nuisent pas à l'intelligence de l'acte, et n'ont pu causer aucune erreur préjudiciable au défendeur.—6 juill. 1830. Civ. r. Préf. de la Seine C. Pinpernel. D.P. 30. 1. 268.

414.—Les conclusions prises dans l'exploit d'assignation, déterminant la demande, il s'ensuit que le tiers électeur qui, dans l'exploit d'assignation par lui donné à un autre électeur, s'est borné à demander que ce dernier fût reporté d'un collége électoral dans un autre, ne peut, si l'assigné ne se présente pas, changer sa demande originaire, et conclure, en son absence, à la réduction de son cens électoral ou à sa radiation. Pour cette nouvelle demande, une nouvelle assignation serait nécessaire. —23 juin 1830. Bordeaux. Vignes. D.P. 30. 2. 201.

415.—«.... L'affaire sera rapportée en audience publique par un des membres de la cour, et l'arrêt sera prononcé après que la partie ou son défenseur et le ministère public auront été entendus» (art. 33, § 4, *in fine*).

416.—Quelques arrêts avaient décidé que les avocats des parties ne seraient pas entendus; aujourd'hui le texte est formel et le droit reconnu.—Mais l'avocat pourra-t-il répliquer au ministère public? Cette question a été diversement décidée. Les cours d'Orléans (9 juin 1830. D.P. 30. 2. 266), de Bourges et de Paris l'ont jugée négativement. La cour d'Angers (3 mai 1830. D.P. 30. 2. 266) s'est prononcée pour l'affirmative. Nous pensons que le ministère public n'étant point partie principale, mais seulement partie jointe au procès, l'avocat ne peut, suivant les principes généraux, avoir le droit de lui répliquer.—Duvergier, p. 235.

417.—Il s'était élevé de graves difficultés sur la question de savoir si les pièces qui n'avaient pas été produites devant le préfet pouvaient l'être devant les cours royales. La jurisprudence était incertaine.

418.—Ainsi, on jugeait, d'une part, que l'électeur, porté sur la liste électorale close le 30 septembre, qui, par suite d'un dégrèvement postérieur, a été rayé par le préfet, est recevable à établir, par des pièces nouvelles, devant la cour royale, que, nonobstant le dégrèvement qu'on lui a fait subir, il payait encore le cens électoral au 30 septembre, au moyen d'autres contributions, et que, conséquemment, il doit être porté sur la liste.— 29 juin 1830. Req. Préfet de la Seine-Inf. C. Duval. D.P. 30. 1. 271.

419.—...Que l'électeur inscrit, à qui il a été fait, par arrêté préfectoral, un dégrèvement qui, d'ailleurs, le laisse électeur, est recevable à produire, devant la cour royale, saisie de son recours contre cet arrêté, des pièces nouvelles tendantes à justifier qu'il a droit d'être inscrit pour un cens supérieur à celui fixé par l'arrêté. — 29 juin 1830. Req. Préfet de la Seine-Inf. Dumesnil. D.P. 30. 1. 271.

420.—.... Que celui qui, déjà inscrit sur la liste électorale, en est rayé d'office par le préfet, peut produire devant la cour royale les pièces propres à établir que sa radiation a été faite sans motifs (C. proc. 464).— 26 juin 1830. Req. Préf. du Loiret C. Badinier. D.P. 30. 1. 270.

421.— ... Qu'on peut, en cour royale, présenter des pièces nouvelles, lorsque ces pièces n'ont pour but que d'appuyer d'autres pièces produites devant le préfet, et jugées insuffisantes par ce magistrat; mais que si une demande était portée devant le préfet sans pièces justificatives, on ne serait pas reçu à en faire la production tardive devant la cour (art. 11 de la loi du 2 juill. 1828).—9 juin 1830. Nanci. Barbier. D.P. 30. 2. 203.

422.—....Qu'on peut, en un mot, en tout état de cause, produire des pièces nouvelles pour justifier son inscription.—22 juin 1830. Bordeaux. Duvergier. D.P. 30 2. 209.

423.—Mais on jugeait, d'autre part, qu'on ne peut produire devant la cour les pièces justificatives qu'on n'aurait pas remises à la préfecture.—17 juin 1830. Bourges. Parnajon. D.P. 30. 2. 211.

424.—. ..Que le citoyen dont l'inscription sur la liste électorale a été rejetée par le préfet, pour insuffisance dans les justifications par lui faites, ne peut, au moyen de nouvelles pièces produites pour la première fois devant la cour royale, obtenir la réformation de l'arrêté du préfet, et son inscription sur la liste électorale. — 15 juin 1830 Bordeaux. Long. D.P. 30. 2. 209.—31 oct. 1829 Poitiers. Fruchard. D.P. 30. 2 27.— 2 fév. 1830. Req. Poitiers. Fruchard. D.P. 30. 1. 119.

425.— ...Alors même que l'insuffisance de justification n'était relative qu'à l'identité du réclamant avec l'individu porté sur les extraits de rôle de contributions, joints à la demande en inscription (C. pr. 464).—Mêmes arrêts.

426.— Pour faire cesser tous les doutes sur la question, et pour que les parties pussent produire devant la cour royale toutes les pièces qu'elles croiraient propres à justifier leurs prétentions, encore qu'elles ne les eussent pas présentées au préfet, la chambre des pairs a ajouté au paragraphe premier de l'art. 33, adopté par la chambre des députés, ces mots : *et y produire toutes pièces à l'appui.*

427.— Toutefois, on jugeait qu'une cour royale avait pu décider souverainement, par une rectification de calcul, que, des pièces produites devant le conseil de préfecture, il résultait un cens différent de celui admis par ce conseil.— 3 juill. 1830. Req. Préf. de la Seine-Inf. Saillars. D.P. 30. 1. 272. — 3 juill. 1830. Req. Préf. de la Seine-Inf. C. Revelle. D.P. 30. 1. 272.

428.—...Qu'il lui suffisait de déclarer que des pièces qui d'ailleurs avaient été produites devant le préfet, justifiaient suffisamment le cens électoral, pour que cet arrêt fût, en raison de l'appréciation souveraine qu'il avait faite, à l'abri de la censure de la cour de cassation.— 30 juin 1830. Req. Préf. de l'Yonne C. Guy. D.P. 30. 1. 272.

429. — Quand l'art. 33 de la loi du 19 avril 1831 prescrit aux cours royales de juger sommairement *et toutes affaires cessantes*, en matière électorale, c'est seulement une règle de conduite qu'il trace aux juges; mais il ne leur impose pas l'obligation de statuer le jour même des plaidoiries; ils peuvent, suivant l'art. 116 C. pr., ou prononcer sur-le-champ, ou se retirer dans la chambre du conseil pour recueillir les avis, ou continuer la cause à une des prochaines audiences pour prononcer le jugement. —5 juin 1834. Req. Paris. Lheureux. D.P. 34. 1. 268.

430.— On ne peut faire dépendre la décision de la contestation du serment, ou d'une preuve testimoniale ou d'un interrogatoire sur faits et articles. — 21 juin 1830. Nanci. Gillon. D.P. 30. 2. 204.

431.— Est suffisamment motivé l'arrêt qui déclare que les pièces produites devant le préfet justifient du cens électoral. — 30 juin 1830. Req. Préf. de l'Yonne C. Guy. D.P. 30. 1. 272.

432.— Dans le cas où il y a eu production insuffisante devant le préfet, la cour peut, d'office, ordonner que l'inscription de l'électeur n'aura lieu qu'à la charge par lui de justifier au préfet des faits que ce magistrat n'avait pas constatés, et bien que la pièce justificative de ces faits n'apparaisse au préfet que long-temps après le délai fixé pour le terme des réclamations. — 9 juin 1830. Nanci. Barbier. D.P. 30. 2. 203.

433.—«La cause sera jugée sommairement, toutes affaires cessantes, et sans qu'il soit besoin du ministère de l'avoué; les actes judiciaires auxquels elle donnera lieu seront enregistrés gratis» (art. 33, § 4).

434.—Isambert avait proposé d'affranchir ces actes des droits de timbre et de greffe; mais sa proposition a été écartée.—Duvergier, 1831, p. 235.

435.— Le préfet qui succombe dans une instance relative à un refus d'inscriptions sur les listes électorales, doit-il être condamné aux dépens?—8 oct. 1828. Paris. Durand. D.P. 29. 2. 24.

436.— Non; il n'en est point passible envers l'électeur.— 1er juill. 1829. Toulouse. Darnaud. D.P. 29.

2. 270. — 27 nov. 1828. Nanci. Bontoux. D.P. 28. 2. 117.

437.— Mais le tiers qui succombe doit être condamné aux dépens.— 21 juin 1830. Nanci. Gillon. D.P. 30. 2. 204.

438. — L'électeur dont un tiers a réclamé l'élimination devant la cour royale, et qui a fait défaut, a pu être maintenu sur la liste, malgré sa non comparution et sans justifier de son droit.—12 juill. 1830. Req. Delaunay. D.P. 30. 1. 274.

439. — Les cours royales peuvent-elles, en cas d'urgence, ordonner l'exécution de leurs arrêts sur minute? — La cour de Pau (16 déc. 1828.), s'est prononcée pour la négative ; mais la cour de Rennes (9 janv. 1829), et la cour de Caen (19 janv. 1830), ont décidé la quetion affirmativement. Nous adoptons cette solution, qui nous paraît plus conforme à l'esprit et au vœu de la loi—Duvergier, p. 235.

440. — « ... Les actions intentées devant les cours royales, par suite d'une décision qui aura rayé un individu de la liste, auront un effet suspensif » (L. 19 avril 1831, art. 34).

441. — Par suite de l'effet suspensif dont parle cet article, l'électeur réclamant aurait le droit de voter si les colléges se réunissaient avant la décision de la cour sur sa demande.— Duvergier, p. 236.

§ 6.— *Du recours en cassation.—Exploit d'arrêt d'admisssion. Formes, Signification, Délai.*

442. — « S'il y a pourvoi en cassation, il sera procédé sommairement, et toutes affaires cessantes, comme devant la cour royale, avec la même exemption du droit d'enregistrement, sans consignation d'amende (art. 35, § 5).

443. — Comme en toute autre matière non criminelle, le pourvoi en cassation ne peut être porté *de plano* devant la chambre civile; il doit être soumis à l'épreuve préalable de l'admission par la chambre des requêtes : seulement, il doit être statué sur le pourvoi, toutes affaires cessantes, et avec toute la célérité possible.— 9 avril 1829. Req. Poitiers. Main. D.P. 29. 1. 215.

444. — Les préfets des départemens ont qualité pour se pourvoir, en leur nom, contre les arrêts de cours royales, rendus sur appel de leurs arrêtés, en matière électorale. — 1er juill. 1830. Civ. c. Paris. Préf. de la Seine C. Lesage. D.P. 30. 1. 265.

445.—Jugé que les gendarmes ont qualité pour faire les significations des arrêts d'admission, rendus en cette matière. — 1er juill. 1830. Civ. c. Paris. Préf. de la Seine C. Lesage. D.P. 30. 1. 265. — 3 juill. 1830. Civ. r. Préf. de la Seine C. Oger. D.P. 30. 1. 267. — 5 juill. 1830 Civ. r. Préf. de la Seine C. Chalain. D.P. 30. 1. 268.

446.— Et leurs exploits ne peuvent point être argués de nullité, sur le motif qu'ils manqueraient de quelqu'une des formalites ordinaires à ces actes, s'il est d'ailleurs certain qu'ils ont remis aux personnes assignées la copie de la signification qu'ils étaient chargés de leur faire. — 3 juill. 1830. Civ. r. Préf. de la Seine C. Oger. D.P. 30. 1. 267. — 3 juill. 1830. Civ. r. Préf. de la Seine C. Lamoureux. D.P. 30. 1. 269 — 6 juill. 1830. Civ. r. Préf. de la Seine C. Leroy. D.P. 30. 1. 270. — 5 juill. 1830. Civ. r. Préf. de la Seine C. Chalain. D P. 30. 1. 268.

447. — Ainsi, point de nullité de l'exploit de signification pour omission des nom, prénoms et demeure du gendarme qui l'a faite.—6 juill. 1830. Civ. r. Préf. de la Seine C. Leroy. D.P. 30. 1. 270. — 3 juill. 1830. Civ. r. Préf. de Seine-et-Oise C. Vorin. D.P. 30 1. 267.

448.—Ni pour omission, sur la copie laissée à l'électeur, de la signature du gendarme instrumentaire, alors surtout que l'original établit que cette copie a été laissée à l'électeur, en parlant à sa personne, et que l'électeur a signé l'original.— 5 juill. 1830. Civ. r. Préf. de la Seine C. Chalain. D.P. 30. 1. 268. — 3 juill. 1830. Civ. r. Préf. de Seine-et-Oise C. Vorin. D.P. 30. 1. 267.

449.—Ni pour omission dans la copie de l'arrêt de l'indication du domicile du cité. — 5 juill. 1830. Civ. r. Préf. de la Seine C Chalain. D.P. 30. 1. 268.

450.—Ni pour défaut de mention de l'électeur à qui la signification a été faite, si l'exploit est signé de lui. —3 juill. 1830. Civ. r. Préf. de la Seine C. Lamoureux. D.P. 30. 1. 269.—5 juill. 1830. Civ. r. Préf. de la Seine C. Béranger. D.P. 30. 1. 270.—5 juill. 1830. Civ. r. Préf. de la Seine C. Cottin. D.P. 30. 1. 270.

451.—Ni pour omission de son nom laissé en blanc dans la copie, si l'électeur a signé l'original. — 5 juill. 1830. Civ. r. Préf. de la Seine C. Best. D.P. 30. 1. 268.— 3 juill. 1830. Civ. r. Préf. de Seine-et-Oise C. Vorin. D.P. 30. 1. 267.

452.—Ni pour omission de paraphe des renvois, alors que les mêmes mots placés aux renvois se retrouvent dans le corps de l'acte. — 7 juill. 1830. Civ. r. Préf. de Seine-et-Oise. C. Marion. D.P. 30. 1. 267.

453.—... Ni pour défaut de date sur la copie de la signification, alors qu'elle est dans l'original qui a été signé de l'électeur. — 6 juill. 1830. Civ. r. Préf. de la Seine C. Pinpernel. D.P. 30 1. 268.

454.—...Ni pour erreur dans la date, en ce que, par exemple, la signification serait dite avoir été faite le 16, alors pourtant que l'exploit serait daté du 17.—6 juill. 1830. Cr. c. Préf. de la Seine C. Leroy. D P. 30. 1. 270. — 6 juill. 1830. Civ. r. Préf. d'Eure-et-Loir C. Brochant-Laboulaye. D.P. 30. 1. 266.

455.—...Ni pour multiplicité de dates, si elles sont dans les délais. — 3 juill. 1830. Civ. r. Préf. de la Seine C. Oger. D.P. 30. 1. 267.—3 juill. 1830. Civ. r. Pref. de Seine-et-Oise. C. Vorin. D.P. 30. 1. 267.

456.—Et si l'électeur comparaît devant la cour en produisant sa copie.— 3 juill. 1830. Civ. r. Pref. de Seine-et-Oise. C. Vorin. D.P. 30. 1. 267.

457 —...Ni pour défaut d'enregistrement.— 3 juill. 1830. Civ. r. Préf. de la Seine C. Lamoureux. D.P. 30. 1. 269.

458.— Mais est nul l'exploit de signification de l'arrêt d'admission s'il n'est signé ni par un huissier, ni par un gendarme. —6 juill. 1830. Civ. r. Préf. de la Seine. d'Alligny. D.P. 30. 1. 268.— 13 juill. 1830. Civ. r. Préf. de Seine-et-Oise C. d'Estors. D.P. 30. 1. 269.

459.— L'arrêt d'admission doit, à peine de nullité, être notifié aux électeurs eux-mêmes à personne, ou, en cas d'absence, à leur domicile, et en même temps au domicile du maire ou de l'adjoint qui vise l'original. — 1er juill. 1830. Civ. c. Préfet de la Seine. C. Lesage. D.P. 30. 1. 265. — 7 juill. 1830. Civ. c. Préf. de la Seine C. Jonnard. D.P. 30. 1. 235.

460.— En conséquence, est nulle la signification d'un arrêt d'admission, en pareille matiere, si, en cas d'absence de l'électeur, elle est faite à son domicile seulement et non à celui du maire ou de l'adjoint. — 7 juill. 1830. Civ. c. Préf. de la Seine C. Jonnard. D.P. 30. 1. 235. — 6 juill. 1830. Civ. r. Préf. d'Eure-et-Loir C. Brochant-Laboulaye. D.P. 30. 1. 266.

461.— Mais l'électeur ne peut proposer cette nullité, lorsqu'il comparaît devant la chambre civile en représentant sa copie.—1er juill. 1830. Civ. c. Paris. Préf. de la Seine C. Lesage. D P. 30. 1. 265. — 6 juill. 1830. Civ. r. Préf. d'Eure-et-Loir C. Brochant-Laboulaye. D.P. 30. 1. 266.

462.— La cour de cassation peut, en cas de nullité de l'exploit de signification, et si les délais pour assigner devant la chambre civile ne sont pas expirés, ordonner que l'électeur sera réassigné. — 7 juill. 1830. Civ. c. Préf. de la Seine C. Jonnard. D.P. 30. 1. 235.

463.— L'électeur qui comparaît devant la chambre civile et reproduit sa copie, est irrecevable à demander la nullité de la signification qui lui aurait été faite, sous prétexte qu'elle paraîtrait avoir été faite à la requête du préfet d'un autre département, et dans une ville autre que celle où elle aurait été réellement faite.—6 juill. 1830. Civ. r. Préf. d'Eure-et-Loir C. Brochant-Laboulaye. D.P. 30. 1. 266.

464.— Il est également non-recevable, sous prétexte que ses nom et prénoms ne se trouvent pas dans le dispositif de l'arrêt d'admission, alors surtout que ses nom et prénoms sont énoncés dans les qualités de la copie et de l'original.—5 juill. 1830. Civ. r. Préf. de la Seine C. Ripault D. P. 30. 1. 267.

465.— Il n'est pas recevable à se plaindre qu'il n'a pas reçu la copie de l'arrêt d'admission qui lui a été signifiée, sous prétexte qu'il n'a pas signé l'original, lorsqu'il se présente devant la chambre civile par le ministère d'un avocat, et que l'original de la signification porte qu'elle a été faite à sa personne. — 5 juill. 1830. Civ. r. Préf. de la Seine. Reveilhat. D.P. 30. 1. 267.

466.— Est valable une citation donnée devant la chambre civile, en matière électorale, pour comparaître à la prochaine audience, dans le délai prescrit par l'arrêt d'admission. — 7 juill. 1830. Civ. r. Paris. Préf. de la Seine C. Bruzon. D.P. 30. 1. 265. — 6 juill. 1830. Civ. r. Préf. de la Seine C. Pinpernel. D.P. 30. 1 268.

467. — Elle est suffisamment interpellative. — 6 juill. 1830 Civ. r. Préfet de la Seine C. Pinpernel. D.P. 30. 1. 268.

468. — Des deux délais accordés au défendeur devant la cour de cassation, l'un pour comparaître, l'autre pour se défendre, le premier seul peut être abrégé par la cour; le second ne peut pas l'être. — 21 juin 1830. Civ. régl. de juges. Paris. Préfet de la Seine. D.P. 30. 1. 241.

469. — Il n'y a pas lieu à statuer sur un pourvoi formé en matière électorale, par un préfet, lorsque le préfet cite devant la chambre civile une autre personne que celle contre qui le pourvoi a été admis. — 5 juill. 1830. Civ. r. Paris. Préfet de la Seine C. Levasseur. D.P. 30. 1. 268.

470. — Les pourvois devant la cour de cassation n'ont point d'effet suspensif; cela résulte du texte de l'art. 34 de la loi 19 avril 1831, qui n'attribue cet effet qu'aux réclamations portées devant les préfets en conseil de préfecture, et aux actions intentées devant les cours royales, par suite d'une décision qui aurait rayé un individu de la liste; cela est d'ailleurs conforme au principe général, qu'en matière civile le pourvoi n'est pas suspensif. Enfin, l'intention formelle de réserver l'effet suspensif exclusivement aux réclamations devant les préfets et aux actions devant les cours royales, a été exprimée de la manière la plus positive par le duc Decazes, au nom de la commission de la chambre des pairs.— Duvergier, p. 236.

471.— Les contestations en matière électorale, et par exemple celles sur le domicile réel ou personnel d'un électeur, devant être poursuivies et jugées sans frais, il y a lieu, en cas de pourvoi en cassation, d'ordonner la restitution de l'amende consignée (L. 2 mai 1827). — 21 fév. 1828. Req. Paris. Noel. D.P. 28. 1. 140.

§ 7.— *Des rectifications ordonnées par décision judiciaires.*

472.— « Le préfet, sur la notification de l'arrêt intervenu, fera sur la liste la rectification qui aura été prescrite » (art. 35, § 1er).— Si le préfet refusait de faire la rectification, il serait passible de la peine portée par l'art. 114 C. pén.; c'est ce qu'ont reconnu tous les orateurs qui ont combattu deux amendemens tendant à introduire cette pénalité dans la loi du 2 juill. 1828. — D.A. 6. 552; Duvergier, p. 236.

... « Si, par suite de la radiation prescrite par arrêt de la cour royale, la liste se trouve réduite à moins de cent cinquante, le préfet, en conseil de préfecture, complète ce nombre en prenant les plus imposés de la liste supplémentaire arrêtée le 16 octobre, et seulement jusqu'à épuisement de cette liste » (art. 33, § 2).

« Il doit être donné communication des listes annuelles et des tableaux de rectification à tous les imprimeurs qui veulent en prendre copie. Il leur est permis de les faire imprimer sous tel format qu'il leur plaît de choisir, et de les mettre en vente » (art. 37).

ART. 7. — *De la compétence et des conflits.*

473. — Des débats fréquens s'élevèrent sur la compétence en matière électorale. La loi nouvelle n'a pu en tarir totalement la source : elle l'a cependant diminuée de beaucoup, et la plupart des décisions qu'on a indiquées sont nées sous la loi ancienne.

La cour royale devant laquelle il a été interjeté appel de l'arrêté d'un préfet, qui, déniant à un individu la qualité de Français, refusa de l'inscrire sur la liste électorale, peut bien déclarer que le réclamant a la qualité de Français, mais il ne lui appartient ni d'annuler l'arrêté, ni d'ordonner l'inscription du réclamant sur la liste électorale.— 6 oct. 1827. Ord. Fradelisy. D.P. 28. 3. 17.— 30 janv. 1828. Ord. Legay de Lavigne. D.P. 28. 3. 17.— 6 mars 1828. Ord. Bonnand. D.P. 28. 3. 17.

474. — Les questions de savoir si des extraits de rôles produits pour obtenir l'inscription sur une liste électorale, sont réguliers en la forme, et si le montant de ces extraits doit être appliqué à une personne autre que celle dont le nom est porté sur le rôle des contributions, constituent des difficultés concernant les contributions électorales, de la compétence exclusive de l'autorité administrative (L. 5 fév. 1817, art. 6). — 30 janv. 1828. Ord. Legay de Lavigne. D.P. 28. 3. 17.

475. — La question de savoir si un bail produit en matière d'élection, est une emphytéose, un bail à rente, ou une vente d'usufruit, est une question de droit civil qu'il n'appartient qu'aux tribunaux de résoudre. — Même ordonnance.

476. — En matière d'élections, lorsque des parties n'ont pas produit leurs pièces justificatives; que leur demande se borne à réclamer le maintien d'une

inscription d'office, qui leur a été refusée par le préfet, c'est le conseil d'état qui est compétent pour en connaître (L. 5 fév. 1817, 29 juin et 2 mai 1827). — 27 mars 1828. Ord. cons. d'état. Demary, etc.

477. — L'appréciation de la question de savoir si un particulier est tenu, pour obtenir son inscription sur la liste du jury, de présenter ses pièces lui-même ou de les accompagner d'une demande de sa part, est exclusivement de la compétence de l'autorité administrative. — 6 mars 1828. Ord. Bonnaud. D.P. 28. 3. 18.

478. — La question de savoir si les contributions déléguées par une belle-mère à son gendre, doivent compter à celui-ci, pour son inscription sur la liste des électeurs de son département, constitue une difficulté concernant les contributions en matière électorale, et, en conséquence, cette question doit être jugée en appel par le conseil d'état, et non par la cour royale du ressort. — 14 nov. 1827. Ord. Péan. D.P. 28. 3. 17.

479.—Jugé, au contraire, que les cours royales appelées à prononcer, en matière électorale, sur toutes les questions relatives à la jouissance des droits civils et politiques, sont compétentes pour statuer sur la validité de la délégation faite par une veuve à son gendre, des impositions qu'elle paie (L. 5 fév. 1817, art. 6; 29 juin 1820, art. 5: 2 mai 1827, art. 4). — 13 sept. 1827. Limoges. Gadon. D.P. 28. 2. 15. — 27 sept. 1827. Amiens. Févez. D.P. 28. 2. 15. — 28 sept. 1827. Rennes. Boëlle. D.P. 28. 2. 15.

480. — Un électeur qui se plaint d'avoir été rayé de la liste électorale, à raison de réductions qu'il prétend illégales, de son droit de patente et de l'impôt de portes et fenêtres, ne peut, en réclamant contre l'arrêté du préfet, demander à la cour royale que la fixation de ses contributions soit rectifiée. Il doit, pour cet objet, se pourvoir administrativement. — 21 oct. 1829. Paris. Cardot. D.P. 30. 2. 62.

481. — Lorsque l'époque à laquelle remontent la propriété et la possession de l'électeur, est devenue l'objet d'une contestation, la question de droit civil qui résulte de cette contestation est de nature à être portée devant les tribunaux, contradictoirement, non pas avec le préfet, mais avec le ministère public.— 26 fév. 1828. Ord. Benon-Lacombe. D.P. 28. 3. 18.

482. — C'est à l'autorité administrative qu'il appartient de statuer sur la demande tendant à faire rayer de la liste du jury un individu qu'on prétend n'avoir pas son domicile politique dans le département (L. du 5 fév. 1817, art. 6). — 25 avril 1828. Ord. Muret de Brod. D.P. 28. 3. 18.

483. — Et lorsqu'un individu qui a sa résidence dans un département, mais qui a toujours exercé ses droits civils et politiques dans un autre département, demande à être porté sur la liste des électeurs et des jurés de ce dernier département, si le préfet refuse son inscription, sur le motif erroné que le réclamant a son domicile politique au lieu de sa résidence, quoique cela ne résulte d'aucun acte formel émané de l'administration, l'appel et la demande d'annulation de l'arrêté du préfet doivent être portés non devant la cour royale, mais devant le conseil d'état. — 27 sept. 1827. Ord. Préfet de Seine-et-Marne. D.P. 28. 3. 17.

484.—Conformément à l'art. 6 de la loi du 5 fév. 1817, c'est devant le conseil d'état et non devant les cours royales que doivent être portées les décisions du préfet, prises en matière d'élections, sur le *domicile politique* des citoyens. C'est la question de la jouissance *des droits civils ou politiques* qui est du ressort des cours royales (même article). — 27 sept. 1827. Ord. cons. d'état. Noël.— 14 nov. 1827. Ord. cons. d'état. Péan.

485. — Jugé, au contraire, qu'en matière d'élections, une demande tendante à faire statuer sur le *domicile réel* de personnes désignées dans un exploit, est de la compétence des tribunaux. — 16 mars 1828. Ord. cons. d'état. Braccini.

486.— Et outre les contestations relatives à la jouissance des droits civils ou politiques qui, après la décision provisoire des conseils de préfecture, sont, conformément aux art. 5 et 6 de la loi du 5 fév. 1817, portées *de plano* devant les cours royales; et celles relatives aux contributions ou au domicile politique, lesquelles sont dévolues directement au conseil d'état, il est des causes ordinaires qui sont soumises aux deux degrés de juridiction; et dans le cercle des causes ordinaires rentre la contestation sur le domicile réel ou personnel d'un électeur, contestation qui, en conséquence, n'a pu être déférée à la cour royale qu'après l'avoir été à un tribunal de première instance (L. 5 fév. 1817, art. 5 et 6; 2 mai 1827, art 5). — 21 fév. 1828. Req. Noel. D.P. 28. 1. 140.

487. — Au reste, il a été disposé d'une manière générale par l'art. 33 de la loi du 19 avril 1831, que « toute partie qui se croira fondée à contester une décision rendue par le préfet, pourra porter son action devant la cour royale du ressort. » Les conflits que les préfets élevaient souvent en matière électorale avaient excité des réclamations très vives, et les tribunaux se montraient favorables à ces réclamations.

488. — En vain le conseil d'état jugeait-il que lorsqu'il a été élevé un conflit en matière d'inscription sur la liste du jury, comme en toute autre, il doit être sursis à toutes procédures judiciaires, jusqu'à ce que le conseil d'état ait prononcé sur ce conflit (L. 7 sept. 1795, art. 27; arrêté 4 nov. 1801). — 25 avril 1828. Ord. Muret-de-Brod. D.P. 28. 3. 18.

489.—Les tribunaux déclaraient déjà 1° que, nonobstant le conflit élevé par le préfet, une cour royale peut examiner si la question rentre dans sa compétence. — 16 nov. 1827. Montpellier. Pellet. D.P. 28. 2. 143.

490. — 2° Que, lorsque, sur l'appel dirigé contre l'arrêté d'un préfet, celui-ci élève un conflit, la cour royale ne se trouve pas par là même dessaisie, s'il ne s'agit pas, au fond, d'une question hors de la compétence de l'autorité judiciaire.— 15 nov. 1827. Toulouse. Laromiguière. D.P. 29. 2. 86.

491.— Et l'on doit regarder comme rentrant dans cette compétence, une difficulté sur les contributions. — 16 nov. 1827. Montpellier. Pellet. D.P. 28. 2. 143.

492.— Au reste, un conflit élevé sur une question électorale ne faisant que suspendre la décision au fond, on ne peut, à propos de ce conflit, opposer l'exception de la chose jugée, lorsqu'en vertu de la loi du 2 juill. 1828, la même question électorale est portée par action principale devant la cour royale. — 8 oct. 1828. Paris. Durand. D.P. 29. 2. 24.

493.— Enfin, depuis la loi du 2 juill. 1828, qui a investi (art. 18) les cours royales du droit de connaître de tous les recours exercés contre le refus d'inscription sur les listes électorales, de la part des préfets, il ne peut plus y avoir lieu à conflit en cette matière.— 8 oct. 1828. Paris. Durand. D.P. 29. 2. 24.

494.— C'est ce qu'on induit tant de cet art. 18 que de l'art. 17 de cette loi, qui porte: « Il ne pourra plus être fait de changement à la liste, qu'en vertu d'arrêt, dans la forme déterminée au titre suivant. » Cette disposition fut substituée à un autre article du projet adopté par la commission, et qui laissait planer encore une incertitude fâcheuse sur l'ordre des juridictions. Il ne pourra plus être fait de changemens à la liste, qu'en vertu de *décisions des autorités supérieures*, qui auraient infirmé celles du conseil de préfecture. Le vague de cette rédaction reproduisait tous les vices de l'art. 6 de la loi du 5 fév. 1817 Ce fut le ministre de l'intérieur lui-même qui proposa la substitution de l'art. 17, en déclarant solennellement qu'il n'y aurait plus de conflits (Séance 7 mai 1828).— D.A. 6. 552, n. 7.

ART. 8.— *Des colléges électoraux.*

495.— « Les colléges électoraux sont convoqués par le roi. Ils se réunissent dans la ville de l'arrondissement électoral ou administratif que le roi désigne » (L. 19 avril 1831, art. 40).

496.— Ainsi, lorsqu'un arrondissement administratif, composé d'une ville et de cantons ruraux, se trouve divisé en deux arrondissemens électoraux, et que, dans l'un de ces arrondissemens électoraux, il n'y a point de ville ou de bourg assez considérable pour que les électeurs puissent s'y réunir, le gouvernement peut convoquer dans la même ville les deux colléges électoraux; sauf à les réunir dans des lieux séparés.— Duverg., 1831, p. 237.

497.— En cas d'élection, soit générale, soit partielle, l'intervalle entre la réception de l'ordonnance de convocation du collége au chef-lieu du département et l'ouverture du collége, est de vingt jours au moins (L. 19 avril 1831, art. 65, § 2).

498.— « Les électeurs se réunissent en une seule assemblée dans les arrondissemens électoraux où leur nombre n'excède pas six cents. — Dans les arrondissemens où il y a plus de six cents électeurs, le collége est divisé en sections; chaque section comprend trois cents électeurs au moins, et concourt directement à la nomination du député que le collége doit élire » (art. 41).

499 — L'ordonnance du 4 sept. 1820 porte (art. 6) que la division des colléges en sections est faite par le préfet en conseil de préfecture et suivant l'ordre des numéros de la liste définitive.—Duverg., p. 237.

500.— Les présidens, vices-présidens, juges et juges suppléans des tribunaux de première instance, dans l'ordre du tableau, ont la présidence provisoire des colléges électoraux, lorsque ces colléges s'assemblent dans une ville chef-lieu d'un tribunal. — Lorsqu'ils s'assemblent dans une autre ville, comme dans le cas où, attendu le nombre des colléges ou des sections, celui des juges est insuffisant, la présidence provisoire est, à leur défaut, déférée au maire, à ses adjoints et successivement aux conseillers municipaux de la ville où se fait l'élection, aussi dans l'ordre du tableau.— Si le collége se divise en sections, la première est présidée provisoirement par le premier des fonctionnaires dans l'ordre du tableau; la seconde l'est par celui qui vient après, et successivement.— Si plusieurs colléges se réunissent dans la même ville, leur présidence provisoire est déférée de la même manière et dans le même ordre que le serait celle des sections.— Si plusieurs colléges réunis dans la même ville se subdivisent en sections, la première du premier collége est provisoirement présidée par le fonctionnaire le plus élevé ou le plus ancien dans l'ordre du tableau; la première section du second collége l'est par le deuxième; la seconde section du premier collége, par le troisième; la seconde section du deuxième collége par le quatrième, et ainsi des autres.— Les deux électeurs les plus âgés et les deux plus jeunes inscrits sur la liste du collége ou de la section sont scrutateurs provisoires (art. 42).

501.— Il a été bien expliqué, lors de la discussion de cet article, que les fonctionnaires désignés pour présider provisoirement les colléges électoraux peuvent n'être pas électeurs.— Duverg., p. 237.

502.— La salle des séances doit s'ouvrir à huit heures précises du matin (L. 5 fév. 1817, art. 12; 29 sept. 1830. Inst. min.).

503. — En avant du bureau où siégent les président, scrutateurs et secrétaire, est placée une table entièrement séparée de ce bureau, et sur laquelle les électeurs écrivent leur vote. Le bureau est disposé de telle sorte que les électeurs peuvent circuler alentour pendant le dépouillement du scrutin (L. 19 avril 1831, art. 49).

Doivent être affichées dans la salle, 1° la liste des électeurs composant le collége ou la section; 2° la liste des vingt électeurs les plus âgés, avec l'indication de la date de leur naissance; 3° la liste des vingt électeurs les plus jeunes, avec semblable indication (Ord. 11 oct. 1820, art. 3; inst. min. 29 sept. 1830).

504.— « La liste des électeurs de l'arrondissement doit rester affichée dans la salle des séances pendant le cours des opérations » (L. 19 avril 1831, art. 45).

505 — Doivent être déposées sur le bureau les listes dont il vient d'être fait mention, ainsi que l'ordonnance de convocation du collége, le recueil des lois et ordonnances sur les élections, et l'instruction du 29 sept. 1830, sur la tenue des colléges électoraux (Inst. min. du 29 sept. 1830).— D.P. 30. 3. 12.

506. — Nul électeur ne peut se présenter armé dans un collége électoral (L. 19 avril, art. 58).

« ... Nulle force-armée ne peut être placée, sans la réquisition du président, dans la salle des séances, ni aux abords du lieu où se tient l'assemblée...

« Le président du collége ou de la section a seul la police de l'assemblée..... Les autorités civiles et les commandans militaires sont tenus d'obéir à ses réquisitions.. » (*ib.*, art. 45).

« Les électeurs ne peuvent s'occuper d'autres objets que de l'élection des députés; toute discussion, toute délibération leur sont interdites » (art. 40, *in fine*).

507. — Si donc il s'élève des discussions dans le sein d'un collége ou d'une section, le président doit rappeler aux électeurs cette disposition de la loi. Si, malgré cette observation, la discussion continue, et si le président n'a pas d'autre moyen de la faire cesser, il prononce la levée de la séance et l'ajournement au lendemain au plus tard; les électeurs sont obligés de se séparer à l'instant (Ord. 11 oct. 1820, art. 10; inst. min. 29 sept. 1830). —D.P. *eod.*

508 — Le magistrat chargé de présider le collége ou la section du collége, doit se trouver à huit heures dans la salle de réunion, et aussitôt qu'il y a trente électeurs présens, et au plus tard à neuf heures du matin, quel que soit le nombre des électeurs présens, il doit donner lecture de l'ordonnance de convocation; puis appeler les électeurs les plus âgés sur la liste dressée à cet effet, où ils sont inscrits par ordre, en descendant du plus âgé au plus jeune. Les deux premiers qui répondent à l'appel prennent place au bureau comme premier et second scruta-

teurs (L. 12 sept. 1830, art. 2). Il doit appeler ensuite les électeurs les plus jeunes sur la liste dressée à cet effet, où ils sont inscrits, par ordre, en remontant du plus jeune au plus âgé. Les deux premiers qui répondent à l'appel prennent place au bureau comme troisième et quatrième scrutateurs (*ib.*). Si quelqu'un des électeurs présens, inscrit sur l'une ou l'autre liste, ne peut pas, par quelque cause que ce soit, remplir les fonctions de scrutateur, il doit le déclarer aussitôt, et est considéré comme absent.

Si l'appel des deux listes d'âge ne suffit pas pour compléter le bureau provisoire, le président invite les électeurs présens, les plus âgés ou les plus jeunes, en dehors des deux listes, à venir prendre place au bureau. L'époque de leur naissance est par eux déclarée, et il en est fait mention au procès-verbal (Inst. min. 29 sept. 1830, et l. du 19 avril 1831 combinées).

509. — Les président et scrutateurs provisoires nomment immédiatement, à la majorité des voix, un des électeurs du collège ou de la section pour faire les fonctions de secrétaire (L. 19 avril 1831, art. 42; instr. min., 29 sept. 1830).

510. — Il semble résulter de la discussion, à la chambre des pairs, de la loi du 19 avril, que le secrétaire provisoire pourrait n'être point électeur; car, remarquait le comte Portalis, ce secrétaire, qui n'a du reste que voix consultative, a le droit de vote, s'il est électeur, pour la formation du bureau définitif et pour la nomination des députés — V. Duvergier, p. 237.

511. — Le bureau provisoire ainsi formé, ne peut plus être modifié, lors même qu'il arriverait, dans le cours de la séance, des électeurs plus âgés ou plus jeunes que ceux qui siégent déjà au bureau. Si le collège est divisé en plusieurs sections, le président de la première section préside le collége (L. 12 sept. 1830, art. 4). Le bureau de cette section est le bureau central, c'est-à-dire celui où se fait le recensement des votes. Les présidens des sections autres que la première portent le nom de vice-présidens du collége (L. 5 fév. 1817, art. 10; instr. min. 29 sept. 1830)

512. — Le secrétaire provisoire ouvre aussitôt le procès-verbal, et y consigne les opérations qui ont eu lieu jusqu'alors (*ibid.*).

513. — Il est procédé de suite, et à la majorité simple, à l'élection du président et des quatre scrutateurs définitifs. La loi du 19 avril 1831 (art. 44), n'exige plus, comme celle du 12 sept. 1830, un double scrutin, le premier, individuel, pour la nomination du président, le second, de liste simple, pour la nomination des quatre scrutateurs.

514. — Pour être admis à voter, il faut faire partie du collége ou de la section, et être porté sur la liste affichée dans la salle et remise au président (L. 19 avril 1831, art. 46). Par conséquent, si le président provisoire n'est pas électeur, il ne pourra point voter pour la formation du bureau définitif. — Duvergier, p. 237.

515. — Mais aussi, par une conséquence du même principe, le secrétaire provisoire qui est électeur a le droit de voter pour la formation de ce bureau.

516. — En général, c'est l'inscription sur la liste affichée qui constate le droit de voter. Cependant si un électeur non inscrit sur cette liste se présentait muni d'un arrêt de cour royale, constatant qu'il fait partie du collége, le bureau serait tenu de prononcer sur sa réclamation, et de l'admettre, de même qu'il serait tenu d'admettre à voter l'électeur, rayé de la liste, qui aurait porté sa réclamation devant le préfet en conseil de préfecture ou son appel devant la cour royale, alors qu'il n'aurait point été statué sur sa réclamation ou son appel, parce qu'ils ont l'une et l'autre un effet suspensif (L. 19 avril 1831, art. 46 et 34).

517. — Voici le texte de l'art. 46, § 2 : « ... Le bureau sera tenu d'admettre à voter ceux qui se présenteront munis d'un arrêt de la cour royale, déclarant qu'ils font partie du collége, et ceux qui justifieront être dans le cas prévu par l'art. 34 de la présente loi. »

518. — Remarquez, sur cet article, 1° que les arrêts ne décident jamais qu'un électeur fait partie d'un collége; qu'il réforment seulement l'arrêté du préfet et ordonnent que l'électeur sera inscrit; 2° qu'un électeur qui voudra justifier qu'il est dans le cas de l'art. 34, ne devra pas se borner à présenter l'original de son assignation devant la cour, mais qu'il devra aussi être porteur d'un certificat du greffier constatant qu'il n'y a pas eu arrêt rendu par la cour. Si l'on n'exigeait pas ce certificat, tout électeur qui aurait assigné le préfet devant la cour aurait un moyen sûr de voter dans les colléges électoraux; qu'il y eût ou qu'il n'y eût pas arrêt, il présenterait l'original de son exploit et dirait que la cour n'a pas prononcé. — Duvergier, p. 238.

ÉLECTIONS LÉGISLATIVES. ART. 8.

519. — La jurisprudence de la chambre des députés ne paraît pas en harmonie avec ces dispositions de la loi du 19 avril. Ainsi, il a été décidé que l'irrégularité résultant de ce qu'un électeur non inscrit sur les listes du collége, a été admis à voter, quoiqu'il ne fût porteur que d'un arrêté du conseil de préfecture et d'un arrêt de la cour royale, ne suffit pas pour faire annuler l'élection, si ce vote n'a pu porter aucune atteinte à la majorité acquise. — 28 juill. 1831. Ch. des dép. Marchal. D.P. 31. 3. 29.

520. — Mais, comme nous aurons lieu de le faire observer plus bas, la chambre paraît ne point reconnaître de bornes à son omnipotence de décision en matière électorale.

Nulle autre personne que les électeurs qui en font partie ne peut entrer dans la salle des séances, si ce n'est les présidens des sections, qui, lors du dépouillement du scrutin pour l'élection des députés, se rendent au bureau central. C'est pour éviter cette introduction de personnes étrangères que des cartes individuelles sont distribuées aux électeurs (Ordonn. 4 sept. 1820, art. 7). Toutefois, si l'un deux avait oublié ou perdu sa carte, le bureau devrait l'admettre, après s'être assuré de l'identité et de l'inscription sur la liste affichée dans la salle et déposée sur le bureau. Mais si des personnes tout-à-fait étrangères au collége ou à la section se présentaient pour voter, ou seulement pour assister aux opérations, le président devrait les avertir, et, au besoin, leur enjoindre de ne pas rester dans la salle. — 29 sept. 1830. Inst. min. D.P. 30. 3. 12.

521. — On avait, dans la discussion générale de la loi du 2 juill. 1828, émis le vœu qu'une peine fût prononcée contre les faux électeurs; mais on soutint que la fraude serait désormais tellement difficile, qu'il était superflu de la prévoir; que d'ailleurs la malveillance et l'esprit de parti pourraient s'emparer de la disposition pénale pour effrayer et écarter les électeurs peu éclairés. De Beaumont et Agier dirent que l'exercice illégal des droits électoraux rentrait dans la disposition de l'art. 258 C. pén., qui prononce un emprisonnement de 2 à 5 ans contre tout individu qui, sans titre, se serait immiscé dans des fonctions *publiques*, civiles ou militaires. Telle est l'opinion émise dans deux consultations rédigées par Me Odilon-Barrot, insérées dans la *Gazette des tribunaux* des 17 déc. 1827 et 3 mars 1828, qui combattent la jurisprudence contraire de la cour d'Amiens. — 26 juin 1822. Amiens. Sir. 24. 2. 209; Duvergier, 1828, p. 241. — V. Droits politiques.

522. — Doivent toujours être présens dans chaque bureau, trois au moins des membres qui le composent (L. 19 avril, art. 45, § 2). En cas d'absence, le président est remplacé par le plus âgé, et le secrétaire par le plus jeune des scrutateurs. — 29 sept. 1830. Inst. min. D.P. 30. 3. 12.

523. — De ce que, par erreur du président du collége, qui avait pensé que le secrétaire faisait partie du bureau, comme avant la loi nouvelle, il ne serait resté au bureau, durant une heure du scrutin, que deux membres, il ne résulte pas de là qu'on doive annuler l'élection, si, pendant que le bureau se trouvait ainsi affaibli, aucun vote n'a été reçu, et si deux électeurs qui s'étaient présentés en ce moment, ont consenti à ne voter qu'après que le bureau serait composé d'au moins trois membres. — 28 juill. 1831. Ch. des dép. Pouliot. D.P. 31. 3. 29

524. — Le président fait faire un appel des électeurs. Chacun d'eux vient successivement au bureau, reçoit du président un bulletin ouvert : il écrit ou fait écrire secrètement son vote par un électeur de son choix, sur la table préparée à cet effet, et placée en avant et séparément du bureau; puis il remet son bulletin écrit et fermé au président, qui le dépose dans la boîte destinée à cet usage (L. 19 avril 1831, art. 48).

525. — A mesure que chaque électeur dépose son bulletin, un des scrutateurs ou le secrétaire constate ce vote en écrivant son propre nom en regard de celui du votant, sur une liste à ce destinée, et qui doit contenir les noms et les qualifications de tous les membres du collége ou de la section (L. 19 avril 1831, art. 50). Il doit y avoir sur la liste d'inscription des votans, autant de colonnes en blanc que de tours de scrutin (Inst. min. 29 sept. 1830).

526. — Pour abréger les opérations, quand les colléges électoraux ou sections renferment un grand nombre d'électeurs, le préfet prépare deux exemplaires de la liste d'inscription des votans. On appelle à la fois deux électeurs, qui écrivent en même temps leurs votes sur la table à ce destinée, et qui

ÉLECTIONS LÉGISLATIVES. ART. 8.

remettent simultanément leurs bulletins au président; l'un arrive à droite, l'autre à gauche du bureau, et deux des scrutateurs ou secrétaires, tenant chacun un des exemplaires de la liste, se chargent de constater par leur signature le vote des électeurs placés respectivement auprès d'eux. — *Ibid.*

527. — La violation du secret des votes emporte-t-elle nullité? Cette question n'a pas été formellement jugée par la chambre des députés. Mais, dans la session de 1828, plusieurs fois les rapporteurs des bureaux chargés de la vérification des pouvoirs ont manifesté l'opinion que la violation du secret des votes pourrait entraîner la nullité de l'élection. — Duvergier, 1828, p. 109, 1831, p. 238.

528. — De Martignac, lors de la discussion de la loi du 2 juill. 1828, observait que le secret des votes était prescrit en termes impératifs par l'art. 6 de la loi du 29 juin 1820, et par l'art. 12 de l'ordonnance du 11 oct. 1820. — De Beaumont disait : désormais il n'y aura pas de président assez peu soigneux de *son honneur* pour encourir un *pareil blâme* (celui qui s'élèverait contre la non observation du secret des votes); au surplus, les électeurs devraient protester, et demander l'insertion de leur réclamation au procès-verbal. » — Duvergier, 1828, p. 241.

529. — « Avant de voter pour la première fois, chaque électeur prête le serment prescrit par la loi du 31 août 1830 » (art. 47). Ce serment est ainsi conçu : « Je jure fidélité au roi des Français, obéissance à la charte constitutionnelle et aux lois du royaume. » En concourant à la formation de la chambre des députés, les électeurs remplissent une fonction qui tient à l'ordre politique.

530. — La prestation du serment a lieu lors du scrutin pour la formation du bureau définitif. Les électeurs qui n'auraient pas concouru à cette opération prêteront serment au moment où ils se présenteront pour voter pour l'élection des députés. — 29 sept. 1830. Inst. min. D.P. 30. 3. 12.

531. — Après que l'appel a été terminé, le président doit faire faire un réappel des électeurs qui n'ont pas voté. Les électeurs qui, n'ayant pas répondu à l'appel et au réappel, se présentent ensuite pour voter, doivent être admis à déposer leurs bulletins jusqu'à l'heure fixée pour la clôture du scrutin (Ord. 11 oct. 1820, art. 13). — 29 sept. 1830. Inst. min. D.P. 30. 3. 12.

532. — « ..... Chaque scrutin reste ouvert pendant six heures au moins, et est clos à trois heures du soir et dépouillé séance tenante » (art. 50, § 2).

533. — L'art. 12 de la loi du 5 fév. 1817 porte, ainsi que nous l'avons déjà vu, que *chaque séance commence à huit heures du matin.* — Cette disposition nous paraît maintenue par la loi du 19 avril 1831 qui la rappelle implicitement dans son art. 50, § 2, où il est dit que le scrutin qui est clos à trois heures du soir a dû rester ouvert pendant six heures au moins.

534. — Cependant le contraire, paraît avoir été décidé par la chambre des députés, et, d'après elle, la loi voulant que le scrutin reste ouvert pendant six heures, un scrutin ouvert à dix heures, a pu n'être fermé qu'à quatre heures. — 28 juill. 1831. Ch. des dép. Gay-Lussac. D.P. 31. 3. 29.

535. — Quoique le scrutin ne puisse être clos avant trois heures, il peut cependant être clos après quatre heures, cinq heures, etc. — Même arrêt.

536. — Le législateur, en assignant l'heure à laquelle le scrutin devrait être fermé, a pensé que le temps par lui accordé était suffisant pour les opérations électorales; et cela est vrai en général. Mais il est évident qu'en s'occupant de ce qui arrive le plus généralement, il n'a point voulu empêcher le vote d'une partie des électeurs trop nombreux pour avoir pu voter tous avant trois heures. La disposition qu'il a introduite est favorable et a pour but de prévenir une précipitation funeste et scandaleuse dans la clôture du scrutin, et dès lors, on ne saurait, sans violer l'esprit de la loi, s'en tenir judaïquement à ses termes.

537. — A trois heures, ou plus tard, s'il est nécessaire, le président déclare que le scrutin est clos. Il fait d'abord constater le nombre des votans au moyen de la feuille d'inscription (Ord. 11 oct. 1820, art. 14). — Il ouvre la boîte du scrutin et compte le nombre des bulletins : ce nombre et celui des votans sont mentionnés au procès-verbal : s'ils ne sont pas identiques, le bureau décide, suivant les circonstances, sur la validité de l'opération; il est fait mention de la décision au procès-verbal (*ib.*). — 29 sept. 1830. Inst. min.

538. — Lorsque la boîte du scrutin a été ouverte et le nombre des bulletins vérifiés, un des scruta-

teurs prend successivement chaque bulletin, le déplie, le remet au président, qui en fait lecture à haute voix et le passe à un autre scrutateur (L. 19 avril 1831, art. 51).

539. — Le bureau raie de tout bulletin les derniers noms inscrits au-delà de ceux qu'il doit contenir; les noms qui ne désigneraient pas clairement l'individu auquel ils s'appliquent. — Les décisions du bureau, dans ce cas comme dans tout autre, doivent être prises à la majorité des voix, et dans les formes indiquées par l'art. 9 de l'ord. du 11 oct. 1820. — Deux scrutateurs et le secrétaire tiennent note du dépouillement du scrutin, sous la dictée du président. Si deux des trois relevés sont d'accord, ils obtiennent la préférence sur le troisième; si tous les trois diffèrent, il faut recommencer le dépouillement. — 29 sept. 1830. Inst. min. D.P. 30. 3. 12.

540. — Celui des électeurs qui a obtenu le plus de suffrages est proclamé président; les quatre électeurs qui après lui ont réuni le plus de voix sont proclamés scrutateurs. — Si deux électeurs obtiennent le même nombre de suffrages, le plus âgé doit avoir la préférence (L. 19 avril 1831, art. 56). — Immédiatement après le dépouillement, les bulletins sont brûlés en présence du collége ou de la section (*ib.*, art. 52). — Le président provisoire lève alors la séance et l'ajourne au lendemain; car il ne peut y avoir qu'une séance par jour, qui est close après le dépouillement du scrutin (*ib.*, art. 57).

541. — Dans le cas où un électeur s'étant aperçu qu'il avait voté sans prêter serment, a demandé à prêter ce serment, le bureau a pu, après avoir refusé le serment et décidé que l'élection serait recommencée, faire procéder le même jour à une nouvelle élection, et cette élection doit être validée, si le délai voulu par la loi ayant été observé et tous les mêmes électeurs s'étant représentés pour voter, toutes les précautions propres à assurer un scrutin régulier ont été remplies. — 26 juill. 1831. Ch. des dép. Drée. D.P. 31. 3. 29.

Cette décision est une conséquence de la jurisprudence de la chambre des députés, qui admet l'abrogation de l'art. 12 de la loi du 5 fév. 1817, et ne considère la disposition de l'art 50 de la loi du 19 avril 1831 que comme une disposition comminatoire.

542. — On a demandé si le collége pouvait élire pour président un citoyen qui ne fût pas électeur. Le duc Decazes a pensé que la charte, en laissant aux électeurs le choix de leur président, avait entendu que le choix se fît parmi eux.

543. — Le second jour de la session, le magistrat chargé de présider provisoirement le collége ou la section du collége (*ib.*, art. 42), ouvre la séance, accompagné des membres du bureau provisoire: il fait donner lecture du procès-verbal de la séance précédente, qui a été rédigé par le secrétaire et signé par tous les membres du bureau (Ord. 11 oct. 1820, art. 7). — Ensuite, il appelle au bureau le président et les secrétaires élus et proclamés la veille.

544. — Lorsque les membres du bureau définitif ont pris place, ils nomment, à la majorité des voix, le secrétaire définitif, qui doit être pris parmi les membres du collége ou de la section, et le président de l'assemblée fait connaître le choix qui a été fait par le bureau.

545. — Quand le bureau définitif est complètement formé, le président prévient les électeurs qu'ils ont un député à élire: *chaque collége n'élit qu'un député* (L. 19 avril 1831, art. 39): il les prévient que leurs choix peuvent se porter sur tout individu qui, à leur connaissance, est Français, a trente ans et paie au moins 500 francs de contributions directes, en ne perdant point toutefois de vue que l'art. 36 de la charte veut que la moitié au moins des députés d'un département soit prise parmi les éligibles qui y ont leur domicile politique.

546. — Les formalités déjà indiquées pour le scrutin relatif à la formation du bureau, doivent être observées pour le scrutin d'élection. S'il se trouve, dans l'assemblée, des électeurs qui n'aient pas prêté serment, pour cause d'absence ou autrement, lors de la formation du bureau, ils doivent le prêter avant de voter, et le procès-verbal de la séance doit en faire mention.

547. — Quoique le procès-verbal d'élection ne constate pas que *tous* les électeurs aient prêté serment, cependant si le fait de prestation est attesté à la chambre par des témoins et notamment par les députés qui citent même pour preuve qu'un électeur a refusé de voter parce qu'on voulait l'astreindre au serment, l'élection peut, et doit même, sans autre préliminaire, être déclarée valide. — 25 juill. 1831. Ch. des dép. Bernard. D.P. 31. 3. 28.

548. — Dans le cas où une élection a duré plusieurs jours, il n'y a lieu d'annuler, par cela que le procès-verbal du second jour ne constatant pas la prestation de serment des électeurs..., s'il résulte des explications données à la chambre par l'élu lui-même, que le serment a dû être prêté, en ce que, par exemple, on aurait fait lire la formule du serment à chaque électeur, et que le président ne se serait pas borné à lui faire prononcer le mot *je jure*..., et cela dans le but d'éprouver les électeurs de certain parti qu'on croyait contraire au serment. — 26 juill. 1831. Ch. des dép. Bernard. D.P. 31. 3. 29.

549. — ..... Le bureau prononce provisoirement sur les difficultés qui s'élèvent touchant les opérations du collége ou de la section. Toutes les réclamations sont insérées au procès-verbal, ainsi que les décisions motivées du bureau. Les pièces ou bulletins relatifs aux réclamations sont paraphés par les membres du bureau et annexés au procès-verbal (art. 45, § 3).

550. — Les difficultés relatives au scrutin d'une section sont décidées par le bureau de la section, et ne sont portées au bureau central du collége que si elles sont de nature à influer sur le résultat du recensement. — 29 sept. 1830. Inst. min. D.P. 30. 3. 12.

551. — Le bureau n'a pas le droit de statuer sur la capacité des citoyens qui étant portés sur la liste affichée dans la salle et remise au président, se présenteraient pour voter. La chambre des députés est seule juge, et juge souverain de l'influence qu'a pu exercer sur la validité des élections l'éloignement d'électeurs capables, ou l'admission d'électeurs incapables.

552. — On a prétendu qu'une fois que la capacité d'un ou de plusieurs électeurs a été jugée par les autorités compétentes, la chambre doit respecter les décisions rendues en dernier ressort, et qu'elle ne pourrait, par exemple, déclarer nulle une élection par le motif qu'un ou plusieurs faux électeurs y auraient concouru, lorsque ces électeurs auraient été admis par les autorités compétentes; mais, dans la session de 1828, elle a, par plusieurs délibérations, décidé que son omnipotence ne connaissait aucune limite dans l'appréciation de la validité des élections; et qu'elle n'était point liée par les décisions des tribunaux judiciaires ou administratifs. — Duverg., p. 238.

553. — Dans les colléges divisés en plusieurs sections, le dépouillement du scrutin se fait dans chaque section; le résultat en est arrêté et signé par le bureau; il est immédiatement porté par le président de chaque section au bureau de la première section, qui fait, en présence de tous les présidens des sections, le recensement général des votes (art. 53).

554. — Quoique, d'après la loi, le scrutin ne doive pas être fermé avant trois heures, la chambre a pensé que si un scrutin ouvert à *huit heures* a été fermé à *deux heures*, il ne résulte pas de là qu'on doive annuler l'élection, alors que le candidat qui a été proclamé a obtenu la majorité plus une voix, non seulement des électeurs présens, mais encore de tous les électeurs de l'arrondissement. — 28 juill. 1831. Ch. des dép. Gay-Lussac. D.P. 31. 3. 29.

555. — Chaque jour la séance est levée après que le résultat du scrutin a été proclamé (L. 19 avril 1831, art. 57), et les bulletins brûlés en présence de l'assemblée (*ib.*, art. 52).

556. — ...Sauf les décisions à porter par le bureau sur les réclamations qui lui seraient présentées au sujet du dépouillement du scrutin, et sur lesquelles il doit être statué séance tenante (art. 57).

557. — Si les difficultés sur lesquelles le bureau central a à statuer ne sont pas particulières à la première section, mais intéressent l'ensemble des opérations du collége, telles que le recensement général des votes ou la liste de ballotage, il est convenable que les vice-présidens ou présidens de section délibèrent avec les membres du bureau. — 29 sept. 1830. Inst. min. D.P. 30. 3. 12.

558. — Si une ou plusieurs sections n'avaient pas terminé leurs opérations ou n'en avaient fait que d'irrégulières, le recensement des votes des autres sections n'en aurait pas moins lieu, et les candidats qui auraient obtenu le nombre de voix nécessaire seraient proclamés (Ord 11 oct. 1820, art 19). — 29 sept. 1830. Inst. min. D.P. 30. 3. 12.

« Nul n'est élu à l'un des deux premiers tours de scrutin, s'il ne réunit plus du tiers des voix de la totalité des membres qui composent le collége et plus de la moitié des suffrages exprimés » (art. 54).

559. — La loi exigeant, pour la validité d'une élection, ces deux conditions: 1° la moitié plus un des votes *exprimés*; 2° le tiers plus un de la totalité des membres du collége, il suit de là qu'on doit annuler l'élection qui, sur cent cinquante-sept voix, n'en a réuni que soixante et dix-huit, ce qui ne fait pas la moitie plus un;.. et cela encore bien que ce nombre de soixante et dix-huit voix excéderait le tiers plus un des électeurs. — 26 juill. 1831. Ch. des dép. Portalis. D.P. 31. 3. 30.

560. — Pour constater que la seconde de ces conditions est remplie, il est nécessaire que le nombre total d'électeurs composant le collége soit mentionné au procès-verbal: l'omission de ce renseignement a quelquefois causé des retards dans la vérification des pouvoirs des députés (Inst. min. 29 sept. 1830).

561. — L'irrégularité résultant de ce qu'un procès-verbal ne mentionne pas le nombre total des électeurs inscrits, n'est pas une cause suffisante pour faire annuler l'élection. — 26 juill. 1831. Ch. des dép. Jouvencel. D.P. 31. 3. 29.

562. — Favard pense que si l'on trouve dans l'urne des billets blancs, ils ne doivent pas être comptés pour déterminer le nombre des votans, et par conséquent la majorité; il se fonde avec raison sur ce que ceux qui ont mis les billets blancs ont par là exprimé qu'ils ne voulaient pas voter, et que, par conséquent, ils ne doivent pas être considérés comme ayant fait partie du collége (Duvergier, année 1831, p. 239). — D'ailleurs ne pourrait-on pas supposer avec quelque raison que ces bulletins blancs se sont glissés à la suite d'un bulletin sur lequel un électeur venait d'écrire son vote.

« Après les deux premiers tours de scrutin, si l'élection n'est pas faite, le bureau proclame les noms des deux candidats qui ont obtenu le plus de suffrages; et, au troisième tour de scrutin, les suffrages ne pourront être valablement donnés qu'à l'un de ces deux candidats. — La nomination a lieu à la pluralité des votes exprimés » (art. 55).

563. — Le lendemain du jour où l'élection est terminée, le président du collége ou de la section, après avoir fait donner lecture du procès-verbal de la séance précédente, prononce la séparation du collége ou de la section. Il la prononcerait également le dixième jour au soir, si les opérations n'étaient pas terminées; car la session de chaque collége est de dix jours au plus (Ord. 11 oct. 1820, art. 20; l. 19 avril 1831, art. 57).

564. — Immédiatement après la clôture, le président adresse au préfet du département les deux minutes du procès-verbal de chaque collége ou section de collége, et le procès-verbal des recensemens généraux pour les colléges qui sont divisés en sections. L'une des deux minutes reste déposée aux archives de la préfecture, et l'autre est envoyée par le préfet au ministre de l'intérieur, qui la transmet aux questeurs de la chambre des députés (Ord. 11 oct. 1820, art. 21). — 29 sept. 1830. Inst. min D.P. 30. 3. 12.

565. — La chambre des députés prononce définitivement sur les réclamations qui ont donné lieu à des décisions provisoires du bureau (art. 45, § 4).

566. — Dans le concours de deux candidats, nommés, l'un, *Colombel*, *président du tribunal civil*; l'autre, *D.-J. Dubois*, *inspecteur de l'Université*, les bulletins portant cette désignation, *D.-J. Dubois*, *président du tribunal civil*, ont pu, d'après une appréciation faite de bonne foi, être valablement déclarés devoir compter au candidat nommé Dubois, et n'être pas susceptible de faire écarter son admission à la chambre des députés. — 26 juill. 1831. Ch. des dép. Dubois. D.P. 31. 3. 29.

567. — Si, sur cent quarante-neuf votes *exprimés*, dans un collége, il s'en est trouvé un couvert d'encre, et ne laissant de lisible qu'un *g*, lequel a été attribué à Gaspardin, candidat, et un autre portant *Meyari* ou *Meyard*, qui a été attribué à *Meynard*, autre candidat, et un troisième en blanc, lequel a compté au nombre des votes *exprimés*...., le bureau a décidé qu'en un tel cas, Meynard a obtenu soixante-quinze suffrages, c'est-à-dire la moitié plus un, Meynard a été valablement proclamé par le collége comme député. — 28 juill. 1831. Ch. des dép. Meynard. D.P. 31. 3. 29.

568. — De ce qu'au nombre de cent neuf votes exprimés se trouve celui d'un électeur inscrit par erreur dans deux cantons, l'éligible qui a obtenu cinquante-sept voix ne doit pas moins être proclamé député. — 25 juill. 1831. Ch. des dép. Boissy-d'Anglas. D.P. 31. 3. 28.

569. — Quoique, d'après l'art. 2 de la loi du 19 avril 1831, le nombre des électeurs d'un collége doive être au moins de cent cinquante, cependant si, au jour de l'élection, et soit par suite d'un double emploi, le nombre des votans n'a été que de cent quarante-huit, le candidat qui a obtenu cent une voix, ne doit pas moins être proclamé et admis

comme député. —26 juill. 1831. Ch. des dép. Munts. D.P. 31. 3. 29.

570.— De ce que le président d'un collége électoral qui, après le dépôt de plusieurs bulletins, a reçu du préfet une dépêche télégraphique annonçant le résultat des élections de la capitale, en a donné lecture aux électeurs, il ne résulte pas que cette communication, envoyée par le ministre au préfet, non dans le but d'influencer les élections, mais uniquement de rassurer les esprits sur quelques mouvemens de la capitale, doive être considérée comme une infraction à l'art. 40 de la loi du 19 avril 1831, de nature à faire invalider l'élection : mais elle suffit pour faire improuver la conduite du président du collége.— On dirait en vain que la chambre n'a pas le droit de blâmer, et qu'elle ne peut qu'annuler ou valider l'élection : on se prévaudrait aussi en vain et de la bonne foi du président qui n'était pas dans le sens du candidat ministériel, et de l'absence d'une disposition qui défend de donner au collége connaissance d'une dépêche télégraphique.

En un tel cas, il y a lieu de valider l'élection (sauf le blâme de la conduite du président), encore bien qu'il y aurait eu, dans le sein du collége, protestation d'un électeur, après la lecture de la dépêche télégraphique protestation fondée sur ce qu'on se serait occupé de choses étrangères à l'élection, contrairement à l'art. 40.— 26 juill. 1831. Ch. des dép. Dugas. D.P. 31. 3. 29.

571.—« La chambre des députés est composée de quatre cent cinquante-neuf députés » (art. 38). — Aux termes de la loi du 29 juin 1820, la chambre des députés était composée de quatre cent trente membres, savoir : deux cent cinquante-huit nommés par les colléges d'arrondissement, et cent soixante-douze par les colléges de département.

ART. 9.— *De la réélection des députés promus à des fonctions publiques salariées, et du mode de pourvoir aux places vacantes dans la chambre, par suite d'option, démission ou décès des députés.*

§ 1er.—*De la réélection des députés promus à des fonctions publiques salariées.*

572.—« Tout député qui accepte des fonctions publiques salariées est considéré comme donnant, par ce seul fait, sa démission de membre de la chambre des députés » (L. 12 sept. 1830, art. 1er).— Mais il peut être réélu (art. 4).

573.— Quelques membres de la chambre des députés pensèrent, lors de la discussion, que ces mots de l'article, *qui accepte des fonctions publiques salariées*, ne disent peut-être pas suffisamment que non seulement l'acceptation de fonctions publiques nouvelles, mais encore toute espèce de changement ou d'avancement dans des fonctions publiques salariées, oblige les députés acceptant à une réélection.— Mais, comme tout avancement ou changement suppose l'acceptation de fonctions autres que celles qu'on exerçait, comme l'art. 3 s'explique positivement pour l'avancement des militaires, la commission, persuadée qu'il ne pouvait y avoir de difficulté dans l'interprétation, persista à laisser au texte sa rédaction simple et primitive. — Duverg., 1830, p. 238.

574. — Hector de l'Aunay avait proposé de faire une exception à l'art. 1er, en faveur des *ministres du roi siégeant au conseil*. Mais cet amendement fut rejeté.

575.— « Sont exceptés de la disposition contenue dans l'art. 1er les officiers de terre et de mer qui ont reçu de l'avancement par droit d'ancienneté » (art. 3).

576. — Le ministre avait dit, dans l'exposé des motifs : « Le choix de la carrière des armes n'est pas toujours volontaire, aussi l'avancement y a-t-il été réglé et assuré par une loi, du moins pour les premiers grades. Il est donc naturel qu'une promotion, fondée sur l'ancienneté, c'est-à-dire sur la loi, ne puisse être entravée par la condition gênante d'une réélection, et devenir, contre toute raison, l'occasion d'un sacrifice plutôt que d'un avantage. Les militaires même, qui doivent leur avancement au choix du prince, ne peuvent monter en grade que suivant certaines règles déterminées d'avance, et que les électeurs connaissent. En fixant leur choix sur un militaire, ils ont pu savoir quelle était sa condition, et prévoir l'époque où le bénéfice des règles de l'avancement lui serait applicable. Sa position, d'ailleurs, ne peut être gravement modifiée pendant la durée d'une législature, par son avancement méthodique dans une profession toute spéciale; ce n'est que de grade en grade, et après des intervalles assez longs, qu'un militaire peut s'élever du rang de sous-lieutenant à celui de lieutenant-colonel. » — Mais il faut remarquer que le projet de loi étendait l'exception à tout avancement accordé aux militaires, soit par le choix du prince, soit par droit d'ancienneté, et jusqu'au grade de lieutenant-colonel.— Le colonel Paixhans, pensant que l'avancement accordé par le choix devait assujettir à la réélection, proposa l'amendement suivant : « Sont exceptés de la disposition contenue dans l'art. 1er les militaires qui auront reçu de l'avancement par droit d'ancienneté. » — Cette rédaction ne reproduisait pas, comme on le voit, les mots, *jusqu'au grade de lieutenant-colonel*, qui se trouvaient dans le projet.— Le général Sébastiani demanda si l'auteur de l'amendement entendait porter son exception au grade de lieutenant-colonel. — Paixhans répondit, que dans l'état actuel de la législation, il n'y avait pas d'avancement par ancienneté au-delà du grade de lieutenant-colonel; que l'amendement s'appliquait à la loi actuelle, et à toute autre loi qui pourrait intervenir; que l'exception était seulement pour les officiers qui obtiennent de l'avancement par ancienneté; que, dans les autres cas, la réélection aurait lieu pour tous les grades.— Duverg., p. 238 et 239.

577.—Ainsi, comme on le voit, il a bien été dans l'intention du législateur que tout avancement, même dans l'armée, alors qu'il n'est pas dû au droit d'ancienneté, donne lieu à la réélection du député qui a obtenu cet avancement. L'amendement de M. Paixhans, étendu aux officiers de la marine, est donc passé en loi.

578.—Nous avons vu que le député qui, à raison de l'acceptation de fonctions publiques salariées ou à raison d'avancement dans de pareilles fonctions, a cessé de faire partie de la chambre des députés, peut être réélu (art. 4).—D'Harcourt avait proposé de prohiber la réélection. — Le général Brennier avait proposé d'ajouter : « à l'exception des préfets et des procureurs-généraux, dont les fonctions sont reconnues incompatibles avec celles de membre de la chambre des députés. » Thouvenel, donnant plus d'extension à cet amendement, avait proposé de dire : « excepté dans le cas où ces mêmes fonctions sont amovibles, et obligent à résider hors de Paris. » — Le ministre de l'intérieur, répondant aux argumens présentés en faveur de cet amendement, disait : « Dans l'état de la législation et de l'administration, jusqu'à ce jour, l'amendement proposé était naturel et pouvait même paraître légitime; mais, attaché au projet de loi en discussion, il a quelque chose d'étrange. Quel est l'effet du projet de loi? Quel est son but avoué? C'est d'empêcher qu'aucun député ne puisse devenir fonctionnaire sans l'aveu du pays, contre le gré du pays, dans un intérêt personnel ou dans l'intérêt du pouvoir.—Quel est au contraire l'effet des amendemens proposés? C'est d'empêcher qu'un député ne puisse devenir fonctionnaire de l'aveu du pays, aussi bien que de l'aveu du roi, quand l'un et l'autre s'entendent sur ce point; quand ils croient que la nomination a lieu dans l'intérêt commun du pays et du pouvoir.—Il s'agit donc ici évidemment d'une restriction apportée au choix des électeurs : on restreint leur liberté dans une sphère plus étroite, et on la restreint précisément au moment où leur choix s'accorde avec celui du prince.—Cette restriction, à ce qu'il semble, n'a en soi rien d'utile; toute restriction apportée à la liberté des électeurs me paraît peu favorable, à moins qu'elle ne soit commandée par la nécessité, à moins que des convenances ne la réclament; et ce n'est pas au moment peut-être où le but d'ôter, de diminuer ces restrictions qui gênent cette liberté, préoccupent les esprits, qu'il convient d'en introduire de nouvelles.— La restriction dont il s'agit est-elle commandée par de grandes considérations politiques? J'avoue que je ne le crois pas. »— Labbey de Pompières avait proposé un amendement tendant à exclure tous les comptables du gouvernement. Mais ces divers amendemens furent rejetés.—Duvergier, p. 239.

579.—Quelques unes des exceptions particulières proposées contre le principe de la réélection des députés promus à des fonctions publiques, ont été reproduites lors de la discussion de la loi du 19 avril 1831 sur les élections, et ont été admises. Ainsi, aux termes de l'art. 64 de cette loi, « il y a incompatibilité entre les fonctions de député et celles de préfet, sous-préfet, de receveurs-généraux, de receveurs particuliers des finances et de payeurs. » — Dès lors, un député nommé à quelqu'une de ces fonctions ne peut être réélu. Il ne peut y avoir incompatibilité entre ces diverses fonctions et celles de député dans la circonstance d'une élection première, sans que, par une déduction nécessaire et logique, elle ne doive aussi se rencontrer quand il s'agit d'une réélection.

580.—En vertu du paragraphe 2 de l'art. 64 de cette même loi, il n'est pas douteux que si un député est nommé commandant d'une division ou subdivision militaire, procureur-général près une cour royale, procureur du roi, directeur des contributions directes ou indirectes, des domaines, de l'enregistrement ou des douanes dans les départemens, il ne peut être réélu député par le collége électoral de l'arrondissement qui l'avait nommé, si cet arrondissement se trouve compris en tout ou en partie dans le ressort de ses nouvelles fonctions.

581.—Du reste, quoique le député qui accepte des fonctions publiques, salariées soit par cela seul considéré comme démissionnaire de membre de la chambre des députés, il continue de siéger dans la chambre jusqu'au jour fixé pour la réunion du collége chargé de l'élection à laquelle son acceptation de fonctions publiques salariées a donné lieu (L. 12 sept. 1830, art. 2).

582.—« L'art. 2 dit-il suffisamment que le député non seulement continuera de siéger, mais de siéger avec les mêmes pouvoirs qu'auparavant, et ne faudrait-il pas l'expliquer? La commission, disait le rapporteur à la chambre des députés, n'a pas cru cette addition nécessaire.... La démission n'est présumée du jour de l'acceptation que pour fixer l'époque de laquelle doit courir le délai pour la réélection. Dans l'intervalle, la chambre, le pays, ne doivent pas être privés d'un député utile; il est autorisé à siéger, par conséquent à voter, à agir comme député, avec les mêmes pouvoirs qu'auparavant, et jusqu'à ce qu'il soit réélu ou remplacé. Cela a paru trop clair pour qu'il fût nécessaire de rien changer à la rédaction. »

Le projet primitif portait que le député continuerait à siéger jusqu'au jour *où serait consommée l'élection*. La commission se demanda quel serait ce jour? —« Nécessairement, dit le rapporteur à la chambre des députés, ce sera celui où le président du collége électoral aura proclamé le résultat de l'élection, ou celui de la notification officielle, à la chambre, de la nouvelle nomination, ou enfin celui où les pouvoirs auront été vérifiés. » Examinant ensuite ces diverses hypothèses, le rapporteur en fit ressortir les inconvéniens, et conclut à ce qu'on désignât le jour où serait fixée la réunion du collége électoral, parce que, d'une part, le temps nécessaire à la réélection n'est jamais assez long pour que les travaux de la chambre aient à souffrir de la suspension des pouvoirs du député, s'il doit être réélu; et qu'en second lieu, il est dans les convenances politiques que, du jour où les électeurs font usage de leurs pouvoirs, le député démissionnaire dépose les siens, et ne se présente à eux que comme simple candidat. » — M. Ernouf avait proposé de limiter seulement à la session de 1830 la faculté de siéger jusqu'au jour fixé pour la réunion du collége électoral.—M. Demarçay fit remarquer que le gouvernement qui voudrait faire adopter une mesure importante obtiendrait des voix en donnant des places à des députés; que ces députés seraient à la vérité soumis à la réélection; mais que la mesure serait adoptée, le mal fait, avant la réunion du collége électoral.—Néanmoins, la faculté de siéger fut conservée, afin que la chambre ne se trouvât point provisoirement privée des lumières et du concours du député soumis à la réélection.—Duvergier, p. 238.

583.—Dans l'exposé des motifs, M. le ministre de l'intérieur disait qu'une seule objection inquiétait encore quelques esprits sages : « ils craignent que cette garantie nouvelle (la réélection) ne soit un affaiblissement pour le pouvoir; qu'il n'ait peine à marcher chargé de cette nouvelle entrave. — Mais ici, comme en beaucoup d'autres questions, ne méconnaît-on pas la nature et la destinée du pouvoir dans un état constitutionnel? N'oublie-t-on pas qu'il s'y fortifie ou s'y affaiblit par des causes toutes différentes de celles qui produisent de tels effets dans un gouvernement absolu? Cette nécessité d'obtenir constamment l'assentiment public, qui est aujourd'hui la condition du gouvernement, ne doit pas être regardée seulement comme une limite, comme une garantie préventive; c'est aussi un principe fécond en force, un puissant moyen d'action. Sans doute elle empêche, elle retarde souvent; mais elle donne aux hommes et aux mesures qu'elle appuie une irrésistible autorité. Sans doute, le pouvoir aujourd'hui doit posséder des moyens d'imposer aussi à l'opinion publique des délais et des épreuves; et c'est là sa garantie contre l'entraînement et la précipitation : mais toutes les épreuves accomplies, tous les délais épuisés, le pouvoir doit accepter le vœu du pays, se l'approprier, s'en armer pour ainsi dire; et il est très fort alors, beaucoup plus fort par l'élection, par la discussion, par la publicité, qu'il ne l'a jamais été par l'indépendance et le secret. — Ne

craignons donc pas de multiplier les liens qui rapprochent la société et son gouvernement, d'instituer de nouveaux moyens de constater et de resserrer leur union. Nous ne sommes plus, grâce au ciel, dans une situation politique où la société doive faire peur au pouvoir.....—Comme il est essentiellement national, il ne recule pas devant la nation; il la cherche au contraire..... Il n'y a dans l'élection, dans l'action continuelle de la société, rien qui répugne à la nature du gouvernement actuel, la liberté politique ne le compromet pas; elle fait son salut comme sa gloire; c'est pour elle qu'il est venu au monde. —Le projet de loi présenté crée un lien de plus entre le pouvoir et le public; il tend à multiplier les élections partielles, à ouvrir, en quelque sorte, une perpétuelle enquête sur les sentimens du pays à l'égard de l'administration; il ne fait donc que développer les conditions, et j'ose dire les moyens d'existence du gouvernement. Aux yeux des hommes même, qui sont surtout préoccupés du désir que le pouvoir soit stable et fort, le projet n'a maintenant aucun des inconvéniens qu'il aurait pu présenter naguère; il ne fera courir au pouvoir aucun des risques dont s'alarmait, en d'autres temps, leur prudence inquiète; il est conforme aux principes fondamentaux de l'ordre établi, au caractère propre du gouvernement; aussi n'avons-nous pas balancé à reconnaître franchement le principe de la réélection, et à l'appliquer dans toute sa latitude» (*Moniteur*, 2 sept., 1830).

M. le rapporteur de la commission de la chambre des députés (F. Faure), disait dans son rapport que, pour se convaincre des salutaires effets de la loi projetée, les députés n'avaient qu'à interroger leurs souvenirs: «jusqu'à présent, les députés se trouvaient entre l'opinion publique, qui exigeait la réélection, et le gouvernement qui la repoussait, comme insultant la majesté royale. —De là, une position pénible, équivoque, et pour eux et pour un ministère bien intentionné; ils se trouvaient réduits à cette fâcheuse alternative, ou de braver les apparences et les opinions, de renoncer à leur popularité, de la compromettre du moins (s'ils voulaient seconder un ministère aux bonnes intentions duquel ils croyaient devoir se fier), ou bien d'être réduits à l'obligation de refuser. Sous l'empire de la loi proposée, le député honoré du choix du prince pourra se présenter avec confiance à ses concitoyens; il n'aura point à redouter leur jugement; les fonctions dont il aura été revêtu ne pouvant impunément être le prix de la faveur ou d'une coupable complaisance, elles seront ainsi, nécessairement, la récompense des services réels rendus au pays,.... et l'occasion de lui en rendre encore de plus éclatans. Elles seront donc, avec de telles conditions, un titre de plus aux yeux de leurs campatriotes; elles devront leur assurer leurs suffrages; mais aussi, réélu par eux, l'influence d'un député, au dehors comme au dedans de la chambre, ne pourra que s'augmenter, à raison de ce double témoignage de l'estime du prince et de celle du pays, qu'il aura mérité de se concilier»— Duvergier, p. 237.

584.—Le besoin d'une pareille loi était tellement senti; une telle loi était si puissamment réclamée par l'opinion publique, que la chambre élective elle-même, cédant à cette impulsion puissante, crut ne pouvoir se dispenser de lui donner même un effet rétroactif. Ainsi, l'art. 5 porte : « La présente loi sera applicable aux députés promus à des fonctions publiques depuis l'ouverture de la session actuelle. »

Et en effet, c'était bien au moment où, par suite de la révolution de juillet de 1830, la majeure partie des membres de la chambre se trouvaient pourvus de fonctions publiques salariées, qu'il convenait de faire un appel aux sentimens du pays. Il était beau à la chambre de ne point reculer devant une concession qui était exigée d'elle.

585.— « En cas de vacances par... démission... le collége électoral qui doit pourvoir à la vacance, sera réuni dans le délai de quarante jours; ce délai sera de deux mois pour le département de la Corse. — .... L'intervalle entre la réception de l'ordonnance de convocation du collége au chef-lieu du département, et l'ouverture du collége, sera de vingt jours au moins » (L. 19 avril 1831, art. 65).

586.— Si la vacance, par suite d'acceptation de fonctions publiques salariées, arrive pendant la durée d'une session, la chambre décide à partir de quel jour court le délai de quarante jours ou deux mois, accordé pour la réunion du collége électoral. — Mais la question se complique si la vacance a lieu hors du temps des sessions; en effet, la loi du 12 septembre 1830 porte que toute acceptation par un député de fonctions salariées est une démission; l'art. 66 de la loi du 19 avril 1831 déclare qu'à la

chambre seule appartient le droit de recevoir la démission d'un de ses membres. Faut-il en induire que le député qui a accepté des fonctions hors des sessions ne doit être remplacé que lorsque la chambre sera réunie ? Et s'il renonce à ses fonctions avant cette réunion ou avant que la chambre ait commencé ses travaux, devra-t-il néanmoins être soumis à la réélection ? — Le député qui accepte des fonctions salariées cesse d'être député par la force de la loi et non par l'effet de sa volonté; c'est là une démission d'une espèce particulière, il n'y a pas nécessité que la chambre la reçoive et l'accepte, l'art. 66 est sans application. Le ministre, qui ne peut pas ignorer la nomination et l'acceptation, doit donc, dans les quarante jours, ou dans les deux mois, à compter de celle-ci, convoquer le collége électoral. Sa responsabilité se trouverait engagée s'il y manquait. — Une fois qu'un député s'est dépouillé de son caractère par l'acceptation de fonctions salariées, il ne dépend plus de lui de le faire revivre par la renonciation à ses fonctions. La démission par l'acceptation est un fait accompli, le caractère de député a cessé d'exister; une nouvelle élection peut seule la faire revivre.—Duverg., p. 241.

587.— Lors de la discussion de la loi du 19 avril 1831, on a soulevé la question de savoir si la loi du 12 septembre 1830, relative à la réélection des députés promus à des fonctions publiques salariées, continuait à être en vigueur ?—La raison de douter était que la loi du 19 avril 1831 contenant un système complet sur les élections, est censée remplacer toutes les lois antérieures. —Mais la chambre des députés s'expliqua formellement sur l'intention qu'elle avait de ne point abroger cette loi.—En effet, un député ayant proposé un amendement, portant que nul député ne pourrait accepter pendant la durée de ses fonctions législatives aucun emploi rétribué, plusieurs voix s'écrièrent *il y a une loi !* le rapporteur ajouta qu'on ne pouvait abroger par amendement une disposition de la loi sur les réélections; que d'ailleurs l'article proposé serait en opposition avec la charte révisée de 1830, qui, parmi les articles sur lesquels il doit être statué ultérieurement, comprend *la réélection des députés promus à des fonctions publiques salariées.* — L'amendement fut rejeté. — Duverg., 1831, p. 241.

§ 2. — *Du mode de pourvoir aux places vacantes dans la chambre des députés, par suite d'option, décès, ou démission des députés.*

588.— Le collége d'arrondissement qui a nommé un député, mort depuis, démissionnaire ou optant pour la députation d'un autre arrondissement électoral, doit pourvoir à son remplacement (L. 12 sept. 1830, art. 1er), d'après le mode que nous avons indiqué plus haut pour la nomination des députés.

589.— En cas de vacance par option, décès, démission ou autrement, le collége électoral qui doit pourvoir à la vacance doit être réuni dans le délai de quarante jours : ce délai est de deux mois pour le département de la Corse (L. 19 avril 1831, art. 65).

590.— De quel jour courra le délai ? Il faut distinguer : s'il y a vacance par suite de décès, le délai courra du jour où le ministre en aura été informé. — S'il y a vacance par suite d'option, ce sera du jour où l'option aura été faite dans le sein de la chambre. — Si c'est enfin par suite de démission, ce sera du jour où, conformément à l'art. 66, la chambre aura accepté la démission du député.

591.— Au moment où fut rendue la loi du 12 sept. 1830, la chambre comptait parmi ses membres les élus du double vote, et il s'agissait de pourvoir au remplacement de plusieurs d'entre eux qui avaient donné leur démission de députés. L'art. 1er de cette loi s'occupait du moyen à suivre. Cet article porte : « Il sera pourvu aux places vacantes dans la chambre des députés, savoir.. ..: s'il s'agit du remplacement d'un député de collége départemental, par tous les électeurs du département, payant au moins trois cents francs de contributions directes, réunis en un seul collége...»

592. — Le gouvernement avait proposé un autre système ayant pour but de confier cette élection à l'un des colléges d'arrondissement du département, désigné par la voie du sort. En conséquence, le projet était ainsi rédigé : — Art. 1er. « Il sera pourvu, par les colléges d'arrondissement, aux vacances occasionées, dans la chambre des députés, par suite de démission ou par toute autre cause, soit que les députés à remplacer aient été élus par un collége d'arrondissement, ou par un collége de département. » — Art. 2. « Dans ce dernier cas, il sera procédé, dans la chambre des députés, et en séance

publique, à un tirage au sort entre les divers arrondissemens électoraux du département où aura lieu la vacance, pour déterminer quel ou quels arrondissemens devront procéder au remplacement du ou des députés élus par le collége de département, et de telle sorte que nul arrondissement n'ait plus d'un de ces députés à nommer. » — Mais, sur l'observation du rapporteur de la commission, que le projet de la loi consacrait l'exercice du double vote, l'article a été adopté tel qu'il nous est parvenu.

593. — Néanmoins, le système du gouvernement a été reproduit lors de la discussion des articles transitoires de la loi du 19 avril 1831, et a été adopté par les chambres.— L'art. 78 de cette dernière loi porte : » Si, avant qu'il n'ait été procédé à des élections générales, il y a lieu de remplacer un député élu par un collége départemental, la chambre des députés déterminera, par la voie du sort, le collége d'arrondissement qui devra procéder à l'élection. — S'il y a lieu de remplacer un député élu par le collége d'un arrondissement électoral dont la circonscription aurait été modifiée par la présente loi, la chambre des députés déterminera, de la même manière, celui des arrondissemens compris dans l'ancien ressort qui devra procéder au remplacement. »

ART. 10. — *Questions transitoires.*

594.— La loi du 19 avril 1831 renferme plusieurs articles transitoires que nous allons successivement parcourir : « Dans le cas où des élections, soit générales, soit partielles, auraient lieu avant le 21 octobre 1831, l'ordonnance de convocation des colléges sera publiée dans chaque arrondissement électoral, au moins quinze jours avant celui qui sera fixé pour l'élection.— Dans le délai de quinze jours, à compter de la promulgation de la présente loi, l'inscription des citoyens qui auront acquis le droit électoral, soit en vertu de la législation antérieure, soit en vertu des dispositions de la présente loi, pourra être requise, soit par eux, soit par des tiers, conformément aux art. 24, 25 et 26 » (art. 70, §§ 1 et 2).

595.— La chambre des pairs avait adopté, pour le § 2 de notre article, la rédaction suivante : « ...Soit depuis le 16 novembre 1830, en vertu de la législation antérieure. » Le duc Decazes déclarait que ce membre de phrase avait été ajouté pour exprimer clairement que l'intention du législateur n'avait pas été de restreindre l'inscription aux droits acquis en vertu de la présente loi. — Favard de Langlade fit remarquer à la chambre des députés que la chambre des pairs avait oublié de comprendre les individus qui avaient omis de se faire inscrire en 1830, et qu'elle avait maintenu par là la déchéance établie par l'art. 22 de la loi du 2 juill. 1828. Cette déchéance, ajoutait-il, devient générale dans le système de la loi nouvelle (art. 32); mais, comme il y a une exeption pour cette année, puisqu'on fait une liste additionnelle (art 71), comme la loi tend à augmenter le plus possible le nombre des électeurs, il ne serait pas juste d'exclure ceux qui ont négligé de se faire inscrire en 1830; cette exclusion de la chambre des pairs a été l'effet d'une erreur involontaire. Tout peut être réparé en supprimant de l'article ces mots: *depuis le 16 novembre* 1830. — Cette suppression fut adoptée.— Duvergier, 1831, p. 243.

596.—En conséquence, il a été jugé que l'art. 71 de la loi du 19 avril 1831, qui prescrit une liste additionnelle contenant les noms des citoyens qui auront acquis le droit électoral, s'applique tant à ceux dont les droits électoraux étaient acquis avant la clôture de la liste annuelle arrêtée le 30 sept. 1830, qu'à ceux qui ne l'ont acquis que depuis : qu'en d'autres *termes*, cet article a relevé les premiers de la déchéance par eux encourue d'après la législation précédente. —22 juin 1831. Req. Amiens. Duroselle. D.P. 31. 1. 185.

597. — On doit signaler cette interprétation large, loyale, généreuse, d'une disposition dont la rédaction incomplète, comme le sont celles de la plupart des lois qui sortent de nos modernes ateliers législatifs, se prêtait avec une grande facilité à une application restrictive. La cour a adopté franchement le sens qui laissait la plus entière latitude aux convenances individuelles, sans être touchée des combinaisons mesquines que le mouvement électoral pourrait faire éclore. Dans une lutte où le patriotisme et la bonne foi sont en présence, tout doit être digne de ces deux mobiles si honorables. Cette interprétation, au début de la mise en action de la loi, méritait d'être signalée. — D.P. 31. 1. 185.

598. — Mais il a été jugé toutefois que pour avoir le droit d'être inscrit sur la liste additionnelle dressée en vertu de la disposition transitoire de cet arti-

ÉLECTIONS LÉGISLATIVES. ART. 10.
ÉLECTIONS LÉGISLATIVES. ART. 10.

ele, il faut avoir acquis le droit électoral avant l'expiration du délai de quinze jours à compter de la publication de cette loi, ou au moins avant la clôture des listes. — 27 juin 1831. Req. Bourges. Berthollet. D.P. 31. 1. 187.

599. — «. . Pendant cet espace de temps (le délai de quinze jours, à compter de la promulgation de la loi du 19 avril), le registre prescrit par l'art. 25 sera ouvert, et les réquisitions prévues par le précédent paragraphe y seront inscrites. — Après l'expiration dudit délai de quinze jours, ces réquisitions ne seront plus admises » (art. 70, § 3 et 4).

600. — «... En cas d'élections, soit générales, soit partielles, avant le 21 oct. 1831, les contributions foncière, personnelle, mobilière, et des portes et fenêtres, ne seront comptées, soit pour être électeur, soit pour être éligible, que lorsque la propriété foncière aura été possédée ou la location faite antérieurement à la promulgation de la présente loi. — Cette disposition n'est pas applicable aux possesseurs à titre successif. — La patente ou le diplôme universitaire ne seront comptés que lorsqu'ils auront été pris un an avant la promulgation de la présente loi. Cette disposition n'est pas applicable aux citoyens qui ayant pris une patente avant le 1er août 1830, ont été inscrits, en vertu de la loi du 12 sept. 1830, sur les listes supplémentaires formées depuis cette époque » (art. 70, §§ 5, 6 et 7).

601. — L'art. 1er de cette dernière loi porte, § 4 : « Les électeurs de 25 à 30 ans, et les éligibles de 30 à 40 ans, appelés à exercer les droits d'élection et d'éligibilité par la charte, sont dispensés de prouver la possession annale ; il en sera de même pour les patentes prises avant le 1er août 1830. »

Ce paragraphe n'existait ni dans le projet de loi ni dans les amendemens de la commission ; il fut introduit sur la proposition de Madier de Montjau, qui n'avait d'abord songé à dispenser de la possession annale que les citoyens déclarés éligibles, à l'âge de trente ans, par l'art. 32 de la charte. « Admettez, disait-il, et je suis loin de le nier, que la mesure (la nécessité de la possession annale) soit bonne en elle-même, elle devient injuste aujourd'hui, dès qu'elle est appliquée à ces hommes de trente ans, auxquels vous venez d'accorder une dispense d'âge aussi solennelle qu'irrévocable. En effet, les hommes de cette génération, ne s'attendant pas à la faveur qu'un nouveau pacte social allait leur attribuer, n'ont pas pu se mettre en mesure d'en profiter ; ils n'ont pu se procurer la possession annale : l'exiger de leur part, c'est les condamner à rester encore plusieurs années hors de cette enceinte où nous devons nous-mêmes souhaiter de les voir enfin arriver. — On dira peut-être que la réduction de l'âge n'est faite que pour ceux qui déjà payaient le cens par l'état naturel de leur fortune : c'est une grave erreur. Il y a beaucoup d'hommes capables de devenir sincèrement éligibles, et qui cependant ont besoin, pour y parvenir, de faire certaines dispositions. A trente ans, peu d'hommes ont leur patrimoine acquis ou leur fortune achevée. Quant à ceux qui attendent un riche patrimoine, ou qui ont commencé leur fortune, ils peuvent se rendre éligibles, ou par des acquisitions réelles, ou par des arrangemens de famille. Je ne puis croire qu'il soit dans votre volonté d'éloigner aucun des hommes qui sont dans ce cas, et c'est le plus grand nombre. Aucun d'eux cependant n'a fait les préparatifs nécessaires, parce qu'ils ne s'attendaient pas à voir lever l'interdit qui pesait sur eux. C'est donc un acte de justice indispensable que d'ajouter à la réduction d'âge la dispense momentanée d'une condition qu'ils n'ont pas pu remplir. — Nous concevons, ajoutait l'orateur, que l'avantage d'être dispensé de la possession annale soit absolument refusé aux éligibles qui ne le deviendraient qu'en vertu d'une patente, parce que la patente peut s'acquérir par un sacrifice et en vingt-quatre heures. » — En conséquence, il proposait la disposition suivante : « Les éligibles âgés de trente à quarante ans, qui paieront 1,000 fr. de contributions directes, la patente exceptée, seront, jusqu'à la loi définitive, dispensés de prouver leur possession annale. »

602. — Voisin de Gartempe demanda que la possession fût antérieure à la publication de la loi. — le ministre de l'intérieur, qui déjà avait déclaré adopter au nom du roi la proposition de Madier de Montjau, répondit : « Il doit en être de cette condition comme de toutes les autres, c'est-à-dire que l'acquisition de la propriété foncière doit être antérieure à l'élection Je ne vois pas pourquoi on lui imposerait une condition plus dure. Ainsi, il y aura des hommes qui feront une acquisition pour se rendre éligibles ; l'inconvénient n'est pas grand, puisque l'acquisition sera réelle. L'acquisition d'une propriété foncière exige des sacrifices assez considérables. Il n'y a donc, je le répète, aucune raison pour rendre cette condition plus dure que les autres. » — On demanda que ce qu'on faisait pour les éligibles de trente à quarante ans, s'appliquât aux électeurs de vingt-cinq à trente. — En conséquence, l'article fut adopté, tel qu'il est, sur la proposition de Rambuteau. — D'autres amendemens proposés furent rejetés. — Duvergier, 1830, p. 240 et 241.

603. — « Je dois faire remarquer, dit Duvergier (*loc. cit.*), que si, dans la discussion, on a reconnu qu'un citoyen pouvait acquérir un immeuble ou faire un arrangement de famille exprès pour se rendre électeur ou éligible, personne n'a pensé ni dû penser qu'on pût, par des acquisitions simulées, s'attribuer l'une ou l'autre capacité. Si donc on prouvait qu'une vente ou qu'une donation fussent fictives, la capacité disparaîtrait. Le duc Decazes l'a hautement proclamé dans son rapport à la chambre des pairs, en exprimant le regret qu'on n'ait pas exigé pour toutes les contributions ce qui est prescrit pour les patentes, afin de rendre les fraudes impossibles. A la chambre des députés, Viennet dit : « Pour que l'acquisition soit réelle, il faut que l'acte de vente soit enregistré » Le président répondit : « Il n'y a pas d'acquisition possible sans contrat et par conséquent sans enregistrement. » Sans doute, dans la plupart des cas, les actes seront enregistrés ; mais tous les jurisconsules savent que l'enregistrement n'est pas une formalité substantielle ; qu'un acte peut être très valable, très efficace, et avoir même date certaine, par exemple, par le décès de l'un des signataires, sans avoir été revêtu de la formalité de l'enregistrement.

» Le préfet, en conseil de préfecture, dressera d'office, ou d'après les réclamations des intéressés ou des tiers, une liste additionnelle contenant les noms des citoyens qui auront acquis le droit électoral. Cette liste sera affichée vingt-cinq jours au plus tard après la promulgation de la présente loi » (L. 19 avril 1831, art. 71).

604. — « Les décisions portant refus d'inscription seront signifiées aux parties par le préfet, dans les cinq jours, pour tout délai, après le jour où elles auront été rendues » (art. 72).

605. — « Les réclamations qui pourront être dirigées, soit par les tiers contre les inscriptions soit par les parties contre les refus d'inscription, seront formées, à peine de déchéance, le trente-cinquième jour au plus tard, après la promulgation de la présente loi. L'assignation sera donnée devant la cour à huitaine pour tout délai, quelle que soit la distance des lieux. Ce délai expiré, la cour prononcera toutes affaires cessantes. Son arrêt, s'il est par défaut, ne sera pas susceptible d'opposition» (art. 73).

« Il ne sera fait de changemens à la liste additionnelle, mentionnée dans l'art. 71, qu'en exécution d'arrêts rendus par les cours royales » (art. 74).

« Il ne sera fait de changement à la liste arrêtée le 16 nov. dernier et affichée le 20 du même mois, que dans les cas prévus par l'art. 32 de la présente loi (c'est-à-dire dans le cas où des arrêts l'auraient ainsi ordonné, et encore dans le cas où il y aurait lieu à radier les noms des électeurs décédés ou privés des droits civils ou politiques par jugemens ayant acquis force de chose jugée). Il sera procédé à l'élection sur cette liste et sur la liste additionnelle prescrite par les articles précédens » (art. 75).

» Tout électeur ayant son domicile dans un arrondissement qui, d'après la présente loi, se trouverait divisé en plusieurs arrondissemens électoraux, pourra opter entre ces arrondissemens, s'il paie des contributions dans l'un et dans l'autre. L'option devra être faite dans le délai de quinze jours, à dater de la promulgation de la présente loi, et dans la forme déterminée par l'art. 10 (une double déclaration expresse au greffe du tribunal civil de l'arrondissement qu'on quitte et de celui où l'on veut fixer son domicile politique). A défaut d'option dans le délai ci-dessus fixé, l'électeur appartiendra à l'arrondissement électoral dans lequel sera compris le canton où il a maintenant son domicile politique. Si l'électeur ne paie de contributions que dans un des deux arrondissemens électoraux, il appartiendra à cet arrondissement, et ne pourra faire d'option. — L'électeur dont le domicile politique, au moment de la promulgation de la présente loi, serait différent de son domicile réel, aura le même délai de quinze jours pour faire son option. A défaut par lui de la faire dans ledit délai, il continuera d'appartenir à l'arrondissement électoral dans lequel il exerçait ses droits » (art. 76).

606. — Dans la disposition transitoire de l'art. 76 de la loi du 19 avril 1831, qui permet à tout électeur ayant son domicile dans un *arrondissement* qui, d'après la nouvelle loi, se trouverait divisé en plusieurs arrondissemens électoraux, d'opter entre ces arrondissemens, s'il paie des contributions dans l'un et dans l'autre, on doit entendre par le mot *arrondissement* dans lequel l'électeur est domicilié, tant l'arrondissement administratif, que l'ancien arrondissement électoral, soit que ces arrondissemens aient été fractionnés, soit qu'ils n'aient éprouvé aucune division ou morcellement ; et, *spécialement*, il suffit que cet électeur paie des contributions dans les deux arrondissemens électoraux dont son arrondissement administratif est composé, pour qu'il soit admis à la faculté d'option, encore bien qu'en vertu de la loi nouvelle, cette circonscription n'ait pas été changée — 22 juin 1831. Req. Amiens. Duroseile. D.P. 31. 1. 185.

607. — « Les fonctionnaires désignés dans l'art. 64, qui cesseront leurs fonctions par démission ou autrement, dans le délai de quinze jours, à dater de la promulgation de la présente loi, seront éligibles dans les départemens, arrondissemens ou ressorts dans lesquels ils exercent leurs fonctions, pour les élections qui pourraient avoir lieu avant le 21 oct. 1831 » (art. 77).

« Dans le cas où les élections, soit générales, soit partielles, auraient lieu avant le 21 oct. de la présente année, les listes électorales seront dressées d'après les rôles des contributions directes pour l'année 1830, et nulles contributions, autres que celles de ladite année, ne seront comptées pour le cens électoral » (art. 79).

608. — La loi du 12 sept. 1830 sur le mode de pourvoir aux places vacantes dans la chambre des députés, était, elle aussi, une loi transitoire, ainsi que s'en est formellement expliqué le législateur dans son art. 5, qui porte : « Les dispositions de la présente loi sont purement transitoires, et valables uniquement jusqu'à ce qu'il ait été légalement pourvu aux modifications à apporter à la législation électorale maintenant en vigueur. » — Nous avons donc à exposer succinctement les principes de cette loi, relatifs particulièrement à la formation du bureau soit provisoire, soit définitif, dans le sein du collége électoral ou de la section de collége. On verra facilement les modifications que leur a fait subir la loi du 19 avril 1831. — Ces dispositions ne faisaient point partie du projet présenté par le gouvernement. Mais la commission de la chambre des députés comprit que la nomination du président n'appartenant plus au roi (charte de 1830, art. 35), il y avait nécessité d'établir sur-le-champ des règles pour la formation du bureau provisoire.

609. — « Le bureau provisoire des colléges, tant d'arrondissement que de département, sera composé comme il suit : — Les fonctions de président seront remplies par le doyen d'âge des électeurs présens : — celle de scrutateurs, par les deux plus âgés et les deux plus jeunes des électeurs présens. — Le secrétaire sera choisi à la majorité des voix, par le président et les scrutateurs» (L. 12 sept. 1830, art. 2).

610. — Nous avons vu que la loi du 19 avril 1831 n'a point conservé la présidence provisoire au doyen d'âge, elle l'a, par son art. 42, confiée à des magistrats dont l'inamovibilité garantit l'indépendance, et dont la position annonce d'avance les lumières nécessaires pour présider convenablement l'assemblée. Déjà, lors de la discussion de la loi du 12 sept. 1830, la difficulté de déterminer le doyen d'âge, les deux plus âgés et les deux plus jeunes des électeurs avait paru assez grave pour engager quelques membres de la chambre des députés à proposer d'attribuer, soit au maire, soit au magistrat de l'ordre judiciaire le plus élevé du lieu de la réunion du collége, la présidence provisoire, mais ces propositions avaient été écartées.

611. — « Le président et les scrutateurs du bureau définitif seront nommés par le collége, au seul tour de scrutin, individuel pour le président, et de liste pour les scrutateurs et à la pluralité des voix. — Le secrétaire du bureau définitif sera choisi à la majorité des voix par le président et les scrutateurs de ce bureau » (art. 3).

612. — La loi du 19 avril ne s'expliquant pas sur la différence du scrutin pour la nomination du président et pour celle des scrutateurs définitifs (art. 44) nous avons pensé qu'elle n'entendait prescrire qu'un scrutin de liste pour le président et les scrutateurs. Il nous a semblé qu'en laissant aussi peu que possible à l'arbitraire, le législateur avait voulu simplifier les formes.

615.—«Dans les collèges divisés en plusieurs sections, les mêmes règles seront observées dans chaque section. — Le président de la première section remplira les fonctions attribuées par les lois au président du collège » (même loi, art. 4).

TABLE SOMMAIRE.

Absence. 75, 522.
Académicien. 20.s
Acquiescement. 188.
Acte authentique. 87,450.
— de naissance. 9, s.—
de notoriété. 68, 215.
Action collective. 548.
Adjonction, 19, s. 256, s.
273, s.295, s.296,339, s.
Adoption. 141.
Affiches. 291,s.503,s.603.
Affinité. 530.
Age. 2, s. 500, 522.—pré-
férence. 22. s.
Amende (consignation).
442. — (restitution)
471.
Appel. 588, s. 398.—no-
minal. 524, 551.
Armes. 506.
Arrêt d'admission. — V.
Exploit.
Arrêté. 400.
Avancement. 575, s. —
d'hoirie. 106, 474, s.
Avertissement. 507, s.
Avocat. 416.
Avoués. 433.
Ballotage. 582.
Bonne foi. 532.
Bourses de comm. 41, s.
Bulletin. 524, s. — (des-
truction) 540, 555.
Bureau. 505, 522, s. 543,
608, s.—définitif.545,s.
Capacité. 148, s. 514, s.—
perdue. 95.
Cassation. 442, s. — (ap-
préciation) 437, s. —
(compétence) 443. —
(délai) 466, s.
Cens. 15, s.
Centimes additionnels.
28, s. 578.
Certificat. 87,108, s. 214,
s, 244.
Chambre des députés.
565, 571.
Chose jugée. 58,104,507,
492, 5, s.
Clôture(suspension).547.
Collèges électoraux. 493,
suiv.
Colon partiaire. 84, s.
Colonies. 49, s.
Com té directeur. 273.
Communauté. 159, s.
Communication. 570. —
de titre. 571.
Comparution. 486, 401,
403, s.
Compétence. 526, 545, s.
560, s. 374,588, s. 474,
s. 550, s. 505.—V. Cas-
sation.
Condition résolutoire.79.
Conflit. 488, s.
Conseillers municipaux.
280, s.
Constuction. 53.
Contribut.293.—(exemp-
tion) 55, s. — des por-
tes et fenêtres. 28, 99,
s.—directe. 13, s.27, s.
— foncière, 64, s.—in-
directe. 51, s.— mobi-
lière. 28, 96, s. — per-
sonnelle. 28, 96, s.
Contumace. 288.
Convention. 78, 99.
Convocation. 206, s. 495,
s. 583, s. 589, s.
Copie. 349, 446, s.
Cour royale. — V. Com-
pétence.
Date (répétée). 435.
Décès. 140.
Déchéance. 500, 543, s.
566, s. 405.

Dégrèvement. 57.
Délai. 7, s. 500, 509, s.
552, s. 551, s. 559, s.
589, s. 429, 452, s.497,
s. 663, s. — (distance)
401, s. — (jour à quo)
553, s. 575, 403, s.—V.
Cassation.
Délégation.—V. Compé-
tence.—Impôts. 117, s.
Délibération illégale.500.
Demande nouvelle. 414.
Démission. 572, s. 588,
593.607.—debien.174.
Déni de justice. 560, s.
472.
Déput. 291, s.
Dépouillement. — V.
Scrutin.
Députés. — V. Chambre,
Election, Remplace-
ment.
Désignation.—V.Erreur.
Diplôme. 116, s. 205,
600.
Divorce. 118, 120, s.
Domaine congéable. 66,
suiv.
Domicile. 2, 310, s. 505,
s.—(changement) 222,
s. — V. Compétence.—
politique. 2.0, s.—réci.
225, s.
Donation déguisée. 73.—
par contra t de mariage.
176, s.
Droit acquis. 554.—élec-
toral (jour à quo). 191,
s.—personnel 111, s.—
politique. 2.
Echange. 108, s.
Effet suspensif. 570, s.
440, s. 470.
Elimination. 284, s.
Enfant. 117, s.
Enregistrement. 161,222,
s. 522, 558, 433, 442,
457.
Erreur. 57, 59, 205, 508,
s. 454, 460, 556, s.
Exception. 308, 4.0, 456,
401, 463, s.
Exécut on provisoire.
439.
Expertise 56.
Exploit (forme). 412, s.
445, s. — introductif.
406, s.
Extrait. 95, 217, 544.
Faits étrangers. 206.
Faux électeur. 521, s.
Femme séparée. 117, s.
Fermier. 85, s.
Fileur. 114.
Fonctionnaires. 224, s.
248, s. 298, s. 262, s.
572, s. 607.
Force-armée. 506.—ma-
jeure. 557.
Frais. 545, 550, 564, 455,
471.
Gendarme. — V. Huis-
sier.
Greffe. 118, s.
Héritier. 97, s.
Heure. 502, 505, 555.
Huissier. 197, 517, 445,
458.
Identité. 568, s. 425.
Imprimeur. 478.
Incompatibilité. 2, 258,
suiv.
Indivisibilité. 97, s.
Indivision. 68, 69, 76.
Inscription. 277, s. 557,
s. 514, s —d'office 287,
s. — prématurée. 590.
In talation. 543.
Interprétation. 166, 181.

—favorable. 63.
Introduction illégale.520.
Jouissance. 80.
Jugement. 400. — (délai)
389, s. 429. — interlo-
cutoire. 430.— par dé-
faut. 458.
Juré. 241, s.
Légalisation.14,216,528,
suiv.
Lettre. 240, 527, s.
Liberté. 570, s.
Liste.— V. Rectification.
—(affiches) 503, s.—(for-
mation) 271, s.—(mi-
nute) 295. — (perma-
nence) 275, s.—(prépa-
ration) 278, s.—(publi-
cation) 297, s. — (révi-
sion) 213, 278, s. — ad-
ditionn. 598, s.— com-
plémentaire. 297, s.
572, s —imprimée.295.
Locataire. 82.
Louage. 89.
Maire. 279, s.
Maître de pension. 110.
Majorité.519,558,s.568,s.
Mandat spécial, 525, s.
Mari. 117.
Matière sommaire. 429,
453.—urgente. 412.
Médecin. 115.
Mention 505,s.548,s.561.
Militaire. 48, 259, 575, s.
Mino. 45, s.
Minist. public. 259,267,s.
Ministre. 574.
Mort civile. 151.
Motif. 505, s. 505, 451.
Moyen nouveau.555,414,
s.
Nomination. 572, s.
Octroi. 52.
Officier. 20, 502, s.
Omission. 295, 555.
Outrage. 545.
Pair de France. 255, s.
288, s.
Partage. 182, s. 554.
Patente. 28, 105, s. 166,
194, s. 568, 600.
Payeur. 264.
Peine. 472.
Père. 117.
Permanence. — V. Liste.
Petits enfans. 147, 151,
Plaidoirie. 416.
Poids et mesures. 44.
Police. 506.
Porte-cochère. 101, s.
Possession. 579.— (date)
213, s. — annale. 81,
163. s. 519, s. 000, s.
Préfet. 299, s. 590, 400,
407, s. 444, s.
Présidence. 500, s.
Président. 514, 522, 542,
s. 545, s. 565, s. 609, s.
Présomption. 45,58,160,
217.
Preuve. 9, s. 26, 48, s.

Production. 556, s, 546,
356, s. 427, s. — nou-
velle. 555, s. 555, s.
417.
Publication. — V. Liste.
Publicité. 473, s.
Question transit. 594, s.
Radiation. 286, 502, s.
365, s. — d'office. 286,
s. 521.
Rapport. 415.
Ratification. 192.
Rature. 26, 413.
Réassignation. 462.
Récépissé. 550, s.
Receveur. 264.
Réclamation. 7, 01, 522, s.
555, s.
Recours. 588, s.
Rectification. 489, 286, s.
343, s. 318, s. 569, 573,
s. 472, s.
Redevance. 45, s.
Réduction. 299, s. 577,
405, 414, 418.
Réélection. 572, s.
Registre. 522.
Remplacement.522,528,s.
Renonciation.71,s.188,s.
Renvoi. 413, 452.
Retenue. 48.
Rétroactivité. 554.
Réunion. 496, s.
Rôle. 26, 39, 00, 344.
Scrutateur. 500, s. 508,
525, 609, s.
Scrutin. 515, 527, 552,
555. — (dépouillement)
552, s. — (durée) 552,
s. 554.
Secret. 527, s.
Secrétaire. 509, s. 515,
s. 525, s. 609, s.
Secrétariat. 522.
Section. 498, s. 511.
Séparation de corps. 117,
s. 453, s.
Serment. 529, s. 541,
546, s.—décisoire.450.
Signification. 297, s. 389,
s. 401, s. 407, s.
— (forme) 197, s. 517,
s. — V. Exploit.
Société. 89, s. 105, 106,s.
Sommation. 595.
Sous-préfet. 260, 279, s.
Suffrage exprimé. 558, s.
Table. 505.
Tableau de rectification.
575, s.
Tiers. 521, 558, s. 591,
s. 413.
Timbre. 585, 557, 454.
Transcription. 278.
Tuteur. 198.
Usufruit. 77, s. 170, 189.
Veuve. 118, s.
Vote. 525, s.

ÉLIGIBILITÉ—ÉLIGIBLE.—V. Elections.

ÉMANCIPATION.

1.—C'est l'acte par lequel un mineur sort de la tutelle, est dégagé de la puissance paternelle, et acquiert avant la majorité le droit de se gouverner lui-même, ainsi que d'administrer librement ses biens dans les limites posées par la loi.—D.A. 12. 775, n. 2.

2.—Indépendamment de la division établie entre l'enfance et la puberté, le droit romain reconnaissait au père le pouvoir d'émanciper son fils. Il parvenait à l'aide de trois ventes fictives, après la dernière desquelles le fils se trouvait placé hors de la puissance. Cette émancipation, qui pouvait être octroyée à l'enfant, quel que fût son âge, le laissait néanmoins en tutelle jusqu'à sa puberté, époque à laquelle il demeurait encore soumis à la surveillance d'un curateur. Plusieurs coutumes et la législation des pays régis par le droit écrit, en fixant à douze ans pour les garçons et à quatorze ans pour les filles le moment de la puberté, laissaient la faculté de soustraire le pubère à l'autorité du curateur, en le plaçant seul à la tête de l'administration de ses biens.

Cette émancipation avait lieu le plus ordinairement par lettres du prince, dans lesquelles celui-ci mandait au juge du lieu de la tutelle de prendre l'avis des parens et amis du tuteur sur la question de savoir s'ils étaient d'avis de l'émanciper, et, en cas d'affirmative, de prononcer son émancipation. Dans quelques provinces, l'usage des lettres du prince n'était pas adopté, et l'émancipation se prononçait par le conseil de famille convoqué par le juge de paix.—Toutes ces distinctions ont disparu depuis le code, qui a restreint la puissance paternelle dans des limites plus appropriées à l'état actuel des mœurs.—D.A. 12. 775, n. 1.

§ 1er.— Par qui l'émancipation est accordée.—Formes, Révocation, Curateur, Effets.
§ 2.—De la capacité de l'émancipé.
§ 3.—Actes qu'il peut faire seul.
§ 4.—Actes pour lesquels l'assistance d'un curateur est nécessaire.
§ 5.—Actes pour lesquels il a besoin de l'autorisation du conseil de famille.

§ 1er.— Par qui l'émancipation est accordée.—Formes, Révocation, Curateur, Effets.

3.— L'émancipation s'acquiert de plein droit par le mariage; c'est l'émancipation tacita (C. civ. 477).

4.— Le père, ou, à défaut du père, la mère peuvent l'accorder à leur enfant parvenu à l'âge de quinze ans révolus : le conseil de famille pourra aussi l'accorder au mineur, s'il l'en juge digne, mais seulement lorsqu'il aura atteint sa dix-huitième année : c'est là l'émancipation expresse : elle se fait par une déclaration devant le juge de paix assisté du greffier (C. civ. 477, 478) — D.A. 12. 775, n. 3.

5.— Le droit d'émancipation dérive, comme on voit, de la puissance paternelle, ci de là il suit qu'elle peut être accordée ,

6.— 1° Par la mère remariée et qui n'a pas conservé la tutelle (Delv., 1, p. 130, Dur.,5, p. 630; D.A.eod.).—17 juin 1807. Colmar. Ricklin. D.A. 12. 777, n. 1. D.P. 2. 1453.—5 mai 1808. Liége. Olivier. D.A. 12. 777, n. 2. D.P. 9. 2. 53.

7.— 2e Par le père dispensé, exclu, ou même destitué de la tutelle.— Delv., Dur., D.A. cod , n. 5

8.— 3e Par la mère remariée à l'égard de ses enfans de son premier lit, sans qu'elle ait besoin d'être autorisée par son second mari (Villargues, s v Emancipation, n. 9; arg.art. 373 C. civ). — D.A. 12. 777, n. 6.

9.— 4° Par le père ou par la mère d'un enfant naturel (Toull., Dur, D.A. eod.).—2 janv. 1821. Limoges. Jabely. D.A. 11. 488 , n. 1. D.P. 22. 2. 53.
Mais ils ne peuvent lui nommer un curateur ; les actes faits par le mineur avec le curateur par eux nommé sont nuls.— Même arrêt.

10.—L'enfant admis dans un hospice peut, quand il a quinze ans révolus, être émancipé par un membre de la commission qui a été désigné tuteur (L. 15 pluv. an 5, art. 4).— V. cette loi, v° Enfant trouvé.

11.—La faculté d'émanciper le mineur appartient au père, alors même qu'il y a divorce entre lui et la mère du mineur ; et l'opposition de la mère ne pourrait, en tout cas, être reçue qu'autant qu'il serait justifié qu'elle a lieu dans l'intérêt du mineur.—1er mai 1813. Paris. Bouvet. D.A. 12. 776, n. 4. D.P. 2. 1453.

12.—La mère n'exerce ce droit, du vivant du père, qu'autant que ce dernier est hors d'état de le faire, comme s'il est absent ou interdit.

13.—Duranton, t. 3, 685, estime que, dans ce cas, il faut que l'enfant soit âgé de dix-huit ans et non de quinze. Car, dit-il, on ne peut priver le père de l'usufruit légal : il n'appartient aussi de l'art. 2 C. comm. Mais il est douteux que cette considération secondaire soit de nature à paralyser une émancipation que la mère jugerait opportune, et que l'absence ou l'incapacité du mari pourrait rendre plus indispensable.

14 —L'art. 481 C. civ. qui n'exige pour l'émancipation du mineur que la déclaration du père ou de la mère, ne peut s'appliquer à l'émancipation demandée avant la prononciation de l'art.—9 niv. an 12. Paris. Rabinvillers. D.A. 12. 776, n. 2-1. D.P. 2. 1432.

15.—Au reste, l'émancipation se ferait valablement par mandataire, pourvu que la procuration fût spéciale et authentique (D.A. 12. 777,n. 7). Il serait même douteux qu'on annulât celle qui aurait eu lieu en vertu d'un mandat sous seing-privé.

16.—L'émancipation peut être refusée à la mi-

neure qui s'est laissée séduire.—26 therm. an 9. Paris. Bousquet. D.A. 12. 716, n. 1. D.P. 2. 1414.

17.— Lorsque les registres du greffe de la justice de paix sont perdus, l'émancipation d'un mineur peut être déclarée constante sur de simples présomptions.—27 janv. 1819. Req. Lyon. Ogier. D.A. 12. 776, n. 2. D.P. 19. 1. 235.

18.— C'est au tuteur ou aux parens et alliés du mineur qu'il appartient de faire des diligences pour faire prononcer l'émancipation par le conseil de famille.

Dans le cas ou ni les uns ni les autres ne feraient de démarche à cet effet, le mineur lui-même pourrait-il s'adresser au juge de paix et provoquer la réunion du conseil de famille pour délibérer sur sa demande?— Oui (Toull., t. 2, p. 426).— Non (Dur., t. 3, p. 652; D.A. 12. 777, n. 8), et avec raison.

19. — Le juge de paix ne pourrait pas non plus la provoquer d'office, quoique, dans divers cas, il agisse d'office pour le mineur : il n'est pas expédient qu'il sorte de son rôle de juge dans un cas grave comme celui-ci, où il ne s'agit pas de prendre des mesures conservatoires ou de protection. — D.A. 12. 778, n. 9.

20.— Le même droit doit être refusé au ministère public, qui, dans la cause du mineur, n'agit que comme partie jointe.— D.A. *eod.*— *Contrà*, Favard, v° Emancipation.

21. — Le conseil de famille pourrait-il, tout en accordant l'émancipation, apporter quelques restrictions aux prérogatives que le code attache à cette faveur? Pourrait-il, par exemple, interdire au mineur certains actes qu'il aurait pu faire sans une semblable restriction? Les termes du second alinéa de l'art. 478, la rédaction de la formule sacramentelle qui constitue la déclaration d'émancipation, l'intérêt des tiers, qui ne doivent pas avoir à s'enquérir des modifications qu'il plairait au conseil de famille de faire subir à l'état de l'émancipé, et qui ne doivent, quant à la capacité de ce dernier, avoir à consulter que le code, ces raisons doivent porter à penser que l'émancipation doit être inconditionnelle.—D.A. 12. 778, n. 10.—*Contrà*, Toull., t. 2, n. 1300.

22. — Si le mineur abuse de l'émancipation, le conseil de famille peut la lui retirer, en suivant les mêmes formes employées pour la lui conférer, à moins qu'elle n'ait été la suite du mariage, cas où le conseil ne peut retirer ce qu'il n'a pas conféré, et où l'on ne pourrait suivre pour cette révocation les mêmes formes que pour l'émancipation. — Proudhon, *Dr. civ.*, t. 2, p. 265, et Toull., Fav.; D.A. 12. 778, n. 11. — *Contrà*, Delv., 1, p. 131, qui se fonde sur le rejet, au conseil d'état, d'une exception pour ce cas.

23. — Il a été jugé que l'émancipation par mariage est irrévocablement acquise au mineur qui se marie, soit qu'il ait l'âge pour former cette union, soit que, plus jeune, il l'ait contractée au moyen de dispense : la dissolution du mariage, arrivée avant qu'il ait atteint sa majorité, ne saurait le faire rentrer en tutelle. Il ne peut, en conséquence, exercer, au préjudice des créanciers de son père, qui a géré sa fortune, l'hypothèque légale que la loi attribue aux mineurs sur les biens de leurs tuteurs (C. civ. 476, 2121, 2135). — 21 fév. 1821. Civ. c. Grenoble. Dusserre. D.A. 12. 778, n. 2. D.P. 21. 1. 177.

24.— Le mineur dont l'émancipation est révoquée rentre non seulement en tutelle, mais encore sous la puissance paternelle.— Proud., t. 2, p. 266; D.A. 12. 779, n. 12.

25. — Les père et mère reprennent l'usufruit légal (Proudhon, *eod.*); mais cela doit être sans préjudice des aliénations de fruits faites par l'émancipé, et qui n'auraient pas donné lieu à révocation ou rescision (D.A. *eod.*). — Toullier et Duranton, t. 3, n. 396 et 676, pensent que les père et mère, ayant volontairement renoncé à leur usufruit légal, ne le recouvrent pas; que la révocation de l'émancipation est prononcée dans l'intérêt du mineur et non dans le leur; qu'enfin l'usufruit légal n'est pas une conséquence nécessaire de la puissance paternelle.

26.— Au reste, le ci-devant tuteur ne reprend pas ses fonctions de plein droit : le conseil de famille nomme un nouveau tuteur (Toull, t. 2, n. 1303, Proudh., t. 2, p. 266; Dur., t. 3, p. 676).— Cela ne s'applique pas aux tuteurs légitimes.— Dur., *eod.*

27.— Les créanciers des père et mère émancipans peuvent-ils faire révoquer l'émancipation? — Oui (Merl., *Quest.* V. *Usufr. pat.*, § 1er).—Non (Toull., 6, n. 368; Proudh., *de l'Usufr.*, n. 2399).—....Pourvu qu'elle soit loyale et justifiée par la capacité et l'état du mineur.—D.A. 12. 779, n. 13.

On a parlé, v° Commerçant, n. 64 et suiv. de l'émancipation qui est accordée pour faire le commerce au mineur qui a dix-huit ans, et de l'autorisation dont elle doit être précédée (C. comm. 2).

On se borne à faire remarquer ici que cette autorisation ne peut légalement émaner d'une personne intéressée, et de la partie même qui traite avec l'émancipé. — Ainsi, l'autorisation de faire le commerce, donnée par le père à son fils mineur dans le but de se l'associer, est nulle, même à l'égard des créanciers de la prétendue société, lorsque ceux-ci ne prouvent point qu'ils ont traité ou entendu traiter personnellement avec le mineur. — 21 juin 1827. Douai. Masquelet. D.P. 28. 2. 68.

28. — L'emancipation fait cesser l'administration légale et la puissance paternelle, sauf pour le mariage et l'enrôlement avant dix-huit ans. — D.A. 12. 779, n. 14.

§ 2. — *De la capacité de l'émancipé.*

29. — L'émancipation, quoiqu'elle donne au mineur l'administration de ses biens, ne le relève pas cependant de toute incapacité; elle le place dans un état mitoyen entre le majeur et le mineur en tutelle. — Ainsi, il est des actes qu'il peut faire seul, d'autres avec l'assistance d'un curateur, d'autres lui sont interdits. — Mais il est à remarquer qu'en sa qualité d'administrateur, le mineur émancipé doit avoir une certaine latitude, une certaine indépendance d'action. Il prend en quelque sorte le même rôle que le tuteur exerçait à son égard; en ce sens, au moins, qu'il agit toujours par lui-même en nom direct, quoiqu'assité, en certains cas, d'un curateur.

30.— Ainsi, c'est en son nom personnel que doit être assigné un mineur émancipé, et son curateur ne doit l'être que pour l'assister.

Conséquemment, un individu qui s'est borné à signifier au curateur d'un mineur l'arrêt de l'admission de son pourvoi pour une contestation de succession, doit être déclaré déchu. — 24 juin 1809. Civ. r. Lamothe-Lupiac. S. 10. 1. 40.

.... Comment et par qui ce curateur doit-il être nommé. — V. n. 9.

31. — Le mari majeur est le curateur légal de sa femme mineure émancipée par le mariage.—11 mars 1811. Pau. Mondran. D.A. 12. 782, n. 2. D.P. 12. 2. 93.

§ 3.— *Actes que l'émancipé peut faire seul.*

32.— Il fait les actes qui ne sont que de pure administration (C. civ. 481); il traite pour les réparations, vend l'excédant des cheptels, les renouvelle, aliène les coupes ordinaires réputées fruits, compromet et transige sur ces objets (Toull., t. 2, n. 1296; Dur., n. 668); il passe des baux n'ayant pas une durée au-dessus de neuf ans. Mais on s'exposerait en lui payant les loyers par anticipation; car un tel paiement a l'air d'un emprunt, et le mineur qui reçoit ainsi ne fait pas, en général, un acte de sage administration : le fermier devrait faire intervenir le conseil de famille ou au moins le curateur. — D.A. 12. 779, n. 1.

33. — Le paiement anticipé de fermages ne peut être considéré comme un acte d'administration permis au mineur émancipé. — 5 mars 1823. Poitiers. Josnet. D.A 12. 780, n. 2. D.P. 2. 1433.

34.—Même le bail de biens ruraux consenti par un mineur émancipé, plus de trois ans avant l'expiration du bail courant, est nul, quoique ce dernier bail ait été passé par le tuteur avant l'émancipation. — En d'autres termes : il faut appliquer au mineur émancipé les dispositions du code civil, relatives à la durée des baux des biens de mineurs qui sont en tutelle.—12 juin 1821. Nîmes. Rovère. D.A. 12. 780, n. 3. D.P. 22. 2. 89.

35. — L'émancipé reçoit valablement le prix des fermages.— Même arrêt.

36.— L'émancipé reçoit aussi les loyers, arrérages des rentes, revenus, et en donne décharge (C. 481); il intente les actions mobilières pour les objets dont il a la libre administration; mais il ne le pourrait pas, dit Duranton, n. 669, s'il s'agissait d'un capital mobilier ou de toute autre chose dont il ne pourrait disposer ou donner décharge sans l'assistance de son curateur.— D.A. 12. 780, n. 4.

37.— Il contracte, dans les limites de son administration, autrement que par voie d'emprunt, par exemple, par voie d'achat, de location (arg. C. civ. 484).

Le mot *achat*, du § 2 de l'art. 484 C. civ., s'applique à l'*acquisition d'immeubles* faite par le mineur émancipé, comme à l'*achat de meubles*.— 15 déc. 1832. Req. Dijon. Vinatier. D.P. 33. 1. 131.

Et l'acquisition ne peut être annulée, même sur la demande du mineur émancipé, qu'autant qu'il éprouve une lésion. — Même arrêt. — V. Rescision.

Jugé aussi que le mineur émancipé, faisant le commerce, a capacité pour acquérir des immeubles, et la lésion qui se trouve dans le contrat donne lieu en sa faveur, non à la nullité de l'acte, mais seulement à la réduction du prix (C. civ. 484, 1305).—31 janv. 1826. Colmar. Ribstein. D.P. 26. 2. 189.

Une femme mineure, marchande publique, ne peut être restituée contre les engagemens qu'elle a souscrits pendant sa minorité, qu'autant qu'elle aurait été lésée ou qu'un dol aurait été pratiqué à son égard (C. civ. 1109, 1309; C. comm. 5). — 17 fév. 1826. Grenoble. Jasset. D.P. 26. 2 157.

La péremption de dix ans de l'art. 475 court contre l'émancipé du jour où il a reçu son compte de tutelle, et non du jour de sa majorité.— V. Tutelle.

38.— Il peut aliéner, mais non donner à titre gratuit (C. civ. 904) son mobilier autre que ses capitaux et créances; car la loi ne l'en a point déclaré incapable (Dur., *des Oblig.*, n. 201) : et cela peut être d'une bonne gestion.

Le mineur émancipé, autorisé à faire le commerce, peut contracter une société commerciale avec un tiers. — 11 août 1828. Caen. Harembure. D.P. 31. 2. 19.

39.— Toutefois, s'il y avait excès, erreur grave, les tribunaux, prenant en considération la fortune du mineur, la bonne ou mauvaise foi des personnes qui auraient contracté avec lui, pourraient réduire les actes ou restituer le mineur pour lésion : cela fait sentir aux tiers la nécessité d'exiger l'intervention du curateur, et le mineur doit le désirer aussi, s'il a l'intention de se bien conduire, car l'émancipation peut lui être retirée.—Il peut se faire représenter dans les actes qui n'excèdent pas sa capacité. cela paraît incontestable.— D.A. 12. 780, n. 4.

§ 4.— *Actes pour lesquels l'assistance du curateur est nécessaire.*

40.— Elle est nécessaire pour recevoir le compte de tutelle (C. civ. 480), le remboursement des capitaux du mineur, provinssent-ils de ses épargnes (Proud., t. 2, p. 258; Toull., t. 2, n. 1296; Dur., t. 3, n. 683), et en donner décharge (C. civ. 482). Mais le curateur doit surveiller l'emploi de ces capitaux; d'où l'on conclut que l'assistance du curateur est nécessaire : autrement, disent Toull., n. 1297; Dur., n 679, le mineur pourrait se faire restituer. — D.A. 12. 780, n. 5.

41.— Cependant le paiement serait valable à l'égard du débiteur de bonne foi, qu'il y ait eu remploi ou non, à moins qu'il ne s'agisse du remboursement d'une rente foncière, dans le cas de l'art. 4, tit. 2 de la loi du 29 déc. 1790 : seulement, le curateur, quoiqu'il ne soit, dit Dur., t. 3, n. 680, soumis qu'à cette responsabilité générale de tout mandataire qui ne remplit pas son mandat, puisque la loi ne lui en a pas imposé une spéciale, serait responsable, s'il y avait de sa part dol, faute ou négligence grave....

42. — L'assistance du curateur est nécessaire pour céder ou aliéner ses capitaux, à quelque titre que ce soit (Duranton, *des Oblig.*, n. 199); pour transférer une rente sur l'état ou une action sur la banque au-dessus de 50 fr.

43.— ...Pour intenter une action immobilière et y défendre (C. civ. 482); — pour assister à une demande en partage (C. civ. 480).— Mais le partage doit être fait en justice, autrement il n'est que provisionnel (C. civ. 838).— D.A. *eod.*

44.—...Pour accepter une donation (C. civ. 935).

45.—... Et déjà, sous l'ord. de 1731, un mineur émancipé avait capacité pour accepter, avec l'autorisation de son curateur, une donation faite à son profit. — 27 janv. 1819. Req. Lyon. Ogier. D.A. 12. 776, n. 2 D.P. 19. 1. 235.

46. — Lorsqu'à un mineur, d'abord représenté par son tuteur, et émancipé dans le cours de l'instance, il est donné un curateur *ad litem*, les actes de procédure postérieurement faits, et les jugemens obtenus contre le tuteur sont nuls, alors d'ailleurs que la nomination du curateur était connue de l'adversaire. — 25 fruct. an 3. Civ. c. Hérit. Grimarey. D.A. 12. 781, n. 6. D.P. 2. 1433.

47.— Le code ne distingue pas entre le curateur *ad litem* et le curateur ordinaire (Denevers). — V. D.A. 12, p. 781.

48.— Le mineur émancipé n'a besoin pour ester en justice que de l'assistance d'un curateur *ad hoc*, qui peut être nommé par le tribunal. Celui qui a

plaidé contre un mineur sans se prévaloir de son incapacité, ne peut l'opposer ensuite pour faire annuler le jugement. — 11 frim. an 9. Req. Borelly. D.A. 12. 781, n. 7. D.P. 5. 1. 306.

49.—Le mineur émancipé qui, sans l'assistance de son curateur, s'est rendu adjudicataire d'un immeuble, peut demander la nullité de cette adjudication, alors même qu'elle a été ultérieurement ratifiée par délibération du conseil de famille, revêtue de l'homologation du tribunal, lorsqu'il est notoire qu'au moment où cette délibération a été prise, il se trouvait dans l'impossibilité d'acquitter les charges de son adjudication.— 24 juin 1819. Rouen. Coucheux. D.A. 12. 781, n 8. D.P. 20 2. 30.

50. — Il a été cependant décidé qu'il avait pu acheter un immeuble.—31 janv. 1826. Colmar. Ribstein. D.P. 26. 2. 189.

§ 5. — *Actes pour lesquels le mineur émancipé a besoin de l'autorisation du conseil de famille.*

51.— Cette autorisation est nécessaire pour les actes qui ne sont pas de pure administration.

52.—...Pour accepter ou répudier une succession (C. civ. 461, 776).

...Pour céder ses droits, même dans une succession mobilière, parce que cette cession emporte acceptation (C. civ. 461, 730).—D.A. 12. 781, n. 9.

53.—...Pour emprunter; mais la loi ne répète plus qu'il faut qu'il y ait nécessité absolue : il suffit, dit Toullier, t. 2, n. 1298, qu'il y ait espérance d'un avantage.—Si l'autorisation n'avait pas eu lieu, le mineur ne serait tenu que juqu'à concurrence de ce qu'il aurait profité, et le prêteur n'aurait de recours contre le curateur qu'autant qu'il aurait promis garantie (arg. art. 1997 C. civ.).—Dur., t. 3, n. 696; D.A. *eod.*

54.— .... Pour hypothéquer même à la sûreté des emprunts faits dans la limite du pouvoir d'administration (Proudhon, *Droit civil*, t. 2, p. 259; Grenier, *Hypothèque*, n. 37). Toutefois, Toullier, t. 2, n. 1298, Duranton, t. 3, n. 673, professent une opinion contraire.

55.— Jugé que l'émancipé ne peut, même assisté de son curateur, hypothéquer ses biens à l'exécution du bail.—12 juin 1821. Nîmes. Rovère. D.A. 12. 780, n. 3. D.P. 22. 2. 89.

56.— L'autorisation du conseil de famille est encore nécessaire pour aliéner des immeubles (C. civ. 484, 457, 458), ou des choses ayant le caractère d'immeuble, telles qu'une futaie, quoiqu'elle devienne meuble par la vente.— D.A. 12. 781, n. 9.

57.— Cependant, quoique le mineur émancipé qui, sous l'assistance de son curateur, a consenti une transaction entachée de lésion à son préjudice, puisse, à sa majorité, en demander la rescision, néanmoins, s'il a disposé, depuis sa majorité, de partie des biens qui lui ont été abandonnés par cette transaction, cette aliénation emporte ratification de sa part pour toute la portion aliénée (C. 1338).—9 fruct. an 13. Paris. Cabarrus. D.A. 12. 781, n. 10. D.P. 6. 2. 233.

58. —... Pour se désister d'une action immobilière ou y acquiescer. — D.A. 12. 781, n. 9.

59. —... Pour transférer une rente sur l'état ou une action de banque au-dessus de 50 fr.

60. — C'est au conseil de famille seul, et non au père, qu'il appartient de nommer un curateur à l'enfant émancipé. — 27 juin 1812. Caen. Montalembert. D.A. 12. 782, n. 1.

61.— Mais le mineur émancipé et son curateur, chez lequel il a son domicile, sont valablement assignés par un seul exploit signifié au mineur, en la personne de son curateur, quoiqu'il s'agisse d'une action immobilière.—17 flor. an 13. Civ. r. Richon. D.A. 7. 829. D.P. 2. 170.

62. — La femme mineure, valablement assistée et autorisée par son mari, a besoin de l'assistance d'un curateur nommé par un conseil de famille, pour exercer une action mobilière. — 11 mars 1811. Pau. Mondran. D.A. 12. 782. n. 2. D.P. 12. 2. 93.

63.— Jugé cependant qu'elle peut, avec l'autorisation de son mari, intenter une action en partage sans avoir besoin de l'autorisation du conseil de famille (C. civ. 840).—25 janv. 1826. Bordeaux. Pidoux. D.P. 26. 2. 176.

64.—Le mineur émancipé, assisté de son curateur, a capacité pour prêter les consentemens judiciaires qui tiennent à la défense de l'action immobilière intentée contre lui, notamment ceux qui ont pour objet d'éviter les frais, et, par exemple, pour consentir à ce que les témoins soient amenés et entendus devant le juge de paix, sans qu'au préalable les faits de l'enquête aient été déclarés pertinens et fixés par jugement (C. pr. 34). — 27 mars 1832. Req. Paris. Roche. D.P. 32. 1. 149.

65.— Au reste, il peut se pourvoir en requête civile pour non valable défense, comme tout autre mineur. — 21 mars 1812. Turin. Salussaglia. D.A. 11. 608, n. 1. D.P. 2 1137, n. 5.

—V. Arbitrage, Assurances maritimes, Attentat à la pudeur, Caution, Commerçans, Hypothèques, Mineur, Prêt, Reprise d'instance, Requête civile, Transaction, Tutelle, Usufruit.

TABLE SOMMAIRE.

Absent. 12.
Acceptation. 44, s.
Action. 30. — immobilière. 45, s. — mobilière. 61.
Adjudication. 49.
Administrateur légal. 23.
Administration. 32, s.
Aliénation. 38, 42, s. 56.
Autorisation. 51, s. — de femme. 8.
Capacité. 29, s. 32, s.
Conseil de famille. 51.
Consentemens judiciaires. 64.
Convol. 6.
Créancier. 27.
Curateur. 30, 40, s. 57, 60. — *ad litem.* 47, s.
Désistement. 58.
Divorce. 11.
Domicile. 61.
Exploit. 61.
Femme. 5, 31, 37. — mineure. 62.
Donation. 44, s.
Emprunt. 37, 53.
Enfant naturel. 9. — trouvé. 10.
Hypothèques. 54, s. — — légale. 23.
Interdiction. 12.
Juge de paix. 19.
Louage. 32, s. — anticipé. 54.
Maire. 6, s.
Mandat. 15.
Mari. 31.
Mariage. 3, 31.
Mineur. 65. — émancipé. 29, s.
Ministère public. 19.
Paiement. 33, s.
Partage. 43, s.
Prescription. 37.
Preuve. 17.
Puissance patern. 1, s. 5.
Qualité. 18.
Rente. 59.
Requête civile. 65.
Restriction. 21.
Rétroactivité. 14.
Révocation. 22, s.
Tutelle. 6, s.
Tuteur ancien. 26.
Usufruit légal. 13, 24.

EMBALLAGE.—V. Commissionnaire.

EMBARCATION.—V. Douanes.

EMBARGO.—V. Avarie, Capitaine.

EMBARQUEMENT.—V. Capitaine, Douanes, Pension.

EMBARRAS.—V. Autorité municipale, Eau, Peine.

EMBAUCHAGE. — 1. — C'est le fait d'éloigner ou de tenter d'éloigner des militaires de leurs drapeaux pour les faire passer au service d'une puissance étrangère, ou d'une rébellion intérieure (L. 4 niv. an 4).

2. — Le crime qualifié d'embauchage existe dans le fait d'avoir cherché à éloigner des soldats de leurs drapeaux, pour les faire passer en pays étranger, encore bien que la France ne serait en guerre avec aucune puissance de l'Europe, et qu'il n'y eût pas de corps de rebelles auquel ces soldats eussent pu se rallier. L'embauchage *à l'étranger* étant un crime, comme l'embauchage pour l'ennemi et les rebelles, un tel fait est de la compétence des cours d'assises. — 2 avril 1831. Cr. c. Min. pub. C. Mazas. D.P. 31. 1. 174.

Sur les caractères de l'embauchage, V. Compétence, n. 648, 650.

3. — Les tribunaux militaires sont-ils compétens pour connaître du crime d'embauchage, même s'il a été commis par des individus non militaires? Cette question, la plus importante de cette matière, a été vivement controversée.—V. Compétence, n. 644 et suiv.— V. aussi Désertion.

EMBELLISSEMENT. — V. Communauté, Dol, Enregistrement, Garantie, Louage, Servitudes, Usufruit.

EMBOUCHURE.—V. Pêche.

ÉMEUTE.—V. Autorité municipale, Pension.

ÉMIGRÉS.— 1 — On comprend, sous ce mot, tous les Français qualifiés ainsi par les lois révolutionnaires, et frappés à ce titre de confiscation et de mort civile. D'autres lois ont puni l'émigration : tels sont les édits et déclarations d'août 1669 et du 16 juin 1685 contre les religionnaires fugitifs, les décrets des 6 avril 1809 et 26 août 1811 contre les Français naturalisés sans autorisation. — V. Droits civils, n. 21, 30, et 42, et Naturalisation.—D.A. 6. 766, n. 1.

2.— L'émigration, occasionée dès 1789 par les événemens politiques qui agitaient la France, était devenue considérable à la fin de 1790, à la faveur du principe de la constitution qui garantissait à tout citoyen le droit d'aller où bon lui semblait. L'assemblée nationale voulut y mettre un terme : En conséquence, le 21 juin 1791, au moment où l'on venait d'apprendre l'enlèvement du roi, elle décréta l'arrestation de toute personne sortant du royaume. — Le droit de voyager à l'extérieur n'était plus conservé qu'aux étrangers et négocians munis de passeport (L. 28 juin). — D.A. 6. 766, n. 2 et 3.

3.— Bientôt, pour parer à l'insuffisance reconnue de ces mesures préventives, on imposa une triple contribution (L. 29 juin), et une triple retenue sur les intérêts des rentes, prestations et autres redevances (L. 1er août), à quiconque ne sera pas rentré dans le délai d'un mois. — Mais cette disposition spéciale dura peu. La constitution du 3 septembre suivant consacra, comme droit naturel et civil, la liberté à tout homme d'aller ou de rester.— La sortie du royaume fut en conséquence autorisée; on abolit même toutes procédures antérieures contre les émigrés (L. 14 sept.).— D.A. 6. 766, n. 4.

4.— Les passeports ainsi supprimés, et toutes les barrières ouvertes, l'émigration augmenta. L'assemblée nationale crut devoir alors décréter le séquestre et la mort contre les émigrés qui n'obéiraient pas au rappel avant le 1er janv. 1792. Mais le roi refusa de sanctionner ce décret, et se borna à presser inutilement par des proclamations le retour des Français absens.— D.A. 6. 766, n. 5.

5.—L'assemblée s'indignant de voir les biens des émigrés demeurer encore sous la sauve-garde du pacte social, qu'ils s'obstinaient à violer, et craignant que leurs revenus ne servissent à l'armement des puissances voisines; ces revenus furent déclarés la propriété de l'état, comme indemnité due à la nation; le séquestre fut ordonné, et toute aliénation des biens séquestrés interdite (L. 12 fév. et 8 avril 1792). Toutefois, les dépenses d'une guerre, soutenue contre l'Europe, excédant bientôt le produit des contributions, la confiscation, abolie en 1790, fut remise en vigueur le 6 sept. 1792.— D.A. 6. 766, n. 6.

6. — On ne s'en tint pas là : les émigrés sont bannis à perpétuité (L. 23 oct. 1792); ils sont frappés de mort civile (L. 28 mars 1793). La famille de l'émigré, les tiers qui ont contracté avec lui, sont enveloppés dans les mêmes vexations ou dans un commun désastre. — Enfin, ce système de rigueur a un terme. Plus tard même, un mouvement de réaction s'opère en faveur des émigrés, et fait succéder à des confiscations rigoureuses des indemnités injustes peut-être, mais certainement exagérées. — Inutile d'énumérer ici les dates des nombreuses lois rendues sur la matière qui va nous occuper; il suffira de rapprocher sous chacune des divisions ci-après celles de ces lois qui ont un même objet.

ART. 1er. — *De la mort civile des émigrés.*
§ 1er. — *De quelle cause elle résultait et à partir de quel temps elle était encourue.*
§ 2.— *Effets de la mort civile des émigrés.*
ART. 2. — *De la confiscation des biens des émigrés. Séquestre.*
§ 1er. — *Des effets de la confiscation concernant les débiteurs des émigrés.*
§ 2.— *Des effets de la confiscation concernant leurs créanciers.*
ART. 3. — *De l'amnistie prononcée par le sénatus-consulte du 6 flor. an 10.*
§ 1er.— *A quelles personnes, moyennant quelles formalités, et depuis quelle époque profite l'amnistie.*
§ 2.— *De la remise des droits civils.*
§ 3.— *De la remise des biens.*
ART. 4.— *De la restitution ordonnée par la loi du 5 déc. 1814.*
§ 1er.— *Quels biens ont été restitués.*
§ 2.— *A qui profite la restitution.*
ART. 5.— *De la compétence.*
ART. 6.— *De la loi dite d'indemnité.*
§ 1er.— *De l'allocation et de la nature de l'indemnité.*
§ 2.— *De l'admission à l'indemnité.*
§ 3.— *De la liquidation de l'indemnité.*
§ 4.— *Des déportés et des condamnés.*
§ 5.— *Des biens affectés aux hospices et autres établissemens de bienfaisance, et des biens concédés gratuitement.*
§ 6.— *Droits des créanciers relativement à l'indemnité.*

ART. 1er. — *De la mort civile des émigrés.*

7. — Les principes sur la mort civile ont été développés, v° Mort civile; on va se borner ici à signaler les points de dissemblance entre la mort civile ordinaire, et celle qui frappait les émigrés.

§ 1er. — *De quelle cause résultait la mort civile des émigrés, et de quel temps elle était encourue.*

8. — C'est à la qualité d'émigré qu'est attachée la mort civile (L. 28 mars 1793, art, 1er). Or, étaient ainsi qualifiés, en général, les Français qui « ayant abandonné leur patrie depuis le 14 juill. 1789, ne sont pas compris dans les exceptions portées aux lois rendues contre les émigrés » (Const. 5 fruct. an 3, art. 373; et 22 frim. an 8, art. 93). — D.A. 6. 767, n. 1.

9. — Quelles étaient ces exceptions? La nomenclature en a varié à quatre principales époques.

1° Les lois des 8 avril 1792, art. 6; 28 mars 1793, art. 6 et 8, 25 brum. an 3, art. 12, exceptent : tous ceux qui sont rentrés au 9 mai 1792, ou qui, depuis cette époque, ont justifié d'une résidence habituelle; les enfans d'émigrés, mineurs de quatorze ans lors de leur expatriation, qui n'ont point porté les armes contre leur pays et qui s'y représenteront dans le délai de trois mois; les enfans nés en pays étranger, et mineurs de dix ans; les bannis à temps; les déportés; les envoyés du gouvernement, leurs père et mère, épouse, enfans et serviteurs, si ces serviteurs sont en nombre habituel et que leur domesticité ait précédé leur départ; les personnes qui voyagent notoirement pour commerce ou éducation, sciences, arts ou métiers. — D.A. 6. 767, n. 1.

10. — 2° La loi du 18 ventôse an 8 introduit deux grands changemens. plus indulgente d'un côté, elle déclare que le Français qui s'est absenté depuis le 4 nivôse an 8, jour de la mise en activité de la constitution du 22 frimaire, n'est plus soumis aux lois sur l'émigration (art. 3). De l'autre, plus sévère que toute la législation qui l'a précédée, elle considère comme émigrés (art. 2) ceux qui, inscrits sur les listes avant le 4 nivôse, ne sont pas rayés définitivement; ceux contre lesquels il existait à la même époque des arrêtés, soit du directoire exécutif, soit des administrations centrales, qui ordonnaient l'inscription de leurs noms sur la liste des émigrés, pourvu que lesdits arrêtés aient été publiés, ou suivis du séquestre ou de la vente des biens. — D.A. 6 767, n 1.

11. — 3° L'arrêté du 28 vendémiaire an 9, prélude d'amnistie, ordonne qu'on raye définitivement de la liste tous les inscrits rayés provisoirement; les laboureurs, journaliers, ouvriers, artisans; tous autres exerçant une profession mécanique, leurs femmes et enfans, domestiques et gens à gages; les inscriptions collectives sans désignation individuelle; les enfans mineurs de dix-huit ans au 4 nivôse an 8, et les ecclésiastiques déportés. — Sont maintenues les inscriptions de ceux qui ont porté les armes contre la France ou qui continuent de faire partie de la maison civile ou militaire des princes, et qui ont accepté d'eux ou des puissances ennemies des places diplomatiques. — D.A. 6. 767, n. 1.

12. — 4° Enfin, le sénatus-consulte du 6 flor. an 10 étend le bienfait de l'amnistie à tous les Français, hors mille, que le gouvernement se charge de désigner, et moyennant certaines formalités. — Quand ces mille individus ou ceux qui n'ont pas rempli les formalités, ont-ils cessé d'être réputés émigrés?

13. — Selon la règle générale, le délit d'émigration se formait donc de la réunion de deux conditions : il fallait qu'on fût sorti de France, et que cette sortie fût postérieure au 14 juill. 1789. — Une politique soupçonneuse et fiscale transgressa cette règle : des Français furent déclarés *émigrés* par des causes mêmes qui prouvaient ou supposaient qu'ils n'avaient pas quitté la France : les ecclésiastiques reclus (L. 22 ventôse an 2); les femmes et filles d'émigrés, qui vendaient leurs biens (L. 4 germ. an 2); ceux qui n'étaient pas sortis le 24 juill. 1793 des villes de Lyon, Marseille, Bordeaux, Caen et autres, qui s'étaient armées contre la convention (L. 23 juill. 1793). — On désigna aussi sous le même nom les Français expatriés avant le 14 juill. 1789, qui s'étaient retirés sur le territoire d'une puissance ennemie, ou qui, à cet époque, étaient chargés d'une mission diplomatique. — Tous ces Français, il est vrai, leurs femmes et leurs enfans, furent les premiers amnistiés, le 28 vend. an 9. — D.A. 6. 767, n. 2.

14. — Mais l'émigration emportait-elle la mort civile *ipso facto?* Suffirait-il aujourd'hui de reconnaître qu'une personne a réellement émigré, pour qu'on dût lui appliquer, pour le passé, les effets de cette mort? Non; il faut qu'elle ait été poursuivie pour ce fait, et déclarée émigrée, par l'autorité compétente. C'est ce qui résulte de la loi du 12 ventôse an 8 : les individus considérés comme émigrés (art. 1er) sont ceux inscrits sur les listes, ou dont l'inscription a été ordonnée par des arrêtés administratifs publiés, ou suivis, soit du séquestre, soit de la vente des biens (art. 2), ou que le jury a déclarés coupables d'émigration (art. 4, 5, 6 et 7). La nécessité d'une décision administrative ou judiciaire pour opérer la mort civile des émigrés a d'ailleurs été proclamée au conseil d'état, lors de la discussion de l'art. 22 C. civ. — Locré, *Lég. civ.*, etc., p. 77; D.A. 6. 767, n. 3.

15. — Jugé en ce sens que la nation n'a pu représenter en justice un prévenu d'émigration qui n'était pas encore inscrit sur la liste des émigrés. — 5 prair. an 8. Civ. c. Plotho. D.A. 6 769. D P. 3. 1. 253.

16. — Jugé aussi qu'on ne peut réputer émigré, par cela seul que son ascendant a fait un partage de présuccession, l'absent qui n'a été inscrit sur aucune liste, et dont aucun arrêté n'a ordonné l'inscription (L. 1° vent. an 8, art. 2). — 10 août 1809. Poitiers. Marsault-Cuirtérie. D.A. 6. 770, note 3. D P. 1 1494

17. — Suffisait-il ou de l'inscription, ou de l'arrêté qui l'ordonnait, pour opérer la mort civile de l'inscrit? La solution de cette question doit, suivant Dalloz, varier selon l'époque du décès. Les lois des 28 mars 1793 (art 61, 62, 66, 69), et 25 brum. an 3 (art. 30 à 35) distinguaient les émigrés et les prévenus d'émigration. — Étaient réputés émigrés ceux qui, inscrits sur la liste, n'avaient pas réclamé dans le délai fatal, ou dont la réclamation avait été rejetée. Étaient simplement prévenus d'émigration les inscrits qui avaient réclamé en temps utile, et sur la demande desquels il n'était pas encore intervenu d'arrêté de rejet. — Le délai était d'un mois à compter de la publication et affiche des listes dans l'arrondissement du prévenu, et il devait justifier d'une résidence en France, non interrompue, depuis le 9 mai 1792, sur certificat de huit citoyens domiciliés dans sa commune. — D.A. 6. 767, n. 4.

18. — Il est sans difficulté que sous l'empire de ces lois, et *avant celle du 12 vent. an* 8, la seule inscription sur la liste des émigrés ne constituait pas l'inscrit en état de mort civile, s'il était en temps utile pour réclamer ou qu'il eût fait déjà cette réclamation. En conséquence, il a pu valablement tester. — 27 flor. an 8. Cr. c. Lafuye. D.A. 6. 770, note 2 (nota) — 12 mai 1806. Civ r. Meyer. D.A. 6. 770, note 2. D.P. 6. 1. 363.

19. — La loi du 12 vent. an 8 a clos la liste des émigrés, soumis à des jurés l'accusation et le jugement de ceux prévenus postérieurement d'avoir émigré avant le 4 nivôse même année : mais, suivant Dalloz, tous ceux qui étaient inscrits le 4 nivôse, eussent-ils réclamé dans le délai légal, fussent-ils rayés provisoirement, ont été, par une mesure étrangement inique, considérés, du jour de la publication de cette loi, comme émigrés, ne peuvant invoquer le droit civil des Français (art. 1er). Elle n'a soustrait aux lois sur l'émigration que ceux rayés définitivement (art. 2). — D.A. 6. 767, n. 4 et 5.

20. — Jugé en ce sens qu'après la loi du 12 vent. an 8, ont été réputés émigrés tous ceux qui, inscrits sur la liste, n'avaient pas été rayés avant le 4 niv. an 8, eussent-ils même réclamé en temps utile. — 28 germ. an 12. Req. Maret. D.A. 6. 769. D.P. 4. 1. 393. — 10 juin 1806. Civ. c. Besançon. Masson. D.A. 6. 770, D.P. 6. 1. 503.

21. — Jugé encore qu'une personne inscrite sur la liste des émigrés, qui a réclamé en temps utile contre son inscription, qui a été rayée provisoirement, mais qui n'a été rayée ou éliminée définitivement qu'après la publication de la loi du 12 vent. an 8, a été frappé de mort civile pendant toute la durée de l'inscription. — 1er août 1811. Req. Besançon. Hérit. de Malans. D.A. 5. 274. D.P. 11. 1. 409.

22. — Jugé au contraire que les Français qui, à l'époque de la révolution, avaient quitté la France, et avaient été portés sur les listes des émigrés, n'étaient réputés tels et considérés comme morts civilement, s'ils avaient réclamé contre leur inscription avant la loi du 4 niv. an 8, qu'après jugement et rejet de leur réclamation : jusqu'à cette décision, ils avaient la jouissance pleine et entière de leurs droits civils. — 15 juill. 1833. Civ. r. Grenoble. Dallen. D.P. 33. 1. 280.

23. — Jugé de même que les individus portés sur la liste des émigrés, et ayant réclamé leur radiation avant la loi du 12 niv. an 8, doivent être considérés comme de simples prévenus d'émigration, et être réputés n'avoir jamais encouru la mort civile, lorsque, postérieurement à la loi du 12 niv. an 8, ils ont obtenu leur radiation. — 27 nov. 1833. Orléans. Roquelaure. D.P. 34. 2. 5.

24. — Du principe que l'on a cru voir consacré par la loi du 12 ventôse, que les radiations n'étaient pas des déclarations d'innocence, mais une pure grâce subordonnée au bon plaisir du gouvernement, il résultait qu'on pouvait modifier cette faveur par telle restriction qu'on voudrait. De là ces quatre arrêtés qui vinrent coup sur coup enlever à tous ceux rayés depuis le 12 vent an 8, ou les biens dont l'acquéreur avait encouru la déchéance, et leurs revenus (29 mess. an 8), ou leurs arrérages de pensions échues (16 pluv. an 9), ou leurs forêts (24 therm. an 9), ou les propriétés provenant à l'état du partage de la succession de leurs ascendans (5 germ. an 10). — D.A 6. 768, n. 5.

25. — Quelle était la condition des *prévenus* d'émigration? Elle différait en trois points de celle de l'émigré : 1° au lieu de les bannir à perpétuité, on les obligeait, avant la loi du 19 fruct. an 5, à résider en France, jusqu'à ce qu'on eût statué sur leurs réclamations. Cette loi leur enjoignit de se retirer provisoirement en pays étranger, 2° leurs biens n'étaient pas acquis à l'état, mais seulement séquestrés. On ne les vendait pas avant l'expiration du délai pour réclamer, ou le jugement définitif des réclamations, afin de les leur restituer s'ils prouvaient légalement leur résidence (L 25 brum. an 3, tit. 10, art. 5 et 33); 3° avant la loi du 1er fruct an 3 (art. 11), ils conservaient les droits civils et politiques. Cette loi porte qu'aucun individu inscrit sur les listes d'émigrés *ne pourra jouir des droits de citoyen*, jusqu'à sa radiation définitive. — D.A. 6. 768, n. 6.

26. — De ces mots, *ne pourra jouir des droits de citoyen*, des jurisconsultes ont conclu que le prévenu était frappé d'une mort civile provisoire ou résoluble. C'est une erreur. La privation des droits politiques était la conséquence du principe posé par la constitution du 5 fruct. an 3 (rédigée avant la loi du 1er fruct., quoique publiée après). Elle déclare que les droits de citoyen demeureront suspendus par *l'état d'accusation* (art. 13). Mais sous cette dénomination elle comprend si peu les droits civils, qu'elle étend la même suspension aux domestiques, qui certes ne sont pas morts civilement. — D.A. 6. 768, n. 7.

27. — Lorsqu'un individu inscrit d'abord sur la liste des émigrés en a été rayé provisoirement, et est décédé avant sa radiation définitive, sa succession est censée ouverte du jour de sa mort naturelle, et non du jour de son inscription sur la liste. — 9 août 1825. Req. Paris. Brecourt. D.P. 25. 1 403.

28. — En reconnaissant au prévenu d'émigration la jouissance des droits civils, on lui a contesté la capacité de tester, en se fondant notamment sur l'art. 2 de la loi du 8 avril 1792, relative au séquestre, qui annulle toutes dispositions postérieures à la promulgation du décret du 9 fév. même année, et faites par l'émigré pendant la main-mise nationale. Or, ajoute-t-on, les biens du prévenu étaient séquestrés (L. 25 brum. an 3, tit. 10, art. 5) — Mais la loi de 1792 ne s'applique pas au prévenu d'émigration. On ne connaissait pas alors la distinction entre les prévenus et les émigrés C'est le 28 mars 1793 qu'ont été définis, pour la première fois, et l'effet de l'inscription sur la liste et les délais pour réclamer. — V. au surplus D.A 6. 768, n. 8. — V. d'ailleurs l'arrêt ci-dessus, du 12 mai 1806, n 18.

29. — La mort civile rétroagit-elle au jour de l'inscription, lorsque, par l'expiration des délais ou par un arrêté, l'inscrit a été définitivement maintenu sur la liste? Non : la rétroactivité, sortant du droit commun, doit résulter d'une loi expresse — Merlin, Rép, v° *Succession*, sect. 1re, § 2, art. 3, prétend cependant que l'absent, définitivement maintenu, est censé avoir été toujours justement inscrit. Mais tout condamné est censé avoir été justement accusé, et la mort civile n'est néanmoins que la suite de l'exécution de la condamnation. Pourquoi en serait il autrement du jugement administratif rendu contre l'émigré? Merlin lui-même convient (Rép., v° *Mort civ.*, § 1er, art. 5, n. 4) que la mort civile ne doit point rétroagir avant l'exécution de la sentence, si une loi ne l'ordonne. Or, quel texte autorise contre le prévenu d'émigration cette rétroactivité? — V. au surplus sur cette question les développemens donnés par Dalloz (A. 6. 768, n. 9).

30. — Il a été jugé que l'inscription sur la liste des émigrés ne peut être regardée comme la date fixe du fait de l'émigration ; et que l'inscrit a pu, par conséquent, être frappé de mort civile avant le jour de son inscription, et, par exemple, à compter du 9

mai 1792, s'il n'a pas justifié de sa rentrée depuis cette époque. — 18 flor. an 13. Req. Paris. Clermont-Tonnerre. D.A. 6. 770. D.P. 5. 1. 422.

31. — Mais sur quoi repose cette décision? Pour déclarer que la mort civile de l'émigré remontait au jour même de son émigration, quand elle était constatée, et au 9 mai 1792, lorsque l'absent ne justifiait pas de sa rentrée avant cette époque, et qu'on ignorait le jour de sa disparition, la cour de Paris, dont l'arrêt a été maintenu, se fondait sur ce que les lois des 23 oct. 1792 et 28 mars 1793 qualifient émigrés ceux qui, sortis depuis le 1er juillet 1789, n'auront pas justifié de leur rentrée avant le 9 mai 1792. — Mais est-ce à dire que depuis le 9 mai 1792, plutôt que du jour de leur inscription définitive, on doit les traiter comme émigrés? Jusqu'à ce que le nom de l'émigré ait été inscrit, on ignore l'existence du délit : or, la peine d'un délit doit-elle rétroagir au temps où il a été commis, avant que son existence ait été certifiée? La loi n'autorise point cet effet (V. Droits civils et politiques). Mais, dit-on, la loi du 28 mars 1793 exigeait qu'à côté du nom de l'inscrit, on fît mention de l'époque de son absence. Cette mention était indispensable pour caractériser le délit d'émigration. On objecte enfin que la même loi annulle les dispositions faites par l'émigré depuis le 1er juillet 1789.— Elle ne les annulle pas pour incapacité à cette époque; la perte des droits civils ne rétroagit pas en même temps que cette nullité. C'est si vrai, que l'opinion contraire fait elle même courir la mort civile du 9 mai 1792, et non du 1er juillet 1789. On a confisqué les biens des émigrés avant de leur enlever la vie civile (L. 6 sept. 1792). — Du reste, la cour suprême semble n'avoir rejeté le pourvoi contre l'arrêt de la cour de Paris, que parce que la cour de cassation ne doit atteindre que les jugemens contrevenant expressément à un texte de loi.— D.A. 6. 769, n. 10.

32. — Faut-il représenter la minute ou la copie authentique de l'inscription sur la liste ou de l'arrêté qui l'ordonne, pour faire aujourd'hui déclarer qu'une personne a été soumise aux lois sur l'émigration? — Cette question se résout par les principes indiqués v° Droits civils et politiques.

33. — La cour de Douai a jugé, le 24 janv. 1828, et d'une manière implicite, qu'il suffisait de prouver l'existence de l'inscription ou de l'arrêté par d'autres pièces ou documens. — D.P. 28. 2. 130.

34. — La qualité d'émigré ne peut pas être opposée par des co-héritiers à un absent qui réclame une succession, s'ils ont reconnu auparavant qu'il n'était pas émigré, soit en l'admettant au partage d'une autre succession, soit en déclarant formellement, par un réglement de famille, qu'il n'avait jamais émigré. — 10 août 1809. Poitiers. Marsault. D.A. 6. 770, note 3. D.P. 1. 1494.

§ 2.— *Effets de la mort civile des émigrés.*

35. — En recherchant les effets particuliers de la mort civile des émigrés, il faut admettre, comme règle générale, que le législateur de 93 est censé, jusqu'à dérogation expresse, avoir attaché à cette expression mort civile le sens et les conséquences que lui prêtait le droit antérieur. — D.A. 6, 772, n. 1.

36.— En général, la mort civile accompagne partout, même en pays étranger, celui qui en est frappé, relativement au pays où elle a été encourue. Aucune loi n'a ordonné qu'il en fût autrement des émigrés. On ne saurait donc réclamer pour eux ce privilége. On a déduit cependant trois motifs d'exception : 1° la mort civile de l'émigré n'a été créée que dans un but politique et tout fiscal. Le fisc seul peut s'en prévaloir, n'étant point établie dans l'intérêt privé des tiers; et la nation française ne pouvant s'enrichir, à la faveur de cette fiction, au-delà des limites de sa souveraineté, l'émigré hors de France était, par rapport à ce pays même, en possession de la vie civile.—C'est confondre dans leurs effets la mort civile qui est du domaine de la loi personnelle, et suit la personne partout où elle va, et la *confiscation*, régie seulement par le statut réel, et restreinte ainsi au royaume où elle a été prononcée. Il n'est pas vrai, au surplus, comme on le verra *infrà*, que la mort civile de l'émigré ne soit opposable que dans l'intérêt de l'état.—2° c'est l'avantage commun des nations, qui exige que la mort civile suive partout un criminel ordinaire : en cas de proscriptions politiques ou de simple expatriation, chaque peuple a intérêt à fixer dans son sein le proscrit ou l'expatrié, pour s'enrichir de son industrie ou de ses capitaux. — Mais qu'importe que l'émigré ne soit ni considéré, ni traité comme un criminel en pays étranger; cela atténue-t-il sa culpabilité aux yeux du législateur de 93? — 3° mais, dit-on encore, divers arrêts ont décidé que l'émigré pouvait ester en pays étranger.—On confond encore ce qu'il faut distinguer. Ces arrêts ont bien jugé. Il s'agissait de contrats du droit des gens. Or, l'action en justice, tendant à leur exécution, procède du même droit (V. Droits civils et politiques).— D.A. 6. 772, n. 2.

37. — Jugé, conformément à cette doctrine, que les émigrés sont incapables de tester, pour cause de mort civile; leurs testamens doivent être annulés, encore que le lieu de l'émigration, de la confection de l'acte et du décès du testateur fût une colonie soumise à une domination étrangère, et, par exemple, la Martinique, possédée par les Anglais. — 20 mai 1812. Civ. c. La Tournelière. D.A. 6. 780. D.P. 12. 1. 414. — V. aussi D.A. 6. 772, n. 2.

38. — La loi du 12 vent. an 8, qui veut que ceux qui étaient considérés comme émigrés, avant le 4 niv. an 8, *ne puissent invoquer le droit civil des Français*, ne peut s'appliquer qu'aux actes qui dérivent uniquement de la loi civile et du droit de cité, et non à un acte de vente, par exemple, espèce de contrat qui est du droit naturel et des gens — 28 frim. an 13. Req. Rouen. Mauléon. D.A. 6. 775. D.P. 5. 1. 178.

39. — Jugé de même que la mort civile des émigrés ne leur interdisait que les actes dérivant du droit de cité, et non ceux dérivant du droit naturel et des gens, tels que les acquisitions et les obligations, et, par exemple, un cautionnement. — 28 juin 1808. Req. Salom. D.A. 6. 775, note 1re. D.P. 8. 1. 368.

40.— Jugé, d'après le même principe, que la donation consentie par un père à son fils, en le mariant, n'étant pas l'acquit d'une dette civile, mais d'une obligation naturelle, il s'ensuit qu'une donation par contrat de mariage, faite en pays étranger par un émigré frappé de mort civile, à son fils aussi mort civilement, est valable et doit recevoir son exécution, même sur les biens que le donateur a, depuis sa rentrée dans ses droits de citoyen français, recouvrés en France. — 14 juin 1827. Req. Paris. Luxembourg. D.P. 27. 1. 272.

41. — Il a été jugé que l'émigré, comme tout individu frappé de mort civile, est incapable d'exercer les actes qui ont leur fondement dans le droit civil, tels que les assignations, les demandes en justice et les significations, surtout s'il prétend exercer de pareils actes en qualité d'héritier, et pour réclamer une succession. — 23 nov. 1808. Civ. r. Bourges. De Feillens. D.A. 6. 779. D.P. 8. 1. 537.

42.— Et que la nullité des jugemens et procédure, obtenus par un émigré, n'est pas seulement prononcée dans les intérêts du fisc, quand elle résulte de la mort civile; elle est de droit public et peut être proposée en tout état de cause, même en appel, par les particuliers qui y ont intérêt. —Même arrêt.

43. — Afin qu'on ne s'exagère pas l'autorité de cet arrêt sur la question de l'incapacité d'ester en jugement, Merlin fait remarquer (*Quest. de dr.*, v° Mort civile, § 3, p. 427), 1° que cette question n'était pas précisément soumise à la section civile; que la dame de Feillens, émigrée, n'attaquait pas, mais cherchait seulement à éluder dans son application le principe posé par la cour de Bourges, et qui la déclarait incapable d'ester; que la section civile s'est donc bornée à examiner si la cour de Bourges avait justement appliqué le principe, reconnu constant par les parties; 2° qu'en tous cas, la cour de Bourges n'avait violé aucune loi existante, la jurisprudence du parlement de Paris étant muette, et celle du parlement de Bordeaux en opposition avec la jurisprudence des parlemens de Toulouse, Dijon et Aix; que l'arrêt attaqué eût pu décider autrement, sans encourir la cassation, et bien qu'il s'agît de droits successifs : car ces droits, échus en 1787, avant sa mort civile, étaient acquis, comme toute autre propriété, à la dame de Feillens.— D.A. 6. 780.

44. — Avant le code civil, aucune loi expresse n'interdisait aux morts civilement, et, par exemple, aux émigrés, l'exercice des droits et actions résultant du droit des gens; ils pouvaient, en conséquence, ester en jugement, à l'occasion de ces droits, sans le ministère d'un curateur. *Spécialement*, la vente étant un contrat du droit des gens, l'action en rescision, pour cause de lésion, dérive du même droit, et, par conséquent, l'émigré, comme tout mort civilement, pouvait, avant le code civil, l'intenter sans le ministère d'un curateur, dans le cas surtout où les biens ont été vendus pendant la mort civile.— 17 août 1809. Req. Bordeaux. Gauthier. D.A. 6. 776, note 2. D.P. 9. 2. 136.

45.— Il est sans difficulté (comme on l'a déjà dit) que les émigrés avaient capacité pour ester en jugement en pays étranger, s'il s'agissait d'un contrat du droit des gens. — 7 janv. 1806. Req. Chaillet. D.A. 6. 487. — 3 mars 1826. Paris. Luxembourg. D.P. 27. 1. 272.

46.—Mais les jugemens rendus en pays étrangers sur la poursuite d'un émigré, non assisté d'un curateur, sont-ils, avec le *pareatis*, exécutoires en France? Il nous semble évident que le défaut de curateur n'entraînerait pas dans ce cas, comme il le ferait devant nos tribunaux, la nullité des procédures; car, d'une part, le mort civilement étant reconnu capable d'obliger les autres envers lui, par contrats du droit des gens, ne saurait être déclaré incapable de faire exécuter cette obligation : et, d'un autre côté, il ne dépend pas de lui de faire changer le mode de procédure étrangère. Si donc le mort civilement y procède ordinairement sans curateur, ou que l'émigré y jouisse de la vie civile, il comparaîtra personnellement.— D.A 6. 772, n 3. — V. aussi Merlin, *Question de droit*, v° Mort civile, § 3.

47.—Le mariage de l'émigré, antérieur à l'émigration, a-t-il été dissous par la mort civile? Non : l'émigration n'a été considérée que comme une cause de divorce, proposable au gré de la femme (L. 20 sept. 1792; 13 vent., 26 germ., 1er flor. art. 55, 65 et 66; art. 3).— D.A. 6. 772, n. 4

48.— La loi du 24 vend. an 3 ne s'étant pas expliquée sur la qualité des personnes qui pourraient délivrer l'acte authentique que doit présenter l'époux, demandeur en divorce, pour constater l'émigration de son conjoint, les juges ont pu, sans contravention, considérer comme ayant les caractères de cet acte, le certificat du receveur des domaines, dûment visé par les administrations municipales et départementales, et portant que les biens de telle personne ont été séquestrés à cause de son émigration.— 14 prair an 13. Req. Dufraisne. D.A. 6. 793, note 2. D.P. 5. 1. 445.

49.— En dispensant l'époux, demandeur en divorce pour cause d'émigration, de citer le conjoint émigré, la loi du 24 vend. an 3 a nécessairement abrogé la disposition de la loi du 20 sept. 1792, qui exige que le fait d'émigration soit constaté devant les arbitres de famille, et autorise ainsi le divorce, sans aucune procédure, sans intervention judiciaire.— 5 therm. an 12. Req. Paris. Lespinay. D.A. 6. 795, n. 1 D.P. 4. 1. 570.

50. — Le mariage de l'émigré, antérieur à l'émigration, est, comme on l'a dit, maintenu; mais il cesse de produire aucun effet civil. La puissance maritale, la puissance paternelle, la communauté, etc., ont cessé d'exister (Merlin, Rép., *Autorisat. marit.*, sect. 7, n. 3). La même doctrine est enseignée par les anciens auteurs.— D'Héricourt, *Lois ecclés.*, part. 3, ch. 5, art. 2, n. 83; Pothier, *Contrat de mariage*, n. 433; Duparc-Poullain, *Principes du droit*, t. 1er, p. 177, n. 5; D.A. 6. 773, n. 4.

51. — Jugé ainsi qu'une femme d'émigré est de plein droit, sans qu'elle ait demandé le divorce, affranchie de l'autorité maritale par le seul fait de l'émigration du mari, et nonobstant la loi du 20 sept. 1792, qui laisse subsister le contrat de mariage. — Il faut distinguer, dans le mariage, le contrat qui est du droit des gens, et les effets qui sont purement civils. — 24 flor. an 13. Req. Caen. Joubert. D.A. 6. 776. D.P. 5. 1. 597.

52 — Jugé, d'après la même règle que l'émigration du mari ayant rendu sa femme à sa liberté naturelle, aucune action ne peut être dirigée contre le mari ou ses héritiers, pour l'exécution d'engagemens contractés par la femme seule, eussent-ils même pour cause la subsistance et l'entretien de celle-ci.— 20 mars 1817. Paris. Contades. D.A. 6. 777, note 1re. D.P. 19. 2. 22.

53 —Jugé, au contraire, que l'émigration du mari ne détruit point la puissance maritale, tant que le divorce n'est pas prononcé.— 14 fruct. an 12. Paris. Guéménée. D.A. 6. 777, note 2. D.P. 1. 1495.

54. — Du principe que le mariage antérieur des émigrés subsistait sans les effets civils, il suit que les enfans, qui en sont nés après plus de dix mois depuis la mort civile, ne sont pas nés légitimes. Cette conséquence se tire des lois romaines, qui, lors même qu'elles ne dissolvaient pas de plein droit le mariage antérieur à la captivité de l'un des conjoints (L. 1re, C. *de Repud.*; l. 4, § 1er, ff. *de Bon. Damnat*, et la note 22, ch. 13), rangeaient dans la classe des bâtards les enfans nés pendant cette captivité (L. 26, ff. *de Captiv. et postl.*). La déclaration de 1639 contenait la même disposition (Argou, t. 2, p. 9, *Institut. du droit franç.*). Elle a été pro-

clamée au conseil d'état, les 14 et 16 therm. an 9 (Locré, *Lég. civ.*, etc., t. 2, p. 63). Un avis de ce conseil a décidé, en conséquence, que la restitution des biens, en vertu du sénatus-consulte du 6 flor. an 10, ne profiterait qu'aux enfans *nés avant l'émigration*. — D.A. 6. 773, n. 5.

55. — La cour suprême a jugé dans ce sens le 26 therm. an 12 (V. Jugement), et censuré, par son arrêt du 8 fév. 1810, un des considérans d'un arrêt de la cour de Douai, qui exprimait l'opinion contraire. — D.A. 6. 811. D.P. 10. 1. 165.

56. — Il est sans difficulté que l'enfant conçu avant la mort civile de son père émigré, quoique né depuis, jouit des droits civils. — 5 fév. 1813. Caen. Montalembert. D.A. 6. 841, n., n. 2. D.P. 23. 1. 412.

57. — Le mariage contracté par les émigrés pendant leur mort civile, peut-il produire en France des effets civils? Dalloz traite avec étendue cette grave question. Pour apprécier quel était le sort d'un tel mariage avant la réintégration de l'émigré dans ses droits civils (la question de savoir quel a été l'effet de cette réintégration, est traitée *infrà*), il établit que, sous le code civil (art. 25 et 227), le mariage contracté pendant la mort civile est nul, et ne fait point obstacle à un second mariage de l'une des parties avant le décès de l'autre (V. Droits civils et politiques); que les lois antérieures au code ne donnaient également point d'effets civils à une pareille union (V. déclaration du 26 nov. 1639, art. 6; arrêts du parlemens de Paris, 14 août 1585, 15 juin 1618, et 13 fév. 1625; Louet et Brodeau, lett. *E*, § 7; Lebret, déc. not., liv., 1er, § 6; Richer, *Mort civile*, p. 79; Poth., *Communauté*, n. 20, *Contrat de mariage*, n. 435); qu'un tel mariage formait, il est vrai, empêchement à une seconde union, pendant la vie naturelle des deux conjoints; mais qu'il ne subsistait que comme sacrement; — que, du moment que le législateur n'a plus considéré le mariage que comme un *contrat civil* (Constit. du 3 sept. 1791, tit. 2, art 7), le mariage contracté par le mort civilement, n'a plus eu, aux yeux de la loi, aucune sorte d'effet; qu'on ne pourrait contester cette conséquence qu'en soutenant que le mariage est un contrat du droit des gens; mais que cette prétention serait évidemment erronée, puisque la loi ne veut pas qu'un mariage se forme sans l'intervention d'officiers délégués; qu'elle ne permet pas aux parties de le dissoudre et de le renouer au gré de leur caprice; qu'elle l'interdit entre certaines personnes, et puisqu'enfin, dans le mariage, à la différence des conventions ordinaires, la société intervient au contrat, à cause des enfans qui en doivent naître et de l'importance des obligations qu'il impose. — On objecte que la mort civile n'a point dissous le mariage antérieur de l'émigré (L. 20 sept. 1792, 15 vent., 26 germ., 1er flor. an 3). Mais il n'est pas logique d'étendre l'effet des lois qui favorisent le mariage antérieur à l'émigration, à l'union qui l'a suivi. Il faut plus de motifs pour dissoudre un lien que pour l'empêcher de se former, surtout lors des réactions politiques, où l'état civil des personnes ne doit pas participer à l'instabilité des événemens. — D.A. 6. 773, n. 6.

58. — Jugé, conformément aux principes ci-dessus, que le mariage contracté en pays étranger par deux émigrés pendant leur mort civile, est nul relativement à la France, et n'y peut produire aucun effet civil. — 16 mai 1808. Civ. c. Liége. Marotte. D.A. 6. 777.

59. — Le mandat est révoqué par l'effet de l'émigration du mandant, à tel point que l'instance qui est suivie après l'émigration, contre le mandataire, au lieu d'être dirigée contre la nation, est nulle, ainsi que le jugement qui en a été la suite. — 19 janv. 1824. Civ. c. Comm. de Choicy. D.A. 6. 781. D.P. 24. 1. 410.

60. — Mais les émigrés ne peuvent exciper eux-mêmes de la mort civile dont ils ont été frappés, pour faire annuler les actes faits par leurs fondés de pouvoir pendant la durée de cet état. — 2 sept. 1807. Req. Nîmes. Dolle. D.A. 9. 973, n. 2. D.P. 7. 1. 450. — V. Mandat.

61. — L'inscription prise sur les biens d'un émigré, en vertu d'un acte par lui consenti pendant l'émigration, est nulle. — 16 mai 1828. Riom. Chanson. D.P. 31. 1. 168.

62. — L'art. 3 de la loi du 28 mars 1793, porte : « Les effets de la mort civile, dont la nation a frappé les émigrés, ne pourront être opposés à la république : en conséquence, toutes les substitutions dont les émigrés ont été grevés sont ouvertes au profit de la nation. A l'égard des successions échues aux émigrés en ligne directe et collatérale depuis leur émigration, et de celles qui leur écherront par la suite, elles seront recueillies par la république, pendant cinquante années à compter du jour de la promulgation de la présente loi; sans que, pendant ledit temps, les co-héritiers puissent opposer la mort naturelle desdits émigrés. » Cette faculté de succéder du chef de l'émigré a été abolie, le 8 messidor an 7, pour les successions collatérales, le 3 floréal an 11 pour les successions directes. — D.A. 6. 774, n. 7.

ÉMIGRÉ. ART. 1er, § 2.

63. — Du principe que la mort civile n'est pas opposable à l'état, et que l'état représente l'émigré pendant cinquante ans, la cour de Paris a induit, que le droit de réclamer les effets de la mort civile ne peut appartenir à l'émigré lui-même, ni à ses héritiers tenus de ses faits personnels. — 3 mars 1826. Paris. Luxembourg. D.P. 27. 1. 272.

64. — Mais, dit Dalloz, distinguons bien la confiscation et la mort civile : sans doute, la confiscation est essentiellement instituée dans les intérêts du trésor, et l'état seul peut, en conséquence, opposer les diverses prohibitions empreintes d'un génie fiscal. Nul autre que l'état ne serait recevable, par exemple, à arguer de la nullité d'un partage de biens indivis d'un émigré, fait sans le concours de l'administration (L. 28 mars 1793, art. 40; l. 1er flor. an 3; Cass. 20 fruct. an 11), d'un acte sous seing-privé, contenant obligation de l'émigré (L. 8 avril 1792, art. 4. Paris 22 pluv. an 10); du paiement fait à l'émigré lui-même et non à la caisse du domaine (L. 8 avril 1792, art. 15; l. 28 mars 1793, art. 41 et 43; Cass. 15 vent. an 12). Ces nullités sont indépendantes de la mort civile. — D.A. 6. 774, n. 8.

65. — Mais la nullité d'un mariage, d'un témoignage dans un acte public, de poursuites judiciaires intentées sans curateur ou de tous autres actes, incompatibles de droit commun avec la qualité de mort civilement, pourquoi le législateur de 93 n'eût-il pas voulu qu'elle fut opposable pour des tiers, pour l'émigré lui-même ou ses héritiers? Il faut nécessairement, ou lui supposer cette volonté, ou admettre, ce qui laisserait toute latitude à l'arbitraire, qu'il n'a pas attaché à l'expression *mort civile* le sens défini qu'elle avait dans les lois anciennes. S'il n'avait eu égard qu'à l'intérêt financier de l'état, il était bien plus simple de se borner à le subroger à tous les droits réels de l'émigré, sans dire encore, ce qui n'ajoutait rien à ses moyens de spoliation, qu'il était mort civilement. — D.A. 6. 774, n. 8.

66. — Du reste, une jurisprudence presque constante, de la cour suprême notamment, a condamné ce système en accueillant la demande, ou de la femme de l'émigré pour la dissolution de la communauté (Cass. 10 juin 1806), ou de ses héritiers pour l'annulation de son testament (Cass. 28 germ. an 12), ou de l'émigré lui-même, pour faire déclarer sans effet le mariage contracté pendant l'émigration (Cass. 16 mai 1818). — D.A. 6. 774, n. 8.

67. — Mais l'émigré qui aurait fait une vente ne serait pas recevable, ainsi que ses représentans, à se prévaloir de son état de mort civile, pour en demander la nullité. — 28 frim. an 13. Req. Rouen. Mauléon. D.A. 6. 773. D.P. 5. 1. 178.

68. — Le droit de représenter l'émigré dans les successions qui pouvaient lui échoir, s'étendait, en faveur de l'état, jusqu'aux successions testamentaires, puisque si l'émigré avait conservé la vie civile, il eût recueilli le legs, et que les effets de sa mort civile ne peuvent être opposés à l'état. En vain invoque-t-on l'intention du testateur : le même art. 3 de la loi citée ne dit-il pas : « En conséquence, *toutes les substitutions* dont les émigrés ont été grevés sont ouvertes au profit de la nation? » La loi du 3 juin 1793 (art. 21) et un décret du 5 flor. an 9, n'ont-ils pas déclaré non-recevable la demande du propriétaire en consolidation de l'usufruit, bien que la confiscation autrefois n'embrassât pas les choses dont le mort civilement n'était qu'usufruitier (Despeisses, p. 123, 124, n. 19 et 20), et que l'usufruit s'éteignît par la mort civile (Instit. *de Usuf.*, § 3; Richer, p. 473)? La loi du 28 mars 1893 n'a donc pas réglé les droits de l'état, selon l'intention du disposant. Si le dernier paragraphe de l'art. 3 s'exprime en particulier sur les successions *en ligne directe ou collatérale*, c'est qu'il était naturel de croire, dans l'absence d'un texte formel, que ces successions passeraient aux co-héritiers, par droit d'accroissement. — D.A. 6. 775, n. 9.

69. — La cour suprême a consacré cette doctrine dans l'espèce la moins favorable au fisc : elle a jugé que la loi du 28 mars 1793, qui plaçait l'état aux droits des émigrés dans les successions qui pouvaient leur échoir, s'appliquait même aux biens qu'un émigré aurait eu à recueillir dans la succession de son père, en vertu d'une institution contractuelle, et cela, encore bien qu'il existât un enfant du mariage. — En conséquence, cet enfant n'a pu recueillir les biens donnés contractuellement, à défaut de son père émigré; et si, depuis sa rentrée en France, celui-ci, qui a pu ou reprendre ses biens en nature ou réclamer une indemnité dans le cas où l'état n'en aurait pas disposé, a cédé à ses co-héritiers les droits qu'il avait sur ses biens, son enfant n'est pas recevable à les réclamer contre ces derniers, sous le prétexte que, par l'effet de l'émigration de son père, il s'est trouvé irrévocablement saisi des biens (C. civ. 1082). — 29 avril 1828. Req. Besançon. Villers-Vaudey. D.P. 28. 1. 231.

ÉMIGRÉ. ART. 1er, § 2.

70. — De ce que la mort civile de l'émigré n'était pas opposable à l'état, il suivait, sans contredit, 1° que sa succession n'était point ouverte au profit de ses héritiers (Décr. 9 fév. 1810). — D.A. 6. 775, n. 10.

71. — 2° Que l'acceptation de cette succession faite par les héritiers de l'émigré pendant sa mort civile, était nulle et ne pouvait leur être opposée en aucune manière, soit pour les obliger au paiement des dettes de la succession, soit pour les empêcher de l'accepter sous bénéfice d'inventaire, après l'amnistie de l'émigré. — 5 therm. an 12. Civ. r. Villère. D.A. 6. 778. D.P. 5. 1. 15. — 31 mars 1806. Civ. r. Thumin. D.A. 6. 778. D.P. 6. 1. 320. — 19 juill. 1809. Besançon. Letournelle. D.A. *eod.*

72. — 3° Qu'ils ne pouvaient, à plus forte raison, vendre aucune partie de ses biens (Déc. 30 juill. 1809), ni recouvrer le prix de ceux vendus (Déc. 17 avril 1812), ni attaquer les ventes des immeubles sur lesquels était assis le douaire de la femme et des enfans (Déc. 11 pluv. an 9). — D.A. 6. 775, n. 10.

73. — Toutefois, si le fisc négligeait de s'emparer des biens échus à l'émigré, ils appartenaient à ses co-héritiers, *jure accrescendi*. Ce sont eux que la confiscation dépouillait. Nul autre que l'état n'est autorisé à cette spoliation. La confiscation n'efface point en eux la qualité d'héritier, qui est indépendante de l'existence de corps héréditaires : *Nomen est et universum jus*. Leur revendication contre tout injuste détenteur de biens d'émigré, qui ont échappé au séquestre, était donc permise. — D.A. 6. 775, n. 11.

74. — Il a été jugé que les enfans d'un émigré décédé en pays étranger, où il n'était pas mort civilement, ont été ses héritiers, bien qu'ils fussent émigrés eux-mêmes à l'époque de son décès, et qu'ils peuvent, en cette qualité, après leur amnistie, revendiquer en France, entre les mains d'un détenteur, les biens appartenant à leur père. — 26 janv. 1807. Req. Douai. Ficheux. D.A. 6. 779. D.P. 7. 1. 123.

75. — Cette décision, juste dans son dispositif, semble erronée dans son motif. — L'incapacité de transmettre et de recevoir, à titre de succession, est déterminée par les lois personnelles. Ces lois règlent, en pays étranger comme en France, les relations du Français avec la France. — Le vrai motif de la décision nous paraît consister dans l'effet de l'amnistie. La nation a restitué aux héritiers de l'amnistié, comme à l'amnistié lui-même, ses biens non vendus. Dans l'espèce, la nation n'avait point vendu au tiers-détenteur la maison de l'émigré, qui eût pu la revendiquer, s'il avait survécu à l'amnistie. Puisque la loi admet les héritiers comme représentans de leur auteur, au bénéfice de la restitution de ses biens, pourquoi la maison qui faisait partie des biens de l'émigré, ne serait-elle pas rendue à ses enfans? Il n'y aurait rétroactivité contre le détenteur, qu'au cas où la nation lui eût transmis la propriété de la maison. — D.A. 6. 779.

76. — Le tiers-coutumier normand s'ouvre au profit de tous les enfans, non par la mort civile, mais seulement par la mort naturelle du père. — En conséquence, les enfans nés d'un second mariage, contracté par le père après son amnistie, peuvent demander le partage de ce tiers, que l'enfant du premier lit a recueilli par l'effet de l'émigration et de la mort civile de leur père, encore même qu'ils fussent nés depuis la loi du 17 nivôse an 2, abolitive du tiers-coutumier, et que l'émigré amnistié fût décédé sous l'empire du code civil (Cout. de Normandie, 399 et 400. C. civ. 25 et 718). — 9 fév. 1819. Civ. r. Caen. Bernières. D.A. 6. 779, note 2. D.P. 19. 1. 171.

77. — La mort civile, dont serait frappé un émigré, ne serait pas un obstacle au maintien en faveur d'un tiers, d'un droit dont son existence serait la condition; aucune loi n'a sous ce rapport assimilé la mort civile à la mort naturelle. — En conséquence, l'institution contractuelle, faite avant 1789, sous la condition qu'elle serait résolue s'il ne restait point d'enfans du mariage à l'époque où l'instituant viendrait

à mourir, n'est pas devenue caduque par l'émigration de l'enfant de l'institué avant le décès de l'instituant. — 10 mars 1813. Civ. r. Paris. Pigeollot. D.A. 6. 781, note 1re.

78.— En vertu de la loi du 28 brumaire, an 7, le domaine public peut appeler d'un jugement rendu en arbitrage forcé, qui a évincé un ascendant d'émigré d'une forêt prétendue communale, s'il agit comme héritier de l'ascendant, quoique le domaine n'ait pas été partie dans le jugement, et bien que l'ascendant, avant la loi de prairial an 4, l'ait spontanément exécuté. — 21 prair. an 13. Civ. r. Bourges. Comm. de Menou. D.A. 6. 797. D.P. 5. 2. 130.

79.— L'appel interjeté par le domaine public, en vertu de la loi du 28 brumaire an 7, d'un jugement arbitral qui a évincé un ascendant d'émigré d'une forêt prétendue communale, profite aux héritiers non émigrés de celui-ci, quoique les biens de l'ascendant aient été divisés par un partage de présuccession entre lui et la nation, et lors même qu'avant cet appel ils auraient formé pourvoi contre le jugement arbitral, et que leur requête eût été rejetée. — Même arrêt.

ART. 2. — *De la confiscation des biens des émigrés. Séquestre.*

80.— Les contestations qui se sont élevées sur les effets de la confiscation, concernent principalement les débiteurs et les créanciers du propriétaire des biens confisqués. On va parler séparément, 1° *des débiteurs des émigrés; 2° de leurs créanciers.*

§ 1er. — *Des débiteurs des émigrés.*

81.— Tout ce qu'il importe de connaître de la législation sur les débiteurs d'émigrés, se rapporte au mode de leur libération — Déclarer la quotité et la nature de la dette, et en verser le montant dans les caisses du domaine, voilà les deux obligations qui leur sont imposées, à peine de restitution des objets non déclarés, d'une amende égale à leur valeur, et de la nullité du paiement (L. 8 avril 1792, art. 4, 5, 17, 25 et 28; L. 25 juill. 1793, art. 11). — D.A. 6. 782, n. 1.

82.— Cette déclaration doit être formelle : il ne suffit pas que le débiteur dépose l'acte contenant la mention de la dette, surtout s'il ne fait ce dépôt qu'en qualité de créancier d'un autre émigré, et seulement pour justifier cette dernière créance, constatée par le même acte.— 4 vent. an 7. Cass. int. de la loi C. Delcaffo. D.A. 6. 782.

83.— Mais les obligations dont on vient de parler sont-elles indistinctement prescrites à tous les débiteurs d'émigrés, de quelque nature que soit la dette? — Distinguons la dette particulière à l'émigré et celle indivise entre un émigré et un régnicole.— Dans le premier cas, c'est le paiement à l'état qui seul libère le débiteur. La saisine nationale, comme celle d'un successeur universel, embrasse toutes les actions et créances de l'émigré, celles même dont l'état ignore l'existence ou la situation. Il confond de plein droit, s'il s'est approprié les biens d'un débiteur et d'un créancier, la créance de l'un avec la dette de l'autre, n'eût-il pas de fait séquestré cette créance (Sén.-cons. 6 flor. an 10, art. 17). — D.A. 6. 782, n. 2.

84.— Fût-ce même un acquéreur de biens grevés d'hypothèque, il se libérerait en versant le prix à la caisse du séquestre. « La loi du 8 avril 1792 comprend les débiteurs, à quelque titre que ce soit (art. 14), et celle du 25 juillet 1793 ordonne à tous débiteurs sans exception de verser les sommes dues dans la caisse de l'enregistrement, « et ce, nonobstant toutes oppositions de la part des créanciers de chaque émigré, et sans y préjudicier (2e sect., art. 17).» Les créanciers, même hypothécaires, sont donc censés recevoir par les mains du percepteur de la régie.— Merl., Rép., v° Inscription hypothécaire, § 1er; D.A. 6. 782, n. 2.

85.— De là ce grand nombre d'ordonnances, qui, statuant sur la validité d'un tel remboursement à l'état, ont admis, comme point décisif de la question, l'existence de la main-mise nationale au moment du remboursement (Ord. 20 janv. 1811, 3 fév. 1815, 25 juin 1817, 21 oct. 1818, 23 juill. 1823).— D.A. 6. 782, n. 2.

86.— Jugé, conformément aux règles ci-dessus, que l'acquéreur d'un immeuble, dont le vendeur est émigré, se libère valablement, même à l'égard des tiers, en déposant son prix, conformément aux lois, à la caisse de l'enregistrement. — En conséquence, il ne peut plus être poursuivi ni par le vendeur de son vendeur, ni par les créanciers hypothécaires de ceux-ci.— 1er août 1811. Req. Riom. Montmorin. D.A. 6. 784, note 2. D.P. 1. 1497.

87.— Le dépôt fait, de la part de celui qui a acquis d'un émigré avant son émigration, du prix de la vente à la caisse de l'enregistrement, a éteint à l'égard de de l'émigré lui-même les créances du vendeur de l'émigré et des créanciers hypothécaires de ce vendeur. Ceux-ci n'ont plus d'action que contre l'état, pour se faire délivrer ce que l'état a reçu pour eux. — Même arrêt.

88.— L'arrêté du 3 flor. an 11 (non inséré au Bulletin des lois), qui ordonnait que les titres déposés dans les administrations fussent remis aux créanciers non payés ou définitivement liquidés des émigrés rayés, éliminés ou amnistiés, qui voudraient exercer leur action contre leurs débiteurs, n'était applicable qu'à ceux de ces créanciers dont la créance n'était pas alors éteinte.—D'où il suit que le créancier de l'émigré, à raison d'une vente ou d'un pur droit d'hypothèque, ne pouvait invoquer, pour poursuivre son débiteur amnistié, l'arrêté du 3 flor. an 11, si le prix de l'immeuble avait été, par un acquéreur subséquent, déposé à la caisse de l'enregistrement et des domaines, ce dépôt équivalant à paiement.— Même arrêt.

89.— Lors d'une vente faite à la charge, par l'acquéreur, de verser le prix entre les mains d'un créancier du vendeur, il suffit que la délégation n'ait pas été acceptée par ce créancier, ni même signifiée, pour que l'acquéreur ne soit tenu personnellement qu'envers le vendeur, et que, par conséquent, si celui-ci est émigré, il ait pu valablement se libérer, en payant à la caisse du séquestre.— 13 germ. an 10. Civ. c. Maigrebarre. D.A. 6. 782. D.P. 1. 1496.

90.— La confiscation des biens du mari, condamné à mort révolutionnairement, emporte confiscation de la créance qu'il avait, à raison de la vente d'un immeuble, dont l'acquéreur s'était personnellement obligé à payer le douaire, en cas qu'il vînt à s'ouvrir : d'où il suit que, si un ordre s'est ouvert sur le prix de l'immeuble, la république a dû être colloquée au lieu du condamné ; que l'adjudicataire s'est libéré en déposant son prix à la caisse du séquestre, conformément aux lois ; que la femme ou les enfans du condamné ne peuvent pas prétendre, qu'en vertu de la saisine qui leur était accordée par la coutume, le montant de leur douaire dût être distrait du prix pour être versé dans leurs mains ; ils n'ont de recours que contre la nation devenue leur débitrice.— 19 therm. an 12. Req. Paris. Aved de Loyseralles. D.A. 6. 783, note 1re. D.P. 1. 1496.

91.— La loi du 8 avril 1792, qui déclare nuls les paiemens faits par les débiteurs d'émigrés à d'autres qu'à la nation, n'a créé cette nullité que dans l'intérêt national : nul autre que la république n'est donc recevable à l'opposer, et, par exemple, l'acquéreur qui aurait versé son prix entre les mains d'un créancier hypothécaire du vendeur émigré, ne pourrait répéter ce paiement, lors même qu'il serait ensuite obligé à un second paiement au fisc, pour nullité du premier.— 22 germ. an 9. Civ. r. De Mainville. D.A. 6. 783. D.P. 3. 1. 347.

92. — Lorsque, par clause d'une vente authentique et antérieure à l'émigration du vendeur et au 9 fév. 1792, l'acquéreur s'est obligé de verser le prix entre les mains des créanciers hypothécaires de celui-ci, le paiement à ces créanciers, quoique fait après le 9 fév. 1792, n'est point de ceux que la loi du 8 avril, même année, déclare nuls, comme faits à des agens ou fondés de pouvoir d'émigrés. — 22 germ. an 9. Civ. r. de Mainville. D.A. 6. 784. D.P. 3. 1. 347.

93. — Tant que la liquidation des créances indivises avec un émigré n'a pas été faite par l'état, le débiteur se libère en payant à la régie la totalité de la somme due. L'art. 93 de la loi du 1er flor. an 3 porte : « Tous biens possédés par indivis avec des émigrés seront mis provisoirement sous séquestre.» Est valable, par exemple, le remboursement fait dans cette forme par le débiteur d'une créance appartenant à deux époux conjointement, avant que la communauté ait été liquidée (Ord. 13 août 1823).— D.A. 6. 782, n. 3.

94.— Lorsque la succession indivise d'un émigré était sous le séquestre et administrée par l'état, cette administration avait lieu, jusqu'à partage, au nom, tant des héritiers émigrés que des héritiers régnicoles. — Ainsi, le débiteur d'une rente due à cette succession s'est valablement libéré envers les uns et les autres en remboursant le capital entre les mains de l'état. — 4 juill. 1827. Ord. Trouche. D.P. 27. 3. 36.

95.— Mais, après liquidation, la part afférente au co-propriétaire doit être payée entre ses mains (art. 107).— D.A. 6. 782, n. 3.

96. — Ainsi, les acquéreurs d'immeubles indivis avec des émigrés, ne sont pas autorisés à verser dans la caisse nationale la portion du prix due au co-propriétaire régnicole, lorsque, sur le vu des titres produits, l'administration a constaté la quotité des droits du co-propriétaire, et assujetti les acquéreurs, par une clause expresse de l'adjudication, à verser dans ses mains la part du prix. — L'art. 107 de la loi du 1er flor. an 3, qui autorise le versement de la totalité du prix dans les caisses nationales, ne s'applique qu'au cas où, à défaut de production de titres, l'administration n'a pu déterminer la part du co-propriétaire (L. 13 sept. 1793, art. 8 ; 1er flor. an 3, art. 107). — 1er frim. an. 11. Civ. r. Cardinot. D.A. 6. 785, note 3. D.P. 3. 1. 563.

97.— Le co-propriétaire n'est pas même tenu, à l'égard des tiers, d'adopter la fixation que l'état a faite pour sa propre part, s'il s'agit de créances appartenant à une succession indivise avec un émigré. Il peut exercer séparément son action contre les débiteurs de cette succession, la liquidation des créances sur des biens indivis s'opérant, selon l'art. 142 de la loi du 1er flor. an 3, pour la portion seulement qui concerne la nation (Arr. 19 mess. an 8). — D.A. 6. 782, n. 3.

98. — Les créances indivises ne sont point liquidées sans la participation du co-propriétaire, et il a trois mois pour produire ses titres (art. 95, 96).— Mais le remboursement fait avant la production et l'expiration de ce délai n'est pas moins valable, s'il a été autorisé par la régie (Décr. 10 mai 1813). — D.A. 6. 782, n. 4.

§ 2.— *Des créanciers des émigrés.*

99.— La mort civile des émigrés et la confiscation de leurs biens n'ont point eu l'effet de les libérer des dettes qu'ils avaient contractées avant leur émigration (L. des 1er flor. an 3, 5 déc. 1814 et 27 avril 1825; C. civ. 1234 et 1315).— 4 juin 1833. Toulouse. Quenquery-d'Ollive. D.P. 34. 2. 15.

100. — Les créanciers des émigrés peuvent être considérés, dans leurs rapports, ou avec l'état, ou avec les coobligés de l'émigré, ou avec l'émigré lui-même.

Leurs rapports avec l'état ont été réglés différemment, avant et après la loi du 1er flor. an 3. — La nation n'a été d'abord tenue de les payer que comme séquestre ou dépositaire, recevant pour leur compte les deniers provenant ou de la vente des biens, ou du recouvrement des créances, effets et argent de leurs débiteurs émigrés. Ils étaient obligés de s'unir, de poursuivre la distribution des sommes contenues dans la caisse nationale, et de se faire colloquer dans l'ordre, soit comme créanciers privilégiés ou hypothécaires, soit au marc la livre (L. 8 avril 1721; 25 juill. 1793). — La loi du 1er flor. an 3 les a déclarés créanciers directs de la nation, à l'égard des émigrés reconnus solvables lors de leur émigration (art. 1er). Dès lors, il n'y a plus eu d'union. Sauf un délai et à quelque somme qu'elles s'élevassent, l'état a dû payer les créances.—D.A. 6. 785, n. 2.

101.— L'état (à supposer qu'on puisse le regarder comme héritier) n'étant tenu des dettes de successions qu'il a recueillies comme représentant des émigrés, que jusqu'à concurrence des biens dont il s'est emparé, il s'ensuit que si le parent d'un émigré est mort insolvable, l'état n'a pu être tenu des dettes du défunt, et, par exemple, d'une action en garantie à laquelle ce dernier était soumis. — 14 août 1826. Civ. c. Limoges. Meyvières. D.P. 26. 1. 452.

102.— Mais comment remboursera-t-on les créanciers des émigrés ? En assignats, inscriptions sur le grand-livre, certificats de liquidation admissibles en paiement de biens nationaux, et jamais en corps héréditaires. L'art. 16 de la loi du 18 pluv. an 5 n'a permis d'exiger en biens-fonds que le principal et non les intérêts de la légitime. — Les femmes mêmes n'avaient pas droit à la délivrance de ces biens, quoique leur contrat de mariage les autorisât à exercer ainsi leur reprise. L'art. 55 de la loi du 1er flor. an 3 les assujettissait au même mode de paiement que les autres créanciers (Arrêté 27 flor. an 8). La loi du 12 vent. an 8 ne leur a attribué le prélèvement en nature que du tiers de la totalité de leurs biens (art. 8).—Ce mode de liquidation était, comme on peut le voir dans Dalloz, un paiement presque illusoire, une véritable banqueroute.—D.A. 6. 785, n. 3.

103.— L'art. 4 de la loi du 25 juill. 1793, qui accordait au fermier de biens d'émigré, dont le bail était annulé, la récolte par lui ensemencée, s'appliquait au cas où le fermier avait ensemencé par le ministère d'un métayer, comme à celui où il avait ensemencé lui-même.— 12 pluv. an 9. Req. Astiers, etc. D.A. 6. 786, D.P. 1. 1498.

104. — Une femme qui, pendant l'émigration de son mari, a traité de ses droits dans les successions de ses père et mère, ne peut plus, après son amnistie, user de la faculté que lui accordait la loi du 18 pluv. an 5, de demander des corps héréditaires. — 16 fév. 1808. Besançon. Masson-d'Ivrey. D.A. 5. 169. D.P. 1. 1309.

105. — Remarquons que le créancier d'un émigré, pour prix d'un immeuble vendu à celui-ci avant son émigration, ne peut donner en paiement à son propre vendeur qui s'était réservé une hypothèque spéciale sur cet immeuble, l'inscription provenant de la liquidation de la dette de l'émigré, devenue dette de l'état. L'art. 66 de la loi du 24 août 1793 ne reçoit pas ici son application (V. Merl., *Quest. de dr.*, v° Inscription sur le grand-livre, § 4, et D.A. 6. 786, n. 3). — 22 flor. an 10. Civ. c. Guyot. D.A. 6. 786. D.P. 3. 1. 477.

106. — Quelles formalités devaient remplir les créanciers? Ils devaient, à peine de déchéance, faire au secrétariat de l'administration la déclaration et le dépôt de leurs titres, dans un délai déterminé (L. 2 sept. 1792; 25 juill. 1793, sect. 5, § 2, art. 6), qui, reconnu souvent insuffisant, a été prorogé par diverses lois (L. 1er flor. an 3, art. 14; l. 22 frim. an 6, art. 34). — Les preneurs de baux emphytéotiques, à la différence des autres fermiers, n'étaient point tenus de représenter leurs baux (Décr. 21 flor. an 2). — Merlin, *Quest. de droit*, v° Emphytéose, § 4; D.A. 6. 786, n. 4.

107. — Il a été jugé que celui qui avait une servitude active sur un bien d'émigré, et, par exemple, un droit de mettre banc sous des halles, n'a pu conserver cette servitude qu'en faisant, dans le délai légal, déclaration et dépôt des titres justificatifs, au secrétariat de l'administration (L. 2 sept. 1792, art. 6). — 27 brum. an 7. Civ. c. Lebouc. D.A. 6. 786. D.P. 1. 1497.

108. — Merlin (*Quest. de droit*, v° Biens nationaux, § 1er) combat la doctrine établie par cet arrêt; en ce que, dans la loi du 2 sept. 1792, il n'est question que *de droits éventuels ou exigibles* (art. 5), qui *seront liquidés de gré à gré* (art. 7), et qu'une servitude qui n'est pas susceptible de liquidation n'est d'ailleurs ni *éventuelle*, puisqu'elle est imposée actuellement, ni *exigible*, puisque les servitudes ne sont pas rachetables. — D.A. 6. 786.

109. — La production à la liquidation de la dette des émigrés, d'un jugement de condamnation, rendu par défaut contre un émigré, n'a pas suppléé la signification de ce jugement, nécessaire pour faire courir les délais de l'opposition (C. pr. 158). — 31 juill. 1828. Paris. Conflans. D.P. 30. 2. 39.

110. — Tous les créanciers de l'émigré étaient-ils admis? Non. Étaient nuls et non avenus tous titres sans date certaine; tous actes de libéralité faits par les émigrés depuis le 1er juill. 1789; tous autres actes d'aliénation, dans lesquels ils avaient droit ou intérêt, postérieurs au 9 fév. 1792, les liquidations de droits, collocations de créances, actes d'exécution des séparations et des divorces, faits et prononcés depuis le 1er juill. 1789; toute attribution de jouissance et d'usufruit sur les biens des enfans émigrés, en faveur de leurs pères et mères (L. 28 mars 1793, art. 38 à 49). — D.A. 6. 786, n. 5.

111. — Les rapports des créanciers de l'émigré, avec les coobligés de celui-ci, subsistaient dans leur intégrité naturelle. L'action hypothécaire ou en solidarité n'était éteinte que dans l'intérêt de l'état (L. 1er flor. an 3, art. 112). Elle n'obligeait pas moins les co-propriétaires, co-débiteurs ou cautions (Déc. 19 oct. 1808, et 22 oct. 1810). — D.A. 6. 786, n. 6.

112. — Jugé ainsi que le créancier d'émigrés solidairement obligés avec des républicoles, qui est devenu, par la loi du 1er flor. an 3, créancier direct de l'état, n'en conserve pas moins ses actions solidaires contre les obligés; cette loi n'a éteint la solidarité qu'à l'égard et au profit de la république. — 14 niv. an 10. Civ. c. Lecomte, etc. D.A. 6. 788. D.P. 3. 1. 416.

113. — En disposant que, sauf son recours contre ses co-héritiers, chaque héritier serait tenu solidairement des dettes de la succession, l'art. 150 des Placités n'a pas voulu dire que, quand le recours contre l'un des co-héritiers serait devenu impossible, à cause, par exemple, de la confiscation de ses biens, les créanciers de la succession cesseraient d'avoir l'action solidaire contre les autres héritiers. — Même arrêt.

114. — Jugé encore que ce n'est que dans son intérêt que l'état a éteint, par la loi du 1er flor. an 3, l'action en solidarité, à raison des créances sur les émigrés; en se déclarant débiteur de leurs créanciers, il n'a point altéré leur action hypothécaire sur les biens possédés par le co-débiteur non émigré. En conséquence, si tous les biens d'un émigré étaient affectés au service d'une rente, ses héritiers pourraient être poursuivis pour la totalité, quoiqu'une partie de ces biens eût été confisquée (L. 1er flor. an 3, art. 11 et 112). — 5 niv. an 13. Civ. c. Bordeaux. Lagoublaye. D.A. 6. 789, note 1re. D.P. 5. 1. 270.

115. — Jugé enfin que l'effet de l'indivisibilité de l'hypothèque est tel, qu'une créance doit être payée par le détenteur d'une partie des biens hypothéqués, encore qu'il lui fût impossible d'exercer son recours contre le détenteur de l'autre portion, à cause, par exemple, de la confiscation et de la vente qu'en aurait faite la nation, en l'affranchissant de toute charge. — 6 mai 1818. Civ. c. Orléans. Hospice de Dourdan. D.A. 6. 789, note 2. D.P. 18. 1. 380.

116. — La confusion résultant de ce que l'état a possédé à la fois les biens d'un hospice et ceux d'un émigré, débiteur envers cet hospice, n'a pas ôté à l'hospice, quand il a été remis en possession de ses biens, le droit de demander le paiement de sa créance au co-débiteur de l'émigré; ce n'est qu'au profit de la nation que les créances sur les émigrés se sont éteintes par confusion. — Même arrêt.

117. — Merlin (*Quest. de dr.*, v° Émigré, § 15) s'étonne que dans l'espèce de cet arrêt, le co-débiteur de l'émigré n'ait pas fait valoir le moyen suivant: l'état s'est emparé de partie de l'immeuble grevé de la rente perpétuelle de l'hospice, immeuble que j'avais acquis conjointement avec l'émigré. Si, au lieu de l'hospice, l'état lui-même me demandait le paiement intégral de la rente, je serais fondé à lui répondre: représentant de mon co-débiteur, pour une part, vous me devez garantie de cette part: *quem de evictione tenet*, etc. Or, l'état s'est approprié (le 23 mess. an 2) tout l'actif des hospices; par la restitution de cet actif (le 16 vend. an 5), les hospices sont devenus les ayans-cause, les successeurs de l'état, soumis aux mêmes charges. — D.A. 6. 790.

118. — La femme dont le mari a vendu les biens hypothéqués à sa dot, peut exercer l'action hypothécaire contre l'un des acquéreurs, sans qu'il puisse, si l'autre est émigré et n'est pas le débiteur personnel de la femme, opposer le bénéfice de discussion contre la république, qui le représente (L. 1er flor. an 3, art. 1er). — 12 niv. an 9. Req. Plantier, etc. D.A. 6. 788. D.P. 1. 1499.

119. — L'art. 540 de la coutume de Normandie, n'accordant à la femme contre les acquéreurs des biens hypothéqués à sa dot qu'une action subsidiaire, dont il ne lui permet de faire usage qu'après qu'elle aura exercé celle sur les biens de son mari, il en résulte que si le mari est émigré, elle doit actionner la république qui le représente, avant d'actionner les acquéreurs. — 21 frim. an 13. Req. Frégeville. D.A. 6. 788. D.P. 5. 2. 73.

120. — Celui qui a cédé une créance sur une personne, postérieurement émigrée, avec garantie de la solvabilité du débiteur, et promesse de payer à sa place, en cas de mise en demeure, et après une simple dénonciation du commandement fait au débiteur, reste garant du retard dans le paiement, résultant de ce qu'à l'échéance la loi a rendu le remboursement impossible, en consolidant, par exemple, le tiers de la créance en rente perpétuelle sur l'état; et il ne peut opposer au cessionnaire le défaut de notification du retard, lorsqu'il est constaté par des lois promulguées et exécutées. — 5 therm. an 13. Civ. c. Tixier. D.A. 6. 787, note 1re. D.P. 1. 1498.

121. — Les créanciers de l'émigré, devenus créanciers directs de l'état, n'avaient plus, à cause de la novation, aucun recours contre lui pendant la main-mise nationale. Le même principe est écrit dans les lois romaines (L. 2, ff *de Capit. minut.*; l. 47, ff *de Fidejussor.*; l. 3, ff *de Sent. pass. et rest.*) — Merl., *Q. de dr.*, v° Inscription hypothécaire, § 1er; D.A. 6. 786, n. 7.

122. — La donation de ses reprises matrimoniales faite à l'état par une femme d'émigré divorcée, équivaut, pour le mari, à une remise de dette, et, plus tard, la femme ne peut répéter contre lui ses reprises, sous prétexte qu'elle n'avait voulu faire profiter que l'état. — 17 avril 1807. Req. Bordeaux. Petiniau. D.A. 6. 841, note 1re. D.P. 7. 1. 314.

123. — Une dette d'émigré, liquidée par un district durant l'émigration, ne peut être considérée comme effectivement payée par l'état, qu'autant qu'il aurait été délivré un bordereau de paiement par la direction générale de liquidation, et, par suite, le paiement peut en être poursuivi contre l'émigré. — 31 janv. 1828. Bordeaux. Netumière. D.P. 29. 2. 26.

ART. 3. — *De l'amnistie prononcée par le sénatus-consulte du 6 flor. an 10.*

124. — Le code du 28 mars 1793 avait survécu au régime de la terreur; mais l'arrêté du 28 vend. an 9 vint enfin rendre la vie civile à des catégories d'émigrés, et le sénatus-consulte du 6 flor. an 10 compléta cette amnistie.

§ 1er. — *A quelles personnes, moyennant quelles formalités, et depuis quelle époque profite l'amnistie.*

125. — « Amnistie est accordée, pour fait d'émigration, à tout individu qui en est prévenu, et qui n'est pas rayé définitivement » (Sén.-cons., art. 1er), à la charge de rentrer avant le 1er vend. an 11, à moins d'impossibilité constatée (art. 2 et 6), de prêter, devant des commissaires délégués à cet effet, le serment d'être fidèle au gouvernement, de n'entretenir aucune liaison ou correspondance avec les ennemis de l'état, et de renoncer à toute décoration, place, traitement ou pension, obtenus des puissances étrangères (art. 3 et 4). — D.A. 6. 790, n. 1.

126. — Sur le vu du procès-verbal, envoyé sans délai par les commissaires et préfets, le ministre de la police rédigera, s'il y a lieu, un certificat d'amnistie, qui sera délivré et signé par le ministre de la justice (art. 8). — Jusqu'à la délivrance de ce certificat, l'émigré habitera la commune où il a déclaré sa rentrée (art. 9). L'amnistié sera dix ans sous la surveillance spéciale du gouvernement (art. 12); il pourra, si les circonstances le requièrent, être forcé de s'éloigner de sa résidence (art. 15). — D.A. 6. 790, n. 1.

127. — « Sont exceptés de la présente amnistie: 1° les individus qui ont été chefs de rassemblemens armés contre la république; 2° ceux qui ont eu des grades dans les armées ennemies, 3° ceux qui, depuis la fondation de la république, ont conservé des places dans les maisons des ci-devant princes français; 4° ceux qui sont connus pour avoir été ou pour être encore moteurs ou agens de guerre civile ou étrangère; 5° les commandans de terre ou de mer, ainsi que les représentans du peuple, qui se sont rendus coupables de trahison envers la république; les archevêques et évêques, qui, méconnaissant l'autorité légitime, ont refusé de donner leur démission (art. 10). Le nombre n'en pourra excéder mille, dont cinq cents seront désignés par le gouvernement permanent dans l'an 10 » (art. 11). — D.A. 6. 790, n. 1.

128. — Quatre questions importantes sur l'exécution du sénatus-consulte ont été résolues par un avis du conseil d'état, du 9 therm. an 10: 1° les éliminés ou rayés depuis le 28 vend. an 9, sont soumis aux conditions portées dans les arrêtés, et non à celles de l'amnistie, l'élimination étant une radiation définitive, et l'art. 1er du sénatus-consulte ne s'appliquant qu'au prévenu non rayé définitivement. — D.A. 6. 790, n. 2.

129. — 2° Les prévenus d'émigration non rayés définitivement, dont le décès a précédé la publication de l'amnistie, peuvent être amnistiés. « L'amnistie, ayant été principalement accordée en faveur des familles des émigrés, il est tout-à-fait conforme à l'esprit du sénatus-consulte d'étendre la grâce aux héritiers, quand la mort a mis le prévenu lui-même hors d'état d'en profiter. S'il eût vécu, il serait rentré dans les biens dont l'art. 12 fait remise aux amnistiés, comment refuser la même grâce à ses enfans républicoles, nés avant l'émigration. » Cette faveur, toutefois, ne s'étend pas aux héritiers des émigrés compris dans les exceptions de l'art 10. — D.A. 6. 790, n. 2.

130. — 3° Les héritiers de ceux qui sont décédés avant le 1er vend. an 11, sans avoir rempli les formalités du sénatus-consulte, peuvent les faire amnistier, jusqu'à l'époque où le défunt lui-même eût encouru la déchéance, en se présentant devant le préfet de leur domicile séant en conseil de préfecture, avec la preuve du décès de l'émigré, et en requérant après l'accomplissement des formalités de l'art. 2, « que le certificat d'amnistie du défunt leur soit délivré en qualité d'héritier. » — D.A. 6. 790, n. 2.

131. — 4° Les étrangers prévenus d'émigration ne sont point soumis aux conditions de l'amnistie, l'émigration n'étant un délit qu'à cause des défenses portées par les lois du pays de l'émigrant. Où il n'y a pas de délit, il ne peut y avoir ni rémission ni grâce. — D.A. 6. 790, n. 2.

132. — Celui qui est absous d'un délit de chouannerie n'est pas, par cela seul, absous du délit d'é-

migration, et, par exemple, le certificat d'amnistie délivré en vertu de l'arrêté du 7 nivôse an 8 à un individu qui a pris part aux troubles des départemens de l'Ouest, et qui était en même temps inscrit sur la liste des émigrés, n'a pas équipollé pour lui à une radiation expresse.—5 therm. an 12. Req. Paris. Lespinay. D.A. 6. 795, note 1re. D.P. 4. 1. 570.

133. — La maintenue définitive sur la liste des émigrés étant la seule peine imposée à ceux qui ne rempliront pas les conditions d'amnistie du sénatus-consulte du 6 floréal an 10, ce sénatus-consulte n'est pas applicable aux absens non inscrits; on ne peut donc pas leur opposer l'inexécution des formalités qu'il prescrit.— 10 août 1809. Poitiers. Marsault. D.A. 6. 770, note 3 D.P. 1. 1494.

134.— Le sénatus-consulte du 6 flor. an 10, qui, en accordant une amnistie pleine et entière à tous les émigrés, leur prescrivait certaines conditions à remplir dans un certain délai, peut s'appliquer même à ceux compris dans l'un des cas prévus par l'arrêté du 28 vend. an 9, et notamment à un individu sorti de France avant le 14 juill. 1789, s'il n'a pas cessé d'être inscrit sur la liste.— 20 janv. 1834. Req. Paris. Normand. D.P. 34. 1. 81.

135.— Il a été jugé que l'accomplissement des conditions prescrites par les art. 2, 3 et suiv. du sén.-cons. du 6 flor. an 10, n'étant qu'une garantie relative au gouvernement, un particulier ne peut en relever le défaut, dans son intérêt privé, lorsque le gouvernement ne les exige point, et laisse jouir des droits civils celui qu'il y prétend sujet. — 10 août 1809. Poitiers. Marsault. D.A. 6. 770, note 3. D.P. 1. 1494.

136.— Dalloz pense au contraire qu'on est recevable à opposer, dans un intérêt privé, l'inexécution des formalités prescrites par le sénatus-consulte. On ne conçoit pas qu'une personne soit morte civilement, à l'égard de l'état, et placée au rang de citoyen, à l'égard des particuliers. Il doit donc être permis aux uns de relever un défaut de conditions, qui, par rapport à l'autre, a l'effet de maintenir la mort civile de l'emigré. Les argumens invoqués par la cour de Poitiers prouvent trop; car il en résulterait aussi que les individus exceptés par l'art. 10 seraient aptes à l'exercice de tous les droits civils, tant que le gouvernement ne leur contesterait pas cette aptitude. D'ailleurs le pouvoir exécutif n'a pas constitutionnellement qualité pour dispenser des conditions d'amnistie établies par un sénatus-consulte. — D.A. 6. 790, n. 3.

137.— Au surplus, l'opinion de Dalloz, implicitement consacrée par l'avis du conseil d'état du 28 fruct. an 13, l'a encore été par un arrêt de la cour de cassation, suivant lequel l'émigré, avant d'être admis à ester en jugement, doit justifier de la radiation de son inscription — 21 vend. an 11. Req. Rouen. Beauveau. D.A. 9. 590, n. 1. D.P. 3. 1. 543. — V. Intervention.

138.—A quelle époque a cessé la mort civile des émigrés exceptés par le sénatus-consulte, ou qui n'ont pas satisfait aux conditions de l'amnistie?— Du jour de la publication de la charte de 1814; cette abrogation de la loi qui les frappait de mort civile ne résulte pas cependant de la charte elle-même, ni de l'ordonnance du 21 août 1814, mais de la loi du 5 déc. 1814, qui fait remonter cette abrogation au temps de la charte : en effet, de tous les droits fondés sur des lois relatives à l'émigration, elle ne maintient que ceux acquis avant la publication (art. 1er). —D.A. 6. 791, n. 4.

139.—De quel moment sont valables les actes faits par les amnistiés ?—Il faut distinguer : la réintégration dans les droits civils date du sénatus-consulte même : l'art. 15 leur rend, dès à présent, les droits de citoyen. Mais l'art. 17 ne les considère comme réintégrés dans leurs biens, et ne leur en attribue les fruits que du jour de la délivrance de leur certificat d'amnistie. Cette distinction est confirmée par un avis du conseil d'état du 26 fruct. an 13. — D.A. 6. 791, n. 5.

140.—Jugé ainsi que ce n'est pas seulement du jour de la délivrance du certificat d'amnistie que cesse la mort civile de l'émigré rentré en vertu du sénatus-consulte du 6 flor. an 10.—L'exécution des conditions prescrites par les art. 2, 3 et 4 de cette loi, et le certificat du ministre de la police qui constate cette exécution, suffisent, bien qu'il n'ait pas été délivré pour le rétablir dans la jouissance des droits civils, sauf l'exception de l'art 17.— 5 niv. an 13. Req. Rouen. Costé de Triquerville. D.A. 6. 791. D.P. 5. 1. 189.

141.— Du reste, l'émigré rayé provisoirement peut, après le sénatus-consulte de l'an 10, faire tous les actes conservatoires, et, par exemple, prendre une inscription hypothécaire avant d'avoir obtenu un certificat d'amnistie.— 5 sept. 1810. Civ. r. Paris. d'Uzès. D.A. 6. 791, note 1re. D.P. 10. 1. 512.

§ 2.—*De la remise des droits civils.*

142.—L'art. 15 du sénatus-consulte porte : « Les individus soumis à la surveillance spéciale du gouvernement jouiront au surplus de tous leurs droits de citoyen. » Cette réintégration dans les droits civils est réglée par deux principes généraux (V. Droits civils et politiques): 1° elle ne rétroagit pas; les lois anciennes n'attribuaient cet effet qu'aux restitutions à titre de justice. Or, le sénatus-consulte gracie et n'innocente pas les émigrés, puisqu'il en maintient un certain nombre sur la liste fatale, et retient aux amnistiés une partie de leurs biens (art. 10 et 16); 2° l'amnistie les a remis dans l'état qu'ils occupaient avant leur émigration.—D.A. 6. 792, n. 1.

143.—L'amnistie a-t-elle validé le mariage contracté par l'émigré pendant sa mort civile? Considérons d'abord cette question, abstraction faite de toute co-habitation des époux, postérieure à l'amnistie. Nul *ab initio*, et dépourvu d'effets civils (V. *supra*), comment ce mariage serait-il devenu valable? La grâce ne rétroagit jamais, à moins que l'acte qui l'exprime n'en contienne la mention expresse. Toutes nos lois, anciennes et nouvelles, romaines ou nationales, établissent ce principe (V. Instit. *de Testam.*, § 5; *ibid. quib. mod. jus. patr. potest. sol* § 1er; L. *ult. C de sent. pass. et restit.*; V. aussi Richer, *de la Mort civile*, p. 527: d'Aguesseau, 57e plaid.; Proudh., *de l'Usufruit*, t. 4, n. 2018 à 2020; Merlin, Rép. et *Question de droit*, v° Emigré, § 3 et 4, Delv., t. 1er, p. 25, note 18, 2e édit.; Dur., t. 1er, n. 241).—On objecte que d'après l'art. 6 de la déclaration de 1639, la réintégration du contumax légitime de plein droit le mariage formé pendant la durée de la peine. Mais c'est que le contumax qui comparaît dans les cinq ans, est censé n'avoir jamais été condamné. Il est réhabilité, non par faveur du prince, mais comme *innocent*. Cela est si vrai qu'après l'expiration des cinq ans, la restitution, alors toute gracieuse, ne rétroagit pas.—Richer, p. 527.

Les termes du sénatus-consulte de l'an 10 : ils *jouiront* de leurs droits, etc. (art. 15), n'étendent certes pas sur le passé l'influence de cette jouissance. La même interprétation résulte d'un avis du 18 fruct. an 12, portant que cet article « peut bien faire considérer comme valables le *mariage* et autres contrats civils que les émigrés amnistiés ont faits depuis le sénatus-consulte. »—D.A. 6. 792, n. 2.

144.—La cour suprême a décidé en ce sens que l'amnistie n'a point validé le mariage, nul dans son principe pour cause de mort civile, que deux émigrés ont contracté en pays étranger pendant leur émigration.— 16 mai 1808. Civ. c. Liege. Marotte. D.A. 6. 777.

145. — Enfin, la cour a été dirigée par le même principe, lorsqu'elle a jugé que l'amnistie n'avait ni validé le testament fait durant l'émigration (V. *suprà*, l'arrêt du 20 germ. an 12), ni rétabli pour le passé la communauté conjugale (V. *infrà*, arr. 22 pluv. an 13, et 12 nov. 1810).

146. — La co-habitation postérieure à l'amnistie a-t-elle couvert la nullité? Rien à induire, sur cette grave question, des dispositions des lois romaines, puisque le mariage, à Rome, se formait sans aucune solennité, par le seul consentement, de quelque manière qu'il fût exprimé. Tandis qu'en France on ne se marie pas sans un concours de solennités. Il ne suffirait même pas d'une dispense pour valider entre parens, à un degré prohibé, le mariage primitivement nul pour défaut de cette formalité : « Il lui faut, dit d'Aguesseau, 26e plaid., le secours d'une célébration nouvelle. » La cour suprême a jugé que la continuation de la vie commune, quoique non interrompue depuis l'abolition des vœux monastiques, n'avait pas effacé la nullité originelle du mariage d'un religieux (Cass. 12 prair. an 11, v° Mariage).— Merlin, Rép., v° Mariage, sect. 3, § 1er, invoque l'art 196 C. civ. pour établir que l'amnistie, suivie de la possession d'état, a validé le mariage d'émigrés, célébré dans les formes légales; si le code, ajoute-t-il, n'a pas fixé pour ce cas particulier, comme il l'a fait pour les cas prévus par les art. 182, 183, 185 C. civ., le laps de temps qui constitue la possession d'état, c'est qu'il n'entrait pas dans son plan de s'occuper des émigrés. Mais, répond Dalloz, n'entrait-il pas dans le plan du code de s'expliquer sur l'effet de la co-habitation, quant au mariage que le contumax, plus tard réintégré, a contracté dans l'intervalle de l'expiration du délai de grâce à sa comparution?

147. — Cette espèce et la nôtre sont identiques : l'émigré, comme le contumax, n'a recouvré son état que pour l'avenir (C. civ. 30). Si donc la loi n'a pas, comme dans le cas des art. 182, 183 et 185 C. civ., fixé un délai passé lequel le mariage du contumax serait inattaquable, c'est qu'il y a disparité entre ces espèces. Dans un cas, la nullité n'est relative qu'aux époux et à leurs parens : dans l'autre, elle est absolue, et les nullités de cette sorte sont moins faciles à réparer. Là, par la ratification présumée, le mariage est censé avoir été toujours régulier; les enfans nés pendant l'incapacité sont de plein droit légitimes. Ici, la même fiction rencontre un invincible obstacle dans la mort civile : cette mort est irrévocable dans tout ce qu'elle a fait; elle a annulé la célébration nuptiale. Nul originairement, cet acte n'aura donc jamais la vertu de changer en mariage le seul fait de la co-habitation. C'est par ce motif sans doute que, suivant Proudhon, *de l'Usufr.*, n. 2020, et Delv., t. 1er, p 223, 2e édit., la simple co-habitation ne peut, sans de nouvelles solennités, faire un mariage de l'union contractée par le contumax pendant sa mort civile.

148. — Les époux émigrés, a-t-on objecté encore, seront donc, même depuis la restauration, réputés concubins, et leurs enfans bâtards? — Cette conséquence est exagérée. La bonne foi, non moins que les dispositions particulières du droit, règle les effets civils du mariage. Les émigrés, rentrés en France, ont eu de grands motifs de croire valable, surtout depuis 1814, le mariage qu'il ont fait en pays étrangers. — Le législateur de 1825 a énergiquement manifesté la volonté de placer, *autant que possible*, les émigrés dans l'état qu'ils auraient eu sans les lois révolutionnaires; il a été dans son vœu que la restitution fût aussi entière que le permettraient le respect pour le droit des tiers et le besoin de maintenir le repos public. Ces considérations semblent donc garantir de toute attaque le mariage de l'émigré; mais, en principe absolu, la même garantie ne résulte point de la simple co-habitation prolongée après l'amnistie.— D.A. 6. 792, n. 3.

149. — Sur ce dernier point toutefois, la cour suprême a statué en sens contraire, en décidant que celui des époux qui, lors de la célébration de leur mariage, était frappé de mort civile pour émigration, ne peut pas en demander la nullité, si, depuis sa radiation ou son amnistie, il a continué, pendant plusieurs années, par exemple, de co-habiter avec l'autre époux (C. civ. 196). — 19 juin 1811. Req. Paris. Gouillard. D.A. 6. 794. D.P. 11. 1. 305.

150.— Le mariage antérieur à l'émigration, quoique non dissout par la mort civile de l'émigré, était pendant cette mort dénué d'effets civils, et les enfans qui en naissaient n'étaient pas légitimes (V. *suprà*). L'amnistie des époux a-t-elle relevé ces enfans de leur bâtardise? Oui, le mariage renaît et la légitimation par mariage subséquent est de droit commun (C. civ. 331). La restauration d'un mariage doit produire le même effet qu'une première célébration. La légitimation est favorable de sa nature; si l'amnistie ne l'opérait pas, elle serait plus tard impossible. D'ailleurs, elle ne dépouille personne de droits acquis, et n'exerce des effets que dans l'avenir. Du reste, la bâtardise des enfans ne sera effacée qu'autant que les deux époux auront été amnistiés (L. 26, ff. *de Cap. et post. rev.*).—D.A. 6. 794, n. 4.

151. — L'amnistie a réintégré le mari dans la puissance maritale : la femme ne peut plus s'obliger sans son autorisation, et même le seul fait d'amnistie, sans qu'il ait été besoin de remplir les formalités des art. 1451, et 1445 C. civ., fait cesser pour l'avenir, à l'égard des tiers, la séparation de biens produite par l'émigration du mari.— 11 août 1812. Req Caen. Dubost. D.A. 6. 795. D.P. 12. 1. 566. — V aussi Droits civils et politiques.

152.— Mais le divorce obtenu avant la réintégration de l'émigré demeure inattaquable (L. 6 germinal, et avis cons. d'état, 12 prair. an 11). — Merl., Rép., v° Divorce; D.A. 6. 794.

153. — Jugé ainsi que le divorce prononcé pour seule cause démigration n'est pas attaquable par l'émigré amnistié, sous prétexte qu'après l'émigration son conjoint a volontairement co-habité avec lui et a fait ainsi preuve de réconciliation; l'art. 272 C. civ. n'est point applicable.— 5 therm. an 12. Req. Paris. Lespinay. D.A. 6. 795, note 1re. D.P. 4. 1. 570.

154. — Le divorce pour cause d'émigration a été valablement prononcé par l'officier civil du lieu qu'habitait la femme, encore que ce ne soit pas le lieu du dernier domicile du mari émigré. — En conséquence, le mari amnistié ne serait pas non plus recevable à en demander la nullité, pour incompétence de l'officier civil (L. 20 sept. 1792, 24 vend. an 5, avis du cons. d'état, 18 prair. an 13). — 14 prair. an 13 Req. Dufresne D.A. 6. 795, note 2. D.P. 5. 1. 445.

155. — De même que la puissance maritale, la puissance paternelle renaît avec le mariage. — 26 pluv. an 11. Paris. Brisson. D.A. 12. 714, n. 7. D.P. 1. 1413. — V. Minorité.

Mais ni l'une ni l'autre n'a d'effet rétroactif. — V. *infrà*, arrêt des 22 pluv. an 13 et 12 nov. 1810.

156. — La donation faite avant l'émigration du donateur n'est pas révocable par la survenance d'enfans, postérieure à son amnistie. Vainement Merlin, *Quest. de dr.*, v° Révocation de donation, § 3, n. 2, objecte-t-il que *media tempora non nocent*. Cette règle se trouve dans des lois qui ne parlent que du testament antérieur à la mort civile (L. 6, § 2, ff. *de Hæred. instit.*; l. 49, § 1er, *eod. tit.*). Si la réintégration du testateur fait revivre cet acte, c'est qu'elle ne dépouille personne d'un droit acquis. Mais le droit éventuel à la révocation de la donation ne renaîtrait point pareillement sans effet rétroactif, puisque la mort civile a ouvert la succession du donateur, de la même manière que la mort naturelle (C. civ. 25). — D.A. 6. 794, n. 6.

157. — La cour de Liége a aussi condamné la doctrine de Merlin, par arrêt du 27 mai 1820, sur le motif que le mort civilement est censé décédé, quant à la transmission de tous ses biens, et qu'au nombre des biens est certainement compris un droit éventuel au recouvrement d'un objet donné. Dans l'espèce, il s'agissait d'un religieux donateur avant ses vœux monastiques, et devenu père après l'abolition de ses vœux. — D.A. 6. 794, n. 6.

158. — Le droit de succéder n'a point été restitué à l'amnistié, à l'égard des successions échues pendant l'émigration. Elles appartiennent, si le fisc a négligé de s'en emparer, ou par représentation aux descendans de l'émigré, ou par droit d'accroissement à ses co-héritiers (Arrêté 24 frim. an 11). — Merl. Rép., *Partage de présuccession et Succession*, sect. 3. — V. *infrà*, les arrêts des 8 fév. 1810; 4 fév. 1829, 1er déc. 1832.

159. — L'amnistie attribue à l'émigré le droit de tierce-opposition à un jugement rendu contradictoirement avec l'état, par lequel il a été investi d'une qualité de famille qu'il n'avait pas avant son émigration, et déclaré, par exemple, enfant ou frère de tel individu, attendu que l'amnistié est rétabli dans son ancien état, et que le fisc ne le représentait que dans ses droits réels et non purement personnels. — V., v° Chose jugée, les arrêts de la cour de cassation, des 7 déc. 1808 et 9 mai 1821 et l'arrêt de Montpellier, du 24 janv. 1822. — V. aussi l'opinion conforme de Toullier, t. 10, p. 323, et Dur., *des Contrats et obligations*, n. 1190; D.A. 6. 794, n. 8.

§ 3. — *De la remise des biens.*

160. — Deux questions générales se présentent : 1° Quels biens ont été restitués ? 2° à qui profite cette restitution ? — *Quels biens ont été restitués?* Il convient, pour plus de clarté, d'examiner séparément 1° quels actes ont été irrévocablement maintenus par le sénatus-consulte du 6 floréal an 10; 2° quelles exceptions, créées seulement dans l'intérêt de l'état, n'ont pu, après son amnistie, être opposées à l'émigré par des tiers, ou aux tiers par l'émigré.

161. — *Des actes irrévocablement maintenus par le sénatus-consulte du 6 floréal an 10.* — Ce sénatus-consulte porte, art 16 : « Les individus amnistiés ne pourront, en aucun cas et sous aucun prétexte, attaquer les partages de présuccessions, successions ou autres actes et arrangemens faits entre la république et les particuliers, avant la présente amnistie.

Art. 17. « Ceux de leurs biens qui sont encore dans les mains de la nation (autres que les bois et forêts déclarés inaliénables par la loi du 2 nivôse an 4, les immeubles affectés à un service public, les droits de propriété ou prétendus tels sur les grands canaux de navigation, les créances qui pouvaient leur appartenir sur le trésor public, et dont l'extinction s'est opérée par confusion, au moment où la république a été saisie de leurs biens, droits et dettes actives), leur seront rendus sans restitution de fruits, qui, en conformité de l'arrêté des consuls, du 29 messidor an 8, doivent appartenir à la république jusqu'au jour de la délivrance qui leur sera faite de leur certificat d'amnistie.

162. — Selon l'art. 16, un tiers ne peut être dépouillé d'un droit que l'état a consenti au nom de l'émigré. Mais à quels caractères reconnaît-on ce consentement ? Voici les règles qui semblent avoir dirigé le conseil d'état et les tribunaux. Y a-t-il contestation, et l'état, avant l'amnistie, était-il dans les délais pour attaquer le jugement intervenu? Le consentement n'est pas présumable. Tant que ces délais ne sont pas expirés, l'état n'est pas censé avoir abandonné son droit. Ce droit était litigieux, et on ne sait à qui il appartient. La faculté de réclamer est comprise dans les biens restitués. — Merl., *Question de droit*, v° Nation, § 2; D.A. 6. 796, n. 3.

163. — Au contraire, un abandon a-t-il été fait par l'état sans contestation ultérieure ? En vain l'émigré l'attaquerait, fût-ce même pour vice de forme, irrégularité, incompétence, etc. Pourquoi cette différence ? L'état cependant aurait eu le droit de faire rescinder ou déclarer nul cet acte. Oui ; mais rien ne prouve qu'il eût usé de ce droit. On ne saurait donc admettre l'émigré à révoquer ce que l'état voulait peut-être maintenir, sans violer l'esprit du sénatus-consulte de l'an 10, qui n'a point voulu que la remise des biens d'émigrés dégénérât en réaction — D.A. 6. 796, n. 3.

164. — Toutefois, il faut que l'acte pour lequel on invoque le principe de l'irrévocabilité, soit réellement émané de l'état. — Ainsi, les administrations de département n'ayant été établies que pour diriger la régie et surveiller la conservation des biens nationaux (L. 28 août 1792, art. 1er, 2, 5 et 6; l. 10 juin 1793, 9 vent. an 4, art. 1er), et non pour rendre des jugemens sur des questions de propriété; un tel jugement, émané de ces administrations, ne sera point considéré comme rendu contradictoirement avec l'état, et dès lors l'émigré amnistié dans les délais d'opposition ou d'appel, sera recevable à l'attaquer (Ord. 7 août 1816, 3 fév. et 23 juin 1819, 22 mai 1822). — Corm., 2e édit., v° Emigré, § 5; D.A. 6. 797, n. 4.

165. — Il en serait autrement si le ministre des finances avait, par son acquiescement, donné force d'exécution à des arrêtés de ce genre (Ord. 20 janv. et 20 oct. 1819, 6 sept. 1820, 2 fév. 1821). — V. *infrà*, sect. 4; D.A. 6. 797, n. 4.

166. — On va voir les principes ci-dessus presque constamment suivis par la jurisprudence, tant du conseil d'état que des tribunaux.

167. — Voici, suivant la *Jurisprudence administrative*, les actes irrévocablement maintenus : — 1° Partages de successions ou présuccessions (Décrets 3 oct. 1811, 29 août 1813; ord. 20 nov. 1815, 21 oct. 1818 : 24 oct. 1821, 23 juill. 1823); — 2° Arrêtés définitifs des administrations départementales, qui ont abandonné à des femmes ou à des héritiers d'émigrés des biens en nature, pour les remplir de leurs reprises ou de leurs cas dotaux, quoique ces créances eussent dû être liquidées en argent (Déc. 18 mars 1812; ord. 20 nov. 1815, 3 fév. 1819, 11 mai 1825); — 3° Remboursemens faits par leurs débiteurs entre les mains de l'état (Décr. 29 août 1815); — 4° Dispositions de biens faites par l'état à titre gratuit ou onéreux, au profit soit des communes (Ord. 11 juin 1817, 17 nov. 1819, 19 mars 1820), soit des particuliers (Ord. 20 janv. 1819, 9 juill 1820), même après la radiation définitive ou l'amnistie, si les biens sont restés sous le séquestre, ou s'ils étaient compris dans les exceptions du sénatus-consulte; — 5° Ventes de lots recueillis par l'état à la suite d'un partage (Décr. 26 mars 1812); — 6° Décret rendu contradictoirement avec le domaine, représentant l'émigré (Ord. 16 août 1820); — 7° Renonciation de la nation à l'exercice d'un droit contre un émigré son créancier (Décr. 4 nov. 1821); — 8° Partages de biens indivis entre un régnicole et l'état (Ord. 22 fév. 1821); — 9° Arrêtés administratifs qui ont renvoyé des parens d'émigré en possession de ses biens, pour les remplir de droits qu'on a reconnu leur appartenir (Décret de therm. an 12, 22 déc. 1811, 29 déc. 1812; ord. 14 fév. 1815, 3 fév. et 8 sept. 1819). — D.A. 6. 796.

168. — Les aliénations du fonds ou les adjudications de coupes de bois, faites par l'état, avant la radiation de l'émigré décédé, même avant la reconnaissance des droits des successibles par des jugemens définitifs, sont valables à l'égard soit des héritiers, soit des usufruitiers (Ord. 15 avril 1822). — D.A. 6. 797.

169. — Les partages de présuccession sont même inattaquables de la part des héritiers régnicoles, sous le prétexte d'une démission de biens antérieure au séquestre, s'ils ont laissé écouler un long temps, ou depuis la date du partage, ou depuis le décès de l'ascendant (Ord. 25 juin 1817). — Pareillement, sur la demande d'héritiers survenans et admissibles, il n'y a pas lieu de procéder à un nouveau partage en nature, mais seulement en valeur, de biens advenus au domaine, cédés à la caisse d'amortissement, et aliénés par elle (Ord. 5 déc. 1817). — Est même inattaquable, de la part d'un co-propriétaire, le décret qui a disposé de la propriété d'un immeuble indivis et séquestré, quoique les droits du réclamant aient été reconnus avant le décret (Ord. 3 juill. 1820). — Comme on le verra plus bas, la faveur de la possession des tiers a été portée jusqu'à déclarer irrévocable la disposition du bien d'autrui, par décret, comme celle faite par vente (Arrêté 23 therm. an 8; déc. 14 fév., 29 août 1813; ord. 23 avril 1820). — D.A. 6. 797.

170. — Des biens échus à l'état par la confiscation, remis par erreur dans les mains de l'émigré et par lui aliénés, sont valablement aliénés (Déc. 7 fév. et 19 août 1813). — Les émigrés amnistiés ou rayés, ou leurs ascendans conservent ce qu'ils ont perçu pendant leur jouissance provisoire (Déc. 31 août 1806, et 7 oct. 1809). — D.A. 6. 797.

171. — Dans les réfections de partages de successions indivises des biens séquestrés sur des émigrés, l'omission du tirage au sort n'entraîne pas la nullité du nouveau partage (Ord. 7 août 1816). — D.A. 6. 797.

172. — Le séquestre n'est tenu d'aucune responsabilité envers un émigré amnistié, pour la conservation ou la représentation des effets mobiliers, mis à la disposition du gouvernement par suite de l'inscription du nom du demandeur sur la liste des émigrés. — D.A. 6. 797.

173. — Si l'autorité administrative a réglé le compte de revenus perçus dans l'intérêt d'un séquestré et de non séquestrés, ce réglement ne lie que le séquestré. Les autres parties peuvent débattre le compte dû par l'administrateur, devant l'autorité judiciaire (Décr. 20 déc. 1812). — D.A. 6. 797.

174. — Sont exceptés de la restitution : les créances sur le trésor (Sénatus-cons. 6 flor. an 10, art. 17; arrêté du 26 mess. an 8 : décr. 26 déc. 1812). — Les arrérages de rentes séquestrées, échus jusqu'au moment où l'emigré est rentré en jouissance (Arrêté 29 mess. an 8; décr. 27 déc. 1812). — Les droits d'affouage ou autres, exercés précédemment sur des forêts nationales, et qui se sont éteints par confusion (Décr. du 11 juill. 1812) — D.A. 6. 797.

175. — On va voir que les tribunaux n'ont pas apporté moins de rigueur que le conseil d'état à maintenir contre les prétentions des émigrés amnistiés les droits acquis aux tiers.

176. — L'émigré amnistié ne peut attaquer les jugemens auxquels la république a acquiescé pendant qu'elle exerçait ses droits. — 10 flor. an 13. Civ. r. Bertrand. D.A. 6. 797. D.P. 5. 1. 368. — 21 pluv. an 10. Paris. Lemnet, etc. D.A. 6. 797, n. 1. — 22 vent. an 13 Req. Dijon. Syremains. D.A. 6. 797, n. 1, D.P. 5. 1. 367. — 19 fév. 1811. Req. Froissard. D.A. 6. 797, n. 1. D.P. 11. 1. 407. — 28 juin 1808. Civ. c. Rouen. Pref. de l'Eure. D.A. 6. 554. D.P. 1. 568 (V. Chose jugée). — D.A. 6. 797, note 1re.

177. — L'exécution volontaire d'un jugement est l'acquiescement le plus positif à la chose jugée, et rend la partie qui a fait cette exécution non recevable à l'attaquer par la suite — *Spécialement*, lorsque l'état, aux droits d'un émigré, a exécuté une sentence arbitrale qui adjugeait à une commune la propriété d'un terrain usurpé sur elle par la puissance féodale, l'état, l'émigré ou ses héritiers sont non-recevables à se pourvoir en cassation contre cette sentence. — 24 avril 1826. Civ. r. Agen. Damblard. D.P. 26. 1. 256.

178. — De même, lorsqu'en exécution d'une sentence arbitrale rendue sur une contestation au sujet de la propriété d'une forêt, au profit d'une commune contre l'état, représentant un émigré, et après l'expiration des délais accordés par les lois des 28 brumaire an 7 et 11 pluviôse an 9, pour appeler de ces sortes de sentences, il est intervenu des arrêtés, soit du ministre, soit des consuls qui ont ordonné l'arpentage et l'aménagement des bois adjugés par la sentence à la commune, laquelle, par suite, s'est mise en possession, il résulte de ces actes acquiescement, de la part de l'état, à la sentence arbitrale. En conséquence, l'émigré ou ses héritiers ne sont pas recevables à l'attaquer en cassation; à leur égard, comme vis-à-vis de l'état, la sentence, pleinement exécutée, est un titre irrévocable. — 4 avril 1826. Civ. r. De Montbarrey. D.P. 26. 1. 320.

179. — Lorsqu'un bail, consenti par un émigré, a été à tort annulé comme n'ayant pas de date certaine, et que, par exemple, un décret de la convention nationale, qui a reconnu comme certaine la date de ce bail, a ordonné que, s'il y avait lieu, des indemnités fussent adjugées aux fermiers pour raison de la non jouissance, ce décret est un de ces actes et arrangement passé entre la république et des particuliers, qui, aux termes du sénatus-consulte du 6 floréal an 10, ne peuvent en aucun cas et sous aucun prétexte être attaqués par les amnistiés; et, par conséquent, les héritiers de l'émigré amnistié sont tenus de supporter l'indemnité. — 13 avril 1808. Civ. c. Paris. Bazile. D.A. 6. 799. D.P. 8. 1. 193.

180. — L'émigré amnistié est tenu d'exécuter le bail consenti, pendant son émigration, par celui qu'un arrêté de département avait alors envoyé en possession provisoire de ses biens, et, par exemple, par ses sœurs en possession d'un bien de la succession de leur père, qui, d'après le statut normand, devait être recueilli par leur frère, à l'exclusion d'elles, et sur lequel bien elles avaient à prétendre un droit de mariage avenant (art. 17, sénatus-consulte, 6 floréal an 10.) — 9 mai 1809. Req. Rouen. Thirony. D.A. 6. 802, note 1re. D.P. 9. 1. 183.

181. — Lorsque la femme d'un émigré a régulièrement renoncé à la communauté qui avait existé entre eux, cette communauté n'est point rétablie de plein droit par la radiation du mari et sa réunion avec sa femme; de telle sorte que celle ci soit censée n'avoir jamais renoncé, et tenue, en conséquence, des dettes de la communauté (Loi, 1er floréal an 3). — 22 pluv. an 13. Req. Bruxelles. Delcroix. D.A. 6. 798. D.P. 3. 1. 246.

182. — La renonciation à la communauté, faite par la femme d'un émigré, conformément à la loi du 1er flor. an 3, est régulière, et doit avoir son effet aussi bien contre les créanciers de la communauté que contre la république, encore que la communauté ait été stipulée sous l'empire d'une loi qui prescrit un autre mode de renonciation, et, par exemple, des chartes générales du Hainaut. — La loi de floréal les a au moins tacitement abrogées à cet égard. — Même arrêt.

183. — La communauté conjugale, dissoute par la mort civile, résultant de l'émigration de l'un des époux, n'a été rétablie par le sénatus-consulte de l'an 10 que pour l'avenir, sans aucun effet rétroactif, de telle sorte, par exemple, qu'au lieu de devenir acquêts de communauté, les biens achetés par la femme pendant la mort civile du mari sont devenus irrévocablement les propres de celle-ci, surtout s'ils lui ont été adjugés par l'état, après liquidation de ses reprises. — 10 juin 1806. Civ. c. Besançon. Masson. D.A. 6. 770, note 1re. D.P. 6. 1. 503.

184. — Jugé de même que les biens confisqués sur cet époux, et achetés de l'état par son conjoint pendant son émigration, ne cessent point d'être propres à ce dernier. — 12 nov. 1810. Civ. r. Régie C. Jaurias. D.A. 6. 798, note 1re. D.P. 11. 1. 172.

185. — L'amnistie du 8 flor. an 10 n'a point, en faveur de l'un des époux, fait revivre les droits de survie (et, par exemple, le douaire de la femme, fixé par l'art. 431 de la coutume de Normandie), dont l'ouverture a eu lieu pendant son émigration, et qui sont ainsi devenus caducs par la mort civile. — 13 juin 1808. Civ. r. Rennes. Beschais. D.A. 6. 799. D.P. 8. 1. 278.

186. — Dans le cas où, par contrat de mariage, des père et mère ont fait à l'un de leurs enfans, qu'ils se sont réservés d'élire, une donation par préciput, qui doit, à défaut d'élection, profiter à l'aîné, si l'aîné est émigré, et que l'état, qui le représente, ait, dans un partage de présuccession, renoncé spécialement, par voie de composition et en faveur de la mère survivante, à l'institution contractuelle, cette renonciation constitue pour elle un droit irrévocablement acquis, de telle sorte que si, postérieurement, elle fait une donation à l'un de ses enfans, l'émigré ne pourra, après son amnistie, en demander la réduction pour obtenir le bénéfice de l'institution contractuelle (Sénat-cons. 6 flor. an 10, art. 16). — 24 mars 1824. Civ. r. Bordeaux. de Goisson. D.A. 6. 800, note 2. D.P. 24. 1. 187.

187. — L'état, saisi des biens d'une succession, ouverte sous l'empire de la loi du 28 mars 1793, au profit d'héritiers émigrés, a pu abandonner ces biens à un individu reconnu par jugement héritier de cette succession, par préférence aux individus émigrés, sans que ceux-ci soient recevables à attaquer l'abandon fait par l'état, sous le prétexte que l'effet de leur amnistie les aurait restitués dans leurs droits successifs : il y a lieu de leur opposer, en pareil cas, le sénatus-consulte du 6 flor. an 10 et la loi du 5 déc. 1814. — 1er déc. 1832. Req. Paris. Kérouartz. D.P. 33. 1. 98.

188. — La mort civile de l'émigré n'empêche pas qu'après son amnistie il n'ait le droit, en vertu du sénatus-consulte de l'an 10, de réclamer des biens non vendus qui lui ont été donnés, par contrat de mariage, avant son émigration, encore que la succession du donateur ne se soit ouverte que pendant la mort civile du donataire (Arr. 3 flor. an 11; C. civ. 725). — 4 mars 1806. Req. Belussières. D.A. 6. 799, note 1re. D.P. 6. 1. 317.

189. — Lorsque l'état représente une succession, et qu'en l'absence des autres héritiers, et sans avoir liquidé les droits des co-partageans, il vend à l'un d'eux les portions indivises dans les biens de la succession; cet acte, n'ayant point pour objet de déterminer la part héréditaire de l'émigré, ni de faire cesser l'indivision, ne peut avoir le caractère ni l'effet d'un partage, ou d'un acte équipollent à partage; en conséquence, sans violer l'art. 17 du sénatus-consulte de l'an 10, l'émigré, après son amnistie, peut provoquer le partage. — 15 fév. 1817. Paris. Sainte-Marie. D.A. 6. 800, note 3. D.P. 1. 1499.

190. — L'émigré amnistié, dont l'ascendant a fait de son chef un partage de présuccession avec l'état, peut, en tenant compte à ses frères et sœurs de la portion adjugée à l'état, réclamer une part dans les biens que l'ascendant a laissés, encore même que le décès de l'ascendant et le partage de la succession eussent précédé la radiation ou l'amnistie. — 8 flor. an 10. Angers. De Sarcé. D.A. 6. 802. D.P. 1. 1500. — 18 avril 1812. Civ. r. Pau. Vidard. D.A. 6. 803. D.P. 13. 1. 9. — 27 oct. 1812. Civ. c. Metz. Couet. D.A. 6. 803. D.P. 1. 1502. — 8 janv. 1821. Paris. Vioménil. D.A. 6. 804. D.P. 22. 2. 47.

191. — Lorsque l'émigré a été institué héritier universel de son père, ayant plusieurs enfans, et qu'à cause de la loi du 17 niv. an 2, la république n'a consenti à exercer dans la presuccession de l'ascendant que les droits à une simple part virile, les tribunaux n'en peuvent pas moins admettre l'émigré au bénéfice de l'institution ouverte depuis son amnistie. La loi du 18 pluv. an 5, abolitive de l'effet rétroactif de la loi du 17 niv. an 2, ne permet pas alors de voir, dans cette décision, une de ces atteintes à un acte administratif, prohibées par le sénatus-consulte du 6 flor. an 10. — 18 avril 1812. Civ. r. Pau. De Vidard. D.A. 6. 803, note 1re. D.P. 13. 1. 9.

192. — Si une succession ouverte avant les lois des 5 brum. et 17 niv. an 2 a été partagée entre l'état et les héritiers d'un émigré, conformément aux dispositions de ces lois dont l'effet rétroactif a été rapporté par celle du 3 vend. an 4, qui frappe de nullité les actes faits en conséquence, un partage nouveau a pu être demandé par l'émigré, depuis rentré en France, contre ceux qui le représentaient, et cela nonobstant la défense faite par le sénatus-consulte de l'an 10, aux émigrés amnistiés, d'attaquer, sous aucun prétexte, les partages faits avec l'état. — 5 mars 1829. Rouen. Chabout. D.P. 31. 2. 23.

193. — Lorsque, dans un partage de biens des émigrés, il a été opéré en masse, et sans distinction d'origine, sur des biens provenant de deux successions, dont l'une devait un compte à l'autre, le droit de demander ce compte est resté intact pour l'émigré, la non reddition étant considérée non comme une lésion irréparable, aux termes des lois sur la matière, mais comme une simple omission, laquelle peut, sans porter atteinte à l'irrévocabilité du premier partage, être réparée par un partage supplémentaire. — 23 nov. 1829. Req. Rennes. Kéridec. D.P. 29. 1. 414.

194. — La famille d'un émigré qui, ayant soustrait à la confiscation de la république une terre appartenant à cet émigré, en s'en déclarant propriétaire, restitue volontairement une portion de cette terre à cet émigré rentré dans ses droits, fait là un paiement, ayant une cause naturelle, et ne pouvant pas donner lieu à répétition. Vainement elle se prévaudrait d'actes administratifs dans lesquels on lui aurait reconnu cette qualité de propriétaire : elle est censée y avoir renoncé; et ce n'est pas, de la part de l'émigré, aller contre les dispositions du sénatus-consulte du 6 flor. an 10. — 9 fév. 1829. Nanci. Rennel. D.P. 30. 2. 55.

195. — Lorsque, par un partage de présuccession, le père d'un émigré a fait remise à l'état d'une rente viagère qu'il avait sur le trésor public, l'émigré amnistié qui vient à la succession de son père, mort depuis son amnistie, doit rapporter le capital de cette rente viagère. — 27 oct. 1812. Civ. c. Metz. Couet du Vivier. D.A. 6. 803, n. 3. D.P. 1. 1502.

196. — Mais doit-il rapporter le capital intégral, ou ne doit-il rapporter que le tiers, les rentes viagères sur l'état ayant été réduites au tiers par la loi du 9 vend. an 6? — Même arrêt.

197. — L'indemnité dont parle l'art 3 de l'arrêté du 24 therm. an 9, relatif aux bois confisqués sur les émigrés et déclarés inaliénables dans les mains de la nation, n'est réservée qu'aux tiers qui pouvaient avoir des droits sur ces bois, et non pas au propriétaire. En conséquence, le legs de cette indemnité fait par l'émigré, antérieurement à la loi du 5 déc. 1814, n'est pas valable. — 4 juill. 1825. Civ. r. Amiens. Dupille, etc. D.P. 25. 1. 283.

198. — Toutes créances de l'état sur des émigrés éliminés, rayés ou amnistiés, sont éteintes s'il est prouvé qu'il a reçu une somme égale au montant de ces créances, soit dans le prix des biens vendus, soit dans la valeur des propriétés affectées à un service public, soit par l'effet de la confusion des créances et droits qui lui appartenaient (Arrêté 3 flor. an 11, art. 3). C'est une dérogation à la règle générale, qui ne permet pas d'opposer au fisc la compensation pour les droits qui lui sont dus (Cass. 8 vend. an 14). — Merl., Rép., v° Compensation, § 3, n. 3; D.A. 6. 797, n. 5.

199. — Les conditions de l'amnistie ne sont pas applicables à l'élimination (Avis cons. d'état, 9 therm. an 10. — V. *suprà*). Or, l'arrêté du 28 vend. an 9 ordonne une restitution de biens plus étendue que celle du sénatus-consulte du 6 flor. an 10. L'éliminé rentre dans tous ses biens non vendus, et reçoit une indemnité pour ceux qui, non aliénés, sont affectés à un service public (art. 13). — D.A. 6. 797, n. 6.

200. — Jugé ainsi qu'à la différence de l'amnistie, l'élimination de la liste des émigrés, faite en vertu de l'art. 13 de l'arrêté du 28 vend. an 9, réintègre l'éliminé dans la généralité de ses biens, sans qu'il y ait lieu d'en excepter, comme le fait l'art. 17 du sénatus-consulte du 6 flor. an 10, les créances sur émigrés, éteintes par la confusion résultant de ce que l'état s'était approprié les biens du débiteur et ceux du créancier. — Si donc l'éliminé est mort avant la loi du 5 déc. 1814, ces créances faisant partie de sa succession, c'est à son légataire universel, et non aux héritiers du sang, qu'appartient le droit de les réclamer. — 12 mars 1828. Civ. c. Rouen. Laferté-Sénectère. D.P. 28. 1. 170.

201. — L'émigré rayé de la liste peut se pourvoir en cassation d'une sentence rendue irrégulièrement contre l'état, par lequel il était représenté, sans qu'on puisse lui opposer l'acquiescement exprès ou tacite donné par l'état depuis sa radiation. — 19 mai 1819. Civ. c. Beauffremont. D.A. 4. 673. D.P. 19. 1. 553.

202. — A supposer que l'effet de la confusion opérée dans l'intérêt de l'état, représentant deux émigrés créanciers et débiteurs l'un de l'autre, eût été tel qu'après l'amnistie, il n'ait pas été permis au créancier de réclamer sa créance contre son débiteur, cet effet ne saurait être attribué à la main-mise nationale qui a frappé momentanément les biens de simples prévenus d'émigration, *éliminés* ou *rayés* en vertu de l'art. 13 de l'arrêté du 28 vend. an 9, qui les a réintégrés dans la généralité de leurs droits d'élimination ou de radiation; par suite, une telle créance s'est trouvée comprise dans les biens du créancier éliminé ou rayé, qui est mort avant la loi du 5 déc. 1814, et a dû être recueillie par son légataire universel. — 7 mai 1829. Orléans. Laferté-Sénectère. D.P. 29. 2. 249.

203. — *Des exceptions créées dans le seul intérêt de l'état, et non opposables à des tiers par l'émigré, ou à l'émigré par des tiers.* — La confiscation décrétée, l'état avisa aux moyens de s'en approprier le produit, avec le plus de garanties et de célérité possible. — Réduire au néant toutes les obligations postérieures au 9 février 1792, tous actes sans date certaine, onéreux à l'émigré, tous paiemens faits entre ses mains, tous partages de biens indivis avec lui opérés sans la participation du domaine, telle fut sa principale combinaison (L. 6 avril 1792, art. 9 et 15; 28 mars 1793, art. 40, 42 et 43; 1er flor. an 3, art. 2 et 3). — D.A. 6. 803, n. 1.

204. — Ces dispositions n'ont évidemment été conçues que dans l'intérêt du trésor, et pour déjouer tout concert entre l'émigré et les tiers, qui tendrait à altérer le gage de l'état. — Saisi alors des biens des émigrés, et loin de tout projet de restitution, le législateur n'a pu vouloir faire servir ces nullités, ces fins de non-recevoir, ces modes de libération, à la mauvaise foi de tiers ou de l'émigré lui-même, qui les invoqueraient après la remise des biens, pour enfreindre d'inviolables engagemens. Que les intérêts privés ne spéculent donc pas sur des mesures qui n'ont eu qu'un but fiscal : telle est la pensée qui a présidé invariablement à la jurisprudence (D.A. 6. 803). Ainsi qu'on va le voir, la nullité des actes relatifs à des biens ou droits indivis avec des émigrés, et passés sans le concours de la république, n'est pas absolue, mais seulement relative à l'intérêt de la république; de telle sorte que des tiers ne pourraient l'invoquer pour se délier de leurs engagemens, s'il s'agissait, par exemple, d'une transaction dans laquelle ils auraient cédé leurs droits personnels sur une succession indivise avec un émigré. — 20 fruct. an 11. Civ. c. Orléans. Daussy-Descoutures. D.A. 6. 803. D.P. 4. 1. 97.

205. — La nullité prononcée par la loi du mois d'août 1792 contre les actes sous seing-privé passés

par un émigré, et qui n'ont pas de date certaine, n'est relative qu'aux contrats onéreux à l'émigré, aux droits duquel venait la nation, et ne peut être invoquée par l'une des parties, dans son intérêt privé. —22 pluv. an 10. Paris. Leriche. D.A. 6. 806, n. 1. D.P. 1. 1502.

206.— Jugé de même que la déchéance prononcée contre les créanciers d'émigrés dont les titres n'ont pas de date certaine, ne peut être opposée par l'émigré amnistié.—Tel est le cas où une créance, dont le titre authentique a été renouvelé par simple acte, est déclarée prescrite par l'état, pour défaut de date certaine du renouvellement.— 22 août 1809. Agen. Larsenne. D.A. 6. 806, note 2. D.P. 1. 1503.

207.— La nullité portée par les lois du 8 avril 1792 (art. 15) et du 28 mars 1793 (art. 40, 41, 42 et 43) contre les paiemens faits à des émigrés, ne peut, dans son intérêt privé, être opposée par l'émigré lui-même, après sa radiation définitive. — 15 vent. an 12. Civ. c. Amiens. Mineurs d'Hautefort. D.A. 6. 807, n. 3. D.P. 4. 1. 441.

208.— La loi du 1er flor. an 3 (art. 95, 96 et 101), qui ordonne la vente des biens indivis avec des emigrés, sans partage préalable, si, dans trois mois, le co-propriétaire ne justifie pas de ses titrés de propriété, sauf les droits de ce co-propriétaire dans le prix de la vente, n'a réglé que les rapports de la république avec les propriétaires indivis et creanciers des émigrés, et non ceux des co-partageans non émigrés ou rayés, à l'égard desquels le droit commun conserve son empire.— Si donc, après la radiation de l'émigré, le co-propriétaire demande le partage des biens indivis, dont partie a été vendue par la république, les juges peuvent, sans violer aucune loi, et bien qu'il n'ait pas provoqué le partage avant la vente, adjuger dans le lot de ce co-propriétaire les immeubles non vendus, au lieu du prix de ceux mis en vente. — 21 germ. an 13. Req. Vanrode. D.A. 6. 807, note 4 D.P. 5. 1. 365.

209.— Un émigré amnistié, qui avait vendu un immeuble avant son émigration, a pu demander à l'acquéreur, outre le prix de la vente, tous les intérêts de ce prix, ceux mêmes qui ont couru pendant la mort civile, s'ils n'ont été ni perçus, ni réclamés par l'état.— Le décret du 29 messid. an 8 (art. 1er), et le sén.-cons. du 6 flor. an 10 (art. 17), ayant pour but, non de libérer les débiteurs des demandes en restitution, mais d'en mettre à couvert le gouvernement seul. — 2 août 1810. Req. Grenaud. D.A. 6. 807. D.P. 10. 1. 427.

210.— L'émigré qui s'est obligé personnellement, avant son émigration, ne peut pas être dispensé de payer ses dettes, par le motif de la confiscation et de la vente de tous ses biens. — En conséquence, doit être cassé l'arrêt qui admet un émigré à faire preuve de cette confiscation et de cette vente, sous le prétexte qu'une telle preuve influera sur la décision d'un procès ayant pour cause une obligation personnelle de l'émigré, antérieure à son émigration. — 15 avril 1828. Civ. c. Montpellier. Sarret. D.P. 28. 1. 211.

211. — L'art. 17 du sénat.-cons. du 6 flor. an 10 excepte de la restitution, faite aux émigrés, « les créances dont l'extinction s'est opérée par confusion, au moment où la république a été saisie de leurs biens, droits et dettes actives. » Cette confusion peut-elle être opposée par le débiteur à son créancier, après que tous deux, amnistiés, ont recouvré leurs biens? — Il faut distinguer : s'agit-il du capital de la créance? la confusion n'est pas opposable. Dans ce cas, l'art. 17 du sénat.-cons. légitimerait seul ce mode de libération; or, cet article n'a eu en vue que l'avantage de l'état.— D.A. 6. 805, n. 2.

212.— Jugé ainsi que les émigrés amnistiés ne peuvent pas, s'il s'agit par exemple du capital d'une rente, s'opposer entre eux la confusion opérée, pendant leur mort civile, par la réunion, dans la personne de l'etat, des qualités de créancier et de débiteur.— 15 vent. an 13. Req. Nanci. De Ludres. D.A. 6. 807. D.P. 5. 1. 322. — 24 août 1820. Req. Metz. Machlot. D.A. 6. 808. D.P. 23. 1. 84. — 12 mars 1828. Civ. c. Rouen. Laferté-Sénectère. D.P. 28. 1. 170.

213.—Jugé, d'après la même règle, que l'émigré amnistié ne peut se prévaloir de la confusion prononcée par l'art. 17 du sén.-cons. du 6 flor. an 10, pour se libérer d'une rente due à une fabrique dont les propriétés ont été consignées, lors surtout que le gouvernement a disposé de cette rente au profit d'un bureau de bienfaisance, et que ce bureau en a perçu les intérês plusieurs années avant et après l'amnistie (Déc. 15 avril 1806 et 26 mars 1812). — D.A. 6. 805.

214.— Jugé dans le même sens que la confusion résultant de ce que l'état a possédé à la fois les biens d'un hospice et ceux d'un emigré, débiteur envers cet hospice, n'a pas ôté à l'hospice, quand il a été remis en possession de ses biens, le droit de demander le paiement intégral de sa créance au codébiteur de l'émigré détenteur de partie des biens affectés à la créance. Ce n'est qu'au profit de la nation que les créances sur les émigrés se sont éteintes par confusion.— 6 mai 1818. Civ. c. Orléans. Hospice de Dourdan. D.A 6. 789, note 2. D.P. 18. 1. 380.

215.— Jugé encore que pendant la durée des lois sur l'émigration, l'état n'a point été héritier des parens des émigrés, mais seulement détenteur, à titre de confiscation, de la portion héréditaire revenant à ces émigrés dans les successions de leurs parens. En conséquence, si le parent d'un émigré est décédé laissant dans sa succession une action en revendication d'un immeuble vendu illégalement par un autre parent, aussi décédé, de cet émigré, il n'est pas vrai de dire qu'il y ait eu confusion, dans les mains de l'état, des droits à exercer du chef de l'émigré, de telle sorte qu'il ait été non-recevable à exercer contre le tiers-acquéreur l'action en revendication, d'après la règle *quem de evictione tenet actio eumdem agentem repellit exceptio*.— 14 août 1826. Civ. c. Limoges. Meyvières. D.P. 26. 1. 452.

216.— S'agit-il d'intérêts, de fruits ou arrérages? — Le paiement de prestations annuelles est en général, dit Dalloz, une charge de la jouissance. Chaque annuité a été due par l'état qui a perçu les fruits. Le non paiement des arrérages a donc été annuellement une confiscation nouvelle, au préjudice du propriétaire de la rente. C'est donc à lui à supporter le préjudice de la non restitution des fruits. Il ne peut pas objecter que la confiscation est le fait d'un tiers. S'il n'a pas reçu les arrérages, c'est sa faute : si le créancier n'avait pas émigré, le débiteur, par les mains de l'état, se fût acquitté. Il n'est pas juste de porter sur le compte de l'un la perte résultant du fait de l'autre (C. civ. 383). Ce raisonnement ne saurait s'appliquer au débiteur d'un capital, puisqu'en recouvrant ses biens, il a recouvré tout ce qui fait face à cette dette, et qu'il a les mêmes moyens de la payer que si ni l'un ni l'autre n'étaient emigrés.— D.A. 6. 805, n. 2.

217.— Jugé, conformément à cette opinion, que l'émigré débiteur d'une rente peut opposer à son créancier émigré la confusion pour les arrérages qui ont couru pendant la confiscation simultanée de leurs biens. — 13 mai 1807. Req. Paris. La Gascherie. D.A. 6. 808, note 2. D.P. 1. 1503. — 24 mai 1808. Req. Dulique. D.A. 6. 808, note 2. D.P. 8. 1. 267.

218. — Jugé de même que, par la double confiscation des biens de deux émigrés, l'un créancier, l'autre débiteur d'une rente viagère, il s'est opéré, au profit de létat, une confusion dont l'effet a été de rendre le créancier non recevable à réclamer contre son débiteur les arrérages qui ont couru durant l'émigration ; ces arrerages doivent être considérés comme revenus des biens formellement exceptés de la remise et réservés au profit de l'état par l'art. 17 du sénatus-consulte du 6 flor. an 10.— 29 nov. 1826. Req. Paris. Syassen. D.P. 27. 1. 74.

219.— *Contrà* : 28 août 1807. Trèves.— V. Hypothèque.—V. dans le même sens le décret du 30 therm. an 12, inséré au *Bulletin*.

220.—Du reste, à compter du jour de la radiation du créancier, la confusion ne peut plus être opposée par le débiteur d'une rente, pour les arrérages échus pendant la double confiscation de leurs biens, encore que ces biens eussent été rendus au débiteur à une époque plus éloignée.—13 mai 1807. Req. Paris. La Gascherie. D.A 6. 808, note 2. D.P. 1. 1503. —24 mai 1808. Req. Dulique. D.A. 6. 808, note 2. D.P. 8. 1. 267.

221.—L'arrêté du 28 floréal an 11 a abandonné aux amnistiés les intérêts et arrérages non perçus par l'état. Il n'est pas douteux que si ces fruits avaient été recueillis par le débiteur, le créancier émigré, après son amnistie, serait recevable dans la demande des arrérages qui ont couru pendant le séquestre. La raison de décider le contraire, que nous développions tout à l'heure, ne se rencontre pas dans cette espèce.—D.A. 6. 806, n. 3.

222.—*A qui profite la remise des biens.*—Les personnes, autres que l'émigré lui-même, qui ont des droits sur les biens restitués, sont, 1° ses héritiers; 2° ses créanciers.

223.—*Des héritiers de l'amnistié.*—Les biens restitués par le sénatus-consulte du 6 flor. an 10 passent-ils aux héritiers du jour du décès, ou aux parens les plus proches au moment de l'amnistie?— Cette question est résolue par l'avis du conseil d'état, du 9 therm. an 10. « Si l'émigré eût vécu, y est-il dit, il serait rentré dans les biens dont l'art. 12 du sénatus-consulte fait remise aux amnistiés : comment refuser la même grâce à ses enfans républicoles, nés avant l'émigration? » Plus loin il ajoute : « Après avoir représenté la preuve en bonne forme du décès de l'émigré, ils (les héritiers) requièrent que le certificat de l'amnistie du défunt leur soit délivré en qualité d'héritiers. » La restitution profitera donc à ceux qui avaient la qualité d'héritiers avant l'amnistie.—Un texte si positif exclut le doute, et met obstacle à la controverse qu'a fait naître la même question, par rapport aux héritiers de l'émigré qui a recouvré ses biens en vertu de la loi du 5 déc. 1814.—V. *infrà*.

224.—La restitution des biens d'un émigré, qui n'a été amnistié qu'après son décès, profite, non pas aux héritiers les plus proches au jour de l'amnistie, mais à ceux qui étaient les plus proches au moment du décès de l'amnistié, ou, s'ils sont décédés avant l'amnistie, à leurs ayans-cause, et, par exemple, à leurs donataires universels —21 déc. 1807. Civ. c. Caen. Guillemette. D.A. 6. 808. D.P. 8. 1. 17.

225.— Dans le cas où, de deux frères émigrés, l'un est décédé en état de mort civile pendant la mort civile de l'autre, si le survivant, après sa propre amnistie, a fait aussi amnistier la mémoire de son frere, les biens de celui-ci lui sont restitués, plutôt qu'aux parens, qui seuls étaient capables de succéder lors du décès, mais qui, au temps de l'amnistie, sont d'un degré plus éloigné.—7 août 1820. Civ. r. Colmar. Cointet. D.A. 6. 810. D.P. 21. 1. 52.

226.— Pareillement, la restitution des biens confisqués sur les condamnés révolutionnairement, et restitués par la loi du 21 plairial an 3, profite, d'après la loi du 22 fructidor an 3, explicative de celle du 21 prairial même année, non pas aux parens les plus proches au moment de la publication de cette dernière loi, mais à ceux qui étaient les plus proches parens au temps de la mort des condamnés. — 23 therm. an 10. Civ. r. Douai. Daussy. D.A. 6. 809. D.P. 3. 1. 505.

227.—Mais cette restitution ne doit profiter qu'aux héritiers naturels, et non aux héritiers testamentaires du condamné, parce que, frappé de mort civile lors de son décès, il n'a pu valablement tester. — 24 moss. an 10. Civ. r. Riom. Andrieux. D.A. 5. 43. —V. Deportation.

228.— Du reste, la loi du 21 prairial an 3, en ordonnant la restitution des biens des condamnés révolutionnairement, a soumis, de la manière la plus entière les héritiers à prendre les choses dans leurs état actuel et à respecter les ventes faites par les agens du trésor. En conséquence, l'exception de l'art. 18, qui réserve aux heritiers les droits qu'ils pourront faire valoir devant les tribunaux contre les particuliers, administrateurs ou préposés qu'ils accuseront d'enlèvement, de soustraction ou d'autres abus, ne s'applique qu'aux tiers préposés ou agens infidèles à qui le gouvernement aurait confié la gestion des biens pendant sa jouissance, et non aux acquéreurs et à ceux qui ont traité avec le gouvernement. A l'égard de ceux-ci, aucune preuve tendante à établir leur mauvaise foi, la soustraction et les abus qu'ils on pu commettre, ne peut être admise. — 11 juill. 1826. Req. Nîmes. Frachon. D.P. 26. 1. 407.

228 *bis*.— Les héritiers testamentaires des prêtres déportés ou reclus, n'ont pas été appelés à recueillir les biens de ces derniers en vertu de la loi du 22 fruct. an 3 : cette loi n'accorde la restitution de ces biens qu'aux héritiers naturels de cès prêtres.— 24 mess. an 3. Civ. r. Andrieux. D.P. 3. 1. 500.

229.—L'émigré, amnistié après sa mort, en vertu du sénatus-consulte du 6 flor an 10, n'a pu ni recueillir, ni transmettre à ses enfans les successions ouvertes pendant son émigration, et auxquelles il aurait eu droit, s'il avait alors joui des droits civils.— 8 fév. 1810. Req. Douai. Lebas. D.A. 6. 810. D.P. 10. 1. 165.

230.— La succession d'un émigré, amnistié après son décès, n'a été ouverte que depuis son amnistie; en conséquence, les plus proches parens n'ont pas fait acte d'héritier en sollicitant son amnistie, et ils ont pu renoncer ensuite à sa succession.—Même arrêt.

231.—L'enfant d'un émigré, né avant l'émigration, succédant *jure proprio* ou par représentation, mais non par transmission, aux parens de son père décédés pendant l'émigration de celui-ci, n'est pas tenu des dettes de son père, s'il a renoncé à sa succession.— Même arrêt.

232. — *Des créanciers de l'émigré amnistie.* — L'émigré amnistié est-il tenu des dettes antérieu-

res à son émigration? Oui. 1° La déchéance des créanciers n'a été prononcée que par le décret du 28 fév. 1810; — 2° l'état n'était tenu des dettes que comme détenteur des biens : sa détention cessant, ces biens passaient naturellement entre les mains de l'ancien propriétaire, grevés des mêmes charges qu'entre celles de l'état; — 3° la loi du 16 ventôse an 9, en prorogeant le délai pour s'inscrire sur les biens des rayés, à titre de grâce, les arrêtés des 23 pluv. et 3 flor. an 11, un décret du deuxième jour complémentaire an 13, reconnaissent, en termes formels, le droit des créanciers (D.A. 6. 812). — V. *infrà*.

233. — Lorsque, pour prix d'un immeuble, une personne s'est engagée, sous l'obligation de tous ses biens à fournir, et faire valoir une rente annuelle, l'émigration postérieure, le séquestre et la vente de l'immeuble arrenté, ne soustraient pas le débiteur à l'exécution de ses engagemens, et par conséquent si, après sa radiation, il rentre en possession de ses autres biens non vendus, ces biens restent toujours hypothéqués pour la sûreté du paiement échu et à échoir. — 30 avril 1806. Req. Poitiers. Craipain. D.A. 6. 812. D.P. 6. 1. 381.

234. — L'acquéreur d'un immeuble, qui, pour le prix, a affecté tous ses biens au paiement d'une rente foncière, et s'est obligé personnellement, n'est pas déchargé de l'obligation par la confiscation et la vente nationale de cet immeuble, dans le cas où, par l'amnistie, il a recouvré des biens non vendus; et si les parties sont régies par la coutume de Poitiers (art 58), il n'y a pas lieu de voir dans la nation un tenancier reconnaissant. — 15 nov. 1808. Civ. c. Poitiers. Régnier. D.A. 6. 812, n. 1. D.P. 9. 1. 6.

235. — La confiscation d'un immeuble grevé de rente foncière, ayant pour cause l'émigration, n'a pas dégagé l'émigré de l'obligation personnelle de servir la rente, et n'a pas, par conséquent, le même effet que le déguerpissement, surtout si le créancier de la rente a inutilement présenté ses titres à la liquidation, et qu'il ne soit pas prouvé qu'il ne reste dans les mains du débiteur aucune partie du domaine grevé, lors même qu'il n'aurait été tenu de la rente qu'en qualité de détenteur (C. civ 1912; Coutume de Paris, art. 99 et 101) — 17 janv 1823. Paris. Cornu. D.A. 6. 813, note. 2. D.P. 1. 1504.

236. — Lorsqu'après avoir fait amnistier leur auteur décédé en état d'émigration, et recouvré ses biens en vertu du sén.-cons. de l'an 10, ces héritiers ont en outre obtenu du souverain, par une faveur spéciale, les biens exceptés de la restitution par l'art. 17 de ce sén.-consulte, ces derniers biens, de même que ceux qui ne sont pas exceptés, sont de droit affectés aux dettes de l'ancien propriétaire. — 7 juin 1814. Paris. Monaco. D.A. 6. 813, note 3. D.P. 16. 2. 52.

237. — L'héritier bénéficiaire qui a émigré n'est pas tenu, après son amnistie, d'acquitter les charges de la succession, s'il n'a été réintégré dans aucun des biens dépendans de cette succession. Il n'y a pas lieu de voir dans le fait de son émigration l'une de ces fautes graves qui rendent l'héritier bénéficiaire personnellement responsable de sa gestion envers les créanciers de la succession. — 22 janv. 1807. Req. Caen. Barbey. D.A. 6. 813. D.P. 7. 1. 76.

238. — Le légataire d'immeubles, que le testateur a grevés d'un legs en argent, ne cesse pas de devoir ce legs, et d'en être tenu par action personnelle, lorsque, par force majeure, et par exemple par la confiscation de tous ses biens, s'il est émigré, il a perdu, sans retour, les immeubles qui lui ont été légués. — 17 mai 1809. Civ. c. Lyon. Verdat. D.A. 6. 814, note 1re D.P. 9. 1. 207.

239. — L'émigré amnistié, dont tous les biens confisqués ont été vendus par l'état, et à qui, par conséquent, l'état n'a pu faire remise d'aucune portion de ces biens, n'est pas tenu des dettes antérieures à l'émigration. — 20 août 1824. Toulouse. Castellane. D.A. 6. 814, note 2. D.P. 1. 1505.

240. — L'inscription prise sur les biens d'un émigré, pendant le séquestre national et après sa radiation provisoire, est valable (L. 16 vent. an 9). — 2 août 1814. Req. Montpellier. Montpezat. D.A. 6. 814. D.P. 14. 1. 476.

241. — Une inscription a été valablement prise sur les biens d'un émigré avant la loi du 16 ventôse an 9; la loi du 25 juill. 1793 (art. 16) n'a fait qu'en dispenser les créanciers, et ne leur a pas défendu d'en prendre. — 3 oct. 1814. Civ. r. Lyon. la Régie C. Dantil-Dagonès. D.A. 6. 815, note 1re. D.P. 14. 1. 607.

242. — Quand la loi du 16 ventôse an 9 dit que le délai de trois mois qu'elle accorde aux créanciers d'un émigré, rayé pour s'inscrire à l'effet de conserver l'hypothèque générale résultante, à leur profit, d'actes antérieurs au nouveau régime hypothécaire, courra du jour où l'émigré rayé aura, dans le département ou les départemens de la situation des biens, fait prononcer par le préfet la levée du séquestre, elle entend que, si divers biens sont rendus à l'émigré en des temps différens, le délai de trois mois pour s'inscrire sur ces divers biens courra, non à partir de la levée du séquestre général, mais à partir de la levée du séquestre partiel apposé sur chacun de ces biens. — 24 avril 1827. Req. Paris. Cholais. D.P. 27. 1. 211. — 31 juill. 1827. Req. Paris. D.P. 27. 1. 425.

243. — L'inscription hypothécaire, prise en vertu de la loi du 16 ventôse an 9, dans les trois mois qui ont suivi la radiation légalement constatée, a donné à l'hypothèque la date du contrat, encore que l'obligation fût antérieure à cette radiation et postérieure à l'inscription du débiteur sur la liste d'émigrés, et lors même que les biens de cet émigré n'auraient point été séquestrés. — 28 juin 1808. Req. Salom. D.A. 6. 775, note 1re. D.P. 8. 1. 368.

244. — Le séquestre maintenu par l'art. 7 de la loi du 21 prair. an 3 sur les biens des fermiers-généraux et autres comptables, condamnés révolutionnairement, n'était pas un obstacle à ce que leurs créanciers pussent, pour conserver leurs hypothèques, prendre inscription. — La loi du 16 vent. an 9 n'étant applicable qu'aux émigrés ou prévenus d'émigration, ces créanciers ne peuvent se relever de leur déchéance en invoquant la prorogation de délai accordée par cette loi. — 26 avril 1813. Civ. c. Paris. Foucaud. D.A. 6. 815. D.P. 15. 1. 494, note 2.

ART. 4. — *De la restitution ordonnée par la loi du 5 décembre* 1814.

245. — La loi du 5 déc. 1814 n'est faite que pour les Français : la restitution qu'elle ordonne ne s'applique pas à des étrangers ex-émigrés. — La convention du 25 avril 1818 a libéré la France de toutes dettes, quelles qu'elles soient, contractées par elle envers les sujets des puissances étrangères (Ord. 4 fév. 1824. Lompret). — Le même principe a prévalu dans la discussion de la loi du 27 avril 1825. La chambre des députés rejeta un amendement qui tendait à accorder l'indemnité à ceux qui avaient la qualité de Français, quand ils furent appelés par la loi ou la volonté de l'ancien propriétaire à le remplacer. — D.A. 6. 816.

§ 1er. — *Quels biens ont été restitués d'après cette loi.*

246. — La loi du 5 déc. 1814 porte, art. 1er : « Sont maintenus et sortiront leur plein et entier effet, soit envers l'état, soit envers les tiers, tous jugemens et décisions rendus, tous actes passés, tous droits acquis avant la publication de la charte constitutionnelle, et qui seraient fondés sur des lois ou des actes du gouvernement, relatifs à l'émigration. » Même disposition dans l'ordonnance du 21 août, qui ne rend la vie civile aux émigrés que sans préjudice du droit des tiers. Toute prétention rétroactive est donc à jamais repoussée. — D.A. 6. 816, n. 1.

247. — Au reste, le vœu de laisser le passé intact, et de donner le plus d'extension possible à l'irrévocabilité de tout ce qui s'était fait sous l'empire de la foi publique, s'est clairement manifesté dans la discussion de la loi à la chambre des députés, et notamment 1° par la substitution du mot *remise* (des biens) au mot *restitution*, que contenait le projet, et qui semblait attribuer à la détention de ces biens l'idée d'une spoliation; 2° et par l'addition après ces mots : *Sont maintenus..... tous droits... fondés sur des lois*, de ceux-ci : *ou des actes du gouvernement*. Les circonstances qui ont motivé ces modifications augmentent encore leur importance. — V. D.A. 6. 816, n. 2.

248. — La jurisprudence administrative s'est parfaitement conformée au principe consacré par l'art. 1er de la loi de 1814, en déclarant inattaquables par qui que ce soit :

1° Toutes les dispositions de biens d'émigrés, faites définitivement par les gouvernemens intermédiaires depuis la confiscation jusqu'à la promulgation, soit du sénatus-consulte du 6 flor. an 10, soit de la charte, à titre gratuit ou onéreux, par voie de donation, cession, partage, arrangement ou vente, en faveur des hospices, des communes ou des particuliers (Décr. 9 avril 1811; ord. 25 juin 1817, 28 juill. 1819, 19 mars, 25 avril, 6 déc. 1820, 14 août 1822; 12 fév. 1823). — En vain l'ancien propriétaire ou ses représentans contesteraient la validité du contrat, soit pour la forme (s'il a été passé, par exemple, en vertu d'un simple décret au lieu d'une loi, ou à dire d'experts, au lieu d'enchères), soit en soutenant que leur auteur avait été mal à propos inscrit sur la liste des émigrés (Ord. 14 août 1822). — D.A. 6. 817.

249. — 2° Les décisions ministérielles qui, avant la restauration, ont fait des remises de capitaux ou d'intérêts sur le prix des biens vendus, ou accordé des sursis jusqu'au décès du débiteur pour le paiement des résultats de décompte, sauf l'action personnelle contre la succession du débiteur, s'il meurt solvable (Ord. 12 mai 1820). — D.A. 6. 817.

250. — 3° Les arrêtés du gouvernement pris sur le rapport du directeur-général des domaines nationaux (Ord. 16 juill. 1817 et 25 avril 1820). — D.A. 6. 817.

251. — 4° Tous décrets rendus avec le domaine, représentant l'émigré (Ord. 26 août 1818, 16 août 1820, 16 sept. 1821). — D.A. 6. 817.

252. — 5° Les arrêtés de différens corps administratifs, même incompétemment rendus, à l'exécution desquels le domaine a consenti, avant le 5 déc. 1814 (Ord. 23 août 1818, 22 fév. 1821, 2 juill. 1823), ou pris contradictoirement entre des co-héritiers regnicoles et le domaine qui représentait alors l'héritier émigré (Ord. 2 fév. et 24 oct. 1821). — D.A. 6. 817.

253. — 6° Les concessions ou ventes de droits d'usage sur des biens remis, faites par l'état, pendant l'absence des émigrés, à des particuliers ou à des communes (Ord. 4 mars 1819 et 23 juill. 1823). — D.A. 6. 817.

254. — 7° L'arrêté qui règle entre l'état et une femme d'émigré ses reprises matrimoniales (Ord. 25 juin 1817), encore que l'émigré alléguât qu'elle a pris faussement le titre d'époux, tandis qu'elle était divorcée (Ord. 3 fév. 1819). — D.A. 6. 817.

255. — 8° L'arrêté d'un représentant du peuple en mission qui autorise une vente d'immeubles, et n'a pas été réformé dans les délais indiqués par la loi du 28 ventôse an 4 (Ord. 28 juill. 1819). — D.A. 6. 817.

256. — 9° Le remboursement, dans les formes légales, fait à la caisse nationale par le débiteur d'un émigré (Ord. 31 mars 1819), bien que les fonds versés n'eussent été prêtés par l'émigré qu'à la condition expresse que le versement eût lieu à une époque postérieure (Ord. 13 mai 1818). — D.A. 6. 817.

257. — L'arrêté de l'administration centrale d'un département qui, en 1793, a envoyé des individus en possession de biens appartenant à des émigrés. — 11 nov. 1831. Ord. cons. d'état. Pean. D.P. 33. 3. 98

258. — La loi du 5 déc. 1814 ayant maintenu tous les actes antérieurs relatifs aux émigrés, les anciens propriétaires des actions du canal du Midi ne peuvent réclamer celles dont il a été disposé, qu'au seul cas de retour stipulé dans les actes d'aliénation, sans qu'il y ait à distinguer si la délivrance a eu lieu ou non au profit du donataire. — 18 avril 1833. Ord. cons. d'état. Caraman C. Petit — 18 avril 1833. Ord. cons. d'état. Caraman C Piedanna. — 18 avril 1833. Ord. cons. d'état. Caraman C. Gravet. D P. 34. 3. 67.

259. — Lorsque, sans faire aucune réserve, le gouvernement a accordé à des enfans naturels, héritiers d'un condamné révolutionnairement, la main-levée pure et et simple du séquestre apposé sur ses biens, quoiqu'il eût le droit d'en retenir une portion comme représentant un émigré, cohéritier du défunt avec ses enfans, cet émigré ou ses représentans ne peuvent, depuis la loi du 5 déc. 1814, réclamer de ces enfans naturels les biens qu'ils ont reçus au-delà de leur portion héréditaire, sous prétexte, par exemple, qu'une main-levée de séquestre n'équivaut point à une disposition expresse, à un acte translatif de propriété (L. 5 déc. 1814, art. 1er). — 25 fév. 1819. Req. Paris. Camus. D A. 6. 818. D.P. 19. 1. 395.

260. — Lorsque la part revenant à un émigré dans une succession, n'a point été recueillie par le fisc, qui avait le droit d'y prétendre, mais a été recueillie par la fille de cet émigré, celui-ci ne peut pas, en vertu de la loi du 5 déc. 1814, réclamer cette succession contre sa fille ou les héritiers de cette dernière. — 24 février 1823. Paris. de la Puisay. D.A 6. 819, note 1re. D P. 24. 2. 45.

261. — Il faut remarquer que l'irrévocabilité ne s'étend qu'aux actes définitifs, et non à ceux qui n'avaient reçu de l'état qu'une existence provisoire ou conditionnelle. La révocation éventuelle profite alors à l'émigré dans la même mesure et aux mêmes conditions qu'à l'état. — D.A. 6. 817, n. 3.

262. — S'il n'y a eu ni acte de partage consommé, ni envoi en possession définitif, les co-héritiers. ex-émigrés, peuvent débattre devant les tribunaux la validité des titres et les effets des actes qui établis-

sent leurs droits de co-propriété (Ord. 10 fév. 1816). — D.A. 6. 817.

263 — S'il reste un partage de mobilier à opérer, l'ancien propriétaire peut y faire procéder en justice, encore que le partage des immeubles fut consommé (Ord. 9 avril 1817). — D.A. 6. 817.

264. — Il peut de même attaquer les échanges comprenant des biens d'émigrés, qui n'ont pas le caractère et la force d'une aliénation définitive (Ord. 23 janv. 1820), obtenir des hospices et autres établissemens de bienfaisance la remise des biens qui leur auront été provisoirement affectés, lorsque, par l'effet des mesures législatives, ces établissemens auront reçu un accroissement de dotation égal à la valeur desdits biens (Ord. 23 janv. 1820; l. 27 avril 1825, art. 17). — D.A. 6. 817.

265. — Le conseil d'état s'est écarté un peu, ce semble, du principe conservateur qui l'a le plus souvent dirigé, en admettant l'émigré à attaquer pour cause d'incompétence, devant le conseil, mais non autrement, ainsi que le domaine en aurait eu le droit, les arrêtés des anciens directoires de département, administrations centrales, préfets et conseils de préfecture, qui ont réintégré des communes ou des particuliers dans la propriété des biens prétendus usurpés par l'effet de la puissance féodale, ou dans l'exercice de droits d'usage ou autres (Ord. 7 août 1816, 3 fév., 23 juin 1820, 29 mai 1822), pourvu que l'état n'y ait pas acquiescé, ou que l'émigré ne vienne pas, comme cessionnaire, au lieu de l'acquéreur grevé par l'acte d'adjudication, de la servitude ou du droit contesté (Ord. 23 juill. 1823). — La distinction qui a prévalu au conseil d'état entre les arrêtés administratifs qui constituent des jugemens, et ceux qui ne forment que des aliénations ou arrangemens, n'est établie ni par le sénatus-consulte du 6 flor. an 10, ni par les arrêtés qui en ont développé le sens. Elle paraît exclue par la généralité de ces termes de l'art. 1er de la loi du 5 déc., *tous actes*, etc. (Corm., 3e édit., vo Emigrés, p. 332). — Ajoutons que diverses autres ordonnances ont vu dans ces lois (V. *suprà*) l'intention de rejeter tous les vices de forme et de compétence. Du reste, la loi du 23 avril 1825 garantit de nouveau l'irrévocabilité de pareilles possessions. — D.A. 6. 817.

266. — Il faut remarquer encore que l'état, à compter de la loi du 5 déc. 1814, cessant de représenter l'émigré, ne peut plus intenter ou subir en son nom les actions litigieuses actives ou passives, ni disposer des biens restitués, contre le gré de l'émigré. — D.A. 6. 817, n. 3.

267. — Les créances sur les émigrés ne sont plus à la charge de l'état (Ord. 11 janv. 1826). — Sont donc annulables les arrêtés ou décrets qui, après l'amnistie de l'émigré et dans l'ignorance de cette amnistie, ont statué sur la validité d'actes notariés passés avant l'émigration entre le créancier et le débiteur, et dont celui-ci prétend faire résulter sa libération. L'appréciation de ces actes n'appartenait qu'aux tribunaux. — D.A. 6. 817.

268. — Sont également attaquables les décisions du ministre des finances, portant approbation des sentences arbitrales rendues au profit des communes contre des émigrés représentés par l'état, si cette approbation n'a été donnée qu'après leur radiation (Ord. 4 juin 1816 et 6 sept. 1820). — Il en serait autrement si l'acquiescement avait précédé la radiation (Ord. 12 déc. 1828, 20 oct. 1819, 6 déc. 1820), ou si, quoique postérieur, il avait pour objet des bois déclarés inaliénables par la loi du 2 niv. an 4 (Ord. 20 janv. 1819), ces bois n'étant pas susceptibles d'être alors remis. — D.A. 6. 817.

269. — Le domaine n'a point pouvoir pour consentir au nom des émigrés restitués dans leurs biens et au profit des acquéreurs la réduction ou la remise en capital ou intérêts du reliquat du décompte (Ord. 3 déc. 1817), ou pour disposer en faveur d'un tiers d'un bien remis, dans l'intervalle de la promulgation de la loi à l'arrêté de remise (Ord. 31 juill. 1815 et 27 déc. 1820). — Le séquestre temporaire de 1815 n'empêche pas que les fruits, alors perçus par le domaine, ou le prix des bois dont l'administration de la guerre aurait disposé, doivent être restitués à leurs anciens propriétaires. — Le domaine n'a pas de qualité non plus pour suivre le recouvrement de ce qui resterait exigible sur le prix de coupes vendues dans les bois séquestrés pour émigration (Ord. 7 mai 1823). — D.A. 6. 817.

270. — Sont restitués, 1° tous les immeubles séquestrés ou confisqués pour cause d'émigration, advenus à l'état par suite de partages, de succession ou de présuccession, et non vendus ou faisant actuellement partie du domaine de l'état (L. 5 déc. 1814);

271. — 2° Ceux qui, vendus, sont remis au domaine par déchéance des acquéreurs (V. Domaines), ou toute autre voie qu'à titre onéreux, et à charge, dans ce cas, de rembourser l'acquéreur déchu des à-compte payés (Même loi).

272. — Si, quoique encourue de plein droit, et même prononcée par le préfet, la déchéance avait été suspendue par un sursis obtenu du ministre des finances, la vente devrait avoir son entier effet (Ord. 12 août 1828). — Mais l'ancien propriétaire serait recevable à faire résilier cette vente, si le paiement avait été abusivement admis, après l'expiration du délai de grâce fixé par l'ordonnance réglementaire du 11 juin 1817 (Ord. 12 nov. et 3 déc. 1823). — D.A. 6. 817.

273. — 3° Les biens reçus en échange de biens d'émigrés (L. 5 déc. 1814).

Mais il faut que l'échange soit consommé (Ord. 23 janv. 1820). — D.A. 6. 818.

274. — 4° Les rentes purement foncières, les rentes constituées et les titres de créances dues par des particuliers (L. 5 déc. 1814).

275. — La loi du 5 déc. 1814, en restituant aux émigrés leurs biens-immeubles qui n'avaient pas été vendus, les a réintégrés, par cela seul, dans toutes les actions que l'état aurait pu exercer lui-même pour recouvrer tout ou partie de ces mêmes biens, et, par exemple, dans le droit appartenant à l'état de demander la nullité d'une sentence arbitrale qui, adjugeant à une commune la propriété d'une forêt nationale, n'a pas été déposée au secrétariat de l'administration départementale, comme l'exigent les lois des 28 brum. an 7 et 11 frim. an 9. — 10 août 1829. Civ. c. Paris. Comm. de Lurey. D.P. 29. 1. 330.

276. — Sont provisoirement exceptés de la restitution, 1° les biens affectés à un service public, pendant le temps nécessaire à leur destination. — Une indemnité pour cette jouissance sera réglée dans le budget de 1816 (L. 5 déc. 1814).

277. — 2° Les biens définitivement aliénés, par lois ou actes d'administration, en faveur des hospices et autres établissemens de bienfaisance, en remplacement ou paiement des biens donnés par ces établissemens. La remise aura lieu lorsqu'ils auront reçu une dotation égale à la valeur de ces biens. L'excédant des biens d'émigrés sur ceux qu'ils remplacent, sera l'objet de la même remise (L. 5 déc. 1814).

278. — 3° Les biens cédés à la caisse d'amortissement, jusqu'à ce qu'il ait été pourvu à leur remplacement (L. 5 déc. 1814).

279. — 4° Les actions représentant la valeur des canaux de navigation, jusqu'à ce qu'elles rentrent dans les mains de l'état par l'effet du droit de retour stipulé dans les actes d'aliénation; ou, si elles sont actuellement en la possession du gouvernement, jusqu'à ce que la demande en soit faite par qui de droit; ou enfin, si elles sont affectées aux dépenses de la légion-d'honneur, jusqu'à l'époque où elles cesseront d'être employées à ces dépenses, suivant l'ord. du 19 juill. 1814 (L. 5 déc. 1814).

280 — Le droit à ces actions n'a pu être ultérieurement enlevé à l'émigré par les titulaires des dotations abrogées, revenus de l'exil (Ord. 29 janv. 1823). — Elles représentent la valeur des deux canaux d'Orléans et de Loing, appartenant à la maison d'Orléans, estimés à 14 millions, et de celui du Languedoc, appartenant la famille de Caraman, estimé à 10 millions. Une loi du 23 déc. 1808 en autorisa la vente. Bonaparte les réunit à son domaine extraordinaire, et les convertit en deux mille quatre cents actions de 10,000 fr. chacune, produisant une rente annuelle de 500 fr. — Deux cents actions grossirent la dotation de la légion-d'honneur. La plupart furent destinées à des soldats ou à leurs enfans, et à de grands dignitaires, à titres de dotation, réversible en cas d'extinction de leur descendance masculine et féminine. — D.A. 6. 818.

281. — Sont irrévocablement exceptés de la remise, les fruits perçus : sont remis, au contraire, les termes échus et non payés ou les termes à échoir du prix des ventes des biens nationaux, les sommes provenant de décomptes faits et à faire sur ces décomptes. — V. Vente nationale.

282. — La restitution des fruits est due depuis le jour où les parties ont constitué le préfet en demeure comme représentant l'état jusqu'à la remise réelle des biens. — Comme détenteur de bonne foi, l'état a fait les fruits siens, jusqu'au jour de la demande (Ord. 6 avril 1828). — D.A. 6. 818.

283. — Il n'y a pas lieu même de restituer ceux versés pendant le séquestre, depuis le certificat de l'amnistie jusqu'à la loi du 5 déc. 1814 (Ord. 19 fév. 1823), l'effet de ce remboursement n'étant pas régi par le sénatus-consulte de l'an 10, mais par la loi de 1814. — D.A. 6. 818.

284. — Le prix des coupes de bois, acquitté en traites négociables, constitue des fruits perçus et non restituables (Ord. sept. 1826). — D.A. 6. 818.

285. — Dans le cas où l'état a vendu une coupe de bois appartenant à un émigré, à condition de procéder au récolement après la vidange, l'émigré, si, sur ces entrefaites, il est réintégré par la loi du 5 déc. 1814 dans la propriété de ces bois, n'est pas recevable à exercer le récolement directement et par lui-même. Il ne peut y procéder que par l'intermédiaire du gouvernement (L. 5 déc. 1814, art. 3, 5 et 9). — 3 avril 1822. Civ. r. Lyon. De Vichy. D.A. 6. 819, note 2. D.P. 22. 1. 183.

286. — Les bois rendus aux émigrés, en vertu des lois d'amnistie, ont dû, pour qu'à l'époque de l'entrée en jouissance des nouveaux possesseurs, on puisse exiger la contribution foncière, avoir été cotisés d'après une matrice particulière (L. 23 sept. 1814, art. 18). — 3 janv. 1832. Req. Domaines C. De Gestas. D.P. 33. 1. 206.

287. — L'absence de matrice et cotisation particulières, qui soumit les bois rendus aux émigrés à la contribution foncière, a pu être constatée, sans que cette constatation donne prise à la censure, en ce qu'elle appliquerait à tort la loi du 23 sept. 1814. — Même arrêt.

288. — L'action que l'art. 4 de la loi du 19 vent. an 9 attribue à la régie des domaines contre les émigrés, pour le recouvrement de la contribution foncière, est limitée au temps qui reste à courir depuis la levée du séquestre jusqu'à la fin de l'année. — Même arrêt.

289. — La réintégration dans les biens ne datait, selon l'art. 16 du sénatus-consulte du 6 flor. an 10, que du jour de la délivrance du certificat d'amnistie. La loi du 5 déc. 1814 ne renfermant aucune restriction de ce genre, c'est du jour de sa promulgation, et non de l'arrêté d'envoi en possession, que les biens ont été rendus. — D.A. 6. 818, n. 7.

290. — Jugé aussi que c'est à l'époque de la promulgation de la loi du 5 déc. 1814 qu'il faut se reporter pour savoir à qui le droit de rentrer dans la propriété des biens a été acquis. Si donc, un ayant-droit à la restitution de biens non vendus, en vertu de cette loi, décède après sa promulgation, mais avant l'arrêté administratif ordonnant l'envoi en possession, les biens rendus sont censés s'être trouvés dans la succession du défunt, encore que l'arrêté administratif d'envoi en possession n'ait pas été rendu en son nom, mais au nom de son héritier. — 26 fév. 1825. Caen. Bonnevalière. D.P. 25. 2. 222.

291. — Il suit de la même règle que toute décision ministérielle, ou même toute ordonnance royale, qui dans l'intervalle de la promulgation de cette loi à la remise, aurait, sans le consentement de l'ancien propriétaire ou sans l'avoir régulièrement entendu, disposé en faveur d'un tiers des biens ou créances restitués, serait annulable par la voie contentieuse. — Corm., *Quest. de droit admin.*, vo Emigré, 2e édit., p. 127. D.A. 6. 818, n. 7.

292. — L'émigré ou ses héritiers peuvent revendiquer d'un tiers qui les détient induement, les biens dont l'état a négligé la revendication (pourvu que les circonstances ne fassent pas présumer l'abandon volontaire de la part de l'état). Tant que la prescription ne s'est pas accomplie, le détenteur ne peut se plaindre de la violation d'un droit acquis. Il n'invoquera pas non plus la confiscation essentiellement instituée dans les intérêts du trésor, et dont la levée ou l'inapplication ne doit profiter qu'à ceux que la main-mise nationale eût dépossédés. — D.A. 6. 818, n. 8. — V. *suprà* l'arrêt du 26 janv. 1807.

293. — Si les biens d'un émigré sont grevés d'usufruit, et que, pour conserver à l'usufruitier la jouissance de ces biens, l'état ait ordonné la levée du séquestre, il ne résulte pas de cette main-levée que l'état ait renoncé à la propriété de ces biens. — 24 janv. 1828. Req Riom. Desrois. D.P. 28. 1. 105.

294. — La loi du 5 déc. 1814 n'a trait qu'à la remise à faire aux émigrés de leurs biens-immeubles non vendus, qui, lors de cette loi, existaient dans le domaine de l'état. Dès lors, ce n'est point en vertu de cette loi, mais en vertu d'un droit héréditaire, momentanément suspendu par son inscription sur la liste des émigrés, qu'un émigré a le droit de revendiquer, contre un tiers-détenteur, un immeuble acquis illégalement par celui-ci, d'un individu qui n'en était pas propriétaire....; de telle sorte que, si durant le temps où l'état aurait pu s'emparer de cet immeuble, il ne l'a affecté à aucun droit au profit des

tiers, l'émigré peut le revendiquer franc et quitte de toute charge provenant du fait de l'état. — 14 août 1826. Civ. c. Limoges. Meyvières. D.P. 26. 1. 452.

295. — La prescription a couru contre l'émigré pendant son émigration, la république l'ayant représenté tant activement que passivement. — 16 prair. an 12. Civ. c. int. de la loi. C. Desvignes. D.A. 6. 788. D.P. 1. 1498. — Op. conf., Merl., *Quest. de dr.*, v° Prescription, § 5; D.A. 6. 818, n. 9.

296. — Il ne peut par conséquent se prévaloir de son absence comme d'un moyen empêchant la déchéance, si l'appel n'a pas été interjeté en temps utile par la nation. — 5 flor. an 13. Req. Paris. Villeroy. D.A. 1. 469. D.P. 5. 1. 343 — *Contrà*, 9 juill. 1811. Paris. Bornier. D.A. *eod.* D.P. 1. 169.

297. — Il n'est pas fondé à invoquer la maxime *contra non valentem agere*, etc., pour demander, malgré la déchéance encourue, soit par lui, soit par l'état, son représentant, la réduction en numéraire métallique d'une dette contractée pendant le cours du papier-monnaie. — 10 juin 1806. Civ. c. Teyssier. D.A. 6. 788, note 1re. D.P. 6. 1. 513. — 13 déc. 1831. Req. Rennes. Desson. D.P. 31. 1. 377.

298. — La réintégration des émigrés dans la propriété de leurs biens non vendus, date du jour de la délivrance du certificat d'amnistie et non du jour du sénatus-consulte du 6 flor. an 10. — En conséquence, si, au jour de la délivrance de ce certificat, les biens de l'émigré ont été possédés pendant trente ans par un tiers-détenteur sans titres, la prescription s'est accomplie en sa faveur, encore bien que les enfans de l'émigré décédé aient été mineurs dans l'intervalle qui s'est écoulé depuis le 6 flor. an 10 jusqu'à la délivrance du certificat d'amnistie. — L'état n'ayant pas cessé, pendant ce temps, de représenter l'émigré, la minorité n'est d'aucun effet pour interrompre la prescription. — 18 déc. 1826. Civ. r. Pau. Ducornet. D.P. 27. 1. 97.

§ 2. — *A qui profite la restitution, d'après la loi du 5 décembre* 1814.

299. — On va parler successivement : 1° des héritiers de l'émigré ou de leurs ayans-cause; 2° des créanciers de l'émigré.

1° *Des héritiers de l'émigré ou de leurs ayans-cause.* — Suivant la jurisprudence de la cour de cassation, c'est à l'héritier de l'émigré le plus proche au jour de la publication de la loi du 5 déc. 1814, et non à l'héritier de celui qui était le plus proche au jour du décès, que profite la remise ordonnée par cette loi. — 9 mai 1821. Civ. c. Caen. Bazire. D.A. 6 825. D P. 21. 1. 391.

300. — Jugé au contraire que quand la loi de 1814 a disposé que les biens invendus seraient restitués aux émigrés ou *à leurs héritiers*, elle a entendu comprendre sous ces mots, *leurs héritiers*, ceux qui, d'après les principes généraux, avaient capacité et droit à l'époque de l'ouverture de la succession, et non pas seulement les parens les plus proches au moment de la promulgation de cette loi. — 10 juin 1831. Riom. Bonnafoux. D.P. 33. 1. 269.

301. — Dalloz adopte cette dernière décision, et attaque fortement l'arrêt de la cour de cassation : il repose, dit-il, sur ce seul argument, que les biens n'ont été rendus qu'à titre de don ou de munificence, et qu'il faut exister au moment d'une libéralité pour la recevoir — Mais la remise des biens n'a été ni une libéralité, car l'état ne s'est imposé ce sacrifice que pour opérer une réparation, ni une restitution à titre de justice, car une pareille restitution rétablit dans tous les droits dont on a été dépouillé, et fait réputer non-avenu tout ce qui s'est passé dans le temps intermédiaire. Le véritable caractère de cette remise est celui d'une transaction légale et politique entre des intérêts en lutte. La pensée de la loi a été, comme le dit son préambule, « de concilier *un acte de justice* avec le respect dû à des droits acquis par des tiers, etc. » Si elle avait entendu ne faire qu'un don, était-il nécessaire de dire qu'il n'y aura lieu à aucune remise de fruits perçus (art. 3)? Eût-elle maintenu les inscriptions prises sur les biens restitués par les anciens créanciers de l'émigré pendant la main-mise nationale? La loi remet les biens à ceux qui en étaient propriétaires, ou *à leurs héritiers* ou ayans-cause. Comment voir dans ces expressions un nouvel ordre de succession, un troisième mode d'ouverture des successions, autre que la mort naturelle ou civile (C. civ. 718), une institution enfin sans précédens? Quand, dans l'ancien droit, le prince rendait, à titre de don, les biens d'un condamné à ses héritiers, le don profitait aux héritiers du jour du décès (Lebrun, liv. 3, ch. 4, n. 79, et liv. 2, ch. 1er, sect 1re, n. 87; arr. 29 janv. 1691), attendu, disent les auteurs, que le *mort saisit le vif*, nonobstant la confiscation (*hereditas sine corpore ullo intellectum habet*). Le fisc n'est pas héritier, mais simple détenteur des biens. La confiscation suspend seulement les effets de l'hérédité (Merl., *Quest de droit*, v° Confiscation). Ces principes, enseignés par la raison, ont été érigés en loi par la révolution même. Quand on a rendu leurs biens aux religionnaires, aux condamnés, aux prêtres déportés, le décret du 9 therm. an 2, art 27; la loi du 20 prair. an 4; l'avis du cons. d'état, du 9 therm. an 10, revêtu de l'approbation qui lui donnait alors le caractère législatif, ont consacré unanimement le droit des héritiers du jour de la mort. La loi du 27 avril 1825 a pareillement adjugé l'indemnité à ces héritiers. Il n'y a aucun motif de s'écarter de cette règle constante dans l'application de la loi de 1814. — D A. 6. 820.

302. — Les biens rendus par la loi du 5 déc. 1814 doivent l'être exclusivement à l'héritier naturel au jour du décès, lorsque cet héritier était déjà entré en possession d'autres biens faisant partie de l'hérédité de l'émigré, et non aux plus proches parens au jour de la promulgation de la loi de 1814. — 22 juill. 1833. Civ. r. Riom Bonnafoux. D.P. 33. 1. 269.

303. — Le légataire universel de l'héritier le plus proche au décès, ou de l'émigré lui-même, après son amnistie, a-t-il droit aux biens restitués par la loi du 5 déc. 1814? — Les motifs développés ci dessus en faveur des héritiers du sang ne s'appliquent point au légataire. Il ne tient ses droits que de la volonté du testateur. Or, le legs de la chose d'autrui étant nul, les biens appartenant à l'état n'ont pu lui être transmis en vertu d'une disposition testamentaire. Il eût fallu, pour opérer cette transmission, que la loi du 5 déc. l'autorisât formellement, comme l'art. 7 de la loi du 27 avril 1825. — D.A. 6. 820, n. 2.

304. — Jugé ainsi que la remise de biens d'émigrés, ordonnée par la loi de 1814, doit profiter, non au légataire de l'héritier naturel le plus proche au décès de l'émigré, mais aux parens les plus proches à l'époque de la promulgation de cette loi (à l'époque du décès, suivant Dalloz, V. *supra*). — 25 janv. 1819. Civ. c. Paris. D'Epinay. D.A. 6. 821. D P. 1. 1505. — 22 juill. 1819 Rouen D'Epinay. D.A. 6. 822, note 1re. D.P. 1. 1505. — 10 fév. 1823. Civ. c. Besançon. Reculot. D.A. 6. 822, note 1re. D.P 23. 1. 126. — 18 fév. 1824. Civ. r. Paris. Malafosse. D.A. 6. 825. D.P. 24. 1. 64.

305. — Jugé de même que c'est au plus proche parent de l'émigré lors de la loi du 5 déc. 1814, et non au légataire universel, qu'il a institué après son amnistie, que sont restituées par cette loi les créances de cet émigré, qui étaient exceptées de la remise par l'art. 17 du sénatus consulte du 6 flor. an 10, comme éteintes par confusion entre les mains de l'état. — 19 mai 1824. Civ. c. Paris. Maynaud C. Laferté. D.A. 6. 823. D.P. 24. 1. 203.

306. — Jugé encore que les biens rendus par l'état en vertu de la loi du 5 déc. 1814, doivent appartenir aux héritiers naturels, par préférence aux légataires. La loi du 27 avril 1825, relative aux indemnités à accorder aux émigrés et autres pour leurs biens vendus, n'a rien innové à la loi du 5 déc. 1814, relative aux biens rendus. — 4 juill. 1825. Civ. r. Amiens. Dupille. D.P. 25. 1. 283.

307. — Il a même été décidé (mais cette solution pourrait être sérieusement combattue) que la remise ordonnée par la loi de 1814 profite aux héritiers *ab intestat*, et non au légataire à titre universel ou particulier, que l'émigré décédé avant cette loi aurait institué après son amnistie, alors même que le legs aurait été fait par une condition expresse pour le cas de la remise soit des biens, soit d'une indemnité promise par le gouvernement à la place de ces biens. — 6 juin 1821. Amiens. Dupille. D.A. 6. 824, note 2.

308. — L'héritier d'un ancien émigré amnistié, qui, antérieurement à la loi du 5 déc. 1814, a consenti l'exécution pleine et entière d'un testament par lequel l'émigré léguait, outre ses autres biens, ceux qu'il espérait qu'on lui restituerait, peut, nonobstant ce consentement, réclamer les droits que la loi précitée a donnés aux héritiers du sang sur les biens rendus. — 4 juill. 1825. Civ. r. Amiens. Dupille, etc. D.P. 25. 1. 283.

309. — Les biens non vendus, dépendans d'une succession qui a été recueillie par l'état, comme étant aux droits d'un émigré, doivent, si cet émigré a été amnistié, appartenir à ses héritiers, encore qu'il soit décédé avant la loi du 5 déc. 1814, à l'exclusion de ceux qui, au moment de l'ouverture de la succession, se trouvaient, après l'émigré, les plus proches parens du défunt. — 3 janv. 1821. Req. Douai. de Carnin. D.A 6. 826. D.P. 21. 1. 434.

310. — En général, la renonciation à une succession est irrévocable, parce qu'en général aussi l'héritier est mis à même de connaître l'état au moins approximatif de la succession à laquelle il est appelé. Mais la restitution du 5 déc. 1814, qui a fait tout à coup passer tant de familles de la misère à l'opulence, est un événement imprévu même pour l'homme le plus vigilant et le plus éclairé. Or, le législateur n'a pu vouloir, et l'art. 783 C. civ. l'atteste, attribuer un effet irrévocable à une renonciation qui n'aurait eu pour cause qu'une erreur invincible. Tel est le vœu de l'equité et des lois romaines, qui constituent la renonciation à une hérédité, comme son acceptation, dans l'intention plutôt que dans le fait : *Non est tam facti quàm animi* (L. 20, ff. *de Acq. vel. omitt. hœred*). Il y a donc lieu d'admettre l'héritier de l'émigré à revenir sur la renonciation par lui faite à la succession de son auteur (D A. 6. 820, n. 3; Corm., *Quest. de dr. adm.*, v° Emigré, 5e édit., p. 317). — Arrêts conf. 22 avril 1816, Paris. — 13 août 1828. Colmar. D.P. 29. 2. 215. — 4 fév. 1829. D.P. 29. 1. 133.

311. — La renonciation faite par un héritier apparent à la succession d'un émigré, à l'occasion des biens rendus en vertu de la loi de 1814, est nulle et de nul effet comme tous les actes qui en dérivent, lorsque la succession de cet émigré, mort avant la restauration, a déjà été acceptée par son héritier le plus proche, encore bien que celui ci ne se soit pas présenté pour réclamer les biens rendus. — 18 mars 1834. Req. Metz. Vacquan. D.P. 34. 1. 227.

312. — Le parent de l'émigré, qui, en sa qualité de son plus proche héritier à l'époque de la promulgation de la loi du 5 déc. 1814, a obtenu la remise des biens confisqués sur l'émigré, et demeurés invendus dans les mains de l'état, est tenu de contribuer aux dettes de cet émigré en proportion de son émolument, et, par suite, de désintéresser, jusqu'à due concurrence, les héritiers qui ont acquitté ces dettes, alors même qu'il n'aurait pas été investi, au moment de l'émigration, de la qualité d'héritier de l'émigré ou par lui ou par ses auteurs..... Il dirait en vain que, n'étant pas héritier de l'émigré, mais seulement donataire de l'état, il ne peut être tenu des dettes d'une succession qui ne lui est pas échue (L. 5 déc 1814, art. 14). — 24 avril 1827. Req. Paris. Chalais. D.P. 27. 1. 211.

313. — Le parent qui a obtenu de l'état, en vertu de la loi du 5 déc. 1814, les biens non vendus d'un émigré, est tenu de contribuer, concurremment avec le légataire universel de cet émigré, au paiement des dettes de la succession, dans la proportion de la valeur des biens remis. — 26 juill. 1826. Civ. c. Paris. Epinay-Saint-Luc. D.P. 26. 1. 429.

314. — Lorsque les héritiers légitimaires d'un émigré décédé avant la loi du 5 déc. 1814 ont, en leur qualité d'héritiers, demandé et obtenu, depuis cette loi, la remise des biens confisqués sur leur auteur, ils sont tenus d'imputer sur leur légitime la valeur de ces biens. — 26 mars 1833. Req. Paris. Rohan. Rochefort. D.P. 33. 1. 194.

315. — Lorsque, dans l'acte de cession de droits successifs, il est dit que le cédant transporte au cessionnaire *tous les droits, noms, raisons, actions, tant mobiliers qu'immobiliers, fruits et revenus rescindans et rescisoires* à lui revenant dans la succession d'un émigré, la cession ne comprend pas les biens non vendus, restitués plus tard par la loi de 1814. Et, dans ce cas, l'arrêt qui décide que le cédant n'a pas entendu vendre, ni le cessionnaire acquérir les biens non vendus, restitués plus tard par la loi de 1814, n'est pas susceptible de cassation. — 25 janv. 1819. Civ. r. Riom. Grenier. D.A. 6. 827. D.P. 19. 1. 118.

316. — Jugé, dans le même sens, que la vente de droits successifs n'embrasse pas nécessairement les droits rendus plus tard à la succession par la loi du 5 déc. 1814, dans le cas même où, après la désignation expresse de biens et droits cédés, l'acte de vente contiendrait l'énonciation générale de tout ce qui est dû, quoique non désigné. — Ce contrat étant principalement commutatif, ne peut, comme tout autre marché, comprendre que les choses que les parties ont eu en vue, et dont il est vraisemblable qu'elles ont eu l'intention de traiter (C. civ. 1163, 1696). — 18 fév. 1819. Req. Paris. Laferté. D.A. 6. 827, note 1re. D.P. 19. 1. 118.

317. — Le sursis que l'art. 14 de la loi du 5 déc. 1814 accorde aux émigrés rentrés dans la propriété de leurs biens non vendus, pour l'acquittement des dettes dont ces biens sont grevés, profite non seulement à l'émigré, mais encore à ses héritiers ou ayans-cause, et même à l'héritier sous bénéfice d'inventaire (L. 16 janv. 1816, art 14, et 12 avril

1818). — 1er mai 1819. Douai. De Rohan. D.A. 6. 828, note 2. D.P. 20. 2. 62.

318. — Ce sursis ne peut être refusé à un étranger habile à succéder en France, et surtout à une Française d'origine, mariée à un étranger, sous le prétexte que les Français ne jouissent pas de la même faveur dans le pays auquel appartient cet étranger.— Même arrêt.

319.— Des saisies-brandon et immobilière ne peuvent être considérées comme des actes conservatoires de la nature de ceux autorisés par la l'art. 14 de la loi du 5 déc. 1814. — Même arrêt.

320.— 2° *Des créanciers des émigrés.*— Les émigrés rendus à la vie civile par la loi du 5 déc. 1814, demeurent-ils obligés aux dettes antérieures à leur émigration? Cette question s'offre sous un aspect plus ou moins favorable à l'émigré, selon qu'il a ou non recouvré ses biens, et selon la nature de la créance.— Supposons d'abord que ses biens lui ont été restitués, et, dans cette hypothèse, examinons les prétentions de ses divers créanciers.

321. — Le créancier d'un émigré, insolvable lors de son émigration, sera incontestablement recevable dans ses poursuites. Car la loi du 1er flor. an 3, qui déclare les créanciers des émigrés créanciers directs de la nation, excepte de sa disposition les créanciers des émigrés en faillite ou notoirement insolvables.— D.A. 6 829, n. 2.

322 — Le créancier porteur d'un titre qui n'a pas date certaine, et que, par suite, les lois révolutionnaires déclaraient nul, est pareillement admis à actionner son débiteur réintégré. S'il n'a pu agir, aucune prescription, pendant l'émigration, n'a pu anéantir son droit, et la nullité résultant du défaut de date certaine, n'était opposable que par l'état. — D.A. 6. 829, n. 3.

323. — Le créancier liquidé par l'état peut-il revenir contre son débiteur, sous prétexte que la valeur de sa créance a été réduite au tiers par son inscription sur le grand-livre? —Le paiement a été légal. Il dépendait du créancier de ne pas l'accepter. L'autoriser à exercer une action nouvelle, ce serait légitimer toutes les réclamations des créanciers, que leurs débiteurs régnicoles, en l'an 3 et en l'an 4, ont remboursés en assignats, plus dépréciés encore qu'une inscription sur le grand-livre.— Voyez en ce sens la lettre de Régnier, chargé du contentieux des domaines nationaux, du 15 therm. an 9, rapportée par Merlin, *Quest. de dr.*, v° Emigré, § 8; arrêtés 23 pluv. et 3 flor. an 11; décret du deuxième jour complémentaire an 12 et autres; l. 27 avril 1825, art. 18). Par le même motif, la chambre des députés, lors de la discussion de la loi du 27 avril 1825, rejeta un amendement, qui destinait la moitié de l'excédant de la première répartition de l'indemnité, à réparer le dommage éprouvé par les créanciers ainsi liquidés. — D.A. 6. 829, n. 4.

324. — Le créancier qui, sans l'utiliser, a obtenu de l'état un certificat de liquidation définitive, a-t-il un recours contre l'émigré? Il s'est ôté cette faculté, en agréant l'état pour débiteur, et en négligeant, ou de négocier la reconnaissance de liquidation, valeur réelle et négociable, ou de la convertir, soit en achat de biens nationaux, soit en inscription sur le grand-livre (Arrêtés 12 brum., 20 frim an 10; 23 pluv. an 11; ord. 11 avril, 16 mai 1827).— D.A. 6. 830, n. 5.

325. — Du moment où, sur la demande du crédit-rentier, une rente due par un émigré a été liquidée par l'état, les arrérages ont cessé de courir contre l'émigré, encore bien que l'arrêté de liquidation n'ait été suivi ni de l'avis donné au créancier de cette liquidation, ni de son inscription sur le grand-livre de la dette publique..; et les arrérages n'ont repris cours contre l'émigré, au profit du créancier non payé, que du jour où l'émigré est rentré en possession de ses biens (L. 24 frim. an 6, art. 17). — 24 juill. 1826. Paris. Petitbled. D P. 27. 2. 193.

326. — Le créancier qui a pu, mais qui n'a pas voulu se faire liquider par l'état, est-il autorisé par la loi de 1815 à poursuivre l'émigré? Voici l'indication des principaux moyens invoqués par Dalloz à l'appui de l'affirmative: La loi, en décidant, art. 14, qu'il sera sursis jusqu'au 1er janvier 1816 à toutes actions de la part des créanciers des émigrés sur les biens remis par la présente loi; et que lesdits créanciers pourront néanmoins faire tous les actes conservatoires de leurs créances, » la loi reconnaît elle-même le droit des créanciers, puisqu'elle juge nécessaire d'établir une disposition spéciale pour suspendre l'exercice de ce droit. La pensée de la loi est encore manifestée par le rejet de divers amendemens tendant à réduire les créances antérieures à la confiscation, et par la déclaration faite par le garde-des-sceaux à la chambre des pairs (en présentant le projet de la loi du 26 janvier 1816, qui proroge le sursis jusqu'au 1er janvier 1818), que la loi du 3 décembre, en remettant la confiscation aux émigrés ou à leurs parens, *avait fait revivre le gage de leurs créanciers*, et qu'on avait seulement l'intention de chercher s'il ne serait pas possible de restreindre les droits de ces créanciers par une loi nouvelle et spéciale (intention qui ne s'est pas réalisée, car la loi du 27 avril 1825 a admis les créanciers, sans réduction de leurs créances, au partage de l'indemnité).— On objecte que l'émigré remplace l'état et recueille les biens tels et de la même manière que l'état les possédait. Erreur. Quand la loi créait des déchéances contre les créanciers de l'émigré, ce n'était point assurément pour favoriser celui-ci. On ne peut donc le faire profiter de mesures qui n'ont pas été ordonnées pour lui. Les termes même du décret du 25 fév. 1808, invoqués à l'appui du système contraire, prouvent assez qu'il ne peut être opposé que par le fisc et non par les citoyens, même ceux qui pourraient être considérés comme ses ayans-cause. En effet, il ne déclare pas les dettes éteintes, les créanciers déchus : il dit seulement que les liquidateurs de l'état ne devront plus liquider les dettes antérieures à l'an 5. Il cesse donc d'être applicable, lorsqu'il ne s'agit plus de demander une liquidation à l'administration : il crée, en faveur du fisc et pour l'ordre des budgets, un privilége personnel et non transmissible. Le même raisonnement écarte l'objection tirée de la loi du 1er flor. an 3, qui a déclaré *créanciers directs de l'état* les créanciers des émigrés. cette loi ne détermine que les rapports de l'état avec les créanciers, et était loin d'avoir pour objet leurs rapports avec le débiteur réintégré. On objecte encore qu'à Rome la confiscation et la mort civile éteignaient toutes dettes (L. 2, ff. *de Cap. min.*; l. 47, ff. *de Fidejussor*; l. 3, ff. *de Sent. pass. et rest.*). — Il est vrai que par cela seul qu'il possédait les biens confisqués, le fisc était tenu des créances. Mais aucune loi ne dispense le débiteur de cette obligation. La décision contraire s'induit même de la loi 3, D. *de Sent. pass. et rest.* Dans notre ancien droit, quand le gouvernement faisait don aux héritiers des biens d'un condamné, ils étaient censés les recevoir à titre successif. Ils étaient donc obligés aux dettes (Lebrun, *Successions*, liv. 2, ch. 1er, sect. 1re, n. 87; Renusson *des Propres*, ch. 1er, sect. 9, n. 7; arr. conf. 29 janv. 1691). — Enfin et surtout est-il juste que la faute du débiteur aggrave la condition de son créancier, et que la confiscation continue pour la fortune de celui-ci, qui n'a rien à s'imputer, lorsqu'elle cesse pour la fortune de l'autre, qui l'a volontairement encourue. — D.A. 6. 830, n. 6. — Conf. Corm., *Quest. de dr. adm.*, v° Emigré, 2e édit., p. 152.

327.—Jugé en ce sens que le créancier d'émigré, qui n'a pas consenti la réduction de sa créance au tiers consolidé, et qui a conservé son titre, n'a encouru d'échéance qu'envers l'état, et n'est pas moins recevable à poursuivre le paiement contre l'émigré, sur les biens qui lui ont été remis par la loi du 5 déc. 1814, nonobstant les arrêtés des 23 pluv. et 23 flor. an 11, et le décret du 11 oct. 1812. — 1er déc. 1820. Colmar. Franck. D.A. 6. 835, note. 3.

328.— Jugé de même que les biens confisqués sur les émigrés ne leur ont été remis par la loi du 5 déc. 1814, qu'à la charge des dettes antérieures à la confiscation, dans le cas, par exemple, où ces biens étaient par privilége affectés au paiement du prix de leur vente. — 30 juill. 1822. Req. Paris. Castries. D.A. 6. 833. D P. 23. 1. 180.

329.— Jugé encore que les émigrés sont tenus des arrérages des rentes dont ils étaient débiteurs avant leur émigration, à compter seulement du jour de la remise de leurs biens confisqués, dans le cas, par exemple, où le titre de la créance étant sans date certaine, a été vainement présenté à la liquidation, —10 mai 1823. Amiens. Lamirault. D.A. 6. 835, note 2.

330. — Jugé enfin que lorsque par une transaction, passée entre deux époux, divorcés pour émigration de l'un deux, postérieure à son amnistie, et ayant pour objet de régler leurs intérêts respectifs, la femme, tout en réduisant de beaucoup ses créances, en raison de ce que l'émigratoin de son mari l'a privé de la majeure partie de sa fortune, se réserve la faculté d'exercer le surplus de ses répétitions dans le cas où des biens surviendraient à celui-ci, elle conserve son hypothèque sur les biens non vendus qui lui ont appartenu, soit que ces biens aient été rendus à lui-même, soit qu'étant décédé au moment où la loi du 5 déc. 1814 a été publiée, ces biens aient été rendus à ses plus proches parens, surtout si ceux-ci sont en même temps ses héritiers. — 12 août 1823. Req. Paris. D'asnières. D.A. 6. 837, note. 4. D.P. 23. 1. 364.

331.— Jugé cependant, en sens contraire, que les émigrés rendus à la vie civile par l'ord. du 21 août 1814 ne sont ni personnellement, ni comme détenteurs des biens dont ils avaient autrefois la propriété, tenus des dettes qui les grevaient avant leur mort civile.— Les biens remis à titre de libéralité ne sont grevés entre leurs mains que des charges auxquelles ils étaient soumis entre les mains de l'état. — 14 avril 1821. Dijon. Joly de Bévy. D.A. 6. 833 D.P. 1. 1506.

332.— Les créances étant légitimes, il est juste de leur conserver dans toute leur étendue l'exercice des droits que leur assuraient leurs titres constitutifs.— D.A. 6. 831.

333.— Avant le régime du 11 brum. an 7, la spécialité, dans la majeure partie de la France, n'était pas nécessaire à la validité de l'hypothèque. Les biens des émigrés se trouvaient donc, au moment de la confiscation, grevés de la totalité des dettes hypothécaires. Eteinte vis-à-vis de l'état, l'hypothèque subsiste à l'égard des débiteurs, dès qu'ils rentrent dans la possession de leurs biens. Rien ne s'oppose donc à ce que la loi du 16 vent. an 9, qui accorde aux créanciers des émigrés rayés un délai de trois mois pour prendre inscription, et qui attribue à cette inscription l'effet de conserver les droits à la date des titres, s'applique au cas d'inscriptions à prendre sur des biens rendus en vertu de la loi du 5 déc. 1814 (D.A. 6. 831, n. 7).— Décision conf., 11 août 1824. Req. Paris. Mory. D.A. 9. 28. D.P. 24. 1. 400.

334.—Jugé de même que les hypothèques qui grevaient les biens des émigrés restés invendus entre les mains de l'état, ont revécu au profit des créanciers, lors de la remise qui en a été faite aux émigrés, en vertu de la loi du 5 déc. 1814 — 14 nov. 1826. Req. Colmar. Ferrette. D.P. 27. 1. 55.

335.— Mais de quel temps court le délai de trois mois accordé pour prendre inscription? Du jour où l'arrêté du préfet a opéré la remise effective. L'art. 3 de la loi du 16 vent. date ce délai « du jour où la radiation a été légalement constatée », et ce jour est celui où le rayé fait prononcer par le préfet la levée du séquestre. Or, l'envoi en possession est l'équivalent de la levée du séquestre.— D.A. 6. 831, n. 7.

336.— Jugé ainsi que les art. 3 et 6 de la loi du 16 vent. an 9, desquels il résulte que les trois mois de prorogation accordés par l'art. 1er de la même loi aux créanciers de l'émigré pour s'inscrire sur ses biens, ne commenceront à courir qu'à compter du jour de la levée du séquestre par le préfet, et que le créancier qui se sera inscrit dans ce délai conservera ses droits à la date de son titre, sont applicables à la restitution des biens invendus, faite en vertu de la loi du 5 déc. 1814. Ainsi, le créancier qui s'est inscrit dans les trois mois de l'arrêté du préfet qui a remis de fait l'émigré en possession de ses biens invendus, doit être colloqué avant le créancier qui s'est inscrit dès l'ordonnance royale du 21 avril 1814, qui a relevé les émigrés de la mort civile, si les titres de ce créancier postérieurement inscrit sont plus anciens.—11 août 1824. Req. Paris. Mory, etc. D.A. 9. 28. D.P. 24. 1. 400.

337. —Le créancier d'un émigré, qui, avant le code civil, n'a pris inscription qu'après la mort de son débiteur, dont la succession a été depuis déclarée vacante, et après le délai de trois mois, fixé, pour conserver son rang, par la loi du 11 brum. an 7, a été relevé de la déchéance par la loi du 16 vent. an 9, qui a prorogé le délai d'inscription jusqu'à trois mois à partir de la radiation et de la levée du séquestre. — Cette inscription conserve le rang d'hypothèque, lors même qu'elle aurait été prise avant l'ordonnance du 21 août 1814, équivalant à la levée de séquestre, et non dans les trois mois qui l'ont suivie.—1er déc. 1820. Colmar. Franck. D.A. 6. 835, note 3.

338.—Dans le cas où un immeuble, d'abord rendu à un émigré, a été remis sous le séquestre momentanément, puis ensuite rendu définitivement à l'émigré en vertu de la loi du 5 déc. 1814, c'est à partir de la restitution définitive, et non de la restitution provisoire, que court le délai de trois mois accordé aux créanciers de l'émigré par la loi du 16 vent. an 9, pour s'inscrire sur cet immeuble. — 31 juill. 1827. Req. Paris. Dubois de la Motte. D.P. 27. 1. 425.

339. — Les inscriptions prises sur les biens d'un émigré, dont l'état s'était emparé ont été assujetties, pour leur conservation, au renouvellement décennal prescrit par l'art. 2154, et cela, quoique la succession de cet émigré eût été acceptée sous bénéfice

d'inventaire, et que les biens eussent été possédés par l'état vis-à-vis duquel les droits des créanciers étaient éteints par déchéance.—En conséquence, de deux créanciers hypothécaires qui se sont inscrits sur ces biens après la remise qui en a été faite aux héritiers de l'émigré en vertu de la loi de 1814, c'est au premier inscrit que la priorité doit être accordée; l'autre prétendrait en vain que son inscription a fait revivre une inscription antérieure qu'il s'était cru dispensé de renouveler, par le motif qu'il ne restait aucun bien dans la succession de l'émigré.—14 nov. 1826. Req. Colmar. Ferrette. D.P. 27. 1. 55.

340.—La deuxième hypothèse annoncée ci-dessus pour l'examen des droits des créanciers, est celle où l'émigré n'a recouvré aucuns biens.—Dans ce cas, l'action personnelle, indépendante par sa nature de l'existence actuelle de tous biens, et pouvant indifféremment s'exercer sur ceux présens et à venir, subsiste contre l'émigré.—D.A. 6 831, n. 8.

341. — Jugé ainsi que les émigrés restent obligés aux dettes qu'ils avaient contractées avant leur émigration, quand même ils n'auraient recouvré aucuns de leurs biens confisqués. Ils ne peuvent invoquer la déchéance prononcée au profit de l'état contre leurs créanciers — 18 août 1821. Poitiers la Régie C. de Marconnay. D.A. 6. 834, note 1re.—7 août 1817. Caen. Paraboeuf. D.A. 6. 835, note 3.—31 mars 1824. Caen. Goudard. D.A. *cod.*— 12 juill. 1824. Caen de Baupte. D.A. *cod.*

342. — Jugé cependant que les émigrés, sortis de France en état de solvabilité, et rendus à la vie civile par l'ord. du 21 août 1814, ne sont point tenus personnellement des dettes contractées avant leur mort civile; lors surtout qu'il a dépendu du créancier d'obtenir son paiement de l'état, et qu'aucun bien n'a été restitué à l'émigré. — 12 avril 1821. Dijon. Mallard. D.A. 6. 832. D.P. 1. 1506.

343.— La prescription a couru contre les créanciers d'émigrés, tout aussi bien que contre les créanciers d'autres particuliers. — 4 janv. 1827. Agen. Cassins. D.P. 27. 2. 142 — 1er mai 1827. Toulouse. Couston-Longagne. D.P. *cod.*— 15 avril 1828. Civ. c. Montpellier. Sarret. D.P. 28. 1. 211.— 20 fév. 1834. Req. Montpellier. Sarret. D.P. 34. 1. 146.

344.— Jugé de même que l'émigré peut opposer la prescription au créancier qui, ayant encouru la déchéance envers l'état, représentant l'émigré, faute d'avoir produit à la liquidation, aux termes de la loi du 1er flor. an 3, est resté sans agir pendant trente ans depuis la date de son titre —16 déc. 1829. Req. Poitiers. Martineau. D.P. 30. 1. 27.

345.— Toutefois, ce n'est qu'autant que le créancier a pu agir que la prescription a couru. *Secus*, s'il était porteur d'un titre non authentique; l'état n'eût pas accueilli la demande.— D.A. 6. 831, n. 9.

346 — Jugé ainsi que la prescription n'a pas couru, pendant l'émigration du débiteur, contre le créancier porteur de titres sous seing-privé, n'ayant pas date certaine avant l'émigration. — 28 janv. 1828. Paris. Crémieu. D.P. 28. 2. 139.

347.— L'émigré, rentré en France en 1814, ne peut opposer la prescription à son créancier, qui, ayant été, d'un côté, dans l'impossibilité de poursuivre son paiement par action personnelle durant l'émigration de son débiteur, a, d'un autre côté, inutilement rempli toutes les formalités pour obtenir son paiement de la nation, encore que la nation n'ait pas refusé de le payer, et qu'il n'ait été déchu que pour n'avoir pas voulu consentir à la réduction de sa créance au tiers.— 1er déc. 1820. Colmar. Franck. D.A. 6. 833, note 3.

348.— Ce n'est pas par cinq ans, mais par trente, que se prescrit la lettre de change, souscrite par un émigré, et qui, sur dépôt du créancier durant l'émigration, a été liquidée par l'état.— 14 avril 1829. Paris. Lehman. D.P. 29. 2. 250.

349.— La demande de liquidation, formée contre l'état par le créancier d'un émigré, a interrompu la prescription, comme une citation en justice (C. civ. 2244).— 17 janv. 1825. Paris. Cornu de Balivière. D.A. 6. 815, note 2. D.P. 1. 1504.

350.—Les créanciers des émigrés ont pareillement interrompu la prescription par la production et le dépôt de leur titre, faits en exécution de la loi du 1er flor. an 3.— 10 mai 1823. Amiens. Lamirault. D.A. 6. 835, note 2.

351.— Toutefois, le dépôt de titres, fait par le créancier au 7 mars 1794, sans être accompagné d'aucune demande en liquidation et de production de pièces justificatives de la qualité du débiteur, a pu être considéré comme un acte insuffisant pour interrompre la prescription. — 20 fév. 1834. Req. Montpellier. Sarret. D.P. 34. 1. 146.

352. — Le créancier d'émigré qui, par le dépôt de ses titres à fin de liquidation, avait interrompu la prescription de sa créance..., ne détruit pas cette interruption de prescription, par le fait seul du retrait de ses pièces...., si, toutefois, il ne les a retirées qu'après le décret du 25 fév. 1808, prononçant la déchéance, et, conséquemment, frappant d'inutilité tout dépôt de pièces. — 31 juill. 1828. Paris. Conflans. D.P. 30. 2. 59.

353. —La double confiscation, par l'état, des biens du créancier et de ceux du débiteur, a opéré une confusion dont l'effet a été d'interrompre la prescription au profit du créancier (C. civ. 2262).— 31 août 1824. Douai. Latour-d'Auvergne. D.P. 27. 1. 91. — 21 juill. 1827. Agen. Sarran. D.P. 29. 2 91.

ART. 5.— *De la compétence.*

354.— Les questions de compétence ont pour objet, ou la personne, ou les biens de l'émigré.

Questions de compétence ayant pour objet la personne de l'émigré.— Quelle autorité doit connaître du fait de l'émigration? La législation, sur ce point, a souvent varié. 1° avant la loi du 25 fév. 1793, la connaissance de ce fait était dévolue aux tribunaux. La loi du 8 avril 1792 avait bien ordonné la formation des listes; mais l'effet de l'inscription n'était pas encore déterminé; 2° la loi du 25 fév. 1793 ôta cette attribution aux juges, et celle du 28 mars suivant mit en principe que l'émigration serait constatée par la seule inscription sur la liste, non suivie de réclamation dans le délai fatal. La formation des listes était toujours confiée aux autorités locales. Les chefs suprêmes de l'administration jugeaient du mérite des inscriptions. De là, d'incroyables abus. 3° La loi du 12 vent. an 8 enleve aux corps administratifs, et confie au jury le droit de juger les prévenus d'émigration, qui, sortis de France avant le 4 niv. an 8, n'avaient cependant été inscrits sur aucune liste; 4° l'arrêté des consuls, du 28 vend. an 9, autorise les tribunaux civils à prononcer la nullité de l'élimination, faite par une fausse application de l'art. 1er du même arrêté; 5° le décret du 30 therm. an 12 ne leur permet de statuer que sur les droits des émigrés rayés, éliminés ou amnistiés, et non sur la qualité d'émigré; 6° les décrets des 23 pluv. et 10 prair. an 13 placent dans le ressort de l'administration toutes les difficultés relatives aux inscriptions et radiations. Ces difficultés ont été même quelquefois décidées par des actes législatifs (L. 18 vend., 22 prair., 4 mess. an 5); 7° un autre décret, du 28 fév. 1811, et des ordonn. des 20 nov. 1815 et 4 sept. 1822, attribuent aujourd'hui aux préfets, sauf recours au ministre des finances, la connaissance de la question de savoir si tel individu était à telle époque constitué en état légal d'émigration, si son nom était inscrit sur une liste, ou si ses biens étaient frappés du séquestre national.— Il est naturel que ce soit à l'administration seule à déterminer le sens et la valeur des actes qu'elle a passés.— D.A. 6. 838, n. 2.

355.— Lorsque plusieurs individus du même nom sont inscrits sur la liste des émigrés, et que la validité d'un paiement fait à la nation est contestée par le créancier prétendu émigré, sous prétexte qu'il n'est point du nombre des inscrits, les tribunaux, avant de statuer sur la validité du paiement, doivent faire décider par l'autorité administrative, si l'une de ces inscriptions s'applique réellement au prétendu émigré. — 18 pluv. an 12. Req. Leblanc. D.A. 6. 839. D.P. 5. 2. 7.

356.—Jugé de même que l'autorité administrative est seule compétente pour statuer sur le fait d'émigration. — 8 germ. an 8. Cr. c. Couren. D.A. 6. 839, note 2. — 10 fruct. an 12. Req. Dasse. D.A. 6. 839, note 2. D.P. 5. 2. 7.

357.— ... Lors même que le fisc n'est pas intéressé à la contestation, et dans le cas, par exemple, où, pour faire déclarer une personne incapable de succéder, on produit des pièces constatant son émigration, mais dont la régularité et la validité sont contestées. — 23 juill. 1821. Civ. c. Montpellier. la Tour-d'Auvergne. D.A. 6. 839, note 3. D.P. 23. 1. 410. — 4 août 1824. Civ. c. la Tour-d'Auvergne. D.A. 6. 840. D.P. 24. 1. 282.

358.— Jugé, au contraire, que si la question d'émigration n'est qu'accessoire, et que, par exemple, il s'agisse principalement de savoir si une personne est capable de succéder, les tribunaux sont alors compétens pour examiner si cette personne est soumise aux lois sur l'émigration. — 3 fév. 1813. Caen. Montalembert. D.A. 6. 841, note 2. D.P. 23. 1. 412.

359.—Et que les tribunaux, pour reconnaître si un individu est sujet aux lois sur l'émigration, doivent rigoureusement observer les caractères fixés par la loi du 12 ventôse an 8, et, par conséquent, si l'inscription sur la liste, l'arrêté qui ordonne cette inscription ou un jugement de condamnation n'existe pas, il n'y a pas lieu d'admettre, comme équivalens à ces actes, et en tenant lieu, un partage de la présuccession des ascendans, et un acte d'amnistie. — Même arrêt.

360.—Jugé encore que dans un procès, dont le sort dépend de la question de savoir si l'une des parties est inscrite sur la liste d'émigrés, et lorsque cette liste, arrêtée par l'autorité administrative, contient la mention de plusieurs personnes portant le même nom, les tribunaux sont compétens pour décider, en faisant l'application de cette liste, que la partie est l'une des personnes désignées — 24 juin 1817. Req. Dijon Duchaillont. D.A. 6. 839. D.P. 18. 1. 421.

361.—Un certificat délivré par un préfet a pu être déclaré, par les tribunaux, prouver qu'un individu n'a jamais été porté sur la liste, sans qu'on puisse voir là un excès de pouvoir, ou empiétement sur les attributions administratives. — 15 juin 1831. Civ. r. Aix. Faure. D.P. 31. 1. 215.

362. — *Questions de compétence relatives aux biens des émigrés.* — Ces questions sont soumises à des règles plus confuses et plus mobiles encore. On peut distinguer trois périodes dans la législation de cette matière : 1° avant le sénatus-consulte du 6 flor. an 10, l'état, entièrement subrogé aux droits de l'émigré, se réservait sans distinction le droit de statuer sur toutes les contestations qui le concernaient. Apposition de séquestre, inscription sur la liste, déclaration d'émigration, liquidation de créances, remboursement des dettes, gestion, estimation et ventes des biens, paiement du prix, partages de succession et de présuccession, toutes ces mesures, même leur contentieux, étaient exclusivement dévolues à l'autorité administrative (Arrêtés 15 brum. et 17 germ. an 9) — D.A. 6. 838.

363. — 2° Après le sénatus-consulte, la juridiction commune rencontra les mêmes limites, les mêmes exceptions que la remise des biens, encore imparfaite.— D.A. 6. 838.

364. — Voici, d'après Cormenin (*Quest. de dr. adm.*, 3e édit., p. 288, 293, 337) l'exposé analytique de la jurisprudence administrative : compétaient, 1° *aux préfets*, sauf recours au ministre des finances, tout ce qui touche l'administration et la surveillance en matière domaniale, c'est-à-dire, les appositions, levées, réappositions de séquestre, radiation de noms, envois en possession, confections de partage, allotissement, liquidations de dot de femmes d'émigrés, extinctions de créances par voie de confusion et compensation de toute nature, déchéances, décomptes, questions de savoir quels ont été, vis-à-vis de l'état, le caractère et la valeur des certificats de liquidation délivrés aux créanciers des émigrés pendant la main-mise nationale (Déc. régl., 23 fév. 1811; déc 23 mai 1810; ord. 20 nov. 1815, 8 mai 1822, 26 mars 1828; rec. des arrêts du conseil, t. 3, p. 448). — D.A. 6. 838.

365. — Compétaient également aux préfets (sauf recours au conseil d'état, jusqu'en 1806), toutes réclamations relatives aux partages indivis avec l'état, aux comptes de jouissances provisoires, aux créances sur émigrés, au séquestre de biens d'ascendans (Déc. 21 frim., niv. an 14, 13 janv. 1806, etc.). — D.A. 6. 838.

366. — 2° *Aux conseils de préfecture* : — 1° Les effets du séquestre national (Arrêté 14 niv. an 9; déc. 11 mai 1807, 6 sept. 1813); 2° les contestations entre les veuves des émigrés ou leurs héritiers et l'état, quant aux reprises matrimoniales ou légitimaires (Arrêté 19 therm. an 9); 3° la forme et le fond des partages de biens indivis entre l'état et des particuliers (Arrêté 21 frim. an 9; déc. 10 mars, 21 juin 1807, juill. 1809, 26 mars 1812, 14 fév., 12 juin 1813; ord. 7 août 1816, 3 déc. 1817) et les actions en garantie qui en dérivent (Déc. 23 janv 1813); 4° la validité et les effets libératoires des versemens faits au nom des émigrés dans les caisses de l'état, par des particuliers, communes ou autres établissemens publics (Décr. 3 janv., 23 avril 1807, 25 niv., 13 therm. an 10, 25 fruct. an 11, 14 vent. an 12, 22 mai 1813; ord. 13 août 1823); 5° les liquidations de jouissances de biens indivis avec l'état (Décr. 16 oct. 1813; ord. 22 sept. 1814); 6° la perception des fruits et revenus, faite par les ascendans d'émigrés pendant leur jouissance provisoire (Décr. 31 août 1806 et 7 oct. 1809); 7° les comptes de gestion ou de jouissance de biens d'émigrés jusqu'à leur radiation ou amnistie (Arrêté 23 vent. an 9; décr. 20 déc. 1812, 1er fév. et 29 mai 1813).

367. — 8° Les comptes rendus à l'administration, et les versemens faits par le séquestre de l'union des créanciers d'un émigré (Décr. 11 fév. 1808); — 9° les comptes des revenus des biens régis et administrés et vendus par l'état pendant la pré-

vention ou le séquestre (Décr. 19 brum. an 13); — 10° les fermages provenant de biens séquestrés, et échus jusqu'au jour de la vente de ces biens (Décr. 19 août 1812); — 11° les baux de biens indivis avec l'état, quant à la rétribution proportionnelle des fermages (Arrêté 30 niv. an 11); — 12° les droits d'un payé provisoire aux fermages de ses biens (Arrêté 4e jour complém. an 11); — 13° l'attribution à l'éliminé ou à l'état des intérêts de créances échues jusqu'au jour de la levée du séquestre (Déc. 2 frim. an 12); — 14° les comptes d'usufruits abandonnés aux enfans de l'émigré jusqu'à son amnistie (Décr. 29 mai 1813); — 15° la question de savoir si le fermier d'un bien d'émigré est comptable envers celui-ci de sa gestion, depuis l'amnistie jusqu'à l'envoi effectif en possession; — 16° les comptes de bénéfice d'inventaire arrêtés par l'autorité administrative (Ord. 11 déc. 1810).

368. — *Aux tribunaux :* — 1° La validité et les effets d'un dépôt fait entre les mains de l'état, au nom d'un individu émigré, qui n'était pas le créancier véritable (Déc. 14 fév. 1808 et 16 mai 1810); — 2° les droits des tiers aux délaissemens faits à des enfans pour les remplir de leur droit coutumier (Déc. 6 janv. 1807, 22 juill. 1808); — 3° le jugement d'ordre des créances contre un émigré, et les actions hypothécaires contre l'un des co-héritiers de l'état (Déc. 19 oct. 1808 et 22 oct. 1810), contre un co-héritier légitimaire, à qui l'état a adjugé un bien hypothéqué, pour le remplir de sa légitime (Arrêté 9 fruct. an 11). — La demande du créancier ne peut pas être considérée comme une atteinte à l'arrêté administratif, qui, en faisant délivrance de ces biens, ne les a pas affranchis de l'action des créanciers; — 4° les contestations entre les cautions des émigrés et leurs créanciers sur les effets du cautionnement (Déc. 27 therm. an 12); — 5° la revendication par une commune de biens qu'elle prétend lui appartenir, et qui seraient entrés dans un partage de présuccession (Déc. 11 sept. 1810).

369. — 6° Les créances assises sur des biens restitués ou délaissés par des actes administratifs (Déc. 9 frim. an 13 et 23 avril 1807). — Il en serait autrement si les biens reposaient encore sous le séquestre (Déc. 17 niv. an 13 et 25 fév. 1806) — Dans ce cas, l'action du créancier aurait réfléchi sur l'état non dessaisi. Il n'en serait pas de même non plus si la portion abandonnée en paiement de la légitime avait été explicitement franche de toute dette (Déc. 30 sept. 1807). Cette question du reste est fort controversée. Un décret du 19 mars 1810 décide, en termes absolus, que les tribunaux ne peuvent connaître d'une action hypothécaire, lorsqu'elle est dirigée sur des biens abandonnés en paiement de légitime par un arrêté administratif: dans ce dernier cas, il est vrai, on contestait le sens d'un acte administratif qui, dans le précédent, n'était pas contesté. — Cormenin propose une règle générale, qui semble devoir être adoptée; c'est que les affectations de biens, qu'on a cru appartenir à l'émigré, « n'ont rien d'irrévocable à l'égard des tiers : faites par loi ou par décret, elles sont toutes *salvo jure alieno*. Les tiers sont donc restés dans l'intégrité de leurs actions de réintégrande devant les tribunaux, sauf la seule et toute politique exception des ventes nationales. »

370. — C'est encore aux tribunaux à régler les contestations sur l'exercice des droits dans lesquels ont été restitués les émigrés rayés, éliminés ou amnistiés (L. 1er flor. an 3, art. 112, 9 flor. an 3; déc. 30 therm. an 12, 13 juin 1807); — 7° les contestations relatives au paiement des dettes des émigrés amnistiés et réintégrés dans leurs biens (Déc. 19 mars 1811), à moins que le débiteur n'opposât l'extinction par confusion ou la liquidation définitive des créances, ce qui aurait fait rentrer ce débat dans le contentieux de l'administration, réservé au conseil de préfecture (Arrêtés 12 brum. an 10; 23 pluv. an 11; 3 flor. an 11, art. 3; déc. 30 therm. an 12, 11 mai 1887) : — 8° les contestations entre les amnistiés et leurs parens régnicoles sur les successions ouvertes depuis le 1er mess. an 9 (Avis cons. d'état, 26 fruct. an 13); — 9° les contestations sur les successions des régnicoles, ouvertes après le décès et émigration d'un héritier dont la mémoire a plus tard été amnistiée (Ord. 28 fév. 1816). La raison de cette décision est que depuis le déc. du 29 décembre 1810, l'état ne peut plus opposer la présomption résultant de la loi du 28 mars 1793; — 10° les comptes de gestion des biens d'un émigré depuis sa radiation ou amnistie (Déc. 10 déc. 1812 et 29 mai 1813), et les contestations sur d'anciens fermages, non perçus pendant le séquestre (Ord. 31 janv. 1817).

371. — La jurisprudence des tribunaux confirme, comme on va le voir, celle du conseil d'état : L'au-

torité administrative est seule compétente pour connaître des contestations relatives à des successions indivises entre des républicoles et la nation, représentant les émigrés; ainsi, c'est devant l'administration que les créanciers de ces successions doivent poursuivre l'exercice de leurs droits, même contre les républicoles. — 21 therm. an 13. Paris. Rohan Guéménée. D.A. 6. 840.

372 — Dans le cas où l'état a formé les lots d'un partage de succession, tout en laissant partie des biens indivise, si l'émigré amnistié demande au-delà du lot qui lui a été remis par l'état, les tribunaux ne sont pas compétens pour décider si dans la quotité de ce lot étaient compris des biens indivis (Déc. 30 therm. an 12, 16 fruct. an 13). — 18 avril 1808. Civ. c. Henrion. D.A. 6. 842, n. — n. 2. D.P. 8. 2. 102.

373. — Lorsqu'il s'agit d'une succession échue pendant qu'un émigré amnistié était en état d'émigration, les tribunaux sont incompétens pour admettre celui-ci à partager cette succession, et à intervenir dans une instance à ce relative, avant que l'autorité administrative lui ait reconnu le droit de la recueillir. — 28 juin 1808. Civ. c. Préfet de l'Eure. D.A. 2. 554. D.P. 8. 1. 469.

374. — L'autorité administrative est seule compétente s'il s'agit d'une succession ouverte avant le 1er mess. an 11, et, par exemple, de la demande d'un émigré amnistié, qui, donataire universel de son père, décédé avant le 1er mess., réclame des objets qu'il prétend faire partie des biens donnés, contre des tiers détenteurs qui les auraient recueillis en qualité de représentans, soit du défunt, soit de la république (Avis du cons. d'état, du 26 fruct. an 13). — 10 nov. 1812. Civ. c. Limoges. Dufraisse. D.A. 6. 842, n. — n. 3. D.P. 13. 1. 127.

375. — Du décret du 30 therm. an 12, il résulte que les tribunaux peuvent connaître d'une contestation relative à des droits dans lesquels les émigrés rayés, éliminés, ou amnistiés, ont été restitués, lors même qu'avant la radiation ou l'amnistie, cette contestation était pendante devant un conseil de préfecture et sans qu'il soit utile que ce conseil prononce formellement le renvoi (Ord. 1667, tit. 6, art. 1er). — 4 mars 1806. Req. Paris. Belussières. D.A. 6. 799, note 1re. D.P. 6. 1. 317.

376 — L'arrêt du conseil d'état, du 26 fruct. an 13, qui attribue à l'autorité administrative la connaissance des contestations sur une succession ouverte avant le 1er mess. an 11, n'est pas applicable aux contestations jugées, antérieurement à cet arrêté, par les tribunaux, lors surtout qu'il s'agit moins de droits successifs que de l'exécution d'une donation faite à un émigré par contrat de mariage antérieur à son émigration. — Même arrêt.

377. — Lorsqu'une donation a été faite à l'état d'une créance sur un émigré, et que, sous prétexte de la nullité de cette donation, le créancier poursuit l'émigré, les tribunaux sont compétens pour décider s'il y a eu, dans ce cas, une remise de dette qui doit profiter au débiteur. — 17 avril 1807. Req. Bordeaux. Petiniau. D.A. 6. 841, note 1re. D.P. 7. 1. 511.

378. — Les contestations qui peuvent s'élever entre les amnistiés et leurs co-héritiers, quant aux successions réellement ouvertes depuis leur amnistie, bien qu'ouvertes fictivement à une époque antérieure au profit de l'état, sont de la compétence des tribunaux. — 27 oct. 1812. Civ. c. Metz. Couet du Vivier. D.A. 6. 803, note 3. D.P. 1. 1502.

379. — Toutes les contestations sur succession ouvertes depuis le 1er mess. an 11, et celle, par exemple, d'un émigré amnistié qui réclame le partage de la succession de son ascendant qui a déjà fait un partage de présuccession, sont de la compétence des tribunaux. — 8 janv. 1821. Paris. Vioménil. D.A. 6. 804, n. 4. D.P. 22. 2. 47.

380. — La loi du 5 déc. 1814, ayant réhabilité les émigrés dans la plénitude des droits civils et la totalité de leurs biens non vendus, hors quelques restrictions transitoires nécessitées par l'exécution plutôt que par le principe, l'autorité administrative n'a plus dû conserver de ses pouvoirs extraordinaires que ce qui était indispensable à la garantie des droits antérieurement acquis à l'état ou à des tiers, et fondés sur ses actes. — D.A. 6. 839.

381. — Depuis l'ordonnance du 21 août 1814, les contestations entre l'état et les particuliers, en matière d'émigration, ne peuvent avoir pour objet que la conservation ou la remise des biens, et dès lors elles sont de la compétence du ministère des finances (Ord. 21 juill. 1824) — D.A. 6. 839.

382. — La liquidation des créances des émigrés appartenant au ministre des finances, c'est à lui, et non aux tribunaux ou conseils de préfecture, à déclarer l'effet, vis-à vis de l'état, des certificats de

liquidation délivrés aux créanciers des émigrés par les administrations de département (Ord. 26 mars 1823) — D.A. 6. 839.

383. — Il n'appartient qu'aux préfets, sauf recours au ministre des finances, de donner la déclaration des créances liquidées (Ord. 25 nov. 1816; 13 mars 1822) et de statuer sur la compensation de prétendues créances contre l'état avec les sommes dues à l'état d'après un décompte (Ord. 12 nov. 1823). — D.A. 6. 839.

384. — Il n'appartient qu'aux tribunaux de statuer sur les effets qui doivent, entre les créanciers et les débiteurs, résulter de la déclaration des créances liquidées données par les préfets (Ord. 31 mars 1824). — D.A. 6. 839.

385. — Il n'y a que les biens confisqués pour émigration du réclamant, dont la restitution puisse être poursuivie devant la commission créée par la loi du 5 déc. 1814; si les biens réclamés n'ont pas été confisqués pour émigration du réclamant, la demande doit être portée devant l'administration des domaines, encore qu'il s'agisse de biens patrimoniaux séquestrés sur un émigré, et, par suite, transmis à la caisse d'amortissement (Ord. 7 avril 1819). — D.A. 6. 839.

386. — Les arrêtés de la commission instituée pour la remise des biens d'émigrés ne sont pas attributifs de propriété, au profit de la personne à laquelle ils sont abandonnés; c'est aux tribunaux à décider quels sont les particuliers qui ont droit à la propriété, d'après l'abandon fait par le domaine, et il n'y a pas de recours à former au conseil d'état contre les arrêtés de la commission — 11 déc. 1816. Chabrillan. Ord. D.A. 6. 839.

387. — Lorsqu'un créancier d'émigré, qui a d'abord envoyé son titre de créance à la liquidation générale, a refusé ensuite de réduire sa créance au tiers, et qu'en lui remettant son titre, l'administration a certifié qu'il ne lui avait été payé aucun arrérage d'inscription sur le grand-livre, la question de savoir si la créance a été liquidée est de la compétence des tribunaux, dans le cas où, après la loi du 5 déc. 1814, le paiement en est demandé sur les biens rendus à l'émigré. — 1er déc. 1820. Colmar. Franck. D.A. 6. 835, note 3.

388. — L'acceptation par l'état, représentant l'émigré dont il a fait vendre les biens nationalement, de la compensation offerte par un débiteur de l'émigré, porteur de créances qu'il avait acquises sur cet émigré, ne constitue pas une décision administrative sur la réalité des créances. En conséquence, la question de *simulation* et de *libération*, soulevée par l'émigré rentré en France contre l'acquéreur dont il conteste la compensation comme fondée sur des titres de créance simulés, peut être jugée par les tribunaux, sans qu'ils portent atteinte aux décisions et arrangemens de l'administration (L. 24 août 1790, tit. 2, art. 13; l. 28 pluv. an 4). — 5 fév. 1827. Civ. r. Bordeaux. Tronche. D.P. 33. 1. 292.

389. — La question de savoir si un partage administratif, entre l'état aux droits d'un héritier émigré, et des co-héritiers restés en France, a embrassé l'universalité des droits partageables, et si les omissions qui seraient par suite constatées sont réparables, est de la compétence des tribunaux. — 23 nov. 1829. Req. Rennes. Kéridec. D.P. 29. 1. 414.

ART. 6. — *De la loi dite d'indemnité.*

390. — La loi de 1814 avait restitué aux émigrés leurs biens non vendus. La loi du 27 avril 1825 a été plus loin, elle les a indemnisés de la perte de leurs biens aliénés par l'état. — Cette loi est aujourd'hui complétement exécutée. Les questions qu'elle soulevait avaient d'ailleurs un caractère essentiellement transitoire. Aussi devons-nous nécessairement nous borner à rappeler les principales décisions auxquelles elle a donné lieu, sans parcourir inutilement, soit les diverses dispositions de l'ord. du 1er mai 1825, soit les nombreuses instructions ministérielles, dont l'objet a été de régler le mode d'exécution de la loi dont il s'agit. Cette ordonnance et ces instructions sont au reste textuellement rapportées par Dalloz, vol. de 1825, 3e partie, p. 8 et suiv.

391. — La loi de 1825 n'a point eu pour objet d'abroger les dispositions capitales de celle du 5 déc. 1814. Elle décide, au contraire, que l'art. 1er de cette dernière loi continuera de sortir son plein et entier effet, et qu'en conséquence il n'est apporté aucun préjudice aux droits acquis avant la publication de la charte, et maintenus par ledit article, soit à l'état, soit à des tiers (L. 27 avril 1825, art. 24).

392. — Jugé ainsi que la loi du 27 avril 1825 est une loi *spéciale* qui s'applique uniquement aux biens *vendus*; celle du 5 déc. 1814, est relative aux biens

vendus.— 4 juill. 1825. Civ. r. Amiens. Dupille, etc D.P. 25. 1. 283.

393.—Et que, lorsqu'à l'époque de la vente des biens confisqués sur un émigré, l'administration centrale d'un département a, par un arrêté rendu en présence de l'administration des domaines, réservé à une commune, sur le vu de ses titres, une partie des biens-fonds mis en vente, cet arrêté est de la nature des actes qui ne peuvent être attaqués, aux termes de l'art. 24 de la loi du 27 avril 1825.— Les héritiers de l'émigré soutiendraient en vain que la commune avait célé le véritable titre qui la dépouillait entièrement au profit de leur auteur.—8 mars 1827. Ord. Aumont. D.P. 27. 3. 26.

394.— Au reste, la loi de 1825 ayant, par la restitution qu'elle ordonne, consommé l'exécution de l'ordonn du 21 août 1814, l'émigration et ses effets sont effacés, même pour les actes antérieurs à ces lois. — 3 mars 1826. Paris. Luxembourg. D.P. 27, 1. 272.

395.— La pensée qui a présidé à la rédaction de la loi de 1825 a été que, dans l'impossibilité de réparer toutes les pertes causées par la révolution de 89, il convenait du moins de réparer celles provenant des confiscations des propriétés immobilières, confiscations, a-t-on dit, qui ont un effet plus durable et plus étendu que celles d'objets mobiliers, et dont la trace reste empreinte sur le sol. La loi d'indemnité tendait d'ailleurs, ajoutait-on, à effacer la distinction, vainement abolie par la charte, mais maintenue par l'opinion, entre les propriétés *patrimoniales* et celles dites *nationales*.

§ 1er. — *De l'allocation et de la nature de l'indemnité.*

396. — La loi du 27 avril 1825 porte, art. 1er, « trente millions de rente, au capital d'un milliard, sont affectés à l'indemnité due par l'état aux Français dont les biens-fonds, situés en France, ou qui faisaient partie du territoire de la France au 1er janv. 1792, ont été confisqués et aliénés, en exécution des lois sur les émigrés, les déportés et les condamnés révolutionnairement.— Cette indemnité est définitive.... »

397.— *L'indemnité due par l'état.*— Ce mot *due* a été ajouté au projet de loi, comme un hommage, a-t-on dit, au principe sacré de la propriété. Un orateur pensait que pour montrer le véritable caractère de la loi, on eût dû employer l'expression de *juste libéralité*. — Les mots *par l'état* ont eu pour objet d'écarter l'idée que les acquéreurs de biens nationaux fussent grevés d'aucune obligation envers les anciens propriétaires.

398. — L'indemnité est accordée aux *Français* (qu'ils aient ou non la qualité de citoyens); ainsi, elle ne pourrait être réclamée par un étranger, même admis à établir son domicile en France, conformément à l'art. 13 C. civ.— Au surplus, V. *infrà*, § 2.

399.— *Aux Français dont les* BIENS-FONDS... *ont été confisqués et aliénés...*— On ne peut considerer comme *biens-fonds*, et par suite comme donnant lieu à l'indemnité, des bois vendus séparément du sol et pour être coupés.— 3 janv. 1827. Ord. Chenaud. D.P. 27. 3. 27.

400.—Jugé d'après la même règle que lorsque, dans la vente d'un terrain confisqué sur un émigré, les arbres qui couvraient ce terrain ont été réservés et marqués du marteau de l'administration pour être vendus séparément, et qu'ils ont été vendus en effet. leur aliénation ne constitue point une vente immobilière donnant lieu à l'application de la loi de 1825. — 24 janv. 1827. Ord. De Vassy. D.P. 27. 3. 28.

401.— Lorsque l'état a vendu au même acquéreur, mais par deux actes séparés, d'abord le sol avec réserve des arbres qui le couvraient, et ensuite les arbres eux-mêmes, et que l'ancien propriétaire dépossédé a racheté le sol et les arbres encore sur pied, il n'y a lieu d'accorder l'indemnité que pour la valeur du sol.—On dirait en vain que les arbres n'ayant pas été coupés, avaient conservé le caractère d'immeubles.— 28 fév. 1827. Ord. Rosny-Vinen de Pité. D.P. 27. 3. 29.

402.— Il n'est pas dû aux émigrés d'indemnité pour les les rentes et dots, comprises aux lots de l'état dans les divers partages qui ont eu lieu par suite de leur émigration.— 2 mai 1827. Ord. Fortin. D.P. 27. 3. 29

403 — De même, le fils émigré ne peut réclamer d'indemnité, si le partage de présuccession qu'ont subi ses père et mère, en vertu de la loi du 9 flor. an 3, n'a porté que sur des valeurs mobilières.— 16 mai 1827 Ord. Letellier. D.P. 27. 3. 34

404.— Les propriétaires de *rentes foncières* dont le capital a été remboursé à l'état, ne peuvent être admis au partage de l'indemnité. — 7 juill. 1825 Instr. min. D.P. 25. 3. 21.

405.—Les actions d'un canal, quoique réputées immobilières avant la révolution, ne peuvent être considérées comme biens-fonds, et, dès lors, leur confiscation ne donne pas lieu à l'indemnité.— 14 déc. 1832. Ord. cons. d'état. Leboulanger. D.P. 33. 3. 42.

406.—La maison d'un émigré, confisquée révolutionnairement, et détruite par arrêté du représentant du peuple, n'est pas censée aliénée, suivant la loi de 1825, alors même que l'emplacement en a été cédé à la ville, et les matériaux vendus au profit des indigens; — en conséquence, l'émigré qui en a été ainsi dépouillé n'a droit à aucune indemnité.— 4 juill. 1827. Ord. Graille. D.P. 27. 3. 35.

La même décision est émise dans une instruction ministérielle du 28 juill. 1825.— D.P. 25. 3. 22.

407.—Lorsque des biens confisqué, sur un émigré qui ne les possédait qu'à titre de fidéi-commis, ont été rendus par l'état à ceux au profit de qui ils étaient conservés, et qu'une ordonnance définitive a déclaré inattaquables les actes passés entre ces derniers et l'état, il n'y a lieu d'accorder aux héritiers du fidéi-commissaire aucune indemnité à raison desdits biens. — 16 mai 1827. Ord. Bœcklin. D.P. 27. 3. 30.

408. — L'ancien propriétaire qui a recouvré son bien, sans qu'il ait déboursé aucune somme, ne peut prétendre droit à l'indemnité. — Tel serait le cas où, après avoir justifié qu'il n'était pas sorti de France, ces biens lui auraient été remis par son frère, qui les avait soumissionnés. — Seulement le prix ou la portion de prix payée à l'état pourrait donner lieu à une indemnité que lui seul ou ses représentans auraient qualité pour réclamer.—20 juill. 1832. Ord. cons. d'état. De Selve. D.P. 33. 3. 2.

409. — Les héritiers de celui dont les biens, sans avoir été confisqués, ont été cependant vendus pour cause d'indivision avec un émigré, n'ont pas droit à l'indemnité : c'était au co-propriétaire de l'émigré à réclamer, lors de la licitation, sa part du prix. — 16 août 1832. Ord. cons. d'état. Froeschwiller. D.P. 33. 3. 6.

410. — Lorsque, représentant un émigré dans un partage, l'état a cédé aux co-partageans une partie des immeubles tombés dans son lot, moyennant l'abandon des droits des co-partageans sur les meubles jusqu'à due concurrence, l'indemnité n'est due qu'à raison de la partie des biens-fonds qui ont été compris dans le lot de l'état; et non à raison de la portion afférente à l'émigré dans les immeubles de la succession. Ici s'applique la règle, que le partage n'est que déclaratif de propriété (C. civ. 883).— 3 janv. 1827. Ord. Montreuil. D.P. 27. 3. 26.

411. — Encore bien que l'état ait partagé à tort avec les sœurs d'un émigré un immeuble sur lequel celles-ci n'avaient aucun droit, l'indemnité n'est due que pour la part échue à l'état dans le partage. — 22 mars 1827. Ord. Messey. D.P. 27. 3. 29.

412 — Les ventes consommées sous l'empire des lois des 1er déc. 1790, et 10 frim. an 2, ne peuvent donner lieu à l'indemnité (Instr. min. 13 août 1825). — D.P. 25. 3. 22.

413. — Pour les biens-fonds vendus en exécution des lois qui ordonnaient la recherche et l'indication préalable du revenu de 1790, ou du revenu valeur de 1790, l'indemnité consiste en une inscription de rente 3 p. 100 sur le grand-livre de la dette publique, dont le capital est égal à dix-huit fois le revenu, tel qu'il a été constaté par les procès-verbaux d'expertise ou d'adjudication (L 27 avril 1825, art. 2).— D.P. 25. 3. 2.

414. — Pour les biens-fonds dont la vente a été faite en vertu des lois antérieures au 12 prair. an 3, qui ne prescrivaient qu'une simple estimation préalable, l'indemnité se compose d'une inscription de rente 3 p. 100, dont le capital est égal au prix de vente réduit en numéraire au jour de l'adjudication, d'après le tableau de dépréciation des assignats, dressé, en exécution de la loi du 5 mess. an 5, dans le département où était située la propriété vendue (L 27 avril 1825, art. 2).— D.P. 27. 3. 2

415. — Lorsque des biens ont été vendus en exécution d'une loi postérieure au 31 mai 1793 (11 prair. an 3), la fixation du revenu de ces biens dans le procès-verbal d'expertise ou d'adjudication forme une présomption de droit, que ce revenu est celui de 1790, et repousse toute preuve contraire, de manière qu'il n'y a pas lieu de recourir à des documens extérieurs. — 9 mai 1827. Ord. Laborie. D.P. 27. 3. 30

416. —Quoique, après la vente d'un bien-fonds d'émigré, faite en vertu d'une loi postérieure à celle du 12 prair. an 3, il soit survenu une deuxième estimation qui a déclaré la première fausse, c'est néanmoins celle-ci qui doit servir de base pour la fixation du montant de l'indemnité. — 2 mai 1827. Ord. Trémuéjouls. D.P. 27. 3. 33.

417. — L'indemnité due pour des immeubles aliénés par voie de loterie, en exécution de la loi du 29 germ. an 3, doit se composer d'un capital égal à l'estimation portée dans le prospectus; et l'on doit appliquer l'échelle de dépréciation, au jour où le prospectus a été définitivement arrêté. — 7 juin 1826 Ord.

418.—Sur l'évaluation du revenu des ventes faites en vertu de la loi du 28 vent. an 4, Voyez l'instruction ministérielle du 29 juin 1825. — D P. 25. 3. 17.

419. — Pour ce qui concerne les biens grevés d'usufruit, estimés et vendus d'après les dispositions de la loi du 6 flor. an 4, qui statuait que la valeur de ces biens serait réglée sur leur revenu de 1790, réduit d'un quart ou de moitié, selon que les usufruitiers auraient plus ou moins de cinquante ans, le revenu réduit, tel qu'il a été constaté par les procès-verbaux d'expertise, ou par les actes d'aliénation, peut seul servir de base à la fixation de l'indemnité. — Instruction ministérielle, 13 août 1825. D.P. 25. 3. 24.

420 — Les biens cédés par le gouvernement à l'ancienne caisse d'amortissement, sans estimation préalable, doivent être estimés par l'acte de vente que la caisse d'amortissement en a faite. Cet acte seul indique le revenu qui doit servir de base à l'indemnité (Instr. minist. 13 août 1825). — D.P. 25. 3. 25.

421. — Lorsqu'un immeuble a été vendu nationalement sur folle-enchère, pour cause de non paiement de la part d'un premier adjudicataire, l'indemnité doit être fixée sur le prix de la seconde vente, et d'après les lois qui la régissaient. — 4 juill. 1827. Ord. Desvignes. D.P. 27. 3. 35 — V. l'instruction ministérielle du 13 août 1825.— D.P. 25. 3. 25.

422. — La circonstance que les héritiers bénéficiaires d'un émigré ont, en leur nom personnel, opéré le rachat des biens vendus sur leur auteur par suite d'émigration, n'empêche point que l'indemnité due à raison de ces biens ne doive être liquidée d'après les bases établies par l'art. 2 de la loi de 1825, et non d'après celles déterminées par l'art. 4 de la même loi. — 29 mars 1831. Ord. cons. d'état. Aumont. D.P. 31. 3. 56.

423.— La loi de 1825 portait, art. 2, § 3, que lorsque le résultat des liquidations aurait été connu, les sommes restées libres sur les 30 millions de rente affectés à l'indemnité seraient employés à réparer les inégalités qui auraient pu résulter des bases ci-dessus fixées; mais la loi du 5 janv. 1831 a ordonné la restitution, à l'état, du fonds commun de l'indemnite.— D.P. 31. 3 10.

424. — Lorsqu'en exécution de l'art. 20 de la loi du 9 flor. an 3, les ascendans d'émigrés auront acquis, au prix de l estimation déclarée, les portions de leurs biens-fonds attribuées à l'état par le partage de présuccession, le montant de l'indemnité sera égal à la valeur réelle des sommes qui auront été payées; en conséquence, l'échelle de dépréciation des départemens pour les assignats et les mandats, et le tableau du cours pour les autres effets reçus en paiement seront appliqués à chacune des sommes versées, à la date du versement (L. 1825, art. 3).

425.—Cette disposition fixant le tableau du cours pour tous les effets reçus en paiement par l'état des ascendans d'émigrés, est par conséquent applicable même aux inscriptions du tiers consolidé et aux bons du tiers provisoire.— 2 mai 1827. Ord. Brisay. D.P. 27. 3. 30.

426.—L'indemnité est délivrée à l'ascendant s'il existe, et, à son défaut, à celui ou à ceux de ses héritiers qui, par les arrangemens de famille, ont supporté la perte (L. 1825, art. 3; V. Instr. min. des 7 et 28 juill., 13 août et 26 sept. 1825).— D.P. 25. 3. 20, 21, 23, 25 et 28.— V. aussi *infrà*, § 2.

427.— Lorsque la famille d'un émigré a volontairement consenti à partager la perte que la confiscation avait fait peser sur lui seul, l'indemnité appartient à la famille, et non pas à l'émigré seul.— 9 fév. 1829. Nanci. Rennel. D.P. 30. 2. 55.

428.— Jugé de même que l'indemnité, représentative des droits recueillis par l'état, en vertu d'un partage de présuccession, a pu être attribuée à tous les membres de la famille, et non pas exclusivement à celui de ces membres qui avait donné lieu au partage, si, des faits et arrangemens de famille, que la cour royale a appréciés souverainement, il résulte que la perte, résultant de ce partage, a été suppor-

tée en commun par la famille.— 25 mai 1830. Req. Rouen. Manneville. D.P. 30. 1. 253.

429.— Lorsque l'état a reçu d'un aîné ou autre héritier institué, le prix des légitimes que des légitimaires frappés de confiscation avaient droit de réclamer en biens-fonds, le montant, réduit de la somme payée pour prix de cette portion légitimaire, est restitué à ceux qui y avaient droit ou qui les représentent (L. 1825, art. 3; V. instr. min. des 28 juill. et 26 sept. 1825).— D.P. 25. 3. 22 et 27.

430. — Lorsque les anciens propriétaires seront rentrés en possession des biens confisqués sur leur tête, après les avoir acquis de l'état directement ou par personnes interposées, l'indemnité sera fixée sur la valeur réelle payée à l'état, conformément aux règles établies par l'art. 3 de la loi de 1825.

431.— Lorsque, par les mêmes moyens, ils les auront rachetés à des tiers, l'indemnité sera égale aux valeurs réelles qu'ils justifieront avoir payées, sans que, dans aucun cas, elle puisse excéder celle qui est déterminée par l'art. 2. A défaut de justification, ils recevront une somme égale aux valeurs réelles formant le prix payé à l'état.

432.— Dans les deux cas ci-dessus, les ascendans, descendans ou femme de l'ancien propriétaire sont réputées personnes interposées (L. 27 avril 1825, art 4).

433. — L'ascendant ne peut pas être considéré comme personne interposée à l'égard de ses petits-enfans, lorsqu'il a revendu à des tiers tous les biens par lui rachetés, et que sa succession, réduite à un mobilier de peu de valeur, n'a été acceptée que sous bénéfice d'inventaire.— 28 fév. 1827. Ord. Schuster. D.P. 27. 3. 29.

434. — Il n'y a pas lieu non plus d'appliquer la présomption légale d'interposition de personne, lorsque les biens confisqués sur l émigré n'ont été rachetés qu'après son décès par un ascendant (Même ordonnance).

435. — ..... Ni lorsque ces biens ont été rachetés, également après le décès de l'émigré, par son petit-fils, lequel n'était point son héritier immédiat.— 16 fév. 1827. Ord. Crussol. D.P. 27. 3. 28.

436.— ...Ni lorsque les héritiers de l'ancien propriétaire ont acquis indirectement les biens vendus sur lui; il n'y a que l'acquisition directe qui puisse leur être opposée pour faire réduire leur indemnité à la valeur de ce qu'ils ont déboursé. — Même ord. —Voyez le dernier paragraphe de l'art. 4 de la loi de 1825.

437.— Lorsque la femme de l'émigré a, du vivant de son mari, racheté des biens-fonds confisqués sur lui, elle est, jusqu'à preuve contraire, réputée personne interposée.

La preuve contraire ne résulte pas suffisamment de ce que la femme de l'émigré aurait hypothéqué, aliéné et échangé les biens rachetés. — 8 mars 1827. Ord. Asnières. D.P. 27. 3. 28.

438. — Lorsque la femme d'un émigré a acquis des biens confisqués sur son mari, et que celui-ci, héritier de sa fille, conjointement avec des collatéraux maternels, retrouve les biens rachetés dans la succession, il ne peut pas invoquer, comme preuve de sa non rentrée en possession de quelques uns de ces biens, l'abandon qu'il en a fait à ses cohéritiers, dans un acte de partage et à titre de transaction, alors d'ailleurs qu'il a été exprimé que le motif de cette transaction résulte de l'intention où était la femme. personne interposée, d'après la loi de 1825, de conserver à son mari les biens rachetés. — 24 janv. 1827. Ord Cosson. D.P. 27. 3. 28.

439. — Lorsque la femme de l'émigré a acheté un des immeubles confisqués sur son mari, et en a fait donation à sa fille, laquelle est devenue son héritière, celle-ci n'a pas droit à la valeur de l'immeuble, liquidée suivant les bases de l'art. 2 de la loi de 1825, mais seulement au remboursement des valeurs réelles payées pour le rachat, et en proportion de sa part dans la succession de sa mère; c'est-à-dire que si elle n'est héritière que pour moitié, elle n'a droit qu'à la moitié de cette valeur. — 8 mars 1827. Ord. Flotte-Roqueraire. D.P. 27. 3. 26.

440.— La présomption d'interposition de la femme qui a acheté nationalement les biens de son mari, émigré, n'est pas détruite par le fait que la femme était séparée de biens au moment de la vente.

441. — Cette présomption existe jusqu'à preuve contraire.— 31 janv. 1827. Ord. D'Agoult. D.P. 27. 3. 28.— 6 juin 1827. Ord. Siresme. D.P. 27. 3. 35.

442. — Quoique la femme *divorcée* ne soit pas présumée *légalement* personne interposée dans l'achat des biens de son mari, émigré, la présomption d'interposition peut cependant être admise suivant les circonstances du fait; par exemple, lorsque le bien racheté par la femme divorcée a été ensuite revendu à des tiers, *conjointement et solidairement* par les deux époux réunis en second mariage. — 6 juin 1827. Ord. Roffignac. D.P. 27. 3. 35.—V. l'instr. min. du 7 juill. 1825. D.P. 25. 3. 20.

443. — On doit de même tenir pour constant le fait d'interposition de la femme divorcée dans l'achat des biens de son mari, émigré, lorsque celui-ci a déclaré qu'il se trouvait dans la catégorie de l'art. 4 de la loi d'indemnité (qui traite de l'interposition présumée de la femme), encore bien qu'après avoir reconnu que l'achat des biens avait eu lieu postérieurement au divorce, il ait rétracté cette déclaration; il en est ainsi surtout lorsque les actes produits sont de nature à faire présumer l'interposition.— 4 juill. 1827. Ord. Castellane. D.P. 27. 3. 35.

444.—Si la femme d'émigré, qui a acheté révolutionnairement les biens de son mari, est réputée, à son égard, personne interposée, cette présomption n'est pas admissible contre les héritiers du mari.— 13 juin 1827. Ord. Bgorie. D.P. 27. 3. 35.

445. — Lorsque les héritiers de l'ancien propriétaire sont rentrés directement dans la possession des biens confisqués sur lui, l'indemnité à laquelle ils ont droit est fixée de la manière prescrite par l'art. 4 de la loi de 1825 pour le cas où c'est l'ancien propriétaire lui même qui est rentré en possession.

446.—Lorsque, du vivant d'un émigré, une partie des biens confisqués sur lui a été rachetée par l'un de ses héritiers pour une somme inférieure à celle à laquelle ces biens sont estimés dans le calcul de l'indemnité, la réduction de la différence entre ces deux sommes ne doit être supportée par l'héritier qui a opéré le rachat que dans la proportion de sa part héréditaire — 9 mai 1827. Ord. Marin. D.P. 27. 3. 34.

447.—Encore que l'un des enfans de l'émigré ait racheté, du vivant de son père, une partie des biens confisqués sur lui, l'indemnité n'en doit pas moins être liquidée, sans division, entre les enfans : sauf à eux à s'arranger ultérieurement, et sans que la liquidation fasse obstacle à ce que ceux des enfans qui n'ont pas participé au rachat réclament devant les tribunaux.—10 juill. 1832. Ord. cons. d'état. Pierrepont. D.P. 33. 3. 5.

448. — L'indemnité est mobilière.—13 mai 1829. Caen. Godard. D.P. 29. 2. 230.—V. néanmoins *infrà* § 2 et § 6.

449. — Elle pouvait être l'objet d'une donation entre-vifs, à titre singulier, avant même la promulgation de la loi de 1825, nonobstant l'art. 943 C. civ., qui porte que les donations entre-vifs ne peuvent comprendre que les biens présens, et sont nulles pour les biens à venir; et une cour royale à pu décider d'après les actes et les circonstances que cette indemnité a été comprise dans une donation à titre singulier, faite en 1810, sans contrevenir aux art. 894 et 931, en ce que l'indemnité ne serait pas désignée dans la donation, et en ce que, à l'égard de cette indemnité, les formes irritantes des donations se trouveraient omises. — 23 nov. 1830. Req. Grenoble. Vaulserre. D.P. 31. 1. 20

450.—Décidé dans le même sens que le droit à l'indemnité accordée par la loi de 1825, remontant à l'époque de la confiscation, a pu entrer dans un partage fait long-temps avant cette loi et par exemple effectué en l'an 13.—21 mai 1833. Req. Metz Verguet. D.P. 33. 1. 214.

451.— L'indemnité accordée aux émigrés étant pour eux et les leurs, la représentation de leurs immeubles confisqués, doit être, comme ces immeubles, soumise au statut réel, relativement aux héritiers étrangers.— 10 août 1831. Bordeaux. Bellegarde. D.P. 31. 2. 257.

452. — Les rentes affectées à l'indemnité sont inscrites au grand-livre de la dette publique, et délivrées à chacun des anciens propriétaires, ou à ses représentans, par cinquième, et d'année en année, le premier cinquième devant être inscrit le 22 juin 1825. L'inscription de chaque cinquième porte jouissance des intérêts du jour auquel elle a dû être faite, à quelque époque que la liquidation ait été terminée et la délivrance opérée. Néanmoins, les liquidations donnant droit à des inscriptions inférieures à 250 fr. de rente, ne sont pas soumises aux délais prescrits ci-dessus. L'inscription en a lieu en totalité et avec jouissance du 22 juin 1825 (L. 1825, art. 5.— V. aussi l'art. 6 de la même loi.

§ 2. — *De l'admission à l'indemnité.*

453.— Sont admis à réclamer l'indemnité l'ancien propriétaire, et, à son défaut, les Français qui étaient appelés par la loi ou par sa volonté à le représenter à l'époque de son décès, sans qu'on puisse leur opposer aucune incapacité resultant des lois révolutionnaires (L. 27 avril 1825, art. 7).

454.— Jugé ainsi que les émigrés, ou leurs représentans, ne peuvent être privés du droit de recueillir l'indemnité des biens vendus à leur préjudice, sous le prétexte que la mort civile les a dépouillés de la propriété de leurs biens.— 16 fév. 1831. Req. Agen. St-Aignan. D.P. 33. 1 38.

455.— La loi 1825, en accordant une indemnité aux héritiers naturels du mort civilement, les a relevés de toute dechéance encourue par la prescription, qui les priverait des avantages qu'elle leur a conférés. — 12 mars 1834. Req. Lyon. Lagoutte D.P. 34. 1. 222.

456.— Par la loi de 1825, l'héritier légitimaire a été relevé, aussi bien que l'héritier universel et au regard de celui-ci, quant aux biens grevés de sa légitime en raison desquels une indemnité est accordée, de la prescription trentenaire acquise contre sa réclamation (C. civ. 2281).— 16 avril 1834. Civ. c. Espinay. D.P. 34. 1. 217.

457.— On a déjà dit que le droit au bénéfice de la loi d'indemnité est exclusivement accordé aux Français : la simple qualité d'étranger *naturalisé* n'a pu le conférer.—3 juill. 1833. Paris. Duc de Bavière. D.P. 33. 2. 223.

458.—L'héritier qui est en même temps créancier de la succession, n'est pas fondé à réclamer le montant de sa créance sur la part revenant à ses co-héritiers, alors que la qualité de Français de ceux-ci n'a pas été reconnue. — 31 juill. 1832. Ord. cons. d'état. Vaudémont. D.P. 32. 3. 147.

459.— Le représentant ou l'enfant de l'héritier d'un émigré a droit, si, d'ailleurs, il a la qualité de Français, de réclamer l'indemnité due à la succession de cet émigré, encore bien que celui qu'il représente soit mort étant étranger, c'est-à-dire, ayant perdu la qualité de Français.—20 mars 1830. Paris. St.-Clair. D.P. 30. 2. 217.—*Contrà* : 8 juill. 1829. Colmar. Merlière. D.P. 30. 2. 86.

460.— La même décision résulte implicitement de l'arrêt suivant, d après lequel la présomption légale, résultant de l'art. 2 de la loi du 12 vent. an 8, n'est pas exclusive des autres preuves d'émigration; et les tribunaux peuvent, à l'effet de faire participer à l'indemnité, les héritiers d'un individu passé en pays étranger, induire des circonstances, que cet individu, quoique non inscrit sur la liste, était émigré, et par suite n'a pas perdu la qualité de Français. — 26 fév. 1829. Montpellier. Siera. D.P. 29. 2. 282.

461.— Si, à son décès, après la promulgation de la loi du 27 avril 1825, l'ancien propriétaire dépossédé avait conservé la qualité de Français, son héritier, quoique étranger, aurait droit à l'indemnité non encore liquidée, alors d'ailleurs que son auteur l'avait déjà réclamée. — 15 oct. 1832. Ord. cons. d'état. Soller. D.P. 33. 3. 14.

462. — La qualité d'étrangère ou d'étranger ne peut être opposée, relativement à l'exécution de la loi de 1825, aux Françaises veuves ou descendantes d'émigrés, de déportés ou de condamnés révolutionnairement, lesquelles auraient contracté mariage avec des étrangers antérieurement au 1er avril 1814 (*et depuis le 1er janv.* 1792.—V. le rapport de Portalis), ni à leurs enfans nés de pères ayant joui de la qualité de Français (L. 27 avril 1825, art. 23.—V. l'instruction ministérielle du 13 août 1825, seizième question). — D.P. 25. 3. 23.

463.— Jugé ainsi, que les filles d'un émigré peuvent réclamer l'indemnité, si le mariage par elles contracté en pays étranger est antérieur au 1er avril 1814. — 26 fév. 1829. Montpellier. Siera. D.P. 29. 2. 282.

464.— La fille d'un émigré français, étrangère par suite de son mariage, contracté, avant le 1er avril 1814, avec un étranger qui était Français par la réunion de son pays à la France, et qui, depuis, est devenu étranger, a droit d'être admise à l'indemnité, quoiqu'elle ne la réclame pas du chef de son père ou autres ascendans, mais seulement du chef de son oncle, c'est-à-dire en collatérale : ici s'applique l'exception de l'art. 23 de cette loi..., et il en serait de même dans ce cas, si l'indemnité était réclamée, soit du chef d'enfans décédés, soit en vertu d'un testament.—16 mars 1830. Req. Lyon. Bizot. D.P. 30. 1. 169.

465. — Mais l'art. 23 de la loi du 27 avril 1825 ne s'applique qu'aux Françaises mariées avec un étranger pendant et par suite de l'émigration : en conséquence, il ne peut être invoqué par celle qui s'est mariée antérieurement avec un étranger.—

1er sept. 1831. Ord. cons. d'état. Goertz. D.P. 33. 3. 19.

466.— La fille d'un émigré qui, après avoir hérité de son père, a perdu, avant la loi de 1825, sa qualité de Française, par son mariage avec un étranger, n'a pas non plus droit à l'indemnité due à son père.—26 janv. 1828. Paris. Planès. D.P. 28. 2. 199.

467.— De ce que les héritiers étrangers ne peuvent participer à l'indemnité des émigrés, il ne suit pas que leurs co-héritiers régnicoles puissent recueillir leur part par droit d'accroissement. — 15 juill. 1832. Ord. cons. d'état. Duchastel. D.P. 32. 3. 147.— 15 juill. 1832. Ord. cons. d'état. Millet. D.P. 32. 3. 147.

468.—On disait en ce sens : La loi de 1825, comme son titre l'indique, est une loi d'indemnité : c'est une réparation qu'elle fait et non un bénéfice qu'elle accorde. Dans l'intention primitive de la loi, c'est au profit du fonds commun que les non répartitions devaient tourner ; aujourd'hui c'est au profit du trésor, jamais au co-héritier. Si les co-héritiers sont Français, la division a lieu. Les parts sont fixées : l'extranéité de l'un ne change rien ; l'autre n'a pas à s'enquérir de sa part : ce n'est pas en sa faveur que l'incapacité a été créée. En effet, ou l'héritier français prend deux parts, et alors il reçoit plus qu'il n'a perdu, au détriment de l'état ; ou il restitue l'une des parts à son co-héritier, et, dans ce cas, le vœu de la loi est trompé. On dit en vain qu'une hérédité ne peut être vacante pour partie ; la vacance n'existe pas : il y a eu appréhension par qui de droit ; si la part de l'un a péri, c'est ce qui se voit chaque jour par l'effet de déchéance, péremption, etc.—. Cependant diverses ordonnances ont consacré le principe du droit d'accroissement. — V. aussi la circul. de 1825. D.P. 25. 3. 27.

469.— Les héritiers réclamans doivent justifier du défaut de parens dans la ligne opposée, pour avoir droit à la part qui est dévolue à cette ligne.— 14 déc. 1832. Ord. cons. d'état. Rutand. D.P. 33. 3. 26.

470.—L'acte de partage entre deux frères portant que l'un aura dans son lot tous les droits mobiliers et immobiliers compétant au père commun de son chef, et l'autre, tous les droits mobiliers et immobiliers du chef de tel individu émigré, a pu être déclaré comprendre exclusivement, au profit du dernier co-partageant, l'indemnité attribuée postérieurement par la loi de 1825 à la succession de l'émigré, sans que cette décision tombe sous la censure de la cour suprême. — 21 mai 1833. Req. Metz. Verguet. D.P. 33. 1. 214.

471. — Quoique mobilière de sa nature, l'indemnité établie par la loi du 27 avril 1825 est, dans la succession du propriétaire indemnisé, qui est décédé avant cette loi, représentative de l'immeuble ou des immeubles pour lesquels elle est accordée..., en ce sens qu'elle doit être dévolue au légataire des immeubles, et non au légataire des meubles (L. 27 avril 1825, art. 17 ; C. civ. 529, 1003). —13 mai 1829. Caen. Godard. D.P. 29. 2. 250.— 26 janv. 1830. Civ. r. Paris. Parcus. D.P. 30. 1. 68.— 26 janv. 1830. Civ. r. Lyon. Layton. D.P. 30. 1. 68.

472.—Lorsqu'un testateur a donné ses biens à un émigré sous la condition qu'ils feraient retour à ses parens, dans le cas où l'émigré rentrerait en possession des biens confisqués sur lui, on doit considérer la condition comme accomplie, par l'effet de la publication de la loi de 1825, encore bien que le légataire serait lui même décédé avant la promulgation de cette loi.—15 juill. 1833. Civ. r. Grenoble. Dallen. D.P. 33. 1. 289.

473.— La loi de 1825 n'ayant pas dérogé au droit commun, soit pour la contribution des héritiers aux dettes, soit pour le partage des biens, il s'ensuit que, quoiqu'un légataire particulier des biens et *droits* appartenant à un émigré, dans un département désigné, ait reçu, seul et à l'exclusion du légataire universel, la totalité de l'indemnité représentative des biens confisqués dans ce département sur l'émigré, cependant, c'est le légataire universel, seul, et non le légataire particulier qui doit supporter les dettes qui grevaient ces biens, et qui, dans l'espèce, avaient été acquittées par l'état, lequel les oppose en compensation de l'indemnité (C. civ. 870, 1009).— 10 mars 1830. Req. Paris. La Rochejaquelin. D.P. 30. 1. 166.

473 *bis*.—Le curateur à la succession vacante d'un émigré peut poursuivre la liquidation de l'indemnité due à cette succession. — 24 janv. 1827. Ord. Min. des fin. D.P. 27. 3. 28.

474. — Les renonciations des indemnitaires ne peuvent leur être opposées que par les héritiers qui, *à leur défaut*, auraient accepté la succession (L. 1825, art. 7).

475 — Si, de plusieurs héritiers, les uns ont répudié et les autres ont accepté purement et simplement la succession d'un émigré, avant la loi de 1825, l'indemnité doit être dévolue exclusivement aux héritiers acceptans, soit qu'ils se trouvent du même degré que les renonçans, soit qu'ils se trouvent d'un degré subséquent : l'art. 7 de la loi de 1825 n'a relevé l'héritier de sa renonciation qu'à l'égard du fisc ou des créanciers.— 8 nov. 1827. Aix. Basque. D.P. 29 2. 25.

476.— Jugé, dans le même sens, que la renonciation, faite en 1813, par l'héritier d'un émigré, à la succession de celui-ci, est irrévocable, et doit produire effet contre le renonçant, même relativement à l'indemnité accordée par la loi de 1825, et que cette renonciation peut être opposée par un héritier du même degré que le renonçant comme par l'héritier d'un degré subséquent, par un héritier bénéficiaire, comme par un héritier pur et simple.— 5 janv. 1829. Caen. Bouchard. D.P. 29. 2. 148.— 13 avril 1825. Paris. D.P. 29. 2. 148.

477.— Jugé encore, dans le même sens, que l'héritier qui (en 1820) a volontairement renoncé à la succession de son auteur, émigré, n'a pas le droit, lorsque cette succession a depuis été acceptée par d'autres, de revenir contre sa renonciation, sous le prétexte que, ne prévoyant pas l'existence de la loi du 27 avril 1825, il était dans une ignorance de fait qui rendait nulle sa renonciation, dont l'indemnité n'a pu, dès lors, être l'objet. — L'indemnité doit être exclusivement dévolue à ceux qui ont accepté la succession de l'émigré, à défaut de l'héritier du premier degré, encore bien qu'ils se soient portés héritiers sous bénéfice d'inventaire. — 13 juill. 1829. Bordeaux. Degranges, etc. D.P. 29. 2. 178.

478.— Jugé cependant que l'art. 7, deuxième alinéa, de la loi de 1825, doit être entendu en ce sens que si la succession d'un émigré a été répudiée par un ou plusieurs héritiers, et acceptée sous bénéfice d'inventaire par un troisième héritier du même degré (et non d'un degré subséquent), les premiers auront, nonobstant leur renonciation, droit à l'indemnité dévolue à la succession de l'émigré, sans pouvoir être écartés par l'héritier acceptant.— 18 juill. 1828. Metz. De Flotte. D.P. 28. 2. 231.

479.— L'héritier d'un émigré, qui a autrefois renoncé à la succession de son auteur, peut être écarté de l'indemnité due à cette succession par le co-héritier qui l'a acceptée, quoique la renonciation n'ait pas été faite gratuitement et dans les formes ordinaires, mais qu'elle ait été stipulée dans une transaction. — 9 avril 1829. Req. Caen. Folleville. D.P. 29. 1. 216.

480 — Jugé encore que l'héritier institué d'un émigré qui, dans une transaction passée en l'an 8, avec son co-héritier (membre de la famille par les liens du sang), et relative à la propriété des biens restitués à la succession, en vertu du sén.-cons. de l'an 10, a déclaré renoncer, moyennant une rente, à sa qualité d'héritier, peut être écarté, par l'effet de cette renonciation, du partage de l'indemnité due à son auteur, en vertu de la loi de 1825 ..; du moins, le jugement qui le décide ainsi, par interprétation des termes de la renonciation, échappe à la censure de la cour suprême. — On dirait en vain que, dans les transactions, les renonciations, même les plus générales, ne doivent s'entendre que de ce qui est relatif au différend qui a donné lieu à la transaction (C. civ. 2048, 2049).— Même arrêt.

481.— Les successions échues aux émigrés, pendant leur émigration, ne leur ont pas été restituées par le sén.-cons. du 6 flor. an 10 ; mais seulement par la loi du 5 déc. 1814. En conséquence, l'émigré qui, rentré en France en vertu du sén.-cons. de l'an 10, a renoncé, mais avant la loi de 1814, à une succession qui lui était échue pendant son émigration, et que l'état avait recueillie comme son représentant, peut être admis, nonobstant sa renonciation (laquelle est nulle, comme ayant pour objet une succession non encore acquise), à réclamer l'indemnité accordée par la loi de 1825, conjointement avec celui de ses co-héritiers qui avait accepté purement et simplement avant cette loi de *1814* (C. civ. 794). — 4 fév. 1829. Civ. r. Caen. Godard de Donville. D.P. 29. 1. 133.

482. — Si, pendant son émigration, un émigré a été représenté par l'état dans le partage d'une succession à lui échue, sa qualité d'héritier a été tellement irrévocable, au moins quant à son aptitude à recueillir l'indemnité accordée par la loi de 1825, en raison de la portion reçue par l'état, qu'il n'a pu être exclu de cette indemnité par ses co-héritiers, encore bien qu'après sa rentrée en France, il ait expressément renoncé à la succession partagée avec l'état...; seulement, il devra supporter, sur l'indemnité, sa part des charges héréditaires (C. civ. 785). — 11 juill. 1829. Paris. Lannoy. D.P. 30. 2. 154.

483. — La qualité d'*héritier*, dans le sens de l'art. 3 de la loi de 1825, peut, selon les circonstances, être attribuée au successible qui a renoncé, alors qu'il a ressenti la perte qui donne lieu à l'indemnité, et que sa renonciation a été forcée. — Comme si, par exemple, un émigré rentré en France n'a renoncé à la succession de son auteur, qu'en raison de l'impossibilité où il se trouvait de rapporter à la masse héréditaire la portion que l'état y avait recueillie à titre de présuccession, et comme représentant l'émigré... En un tel cas, l'indemnité représentative de cette portion a pu être attribuée au successible qui avait répudié, à l'exclusion de ceux qui avaient accepté l'hérédité (C. civ. 785). — 10 mars 1830. Req. Besançon. Magnoncourt. D.P. 30. 1. 167.

484. — De ce qu'un co-héritier qui a partagé, par moitié, certains biens de la succession, n'a d'abord réclamé que la *moitié* de l'indemnité à laquelle seul il a droit comme émigré, il ne cesse pas pour cela d'être recevable à prétendre droit à la totalité et à réclamer la restitution de ce que son co-héritier a indûment reçu sur l'autre moitié, à laquelle d'ailleurs il n'a pas renoncé (C. civ. 1235, 1376). — 23 fév. 1831. Req. Metz. Joviac. D.P. 31. 1. 106.

La transaction faite entre deux héritiers émigrés, et portant que tels et tels biens déterminés, provenant de la succession de leur père et mère, seront partagés par égale portion, doit être limitée à ces biens taxativement, et ne peut s'étendre à d'autres biens, notamment à l'indemnité accordée par la loi de 1825, laquelle ne doit profiter qu'à celui sur qui a pesé la confiscation. — Même arrêt.

485. — Il n'est dû aucun droit de succession pour les indemnités réclamées dans les cas des art. 3 et 7 de la loi de 1825. — V. l'art. 7 de ladite loi.

486.—La cession faite en 1815, par l'héritier d'un émigré, de tous les droits connus de son auteur, n'emporte pas cession de l'indemnité.—21 mai 1828. Req. Montpellier. Andouy. D.P. 28. 1. 232.

Ces expressions *droits connus* ne laissent pas de doute sur l'intention du cédant.

487.—Jugé encore que la cession ou vente de ses droits successifs, faite en 1825 par l'héritier d'un émigré, n'a pu, en l'absence de stipulation expresse, comprendre l'indemnité accordée depuis aux émigrés ou à leurs successeurs. — 2 mai 1827. Colmar. Thomassin. D.P. 33. 2. 153.—Arrêts conf., D.P. 28. 1. 252 ; 29. 2. 140 ; 30. 1. 112.—Contraires, D.A. 31. 1. 20.— 3 juill. 1828. Besançon. Saporta. D.P. 29. 2. 140.

488.—Jugé enfin que quelque généraux que soient les termes d'une cession de tous droits à la succession d'un émigré, antérieurement à la loi de 1825, cette cession a pu être déclarée ne point comprendre l'indemnité accordée par cette loi, sans que cette décision tombe sous la censure de la cour suprême. — 8 fév. 1830. Req. Dijon. Folin. D.P. 30. 1. 112.

489.—Les réclamations tendant à obtenir l'indemnité ont dû être formées, à peine de déchéance, dans les délais suivans, savoir : dans un an, par les habitans du royaume ; dans dix-huit mois, par ceux qui se sont trouvés dans les autres états de l'Europe ; dans deux ans, par ceux qui se sont trouvés hors de l'Europe.—Ces délais ont couru du jour de la promulgation de la loi de 1825.—V. cette loi, art. 19.

490.—Lorsque des héritiers n'ont réclamé dans le délai que leurs parts afférentes dans l'indemnité, leur réclamation ne peut profiter et devenir commune au co-héritier qui se présenterait tardivement. — 31 juill. 1832. Ord. cons. d'état. Baillet. D.P. 32. 3. 146.

491. — La réclamation faite en temps utile par quelques uns des héritiers, de la *totalité* de l'indemnité, conserve les droits de ceux des co-héritiers qui ne se pourvoiraient que hors des délais prescrits. — 16 août 1832. Ord. cons. d'état. Clebsattel. D.P. 33. 3. 6.

492. — La demande en indemnité formée par les héritiers naturels, postérieurement à l'envoi en possession des héritiers testamentaires, ne peut conserver les droits de ces derniers à l'indemnité, sous prétexte qu'ils auraient été *subrogés* dans cette demande par un arrêt de la cour royale, et que cette subrogation ne saurait être détruite par une commission de liquidation, sans violer la chose jugée. — 16 fév. 1832. Ord. cons. d'état. De Pons Saint-Maurice. D.P. 32. 3. 146.

493. — La demande formée par le créancier ou l'usufruitier de l'émigré, dans son intérêt personnel, et pour le droit spécial qu'il a à exercer, ne suspend pas le délai de déchéance en faveur de l'ancien propriétaire dépossédé ou de ses héritiers ayant droit à l'indemnité. — 16 août 1832. Ord. cons. d'état Saint-Clar. D.P. 33. 3. 6.

494. — L'héritier reconnu judiciairement avoir droit à l'indemnité, mais qui n'a commencé ses poursuites qu'après la liquidation et le paiement d'une partie de l'indemnité, faite au profit de son adversaire, n'est plus recevable à demander contre l'état une liquidation nouvelle, et il y a lieu d'annuler l'arrêté qui a ordonné, à la charge du trésor, une liquidation nouvelle, sauf aux parties à réclamer entre elles, ainsi qu'elles aviseront. — 15 juill. 1832. Ord. cons. d'état. Reculot. D.P. 32. 3. 146.

495. — La déchéance prononcée par l'art. 19 de la loi de 1825, n'étant établie qu'en faveur du gouvernement, le co-héritier qui, seul, a réclamé et obtenu l'indemnité, ne peut opposer à son co-héritier cette déchéance, en ce qu'il n'aurait pas réclamé dans les délais fixés (C. civ. 1372). — 20 juill. 1827. Besançon. Vienney. D.P. 28. 2. 156.

496. — La loi de 1825 n'ayant pas prescrit de délai pour l'*instruction* des demandes d'indemnité, la commission de liquidation ne peut prononcer de déchéance contre les héritiers de l'ancien propriétaire dépossédé, faute par eux d'avoir produit, dans un délai déterminé, les pièces qui manquaient pour la justification de leurs droits. — 18 août 1831. Ord. Bertrand. D.P. 32. 3. 5.

§ 3. — *Liquidation de l'indemnité.*

497. — Pour obtenir l'indemnité, les ayans-droit doivent se pourvoir devant le préfet du département de la situation des biens vendus. Le préfet transmet la demande au directeur des domaines du département, qui dresse le bordereau d'indemnité, conformément aux dispositions précédentes. — Le bordereau est communiqué aux réclamans, ensuite adressé par le préfet au ministre des finances, avec les pièces produites (L. 1825, art. 8).

498. — Le ministre des finances vérifie : 1° s'il n'a pas été payé de soultes ou de dettes à la décharge du propriétaire dépossédé ; 2° s'il ne lui pas été compté, en exécution de la loi du 5 déc. 1814, des sommes provenant de reliquats de décompte de la vente de ses biens : 3° s'il ne s'est pas opéré de compensation pour les sommes dues par lui au même titre ; 4° si quelques uns des biens vendus sur lui ne provenaient pas d'engagemens ou autres aliénations du domaine royal qui n'auraient été maintenus par les lois des 14 vent. an 7, et 28 avril 1816, qu'à la charge de payer le quart de la valeur desdits biens ; auquel cas il est fait déduction du quart sur l'indemnité due pour les mêmes biens. Il est dressé un état des déductions à opérer, dans lesquelles ne sont pas compris les sommes payées à titre de secours aux femmes et aux enfans, les gages des domestiques et autres paiemens de même nature, faits en assignats, et en exécution des lois des 8 avril 1792 et 12 mars 1793 (L. 1825, art. 9).

499. — Il doit être fait, sur le montant de l'indemnité, déduction des sommes payées par l'état aux enfans de l'émigré, comme héritiers de leur mère, et, en cette qualité, créanciers de la dot et de la moitié des meubles de la communauté. — Vainement l'émigré dirait-il que l'état, s'étant emparé de la moitié des meubles, n'a rien payé à sa décharge, et n'a fait que restituer aux enfans une valeur confisquée sur eux injustement. — 3 janv. 1827. Ord. Grimouard. D.P. 27. 3. 27.

500. — Cette déduction doit s'étendre aux sommes payées par l'état pour intérêts des dettes de l'émigré ; par exemple, dans l'espèce, pour intérêts de la dot et des reprises matrimoniales de sa femme. — Même ordonn.

501. — Lorsque la dette d'un émigré a été payée par l'état dans les valeurs fixées par les art. 28 et 30 de la loi du 24 frim. an 6, la somme payée doit être déduite de l'indemnité. — 22 mars 1827. Ord. Messey. D.P. 27. 3. 29.

502. — Lorsque l'état, en s'emparant d'un bien-fonds d'émigré grevé d'un usufruit, a liquidé la valeur de cet usufruit en une rente viagère qu'il a payée à l'usufruitier, le capital de la rente doit être imputé sur l'indemnité. — 2 mai 1827. Ord. Trémuéjouls. D.P. 27. 3. 33.

503. — Déduction doit être faite sur le montant de l'indemnité du capital d'une rente viagère que l'état a remboursée à la décharge de l'émigré. On dirait en vain que cette rente, devant s'éteindre à la mort du créancier, n'était pas exigible, et, par

ÉMIGRÉ. Art. 6, § 3.

exemple, a été remboursée à tort par l'état. — 24 janv. 1827. ordonn. De Bussy. D.P. 27. 3. 26.

504. — La loi de 1825 ne permettant pas de réviser et de modifier les liquidations faites par l'état en faveur des créanciers des émigrés, c'est vainement qu'un émigré prétendrait que, par une erreur qui ne doit pas lui préjudicier, l'état a payé les arrérages d'une rente déjà soldés avant son émigration, et qu'en conséquence il n'y a pas lieu à déduire ces arrérages du montant de son indemnité. — 24 janv. 1827. Ordonn. De Bussy. D.P. 27. 3. 26.

505. — Comme la déduction doit porter tant sur les intérêts que sur les capitaux des dettes payées par l'état aux créanciers des émigrés, on ne peut point compenser, avec les fruits des biens confisqués, les arrérages d'une rente échus depuis la confiscation et payés par l'état. — Même ordonn.

506. — Lorsque l'héritier d'un condamné révolutionnairement a reçu, en restitution du prix des biens confisqués sur son auteur, une rente réduite au tiers consolidé, il ne peut pas demander qu'il ne soit fait déduction que du capital de la rente sur le montant de l'indemnité. — 10 janv. 1827. Ordonn. Min. des fin. D.P. 27. 3. 27.

507. — Une rente due par l'émigré à un ancien établissement religieux doit être capitalisée, et portée au passif de l'indemnité. — 19 janv. 1832. Ord. cons. d'état. Preissac. D.P. 33. 3. 2.

508. — Le domaine agissant en vertu de l'art. 3 de la loi du 5 déc. 1814, pour le recouvrement des reliquats de décomptes, n'était qu'un mandataire. — En conséquence, les frais de régie étant à la charge de l'émigré au profit de qui s'effectuait le recouvrement, ils doivent être déduits sur l'indemnité. — 4 juill. 1827. Ord. Desvignes. D.P. 27. 3. 35.

509. — Jugé de même que, dans ce cas, la déduction sur l'indemnité doit comprendre, non la somme réellement touchée par l'émigré, mais la somme due avant le prélèvement des frais de régie. — 2 mai 1827. Ordonn. Moreau. D.P. 27. 3. 33.

510. — Les biens cédés à l'état, par suite d'un partage de présuccession, constituent la part héréditaire des enfans émigrés : en conséquence, les dettes payées par l'état, à la décharge du fils de l'émigré, doivent être imputées sur l'indemnité à laquelle a donné lieu le partage de présuccession de l'ascendant. — 18 août 1831. Ord. Marc. D.P. 32. 3. 6. — 10 juill. 1832. Ord. cons. d'état. Descayrac. D.P. 32. 3. 148.

511. — La somme à laquelle la femme de l'émigré s'est solidairement obligée avec son mari, et que l'état a payée, doit être portée sur le passif de l'indemnité qui revient à cette femme, encore qu'elle ait renoncé à la communauté. — 10 juill. 1832. Ord. cons. d'état. Beauveau. D.P. 33. 3. 1.

512. — Il ne doit point être fait de déduction pour la différence du franc à la livre tournois, en matière de liquidation d'indemnité. — 19 janv. 1832. Ord. cons. d'état. Preissac. D.P. 33. 3. 2.

513. — L'émigré ne peut demander que les sommes que l'état a payées pour lui en assignats soient réduites en numéraire, au cours du jour des paiemens, d'après l'échelle de dépréciation. — 24 janv. 1827. Ord. Bussy. D.P. 27. 3. 26.

514. — Dans un bordereau d'indemnité, pour établir le montant de l'actif, lorsque des biens-fonds ont été vendus en exécution de lois antérieures au 31 mai 1795 (2 prair. an 3), on doit, d'après l'art. 2 de la loi du 27 avril 1825, calculer la valeur de ces biens vendus d'après le prix de vente réduit en numéraire le jour de l'adjudication : au contraire, pour établir le montant du passif, les dettes payées par l'état, à la décharge de l'émigré, doivent être imputées intégralement et pour leur valeur nominale, lors même que l'état, en paiement des créances qui grevaient les biens, n'a délivré que des reconnaissances de liquidation définitive qui ont été ensuite employées par l'acquéreur, et admises en acquit du prix de vente desdits biens. — 9 mai 1827. Ord. Lavès. D.P. 27. 3. 34.

515. — Lorsque l'état a payé une dette de l'émigré en reconnaissances de liquidation définitive, créées en exécution de la loi du 20 avril 1795, il y a lieu de déduire de l'indemnité le montant de ces reconnaissances, alors même qu'étant devenues caduques dans les mains du créancier, l'émigré, de retour, a acquitté la dette. — 16 mai 1827. Ord. Montaignac. D.P. 27. 3. 30.

516. — S'il résulte d'un décret que la reconnaissance de liquidation remise au créancier de l'émigré n'a pas constitué un paiement définitif, il n'y a pas lieu de déduire la créance du montant de l'indemnité. — 11 avril 1827. Ord. De Portets. D.P. 27. 3. 27.

ÉMIGRÉ. Art. 6, § 3.

517. — Dès qu'il est constant que l'émigré n'a pas été libéré de sa dette par l'état, il n'y a pas lieu d'en faire subir la déduction à ses héritiers. — Il en est ainsi, par exemple, lorsque la reconnaissance de liquidation donnée en paiement au créancier de l'émigré a été par lui remise à l'administration, qui lui a rendu en retour le titre constitutif de la créance, et que, sur la production de ce titre, un jugement a condamné l'émigré à en acquitter le montant. — 2 mai 1827. Ordonn. Lepainteur. D.P. 27. 3. 30.

518. — Les dettes payées à la décharge de la succession paternelle, acceptées sous bénéfice d'inventaire, ne doivent pas être déduites sur l'indemnité qui revient aux héritiers en leur propre nom pour les biens confisqués sur eux. — 18 août 1831. Ord. Lespinay. D.P. 32. 3. 7.

519. — Le bordereau d'indemnité et l'état des déductions sont transmis par le ministre des finances à une commission de liquidation nommée par le roi (L. 1825, art. 10).

520. — La commission procède à la reconnaissance des qualités et des droits des réclamans. — Si elle juge la justification irrégulière ou insuffisante, elle les renvoie devant les tribunaux pour faire statuer sur leur qualité, contradictoirement avec le procureur du roi.

S'il s'élève entre des réclamans des contestations sur leurs droits respectifs, elle les renvoie également devant les tribunaux pour faire prononcer sur leurs prétentions, le ministère public entendu.

Il y est statué comme en matière sommaire, à moins qu'il ne s'élève quelque question d'état (L. 1825, art. 11).

521. — Lors qu'il n'a pas encore été statué sur le renvoi devant les tribunaux d'une question préjudicielle sur la qualité des parties, la commission qui a ordonné le renvoi ne peut statuer elle-même sur cette qualité, et prendre une décision définitive sur la demande en liquidation de l'indemnité accordée par la loi de 1825. — 29 juin 1832. Ord. cons. d'état. Cantal. D.P. 33. 3. 2.

522. — La commission ne porte pas atteinte à la chose jugée, en ordonnant le renvoi devant les tribunaux, d'une question de qualité déjà soumise aux tribunaux, dans une précédente liquidation, mais sur laquelle il n'a pas été statué d'une manière formelle, le jugement portant seulement que le réclamant ne pouvait être privé de l'indemnité. — 14 déc. 1832. Ord. cons. d'état. D.P. 33. 3. 28.

523. — Lorsque le réclamant rapporte un jugement contradictoire qui a prononcé sur son état civil, la commission ne peut apprécier cet acte judiciaire, et, sous prétexte qu'il n'a pas été rendu avec le préfet et qu'il ne lui a pas été notifié, ne peut ajourner la liquidation de l'indemnité. — 14 déc. 1832. Ord. cons. d'état. D.P. 33. 3. 28.

524. — La question de savoir si les biens vendus au préjudice de Louis XVIII et de Charles X, donnent lieu à indemnité, est du ressort de la commission de liquidation. — 15 juill. 1832. Ord. cons. d'état. Harel. D.P. 32. 3. 148.

525. — La commission de liquidation ne peut, sous prétexte qu'il y a chose jugée, s'abstenir de réviser une liquidation dans laquelle elle a omis de faire la déduction d'une somme payée par l'état à la décharge de l'émigré (C. pr. 541). — 2 mai 1827. Ord. Mercier. D.P. 27. 3. 29. — 8 mai 1827. Ord. De Pons. D.P. 27. 3. 26.

526. — Les contestations entre les ayans-cause des émigrés, relatives à l'indemnité, devant être jugées sommairement, et par là même exigeant célérité, un tribunal peut y statuer sur le simple renvoi du préfet, sans en être saisi par la commission d'indemnité. — 21 mai 1828. Req. Montpellier. Audouy. D.P. 28. 1. 252.

527. — Lorsque deux parties réclament, en vertu de la loi de 1825, la même indemnité, le procureur du roi a conclu à ce qu'elles fussent toutes deux déclarées n'y avoir aucun droit, il n'appartient pas au tribunal, après qu'il a rejeté la prétention de l'une des parties, de statuer sur l'attribution de l'indemnité réclamée par l'autre ; il doit renvoyer celle-ci devant la commission de liquidation. — 26 janv. 1828. Paris. Planès. D.P. 28. 2. 199.

528. — L'autorité judiciaire n'est pas non plus compétente pour statuer sur la question de déchéance d'une demande en indemnité. — 16 fév. 1832. Ord. cons. d'état. Héritiers de Pons. D.P. 32. 3. 146.

529. — La question de savoir si une Française, qui s'est mariée avant l'émigration, avec un étranger, peut se prévaloir de l'exception prévue par l'art 23 de la loi du 27 avril 1825, est pareillement de la

compétence de l'administration. — 1er sept. 1831. Ord. cons. d'état. Goertz. D.P. 33. 3. 19.

530.— Quand la justification des qualités a été reconnue suffisante, ou quand il a été statué par les tribunaux, la commission ordonne qu'il soit donné copie, aux ayans-droit, des bordereaux dressés dans les départemens, et de l'état des déductions proposées par le ministre des finances; elle procède à la liquidation, après avoir pris connaissance de leurs mémoires et observations; elle donne avis de sa décision aux ayans-droit et la transmet au ministre des finances, qui fait opérer l'inscription de la rente, pour le montant de l'indemnité liquidée... (L. 1825, art. 12 et 13).

531.— Les ayans-droit peuvent se pourvoir contre la liquidation de la commission devant le roi, en son conseil d'état, dans les formes et dans les délais fixés pour les affaires contentieuses.— La même faculté est réservée au ministre des finances (L. 1825, art. 14).

532.— Lorsque, sur le refus de la commission d'accéder à une déduction reclamée par le ministre, le conseil d'état est saisi par appel, et que l'indemnitaire consent à la déduction demandée, cette déduction peut être prononcée par le conseil d'état, sans qu'il y ait lieu de renvoyer devant la commission. — *Secùs*, si la déduction était contestée. — 8 mai 1827. Ord. De Pons. D.P. 27. 3. 26.

533.— Ordonnance du roi qui prescrit le rétablissement, dans les dépôts publics, des titres relatifs aux biens dans la possession desquels sont rentrés les émigrés, et qui règle les conditions de la remise des expéditions de ces titres aux anciens propriétaires. — 6 mars 1828. D.P. 28. 3. 8.

§ 4. — *Des déportés et des condamnés.*

534.— Les dispositions précédentes sont applicables aux biens confisqués et aliénés au préjudice des individus déportés ou condamnés révolutionnairement.

535.— Doit être déduit de l'indemnité le montant des bons au porteur, donnés en remboursement aux déportés et aux familles des condamnés, en exécution des décrets des 21 prair. et 22 fruct. an 3, réduit en numéraire au cours du jour où la remise leur en a été faite (L 27 avril 1825, art 15).

536.— Cette disposition ne s'applique pas aux héritiers d'un condamné dont les biens ont été vendus révolutionnairement, lorsqu'ils ont été indemnisés *non en bons au porteur*, mais en rentes sur l'état et en bons deux tiers, conformément aux lois des 30 sept. et 14 déc. 1797. — 28 fév. 1827. Ord. Grimouard. D.P. 27. 3. 29.

§ 5. — *Des biens affectés aux hospices et autres établissemens de bienfaisance, et des biens concédés gratuitement.*

537.— Les anciens propriétaires des biens donnés aux hospices et autres établissemens de bienfaisance, soit en remplacement de leurs biens aliénés, soit en paiement des sommes dues par l'état, ont droit à l'indemnité ci-dessus réglée. Cette indemnité est égale au montant de l'estimation en numéraire faite avant la cession (L. 27 avril 1825, art. 16).

538.— En ce qui concerne les biens qui n'ont été que provisoirement affectés aux hospices et autres établissemens de bienfaisance, et qui, aux termes de l'art. 8 de la loi du 5 déc. 1814, doivent être restitués, lorsque ces établissemens auront reçu un accroissement de dotation égal à la valeur de ces biens, les anciens propriétaires ou leurs représentans pourront en demander la rémise aussitôt qu'ils auront transmis à l'hospice détenteur une inscription de rente, trois pour cent, dont le capital sera égal au montant de l'estimation qui leur est due à titre d'indemnité.

539.—En ce qui concerne les biens définitivement et gratuitement concédés par l'état, soit à d'autres établissemens publics, soit à des particuliers, l'indemnité due aux anciens propriétaires est réglée conformément à l'art. 16 ci-dessus. A défaut d'estimation desdits biens, antérieure à la cession, ils seront estimés contradictoirement et par experts, valeur de 1790 (L. 27 avril 1825, art. 17).

540. — Lorsque des biens ont été cédés par l'état à des établissemens publics; qu'il n'y a pas eu d'estimation avant la cession, mais qu'elle a eu lieu après, en exécution du § 2 de l'art. 17 de la loi du 27 avril 1825, cet article contenant une disposition spéciale et étrangère à l'art. 2 de la même loi, l'indemnité due à raison des biens cédés ne sera pas la même que celle due à raison des biens vendus; elle devra être égale au montant de l'estimation voulue par le § 2 de l'art. 17, et non au montant de celle voulue par l'art. 2, c'est-à-dire au revenu valeur de 1790, multiplié par dix-huit.— 9 mai 1827. Ord. Dassier. D.P. 27. 3. 35.

541. — L'indemnité due à un émigré, pour un bien-fonds qui a fait partie d'une dotation sénatoriale, doit être fixée à vingt fois le revenu porté dans l'acte de cession. — 2 juin 1832. Ord. cons. d'état. Combarieu. D P. 32. 3. 105.

§ 6.— *Droits des créanciers relativement à l'indemnité.—Prescription.*

542. — Les oppositions qui seraient formées à la délivrance de l'inscription de rente par les créanciers des anciens propriétaires, porteurs des titres antérieurs à la confiscation, *non liquidés* et *non payés* par l'état, n'auront d'effet que pour le capital de leurs créances. Les anciens propriétaires ou leurs représentans auront droit de se libérer des causes de ces oppositions, en transférant aux créanciers opposans, sur le montant de la liquidation, en rente de trois pour cent, un capital nominal, égal a la dette réclamée. Ces créanciers exercent leurs droits suivant le rang des priviléges et hypothèques qu'ils avaient sur les immeubles confisqués. L'ordre et la distribution sont faits, s'il y a lieu, quel que soit le juge de la situation desdits biens, devant le tribunal du domicile de l'ancien propriétaire, ou devant le tribunal dans le ressort duquel la succession s'est ouverte (L. 27 avril 1825, art. 18).

543.— Cet article, en appelant les créanciers des émigrés à faire valoir leurs droits sur l'indemnité accordée par cette loi, ne les a pas, par là, relevés de la prescription qui aurait couru contre eux durant l'émigration de leurs débiteurs (C civ. 2262). — 30 mai 1827 Orléans. de la Roche-Verney. D.P. 28. 2. 130. — 24 janv. 1828. Douai Desmaisières. D.P. 28. 2. 130.— 16 déc. 1829. Req. Poitiers. Martineau. D.P. 30. 1. 27.— 30 août 1830. Civ. c. Agen. Mazelières. D.P. 30. 1. 323.— 4 juin 1831. Agen. Raussat D.P. 31. 2 151 —17 août 1831. Req. Paris. Bouval. D.P. 31. 1. 328.— 19 janv. 1832. Req. Bordeaux. Saint-Marsault. D.P. 32. 1. 350.

544 — Jugé de même que les créances sur des émigrés sont prescrites par trente ans, sans poursuite, nonobstant l'émigration des débiteurs, alors surtout qu'elles reposent sur des titres authentiques. — 22 nov. 1831. Civ. c. Demitry. D.P. 32. 1. 64.— 3 janv. 1832. Civ. c. D.P. 32. 1. 64, n. 1.

545 —Jugé au contraire que de la loi du 27 avril 1825, qui a relevé les émigrés de toutes déchéances et prescriptions quant à l'indemnité, et de l'art. 18 de cette loi qui appelle les créanciers des émigrés a recueillir l'indemnité, il résulte que cet article a aussi implicitement entendu relever ces créanciers de toutes prescriptions en ce qui touche l'indemnité.— 4 janv. 1827. Agen. Cassins. D P. 27. 2. 142.— 1er mai 1827. Toulouse. Couston-Longagne. D.P. *eod.* —4 mai 27. Colmar. Klein. D P. *eod.*, n.—23 janv. 1828. Toulouse. Manand. D.P. 29. 2. 135.— 31 janv. 1828. Agen. Dulong. D.P. 29. 2. 172.

546 — Mais cette faveur ne peut être invoquée par ces derniers vis-à-vis de ceux d'entre les héritiers de leur débiteur, qui ne prennent aucune part à l'indemnité.— 23 janv. 1828. Toulouse. Manand. D.P. 29. 2. 135.

547.— En admettant la prescription, le dépôt des pièces, fait par le créancier d'un émigré en 1792, et l'arrêté de préfecture rendu à ce sujet, en 1801, ont pu être considérés comme des actes insuffisans pour interrompre la prescription.— 19 janv. 1832. Req. Bordeaux. St-Marsault. D.P. 32. 1. 350.

548.— Jugé encore que le créancier qui, durant l'émigration, a fait, entre les mains du gouvernement, dépôt de son titre, à l'effet d'obtenir la liquidation de sa créance, a par là interrompu la prescription nonobstant le décret du 25 février 1808, qui frappe de déchéance les créances non liquidées a cette époque.—24 janv. 1828. Douai. Desmaisières. D.P. 28. 2. 130.

549.—Lorsqu'en suite du dépôt de ses titres, le créancier d'un émigré a été liquidé par l'état, c'est à partir de cette liquidation, et non à partir du dépôt des titres, que la prescription a commencé à courir contre lui.— 10 juin 1831. Agen. de Raussat. D.P. 31. 2. 151.

550. — Quoique la prescription d'une créance échue avant la loi du 9 juin 1795, contre un émigré condamné et arrêté, ait été interrompue par cette loi, elle ne doit pas moins être déclarée accomplie, si, depuis cette loi, plus de trente années se sont écoulées sans poursuite contre l'émigré ou contre l'état.— 17 août 1831. Req. Paris. Bouval. D.P. 31. 1. 328.

551.—La liquidation, par l'état, d'une créance sur un émigré, ne saurait être considérée comme un paiement; et, dès-lors, le créancier est fondé à s'opposer à la délivrance de l'indemnité allouée à l'émigré. — 10 juin 1831. Agen. Raussat. D.P. 31. 2. 151.

552.— Toutefois, le créancier d'un émigré qui, ayant obtenu, pendant la révolution, la liquidation définitive de sa créance, a négligé d'utiliser le certificat de liquidation qui lui avait été délivré, et de se faire inscrire sur le grand-livre de la dette publique, est sans droit pour former opposition à la délivrance de l'indemnité accordée à l'émigré..., surtout si, dans le borderau de l'indemnité, il a été fait par l'état deduction du montant de la créance liquidée.—3 mars 1828. Toulouse. Carrere. D.P. 29. 2 64.

553.— Le créancier d'un émigré qui, ayant déposé ses titres de créance au bureau de la liquidation, a d'abord obtenu un certificat de liquidation provisoire, puis échange ce certificat contre une reconnaissance de liquidation définitive, et qui, enfin, a été inscrit sur le grand-livre de la dette publique, pour le capital nominal de sa créance, peut être considéré comme ayant reçu son paiement, sans que l'arrêt qui le decide ainsi donne prise à cassation. —13 juill. 1830. Req. Paris. Darancey. D.P. 30. 1. 368.

554 —Les créanciers d'émigrés ne peuvent, en vertu du même art. 18, demander la subrogation aux droits de ces derniers sur l'indemnité. Ils n'ont que le droit d'opposition à la délivrance de cette indemnité.— 15 dec. 1831. Colmar. Dollus. D.P. 32. 2. 136.

555. — Cependant lorsque le créancier de l'émigre a été subrogé par jugement à ses droits, tant pour le principal que pour les intérêts de l'indemnité, l'allocation de ces intérêts ne peut être refusée par la commission; elle ne peut être contestée que par les hér tiers ou ayans-cause de l'emigré.— 16 août 1832. Ord. cons. d'état. Saint-Clar. D.P. 33. 3. 6.

556.— Les oppositions à la délivrance des indemnités ne peuvent être assimilées à celles sur saisie-mobilière.— 10 déc. 1833. Req. Paris. Chastel d'Orrocourt. D.P. 34. 1. 32.

557.— L'art. 18 de la loi du 27 avril 1825, disposant qu'il ne pourra être formé opposition à l'indemnité par les créanciers porteurs de titres antérieurs a la confiscation, que pour le capital de leurs créances, on ne peut former une telle opposition même en vertu d'une obligation souscrite depuis la confiscation, mais ayant pour cause des intérêts d'une créance antérieure. — 13 juill. 1827. Montpellier. de Sarrel. D.P. 28. 2. 177.

558.— Le créancier pour dette même postérieure a la confiscation, ne peut réclamer, par voie d'opposition, sur l'indemnité, que le capital et non les intérêts de sa créance. — 27 janv. 1829. Paris. Veltheim. D.P. 31. 1. 349.

559.—Toutefois, les héritiers bénéficiaires d'un émigré qui ont payé, avant la loi de 1825, de leurs propres deniers, les intérêts d'une somme due par leur auteur, peuvent prendre sur l'indemnité cette somme, encore qu'il soit certain qu'à l'epoque du paiement il n'y avait pas, dans la succession de l'émigré, de quoi payer ces intérêts avant l'indemnité. Ici ne s'applique plus l'art. 18 de la loi du 27 avril 1825.— 11 janv. 1831. Civ. c. Pau. Marrast. D.P. 31. 1. 60.

560.— Cet article n'est pareillement pas opposable à la caution de l'émigré qui a été oblige de rembourser, capital et intérêts, une dette de ce dernier, postérieure à la confiscation de ses biens, et qui, d'ailleurs, ne réclame que des intérêts qu'elle a remboursés elle-même, et non les intérêts qui ont couru depuis le remboursement. — 15 nov. 1831. Civ. c. Paris. Veltheim. D.P. 31. 1. 349.

561. — L'opposition faite par le créancier d'une rente perpétuelle, sur l'indemnité d'un émigré, a pu, si les arrérages n'étaient pas servis depuis plus de deux ans, être validée jusqu'à concurrence du capital de la rente, encore bien que le créancier n'ait pas préalablement demandé le remboursement de ce capital. — 27 mars 1832. Civ. r. Orléans. Laruche-Vernay. D P. 32. 1. 104.

562.—La loi de 1825 n'a pas eu pour effet de soustraire les émigrés au paiement des intérêts de leurs dettes antérieures à l'émigration; elle a seulement interdit à leurs créanciers le droit de s'en faire payer, par voie d'opposition, sur les rentes qui leur étaient accordées pour indemnité.— 12 mars 1833. Civ. c. Paris. Guy. D.P. 33. 1. 153.

563.—Jugé dans le même sens que lorsque sur des

oppositions à la délivrance de l'indemnité, l'émigré ou ses héritiers transfèrent aux créanciers, en rentes 5 p. 100, un capital égal à la dette réclamée, les créanciers ne perdent pas, par ce transfert, le droit de se faire payer, sur les autres biens, ce qui reste dû sur le capital et les intérêts, alors surtout que l'émigré étant décédé, ses héritiers ont accepté la succession sous bénéfice d'inventaire. — 30 janv. 1827. Paris. Mollerat. D.P. 28. 2. 96.

564.—Jugé au contraire que les créanciers antérieurs à la confiscation, qui ont formé opposition pour le capital de leurs créances à la délivrance de l'indemnité due à leurs débiteurs, sont déchus du droit de recourir sur leurs autres biens pour le paiement des intérêts.—13 déc. 1827. Pau. Dupocy. D.P. 28. 2. 175.

565.—Jugé encore que les émigrés ont été entièrement libérés des dettes payées à leurs créanciers sur leur indemnité par une inscription de rente 3 p. 100 au capital nominal égal à la dette réclamée, et les créanciers ainsi payés ne sont point recevables à réclamer contre eux, alors même qu'ils seraient rentrés dans leurs propriétés non aliénées par l'état, le paiement de la différence entre le capital nominal et le capital réel. — 29 juin 1833. Agen. St.-Martin D.P. 34. 2. 67.

566.—La libération intégrale, opérée vis-à-vis du créancier d'un émigré opposant sur l'indemnité due à ce dernier, par le transfert sur le montant de sa liquidation en rentes 3 pour 100, d'un capital nominal égal à la dette réclamée, doit profiter aux cautions solidaires du débiteur, lesquelles ne peuvent plus être recherchées depuis le transfert, quand même le créancier, en acceptant ce transfert, se serait réservé tous ses droits contre les cautions.— 17 déc. 1897. Nanci. Baudoin. D.P. 28. 2. 251.

567.—Mais, dans ce cas, le créancier conserve contre les cautions le droit de se faire payer des intérêts ou arrérages dus jusqu'au moment où la délivrance des valeurs de l'indemnité a opéré libération du capital.— Même arrêt.

568 — La loi de 1825 qui fait revivre les hypothèques des créanciers des émigrés, antérieurs à la confiscation, leur a donné virtuellement par la même le droit d'en suivre les effets sur l'indemnité accordée par cette loi... Tellement que, suivant les inscriptions de rente n'ont pas été délivrées, des tiers ne peuvent les acquérir de l'ancien propriétaire ou de ses représentants, qu'à la charge des oppositions qui pourraient être formées par des créanciers hypothécaires..—16 nov. 1831. Req. Paris. Boutoux. D.P 31. 1. 356.

569.—En conséquence. le cessionnaire d'une indemnité provisoirement liquidée, conformément à la loi de 1825, ne peut, quoiqu'il ait fait notifier son transport au trésor à une époque où il n'existait aucune opposition, ei qu'il ait déjà reçu deux cinquiemes, prétendre droit aux autres cinquiemes au préjudice d'oppositions depuis formées par des créanciers hypothécaires antérieurs à la confiscation (C. civ. 1690).—Même arrêt, et 2 mars 1830. Paris. Chabert. D.P. 50. 2. 228.

De ces deux arrêts, il résulte que le créancier hypothécaire n'a droit qu'aux cinquiemes non encore délivrés au cessionnaire par le trésor.

570.—Dans le cas de plusieurs donations successives, les donataires peuvent inscrits exercent leurs droits dans l'ordre de leur inscription; de telle sorte que l'indemnité accordée en vertu de la loi de 1825, doit être distribuée entre eux, suivant le rang de leurs privilèges et d'hypothèques.—15 juin 1833. Req. Bresson. D.P. 35. 4. 274.

571.— L'indemnité accordée aux émigrés n'est, vis-à-vis des créanciers postérieurs à la confiscation, qu'une rente mobilière qui, par conséquent, doit être distribuée entre ces créanciers, sans distinction entre les hypothécaires et les chirographaires.— 21 fév. 1828. Limoges. Monthas. D.P. 29. 2. 158.

572.— En pays de droit écrit, la femme n'avait hypothèque, pour la garantie de ses paraphernaux aliénés par son mari, que du jour où ce dernier en avait touché le prix, à moins cependant d'une stipulation contraire qui donnât à l'hypothèque une date antérieure.

573.— ..... Et, par suite, si le mari n'a touché ce prix que depuis la confiscation des biens d'un émigré, la femme ne peut, vis-à-vis des créanciers du mari, prétendre privilège, en vertu de son hypothèque légale, sur l'indemnité accordée à ce dernier par la loi du 27 avril 1825.— 21 août 1832. Lyon. Bordier, D.P. 32. 2. 99.

574. — Le privilège sur les meubles d'un débiteur émigré ne s'étend pas à l'indemnité qui lui a été accordée par la loi de 1825.— Même arrêt.

575. — Le créancier chirographaire (antérieur ou non à la confiscation), qui n'a formé opposition sur l'indemnité qu'après la cession faite par l'indemnisé, et régulièrement notifiée au trésor, ne peut réclamer la distribution des cinquiemes de l'indemnité non encore délivrés au cessionnaire : il alléguerait en vain que l'indemnité est immobilière, un tel caractère n'étant attribué à l'indemnité que relativement aux créanciers hypothécaires antérieurs à la confiscation. — 16 nov. 1831. Req. Fabre. D.P. 31. 1. 359.

576. — Les créanciers des rois Louis XVIII et Charles X ne peuvent demander l'application de la loi du 27 avril 1825 sur l'indemnité des émigrés (L. 8 nov. 1814).— 15 juill. 1832. Ord. cons. d'état. Harel. D.P. 32. 3. 148.

—V. Vente nationale.

TABLE SOMMAIRE.

Abandon. 8.
Absence. 16.
Absent. 34.
Acceptation. 74.
Accroissement. 73, 158, 467.
Accusation. 27.
Acquiescement. 165. 176, s. 201.
Acte administratif. 354, s. — authentique. 48. — irrévocable. 161, s. 167, s. 228, 246, 259, 292.— provisoire. 261.
Action. 78.—des canaux. 258, 279. — judiciaire. 45, 457.
Alimens. 52.
Amnistie. 4, s. 75, 124, s. 142, 180, s.— (effet) 151. — (exception) 127.
Appel. 78, s.
Arrérages. 216, s.
Ayant cause. 60, s. 162, s. 200, s. 299, s. — droit. 306, 484, s.
Bannissement. 0, 9.
Biens invendus. 246, s. 299, s. 392, s. — restitués.— V. Restitution.
Bigamie. 57.
Bois. 399, s.
Caisse d'amortissement. 132.
Capacités. 25, s. 36, s.
Cassation (appréciation). 315, s. 449, s. 480, s.
Caution. 560.—solidaire. 566, s.
Certificat. 48, 127, s. 298, 324, 561, 552.
Chose future. 315, s. 474, s. 486, s.
Chouannerie. 76.
Communauté. 93, 145, 191, s.
Compensation. 198.
Compétence. 354, s. 388, 465, 596, s. 542.— administrative. 354, s.— civile. 568, s.
Conception. 56.
Condamné. 554, s.
Condition résolutoire. 74.
Confiscation. 5 , 56, 65, 75, 80, s. 99, s. 205, 232, s. 328, 535, s. 509, suiv.
Confusion. 116, 198, 202, s. 211, s. 553, s.
Conseil de préfecture. 565, s. 450, s.

Contrat d'union. 100, s.
Contumace. 147.
Copie. 32.
Créanciers. 542, s. — (préférence) 570. — d'émigrés. 502, s. 520.
Curateur. 44, 473.
Date certaine. 205, s. 502, 329, 546.
Débiteur d'émigré. 80, s.
Décès. 225, s.
Déchéance. 526, s. 489, suiv.
Déclaration. 51.
Délai. 333, s.— prorogé. 106, s.
Déporté. 11.
Déporté. 554.
Dépôt. 82, s. — public. 535. — de titre. 106, s.
Dette. 536, s. 547, s.
Dette. — V. Obligation personnelle. — de l'état. 267, s.
Discussion. 148.
Divorce. 46, s. 83, 152.
Domaine public. 62, 78, suiv.
Domicile. 19.
Donation par contrat de mariage. 40, 69, 449, s. — déguisée. 121.
Dot. 119.—dotation. 258, 375, s.
Douaire. 90.
Droits civils. 28, 58, s. 56, 129, 149, s. 529, 374, 598, s. — civiques. 25, s.— de gens. 36, s. 57. — (rescision) 44. — politiques. 24.
Échange. 264, 275, s. Effets civils. 58, s. 148.—de commerce (prescription). 348.
Élimination. 199.
Émigré (caractère). 14.
Enfant. 74, s. — naturel. 150, 259.
Équivalent. 109.
Établissem. public. 549.
Étranger. 127, s. 131, 245, 318, 598, s. 451, 457, s. (exécution) 46, s.
Exceptions. 60, s.
Exécution. 178.
Extinction. 98, s.
Femme. 102, s. — étrangère. 465.
Fermier. 105.
Fidéi-commis. 407.
Fonctions à l'étranger. 11.
Français. 398, s.

Fruits. 216, s. 280, s. 401, s.
Garantie. 120.
Héritier. 65, s. 71, s. 129, s. 200, 225, s. 299, s. 474, s. 490, s.
Hospice. 214, 262, 537, suiv.
Hostilité. 9.
Hypothèques. 61, 141, 255, 240, s. 530, s. 542, suiv.
Immeuble. 169, s. 599, s. 471.
Impossibilité. 345, s.
Incapacité. 65, s.
Incident. 579.
Indemnité. 6, 197, 590, suiv. — (biens-fonds) 599, s.— (délai) 489, s.—(déporté et condamné) 554. — (droits des créanciers) 547. — (établissement public) 547, s. — (liquidation) 497, s.—(nature) 596. — (qualité) 455, s.— allocation. 396, s.
Indivisibilité. 115, 490.
Indivision. 95, s. 204, s.
Inscription —V. Liste — hypothécaire. 535, s.
Intérêt. 209, 216, 356, suiv.
Interruption. 345 s. 354, s. 450, s.
Légitimation. 150.
Légitimité. 54, s. 150.
Legs. 197.
Liberté naturelle. 5.
Liquidation. 95, s. 109, s. 125, 527, s. 344, 549, suiv. — V. Indemnité.
Liste (inscription). 10, s. 14, 134.
Loi personnelle. 37, 451.
Louage. 179, s.
Mandat. 59, s. 68.—légal. 45, s. 162, s.
Mariage. 40, 47, s. 51, s. 57, s. 145.—putatif. 148.
Mesure conservatoire. 141, 519, 491.
Meubles. 403, s. 571, s.
Mineur. 9, 11.
Minisire des finances. 588.
Mort civile. 4, 6, s. 14, 454, s. — (cessation) 138, s.—(effets) 34.
Moyen nouveau. 102,297.
Naissance tardive. 54, s.
Naturalisation. 457.
Novation. 124.
Nullité relative. 91, s. 204, s.
Obligation. 39, 210.—naturelle. 194.— personnelle. 252, s. 520, s. 565.
Paiement. 83, s. 99, s.
Papier-monnaie. 102,297.
Parens. 225, s. 469.
Partage. 167, s. 189, 262, s. 410, s. — de présuc-tion. 199.
Fonctions à l'étranger. 11.

186,418.— supplémentaire. 193.
Passeport. 2, s.
Personne interposée. 418.
Préfet. 554, s. 364, s.
Prescription. 348, s.
s. 349, s. 456, 545, s.
Prévenu d'émigration. 17, 25, s.
Preuve. 52, s.
Production. 109.
Puissance maritale. 51, s. 150. — paternelle. 155.
Qualités. 200.
Question préjudicielle. b25.
Radiation. 10, s. 24, s. 128, s. 220.
Rapport. 19b, 514, 485.
Ratification. 143, s.
Réclamation. 17.
Reconnaissance. 54.
Réhabilitation. 380.
Réintégration. 199.—jour d que. 220, 289, s.
Religionnaire. 1, 11, 15, 228.
Remboursement. 107.
Remise des biens. 160, s. 222, s. 247, s. — de la dette. 122.
Rénonciation. 181, s. 251. 310, s. 474.
Rentes. 274.
Répétition. 194.
Représentant du peuple. 248.
Rescision. 44.
Responsabilité. 257.
Restitution. 160, 222, s. 375, 592, s.— de biens non vendus. 247, s.
Retenue. 5.
Rétroactivité. 29, s. 40, 155, 245.
Revendication. 215, 292, suiv.
Révocation. 156, s.
Saisie. 319, s. — arrêt. 554, s.
Séquestre. 4, s. 25, 93, s. 171, s. 242, s.
Serment. 125.
Service public. 276.
Soldat. 138.
Solidarité. 112, s.
Subrogation. 275, 554, s.
Substitution. 68.
Succession. 27, 62, 74, 158, 187, 299, s. 507, s. 373, 378.— (dette) 101, s. 256, s. 512, s. — bénéficiaire 547, s. — future. 189.
Survenance d'enfans. 156.
Testament. 28, 37, 45, 145.
Tierce-opposition. 159.
Tiers. 175, 246.— acquéreurs. 88, s. 516, s. — coutumiers. 76.
Transport. b68, s.—(chose future) 315, s. 450, 486, suiv.
Tribunaux. 368, s.

ÉMOLUMENS.—V. Frais, Honoraires.

EMPÊCHEMENT.—V. Avocat, Compétence civile, Contraite par corps, Contributions directes, Droits politiques, Enregistrement, Faillite, Force majeure, Garde nationale, Juge, Jugement, Louage, Ministère public, Procès-verbal, Séparation de patrimoines, Témoins, Tribunaux.

EMPHYTÉOSE.—V. Louage.—V. aussi Action possessoire, Caution, Choses, Communauté, Compétence administrative, Contributions directes, Domaine congéable, Droits politiques, Élections législatives, Enregistrement, Féodalité, Garantie, Hypothèques, Louage, Prescription, Usufruit, Servitudes.

EMPLOI.—V. Communauté, Dot, Remploi.

EMPLOYÉ.—V. Attentat à la pudeur, Acte de commerce, Comptabilité, Fonctionnaire, Garde na-

tionale, Louage, Pension, Saisie-arrêt, Théâtre.

EMPRISONNEMENT — V. Appel criminel, Banqueroute, Chasse, Compétence administrative, Contrainte par corps, Crieurs publics, Douanes, Etrangers, Faillite, Forêts, Garde nationale, Liberté provisoire, Mandat d'exécution, Ministère public, Peine, Presse, Procès-verbal, Récidive, Théâtre, Voirie, Voitures publiques.

EMPRUNT.—V. Prêt.—V. aussi Acte de commerce, Assurances maritimes, Autorité municipale, Capitaine, Communauté, Communes, Contrat à la grosse, Fabriques, Mandat.

EMPRUNT FORCÉ.—V. Louage.

ENCHÈRE— ENCHÉRISSEUR.— V. Surenchère.— V. aussi Avoué, Désaveu, Forêts, Hospices, Saisie-exécution, Saisie-immobilière, Succession bénéficiaire.

ENCLAVE.—V. Servitude.—V. aussi Action possessoire, Communauté, Communes, Forêts.

ENCLOS.—V. Animaux, Commmunes, Chasse, Pêche, Vol,

ENCOURAGEMENT.—V. Pension.

ENDIGUAGE.—V. Forêts.

ENDOS—ENDOSSEMENT.— V. Effet de commerce. —V. aussi Agent de change, Assurance maritime, Banque de France, Charte-partie, Commerçans, Commissionnaires, Compétence administrative, Contrainte par corps, Contrat à la grosse, Droits civils, Enregistrement, Faillite, Faux incident, Mandat, Nantissement.

ENFANT. 1. — Ce mot s'applique à l'homme considéré dans son rapport avec ses père et mère, et quelquefois avec ses aïeux. On nomme aussi enfant un garçon ou une fille en bas âge.

2. — On nomme *légitimes* les enfans nés d'un mariage légitime, ou légitimés par le mariage contracté depuis leur naissance par leurs père et mère ; et enfans *naturels*, ceux nés hors mariage. — V. Filiation, Succession.

3.— On distingue des enfans naturels proprement dits, les enfans *adultérins*, c'est-à-dire nés de deux personnes dont l'une ou l'autre était mariée à un tiers, et les enfans *incestueux*, c'est-à-dire nés de personnes parentes entre elles à un degré qui met obstacle à ce qu'elles puissent se marier ensemble. — Quoique la jurisprudence actuelle interdise encore le mariage aux prêtres, il est fort douteux que leurs enfans puissent être considérés aujourd'hui, ainsi qu'ils l'étaient autrefois, comme adultérins ou incestueux.— V. Filiation, Mariage.

4.— La loi traite, avec raison, les enfans adultérins ou incestueux avec beaucoup plus de rigueur que les enfans naturels proprement dits, lesquels sont aussi beaucoup moins favorisés que les enfans légitimes. — V. Adoption, Alimens, Filiation, Succession.

5.— Dans les contrats et dans les testamens, le mot *enfant* comprend aussi les *petits-enfans: liberorum appellatione nepotes et pronepotes continentur* (L. 220, D. *de Verb. sign.*).— 5 janv. 1807. Req. Dupuy. D.A. 12.219, n. 2. D.P. 7. 1. 23. et 2. 1295.

6.— L'enfant qui n'est que *conçu* est censé *né* toutes les fois qu'il s'agit de son intérêt (C. civ. 725, 906). Mais s'il est mort lorsqu'il est mis au monde ou s'il ne naît pas viable, il est censé n'avoir jamais vécu (même art. 725; L. 129, D. *de Reg. jur.*).

7. — Quand plusieurs enfans viennent au monde d'un seul accouchement, on considère comme l'*aîné* celui qui a vu le jour le premier. — Nouv. Denizart, v° Aînesse.

8.— Le droit naturel et le droit positif établissent des droits et des devoirs mutuels entre l'enfant et les auteurs de ses jours (C. civ. 203, 207, 371; C. pén. 380). — V. Alimens, Contrainte par-corps, Mariage, etc.

9. — L'enfant reste sous l'autorité de ses père et mère jusqu'à sa majorité ou son émancipation (C. civ. 372 et suiv.). — V. Emancipation, Minorité, Puissance paternelle.

ENFANT ABANDONNÉ, EXPOSÉ ou TROUVÉ. — 1. Les enfans *abandonnés* sont ceux qui, nés de pères ou de mères connus, et d'abord élevés par eux ou par d'autres personnes à leur décharge, en sont délaissés sans qu'on sache ce que les pères et mères sont devenus, ou sans qu'on puisse recourir à eux (Décr. 19 janv. 1811, art. 5).

2. — Les enfans *exposés* sont ceux qui ont été délaissés dans un lieu quelconque (C. pén. 349 et 352); et les enfans *trouvés*, ceux qui, nés de pères et mères inconnus ont été trouvés ainsi exposés, ou portés dans les hospices destinés à les recevoir (Décr. 19 janv. 1811, art. 2).

§ 1er. — *Du délit d'exposition d'enfant et du défaut de remise d'un enfant trouvé à l'officier de l'état civil.*

§ 2.— *Du sort des enfans abandonnés ou trouvés.*

—

§ 1er. — *Du délit d'exposition d'enfant et du défaut de remise d'un enfant trouvé à l'officier de l'état civil.*

3. — Les peines correctionnelles dont est passible, aux termes des art. 349 et suiv. C. pén., le délit d'exposition d'enfant, sont plus ou moins fortes, suivant que le lieu de l'exposition étant ou non solitaire, on a fait courir à l'enfant plus ou moins de danger. « Il était impossible que la loi donnât une explication precise à cet égard; elle s'en rapporte aux juges, car le lieu le plus fréquenté peut quelquefois être solitaire, et le lieu le plus solitaire être très fréquenté. Cela dépend des circonstances » (*Exp. des motifs*).— D.A. 12. 974, n. 5.

4. — L'exposition d'un enfant est un véritable abandon dans le sens de l'art. 5 de la loi du 27 frim. an 5, et punissable comme tel.— 27 janv. 1809. Cr. c. Min. pub. Coppenolle. D.A. 12. 978, n. 3. D P. 1. 1502.

5. — D'après l'art. 349, l'exposition d'enfant n'est un délit que lorsque l'enfant exposé a moins de sept ans. Passé cet âge, la loi présume que l'enfant peut faire connaître les personnes entre les mains desquelles il se trouvait et le lieu de leur demeure; qu'il peut fournir les renseignemens nécessaires pour retrouver la trace qu'on a voulu faire perdre. — D.A. 12. 974, n. 6.

6. — L'officier de police qui acquiert la connaissance qu'un enfant a été exposé ou délaissé doit se transporter à l'instant même sur le lieu pour en dresser procès-verbal (L. 25 sept. 1791, tit. 3, art. 9). Le procès-verbal doit être transmis de suite au procureur du roi, puis au juge d'instruction (C. inst. cr. 53).

7. — Si l'on parvient à connaître la personne à laquelle l'enfant appartient, il doit lui être remis, avec injonction de le représenter à toute réquisition. Si, au contraire, cette personne reste inconnue, l'enfant doit être envoyé à l'hospice le plus prochain (L. 27 frim. an 5). — V. au surplus l'art. 53 C. inst. cr.; D.A. 12. 975, n. 7.

8. — La peine encourue pour délit d'exposition d'enfant est aggravée par l'art. 350 à l'égard des tuteurs ou tutrices, instituteurs ou institutrices (gouverneurs ou gouvernantes) de l'enfant exposé et délaissé par eux ou par leur ordre. — Les père et mère de l'enfant étant ses tuteurs et ses instituteurs nés rentrent dans la disposition de l'art. 350.— D.A. 12. 97., n. 8.

9. — Si l'enfant exposé dans un lieu solitaire, a été mutilé ou estropié, ou si la mort est résultée de l'exposition, le coupable est puni comme s'il l'avait lui-même mutilé ou estropié, ou comme s'il lui avait lui-même donné la mort (351); la loi le considère comme la cause volontaire d'événemens qu'il pouvait prévoir et prévenir.— V. l'Exp. des motifs. D.A. 12. 975, n. 9.

10. — Si l'ordre en vertu duquel le crime dont il s'agit a été exécuté, avait porté que l'enfant serait exposé et délaissé de manière à lui faire courir le risque de blessures ou à lui causer la mort, celui qui aurait donné cet ordre serait passible des peines portées par l'art. 351.— Carnot; D.A. 12. 975, n. 9.

11.— A la différence de l'art. 349, l'art. 352, qui prévoit le cas de l'exposition et du délaissement en un lieu non solitaire, d'un enfant au-dessous de sept ans accomplis, ne prononce point contre celui qui aurait donné l'ordre de l'exposition et du délaissement les mêmes peines que contre la personne qui a commis le délit; *le donneur d'ordre* n'est donc passible d'aucune peine dans l'hypothèse de l'art. 352, à moins que, par d'autres actes, il ne se soit rendu complice du délit.— D.A. 12. 975, n. 10.

12.— Celui qui, sans en avoir obtenu la permission de l'autorité administrative, laisse dans la cour d'un hospice un enfant au-dessous de sept ans, qui, d'après les dispositions des art. 2, 5 et 23 du décret du 29 janv. 1811, ne peut être considéré comme un enfant trouvé, ni comme enfant abandonné, ni comme orphelin, commet le délit d'exposition dans un lieu non solitaire. — 30 oct. 1812. Cr. c. Min. pub. D.A. 12. 975, n. 1-1. D.P. 2. 1502.

13.— Il y a lieu à l'application de l'art. 352 C. pén., dans le cas même où il serait constant, en fait, que ceux qui ont exposé l'enfant ont auparavant frappé à la porte d'une maison où ils avaient remarqué de la lumière, et ne se sont retirés que lorsqu'ils ont entendu qu'on l'ouvrait, si, d'ailleurs, il n'est pas reconnu que l'enfant ait été recueilli au moment même de l'ouverture de la porte devant laquelle il avait été délaissé. — 27 janv. 1820. Cr. c. Min. pub. Béraud. D.A. 12. 975, n. 2. D.P. 20. 1. 54.

14. — Toutefois, il faut que l'exposition d'un enfant (légitime ou non) ait été accompagnée de *délaissement*, pour donner lieu à l'application de l'art. 352 C. pén.— 7 juin 1834. Cr. r. Min. pub. C. Touchard. D.P. 34. 1. 388.

15. — Ainsi, le fait, par un femme mariée, d'avoir exposé son enfant dans le tour d'un hospice, ne peut, si elle ne s'est retirée qu'après s'être assurée que son enfant a été recueilli par les préposés de l'hospice, être atteinte par cet article. — Même arrêt. — Conf. D.P. 35. 1. 296.

16 — La loi est muette sur le cas où, par suite de l'exposition et du délaissement dans un lieu *non solitaire*, l'enfant serait demeuré mutilé ou estropié, ou même aurait péri; d'où il résulte que les tribunaux ne pourraient, nonobstant la circonstance de blessures ou de mort de l'enfant, prononcer contre les auteurs du délit et contre ses complices que le *maximum* des peines portées par les art. 352 et 353. — Carnot, et D.A. 12. 975, n. 11.

17.— L'abandon d'un enfant ne pouvait être considéré comme la destruction volontaire de son état, dans le sens de la loi du 25 sept. 1791, encore bien que la perte de l'état civil de cet enfant ait pu en résulter. — 28 germ. an 5. Cr. c. Guyot. D.A. 12. 976.— 15 flor. an 11. Cr. c. D.A. *eod.* D.P. 2. 1503.

18.— Des peines correctionnelles sont prononcées contre toute personne qui, ayant trouvé un enfant nouveau né, ne l'a pas remis à l'officier de l'état civil, ainsi qu'il est prescrit par l'art. 58 C. civ. — Toutefois, cette disposition ne s'applique point à celui qui aurait consenti à se charger de l'enfant, et qui aurait fait sa déclaration à cet égard devant la municipalité du lieu où l'enfant a été trouvé (C. pén. 347).

19. — Cet article ne détermine pas le délai dans lequel celui qui a trouvé un enfant doit le remettre à l'officier de l'état civil.... « Mais, dit Carnot, s'il avait attendu pour en faire la remise que des poursuites eussent été commencées contre lui, il serait présumé avoir voulu soustraire l'enfant, et il aurait encouru les peines portées par l'art. 347, à moins qu'il ne déclarât à la municipalité se charger de l'enfant.— D.A. 12. 974, n. 4.

20.— Sont encore passibles de peines correctionnelles les personnes qui auraient porté à un hospice un enfant au-dessous de l'âge de sept ans accomplis, lequel leur aurait été confié afin qu'elles en prissent soin ou pour toute autre cause.—Toutefois, aucune peine ne serait prononcée, si ces personnes n'étaient pas tenues ou ne s'étaient pas obligées de pourvoir gratuitement à la nourriture et à l'entretien de l'enfant, et si personne n'y avait pourvu (C. pén. 348).

§ 2.— *Du sort des enfans abandonnés ou trouvés.*

21.— Le sort de ces enfans est réglé par la loi du 27 frim. an 5, portant que les enfans abandonnés ou trouvés seront élevés à la charge de l'état; par celle du 15 pluv. an 13 et par un décret du 19 janv. 1811.

22.— La loi de l'an 13 est ainsi conçue :

« Art. 1er. Les enfans admis dans les hospices, à quelque titre et sous quelque dénomination que ce soit, seront sous la tutelle des commissions administratives de ces maisons, lesquelles désigneront un de leurs membres pour exercer, le cas advenant, les fonctions de tuteur, et les autres formeront le conseil de tutelle.

Art. 2. Quand l'enfant sortira de l'hospice pour être placé comme ouvrier, serviteur ou apprenti, dans un lieu éloigné de l'hospice où il avait été placé d'abord, la commission de cet hospice pourra, par un simple acte administratif, visé du préfet, déférer la tutelle à la commission administrative de l'hospice du lieu le plus voisin de la résidence actuelle de l'enfant.

Art. 3. La tutelle des enfans admis dant les hospices durera jusqu'à leur majorité ou émancipation par mariage ou autrement.

Art. 4. Les commissions administratives des hospices jouiront, relativement à l'émancipation des mineurs qui sont sous leur tutelle, des droits attribués aux pères et mères par le code civil.—L'émancipation sera faite, sur l'avis des membres de la commission administrative, par celui d'entre eux

ENFANS ENLEVÉS, SUPPRIMÉS, ETC.

qui aura été désigné tuteur, et qui seul sera tenu de comparaître, à cet effet, devant le juge de paix. — L'acte d'émancipation sera délivré sans autres frais que ceux d'enregistrement et de papier timbré.

Art. 7. Les revenus des biens et capitaux appartenant aux enfans admis dans les hospices seront perçus, jusqu'à leur sortie desdits hospices, à titre d'indemnité des frais de leurs nourriture et entretien.

Art. 8. Si l'enfant décède avant sa sortie de l'hospice, son émancipation ou sa majorité, et qu'aucun héritier ne se présente, ses biens appartiendront en propriété à l'hospice, lequel en pourra être envoyé en possession, à la diligence du receveur et sur les conclusions du ministère public. — S'il se présente ensuite des héritiers, ils ne pourront répéter les fruits que du jour de la demande.

Art. 9. Les héritiers qui se présenteront pour recueillir la succession d'un enfant décédé avant sa sortie de l'hospice, son émancipation ou sa majorité, seront tenus d'indemniser l'hospice des alimens fournis et dépenses faites pour l'enfant décédé, pendant le temps qu'il sera resté à la charge de l'administration, sauf à faire entrer en compensation, jusqu'à due concurrence, les revenus perçus par l'hospice.

Art. 5. Si les enfans admis dans les hospices ont des biens, le receveur de l'hospice remplira, à cet égard, les mêmes fonctions que pour les biens des hospices. — Toutefois, les biens des administrateurs-tuteurs ne pourront, à raison de leurs fonctions, être passibles d'aucune hypothèque. La garantie de la tutelle résidera dans le cautionnement du receveur chargé de la manutention des deniers et de la gestion des biens. — En cas d'émancipation, il remplira les fonctions du curateur.

Art. 6. Les capitaux qui appartiendront ou écherront aux enfans admis dans les hospices seront placés dans les Monts-de-Piété; dans les communes où il n'y aura pas de Mont-de-Piété, ces capitaux seront placés à la caisse d'amortissement, pourvu que chaque somme ne soit pas au-dessous de 150 fr., auquel cas il en sera disposé selon que réglera la commission administrative. »

23. — Voici maintenant les dispositions principales du décret du 19 janv. 1811 :

24. — Dans chaque hospice destiné à recevoir des enfans trouvés, il y aura un tour où ils devront être exposés (art. 3)... Des registres constateront jour par jour leur arrivée, leur sexe, leur âge apparent, et décriront les marques naturelles et les langes qui peuvent servir à les faire reconnaître (art. 4).

25. — A six ans, tous les enfans seront, autant que faire se pourra, mis en pension chez des cultivateurs ou des artisans. Le prix de la pension décroîtra chaque année jusqu'à l'âge de douze ans, époque à laquelle les enfans mâles en état de servir, seront mis à la disposition du ministre de la marine (art. 9). — Cette disposition est-elle encore en vigueur? Non, suivant Favard, v° Enfans abandonnés, la loi du recrutement ne faisant à leur égard aucune exception, ils rentrent dans le droit commun et ils jouissent du bénéfice du tirage au sort. Si cette opinion doit être admise, c'est plutôt sur le principe d'égalité posé dans la charte que sur la loi du recrutement qu'elle nous paraît devoir être fondée, et il en faudra dire autant de la disposition de l'article qui suit.

26. — « Lesdits enfans, élevés à la charge de l'état, sont entièrement à sa disposition, et lorsque le ministre de la marine en dispose, la tutelle des commissions administratives cesse (art. 16). »

27. — Les enfans ayant accompli l'âge de douze ans, desquels l'état n'aura pas autrement disposé, seront, autant que faire se pourra, mis en apprentissage; les garçons, chez des laboureurs ou des artisans; les filles chez des ménagères, des couturières ou autres ouvrières... (art 17).

28. — Les contrats d'apprentissage ne stipuleront aucune somme en faveur ni du maître, ni de l'apprenti; mais ils garantiront au maître les services gratuits de l'apprenti jusqu'à un âge qui ne pourra excéder vingt-cinq ans, et à l'apprenti la nourriture, l'entretien et le logement (art. 18). L'appel à l'armée comme conscrit fera cesser les obligations de l'apprenti (art. 19).

29. — Il n'est rien changé aux règles relatives à la reconnaissance et à la réclamation des enfans trouvés et des enfans abandonnés; mais, avant d'exercer aucun droit, les parens devront, s'ils en ont les moyens, rembourser toutes les dépenses faites par l'administration publique ou par les hospices; et, dans aucun cas, les enfans dont l'état aurait disposé, ne pourront être soustraits aux obligations qui leur ont été imposées (art. 21).

— V. Parenté. — V. aussi Absent, Acte de l'état civil, Adoption, Alimens, Assurance terrestre, Caution, Communauté, Compte, Contrainte par corps, Contributions indirectes, Domicile, Dot, Droits civils, Droits politiques, Elections législatives, Filiation, Hospices, Hypothèques, Interdiction, Mariage, Pension, Puissance paternelle, Succession, Tierce-opposition, Usage, Vente, Vol.

TABLE SOMMAIRE.

Abrogation. 25.	Marine. 26.
Abandon. 1, s. 29.	Mutilation. 16.
Autorité. 8.	Officier de l'état civil. 19, s. — de police. 6, s.
Administration 22.	Ordre. 8, 10.
Actes de l'état civil. 24.	Peine (aggravation). 3, s. 8, 16, s.
Age. 5, 27, s.	Pension. 25.
Apprentissage. 27, s.	Procès-verbal. 6, s.
Déclaration. 18.	Puissance paternelle. 26.
Décès. 22.	Recrutement. 28.
Emancipation. 22.	Restitution. 29.
Enfant légitime. 14.	Succession. 22.
Exposition. 2, s.	Suppression d'état. 17.
Hospice. 7.	Tour. 14, 24.
Hypothèque légale. 22.	Tuteur. 8, 22, s.
Instituteur. 8.	
Lieux solitaires. 3, 10, s.	

ENFANT ADULTÉRIN. — V. Filiation adultérine. — V. aussi Alimens, Succession irrrégulière.

ENFANT INCESTUEUX. — V. Filiation adultérine, Succession irrégulière.

ENFANS ENLEVÉS ou SUPPRIMÉS ou SUPPOSÉS. — 1. — Les coupables d'enlèvement, de recélé ou de suppression d'un enfant, de substitution d'un enfant à un autre, ou de supposition d'un enfant à une femme qui n'est pas accouchée, sont punis de la réclusion (C. pén. 345).

2. — La même peine a lieu contre ceux qui, étant chargés d'un enfant (comme l'est, par exemple, une nourrice, un instituteur), ne le représenteront point aux personnes qui ont droit de le réclamer (C. pén. 345), c'est-à-dire à ses père, mère, tuteur, curateur ou autres administrateurs de sa personne. — D.A. 12. 974, n. 2.

3. — La loi qui punit l'enlèvement des enfans n'est pas seulement applicable à l'enlèvement des enfans nouveaux-nés, elle s'applique aussi à l'enlèvement des enfans mineurs, quel que soit leur âge. — 18 nov. 1824. Cr. r. Breugnot. D.A. 12. 974, n. 1. D.P. 2 1502.

4. — Le fait, par un mari, d'avoir supposé à sa femme un enfant dont elle n'est pas accouchée, constitue, indépendamment du fait d'avoir déclaré devant l'officier de l'état civil cette naissance et le décès supposés de cet enfant, un crime prévu par l'art. 345 C. pén. : l'arrêt qui renvoie un individu prévenu d'un tel fait devant une cour d'assises, ne peut être annulé — 7 avril 1831. Cr. r. Marcellin. D.P. 31. 1. 176.

5. — Le crime de la supposition d'enfant à une femme qui n'en a pas, est distinct du crime de suppression de l'état d'un enfant dont il est parlé dans l'art. 327 C. civ. — Même arrêt.

6. — Le crime de supposition d'enfant ne peut, aux termes des art. 326 et 327 C. civ., être poursuivi au criminel avant que l'état prétendu supposé n'ait été constaté par les voies civiles; mais lorsque la prévention a pour objet la suppression de la personne de l'enfant, le crime doit être poursuivi *de plano*. — D.A. 12. 974, n. 2.

7. — Jugé ainsi que c'est à la suppression de l'état civil d'un enfant, et non à la suppression de sa personne, que s'applique l'art 327 C. civ. Ainsi, en cas de suppression de la personne d'un enfant, les juges ne sont pas obligés de surseoir au jugement de l'action criminelle jusqu'à ce qu'il ait été prononcé par le juge civil sur la question d'état. — 8 avril 1826. Cr. r. Bonnet. D.P. 26. 1. 321.

8. — Celui qui, contrairement à l'art. 346 C. pén., a omis de déclarer un accouchement auquel il a été présent, pourrait, lors même qu'il n'aurait pas coopéré activement à l'enlèvement ou à la suppression de cet enfant, être néanmoins passible des peines portées par l'art. 345, s'il était constaté qu'il eût sciemment favorisé par son silence la consommation du crime. — D.A. 12. 974; Carn., *Commen.* sur l'art. 346.

9. — Quiconque, dit l'art. 354, aura, par fraude ou violence, enlevé ou fait enlever des mineurs, ou les aura entraînés, détournés ou déplacés, ou les aura fait entraîner, détourner ou déplacer des lieux où ils étaient mis par ceux à l'autorité ou à la direction desquels ils étaient soumis ou confiés, subira la peine de la réclusion.

10. — Si la personne ainsi enlevée ou détournée est une fille au-dessous de seize ans accomplis, le crime alors devient plus grave, un tel enlèvement ne pouvant avoir lieu que pour abuser de la personne, ou pour forcer les parens à consentir au mariage, la peine est celle des travaux forcés à temps (C. pén. 355).

11. — Trois conditions doivent, on le voit, concourir pour constituer le crime dont il s'agit : il faut 1° que ce soit un mineur qui ait été enlevé ou détourné; 2° qu'il l'ait été par fraude ou violence, ce qu'il appartient aux jurés d'apprécier; 3° qu'il l'ait été des lieux où il était placé par ceux à l'autorité desquels il était soumis. Si donc, lors de son enlèvement, le mineur avait joui de son indépendance, comme alors il n'aurait pas été placé par l'une des personnes que désigne l'art. 354 dans le lieu d'où on l'aurait détourné, le crime ou délit sortirait des dispositions ci-dessus. — Carnot, C. pén., t. 2, p. 149; D.A. 12. 977.

12. — La condition qu'il ait y eu fraude ou violence est exigée pour l'application de l'art. 354 C. pén., aussi bien dans le cas où il y a eu déplacement ou détournement de mineurs que dans celui où il y a eu enlèvement. — 3 oct. 1816. Cr. r. Min. pub. Gaffet D.A. 12. 976, n. 1. D.P. 16. 1. 459.

13. — C'est au fait seul d'enlèvement de mineures, ou de leur déplacement par fraude ou violence, que l'art. 354 C. pén. a attaché le caractère de crime, indépendamment de l'abus ou du dessein d'abuser de la personne enlevée. Ainsi, la peine portée par cet article peut être appliquée sur la déclaration du jury, que l'accusé est coupable de l'enlèvement. — 25 oct. 1821. Cr. r. Destout. D.A. 4. 332. D.P. 1. 1112.

14. — L'enlèvement d'une mineure aurait même été commis par une femme, que les art. 354 et 355 n'en seraient pas moins applicables. — D.A. 12. 977, n. 3.

15. — Mais les art. 354 et suiv. C. pén. ne sont pas applicables à l'enlèvement d'une femme mineure mariée. — 1er *juill.* 1831 Cr. r. Perrier. D.P. 32. 1. 64.

16. — Quand la fille au-dessous de seize ans aurait consenti à son enlèvement ou suivi volontairement le ravisseur, si celui-ci était majeur de vingt et un ans ou au-dessus, il encourrait toujours la peine des travaux forcés à temps (356). — Mais si, lors du délit, le ravisseur n'avait pas encore vingt et un ans, la loi présume qu'il n'a pas senti toutes les conséquences de son crime, et se borne à le frapper de peines correctionnelles (même article).

17. — Le majeur de vingt et un ans, déclaré coupable de s'être fait suivre par une fille âgée de moins de seize ans, en lui promettant un état plus heureux que celui qu'elle avait chez sa mère, et en lui promettant aussi de la faire habiller *tout à neuf*, doit être puni de la peine des travaux forcés à temps; il y a même dans cette déclaration un caractère plus grave que celui prévu par l'art. 356 C. pén., puisque cet article exige seulement que la fille ait suivi volontairement, tandis que, d'après la déclaration, le ravisseur s'est fait suivre — 26 mai 1826. Cr. c. Min. pub. C. Perrein. D.P. 26. 1. 368.

18. — De ce que, dans la plainte dirigée par un mari, contre un individu pour complicité d'un vol commis par la femme du plaignant, il serait parlé de l'enlèvement de la femme encore mineure, par le prétendu complice, comme circonstance propre à faciliter le vol, il ne saurait en résulter que le tribunal puisse se déclarer incompétent, sous prétexte que le fait dominant de la procédure constituerait un enlèvement de mineurs, qualifié crime par la loi : ce serait là se mettre en contradiction avec les art. 336, 337 et 338 C. pén., qui n'autorisent la poursuite de l'adultère que sur la dénonciation du mari. — 1er juill. 1831. Cr. r. Perrier. D P. 32. 1. 64.

19. — Dans le cas où le ravisseur aurait épousé la fille qu'il a enlevée, il ne pourra être poursuivi que sur la plainte des personnes qui, d'après le code civil, ont le droit de demander la nullité du mariage, ni condamné qu'après que la nullité du mariage aura été prononcée (357); car il serait possible qu'à l'époque où l'action en nullité serait intentée il existât contre les parens l'une des fins de non-recevoir établies par l'art. 183 C. civ. (Exposé des motifs). — D.A. 12. 977, n. 5.

TABLE SOMMAIRE.

Adultère. 18.	Instituteur. 2.
Age. 3.	Mariage. 19.
Compétence. 18.	Mineur. 3, 9.
Consentement. 16, s.	Peine. 1, s. 9, s.
Déclaration. 8.	Puissance mater. 2, s. 9, s.
Enlèvement. 1, s.	Question préjudicielle. 6.
Faux. 4.	Séduction. 16, s.
Femme. 14, s.	Sursis. 7.
Fraude. 9, s.	Supposition. 1, s.

Suppression d'état. 1, s. Violence. 9, s.
Tuteur. 2. Vol. 18.

ENFANT NATUREL. — V. Filiation naturelle. — V. aussi Acte de notoriété, Acte respectueux, Adoption, Alimens, Appel, Communauté, Domaines extraordinaires, Domicile, Enregistrement, Garde nationale, Loi, Nom, Rapport, Retrait successoral, Succession, Succession bénéficiaire, Succession irrégulière, Tierce-opposition, Usufruit, Tutelle, Vol.

ENFANT TROUVÉ. — V. Enfant abandonné. — V. aussi Actes de l'etat civil, Hospices, Tutelle.

ENFOUISSEMENT. — V. Autorité municipale.

ENGAGEMENS. — V Obligation.

ENGAGEMENT EXPIRÉ. — V. Théâtre.

ENGAGEMENT ILLICITE. — V. Capitaine.

ENGAGEMENT PERSONNEL. — V. Société commerciale.

ENGAGISTE. — V. Domaines engagés, Féodalité, Gages, Nantissement.

ENGIN PROHIBÉ — V. Pêche.

ENGRAIS. — V. Autorité municipale, Choses, Contrainte par corps, Louage, Saisie exécution, Usage.

ENLÈVEMENT. — Donation, Enfant, Escroquerie, Vol.

ENNEMI. — V. Avarie, Droit naturel, Propriété.

ÉNONCIATION. — V. Mention.

ENQUÊTE. — 1. — On nomme ainsi une voie d'instruction par le témoignage des hommes pour établir, dans certains cas, le mérite d'une demande ou d'une exception. Elle était indistinctement autorisée par le droit romain en matière de conventions et de donations (L. 4 et 5 ff *de fide inst.*, 9 et 12; C., *eod. tit.*, et 4, C. *de probat.*

2. — Les lois françaises, ne trouvant dans les peines portées contre le faux témoignage qu'une garantie insuffisante contre la subornation, lorsqu'il s'agit d'intérêts pécuniaires quelque peu importans, se gardèrent de cette facilité. L'ordonnance de Moulins, art. 54, et celle de 1667, tit. 20, art. 2, restreignirent ce genre de preuve aux seules conventions n'excédant pas 100 liv. — Le code a adopté ces principes, en portant toutefois la somme jusqu'à 150 fr. — D.A. 6. 842, n. 2.

3. — Avant l'ordonn. de 1667, on appointait en faits contraires deux parties qui ne s'accordaient pas sur un fait décisif. Celle qui l'avait avancé fournissait des écritures appelées *interdits*, l'autre faisait des *réponses*. Alors intervenait un jugement qui admettait la preuve en spécialisant les faits à prouver, ou la rejetait purement et simplement. — L'ord. de Blois laissait aux juges la liberté de déterminer les délais. Les témoins ne paraissant pas, la partie poursuivante requérait défaut, et, pour le profit, il était ordonné que commandement leur serait fait de venir déposer à un certain jour, à peine d'une amende arbitrée. — S'ils ne comparaissaient pas encore, on déclarait qu'ils seraient ajournés pour voir déclarer l'amende encourue, et qu'ils seraient contraints par saisie de biens et emprisonnement. — Les expéditions d'enquête étaient envoyées dans un sac clos et scellé, au greffe de la juridiction saisie. Puis, en exécution d'un appointement donné à cet effet, on fournissait les moyens de nullité et les reproches contre les témoins. — Enfin, on demandait réception de l'enquête à l'audience, ce qui s'appelait *publier l'enquête*.

4. — On connaissait, outre les enquêtes ordinaires, *l'enquête d'examen a futur*, et *l'enquête par turbe*: la première, qui, au moyen de lettres de chancellerie, avait lieu par avancé, mais en matière civile seulement, lorsqu'on craignait le dépérissement de la preuve; la seconde, ainsi nommée parce que les dépositions se faisaient toutes ensemble, était une espèce d'information ordonnée par les cours souveraines lorsqu'il y avait difficulté, soit sur une coutume non écrite, soit sur le mode d'en user pour celles rédigées par écrit, ou sur le style d'une juridiction, ou sur des limites, ou une longue possession, ou quelqu'autre point de fait important.

5. — Ces deux genres d'enquêtes, qui avaient des inconvéniens graves, furent abrogés par l'ord. de 1667.

6. — Toutefois, elles se maintinrent dans le ressort du parlement de Flandre, où l'ordonnance ne fut pas enregistrée.

7. — L'ordonnance ne fut pas enregistrée non plus au parlement de Navarre, ni à celui de Lorraine. Aussi, dans le premier, l'enquête avait lieu devant des commissaires inconnus dans les autres pays, et nommés *notaires enquêteurs*; dans le second, on

suivait l'ordonnance civile du mois de novembre, du duc Léopold, tit. 5, qui différait peu du tit. 22 de l'ord. de 1667. — D.A. 6. 843, note.

8. — Du reste, en ce qui touchait l'enquête ordinaire, l'ord. de 1667 introduisit des changemens notables. D'abord, elle abrogea (art. 1er, tit. 22) tacitement l'instruction par écrit ou préparatoire à l'enquête. Sous l'empire de cette ordonnance, chacune des parties pouvait respectivement faire la preuve. L'enquête devait être commencée dans la huitaine de la signification à partie ou à procureur, et terminée dans la huitaine suivante, si elle devait être faite dans le lieu même ou à la distance de dix lieues. — Tout témoin absent à la première assemblée encourait de droit une amende de 10 livres, et il ne pouvait être contraint à payer que par saisie de biens, non par emprisonnement, sauf le cas de désobéissance manifeste. L'ordonnance du juge était exécutoire nonobstant opposition ou appel; celle des commissaires enquêteurs l'était aussi, mais seulement pour la peine de 10 livres. — Au jour indiqué, l'enquête avait lieu, partie présente ou non, malgré toute prise à partie ou récusation, à moins qu'elle ne fût exercée contre un juge procédant à l'audition dans le lieu de sa résidence.

9. — La loi du 3 brum. an 2 supprima les avoués et ordonna qu'il serait statué dans toutes les affaires et dans tous les tribunaux, sans aucuns frais sur défenses verbales; les enquêtes durent être faites à l'audience, ainsi que le portait la loi 7 fruct. an 3.

10. — Les avoués furent rétablis par la loi du 27 ventôse an 8, et l'ordonnance de 1667 redevint la loi régulatrice.

11. — Enfin fut promulgué le code de procédure qui, en matière d'enquêtes, présenta un système presque entièrement nouveau. — Toutefois, pour les procès commencés avant sa publication, les enquêtes doivent, encore qu'elles aient lieu depuis cette publication, être faites conformément aux lois et réglemens antérieurs. Cela résulte de l'art. 1041 code de procédure, ainsi que l'a décidé un avis du conseil d'état, du 6 janvier 1807, rapporté le 24 février suivant.

Et cela a été ainsi jugé par deux arrêts de la cour de cassation. — 20 oct. 1812. Civ. c. et 26 janv. 1816. Civ. r. Montpellier et Toulouse. Pagès C. Clara. D.A. 6. 846. D.P. 16. 1. 459.

ART. 1er. — *Des enquêtes en matière ordinaire.*

§ 1er. — *Du mode de proposer la preuve, et du jugement qui l'ordonne.*

§ 2. — *Du délai dans lequel l'enquête doit être commencée, lorsqu'elle est ordonnée pour être faite dans un rayon de trois myriamètres*

§ 3. — *Du délai dans lequel doit être commencée l'enquête lorsqu'elle est faite dans une distance de plus de trois myriamètres. — Contre-enquête.*

§ 4. — *Du délai dans lequel doit être commencée l'enquête ordonnée par des jugemens par défaut.*

§ 5. — *De l'acte qui constitue le commencement de l'enquête.*

§ 6. — *De l'assignation à la partie, et de la signification des noms des témoins. — Domicile, Nullité, Copie.*

§ 7. — *Des témoins et des procès-verbaux d'enquête.*

§ 8. — *Du délai dans lequel l'enquête doit être parachevée, et de sa prorogation. — Nullité.*

ART. 2. — *Des enquêtes en matière sommaire.*

ART. 3. — *Des enquêtes en matière commerciale.*

ART. 4. — *Des enquêtes devant les justices de paix.*

ART. 1er. — *Des enquêtes en matière ordinaire.*

§ 1er. — *Du mode de proposer la preuve et du jugement qui l'ordonne.*

12. — Les enquêtes, toujours procédure incidente, ne peuvent avoir lieu que dans les procès existans. — D.A. 6. 844, n. 1.

13. — Les faits à prouver doivent, aux termes de l'art. 252, § 1er C. pr., être articulés succinctement par un simple acte de conclusions, sans écriture ni requête, c'est-à-dire article par article (sauf en matière de recélé, vu la difficulté de désigner les objets manquans. — Carré, t. 1er, p. 621, *L. de la pr.*), brièvement, sans questions, raisonnemens ni moyens de droit. — Rodier, sur l'ord. de 1667, art. 1er; Disc. du Trib. Perrin; Berriat, t. 1er, p. 287, note 18, Carré, *loc. cit.*, p. 620. — L'art. 17 du tarif n'alloue en effet qu'un droit fixe, quelle que soit l'importance de l'affaire. — D.A. 6. 844, n. 2.

14. — Mais la partie qui a omis quelque fait décisif pourrait l'articuler dans un acte additionnel, car

jusqu'à la décision rien n'empêche de demander la preuve d'un fait nouveau, à la charge cependant pour le demandeur de supporter les frais (Carré, *loc. cit.*, Favard, t. 2, p. 343; D.A. 6. 844, n. 2). — L'opinion contraire est enseignée par Duparc-Poulain, t. 9, p. 269, et confirmée par un arrêt qui a jugé que l'art. 293 C. pr., qui défend de recommencer une enquête déclarée nulle, est applicable au cas où une partie a omis de faire une preuve qu'elle a été admise à faire par les premiers juges. — 13 janv. 1826. Rennes. Favenne. D.P. 26. 2. 187.

15. — Les parties, après qu'une enquête a eu lieu, peuvent-elles demander à faire quelque preuve? Carré soutient la négative (t. 1er, p. 719). Il existe cependant des circonstances assez puissantes pour faire admettre cette preuve; elle paraît devoir être laissée à la prudence des magistrats. — D.A. 6. 844, n. 2.

16. — Il a été jugé en effet qu'après que des enquêtes ont eu lieu, il peut encore y avoir des circonstances qui autorisent le juge à admettre en preuve des faits nouveaux, alors surtout qu'ils sont articulés avant que les parties aient reçu communication réciproque de leurs enquêtes (Ord. de 1667, tit. 22, art. 1, 2 et 34; tit. 11, art. 26). — 18 mars 1806. Turin. Baruffo. D.A. 6. 847, n. 1. D.P. 1. 1509.

17. — Toutefois, une partie n'est pas recevable à demander en appel la preuve de faits qu'elle n'a pas articulés en première instance, lorsque l'enquête y a été faite contradictoirement et sans réclamations de sa part (C. pr. civ. 464). — 8 avril 1821. Req. Langlois D.A. 6. 846. D.P. 1. 1509.

18. — Mais cette prohibition n'est pas applicable lorsque les enquêtes ordonnées en appel n'ont pas pour objet la preuve des faits articulés en première instance, par exemple, si, en appel on ordonnait une enquête à l'effet d'entendre des témoins, tandis qu'on se serait borné en première instance à vérifier l'écriture. — 23 août 1831. Req. Metz. Decker. D.P. 31. 1. 339.

19. — Quoiqu'une première enquête ordonnée dans une instance en séparation de corps, ait été annulée, le demandeur, s'il articule des faits postérieurs à cette annulation, peut être admis à faire une seconde enquête (C. pr. 293). — 12 fév. 1829. Poitiers. Godin. D.P. 30. 2. 25.

20. — Les faits seront également, par un simple acte, déniés ou reconnus dans les trois jours; sinon ils pourront être tenus pour confessés ou avérés (C. pr. 252, § 2). — Toutefois ce délai n'est pas fatal. — Pig., 1. 331; Carré, 1. 623; Fav., 2, 343, Demiau, p. 186; Delap., t. 1er, p. 249 paraissent d'une opinion contraire. Mais la loi ne prononçant pas de déchéance, on ne saurait la suppléer. — D.A. 6. 844, n. 3.

21. — Si les faits articulés par une partie sont avoués par l'autre, il est inutile de passer outre à l'enquête à moins que la cause n'intéresse des tiers, des mineurs, des interdits ou l'ordre public. S'il n'a pas été répondu, l'audience est poursuivie par un simple avenir, et les juges prononcent en vertu de leur pouvoir discrétionnaire, sans qu'ils soient astreints à tenir les faits pour confessés ou avérés, la loi se servant de l'expression facultative, *pourront*. — D.A. 6. 844, n 4.

22. — Toutefois, on exige, pour que des faits *puissent* être tenus pour avérés, que la preuve en ait été offerte. Quant à ceux simplement *allégués*, le silence de la partie n'implique ni dénégation, ni aveu de sa part. — Merl., Rép., v° Partage, § 11; Carré, p. 624; Berriat, 1, 287, n. 19; Favard, 2. 344.

23. — Si les faits sont déniés, l'audience est également poursuivie par un simple avenir, et le juge ordonne la preuve dans le cas où les faits sont admissibles. Si ce caractère manque aux faits, la partie contre laquelle ils sont articulés peut s'opposer à ce qu'ils soient prouvés, sans même les dénier ni les reconnaître. — Pig, 1. 332; D.A. 6. 844, n. 5.

24. — L'admissibilité des faits est laissée à l'appréciation souveraine des juges, même lorsqu'il s'agit d'établir l'incapacité d'un testateur. — 13 déc. 1831. Req. Grenoble. Vallet. D.P. 33. 1. 178.

25. — Jugé encore que si, pour prouver sa propriété, une partie, qui d'ailleurs reconnaît que son adversaire a la possession annale, se borne à se prévaloir d'une possession immémoriale, cette preuve a pu être rejetée comme trop vague et n'indiquant aucun fait de jouissance (C. pr. 253) — 7 déc. 1832. Req. Dijon. Comm. de la Roche. Vanneau. D.P. 33. 1. 144.

26. — Les faits sont *admissibles* lorsqu'ils sont pertinens et concluans; *pertinens*, c'est-à-dire afférens à la cause; *concluans*, c'est-à-dire, lorsque leur existence peut amener la décision.

27. — Les juges ne sont pas astreints à admettre la preuve de tous les faits articulés par les parties :

ils peuvent se contenter de faire prouver ceux qui leurs paraissent concluans pour fixer leur opinion. — 10 janv. 1820. Rennes. Orinel. D.A. 6. 847. D.P. 1. 1509. — 12 déc. 1827. Req. Pau. Sajous-Lac. D.P. 28. 1. 55.

28.—Jugé même que, quoique la preuve testimoniale soit admissible en droit, son admission est toujours facultative de la part des juges, qui peuvent refuser de l'ordonner, si les documens du procès leur paraissent suffisans pour fixer leur opinion sur les faits de la cause. — Cette règle est applicable, même en matière de réclamation d'état (C. pr. 253). — 9 mai 1829. Pau. Haitze. D.P. 30. 2. 99.

29.— Jugé encore que, dans le cas où, de deux faits dont la preuve est demandée, savoir : 1° la démence du vendeur ; 2° la suggestion et le dol, un jugement n'a admis la preuve que du premier (sur lequel seul il a été statué), se réservant de statuer sur toutes les qualités des parties, le second a pu être reproduit sur l'appel, et l'arrêt qui l'a accueilli, sans même en ordonner la preuve, n'a pas contrevenu aux art. 252 et 256 C. pr., sur la preuve testimoniale, la cour ayant le pouvoir discrétionnaire d'admettre ou de rejeter la preuve offerte. — 3 juill. 1828. Req. Nîmes. Méjean. D.P. 28. 1. 311.

30.— Par suite du même principe, il n'y aurait pas violation de la loi dans un jugement qui refuserait d'admettre une preuve par le motif que les faits ne seraient pas vraisemblables.—21 juin 1827. Req. Besançon. Dornier. D.P. 27. 1. 281.

31.— Il n'est pas toujours nécessaire que l'enquête soit demandée par l'une des parties, et le tribunal peut aussi l'ordonner *d'office*, si certains faits lui paraissent concluans, et que d'ailleurs la loi ne défende pas la preuve (art. 254 C. pr.) ; c'est une conséquence du principe posé par la loi unique au code, *ut quæ desunt advocatis partium judex suppleat*.— D.A. 6. 845, n. 6.

32.—Il a même été décidé que les juges pouvaient ordonner la preuve testimoniale, encore bien que la partie admise à l'enquête s'en était reconnue déchue et s'en était désistée pour ne l'avoir pas faite dans le délai. Là ne s'applique pas l'art. 293 C. pr. civ. — 12 déc. 1825. Civ. r. Toulouse. Pertin. D.P. 26. 1. 102. — 13 mai 1826. Lyon. Guyot. D.P. 28. 2. 184.

33.— Dès lors, si, dans l'intérêt d'une partie, on a ordonné la preuve des faits par elle allégués dans sa plaidoirie sans en offrir la preuve, elle n'en doit pas moins procéder à l'enquête, et, en cas de refus, la partie adverse pourra tirer ses inductions. (Demiau, p. 200, et Carré, 1, 630).—Toutefois, l'enquête ne doit être ordonnée, qu'autant que l'adversaire a dénié les faits ; s'il déclarait seulement n'être pas en état d'y répondre, il conviendrait de renvoyer à un autre audience. — Favard, v° Enquête, p. 345; D.A. 6. 845, n 6.

34.— Néanmoins, le tribunal qui a ordonné une enquête, ne peut, après l'expiration du délai dans lequel elle devait être effectuée, faire entendre, d'office, des témoins pour arriver à la preuve des faits sur lesquels portait l'enquête (C pr. 254, 292). —18 août 1828. Grenoble. Romieux. D.P. 29. 2. 169.

35.—De même, le tribunal ne peut ordonner d'office une enquête, lorsque l'une des parties, qui avait précédemment obtenu le droit d'en faire une, a encouru la déchéance, pour n'y avoir pas procédé dans le délai (C. pr. 254).— 3 août 1832. Nîmes. Sinègre. D.P. 33. 2. 59.

36.— Le jugement qui ordonne la preuve doit contenir, outre les actes constitutifs de tout jugement, 1° les faits à prouver, 2° la nomination du juge-commissaire devant lequel la preuve sera faite (C. pr. 255).— D.A. 6. 845, n. 7.

37—Le jugement qui ne contiendrait pas d'une manière précise les faits à prouver, serait vicié dans sa substance et devrait par conséquent être annulé (Carré, p. 631 ; D.A. 6, p. 845, n. 8).— 6 mars 1826. Montpellier. D... D.P. 27. 2. 41.

38.— Un jugement qui ordonne la preuve, qu'un individu fait habituellement le commerce, indique suffisamment, par cette énonciation, les faits sur lesquels les témoins doivent déposer (C. pr. 255).— 9 fév. 1813. Civ. r. Besançon. Pescheur. D.A. 9. 754. D.P. 13. 1. 329.

39.— Mais en doit-il être de même si ces faits sont énoncées dans la partie du jugement qui retrace les points de fait, et non dans le dispositif ? Oui (Carré, 1, 631, note; Favard, v° Enquête, 345); ils fondent leur opinion sur ce que l'art. 260 veut qu'il soit donné copie aux témoins *du dispositif du jugement*, *seulement en ce qui concerne les faits admis*. Toutefois, Pigeau, t. 1er, p. 496, soutient la négative. Et en effet l'art. 260, qui a pour but de mettre les témoins à même de fixer leurs souvenirs, est observé par la signification du jugement entier. La partie est comprise dans le tout. — D.A. 6. 845, n. 8.

40.— Et il a été jugé qu'il suffit, lorsque la requête qui contient les faits à prouver a été littéralement consignée dans la première partie du jugement, que le dispositif porte que l'on admet la *preuve des faits articulés dans la requête*, si, d'ailleurs, avec ce dispositif, copie de la requête a été notifiée à la partie et aux témoins (C. pr. 255, 260).— 17 juillet 1827. Civ. r. Leroy. D.P. 27. 1. 310.

41.—La partie qui a consenti à produire et à faire entendre des témoins, se rend non-recevable à se prévaloir de l'irrégularité résultant de ce qu'un jugement préalable n'aurait pas fixé les faits et ne les aurait pas déclarés pertinens (C. pr. 34) — 27 mars 1832. Req Roche. D.P. 32. 1. 149.

42. — L'enquête ne peut porter sur d'autres faits que ceux précisés dans le jugement, encore bien qu'il y ait eu omission de la part du tribunal : on doit, dans ce cas, se pourvoir par appel, et il ne suffit même pas que, sur cet appel, l'intimé, reconnaissant l'omission, consente à ce que le juge-commissaire fasse porter l'enquête sur ces faits omis dans le jugement (C. pr. 255). — 26 juin 1830. Bordeaux. Garitay. D.P. 30. 2. 264.

43.— Le jugement qui ne contiendrait pas la nomination du juge-commissaire serait irrégulier comme celui qui ne mentionnerait par les faits à prouver. Toutefois, il n'est pas indispensable que le juge-commissaire soit choisi parmi les membres du tribunal qui ont concouru à l'interlocutoire qui permet l'enquête. — Carré, 1, 632; Fav., 2, 345; D.A. 6. 845, n. 9.

44. — Si celui qui a été nommé se trouve empêché, il peut être remplacé d'office par un autre juge. —24 avril 1807. Metz. D.A. 6. 847, note 3. D.P. 1. 1509. — 15 janv. 1830. Paris. Rignon. D.P. 30. 2. 82.

45.— La substitution peut avoir lieu, soit sur requête adressée au président, soit en venant à l'audience, sur simple acte.— Carré, p. 633; Fav., t. 2. p. 345; D.A. 6. 845, n. 9.

46. — Cette substitution peut être ordonnée par arrêt de la cour, même en l'absence de l'une des parties. — 18 juill. 1833. Req. Angers. Hoisnard. D.P. 34. 1. 69.

47. — Le tribunal ne nomme qu'un seul commissaire à l'enquête qu'il ordonne, sauf au juge commis à renvoyer devant les présidens de divers tribunaux, si des témoins ne peuvent se déplacer, à raison, soit de l'éloignement, soit de maladie (C. pr. 266). — 31 août 1829. Bourges. Guillot. D P. 33. 2. 72.

48. — Toutefois, rien ne s'oppose à ce que le tribunal en nomme deux, alors surtout que, confiées à un seul magistrat, les enquête et contre enquête demanderaient un temps trop considérable.— D.A. 6. 845, n. 10.

49. — Et il a été jugé qu'un tribunal peut, quand il a nommé un commissaire et fixé un délai pour procéder à une enquête, nommer par un autre jugement de nouveaux commissaires, et fixer un autre délai si les circonstances l'exigent.— 7 juill. 1820. Metz. Michel. D.A. 12. 586, note 18. D.P. 2. 1368.

50. — La loi du 7 fruct. an 3 ne dérogeait point à la faculté qu'accordait aux tribunaux l'ordonnance de 1667, de déléguer pour l'audition des témoins qui ne pouvaient pas être commodément entendus devant le tribunal même où le procès était pendant.— Et lors même que cette dérogation pourrait s'induire de quelques unes de ses dispositions, notamment de celles qui imposent aux tribunaux l'obligation de de juger l'affaire immédiatement après que les témoins auraient été entendus, il faudrait dire qu'elle ne concernait que les tribunaux de district alors existans, comme étant toujours voisins des parties et des objets en litige, et non les tribunaux de département qui leur ont succédé, et encore moins les tribunaux d'appel. — 9 niv. an 10. Paris. D.A. 6. 847, n. 4. D.P. 1. 1509.

51.— Le code de procédure s'en est formellement exprimé, et, aux termes de l'art. 255, § 2, si les témoins sont trop éloignés, il peut être ordonné que l'enquête sera faite devant un juge commis par un tribunal désigné à cet effet.— D.A. 6. 845, n. 11.

52.— Lorsqu'un juge est délégué par un tribunal étranger pour procéder à une enquête, ce tribunal peut ordonner l'apport à son greffe du procès-verbal de l'enquête.— 25 fév. 1813. Bruxelles. D.A. 12. 587, note 25. D.P. 2. 1369.

53.— Un tribunal peut ordonner d'office que l'un de ses membres se transportera sur les lieux contentieux, pour présider une opération d'experts, et procéder en même temps à une enquête (C. pr. 295, 38). —29 déc. 1821. Amiens. Mcintenay. D.A. 6. 847. D.P. 1. 1510.

54.— Lorsqu'il y a lieu de nommer le juge d'un autre tribunal pour procéder à une enquête ou à une opération, c'est ce tribunal *entier*, et non le président *seul*, qui doit être autorisé à désigner l'un de ses membres, et si la nomination a été faite par le président seul, en vertu d'une autorisation donnée à ce magistrat par le tribunal saisi du litige, l'enquête est viciée de nullité (C. pr. 255, 1035).— 3 juin 1828. Limoges. P.... G.... D.P. 29. 2. 64.

55.— L'art. 1035 C. pr. autorise même la nomination d'un juge de paix pour faire l'enquête. Ce magistrat est alors soumis aux mêmes obligations que celui qu'il remplace ; par suite, il doit, à peine de nullité, se conformer aux dispositions prescrites par le tit. 12, liv. 2, C. pr., et non à celles qui règlent les enquêtes devant les juges de paix agissant dans leurs attributions (Demiau, p. 206; Carré. 2, 74; Fav., 2, 272 ; D.A. 6. 845, n. 11). —4 juill. 1827. Limoges. Thomas. D.P. 28. 2. 201.

Le contraire a cependant été jugé, le 26 juin 1809. Paris. Clément. D.A. 6. 862, n. 2. D.P. 1. 1515, et le 10 nov. 1827. Caen. Dulaurière. D.P. 29. 2. 27.

56.— La délégation faite par une cour royale d'un juge de paix pour procéder à une enquête, est essentiellement adressée à la justice de paix du canton, dans la personne du magistrat qui en a le caractère et les attributions ; ainsi, est régulière et valable une enquête reçue par le suppléant du juge de paix ; ce dernier, qui avait été commis par l'arrêt de la cour, étant empêché, pour cause de maladie, de procéder à l'enquête (C. pr. 255, 1035).— 10 juin 1831. Poitiers. Cuisinier. D.P. 33. 2. 37.

57.— Toutefois, il a été jugé que le juge de paix délégué pour procéder à une enquête ne peut pas être remplacé par son suppléant. — 18 juill. 1817. Nanci. Brédart. D.A. 6. 876. D.P. 19. 1. 334.

58 — Dans tous les cas ou une enquête a lieu, la preuve contraire est de droit (256 C. pr.), et il n'est pas besoin, si aucune demande reconventionnelle n'est formée, que les faits de la contre-enquête soient admis et que la preuve en soit autorisée par le juge (D.A. 6. 846, n 12).—25 janv. 1828. Poitiers. Prunier. D.P. 28. 2. 165.

59.— Même celui contre lequel on demande à faire une enquête par commune renommée, est admissible à faire, par preuve contraire, une enquête ordinaire (C. civ. 1442; C. pr. 256). — 19 juin 1808. Bourges. Chassy. D.A. 12. 587, n. 27. D.P. 2. 1369.

60.— En matière de divorce, le défendeur à l'enquête qui n'avait pas fait assigner ses témoins, pour le jour indiqué, ni par l'huissier commis par le tribunal, n'était pas pour cela déchu de la faculté de faire sa contre-enquête, s'il avait amené ses témoins à l'audience fixée par le tribunal pour recevoir l'enquête.—6 mai 1811. Paris. Liedet. D.A. 12. 583, n. 8. D.P. 12. 2. 28.

61.— Dans le même cas, le défaut absolu de citation aux témoins n'aurait pas emporté cette déchéance.—Même arrêt.

62.— Les faits contraires ne doivent être articulés ni avant ni après le jugement. On dit, contre cette opinion, que l'art. 252, portant que les faits dont une partie demande à faire preuve seront articulés, etc, ne distingue pas ; et que l'art. 260 exige qu'il soit donné connaissance aux témoins des faits sur lesquels ils doivent être entendus. Mais l'art. 252 suppose une *demande*. Or, la preuve contraire étant de droit, il n'est besoin d'aucune demande. Ensuite l'art. 260 est général et n'a pu distinguer entre les témoins de l'enquête et ceux de la contre-enquête, car ceux-ci seront suffisamment avertis quand il sauront qu'ils ont à déposer sur des faits contraires à ceux de l'enquête. — Carré, 1, n. 989; Fav., 2, 345; D.A. 6. 846, n. 12.

63.— Mais lorsqu'une enquête a été mise à fin et a établi des faits concluans, le tribunal peut refuser une contre-enquête, en se fondant sur ce que les articulations ne peuvent détruire les faits déjà constatés (C. pr. 256). — 11 mars 1828. Req. Chatelet. D.P. 28. 1. 170.

64.— De même, la partie qui a assisté à l'enquête de son adversaire, sans aucune réserve ni protestation, s'est rendue non-recevable à faire ultérieurement une contre-enquête. — D.A. 6. 846, n. 13.

§ 2. — *Du délai dans lequel l'enquête doit être commencée lorsqu'elle est ordonnée pour être faite dans un rayon de trois myriamètres.*

65. — L'art. 257 C. pr. est ainsi conçu : « Si l'enquête est faite au même lieu où le jugement a été rendu, ou dans la distance de trois myriamètres, elle sera commencée dans la huitaine du jour de la signification à avoué ; — Si le jugement est rendu contre une partie qui n'avait pas d'avoué, le délai courra du jour de la signification à personne ou à domicile...... Le tout à peine de nullité.

66. — Toutefois, une enquête n'est pas nulle pour avoir été commencée avant la signification du jugement qui l'ordonne (C. pr. 257) — 18 juill. 1833. Req. Angers. Hoisnard. D.P. 34. 1. 69.

67. — La disposition de l'art. 257 s'applique aux enquêtes par commune renommée pour lesquelles la loi n'a établi aucune forme particulière. — 2 juin 1824. Bourges. Chaumiez. D.A. 6. 848, note 1re.

68 — On n'est pas obligé d'attendre, pour faire la signification, l'expiration du délai de huitaine, malgré l'art. 450 C. pr. dont la disposition ne s'applique pas aux jugemens préparatoires ou interlocutoires.— 8 mars 1816. Civ. c. Colmar. Heymann. D.A. 6. 848, note 2. D.P. 16. 1. 188.

69. — La signification du jugement qui ordonne une enquête faite à la requête d'un cessionnaire, lorsque le cédant s'est rendu partie intervenante et reconnu garant, doit nécessairement produire les mêmes effets que si elle avait été faite à la requête du cédant lui-même. — Le délai de l'enquête a donc couru contre lui, encore qu'il n'ait pas eu copie de la signification faite par son garanti.— Même arrêt.

70. — La signification du jugement qui ordonne une enquête fait courir les délais contre toutes les parties auxquelles elle a été donnée, et même contre celui qui l'a faite.— Même arrêt.

71. — Mais lorsque le jugement ne contient pas la nomination du juge-commissaire, le délai ne court que du jour de la signification du second jugement qui est venu, pour ainsi dire, compléter le premier (Fav., 2, 347; D.A. 6 848, n. 1). — 2 janv. 1815. Paris. Bobée. D.A. 6. 849, note 1re.

72.—Le jour de la signification ne doit pas être compté. il appartient tout entier à la partie qui fait signifier. D'ailleurs le mot *du* qu'a employé la loi, a la même signification que le mot *depuis*.—Carré, 1, 643; Favard, 2, 34; D.A. 6 849, n. 2.

Cela a été ainsi jugé. — 6 déc. 1809. Pau. Cambeilh. D.A. 6. 849, note 2. D.P. 1. 1510.

73.—Mais les jours de fête légale comptent pour ce délai (Favard; D.A. 6. 849).—7 mars 1814. Civ. c. Caen. Comm. de Curcy. D.A. 6. 850, note 1re. D.P. 14. 1. 275.

74.—Les délais de l'enquête ne sont pas non plus suspendus pendant le tems des vacations; car la disposition de l'art. 257 est générale, et l'on ne peut pas y ajouter une exception. Si donc le commissaire nommé ne fait pas partie de la chambre des vacations, on doit demander qu'il soit remplacé (Fav., 2, 346; D.A. 6. 850, n. 3).—21 avril 1812. Civ. c. Aix. Dauphin. D.A. 6. 850. D.P. 12. 1. 377.—15 juin 1818. Rouen. Chevallier. D.A. 6. 850, note 2.

75.—Les délais de l'enquête ne sont point suspendus pendant ceux de l'appel. L'art. 257 C. pr. n'est pas contraire à cet égard aux art. 451 et 443 qui, autorisant à appeler d'un jugement interlocutoire, accordent un délai de trois mois pour l'exercice de cette faculté, car la partie, en procédant à l'enquête dans les délais de l'art. 257. peut faire toutes protestations propres à écarter l'idée d'acquiescement et conserver ainsi la faculté d'appeler plus tard du jugement.—25 janv. 1820. Civ. c. Toulouse. Brunet. D.A. 6. 851. D.P. 20. 2. 101. — 20 juill. 1824. Agen. Brunet. D.A. 6. 851, n. 1.

Cela a été jugé également à l'égard de la contre-enquête.—22 juin 1824. Montpellier. Sicard. D.A. 6. 864, n. 3. D.P. 1. 1513.

76.—Jugé néanmoins qu'en matière d'enquête, tous les délais sont suspendus par l'appel. — Ainsi, le défendeur qui s'est pourvu contre le jugement ordonnant cette enquête, peut faire procéder à la contre-enquête, alors même qu'il aurait laissé expirer, avant son appel, le délai utile pour la former (C. pr. 457).—15 janv. 1830. Paris. Rignon. D.P. 30. 2. 82.

77.—Mais si l'appel est formé avant l'expiration du délai de huitaine depuis la signification, il aura pour effet de suspendre l'enquête (Carre, 1, 639; Berriat, 289, note 27, n. 2). — Il semble même que l'appel doit suspendre une enquête commencée, et qu'elle ne peut être reprise qu'après l'arrêt confirmatif.— D.A. 6. 851, n. 5.

78.—Il y a cependant exception à ce principe lorsque le jugement a ordonné l'exécution provisoire. Il a même été jugé que lorsque la preuve à laquelle une partie est soumise ne peut être acquise que par le témoignage de personnes très avancées en âge, l'appel du jugement qui l'a ordonnée ne peut avoir pour effet de suspendre l'enquête jusqu'à l'arrêt à intervenir; mais jusqu'à cette époque elle demeurera close entre les mains du juge commissaire (Carré, 1, 640; Berriat, 1, 288, n. 9 et 10). — 6 janv. 1808. Nîmes. Causse. D.A. 6. 852. D.P. 1. 1511. — 29 mars 1808. Nîmes. Camuzat. D.A. 6. 852. D.P. 1. 1511.—21 déc. 1809. Rennes. D.A. 6. 852, note 1re. D.P. 1. 1511.

79. — Néanmoins, cette doctrine n'est pas sans inconvéniens, puisqu'elle fait revivre les enquêtes *à futur*, abolies par l'ordonn. de 1667. Il semble donc, que l'enquête ne doit jamais avoir lieu, à moins que, dans le cas ou l'exécution provisoire peut être ordonnée, la cour n'use de la faculté que lui accorde l'art. 157 C. pr.— Pig., 1, 499; D.A. 6. 852, n. 6.

80. — C'est ce qu'a jugé la cour de Rennes, en déclarant que les tribunaux doivent toujours rejeter la demande d'une preuve testimoniale qui, admise, dégénérerait en une enquête d'examen à futur. — 10 mars 1821. Rennes. Letournier. D.A. 6. 852, note 2. D.P. 1. 1511.

81. — Quoique l'art. 257 C. pr. n'ait pour objet immédiat et positif que le cas où il s'agit de commencer l'enquête, il s'applique néanmoins, par analie, à celui où il est question de reprendre une enquête valablement commencée avant appel, en vertu d'un jugement confirmé. — 17 déc. 1823 Civ. c. Riom. Dosfant. D.A. 6. 853. D.P. 23. 1. 497.

82.— Mais à dater de quelle époque les délais recommencent-ils à courir? A dater de la signification de l'arrêt confirmatif (Duparc-Poullain, t. 9, p. 351). —Mais il est clair que c'est de la signification à l'avoué de première instance qu'il s'agit et de celle à l'avoué d'appel (Carré, 1, 641). — 16 déc. 1811. Trèves. Schmitt. D.A. 6 852, n. 3. D.P. 1. 1511.

Il en est de même du cas où il y a désistement de l'appel.— 4 déc. 1809. Turin. Bonfante. D.A. 6. 853, n. 1. D.P. 1. 1511.

83.— Jugé cependant que le délai prescrit pour commencer une enquête ordonnée sur une demande en séparation de corps, par un arrêt confirmatif d'un premier jugement, court du jour de la signification de cet arrêt à l'avoué qui a occupé en appel, sans qu'il soit besoin de le signifier à l'avoué qui a occupé en première instance (C. pr. 258).— 15 janv. 1830. Paris. Rignon. D.P. 30. 2. 82.

84. — Il paraît contraire à la raison d'admettre cette décision. L'arrêt confirmatif renvoie, en effet, à procéder devant le tribunal Il faut donc que les avoués en soient légalement instruits. Or, ils sont étrangers à tout ce qui s'est fait en appel. — D.A. 6. 852, n. 7.

85.— On a jugé que la signification par l'avoué d'appel de l'intimé à l'avoué d'appel de l'appelant d'un arrêt confirmatif d'un jugement qui avait permis une enquête, et avait fixé le délai dans lequel elle devait être opérée, ne peut avoir pour effet de faire courir ce délai, lorsqu elle n'a pas été faite en même temps *à la partie*. Cette signification ne peut être considérée que comme ayant pour but, de la part de l'avoué qui l'a faite, d'obtenir le paiement des dépens dont l'arrêt prononçait la distraction à son profit.— 22 janv. 1832. Grenoble. Boissier. D.P. 31. 2. 232.

86 — Mais dans le cas où le jugement aurait été rendu par défaut faute de constitution d'avoué, le délai courrait du jour de la signification à l'avoué d'appel, et non de celle faite à l'avoué constitué en première instance, pendant que la cour était saisie (D.A. 6. 853, n. 8). — 30 juill. 1828. Req. Lyon. Lavie. D.P. 28. 1. 361.

87.—Du reste, on a jugé que la loi ne fixant aucun délai fatal pour reprendre, après la confirmation du jugement qui l'ordonnait, l'enquête suspendue par l'appel interjeté de ce jugement, elle pouvait même être reprise avant la signification de l'arrêt confirmatif à l'avoué de première instance (C. pr. 257). — 28 août 1829. Bordeaux. Rouzeau. D.P. 30. 2. 96.

88. — L'art. 257 C. de pr., voulant, à peine de nullité, que l'enquête soit commencée dans le délai de huitaine, lorsqu'elle doit se faire dans la distance énoncée dans cet article, les tribunaux ne peuvent, dans ce cas, fixer un délai plus long. — 15 janv. 1813. Nanci. Lebrun. D.A. 1. 142. D.P. 1. 56.

89.— Les juges ne peuvent, dans le cas où l'enquête doit être faite dans le lieu même où le jugement est rendu, accorder, pour commencer cette enquête, un délai plus long que celui qui est fixé par l'art. 257 C. pr. A ce cas ne s'applique ni l'art. 278, ni l'art. 279 C. pr. civ.— 13 nov. 1816. Civ. c. Toulouse. Lafont. D.A. 8. 661. D.P. 17. 1. 67.

§ 3.— *Du délai dans lequel doit être commencée l'enquête lorsqu'elle doit être faite à une distance de plus de trois myriamètres.— Contre-enquête.*

90.— Le jugement doit alors fixer le délai dans lequel l'enquête sera commencée (art. 258 C. pr.). —D.A. 6. 853, n. 1.

91. — Mais cette fixation n'étant pas prescrite à peine de nullité, une enquête n'est pas nulle par cela seul que le jugement aurait omis de fixer le délai. —15 juin 1830. Bordeaux. Rondeau. D.P. 30. 2. 247.

92. — De même, aucune déchéance ne pourrait être prononcée, si le jugement ne fixant pas le délai, la partie n'a pas procédé à l'enquête dans la huitaine de la signification (D.A. 6. 855, n. 1). — 27 juin 1810. Liége. Schlauss. D.A. 6. 855, n. 1. D.P. 1. 1512 — 4 fév. 1809. Rennes. D.A. 12. 585, n. 14. D.P. 2. 1367.

93.— Néanmoins la cour royale qui, annulant une première enquête, renvoie devant un autre tribunal que celui qui avait rendu le premier jugement, pour être procédé régulièrement, ne doit pas fixer le délai dans lequel l'enquête sera recommencée; cette fixation appartient au tribunal chargé de la confection de l'enquête (D.A. 6. 855, n. 2). — 16 juill. 1818. Req. Montpellier. Cadena. D.A. 11. 177, n. 2. D.P. 18. 1. 602.

94. — S'il est dit, dans un arrêt ordonnant une enquête, que le délai pour la faire, courra à partir de l'expiration de la quinzaine ou de tel autre délai de la signification de cet arrêt, à personne ou domicile, l'ouverture de l'enquête avant l'expiration de ce délai est nulle (C. pr. 258) — 27 mars 1832. Bourges. Bonnamy. D.P. 32. 2. 159.

Jugé de même si l'enquête a été commencée avant la signification a des parties appelées en sous-garantie, encore bien qu'elles eussent été défaillantes; et dans ce cas l'enquête est nulle pour toutes les parties, même pour celles à l'égard desquelles l'enquête avait commencé après le délai fixé. — 30 mai 1831. Bourges. Guillot. D.P. 31. 2. 224.

95. — Mais si le jugement ne s'explique pas sur le jour à dater duquel le délai commence à courir, c'est un usage généralement suivi, de faire courir ce délai à partir de la signification à avoué (Denisart, v° Délai, n. 2; Carre, 1, 648); on s'appuierait en vain de la distinction que font les art. 122 et 123 entre les jugemens contradictoires et ceux par défaut. Ces articles s'appliquent au cas où le juge a la faculté d'accorder un délai. Ici au contraire c'est une obligation. — Favard., v° Compte, § 1er, n. 4; D.A. 6. 855, n. 3.

96. — Le délai pour faire une enquête est fatal dans le cas où il est fixé par jugement (258 C. pr.) comme dans celui où il est fixé par la loi (257). — Favard, 2, 351; Carré, 1, 648; D.A. 6. 855, n. 4.

Cela a été consacré par arrêtés des 2 avril 1830. Nîmes. Guichard. D.P. 30. 2. 267. — 11 nov. 1830. Orléans. Nau. D.P. 31. 2. 26. — *Contrà*, Lepage, p. 195, qui s'appuie sur ce que la nullité n'est pas prononcée.

97. — S'il arrive que des témoins soient éloignés, et que d'autres résident dans le lieu même où le jugement a été rendu, un délai doit être fixé pour entendre les témoins éloignés, et l'on est soumis, pour le reste, aux délais ordinaires (Delaporte, t. 1er, p. 258; Carré, 1, 648). Il en serait de même, à plus forte raison, dans le cas où l'une des parties seulement aurait intérêt à faire entendre des témoins dont la résidence serait éloignée. — Favard, 2, 351; D.A. 6. 855, n. 5.

98. — Avant le code de procédure civile, le délai de l'enquête ne courait contre celui qui l'avait obtenue que, du jour de la sommation que lui était faite par son adversaire. — 7 flor. an 10. Req. Castelly. D.A. 6. 856, n. 1.

99.—Il en est autrement aujourd'hui; l'enquête et la contre-enquête doivent être commencées dans le même délai, alors même que le délai a été fixé par un jugement. — 31 mai 1809. Liége. Pironnet. D.A. 6. 856, n. 2. — 10 déc. 1811. Bruxelles. Bogaërts. D.A. *eod.*

100. — Jugé même qu'un tribunal ne pourrait dire, sans violer la loi, que son intention lors du jugement était de ne faire courir le délai de la contre-enquête que du jour de la signification de l'enquête (Proc. 256, 278). — 11 déc. 1821. Grenoble. Margouiller. D.A 6. 856, n. 3. D.P. 1. 1512.

§ 4.— *Du délai dans lequel doit être commencée l'enquête ordonnée par des jugemens par défaut.*

101.— Si le jugement est rendu contre une partie qui n'avait point d'avoué, le délai courra du jour de la signification à personne ou domicile; si le jugement est susceptible d'opposition, le délai courra du jour de l'expiration du délai de l'opposition (C. pr. 257).— D.A. 6. 856, n. 1.

Ainsi, si le jugement est rendu faute de plaider, n'étant exécutoire qu'à l'expiration de la huitaine de sa signification, et lorsqu'il n'y a pas été formé opposition, le délai ne court que du jour de l'expiration de cette huitaine sans opposition, c'est-à-dire, que l'enquête ne doit être commencée que dans la quinzaine de la signification.— D.A. 6. 856, n. 1.

102.— Par suite, est nulle l'enquête ordonnée par un jugement par défaut, lorsque l'ordonnance pour la commencer a été délivrée avant l'expiration des délais d'opposition.— 11 déc. 1819. Pau. Dupuy. D.A. 6. 856, n. 4. D.P. 1. 1512.

103.— Mais lorsque le jugement est rendu contre une partie qui n'avait pas d'avoué, le demandeur doit donner au jugement l'exécution dont il est susceptible, provoquer en conséquence l'ouverture de l'enquête par l'obtention de l'ordonnance du juge-commissaire et signifier cette ordonnance au defendeur, dès lors le délai de l'opposition est expiré et celui de l'enquête commence à courir.— Demiau, Coffinière, *Journal des avoués*, 3, 250; Carré, 1, 645; Fav., 2, 350 et 351, D.A. 6. 857, n. 2.

104.— Jugé néanmoins que si le jugement qui ordonne l'enquête est par défaut, le délai pour commencer l'enquête ne court qu'après huitaine à partir de la signification, soit qu'il y ait ou non constitution d'avoué.— Ici s'applique le principe général de l'art. 155 C. pr., auquel il n'est pas dérogé par l'art. 257; et si dans le cas où il n'y a pas eu d'avoué constitué par le défaillant, on a commencé l'enquête avant l'expiration de huitaine à partir de la signification à personne, l'enquête doit être déclarée nulle.— 13 avril 1831. Bordeaux. Burolleau. D P. 31. 2. 142.

§ 5. —*De l'acte qui constitue le commencement de l'enquête.*

105.— Après la signification du jugement et avant l'expiration du délai de huitaine, les parties se présentent séparément, par le ministère de leurs avoués, devant le juge-commissaire qui leur délivre une ordonnance à l'effet d'assigner les témoins.— L'ordonnance peut être demandée par requête ou verbalement: et le juge doit, dans l'un et l'autre cas, ouvrir les procès-verbaux par la mention de la réquisition et de la délivrance de l'ordonnance.—D.A. 6. 857, n. 1.

106.— Seulement, si l'ordonnance est rendue sur requête, elle est mise au bas, et la partie signifie le tout; si elle est delivrée sur réquisition verbale, elle est portée sur le procès-verbal, et la partie s'en fait délivrer expédition.— Carré, 1, 649, note.

107.— L'enquête est censée commencée par la simple délivrance de l'ordonnance du juge-commissaire. il n'est pas nécessaire qu'en outre le procès-verbal d'enquête soit ouvert au même instant où l'ordonnance est délivrée (C. pr. 259).— 28 déc. 1813. Paris. Bonnet. D.A. 12. 587, n. 24. D.P. 2. 1369.

Il peut n'être ouvert qu'au jour même de l'audition des témoins.— 10 nov. 1827. Caen. Delaurière. D.P. 29. 2. 28.

108.— De même, une enquête n'est pas nulle lorsque le juge-commissaire, au lieu d'ouvrir son procès-verbal le jour même fixé par son ordonnance et par l'assignation donnée aux témoins, renvoie, par suite de l'état accidentel des chemins, à commencer leur audition à une autre époque, surtout s'il y a eu adhésion de la partie qui se plaint. — 15 janv. 1811. Metz. Chamé. D.A. 12. 586, n. 20. D.P. 2. 1368.

109.—Et l'on n'est pas déchu de la faculté de faire procéder à l'enquête, par cela seul que le juge-commissaire n'a pas cru devoir décréter la requête à l'effet d'assigner les témoins, lorsque d'ailleurs cette requête a été présentée, et que toutes les diligences ont été faites dans les délais de la la loi. — 7 juill. 1820. Metz. Michel. D.A. 12. 586, n. 8. D.P. 2. 1368.

110.— L'enquête est nulle, si le jugement qui l'a ordonnée n'a été signifié à avoué *qu'en même temps* que l'ordonnance du juge-commissaire, indiquant le jour de l'audition des témoins. La signification du jugement doit nécessairement précéder celle de l'ordonnance du juge-commissaire (C. pr. 147, 257, 259).—14 déc. 1826. Limoges. Morel. D.P. 29. 2. 84.

111.— Elle est nulle encore, si l'ordonnance du juge-commissaire ne porte qu'une simple fixation du jour de l'enquête, sans une autorisation d'assigner les témoins (C. pr. 259 et 260). — 22 fév. 1821. Bruxelles. Willems. D.A. 12. 584, n. 9. D.P. 2. 1366.

112.— La fixation du jour pour l'enquête, devant être basée sur l'éloignement des témoins, il importe de faire connaître au juge-commissaire le domicile des plus éloignés. — D.A. 6. 857, n. 2.

113. — Le juge pourrait-il, lorsqu'il n'ont pas été assignés pour le jour indiqué, délivrer une nouvelle ordonnance à la partie qui est encore dans le délai. — Carré, soutient l'affirmative. — D.A. 6. 857. n. 3.

114.—Jugé de même, par le motif que le but de la loi a été de fixer le délai dans lequel les parties admises à la preuve feraient entendre leurs témoins; qu'elles doivent par conséquent jouir du délai dans son intégrité (Carré, 1, 650, n. 1011).— Mais en matière d'enquête, la loi exige une marche rapide. Comment donc concilier cette marche avec le pouvoir de fixer deux commencemens d'enquête? et la deuxième ordonnance ne saurait être autre chose. Elle ne peut donc être autorisée. Seulement on pourrait faire fléchir la rigueur du principe, lorsque, par un empêchement légitime, la partie aurait été dans l'impossibilité de faire assigner ses témoins. (D.A. 6. 857, n. 3). Cette opinion a été plusieurs fois consacrée.

115. — Ainsi, il a été jugé que quoique l'art. 259 C. pr. doive s'entendre sainement, non du fait matériel d'une ordonnance, mais d'une ordonnance dont on a profité, et à laquelle on a fait sortir son effet en amenant les témoins, il n'en est pas moins vrai que si les témoins n'ont pas été assignés au jour fixé, on ne peut obtenir une nouvelle ordonnance sans proroger, de son autorité, et même indéfiniment, l'enquete, contrairement à ce qui est prescrit par les termes de la loi, avec autant de précision pour le délai, que de rigueur pour leur observation, encore que, s'agissant d'une instance en faux incident, on ait fait signifier les pièces de comparaison, les noms des temoins, et assigner ses adversaires au jour indiqué, pour voir prêter le serment des experts, sous la réserve de continuer à l'égard des témoins. — 31 déc. 1811. Bruxelles. Crépy. D.A. 6. 857, n. 1. D.P. 13. 2. 30. — 8 mai 1810. Paris. Vanoverscheldc. D.A. 6. 858. — 7 juill. 1819. Bruxelles. Vanoverschelde. D.A. *ibid.*

116. — Jugé encore qu'en supposant que le juge-commissaire puisse quelquefois être autorisé a délivrer plus d'une ordonnance, ce ne doit être que lorsque la partie a été, par l'effet de quelque empêchement legitime, dans l'impossibilite de faire assigner ses témoins, et non dans le cas où, par son propre fait, ayant laissé écouler les délais, elle est censée avoir renoncé au droit qu'elle pouvait exercer (Proc. 260, 261). — 20 août 1808. Turin. Dellavalle. D.A. 6. 858, note 1re. D.P. 1. 1512.

117. — Toutefois, il a été jugé que tant qu'une ordonnance du juge-commissaire, qui fixe le jour où il doit être procédé à une enquête, n'a pas été notifiée, celui-ci peut, sur la requête de la partie, et lorsque la première fixation présente surtout des inconvénieus, indiquer, par une nouvelle ordonnance, un autre jour pour l'audition des témoins. — 14 août 1828. Nîmes. Albignac. D P. 29. 2. 133.

Il en est de même, lorsque la première ordonnance, irrégulière par le défaut de mention de la partie qui l'a requise, n'avait eu aucun effet avant l'audition des temoins. — 19 avril 1811. Turin. Belvédère. D.A. 6. 870, n. 3. D.P. 1. 1516.

118. — Si, par erreur, l'avoué a assigné les témoins à une autre heure que celle fixée par l'ordonnance, le juge-commissaire peut surseoir et attendre l'heure fixée dans l'assignation; l'art. 259 ne prononce pas la nullité de l'enquete qui ne commence pas à l'heure fixée, tout le jour étant utile pour y procéder. — Carré, 1, 651; D.A. 6. 858, n. 4.

119. — Il a même été jugé que, dans ce cas, on peut accorder une prorogation à la partie qui a réclamé en s'appercevant de l'erreur, si elle est encore dans le délai de l'enquête. — 6 déc. 1809. Pau. Cambeilh. D.A. 6. 849, n. 2. D.P. 1. 1510.

120.— L'ordonnance doit nécessairement contenir la date de sa délivrance.— D.A. 6. 858, n. 5.

121. — La loi réputant les enquêtes commencées par l'ordonnance du juge commissaire, il s'ensuit que cette ordonnance est un acte d'exécution. — 11 déc. 1819. Pau. Dupuy. D.A. 6. 856, n. 4. D.P. 1. 1512.

§ 6. — *De l'assignation a la partie, et de la signification des noms de témoins. — Domicile.— Nullité.— Copie.*

122.— La partie sera assignée, pour être présente à l'enquête, *au domicile de son avoué*. si elle en a constitué un, sinon à son domicile; le tout trois jours au moins avant l'audition; les noms, professions et demeures des témoins à produire contre elle lui seront notifiés, le tout à peine de nullité (C. pr. 261).— D.A. 6. 858, n. 1.

123. — La partie doit être *assignée* au domicile de son avoué, lorsqu'il y a un avoué en cause. Ainsi, un acte d'avoué, une sommation à l'avoué *personnellement*, ou même une assignation à la partie à son *domicile personnel*, ne peuvent produire aucun

effet (D.A. 6. 859, n. 2). — 22 mars 1810. Rouen. Faucher. D.A. 6. 859, n. 1. D.P. 24. 2. 9. — 24 août 1810. Turin. Boglio. D A. 6 859, note 1re. D.P. 24. 2. 9.— 26 nov. 1808. Liége. Schlosser. D.A. 6. 859, n. 3. D.P. 1. 1513. — 20 juill. 1814. Montpellier. Loubes. D.A. 12. 586, n. 21. D.P. 2. 1368.

Il en serait de même en matière sommaire. — Même arrêt.— 11 août 1817. Rennes. Rivet. D.A. 12. 585, n. 17. D.P. 2. 1368.

124.— Il a même été jugé que la signification des noms, profession et demeure des témoins, est nulle lorsqu'elle est faite, non au domicile de l'avoué, mais à sa personne, dans un lieu autre que celui où il exerce ses fonctions (le lieu où se fait la requête, par exemple), encore qu'il y soit venu exprès pour cette enquête et qu'il ait été de toute impossibilité, à cause du peu de jours qui restaient, de la faire à son domicile (C. pr. 261).— 16 janv. 1823. Angers. Brezé. D.A. 12. 576, n. 18. D.P. 24. 2. 9.

125 — Il a été jugé encore que la signification à l'avoué d'une partie, de l'arrêt qui ordonne une enquête, ne fait pas courir contre cette partie le délai accordé pour la contre-enquête, si elle n'est pas donnée dans la forme ordinaire des exploits; si, par exemple, elle n'est conçue que dans ces termes non écrits même par l'huissier : « signifié et laissé copie à Me...., avoué adverse, en son étude, parlant à son clerc, par moi huissier » (C. pr. 257).— 24 fév. 1831. Metz. Bauret. D.P. 33 2. 158.

126.—Mais le vœu de l'art. 261 est suffisamment rempli par une sommation faite à l'avoue de se *trouver a l'audition des témoins et d'y faire trouver sa partie*, si bon lui semble, alors surtout qu'une assignation a de plus été donnée à cette partie à son domicile personnel.— 10 janv. 1812. Nanci. Petit. D.A. 6. 859, n. 2. D.P. 1. 1513. — *Contrà*, D.A. 6. 859, n. 3.

127.— Toutefois, l'art. 261, en prescrivant l'assignation au domicile de l'avoué, entend parler de l'avoué constitué près le tribunal ou la cour qui ordonne l'enquête: ainsi, lorsque l'enquête est ordonnée en cause d'appel, c'est, à peine de nullité, au domicile de l'avoué constitué près la cour royale que l'assignation doit être faite. — 19 mars 1831. Toulouse. Acoquat. D.P. 32. 2. 8.

128.— Lorsqu'un tribunal procède à une enquête en vertu de commission rogatoire, il suffit de donner l'assignation, pour assister à l'enquete, à l'avoué du tribunal qui a donné la commission. — 24 août 1811. Rennes. Chevetel. D A. 12. 587, n. 23. D.P. 2. 1369.

129.— Le défendeur à une enquête peut être assigné, à son propre domicile, à comparaître à cette opération, si, depuis le jugement qui l'ordonne, l'avoué qui occupait pour lui s'est démis de ses fonctions (C. pr. 261).— 13 avril 1832. Bruxelles. Devochet. D.P. 33. 2. 199.

130 — On ne peut pas faire usage d'une enquête contre une partie qui, quoiqu'elle fut dans l'instance, n'a pas été assignée pour y être présente, et n'y a pas assisté.—11 janv. 1815 Civ. c. Limoges. Grellet. D.A. 6. 862, n. 2. D.P. 15. 1. 209.

131 —L'assignation est assujettie à toutes les formalités prescrites par l'art 61 C. pr. (Pigeau, 1. 511; Berriat, 1, 289, Favard, 2, 353; Merlin, 8, 665; D.A. 6. 859, n 4).— 17 mai 1810. Rouen. Lebourgeois. D.A. 12. 587, n. 2. D.P. 13. 2. 31.— Arrêt contraire : 17 déc. 1819. Nîmes. Bordeaux. D.A. 12. 586, n. 19. D.P. 2. 1368.

132.— Il a été jugé que l'assignation est nulle si elle ne déclare pas sur la copie, comme sur l'original, à qui cette copie a été laissée.

De même, l'omission *du parlant à...* n'est pas couverte par la déclaration de l'avoué, qu'il a reçu la copie et l'a remise à la partie avant le jour fixé pour l'enquête, ni par la contre-enquête faite faite depuis par cette partie. — 24 déc. 1811. Civ. c. Douai. Rémond. D.A. 6. 859, n. 1. D.P. 12. 1. 167.

De même, le défaut de mention de la demeure et de l'immatricule de l'huissier annule l'assignation. — 4 janv. 1813. Civ. c. Delard. D.A. 6. 860, n. 2. D.P. 13. 1. 193.

133.— L'assignation est pareillement nulle si la copie ne contient pas la date du jour ou du mois où cette assignation a eu lieu. — 27 mars 1827. Nanci. Thouvenot. D.P. 31. 2. 187.

134.— De même, si, donnée à plusieurs individus au domicile de leur avoué commun, il n'en est pas laissé autant de copies qu'il y a de parties intéressées.— 14 mars 1818. Dijon. Duris. D.A. 6. 860, n. 3. D.P. 24. 2. 10. — 18 déc. 1827. Bordeaux. Jean. D.P. 28. 2. 177.— 6 mars 1828. Rouen. Duboys. D.P. 28. 2. 59. — 25 août 1829. Colmar. Haffen. D.P. 30. 2. 226.

135. — Mais plusieurs prétendans à un même droit, admis à faire preuve de leur jouissance individuelle, peuvent ne faire qu'une seule notification des noms des témoins par un même exploit, sans que pour cela leur enquête puisse être arguée de nullité. — 5 mai 1813. Bourges. Gauthé. D.A. 12. 583, n. 6. D.P. 2. 1366.

136. — Jugé encore que la règle qu'il doit être laissé autant de copies qu'il y de parties assignées, est commune, en matière d'enquête, à l'assignation donnée au domicile de l'avoué, quand il est constitué par plusieurs parties, alors surtout qu'elles ont leur domicile réel en divers lieux (Proc. 61, 261). — 23 juill. 1823. Civ. c. Orléans. Duboys. D.A. 6. 864, n. 2. D.P. 23. 1. 302.

137. — Toutefois, si un exploit, après avoir d'abord indiqué les noms des parties assignées au domicile de leur avoué, pour être présentes à une enquête, se termine par ces mots : Laissé ces présentes, *avec copie* de ladite requête et ordonnance, auxdits....., parlant, et au domicile dudit Me ..., leur avoué ., il a pu être valablement déclaré qu'un tel exploit constatait suffisamment qu'il avait été signifié à chacun des défendeurs, au domicile de leur avoué commun ; et l'on prétendrait en vain qu'il devrait être annulé, en ce qu'il ne constaterait que la remise d'une seule copie pour tous les assignés, tandis qu'il aurait dû constater la remise d'une copie pour chacun. — 23 nov. 1831. Req. Angers. Guillaume. D.P. 31. 1. 365.

138. — Mais lorsqu'une enquête a été ordonnée par un jugement déclaré commun entre deux parties, si l'une seulement des parties déclarées communes poursuit l'enquête, elle n'est pas tenue, à peine de nullité, d'assigner l'autre partie, pour y être présente; il suffit qu'elle fasse assigner leur partie adverse; ce moyen ne pourrait, d'ailleurs, être proposé par celle-ci. — 10 juin 1831. Bourges. Comm. de Saint-Germain. D.P. 31. 2. 225.

139. — L'enquête qui a pour objet d'établir un fait indivisible, est elle-même indivisible, tellement que si cette enquête est valable à l'égard de l'une des parties contre lesquelles elle est ordonnée, elle ne peut être déclarée nulle au profit de l'autre, en ce que, par exemple, l'assignation donnée à celle-ci pour y comparaître serait nulle (C. pr. 275). — 9 août 1831. Req. Nanci. Gand. D.P. 32. 1. 32.

140. — L'erreur dans la désignation du domicile des parties ne peut vicier l'assignation : ce domicile est ici tout-à-fait indifférent, puisque la loi n'indique que celui de l'avoué (D.A. 6. 860, n. 5). — 27 déc. 1808. Req. Philibert. D.A. 6. 861, note 1re. — *Contrà*, Fav., 2, 361.

141. — Ce principe résulte des termes formels de l'art. 261 C. pr., qui porte : « La partie sera assignée, pour être présente à l'enquête, *au domicile de son avoué...* »

142. — Ces principes s'appliquent en matière sommaire comme en matière ordinaire. — 9 août 1823. Metz. D.A. 12. 585, n. 15. D.P. 2. 1367.

143. — Mais le déciderait-on de même dans les cas où l'enquête a lieu dans un endroit éloigné du domicile de l'avoué? — La jurisprudence offre des décisions contraires.

144. — Ainsi, il a été jugé que lorsque l'enquête se fait dans un endroit éloigné du tribunal près duquel exerce l'avoué, l'assignation peut être donnée au domicile personnel de la partie. — 4 mai 1812. Bourges. Baron. D.A. 6. 861, n. 2. D.P. 1. 1513.

146 — Mais la cour de cassation a repoussé cette distinction en jugeant que la disposition de l'art. 261 ne comporte aucune exception, pas même celle où l'enquête se fait dans le lieu où la partie assignée est domiciliée, et à une distance éloignée de celui où siége le tribunal qui l'a ordonnée. — 17 déc. 1811. Civ. r. Montpellier. Vidal. D.A. 6. 861, n. 3. D.P. 12. 1. 164.

147. — L'assignation pour être présent à l'enquête doit être donnée à la partie, trois jours au moins avant l'audition des témoins. Mais ce délai doit-il être augmenté à raison des distances, même au cas où il y a avoué en cause? Point de difficulté quand il n'y a pas d'avoué en cause. Mais s'il y a avoué, l'augmentation ne doit pas être accordée (Pigeau, 338; Merlin, Rép., v° Testament; Hautefeuille, 154; Thomine et Carré, *Analyse*, n. 893). — 23 fév. 1809. Bruxelles. Sewarens. D.A. 6. 862, n. 1. D.P. 13. 2. 29. — 11 avril 1812. Limoges. D.A. 12. 585, n. 16. D.P. 2. 1367.

Cette opinion est fondée sur ce que le titre des enquêtes ne contient aucune disposition à cet égard, bien que l'art. 260 s'en exprime formellement à l'égard des témoins : et l'on invoque la maxime, *qui de uno dicit, negat de altero*

148. — Toutefois, le contraire a été souvent jugé. (Carré, 1, 655, n 102, Favard, 2, 356; D.A. 6. 862, n. 7). — 11 janv. 1815. Civ. c. Limoges. Grellet. D.A. 6. 862, n., n. 1. D.P. 15. 1. 209. — 23 juill. 1823. Civ. c. Orléans. Duboys. D.A. 6. 864, n. 2. D.P. 23. 1. 302. — 22 juin 1824. Montpellier. Sicard. D.A. 6. 864, n. 3. D.P. 1. 1513. — 11 août 1817. Rennes. Rivet. D.A. 12. 585, n. 17. D.P. 2. 1368. — 22 juill. 1830. Req. Riom. Beaurain. D.P. 32. 1. 22. — 15 juill. 1833. Colmar. Denis. D.P. 34. 2. 138.

Et cette doctrine est fondée sur ce que l'assignation ayant pour but de donner à la partie le nom du témoin que les art. 270 et 273 lui permettent de reprocher, cette faculté deviendrait illusoire si on refusait l'augmentation des délais en raison des distances.

149. — Mais l'augmentation doit être faite eu égard à la distance qu'il y a entre le domicile de l'avoué et celui *de la partie assignée* (D.A. 6. 863, n. 8). — 29 sept. 1808. Paris. Hubert. D.A. 7. 761. D.P. 2. 151. — 11 janv. 1815. Civ. c. Limoges. Grellet. D.A. 6. 862, n. 1. D.P. 15. 1. 209. — 28 janv. 1826. Ch. réunies c. Paris. Duboys. D.P. 26. 1. 81.

150. — Cependant, il a été jugé, conformément à l'opinion de Carré, 1, 665, et Favard, v° Enquête, qui paraissent s'être mépris sur la jurisprudence de la cour de cassation que si, aux termes de l'art. 1033 C. pr. c., il y a lieu à une augmentation de délai, au-delà de celui prescrit par l'art. 261 du même code, ce ne doit être qu'à raison de la distance *du domicile de l'avoué au lieu où doit se faire l'enquête*, et non à raison de la distance du domicile réel de la partie assignée au même lieu. Ainsi, il n'y a pas d'augmentation lorsque l'enquête est faite au lieu même du domicile de l'avoué. — 23 fév. 1820. Rennes. Gibé. D.A. 6. 865, n. 1. D.P. 1. 1514. — 16 janv. 1827. Caen. Mochon. D.P. 27. 2. 87. — 17 août 1827. Riom. Vière. D.P. 29. 2. 161.

151. — Lorsque l'on signifie à la partie les noms, profession et demeure des témoins à produire, l'erreur dans la profession ne serait pas une cause de nullité, lorsque la partie a su parfaitement qui on voulait désigner. — 15 fév. 1812. Liége. Lurriper. D.A. 6. 865, note 2. D.P. 1. 1514.

152. — De même aussi, le mot *demeure* n'étant pas sacramentel, il n'y aurait pas nullité parce qu'on aurait employé celui de *domicile*. — 25 juin 1810. Turin. Allara. D.A. 6. 865, note 3. D.P. 13. 2. 25. — Carré, 657; Favard, 2, 361; D.A. *ibid.*

153. — Si cette signification a lieu par acte séparé, le délai de trois jours est-il rigoureusement exigé, comme pour l'assignation? Oui (Carré, 1, 657; Favard, 2, 360; D.A. 6. 866, n. 9). — *Contrà* : 21 mars 1815. Angers. Lefoulon. D.A. 6. 866, n. 1. D.P. 17. 2. 16. — 7 mars 1825. Poitiers. Comm. de Vouillé. D.A. 12. 576, n. 18. D.P. 2. 1362.

154. — La cour de cassation avait aussi adopté la négative en décidant que l'art. 261 C. pr. civ. énonçant deux dispositions distinctes et indépendantes l'une de l'autre, il s'ensuit que la notification des noms, professions et demeures des témoins ne doit pas être faite, comme l'assignation à partie pour être présente à l'enquête, trois jours avant l'audition de ces témoins. — 16 fév. 1815. Req. Metz. Guillebon. D.A. 6. 866, n. 1. D.P. 15. 1. 172.

155. — Toutefois, elle est revenue sur cette opinion, et a décidé que si ce délai n'a pas été répété dans la deuxième partie de l'art. 261 C. pr., ce n'a été que parce que ces deux dispositions, aussi importantes l'une que l'autre, étaient renfermées dans la même période, et que, d'après l'usage généralement observé, le même exploit contient en même temps et l'assignation à partie et l'indication des témoins. — 12 juill. 1819. Civ. c Ducayla. D.A. 6. 867, n. 2. D.P. 19. 1. 441. — 25 juin 1810. Turin. Allara. D.A. 6. 865, n. 3. D.P. 13. 2. 25.

156. — Le délai doit être *de trois jours francs*, c'est-à-dire de cinq jours à partir de la notification *inclusivement*, jusque et compris celui de l'audition. — Carré, 1, 655; D.A. 6. 868, n. 10.

157. — Toutefois, le délai de trois jours prescrit en matière d'enquête pour l'assignation à partie, avant l'audition des témoins, n'est point exigé pour la notification des noms, professions et demeures des témoins. — 28 nov. 1822 Poitiers. Bousquet. D.A. 7, 762. D.P. 2. 152.

158. — Il n'y aurait pas une cause de nullité dans l'erreur qui n'empêcherait pas la partie de bien connaître le jour de l'audition, par exemple, si l'ordonnance du juge-commissaire, indiquant en même temps le jour d'une descente de lieux, on trouve dans l'assignation, *pour être présent, tel jour (celui de la descente) aux opérations de la descente et à l'audition des témoins*. — 20 août 1823. Poitiers. Revillé. D.A. 6. 868, n. 1. D.P. 1. 1514.

159. — La loi n'exige pas la présence à l'enquête de la partie contre laquelle elle est faite. En conséquence, sa comparution sans l'assistance de son avoué, bien qu'irrégulière, n'est pas une cause de nullité. — 27 août 1827. Caen. Leroy. D.P. 28. 2. 67.

160. — Il peut arriver qu'une enquête soit ordonnée en divers lieux et par différens juges. En ce cas, il n'y a pas nullité d'un procès-verbal d'enquête en ce que la partie intéressée s'est trouvée empêchée d'assister *personnellement* à l'un des endroits par suite du rapprochement des délais, si on a rempli à son égard les formalités de l'art. 261 C. pr. — 14 août 1828. Nîmes. Albignac. D.P. 29. 2. 135.

161. — Même, une partie ne serait pas recevable à critiquer des procès-verbaux d'enquête, faits pour la même cause dans des lieux différens, sur le motif qu'ils ont été ouverts le même jour. — 24 juill 1814. Rennes. Talhouet. D.A. 6. 869, n. 1. D.P. 1. 1515. — 24 juill. 1814. Rennes. Talhouet. D.A. 12. 582, n. 3. D.P. 2. 1365.

162. — Les nullités résultant de l'inobservation des formalités de l'art. 261 ne sont pas couvertes par la contre-enquête. — Carré, 1, n. 1021; D.A. 6. 868, n. 11.

Mais elles sont couvertes par la comparution de la partie à l'enquête. — 17 août 1831. Angers. Choleau. D.P. 31. 2. 175.

163. — ...Encore bien qu'elle déclarerait se réserver tous ses droits. — D.A. 6. 868, n. 12.

164. — Ainsi, lorsqu'une partie a déclaré, avant l'audition des témoins, qu'elle comparaissait au désir de l'ajournement à elle signifié, pour être présente à l'enquête, n'empêchant pas qu'il y soit procédé, sous la réserve de tous ses droits, elle est non-recevable à demander, dans la suite, la nullité de cette enquête, sous prétexte qu'elle n'a été sommée que par un simple avenir, s'étant reconnue, par sa comparution, duement appelée, et la réserve ne pouvant concerner que les nullités éventuelles et autres opérations postérieures à l'enquête (Pr. 261, 173). — 2 mai 1815. Liége. Delborn. D.A. 6. 868, n. 2. D.P. 1. 1515. — 26 août 1818. Rennes. D.A. 6. 868, n. 2. D.P. 1. 1515. — 18 août 1826. Amiens. Beaurain. D.P. 29. 2. 105.

165. — Lorsqu'une partie a assisté à l'audition des témoins, elle ne peut être fondée à soutenir qu'à son égard l'enquête a été faite par défaut. — 15 juill. 1825. Ord. Requedat. D.P. 26. 3. 19.

166. — Ainsi encore, la nullité provenant de ce que l'une des parties, représentée par un avoué, n'a pas été valablement assignée pour être présente à l'enquête, est couverte par la comparution de cet avoué à l'audition des témoins, lors de laquelle il a déclaré ne pouvoir l'empêcher (C. pr. 273, 161). — 29 mars 1825 Nanci. Gouvion. D.P. 26. 2. 242.

167. — Ainsi, l'enquête dont le but est d'établir l'existence d'une rente ancienne, peut avoir lieu comme en matière sommaire, et la partie n'est pas recevable à se prévaloir de cette circonstance comme moyen de cassation, surtout si, n'ayant élevé aucune réclamation, elle a consenti à cette forme de procéder par son concours à tous les actes de la procédure. — 17 nov. 1829. Req. Laguerinière. D.P 29. 1. 419.

168. — Mais il en a été autrement jugé lorsque les réserves étaient spéciales. Ainsi, l'assistance à une déposition ne rend par irrecevable à attaquer cette déposition, s'il a été fait contre elle des réserves et protestations. — 30 nov. 1830. Bourges. Aufrère. D.P. 31. 2. 67.

169. — De même, la nullité d'une contre-enquête n'est pas couverte quand on y vient déclarer que l'assignation donnée à la partie pour y assister, est nulle (C. pr. 261). — 26 juill. 1831. Bordeaux. Bailie. D.P. 33. 2. 122.

170. — De même, il suffit que la nullité d'une enquête, résultant de l'inobservation des délais, ait été proposée devant le juge-commissaire, et que la partie se soit réservée de la faire valoir en temps et lieu, pour que cette partie puisse l'invoquer, alors même qu'elle aurait reproché des témoins produits contre elle, et qu'elle aurait fait procéder à une contre-enquête (C. pr. 273, 261). — 15 juill. 1833. Colmar. Denis. D.P. 34. 2. 138.

171. — Cependant les cours de Bourges et Montpellier ont étendu cette décision à des cas où les réserves paraissent plus générales. Ainsi, la cour de Montpellier a jugé que la nullité n'est couverte ni par la comparution de la partie, ni par les circonstances

qu'elle a reproché des témoins, fait des réquisitions au commissaire, et déposé l'enquête au greffe, lorsqu'en comparaissant elle a fait toute réserve (C. pr. 261, 173). — 22 juin 1824. Montpellier. Sicard. D.A. 6. 864, n. 3. D.P. 1. 1513.

172.—Ainsi encore, la cour de Bourges a jugé que la nullité n'est pas couverte, lorsqu'elle a été demandée avant l'audition des témoins, et que cette demande est constatée dans le procès-verbal du juge-commissaire, par la participation à l'audition des témoins, sous serment.

Elle ne l'est pas non plus, par cela seul que celui qui s'en prévaut aurait défendu à une demande en prorogation de délai, sans opposer l'exception qu'il avait articulée en comparaissant à l'enquête, les nullités d'enquête ne pouvant être jugées qu'après l'opération terminée et la signification des procès-verbaux. — 30 mai 1831. Bourges. Guillot. D.P. 31. 2. 224.

173.—*Quid*, si c'est l'avoué qui a comparu? Carré soutient que la nullité n'est pas couverte (t. 1er, n. 1022).

174.—Ce système a été consacré, et on a jugé que la renonciation a un droit acquis ne se présumant pas, il s'ensuit que la présence de l'avoué a une enquête ne peut pas couvrir la nullité qui résulte de ce qu'elle n'a pas été commencée dans les délais voulus par la loi, alors surtout qu'il a fait ses réserves. — 6 fév. 1812. Bruxelles. Puissent. D.A. 6. 868, n. 3. D.P. 13. 2. 28. — 17 août 1827. Riom. Vière. D.P. 29. 2. 161.

175. — *Contrà*, Dalloz, t. 8, p. 869, n. 13. Il se fonde sur ce que l'avoué représentant la partie tant qu'il n'y a pas désaveu, sa comparution équivaut à celle de la partie. — Arrêts conformes. 9 nov. 1825. Civ. r. Corse. Mariotti. D.P. 26. 1. 49. — 29 mars 1825. Nanci. Gouvion. D.P. 26 2. 242. — 16 janv. 1827. Caen. Mochon. D P. 27. 2. 87.

176.— En terminant sur ce point, il faut dire que l'art 261 distingue entre les nullités qu'il prononce : Si l'assignation n'a pas été donnée à la partie, si les noms des témoins ne lui ont pas été notifiés, toute l'enquête sera nulle: si, au contraire, un seul témoin a été omis dans la signification, sa déposition seule sera annulée.

177.—Au reste, la partie qui, en première instance, a plaidé sur le mérite des reproches proposés contre des témoins, sans opposer aucune fin de non-recevoir sur leur présentation tardive, perd le droit de soutenir en appel que ces reproches n'étaient pas recevables, parce qu'ils n'ont pas été proposés avant la déposition des témoins (C. pr. 282). — 26 nov. 1825. Amiens. Floquet. D.P. 26. 2. 154.

§ 7. — *Des témoins et des procès-verbaux d'enquête.*

178.—Il n'est traité sous cette rubrique que quelques questions particulières; tout ce qui se rattache à la capacité et à l'incapacité des témoins, aux formes de leurs dépositions et aux formalités des procès-verbaux d'enquête est examiné v° Témoins.

179.— Jugé que, sous l'empire de la loi du 7 fruct. an 3, on ne pouvait pas demander la nullité d'une enquête par les divers motifs que l'un des témoins n'a pas déclaré s'il était serviteur ou domestique des parties: que le ministère public n'a pas assisté à l'audition des témoins, non plus que quelques uns des magistrats qui ont pris part au jugement définitif, enfin, que ce jugement n'a été rendu ni à l'audience où les témoins avaient été entendus, ni à l'audience suivante. — 7 flor. an 10. Req. Castelly. D.A 6. 856, note 1re.

180.—Chaque témoin, avant d'être entendu, devant *déclarer* ses noms, *etc.* (C. pr. 262), il ne suffirait pas aujourd'hui de la simple énonciation qui en serait faite.—Favard, 2, 363; D.A. 6. 869, n. 2.

181. — Et il a été jugé que la mention faite dans un procès-verbal d'enquête, que les témoins ont déclaré n'être pas aux gages des parties, n'équivaut pas à celle prescrite par l'art. 262 C. pr. — 19 juin 1811. Metz Gillon. D.A. 12. 583, n. 5. D.P. 2. 1365.

182. — Il a été jugé cependant qu'il n'est pas besoin que la déclaration de non parenté émane même de la bouche du témoin : elle peut se trouver consignée en récit dans le procès-verbal.—1er août 1814. Limoges. Navarron. D.A. 12 582, n. 1. D.P. 2. 1364. — 10 juin 1831. Bourges. Comm. de Saint-Germain. D.P. 31. 2. 223

C'est aussi l'avis de Carré, 1, 659.

183. — Des formalités de l'art. 269, les unes frappent l'enquête dans sa substance et entraînent la nullité en cas d'omission dans la date des jour et heure dans le procès-verbal; les autres ne touchent que des dépositions isolées; ainsi, si dans la déposition d'un témoin, on a omis de mentionner la représentation de la copie d'assignation, il n'y a nullité que pour cette déposition. — Favard, 2, 363; D.A. 6. 869, n. 3

184. — Il a été jugé cependant qu'il ne suffit pas qu'un procès-verbal d'enquête mentionne que les *formalités prescrites par l'art. 269 C. pr. ont été observées*, pour qu'il ait été satisfait à l'exigence de cet article; il faut qu'il contienne la représentation des assignations, à peine de nullité de toute l'enquête. — 22 avril 1830 Poitiers. Comm. de Pers. D.P. 33. 2. 201.

185. — La disposition de l'art. 269, qui exige la représentation des assignations, doit être entendue en ce sens que la *copie* de l'assignation, et non *l'original*, doit être successivement représentée par chaque témoin (Carre. p. 674, Favard, t. 2, p. 363; D A. 6. 869, n. 3) — 4 juill. 1827. Limoges. Thomas D.P. 28 2. 201. — 22 mai 1829. Bourges. Mozer. D.P. 29. 2. 211.

186.— *Quid* si la copie a été perdue par le témoin? La représentation de l'original peut, dans ce cas, suppléer à celle de la copie.— Carré, *ibid.*; Favard, *ibid.*; D.A *ibid.*

187. — La représentation ne suffit pas; il faut encore qu'il en soit fait mention (Favard, 2, 363, D.A. 6. 869, n. 4). — 24 juill. 1814. Rennes. Talhouet. D.A. 6 869, n. 1. D.P. 1 15.5 — 4 janv. 1815. Civ. c. Delard. D.A. 6. 860, n 2. D.P. 15. 1. 193.

188. — Le procès-verbal doit faire l'énumération de toutes les formalités dont la loi veut que l'observation soit mentionnée. — Carré, 1, 687; Berriat, 1, 298, note 67; D.A. 6. 870, n. 5.

189. — Dès lors, n'est pas suffisante la mention faite sur un procès-verbal, que l'enquête a été confectionnée en conformité du code de procédure., et surtout de l'art. 273 — 27 avril 1813. Turin. Deninotti D.A. 6. 870, n. 1. D.P. 1. 1516.

190. — De même, il a été jugé que le procès-verbal d'enquête doit, à peine de nullité, énoncer en détail l'observation de toutes les formalités que la loi prescrit, et notamment que le témoin n'a lu aucun projet écrit. — 28 juill 1814. Rennes. Talhouet. D.A. 12. 582, n. 3. D.P. 2. 1365.

191.—Toutefois, il a été jugé que pour que le vœu de l'art. 75 C. pr. soit rempli, il suffit que le procès-verbal d'enquête fasse mention que les *formalités* qui y sont prescrites *ont été observées*, encore bien que ces formalités ne seraient pas expliquées ou mentionnées, et, par exemple, il ne saurait y avoir nullité de ce qu'il ne constaterait pas que les témoins ont été *entendus séparément*.—30 avril 1828. Bordeaux. Dumas. D.P. 25. 2. 248 — 9 déc. 1828. Req. Bordeaux. Dumas. D P. 29. 1. 86.

192.—Lorsque, dans une enquête, toutes les formalités prescrites par la loi ont été observées, et que mention expresse en a été faite dans le procès-verbal, au fur et à mesure de leur observation, il n'est pas nécessaire, à peine de nullité, qu'il soit fait, à la clôture de ce procès-verbal, une seconde mention de l'observation de ces formalités (C. pr. 275). — 27 août 1827. Caen. Leroy. D.P. 28. 2. 67.

193.— Jugé encore que lorsqu'un procès-verbal d'enquête fournit la preuve de l'observation des formalités prescrites par chacun des articles relatés dans l'art. 275 du C. de pr., il n'est pas nécessaire (à peine de nullité) de mentionner en termes exprès que les formalités prescrites par ces articles ont été observées. — 31 déc. 1822. Poitiers. Damour. D.A. 12. 583, n. 4 D.P. 2. 1365.

194.—Tout procès-verbal d'enquête doit, à peine de nullité, constater que les témoins ont déposé sans lire aucun projet de déposition.— 4 juill. 1827. Limoges Thomas. D P. 28. 2. 201.

195.— Le contraire a été jugé, sur le motif que l'art. 271 ne contient à cet égard qu'un simple avertissement donné au juge-commissaire, lequel ne doit constater, dans le procès-verbal; que des faits positifs, et non que telle ou telle chose n'a pas été faite.— 4 août 1829. Caen. Veniard. D.P. 29. 2. 213. —1er août 1814. Limoges. Navarron. D.A. 12. 582, note 1re. D.P. 2. 1364.

196.— Cela a été aussi jugé par le motif que la mention ordonnée, à peine de nullité, par l'art. 275 C. pr., de l'observation des formalités prescrites par l'art. 271, n'est applicable qu'aux dispositions de cet article, qui exigent que la déposition du témoin soit *consignée au procès-verbal*, qu'elle *lui soit lue*, et qu'il lui soit *demandé s'il y persiste.*— 11 avril 1815. Rennes. D.A. 12. 582, n. 2. D.P. 2. 1364.

197.— Une enquête n'est pas nulle par cela seul que le procès-verbal du juge qui a procédé à l'enquête ne contient pas une mention expresse des noms, professions et demeures des témoins, si d'ailleurs les exploits d'assignation donnée à la partie et aux témoins pour assister à l'enquête, parfaitement réguliers, ont été visés et relatés par le juge dans son procès-verbal.—27 mai 1823. Req. Amiens. Lavisse. D.A. 12. 584, n. 12. D.P. 2. 1366.

198 —L'erreur dans la mention du domicile d'un témoin au procès verbal d'enquête, n'annulle pas sa déposition, si d'ailleurs il est constant que le témoin a été assigné à son véritable domicile.—Ainsi, la déposition d'un témoin n'est pas nulle parce que l'exploit d'assignation de ce témoin porte qu'il est domicilié dans un lieu, tandis que le procès-verbal d'enquête énonce qu'il est domicilié dans un autre, si la partie contre laquelle se fait l'enquête a reconnu elle-même l'identité du témoin en articulant comme motif de reproche contre lui d'avoir été le commis à gage de l'une des parties, domiciliée dans le lieu même indiqué dans l'assignation, comme étant celui du domicile du témoin.— 9 nov. 1818. Bruxelles. Vanimschot. D.A. 12. 575, n. 16. D.P. 2. 1361.

199. — Le procès-verbal de la réception de serment (*more judaico*) d'un juif appelé en témoignage, doit, à peine de nullité, en détailler les solennités. — 26 juill. 1814. Colmar. Lang. D.A. 12. 578, n. 27. D.P. 2. 1363.

200. — Une partie est recevable à demander la nullité d'une enquête pour défaut de mention au procès-verbal d'enquête du jour et de l'heure de l'audition des témoins et de la représentation des assignations, quoiqu'elle ait comparu en personne à l'enquête, sans s'opposer à l'audition des témoins, sans requérir la représentation des assignations, sans se plaindre du défaut des mentions prescrites, et enfin quoique le procès-verbal aurait été signé sans réclamation par son avoué, et que les mêmes irrégularités se trouveraient dans la contre-enquête faite par cette partie elle-même (C. pr. 269). — 31 janv 1826. Civ. c. Limoges. Cuisinier. D.P. 26. 1. 223.

201 —Les juges ne sont pas obligés de dresser des procès-verbaux des renseignemens qu'ils se sont procurés en ordonnant d'office la comparution de certaines personnes, surtout lorsque ces renseignemens ont été donnés en présence des parties et de leurs défenseurs, et qu'ils ont eu la faculté de les contredire (C. pr. 324 et suiv.). — 4 mars 1824. Req. Montpellier. Fave. D.A. 5. 239.

202.—Les procès-verbaux seront signés à la fin par le juge et le greffier, et par les parties si elles le veulent ou le peuvent; en cas de refus, il en sera fait mention : le tout à peine de nullité (C. pr. 275). — D.A. 6. 870, n. 6.

203 —Cette disposition s'applique à la partie contre laquelle l'enquête est faite, comme à celle qui y fait procéder.— 4 juill. 1827. Limoges. Thomas. D P 28. 2. 201.

204 —Toutefois, la signature de la partie même sous réclamation par son avoué ne la priverait pas du droit de faire valoir postérieurement tous les moyens de nullité (Carré, t. 1er, p. 688; D.A. 6. 870. n 6).— 31 janv. 1826. Civ. c. Limoges. Cuisinier. D.P. 26. 1. 223.

205 — La loi n'exigeant pas que le juge, avant de requérir la signature des parties, leur donne lecture des procès-verbaux, il suffit de leur en faire lire la clôture. — Carré, 1, 688 ; D.A. 6. 870, n. 6.

§ 8.— *Du délai dans lequel l'enquête doit être parachevée et de sa prorogation. — Nullité.*

206 — « L'enquête sera *respectivement* parachevée dans la huitaine de l'audition des premiers témoins, à peine de nullité, si le jugement qui l'a ordonnée n'a fixé un plus long délai » (C. pr. 278).

207.—Ainsi, chacune des parties a huit jours pour faire entendre tous ses témoins, sans être limitée par le temps de l'audition des témoins de l'autre enquête (Pig., 1, 336; Carré. 1, 680; D.A. 6. 870, n. 1). 26 mai 1820. Metz. Jaclot. D.A. 6. 870, note 2. D.P. 1. 1516.

208.— Le délai de huitaine fixé par l'art. 278 C. proc. civ, pour parachever une enquête, ne court pas du jour fixé par l'ordonnance du juge-commissaire, si aucun témoin n'a été entendu. — 19 avril 1811. Turin. Belvédère-Lagnasso. D.A. 6. 870, n. 3. D.P. 1. 1516.

209.— Mais cette décision n'est pas admissible en principe. Elle n'est fondée que lorsque l'ordonnance contient une irrégularité qui en empêche l'exécution (et c'était l'espèce de l'arrêt), et non lorsque c'est par la faute de la partie que les témoins n'ont pas été entendus (Pigeau, 1, 359; D.A. 6. 870, n. 2). — 10 déc. 1811. Bruxelles. Bogaerts. D.A. 6. 856, n. 2.

210.— Lorsque des témoins ont été entendus, quelle que soit la validité ou l'invalidité de leurs

dépositions, le juge-commissaire peut permettre d'en assigner de nouveaux, pourvu qu'ils soient entendus dans la huitaine, et la nullité de la première enquête n'influe en rien sur la validité de la seconde (D.A. 6. 871, n. 3).—5 déc. 1815. Civ. r. Caen. Moisson. D.A. 6. 871, n. 1. D.P. 16. 1. 26.

211.— Le témoin dont la déposition est nulle en ce qu'il a été irrégulièrement entendu, peut être cité de nouveau dans une continuation d'enquête.— 15 déc. 1830. Montpellier. Boyer. D.P. 31. 2 157.

212. — Mais si après des dépositions reçues en temps utile, on en reçoit de tardives, il y a nullité; toutefois, cette nullité n'influe pas sur la partie de la même enquête qui a eu lieu dans le délai légal (Pig., 1, 356; Lepage, p. 200; Carr., 1. 686; Fav., 2, 352; D.A. 6 871, n. 4).— 17 déc. 1823. Civ. c. Riom. Dosfant. D.A. 6. 853. D.P. 23. 1. 497.— 27 août 1829. Grenoble. Ageron. D.P. 30 2. 220. — *Contrà*, Duparc-Poullain, 9, 349; Boutaric; Rodier, sur l'art. 2, tit. 22 de l'ord.; Delaporte, 1, 277.— Ils soutiennent que l'enquête est indivisible.— On se demande alors ce que devient l'art. 294, d'après lequel la nullité d'une ou plusieurs dépositions n'annulle pas l'enquête.

213.— Il ne suffit pas d'assigner les témoins en temps utile, il faut encore qu'ils fassent leurs dépositions avant l'expiration des délais. — En cas de tardiveté, aucun empêchement ne peut relever de la déchéance. — 30 nov. 1830. Bourges. Aufière. D.P. 31. 2. 67.

214. — Il a été jugé, sous l'empire de l'ordonnance de 1667, que le délai de l'enquête a pu être étendu du consentement des parties. — 19 mars 1806. Colmar. D.A. 12. 585, n. 13. D.P. 2. 1367.

215.—Sous l'empire du code, en cas d'insuffisance du délai accordé par la loi pour parachever l'enquête, l'art. 279 laisse aux juges la *faculté* de le proroger.

216. — Mais par cela même que cette faculté laissée aux juges est une exception, elle ne doit pas être exercée sans cause d'équité évidente et sans juste motif.— 20 août 1808 Turin. Dellavalle. D.A. 6. 858, n. 1. D.P. 1. 1512.

217.— Ainsi, la demande en prorogation du délai de l'enquête peut et doit être rejetée, si elle n'est appuyée d'aucun motif qui soit de nature à la justifier (C. pr. 279). — 13 juin 1825. Toulouse. Carayon. D P. 33. 2. 60.

218.— Ainsi encore, une prorogation de délai ne peut être accordée sur la simple allégation d'une indisposition, si la partie ne justifie pas que cette indisposition l'a réellement empêchée d'indiquer ses témoins à son avoué.— 29 juin 1813. Bruxelles. Clipelle. D.A. 6. 871, n. 2. D P. 1. 1516.

219.— La demande de prorogation d'enquête est valablement constatée par le procès-verbal du juge, sans signature des parties. — 3 oct. 1808. Civ. c. Carbonnel. D.A. 1. 96. D.P. 8. 1. 482.

220. — La prorogation ne pourrait être refusée sous le seul prétexte que le motif n'en a été indiqué ni dans le procès-verbal, ni dans les plaidoiries, puisqu'il est virtuellement inhérent à la demande même qui tend à compléter la preuve ordonnée (D.A. 6. 871, n. 5).—1er juin 1822. Colmar. Ortlieb. D.A. *ib.* D P. 1. 1516.

221.— Elle ne pourrait être refusée non plus, si l'obstacle qui s'est opposé à ce que l'enquête fût parachevée dans le délai, n'a pu être levé par la partie en ce que, par exemple, les témoins auraient refusé de prêter le serment dans certaine forme. — 11 mai 1830. Pau. Suarez. D.P. 31. 2. 77.

222. — Il en est de même, si parmi les témoins il en est qui n'ont pu se présenter et dont les dépositions pouvaient servir à découvrir la vérité. — 14 août 1828. Nîmes. Albignac. D.P. 29. 2. 133.

223.— Jugé même que la prorogation doit être accordée, alors même que la nécessité ou l'utilité de cette prorogation provient de la faute ou négligence de l'avoué de la partie qui la requiert. Ainsi et spécialement, lorsqu'au jour fixé pour une enquête et une contre-enquête, et après l'audition des témoins de l'enquête, la partie qui a requis leur déposition s'oppose, à raison de la nullité, pour vices de formes de l'assignation qui lui a été donnée pour assister à la contre-enquête, à ce qu'il soit procédé à l'audition des témoins produits par son adversaire, celui-ci peut alors demander et obtenir une prolongation de délai pour opérer une contre-enquête. — 7 déc. 1831. Req. Riom. Baurain. D.P. 32. 1. 21.

224.— Les dispositions des art. 257 et 278 C. pr., qui fixent les délais pour commencer et achever l'enquête et la contre-enquête, s'appliquent au cas d'une prorogation de délai.— 8 août 1832. Toulouse. Panassier. D.P. 33. 2. 44.

225. — Si un jugement a accordé la prorogation sans ordonner que l'enquête serait terminée dans le nouveau délai, il suffit, pour la validité de cette continuation, qu'elle ait été commencée dans le délai, encore bien qu'elle aurait été terminée plus tard, pourvu que ce soit dans les huit jours de l'audition des temoins. — 12 mai 1829. Montpellier. Préfet des Pyrénées-Orientales. D.P. 30. 2. 39.

226.— La prorogation peut être demandée *dans le délai fixé pour la confection de l'enquête* (C. pr. 279). — Il n'y donc pas déchéance si elle est demandée après l'audition des premiers témoins (Carré, 1, 691; Favard, 2, 352; D.A. 6. 872, n. 6).— 6 fév. 1816. Colmar. Schmitt. — 16 nov. 1810. Colmar. Studer. D.A. 6. 872, n. 1. D.P. 1. 1516.

227. — Même le délai obtenu pour commencer une enquête ne fait pas obstacle à ce qu'il soit accordé une prorogation pour la parachever: car l'art. 279 ne distingue pas, et l'art. 280 doit être restreint au cas de deux demandes en prorogation d'un seul et même délai (Carre, 1, 692; Favard, 2, 352; D.A. 6. 872, n. 7) — 31 janv. 1811. Paris. Degestas. D.A. 6. 872, n. 2. D.P. 1. 1517.

228.— L'art. 279 s'applique à la prorogation, tant pour achever l'audition des premiers témoins que pour l'audition des nouveaux; et l'on ne peut considérer comme première prorogation l'audition faite, dans le délai, au domicile d'un témoin empêché de se rendre.— 20 août 1820. Colmar. Comm. de Rimbach. D.A. 6. 873, n. 2. D.P. 1. 1517.

229. — Toutefois, la prorogation ne peut avoir pour but de faire entendre une seconde fois les premiers témoins: les parties étant présentes à l'enquête, ont à s'imputer de ne les avoir pas fait interpeller (Carré. 1, 693; D.A. 6. 873, n. 8).— 12 janv. 1811. Turin. Pistone. D.A. 6. 873, n. 1. D.P. 1. 1517.

230. — La prorogation sera demandée sur le procès-verbal du juge-commissaire et ordonnée sur le référé qu'il en fera à l'audience au jour indiqué par son procès-verbal (280). Cependant il a été jugé qu'il n'est pas nécessaire, à peine de nullité, que la demande en prorogation d'enquête soit formée sur le procès-verbal; elle peut l'être par requête au président.— Même arrêt.

231. — Cette doctrine, adoptée par Carré, 1, n. 1094, sur le motif que la nullite dont parle l'art. 280, ne s'applique qu'à une seconde prorogation, contrarie le principe, en ce qu'elle soustrait la partie à une obligation imposée par la loi. — D.A. 6. 873, n. 9.

232. — Aussi, a-t-on jugé que la prorogation du délai pour faire enquête, doit être demandée, à peine de déchéance, avant l'expiration des délais et sur le procès-verbal du juge-commissaire.— 17 déc. 1819. Nimes. Bord. D.A. 12. 586, n. 19. D.P. 2. 1368.

233. — Le référé ordonné par l'art. 280, ne pouvant jamais avoir lieu que lorsque l'enquête est faite devant un juge-commissaire du tribunal qui l'a ordonnée, il s'ensuit que, même en matière sommaire, lorsqu'il y est procédé en vertu de l'art. 412 devant un juge étranger, la demande en prorogation de délai ne peut être portée à l'audience que sur incident, et que néanmoins la mention sur le procès-verbal de l'intention où l'on est de former cette demande empêche de courir le délai de la déchéance (Carré, 1, 694; Fav., 2, 353; Pigeau, 1, 532; D A. 6. 873, n. 10).— 4 mai 1808. Besançon. Grand-Jacquet. D.A. 6. 873, n. 2. D.P. 1. 1517.

234. — Le juge-commissaire ne peut jamais délivrer qu'une seule ordonnance portant permis d'assigner des témoins. — 18 mai 1810. Paris. Montmorency. D.A. 6. 873, note 2, n. 2 D.P. 1. 1518.

235. — Il n'est pas nécessaire que le jour fixé par le juge pour venir à l'audience soit compris dans le délai de huitaine; il suffit que la demande ait été formée dans ce délai.— Pigeau, 1, 337; Carré, 1, 694; D.A. 6. 874, n. 11.

236. — Il faut que les parties viennent à l'audience; si les parties ou leurs avoués sont présens, il n'est besoin ni de sommation, ni d'avenir. Si celle contre laquelle la prorogation est demandée est absente, on lui fait une sommation de s'y trouver, pour défendre, au jour indiqué par le commissaire. — Pigeau, t. 1er, p. 358, D.A. 6. 874, n. 12.

237. — Le tribunal, appréciant les circonstances dans lesquelles se trouve la partie, peut accorder le délai qu'il juge convenable. — Carré, 1, 693; Fav., 2, 352; Demiau, 212; D.A. 6. 874, n. 13.

238.— Mais il ne peut accorder qu'une seule prorogation (C. pr. 280).— D.A. 6. 974, n. 14.

239.—La partie qui l'a demandée ne serait pas censée y avoir renoncé parce qu'elle aurait signifié dans la suite des conclusions sur le fond.—D.A. 6. 874, n. 15.

Du moins, l'adversaire qui a consenti à la prorogation, en première instance, est irrecevable à l'attaquer en appel.—13 juin 1818. Limoges. Taphalescas. D.A. 6. 874, note 1re. D.P. 19. 2. 3.

240.—Mais lorsque l'une des parties obtient prorogation, l'autre a aussi le droit de faire entendre de nouveaux témoins sans qu'on puisse lui opposer qu'elle n'en a pas elle-même formé la demande (D.A. 6 874, n 15) —13 fév. 1827. Bourges. Manuel. D.P. 27. 2. 149.— 7 mai 1827. Corse. Fondacci. D.P. 27. 2. 187.

241.—Même lorsqu'une cour accorde, sur la demande d'une des parties, une prorogation d'enquête, elle doit accorder la même prorogation à l'autre partie, quoiqu'elle ne l'aurait pas demandée.—Du moins, une cour qui le juge ainsi ne viole aucune loi (C. pr. 256).—15 déc. 1830. Civ. r. Bourges. Menuet. D.P. 31. 1. 22.

242.—La partie à qui la prorogation d'enquête qu'elle a demandée sur le procès-verbal du juge-commissaire, a été accordée par un arrêt par défaut, réformé ensuite, est recevable à la demander de nouveau, quel que soit le temps écoulé depuis la demande par elle faite sur le procès-verbal d'enquête (C. pr. 279, 280).—4 mars 1831. Colmar. Floesser. D.P. 33. 2. 174.

243 —Lorsque deux parties adverses ont obtenu, sur leur demande respective, par un seul et même jugement, une prorogation de délai pour l'enquête et la contre enquête, chacune d'elles doit, à peine de nullité, signifier le jugement à l'avoué de l'autre partie.—La signification faite par la partie qui procède à l'enquête ne dispense pas de cette signification la partie au profit de laquelle se fait la contre-enquête (C. pr. 147). — 8 août 1832. Toulouse. Panassier. D.P. 33. 2. 45.

244.—Les délais expirés, la partie la plus diligente fera signifier à avoué les procès-verbaux, et poursuivra l'audience sur un simple acte (C. pr. 286) — Est-ce un devoir qu'impose cet article, est-ce une faculté qu'il donne?

245.—C'est une simple faculté introduite dans le but d'empêcher que l'une des parties retarde indéfiniment par son silence le jugement des contestations.— 3 avril 1824. Agen. Duthcil. D.P. 24. 2. 121. —Et sur le pourvoi, arrêt conforme: 5 fév. 1828. Civ. r. D.P. 28. 1. 120.—*Contrà*, Thomines, 142, Demiau, 215; Lepage, 200; Carré, 1, 710.

246.—Ils se fondent sur le texte de l'article, et sur celui de l'art. 70 du tarif, enfin sur ce principe qui veut que l'on produise aux juges les pièces propres à éclairer sa décision.

Mais, de deux choses l'une, ou l'enquête est favorable à la partie qui poursuit l'audience, et alors elle y peut renoncer; ou elle lui est contraire, et alors on ne peut la forcer à fournir un titre contre elle-même.—D.A. 6. 875, n. 1.

247.—Toutefois, une partie ne peut faire signifier son enquête sans celle de son adversaire. On sent la différence de ce cas avec le précédent. — D.A. 6. 875, n. 2.—*Contrà*, Delaporte, 1, 282.

248.—L'enquête nulle par le fait de l'avoué ou de l'huissier ne peut être recommencée (C. pr. 293) La partie doit s'imputer la faute des officiers qu'elle emploie.—Pigeau, t. 1er, 359; D.A. 6. 875, n. 3.

De même, lorsqu'elle est nulle par le fait de la partie. — 20 juin 1814. Montpellier. Loubes. D.A. 12. 586, note 21. D.P. 2. 1368.—11 déc. 1821. Grenoble. Margouiller. D.A. 6. 856, note 3. D.P. 1. 1512.—27 août 1829. Grenoble. Ageron. D.P. 30. 2. 220 —30 mai 1831. Bourges. Guillot. D.P. 31. 2. 224.

249.—Mais lorsqu'une enquête a été annulée pour avoir été faite à une époque où l'exécution du jugement qui l'ordonnait, se trouvait suspendue par l'appel, on est bien fondé à la recommencer.— 30 mai 1817. Rouen. Morel. D.A. 12. 588, n. 29. D.P. 17. 2. 114.

250.— Cette enquête est toujours restée en état d'ouverture pendant et après la cause d'appel, tant que le poursuivant n'a pas été mis en demeure d'y procéder par un acte de la partie adverse.— Même arrêt.

251.— En cas de nullité par le fait de l'avoué ou de l'huissier, la partie peut répéter les frais contre eux, même des dommages, s'il y a manifeste négligence, ce qui est laissé à l'arbitrage du juge (293, 71, 1031).— La même responsabilité existe pour les dispositions isolées qui seraient annulées.— Carré, 1, 719; Fav., 2, 370; D.A. 6. 875, n. 3.

252.—Toutefois, la partie avertie par le juge de

l'irrégularité des actes préliminaires de l'enquête, et qui néanmoins fait procéder à l'enquête, n'est pas recevable dans sa demande en garantie contre l'huissier qui a signifié ces actes.—5 fév. 1811. Metz. D.A. 12. 588, n. 28. D.P. 2. 1370.

253.— Mais l'enquête déclarée nulle par la faute du juge-commissaire, est recommencée à ses frais (C. pr. 293).

Toutefois, les frais ne sont à la charge du juge que lorsque l'enquête est annulée pour vice de forme, et non au cas où c'est à défaut de capacité d'un juge suppléant pour y procéder.— 28 avril 1828. Nîmes. Lauzun. D.P. 29. 2. 66.

254.— Ainsi, l'enquête non signée par l'une des parties présentes et ne mentionnant pas le refus ou l'impossibilité de signer, devait être recommencée aux frais du juge-commissaire.— 28 août 1829. Bordeaux. Rouzeau. D.P. 30. 2. 96.

255.— Lorsque l'enquête annulée par la faute du juge-commissaire est recommencée, on ne peut faire entendre d'autres témoins que ceux qui ont déposé dans la première (C. pr. 292).— 28 juill. 1814. Rennes. Talhouet. D.A. 12. 582, n. 3. D.P. 2. 1365.

256.— Jugé que lorsque dans un procès-verbal d'enquête, il existe des nullités provenant du fait de la partie, elle ne peut obtenir le bénéfice d'une nouvelle enquête, sous prétexte que le juge-commissaire a lui-même commis une irrégularité.— 5 fév. 1811. Metz D.A. 12. 588, n. 28. D.P. 2. 1370.

257.— On peut faire entendre, pour la troisième fois, un témoin dont la seconde déposition est nulle par la faute du juge-commissaire... Et les frais de cette troisième audition doivent être à la charge de ce magistrat (C. pr. 292).— 15 déc. 1830. Montpellier. Boyer. D.P. 31. 2. 157.

258.— Toutefois, l'art. 292 C. pr. civ. étant purement facultatif, il s'ensuit que les juges qui avaient ordonné une enquête peuvent, après l'avoir déclarée nulle par la faute du juge-commissaire, se dispenser d'ordonner qu'elle sera recommencée, lorsque de nouvelles pièces produites par les parties, jointes aux premières observations qui les avaient frappés, ont pu déterminer leur conviction. — 17 mars 1819. Req. Nanci. Brédart. D.A. 6. 876. D.P. 19. 1. 334.

259. — La partie qui, renvoyée devant le juge-commissaire, pour faire clore sa contre-enquête, par jugement passé en force de chose jugée, n'a pas comparu, n'est pas fondée à demander la nullité de cette contre-enquête, laquelle n'a pu être close, pour inobservation des formalités prescrites par l'art. 262 C. pr. — 9 déc. 1828. Req. Bordeaux. Dumas. D.P. 29. 1. 36.

260. — Une enquête déclarée nulle, parce que l'assignation à partie n'a pas été donnée au domicile de son avoué, ne peut être recommencée sur le motif que la nullité provient du fait du juge-commissaire qui n'a pas indiqué à quel domicile cette assignation devait être faite, alors surtout qu'il est reconnu en *fait* que la faute provient de l'huissier : du moins, l'arrêt qui le juge ainsi échappe à la censure de la cour suprême (Pr. 292, 293. — D.A. 6. 875, n. 4).—17 déc. 1814. Civ. r. Montpellier. Vidal. D.A. 6. 861, n. 3. D.P. 12. 1. 164.

261. — D'après le principe que ce qui est annulé ne peut produire aucun effet, la partie dont l'enquête a été cassée par la faute du juge-commissaire, se trouvant naturellement placée dans la situation où elle était à l'époque de la signification du jugement interlocutoire, a le droit d'appeler *tous* les témoins qu'elle croit instruits des faits dont la preuve est admise, loin de pouvoir être restreinte à appeler de nouveau ceux qui déjà ont été entendus (Pr. 292, 283. — Demiau, 216; le praticien français, 197; D.A. 6. 875, n. 5) — 13 juin 1818. Limoges. Taphalesces. D.A. 6. 874, n. 1. D.P. 19. 2. 3.

262. — Toutefois, cette doctrine est combattue par Pigeau, 1, 359; Carré, 1, 716; Favard, 2, 370 et leur opinion est consacrée par un arrêt du 24 juill. 1814. Rennes, que nous avons cité plus haut, au n. 255.

263 — Doit-on, lorsque l'enquête a été annulée par la faute du juge-commissaire, nommer un nouveau juge pour procéder à la nouvelle enquête? L'affirmative, fondée sur l'art. 7 de l'édit de 1582 qui le prescrivait expressément, est soutenue par Pigeau, 1, 359; Hautefeuille, 166, Carré, n. 1133; Favard, 2, 370. Mais il suffit que le code de procédure n'ait pas reproduit la disposition de l'édit de 1582, pour qu'elle ne doive pas être observée. — D.A. 6. 875, n. 6.

264. — Il résulte de la disposition de l'art. 291 C. pr. civ., que les juges, avant de passer à la décision du fond, sont tenus de statuer préalablement sur les moyens de reproches proposés contre les témoins, soit pour les admettre, soit pour les rejeter — 18 avril 1816. Rennes. D.A. 6. 876, n. 3. D.P. 1. 1518.

265.— Toutefois, on doit admettre une exception pour le cas où le reproche serait superflu; par exemple, si les autres dépositions sont concluantes. — Rodier, sur l'art. 4, tit. 23 de l'ord 1667; Pigeau, 1, 361, Carré, 1, 711; Thomines, 144; D.A. 6. 876, n. 7.

266.— Si les reproches sont admis, la déposition du témoin reproché ne sera point lue (art. 291), et il sera procédé à la décision du fond par un second jugement, à moins que la cause ne soit en état : dans ce cas, il pourra être prononcé sur le tout par un seul jugement, pour économiser les frais (288). — D.A. 6. 877, n. 6.

ART. 2. — *Des enquêtes en matière sommaire.*

267.— Les faits sur lesquels porte l'enquête sommaire, la réponse et les faits contraires, sont articulés à l'audience ou dans l'acte ordinaire qui contient les conclusions, sans qu'il soit besoin de les articuler par acte préalable (C. pr. 407); et même, si le demandeur signifiait cet acte, l'adversaire ne serait nullement tenu d'y répondre. — Carré, 2, 52; Favard, 2, 370, D.A. 6. 877, n. 1.—*Contrà*, Demiau, p. 298.

268.— Le jugement qui ordonne l'enquête contient les faits, fixe les jours et heures de l'audition des témoins. La fixation est donc laissée à l'arbitrage du juge. Il n'est même pas nécessaire que le jugement qui ordonne l'enquête soit signifié; car l'art. 413, loin de l'exiger, le prohibe virtuellement (D.A. 6. 877).— 18 nov. 1807. Turin. Léger. D.A. 6. 879, n. 1. D.P. 1. 1519. — 10 juin 1812. Paris. Lemerle. D.A. 6. 877, n. 2. D.P. 1. 1518.

269.— Les témoins devant être entendus à l'audience, il y aurait nullité du jugement qui aurait commis un de ses membres pour recevoir l'enquête sommaire (D.A. 6. 878, n. 3). — 19 août 1811. Bordeaux. Dupuch. D.A. 6. 878, note 2. D.P. 13. 2. 29.

La nullité, dans ce cas, est d'ordre public. — 1er août 1832. Civ. c. Laffore. D.P. 32. 1. 342.

270.— On dit, contre cette opinion, que l'art. 1030 défend de prononcer les nullités qui ne sont pas littéralement dans la loi — 9 déc. 1808. Besançon. Caire. D.A. 6. 878, n. 1. D.P. 1. 1518.

Mais cet article ne parle que des exploits, il n'est pas applicable aux jugemens.— D.A. *eod.*

271.— Toutefois, il a été jugé que la nullité provenant de ce que l'enquête est faite devant un juge commis, peut être couverte par la présence de la partie et sa contre-enquête.—9 déc. 1808. Besançon. Caire, etc. D.A. 6. 878, n. 1. D.P. 1. 1518.

272 —Est aussi couverte la nullité, de ce que le domicile du demandeur ne se trouve pas dans l'assignation, par la comparution à l'enquête du défendeur et des témoins.— Même arrêt.

273.— De même, la nullité de l'enquête faite hors de l'audience, est couverte par le silence et l'adhésion des parties, résultant de ce qu'elles ont entendu et fait entendre des témoins (C. pr. 407).— 13 juin 1834. Req. Comm. de Cabanac. D.P. 34. 1. 290.

274.— Cependant, si les témoins sont éloignés ou empêchés, on aura la faculté de commettre le tribunal ou le juge de paix de leur résidence : dans l'un et l'autre de ces cas, l'enquête sera rédigée par écrit; il en sera dressé procès-verbal (art. 412), à peine de nullité.— D.A. 6. 878, n. 4.

275.— Et le tribunal ne pourrait puiser dans une enquête ainsi faite, sans l'observation des formalités de l'art. 413, les motifs de sa décision, sous le prétexte qu'il n'aurait ordonné que de simples renseignemens, afin de ménager aux parties un accord par la médiation du juge, médiation que la partie réclamante a refusée.— 22 juill. 1828. Civ. c. Montegremard. D.P. 28. 1. 342

276.—Cependant, si c'est le tribunal qui est commis, il doit déléguer à son tour un de ses membres qui procédera à l'enquête, comme si la matière n'était pas sommaire.— Pig., 1, 364; Lepage, *Quest.*, p. 269 et 270; Carré, 2, 56; D.A. 6. 878, n. 4.

277. — Les formalités des enquêtes ordinaires, relatives à la copie, aux témoins au dispositif du jugement, à la signification des noms des témoins, aux peines contre les défaillans, à la prohibition d'entendre les conjoints des parties, les alliés en ligne directe et les parens, aux reproches, à la manière de les juger, aux interpellations, à la taxe, etc., doivent être observées en matière sommaire (C. pr. 413).

278.— Néanmoins, quoiqu'en matière sommaire, où c'est le tribunal, et non un juge-commissaire, qui entend les témoins d'une enquête, on doive statuer sur les reproches avant l'audition des témoins, cependant, si les témoins ont été entendus avant qu'il fût statué sur les reproches, il n'y a pas cause d'annulation du jugement interlocutoire, lorsque, par le jugement définitif, les reproches sont rejetés, et que, en outre, les faits admis par le tribunal résultaient d'autres dépositions que celles des témoins reprochés (C. pr. 284, 291, 413).— 29 juin 1831. Req. Sainte-Maure. D.P. 31. 1. 246.

279.—De même, en matière d'enquête sommaire, lorsque le tribunal ajourne à une audience subséquente pour procéder à cette enquête, il n'est pas nécessaire que la partie qui l'a demandée fasse signifier le jugement qui l'ordonne. — 6 mai 1807. Civ. c. Orléans. Hospice de Chinon. D.A. 11. 569, n. 5 et 8, 573. D.P. 2. 282, et 2. 1124, n. 9.

280.—De ce qu'un jugement ne mentionnerait pas les noms des témoins entendus dans une enquête sommaire, il n'y a pas nullité de ce jugement (C. pr. 410).— 30 juill. 1833. Civ. c. Robiot. D.P. 33. 1. 330

281. — Le délai prescrit par l'art. 261 C. pr. n'est point ordonné lors des assignations pour assister aux enquêtes en matière sommaire (Pr. 407, 413). —28 fév. 1815. Rouen. Bobée. D.A. 6. 878, n. 3. D.P. 1. 1519.—15 janv. 1816. Liége. Melskens. D.A. 6. 878, n. 3.

282.—Jugé cependant que dans dans l'assignation à une partie pour être présente à l'audition des témoins en matière d'enquête sommaire, on doit, à peine de nullité, observer les délais à raison des distances (C. pr. 261, 413, 1033). — 26 août 1829. Agen. Flourens D.P. 32. 2. 185.

283.—Les formalités prescrites pour les enquêtes sommaires, en matière civile, lesquelles s'appliquent aux enquêtes qui ont lieu devant les juges de paix et les juges de simple police, ne sont pas applicables aux enquêtes ou auditions de témoins, ordonnées par un tribunal correctionnel sur l'appel d'un jugement de simple police (C. pr. 417, 413). — 11 juin 1831. Cr. r. Leviez. D.P. 31. 1. 262.

284. — La prorogation pourra être accordée à la partie qui la demandera; mais l'incident sera jugé sur le champ (409. C. pr).

285.—Mais cette demande devra être formée avant l'échéance du terme fixé pour l'enquête (Delaporte, 1, 276: Demiau, 299; Carré, 2, 54; D.A. 6. 879, n. 6).— 18 nov. 1807. Turin. Léger. D.A. 6. 879. n. 1. D.P. 1. 1519.

Elle ne peut être demandée long-temps après par une partie qui, pendant ce temps, est demeurée dans l'inaction. — 10 juin 1812. Paris. Lemerle. D.A. 6. 877, n. 2. D.P. 1. 1518.

286.—Jugé même que lorsque la première enquête a été parachevée sans que la partie adverse ait pris des réserves ou demandé prorogation de délais, elle peut encore, après le délai de huitaine, demander fixation d'audience pour procéder à la contre-enquête.— Les délais des enquêtes ordinaires ne régissent pas les enquêtes sommaires (C. pr. 256, 407).—6 avril 1827. Riom. Binon. D.P. 29. 2. 35.

287.—La demande en prorogation de délai pour une contre-enquête peut être formée à l'audience même fixée pour l'audition des témoins (C. pr. 279 et 409).—16 janv. 1813. Bruxelles. Buyx. D.A. 6. 879, n. 2. D.P. 1. 1519.

288.— Les autres formalités diffèrent suivant que le jugement est ou n'est pas susceptible d'appel. — Au dernier cas, il ne sera pas dressé de procès-verbal; seulement le jugement fera mention des noms des témoins et du résultat de leurs dépositions (410 C. pr.).

289.— Toutefois, cette énonciation n'est pas une formalité substantielle dont l'omission entraîne la nullité — 18 avril 1810. Req Quenies-Reynaud. D.A. 6. 879, n. 2. D.P. 10. 1. 208. — 15 fév. 1832. Req Denton. D.P. 32. 1. 336.

290.— Dans cette expression, *le résultat de leurs dépositions*, l'art. 410 enveloppe toutes les dépositions et indique que c'est après les avoir considérées dans leur ensemble, qu'il faut en présenter le résultat —Pigeau, 1, 333; Dumoulin, *Bibliothèque du barreau*, 1re part., 1810, p. 234; Levasseur, 214; Carré, 2, 54; Favard, 2, 371; D.A. 6. 879, n. 8.

Elle n'indique pas qu'on doive écrire le fait résultant de la déposition de chaque témoin, soit comme constant, soit comme n'existant pas.—Delaporte, 1, 35; Lepage, *Question*, p. 87.

291.— Au contraire, si le jugement *est susceptible d'appel*, il est dressé un procès-verbal qui contient le serment des témoins, leur déclaration, s'ils sont parens, etc., des parties, les reproches, et le

résultat de *chaque déposition*, puisque c'est ainsi seulement que les juges d'appel seront à portée de connaître si la loi a été appliquée. — Pigeau, 1, 366; Carré, 2, 55; Favard, 2, 371; D.A. 6. 880, n. 9.

292.— Le procès-verbal dont parle l'art. 411 C. pr. civ. doit être dressé à peine de nullité.—4 mai 1815. Rennes. D.A 6. 880, n. 1. D.P. 1. 1519. — Arrêt contraire : 6 mai 1831. Bordeaux. Clucher. D.P. 31. 2 258.

293.— Dans les matières sommaires comme dans les matières ordinaires, la signification des noms des témoins à la partie, doit, à peine de nullité, être faite trois jours avant l'audition des témoins. — 6 juin 1812. Treves D.A 6. 880, n 2. D.P. 1. 1519. — 30 déc. 1828. Civ. c. Bouzigues. D.P. 29. 1. 84.

294.— Dans les affaires sommaires, les témoins reprochés ne doivent pas être entendus dans leur déposition (C pr. 284, 291 et 413). — 13 avril 1816. Bruxelles. Desandrouin. D.A. 6. 880, n. 3. D.P. 1. 1519.

295.— Lorsque divers articles d'un compte étant contestés, il est entendu, sur la réquisition non-seulement du juge-commissaire, mais encore des parties elles-mêmes, des personnes que ces articles du compte concernent, pour donner des explications, les interrogatoires et interpellations qui leur sont faites ne constituent pas une enquête sommaire proprement dite, et, par suite, ne sont pas susceptibles de l'application des dispositions du code relatives à ces enquêtes. — 18 janv. 1831. Civ. r. Amiens. Lambert. D.P. 31. 1. 40.

296.— Lorsqu'en vertu d'un jugement qui ordonnait une preuve, une enquête a été faite comme en matière sommaire, si ce jugement est infirmé et l'enquête déclarée nulle, parce qu'il devait y être procédé comme en matière ordinaire, cette enquête peut être recommencée (art. 293 C. pr. civ.). — 15 juin 1818. Req. Montpellier. Cadena. D.A. 11. 177, n. 1-2. D.P. 18. 1. 602.

ART. 3. — *Des enquêtes en matière commerciale.*

297.— Les juges ne pouvant pas décider un fait d'après leur connaissance, il s'ensuit qu'un tribunal de commerce, dont on décline la juridiction, sur le fondement qu'on n'est pas commerçant, ne peut se dispenser d'ordonner une enquête.— 3 nov. 1809. Riom. Bec. D.A. 6. 848.

298.— Les affaires commerciales sont considérées comme affaires sommaires. Ainsi, c'est à l'audience, et non devant un juge commissaire, que doivent être faites les enquêtes qui ont lieu dans ces sortes de contestations, conformément à l'art. 407 C. pr. — 31 mars 1830. Bordeaux. Theulon. D.P. 30. 2. 291.

299.— Les règles tracées sous le paragraphe précédent sont applicables aux enquêtes ordonnées par les tribunaux de commerce, avec cette exception, que dans les causes sujettes à l'appel, les dépositions sont rédigées par écrit par le greffier, et signées par les témoins, et qu'en cas de refus il en est fait mention (432).

300 — Cependant, on a jugé que les dispositions du code de procédure, relatives aux délais dans lesquels les enquêtes ordinaires doivent être commencées et terminées, n'étant pas applicables à celles ordonnées par les tribunaux de commerce, qui, suivant l'art. 432 du même code, doivent être faites dans les formes voulues pour les enquêtes en matière sommaire, il s'ensuit que dans ces sortes d'enquêtes la fixation des délais est entièrement abandonnée à l'arbitrage et à la volonté du juge (D.A. 6. 877, n. 2). — 9 mars 1819. Req. Montpellier. Belliot. D.A. 6. 877, n. 1. D.P. 19. 1. 283.

301. — Il a même été jugé que la loi donnant aux tribunaux de commerce la plus grande latitude pour l'instruction des affaires qui leur sont soumises, il s'ensuit qu'ils peuvent accorder une prorogation de délai pour l'audition des témoins, encore qu'elle ne soit demandée qu'après l'expiration de celui fixé pour la confection des enquêtes. — 6 mai 1813. Bruxelles. Caron. D.A. 6. 880, n. 2. D.P. 1. 1520.

302.— De même, un tribunal de commerce qui, en fixant un délai pour rapporter des enquêtes, n'a pas prononcé de déchéance, peut, même après l'expiration de ce délai, sans violer aucune loi, rejeter la demande en déchéance et le proroger s'il le juge insuffisant.—9 mars 1819. Req. Montpellier. Belliot. D.A. 6. 877, n. 1. D.P. 19. 1. 283.

303 — Mais la grande latitude donnée aux tribunaux de commerce ne doit pas aller jusqu'à leur permettre d'enfreindre un délai fatal (D.A. 6. 880, n. 10).— 30 août 1825. Lyon. Beaud. D.P. 26. 2. 36.

304.— Toutefois, en matière commerciale, où l'action de la justice doit être prompte et facile, les formalités sont moins rigoureusement exigées qu'en matière ordinaire; elles peuvent dès lors, pour une enquête ordonnée par une cour devant un tribunal de commerce, être remplacées par des moyens plus simples, également propres à remplir le même but, lorsque les parties y consentent. — 30 août 1817. Rennes. Donon. D.A. 6. 880, n. 3. D.P. 1. 1520.

ART. 4.— *Des enquêtes devant les justices de paix.*

305.— La modicité des contestations soumises aux juges de paix, a fait admettre des formes plus rapides que pour les autres enquêtes.— D.A. 6 881, n. 1.

306.— La loi de 1790 n'autorisait l'enquête devant les juges de paix que lorsqu'elle était demandée par les parties.— D'après le code de procédure, « si les parties sont contraires en faits susceptibles d'être constatés par témoins et dont le juge trouve la vérification utile et admissible, il ordonne la preuve, en fixe l'objet » (34), et indique le jour de l'audition des témoins (arg. de l'art. 35, *in princ.*). — Carré, 1, 66, note; D.A. 6 881, n. 2.

307. — L'admissibilité existe toujours, excepté toutefois lorsque la preuve doit porter contre et outre le contenu aux actes et lorsque le juge est saisi, du consentement des parties, d'une demande excédant 150 fr. (C. civ. 1341).— Carré, 67, n. 149; D.A. 6. 881, n. 2.

308.— Les juges de paix peuvent procéder chez eux à une enquête, en tenant les portes ouvertes (art. 2, tit. 7 de la loi du 14 oct. 1790).— 16 pluv. an 11. Paris. Gouttard. D.A. 6. 881, n. 2. D.P. 1. 1520.

309.— Il n'est pas indispensable que les parties soient contraires en faits pour que le juge de paix puisse ordonner l'enquête.—Locré, *Espr. C. pr.*, 1, 81; Carré, 1. 67; D.A. 6. 881, n. 3.

Contrà, Biret, 1, 204 et 205, et son opinion paraît sans difficulté, si l'on s'en tient rigoureusement au texte de la loi.

310.— La partie contre laquelle une enquête sera ordonnée pourra faire la preuve contraire malgré le silence de la loi à cet égard. — Les témoins, au jour indiqué, feront serment de dire la vérité (C. pr. 35).— D.A. 6. 881, n. 4.

311.— Toutefois, il n'y aurait pas nullité si, au lieu du *serment*, ils avaient fait la *promesse*.— 19 avril 1810. Req. Leguyader. D.A. 6. 881, n. 1. D.P. 10. 1. 194.

Jugé qu'il n'est pas nécessaire qu'ils aient promis de dire *la vérité, toute la vérité, rien que la vérité;* cela n'étant exigé qu'en matière criminelle. — 16 pluv. an 11. Paris. Gouttard. D.A. 6. 882, note 2.

312. — Mais si, à défaut de comparution de l'une des parties au jour fixé, l'enquête a été déclarée close, le juge de paix a pu, sur l'opposition, refuser d'accorder au défaillant la faculté de faire une contre-enquête. — 19 juin 1802. Req. Gomiécourt. D.P. 32. 1. 338.

313. — Après le serment, les témoins déclareront s'ils sont parens ou alliés des parties, et à quel degré, et s'ils sont leurs serviteurs ou domestiques (art. 35), afin que les parties puissent user du droit de les reprocher. — Le jugement serait donc vicié de nullité par l'omission de cette déclaration. — Carré, 1, 69; Demiau, 40; D.A. 6. 881, n. 4.

314. — Jugé néanmoins que les formalités de l'enquête devant le juge de paix n'étant pas substantielles, leur omission n'entraîne pas la nullité de la procédure (C. pr. 1030) — 19 juin 1832. Req. Gomiécourt. D.P. 32. 1. 338.

..... Jugé par suite de ce principe que, quand *le juge de paix de tel canton*, et *non M. tel, juge de paix*, a été commis pour faire une enquête, le suppléant qui, en l'absence de ce magistrat, exerce ses fonctions, a qualité pour fixer le jour de l'enquête. — 20 fév. 1812. Liége. Barois. D.A. 6. 881, n. 2. D.P. 1. 1513.

315. — Les causes de reproche sont les mêmes qu'en matière ordinaire. Mais les parens n'en doivent pas moins être entendus, à moins qu'ils soient reprochés, et, dans ce cas, ils ne sont entendus qu'après le rejet des reproches. — Ils seront entendus, soit que les parties comparaissent ou non.— Favard, 2, 372; Lepage, *Introd.*, 49; Locré, 1, 84; Carré, 1, 72; D.A. 6. 881, n. 5.

Dumoulin, *Bibl. du barr.*, 1810, p. 233, pense que les témoins ne peuvent être entendus en l'absence des parties, dans les causes qui ne sont pas sujettes à l'appel. — Cette distinction est repoussée par l'art. 36.

316. — Les parties fourniront leurs reproches avant la déposition, et les signeront. Elles ne pourront les faire recevoir après la déposition commencée, à moins qu'ils soient justifiés par écrit (36). — Toutefois, malgré la généralité des termes de cet article, les reproches ne doivent être signés que dans les causes susceptibles d'appel, les autres ne donnant lieu à aucun procès-verbal. — Lepage, 86; Dumoulin, 1810, 233; Carré, 1, 71; Favard, 2, 372; D.A. 6. 882, n. 6.

Opin. contraire de Delaporte, 1, 33. Il prétend que, dans ce cas même, il doit exister un procès-verbal.

317.— Le témoin justement reproché ne doit pas être entendu; car, malgré ce reproche, le juge pourrait laisser tromper sa religion, et le but de la loi serait manqué (Levasseur, 1, 57; Carré, 2, 72).—*Contrà* Favard, 2, 372, pour le cas où la cause est sujette à l'appel qui se fonde sur ce qu'on peut, en appel, n'avoir pas égard au reproche —Il semble que le témoin ne doit être entendu en aucun cas.— D.A. 6. 882, n. 7.

318.— « Les parties n'interrompront pas les témoins : après la déposition, le juge pourra, sur la réquisition des parties, et même d'office, faire aux témoins les interpellations convenables (37 C. pr.).» Il se transportera, s'il le croit nécessaire pour l'intelligence des dépositions, sur le lieu contentieux et ordonnera que les témoins y seront entendus (38 C. pr.).—Toutefois, les frais de transport ne lui seront alloués que tout autant qu'il en aura été requis par l'une des parties (8 Tarif).— Carré, 2, 78; D.A. 6. 882, n. 8.

« Dans les causes sujettes à l'appel, le greffier dressera procès-verbal de l'audition des témoins; cet acte contiendra leurs nom, âge, profession et demeure, leur serment de dire vérité, leur déclaration s'ils sont parens, alliés, serviteurs ou domestiques des parties, et les reproches qui auraient été fournis contre eux. Lecture de ce procès-verbal sera faite à chaque témoin pour la partie qui le concerne; il signera sa déposition, ou mention sera faite qu'il ne sait ou ne peut signer. Le procès-verbal sera, en outre, signé par le juge et le greffier. Il sera procédé immédiatement au jugement, ou, au plus tard, à la première audience » (39 C. pr.).

319.— Mais si, au lieu de ce procès-verbal, le greffier s'était borné à de simples notes insuffisantes pour les juges d'appel, ces juges pourraient annuler le jugement rendu sur enquête, sans être tenus d'en ordonner une nouvelle. C'est là une nullité de fond et non de forme. — 24 janv. 1827. Req. Lemaître. D.P. 27. 1. 121.

320.—Quoique, dans les causes jugées en dernier ressort, il ne soit point dressé de procès-verbal, le jugement doit énoncer les noms, âge, profession et demeure des témoins, leur serment, leur déclaration s'ils sont parens, etc., les reproches et le résultat des dépositions (40). Et il convient que le jugement soit aussi rendu immédiatement ou à la première audience, quoique la loi ne s'en explique pas. —Levasseur, 59, n. 107; D.A. 6. 882, n. 10.

321.— Aucune loi relative à la procédure, devant la justice de paix, ne défend aux parties de consentir réciproquement à une prorogation d'enquête, après que quelques témoins ont déjà été entendus. — 3 oct. 1808. Civ. c. Carbonnel. D.A. 1. 96. D.P. 8. 1. 482.

—V. Instruction, Jugement, Parent, Témoins.— V. aussi Absence, Action possessoire, Appel, Arbitrage, Communauté, Communes, Contrainte par Corps, Droits civils, Enregistrement, Exceptions, Expropriation, Faillite, Interdiction, Ministère public, Organisation judiciaire, Presse, Vacans, Voirie.

TABLE SOMMAIRE.

Acquiescement. 17, 64, s. 108, 125, 165.
Acte additionnel. 14. — d'avoué. 13, s. 45, 164, 244.
Appel. 75, s. 288, 291, 299, 318.
Apport de pièces. 52.
Aveu tacite. 20, s.
Avoué. 122, 173. s. 251, s.— V. Signification.
Cassation (appréciation). 24.
Commission. 274, s. — rogatoire. 126
Commune renommée. 38, s. 67, s.
Compétence 51, s. 54.
Contre-enquête. 58, s. 99, 125, 170, s 223, s. 271, 286, s. 310, 312.
Convention. 41.
Copie. 183, s.
Date. 120, 133.
Déchéance. 34, s. 87, s. 92, s. 96.
Déclaration. 179, s. 313.
Défaut. 165.
Délai. 8, 63, s. 88, s. 105, s. 147, s. 156, s. 200, 281, s. 300, s — (fixation) 90, s.—commun. 34, s. — distinct. 97, s. 207, s.— franc. 156, s. 235. — jour *à quo* 65, s. 72, s. 82, 94, s. 156, s. 208, s.
Délégation de pouvoir. 50.
Disposition. 318.—écrite. 190, s. — orale. 269, 298.

Désistement. 82.
Dispositif. 39, s.
Disposition d'office. 31, s. 43, 53, 306.
Distance. 90 , s. 141 , s. 382.
Divorce. 60.
Domicile. 122, s. 132, s. 132, s. 128, 272.— élu. 137.
Effet suspensif. 74, s.
Enquête commencée.108, s.224,s.—à futur. 4,79, s. — nouvelle. 14, 19, s. 225, 248, s. 256, s. 296.— nulle. 14.— orale. 9 — par turbe. 4.
Equivalent. 38, 151, 184.
Erreur. 118, s. 140, 151, 153.
Exécution provisoire. 78, suiv.
Expertise. 53.
Exploit. 122. — (formes) 151, s.— distinct. 154.
Facultés. 27, s. 63, 215, 244, s. 297, 306, s.
Faits admissibles. 26. — articulés. 13, s. 43, s. 62, s.— concluans. 26. — nouveaux. 14, s. — pertinens 26, s. 221, 225, 248, s. 239.—précisés 25, s.
Force majeure. 116, 213.
Forclusion. 13, s. 90,223, — de sol. 70, 243.
Formes. 184, s.
Frais. 251, 318.
Heures. 268.
Huissier 251, s.
Indivisibilité. 97, s. 134, suiv.
Interrogatoire. 295.
Jour. 268 — férié. 72.
Juge-commissaire. 36, 44, 71, 253, s. 253, s. 275,296.— de paix. 54, s. 148, 283. — suppléant. 56, s. 148, s.
Jugement confirmatif. 81, s. — par défaut.101, s. — préparatoire. 68.
— 201, s. 297.
Justice de paix. 305, s.
Mandat spécial. 173, s.
Matière correctionnelle. 283.— sommaire. 140,

Mention. 36, s. 181, 182, 280, 288, 313, s. 320.
Motifs. 210, s.
Nom. 154, s. 180, 280.
Notaire enquêteur. 7.
Nullité couverte. 132, s. 162, s. 269; s.
Omission. 14, s.
Ordonnances. 102, s. 103, s. 934.
Ordre public. 269, s. 314.
Parlant à. 132.
Perte. 186.
Pertinence. — V. Faits.
Précision. — V. Faits.
Présence. 159, s. 162.
Prête-nom. 69.
Preuve. 187. — testimoniale. 1, s.
Procès-verbal. 107, 179, s. 288, 292, 318.—(ouverture) 161.
Profession. 151.
Prorogation. 215, s. 284, s. 301, 321. — unique. 238.
Publicité. 308.
Qualités perdues. 69.
Remplacemens. 43, s. 56.
Renonciation présumée. 41, s. 239.
Réponse. 20.
Reproches. 294, 315.
Réplique. 45.
Réserve. 29, 164, 170.
Responsabilité. 251, s.
Séparation de corps. 85.
Serment. 109, 221, 311.
Serviteur. 179, 313.
Signature. 202, s. 219, 254, 316, s.
Signification. 68, s. 82, 401, s. 245, s. 279. — à avoué. 85, s. 110 — partielle. 124.
Silence. 20, s.
Sommation. 236.
Sursis. 33, 118.
Suspension. 74, s.
Témoins.124, 154,178, s. 278, 293. — nouveaux. 210, s.
Tiers. 32.
Tribunal de commerce. 296.
Usage local. 4.
Vacances. 74.

ENQUÊTE DE COMMODO.— V. Commune, Concession, Voirie.

ENREGISTREMENT (1) — 1.— C'est l'inscription sur un registre public moyennant un droit payé au fisc. — On désigne quelquefois par ellipse, sous ce nom, le droit ou la valeur, comme lorsqu'on dit Il a payé l'enregistrement.

2.— *Historique.*— Les droits d'enregistrement ont remplacé les droits de *contrôle,* d'*insinuation,* de *centième denier,* introduits par les anciens édits. — D.A. 7, 5, s.

3.— *Contrôle.*— Ce terme générique désignait la taxation des divers actes suivant leur nature. — Cette formalité, commune à tous les actes civils, judiciaires et extrajudiciaires, consistait dans la relation, sur un registre public, de ces divers actes, moyennant un droit que l'on payait au fisc.— Son origine remonte à l'année 1581, sous Henri III. — Il fut organisé d'une manière régulière par l'édit de mars 1693. — Il ne fut pas mis en usage dans les colonies ni dans plusieurs provinces qui en furent dispensées.—La même faveur fut accordée aux notaires de l'aix, par déclaration du 27 avril 1694. — D.A. 7 5, n. 1.

4.— *L'insinuation,* introduite pour donner de la publicité aux donations et aux substitutions, a été remplacée par la transcription. — Les actes translatifs de propriété, astreints à l'*insinuation* par l'édit des *insinuations laïques* de mars 1703, étaient néanmoins soumis au contrôle losqu'on en voulait faire usage en justice. — Le contrôle différait de l'insinuation; l'un était pour les actes de toutes l'autre était pour les actes translatifs de propriété.

D'une autre part,les registres des insinuations étaient publics, ceux du contrôle étaient secrets et communiqués seulement aux parties contractantes, à leurs héritiers ou ayans-cause.— D.A. 7, 5, n. 1.

5.— Le *Droit de centième denier* s'appliquait à toute mutation de propriété ou d'usufruit d'immeubles, de rentes foncières et de tout autre droit réel ou immobilier, opérée à titre gratuit ou onéreux, par succession ou autrement avec titre ou sans titre; à l'exception des successions directes et des donations faites en ligne directe par contrat de mariage, en faveur des enfans qui se mariaient.—D.A. 7, 5, n. 1.

6.— Tous ces divers droits ont été abolis par la loi des 5-19 déc. 1790, et remplacés par le droit unique d'enregistrement. — La loi encore en vigueur sur cette matière est celle du 22 frim. an 7 , modelée sur les lois des 9 oct. 1791, 14 therm. an 4, et 9 vend. an 6; mais elle a été successivement modifiée par les lois des 27 vent. an 9, 28 avril 1816, 26 mars 1817, 15 mai 1818, 16 juin 1824, 17 août 1828, 29 janv. 1831, 21 avril 1852, et 1er juin 1834 — D.A. 7, 6, n. 1 à 18 — V. ces dernières lois, D.P 34.3.56.

7 — Dans l'intervalle de ces lois, il a été rendu plusieurs décrets, lois ou ordonnances, sur divers points spéciaux de la matière.

8.— 1º Le décret qui fixe la remise ordinaire des receveurs des droits d'enregistrement, de timbre, de greffe, d'hypothèques, des amendes, et des domaines et bois.—23 mai 1810. Décrot. D.P. 32. 3. 17.

9.— 2º La loi relative au droit d'enregistrement des actes de prêts sur dépôts ou consignations de marchandises, fonds publics français, et actions des compagnies d'industrie et de finance. — Article unique, fixant à deux francs le droit à percevoir sur ces actes.—8 sept. 1830. D.P. 30. 3. 6.

10.— 3º L'ordonnance du roi relative à l'organisation de l'administration de l'enregistrement et des domaines.—12 janv. 1821. D.P. 31. 3. 10.

11 — 4º La loi qui assujettit les legs faits à une commune ou à un établissement public au même droit que ceux faits aux particuliers.—18 avril 1831.D.P. 31. 3. 25.

12.— 5º L'ordonnance du roi qui rapporte celle du 8 janv. 1817, par laquelle les actes contenant les stipulations relatives à des biens sis à Saint-Domingue n'étaient assujettis qu'au droit fixe d'un franc pour leur enregistrement. — 25 déc. 1832, D.P. 33. 3. 105.

13.—La législation actuelle sur l'enregistrement réunit sous une même dénomination deux espèces d'impôts :
1º Celui qui se perçoit sur la transmission des biens.
2º Celui établi sur les actes ; l'un prend son origine dans l'insinuation, l'autre dans la formalité du contrôle.— Championnière et Rigaud, Traité des droits d'enregistrement, t. 1er, p. 20.

14.—Ce double impôt, dans sa perception, se subdivise en droits fixes et proportionnels.

15.—Le *droit fixe* s'appl que aux actes civils, soit judiciaires ou extra-judiciaires, dénommés par la loi, qui ne contiennent ni obligation, ni libération, ni condamnation, collocation ou liquidation de sommes et valeurs, ni transmission de propriété, d'usufruit ou de jouissance de biens meubles ou immeubles.

16.—Enfin, il convient d'ajouter aux droits d'enregistrement, de timbre, d'hypothèque, de greffe, de voitures publiques, d'amendes, de condamnation , de douanes, etc., le décime par franc, perçu, aux termes de la loi du 6 prairial an 7, à titre de subvention extraordinaire de guerre, impôt qui, comme on sait, a été maintenu, sous quelques modifications, par tous les budgets.— V. Impôt de guerre.

......Le *droit proportionnel* est établi pour les obligations, libérations, condamnations, collocations ou liquidations de sommes et valeurs, et pour toute transmission de propriété, d'usufruit ou de jouissance de biens-meubles et immeubles, soit entre vifs, soit par décès.—D.A. 7, 20, n. 3.

ART. 1er.— *Questions transitoires.*

ART. 2.— *Du caractère des droits d'enregistrement des actes divers , de leurs conditions et de leur mode , des différentes especes de droits auxquels ils sont soumis.*

ART. 3.— *Des actes qui sont soumis à l'enregistrement , Délai , Procès-verbaux , Pays étrangers , Colonies.*
§ 1er.— *Des actes qui doivent être enregistrés en débet ou gratis*
§ 2.— *Des ceux qui en sont dispensés.*

ART. 4.— *Des droits fixes.*

ART. 5.— *Des droits proportionnels autres que ceux emportant mutation de propriété, d'usufruit ou de jouissance.*— *Lettres de change, Cautionne-*

ment , *Lettres-patentes , Garantie éventuelle , Porte-fort , Ratification , Novation , Stipulation pour autrui , Subrogation , Gage , Solidarité ; Mutation , Partage , etc. , etc.*

ART. 6.— *Des jugemens portant collocation ou liquidation de sommes. Diverses espèces de jugemens, Droits a percevoir , Compromis , Procès-verbaux , Dispositions diverses , dépendantes , indépendantes.*— *Jugemens étrangers.*

ART. 7.— *Des mutations par décès.*
§ 1er.— *Du montant des différens droits de mutation par décès dans les lignes et les degrés divers.* — *Successions donnant ouverture à ces droits.*
§ 2.— *Des cas spéciaux où le droit de mutation par décès est dû , et réciproquement.*
§ 3.— *De la déclaration à fournir par les héritiers et légataires* — *Lieu et délais dans lesquels elle doit être faite.*

ART. 8 — *Des renonciations aux successions.*
§ 1er.— *Renonciation à successions.*
§ 2.— *Renonciation aux legs.*
§ 3.— *Renonciation à communauté.*

ART. 9 — *Des mutations par actes entre-vifs à titre gratuit.*

ART. 10 — *Des mutations par actes entre-vifs à titre onéreux.*
§ 1er.— *Des actes translatifs de propriété ou d'usufruit de biens-immeubles à titre onéreux.*
§ 2.— *Des déclarations de command.*
§ 3.— *Des résolutions de contrat , et des rétrocessions de propriété ou d'usufruit d'immeubles.*
§ 4.— *Des mutations de biens-meubles à titre onéreux.*
§ 5.— *Des transmissions de simple jouissance.* — *Baux.*

ART. 11.— *Des présomptions légales de mutation. lorsque l'acte n'est point représenté.*
§ 1er.— *Dispositions générales.*
§ 2.— *Des présomptions de mutation qui résultent de l'inscription au rôle de la contribution foncière , et des paiemens faits d'après ce rôle.*
§ 3.— *Des présomptions légales de mutation qui résultent des actes constatant la propriété ou l'usufruit.*

ART. 12.— *Des valeurs sur lesquelles le droit proportionnel est assis.*
§ 1er.— *Meubles et immeubles transmis à titre onéreux ou gratuit.*-Usufruit et droit de jouissance.
§ 2.— *Du mode d'évaluation des objets dont le prix n'est point déterminé.*

ART. 13.— *De l'expertise.*

ART. 14.— *Des obligations des fonctionnaires publics et des parties elles mêmes. des infractions à ces obligations.- Peines.*
§ 1er.— *Dispositions générales.*
§ 2.— *Des actes non présentés à l'enregistrement dans les délais.*
§ 3.— *Des omissions et insuffisances d'évaluation dans les déclarations.*
§ 4.— *Des actes passés en conséquence d'actes non enregistrés.*
§ 5.— *Des répertoires.*

ART. 15.— *Du paiement des droits et de ceux qui doivent les acquitter.*

ART. 16.— *De la restitution des droits indument perçus.*

ART. 17.— *De la compétence.*

ART. 18.— *Des poursuites et instances.*
§ 1er.— *De la contrainte.*
§ 2.— *De la procédure avant le jugement.*
§ 3.— *Du jugement.*
§ 4.— *Des voies à prendre pour attaquer le jugement.*

ART. 19.— *De la prescription.*
§ 1er.— *De la prescription de deux ans.*
§ 2.— *De la prescription de trois et de cinq ans.*
§ 3.— *De la prescription de trente ans.*
§ 4.— *Des actes interruptifs et suspensifs de la prescription.*

ART. 1er.—*Questions transitoires.*

17.—La loi du 14 therm. an 4 porta atteinte au principe de la non rétroactivité respecté par la loi de 1790 — Elle éleva la quotité des droits de mutation et l'appliqua à tous les actes translatifs de propriété d'immeubles, quelle que fût leur date (art. 3). — La loi du 27 vent. an 9 rétablit les dispositions aux actes de toute nature (art. 1er).—D.A. 7, 20, n. 1.

18.— Aussi a-t-on jugé qu'un acte de partage sous

seing-privé, quoique d'une date antérieure à la loi du 9 vend. an 6, s'il n'est présenté à l'enregistrement que postérieurement à cette loi, demeure assujetti au droit proportionnel de 1 1/2 par 100, réglé par l'art. 26 de la même loi, l'art. 30 n'ayant maintenu la perception, conformément à l'ancien tarif, qu'à l'égard des actes sous signatures privées, translatifs de propriété d'immeubles, d'une date antérieure à ladite loi de vend. an 6. — 2 vent. an 7. Civ. c. Enreg. C. Lerat. D.A. 7. 21. D.P. 2. 1.

19. — Pareillement, un acte de vente sous seing-privé, quoique d'une date antérieure à la loi du 14 therm. an 4, s'est trouvé frappé par cette loi du droit proportionnel de 4 p. 100, s'il n'était pas enregistré lors de sa promulgation. Dès lors, les droit et double droit ont pu en être reclamés, en l'an 8, sur le pied de 4 p. 100, nonobstant les art. 30 de la loi du 9 vend. an 6, et 73 de celle du 22 frim. an 7. dont le premier ne s'est nullement occupé de la quotité des droits à percevoir sur les actes sous seing-privé, mais seulement de déterminer en quel cas ils étaient assujettis, à défaut d'enregistrement, au simple, au double, ou au triple droit, et dont le second, en maintenant les lois antérieures, s'applique tout aussi bien à la loi du 14 therm. an 4, qui a élevé les droits de mutation à 4 p. 100, qu'à celle du 5-19 déc. 1790, qui les avait fixés à 2 p. 100. — 11 flor. an 9. Civ. c. Enreg. C. Ricœur. D.A. 7. 22. D.P. 2. 2.

20. — La rétroactivité a été de même appliquée en ce sens, que tous actes passés postérieurement à la publication des lois de l'enregistrement dans les pays reunis, doivent acquitter les droits auxquels ils sont tarifés, encore bien que leur date soit antérieure à l'ouverture des bureaux établis pour la recette des droits. — 23 flor. an 8. Civ. c. Enreg. C. Jacquinet. D.A. 7. 22. D.P. 2. 1. — *Id.*, même jour. Civ. c. Enreg. C. Lions. D. *eod.*

21. — On a jugé encore que les droits d'enregistrement dont est passible un acte sous seing-privé contenant mutation d'immeuble, passé antérieurement à la loi du 19 déc. 1790, mais non encore enregistré à l'époque de la promulgation de la loi du 22 frim. an 7, doivent être perçus suivant le taux fixe par la loi du 14 therm. an 4, qui a abrogé la loi de 1790, en ce qui concerne les actes translatifs de propriété, quelle que fût leur date. — 4 niv. an 10. Civ. c. Enreg. C. Castillon. D.A. 7. 22. D.P. 2. 2.

22. — De même, une succession ouverte avant la loi du 22 frim. an 7, mais déclarée postérieurement à cette loi, doit acquitter les droits de mutation conformément au tarif de la loi existante au moment de la déclaration, aux termes de l'art. 1er de la loi du 27 vent. an 9, qui ne s'applique pas seulement aux mutations dont il y a titre, mais encore aux mutations par décès, qui s'opèrent sans la volonté de l'homme. — 26 frim. an 13 Civ. c. Enreg. C. Chevalier. D.A. 7. 23 D.P. 5. 2. 66.

23. — Pareillement, l'art. 2 C. civ., qui établit en principe la non rétroactivité des lois, n'est relatif qu'au droit privé, et ne peut recevoir d'application aux matières d'enregistrement. — En conséquence, les tribunaux doivent se conformer, pour la fixation des droits, à l'art. 1er de la loi du 27 vent. an 9, qui ordonne qu'à l'avenir la perception soit faite d'après les bases établies dans la loi du 22 frim. an 7, même pour les actes et mutations antérieures à cette loi. — 13 déc. 1809. Civ. c. Enreg. C. Gicqueau. D.A. 7. 23. D.P. 10. 1 88. — 11 sept. 1811. Civ. c. Enreg. C. Mangin. D.A. 7. 23. D.P. 2. 2.

24. — Et *spécialement*, le decret du 31 mai 1807 qui assujettit au droit fixe de 15 fr. les prestations des sermens d'avocat, s'applique même à celle antérieure à sa publication. Ces prestations doivent être enregistrées sur la minute, dans les deux jours de leur date, à peine du double droit — Même arrêt du 11 sept. 1811.

25. — Ce principe de la rétroactivité, ainsi introduit dans la législation fiscale, a existé jusqu'à la promulgation de la loi du 28 avril 1816, qui, par son art. 59, est venue rétablir le principe contraire quant *aux mutations de toutes sortes seulement*, mais il a laissé les *actes*. soumis à l'art. 1er de la loi du 27 vent. an 9. — Championnière et Rigaud, t. 1er, n. 45; D.A. 7. 21, n. 2.

26. — Aussi juge-t-on aujourd'hui que lorsqu'un acte contenant mutation de propriété a été passé sous l'empire de la loi du 22 frim. an 7, quoiqu'il n'ait été présenté à l'enregistrement que depuis la loi du 28 avril 1816, c'est d'après la loi de sa date, et non d'après celle existant au moment de sa présentation, que le droit doit être liquidé, l'art. 59 de la loi du 28 avril 1816 ayant fait exception, pour toutes les mutations indistinctement, soit par décès, soit par actes entre-vifs, à l'art. 1er de la loi du 27 vent. an 9, dont les dispositions ne sont maintenues, par ce même art. 59, que relativement aux *actes* qui n'opèrent aucune mutation. — 13 janv. 1818. Civ. r. Enreg. C. Cerf. D.A. 7. 24. D.P. 18. 1. 108.

27. — Egalement, les droits d'enregistrement d'un acte de mutation antérieur à la loi du 28 avril 1816, mais non encore enregistré lors de la promulgation de cette loi, doivent être perçus d'après la loi du 22 frim. an 7, et non d'après les bases nouvelles établies par la loi de 1816. — 6 juill. 1818. Civ. r. Enreg. C. Damancy. D.A. 7. 24. D.P. 18. 1. 447.

28. — Et un tribunal a pu l'ordonner ainsi d'*office;* à plus forte raison sur la demande de la partie, quoique cette demande n'ait point été signifiée à la régie. — Même arrêt.

29. — De même, un acte passé et consommé sous l'empire d'une loi, n'est passible que du droit d'enregistrement fixé par cette loi, encore bien qu'il aurait été présenté à la formalité après la promulgation d'une nouvelle loi introduisant un autre droit (C. civ. 2) — 4 fév. 1834. Civ. c. Instit. des aveugles. D.P. 34 1. 85. — 4 fév. 1834. Civ. r. Enreg. C. Hosp. de Cambray. D P. 34. 1. 86.

30. — La régie voulant restreindre autant que possible l'art. 59 de la loi de 1816, a contesté la qualification de *mutation* aux transmissions qui s'opèrent entre-vifs *et par des actes;* mais la cour suprême, par arrêt du 13 janv. 1818, rapporté ci-dessus, n. 26, a rejeté une pareille prétention, et l'administration, d'après une décision ministérielle du 30 mai 1818, a ordonné de se conformer à cet arrêt (Instr., n. 845).

Par *droit d'acte*, on doit donc entendre tout droit fixe ou proportionnel, établi sur autre chose que la transmission entre-vifs de biens-immeubles ou une mutation par décès de toute espèce de biens (*Tr. des droits d'enreg.*, t. 1er, n. 46).

31. — La loi du 16 juin 1824, qui déclare (art. 15) les dispositions contenues dans les art. 1 à 14, applicables aux perceptions qui restaient à faire et aux amendes encore dues au moment de sa publication, ne peut être considérée comme ayant consacré de nouveau le principe de la rétroactivité, car toutes ses dispositions ayant pour objet de diminuer la perception, elle a pu étendre cette faveur aux conventions antérieures, sans pour cela violer le principe de la non rétroactivité, puisqu'il s'agissait de l'intérêt des contribuables.

32. — Les règles en matière ordinaire, pour décider quand il y a *droit acquis*, ou quand il y a lieu à l'application de la loi nouvelle, doivent donc servir de guide pour toutes les questions transitoires sur l'enregistrement, lorsqu'il s'agit de *mutations*. — Ainsi, ce n'est pas à la date des actes opérant mutation, mais à l'époque de leur effet qu'il faut recourir pour l'application de la loi nouvelle. — D.A. 7. 21, n. 2, Champ. et Rig., 1, n. 47.

33. — Conformément à ce principe, on décide qu'une donation n'est consommée, même à l'égard de la régie, que par l'acceptation — Ainsi, lorsqu'une donation faite à une commune, avant la loi du 18 avril 1831, n'a été acceptée que depuis cette même loi, comme la transcription ne s'opère que du jour de cette acceptation, elle est passible du droit proportionnel en vertu de la loi précitée (C. civ. 2, 932). — 24 déc. 1831. Avis cons. d'état. Comm. D'Avessé. D P. 32. 3. 131.

34. — Cette doctrine a même prévalu dans deux espèces où l'acceptation des communes n'avait été autorisée que postérieurement à la loi de 1831. — 4 fév. 1834. Civ. c. Instit. des aveugles. D.P. 34. 1. 85. — 4 fév. 1834. Civ. r. Enreg. C. Hosp. de Cambray. D.P. 34. 1. 86.

35. — Aussi a-t-on décidé que l'art. 17 de la loi du 18 avril 1831 qui soumet au droit proportionnel les actes d'acquisition, donations et legs au profit des départemens, communes, hospices et autres établissemens publics, n'est pas applicable aux legs ouverts *antérieurement* à la publication de cette loi, quoique les droits aient été acquittés postérieurement à cette publication. Les droits proportionnels perçus sur les legs faits à des établissemens publics, antérieurement à la loi du 18 avril 1831, et dont la restitution aura été demandée dans les deux ans de la déclaration, pourront être réduits suivant les règles établies par la législation en vigueur avant la loi du 18 avril 1831. — 11 avril 1834. Inst. de la régie. D.P. 34. 3. 55.

36. — La perception des droits, suivant une certaine mesure pendant un long temps, doit-elle avoir pour effet de consacrer le sens et l'interprétation de la loi fiscale, de sorte qu'on ne pût plus désormais venir réclamer en son nom un droit jusqu'alors non perçu? Non, car on ne peut poser de telles limites à l'interprétation doctrinale : ce serait se priver du moyen le plus efficace d'améliorer la loi et de la corriger par la jurisprudence. — Tout ce qu'on peut désirer, c'est que, lorsqu'en matière fiscale, la régie est dans l'intention de percevoir un droit nouveau sur des actes qui n'avaient été jusque là soumis à aucune perception, elle se borne à le faire pour l'avenir, et après en avoir donné avis aux citoyens par voie de circulaires ou de toute autre manière. — *Contrà*, 5 juin 1832. Trib. de Lyon. Quinsonnas. D.P. 34. 1. 240.

37. — Dans le silence de la loi fiscale, qui n'a établi aucune règle particulière à l'égard de la date des mutations, ayant un effet actuel et des moyens de la fixer, on peut, pour l'application du principe émis dans le n. 32 et s., s'arrêter à celle-ci : — relativement aux mutations par décès, c'est toujours l'instant de l'ouverture de la succession qu'il faut considérer pour la fixation des droits à percevoir — A l'égard des mutations entre-vifs, c'est la date de la convention, lorsque la transmission est *verbale;* c'est celle de l'acte, lorsqu'elle s'est opérée par écrit, et que sa date est certaine — Champ. et Rig., 1, n. 50.

38. — Mais si l'acte qui la constate est sous seing-privé et d'une date incertaine, il faudra se fixer d'après la loi existante au moment de la présentation, parce que la régie est un *tiers* vis-à-vis des parties signataires de l'acte, et que loin qu'il ait été dérogé au principe général sur la date des actes sous seing-privé, en matière de perception des droits d'enregistrement, l'art. 62 de la loi de frim. an 7 déclare le contraire. — D.A. 7. 21, n. 3. — *Contrà*, Champ. et Rig., 1, n. 51.

39. — Quant aux mutations verbales, si le droit est réclamé sur la preuve faite par l'administration, d'après les règles établies, c'est à la partie qu'il appartient de justifier de l'époque de la mutation, si elle a intérêt à le faire : à défaut, elle est censée opérée à l'époque indiquée par les preuves produites.

40. — Si le droit est perçu sur une déclaration volontaire, la loi s'en rapporte au contenu de cette déclaration pour la date comme pour la convention elle-même. — Champ. et Rig., 1, n. 52.

41. — A l'égard des droits d'actes sous seing-privé, l'instant de leur ouverture est moins facile à fixer. L'art. 23 de la loi de frim. an 7 déclare qu'il n'y-a *point de délai de rigueur* pour l'enregistrement de *tous les actes non translatifs*, mais qu'il ne pourra en être fait aucun usage avant leur enregistrement. Résulte-t-il de cet article que le droit n'est ouvert que du jour où il est fait usage de l'acte, ou bien de l'instant de son existence. D'après les motifs ci-dessus, il semble que le droit doit être déterminé d'après celui *percevable* au jour de l'usage ou de la formalité — *Contra*, Champ. et Rig, 1, n. 55, suivant lesquels le terme indéfini, laissé par la loi pour le paiement, n'empêche pas l'obligation d'exister dès l'instant de la confection de l'acte ; il en est de ce cas comme de la stipulation. *je paierai quand je voudrai.*

42. — Il est utile d'observer que dans l'état actuel de la législation, il ne peut plus être question, pour le réglement des droits de mutation, des anciens tarifs antérieurs à la loi du 22 frim. an 7, quelle que soit la date des actés de mutation à enregistrer, parce que l'art. 59 de la loi du 28 avril 1816 n'a nullement dérogé à l'art. 1er de la loi du 27 vent. an 9, mais s'est borné à n'en point adopter les principes pour la nouvelle loi. — D.A. 7. 21, n 4.

43. — Une décision du ministre des finances, des 6 et 8 juill. 1806, porte que la législation sur l'enregistrement a constamment et de tout temps reconnu, en principe, que le défaut d'enregistrement, dans le délai fixe, des actes sous seing-privé portant mutation d'immeubles, les rend passibles des droits et peines déterminés par les lois en vigueur lors de la formalité, et qu'en conséquence, il y a lieu d'exiger le double droit sur les actes de l'espèce d'une date antérieure à la loi du 22 frim. an 7, qui, dans les trois mois de leur date, n'ont pas été soumis à l'enregistrement (Instr. 366, § 2). Et cela a été reconnu, pour les ventes sous seing-privé, antérieures à la loi du 19 déc. 1790, par arrêts de cassation, des 24 flor. an 13 (S., t. 7, p. 939), 26 août 1807, 17 mai 1809, 21 août 1811, 9 oct. 1811 et 8 juill. 1814 Ces arrêts sont basés sur ce que l'art. 24 de l'édit de 703, les art. 20 et 22 de la déclaration du 22 juill. 1704, et l'art. 10 de la déclaration du 20 mars 1808, soumettaient les actes sous seing-privé au paiement des droits de contrôle, et du centième denier. — Trouillet, *Dict. de l'enreg.*, v° Acte ancien, n. 4, 5.

44 — Mais on ne peut exiger les droits de muta-

tion de propriété ou d'usufruit d'immeubles réalisés, par actes sous seing-privé, dans l'intervalle de la loi du 19 déc. 1790 à celle du 9 vend. an 6, à moins qu'ils n'aient été relatés dans des actes publics ou produits en justice. Dans ces deux cas, le double droit est exigible (Cass. 31 août 1808, 11 avril, 29 août, 9 oct. 1811; 27 janv. 1812, 8 juill. 1814; solution 30 sept. 1814): ces décisions sont motivées sur ce que la loi de l'an 6 est la première loi qui, depuis celle de 1790, ait exigé l'enregistrement des actes de mutation dans un délai de six mois, sous peine du double droit.—Trouillet, v° Acte ancien, n. 6.

45. — Il résulte de ce qui précède, que sous l'empire de la loi de 1790, les mutations *verbales* n'étaient pas soumises à l'enregistrement, et qu'ainsi on ne peut les rechercher. Aussi, une délibération du 14 mars 1828 a statué qu'on ne doit pas réclamer le droit de mutation pour les acquisitions qui ont eu lieu dans l'intervalle de la loi du 19 déc. 1790 à celle du 9 vend. an 6, lorsque ces acquisitions ne sont prouvées que par l'inscription d'un nouveau nom au rôle foncier et par le paiement des contributions. — Trouill., v° Acte ancien, n. 7, 8.

46.— Si l'acte sous seing-privé, constatant la mutation faite dans l'intervalle de la loi de 1790 à celle de l'an 6, n'a pas acquis date certaine avant cette dernière loi, les droit et double droit sont exigibles, encore que l'acte n'ait pas été produit en justice, ni énoncé dans un acte authentique (Cass. 17 janv. 1816).— Trouill., v° Acte ancien, n. 7.

47. — Mais la rétroactivité introduite par la loi de ventôse an 9 ne peut s'interpréter qu'en ce qui concerne *la quotité* des droits, mais nullement quant à leur existence. C'est pourquoi, si un acte d'une date certaine, antérieure à 1790, non tarifé par les anciennes lois, est présenté aujourd'hui à la formalité, il ne devra aucun droit d'enregistrement, parce que la rétroactivité ne s'applique qu'à la perception: *odia restringenda*.— D.A. 7. 21, n. 5.

ART. 2. — *Du caractère des droits d'enregistrement des actes divers, de leurs conditions, de leur mode, et des différentes espèces de droit auxquelles ils sont soumis.*

48.— L'enregistrement a un double but: l'intérêt des parties et celui du trésor; il en résulte que le droit a un double caractère, celui de salaire pour prix de la formalité, et celui d'impôt.

Cette distinction a toujours été faite; on la retrouve au *Dict. des domaines*, v° Nullité, qui dit: «Il faut distinguer les droits qui sont le salaire d'une formalité à laquelle l'acte est essentiellement soumis dès qu'il est passé (tels sont les droits de contrôle), de ceux de centième denier, qui sont des droits dus pour une mutation effective. Ces premiers sont dus et acquis sans retour, dès le moment de la signature de l'acte passé devant un officier public, nonobstant toute allégation de nullité; mais les droits réels ne sont exigibles pour un acte, que l'on prétend nul, que sous la condition de le restituer, si la nullité en est prononcée.»—Conf. Champ. et Rig., 1, n. 247, 263.

49. — A l'aide de ce raisonnement, il est aisé de résoudre les difficultés soulevées par le principe général adopté en cette matière, qui veut que la seule existence des actes suffise pour les rendre susceptibles d'enregistrement, abstraction faite de leur validité, dont les préposés ne peuvent pas connaître.— D.A. 7. 28, n. 7.

50. — En effet, ce principe n'a plus rien qui répugne dès l'instant où il est entendu en ce sens, que la loi de frimaire an 7 n'exige que la simple formalité de l'enregistrement donnant lieu seulement à l'acquittement du salaire, et non la perception de *l'impôt* ou du droit proportionnel qu'elle ne saurait de même faire supporter aux actes *nuls* ou *imparfaits*.— Champ. et Rig., 1, n. 263.

51. — Et cette doctrine est conforme à un très ancien principe de notre droit public français, portant que toutes les fois qu'une loi établit un impôt sur un contrat, sa disposition ne s'applique qu'à un contrat régulier, valable et productif de tous les effets que le droit civil attache aux conventions qu'il sanctionne.

Consuetudo, dit Dumoulin (*des Fiefs*, § 33, n. 32 et suiv.), *loquens de venditione vel mutatione, intelligitur de valida.*

Indefinitum theorema, dit d'Argentré (*des Droits du prince*, art. 59, n. 2), *quoties de contractu lege, aut consuetudine inducitur gabella, de contractu valido et qui jure consistat intelligi de his qui nulli sunt, nec rem, nec appellationem, nec affectum convenire, nec tales dispositiones his congruere.*

Depuis ces jurisconsultes, il n'en est pas un seul qui n'ait enseigné le même principe (V. Boutaric, *Traité des droits seigneuriaux*, p. 193; d'Argentré, *de Laudimiis*, § 17; Pothier, *Traité des fiefs*, part. 1re, ch. 5; Dupont sur l'art. 87 de la Cout. de Blois, quest. 14 et suiv.; Leprêtre, art. 3, ch. 55; Salvaing, *de l'Usage des fiefs*, ch. 89), et Poquet de Livonières, qui dit, p. 204, que c'est le sentiment de tous les docteurs, que d'un contrat nul ou annulé, il n'est dû aucun droit de lods et ventes, parce que ce qui est nul ne peut produire aucun effet, et est mis au rang des choses qui ne sont avenues.» — Champ. et Rig., 1, n. 234.

52. — C'est sous l'empire de ce principe qu'ont été rédigées les lois des 5 déc. 1790 et 22 frim. an 7. En effet, cela résulte de l'art. 32 de la loi du 9 vend. an 6, des art. 34, 35, 38, 39, 40 et 68, § 3, n. 7 de la loi de frimaire, et de l'avis du conseil d'état, du 18 oct. 1808.

53.— Cependant la régie. qui toutefois admet que les actes *imparfaits* ne doivent être soumis qu'au paiement du salaire, déclare le contraire pour les actes *nuls*, parce que, dit-elle, on ne peut admettre que ces derniers actes ne rendent pas le droit proportionnel exigible, quand on voit, d'une part, que les actes notariés sans distinction, sont nécessairement soumis à l'enregistrement dans un délai (art. 20 de la loi de frimaire); que les actes sous seing-privé, également sans distinction, ne peuvent être produits qu'ils n'aient été préalablement soumis à la formalité (art. 23), que les juges sont responsables des droits (art. 47); et, d'autre part, que les droits qu'il faut payer pour obtenir l'enregistrement (art. 28) ne sont jamais restituables (art. 60).

Mais, à l'aide de la distinction faite ci-dessus, on réfute aisément la doctrine de la régie.— Ch. et Rig., 1, n. 235 et suiv., et 263.

54. — Quant à la distinction de la régie en actes *imparfaits* et *nuls*, elle n'a rien de fondé; car si l'on considère *la convention*, toute imperfection est nullité; ainsi, l'acte qui ne contient pas le consentement des parties, est-il nul ou imparfait? Sous ce rapport, toute nullité consiste donc dans une imperfection, car si le contrat ne prend point naissance, c'est par le défaut d'un élément essentiel. — Considère-t-on la forme, on arrive au même résultat, car toute nullité résulte du défaut d'une formalité ou d'une condition. L'acte non signé du notaire ou de la partie est-il nul ou imparfait? L'administration le dira imparfait, mais la loi du 25 vent. an 11, art. 68, dit qu'ils sont nuls; recourons donc à d'autres règles pour déterminer les limites de l'exigibilité. — Champ. et Rig., 1, n. 241.

55.— La loi civile reconnaît deux espèces de nullités: 1° celles de plein droit, *ipso jure*; 2° celles prononcées par le juge et par voie d'action (1117); les actes susceptibles d'être ainsi annulés par le juge sont ceux que la loi soumet à l'action *en rescision*.

56.— A l'égard des premiers, il est vrai de dire que ce qui ne produit pas d'effet légal ne peut pas produire d'impôt; comment pourrait-on, avec raison, faire porter le droit de titre à ce qui ne sera jamais un titre?

A l'égard des seconds, la solution ne doit plus être la même: ceux-là existent, et avec eux la convention dont ils font preuve; ils jouissent d'une exécution provisoire: la perception du droit proportionnel doit donc s'exercer par provision.

57.— C'est de ces actes qu'il peut être vrai de dire que les employés ne sauraient être juges des vices qui les infectent, parce que ces vices sont cachés; qu'ils peuvent être couverts par une exécution volontaire qui les rend irréfragables et en fait de véritables titres, qu'enfin ils subsistent jusqu'au moment où ils sont annulés par le juge. Tandis que lorsqu'il s'agit d'une nullité prononcée par la loi, que l'employé ne peut ignorer, puisqu'il l'applique, on n'est pas fondé à dire que les employés ne sauraient être juges de la validité des actes, car la nullité de droit, vice apparent et visible, ne se juge pas, elle s'aperçoit, frappe les yeux; c'est la loi seule qui la prononce. — D'Argentré et Dumoulin; Champ. et Rig., t. 1er, 242, 264.

58. — Toutefois, on ne peut se dissimuler que la jurisprudence de la cour suprême a été souvent contraire à cette doctrine. — Ainsi, elle a déclaré, 1° que la seule existence d'un acte suffit pour donner ouverture aux droits d'enregistrement, encore bien que cet acte soit susceptible d'être annulé pour vice radical. — 3 vent. an 8. Civ. c. Enreg. C. Renauld. D.A. 7. 33.

59. — 2° Que les droits sont perçus, abstraction faite de la nullité des actes qui les doivent. — Ainsi, un jugement qui statue sur la reconnaissance d'un acte sous seing-privé, et qui en ordonne l'exécution, est passible, à défaut d'enregistrement dans les délais, du droit et double droit proportionnel de condamnation sur l'obligation que cet acte renferme, nonobstant que ce jugement soit émané d'un juge incompétent, d'un juge de paix, par exemple, lors surtout qu'une inscription a été prise au bureau des hypothèques, en vertu dudit jugement (L. 9 vend. an 6, art. 30; l. 22 frim. an 7, art. 37 et 69, § 2). — 30 nov. 1807. Civ. c. Enreg. C. Caladon. D.A. 7. 70. D.P. 2. 8.

60.— 3° Que la nullité qui résulterait de l'absence, dans un acte, des formalités prescrites pour l'aliénation de biens de mineur, ne peut être opposée contre la perception des droits. — 21 août 1811. Civ. r. Truol. D.A. 7. 254. D.P. 2. 41.

61.— 4° Que la femme mariée qui prend, dans un acte, une qualité qui la soumet au paiement d'un droit quelconque d'enregistrement, ne peut exciper du défaut d'autorisation de son mari, quant à cette prise de qualité, pour soutenir que le droit n'est pas dû. — 30 avril 1821. Civ. c. Enreg. C. Renous. D.A. 7. 92. D.P. 21. 1. 522. — 2 juill. 1823. Civ. c. Enreg. C. Chaurion. D.A. 7. 92. D.P. 23. 1. 280.

62.— Mais elle a aussi décidé que l'autorisation donnée par un conseil de famille à la mère des mineurs, pour la remplir de ses reprises, de toucher des fonds appartenant à ses enfans, *n'étant pas valable* à l'effet d'opérer la transmission de ces fonds en sa faveur, n'est point non plus assujettie à la perception du droit proportionnel. — 2 sept. 1812. Civ. r. Giany.— *Dictionn. analytique* de Teste-Lebeau, v° Conseil de famille.

63.— Toutefois, il n'y a rien de contraire aux principes déjà émis dans l'arrêt qui décide que la perception du droit d'enregistrement se détermine d'après la substance des actes et leur forme extrinsèque, abstraction faite des intentions secrètes des parties. Ainsi, un acte ne peut être dispensé de la formalité, sous prétexte de simulation (L. 22 frim. an 7, art. 32 et 38). — 23 fév. 1824. Civ. c. Enreg. C. Lamazère. D.A. 7. 13. D.P. 24. 1. 74.

64.— Et de même, dans celui qui décide que la régie ne peut critiquer un acte que les parties elles-mêmes, par leur exécution respective, se sont rendues non-recevables à critiquer (C. civ. 1322).— 24 fév. 1832. Solut. Rallier. D.P. 33. 3. 20.

65.— De même aussi, le nouveau possesseur ne peut se rédimer du droit proportionnel, sous prétexte que la mutation, si elle existe, est radicalement nulle, comme portant sur des biens saisis (C. pr. civ., art. 692), lorsque d'ailleurs les créanciers n'ont pas attaqué la vente de nullité.—17 août 1824. Req. Palluel. D.A. 7. 247. D.P. 24. 1. 518.

66.— Également, l'exécution volontaire d'une donation par les héritiers du donateur, couvre, à l'égard de la régie, la nullité résultant de ce que l'acceptation n'a eu lieu que postérieurement au décès de ce donateur (C. civ. 1338).—24 fév. 1832. Solut. Rallier. D.P. 33. 3. 20.

67.— Et ceci nous conduit naturellement à parler des renonciations. Toutefois, nous ne nous occuperons que de celles relatives aux nullités d'actes ou d'exploits en général. Les renonciations spéciales, telles que celles relatives aux successions, etc., trouveront naturellement leur place sous les différens titres qui les concernent.

68.— *Renonciation aux nullités d'actes ou d'exploits en général.*— En principe, chacun peut renoncer à un droit introduit en sa faveur: *Cùm sit regula juris antiqui, omnes licentiam habere his quæ pro se introducta sunt renuntiare* (L. 29, C. *de Pactis*).

69.— C'est sur cette règle qu'est fondée la faculté de renoncer aux nullités relatives.

70.— Mais si le droit est établi dans un intérêt général, un particulier n'y peut pas renoncer.

71.— La renonciation est l'acte d'une seule volonté: il en résulte qu'une renonciation proprement dite ne peut opérer ni transmissions, ni obligations; car les transmissions et les obligations supposent nécessairement une convention, c'est-à dire un double consentement.

72.— Il faut donc soigneusement distinguer la renonciation de la convention qui a pour objet de stipuler une renonciation. Car celle-ci peut donner lieu *au droit proportionnel*, tandis que celle-là ne peut jamais donner ouverture *qu'au droit fixe*.— Champ. et Rig., 1, 410 et suiv.

.... Par suite de ce principe général, la renonciation à se prévaloir de la nullité d'un acte ou d'un exploit, n'étant simplement que l'abandon d'une exception, n'est passible que du droit fixe.

73.— Cependant il faut distinguer les nullités par

voie d'action, dès nullités de plein droit. Lorsqu'il s'agit de ces dernières, ce n'est plus à une exception que l'on renonce, c'est à la chose même, car l'acte, nul de plein droit, ne l'avait pas transmise; c'est alors une transaction ou une ratification. On va s'occuper de la transaction, et renvoyer à l'art. 4 pour ce qui concerne la ratification.—Champ. et Rig., 1, 469.

73.— La transaction est un contrat par lequel les parties terminent une contestation née, ou préviennent une contestation à naître (C. civ. 2044). « *Un droit douteux*, disait l'orateur du gouvernement, est la certitude que les parties ont entendu balancer et régler leurs intérêts : tels sont les caractères qui distinguent et constituent la nature de ce contrat, il n'y aurait pas de transaction, si elle n'avait pour objet *un droit douteux*. Et il sera toujours facile aux juges de vérifier si l'objet de l'acte était susceptible de doute; il n'y a pour une pareille vérification point de règles générales à établir. »

74.— Le droit fixe est déterminé pour la transaction, parce que, de sa nature, cette convention est purement *déclarative*. Mais elle peut contenir des stipulations libératoires, obligatoires ou translatives; dans ces cas, les droits de libération, d'obligation ou de transmission, plus élevés que le droit fixe, devront être perçus. C'est ainsi que doit être entendu l'art. 68 § 1er, n. 45 de la loi de frimaire, ainsi conçu : « Les transactions en quelque matière que ce soit, qui ne contiennent aucune stipulation de sommes et valeurs, ni disposition soumise par la présente à un plus fort droit d'enregistrement, sont soumises au droit fixe d'un franc. »

75.— Tiraqueau (*du Retrait lignager*, § 1er, glos. 14, n. 16), ayant à déterminer si les droits de mutation étaient exigibles à raison de ce contrat, s'était efforcé d'établir que cette convention était translative; il s'appuyait sur plusieurs lois romaines qui supposaient la garantie par suite de la transaction, dans certains cas. Fonmaur professait la même opinion, mais Dumoulin et d'Argentré décidaient la négative. *Clarum est quod nullum dominium transfertur, nec novum jus, nec novus titulus in re acquiritur, sed sola liberatio controversiæ* (§ 33 gl. 1, n. 67).—Champ. et Rig., 1, 472.

Au reste, d'Argentré sur l'art. 266 de la coutume de Bretagne, ch. 3, distingue les conventions sur un droit certain de celles sur un droit douteux.

Quant aux premières, il reconnaît qu'elles sont translatives, mais il soutient qu'elles ne sont point des transactions.

76.—Quant aux autres, elles n'ont rien de translatif. La transaction, dans aucun cas, n'est la source du droit reconnu par elle; le droit dérive d'une cause antérieure et préexistante, sur laquelle il s'était élevé des doutes que la transaction fait cesser; mais elle ne la crée pas. Sur quoi transigerait-on s'il n'existait pas d'abord un droit qui fût l'objet du litige? C'est ce droit auquel la transaction rend hommage; elle n'est pas le titre, mais la reconnaissance du titre : *non est titulus, sed tituli prætensi confessio*; puis d'Argentré ajoute : *hoc ergo casu nec laudimia debebuntur, nec gabellæ, nec ceteræ consequentiæ contractuum dominii translativorum.* Cette doctrine avait été presque généralement admise, ainsi que l'affirme Merlin, Rép., v° Partage, § 11, qui, après avoir dit que la loi du 22 frim. fut rédigée sous l'empire des mêmes principes, cite comme ayant professé la même doctrine, Ferrerius, sur Guy-Pape, quest. 4, Poquet de Livonières, liv. 4, ch. 4, sect. 7.— V. Champ. et Rig., t. 1er, p. 475.

77.— Le code civil n'a point changé les caractères de la transaction; la preuve s'évince de l'art. 2052 qui, comme la loi romaine, donne aux transactions l'autorité de la chose jugée. Ce qui est une reconnaissance tacite d'un droit préexistant à la transaction considérée par la loi de frimaire comme ne formant pas par sa nature un titre nouveau; elle n'a donc point perdu ce caractère sous l'empire du code civil, et dès lors rien ne doit la soustraire à l'application du droit fixe auquel l'avait tarifée la loi fiscale.— Champ. et Rig., 1, 476.

78.— Mais dans quelles circonstances la transaction donne-t-elle ouverture à un droit plus élevé? Le droit plus élevé dont parle l'art. 68 précité étant un droit proportionnel, puisque nulle part les transactions ne sont tarifées d'un autre droit fixe que celui de 1 fr., ce ne peut donc être que lorsqu'elles contiennent une obligation, libération ou mutation, qu'il y a lieu de percevoir le droit principal; or, la difficulté consiste maintenant à déterminer quand l'une de ces choses se trouve dans les transactions. — Champ. et Rig., 1, 476.

79.—Merlin, Rép., v° transaction, dit : « si par la

transaction l'une des parties abandonne à l'autre un objet non litigieux pour l'indemniser des sacrifices de ses prétentions sur les choses en litige, l'abandon de cet objet constituerait une mutation de propriété qui donnerait nécessairement ouverture au droit proportionnel. C'est ce qu'a jugé un arrêt du 11 avril 1808. Civ. c. Enreg. Collart. D.A. 7. 145. D.P. 2. 21.

80.—Ainsi, il y a mutation si des choses non comprises au litige sont abandonnées à celui auquel elle n'appartenaient pas. — Champ. et Rig., 1, 480.

81.—L'art. 69, § 3, n. 3, en tarifant au droit de 1 pour cent toutes les transactions qui contiennent *obligation de sommes*, a donné lui-même un exemple d'un cas où il y a lieu à la perception du droit proportionnel. Cette partie de la loi, dit encore Merlin, Rép., v° Partage, § 11, frappe sur la transaction par laquelle on s'oblige, pour conserver un immeuble, de payer une somme quelconque à celui qui le réclame, comme sur la transaction par laquelle, pour se libérer d'une créance que l'on soutient ne pas exister, ou n'être pas obligatoire, on *s'engage* d'en acquitter une portion. La loi du 22 frimaire n'a pas d'autres dispositions soumettant expressément les transactions au droit proportionnel; mais ceci doit servir à décider dans les autres espèces. —Champ. et Rig., 1, 481.

82.—Ainsi la partie, au lieu de souscrire une obligation, paie-t-elle comptant, il y a lieu au droit de libération, parce que l'acte contient quittance, ce qui forme une disposition donnant ouverture à un droit plus élevé : 50 c. pour 100 fr. (art. 69, § 1er, n. 11).

Si la partie s'engageait au service d'une rente, ce serait alors le droit de la rente qui serait exigible. Cela a été jugé par arrêt de la cour de cass., du 4 flor. an 13.— Ch. et Rig., *eod.*

83.—L'acte par lequel un donataire contractuel et des héritiers transigent sur la question de savoir si une somme exceptée de la donation par la donatrice, avec l'intention d'en disposer, sans qu'elle ait usé de ce droit pendant sa vie, doit, aux termes de l'art. 1086, rentrer dans les biens donnés, ou faire partie de la succession et être soumis non au droit fixe, mais bien au droit proportionnel (C. civ. 1086). —18 juin 1833. Délib. du cons. d'adm. Descartes. D.P.34. 3. 23. — V. ce qui est dit art. 10, § 1er, quant aux transactions contenant mutation.

84.—Au reste, il faut se garder de confondre la transaction avec le *désistement*, où il n'y a qu'une des deux parties qui seule reçoit ou retient, tandisque, dans la transaction, la rétention, l'obligation ou la transmission qui s'entend ici de celle qui a lieu dans la possession, doit être réciproque, *hinc et indè*.—Faber., l. 4., définit. 3, note 8; Ch. et Rig., 1, 484.

85. — Il ne faut pas non plus les confondre avec la ratification, qui en diffère, 1° en ce que la ratification intervient sur un acte dont la nullité est incontestable, tandis que, dans la transaction, la nullité doit être douteuse; 2° en ce que la ratification peut être donnée gratuitement, tandis que, dans la transaction, celui qui consent le maintien de l'acte, doit recevoir quelque chose. — Champ. et Rig., 1, 490.

86. — Il ne faut pas enfin confondre la transaction moyennant un prix, avec la stipulation dans laquelle on promet un supplément de prix qui n'a réellement lieu que lorsque la constatation porte sur la valeur de la chose que celui qui reçoit le supplément revendique et abandonne, et non lorsque la somme est donnée comme prix du repos.— Conf. Poquet de Livonières, liv. 3, chap. 1er, p. 142; Dumoulin, art. 78, glos. 1, n. 125 et 140; 16 sept. 1828, délib. *J. de l'enreg.*, n. 9119; Champ. et Rig., 1, 490. — V. n. 73 et suiv.

87. — *Modifications et réformation des actes.* — Il arrive assez fréquemment qu'après la signature de l'acte et même après un long intervalle, les parties apportent des modifications au contrat. Ainsi, on élève ou on réduit le prix d'une vente, on ajoute des sûretés, on donne un terme, etc... Toutes ces stipulations donnent naissance à des difficultés consistant à déterminer s'il est dû un nouveau droit, ou un supplément sur le premier. La plupart des solutions à prendre sont régies, soit par le principe qui veut qu'*une même disposition ne puisse donner ouverture qu'à un droit*, soit par ceux de la novation; quelques unes participant des résolutions et des transactions, se règlent d'après ce principe : *le droit proportionnel n'est exigible que d'une convention parfaite.* Les espèces seules pouvant faire connaître auxquels de ces divers principes on doit recourir, nous nous contenterons de donner ici quelques règles générales propres à guider dans l'application. — Champ. et Rig., 1, 540.

88. — La plus grande difficulté en cette matière consiste à savoir dans quel délai la réformation doit

avoir lieu. Dans l'ancien droit, c'était un point universellement reconnu, que la résolution opérée dans un bref intervalle était présumée faite *rebus integris : Si incontinenti aut brevi intervallo, quo casu nullum est dubium*, dit Dumoulin, § 20, glos., 5, n. 13.

Quelques coutumes entendaient, par *bref intervalle*, un an; d'autres, huit jours; celle d'Auxerre, vingt-quatre heures.

Ce dernier délai était devenu la règle générale pour les pays dont les coutumes ne contenaient rien d'exprès (Duparc-Poullain, *Principe du droit franc.* t. 2, n. 362); on suivait la même décision relativement au droit de centième denier (*Dict. des dom.*, v° Résiliement). L'art. 43, n. 20 de la loi du 28 avril 1816 l'a adopté pour les résiliemens qu'elle soumet à un droit fixe de 2 fr. quand ils sont faits dans les vingt-quatre heures des actes résiliés. — Champ. et Rig., 1, 290.

89. — Cette législation fut étendue aux réformations. « Si la réformation, dit Fonmaur, n. 444, est faite le même jour par un contrat authentique, ou dont la date soit assurée, elle est censée faire partie de l'acte; conséquemment, le seigneur ni les lignagers ne peuvent s'en plaindre, ni la quereller, sous prétexte d'un préjudice quelconque à l'exercice de leurs droits. »

90. — Pour les mêmes motifs, l'art. 43 ci-dessus leur est applicable; ainsi, lorsqu'une réformation est opérée dans les vingt-quatre heures du contrat par acte authentique, le premier contrat est censé résilié et comme non avenu; le second seul est passible du droit. Le second s'entend du premier modifié par les conventions nouvelles. — Champ. et Rig., 1, 542.

91. — L'on doit apporter la même solution au cas où la réformation s'opère dans un contrat soumis à une condition suspensive et avant l'accomplissement de la condition. Les choses sont entières et la faculté de resilier appartient aux parties, même à l'égard des tiers. — Champ. et Rig., 1, 543. — V. art. 8.

92. — Toute condition qui s'attaque à ce qui forme l'élément essentiel de tout contrat, savoir, au consentement, doit avoir pour effet de suspendre la perception du droit proportionnel, en vertu de la règle qui défend d'exiger ce droit sur toute convention imparfaite.

93. — Aussi, tous les feudistes se sont appuyés sur cette maxime du droit romain, *quamdiù conditio pendet quod sub conditione factum est, nihil est*, pour décider que les droits seigneuriaux ne peuvent être exigés sur un contrat soumis à une condition suspensive.— *In venditione conditionali*, dit Dumoulin, § 78, glos. 1, n. 40, *non incipiunt deberi laudimia nisi conditione extante.*— « D'Argentré, ajoute Henrion, dans l'*Analyse*, p. 170 à la note, et tous ceux qui ont écrit depuis, se sont conformés à la doctrine de notre auteur. » — « Dans les ventes conditionnelles, dit Sudre, *des Lods*, § 11, n. 17, il n'est dû des lods qu'après la condition arrivée, parce que jusque là il n'y a point encore de vente. » —Faber, *in Cod.*, l. 4, tit. 43, définit. 28, assimile entièrement, à l'égard des droits de mutation, le contrat conditionnel, *pendente conditione*, au contrat nul.— V. aussi Poquet de Livonières, l. 3, chap. 4, sect 4; Fonmaur, n. 357; Poth., *des Fiefs*, chap. 5, sect. 3, § 1er; Hervé, t. 3, p. 46; Champ. et Rig., 1, 553.

94. — Les lois du 19 déc. 1790 et du 22 frim. an 7 ne contiennent pas de dispositions explicites sur les effets de la condition à l'égard de la perception. Cependant la première, en exigeant (art. 2) la déclaration des biens immeubles recueillis par l'échéance des conditions attachées aux dispositions éventuelles, et en ne soumettant qu'au droit fixe les dons *éventuels* d'objets déterminés (13e classe, sect. 4, n. 3), exprimait clairement que le droit n'avait pas dû être perçu sur les actes qui contenaient ces dispositions.

La seconde offre aussi l'application de ce principe dans l'art. 68, § 3, n. 5, par lequel elle n'assujettit qu'au droit fixe « les actes de libération qui ne contiennent que des dispositions soumises à l'événement du décès. » — La jurisprudence a confirmé cette doctrine.

On doit donc regarder comme une règle certaine que le droit proportionnel n'est pas exigible sur un acte dont l'effet est soumis à une condition suspensive, tant que cette condition n'est pas accomplie. — Champ. et Rig., 1, 554.

95. — Ainsi, on a décidé, 1° qu'un acte par lequel le propriétaire d'une mine concède à un individu la faculté de l'exploiter, moyennant une redevance, et à la charge par lui d'obtenir, au nom du proprié-

taire, l'autorisation du gouvernement, n'est ni un bail ni une vente. c'est un traité sur l'exploitation future d'une mine, qui est essentiellement subordonné à une condition suspensive de toute obligation jusqu'à son accomplissement, celle de l'obtention de l'autorisation. En conséquence, le jugement qui déclare que la régie ne peut réclamer sur cet acte qu'un droit fixe, et non un droit proportionnel, tant que l'autorisation n'a pas eu lieu, ne viole aucune loi (L. 22 frim. an 7, art. 4, 69, § 7). — 19 juin 1826. Civ. r. Enreg. C. Dumaine. D.P. 26. 1. 328.

96.—2° Que la convention par laquelle une maison de commerce ouvre un crédit de banque ou d'acceptation au profit d'autres maisons, pour une somme déterminée et soumise à la condition suspensive de l'émission des traites, ne donne pas lieu, quant à présent, à la perception d'un droit proportionnel sur cette somme.— 10 mai 1831. Civ. r. Enreg. C Kæchlin. D.P. 31. 1. 167.

97. — 3° Que la clause d'une vente, par laquelle l'acquéreur se soumet à payer une rente à des créanciers du vendeur, désignés, et à la charge par eux de justifier de leurs titres, offrant une condition suspensive, n'est pas soumise au droit proportionnel de 1 p. 100, sous le prétexte que les titres des créanciers ne seraient pas énoncés dans l'acte. — 19 déc. 1832. Solut. M..... D.P. 33. 3. 22.

Cette décision est très sage, quoique, dans l'espèce, ç'aurait été le droit de 2 p. 100 établi pour les rentes par le § 5, n. 2 de l'art. 69, qui aurait été exigible, et non le droit de 1 p. 100, dû sur les créances *à terme*.

98.— Le même principe a été appliqué, à l'égard de l'intervention d'un tiers, dans un acte de vente, pour garantir l'acquéreur dans le cas d'éviction; car il a été décidé que le droit de cautionnement ou de garantie ne pouvait être exigé au moment de l'enregistrement du contrat. — 12 juill. 1832. Req. Enreg. C. Berthelin. D.P. 32. 1. 333.

99.— Mais quel sera l'effet de l'accomplissement de la condition, relativement aux droits de mutation? C'est de donner ouverture au droit proportionnel : la convention translative prend naissance, la propriété change de main, la régie en a la preuve; le droit est incontestablement exigible sans qu'il soit besoin d'examiner si l'acte est ou non le titre de la mutation.—Champ. et Rig., 1, 555.

100.—Conformément à cette doctrine, il a été décidé que l'acte constatant qu'un négociant a profité pour certaine somme du crédit qui lui a été ouvert par une maison de banque, est passible du droit proportionnel de 1 p. 100 sur les sommes dont il a profité. — 10 mai 1831. Civ. c. Enreg. C. Naegely. D.P. 31. 1. 167.

101.— Mais *quid* s'il s'agit d'un droit d'acte? L'exigibilité présente alors plus de difficulté; car on peut objecter que cet acte, lors de l'enregistrement, n'était par sa nature susceptible que d'un droit fixe; qu'il a subi tous les droits auxquels il était soumis; qu'enfin les événemens ultérieurs ne peuvent pas influer sur la perception (art. 60 de la loi de frim.). Cependant on doit décider que la régie peut exiger le droit proportionnel qu'elle n'avait pas perçu sur l'acte soumis à la formalité. La raison en est que l'acte est le véritable *titre* de la convention, puisqu'il est de principe que l'accomplissement de la condition fait supposer qu'il n'y a jamais eu de condition, et c'est de cette fiction légale que résulte l'effet rétroactif attribué à la condition accomplie.— Champ. et Rig., 1, 555.

102.— Quand la condition suspensive vient à défaillir, alors, d'après la maxime de la loi, 8 Dig., *de Peric. et comm. rei vend., actus conditionalis, defecta conditione, nihil est*, la régie voit s'évanouir l'espérance qu'elle avait de percevoir le droit auquel l'accomplissement de la condition aurait pu donner lieu.—*Eod.*, 1, 556.

103 — On entend par condition suspensive (casuelle) celle qui dépend du hasard ou de la volonté d'un tiers, et qui n'est au pouvoir ni du créancier ni du débiteur (C. civ., art. 1169).

L'application de la règle qui veut que le droit ne soit dû que d'une stipulation dont l'effet est actuel, doit avoir lieu sans difficulté, soit à l'égard de la perception sur l'acte soumis à la formalité, soit à l'égard de l'exigibilité du droit proportionnel, lorsque la condition est purement casuelle.— Champ. et Rig., 1, 560.

104.— Aussi a-t-on décidé qu'on ne peut, avant l'événement de la condition suspensive, considérer comme opérant une obligation actuelle, passible de droits proportionnels, toute stipulation qui ne constitue aucun engagement actuel, mais seulement des prévisions sur un événement futur, incertain, indépendant de la volonté des parties.— 10 janv. 1833. Req. Enreg. C. Aumont. D.P. 33. 1. 56.

105.— Cependant on décide dans le même sens à l'égard de la condition mixte, à raison du caractère de fortuité qu'elle présente nécessairement.—Champ. et Rig., 1, 560.

106.—Les décisions judiciaires intervenues sur la demande en reddition de compte formée par un co-héritier contre son co-héritier, chargé de l'administration de la succession commune, ne peuvent donner lieu à la perception du droit de *titre*, que tout autant qu'elles reposent sur un titre susceptible d'être enregistré et créant par lui même une obligation actuelle (L. 22 frim. an 7, art. 69, § 2, n. 9).

Spécialement, les lettres d'envoi en possession par lesquelles la cour de l'officialité d'Irlande investit de l'administration de la succession le parent le plus proche du défunt, ne constituant qu'un mandat qui, de sa nature, ne renferme aucune obligation actuelle, ne donnent point ouverture au droit proportionnel de *titre* de 1 p. 100, lors de la présentation à la formalité, en France, des actes ou arrêts qui ont suivi l'investiture.— 8 août 1833. Req. Enreg. C. Stacpoole. D.P. 33. 1. 373.

107.—Si la condition est potestative de la part de celui qui s'oblige, aucune obligation ne prend naissance, et, d'après l'art. 1174, le contrat est nul. Dès lors le droit proportionnel n'est pas exigible sur un pareil acte, soit parce que la convention n'est pas parfaite, soit parce que le contrat est nul de plein droit.

.... Cette conséquence a été consacrée par plusieurs arrêts (V. D.A. 7. 116, 117), et la régie s'est conformée à ces décisions, et, par délibération du 3 août 1822, a sanctionné cette doctrine à l'égard des donations dans lesquelles le donateur avait imposé des conditions telles qu'il lui était loisible de réduire à rien le bénéfice.

Or, il est à croire que la régie ne s'écartera pas de cette doctrine, lorsqu'il s'agira de contrats unilatéraux, car les termes et les motifs des art. 944 et 1174 sont absolument les mêmes.—Champ. et Rig., 1, 562.

108. — L'accomplissement de cette condition ne produit pas d'effet rétroactif qui autorise la régie à percevoir, à titre de supplément, le droit proportionnel sur l'acte précédemment enregistré.

Cette proposition est confirmée par les principes adoptés sous l'ancien droit. En effet, on se demandait si les droits de mutation d'une vente conditionnelle appartenaient au fermier existant lors du contrat, qui avait vu l'acte et avait été mis à même de le porter sur ses registres, ou à celui qui lui avait succédé et se trouvait en exercice lors de l'événement de la condition? et l'on décidait qu'ils appartenaient au premier, si la condition était *fortuite ou casuelle* (Poquet de Livonières, liv. 3. chap. 4, sect. 4), et qu'ils appartenaient à celui qui était fermier au jour de l'événement de la condition, si elle était *potestative*.—Fonmaur, n. 361.

Ainsi, dans ce dernier cas, s'il s'agit d'un droit d'acte, la régie ne pourra percevoir qu'autant qu'un nouvel acte formant titre de la convention sera soumis à la formalité.

S'il s'agit d'un droit de mutation, elle devra faire les preuves que la loi l'autorise à faire pour établir l'existence d'une transmission immobilière: la régie ne fait pas cette distinction qui n'a pas échappé à la cour suprême.—Champ. et Rig., 1, 563.

109. — Ce qui vient d'être dit pour le cas où la condition est potestative de la part de celui qui s'oblige, s'applique sans distinction toutes les fois que la condition dépend d'un événement qu'il est au pouvoir du débiteur de faire arriver ou d'empêcher.— Champ. et Rig., 1, 565 à 570.

110.—La condition potestative de la part du créancier n'annulle pas l'obligation, parce qu'elle est un fait étranger au débiteur, mais elle la suspend, car celui-ci n'a entendu s'obliger qu'éventuellement et pour le cas seulement où le créancier remplirait la condition; il en résulte que le droit proportionnel est suspendu comme l'obligation qui lui sert de cause.—Champ et Rig., 1, 570.—1er juill. 1807. Cass. —Teste-Lebeau, v° Contre-lettre, n. 1.

Le contraire avait été jugé par arrêt du 18 avril 1821. Civ. c. Gervais. D.A. 7. 120. D.P. 21. 1. 396. —Mais cette décision fut rendue par défaut, et la cour paraît être revenue sur cette jurisprudence, par un arrêt du 10 mai 1831, rendu en matière de crédit ouvert.—D.P. 31. 1. 167; Champ. et Rig., 1, 573.

111.—Quant à l'exigibilité du droit par suite de l'accomplissement de la condition potestative, on doit distinguer entre la condition potestative de la part du créancier et la faculté laissée à celui-ci d'accepter les offres. Dans le premier cas, le droit proportionnel, non exigible au jour du contrat, le devient au jour de l'événement, comme supplément sur l'acte précédemment soumis au droit fixe et devenu le titre d'une obligation actuelle.

Dans le second cas, qui est celui-ci: « je m'engage à vous payer 1,000 fr. si vous acceptez avant six mois, » l'obligation n'est pas sous condition suspensive: ainsi, le droit ne sera exigible que sur l'acte d'acceptation, il ne pourra pas l'être sur le premier, encore que la régie ait eu connaissance du second. —Champ. et Rig., 1, 574.

112.—Dans les contrats synallagmatiques, la condition potestative, suspensive de la part de l'une des parties, empêche le contrat de se former; la convention est nulle. le droit proportionnel ne doit donc pas être perçu sur l'acte contenant la stipulation.

Cependant une solution du 17 mars 1832 (Contrôleur, n. 2482), porte à penser que l'administration restreint le principe appliqué par elle à la donation (Voyez *supra*), à la seule espèce de ce contrat, car elle a refusé d'en faire application au cas d'une vente sous condition potestative de la part de l'acheteur, «attendu qu'une convention nulle est sujette aux mêmes droits d'enregistrement que si elle n'était entachée d'aucun vice. »

D'après la doctrine déjà exposée, le droit du contrat après l'accomplissement de la condition ne pourra pas être perçu sur le premier acte à titre de supplément; il faudra un nouveau titre, s'il s'agit d'un droit d'acte.—Champ. et Rig., 1, 575, 576.

113.—La règle qui vient d'être tracée s'applique à un grand nombre d'espèces analogues; par exemple, aux acceptations d'actes d'offres, de même aux ratifications d'actes nuls; ces deux actes, comme la condition potestative, n'ont point d'effet rétroactif; donc le droit proportionnel ne peut jamais être exigible sur l'acte primitif.—*Eod.*, 1, 576.

114.—Il faut en dire autant des actes qui ne forment que de simples projets. Le droit proportionnel n'est pas exigible, parce que les parties n'y manifestent point la volonté de contracter actuellement, et que l'existence de la convention est subordonnée à une condition purement potestative de la part des deux contractans.

Lorsqu'ultérieurement les parties réalisent leur projet, verbalement ou par écrit, le nouvel acte formant seul le titre de l'obligation, est soumis au droit proportionnel. On doit en dire autant des promesses de faire un contrat.—*Eod.*, 1, 577.

115. — Les conditions tacites, par exemple, celle qui ne donne effet aux donations par contrat de mariage, que du jour de la célébration, suspendent l'obligation tout aussi bien que la condition expresse. Cependant l'administration perçoit presque constamment le droit proportionnel sur les contrats soumis à des conditions de cette espèce. Sauf restitution, ce système est arbitraire: rien dans la loi ne l'autorise —*Eod.*, 1, 579.

116 —Toute condition d'une chose impossible ou contraire aux bonnes mœurs ou prohibée par la loi, est nulle et rend nulle la convention qui en dépend (art. 1172). De ces dispositions résulte nécessairement l'affranchissement du droit proportionnel; car si l'acte n'est pas nul, il ne peut être considéré que comme portant condition suspensive.

La condition de ne pas faire une chose impossible ne rend pas nulle l'obligation, mais la suspend. La perception doit également être suspendue, c'est une condition négative.—Champ. et Rig., 1, 580.

117.—Ces conditions sont également suspensives de l'obligation et du droit proportionnel.—*Eod.*, 1, 580.

118.—La mauvaise rédaction des actes laisse souvent incertaine la volonté des parties; de là la difficulté de reconnaître la condition suspensive, et de la distinguer des clauses qui, comme elle, peuvent se rencontrer dans les contrats et les modifier. En règle générale pour qu'il y ait obligation sous condition suspensive, il faut que l'événement duquel les parties font dépendre la convention soit futur (art. 1168 C. civ.). Cependant il peut être actuellement arrivé, mais il doit être inconnu des parties (art. 1181 C. civ.). Dans ce dernier cas, la perception est suspendue comme dans le premier, jusqu'à ce que la régie prouve l'existence de l'événement. — Champ. et Rig., 1, 584.

119 — La démonstration est la désignation par une circonstance ou une qualité, soit de la partie avec laquelle on contracte, soit de la chose, objet de la stipulation.

Il en est de deux espèces, l'une abondante qui diffère essentiellement de la condition. Elle ne suspend pas le contrat.

L'autre est la démonstration nécessaire; c'est

celle qui consiste, dans l'indication indispensable d'une circonstance qui tombe sur la substance de la chose et la fait connaître, ou sur la désignation de la personne.

Celle-ci fait condition et suspend la perception comme la condition suspensive, qu'elle constitue et dont elle est l'équivalent.— Champ. et Rig., 1, 585.

120.— On trouve un exemple fréquent d'une démonstration nécessaire dans les obligations contractées pour d'autres et à leur insu (art. 2014). Ainsi, pour arrêter les poursuites dirigées par vous contre mon fils, je m'engage à vous payer tout ce qu'il peut vous devoir; il est évident que mon obligation est éventuelle et subordonnée à la condition que mon fils vous devra, et si, par suite de comptes à faire entre vous, ou s'il ne vous doit rien, mon obligation n'existe point.

La perception suit le sort de l'obligation; pour percevoir le droit proportionnel, il faut attendre que la dette soit constante, et cela est évident, car les valeurs n'étant pas exprimées dans l'acte, les parties devront y suppléer par une déclaration; or, à moins de leur permettre d'en faire une illusoire, il faudra bien attendre qu'elles connaissent l'étendue de l'obligation.— Champ., 1, 586.

121.— Le relatif *qui* ou *que* ne forme le plus souvent qu'une démonstration abondante, quand il se rapporte à un temps présent ou passé. Mais lorsque le relatif *qui* se rapporte à un temps futur, il forme toujours une condition suspensive. C'est une règle constante et reconnue : *Relativum* QUI *adjectum verbo futuri temporis facit conditionem, et perinde est atque si dictum fuisset* SI.— D'Argentré, sur l'art. 221, glos. 4, n. 7; Merl., Rép., v° Qui; Champ. et Rig., 1, 587.

122.— Le relatif joint à un verbe futur ne forme pas condition lorsqu'il se rapporte à l'exécution du contrat. On l'appelle assignat démonstratif. Il n'empêche pas l'ouverture de la perception.— *Eod.*, 589.

123.— Mais l'*assignat limitatif* rend l'obligation conditionnelle. Par exemple, je donne à Paul les 1,000 fr. que me doit Pierre, la donation est ici soumise à la condition que Pierre devra cette somme; la perception du droit proportionnel ne pourra avoir lieu tant que la preuve de ce fait ne sera pas apportée.— *Ib.*

124.—Le mode est un pacte nécessaire ou une clause ajoutée à la convention principale, ou pour imposer aux contractans certaines obligations, certaines charges qui modifient le contrat. Exemple : En vous vendant je stipule qu'outre le prix du contrat vous paierez 300 fr. à Titius.

Le mode ne suspend pas, comme la condition, l'accomplissement ni l'exécution de la convention; il en résulte qu'il n'est point un obstacle à la perception.

Il importe donc de distinguer si une clause est modale ou conditionnelle.

En règle générale, toutes les fois que la convention ne doit être exécutée qu'après la charge, la clause est *conditionnelle*, mais toutes les fois que l'exécution de la convention doit précéder celle de la charge, la disposition est *modale*. Dans le premier cas, point de perception, *contrà* dans le second.— Champ. et Rig., 1, 589.

125.—Le terme qui ne suspend pas l'engagement, mais simplement le diffère, n'empêche pas la perception d'avoir son cours; il ne serait qu'un motif pour la différer, et la loi fiscale n'en admet point (L. frim. an 7, art. 28).

Il faut, pour qu'il y ait terme dans la convention, que l'événement doive s'accomplir nécessairement, par exemple, *si je meurs*. Mais il y aurait condition suspensive si on avait dit : *s'il y a une éclipse de lune cette année*, car, quoiqu'il n'y ait pas pour un habile astronome d'événement plus certain, cependant il peut très bien être mis en doute par des contractans qui ne sont pas versés dans la science de l'astronomie. L'administration ne devrait donc pas être admise à établir la certitude de cet événement afin de percevoir actuellement sur ce contrat soumis à la formalité, car il faut toujours qu'elle examine la volonté des parties, qui seule fait règle toutes les fois que les expressions du contrat n'ont pas une intention frauduleuse.—*Ibid.*, 1, 591.

126. — La promesse de prêter, alors que les termes de paiement de l'obligation sont fixés d'une manière formelle, est sujette au droit proportionnel.— 18 oct. 1832. Solut. A... D.P. 33. 3. 15.

Cette solution donne, suivant nous, trop d'étendue à la disposition de l'art. 69, § 3, n. 3 de la loi du 22 frim. an 7. L'expression générale, *obligation de sommes*, ne saurait s'appliquer qu'aux obligations provenant de prêts déjà effectués, et non de prêts à faire. Cela résulte de la comparaison de ces termes avec la nomenclature des actes compris dans la même disposition, actes qui tous se rapportent à des obligations actuellement existantes.

La solution, il est vrai, considère l'obligation comme non éventuelle, parce que *les termes de paiement sont, dès à présent, fixés*. Mais, s'il dépend de l'une des parties contractantes de donner suite ou non à l'obligation, il n'est pas exact de dire qu'elle n'est point éventuelle. Il en doit être de ce cas comme de celui où un crédit a été ouvert à un individu. Or, il est reconnu que, dans ce cas, le droit ne peut être perçu actuellement.— V. n. 100.

La régie objecterait en vain la crainte de voir ses droits fraudés; car si les parties veulent donner date certaine à la réalisation du prêt, il faudra bien toujours qu'elles le fassent enregistrer; que, si elles ne jugent pas cette certitude de date nécessaire, elles s'en passeront, à plus forte raison, pour la constatation de la *promesse* de prêter elles-mêmes; et alors, la régie n'aura aucune objection à opposer.— D.P. 33. 3. 15.

127.—La condition résolutoire est celle qui, lorsqu'elle s'accomplit, opère la révocation de l'obligation, et remet les choses au même état que si l'obligation n'avait pas existé. La différence qui règne entre cette condition et la suspensive, fait clairement connaître celle qui doit exister relativement à la perception. La première suspend l'obligation et le droit, la seconde ne suspend ni l'une ni l'autre. Dans le contrat sous condition résolutoire, il y a deux conventions, l'une pure et simple et dont le droit est immédiatement exigible; l'autre qui est la résolution, laquelle est soumise à une condition suspensive. Voilà ce qui justifie l'exigibilité actuelle du droit proportionnel dans cette sorte de contrat.

Telle était au reste la doctrine des anciens auteurs. Boutaric, *des Lods*, chap. 11, n. 1, dit : « la condition ne tombe point sur la vente, c'est-à-dire qu'il dépend de l'événement de la condition, non point que la vente soit nulle ou valable, mais que la vente soit résolue ou non : *Magis est ut sub conditione resolvi emptio, quàm sub conditione contractà videatur* (L. 1re Dig. *de Leg.-commiss.*). »

Autrefois, les droits de mutation étaient perçus sur les transmissions soumises à des conditions résolutoires, sans espoir de répétition, et il ne paraît pas que cela ait jamais fait difficulté.— Tiraqueau, *du Retr. conv.*, § 6, gl. 2, n. 19; Dumoulin, § 20, gl. 5, n. 24; d'Argentré, art. 64, note 1re, n. 12; Champ. et Rig., 1, 594.

128.— Il est plusieurs exceptions à cette règle. 1° Lorsque l'événement pris pour condition n'est point futur, mais présent ou passé. Ainsi, *je m'engage à payer 100 fr. si tel navire n'est pas arrivé*. Cela revient à dire, *je ne m'oblige pas si tel navire est arrivé*. Cette condition laissant dans le doute sur l'existence de l'obligation, le droit proportionnel ne peut être perçu tant qu'on n'a pas vérifié si la condition est ou non arrivée.— Champ. et Rig., 1, 595.

129.— 2° Lorsque la condition est potestative de la part de celui qui s'oblige. Mais seulement lorsqu'elle a lieu dans un contrat unilatéral; car alors elle annulle l'obligation. Conséquemment le droit proportionnel ne doit pas être perçu.—*Ibid.*, 1, 596.

130. — Mais à l'égard des contrats synallagmatiques il n'en est point ainsi; si l'on ne peut faire dépendre de la volonté future de l'une des parties la naissance actuelle du contrat, on peut en faire dépendre la résolution, qui alors se trouve future comme la volonté. Tel est le cas de la clause de réméré. Dès lors les droits d'enregistrement seront actuellement exigibles. Mais ils ne le seront point sur la résolution, quoique résultant de la volonté des parties (V. art. 8) — Dumoul., § 78; gl. 1, n. 78; Sudre, *des Lods*, § 10, n. 23; Champ. et Rig., 1, 597.

131.— L'on doit distinguer la faculté de résoudre un contrat de celle de ne point l'exécuter. Le signe distinctif consiste le plus souvent dans l'exécution. Ainsi, l'obligation est-elle actuellement exécutée, la condition sera résolutoire et n'empêchera point l'existence du contrat ni la perception du droit proportionnel. Mais la convention n'est-elle pas immédiatement suivie d'exécution, elle est nulle, car la condition résolutoire consistant alors dans la faculté de ne pas exécuter, dès lors il n'y a pas ouverture à la perception —*Ibid.*, 1, 598.

132.—Si, dans cette position, *l'obligé potestativement*, le vendeur par exemple, exécute le contrat, il délivre la chose; c'est alors par un acte de sa volonté, mais non par l'effet d'une obligation préexistante, et cette exécution ne sera pas nécessairement un motif de percevoir. Dans une vente en effet la tradition simple ne rend pas toujours le droit exigible, car elle n'est pas un moyen de transmettre la propriété. Le fait de la possession n'est ni un titre ni une justification de la transmission: la régie, pour percevoir, devra donc recourir aux présomptions de l'art. 12 si les circonstances l'y autorisent. — Champ. et Rig., 1, 599.

133.— Aussi a-t-on jugé que le droit fixe seul était exigible sur la clause d'un contrat de mariage, portant que l'obligation prise par la mère de la future, de nourrir et loger les futurs et leurs enfans, moyennant la conservation de l'administration et jouissance des biens de sa fille, devra cesser s'il survient incompatibilité entre les parties, et s'il y a séparation. — 30 juin 1826. Trib. de Dax.—La régie a acquiescé à ce jugement par délibération du 29 sept. 1826. Contrôleur, n. 1225.

Une délibération du 8 fév. 1831 (Contrôleur, n. 2209) a, il est vrai, décidé à l'égard d'une clause analogue que le droit de donation était dû sur l'évaluation de la pension, par le motif qu'il s'agissait dans l'espèce d'une convention dont l'effet se réalise successivement; que si chacune des parties a la faculté de faire cesser, lorsqu'elle voudra, la co-habitation, cette condition potestative est résolutoire, anéantit il est vrai la convention, mais pour l'avenir seulement, sans rétroactivité pour le temps passé.

Mais le caractère successif de l'exécution, signalé par la régie, n'empêchait-il pas que l'acte pût jamais être obligatoire? Dès lors comment le droit pouvait-il être exigible.— Champ. et Rig., 1, 601.

134.—Dans les obligations alternatives, on distingue le cas où le choix des choses promises appartient au créancier, de celui où il appartient au débiteur.

135.—Dans le premier, toutes les choses sont dues, mais toutes et chacune sous *une condition suspensive*. Conséquemment la perception du droit proportionnel n'est point actuellement exigible. Vainement on objecterait que le créancier est libre d'exiger celle des deux choses qui lui convient de demander, de la même manière que si l'obligation était pure et simple. Ce raisonnement n'aurait rien de concluant, 1° parce que cela a lieu toutes les fois que la condition est potestative, et cependant l'obligation et la perception sont suspendues; 2° parce que la demande de l'une des deux choses suppose nécessairement le choix fait et arrêté, et par conséquent la condition accomplie, ce qui rend pure et simple l'obligation du débiteur, mais n'empêche pas qu'elle ait été conditionnelle jusque-là.— Champ. et Rig., 1, 603.

136....— Et cela s'applique à tous les cas où une option est laissée à un créancier. —*Ibid.*

137.— Dans le second cas, l'ouverture de la perception dépend de l'opinion que l'on a sur la question de savoir si toutes les choses comprises dans la stipulation le sont aussi dans l'obligation, en sorte que le débiteur doit chacune d'elles sous la condition suspensive qu'il ne donnera pas les autres. Si on la résout affirmativement, la décision relativement à la perception doit être la même que pour le cas où le choix appartient au débiteur.

138.—Mais si l'on s'attache au système contraire, la perception ne dépend plus des effets de la condition suspensive, car, dans ce système, qui déclare qu'une seule des choses promises est dans l'obligation, la chose qui en fait l'objet étant seulement indéterminée, l'obligation est nécessairement pure et actuelle; la perception du droit proportionnel doit donc l'être également.— *Ib.*, 1, 604.

139 —Toutefois, on verra, art. 7 et 8, que même en adoptant ce dernier système la perception actuelle souffre de graves difficultés, au moins en ce qui concerne les contrats translatifs.— *Ib.*, 605.

140. —Quel que soit au surplus le système auquel on s'attache, le droit proportionnel devient incontestablement exigible, aussitôt que l'obligation cesse d'être alternative.—*Ib.*, 1, 606.

141.—L'obligation facultative diffère de l'alternative en ce que, dans la première, une seule chose est due et la dette est certaine, tandis que, dans la seconde, l'obligation est indéterminée, et on ne peut pas dire qu'une chose soit due plus que l'autre. De là cette conséquence que, le droit proportionnel est actuellement exigible sur l'obligation facultative, mais seulement sur la principale, et non sur celle stipulée *in solutionis causâ*.—*Ib.*, 1, 607.

142.—Dans les obligations avec clause pénale, il y a deux obligations: l'une pure simple et actuelle, c'est la principale; l'autre conditionnelle et éventuelle, c'est l'accessoire. Elle n'a d'effet qu'en cas d'inexécution de la première. On comprend dès lors

que le droit proportionnel n'est actuellement exigible que sur la principale.—*Ib.*, 1, 608.

143.— Lorsque l'obligation principale n'est pas exécutée, la condition de l'obligation secondaire s'accomplit: par conséquent, celle-ci prend naissance. Il existe alors deux obligations, mais l'exigibilité du droit sur la seconde n'en est pas la conséquence nécessaire.

En effet, ou la peine est stipulée pour simple retard, et alors le créancier peut exiger à la fois et le principal et la peine (1229); dans cette hypothèse, le droit est actuellement exigible sur l'obligation qui constitue la peine.

Si le créancier a réclamé la peine, il y aurait lieu à percevoir un nouveau droit pour la remise d'une dette. Ou la clause pénale n'a été ajoutée que pour servir de dommages-intérêts, l'obligation devient alors alternative et au choix du créancier, et le droit ne devient exigible que s'il opte pour la peine. Si le créancier renonçait à l'obligation principale et à la peine, il n'y aurait remise qu'à l'égard de la première, à moins qu'il n'eût précédemment opté pour la seconde.— Champ. et Rig., 1, 607.

144.— En général, le préposé de l'enregistrement n'est pas juge des actes ni de leurs effets; cependant il doit les examiner intrinsèquement, et ne pas se laisser arrêter par leur forme, alors qu'il apparaît clairement que la dénomination donnée au contrat ne sert qu'à voiler un contrat d'une autre espèce.

145.—Ainsi, lorsque dans un contrat de mariage, contenant exclusion de communauté, la somme que le futur se constitue en dot est par lui livrée à la future épouse, qui s'en charge et s'oblige, sous l'affectation de ses immeubles, à la rembourser, cette clause insolite du contrat présente tous les élémens et les caractères d'un véritable prêt de sommes d'argent au profit de la future, qui donne ouverture au droit proportionnel de 1 fr. par 100 fr., conformément à l'art. 69, § 3, n. 3 de la loi du 22 frim. an 7, indépendamment du droit fixe de 3 fr. auquel le contrat de mariage est assujetti. — On ne saurait étendre à cette clause la disposition de l'art. 68, § 3, n. 1 de la même loi, qui n'a dispensé d'un droit particulier d'enregistrement que la reconnaissance énoncée au contrat de mariage, de la part du futur époux, de la dot apportée par la future. — 16 nov. 1813. Civ. c. Enreg. C. Dayreux. D.A. 7. 56. D.P. 13. 1. 621.

146.— De même, l'acte passé entre un débiteur failli et ses créanciers, contenant, de la part du premier, cession entière et définitive au profit de ses créanciers, de la totalité de ses créances actives, pour, par eux en faire le recouvrement, et en disposer entre eux sans aucune participation du cédant, et de la part de ceux-ci, libération pleine et entière de leur débiteur, et renonciation à toute répétition ultérieure contre lui, est un traité à forfait, un véritable concordat entre les créanciers et le failli, passible du droit proportionnel de 1 p. 100, et non point un simple contrat d'union, que la loi n'assujettit qu'au droit fixe, quand même, par ce traité, les créanciers auraient déclaré *s'unir* pour poursuivre en commun le recouvrement des créances à eux cédées par le failli (L. 22 frim. an 7, art. 68, § 3, n. 6 et 69, § 3, n. 3). — 3 janv. 1820. Civ. c. Enreg. C. Achard. D.A. 7. 62. D.P. 20. 1. 158.

147 — De même, est passible du droit d'un p. 100 l'acte par lequel, sans énonciation de bail écrit, un fermier reconnaît avoir reçu du bailleur des pailles et fourrages, et s'oblige à en laisser la même quantité à sa sortie. C'est là un prêt (C. civ. 1897), et non une transmission ou aliénation, quoique l'art. 1983 rende l'emprunteur propriétaire; les fourrages se consomment par l'usage. — 10 mars 1828. Délib. D.P. 33. 3. 28.

148.—Pareillement, encore bien qu'un mari déclare acquérir pour lui et en son nom, une portion d'immeuble indivis entre son épouse et le vendeur, la cession est, même vis-à-vis de la régie, censée faite pour l'épouse, et par suite doit, pour la perception du droit, être assimilée à partage ou licitation. — 24 août 1829. Civ. c. Enreg. C. Dupiol. D.P. 29. 1. 346.

149 — Egalement, l'acte par lequel des créanciers d'une faillite confient la gestion et la liquidation de la faillite au fils du failli, et à deux commissaires, sans fixation de délai pour la reddition du compte, et sans que ces derniers soient astreints, dans leur gestion, à aucun contrôle, a pu être considéré comme constituant, non un simple mandat, mais un acte d'atermoiement, et, par suite, être déclaré passible du droit proportionnel, conformément à l'art. 69, § 2, n. 4 de la loi du 22 frim. an 7, sans que cette décision tombe sous la censure de la cour de cassation.— 18 janv. 1830. Req. Thibault. D.P. 30. 1. 103.

150.— Toutefois, on a pensé qu'une lettre de change, causée simplement *valeur reçue*, bien qu'elle doive être réputée *simple promesse*, et qu'elle rentre ainsi dans la classe des obligations ordinaires assujetties au droit proportionnel de 1 fr., doit cependant être enregistrée au droit de 25 cent. par 100 fr. — D.A. 7. 51, n. 13.

151.— De même, un billet à ordre causé *valeur en quittance de prix d'immeubles* n'en est pas moins un effet *négociable*, et, comme tel, soumis à un moindre droit, quoiqu'il ne soit pas un effet de commerce. — D.A. 7. 51, n. 14.

152 — On a décidé, en effet, que de semblables billets, quoique ne soumettant pas celui qui les a souscrits à la juridiction commerciale, ils n'en sont pas moins, comme *conçus à ordre*, des effets négociables sujets à protêt. — 1er avril 1811. Civ. r. Bordeaux. Julienne. D.A. 6. 582. D.P. 11. 1. 335. — V. Effet de commerce.

153.—Une obligation passée devant notaire, quoique avec la faculté stipulée, au profit du créancier, de pouvoir la transmettre par simple endossement, ne cesse point d'être une obligation toute civile, susceptible d'hypothèque et d'exécution parée. — En conséquence, l'endossement d'une pareille obligation constitue un véritable transport de la créance, passible du droit de 1 p. 100, et ne peut jouir de l'exemption contenue au n. 15, § 3 de l'art. 70 de la loi de frimaire. — 5 pluv. an 14. Civ. c. Enreg. C. Leroux-Guaissières. D.A. 7. 55. D.P. 3. 1. 579.

154.— L'endossement d'une police d'assurance, surtout lorsqu'elle n'est pas à ordre, doit être considéré comme simple pouvoir, et non comme cession, et, par suite, le droit proportionnel de cession n'est pas dû. — 20 sept. 1830. Sol. de la régie. D.... D.P. 32. 3. 110.

155. — Le billet à ordre causé valeur reçue *en effets mobiliers* n'est passible que du droit de 1/2 p. 100.— On soutiendrait en vain qu'étant donné en paiement du prix d'une vente de meubles, il doit être soumis au droit de 2 p. 100, par application de l'art. 69, § 3, n. 3 de la loi de l'an 7. — 14 oct. 1831. Sol. D.P. 33. 3. 81.

156. — Et lorsque l'acte que l'on présente à la formalité ne contient pas des indications suffisantes pour la perception des droits; par exemple, lorsqu'il énonce un récépissé de sommes, sans dire à quel titre, les parties doivent déclarer si c'est à titre de prêt ou de libération; et si elles refusent de s'expliquer, le receveur doit percevoir le droit d'obligation (*Journ. de l'enreg.*, art. 1897).— D.A. 7. 51, n. 12.

ART. 3. — *Des actes qui sont soumis à l'enregistrement.— Délai, Procès-verbaux, Pays étranger, Colonie*, etc.

157.—Règle générale, tout acte, quel que soit son contenu, qui n'est pas expressément prévu par une disposition des lois fiscales, doit recevoir la formalité moyennant le droit fixe de 1 fr.— Ainsi, toute question d'établissement du droit, lorsque l'acte n'est pas entièrement exempte, se réduit à reconnaître s'il est passible du droit proportionnel ou du droit fixe. L'exigibilité du droit proportionnel n'a qu'une cause possible, c'est la dénomination précise de l'acte ou de la mutation, tandis que le droit fixe est dû, soit que l'acte soit expressément tarifé, soit qu'il ne le soit pas. Seulement, dans le premier cas, la quotité varie suivant la nature de l'acte dénommé; dans le second, c'est invariablement le droit de 1 fr. qui doit être perçu —*Tr. des dr. d'enreg.*, t. 1er, n. 57.

158. — Dans l'économie de la loi, *les actes judiciaires* sont distingués des actes *extrajudiciaires*; et, parmi ceux-ci, il faut séparer les *actes authentiques* des actes *sous signature privée*. — D.A. 7. 25, n. 1.

159. — Tous les actes publics doivent être enregistrés dans un certain délai que l'art. 20 de la loi de frim. détermine.— D.A. 7. 25, n. 1.

160. — Toutefois le défaut d'enregistrement ne rend un acte nul qu'autant que la loi l'a déclaré. — 23 fév. 1827. Cr. c. int. de la loi C. Pain. D.P. 27. 1. 151.

161. — La disposition de l'art. 34 de la loi du 22 frim. an 7, qui déclare d'une manière générale les exploits et procès-verbaux nuls, s'ils n'ont pas été enregistrés dans le délai prescrit, a été nécessairement restreinte par l'art. 47 de la même loi, qui ne défend de rendre jugement sur des actes non enregistrés que lorsque le jugement serait rendu en faveur de particuliers, et non lorsque les actes intéressent l'ordre public. — En conséquence, les tribunaux, saisis de la poursuite d'un délit constaté par procès-verbal de la gendarmerie, ne peuvent surseoir à y faire droit jusqu'à ce qu'il ait été enregistré. — 23 fév. 1827. Cr. c. int. de la loi C. Pain. D.P. 27. 1. 151.— 27 juill. 1827. Cr. c. Min. pub. C. Grass. D.P. 27. 1. 446.

162. — Et cela a été jugé de même à l'égard d'un procès-verbal de garde-champêtre, constatant un délit de chasse sans permis de port d'armes. — 16 janv. 1824. Cr. c. Amiens. Min pub. C. Trocmé. D.A. 7. 31. D.P. 24. 1. 115. — 27 juill. 1827. Cr. c. Min. pub. C. Grass. D.P. 27. 1. 446.

163. — De même encore, le défaut d'enregistrement ne peut empêcher un juge de prendre en considération un procès-verbal touchant l'ordre public, alors qu'il doit faire foi jusqu'à preuve contraire. — 2 août 1828. Cr. c. Min. pub. C. Durand. D.P. 28. 1. 368. — Le même jour, il a été rendu trois autres arrêts identiques.

164. — Toutefois, le principe a été modifié en ce sens, que le défaut d'enregistrement d'un procès-verbal constatant une contravention de police, peut légitimer le renvoi provisoire des prévenus, jusqu'à ce que la formalité ait été remplie. — 5 mars 1819. Cr. c. Min. pub. C. Jolivet. D.A. 7. 31. D.P. 19. 1. 281.

165.— Par suite de la même doctrine, il a été décidé que les procès-verbaux des commissaires de police, qui ne constatent qu'un simple délit de police correctionnelle, doivent être enregistrés avant de pouvoir servir de base aux poursuites (L. 22 frim. an 7, art. 70, § 1er, n. 3). — 3 sept. 1808. Cr. r. Min. pub. C. Saumade. D.A. 7. 30. D.P. 9. 2. 64.

166.— Mais toutes les fois qu'il s'agit de la vindicte publique, il peut être passé outre au jugement, nonobstant le défaut d'enregistrement des pièces de conviction. L'art. 47 de la loi du 22 frim. an 7 ne doit pas être étendu au-delà de ses termes, et n'est applicable qu'aux jugemens qui ne concernent que des intérêts privés. — 5 mars 1819. Cr. c. Min. pub. C. Jolivet. D.A. 7. 31. D.P. 19. 1. 281.

167. — Jugé de même que l'art. 70, § 3, n. 9 de la loi du 22 frim. an 7, comprenant au nombre des actes exempts de la formalité de l'enregistrement tous les actes, procès-verbaux et jugemens concernant la police générale et de sûreté et la vindicte publique, et ce même article n'établissant d'exception à cette règle que pour les actes et procès-verbaux des huissiers et gendarmes, il suit de là que le procès-verbal dressé par l'adjoint d'une commune, pour la constatation d'un délit et spécialement d'un vol avec circonstances aggravantes n'est pas soumis à l'enregistrement; c'est donc à tort qu'il a été annulé pour défaut de cette formalité. — 4 janv. 1834. Cr. c. int. de la loi. Mazantez. D.P. 34. 1. 76.

168. — Quant aux actes sous seing-privé, il faut distinguer tous ceux qui emportent transmission de propriété, d'usufruit ou de jouissance d'immeuble, et les engagemens, aussi sous signature privée, de biens de même nature, sont soumis à l'enregistrement dans un délai de rigueur. — D.A. 7. 25, n. 1.

169.—La présentation des autres actes sous seing-privé est laissée à la volonté des parties, mais il n'en pourra être fait aucun usage, soit par acte public, soit en justice ou devant toute autre autorité constituée, qu'ils n'aient été préalablement enregistrés. — D.A. 7. 25, n. 1.

170.— Conformément à ce principe, il a été jugé que lorsque des pièces ont été produites dans une instance, elles deviennent communes aux deux parties. Si donc l'une d'elles a produit une pièce, qu'elle refuse ensuite de faire enregistrer, quoiqu'il en ait été aussi ordonné par le tribunal, celui-ci peut, au lieu de la rejeter du procès, charger le greffier de la faire enregistrer, dès que l'adversaire a manifesté l'intention de s'en prévaloir.— 6 therm. an 13. Req. Bruxelles Malot. D.A. 7. 29. D.P. 5. 2. 177.

171.— Un jugement, quoique fondé uniquement sur un acte non revêtu de la formalité de l'enregistrement, ne doit pas être cassé dans l'intérêt des parties, à l'égard desquelles les actes, quel que soit leur défaut d'authenticité, font toujours foi de leur contenu, lorsqu'ils ne sont pas contestés; mais il doit l'être dans l'intérêt de la loi (L. 19 déc. 1790, art. 11) — 1er pluv. an 10. Civ. c. int. de la loi. Villeneuve. D.A. 7. 67. D.P. 3. 1. 424.

172 — La loi du 22 frim. an 7 n'ayant point renouvelé la peine de nullité que prononçait celle du 19 déc. 1790, contre les jugemens rendus sur des actes non enregistrés, un jugement ne peut plus être annulé sous ce prétexte, sauf la responsabilité personnelle des juges, et l'amende prononcée contre le greffier, dans les cas déterminés par les art. 35

et 47 de la loi de frimaire.— 19 nov. 1807. Gr. r. Douanes C. Vertembrouck. D.A. 7. 67. D.P. 2. 7.

175.— A l'égard des actes, soit publics, soit sous seing-privé, translatifs ou non de propriété immobilière, passés en pays étrangers ou dans les colonies, où l'enregistrement n'est pas établi, il est clair que la loi française ne saurait les atteindre hors de sa juridiction territoriale; ils ne seront donc soumis à l'enregistrement qu'autant qu'ils seront produits en justice, ou relatés dans un acte authentique reçu en France (art. 28 loi de frim. an 7). — D.A. 7. 25.

174.— Et d'après l'avis du conseil d'état, du 10 brum. an 14 et 12 déc. 1806, et d'après la loi du 16 juin 1824, art. 4, les actes contenant mutation de propriétés immobilières, passés dans les colonies ou à l'étranger, et dont il est fait usage en France, ne sont assujettis qu'au droit fixe de 5 francs.

175.— Quant à ceux relatifs à des obligations ou mutations d'objets mobiliers, d'après les mêmes avis et d'après l'art. 58 de la loi de 1816, qui n'a pas été modifiée comme pour les premières, par la loi de 1824, ils sont assujettis aux mêmes droits proportionnels, quand on en fait usage en France, que ceux dont serait passible un acte de l'espèce passé dans le royaume.— D.A. 7. 50, note 1re.

........— Mais les actes sous signature privée qui, avant l'établissement de l'enregistrement dans les pays réunis, y avaient acquis une date certaine, sont dispensés de la formalité, encore qu'ils viennent à être produits en justice (L. 22 frim. an 7, art. 23, 42, 47 et 70, § 3, n. 16).— 29 brum. an 12. Civ. c. Auffschneider. D.A. 7. 28. D.P. 4. 1. 161.—Même décision 8 frim. an 12. Civ. c. Enreg. C. Zimmermann. D.A. 7. 28. D.P. 2. 3.

Remarquez que la simple énonciation d'une date antérieure à la réunion, ne constitue pas la date certaine.— 8 frim. an 12. Civ. c. Enreg. C. Zimmermau. D.A. 7. 28. D.P. 2. 3.

176.— Toutefois, lorsqu'un acte, passé dans un pays réuni autrefois à la France, est présenté à l'enregistrement après la distraction de ce pays de la France, il y a lieu à percevoir sur cet acte, comme sur tous autres actes passés à l'étranger, les droits que l'on percevrait s'il était passé en France, aux termes des art. 23 de la loi du 22 frim. an 7, et 58 de la loi du 28 avril 1816; ce n'est pas le cas d'appliquer l'art. 70, § 3, n. 16 de la loi de frimaire, qui exempte de la formalité les actes passés dans les pays réunis, et ayant acquis date certaine d'après les lois de ces pays.

Il en doit être de même, à plus forte raison, lorsque l'acte a été passé avant la réunion effective de ce pays à la France.— 26 mai 1830. Civ. c. Enreg. C. O'Heguerty. D.P. 30. 1. 254.

Une délibération du 10 oct. 1818 porte même que les actes passés dans les Pays-Bas (où le timbre et l'enregistrement ont été conservés), depuis que le pays a été séparé de la France, ne peuvent passer en France sans y avoir reçu cette double formalité, quelle que soit d'ailleurs celle dont ils aient été revêtus à l'étranger.—Trouill., *Dict. de l'enreg.*, p. 75, n. 10.

177.— Quant à l'acte authentique passé dans une colonie avant l'établissement de l'enregistrement, il est affranchi du droit proportionnel, lors même que ce droit est établi sur le territoire continental; et que l'acte dont il s'agit est mis à exécution sur ce territoire (L. 22 frim. an 7, art. 23 et 22, 70, § 3, n. 16). — 29 juin 1810. Civ. r. Enreg. C. Perdreau. D.P. 10. 1. 503.

178. — Les actes passés dans l'île Bourbon, régie par des réglemens particuliers, doivent être enregistrés en France lorsqu'on veut en faire usage, en imputant les droits déjà acquittés sur ceux exigibles d'après le taux fixé par la loi du 28 avril 1816 (Délib. 30 nov. 1822).— Trouillet, *Dict. de l'enreg.*, v° Acte passé hors du territoire, n. 11.

179. — Le mot *acte* employé dans l'art. 23 de la loi de frim. an 7 est générique et comprend les jugemens: aussi on décide que ceux rendus en pays étrangers (en Angleterre, par exemple) sont, comme les actes extrajudiciaires passés hors de France, soumis au même droit proportionnel que s'ils avaient été passés en France, lorsqu'on veut en faire usage en ce pays; ainsi, il y a lieu de percevoir le droit proportionnel de condamnation sur un jugement rendu en Angleterre, lorsqu'on demande aux tribunaux français qu'ils le rendent exécutoire (L. 22 frim. an 7, art. 59, § 2; 28 avril 1816, art. 58). — 14 avril 1834. Civ. r. Stacpoole. D.P. 34. 1. 190.

180. — La loi ne parle au reste que de l'énonciation dans un acte *public*, d'où il résulte que si la mention n'a lieu que dans un acte sous *seing-privé*, le droit ne pourra être exigé lors de la présentation de cet acte à la formalité.

Mais la production devant une *autorité constituée* rend aussi le droit exigible. Dès lors, on s'est demandé si la relation d'un sous seing-privé dans le procès-verbal de conciliation, donnait lieu à la réclamation des droits? Le doute venait de ce que l'art. 54 C. pr. n'attribue aux conventions contenues dans ce procès-verbal que la force des conventions sous signature privée. Mais le juge de paix est une autorité constituée; dès lors, il y a lieu à l'application de la disposition finale de l'art. 23 de la loi du 22 frim. an 7 (*Journ. de l'enreg.*, art. 1036).— D.A. 7. 50, note.

181. — La loi de frimaire an 7, contrairement à celle de 1790, se contente de prononcer contre les notaires qui ne soumettent pas leurs actes à la formalité de l'enregistrement, une amende, et les rend en outre responsables du paiement des droits (33); mais elle maintient à l'égard des exploits des huissiers (34) la nullité, pour défaut d'enregistrement dans les délais, en la restreignant toutefois aux seuls exploits qui sont passibles du droit fixe. — D.A. 7. 25, n. 2.

182. — Tous les actes civils, judiciaires ou extrajudiciaires doivent aujourd'hui être enregistrés sur les minutes ou les originaux. Mais, parmi ces actes, il en est qui doivent être enregistrés en débet, d'autres gratis, d'autres enfin qui sont dipensés de la formalité. Ces actes sont désignés sous les § 1, 2 et 3 de l'art. 70 de la loi du 22 frim. an 7, dont nous devons rapprocher les dispositions des lois postérieures qui y ont apporté quelques changemens ou modifications. — D.A. 7. 25, n. 3.

§ 1er. — *Des actes qui doivent être enregistrés en débet ou gratis.*

183. — D'après la distinction qui précède, doivent être enregistrés en *débet* : 1° tous actes, procès-verbaux et jugemens en matière correctionnelle ou de simple police, lorsqu'il n'y a pas de partie civile, soit que la poursuite ait lieu à la requête du ministère public, soit même d'une administration agissant dans l'intérêt de l'état (à l'exception de la régie des contributions indirectes, pour les affaires qui la concernent, ou ses agens), soit à celle d'une commune ou d'un établissement public, sauf le recouvrement des droits contre les parties condamnées. Il faut excepter les procès-verbaux des gardes des particuliers, dont les droits doivent être avancés par les propriétaires, dans l'intérêt desquels ces procès-verbaux sont rapportés, bien qu'ils ne soient pas obligés de se porter parties civiles devant le tribunal appelé à connaître du délit. — D.A. 7. 25, n. 4.

184. — 2° Les déclarations d'appel, en matière correctionnelle, lorsque l'appelant est emprisonné (L. 25 mars 1817, art. 74). — D.A. 7. 26, n. 4.

185.— 3° Tous actes et procès-verbaux de poursuite pour contraventions aux réglemens généraux d'impositions; 4° les actes faits d'office et les jugemens rendus sur la requête du ministère public, en matière *civile*, sauf à ajouter les droits au montant de la liquidation des autres frais, et à poursuivre le recouvrement du tout en la forme ordinaire (Déc. min. 22 oct. 1817).— D.A. 7. 26, n. 4.

186. — 5° Les procès-verbaux des maires et adjoints, des ingénieurs des ponts et chaussés, des agens de la navigation, des commissaires de police et des gendarmes, pour contraventions en matière de grande voirie.— 11 frim. et 4 germ. an 11. Déc. min. D.A. 7. 26, n. 4.

187.— 6° Les jugemens portant interdiction d'office, et ceux relatifs aux contraventions à la loi sur le notariat (*Dict. de l'enreg.*, v° Jugement, n. 78).

188. — Et tous les actes qui sont faits dans un intérêt public, lorsqu'ils ne jouissent pas de la faveur de l'enregistrement gratis, ou qu'ils ne sont pas affranchis de la formalité. — D.A. 7. 26, n. 4.

189.— *Principe général.*— Tous les actes dont les droits tomberaient à la charge de l'état doivent être enregistrés gratis (L. fruct. an 7, art. 70, § 2, n. 1; *Dict. de l'enreg.*, v° Acte judiciaire, § 13, art. 1er, n. 1).

190. — Mais sont nominativement appelés à jouir du privilége, 1° « les acquisitions et échanges faits par l'état, les partages de biens entre lui et des particuliers, et tous autres actes faits à ce sujet » (L. 22 frim. an 7, art. 70, § 2, n. 1). Cette exception ne peut être étendue aux actes des communes ou des établissemens publics, qui ne sont que de simples personnes privées dans tout ce qui tient au réglement de leurs intérêts (V. l'arrêt du 18 nov. 1823). D.A. 7. 26, n. 5.

191.— Aussi, avant la loi de 1831, a-t-on jugé que l'exemption des droits de mutation, accordée par la loi du 9 mai 1806, pour les ventes des terrains dépendans de la place *Bellecour*, est spéciale à la ville de Lyon, et ne s'applique qu'aux ventes consenties à cette ville par les anciens propriétaires de ces terrains, et aux reventes faites, par elle, desdits terrains bâtis ou non bâtis, lorsque, d'ailleurs, les maisons ont été reconstruites pour son compte. Mais cette exemption ne saurait être étendue aux ventes de constructions faites par un individu qui aurait bâti pour lui-même sur le terrain que la ville de Lyon lui aurait concédé, dès que le privilége a été épuisé par l'enregistrement *gratis* de la vente consentie à la ville par l'ancien propriétaire, et de la concession faite par celle-ci au constructeur (L. 22 frim. an 7, art. 69, § 7, n. 1). — 27 août 1816. Sect. réun. c. Enreg. C. D'Anglancier. D.A. 7. 155. D.P. 16. 1. 527.

192. — L'acquisition faite par une ville, et dont le prix doit être payé par elle, d'une maison et de ses dépendances, pour être démolies et servir à l'embellissement d'une place, et à l'élargissement de quelques rues adjacentes, est passible du droit proportionnel. On ne peut étendre aux communes l'art. 70, § 2 de la loi du 22 frim. an 7, aux termes duquel doivent être enregistrés *gratis* les acquisitions, échanges et partages faits par l'état.— Il en doit être ainsi alors même que la démolition de la maison se lierait à un plan plus étendu, ayant pour objet de faciliter le passage d'une voie publique, si la destination principale et immédiate de cette mesure n'intéresse directement que la ville ou la commune qui a fait l'acquisition.— Seulement, dans ce cas, la commune peut faire rejeter, s'il y a lieu, sur l'état, une partie du droit, proportionnée à l'avantage qu'il retire de l'acquisition.— 18 nov. 1823. Civ. c. Enreg. C. Ville de Lyon. D.A. 7. 160. D.P. 23. 1. 455.

193. — De ce que les entrepreneurs d'un chemin ont été, pour l'établir, subrogés par le gouvernement à son droit, à l'effet d'exproprier, pour cause d'utilité publique, les terrains sur lesquels ce chemin devra passer, et qu'il devront payer de leurs deniers; il ne suit pas qu'ils aient été subrogés, par cela même au privilége qu'a le trésor, afin d'éviter un inutile circuit dans ses opérations, de faire enregistrer *gratis* ses actes d'acquisitions ou d'échange. — Dès lors, ils prétendraient en vain devoir être affranchis, pour leurs acquisitions, du paiement du droit proportionnel, et n'être tenus que du droit fixe. — 18 janv. 1831. Civ. r. Séguin. D.P. 31. 1. 65.

194.— Dans une adjudication au rabais consentie par une commune pour la construction d'un pont, s'il est stipulé que l'adjudicataire recevra, en paiement d'une partie du prix, le produit d'un péage précédemment abandonné à la commune par l'état, ce produit doit être considéré comme une subvention fournie par le trésor, et ne peut être soumis qu'au droit fixe d'un franc et non à un droit proportionnel (L. 15 mai 1818, art. 73). — 15 mars 1833. Délib. — 4 avril 1833. Déc. min. Enreg. C. Comm. de... D.P. 33. 3. 102.

195.—L'institution des jeunes aveugles est un établissement public et doit, comme tel, jouir de l'exemption du droit proportionnel établi par la loi du 7 pluv. an 12, en faveur des pauvres et des hôpitaux. — 4 fév. 1834. Civ. c. Instit. des Aveugles. D.P. 34. 1. 85. — 4 fév. 1834. Civ. r. Enreg. C. Hosp. de Cambray. D.A. 34. 1. 86.

196. — 2° Est appelé à jouir du privilége, l'acte de cession consentie au profit de l'état, d'une créance pour éteindre le débet d'un comptable (Instr. gén. 28 juill. 1808).—*Idem* de l'acte par lequel un comptable consent à ce que son cautionnement soit retenu au profit du trésor (*Dict. de l'enreg*, v° Acquisition, § 1er, n. 6 et 7).

197.—3° Tous les actes de poursuite, *tant en action qu'en défense*, qui ont pour objet le recouvrement des contributions publiques, et de toutes autres sommes dues à l'état, ainsi que des contributions locales, lorsqu'il ne s'agit que de cotes et créances non excédant 100 fr. (L. 16 juin 1824, art. 6). — Mais les jugemens rendus en ces matières sont assujettis aux règles ordinaires (L. 28 avril 1816). — D.A. 7. 26 5, n..

198.—4° Tous les actes concernant le recouvrement des sommes dues pour mois de nourrice, lorsqu'elles n'excèdent pas 100 fr. (même art. 6): mais non les jugemens — D.A. 7. 26.

199. — 5° Les actes de procédure et les jugemens à la requête du ministère public, ayant pour objet, 1° de réparer les omissions et de faire les rectifications, sur les registres de l'état civil, d'actes qui intéressent les individus notoirement *indigens*; 2° de remplacer les registres de l'état civil perdus

ou incendiés par les événemens de la guerre, et de suppléer aux registres qui n'auraient pas été tenus (L. 25 mars 1817, art 75).— D A. 7. 26, n. 5.

200.—6° Sont enregistrés gratis les arrêts rendus par la cour de cassation, dans *l'intérêt de la loi*, pour rectifier une erreur de jurisprudence (*Dict. de l'enreg.*, v° Acte judiciaire, § 13, art. 1er, n. 4).

201. — 7° Les lettres-patentes de dispense d'âge pour mariage, délivrées aux personnes reconnues *indigentes* (L. 15 mai 1818, art. 77). — Il y a dérogation, en ce point, à l'art. 55 de la loi du 28 avril 1816. — V., au *Bulletin*, le tableau annexé à la loi de 1816.— D.A. 7. 26, n. 5.

202. — 8° Les actes de reconnaissance d'enfans naturels appartenant à des individus notoirement *indigens* (L. 15 mai 1818, art. 77). — D.A. 7. 26, n. 5.

203. — 9° L'acte de prestation de serment d'un médecin nommé pour exercer des fonctions gratuites auprès d'un conseil de recensement de la garde nationale.—Trouillet, *Dict. de l'enreg.*, v° Serment, n. 61.

204. — 10° Les actes de prestation de serment des gardes jurés, institués à Alençon pour vérifier la qualité et la dimension des toiles exposées en vente (Déc. min des fin., du 6 déc. 1824).—Trouillet, *Dict. de l'enreg*, v° Serment, n. 56.

205. — 11° Le serment des membres du jury établi près le ministère de l'intérieur, pour vérifier l'origine des tissus saisis dans l'étendue du royaume (Déc. min. des fin. 27 janv. 1817).— *Eod.*, n. 55.

§ 2. — *Des actes dispensés de l'enregistrement.*

206. — Sont dispensés de l'enregistrement :

1° Tous les actes, arrêtés et décisions des autorités administratives, à l'exception de ceux portant transmission de propriété, d'usufruit et de jouissance; des adjudications ou marchés de toute nature, aux enchères, au rabais ou sur soumission, et des cautionnemens relatifs à ces actes (L. 15 mai 1818, art. 80). — D.A. 7. 26, n. 6.

207. — Ainsi, le traité passé par acte sous seing-privé et unilatéral, entre un particulier et le maire d'une ville, par lequel le premier se rend entrepreneur de travaux à faire dans l'intérêt de cette ville, doit, comme tout traité formé sur adjudication, après enchères, être enregistré sur minute dans les vingt jours de sa date, à peine d'amende du demi-droit en sus. — 12 mai 1830. Civ. c. Enreg. C. Chazournes. D.P. 30. 1. 241.

208.— De même, l'affranchissement du droit proportionnel accordé, sous l'ancien gouvernement, aux entrepreneurs de défrichemens, en général, ou à une compagnie particulière, pour les actes concernant l'entreprise, a cessé dès que ces actes n'ont point été compris dans la classe des droits fixes, ou parmi les exemptions créées par les lois nouvelles.— 2 avril 1806. Civ. c. Enreg. C. Pérache. D.A. 7. 29. D.P. 6. 2. 133

209. —Les tribunaux ne peuvent, sous un prétexte d'analogie, étendre aux droits d'enregistrement, l'exemption ou la modération de la contribution foncière, que des lois spéciales auraient maintenue en faveur desdits entrepreneurs. — 2 avril 1806. Civ. c. Enreg. C. Pérache. D.A. 7. 29. D.P 6. 2. 133.

210. — Les adjudications au rabais ou marchés passés entre les tribunaux et les imprimeurs, bien qu'ils ne présentent que peu d'avantage à ceux qui les souscrivent, ne peuvent être considérés comme des actes d'administration intérieure, sujets à l'enregistrement sous la loi de l'an 7 (Déc. min. des fin. 7 juill. 1812). Depuis celle du 15 mai 1818, ils ne le sont qu'autant qu'ils sont faits par adjudication ou sur soumission. — Trouillet, *Dict. de l'enreg.*, v° Acte administratif, n. 36.

211. — Une lettre écrite par un maire en sa qualité, est un acte administratif exempt de l'enregistrement, et dont par conséquent on peut faire usage devant les tribunaux sans la faire enregistrer (Cass. 26 mars 1825), — *Eod.*, n. 38.

212. — 2° Les actes d'administration publique, que la loi n'assujettit pas nominativement à un enregistrement *gratis* ou en *débet*. — D.A. 7. 26, n. 6.

213. — Une décision du ministre des finances, du 19 germ. an 13, rapportée dans une circulaire de la régie, assimile aux actes *d'administration publique* les procès-verbaux de récolement, en matière de vente de coupes de bois; mais elle ne fait que *suspendre*, à leur égard, la formalité de l'enregistrement, pour les y assujettir dès l'instant où le droit peut être recouvré, soit sur les adjudicataires à qui profitent ces procès-verbaux de récolement, soit sur ceux-là même dont la malversation y a donné lieu. — D.A. 7. 26, n. 6.

214. — 3° Sont exemptées les pièces produites devant le conseil d'état, autres que celles qui, par leur nature, sont sujettes à l'enregistrement, dans un délai fixé, sans néanmoins que l'exemption puisse leur profiter, s'il en était fait usage ailleurs (Décr. du 22 juill. 1806). — D.A. 7. 26, n. 6.

215. — 4° Les actes sous seing-privé tendant uniquement à la liquidation de la dette publique, et en tant qu'ils servent aux opérations de la liquidation, ainsi que les actes des administrations et commissaires liquidateurs, relatifs auxdites liquidations (L. 26 frim. an 8, art. 1er et 2). — D.A. 7. 26, n. 6.

216. — 5° Les actes sous seing-privé à produire devant la commission de liquidation de l'indemnité des émigrés; les actes des administrations et ceux de la commission de liquidation (Ordonn. 1er mai 1825). — D.A. 7. 26, n. 6

217.—Mais l'exemption du droit d'enregistrement, accordée par la loi du 25 mars 1817, en faveur des seuls héritiers des émigrés qui ont été investis *directement* par l'état, de la propriété des biens invendus, confisqués sur leurs auteurs, ne peut être invoquée par l'héritier testamentaire de l'émigré, si le droit de cet émigré à la restitution avait été reconnu, et la restitution prononcée avant son décès, encore bien que la mise en possession réelle n'ait eu lieu qu'après, ès-mains de son héritier institué (L. 22 frim. an 7, art. 69, § 8, n. 2, et L. 25 mars 1817, art. 78). — 20 mars 1822. Civ. c. Enreg. C. De Vaillac. D.A. 7. 33. D.P. 22. 1. 368.

218.— Comme aussi la cession faite par un colon de ses droits à l'indemnité accordée par la loi du 30 avril 1826, est passible du droit proportionnel et non pas seulement du droit fixe.— 31 mars 1832. Chambre des députés. Dumoustier. D.P. 32. 3. 69, 104..

219. — 6° Les inscriptions sur le grand-livre de la dette publique, leurs transferts et mutations, à quelque titre que ce soit, etc. — D.A. 7. 26, n. 6.

220. — Cette exemption a été étendue au contrat contenant cession, par un étranger, de la portion pour laquelle il doit entrer dans la distribution d'une inscription de rente portée sur le grand-livre de la dette publique de France, et attribuée au gouvernement de cet étranger, par le traité du 25 avril 1818, pour le paiement des dettes contractées par les princes français, durant leur émigration, est un véritable transfert de rentes nationales, exempt par conséquent de la formalité de l'enregistrement, lors surtout qu'il est constant, en fait, qu'à l'époque de la cession, le gouvernement auquel cet étranger appartient se trouvait nanti des rentes à distribuer, et qu'il n'en avait encore disposé d'aucune manière (L 22 frim. an 7, art. 70, § 3, n. 3). — 14 déc. 1820. Req. Enreg. C. Marceaux D.A. 7. 32. D.P. 21. 1. 326.

221.— Comme conséquence de l'exemption, on a encore décidé qu'en cas de décès du propriétaire d'une rente inscrite sur le grand-livre, le droit ne peut être perçu sur cette rente, et cela, encore bien que le défunt aurait chargé son légataire universel d'acquitter divers legs particuliers, au paiement desquels, par suite de l'insuffisance des autres biens de la succession, devra servir le capital de la rente. — 6 fév. 1827. Req. Enreg. C. Verrier. D.P. 27. 1. 132.

222. — Mais il a été décidé que l'acte par lequel une mère déclare avoir acheté une rente sur l'état, sous le nom de sa fille, pour en faire donation à celle-ci, est passible du droit proportionnel, s'il est prouvé que la rente n'était pas encore achetée au moment de la donation. La loi n'exempte du droit proportionnel que les donations de rentes déjà inscrites sous le nom du donateur. — 8 oct. 1830. Délib. D.P. 33. 3. 28.

223.— Mais on remarquera que le législateur n'a entendu affranchir de la formalité que les transferts qui ont lieu à la bourse par l'intermédiaire d'un agent de change, et non ceux passés par devant notaires (Déc. min. 18 août 1820).— D.A. 7. 26, note 3.

Comme aussi, lorsque dans un acte portant cession ou transfert d'une rente sur l'état, il intervient des stipulations donnant par elles-mêmes ouverture à un droit proportionnel d'enregistrement, le droit devra être perçu (Déc. min. des fin. 14 sept. 1825). Trouillet, *Dict. de l enreg*, v° Transfert, n. 4.

224 —Dès-lors, si, pour prix du transfert, le cessionnaire transmet au cédant un immeuble, ou lui constitue une rente perpétuelle ou viagère, l'exemption dont jouit le transfert ne peut affranchir la mutation immobilière ou la constitution de rente du droit proportionnel dont la loi frappe ces derniers actes.— 7 nov. 1826. Civ. c. Enreg. C. Chrétien. D.P. 27. 1. 36.

225. — C'est pour ce motif qu'on a déclaré qu'un dépôt de rentes sur l'état, pour sûreté des engagemens contractés par un tiers, est un cautionnement passible du droit proportionnel.—On opposerait en vain l'exemption de droit prononcée par la loi du 22 frim. an 7, en faveur des stipulations ayant pour objet les rentes sur l'état (art. 69, § 2, n. 8; 70, § 3, n 3, l. 22 frim. an 7). — 24 avril 1833. Trib. de la Seine, H..... C. Enreg. D.P. 33. 3. 78.

226.— Pareillement, l'acte notarié par lequel une partie promet de prêter une rente sur l'état et l'autre s'engage à en rendre une de même valeur avec affectation hypothécaire, est passible d'un droit proportionnel.—6 déc. 1833. Délib. cons. d'adm C. B... D P. 34. 3. 28.

227. — De même la rente viagère constituée moyennant la cession d'une rente sur l'état, est passible du droit proportionnel. — 21 janv. 1834. Délib de la rég. Sauvage. D.P. 34. 3. 49.

228.— Jugé encore que la stipulation en contrat de mariage, par laquelle le futur époux fait donation à sa future épouse de l'usufruit d'une rente sur l'état, pour l'immatricule et livraison de laquelle il lui confère l'action nécessaire, ne peut être considérée comme un transfert de rente, affranchi de tous droits d'enregistrement par l'art. 70, § 3, n. 3 de la loi du 22 frim. an 7.— 14 juill. 1830. Req. Ferrard. D.P. 30. 1. 374.

229.—Et on a jugé au contraire qu'un prêt en rentes sur l'état doit être considéré comme un transfert de rentes, et n'est pas passible du droit de un pour cent. —12 oct. 1832. Solut. B..... D.P. 33. 3 4.—28 mai 1833. Solut. — *Contrà*, 6 déc. 1833. Solut. *eod.*

230.— De même, le paiement d'une dette, au moyen d'un transfert de rente sur l'état, n'est point passible du droit de quittance, pas plus qu'un transfert pur et simple.— 2 oct. 1830. Solution. D.P. 31. 3. 39.

231.— Les transferts de rentes faits par la caisse d'amortissement sont assujettis à la formalité de l'enregistrement, au droit fixe de 1 fr., lorsqu'on est dans le cas d'en faire usage en justice (Déc. min. des fin. 20 juill. 1810).— Trouillet, *Dic. de l'enreg.*, v° Transfert, n. 11.

232. — Les actes de prêts faits par la caisse des dépôts et consignation sur dépôts d'effets publics, sont assujettis au droit proportionnel comme les transactions de même nature faites entre particuliers; et l'on ne peut s'appuyer des dispositions exceptionnelles de la loi sur l'enregistrement pour percevoir le droit fixe de 1 fr., qui ne peut s'appliquer qu'aux seuls effets publics remboursables par le trésor. — 1er déc. 1832. Décis. min. des fin. D.P. 33. 3. 56.

233.—A l'égard des cessions de rente consenties par les émigrés à leurs créanciers pour obtenir leur libération, il faut distinguer : 1° si la dette est *antérieure* à la confiscation, le droit n'est pas dû sur le transfert, parce que, dans cette hypothèse, l'art. 18 de la loi du 27 avril 1825 accorde aux émigrés la faculté de se libérer en rente (Déc. du directeur-général, du 22 mai 1826; délib. des 30 janv. et 13 avril 1827; solut. du 2 oct. 1830); —2° si la dette est *postérieure*, le droit proportionnel devient exigible, parce qu'il n'y a pas de motifs de s'écarter du droit commun (Délib. des 27 juill. 1827 et 31 juill. 1829; solut. du 16 août 1830).—Ces deux principes résultent encore d'une délib. du 26 août 1831, prise en thèse générale (Instr. 1388, § 8); mais la distinction n'est pas fondée.—Trouillet, *Dict. de l'enreg.*, v° Transfert, n. 8.

234.—Ainsi, une collocation de sommes dues par un émigré et payables en rentes sur l'état, ne peut être considérée comme un transfert, exempt du droit d'enregistrement. — 26 avril 1833. Délib. cons. d'adm. Enreg. C. B.... D.P. 33. 3. 106.

235 — 7° Sont exemptées les actions de la caisse Lafarge et leurs transports. Elles sont assimilées aux inscriptions de rentes sur l'état, vu qu'elles reposent sur des inscriptions au grand-livre de la dette publique (Décis. min 27 pluv. an 10).—D.A. 7. 26. n. 6.

236 —8° Les actions des salines de l'Est et leurs transferts au profit de la compagnie par ses employés comptables et ses traitans (Décis. min. des fin. 17 mars 1810. Trouillet. *Dict. de l'enreg*, v° Transfert, n. 13).

237.—9° Les certificats de vie à délivrer aux rentiers et pensionnaires de l'état (Décr. 21 août 1806). —D.A. 7. 26, n. 6.

238.—10° Les certificats de vie à fournir par les actionnaires de la caisse Lafarge et généralement par tous les intéressés dans les tontines légalement

autorisées et dont les fonds seront employés en achats de rentes sur l'état (Décis. min. des fin. 8 fév. 1822 et instr. gén., n. 604).—D.A. 7. 27, n. 6.

239.—11° Les certificats de vie délivrés aux membres de la légion-d'honneur, et leurs procurations mises à la suite pour toucher leurs traitemens et gratifications (Décis. min. 11 août 1817).—D.A. 7. 27, n. 6.

240.—12° Les certificats des maires, constatant l'absence des registres de l'état civil (L. 15 mai 1818, art. 80; décis. min. 4 juill. 1820).—D.A. 7. 27. n. 6.

241.—13° Les certificats de dépôt au greffe des registres de l'état civil, délivrés aux maires dans l'intérêt public (Délib. 1er mai 1822).—D.A. 7. 27. n 6.

242.—14° Les procès-verbaux de ventes faites par la régie du Mont-de-Piété et tous les actes y relatifs (Décr. régl. du 8 therm. an 12, sur l'organ. du Mont-de-Piété).—D.A. 7. 26, n. 6.

243.—15° Les quittances des fournisseurs, ouvriers, maîtres de pension et autres de même nature, produites comme pièces justificatives d'un compte (C. pr., art. 537).—D.A. 7. 27.

244.—16° Les cédules délivrées par les juges de paix (L. du 18 therm. an 7).—D.A. 7. 27, n. 6.

245.—17° Tous les jugemens, actes et procès-verbaux en matière criminelle, excepté les procès-verbaux des huissiers et des gendarmes, qui sont enregistrés gratis (V. l'ord. du 26 mai 1816, relative à l'exécution des lois des 22 frim. an 7, et 28 avril 1816, concernant l'enregistrement des actes ci-dessus).—D.A. 7. 27, n. 6 et note 1re.

246.—La formalité de l'enregistrement n'est pas de rigueur pour les exploits faits à la requête du ministère public, dans les procédures de grand criminel ou de police correctionnelle.—23 vent. an 13. Cr. r. Mangré. D.A. 7. 30. D P. 5. 2. 104.

247.—18° Les jugemens qui ordonnent un délibéré (Décis. min. 28 nov. 1821; *Dict. de l'enreg.*, v° Acte judiciaire, § 13, n. 8.

248.—19° ...Ou la nomination d'un juge commissaire pour recevoir le serment des experts (*Dict. de l'enreg.*, v° Acte judiciaire, § 13, art. 2, n. 9).

249.—20° Diverses prestations de serment qu'on va énumérer :

1° Tout serment politique ;

2° Celui prêté par les avocats et avoués de ne rien dire ni publier, comme défenseurs ou conseils, de contraire aux lois, aux réglemens et aux bonnes mœurs, etc.... Mais ne sont pas compris dans cette disposition les actes par lesquels les avocats prêtent serment de remplir leurs fonctions avec exactitude et probité (Décis. min. des fin. 3 flor. an 13; instr. 290, § 56).

3° Le renouvellement annuel du serment des avocats à la rentrée des cours royales, après les vacances, qui n'est qu'un serment d'ordre intérieur. Décis. min. des fin. 2 juin 1812.

4° Les prestations de serment par les commissaires de police (Déc. min. des fin. 4 therm. an 13; instr. 290, § 58).

5° Les actes constatant le serment prêté par les membres du corps de la gendarmerie, devant les tribunaux, en exécution de l'ord. du 29 oct. 1820 (L. du 13 brum. an 7, art. 16, et 22 frim. an 7, art. 70; déc. min. des fin. 21 sept. 1821; instr. 995).

6° Les prestations de serment par les membres de la légion-d'honneur (Instr. 290, § 56).

7° Celles des préfets, sous-préfets, membres des conseils de préfecture et secrétaires-généraux de préfectures (Décis. min. des fin. 8 pluv. an 9).

8° Celles des procureurs du roi près les différens tribunaux ou cours de justice (Décr. des 28 vent., 8 germ., 28 flor. et 19 prair. an 10; inst. 290, § 42).

9° Celles des commis contrôleurs temporaires des contributions indirectes, chargés de procéder aux inventaires des boissons (Décis. min. fin. des 10 fruct. et 1er compl. an 12; instr. 290, § 51).

10° Celles des commis-greffiers pour remplacer temporairement le greffier en chef le jour où il fait le service de la garde nationale, pourvu que la cause soit mentionnée dans l'acte de prestation.—Trouil., *Dict. de l'enreg.*, v° Serment, § 1er, n. 4, § 2, n. 7, 11, 12, 15, 16, 26, 43, 58, 61, 74 et 76.

250.—21° La décision par laquelle le juge statue sur les oppositions aux qualités des jugemens.—*Dict. de l'enreg.*, v° Acte judiciaire, § 13, art. 2, n. 11.

251. — 22° Les actes inscrits sur les registres de l'état civil, tels que les procès-verbaux de cote et paraphe de ces registres; ceux des conservateurs y sont compris (Décis. min. des fin., 16 déc. 1816).—*Eod.*, n. 13.

252. — 23° Les visa donnés sur des actes d'huissier par des fonctionnaires publics. — *Eod.*, n. 17.

253. — 24° L'ordonnance royale qui autorise un notaire à changer de résidence, sans le placer dans une classe autre que celle où il se trouvait précédemment, n'est pas sujette à l'enregistrement.— 28 janv. 1834. Délib. cons. d'adm. Guibert. D.P. 34. 3. 40.

254.— 25° Les actes relatifs à la police intérieure des chambres des notaires, et ceux qui constatent le dépôt des contrats de mariage entre commerçans, et des jugemens de séparation de biens. — 10 mai 1832. Délib. cons. d'adm. D.P. 33. 3. 79.

Cette délibération est conforme à la décision ministérielle du 28 sept. 1829. —V. D.P. *eod.*

255.— 26° Enfin, les endossemens et acquits des lettres de change, billets à ordre et autres effets négociables (art. 70, § 3; l. de frim. an 7), soit qu'ils résultent de la mention du paiement inseré dans les protêts, soit qu'ils aient été mis sur les effets eux-mêmes (Dec. min. 28 sept. 1821).— D.A. 7. 27, n. 7.

256 — Et l'aval mis au dos d'une lettre de change et non donné par acte séparé, doit jouir de la même faveur que les endossemens. — Conf. *Journ. de l'enreg.*, art. 2379 ; Trouillet, *Dict. de l'enreg.*, v° Aval, n. 2. — *Contrà*, Rippert, *Dict. de l'enreg.* — V. D.A. 7. 48, n. 2.

257. — L'aval fourni sur un billet à ordre n'est soumis à aucun droit d'enregistrement : il jouit, sous ce rapport, de la même faveur que l'endossement (C. comm. 142, 187), lorsque, comme l'endossement, il est écrit dans le même contexte que le billet à ordre. — A cet égard, les principes conformes établis dans l'instruction générale, n. 488, et déjà consacrés par une décision ministérielle du 7 août 1810, n'ont subi aucune modification par les dispositions de l'art. 50 de la loi du 28 avril 1816, qui a assujetti à l'enregistrement les lettres de change précédemment exemptées de ce droit (19 nov. 1830. Dél. de la régie. D.P. 33. 3. 39.—21 déc. 1830. Délib. Legrand. D.P. 31. 3. 39.

258. — L'aval apposé sur une lettre de change ou billet à ordre n'est pas soumis au droit d'enregistrement dû pour cautionnement, ni à aucun autre droit particulier : l'exemption prononcée pour l'endossement par la loi du 22 frim. an 7 (art. 11 et 70) doit, par analogie, s'étendre à l'aval. — 21 janv. 1834. Délib. D.P. 34. 3. 40.

259. — Quant aux lettres de change exemptées de la formalité par l'art. 13 de la loi de frim. an 7; elles sont aujourd'hui soumises à un droit proportionnel de 25 cent. par 100, lorsqu'elles sont protestées faute de paiement ou d'acceptation (L. du 28 avril 1816, art. 50). — D.A. 7. 27, n. 7.

ART. 4.— *Des droits fixes.*

260.— La quotité du droit fixe varie suivant l'importance des actes auxquels on l'applique. — D.A. 7. 34, n. 1.

261. — La loi de 1816 a modifié la loi de l'an 7; elle en a changé la classification, élevé le tarif; elle y a introduit de nouvelles dispositions, mais elle ne l'a pas totalement remplacée, de telle sorte qu'il n'est possible de se fixer sur le tarif actuellement existant, qu'en rapprochant de la nouvelle loi les articles de celles de l'an 7 et de l'an 9.

C'est là ce qu'a fait l'administration de l'enregistrement, qui a adressé à ses employés, avec la loi de 1816, un tableau complet des actes sujets au droit fixe, d'après la combinaison des lois ci-dessus. Ce tableau n'a reçu des lois postérieures qu'un très petit nombre de modifications qu'il est facile de noter.— D.A. 7. 34, n. 1.

262. — Ce tableau a reçu encore quelque atteinte des réglemens particuliers, ainsi que des extensions données par les décisions ministérielles. Mais il est bon d'observer que ni les uns ni les autres ne peuvent jamais être qu'un commentaire de la loi, sur lequel le texte de celle-ci doit toujours prévaloir. — D.A. 7. 36, n. 1.

263.— Un des principes les plus importans en matière d'enregistrement, c'est que *les actes qui ne contiennent que l'exécution, le complément et la consommation d'actes antérieurs enregistrés*, ne sont assujettis qu'au simple droit fixe (L. 22 frim. an 7, § 1er, n. 6, art. 68). Indépendamment des nombreuses applications de cette règle, faites par la jurisprudence dont nous reproduisons *infrà* les décisions, nous croyons utile de poser dès à présent un exemple propre à guider le lecteur dans l'application de cette règle si générale.— D.A. 7. 37, n. 2.

264.— Une femme renonce à la communauté; on lui abandonne un conquêt pour la remplir de sa dot. Cet abandon opère mutation, et le droit proportionnel est dû, non parce que, par la renonciation de la femme à la communauté, le remploi de la dot cesserait d'être une condition du pacte conjugal, mais parce que la femme, perdant toute espèce de droits aux conquêts, le mari n'a pu se libérer envers elle avec un immeuble qui lui était propre, sans opérer une transmission de propriété. Mais si la femme, au lieu d'un immeuble, avait obtenu une somme d'argent, il n'aurait été dû, même en cas de renonciation à la communauté, qu'un simple droit fixe.— D.A. 7. 37, n. 3.

265.— Si au contraire elle a accepté la communauté, l'abandon ne donne lieu qu'au droit fixe, parce que le remploi de la dot est une condition dérivant du contrat de mariage. L'acceptation, dans ce cas, ne modifie pas, en quoi que ce soit, le principe de remploi ; mais le conquêt tient ici la place d'une somme d'argent, et comme il n'appartenait pas, avant le partage, plus au mari qu'à la femme; on ne peut pas dire qu'il s'opère aucune mutation au profit de cette dernière (V. Merl., Rép., v° Remploi, § 2, où l'auteur de l'article dit qu'il n'était pas dû, dans ce cas, de droit de centième denier).—D.A. 7. 37, n. 3.

266.— Voici au reste dans quel sens la jurisprudence a appliqué le principe ci-dessus. — Elle a déclaré qu'un exécutoire de dépens n'est passible que d'un droit fixe, parce qu'il est une partie du jugement même; qu'il en est le complément (Décis. min. du 16 fév. 1809).— D.A. 7. 38, n. 5.

267.—De même, l'acte contenant liquidation des reprises de la femme, qui ne constitue aucune obligation nouvelle à son profit, mais qui rappelle seulement les sommes qu'elle a le droit de répéter, en vertu des stipulations contenues dans son contrat de mariage précédemment enregistré, n'est assujetti qu'au simple droit fixe de 1 franc. Ainsi, lorsque le contrat de mariage énonce la somme à laquelle s'élèvent les apports matrimoniaux de la femme, il n'est dû aucun droit proportionnel sur la somme correspondante pour laquelle ces apports sont entrés dans l'acte de liquidation des reprises, qui ne doit alors être considéré, mais en cette partie seulement, que comme le complément du contrat de mariage, lors duquel le droit a été perçu.—6 juin 1811. Req. Enreg. C. Delaplace. D.A. 7. 40. D.P. 11. 1. 362.

268.— Par le même motif, l'acte qui intervient après la dissolution du mariage entre le mari et les héritiers de la femme, à l'effet de fixer le solde de la dot, d'après les diverses répétitions à exercer par le mari, ne peut être considéré comme un arrêté de compte donnant lieu au droit proportionnel. Cet acte, qui ne constitue aucune obligation nouvelle, n'est, dans la réalité, que l'exécution donnée au contrat de mariage précédemment enregistré, et, par suite, ne devient passible que d'un simple droit fixe (L. 22 frim. an 7, art. 68, § 1er, n. 6; 4 et 69, § 3, n. 3).— 13 oct. 1813. Civ. r. Enreg. C. Hussenot. D.A. 7. 41. D.P. 13. 1. 349.

269.— Conformément au même principe on n'a soumis qu'au droit fixe l'acte par lequel un délai est accordé au mari pour se libérer du reliquat de la dot, mis à sa charge ; la régie voulait qu'il fût considéré comme un prêt, opérant novation dans le titre des héritiers de la femme.— Même arrêt.

270.—De même, on a considéré, non comme un acte de libéralité, mais comme étant simplement l'*exécution* d'une obligation naturelle, le consentement donné par les frères d'un émigré, qui avaient recueilli seuls la succession du père commun, à ce que l'émigré, à son retour, fût admis au partage. En conséquence, on a déclaré le droit fixe de partage seul exigible.— 3 août 1814. Civ. r. Enreg. C. Constin. D.A. 7. 44. D.P. 14. 1. 447.

271.—Pareillement, un jugement qui déclare, en fait, que des immeubles acquis par le mari durant le mariage, l'ont été pour tenir lieu à la femme du remploi de ses propres aliénés, stipulé dans son contrat de mariage; et, en droit, que, par l'effet de ce remploi, la femme est devenue, de plein droit, propriétaire de ces immeubles au moment de l'acquisition, ne peut être considéré que comme simplement déclaratif de propriété, et n'est, par conséquent, assujetti qu'au droit fixe (L. 22 frim. an 7, art. 7 et 69, § 7, n. 1). — 29 mai 1816. Civ. r. Enreg. C. Camprodon. D.A. 7. 43. D.P. 2. 4. et 16. 1. 323.

272.—Egalement, l'acte contenant liquidation des reprises de la femme ne doit point, en ce qui concerne la reconnaissance faite par l'héritier du douaire appartenant à la veuve, en vertu d'une clause spéciale de son contrat de mariage, être considéré comme le titre d'une obligation nouvelle contractée par l'héritier, laquelle serait passible du droit pro-

portionnel de 1 pour 100, mais bien comme la suite et l'exécution inévitable d'un titre antérieur enregistré (le contrat de mariage) ne donnant lieu, par conséquent, qu'à la perception d'un simple droit fixe.— 10 déc. 1817. Civ. c. Dewit. D.A. 7. 41. D.P. 18. 1. 21.

273. — De ce qu'une cession de bail à domaine congeable, qui impose au cessionnaire l'obligation de payer une rente convenancière due par le cédant, se borne à cette mention de la rente, sans énoncer le titre constitutif, il ne résulte pas de ce défaut d'énonciation du titre que le droit proportionnel puisse être exigé sur l'acte constitutif de la rente convenancière, alors, d'ailleurs, qu'il est produit un acte récognitif du bail à domaine congéable, acte qui alors a été duement enregistré (L. 22 frim. an 7, art. 68, § 1er, n. 44). — 13 nov. 1826. Civ. c. Enreg. C. Mazurié. D.P. 27 1. 46.

274.— On décide encore que la disposition formelle du décret du 22 déc. 1812, qui n'assujettit qu'au simple droit fixe de 1 fr. les déclarations à faire par les titulaires de places sujettes à cautionnement, pour assurer à leurs bailleurs de fonds le privilége du second ordre sur le montant des cautionnemens, ne peut être éludée, sous le prétexte que ces déclarations, dont le décret d'ailleurs règle la forme, contiennent *implicitement*, de la part du titulaire, une obligation de sommes au profit de son bailleur de fonds, obligation que l'art. 69, § 3, n. 3 de la loi du 22 frim an 7, assujettit au droit proportionnel.— 4 déc. 1821. Civ. r. Enreg. C. Rozier. D.A. 7. 43. D.P. 22. 1. 29.— 27 mai 1829. Civ. r. Enreg. C Moulins. D.P. 29. 1. 253.

275.— Il n'y a aussi qu'exécution du contrat dans la clause d'un contrat de mariage portant « qu'en cas de prédécès de la femme, sans enfans, le mari n'aura à rendre aux héritiers de cette dernière que ce qu'il aura reçu d'elle, ou à cause d'elle » C'est là seulement une modification de la stipulation de communauté portée en ce contrat, laquelle n'opère, le cas arrivant, au profit du mari aucune mutation qui autorise la perception d'un droit proportionnel (C. civ. 1515, 1516 et 1525). — 6 mars 1822. Civ. r. Enreg. C. Tribard. D.A. 7 43. D.P. 22. 1. 370.

276 —De même, sous le régime de la communauté, le mari est garant, envers sa femme, de l'emploi des fonds qui peuvent appartenir à celle-ci. — En conséquence, s'il est vendu une rente propre à la femme, l'acte par lequel le mari se déclare comptable envers elle du prix en provenant, et s'oblige à en faire emploi, ne peut donner lieu au droit proportionnel de 1 fr. par 100 fr , parce que cette reconnaissance se rattache à une obligation préexistante dérivant du mariage — Il doit être enregistré au droit fixe de 2 fr. (L. 28 avril 1816, art. 43, n. 19; C. civ art. 1428 et 1433). — 1er avril 1822. Civ. r. Enreg. C. Puissan. D.A. 7. 42. D.P. 2. 3.

277.— Le récipissé donné par le secrétaire de la chambre des notaires, pour constater le dépôt d'un extrait de contrat de mariage ou de jugement de séparation de biens, conformément aux art. 67 C. comm., et 872 C pr., est passible du droit fixe de 2 fr., réglé par l'art. 43, n. 8 et 10 de la loi du 28 avril 1816, dès lors qu'aucun acte enregistré ne constate le dépôt dont il s'agit (V. la délibération du conseil administratif du 10 mai 1832, art. 2).— 16 fév. 1824. Civ. c. Enreg. C. Barazer. D.A. 7. 47. D.P. 24. 1. 68.

278.— Le principe ci-dessus doit s'appliquer naturellement au rapport à une succession que fait un co-héritier des sommes par lui reçues en avancement d'hoirie ou à titre de prêt, et ce rapport, qui n'est que l'exécution de la convention primitive, ne peut donner lieu au droit proportionnel de libération, lors même que ces sommes excèdent la portion de l'héritier qui le fait, et que l'acte de partage porte quittance de l'excédant remis aux autres cohéritiers (C civ. 829, 883 : l. 22 frim. an 7, art. 4, 68 et 69, § 3, n. 2).— 2 mai 1826. Civ. r. Enreg. C. Marcellot. D.P. 26. 1. 241.

279.— *A fortiori*, quand il s'agit de délivrance de legs, car l'héritier, le légataire universel ou l'exécuteur testamentaire qui font cette délivrance, ne sont considérés que comme simples intermédiaires entre le testateur, qui est censé donner lui-même, et les légataires particuliers qui reçoivent. Dès lors, l'acte qui constate l'acquittement, de la part d'un exécuteur testamentaire, de sommes d'argent léguées, ne constitue qu'une simple décharge, passible du droit fixe d'enregistrement déterminé par l'art. 68, § 1er, n. 25 de la loi du 22 frim. an 7, et cela, encore que les sommes léguées n'existent pas en nature dans la succession. — 7 août 1826. Civ. r. Enreg. C. Lemor. D.P. 26. 1. 442.—Même jour, arrêt conforme, Civ. r. Enreg. C. Bataille. D.P. 26. 1. 443, n.

..... Il en est de même, encore bien que l'exécuteur testamentaire ait été, en outre, délégué par la justice pour recevoir les créances et acquitter les dettes de la succession.— 30 août 1826. Civ. r. Enreg. C. Chibout. D.P. 26. 1. 443.

280. — Si, dans une faillite, il a été rapporté, à trois dates différentes, trois procès-verbaux de vérification et d'affirmation de créance, il n'est dû, sur l'ensemble de ces procès-verbaux, qu'un seul droit fixe de 3 fr.; ils ne constituent qu'un seul acte qui, d'après les incidens assez ordinaires dans une faillite, pourrait n'être clos que six mois ou un an après son ouverture. Si donc ils sont soumis séparément à la formalité, le droit ne doit pas être perçu sur les deux premiers (Solut. 11 fév. 1831). — Trouill., *Dict. de l'enreg.*, v° Faillite, n. 9.

281. — Dans la constitution d'une dot en argent (de 40,000 fr.), moyennant l'abandon par le futur aux donateurs de la jouissance viagère d'un immeuble (valant 14,000 fr.), il y a bien deux donations, deux transmissions distinctes d'objets de nature différente. mais l'une de ces donations n'étant que la conséquence de l'autre, on ne peut percevoir un droit distinct sur chacune — Seulement, on est autorisé à établir la perception de la manière la plus avantageuse au trésor; et, dans l'espèce, le droit de quatre pour cent sur la donation de la jouissance de l'immeuble étant plus avantageux que celui de 62 c. et demie sur 40,000 fr., il y a lieu d'opter pour le premier.

Il en serait autrement, si la constitution de la dot avait eu lieu moyennant le service par le donataire d'une rente viagère. cette dernière charge ne constituerait qu'une diminution momentanée de jouissance, et non une donation ou mutation distincte; dès lors, le droit ne serait exigible que sur la donation de 40,000 fr.— 1er déc. 1831. Solut. Dardenne. D.P. 32 3. 115.

282. — Lorsque, dans le partage de la communauté, il est fait abandon à la femme de la totalité des biens communs, lesquels sont insuffisans pour la remplir de ses reprises, et moyennant l'obligation qu'elle prend d'acquitter les dettes, il n'est dû sur un tel contrat aucun droit proportionnel (C. civ. 1471).— 9 janv. 1832. Sol. de la régie. Enreg. C. C .... D.P. 32. 3. 118.

283. — L'acte ou l'arrêté de compte par lequel il est fixé entre un père et ses enfans les sommes dont le père reste débiteur envers ces derniers, soit en qualité d'administrateur de la communauté ayant existé avec sa femme décédée, soit comme tuteur de ses enfans, doit être considéré, non comme un arrêté de compte de l'espèce mentionnée dans l'art. 69, § 3, n. 9 de la loi du 22 frim. an 7, c'est-à-dire comme un arrêté de compte opérant libération ou décharge, et donnant, par suite, lieu au droit d'obligation de 1 pour 100, mais, comme un acte qui ne contient que l'exécution ou le complément d'un acte antérieur, déjà enregistré. le contrat de mariage.— Il importe peu que, dans cet acte, il soit fait réserve, au profit des enfans, des intérêts et hypothèques contre leur père. Ce n'est pas là une stipulation conventionnelle, constituant une obligation nouvelle de la part du père. — 16 mai 1832. Civ. c. Javal. D.P 32. 1. 216.

284.— La collocation amiable, ou l'acte par lequel le débiteur convient avec ses créanciers de l'ordre dans lequel ceux-ci seront payés sur le prix de ses biens vendus, n'est pas passible du droit proportionnel. — 5 oct. 1832. Solut. de la régie. Faucher. D.P. 33. 3. 25.

285.— Lorsque l'exploit d'assignation, donné à fin de séparation de biens, a été enregistré sur la minute, il n'est pas dû de nouveau droit d'enregistrement pour l'extrait de cette assignation déposé au greffe et affiché dans l'auditoire du tribunal, conformément à l'art. 866 C. pr. (L. 22 frim. an 7, art. 8). — 5 déc. 1832. Req. Enreg. C. Boulangier. D P. 33. 1. 101.

286.— Une donation faite par contrat de mariage à charge de rapport à la succession du donateur, et par acte postérieur dispensé de ce rapport, n'est considérée que comme une même donation, passible seulement du droit fixe de 1 fr. (*Dict. de l'enreg.*, v° Donation, n. 176).

287.— Quant aux hypothèques nouvelles ou supplémentaires, on décide qu'elles ne sont que le complément du titre primitif enregistré; en conséquence, on a déclaré que la nouvelle affectation hypothécaire fournie par le débiteur en remplacement de celle déjà consentie par lui dans le titre d'obligation, n'est passible que du droit fixe d'enregistrement.— 11 mars 1834. Délib. Cleret. D.P. 34 3. 55.

288.— De même, l'acte par lequel un débiteur consent une hypothèque pour sûreté d'une dette à laquelle un autre immeuble a déjà été affecté par le titre constitutif de l'obligation, ne doit être soumis qu'au droit fixe et non au droit proportionnel de 50 c. p. 100 fr.—15 avril 1834. Délib. H. D.P. 34. 3. 81.

289.— On a également décidé que l'hypothèque supplémentaire n'était pas soumise au droit proportionnel, alors même que rien n'annonçait ouvertement que ce soit en exécution de l'acte primitif d'obligation. — 16 mai 1834 Délib. Chalret. D.P. 34. 3. 81.

La régie a basé cette décision sur l'art. 2131 du C. civ. Mais, comme rien n'annonçait dans la cause, que les biens d'abord hypothéqués eussent péri ou été dégradés, on est nécessairement amené à conclure qu'elle a été en réalité motivée sur le silence de la loi, qui ne soumet à aucun droit les affectations hypothécaires, mais seulement les garanties mobilières.

290.—L'état détaillé du mobilier d'un moulin, fait par un notaire à suite de bail, n'est qu'un acte simple, passible du droit d'un franc, et non un inventaire (*Dict de l'enreg.*, v° Inventaire, § 2, n. 28.

291. — Mais on a déclaré que les plans dressés à la suite des procès-verbaux d'arpentage de coupe de bois doivent être considérés comme des actes assujettis à un droit séparé et indépendant de celui perçu sur le procès-verbal. — 29 mars 1833. Délib. Dom. privé. D.P. 33. 3. 81.

292.—S'il doit être perçu sur un même acte autant de droits particuliers que cet acte renferme de dispositions indépendantes, il ne peut être exigé qu'un seul droit, *lorsque ces dispositions dérivent nécessairement les unes des autres.* Ainsi, il ne sera dû qu'un seul droit fixe sur un procès-verbal d'émancipation, qui contiendra en même temps nomination d'un curateur aux causes (Décis. min. 16 brum. an 8); — qu'un seul droit sur un inventaire portant nomination d'un expert pour la prisée des meubles (Solut. 2 fruct. an 9); — qu'un seul droit sur le procès-verbal de vente de meubles, qui fera mention de la décharge donnée au gardien: mais si la vente n'était point achevée, cette décharge donnerait lieu à un droit particulier, parce qu'elle ne serait plus alors une conséquence forcée de la vente (*Journ. de l'enreg*, art. 2243); — qu'un seul droit sur un jugement du tribunal de commerce, qui statue sur la compétence et sur le fond, conformément à l'art. 425 C. pr, par deux dispositions distinctes: —qu'un seul droit également sur l'arrêt qui statue sur le fond du procès, en même temps que sur l'appel d'un jugement interlocutoire (*Journ. de l'enreg.*, art. 3009)—D.A. 7, 38, n. 6. 3009, etc., etc.

293.— Ainsi encore, n'est pas sujette à un droit particulier, comme procuration, la clause du cahier des charges d'une vente de meubles, qui charge expressement l'officier public instrumentaire de recevoir le prix de cette vente. Il tient ce droit de la loi elle-même: le mandat est donc superflu, que la vente soit volontaire ou forcée. — 19 mars 1831. Solut. D.P. 31. 3. 59.

294.—De même il ne peut être perçu qu'un seul droit de 3 fr. sur le jugement rendu sur assignation à bref délai, et qui donne acte de la constitution de plusieurs avoués (L. 22 frim. an 7, art. 11 et 68). —12 juill. 1831. Solut. D.P. 33. 3. 39.

295.— Pareillement, il n'est dû que deux droits fixes sur un procès verbal de saisie, quel que soit le nombre des gardiens établis (art. 68, § 1er, n. 30, l. 22 frim. an 7).—29 août 1831. Solut. D.P. 33. 3. 35.

296. — Et les remises à un autre jour de la vente de plusieurs lots non adjugés dans une première vacation où divers lots l'ont été, ne peuvent, bien que signées séparément par le juge commissaire et par le greffier, être considérées comme autant de procès-verbaux ou autant de dispositions distinctes et séparées, mais bien comme un seul procès-verbal se rapportant à la même adjudication; de telle sorte qu'on ne doit percevoir qu'un seul droit fixe de 3 fr., et non autant de droits fixes qu'il y a de lots dont l'adjudication est remise.—3 janv. 1833 Solut. de la régie. D.P. 33. 3. 55.

297.—De même encore, le partage de la succession d'un époux prédécédé, et celui de la communauté qui a existé entre lui et l'époux survivant, lorsqu'ils ont lieu en même temps, formant un tout indivisible, ne donnent lieu qu'à un seul droit fixe. — 29 mars 1833. Délib cons. d'adm. D.P. 33. 3. 79.

298.—Lorsqu'une liquidation ou un partage contient obligation par le survivant de payer aux héritiers du prédécédé le montant de leur reprise cons-

tatée par contrat de mariage ou autres actes enregistrés, il n'est dû que le droit fixe. — 2 mai 1832. Trib. de la seine. Dufrayer. D.P. 32. 3. 84.

299.—En vertu du principe consacré par l'art. 11, une procuration donnée par plusieurs co-héritiers, à l'effet de recueillir purement et simplement une succession, et de faire tous les actes que cette adition d'hérédité entraîne, n'est pas sujette à plusieurs droits. Il ne pourrait être exigé plusieurs droits qu'autant que la conséquence de la procuration serait la renonciation ou l'acceptation par des actes spéciaux (L. 22 frim. an 7. art. 68, § 1er, n. 1 et 2). —20 oct. 1832. Sol. F... D.P. 33. 3. 4. *Rev. du not.*, 1834, p. 209. — 19 fév. 1833. Bruxelles. Enreg. C. Baligaud. D.P. 34. 2. 62.

300.— Ces décisions sont contraires à la délibération du conseil d'administration, des 16 et 26 mai 1829, qui veut qu'un droit soit perçu par chaque mandant, lorsqu'au moment de la dation du mandat une communauté d'intérêt ne préexiste pas entre tous ceux qui le donnent.

Mais, pour éviter la pluralité des droits, ne semble-t-il pas qu'il suffit que cette communauté d'intérêts résulte de la procuration elle-même, sans qu'il soit besoin de prouver la préexistence de ce lien. Les art. 11 et 68, n. 30 et 36 de la loi de frim. an 7 confirment cette doctrine.—D.P. 34. 2. 62, note 1re.

301.— Toutefois, on a pensé que l'acte de dépôt d'une procuration donnée par plusieurs personnes qui ont chacune un intérêt distinct, est assujetti à autant de droits fixes de 2 fr. qu'il y a de personnes intéressées au dépôt.— 8 mars 1833. Délib. R... C. Enreg. D.P. 33. 3. 50.

302.— De même, l'acte par lequel plusieurs légataires reconnaissent avoir reçu de l'exécuteur testamentaire le montant de leurs legs, est passible d'autant de droits fixes de 2 fr. qu'il y a de legs distincts, quoique la délivrance de ces legs ait été précédemment ordonnée par un jugement (L. 22 frim. an 7, art. 68, § 1er, n. 22).— 22 avril 1823. Civ. c. Enreg. C. Bucnère. D.A. 7. 45. D.P. 23. 1. 224.

303.— Décidé de même que la signification d'un jugement en matière d'ordre, rendu à la requête d'un avoué et de sa partie, contre cinq autres avoués et leurs cliens, est passible de cinq droits fixes de 2 fr. pour les défendeurs, outre cinq droits fixes de 50 c. pour les avoués.—19 janv. 1830. Délib. D.P. 33. 3. 86.

304. — La clause par laquelle une femme déclare accepter pour remploi l'immeuble acquis par son mari, est indépendante de celle relative à l'acquisition, et, comme telle, soumise à un droit fixe, encore qu'elle soit comprise dans l'acte même d'acquisition (L. 22 frim. an 7, art. 11).— 18 fév. 1833. Civ. c. Besançon. Renaud. D.P. 33. 1. 159.

305.— La prestation de serment des experts et le rapport de l'expertise qui ont lieu devant le juge, ne constituent qu'un acte judiciaire passible d'un droit unique d'enregistrement, celui du rapport (Instr. 436, § 7).—Trouillet, *Dict. de l'enreg.*, v° Serment, § 2, n. 33.

306.— Il n'est dû qu'un seul droit de 3 fr. sur la prestation de serment d'un individu nommé en même temps garde-champêtre et préposé de l'octroi; mais s'il est rédigé deux actes séparés, chacun d'eux opère un droit particulier de 3 fr. (Déc. min. des fin., du 28 nov. 1809). — *Eod.*, n 68.

307. — La prestation de serment d'un individu nommé par un particulier pour garder ses bois et ses terres, moyennant un traitement annuel, est passible du droit fixe de 3 fr. (Déc. min. des fin. 31 juill. 1820), quand même le garde serait nommé par plusieurs propriétaires. — *Eod*, n. 37.

308.— Au contraire, il est dû un droit particulier par chaque prestation de serment, soit que plusieurs soient constatées par un seul et même procès-verbal, soit qu'il y ait autant de procès-verbaux que d'individus assermentés (Déc. min. des fin., des 7 pluv. an 8; circ. 1798, et 24 vend. an 13; instr. 290, § 49). —Trouillet, *Dict. de l'enreg.*, v° Serment, § 1er, n. 8.

309.—Toutefois, il n'est dû qu'un seul droit fixe de 3 fr. sur un procès-verbal rédigé au greffe d'un tribunal civil, contenant prestation de serment de trois experts nommés pour procéder collectivement (Déc. min. des fin. 25 juill. 1821; délib. des 10 oct. 1826, et 22 fév. 1828, cette dernière approuvée par le ministre des finances, le 5 avril suivant).

Mais il y a lieu à la pluralité des droits toutes les fois que la prestation est dans l'intérêt des experts, et lorsqu'elle n'est pas relative à une seule contestation (Solut. du 16 nov. 1814).—*Eod.*, § 2, n. 32.

310.—Les prestations de serment des greffiers et huissiers des juges de paix, des gardes des douanes, gardes-forestiers, gardes-champêtres et gardes de barrières, pour entrer en fonctions, sont assujetties au droit de 3 fr. (L. frim. an 7, art. 68, § 3, n. 3 et art. 14 de la loi de vent. an 9).

Celles des notaires, avoués, greffiers et huissiers des tribunaux civils, criminels et correctionnels et de commerce et de tous employés salariés par l'état, autres que ceux ci-dessus, pour entrer en fonctions, sont de 15 fr. (même art., § 6, n. 4, et art. 14 de la loi de vent. an 9).

311.—Et ce dernier article s'étend aux avocats. Ainsi on a décidé qu'aucune loi n'a dispensé de l'enregistrement la prestation de serment des avocats et avoués. L'art. 14 de la loi du 27 vent. an 9 veut, au contraire, que tous *les actes de prestation de sermens* indistinctement *soient présentés à la formalité sur les minutes, dans les vingt jours de leur date.*— Ainsi, quelque difficulté qu'il puisse y avoir sur la quotité du droit fixe à percevoir, les juges n'ont pu, sans violer la loi, déclarer, d'une manière absolue qu'aucun droit n'était dû (L. 22 frim. an 7, art. 2, 3, et 68, § 1er, n. 51, et § 6, n. 4; l. 22 vent. an 12, tit. 5, art. 29, 30, 31 et 32, et tit. 7, art. 38).— 19 therm. an 13. Civ. c. Enreg. C. avocats et avoués de Civrai. D.A. 7. 38. D.P. 5. 2. 185.

312. — Egalement, les prestations de serment des commis-greffiers sont, comme celles des greffiers en chef, assujetties au droit fixe de 15 fr., réglé par l'art. 68, § 6, n. 4 de la loi du 22 frim. an 7, auquel n'a point dérogé l'art. 14 de la loi du 27 vent. an 9, qui ne tarife que ceux des avoués et des gardes de barrière.—21 janv. et 17 fév. 1806. Civ. c. Enreg. C. Ferrier. D.A. 7. 38. D.P. 6. 2. 81.

313.— Mais le serment d'un commis-greffier d'un tribunal de première instance, temporairement nommé, doit 1 fr. fixe, quel que soit le nombre d'actes ou de jugemens dans lesquels sa prestation de serment a été exprimée (Déc. min des fin., du 26 sept. 1817). — Trouillet, *Dict. de l'enreg.*, v° Serment, n. 14.

314.— Le surnuméraire qui prête serment avant d'entrer en fonctions *par interim*, fait enregistrer l'acte qui constate cette formalité au droit fixe de 1 fr. si le bureau est vacant par suite de l'absence ou de la maladie du receveur. Mais si l'intérimaire profite de toutes les remises, le droit sera de 15 fr., comme pour les employés en titre (Délib. 26 fruct. an 11). La dernière partie de cette délibération est contraire au vœu de la loi, car ce n'est là qu'une fonction temporaire qui ne peut être assimilée aux emplois conférés par l'état.

Toutefois, une solution du 10 oct. 1818 porte que le surnuméraire de l'enregistrement qui est apppelé à l'emploi de receveur ne peut se dispenser de prêter serment et d'acquitter le droit fixe de 15 fr., quoiqu'un droit égal ait déjà été perçu sur la prestation de serment, faite par le même employé à l'occasion de l'interim d'un bureau vacant par mort ou destitution.—*Eod.*, n. 31, § 2, et 18, § 3.

315.— Mais l'art. 14 de la loi du 27 vent. an 9 et le décret du 31 mai 1807, qui assujettissent au droit fixe de 15 fr. les prestations de serment des avocats et avoués, s'appliquent seulement aux sermens d'*entrée en fonctions*, et non aux sermens supplétifs ordonnés par les lois et décrets réglementaires des 22 vent. an 12 et 6 juill. 1810. — 24 fév. 1808. Civ. r. Enreg. C. Frogerays. D.A. 7. 39. D.P. 8. 2. 40.

316.— Il ne peut être exigé que le simple droit fixe de 1 fr. des avocats ou avoués, qui, ayant prêté un premier serment, lors de leur entrée en exercice, sont appelés à en prêter un nouveau purement disciplinaire. — Même arrêt, et 17 avril 1816. Civ. r. Enreg. C. Roy. D.A. 7. 39. D.P. 16. 1. 284.— 18 juill. 1808. Civ. c. Enreg. C. Prugnat, etc. D.A. 7. 39. D.P. 2. 3.

317.— Quant aux préposés à la recette des droits de place aux foires et marchés, comme ils ne sont ni employés, ni salariés du gouvernement, il ne doit être perçu, pour leur prestation de serment, que le droit fixe de 1 fr., conformément à l'art. 68, § 1er, n. 51 de la loi du 22 frim. an 7, et non celui de 3 fr. fixé par le même art., § 3, n. 3, pour certains fonctionnaires dénommés. — 19 nov. 1832. Solut. D.P. 33. 3. 90.

318.— Les actes de prêts sur dépôts ou consignations de marchandises, fonds publics français et actions des compagnies d'industrie et de finance, dans le cas prévu par l'art. 95 C. comm., seront admis à l'enregistrement moyennant le droit fixe de 2 fr. (L. 8 sept. 1830).

319.— La faveur de cette loi s'étend aux actes de dépôt de marchandises, fonds publics ou actions de compagnies, conclus entre personnes non commerçantes (Instr. 1332). — 14 déc. 1830. Délib. cons. d'admin. B.... D.P. 32. 3. 17.— 20 juin 1832. Jug. du trib. de la Seine. — Mais il y a deux jugemens contraires du même tribunal, des 29 fév. 1832, et 9 janv. 1834.

320. — Cette loi est applicable, quoique le nantissement soit donné hors du chef-lieu de l'établissement ou maison commerciale, mais dans un dépôt secondaire de cette maison, et pour cause de commerce. — 24 oct. 1832. Solut. Desaunnant. D.P. 33. 3. 3.

321.— Bien plus, le droit proportionnel ne deviendrait pas exigible, alors même que le dépositaire serait autorisé à vendre les objets déposés pour le compte du déposant, et à en appliquer le prix à l'extinction de la dette; cette clause n'empêche pas l'acte d'avoir le caractère d'un prêt sur dépôt (Sol. 23 oct. 1830).—Trouillet, *Dict. de l'enreg.*, v° Prêt, n. 10.

322.—Mais si, après un acte de prêt sur dépôt, l'emprunteur affectait des biens immeubles pour garantie de sa dette, cette affectation hypothécaire changerait la nature du prêt, qui deviendrait alors une obligation ordinaire et donnerait ouverture au droit de un pour cent sur l'acte qui le constaterait, car il y aurait novation (Instr. 133). — Trouillet, *Dict. de l'enreg.*, v° Prêt, n. 9.

323.— Lorsque, pour sûreté d'un prêt fait par le trésor en vertu de la loi du 17 oct. 1830, qui affecte au commerce un crédit de trente millions, l'emprunteur donne un privilége sur des navires qui lui appartiennent et sur des actions dans un bateau à vapeur, l'obligation a le caractère d'un prêt sur nantissement, que la loi du 8 septembre 1830 tarife au droit fixe de 2 fr. (20 juin 1831. Jug. du trib. de Nantes).—Trouillet, *Dict. de l'enreg.*, v° Prêt, n. 12.

324.— Les actes de prêts faits par la caisse des dépôts et consignations sur nantissement d'inscriptions de rentes sur l'état, n'en sont pas moins sujets au droit proportionnel. Cependant une décision ministérielle, du 6 fév. 1827, avait établi pour ces actes la faveur du droit fixe; mais, d'après un nouvel examen, fait le 11 nov. 1832 par le comité des finances, le ministre a décidé, le 1er déc. 1832, qu'il y avait lieu de rentrer dans le droit commun, et cela a été confirmé par une autre décision du 29 mai 1833.— Trouillet, *eod.*, n. 11.

325.— Les actes de prestation de serment non tarifés par la loi, notamment ceux des interprètes jurés près les tribunaux de commerce, doivent être enregistrés au droit fixe de 1 fr. (Délib. 23 juill. 1830; inst. 1347, § 8).— Trouillet, *Dict. de l'enreg.*, v° Serment, n. 54.

326.—De même, leur prestation de serment est passible du droit fixe de 1 fr.; elle peut être mentionnée sur le brevet (Déc. min. des fin., 10 août 1813; instr. 645).—Trouillet, *eod.*, n. 51.

327.—En général, les actes reçus par les autorités administratives pour constater la prestation de tout serment n'ayant pas d'objet politique, doivent, pour la formalité de l'enregistrement et la perception des droits, continuer d'être régis par les lois spéciales des 22 frim. an 7 et 27 vent. an 9. Mais toutefois il n'y a lieu que de percevoir le simple droit fixe de 1 fr. comme salaire de la formalité pour les prestations de serment des préposés qui, ayant seulement changé de résidence sans changer de grade ni d'attributions, renouvelleraient devant un préfet un serment déjà prêté dans un autre département (Déc. min. des fin., du 12 déc. 1821; instr. 1025, exécutoire le 1er janv. 1822; déc. min. des fin. 17 avril 1822; instr. 1034, et 11 déc. 1824). Une solution du 4 fév. 1830 porte aussi que le droit de 1 fr. est seul exigible sur la nouvelle prestation de serment d'un employé qui change de classe et de résidence sans changer de grade. — Trouillet, *eod.*, n. 22.

328.—Une décision du ministre des finances, du 3 sept. 1819, a assujetti au simple droit fixe de 1 fr. l'acte notarié par lequel on déclare prendre intérêt dans l'institution dotale ou de secours mutuel de recrutement, au moyen du versement de la somme convenue, et dont se reconnaît chargée par le même acte l'administration de cet établissement, conformément à ses statuts.— D.A. 7. 37, note 3.

329.— Tous les actes civils judiciaires ou extrajudiciaires qui ne se trouvent dénommés dans aucun des articles de la loi de frimaire an 7, et qui ne peuvent donner lieu au droit proportionnel, sont soumis au droit fixe de 1 fr. (art. 31, l. de frim. an 7).

330.— L'acte contenant prorogation de délai par le créancier au débiteur, étant un acte innommé que la loi ne tarife pas, n'est soumis qu'au droit

fixe de 1 fr.— 7 avril et 15 juin 1830. Solution de la régie. D.P. 34. 3. 49.

331.— Il n'est dû que le droit fixe de 1 fr., et non pas celui de 2 fr. sur les procès-verbaux dressés par un notaire, lorsque cet officier n'est pas commis par l'autorité judiciaire, seul cas où s'applique l'art. 43, n. 16 de la loi du 28 avril 1816.—28 juin et 29 août 1831. Solut. D.P. 32. 3. 112.

332. — La prorogation de délai d'une créance ayant un titre enregistré, rentre dans la classe des actes innommés soumis au droit fixe de 1 fr. (L. 22 frim. an 7, art. 68, § 1er, n. 51). — 20 juin 1832. Solut. Segas. D.P. 33. 3. 83.

333. — Lorsque, par une transaction intervenue entre un héritier naturel et un légataire, pour fixer leurs droits respectifs dans la succession et communauté, la nue-propriété des biens est abandonnée à l'un, et l'usufruit à l'autre, encore qu'ils eussent des droits tout différens, cette transaction, qui tranche toute difficulté de liquidation, doit être considérée comme un partage faisant cesser l'indivision entre co propriétaires, et n'étant soumis qu'au simple droit fixe (L. 28 avril 1816, art. 45, n. 3; C. civ. 883 et 1476). — 16 juin 1824 Civ. r. Enreg. C. Hemin. D.A. 7. 44. D.P. 24. 1. 460.

334. — Lorsque des mineurs se trouvent parties dans une transaction intervenue entre un héritier naturel et un légataire, pour fixer leurs droits respectifs dans la succession, et que leur père, stipulant leurs intérêts, consent à accepter, pour les remplir de tous leurs droits de succession, la nue-propriété des biens à partager, on n'en peut induire aucune renonciation de sa part à l'usufruit légal qui lui appartient sur les biens de ses enfans, pour soumettre cette prétendue libéralité à un droit proportionnel (L. 22 frim. an 7, art. 69, § 6, n. 2; C. civ., art. 384).— Même arrêt.

335. — *Protêt.* — Les protêts faits par les notaires ne sont assujettis qu'à un droit fixe de 1 fr.; ils ne se trouvent pas soumis au droit de 2 fr., que la loi du 28 avril 1816 a établi sur les actes du ministère des huissiers.—1er mars 1825. Civ. r. Enreg. C. Notaires de Lyon. D.P 25. 1. 178.

Mais, d'après l'art. 24 de la loi des 24 mai et 1er juin 1834 (D.P. 34. 3. 56), les actes de protêts faits par les notaires sont assujettis aux mêmes droits d'enregistrement que ceux faits par les huissiers.

336. — Les dénonciations de l'état de collocation d'un ordre, par acte d'avoué, ne sont soumises qu'au droit fixe de 50 c. (C. pr. 753; l. 28 avril 1816, art. 41). — 10 août 1831. Solut. D P. 33. 3. 41.

ART 5. — *Des droits proportionnels autres que ceux emportant mutation de propriété, d'usufruit ou de jouissance.—Lettre de change; Cautionnement; Lettres-patentes; Garantie éventuelle; Porte-fort; Ratification; Novation; Stipulation pour autrui; Subrogation; Gage; Solidarité; Inventaire; Partage.*

337. — Ce qui tient au droit proportionnel des condamnations judiciaires est traité plus bas, art 6, *des Jugemens.*

338 — La loi du 28 avril 1816 et années suivantes ont fait, à l'égard des droits proportionnels, comme à l'égard des droits fixes; elles en ont élevé le tarif, ou bien elles ont soumis au droit proportionnel des actes qui n'étaient passibles, auparavant, que du droit fixe.— D.A. 7. 48, n. 2.

339. — Ainsi, 1° la loi de frimaire avait dispensé de l'enregistrement les lettres de change tirées de France, ou venant de l'étranger ou des colonies (art. 70. § 3, n. 15) La loi de 1816, art. 50, les a soumises à un droit proportionnel de 25 c. par 100 fr., mais seulement dans le cas où il y a protêt faute *d'acceptation*, ou protêt faute de *paiement*.— Mais ce n'est que la lettre de change qui est soumise au droit proportionnel; ainsi, *l'endossement* ou *l'acquit* continue de jouir de l'exemption (V. sect. 2, n.).— D.A. 7. 48, n. 2, § 1er.

340.— 2° L'art. 50 de la loi de 1816 a soumis à un droit proportionnel de 25 c. par 100 fr. les cautionnemens de se représenter, ou de représenter un tiers à la justice, qui n'étaient assujettis qu'au droit fixe de 1 fr., par le n. 15, § 1er de l'art. 68 de la loi de frimaire. — D.A. 7. 48, n. 2, § 2.

341.— 3° Le tarif de 1816 (art. 51) a élevé au droit de 1 p. 100 les abandonnemens pour fait d'assurance ou de grosse aventure, passibles seulement de 50 c. par 100 fr., suivant le n. 1, § 2 de l'art. 69 de la loi de frimaire. — En temps de guerre, il n'est perçu que le demi-droit; il se liquide sur la valeur des objets abandonnés.— D.A. 7. 48, n. 2, § 3.

Par ces derniers mots, on doit entendre la valeur des objets abandonnés au moment de la cession (Déc. min. des fin. 29 déc. 1832; inst. 1422, § 1er, contraire à celle du 4 janv. 1819; inst. 876).—Trouill., *Dict. de l'enreg.*, v° Abandonnement, n. 28.

342. — Lorsqu'un acte d'abandonnement pour fait d'assurance maritime, passé en pays étranger en temps de guerre, est soumis à l'enregistrement en temps de paix, il est juste, tout en suivant les quotités de droits réglés par les lois en vigueur au moment où la formalité est donnée, de se reporter au temps où cet acte d'abandonnement a été passé, pour percevoir suivant le principe qui aurait déterminé la perception (Délib. du 5 avril 1823).—Trouillet, *Dict. de l'enreg*, v° Abandonnement, n. 29.

343.— 4° L'art. 5 de la loi du 16 juin 1824 a réduit au simple droit fixe de 1 fr. les polices d'assurances *maritimes*, assujetties au droit proportionnel de 50 cent. par 100 fr. par le n. 2, § 2 de l'art. 68 de la loi de frim. an 7, puis au droit de un pour cent, par l'art. 51 de la loi de 1816; mais le droit proportionnel doit être perçu, lorsqu'il en est fait usage en justice. Cet article est confirmatif d'un avis du comité des fin., du 16 avril 1822, appr. le 25 oct. 1822. —D.A. 7. 48, n. 2, § 4.

344.—Mais, pour prévenir toute méprise, les receveurs dans leur relation sur chaque police d'assurance, enregistrée au droit *fixe*, exprimeront la réserve d'un nouvel enregistrement au droit *proportionnel*, avant que l'acte puisse être produit en justice. D'un autre côté, ils examineront avec soin si les polices d'assurances produites en justices sont revêtues de l'enregistrement proportionnel, indépendamment de la formalité donnée moyennant le droit fixe (Instr. 1136).—Trouillet, *Dict. de l'enr.*, v° Assurances, n. 4.

345.— On ne peut *légalement* appliquer aux assurances terrestres aucune des dispositions des lois de l'an 7 et de 1816, puisque ces assurances ont une origine plus moderne; par extension cependant on les assimile, dans l'usage, aux contrats d'assurances maritimes, et on les assujettit aux mêmes droits.— Mais on ne peut les faire jouir de la faveur accordée, par la loi de 1824, aux assurances maritimes, car le silence du législateur y porte obstacle. Quant aux mutuelles, la régie les considère comme des sociétés ordinaires, et ne les assujettit qu'au droit fixe de 5 francs (Délib. 24 nov. 1821, appr. le 20 déc.)—D.A. 7. 49, n. 2, § 4.

346.— Il n'est dû qu'un franc fixe sur l'acte notarié par lequel un individu déclare prendre intérêt dans l'institution dotale et de secours mutuels de recrutement, comme nous l'avons vu plus haut, n. 328.—Trouillet, *Dict. de l'enreg*, v° Assurances, n. 5.

347.— Le droit proportionnel de un pour cent doit être perçu sur les contrats d'assurances *à prime*, quel qu'en soit l'objet; et le droit doit être liquidé sur le montant des primes (Décis. min. 9 mai 1821). — D.A. 7. 49, n. 2, § 4.

Cette décision est applicable à tous les contrats par lesquels les assurés, moyennant une prime payable comptant ou à terme, font garantir leurs propriétés, recoltes, etc., du risque de l'incendie ou de la grêle, et des autres dangers auxquels ils peuvent être exposés (Instr. 983).—Trouillet, *Dict. de l'enreg.*, v° Assurances, n. 8.

348.— Toutefois, les sociétés d'assurances contre les incendies sont dans la classe des sociétés particulières (Décis. min. des fin. 19 janv. 1813). Ainsi elles ne doivent pas communication de leurs registres.— Trouillet, *Dict. de l'enreg.*, v° Assurances, n. 10.

349.— 5° le droit sur les adjudications au rabais, et les marchés intéressant le trésor royal, les administrations locales ou les établissemens publics, avait été porté (art. 51, l. de 1816) à un pour cent, au lieu de 50 cent. par 100 francs, réglés par le n. 3, § 2 de l'art. 68, l. de l'an 7; mais l'art. 73 de la loi du 15 mai 1818, a réduit au droit fixe de 1 fr. ceux de ces marchés ou adjudications dont le prix doit être payé *directement* ou *indirectement* par le trésor, ainsi que les cautionnemens y relatifs. Toutefois, l'exception ne saurait être etendue aux marchés que passent les administrations locales ou les établissemens publics; la règle générale subsiste à leur égard. — D.A. 7. 49, n. 2, § 5.

350.— Ainsi, toutes adjudications de coupes de bois communaux faites par les administrations, sont sujettes au droit d'enregistrement (L. 5 déc. 1790, art. 13; l. 22 frim. an 7, art. 69 et 70). — Mais elles en sont dispensées si elles sont résiliées par l'autorité —12 oct. 1808. Civ. c. Enreg. C. Roche. D.A. 7. 465. D.P. 2. 85.

351.— Le traité passé entre le maire d'une ville et un particulier, pour le nettoiement et l'arrosement des rues et places publiques de cette ville, ne peut être assimilé à aucune des espèces de baux dont parlent les lois des 22 frim. an 7 et 27 vent. an 9, pour être assujetti aux perceptions établies pour ce genre de contrat; mais il doit être rangé dans la classe des marchés pour construction, réparation ou entretien, intéressant le trésor ou les administrations municipales, dont s'occupent les art. 69, § 2, n. 3 de la loi de frim., et 51 de celle du 28 avril 1816, et auxquels s'applique le droit proportionnel de un pour cent. — 8 fév. 1820. Civ. c. Enreg. C. Dubost. D.A. 7. 61. D.P. 20. 1. 360.

ENREGISTREMENT. ART. 5.

352.—De même, d'après l'article 51 de la loi des finances, du 28 avril 1816, les adjudications et marchés dont le prix doit être payé par le trésor royal, étant soumis au droit proportionnel d'enregistrement d'un pour cent, les tribunaux ne peuvent, sous aucun prétexte, et d'après des considérations plus ou moins favorables, dispenser les adjudicataires du paiement de ce droit, et ne les déclarer passibles que du droit fixe d'un franc qui se percevait antérieurement. — 21 mars 1825. Civ. c. Enreg. C. Nicolas. D.P. 25. 1. 220.

353.—On applique pareillement l'art. 51, n. 3 de la loi du 28 avril 1816, à l'obligation de fournir au directeur des subsistances militaires un certain nombre d'hectolitres d'avoine, à *prendre dans les magasins des soumissionnaires.*—On dirait en vain qu'il faut distinguer entre le cas où le soumissionnaire ne possède pas la chose livrable et celui où il en est propriétaire, et qu'en ce dernier cas, il y a vente véritable assujettie seulement au droit fixe. —4 avril 1827. Civ c. Enreg. C. Lallier. D.P. 27. 1. 191.—21 mars 1825. Civ. c. Enreg. C. Nicolas. D.P. 25. 1. 220 (instr. 1166, § 3).

354.—Pour assurer le paiement du droit proportionnel exigé sur les marchés, etc., par l'art. 51 de la loi du 28 avril 1816, les ministres de la guerre, des finances, de la marine et de l'intérieur avaient adopté des dispositions efficaces, le 10 juin 1817, mesures consignées dans l'instruction 786.—Trouillet, *Dict. de l'enreg.*, v° Acte administratif, n. 12.

355. — On ne doit entendre par administration *locales* que celles *des communes* proprement dites, et non celles des départemens dont toutes les dépenses sont à la charge directe ou indirecte de l'état. Il ne sera donc perçu que 1 fr. fixe pour l'enregistrement des adjudications ou marchés et des cautionnemens y relatifs, lorsque la dépense sera imputable, soit sur les fonds généraux du trésor ordonnancés d'après les crédits des ministres, soit sur les centimes additionnels des départemens, ce qui comprend les allocations des budgets des dépenses fixes ou communes et des dépenses variables ordinaires ou facultatives (Déc. min. des fin. 22 juin 1818; inst. 844) — *Eod.*, n. 16.

356.—Sur l'adjudication de travaux dont le prix est payable partie sur les fonds d'un département, et partie sur les fonds d'une commune, il est dû un p. cent sur le montant des dépenses à supporter par cette dernière, et 1 fr. fixe sur le surplus (Déc. min. des fin., du 17 nov. 1826, et délib. du 4 avril 1828).— *Eod.*, n. 20.

357.— Ainsi, les marchés relatifs aux réparations et entretiens des églises communales, ainsi qu'aux presbytères sont soumis au droit de 1 fr. p. 100, tandis qu'il n'est dû que 1 fr. fixe sur les mêmes marchés concernant les églises cathédrales et métropolitaines dont l'entretien, à la charge des diocèses, peut avoir lieu, suivant l'art. 68 de la loi du 15 mai 1818, avec une partie des centimes départementaux (Déc. min. des fin., du 22 juill. 1822). — Trouillet, *eod.*, n. 17.

358 — L'adjudication de travaux de construction sur une route, moyennant une somme payable en nature de prestations et le surplus en fonds départementaux, n'est passible que du droit fixe de 1 fr. (Déc. min. des fin. 12 oct. 1829).— *Eod.*, n. 50.

359.—Les adjudications des travaux relatifs aux digues de mer, faites par les propriétaires des polders et des wateringhes, ne doivent que 1 fr. fixe, parce que ces dépenses sont, par le fait, une charge du trésor public (Délib. 3 niv. an 11). — *Eod.*, n. 30.

360 — L'adjudication au rabais de la construction d'un port sanitaire dont le prix doit être payé avec des fonds de souscription versés dans une caisse de commerce, n'est passible que du droit fixe de 1 fr., parce que la construction intéresse la société entière (Déc. min. des fin. 26 juill. 1822) —*Eod.*, n. 32.

361. — Les adjudications pour les fournitures et entretien de haras ne sont soumises qu'au droit fixe (Déc. min. des fin. 6 fév. 1810). — Trouillet, *eod.*, n. 34.

362. — L'adjudication de construction et réparations de ponts sur des grandes routes, faites moyennant un droit de péage, n'est passible que du droit fixe, parce que les péages perçus sont une sorte de contribution (Déc. min. des fin. 9 janv. 1832). — *Eod.*

363. — Lorsque les adjudications aux rabais ne déterminent pas la quantité des objets à livrer, ou les prix, la perception qui a lieu d'après la déclaration des parties n'est que provisoire, et l'on doit la régler définitivement sur la somme qui reviendra à l'adjudidataire, d'après les ordonnances qui lui sont délivrées (Déc. min. des fin. 5 therm. an 12; inst. 290, et 7 juill. 1812). — *Eod.*, n. 11.

364. — Les soustraités, cessions, subrogations, faits par les adjudicataires qui ont traité directement, sont passibles du droit proportionnel (Inst. 286), quand même ces cessions ou subrogations devraient, sous peine de nullité, être autorisées par un arrêté du ministre ou du préfet (Déc. min. des fin. 21 déc. 1807; inst. 366, § 7; délib. 29 déc. 1829). Quand même la substitution aurait lieu par un arrêté administratif (Délib. 12 sept. 1828; Jug. de la Seine, 5 août 1829; déc. min. des fin. 16 avril 1832; inst. 1410, § 2, et 1414, § 1er). — *Eod.*, n. 55.

365. — Un tableau des droits proportionnels auxquels demeurent assujetties les lettres-patentes portant, soit collation de nouveaux titres de noblesse ou confirmation des anciens, soit dispense d'âge ou de parenté pour le mariage, ou enfin les lettres de naturalisation, a été annexé à la loi de 1816. — Nous croyons utile de le rapporter ici.

366. — État des droits de sceau perçus par le conseil du sceau des titres et du droit d'enregistrement, pour le compte du trésor public.

NATURE DES LETTRES-PATENTES SCELLÉES.	MONTANT DES DROITS DU SCEAU.	MONTANT DU DROIT D'ENREGIST. A 20 P. CENT.
Ordonnance du 8 octobre 1814.	FR.	FR.
Renouvellement de lettres-patentes portant confirmation du même titre et changement d'armoiries.		
De comte.	100	20
De baron.	50	10
De chevalier.	15	3
Collation du titre de duc.	»	3000
Collation du titre héréditaire		
De marquis et comte.	6000	1200
De vicomte.	4000	800
De baron.	3000	600
De chevalier.	60	12
De lettres de noblesse.	600	120
Grandes lettres de naturalisation.	grat.	»
Lettres de déclaration de naturalité.	100	20
Lettres portant autorisation de se faire naturaliser ou de servir à l'étranger.	500	100
Dispense d'âge pour le mariage. — V. loi de 1818, art. 77.	100	20
Dispense de parenté pour le mariage.	200	40
Ordonnance du 26 décembre 1814.		
Lettres portant renouvellement d'anciennes armoiries.		
Pour les villes de première classe.	150	30
Pour les villes de deuxième classe.	100	20
Pour les villes et communes de troisième classe.	50	10
Lettres accordant des armoiries aux villes qui n'en ont pas		
Aux villes de première classe.	600	120
Aux villes de deuxième classe.	400	80
Aux villes de troisième classe.	200	40

367. — Ici, comme à l'égard des droits fixes, « lorsque, dans un acte quelconque, soit civil, soit judiciaire ou extrajudiciaire, il y a plusieurs dispositions indépendantes, ou ne *dérivant pas nécessairement* les unes des autres, il est dû, pour chacune d'elles, et selon son espèce, un droit particulier (art. 11, l. de frim. an 7). — D A. 7. 49, n. 3.

368. — Conformément à ce principe, on a décidé que le droit d'enregistrement doit être perçu sur toute disposition particulière d'un acte qui n'est pas une suite nécessaire de la disposition principale. — 12 pluv. an 2. Civ. c. Enreg. C. Truc. D.A. 7. 52. D.P. 3. 1. 23.

369. — De même, l'acte contenant déclaration d'hypothèque, pour assurance de paiement de lettres de change, est passible du droit proportionnel de 1 fr. par 100 fr., auquel sont assujetties toutes obligations civiles de sommes d'argent, en général, parce qu'il est regardé comme constituant une obligation nouvelle (L. 22 frim. an 7, art. 4 et 69, § 3, n. 3). — 17 prair. an 12. Civ. c. Enreg. C. Lussie. D.A. 7. 55. D.P. 4. 1. 418. — 5 août 1833. Civ. c. Enreg. C. Maublot. D.P. 33. 1. 322.

370. — Cependant on a aussi jugé que l'acte par lequel le débiteur donne à son créancier une garantie hypothécaire pour sûreté d'une somme due par acte antérieur qui ne conférait pas hypothèque, n'est pas soumis au droit proportionnel : l'affectation hypothécaire doit, dans ce cas, être considérée comme complément de l'obligation primitive.

Il doit en être de même, quoique le créancier ait accordé une prorogation de délai en faveur du débiteur. — 4 oct. 1832. Solut. de la régie. C .. D.P. 33. 3. 16.

Cette décision est contraire à une délibération du 15 mai 1819, qui a soumis au droit proportionnel de 50 c. par 100 fr. l'acte par lequel l'héritier donne hypothèque sur ses biens, à raison d'un délai qui lui est accordé pour rendre compte. — D.P. 33. 3. 16, note 1re.

371. — Lorsque, dans un partage entre une veuve et ses enfans, la portion qui revient à ceux-ci dans la succession de l'époux prédécédé est abandonnée à la mère, qui s'oblige à en payer le prix, sur lequel cependant elle est autorisée à garder un capital viager, destiné à l'acquit annuel de son douaire, il doit être perçu, indépendamment du droit fixe de partage, un droit proportionnel de rente et de constitution de rente, sur ces deux dispositions particulières de l'acte, qui n'en peuvent être considérées comme le complément naturel et nécessaire (L. 22 frim. an 7, art. 4, 11, 68, § 3, n. 2 et 69, § 3, n. 3). — 12 avril 1808. Civ. c. Enreg. C Senard. D.A. 7. 52. D.P. 2. 5.

372. — Un acte de partage par lequel un des communiers se libère envers l'autre d'une somme que ce dernier a payée à son acquit, ou qui contient, au profit de ce même communier, un transport de créance à laquelle il n'avait aucun droit, donne lieu également aux droits proportionnels de quittance et de délégation de créance, indépendamment du droit fixe auquel est assujetti l'acte de partage. — 4 juill. 1808. Civ. c. Enreg. C. Mortemart. D.A. 7. 53. D.P. 2. 5.

373. — Par le même motif, les actes de société ne sont soumis au droit fixe qu'autant qu'ils se bornent à établir la société, ou à en constater la dissolution. — Mais lorsqu'un acte ou un jugement déclare l'un des associés débiteur des autres d'une somme quelconque, le droit proportionnel de 1 p. 100 est dû sur cette obligation individuelle, indépendamment du droit de condamnation de 50 cent. par 100 fr., à percevoir sur le jugement. — 25 mars 1812. Civ. c. Enreg. C. Lambon. D.A. 7. 54.

374. — De même, lorsque, dans le transport d'une créance à terme, il est stipulé que le cessionnaire paiera, sur le prix, une somme déterminée à divers créanciers du vendeur, sans que pour cela le cessionnaire demeure assujetti à aucune obligation ni responsabilité quelconque envers les créanciers désignés, cette disposition, quoique ne constituant pas une délégation *parfaite*, n'en doit pas moins être considérée comme une *délégation* dans le sens de la loi fiscale, passible conséquemment du droit proportionnel de 1 fr. pour 100 fr., conformément à l'art. 69, § 3, n. 3 de la loi du 22 frim an 7. — On ne peut la regarder comme un simple *mandat*, de la nature de ceux que l'art. 68 de la même loi n'assujettit qu'au simple droit fixe. — 3 nov. 1815. Bruxelles. Enregist. C. Devolder. D.A. 7. 64. D.P. 2. 7.

375. — La quittance, renfermée dans l'acte par lequel plusieurs légataires reconnaissent avoir reçu de l'exécuteur testamentaire le montant de leurs legs, d'une somme pour avances et frais dus au notaire liquidateur de la succession, est passible du droit proportionnel de libération, comme celle qui concernerait uniquement ses honoraires. — 22 avril 1823. Civ. c. Enreg. C. Buchère. D.A. 7. 45. D.P. 23. 1. 224.

376. — Quoique l'identité d'intérêts ne suppose pas toujours la communauté d'intérêts, cependant la réunion de plusieurs individus ou créanciers pour l'exercice d'une action spéciale dans un but commun, exclusif de toute condamnation en vertu

d'un titre individuel et séparé, telle que la demande en séparation des patrimoines, une telle action établit pour l'objet spécial de cette demande la qualité de co-intéressé; et, dès lors, l'exploit introductif de cette demande, encore bien qu'il soit formulé au nom de plusieurs créanciers distincts, mais réunis dans cet objet, rentre dans l'exception établie par l'art. 68, n. 30, § 1er de la loi du 22 frimaire an 7, et n'est soumis qu'à la perception d'un seul droit fixe, et non à des droits calculés sur le nombre des créanciers. — 2 juin 1832. Req. Guibert. D.P. 32. 1. 255.

377. — L'acte constatant qu'un mari a payé à sa femme une somme qu'il avait reçue d'elle ou pour elle, doit être considéré comme contenant non une libération, mais une simple décharge, et, par suite, soumis à un droit fixe, et non au droit proportionnel. — 18 fév. 1833. Civ. c. Besançon. Renaud. D.P. 33. 1. 159.

378. — Lorsque, par un concordat, le débiteur abandonne à ses créanciers les biens qu'il possède pour être vendus par des commissaires salariés choisis entre eux, il ne doit être perçu, indépendamment du droit fixe sur l'abandonnement des biens et sur le mandat donné aux commissaires de la vente, que le droit de 50 cent. pour 100, comme atermoiement sur l'objet du dividende assuré aux créanciers et celui de 1 pour 100 sur le salaire accordé aux commissaires. — 3 mai 1833. Délib. cons. d'adm. D.P. 33. 3. 80.

379. — Un acte qui constate les acquiescemens donnés par plusieurs propriétaires à un procès-verbal d'arpentage et de délimitation de leurs biens, est passible d'autant de droits particuliers qu'il y a d'adhésions distinctes, en ce que le procès-verbal pouvant être exact à l'égard d'un ou de plusieurs propriétaires, et inexact à l'égard des autres, l'adhésion donnée par chacun d'eux forme une disposition particulière et indépendante. — On dirait, dès lors, vainement que l'opération ayant été faite dans un intérêt commun, il n'était dû qu'un seul droit d'enregistrement de 2 fr. sur le procès-verbal — 21 juin 1833. Délib. cons. d'adm. D.P. 33. 3. 86.

380. — De même, un jugement qui a prononcé une amende contre plusieurs contrevenans, *individuellement et sans solidarité*, doit être considéré comme contenant autant de dispositions indépendantes qu'il y a d'individus condamnés; et pour chacune d'elles il est dû un droit particulier, alors même que les condamnations seraient prononcées par suite d'une citation collective dirigée dans l'intérêt public et pour la répression de contraventions de même nature. — 26 juin 1833. Sol. D.P. 33. 3. 120.

381. — Le contrat de constitution d'une rente viagère dont le prix est fourni par un tiers avec stipulation qu'à l'extinction de la rente, par le décès de celui au profit de qui elle est constituée, le capital fourni par le tiers appartiendra irrévocablement à celui qui doit servir la rente, ne peut se former que par deux conventions ou stipulations distinctes : 1° libéralité en faveur de la personne à qui le capital est fourni; 2° convention, soit entre le donateur, soit entre le donataire et la personne tierce qui s'oblige de servir la rente, moyennant le capital constitué et aliéné. — Par suite, ces dispositions, indépendantes et ne dérivant pas l'une de l'autre, sont assujetties à deux droits distincts, savoir : 5 et 1/2 pour 100 pour la libéralité, et 2 pour 100 pour la constitution de rente (L. 22 frim. an 7, art. 11). — On dirait en vain que l'acte ne contient qu'une disposition qualifiée libéralité par la loi (C. civ. 1973), et ne doit être soumis qu'au premier de ces deux droits. — 23 août 1833. Délib. D.P. 33. 3. 97.

382. — L'acte par lequel on règle le montant de loyers arriérés, que le locataire s'oblige, avec affectation hypothécaire, de payer à une époque déterminée avec intérêts, donne ouverture au droit de 1 pour 100, comme obligation (L. 22 frim. an 7, art 69, § 3, n. 3). — 3 sept. 1833. Délib. Gisc... D.P. 33. 3. 100.

383. — Mais il n'a été perçu qu'un seul droit dans les espèces suivantes :

La déclaration que le donateur fait de ses dettes dans le corps de l'acte, ne pouvant servir de base légale à une action judiciaire, ne donne ouverture à aucun droit (Décis. min. des fin. 7 juin 1808). — *Dict. de l'enr.*, v° Succession, n. 200.

384. — La liquidation provisoire et la liquidation définitive des prises maritimes, dans les formes établies par le réglement du 2 prair. an 11, ayant toutes deux le même objet, ne peuvent donner lieu qu'à la perception d'un seul droit proportionnel : si ce droit a été perçu sur l'une d'elles, l'autre doit

être enregistrée pour le droit fixe (L. 22 frim. an 7, art. 68, § 5, n. 2, et 69, § 2, n. 9). — 1er juin 1813. Civ. r. Enreg. C. Emmery. D.A. 7. 57. D.P. 2. 6. — 2 fév. 1814. Civ. r. Enreg. C. Bastouièche. D.A. 7. 57. D.P. 14. 1. 192.

385. — Pareillement, la disposition d'un jugement d'ordre qui ordonne la radiation des inscriptions existant sur l'immeuble dont le prix est distribué, ne donne ouverture à aucun droit particulier, à raison de cette radiation, laquelle doit être considérée comme une conséquence immédiate et nécessaire de la collocation, soumise au droit proportionnel d'un demi pour cent. — 21 juill. 1818. Req. Enreg. C. Montaudoin. D.A. 7. 53. D.P. 19. 1. 90.

386. — De même, il n'est dû qu'un seul droit proportionnel de 50 c. par 100 fr. pour la double libération résultant d'un paiement fait par un acquéreur aux créanciers de son vendeur, délégué dans le contrat de vente, en présence de ce dernier et de son consentement. — 19 nov. 1816. Trib. civ. de Lyon. Enreg. C. Fougère. D.A. 7. 61. D.P. 2. 7.

387. — Et la solution est la même, soit que la radiation ait pour objet des inscriptions prises d'office, ou par des créanciers utilement colloqués, soit qu'elle porte sur des inscriptions de créanciers déclarés forclos, faute de produire (L. 22 frim. an 7, art. 11). — 21 juill. 1818. Req. Enreg. C. Montaudoin. D.A. 7. 53. D.P. 19. 1. 90.

388. — Lorsque, dans un contrat de mariage, une mère s'oblige, conjointement et solidairement avec un de ses enfans, à donner à sa fille une somme provenant de la succession du père décédé, avec stipulation que celui des deux coobligés qui fera les paiemens sera subrogé aux droits de la fille, les quittances des sommes payées en vertu de cet acte, et contenant une clause de subrogation, ne sont que l'exécution du contrat de mariage et ne renferment point une cession de droits héréditaires : la cession, si elle existe, a été opérée par le contrat de mariage; en conséquence, les quittances ne sont passibles que du droit dû pour libération, et non de celui de vente, qui ne peut plus être exigé si le temps requis pour la prescription des droits d'enregistrement s'est écoulé depuis le contrat de mariage (L. 22 frim. an 7. art. 12, 61, 69, § 7, n. 1). — 4 déc. 1827. Civ. r. Enreg. C. Souquières. D.P. 28. 1. 45.

389. — De même, il n'est pas dû de droit proportionnel de mutation pour la stipulation par laquelle une femme s'est obligée à payer des dettes à la charge de son mari, lorsque, d'ailleurs, cette stipulation n'est que le résultat d'une liquidation d'après laquelle la femme se trouve remboursée du montant de ces dettes par différens abandons sur lesquels les droits ont été régulièrement perçus (L. 22 frim. an 7, art. 69, § 3, n. 3). — 6 janv. 1829. Civ. r. Enreg. C. Regnault. D.P. 29. 1. 93.

390. — Le consentement que donne l'un de enfans à la vente faite par le père à un autre enfant, n'opère aucun droit particulier. C'est une condition de la vente, et non pas une disposition qui en soit indépendante : sans le consentement, l'un n'aurait pas acquis irrévocablement, puisque l'autre eût pu lui demander le rapport ou l'imputation sur la quotité disponible (C. civ. 918). L'art. 11 de la loi du 22 frim. an 7 n'autorise la perception de plusieurs droits sur le même acte qu'autant que cet acte contient plusieurs dispositions qui ne dérivent pas nécessairement l'une de l'autre. — 25 avril 1830. Délib. cons. d'adm. D.P. 31. 3. 58.

391. — Jugé encore que lorsque, dans une vente d'immeubles, faite moyennant une rente viagère, il est stipulé que, s'il convient au vendeur de demeurer chez l'acquéreur, celui-ci le recevra et le nourrira, moyennant une rente annuelle, le droit de vente est seul exigible; la régie ne peut exercer sur la seconde stipulation, laquelle doit être considérée comme une condition de la vente, le droit de bail à nourriture. — 10 sept. 1832. Solut. P... D.P. 33. 3. 16.

392. — L'on a aussi décidé que l'acte par lequel un mari se reconnaît débiteur de sa femme de diverses sommes provenant de sa dot, de ses apports, etc., ne constitue pas, au préjudice du mari, une obligation nouvelle qui puisse donner lieu à la perception d'un droit proportionnel : ce n'est là qu'une conséquence du contrat de mariage des époux (C. civ. 1428, 1433, 2135; L. 22 frim. an 7, art. 69, § 3, n. 3). — 8 fév. 1835. Civ. c. Besançon. Renaud. D.P. 35. 1. 159.

Cette décision, conforme à l'avis soutenu dans le Contrôleur, art. 1173. est contraire à une décision de la régie. — 17 mai 1826. D.P. *eod.*, n. 1.

393. — La clause d'une adjudication portant que l'adjudicataire de travaux à effectuer pour achèvement d'un pont, prendra en paiement d'une portion du prix les travaux déjà confectionés, n'est point assujettie au droit proportionnel (15 mars 1833. Délib. cons. d'adm.). — 4 avril 1833. Déc. min. des fin. Enreg. C. Comm. de.... D.P. 33. 3. 102.

394. — Lorsque les procès-verbaux d'offres réelles donnent lieu au droit proportionnel, soit parce que les offres sont acceptées, soit parce que, n'étant pas acceptées, elles reposent sur un titre non enregistré, on n'est point autorisé à exiger un droit fixe, indépendamment du droit proportionnel. — 28 juin 1833. Délib. approuvée le 6 juillet. D.P. 33. 3. 77.

395. — Lorsque, dans un contrat de mariage, les père et mère du futur lui font donation d'un immeuble avec réserve d'usufruit, à la charge par eux de payer à leur fils, durant cet usufruit, un loyer annuel déterminé, il n'est pas dû un droit d'enregistrement de bail à vie, outre celui de donation immobilière. — 28 janv. 1834. Délib Clesieux. D.P. 34. 3. 42.

396. — La nomination et la prestation du serment d'un expert, dans un inventaire, ne donnent pas lieu à un droit particulier (Délib. 21 déc. 1809). — *Dict.*, v° Inventaire, § 2, n. 45.

397. — Il ne doit être perçu qu'un seul droit fixe pour les acquiescemens donnés par le même acte à l'exécution d'un testament ou à la délivrance d'un legs, en quelque nombre que soient les co-héritiers donnant leur acquiescement, parce que les co-héritiers ayant de fait accepté la succession, sont liés entre eux par un intérêt commun; tandis que jusqu'à ce qu'ils aient fait connaître leur détermination, ils sont étrangers entre eux (Délib. 10 août 1822). — Trouillet, *Dict.*, v° Acquiescement, n. 4.

398. — Il n'est dû qu'un seul droit fixe de 2 fr., sur la délibération de parens, qui autorise une mineure à contracter mariage, et lui nomme un curateur aux fins du mariage. La nomination du curateur ne saurait être vue comme une disposition indépendante, puisque son effet cesse dès l'instant où le mariage est conclu civilement, et qu'elle n'existe d'ailleurs que par l'autorisation à contracter mariage (Délib. du 29 janv. 1825; inst. 1166, § 4). — Trouillet, *Dict.*, v° Avis de parens, n. 3.

399. — La même perception doit être faite sur la délibération qui nomme un subrogé-tuteur à un mineur, et autorise la veuve à provoquer le partage de la succession de son mari, parce que les parens ont délibéré alors sur deux points également importans pour le mineur, et qui forment un objet indivisible; et que l'intérêt des co-héritiers, dans la succession dont on autorise le partage, n'est pas la cause déterminante de la délibération, mais bien l'intérêt particulier du mineur (même déc.). — *Eod.*, n. 4.

400. — Il en est de même de la délibération qui, après avoir nommé un subrogé-tuteur au mineur, désigne un notaire pour procéder à l'inventaire du mobilier et deux experts appréciateurs, parce que l'ensemble de ces dispositions constitue l'avis de parens (même déc.). — *Eod.*, n. 5.

401. — Pareillement, les actes qui, conservant la tutelle à la mère, dans le cas où elle se remarie, nomment pour co-tuteur son deuxième mari, ne sont passibles que d'un seul droit de 2 fr. (Inst. 449, § 2). — *Eod.*, n. 6.

402. — Par une conséquence du principe posé dans l'art. 11 ci-dessus, on décide, 1° que l'intervention d'un tiers dans un contrat, pour le cautionner, donne ouverture à un droit de cautionnement, indépendant du droit d'obligation (D.A. 7. 49, n. 3). — 12 pluv. an 2. Civ. c. Enreg. C. Truc. D.A. 7. 52. D.P. 3. 1. 23.

403. — Cela a été aussi décidé à l'égard d'un tiers qui s'était rendu caution de l'exécution provisoire d'un jugement portant condamnation au paiement d'une somme. — 3 prair. an 12. Civ. c. Enreg. C. Expert. D.A. 7. 52. D.P. 4. 1. 549.

404. — Et l'on remarquera que la déclaration de la part d'un mandataire à l'effet de vendre, qu'il vend conjointement avec le propriétaire de l'immeuble pour lequel il se porte garant, ne vaut, de sa part, et dans l'esprit de la loi fiscale, que comme garantie ou cautionnement. — 12 juill. 1832. Req. Berthelin. D.P. 32. 1. 333.

405. — Lorsqu'une personne qui vend un immeuble tant en son nom que comme mandataire d'un tiers, se porte garant de l'éviction solidairement par le même acte, la régie ne peut percevoir que le droit de vente; elle ne peut, sous prétexte même que cette personne ne serait pas co-propriétaire, s'il n'y a pas fraude, exiger le droit de cautionnement : en un tel cas, la garantie n'est que la conséquence de l'obligation imposée par la qualité de co-vendeur (L. 22 frim. an 7, art. 4, 11, 14, 69, § 2, n. 8; C. civ. 1216, 2015). — 7 mai 1834. Civ. r. Enreg. C. Quinsonnas. D.P. 34. 1. 240.

Cela paraît de toute équité, et l'on ne comprend pas la prétention de la régie, tant qu'elle n'avait pas fait dépouiller le garant de la qualité de vendeur ou de propriétaire.

406. — L'intervention d'un tiers dans une vente d'immeubles, pour la garantir, est soumise au droit proportionnel de 50 c. par 100 fr., comme toute autre garantie mobilière, indépendamment du droit de mutation. — Cette garantie ne peut être considérée comme immobilière, et par conséquent comme non tarifée par la loi, par cela seul qu'elle accède à une vente d'immeubles, l'obligation devant se réduire, en cas d'éviction, au remboursement du prix de vente et au paiement de dommages-intérêts, choses purement mobilières. — 31 mai 1813. Civ. c. Enreg. C. Charret. D.A. 7. 209.

407. — De même aussi, la clause d'un contrat de mariage par laquelle il est stipulé qu'un droit de retour réservé au père du conjoint ne s'exercera que sous la garantie de la restitution immédiate de la dot de la future épouse en cas de prédécès sans postérité, garantie fournie par le père personnellement, doit être considérée comme un cautionnement soumis au droit de 50 c. pour 100 fr. — 10 sept. 1833. Délib. P ... D.P. 35. 3. 118.

408. — Mais on décide au contraire que lorsque les débiteurs qui s'engagent solidairement ne doivent pas une somme égale, il n'est pas dû un droit particulier de cautionnement, sous prétexte que l'un des coobligés a recours contre l'autre, s'il est poursuivi par le créancier pour la totalité. — Ce recours s'exerce d'après les principes des obligations solidaires, nonobstant l'inégalité des parts dans la dette, et non par l'effet d'un contrat de cautionnement qui n'existe pas. — 24 sept. 1830. Délib. D.P. 31. 3. 39.

409. — Et comme la solidarité en produisant le même effet que le cautionnement rend ce dernier inutile, il a été décidé aussi que lorsque la femme vend solidairement avec son mari un bien propre à ce dernier, il n'est pas dû un droit de cautionnement; on ne peut à la fois être vendeur et caution. — La jurisprudence de la régie est fixée dans ce sens. — 5 mars 1830. Délib. D.P. 33. 3. 39.

410. — Pareillement, le droit de cautionnement n'est pas exigible sur une obligation dans laquelle les débiteurs s'engagent solidairement au remboursement des parts distinctes qu'ils y ont prises. — 27 oct. 1832. Sol. T.... D.P. 33. 3. 4.

411. — Par le même motif, des coobligés solidaires ne sont considérés comme cautions qu'autant qu'ils sont sans intérêt dans l'objet de l'obligation. — 27 oct. 1832. Sol. T.... D.P. 33. 3. 4.

412. — La loi fiscale diffère de la loi civile en ce sens, qu'elle tarife les cautionnemens fournis par l'obligé même, comme ceux donnés par un tiers. — Trouill., *Dict. de l'enreg.*, v° Cautionnement, n. 22, § 3.

413. — Ainsi, le cautionnement fourni par un comptable public sur ses immeubles personnels, est passible du même droit proportionnel d'enregistrement que le cautionnement qui serait fourni pour lui par un tiers (L. 22 frim. an 7, art 69, § 2, n. 8). — 24 frim. an 12. Civ. c. Enreg. C. Gibert. D.A. 7. 53 et 2. 426. D.P. 4. 1. 191.

414. — De même, le droit de cautionnement est exigible sur l'acte par lequel le commis d'une administration particulière affecte un immeuble pour sûreté de sa gestion.

En vain objecterait-on que l'art. 2011 C. civ. suppose, pour le cautionnement, le concours de trois personnes. Un comptable peut se cautionner lui-même, témoin l'art. 7 de la loi du 24 nov. 1790, qui oblige les receveurs de fournir un cautionnement en biens fonds, *appartenant à eux* ou à d'autres qui se rendent caution. — 24 déc. 1829. Délib. D.P. 33. 3. 26.

415. — Les cautionnemens en immeubles fournis par les receveurs des hospices et des établissemens publics pour sûreté de leur gestion, sont assujettis au droit de 50 c. p. 100. — Les receveurs réclameraient en vain le bénéfice de l'art 69, § 2, n. 8 de la loi du 22 frimaire an 7, d'après lequel il ne doit être perçu qu'un demi-droit pour les cautionnemens des *comptables envers l'état*. — 2 mars 1833. Décis. min. D.P. 33. 3. 83.

416. — Pareillement, l'art. 69, § 2, n. 8 de la loi du 22 frim. an 7, qui tarife à 50 cent. pour 100 fr. le droit à percevoir sur les cautionnemens ou garanties mobilières, est applicable à l'affectation hypothécaire d'un domaine, consentie pour garantie du remboursement d'un prêt par l'emprunteur tant en son

nom qu'en celui d'un tiers dont il est mandataire. On dirait en vain que celui ci n'ayant pas promis de payer, il n'y pas cautionnement; car celui qui garantit, sur ses biens propres, la dette d'un tiers, est obligé de payer à défaut du débiteur principal. —Vainement encore dirait on qu'il s'agit ici d'une garantie *immobilière*, car, bien que reposant sur un immeuble, l'affectation hypothécaire n est pas moins une *garantie mobilière* dans le sens de la loi (article précité), puisque le créancier ne peut jamais s'approprier, soit l'immeuble, soit l'usufruit, comme au cas de l'antichrèse assujettie au droit de 2 p. 100, mais seulement faire vendre et se faire colloquer sur le prix.— 7 juin 1833. Délib. D.P. 33. 3. 118.

417.— On a décidé cependant que le droit de cautionnement n'est pas dû sur le jugement qui nomme un individu administrateur d'une succession, à la charge de déposer au trésor, conformément à ses offres, des inscriptions de rentes sur l'état; que cette disposition n'est que secondaire, et que d'ailleurs l'art. 69, § 2, n. 8 de loi de frimaire ne s'applique qu'au cautionnement fourni par un tiers (Délib. 4 mars 1826).— Trouill., *Dict. de l'enreg.*, v° Cautionnement, § 3, n. 22.

418.— Mais lorsque la garantie est soumise à une condition suspensive, la perception du droit proportionnel ne peut avoir lieu avant l'accomplissement de la condition. C'est ainsi que l'instruction du 28 vend. an 12 porte qu'on enregistrera, au droit fixe de 1 fr., le cautionnement fourni par un armateur de bâtimens armés en course, parce que ce cautionnement n'a pour objet qu'une garantie éventuelle.

419.—Pareillement, la convention par laquelle une maison de commerce ouvre un crédit de banque ou d'acceptation au profit d'autres maisons, pour une somme déterminée, et soumise à la condition suspensive de l'émission des traites, ne donne par lieu, quant à présent, à la perception d'un droit proportionnel sur cette somme — 10 mai 1831. Civ. r. Enreg. C. Kœchlin. D.P. 31. 1. 167.

420.—De même, l'ouverture de crédit avec garantie hypothécaire et cession de créances, par le crédité, au profit du créditeur, ne donne pas ouverture au droit proportionnel d'enregistrement; le droit fixe de 1 fr. est seul exigible.— 23 mai 1832. Trib. de la Seine. Laffitte. D.P. 32. 3. 114.

421.— Jugé de même que l'ouverture d'un crédit, même avec stipulation de la part du crédité d'une garantie actuelle et d'une hypothèque pour sûreté du crédit, ne constitue qu'une obligation éventuelle, et, par suite, elle n'est assujettie au droit proportionnel qu'au fur et à mesure que les sommes sont réellement avancées.—9 mai 1832. Req. Beulé. D.P. 32. 1. 548.

422.— Mais lorsqu'un tiers est intervenu dans un acte de vente, pour garantir l'acquéreur dans le cas d'éviction, le droit de cautionnement ou de garantie ne peut être exigé au moment de l'enregistrement du contrat.— 12 juill. 1832. Req. Berthelin. D.P. 32. 1. 333.

423.— Ainsi encore, l'acte par lequel l'une des parties contractantes garantit l'autre des recours et répétitions qui pourraient être exercés contre elle par les héritiers légitimes d'un individu décédé, à raison des sommes dont cet individu l'avait constituée dépositaire, et dont il a ultérieurement disposé par testament, ne donne point actuellement ouverture à un droit proportionnel de 50 cent. par 100 fr. sur le montant de la garantie (C. civ. 1181, 1182 ; l. du 22 frim. an 7, art. 69, n. 8, § 2).—10 janv. 1833. Req. Enreg. C. Aumont. D.P. 33. 1. 56.

424.—Le renfort de caution doit, pour la perception, être assimilé au certificateur de caution, car l'un et l'autre ne garantissent que le paiement du prix de l'adjudication; ainsi il n'est dû que le droit fixe de 2 fr. (Délib. 23 avril 1823) — Trouill., *Dict. de l'enreg.*, v° Cautionnement, § 3, n. 60.

425.— Le cautionnement ayant seulement pour objet une obligation dont le titre n'est pas enregistré, n'est soumis qu'au droit de 50 cent. p. 100, alors même que le débiteur n'est pas intervenu (Délib. du 23 janv. 1827).

Le droit d'obligation serait dû, si le titre du créancier n'était pas indiqué dans l'acte de cautionnement, et si la caution renonçait au bénéfice de discussion, parce que dans ce cas le cautionnement se confond avec une obligation réelle (Délib. du 23 sept. 1825).— Trouillet, *Dict. de l'enreng.*, v° Cautionnement, § 3, n. 66, 67.

426.—Toutefois, on doit se garder de confondre le cautionnement pur et simple avec l'engagement connu sous le nom de *porte-fort*, qui ne donne lieu très souvent à la perception d'aucun droit proportionnel. Cela dépend du mode sous lequel le porte-fort s'est obligé.

Ainsi, j'ai promis, en me portant fort, que mon frère vous paiera, le 1er janv., 100 fr. que Titius vous doit au 1er mars : mon frère refuse de ratifier, qu'elle sera mon obligation? Si l'obligation consiste à payer les 100 fr., le droit proportionnel est dû sur cette somme, attendu que l'acte en contient une obligation actuelle, étant incertain seulement si elle sera payée par mon frère ou par moi. Si, au contraire, je ne suis tenu qu'à des dommages-intérêts, il n'y a d'obligation certaine pour personne; seulement, je dois éventuellement une indemnité qui ne donne pas ouverture à la perception actuelle d'un droit proportionnel.— Champ. et Rig., t. 1er, p. 183.

427.—Mais il est des cas où la difficulté ne se présente pas et où le droit fixe seul est exigible. C'est lorsque la chose promise consiste dans *le fait* d'autrui, et que par la nature même de la chose promise, il est évident que le porte-fort ne se soumet pas à faire lui-même cette chose qui lui est impossible. La convention ne peut donc s'entendre que dans ce sens qu'il s'engage à l'obtenir du tiers désigné, et se soumet à des dommages-intérêts dans le cas où il ne pourrait exécuter son engagement.

Ainsi, je vous promets, en me portant fort, que mon beau-frère, peintre, fera votre portrait pour 1,000 fr.; s'il refuse, je vous devrai une indemnité. Dans cette hypothèse, aucun droit proportionnel n'est exigible sur l'acte contenant la stipulation; ni celui de marché, perce qu'il ne peut en exister qu'entre le stipulant et mon beau-frère qui n'a pas encore accepté; ni celui d'obligation de sommes, perce que celle de l'indemnité n'est due qu'éventuellement; la seule obligation actuelle existe pour moi et consiste à déterminer mon beau-frère à faire le portrait promis; or cette obligation ne rentre dans aucune convention tarifée. Le droit fixe est donc seul exigible.— Champ. et Rig., 1, 184.

428.—Mais si le porte-fort, au lieu de prometttre *le fait* d'autrui, se porte fort d'une obligation de *donner*, comme d'après les principes de notre code il est obligé de donner lui-même, si le tiers refuse, le droit proportionnel devient des lors actuellement exigible sur le contrat.— *Ibid.*, 1, 185.

429.—De même, il faut soigneusement distinguer le cas où l'on promet que le tiers ratifiera, de celui où l'on promet qu'il passera le contrat. Dans le premier, le stipulant entend faire un contrat actuel; dans le second, il entend que le contrat promis est futur. Celui-la donnera donc lieu au droit proportionnel; celui-ci seulement au droit fixe, car il est analogue au cas posé ci-dessus.— Conf. arrêt 13 fév. 1662.— Champ. et Rig., 1, 186.

430.— On a jugé encore que la stipulation faite au profit d'un tiers n'ayant d'effet à son égard qu'autant qu'il veut en profiter, il en résulte que si, dans le cas d'une acquisition faite par un frère, moitié pour lui, moitié pour son frère absent, pour lequel il s'est porté fort; le frère absent est décédé sans avoir accepté la stipulation, on ne peut dire que dans ce cas il y ait eu acquisition faite par ce dernier de la moitié; de telle sorte que, vis-à-vis de la régie, cette moitié doive être réputée faire partie de de la succession, et que le frère stipulant et héritier de l'absent soit obligé de la comprendre dans sa déclaration à la régie des biens du défunt.— 15 mai 1827. Req. Enreg. C. Ligny. D.P. 27. 1. 242.

431.— De même, le père tuteur qui vend un bien appartenant à ses mineurs, en se portant fort pour eux, s'engage seul et non ses enfans. En conséquence, s'il s'oblige à payer une somme à titre de dommages-intérêts pour le cas ou ses mineurs ne ratifieraient pas la vente, cette obligation ne peut être considérée comme distincte et séparée de la vente, et ne peut donner lieu, dès lors, à la perception du droit special de garantie de 50 cent. par 100 fr.—18 avril 1831. Civ. c. Courlon. D.P. 31. 1. 136.

432.— Le contraire a été décidé par une délibération du 28 avril 1829, et par un jugement de Semur, du 27 août 1829. Mais on peut joindre aussi à ces deux décisions le deuxième considérant d'un arrêt du 26 juillet 1832 (D.P. 32. 1. 413), duquel il résulte manifestement que si les deux parties contractantes se fussent portées fort pour les absentes, l'obligation eût été actuelle dans son entier.

Au reste, telle était l'opinion des anciens auteurs sur ce point : « Si, par le défaut de ratification, dit Sudre, *des Lods*, § 2, n. 33, il arrive que celui qui a stipulé la vente *demeure* le maître de la chose, il est évident qu'il n'est dû qu'un lods, parce que *le droit de la vente s'étant uniquement formé sur la tête de ce contractant, que la propriété ayant été acquise à lui seul par la délivrance* qui lui a été faite, et n'y ayant que la ratification de l'absent qui dût *le dépouiller*, il s'ensuit qu'il n'est question ni de seconde vente, ni de seconde mutation, quand l'absent a refusé de ratifier, mais que cet acheteur conserve seulement ce qui lui était déjà acquis. Guyot, t. 3, p. 277 et Poquet de Livonières, p. 176, sont du même avis.

433.— Lorsque la ratification a lieu, le porte-fort est présumé avoir agi en vertu d'un mandat; et la ratification ne formant plus, dès lors, avec l'acte ratifié qu'un seul et même contrat, le droit proportionnel ne peut être perçu que sur l'un des deux. L'art. 68, § 1er, n. 38 n'assujettit aussi qu'au droit fixe de 1 fr. les ratifications pures et simples. — Champ. et Rig., 1, 190.

434.— Toutefois, le droit proportionnel n'est exigible sur l'acte de ratification que lorsqu'il peut être le titre de la convention promise. Mais si la ratification était conçue dans des termes tels qu'elle ne pût pas servir de titre à elle seule; par exemple... : « Je déclare ratifier tout ce que mon frère à fait pour moi pendant mon absence, le droit proportionnel ne serait pas exigible; car, pour déterminer les conventions ratifiées, il faudrait nécessairement recourir à des recherches extérieures que ne comporte pas l'établissement du droit à percevoir sur un acte.

Peu importerait que le droit n'eût pas été perçu sur l'acte ratifié par erreur, la régie aurait seulement la faculté de réclamer le droit sur le premier acte, s'il en était encore temps. — Champ. et Rig., 1, 190.

435.— Au reste, les termes d'*actes en forme* employés par l'art. 68, signifient *actes notariés*. Ainsi il est constant, qu'en tarifant les ratifications à 1 fr., la loi du 22 frim. an 7 n'a nommément prévu que les ratifications notariées ou sous seing-privé, d'actes notariés. Quant à celles qui ont lieu, soit d'actes sous signatures privées, soit de conventions verbales, elle n'en parle point. — Champ. et Rig., 1, 191.

436.— Si l'acte ratifié est enregistré, le droit sera fixe ou proportionnel, suivant les mêmes règles que s'il était en forme.

Si la convention ratifiée est déclaré verbale, il faut distinguer : lorsqu'elle est telle que, rédigée par écrit, le droit proportionnel n'eût pu être perçu sur sa présentation a la formalité, il doit l'être sur la ratification; dans le cas contraire, c'est le droit fixe qui seul est exigible.

Si donc l'acte de ratification est notarié, le notaire ne devra faire l'avance que du droit fixe. S'il est sous seing-privé, on ne peut exiger des parties que le droit fixe, à moins qu'il ne s'agisse d'une mutation immobilière. — Champ. et Rig., 1, 192.

437.— Au surplus, l'on ne doit pas confondre la ratification, acte par lequel une partie déclare agréer ce qui a été fait pour elle et en son nom, avec toute autre disposition par laquelle des parties, soit pour régulariser des opérations antérieures, soit pour tout autre motif, en passent un nouvel acte, qui doit être désormais le titre de la convention. Le droit a percevoir sur un tel acte variera suivant les stipulations nouvelles qu'il énoncera et dont l'acte pourra être le titre. — *Ibid.* 1, 193.

438.— Ces principes sont spéciaux aux cas où l'on *s'engage* pour un tiers : voyons maintenant ceux applicables aux *stipulations* pour autrui.

En général, la stipulation pour autrui n'étant point valable (art. 1165 C. civ.), il en résulte que nous ne pouvons *ratifier* la stipulation faite à notre profit par un tiers qui même se serait porté fort pour nous; mais nous pouvons utilement *accepter* l'avantage stipulé.

Il suit de là que la stipulation pour autrui ne donne pas lieu au droit proportionnel comme dans le cas où il y a un lien de droit auquel la ratification puisse s'attacher en rétroagissant au jour de la stipulation; seulement le droit proportionnel aura lieu quand interviendra l'acceptation qui ne suppose pas un contrat formé, mais un consentement existant. Sa co-existence avec ce consentement forme ce contrat, mais ne produit pas d'effet rétroactif, et la convention ne prend naissance que du jour de l'acceptation. — Champ. et Rig., 1, 196.

439 — Il est vrai que la stipulation au profit d'un tiers, faite comme condition d'une stipulation que l'on fait pour soi-même, est valable (art. 1121 C. civ.). Cependant, elle ne donne pas ouverture au droit proportionnel tant que le tiers n'a pas déclaré vouloir l'accepter, et quand l'acceptation a lieu, ce n'est que sur elle, seul titre de l'acceptant, que la perception du droit peut être ordonnée.—*Ibid.*, 1, 199.

440. — Par suite, la subrogation consentie par le créancier au profit d'un tiers qui le paie, donne lieu au droit de cession de créance, indépendamment de celui de libération, non parce que la subrogation est *conventionnelle*, car la loi ne tarife pas les subrogations, mais parce qu'elle opère un transport de créances (D.A. 7. 49, n. 3). — Trouillet, *Dict. de l'enreg.*, v° Subrogation, n. 13.

441.— Aussi, a-t-on décidé, lorsqu'une dot ayant été constituée par une mère à sa fille, sur ses biens personnels, le père, pour assurer le paiement, intervient comme caution solidaire et s'oblige à payer, à la condition que la subrogation s'opérera à son profit, le paiement effectué par le père donne lieu, indépendamment du droit de donation, à celui de 1 p. 100 pour subrogation *conventionnelle*. Le père soutiendrait en vain que la subrogation ayant lieu de plein droit, conformément à l'art. 1251 C. civ., aucun droit ne devait être perçu à cet égard.

Il ne saurait non plus prétendre, en se fondant sur sa déclaration, qu'il n'a agi que comme caution, que le droit de cautionnement et non celui de subrogation devait être perçu, sa déclaration à cet égard, qui ne repose sur aucun engagement antérieur, ne constituant pas réellement un cautionnement tel qu'il est défini par l'art. 2011 C. civ. — 27 août 1833. Délib. Robion. D.P. 33. 3. 99.

442 — Lorsque, par l'acte de partage, il est abandonné à l'un des héritiers, en sus de sa part héréditaire, des créances exigibles ou le prix de vente d'immeubles de la succession, pour une somme égale au montant des dettes qu'il est chargé d'acquitter, cette disposition ne doit pas être soumise au droit proportionnel de transport de créance à 1 p. 100. — 4 avril 1834. Délib. Touchard. D.P. 34. 3. 55.

443.—De même, le droit proportionnel de 1 p. 100 est exigible sur l'acte par lequel le créancier d'une somme prêtée pour fournir au cautionnement de son débiteur, reconnaît avoir reçu cette même somme d'un tiers qu'il subroge dans le privilége du second ordre, qu'il avait acquis comme bailleur de fonds (29 janv. 1823. Délib.). — Trouill., *Dict.*, v° Subrogation, n. 17.

444.—Et la femme séparée de biens a des intérêts distincts de ceux de son mari; donc si elle rembourse une somme due par celui-ci et formant les capitaux et intérêts, tant d'une obligation à terme que d'un contrat de constitution de rente, antérieur à la loi du 11 brum. an 7, et que la quittance contienne subrogation à son profit dans les droits du créancier, on doit percevoir le droit de 1 p. 100 sur la créance à terme; 2 p. 100 sur celle constituée, outre le droit de 1 fr. 50 cent. pour 100, sur cette dernière (Déc. min. des fin. 23 oct 1826; inst. 1205, § 11).—Trouill., v° Subrogation n. 14.

445. — Un mari, pour payer à sa femme la dot dont la restitution a été ordonnée, emprunte d'un tiers une somme de 1,500 fr.; dans l'acte de prêt, la femme et son avoué reconnaissant avoir reçu, des deniers du prêteur, la première une somme de 1,200 fr. et le dernier celle de 300 fr., et ils en donnent quittance tant au mari qu'au prêteur, expressément subrogé dans tous leurs droits. Il y a là une subrogation mixte, passible de 1 p. 100 (25 nov. 1814. Délib.). — Trouill., v° Subrogation, n. 18.

446. — Le droit proportionnel est dû sur l'acte de subrogation de privilége et d'hypothèque, consenti par l'endosseur d'un billet à ordre enregistré, au profit du porteur de ce billet, parce qu'il importe peu que le billet ait été enregistré relativement à la perception à laquelle l'acte de subrogation donne lieu, dès que cet acte est le transport d'une créance privilégiée et hypothécaire (Déc. min. des fin. du 8 vent. an 12; inst. 211). — Trouill., *Dict.*, v° Subrogation, n. 23.

447. — Il y a subrogation conventionnelle dans la subrogation opérée en faveur du père qui paie la dot que sa femme a constituée à sa fille. — Trouill., *Dict. de l'enreg.*, v° Subrogation, n. 24.

448. — Est passible du droit de 1 p. 100 comme contenant un transport de créance, l'acte par lequel, pour sûreté d'une obligation antérieure et authentique, un débiteur transporte à titre de nantissement à son créancier, une somme à lui due par un tiers, avec pouvoir de la toucher directement dans les cas prévus et avec subrogation aux droits du cédant (Délib. 31 janv. 1824). — Trouill., v° Nantissement, n. 8.

449. — Les subrogations consenties par le trésor public au profit des receveurs et payeurs généraux, sur les receveurs et payeurs particuliers, et autres comptables, *en débet*, n'est passible que du droit fixe (Déc. min. des fin. 19 mai 1812). — Trouill., *Dict. de l'enreg.*, v° Subrogation, n. 25.

450. — Quant à la subrogation qui s'opère de *plein droit* au profit, soit du créancier qui en paie un autre préférable à lui, soit du tiers acquéreur qui emploie le prix de son acquisition à désintéresser les créanciers de son vendeur, ou enfin du débiteur solidaire ou de la caution qui paient pour leur coobligé, elle ne donne ouverture à aucun droit proportionnel. — D.A. 7. 49, n. 3.

451. — Ainsi on a jugé qu'il n'est pas dû un droit particulier sur la clause d'une quittance dans laquelle l'acquéreur d'un immeuble déclare, conformément à l'art. 1250 C.civ., que la somme payée provient de l'emprunt fait antérieurement, suivant acte enregistré. En général, il n'est dû que le droit de quittance, toutes les fois qu'il y a subrogation légale par suite d'un paiement. — 26 juin 1830. Solut. D.P. 31. 3. 38.

452. — De même, il n'est dû que le droit de 50 cent. p. 100 sur les paiemens emportant subrogation de plein droit, faits par un acquéreur aux créanciers inscrits sur la propriété acquise ou par une caution solidaire pour le principal obligé (Délib. 21 oct. 1829), ou par un créancier hypothécaire d'un rang postérieur à celui qu'il rembourse. — 10 nov. 1829. Délib. D.P. 33. 3. 26.

453. — Toutefois, les rédacteurs du journal de l'enregistrement (art. 1749) ne veulent point que la subrogation qui s'opère au profit du créancier ou du tiers-acquéreur soit dispensée du droit, *parce qu'ils paient sans être contraints*, et ils citent une réponse du ministre des finances (17 nov. 1807), qui l'a ainsi décidé pour la caution qui a désintéressé *volontairement* le créancier; mais c'est là une erreur. — D.A. 7. 49, n. 3.

454 — Aussi voit-on la régie décider, au contraire, que l'acte par lequel un acquéreur sur saisie-immobilière, chargé par l'adjudication de servir une rente viagère avec une portion du prix, laissée entre ses mains, à qui le créancier consent quittance des arrérages échus et à échoir moyennant une somme fixe, avec subrogation dans son hypothèque, n'est, comme subrogation *de plein droit*, soumis qu'au droit de quittance, mais sur le capital au denier dix de la rente, conformément au n. 9 de l'art. 14 de la loi de l'an 7, en y ajoutant les arrérages échus (Délib. 22 mai 1827; inst. 1229, § 10). — Trouillet, *Dict. de l'enreg.*, v° Subrogation, n. 6.

455. — Toutefois, lorsque l'acquéreur du quart de plusieurs immeubles hypothéqués à une rente, s'est chargé de payer le quart de cette rente, et que plus tard il rembourse la totalité au créancier qui le subroge dans tous ses droits, on doit percevoir 50 cent. pour 100 sur le quart du capital de la rente et 2 pour 100 sur les trois quarts (Jug. de Valognes, 3 fév. 1832). — Trouillet, *Dict. de l'enreg.*, v° Subrogation, n. 12.

456. — Et voici une décision contraire à la réponse du ministre des finances, ci-dessus mentionnée, et qui lui est postérieure, dans laquelle on voit qu'il n'est dû que le droit de quittance et non celui de cession de créance sur l'acte par lequel la caution paie la dette du débiteur principal, en se faisant subroger dans les droits du créancier, parce que la caution étant personnellement tenue au paiement, la subrogation est de plein droit (Délib. 20 oct. 1829). — Trouillet, v° Subrogation, n. 10.

457. — L'inégalité qui règne dans les parts de plusieurs co-obligés solidaires, quelque grande qu'elle soit, ne peut jamais motiver la perception du droit de cautionnement, si toutes les formalités nécessaires pour l'établissement de la solidarité entre eux ont d'ailleurs été observées. — 19 mars 1834. Trib. de Compiègne. Valors. D.P. 34. 3. 70. — *Revue du notariat*, 1834, p 733. Inst. contr., n 1384 et solut. contr. D.P. 31. 3. 39 et 1833. 3. 4.

458. — Il en est de même, 1° lorsqu'un des deux débiteurs solidaires paie le créancier qui le subroge dans tous ses droits, parce que celui-là se libère d'une dette personnelle et que la subrogation a lieu de plein droit (Délib. 24 août 1821).

2° Lorsqu'un créancier hypothécaire en paie un autre qui le prime, pour acquérir la subrogation légale établie par l'art. 1251; ici la subrogation est aussi de plein droit (Délib. 10 nov. 1829, contraire à celles des 12 mars 1823, 25 nov. 1828; Inst. 1272, § 12 et 1er juill. 1834).

Cette délibération de 1829 laisse entrevoir que même dans le cas d'une subrogation conventionnelle le droit de 1 pour 100 n'est pas dû, lorsqu'elle ne peut pas produire l'effet d'un transport. — Trouillet, *Dict. de l'enreg.*, v° Subrogation, n. 11.

459. — Le droit de cautionnement est exigible, lorsqu'un fils vendant comme mandataire un bien appartenant à ses père et mère, se porte garant comme héritier. — 6 déc. 1833. Délib. L.... D.P. 34. 3. 28.

460. — La garantie hypothécaire par un tiers de la garantie prise par un fils au sujet d'une vente consentie par son père, avec détermination d'une indemnité en cas d'éviction, est passible du droit proportionnel. — 6 déc. 1833. Délib. L.... D.P. 34. 3. 28.

461. — De même, la stipulation d'hypothèque ou d'un nantissement quelconque, accessoire à un contrat, ne donne ouverture à aucun droit particulier. — D.A. 7. 49, n. 3.

462. — Mais lorsque le gage est l'objet principal du contrat, il faut décider le contraire. Aussi a-t-on jugé que lorsque, dans un acte de société, un capital déterminé ayant été affecté, par un associé, à la sûreté de la caution d'un bail d'immeubles destinés à l'exploitation de cette société, il est stipulé que ce capital lui sera remboursé sans aucune déduction, en cas de perte, on ne peut le considérer comme faisant partie de la mise de fonds de cet associé, mais seulement comme un gage. En conséquence, il y a lieu, par la régie de l'enregistrement, de percevoir, sur cette somme, un droit proportionnel de 50 cent. pour 100 fr. (L. 22 frim. an 7, art. 69, § 2, n. 8). — 26 déc. 1832. civ. c. Enreg. C. Montgolfier. D.P. 33. 1. 104.

463. — Mais, en général, l'affectation d'hypothèque consentie par l'obligé lui-même, en vertu d'une convention antérieure, n'est sujette qu'au droit fixe. Ainsi le droit de garantie n'est pas dû 1° sur l'acte par lequel la caution affecte séparément des immeubles ou des créances pour sûreté de son engagement; le nouvel acte est le complément du premier (Solut. 20 oct. 1832), 2° sur l'affectation d'hypothèque donnée par un acquéreur, en vertu d'un jugement qui le condamne à fournir la garantie exigée par l'acte de vente, pour sûreté du prix. Cette affectation n'est que l'exécution du contrat de vente (Solut. 4 nov. 1830). — Trouillet, *Dict. de l'enreg.*, v° Cautionnement, n. 8.

464. — Ainsi encore, si un prêt a été fait sous condition qu'il serait déposé des valeurs mobilières, le dépôt réalisé par acte postérieur sans l'intervention d'un tiers et par conséquent sans cautionnement, n'est passible que du droit fixe de 1 fr. comme acte de complément (Déc. min. des fin., du 25 juill. 1827; instr. 1229, § 6).

Mais, si le nantissement a lieu par acte séparé du contrat qui n'en contenait pas la promesse, il est sujet au droit de 50 cent. p. 100. — Trouillet, v° Nantissement, n. 4, 5.

465. — L'acte postérieur à l'obligation, par lequel le créancier accorde une prorogation de délai en faveur de son débiteur, qui, de son côté, consent un supplément d'hypothèque, pour plus grande sûreté de la créance, donne ouverture au droit proportionnel. — 11 fév. 1834. Délib. de la régie. Quincy. D.P. 34. 3. 48. — Solut. contr. D.P. 33. 3. 16.

466. — On a jugé cependant que l'hypothèque supplémentaire consentie par un acte postérieur à l'obligation principale doit être considérée comme ayant le caractère d'une garantie mobilière, et à ce titre est sujette au droit de 50 cent. par 100 fr. — 11 fév. 1834. Délib. de la régie. Quincy. D.P. 34. 3. 48. D P. 33. 3. 118.

467. — Il s'est élevé des difficultés sur le point de savoir si l'on devait soumettre au droit proportionnel de garantie les hypothèques consenties pour sûreté de paiement des effets négociables; le doute provenait de ce que cette espèce de contrat ne pouvait être garantie par une sûreté immobilière sans que sa nature ne fût changée, d'où naissait une nouvelle obligation: tandis qu'aux yeux des adversaires de ce système, l'hypothèque, chose purement accessoire, ne pouvait porter atteinte à cette obligation principale, que cette adjonction n'empêchait pas en effet le souscripteur d'être personnellement soumis à la juridiction commerciale et à toutes les autres conséquences des effets négociables.

Mais la cour de cassation s'est prononcée en faveur du premier système, par arrêts des 17 prair. an 12, 1er fév. 1813, 5 août 1833, et 20 août 1834. — D.P. 34. 1. 453; *Revue du not.* 1834, p. 833 — Trouill., *Dict. de l'enreg.*, v° Novation, n. 15.

468. — L'affectation d'hypothèque est également affranchie du droit proportionnel, lorsque, sans avoir été promise, elle résulte de la loi: par exemple, lorsqu'elle a pour but d'assurer le paiement d'une dot constituée par un contrat de mariage, qui ne promettait aucune garantie ultérieure (Solut. 4 oct.

1832). — Trouillet, *Dict. de l'enreg.*, v° Cautionnement, § 3, n. 9.

469.— Le droit fixe est pareillement seul exigible, 1° lorsque le débiteur, qui a vendu l'immeuble hypothéqué, donne une nouvelle hypothèque; 2° et lorsque, pour plus de sûreté, il donne un supplément d'hypothèque, parce que, aux termes de l'art. 2131 C. civ, le créancier a le droit d'exiger son remboursement ou un supplément d'hypothèque, quand l'immeuble affecté a péri ou est détérioré (Délib. 11 mars, et 20 août 1834. — D.P. 34. 3. 55. *Revue du not.* 1834, p. 600 et 852).

On l'a même décidé ainsi à l'égard d'une garantie hypothécaire, donnée postérieurement à l'obligation qui ne conférait pas elle-même hypothèque (Solut. 4 oct. 1832.—D.P. 33. 3. 16; *Rev. du not.* 1834, p. 251).

Mais le contraire a été expressément décidé dans une espèce analogue, par délibération de la régie du 11 fév. 1834 (D.P. 34. 3. 48. *Rev. du not.* 1834, p. 563). — Trouillet, *Dict. de l'enreg.*, v° Cautionnement, § 3, n. 10.

470.— Mais lorsque, pour garantir le paiement de lettres de change acceptées, le débiteur donne en nantissement à titre de cautionnement une créance hypothécaire, et autorise, à cet effet, son créancier à prendre au bureau des hypothèques un émargement à l'inscription qui existe à son profit, on ne peut voir dans cet acte qu'un simple nantissement *d'une chose mobilière* et non une affectation hypothécaire. Le droit de 50 cent. pour 100 est seul exigible (Solut. 22 août 1825).— Trouillet, *Dict. de l'enreg.*, v° Novation, n 17.

471.— Mais l'affectation hypothécaire d'un immeuble pour sûreté du paiement d'une somme due par un tiers est-elle assujettie au droit de cautionnement?

L'affirmative est résolue par une délibération du 7 juin 1833, parce que l'hypothèque est une garantie mobilière, et que, d'ailleurs, elle participe du cautionnement— V. Délibération du 16 juill. 1833, et instr. 1425, § 4, 1437, § 3, et arr. 14 frim. an 12, où ce principe est exposé.

Mais on oppose à ces décisions la doctrine de la cour suprême qui a, par deux arrêts des 25 nov. 1812 et 10 août 1814, déclaré que lorsqu'un tiers, au lieu de s'obliger *personnellement*, ne fait que promettre, à titre de garantie, des propriétés mobilières ou immobilières, il n'y a pas de cautionnement (D.A., v° Caution, sect. 1re), et ce principe a été adopté par jug. de Compiègne, du 6 mars 1834 et par jug. de Rethel, du 5 juin 1834 (D.P. 34. 3. 81). Il est vrai qu'il a été repoussé par jugement du tribunal de la Seine, du 29 juin 1831.

Quoi qu'il en soit, il faut reconnaître que l'hypothèque ne donne pas la mesure du cautionnement. — Trouill., v° Cautionnement, n. 12.

472.— L'acte par lequel l'usufruitier qui est dispensé de donner caution, affecte ses biens à la restitution du produit de la vente du mobilier de la succession qu'il a touché, n'est point un cautionnement, puisque la garantie fournie est de droit, et qu'il est de principe qu'on ne peut se cautionner soi-même pour l'exécution d'une obligation dont on est tenu, en vertu d'un titre antérieur (Délib. 19 juill. 1823).— Trouill., v° Cautionnemment, § 3, n. 14

473.— Au reste, le principe qui, mieux que tous les exemples, servira à déterminer quand telle ou telle clause d'un acte doit ou non être assujettie à un droit particulier, consiste à se demander si la clause, pour produire son effet, aurait besoin d'être rédigée dans un acte séparé. La réponse négative à cette question sera une déclaration d'affranchissement du droit pour la clause, et *contrà*, en cas d'affirmative.— D.A. 7. 49, n. 3.

474.— Ainsi, aucun droit particulier n'est dû sur la disposition d'une quittance par laquelle le mari qui reçoit une somme faisant partie des deniers dotaux de sa femme affecte ses immeubles à la sûreté de cette somme. Cette reconnaissance de dot est essentiellement dépendante de la quittance (Solut. 23 nov. 1831).— Trouill., *Dict. de l'enreg.*, v° Quittance, n. 41.

475. — Lorsqu'un débiteur se libère par anticipation, en stipulant qu'il lui sera payé des intérêts jusqu'à l'échéance de sa dette, qui n'en produisait pas, on ne peut percevoir sur cette libération que le droit de quittance. Celui d'obligation n'est pas exigible sur le montant de ces intérêts (Solut. 17 oct. 1829).—Trouill., *Dict. de l'enreg.*, v° Quittance, n. 42.

476. — Lorsque des enfans interviennent dans un acte de vente consenti par leur père à leur frère, on n'est pas fondé à percevoir un droit particulier pour leur consentement, qui se lie intimement à la vente, et forme une clause inhérente au contrat (Solut. 23 avril 1830). — Trouill., *Dict. de l'enreg.*, v° Vente d'immeubles, § 3, n. 21.

477. — Lorsqu'une adjudication d'immeubles, faite devant notaire, contient division ou partage, entre deux individus, d'un lot dont ils se sont conjointement et solidairement rendus adjudicataires, cette disposition n'est pas susceptible d'engendrer un droit particulier de partage (Délib. 14 avril 1824).

Mais si des soultes prises hors de l'objet acquis et de la masse à partager sont payables à l'un des copartageans, cette circonstance caractérise un partage étranger à la vente, et un droit particulier est exigible. Quant aux soultes, elles doivent incontestablement un droit proportionnel (Délib. 28 sept. 1827; instr. 1229, § 7). — Trouill., v° Vente d'immeubles, § 3, n. 51, 52.

478. — Pareillement, lorsque, dans un partage, l'un des héritiers tient compte à la succession d'une somme d'argent dont le défunt l'avait fait dépositaire, l'acte de décharge qui lui est donné par les co-héritiers ne peut être considéré que comme un acte de libération, passible, comme une quittance, du droit de 50 cent. p. 100, et non comme une décharge, assujettie au droit fixe de 2 fr. par l'art. 43, n. 8, de la loi du 28 avril 1816. — 19 mars 1833. Délib. D.P. 33. 3. 89.

479. — Aussi n'est-ce que par *exception* que l'art. 10 de la loi de frimaire a affranchi du droit proportionnel la quittance de tout ou partie du prix, donnée dans l'acte même de vente; car la libération ne peut résulter implicitement du contrat. — D.A. 7. 49, n. 4.

480. — C'est pourquoi la quittance donnée séparément de l'acte de vente est, par cela seul, et dans tous les cas, soumise au droit proportionnel d'un demi p. 100, nonobstant qu'il soit dit, dans le contrat d'aliénation, que l'acquéreur ne paiera qu'après la transcription, et sur le vu d'un certificat de non inscription. — Ce n'est pas le cas d'appliquer l'art. 68, § 1er, n. 6 de la loi du 22 frim. an 7, qui soumet au simple droit fixe les actes qui ne contiennent que l'exécution ou le complément d'actes antérieurs enregistrés. — 31 déc. 1816. Bruxelles. Enreg. C. C..... D.A. 7. 60. D.P. 2 6.

481. — Pareillement, la quittance du prix d'une vente de biens situés en pays étranger, est soumise au droit proportionnel de 50 cent. p. 100, lorsqu'elle n'est pas contenue dans l'acte de vente. — 13 mai 1833. Trib. de la Seine. Norès. D.P. 33. 3. 103.

482. — Toutefois, on a décidé que l'acte par lequel un individu s'oblige à faire pour un autre le service militaire, donne lieu au droit de 1 p. 100, lequel ne peut être réduit à un demi p. 100, sur une partie de la somme payée comptant, par application d'une lettre du directeur-général (10 août 1811), d'après laquelle l'acte portant libération du prix d'un bail verbal, n'est passible que du droit de quittance, par le motif qu'un pareil acte est un véritable contrat synallagmatique, constatant, non une obligation et une quittance, mais un remplacement au service militaire, qui lie les deux parties l'une envers l'autre. — 9 mai 1831. Solut. de la régie. D.P. 33. 3. 80.

483. — La délégation du prix d'une vente, faite par un acte séparé de cette vente, est passible du droit proportionnel d'un franc par cent. — 26 mai 1834. Civ. c. Enreg. C. Van-Iseghem. D.P. 34. 1. 255.

484.— Mais lorsqu'il a été stipulé, dans l'acte de vente des immeubles d'un failli, faite sans formalité légale par ses héritiers et du consentement de ses créanciers, que partie du prix sera versée entre les mains du syndic, pour désintéresser un créancier désigné dans l'acte de vente, la régie ne peut réclamer contre l'acquéreur le droit de quittance sur la décharge à lui donnée par les syndics par suite de ce versement, sous le prétexte qu'il opère libération au profit du vendeur failli; la libération ne s'opérant que par le paiement qui sera fait au débiteur par les syndics, ce sera alors seulement que le droit sera exigible (L. 22 frim. an 7, art. 69, § 2, n. 11). — 21 juill. 1828. Civ. c. Bruges-Dumesnil. D.P. 28. 1. 340.

485.— Ainsi encore, la main-levée d'une inscription hypothécaire n'est sujette au droit proportionnel que lorsque la libération du débiteur est expressément énoncée dans l'acte. Ainsi le décide l'instruction générale, n. 390, art. 11. — 16 juill. 1830. Délib. D.P. 33. 3. 21.

486.—De même, lorsqu'en exécution d'une clause du contrat de mariage, la dot est reçue par le père du futur époux, sous la garantie formelle et solidaire des père et mère de celui-ci envers la future, jusqu'à ce qu'emploi utile ait été fait au profit des époux, l'acte contenant quittance de la dot est passible d'un droit d'obligation, encore qu'il serait permis au futur d'user des dispositions de l'art. 1595 C. civ. pour l'emploi de la somme dotale.—21 sept. 1832. Sol. C... D.P. 34. 3. 41.

487.—Pareillement, lorsqu'en suite d'une délégation insérée dans un contrat de vente, le créancier délégué intervient et donne quittance du prix qu'il reçoit, il est dû un droit de libération. — 15 janv. 1833. Trib. de Laon. Enreg. C. Brodier. D.P. 33. 3. 46.

488.— L'acte notarié par lequel un débiteur déclare avoir payé une somme due en vertu d'un billet qui a été perdu après la remise effectuée par le créancier, lequel, de son côté, pour empêcher qu'un détenteur infidèle ne fasse un usage frauduleux du billet, reconnaît qu'il ne lui est plus rien dû, est une déclaration qui tient lieu de quittance, puisqu'elle constate une libération reconnue par le créancier. Il doit être soumis par conséquent au droit de 50 c. pour 100 fr., conformément à l'art. 69, § 2, n. 11 de la loi du 22 frim. an 7. — On dirait vainement qu'un tel acte n'est qu'une déclaration pure et simple, qui ne donne pas lieu au droit proportionnel. — 27 août 1833. Délib. cons. d'adm. D.P. 33. 3. 99.

489. — L'énonciation, dans un acte de vente, de la remise par le vendeur à l'acquéreur, d'un mandat tiré par un vendeur précédent, et qu'on déclare acquitté, ne constitue pas contre ce dernier la preuve du paiement du prix de vente; en conséquence, il n'y a pas lieu de percevoir le droit de quittance. — 22 janv. 1834. Trib. de 1re inst. de Rennes. Laumailler. D.P. 34. 3. 51.

490. — Les exploits d'offres réelles sont soumis à un droit d'enregistrement distinct des droits dus à raison du titre de libération ou de créance qui peut en résulter (L. 22 frim. an 7, art. 68, § 1er). — 28 janv. 1831. Solut. D.P. 33. 3. 25.

491.—Lorsqu'un mari, pour payer à sa femme la dot dont la restitution a été ordonnée, emprunte à un tiers la somme nécessaire, et que dans l'acte de prêt, la femme reconnaît l'avoir reçu des deniers du prêteur qu'elle subroge à tous ses droits, il n'y a là ouverture à aucun droit de quittance, parce que le mari est resté débiteur de la même somme et qu'il ne s'est opéré pour lui aucune libération; et que d'un autre côté la décharge donnée au prêteur par la femme n'est que la suite nécessaire du paiement qu'elle reçoit de lui (Délib. 25 nov. 1814).

Des solutions semblables ont été rendues les 10 juin 1828, 6 oct. et 28 déc. 1832, à l'occasion d'une obligation dans laquelle intervint le créancier de l'emprunteur pour recevoir la somme prêtée et subrogée à ses droits.

Et le 7 janv. 1833, il a été résolu par la régie qu'il n'est dû ni droit de libération, ni droit fixe pour le consentement donné par le débiteur à la subrogation.—Trouill., *Dict. de l'enreg.*, v° Subrogation, n. 18, 19.

492. — Le paiement fait par un débiteur à son créancier d'une somme qui lui a été prêtée à cet effet, suivant acte en forme et avec promesse de faire subroger le prêteur aux droits du créancier, est sujet au droit de quittance, quoique effectivement cette subrogation soit exprimée dans la quittance.

Il n'en serait pas de même si l'emprunt et le paiement avaient lieu par le même acte (Délib. 24 sept. 1833). — Trouill., *eod.*, n. 21.

493. — Et comme l'obligation consentie par l'acquéreur de payer son prix, est constitutive du contrat, elle ne peut être soumise à un droit particulier (L. de frim. an 7, art. 10). — D.A. 7. 48, n. 4.

494 —Par suite de ces principes, l'obligation solidaire de la femme, qui ne présente à l'égard du mari qu'un simple cautionnement (Civ. 1431), ne donne pas lieu à la perception d'un droit particulier distinct du droit perçu sur l'obligation principale (*Journal de l'enreg.*, art. 3856). — Opinion conf. D.A. 7. 50, n. 5.

On doit décider de même à l'égard de tout coobligé solidaire.— V. ci-dessus.

495.—Aussi a-t-on décidé que l'intervention de la femme qui se rend solidaire de la vente consentie par celui-ci d'un bien à lui propre ou dépendant de la communauté, n'ayant pour objet que d'éviter tout recours contre les acquéreurs, ne donne ouverture à aucune espèce de droit, soit fixe, soit proportionnel (Déc. min. fin. 19 avril 1814; délib. 9 juillet 1823, 5 mars 1830, 16 janv. 1827).

Cette dernière décision déclare même que peu

importent la manière dont a lieu cette intervention et les termes dans lesquels la garantie est exprimée.

Cependant un principe opposé à ces délibérations a été établi par une décision du ministre des finances du 14 déc. 1830 (Instr. 1384); mais il a été repoussé par jugemens des tribunaux de Tours, Douai, Châteaudun et Toul. La question ayant été examinée de nouveau, le ministre des finances a décidé, le 17 juillet 1832, qu'il y a lieu de suspendre la perception du droit de cautionnement sur les ventes et obligations solidaires de deux époux jusqu'à ce qu'il soit intervenu sur cette matière une disposition législative (Instr. 1403, *Rev. du not.* 1834, p. 143). — D.P. 32. 3. 113; Trouill., *Dict. de l'enreg.*, v° Vente d'immeubles, § 3, n. 43, 30.

496. — On a déjà dit que l'enregistrement n'est une condition nécessaire des actes non translatifs de propriété sous seing-privé ou passés à l'étranger, que lorsqu'ils sont produits en justice ou énoncés dans un acte public. — Or, l'énonciation dans un inventaire, d'actes sous seings-privés non enregistrés, peut-elle autoriser la régie à percevoir le droit dont ces actes sont susceptibles? — Non; car il n'y a que l'énonciation *volontaire* dans les actes qui donne ouverture au droit, et la mention dans un inventaire est tout-à-fait forcée (Dall. *Jurisp. gén.*, t. 7, p. 50; arrêté du direct. exécut. 22 vent. an 7) — Même solution pour les énonciations d'actes non enregistrés dans un partage ou une liquidation, parce qu'un acte de partage, comme un inventaire, n'est pas un titre *constitutif*, mais simplement énonciatif de créance (V. arrêt du 24 août 1818, sect. 12). Il en serait autrement si les parties intéressées figuraient dans l'inventaire ou le partage, de manière à pouvoir accepter les énonciations pour s'en faire un titre au besoin. — D.A. 7. 50, n. 6.

497. — Ainsi, il n'est dû aucun droit proportionnel à raison des sommes dont un mari se reconnaît débiteur dans l'acte de liquidation des reprises de sa femme séparée de biens, lorsque ces sommes constituent des apports matrimoniaux de la femme, stipulés dans le contrat de mariage même. — 27 juin 1809. Civ. c. Enreg. C. Foissy. D.A. 7. 54. D.P 2. 6.

498. — Mais il en est différemment pour toutes les créances de la femme qui ne sont point énoncées en son contrat de mariage, ou qui n'y sont point déterminées, bien qu'elles puissent tacitement s'y rattacher. — Ainsi, le droit proportionnel est dû sur les sommes destinées à représenter le prix des propres de la femme aliénés, durant la communauté, et sur celles formant l'estimation de ses linge et hardes, non évalués dans le contrat de mariage. La reconnaissance de toutes ces créances par le mari forme contre lui, en faveur de sa femme, titre positif et obligatoire (L. 22 frim. an 7, art. 69, § 3, n. 3). — Même arrêt.

499. — De même, lorsque dans un acte de compte, liquidation et partage d'une succession, les héritiers font mention des sommes qu'ils ont respectivement touchées de divers débiteurs, et que ni les débiteurs ni les créanciers n'ont figuré dans l'acte, la régie de l'enregistrement n'est pas fondée à percevoir, à raison de ces énonciations, les droits de quittance et ceux d'obligation. — 16 mars 1825. Civ. r. Enreg. C. Chaudeau. D.P. 25. 1. 204.

500. — Et l'énonciation, dans le même acte, d'un paiement fait par l'un des héritiers à un autre, ne peut motiver la perception d'un droit de libération, lorsqu'il n'est pas justifié que le co-héritier qui a reçu ce paiement fut personnellement créancier de la succession, surtout si les circonstances annoncent que les sommes qu'il a touchées ne lui étaient dues qu'en sa qualité de co-partageant, et par le résultat du compte établi dans l'acte même du partage, des sommes par lui payées ou reçues pour la succession. — Même arrêt.

501. — Pareillement, l'énonciation, dans un partage anticipé, fait dans un acte entre-vifs par des ascendans, de dettes passives, dont le titre n'est pas enregistré, mises à la charge des donataires, ne constitue pas une délégation passible du droit d'enregistrement (L. 22 frim. an 7, art. 69, § 3, n. 3). — 28 avril 1829. Req. Enreg. C. Adam. D.P 29. 1. 229.

502. — Si, dans l'acte de vente des immeubles du failli, faite du consentement de ses créanciers, et sans les formalités prescrites par la loi, partie du prix a été déléguée à quelques uns des créanciers à terme du failli, cette délégation n'étant qu'un mode de paiement, n'est passible du droit proportionnel, aux termes de l'art. 69, § 3, n. 3 de la loi du 22 frim. an 7, qu'autant que les titres de créances n'auraient pas été enregistrés; et s'il n'est point allégué que cet enregistrement n'a pas eu lieu, la régie est non-recevable à exiger le droit de délégation. — 21 juill. 1828. Civ. c. Bruges-Dumesnil. D.P. 28. 1. 340.

503. — Jugé dans le même sens que la charge imposée au donataire, dans l'acte de donation, et acceptée par les créanciers, soit de payer diverses créances inscrites sur l'immeuble donné, soit d'acquitter sur les fermages une pension due par le donateur, faisant partie du prix, ne peut, alors d'ailleurs que les titres constitutifs des sommes déléguées ont été énoncés dans l'acte et enregistrés, donner lieu au droit proportionnel de délégation établi par l'art. 69, § 3, n. 3 de la loi du 22 frim. an 7. — 2 avril 1828. Civ. c. Beauffremont. D.P. 28. 1. 201.

504. — De même, la mention dans les actes de liquidation et partage des actes sous seing-privé non enregistrés, ne peut donner ouverture au droit de titre, lors même que la créance est due par un héritier, parce qu'on peut dire qu'il ne comparaît pas au partage pour la reconnaître, et qu'elle n'est énoncée que pour établir le montant de la masse et les droits de chacun des co-partageans. — 1er mars 1833. Délib. D.P. 33. 3. 79.

505. — En sens contraire, la délégation faite par le vendeur dans le contrat de vente, de partie du prix en faveur de son créancier, opère un droit particulier de 1 fr. par 100., pour cession de créance (Loi 22 frim. an 7, art. 69, § 3, n. 3). — 14 mess. an 13. Civ. c. Enreg. C. Hauzen. D.A 7. 277. D.P. 2. 46.

506. — Les énonciations de dettes non enregistrées, contenues dans un partage d'ascendant fait par testament ou donation entre-vifs, ne donnent pas lieu au droit proportionnel d'obligation — 20 juin 1834. Délibér. D.P. 34. 3. 78. — *Rev. du not.* 1834, p. 751.

507. — Le procès-verbal de récolement d'inventaire portant qu'il a été reconnu que le montant des billets inventoriés est soldé, ne donne pas ouverture au droit de libération sur les sommes payées, cette déclaration n'étant faite que pour établir la situation de la succession. — *Dict. de l'enreg.*, v° Inventaire, n. 51.

508. — Mais lorsque parmi les biens partagés il s'en trouve qui avaient été *adjugés* à un tiers dont l'intervention dans l'acte a pour but de déclarer qu'il n'a aucun droit sur ces biens, lesquels avaient été acquis pour le compte des co-partageans, on doit percevoir sur cet acte le droit proportionnel applicable à la cession qui résulte de la déclaration, indépendamment du droit fixe de 5 fr. (Cass. 9 fruct. an 12). — Trouill., *Dict.*, v° Partage, § 5, n. 52.

509. — Il est superflu de faire observer que l'exception ci-dessus ne concerne que les actes qui, par leur nature, ne sont susceptibles d'être enregistrés qu'autant qu'on en veut faire usage. Aussi l'énonciation des contrats translatifs de propriété ou d'usufruit d'immeubles dans un acte quelconque, rend le droit exigible, dès que la perception en est attachée au fait même de la mutation, encore qu'il n'apparaisse d'aucun titre. — D.A. 7. 50, n. 6.

510. — Voilà pourquoi un pourvoi fut admis contre un jugement du tribunal d'Autun, qui avait décidé que l'énonciation d'un bail sous seing-privé dans un inventaire, n'était pas un motif suffisant pour en réclamer le droit, attendu que cette mention n'était pas le fait du preneur. — D.A. 7. 50, note 3.

511. — Toutefois, lorsqu'il s'agit de la déclaration d'un don manuel, soit qu'elle ait lieu dans un inventaire, soit dans un partage, pour établir la consistance de la succession, cette déclaration est une disposition intégrante de l'acte, et n'est passible d'aucun droit (Délib. du 12 déc. 1826; jug de Colmar, 25 juin 1829, acquiescé par solut. du 11 mai 1830, contraires à la délib. du 11 juill. 1828). — Trouill., v° Don manuel, n. 5.

512. — La déclaration faite par un tiers, dans un inventaire, de sommes dont il est redevable envers la succession, doit-elle être considérée comme formant un titre au profit de l'hérédité, et comme donnant lieu à la perception du droit proportionnel de 1 p. 100? Non. — D.A. 7. 51, n. 7.

513. — Ainsi, la déclaration faite par un tiers, dans un inventaire après décès, qu'il a reçu, à titre de mandataire, des valeurs appartenant au défunt, et que, déduction faite de ce qu'il a payé, il reste détenteur d'une certaine somme, ne constitue ni un arrêté de compte, ni aucune des obligations ou actes assujettis, par la loi, au droit proportionnel. — La somme comprise dans cette déclaration, ainsi que les titres sur lesquels elle pouvait être réclamée, doivent être considérés comme faisant partie des objets mobiliers et titres inventoriés : en sorte que cette déclaration ne puisse donner lieu à la perception du droit proportionnel qu'autant qu'on voudrait en faire usage en justice (L. 22 frim an 7, art. 4, 11, 68, § 2, n. 1, et 69, § 3, n. 3). — 22 mars 1814. Civ. r. Enreg. C. Congouilhe. D.A. 7. 59. D.P. 14. 1. 317.

514. — Cette décision doit s'appliquer aussi bien aux déclarations qui, venant des héritiers, constitueraient la succession débitrice, qu'à celles qui, venant d'un tiers, l'établissent créancière. Et il ne doit pas y avoir de différence entre les déclarations faites dans un inventaire et celles faites dans un partage, puisque la jurisprudence les range sur la même ligne, et que *ces énonciations ne peuvent, sans l'intervention actuelle ou ultérieure de ces tiers, constituer, à leur égard, obligation ni libération.* Ce sont les termes d'un arrêt de cass. 16 mars 1825 (D.P. 25. 1. 204) — D.A. 7. 51, n. 7.

515. — La déclaration, dans un inventaire, d'avoir reçu des sommes en avancement d'hoirie, ne donne pas ouverture au droit proportionnel (Délib. du cons., 2 oct. 1822). — *Dict. de l'enreg.*, v° Inventaire, § 2, n. 39.

516. — Cependant l'administration de l'enregistrement pense que les déclarations de dettes passives faites dans *un partage*, sans énonciation d'acte enregistré, lorsqu'elles forment titre, sont passibles du droit proportionnel (Inst. gén. de la régie de l'enreg., n. 548) — D.A. 7. 51, n. 7.

517. — Et, conformément à cette opinion, on a décidé que lorsque, dans un acte de partage d'une succession, les créances passives, les noms des créanciers et les sommes dues à chacun d'eux, se trouvent spécialement désignés, avec stipulation que quelques uns des héritiers les supporteront à la décharge des autres, sans énonciation de titre précédemment enregistré, il est dû un droit proportionnel à raison de chacune de ces créances — 20 juill. 1821. Bruxelles. Enreg. C. Thierry. D.A. 7. 60. D.P. 2. 6.

518. — Mais il a été jugé, au contraire, que les droits proportionnels établis sur les obligations ne peuvent être perçus que sur des obligations réelles; ils ne peuvent l'être sur de simples énonciations de dettes contenues dans un acte de partage, et non encore acceptées par les créanciers, au profit desquels elles sont souscrites (L. 22 frim. an 7, art. 4, 14, n. 2; 69, § 3, n. 3; C. civ. 1331). — 7 nov. 1826. Req. Enreg. C. Joly. D.P. 27. 1. 37. — 25 avril 1827. Req. Enreg. C. Cailleteau. D.P. 27. 1. 216.

519. — De même, le droit d'obligation n'est pas dû sur l'énonciation faite dans un partage, qu'une somme a été remise à l'un des co-héritiers pour être employée à payer les honoraires et déboursés dus au notaire rédacteur. Cette énonciation, qui peut être erronée, ne lie ni le notaire, ni les héritiers. Le titre du notaire est dans l'acte même, à raison duquel sont dus les honoraires et les déboursés. — 13 août 1830 Délib. cons d'adm. D.P. 33. 3. 34.

520. — Pareillement, les liquidations de reprises contenues dans les partages de succession, communauté ou société, et qui doivent précéder le partage dont ils font nécessairement partie, n'opèrent aucun droit particulier (Déc. min. des fin. 8 déc. 1807; inst. 366, § 4). — Trouillet, v° Partage, § 5, n. 24.

521. — Le juge commis à une faillite peut, en vertu des art 454, 503 et 507 C. comm., recevoir l'affirmation des créanciers du failli et procéder à la vérification des créances, sans que les titres en aient été, au préalable, enregistrés (Déc. min. 28 juin 1808). Le droit sera perçu lors du concordat, ou sur le jugement de condamnation. — D.A. 7. 51, n. 8.

522. — L'art. 537 C. pr. a dispensé de l'enregistrement les quittances de fournisseurs, ouvriers, maîtres de pensions, et *autre de même nature* (parmi lesquelles il faut ranger les quittances de frais funéraires) produites comme pièces de soutènement d'un compte. Mais l'exception se borne là; et on ne doit pas l'étendre à toute espèce de quittances. — D.A. 7. 51, n. 9.

523. — Par suite, si dans la recette et la dépense, on mentionne des recouvremens ou des avances, sans énoncer les pièces qui en justifient, doit-il être perçu un droit proportionnel de quittance? Non, car il n'est dû de droit d'enregistrement, à défaut la production de pièces, que lorsque la convention a pour objet une transmission de propriété ou d'usufruit d'immeubles. — D.A. 7. 51, n. 9.

524. — Aussi, a-t-on décidé que le droit de libération de 50 cent par 100 fr. n'est point exigible sur les sommes portées en dépenses dans les comptes de tutelle, sans énonciation de quittance; ce droit ne serait dû que s'il était fait mention de quittances écrites non revêtues de l'enregistrement. L'art. 471 C. civ. porte qu'on allouera au tuteur toutes dépenses suffisamment jutifiées. Cette justification peut résulter de simples notes, de registres ou carnets suffisans aux yeux de l'oyant-compte. Le mineur, devenu majeur, n'est point astreint, d'ail-

leurs, à exiger, dans tous les cas, et pour toute espèce de dépenses, les pièces justificatives; il est libre de s'en rapporter à la bonne foi du tuteur. — 10 nov. 1829. Solut. de la régie. D.P. 33 3. 28.

525.—Pour les sommes portées en recette, comme recouvrées sur des débiteurs, on ne pourrait, sans injustice, percevoir le droit de libération, puisque ce droit ne peut jamais être dû par le créancier (art. 51, loi 22 frim. an 7), et que, d'un autre côté, le débiteur ne peut voir tourner à son préjudice une déclaration qui n'est point de son fait (*Journ. de l'enreg.*, art. 4305).—D.A. 7. 51, n. 9.

526.—Aussi a-t-on jugé que la simple indication faite, dans un compte de recette et de dépense, de diverses sommes recouvrées par le comptable sur les débiteurs de l'oyant-compte, sans énonciation de quittances enregistrées, n'est point suffisante pour autoriser le receveur de l'enregistrement à percevoir le droit proportionnel de libération, de 50 cent. par 100 fr., alors que les débiteurs indiqués comme ayant payé, ne figurent pas dans le compte comme acceptant quittance.—11 fév. 1828. Civ. r. Enreg. C. Villetard. D.P. 28. 1. 125.

527.—Mais lorsque, dans un compte, fait antérieurement à tout partage, entre les héritiers d'une succession, qui ne prennent pas encore qualité, mais se réservent le droit de renoncer ou d'accepter, il est dit qu'il est dû, par cette succession, une somme quelconque à un *créancier présent*, cette déclaration étant un titre positif pour ce créancier, elle est passible du droit proportionnel d'un pour cent, établi par l'art. 4 de la loi du 22 frim. an 7, alors surtout que, plus tard, les héritiers ont accepté la succession...; par suite, il y a lieu de casser l'arrêt qui ne voit, dans cette déclaration, qu'un acte préalable à partage, non obligatoire pour les héritiers et affranchi du droit d'enregistrement (L. 22 frim. an 7, art. 4). — 15 avril 1830. Civ. c. Enreg. C. Varnier. D.P. 30. 1. 205.

528.—Par suite du principe ci-dessus, une quittance énonciative d'un prêt verbal ne donne pas ouverture à un droit de *créance*, indépendamment du droit de *libération*, parce que la régie n'a pas le droit de s'emparer d'un titre dont rien ne constate l'existence (*Journ. de l'enreg.*, art. 1450).—D.A. 7. 51, n. 10.

529.—Aussi a-t-on décidé que le notaire qui, dans une reddition de compte, énonce que la dépense résulte de pièces, mémoires et notes, n'est pas tenu de produire au receveur des pièces *régulières*; c'est à l'administration à prouver qu'il en existe (Solut. 21 déc. 1832). — Trouill., *Dict. de l'enreg.*, v° Compte, § 3, n. 9.

530.—Ce n'est que sur le reliquat du compte que le droit proportionnel peut être perçu; s'il présente un excédant de recette, le droit est dû sur cet excédant dès l'instant où il est offert à la formalité, avant même qu'il soit apuré par le tribunal ou reconnu par l'oyant, parce qu'aux termes de l'art. 535 C. pr., l'oyant peut requérir exécutoire du reliquat constitué à son profit, sans approbation préalable (Décis. min. 26 nov. 1823).—D.A. 7. 51, n. 11.

531.—Ainsi, le droit proportionnel n'est dû que sur les articles de dépenses présentés dans un compte, avoués des deux parties, et qui ne sont appuyés d'aucune pièce justificative : le reliquat seul, dans ce cas, est soumis au droit proportionnel... Mais si, dans le compte soumis à l'enregistrement, il était fait mention de quittances ou autres pièces non enregistrées, et qui ne soient pas de la nature de celles que l'art. 537 C. pr. exempte de l'enregistrement, le droit proportionnel serait dû sur ces pièces (L. 22 frim. an 7, art. 69, § 2; 68, § 3, n. 7).—8 mai 1826. Civ. c. Robillard. D.P. 26. 1. 276.

532.—De même, ce n'est pas sur la valeur du nantissement ou sur le montant total du cautionnement fourni pour répondre d'une gestion immobilière, que doit être perçu le droit proportionnel, mais seulement sur la somme à laquelle les parties ont fixé le reliquat du compte de cette gestion. — 1er fév. 1832. Req. Enreg. C. Gendron. D.P. 32. 1. 61.

533.—Quant aux actes constatant les paiemens faits aux créanciers sur le produit d'un sequestre, par le dépositaire des biens séquestrés, ils doivent être considérés comme faits à la décharge des débiteurs, et emportant l'extinction d'une dette préexistante; et ils donnent lieu en conséquence au droit proportionnel de quittances. De telles actes ne peuvent être considérés comme un compte rendu par le séquestre de son administration des biens séquestrés, ni comme la décharge d'un reliquat de compte, passible seulement du droit fixe. — 20 août 1833. Délib. D.P. 33. 3. 99.

534.—Si la dépense excède la recette, le compte doit être enregistré pour le droit fixe (*Journ. de l'enreg.*, art. 2564), sauf à percevoir, lorsque le compte sera apuré, un droit d'obligation, si le cas y echet, pour le reliquat établi au profit du rendant. —D.A. 7. 51, n. 11.

535 — Suivant ce principe, l'acte par lequel les syndics d'une faillite rendent compte de leur gestion au failli et aux créanciers, n'est passible, dans la disposition qui décharge les syndics de l'administration qu'ils ont eu des deniers et des biens du failli, que d'un droit fixe de 2 fr.; mais le droit proportionnel est dû sur la disposition qui contient libération du failli, à raison des recouvremens faits et à faire par les créanciers : du moins, il peut être exigé sur les sommes que les créanciers ont déja effectivement reçues (L. 22 frim. an 7, art. 69, § 2, n. 11). — 26 nov. 1821. Civ. c. Enreg. C. Deville. D.A. 7. 62.

536.—Toutefois, le reliquat est soldé en tout ou en partie, ou compensé avec une autre créance, ou enfin il est stipulé payable à terme. La perception doit nécessairement varier suivant ces stipulations. —Trouill., *Dict. de l'enreg.*, v° Compte, § 2, n. 12.

537.—Ainsi, lorsque dans un compte entre co-héritiers, celui qui a acquis des biens de la succession compense ce qui lui revenait sur le prix des adjudications effectuées avec ce qu'il devait lui-même, on ne peut percevoir le droit de quittance sur cette compensation, parce que la dette s'éteint par confusion (Délib. 13 avril 1827).—Trouill., *eod.*, § 2, n. 13.

538.—Si le tuteur reliquataire paie à l'oyant le solde du compte, on ne doit percevoir que 2 fr. sur l'arrêté définitif, parce que le tuteur n'est qu'un mandataire ordinairement à titre gratuit (Déc. min. des fin. 10 déc. 1827; instr. 1236, § 2). S'il solde en partie seulement, le droit proportionnel est exigible, parce que la disposition principale est l'obligation.—Trouill., *eod.*, § 2, n. 15, 16.

539. — Mais l'autorisation donnée au tuteur, par le conseil de famille, de garder en ses mains la somme formant le reliquat de son compte tutélaire, au moyen d'une affectation spéciale et privilégiée de plusieurs de ses immeubles à la sûreté de ce reliquat, constitue, de la part de ce dernier, un emprunt et un placement sur lui-même des fonds de son pupille, soumis au droit proportionnel de 1 p. 100 — 13 nov. 1820. Civ. c. Enreg. C. Wendel. D.A. 7. 63. D.P. 21. 1. 312.

540. — On doit considérer comme formant un arrêté de compte de tutelle, passible du droit de 1 p. 100, l'ensemble des dispositions d'un contrat de mariage, portant que la future se constitue en dot, 1° 50,000 fr., somme capitale à laquelle s'élèvera, d'après le calcul fait entre parties, le reliquat du compte de tutelle que devra à la future son père à la célébration du mariage; 2° 2,000 fr. pour fruits et revenus à courir de cette époque jusqu'à la majorité de la future, lesquelles sommes ne seront remboursables par le tuteur que lorsqu'il en sera fait emploi en biens-fonds et apres avertissement (Delib. 5 mars 1830).— Trouill., *Dict. de l'enreg.*, v° Compte, § 2, n. 20.

541. — Quand, dans un partage de communauté, le survivant présente le compte de tutelle qu'il doit à ses enfans, et déclare qu'il s'oblige de leur payer, sur les deniers de la communauté, le reliquat fixé à 100,000 fr., ainsi que les intérêts à échoir, on doit percevoir le droit de 1 p. 100 sur le reliquat (Jugement du tribunal de la Seine, 24 fév. 1830, cassé le 16 mai 1832, par le motif que l'acte n'est que l'exécution du contrat de mariage). Mais le tribunal de Versailles, où l'affaire fut renvoyée, a jugé comme celui de la Seine, le 21 mars 1833. — Trouill., *eod.*, § 2, n. 22.

542.—Si, pour se libérer du reliquat ou avance, on crée une rente, le droit sera de 2 p. 100. S'il y a abandon de meubles ou d'immeubles en paiement de la somme due, il y aura lieu d'exiger 2 fr. ou 5 1/2 p. 100, suivant que la vente sera mobière ou immobilière (Circ. 1934).— Tronill., *eod.*, § 2, n. 27.

543. — La conversion d'une créance a terme en une constitution de rente, devra-t-elle être considérée comme une obligation nouvelle, ou seulement comme une suite, une dépendance de la première? Il y a bien évidemment *novation* dans le titre, puisqu'il y a aliénation d'un capital exigible; par conséquent, il est dû un nouveau droit proportionnel sur la seconde obligation, et ce droit est de 2 p. 100 (L. 22 frim. an 7, art. 68, § 5, n. 2; *Journ. de l'enreg.*, art. 973). — D.A 7. 51, n. 13.

544.— Il faut entendre par *créance à terme*, dans l'esprit de la législation sur l'enregistrement, les créances dont le capital est toujours exigible, par opposition aux créances résultant de rentes perpétuelles ou viagères, dont le capital ne peut jamais être répété par le créancier. — D.A. 7. 51, note 2, n. 10.

545.— On le décide ainsi pour l'acte par lequel le tireur d'une lettre de change *enregistrée* affecte d'hypothèque pour sûreté du paiement un immeuble désigné.—Cet acte doit être considéré comme contenant une *obligation nouvelle* et non comme une *garantie* de l'obligation résultant de la lettre de change, et par suite il doit être soumis au droit proportionnel de 1 pour 100, et non au droit fixe (D.P. 33. 3. 36). — 22 déc. 1806. Civ. c. Coppet. D.P. 8. 2. 10.

546.— Pareillement, lorsqu'une créance résultant de billets à ordre est convertie en une obligation notariée, avec cautionnement hypothécaire, il s'opère une novation dans le titre, qui donne lieu au droit proportionnel de 1 fr. par 100 fr.— Cette obligation, toute civile, ne peut être considérée comme le *complément* ou le mode d'*exécution* d'un engagement commercial, afin de n'être assujettie qu'au simple droit fixe (L. 22 frim. an 7, art. 68, § 1er, n. 6, et 69, § 3, n. 3). — 1er fév. 1813. Civ. c. Enreg. C. Fritz. D.A. 7. 56.

547.— Si, pour sûreté de billets à ordre en circulation, le débiteur consent une affectation d'hypothèque en faveur de son créancier, il n'est dû pour cette affectation, qui opère novation, que le droit de 1 p. 100. On ne serait pas fondé à percevoir en même temps le droit de 50 c. p. 100 fr. pour les billets non enregistrés, ni à exiger l'amende du notaire pour avoir fait un acte en vertu d'actes sous-seing-privé non enregistrés, parce que, du moment où les billets étaient en circulation, il était impossible de les joindre à l'acte notarié, et que, d'ailleurs, ces billets sont affranchis de la formalité jusqu'au protêt. — 9 juill. 1830. Solut. D.P. 33. 3. 42.

548. — L'acte par lequel le souscripteur d'une lettre de change ou d'un billet à ordre (non enregistré) confère à son créancier une hypothèque pour la garantie des sommes portées en ces effets, est soumis, comme renfermant une nouvelle obligation, au droit proportionnel de 1 p. 100, et non pas simplement au droit fixe d'un franc. — 20 août 1834. Civ. c. Enreg. C. Assolant. D.P. 34. 1. 455.

549.— Un droit proportionnel est exigible sur un partage anticipé portant que les donataires paieront à des tiers non présens des sommes qui leur sont dues par le donateur, sans qu'on énonce s'il existe des titres enregistrés. Il y a *novation* résultant d'une convention, ce qui n'a pas lieu dans le cas de partage ordinaire, où c'est la loi qui impose aux co-partageans l'obligation de supporter les dettes, comme représentant le défunt. — 27 juill. 1830. Délib. D.P. 33. 3. 40.

550.— Le transport par le vendeur, fait après la vente, au profit des héritiers de son créancier hypothécaire, d'une partie du prix dû par l'acquéreur, est passible du droit de 1 pour 100, encore bien que l'acte porte la déclaration expresse que la délégation est faite sans novation. — 8 janv. 1833. Trib. de Metz. Enreg. C. Couroux. D.P. 33. 3. 58.

551. — Les délégations de créances à terme, acceptées ou non acceptées par le créancier délégataire, sont indistinctement assujetties au droit proportionnel de 1 pour 100 (L. 22 frim an 7, art. 68, § 1er, n. 3, et 69, § 3, n. 3).—11 nov. 1822. Civ. c. Enreg. C. Batardy. D.A. 7. 64. D.P. 23. 1. 91.

552.— Pareillement, l'acte de liquidation et partage d'une succession, dans lequel, par suite de l'adjudication faite en audience de criées, les acquéreurs chargés de payer le prix aux vendeurs ou aux créanciers inscrits, ont fait abandonnement et délégation à la veuve et aux créanciers nommément désignés de sommes déterminées à prendre sur le prix par eux dû, contient une délégation formelle, laquelle, stipulée hors la présence des créanciers, est à la vérité imparfaite, en ce sens qu'elle n'opère pas une novation de titre, mais n'emporte pas moins, de la part du déléguant, un dessaisissement, un transport de la créance au profit du créancier délégué; transport qui peut recevoir son exécution sans aucune acceptation écrite, et est assujetti, par suite, au droit proportionnel de 1 pour. 100.— 16 août 1833. Délib. D.P. 33. 3. 97.

553.— Mais, lorsque l'acquéreur d'un immeuble, moyennant un prix sur la totalité duquel le droit d'enregistrement a été perçu, a été chargé de payer, avec partie de ce prix, une rente perpétuelle due par le vendeur à un tiers, s'il arrive qu'entre ce dernier, créancier de la rente, et l'ac-

quéreur, il y ait conversion de la rente perpétuelle en une rente viagère, mais avec réserve, de la part du créancier, de tous ses droits contre son débiteur primitif, cette conversion ne constitue qu'un arrangement amiable entre l'acquéreur et le créancier, lequel n'est frappé d'aucun droit proportionnel...; et, cette conversion contînt-elle acceptation, de la part du créancier de la rente (dont le titre était enregistré), de la délégation faite à son profit par l'acte de vente, cette acceptation n'aurait donné lieu tout au plus qu'au droit fixe d'un franc, établi par l'art 68, § 1er, n. 3 de la loi du 22 frim. an 7, et non au droit proportionnel de deux pour cent, réglé par l'art. 69, § 5, n. 2 de la même loi. — 5 déc. 1827. Civ. r. Enreg. C. Pietresson de St-Aubin. D.P. 28. 1. 47.

554.— De même, lorsque le débiteur d'une rente a vendu les biens qui y sont affectés, sous la condition expresse que l'acquéreur prendra à sa charge la même rente, qu'il s'engage à supporter toujours, à la pleine décharge du vendeur, il n'est dû aucun droit proportionnel de délégation, mais un simple droit fixe d'un franc sur l'acte postérieur, par lequel le créancier déclare décharger le débiteur primitif de la rente, de l'obligation personnelle qu'il avait contractée. Cette décharge ne pourrait être considérée que comme une renonciation pure et simple à l'une des deux actions personnelles appartenant au créancier, sans qu'il y ait pour cela substitution d'un débiteur à un autre.—29 janv. 1824. Bruxelles. Enreg. C. Vanesschen. D.A. 7. 46. D.P. 2. 5.

555.— Cette renonciation ne peut d'ailleurs donner lieu au droit proportionnel de libération de 50 c. par 100 fr., la rente ne se trouvant point éteinte.— Même arrêt.

556 — De même, en cas de vente d'un immeuble hypothéqué à une rente, le droit proportionnel n'est pas dû sur l'acte par lequel l'acquéreur passe titre nouvel au créancier qui n'avait pas accepté la délégation — 13 juill. 1830. Solut. D.P. 33. 3. 35.

557.— De même, la délégation faite dans un acte de prêt, par l'emprunteur, des arrérages d'une rente, pour sûreté du paiement des intérêts de la somme prêtée, n'emportant pas novation, et n'étant d'ailleurs qu'un mode de remboursement, n'est pas passible d'un droit particulier d'obligation. — 18 oct. 1832. Solut. D.P. 33. 3. 4.

558.— Le délai accordé au débiteur pour s'acquitter d'une dette exigible, et *spécialement* la clause insérée, dans un contrat de mariage, qu'une créance, exigible dès maintenant, ne pourra être réclamée du débiteur qu'à son décès, ne constitue pas une obligation nouvelle, mais un simple *atermoiement*, passible du droit proportionnel de 50 c. par 100 fr. (L. 22 frim. an 7, art. 69, § 2, n. 4). — 15 juin 1808. Req. Enreg. C. Groc. D.A. 7. 122. D.P. 2. 17, et 8. 1. 348.

559.— Une clause par laquelle une femme s'oblige à payer seule un certain nombre de billets souscrits tant par elle que par son mari, ne donne lieu à aucun droit de mutation, alors surtout que les créanciers n'ont pas été parties à l'acte, et n'ont pas accepté la délégation. — 6 janv. 1829. Civ. r. Enreg. C. Regnault. D.P. 29. 1. 95.

Art. 6. — *Des jugemens portant collocation ou liquidation de sommes ou valeurs.—Diverses espèces de jugemens, Droits fixes et proportionnels, Compromis, Procès verbaux, Dispositions diverses, dépendantes, indépendantes. — Jugemens étrangers*, etc.

560. — Cet article traitera, 1° des droits fixes dont gemens et actes judiciaires sont passibles, 2° des droits proportionnels dérivant de *condamnations*, *collocations* ou *liquidations* de sommes et valeurs. Quant aux jugemens portant adjudications d'immeubles, il en sera parlé à l'art. 10, des mutations *par actes entre-vifs à titre onéreux*.

A l'égard des actes judiciaires devant être enregistrés *gratis* ou en *débet*, et pour ceux *exemptés* de la formalité, Voyez plus haut, art. 3, §§ 1 et 2.

561.— Les jugemens sont passibles, suivant leur objet, du droit *fixe* ou du droit *proportionnel*. — D.A. 7. 65, n. 1.

562.— « Tous *actes* judiciaires, en matière civile (expression générique qui comprend les jugemens comme les actes du greffe), tous jugemens en matière criminelle, correctionnelle et de police, sont, sans exception, soumis à l'enregistrement sur les *minutes* et *originaux* » (L. 1816, art. 38).

563.—Par là se trouvent anéanties, 1° la classification établie par l'art. 7 de la loi de frimaire, touchant les jugemens et les actes judiciaires, car elle soumettait les uns à l'enregistrement, sur la *minute*, et les autres seulement sur l'*expédition*; 2° la distinction faite par le deuxième alinéa de l'art. 8 de la même loi, entre les premières et les secondes expéditions des actes judiciaires non sujets à l'enregistrement sur la minute, distinction ayant pour objet de n'assujettir celles ci qu'au simple droit fixe. Aujourd'hui donc, tous les extraits copiés ou expéditions des actes judiciaires ou extrajudiciaires sont dispensés de l'enregistrement, conformément au premier alinéa de l'art. 8 de la loi de frimaire, parce que les *originaux* sont indistinctement soumis à la formalité.— D.A. 7. 65, n. 2.

564. — Dès qu'une faillite est déclarée, tout ce qui concerne l'administration et la conservation des biens du failli se fait *sous l'autorité de la justice* (C. comm. 442, 454, 459, 480, 486 et 517). — D'après ces articles, il est certain, 1° que, dans toute faillite où il y a apposition des scellés, il y a inventaire; 2° qu'il est fait en autant de vacations que le procès-verbal de levée des scellés; 3° que cet inventaire, qui n'est pas l'œuvre des syndics pris isolément, mais qui se fait par tous, en présence et avec la signature du juge de paix, a le caractère non d'un acte sous signatures privées, mais d'un acte authentique, d'un acte judiciaire, puisque le contenu de cet acte est attesté par la présence et la signature d'un magistrat de l'ordre judiciaire.—23 nov. 1832. Délib. D.P. 33. 3. 103.

565.—Ainsi, si un inventaire existe et doit exister, et si la présence et la signature du juge de paix donnent à cet acte le caractère d'un acte authentique, d'un acte judiciaire, il est évident qu'il doit être enregistré, puisque la loi du 22 frim. an 7, art. 68, § 2, n. 1, tarife nommément les inventaires de meubles, objets mobiliers, titres et papiers, et qu'il doit l'être dans un délai déterminé, puisque, par l'art. 38 de la loi du 28 avril 1816, tous les actes judiciaires en matière civile sont soumis à l'enregistrement sur les minutes ou originaux, et que, d'après l'art. 20 de la loi du 22 frim. an 7, le délai pour les présenter à la formalité est de vingt jours. — Même délibération.

566. — Les notes sommaires tenues à l'audience de police, par le greffier, aux termes de l'art. 155 du C. d'inst. cr., ne sont enregistrables que sur expédition, si la partie civile le requiert (Déc. min., inst. 6 nov. 1819). — Trouillet, v° Actes judiciaires, § 1er, n. 16.

567.— Quant aux actes judiciaires d'une date antérieure à la loi d'avril 1816, non assujettis à l'enregistrement sur les minutes, par la loi du 22 frim. an 7, ils peuvent continuer à recevoir la formalité sur les expéditions seulement, dans le cas où elle serait requise par les parties (Inst génér. 23 déc. 1816; *Dict. de l'enreg.*, v° Actes judiciaires, art. 1er, n. 1).

568. — Les jugemens d'adjudication de récoltes sur pied ne sont sujets à l'enregistrement que sur l'expédition, dès que la loi ne les a pas compris dans la nomenclature qu'elle a donnée de ceux qui devraient être enregistrés sur la minute, dans les vingt jours de leur date (L. 22 frim. an 7, art. 7). — 8 fév. 1813. Civ. c. Enreg. C. Jousselin. D.A. 7, 70. D.P. 13. 1. 541.

569. — Lorsqu'un jugement contient plusieurs dispositions dont les unes le rendent sujet à l'enregistrement sur la minute, et les autres sur l'expédition, le droit n'est d'abord exigible que pour les premières, sauf à percevoir le droit pour les autres, lorsque l'expédition en est requise (Avis du cons. d'état, 8 juill 1809; *Dict. de l'enreg.*, v° Actes judiciaires, art. 4).

570.—*Droit fixe.*—Tous les jugemens et arrêts préparatoires sont passibles d'un droit fixe, à l'exception de ceux qui prononcent une remise de cause qui ne profite point à l'instruction de l'affaire, et qui, par ce motif, sont exempts de la formalité.

571.—Les jugemens préparatoires, interlocutoires ou d'instruction des juges de paix, sont passibles du droit fixe de 1 fr. (art. 68, § 1er, n. 46, l. de frim. an 7); ceux portant nomination ou prestation de serment d'experts sont considérés comme préparatoires; ils doivent le même droit. — Trouillet, v° Jugement, § 3, n. 3.

572.— Mais la nomination d'experts, par autorité de justice, ainsi que les actes séparés quelle décerne, les prestations de serment et affirmations d'experts, doivent, comme actes préparatoires et d'instruction, acquitter le droit de 3 fr., lorsqu'ils ont eu lieu devant les tribunaux de première instance. Toutefois, le droit réglé pour les jugemens définitifs serait exigible dans le cas où le jugement portant nomination d'experts statuerait que les droits des parties seront définitivement, et sans l'intervention ultérieure du tribunal, fixés par le procès-verbal d'expertise (Déc. min. des fin. 5 nov. 1811).— Trouillet, v° Jugement, § 3, n. 3.

573.— Tous les actes et jugemens des conseils des prud'hommes suivent la même règle que ceux qui leur correspondent aux justices de paix. — Trouill., v° Jugemens, § 3, n. 2.

574 — Les jugemens interlocutoires ou préparatoires, actes et ordonnances émanés des tribunaux de première instance, de commerce ou d'arbitrage et qui ne sont pas de l'espèce de ceux dont il est parlé dans l'art. 45, n. 6 de la loi de 1816 (V. n. 591), sont passibles du droit fixe de 3 fr. (L. 28 avril 1816, art. 44, n. 10).

575.— Les actes et jugemens interlocutoires ou préparatoires des divorces (remplacés par les séparations de corps et de biens) sont sujets au droit fixe de 5 fr. (L. 28 avril 1816, art. 45, n. 8). — V. n. 600.

576.— Le jugement d'un tribunal de commerce qui renvoie devant des arbitres n'est qu'un jugement d'instruction et par conséquent préparatoire (Solut. 18 mars 1815). — Trouill., v° Jugement, § 3, n 8.

577.—«Les jugemens rendus en dernier ressort par les tribunaux de première instance ou des arbitres, d'après le consentement des parties, lorsque la matière ne comportait pas ce dernier ressort, seront assujettis au droit fixe de 10 fr. sauf la perception du droit proportionnel s'il s'élève au-delà » (L 1816, art. 46).

578.— Un procès-verbal de bornage, fait par des experts par suite d'un compromis dans lequel les parties avaient renoncé à se pourvoir, soit en appel, soit en cassation, doit être considéré comme une sentence arbitrale et soumis au droit fixe de 10 fr., d'après la loi du 28 avril 1816, art. 46.—On ne peut le considérer comme un simple procès-verbal de bornage, que la même loi, art. 43, soumet au droit fixe de 2 fr. — 11 oct. 1832. Solut. Enreg. C. Yrg... D.P. 33. 3. 105.

579.—Les arrêts interlocutoires ou préparatoires, lorsqu'ils ne sont pas susceptibles d'un droit plus élevé, sont assujettis au droit fixe de 5 fr. (L. 28 avril 1816, art. 45); ceux de cassation et du conseil d'état, au droit fixe de 10 fr. (même loi, art. 46).

580. — Les actes et jugemens des tribunaux de police simple ou correctionnelle et de cours criminelles, soit entre parties, soit sur poursuites du ministère public avec partie civile, sont assujettis au droit fixe de 1 fr. (L. de frim. an 7, art. 68, § 1er, n. 48); mais si ces jugemens sont rendus à la requête du ministère public, ils sont enregistrables *en débet*.

Les jugemens rendus en police par l'autorité administrative entre les ouvriers et les fabricans, suivent les mêmes règles. — Trouill., v° Jugement, n. 4, 5.

581.—Quant aux compromis ne contenant aucune obligation de sommes ou valeurs donnant lieu au droit proportionnel, ils ne sont soumis qu'au droit fixe de 3 fr. (L. 28 avril 1816, art. 44).

582. — La déclaration dont il est parlé art. 7 du code de procédure civile, faite dans un acte particulier et distinct du jugement, donne ouverture au droit fixe d'un franc, si les parties et la cause sont justiciables du juge de paix, et de 3 fr. comme compromis, si les parties prorogent la compétence ou la juridiction du juge de paix (Déc. min. des fin. et inst. 16 et 27 oct. 1820; inst. 1132, § 4). — Trouillet, v° Compromis, n. 3.

583.— Si la déclaration des parties qui comparaissent volontairement devant un juge de paix, soit pour la prorogation de la compétence ou de la juridiction de ce magistrat, n'est constatée que par le contexte même du jugement (quoique signée par les requérans), on ne doit pas percevoir deux droits (Déc. min. des fin. et inst. des 16 et 27 oct. 1820).

584.— Cependant l'inst. 436, § 3, dit au contraire que le droit de compromis est dû même dans le cas ci-dessus. Mais c'est à tort, car on a depuis décidé que le droit particulier n'est dû qu'autant que la déclaration est sur feuille séparée, ou, si elle se trouve en tête du jugement, qu'autant qu'elle est d'une date différente (Solut. 21 déc. 1829). — Trouillet, v° Compromis, n. 4.

585 — Les compromis contenus dans un procès-verbal de conciliation ou de non conciliation n'engendrent aucun droit (art. 68, § 1er, n. 47, l. de frim. an 7; inst. 1104).

586.— Tous les procès-verbaux des tribunaux de paix, tels que ceux de conciliation ou non conciliation, desquels il ne résulte aucune disposition donnant lieu au droit proportionnel, ou dont le droit proportionnel ne s'élèverait pas à un franc, sont sujets au droit fixe d'un franc (art. 68, § 1er, n. 47 de la loi du 22 frim. an 7).

587. — Le droit à percevoir sur les jugemens et arrêts définitifs, est fixe lorsqu'ils ne contiennent aucune condamnation, liquidation, transmission, etc.; il est proportionnel dans les cas contraires, mais sans pouvoir être inférieur au droit fixe (art. 3 et 4, l. 22 frim. an 7). — Voyez, pour les droits divers auxquels sont soumis ces jugemens et arrêts, suivant qu'ils émanent des divers tribunaux, la loi de frim. an 7 et celle du 28 avril 1816.

588. — Les jugemens des juges de paix portant renvoi ou décharge de demande, débouté d'opposition, validité de congé, expulsion, condamnation à réparation d'injures personnelles, et généralement tous ceux qui, contenant des dispositions définitives, ne donnent pas ouverture au droit proportionnel, sont traités à 2 fr. (art. 68, § 2, n. 5 de la loi du 22 frim. an 7).

589. — On doit considérer comme définitif le jugement d'un juge de paix portant sursis à prononcer sur une demande en dommages-intérêts jusqu'après jugement au fond par les tribunaux compétens. Ce jugement est un renvoi pur et simple pour incompétence (Solut. 12 déc. 1830). — Trouillet, v° Jugement, § 4, n. 7.

590. — On ne pourrait se dispenser de payer les droits d'un jugement, sous prétexte qu'il aurait été rendu incompétemment. — 30 nov. 1807. Civ. c. Enreg. C. Caladon. D.A. 7. 70. D.P. 2. 8.

591. — Les jugemens des tribunaux civils, rendus en première instance ou sur appel, portant acquiescement, acte d'affirmation d'appel de conversion d'opposition en saisie, débouté d'opposition, décharge et renvoi de demande, déchéance d'appel, péremption d'instance, déclinatoire, entérinement de procès-verbaux et rapports, homologation d'actes d'union et attermoiemens, injonction de procéder à inventaire, licitation, partage ou vente, main-levée d'opposition ou de saisie, nullité de procédure, maintenue en possession, résolution de contrat ou de clause de contrat pour cause de nullité radicale, reconnaissance d'écriture, nomination de commissaires, directeurs et séquestres, publication judiciaire de donation, bénéfice d'inventaire, rescision, soumission et exécution de jugement, et généralement tous jugemens de ces tribunaux et de ceux de *commerce* et *d'arbitrage* contenant des dispositions définitives qui ne peuvent donner lieu au droit proportionnel ou dont le droit proportionnel ne s'élèverait pas à 3 fr., sont sujets au droit fixe de 3 fr. (art. 68, § 3, n. 7, l. de frim. an 7; art. 12, l. de vent. an 9).

Depuis, la loi du 28 avril 1816 a disposé : « Seront sujets au droit fixe de 5 fr., 5° les jugemens des tribunaux civils prononçant sur l'appel des juges de paix, ceux desdits tribunaux et des tribunaux de commerce ou d'arbitres, rendu en premier ressort, contenant des dispositions définitives, qui ne donnerait pas lieu à un droit plus élevé.

6° Les arrêts interlocutoires ou préparatoires rendus par les cours royales, lorsqu'ils ne seront pas susceptibles d'un droit plus élevé, (V. n. 576) et les ordonnances et actes désignés dans les n°ˢ 6 et 7, § 2 de l'art. 68 de la loi du 22 frim. an 7, devant les mêmes cours (V. n. 574). »

Au reste, on a vu, n. 577, que si les jugemens n'ont été rendus en dernier ressort que sur le consentement des parties, ils sont assujettis au droit fixe de 10 fr.

592. — Sont sujets au droit fixe de 5 fr., comme définitifs, les jugemens des tribunaux de commerce portant nomination de commissaires, agens ou syndics provisoires de faillite ou qui prorogent leurs fonctions (Délib. 22 mai 1824). — Trouillet, v° Jugement, § 4, n. 19.

593. — Le droit fixe de 5 fr. est également exigible sur les jugemens qui ordonnent la transcription au greffe de lettres-patentes instituant un majorat (Instr. 427), ou qui prononcent la récusation des juges de paix (Instr. 436, § 8). — Trouillet, v° Jugement, § 4, n. 20.

594. — Le jugement qui autorise une femme mariée à ester en justice, est sujet au droit fixe de 5 fr. comme jugement définitif, parce qu'il a pour objet une demande préalable au procès, sur laquelle le tribunal statue définitivement (Solut. du 11 sept. 1832). — Trouillet, v° Jugement, § 4, n. 21.

595. — Les expéditions des jugemens et arrêts admettant le divorce, d'une date antérieure à la loi de 1816, ne sont sujets qu'au droit établi par la loi du 22 frim. an 7, pour les expéditions des jugemens des tribunaux civils. — Le droit de 15 fr. fixé par l'art. 68, § 6, n. 1 de cette dernière loi est exigible sur les expéditions des actes de divorce également antérieurs à la loi de 1816, qu'ils soient ou non postérieurs au code civil.

Les droits de 50 c. par 100 fr., réglés par les art. 48 et 49 de la loi de 1816, n'ont dû être perçus que sur les minutes des arrêts et jugemens, et, à défaut d'arrêts, sur les actes de l'officier civil qui ont admis ou prononcé le divorce dans l'intervalle écoulé entre la publication de la loi du 28 avril 1816 et celle du 8 mai suivant, portant abolition du divorce (Déc. min. des fin. 21 juill. 1829, contraire à celle du 11 sept. 1816, rapportée dans l'inst. 758). — Trouillet, v° Jugement, § 4, n. 22.

596. — L'homologation est un jugement qui valide un acte quelconque, donc le jugement portant homologation des actes de notoriété est, malgré le silence de la loi du 28 avril 1816 relativement à ces sortes d'actes, passible du droit de 5 fr., réglé par le n. 5 de l'art. 45 de cette même loi pour les jugemens des tribunaux civils et de commerce qui contiennent des dispositions définitives (Délib. 3 juill. 1832; inst. 1068). — Trouillet, v° Jugement, § 4, n. 24.

597. — Lorsqu'au pied d'une requête, il est rédigé un acte dans la forme d'un jugement, et que ce jugement est définitif, quant à son objet, il y a lieu de percevoir le droit d'enregistrement fixé pour les jugemens définitifs; et, sur l'expédition, celui de greffe, de 1 fr. 25 cent. par rôle (Solut. 19 mars 1812).

598. — Le jugement sur requête qui commet un notaire pour représenter un absent dans une succession, est définitif et passible du droit fixe de 5 fr., puisqu'il ne peut être réformé que par voie d'appel (Solut. 13 déc. 1830). — Trouillet, v° Jugement, § 4, n. 28.

599. — Toutes les fois que le dispositif du jugement prononce qu'il est rendu en premier ou en dernier ressort, cette qualification formelle, qu'il n'appartient pas aux préposés de critiquer, doit servir de base à la perception du droit fixe de 5 fr. ou de 3 fr. Et cette perception ne peut donner lieu ni à une demande en restitution, ni à un supplément de droit, lors même qu'il serait établi plus tard que la qualification était erronée. Mais quand un jugement non sujet au droit proportionnel n'est pas qualifié dans son dispositif, c'est dans la définition donnée par les lois qu'il faut prendre la règle de perception. Seront sujets, par exemple, au droit fixe de 5 fr., comme étant en premier ressort, les jugemens définitifs *non qualifiés*, rendus sur des instances pour des affaires personnelles, mobilières réelles ou mixtes, lorsque la valeur excède 1,000 fr., ou lorsque le revenu excède 50 fr. par an, les jugemens d'incompétence, etc. (Délib. 25 janv. 1832; inst. 1370, § 5). — Trouillet, v° Jugement, § 4, n. 30.

600 — L'art. 47 de la loi du 28 avril 1816, qui élève à 25 fr. le droit d'enregistrement dû pour les séparations de corps et de biens, ne parlant que des *arrêts*, il s'ensuit que ses dispositions ne sont pas applicables aux séparations prononcées par les tribunaux civils, lesquels restent passibles du droit fixe de 15 fr., déterminé par l'art 68, § 6, n. 2 (L. 22 frim. an 7; solut. 13 mars 1830). — Trouillet, v° Jugement, § 4, n. 32.

601. — Leurs arrêts définitifs sont tarifés à 10 fr. lorsque le droit proportionnel ne s'élève pas à cette somme (art. 46 de la loi du 28 avril 1816).

602. — Les arrêts définitifs de la cour de cassation et du conseil d'état sont passibles du droit fixe de 25 fr. (art. 47, l. 28 avril 1816). — V. n. 579.

603. — *Droit proportionnel.* — Les jugemens et arrêts contradictoires ou par défaut, de quelque tribunal ou cour qu'ils émanent, portant condamnation, collocation ou liquidation de sommes et valeurs mobilières, intérêts et dépens, excepté les dommages-intérêts dont le droit proportionnel est fixé à 2 p. 100, sont assujettis au droit de 50 cent. p. 100 (art. 69, § 2, n. 9 de la loi du 22 frim. an 7).

Dans aucun cas et pour aucun de ces jugemens, le droit proportionnel ne pourra être au dessous du droit fixe, tel qu'il est réglé dans les numéros qui précèdent pour les jugemens et arrêts des divers tribunaux et cours (même article).

Lorsque le droit proportionnel aura été acquitté sur un jugement par défaut, la perception sur le jugement contradictoire qui pourra intervenir n'aura lieu que sur le supplément des condamnations; il en sera de même des jugemens rendus sur appel et des exécutoires. S'il n'y a pas de supplément de condamnation, le jugement sera enregistré pour le droit fixe, qui sera toujours le moindre droit à percevoir (même article).

Ces dispositions ont donné lieu aux interprétations suivantes.

604. — Les art. 2 et 3 de la loi du 27 vent. an 9, qui prescrivent de fractionner les sommes de 20 en 20 fr., et de percevoir 25 cent pour le moindre droit proportionnel, n'ont point abrogé les dispositions de la loi de frimaire ci-dessus. Le droit fixe de 1 fr., de 3 fr., de 5 fr., etc., est la perception fondamentale, et le droit proportionnel ne commence que sur ce qui excède la somme qui, à 50 cent. p. 100 fr., donnerait un produit égal à celui résultant du droit fixe (Déc. min. des fin. 21 mai 1808; inst. 386, § 1ᵉʳ). — Trouillet, v° Jugement, § 4, n. 42.

605. — Ainsi, indépendamment du droit fixe de 2 fr., il est dû un droit proportionnel de 50 cent. par 100 fr. sur toute expédition de jugement portant condamnation ou paiement de sommes fixes, encore bien que la condamnation résulte d'un acte précédemment enregistré (L. 9 vend. an 6, art. 44). — 1ᵉʳ vent. an 8. Civ. c. Enreg. C. Sainson. D.A. 7. 68. D.P. 3. 1. 237.

606. — De même, il est dû un droit proportionnel de 50 cent par 100 fr. sur le jugement qui reconnaît un héritier créancier de la succession, à raison de l'administration qu'il en a eue, jusqu'à sa renonciation, lorsque le compte de gestion a été apuré, et le reliquat fixé contradictoirement avec un des créanciers de l'hérédité (L. 22 frim. an 7, art. 69, § 2, n. 9). — 8 avril 1812. Civ. c. Enreg. C. Rochemore. D.A. 7. 70.

607. — Lorsqu'un père, après avoir placé en actions de la banque une somme appartenant à sa fille mineure pour éviter qu'elle ne souffre de la baisse, lui remet la somme placée et obtient un jugement qui l'autorise à opérer le transfert des actions sur sa tête, ce jugement opère une mutation, passible de 50 p. 100, parce que l'intérêt des actionnaires de la banque ne consiste que dans le produit annuel des actions (Déc. 31 janv. 1815). — Trouillet, v° Jugement, § 4, n. 44.

608. — Egalement, lorsque des héritiers, dans un compromis, ont autorisé les experts-arbitres à prononcer en dernier ressort sur le réglement des jouissances dues par l'un d'eux, à raison de l'administration qu'il a eue des immeubles héréditaires, la décision qui intervient et qui fixe la portion de fruits revenant à chaque co-héritier, doit être considérée comme une véritable *liquidation*, passible du droit proportionnel de 50 cent. par 100 fr., conformément à l'art. 69, § 2, n. 9 de la loi de frimaire, encore bien que cette décision ne condamne pas explicitement l'héritier débiteur à payer à ses co-héritiers les sommes mises à sa charge. — 10 mai 1819. Civ. c. Enreg. C. Murat. D.A. 7. 71. D.P. 2. 8, et 19. 1. 356.

609. — On a même décidé que l'art. 68 de la loi du 22 frim. an 7, n. 6, § 1ᵉʳ, n'étant relatif qu'aux *actes* contenant *exécution, complément et consommation* d'actes antérieurs enregistrés, ne s'applique pas au jugement qui a ses caractères; en conséquence, il suffit qu'un jugement porte *condamnation, collocation* ou *liquidation* de sommes et valeurs mobilières, intérêts et dépens entre particuliers, pour qu'il soit assujetti au droit proportionnel de 50 cent. par 100 fr. (L. 22 frim. an 7, art. 68, n. 7, § 3, et 69, n. 9, § 2). — 24 nov. 1829. Req. Enreg. C. Fournès. D.P. 29. 1. 398.

610. — En cas de saisie sur soi-même, le jugement qui ordonne la compensation est passible du droit de 50 cent. par 100 fr., comme opérant condamnation, liquidation définitive ou libération (Déc. min. des fin. 6 août 1823). — *Dict. de l'enreg.*, v° Compensation, n. 13.

611. — Lorsque, sur le refus de l'héritier, la délivrance d'un legs est ordonnée par jugement, et que l'héritier est condamné personnellement à payer ce legs, le droit de 50 cent. pour 100 fr. est dû. — *Dict. de l'enreg.*, v° Jugement, n. 176.

612. — Le droit proportionnel de 50 cent. pour 100 est exigible, quoique les actes qui ont servi de base à la condamnation aient été enregistrés (Déc. min des fin. du 16 germ. an 7; cass. 1ᵉʳ vent. an 8 et arr. du 17 juin 1793. — *Contrà*, cass. 24 nov. 1829; instr. 1307, § 7). Les premières décisions ne peuvent faire difficulté quand les titres ne portent que sur des valeurs indéterminées qui sont *liquidées* par le jugement. — Trouill., v° Jugement, § 4, n. 43, 82.

613. — Mais un jugement qui reconnaît l'existence de billets enregistrés, sans condamner le souscripteur au paiement, n'est pas sujet au droit proportionnel. — 31 déc. 1832. Solut. D.P. 33. 3. 103.

614. — Les principes posés quant aux obligations soumises à une éventualité s'appliquent aux jugemens. Ainsi, la disposition d'un jugement ou d'un arrêt qui règle les bases d'un compte et

détermine les sommes qui seront portées en recette ou en dépense, ne constitue ni une condamnation ni une liquidation actuelle et définitive, mais une condamnation purement éventuelle, et conséquemment ne saurait donner lieu au droit proportionnel, lequel n'est dû que sur l'enregistrement de l'acte qui fait connaître le résultat de la balance du compte (L. 22 frim an 7, art. 5).—27 juin 1826. Civ. c. Cardon, D.P. 26. 1. 333.

615.— Pareillement, le jugement rendu sur l'exécution d'une vente verbale de marchandises, portant que l'acheteur prendra livraison, s'il *le juge convenable*, de deux mille pièces d'une marchandise designée, est passible des droits proportionnels de vente et de condamnation sur la valeur de ces deux mille pièces, et non sur celle des pièces admises avant la condamnation (Solution du 19 oct. 1834).— Trouill, v° Jugement, § 6, n. 19.

616 —Le droit fixe de 1 fr. et non celui de 50 cent. par 100 fr., auquel l'art. 69. § 2, n. 9 de la loi du 22 frim. an 7 soumet les expéditions des jugemens portant collocation de sommes ou valeurs mobilières, est seul applicable aux collocations faites amiablement par acte notarié ou sous seing-privé, conformément à l'art. 656 C. pr. : le second droit est établi, non sur les collocations, mais sur les expéditions des jugemens qui les contiennent, et, en quelque sorte, comme indemnité des frais de justice. — 17 mars 1830. Civ. r. Enreg. C. d'Orléans. D P 30. 1. 171.

617. — Et la décision ci dessus est applicable même au cas où, dans l'état de répartition, les intérêts sont ajoutés au principal (Solut. 8 oct. 1832).— Trouill., v° Ordre, n 21.

618. — Toutefois, le droit proportionnel de 50 cent. par 100 fr. est dû sur les sommes reçues par les créanciers autres que les héritiers bénéficiaires. A l'égard de ceux-ci, la libération s'effectuant par compensation au moyen de la confusion des qualités de créancier et de débiteur dans la même personne, le droit de quittance ne peut être perçu (Instr. 1320, § 2). Ces dispositions abrogent le § 3 de l'instruction 1180.

619. — Le droit de 2 pour 100, pour dommages-intérêts, comprend implicitement celui de condamnation de 50 cent. par 100 fr.; ainsi, on ne peut asseoir sur les dommages-intérêts l'un et l'autre de ces deux droits; en sorte que si un jugement condamne à 1,000 fr. de dommages-intérêts et à 50 fr. de dépens, il ne sera perçu que 30 cent. sur les 50 fr., et 20 fr. sur les 1,000 (Solut. de la régie, du 22 niv. an 10).— D.A 7. 66, n. 6.

620. — Pour la perception du droit de condamnation à 2 pour 100, on ne doit considérer comme dommages-intérêts que les sommes allouées au demandeur en sus des répétitions auxquelles il a droit (Jug. de Troyes, 5 mai 1830).— Trouill., v° Jugement, § 4, n. 70.

621.—Le jugement qui condamne un mandataire, pour avoir vendu à vil *prix* des biens appartenant à son commettant, à payer à celui-ci la différence de la véritable valeur à ce prix, est sujet au droit de 2 pour 100 à titre de dommages-intérêts, et non à celui de vente (Jug. de Nantes, 17 mai 1833, acquiescé par délibération du 24 déc. 1833).—Trouill., v° Jugement, § 4, n. 71.

622.—De même aussi, le jugement qui condamne l'établissement qui exproprie le propriétaire d'une maison à payer une indemnité aux locataires, n'est pas sujet au droit de titre, mais seulement à celui de 50 cent. pour 100 (Délib. 31 janv. 1834).—Trouill., v° Jugement, § 6, n. 24.

623.—Le montant des dépens, lorsqu'ils sont liquidés par le jugement, doit toujours être ajouté aux autres condamnations pour la fixation du droit de 50 c. par 100 fr. Si les dépens ne sont pas liquidés, le droit sera reservé, pour être perçu sur l'exécutoire que la partie se fera délivrer ultérieurement (Solut. du 22 niv. an 10).—D.A. 7. 66. n. 7.

624.—Il a été décidé que l'exécutoire donné à un huissier par le président du tribunal, pour se faire rembourser des sommes à lui dues pour diligences, doit être assimilé à un jugement de liquidation de dépens, sur lequel le droit proportionnel est dû. En conséquence, l'huissier qui a signifié cet exécutoire avant de l'avoir fait enregistrer, est passible d'amende (L. 22 frim. an 7, art. 41, et 69, § 2, n. 9).— 1er mess. an 12. Civ. c Enreg. C. Delsart. D.A. 7. 68. D.P. 2. 7.

625.—La distraction des dépens au profit de l'avoué ne peut donner lieu à un droit particulier, parce qu'elle dérive de la condamnation principale (Déc. de la régie, 22 niv an 10), ou, pour parler plus juste, parce que cette distraction ne forme pas une disposition distincte dans le jugement, et qu'il n'y a qu'une seule condamnation —D.A. 7. 66. n. 8.

626.—Mais il est dû un droit proportionnel de condamnation sur le montant des amendes (L. de frim. art. 68, 69).—D.A. 7. 66, n. 9.

627.—Cependant il a été décidé qu'un jugement portant condamnation à une amende au profit de l'état, n'est pas sujet au droit proportionnel, parce que la loi du 28 avril 1816 n'a entendu soumettre à la perception du droit de 50 c. par 100 fr. que les jugemens relatifs au recouvrement de sommes ou valeurs dues en vertu de *titres antérieurs* à ces condamnations. Ainsi, étendre la perception aux jugemens qui prononcent des *amendes*, ce serait méconnaître l'esprit et le but de la législation, et accroître par une mesure fiscale la rigueur de la peine portée par les tribunaux.—2 juin 1828. Décis. min. D.P. 33. 3. 55.

628.—Si, outre l'amende, le jugement prononce la confiscation des objets de délit (en matière de douane, par exemple), le droit doit être liquidé sur le prix de la vente des marchandises confisquées (Délib. de la régie, des 1er juillet, 17 déc. 1816 et 13 janv. 1817, 13 janv. 1821). Il faut ajouter, *et sur le montant de l'amende*.—D.A. 7. 66, n 10.

629.—Cependant il a été décidé, par les mêmes motifs, que les jugemens qui prononcent des confiscations en matière de douane, sont également exempts du droit proportionnel.—24 juin 1830. Décis. min. D.P. 33 3 55.

Cette délibération ajoute que le droit serait exigible si le jugement portait condamnation de droits de douanes réclamés à un redevable.

630.—Pareillement, le jugement en matière de douane, qui, en vertu de l'art. 15 de la loi du 28 floreal an 11, condamne un entreposeur à payer le droit et le double droit de douane sur les denrées soustraites de l'entrepôt, donne ouverture à un droit en vertu d'une disposition pénale et non en vertu de titres antérieurs. En conséquence, il ne peut être assujetti qu'à un droit fixe et non au droit proportionnel.—26 fev. 1833. Délib. cons. d'adm. D.P. 33. 3. 58.

631.—L'art 9 de la loi du 9 flor. an 7 dispense de l'enregistrement les procès-verbaux des douanes lorsqu'il n'y a pas de bureau dans la commune du dépôt des marchandises, ni dans celle où est établi le tribunal chargé de prononcer; cette exemption est absolue, et l'on ne peut exiger le droit d'enregistrement de ces procès-verbaux sur les jugemens rendus en conséquence (Déc. min. du 1er sept. 1820). —Trouillet, v° Jugement, § 8, n. 6.

632.—Pour être passible du droit proportionnel de 50 cent. par 100 fr., il faut que le jugement prononce une *condamnation* ou *collocation* de *sommes* ou *valeurs*.—Ainsi, ne sont pas passibles de ce droit : 1° le jugement qui affecte au paiement de la dot tels ou tels biens vendus sur le mari (Délib. de la régie, 23 nov. 1814) ;

2° Le jugement qui ordonne reddition de compte (Solut. de la régie, 12 mai 1819);

3° Le jugement qui ordonne la vente d'immeubles et le paiement d'une somme déterminée sur le prix de la vente (Décis. min. 21 juill. 1818).— D.A. 7. 66, n. 11.

633.— De même encore, le jugement portant débouté d'opposition à un commandement fait en vertu d'un titre paré, duement enregistré, n'est point passible d'un droit de condamnation. Il n'est dû que le droit fixe (L. 22 frim. an 7, art. 68, § 3, n. 7). — 20 frim an 12. Req. Enreg. C. Armand. D.A. 7. 68. D.P. 2. 7.

634.— Pareillement, un jugement qui autorise l'héritier bénéficiaire d'une succession à toucher *par provision* des mains des adjudicataires des immeubles une somme déterminée, à valoir sur ses droits, ne contient ni *liquidation* des droits de l'héritier, ni *collocation* sur les débiteurs de la succession, qui puisse autoriser la perception du droit de 50 cent. par 100 fr. — 11 avril 1822. Req. Enreg. C. Valentinois. D.A. 7. 72. D.P. 2. 9.

635. — Et un jugement, quoiqu'il reconnaisse l'existence d'un don manuel, et qu'il en ordonne le maintien, n'est pas passible du droit proportionnel. —6 fév. 1832. Solut. de la régie. F... D.P. 32. 3. 85.

636.— Mais on ne peut considérer comme portant *condamnation*, *collocation* ou *liquidation*, dans le sens de l'art. 68, n. 6, § 1er, et de la loi du 22 frim an 7, et, par suite, comme assujetti au droit proportionnel de 50 cent. par 100 fr., le jugement qui, sans qu'il y ait contestation sur certaines demandes en paiement de droits réclamés en vertu d'un acte enregistré, ordonne que le défendeur paiera ces droits.— 24 nov. 1829. Req. Enreg. C. Fournès. D.P. 29. 1. 398.

637.— En règle générale, un jugement qui porte une condamnation alternative, n'opère le droit que sur l'une des dispositions, et d'abord sur celle

qui, étant placée la première, semble avoir un effet actuel, mais cette perception n'est que provisoire, et lorsque l'option de la partie a été faite il y a lieu d'exiger un supplément de droit ou de restituer ce qui a été perçu de trop, pourvu que la demande soit faite en temps utile.— Trouill., v° Jugement, § 4, n. 61.— V. *suprà*, art. 2.

638.— Ainsi, on a décidé que dans un jugement portant condamnation contre des mandataires pour la vente d'un immeuble, à rendre compte des sommes reçues sur le prix de l'immeuble par eux vendu, sauf à justifier de celles qu'ils ont acquittées, *si mieux ils n'aiment payer, en deniers ou quittances valables, l'entier prix de la vente et les intérêts à régler*, on ne peut voir qu'une condamnation alternative dont la première disposition, celle qui ordonne de rendre compte, peut seule *actuellement* donner lieu à un droit fixe. La seconde n'étant que subsidiaire et ne renfermant aucune condamnation *actuelle*, puisqu'elle est nécessairement subordonnée à l'option des défendeurs, ne peut donner lieu à un supplément de droit que tout autant qu'elle deviendra définitive par leur choix. — 2 août 1833. Délib. D.P. 33. 3. 82.

639.— Lorsqu'il a été perçu sur un jugement un droit de condamnation, et que ce jugement vient ensuite à être annulé *pour vice de forme*, on ne peut exiger un second droit proportionnel sur le jugement à intervenir en remplacement du premier, parce que l'art. 68, § 1er, n. 7 de la loi de frimaire n'assujettit qu'au *droit fixe* « les actes refaits pour cause de *nullité*, ou autre motif, sans aucun changement qui ajoute aux objets des conventions, ou à leur valeur » (Délib. de la régie, du 17 nov. 1821), et parce que la règle *non bis in idem* s'y oppose. Voilà pourquoi l'art. 69, § 2 et 9, loi de frim. an 7, ne veut pas que le jugement rendu sur l'appel ou sur l'opposition soit passible d'un nouveau droit lorsqu'il ne contient pas de plus amples condamnations que celles prononcées par le jugement contre lequel on s'est pourvu. — D.A. 7. 66, n. 12.

640. — Ainsi, on a décidé encore qu'un jugement rendu contradictoirement, portant une condamnation, ne peut donner ouverture au droit proportionnel, lorsque ce droit a été déjà perçu sur un jugement par défaut, périmé faute d'exécution dans les six mois, et portant la même condamnation.— 5 janv. 1831. Solut. de la régie. D.P. 33. 3. 25.

641.— Comme aussi il faut que dans un acte judiciaire les dispositions diverses qu'il contient ne dérivent pas *nécessairement* les unes des autres, pour que chacune d'elles ne soit pas soumise, selon son espèce, à un droit particulier (art. 11 de la loi de frim. an 7).

642. — Ainsi, le jugement par lequel, avant de statuer sur le fond, le tribunal prononce sur l'exception d'incompétence, ne donne pas lieu à un droit particulier pour cette disposition (*Dict. de l'enreg*, v° Compétence, n. 15).

643. — Egalement, pour la disposition d'un arrêt qui, dans les cas prévus par l'art. 473 C. pr. civ., infirme le jugement dont est appel et statue en même temps sur le fond (Inst. 436, § 39). — Trouillet, v° Jugement, § 6, n. 8.

644.—Pareillement le droit de 50 cent. pour 100 est le seul à percevoir sur la disposition d'un jugement qui ordonne que, pour tenir lieu à la dame D .. des arrérages de son douaire, elle recevra directement et sur sa seule quittance, tant que le douaire existera, les revenus et fermages des biens de ses enfans, à la charge par elle de tenir compte à ceux-ci, tous les ans, de l'excédant des fermages sur les arrérages du douaire, et qui l'autorise à gérer et administrer les mêmes biens et à faire les réparations d'entretien; cette disposition ne contient pas une cession d'usufruit ni un engagement d'immeubles; elle assure simplement le paiement du douaire sur lesdits fermages (Déc. min. des fin. 9 nov. 1821).—Trouillet, v° Jugement, § 6, n. 5.

645 — De même, il n'est dû qu'un seul droit sur un jugement qui condamne dix individus à diverses amendes montant en totalité à 150 fr., parce que la pluralité des droits ne peut porter que sur la pluralité des dispositions et non sur le nombre des personnes (Délib 16 août 1817).

646. — Cependant il a été décidé depuis que le jugement de simple police qui condamne à l'amende onze contrevenans *individuellement* et sans solidarité, est sujet à onze droits fixes de 1 fr. (Solut. 26 juin 1833).— Ainsi, il faut distinguer si les contrevenans sont ou non impliqués dans la même affaire. Dans le premier cas, ils sont solidaires pour les frais du moins, et ne comptent que pour une personne. — Trouillet, v° Jugement, § 6, n. 6.

647. — Lorsqu'un jugement ordonne avant faire

droit une expertise et nomme des experts qui devront opérer, si les parties n'en nomment point, on ne peut percevoir qu'un droit, comme jugement préparatoire : il en serait du deux si la nomination émanait des parties et que le jugement ne fît que la proclamer (Solut. 15 août 1814). — Trouillet, v° Jugement, § 6, n. 21.

648. — Le jugement qui ordonne qu'il sera procédé à la liquidation et au partage d'une succession, et commet un notaire à l'effet d'y procéder, n'est passible que d'un seul droit, parce que la désignation du notaire se rattache nécessairement à la disposition principale du jugement (Solut. 28 mai 1831). — Trouillet, v° Jugement, § 6, n. 23.

649. — Si dans une adjudication en quinze lots un seul est adjugé, et que le juge renvoie l'adjudication des quatorze autres après de nouvelles annonces, il n'est dû qu'un seul droit fixe de 3 fr. pour ces quatorze remises; car, quoique signées séparément par le juge-commissaire et le greffier, ces remises faites successivement dans une seule et même vacation, ne forment réellement qu'un seul et même procès-verbal ou jugement rédigé et clos sous une seule et même date et se rapportant à la même adjudication (Solut. 3 janv. 1833). — D.P. 33. 3. 55. Trouillet, v° Jugement, § 6, n. 27.

650. — Le jugement d'adjudication par suite de surenchère, qui ordonne que la somme consignée par la caution du surenchérisseur lui sera restituée, attendu que la deuxième adjudication s'est élevée à plus d'un dixième en sus du prix de la première, n'est point passible d'un droit particulier (Solut. 19 sept 1832). — Trouillet, v° Jugement, § 6, n. 30.

651. — Mais le jugement qui déclare l'absence de plusieurs individus, est passible d'autant de droits fixes de 5 fr. qu'il y a de déclarations d'absence, attendu que ces déclarations sont des dispositions distinctes les unes des autres, puisque l'une pouvait être admise et l'autre rejetée (Délib. 31 juill. 1834) — Trouillet, v° Jugement, § 6, n. 3.

652. — On décide de même pour l'adoption de plusieurs individus par le même jugement (Solut. 15 déc. 1818; Jugem. 25 fév. 1824). — *Eod.*, n. 4.

653. — Egalement, il est dû deux droits sur le jugement qui alloue au demandeur ses conclusions, et d'un autre côté le condamne à une amende pour avoir manqué de respect à la justice (Solut. 10 août 1831). — Trouillet, v° Jugement, § 6, n. 7.

654. — Lorsqu'un jugement porte validité de congé et condamne le locataire à payer des loyers arriérés; il y a deux dispositions indépendantes, dont la dernière est sujette au droit de titre. — Trouillet, v° Jugement, § 6, n. 32.

655. — L'art 57 de la loi de 1816 soumet à la peine du double droit les *écrits* produits dans le cours de l'instance, lorsque la demande indique une simple *convention verbale*; mais lorsqu'intervient jugement sur la demande non justifiée par titre, et *susceptible de l'être*, il est perçu, indépendamment du droit de condamnation, un droit de titre, comme si ce titre existait réellement (L. 22 frim. an 7, art. 69, § 2, n. 9). Cette différence naît de ce que le jugement tient réellement lieu du titre; tandis que l'énonciation dans un exploit ou un acte quelconque ne dispenserait pas d'en rapporter la preuve écrite, en cas de contestation sur son existence.

656. — Ainsi, toute condamnation fondée sur une convention verbale est, indépendamment du droit d'enregistrement dû sur la condamnation, passible du droit proportionnel, auquel la convention eût donné lieu, si elle eût été rédigée. — 21 frim. an 13. Civ. c. Enreg. C. Pantel. D.A. 7, 69. D.P. 5. 1. 182.

657. — Pareillement, le jugement rendu sur une demande non établie par un titre enregistré, quoique susceptible de l'être, donne lieu à la perception d'un droit proportionnel de 50 cent. p. 100 fr., à raison de la condamnation prononcée, indépendamment du droit particulier dont est passible la convention verbale formant l'objet de la demande. — 9 août 1809. Civ. c. Enreg C. Bellard. D.A. 7. 69. D.P. 2. 7.

658. — Bien plus, la simple énonciation dans un jugement, d'un acte que rien ne constate avoir été enregistré, suffit pour autoriser la régie à en réclamer les droits (L. 22 frim. an 7, art. 69, § 2, n 9). — 17 janv. 1814. Civ. c. Enreg. C. Lajoie. D.A. 7. 69.

659. — Toutefois, la disposition de l'art. 57 de la loi du 28 avril 1816, en vertu de laquelle il y a lieu à la perception d'un double droit d'enregistrement sur le jugement qui accueille une demande, si le titre sur lequel elle est fondée n'a été enregistré qu'après la sommation ou l'exploit introductif d'instance, n'est pas applicable au cas où l'enregistrement n'a eu lieu qu'après une citation en conciliation : un tel acte ne pouvant être assimilé ni à une sommation de payer, ni à une demande ou assignation. —

25 janv. 1827. Req. Enreg. C. Bouriaud. D.P. 33. 1. 304.

660 — Lorsque, sur la foi d'une convention avouée des parties, de laquelle il résulte que des entrepreneurs ont été chargés par le propriétaire de faire des constructions et réparations dans la maison de celui-ci, pour être payés sur la production de leurs mémoires, un jugement prononce condamnation au paiement d'une somme due pour travaux et fournitures, ce jugement est passible du droit de titre indépendamment de celui de condamnation.

Peu importe que cette convention n'ait pas été faite à forfait avec fixation du prix : il suffit qu'elle constitue un marché véritable pour constructions et réparations, lequel, s'il eût été convenu par acte public, eût donné lieu, suivant l'art. 69, § 3, n. 1 de la loi du 22 frim. an 7, à la perception d'un droit d'enregistrement d'un par 100, sur le prix déterminé par une déclaration estimative, conformément à l'art. 16 de la même loi. — 6 déc. 1833. Délib. du cons. d'adm., appr. le 11. D.P. 34. 3. 40.

En règle générale, les fournitures d'un entrepreneur ne se séparent jamais de la main-d'œuvre. L'entrepeneur engage son industrie, celle de ses ouvriers et la fourniture des matériaux sans lesquels il ne pourrait le plus souvent tenir son marché. Cette dernière disposition est dépendante de la première. Le droit de marché à raison de 1 p. 100 sur les condamnations était donc le seul exigible. — D.P. *ibid.*, note 3.

661. — Si le cessionnaire, par acte enregistré, d'une créance dont le titre n'a pas reçu la formalité, obtient condamnation contre le débiteur, le droit de titre est exigible, parce que la condamnation repose, non sur la cession, mais sur le titre non enregistré de la créance (Solut. 31 mars 1834). — Trouillet, v° Jugement, § 5, n. 13.

662. — Le jugement qui, dans un réglement de compte, admet des dépenses *non justifiées par quittances* et susceptibles de l'être, devait être assujetti au droit de libération sur leur montant, d'après la circul. 1954, le § 2 de l'instr. 436 et la délib. 3 mars 1824. Mais, d'après un arrêt de cassation, du 8 mai 1826, le droit de quittance ne doit être perçu que sur les sommes résultant de pièces *produites* et non enregistrées. — Trouillet, v° Jugement, § 6, n. 16.

663. — Il y a exception à l'art. 69 précité, lorsque la demande est formée en vertu de titres exempts de la formalité de l'enregistrement, comme les transferts des inscriptions sur le grand-livre de la dette publique, les quittances de leurs intérêts, les rescriptions, mandats et ordonnances sur les caisses publiques et les quittances des contributions. Les jugemens de condamnations sur des demandes de cette nature sont seulement sujets au droit de 50 cent. p. 100, quoiqu'il ne soit pas justifié de titres enregistrés, ces demandes n'étant pas établies sur des titres sujets à l'enregistrement (Déc. min. des fin. 29 vent. an 12; circ. 8 germ. suivant). — Trouillet, v° Jugement, § 6, n. 23.

664. — *Autre exception.* — Toutes les fois que la demande, par sa nature, sera indépendante, exclusive même de toute convention, il ne pourra être perçu de droit de titre, parce qu'il sera, en effet, démontré que ce titre n'existe pas. Telle la demande d'alimens formée par un père contre son fils; et c'est ainsi qu'on doit entendre ces mots, *demande non établie par un titre enregistré et susceptible de l'être.* — D.A. 7. 66, n. 3.

665. — De même, le jugement qui condamne un des héritiers comme administrateur de la succession à payer aux héritiers le reliquat non constaté par un arrêté de compte antérieur à la demande, n'est passible que du droit de 50 cent. p. 100. Celui de titre n'est pas dû, puisqu'on ne peut présupposer l'existence d'une convention de prêt (Jug. de la Seine, 27 août 1831, confirmé par arr. de cass. 8 août 1835). La cour a laissé entrevoir que le droit de pouvoir eût été exigible si l'administration l'avait demandé en première instance — Trouillet, v° Jugement, § 6, n. 17.

666. — Le jugement qui condamne un entrepreneur de roulage à payer la valeur de marchandises qu'il a perdues, n'est pas sujet au droit de titre, mais seulement au droit de 50 cent. p. 100, et à pareil droit pour la garantie accordée à cet entrepreneur contre les rouliers correspondans (Solut. 5 oct. 1831). — Trouillet, v° Jugement, § 6, n. 35.

667. — Ainsi encore, en matière criminelle ou de police, les actes qui constituent le corps du délit et dont la justice s'empare comme élémens du procès, ne sont pas dans les cas prévus par les différentes dispositions de la loi du 22 frimaire, prescrivant l'enregistrement préalable des actes dont il est fait usage. L'énonciation de la pièce arguée de faux est

nécessaire pour la poursuite et l'application de la peine dans l'intérêt de la vindicte publique; et si le jugement de condamnation constate que la convention *n'a réellement point été consommée*, l'énonciation de l'acte ne peut réellement pas donner ouverture au droit proportionnel; cela a été ainsi décidé par délib du 26 avril 1826 (Instr. 1200, § 7). — Trouill., v° Jugement, § 6.

668. — Un jugement correctionnel qui condamne un mandataire infidèle à payer des sommes dont il était rétentionnaire, en se fondant uniquement sur le mandat, n'est passible que du droit de 50 cent. p. 100 fr. — 21 nov. 1832. Civ. r. Enreg. C. Travol. D.P. 33. 1. 87.

669. — Lorsque la demande, basée sur une convention verbale (autre toutefois que celles soumises à l'enregistrement dans un délai fixe), est formée uniquement pour un *restant dû*, le droit de titre ne doit être perçu, lors du jugement à intervenir, que sur ce *restant dû*, et non sur l'obligation originelle, parce que c'est sur l'objet seul de la demande que la perception doit être assise (L. de frim. an 7, art. 69; § 2, n. 9.) — Une décision ministérielle ajoute qu'il ne doit être réclamé aucun droit de quittance sur les à-comptes payés en dehors de la demande. — La régie applique ce principe aux demandes d'à-compte formées par un créancier contre son débiteur (Solut. du 15 oct. 1812). — D.A. 7. 66, n. 4.

670. — Ainsi, le jugement qui condamne à payer ce qui reste dû sur le prix d'une vente verbale d'objets mobiliers, n'est point sujet au droit de 2 p. 100 sur la totalité de la créance, mais seulement sur la somme qui fait l'objet de la condamnation. Il en serait autrement s'il s'agissait d'une convention écrite ou d'une convention verbale relative à une transmission de choses immobilières (Décis. min. des fin. 5 avril 1818)

Dans ce cas, il n'y a pas lieu de percevoir le droit de quittance sur les sommes dont le paiement n'est pas demandé (Solut. 15 oct. 1812; décis. min. des fin. 6 brum. an 8). — Cependant une solution du 19 octobre 1831 porte que le droit de titre est dû sur la somme *demandée*, et non sur le montant seulement de la condamnation. Mais nous pensons que le montant de la condamnation forme seul l'objet de la demande, et qu'il y a lieu de prendre pour règle les décisions de l'an 8 et de 1818. — Trouillet, v° Jugement, § 6, n. 43.

671. — De même, le jugement qui condamne à payer le reliquat d'un compte-courant n'est passible du droit de titre et de celui de condamnation, que sur ce reliquat, quoiqu'il soit mentionné qu'à diverses époques les arrêtés de situation présentaient un résultat plus considérable (Délib. 15 fév. 1831). — Trouillet, v° Jugement, § 4, n. 37.

672. — Les jugemens en matière de contributions publiques ou locales, et autres sommes dues à l'état et aux établissemens locaux, sont assujettis aux mêmes droits d'enregistrement que ceux rendus entre particuliers (art. 39, l. 28 avril 1816).

673. — Par conséquent, les jugemens en matière d'enregistrement, qui sont toujours rendus en dernier ressort, ne sont sujets qu'au droit fixe de 3 fr. — Trouillet, v° Jugement, § 7, n. 2.

674. — « Les jugemens qui interviennent pour rendre exécutoires des jugemens ou actes émanés de juges ou autres fonctionnaires étrangers, sont-ils soumis à tous les droits auxquels les jugemens ordinaires sont assujettis? — Oui, si l'on n'entend parler que des droits de condamnation, liquidation ou collocation résultant du jugement lui-même.

Si on étend la perception jusqu'aux droits du titre qui sert de fondement à la demande, il faut distinguer : S'il s'agit d'un contrat translatif de propriété, d'usufruit ou de jouissance de biens immeubles étrangers, droit fixe de 10 c. (L. 16 juin 1824, art. 4); s'il s'agit de tous autres actes, même droit que s'il eût été passé en France (L. 28 avril 1816, art. 58). — M. Tardif, v° Jugement, donne à une Instr. gén. de la régie, n. 436, la pensée de soumettre les jugemens dont il s'agit à tous les droits auxquels sont assujettis les jugemens ordinaires. — D.A. 7. 67, n. 13.

675. — « Les jugemens portant remise de cause ou continuation d'audience, n'ordonnant rien, ne sont assujettis à l'enregistrement que lorsqu'ils sont rendus pour la production de pièces ou de preuves ordonnées. Dans tous les autres cas, ils sont exempts de la formalité » (Instr. gén, n. 1026, du 27 fév. 1822). Tels les jugemens qui ordonnent un rapport, un délibéré, une communication au ministère public, etc. (*Journ. de l'enreg.*, art. 7240). Ainsi, il n'est plus nécessaire, comme le voulait la régie dans une autre instruction, du 23 décembre 1816, pour que les jugemens de l'espèce soient dispensés

de la formalité, que la feuille d'audience constate que *la remise n'a été le fait ni des parties ni des avoués.* — D.A. 7. 67, n. 14.

676. — Toutefois, on a décidé que le jugement qui prononce la radiation d'une cause est sujet à l'enregistrement, s'il ordonne qu'elle ne pourra être replacée au rôle que sur le vu de son expédition. —15 juill. 1831. Solut. D.P. 33. 3. 39.

ART. 7. — *Des mutations par décès.*

677. — L'impôt n'atteint pas seulement les actes entre-vifs, il est aussi établi sur les successions *ab intestat* (D.A. 7. 72, n. 1). — On va exposer dans trois paragraphes les règles de perception en cette matière.

§ 1er. — *Des différens droits de mutation par décès dans les lignes et degrés divers, et des successions qui donnent ouverture à ces droits.*

678. — Toute mutation de propriété par décès, sans aucune distinction de celle chargée d'usufruit, d'avec celle qui est libre, donne ouverture, pour le tout, au droit proportionnel établi par le n. 7 de l'art. 15 de la loi du 22 frim. an 7 (art. 4, tit. 1er, loi précitée). — 16 flor. an 9. Civ. c. Enreg.

679.—En principe général, aux termes de l'art. 4 de la loi du 22 frim an 7, le décès étant placé au nombre des cas de mutation, toutes successions, indistinctement, y sont assujetties comme à une dette inhérente aux biens.

En conséquence, le curateur à une succession vacante ne peut s'y soustraire; et un tribunal violerait l'article précité, en refusant à la régie l'exercice de son droit, sur le motif qu'aucun héritier ne s'étant encore présenté, la transmission réelle de la succession était encore en suspens. — 18 niv. an 12. Civ. c. Enreg. C. Bresson. D.A. 7. 333. D.P. 2. 60. — 3 niv. an 13 Civ. c. Enreg. C. Clerx. D.A. 7.332, D.P. 2. 60. —13 juill. 1806. Civ. c. Enreg. C. Lagrange D.A. 7. 333. D.P. 2. 60.

680 — Les biens qui composent une succession vacante par la renonciation des héritiers légitimes, sont, dès le moment de l'ouverture de la succession, passibles du droit proportionnel d'enregistrement dû pour toute mutation par décès, sans que la circonstance de la vacance de cette succession puisse faire différer la perception dû droit (Loi 22 frim. an 7, art. 4, 27, 32).— 18 vent. an 12. Civ. c. Enreg. C. Bresson. D.P. 4.1.293.

681.—Il en est de même de la succession d'un individu dont l'absence est déclarée; de celui qui est sous le poids d'une condamnation par contumace; de celui contre lequel une interdiction est prononcée.

682.—Le montant des droits d'enregistrement pour cause de mutation par décès est gradué suivant la proximité des héritiers de l'auteur auxquels ils succèdent. La loi du 22 frim. an 7 avait établi à cet égard des quotités qui ont été élevées à un taux supérieur par la loi du 28 avril 1816, excepté pour les successions en ligne directe. Depuis, une loi du 21 avril 1832 (Instr. 1399) a augmenté seulement les droits en ligne collatérale et entre personnes non parentes. Pour connaître la quotité exacte de ces droits divers, il faut donc rapprocher entre elles les dispositions y relatives de ces trois lois. A cet effet, nous joindrons à leur texte un tableau indicatif de ces mêmes droits.

683.— L'art. 69, § 1er, n. 3 de la loi de frim. an 7 porte : «Les mutations en ligne directe qui s'effectueront, par décès, en propriété ou usufruit de *biens meubles,* seront soumises au droit de 25 cent. par 100 fr. (§ 3, n. 4); celles *des biens immeubles* en propriété ou usufruit, 1 fr. par 100 fr. »

684.—L'art. 53 de la loi du 28 avril 1816 est ainsi conçu : «Les droits de mutation qui s'effectuent par décès, soit par succession, soit par testament ou autres actes de libéralité à cause de mort, de propriété ou d'usufruit, seront perçus : « Pour les *immeubles* d'un époux à un autre époux, par donation ou testament, 3 fr. p. 100 fr.; —Des frères et sœurs à des frères et sœurs ou descendans d'iceux, succession de neveux et nièces, petits-neveux et petites-nièces, dévolues à des oncles et tantes, grands-oncles et grand-tantes, et autres parens au degré successible, 5 fr. par 100 fr. Entre toutes autres personnes, 7 fr. par 100 fr. « Pour *les meubles*, entre époux, 1 et 1/2 pour 100. Entre frères, sœurs, oncles tantes, neveux et nièces, et autres parens au degré successible, 2 et 1/2 pour 100 fr. Entre toutes autres personnes, 3 et 1/2 pour 100. Lorsque l'époux survivant ou les enfans naturels seront appelés à la succession à défaut de parens au

ENREGISTREMENT. ART. 7, § 1er.

degré successible, ils seront considérés, quant à la quotité des droits, comme personnes non parentes.»

685.— Enfin, on lit dans l'art. 33 de la loi du 21 avril 1832 : «Les droits d'enregistrement des mutations par décès, soit par succession, soit par testament ou autres actes de libéralité à cause de mort, qui auront lieu à compter de la présente loi, seront perçus selon les quotités ci-après :

« Entre frères et sœurs, oncles et tantes, neveux et nièces, sur les meubles, 3 fr. pour 100 fr.; sur les immeubles, 6 fr. 50 c. pour 100 fr.

» Entre grands-oncles et grand-tantes, petits-neveux et petites-nièces, cousins germains, sur les meubles, 4 fr. sur 100 fr. ; sur les immeubles, 7 fr. pour 100 fr.

» Entre parens au-delà du quatrième degré, et jusqu'au douzième, sur les meubles, 5 fr. pour 100 fr.; sur les immeubles, 8 fr. pour 100 fr.

» Entre personnes non parentes, sur les meubles, 6 fr. pour 100 fr.; sur les immeubles, 9 fr. pour 100 fr.»

Notez que le droit de transcription ne sera pas ajouté à ces droits (Instr. 1399), mais ils sont passibles du décime par franc comme les autres (Jugement de Nanci, 12 août 1834).

686.— *Tableau indicatif des droits de mutation par décès, d'après les dispositions ci-dessus combinées.*

		Droit par 100 fr.	
En ligne directe.	Meubles....	»	25
	Immeubles.	1	»
Entre époux (1).	Meubles. ..	1	50
	Immeubles.	3	»
Entre frères et sœurs, oncles et tantes, neveux et nièces. . .	Meubles. ...	3	»
	Immeubles.	6	50
Entre grands-oncles et grand'tantes, petits-neveux et petites-nièces, cousins germains.	Meubles....	4	»
	Immeubles.	7	»
Entre parens au-delà du quatrième degré et jusqu'au douzième, ...	Meubles....	5	»
	Immeubles.	8	»
Entre personnes non parentes	Meubles....	6	»
	Immeubles.	9	»

687.—On le voit d'après ce tableau, les droits en ligne directe résultent de la loi de l'an 7, ceux entre époux de celle de 1816, et les autres de la nouvelle loi, avant laquelle les droits en ligne collatérale jusqu'au douzième degré étaient indistinctement de 2 fr. 50 cent.. et de 5 pour 100, et ceux au-delà du degré successible, de 3 fr. 50 cent., et de 7 pour 100. — Trouillet, *Dict. de l'enreg.*, v° Succession, § 5, n. 1.

688.— Voici au reste quelques décisions portant sur divers cas douteux, et qui serviront à se fixer sur l'interprétation que les tribunaux ou la régie donnent aux dispositions législatives ci-dessus.

689.—Les legs entre alliés sont censés faits entre personnes non parentes, et assujettis aux mêmes droits.— *Dict. de l'enreg.*, v° Succession, n. 160.

690.—Les créanciers qui acceptent une succession du chef de leur débiteur représentent l'héritier et ne paient que les mêmes droits.— *Eod.*, v° Succession, n. 170.

691.— Les enfans naturels reconnus, qui succèdent à leur père, ne doivent que les droits établis pour la ligne directe (Déc. min. des fin. 7 mess. an 12).

Il en est de même des enfans du fils naturel décédé, pour ce que leur transmet leur aïeul.— *Eod.* v° Succession, n. 177, 178.

692.— Les enfans naturels qui recueillent la totalité de la succession, à défaut de parens au degré successible, sont, quant aux droits, considérés comme *personnes non parentes* (L. de 1816). Ces droits s'appliquent à toute la succession sans faire abstraction de la part à laquelle ils auraient eu droit (Sol. adm. 1822).—*Dict. de l'enreg.*, v° Succession, n. 180.

693.— Toutefois, on a décidé, par application de l'art. 759 C. civ., que les droits de mutation par décès, dus par une petite-fille naturelle, doivent être liquidés au taux fixé pour la ligne directe. —17 juin 1834. Délib. D.P. 34. 3. 83.

(1) Si l'époux succède à défaut de parens, il est considéré comme personne non parente (art. 53, l. 28 avril 1816).

ENREGISTREMENT. ART. 7, § 1er.

694.— Si la succession, devenue vacante par la renonciation *des héritiers présomptifs*, s'est ouverte en ligne directe, il n'est dû que les droits auxquels cette ligne est imposée, à moins que, sur le refus des héritiers directs, des collatéraux ne se présentent pour recueillir (Inst. 290, § 70); si la succession est devenue vacante par la renonciation du donataire ou légataire, les droits sont liquidés d'après la ligne en faveur de laquelle la succession s'est ouverte par la renonciation, et la perception sera réglée comme s'il n'y avait eu ni testament ni donation (Déc. min. des fin. 7 juin 1808; instr. 386, § 33).—Trouillet, *Dict. de l'enreg.*, v° Succession, § 10, n. 36.

695.— Mais lorsqu'un défunt n'a laissé ni époux ni ascendans, ni descendans, ni parens connus, et que le domaine n'a pas réclamé sa succession à titre de desbérence, la déclaration faite par le curateur nommé à la vacance est sujette aux droits fixés pour la ligne collatérale, parce que ce curateur est censé représenter des collatéraux actuellement inconnus, mais aptes à se présenter ultérieurement (Solut. 6 août 1831); dès lors, on doit percevoir les droits fixés pour les parens du quatrième au douzième degré.— Trouillet, *eod.*, § 10, n. 37.

696.— Les enfans d'un interdit qui ont eu l'administration de ses affaires, et qui, sans autorisation, ont vendu une partie de ses biens, ne doivent, lors du décès de l'interdit, aucun droit de succession sur les biens par eux vendus, encore que la vente fût nulle (Solut. 16 juill 1812).— *Eod.*, § 10, n. 29.

697. — Lorsqu'une personne décède dans un navire, hors de France, ses héritiers ne sont passibles d'aucun droit de mutation pour les effets mobiliers de cette personne, qui se trouvent dans le vaisseau (Déc. min. des fin., 29 therm. an 10 Succession du général Cophte).— *Eod.*, § 10, n. 30.

698.— Les legs faits aux pauvres, aux communes et généralement à tous les établissemens publics légalement autorisés, n'étaient passibles que du droit fixe quand ils ne devaient pas produire de revenu. Mais la loi du 18 avril 1831 les range dans la classe des legs ordinaires; ainsi ils sont sujets aux droits établis pour les personnes non parentes.

699 — Les rentes immobilisées pour la *constitution des majorats* sont exemptées des droits de mutation par décès (Jug. du trib. de la Seine, 26 mai 1830).— *Contrà*, *Dict. de l'enreg.*, v° Succession, n. 688.

700.— Les mutations par décès des biens composant un majorat ne donnent ouverture, dans tous les cas, qu'à un droit égal à celui qui est perçu pour les transmissions *de simple usufruit* en ligne directe (Décr. 24 juin 1808, art 6).—*Eod.*, v° Succession, n. 191.

701. — Le grevé de substitution doit faire la déclaration des biens grevés et payer les droits sur la valeur entière. A son décès, l'appelé devra faire une déclaration semblable et acquitter un nouveau droit de mutation, d'après son degré de parenté avec le grevé et non avec le donateur. — *Eod.*, v° Succession, n. 640. — Arrêt conforme Req. 23 mai 1816.— Teste-Lebeau, p. 397.

702. — L'ouverture du douaire qui, selon l'art. 377 de la coutume de Normandie, s'opérait par la séparation civile des époux, ne pouvant être classée ni parmi les transmissions d'usufruit effectuées par décès entre époux, réglées par le § 6 de la loi de frimaire, ni parmi celles effectuées à titre onéreux, réglées par le § 7, n. 11, du même article, ne saurait être assujettie à aucun droit proportionnel, dès qu'elle ne se trouve nommément comprise dans aucun des autres articles du tarif de la loi du 22 frim. an 7.— 27 niv. an 11. Civ. r. Enreg. C. Bonneville. D.A. 7. 79. D.P. 2. 10.

703. — Le droit de mutation par décès est dû même par l'héritier bénéficiaire (L. 22 frim. an 7, art. 14, n. 8 et 15, n. 7, et art. 32).— 21 avril 1806. Civ. c. Enreg. C. Dauphin. D.A. 7. 441. D.P. 2. 154.

704.— Le legs d'immeubles fait par l'adoptant à un fils de l'adopté doit être considéré comme une libéralité en ligne directe, passible seulement du droit d'un pour cent, réglé par le § 3, n. 4 de l'art. 69 de la loi du 22 frim. an 7, et non du droit de cinq pour cent auquel les mutations d'immeubles sont assujetties lorsqu'elles s'opèrent en ligne collatérale ou en faveur d'un étranger. — 2 déc. 1822. Civ. c. Baduel D.A. 1. 312 et 7. 90. D.P. 22 1. 489. — 27 janv. 1824. Paris. Marmo. D.A. 1. 312. D.P. 24. 2. 98.

705.—Les mutations par décès d'immeubles entre époux ne sont sujettes qu'au droit de 3 p. 100, et ne peuvent subir, sous aucun prétexte, un droit plus elevé si elles résultent de donation par contrat de

mariage (Délib. 13 sept. 1827).— Trouillet, *Dict. de l'enreg*, v° Succession, § 5, n. 3.

706. — Cependant il résulte d'un arrêt de la cour de cassation de Bruxelles, 27 mars 1833, que la condition de survie du donataire au donateur, attachée à une donation, n'est pas incompatible avec le caractère d'une donation entre-vifs, et la cour de cassation a positivement décidé, le 13 mai 1834, que dans l'espèce on ne pouvait exiger du survivant que le droit fixé pour les donations par contrat de mariage, parce que la donation était irrévocable et avait le caractère de donation entre-vifs, quoique soumise à des éventualités. Cependant l'administration ne peut, sous l'autorité de cet arrêt, émané de la chambre des requêtes, abandonner une règle de perception consacrée par un long usage et qui a paru toujours conforme aux dispositions de la loi. En conséquence, les préposés continueront de percevoir le droit proportionnel *entier* sur les mutations effectuées par décès, en vertu de donations faites par contrat de mariage aux futurs, et soumises à l'événement du décès (Inst. 1467, § 5). — Trouillet, *Dict.*, v° Succession, § 11, n. 1.

707.— Le douaire est sujet au droit de succession à quelque époque qu'il ait été stipulé; il n'y a pas lieu d'imputer sur ce droit ceux qui ont été acquittés, du vivant de l'époux, sur la donation qu'il a faite de tous ses biens à ses enfans (Délib. 3 fév. 1832).— Trouillet, *eod.*, v° Succession, § 10, n. 3.

708. — On doit réclamer les droits de mutation établis par les art. 4 et 69, n. 3, § 6, de la loi de frimaire, applicables au douaire et gain de survie, tant qu'il n'y a pas eu renonciation formelle à ces avantages (5 nov. 1806, 5 août 1808). — *Eod.*, § 11, n. 4.

709.— Le préciput stipulé sous l'empire des coutumes est sujet au droit de mutation, lors de son ouverture (Cass. 2 juill. 1833; délib. 10 nov. 1824, 28 sept. 1825). Ces délibérations avaient même statué que tous les préciputs seraient assujettis à cette règle.— Mais, après un nouvel examen, le conseil a délibéré, le 26 juin 1827, en se fondant sur un arrêt de cassation, du 26 juin 1823, que les préciputs stipulés en exécution de l'art 1516 C. civ., sont affranchis du droit de mutation. Qu'il existe un seul cas où le préciput devient une véritable donation à cause de mort, c'est celui où il est exercé par la femme qui renonce à la communauté, parce que, par suite de cette renonciation, la succession du mari prédécédé comprend toute la communauté, et que c'est par conséquent sur cette succession que le préciput est pris. — *Eod.*, v° Succession, § 11, n. 9.

710. — Lorsque le mari se reconnaît, dans son testament, débiteur envers sa femme d'une somme dont au besoin il lui fait don et legs, sans que cette reconnaissance soit corroborée par des actes ou des faits déterminans, on doit la considérer, pour la perception des droits d'enregistrement, comme une libéralité testamentaire.— 23 avril 1830. Délib. D.P. 33. 3. 28.

711.— Pour la liquidation du droit de succession, on ne doit pas considérer comme étrangers l'un à l'autre deux époux divorcés pour cause d'émigration, si, depuis, ils ont vécu maritalement, ont fait des acquisitions en commun, et pris, dans les actes relatifs à leurs affaires, la qualité de mari et femme. Ainsi, le droit exigible pour un legs fait par l'un des époux à l'autre, doit être liquidé au taux fixé pour les mutations par décès entre époux (Déc. min. des fin. 10 juin 1830). — Trouillet, v° Succession, § 5, n. 4.

712. — Les avantages faits sur les biens de la communauté à l'un des époux, à titre de donation, donnent lieu au droit de mutation par décès; ils ne doivent pas, nonobstant l'art. 1525 C. civ., être regardés comme une simple convention entre associés — 1er mars 1831. Délib. D.P. 33. 3. 28.

§ 2. — *Des cas où le droit de mutation par décès est dû, et réciproquement.*

713.—Pour que le droit de mutation soit exigible, il faut que la succession soit ouverte. Ainsi, dans le cas d'absence, tant qu'elle n'est pas déclarée (art. 115 et suiv. C. civ.), il n'y a pas lieu au droit de mutation par décès, puisque la disparition n'a encore provoqué que des mesures provisoires pour la conservation des intérêts de l'absent.— D.A. 7. 73, n. 1.

714. — Si les parties intéressées ne se présentent pas pour faire déclarer l'absence, ou si le tribunal se borne à nommer des administrateurs provisoires des biens de l'absent, y a-t-il lieu à droit de mutation? Oui (Déc. min. 26 sept. 1817); non, (Dalloz), car c'est l'envoi en possession provisoire qui rend les droits exigibles.— D.A. 7. 73, note 1re.

715. — Mais la régie pourrait-elle provoquer elle-même la déclaration d'absence, sous prétexte qu'elle est *partie intéressée*? Non, car la loi ne désigne pas le fisc par cette expression.— D.A. 7. 73, n. 1re.

716. — Après la déclaration d'absence, les héritiers envoyés en possession provisoire doivent acquitter, *dans les six mois*, les droits auxquels ils seraient réellement tenus si le décès était prouvé, sauf restitution, si l'absent vient à reparaître, déduction faite des droits auxquels aura donné lieu la jouissance des héritiers (L. 28 avril 1816, art. 40).— D.A. 7. 73, n. 1.

717. — L'art. 40 de la loi de 1816 a fait cesser la controverse existante sur ce point sous la loi de frim. an 7, et a corrigé l'opinion de la cour suprême, qui avait déclaré que l'envoi en possession provisoire, sous caution, des biens d'un absent après l'accomplissement des formalités prescrites pour faire déclarer l'absence, ne confère aux héritiers présomptifs qu'une simple administration, et ne donne par conséquent point ouverture aux droits de mutation. — 14 fév. 1811. Req. Enreg. C. Van-Acker. D.A. 7. 91. D.P. 11. 1. 170. — 16 janv. 1811. Req. D.P. 11. 1. 172, n. 1.

718.— Quels seront dès lors les droits à percevoir à raison de cette jouissance? La loi se tait. Il y a de grandes difficultés à décider que ce seront les droits d'usufruit. D'un autre côté, il n'y a pas une grande justesse à assimiler les envoyés en possession provisoire des biens de l'absent à de simples-fermiers avec lesquels la loi aurait en quelque sorte traité à forfait. Cependant, comme il faut se prononcer, nous inclinerions pour les droits de bail; car, dans le doute, il faut se décider en faveur du contribuable.— D.A. 7. 73, note 2.

719.— Mais à compter de quel jour courront les six mois? Du jour de la prise en possession (art. 24 de la loi de frim. an 7), et non du jour où la caution, à laquelle l'envoyé en possession est assujetti, a été fournie.— 9 nov. 1819. Civ. c. Enreg. C. Mouroux. D.A. 7. 110. D.P. 19. 1. 626. — 2 avril 1823. Civ. c. Enreg. C. Gaugloff. D.A. 7. 111. D.P. 23. 1. 197.

720.— C'est la prise de possession des biens, et non la déclaration d'absence qui rend exigibles les droits de mutation. De la prise de possession ou de tout autre acte de propriétaire, sans même que l'absence soit déclarée, résulte une présomption légale du décès de l'absent, contre laquelle ne peuvent s'élever ceux qui s'en sont servis pour s'emparer des biens (Arrêts des 30 avril 1821 et 2 juill. 1823). — D.A. 7. 73, n. 2.

721.— Aussi, a-t-on décidé que ceux qui se mettent en possession des biens d'un absent, sans faire préalablement constater et déclarer l'absence, sont passibles des droits de mutation, non pas seulement à titre d'usufruit, mais à titre de propriété —21 juin 1808. Civ. c. Enreg. D.P. 9. 2. 100.

722.— Pareillement, la prise de possession des biens d'un absent, par son héritier présomptif, donne ouverture au droit de mutation, en raison de la valeur entière, soit en nue-propriété, soit en usufruit, si d'ailleurs il n'a pas fait constater et déclarer l'absence, conformément aux art 115, 116 et 119 C. civ.— Le défaut d'accomplissement de ces formalités le rend inhabile à se prévaloir des autres dispositions du code qui pourraient favoriser sa prétention de n'être, qu'après l'envoi en possession définitive, sujet aux droits de mutation qu'a raison de la propriété.— 22 juin 1808. Civ. c. Enreg. C. Cadilhon. D.A. 7. 90. D.P. 2. 12.

723. — De même, le partage et la prise de possession des biens d'un absent, par ses héritiers présomptifs, sans la sanction de la justice, et pour en disposer à leur gré, n'est pas simplement un acte d'administration; c'est un acte de propriété qui donne ouverture au droit de mutation. — 26 juill. 1814. Civ. c. Enreg. C. Romestant. D.A. 7. 90. D.P. 14. 1. 497.

724. — Et il importe peu que les co-partageans des biens d'un absent aient déclaré, par une clause finale de l'acte de partage, qu'ils feraient raison à l'absent, en cas qu'il reparut, de la portion recueillie par chacun d'eux dans les biens partagés. —Même arrêt.

725.— Les mêmes motifs font décider que la prise de possession des biens d'un absent, par ses héritiers présomptifs, dans un acte fait entre eux, forme une présomption légale et suffisante du décès de cet absent, quant à l'exigibilité du droit de mutation, sans que la régie soit obligée de rapporter l'acte constatant ce décès. — 30 avril 1821. Civ. c. Enreg. C. Renous. D.A. 7. 92. D.P. 21. 1. 522.— 2 juill. 1823. Civ. c. Enreg. C. Chaurion. D.A. 7. 92. D.P. 23. 1. 280.

726. — Les droits de mutation par décès sur les biens d'un absent sont dus lorsque ses héritiers ont partagé des biens indivis avec lui sans lui assigner un lot, encore bien qu'ils auraient déclaré qu'en cas de retour de l'absent, il serait pris sur chaque part certains objets pour faire la sienne. — 12 mai 1834. Civ. c. Enreg. C. Desrochers. D.P. 34. 1. 242.

727.— Si les héritiers présomptifs de l'absent reçoivent, du consentement de son mandataire, une somme qui lui était due, ils sont censés prendre possession des biens (*Dict. de l'enreg.*, v° Succession, n. 226).

728.— De même, le bail des biens de l'absent suffit, comme le partage, pour autoriser la demande des droits de succession contre l'héritier qui l'a consenti (Déc. min. des fin. 14 août 1818).—Trouill., *Dict. de l'enreg.*, v° Absence, § 5, n. 10.

729.— *A fortiori*, la vente des biens de l'absent suffit-elle pour autoriser la demande des droits de succession à l'héritier qui l'a consentie (Déc. min. 12 janv. 1808; instr. 386, § 32). Il importe peu qu'ils se soient engagés à restituer le prix de vente en cas que l'absent reparaisse (Cass. 2 nov. 1813). — *Eod.*, § 5, n. 19.

730.—Mais, lorsque, par un acte fait entre eux, des enfans se sont partagé la succession de leurs père et mère, à l'exclusion d'un frère absent et présumé mort avant l'ouverture de la succession, et que, par une clause de l'acte de partage, ils ont prévu la possibilité du retour de l'absent, et ont pris, dans son intérêt, des mesures conservatoires, l'administration de l'enregistrement ne peut exciper de cette clause purement de prévoyance, pour forcer les frères et sœurs de l'absent à passer déclaration, comme s'ils lui eussent succédé dans sa portion contingente de l'hérédité commune, si d'ailleurs elle ne justifie pas que l'absent ait survécu à ses père et mère.— 18 avril 1809. Civ. r. Enreg. C. Teillard. D.A. 7. 91. D.P. 9. 2. 53. — 12 mai 1834. Civ. c. Enreg. C. Desrochers. D.P. 34. 1. 242.

731. — De même, la nomination d'experts pour procéder au partage des biens d'un absent n'autorise pas à réclamer le droit de mutation (Jug. de Florac, 19 mars 1817, auquel il a été acquiescé par délib. du 24 sept. 1817).— Trouill., v° Absence, § 5, n. 14.

732. — Pareillement, lorsque l'individu dont l'existence n'est pas reconnue, est un militaire, la régie, qui réclame, du chef de ce dernier et contre ses co-héritiers, les droits de mutation à une succession ouverte pendant l'absence, doit prouver l'existence du militaire au moment de l'ouverture de la succession (L. 11 vent. an 2; C. civ. 135, 136).— 17 fév. 1829. Civ. r. Enreg. C. Deschamps. D.P. 29. 1. 151.

733. — Dans tous les cas autres que l'envoi en possession, la demande n'étant autorisée que par l'art. 12 de la loi du 22 frim. an 7, on ne peut regarder la succession comme réellement ouverte ni s'autoriser du principe que le droit de succession est indivisible, pour poursuivre tous les héritiers présomptifs; la demande ne peut être dirigée que contre celui qui a fait acte de maître, et pour la portion qu'il a appréhendée (Délib. 21 fév. 1821, approuvée par le min. des fin.). Aussi est-on fondé à être d'un avis contraire à celui émis par une délibération du 12 sept. 1828, qui déclare que la prescription de cinq ans à partir de la prise de possession court contre les héritiers qui se sont abstenus.— Trouill., *Dict. de l'enreg.*, v° Absence, § 5, n. 21.

734.— En tout autre cas que l'absence, le paiement des droits et le délai pour faire la déclaration des biens héréditaires, se rattachent à la saisine légale, sans aucun égard à l'appréhension *de fait* des héritiers (V. l'arrêt du 11 fév. 1807, § 3).— D.A. 7. 73, n. 2.

735.—Toutefois, on a jugé que la présomption de propriété résultant de l'inscription du nom d'un individu au rôle de la contribution foncière, suffit pour la demande des droits de mutation par décès, lorsqu'elle n'est détruite par aucune preuve contraire; que, loin de là, l'héritier ne produit, pour l'annuler, que le titre même qui l'appelle à recueillir l'immeuble après le décès de son auteur.— 8 déc. 1806. Civ. c. Enreg. C. Kauten. D.A. 7. 81. D.P. 2. 11.

736. — Jugé aussi que la détention par deux époux des biens dépendant d'une succession à laquelle la femme était appelée, forme contre elle

une présomption légale qu'elle les a recueillis à titre d'héritière, et la rend passible du droit de mutation par décès, quoiqu'elle prétende avoir répudié l'hérédité, et qu'elle allègue que c'est son mari seul qui possède les biens en provenant, en vertu de certains arrangemens passés avec l'acquéreur, si cette allégation n'est justifiée par titres (L. 22 frim. an 7, art. 15 et 24). — 7 avril 1807. Civ. c. Enreg. C. Navaron. D.A. 7. 88. D.P. 2. 12.

737. — Lorsque plusieurs personnes, respectivement appelées à la succession l'une et l'autre, périssent dans un même événement, sans qu'on puisse reconnaître laquelle a péri la première, y a-t-il lieu d'admettre les présomptions établies par la loi civile (C. civ. 720 et suiv.), et de percevoir autant de droits qu'il se serait opéré de mutations, si les individus étaient décédés selon l'ordre de la nature? — Non, il ne doit être perçu qu'un seul droit; car si le droit de mutation est un impôt que doit l'héritier, en proportion de ce dont il devient plus riche, comment ce droit pourrait-il être exigé sur plusieurs hoiries successives qui n'ont rien transmis qu'abstractivement? — D.A. 7. 74, n. 3.

738. — Cependant, à l'occasion d'un assassinat commis en une nuit sur un père, sa femme et ses quatre enfans, il a été exigé deux droits de mutation, l'un en ligne directe, comme si les enfans avaient survécu à leurs père et mère, et l'autre en ligne collatérale, pour la succession que transmettaient les enfans à leurs héritiers collatéraux (Arrêté du direct., du 23 flor. an 7). — D.A. 7. 74, n. 3.

739. — Toutefois, on pourrait opposer à cet arrêté un arrêt de rejet, du 20 vend. an 11 (V. art. 10), duquel il résulte que toute mutation suppose nécessairement deux possesseurs réels qui aient eu, pendant un temps raisonnable, une détention soit corporelle, soit civile de l'immeuble. — D.A. 7. 74, n. 3.

740. — L'exigibilité des droits de mutation par décès concourt avec l'ouverture de la succession, et la quotité s'en règle d'après la loi en vigueur à cette époque, quelle que soit d'ailleurs la date des actes d'où résulte la mutation (V. art. 1er). — D.A. 7. 74, n. 4.

741. — Ainsi, un douaire et un préciput ouverts sous l'empire des lois des 22 frim. an 7 et 28 avril 1816, sont passibles du droit de mutation, quoiqu'ils aient été constitués dans un temps où les douaires et les préciputs n'étaient soumis à aucun droit d'insinuation. — 2 juill. 1823. Civ. c. Enreg. C. Barbier. D.A. 7. 85. D.P. 23. 1. 288.

742. — De même, la donation, avec réserve d'usufruit, faite par les époux, dans leur contrat de mariage, de moitié de leurs biens présens et à venir, en faveur de l'aîné des enfans mâles à naître du mariage, s'ils mouraient sans avoir appelé un autre desdits enfans à recueillir l'effet de la libéralité, ne saisit le donataire qu'au jour du décès des donateurs, et par conséquent le droit de mutation est dû à cette époque, au taux fixé par la loi alors en vigueur (L. 22 frim. an 7, art. 69, § 3, n. 5). — 19 nov. 1811. Civ. c. Enreg. C. St.-Exupert. D.A. 7. 81. D.P. 2. 11.

743. — Le principe ci-dessus est d'une grande importance; car il est des actes de libéralité dont l'effet est actuel, et d'autres dont l'effet est suspendu; il est indispensable de préciser leur caractère indépendamment des règles posées succinctement ici. — V. l'art. 2, sur les principes généraux. Quant aux contrats conditionnels, V. Dispositions entre-vifs et testamentaires.

744. — Toutefois, il ne faut pas oublier que les dispositions de libéralité soumises à l'événement du décès, qui sont faites par contrat de mariage entre les futurs ou par d'autres personnes en faveur des futurs, donnent lieu au droit particulier de 5 fr., indépendamment de celui du contrat (L. 28 avril 1816, art. 45).

745. — Le nombre de droits fixes de 5 fr. est en raison de celui des donations dont la réalisation est *possible* (Solut. 7 nov. 1831 et 12 mai 1832). Ainsi, il ne doit être perçu qu'un seul droit fixe à raison des dispositions éventuelles stipulées entre les futurs, à quelque nombre qu'elles s'élèvent (Délib. 9 pluv. an 7). De même aussi, il n'est dû qu'un droit fixe de donation éventuelle sur la donation *mutuelle* que se font les futurs époux par contrat de mariage (Déc. min. des fin. 21 juill. 1820). — Trouillet, v° Mariage, 7, n. 3.

746. — Le droit pour les gains de survie stipulés par contrat de mariage ne peut être exigé qu'au décès du prémourant. — De même pour ceux résultant de la loi civile sous laquelle les futurs se sont mariés. — D.A. 7. 74, n. 4, alin. 2.

747. — Ainsi, on a jugé que les dons ou gains de survie qui sont accordés aux époux par la loi matrimoniale, n'opèrent de mutation qu'au moment du décès, et c'est de cette époque seulement que le droit d'enregistrement peut être exigé (L. 22 frim. an 7, art. 60). — 20 frim. an 14. Civ. c. Enreg. C. Olinger. D.A. 7. 79. D.P. 2. 10, et 6. 1. 134. — Arr. conf. pour les gains de survie stipulés, 26 mai 1807. Civ. c. Enreg. C. Kempeniers. D.A. 7. 79. D.P. 2. 10, et 7. 1. 276.

748. — Les donations entre époux, *pendant le mariage*, étant toujours révocables (1096 C. civ.), n'opèrent de droits de mutation qu'au décès de l'époux donateur. — D.A. 7. 74, n. 4, alin. 3.

749. — Malgré la délibération du 16 novembre 1814, celle du 26 février 1835, et la solution du 17 août 1832, on doit reconnaître que les donations entre époux, même quand il est exprimé que le dessaisissement est actuel, sont révocables et ne peuvent être passibles que du droit fixe de 5 fr. (Délib. 11 fév. 1834). — Trouillet, v° Donation, § 10, n. 2.

750. — De même, une donation faite entre époux, par contrat de mariage, d'une somme *à prendre sur les biens que le donateur laissera à son décès*, ne cesse pas d'avoir un caractère d'éventualité, parce qu'il serait stipulé que la libéralité aurait son effet dans le cas même où le donataire décéderait avant le donateur (Jug. de Nérac, 30 janv. 1828; délib. 11 avril 1828). — Trouillet, v° Donation, § 10, n. 3.

751. — L'éventualité des *institutions contractuelles* en recule l'effet jusqu'à la mort de l'instituant, et ce n'est qu'alors que le droit de mutation peut être exigé, soit qu'il s'agisse de biens présens ou à venir. — S'il a été perçu sur les biens présens, lors du contrat, il est précompté sur celui exigé au moment du décès. — 24 déc. 1821. Civ. c. Enreg. C. Maniglier. D.A. 7. 83. D.P. 22. 1. 286. D.A. 7. 74, n. 4, alin. 4.

752. — Aussi a-t-on jugé que l'institution contractuelle pouvant devenir caduque par le prédécès de l'institué sans postérité, celui-ci n'est véritablement saisi des objets compris dans l'institution, qu'au moment de la mort du donateur, et, par conséquent, ce n'est qu'à cette époque que la régie peut réclamer les droits résultant de cette mutation, d'autant que, pour les biens à venir, il est impossible de déterminer, avant le décès de l'instituant, la quotité du droit de mutation de biens qui ne sont pas encore dans sa main (L. 22 frim. an 7, art. 68, § 3, n. 5, et 69, § 3, n. 4). — 19 pluv. an 11. Civ. c. Enreg. C. Broca. D.A. 7. 80. D.P. 3. 1. 591. 24 niv. an 13. Civ. c. Enreg. C. Norbert-Catuhe. D.A. 7. 80. D.P. 2. 10.

753. — Ainsi encore, la réserve faite par deux époux donateurs de l'usufruit de l'immeuble donné, en faveur et pendant la vie de chacun d'eux, emporte donation éventuelle dudit usufruit au profit du survivant, et soumet, par conséquent, celui-ci à acquitter le droit de mutation au moment où il recueille l'effet de la libéralité, sans qu'il puisse prétendre que le don d'usufruit se rattache à la donation même, et qu'il n'est rien dû au décès du prémourant (L. 22 frim. an 7, art. 15 et 69, § 6, n. 3). — 3 niv. an 13. Civ. c. Enreg. C. Camboulives. D.A. 7. 436. D.P. 2. 74.

754. — L'on retrouve implicitement le même principe dans l'arrêt qui déclare que la donation de biens présens et à venir, faite par contrat de mariage, ne saisit le donataire que des biens présens; et ainsi, quoiqu'il ait acquitté les droits de contrôle et d'insinuation à l'époque du contrat, il n'est point dispensé, par rapport aux biens à venir, de faire, à la mort du donateur dont il est l'héritier, une déclaration de tous les biens qui ont pu arriver à icelui dans l'intervalle de la donation au décès (L. 22 frim. an 7, art. 14, n. 8; art. 15, n. 7, et art. 24). — 20 frim. an 14. Civ. c. Enreg. C. Ginhoux. D.A. 7. 81. D.P. 2. 11.

755. — L'institution contractuelle ne confère à l'institué que le titre et la qualité d'héritier; elle n'a d'effet, quant à la transmission de propriété, qu'au décès de l'instituant; et c'est à cette époque qu'elle donne ouverture au droit de mutation, suivant le tarif fixé par la loi alors en vigueur. — 8 déc. 1806. Civ. c. Enreg. C. Kauten. D.A. 7. 81. D.P. 2. 11.

756. — Pareillement encore, bien que la donation de biens à venir, faite par contrat de mariage, soit, de sa nature, *irrévocable*, le donataire n'est réellement saisi des biens qu'au décès du donateur, puisque jusque là ce dernier en conserve la libre disposition; par conséquent il est dû à cette époque un droit de transmission. — 5 oct. 1807. Civ. c. Enreg. C. Lacoste. D.A. 7. 81. D.P. 2. 10.

757. — Également, le droit de mutation, sur une donation de biens présens et à venir, faite par contrat de mariage, en faveur de l'épouse et de ses enfans, et, à leur défaut, en faveur du mari, avec réserve d'usufruit et de la faculté de disposer d'une certaine somme, n'est dû qu'au moment du décès du donateur. — On ne peut arguer, pour soutenir que le droit est dû au moment de la donation, de ce que l'acte emporte dessaisissement *actuel* au profit du donataire, et de ce que la clause de donation des biens à venir n'a eu, par le fait, aucun résultat. — — 28 janv. 1819. Req. Maniglier. D.A. 7. 82. D.P. 19. 1. 227.

758. — De même, la donation faite par deux époux dans leur contrat de mariage, de moitié de leurs biens à l'un de leurs enfans à naître, n'a d'effet qu'au jour du décès des donateurs, qui jusque là restent propriétaires des biens donnés. — L'enfant donataire est, en conséquence, obligé d'acquitter sur ces biens le droit de mutation par décès, lors d'ailleurs qu'il est constant, en fait, qu'il n'a été perçu aucun droit de transmission de propriété lors de la donation. — 2 juin 1813. Civ. c. Enreg. C. Montclar. D.A. 7. 84.

759. — *Donation éventuelle.* — La donation par contrat de mariage de biens présens et à venir dont le donataire ne doit jouir qu'après le décès du donateur, étant éventuelle de sa nature, ne donne ouverture au droit proportionnel qu'à l'époque de ce décès. — 13 avril 1825. Civ. c. Enreg. C. Devoisins. D.P. 25. 1. 270.

760. — Ainsi encore, on peut, pour la perception des droits d'enregistrement, voir une institution contractuelle dans la clause par laquelle les père et mère de la future garantissent que la part de celle-ci dans leur succession ne sera pas moindre qu'une certaine somme, et lui assurent, dès à présent et irrévocablement, cette part. La garantie n'est donnée que pour la portion héréditaire, et ne repose, d'ailleurs, ni sur une hypothèse, ni sur le cautionnement d'un tiers; elle ne restreint, pas plus que ne le ferait une simple promesse, la liberté que les donateurs ont d'aliéner leurs biens, ou de contracter des dettes qui annulent ou affaiblissent leur obligation. — 25 juin 1830. Délib. D.P. 33. 3. 28.

761. — La clause de réversibilité des acquêts, stipulée au profit des enfans à naître dans un contrat de mariage passé en pays de droit écrit, constitue une donation à cause de mort, qui ne produit même son effet que pour la moitié des acquêts au décès de l'un des époux. En conséquence, lors de cet événement, aucune mutation de la portion revenant à l'époux survivant ne s'opère en faveur des enfans, qui ne sont pas tenus d'en faire la déclaration. — 30 nov. 1832. Délib. Chansaud. C. Enreg. D.P. 34. 3. 41.

762. — Le legs fait par un mari à sa femme, pour le cas seulement où elle se séparerait de son fils, doit être réputé sous une condition potestative dépendant de sa seule volonté, et le droit auquel il est soumis devient immédiatement exigible, et non lorsque l'événement est arrivé. — 15 janv. 1833. Délib. Enreg. C. Sautel. D.P. 33. 3. 105.

763. — Les donations en avancement d'hoirie saisissant *dès maintenant* l'héritier donataire, donnent lieu au contraire à la perception du droit de mutation au moment même du contrat; si le rapport a lieu, elles ne doivent point être comprises dans la déclaration des biens héréditaires (Décis. régl. 28 therm. an 9), parce que ce rapport n'est qu'une conséquence de la donation même, et qu'il est de principe, d'ailleurs, qu'une même mutation ne peut être assujettie à deux droits (V. arrêts des 8 sept. 1808, et 2 mai 1826. D.P. 26. 1. 241). — D.A. 7. 74, n. 5.

764. — Par suite de ce principe, le donataire d'une donation par contrat de mariage subordonnée au décès du donateur, a droit de faire imputer sur les droits auxquels la donation est soumise au moment de l'ouverture de la succession du donateur, tous ceux qui ont été perçus à raison de cette donation lors du contrat de mariage. — 24 déc. 1821. Civ. c. Enreg. C. Maniglier. D.A. 7. 83. D.P. 22. 1. 286.

765. — Également, dans le cas où les droits de mutation ont été perçus sur une donation entre-vifs, faite à un fils par son père, en avancement d'hoirie, il n'y a pas lieu à la perception d'un nouveau droit au décès du donateur, encore bien que le donataire ne soit entré en possession réelle des biens donnés qu'au moment du décès; dès l'époque de la donation, il a été saisi irrévocablement : il n'y a donc pas eu, par le décès de son père, de mutation en sa faveur,

quant à l'objet déjà donné. — 18 fév. 1829. Req. Enreg. C. de Plas. D.P. 29. 1. 153.

766. — Pareillement, lorsqu'un donataire, qui a rapporté à la succession du donateur des immeubles sur lesquels le droit a été payé, reçoit ces mêmes immeubles dans son lot, à charge de payer une somme d'argent à ses co-héritiers, il ne doit pas un droit de soulte. — 12 juin 1832. Solut. G.... D.P. 32. 3. 139.

767. — Par suite, lorsque le droit de mutation par décès a été acquitté sur la valeur intégrale de la succession, il n'est rien dû à raison des legs particuliers de sommes d'argent (ou de rentes); et réciproquement, les droits payés par les légataires particuliers, à raison de leurs legs, dégrèvent d'autant le légataire universel (Avis du cons. d'état, 10 sept. 1808).

768. — Cette solution a été étendue, par décision ministérielle du 12 sept. 1814, aux gains de survie stipulés dans les contrats de mariage, et aux legs de rente viagère, par autre du 12 mars 1819. De même à l'égard du legs des rentes perpétuelles. — Merl., *Quest. de dr.*, v° Enregistrement, § 22; D.A. 7. 74 et 75, n. 6, note 1re.

769. — Ainsi, on a décidé qu'il n'est dû, à raison des legs particuliers de sommes d'argent, aucun droit spécial de mutation, lorsque le droit a été acquitté par l'héritier sur l'universalité de la succession. — 12 avril 1808. Civ. r. Enreg. C. Marchand. D.A. 7. 93. D.P. 8. 2. 64.

770. — Pareillement, le droit de mutation par décès n'est dû par le légataire universel que sous la distraction des legs particuliers de rentes viagères, lorsqu'il a déjà été perçu un droit spécial à raison de ces legs. — 8 sept. 1808. Req. Enreg. C. Lioud. D.A. 7. 94. D.P. 2. 12, et S. 2. 182. — Décision semblable, 27 mai 1806. Req. Enreg. C. les mêmes Lioud. — Il s'agissait de legs de *sommes d'argent* (V. note 2, avis du cons. d'état, 10 sept. 1808).

771. — Egalement, l'avis du conseil d'état, du 2-10 sept 1808, qui dispense du droit proportionnel les legs de sommes d'argent non existantes dans la succession, lorsque les héritiers ont payé le droit de mutation sur l'intégralité des biens héréditaires, s'applique même aux legs de rentes viagères. — 23 sept. 1811. Civ. r. Enreg. C. Anneix. D.A. 7. 94. D.P. 2. 13. — 17 mars 1812. Civ. r. Enreg. C. Vaudichon. D.A. 7. 95. D.P. 2. 14.

772. — De même, le legs d'une rente viagère n'est pas soumis à un droit de mutation spécial, alors que l'héritier a payé un droit proportionnel sur l'intégralité des biens de la succession. — 23 nov. 1811. Civ. c. Enreg. C. Anneix. D.P. 12. 1. 184.

773. — Ainsi encore, lorsque le donataire d'un immeuble a été chargé de payer à des tiers diverses sommes, il n'est dû par ces donataires particuliers aucun droit spécial de mutation, lorsque le droit a été acquitté par le donataire principal, sur la valeur entière de l'immeuble. — 21 janv. 1812. Civ. r. Enreg. C. Lhuile. D.A. 7. 123. D.P. 12. 1. 243.

774. — Et cela a été encore décidé pour le cas où les héritiers du mari ont acquitté les droits de mutation de la succession, sans faire déduction de la somme représentant le fonds du douaire; il n'est dû alors par la veuve, sur le douaire, que l'excédant, s'il y en a, du droit dont il est passible. — 2 juill. 1823. Civ. c. Enreg. C. Barbier. D.A. 7. 85. D.P. 23. 1. 288. — Arrêt conf. 21 janv. 1812.

775. — Lorsqu'un testateur a légué à des étrangers des sommes d'argent à prendre sur le prix de ses rentes inscrites au grand-livre de la dette publique, dont il a ordonné la vente, et que les héritiers ont acquitté le droit de mutation sur la totalité de la succession, on ne peut alléguer, pour exiger un droit des légataires particuliers, que les rentes sur l'état étant affranchies de l'impôt, ces héritiers n'ont rien payé pour leur transmission (Instr. 1282, § 7). — 14 janv. 1829. Civ. c. Vernon. D.P. 29. 1. 104. — Trouill., v° Succession, § 7, n. 8.

776. — Mais, lorsque le mari a transmis, par acte entre-vifs ou partage d'ascendans, à ses enfans, avant son décès, la totalité de ses biens, le droit exigible sur le douaire qui vient à s'ouvrir ne doit pas être imputé sur ce qui a été payé par les enfans pour la mutation entre-vifs. — 3 fév. 1832. Délib. Onslow. D.P. 33. 3. 19.

777. — De même aussi, l'avis du conseil d'état, du 10 sept. 1808, aux termes duquel le paiement fait par le légataire universel des droits dus sur la totalité de la succession qu'il recueille, libère les légataires particuliers des droits dont leurs legs sont susceptibles (sauf toutefois l'action en supplément de la régie contre ces légataires, si, à raison de leur qualité vis-à-vis du testateur, ils sont passibles d'un droit de mutation plus fort que celui payé par le légataire universel), est applicable au cas où la succession se compose en grande partie de rentes sur l'état, qui ne sont passibles d'aucun droit de mutation, comme au cas où tous les biens qui composent cette même succession sont soumis au droit du fisc. — En conséquence, il ne peut être exigé du légataire universel aucun droit de mutation sur la valeur desdites rentes, sous prétexte qu'elles serviront à acquitter les legs particuliers de sommes d'argent. — 28 janv. 1824. Civ. r. Enreg. C. Boyenval. D.A. 7. 95. D.P. 2. 14, et 24. 1. 33.

778. — De même, les legs de sommes d'argent à prendre dans le prix de la vente de rentes sur l'état, appartenant au testateur, ne sont pas passibles du droit de mutation par décès, alors que ce droit a été perçu sur toutes les valeurs de la succession sans exception (L. 22 frim. an 7, art. 70, § 3; avis du cons. d'état, 10 sept. 1808). — 14 janv. 1829. Civ. c. Vernon. D.P. 29. 1. 104.

779. — Lorsqu'un héritier ou légataire universel est grevé de legs de sommes d'argent n'existant pas dans la succession, laquelle est toute immobilière, il n'est passible du droit de mutation que sur ce qui reste des biens, déduction faite du montant du legs particulier, lequel est, de son côté, passible du droit, eu égard à sa nature et au degré de parenté du légataire particulier. — Et, en un tel cas, les droits peuvent être acquittés indistinctement par l'héritier ou par les légataires particuliers, lesquels opèrent leur décharge respective, dès que les paiemens sont établis sur les proportions calculées d'après les tarifs.

Ainsi, à l'égard d'une succession immobilière de 160,000 fr., grevée du legs d'une rente viagère de 4,000 fr., au profit de l'époux survivant, il a été régulièrement perçu, savoir : 1° le droit de 1 fr. 50 c. pour 100 sur le capital de 40,000 fr., représentatif de la rente viagère; 2° le droit de 1 pour 100 sur 120,000 fr., formant le surplus des biens recueillis par l'héritier en ligne directe..., et c'est à tort qu'on prétendrait que cet héritier devrait, en ce qui le concerne, acquitter le droit sur la totalité de la succession, c'est-à-dire sur les 160,000 fr., sauf à lui imputer le droit de 25 c. pour 100, dont il aurait été tenu sur le legs de 40,000 fr., s'il s'était trouvé dans la succession. — 1er déc. 1832. Req. Enreg. C. Margerand. D.P. 33. 1. 106.

780. — L'acte qui constate l'acquittement, de la part d'un exécuteur testamentaire, de sommes d'argent léguées, ne constitue qu'une simple décharge, passible du droit fixe de 1 fr.; et cela, encore que les sommes léguées n'existent pas en nature dans la succession. — 7 août 1826. Civ. r. Enreg. C. Lemor. D.P. 26. 1. 442. — Même jour, arrêt semblable; Civ. r. Enreg. C. Bataille. — Conf. D.A. 7. 74, n. 6.

781. — Ainsi, les énonciations de paiemens à des légataires, dans un compte rendu par un exécuteur testamentaire, ne peuvent donner lieu à la perception du droit de quittance, quoiqu'il ne soit pas rappelé d'actes enregistrés constatant ces paiemens. — Trouill., v° Compte, § 2, n. 30.

782. — On a jugé aussi que la délivrance des legs, soit qu'ils consistent en effets existans réellement dans la succession, soit que les légataires universels doivent les acquitter de leurs propres deniers, n'opère point de mutation de ces derniers aux légataires particuliers; dans ce cas, les légataires universels ne sont que de simples intermédiaires. — 6 fév. 1827. Req. Enreg. C. Verrier. D.P. 27. 1. 132.

783. — Lorsque, par suite d'un testament contenant institution fiduciaire, la remise de la succession est faite à l'héritier élu par l'institué, conformément au vœu du testateur, à la charge par lui de désintéresser ses co-successeurs de la manière également voulue par le testateur, l'acte qui réalise ces dispositions n'est passible que du droit de décharge (Déc. min. des fin. 19 avril 1819). — Trouillet, v° Décharge, n. 27.

784. — Mais est passible du droit de 3 fr. 50 cent. p. 100, le legs d'une somme d'argent que le testateur fait à son exécuteur testamentaire pour ses peines et soins. Un tel legs doit être considéré comme une pure libéralité, aucune rétribution n'étant accordée par la loi à l'exécuteur testamentaire. De plus, la transmission de la somme s'opérant ici par le décès du testateur, ce cas rentre parfaitement dans la disposition de l'art. 4 de la loi du 22 frim. an 7. — 24 déc. 1831. Délib. D.P. 33. 3. 37.

785. — Quant à l'acte portant délivrance, par l'héritier de divers individus, d'une somme de... montant de différens legs qu'ils ont faits à la même personne, il doit être soumis à autant de droits fixes qu'il y a de legs ou de testateurs; parce que toutes les fois que des legs sont l'œuvre de diverses personnes, la délivrance de chacun d'eux est indépendante de celle des autres, de telle sorte que chaque legs peut être délivré par acte séparé. — 7 fév. 1834. Délib. D.P. 34. 3. 55.

Cette décision est contraire au principe qui ne veut pas que plusieurs droits soient assis sur le même acte. — D.P. *eod.*

786. — Mais le droit de mutation s'applique au legs particulier d'usufruit, et, au moyen du droit payé par le légataire de la nue-propriété, il n'est rien dû au moment de la consolidation de l'usufruit (L. de frim., art. 15, n. 7). — Cette solution particulière confirme la règle. — D.A. 7. 75, n. 6.

787. — Aussi, a-t-on jugé que l'avis du conseil d'état, du 2-10 sept. 1808 ne doit pas recevoir d'extension aux legs d'usufruit, qui restent, à cet égard, sous l'application de l'art. 15, n. 8 de la loi du 22 frim. an 7. — 23 sept. 1811. Civ. r. Enreg. C. Anneix. D.A. 7. 94. D.P. 2. 13. — 17 mars 1812. Civ. r. Enreg. C. Vaudichon. D.A. 7. 94. D.P. 2. 14. — 16 flor. an 9. Cass. S. 2. 442.

788. — De même, lorsqu'avant la déclaration, la communauté est partagée de manière à attribuer l'usufruit à la veuve et la nue-propriété à l'héritier, celui-ci doit acquitter le droit de succession sur la valeur entière des biens (Délib. 14 juin 1833; inst. 1437, § 8).

789. — Les héritiers ne peuvent prétendre qu'on s'adresse préférablement au détenteur, parce que l'action accordée au trésor sur les revenus n'est que secondaire et ne détruit pas l'action principale et directe contre les héritiers. — 29 germ. an 11. Civ. c. Enreg. C. Valery. D.A. 7. 361. D.P. 3. 1. 643. — 21 mai 1806. Civ. c. Enreg. C. Charpentier. D.A. 7. 363. D.P. 2. 65 (Déc. min. des fin. 24 mars 1807; inst. 386). — Trouillet, v° Succession, § 8, n. 6.

790. — Aussi encore, l'héritier qui recueille la nue-propriété d'un immeuble, doit payer le droit de mutation par décès sur la valeur entière du bien. L'art. 15, n. 7 de la loi du 22 frim. an 7, veut que le droit de mutation par décès soit liquidé et perçu sur la valeur des biens, sans distraction des charges. La loi n'est point facultative; elle ne laisse pas à l'héritier le choix du moment où il doit acquitter les droits; elle établit seulement qu'il n'est rien dû pour la réunion de l'usufruit à la propriété, lorsque le droit d'enregistrement a été acquitté sur la valeur entière de la propriété. Au reste, l'héritier trouve dans la succession, non seulement la nue-propriété, mais encore l'expectative de l'usufruit. — 24 sept. 1830. Délib. D.P. 33. 3. 34.

791. — Mais l'usufruit de la moitié des conquêts faits hors bourgage (ville ou bourg fermé), que l'art. 329 de la coutume de Normandie accorde à la femme après la mort de son mari, étant un droit de copropriété, un résultat de la collaboration commune consacré par le statut local, ne donne pas ouverture, lors du décès du mari, à un droit proportionnel de mutation. Ici ne s'applique pas l'art. 4 de la loi du 22 frim. an 7. — 26 juin 1826. Civ. r. Enreg. C. Quertier. D.P. 26. 1. 352.

792. — Par suite du même principe, lorsque deux individus ont acquis des *deniers communs* une rente viagère, avec clause qu'elle sera réversible en totalité sur la tête du survivant, il n'est dû aucun droit de mutation au décès du premier des deux (Solut. de la régie, 10 fruct. an 10).

Il en est de même de la vente solidaire d'un immeuble de *communauté*, moyennant une rente réversible au survivant des époux : celui-ci ne doit, au décès de l'autre, aucun droit de mutation, pas plus qu'il ne doit de récompense aux héritiers de l'époux prédécédé (Délib. de la rég., des 9 janv. 1812 et 9 déc. 1820).

Mais si l'acquisition de la rente ou de l'immeuble n'est point faite des *deniers communs*, il y a une véritable libéralité qui donne ouverture au droit de mutation (Solut. 10 fruct. an 10). — D.A. 7. 75, n. 10, alin. 1er.

793. — Aussi, décide-t-on que lorsqu'une acquisition est faite en commun par deux individus, avec stipulation que le survivant sera seul propriétaire de l'objet acquis, les juges qui décident qu'il ne s'est opéré, au décès du prémourant, aucune mutation en faveur de celui qui survit, mais que ses droits à la totalité de l'immeuble lui étaient acquis au moment même de l'acte d'acquisition, ne font qu'apprécier la nature de cet acte, et ne contreviennent nullement à la loi, en déclarant qu'il n'est dû, au jour du décès, aucun droit proportionnel. — 11 germ. an 9. Civ. r. Enreg. C. Jusserand. D.A. 7. 77. D.P. 3. 1. 343.

794. — Par suite du même principe, la clause dans

un contrat de mariage, portant que le survivant des époux jouira, sur les biens de la communauté, d'un préciput et de l'usufruit de la part du prémourant, n'est, aux termes mêmes de l'art. 1525 C. civ., qu'une convention de mariage entre associés, laquelle ne donne lieu à aucun droit de mutation lors du décès du prémourant, qui est censé n'avoir jamais eu de droit acquis audit préciput, ni à l'usufruit des biens à lui afférens dans le partage de la communauté. — 30 juill. 1823 Civ. r. Enreg. C. Delahaye. D.A. 7. 85. D.P. 23. 1. 391.

795. — De même, la donation d'un bien de *communauté*, sous réserve de l'usufruit jusqu'au décès du survivant des deux époux donateurs, ne renferme pas un avantage mutuel, passible d'un droit de mutation au décès du premier de ces donateurs, parce que cette réserve est une des conditions de la donation (Délib. 25 oct. 1823).

796. — Il en est de même à l'égard de la dévolution de l'usufruit arrivée par suite de la même stipulation, faite par deux co-propriétaires d'immeubles possédés par eux en commun (Délib 12 mai 1824 et 17 août 1822, approuvée par le ministre des finances, le 4 octobre suivant, et autre du 28 août 1824). — Par conséquent, on ne peut percevoir sur le contrat de vente le droit de donation éventuelle, quand même la clause de réversion ne serait insérée que dans la ratification de la vente par celui des acquéreurs dont on s'est fait fort (Délib. 23 déc. 1825). — Trouillet, v° Succession, § 6, n. 28.

797. — On a même décidé que lorsqu'un legs d'usufruit a été fait au profit de deux individus conjointement, avec clause qu'après le décès du prémourant le survivant profitera seul de la jouissance entière de tous les biens, alors il n'est pas dû, par le survivant, de droit de mutation au décès du prémourant. Ce n'est pas de celui-ci, mais du testateur lui-même, que le survivant tient la totalité de l'usufruit, droit purement personnel, non transmissible de sa nature aux héritiers. Le survivant est simplement appelé à recueillir la totalité, pour le cas du prédécès de l'autre légataire. — 9 nov. 1830. Délib. D.P. 31. 3. 39.

798. — Les héritiers d'une femme mariée sous le régime dotal doivent comprendre, dans leur déclaration, la moitié d'un immeuble acheté par elle conjointement avec son mari. — 26 nov. 1830. Délib D.P. 33. 3. 34.

799 — Mais, lorsque deux époux, mariés sous le régime de la communauté, ont conjointement acquis un immeuble dont la femme était co-propriétaire par indivis, les héritiers de cette dernière peuvent, à sa mort, se dispenser de le comprendre dans la déclaration de succession, s'ils l'ont fait entrer comme conquêt de communauté dans les valeurs abandonnées au mari. — 27 sept. 1833. J.... D.P. 34. 3. 44.

800. — Mais la régie ne peut réclamer les droits de mutation par décès pour la portion de meubles qu'une femme normande a recueillie dans la succession de son mari, la part des meubles acquis pendant le mariage, que la coutume de Normandie attribuait à la femme survivante, lui étant déférée, comme sa part dans les immeubles, *à titre correspectif de collaboration commune*, et non *à titre lucratif de succession* (Cout. de Norm. 329, 392, 393 et 331, 332; l. 22 frim. an 7, art. 69, § 4, n. 2; 28 avril 1816, art. 53) — 22 juill. 1828. Req. Enreg. C. Morand. D.P. 28. 1. 345.

801 — Lorsqu'une donation de sommes a été faite sous réserve d'une rente viagère payable à un tiers après le décès du donateur, et que les droits de donation ont été acquittés sur l'acte, il n'y a pas lieu, au décès, d'exiger le droit de mutation sur cette rente, alors même que celui qui en profite a été institué *légataire* universel du donateur (Délib cons. d'admin. 19 juin 1829. D.P. 33. 3. 35). — Cette délibération n'est pas fondée. — Trouill., v° Succession, § 6, n 302.

802. — Bien plus, le décès de celui qui, dans un acte constitutif d'une rente viagère à titre onéreux, a stipulé que cette rente serait réversible après sa mort au profit d'un tiers acceptant, ne peut autoriser l'administration à réclamer le droit de mutation par *décès* sur cette rente. — 19 déc. 1822. Req. Enreg. C. Porion. D.A. 7. 99. D.P. 2. 14. — 21 juin 1823. Délib.

803. — Cependant, en principe, toute donation éventuelle donne ouverture au droit proportionnel lors de l'événement. Il paraît que cet arrêt n'a décidé ainsi que parce que la demande des droits avait été formée contre le redevable en sa qualité de légataire universel, tandis que c'était en qualité de donataire qu'il possédait la rente. — Trouill., v° Succession, § 6, n. 99.

804. — Aussi le propriétaire ne doit aucune déclaration lorsque l'usufruit s'éteint, alors même qu'à l'époque de la mutation de la nue-propriété, il n'aurait été établi ou perçu aucun droit (*Dict. de l'enreg.*, v° Succession, n. 649).

805. — Toutefois, il a été décidé que le paiement du droit proportionnel par l'héritier ou le légataire de la nue-propriété sur l'universalité de la succession, ne dispense pas l'usufruitier de payer un droit particulier indépendamment de celui relatif à la propriété, parce que l'usufruit est une sorte de propriété nouvelle hors la consistance réelle de la succession (Cass. 28 nov. 1811; décis. min. des fin. 14 avril 1812; instr. 574; jug. de la Seine, 18 mars 1829). — Trouill., v° Succession, § 8, n. 8.

806. — Et l'usufruitier qui a acquitté le droit de mutation pour son usufruit et qui a offert de payer celui dû par les héritiers pour la nue-propriété, ne peut, lors de ce paiement, imputer ce qu'il a payé à raison de son usufruit sur ce qui est dû pour le droit de mutation de la nue-propriété. — 16 déc. 1811. Civ. c. Enreg. C. Lambrecht. D.A. 7. 108, n. — Trouill., v° Succession, § 8, n. 9.

807. — Les droits d'enregistrement pour mutation ne peuvent pas être considérés comme charges ou dettes de la propriété.

Ainsi, une veuve qui jouissait, en vertu de son contrat de mariage, de l'usufruit des biens de son époux prédécédé, ne pourrait pas être obligée de payer les droits de mutation concernant les héritiers de la nue-propriété. Lui imposer cette obligation, ce serait faire une fausse application des art. 609 et 612 C. civ. — 4 avril 1811. Paris. Digaud.

808. — Si l'héritier de biens grevés d'usufruit acquiert cet usufruit avant sa déclaration relative à la transmission par décès de la nue-propriété, et qu'on ait perçu le droit de vente sur l'acte d'acquisition, le droit de succession sera néanmoins exigible, et celui de vente sera restituable (*Dict. de l'enreg.*, v° Succession, n. 650).

809. — Par une conséquence de la même règle, il n'est rien dû, 1° par un second légataire qui en évince un premier, lorsque les droits ont été acquittés par celui-ci, parce qu'il n'y a qu'une seule mutation: 2° par le successible qui recueille la succession *ab intestat*, lorsque déjà il a acquitté le droit sur une donation entre-vifs, annulée depuis, le droit étant identiquement le même dans les deux cas. — D.A. 7. 75, n. 7.

810. — Et cela a été jugé à l'égard d'un second légataire, le droit ayant déjà été acquitté par un premier, mis en possession de l'hérédité sur un titre annulé depuis. — 13 oct. 1814. Req. Enreg. C. Samson. D.A 7. 96. D.P. 2. 14, et 14. 1. 564.

811. — Pareillement, lorsqu'une donation entre-vifs, faite par le défunt à ses successibles, est annulée pour vice radical, et qu'ainsi ces derniers recueillent comme héritiers les biens qui leur appartenaient comme donataires, la direction de l'enregistrement ne peut, indépendamment du droit qui a été perçu sur la donation annulée, percevoir un nouveau droit à raison de la mutation par décès (L. 22 frim an 7, art. 24 et 60; C. civ., art. 829, 843 et autres). — 5 juill. 1820. Civ. r. Enreg. C. Cœur. D.A. 7. 97. D.P. 21. 1. 84.

812. — En cas de réduction des donations entre-vifs (art. 920 C. civ.), la réunion à la masse des biens sortis précédemment de la main du testateur, n'opère aucun droit de mutation, parce que cette réunion n'est que *fictive*, et que le droit ayant été acquitté par les donataires, ce serait le percevoir deux fois (*Journ. de l'enreg.*, art. 1837). — D.A. 7. 75, n. 8.

813. — On a toutefois décidé que le droit de mutation par décès affecte les portions légitimaires comme toute autre portion héréditaire. Ainsi, les légitimaires sont également tenus de déclarer ce qu'ils recueillent à titre de légitime, alors même qu'ils n'ont obtenu cette légitime que par voie de retranchement sur une donation entre-vifs de tous biens présens et à venir. Ils ne pourraient se prétendre affranchis du droit, sous prétexte que le donataire aurait acquitté, lors de la donation, les droits de contrôle et de centième denier, ces droits n'ayant pu comprendre les légitimes, dont le donataire ne devait être considéré que comme le dépositaire (L. 22 frim. an 7, art. 4.) — 20 frim. an 14. Civ. c. Enreg. C. Ginhoux. D.A. 7. 81. D.P. 2. 11.

On doit se tenir en garde contre les expressions trop générales de cet arrêt, de crainte qu'on ne s'en prévalût pour prétendre que le retranchement opéré sur les donations entre-vifs, pour refaire les réserves, serait soumis à un second droit de mutation; car, dans l'espèce, il s'est agi d'institution contrac-

tuelle, et bien certainement le droit n'avait pas été perçu lors du contrat sur les biens à venir. — D.A. 7. 75, n. 8.

814. — De même, le co-héritier qui, dans le partage d'une succession commune, rapporte à la masse, en exécution des art. 829 et 883 du code civil, toutes les sommes qu'il a reçues du défunt à titre *d'avancement d'hoirie*, et qui paie à ses co-héritiers l'excédant de ces sommes sur sa part héréditaire, ne fait par ce rapport et ce paiement que remettre à la succession ce qui, par la fiction de la loi, et d'après le sens de l'art. 883 C. civ., est considéré comme n'ayant jamais cessé d'en faire partie: d'où il suit que cette remise, bien qu'en fait elle opère vis-à-vis des autres co-héritiers la libération de celui qui la rapporte, n'est en réalité qu'un des élémens du partage, et qu'ainsi la disposition de l'acte de partage qui constate ce rapport et ce paiement, n'est elle-même qu'une partie intégrante, laquelle ne donne pas lieu à un droit particulier d'enregistrement (Délib. 16 mars 1822; Cass. 2 mai 1826.) — Trouill., v° Partage, § 5, n. 37.

815. — Ainsi encore, on ne peut considérer que comme l'accomplissement d'une obligation légale et non comme opérant une libéralité, le rapport que fait en nature dans le partage de succession l'un des successibles qui avait acquis un immeuble du défunt, lorsque ce rapport est en quelque sorte forcé, en ce sens qu'il est déclaré avoir lieu pour prévenir l'action que le co-héritier se proposait d'intenter pour l'obtenir (Solut. 30 sept. 1830). — Trouill., v° Partage, § 5, n. 39.

816. — Pour établir la quotité du droit de mutation sur une donation faite par le mari à sa femme, du quart de ce qu'il laissera à son décès, on doit faire abstraction des biens rapportés à la succession par les héritiers à réserve. — 19 juill. 1833. Délib. Puget. D.P. 34. 3. 40.

817. — L'héritier qui rapporte sa dot constituée en argent n'est point tenu du droit d'obligation, quoiqu'il prenne terme pour en payer le montant à ses co-partageans, parce qu'il ne s'agit pas d'une obligation proprement dite, mais du rapport d'une dot constituée par un contrat de mariage enregistré (Délib. 27 août 1833). — Trouillet, v° Partage, § 5, n. 40.

818. — Pareillement, le droit de soulte n'est pas exigible sur un partage dans lequel l'un des héritiers rapportant à la masse une somme reçue en avancement d'hoirie, ne trouverait dans son lot que des immeubles (Solut. 11 janv. 1832). — Trouillet, v° Partage, § 5, n. 41.

819. — Lorsqu'un héritier, précédemment doté d'un immeuble excédant la quotité disponible, conserve cet immeuble dans le partage de la succession du donateur, en payant une somme à ses co-héritiers, cette somme ne peut être considérée comme opérant une soulte, et il n'y a pas lieu à l'ouverture du droit proportionnel. Il en est de même lorsque le donataire paie les dettes de la succession pour l'excédant de la valeur de l'immeuble; car, dans l'un et l'autre cas, le droit de mutation doit avoir été acquitté sur la valeur entière de l'immeuble, à l'époque de la donation, comme si cette libéralité eût dû conserver toute sa force pour la totalité (Délib. 24 nov. 1826; solut. 12 juin 1832). — D.P. 32. 3. 139; Trouillet, v° Partage, § 5, n. 30, 42.

820. — Bien plus, lorsque l'héritier qui a reçu une somme d'argent en avancement d'hoirie, en fait le rapport par un abandon d'immeubles héréditaires, cet abandon, quoique postérieur au partage de la succession *toute immobilière*, est une délivrance de biens-fonds dans le sens de l'art. 869 C. civ., et n'est passible que du droit fixe de 1 fr., comme partage supplémentaire, c'est-à-dire comme acte de complément.

821 — Il en serait autrement si le rapport concernait une somme reçue en dépôt; le droit de quittance serait dû alors, outre celui de partage (Délib 19 mars 1803). — Trouillet, v° Partage, § 5, n. 43, 44. — Voy. au reste l'art. 5.

822. — Les donations avec clause de retour, en cas de prédécès du donataire (C. civ. 951), opérant une transmission actuelle, quoique résoluble, sont passibles, lors du contrat, du droit de mutation. Mais le retour ne donnera pas ouverture à un nouveau droit (Décis. minist. 29 déc. 1807; arrêt du 8 fév. 1814, p. 86). — L'administration a appliqué ce principe par délibération du 29 juin 1811. Au contraire, la réversion au profit de l'ascendant donateur, dans le cas de l'art. 747 C. civ., étant un véritable retour successoral, le soumet au droit de mutation par décès (Même décis Instr. 306, § 18). — D A. 7. 75, n. 9.

823.—Aussi, le retour de la dot, établi par les lois romaines au profit des pères et mères donateurs, en cas de prédécès de leurs enfans donataires, sans postérité, qui avait tout l'effet du retour conventionnel, ne peut, quoique s'ouvrant sous l'empire du code civil, lorsqu'il se rattache à un contrat antérieur, être considéré, conformément à l'art. 747 de ce code, comme droit de succession assujetti au droit proportionnel d'enregistrement. — 8 fév. 1814. Civ. r. Enreg. C. Rougerie. D.A. 7. 86. D.P. 14. 1. 189.

824.— Ainsi encore, l'enfant du donataire décédé, venant à décéder lui-même du vivant des ascendans donateurs, et ceux-ci ne pouvant pas réclamer à titre de retour légal les biens par eux donnés, aucune demande de droit de succession à cet égard ne peut leur être faite. Ces biens devant être au contraire recueillis par les héritiers de cet enfant, dans l'ordre et la proportion que le code prescrit au titre des successions, c'est à ces héritiers légaux à acquitter le droit d'après leur degré de parenté (Cass. 18 août 1818).—Trouillet, v° Succession, § 6, n. 94.

825. — Mais le droit de retour, réservé par les art. 351 et 352 C. civ., aux enfans de l'adoptant et à l'adoptant lui-même, sur les choses provenues de lui dans la succession de l'adopté, est un droit de succession, et donne lieu au droit d'enregistrement pour mutation par décès (C. civ. 351, 352, 747, 766, 951, 952). — 28 déc. 1829. Civ. c. Enreg. C. Granet. D.P. 30. 1. 29. — Dans ce cas, le fils de l'adoptant, frère de l'adopté, doit payer les droits fixés pour la ligne collatérale (Délib. 6 fév. 1827). — Trouillet, v° Succession, § 6, n. 91.

826.— De même aussi, les héritiers du donateur, qui recueillent des biens en vertu du retour conventionnel, doivent acquitter le droit de succession, d'après la circulaire 1689, puisqu'ils ne deviennent propriétaires des biens donnés que comme successibles. Ce droit est exigible au taux réglé pour la succession de l'auteur dans les six mois à partir de l'événement (Délib. 17 avril 1827).—Trouill., v° Succession, § 6, n. 96.

827. — Et lorsqu'un père décède à la survivance de ses deux enfans auxquels il laisse des biens grevés du retour conventionnel, et que ceux-ci décèdent successivement à leur tour et sans postérité, le retour stipulé ayant lieu en faveur de l'ascendant donateur, les droits de succession sont exigibles : 1° pour la mutation qui s'est opérée du père à ses deux enfans; 2° et pour celle qui s'est opérée du premier mort des enfans au profit de son frère (Déc. min. des fin. 21 nov. 1821 ; approb. d'une délib. du 3 du même mois).—Trouill., v° Succession, § 6, n. 97.

828. — Il faut une transmission à titre purement gratuit pour donner ouverture au droit de mutation par décès ; ainsi, la confusion au profit de la communauté, de tout le mobilier, ne peut donner lieu à aucun droit de mutation par décès, pour tout ce que le survivant recueille, par l'effet du partage des biens de l'autre époux (Décis. min. 17 juill. 1826). — D.A. 7. 75, n. 10.

829. — Aussi on a décidé, lorsqu'il y a stipulation de communauté universelle, que les biens qui ont été apportés dans la communauté par l'époux prémourant, et que le survivant recueille à titre de préciput, ne sont pas soumis au droit de mutation immobilière. — 30 oct. 1832. Délib Fritsch. D.P. 33. 3. 76.

830. — Les droits de mutation diffèrent, suivant qu'ils affectent des meubles ou des immeubles. Ici s'appliquent les règles établies par le code, au titre *de la distinction des biens* (V. Choses). — D.A. 7. 75, n. 11.

831. — S'il dépend de la succession un bien dont la vente ne soit pas encore effectuée au décès du propriétaire, quoiqu'elle eût été ordonnée auparavant, c'est comme *immeuble* que les héritiers devront le comprendre dans leur déclaration, et non comme *mobilier* (Décis. min. 13 août 1814) — D.A. 7. 75, n. 11, alin. 1er.

832.—L'abandon fait par un débiteur à ses créanciers n'est, jusqu'à leur entier paiement, qu'un mandat irrévocable, qui, comme tel, ne dépouille pas le débiteur de sa propriété.

Conséquemment, le droit de mutation auquel a donné lieu le décès du débiteur, postérieurement à l'abandon fait à ses créanciers, mais antérieurement à la vente des biens cédés, doit être acquitté dans les délais légaux, et sans attendre le résultat de la vente et du compte à faire sur la valeur intégrale desdits biens, et non pas seulement sur ce qui restera dans la succession après le paiement des dettes (L. 22 frim. an 7, art. 14, n° 8, art. 24 et 39). — 3 vent. an 11. Civ. c. Enreg. C. Anthenis. D.A. 7. 87. D.P. 2. 11.

833. — De même, les biens abandonnés volontairement par un failli à des créanciers, pour être vendus en direction, si, lors de son décès, ils n'étaient pas encore vendus, sont réputés faire partie de la succession, et doivent être déclarés à l'enregistrement.—27 juin 1809. Civ. c. Enreg. C. Mabille. D.A. 7. 87. D.P. 2. 12.

834.—Ainsi encore, lorsque les biens d'un émigré ont été vendus pendant son émigration, et rachetés par sa femme, il deviennent la propriété exclusive de celle-ci ; et l'amnistie, qui rend l'émigré à la vie civile, ne saurait les faire considérer comme acquêts de communauté, pour les soumettre à un droit de mutation, lors du décès de ce dernier. — 12 nov. 1810. Civ. r. Enreg. C. Tardieu. D.A. 7. 89.

835. — C'est en conformité de ce principe que la cour de cassation a décidé que les héritiers devaient déclarer à la régie non le prix provenant de l'adjudication en justice d'un immeuble appartenant au défunt, mais cet immeuble lui-même, encore que l'adjudication *préparatoire* en aurait été tranchée avant le décès, parce que cette adjudication n'a pas pour effet de dépouiller le propriétaire sur qui la vente est poursuivie (Arrêté 2 fév. 1819, cass. —D.A. 7. 97 et 75, n. 11) —Jugé de même le 24 juin 1811. Civ. c. Enreg. C. Bazin. D.A. 7. 99. D.P. 2. 14.

836.—Par le même motif, on a jugé, au contraire, que le droit de mutation par décès n'est pas dû sur un immeuble dont le défunt s'était rendu adjudicataire, et qui, après son décès, a été revendu à sa folle enchère. Par l'adjudication sur folle enchère, la première vente est résolue *ab initio* ; il n'y a plus qu'une seule adjudication qui, ne pouvant donner lieu qu'à un seul droit proportionnel, ne peut faire considérer le fol enchérisseur comme ayant été propriétaire.— 2 fév. 1819. Req. Enreg. C. Gratien. D.A. 7. 97. D.P. 19. 1. 326. — Déc. contr. 14 fév. 1825. Civ. r. Bigot. D.P. 25. 1. 155.— *Dict. de l'enreg.*, v° Succession, n. 519.

837.— Pareillement, lorsqu'après la vente d'un immeuble hypothéqué, dont le prix a été délégué aux créanciers inscrits et après l'accomplissement des notifications prescrites par l'art. 2183 C. civ., le vendeur vient à décéder, ses héritiers ne sont pas tenus de comprendre le prix de cet immeuble dans la déclaration de sa succession ; peu importe que les créanciers aient usé de la faculté de surenchérir. — 14 juin 1834. Délib. Gignoux. D.P. 34. 3. 78.

838.— Mais le prix d'un immeuble vendu par expropriation forcée avant le décès de l'auteur de la succession, n'est soumis au droit que sur la portion qui revient aux héritiers, après le réglement d'ordre des créanciers. — 14 juin 1833. Délib. L.... D.P. 33. 3. 86.

839. — La reconnaissance faite devant notaire, par un légataire universel, que le testateur, peu de temps avant sa mort, a, par acte sous seing-privé égaré depuis, vendu un immeuble à un tiers non en possession au moment du décès, suffit pour autoriser ce légataire à ne comprendre que le prix de cette aliénation dans la déclaration de succession. — 10 déc. 1833. Trib. de Valence. Rapian. D.P. 34. 3. 82.

840.— Le legs fait à un fermier, de la jouissance gratuite pendant plusieurs années des biens qui lui sont affermés, pour cette jouissance ne commencer qu'à l'expiration du bail courant au décès du testateur, doit être considéré non comme un legs d'usufruit, mais comme une continuation de bail, avec dispense de fermages, et à ce titre être déclaré purement mobilier pour la perception du droit de mutation par décès.— 2 juill. 1832. Délib. Richard. D.P. 34 3. 47.

841. — L'héritier institué n'est point obligé de comprendre, dans la déclaration des biens qu'il recueille, le capital d'une rente qui lui avait été donné par le défunt, par acte entre-vifs, pour n'en jouir qu'à son décès, et en cas qu'il lui survécût.— Cette libéralité, encore qu'elle fût éventuelle, et qu'elle n'ait reçu son exécution qu'à la mort du donateur, avait eu cependant pour effet de faire sortir des biens de ce dernier la rente dont s'agit, et par conséquent de dispenser l'héritier, donataire de cette rente par acte antérieur au décès, de la mentionner parmi les biens dépendans de la succession. — 19 déc. 1822. Req. Enreg. C. Porion. D.A. 7. 99. D.P. 2. 14.

842.—Lorsque, par acte entre-vifs, il a été fait une donation secondaire d'une rente viagère à un tiers que le donateur a depuis institué pour légataire universel, cette rente ne doit pas être déclarée au décès du donateur, si les droits ont été perçus sur l'objet de la donation principale. — 19 juin 1829. Délib. D.P. 33. 3. 35.

843. — Les héritiers qui font une déclaration de succession doivent déduire des valeurs mobilières le capital de rentes perpétuelles que le défunt leur avait constituées en dot, ce capital ayant déjà supporté le droit de donation. La déduction doit être opérée suivant le mode tracé par l'instruction générale, n. 1156, § 7.— 15 janv. 1830. Délib. D.P. 33. 3. 34.

844.— Une maison, dont la démolition est ordonnée pour cause d'utilité publique, avant le décès du propriétaire, ne doit être comprise dans la déclaration de l'héritier que pour la valeur des matériaux comme meubles (Solut. 23 nov. 1809; *Dict. de l'enreg.*, v° Succession, n. 459).

845.—L'immeuble vendu par le mandataire, après le décès du mandant, doit être déclaré par les héritiers (Déc. min. des fin. 13 août 1804 ; *Dict. de l'enreg.*, v° Succession, n. 660).

846.— Les biens donnés entre-vifs avant l'adoption ne font plus partie de la succession du donateur (*Dict. de l'enreg.*, v° Succession, n. 395).

847. — Le légataire à titre universel ou particulier, sauf l'exception portée à l'art. 1015 pour ce dernier, ne peut faire les fruits siens qu'à partir du jour de la demande en délivrance, quand même il serait mis en possession au vu et su des héritiers ; par conséquent, s'il meurt avant de l'avoir formée, aucuns fruits ni revenus échus à raison de son legs, quoique perçus, ne sont susceptibles d'être compris dans la déclaration de sa succession (Délib. 5 mai 1824). — Trouill., v° Succession, § 7, n. 10.

848.— Lorsqu'un legs à titre universel comprend nommément le *mobilier* du testateur, avec la clause, que si la somme à laquelle il est évalué ne suffit pas, on y ajoutera celle qui sera nécessaire, on doit, lors de la déclaration de succession, imputer ce legs en entier sur les *biens-meubles* qui en dépendent, s'ils sont suffisans. — Trouill., v° Succession, § 7, n. 12.

849 — Mais les héritiers doivent déclarer à la régie les créances actives du défunt, sur lesquelles il y a contestation pendante lors du décès. — Ils ne peuvent, d'une manière absolue, être dispensés du paiement des droits à raison de ces créances, sous prétexte qu'elles n'étaient point en la *possession* du défunt au moment de sa mort (L. 22 frim. an 7, art. 4 et 27). — 5 déc. 1822. Bruxelles. Enreg. C. Guéroult. D.A. 7. 99.

850.— L'héritier, débiteur envers la succession, doit déclarer la dette (Solut. 24 déc. 1821 ; *Dict. de l'enreg.*, v° Succession, n. 452).

851.— De même, l'enfant du donataire doit passer déclaration des biens qui avaient été donnés à ses père et mère par ses aïeux, quoique ces derniers aient survécu au donataire, si les biens donnés se trouvaient dans la succession (Cass. 18 août 1818). — Trouill., v° Succession, § 6, n. 94.

852. — Mais une somme reçue en avancement d'hoirie par l'un des successibles, sans acte de donation, ne fait pas réellement partie des biens de la succession du donateur : cette somme est seulement sujette à rapport vis-à-vis des co-héritiers : donc, elle ne peut pas être comprise dans la déclaration de succession (Jug. d'Epernay, 3 août 1827, acquiescé par délib. du 26 oct. suiv.) — Trouill., v° Succession, § 6, n. 113.

853. — Comme aussi, le rapport des dots ne doit être considéré, *pour son objet* et *pour ses effets*, que comme un balancement ou une rectification d'un partage inégal ; il ne peut être soumis aux droits de déclaration de succession (Délib. 28 therm. an 9). — Trouill., v° Rapport, n. 8.

854. — Les objets litigieux doivent être déclarés pour *mémoire* ; la déclaration doit comprendre l'évaluation des objets indivis avec des tiers, sans attendre le résultat du partage (*Journ. de l'enreg.*, art. 681).— D.A. 7. 76, n. 12, alin. 4.

855.— Les héritiers ne doivent aucune déclaration de l'action en réméré appartenant au défunt, sauf la perception du droit de mutation, s'ils exercent le rachat sur la valeur de l'immeuble rentré, déduction faite du droit pour lequel la somme payée à l'acquéreur, à pacte de rachat, est entrée dans la liquidation de l'impôt perçu sur le mobilier de la succession (Déc. de l'enreg. 6 vent. an 11).— D.A. 7. 76, n. 12, alin. 4, note 1re.

856.— Si les héritiers du vendeur cédaient la faculté du rachat à un tiers, ou s'ils y renonçaient en faveur de l'acquéreur, ils devraient en payer le droit de mutation au taux fixé pour les meubles (Déc. 20

août 1834, contr. à l'instr. 245). — Trouill., v° Succession, § 6, n. 84.

857. — Les actions doivent-elles être comprises dans la déclaration à fournir par les héritiers, et acquitter le droit, comme étant la représentation de la chose même, d'après la maxime, *Qui habet actionem, rem ipsam habere videtur?* — Cette fiction ne doit pas être admise en matière d'impôts. Ce n'est que lorsque l'action a eu pour résultat de faire rentrer la chose dans la succession, que les héritiers sont tenus d'en passer déclaration et d'acquitter les droits. — Les arrêts des 8 germ. an 11 et 20 frim. an 14, rapportés plus bas, ne sont pas contraires à cette solution. — Vainement on objecterait que la régie perçoit le droit de mutation sur toutes les créances, bien qu'elles soient susceptibles d'être annihilées par les tribunaux; car, dans l'hypothèse, il ne s'agit que de droits incorporels et non d'*actes*. — D.A. 7. 76, n. 2.

858. — Jugé ainsi que l'héritier de l'acquéreur sous faculté de rachat, doit acquitter les droits de mutation sur la valeur des biens, si le retrait n'en a point encore été exercé lors du décès de l'acquéreur (Délib. 15 juill. 1834). — 20 août 1834. Déc. min. des fin. D.P. 34. 3. 84.

859 — Il en serait de même dans le cas où le retrait aurait eu lieu dans l'intervalle du décès de l'acquéreur à la déclaration de sa succession; car c'est l'état de sa succession, au moment de son ouverture, que la déclaration doit faire connaître (Délib. 15 juill. 1834). — 20 août 1834. Dec. min. des fin. D.P. 34. 3. 84.

860. — Au contraire, l'héritier du vendeur sous faculté de réméré, ne doit pas les droits de mutation par décès sur les biens vendus, lors même qu'il exercerait le retrait après le décès de son auteur (Délib. 15 juill. 1834). — 20 août 1834. Déc. min. des fin. D.P. 34. 3. 84.

861. — Cependant la régie, par une instruction du 6 therm. an 12, avait proclamé une doctrine contraire. On sent qu'elle ne pouvait prévaloir sans choquer les principes les mieux établis; car elle avait pour résultat, en cas de mort simultanée de l'acquéreur et du vendeur, de forcer les héritiers de l'un et de l'autre à comprendre, dans leur déclaration, les biens soumis à la faculté de rachat; or, il y avait impossibilité, car les mêmes biens ne peuvent en même temps faire partie de deux successions différentes.

Mais on peut se demander si l'héritier du vendeur doit déclarer le droit, par lui recueilli, d'exercer le réméré. Il ne le doit que pour mémoire, car ce droit étant sans valeur aucune, puisqu'en réalité il ne rapporte aucun revenu, on ne voit pas quel droit la régie pourrait exiger, toute perception devant s'exercer sur *des valeurs* (art. 4 de la loi de frim. an 7). — D.P. 34. 3. 84, note 3.

862. — Mais, si l'héritier du vendeur fait cession du droit de rachat en faveur d'un tiers, ou y renonce au profit de l'acquéreur moyennant un prix quelconque; ce prix doit être compris dans la déclaration de la succession du vendeur, et supporter le droit de mutation mobilière (Délib. 15 juill. 1834). — 20 août 1834. Déc. min. des fin. D.P. 34. 3. 84.

863. — Lorsque, dans une succession il existe des objets *incertains*, les héritiers doivent être admis à se soumettre à en faire la déclaration, dans les six mois de l'acte ou du jugement qui reconnaît leurs droits (Déc. min. des fin. 22 avril 1806). Cette solution s'applique au legs fait sous condition suspensive (*Journ. de l'enreg.*, art. 6898). — D.A. 7. 76, n. 12, alin. 4, n. 1.

864. — Conformément à ce principe, on a jugé que des créances, quoiqu'elles soient d'un recouvrement incertain, doivent être comprises dans la déclaration de succession. — 8 mars 1832. Trib. de Neufchâteau. Fépoux. D.P. 32. 3. 69.

865 — On doit intégralement déclarer les créances actives comprises dans les inventaires, quelles que soient les réductions qu'elles aient subies depuis le décès (*Dict. de l'enreg.*, v° Succession, n. 450).

866 — L'époux qui obtient la succession de son conjoint après qu'elle est restée vacante plusieurs années, doit déclarer même les biens vendus avant son envoi en possession (*Dict. de l'enreg.*, v° Succession, n. 503 *bis*).

867. — Quoique le droit de mutation ne soit dû que lorsque l'immeuble aliéné par le défunt est rentré dans sa succession, le jugement qui accueille la revendication ne rétroagit pas moins au jour du décès; le droit doit donc être réglé par la loi en vigueur à l'ouverture de la succession et non par celle existante à l'époque du jugement.

(Op. conf. *Journ. de l'enreg.*, art. 711). — D.A. 7. 76, n. 13.

868. — L'on a même jugé que les héritiers qui font annuler la vente de certains biens, consentie par leur auteur, doivent, dès l'instant que ces biens rentrent dans leurs mains, en faire la déclaration, et acquitter le droit de mutation sans pouvoir le compenser avec celui perçu lors de la vente (Cass. arr. 30 janv. 1809). — *Dict. analy.*, Teste-Lebeau, p. 369.

869. — L'appel d'un jugement favorable à une demande en revendication formée par le défunt n'est point un motif pour les héritiers de suspendre leur déclaration, et le droit doit être acquitté sur-le-champ, sauf restitution (Décis. min. 16 mai 1809). Une raison d'analogie peut être tirée de l'avis du conseil d'état, du 22 octobre 1808. — D.A. 7. 76, n. 14.

870. — *Si*, au décès du débiteur qui a consigné le montant de sa dette, le créancier n'a pas disposé de la somme déposée, les héritiers du débiteur doivent la comprendre dans les biens de sa succession, ou déclarer qu'ils ne retireront pas la consignation (*Dict. de l'enreg.*, v° Succession, n. 445).

871. — La loi du 28 avril 1816, en permettant (art. 91) aux notaires, avoués, greffiers, huissiers, agens de change, etc., de présenter un successeur, a reconnu implicitement la vénalité de leurs offices; est-ce un motif suffisant de les assujettir au paiement des droits de mutation par décès? — Oui (*Journ. de l'enreg.*, art. 7148) — Op. conf. D.A. 7. 76, n. 15.

872. — Mais, en cas de dissolution de la communauté par la mort de la femme, la moitié de la valeur de l'office doit-elle être comprise dans la déclaration des héritiers? Non, dit une délibération du 22 juin 1830, portant que l'office est propre au titulaire; mais un arrêt de Douai, du 15 nov. 1833, considère l'office comme acquêt de communauté, quoique concédé gratuitement au mari pendant le mariage.

Toutefois, la décision ci-dessus déclare que si le titre a été donné au mari moyennant une rente viagère à prélever sur le revenu de l'office, il est dû récompense à la communauté de toutes les sommes qui en ont été distraites pour satisfaire à cette charge, qu'ainsi au décès de la femme on doit déclarer la moitié de cette récompense. — Trouillet, v° Succession, § 6, n. 75.

873. — Le bail à locatairie perpétuelle, conférant au preneur un droit perpétuel sur l'immeuble, transmissible par décès ou autrement, et la rente formant le canon du bail, ayant été déclarée rachetable par la loi du 29 déc. 1790, cet immeuble doit être compris dans la déclaration des biens laissés par le preneur à son décès, pour déterminer la quotité du droit de mutation (L. 29 déc. 1790, art. 1er et 2; l. du 22 frim. an 7, art. 4 et 69, § 7, n. 2). — 5 oct. 1808. Civ. c. Enreg. C. Tardieu. D.A. 7. 88. D.P. 9. 2. 16.

874. — De même, les preneurs d'un bail héréditaire, étant considérés comme propriétaires des fonds, les droits de mutation pour ces biens sont dus à leur décès, comme pour les autres — 28 janv. 1833. Civ. c. Enreg. C. Griès. D.P. 33. 1. 112.

875. — L'achalandage d'un fonds de commerce doit être compris dans la déclaration (*Dict. de l'enreg.*, v° Succession, n. 383).

876. — Le cautionnement d'un comptable qui a été fourni par un tiers avec privilége du second ordre, doit être compris dans la déclaration de la succession du prêteur (*Dict. de l'enreg.*, v° Succession, n. 424).

877. — La succession mobilière d'un étranger, ouverte en France, est soumise au droit de mutation par décès, alors même que cet étranger n'y avait ni domicile ni établissement, et que, d'après les lois de son pays, les valeurs mobilières qu'un Français y aurait possédées lors de son décès, seraient exemptées de tout droit: l'abolition du droit d'aubaine est sans application dans ce cas (Conf. D.A. 7. 76, n. 3; Instr. 1438, § 6; *Revue du notariat*, 1834, p. 600). — 24 janv. 1834. Délib. O... D.P. 34. 3. 46.

878. — Les marchandises en consignation, ainsi que les créances exigibles à l'étranger, dépendant d'une succession ouverte en France, doivent être soumises au droit proportionnel de mutation par décès. — 5 nov. 1833 et 26 mars 1825. Délib. Schreider. D.P. 34. 3. 80.

879. — Mais ces décisions, contraires à tous les principes reçus en cette matière, violent ouvertement encore l'avis du comité des finances du conseil d'état, approuvé le 11 mars 1829, et une autre délibération de la régie, du 2 août 1831, reconnaissant l'un et l'autre que le droit de mutation par décès

n'est point dû sur les rentes ou créances exigibles en pays étrangers. — *Loc. cit.*, note 3 et 1re.

880. — Le droit de mutation par décès est encore exigible sur les obligations souscrites *en France par des sujets* français au profit *de sujets étrangers*, quoique ceux-ci décèdent à l'étranger et que lesdites obligations y soient payables, si c'est en monnaie française (Avis du comité des fin. 11 fév. 1829, approuvé par le min. des fin., 6 mars suivant; instr. 1282, § 6).

881. — Toutefois, cet avis exempte du paiement du droit, par application d'un avis du conseil d'état, des 15 nov., 12 déc. 1806, les créances résultant d'actes passés sous forme authentique *en pays étranger*, lorsque les prêts ont été faits en objets de ce pays et que l'obligation est stipulée payable dans le même pays et dans les monnaies qui y ont cours. — Trouill., v° Succession, § 10, n. 26.

882. — Il suit de là et d'un arrêt du 21 avril 1828, que le droit de succession n'est pas dû sur les effets publics à la charge d'un gouvernement étranger, quoiqu'ils fassent partie d'une succession ouverte en France (Délib. 2 août 1831). — Trouill., v° Succession, § 10, n. 27.

883. — La loi de l'impôt étant un statut réel, qui n'a de force que sur le territoire soumis à sa juridiction, les biens situés hors de France, ou dans nos possessions d'outre-mer, où le droit d'enregistrement n'est pas établi, ne sont soumis à aucun droit de mutation par décès, lors même qu'ils sont recueillis par un Français habitant le continent. — D.A. 7. 76, n. 16.

884. — Le legs d'une somme à prendre sur des biens situés en pays étranger, doit être déclaré, lorsque le testateur est décédé en pays français. — 21 déc. 1813. Civ. c. Enreg. C. Desidery. D.A. 7. 104. — *Dict. de l'enreg.*, v° Succession, n. 510.

885. — Bien qu'une succession se soit ouverte dans une colonnie ou à l'étranger, si elle a dans son actif des créances hypothéquées sur des biens français, ou seulement payables en France, soit que ces créances appartiennent à des Français ou à des étrangers, les droits de mutation seront dus dès qu'on en poursuivra en France le remboursement. — Conséquence du principe qu'on ne peut faire en France aucun usage d'un acte quelconque sans en acquitter les droits, sauf les distinctions établies art. 5 (V. art. 1000 C. civ.; décis. min. des fin., des 14 pluv., 21 mess., 12 therm. an 12, 10 flor. et 25 therm. an 13; instr. 290, § 36; lettre du direct.-gén. et délib. des 30 avril et 22 août 1828). — D.A. 7. 76, n. 17.

886. — Et, par suite, on a jugé que les créances sur des particuliers français, dépendantes de la succession d'un étranger, ouverte dans sa patrie, et recueillie par un étranger, sont assujetties au droit de mutation. — L'abolition du droit d'aubaine ne peut être un prétexte de les y soustraire. — 27 juill. 1819. Req. Pourtalès. D.A. 7. 101. D.P. 2. 15, et 19. 1. 490.

887 — La même décision s'applique au legs mobilier fait par un étranger à un autre étranger, si le paiement de ce legs a été effectué en France. — 16 juin 1823. Civ. c. Enreg. C. Zeltner. D.A. 7. 101. D.P. 23. 1. 226.

888. — Jugé de même qu'une rente dépendante d'une succession ouverte dans une colonie française, où les lois sur le timbre et l'enregistrement n'ont jamais été promulguées, n'en est pas moins soumise au droit de mutation, si cette rente est payable en France, et surtout si elle est hypothéquée sur un immeuble situé en France. — 10 nov. 1823. Civ. c. Enreg. C. Duchalais. D.A. 7. 102. D.P. 23. 1. 441.

889. — Sans nul doute, pour les immeubles situés en France, le droit de mutation est dû, lors même qu'ils feraient partie de la succession d'un étranger, et qu'ils seraient recueillis par un étranger. Car les immeubles sont toujours soumis à la loi du territoire (C. civ., art. 3). — D.A. 7. 77, n. 17, alin. 2.

890. — Le mobilier de l'hôtel d'un ambassadeur étranger décédé en France, n'est assujetti à aucun droit de mutation par décès, puisque, réputé terre étrangère, il se trouve hors des atteintes de la loi française: mais il devra être passé déclaration des rentes et créances dues à cet ambassadeur par des Français, et payables en France (Décis. de la régie, 9 juill. 1811, confirmée par décis. min. 27 mars 1822) — D.A. 7. 77, n. 18.

891. — Le mobilier, appartenant à un agent diplomatique est exempt du droit de mutation par décès (1er sept. 1820. Délib. cons. d'admin., conforme à deux décis. min., des 9 janv. 1811 et 29 mars 1822). — D.P. 33. 3. 41.

892.— Les héritiers de l'épouse d'un consul marié en communauté, ne sont pas tenus de déclarer les objets mobiliers qui existent dans la maison, mais bien des créances et autres biens incorporels (Lett. du min. des relat. extér., 29 déc. 1814; *Dict. de l'enreg.*, v° Succession, n. 447).

893.— Les contributions indirectes, parmi lesquelles est rangé le droit d'enregistrement et de mutation par décès, sont des charges qui doivent être supportées même par les agens des puissances étrangères accrédités près du gouvernement français. Ils n'en pourraient être affranchis qu'autant qu'il existerait dans les pays étrangers, en faveur des agens du gouvernement français, une loi de réciprocité. — Ainsi, la succession mobilière de la femme d'un ministre étranger, ouverte en France, au profit de cet agent et de ses enfans, est passible de mutation par décès, au moins pour les créances civiles et commerciales de cette succession (L. 22 frim. an 7, art. 52).— 26 avril 1815. Civ. r. Labenski. D.A. 7. 100. D.P. 15. 1. 363.

§ 3.— *De la déclaration à fournir par les héritiers et légataires. — Bureau où elle doit être faite, et du délai dans lequel elle doit être faite.*

894.— A l'ouverture d'une seccession, les appelés, soit par disposition de dernière volonté, soit dans l'ordre établi par la loi, sont tenus d'en faire la déclaration à la régie, et d'en acquitter les droits sur l'évaluation par eux donnée des biens qui en dépendent. Cette déclaration doit être faite dans un certain délai; elle doit contenir la mention de tout ce qui compose l'hérédité, et en présenter une estimation fidèle (V., pour les infractions à ces obligations, l'art. 13, et pour les moyens de les constater, art. 11, 12). — D.A. 7. 102, n. 1.

895.— Les curateurs aux successions vacantes sont tenus, comme les héritiers, d'acquitter dans les délais, à peine du demi-droit en sus, le droit de mutation. Les droits dont une hérédité est grevée ne peuvent faire obstable au recouvrement des droits qui sont dus sans distraction des charges (art. 12). —3 niv. an 13. Civ. c. Enreg. C. Clerx. D.A. 7. 332. D.P. 2. 60. — Décisions semblables : 18 niv. an 12. Civ. c. Enreg. C. Brosson. — 9 prair. an 12. Civ. c. Enreg. C. Bourgeois.—17 pluv. an 13. Civ. c. Enreg. C. Madrid.— 4 flor. an 13. Civ. c. Enreg. Kessling. —15 juillet 1806. Civ. c. Enreg. C. Lagrange. D.A. 7. 333. D.P. 2. 60.

896.— Aussi le curateur à une succession vacante est tenu de passer déclaration des biens qui la composent, et d'en acquitter les droits, lorsqu'il ne justifie pas, par son compte, qu'il a fait sans succès des diligences pour le recouvrement des revenus de la succession ou pour la vente du mobilier. — 4 août 1807. Civ. c. Enreg. C. Vigneron. D.A. 7. 362. D.P. 2. 65.—Trouill., v° Succession, § 10, n. 34.

897.— Mais le curateur à une succession vacante qui n'a aucuns deniers entre les mains, n'est pas tenu de faire la déclaration de succession (Jug. de Saint-Amand, 26 fév. 1831; délib. 2 mars 1832). Déjà un arrêté, du 20 janv. 1807, avait statué que le curateur qui n'a trouvé aucuns meubles dans la succession, qui n'a en ses mains aucuns deniers provenant de l'hérédité, et qui n'a pu affermer les biens, n'est pas tenu de verser ce qu'il n'a pas, ni de fournir des comptes dont il n'a aucun élément. — S., t. 7, p. 59; Trouill., v° Succession, § 10, n. 35.

898.— Il n'y a pas lieu de passer déclaration des biens dépendans d'une succession en déshérence échue à l'état (art 70, § 3, n. 1, l. 22 frim. an 7). Mais si l'héritier se présentait, il devrait acquitter le droit de mutation dans le délai de six mois, à partir de la décision qui l'autoriserait à prendre possession des biens (Déc. min. des fin. 8 frim. an 9). — Trouill., v° Succession, § 10, n. 39.

899.— Les héritiers légataires et tous autres appelés à exercer des droits subordonnés au décès d'un individu dont l'absence est déclarée, sont tenus de faire, dans les six mois du jour de l'envoi en possession provisoire, la déclaration à laquelle ils seraient tenus, s'ils étaient appelés par la mort.

900.— Il y a identité parfaite entre ces héritiers et ceux d'un contumax, auxquels la doctrine ci-dessus est applicable. — Trouill., v° Succession, § 10, n. 1-2.

901. — L'héritier bénéficiaire doit fournir sa déclaration comme l'héritier pur et simple.

902. — Les meubles et effets mobiliers, à l'usage de l'ambassadeur décédé, ne sont assujettis ni à la déclaration de succession ni au paiement des droits, parce que, d'après un décret du 11 déc. 1789, les ambassadeurs ont le privilége d'être réputés présens dans leur patrie, et comme n'en étant jamais sortis (Déc. min. des fin. et des relat. extér. 9 juill. 1811 et 12 sept. 1829; instr. 1303, § 9). — Trouill., v° Succession, § 10, n. 14.

903.— Mais les arrerages échus des rentes inscrites au nom de l'ambassadeur ou consul étranger défunt, sur le grand-livre de la dette publique de France, sont passibles de la déclaration, parce que toute rente sur l'état est réellement à la charge des Français (Déc. min. des fin. 27 mars 1822).—Trouill., v° Succession, § 10, n. 15.

904. — Le mineur émancipé a qualité pour faire la déclaration des successions qui lui échoient (*Dict. de l'enreg.*, v° Succession, n. 352).

905.— Un partage enregistré dans les six mois ne peut dispenser de la déclaration, lorsque d'ailleurs il n'a été perçu sur cet acte que le droit ordinaire de partage, et qu'il n'a point été présenté à l'enregistrement pour tenir lieu de la déclaration des biens.—23 prair. an 9. Civ. c. Enreg. C. Lallemand. D.A. 7. 331. D.P. 2. 59.—Trouill., v° Succession, n. 355.

906.— Bien plus, le versement, fait au trésor, des droits dus pour une succession, ne dispense pas de la déclaration des biens de cette succession dans les délais fixés (Déc. min. des fin. 18 mess. an 8; *Dict. de l'enreg.*, v° Succession, n. 265).

907.— Cependant, lorsque voyant l'impossibilité de faire une déclaration dans le delai légal, l'héritier verse au tresor un à-compte sur les droits dus, la peine du demi-droit en sus sur la déclaration faite après le délai ne peut être assise sur la totalité des droits, mais seulement sur le complément à payer (Déc. min. des fin. 11 oct. 1831). La partie peut bien verser ses fonds au trésor, mais elle en retire un récépissé au nom du receveur, qui doit enregistrer la déclaration de succession, et cette pièce est remise à ce receveur comme numéraire. — Trouill., v° Succession, § 2, n. 4.

908. — Mais, lorsqu'une contrainte a été décernée en paiement d'une somme déterminée pour droit de succession, sauf à augmenter ou diminuer, si la somme demandée est offerte, elle ne peut être refusée, quand même on ne ferait pas la déclaration : il faut alors décerner une nouvelle contrainte (Cass. 2 déc. 1816).

909. — L'héritier doit fournir cette déclaration, lors même qu'un jugement lui accorderait l'option de la faire ou de payer le montant de la contrainte; los saisies-arrêts qu'on a pu faire contre lui, et qui l'ont déterminé à payer, ne le dispensent pas de cette obligation. — 27 mars 1814. Civ. c. Enreg. C. Desmoulins. D.A. 7. 107. D.P. 14. 1. 412.—Trouill., v° Succession, § 2, n. 7.

910. — La declaration de l'ouverture d'une succession doit être faite au bureau de la situation des biens : d'où il suit que si les biens sont situés dans plusieurs arrondissemens, il doit être passé, à chaque bureau, une déclaration particulière pour tous ceux compris dans son arrondissement (L. 22 frim. an 7, art. 27).

911.— Ne sont pas même exceptés de cette disposition les immeubles situés dans plusieurs communes appartenant à la même exploitation, ou affermés par un seul bail (*Journ. de l'enreg.*, art. 3514). — D.A. 7. 103, n. 2.

912.— Si les biens ont été déclarés à un autre bureau que celui de leur situation, le receveur de ce dernier bureau est fondé à demander le paiement du droit et le demi-droit en sus pour défaut de déclaration, sauf à l'héritier à se faire restituer ce qu'il a payé au premier bureau.— 7 avril 1807. Civ. c. S. 8. 15. *Dict. de l'enreg.*, v° Succession, n. 514.

913. — Les droits incorporels, parmi lesquels on comprend les rentes foncières ou constituées, mobilisées par le code civil, doivent être déclarées au bureau du domicile du défunt (*Journ. de l'enreg.*, art. 3514). — Ne sont pas exceptées les créances assises par privilège spécial ou par hypothèque sur des immeubles.— D.A. 7. 103, n. 3.

914.— Ainsi, on a jugé que les créances qui font partie d'une succession doivent être déclarées au bureau du domicile du décédé, qu'elles soient ou non affectées, par privilége spécial, sur des immeubles.—Cette affectation hypothécaire, qui n'est qu'un accessoire de la créance, ne saurait lui donner une fixité qui n'est pas de sa nature (Loi 22 frim. an 7, art. 27). — 21 déc. 1813. Civ. c. Enreg. C. Desideri. D.A. 7. 104.

915. — *Spécialement*, lorsqu'un individu a fait donation de ses biens meubles et immeubles, sous réserve d'une somme, pour en disposer en faveur de qui bon lui semblerait, le légataire qui est appelé à la recueillir doit en faire la déclaration au bureau du domicile du décédé, sans pouvoir prétendre que cette somme forme une portion réelle des immeubles dont elle est une distraction, ou que, par la garantie hypothécaire, elle a une assiette déterminée au lieu même de la situation des biens; en sorte que si les immeubles sont situés hors de France, il ne soit dû aucun droit de mutation par décès, à raison de ce capital mobilier.—Même arrêt.

916.— Lorsque l'auteur d'une succession est mort en pays étranger, laissant des rentes en France, le droit de mutation par décès doit être payé au bureau de l'arrondissement duquel les rentes sont dues (Déc. min des fin., 14 pluv., 21 mars, 12 therm. an 12; 10 flor. et 25 therm. an 13). — Trouillet, v° Succession, § 3, n. 3.

917. — Les rentes et créances dépendant de la succession d'un mineur doivent être déclarées au domicile du curateur (Déc. min. des fin. 4 sept. 1810).— Trouillet, v° Succession, § 3, n. 3.

918.— Les legs de sommes d'argent qui n'existent pas dans la succession doivent être déclarés au bureau du domicile du décédé (Instr. 1166, § 7), et non au bureau dans l'arrondissement duquel sont situés les immeubles (Solut. 17 sept. 1828).—Trouillet, v° Succession, § 3, n. 4.

919.— Les actions dans les compagnies d'industrie ou de commerce étant réputées par la loi meubles entre les associés (529 C. civ.), doivent être déclarées au domicile du défunt (Solut. de la rég. 5 mars 1811).— D.A. 7. 103, n. 3, alin. 1er.

920.— Un coupon d'intérêt dans une entreprise, trouvé dans les papiers du défunt, doit être déclaré au bureau du domicile du décédé (Solut. 5 mars 1811).— Trouillet, v° Succession, § 3, n. 8.

921. — Les héritiers d'une femme commune en biens, qui ont droit à une portion d'un immeuble acquis et possédé par une société de commerce, dans laquelle le mari de la défunte a un intérêt, ne sont pas censés recueillir une chose immobilière, puisque la femme ne peut être considérée ici que comme l'associée d'un associé, d'où il suit qu'ils ne sont tenus de passer déclaration qu'au domicile de la décédée, et de ne payer que les droits réglés pour les effets mobiliers (Délib. 19 mai 1824; instr. 1146, § 6).— Trouillet, v° Actions, n. 14.

922.— Les actions de la banque de France immobilisées doivent être déclarées à Paris, quel que soit le domicile du défunt (*Dict. de l'enreg.*, v° Succession, n. 315).

923.— Les marchandises entreposées dans les villes du royaume doivent être déclarées au bureau du domicile du défunt.

Il en est de même pour celles appartenant à des Français, entreposées dans des villes étrangères (*Dict de l'enreg.*, v° Succession, n. 315).

924.— L'intérêt dans une coupe de bois est susceptible de déclaration au bureau dans le ressort duquel les bois sont situés (Solut. rég. 6 sept. 1810). Toutefois, ce n'est là qu'une simple faculté; car l'intérêt dans une coupe de bois étant une créance toute mobilière, peut toujours être déclaré au lieu de l'ouverture de la succession. — D.A. 7. 103, n. 3, alin. 2.

925.— La déclaration des actions immobilières ne peut être faite convenablement qu'au bureau de la situation des immeubles qu'elles concernent. — On a déjà dit qu'elles ne devaient être déclarées que pour *mémoire*.— D.A. 7. 103, n. 4.

926.— La déclaration doit être détaillée et signée sur les registres du receveur, par l'héritier ou son fondé de pouvoir, son tuteur ou curateur (L. frim. an 7, art 27). Une déclaration, par acte extrajudiciaire et signifiée au receveur ne doit pas être admise, de crainte de la confusion; aucune forme spéciale n'est prescrite pour cette déclaration. Elle doit seulement contenir les énonciations suffisantes pour mettre le receveur en mesure d'en vérifier l'exactitude.— D.A. 7. 103, n. 5.

927.— Ainsi, on a jugé que toute déclaration des biens transmis par décès, est nulle, ainsi que le paiement du droit de mutation qui l'a suivie, si elle n'est pas écrite sur le registre du receveur et signée par le déclarant. — 26 avril 1808. Civ. r. et c. Enreg. C. Mergen. D.A. 7. 105. D.P. 2. 15.

928. — Et cette nullité ne peut être couverte par l'allégation que le receveur a négligé ou refusé de présenter ses registres, si cette négligence ou ce refus n'ont pas été légalement constatés. — Même arrêt.

929.— Pareillement, aux termes de l'art. 27 de la loi du 22 frim. an 7, les mutations de propriétés par décès devant être enregistrées sur la déclaration des héritiers, qui doivent *la signer* sur le registre, à peine de nullité, cette nullité ne peut être couverte en alléguant que le receveur aurait négligé de présenter ses registres ou de donner quittance. Spécialement, si un individu poursuivi par la régie pour omission d'enregistrement des biens d'une succession à lui échue, prétend qu'il en a fait payer les droits par un commissionnaire, en présence de

deux témoins, et que le receveur les a renvoyés sans leur délivrer de quittance, cette prétention sera non-recevable, encore bien que, par des jugemens interlocutoires, il ait été admis à faire cette preuve, que même un jugement ait déclaré le paiement constant, s'il n'a pas fait constater légalement et en temps utile le refus du receveur. — 24 avril 1808. Civ. c. Luxembourg. Enregist.

930.— Aussi encore, l'obligation que la loi impose à l'héritier, de faire la déclaration des biens composant l'hérédité, pour l'acquit du droit de mutation, est absolue, et les juges ne sauraient lui donner l'alternative, ou de faire cette déclaration, ou d'acquitter le montant de la contrainte provisoire décernée contre lui, lors surtout qu'ils ne réservent pas à la régie le droit de donner une nouvelle contrainte en augmentation de la première.— 30 oct. 1809. Civ. c Enreg. C. Laroche. D.A. 7. 106. D.P. 9. 2. 226.

931.— Bien plus, la régie peut refuser d'inscrire sur ses registres une déclaration qui ne serait point *détaillée*, lors même qu'il lui serait fait réserve du droit de la contredire ultérieurement (L. 22 frim. an 7, art. 24 et 27) — 16 janv. 1811. Civ. c. Enreg. C. Parel. D.A. 7. 109. D P. 2. 16.

932.— Les contraintes décernées par la régie de l'enregistrement pour le paiement du droit de mutation ouvert par décès ne sont que provisoires, et sont sujettes à augmentation comme à retranchement, tant que l'héritier n'a pas fait la déclaration prescrite par l'art. 27 de la loi du 22 frim. an 7.— Il ne peut se dispenser de faire cette déclaration, et obtenir son renvoi de la demande en supplément de droit, sous prétexte qu'il a acquitté le montant de la contrainte.— 27 mars 1811. Civ. c. Enreg. C. Desmoulins. D.A. 7. 107. D.P. 11. 1. 412.

933.—La déclaration que les héritiers doivent faire des biens dépendans d'une succession, pour la perception du droit de mutation, doit être enregistrée au bureau de la situation des biens, et signée sur les registres par les déclarans. Celle contenue dans un acte extrajudiciaire signifié au receveur ne peut suffire. — 14 mars 1814. Civ. c. Enreg. C. Rognon. D.A. 7. 106.

934.— Mais lorsqu'un contribuable s'est présenté différentes fois au bureau de l'enregistrement pour y déposer et signer sa déclaration affirmative d'une mutation entre-vifs, mais qu'il a été empêché ou retardé par les objections du receveur de l'enregistrement, le jugement qui regarde la déclaration par le moyen d'une signification extrajudiciaire comme nécessaire et suffisante pour prévenir les poursuites ultérieures de l'administration, ne contrevient pas à l'art. 4 de la loi du 27 vent. an 9, qui exige que la déclaration estimative et détaillée des biens qui ont subi une mutation entre-vifs soit inscrite et signée sur les registres.— 9 août 1832. Req. Clément. D.P 32. 1. 345.

935. — Au reste, la loi n'ayant prescrit aucun mode particulier pour cette déclaration, il suffit qu'elle contienne tous les élémens nécessaires pour la vérifier. Ainsi, lorsqu'il s'agit d'une ferme, il suffit qu'on indique le nom individuel sous lequel elle est connue, la commune où elle est située, et son évaluation en capital, sans qu'il soit nécessaire d'y ajouter le produit annuel, qui est nécessairement la vingtième partie du capital énoncé.— 14 mars 1814. Civ. c. Enreg. C. Rognon. D.A. 7. 106.

936.—Les offres réelles ne dispensent pas de la déclaration, surtout quand elles sont faites sans désignation et évaluation des biens qui puissent mettre à même de vérifier si ces offres représentent exactement les droits dus à l'administration (Cass. 18 août 1834).—Trouillet, v° Succession, § 2, n 6.

937.— Le receveur ne peut se refuser à recevoir une déclaration qui lui est offerte, lors même qu'elle présente une omission ou insuffisance d'évaluation (*Dict. de l'enreg.*, v° Succession, n. 353).

938.— Mais si la déclaration est faite par un fondé de pouvoir, sa qualité sera établie; la procuration de lui certifiée véritable demeurera annexée au registre et mention en sera faite dans la déclaration. Si la procuration est sous seing privé, elle doit être sur papier timbré, mais l'enregistrement n'en sera pas exigé (art. 38 des Ordres généraux; instr. 443).— Trouillet, v° Succession, § 2, n. 11.

939.— Toute personne n'ayant pas qualité suffisante pour passer déclaration, ne peut être admise à la faire. Ainsi, l'usufruitier n'a pas qualité pour faire la déclaration au nom du nu-propriétaire, sans procuration : la déclaration qu'il aurait faite pourrait être désavouée par celui-ci Dans ce cas, la rectification est permise : mais la déclaration étant nulle, le nu-propriétaire est passible du demi-droit en sus, s'il n'a pas fait une déclaration dans les six mois du décès (Délib. 27 janv. 1826).— Trouillet, *ibid.*, n. 12, 32.

940.— Les préposés auront l'attention, en rédigeant les déclarations, d'y établir les noms et prénoms de tous les héritiers légataires et donataires, leurs demeures et professions, la date du décès des personnes dont les successions donnent ouverture au droit (art. 37 des ordres génér., instr. 443).

941.— Les héritiers doivent rapporter à l'appui de leur déclaration de biens meubles un inventaire ou état estimatif, article par article par eux certifié, s'il n'a pas été fait par un officier public : cet inventaire sera déposé et annexé à la déclaration qui sera reçue et signée sur le registre du receveur (art. 27, l. 22. frim. 7).

942.—Si l'inventaire est authentique, ils ne sont pas tenus de l'annexer à leur déclaration ; il suffit d'indiquer sa date ainsi que le nom et la résidence du notaire qui l'a reçu (Dec. min. des fin. 22 prair. an 7).

943.— Le receveur doit refuser d'inscrire sur ses registres une déclaration qui ne serait pas détaillée (Cass. 16 janv. 1811. D.A. 7 109. D.P. 2. 16). — Trouillet, v° Succession, § 2, n. 16, 23.

944.— Mais lorsque les héritiers légataires ou donataires ne savent pas écrire, ils peuvent se dispenser de rapporter, à l'appui de la déclaration de mutation par décès, l'état estimatif des biens meubles appartenant à la succession; mais, dans ce cas, et s'il n'existe pas d'ailleurs d'inventaire fait devant notaire, la déclaration doit contenir le détail des objets mobiliers avec l'estimation pour chaque article.—22 mai 1832. Inst. D.P. 32. 3. 190.

945 — Le receveur atteste par sa signature la déclaration de la partie, portant qu'elle ne sait pas écrire — 22 mai 1832. Instr. D.P. 32. 3. 190.

946.—Les actions des compagnies qui ne sont pas cotées à la bourse et, par exemple, celles sur le pont du Rhône, doivent, lorsqu'elles dépendent d'une succession, être déclarées au cours où elles se négociaient à l'époque du décès.—On soutiendrait vainement, en s'appuyant de l'art. 14, n. 2 de la loi du 22 frim. an 7, qu'elles doivent être déclarées pour leur valeur nominale.—28 fév. 1832. Trib. de Lyon. C... D.P. 33. 3. 83.

947. — Les héritiers peuvent rectifier, sans encourir de peine, leur déclaration avant l'expiration du délai accordé pour faire cette déclaration. Cette rectification peut avoir lieu alors même qu'une contrainte leur aurait été décernée (Instr. 338). Mais elle ne peut s'appuyer que sur des preuves légales (Cass. 4 déc. 1821).—Trouill., *Dict. de l'enreg.*, v° Succession, § 2, n. 4, 30.

948. — Ainsi, les héritiers qui, par erreur, ont compris dans leur déclaration une créance eteinte, peuvent la rectifier en justifiant de cette extinction par un acte ayant acquis date certaine (Déc. min. des fin. 5 déc. 1821). — *Ibid.*, n. 28.

949.—Il en est de même lorsqu'ils ont déclaré des biens immeubles qui n'appartenaient pas au défunt (Déc. min. des fin. 7 nov. 1821).— *Ibid.*, n. 29.

950.—Ceci s'applique aussi à la plus value donnée par erreur au revenu (Délib. 16 avril 1823). Cette délibération est contraire à une autre du 26 juillet 1823, portée à l'occasion d'une erreur faite dans une estimation de revenu d'un immeuble échangé. — *Ibid.*, n. 31.

951.—Toutefois, le légataire d'un usufruit, qui a chargé un tiers de faire la déclaration des objets à lui légués, et de payer les droits de mutation, ne peut, lorsqu'il est poursuivi par la régie, qui, trouvant l'évaluation insuffisante, fait ordonner une expertise à cet égard, demander à faire une nouvelle déclaration, en soutenant, sans apporter aucune preuve ni aucun titre, que quelques uns des biens qui ont été déclarés par son mandataire au bureau de l'enregistrement ne faisaient point partie de la succession (L. 22 frim. an 7, art. 28, 61). — 18 août 1829. Civ. r. Chazelles. D.P. 29. 1. 337.

952.—La rectification d'une déclaration peut être faite en prenant pour base un partage postérieur à cette dernière.—19 juill. 1833. Délib. D.P. 34. 3. 40.

953. — Pour ce qui est des insuffisances et omissions dans les déclarations, V. art. 12, § 2.

954. — Les héritiers donataires et légataires qui n'auront pas fait dans les delais prescrits les déclarations de biens à eux transmis par décès, paieront à titre d'amende un demi-droit en sus du droit qui sera dû pour la déclaration ; il en sera de même pour les insuffisances constatées dans les estimations (art. 39, l. 22 frim. an 7). Cette peine est personnelle au tuteur (art. 39, même loi).

955. — La déclaration doit être faite dans les six mois à partir du décès, lorsque la succession s'ouvre en France, sauf les exceptions dont parle l'art. 24 de la loi de frimaire. Pour les successions dont l'auteur est décédé hors de France, les délais varient suivant les distances. Le délai court, même contre l'enfant qui n'est pas encore né, et qui néanmoins est appelé à recueillir la succession, à cause de la maxime, *Conceptus pro jam nato habetur, quoties de commodis ejus agitur* (Déc. min. des fin. et de la justice, 9 oct. 1810). S'il ne naît pas viable, les droits devront être restitués (même décis.).— D.A. 7. 103, n. 6.

956. — Sous la loi du 19 déc. 1790, la déclaration de l'ouverture d'une succession en ligne directe devait être faite dans les six mois, lors même qu'il n'avait été fait qu'un partage provisoire ; et la déclaration faite seulement dans les six mois du partage définitif donnait droit à la régie de percevoir le demi-droit en sus pour défaut de déclaration en temps utile (L. 19 déc. 1790, art. 2, 12, 51).— 7 niv. an 6. Civ. c. François. D.P. 3. 1. 139.

957. — Lorsque tous les droits héréditaires échus à des enfans, du chef de leur mère, consistent dans une action en reprise à raison de sa dot, sur les biens du mari, l'état de faillite de ce dernier ne suspend point le délai de six mois, à partir du décès, dans lequel la déclaration de la mutation doit être faite à la régie.— 4 fév. 1807 Civ. c. Enreg. C. D'Hirchl-Moyse. D.A. 7. 108. D.P. 2. 15.

958.— Le délai de six mois accordé aux héritiers pour la déclaration d'une succession se rattache à la saisine de droit, sans aucun égard à l'appréhension de fait des biens héréditaires. — 11 fév. 1807. Civ. c. Enreg. C. Sue. D.A. 7. 109. D.P. 2. 16.

959 — Ce n'est qu'en qualité d'héritier de son père qu'un fils peut se prévaloir du décret qui renvoie le père en possession des biens précédemment sequestrés sur lui, lorsqu'à l'époque de la restitution le père était décédé. Des lors il est tenu, sous les peines de droit, de faire la déclaration desdits biens, dans les six mois du décès.— Il peut d'autant moins prétendre que la restitution lui est faite directement, qu'il deviendrait par là donataire du gouvernement, et serait soumis, à ce titre, à un droit proportionnel plus considérable.— 27 juin 1809. Civ. c. Enreg. C. Basseinbeim. D.A. 7. 89. D.P. 9. 2. 114.

960. — Lorsqu'après la mort d'un failli, les syndics ont fait en temps utile la déclaration de ses biens, en se réservant la faculté de faire une déclaration supplémentaire après la levée des scellés, le curateur nommé à cette succession n'encourt pas la peine du demi-droit en sus, pour n'avoir pas fait cette déclaration supplémentaire dans les six moix de la levee des scellés.—26 nov. 1810. Civ. r. Enreg. C. Locamus. D.A. 7. 334. D.P. 2. 60.

961. — La mutation résultant d'une donation subordonnée au décès du donateur a dû être déclarée dans les six mois du décès, à peine du demi-droit en sus. Le donataire ne peut alleguer pour excuse qu'ayant acquitté les droits lors du contrat, il a pu ignorer qu'une déclaration fût nécessaire à l'époque du décès.— 24 déc. 1821. Civ. c. Enreg. C. Maniglier. D.A. 7. 83. D.P. 22. 1. 286.

962. — Un héritier bénéficiaire, comme un héritier pur et simple, doit faire la déclaration de mutation des biens de la succession, dans les six mois, et payer en même temps ces droits à peine de l'amende du demi-droit en sus. — Il ne peut être exempté de cette amende, sous le prétexte qu'il n'y avait pas de fonds libres dans la succession pour payer les droits, lors même qu'il aurait fait la déclaration de mutation par sommation extrajudiciaire (L. 22 frim. an 7, art. 28, 39).— 1er fév. 1830. Civ. c. Enreg. C. Lagarde. D.P. 30. 1. 101.

963.— Toutefois, quoique l'héritier sous bénéfice d'inventaire soit, comme l'héritier pure et simple, tenu de faire la déclaration de mutation et de payer les droits dans les six mois, cependant la régie n'est pas fondée à réclamer contre lui, si, après sa renonciation, les héritiers collatéraux ont fait cette déclaration et payé ces droits en temps utile. — 24 avril 1833. Civ. c. Enreg. C. Clément. D.P. 33. 1. 213.

964. — Dans aucun cas le juge ne peut accorder de surséance pour la déclaration (*Dict. de l'enreg.*, v° Succession, n. 286).

965. — La loi n'excepte des jours du délai que celui de l'ouverture de la succession (*Dict. de l'enreg.*, v° Succession, n. 206).

966. — Mais, lorsque des héritiers recueillent une partie de la communauté au moyen de la renonciation faite par la veuve, plus de six mois après le décès, ils ont six mois à compter du jour de la renonciation pour passer déclaration de la moitié de la communauté qui leur échoit par l'effet de cette

renonciation (Délib. 21 oct. 1814). — Trouillet, v° Succession, § 4, n. 15.

967. — Il suffit que le décès d'un militaire, mort en activité de service loin de son département, soit connu légalement, pour faire courir le délai de six mois, sans qu'il soit besoin de la mise en possession (Solut. 5 sept. 1817). — 29 avril 1818. Civ. r. Archambaud. D.A. 7. 452. D.P. 18. 1. 395. — Trouillet, v° Succession, § 4, n. 52.

968. — Deux décisions du ministre des finances et des intructions des 24 et 30 mai 1809 avaient établi que, pour les décès arrivés dans les colonies, le délai pour la déclaration des successions auxquelles ces décès donnaient ouverture, ne devait courir qu'à partir de la mise en possession; mais cet état de choses a cessé à la paix, puisque l'envoi, au ministère de la marine, des registres de l'état civil, est fait régulièrement. En conséquence, le délai court du jour du décès (Décis. min. des fin. 10 mars 1820). — Trouillet, v° Succession, § 4, n. 29.

969. — Lorsque des héritiers ont constitué un mandataire pour recueillir la succession d'un individu décédé hors de France, c'est de la date de la procuration et non de celle de l'envoi en possession que court le délai pour la déclaration (Décis. min. des fin. 16 août 1814; *Dict. de l'enreg.*, v° Succession, n. 268).

970. — Le delai pour la déclaration à faire par les héritiers du vendeur à reméré, exerçant le retrait en temps utile, est de six mois, à partir du retrait (*Dict. de l'enreg.*, v° Succession, n. 271).

971. — Lorsque des héritiers renonçent avant d'avoir fait leur déclaration, et que la succession est acceptée par d'autres héritiers, le délai court cependant, pour ces derniers, du jour du décès (Solut. 12 frim. an 11; *Dict. de l'enreg.*, v° Succession, n. 274).

972. — La femme doit passer déclaration du préciput dans les six mois à partir du jugement de séparation, quand celui-ci y donne ouverture d'après le contrat de mariage (*Dict. de l'enreg.*, v° Succession, n. 280).

973 — Quoique le tuteur d'un héritier ou légataire n'ait pas été encore autorisé à accepter ou répudier la succession ou le legs, le delai court du jour du décès (Arr. d'admiss. 21 oct. 1829; *Dict. de l'enreg.*, v° Succession, n. 288).

974. — Le délit qui, suivant l'art. 727 C. civ., emporte exclusion en cas d'indignité des héritiers présomptifs, n'étant légalement constaté contre le prévenu que par un jugement définitf, ce n'est qu'alors que les héritiers légitimes sont désignés, et c'est seulement de cette époque que court le délai pour la déclaration; s'il y a pourvoi en cassation, ceux qui héritent par l'effet de l'exclusion, ont six mois, à compter de l'arrêt qui confirme la condamnation pour acquitter les droits d'enregistrement (Déc. min. des fin. 7 juin 1808; inst. 386, § 7). — Trouillet, v° Succession, § 4, n. 39.

975. — Un legs conditionnel n'est sujet à déclaration que dans les six mois de l'accomplissement de la condition (Délib. 11 oct. 1811). — Trouillet, v° Succession, § 4, n. 40.

976. — Lorsque les héritiers viennent, après les six mois du décès, déclarer qu'il dépend encore de la succession une somme découverte dans un endroit secret, il n'y a pas lieu de leur faire payer le droit en sus (Solut 1er juill. 1813). — Trouillet, v° Succession, § 4, n. 59.

977. — Le legs fait à plusieurs individus pour posséder successivement l'objet légué, est sujet au droit de mutation à chaque événement qui réalise la réversion (Inst. 1200, § 15; délib 14 fév. 1832, maintenue par jugement du Havre, du 25 juill. 1832). — Il n'en est pas de même lorsque le legs est conjoint. — Trouillet, v° Succession, § 4, n. 47, 50.

978. — Mais lorsque les biens d'une succession sont sous le séquestre, les héritiers, pendant sa durée, ne sont tenus a aucune déclaration, et le délai ne reprend son cours qu'à dater de leur mise en possession *réelle*. — D.A. 7. 103, n. 7.

979. — Toutefois, le délai pour le paiement du droit de mutation sur une succession séquestrée en vertu d'une convention passée entre les divers prétendans, court du jour du décès, et non pas seulement du jour de la prise de possession par l'ayant-droit. — 6 août 1810. Civ. c. Enreg. C. Dandeleux. D.A. 6. 110. D.P. 10. 1. 372.

980. — Lorsqu'un héritier présomptif est envoyé en possession des biens d'un absent, le délai accordé par la loi pour le paiement du droit de mutation court à compter du jour du jugement d'envoi en possession, et non à compter du jour où la caution à laquelle l'envoyé en possession est assujetti a été fournie. — 9 nov. 1819. Civ. c. Enreg. C. Mouroux. D.A. 7. 110. D.P. 19. 1. 626.

981. — Si l'héritier n'est pas en possession des biens qui lui sont contestés, il doit faire sa soumission d'en passer la déclaration dans les six mois de l'acte ou du jugement par lequel ses droits auront été définitivement reconnus (Déc. min. des fin. 22 avril 1806, et 3 oct. 1822). Ce principe a été appliqué aux actions affectées à des majorats. — Trouillet, v° Succession, § 4, n. 13.

982. — Il n'est pas nécessaire de signifier une contrainte pour mettre les héritiers en demeure de faire leur déclaration (*Dict. anal.*, Teste-Lebeau, p. 378). — 7 niv. an 6. Civ. c. François. D.P. 3. 1. 159.

983. — Il ne faut pas confondre la déclaration des biens héréditaires avec l'enregistrement du testament assujetti à un simple droit fixe de 5 fr. (L. 28 avril 1816, art 45, n. 4); il doit être enregistré dans les trois mois du décès (L. 22 frim. an 7, art. 21); mais les légataires ont six mois pour faire leur déclaration. De là le droit proportionnel sur les legs ne doit pas être payé en même temps que le droit fixe sur le testament (Déc. de l'enreg., qui rapporte celle du 19 germ. an 7). — D.A. 7, 103, n. 8.

984. — La perception du droit proportionel, à raison des legs contenus dans un testament, ne fait point obstacle à la perception du droit fixe auquel est assujetti le testament lui-même, dans les trois mois du décès (L. 22 frim. an 7, art. 21, 29, 38 et 68). — 24 oct. 1810. Civ. c. Enreg. C. Ducazeau. D.A. 7. 42. D.P. 2. 4.

985. — Mais on ne peut exiger l'enregistrement d'un testament *caduc*, de celui, par exemple, qui porte uniquement legs de la portion disponible, si, lors du décès du testateur, le légataire était son seul héritier naturel, parce qu'un tel testament n'a plus d'objet (Solut. 13 juin 1832). — Trouill., v° Testament, n. 10.

986. — Les testamens faits en pays étrangers ne pourront être exécutés sur les biens situés en France qu'après leur enregistrement au bureau du domicile du testateur s'il en a conservé un, sinon au bureau de son dernier domicile connu en France, et dans le cas où le testament contiendrait des dispositions d'immeubles qui y seraient situés, il devra être en outre enregistré au bureau de leur situation, sans qu'il puisse être exigé un double droit (art. 1000 C. civ.). Toutefois, le testament ne doit être ainsi enregistré qu'autant qu'il renferme au profit du porteur la disposition de quelques immeubles (Jug. de la Seine, 10 déc. 1817). — Trouill., v° Testament, n. 11.

987. — Chaque légataire peut faire sa déclaration séparément, et pour les objets qui lui sont légués (1016 C. civ.), mais il doit la faire dans le délai de six mois, sous peine d'un demi-droit en sus; il ne pourrait se faire relever de cette peine, sous prétexte qu'il n'aurait encore formé aucune demande en paiement de son legs. Sans cela, l'héritier et le légataire pourraient bien, par collusion, laisser écouler le temps nécessaire à la prescription. — D.A. 7. 103, n. 9.

988. — Aussi a-t-on jugé que tout légataire est tenu, sous les peines de droit, de fournir, dans les six mois de l'ouverture de la succession, une déclaration *détaillée* des objets compris dans son legs, lors même qu'il n'en aurait point encore obtenu la délivrance. — 16 janv. 1811. Civ. c. Enreg. C. Paret. D.A. 7. 109. D.P. 2. 16.

Même décision pour le cas où le testament est olographe (Délib. 30 juin 1819; solut. 6 avril 1824).

989. — Le légataire ne peut se refuser au paiement des droits de mutation, sous prétexte qu'il n'a pas connaissance du testament reçu par un notaire ou déposé chez lui. — 26 fév. 1823. Civ. c. Enreg. C. Saunal. D.A. 7. 360. D.P. 23. 1. 140. — Trouill., v° Succession, § 4, n. 44.

990. — L'action de la régie n'est point éteinte par le décès du légataire avant le paiement du droit, parce qu'il transmet à ses héritiers le legs avec ses charges; mais si le legs n'était qu'un usufruit, devenant caduc par le décès du légataire avant la demande en délivrance, les droits de mutation ne pourraient être réclamés, dès qu'il n'aurait manifesté aucune intention de vouloir en profiter (Déc. min. 7 août 1815). Au contraire, s'il avait formé sa demande en délivrance, la créance en serait acquise à la régie, et elle pourrait en poursuivre le recouvrement contre les héritiers. — D.A. 7. 104, n. 9.

991. — Toutefois, quoiqu'il y ait un légataire universel désigné par le testament, et que les légataires particuliers soient obligés de lui demander la délivrance de leurs legs, il ne sera tenu personnellement à aucune déclaration, si les legs particuliers absorbent la succession. — D.A. 7. 104, n. 10

992. — L'héritier d'après la loi, mais qui n'est point légitimaire, en est de même dispensé lorsqu'il y a un légataire universel. — D.A. 7. 104, n. 10.

993. — Dans tous les cas, l'héritier ou le légataire universel n'est pas tenu de comprendre dans sa déclaration les objets légués à des légataires particuliers, lorsque la chose léguée se trouve en nature dans la succession (Déc. min. des fin. 17 fév. 1807; instr. 366, § 7).

994. — Comme aussi ils ne doivent plus de nouveaux droits pour les legs particuliers de sommes non existantes dans la succession, lorsqu'ils les ont acquittés sur la totalité des biens (Avis cons. d'état, 2-10 sept. 1808; instr. 401). — 8 sept. 1808. Req. Enreg. C. Lioude. D.A. 7. 94. D.P. 2. 12. — Trouill., v° Succession, § 7, n. 5, 24.

995. — Cette dernière décision a donné lieu à de nombreuses interprétations, mais la jurisprudence se trouve fixée aujourd'hui par une instruction générale de la régie, du 26 août 1833 (D.P. 34. 3. 6. *Rev. du not.*, 1834, p. 422). — Trouill., *Dict. de l'enreg.*, v° Succession, §, n. 27 et suiv.), par laquelle, à la suite d'une délibération du 12 juill. 1833, ont été admises les règles suivantes. Dans les cas divers où il s'agit de procéder à la liquidation des droits de mutation par décès, lorsque les héritiers ou le légataire universel sont grevés des legs particuliers de sommes d'argent qui n'existent pas dans la succession, où il ne se trouve que des immeubles, il ne doit être fait aucune déduction sur la déclaration.

996. — *Première hypothèse.* — Déclaration de l'héritier ou du légataire universel, *antérieure* au paiement des droits sur les legs particuliers de sommes d'argent.

Si les droits résultant des legs particuliers sont d'une quotité *inférieure* à celle des droits déjà acquittés par l'héritier ou le légataire universel, tant sur les immeubles que les meubles, les légataires particuliers sont entièrement libérés et il n'y a lieu à aucune répétition contre eux.

997. — Le droit est-il *inférieur*, on réclame des légataires particuliers l'excédant résultant de l'imputation sur les droits dont le legs est passible, de ceux perçus lors de la déclaration de l'héritier sur une valeur tant mobilière qu'immobilière, égale au montant du legs particulier. Si le droit exigible pour le legs particulier est *inférieur* en quotité à celui acquitté par l'héritier sur les immeubles, et *supérieur* au droit par lui payé sur les meubles de la succession, on doit imputer sur le droit résultant du legs particulier, d'une part, celui qui a été perçu lors de la déclaration de l'héritier, sur les valeurs mobilières de la succession, d'autre part, le droit dû par le légataire particulier lui-même sur la somme formant la différence entre le montant des valeurs mobilières de la succession et le montant du legs particulier.

998. — *Deuxième hypothèse.* — Déclaration de l'héritier ou du légataire universel, *postérieure* au paiement des droits sur les legs particuliers de sommes d'argent.

Lorsque le droit payé par le légataire particulier est d'une quotité *inférieure* à celle des droits dus par l'héritier, tant sur les meubles que les immeubles, il y a lieu de déduire du montant de ces droits liquidés sur la totalité des biens la somme précédemment acquittée par le légataire particulier de n'exiger de l'héritier et du légataire universel que l'excédant. Si le droit perçu est *supérieur* en quotité à ceux dus par l'héritier soit sur les meubles, soit sur les immeubles, il faut imputer sur le montant de ces droits ceux dus par l'héritier sur une valeur tant mobilière qu'immobilière égale au legs particulier, ou bien distraire de la valeur entière des biens de la succession une valeur égale à celle du legs particulier, et ne percevoir le droit de mutation à la charge de l'héritier que sur le restant en immeubles. Enfin, lorsque le droit acquitté pour le legs particulier est *inférieur* en quotité à celui que l'héritier doit payer sur les immeubles, mais *supérieur*, au droit exigible sur les meubles, il y a lieu d'imputer sur ces droits liquidés sur la totalité des biens de la succession, d'une part, celui qui est dû par l'héritier ou légataire universel sur une valeur égale à celle du mobilier existant dans la succession, d'autre part, le droit payé par le légataire particulier sur la somme représentant la différence entre le montant des valeurs mobilières de la succession et le montant du legs particulier.

Dans le cas où la déclaration de l'héritier et le paiement des droits sur le legs particulier ont lieu simultanément, on doit opérer de la même manière que lorsque la déclaration de l'héritier est posté-

rieure au paiement des droits par le légataire particulier — V. *loc. cit.* les exemples présentés à la suite pour faciliter l'intelligence et l'application de ces règles.

999. — On procédera de la même manière en ce qui concerne les successions grevées de donations entre-vifs de sommes d'argent payables au décès du donateur, et sur lesquelles le droit proportionnel a été perçu lors de l'enregistrement de la donation (Instr. 1432).

1000. — Si l'acceptation d'un legs universel fait à un hospice n'était autorisée que sous la condition de payer un somme de... à l'héritier, à titre de secours, l'héritier serait-il passible de déclaration sur cette somme? — Non, parce qu'il serait censé tenir ce legs de la munificence royale (Déc. de la régie, 15 août et 7 oct. 1825; conf. déc. min. 17 déc. suiv.).

Mais si le legs n'était accepté que pour partie, l'héritier succéderait pour le surplus, et devrait acquitter le droit (Déc. de la régie, 7 juill. 1826). — D.A. 7. 104, n. 10, alin. 1er.

1001. — Les héritiers d'un testateur ne doivent pas comprendre, dans leur déclaration, des biens dont la *jouissance à perpétuité* a été léguée à une église et aux pauvres, parce que, d'après ces expressions, la jouissance ne doit avoir aucun terme (Délib. 8 oct. 1823). — Trouill., v° Succession, § 7, n. 19.

1002. — La déclaration doit être faite par chaque héritier pour sa portion virile; il ne doit pas la faire porter seulement sur les objets qui lui sont advenus par le partage (*Journ. de l'enreg.*, art. 2755). Il faut donc que chacun évalue la totalité des biens héréditaires pour les diviser par 1/2, 1/3, etc., suivant la partie aliquote qui le concerne; mais il sera sage de charger un seul de faire une déclaration générale. — D.A. 7. 104, n. 11.

1003. — De même, les héritiers de l'époux prédécédé, doivent déclarer la moitié des biens de la communauté, sans égard au partage (Déc. min. 5 juill. 1810). — D.A. 7. 104, n. 11, alin. 1er.

1004. — Il a cependant été décidé que les héritiers ne doivent déclarer que les biens formant leur lot, lorsque le partage a *précédé* la déclaration (Cass. 16 juill. 1823; délib. 5 juill. 1826, 28 nov. 1828; cette dernière abroge l'instr. 484).

1005. — Ces décisions ne s'appliquent pas à un partage sous seing-privé, qui ne serait considéré que comme un réglement de jouissance provisoire entre un père et son enfant mineur. — Trouill., v° Succession, § 9, n. 2.

1006. — On a aussi jugé que, lorsque les héritiers de l'époux prédécédé ont déclaré la moitié des biens meubles et immeubles dont la communauté se compose, ils ne sont pas tenus de faire une nouvelle déclaration, si un partage postérieur leur attribue l'intégralité des immeubles. Selon l'art. 60 de la loi du 22 frim. an 7, les droits régulièrement perçus ne pouvant être restitués, quels que soient les événemens ultérieurs, on doit dire aussi que rien ne peut être exigé au-delà des droits régulièrement acquittés. La cour de cassation a bien décidé, le 16 juill. 1823, que les droits de mutation devaient être acquittés sur la part d'hérédité, dévolue par un partage *antérieur;* mais, dans ce cas, la portion de l'hérédité est, dès l'abord, définitivement fixée par le partage, et ici on ne saurait, sans de graves inconvéniens, soumettre la perception des droits de mutation à l'événement imprévu d'un partage futur dont l'époque est toujours incertaine. — 8 janv. 1830. Délib. D.P. 33. 3. 34.

1007. — Toutefois, dans la déclaration de biens de la communauté après le décès de l'un des conjoints, il y a lieu d'admettre sur la masse commune la distraction des reprises de l'époux survivant, et de ne percevoir les droits de succession que sur la portion des biens de la communauté qui revient aux héritiers après ce prélèvement, d'où il suit que les héritiers du prédécédé ne peuvent se dispenser de comprendre dans leur déclaration ces prélèvemens (Déc. min. des fin. et de la just. 18 juill. 1817; inst. 809).

Cette instruction n'est pas applicable lorsqu'il s'agit d'époux non communs en biens. — Trouill., v° Succession, § 9, n. 10.

1008. — Le prix de l'usufruit d'un propre de l'un des époux, *cédé et éteint pendant la communauté*, n'est pas au nombre des reprises ou prélèvemens autorisés lors de la déclaration de succession par l'instr. 809, et si l'usufruit aliéné se prolongeait après la dissolution de la communauté, la récompense ne devrait avoir lieu que jusqu'à concurrence de la perte que cette prolongation ferait éprouver au conjoint propriétaire de l'immeuble aliéné *en usufruit* (Conséquence d'un arrêt de cassation). —

31 mars 1824. Req. Paris. Gouy-D'Arsy. D.A. 10. 191, n. 13. D.P. 24. 1. 212. — Trouillet, v° Succession, § 9, n. 13.

1009. — Lorsque les biens de la communauté ne suffisent pas pour les reprises de la veuve, les héritiers ne peuvent s'étayer sur les dispositions de l'instr. 809, pour prétendre que les droits de mutation ne doivent être perçus que sur le restant de la succession, après le prélèvement *intégral* de ces reprises, parce que le recours accordé à la femme par les art. 1436 et 1476 C. civ., sur les biens personnels de son mari, ne constitue pas un droit de propriété sur ces biens, mais seulement une action hypothécaire, et par suite une *charge* de la succession dont il ne peut être fait distraction dans l'évaluation des biens à déclarer (Instr. 1146, § 4; délib. 23 juill. 1823. — Trouill., *Dict. de l'enreg.*, v° Succession, § 9, n. 14). — 18 mai 1824. Civ. c. Enreg. C. Colignon. D.A. 7. 283. D.P. 1. 210.

1010. — Lorsque la veuve renonce à la communauté, ses reprises deviennent une charge dont il ne doit pas être fait déduction (Cass. 10 août 1830; instr. 1347, § 5). — V. au reste divers exemples propres à faciliter les opérations de l'instr. 809. — Trouill., *eod. loc.*, n. 18.

1011. — On ne doit pas comprendre dans la déclaration de succession du mari, une créance que le titre indique provenir de l'aliénation d'un propre de la femme avec déclaration de remploi au profit de celle-ci (Délib. 3 avril 1832). — Trouill., v° Succession, § 9, n. 7.

1012. — L'héritier de la nue-propriété est, comme le légataire de l'usufruit, tenu de faire sa déclaration dans les six mois du décès, car il est saisi *hic et nunc*. — D.A. 7. 104, n. 12.

1013. — Bien plus, ce n'est pas seulement sur la valeur de la nue-propriété que le droit proportionnel est assis, c'est sur la valeur entière de la succession (V. l'art. 6 et 11). — D.A. 7. 104, n. 12, alin. 1er.

1014. — Ainsi, toute mutation de propriété donne lieu, au moment où elle s'opère, à la perception du droit proportionnel. Ainsi le paiement des droits dus sur un usufruit par le légataire de cet usufruit, ne dispense pas les héritiers de la nue-propriété d'acquitter, dès maintenant, ceux qu'ils doivent personnellement pour la transmission opérée à leur profit (L. 22 frim. an 7, art. 4 et 15, n. 7). — 13 flor. an 9. Civ. c. Enreg. C. Wargée. D.A. 7. 107. D.P. 2. 13.

1015. — De même, l'héritier de la nue-propriété doit acquitter le droit de mutation sur l'évaluation de la propriété, sans distraction de l'usufruit. Il ne peut différer le paiement du droit entier jusqu'au moment de la réunion de l'usufruit à la propriété. — 11 sept. 1811. Civ. c. Enreg. C. Condet. D.A. 7. 105. D. P. 11. 1. 486.

1016. — Lorsque les valeurs mobilières, dont un usufruitier a joui, ne se retrouvent pas en nature dans sa succession, le montant de ces valeurs, réclamé par les nu-propriétaires, devient une charge de la succession, et, ne devant pas, selon les articles 14, n. 8 et 15, n. 7 de la loi du 22 frim. an 7, être distrait des valeurs héréditaires, ce montant est compris dans les biens à déclarer par les héritiers de l'usufruitier. — 8 fév. 1831. Délib. D.P. 31. 3. 39.

ART. 8. — *Des renonciations aux successions.*

1017. — L'art. 2 contient les principes généraux sur les renonciations, relatives aux nullités d'actes ou d'exploits. Le présent article traitera des renonciations spéciales aux successions, aux legs et à la communauté, ce qui fournira la matière de trois paragraphes.

§ 1er. — *Des renonciations à succession.*

1018. — Les renonciations de quelques uns des héritiers et l'accroissement qui en résultait au profit des autres avaient anciennement fait penser à plusieurs que les enfans dont la portion se trouvait augmentée par la renonciation, devaient le droit de cette augmentation qu'ils tenaient du renonçant.

1019. — Mais la coutume réformée de Paris avait décidé le contraire. Son art. 6 portait : « N'est aussi dû droit de relief pour la renonciation faite par aucun des enfans à l'hérédité de leurs père et mère, aïeul et aïeule, encore que, par ladite renonciation, il y ait accroissement au profit des autres enfans, pourvu, toutefois, que, pour faire ladite renonciation, il n'y ait argent baillé, ni autre chose équipollente. »

Le motif de cette disposition était que les portions des renonçans appartiennent aux autres par droit d'accroissement, ou plutôt *jure non decrescendi*. Les acceptans tiennent tout de la loi et non des renonçans. — Poquet de Livonière, liv. 4, ch. 1er, sect. 3; Hervé, t. 3, p. 366; Guyot, *du Relief*, ch. 15, n. 12; Champ. et Rig., t. 1er, p. 415.

1020. — La loi du 22 frim. an 7, adoptant ces principes, a déclaré, art. 68, § 1er, n. 1, que les *abstentions*, *répudiations* et *renonciations* à successions, legs ou communautés, lorsqu'elles sont pures et simples, si elles ne sont pas faites en justice, ne seront assujetties qu'au droit fixe de 1 fr.

1021. — Le même article, § 2 - 6°, a fixé à 2 fr. (porté à 3 fr. par l'art. 44-10° de la loi du 28 avril 1816) « les actes faits ou passés aux greffes des tribunaux, portant renonciations à communautés, successions et legs. »

1022. — Ces mots : répudiations, abstentions, renonciations avaient chacun, sous la législation existante en l'an 7, une signification particulière. La première était employée à l'égard des héritiers en ligne collatérale, qui, n'étant pas héritiers nécessaires, n'avaient qu'à s'abstenir, tandisque les héritiers en ligne directe devaient faire une renonciation par acte authentique dont il y avait minute.

1023. — Mais aujourd'hui la loi n'accorde à l'héritier que trois partis : accepter purement et simplement, sous bénéfice d'inventaire ou renoncer, mais il ne peut s'abstenir; il en résulte que les distinctions ci-dessus sont aujourd'hui sans objet. — Champ. et Rig., t. 1er, p. 416.

1024. — La renonciation ne peut avoir lieu que par la voie du greffe, art. 784 C. civ. Les auteurs enseignent même que la renonciation par acte authentique faite ailleurs qu'au greffe ne pourrait être opposé à celui qui l'a faite. Mais ceci doit s'entendre de la renonciation proprement dite et non de la stipulation par laquelle on s'engage à ne pas accepter. Ainsi jugé par la cour suprême, le 11 août 1825. Req. Lyon. Bevy. D.P. 25. 1. 407.

1025. — Cet arrêt reconnaît deux manières de renoncer utilement à une succession : l'une par la voie du greffe, l'autre au moyen d'un acte civil. Ces deux espèces de renonciations ont des effets forts différens et dont l'influence est grande sur la perception. — Champ. et Rig., t. 1er, p. 418.

1026. — La première différence et la plus notable consiste en ce que la renonciation faite au greffe produit son effet à l'égard de tous, tandis que par acte civil elle n'a de force qu'entre les parties. Il s'ensuit que toutes les fois que la régie agit comme tiers, par exemple lorsqu'elle réclame de l'héritier le droit de succession, on ne peut valablement lui opposer qu'une renonciation dans cette dernière forme.

Cependant l'instruction générale du 29 juin 1808, n. 385, § 27, enjoint aux préposés d'arrêter les poursuites sur la présentation d'une renonciation faite par acte notarié, et cette instruction s'applique par ses motifs aux héritiers légitimes comme aux légataires; mais elle ne s'étend pas aux renonciations, par acte sous seing privé.

1027. — Lorsque l'administration réclame le droit de l'acte de renonciation, elle n'agit plus en qualité de tiers : elle doit prendre l'acte tel qu'il existe et percevoir selon sa nature entre les parties. — Champ. et Rig., t. 1er, p. 518.

1028. — La seconde différence consiste en ce que la renonciation par acte peut renfermer une convention translative des biens de la succession, tandis qu'il n'en saurait être de même dans la renonciation faite au greffe.

1029. — Au reste, l'une et l'autre dépouillent le renonçant à l'instant de la signature, mais cet effet actuel n'a lieu qu'entre les parties, quant à la renonciation par acte civil. — Champ. et Rig., t. 1er, p. 420.

1030. — La renonciation pure et simple est la seule assujettie au droit fixe (art. 68 précité), et elle a ce caractère lorsque, par son effet légal, le renonçant est censé n'avoir jamais été héritier; peu importe qu'elle soit faite au greffe ou stipulée par acte civil.

1031. — Cette renonciation n'a rien de translatif pour le co-héritier qui tient son droit de la loi, elle n'est pas la cause de ce droit, mais seulement l'occasion de son exercice : d'où il résulte qu'elle ne peut donner ouverture au droit proportionnel de mutation. — Champ. et Rig., t. 1er, p. 420.

1032. — Lorsque, dans un contrat de mariage, il est fait donation au profit du survivant des époux, de la portion disponible des biens du prémourant, le conjoint survivant, étant censé n'avoir jamais été donataire, si, lors de l'événement, il renonce pure-

ment et simplement à l'effet de la donation au profit de ses héritiers, ne doit aucun droit de mutation par décès, si, d'ailleurs, il n'appert d'aucun fait antérieur d'acceptation, et s'il ne résulte d'aucune circonstance qu'il ait reçu un équivalent quelconque pour prix de sa renonciation.—23 juill. 1833. Délib. cons. d'adm. D.... D.P. 33. 3. 100.

1033.—La renonciation n'est pas pure et simple, 1° lorsqu'elle est faite moyennant un prix; 2° lorsqu'elle a lieu gratuitement, mais au profit d'un ou plusieurs héritiers.

Dans le premier cas, la renonciation aurait-elle lieu au profit de tous les héritiers, il y a acceptation (art. 780 C. civ.), et, par conséquent, la régie doit réclamer du renonçant les droits de mutation par décès à raison des biens par lui recueillis.—Champ. et Rig., t. 1er, p. 421.

1034.—Si l'un des enfans entre lesquels un père a fait, par testament, le partage de ses biens, cède ses droits successifs à ses co-héritiers, pour une somme plus forte que leur valeur, le droit de cession immobilière doit être perçu sur le prix de la cession, encore que le cessionnaire prétendrait que le surplus de valeur est une ratification du testament.—8 avril 1833. Sol. Boyer. D.P. 33. 3. 77.

1035.—Mais y a-t il lieu de percevoir un second droit proportionnel sur la part à laquelle il renonce et dont ses co-héritiers profitent? Cette question était diversement résolue sous l'ancien droit, mais l'opinion généralement admise était celle qui repoussant tout droit de vente et de relief, distinguait la renonciation *aliquo dato*, faite avant partage, de celle faite après :

« Au premier cas, disait Guyot, *du Relief*, ch. 15, n. 17, c'est un acte préparatoire à partage; c'est un accommodement de famille qui simplifie le partage; et la nécessité de diviser, toujours préexistante entre communs, fait présumer *juris et de jure* que la première intention des communs est de partager et non de vendre.

» Dans le second, c'est une vraie cession de droits acquis et reconnus par le partage. »

1036.—Cette doctrine doit être adoptée dans l'application du droit d'enregistrement, car les mêmes motifs existent aujourd'hui, et elle semble même proclamée plus hautement par la loi nouvelle qu'elle ne l'était par l'art. 6 de la coutume de Paris. L'acte de renonciation qui n'est donc qu'un véritable partage et non une vente, ne doit être soumis qu'au droit de partage, contrairement a ce qui est enseigné par le *Journ. de l'enreg.*, art. 1488. — Champ. et Rig., t. 1er, p. 421.

1037.— Dans le second cas, il y a acceptation de la succession, car celui qui renonce en faveur seulement de quelques uns de ses co-héritiers, dispose de sa part; il n'y a plus dès lors transmission légale, puisque la loi appelle tous les héritiers indistinctement à profiter de l'accroissement, mais bien transmission par la volonté du renonçant, transmission à titre gratuit; et comme on ne peut transmettre à ce titre, entre-vifs, que par donation, la renonciation doit réunir les élémens essentiels de la donation; et suivant l'accomplissement de ces conditions le droit proportionnel sera exigible.— Champ. et Rig., t. 1er, p. 423.

1038. — Cependant on a jugé que la renonciation à une succession, faite au greffe en faveur d'un tiers acceptant, opère une vente ou une donation, selon qu'elle est faite à titre onéreux ou gratuit, et qu'elle ne dessaisit pas de la qualité d'héritier.— 17 août 1815. Req. Caen. Chedeville. D.A. 12. 345, n. 1. D.P. 15. 1. 486.—Trouillet, v° Renonciation, n. 12.

1039.—On aurait dû, ce semble, déclarer qu'il ne pouvait y avoir donation, puisque les formalités exigées par la loi n'existaient pas.

1040.— Toutefois, il a été décidé, il est vrai, que la renonciation faite sans prix au greffe du tribunal, au profit d'un de ses co-héritiers dénommé dans la renonciation, de tous ses droits dans la succession du décédé, n'est pas une donation susceptible des formalités prescrites pour les actes de libéralité entre-vifs.— 26 fév. 1827. Caen. Chedeville. D.P. 28. 2. 71.

Ainsi, une semblable renonciation est passible du droit de donation.—Trouillet, *eod.*, n. 15.

1041.— La renonciation expresse au profit de tous les co-héritiers, ou au profit de celui qui suit, si le renonçant est seul, ne rend pas le droit proportionnel exigible, alors même que l'acte contiendrait les expressions *au profit de... en faveur de...*, ordinairement employées; car l'acte qui constitue une libéralité sans doute n'effectue pas cependant de transmission, seule chose que la loi tarife.— Champ. et Rig., t. 1er, p. 423.

1042.—Mais le droit proportionnel serait au contraire exigible si la renonciation était faite au profit de toute personne ou ligne autre que celle naturellement appelée par la loi à défaut de l'héritier renonçant.

1043 — Au reste, toutes les fois qu'une renonciation produit les effets indiqués par l'art. 775 C. c, elle soustrait le renonçant au paiement des droits de succession, et par là même le droit de mutation du renonçant, à l'égard de l'héritier qui profite, ne saurait être exigé; mais lorsqu'elle suppose une acceptation, le droit de mutation entre-vifs devient exigible.—*Ibid.*

1044.— Il suit de là que si la renonciation était expressément faite à titre de donation, fut-elle au profit de ceux que la loi appelle naturellement, le droit proportionnel serait dû.— *Ibid.*

1045.— Ainsi, jugé que lorsque dans un partage de succession paternelle et maternelle, l'un des successibles déclare accepter le legs de sa mère, et que, par des considérations particulières, il renonce à celui de son père, cette renonciation n'est passible que du droit fixe de 1 fr., bien qu'il soit exprimé que c'est pour donner à son co-partageant des preuves de son attachement (Délib. 22 mai 1827).— Trouillet, v° Renonciation, n. 14.

1046.— L'héritier ne peut renoncer ou accepter partiellement, car la qualité d'héritier est indivisible. Une telle renonciation laissant de l'incertitude sur la volonté de l'héritier, est comme non avenue; de là il résulte que l'acte contenant une pareille renonciation, n'ayant rien de translatif, ne peut donner ouverture qu'au droit fixe, à moins que l'administration ne prouve que les parties ont voulu cacher ainsi une véritable transmission.—Champ. et Rig., 1, p. 428.

1047.— Mais l'exécution de la renonciation partielle peut donner lieu à la perception du droit proportionnel lorsqu'il s'agit d'immeubles; car le renonçant pour partie de la succession accepte l'autre, et la prise de possession le constitue héritier à l'égard des tiers, pour la totalité. La régie en cette qualité pourra donc poursuivre comme nouveaux possesseurs les héritiers qui se seront emparés des biens délaissés, puisqu'elle ne doit reconnaître que les renonciations faites au greffe et que toute acceptation partielle est non avenue aux yeux des tiers, à l'égard desquels la qualité d'héritier est indivisible.—*Ibid.*

Ainsi, l'acte de renonciation partielle qui, par lui-même, n'était pas de nature à supposer une transmission, n'aura pas non plus l'effet de repousser la présomption légale d'une mutation.

1048.—Mais il ne peut en être ainsi quand il s'agit d'une dévolution purement mobilière; car la régie, qui peut dans ce cas penser qu'il existe une mutation mobilière postérieure à l'acte de renonciation, n'est pas pour cela autorisée à en réclamer le droit, car elle ne rapporte pas de convention écrite.—*Ibid.*

1049.— Les mêmes considérations doivent servir à déterminer la perception sur une renonciation conditionnelle, qui est également nulle à l'égard des tiers seulement. — Champ. et Rig., 1, p. 430.

1050.—Ainsi, lors de la présentation de l'acte, le droit fixe sera seul exigible; car, si la condition est suspensive, il n'est pas possible de croire à une mutation actuelle..... résolutoire, le droit ne peut être proportionnel, puisque la renonciation entre parties suppose que celui qui renonce n'a jamais été héritier.— *Ibid.*

1051. — L'art. 68, il est vrai, ne parle que des renonciations pures et simples; mais nulle autre part elle ne tarife celles qui sont faites différemment; ce ne serait donc qu'en classant ces sortes d'actes dans la catégorie de ceux translatifs de propriété ou d'usufruit, qu'on pourrait arriver à une perception contraire; mais cela ne peut être, car la loi civile ne leur attribue point ce caractère. Aux yeux des tiers, il n'a pas d'existence; or, cela n'autorise point la perception, qui suppose une transmission.— *Ibid.*

1052.—Mais, par le même motif que ci-dessus, lors de l'exécution, les parties ne pourront s'opposer à l'application des présomptions de l'art. 12 de la loi de frim. an 7.— *Ibid.*

1053.—Toute renonciation faite avant que la succession soit ouverte, ou même avant que le renonçant ait qualité pour cela, étant nulle de plein droit, ne peut avoir rien de translatif, ni donner ouverture à aucun droit.—Champ. et Rig., t. 1er, p. 430.

1054.— Toute renonciation postérieure à une acceptation, contrairement à celle qui la précède, et dont il vient d'être parlé, est une abdication de la propriété qui a un instant reposé sur la tête du renonçant, d'où il suit que le droit proportionnel, en règle générale, sera exigible, comme ci-dessus, quand arrivera l'exécution. Ainsi, la renonciation à un accroissement légal, après acceptation de la succession, est une renonciation partielle qui doit être classée dans la première hypothèse posée *suprà*, et qui amènera les mêmes résultats.— Champ. et Rig., t. 1er, p. 431.

1055.— La jurisprudence ancienne variait sur le point de savoir si l'héritier bénéficiaire pouvait renoncer. En pays coutumier, la négative avait prévalu; mais en pays de droit écrit, c'était l'affirmative.

1056.— Guyot, *du Droit de relief*, chap. 4, sect. 2, dit que, relativement aux droits de mutation, on reconnaissait généralement que l'héritier bénéficiaire ne pouvait renoncer sans donner ouverture à de nouveaux droits, *quia semel hæres, semper hæres*.— Champ. et Rig., t. 1er, p. 431.

1057.— Les mêmes considérations prévalent encore sous l'empire de la législation actuelle, et doivent produire les mêmes conséquences Les auteurs et la jurisprudence sont fort divergens; mais la cour suprême semble s'être définitivement rangée de l'avis de ceux qui pensent que l'héritier bénéficiaire ne peut renoncer.— D.A. 12. 276.— V. Succession bénéficiaire.

1058.— Toutefois, il faut s'accorder sur le point de savoir à quelle époque la qualité d'héritier bénéficiaire se trouve définitivement acquise, afin de déterminer les effets de la renonciation quant à la perception.

1059.— Sous l'ancienne législation, on distinguait le droit de délibérer et le bénéfice d'inventaire. L'héritier qui dressait inventaire et délibérait, n'était pas pour cela bénéficiaire.

1060. — L'ordonnance de 1667, dit le nouveau Denizart, v° Bénéfice d'inventaire, § 5, ayant donné à l'héritier trois mois pour faire inventaire et quarante jours pour délibérer, on ne peut le forcer à prendre parti auparavant, *même le faire condamner comme héritier bénéficiaire*..... Ce délai expiré, l'héritier qui veut *accepter bénéficiairement*, doit le faire.

1061. — Il en est de même encore sous le code civil. Il en résulte que, même après l'inventaire, l'expiration des délais, même des nouveaux qu'il peut obtenir (art. 800), l'héritier qui, d'ailleurs, n'a fait acte ni d'héritier pur et simple, ni d'héritier bénéficiaire, peut renoncer: que s'il renonce, il est censé n'avoir jamais hérité; que dès lors ceux qui recueillent à son défaut, ne tiennent rien de lui; qu'ils ne doivent que le droit de la succession, droit que cesse de devoir le renonçant. — Champ. et Rig., t. 1er, p. 433 et suiv.

1062. — On doit également décider, d'après l'économie de la législation civile sur le bénéfice d'inventaire, que la déclaration qui doit être faite au greffe par l'héritier, qu'il *entend ne prendre cette qualité que sous bénéfice d'inventaire*, déclaration qui peut être faite après comme avant la confection de l'inventaire, ne rend pas le déclarant irrévocablement héritier, dès lors sa renonciation, si elle a lieu, n'est point une transmission à l'égard de ceux qui recueillent l'hérédité à sa place. — Champ. et Rig., t. 1er, p. 435. — V. n. 1057.

1063 — Si, après les délais accordés pour délibérer, l'héritier ne se prononce pas, la régie pourra réclamer le droit de mutation par décès, si les six mois sont expirés; et, pour s'y soustraire, il devra renoncer.— Champ. et Rig., t. 1er, p. 436.

1064.— S'il accepte sous bénéfice d'inventaire, il pourra, d'après l'art. 802 C. civ., faire l'abandon de tous les biens de la succession au créancier et aux légataires.— *Ibid.*

1065.—Cet abandon n'équivaut pas, comme l'ont dit Merlin, Rép., v° Bénéfice d'inventaire, n. 15, et Toullier, t. 4, n. 341, à une renonciation; car, dans l'abandon, l'héritier ne cesse pas, comme dans ce dernier cas, d'être propriétaire, puisque, si après que les créanciers et légataire sont satisfaits, il reste encore quelques biens; ils retournent à lui, et cette différence est essentielle relativement à la perception; car l'abandon ne rend aucun droit proportionnel exigible, parce que les biens ne changent que d'administrateur et non de propriétaire; ce qui n'est pas dans le cas de renonciation, où le droit de mutation est exigible comme renfermant une transmission.— *Ibid.*

§ 2. — *Des renonciations aux legs.*

1066.—L'art. 68, § 1er, n. 1, et § 2. n. 6, transcrit dans le paragraphe qui précède, s'applique aussi aux renonciations à des legs. Elles se trouvent

conséquemment tarifées, comme les renonciations aux successions, au droit fixe de 1 fr., si elle a lieu par acte notarié, et de 3 fr., si elle est passée au greffe.

1067. — Le légataire qui, suivant la loi civile, n'est pas, comme l'héritier, tenu de se prononcer expressément pour répudier son legs, est cependant obligé de se prononcer, s'il veut se soustraire au paiement des droits de mutation par décès. Ainsi, on arrive à une renonciation par acte écrit dont il est nécessaire d'examiner le droit à percevoir. — Champ. et Rig., t. 1er, p. 438.

1068. — La faculté de renoncer à un legs repose sur la maxime *nemini invito beneficium datur*. Celle de renoncer à une succession, sur ce que chacun peut renoncer à un droit introduit en sa faveur. Cette différence dans la cause en produit dans les conséquences.

1069. — Ainsi, lorsqu'un héritier renonce à la succession, sa part accroît à ses co-héritiers : il est *censé* n'avoir jamais été *héritier*. Mais, lorsque le légataire n'accepte pas le legs, la disposition est caduque, il n'y a point de legs et le légataire ne l'a jamais été. C'est ce qui avait fait dire à Dumoulin § 43, glos. 1, n. 74 : *si legatarius repudiaverit, fingitur nunquam fuisse legatum, et consequenter remanet legatum hæredi, non ex repudiatione, sed hæreditario jure.* — Champ. et Rig., 1. p. 438.

1070. — Celui qui renonce à un legs n'abandonne donc rien, dès lors il ne transmet rien, et la non exigibilité du droit proportionnel devient plus manifeste que dans le cas de la renonciation à une succession. — *Ibid.*

1071. — La renonciation pure et simple au profit de tous les ayans-droit n'opère pas de transmission, et l'indication d'un motif de libéralité ne change rien à son caractère par les motifs énoncés pour le même cas dans le § 1er (Délib. 22 mai 1827). — Champ. et Rig., t. 1er, p. 439.

1072. — N'est pas exigible le droit de donation pour la renonciation gratuite à l'usufruit d'une somme d'argent sur laquelle les droits de mutation par décès ont été perçus (L. 22 frim. an 7, art. 13, n. 7; L. 28 avril 1816, art. 44, n. 4). — 28 juill. 1829. Délib. D.P. 33. 3. 34.

1073. — Mais il en serait autrement si le renonçant avait exprimé d'une manière positive que sa volonté était de gratifier du legs à titre de donation. Alors, une acceptation serait nécessaire, car ce serait une libéralité, et le droit proportionnel serait exigible, car c'est faire acte de propriétaire que de disposer ainsi d'un legs; c'est une acceptation tacite indirecte. — Champ. et Rig., t. 1er, p. 440.

1074. — Il en est de même lorsque la renonciation est faite au profit de quelques uns des héritiers. — *Ibid.*

1075. — Il serait difficile d'appliquer d'une manière absolue aux renonciations de legs, moyennant un prix, ce que nous avons dit relativement aux renonciations de succession du même genre, car ce ne serait qu'à l'aide d'une application par analogie de l'art. 780 C. civ. qu'on pourrait arriver à décider également dans les deux cas, et si l'on remarque que la présomption de la loi dans le cas des renonciations de succession est telle qu'elle suppose cette renonciation frauduleuse, il faudra nécessairement déclarer qu'une telle présomption ne peut pas s'étendre à des cas non expressément prévus par elle. — Champ. et Rig., 1, p. 443.

1076. — Toutefois, c'est une distinction qu'on doit faire et qui consiste à examiner si le prix est ou n'est pas l'équivalent de la chose léguée. Dans le premier cas, on décidera qu'il n'y a pas acceptation et que le droit de mutation n'est pas dû, parce qu'on devra considérer avec les anciens auteurs que la somme a été donnée comme le prix de la renonciation et non comme celui des objets légués. Dans le second cas, au contraire, la présomption changera, et l'on devra reconnaître qu'elle est le prix de ces biens, et non de la renonciation seulement. Alors, il y aura lieu au droit de mutation, parce que le legs aura été accepté et les objets qui le composent cédés. — *Ibid.*

1077. — Au reste, la volonté des parties doit, en cette matière, être interprétée par les termes de l'acte : ainsi l'acte porte-t-il *cession* ou autre expression équipollente, alors il n'y a pas renonciation mais bien cession. Aussi, les anciens jurisconsultes recommandaient ils aux notaires de peser les expressions qu'ils employaient dans un acte de renonciation. Guyot, t. 2, p. 219, leur reprochait d'être trop attachés à leur style : « ils ne manquent jamais, disait-il, d'ajouter dans les renonciations, *lui en faisant, autant que besoin, toute cession ou transport*, croyant qu'une renonciation à un droit stipulé par celui auquel elle profite, ne vaudrait rien sans les termes de cession qu'ils tiennent sacramentaux, sans voir à quoi ils exposent les parties, et ils croient réparer tout par ces autres mots : *toutefois sans garantie.* » — Champ. et Rig., t. 1er, p. 443.

1078. — Doit-on appliquer à l'acceptation partielle d'un legs ce qui a été décidé relativement aux acceptations partielles des successions (V. § 1er)? La solution de cette question dépend de celle de savoir si les légataires sont des successeurs à la personne du défunt; or, les légataires universels ou à titre universel sont des successeurs à la personne, et non pas seulement des successeurs aux biens; dès lors, ce sont de véritables héritiers auxquels l'acceptation confère un caractère indivisible : on doit donc leur appliquer ce qui a été dit des héritiers, et décider pour les acceptations partielles de legs universels, ou à titre universel, ce qui a été décidé pour les successions légitimes. — Champ. et Rig., t. 1er, p. 447.

1079. — Est exigible le droit proportionnel de donation, lorsque le légataire universel renonce purement et simplement à une partie de son legs en faveur des héritiers naturels, si le défunt n'a pas laissé d'héritier à réserve. — 2 juin 1829. Délib. du cons. d'adm., fondée sur trois autres délib. des 11 avril 1817, 1er avril 1818, 20 juin 1827. — D.P. 33. 3. 26.

1080. — Mais l'acte par lequel le survivant des époux légataire de l'usufruit de tous les biens de son conjoint qui a *laissé des enfans*, déclare, avant toute acceptation, renoncer à une partie de ce legs pour s'en tenir au surplus, n'est passible que du droit fixe de 1 fr. parce qu'il ne fait qu'opérer une réduction que les héritiers à réserve pouvaient exiger (Délib. 7 oct. 1834). — Trouill., v° Renonciation, n. 13.

1081. — Le légataire particulier n'est au contraire qu'un simple successeur aux biens; ainsi, sa qualité ne s'oppose pas à ce qu'il accepte partiellement le legs, si toutefois l'intention du testateur ou la nature même du legs ne s'y oppose pas, car alors cette acceptation équivaut au défaut d'acceptation; il ne se forme pas de contrat; dans le cas contraire, l'acceptation ne vaut que pour les objets acceptés, et le contrat n'est formé qu'à leur égard. Aucune de ces hypothèses ne suppose l'exigibilité du droit proportionnel; la première, en effet, ne renferme évidemment aucune transmission à l'égard des héritiers; la seconde également, puisqu'aucune disposition légale ne l'ayant jamais saisi de cette portion, il ne l'a jamais possédée, ni par conséquent transmise. — Champ. et Rig., t. 1er, p. 448.

1082. — Et il a été décidé, conformément à ce principe, que la renonciation partielle d'un légataire à titre universel n'était soumise qu'au droit fixe, parce que, bien que partielle, elle était cependant pure et simple, puisqu'elle n'était pas faite moyennant un prix ni sous des conditions onéreuses (Délib. 10 fév. 1828; Contrôl., 1533).

1083. — Mais, au contraire, la renonciation partielle du légataire universel est soumise au droit proportionnel de mutation, comme opérant transmission en faveur des héritiers, par le motif qu'aux termes de l'art. 1006 C. c., il avait été saisi de plein droit des biens de la succession; que s'il eût renoncé à la totalité, le principe qui veut que celui qui renonce n'ait jamais été héritier, aurait pu lui être appliqué, mais qu'il ne peut pas l'être dès que la renonciation n'est que partielle (Délib. 2 juin 1829; *Journ. de l'enreg.*, 9356).

1084. — La considération sur laquelle repose la distinction de l'administration, quant aux deux espèces qui précèdent, n'est nullement fondée, mais ces deux décisions démontrent que le principe de la non exigibilité du droit proportionnel a été reconnu. — Champ. et Rig., t. 1er, p. 459.

1085. — Si, de deux légataires conjoints, l'un renonce et fait profiter son co-légataire, les principes émis déjà portent à déclarer qu'il n'y a pas transmission, parce que le premier n'ayant rien acquis, n'a pu rien transmettre.

1086. — Il faut en dire autant du grevé de substitution qui renonce avant d'avoir accepté. — Champ. et Rig., t. 1er, p. 450.

1087. — C'est un principe établi par Merlin, Rép., v° Légataire, § 4, n. 7, qu'on ne peut plus répudier un legs valablement accepté; aussi le légataire universel, ou à titre universel ne peut refuser la portion qui lui survient par accroissement, et sa renonciation à cet égard serait nulle. Toutefois, sa validité ne serait pas une raison pour y voir une transmission en faveur des héritiers. La cour de cassation a jugé en pareil cas qu'il n'y avait pas donation. — 12 nov. 1822. Civ. r. Amiens. Bourguignon. D.A. 6. 193. D.P. 22. 1. 510.

Si le legs était particulier, la répudiation de l'accroissement serait valable sans constituer une transmission. — Champ. et Rig., t. 1er, p. 450.

1088. — Si le légataire universel ou à titre universel accepte bénéficiairement, il y aura lieu d'appliquer la doctrine exposée sur ce point, eu égard à l'héritier bénéficiaire. — Champ. et Rig., t. 1er, p. 451.

§ 3. — *Des renonciations à communautés. — Cas divers — Droit ancien.*

1089. — Les renonciations à communauté peuvent se rencontrer dans trois hypothèses :

1° Lorsque le mariage est dissous par la mort du mari.

2° Lorsque la communauté est dissoute par la mort de la femme.

3° Lorsqu'elle l'est par la séparation de biens.

Dans tous ces trois cas, les droits de mutation n'étaient pas perçus dans l'ancienne jurisprudence, à raison de l'accroissement dont le mari ou ses héritiers profitaient (Guyot, *du Relief*, ch. 15, n. 30). « Toutes ces décisions, disait Poquet de Livonières, liv. 4, ch. 3, sect. 5, sont fondées sur le même principe, que la renonciation de la veuve ou de ses héritiers ne transfère aucun nouveau droit au mari, ou aux héritiers du mari. La femme, pendant que la communauté subsiste, n'a aucun droit formé et actuel sur les biens qui la composent, mais une simple espérance ou tout au plus une simple faculté, un droit virtuel et potestatif. Le mari est le maître de la communauté, et de tous les acquêts qui y sont compris. La femme pourrait à la vérité y prendre la moitié en l'acceptant, et par son concours diminuer le droit que le mari ou ses héritiers avaient à la totalité des acquêts; mais si elle renonce, le tout demeure au mari ou à ses héritiers, *jure non decrescendi;* on suppose que la femme n'y a aucune part, que le tout a appartenu au mari, et a passé par son décès entre les mains de ses héritiers. »

1090. — Il y a mêmes raisons de décider ainsi aujourd'hui, et on doit les considérer comme les motifs des dispositions de la loi de frimaire, qui (art. 68, § 1er, n. 1) n'assujettit qu'au droit fixe les renonciations à communautés. Mais il faut qu'elles soient pures et simples, c'est-à-dire au profit de tous les héritiers du mari. Si elle n'avait lieu qu'au profit de quelques uns, ce serait une acceptation et une cession à titre gratuit, soumise au droit proportionnel (V. ce qui est dit sur ce point aux deux paragraphes précédens). — Champ. et Rig., t. 1er, p. 453.

1091. — Le droit de vente n'est pas dû sur l'acte par lequel une veuve renonce à la communauté en faveur des héritiers de son mari acceptant, à condition que ceux-ci lui paieront le montant de ses reprises; c'est là une renonciation pure et simple, passible du droit de quittance sur les sommes payées, ou de celui d'obligation sur le montant des reprises, qui ne sont pas justifiées résulter d'actes enregistrés (Solut. 19 août 1830). — Trouill., v° Renonciation, n. 16.

1092. — Si la renonciation a lieu moyennant un prix, il faudra distinguer comme à l'égard des legs et examiner si la somme ou la chose donnée est le prix de la renonciation ou celui des objets composant la communauté. Le *Dict. de l'enreg.*, v° Renonciation, n. 28, disait que dans tous les cas où il y a un prix attaché à la renonciation, la femme dispose de ses droits, et il y a lieu d'exiger le droit de vente. Cette décision n'est pas susceptible de la distinction déjà faite, consistant à voir si la renonciation devant être considérée comme une acceptation, la stipulation d'un prix peut avoir le caractère de partage. — Champ. et Rig., t. 1er, p. 453.

1093. — L'acception partielle de la part de la femme est nulle et ne produit aucun effet, car la qualité de commune, comme celle d'héritier, est indivisible; ainsi, loin d'avoir exprimé la volonté d'accepter le tout, elle a par là manifesté une intention contraire. — *Ibid.*, p. 454.

1094. — La femme ne peut renoncer valablement après avoir accepté. Dès lors, toute renonciation postérieure n'a d'autre effet que celui d'une abdication de propriété. — *Ibid.*

1095. — Toute renonciation avant la dissolution de la communauté est nulle et de nul effet, elle ne peut dès lors en aucun cas donner ouverture au droit proportionnel.— *Ibid.*

1096.—Le mari ni les héritiers du mari ne peuvent renoncer à la communauté, une pareille disposition, fût-elle valable, aurait pour effet d'être considérée comme une abdication de propriété soumise au droit proportionnel.— *Ibid.*

ART. 9.— *Des mutations par actes entre-vifs, à titre gratuit.*

1097.—Les droits de donations *en ligne directe*, fixés par la loi du 22 frim. an 7, ont été modifiés depuis, 1° par celle du 28 avril 1816 qui a ajouté le droit de transcription au droit de 2 fr. 50 cent. p. 100, établi pour les transmissions immobilières; 2° par la loi du 16 juin 1824 qui, pour les donations portant partage, a établi les mêmes quotités que pour les successions. — 3° enfin par la loi du 21 avril 1832 qui a précisé le droit des donations entre-vifs par contrat de mariage faites entre frères et sœurs, oncles et tantes, neveux et nièces, et qui a élevé les droits sur les donations, hors contrat de mariage, faites soit entre collatéraux, jusqu'au 12e degré, soit entre non parens. Le droit de transcription n'est pas exigible sur ces donations (Instr. 1399) à la différence de celles faites entre époux, qui sont encore régies par la loi de 1816 (art. 54). Mais il est bon d'observer aussi que celles-ci étant toujours révocables pendant le mariage, ne sont assujetties au droit proportionnel qu'au decès de l'époux donateur s'il a persisté.

		Droit par 100 fr.	
En ligne directe, donations ordinaires (Loi du 22 frim. an 7).	Meubles...	1	25
	Immeubles.	4	»
Donation contenant partage (Loi de 1824).	Meubles...	»	25
	Immeubles.	1	»
Entre époux (Loi du 28 avril 1816) (1).	Meubles...	1	50
	Immeubles.	4	50
Entre frères et sœurs, oncles et tantes, neveux et nièces (Loi de 1832).	Meubles...	3	»
	Immeubles.	6	50
Entre grands-oncles et grand' tantes, petits-neveux et petites-nièces, cousins germains (Loi de 1832).	Meubles...	4	»
	Immeubles.	7	»
Entre parens au-delà du quatrième degré et jusqu'au douzième (Loi de 1832).	Meubles...	5	»
	Immeubles	8	»
Entre personnes non parentes (Loi de 1832).	Meubles...	6	»
	Immeubles.	9	»

1099 — Une donation faite par l'adoptant à son fils adoptif ou aux enfans de celui-ci, est censée faite en ligne directe. — 2 déc. 1822. Civ. c. Baduel. D.A. 1. 312; 7. 90. D.P. 22. 1. 489.—V. Adoption.

1100. — La loi du 28 avril 1816, qui réduit à 1 fr. 50 c. le droit sur les donations entre-vifs en ligne directe, ne s'applique pas aux alliés au même degré : à l'égard de ceux-ci, comme pour les personnes *non parentes*, le droit est de 3 fr. 50 cent.—22 déc. 1829. Civ. c. Enreg. C. Viénot. D.P. 30. 1. 20. — Décis. conf. min. des fin. 21 juill. 1820. Jug. de Charolle 30 août 1828. — Trouillet, v° Donation, § 1er, n. 5.

1101.—Ainsi, dans le cas d'une donation par un père à *la succession* de sa fille, laquelle a laissé quatre enfans, et légué à son mari la portion disponible, le droit de la régie, sur la donation, doit être de 1 fr. 25 cent. p. 100 pour les trois quarts afférant aux enfans, héritiers directs, et de 3 fr. 50 cent. pour l'autre quart revenant au mari, personne étrangère, qui ne vient à la succession que par testament.

On dirait en vain que la donation a été faite à la *succession*, collectivement, sans désignation du gendre, surtout si ce dernier a accepté la donation, tant en son nom personnel qu'au nom de ses enfans

(1) Cet article ne figure que pour mémoire ; les donations entre époux étant toujours eventuelle..

mineurs (L. 22 frim. an 7, art. 69, § 4, n. 1, et art. 53, n. 1 et 7, l. 28 avril 1816). — 22 dec. 1829. Civ. c. Enreg. C. Vienot. D.P. 30 1. 20.

1102.— Cependant, la disposition d'un contrat de mariage, par lequel le père de l'une des parties s'oblige de nourrir et loger les époux ainsi que leurs descendans, et de payer annuellement *à chacun des deux époux* une somme de 1,000 fr., doit etre considérée comme une liberalité en ligne directe, parce que les futurs époux sont aux yeux du donateur un etre collectif, et que celui-ci n'a qu'une pensée de prévoyance pour la nourriture et l'entretien de la nouvelle famille (Délib. 6 mai 1828). — Trouillet, v° Donation, § 1er, n. 7.

1103.— Comme aussi la donation d'un immeuble faite par un père à son fils dans son contrat de mariage, avec stipulation que cet immeuble entrera dans la communauté établie entre le donataire et la future, est censée faite au fils seul; ainsi, elle n'est sujette qu'au droit de donation en ligne directe (Solut. 12 juin 1830).

1104.— Le même principe a été consacré par une délib. de la régie, du 20 mai 1834 (Michel. D.P. 34. 3. 83), dans une espèce où les deux époux avaient accepté la donation.—Trouillet, v° Donation, § 1er, n. 8.

1105.—Pareillement, l'acte par lequel des parens promettent de payer 10,000 fr. à titre de dot religieuse de leur fille, n'est passible que du droit de donation en ligne directe, quoique la somme doive être touchée par la communauté, seule acceptante, et qui s'oblige de nourrir et entretenir la donataire. Toutefois, il résulte de l'intervention de l'établissement une association passible du droit fixe de 5 fr. (Délib. 24 juill. 1827).—Trouillet, v° Donation, § 1er, n. 41.

1106.—La pension viagère et alimentaire faite par une mère à son enfant, alors que rien ne prouve que celui-ci est dans le besoin, est, comme donation en ligne directe, soumise au droit de 1 fr. 25 c. pour 100 fr. — 22 août 1832. Solut. M..... D.P. 34. 3. 52.

1107. — Les actes par lesquels des père et mère abandonnent, à titre de donation, leurs biens à leurs enfans, à la charge par ceux-ci de les nourrir ou de leur payer une rente viagère, ou sous d'autres conditions imposées au démissionnaire, rentrent dans la classe des donations en ligne directe (Déc. 10 avril 1818; inst. 832).—Trouill., v° Donation, § 1er, n. 9.

1108. — La quotité disponible étant déterminée d'après la valeur des biens de toute nature composant la succession entière, le donataire en usufruit, par contrat de mariage, de la totalité des *immeubles* seulement de son conjoint prédécédé, ne peut dire que la donation est réduite de plein droit à la moitie, et que la perception doit avoir lieu sur cette base. La donation peut subsister, en effet, pour une portion plus forte, et même pour la totalité, suivant l'importance des autres biens. Dès lors, l'usufruit donné ne peut être amoindri que par une liquidation de la généralité des biens, et, jusque-là, les termes de la donation doivent régler la perception.— 8 nov. 1833. Délib. D.P. 34. 3. 4.

1109. — La constitution d'une rente perpétuelle par acte entre-vifs, pour un service religieux, et spécialement pour le traitement d'un aumônier, est assujettie au droit de donation, et non à celui de constitution de rente. — 31 janv. 1834. Délib. D... D.P. 34. 3. 48.

1110. — L'art. 53, § dernier de la loi du 28 avril 1816, qui n'établit qu'un demi-droit proportionnel pour les donations *entre-vifs* faites en contrat de mariage *aux futurs époux*, peut être étendu aux donations entre-vifs faites aussi en contrat de mariage *entre futurs époux*.—15 mai 1834. Req. Enreg. C. Rachet. D.P. 34. 1. 247.

1111. — La perception de 5 p. 100 n'a pu être faite sur une donation entre époux; la loi ne fixe ce droit qu'à 3 p. 100 (L. 28 avril 1816, art. 53). — 22 fév. 1831. Civ. c. Chaliés. D.P. 31. 1. 88.

1112. — Le mot *gendre*, inséré dans l'art. 206 C. civ., indique que, par *beau-père* et *belle-mère*, il ne faut pas entendre le second mari de la mère ou la seconde femme du père. En conséquence, la pension constituée par le fils ou la fille à leur profit, doit être considérée comme une donation, encore même que l'acte exprime que la constitution est faite en exécution de l'art 206 du code; elle est frappée, par suite, sur le capital formé de dix fois la pension, non du droit de 20 cent. p. 100, fixé pour les

constitutions de pensions alimentaires, mais de celui de 6 fr. p. 100 pour les donations mobilières entre étrangers, à moins que le donateur et le donataire ne soient parens, cas auquel le droit ne serait dû que selon leur degré de parenté (L. 21 avril 1832, art. 33). — 16 août 1833. Délib. D.P. 33. 3. 99.

1113.— La donation entre-vifs, par un père à son fils, d'une terre erigée en majorat, n'est passible que du droit d'usufruit en ligne directe (*Dict. de l'enreg.*, v° Donation, n. 230).

1114.— Un écrit sous seing-privé, constitutif d'une rente viagère pour services rendus, est passible du droit de 2 p. 100, et non de celui de donation (*Journ. de l'enreg.*, n. 4078). La jurisprudence varie cependant sur ce point (*Dict. de l'enreg.*, v° Donation, n. 259).

1115. — Les donations d'immeubles, faites par contrat de mariage, ou tout autre acte notarié, par le roi contractant en son nom personnel, sont exemptes de l'enregistrement comme acte émané du souverain, et qui aurait pu faire le sujet d'une ordonnance; mais les actes subséquens qui peuvent avoir lieu par suite de la donation, ou de la part des prefets pour la réaliser, si les biens sont purement nationaux, ou de celle des intendans des domaines de sa majesté, s'ils proviennent de ses domaines, doivent acquitter les droits ordinaires de mutation (Déc. min. des fin. 27 mars 1810).—Trouillet, v° Donation, § 1er, n. 26.

1116.— La donation entre-vifs, faite à une succession, sans autre désignation, ne peut être considérée que comme faite à ceux auxquels cette succession est échue et dans la proportion des droits qui leur appartiennent, d'où il suit que si un gendre est légataire du quart de cette succession, il doit acquitter les droits de mutation comme personne non parente (Inst. 1307, § 6. — Trouillet, v° Donation, § 1er, n. 37). — 22 déc. 1829. Civ. c. Enreg. C. Viennot. D.P. 30. 1. 20.

1117.— Les droits des donations entre-vifs, faites par contrat de mariage, avaient été fixés par l'art. 69 de la loi du 22 frim. an 7, à moitie de ceux perçus pour les donations hors contrat de mariage (V. le tableau ci-dessus). Seulement, le droit de transcription devait être ajouté dans son intégralite (Délib. 17 sept. 1817). La loi du 21 avril 1832, art. 33, a établi de nouvelles quotités pour la ligne collatérale et les personnes non parentes.—En voici le tableau:

		Droit par 100 fr.	
En ligne directe (Loi 22 frim. an 7).	Meubles...	»	$62\frac{1}{2}$
	Immeubles.	2	75
Entre futurs (Loi du 28 avril 1816) (1).	Meubles...	»	75
	Immeubles.	3	»
Entre frères et sœurs, oncles et tantes, neveux et nièces (Loi de 1832).	Meubles...	2	»
	Immeubles.	4	50
Entre grands oncles et grand' tantes, petits-neveux et petites-nièces, cousins germains (Loi de 1832).	Meubles...	2	50
	Immeubles.	5	»
Entre parens au-delà du quatrième degré et jusqu'au douzième (Loi de 1832).	Meubles...	3	»
	Immeubles.	3	50
Entre personnes non parentes (Loi de 1832).	Meubles..	4	»
	Immeubles.	6	»

Le droit de transcription ne sera pas ajouté aux donations entre collatéraux et personnes non-parentes (Inst. 1399); pour les autres donations, ce droit est compris dans les quotités établies au tableau ci-dessus.— Trouillet. *Dict. de l'enr.*, v° Mariage, § 4, n. 1, 2.

1118.— L'exemption du demi-droit, portée par la loi de l'an 7, ne s'applique pas aux donations par contrat de mariage dont l'effet n'est pas actuel, mais reste suspendu jusqu'au décès, parce que la loi ne parle que des donations entre vifs, et que, par cette expression, elle n'a coutume de désigner

(1) Cet article ne figure que pour mémoire, puisqu'il a été décidé par délibération du 30 juillet 1817, que les donations entre futurs, sont assimilées aux donations entre époux.

que celles qui opèrent un dessaisissement immédiat (*Journ. de l'enreg.*, art. 3547). — D.A. 7. 111, n. 1, alin. 2.

1119. — Les donations contenues dans un contrat de mariage fait en Normandie, avant l'émission du code civil, doivent jouir de l'exemption du demi-droit, nonobstant que ce contrat de mariage soit sous signature privée, dès qu'il est constant que le statut local lui accordait une date certaine, lorsqu'il était signé par les parens des parties contractantes. — 20 janv. 1807. Req. Enreg. C. Gravelle. D.A. 7. 124. D.P. 7. 1. 142.

1120. — Il doit être fait distraction, dans la liquidation du droit, des *réserves* que s'est faites le donateur sur les biens donnés. Si le donateur s'est réservé l'usufruit, le droit ne doit être perçu que sur la nue-propriété (L. 22 frim. an 7, art. 15, n. 7, 2e al.). — 28 janv. 1818. Civ. c. Enreg. C. Harnepont. D.A. 7. 126. D.P. 2. 18, et 18. 1. 248.

1121. — On ne peut considérer comme une donation faite entre époux, vis-à-vis de la régie, et, par suite, comme soumise au droit fixe de 5 fr. 50 c., la clause d'un contrat de mariage portant ameublissement de partie des biens de l'un des époux, et attribution de l'usufruit du bien ameubli au profit du survivant (C. civ. 1507, 1525). — 26 déc. 1831. Civ. c. Desabes. D.P. 32. 1. 22.

1122. — La clause d'un contrat de mariage, par laquelle des époux qui mettent tous leurs biens en communauté, se font *donation mutuelle* au profit du survivant : 1° de la pleine propriété des acquêts faits pendant le mariage ; 2° de l'usufruit des biens propres du prémourant, avec réserve expresse des droits des enfans, cette clause doit être réputée *donation* entre époux, dans le sens de l'art. 1091 C. civ., et non *société d'acquêts*, laquelle attribue, aux termes de l'art. 1525 C. civ., la propriété des acquêts au survivant, à dater du contrat de mariage. Par suite, la régie est autorisée à percevoir, sur cette stipulation d'acquêts, au décès du prémourant, le droit ouvert à l'occasion des donations entre époux. — 15 fév. 1832. Civ. c. Enreg. C. Collignon. D.P. 32. 1. 107.

1123. — Toute donation *en faveur* du mariage doit jouir des mêmes avantages que celles faites par *contrat* de mariage, parce que la loi ne détermine pas le protocole d'un tel contrat, et que, pourvu que la donation soit faite *avant* et dans la vue du mariage, les intentions de la loi, qui a voulu favoriser les mariages, sont remplies. D'ailleurs, toute donation en faveur du mariage est caduque, si le mariage ne s'ensuit pas (art. 1088 C. civ.; délib. 17 juin 1827). — Trouillet, v° Mariage, § 4, n. 6.

1124. — On a jugé aussi que la donation faite par un père à son fils, et qui n'est acceptée par le donataire que postérieurement, dans son contrat de mariage, n'est passible que du droit réglé pour les donations faites en ligne directe par contrat de mariage ; du moins, le jugement qui le décide ainsi, par le rapprochement et l'interprétation des deux actes, échappe à la cassation (C. civ. 932). — 9 avril 1828. Civ. r. Enreg. C. Grégori. D.P. 28. 1. 205.

1125. — Egalement, lorsque, dans un contrat de mariage, il est énoncé que le futur a précédemment reçu de son père une somme d'argent à titre d'avancement d'hoirie, la donation est considérée comme faite par contrat de mariage (*Dict. de l'enreg.*, v° Donation, n. 121).

1126. — Mais la charge imposée au donataire, dans la donation d'un immeuble, d'imputer sur sa valeur une constitution dotale mobilière (une somme d'argent), à lui faite précédemment, dans son contrat de mariage, par le donateur, substituant à une constitution dotale mobilière la transmission d'une propriété immobilière, ne peut, quant à la perception du droit d'enregistrement, être considérée comme l'exécution du contrat de mariage, et doit être passible du droit proportionnel réglé pour la mutation des propriétés immobilières (L. 22 frim. an 7, art. 69, § 8, n. 1). — 2 avril 1828. Civ. c. Beaufremont. D.P. 28. 1. 201.

1127. — Jugé aussi qu'un contrat de mariage, passé après la célébration, ne motive pas la réduction des droits sur les donations qui ne sont plus alors censées faites en faveur du mariage (*Dict. de l'enreg.*, v° Donation, n. 193).

1128. — Depuis la loi de 1816 (art. 54), tous actes de nature à être transcrits (parmi lesquels il faut surtout ranger les donations) sont assujettis à un droit additionnel d'un et demi pour cent, qui se perçoit au moment où l'acte est présenté à la formalité de l'enregistrement. La même loi a d'ailleurs renouvelé (art. 53) la dispense du demi-droit appliquée par la loi de frimaire aux donations entre-vifs par contrat de mariage. De là la question de savoir si l'exemption doit également porter sur le droit de transcription ? Bien que la loi ait réuni les droits de mutation et ceux de transcription dans une même perception, ces droits ne laissent cependant pas d'être distincts ; et puisque la réduction n'est nominativement accordée que sur le droit d'enregistrement, elle ne peut pas être étendue à un cas non prévu. — 17 sept. 1817. Solut. D.A. 7. 111, n. 1, alin. 4.

1129. — Le droit des donations entre-vifs est exigible au moment même du contrat ; celui des donations, dont l'effet est suspendu pendant la vie de l'instituant, n'est dû qu'au jour du décès. De là, nécessité de discerner en quel cas il y a transmission actuelle, ou simple expectative. — D.A. 7. 112, n. 2.

1130. — Ainsi, on a décidé qu'il n'y a d'assujetti au droit fixe que les libéralités à cause de mort ou autres dont l'effet est subordonné à l'événement du décès, et demeure *suspendu* jusque là ; mais sont passibles du droit proportionnel toutes donations contenant transmission *actuelle* des biens donnés. — 12 niv. an 13. Civ. c. Enreg. C. Bazin. D.A. 7. 115. D.P. 5. 1. 236.

1131. — Mais l'obligation imposée par un père à ses enfans, dans le partage qu'il fait entre eux, par acte notarié et sous réserve d'usufruit, des immeubles qu'il possède au jour du partage, de payer les dettes qu'il laissera à son décès, est exclusive de toute transmission *actuelle* de propriété, et empêche par conséquent que l'acte ne soit soumis au droit proportionnel. — 14 juillet 1807. Req. Enreg. C. Mercier. D.A. 7. 117. D.P. 7. 1. 374.

1132. — Comme aussi, lorsque le donateur par contrat de mariage s'est réservé la faculté de disposer, sur les biens donnés, d'une somme déterminée, il doit être fait distraction de cette somme dans la liquidation du droit, nonobstant qu'elle doive appartenir au donataire, aux termes de l'art. 1086 C. civ., si le donateur meurt sans en avoir disposé. — 15 juin 1808. Req. Enreg. C. Groc. D.A. 7. 122. D.P. 2. 17, et 8. 1. 348.

1133. — De même, le contrat de mariage qui attribue au survivant des époux la totalité de la communauté mobilière, une part inégale dans les conquets, et l'usufruit de la totalité des immeubles propres du prémourant, présente à la fois une convention entre associés à l'égard des biens de la communauté, et donation éventuelle à l'égard des biens propres. Le droit de donation ne peut donc être perçu que sur ces biens. — 12 janv. 1830. Délib. D.P. 33. 3. 28.

1134. — La donation entre époux, durant le mariage, quoique faite avec dessaisissement actuel et irrévocable, en faveur du donataire de la nue-propriété des biens donnés, pouvant néanmoins être toujours révoquée jusqu'à la dissolution du mariage, n'est, comme toute donation éventuelle, sujette dès à présent qu'au droit fixe d'enregistrement. — 11 fév. 1834. Délib. D.P. 34. 3. 60.

1135. — La clause par laquelle des père et mère, en mariant leur fille, lui font donation irrévocable, *chacun en sa succession*, du tiers d'un immeuble déterminé, non seulement dans l'état où il se trouve *actuellement*, mais encore dans *l'état où chacun d'eux le laissera à son décès*, a pu être considérée comme une donation dans le sens des art. 1082 et 1083 C. civ., c'est-à-dire comme ne dessaisissant pas actuellement les donateurs, et, par suite, comme n'étant pas passible du droit auquel est soumise la donation des biens présens. — 20 nov. 1833. Req. Enreg. C. Paillon. D.P. 33. 1. 397.

1136. — Mais lorsqu'un père donne à sa fille et à son gendre une somme d'argent par un acte qualifié donation entre-vifs et irrévocable, contenant acceptation et portant cette clause : *Pourront, dès aujourd'hui, les époux, faire jouir et disposer de ladite somme comme bon leur semblera, le donateur s'en dessaisissant à leur profit actuellement et irrévocablement* ; cet acte constitue une véritable donation entre-vifs pour le tout, bien qu'il soit convenu, dans l'acte, qu'une partie de la somme donnée ne sera payée qu'après le décès du dernier survivant du donateur et de son épouse, sans intérêt jusqu'alors, et qu'aucune garantie n'ait été accordée au donataire. En conséquence, le droit proportionnel de donation mobilière doit être perçu sur cette dernière somme, comme sur les autres parties de la donation. — 15 mars 1825. Civ. c. Enreg. C. Astruc. D.P. 25. 1. 199.

1137. — De même, une donation de biens présens et à venir est sujette au droit proportionnel, s'il est stipulé que la nue-propriété des biens présens appartiendra dès ce moment au donataire. La donation ici n'est pas simplement éventuelle, quant à la nue-propriété. L'art. 4 de la loi du 22 frim. an 7 assujettit au droit proportionnel toute *transmission actuelle de propriété, d'usufruit ou de jouissance* ; et l'avis du conseil d'état, du 22 déc. 1809, a décidé que le droit proportionnel est dû sur la valeur de l'usufruit, lorsqu'il est énoncé, dans l'espèce de donation dont il s'agit, que le donataire entrera de suite en jouissance des biens présens. Toutefois, la cour de cassation a statué en sens contraire, les 13 niv. an 12, 17 mai 1815 et 14 mai 1823 (8 juin 1830, instr. gén., n. 1320, § 4). — D.P. 33. 3. 28.

1138. — Jugé encore que la donation d'une somme d'argent payable après le décès du donateur, et sous la condition que le donataire ou ses enfans lui survivront, est passible actuellement du droit proportionnel. — 24 mai 1832. Solut. N... C. Enreg. D.P. 32. 3. 117.

Décision illégale, inexplicable dans l'état actuel de la jurisprudence.

1139. — La condition résolutoire ne suspend point l'exécution de l'obligation (C. civ. 1183). Ainsi, la donation avec clause de retour, en cas de prédécès du donataire, n'empêche pas la perception immédiate du droit proportionnel, encore que, le retour venant à s'opérer, le droit ne soit point restituable. — D.A. 7. 112, n. 2, alin. 1er.

1140. — Ainsi, lorsque les père et mère des futurs leur ont fait donation irrévocable, et sous hypothèque, de sommes que les futurs ne toucheront qu'au décès de leur père et mère, sans intérêts jusqu'alors, la régie peut percevoir, dès à présent, les droits de mutation sur ces sommes, nonobstant la stipulation du droit de retour ; il n'y a pas seulement lieu à un simple droit fixe (L. du 22 frim. an 7, art. 69. C. c. 894, 938). — 17 avril 1826. Civ. c. Enreg. C. Gas. D.P. 26. 1. 230.

1141. — Jugé encore qu'une constitution de dot en avancement d'hoirie d'une somme déterminée qui produira une rente annuelle, aussi déterminée, emportant nécessairement, quant à la somme donnée, un dessaisissement actuel qui ne saurait être détruit par la circonstance que l'exigibilité est suspendue jusqu'au décès des donateurs, ou par le défaut de stipulation d'aucune sûreté ou garantie, alors surtout que les donateurs ont eu soin de stipuler le droit de retour, un tel acte est passible, non seulement pour le capital de la rente, mais pour la totalité de la chose donnée, du droit proportionnel d'enregistrement, fixé par les art. 4 et 69, § 4, n. 1 de la loi du 22 frim. an 7 (C. c. 894, 938). — 3 déc. 1828. Civ. c. Enreg. C. d'Estampes. D.P. 29. 1. 50.

1142. — De même, la donation précipuaire de biens présens et à venir, faite par contrat de mariage, avec réserve du droit de retour au profit du père donateur, en cas de prédécès du donataire, et où il est dit que cette stipulation ne fera point obstacle à ce que le fils dispose d'une somme fixe (5,000 fr.) sur le préciput, pendant la vie de son père, une telle donation ayant pour effet d'opérer la transmission actuelle de la propriété des 5,000 fr., donne ouverture à la perception immédiate du droit proportionnel de mutation sur cette somme (C. civ. 951, 1082, 1084). — 20 mars 1833. Civ. c. Enreg. C. Braux. D.P. 33. 1. 190.

1143. — Mais une décision du ministre des finances, du 29 déc. 1807 porte « qu'on ne doit exiger aucun droit pour les rentrées en possession qui auront lieu au profit de tout donateur en vertu du retrait expressément réservé dans l'acte de donation. » L'instruction générale du 22 fév. 1808, n. 366, § 18, motive cette décision en ces termes : « Lorsque cette clause est formellement exprimée dans la donation, le donateur rentre dans le bien donné, par une suite nécessaire de la première convention ; ce retour à la propriété est un des cas prévus *par l'acte primitif qui a payé ce qui était dû* pour tous les effets qu'il devait produire, et aucun *droit nouveau n'est exigible*. — On décidait de même dans l'ancien droit. — Dumoulin, § 33, glos. 1re, n. 30 ; Guyot, *du Relief*, ch. 15, n. 30 ; Champ. et Rig., t. 1er, p. 392.

1144. — De même, la résolution de la donation pour cause de survenance d'enfans a lieu de plein droit (C. civ., art. 962) ; elle n'a pas besoin d'être prononcée par le juge, et le jugement ou l'acte conventionnel qui la constatent n'ajoutent rien aux droits des parties, et n'opèrent pas une mutation que la loi a effectuée même à leur insu. Le droit proportionnel n'est pas exigible. — Dumoulin, § 33,

glos. 1re, n. 57; Fonmaur, n. 671; *Dict. des dom.*, vo Donation, § 12; Champ. et Rig., 1, 390.

1145.— La résolution pour inexécution des conditions (art. 954) n'a pas lieu de plein droit (art. 956); elle ne doit donner ouverture au droit fixe que lorsqu'elle est prononcée par jugement, parce qu'elle n'est que l'exécution d'une condition dérivant nécessairement du contrat. Un arrêté de juillet 1699 a prononcé l'exemption du relief de la révocation d'une donation, faute de paiement d'une pension réservée par le donateur. — Bretonnier, sur Henrys, liv. 3, quest. 73, n 21; Champ. et Rig., t. 1er, p. 390.

1146. — La résolution pour cause d'ingratitude ne dérive pas du même principe, c'est une peine infligée par la loi au donataire ingrat; aussi n'efface-t-elle pas les aliénations ou les hypothèques antérieures à la demande (art. 958).

1147.— Cependant Dumoulin, § 33, glos. 1, n. 57, avait décidé que le droit de la résolution n'était pas dû, *quia fit ex causâ necessariâ quæ tacitè inerat à principio donationis*. Cette décision avait été généralement adoptée, et a été confirmée relativement à la perception du droit d'enregistrement, par une délibération du conseil d'administration, du 30 janv. 1829 (*Journ. de l'enreg.*, n. 9279).

1148.— Mais l'affranchissement ne s'étendrait pas à la résolution qui aurait lieu par acte conventionnel, quelque certain que fût le fait d'ingratitude, *ex capite ingratitudinis*, dit Dumoulin, *non revocatur ipso jure donatio*, *sed demùm per sententiam* (Voy. *sup.*); cela résulte, d'ailleurs, de l'art. 956 C. civ.—Champ. et Rig., t. 1er, p. 391.—V. l'art. 2 et l'art. 10, § 3.

1149. — Mais si elle n'est reconnue que par les parties, le droit est dû, parce qu'alors elle prend le caractère de résolution volontaire.

1150. — Ainsi, on a décidé que le jugement qui prononce la résolution d'une donation sur la demande respective du donateur et du donataire, pour cause d'inexécution volontaire des conditions prescrites, opère une véritable rétrocession au profit du donateur, qui donne ouverture au droit proportionnel et rend ce jugement passible d'enregistrement dans les vingt jours de la date.— 14 nov. 1815. Civ. c. Enreg. C. Calas. D.A. 7. 187. D.P. 2. 28.

1151.—La donation qui n'offre au gratifié qu'une simple expectative qui ne l'investit de rien, et que le donateur peut faire disparaître à son gré, par voie directe ou détournée, ne donne lieu qu'au simple droit fixe, sauf à percevoir ultérieurement le droit proportionnel, si le cas y échet. Telle est la donation sous condition d'acquitter les dettes du donateur à son décès. — Telle est l'institution contractuelle, soit lorsqu'elle porte sur les biens à venir de l'instituant, soit, lorsque, comprenant des biens présens, il n'a point été annexé à l'acte un état des dettes au jour du contrat. — D.A. 7. 112, n. 2, alin. 2.

1152.—On a jugé, conséquemment, que l'acte par lequel un donateur se réserve l'usufruit des biens qu'il donne, et impose au donataire l'obligation de payer les dettes qu'il laissera à son décès, n'a point le caractère d'une donation entre-vifs, irrévocable de sa nature, et ne pouvant recevoir aucune atteinte du fait du donateur : cet acte, par conséquent, ne donne point ouverture au droit proportionnel. — 13 avril 1815. Req. Enreg. C. Missol. D.A. 7. 117. D.P. 2. 16.

1153. — *Spécialement*, l'acte par lequel des père et mère font donation, sous réserve d'usufruit, de tous leurs immeubles à deux de leurs filles, à charge par les donataires de payer une certaine somme à leurs deux autres sœurs, dont l'une est mineure, et sous l'obligation imposée aux quatre enfans d'acquitter les dettes que les donateurs laisseront à leur décès, n'est point une donation sujette au droit proportionnel de 2 fr. 50 cent. par 100 fr., mais un partage assujetti au simple droit fixe.— Même arrêt.

1154.— Jugé encore que la donation de biens présens et à venir, faite par ascendans, par contrat de mariage, avec réserve d'usufruit, n'attribuant au donataire qu'une simple expectative à la propriété des biens même présens, n'opère aucune *transmission* actuelle qui donne ouverture au droit proportionnel, encore que l'état des dettes du donateur eût été annexé à l'acte de la donation; il faudrait, pour autoriser la perception de ce droit, avant le décès du donateur, qu'une stipulation expresse fît entrer le donataire dans une jouissance immédiate quelconque (Avis cons. d'état, du 22 déc. 1809). — 1er déc. 1829. Req. Enreg. C. Mempontel. D.P. 29. 1. 399.

1155.—Toutefois, il a été décidé que les donations de biens présens et à venir, faites par contrat de mariage, qu'elles soient faites cumulativement ou par des dispositions séparées; sont passibles du droit proportionnel pour *les biens présens*, toutes les fois qu'il est stipulé que le légataire entrera de suite en jouissance (Inst. 463). — Trouillet, vo Donation, § 7, n. 4.

1156. — On a même jugé que lorsqu'une femme donne un immeuble qui lui est propre, à la charge par le créancier de payer une rente viagère à elle ou à ses ayans-cause, pendant sa vie et *celle de son mari*, il n'y a pas donation éventuelle au profit de celui-ci. En conséquence, cette stipulation n'est pas soumise au droit fixe de 5 fr.— 11 janv. 1832. Solut. de la régie. P... D.P. 33. 3. 16.

1157. — Cette décision est fondée sur ce que le donataire n'était nullement intervenu dans l'acte; dès lors on conçoit qu'on ne pouvait, sans injustice, faire peser sur lui les charges d'une donation non acceptée par lui.— *Eod.*, note 1re.

1158.— Le droit proportionnel n'est pas exigible sur une donation qualifiée entre-vifs d'une somme à prendre sur les biens qui composeront la succession du donateur. La libéralité n'opère aucun dessaisissement, et il peut ne se trouver rien dans la succession. L'acceptation par les futurs époux n'en change pas le caractère d'éventualité.— 25 juin 1830. Délib. D.P. 33. 3. 28.

1159. — Les donations de pension faites par les tuteurs officieux à leurs pupilles, sont considérées comme des institutions contractuelles (Déc. min. 23 sept. 1806; circ. 24 nov. suiv.). — Trouillet, vo Donation, § 11, n. 7.

1160.— Mais la réserve de l'usufruit ne forme pas une condition suspensive, puisque cette réserve ne fait pas obstacle à la transmission actuelle de la nue-propriété.— D.A. 7. 112, n. 2, alin. 2.

1161. — Jugé aussi qu'une donation sous réserve d'usufruit, et avec la clause de retour, en cas de prédécès du donataire sans postérité, ne peut être considérée comme une disposition soumise à l'événement du décès, et doit acquitter le droit proportionnel.— 12 niv. an 13. Civ. c. Enreg. C. Bazin. D.A. 7. 115. D.P. 5. 1. 236.

1162.— Mais on a jugé néanmoins qu'une donation faite par un père, dans le contrat de mariage de son fils, de tous *ses biens présens et à venir*, *pour en jouir en nue-propriété depuis le jour de l'acte, et en toute propriété depuis le décès du donateur*, ne donne pas ouverture au droit proportionnel, lors de l'enregistrement du contrat de mariage, même sur les biens présens; ce droit ne sera exigible qu'au décès du donateur. — 15 fév. 1830. Civ. r. Enreg. C. Ducayla. D.P. 30. 1. 126.

1163.— La condition qui suspend *l'effet* de l'obligation est distincte de celle qui ne fait qu'un retard à *l'exécution* Ainsi la donation d'une somme d'argent, *exigible seulement au décès du donateur*, n'en est pas moins une véritable donation entre-vifs, puisque le donataire acquiert un droit actuel transmissible à ses héritiers.— D.A. 7. 112, n. 2, alin. 3.

1164.— Cependant il a été décidé que la donation d'une somme à prendre sur la succession du donateur et ne produisant pas d'intérêts payables avant l'ouverture de cette succession, est réputée à cause de mort en quelque forme qu'elle soit consentie et acceptée, et ne donne pas lieu à la perception actuelle du droit proportionnel, lors même que le donateur stipulerait dès aujourd'hui une hypothèque sur les biens présens. Le donateur ne se dessaisit en effet d'aucune valeur, et en cas de décès du donataire l'hypothèque n'aura eu pour but que de garantir la donation au cas où elle se réaliserait (Délib. 1er oct. 1823. Instr. 1132, § 6. 3 délib. 25 juin 1830. délib. 9 mars 1809. Déc. min. des fin. 1er mai 1810. délib. 27 juill. et 28 déc. 1827).— Trouill., *Dict. de l'enreg.*, vo Donation, § 6, n. 1.

1165.— Cependant il a été décidé que la donation d'une somme à prendre sur la succession du donateur, avec affectation d'hypothèque et réserve du droit de retour, opérait une transmission actuelle. — Cass. 6 août 1827, et sur renvoi, arrêt conforme de la cour de Bourges, du 1er juill. 1829, cités par Trouillet, vo Donation, § 6, n. 2.

1166. — Aussi une délibération du 12 juill. 1829 porte-t-elle qu'on doit considérer comme passible actuellement du droit proportionnel, la donation *faite à titre entre-vifs et irrévocable* d'une somme à prendre sur les plus clairs et apparens biens de la succession du donateur. Cette délibération est conforme à une autre, du 22 mars 1826 (Instr. 1189, § 2), portant qu'on doit considérer comme donation passible actuellement du droit proportionnel celle faite à titre irrévocable et entre-vifs d'une somme déterminée payable dans l'année qui suivra le décès du testateur, avec intérêts à partir de ce décès, lesquels seront pris, ainsi que le principal, sur les plus clairs deniers de la succession.— Trouill., *Dict. de l'enreg.*, vo Donation, § 6, n. 3.

1167.— Dans tous les cas, si le donateur d'une somme d'argent à prendre sur sa succession s'oblige à *en payer pendant sa vie les intérêts*, cette stipulation de jouissance a un effet actuel et non subordonné à l'événement du décès, et le droit proportionnel doit être perçu à raison de la jouissance sur le capital au denier dix du revenu, sauf la perception sur le capital au denier vingt, lors de l'événement qui saisirait réellement le donataire (Instr. 1132, § 6). — Trouill., vo Donation, § 6, n. 5.

1168. — La donation faite dans un contrat de mariage, d'une somme *exigible seulement au décès du donateur*, sans hypothèque et sans intérêts, mais avec *dessaisissement actuel* de la part du donateur, constitue une véritable donation entre-vifs, soumise *hic et nunc* au droit proportionnel établi par les art. 4 et 69, § 4, n. 1 de la loi du 22 frim. an 7. — 8 juill. 1822. Civ. c. Enreg. C. Petit. D.A. 7. 116. D.P. 23. 1. 34.

1169. — De ce qu'une donation qu'un mari fait à sa femme *par contrat de mariage* est subordonnée par lui *au cas où la femme survivra*, elle n'en est pas moins une donation *entre-vifs*, irrévocable et saisissant le donataire du jour du mariage. — En conséquence, après que le décès du mari sera arrivé, il ne sera dû que le demi-droit proportionnel établi par la loi du 28 avril 1816 pour les donations *entre-vifs* faites en contrat de mariage aux futurs époux (L. 28 avril 1816, art. 53, § dernier).—15 mai 1834. Req. Enreg. C. Rachet. D.P. 34. 1. 247.

1170. — La donation d'un immeuble désigné tel qu'il se compose maintenant et tel qu'il se trouvera au décès du donateur qui s'en réserve l'usufruit, n'est autre chose qu'une donation éventuelle non passible actuellement du droit proportionnel (Cass. 20 nov. 1833, contraire à une délib. du 12 oct. 1830). —Trouill., vo Donation, § 8, n. 3.

1171. — Cependant, un acte de libéralité peut être réputé entre-vifs, sans donner lieu à la perception immédiate du droit proportionnel; ce qui arrive lorsque l'effet de cet acte est suspendu par une condition casuelle ou mixte, mais sans aucune relation avec le décès de l'instituant ou de l'institué; par exemple, si le donataire se marie dans un délai donné (Voyez *suprà*). — D.A. 7. 112, n. 2, alin. 4.

1172.— L'acte contenant donation, 1o d'immeubles dont la propriété est transmise à l'instant même au donataire; 2o des meubles et bestiaux qui existeront *au décès du donateur*, dans les bâtimens donnés, n'est passible, sur cette dernière disposition, que du droit fixe, bien que ces bestiaux soient estimés, car l'estimation n'oblige ni le donateur ni les héritiers; seulement il y aura lieu de percevoir le droit proportionnel, au décès, sur les meubles et bestiaux qui se trouveront dans la succession du donateur (Déc. min. des fin. 28 juin 1822).—Trouill., vo Donation, § 8, n. 2.

1173. — La promesse faite par un père, dans le contrat de mariage de son fils, de payer aux futurs époux une rente, ou un capital correspondant à cette rente, dans le cas où ils cesseraient de vivre avec lui, constitue une obligation potestative de la part de ces derniers, soumise, par conséquent, non point à un simple droit fixe, comme si la disposition était purement casuelle, mais au droit proportionnel, réglé par l'art. 69, § 4, n. 1 de la loi du 22 frim. an 7.—18 avril 1821. Civ. c. Enreg. C. Gervais. D.A. 7. 120. D.P. 21. 1. 596.

1174. — La donation en avancement d'hoirie, quoique sujette à rapport, ou susceptible de réduction, conférant un droit actuel, est soumise *hic et nunc* au droit de mutation. Au contraire, l'appelé à une subtitution fidéi-commissaire, dans les cas prévus, soit par les art. 1048 et suiv. C. civ., soit par la loi du 17 mai 1826, ne saurait être contraint au paiement des mêmes droits, tant que son droit n'est pas ouvert, puisque ce droit est subordonné à la condition de sa survie.— D.A. 7. 112, n 3.

1175.— Aussi a-t-on jugé que le contrat de mariage par lequel des père et mère assurent à leur enfant sa légitime sur tous leurs biens, jusqu'à concurrence d'une somme déterminée, constitue, nonobstant la réserve d'usufruit faite par les donateurs, un véritable avancement d'hoirie, qui saisit dès à présent l'enfant donataire de la propriété des biens jusqu'à concurrence de la somme déterminée. En conséquence, la démission de biens faite ultérieurement par les père et mère, en faveur de cet

enfant, ne donne pas ouverture au droit de mutation pour les biens précédemment constitués en dot. — 7 avril 1823. Civ. c. Enreg. C. Barbantane. D.A. 7. 118. D.P. 23. 1. 216.

1176.— Il n'en est pas de même de la clause d'un contrat de mariage par laquelle les père et mère, toujours en se réservant l'usufruit, assurent à leur enfant une portion aliquote de leurs biens, *tels qu'ils se trouveront au jour de leur décès* — Cette disposition, quoique faite sous l'empire de la coutume de Normandie, ne constitue qu'une simple institution contractuelle, qui n'opère pas saisine actuelle; et si elle est suivie d'un acte de démission, ce dernier acte est passible du droit proportionnel. — Même arrêt.

1177.— Une constitution de dot en avancement d'hoirie d'une somme déterminée, qui produira une rente annuelle aussi déterminée, emportant nécessairement, quant à la somme donnée, un dessaisissement actuel, est passible, pour la totalité de la somme donnée, et non pas seulement quant à la rente annuelle, du droit proportionnel fixé par les art. 4 et 69, § 4, n. 1 de la loi du 22 frim. an 7. — 6 déc. 1831. Civ. c. d'Estampes. D.P. 32. 1. 20.

1178.— De ce que la donation de biens présens, par institution contractuelle, ne donne pas immédiatement ouverture au droit proportionnel, lorsqu'il n'a point été joint à l'acte un état des dettes existantes au moment du contrat, faut-il conclure que le droit est dû dès maintenant, si l'état des dettes a été annexé à la donation? Le caractère de l'institution contractuelle est de laisser l'instituant toujours maître de disposer à titre onéreux. Si donc un simple acte de vente peut enlever au donataire toutes ses espérances, il faut en tirer la conséquence que le droit de mutation ne peut être exigé que lorsqu'il est devenu certain que la disposition doit obtenir un effet quelconque (Avis du cons. d'état, 22 déc. 1809, note 1re). — D.A. 7. 112, n. 4.

1179.— L'on a décidé en conséquence que la donation faite par contrat de mariage, cumulativement, des biens présens et à venir, mais sans annexe de l'état des dettes et charges existantes au jour de la donation, et avec réserve d'usufruit au profit du donateur, ne saisissant actuellement le donataire d'aucune jouissance, et ne lui donnant qu'une expectative à la propriété même des biens présens, puisqu'à défaut d'annexe de l'état des dettes, il ne pourra réclamer que ceux existans lors du décès, est une véritable institution contractuelle, qui ne peut donner lieu à la perception du droit proportionnel qu'à la mort du donateur. — Si le droit proportionnel a été perçu lors du contrat, il doit être restitué (C. civ. 1084, 1085). — 13 avril, 17 mai 1815, 14 mai 1823. Civ. r. Enreg. C. Brugier. D.A. 7. 118. D.P. 15. 1. 356 et 2. 16.

1180.— On ne doit voir aussi qu'une donation éventuelle dans celle faite par contrat de mariage, par une tante à sa nièce, de tous ses biens présens et à venir, lorsqu'elle se réserve l'usufruit de ses biens, et la faculté de disposer de 60,000 fr. Peu importe qu'il y soit ajouté que la donatrice se dessaisit dès à présent, au profit de la future, de tous les droits de propriété, et veut qu'elle soit mise en possession et jouissance, et qu'en cas de prédécès, ses enfans, et, à leur défaut, son mari, recueillent le bénéfice de la donation; le droit de mutation n'est dû qu'après le décès de la tante, parce que la donation est du genre de celles énoncées à l'art. 1082 C. civ., et que, d'après les réserves de la tante, la donataire ne pouvait être irrévocablement saisie qu'au décès de la donatrice, des biens de la donation qui s'étendaient aux biens à venir.—28 janv. 1819. Req. Maniglier. D.A. 7. 82. D.P. 19. 1. 227 (Instr. 1173, § 6). — Trouillet., v° Donation, § 7, n. 6.

1181.— Mais une donation de biens présens et à venir, avec réserve d'usufruit, est passible du droit proportionnel sur les biens présens, si les donateurs déclarent qu'ils n'ont pas de dettes, ou bien s'il est déclaré que les dettes actives compensent les dettes passives (19 fév. 1828, 28 juill., 27 oct. 1829, délib.).— D.P 33. 3. 28.

1182. — Mais le contraire résulte d'un jugement d'Ussel, du 16 mai 1828, confirmé par la cour de cassation, le 1er déc. 1829 (Req. Enreg. C. Mempontel. D.P. 29. 1. 399), et cet arrêt est lui-même conforme aux règles de perception établies par l'instruction 463.— Trouill., v° Donation, § 7, n. 7.

1183. — Il est vrai qu'il a été aussi jugé que la donation de biens présens et à venir dont le donataire jouira, savoir : quant à la propriété, à compter de la donation, et quant à la jouissance, à partir du décès du donateur, n'est pas sujette actuellement au droit proportionnel, s'il est déclaré que

les biens ne sont grevés d'aucune dette, et si le donateur se réserve le droit de retour (Cass. 15 fév. 1830). Mais l'administration a décidé que cet arrêt ne serait pas pris pour règle, et que le droit proportionnel continuera d'être perçu, conformément aux instr. 4033 et 1307, § 7, toutes les fois que la donation de biens présens et à venir contiendra, pour le donataire, la stipulation formelle de la faculté de disposer actuellement de la nue-propriété des biens présens (Instr. 1320, § 4); sa décision a été confirmée par un arrêt du 20 mars 1833 (Civ. c. Enreg. C. Braux. D.P. 33. 1. 190).—Trouill., v° Donation, § 7, n. 9.

1184.— Les donations portant partage, faites par actes entre-vifs, conformément aux art. 1075 et 1076 C. civ., par les père et mère, ou autres ascendans entre leurs enfans et descendans, ne seront assujetties qu'au droit de 25 c. par 100 fr. sur les immeubles, ainsi qu'il est réglé pour les successions en ligne directe.—Le droit de un et demi pour 100, ajouté au droit d'enregistrement par l'art. 54 de la loi du 28 avril 1816, ne sera perçu pour lesdites donations que lorsque la transcription en sera requise au bureau des hypothèques (L. du 16 juin 1824, art. 3).

1185. —Les partages de successions anticipées (art. 1075 et suiv. C. civ.), lorsqu'ils ont lieu dans la forme des donations entre-vifs, avec ou sans réserve d'usufruit, emportent dessaisissement actuel; ils seraient passibles du droit de donations (art. 10 de la loi du 27 vent. an 9), si l'art. 3 de la loi du 16 juin 1824 n'eût réduit le droit à celui des successions en ligne directe. Le même article les affranchit, mais seulement en tant que la formalité ne serait point requise, du droit additionnel de transcription voulu par la loi de 1816.

1186.—Toutefois, il n'y a que les donations *contenant partage* qui sont seules comprises dans l'exception. Toute autre libéralité de la part d'un père a ses enfans est sujette au droit ordinaire.

1187.— Il n'est point nécessaire pourtant que le partage soit fait par l'ascendant lui-même; il peut être fait par les enfans, pourvu que ce soit dans le même acte; et la disposition du père n'en a pas moins le caractère d'une démission de biens.

1188.— Si le partage est fait par les enfans, il y a lieu au droit fixe, outre le droit proportionnel sur la donation (Circ. 13 mess. an 6).

1189.— Lors même que le partage n'est point fait par le même acte, s'il a lieu par acte *du même jour*, la régie considère la donation comme démission de biens (Déc. regl. 23 mars 1823).

1190.—Si le partage est fait avec soulte, par l'ascendant, il n'est dû aucun droit de mutation à raison des soultes, parce qu'elles se confondent avec la libéralité, et qu'elles ne peuvent être considérées comme des cessions entre les co-partageans, dès que ceux-ci n'ont jamais eu une co-propriété dans les objets que ces soultes représentent (Délib. rég. des 19 sept., 24 nov. 1821, et 22 fév. 1822, approuvées par le ministre, les 12 oct., 21 déc. 1821, et 8 mars 1822.—V. aussi déc. régl. du 14 avril 1826).— D.A. 7. 113, n. 5.

1191. — Mais de ce que, par un acte dans lequel des père et mère font entre leurs enfans présens le partage anticipé de leurs biens, avec réserve d'usufruit, et à charge par eux de payer certaines dettes des donateurs, tous les immeubles sont attribués à deux des enfans, sans en faire préalablement la division entre eux, il ne résulte pas que cet acte doive être considéré comme une donation, et soumis au droit proportionnel dont cette sorte de transmission est passible; c'est un partage dans le sens des art. 1075, 1076 C. civ., et de l'art. 3 de la loi du 16 juin 1824, qui, pour de tels actes, réduit le droit d'enregistrement.—23 avril 1829. Req. Enreg. C. Adam. D.P. 29. 1. 229.

1192.—On a déclaré même le bénéfice de l'art. 3 de la loi du 16 juin 1824 applicable au cas où la donation contient partage, par portions égales ou inégales, avec réserve par le donateur d'une partie de ses biens, et à la charge par l'un des enfans de payer une somme d'argent à un autre.—14 sept. 1829. Déc. min. des fin. D.P. 33. 3. 34.

Cette décision est contraire à une délibération du conseil d'administration, du 14 avril 1826.

1193.— Jugé encore que l'acte par lequel un père donne tous ses immeubles à deux de ses enfans, à charge par ceux-ci de payer à un troisième une somme d'argent, en exprimant la volonté formelle que cet acte leur tienne lieu de partage, a pu être considéré, non comme une donation pure et simple, susceptible du droit de 4 pour 100, mais comme un partage anticipé, lequel ne donne ouverture,

d'après la loi du 16 juin 1824, qu'au droit de un pour 100.— 1er déc. 1830. Req. Enreg. C. Poujade. D.P. 31. 1. 21.

1194. — De même, la donation à titre de partage anticipé doit jouir de la faveur accordée par l'art. 3 de la loi de 1824, quoique faite en l'absence de quelques uns des donataires, qui l'acceptent postérieurement. Ainsi, dans ce cas, le droit de 1 p. 100 est le seul qui doive être perçu à mesure que les acceptations ont lieu (Délib. du 29 mai 1827).

1195.— Ce principe est applicable au cas où tous les biens sont donnés à deux enfans acceptans, à la charge de payer une somme aux autres non présens (Jug. de la Seine, du 30 nov. 1831) Cependant, quand un seul enfant accepte, lui seul est donataire; et on en avait conclu que, dans ce cas, la donation ne contenant point partage, était sujette au droit de 4 p. 100 (Délib. du 29 avril 1831). Mais le contraire a été reconnu par délibération du 21 octobre 1831. C'est ce qu'on doit induire aussi d'une délibération du 14 février 1834 (Fritsch. D P. 34. 3. 55), portant que *si* le partage est nul, dans cette hypothèse, l'administration n'est pas juge de sa validité. — Trouillet, v° Donation, § 13, n. 5. —Voy. aussi la délib. ci-après, du 4 avril 1832.

1196 — L'acte contenant donation d'un immeuble, faite indivisément par un père à ses enfans, dans la vue de faciliter entre ceux-ci un partage de ses biens, qui a eu lieu par le même acte, en la présence et du consentement du père, a été justement réputé partage d'ascendans, et, à ce titre, susceptible de la réduction du droit proportionnel, portée par l'art. 3 de la loi du 16 juin 1824 (C. civ. 1075). — 10 août 1831. Req. Enreg. C. Barbier. D.P. 31. 1. 333.

1197 — De même, un partage d'ascendans, quoiqu'il puisse être contesté en la forme, en ce qu'un mineur y a figuré, doit cependant jouir de la réduction de droit prononcée par la loi du 16 juin 1824 : la régie n'est pas recevable à élever cette nullité. — 4 avril 1832. Délib. d'Oignon. D.P. 32. 3. 85.

1198. — Il suffit que les père et mère de cinq enfans, en partageant entre quatre d'entre eux le restant des biens dont ils avaient précédemment donné une part au cinquième, aient le soin de rappeler cette donation dans l'acte de partage, pour qu'il y ait lieu d'appliquer la réduction ordonnée par l'art. 3 de la loi du 16 juin 1824.— 14 fév. 1834. Délib. Fritsch. D.P. 34. 3. 55.

1199.— Le bénéfice de la loi de 1824 est applicable au cas où les biens de l'ascendant donateur sont ou partagés par portions inégales, avec stipulation d'une soulte imposée à un ou plusieurs des enfans au profit des autres, ou attribués en totalité à un seul des donataires, à charge de payer une somme d'argent à chacun des co-donataires : c'est là une licitation qui équivaut à un partage (Délib. du 30 avril 1830; instr. 1336, § 5). — 1er déc. 1830 Req. Enreg. C. Poujade. D.P 31. 1. 21. — Ces décisions sont conformes aux arrêts des cours de Grenoble et de Nimes, des 25 nov. 1824 et 11 fév. 1823 (Nimes. Coulondre. D.A. 6. 202. D P. 1. 1350) et aux délib. des 6 juillet 1825 et 11 avril 1826, ainsi qu'au jugement de Barbezieux, du 26 déc. 1827, acquiescé par délib. du 21 mars 1828, et contraires à la décis. du min. des fin., 14 sept. 1829. D.P 33. 3. 34. — Trouillet, v° Donation, § 13, n. 12.

1200 — De même, la réduction des droits d'enregistrement, portée par l'art 3 de la loi du 16 juin 1824, profite à l'acte par lequel des père et mère font donation d'un immeuble, à titre de partage, à un de leurs enfans majeur, à charge de payer une somme déterminée à ses frères et sœurs mineurs, pour lesquels acceptation est faite par un tiers n'ayant pas qualité à cet effet. — 20 mai 1834. Délib. de la rég. Michel. D.P. 34. 3. 23.

1201. — Il est bon d'observer que, par cette délibération, la régie a déclaré que, si la nullité de l'acte de partage avait été prononcée, le droit proportionnel n'eût pas été exigible, doctrine qu'elle repoussait depuis long-temps. — Voy. *suprà*, art. 2.

1202. — C'est ainsi qu'il avait été jugé précédemment que toute démission de biens d'un père à ses enfans, qu'elle ait lieu par acte authentique ou privé, ou par simple convention verbale, donne ouverture au droit de mutation, encore qu'elle soit annulée par jugement intervenu entre les parties intéressées (L. 22 frim. an 7, art. 4, 12, 22, 60 et 69; L. 27 vent. an 9, art. 4, et avis du cons., du 22 oct. 1808). — 24 mars 1813. Civ. c. Enreg. C. Leflacher. D.A. 7. 125. D.P. 13. 1. 311.

1203.— Si l'un des enfans a été doté par ses père

et mère qui partagent le surplus de leurs biens entre les trois autres, la loi 1824, art. 3, est applicable (*Dict. de l'enreg.*, v° Donation, n. 303).

1204. — La disposition exceptionnelle de l'art. 3 de la loi du 16 juin 1824, qui établit une réduction ou diminution de droit en faveur des donations en ligne directe portant partage, faites par actes entre-vifs, conformement aux art 1075 et 1076 C. civ., ne doit pas être entendue en ce sens, qu'il soit indispensable que l'acte entre-vifs soit fait dans la forme des donations, c'est-à-dire dans la forme notariée, et la réduction n'est pas moins due, quoique l'acte contenant partage d'ascendant ne soit que sous signature privée — 21 déc. 1831. Req. Enreg. C. Rouart. D.P. 32. 1. 5. — Délib. conf. du 5 fév. 1825.

1205.— Jugé au contraire qu'une donation contenant partage d'ascendans ne peut jouir de la diminution du droit proportionnel réduit à 1 pour 100 par l'art 3 de la loi du 16 juin 1824, que lorsqu'elle est contenue dans un acte authentique (C. civ. 1075). — 22 mai 1833. Civ. c. Enreg. C. Berger. D.P. 33. 1. 223.

1206.— Par le mot *authentique*, la cour entend sans doute un acte dans la forme des art. 1075 et 1076 C. civ.— Or, c'est ce que la chambre des requêtes paraît justement avoir refusé d'admettre (V. D.P. 31. 1. 5). C'est aussi ce que la régie elle-même paraissait avoir reconnu sur la réclamation de M. le conseiller Bernard (de Rennes).— Au reste, cet arrêt paraît n'avoir jugé ainsi que par induction. — D.P. *eod. loc.*, note 4.

1207.— Toutes les fois que la donation ne contient pas partage, il n'y a pas lieu à la réduction du droit, parce qu'une telle donation n'est pas dans les termes des art. 1075 et 1076 C. civ. (Délib. du 22 sept. 1824). Ainsi, le droit de 4 pour 100 est dû sur l'acte par lequel une mère donne à ses enfans tous ses biens-immeubles, pour les réunir à ceux de leur père, et partager le tout entre eux (Délib. 27 fév. 1827; *Dict. de l'enreg.*, v° Donation, n. 291).

1208 —Egalement, le bénéfice de l'art. 3 de la loi du 16 juin 1824 ne doit pas s'appliquer au cas où la licitation des biens restés indivis dans la donation a lieu, dans le même acte, entre les enfans donataires en présence des donateurs, ou comme condition expresse de la donation. Un tel acte contient une donation plutôt qu'un partage.— 14 sept. 1829. Décis. du min. des fin. D.P. 33. 3. 38.

1209.— Jugé encore que le bénéfice de l'art. 3 de la loi du 16 juin 1824 n'est pas applicable au cas où le partage s'opère au moyen d'un échange par lequel l'un des donataires cède sa part de l'immeuble donné. Cet article est limitatif, et n'autorise à modérer le droit qu'autant que la donation contient partage.— 5 nov. 1829. Solut. de la régie. D.P. 33. 3. 35.

1210. — Mais on a jugé pourtant que de ce que, dans le cas d'une donation d'immeubles, faite par un père à plusieurs enfans, avec fixation des parts revenant à chacun, fixation faite par le donateur ou les donataires, ceux-ci ont déclaré vouloir rester dans l'indivision, il ne résulte pas que cet acte doive être considéré comme une donation, et soumis au droit proportionnel de 4 pour 100; c'est un partage dans le sens des art. 1075, 1076 du C. civ., et de l'art. 3 de la loi du 16 juin 1824, encore bien que le partage matériel n'ait pas eu lieu. — 26 mars 1833. Civ. r. Enreg. C. Linard. D.P. 33. 1. 174. D.P. *eod. loc.*, note 2.

1211. — Jugé de même que l'acte par lequel un père et une mère font le partage anticipé de leurs biens en faveur de leurs enfans, ne donne lieu qu'à la perception du droit proportionnel de 1 pour 100, pour les immeubles ainsi partagés, encore bien que, parmi ces biens, quelques uns auraient été laissés dans l'indivision entre les enfans. — 14 fev. 1832. Civ. r. Enreg. C. Bernard. D.P. 32. 1. 101.

1212. — Comme aussi lorsque, par un premier acte, des ascendans donateurs ont déclaré surseoir au partage des biens donnes, et que ce partage est effectué par un second acte, le droit proportionnel n'est pas exigible sur le premier acte, qui ne contient qu'un projet. C'est dans le dernier acte que sont consommés la donation et le partage. — 22 janv. 1830. Délib. du cons. d'adm D.P. 33. 3. 33.

1213. — Toutefois, on est d'accord que la loi de 1824 est applicable au cas où l'indivision est l'effet de la minorité de quelques donataires, si le partage a été soumis à la formalité avec la donation (Délib. du 12 mai 1829). — Trouillet, v° Donation, § 13, n. 13.

1214. — Quand l'*attribution d'une quotité* de part, comme un tiers, un quart, concerne des immeubles, il faut établir les distinctions suivantes : si les biens donnés ne sont possédés par le donataire que par *indivis*, l'indication des parts que chacun des descendans aura, équivaut à un partage dans le sens de la loi du 16 juin, parce que l'indivision rend impossible une division plus spéciale (Délib. 7 mai 1825. Cass. 29 mars 1831). Toutefois, cet arrêt ne fixe pas la jurisprudence, et l'administration pense que le droit de 4 pour 100 doit être perçu (Inst. 1370, § 3). — Trouillet, v° Donation, § 13, n. 18.

1215. — Comme aussi l'inst. 1336, § 5 avait déclaré que lorsque la donation contient réellement partage d'une partie des biens donnés, pendant que l'autre reste indivise entre tous les donataires, chacun pour son droit, la loi de 1824 n'était applicable que pour les biens partagés ; mais deux arrêts de cassation, des 14 fév. 1832 et 6 mars 1833 (D.P. 32. 1. 101) ont décidé que la réduction prononcée par cette loi s'appliquait à la valeur entière des biens donnés.— Trouillet, v° Donation, § 13, n. 19.

1216. — Mais on ne peut appliquer la réduction d'impôt à l'acte par lequel une mère donne à titre de partage anticipé, à l'un de ses enfans, le sixième d'un domaine, à la charge par le donataire de laisser au profit de ses frères et sœurs le surplus de cet immeuble dont la donatrice l'autorise à provoquer le partage. Un tel acte, fait en l'absence et sans le consentement des cinq autres enfans, et qui, loin de contenir partage, exprime au contraire que le donataire pourra le provoquer, est une donation pure et simple. — Voyez le n. 1222.

1217.— On peut appliquer le bénéfice de la loi de 1824 à la donation faite par un ascendant à ses deux enfans, *chacun pour moitié* (Délib. 12 oct. 1825; inst 1187, § 4). Ce principe résulte aussi d'une décis. du min. des fin., du 14 sept. 1820 (Décis. min. des fin. D.P. 33. 3. 34).— Trouillet, v° Donation, § 13, n. 30.

1218. — Pareillement, lorsqu'un immeuble ne peut se diviser, et que l'ascendant en fait donation à ses enfans à titre de partage et chacun pour une portion, il fait par là tout ce qui lui était possible de faire : les droits de chacun sont fixés, et le droit n'est que de 1 pour 100 (Délib. du 3 mai 1826).

1219. — De tout ce qui précède, il suit que le droit de 4 pour 100 est dû quand les biens sont transmis sans partage, ou avec une simple attribution de quotité, à moins que l'acte ne contienne un partage pour certaines portions, ou que les biens ne soient possédés par indivis ou déclarés impartageables.

1220.—Et, dans cette dernière catégorie, on pourrait ranger les cas où le père donateur n'a qu'un seul descendant; il est clair qu'alors le partage est impossible, et dès lors, comme prendre la lettre seule de la loi de 1824, sans consulter son esprit, est chose peu rationnelle, on s'étonne qu'on ait décidé que la loi du 16 juin 1824 est inapplicable lorsqu'il n'existe qu'un héritier présomptif (Solut. 22 sept. 1824, opinion contraire des auteurs du *Dictionnaire de l'enregistrement*, v° Donation, n. 203).

1221.—Jugé dans ce sens que la donation faite entre-vifs par un ascendant à son unique descendant, n'est pas susceptible de l'application de l'art. 3 de la loi du 16 juin 1824, encore que cette donation s'étendrait à tous les biens du donateur.— 30 janv. 1833. Trib. de la Seine. D.P. 33. 3. 77.

1222.— L'acte par lequel un ascendant donne à l'un de ses enfans une portion d'un domaine, n'est pas un partage anticipé, autorisé par les art. 1075, 1076 et 1078 C. civ., s'il est fait sans l'intervention et le consentement des autres enfans, et s'il y est stipulé que celui des enfans à qui une portion de domaine a été donnée, à la charge de ne rien prétendre sur le surplus, sera libre de provoquer le partage quand il lui plaira. — En conséquence, un pareil acte n'est point passible du droit de 1 fr. p. 100 fixé par l'art. 3 de la loi du 16 juin 1824, pour les partages anticipés faits par les ascendans, mais doit être soumis au droit de 2 fr. 50 c. p. 100, applicable aux donations d'immeubles par l'art. 69, § 6, n. 2 de la loi du 22 frim. an 7 — 23 janv. 1828. Civ. c. Enreg. C. Jacquin. D.P. 28. 1. 103.

1223. — Les soultes contenues dans un partage d'ascendant ne sont sujettes à aucun droit d'enregistrement. — 30 mars 1832. Solut. de la régie. Lécuyer. D.P. 33. 3. 73.

1224. — Dans un partage fait par ascendans, l'attribution à l'un des co-partageans, pour la composition fictive de son lot, de sommes par lui reçues antérieurement, à charge de rapport, n'est pas soumise au droit proportionnel, encore bien qu'il ne conste d'aucune quittance antérieure enregistrée.— 28 avril 1829 Req. Enreg. C. Adam. D.P. 29. 1. 229.

1225.— Les déclarations de dettes contenues dans un partage d'ascendant ne donnent point ouverture au droit d'obligation, quoique l'on n'y ait pas énoncé de titres enregistrés. — 27 août 1831. Trib. de Castres. Mialhe D.P. 32. 3. 68.

1226. — Sur une donation avec partage d'ascendans, portant que l'un des donataires paiera à des tiers non présens des sommes qui leur sont dues par le donateur, mais sans énonciation qu'il existe des titres de créance enregistrés, il ne peut être perçu, par la régie, un droit de délégation. — 21 juin 1832. Req. Mialhe. D.P. 32. 1. 331.

1227. — La clause d'une donation à titre de partage anticipé, portant que l'un des donataires entretiendra le donateur, moyennant une pension qui lui sera payée par les autres donataires, est une condition expresse de la donation, et ne peut, dès lors, être assujettie à aucun droit particulier. — 13 août 1833. Délib. D.P. 33. 3. 99.

1228.— La donation faite dans les termes de la loi du 16 juin 1824. par un ascendant, est passible du droit de 1 p. 100 sur la masse des biens donnés, et non sur *chaque lot*, sans qu'il y ait lieu de percevoir un droit fixe de 5 fr. sur le partage (Délib. 6 janv. 1829).—Trouill., v° Donation. § 13, n. 4.

1229.—Une donation à des petits-enfans, pendant la vie de leurs père et mère, n'étant pas considérée comme une démission de biens, dans le sens de l'art. 3 de la loi du 16 juin 1824, paie le droit ordinaire des donations en ligne directe (Solut. 30 mars 1825). —D.A. 7. 113, n. 5.

1230.—Ainsi, jugé que l'art. 3 de la loi du 16 juin 1824 n'est pas applicable à l'acte par lequel un père et son fils unique font, entre les enfans de ce dernier, le partage anticipé de leurs successions.—5 déc. 1833. Trib. de Corbeil. Verger. D.P. 34. 3. 51.

1231.—La présence du père dans le partage pouvait être considérée comme un acquiescement à tout ce qui se faisait; il pouvait être considéré comme opérant lui-même ce partage, et dès lors la loi devenait applicable; mais alors il eût été à craindre que la régie ne perçût deux droits de mutation, — D.P. *ibid.*, note 4.— Déc. conf. (Délib. cons. d'admin. 30 mars 1825, appr. le 13 avril 30 avril et 9 juill. 1833).— *Dict. de l'enreg.* v° Donation, n. 205.

1232.—Mais au contraire le partage anticipé, fait par un aïeul entre ses petits-enfans, du vivant de leurs père et mère, doit jouir de la réduction des droits accordée par l'art. 3 de la loi du 16 juin 1824.—27 oct. 1832. Sol. de la régie. G.... D.P. 33. 3. 3.

1233.—Jugé aussi que l'art. 3 de la loi du 16 juin 1824 est applicable à l'acte par lequel un père, faisant le partage anticipé de ses biens entre ses enfans, attribue la portion disponible à un de ses petits-enfans, dont le père et la mère sont vivans.— 3 fév. 1834. Trib. de Valence. Montlegier. D.P. 34. 3. 51.

1234.—Décidé de même par délib. du 3 avril 1829, alors que l'indivision ne cesse pas entre le donataire petit-fils et son père.— Trouill., v° Donation, § 13, n. 9.

1235.—La stipulation d'une pension viagère au profit de l'ascendant ne fait pas considérer la démission comme vente à fonds perdu, parce que les enfans sont obligés à des alimens envers leurs père et mère (*Journ. de l'enreg.*, n. 79).—D.A. 7. 113, n. 5.

1236.—La donation ne perd pas son caractère par cela qu'elle n'est faite que sous certaines charges imposées au donataire; mais si ces charges sont à peu près l'équivalent des biens donnés, l'acte peut être regardé comme une vente; et la régie, ainsi que toute partie intéressée, a le droit de contester à cet acte le nom qui lui a été donné par erreur ou par fraude.—D.A. 7. 113, n. 6.

Mais, dit une décision du min. des fin. et de la just. (Inst. 527), il faudrait, pour asseoir le droit de vente, que les parties déclarassent formellement qu'elles se dessaisissent à titre de vente.

1237.—Jugé ainsi que la loi n'ayant fait aucune distinction entre les donations purement gratuites et celles *à titre onéreux*, c'est-à-dire dans lesquelles certaines charges sont imposées au donataire, elles sont uniformément assujetties, en ligne collatérale, au droit de 2 et demi pour 100 sur les meubles, et de 5 p. 100 sur les immeubles (L. 22 frim. an 7, art. 15, n. 7, et 69, § 6 et 8).—28 janv. 1818. Civ. c. Enr. C. Harnepont. D.A. 7. 126. D.P. 2. 18, et 18. 1. 248. —13 mai 1807. Arr. conf.

1238. — Jugé que quand la donation comprend un bien-fonds dont les donateurs chargent les donataires de payer le prix au vendeur, cette dernière disposition ne change pas la nature de la convention, qui ne peut être considérée que comme une donation à titre onéreux (Déc. min. des fin., du 29 avril 1806; instr. 366, § 8) — Trouillet, v° Donation, § 4, n. 4.

1239. — Aussi un arrêt de cassation, du 21 janv. 1812, a-t-il déclaré qu'il n'est pas dû de droit particulier de mutation pour les sommes d'argent que le donataire a été chargé de payer à des tiers à titre de libéralité, lorsque le droit proportionnel a été perçu sur la totalité des biens compris dans la donation ; attendu qu'il y a lieu d'appliquer à l'espèce l'avis du conseil d'état, approuvé le 10 sept. 1808, relatif aux dispositions testamentaires, et d'après lequel toutes les fois que le droit a été acquitté sur l'intégralité des biens donnés, le vœu de la loi est considéré comme suffisamment rempli. — Trouill., v° Donation, § 4, n. 5.

1240. — De même aussi, la disposition d'un contrat de mariage portant que le futur a reçu de son père en avancement sur sa succession une somme de 24,000 fr. à la charge par lui de payer à son frère, s'il survit à son pere et à dater du décès de celui-ci, une rente viagère de 800 fr. au capital de 12,000 fr., laquelle rente, en cas de prédécès du fils, sera convertie en une rente perpetuelle de 600 fr. au profit de la succession du père, est passible du droit de donation mobilière, sur 24,000 fr., et non de celui de 2 p. 100 sur 12,000 fr., parce qu'il est de principe que dans les donations des pères aux enfans le droit d'enregistrement doit porter non sur le capital des stipulations onéreuses, mais seulement sur les valeurs qui sont l'objet de la donation (Déc. min. des fin. 2 nov 1821). — Trouill., v° Donation, § 5, n. 6.

1241. — Par la même raison, la donation faite par la mère à deux de ses enfans, à la charge de nourrir et entretenir un autre fils de la donatrice, acceptant, n'est passible du droit proportionnel que sur le capital du revenu des biens donnés, sans qu'il y ait lieu de regarder comme une donation tacite, en collatérale, le consentement donné par celui-ci à la donation qui semble le priver de ses droits (Délib. 22 sept. 1824). — Trouill., v° Donation, § 4, n. 7.

1242 — Comme aussi une donation d'immeubles, faite par contrat de mariage, à la charge par le donataire qui s'y oblige d'abandonner au donateur d'autres immeubles de même valeur, ne peut être considérée que comme une donation et non comme un échange, parce qu'elle ne perd pas pour cela le caractère de donation qui lui est propre (Délib. 23 avril 1825).

1243. — De même, lorsque dans une donation de somme d'argent, il est exprimé, comme condition expresse, que le donateur aura l'usufruit d'un immeuble appartenant au donataire, on ne peut percevoir de droit pour l'abandon d'usufruit (Délib. 4 oct. 1826). — Trouill., v° Donation, § 4, n. 9.

1244. — Si c'est seulement comme condition ou comme accessoire de la donation d'une rente viagère, faite en contrat de mariage par un pere à son fils, que l'usufruit des biens maternels du fils a été reconnu avoir été stipulé au profit du père donateur, cette stipulation a été justement déclarée ne pas présenter une cession d'usufruit à titre onéreux, et, dès lors, ne pouvoir être soumise au droit de 5 fr. 50 c. p. 100, mais seulement au droit de 62 cent. 1/2. — 6 janv. 1834. Civ. r. Enreg. C. Perry. D.P. 34. 1. 49.

1245. — Cependant l'administration considère que les clauses de cette nature constituent des donations mutuelles; qu'on ne peut pas dire que l'ascendant est plutôt donateur que donataire, et qu'ainsi tout en ne percevant qu'un seul droit, puisque l'une des donations est la conséquence de l'autre, il faut retenir le plus fort (Délib. 13 déc. 1833 ; solut. 13 juin 1834, conf. à un jugement du tribunal de Meaux, du 20 mars 1834). Ainsi, si les père et mère constituent en dot à leur fils une somme de 40,000 fr., à la charge de les laisser jouir d'un bien à lui appartenant et d'un revenu de 1,400 fr., on doit percevoir 4 p. 100 sur 14,000 fr., et non 62 c. 1/2 p. 100 sur 40,000 fr. — 1er déc. 1831. Solut. de la régie. Enreg. C. Dardenne. D.P. 32. 3. 115. — Trouill., v° Donation, § 4, n. 10.

1246. — Lorsque deux époux donnent à leurs enfans des biens communs et des propres, sous la condition que les donataires n'entreront en jouissance qu'après le décès du survivant de leurs père et mère, ceux-ci ne sont pas censés se faire une donation mutuelle d'usufruit, puisque, si par quelque cause que ce soit, l'acte vient à être révoqué envers les donataires, le survivant des époux n'aura plus de titre pour conserver l'usufruit. Ce n'est pas de la volonte du premourant, mais de la stipulation, consentie par les donataires, que le survivant tiendra l'usufruit (9 avril 1830. Délib.). — D.P. 33. 3. 28.

1247. — L'abandon fait par une femme divorcée, à son mari, pour lui tenir lieu de la pension alimentaire à laquelle il a droit, d'arrérages de rentes et de fruits d'immeubles, qu'il ne peut percevoir que sur une procuration de sa femme, ne saurait être considere comme un acte de libéralite, sujet au droit proportionnel; c'est uniquement l'acquittement, par voie de delegation, d'une dette écrite dans la loi même, et resultant de la prononciation du divorce. — 18 juill. 1815. Req. Enreg. C. Vento. D.A. 7. 125. D.P. 2. 18.

1248. — La constitution de pension alimentaire, en faveur de l'ascendant demissionnaire, lorsqu'elle est une condition même de la démission de biens, ne donne ouverture a aucun droit particulier ; seulement il n'en sera point fait distraction pour la fixation de la quotite du droit (Loi du 22 frimaire an 7, art. 14, n. 8 et 15, n. 7) ; mais si elle est volontairement consentie par les enfans, elle opère un droit particulier de 25 cent. par 100 fr. sur le capital au denier 10 de la pension, comme bail de nourriture de personnes (Déc. min. 12 sept 1809; solut. de la rég. 13 août 1811. — V. aussi les art. 69, § 2, n. 5 de la loi de frim., et l'art. 1er de celle du 16 juin 1834). — D.A. 7. 113, n. 7.

1249. — La donation faite par une mère à ses enfans, à condition que l'un des donataires recevra chez lui la donatrice, moyennant une pension qui lui sera payée par les autres donataires, n'est pas sujette, pour cette stipulation, à un droit particulier de bail a nourriture, parce que cette clause est une condition expresse de la vente. — Délib. C. d'adm. 13 aout 1833. D.P. 33. 3. 99. Trouill., v° Donation, § 4, n. 12.

1250. — Est-il dû un droit de mutation à raison de l'usufruit légale que la loi accorde aux père et mère sur les biens de leurs enfans mineurs de 18 ans? Non ; si la loi du 22 frimaire ne statue rien a cet égard, c'est que cette espèce d'usufruit avait été abolie par la loi du 17 niv. an 2, mais le code civil l'ayant rétabli, on doit faire revivre la disposition exceptionnelle de la loi du 9 oct. 1791 portant : « Que les pères qui viendront à l'administration et jouissance, que quelques coutumes leur donnent, des biens appartenant aux enfans non émancipés, en vertu de la simple puissance paternelle, ne devront aucun droit, et il n'y aura pas lieu pour eux à la déclaration prescrite par l'art. 2 (Proudhon, *de l'Usuf.*, t. 2, p. 331; *Dict. de l'enreg*, v° Usufruit, n. 6, v° Ascendant, n. 4. Délib. 20 juin 1826. — D.A. 7. 113, n. 8.

1251. — L'usufruit légué à un ascendant jusqu'à la majorité de ses enfans, de biens donnés à ceux-ci, se confond dans la personne du donataire avec l'usufruit que le code civil lui accorde, jusqu'à ce que les mineurs aient atteint l'âge de 18 ans, et dès lors il n'est dû aucun droit de mutation pour l'usufruit, jusqu'a cette époque. Quant à la jouissance pendant les 3 années depuis cette même époque, jusqu'à la majorité, elle ne peut, d'après sa limitation expresse, être soumise à la même perception, que celle établie par la loi du 22 frim. an 7, art. 15, n. 8, qui n'a pour objet que des usufruits *à vie*, dont la durée est indéterminée, et peut s'étendre à toute la vie de l'usufruitier (Cass. 24 mai 1813). Cependant une délibération du 16 mai 1834 a statué que le droit était exigible, mais on ne pense pas qu'elle doive détruire le principe fixé par l'arrêt de 1813. — Trouill., v° Succession, § 12, n. 5.

1252. — La cession faite par des enfans à leur mère, de l'usufruit de biens-meubles et immeubles, pour lui tenir lieu de pension alimentaire, est passible du droit de donation. — 8 oct. 1833. Délib. D.P. 34. 3. 44.

1253 — Dans le cas d'une donation alternative de biens meubles ou immeubles, au choix du donataire ou du donateur, la perception, d'après les principes énoncés *passim suprà*, devra être suspendue, tant que l'option n'est pas faite, parce que jusque là il n'y a pas de transmission.

1254. — Cependant Dalloz, t. 7, p. 114, n. 9, pense que dans le cas d'une donation de ce genre la perception préalable doit être faite, mais seulement du droit le moins onéreux, sauf à en exiger un plus fort avec imputation de ce qui a déjà été payé, si par suite de l'option un droit plus considérable vient a être dû. C'est aussi l'avis de Merlin, *Quest.*, v° Enregistrement, § 33. — Instr. conf. 20 fév. 1817, n. 766.

Au reste, quelle que soit l'opinion adoptée, il est certain qu'il faut que la clause alternative résulte de la donation même.

1255. — Ainsi, la donation d'une somme déterminée, stipulée payable après le décès du donateur, soit en argent comptant, soit *en effets de son hoirie*, n'est, dans la réalité, qu'une donation *mobilière* passible du droit de 62 c. et demi pour 100, lorsqu'elle est faite par contrat de mariage ; le mode de paiement éventuel et alternatif, stipulé par le donateur, ne saurait lui enlever ce caractère : seulement, en cas de paiement en biens-fonds, cette dation en paiement, opérant une mutation de propriété, donnera ouverture à un droit *immobilier*, conformément à la loi. — 15 juin 1808. Req. Enreg. C. Groc. D.A. 7. 122. D.P. 2. 17, et S. 1. 348.

1256. — De même, dans la constitution dotale d'une somme d'argent, payable en numéraire ou en immeubles, à la volonté du père, supposé que, dans l'esprit même de la loi fiscale, la dation en paiement de l'immeuble ne soit que *l'exécution* et le *complément* de la donation, et ne soit par conséquent point soumise au droit proportionnel de 4 pour 100, comme en matière de vente, toujours est-il qu'elle ne doit point être enregistrée pour le droit fixe, s'il n'a été perçu lors du contrat de mariage qu'un droit purement mobilier, parce que, par l'événement, la donation a eté convertie en donation immobilière, et qu'elle est dès lors assujettie à un supplément de droit proportionnel (L. 22 frim. an 7, art. 68, § 3, n. 1, et art. 69, § 4, n. 1, et § 6, n. 2). — 31 août 1808. Civ. c. Enreg. C. Martigné. D.A. 7. 123. D.P. 2. 18.

1257. — Jugé de même que la donation faite par un père à sa fille, dans son contrat de mariage, d'une somme d'argent payable, soit en biens-fonds, soit en capitaux, au choix du donateur, est une donation alternative. En conséquence, le paiement de la dot fait en immeubles, postérieurement au mariage, ne donne ouverture qu'au droit de 1 fr. 25 c. par 100 fr., imputation faite de celui perçu lors du contrat, ce paiement ayant fixé le caractère de la libéralité, suspendu jusque là, et la faisant réputer immobilière, de la même manière que si elle eût été stipulée en immeubles. — 4 oct. 1808. Req. Enreg. C. Sahan. D.A. 7. 121. D.P. 2. 17.

1258. — De même encore, la stipulation par laquelle un père et une mère s'engagent à payer la dot de leur fille en biens-fonds, dans un temps déterminé, s'ils n'aiment mieux se libérer en argent avant, doit être considérée comme une donation mobilière soumise au droit de 62 c. 1/2 pour 100, et non à celui de 2 fr. 75 c. pour 100, relatif aux donations immobilières. — 20 mai 1833. Délib. Reboisson. D.P. 33. 3. 77.

1259. — Bien plus, un jugement qui décide, *en fait*, que la donation faite par un père à son fils, dans son contrat de mariage, d'une somme d'argent, payable, dans un cas prévu, soit en argent, soit en immeubles, au choix du donateur, est une donation alternative en biens-fonds ou capitaux, et qu'ainsi la dation d'immeubles en paiement de cette stipulation, le cas échéant, ne donne ouverture qu'à un simple droit fixe, comme n'étant que le *complément* et l'*exécution* de la clause du contrat de mariage sur laquelle le droit proportionnel a été perçu, dans l'origine, ne contrevient, par cette interprétation, à aucune loi. — 16 brum. an 12. Req. Enreg. C. Geoffroi. D.A. 7. 121. D.P. 2. 16.

1260. — Egalement, lorsqu'un père, en mariant son fils, lui fait don d'une somme d'argent, *payable en argent ou en immeubles*, au choix du donateur, c'est là une donation alternative, et non une donation pure et simple : dès lors, l'abandon d'immeubles qui est fait postérieurement par le père, pour se libérer, ne doit pas être considéré comme un contrat nouveau, mais bien comme la *suite*, l'*exécution* de la donation même; en sorte qu'il n'est pas dû, pour cet abandon, un droit de 4 p. 100, mais un simple droit fixe de 1 fr, lorsque d'ailleurs le droit proportionnel perçu lors du contrat de mariage n'est pas inférieur à celui que la loi de cette époque appliquait aux donations immobilières. — 27 déc. 1815. Civ. r. Enreg. C. Meygret-Collet. D.A. 7. 123. D.P. 16. 1. 241.

1261. — Mais on ne peut voir qu'une donation mobilière dans la clause d'un contrat de mariage portant que le père du futur fait donation à celui-ci d'une somme payable après son décès, productive jusqu'alors d'intérêts, et avec la stipulation que si, à cette époque, le donataire préfère être payé en immeubles, il aura le droit de prendre dans la succession un domaine *désigné*. En effet, l'exercice de la faculté de se faire payer en immeubles dépend d'un événement futur et incertain, et cette faculté n'a pas l'effet de transmettre d'hors et déjà la pro-

priété du domaine, et ne peut, par conséquent, donner ouverture au droit reglé pour les donations immobilières, droit qui ne peut devenir exigible que dans le cas et à l'époque où ce donataire acquerra la délivrance dudit domaine (Cass. 20 août 1827). —Trouillet, v° Donation, § 2, n. 3.

1262. — Comme aussi, lorsque, dans un contrat de mariage, le père de l'un des futurs s'oblige à les loger et nourrir, et, en cas d'incompatibilité, de leur céder la jouissance d'un immeuble designé, cette disposition doit être considérée comme une donation (Délib 6 mai 1828). Le droit est celui fixé pour la ligne directe.

1263. — La même délibération porte que le droit de donation immobilière doit être perçu, parce que le donataire est maître de l'événement qui doit le rendre propriétaire de l'immeuble. Mais la donation devrait être regardée comme actuellement mobilière, d'après une délibération du 9 avril 1825, portant que la donation alternative d'une somme d'argent, ou d'une maison au *choix du donataire*, doit, comme si le choix était déféré au donateur, être considérée provisoirement comme mobilière, sauf à régler la perception sur le pied de donation immobilière lors de la délivrance des immeubles.— Trouillet, *Dict. de l'enreg.*, v° Donation, § 2, n. 5.

1264. — On ne doit pas confondre avec les donations de sommes payables en argent ou en immeubles, au choix du donateur, qui font l'objet des décisions rapportées dans les instr. 405 et 760, la donation faite, par *contrat de mariage*, d'un immeuble sous réserve d'usufruit, ou d'une somme à prendre sur le prix de cet immeuble, dans le cas où le donateur userait de la faculté qu'il se réserve d'en faire la vente. Dans le cas prévu par lesdites décisions, le donataire n'est saisi que d'une simple créance, et il n'est dû que le droit de donation mobilière sur le contrat de mariage, sauf la perception du droit de donation immobilière sur l'acte postérieur, portant délivrance des immeubles par le donateur. Au contraire, dans l'espèce présente, la donation saisit actuellement de l'immeuble le donataire, puisque la réserve de la faculté de vendre soumet seulement cette donation à une condition résolutoire qui n'empêche pas la transmission immédiate. Ainsi, pour les donations de l'espèce, on percevra le droit de mutation immobilière. Telle est la conséquence que l'instr. 1388, § 2, a tiré de l'arrêt de cassation du 17 août 1831. — Trouillet, v° Donation, § 2, n. 6.

1265. — Lorsqu'un immeuble est donné en paiement d'une somme d'argent promise par une donation antérieure, le droit perçu lors de l'enregistrement de cette donation ne doit pas être imputé sur celui dû pour la dation en paiement. —27 déc.1833. Délib. D.P. 34. 3. 44.

1266. — Lorsqu'une donation comprend des meubles et des immeubles, l'omission de la formalité voulue par l'art. 948 C. civ., qui la rend nulle à l'égard des effets mobiliers, donne-t-elle lieu à un seul droit immobilier (art. 9, l. 22 frim. an 7), comme si la donation ne comprenait que des immeubles? — Non. —Le droit n'étant perçu que sur la déclaration des parties (art.14, n. 8, et 15, n.7), elles peuvent, lorsqu'elles se présentent au bureau du receveur, désigner les meubles compris dans la donation, et les évaluer pour l'assiette du droit. — D.A. 7. 114, n. 11. — Voy. toutefois l'art. 2 ci-dessus et les principes y énoncés relativement au droit qu'a la régie d'assujettir à la perception les actes dont la nullité se trouve prononcée par la loi même.

1267. — L'acte portant remise de la dette est une véritable quittance, n'ayant pas besoin des formes de la donation entre-vifs; il ne doit donc être soumis qu'au droit de 50 cent. par 100 fr. — D.A. 7. 115, n. 12. — Cela dépend beaucoup des termes de l'acte.

1268. — Ainsi, la remise d'une dette est considérée, pour la perception, comme une donation mobilière, lorsqu'elle a le caractère d'une libéralité. Alors donc qu'un créancier, dans la prévoyance d'un danger, donne à un tiers une quittance pour la remettre au débiteur, en cas de mort, la libéralité doit avoir son effet.— 2 avril 1823. Req. Limoges. Ardoin. D.A. 10. 612. D.P. 23. 1. 182.—Trouillet, v° Donation, § 1, 3, et Acceptilation, 1.

1269. — De même, la remise d'une dette est passible du droit de donation mobilière, toutes les fois qu'elle n'est pas faite par composition avec un débiteur en faillite, et que l'intention de libéralité résulte des termes de l'acte. L'ancienne législation qui avait établi cette distinction n'a pas été détruite par le code. Une délib. 29 sept. 1824 l'a ainsi décidé d'après une disposition ainsi conçue : « Le sieur A., voulant donner des preuves d'amitié et d'attachement à la dame C., déclare, en faveur de ladite dame acceptante, modérer à 2,000 fr. un acte obligatoire de 5,000 fr.» — Trouillet, v° Acceptilation, § 1, 2.

1270.— Comme aussi la réduction volontaire d'un douaire de 3,000 fr. de rente viagère à 1,700 fr. de rente aussi viagère, opère une donation de 1,300 fr. de rente au profit de l'héritier. Il y a donc lieu de percevoir le droit proportionnel pour cette libéralité. On objecterait en vain qu'il ne s'opère qu'une réunion d'usufruit à la propriété; le douaire qui consiste en une rente n'est qu'une créance dont partie est exigible annuellement et non un usufruit (Délib. 14 avril 1826).— Trouill., v° Acceptilation, n. 3.

1271.— Mais il n'est dû que 50 p. 100 comme quittance et acceptilation et non le droit partiel de rétrocession, sur l'acte par lequel le donataire d'une somme de 20,000 fr. payable au décès donateur, déclare celui-ci quitte et libéré au moyen de 8,500 fr. qu'il lui paie comptant (Solut. 15 avril 1830).

1272.— De même, le droit de 50 c. p. 100 est le seul à percevoir sur l'acte qui réduit le prix d'un bail.— Trouill., v° Acceptilation, n. 6, 5.

1273.— Les donations entre-vifs d'effets négociables opèrent les mêmes droits d'enregistrement que les donations des autres biens mobiliers (Circ., n. 1678) : mais s'ils étaient transmis par la voie de l'endossement, quoique avec mention que c'est à titre de libéralite, la mutation ne donnerait ouverture à aucun droit, parce que l'art. 70, § 3, n 15 de la loi de frim. an 7, a dispensé de la formalité tous endossemens ou acquits de billets à ordre ou autres effets négociables.— D.A. 7. 115, n. 13.

1274.— Si l'endossement d'un billet à ordre causé pour don était présenté à l'enregistrement, il y aurait lieu de percevoir un droit de donation (*Dict. de l'enreg.*, v° Don mutuel, n. 5).

1275.— De ce que l'endossement en blanc ne vaut que comme procuration, il n'en est pas moins exempt de l'enregistrement d'après l'art. 70, § 3, n. 4 et 15 de la loi de frim. an 7 (Décis. du min. des fin. et de la just., des 10 et 18 mai 1813).

1276. — Les dons manuels, dont la preuve se trouverait acquise soit par énonciation dans un acte, soit par toute autre voie, ne seraient point pour cela assujettis au droit de donation, parce que ce n'est qu'à l'égard des immeubles que les mutations verbales constatées autorisent la réclamation des droits (V. art. 5).— D.A. 7. 115, n. 14.

1277.—Ainsi, jugé que quoiqu'un don manuel soit reconnu en justice par le donataire, sur la demande en nullité pour cause d'ingratitude, il est affranchi du droit proportionnel, même sur le jugement qui en ordonne le maintien, puisqu'il n'existe aucune condamnation qui puisse justifier la perception d'un droit de titre, mais le simple maintien d'une chose préexistante (Solut. 6 fév. 1832). —D.P. 32. 3. 85; Trouill., v° Don manuel, n. 10.

1278.—De même, un don mobilier, fait manuellement, n'est pas passible du droit d'enregistrement, quoique postérieurement il soit énoncé dans le contrat de mariage du donataire, auquel le donateur assiste comme parent.—1er mars 1833. Délib. Enreg. C. Deville. D.P. 33. 3. 80.

1279. — Il faut décider pareillement dans le cas où la déclaration du don manuel a lieu dans un contrat de mariage, comme énonciation de l'origine de l'apport (Délib. 28 sept. 1825, 8 janv. 1828; solut. 6 mai 1830; délib. 19 août 1831, prise en thèse générale; inst. 1388, § 3); il suit de là qu'on ne peut percevoir le droit sur un don manuel qui n'est connu que par la déclaration faite par la future dans son contrat de mariage (Solut. 20 fév. 1830).

1280. — Peu importerait que le donateur eût assisté au contrat, si ce n'était que comme parent et témoin honoraire (Cass. 20 déc. 1831; solut. 1er mars 1833 et 3 janv. 1834. D.P. 33. 3 80), et lors même qu'il serait énoncé que le donataire agit en présence et du consentement du donateur, ces expressions ne doivent s'entendre que de l'agrément donné au mariage (Cass. 18 avril 1834. D.P. 34. 1. 211).—Trouillet, v° Don manuel, n. 6 et 7.

1281.— Les sommes données manuellement et qui sont rapportées dans un partage anticipé entre-vifs ne sont pas sujettes au droit de donation (Instr. 1388, § 3). — 28 avril 1829. Req. Enreg. C. Adam. D.P. 29. 1. 228. — Trouillet, v° Don manuel, n. 5.

1282.— De même, si dans un partage de communauté fait entre les enfans et le survivant des époux, on comprend dans la masse un don manuel reçu par l'un des co-partageans, à titre de supplément de dot, à condition qu'il serait imputé sur la succession du prémourant le droit de donation ne peut être perçu, parce que le décédé est censé le seul donateur (Délib. 27 août 1833).— Trouillet, v° Don manuel, n. 5.

1283. — Jugé, au contraire, qu'est passible du droit proportionnel l'enonciation d'un don manuel antérieurement consommé dans un acte où figurent le donateur et le donataire. — Sans doute, la tradition purement manuelle n'est sujette à aucun droit d'enregistrement; mais elle devient une donation proprement dite, du jour où les parties les constatent dans un acte (27 mars 1830, inst. gén., n. 1307, § 5). — D.P. 33. 3. 35.

1284. — De même, si la déclaration du don manuel est faite par un acte *exprès*, ou si, contenue dans un autre acte, elle en forme une disposition indépendante, elle donne ouverture au droit fixe de 2 fr. comme déclaration pure et simple (Délib. 19 août 1831; inst. 1388, § 3). — Trouillet, v° Don manuel, n. 9.

1285.— Egalement, la clause d'un contrat de mariage par laquelle un tiers intervenant déclare qu'il est chargé par une personne qui ne veut pas être nommée, de remettre 3,000 fr. à la future, est passible du droit de donation de 4 fr. par 100, et non de celui de délivrance de legs, puisqu'il n'a pas été perçu de droit de mutation antérieure (Délib. 31 mars 1826).— *Eod.*, n. 8.

1286.— Pendant quelque temps, les acquisitions, donations et legs au profit des communes, etc., ont été placés sous l'empire d'une législation exceptionnelle. La loi du 18 avril 1831 les a replacés sous l'empire du droit commun.

1287.— L'art. 7 du 16 juin 1824, modifiant le principe de l'exigibilité du droit proportionnel sur toutes les acquisitions faites par les départemens, arrondissemens et communes, principe consacré par l'avis du conseil d'état, des 12-27 fév. 1811 (Instr. 512, et par les déc. du min. des fin. 5 mai 1820, instr. 933, 11 sept. 1820, 28 mai 1821; instr. 933, et 22 août 1821) avait établi les distinctions suivantes :

« Les départemens, arrondissemens et communes paieront 10 fr. pour droit fixe d'enregistrement et de transcription hypothécaire, sur les actes d'acquisition qu'ils feront et sur les donations ou legs qu'ils recueilleront lorsque les immeubles acquis ou donnés devront recevoir une destination d'utilité publique et ne pas produire de revenus, sans préjudice des exceptions déjà existantes. Le droit fixe de 10 fr. sera réduit à 1 fr. toutes les fois que la valeur des immeubles acquis ou donnés n'excédera pas 500 fr. en principal. — Trouillet, v° Acquisition, § 3, n. 2.

1288.— Mais la loi du 18 avril 1831 a abrogé l'art. 7 de la loi de 1824, et statué que les acquisitions, donations et legs au profit des communes, etc., seraient sujets aux droits proportionnels d'enregistrement et de transcription établis par les lois existantes (Inst. 1362).

Toutefois, cette loi n'a pas eu de rétroactivité.

1289. — La donation faite à une commune avant la loi du 18 avril 1831, est soumise au droit proportionnel établi par l'art 17 de cette loi, si l'acceptation n'a été faite que depuis. — 14 déc. 1831. Avis du com. des fin. Avassé. D.P. 33. 3. 19.

1290.— Cette décision est conforme aux principes du droit en matière de donation.— Une instruction générale, en date du 27 avril 1831, avait prescrit la perception du droit proportionnel, quelle que fût la date des actes et mutations. — Le comité des finances s'est formellement prononcé contre cette instruction, en déclarant *que le droit ne peut être perçu que conformément aux lois existantes à l'époque de la transmission.* — Cette solution est plus conforme à la justice que l'instruction du 27 avril, car la loi ne pouvant disposer que pour l'avenir, en faire remonter l'application à une époque antérieure à sa promulgation, c'est consacrer le principe de la rétroactivité repoussé par notre législation. — D.A. *ibid.*, note 1re.

1291.— Lorsque la donation faite à une fabrique, antérieurement à la loi du 18 avril 1831, a été acceptée à l'instant même sans l'autorisation du gouvernement, et qu'en conséquence les droits proportionnels ont été perçus, conformément à la loi en vigueur, la nouvelle acceptation intervenue en vertu de l'ordonnance royale, postérieurement à la loi du 18 avril 1831, ne saurait plus donner ouverture à de nouveaux droits, et la loi précitée devient sans application.— 6 juin 1834. Délib. D.P 34. 3. 78.

Cette doctrine ne peut souffrir de difficulté; car, indépendamment des motifs donnés par l'administration pour empêcher la perception de nouveaux droits, on peut assimiler encore l'autorisation royale

à une ratification donnant à la première acceptation toute sa force, avec d'autant plus de raison que les établissemens publics, comme les mineurs, sont, dans la pratique, toujours traités favorablement. Au reste, si l'acceptation intervenue avant l'autorisation n'avait pas eu lieu, nul doute que la donation, quoique faite en 1829, n'eût été soumise aux droits exigés par la loi du 18 avril 1831, c'est ce qui a été décidé par un avis du comité des finances, du 14 déc. 1831 (V. n. 1289), approuvé par le ministre le 20 janv. 1832, rapporté *Revue du notariat*, 1834, p. 233. Il n'en serait pas de même d'un legs ouvert *antérieurement* à la loi précitée, ainsi que le déclare une instruction de la régie, du 11 avril 1834. —D.P. 34. 3. 58.

1292. — Les contrats de mariage par lesquels les fabriciens dotent une fille pauvre, en exécution d'une fondation, sont passibles du droit de donation (Délib. cons. adm 31 juill 1819). Mais si la dot est constituée par une commune, il n'est dû qu'un droit de quittance. — *Dict. de l'enreg*, v° Donation. n. 230.

1293 — Quant aux donations ayant pour objet des biens situés à l'étranger ou dans les colonies, les droits étant les mêmes que pour les mutations de ces mêmes biens opérés par décès, Voy. l'art. 8 qui précède.

ART. 10.— *Des mutations par actes entre-vifs à titre onéreux.*

1294.— Cet article est consacré aux mutations de toute espèce qui s'opèrent à titre onéreux, soit en propriété, soit en usufruit, soit en simple jouissance. L'art. 69, § 7, n. 1 de la loi du 22 frim. an 7, qui tarife les actes contenant ces mutations, indique lui-même les divisions que subira le présent article. Voici la teneur de cette disposition :

« Sont assujettis au droit de 4 fr. par 100 fr, 1° les adjudications, ventes, reventes, cessions, rétrocessions et tous autres actes civils et judiciaires, translatifs de propriété ou d'usufruit des biens immeubles, à titre onéreux. Les adjudications à la folle enchère de biens de même nature sont assujetties au même droit, mais seulement sur ce qui excède le prix de la précédente adjudication, si le droit en a été acquitté. La quotité du droit d'enregistrement des adjudications des domaines nationaux sera réglée par les lois particulières.

» 2° Les baux à rentes perpétuelles de biens immeubles, ceux à vie, et ceux dont la durée est illimitée.

» 3° Les déclarations ou élections de command ou d'ami, par suite d'adjudications ou contrats de vente de biens-immeubles, autres que celles des domaines nationaux, si la déclaration est faite après les vingt-quatre heures de l'adjudication ou du contrat, lorsque la faculté d'élire un command n'y a pas été réservée.

» 4° Les parts et portions indivises de biens immeubles acquises par licitations.

» 5° Les retours d'échange et de partages de biens immeubles.

» 6° Les retraits exercés après l'expiration des délais convenus par les contrats de vente sous faculté de réméré »

§ 1er. — *Des actes translatifs de propriété ou d'usufruit de biens-immeubles, à titre onéreux.*

1295. —Les transmissions de propriété et d'usufruit d'immeubles sont également assujetties au droit de 4 p. 100. auquel il faut ajouter 1 1/2 p. 100 pour droit de transcription (L. 22 frim. an 7, art. 69, § 7, n 1; l. 28 avril 1816, art. 52, 54). — D.A. 7. 127, n. 1.

1296 — Toutefois, la loi du 28 avril 1816, n'ayant point parlé des parts et portions acquises par licitations, ni des retours de partage, les transmissions qui s'effectuent de cette manière ne sont passibles, dans certains cas, que du droit de 4 p. 100. —Troull., v° Vente d'immeubles, § 1er, n. 2.

1297.— Sous la loi du 5 déc. 1790, un acte, sous seing-privé, translatif de propriété, ne pouvait donner lieu à l'ouverture du droit de mutation; lorsqu'il n'avait été ni produit en justice, ni relaté dans un acte authentique — 21 brum. an 9. Civ. c. Armand. D.P. 12. 1. 143.

1298.—Bien qu'un contrat de vente demeure sans exécution, faute du paiement du prix, le droit de mutation n'en est pas moins dû. — 24 vent. an 10. Civ. c. Enreg. C. Vogel. D.A. 7. 135. D.P. 2. 19.

1299.— Et spécialement, la déchéance encourue par des acquéreurs de biens nationaux, à défaut de paiement du prix de leur acquisition, ne les dispense pas de payer le droit proportionnel sur la vente (L. 19 déc. 1790, art. 2; l. 11 prair. an 8, art. 14). — Même arrêt.

1300.— La cession faite, à titre onéreux, par une fille à son père, de l'usufruit des biens qui lui appartiennent dans l'hérédité de sa mère, est passible du droit proportionnel de 4 p. 100, et non de celui de 2 p. 100, auquel sont assujetties les cessions d'actions mobilières (L. 22 frim. an 7, art. 15). — 20 août 1806. Civ. c. Enreg. C. Hamelinck. D.A. 7. 149. D.P. 2. 22.

1301. — Avant le code civil, dans les pays de droit écrit, l'estimation des immeubles donnés en paiement d'une dot constituée en argent, valait vente, à moins qu'il ne fût stipulé qu'ils seraient rendus en nature. — 1er mars 1809. Civ. c. Enreg. C. Troin. D.A. 7. 141. D.P. 2. 20.

1302. — *Spécialement*, lorsque des immeubles ont été donnés en paiement d'une dot constituée en argent, avec estimation de ces immeubles, et obligation de requérir inscription, pour la conservation des deniers dotaux, la propriété en est transférée au mari, quand même une clause du contrat de mariage lui donnerait la faculté de les rendre en nature, après nouvelle estimation. Cette clause ne doit point être considérée comme faisant obstacle à la transmission de propriété, parce que, présentant quelque obscurité, elle doit être expliquée dans un sens conforme aux premières dispositions de l'acte, et qu'elle n'est d'ailleurs, dans la réalité, qu'un moyen de faciliter la libération du mari. — La mutation dès lors donne ouverture au droit proportionnel.— Même arrêt.

1303. — L'acte par lequel un héritier abandonne à ses co-héritiers ses droits successifs moyennant un prix, ne doit pas être considéré comme un partage, mais comme un véritable transport, opérant mutation.— 8 juin 1814. Civ. c. Enreg. C. Mermot. D.A. 7. 231. D.P. 2. 36.

1304. — En Lorraine, et d'après la législation particulière à cette province, les actes sous signature privée étaient nuls, et ne produisaient aucune translation de propriété des immeubles, s'ils n'étaient suivis d'un acte authentique passé dans les quinze jours de leur date. La contravention à cette disposition impérative de la loi était punie d'une forte amende; mais le droit de mutation n'était pas dû sur l'acte annulé Il n'a pu l'être davantage depuis les lois des 19 déc 1790 et 22 frim. an 7, qui ont établi des droits d'enregistrement uniformes, parce que ces lois n'ont pu soumettre au paiement du droit de mutation des actes qui, suivant la loi civile de tel ou tel pays, n'emportaient pas translation de propriété. — 27 nov. 1815. Civ. r. Enreg. C. Viriot. D.A 7. 154. D.P. 2. 25, et 16. 1. 93.

1305.—Lorsque, par l'acte contenant vente d'immeubles, le vendeur fait donation à l'acquéreur d'une partie du prix, il n'y a pas vente pour une partie des immeubles et donation immobilière pour l'autre, mais vente pour la totalité des immeubles et donation mobilière d'une somme d'argent : les droits doivent donc être acquittés comme s'il y avait deux mutations distinctes portant sur deux natures de biens (L. 22 frim. an 7, art. 11; C. civ. 894, 1582, 1583).—14 mai 1817. Civ. c. Enreg. C. Moreau. D.A. 7. 156. D.P. 17. 1. 479.

1306 — Dès qu'un acte a reçu sa perfection, le droit d'enregistrement en est dû.— 20 juillet 1821. Bruxelles. Enreg. C. Chevalier. D.A. 7. 135. D.P. 2. 19.

1307.— *Spécialement*, l'acquéreur d'un domaine national, qui a encouru la déchéance, ne laisse pas pour cela d'être assujetti au droit et au double droit de mutation, s'il n'a pas fait enregistrer son acte de vente dans les délais.—Il n'a pas pu être déchargé de cette obligation, sous prétexte qu'une instruction de la régie avait déclaré que la déchéance encourue par les acquéreurs de domaines nationaux les dispensait du paiement des droits (L. 22 frim. an 7, art. 59 et 63).— Même arrêt.

1308. — Une procuration à l'effet de vendre des immeubles dont le prix est fixé à une somme déterminée que le mandataire paie comptant au mandant, avec stipulation que, si le résultat de la vente présente un excédant, il appartiendra au mandataire, à titre d'indemnité, est passible du droit de vente et non du droit de cession de créance. — 4 sept. 1829 Délib. D.P. 33. 3. 34.

1309.— De même, si le mandataire paie comptant au mandant une somme moyennant laquelle il est dispensé de rendre compte du prix d'un immeuble qu'il est chargé de vendre, le droit de vente est dû (*Dict. de l'enreg.*, v° Vente, n. 428).

1310. — Pareillement, un mandat par lequel le mandataire se charge de vendre en détail, et au prix qui lui conviendra, un immeuble pour lequel il s'oblige de payer à son mandant une somme déterminée, doit être considéré comme translatif de propriété en sa faveur (*Dict. de l'enreg.*, v° Vente, n. 428).— 20 janv. 1808. Civ. c. Enreg. C. Didier. D.A. 7. 25. D.P. 2, 40.

1311. — Est passible du droit de 5 1/2 p. 100 la cession d'une part dans la propriété d'une usine appartenant à plusieurs personnes et exploitée en commun. Là n'est pas applicable l'art. 529 C. civ., qui déclare meubles les intérêts dans des compagnies de commerce ou d'industrie, encore que des immeubles dépendans de ces entreprises appartiennent aux compagnies. Il n'y a pas, dans l'espèce, de société proprement dite, puisque les sociétés, dont la durée est illimitée, se dissolvent par la volonté de l'une des parties, et qu'ici le cessionnaire ne pourrait opérer cette dissolution ou empêcher l'usage et la destination du moulin.— 29 janv. 1830. Solut. D.P. 33. 3. 37.

1312. — Contre cette solution, on pourrait dire que l'art. 529 C. civ., en déclarant mobilières toutes les actions sur les produits d'une association de finance, de commerce ou d'industrie, s'exprime d'une manière trop générale pour qu'il soit possible d'admettre la distinction introduite par la régie. Toutefois, cette objection ne résoudrait pas péremptoirement la difficulté.— *Ibid.*, note 4.

1313. — L'engagement de construire un pont, moyennant l'abandon de deux pièces de terre et de matériaux, constitue un marché, et non une vente ou échange. Est dû, en conséquence, le droit de 5 1/2 p. 100 sur la valeur des pièces de terre, à cause de la mutation de ces immeubles, donnés en paiement, et de 1 p 100 sur la valeur des matériaux. — 9 avril 1830. Délib. D.P. 33. 3. 30.

1314.— La perception du droit de mutation n'a pu être faite sur la totalité d'un domaine, lorsqu'il était constant, par un acte authentique, qu'un quart seulement de ce domaine était l'objet de la mutation pour laquelle la perception a eu lieu. — 22 fév. 1831. Civ. c. Chaliés. D.P. 31. 1. 88

1315.— L'acte notarié par lequel un enfant majeur à l'époque du décès de son père, reconnaît avoir reçu de sa mère tout ce qui lui revenait dans la succession paternelle, emporte vente au profit de la mère, et doit être soumis au droit proportionnel. — Il en serait autrement si l'enfant eût été mineur à l'époque du décès de son père. Dans ce cas, c'est le droit de décharge qui serait perçu. — 27 oct. 1832. Délib. Lebeau. D.P. 33. 3. 82.

1316. — La disposition d'une loi spéciale relative à la construction d'un canal, qui réduit au droit *fixe de 1 fr.* les acquisitions de terrain nécessaires, n'est pas applicable aux stipulations de ces actes qui ne dérivent pas nécessairement de ces ventes, et, par exemple, elle ne s'applique pas à la renonciation par la femme du vendeur, intervenue au contrat, à son hypothèque légale, ni aux quittances de prix données par acte séparé (L. 29 mai 1827, art. 3). — 8 fév. 1833. Délib. cons. d'adm. D.P. 33. 3. 84.

1317. — L'administration a considéré que les exceptions étaient de *droit étroit*, et ne pouvaient être étendues; elle s'en est tenue à la lettre de la loi, et elle a décidé : — 1° Que l'art. 3 de la loi du 29 mai 1827 n'est applicable qu'aux ventes de terrains nécessaires pour l'établissement du canal, et qu'il ne l'est pas aux dispositions de ces actes qui ne dérivent point nécessairement de ces ventes; — 2° que ce même article de la loi n'est point non plus applicable aux quittances de prix de ventes données par actes séparés, ni aux dispositions de tous autres actes relatifs à ces ventes (Même délibération).

1318. — Convenir qu'un immeuble appartenant à l'un des associés et dont l'usage a été par lui versé dans la société, sera désormais aux risques et périls de cette société, ce n'est pas là consentir à celle-ci une vente ou aliénation de cet immeuble donnant ouverture au droit de mutation. — 25 avril 1833. Req. Scherrer. D.P. 33. 1. 209.

1319. — L'immobilisation des actions de la banque, autorisée par le décret du 16 janvier 1808, donne à ces actions la qualité d'immeubles; de telle sorte que l'adjudication qui en est faite doit être soumise, comme celle d'un immeuble réel, au droit de 4 pour 100 pour mutation, et à celui de 1 1/2 pour 100 pour transcription, si les clauses du cahier des charges n'établissent pas qu'elles sont adjugées pour devenir meubles. — 22 mai 1833. Req. Paris. Lacoste. D.P. 33. 1. 219.

1320. — Les droits des ventes de biens situés en Corse ont été réduits à 2 pour 100, le droit de transcription en sus (*Dict. de l'enreg.*, v° Vente, n. 115).

1321. — Les acquisitions de terrains que font les entrepreneurs d'un chemin de fer sont passibles du droit de 5 1/2 pour 100 (Décis. min. des fin. 31 août 1830; *Dictionn. de l'enreg.*, v° Vente, n. 120). — 18 janvier 1831. Civ. r. Seguin. D.P. 31. 1. 65.

1322.—L'immeuble cédé par des père et mère pour se libérer de la donation d'une somme d'argent donne lieu au droit de vente (*Dict. de l'enreg.*, v° Vente, n. 390).

1323.—L'usufruit conféré à vie, ou pour un temps déterminé, est assujetti au même droit proportionnel, parce que l'usufruit s'estime, non point par sa durée, mais par l'étendue des droits qu'il confère (V. art. 12, pour la base de la perception lorsque la valeur de l'usufruit n'est pas fixée par le contrat).— D.A. 7. 127, n. 2.

1324.—On ne doit rien ajouter pour la perception du droit de vente lorsque le vendeur qui s'est réservé l'usufruit de l'objet vendu paie un intérêt à l'acquéreur; peu importe même que l'intérêt payé ne s'élève pas au taux légal (*Dict. de l'enreg.*, v° Vente, n. 250).

1325. — La moitié en sus du prix stipulé n'est ajoutée pour la liquidation des droits d'un objet vendu avec réserve de l'usufruit, que lorsque cette réserve est faite au profit du vendeur.— 3 janv. 1827. Req. Enreg. C. Audé. D.P. 27. 1. 106.—*Dict. de l'enreg.*, v° Vente, n. 283.

1326.—Les droits d'usage et d'habitation diffèrent essentiellement des droits d'usufruit : sont-ils néanmoins soumis au même droit de mutation?—Oui, selon Proudhon, *de l'Usufruit*, t. 2, n. 770, p. 321 et suiv., qui se fonde sur les expressions d'usufruit et de *jouissance* de l'art. 4 de la loi de frim.—Op. conf. de Dalloz, parce que les droits d'usage et d'habitation sont des droits réels, qui, considérés abstractivement de l'objet sur lequel ils sont établis, sont susceptibles d'une possession ou d'une quasi-possession, laquelle donne lieu au droit de 2 ou de 4 p. 100, suivant que le droit d'usage porte sur des meubles ou sur des immeubles.—D.A. 7. 127, n. 3.

1327.—Ce qu'on dit pour la concession d'usage à titre onéreux s'applique, par les mêmes raisons, à la constitution à titre gratuit; dans le premier cas, le droit serait assis sur le prix de la cession, au second cas, il ne pourrait l'être que sur l'évaluation donnée par les parties.—V. art. 12.

1328.—Au surplus, « les droits d'usage et d'habitation ne peuvent être passibles du droit proportionnel de mutation que par rapport à l'acte par lequel ils sont établis, et non pour toute mutation postérieure, puisqu'ils sont incessibles; à moins que la concession n'en eût été faite du consentement et à la participation du propriétaire du fonds, cas auquel l'acte, en étant valable, serait sujet au droit proportionnel d'enregistrement. » — Proudhon, *loc. cit.* D.A. 7. 127, n. 3.

1329.—Les concessions de servitudes, à titre gratuit ou onéreux, sont soumises au droit proportionnel de mutation; car ce sont des droits réels, déclarés immeubles (art. 526 C. civ.).—Elles sont même implicitement comprises dans la loi du 22 frim. an 7; car l'art. 69, § 7, n. 1, soumet au droit de 4 p. 100 tous les actes translatifs de propriété ou d'usufruit de biens immeubles, ce qui s'applique aux droits incorporels comme aux immeubles réels. Conformément à ces principes, la régie a déclaré passible des droits de mutation et de transcription l'acte par lequel un particulier, pour ne plus recevoir dans sa cour les eaux provenant de la maison d'un voisin, consent à construire à ses frais un puisard dans la cour de ce dernier (Délib. du 22 oct. 1817).—Une autre décision de la régie, du 27 sept. 1826, approuvée le 10 oct., a confirmé ces principes, et rejeté l'opinion que la concession de servitudes, moyennant un prix, ne donnait lieu qu'à un droit d'obligation de 1 p. 100.—D.A. 7. 127, n. 4.

1330.—La doctrine ci-dessus s'induit encore de l'arrêt suivant, décidant qu'une concession d'eau faite pour un temps illimité, moyennant une redevance annuelle, lorsque le concédant s'est réservé la faculté de retirer l'eau quand il le croira convenable, ne peut être considérée que comme une concession purement mobilière et précaire, qui n'affecte le terrain qui fournit cette eau d'aucune servitude, et ne donne par conséquent ouverture qu'au droit proportionnel.—18 déc. 1811. Civ. r. Enreg. C. Hautpoix. D.A. 7. 207. D.P. 2 32.

1331.—Tous les actes civils ou judiciaires contenant mutation d'immeubles à titre onéreux sont passibles du droit de 4 p. 100, porte l'art. 69, § 7, sus transcrit.

1332.—Il faut en excepter cependant, 1° *les échanges*, qui, sous le régime de centième denier, considérés comme opérant une double mutation, acquittaient sur la valeur entière des deux immeubles cédés le même droit que les ventes. La loi du 22 frim. an 7 avait fixé le droit d'enregistrement des échanges à la moitié de celui des ventes, c'est-à-dire à 2 p. 100, et n'y avait assujetti que l'une des parts des biens échangés.

1333.—La loi du 28 avril 1816 n'a apporté d'autre modification à ce principe que de faire payer à l'enregistrement le droit de transcription de 1 fr. 50 c. p. 100. Seulement cette modification avait donné lieu à quelques difficultés. Car, disait-on, puisque l'une et l'autre propriété échangée est susceptible d'hypothèques, la transcription des deux mutations est de rigueur, et en résultat il doit être exigé 5 p. 100 sur les échanges, c'est ce qui résulte d'une décision du 25 sept. 1816 (Inst. 758). Cependant, d'après un nouvel examen, le ministre a reconnu, le 1er juin 1821 (Inst. 985), que la loi du 28 avril 1816 n'avait pu avoir en vue que l'une des deux parts. En conséquence, il a été ordonné de borner la perception à 3 fr. 50 c. p. 100.

1334.—La loi du 16 juin 1824 a sanctionné ce dernier principe, mais elle établit deux droits différens sur les échanges, l'un fixe et l'autre proportionnel, selon la nature et la position respective des biens échangés. Ainsi, par son art. 2, elle applique d'abord le simple droit fixe de 1 fr. aux échanges d'immeubles *ruraux*, lorsque l'un des immeubles échangés était contigu aux propriétés de celui des échangistes qui le reçoit; puis, pour tous les autres échanges d'immeubles, elle réduisit le droit à 1 fr. p. 100. Cette exception ne s'appliquait pas aux échanges de meubles.—La loi du 24 mai 1834 (V. D.P. 34. 3. 56; *Revue du not.* 1834, p. 600) a abrogé les dispositions concernant les propriétés contiguës. Son art. 16 porte : « la disposition de l'art. 2 de la loi du 16 juin 1824, qui réduit à un franc fixe le droit d'enregistrement des échanges dans lesquels l'une des parties reçoit des biens qui lui sont contigus, est et demeure abrogée. Ces échanges jouiront toutefois de la modération des droits introduite pour les échanges en général dans la seconde disposition du même article.—D.A. 7. 127, n. 5, § 1er; Trouillet, *Dict. de l'enreg.*, v° Echange, n. 1.

1335. — Lorsqu'une donation à titre de partage anticipé est modifiée par un autre acte, et que les biens passent d'un donataire à un autre, il y a échange (*Dict. de l'enreg.*, v° Echange, n. 68).

1336.—Si, après un acte portant acquisition, non d'une co-propriété indivise, mais d'une certaine quotité fixe et déterminée, telle qu'un vingtième de certaines terres, ce vingtième à prendre de tel ou tel côté, les dix-neuf autres vingtièmes sont donnés au même acquéreur en échange, il ne doit être perçu sur cet échange, lorsque d'ailleurs il n'est pas établi qu'on ait voulu frauder les droits d'enregistrement, qu'un droit fixe d'un franc, aux termes de l'art. 2 de la loi du 16 juin 1824, relatif au cas d'échange entre propriétaires contigus.— 18 août 1829. Civ. r. Enreg. C. Régnier. D.P. 29. 1. 338.

1337.— De même, lorsque, postérieurement à la vente d'un immeuble, le vendeur a donné à son acquéreur des domaines contigus en échange d'autres immeubles situés dans d'autres territoires, la régie n'est pas fondée à refuser l'exemption du droit proportionnel à cet échange, sous le prétexte que les immeubles échangés sont de mince valeur, et que la première acquisition faite n'avait eu pour objet que d'échapper au droit proportionnel pour l'échange projeté alors (L. 16 juin 1824, art. 2) —29 nov. 1832. Trib. d'Uzès. Robert. D P. 33. 3. 83.—Même décision. 18 déc. 1828. Req. Enreg. C. Talmier. D.P. 29. 1. 68.

1338.— Toutefois, on a jugé que l'échange qui a lieu le jour même qu'une parcelle de la pièce de terre échangée a été achetée, est sujet au droit proportionnel (Délib. admin. 18 mai 1825). Opinion contraire des auteurs du Dictionnaire de l'enregistrement (*Dict. de l'enreg.*, v° Echange, n. 35).

1339.— Si l'on échange une portion de biens ruraux indivis contre une autre portion de biens ruraux également indivis, il n'est dû qu'un franc fixe. L'indivision établit la contiguïté en tous sens (*Dict. de l'enreg.*, v° Echange, n. 36).

1340. — Mais l'abandon fait par un co-partageant à un autre, d'un immeuble propre au premier, pour égaliser le lot du second, doit être considéré comme une dation en paiement, et non comme un échange, si l'acte de partage ne fait connaître la masse et la nature des biens autres que ceux abandonnés—23 avril 1833. Délib. de l'adm. D.P. 33. 3. 103.

1341. — L'art. 2 de la loi de 1824 ne s'applique qu'aux échanges de terrains contigus, et non aux échanges de bâtimens situés même dans des communes rurales (Déc. min. des fin. 17 août 1828; *Dict. de l'enreg.*, v° Echange, n. 37).

1342. — L'échange d'immeubles situés en France contre des immeubles situés en pays étranger ou aux colonies où ne sont pas établis les droits d'enregistrement, ne donne lieu au droit proportionnel qu'en ce qui concerne les biens situés en France (*Dict. de l'enreg.*, v° Echange, n. 27).

1343.— L'acte contenant échange d'un immeuble situé dans une colonie française contre un immeuble situé en France, est soumis au droit proportionnel fixé par la loi du 16 juin 1824. Peu importe que cet acte ait été passé et enregistré dans la colonie (Délib. 28 août 1832) — D.P. 34. 3. 47.

1344.— Quoiqu'un contrat d'échange contienne la clause qu'il n'est que provisoire, mais, qu'après l'expiration d'un délai fixé, il sera définitif, s'il n'est résilié par l'une des parties, le droit d'échange est dû comme s'il était pur et simple (*Dict. de l'enreg.*, v° Echange, n. 60).

1345.— Le conservateur perçoit un franc fixe sur un échange de biens ruraux contigus, présenté à la transcription (Solut. 4 janv. 1824; *Dict. de l'enreg*, v° Echange, n. 41).

1346. — Lorsqu'il est énoncé que les échangistes étaient en possession des biens plus de trois mois avant la date de l'acte, le double droit est exigible (Délib. 9 nov. 1827; *eod.*, n. 70).

1347. — La rescision pour lésion n'ayant pas lieu dans l'échange, le jugement qui prononcerait la rescision serait considéré comme un nouvel échange s'il rétablissait les parties dans leurs biens primitivement échangés, et comme vente, si l'un des échangistes, en rentrant dans le bien par lui cédé, conservait celui acquis en contre-échange (*eod.*, n. 77).

1348.— Le contrat par lequel un immeuble est vendu pour une somme, en paiement de laquelle l'acquéreur vend à son tour un autre immeuble de même valeur, mais avec faculté de le reprendre dans cinq ans, en remboursant le prix, est un échange. Si le rachat s'effectue, il opère le droit de vente (Déc. min. des fin. 4 sept. 1810; *eod.*, n. 92).

1349.— Si dans l'échange de deux immeubles il y avait retour, le droit de vente serait dû sur la plus-value, parce qu'il y aurait deux actes renfermés en un seul, et que ce serait alors le cas d'appliquer l'art. 11 de la loi de frim. an 7.—D A. 7. 127.

1350.— Il n'est pas nécessaire que la soulte soit exprimée dans un échange, pour que le droit de retour soit exigible. Il suffit que, d'après les évaluations données (ou par le résultat de l'expertise), la valeur des biens cédés par l'un des échangistes, calculée à raison de vingt fois le revenu, soit supérieure à celle des biens qu'il reçoit.—Trouill., v° Echange, § 3, n. 2.

1351.— Ainsi, lorsque par un échange fait moyennant une soulte, les frais de l'acte restent à la charge de celui qui la reçoit, le droit de 5 fr. 50 c. pour 100 fr. ne doit pas être perçu sur la totalité de cette soulte. Il faut en retrancher la partie des frais qui se rapportent à cette soulte qui opère vente (Jug. de la Seine, 13 janv. 1833).—*Eod.*, § 3, n. 3.

1352.— De ce que la soulte est réputée prix de vente, on ce qui touche la quotité du droit, il ne s'ensuit pas qu'à l'égard de l'objet plus valant pour lequel il y a soulte, le contrat doive être réputé vente quant à la détermination du prix. L'objet principal d'un pareil contrat étant l'échange, la loi du 22 frim. n'a rien innové à cet égard par le n. 4 de l'art. 15. Aller chercher une autre base dans ce qui est prescrit au n. 6, même article, d'après lequel, pour les ventes pures et simples, la valeur est déterminée par le prix exprimé ou par estimation d'experts, c'est déplacer ces dispositions pour les appliquer aux échanges avec soulte. Ainsi, pour les échanges de biens immeubles, le droit relatif à la plus-value compensée en argent doit être liquidé d'après une évaluation en capital du revenu, multiplié par vingt, qui, en cas d'expertise, doit servir de base.—13 déc. 1809. Civ. c. Enreg. C Quentin. D.A. 7. 290. D.P. 10 1. 83.—29 avril 1812. Civ. c. Enreg. C. Morlet. D.A. 7. 290. D.P. 12. 1. 433.—Trouill., v° Echange, § 3, n 6.

1353.— Un échange par lequel un hospice reçoit des immeubles produisant un revenu plus considérable que ceux qu'il cède lui-même au contre-échangiste, est passible du droit de soulte sur la différence du revenu, quoique l'échange ait été consenti sans *soulte ni retour*, parce que l'excédant de valeur attribué à l'hospice ne présente ni le carac-

lère ni les effets d'une donation ; que rien n'annonce une libéralité, et que la portion cédée par l'hospice, qui produit un moindre revenu, peut compenser l'importance de l'autre par une valeur de convenance particulière (Délib. 6 mars 1827).—Trouill., *eod.*, § 3, n. 8

1354. — Si les propriétaires du territoire d'une commune se réunissent pour faire procéder à une nouvelle distribution, les échanges qui en résultent ne donnent pas lieu au droit proportionnel. Les soultes seules y sont assujetties (Déc. min. des fin. 7 avril 1826; *Dict. de l'enreg.*, v° Echange, n. 62.

1355.—Au reste, l'exception signalée ne comprend que les échanges d'immeubles, elle ne serait donc pas applicable aux échanges de biens meubles, d'après la regle, *qui de uno dicit, de altero negat*, et parce que d'ailleurs la réduction du droit proportionnel, en matière d'échange n'a eu pour cause que l'intérêt de l'agriculture. Par conséquent l'échange d'une rente contre une autre opérera un double transport et donnera ouverture à deux droits (Déc. rég 3 prair. an 8). Si des meubles sont donnés en retour d'immeubles, il n'y aura pas non plus échange, puisque les objets ne sont pas de même nature (Pothier de la vente, 629). ce ne sera pas d'avantage une double vente, car ces deux ventes se confondent en un seul acte, on ne devra donc perçevoir qu'un seul droit sur la valeur donnée au mobilier représentant le prix de l'immeuble.—D.A. 7. 127, n. 5.

1356.—2° *Les retraits d'immeubles en vertu de réméré*, bien qu'ils opèrent une véritable rétrocession de propriété ne sont assujettis qu'au droit proportionnel de 50 c. par 100 fr.. *lorsqu'ils sont exercés dans le délai stipulé au contrat de vente* (art. 69, § 2, n. 11. l. de frim. an 7). Cette faveur doit s'appliquer au retrait, successoral (art. 841 C. civ.), parcequ'il y a identite de motifs et, que d'ailleurs ce retrait est très-favorable (Inst. gén. n. 245, § 3). Cette opinion n'est pas générale. — D.A. 7. 128, n. 5, § 2.

1357.— L'acte de vente d'immeuble à réméré, mais en échange, d'un autre immeuble pour lequel le rachat n'est pas réservé n'est assujetti qu'au droit d'échange, sauf à percevoir celui de vente si le rachat a lieu.

Solution contraire exigeant un double droit de vente, du 19 prairial an 7 (*Dict. de l'enreg.*, v° Vente, n. 415).

1358.—On ne peut voir qu'un contrat pignoratif dans l'acte par lequel un individu a aliéné des immeubles sur faculté de réméré, pendant un certain temps, et avec clause que si le retrait n'est pas exercé dans le délai convenu, les immeubles pourront être mis aux enchères par l'acquéreur qui rendra compte du prix au vendeur. Si donc ce dernier rentre dans son bien à quelque époque que ce soit, il n'y a pas lieu d'exiger un droit de retrocession puisque la propriété n'a pas cessé de résider sur la tête du vendeur (Cass. 10 nov. 1834). Cet arrêt est relatif à un acte antérieur au code civil.—Trouillet, v° Retrait à réméré, n. 16.

1359 — Jugé au contraire que l'acte dans lequel, sous la forme de vente à réméré, on stipule que le vendeur restera en jouissance, qu'il paiera pendant ce temps à l'acquéreur, les intérêts du prix à 5 pour 100; que, dans le cas de non remboursement aux termes convenus, ce dernier n'aura que le droit de vendre l'immeuble, à sa volonté, sauf à se faire mutuellement raison de la différence du prix de cette nouvelle vente avec la première ; un tel acte n'est pas un contrat pignoratif, ni un bail à antichrese, mais bien une vente à réméré soumise au droit proportionnel de mutation immobilière. — 17 déc. 1833. Délib. K... D.P. 34 3. 55.

Cette décision prête à la critique, l'intention de livrer manque ici. Arrêt en sens contraire, D.P. 30. 2. 153. —V. Vente.

1360.— Les retraits de droits successifs ainsi que ceux de droits litigieux ne sont assujettis qu'au droit proportionnel de 50 c. pour 100, sur les sommes à rembourser au cessionnaire, pourvu que quant au retrait de la première espèce, les droits soient encore indivis lors du retrait (Instr. 245).

1361.— Ce principe s'applique au retrait exercé sur une cession *partielle*, par laquelle l'un des héritiers aurait cédé son droit aux immeubles dépendant de la succession indivise, exclusivement aux objets mobiliers, ou seulement la portion qui doit lui revenir après le partage (*idem*).—Trouillet, v° Retrait, Succession, n. 3-4. 21.

1362.— Mais la cession à titre gratuit de droits litigieux, n'est pas susceptible de retrait.— 15 déc. 1830. Toulouse. D.P. 31. 2. 251.

ENREGISTREMENT. ART. 10, § 1er.

Ainsi, le retrait consenti dans l'espèce est sujet au droit de vente.—Trouillet, *eod.*, n. 25.

1363.— Mais la vente à pacte de rachat est assujettie au droit des ventes ordinaires, parce que cette vente a toujours été reconnue comme translative de propriété, et parfaite quoique résoluble sous condition (Instr., n. 386).— D.A. 7 128, n. 5, 2.

1364.—Si, dans l'acte de vente à rémeré, le vendeur conservait la jouissance des lieux, moyennant une indemnité ou fermage annuel, il y aurait lieu à percevoir, indépendamment du droit propre à la vente, un droit particulier pour le bail ou relocation, suivant sa durée (Délib. du 17 nov. 1821; application de l'art. 11, l. de frim. an 7).— D.A. 7. 128, n. 5, § 2.

1365.— 3° Les acquisitions et échanges faits par l'état sont enregistres *gratis*.—D.A. 7. 128, n. 5, § 3.

1366. — 4° Les acquisitions pour le compte du domaine extraordinaire sont assujetties au droit fixe de 3 fr. pour l'enregistrement, et à un pareil droit pour la transcription (Décret 28 mars 1812). — D.A. 7. 128, n. 5, § 4.

1367.— 5° Des lois spéciales, des 26 vend. an 7 et 11 frim. an 8, avaient déterminé les formes à suivre pour les ventes de domaines nationaux, et en avaient réduit le droit à deux pour cent.— L'adjudication de biens-fonds d'une succession en deshérence, ouverte depuis moins de trente ans, ne profiterait pas de la modération des droits fixés pour la vente des biens de l'état, puisque le temps pour qu'ils fussent devenus domaniaux ne serait pas encore expiré (Décis. min. du 11 août 1808). — D.A. 7. 128, n. 5, § 5.

1368.— L'ancien possesseur d'un domaine national engagé, qui se soumet à payer le quart de la valeur dudit domaine, conformément à la loi du 14 vent. an 7, pour devenir propriétaire incommutable, doit, à raison de ce supplément de prix, le droit proportionnel réglé par l'art. 14 de la loi du 26 vend. an 7, pour l'aliénation des domaines nationaux, auxquels les domaines engagés ont été de tout point assimilés.— 12 avril 1808. Civ. c. Enreg. C. Meunier. D.A. 7. 140. D.P. 2. 20.

1369. — Les adjudications des biens en deshérence sont, quant aux droits, assimilées aux biens nationaux (Décis. contraire du min. des fin. 11 août 1818; *Dict. de l'enreg.*, v° Vente, n. 116).

1370.— 6° Pendant cinq ans à compter de la promulgation de la loi du 27 avril 1825, tous actes translatifs de propriété des biens confisqués sur les émigres, les déportés et les condamnés révolutionnairement et qui seraient passés entre le propriétaire actuel desdits biens et l'ancien propriétaire ou les héritiers, doivent être enregistrés moyennant un droit fixe de 3 fr. (art. 22 de la susdite loi). — D.A. 7. 128, n. 5, § 7.

1371.— 7° Les délaissemens de fonds que les propriétaires de marais sont obligés à faire pour se libérer de l'indemnité par eux due, en cas de dépossession, ne sont passibles que du droit fixe de un franc (L. 16 sept. 1807, relative au dessèchement des marais, art. 21).— D.A. 7. 128, n. 5, § 8.

1372. — 8° Les actes translatifs de propriété d'usufruit ou de jouissance des biens immeubles situés à l'étranger, et dans les colonies où le droit d'enregistrement n'est pas établi, lorsqu'on en fait usage en France, ne sont assujettis qu'au droit fixe de 10 fr., sans que, dans aucun cas, le droit fixe puisse excéder le droit proportionnel qui serait dû, s'il s'agissait de biens situés en France (L. 16 juin 1824, art. 4).—Cette disposition a fait cesser les controverses élevées sur la combinaison des lois de frim. an 7 et du 28 avril 1816.— D.A. 7. 128, n. 5, § 9.

1373. — Avant la loi de 1824, les § 22, 23 et 42 de la loi de frimaire avaient assujetti tous les actes passés en pays étrangers ou dans les colonies, lorsqu'il en était fait usage en France, mais sans déterminer le droit qu'ils devaient acquitter. Aussi la régie réclamait sur ces actes, lorsqu'ils avaient pour objet des biens situés hors du royaume les mêmes droits que s'il se fût agi de biens situés en France. Ces prétentions de la régie déterminèrent un premier avis du conseil d'etat, du 10 brum. an 14, qui avait décidé qu'il ne serait perçu aucun droit proportionnel, ou, en d'autres termes, qu'il ne pourrait être exigé que le simple droit fixe sur les actes passés à l'étranger et qui contiendraient transmission de propriété ou d'usufruit d'immeubles situés en pays étranger, lorsqu'ils seraient présentés à l'enregistrement.— D.A. 7 128, n. 5, alin. 9.

1374. — Cette solution souleva les deux questions suivantes : 1° devait-on appliquer seulement le droit fixe aux actes *passés en France*, translatifs d'immeubles situés hors du territoire ; 2° si les actes

ENREGISTREMENT. ART. 10, § 1er.

passés en pays étranger ou en France, et contenant mutation de propriétés mobilières existant hors du royaume, devaient aussi jouir de l'exemption du droit proportionnel, par application de l'avis du 10 brum. an 14? Le 12 déc. 1806 intervint un second avis qui, répondant affirmativement sur les deux questions, déclara pour la premiere l'avis précité applicable aux actes passés dans le même cas devant des notaires et autres officiers publics de France, et pensa, quant à la seconde, qu'on doit étendre la même disposition aux actes passés en forme authentique seulement dans les pays étrangers et les colonies, contenant obligation ou mutation d'objets mobiliers, *lorsque les prêts et placemens auront été faits et les livraisons promises ou effectuées en objets de ces pays, et stipulés payables dans les mêmes pays et dans les monnaies qui y ont cours.* On voit sous quelle restriction fut declaré applicable l'avis de brumaire.

La loi de 1816 vint changer cet état de choses, et d'une manière générale declara (art. 58) qu'il ne serait fait usage en justice d'aucun acte passé en pays étranger ou dans les colonies, qu'il n'eût acquitté les mêmes droits que s'il eût été souscrit en France et pour les biens situés dans le royaume. Qu'il en serait de même tant pour la mention desdits actes que pour celle des actes publics.

Un avis du conseil d'état, du 21 août 1818, a décidé que cette loi devait même s'appliquer *aux actes passés en France* pour des biens situés hors du royaume.

La cour de cassation, touchée de l'excessive fiscalité de la loi de 1816, et fidèle au principe qu'en matière d'impôts il ne faut pas raisonner par analogie dans tout ce qui tend à grever le contribuable, s'empara de la lettre de l'art. 58, et maintint pour les actes *passés en France*, dont il ne parlait pas, l'avis du cons. d'état, du 12 déc. 1806. La régie fut forcée de se conformer à cette jurisprudence, et une décision du ministre, du 28 mars 1821, déclara qu'on devait s'y tenir. La loi de 1824 ci-dessus a ratifié cette décision; elle a fait plus, comme on l'a déjà vu.— D.A. 7. 128, 296, note 1-2.

1375. — Ainsi, les actes passés *en France* et qui contiennent transmission d'immeubles situés en pays étranger, ne sont pas assujettis aux droits de mutation et de transcription établis par la loi du 28 avril 1816, quoique l'art. 58 de cette loi en ait rendu passibles les actes passés *à l'étranger*, et qui sont transmissibles d'immeubles situés hors de France, lorsqu'il en est fait usage en France, soit en justice, soit dans des actes publics (L. 22 frim. an 7 et 27 vent. an 9; avis du cons., du 18 brum. an 14, et 12 déc 1806).— 11 déc. 1820. Civ. c. Enreg. C. Kahlaas. D.A. 7. 165. D.P. 21. 1. 96.

1376. — On remarquera que la loi de 1824 n'a parlé que des immeubles ; d'où la conséquence que l'art. 58 de la loi de 1816 doit continuer de s'appliquer aux actes contenant obligation ou transmission de propriétés *mobilières* situées à l'étranger ou dans les colonies, et qu'on ne saurait plus invoquer aujourd'hui, à cet égard, les dispositions exceptionnelles de l'avis du conseil d'état, du 12 déc. 1806. — On exceptera toutefois les actes passés soit aux colonies, soit à l'étranger, soit en France, en forme authentique *ou sous seing-privé*, qui contiendraient des stipulations relatives à des biens *mobiliers* ou *immobiliers* situés à Saint-Domingue, lesquels ne seront assujettis, jusqu'à ce qu'il en soit autrement ordonné, qu'au droit fixe de 1 fr. pour leur enregistrement, lorsqu'ils seront dans le cas d'être soumis à cette formalité (Ord. 8 janv. 1817). — D.A. 7. 129, n. 5, alin. 9.

1377. — Avant la loi du 16 juin 1824, comme depuis, les actes portant transmission de biens situés en pays étranger, soit qu'il s'agisse de meubles ou d'immeubles, lorsque d'ailleurs il n'est fait en France aucun usage de ces actes, soit en justice, soit dans d'autres actes publics, ne sont, lors de leur enregistrement, passibles que d'un droit fixe, et non d'un droit proportionnel...... ; et si la loi du 16 juin 1824 ne parle que des immeubles, sa disposition doit, par analogie, être étendue aux meubles, et par exemple aux actes portant transmission de rentes sur le grand-livre de la dette publique d'un état voisin. — 21 avril 1828. Civ. r. Enreg. C. Grassière. D.P. 28. 1. 220.

1378. — Encore qu'un acte contenant des stipulations relatives à des biens-mobiliers ou immobiliers, situés a Saint-Domingue, ait été passé depuis la loi du 30 avril 1826, qui accorde une indemnité aux propriétaires de cette colonie, il n'en est pas moins placé dans l'exception de l'ordonnance du 8 janvier 1817, qui n'autorise la perception que d'un droit fixe sur de tels actes. — Cette ordonnance continue

d'être applicable. — 20 avril 1831. Civ. c. Dumoustier. D.P. 31. 1. 129.

1379. — Inutile de faire observer que le droit fixe créé par l'art. 4 de la loi du 16 juin 1824 ne concerne que les mutations d'immeubles situés en pays étranger; car pour celles relatives à des biens sis dans le royaume, le droit proportionnel doit en être perçu, soit que l'acte qui les constate ait été passé dans les colonies ou en pays étranger; et il y a plus, l'acte devra être présenté à la formalité en France, dans les délais fixés par l'art. 22 de la loi de frimaire, à peine du double droit : l'art. 23 ne concernant que les actes publics ou privés n'emportant pas mutation. — D.A. 7. 129, n. 5, alin. 9.

1380. — Une neuvième exception, consacrée par la loi du 16 juin 1824, existait en faveur de toutes les acquisitions d'immeubles, faites par les départemens, communes, hospices, etc., et généralement par les établissemens publics légalement autorisés, qui devaient être enregistrées au droit fixe de 10 fr. (art. 7), mais seulement lorsque les immeubles acquis avaient une destination d'utilité publique, et ne devaient pas produire de revenus. Mais la loi du 18 avril 1831 (rapportée *suprà*, art. 9, *in fine*) a abrogé toutes les distinctions de l'art. 7 de la loi de 1824, et a remis les acquisitions faites par les établissemens publics sous l'empire du droit commun.

1381. — Et depuis, on a jugé que l'art. 17 de la loi du 18 avril 1831, qui soumet au droit proportionnel les acquisitions faites par les communes, est applicable aux mutations convenues avant la promulgation de cette loi, si l'autorisation royale a été accordée postérieurement a cette promulgation. — 30 déc. 1831. Délib. Comm. de P... D.P. 33. 3. 19.

1382. — Les actes passés dans les Pays-Bas, postérieurement à leur séparation de la France, ne peuvent être produits en France sans être soumis à la formalité, bien qu'ils en aient été revêtus dans le royaume des Pays-Bas, où les droits d'enregistrement ont été conservés (Décis. de la rég. 10 oct. 1818). — Mais si les actes ont été passés, et la formalité donnée pendant la réunion, leur production en France ne donnera lieu à aucun nouveau droit, lorsqu'ils porteront la mention que le droit a été acquitté; cela est de toute justice (Déc. min. 6 juin 1817). Comme aussi les actes qui auraient été passés dans les colonies où l'enregistrement est établi, et qui y auraient acquitté les droits, ne donneront lieu à aucune nouvelle perception, lorsqu'on voudra les exécuter en France, pas plus que les actes passés dans la métropole, si on voulait les mettre à exécution dans les colonies (*Journ. de l'enreg.*, art. 526). — D.A. 7. 129, n. 6.

1383. — Jugé ainsi que la loi du 22 frim. an 7 n'autorisant les receveurs des colonies, ni à soumettre de nouveau à l'enregistrement les actes déjà enregistrés en France, ni à percevoir un droit nouveau sur ces actes, et réciproquement à l'égard des actes enregistrés aux colonies, il en résulte qu'un acte passé en France, sous l'empire de l'avis du conseil d'état, du 15 nov. 1806, et enregistré en France, n'a pu être passible, à l'île Bourbon, d'un droit autre que celui perçu en France. — 24 janv. 1827. Civ. c. Bourbon. Desaunay. D.P. 27. 1. 122.

1384. — Les actes authentiques passés à l'étranger ou dans les colonies, où l'enregistrement n'est pas connu, à une époque *antérieure* à 1790, sont-ils passibles des droits, lorsqu'ils sont produits en France, ou lorsqu'ils sont translatifs d'immeubles situés dans le royaume? Le doute naît de l'art. 70, § 3, n. 16 de la loi du 22 frim. an 7, qu'il faut concilier avec les art. 22 et 23 de la même loi (Discussion sur cette question). — Elle est encore douteuse. — D.A. 7. 130, n. 7.

1385. — En effet, il a d'abord été décidé que les art. 24 du décret du 5 déc. 1790, et 70, n. 16, § 3 de la loi du 22 frim. an 7, qui dispensent du paiement des droits les actes ayant date certaine, passés, dans l'ancien territoire de la France, ou dans les pays réunis, avant l'établissement de l'enregistrement, ne sont applicables qu'aux mêmes actes, passés antérieurement à la mise en activité du droit d'enregistrement, *dans les pays actuellement soumis à ce droit*, mais nullement aux actes, soit authentiques, soit sous seing-privé, passés, avant le décret du 5 déc. 1790, dans les pays étrangers et dans les colonies où ce décret n'a jamais été envoyé : à ces actes s'applique spécialement le décret du 29 sept. 1791, dont l'art 10, renouvelé par l'art. 23 de la loi de frimaire, porte que les actes passés dans les colonies et dans les pays étrangers, soit devant des officiers publics, soit sous seing-privé, sont assujettis, en France, à la formalité et au droit d'enregistrement, dans les mêmes cas et dans les mêmes délais que les actes sous signature privée passés en France. — 17 mai 1809. Civ. c. Enreg. C. Descourts. D.A. 7. 162. D.P. 9. 2. 134.

1386. — En conséquence de ces principes, s'il a été produit, en France, un acte translatif de propriétés immobilières (situées dans le royaume), passé, antérieurement à 1790, dans une colonie française où les droits de contrôle et de centième denier n'étaient point connus, et où le droit d'enregistrement n'a pas été établi, il demeure soumis au droit et au double droit de mutation, s'il n'a pas été enregistré dans les six mois du jour de sa date, et si les droits ne sont pas prescrits. — 17 mai 1809. Civ. c. Enreg. C. Descourts. D.A. 7. 162. D.P. 9. 2. 134.

1387. — Pareillement, sont dispensés de l'enregistrement les actes authentiques passés dans les colonies à une époque antérieure à 1790, lors même qu'il serait fait usage de ces actes sur le territoire européen de la France (L. 22 frim. an 7, art. 23 et 70, § 3, n. 16). — 20 juin 1810. Civ. r. Enreg. C. Perdreau. D.A. 7. 161.

1388. — On a jugé au contraire que sous l'ancienne législation, les actes passés dans une colonie française, où les droits de contrôle, d'insinuation et de centieme denier n'étaient pas connus, devenaient passibles de ces droits dans le territoire continental de la France, lorsqu'ils étaient translatifs de propriétés situées en France, ou qu'ils y étaient produits en justice. Il suit de là que, dans les mêmes circonstances, ces actes, quelle que soit leur date, doivent aujourd'hui acquitter les droits d'enregistrement qui ont été substitues aux anciens impôts (L. 27 vent. an 9, art. 1er). — 17 mai 1809. Civ. c. Enreg. C. Descourts. D.A. 7. 162. D.P. 9. 2. 134.

1389. — L'art. 7 de la loi du 16 juin 1824, ainsi qu'on l'a vu dans l'article précédent, avait consacré une neuvième exception en faveur des acquisitions faites par les établissemens publics, qui ne devaient supporter que le droit fixe de 10 fr., lorsque les immeubles acquis avaient une destination d'utilité publique, et ne devaient produire aucun revenu.

1390. — Conformément à cette disposition, on déclarait que l'exemption du droit proportionnel, établie par la loi du 16 juin 1824, au profit des établissemens publics, s'applique au cas où les immeubles qui leur sont légués ou qui sont acquis par eux, sont productifs de revenus et n'ont pas seulement une destination d'utilité publique. — 4 fév. 1834. Civ. c. Institut. des aveugles. D.P. 34. 1. 85. — 4 fév. 1834. Civ. r. Enreg. C. Hosp. de Cambrai. D.P. 34. 1. 86.

1391. — Mais la loi du 18 avril 1831, en déclarant que toutes les acquisitions des communes, etc., seraient désormais sujettes aux droits proportionnels d'enregistrement et de transcriptions établies par les lois existantes (Instr. 1362), a fait cesser l'exception portée par la loi de 1824 à l'art. 69 de la loi de frimaire.

1392. — La dation d'un immeuble en antichrèse n'opère aucune mutation, puisque l'immeuble n'est pas aliéné, et que l'art. 2088 C. civ. proscrit même toute clause qui contiendrait une aliénationn éventuelle de l'immeuble, à défaut de paiement au terme convenu; l'antichrèse est un contrat de nantissement qui rentre dans la classe des *engagemens de biens-immeubles*, que le § 5, n. 5 de l'art. 69 soumet à un droit proportionnel de 2 p. 100. — D.A. 7. 130, n. 8.

1393. — Ainsi, l'abandon fait par un débiteur à son créancier, d'un immeuble, pour en jouir jusqu'au remboursement de sa créance et lui tenir lieu des intérêts, est une véritable antichrèse qui ne donne ouverture qu'au droit proportionnel de 2 p. 100, lors même qu'il serait stipulé qu'à défaut de paiement au terme convenu, la propriété de l'immeuble serait acquise au créancier, l'art. 2088 C. civ. réprouvant une pareille clause. — 17 janv. 1816. Req. Enreg. C. Cordier. D.A. 7. 143. D.P. 2. 20.

1394. — Mais l'acte qui contient vente d'un immeuble, moyennant un prix payable partie comptant, partie dans un délai fixé, sans intérêt jusque là, avec promesse par le vendeur de faire valoir, jusqu'au remboursement qu'il se réserve de faire du prix stipulé, est une véritable vente à pacte de rachat, à toujours rachetable, quoique qualifié d'antichrèse; dès lors, il est passible du droit de 4 p. 100 — Le jugement qui déclare cet acte soumis seulement au droit proportionnel de 2 p. 100, comme simple antichrèse, contrevient à la loi, et doit être cassé (L. 22 frim. an 7, art. 69, § 5, n. 5, et § 7, n. 1). — 4 mars 1807. Civ. c. Enreg. C. Vincent. D.A. 7. 142. D.P. 2. 20.

1395. — Comme aussi, la convention par laquelle le débiteur d'une rente viagère donne au créancier de cette rente la jouissance, pendant sa vie, d'un domaine, pour le payer entièrement des arrérages de la rente, ne constitue pas le contrat d'antichrèse, quoique cette qualification lui soit donnée par les parties, mais un véritable usufruit ou un bail à vie : en conséquence, le droit proportionnel d'enregistrement dû pour ce contrat n'est pas le droit de 2 pour 100 établi pour les antichrèses, mais bien celui de 5 et demi pour 100 établi pour les constitutions d'usufruit sur des objets immobiliers. — 16 fév. 1831. Civ. c. Enreg. C. Garriga. D.P. 31. 1. 92.

1396. — Les partages de biens-immeubles ne sont soumis, par l'art. 68, § 3, n. 2 de la loi de frim. an 7, qu'à un simple droit fixe; parce que les partages ne sont jamais translatifs, mais déclaratifs de propriété; parce qu'ils se réfèrent à des actes antérieurs, dont ils ne sont que l'*exécution* et le *complément* : d'où il suit que s'il n'était point justifié du titre antérieur de transmission, le partage serait, non point comme partage, mais comme tenant lieu de l'acte non représenté, soumis au droit proportionnel. — D.A. 7. 130, n. 9.

1397. — Aussi a-t-on jugé que l'effet du partage entre héritiers, ou entre époux communs en biens, est de faire considérer chaque co-partageant comme propriétaire *ab initio* des biens qui lui sont dévolus. — Ainsi, lorsque, par un partage antérieur à la déclaration que les héritiers d'un époux décédé commun en biens et l'époux survivant sont tenus de faire des biens à eux échus en ces qualités, une part avantageuse dans les conquêts de la communauté est attribuée à l'époux survivant, moyennant récompense aux héritiers du prédécédé, en valeurs mobilières de la communauté, cette part avantageuse est censée lui appartenir du jour de l'acquisition que les deux époux en avaient faite, et n'est passible d'aucun droit proportionnel de mutation résultant de la dissolution de la communauté. — 16 juill. 1823. Civ. r. Enreg. C. Teissier. D.A. 7. 144. D.P. 23. 1. 312.

1398. — Mais on a jugé, au contraire, que dans le cas où plusieurs étant propriétaires d'un immeuble indivis, l'un des co-propriétaires vend sa part (son tiers) à l'un de ses co-propriétaires, sans le concours de l'autre ou des autres, cet acte ne faisant pas cesser l'indivision, ne peut être considéré ni comme une licitation ni comme un partage; et, dès lors, il est assujetti au droit proportionnel de 5 et demi pour 100 établi, pour les ventes d'immeubles, par les art. 52 et 54 de la loi du 28 avril 1816, et non au simple droit de 4 pour 100. — Ici ne s'applique pas l'art. 883 C. civ — 16 janv. 1827. Civ. c. Enreg. C. Janson. D.P. 27. 1. 118. — 27 déc. 1830. Civ. c. Enreg. C. Janson. D.P. 31. 1. 39.

1399. — Egalement, dans le cas où un immeuble est possédé indivisément par trois frères et une sœur, l'acte par lequel deux seulement de ces cohéritiers vendent leurs portions indivises à leur sœur, ou à son mari, ne faisant pas cesser l'indivision, ne doit pas être considéré comme un acte de partage, mais bien comme un acte de vente ordinaire, opérant mutation de propriété, et passible, dès lors, du droit de 5 1/2 pour 100 d'enregistrement (C. civ. 883; 28 avril 1816, art. 52). — 24 août 1829. Civ. c. Enreg. C. Duprel. D.P. 29. 1. 346.

1400. — Bien qu'il y ait adjudication sur licitation au profit de l'un des co-héritiers ou co-propriétaires, cependant le prix continuant à rester indivis entre eux, c'est lors de l'enregistrement de l'acte de partage et non sur le contrat d'adjudication que le droit fixe de cinq francs peut être perçu. Quoique la loi ait décidé fictivement que chaque co-héritier est censé avoir succédé seul aux objets à lui adjugés par licitation, cependant l'acte d'adjudication ne peut être considéré comme produisant les effets d'un partage de biens-meubles ou immeubles (28 avril 1816, art. 45, — 6 déc. 1833. Trib. d'Epernay. 25 fév. 1834. Delib. de la régie qui acquiesce à ce jugement. — D.P. 34. 3. 59.

1401. — De même l'acte de dissolution et de liquidation d'une société commerciale, qui attribue au lot d'un des associés un immeuble qui a formé l'apport d'un autre associé, contient une véritable mutation de la propriété de cet immeuble, et est soumis au droit proportionnel de mutation immobilière (art. 69, l. 22 frim. an 7). Ici ne s'appliquent ni les dispositions des art. 1505 et suiv. C. civ., relatifs à l'ameublissement entre époux, ni la disposition de l'art. 529 C. civ., relatif aux actions et intérêts dans les compagnies de commerce. — 3 janv. 1832. Req. Paris. Ledru. D.P. 33. 1. 209.

1402. — Cette proposition, insérée à l'occasion d'un arrêt de la cour suprême, n'a cependant été

ainsi jugée que par le tribunal de Belfort, mais cette solution est contraire à la loi, puisque le partage n'est que déclaratif et non attributif; que ce n'est point en ce moment, mais lors de la formation de la société que la mutation s'opère, attendu que, dès cette époque, le sociétaire qui verse une mise sociale en immeuble est dessaisi, et que la société est investie de tous les droits et priviléges de la propriété (Poth. Tr. *de la soc.*) Elle est injuste, puisqu'une société formée pour le défrichement de terrains improductifs et presque sans valeur, pourrait voir ses membres forcés de payer à la régie, lors du partage, des droits peut-être supérieurs même à la valeur des terrains d'abord mis en société. — D.P. 33. 1. 210, note 1re.

1403.— Jugé de même qu'il suffit qu'un immeuble acheté pendant la société par l'un des associés, tombe, à sa dissolution, par l'effet du partage, dans le lot de l'autre associé, pour qu'il y ait mutation dans le sens de la loi, et lieu à la perception du droit proportionnel. On alléguerait en vain que cet immeuble aurait été acheté pour le compte de la société, s'il n'y a pas d'acte authentique à l'appui de cette allégation. — 3 janv. 1832. Req. Paris. Ledru. D.P. 33. 1. 209.

1404.—Egalement, si l'acte de partage ou de liquidation de la société attribue à un associé un immeuble dont son co-associé n'avait versé dans la société que l'usage et non la propriété, il y a là une transmission immobilière donnant lieu au droit proportionnel.—25 avril 1833. Req. Scherrez. D.P. 33. 1. 209.

1405.—Mais le jugement d'adjudication sur licitation, du profit d'un associé, de l'immeuble par lui apporté dans la société, n'est assujetti qu'au droit fixe d'enregistrement. Un tel jugement est exempté du droit de transcription.— 11 fév. 1834. Délib Borelli. D.P. 34. 3. 59.

1406.—Lorsque l'apport d'un associé consiste en immeubles, son co-sociétaire, dont la mise sociale est en effets mobiliers, doit payer, lors de l'enregistrement de l'acte de société, des droits de transmission par rapport aux immeubles dont il est devenu propriétaire par indivis.— 12 fév. 1834. Civ. r. Enreg. C. Hailig. D.P. 34. 1. 111.

Cette question n'était pas soumise à la cour de cassation: elle n'a été décidée que d'une manière purement énonciative; c'est en ce sens, au reste, que nous venons de la poser, et que Dalloz (D.P. 33. 1. 209) dit que, si le droit était dû, c'était à la formation de la société qu'il devrait être perçu.

1407.— Lorsqu'une société, ayant acquis un immeuble, admet dans son sein un nouveau sociétaire, celui-ci est obligé de payer des droits de transmission par rapport à cet immeuble. — Même arrêt.

1408.— De ce que, dans le partage d'une société établie pour des vins, les associés ont compris un immeuble acquis par eux et resté indivis entre eux, le partage n'en a pas moins pu être considéré comme partage de société, en ce sens que le lot de l'un des associés, composé uniquement de l'immeuble, a pu ne donner lieu qu'à la perception du droit fixe et non du droit proportionnel.... Il importerait peu que, dans la raison sociale, figurât un individu qui n'a pas pris part au partage, s'il est constant que cet individu n'avait aucun intérêt à la société. — 9 mars 1831. Civ. r. Enreg. C. Bouchard. D.P. 31. 1. 67.

1409.— Quand un jugement constate l'existence d'une mutation dont il n'existe aucun acte, ou dont l'acte n'est pas représenté, il demeure, à ce titre, soumis au droit proportionnel de mutation. C'est par suite de cette règle que la loi assujettit au droit proportionnel les soultes de partage, et les portions indivises acquises par licitation. — D.A. 7. 131, n. 9 et 10.

1410. — Ainsi, le jugement qui envoie un individu en possession d'un immeuble dont un autre est ostensiblement propriétaire, en vertu d'un acte de vente dont il a acquitté les droits, est passible du droit de 4 pour 100, comme translatif de propriété, nonobstant qu'il déclare que le possesseur actuel de l'immeuble n'a été que le prête nom du particulier reconnu pour le véritable propriétaire, et qu'ainsi, le jugement ayant une relation nécessaire avec le contrat de vente, ne doit en être considéré que comme le complément et l'exécution (L. 22 frim. an 7, art. 4, 68, § 1er, n. 6 et 69, § 7, n. 1).— 28 janv. 1811. Civ. c. Enreg. C. Burdez D.A. 7. 141. D P. 2 20.

1411.— En supposant vraie la prétendue relation du jugement avec l'acte de vente, il serait assimilable à une déclaration de command, assujettie au droit proportionnel de vente, lorsqu'elle n'a lieu qu'après les vingt-quatre heures du contrat (L. 22 frim an 7, art 68, § 1er, n. 24).— Même arrêt.

1412. — De même, un jugement qui reconnaît l'existence d'une vente verbale restée sans exécution, et qui autorise le vendeur à revendre l'immeuble a la folle enchère de l'acquéreur, constate par là même une transmission de propriété qui donne lieu a la perception du droit proportionnel, lors même que l'acquéreur n'aurait jamais été mis en jouissance (L. 22 frim. an 7, art. 7 et 69, § 7, n. 1; l. 27 vent. an 9, art. 4). — 6 sept. 1813. Civ. c. Enreg. C. Tandou. D.A. 7. 138. D.P. 13. 1. 14.

1413.—Le vendeur qui a obtenu le jugement peut être poursuivi, sauf son recours, en paiement des droit et double droit résultant de cette mutation, à défaut d'enregistrement dudit jugement dans les vingt jours de sa date, sans qu'il puisse se prévaloir de l'art. 31 de la loi du 22 frim. an 7, qui met les droits à la charge de l acquéreur, lors surtout que la régie n'a été mise à portée de connaître la mutation que par le même jugement (L. 22 frim. an 7, art. 20 et 37).— Même arrêt.

1414. — Egalement, le jugement qui déclare un individu co-propriétaire d'un immeuble acquis par un tiers en son nom personnel, et qui a seul acquitté le droit de mutation sur la totalité dudit immeuble, doit être considéré, à l'égard de cet individu, comme emportant translation de propriété à son profit, et donnant ouverture à un nouveau droit de mutation, sans qu'il puisse y avoir lieu a une restitution proportionnelle du premier droit régulièrement perçu (L. 22 frim. an 7, art. 12). — 6 déc. 1813. Civ. c. Poitiers. Enreg. C. Blactot. D.A. 7. 142.

1415. — Lorsque le débiteur d'une somme d'argent a promis à son créancier, à défaut de paiement dans un certain délai, de lui consentir une vente de plusieurs immeubles désignés dans l'acte, le jugement qui, faute de réalisation de ladite somme dans le délai déterminé, envoie le créancier en possession des immeubles, jusqu'à concurrence de la dette, emporte mutation de propriété, encore bien que l'estimation des immeubles n'ait pas été faite dans la promesse de vente, et qu'elle ait été soumise à une expertise (C. civ. 1583, 1584 et 1589). — 22 déc. 1813 Civ. c. Enreg. C. Sahuguet. D.A. 7. 143.

1416. — Comme aussi, lorsque, dans le partage d'une succession entre plusieurs co-héritiers ayant des droits égaux, l'un d'eux a obtenu une part dans les immeubles plus forte que les autres, sous la condition de payer une plus grande partie des dettes, il y a mutation de propriété, à son profit, jusqu'à concurrence de la plus-value de son lot, et pour un prix correspondant à la partie de dettes dont il se trouve chargé au-delà de sa part virile, mutation qui donne ouverture au droit proportionnel, nonobstant que, par la plus grande portion de dettes mise à la charge du lot le plus fort, l'égalité du partage ait été maintenue (L. 22 frim. an 7, art. 4, 15, n. 7). — 6 therm. an 12. Civ. c. Enreg. C. Pautens. D.A. 7. 144. D.P. 2. 21, et 4. 1. 516.

1417. — Mais la condition imposée à l'une des parties de payer seule les frais de l'acte, n'est pas considérée comme une soulte. — *Dict. de l'enreg.*, v° Echange, n. 64.

1418. — Le droit de mutation n'est pas dû, par cela qu'un des co-partageans aura, dans son lot, une part d'immeubles plus forte que sa portion virile; autrement, en poussant les conséquences, il n'y aurait pas de partage qui ne donnât ouverture au droit de mutation.— D.A. 7. 131, n. 11.

1419.— Les baux à rente perpétuelle des biens-immeubles contiennent une véritable aliénation de la propriété; c'est donc avec raison que l'art. 69, § 7, n. 2 de la loi de frimaire, les a assujettis au droit de 4 p. 100. Ceux à vie équivalent à une transmission de l'usufruit; il y avait donc même raison de les soumettre au droit de 4 p. 100 Les baux dont la durée est illimitée sont également passibles du même droit (V. § 3 de cet article). — D.A. 7. 131, n. 12.

1420.— La déclaration par les futurs époux, dans leur contrat de mariage, de ce qu'ils se constituent en dot, ne donne lieu qu'à un simple droit fixe, parce qu'il n'y a, en effet, ni obligation, ni libération, ni transmission (art. 68, § 3, n. 1, l. de l'an 7): il en serait ainsi, par la même raison, de la constitution de dot faite par un père à son fils, des biens qui appartiennent en propre à ce dernier, soit comme recueillis dans la succession de sa mère, soit comme les tenant d'ailleurs: le contraire aurait lieu, par une raison inverse, si le père donnait à son fils une autre chose que celle à laquelle il a droit, parce que cette substitution serait une véritable vente au profit du père. Mais si la dot était constituée *à valoir sur la portion héréditaire du fils*, elle ne formerait qu'un à-compte sur les valeurs mobilières de la succession, et le droit proportionnel ne pourrait être exigé.

1421. — De même, si, moyennant une somme de...., le fils laisse son père en possession et jouissance de la succession de sa mère, non liquidée, et renonce à lui demander aucun compte ni partage pendant sa vie, il y aura, au profit du père, constitution d'usufruit, à titre onéreux, passible d'un droit de mutation; et si la somme promise est donnée *à valoir sur la succession*, la constitution d'usufruit ne sera plus à titre onéreux, mais à titre gratuit. Pour qu'il y ait constitution d'usufruit, il faut que le fils renonce à faire valoir ses droits, et à demander le partage; car si le père était laissé en possession par simple tolérance, on ne pourrait voir dans cette jouissance un droit acquis, qui pût donner ouverture à un droit quelconque de mutation.— D.A. 131, n. 13.

1422.— La constitution en dot, par un père à sa fille, d'une somme déterminée, déclarée provenir du chef de la mère de la future, ne saurait, à elle seule, faire supposer une cession par la fille à son père, de ses droits dans l'hérédité maternelle, cession dont la somme dotale serait le prix, et qui donnerait, dès lors, ouverture au droit proportionnel de vente. — 10 pluv. an 13. Civ. c. Delmas. D.A. 7. 149. D.P. 2. 22.

1423 — De même, lorsque dans la dot constituée par un père à sa fille, il est fait mention d'une somme, comme provenant d'un legs fait précédemment à la future, alors sous la tutelle de son père, la promesse faite par ce dernier d'acquitter cette somme aux futurs époux, ne contient aucune obligation personnelle de sa part, mais seulement une déclaration d'exécution d'un acte antérieur enregistré. Cette clause du contrat ne peut donc donner lieu qu'au droit fixe de 1 fr., et non au droit proportionnel de 1 pour 100, comme obligation (L. 22 frim. an 7, § 1er, n. 6).— Même arrêt.

1424.— Pareillement, un individu qui déclare se marier pour les droits qui lui appartiennent dans la succession de sa mère, *non encore liquidée*, et qui reçoit de son père, pour le remplir de ses droits, une somme déterminée, à imputer sur ce qui peut lui revenir dans ladite succession, n'est point réputé faire à son père une vente à forfait des immeubles dépendans de cette hérédité, mais uniquement recevoir un à-compte provisoire, sauf compte ultérieur. Une pareille clause ne peut donner lieu au droit proportionnel de mutation.—30 août 1814. Req. Enreg. C. Jeannin. D.A. 7. 160. D.P. 2. 22.

1425.— Mais l'acte contenant abandon par des enfans à leur père, de tous leurs droits dans la communauté et dans la succession de leur mère, moyennant une certaine somme, lorsqu'il n'a été précédé, accompagné ni suivi d'aucune des formes constitutives du partage, telles qu'elles sont établies dans les art. 815 C. civ. et suiv., doit être considéré comme un traité à forfait, comme une vente de droits successifs, passible du droit proportionnel établi par l'art. 69, § 5 et 7 de la loi du 22 frim. an 7.— 31 mars 1817. Civ c. Enreg. C. Béneteau. D.A. 7. 150. D.P. 17. 1 315.

1426.— De même, la clause du contrat de mariage par laquelle une fille, en recevant de son père une somme déterminée, pour la remplir de ses droits dans la succession de sa mère, consent, au moyen de cette somme, à laisser son père en jouissance de tous ses droits mobiliers et immobiliers dans ladite succession, renonçant à lui demander aucun compte ni partage, constitue, en faveur du père, une véritable cession d'usufruit à titre onéreux, passible, à défaut de ventilation des meubles compris dans cette cession, du droit proportionnel de 4 p. 100, lors même que, par une clause surabondante du contrat, le père aurait reçu de sa fille le pouvoir de régir et administrer, comme il aviserait, la part à elle revenant dans les biens maternels (L. 22 frim. an 7, art. 9).—7 sept. 1807. Civ. c. Enreg. C. Leroy D.A. 7. 152. D P. 2. 22.

1427.— Au contraire, la clause par laquelle un père stipule, en mariant sa fille, qu'il continuera de jouir, jusqu'à son décès, des biens appartenans à celle-ci dans la succession de sa mère, sous la seule condition qu'il lui sera payé comptant une somme 3,000 fr. *à valoir sur sa part héréditaire*, et qu'elle s'oblige de rapporter à la masse, lors du partage de ladite succession entre les divers co-héritiers, ne doit point être considérée comme renfermant une cession *à titre onéreux*, au profit du père, de la jouissance des droits héréditaires de

l'enfant, assujettie, par l'art. 69, § 7, n. 1 de la loi du 22 frim. an 7, au droit proportionnel de 4 p. 100.— 8 juill. 1818. Civ. r. Enreg. C. Habonnaud. D.A. 7. 152. D.P. 2. 23, et 18. 1. 503.

1428.—De même, la clause par laquelle un futur époux, recevant de son père une somme d'argent constituée en dot, tant par avancement d'hoirie du constituant que pour remplir le futur époux de tous ses droits dans la succession de sa mère, renonce à demander aucun compte ni partage de cette succession, à peine de rapporter l'excédant au constituant; une telle clause n'est point une cession d'usufruit des droits héréditaires, et en conséquence ne donne pas lieu, au profit de la régie, au droit de 5 et demi p. 100 sur le capital de cet usufruit, évalué d'après l'art. 69, § 7, n. 2, loi du 22 frim. an 7, et l'art 54, loi du 28 avril 1816.— Au moins, le jugement qui le décide ainsi, en l'absence de toute clause formelle, sur une cession d'usufruit, ne viole aucune loi.— 20 mai 1828. Civ. r. Enreg. C. Millon. D.P. 28. 1. 251.

1429. — Quoiqu'un enfant à qui une certaine somme a été promise dans son contrat de mariage, par sa mère, en avancement d'hoirie, se soit abstenu de rien réclamer dans la succession de celle-ci, au-delà de cette somme, sans que d'ailleurs il soit intervenu aucune transaction sur les droits héréditaires, cette abstention, par suite de laquelle un co-héritier recueille, *proprio jure*, le surplus de la succession, ne constitue pas une cession proprement dite, passible du droit de vente (L. 22 frim. an 7, art. 12 et 69, § 7, n. 1).— 4 déc. 1827. Civ. r. Enreg. C. Souquières. D.P. 28. 1. 45.

1430.— Si, dans un acte, une fille renonce à demander compte et partage à son père de la succession maternelle, moyennant la constitution en dot d'une somme par imputation sur les droits non encore liquidés dans cette succession, avec clause que si, nonobstant la renonciation, le partage était demandé sous un prétexte quelconque, la dot constituée serait imputée en totalité sur la part de la fille, qui serait tenue alors de restituer, un mois après la liquidation, tout ce qui, dans la dot, excéderait sa part dans la succession maternelle; la renonciation ainsi stipulée n'équivaut pas à une cession d'usufruit. En un tel cas, l'obligation contractée par la donataire, étant purement potestative et résoluble à sa volonté, écarte toute idée de transmission définitive de propriété ou d'usufruit.— 26 mars 1833. Délib cons. d'adm. D.P. 33. 3. 79.

1431.— Une mère qui a constitué en dot à sa fille une somme pour la remplir de ses droits dans la succession de son père décédé, ne peut être considérée comme étant devenue, par cet acte, cessionnaire des droits héréditaires de sa fille : de telle sorte que si, dans un partage postérieur, il lui est abandonné plus que sa portion, elle ne peut refuser de payer le droit proportionnel de soulte, sous le prétexte que ce surplus serait le prix ou la valeur de ses droits dans la succession de son mari, dont elle était cessionnaire d'après le contrat de mariage de sa fille (art. 69, § 5, n. 1).— 31 juill. 1833. Civ. c. Enreg. C. Romanet. D.P. 33. 1. 317.

1432. — Mais, jugé que la clause par laquelle un frère, dans le contrat de mariage de sa sœur, lui constitue en dot une somme déterminée, pour la remplir de ses droits successifs paternels et maternels, sans préjudice à la future épouse de plus grands droits sur les biens de ses père et mère, ne constitue pas un simple prêt soumis seulement au droit de 1 p. 100, mais une véritable cession de droits successifs, passible du droit de 4 p. 100 (art. 69, § 7, n. 1).— 7 nov. 1820. Civ. c. Enreg. C. Mathieux. D.A. 7. 151. D.P. 21. 1. 277.

1433.— Également, le contrat de mariage dans lequel une mère constitue une rente perpétuelle à son fils, *pour le remplir de ses droits successifs dans l'hérédité paternelle, et le surplus, s'il y en a, en avancement de la succession future de la mère*, et par lequel le fils consent à laisser à sa mère la jouissance, pendant sa vie, des biens de ladite hérédité, renferme une véritable cession d'usufruit, à titre onéreux, passible, lorsqu'elle porte sur des immeubles, du droit proportionnel de 5 1/2 p. 100, conformément aux art 69, § 7, n. 1. de la loi du 22 frim. an 7, et 52 de la loi du 28 avril 1816.— On ne peut considérer cette rente comme un prélèvement sur les biens même de l'hérédité, pour ne voir, dans l'abandon du surplus des biens, ou dans l'abandon de l'excédant de la rente sur la valeur réelle de la part héréditaire, qu'une simple donation d'usufruit, de la part du fils à sa mère, ou de valeurs mobilières, de la mère à son fils. — 7 avril 1823. Civ. c. Enreg. C. Duvivier. D.A. 7. 153. D.P. 23. 1. 214.

1434.—Au reste, voici une instruction par laquelle la régie a voulu lever les difficultés et les doutes qui surgissent naturellement de la diversité des décisions survenues sur cette matière. Plusieurs difficultés de perception se sont élevées, quant aux constitutions de dot faites par le survivant des père ou mère, avec imputation sur les droits du futur dans la succession de l'époux prédécédé. Il faut distinguer, selon que ces constitutions renferment ou non la renonciation du futur à demander compte et partage de la succession de l'ascendant prédécédé.

S'il y a renonciation, et qu'elle soit conçue dans des termes qui la convertissent, d'un simple ajournement de compte, en un abandon de droits successifs; s'il en résulte, d'une manière explicite, que le père survivant, qui constitue la dot, fera les fruits siens des revenus des biens du prédécédé, ou même qu'il pourra disposer de la propriété, il y a lieu de percevoir le droit proportionnel de transmission, soit d'usufruit, soit de propriété, au taux déterminé par la nature mobilière ou immobilière des biens de la succession. — S'il n'y a pas de renonciation, une autre distinction est nécessaire:

Est-il énoncé dans le contrat, ou justifié par des actes authentiques, que les sommes ou valeurs constituées en dot se trouvent dans la succession échue au futur? Cette constitution est alors censée faite avec les deniers propres du père ou de la mère survivant, et le droit proportionnel de donation est exigible au taux de 62 cent. et demi par 100 fr.

Mais, s'il est prouvé, au contraire, dans la forme indiquée, que la dot constituée par le père ou la mère survivant se compose en entier d'effets mobiliers et de sommes existans dans la succession de l'ascendant prédécédé, la constitution de dot doit être considérée comme une simple déclaration d'apports, qui, d'après l'art. 68, § 3, n. 1 de la loi du 22 frim. an 7, ne donne ouverture à aucun droit particulier d'enregistrement. Seulement, si la délivrance de la dot avait lieu dans le contrat de mariage, ou s'il était stipulé que la célébration du mariage équivaudra à décharge, il serait dû le droit fixe 2 fr. pour cette décharge faite à l'ascendant survivant, en sa qualité de tuteur du futur ou d'administrateur de la succession de l'époux prédécédé.

Ces décisions ont été souvent consacrées par l'administration, dans ces différentes hypothèses (Instr. gén. 12 sept. 1830, n. 1333).— D.P. 33. 3. 42.

1435. — Toutefois, si la dot, au lieu d'être constituée par le père ou la mère survivant, l'était par un frère, ou par toute autre personne, pour remplir le futur de ses droits dans une succession échue, cette constitution produirait l'effet d'une cession de droits successifs (Cass. 7 nov. 1820; inst. gén. 12 sept. 1830, n. 1333).— D.P. 33. 3. 42.— V. n. 1432.

1436. — Les transactions ne sont plus assujetties qu'à un simple droit fixe (L. 22 frim. an 7, art. 68, § 1er, n. 45, et l. 28 avril 1816, art. 44, n. 8); mais ce n'est qu'autant qu'elles ne contiennent aucune stipulation de sommes et valeurs. Dans le cas contraire, elles sont soumises au droit proportionnel par l'art. 69, § 3, n. 3, ainsi que cela a été dit à l'art. 2, auquel nous renvoyons — D.A. 7. 131, n. 14.

1437. — Ainsi, on a décidé que lorsqu'il est intervenu entre un enfant naturel qui avait appréhendé la succession de son père, et payé le droit de mutation, et un héritier collatéral qui revendiquait cette succession, une transaction dans laquelle l'héritier collatéral cède ses prétentions à l'enfant naturel moyennant une certaine somme, cette transaction ne peut être considérée comme une vente de droits successifs, qui autorise la régie à réclamer de l'héritier collatéral un droit de mutation par décès, indépendamment du droit proportionnel perçu sur la transaction. — 24 flor. an 13. Civ. r. Enreg. C. Paillhoux. D.A. 7. 98. D.P. 5. 1. 369.

1438.— Jugé de même qu'il n'est dû aucun droit proportionnel sur une transaction faite entre l'héritier légitime et l'héritier testamentaire, pour assoupir un procès existant entre eux sur la validité du testament, transaction qui attribue les 2/3 de la succession à l'héritier institué, et l'autre 1/3 à l'héritier légitime, qui doit prélever, en outre, sur la masse, des rentes et obligations jusqu'à concurrence d'une valeur déterminée. — 3 oct. 1817. Bruxelles. Enreg. C. Cardon. D.A. 7. 146. D.P. 2. 21.

1439. — Cette transaction qui intervient sur des droits évidemment litigieux, puisqu'on y laisse indécise la question de validité ou d'invalidité du testament, ne saurait être considérée comme une vente de droits successifs; et elle ne donne ouverture à aucun autre droit proportionnel, dès que le prélèvement que l'héritier légitime doit faire est en effets de l'hoirie, et que ce n'est point là ce que la loi entend par *stipulation de sommes et valeurs*.— 3 oct. 1817. Bruxelles. Enreg. C. Cardon. D.A. 7. 146. D.P. 2. 21.

1440.— Jugé encore que tout acte par lequel le possesseur d'une chose litigieuse consent à en abandonner une partie à celui qui la lui conteste, est une véritable transaction, qui n'opère aucune transmission, soit à titre gratuit, soit à titre onéreux. — Cette transaction n'est donc passible que d'un simple droit fixe, si, d'ailleurs, l'abandon qu'elle contient n'est entremêlé d'aucune valeur étrangère à la chose même qui fait l'objet du litige (L. 22 frim. an 7, art. 68, § 1er, n. 45).— 4 oct. 1817. Bruxelles. Enreg. C. Demoor. D.A. 7. 145. D.P. 2. 21.

1441. — Ainsi, lorsque, dans un acte qualifié transaction, un fils, cessionnaire de partie des biens de sa mère, par acte antérieur, convient avec ses frères, mécontens de la cession, de leur payer une somme de.., cette somme doit être considérée comme un supplément du prix de la vente, et acquitter le même droit proportionnel.—4 mars 1807. Civ. c. Enreg. C. Dumas. D.A. 7. 144. D.P. 2. 21.

1442. — Mais, conformément au principe déjà énoncé, tout acte qui contient une transmission d'immeubles est au contraire passible du droit de 4 p. 100, quand même il serait qualifié transaction.— Même arrêt.

1443. — Comme aussi la transaction qui, sur la demande en partage d'une succession, formée par le curateur aux biens d'un des ayans-droit à cette succession, intervient sur l'appel du jugement qui a accueilli la demande, entre ledit curateur et les co-héritiers de celui qu'il représente, transaction par laquelle le curateur renonce à toutes prétentions sur l'hérédité, au moyen d'une somme qu'on s'oblige à lui payer, doit être considérée comme une véritable cession de droits successifs, à titre onéreux, assujettie au droit proportionnel de 4 p. 100 (art. 69, § 3, n. 3, et § 7, n. 1).— 2 fév. 1808. Sect. réun. c. Enreg. C. Thisebaert. D.A. 7. 147. D.P. 2. 22, et 8. 2. 24.

1444. — Ainsi encore, l'abandon fait par une partie, dans une transaction, d'objets étrangers au litige, doit être considéré comme une vente de ces objets, et soumis au droit proportionnel (art. 4). — 11 avril 1808. Civ. c. Enreg. C. Collart. D.A. 7. 145. D.P. 2. 21.

1445. — *Spécialement*, lorsque deux parties se contestent respectivement la nue-propriété d'une chose, et qu'elles conviennent de demeurer propriétaires par indivis, et chacune pour moitié, du plein domaine de cette chose, celle des parties à qui appartenait l'usufruit n'a pu consentir à en abandonner la moitié, même par forme de transaction, sans que la convention ne renferme, au moins à cet égard, une véritable cession, soumise au droit proportionnel.—Même arrêt.

1446.— Egalement, l'abandon fait par un successible à son co-héritier, de ses droits héréditaires non litigieux, moyennant une somme déterminée, quoique qualifié transaction, est une véritable vente, passible du droit proportionnel de mutation. — 30 oct. 1809. C civ. Enreg. C. Hoensbroeck. D.A. 7. 147. D.P. 2. 22.—7 juin 1820. Civ. c. Enreg. C. Cerf. D.A. 7. 147. D.P. 20. 1. 549.

1447.—Et si partie du prix de cette cession consiste en deux rentes constituées au profit des enfans du cédant, cette disposition, qui se détache entièrement de la vente, donne lieu à un nouveau droit proportionnel, comme opérant une donation mobilière en ligne directe (art. 69, § 4, n. 1). — Mêmes arrêts.

1448.—Est sujette au droit dû pour le transport de droits successifs immobiliers, la transaction par laquelle des héritiers à qui la loi ne réserve aucune quotité dans la succession, renoncent à leurs prétentions au profit du légataire universel, moyennant une somme déterminée que celui-ci s'oblige à leur payer. — 12 juin 1829. Délib. du cons. d'adm. D.P. 33. 3. 26.

1449 —Lorsqu'un légataire universel renonce à tout ou partie de son legs en faveur des héritiers naturels, par une transaction faite sur procès intenté par eux, il est dû un droit proportionnel pour cette transmission de biens, comme s'il y avait eu vente ou cession à titre onéreux, alors surtout que ce légataire avait accepté son legs. — 15 fév. 1831. Civ. c. Enreg. C. Baugé. D.P. 31. 1. 73.

1450.—On se rappelle qu'en exposant dans l'art. 2 les principes généraux applicables, quant à la perception, aux actes entachés de nullité, il a été fait une distinction entre les actes nuls de plein droit et ceux simplement susceptibles d'être annulés. Les

premiers ne peuvent être soumis qu'à un droit fixe d'acte, le droit proportionnel est, au contraire, exigible pour les seconds. Cette doctrine est applicable aux contrats de vente à l'égard desquels il faut aussi faire la distinction ci-dessus. Ainsi, trois choses sont nécessaires pour la perfection d'un contrat de vente : la chose, le prix et le consentement, *res, pretium, consensus;* l'absence d'une seule de ses conditions ôte à l'acte le caractère de vente ou fait qu'il n'existe pas. On conçoit que le droit proportionnel puisse être exigé sur un acte qui, réunissant ces trois conditions, renfermerait cependant quelques vices intrinsèques; mais si l'acte est vicié dans son essence, si la loi lui refuse un caractère, s'il n'est qu'un simple projet, demeuré sans exécution par le changement de volonté des parties, la perception doit être écartée parce qu'elle manquerait d'assiette.—D.A. 7. 132, n. 15.

1451.—Conformément à ces principes on a jugé qu'un projet de vente non consenti par toutes les parties n'est pas une vente ni même une promesse de vente; il ne saurait par conséquent être assujetti au droit proportionnel.— 4 nov. 1815. Bruxelles. Enreg. C. Debacker. D.A. 7. 140. D.P. 2. 20.

1452. — *Spécialement*, lorsque la vente d'un héritage appartenant à plusieurs, et que l'acquéreur ne voulait point acquérir pour partie, a été rédigée au nom de tous, le défaut par l'un ou l'autre des co-propriétaires d'y apposer sa signature, laisse le contrat imparfait, lors même que l'acquéreur aurait signé, et rend la régie non-recevable à réclamer le droit proportionnel. — Il n'est dû qu'un simple droit fixe de 1 fr. par celui qui produit ce projet pour le faire enregistrer. — Même arrêt.

1453. — De même, il n'y a pas promesse de vente équivalant à vente, lorsque les parties, d'accord sur la chose et sur le prix, ne le sont pas sur les termes du paiement. L'administration ne peut, par conséquent, percevoir les droits de vente. — 28 mai 1830. Délib. du cons. d'adm. D.P. 33. 3. 42.

1454. — Mais aussi il suffit, pour qu'il y ait ouverture au droit de mutation, que le consentement des parties soit intervenu sur la chose et sur le prix, alors même que la vente serait civilement nulle à l'égard des tiers, comme s'il s'agissait de la vente d'un immeuble saisi, faite par le débiteur après la dénonciation de la saisie; une telle vente pouvant, d'ailleurs, recevoir exécution aux termes de l'art. 693 C. proc. — 5 août 1828. Req. Gardère. D.P. 28. 1. 371.

1455. — Par suite encore, on a décidé qu'une vente, d'ailleurs parfaite, mais susceptible d'annulation, si elle ne contient pas la mention qu'elle a été faite en double original, n'en est pas moins passible du droit de mutation, si la nullité n'en avait point été prononcée à l'époque où le droit a été réclamé. — 24 juin 1806. Req. d'Hanius. D.A. 7. 135. D.P. 6. 1. 450.

1456. — De même, il suffit qu'il apparaisse d'un acte translatif de propriété, pour donner ouverture au droit de mutation, sans qu'il soit nécessaire d'examiner la validité du titre, sauf la restitution du droit perçu, en cas d'annulation de l'acte pour nullité radicale.— Ainsi, celui qui acquiert un immeuble par l'entremise d'un fondé de pouvoir peut être poursuivi en paiement du droit de mutation, encore qu'il allègue n'avoir pas donné à son mandataire pouvoir d'acquérir, lorsqu'il ne justifie d'aucun désaveu judiciaire, d'autant que l'annulation de la vente, s'il parvenait à l'obtenir, n'aurait pour cause qu'une nullité purement relative, et ne donnerait conséquemment pas lieu à la restitution du droit perçu (art. 12). — 9 fév. 1814. Civ. c. Enreg. C. Cagnien. D.A. 7. 134.

1457. — La circonstance du dépôt par les parties, entre les mains d'un notaire, des deux doubles d'un acte de vente sous seing-privé, signés et exécutés par elles, ne peut être regardée comme une présomption que les parties n'ont pas eu l'intention de l'exécuter. — 11 mai 1825. Civ. c. Enreg. C. Guyet. D.P. 25. 1. 316.

1458. — Mais c'est à tort qu'il a été décidé que lorsqu'une promesse de vente d'immeuble saisi a été annulée, en ce que la condition de rapporter main-levée de la saisie n'a pas été remplie, dans une instance entre le vendeur ou saisi, et l'acheteur, et hors la présence de la régie, celle-ci ne cesse pas d'être fondée à demander le paiement des droits de mutation résultant de la promesse de vente : la nullité, en ce cas, doit être réputée relative et non absolue (C. pr. 694; l. 22 frim. an 7, art. 68). — 27 mars 1832. Req. Beaucire. D.P. 32. 1. 243.

Dès l'instant où la nullité est prononcée, l'acte n'existant plus, le droit proportionnel est inexigible.

ENREGISTREMENT. ART. 10, § 1er.

1459. — La cour régulatrice semble cependant avoir voulu persister dans cette jurisprudence, et elle a décidé encore que la production d'un acte en justice, lors même qu'elle aurait pour objet d'en faire prononcer l'annulation, suffit pour donner ouverture au droit d'enregistrement. — 19 germ. an 6. Civ. c. Enreg. C. Durousseau. D.A. 7. 133. D.P. 2. 19.

1460.—*Spécialement*, lorsque le co-héritier argue de nullité l'acte sous-seing privé contenant cession de ses droits successifs, et demande à être admis au partage des biens héréditaires, la régie peut réclamer le droit de mutation résultant de cet acte, encore qu'il ait été annulé par jugement. — Même arrêt.

1461. — Mais on a déclaré aussi qu'un droit de mutation résultant d'une sentence arbitrale, et non perçu lors de l'enregistrement, ne peut plus être réclamé après qu'un arrêt postérieur a déclaré que cette sentence est nulle et de nul effet. — 7 déc. 1832. Délib. Enreg. C. Sarrebrouze. D.P. 33. 3. 87.

1462.— Une décision du 24 nov. 1826 porte que : « Si le jugement est le premier acte qui établisse positivement que la transaction emportait mutation, le droit proportionnel est exigible non à raison du jugement, mais à raison de *la transmission d'immeubles.* » Le jugement qui précède est entièrement conforme à cette décision, et l'administration, en réclamant un droit non perçu, élevait une prétention qui devait être repoussée. La sentence arbitrale, quelles qu'aient été ses dispositions, ayant été annulée par arrêt, n'a pu opérer aucune espèce de transmission. Dès lors, réclamer un droit qu'on a à se reprocher de n'avoir pas exigé quand il devait et pouvait l'être, c'est prétendre à une perception, non en vertu d'une *transmission de propriété*, puisque l'annulation de la sentence a détruit cette transmission, mais à raison d'un jugement, et c'est ce qui est évidemment contraire à la décision du 24 nov. 1826.—D.P. *eod.*, n. 1.

1463.— On a aussi déclaré qu'un acte de vente, quoique annulé du consentement des parties, n'en demeure pas moins, par le seul fait de son existence, et lorsque d'ailleurs il a reçu son exécution, soumis aux droits de mutation (art. 31). — 10 pluv. an 13. Civ. c. Enreg. C. Besschèvre. D.A. 7. 134. D.P. 5. 2. 83.

1464.— Ceci reporte aux ratifications d'actes nuls dont il est question dans le dernier article 2. Il suffit de rappeler ici que, dans ces sortes d'actes, on doit prendre pour règle, 1° que lorsque la ratification intervient sur un acte dont la nullité n'est que relative, l'exigibilité du droit proportionnel doit avoir lieu sur l'acte infecté, et la confirmation postérieure est sujette au droit fixe. Tandis que lorsque la confirmation intervient sur un acte *absolument* nul, alors il n'y a que l'acte confirmatif qui, formant en quelque sorte un contrat nouveau ou même le premier titre du contrat, soit soumis au droit proportionnel.

1465.— La production d'une contre-lettre, pour attester que le contrat n'est pas sérieux, ou toute autre preuve de simulation, ne ferait point obstacle à la perception du droit, parce que la simulation est le fait des parties, qui ne peuvent s'en créer un moyen contre le fisc; la simulation peut être au contraire rétorquée contre les parties, par la régie. Si néanmoins la simulation avait pour objet une fraude à la loi, le droit ne devrait point être perçu, parce qu'il y aurait une inconséquence à soumettre à l'enregistrement un acte que la loi réprouve, et que les tribunaux ne peuvent laisser subsister. — D.A. 7. 132, n. 16.

1466. — L'écrit sous-seing privé, par lequel un créancier, après avoir acheté, par acte public du même jour et moyennant un prix déterminé, les immeubles de son débiteur, déclare renoncer à sa créance, quoique de plus forte somme, *au moyen de la cession qui lui a été faite*, ne doit pas être regardé comme une *contre-lettre*, donnant lieu à la perception d'un triple droit sur la différence de la somme contenue en l'acte de vente, avec le montant de la créance, considéré comme le véritable prix de la cession, lorsque rien, dans cet écrit, n'annonce que les parties aient voulu augmenter le prix des immeubles vendus, et que la sincérité de l'évaluation est, d'ailleurs, prouvée par cette circonstance, que le créancier aurait, depuis, revendu les mêmes immeubles pour une somme inférieure à son prix d'acquisition. Cette remise, de la part du créancier, du surplus de sa créance, a pu être déterminée par la crainte de voir consumer en frais de mise à exécution de son titre tous les biens de son débiteur, et par la nécessité de l'amener, au moyen de ce sacrifice, à consentir cette vente amiable. — 30 oct. 1809. Civ. r. Enreg. C. Bénard. D.A. 7. 136. D.P. 9. 2. 199.

ENREGISTREMENT. ART. 10, § 1er.

1467.—En tout cas, cette contre-lettre serait considérée comme *non-avenue*, du moment où contenant des obligations réciproques, elle n'aurait été signée que par l'une des parties, l'autre ne sachant point écrire, et, par conséquent, elle ne pourrait donner lieu à l'application de l'art. 40.—Même arrêt.

1468. — Une même mutation ne peut être assujettie deux fois au droit d'enregistrement, par un corollaire de cette règle; l'art. 69, § 7, n. 1 de la loi de l'an 7 déclare que les adjudication, à la folle enchère ne sont assujetties au droit de mutation que sur ce qui excède le prix de la précédente adjudication, si le droit en a été acquitté, bien entendu que le second adjudicataire devra rembourser au fol enchérisseur les droits de mutation qu'aura payés ce dernier, puisque c'est à son profit que s'opère la transmission de propriété (V. art. 3).— D.A. 7. 132, n. 17.

1469.— Ainsi, l'adjudicataire d'un immeuble, qui a été dépouillé par la revente sur folle enchère, doit acquitter le droit de mutation, à raison de l'excédant du prix de la première adjudication sur celui de la revente (art. 68, § 1er, n. 8).—27 mai 1825. Civ. c. Enreg. C. Jaudas-Deslices. D.A. 7. 159. D.P. 2. 24.

1470. — Lorsqu'il est établi par un procès-verbal d'enchère que, faute par l'adjudicataire de payer le prix aux termes fixés, la revente sera poursuivie à la folle enchère, s'il arrive que l'adjudication n'ayant pu avoir lieu, l'immeuble ait été vendu par acte notarié aux clauses et conditions du procès-verbal d'enchère, et que la revente sur folle enchère en ait été poursuivie faute de paiement, on est irrecevable à réclamer un nouveau droit proportionnel sur la folle enchère, en se fondant sur ce qu'elle ne pouvait avoir lieu qu'après adjudication aux enchères. — La folle enchère étant « la revente faite sur un *premier acquéreur* à défaut d'accomplissement des conditions qui lui étaient imposées par son contrat, » il en résulte qu'elle peut avoir lieu par suite d'adjudication devant notaire, lorsqu'elle est faite en vertu d'une condition expresse du contrat (L. 28 avril 1816, art. 44). — 8 oct. 1831. Solut. de la régie. D.P. 33. 3. 82.

1471. — Mais lorsque l'adjudicataire d'un bien national avait encouru la déchéance, à défaut de paiement de son prix, dans les délais fixés par la loi du 11 frim. an 8, la vente était comme non avenue, et si cet adjudicataire se rendait une seconde fois acquéreur des mêmes biens, cette seconde vente devait être considérée, non point comme une vente sur folle enchère, passible seulement du droit fixe, mais comme une mutation nouvelle et distincte de la première, soumise par conséquent à un nouveau droit proportionnel, indépendamment de celui acquitté sur la première vente (art. 10, 11, 13 et 14). — 18 vend. an 12. Civ. c. Enreg. C. Wiltonch. D.A. 7. 136. D.P. 2. 19.

1472.— Comme aussi une perception irrégulièrement faite sur une mutation immobilière qui n'a point existé, lors même que le droit n'est plus susceptible d'être restitué par l'effet d'une prescription acquise à la régie, ne fait point obstacle à la perception régulière d'un nouveau droit sur la mutation réelle des mêmes immeubles, opérée en faveur du même individu qui a payé mal à propos le premier droit (art. 61, n. 1, et 69, § 6, n. 2). — 5 juill. 1820. Civ. c. Enreg. C. Dihars. D.A. 7. 157. D.P. 21. 1. 24.

1473. — La régie n'est pas même tenue de souffrir la compensation du droit indûment perçu et non restituable, avec celui qui fait l'objet d'une perception régulière. — 5 juill. 1820. Civ. c. Enreg. C. Dihars. D.A. 7. 158. D.P. 21. 1. 24.

1474. — Par suite du même principe, l'individu qui a acquis un bien dont il a payé le prix comptant, et qui s'en rend adjudicataire ensuite, sur l'expropriation poursuivie par les créanciers hypothécaires de son vendeur, faute par lui d'avoir purgé son acquisition, n'est point tenu de payer un second droit proportionnel de mutation, puisqu'il n'a pas été dépossédé (Délib. 19 août 1818, app. par le min. des fin. 17 nov. suiv.). — D.A. 7. 132, n. 18.

1475. — De même, l'héritier bénéficiaire qui se rend adjudicataire des immeubles de la succession, ne doit aucun droit de mutation, puisque ce droit a déjà été acquitté lors du décès, et qu'il ne s'est opéré, depuis, aucune transmission nouvelle, quoique l'héritier ne possède plus au même titre (Délib. du 28 fév. 1817). — D.A. 7. 132, n. 19.

1476.—Un arrêt du parlement de Paris, du 2 août 1760, a jugé que l'héritier bénéficiaire ne devait pas

les lots et ventes, lorsqu'il se rendait adjudicataire des immeubles de la succession, parce qu'il ne faisait que continuer sa propriété.

Un autre arrêt, du 4 sept. 1708, avait antérieurement décidé que, dans ce cas, les biens acquis étaient *propres* à l'héritier, et non point acquêts (*Dict. des dom.*, v° Bénéfice d'inventaire) Mais l'héritier bénéficiaire devra acquitter le droit de transcription. — D.A. 7. 152, n. 19.

1477. — La promesse de vente vaut vente (1589 C. civ.); elle est donc passible des mêmes droits. Si la promesse de vendre est faite avec arrhes, elle ne vaut pas vente; elle dégénère alors en une simple promesse, résoluble à la volonté de l'une des parties (art. 1590 C. civ.). Si donc elle ne se réalise point, parce que l'acquéreur aura préféré perdre les arrhes qu'il aura données, ou le vendeur en restituer le double, elle ne sera passible que du droit fixe (Solut. 2 sept. 1814). — D.A. 7. 155, n. 20.

1478. — Ne sont pas susceptibles du droit de vente les promesses sous seings-privés, portant que celle des parties qui refusera de passer acte public, dans un délai convenu, paiera à l'autre une somme déterminée, à titre de dommages-intérêts, cette stipulation étant essentiellement suspensive de la vente (Solut. de la rég. 20 mess. an 10). — D.A. 7. 153, n. 21.

1479. — Et l'on a jugé, en conséquence, que la vente verbale d'un immeuble, qui n'est faite qu'à la condition d'en passer acte, ne donne pas ouverture au droit de mutation, lorsque les parties s'en désistent, encore qu'il y ait eu des arrhes données par l'acquéreur et des à-comptes payés sur le prix, s'il n'est d'ailleurs prouvé qu'il soit entré en possession (L. 22 frim. an 7, art. 22 et 38, et 27 vent. an 9, art. 12; C. civ. 1583 et 1589). — 3 sept. 1806. Civ. r. Enreg. C. Gœury. D.A. 7. 157. D.P. 6. 1. 544.

1480. — Il en est de même, et avec raison, à l'égard de la promesse faite par un débiteur à son créancier, de lui vendre un immeuble désigné, dans le cas où il ne se libérerait pas envers lui aux époques convenues (Solut. du 27 mess. an 13). Cependant une autre solution de la régie, du 26 août 1813, porte que « la clause d'un acte par laquelle un père s'oblige d'abandonner à son fils, dans quatre ans, à dater du jour du contrat, des immeubles désignés, en paiement d'une somme de 2,000 fr. qu'il a reconnu lui devoir, vaut vente, et que l'administration n'est pas obligée d'attendre les événemens pour faire payer le droit de 5 et demi p. 100 sur 2,000 fr. »

1481. — Mais c'est à tort que la régie a dévié de la règle posée par la décision de messidor. Dans les deux cas proposés, en effet, la promesse de vente était suspensive ; il n'y avait donc pas encore de contrat formé; rien qui pût autoriser la régie à percevoir immédiatement le droit de mutation. — D.A. 7. 153, n. 22.

1482. — La promesse, par le nu-propriétaire, de vendre un immeuble, moyennant un prix qui sera alors fixé par des experts nommés par les parties, ou, à défaut, par le président du tribunal, donne lieu à la perception immédiate du droit de vente. — 27 sept. 1833. Délib. Guillouard. D.P. 34. 3. 32.

Mais ce ne peut être que parce que les experts doivent être considérés comme des tiers, ce qui rend l'art. 1592 C. civ. applicable.

1483. — Deux arrêts des 25 niv. an 10 et 1er vent. an 12, rapportés v° Choses, t. 2, p. 474 et 475, ont décidé que les édifices et superficies des domaines congéables sont de nature *immobilière* : ils ne sont réputés meubles qu'à l'égard du propriétaire foncier qui exerce le droit de congément. Cette exception spéciale ne peut s'étendre au cessionnaire de ce propriétaire, à l'égard duquel la cession est un véritable acte translatif de propriété immobilière : en conséquence, s'il exerce le droit de congément, il doit être soumis aux droits d'enregistrement perçus sur les transmissions immobilières (V. au reste le § 4 du présent article, sur les questions relatives au cas où une vente mobilière de sa nature doit cependant être regardée comme immobilière, par rapport à la perception). — D.A. 7. 133, n. 23.

§ 2. — *Des déclarations de command.*

1484. — Les locutions, *déclaration de command* ou *élection d'ami* sont synonymes. « On appelle *command* celui au profit de qui on a acheté un héritage, sans en déclarer le nom dans le contrat. » La faculté d'élire un command diffère du mandat, en ce que le mandataire ne stipule qu'au nom d'autrui, tandis que l'acquéreur sous faculté d'élire un command contracte directement avec le vendeur, et demeure obligé à toutes les suites de la convention, s'il ne

fait point de déclaration, ou que l'ami élu la refuse. — D.A. 7. 166, n. 1.

1485. — Deux causes ont amené l'usage de vendre avec faculté d'élire un ami ; la facilité du commerce et la haine du droit de mutation. Le délai au-delà duquel devait cesser la faculté de déclarer command n'avait point été fixé par le plus grand nombre des coutumes; quelques unes, cependant, l'avaient limité à quarante jours; l'assemblée constituante l'avait étendu à six mois (L. 5 déc. 1790); mais la loi du 22 frim. an 7 et celle du 14 therm. an 4, le réduisirent à vingt-quatre heures. « Ce délai est tellement de rigueur, que si l'acte de vente était daté *avant midi*, la déclaration de command ou l'élection d'ami devraient être faites et notifiées le lendemain *avant midi* » (Rép., v° Election d'ami; Fav. de Langlade, v° Command. — V. au reste v° Vente). — D.A. 7. 166, n. 2.

1486. — La déclaration de command n'opérant pas une seconde mutation, ne donne lieu qu'au simple droit fixe de 3 fr., mais pour cela trois conditions sont nécessaires :

1° Que la faculté en ait été réservée dans le contrat de vente ; 2° que la déclaration soit faite dans les vingt-quatre heures ; 3° qu'elle soit notifiée dans le même délai (L. 22 frim. an 7, art. 68, § 1er, n. 24, 28 avril 1816, art. 44). C'est ce que rappellent aussi les inst. 697, 945 et 997, relativement aux coupes de bois de la caisse d'amortissement. — D.A. 7. 166, n. 3-4.

1487. — *Première condition.* — S'il n'y a pas de réserve expresse dans le contrat, la loi fiscale, plus que toute autre, ne saurait être tenue de reconnaître la réserve faite après coup, et tout exprès sans doute pour frustrer les droits d'une seconde mutation.

1488. — Ce principe, certain sous l'ancienne jurisprudence, fut renouvelé par la loi de 1790. Mais la loi du 14 therm. an 4, en abrégeant le délai de la déclaration, n'ayant pas rappelé la nécessité d'une réserve exprimée dans le contrat, la cour de cassation crut que l'intention du législateur avait été de déroger aux anciennes règles, la brièveté du délai de vingt-quatre heures la confirmait dans cette opinion. Mais la loi de frimaire, en reproduisant les expressions de la loi de 1790, tout en conservant le délai fixé par celle de l'an 4, signala suffisamment cette erreur, en sorte qu'aujourd'hui il ne peut plus y avoir doute sur ce point. — D.A. 7. 166, n. 4.

1489. — Avant la loi du 22 frim. an 7, et sous celle du 14 therm. an 4, les déclarations de command étaient affranchies du droit proportionnel, dès qu'elles avaient été faites dans les vingt-quatre heures, et nonobstant qu'il n'eût été inséré, à cet égard, aucune réserve dans le procès-verbal d'adjudication. — 22 brum. an 9. Req. Enreg. C. Duverger. D.A. 7. 170. D.P. 2. 25.

1490. — *Seconde condition.* — Il faut que la déclaration soit faite dans les vingt-quatre heures du contrat. Voici comment la jurisprudence a entendu cette disposition légale.

1491. — Le délai pour faire la déclaration de command court du jour du prononcé du jugement qui contient adjudication définitive des biens, et non pas seulement du jour de la notification de ce jugement (art. 69, § 7, n. 3). — 30 nov. 1812. Civ. c. Enreg. C. Galletti. D.A. 7. 177. D.P. 2. 26.

1492. — La déclaration de command sur une adjudication d'un immeuble communal, *vendu devant l'autorité administrative, aux enchères publiques*, est sujette au droit proportionnel, si elle n'a pas été faite dans les vingt-quatre heures et dans la forme prescrite. — 6 et 23 déc. 1831. Délib. D.P. 33. 3. 39.

1493. — La déclaration de command présentée au receveur après l'heure de la clôture du bureau, peut être enregistrée néanmoins au droit fixe, si elle a été présentée dans les vingt-quatre heures de sa date. — 2 août 1833. Délib. D.P. 33. 3. 86.

1494. — *Troisième condition.* — L'article ne dit pas à qui la notification de la déclaration de command doit être faite Il est évident que c'est à la régie ; car la loi a voulu par là réprimer un abus fréquent parmi les notaires et les greffiers, qui, ayant quinze et vingt jours pour faire enregistrer leurs actes, se prêtaient à couvrir plusieurs mutations successives, en recevant la déclaration de command sous le nom du dernier acquéreur, et en donnant à l'acte une antidate. — D.A. 7. 167, n. 7.

1495. — Ainsi, jugé que cette notification doit être faite, non point à l'ami élu, mais à la régie, dans le délai fixé, pour être affranchie du droit proportionnel. — 3 therm. an 9. Civ. c. Enreg. C. Troncy. D.A. 7. 178. D.P. 3. 1. 378.

1496. — Comme aussi il ne suffit pas que les déclarations de command soient faites dans les vingt-quatre heures de l'acte de vente, pour être affranchies du droit proportionnel; il faut encore qu'elles soient notifiées, dans le même délai, à la régie. — 5 vent. an 11. Civ. c. Enreg. C. Joudrier. D.A. 7. 178. D.P. 2. 26.

1497. — Le délai de vingt-quatre heures pour la notification à la régie de la déclaration de command, court du jour de la vente ; et non point seulement du jour de l'expiration du délai dans lequel cette déclaration doit être enregistrée. — 19 germ. an 12. Civ. c. Enreg. C. Carré. D.A. 7. 179. D.P. 4. 1. 413.

1498. — Si le contrat de vente a été passé la veille d'un jour férié, la déclaration de command peut n'être notifiée ou enregistrée au droit fixe que le surlendemain. — 10 mai 1832. Délib. D.P. 32. 3. 115. — Decis. contraire : 1er déc. 1830. Civ. c. Enreg. C. Violle. D.P. 30. 1. 398. — *Dict. de l'enreg.*, v° Déclaration d'adjudication et vente, n. 377.

1499. — Cette notification est exigée pour les adjudications sur expropriation forcée, comme pour les ventes volontaires. — 15 oct. 1806. Civ. c. Enreg. C. Philippin. D.A. 7. 178. D.P. 2. 27.

1500. — Jugé aussi que cette notification doit avoir lieu, non-seulement lorsque la déclaration de command est reçue par un notaire, mais encore lorsqu'elle est faite au greffe du tribunal. — 18 nov. 1806. Civ. c. Enreg. C. Estaque. D.A. 7. 179. D.P. 2. 27.

1501. — L'adjudicataire d'un bien national qui fait, dans les trois jours qui lui sont accordés par l'art. 11 de la loi du 26 vend. an 7, une déclaration de command, n'est pas dispensé de la notifier à la régie dans le délai. — A défaut de notification, la déclaration de command devient passible du droit proportionnel (art. 69, § 7, n. 3) — 25 nov. 1811. Civ. c. Enreg. C. Perrignon. D.A. 7. 175. D.P. 2. 26.

1502 — Une déclaration de command, non signifiée ni enregistrée dans les vingt-quatre heures de sa date, est passible du droit de 5 et demi pour 100, sans que le receveur ait à considérer si la formalité de la transcription est nécessaire. — 14 juin 1833. Délib. D... C. Enreg. D.P 33. 3. 78.

1503. — La procuration donnée par l'acquéreur pour faire une déclaration de command au profit d'une personne désignée, équivaut à cette déclaration même ; dès lors, la procuration doit être notifiée et enregistrée dans le délai (Délib. 21 nov. 1814). — *Dict. de l'enreg.*, v° Déclaration d'adjudication, n. 67.

1504 — La déclaration d'un command, par l'acquéreur ou l'adjudicataire de biens des établissemens publics, doit être faite et notifiée dans les vingt-quatre heures de l'adjudication ou de la vente, et non pas seulement du jour où le délai de l'enregistrement pour l'acte de vente commence à courir (Délib. 5 fév. 1823). — *Dict. de l'enreg.*, v° Déclaration d'adjudication, n. 40.

1505 — Du reste, on peut suppléer à cette notification par des équipollens. Une décision ministérielle, du 17 fév. 1807, porte qu'il y a notification suffisante, lorsque le notaire a présenté, dans les vingt-quatre heures, au visa du receveur, son répertoire sur lequel est inscrite la déclaration du command ; à plus forte raison la présentation à l'enregistrement de la déclaration elle-même, dans le même délai de vingt-quatre heures, vaudrait-elle notification (Déc. de la rég. 2 germ. an 8). — D.A. 7. 167, n. 7.

1506. — De ce dernier principe, on en a conclu que si le procès-verbal d'adjudication et la déclaration de command ont été présentés au receveur dans les vingt-quatre heures, avec consignation du droit fixe, et que, par suite de son omission de les enregistrer dans le délai, l'acquéreur soit obligé de payer le droit proportionnel de revente, le receveur peut être condamné à garantir l'acquéreur ; il importe peu que la notification de la déclaration de command ne lui ait pas été faite. — 31 mai 1825. Req. Laplanche D.P. 26. 1. 302.

1507. — Mais cette notification ne peut être suppléée par la circonstance que la déclaration aurait été faite au secrétariat de la préfecture, parce que le représentant du gouvernement n'est pas l'agent du fisc. — 25 nov. 1811. Civ. c. Enreg. C. Perrignon. D.A. 7. 175. D.P. 2. 26.

1508 — Jugé aussi que le dépôt, fait au bureau du receveur, de la déclaration de command, dans le délai prescrit pour la notification, ne saurait suppléer à l'absence de cette formalité, s'il n'a été accompagné du paiement des droits dus, et si, par ce défaut de paiement, la formalité n'a pu être donnée

à l'acte de déclaration pour assurer la fixité de sa date.— 15 nov. 1813. Civ. c. Enreg. C. Vittonck. D.A. 7. 179. D.P. 2. 27.

1509.— Pareillement, la procuration pour accepter une déclaration de command, enregistrée ou notifiée à la régie dans les vingt-quatre heures de l'acte d'adjudication, ne peut avoir pour effet de suppléer à la notification de la déclaration elle-même exigée par l'art. 68, § 1er, n. 24 de la loi du 22 frim. an 7, la disposition exceptionnelle contenue dans cet article n'est établie que pour la déclaration seulement.

En conséquence, la déclaration faite ultérieurement, et après l'expiration des vingt-quatre heures, est assujettie au droit proportionnel de mutation.—19 juin 1830 Solut. de la régie. D.P. 34. 3. 52.

1510 — La présence du receveur à l'acte de déclaration de command ne peut équivaloir à la notification (*Dict. de l'enreg.*, v° Déclaration d'adjudication, n. 65).

1511 — C'est à la date de l'enregistrement, exprimée dans les registres du receveur, qu'un acte, tel, par exemple, qu'une déclaration de command, est censé avoir été présenté à l'enregistrement...; tellement que celui qui prétend que c'est par la négligence du receveur que l'enregistrement de la déclaration n'a pas été faite dans les vingt-quatre heures, n'est pas admis à en fournir la preuve par témoins, s'il ne justifie qu'il a été dans l'impossibilité de se procurer préalablement une preuve littérale de la présentation (C pr. 1347, 1348).

1512. — ..... Et la circonstance qu'il n'aurait été, lors de la présentation, perçu qu'un droit fixe de 3 fr. 50 c., ne saurait être regardée comme un commencement de preuve par écrit, à l'effet d'établir que la déclaration de command avait été faite en temps utile. — 12 juin 1833. Orléans. Bidault. D.P. 34. 2. 12.

1513.— Lorsqu'un notaire, qui a reçu une déclaration de command, est trop éloigné du bureau où ses actes doivent être enregistrés, pour la notifier au receveur en temps utile, la notification peut être faite régulièrement au receveur du bureau dans l'arrondissement duquel l'acte a été passé (*Dict. de l'enreg.*, Déclaration d'adjudication, n. 43).

1514. — Le droit proportionnel, perçu sur une déclaration de command, qui n'a pas été notifiée dans les vingt-quatre heures, est restituable lorsque l'adjudication est résolue par suite d'une surenchère (Délib. cons d'admin. 24 avril 1822). — *Dict. de l'enreg.*, v° Déclaration d'adjudication, n. 71.

1515. — L'art. 709 C. pr. fait une exception aux règles posées dans l'art 69, § 1er, n. 24 de la loi de frimaire.

« L'avoué, dernier enchérisseur, dit cet article, sera tenu, dans les *trois jours* de l'adjudication, de déclarer l'adjudicataire, et de fournir son acceptation; sinon, de représenter son pouvoir, lequel demeurera annexé à la minute de sa déclaration. »— En cas pareil, l'avoué est présumé n'agir que comme mandataire; et, en nommant l'adjudicataire, il ne fait plus qu'une simple déclaration de mandat — D.A. 7. 167, n. 5.

1516.— D'où la conséquence, 1° que, pour jouir du droit qui lui est accordé par l'art. 709, il n'est pas nécessaire que cette faculté lui ait été réservée dans le procès-verbal d'adjudication; 2° qu'il n'est pas besoin que sa déclaration soit notifiée à la régie; 3° qu'enfin l'adjudicataire désigné par l'avoué pourra, dans le délai et sous la condition de notification prescrite par l'art. 69 précité, faire une élection de command lorsque l'avoué en aura fait la réserve dans le procès-verbal d'enchère; car il ne suffirait pas que cette réserve fût insérée par le commettant de l'avoué, dans l'acte par lequel il accepte les déclarations de celui ci, puisque la loi n'admet pas la déclaration de command qui n'a pas été stipulée dans l'acte même de vente. — D.A. 7. 167, n. 5.

1517. — Conformément à ces principes, il a été jugé que l'avoué qui se rend adjudicataire d'un immeuble vendu à la barre du tribunal, n'a pas besoin de se réserver, dans le procès-verbal d'adjudication, la faculté d'élire un command. Cette faculté lui appartient de droit, en vertu de l'art. 709 C. pr. civ. — En conséquence, la déclaration insérée dans le jugement, que l'adjudication est faite à l'avoué enchérisseur, pour lui ou la personne qu'il désignera, est suffisante pour que cette dernière ait elle-même le droit de faire une déclaration de command. *En d'autres termes*, la déclaration de command faite par l'avoué, en vertu de la réserve insérée dans le jugement d'adjudication, au profit d'un tiers, qui déclare l'accepter tant pour lui que pour les personnes qu'il désigne, est censée faite directement par l'avoué lui-même au profit des individus désignés par son mandant, et éloigne toute idée de rétrocession de la part de ce dernier en faveur desdits individus. — 23 avril 1816. Civ. r. Enreg. C. Glénard. D.A. 7. 173 D.P. 16. 1. 299.

1518.— L'adjudicataire désigné par l'avoué n'est pas tenu de notifier à la régie la déclaration faite à son profit, pour être affranchi d'un second droit de mutation. Dans le système du code de procédure, les enchères ne pouvant être faites devant les tribunaux que par le ministère d'avoués, ceux-ci ne sont jamais censés se rendre adjudicataires pour eux-mêmes, en sorte que, lorsqu'ils nomment la personne pour laquelle ils ont enchéri, dans les trois jours de l'adjudication, elle seule est réputée adjudicataire, et la propriété est présumée avoir passé sur sa tête, sans intermédiaire.— 3 sept. 1810. Civ. r. Enreg. C. Bataille. D.A. 7. 171. D P 10. 1. 451.

1519.— Lorsqu'un avoué s'est rendu adjudicataire, avec réserve de command au profit d'une personne qu'il a désignée, celle-ci peut passer, à son tour, une déclaration au profit d'un tiers, sans donner lieu au droit proportionnel, si cette nouvelle déclaration a été faite dans les délais prescrits par la loi. — Ce droit doit être restitué s'il a été perçu — 24 avril 1811. Req Enreg. C. Chastenay. D.A. 7. 173.

1520. — Jusqu'à la déclaration faite par l'avoué de la personne pour laquelle il a enchéri dans une vente d'immeubles aux enchères, le contrat d'adjudication reste imparfait à l'égard de l'adjudicataire, qui n'est constitué acquéreur qu'au moment et par le fait de cette déclaration acceptée dans les délais prescrits par l'art 709 C. pr. civ.— En conséquence, ce n'est qu'à partir de cette déclaration que commencent à courir les vingt-quatre heures accordées à l'adjudicataire, pour l'élection de command, lorsque cette faculté a été réservée dans le procès-verbal d'adjudication.— 25 fév. 1823. Civ. c. Catonnet. D.A. 7. 176. D.P 23 1. 138.

1521.— Il a cependant été décidé que les art 68, § 1er, n. 24 et 69, § 7, n. 3 de la loi du 22 frim. an 7, qui veulent que la déclaration de command soit notifiée à la régie dans les vingt-quatre heures de l'adjudication, à peine d'être considérée comme rétrocession, et assujettie au droit proportionnel, sont applicables aux avoués adjudicataires, comme à tous autres, quoiqu'ils fussent supprimés à l'époque de la publication de la loi du 22 frim. an 7, dès qu'il n'a point été dérogé à ces articles par la loi du 27 vent. an 8, qui a rétabli ces officiers ministériels; et ce, nonobstant les art. 707 et 709 C. pr., dont il est inutile d'examiner l'influence sur la question, puisqu'ils doivent rester étrangers à un acte passé avant que le code de procédure fût exécutoire, encore qu'il fut déjà promulgué.— 6 déc. 1808. Civ. c. Enreg. C Rollin. D.A. 7. 180. D.P. 2 27.

1522.— L'art. 709 C. pr., ne s'applique pas seulement au cas de vente, à la barre du tribunal, mais encore à celui de vente par devant notaire.—D.A 7. 267, n. 6.

1523.— Et cela a été ainsi jugé par un arrêt, portant : de ce que l'art. 965 C. pr. permet à toutes personnes d'enchérir dans les adjudications faites devant notaire commis par justice, dans les cas de vente des immeubles d'une succession bénéficiaire, il ne s'ensuit pas qu'il prive les avoués, qui se rendent adjudicataires dans ces ventes, de la faculté qui leur est accordée, par l'art. 709, d'élire un command dans les trois jours de toute vente par autorité de justice. Ainsi, lors même que, dans le procès-verbal d'adjudication, l'avoué n'aurait pas fait élection, ou ne se serait pas réservé cette faculté, sa déclaration, pour être faite après les vingt-quatre heures (délai de rigueur pour les adjudicataires en général), ne donne point ouverture au droit proportionnel de 4 p. 100, fixé en cas de revente, par l'art. 69, 7, n. 3 de la loi du 22 frim. an 7, lorsque toutefois la déclaration est faite dans les trois jours.—26 fév. 1827. Civ. r. Enreg. C. Boucher. D.P. 27. 1. 155.

1524.—Les jours fériés sont compris dans le délai de trois jours accordé aux avoués pour nommer l'adjudicataire.— 1er déc. 1830. Civ. c. Enreg. C. Violle. D P. 30. 1. 398. — *Dict. de l'enreg.*, v° Déclaration d'adjudication et vente, n. 377.

Décision contraire de la régie, quant au délai de vingt-quatre heures, en cas de vente volontaire.— 10 mai 1832. D.P. 32. 3. 115.

1525 — La déclaration de command doit, pour être affranchie du droit proportionnel, n'être que la substitution pure et simple d'une personne à une autre, sans aucune modification dans les droits ou obligations résultant de l'acte de vente (L. de 1790; l. du 22 frim. an 7). Ainsi, une prorogation dans les termes de paiement du prix de vente, ôte à l'élection de command le caractère d'une simple déclaration, et doit la faire considérer comme une revente passible du droit proportionnel. — Ainsi, lorsque l'acquéreur d'un bien que son débiteur lui vend pour se libérer envers lui, nomme, en vertu d'une réserve insérée dans l'acte d'acquisition, un command qui lui rembourse le montant de sa créance, et qu'un tiers se porte caution pour la validité du paiement, outre le droit de cautionnement, il est dû celui de revente (Délib. du 26 mai 1819). — Mais si, dans l'acte d'élection d'ami, le vendeur intervenait pour consentir lui-même ces modifications, la solution serait autre, parce qu'alors ce ne serait plus l'acquéreur qui stipulerait, pourvu toutefois qu'il ne parût pas que cette intervention ne fut là que pour couvrir une seconde mutation. — D.A. 7. 167, n. 8.

1526. — Ainsi, les déclarations de command ne sont exemptes du paiement du droit proportionnel qu'autant qu'elles présentent l'exécution d'un mandat. Ainsi, ne peuvent jouir de ce bénéfice celles qui renfermeraient des conditions différentes de celles de la vente, *spécialement*, des termes de paiemens différens.— 31 janv. 1814. Civ. c. Enreg. C. Marignieux. D.A. 7. 170. D.P. 14. 1. 221.

1527 —Mais lorsque le prix d'une adjudication est compensé avec pareille somme due par l'adjudicataire, et que celui-ci passe une déclaration de command au profit d'un tiers qui prend terme pour payer, on ne doit pas induire de cette stipulation une revente. C'est un simple prêt fait au mandant, lequel n'est passible que du droit de 1 p. 100 (Délib. du 15 déc. 1826, contr. à la délib. du 17 mars 1821). —Trouillet, v° Command, § 9, n. 4.

1528.—De même, si l'acquéreur d'un immeuble passe déclaration de command avec réserve d'usufruit en sa faveur, un droit de revente ne devient pas exigible pour cela, si la déclaration ne change pas les conditions de la vente dont elle n'est que le complément; le command élu est censé tenir la nue-propriété du premier contrat (Délib. 6 fév. 1827).— Trouillet, v° Command, § 9, n. 6.

1529.—Cependant, il a été décidé que lorsque l'acquéreur de futaies déclare se réserver la superficie des bois, et ne nomme de command que pour le surplus, non seulement l'effet de la mobilisation des immeubles par nature ne remonte pas au contrat de vente de manière à réduire à 2 p. 100 le droit sur les biens ainsi mobilisés, mais qu'une pareille déclaration de command opère le droit de revente (Délib. 30 déc. 1831).—Trouillet, v° Command, § 9, n. 7.

1530. — Lorsque l'acquéreur d'un bien que son débiteur vend pour se libérer envers lui, nomme, en vertu d'une réserve expresse dans l'acte d'acquisition, un command, qui lui rembourse le montant de sa créance, et qu'un tiers se porte caution pour la validité du paiement, outre le droit de cautionnement, il est dû celui de revente (Délib. 26 mai 1819) — Trouill., v° Command, § 9, n. 8.

1531.— Rien n'empêche l'acquéreur de nommer plusieurs commands, et de répartir entre eux les immeubles qu'il a acquis en masse; car ce partage n'a rien qui puisse faire présumer une revente, dès qu'on peut le supposer conforme au mandat qu'avait reçu l'acquéreur de ses divers commettans. Il peut également assigner à chaque lot une partie quelconque du prix, pourvu que les diverses parties réunies n'excèdent point la somme totale. Toutes ces opérations ne sortent point des termes d'une procuration ordinaire, et elles ne conduisent pas à la nécessité d'admettre une seconde mutation. — D.A. 7. 167, n. 9.

1532.— Il n'y a pas revente dans le cas où l'acquéreur ne conservant rien pour lui, a fait la division pour des prix qui, réunis, forment celui de l'acquisition (*Dict. de l'enreg.*, v° Déclaration d'adjudication, n. 66).— 13 avril 1815. Req. Enreg. C. Canelle. D.A. 7. 171. D.P. 2. 25.

1533.— Aucune loi n'assujettit les adjudicataires à nommer avant l'adjudication les amis à élire, non plus qu'à désigner la portion d'immeubles que chacun d'eux devra avoir dans l'acquisition, ainsi que la partie correspondante du prix.—Ainsi, la répartition faite par l'adjudicataire entre les commands qu'il désigne, soit des biens adjugés, soit du prix fixé en masse, lors de l'adjudication, sans aucun changement ni dans le prix, ni dans les conditions de la vente, doit faire présumer que cette déclaration est conforme au mandat qu'il avait reçu, et n'a pas l'effet d'une revente assujettie au droit proportionnel.— Même arrêt.— Arrêt conf. 30 août 1814. Req. Enreg. C. Jeannin D.A. 7. 150. D.P. 2. 22.

1534.— Egalement, le droit de revente n'est pas exigible sur la déclaration par laquelle un adjudica-

taire divise entre plusieurs commands les biens qui lui ont été vendus par un seul lot, sans faire supporter par chacun de ses commands, proportionnellement à la valeur de son lot, l'augmentation que l'adjudication définitive et en bloc a subie sur les adjudications partielles et provisoires (Délib. 5 mai 1821). — Trouill., v° Command, § 9, n. 11.

1535 — Jugé de même que l'acquéreur qui a déclaré acheter, tant pour lui que pour ses commands à élire, divers immeubles, peut, sans donner prise à la perception du droit proportionnel de revente, conserver certaines portions, et attribuer divisément à plusieurs particuliers le surplus, si d'ailleurs il n'apporte aucun changement au prix et aux conditions de la vente (Jug. de St-Quentin, 9 juill. 1828, acquiescé par la régie, le 10 oct. suiv.).

1536.—Il importe peu que le prix fixé dans la déclaration soit supérieur à celui qui serait résulté de la répartition au marc le franc de l'augmentation que les enchères ont apportée sur la mise à prix (Jug. de Melun, 5 fév. 1834).— Trouill., v° Command, § 9, n. 13.

1537 — Mais il a été décidé, au contraire, que le droit proportionnel devait être perçu sur une déclaration de command, dans laquelle un avoué faisait deux lots au profit de deux commands d'un immeuble qui lui avait été adjugé en bloc et pour un seul prix.

1538.— La déclaration de command, pour n'être passible que du droit fixe, doit être *gratuite*; si l'acquéreur reçoit quelque chose de son command, il s'opère une seconde vente, qui autorise la demande d'un nouveau droit de mutation, à moins, toutefois, que l'acquéreur qui élit command ne représente un mandat où serait stipulé un salaire. —D.A. 7. 168, n. 10.

1539.— Lorsque l'acquéreur fait une déclaration de command, moyennant un prix, sur quelle valeur doit être assise la perception du second droit proportionnel? Sera-ce seulement sur le prix de la déclaration de command, ou bien sur le prix de cette déclaration, augmentée du prix d'achat? — Sur le prix de la déclaration de command augmenté du prix d'achat. Un arrêt du 24 déc. 1629, rapporté, Rép., v° Command, avait jugé cependant que le second droit ne devait être perçu que sur le prix de l'élection, parce que l'acquéreur ne bénéficiait réellement que de ce qu'il recevait de son command, et sur ce que les droits de *lods* et de *quint* suivaient toujours les sommes portées dans les contrats.— D.A. 7. 168, n. 11.

1540.— La déclaration de command, pour jouir du privilége du droit fixe, doit-elle être faite *rebus integris*, avant que l'acquéreur ait exercé aucun acte de propriété, de possession ou de jouissance?—Oui (Hébert).—Non (Merlin), parce que, dit-il, la doctrine contraire était implicitement condamnée par les lois des 5 déc. 1790, et 13 sept. 1791, qui accordaient un délai trop long pour faire la déclaration, pour penser que celui-ci pouvait laisser le bien vacant pendant un si long temps, et enfin parce que la loi de frim. ne dit rien, qui doive faire pencher pour l'opinion d'Hébert. Ainsi, si l'acquéreur affermait le bien dans les vingt-quatre heures, il n'y aurait pas lieu à l'ouverture du droit proportionnel.— Conf. à Merlin. D.A. 7. 168, n. 12.

1541. — Le command désigné par l'acquéreur, ne peut pas, à son tour, faire une déclaration au profit d'un autre, quoique dans les vingt-quatre heures de la vente, parce que cette seconde élection ne résulterait pas d'une *réserve insérée dans le contrat de vente.* Cette règle n'est pas applicable aux avoués.— D.A. 7. 168, n. 13.

1542.—Lorsque l'adjudicataire d'un bien national, sous réserve de command, a fait sa déclaration, l'acquéreur par lui désigné et acceptant ne peut se réserver à lui-même la faculté d'élire un nouveau command. En conséquence. le droit proportionnel est dû sur la seconde déclaration, encore qu'elle ait été faite, ainsi que la première, dans le délai de vingt-quatre heures depuis l'adjudication —22 août 1809. Civ. c. Enreg. C. Lachaize. D.A. 7. 174. D.P. 23. 1. 161.— Délib. conf. du 8 juin 1808.

1543.—Lorsqu'un individu s'est rendu adjudicataire d'un immeuble pour un tiers, au profit duquel il a fait une déclaration de command, que celui-ci a acceptée, il ne peut garder l'immeuble pour lui-même, sans acquitter un nouveau droit de mutation, encore qu'il prouve que la première acquisition a été payée de ses deniers; qu'il a toujours joui de l'immeuble; qu'il a été reconnu par la régie elle-même pour le propriétaire, et que celui au nom duquel il avait fait l'acquisition n'avait pas le moyen d'en fournir les fonds (L. 22 frim. an 7, art. 69, § 7, n. 1).—9 mai 1808. Civ. c. Enreg. C. Pierret. D.A. 7. 252. D.P. 2. 41.

1544. — La déclaration de command est admise dans les ventes volontaires comme dans celles qui sont faites en justice; c'est ce qui résulte des termes mêmes de la loi, qui emploie simultanément les mots d'*adjudication* et de *contrat de vente. Posteà verò*, dit le président Fabre, *ad privatas quoque venditiones id jus tractum est, usuque apud nos frequentissimo comprobatum* (Rép., v° Vente, § 3). —D.A. 7. 168, n. 14.

1545. — Le sens exclusif de la loi donnerait à penser que l'élection d'ami n'a lieu qu'en matière *de vente*, soit de meubles, soit d'immeubles. D'où le *Journ. de l'enreg.*, art. 1289, a conclu que la déclaration de command faite sur l'adjudication d'un bail devrait être regardée comme une cession de bail, un sous-bail, et devrait acquitter le droit proportionnel; et (art. 966) que la déclaration faite par un individu au profit d'un tiers, de l'obligation souscrite ou de la rente constituée à son profit, serait considérée comme un transport de la rente et de l'obligation. Mais on doit regarder comme simple déclaration de command l'acte par lequel un particulier déclare que la constitution de rente passée en son nom, ou l'obligation consentie à son profit, n'est pas pour son propre compte, mais pour celui de la personne dont il n'est que le mandataire; et le droit proportionnel serait exigible, si la déclaration n'était pas, en vertu d'une réserve antérieure, faite et notifiée dans le délai de la loi; ou si elle présentait novation de clauses, de conditions ou de prix (Instr. de la régie, n. 586).

1546.—Du moins il est certain que si l'on vendait le droit au bail, le droit à l'obligation ou à la rente constituée, l'acquéreur pourrait nommer un command, parce qu'on serait alors dans les termes mêmes de la loi.— D.A. 7. 169, n. 15.

1547.—La déclaration de command peut-elle être faite par acte sous signature privée, si cet acte est présenté à l'enregistrement dans les vingt-quatre heures de la vente? Oui. (Décis. de la régie, du 17 juill. 1806, motivée sur ce qu'il y a absence de fraude, dans le cas spécifié, et conséquemment que le vœu de la loi est rempli). Cependant une instruction du ministre des finances, du 15 mars 1808, porte que « toute déclaration de command faite par acte *sous seing-privé* ne peut jouir de la faveur du droit fixe accordée, par le n. 24 du § 1er de l'art. 68 de la loi du 22 frim. an 7, seulement à celles de ces déclarations qui sont faites par *acte public* » (Délib. 28 avril 1826; jug. de Chartres, 23 déc 1833). Cette instruction et ces décisions sont conformes au texte de la loi; mais elles sont repoussées par le raisonnement.— D.A. 7. 169, n. 16.

1548.—Mais, dans ce cas, on ne doit pas considérer comme une charge susceptible de la perception du droit de mutation l'obligation imposée au déclarataire d'acquitter les frais du contrat d'acquisition, parce que le droit proportionnel résultant de la déclaration ne doit être assis que sur ce qui a formé le prix du contrat qui l'a précédé (Délib. 28 avril 1826). —Trouill., v° Command, § 5, n. 3.

1549. — La déclaration peut être faite en vertu d'un pouvoir donné par acte sous seing-privé; mais elle est passible du droit proportionnel si elle n'est pas passée en forme authentique dans les vingt-quatre heures du contrat notifié ou enregistré (Solut. 20 avril 1821). —Trouill., v° Command, § 5, n. 4.

1550.— Un procès-verbal d'adjudication étant un acte complexe, qui se compose de plusieurs actes, comme d'un cahier de charges, d'un procès-verbal d'adjudication préparatoire, d'une réception d'enchères, il importe peu sous laquelle de ces diverses phases de la procédure la réserve de command soit placée, parce que toutes concourent à former le procès-verbal de vente : ainsi, elle pourra être insérée dans le cahier des charges rédigé devant notaire, par acte séparé, comme dans le procès-verbal même de l'adjudication; elle pourra aussi n'être faite qu'au moment de l'enchère (Décis. de la régie, 36 juin 1816).—D.A. 7. 169, n. 17.

1551. — La faculté d'élire un command, stipulée au cahier des charges qui a précédé l'adjudication même, suffit pour qu'il ne puisse être exigé qu'un droit fixe, si cette faculté a été exercée en temps utile, parce que le cahier des charges ne forme qu'un seul et même acte avec le procès-verbal d'adjudication (Décis. min. des fin. 25 juin 1819, contraire à celle du 11 janv. 1814). — Trouillet, *eod.*, § 4, n. 2.

1552. — Faite dans le délai prescrit, la déclaration de command s'identifie avec le contrat de vente; elle ne fait avec lui qu'un seul et même acte : de là, il suit qu'il n'est pas dû de droit particulier pour la quittance du prix de vente, insérée dans la déclaration de command (Décis. min. 15 mars 1808). — D.A. 7. 169, n. 18.

1553. — Si la déclaration de command était faite dans l'acte de vente, lors même qu'elle n'aurait point été précédée d'une réserve, le droit fixe ne serait pas dû (Délib. de la rég 26 juin 1816 et 5 mai 1821); parce qu'elle serait une disposition *dérivant* du contrat de vente (L. 22 frim. an 7, art 11). — Elle serait aussi dispensée de la notification prescrite : cette notification n'aurait aucun objet (Délib. 5 mai 1821) —D.A. 7. 169, n. 18.

1554. — Le command est tellement substitué à l'acquéreur ou adjudicataire, que lui seul répond du paiement des droits, même en cas d'insolvabilité (Décis. min. 12 therm. an 12). Les biens sont là d'ailleurs pour répondre. — D.A. 7. 169, n. 18.

1555. — La déclaration de command étant censée ne faire avec le contrat de vente qu'un seul et même acte, elle peut être reçue par un officier public avant l'enregistrement de l'acte de vente (Arr. 13 brum. an 14). — D.A. 7 169, n. 19

1556. — Lorsqu'une déclaration de command a été faite et refusée, l'acquéreur peut-il, s'il est encore dans les délais, en faire une nouvelle, sans payer le droit proportionnel? — Non (Décis. de la rég. 2 déc. 1814). — D.A. 7. 169, n. 20.

1557. — Mais lorsqu'un avoué à voulu enchérir pour lui-même, avec réserve cependant de déclarer command, comme toute autre particulier, est-il déchu du droit de faire une seconde déclaration, si la première a été refusée? On ne peut plus sans doute présumer de mandat pour cette deuxième élection; mais cette présomption de mandat n'est pas rigoureusement nécessaire. « On tient universellement, dit le répertoire, v° Election d'ami que la rétrocession est affranchie des lods, toutes les fois qu'il paraît que l'intention de l'acquéreur n'était pas d'acheter pour lui-même; on ne va pas plus loin, il ne faut pas de mandat antérieur, il n'est pas même nécessaire qu'il y ait lieu de le présumer. » D'ailleurs la loi ne le défend pas.—V. Vente. — D.A. 7. 170, n 20.

§ 3. — *Des résolutions de contrat et des rétrocessions de propriété ou d'usufruit d'immeubles.*

1558. —L'acte qui contient résolution d'un contrat translatif de propriété renferme virtuellement une nouvelle mutation, une rétrocession de la chose au profit du propriétaire originaire : il doit, par conséquent (sous des distinctions), donner ouverture à un second droit proportionnel.—D.A. 7. 180, n. 1.

1559.—Cette perception, comme on le voit, n'est pas déterminée par une dénomination expresse du tarif; les lois actuelles ne taxent nulle part les résolutions de contrat. C'est donc comme conséquence des principes du droit civil, et du caractère qu'ils attribuent à la résolution volontaire du contrat de vente que l'on est conduit à reconnaître l'exigibilité du droit proportionnel sur cette stipulation innommée.— Champ. et Rig, t. 1er, p. 247.

1560. — Toutefois, il est bon de se fixer sur les actes qui ne doivent pas être considérés comme d résolutions, et auxquels, par conséquent, on ne doit pas appliquer la doctrine bien ou mal fondée de la jurisprudence des arrêts sur cette sorte de stipulation.

1561.— Et d'abord, pour qu'il y ait résolution, il faut nécessairement qu'il existe un contrat à résoudre. Cela est incontestable et pourtant a donné lieu à des difficultés dans l'application (Champ. et Rig., t, 1er, p. 265). La régie avait en effet soutenu qu'il y avait au moins vente d'objets mobiliers.

Mais il a été décidé avec raison qu'un jugement correctionnel qui, sur une plainte en escroquerie, condamne le prévenu à restituer au plaignant divers objets mobiliers que celui-ci lui avait remis pour le compte d'un tiers dont il se disait mandataire, ou à en payer la valeur, ne donne point ouverture au droit proportionnel de 2 pour 100, comme constatant une vente mobilière *non établie par titre enregistré, quoique susceptible de l'être*, lorsque les termes mêmes de ce jugement excluent toute idée de mutation entre le propriétaire des marchandises et l'individu qui les a reçues à crédit pour le compte d'autrui (L. 22 frim. an 7, art. 69, § 2, n 9). — 9 mai 1822. Req. Enreg. C. Marlé-Machard. D.A. 7. 210. D.P 22. 1. 425.

1562. —Décidé aussi que le droit fixe de 2 fr. (L. 22 frim. art 68, § 1, n. 28) est seul exigible sur la renonciation pure et simple du créancier au transport que lui avait fait son débiteur pour supplément de garantie. Le droit de rétrocession, n'est

pas exigible, puisqu'il ne peut y avoir rétrocession que là où il y a eu antérieurement cession.—2 mars 1830. Délib. D.P. 33. 3. 26.

1563.—La résolution pure et simple d'un partage ne transmettant rien individuellement, ne donne lieu à aucun droit proportionnel (*Dict. de l'enreg.*, v° Résolution, n. 76.)

1564. — C'est également parce qu'il n'y a pas de contrat formé que les abstentions, répudiations et renonciations à successions, legs ou communautés non encore acceptées, ne sont assujetties qu'au droit fixé d'un franc par l'art 68, § 1er, n. , loi de frim. an 7 —Champ. et Rig., t. 1er, p. 266, n.

1565. — Mais elles doivent être pures et simples (art. précité); cette condition est essentielle; car si la renonciation avait lieu moyennant un prix, elle serait considérée comme *vente de droits successifs*; si elle était faite gratuitement, mais au profit de quelques uns seulement des co-héritiers, elle supposerait également une acceptation et donnerait ouverture au droit proportionnel (V. au reste l'article 9). — D.A. 7. 183, n. 13.

1566.— Par suite du même principe, la répudiation d'une donation *acceptée* opère une rétrocession au profit du donateur, et donne ouverture au droit proportionnel.

Si la donation n'a pas été acceptée, la répudiation qui en serait faite par le donataire ne donnerait lieu à aucun droit de mutation; on sent qu'il y a une grande différence entre cette hypothèse et celle du droit de retour, qui s'opère sans le concours de la volonté des parties, et par l'effet d'une clause de l'acte, ou par la seule disposition de la loi (V. art. 9).—D.A. 7. 183, n. 14.—Déc. conf.: 22 frim. an 11. Civ. c. Enreg. C. Despeyroux. D.A. 7. 198. D.P. 2. 30. 252 et 3. 1. 270

1567.— De même, la répudiation, acceptée par le donateur, d'une donation faite par contrat de mariage, strictement relative à des biens presens, et à la seule charge par le donataire, de payer les dettes existantes à l'époque du contrat, emporte rétrocession de propriété en faveur du donateur, et donne, par conséquent, lieu à la perception du droit proportionnel de 2 fr. 50 cent. par 100 fr., exigé par l'art 69, § 6, n. 2 de la loi de frim. an 7, pour les donations d'immeubles en ligne directe, et non au droit fixe de 1 fr., appliqué par le § 1er, n. 1 de l'art. 68, aux renonciations à succession, legs ou communauté. — 28 juill. 1806. Req. Guisquet. D.A. 7. 199. D.P. 6. 1. 515.

1568. — De même, il n'y a que les parties contractantes qui puissent effectuer la résolution de leur contrat; les conventions n'ayant d'effet qu'entre elles (1165 C. civ.), « il est nécessaire, disait aussi Hervé, t. 3, p. 17, que le désistement intervienne entre le vendeur et l'acheteur, ou entre leurs héritiers; car, il n'y a que les personnes mêmes qui ont contracté ou leurs héritiers, qui puissent se désister du contrat qu'elles ont passé. » — Champ., 1,266.

1569. — C'est pourquoi le droit proportionnel perçu sur la résolution d'un acte de vente non ratifié par l'acquéreur, non présent ni à la résolution, ni à l'époque du premier contrat, a été restitué, parce qu'il ne s'était jamais formé de contrat entre les vendeurs et l'acquéreur (Délib. 14 avril 1829).

1570.— En règle générale, toutes les fois qu'un contrat est susceptible d'être anéanti par l'exercice d'un droit appartenant à un tiers qui n'est ni l'héritier ni l'ayant-cause de l'une des parties, l'annihilation opère ou n'opère point une résolution, suivant qu'elle a lieu entre les parties primitivement contractantes ou entre l'une d'elles et ce tiers agissant de son chef. Dans le premier cas, il y a résolution, et la perception est proportionnelle ou fixe, suivant que la résolution est volontaire ou forcée.

Mais, dans le deuxième, il n'y a pas de résolution, parce qu'il n'y a jamais eu contrat.

Ainsi, lorsque le propriétaire d'une chose vendue par un autre sans pouvoir, rentre, par l'exercice de son droit de propriété, dans la possession de sa chose, il n'existe pas de résolution, parce qu'il n'y a jamais eu de contrat entre l'acquéreur et le propriétaire revendiquant —Champ. et Rig, t. p. 267.

1571.— Le droit proportionnel ne saurait donc jamais être perçu, lorsqu'un mineur, une femme mariée, ou un interdit rentrent dans la possession de leurs biens illégalement vendus. Ainsi décidé au sujet d'un jugement qui annulle une donation de la dot.— 15 avril 1834. Sol. D.P. 35. 3. 7.—V. n. 1648, 1656.

1572 — Relativement au mineur et à la femme, il faut distinguer : 1° le mineur consent-il ou fait-il prononcer l'annihilation du contrat par lui passé en minorité? Il y a résolution, parce que l'annihilation s'opère entre les parties contractantes.

2° Est-ce le tuteur qui a vendu sans formalité? il y a encore résolution par le même motif.

3° Le mineur se fait-il simplement restituer pour lésion ou autre cause, son tuteur ayant agi légalement? il y a également résolution, parce que le mineur a été représenté par son tuteur.

4° Enfin, le tuteur a-t-il excédé son pouvoir, et ses actes sont-ils annihilés du consentement du mineur? il n'y a point résolution, parce que le mineur n'a pas contracté ni par lui, ni par nul autre ayant pouvoir d'agir. — Champ., t. 1er, p. 268.

1573. — Jugé aussi qu'il n'est dû que le simple droit fixe sur le jugement qui prononce la résolution, pour cause de nullité, de la vente faite par un interdit, même avant son interdiction.— 4 nov. 1831. Délib. D.P. 32. 3. 130.

1574.— Il n'y a pas encore de résolution susceptible du droit proportionnel dans tous les cas où les ventes sont annihilées pour cause de stellionat, ou parce qu'elles ont eu lieu dans les dix jours précédant la faillite (C. comm. 444.— V. Arrêté du 31 déc. 1823. D.A. 7. 390). Les auteurs du *Dict. de l'enreg.* sont d'un avis contraire (v° Nullité, n. 22), — Également de celles annulées comme faites après la saisie d'un immeuble. — Des délaissemens par hypothèque.— Des résolutions par suite de réduction des donations pour parfaire la réserve des héritiers.— Pareillement des rapports faits aux termes de l'art. 843 C. c. (Délib. conf. du 16 sept. 1828. Control. 1674).—Seraient-ils même faits du vivant du père donateur qui opérerait un partage de présuccession (Délib. 23 fév. 1827; *Journ. de l'enreg.*, 8718, 1er mai 1827, *id* 8805), etc...— Champ. et Rig., t. 1er, p. 269 et suiv.

1575. — Au reste, s'il ne peut y avoir de résolution entre une partie contractante et un tiers, il peut y avoir mutation, lorsque, par exemple, l'annihilation est consentie sans cause de nullité légale, ou même si le rapport ou la réduction sont consentis alors que rien n'y donnait lieu. Ce sont autant de mutations déguisées sujettes au droit proportionnel.— Champ. et Rig., t. 1er, p. 273.

1576.— Du principe qu'il ne peut y avoir de résolution sans un contrat à résoudre, il résulte qu'il ne peut y avoir de résolution d'un contrat *nul de plein droit*. Car, celui-ci n'ayant donné l'existence à aucun contrat, le second ne peut pas contenir de résolution de contrat ou de clauses de contrat.

1577. — Et ceci n'est pas contraire à l'art 68, § 3, n. 7, qui parle des résolutions de contrats pour cause de *nullités radicales*.

Car, les nullités de plein droit qui, sans nul doute, sont aussi *radicales*, en diffèrent néanmoins en ce que celles-ci font seulement *supposer* que le contrat qu'elles infectent n'a jamais existé, tandis que, dans les premières, au contraire, l'inexistence du contrat est réelle. Elle précède toute convention ou tout jugement postérieur à l'acte nul.

1578.— Cette distinction, admise par Dalloz, t. 7, p. 183, n. 10, l'a été encore par la cour de cassation dans un arrêt du 13 vend. an 10, où il est dit que « les nullités radicales sont celles qui donnent lieu de *supposer* qu'il n'y a pas eu de contrat entre les parties, telles que l'erreur, le dol, la violence, l'incapacité des parties et autres semblables. »—Champ. et Rig., t. 1er, p. 273.

1579.— Cette distinction n'avait pas échappé aux anciens auteurs; ainsi, disait Boutaric, en parlant de l'inexigibilité du droit proportionnel de rétrocession, p. 200 : « Quoiqu'il y ait cette différence entre les ventes nulles de *plein droit* et celles qui sont *rescindées*, que dans les premières il n'y a jamais eu de contrat subsistant, ni de transport de domaine, au lieu que dans les secondes, le contrat a subsisté, et que la dominité a été transférée, l'effet est pourtant le même dans les unes et dans les autres, parce que la cassation attaque dans le principe et le contrat et la délivrance qui a été faite. » — Tiraqueau, *du Ret. convent.*, § 6, glos. 1, n. 5, professait la même doctrine.— Champ. et Rig., t. 1er, p. 274.

1580. — On doit donc distinguer les nullités de plein droit de celles susceptibles d'être prononcées par voie d'action, ces dernières seulement doivent être comprises sous la dénomination de nullités radicales dont s'est servi l'art 68, § 3, n. 7. Il en résulte que les actes et jugemens qui tiennent pour non avenu un acte entaché d'une nullité de la première espèce, ne sont pas atteints par la jurisprudence à laquelle l'application de l'art. 68, § 3, n. 7 a donné lieu, et qu'on peut, sans s'écarter de cette jurisprudence, les soumettre au droit fixe de 1 fr. comme actes innommés. — Champ. et Rig., t. 1er, p. 275.

1581.— La cour de cassation a été plus loin encore, car, par arrêté du 3 sept. 1806, elle a décidé qu'il n'y avait point de résolution passible d'un droit proportionnel lorsque le contrat résolu, quoique valable, d'après les principes du droit civil, n'avait pas été de nature à rendre exigible une perception proportionnelle (il s'agissait dans l'espèce d'une vente verbale, non suivie de tradition résiliée par écrit).— Champ. et Rig., t. 1er, p. 276.

1582.— Ceci posé, voyons quelles sont les résolutions passibles du droit proportionnel.

« Il y a deux sortes de résolutions, dit Fonmaur, n. 645 ; la résolution purement volontaire et la résolution forcée, soit que celle-ci soit faite d'autorité de justice, ou exécutée de gré à gré.

« La résolution volontaire est celle qui se fait par le consentement volontaire et spontané des parties. La résolution nécessaire est celle qui dérive du statut municipal ou de la loi. »

La doctrine des résolutions volontaires consistait dans une suite de déductions tirées de ce principe puisé dans la loi 1re *Dig. de Contra. empt.*; l. 2 et 48 *de Oblig. et act.*, que, « quoique la vente soit parfaite par l'engagement réciproque des parties, l'exécution en est pourtant nécessaire pour le transport de la propriété.

Delà, la distinction entre l'engagement des parties, et son exécution nécessaire pour sortir des termes d'un simple engagement ; car jusque là, disait-on, les choses sont entières.

Aussi il résultait de cette doctrine que la vente, considérée comme un contrat purement consensuel pouvait, par application du principe posé dans la L. 35 *Dig. de Reg. juris*, être résolue par la même voie et de la même manière qu'elle avait été formée, et le contrat était ainsi effacé et anéanti comme s'il n'avait jamais existé.— Fonmaur, n. 616 ; Domat, liv. 1er, t. 2, sect. 12, n. 14. C'est là ce qu'on appelait *le distrat*.

La conséquence de ces principes était que la vente ainsi annihilée, ne donnait pas ouverture au droit de mutation; aussi Fonmaur dit-il, n. 617, quoique le droit des lods soit acquis au seigneur par le fait du contrat, sans en attendre l'exécution, toutefois ce n'est qu'à raison d'une vente efficace, parce que son droit est résoluble comme la vente, dont les lods sont la suite et l'émolument. Si donc la vente est annulée par le consentement mutuel des parties, tandis que les choses sont encore entières, le droit du seigneur est anéanti, comme le contrat dont il en est l'accessoire. Tous les auteurs étaient unanimes à cet égard.

Quant à la résolution elle-même, il est manifeste qu'elle ne pouvait donner ouverture à de seconds droits ; car il ne pouvait y avoir de rétrocession là où il n'y avait pas eu de vente.—Champ., t. 1er, p. 278.

1583.—Mais si les choses avaient cessé d'être entières par l'exécution de la vente, de la part d'une partie seulement, il n'était plus possible de la réduire à rien ; par suite elle était irrévocablement soumise au droit de mutation.— Fonmaur, n. 621.

1584 — Mais relativement au droit de résolution, on décidait généralement; dans ce cas, que les parties avaient encore la faculté de discéder du contrat par voie de distrat, c'est-à-dire par la réintégration faite à la partie de ce qu'elle avait compté et déclaré, et ce distrat n'était pas une seconde vente, mais la résolution de la première, *per actum retrosimilem*, ce qui rendait inexigible le droit proportionnel de rétrocession — Fonmaur, n. 621 ; Dumoulin, Poth., v° Vente, n. 389; Henrion de Pansey, ancien Rép., v° Lods et ventes.

1585.—Mais si la vente était exécutée par toutes les parties, elle ne pouvait être dissoute que par une revente, et alors le droit de vente et celui de résolution étaient dus.

1586.—Enfin, la résolution de la vente exécutée pouvait avoir lieu par la voie du distrat, pourvu que ce fut dans un bref intervalle diversement fixé par les coutumes.— Champ. et Rig., t. 1er, p. 280.

1587.—C'est sous l'empire de ces principes que fut rédigée la loi de l'an 7, et l'on doit reconnaître qu'ils furent adoptés par le législateur de cette époque, car il est constant qu'il ne s'est occupé des résolutions que pour recueillir et consacrer les conséquences constatées par les auteurs.

Mais, depuis, notre code civil a repoussé la base fondamentale de ce système, en déclarant la vente parfaite par le seul consentement des parties. Il suit de là que l'harmonie a cessé d'exister sur ce point entre nos lois fiscales et notre droit commun.

1588.—Doit-on conclure de cette anomalie, qu'en

matière fiscale les principes supposés par les textes existans, sont les seuls à reconnaître et à suivre, dans tout ce qui concerne la matière des résolutions? Non; mais on doit, au contraire, décider qu'en matière fiscale, les textes n'exercent leur pouvoir que sur les cas expressément prévus, et qu'à l'égard de tous les autres on rentrera sous l'application du droit commun actuellement en vigueur.—Champ. Rig., t. 1er, p. 288.

1589.— Voici les cas divers sur lesquels la loi fiscale a consacré la doctrine des anciens auteurs sur les résolutions volontaires.

« Sont assujettis au droit fixe de 2 fr. les résiliemens purs et simples faits par actes authentiques dans les vingt-quatre heures des actes résiliés » (art. 43, n 20, l. du 28 avril 1816).

1590.—Cette disposition légale est une exception au droit commun; et elle est conséquemment limitative au cas prévu, mais peu importe que la résiliation ait pour cause un vice de l'acte ou un changement de volonté des parties.— Champ. et Rig., t. 1er, p. 290; D.A. 7. 185, n. 11.

1591.—Le délai de vingt-quatre heures s'entend de celles qui suivent la signature du contrat résilié. Ici on compte par heures et non par jours.

1592 — Si le contrat résilié ne porte pas l'heure à laquelle il a été signé, les parties auront, pour résilier, toute la journée du lendemain; car le bénéfice de la loi doit leur être acquis, tant qu'il est possible d'admettre que le délai n'est pas expiré.

1593.—La régie pourrait être admise à prouver que les vingt-quatre heures étaient expirées; mais la preuve devrait résulter d'actes écrits.—Champ. et Rig., t. 1er, p. 291.

1594.— On a cependant décidé que le droit fixe était seul exigible sur l'acte de résiliment d'un partage anticipé entre-vifs, fait après les vingt-quatre heures du contrat, mais lorsque l'un des co-partageans avait protesté dans ce délai contre le partage et par acte d'huissier, parce que l'effet de l'acte a été par là suspendu jusqu'au résiliment, qui étant une suite de la protestation, est censé avoir été fait dans le même délai (*Journ. de l'enreg.*, art. 1144).

Championnière, t. 1er, n. 292, est contraire à cette opinion, parce que les protestations ne suspendent l'effet des actes que lorsque la loi leur en donne le pouvoir.

1595.— Toutefois, il n'est pas nécessaire de notifier à l'administration l'acte de résiliment ni de le soumettre à la formalité dans les vingt-heures; le danger des antidates n'existe pas, car l'acte doit être authentique.

1596. — Mais le résiliment sous seing-privé aurait-il les mêmes effets s'il était présenté à l'enregistrement, ou acquérait de toute autre manière date certaine avant l'expiration des vingt-quatre heures? Oui, c'est la même raison que pour les déclarations de command. — Champ., t. 1er, p. 292; est d'avis contraire.—D.A. 7. 183, n. 11.

1597. — Mais il faut que le résiliment soit pur et simple, c'est-à-dire qu'il ne renferme aucun prix, aucune stipulation quelconque, en un mot, que les parties soient remises au même et semblable état qu'elles étaient avant la convention; autrement elles opéreraient ou un nouveau contrat ou une rétrocession de propriété, passible du droit proportionnel. — D.A. 7. 183, n. 11.

1598.— « Les auteurs, dit Henrion de Pansey, sur Dumoulin, p. 169, à la note, qui ont écrit sur cette jurisprudence, ajoutent : que pour donner lieu à l'exemption du second lod, il faut que la reprise du fonds soit exactement dans la forme d'une simple résolution, c'est-à-dire que moyennant cette reprise l'acquéreur reste quitte du prix et retrouve ce qu'il peut en avoir déjà payé; car si le vendeur exige quelque dédommagement pour la reprise de son fief, c'est plutôt alors une acquisition nouvelle qu'une résolution de la première. »

« Si le vendeur qui rentre, dit Guyot, ch. 12, n. 19, se réserve quelque chose, par exemple son hypothèque pour le restant de son dû, ou s'il rentre pour un moindre prix, et soit payé du surplus, ou se réserve son action pour le surplus, c'est une rétrocession à nouveau prix qui ouvre de seconds droits. »

Au reste, cette considération s'applique à toute espèce de résolution.

1599.—La résolution d'un bail, prononcée, en justice pour cause d'inexécution des clauses de l'acte, est sujette au droit proportionnel imposé à la rétrocession volontaire des baux. Il n'y a de dispense que pour la résolution volontaire qui est prononcée dans les vingt-quatre heures, ou pour celle qui est fondée sur une nullité radicale. — 14 août 1832. Req. Hoclet. D.P. 32. 1. 380.

1600.—Les actes refaits pour nullité ou autre motif ne sont également soumis qu'au droit fixe de 2 fr., lorsqu'ils ne renferment aucun changement qui ajoute aux objets des conventions ou à leur valeur (L. d'avril 1816, art. 43, n. 3). — D.A. 7. 183, n. 12.

1601.— L'acte qui maintient purement et simplement la donation devenue caduque pour cause de survenance d'enfans, n'est sujet à aucun nouveau droit proportionnel, si d'ailleurs le donateur n'est pas rentré en possession des objets donnés (Délib. 16 fév. 1827; *Dict. de l'enreg.*, v° Donation, n. 261).

1602. — L'existence d'une condition suspensive apposée à une convention empêche l'ouverture d'un nouveau droit sur la résolution du contrat, intervenue avant l'accomplissement de la condition. Il en était de même sous l'ancien droit.

Dumoulin, ainsi que le remarque Henrion, Analyse du *Traité des fiefs*, p. 167, à la note, disait : *Nulla penitùs laudimia debentur neque in principio, neque in fine, nec de contractu, nec de resolutione.*

« D'Argentré, ajoute Henrion, p. 170, et tous ceux qui ont écrit depuis, se sont conformés à la décision de notre auteur, au sujet des ventes faites sous condition suspensive. »

« Il est vrai, dit l'annotateur de Boutaric, *des Lods*, § 13, n. 5, qu'il n'est dû des lods ni pour la résolution, ni pour le contrat, *quand même le prix aurait déjà été payé* ; parce que le contrat de vente ne donne ouverture au droit de lods qu'autant qu'il doit opérer un changement de main à attendre, lorsque les parties ont résolu le contrat, la cause qui devait produire les lods est éteinte et anéantie. »— Champ. et Rig., t. 1er, p. 293.

1603. — Conformément à cette doctrine, il a été décidé que la résolution d'une adjudication consentie par un adjudicataire lui-même au profit du propriétaire, ne donne pas lieu au droit proportionnel, lorsque cette résolution n'a été faite que parce que l'adjudicataire n'a pas rempli les conditions contenues dans le cahier des charges, portant que faute par l'adjudicataire d'y satisfaire le propriétaire pourrait procéder à une nouvelle adjudication (Cass. 8 juill. 1822, Contrôl., art. 393).

1604. — Par les mêmes motifs, les résolutions de contrat de mariage avant la célébration ne donnent pas ouverture au droit proportionnel. Cette doctrine était suivie sous l'ancien droit.

« Les actes conventionnels, dit le *Dictionnaire des domaines*, v° Résiliment, qui annullent un contrat de mariage ou un don mutuel, sont des résilimens dont le droit de contrôle est dû sur le pied de l'art. 81 du tarif (droit fixe), parce que le contrat de mariage n'a pas d'exécution avant la célébration, et que le don manuel n'en a aucune que par la mort de l'un des conjoints. »

1605.— L'administration a adopté cette doctrine, ainsi qu'il apparaît de son instr. gén. du 7 juin 1808, n. 386, § 29, où il est dit que les droits doivent être restitués lorsqu'il est reconnu que la célébration n'a pas eu et n'aura pas lieu, et que la demande en restitution est formée en temps utile.

1606.— Mais il semble que la régie ne devrait pas même percevoir le droit proportionnel avant la célébration du mariage, condition suspensive dont l'accomplissement seul peut rendre ce droit exigible. Il a cependant été décidé le contraire par solution du 8 septembre 1832.— D.P. 33. 3. 3.

1607. — Mais ce qui est critiquable surtout, c'est l'interprétation donnée à cette instruction. La régie a été jusqu'à décider que les droits perçus sur une donation par contrat de mariage ne sont pas restituables, alors même qu'un jugement ordonne que la dot sera remboursée, et qu'un certificat du maire atteste que le mariage n'a pas été célébré : un tel jugement ne remplace pas l'acte formel de résiliment (V. *Rev. du not.*, *loc. cit.*). Cette prétention est excessive; car comment cet acte pourra-t-il être produit si l'un des époux est décédé ou refuse de l'accorder? Un acte équivalent doit donc suffire, pourvu qu'il établisse raisonnablement la preuve de la non célébration.— D.P. *eod.*, note 3.

1608. — Doctrine bien plus étrange! le *Journal de l'enregistrement*, art 10419, déclare que le droit perçu ne sera pas restituable si le résiliment n'intervient que deux ans après l'enregistrement du contrat de mariage (*Ibid.*). Il en résulterait que l'action en restitution se trouverait souvent prescrite avant que les parties aient eu le droit de l'intenter, ce qui est absurde, même selon la loi fiscale. — *Ibid.*, note 3.

1609. — On a aussi décidé que la déclaration par l'un des futurs, sans le concours de l'autre, qu'un mariage projeté n'aura pas lieu, ne suffit pas pour rendre restituables les droits perçus sur le contrat. — D.P. *eod.*

1610. — Au reste, c'est le droit fixe de 1 fr. qui doit être perçu sur le résiliment de contrats de mariage qui ont lieu après les vingt-quatre heures, comme acte innommé; car il n'y a que les résolutions opérées dans ce court intervalle qui, suivant l'art. 43, n. 20 de la loi de 1816, soient soumises au droit fixe de 2 fr.— Champ. et Rig., t. 1er, p. 296.

1611.— La même doctrine est applicable aux ventes d'office. Du moins, sous l'ancienne législation, on décidait de la même manière pour la résolution d'un traité d'office, et de la procuration, *ad resignandum*, donnée par le titulaire; le traité est soumis à la condition suspensive de l'approbation royale. « Ce sont les provisions, dit le *Dictionnaire des domaines*, *loc. cit.*, qui confèrent le titre et qui attribuent la propriété de l'office. Jusque là, le vendeur peut conserver son office, en exerçant le regrès; ainsi, le résiliment annulle entièrement une convention qui n'avait pas transféré la propriété. » — Champ. et Rig., t. 1er, p. 294.

1612.— La régie n'adopte toutefois cette doctrine qu'en distinguant le cas où la résiliation est judiciaire de celui où elle est purement volontaire de la part des parties.

Dans le premier cas, elle ordonne la restitution du droit perçu sur la cession annulée par un jugement intervenu avant la décision du gouvernement (Solut. 13 déc. 1833, 11 fév. 1832).— D.P. 34. 3. 47; *Rev. du not.*, 1834, p. 562, 175.

1613.— Il en serait autrement si le droit avait été perçu sur l'ordonnance de nomination; elle percevrait alors un droit de rétrocession (*Ibid.*, note 3.— *Contrà*, Roll. de Vill., *Jurispr. du not.*, art. 2316).

1614.—On a décidé aussi que la résiliation volontaire de la cession d'un office (de notaire), non seulement n'autorise pas la restitution du droit perçu sur la cession, mais encore donne lieu au droit proportionnel de rétrocession, encore bien qu'elle ait eu lieu par suite de l'insertion, dans l'acte, de clauses qui s'opposaient à ce que le procureur-général donnât un avis favorable, lorsque d'ailleurs le candidat n'a pas été refusé par le gouvernement. — 26 mai 1832. Solut. D.P. 32. 3. 136.

1615.—Egalement, lorsque le traité, n'ayant pas été exécuté par l'acquéreur d'un office (de notaire), le vendeur a été obligé de le faire résilier par un jugement, il y a lieu de percevoir le droit proportionnel de rétrocession. — 11 fév. 1832. Solut. C... D.P. 32. 3. 136.

1616. — Ces règles s'appliquent à la résolution elle-même, lorsqu'elle est prononcée sous une condition qui en suspend l'effet. Et c'est la doctrine admise par la cour de cassation qui a jugé que la résolution d'une vente prononcée par jugement, mais sous la condition expresse que le vendeur remboursera à l'acquéreur, dans un délai déterminé, ce qu'il a reçu du prix, ainsi que les frais et loyaux coûts du contrat, n'est point une résolution pure et simple qui donne immédiatement lieu à la perception du droit proportionnel de mutation; la mutation ne s'opère réellement qu'au moment de l'accomplissement de la condition, et jusque là la régie est non-recevable à exiger le droit. — 27 mai 1823. Civ. r. Montpellier. Enreg. C. Vidal. D.A. 7. 195. D.P. 2. 28, et 23. 1. 359.

1317. — Ceci est conforme à ce qui est dit art. 2, sur les conditions suspensives. On conçoit, au reste, que lorsque la condition s'accomplit, la mutation ayant lieu, le droit devient exigible, et si l'administration a perçu provisoirement, mode irrégulier, mais qu'elle se permet (V. *Dict. de l'enreg.*, v° Acte judiciaire, p. 121, n. 13), il y a lieu à restitution (Délib. 18 oct. 1820; *Journ. de l'enreg.*, 6810).— Champ. et Rig., t. 1er, p. 297.

1618.—Il y a également lieu à restitution partielle du droit de mutation perçu sur un jugement d'envoi en possession facultatif, lorsque le détenteur d'une partie des immeubles, conformément à l'option qui lui en avait été laissée par le jugement, s'est libéré dans le délai donné pour faire cette option, de la partie du prix qui lui compétait, ou qu'il a promis de payer (Déc. min. des fin. 5 nov. 1819; *Dict. de l'enreg.*, v° Acte judiciaire, n. 12).

1619.—La restitution à laquelle l'administration est obligé de consentir est une preuve que le droit n'est pas alors régulièrement perçu. — Champ. et Rig., t. 1er, p. 297.

1620. — Le jugement qui prononce la résolution faute par l'acquéreur, de justifier du paiement inté-

gral, est aussi soumis à une condition suspensive, s'il est par défaut ; il est de la nature de cette condamnation de comporter la condition, si l'acquéreur n'en justifie pas dans le délai de l'opposition. —Cham. et Rig., t. 1er, p. 298.

1621. — Et, suivant ce principe, il a été décidé qu'un jugement qui ne déclare une vente résiliée qu'à défaut par l'acheteur de justifier du paiement des arrérages de rentes qui avaient été mis à sa charge, et à raison desquels le vendeur se trouvait poursuivi, doit être réputé non avenu et comme n'opérant aucune mutation, si l'acheteur satisfait au prononcé du jugement, et continue à rester en possession de l'immeuble. — 22 août 1815. Civ. r. Enreg. C. Gaudin. D.A. 7. 194. D.P. 15. 1. 602.

Le délai pour opérer le paiement ne court que du jour de la signification du jugement par défaut; de telle sorte que s'il n'est pas signifié dans les six mois, comme il est non avenu (art. 156 C pr. c.), la résolution ne peut avoir lieu, et le droit de rétrocession n'est plus exigible — Champ. et Rig. t. 1er, p. 299.

1622.—De même, la résolution d'une vente prononcée par jugement, mais sous la condition expresse que le vendeur remboursera à l'acquéreur, dans un délai déterminé, ce qu'il a reçu du prix, ainsi que les frais et loyaux coûts du contrat, n'est point une résolution pure et simple, qui donne immédiatement lieu à la perception du droit proportionnel de mutation. La mutation ne s'opère réellement qu'au moment de l'accomplissement de la condition, et jusque là la régie est non-recevable à exiger le droit.—27 mai 1823. Civ. r. Montpellier. Enreg. C Vidal. D.A. 7. 193. D.P. 2. 28, et 23. 1. 359.

1623.—Si le vendeur au profit duquel le jugement soumis à la condition suspensive a été rendu, se désiste de son bénéfice dans le délai accordé à l'acquéreur pour payer ou pour justifier du paiement, le jugement demeure soumis au droit fixe, car il est certain désormais que la mutation ne s'accomplira point.

1624.—Aussi, a-t-on décidé que le droit était restituable, quoique *l'acquéreur ne se fût pas libéré*, si, d'ailleurs, il avait souscrit une obligation en paiement dans le délai qui lui avait été accordé. En acceptant des billets, le vendeur n'est pas payé, à moins que les parties ne déclarent faire novation, mais il se départ de la disposition du jugement, et consent à ce qu'il ne soit pas exécuté (Déc. 5 nov. 1819; solut. 6 nov. 1829; *Dict. de l'enreg.*, v° Résolution, n. 64). — Champ. et Rig., t. 1er, p. 299.

1625.—Avant de terminer la matière de la résolution volontaire, il est utile de voir l'effet de cette résolution sur les droits à perçevoir à raison des actes résiliés.

Si le contrat résilié était soumis à une condition suspensive, le droit du contrat n'est pas dû, encore que depuis la résolution la condition vienne à s'accomplir. L'arrêt du 18 juill 1822 ci-dessus l'a reconnu, et l'administration elle-même se soumet à cette règle, puisqu'elle restitue constamment les droits perçus sur les contrats de mariage non célébrés (V. *suprà*.)— Champ. et Rig., t. 1er, p. 300.

1626. — L'affranchissement du droit proportionnel doit également avoir lieu au profit des actes résiliés dans les vingt-quatre heures ; car, pendant tout ce délai, les choses sont entières, et les contractans se peuvent départir et effacer ainsi entièrement le premier contrat sans en former un nouveau. Le *Dict de l'enreg.*, v° Mutation, n. 61, enseigne néanmoins le contraire.—Champ. et Rig., t. 1er, p. 300.

1627.—Cette dernière opinion semblerait avoir été rejetée par la cour suprême, qui a décidé que la déclaration judiciaire d'un individu, qu'une vente lui avait été consentie sous une condition qui ne s'étant pas accomplie en a amené la résiliation dans les vingt-quatre heures, du commun accord des parties qui ont batonné l'acte et biffé les signatures, a suffi seule, si la résiliation n'a pas été établie, pour légitimer la condamnation du déclarant ou acquéreur au paiement du droit dû pour vente immobilière. — 5 août 1828. Req. Gardère. D P. 28. 1. 371.

1628.— On remarquera toutefois que la cour n'a admis la perception, que parce qu'il n'était pas prouvé que la résiliation avait eu lieu dans les vingt-quatre heures.

1629 — L'annulation d'un contrat de vente d'immeubles, pour cause de nullité radicale, ne fait point obstacle à la perception du droit de mutation sur l'acte annulé, lorsque d'ailleurs la contrainte est antérieure au jugement portant annulation du contrat.— L'avis du conseil d'état, du 12 oct. 1808, qui ordonne la restitution du droit perçu sur une adjudication faite en justice, lorsqu'elle est annulée par les voies légales, doit être sévèrement restreint au cas nominativement désigné.—12 fév. 1822. Civ. c. Enreg. C. Sanson. D.A. 7. 193. D.P. 22. 1. 402.

1630 — La résolution nécessaire est celle qui dérive de la loi ; il y en a de deux sortes, celle qui se fait par voie d'annihilation pour cause de nullité radicale, et celle qui a lieu par voie de résolution proprement dite, et par l'effet d'une condition résolutoire.

1631.—Sous l'ancien droit, la résolution qui avait lieu pour nullité radicale, non seulement n'était pas passible du droit de mutation, mais encore rendait restituable le droit perçu sur le contrat résolu, par la raison que la découverte du vice radical fait disparaître la vente qui n'existait qu'en apparence, et avec elle les droits qui en étaient la suite.

1632.— L'art 68, § 3, n. 7 de la loi de frim. an 7 assujettit également au droit fixe « les jugemens portant résolution de contrats ou de clauses de contrats pour cause de nullité radicale. » Mais, comme elle ne parle pas des résolutions consenties par acte, et que d'un autre côté elle ne détermine pas ce qu'elle entend par nullité radicale, il faut examiner si l'affranchissement du droit proportionnel ne s'applique qu'aux jugemens prononçant résolution, et, en second lieu, qu'est-ce qui constitue la *nullité radicale*.— Champ. et Rig., t. 1er, p. 302.

1633. — L'art 6 de la déclaration du 20 mars 1708 assujettissait au centième denier « *les résolutions volontaires* de ventes, et généralement tous actes translatifs et rétrocessifs de biens-immeubles.»

1634. — L'administration de la ferme, au lieu d'entendre le mot *volontaire* dans son sens naturel, c'est-à-dire la résolution faite, *nullo jure cogente*, l'interprétait de manière à ranger dans les résolutions volontaires toutes celles qui n'étaient pas prononcées par jugemens, et même encore se refusait-elle à classer, dans les résolutions forcées, celles qui s'opéraient par actes civils ou extra-judiciaires et par jugemens d'expédient ou par défaut.

1635. — Le conseil des finances rejetait cette interprétation, ainsi qu'on peut le voir par les décisions rapportées dans le *Dict. des domaines*. La pratique l'admettait donc seule.— Champ. et Rig., t. 1er, p. 304.

1636.— L'administration a recueilli la doctrine de la ferme; elle considère l'art. 68 précité, qui n'affranchit *textuellement* du droit proportionnel que les résolutions prononcées par *jugemens*, comme une disposition exceptionnelle qu'on ne peut étendre à toute autre résolution, et la cour suprême a, par une jurisprudence constante, consacré cette doctrine, au point de déclarer que ni la résolution consentie en conciliation devant le juge de paix, ni celle contenue dans un jugement d'expédient d'un tribunal civil, ne peuvent jouir de la faveur du droit fixe, parce que, soit le juge de paix, soit le tribunal civil lui-même, n'exercent alors qu'un rôle purement passif, et ne font que constater une convention.—V. D.A. 7. 181, n. 3.

1637.— Et il a été décidé, en effet, que la résiliation d'un contrat de vente consentie devant le juge de paix, siégeant comme conciliateur, ne peut être autre chose qu'une résolution volontaire, qui donne toujours lieu à l'application du droit proportionnel, et ne peut être assimilée à une annulation de contrat prononcée par les tribunaux ordinaires pour vice radical (L. 22 frim. an 7, art. 68, § 3, n. 7).— 1er frim. an 9. Civ. c. Enreg. C. Miquelis. D.A. 7. 185. D P. 3. 1. 298.—19 germ. an 13. Civ. c. Enreg. C. Dejon. D.A. 7. 185. D.P. 2. 27.

1638. — Décidé encore que les jugemens portant résolution de contrat ne sont passibles du simple droit fixe qu'autant que la résolution est prononcée sur contestation entre parties, et pour *nullité radicale*.—16 prair. an 13. Civ. c. Enreg. C. Thiennes. D A. 7. 186. D.P. 2. 28.— 5 germ. an 13 Civ. c. Enreg. C. Michaud. D.A. 7. 188. D.P. 5. 2. 104.

1639.— Le jugement qui homologue une transaction intervenue entre les parties, qui laisse au contrat tous ses effets pour le passé, et ne fait rentrer l'immeuble dans les mains du propriétaire originaire que sous la condition que l'acquéreur gardera tous les fruits perçus jusqu'à la résolution, demeure assujetti au droit proportionnel, comme sanctionnant une rétrocession volontaire de propriété (art. 69, § 7, n. 1).— 16 prair an 13. Civ. c. Enreg. C. Thiennes. D.A. 7. 186 D.P. 2. 28.

1640.— Le jugement d'expédient qui contient rétrocession d'immeubles de la part de l'acquéreur à son vendeur originaire, lorsqu'il a reçu son exécution, au moins pour une partie des biens dont le rétrocessionnaire a été mis en possession, est soumis à l'enregistrement dans les vingt jours de sa date, nonobstant que les parties soient convenues de passer acte public de cette rétrocession (art. 7 et 20).— 9 oct. 1809. Civ. c. Enreg. C. Secchi. D.A. 7. 201. — Arr. cont. Civ. r. 8 avril 1811. S. 12. 1. 279.

1641.— L'acte de partage entre deux co-héritiers, après la résiliation volontaire, pour cause de lésion, d'un premier acte contenant vente par l'un des co-héritiers à l'autre de ses droits successifs, ne peut être considéré que comme une rétrocession au profit du vendeur de sa portion héréditaire, laquelle donne lieu au droit proportionnel, si d'ailleurs la rescision du premier contrat n'a pas été prononcée par jugement.— 10 oct. 1810. Civ. c. Enreg. C. St.-Blancard. D.A. 7. 266. D P. 10. 1. 475.

1642.— Pareillement, l'art 68, § 3, n. 7, qui exempte du droit proportionnel les *jugemens* portant annulation de contrat pour cause de *nullité radicale*, n'est point applicable au cas d'annulation volontaire, lors même qu'elle aurait également pour cause un vice substantiel de l'acte. — La résolution du contrat primitif doit, dans ce cas, être considérée comme une retrocession qui donne lieu au droit proportionnel. — 21 mars 1820. Civ. c. Enreg. C. Carrie. D.A. 7. 188. D.P. 20. 1. 403.

1643 — Egalement, le jugement qui prononce la rescision d'une vente pour cause de lésion des sept douzièmes, est passible du droit de rétrocession de 5 1/2 pour 100, alors surtout qu'il est constant, en fait, que ce jugement a été rendu du consentement de toutes les parties.— 11 nov. 1833. Civ. c. Enreg. C. Cuenot. D.P. 34. 1. 12 —Même décision à l'égard d'un jugement qui, d'après l'aveu des parties, a reconnu qu'il n'y a pas eu de prix légalement stipulé. — D.P. 35. 1. 21.

1644. — Décidé encore que le jugement ou l'acte par lequel le détenteur d'un immeuble dotal, actionné par la femme normande non remplie de la valeur de cet immeuble sur les biens de son mari, est condamné ou consent à le lui délaisser, ne peut être considéré comme un acte ou un jugement portant résolution de contrat pour cause *de nullité radicale*, et soumis, par conséquent, au simple droit fixe de 3 fr. Un tel acte ou jugement est l'effet d'une cause purement résolutoire qui le rend passible du droit proportionnel. — 10 mars 1823. Civ. c. Enreg. C. Leverrier. D.A 7. 192. D.P. 23. 1. 168.

1645.—Mais cette jurisprudence est repoussée par les tribunaux et vivement combattue par les auteurs.

Ainsi, Dalloz, après avoir reconnu que le texte de l'art. 68 ci-dessus semble prêter quelque appui aux nombreux arrêts qui viennent d'être rapportés, ajoute :

Il y a pourtant quelque bisarrerie, pour ne rien dire de plus, a soumettre au droit proportionnel la résolution convenue entre les parties, lorsqu'elle se rattache à un vice radical de l'acte, tandis que le jugement qui la prononce, *après contestation*, en demeure affranchi. C'est dire aux parties : plaidez, employez toutes vos ressources pour faire triompher la mauvaise foi; or, cela est immoral. Il nous semble donc que les plus graves motifs demandent que l'on force un peu les termes de l'art. 68, paragraphe 3, n. 7, pour décider que l'intention du législateur ayant été d'assujettir au simple droit fixe les résolutions de contrat pour *nullité radicale*, quelque soit l'acte qui les constate, le mot jugement dont il s'est servi n'a été employé par lui que *exempli gratiâ* et *non limitandi causâ*. Au moins il faut permettre aux parties de passer des jugemens d'accord afin de se conformer à la lettre de la loi, sous réserve à la régie de réclamer le droit proportionnel, si la résolution n'a pas eu lieu pour *nullité radicale*.— D.A. 7. 181, n 3. — V. Toullier, t. 7, n. 541 et suiv, sur l'arr. du 5 germ. an 13, cité déjà plus haut.

1646. — Championnière et Rigaud, t. 1er, p. 315, s'attachant à démontrer, contrairement à la jurisprudence de la cour suprême, que ce n'est pas par exception ou exemption que les jugemens portant résolution pour cause de nullité radicale, sont soumis au droit fixe, mais bien par application d'une régle générale commune a toutes especes d'actes civils ou judiciaires, disent : « sous l'ancien droit, comme aujourd'hui, l'annulation d'un acte pour vice radical ne donnait pas ouverture aux droits de mutation. suivant le principe qui déclare que l'annulation pour vice inhérent efface le contrat et suppose qu'il n'a jamais existé. Or, le même principe existe aujourd'hui, et il doit produire les mêmes résultats; la conséquence nécessaire est qu'une annihilation pour vice de cette espèce est incapable de produire une rétrocession, et le caractère du jugement qui la prononce ne peut rien avoir de translatif. » La cour de cassation a donc commis une double erreur : 1° en supposant que les jugemens dont il s'agit sont des rétrocessions généralement tarifées par l'art. 69, § 7, n. 1; 2° en qualifiant en

conséquence d'*exception* la disposition de l'art. 68, § 3, n. 7, qui les assujettit au droit fixe. Au contraire, les jugemens de cette espèce sont des actes qui ne contiennent aucune transmission de propriété, d'usufruit ou de jouissance. Ils ont donc été taxés au droit fixe de la même manière et par la même considération que les jugemens portant acquiescement, affirmation, appel, conversion, etc..., compris au même numéro du même article.

« La disposition de l'art. 68, § 3, n. 7 n'est donc ni une exception ni une exemption; c'est au contraire l'application de deux règles générales; l'une tirée du droit civil qui veut que toute nullité radicale efface le contrat dès son origine, l'autre appartenant au droit fiscal, suivant lequel toute disposition qui n'est pas translative n'est passible que du droit fixe (art. 3 de la loi de frimaire). Ces deux règles sont loin d'être particulières aux jugemens; à l'égard de la première, c'est la nullité de son existence reconnue qui vicie le contrat et l'efface. Le jugement ne fait que la reconnaître pour la partie qui s'y refuse; à l'égard de la seconde, elle comprend expressément tous actes, soit civils, soit judiciaires. L'une et l'autre atteignent donc également les annihilations qui se font par des actes : c'est une question de fond et non de forme. »

1647. — Au reste, il est utile d'ajouter qu'indépendamment des nombreux arrêts déjà cités et qui forment la jurisprudence de la cour régulatrice, il en est quelques autres qui tendraient à faire croire que la cour a vacillé dans son principe.

1648. — C'est ainsi qu'elle a décidé n'y avoir pas lieu au droit proportionnel de rétrocession, lorsque la vente est résolue, pour nullité radicale, comme serait l'inobservation des formalités prescrites pour l'aliénation des biens des mineurs, encore bien que cette nullité ne soit pas textuellement prononcée contre l'acquéreur dépossédé, si elle l'est toutefois contre un individu, dont le titre est semblable au sien, et que cet acquéreur ne consente à la résiliation du contrat que pour éviter un procès dont l'issue n'est pas douteuse.— Teste-Lebeau, v° Résiliation, n. 1.

1649. — De même encore, le jugement qui prononce purement et simplement la résiliation d'un contrat de vente sur le consentement réciproque des parties, sans qu'il apparaisse qu'aucune des causes de résiliation alléguées contre ce contrat pour *nullité radicale*, ait été vérifiée par les juges, doit être considéré, vis-à-vis du fisc, comme une rétrocession volontaire soumise au droit proportionnel, encore bienqu'il soit constant, en fait, que la résiliation n'a été consentie par l'acquéreur qu'après avoir long-temps défendu à l'action en nullité. — 24 avril 1822. Civ. c. Enreg. C. Raffoux. D.A. 7. 189. D.P. 22. 1. 438.

Cet arrêt se rapproche, ce semble, des véritables principes, car il suppose que si les juges avaient vérifié les causes de nullité articulées par les parties, le droit proportionnel ne serait pas exigible. Or, si la cause de résiliation consentie par les parties, peut être vérifiée utilement avant le jugement, on ne voit pas pourquoi elle ne pourrait plus l'être après qu'il a été rendu, et comment une résolution véritablement forcée et déclarée telle par les parties, cesserait de l'être et deviendrait volontaire, uniquement parce que les juges ont omis d'en vérifier la nature. — Champ. et Rig., t. 1er, p. 323.

1650. — La doctrine ci-dessus a été encore appliquée sous un autre rapport. A l'aide d'une interprétation judaïque des termes de l'art. 68, § 3, n. 7, la cour de cassation a pensé que les jugemens des tribunaux de commerce et d'arbitrage, portant résolution de contrats *pour nullité radicale*, ne sont pas affranchis du droit proportionnel, parce que l'exemption n'a été nominativement introduite que pour les tribunaux civils; mais cette décision s'écarte de l'esprit de la loi, car on n'aperçoit aucun motif de cette distinction. — D.A. 7. 180, n. 2.

1651. — Le droit fixe de 3 francs, auquel la loi du 22 frim. an 7 soumet les jugemens des tribunaux civils, prononçant la résolution des contrats pour cause de nullité radicale, ne s'étend point aux sentences arbitrales. — 1er déc. 1811. Civ. c. Enreg. C. Nano. D.P. 12. 1. 179. — 17 déc. 1811. Civ. c. Enreg. C Nano. D.A. 7. 184. D.P. 12 1. 193.—V. aussi l'arrêt ci-dessus, du 1er frim. an 9, touchant les justices de paix.

1652. — L'administration, il est vrai, ne prend point cet arrêt pour règle, et suit une décision ministérielle du 22 nov. 1808, d'après laquelle on doit ranger dans la classe des tribunaux civils tous ceux qui connaissent des matières purement civiles, par conséquent les tribunaux d'arbitrage (*Dict. de l'eng.*, v° Résolution, n. 18). — Champ. et Rig., t. 1er, p. 323.

1653 — Avant d'examiner ce qu'entend l'art. 68, § 3 précité par *nullités radicales*, il faut rappeler ce qui a été dit touchant les nullités de plein droit. (Voyez plus haut comme on explique la différence existante entre celles-ci et les nullités radicales.

1654. — On ne doit regarder comme nullités radicales que celles qui affectent l'acte dans son essence, qui l'empêchent d'exister : tel serait la vente faite sans prix, le contrat entaché d'erreur, de dol ou de violence, ou encore s'il n'est pas signé de toutes les parties, lorsqu'il renferme des conventions réciproques. — D.A. 7. 181, n. 4.

Telle est aussi l'opinion de Champ. et Rig., t. 1er, p. 326. La cour de cassation l'a elle-même consacrée par son arrêt du 13 vend. an 10, où il est dit que l'on doit entendre, sous la dénomination de nullités radicales, celles qui donnent lieu de supposer qu'il n'y a pas eu de contrat entre les parties, *telles que l'erreur, le dol, la violence, l'incapacité et autres semblables* — V. *suprà*.

1655. — Cet arrêt contrarie ouvertement la doctrine des auteurs du *Dictionnaire de l'enregistrement*, qui, v° Nullité, § 3, après avoir distingué les nullités en absolues (celle, par exemple, *attachée à une convention illicite*) et en relatives (celle où l'ordre public n'est pas intéressé, telle la vente par un mineur), ajoutent, lorsqu'ils veulent appliquer leur doctrine aux dispositions de l'art. 68. « Le législateur a exigé une cause de *nullité radicale*, c'est-à-dire *absolue*, un vice, un défaut, tel que le juge ne puisse maintenir la convention; qu'il soit contraint par les termes de la loi d'en prononcer la nullité; car, si la nullité *n'est que relative*, si elle n'est pas la conséquence d'une infraction positive à la loi, si le juge pouvait, selon les circonstances accessoires, maintenir ou annuler la convention, la résolution du contrat opérerait de nouveaux droits proportionnels »... On l'a vu, la cour de cassation, au contraire, n'indique comme exemple de nullités radicales que des nullités relatives.

1656. — Toutefois, il a été décidé, contrairement à l'arrêt de vend. an 10, que la nullité résultant de la minorité de l'une des parties, n'est point une nullité radicale, *mais seulement une cause de rescision du contrat*. — 5 germ. an 13. Civ. c. Enreg. C. Michaud. D.A. 7. 188. D.P. 5. 2. 104.

1657. — Mais le jugement qui résilie un contrat pour déficit d'une moitié dans la mesure des biens vendus, n'est passible que du droit fixe (Cass. arr. 8 avril 1811 — *Contrà*, *Dict. de l'enreg.*). — Champ. et Rig., *Dict. de l'enreg.*, v° Résolution, n. 55; Champ. et Rig., t. 1er, p. 328 à 369.

1658. — Mais la lésion que pourrait contenir le contrat n'en est pas un vice substantiel; elle ne tient à l'acte, en quelque sorte, qu'extérieurement, et elle ne saurait, si la resiliation est prononcée, faire jouir l'acte de résolution de l'exemption du droit proportionnel.

1659. — Il en est de même de la simulation, lorsqu'elle n'a pas pour objet une fraude à la loi; elle n'est qu'une cause encore plus éloignée de résolution; mais si elle devait couvrir un contrat prohibé, elle formerait évidemment une nullité substantielle, puisque l'annulation de l'acte serait encore plus dans l'intérêt de l'ordre public que dans celui de la partie lésée dans ses droits. La jurisprudence de la cour de cassation a consacré cette doctrine. — D.A. 7. 181, n. 4.

1660. — Ainsi, elle a décidé qu'un acte sous seing-privé, portant qu'une vente faite par acte public est feinte et simulée, ne saurait détruire la foi due à un acte authentique. Ainsi, il ne doit pas être considéré comme une simple déclaration sujette au droit fixe, mais bien comme opérant une rétrocession au profit du vendeur, laquelle le rend passible du droit proportionnel établi sur les ventes. — 7 août 1807. Sect réun. c int. de la loi. Gay. D.A. 7. 199. D.P. 2. 30. — V. D.P. 35. 1. 21.

1661. — Bien plus, lors même que cette contre-lettre serait nulle, soit parce qu'elle n'aurait point été signée par le vendeur, soit pour tout autre motif, la rétrocession n'en aurait pas moins tout son effet, par l'intention de ce dernier de s'en prévaloir, si c'était lui-même qui l'eût présentée à l'enregistrement. — Même arrêt.

1662. — Egalement, l'annulation prononcé par jugement d'une contre-lettre portant augmentation de prix de vente, ne dispense pas du paiement des droits qu'on a voulu frauder, et de l'amende prononcée par l'art. 40 de la loi du 22 frim. an 7, si la

signature n'en a point été déniée, d'autant que l'annulation n'ayant été prononcée qu'après la contrainte décernée, cette contre-lettre n'a pu faire le fondement d'une instance sans être préalablement enregistrée, et que le droit, s'il eût été perçu, n'aurait pas été restituable, aux termes de l'art. 60, quels que fussent les événemens ultérieurs. — 12 nov. 1811. Civ. c. Enreg. C. Rigordy. D.A. 7. 192. D.P. 2. 28.

1663. — Pareillement, le jugement qui annulle une vente comme étant simulée et non sérieuse, opère une rétrocession réelle, qui le rend passible du droit proportionnel d'enregistrement, et non du droit fixe de 3 fr. perçu sur ceux qui opèrent la résolution d'un acte entaché d'une nullité radicale. — 5 déc. 1810. Civ. c. Enreg. Devalois. D.P. 11. 1. 23.

1664. — Jugé de même que la déclaration faite par un acquéreur que la vente qui lui a été consentie n'était que simulée, et qu'elle avait pour objet de faire passer les biens de son vendeur sur la tête d'un de ses fils, au préjudice des autres, forme, aux yeux de la loi fiscale, une présomption suffisante de rétrocession de propriété, qui donne lieu à un second droit proportionnel, la simulation n'étant point un vice radical de la première vente, dès que les parties pouvaient la laisser subsister (L. 22 frim. an 7, art. 12, 68 § 3, n. 7). — 1er mars 1815. Civ. c. Enreg. C. Reynes. D.A. 7. 189.

1665. — Jugé encore que la simulation n'est, à l'égard des tiers, une cause de nullité radicale des actes qu'autant qu'elle contient une fraude à la loi. Ainsi, lorsque le vendeur d'un immeuble a continué d'être inscrit sur le rôle foncier comme propriétaire de cet immeuble, et en a acquitté l'impôt, il ne peut échapper au paiement du droit résultant de cette rétrocession présumée, sous prétexte qu'un jugement, postérieur à la contrainte décernée par la regie, aurait, sur les déclarations et le consentement des parties, annulé la vente comme simulée. — 13 mai 1822. Civ. c. Enreg. C. Andréa. D.A. 7. 191. D.P. 2. 28.

1666. — Ainsi, l'annulation d'un contrat de vente pour cause de simulation, lorsque cette simulation n'a pas pour but d'éluder une incapacité établie par la loi, ni de donner une couleur légale à un acte prohibé, est soumise au droit proportionnel d'enregistrement comme toute autre résolution de contrat qui n'est point déterminée par un *vice radical*, lors surtout que cette annulation est prononcée par un jugement arbitral, qui n'étant jamais opposable aux tiers, ne doit être considéré, par rapport à la régie, que comme l'instrument d'une rétrocession volontaire (C. pr. 1022). — 23 août 1813. Civ. c. Enreg. C. Devalois. D.A. 7. 190.

1667. — Comme aussi, la résolution prononcée pour lésion ne peut jamais exempter du paiement du droit proportionnel, parce que la lésion est un simple moyen de rescision, et non une une cause de nullité. — 17 déc. 1811. Civ. c. Enreg. C. Nano. D.A 7. 184. D.P. 12. 1. 179 et 193. — 1er déc. 1811. Civ. c. Enreg. C. Nano. D.P. 12. 1. 179.

1668. — Le jugement qui prononce la résolution d'une donation, sur la demande respective du donateur et du donataire, pour cause d'inexécution volontaire des conditions prescrites, opère une véritable rétrocession au profit du donateur, qui donne ouverture au droit proportionnel, et rend ce jugement passible d'enregistrement, sur la minute, dans les vingt jours de sa date (L. 22 frim. an 7, art. 4, 17, et 69, § 7, n. 1; C. civ. 1183 et 1184). — 14 nov. 1815. Civ. c. Enreg. C. Calas. D.A. 7. 187. D P. 2. 28.

1669. — On a été jusqu'à décider que l'insertion, dans un contrat translatif de propriété d'une clause portant que l'acte sera résolu de plein droit, et sans qu'il soit besoin d'en faire prononcer la nullité en justice, à défaut de paiement de tout ou partie du prix, ne fait point obstacle à la perception d'un second droit proportionnel, si, par suite, le contrat vient à être résilié en vertu de cette clause, mais non pour *nullité radicale*, et avant que l'acquéreur soit *entré en jouissance* (L. 22 frim. an 7, art. 68, § 3, n. 7; l. 27 vent. an 9, art. 12, et l. 28 avril 1816, art. 52). — 13 avril 1823. Civ. c. Enreg. C. Hérisson D.A. 7. 198. D P. 2. 30.

1670. — Mais cette jurisprudence a été attaquée par Champ. et Rig., t. 1er, p. 370. « Quelle que soit, disent-ils, la cause de la nullité, elle sera *radicale* si elle remonte au jour même du contrat et le vicie dès son origine. » A l'appui de cette opinion ils citent le passage suivant de d'Argentré (*des droits du prince* note 3, n. 2) : *Ergo, si contractus nullus est, ex causâ inexistente à principio, et viâ nulli-*

tatis reducitur ad non causam, et annihilatur sive propter defectum solemnitatis, aut auctoritatis, sive ipso jure, sive per sententiam, sive jure communi, sive speciali, sive hominis, sive legis ex causâ retroactivâ et habente causam de præterito et ipsum contractum concomitante, contractus resolvitur, et laudimia non debentur.

Examinant ensuite spécialement si sous les termes de *nullités radicales* on doit comprendre la lésion soit *simple*, suffisante pour la rescision des contrats faits en minorité (art. 1305 C. civ.), soit *particulière* et *déterminée* telle qu'elle doit être pour entraîner la *rescision* en faveur des majeurs, ils déclarent, avec Toullier, t. 7, n. 543 et suivans, que la jurisprudence de la cour de cassation est erronée sur ce point; car, ajoutent-ils, « il n'est pas vrai qu'il n'y ait point nullité radicale dans un contrat que l'on est réduit à arguer de lésion.—C'est comme cause de nullité que la résolution s'opérait sous l'ancien droit, et la lésion n'était qu'une cause d'annihilation.—V. Dumoulin, § 33, n. 35, 44, 45; d'Argentré, art. 59, Cout. de Bret., note 3, n. 4; Poquet de Livonières, liv. 3, ch. 6, sect. 1re; Bretonnier, liv. 5, quest. 70, n. 22; Guyot, ch. 12, n. 24; Boutaric *des lods*, § 13; Henrion de Pans., anc. rép., v° Lods et ventes, p. 697. « C'est également comme nullité que le code civil a admis la rescision pour lésion. S'il y a lésion, disait Portalis, le contrat se trouve *sans cause*, etc..., et il assimile la lésion à l'erreur. Dans toutes les discussions du conseil d'état, la parité entre le cas de lésion et celui de dol et d'erreur a été reconnue. La lésion, disait Tronchet, infecte la vente d'un vice qui en attaque la substance; il n'y a pas de consentement, il n'y a pas réellement de contrat.... La lésion, dit Troplong, n. 688, n'est prise en considération par le législateur que parce qu'elle vicie les conventions: or un vice est une cause de *nullité*, la convention entachée de lésion est donc *nulle*... Dès lors la rescision pour lésion rentre textuellement dans la disposition de l'art. 68, § 3, n. 7 de la loi de frimaire; au reste, tout ce qui a été dit jusqu'ici sur la résolution démontre que le législateur a recueilli les principes constamment suivis en matière de mutation féodale, et par suite dans l'application du centième denier.

L'administration ne l'a jamais autrement entendu; le n. 1854 du *Journ. de l'enreg.* le prouve, car il nous apprend que par une solution du 3 brumaire an 8 l'administration, d'après le sentiment de Pothier, a décidé que la vente où il y a lésion contenait un *principe de nullité radicale*....

L'instruction générale du 9 therm. an 12, n. 245, avait également prescrit la perception du droit fixe sur les résolutions de cette espèce prononcées sous l'empire du code civil, et c'est après avoir longtemps considéré les rescisions pour lésion ultrà-médiaire, comme affranchies du droit proportionnel, que l'administration perçoit au contraire ce droit aujourd'hui par application de la jurisprudence (Déc. min. des fin. 23 sept. 1830; *Journ. de l'enreg.* 9762. »

1671. — Au surplus, on peut opposer aux arrêts sus transcrits un autre arrêt conforme à la doctrine des auteurs du Traité des droits de l'enregistrement, qui a décidé que la résolution d'une adjudication pour cause de lésion d'outre moitié ne donnait pas lieu à la perception du droit proportionnel, parce qu'une telle cause est *antérieure et existante lors de cette même adjudication*, et qu'en supposant le jugement mal rendu en droit, le greffier n'a pas dû y voir une transmission de propriété, incompatible avec la manière dont le tribunal a prononcé. — 8 avril 1811. Cass. S. 12. 279.— Champ. et Rig., t. 1er, p. 377.

Cet arrêt a été déjà cité pour avoir affranchi du droit proportionnel, quoique le jugement eût prononcé la résolution à la suite de la déclaration faite par les créanciers qu'ils *s'en rapportaient à justice*. Une expertise n'avait pas même été ordonnée pour constater la lésion.

1672. — Au reste, toute rescision pour lésion doit être autorisée par la loi; sans cela, elle doit être réputée volontaire et donner en conséquence ouverture au droit proportionnel (Inst. gén. 9 therm. an 13, n. 245).

Ainsi, toute résolution consentie postérieurement au délai pendant lequel les actions en nullité ou en rescision peuvent être formées (art. 1304 C. civ.) doivent être réputées volontaires et donner ouverture au droit proportionnel. — Champ. et Rig., t. 1er, p. 380.

1673.— La vente du fonds dotal hors des circonstances et formalités prévues (art. 1558 C. civ.) est nulle de nullité radicale. Cela a été reconnu par une

instruction générale du 7 nov. 1834, n. 1467, § 3. — Champ. et Rig., t. 1er, p. 380.

1674. — On a posé sous l'art. 2 les principes propres à établir quelle était la nature du droit à percevoir sur les contrats soumis à une condition résolutoire. Voyons maintenant quel est celui exigible sur la résiliation ou à cause de la résolution.

1675.—La résolution opérée par suite d'une clause résolutoire diffère de celle qui a lieu par l'effet d'une nullité radicale, en ce que la première n'empêche par la convention d'avoir subsisté valablement, ce qui est le contraire pour la seconde.— Aussi, dans l'ancien droit, décidait-on que l'annihilation pour nullité radicale n'engendrait pas de nouveaux droits, et rendait restituables ceux qui avaient été perçus sur le contrat anéanti. Dans les résolutions pour condition accomplie, au contraire, on reconnaissait que les droits de la vente demeuraient irrévocablement acquis, mais on n'en percevait point sur la résolution. —Dumoul., § 33; glos. 1, n. 31; d'Argentré, *des Droits du prince*, note 3, n. 12; Guyot, *des Lods*, ch. 72, n. 8-9; Fonmaur, n. 670.

1676.— Et cependant la convention était en pareil cas regardée comme étant résolue non, *ut ex tunc*, mais *ut ex nunc*, ce qui était reconnaître l'existence d'une mutation effectuée, d'où la conséquence que la résolution ne pouvait s'opérer sans une mutation nouvelle. Il y avait donc contradiction apparente au moins à conserver les droits de la vente, et à n'en pas percevoir sur la résolution. — Pour justifier cette doctrine, Tiraqueau faisait observer, d'après Balde, que les diverses stipulations d'un même contrat ne peuvent pas donner ouverture à plusieurs droits: *ex uno contractu in alium transfuso non debetur nisi una gabella* (Dum., *Retr. lign.* § 29, glos. 1er, n. 3 et suiv.). Ce principe a été consacré par l'art. 11 de la loi de frimaire.— Tiraqueau ajoutait que la résolution est stipulée dans le même contrat que la vente, et comme condition; d'où il concluait que la résolution ne pouvait donner ouverture à des droits différens de celui de la vente. — Champ. et Rig., t. 1er, p. 384, à 387.

1677.— Cette conséquence est également justifiée aujourd'hui par l'art. 11 précité, et cette considération soustrait au droit proportionnel toutes les résolutions opérées par l'effet d'une condition contenue dans le contrat, sans qu'il soit besoin de distinguer celles qui sont *expresses* de celles qui sont *sous-entendues*; seulement il faut remarquer que les premières agissent *necessitate contractûs* et peuvent être utilement reconnues par les parties, en sorte que l'acte, soit civil, soit judiciaire qui les constate, ne fait qu'énoncer un fait accompli, et n'opère aucune mutation. Tandis que les secondes qui agissent également *ex necessitate contractûs*, doivent cependant être constatées par jugement et non par acte civil, pour produire tout leur effet à l'égard des tiers. De là, cette conséquence que le jugement est affranchi du droit proportionnel, mais que l'acte conventionnel ne l'est pas, et doit être considéré comme une résolution volontaire. Ici donc s'applique avec fondement la distinction que la jurisprudence a consacrée mal à propos à l'égard des résolutions pour cause de nullité radicale. — Champ. et Rig., t. 1er, p. 387 à 389.

Un arrêt du 19 germ. an 13 a consacré cette doctrine à l'égard d'un acte de vente consenti sous condition résolutoire expresse, et dont la résiliation avait été agréée par l'acheteur dans un procès-verbal de conciliation devant le juge de paix. — D.A. 7. 185.

1678. — Il y a toutefois une exception pour les conditions résolutoires, expressément prévues par la loi. Telle, en cas de donation, la résiliation pour cause de survenance d'enfans (962 C. civ.). Le droit proportionnel n'est pas exigible, alors même que la résolution n'est pas prononcée par jugement.

1679. — Mais il en est autrement lorsque le contrat est résolu pour inexécution des conditions, car la résolution n'est pas de plein droit; il faut qu'elle soit prononcée par jugement pour être exemptée du droit proportionnel. Un arrêt de juill. 1699 a exempté du relief la révocation d'une donation faute de paiement d'une pension réservée par le donateur.

1680. — Mais si elle est reconnue par les parties, le droit proportionnel est exigible (V. *suprà*, l'arr. du 14 nov. 1815, qui le juge ainsi).— D.A. 7. 187.

1681. — Si la donation est résolue par jugement, pour cause d'ingratitude, le droit n'est pas dû — *Contrà*, si la résolution est conventionnelle, quelque certain que fût le fait d'ingratitude (Délib. cons. d'adm. 30 janv. 1829). — V. sur ce point Champ., t. 1er, p. 391.

1682.— L'exemple le plus remarquable de la con-

dition résolutoire stipulée dans les ventes est le rachat ou reméré.

1683. — Les retraits exercés en vertu de reméré sont assujettis au droit proportionnel particulier (L. 22 frim. an 7, art. 69, § 2, n. 11). Mais il faut qu'ils soient *exercés dans le délai stipulé au contrat*. La prorogation de délai qui interviendrait entre l'acquereur et le vendeur à pacte de rachat, ou même qui serait accordée par jugement, ne ferait point obstacle au droit proportionnel, parce que le fisc ne peut souffrir d'une convention à laquelle il est étranger. *Si le retrait s'exerce par acte sous seing-privé*, il doit, pour n'être assujetti qu'au droit de demi pour cent, être enregistré avant l'expiration du délai fixé pour le rachat (même art.), à moins que sa date ne se trouvât assurée de toute autre manière. — D.A. 7. 183, n. 16.

1684. — Ainsi, jugé que le réméré exercé après l'expiration du terme fixé par le contrat doit être considéré comme une rétrocession, et doit par conséquent acquitter le droit proportionnel de 4 p. 100, lors même que le vendeur aurait obtenu du tribunal une prorogation de délai, le jugement ne pouvant avoir d'effet que dans le seul intérêt des parties, et nullement au préjudice des droits du fisc (art 69, § 2, n. 11, et § 7, n. 6). — 22 brum. an 14. Civ. c. Enreg. C. Bosio. D.A. 7. 202. D.P. 6. 2. 24.

1685. — Mais si la rentrée en possession du vendeur à pacte de rachat n'est pas prouvée par acte enregistré, elle est censée n'avoir eu lieu qu'après l'expiration du délai, et dès lors elle est passible du droit de 4 p. 100, comme en cas de revente.— Mais s'il est constant, par acte enregistré, que le retrait a eu lieu dans le délai stipulé, il n'est passible que d'un droit de 50 cent. par 100 fr. — En aucun cas, il ne peut y avoir lieu à l'application de l'art. 68, § 1er, n. 6, lequel n'assujettit qu'au droit fixe de 1 fr. les actes qui ne sont que l'exécution ou le complément d'actes antérieurs enregistrés.— 2 août 1808. Civ. c. Enreg. C. Jourdan. D.A. 7. 202. D.P. 23. 1. 369.

1686. — Pour jouir de la réduction du droit, *le retrait doit-il être exercé par le vendeur lui-même?* Ne peut-il l'être par son cessionnaire que sous l'acquit du droit de mutation? — L'affirmative semblerait résulter des deux arrêts suivans:

1687. — Dans une vente d'immeubles à pacte de rachat, lorsque le retrait est exercé par un tiers à qui le vendeur a fait cession de la faculté de réméré, il devient passible, comme opérant une seconde vente, du vendeur au cessionnaire, du droit proportionnel de 4 p. 100, non seulement sur la somme remboursée à l'acquéreur, en vertu du pacte de rachat, mais encore sur le prix de la cession. L'art. 69, § 2, n. 11, qui n'assujettit le retrait par suite de réméré qu'au droit proportionnel de 50 cent. par 100 fr., ne s'applique qu'au retrait exercé par le vendeur lui-même.— 21 germ. an 12. Civ. c. Enreg. C. Haesebeyt. D.A. 7. 201. D.P. 4. 1. 357, et 8. 2. 12.

1688. — De même le réméré exercé, du vivant de la venderesse, à pacte de rachat, non par elle, mais par sa fille, opère une véritable mutation au profit de cette dernière, qui donne ouverture au droit proportionnel de 4 p. 100, encore que, dans l'acte de vente, la réserve de réméré eût été faite par la venderesse au profit des descendans de son nom (art. 4).— 5 août 1806. Civ. c. Enreg. C. Montbrun. D.A. 7. 202. D.P. 2. 31.

1689. — Mais il faut prendre garde que ces arrêts décident seulement que la remise de l'immeuble, consentie en faveur du cessionnaire, doit opérer incontestablement le même effet que si le vendeur eût exercé lui-même le retrait conventionnel, et qu'il eût ensuite vendu les biens au tiers qui en est mis en possession. Si donc il n'a été perçu sur l'acte de cession aucun droit de mutation, il est bien certain que le rachat ne pourra être fait au simple droit de 50 cent. p. 100, parce que le cessionnaire ne peut devenir propriétaire de l'immeuble retrayé, qu'en acquittant les droits de mutation. Au reste, ceci revient à dire que le cessionnaire ne peut payer ni plus ni moins que si *le vendeur exerçait lui-même le retrait, et qu'il transportât ensuite l'immeuble au cessionnaire*.— D.A. 7. 184, n. 16.

1690. — Mais lorsque, sous la couleur d'un contrat de vente à réméré, qui ne renfermait, dans la réalité, et ainsi que cela a été reconnu en fait, qu'un contrat pignoratif ayant pour cause un prêt d'argent et une capitalisation d'intérêts, le vendeur est resté constamment en possession de la chose vendue, et que les acquéreurs qui n'y ont mis aucun obstacle ont été démis de leur demande en

déguerpissement exercée contre le vendeur, sous la condition que celui-ci leur restituerait le prix de la vente, prix que les acquéreurs avaient déjà reçu en partie, la régie ne peut prétendre un droit ou double droit de mutation, sous le prétexte qu'il y a eu rétrocession faite par l'acquéreur à son vendeur. — 10 nov. 1824. Civ. r. Régie de l'enreg. Oberlin. D.P. 25. 1. 72.

1691. — Au surplus, le droit de mutation dû par le cessionnaire, soit sur l'acte de cession, soit sur l'acte de retrait, est assis non seulement sur la somme remboursée à l'acquéreur, mais de plus sur celle payée au vendeur par le cessionnaire, formant ensemble le véritable prix de la cession. — D.A. 7. 184, n. 18.

1692. — Mais sur quelles valeurs est assis le droit de 50 c. p. 100 fr., dont est passible le retrait en vertu de réméré? La loi ne le dit pas. La cour de cassation a décidé que c'était seulement sur la somme effectivement remboursée à l'acquéreur par le vendeur; il suit de cette doctrine, que si l'acquéreur à pacte de rachat était demeuré débiteur de son prix, et qu'il n'eût droit qu'à la répétition des frais et loyaux coûts du contrat, ce serait à raison de ces frais seulement, et non à raison du prix de vente que le droit de 1/2 p. 100 devrait être perçu. — D.A. 7. 184, n. 19. — Conf. 26 août 1823. Civ. r. Enreg. C. D'Aumont. D.A. 7. 203. D.P. 23. 1. 370.

1693. — Si la vente à pacte de rachat est faite moyennant une somme déterminée, avec promesse de rendre une somme plus forte en cas d'exercice de réméré, la perception du droit a lieu sur la plus forte somme. — D.A. 7. 184, n. 20.

1694. — Lorsque la condition résolutoire est le défaut de paiement, la résolution du contrat ne s'opère point de plein droit, l'acquéreur mis en demeure par une sommation peut encore payer, mais le juge ne peut, après la sommation, accorder de délai (1656 C. civ.); cette disposition introductive d'un droit nouveau fait douter si par la sommation la résolution s'opère de plein droit ou si un jugement est nécessaire encore après cette formalité. — Champ. et Rig., t. 1er, p. 393.

Sous l'ancien droit, il n'était pas permis au vendeur non payé de rentrer en possession du bien vendu. « En France, on n'a pas plus tôt vendu la chose qu'on n'y a plus rien »; maxime attestée par Loisel, liv. 3, t. 4, reg. 6. » — On faisait cependant fléchir cette règle dans les cas où la vente avait lieu au comptant; alors la condition suspensive étant sous-entendue, l'effet de la tradition était arrêté. Dès lors la résolution faute de paiement du prix ne donnait pas ouverture au droit proportionnel, parce qu'elle était considérée comme ayant eu lieu avant l'accomplissement de la condition.

1695. — Mais lorsque le prix était payable à terme ou si le vendeur avait suivi la foi de l'acheteur, la propriété était irrévocablement transmise; la résolution, considérée comme nécessairement volontaire donnait ouverture à de nouveaux droits. Et quoique le parlement de Paris, conformément à la doctrine de certains auteurs (Domat, Pothier), cessât d'admettre que la condition résolutoire ne fût pas sous-entendue dans les ventes, avec terme de paiement, cependant les tribunaux continuèrent d'appliquer à la matière des lods les règles du droit; mais les auteurs distinguant les cas où la reprise de l'objet vendu avait lieu pour un prix différent, et même le cas où la vente avait été doublement exécutée par la délivrance et par un paiement partiel, de celui où les parties auraient pu discéder volontairement et par voie de distrat, ne reconnurent le droit exigible que dans les premiers cas. — Champ. et Rig., t. 1er, p. 394.

1696. — La loi de ventôse an 9 fut décrétée dans ces circonstances. Son art. 12 dispose ainsi. « Les jugemens portant résolution de contrats de vente pour *défaut de paiement quelconque* sur le prix de l'acquisition, *lorsque l'acquéreur ne sera point entré en jouissance*, ne seront assujettis qu'au droit fixe d'enregistrement, tel qu'il est réglé par l'art. 68 de la loi du 22 frim. an 7, § 3, n. 7, pour les jugemens portant résolution de contrat pour cause de nullité radicale. »

1697. — En présentant le projet de loi, l'orateur du gouvernement, après avoir rappellé que le droit proportionnel était perçu sur les jugemens prononçant résolution pour défaut de paiement du prix, ajouta : « l'art 12 répare cette rigueur et assimile avec justice les jugemens qui y sont mentionnés à ceux auxquels ils doivent être comparés dans leurs effets. »

Ainsi se trouvaient sanctionnés les principes des anciens auteurs qui appliquaient aux jugemens la doctrine des distrats.

1698. — Mais l'art. 1654 en disant : « Si l'acheteur ne paie pas le prix, le vendeur peut demander la résolution de la vente, » est venu changer entièrement les principes en vue desquels l'art. 12 avait été porté; car dans toutes ventes se trouve aujourd'hui sous-entendue la condition résolutoire; et si elle est prononcée par jugement, elle doit produire tous les effets de la condition expresse. — Troplong, n. 651.

1699. — Donc, sous l'empire des principes de notre droit commun, le droit fixe est seul exigible sur le jugement qui résout une vente pour défaut de paiement, car il n'est pas plus translatif que ne le sont les révocations de donations pour survenance d'enfans, ou pour inexécution des conditions, etc... Or, affranchit-on ces actes du droit proportionnel? — Champ. et Rig., t. 1er, p. 396.

1700. — Mais il est constant qu'il faut qu'elle soit précédée réellement ou par présomption d'un titre translatif. Le bailleur qui rentre dans le bien qu'il avait laissé posséder par son fermier, ne doit aucun droit de mutation lors de sa rentrée; le défaut de paiement doit avoir, vis-à-vis du vendeur, les mêmes effets, car les choses sont remises, par l'effet de la résolution, dans *l'état où elles étaient avant la vente.*

1701. — Cette considération avait déterminé l'affranchissement du droit proportionnel pour les cas où il n'y avait pas eu tradition. Ce motif, qui n'existait pas avant le code pour les cas où il y avait eu tradition, existe aujourd'hui, il y a donc lieu à exempter du droit proportionnel les jugemens dont il s'agit, alors que, d'un côté, l'art. 3 de la loi de frimaire n'assujettit qu'au droit fixe les jugemens non translatifs, et que ce droit est fixé à 3 fr. par l'art 68, § 3, n. 7; cette doctrine doit même être appliquée, quand même il y aurait eu paiement partiel. — Champ. et Rig., t. 1er, p. 398.

1702. — Dalloz, écho de la jurisprudence sur ce dernier point, estime que, pour qu'il y ait exemption du droit, il faut la réunion des deux circonstances exigées par l'art. 12, savoir : 1° *Défaut de paiement quelconque sur le prix;* 2° possession non encore prise par l'acquéreur. — D.A. 7. 182, n. 6.

1703. — Et un simple à-compte payé sur le prix, ravirait le bénéfice de l'exemption. — *Ibid.*; V. n. 1700.

1704. — ... Encore bien qu'il n'y aurait pas eu entrée en jouissance. — *Eod.*

1705. — On oppose cependant le texte de l'art. 12, pour déclarer que ses termes restrictifs imposent l'obligation d'exiger le droit proportionnel sur tous les jugemens qui prononcent sur des cas non prévus par lui; mais il faut prendre garde qu'un acte doit être formellement tarifé pour être soumis à ce droit : or, nulle disposition légale n'y soumet un jugement qui n'est pas translatif. Et comme, d'après notre code, il n'existe plus aujourd'hui de différence réelle entre la résolution pour défaut de paiement, prononcée avant l'entrée en possession, ou celle ayant lieu postérieurement, l'art. 12 est aujourd'hui sans portée. Pour qu'il en fût autrement, il faudrait que la mise en possession seule rendît nécessairement exigible le droit proportionnel.

1706. — La cour de cassation, avant la loi de ventôse, rejetait et la jurisprudence du parlement de Paris, et la doctrine des auteurs, pour suivre celle des tribunaux, ainsi qu'on le voit par son arrêt suivant, lequel, avant la loi du 27 ventôse an 9, le jugement portant résolution d'un contrat de vente *pour défaut de paiement du prix*, donnait ouverture au droit proportionnel : l'art. 68, § 3, n. 7, n'en dispensant que les résolutions de contrat pour cause *de nullité radicale.* — 13 vend. an 10. Civ. c. Enreg. C. Boizot. D.A. 7. 194. D.P. 2. 28, et 23. 1. 143.

1707. — Elle rejette aussi aujourd'hui les principes qui viennent d'être émis; et considérant l'art. 12 de la loi de ventôse comme exceptionnel, elle ordonne la perception du droit proportionnel sur tous les jugemens prononçant résolution de ventes où il y a eu mise en possession.

1708. — Ainsi, elle décide que le jugement qui renvoie le vendeur en possession de l'immeuble aliéné, à défaut par l'acheteur d'avoir servi exactement les arrérages d'une rente mise à sa charge, opère immédiatement, au profit du vendeur, une rétrocession de propriété qui l'assujettit au paiement des droits avant même qu'il soit rentré en jouissance. — 26 frim. an 14. Civ. c. Enreg. C. Thillard. D.A. 7. 194. D.P. 6. 2. 70.

1709. — Jugé de même que la résolution d'un contrat translatif de propriété n'est affranchie du droit proportionnel qu'autant qu'elle a été prononcée pour *nullité radicale* existant dans l'essence même de l'acte, ou dérivant de l'inobservation des formalités prescrites, et *pour défaut de paiement du prix, lorsque l'acquéreur n'est point encore entré en jouissance* (L. 27 vent. an 9, art. 12). — 14 nov. 1815. Civ. c. Enreg. C. Calus. D.A. 7. 187. D.P. 2. 28.

1710. — Egalement, lorsque l'acquéreur d'un immeuble a payé au vendeur une somme par *à-compte* de son prix d'acquisition, et qu'il est *entré en possession* de l'immeuble vendu, le jugement qui prononce ensuite la résolution de la vente pour inexécution des clauses du contrat, c'est-à-dire à défaut de paiement du prix, est soumis au droit proportionnel réglé par l'art. 69, § 7, n. 1 de la loi du 22 frimaire an 7, pour les rétrocessions d'immeubles. — 18 nov. 1822. Civ. c. Enreg. C. Rose. D.A. 7. 196. D.P. 23. 1. 143.

1711. — Bien plus, la résolution d'un contrat de vente, prononcée par jugement à défaut de paiement du prix, lors même qu'elle aurait été stipulée dans le contrat, est considérée comme une rétrocession passible du droit proportionnel, *si l'acquéreur était entré en jouissance.* — 27 frim. an 14. Civ. c. Enreg. C. Brousse. D.A. 7. 197. D.P. 2. 29.

1712. — Au reste, il est bon d'observer que la cour de cassation n'a point encore statué sur l'effet des conditions résolutoires autres que le défaut de paiement; on ne peut donc savoir encore si l'arrêt qui précède est la conséquence d'un système arrêté, ou si ce n'est qu'un oubli des principes. — Champ. et Rig., t. 1er, p. 400.

1713. — Par entrée en jouissance, l'art. 12 de la loi de vent. n'a pas entendu parler d'une possession toute incorporelle, telle que celle qui résulte virtuellement du contrat même, mais bien plutôt d'une main-mise réelle et manifestée par des actes. Il a voulu que la vente ne fût censée consommée qu'après les actes d'exécution et une mise en possession réelle de l'immeuble vendu, c'est-à-dire lorsque l'acheteur aura administré la chose, fait un acte duquel on puisse induire qu'il l'ait regardée comme sienne. — D.A. 7. 182, n. 7.

1714. — Cette opinion paraît d'autant plus fondée que la loi de ventôse an 9, rédigée sous l'empire des anciens principes, se sert d'expressions qui, sous l'ancienne jurisprudence, étaient nominativement appropriées à la *tradition réelle. L'entrée en jouissance* se disait en effet d'une prise de *possession matérielle*, et non pas de celle qui résulte seulement de la *volonté* des parties, connu anciennement sous le nom de *tradition feinte*, désignée alors par ces mots, *entrée en possession.* — Champ. et Rig., t. 1er, p. 403.

1715. — Cependant il a été décidé que l'entrée en jouissance, dont parle l'art. 12 de la loi de ventôse, s'estime non pas seulement par une détention corporelle de l'immeuble (impossible quand la vente est faite avec réserve d'usufruit), mais par l'exécution donnée au contrat pendant plusieurs années. — 27 frim. an 14. Civ. c. Enreg. C. Brousse. D.A. 7. 197. D.P. 2. 29.

1716. — Bien plus, jugé que la mise en possession de l'acquéreur peut même résulter de cette simple énonciation insérée dans l'acte, *qu'il entrera en jouissance du jour même du contrat.* — 31 déc. 1823. Civ. c. Enreg. C. Gaudefroy. D.A. 7. 197. D.P. 2. 29.

1717. — Mais ces arrêts n'ont pas résolu la question *in terminis*. La doctrine qu'on suppose à la cour ne s'induit que de quelques expressions relevées dans des arrêts d'ailleurs principalement motivés sur des actes de jouissance parfaitement caractérisés et qui faisaient obstacle à l'application de cet article 12. La plus forte induction se tire de l'arrêt de frim. an 14, mais la réserve d'usufruit qui se trouvait dans l'espèce n'est pas un obstacle réel à l'interprétation donnée à l'art. 12, parce que l'acquéreur sous réserve d'usufruit ne sera, comme tout autre, censé entré en jouissance que du moment où il aura fait un acte qui constatera son intention d'exécuter la vente. — D.A. 7. 182, n. 7.

1718. — Mais quels actes constituent le défaut de paiement quelconque. D'après Fonmaur et Henrion

de Pansey, les choses cessent d'être entières, 1° lorsqu'il y a novation de dette, par exemple, par l'acceptation d'une quittance de la part du vendeur; 2° également lorsqu'il y a compensation de plein droit connue des parties ; 3° s'il y a paiement des intérêts du prix. Ainsi, dans la vente moyennant une rente, le service des arrérages équivaut au paiement du prix et rend la résolution passible du droit proportionnel.

1719.—Mais les choses ne cessent pas d'être entières par la dation, 1° d'une caution ou de gages pour sûreté du paiement du prix; 2° d'arrhes données comme un gage, une preuve de la vente. Il en serait autrement si elles faisaient partie du prix, ce qui ne peut arriver que lorsqu'elles sont en argent; 3° des deniers à Dieu, des épingles et des pot-de-vin qui ne font point partie du prix... cette doctrine doit être encore suivie.—Champ. et Rig., t 1er, p. 405.

1720.—La quittance, énoncée dans un contrat de vente, de partie du prix, forme, vis-à-vis de la régie, une preuve indestructible contre laquelle ne saurait prévaloir un jugement arbitral rendu entre les parties, et sur leurs allégations, qui déclarerait que le contrat n'était que simulé. — 23 août 1813. Civ. c. Enreg. C. Devalois. D.A. 7. 190.

1721.—Mais comment devrait-on constater le défaut de paiement et l'entrée en jouissance?

Si le jugement porte que la vente est résolue pour défaut de paiement, l'administration peut être admise à prouver qu'il y a eu au moins paiement partiel. Cela a été ainsi jugé par l'arr. du 18 nov. 1822, rapporté ci-dessus.

Mais, si le jugement résolvait pour défaut de paiement *quelconque* sur le prix, la régie ne pourrait aller contre cette décision, à moins qu'elle ne fût pas contradictoire et qu'elle n'eût pas acquis la force de la chose jugée.—Champ. et Rig., t. 1er, p. 407.

1722.—L'arrêt suivant a jugé le contraire, il est vrai; mais on remarquera que le jugement était basé sur une contre-lettre et de plus était volontaire; la régie agissant comme tiers, pouvait donc l'attaquer.

Une contre-lettre n'ayant d'effet qu'entre les parties contractantes, ne peut détruire, vis-à-vis des tiers, la foi due aux stipulations contenues dans un acte. Ainsi, lorsqu'il a été déclaré, dans le contrat de vente d'un immeuble, que le prix en a été payé comptant, le jugement qui annulle cette vente pour défaut de paiement de prix, sur la production d'une contre-lettre qui n'a été enregistrée que longtemps après la vente, quoique antérieurement à toutes poursuites dirigées par la régie, ne doit être considérée que comme une rétrocession déguisée, assujettie au droit proportionnel. — 11 juill. 1814. Civ. c. Enreg. C. Dubo. D.A. 7. 196. D.P. 2. 29.

1723.—La loi ne prenant pas pour motif de résolution la circonstance que l'acquéreur n'est pas entré en possession, il arrive quelquefois que les juges ne la mentionnent pas, les parties peuvent cependant invoquer encore le bénéfice de l'art. 12, en prouvant autrement que l'acquéreur n'avait jamais été mis en jouissance, et cela résulte d'un arrêt portant qu'il n'y a pas de rétrocession de l'acquéreur au vendeur, lorsque la vente est annulée pour défaut de paiement de prix, et *qu'il est constant en fait* que ce dernier n'a jamais été dessaisi du bien vendu.—15 mai 1813. Teste-Lebeau, v° Jugement, n. 20.

1724. — Mais si le jugement énonce ce fait, soit dans les qualités soit dans les motifs, et que la base de la résolution soit précisément le défaut de délivrance, le droit fixe est dû, et la régie ne peut prouver la mise en possession si le jugement est contradictoire. Il en serait autrement si la résolution avait pour fondement le défaut de paiement, parce qu'alors cette circonstance n'influe pas sur le dispositif. —Champ. et Rig., t. 1er, p. 408.

1725.—Au reste, l'art. 12 est applicable lorsque le jugement constate qu'il n'y a eu ni paiement, ni entrée en jouissance, sans que cette circonstance soit la cause de la résolution. C'est ce qu'a formellement jugé un arrêt du 23 août 1813 (V. *suprà*). —*Ibid.*, p. 409.

1726. — L'adjudication sur folle enchère rentre, à quelques égards, dans les termes de l'art 12 de la loi du 27 vent. an 9, puisque c'est réellement une résolution de contrat de vente pour défaut de paiement du prix. Cependant, ce n'est pas dans cet article qu'il faut aller puiser les règles qui lui sont applicables, et, dès que l'art. 69, § 7, n. 1 l'affranchit du droit proportionnel, *sans conditions*, lorsque le droit a été acquitté sur la première vente, et qu'elle n'est pas faite pour un prix supérieur, il en résulte qu'elle

devra jouir de cette faveur, encore que le fol enchérisseur soit entré en jouissance, ou qu'il ait payé une partie du prix. — D.A. 7. 182, n. 8.—Conf. 10 déc. 1822. Civ. c. Guyard. D.A. 7. 197. D.P. 2. 29.

1727.—Enfin, l'art. 12 de la loi de ventôse s'applique à tous les actes équipollens à la vente et quel qu'en soit l'objet. L'on doit donc affranchir du droit proportionnel toutes reventes, cessions et rétrocessions ayant pour objet des immeubles, des meubles, des créances, des rentes ou des baux en propriété, usufruit ou jouissance, car la loi ne fait aucune distinction, et n'envisage que la nature du contrat résolu, qui doit être une vente.—Champ. et Rig., t. 1er, p. 410.

§ 4. — *Des mutations des biens-meubles, à titre onéreux.*

1728.—La plupart des règles tracées dans les paragraphes précédens s'appliquent aux mutations de biens-meubles. Il n'y a de différence que pour la quotité du droit, qui est de 2 pour 100 ou 50 cent. pour 100, ou du droit fixe d'un franc. Quelques autres sont affranchies de la perception et même de la formalité. —V. sur ce point l'art. 3, § 2.

Ainsi, le § 5 de l'art. 69, l. de frim. an 7, soumet au droit de 2 pour 100 « les adjudications, ventes, reventes, cessions, rétrocessions, marchés, traités et autres actes, soit civils, soit judiciaires, translatifs de propriété à titre onéreux de meubles, récoltes de l'année sur pied, coupes de bois taillis et de haute futaie, et autres objets mobiliers, généralement quelconques, même les ventes de cette nature faites par l'état. — Les adjudications à la folle enchère de biens-meubles, mais seulement sur ce qui excède le prix de la précédente adjudication, si le droit en a été acquitté, les déclarations de command sur adjudication ou contrat de vente de biens-meubles, faites après les vingt-quatre heures, ou sans que la faculté d'élire un command ait été réservée dans l'acte d'adjudication ou le contrat de vente ; les parts et portions acquises par licitation de biens-meubles indivis, et les retours de partage des mêmes biens. » — D.A. 7. 204, n. 1.

1729. — La délivrance faite à l'entrepreneur d'un service public, moyennant une estimation préalable, d'une coupe extraordinaire de bois des forêts de l'état, pour être employée à la confection des ouvrages entrepris, est passible du droit proportionnel de 2 pour 100 établi par l'art. 69, § 5, n. 1, pour toutes ventes ou cessions de coupes de bois ou d'objets mobiliers, en général, même faites par l'état. — 2 nov. 1807. Civ. c. Enreg. C. Parent. D.A. 7. 207. D.P. 2. 31.

1730.—Une concession d'eau faite pour un temps illimité, moyennant une redevance annuelle, lorsque le concédant s'est réservé la faculté de retirer l'eau quand il le croira convenable, ne peut être considérée que comme une concession purement mobilière et précaire, qui n'affecte le terrain qui fournit cette eau d'aucune servitude, et ne donne par conséquent ouverture qu'au droit proportionnel de 2 pour 100 (art 69, § 5). — 18 déc. 1811. Civ. r. Enreg. C. Hautepoix. D.A. 7. 207. D.P. 2. 32.

1731. — L'acte de cession du droit de construire une usine autorisée par ordonnance, telle, par exemple, qu'une usine à traiter le fer, rentre, comme meuble, dans la catégorie des actes compris dans le § 5 de l'art. 69, et non dans ceux dont se compose le § 3 du même article..... par suite, cet acte est passible non du droit de 1 pour 100, relatif à la cession des offices ou brevets d'invention, mais du droit de 2 pour 100 applicable aux cessions de meubles en général. — 12 fév. 1829. Req. Lebon. D.P. 29. 1. 148.

1732. — Mais il n'est dû qu'un droit de 50 cent. par cent francs pour l'acquisition d'un intérêt de société faite par la société elle-même, sur un étranger qui aurait acheté l'intérêt d'un associé, lorsque, par une clause de l'acte d'association, il est stipulé que la société pourra reprendre, par retrait et par préférence, les intérêts de la société qui seraient vendus à des étrangers; c'est là l'exercice d'une clause de réméré, et non une cession pure et simple, et le jugement qui le décide ainsi, par interprétation de l'acte de société, ne viole aucune loi (art. 69, § 2, n. 11; § 3, n. 1). — 27 juin 1827. Civ. r. Enreg. C. Perrier. D.P. 27. 1. 284.

1733.—Jugé pareillement que le droit de 50 cent. pour 100 est seul exigible sur la cession d'une action dans une compagnie, sans qu'il y ait lieu de distinguer le cas où il y a et celui où il n'y a pas d'immeuble dépendant de la compagnie. — On invoquerait en vain la disposition du § 6 de l'art. 69 de la loi du 22 frim. an 7, qui soumet au droit de 2 pour

100 les adjudications et cessions de meubles et autres objets mobiliers, généralement quelconques. — 9 mai 1833. Trib. de Versailles. Caullet. D.P. 33. 3. 82.

1734.— Mais, dans une société en commandite qui n'aurait point émis d'actions, la cession, par un associé commanditaire, d'une portion de la somme par lui versée dans la société, doit être considérée comme une cession de créance donnant lieu au droit de 1 pour 100 et non comme une cession d'action soumise au droit de 50 c. pour 100, ou une transmission d'objets mobiliers assujettie à 2 pour 100.— 16 avril 1833. Délib. Pigeot. D.P. 33. 3. 106.

1735.— Le droit de 2 pour 100 est seul exigible sur la cession des actions dans une société dont l'objet est l'exploitation des forges. Le § 2, n. 6 de l'art. 69 de la loi de frim. an 7 est inapplicable toutes les fois que ces actions ne sont pas négociables de leur nature. — 2 juill. 1834. Trib. de Paris. Oronosoins. D.P. 34. 3. 79.

1737.— Cette décision est contraire à une autre du tribunal de Versailles (D.P. 33. 3. 82); elle paraît offrir une interprétation certaine de l'esprit et de la lettre de l'art. 69, § 2, n. 6, et § 3 de la loi de frimaire. Cette loi n'a voulu favoriser évidemment que les effets négociables, dont le commerce retire tant d'avantages et dont l'émission aurait été paralysée, si, après de nombreux endossemens, on était venu réclamer autant de droits de transmission. Mais, à l'égard des actions non créées à ordre, la même faveur serait sans cause réelle.

1738.—On remarquera que le droit proportionnel, nommément appliqué aux mutations d'immeubles *en usufruit*, n'est cependant pas répété pour les meubles. Mais il ne faut tirer aucune conséquence de ce silence, que rien ne motive, et l'on doit appliquer le droit de 2 pour 100 aux transmissions d'usufruit de meubles, car on ne voit pas quel autre droit proportionnel pourrait y être substitué, et on ne peut penser que le législateur ait voulu affranchir du droit cette sorte de transmission. — D.A. 7. 204, n. 1.

1739.—Cependant, comme en matière fiscale, l'application par analogie n'est pas permise, cette solution peut souffrir quelque difficulté. Toutefois, un jugement du tribunal de Toulouse, du 31 août 1826, a décidé implicitement dans le sens de Dalloz. —V. art. 12, § 1er.

1740 — La loi soumet les *marchés* au droit de 2 pour 100; mais on rappelle que les adjudications au rabais et les marchés dont le prix doit être payé *directement* ou *indirectement* par le trésor, ne sont passibles que du droit fixe de 1 fr. (L. 15 mai 1818, art. 73), et le droit proportionnel, sur ceux de ces marchés qui intéressent les administrations locales ou les établissemens publics, est réduit à 1 fr. par 100 fr. (L. 28 avril 1816, art. 51). — D.A. 7. 204, n. 2.

1741. — Quant aux ventes mobilières, faites au profit du trésor ou des administrations qui en dépendent, elles sont passibles des mêmes droits qui seraient exigibles sur des conventions entre particuliers (Déc. min. des fin. 10 août 1826. Instr. 1204, § 9)...; ainsi, les ventes de mérinos et laines provenant des bergeries nationales, sont passibles du droit ordinaire (Déc. min. des fin. 27 oct. 1807).—Trouill., v° Vente de meubles, § 1er, n. 21-3.

1742.—Sont sujettes également au droit de 2 pour 100. les ventes de denrées coloniales faites par l'administration des douanes; le droit est à la charge de l'acquéreur et ne doit pas être perçu sur le montant des droits de douanes acquittés (Déc. min. des fin. 15 déc. 1812, et 5 janv. 1813).—*Ibid.*, n. 8.

1743 — Les ventes de chevaux de haras et celles des effets militaires décédés dans les hôpitaux ou dans les prisons, ou qui s'en seraient évadés sont sujettes aux mêmes droits (Instr. 549).—*Ibid.*, n. 9.

1744.— Le droit de 2 pour 100 est encore exigible sur les ventes faites par un secrétaire de préfecture, de chevaux du train d'artillerie et du train des équipages réunis pour être placés chez des cultivateurs. Le dépôt du prix de la vente doit être fait à la caisse de service (Déc. min. des fin. 30 nov. 1814 et 6 fév. 1815).

1745.— On décide pareillement pour les ventes d'objets saisis par les préposés des octrois, pour les procès-verbaux de vente des papiers de réforme, provenant de la cour des comptes (Déc. min. des fin. 8 juin 1814), pour les ventes de papiers provenant des administrations financières, et enfin pour celles des prises maritimes faites par les contrôleurs de la marine.— *Ibid.*, n. 14, 15, 17.

1746. — Sont assujettis au droit de 2 p. 100 les constitutions de rente, soit perpétuelles, soit viagères, et les constitutions de pensions à titre onéreux, ainsi que les cessions, transports et délégations qui en sont faites au même titre. Il ne faut pas confondre les pensions avec les baux de nourriture de personnes, dont la durée est limitée (V. paragraphe suiv.). — D.A. 7. 204, n. 3.

1747. — Il faut excepter les inscriptions sur le grand-livre de la dette publique, et leurs transferts et mutations, qui sont affranchis de l'enregistrement (V. art. 3, § 2), les procès-verbaux d'adjudication ou rachat de rentes appartenant à la caisse d'amortissement. — D.A. 7. 204, n. 3.

1748. — Le transfert, à un particulier, d'une rente foncière appartenant à l'état, ne peut donner lieu, depuis la mobilisation des rentes, à aucune demande en supplément de prix de la part de la direction générale de l'enregistrement et des domaines, dès que l'action en lésion n'est point admise dans les ventes mobilières (C. civ. 1674). — 9 avril 1828. Civ. r. Colmar. Enreg. C. Stroltz. D.P. 28. 1. 209.

1749. — Le transfert de rente foncière appartenant à l'état, opéré en vertu d'arrêtés du préfet qui en ont fixé le prix, et qui ne sont pas attaqués devant l'autorité supérieure, ne peut donner lieu au supplément de prix dont parle l'art. 6 de la loi du 18 mars 1820. — Même arrêt.

1750. — Les procès-verbaux de ventes de marchandises avariées par suite d'événemens de mer, et qui doivent être dressés par des courtiers de commerce ou d'autres officiers publics sous la surveillance du receveur des douanes, sont sujets au droit fixe de 1 fr. (L. 21 avril 1818, art. 56).

1751. — Dans le cas où, en exécution de l'art. 52 de la loi du 21 avril 1818, il sera procédé par un officier public ou un commissaire aux classes de la marine, à la vente ou destruction de marchandises avariées par suite de naufrage ou autres événemens de mer, il devra être opéré, pour la perception des droits d'enregistrement, de la même manière que les agens des douanes l'auront fait pour la perception des droits de douane, par séparation et triage, suivant l'art. 55 de cette loi (Décis. min. du 12 juin 1827). Ainsi, il sera perçu le droit fixe de 1 fr. pour les marchandises avariées qui, en raison de leur dépréciation, auront obtenu une réduction sur les droits de douanes ; et le droit *proportionnel*, sur le prix des marchandises restées intactes, et pour lesquelles les droits de douanes auront été intégralement payés : les receveurs se feront fournir à cet égard les justifications nécessaires (1212). — Trouill., v° Vente de meubles, § 1er, n. 31.

1752. — L'art. 56 ci-dessus, de la loi 1818, étant spécial pour le cas qu'il détermine, on ne peut l'appliquer à la vente de balles de cotons avariées par suite d'un incendie arrivé dans le magasin ; ainsi, la vente de l'espèce faite aux enchères par un courtier de commerce est passible du droit de 50 cent. p. 100 (Délib. 30 oct. 1829). — *Ibid.*, n. 32.

1753. — Les actes ou procès-verbaux constatant les ventes de *navires*, soit totales, soit partielles, ne sont passibles que du droit fixe de 1 fr. (L. 21 avril 1818, art. 64 ; instr. 830). Cette faveur ne doit pas être étendue aux ventes de navires *étrangers* ; elles sont passibles du droit proportionnel (Décis. min. des fin. 2 mars 1824). Mais, par une autre décision du ministre des finances, des 14-28 sept. 1825, le contraire a été déclaré, parceque la loi ne distinguait pas. — D.A. 7. 37, note 1re.

Au reste, l'art. ci-dessus est applicable, quels que soient la dénomination et le tonnage de ces navires (Décis. min. des fin. 22 août 1823 ; avis du cons. des fin. 10 fév. 1824, approuvé le 2 mars suivant par le ministre des finances). Ainsi, les receveurs ne percevront que le droit fixe de 1 fr. sur les ventes totales ou partielles de navires de toute espèce, de chaloupes, bateaux et canots, effectuées entre particuliers dans leur intérêt privé (1132, § 14). Et cela a été appliqué aux ventes de navires *non avariés* (Décis. min. des fin. 25 sept. 1818), et aux bateaux servant à la navigation intérieure des rivières (Délib. 8 déc. 1829). — Trouill., *Dict. de l'enreg.*, v° Vente de meubles, § 1er, n. 33 et suiv.

1754. — Un bateau-lavoir, en le dépouillant de la charpente qui le recouvre, peut servir à la navigation, et cela semblait suffisant pour ne le soumettre qu'au droit fixe de 1 fr. Toutefois, on a décidé qu'il serait passible du droit proportionnel de 2 p. 100 (14 juill. 1832. Délib. cons. d'admin. D.P. 34. 3. 52 ; *Revue du not.*, 1834, p. 589). Cette décision peut être justifiée en disant que le bateau a été vendu comme bateau-lavoir et sans être dépouillé de sa charpente ; et qu'étant considéré comme impropre à la navigation, on a dû le considérer comme simple meuble.

1755. — De même, les ventes de bâtimens ou de barques, faites à la charge de les démolir, opèrent le droit de 2 pour 100 (*Dict. de l'enreg.*, v° Vente, n. 168, chap. 3).

1756. — Quant à l'obligation causée pour le prix de la vente *d'un bateau*, elle ne peut être assujettie qu'au droit fixe de 1 fr. (Solut. 18 avril 1827). — Trouillet, v° Vente de meubles, § 1er, n. 39.

1757. — Toutes les fois que la vente des fruits ou accessoires d'un fonds, faite séparément de la vente du fonds lui-même, a pour objet de consommer une fraude au préjudice du fisc, en simulant deux ventes où il n'en existe réellement qu'une, le droit immobilier doit être appliqué, comme s'il n'y avait qu'un seul et même contrat. Tel serait le cas où les matériaux d'une maison seraient vendus par acte séparé, mais d'une date peu rapprochée de celui qui consomme la vente de la maison elle-même. — D.A. 7. 205, n. 4.

1758. — Mais quand la fraude doit-elle se présumer ? Il n'y a pour cela aucune règle tracée par la loi. Tout ce qu'on peut dire, c'est que la présomption n'en doit pas être facilement admise. Aussi, n'y a-t-il pas un seul arrêt qui, dans les questions de cette nature, ait appliqué le droit immobilier à une vente de fruits détachés d'un fonds, lorsque ce fonds lui-même, par acte postérieur, passait dans la main du même acquéreur. — D.A. *eod.*

1759. — Jugé ainsi que la vente de la superficie d'une forêt, faite à celui qui était déjà acquéreur du sol, lorsqu'il est reconnu en fait, par le tribunal, que les deux ventes ne paraissent pas avoir été simulées, et ne sont accompagnées d'aucune circonstance qui indique l'intention de frauder les droits de la régie, est une vente purement *mobilière*, passible du droit proportionnel de 2 pour 100. — 21 avril 1823. Civ. r. Enreg. C. Praileur. D.A. 7. 208. D.P. 2. 32.

1760. — Egalement, la circonstance que l'adjudicataire d'une coupe ou de plusieurs coupes successives de bois, est devenu, même dans un court intervalle de temps, par un acte séparé de celui de l'adjudication, propriétaire du fonds de ces mêmes bois, ne suffit pas pour autoriser à percevoir, sur l'adjudication de la superficie, un droit plus fort que celui établi par l'art. 69, § 5, n. 1 de la loi du 22 frim. an 7, à moins qu'il ne soit reconnu que la réunion des deux ventes, au profit du même acquéreur, a été le résultat d'une simulation frauduleuse pratiquée pour échapper à la perception du droit réglé pour les ventes d'immeubles. — 4 avril 1827. Civ. r. Enreg. C. Laget-Valdeson. D.P. 27. 1. 209.

1761. — Jugé de même que la circonstance que l'acquéreur de la superficie d'une forêt a acquis, même trois mois après, du même propriétaire, le sol de cette forêt par un acte séparé, ne suffit pas pour autoriser à percevoir sur la première vente le droit de 5 1/2 pour 100, au lieu de celui de 2 pour 100 fixé par l'art. 69, § 5, n. 1, pour la vente de bois de haute futaie, lorsqu'il y a impossibilité d'établir que la réunion des deux ventes a eu lieu pour frauder les droits de la régie. — 23 avril 1833. Délib. D.P. 33. 3. 78.

1762. — Voy. au mot Choses plusieurs décisions rendues dans le même sens. La régie réclama auprès du gouvernement contre cette jurisprudence ; un projet de loi fut en conséquence rédigé pour assujettir au droit de 4 pour 100 toute vente de bois taillis ou de futaie dont la coupe ne serait pas faite dans les dix-huit mois pour les premiers, et dans les trois ans pour les secondes, à compter de la vente. Mais ce projet ayant trouvé beaucoup de contradicteurs, fut retiré. Ainsi, il est constant d'abord que la loi de frimaire ne répute pas les deux contrats dont il s'agit n'en faire qu'un seul, lorsqu'il n'y pas preuve suffisante de fraude, et de plus qu'il n'y a pas lieu de changer la législation. On ne doit donc plus juger, comme sous l'ancienne jurisprudence, dont les principes avaient été adoptés par le projet de loi dont nous venons de parler, que « la vente des bois de haute futaie n'est exempte des lods et ventes (aujourd'hui de droit proportionnel de mutation immobilière) que lorsque l'exploitation se fait aux termes du contrat : et que, si, peu de temps après, le fonds est vendu à la même personne, directement ou indirectement, les lods et ventes sont dus sur la totalité, pourvu que le bois soit encore debout, lors de l'aliénation du fonds. — D.A. 7. 205, n. 4.

1763. — La loi du 21 avril 1832 a fait cesser le doute qui existait relativement à la perception à faire sur les cessions d'offices. La régie avait pris un moyen terme entre les cessions de ces objets, et celles des meubles proprement dits. Par délibération du 31 mai 1808, elle avait déclaré que les cessions d'étude d'avoué seraient assujetties au droit proportionnel de 1 fr. par 100. Par analogie, cette solution avait été étendue aux cessions d'offices de notaires et des cabinets d'affaires. Plus tard, la régie a dû percevoir 2 pour 100, conformément à une décision du ministre des finances, du 24 juin 1831. — D.A. 7. 205, n. 6.

Mais la loi de 1832 est venue mettre un terme à cette perception, à vrai dire, arbitraire. L'art. 34 est ainsi conçu :

« Les ordonnances portant nomination, des avocats à la cour de cassation, notaires, avoués, greffiers, huissiers, agens de change, courtiers et commissaires-priseurs, seront assujetties, à compter du jour de la promulgation de la présente loi, à un droit d'enregistrement de 10 pour 100 sur le montant du cautionnement attaché à la fonction ou à l'emploi. Le droit sera perçu sur la première expédition de l'ordonnance, dans le mois de sa délivrance, sous peine d'un double droit ; les nouveaux titulaires ne pourront être admis au serment qu'en produisant ladite expédition revêtue de la formalité de l'enregistrement. En cas de délivrance d'une seconde ou subséquentes expéditions, la relation de l'enregistrement y sera mentionnée sans frais par le receveur du bureau où la formalité aura été donnée et les droits acquittés. Les expéditions des ordonnances de nomination délivrées aux parties sont sujettes au timbre. »

1764. — Cette disposition a donné lieu aux interprétations suivantes :

Pour asseoir le droit de 10 pour 100 (auquel on ajoutera le décime), le receveur exigera que l'officier public lui représente le récépissé de versement du cautionnement ; on y suppléé par une déclaration dont l'exactitude sera vérifiée au bureau du receveur des finances ; la date de la délivrance de la commission sera constatée sur l'expédition elle-même par un certificat du magistrat de l'ordre judiciaire ou administratif, chargé de faire la remise de cette expédition au fonctionnaire qu'elle concernera. L'enregistrement aura lieu au bureau du chef-lieu judiciaire de l'arrondissement et sur le registre des actes civils publics. Les expéditions pourront être visées pour timbre aux chefs-lieux d'arrondissemens ou timbrés à l'extraordinaire. Au surplus, cette perception n'a dû être assise que sur les ordonnances rendues à dater du jour où la loi a été exécutoire à Paris, c'est-à-dire le 30 avril (Instr. 1399). — Trouill., v° Office, n. 3.

1765. — L'ordonnance royale qui autorise un notaire à changer de résidence, sans le placer dans une classe autre que celle où il se trouvait précédemment, n'est pas sujette à l'enregistrement. — 28 janv. 1834. Délib. D.P. 34. 3. 40.

1766. — Mais les termes généraux de l'art. 34 de la loi de 1832 ne permettent pas d'affranchir de la perception les ordonnances portant nomination à un office, sous le prétexte que la personne ainsi nommée aurait été précédemment pourvue d'un autre office dont elle se serait volontairement démise. D'un autre côté, cet article s'oppose encore à ce que le droit de 10 pour 100 soit perçu sur la différence des deux cautionnemens, puisqu'il prononce formellement que ce droit est exigible sur le cautionnement attaché à la fonction ou à l'emploi qui fait l'objet de l'ordonnance de nomination (Délib. 5 mars 1833 ; instr. 1425, § 7). — Trouill., v° Offices, n. 5.

1767. — Il semble qu'on devrait distinguer le cas où l'officier ministériel permute pour entrer dans une classe supérieure de celui où c'est pour prendre place dans une inférieure, et ne soumettre à un nouveau droit que l'ordonnance intervenue pour le premier cas, parce qu'alors seulement il y a lieu à s'enquérir de sa capacité. — D.P. 34. 3. 40, note 2.

1768. — Le droit de 10 pour 100 ne peut être restitué quoique l'impétrant se soit désisté de sa nomination. — V. Restitution.

1769. — Mais le droit de 10 pour 100 établi par l'art. 34 précité constitue-t-il un droit de mutation, de telle sorte que la transmission d'un office qui s'opère par acte de cession contenant les conditions pécuniaires de la démission du titulaire ne puisse plus être assujetti à un droit proportionnel ? Avant la loi du 21 avril 1832, il avait été reconnu qu'on ne pouvait exiger l'enregistrement de ces conventions, lorsqu'elles n'étaient produites devant l'autorité administrative que comme de simples renseignemens (Avis du cons. d'état, du 10 mai 1828, approuvé par le ministre de la justice, le 2 juin suiv.) ; et c'est précisément pour combler cette lacune dans loi, que le droit de 10 pour 100 a été créé en 1832 suivant les explications données par

le rapporteur de cette loi (V. D.P. 34. 3. 82, et *Revue du not.*, 1834, p. 797). Il semble résulter de là que si le traité est soumis à la formalité, on ne doit plus percevoir aujourd'hui le droit proportionnel de 2 pour 100, puisqu'il y aurait autrement double perception du droit proportionnel sur une même valeur.— Trouill., v° Offices, n. 8.

1770. — Cependant la régie a décidé que la cession d'un office, sous l'empire de la loi du 21 avril 1832, est, comme auparavant, passible du droit proportionnel. — 20 juill. 1832. Délib. P.... D.P. 32. 3. 135.

1771 —Le système de la régie, dans le cas faisant l'objet de la décision qui précède, consiste à imputer soit le droit de 10 pour 100 du cautionnement sur celui de 2 pour 100 du prix du traité de la cession, si ce dernier droit produit la somme la plus élevée, soit le droit de 2 pour 100 du prix du traité sur le droit de 10 pour 100 du cautionnement, si celui-ci donne une perception supérieure (pour les argumens sur lesquels elle s'appuie, V. D.P. 34. 2. 82). Cette prétention est non seulement illégale, quant à l'espèce dont il s'agit (V. la loi de 1832). Mais elle est erronée à l'égard de tous les cas auxquels l'administration ne craint pas de la mettre en œuvre. Car, 1° il est de principe que le droit d'une convention est perçu selon sa nature, qui ne peut être double; 2° la perception des impôts n'est pas pour l'administration une faculté, mais un devoir, c'est l'exécution de la loi dont les dispositions rigoureuses ne laissent rien à l'arbitraire des employés du fisc. Or, en supposant, ce qui ne peut être, qu'un acte fût également passible de deux droits, un seul étant exigible, le doute existerait sur le choix; or, dans cette position, on doit prononcer en faveur des contribuables, c'est-à-dire en faveur de la perception la moins onéreuse.—Champ., t. 1er, p. 36.

Cette doctrine semble au reste avoir été adoptée par Dalloz (A. 7. 225, n. 4), où il est dit que lorsque la mutation d'un acte non représenté s'induit par des présomptions, et qu'il s'agit de mutations qui se seraient opérées en ligne directe, c'est le droit de donation comme moins onéreux qui doit être perçu et non celui de vente. Bien plus, cet auteur cite comme ayant consacré cette opinion, les auteurs du Journal de l'enregistrement, art. 6055.—V. art. 11, § 1er.

1772.— Il a été jugé, il est vrai, que dans le concours de plusieurs droits à percevoir sur des mutations dont les unes sont la conséquence des autres, la régie est autorisée à percevoir le droit le plus élevé.—1er déc. 1831. Sol. Dardenne. D.P. 32. 3. 115.

1773.— Mais le contraire avait été implicitement décidé par arrêt de la cour suprême du 27 juin 1809. Civ. c. Enreg. C. Bascenhem. D.A. 7. 89.

1774.— Aussi tous les tribunaux ont généralement repoussé la prétention de la régie, et ils ont déclaré que depuis la loi du 21 avril 1832 les actes de cession des offices ministériels ne doivent plus être assujettis qu'au droit fixe de 1 fr. 10 cent. — 30 mai 1834. Jug. de Péronne.— 13 juillet 1834. Jug. de Strasbourg. D.P. 34. 3 82.— Cela avait déjà été jugé dans le même sens par le tribunal de Laon, le 13 déc. 1833, qui a reconnu néanmoins que le droit de 50 cent. pour 100 était exigible lorsqu'un cautionnement était stipulé dans le contrat. Un jugement du tribunal de Melun, a, le 24 déc. 1833, statué il est vrai en sens contraire, mais le pourvoi a été admis contre ce jugement, le 7 août 1834, comme l'ont été d'ailleurs les pourvois exercés contre les autres jugemens.

1775.— Quant aux cessions d'offices faites avant que la décision ministérielle du 24 juin 1831 fût officiellement connue, elles restent seulement passibles du droit de 1 pour 100. — 21 fév. 1832. Délib. D.P. 32. 3. 103.

1776. — La vente d'un manuscrit doit-elle être considérée comme une vente ordinaire et tarifée au droit proportionnel de 2 pour 100? Oui (*Journ. de l'enreg.*, art. 4341). Non (Dalloz), à cause de la faveur que méritent les œuvres littéraires, et que d'ailleurs ces sortes de ventes se classent plus justement parmi les marchés dont il est question dans le n. 1 du § 5 de l'art. 69, tarifés au droit de 1 fr. pour 100. — D.A. 7. 205, n. 7.

1777. — On peut appliquer cette dernière observation aux ventes de brevet d'invention, qui, certes, méritent aussi quelque faveur. L'administration a pourtant, par délibération du 22 mai 1832, décidé qu'elles sont soumises également au droit de 2 pour 100.— D.P. 34. 3. 57.

1778.— Lorsqu'un acte translatif de propriété ou d'usufruit comprend des meubles et des immeubles, l'acte doit énoncer la partie du prix qui se réfère aux meubles, et présenter une estimation de ces meubles, article par article, afin que le receveur puisse vérifier si l'on n'a pas détourné sur le mobilier une partie du prix stipulé pour les immeubles (L. 22 frim. an 7, art. 9). L'article exige que l'estimation soit faite *dans le contrat*, mais on pourrait y suppléer par une expédition de l'inventaire, annexée au contrat, s'il s'agissait d'une vente de biens héréditaires (*Journ. de l'enreg.*, art. 1059). Cet inventaire offrirait plus de garantie.—D.A. 7. 205, n. 8.

1779. — Jugé conséquemment que si des objets mobiliers sont confondus dans une vente d'immeubles, sans distinction, sans mention particulière du prix ni de l'estimation, article par article, il y a lieu d'appliquer à la totalité du prix de l'adjudication le droit réglé pour les immeubles (L. 22 frim. an 7, art. 9). — 30 mai 1826. Civ. c. Enreg. C. Bethfort. D P. 26. 1. 290.

1780.—Jugé de même que lorsqu'un acte de cession comprend des droits mobiliers et immobiliers, le droit immobilier doit être perçu sur le tout, si l'estimation des meubles n'a pas été faite, article par article, conformément à l'art 9.—15 mai 1817. Civ. c. Enreg. C. Savoie. D.A. 7. 156. D.P. 2. 23.

1781.— Il ne peut être suppléé à cette estimation par le tableau des meubles et des immeubles, dressé pour l'instruction des parties, et annexé à l'acte de cession, lors même qu'il serait le résultat d'un inventaire authentique, si d'ailleurs les évaluations contenues dans ce tableau sont déclarées n'être d'aucun poids entre les parties.— Même arrêt.

1782. — Bien qu'un acte constaterait l'existence d'une société, et qu'il énoncerait la part qui revient à l'un des associés, il ne pourrait être considéré, vis-à-vis de cet associé, comme un titre autorisant la perception du droit proportionnel, si d'ailleurs l'existence de cette société était notoire, et justifiée par des actes antérieurs enregistrés. — Même arrêt.

1783.— Ce tableau, s'il n'est point l'ouvrage des cédans, ni reconnu par eux, ne peut être considéré comme un acte de liquidation et de partage, mais comme un simple acte instructif, qui n'est passible d'aucun droit (art. 68, § 3, n. 2).— Même arrêt.

1784.— Lorsque, par un seul et même acte, deux époux vendent à un même acquéreur un terrain propre de l'un d'eux, et des constructions faites par eux depuis leur mariage, le droit proportionnel immobilier est exigible pour le tout, alors même qu'ils ont stipulé deux prix, l'un pour le terrain, l'autre pour les constructions. — 14 fév. 1834. Délib. D.P. 34. 3. 51.

1785. — Jugé, au contraire, que l'adjudication, même en un seul lot, d'une manufacture avec ses accessoires, immeubles par destination, ne donne ouverture qu'à la perception du droit de 2 pour 100 sur ces accessoires, lorsqu'ils ont été désignés et estimés, article par article, dans le cahier des charges, et qu'il a été stipulé dans le procès-verbal d'adjudication un prix particulier pour ces objets. —23 avril 1833. Civ. r. Paris. Enreg. C. Maudel. D.P. 33. 1. 201.

1786.— Les *ventes publiques de meubles*, faites par des officiers publics, sont soumises à une *déclaration préalable* au bureau de l'enregistrement du lieu de la vente (L. 22 pluv. an 7). Si la vente n'a pas lieu au jour indiqué par la déclaration, il doit en être fait une nouvelle (Délib. 18 avril 1817). — Mais, lorsque l'officier public ne peut commencer la vente, faute d'enchérisseurs, et qu'il la remet à un autre jour par procès-verbal qu'il soumet à l'enregistrement dans le délai prescrit, il n'est pas tenu de faire une nouvelle déclaration (Déc. min. 24 mars 1820). Chaque vacation doit être close, signée et enregistrée dans le délai fixé pour l'enregistrement des actes qu'a coutume de recevoir l'officier qui procède à la vente (Décr. 10 brum. an 14.— V. la loi du 22 pluv. an 7, note 1re).—D.A. 7. 206, n. 9.

1787. — Une simple lettre missive ne peut suppléer à la déclaration que la loi exige des officiers publics qui procèdent aux ventes de meubles aux enchères, déclaration qui doit être inscrite sur le registre du receveur, signée du déclarant, et transcrite en tête de son procès-verbal (L. 22 pluv. an 7, art. 2, 3, 4, 5 et 7) — 24 nov 1806 Civ. c. Enreg. C. Pageau. D.A. 7. 212. D.P. 2. 39.

1788.— Mais les déclarations préalables aux ventes publiques de meubles, prescrites par les art. 2 et 3 de la loi du 22 pluv. an 7, peuvent être faites en vertu d'une procuration sous seing-privé non enregistrée. — 30 avril 1830. Délib. D.P. 33. 3. 30, contraire à l'instr. gén. du 31 août 1808, n. 398.

1789. — Le notaire qui procède à la vente aux enchères d'un fonds de commerce ou d'un achalandage, est tenu, à peine d'amende, d'en faire la déclaration préalable.— On dirait en vain que la nécessité de cette déclaration ne doit s'entendre, dans la loi, que pour le cas de vente d'objets mobiliers corporels. — 24 avril 1833. Trib. de la Seine. Guyet. D.P. 33. 3. 87. — 12 janv. 1832. Décis. min. D P. 32 3. 104.

1790. — Cependant on a décidé que la contravention à l'art. 1er de la loi du 22 pluv. an 7, qui dispose que les ventes publiques et par enchères d'objets mobiliers doivent être faites par le ministère d'officiers publics, peut, lors qu'il n'a pas été possible d'en dresser des procès-verbaux, être constatée par la preuve testimoniale autorisée par l'art. 8, § 4, de cette loi, pour justifier la demande du droit d'enregistrement et de l'amende.— 17 juill. 1827. Civ. r. Le Roy. D.P. 27. 1. 310

1791.—La contravention d'un officier public qui a procédé à une vente publique de meubles, sans avoir fait de déclaration préalable au bureau de l'enregistrement, ne peut être constatée que de deux manières, par un *procès-verbal* ou par une *enquête*. — Le procès-verbal n'a pas le caractère voulu par la loi, si, au lieu d'avoir été rédigé sur le lieu même, il ne l'a été qu'après la vente, au bureau du receveur, et sur la déclaration de témoins non assermentés. Il n'en peut dès lors résulter aucune preuve de la contravention, et le prévenu doit être relaxé des poursuites de la régie, si elle se refuse à suppléer à l'illégalité de ce procès-verbal par une enquête.— 4 juill. 1810. Civ. r. Enreg. C. Brocard. D.A. 7. 213. D.P. 2. 32.

1792. — Le droit d'enregistrement d'une vente publique de meubles faite en détail, doit être perçu *cumulativement* sur le montant intégral du prix de la vente, soit qu'elle ait eu lieu au comptant ou à terme, et non sur le montant de chaque lot séparément (L. 22 pluv. an 7, art. 6). — 5 fév. 1810. Civ. r. Enreg. C. Gosselin. D.A. 7. 213. D.P. 10. 1. 77.

1793.— En cas de vente publique d'objets mobiliers, faite par un officier public, l'art. 6 de la loi du 22 pluv. an 7, portant que le droit sera perçu sur le montant des sommes que contiendra *cumulativement* le procès-verbal des séances, a abrogé, en tant qu'inconciliable, la disposition de l'art. 69 de la loi du 22 frim. an 7, qui n'assujettit pas au droit proportionnel de 2 p. 100 les objets mobiliers acquis par des co-héritiers dans la proportion de leurs droits héréditaires. En conséquence, le droit doit être perçu sur la totalité.— 9 mai 1832. Civ. c. Enreg. C. Queulain D.P. 32. 1. 180.

1794.— Il n'en est pas de même pour les rentes, coupes de bois et autres objets de cette nature (Solut. 13 nov. 1822, 19 janv. 1827; *Dict. de l'enreg.*, v° Vente, ch. 3, n. 22, 23.

Merlin adopte pleinement la solution donnée par les arrêts ci-dessus (V. *Quest. de droit*, v° Vente publique de meubles, § 2). « Il s'agit de savoir, dit-il, si lorsqu'un procès-verbal de vente publique de meubles, contient vingt articles de 5 fr. chacun, il est dû pour chacun un droit de 2 fr., ce qui porterait la totalité à 40 fr., ou s'il n'est dû que 2 fr. pour le tout entre ces deux parties; la raison et l'équité veulent certainement qu'on préfère le second. » Merlin se demande ensuite si la loi du 22 pluv. an 7 ne doit s'appliquer qu'aux ventes faites *au comptant* et non aux ventes *à crédit*, et il établit d'une manière très solide qu'elle ne comporte aucune distinction.— D.A. 7. 214, note 1re.

1795. — Les centimes en sus du prix, imposés à l'adjudicataire de biens-meubles, vendus publiquement, ne font point partie du prix de vente. Cependant est considéré comme en faisant partie tout ce qui dépasse 5 cent. par franc (Solut. 19 avril 1826; *Dict. de l'enreg.*, v° Vente, ch. 3, n. 27).

1796. — Si le prix des adjudications n'est pas énoncé en toutes lettres, une amende est encourue. Il n'en est dû qu'une, lors même que l'omission se trouverait plusieurs fois répétée dans la même adjudication, la loi du 22 pluv. an 7 étant seule applicable en ce cas (*Dict. de l'enreg.*, v° Vente, ch. 3, n. 62).

1797 — Quoique la vente doive être faite dans des lieux différens, mais ressortissant au même bureau, et que les objets appartiennent à plusieurs propriétaires, l'officier public pourra ne faire qu'une seule déclaration, pourvu qu'elle indique les noms des divers requérans, et le lieu où les enchères seront ouvertes (*Dict. de l'enreg.*, v° Vente, ch. 3, n. 77).

1798.— Chaque vacation doit être close et signée, et chacune doit être enregistrée dans le délai fixé pour l'enregis ement des actes qu'a coutume de

recevoir l'officier qui procède à la vente. Le délai est de quatre jours pour les procès-verbaux de ventes faites par les préposés des douanes, comme pour ceux des préposés des droits-réunis (Déc. min. 21 août 1810). — Le délai est le même pour les ventes de mobilier national, faites par les préposés des domaines (Solut. du 14 janv. 1812). — Mais ces ventes et celles des effets du Mont-de-Piété sont dispensées de la déclaration préalable (L. 22 pluv. an 7, art. 9). — D.A. 7. 206, n. 9.

1799. — Sont également dispensées de la déclaration préalable, les ventes d'objets mobiliers que nous avons déjà indiquées comme simplement sujettes à un droit fixe.

1800. — Cette dispense a lieu aussi pour les adjudications de coupes de bois de la couronne, faites par des notaires en présence des préfets ou de leurs délégués (Déc. min. des fin. 14 sept. 1820), et les ventes de mobilier des fabriques et des hospices auxquelles les maires peuvent procéder (Déc. min. des fin. 16 avril 1811).

1801. — Chaque vacation d'un procès-verbal de vente de meubles forme un procès-verbal distinct et séparé, qui doit être soumis à l'enregistrement dans les délais prescrits. — Il en résulte que si le procès-verbal n'est présenté à l'enregistrement qu'après son entière confection, des délais devront être comptés, non pas du jour de la clôture de la dernière séance, mais du jour de la clôture de la première vacation, pour les droits auxquels est assujettie cette partie du procès-verbal, et ainsi de suite pour chaque vacation. — 13 mess. an 13. Civ. c. Enreg. C. André. D.A. 7. 212. D.P. 5. 2. 151.

1802. — Les contraventions à la loi du 22 pluv. an 7 sont punies d'amendes plus ou moins fortes, réduites par la loi du 16 juin 1824, art. 10. — D.A. 7. 206, n. 9.

1803. — Les notaires qui, sans déclaration préalable au bureau de l'enregistrement, procèdent à la vente publique et aux enchères de coupes de bois taillis ou de haute futaie, se rendent passibles d'amende. — 23 janv. 1809. Civ. r. Enreg. C. Caire. D.A 7. 212. D.P. 9. 2. 7.

1804. — Les dispositions relatives *aux ventes publiques de meubles* sont communes à tous les officiers publics, et pour toute sorte d'objets mobiliers dont la vente doit avoir lieu aux enchères; par conséquent, aux courtiers de commerce, puisque la loi du 28 vent. an 9 leur a donné la qualité d'officiers publics (*Journ. de l'enreg.*, art. 2180). — D.A. 7. 206, n. 9.

Mais les ventes publiques de marchandises, faites conformément au décret du 17 avril 1812, à la bourse et aux enchères, par le ministère des courtiers de commerce, d'après l'autorisation du tribunal de commerce, sont passibles du droit de 50 c. p. 100 (L. 15 mai 1818, art. 74).

1805. — Les ventes de l'espèce de celles énoncées par l'art. 74 de la loi de 1818 pourront, d'après l'autorisation du tribunal de commerce, être faites *au domicile du vendeur*, ou en *tout autre lieu convenable*, dans les endroits où il n'y a pas de local affecté à la bourse, ou lorsque la nature des marchandises ne permettra pas qu'elles y soient exposées ou vendues sur échantillons (Ord. 9 avril 1819). — Dans ce cas, le droit exceptionnel de 50 c. p. 100 devra être appliqué (Déc. min. des fin. 9 oct. 1819). — Mais il est toujours nécessaire, pour jouir de cette modération de droits, que, conformément au décret du 17 avril 1812, les marchandises vendues soient, à Paris, de l'espèce de celles désignées dans le tableau annexé à ce décret, et que, dans les départemens, ces mêmes marchandises soient de la nature de celles énoncées dans l'état que les tribunaux et les chambres de commerce ont dû former, en exécution de l'art 2 du décret (Déc. min. des fin. 18 mai 1821).

1806. — Il ne doit être perçu que 50 c. p. 100 sur les ventes faites par les courtiers de commerce, quelque modique que soit la valeur des lots, si elle a été fixée par les tribunaux de commerce (Déc. min. des fin. 18 mai 1821). — Trouill., v° Ventes de meubles, § 1er, n. 25, 26.

1807. — Les ventes de tabacs, faites au commerce par les préposés des contributions indirectes, en vertu d'autorisation ministérielle, ne sont passibles que du droit de 50 c. p. 100 (Inst. 940). — Trouill., *ibid.*, n. 27.

1808. — Les ventes des effets mobiliers et des marchandises d'un failli, faites publiquement par le syndic, doivent être précédées d'une déclaration, *soit que le syndic y procède lui-même*, soit qu'il y appelle un autre officier public, et le procès-verbal est sujet à l'enregistrement dans les vingt jours de sa date. Mais celles à *l'amiable* peuvent être faites

sans déclaration préalable; il suffit que le procès-verbal soit présenté à la formalité dans le même délai de *vingt jours* (Déc. des min. des fin. et de la just., des 26 mai et 9 juin 1812).

Deux inexactitudes se sont glissées, sans doute, dans cette décision : 1° le syndic ne peut procéder par lui-même à la vente publique d'objets mobiliers du failli, puisque ces sortes de ventes ne sont permises qu'aux officiers publics. Cependant les mots, *soit que le syndic y procède lui-même*, tendraient à établir le contraire; 2° les ventes amiables faites par le syndic ne sont pas des actes judiciaires ou d'administrations centrales et municipales; elles ne doivent donc pas être nécessairement soumises à l'enregistrement dans les vingt jours de leur date. — D.A. 7. 206, n. 10.

1809. — La vente des meubles et marchandises d'un failli, faite à l'*amiable* par les syndics, sur simples notes, n'est pas assujettie à l'enregistrement; il en serait autrement si la vente était faite publiquement aux enchères, et par le ministère d'un officier public. Dans ce cas, ce dernier devrait faire la déclaration préalable de la vente, rédiger un procès-verbal, et le faire enregistrer dans le délai de vingt jours. — 11 fév. 1830. Solut. D.P. 32. 3. 110.

1810. — Au reste, les ventes de meubles et marchandises qui seront faites conformément à l'art. 492 C. comm., ne seront assujetties qu'au droit de 50 cent. p. 100 (L. 24 mai 1834, art. 12). — Cette loi modifie la décision du 4 août 1821.

1811. — Mais l'acte par lequel le failli s'oblige à céder à ses créanciers ses marchandises, est une vente, passible du droit proportionnel, selon la nature des choses cédées. — *Dict. de l'enreg.*, v° Vente, ch. 3, n. 183.

1812. — Jugé de même que toute vente ou cession de biens-meubles est passible du droit proportionnel de 2 p. 100, lors même qu'elle aurait lieu de la part d'un débiteur failli à ses créanciers, et dans un contrat d'atermoiement intervenu entre eux. — La disposition de l'art. 69, § 2, n. 4 de la loi du 22 frim. an 7, qui ne soumet les contrats d'atermoiement qu'au droit de 50 cent. par 100 fr., n'est relative qu'au cas où il s'agit de *sommes à payer* par le débiteur failli à ses créanciers. — 30 janv. 1809. Civ. c. Enreg. C. Perlet. D.A. 7. 208. D.P. 9. 2. 216.

1813. — La vente aux enchères appartient exclusivement aux officiers que la loi désigne, et nul particulier ne saurait, pour motif d'économie ou tout autre, y procéder lui-même pour les meubles qui lui appartiennent, sans se rendre coupable d'une contravention, que la loi punit d'une amende qu'elle laisse à l'arbitrage du juge, mais qui ne peut être au-dessous de 50 fr. ni excéder 1,000 fr., outre les droits (L. 22 pluv. art. 7). — A cette amende ne s'applique point la réduction opérée par l'art. 10 de la loi du 16 juin 1824, parce qu'il n'est question dans cet article que des amendes encourues par les fonctionnaires publics et les officiers ministériels. — V. au reste Vente publique. — D.A. 7. 207, n. 11.

1814. — Jugé ainsi que la vente de ses meubles, faite publiquement par un individu, sans le ministère d'officier public, le rend passible d'une amende de 1,000 fr., outre le droit d'enregistrement sur le montant de la vente. — 8 niv. an 7. Civ. c. Enreg. C. Pioger. D.A. 7. 210. D.P. 2. 32.

1815. — Mais les ventes connues en librairie sous le nom de *partage* ne doivent pas être considérées comme des ventes publiques de meubles aux enchères, lesquelles ne peuvent avoir lieu que *par le ministère* d'huissiers ou de commissaires-priseurs, conformément à la loi du 22 pluv. an 7. — *En d'autres termes*, une vente de livres faite par un libraire, en présence d'un certain nombre de ses confrères spécialement convoqués pour cet effet, et à laquelle aucun autre individu n'est admis, lorsque rien ne constate que cette vente ait été faite aux enchères, n'est pas une *vente publique* dans le sens de la loi du 22 pluv. an 7, mais une simple opération de commerce entre marchands, qui peut être faite sans le ministère d'un officier public. — 4 nov. 1818. Civ. c. Leclère. D.A. 7. 211. D.P. 19. 1. 3.

1816. — Cependant, on a jugé qu'une vente de coupe de bois faite par un particulier, dans sa chambre, les portes ouvertes, en présence de plusieurs marchands appelés par lui, au plus offrant, et sans le concours d'un officier public, est réputée vente publique aux enchères, et comme telle faite en contravention à l'art. 1er de la loi du 22 pluv. an 7, contravention que l'art. 7 de la même loi punit d'une amende progressive de 50 fr. à 1,000 fr., outre la restitution des droits. — 22 mai 1822. Civ. r. Warnier. D.A. 7. 211. D.P. 2. 32.

1817. — Les greffiers, dans les lieux où il n'y a

pas de commissaire-priseur, peuvent procéder aux ventes à l'encan. Mais ce droit n'appartient pas aux greffiers de simple police qui exercent près des maires, dans les communes qui ne sont pas chef-lieu de canton (Décis. min. de la just. 8 janv. 1812; *Dict. de l'enreg.*, v° Vente, chap. 3, n. 47).

1818. — Un marchand ne peut vendre à l'encan par un commissaire-priseur les marchandises de son fonds de commerce. — 20 juill. 1829. Civ. r. Levy. D.P. 29. 1. 307. *Dict. de l'enreg.*, v° Vente, ch. 3, n. 57.

Il a été depuis rendu plusieurs arrêts sur cette question.

1819. — Le fait qu'une vente publique de meubles a eu lieu sans le concours d'un officier public, peut être prouvé par une enquête ordonnée sur requête, sans qu'il ait été rapporté de procès-verbal (Cass. 17 juill. 1827. D.P. 27. 1. 310. *Dict. de l'enreg.*, v° Vente, chap. 3, n. 69.

1820. — Voyez un avis du conseil d'état du 21 oct. 1809, qui statue sur plusieurs questions relatives aux quittances et décharges données par des particuliers aux officiers publics qui ont procédé à des ventes à l'encan d'objets mobiliers. — D.A. 7. 207, n. 11, note 1re.

§ 5. — *Des transmissions de simples jouissances. Baux.*

1821. — La loi du 22 frim. an 7 distingue entre les diverses espèces de baux, pour leur appliquer des droits plus ou moins élevés, suivant leur importance et leur durée.

Elle n'est applicable aujourd'hui qu'aux baux dont la durée est *illimitée*. La loi du 16 juin 1824 ayant abrogé, ainsi qu'on le verra, ses dispositions quant aux baux dont la durée est *limitée*. Voici comment elle tarife les baux de la première espèce. Les baux à rente perpétuelle qui emportent transmission de la propriété, et offrent dans la réalité tous les caractères de la vente, sont assujettis au droit ordinaire des mutations d'immeubles (art 69, § 7, n. 2). Il en est de même des baux dont la durée est illimitée (même art.). Outre qu'ils impliquent une sorte d'aliénation de la propriété, il était nécessaire de les soumettre au droit de mutation, parce que le droit ordinaire du bail, devant, d'après la loi, se calculer sur sa durée, il y avait impossibilité de l'appliquer aux baux sans terme. — Il en est de même des baux à vie (*ibid.*); ces baux ont une grande analogie avec la constitution d'usufruit, et se confondent souvent avec elle (Rép., v° Bail à vie). D'ailleurs, il y a impossibilité, comme dans le cas précédent, d'établir le calcul qui est la base de la perception sur les baux ordinaires. — Dans les deux premiers cas, le droit de mutation se calcule sur un capital formé d'après le canon du bail au denier 20; quant au bail à vie, l'évaluation se fait au denier 10.

Tout ce qu'on vient de dire s'applique aux baux de biens-meubles faits dans les mêmes termes, avec cette différence que le droit à percevoir n'est que de 2 p. 100, au lieu de 4 p. 100 (art. 69, § 5, n. 2). — D.A. 7. 214, n. 1.

1822. — Les baux à vie sont passibles du droit proportionnel de 4 p. 100, alors même que, par la suite, ces baux n'auraient pas obtenu tous les effets qu'ils doivent naturellement produire. — 13 nov. 1808. Civ. c. Enreg. C. Godin. D.A. 7. 218. D.P. 2. 33.

1823. — La clause par laquelle un père, en mariant sa fille, demeure chargé de l'administration et de la jouissance (qu'il avait déjà) des biens appartenant à celle-ci, jusqu'à la mort de son aïeule, sous l'obligation de lui payer une pension annuelle pour l'équivalent de cette jouissance, doit être considérée comme un bail à vie, donnant lieu à la perception d'un droit proportionnel de 4 p. 100. — On ne saurait voir dans une semblable stipulation une constitution de pension dotale, de la part du père à sa fille, passible seulement, comme donation mobilière, du droit de 62 cent. 1/2 par 100 fr., avec mandat de la fille à son père pour administrer et toucher ses revenus, lequel serait essentiellement révocable et rendrait le père comptable de sa gestion, ce qui ne se rencontre pas dans la clause dont il s'agit (L. 22 frim. an 7, art. 15, n. 3, et 69, § 7, n. 2). — 10 mars 1819. Civ. c. Enreg. C. Deforest. D.A. 7. 218. D.P. 19. 1. 336

1824. — Une pension qualifiée *annuelle* donnée sans expression du capital dans un contrat de mariage, avec faculté pour le donateur seul de l'éteindre par le paiement d'une certaine somme, doit, encore bien qu'il n'y ait pas déclaration expresse qu'elle ne durera que pendant la vie du donataire, être réputée pension ou rente viagère, et non rente perpétuelle. — 22 fév. 1832. Civ. r. Enreg. C. Vachin. D.P. 32. 1. 107.

1825. — Le jugement qui, en appréciant les actes

intervenus entre les parties, décide qu'un bail à domaine congéable est essentiellement limité, et ordonne la perception d'enregistrement d'après ce principe, ne viole aucune des lois relatives à la matière — 19 juin 1828. Req. Enreg. C. Mazurié. D.P. 28. 1. 283.

1826.— L'acte par lequel le propriétaire, en donnant un terrain à bail, s'engage à conserver, moyennant un prix *qui sera déterminé par expertise*, une maison que le preneur a bâtie sur le terrain loué, est soumis au droit de bail, et non au droit de vente. — 6 oct. 1832. Solut. Lambin. D.P. 33. 3. 22.

1827.— Lorsque, dans l'acte qui transmet la faculté d'extraire de la tourbe, on retrouve les caractères du contrat de louage, le droit de 20 cent. par 100 fr. est seul exigible...

... Celui de 2 p. 100 est dû, comme vente mobilière, si cette faculté est conférée à titre de vente, soit pour un temps déterminé, soit jusqu'à épuisement de la tourbière.

... Mais si le fonds est aliéné en même temps que la tourbière, il y a lieu, dans ce cas seulement, à la perception du droit de 5 et demi pour 100, comme vente d'immeubles.— 11 fév. 1834. Délib. D.P. 34. 3. 42.

1828.— La régie, par cette décision, paraît avoir pris pour base de sa doctrine la jurisprudence conforme de la cour suprême, touchant les carrières, et c'est avec raison ; car les tourbières, étant placées par notre législation dans la même classe que les carrières, elles doivent être régies par les mêmes règles, *ibi eadem ratio*, *ibi idem jus*. Ce système a d'ailleurs l'avantage de faire cesser le désaccord existant sur la seconde proposition, par suite d'une décision du ministre des finances, du 1er mai 1810, qui déclarait, contrairement à la doctrine de la régie, que la cession du droit d'exploiter une carrière ou une tourbière jusqu'à épuisement ou pour un temps indéterminé, donnait ouverture au droit établi pour les ventes d'immeubles.

Au reste, il est bon de rappeler qu'une décision ministérielle des finances, du 8 fév. 1814, avait déjà déclaré que la faculté d'extraire de la tourbe n'était sujette qu'au droit de louage, lorsque les caractères de ce contrat se présentaient dans l'acte de cession.

1829.— L'acte par lequel le propriétaire d'un immeuble sous lequel il existe une mine, a fixé avec le concessionnaire de cette mine l'indemnité qui lui est due, n'est sujet qu'à un droit fixe et non au droit proportionnel de 5 et demi p. 100 (C. civ. 545 ; l. 21 avril 1810, art. 5 ; 28 avril 1816, art. 52).—26 mai 1834. Civ. c. Enreg. C. Combe. D.P. 34. 1. 337.

1830 — En cas de concession, faite par le roi, d'une exploitation de mine dans un périmètre qui embrasse à la fois le domaine du concessionnaire et les terres d'un autre propriétaire, si, par un traité, celui-ci autorise le concessionnaire à faire, sur sa propriété, tous les travaux nécessaires à l'exploitation, pendant toute sa durée, et qu'il y ait, entre les parties, liquidation conventionnelle de l'indemnité (indemnité réglée par les lois à défaut de convention), ce traité ne peut être, sous aucun rapport, assimilé soit à un bail, soit à une aliénation de jouissance ou de propriété, et, comme tel, il n'est soumis qu'au droit fixe et non au droit proportionnel d'enregistrement (L. 28 avril 1816, art. 54).—8 nov. 1827. Req. Enreg. Paillou. D.P. 28. 1. 15.

1831. — D'après le silence de la loi, il est constant que les baux emphytéotiques temporaires ne sont passibles que du droit imposé sur les baux ordinaires par l'art. 69, § 3 de la loi du 22 frim an 7 (Décis. de la rég. 14 prair. an 7).—C'est l'opinion du *Journ. de l'enreg.*

Si l'emphytéose est perpétuelle, ou si sa durée n'est pas déterminée, elle rentre dans la catégorie des baux illimités, et, comme eux, elle est soumise au droit de mutation. — D.A. 7. 214, n. 2.

1832. — Le droit de bail doit-il être assis, dans tous les cas, sur toutes les années du bail emphytéotique? Non ; il semble que le droit ne peut être établi sur un capital supérieur à dix fois la redevance pour les baux de trente ans, et au-dessous, et à vingt fois sur ceux supérieurs à trente ans.

1833. — Si le prix du bail emphytéotique est payé comptant pour toute sa durée, la perception n'en doit pas moins porter que sur le prix stipulé, augmenté des charges d'impôts. L'on ne pourrait regarder comme telle la privation d'intérêts qu'éprouve en pareil cas le preneur (jugement du tribunal de la Seine, 2 fév. 1831, acquiescé par délibération du 3 sept. 1833). — Trouill., v° Bail, § 8, n. 5, 6.

1834. — Suffit-il que la durée de la location ne soit pas fixée par le contrat, pour que le bail soit considéré comme illimité et assujetti, en conséquence, au droit de mutation? Non, car la durée des baux faits sans fixation de terme est réglée par la loi ou par l'usage des lieux (C. civ. 1758). — D.A. 7. 214, n. 3.

1835. — Le bail est illimité, lorsque chacune des parties ou l'une d'elles peut indéfiniment en prolonger la durée. Peut-on regarder comme tel le bail fait pour trois années, avec la clause que celle des parties qui voudra en faire cesser les effets, à l'expiration des trois ans, sera tenue d'avertir l'autre six mois à l'avance, sinon que le bail continuera sans terme aux mêmes charges et conditions, et jusqu'à ce que l'un ou l'autre des contractans fasse sa renonciation de la manière précitée? Non (Dalloz), parce qu'à l'expiration du terme ce n'est pas le bail qui est censé continuer, mais bien un nouveau bail qui s'opère par tacite reconduction, et dont la durée est fixée par la loi même (C. civ. 1738, 1776). — D.A. 7. 214, n. 3.

1836. — Mais le contraire a été jugé, et spécialement on a décidé qu'un bail fait pour trois années mais avec la clause que celle des parties qui voudra en faire cesser les effets à l'expiration des trois ans, sera tenue d'avertir l'autre six mois à l'avance, sinon que le bail continuera, *sans terme*, aux mêmes charges et conditions, et jusqu'à ce que l'un ou l'autre des contractans fasse sa renonciation de la manière susdite, doit être considéré comme un bail illimité donnant lieu à la perception du droit proportionnel de 4 p. 100. — 7 germ. an 12. Civ. c. Enreg. C. Marcilly. D.A. 7. 218 D.P. 2. 33.

1837. — Un bail fait pour cinq ans, avec la clause que le preneur pourra, à l'expiration des cinq années, se perpétuer dans sa jouissance sans que le bailleur ait le droit de l'en empêcher, constitue un véritable bail illimité, passible du droit proportionnel de 4 p. 100. — 7 déc. 1813. Civ. c. Enreg. C. Volpe. D.A. 7 218. D.P. 2. 33.

1838. — Est illimité le bail dont la fin est subordonnée à un événement certain ou incertain, lorsqu'on ne peut savoir quand cet événement se réalisera. Il y a dans ce cas impossibilité d'établir le terme qui sert de base à la perception de droit sur les baux ordinaires.

1839. — Il en serait autrement si la condition de laquelle dépendrait la durée du bail se rattachait à un fait certain et dont on pourrait connaître invariablement le terme, par exemple, s'il s'agissait d'un bail fait par un individu appelé sous les drapeaux, pour tout le *temps de son absence*. La loi du recrutement ayant fixé à huit ans la durée du service militaire, le bail dont on vient de parler serait évidemment censé fait pour ce terme (Décis. min. 22 avril 1806). — D.A. 7. 215, n. 4

1840.— Dans le cas où le bail ne doit être prolongé, qu'autant qu'à l'expiration du terme fixé, le bailleur vivrait encore, il ne peut être considéré comme bail à durée illimitée : le droit n'est exigible que sur le montant des années indiquées, sauf à demander un supplément, si la prolongation a lieu (Délib. du 24 nov. 1824).— Trouillet, v° Bail, § 8, n. 30.

1841.— Les baux à longues années, excédant les bornes d'une simple gestion, les administrateurs de la fortune d'autrui n'ont pas le pouvoir de les consentir (C. civ. 1429). En ce sens plusieurs anciens auteurs disaient improprement que cette sorte de bail emportait aliénation. Par une fausse interprétation de cette doctrine ; les seigneurs percevaient sur les baux à longues années les mêmes droits que sur les ventes, et la cour de cassation elle-même, a décidé qu'un bail fait pour plus de trente ans était passible du droit de 4 p. 100, par application de la loi du 14 therm. an 4, qui assujettissait à ce droit *les actes translatifs de propriété d'immeubles réels*. Une telle décision ne peut plus être suivie; le texte, comme l'esprit de la loi du 22 frim an 7, y résiste invinciblement. Car elle ne pose que trois exceptions à l'égard desquelles le droit de mutation est applicable, savoir, pour les baux à rente, à vie, et ceux illimités dans leur durée. On ne peut en ajouter arbitrairement un quatrième, relativement aux baux excédant neuf ans.—D.A. 7. 215, n. 5.

1842.—Ainsi, c'est à tort qu'il a été décidé que lorsque dans un bail fait pour neuf années, le bailleur prend l'engagement de le renouveler, si le preneur l'exige, de neuf ans en neuf ans, jusqu'à dix périodes successives, le droit proportionnel de 4 p. 100 est dû, comme s'agissant d'un bail de plus de trente ans (L. 14 therm. an 4, art. 3). — 18 vend. an 7. Civ. c. Enreg. C. Grasdos. D.A. 7. 217. D.P. 2. 33.

1843.—La loi de l'an 7 avait fait plusieurs catégories des diverses espèces de baux, pour les assujettir à des droits proportionnels différens (V. art. 69, § 1, 2, § 2, n. 5, § 5, n. 2). Mais les droits portés par ces articles sur les baux à ferme ou à loyer avaient été réduits par l'art. 8 de la loi du 27 vent. an 9, à 75 c. p. 100 fr., sur les deux premières années, et à 20 c. p. 100 fr., sur le montant des années suivantes.

Depuis la loi de 1824, tous les baux à ferme ou à loyer des biens-meubles ou immeubles, les baux de paturage et nourriture d'animaux à cheptel ou reconnaissance de bestiaux, et les baux ou conventions pour nourriture de personnes, sont uniformément assujettis à un droit de 20 c. p. 100 fr., qui se perçoit sur le prix cumulé de toutes les années. Le cautionnement de ces baux est d'un demi-droit (L. 16 juin 1824, art. 1er).—D.A. 7. 215, n. 6.

1844.— L'acte par lequel on s'engage à faire, pendant un certain temps et pour une somme déterminée, les fonctions de chef d'atelier dans un établissement, est un bail d'industrie et non un marché, passible par conséquent de 20 c. p. 100, et non de 1 fr. p. 100.— 10 sept. 1830. Solut. D.P. 33. 3. 28.

1845. — L'acte par lequel un artisan s'en adjoint un autre pour gérer ses affaires, moyennant une rétribution de 3 fr. par jour, et à charge de logement et nourriture pour ce dernier et sa famille, le tout tant qu'il remplira avec honneur et probité les conditions qui lui sont imposées, ne peut être considéré ni comme un marché, ni comme un bail à nourriture, puisque, d'un côté, le mandataire ne fait aucune fourniture, et se borne seulement à promettre ses services et son industrie ; que, d'un autre côté, la charge de nourrir n'est qu'un accessoire, un mode de paiement du prix. — Un pareil acte ne peut être considéré que comme un louage d'ouvrage, un bail d'industrie; et, quoique la durée du bail soit illimitée, on ne peut percevoir que le droit de 20 cent. p. 100, comme sur un bail à durée limitée, attendu que, d'après l'art. 1780 C. civ., on ne peut engager ses services qu'à temps. — Il y a lieu seulement à réclamer un supplément, pour la charge relative à la nourriture et au logement.—11 oct. 1831. Délib. cons. d'adm. D.P. 33. 3. 81.

1846. — Mais les baux ou conventions pour nourriture de personnes, lorsque la durée est *illimitée*, restant sous l'empire de la loi de frimaire an 7, sont soumis au droit proportionnel de 2 p. 100 (art. 69, § 2, n. 5).

1847. — Ainsi, on doit percevoir le droit de 2 p. 100 sur l'acte par lequel un débiteur, d'une somme de 10,000 fr., s'oblige par acte notarié, de nourrir, loger, chauffer et eclairer son créancier, *pendant tout le temps* qu'il voudra co-habiter avec lui, sous la condition qu'il ne pourra, pendant ce même temps, exiger la somme due, dont les intérêts se compenseront avec la charge qu'il s'impose ; le droit est dû sur 500 fr. (Solut. 9 août 1825).

1848. — De même, l'acte par lequel, après avoir donné quittance de trois années d'une pension viagère, les parties déclarent qu'à l'avenir les arrérages de cette pension demeureront compensés avec la nourriture et le logement du créancier, tant qu'il habitera chez le débiteur, est passible, sur cette dernière disposition, du droit réglé pour les baux de nourriture d'une durée illimitée (Cass. 30 avril 1822). — Trouillet, v° Bail, § 8, n. 38.

1849.—De même, le bail à nourriture est passible du droit de 2 p. 100, comme bail d'une durée illimitée, s'il doit n'avoir pour terme que la vie d'une des parties, quoique celles-ci se réservent la faculté de faire cesser la convention à volonté (Délib. 22 déc. 1829). — Trouillet, *ibid.*, n. 39.

1850. — Pareillement, il est dû le droit de 2 p. 100 sur le bail à nourriture *dont la durée est illimitée*, comme si, par exemple, il a été fait pour tout le temps de l'interdiction d'un individu.— 4 août 1832. Sol. D.P. 32. 3. 138.

1851. — Il ne faudrait plus décider de même, si, sans rien statuer sur la durée du bail, les parties s'étaient bornées à en régler le prix, de telle sorte que le bail dût cesser au gré de l'une des parties. La durée n'en serait plus *illimitée* dans le sens de la loi. Il n'y aurait lieu de percevoir que le droit de 20 c. pour 100 fr., en prenant pour base la durée légale. — Voy. Roll. de Vill., Rép., v° Bail, n. 120 et 500. D.P. *ibid*, note 1re.

1852. — La loi de 1824 n'a pas parlé, comme les lois de frimaire an 7 et de ventôse an 9, des *sous-baux*, *subrogations*, *cessions et rétrocessions de baux;* continuent ils d'être soumis aux droits réglés par ces deux lois, et suivant les distinctions qu'elles établissent, sans pouvoir jouir de la réduction opérée par l'art. 1er de la loi du 16 juin 1824? Non, car

le législateur avait les mêmes motifs d'étendre les avantages conférés aux baux par la loi de 1824, aux sous-baux, subrogations, cessions ou rétrocessions de baux. — D.A. 7. 215, n. 7.

1853. — On a jugé cependant que l'acte par lequel le preneur d'un bail à vie consent à la résiliation de ce bail en faveur du propriétaire même de la chose louée, est passible du droit proportionnel auquel l'art. 69, § 7, n. 2 de la loi du 22 frimaire an 7 soumet les cessions ou rétrocessions de bail, et non du simple droit fixe de 1 fr., établi par l'art. 68, § 1er, n. 42 de la même loi, pour la réunion de l'usufruit à la propriété. — 18 janv. 1825. Civ. c. Enreg. C. Vasseu. D.P. 25. 1. 69.

1854.— Le droit est perçu sur les sous-baux seulement pour le temps qui reste à courir; et, quant aux baux qui sont faits pour trois, six ou neuf années, le droit en est perçu comme s'ils étaient de neuf années. Quant aux bases de la perception, Voy. art. 12.— D.A. 7. 216, n. 8.

1855. — Les baux à ferme ou à loyer, sous-baux, cessions et subrogation de baux de biens-immeubles sous seing-privé, doivent être enregistrés dans les trois mois de leur date, à peine du double droit (art. 22 et 38 de la loi de frimaire). — Les droits d'enregistrement de ces sortes de baux peuvent être exigés du preneur, bien que ce soit le bailleur qui présente l'acte à la formalité (Cass. 6 avril 1815). — Trouillet, vº Bail, § 7, n. 1.

1856. — Le cessation de la jouissance d'un bail sous seing-privé, avant que l'existence de ce bail ait été découverte, ne s'oppose nullement à l'exigibilité des droits et doubles droits auxquels le défaut d'enregistrement donne ouverture. — 6 mars 1822. Civ. c. Enreg. C. Forget. D.A. 7. 224. D.P. 22. 1. 368. — *Ibid.*, n. 4.

1857. — Un bail sous seing-privé dont l'existence est prouvée par un inventaire qui le relate, est passible du droit et du double droit, quoique le fermier n'ait pas été présent à cet inventaire. Un jugement d'Autun avait rejeté la demande; mais, sur le pourvoi, les parties ont payé les droits et doubles droits pour éviter les suites de l'affaire. — *Ibid.*, n. 5.

1858.— Cependant l'énonciation de baux non enregistrés, dans un compte de fermage dressé sous signatures privées, n'est pas suffisante pour faire admettre par les tribunaux la demande du droit de bail, formée contre le fermier, lorsque celui-ci *dénie* sa signature mise au bas de ce compte, et que de son côté l'administration n'a point agi pour faire vérifier en justice si le fermier a réellement concouru au compte dont il est question. — 17 janv. 1814. Civ. c. Enreg. C. Lajoie. D.A. 7. 69.— Trouillet, *ibid.*, n. 6.

1859. —De même, le propriétaire d'un immeuble donné à bail, à titre de locatairie perpétuelle, qui en reprend la possession abandonnée par le preneur, et sans aucune réclamation de la part de ce dernier ou de ses héritiers, doit acquitter le droit de mutation, soit que la rétrocession se fasse à titre gratuit ou onéreux, soit qu'il en existe un acte ou qu'il n'en existe pas (L. 27 vent. an 9, art. 4). — 30 mars 1808. Civ. c. Enreg. C. Gimalac. D.A. 7. 220. D.P. 2. 34.

1860.— Mais le fermier qui transporte à un tiers l'effet de son bail, du consentement du propriétaire, qui n'intervient dans l'acte que par suite de la clause qui interdisait au preneur de mettre un tiers à sa place, sans l'agrément du bailleur, n'est point censé faire une rétrocession du bail en faveur du propriétaire, nonobstant que ce dernier déclare accepter le cessionnaire pour fermier, et qu'il consente à réduire le prix du fermage. Il n'y a, dans ce cas, de cession que du fermier à son cessionnaire. — 1er août 1815. Req. Enreg. C Perrier. D.A. 7. 223. D.P. 2. 34.

1861.— De même, tout contrat de sous-bail ou cession de bail suppose, de la part du sous-bailleur ou cédant, un abandon au profit du sous-preneur ou cessionnaire, de la jouissance *exclusive*, moyennant un certain prix, de tout ou partie de la chose tenue à bail. — Mais ne peut être considéré comme un contrat de cette espèce l'acte par lequel un entrepreneur s'associe un tiers dans l'exploitation d'une régie qu'il a prise à ferme, sans autre obligation que de contribuer aux charges de l'entreprise par une mise de fonds et par son industrie, de la même manière que l'entrepreneur originaire, et moyennant une part dans les bénéfices. Ce contrat présente tous les caractères d'une véritable société, et n'est, par conséquent, assujetti qu'au simple droit fixe (L. 22 frim. an 7, art. 68, § 3, n. 4, et art. 69, 3, n. 2). — 24 dec. 1821. Civ. r. Enreg. C. Chalabre. D.A. 7. 223. D.P. 22. 1. 201.

1862.—La jouissance résultant d'un bail à vie diffère de l'usufruit par sa nature, par ses effets et par les droits d'enregistrement auxquels elle est assujettie. En conséquence, l'acte par lequel le preneur d'un bail à vie consent à la résiliation de ce bail en faveur du propriétaire même de la chose louée, est passible du droit proportionnel auquel l'art. 69, § 7, n. 2 de la loi du 22 frim. an 7 soumet la cession ou rétrocession de bail, et non du simple droit fixe d'un franc établi par l'art. 68, § 1er, n. 42 de la même loi, pour la réunion de l'usufruit à la propriété.—D.P. 25. 1. 69.

1863.—L'on ne pourrait alléguer à la régie que le bail n'a pas reçu son exécution, ou toute celle qu'il devrait avoir, ou qu'il était déjà expiré au moment où les droits ont été réclamés, parce que les droits une fois acquis à l'administration, elle ne peut les perdre que de la manière déterminée par la loi, par la prescription, par exemple.—D.A. 7. 217, n. 15.

1864.—Cependant les auteurs du *Journ. de l'enr.*, n. 3598, enseignent que si le bail est résilié faute de paiement, en vertu d'une clause expresse écrite dans le contrat, la résolution ne donne pas ouverture au droit de rétrocession de jouissance, parce que, disent-ils, c'est comme si dans un bail fait pour trois, six ou neuf ans, l'une des parties signifiait congé à l'expiration de la première. Cette doctrine, qui amènerait une sous-distinction dans les baux ordinaires, semble difficilement admissible; l'analogie qui lui sert de base est plus apparente que réelle. En effet, la cessation du bail par la volonté de l'une des parties, à l'expiration de l'une des périodes sus-mentionnées, est l'exécution même du contrat, tandis que la résiliation pour défaut de paiement constitue un contrat nouveau passible du droit proportionnel de rétrocession (V. au § 4, l'arr. du 13 avril 1823).—D.A. 7. 216, n. 14.

Il semble cependant que l'opinion du *Journ. de l'enreg.* est préférable, car, du moment que le bail est soumis à une condition résolutoire, et que par suite de l'accomplissement de cette condition, il vient à à être résilié, il n'y a qu'exécution d'une des clauses du contrat et non rétrocession.—V. § 4.

1865.—La caution d'un fermier qui paie le propriétaire locateur, est bien subrogrée de plein droit, jusqu'à due concurrence, dans les droits de celui-ci, mais non pas dans les droits du fermier. — *Spécialement*, la caution d'un fermier des revenus d'un octroi municipal, qui, après la déconfiture de l'obligé principal, et la résiliation du bail, est obligée de payer, mais qui en même temps obtient de l'autorité administrative de succéder aux droits et obligations du fermier pour le temps qui reste à courir, devient cessionnaire des effets du bail, non point par une subrogation légale, mais en vertu d'un nouveau contrat, passible du droit proportionnel réglé pour les baux (L 22 frim. an 7, art. 4 et 69, § 3, n. 2).—29 oct. 1806. Civ. c. Enreg. C. Guille. D.A. 7. 221. D.P. 6. 1. 645.

1866.—Si la caution ainsi subrogée au bail, et en possession de ce bail, cède tous ses droits à un tiers, qui devient seul régisseur de l'octroi, doit en faire tous les fonds, fournir le cautionnement et supporter les bénéfices et pertes, ce contrat a tous les caractères, non point d'une *association*, lors même qu'une clause du bail aurait permis à l'adjudicataire de *s'associer* un tiers régisseur, mais d'une véritable cession ou rétrocession de bail, également passible du droit proportionnel assis sur les baux.—29 oct. 1806. Civ. c. Enreg. C. Guille. D.A. 7. 221. D.P. 6. 1. 645.

1867.—Mais les simples locations verbales sont-elles, comme les baux écrits, assujetties au droit d'enregistrement?—Non; l'opinion contraire avait d'abord échappé à Merlin, qui depuis est revenu de son erreur. Aujourd'hui, la jurisprudence est constante à décider la négative, parce que les art. 4 et 13 de la loi de frimaire ont été étendus pour les mutations par l'art. 4 de la loi du 27 ventôse an 9, qui ne s'applique pas aux locations.

1868.—Ainsi, décidé que les locations *verbales* ne sont pas assujetties au droit d'enregistrement.—L'art. 13 de la loi du 22 frim. an 7, qui autorise la régie à réclamer le droit lorsque la jouissance, à titre de location, d'un immeuble, est prouvée par des actes ou le paiement de contributions imposées aux fermiers, ne s'applique qu'au cas où il existe un bail écrit dont la connaissance serait dérobée à la régie.—12 juin 1811. Civ. r. Enreg. C. Delattre. D.A. 7. 219. D.P. 2. 33, et 11. 1. 278.—17 juin 1811. Civ. c. Jacques. D.A. 7. 219. D.P. 11. 1. 278.

1869.—Bien plus, jugé que la jouissance par tacite reconduction, n'opérant qu'un bail verbal aux termes des art. 1738 et 1776 C. civ, elle ne peut donner lieu à aucune réclamation des droits d'enregistrement, s'il n'est justifié d'un nouveau bail écrit (C.

civ. 1738, 1776).— 12 juin 1811. Civ. r. Enreg. C. Chrétien. D.A. 7. 220. D.P. 11. 1. 281.

1870.— Ainsi, d'après cet arrêt, les préposés de l'enregistrement ne doivent faire la demande du droit de bail ou de location que dans le cas où il serait prouvé, comme le veut l'art. 13 de la loi de frim. an 7, que la jouissance a pour fondement un bail rédigé par écrit (Instr. 550). — Trouill., vº Bail, § 8, n. 8.

1871. — Soit qu'un bois mis en coupe réglée fasse partie d'immeubles donnés à ferme, soit qu'il fasse à lui seul l'objet du bail, il ne peut être perçu que le droit ordinaire sur le prix stipulé (Décis. min. du 6 juill. 1806).— Si la stipulation de bail n'avait pour objet que de déguiser une vente à terme, le droit de 2 pour 100 serait dû (Inst., n. 40).—D.A. 7. 216. n. 10.

1872. — *Vente, Coupe.* — Pour la réception des droits d'enregistrement, aucune différence ne doit être faite entre les ventes de coupes de bois susceptibles d'une exploitation immédiate et celles de coupes dont l'exploitation ne devra avoir lieu que successivement et dans un nombre d'années déterminé; elles sont, les unes et les autres, soumises au même droit proportionnel de 2 p. 100. — 4 avril 1827. Civ. r. Enreg. C. Laget-Valdeson D.P. 27. 1. 209.

1873. — Le droit de 2 p. 100 serait dû sur un bail par adjudication de plusieurs pieces de terre ensemencées en treffle pour commencer le 13 juin, et finir le 1er nov. de la même année (Décis. min. de la just., du 17 juill. 1813) C'est une vente de récolte, puisque le fermier jouit entièrement à la place du maître. — D.A. 7. 216., n. 11.

1874. — Mais l'obligation par le preneur de livrer annuellement au bailleur une certaine quantité de denrées, au prix courant, serait une clause dérivant du bail, qui ne donnerait lieu à aucun droit particulier (Déc. min. du 27 nov. 1810). —D.A. 7. 216, n. 11.

1875. — Les baux à ferme des barrières, et les marchés des entrepreneurs des travaux des ponts et chaussées sont assujettis au droit fixe de 1 fr. (L. 7 germ. an 8). Il en est de même pour l'enregistrement des baux de droit de passage aux écluses et ponts mobiles (Décis. min. 30 therm. an 10). Ces baux dépendent de l'administration des ponts et chaussées, et ils rentrent, sous quelques rapports, dans l'art. 75 de la loi du 15 mai 1818. Mais aucune loi ni arrêté du gouvernement n'autorise à étendre cette faveur aux baux des bacs et droits de passage sur les rivières; ces baux restent donc dans les termes du droit commun (Instr., n. 405). — D.A. 7. 216, n. 12.

1876. — Les baux d'octroi sont soumis au droit proportionnel d'enregistrement. — On ne peut invoquer, par analogie, pour les en dispenser, l'art. 5 de la loi du 7 germ. an 8, qui a reduit à un simple droit fixe le droit proportionnel perçu sur les baux de barrieres, parce que ceux-ci se font au profit de l'état, tandis que les autres n'intéressent que les communes (L. 27 vent. an 9, art. 8). —29 mess. an 11. Civ. c. Enreg. C. Couderc. D.A. 7. 217. D.P. 2. 32.

1877.— Si le bail est annulé pour vice radical, la résolution n'opérera que le simple droit fixe; si c'est pour tout autre cause, le droit proportionnel sera exigible. Que doit-on décider à l'égard de la résiliation du bail, pour défaut de paiement du prix? Il faut distinguer entre les baux ordinaires et ceux que la loi soumet au droit de mutation comme opérant une aliénation (V. *suprà*): à ceux-ci paraît applicable l'art. 12 de la loi du 27 vent. an 9 (V. § 4); quant aux baux ordinaires, ils demeurent dans la catégorie des contrats en général, dont la résiliation n'est exempte du droit proportionnel qu'autant qu'elle a son principe dans une nullité radicale ou de plein droit.— *Eod.*

1878. — Ainsi, on a décidé que l'exigibilité du droit d'enregistrement dû sur un bail, ne cesse point par l'expiration de ce bail avant la demande du droit. *En d'autres termes*, il ne peut s'élever contre la régie, qui réclame le paiement des droit et double droit d'un bail sous seing-privé, non enregistré dans les délais, aucune fin de non-recevoir résultant de ce que ce bail est depuis long-temps expiré (L. 22 frim. an 7, art. 22, 38 et 61).—6 mars 1822. Civ. c. Enreg. C. Forget. D.A. 7. 224. D.P. 22. 1. 368.

ART. 11.—*Des présomptions légales de mutation, lorsque l'acte n'est point représenté.*

§ 1er. — *Dispositions générales.*

1879. — Le siège de cette matière est tout entier dans l'art. 12 de la loi du 22 frim. an 7 et dans l'art.

4 de celle du 27 vent. an 9. L'art. 12 porte : « la mutation d'un immeuble en propriété ou en usufruit sera suffisamment établie par la demande du droit d'enregistrement, et la poursuite du paiement contre le nouveau possesseur, soit par l'inscription de son nom au rôle de la contribution foncière, et des paiemens par lui faits d'après ce rôle, soit par des baux par lui passés, ou enfin par des transactions ou autres actes constatant sa propriété ou son usufruit.

Et l'art. 4 porte « sont soumises aux dispositions des art. 22 et 38 de la loi du 22 frim. (c'est-à-dire doivent être enregistrées dans les trois mois à peine du double droit), les mutations entre-vifs de propriété ou d'usufruit de biens immeubles, lors même que les nouveaux possesseurs prétendraient qu'il n'existe pas de conventions écrites entre eux et les précédens propriétaires ou usufruitiers »

1880. — On le voit, l'art. 12 ne s'applique pas aux *meubles*; la régie doit prouver à leur égard l'existence *de l'acte* de mutation ; bien plus, elle ne pourra réclamer les droits résultant de cet acte, avant que les parties aient manifesté l'intention d'en faire usage. Ce dernier principe ne s'applique pas aux baux dont la seule existence suffit pour rendre les droits exigibles dès l'instant où elle est prouvée. — V. art. 10, n° 5.

1881.— Aussi a-t-on décidé que les présomptions admises par la loi, dans l'intérêt du fisc, pour suppléer à la représentation des actes, ne sauraient être invoquées que pour constater l'existence d'une *mutation* soustraite à la connaissance de la régie. Mais pour tous actes *non translatifs de propriété ou d'usufruit*, leur existence *matérielle* veut être prouvée *directement* pour donner lieu à la perception des droits dont ils sont respectivement passibles — *Spécialement*, la régie ne peut prouver, *par voie d'induction*, qu'un partage existe, pour forcer les parties à en représenter l'acte, et à en acquitter les droits (L. 9 vend. an 6, art. 33) — 14 mess. an 9. Civ. c. Coustard. D.A. 7. 226.

1882. — Deux principes dominent à la fois dans la loi de l'enregistrement : le premier qui n'autorise la perception des droits que sur les actes dont on veut faire usage : le second qui soumet à l'action du fisc les mutations d'immeubles en propriété ou en usufruit, soit que la convention n'en ait point été rédigée, soit que le titre en soit tenu secret par les parties.

L'article 12 de la loi de frim. n'ayant pas consacré cette distinction d'une manière assez précise, la loi de ventôse est venue, par son art. 4 ci-dessus, lever tous les doutes; ainsi, toutes conventions, même *verbales*, portant mutation d'immeubles, sont aujourd'hui soumises au paiement des droits, et du double droit si elles ne sont declarées dans les trois mois.— D A. 7. 224, n. 1.

1883. — Aussi décide-t-on que depuis la loi du 9 vend. an 6, la représentation de l'acte translatif de propriété n'est pas nécessaire pour la perception du droit d'enregistrement, dès que la preuve de la mutation se trouve acquise d'une manière quelconque; par exemple, par la relation de l'acte qui l'opère, dans un autre acte ou dans un jugement. — 13 therm. an 12 Civ. c. Enreg. C. Larroque. D.A. 7. 228. D.P. 2. 34.

1884. — Jugé même qu'une contre-lettre portant augmentation du prix stipulé dans un contrat translatif de propriété, participe de la nature de ce contrat, et est passible du même droit que lui, dans les mêmes circonstances.—16 nov. 1813. Civ. c Enreg. C. Sevin. D.A. 7. 230. D P. 2. 35.

1885. — Lorsqu'un acquéreur refuse de présenter son titre d'acquisition pour la liquidation des droits de mutation, un tribunal ne peut fixer lui-même d'office le montant du prix de la vente, et ordonner que le droit soit perçu sur cette fixation ; c'est à la partie à passer une déclaration telle qu'il est prescrit par l'art. 4 de la loi de ventôse. — 24 juill. 1810. Civ. c. Enreg. C. Labarre D.A 7. 289. D.P. 2. 50. —Trouillet, v° Mutation, § 2, n. 12.

1886. — Ces principes étaient admis sous la législation antérieure à 1790; mais cette loi y avait implicitement dérogé en décrétant, par son art. 11, le double droit contre les actes privés contenant mutation d'immeubles, qui n'auraient pas été soumis à la formalité dans les six mois du jour de leur date, mais seulement lorsqu'il était *fait usage de ces actes* ou qu'ils *étaient produits en justice*. La loi du 9 vend. an 6 revint à l'ancien système, confirmé enfin par les lois des ans 7 et 9, et cela explique les contradictions apparentes de la jurisprudence sur ce point. — D.A. 7. 225, n. 2.

1887. — Sous la loi du 5 déc. 1790, les droits de mutation de propriété d'immeubles ne pouvaient pas être réclamés, à défaut de représentation des actes qui constataient cette transmission, ou de leur énonciation dans un acte authentique. — La loi du 9 vend. an 6, qui (en faisant revivre l'ancien système de législation), a décidé que la mutation d'un immeuble en propriété ou en usufruit serait suffisamment établie, relativement à la demande des droits, par toute sorte de faits ou actes constatant la propriété ou jouissance du nouveau possesseur, ne peut rétroagir pour régler des transactions qui lui sont antérieures.— 12 brum. an 9. Req Enreg. C. Arnaut. D.A. 7. 228. D P. 3 1. 290.

1888. — Sous les lois anciennes, comme sous les lois nouvelles, les mutations d'immeubles, quoique opérées par actes sous seing-privé, ou par conventions verbales, étaient, tout aussi bien que les mutations résultant d'actes authentiques, soumises, dans un délai de rigueur, au droit de contrôle, d'insinuation et de centième denier, et le nouveau possesseur pouvait être contraint au paiement de ces droits, avant même qu'il fît aucun usage de son titre. — 24 flor. an 13. Civ. c. Enreg. C. Huard. D.A. 7. 227. D.P. 5. 2. 129.

1889.— Sous la législation antérieure à 1790, les actes sous seing-privé translatifs de propriété d'immeubles, et *spécialement* les licitations entre copropriétaires, étaient assujettis au contrôle et au paiement des droits d'insinuation et de centième denier, dans les délais déterminés, à peine du triple droit.— Ceux de ces actes qui n'avaient pas reçu la formalité à l'époque de la publication de la loi de 1790, ont dû être soumis à l'enregistrement dans les six mois de l'exécution de cette loi, ou au moins dans les trois mois de la loi de vend. an 6, à peine du double droit.—L'art. 23 de la loi du 5 déc. 1790, qui n assujettit à l'enregistrement les actes privés d'une date antérieure à l'époque fixée pour son exécution, que lorsqu'ils sont produits en justice, n'est applicable qu'aux actes qui originairement n'étaient pas sujets à l'insinuation (c'est-à-dire aux actes non translatifs de propriété), quand bien même cet article devrait s'appliquer indistinctement à tous les actes passés depuis la promulgation de ladite loi.— 19 juin 1809. Civ. r. Laguichardière. D.A. 7. 228. D.P. 9. 2. 136.

1890.— Jugé de même que les mutations opérées par conventions verbales ou par actes sous seing-privé, antérieurement à la loi du 5 déc. 1790, ou postérieurement aux lois des 9 vend. an 6, 22 frim. an 7 et 27 vent. an 9, lorsque la preuve en était acquise, étaient soumises au paiement des droits, même avant que les possesseurs eussent fait usage de leur titre ; mais que celles effectuées sous l'empire de la loi du 5 déc. 1790 n'en devenaient passibles qu'autant que le titre en avait été produit en justice, ou relaté dans un acte authentique.— 9 oct. 1811. Civ. c. Enreg. C. Santerre. D.A. 7. 229. D.P. 2.354, et 12. 1. 146.

1891. — Jugé pareillement que sous la législation antérieure à la loi du 19 déc. 1790, les mutations d'immeubles, quoique opérées par actes sous signature privée ou par conventions verbales, étaient, tout aussi bien que les mutations résultant d'actes authentiques, soumises, dans un délai de rigueur, au droit d'insinuation et de centième denier, et que le nouveau possesseur dont la jouissance à titre de propriétaire se déduisait des mêmes circonstances, que la loi du 9 vend. an 6 et les lois subséquentes ont désignées comme propres à établir la mutation, pouvaient contraindre au paiement des droits, avant même qu'il fît aucun usage de son titre. — 6 nov. 1815. Civ. c. Enreg. C. Sevin. D.A. 7. 230.

1892. — L'art. 12 indique lui-même la division à donner au présent article. D'après cette disposition, en effet, il est deux manières de suppléer à l'absence des actes de mutation : 1° par l'inscription sur le rôle de la contribution foncière, et les paiemens faits d'après ce rôle; 2° et par tous actes constatant la propriété ou l'usufruit. Chacune d'elle fournira matière aux deux paragraphes qui suivent.

§ 2.— *Des présomptions de mutations qui résultent de l'inscription au rôle de la contribution foncière, et des paiemens faits d'après ce rôle.*

1893.— La contribution foncière est une charge de l'immeuble; elle ne peut donc être réclamée que contre le propriétaire ou celui qui possède en son nom.

1894.— A chaque mutation qui s'opère, il se fait un changement sur le rôle, soit sur la déclaration du nouveau possesseur, soit d'office par le percepteur, et sur la notoriété publique. C'est à l'aide de ces extraits de la matrice du rôle que la régie parvient à faire ce qu'on appelle *des découvertes*.— D.A. 7. 225, n. 1.

1895.— Sous la législation antérieure à la loi du 19 déc. 1790, les mutations d'immeubles, quoique opérées par des actes sous seing-privés ou par des conventions verbales, étaient soumises aux droits d'insinuation et de centième denier, dans un délai de rigueur, et la preuve de la mutation, à défaut d'acte, se déduisait des mêmes circonstances que celles désignées par l'art. 12 de la loi du 22 frim. an 7, par conséquent de l'inscription du nouveau possesseur sur le rôle de la contribution foncière.— 8 juin 1814. Civ. c. Enreg. C. Mermot. D.A. 7. 231. D.P. 2. 36.

1896.— On avait décidé qu'il ne pourrait être fait aux rôles de la contribution foncière d'autres changemens que ceux qui seraient justifiés par un acte authentique.—12 juin 1829. Circ. min. des fin. D.P. 33. 3. 37.

1897.— Mais depuis on a décidé que les mutations foncières pourront être faites, soit sur les déclarations des parties intéressées, soit sur les indications des percepteurs ou de la notoriété publique. — 9 juill. 1831. Instr. gén. D.P. 33. 3. 37.

1898.—Sans doute, la circulaire qui précède donnait une interprétation trop restreinte à l'art. 36 de la loi du 22 frim. an 7, mais, telle qu'elle était, elle offrait aux citoyens, contre les erreurs ou la malveillance d'un secrétaire de mairie, contre les prétentions souvent tracassières de l'administration, des garanties que la décision nouvelle tend à leur enlever.— D.P. *eod.*, n. 2.

1899.— L'inscription au rôle de la contribution foncière ne forme pas, à elle seule, une preuve de la mutation; ce qui la complète, c'est le paiement des impositions, lorsqu'il concorde avec cette inscription. La présomption attachée au cumul de ces deux circonstances n'est cependant pas une preuve irrefragable, une présomption *juris et de jure*; car ces sortes de présomptions veulent être établies par un texte formel ; mais il résulte toujours du concours de la cotisation au rôle, et des paiemens faits en conséquence, une présomption *juris* de rétrocession, qui ne peut céder qu'à la preuve du contraire, fournie par le tiers dont le nom se trouve indument porté sur le rôle.— D.A. 7.225, n. 2, 3.

1900.— Toutefois, on a jugé qu'aucune *induction ni présomption* quelconque ne saurait être admise contre la preuve légale de mutation résultant de l'inscription du nouveau possesseur sur le rôle de la contribution foncière, lors surtout que cette preuve se trouve corroborée de la déclaration de ce dernier, qu'il est entré en possession, et qu'il a joui de l'immeuble en vertu d'une convention verbale, dont le projet écrit a été déposé chez un notaire, quoiqu'il prétendit ensuite que cette convention est demeurée sans exécution. — 21 flor an 8. Civ. c. Enreg. C. Vuillet. D.A. 7. 242. D.P. 2. 38.

1901. — Bien plus, on a décidé que lorsque les droits d'un individu à la propriété d'un immeuble sont prouvés par son inscription au rôle de la contribution foncière pendant plusieurs années, par l'acquittement de l'impôt fait en son nom par un sous-fermier qu'il n'a pas désavoué, et encore par l'énonciation contenue en l'acte de sous-bail que l'immeuble lui appartient, vente du même immeuble faite postérieurement par le frère de ce particulier, fait justement supposer une mutation intermédiaire, nonobstant que celui-là prétende avoir recueilli seul cet immeuble dans la succession de la mère commune, et que ce n'est que par erreur que le prénom de son frère a été porté sur le rôle.— 14 vent. an 13. Civ. c. Enreg. C. Méat. D.A. 7. 235. D.P. 2. 37.

1902.— Jugé de même que la mutation est suffisamment prouvée par l'inscription du nouveau possesseur au rôle foncier, et des paiemens faits par lui en conséquence; par le versement en ses mains des fermages de l'immeuble, et la vente qu'il a faite des biens en provenant. Dès lors, le jugement qui déclare les présomptions insuffisantes, encourt la censure.— La vente de l'immeuble à un tiers, par acte public, n'a rien en soi d'incompatible avec l'existence d'une mutation secrète qui se serait opérée, dans l'intervalle, soit en propriété, soit en usufruit, du propriétaire de l'immeuble au possesseur intermédiaire. — 4 pluv. an 12. Civ. c. Enreg. C. Renusson. D.A. 7. 232. D.P. 2. 37.

1903.— Egalement, l'inscription du nouveau possesseur au rôle de la contribution foncière, et les paiemens faits par lui en conséquence, forment une présomption légale de mutation, suffisante pour autoriser la perception du droit, abstraction faite de toute recherche sur la régularité ou l'irrégularité

de ladite inscription, et lors même qu'un arrêté du préfet, postérieur à la demande de la régie, aurait annulé cette inscription comme dénuée des formalités exigées par la loi du 3 frim. an 7. — 22 août 1821. Civ. c. Enreg. C. Bonneau. D.A. 7. 240.

1904.—Décidé de même, *à fortiori*, que l'inscription du nouveau possesseur sur le rôle de la contribution foncière, et les paiemens faits par lui en conséquence, établissent une présomption légale de mutation en sa faveur, suffisante pour autoriser la perception du droit, nonobstant qu'il ait réclamé contre son inscription sur le rôle, si rien ne justifie que sa réclamation ait été accueillie par l'autorité compétente. — 1er sept. 1806. Civ. c. Enreg. C. Leligant. D.A. 7. 234. D.P. 2. 37.

1905.—Il y a présomption légale de propriété contre un individu, quoique son nom ne soit pas explicitement inscrit au rôle de la contribution foncière, si l'inscription est faite sous le nom d'un tiers et *consorts*, et que ce soit cet individu qui ait payé les impositions.—Cette présomption acquiert plus de force encore lorsque c'est ce même individu qui a nommé les gardes pour veiller à la conservation de la propriété, et que, sur un procès en revendication de partie de l'immeuble, il n'a point dénié sa qualité de propriétaire. — 12 oct. 1808. Civ. c. Enreg. C. Pathiot. D.A. 7. 235. D.P. 2. 37.

1906. — Pareillement, il y a présomption légale de mutation d'un père à son fils, lorsque ce dernier a été inscrit en son nom au rôle de la contribution foncière, et qu'il a payé cette contribution, sans que la régie soit tenue de prouver que l'inscription ait été faite sur la représentation d'un titre translatif de propriété. — Cette présomption n'est point détruite par la circonstance qu'après le décès du père, les biens prétendus transmis auraient été compris dans le partage de la succession entre les divers héritiers.—2 août 1809. Civ. c. Enreg. C. Fournès. D.A. 7. 236. D.P. 24. 1. 55.

1907. — Jugé que la vente d'un immeuble, faite avec la clause qu'à défaut de paiement du prix dans un délai fixé, elle sera regardée comme non avenue, n'est point simplement suspensive, mais résolutoire.—En conséquence, il est dû un droit de mutation pour la jouissance que l'acquéreur a eue de cet immeuble jusqu'à la résolution, lorsque, d'ailleurs, il a été inscrit sur le rôle et qu'il a acquitté la contribution foncière. — 14 nov. 1809. Civ. c. Enreg. C. Montant. D.A. 7. 236. D.P. 2. 37.

1908. — L'inscription d'une commune au rôle de la contribution foncière, comme propriétaire d'un bois acquis pour elle, et le paiement de l'impôt fait en son acquit, sont des présomptions suffisantes de propriété, qui autorisent la réclamation du droit de mutation, nonobstant que la commune prétende n'avoir pas été autorisée pour acquérir, cette irrégularité pouvant être couverte par le conseil de préfecture, et étant d'ailleurs indifférente à la régie, vis-à-vis de laquelle il suffit que l'acte de mutation ait en soi les caractères substantiels pour motiver la perception du droit. — 27 déc. 1809. Civ. c. Enreg. C. Comm. de Thons. D.A. 7. 237. D.P. 2. 37.

1909.—Il semble que les droits devraient du moins être restitués, si la réquisition venait à être annulée.

1910.—La rentrée en possession du vendeur dans l'immeuble par lui aliéné, s'il n'apparaît pas de l'acte de rétrocession, s'induit des mêmes actes et des mêmes faits qui établissent, d'après l'art. 12, la mutation de propriété. — Ainsi, un bail passé par le vendeur, postérieurement à l'aliénation, sa cotisation au rôle foncier, le paiement de l'impôt, ou la vente consentie par lui de partie de l'immeuble précédemment sorti de ses mains, un seul même de ces actes suffirait pour autoriser la régie à lui réclamer les droit et double droit résultant de la rétrocession. — 3 avril 1811. Civ. c. Enreg. C. Bazin. D.A. 7. 241. D.P. 2. 38.

1911.—Jugé encore, quoiqu'il n'y eût pas paiement des impositions, que l'inscription d'un individu sur le rôle foncier au lieu et place de celui qui s'est rendu adjudicataire d'un immeuble, en son nom personnel, lors même qu'elle aurait eu lieu immédiatement, fait présumer une rétrocession de propriété qui donne ouverture au droit proportionnel. — 30 juin 1813. Civ. c. Enreg. C. Clave. D.A. 7. 431. D.P. 13. 1. 576.

1912. — *A fortiori* la jouissance d'un immeuble, à titre de propriétaire, par un individu, postérieurement au jugement souverain qui l'en a dépouillé; l'inscription du nom de cet individu au rôle foncier, et les paiemens par lui faits en conséquence, depuis ce jugement, font légalement présumer que

ENREGISTREMENT. ART. 11, § 2.

cet individu n'est demeuré en possession de l'immeuble que par suite d'arrangemens pris avec celui au profit de qui avait été rendu le jugement; et ils autorisent la demande des droits de mutation. — 28 déc. 1813. Civ. c. Enreg. C. héritiers Vaissouze. D.A. 7. 238.

1913.—De même encore, l'inscription du nouveau possesseur au rôle de la contribution foncière, et les paiemens faits par lui en conséquence, sont une preuve suffisante de la mutation opérée à son pro, lors surtout que cette présomption se trouve corroborée d'un extrait des registres de l'enregistrement, constatant qu'il a été signifié, au nom du nouveau possesseur, en sa qualité de propriétaire, un congé à l'un des locataires de la maison faisant l'objet de cette mutation. — 15 mars 1814. Civ. c. Enreg. C. Lausac. D.A. 7. 239.

1914.—La présomption de mutation établie par l'art. 12 de la loi du 22 frim. an 7 est applicable à l'ancien propriétaire qui, après avoir aliéné l'immeuble, reste inscrit sur le rôle et paie l'impôt, comme un possesseur qui y a été nouvellement inscrit. — *Spécialement*, lorsque, pendant plusieurs années après son expropriation, le débiteur exproprié a continué d'être inscrit, comme propriétaire de l'immeuble vendu, au rôle de la contribution foncière, et d'acquitter cette contribution sans réclamation, il y a présomption légale de rétrocession opérée à son profit, suffisante pour autoriser la régie à réclamer le droit de mutation. — 18 avril 1821. Civ. c. Enreg. C. Orlhac. D.A. 7. 241. D.P. 21. 1. 532. — 29 mars 1820. Civ. c. Enreg. C. Raboteau. D.A. 7. 241. D.P. 20. 1. 401.

1915.— Cette présomption acquiert plus de force encore par la circonstance que, postérieurement à son expropriation, il aurait consenti une hypothèque sur portion de cet immeuble, et elle ne saurait être détruite par la production d'un acte authentique postérieur aux poursuites de la régie, qui tendrait à faire croire que la rétrocession n'a pas eu lieu. — 18 avril 1821. Civ. c. Enreg. C. Orlhac. D.A. 7. 241. D.P. 21. 1. 532. — 29 mars 1820. Civ. c. Enreg. C. Raboteau. D.A. 7. 241. D.P. 20. 1. 401.

1916.—Quoique les contributions aient été payées par un fermier qui tient son bail de l'ancien propriétaire, si le paiement a été fait en l'acquit du nouvel inscrit, la preuve de la mutation est suffisante. — 30 juill. 1823. *Dict. de l'enreg.*, v° Mutation, § 4, n. 122.

1917.—La présomption de mutation résultant de l'inscription du nom du nouveau possesseur au rôle de la contribution foncière, et des paiemens des impositions faits *en son acquit*, n'est pas détruite par l'allégation du nouveau possesseur, qu'il n'a jamais été propriétaire de l'immeuble, et que les ventes partielles qu'il en a faites ne l'ont été qu'en sa qualité de mandataire du véritable propriétaire, qualité qu'il a prise dans les actes de vente produits au procès. — 30 juill. 1823. Civ. r. Robin. D.A. 7. 246. D.P. 2. 39.

1918.—La déclaration faite à la mairie par un individu, qu'il a acquis de sa belle-mère un immeuble appartenant à celle-ci, l'inscription de cet individu au rôle de la contribution foncière, et le paiement de cette contribution durant plusieurs années, établissent, aux yeux de la régie, une présomption légale de mutation de propriété qui l'autorise à décerner contre lui une contrainte en paiement des droits d'enregistrement. Cette présomption n'est pas détruite par la production d'un testament public antérieur à la contrainte, dans lequel la belle-mère institue sa fille légataire de l'immeuble prétendu aliéné, cette disposition *officieuse* et *éventuelle* n'ayant rien d'incompatible avec la mutation secrète attestée par les indices légaux. — 14 janv. 1824. Civ. c. Enreg. C. Heimbourger. D.A. 7. 245. D.P. 24. 1. 55.

1919.—Lorsqu'un immeuble vendu en justice a été revendu par voie de folle enchère après la mort de l'adjudicataire, il est dû néanmoins un droit de mutation pour transmission de cet immeuble par succession, si l'adjudicataire s'était mis en possession aussitôt après la vente, s'il avait payé la presque totalité du prix et fait des actes nombreux de propriété; si, d'ailleurs, les héritiers ont, par transaction, cédé l'immeuble aux légataires de leur auteur, et que ces légataires aient, en vertu de ce titre, agi comme propriétaires, qu'ils aient été inscrits comme tels sur les rôles des contributions foncières; qu'ils aient payé les impositions, et enfin qu'ils aient acquiescé à des jugemens successifs qui les avaient condamnés au paiement du droit de mutation. — 14 fév. 1825. Civ. r. Bigot. D.P. 25. 1. 155.

1920.—Il y a présomption légale de mutation autorisant la perception du droit dans ces deux circon-

ENREGISTREMENT. ART. 11, § 2.

stances : 1° Que le nom du nouvel acquéreur présumé est inscrit sur les rôles de la contribution foncière, pour les immeubles à raison desquels le vendeur était précédemment inscrit; 2° que ce même acquéreur a payé la contribution, sans réclamation, pendant plusieurs années. — En conséquence, il ne peut être affranchi du paiement du droit, soit par le motif que l'inscription de son nom au rôle n'est point accompagnée de sa signature, soit par le motif qu'il était dans l'usage de payer les impositions du prétendu vendeur avec les siennes. — 11 mai 1825. Civ. c. Enreg. C. Quiot. D.P. 25. 1. 318.

1921.—L'inscription d'un héritier au rôle de la contribution foncière, à raison de biens ayant appartenu à son auteur, et le paiement des contributions, forment une présomption de mutation secrète qui autorise une demande, de la part de la régie de l'enregistrement, en paiement des droits résultant de cette mutation. — 8 mai 1826. Civ. c. Enreg. C. Orth. D.P. 26. 1. 242.

1922.—L'inscription d'un individu sur le rôle de la contribution foncière, et le paiement effectué par lui de ladite contribution, font présumer une mutation secrète de propriété à son profit. — 20 juill. 1829. Req. Decorde. D.P. 29. 1. 307.

1923.— Lorsqu'un acte de vente passé en vertu de *conventions verbales préexistantes*, fait remonter à plus de trois mois l'entrée en jouissance de l'acquéreur, il y a lieu à la perception du double droit.—L'acquéreur, dans ce cas, est présumé avoir joui *à titre de propriétaire* à partir de l'époque à laquelle remonte l'entrée en jouissance, si le paiement des contributions a été fait par lui, s'il y a eu, à cette époque, remise des titres de propriété, s'il a été stipulé qu'on ferait remonter à cette même époque le service d'une rente formant le prix de la vente, etc. — 6 août 1835. Délib. G... D.P. 33. 3. 98.

1924.—Bien qu'il soit déclaré, en fait, par un jugement, qu'un individu dont le nom a été substitué sur les rôles, aux lieu et place d'un autre, comme propriétaire d'un immeuble, n'en a payé l'impôt qu'en la qualité de fermier qu'il avait eue en vertu d'un bail dont la durée était expirée à l'époque de ce paiement, néanmoins, les circonstances réunies de l'inscription au rôle et du paiement de la contribution, suffisent pour autoriser la régie à réclamer le droit et le double droit, alors même qu'une vente enregistrée de cet immeuble, depuis les poursuites dirigées contre cet individu, lui a été consentie par le propriétaire. — 26 nov. 1833. Civ. c. Molinq. D.P. 34. 1. 24.

1925.—D'après la doctrine de la régie, qui paraît se contenter de la simple allégation de la partie qui affirme que l'impôt a été payé à son insu (D.P. 33. 3. 16), on comprend que la décision qui précède doit paraître au moins fort rigoureuse, puisque les juges du fond ont déclaré que ce n'était qu'en qualité de fermier que le paiement des impositions avait eu lieu. — Toutefois, il n'y a pas contradiction dans la jurisprudence, puisque c'est la partie elle-même qui a payé dans un cas, tandis que, dans l'autre, c'est à son insu que le paiement a eu lieu. — D.P. *ibid*, note 1re.

1926.—La présomption de partage ou de licitation résulte, au profit de la régie, de la substitution au rôle du nom d'un seul co-héritier à ceux de tous les co-héritiers, jointe au fait de paiement des contributions en vertu de cette inscription. — 6 mars 1834. Req. Merlet. D.P. 34. 1. 144.

1927.— L'admission de la preuve contraire à la présomption *juris* de l'art. 12, dérive de la décision suivante, portant que la mutation est suffisamment établie, pour la perception des droits, aux termes de l'art. 12 de la loi du 22 frim. an 7, par l'inscription des enfans sur le rôle de la contribution foncière, aux lieu et place de leur père, et les paiemens faits par eux, s'ils ne rapportent aucune preuve contraire. Les dispositions du code civil, notamment l'art. 711, qui n'admet que trois manières de transférer la propriété, par succession, par donation entre-vifs ou testamentaire, ou par obligation, n'ont point dérogé aux règles spéciales tracées dans l'art. 12 précité de la loi de frimaire. La régie ne peut donc pas être déclarée non-recevable dans la demande des droits, par cela qu'elle ne rapporte pas le titre d'où résulte la mutation. — 23 nov. 1807. Civ. c. Enreg. C. Loist. D.A. 7. 235. D.P. 7. 2. 166.

1928.—Il est vrai qu'on a jugé, et à tort, ce semble, que la présomption de mutation résultant de l'inscription du nom d'un individu au rôle de la contribution foncière, et des paiemens faits par lui en conséquence, ne saurait être atténuée par la production

d'actes, quelque authentiques qu'ils soient en la forme, qui tendraient à établir que cet individu n'a jamais été propriétaire de l'immeuble, parce que ces actes, valables entre les parties, dont ils sont l'ouvrage, ne peuvent être opposés à la régie, à qui ils sont étrangers, ni lui enlever le bénéfice de la preuve légale établie à son profit par la disposition expresse de la loi — 10 oct. 1808. Civ. c. Enreg. C. Sevelinges. D.A. 7. 235. D.P. 2. 37.

1929.— Mais aussi on a jugé, contrairement, que la présomption de mutation résultant de l'inscription au rôle et du paiement d'une partie de la contribution foncière, doit céder à la *preuve* contraire (C. civ. 1352). — Ainsi, quand des enfans, qui se sont fait imposer à la place de leur père, étaient fermiers de celui-ci aux fins d'un bail authentique antérieur à leur imposition; que, d'après une clause de ce bail, ils devaient acquitter la contribution foncière à la décharge de leur père, *jusqu'à concurrence d'une somme déterminée*, et que l'imposition qu'ils ont subie et acquittée n'excède pas cette somme; toutes ces circonstances et celles de la minorité d'un des enfans suffisent pour écarter l'idée d'une démission et d'un partage de propriété.— 2 août 1814. Civ. r. Enreg. C. Lefebvre. D.A. 7. 247. D.P. 22. 1. 502.

1930. — Toutefois, c'est avec raison qu'on a déclaré que la présomption légale de mutation résultant de l'inscription au rôle foncier et des paiemens faits en conséquence, ne peut être détruite par la production d'un bail sous seing-privé, qui mettrait les contributions à la charge du fermier, mais qui n'aurait acquis de date certaine que long-temps après l'inscription au rôle et postérieurement aux poursuites de la régie, non plus que par cette allégation que l'ancien propriétaire serait resté compris au rôle pour l'impôt des portes et fenêtres. — 11 mai 1808. Civ. c. Enreg. C. Gelay. D.A. 7. 242. D.P. 2. 38.

1931.— Jugé de même que la foi due à un acte quelconque ne peut être détruite par un autre qui n'avait pas acquis date certaine avant l'existence du premier. Ce dernier acte doit être considéré comme le résultat d'un concert pratiqué pour éluder les conséquences du premier acte, relativement aux droits d'enregistrement. — *Spécialement*, la production d'actes sous seing-privé constatant l'association de plusieurs individus pour l'acquisition d'un immeuble, s'ils n'avaient aucune date certaine avant la vente, est insuffisante pour établir un droit de co-propriété, lorsque l'immeuble a été acheté par l'un d'eux, en son nom personnel, et que lui seul a été inscrit, comme propriétaire, sur le rôle, et a acquitté la contribution foncière.— Dès lors, la substitution, sur le rôle foncier, du nom de ces prétendus associés à celui de l'acquéreur, véritable propriétaire, fait présumer une mutation au profit de ces derniers, mutation qui donne ouverture au droit proportionnel. — 16 oct. 1810. Civ. c. Enreg. C. Jourdain, etc. D.A. 7. 243. D.P. 2. 38.

1932.— Comme aussi la présomption de mutation résultant de l'inscription des enfans sur le rôle foncier, aux lieu et place de leur père, et des paiemens faits par ces enfans en conséquence de cette inscription, ne peut être détruite par la production d'un écrit sous seing-privé contenant le partage anticipé fait par le père entre ses enfans des biens devant un jour faire partie de sa succession, si cet acte n'a point acquis, avant le décès du père, une date certaine à laquelle on puisse rattacher l'inscription des enfans sur le rôle. — 1er déc. 1812. Civ. c. Enreg. C. Fauconneau. D.A. 7. 244. D.P. 2. 39.— 1er nov. 1812. Civ. c. Enreg. C. Fauconneau. D.P. 13. 1. 165. — V. n. 1927.

1933.— Pareillement, l'inscription des enfans au rôle de la contribution foncière, aux lieu et place de leur père, lors même qu'elle n'a pas été faite suivant le mode prescrit par l'art. 36 de la loi du 3 frim. an 7, et le paiement volontaire fait par eux, et chacun pour sa part, du montant de cette contribution, forment une présomption légale de mutation suffisante pour autoriser la perception du droit, lorsque cette présomption n'est pas combattue par une preuve contraire résultant d'un acte authentique, et ce, nonobstant qu'il soit allégué par les enfans que leur inscription au rôle n'a été faite qu'en vertu d'un usage local qui permettrait à un père parvenu à un grand âge de délaisser verbalement à ses enfans la culture de ses terres, à charge par ceux-ci de lui remettre une quotité proportionnelle des fruits pour son entretien, et de payer la contribution foncière, sauf le droit du père de reprendre les biens à son gré. — 24 juin 1822. Civ. c. Enreg. C. Christ. D.A. 7. 240. D.P. 22. 1. 501.

1934.— De même, l'inscription au rôle foncier du nom d'un individu aux lieu et place du précédent propriétaire, le paiement de la contribution, des réparations à l'immeuble, une déclaration faite à l'administration forestière pour abattre des bois en dépendant, sont autant de circonstances qui établissent la mutation et donnent ouverture au droit proportionnel, si le nouveau possesseur ne prouve par des procurations, des quittances d'ouvriers, ou toute autre pièce, qu'il n'a agi qu'en qualité de mandataire.— 31 août 1814. Civ. r. Soulès. D.A. 7. 239. D.P. 2. 38.

1935. — On conçoit de même que la présomption légale de mutation résultant de la mise en possession de l'acquéreur-échangiste, et de son inscription au rôle de la contribution foncière, n'est point détruite par la circonstance que le vendeur-échangiste aurait, postérieurement à sa dépossession, aliéné une partie des objets compris dans l'acte d'échange, lors surtout que le prix en provenant aurait été par lui remis à l'acquéreur. — 22 déc. 1819. Civ. c. Enreg. C. Sardet. D.A. 7. 244.

1936. — Cette présomption obtient tous ses effets, lors même qu'il serait allégué que la prise de possession n'a eu lieu qu'en vertu d'un droit de copropriété sur les immeubles, et qu'elle équivaut à un acte de licitation ou de partage. — Même arrêt.

1937. — Lorsque la preuve légale de la mutation est acquise, il importe peu qu'elle n'ait pas été, dans l'origine, constatée par écrit; le delai court, pour en faire la déclaration, du jour de son existence. — Même arrêt.

1938. — La présomption de mutation résultant de l'inscription du nom d'un individu au rôle de la contribution foncière, et des paiemens faits par lui en conséquence de cette inscription, ne saurait être écartée par des actes sous seing-privé, quand même il en serait produit, émanés des parties contre lesquelles la présomption est établie. — 17 août 1824. Req. Palluel. D.A. 7. 247. D.P. 24. 1. 518.

1939. — Il a été jugé que les droits de mutation pour vente d'un immeuble sont dus par l'individu dont le nom est porté, à raison de cet objet, sur le rôle foncier de la commune où l'immeuble est situé, et qui, depuis cette inscription, a payé la contribution foncière. La présomption légale de propriété résultant de cette inscription et de ces paiemens ne peut pas être détruite par la représentation que ferait l'individu poursuivi par la régie, d'une procuration d'affermer pour l'ancien propriétaire, et du bail fait, en conséquence de ce mandat, avant l'inscription sur le rôle, non plus que par la vente qui, postérieurement aux poursuites de la régie, aurait été consentie au prétendu fermier. — 5 janv. 1825. Civ. c. Enreg. C. Valory. D.P. 25. 1. 62.

1940. — Jugé de même que la présomption légale d'une mutation de propriété, résultant, soit de l'inscription au rôle foncier du nom du nouveau possesseur, soit des paiemens faits en conséquence, ne peut être détruite par l'allégation d'une prétendue réclamation contre cette inscription, démentie par l'administration des contributions directes, ni par d'autres allégations dénuées de toute preuve légale, telles, par exemple, que l'allégation de n'être que fermier et d'être inscrit au rôle sans sa participation, etc., et le jugement qui admet ces allégations doit être cassé. — 6 fév. 1826. Civ. c. Enreg. C. Levesque. D P. 27. 1. 365.

1941. — Pour fonder la demande des droits de mutation, il faut la réunion des deux conditions exigées par l'art. 12. S'il y a seulement paiement des impositions, sans cotisation au rôle, l'article n'est pas applicable. — 26 nov. 1823. Civ. r. Enreg. C. Legrand. D.A. 7. 248. D.P. 2. 39.

1942.— Ainsi, l'inscription d'un individu au rôle de la contribution foncière ne suffit pas pour le faire réputer propriétaire de l'immeuble, lorsque cette inscription présente des irrégularités. Il faut, d'ailleurs, que des paiemens aient été faits en conséquence. La mutation par acte secret doit d'autant moins facilement être présumée, que cet individu a acquis, depuis, l'immeuble par acte authentique, et qu'ainsi il n'y a pas lieu de croire qu'il ait voulu frauder le trésor public. — 5 fév. 1810. Civ. r. Enreg. C. Imbert D.A. 7. 237. D.P. 2. 38.

1943. — Quoique la contribution foncière ait été payée par une personne; que les fruits des biens aient été saisis sur elle, si elle n'a pas été nommément inscrite au rôle, la preuve légale de mutation n'est pas suffisante.—29 nov. 1823. Civ. c. *Dict. de l'enreg.*, vº Mutation, § 4, n. 123.

1944.— Il ne suffit point, pour autoriser l'application de l'art. 12, aux termes duquel la présomp-

tion légale de mutation résulte, contre le nouveau possesseur, du concours de l'inscription de son nom au rôle de la contribution et des paiemens par lui faits en conséquence de cette inscription, qu'un particulier qui, ayant reçu procuration notariée à l'effet de vendre et de gérer une maison située dans une commune où il en possède une lui-même, ait été substitué à son mandant au rôle de la contribution et ait payé les contributions de la maison de celui-ci, si, en faisant ces paiemens par suite d'une imposition causée *pour propriété bâties*, et sans spécification de la maison de son mandant, il a été dans son intention de n'acquitter que le droit dû pour sa propre maison. En conséquence, si, plus tard, le mandataire achète la maison de son mandant, il ne peut être déclaré passible du double droit, sous le prétexte que la mutation doit être présumée s'être opérée dès le jour de l'inscription du nom de l'acquéreur au rôle, et du paiement de la contribution.— 13 avril 1823. Civ. r. Enreg. C. Jogant. D.P. 25. 1. 274.

1945. — De ce qu'un individu a consenti une hypothèque sur une immeuble, et de ce qu'il est inscrit au rôle de la contribution foncière, mais sans qu'il soit établi qu'il ait payé aucune contribution, ni qu'il ait fait aucun acte de possession réelle sur l'immeuble, il ne saurait résulter contre cet individu présomption de transmission de propriété..., alors surtout qu'un jugement rendu entre d'autres parties, et non attaque par la régie, a reconnu que l'immeuble était la propriété de l'une d'elles, qui l'avait transmise à un tiers par succession.— 24 août 1827. Civ. r. Enreg. C. Fressinet. D.P. 27. 1. 473.

1946.— Encore bien qu'un individu porté sur les rôles des contributions, comme propriétaire d'une maison, en ait payé les impôts quelque temps, il ne peut cependant être pour cela condamné à payer le droit et double droit de mutation de cette propriété, lorsqu'il résulte des pièces authentiques qu'il n'en a jamais été propriétaire, que ce n'est pas lui ni aucune des parties intéressées qui a fait faire l'inscription de son nom sur les rôles, et que s'il a payé les contributions, c'est qu'il ignorait complétement qu'il les payait, parce qu'il ne lui avait été remis aucun avertissement particulier; que l'on avait confondu cette contribution assez modique avec ses autres contributions, et que l'on avait indiqué sur cet avertissement que trois portes cochères, nombre égal à celles des maisons qu'il possédait, tandis qu'on aurait dû en indiquer quatre, dont une pour la maison objet du litige.— 26 juill. 1830. Civ. r. Enreg. C. Cottenest. D.P. 30. 1. 325.

1947.— Il n'y a point présomption légale de mutation, lorsque celui qui a été inscrit au rôle foncier déclare que c'est à son insu que cette inscription a été faite, et que c'est comme fermier qu'il a payé l'impôt.— 19 nov. 1832. Solut. de la régie. D... D.P. 33. 3. 16.

Comment aurait-on pu décider le contraire alors qu'il n'y avait pas paiement des droits par le fermier?

1948.— Pour qu'il y ait présomption légale de mutation, il ne suffit pas que le paiement de l'impôt foncier ait été fait au nom du nouveau possesseur inscrit; il faut qu'il ait eu lieu par lui ou par un tiers agissant *à sa connaissance*; et, en cas de paiement fait par le fermier, le droit de mutation n'est pas dû, s'il est déclaré que le possesseur ne connaissait pas ce paiement.—31 janv. 1833. Req. Enreg. C. Aubertin. D.P. 33. 1. 151.

Cette décision rentre dans l'esprit de la circulaire de 1821, rapportée mal à propos par celle du 8 juill. 1831.— V. *suprà*.

1949. — La mutation dont l'acte n'est point représenté, mais qui s'induit de présomptions, est-elle censée avoir eu lieu à titre onéreux ou à titre gratuit? Est-ce le droit de donation ou le droit de vente qui doit être perçu? Il n'y a que le cas de la mutation en ligne directe où il puisse être avantageux au nouveau possesseur de réclamer l'application des droits de donation. Eh bien! dans ce cas, le droit de vente ne pourra pas être exigé, parce que, d'une part, la loi s'est servi du terme générique de *mutation*, et d'autre part, parce que la déclaration des parties, seul titre ici de la mutation, doit être crue jusqu'à preuve contraire (*Journal de l'enreg.*, art. 6055); peu importerait que le titre de donataire ne fût déclaré qu'après l'inscription au rôle et lors des poursuites de la régie. Ces principes, consacrés en partie par une décision ministérielle du 12 janvier 1820, portant qu'il n'était dû que le droit de donation, lorsque les enfans s'étaient fait porter sur le rôle comme donataires de leur père, ont été abandonnés depuis, ainsi qu'il apparaît d'une autre décision ministérielle du 7 novembre 1823, déclarant que si l'inscription des enfans, à la place de leur

père, au rôle de la contribution foncière, n'a pas lieu en vertu d'un acte en forme de donation et contenant partage, la mutation est incontestablement assujettie au droit de 4 p. 100. — D.A. 7. 225, n. 4.

1950. — Pour réclamer des droits de mutation, ce n'est point assez de faire connaître le nouveau possesseur, il faut encore indiquer un précédent propriétaire; car la mutation suppose le passage de l'immeuble d'une main dans une autre, et les droits d'enregistrement ne peuvent jamais être que le prix de cette mutation. — D.A. 7. 226, n. 5.

1951. — Il a été jugé qu'ainsi il ne suffit point à la régie, qui réclame un droit de mutation, de justifier d'un jugement au possessoire qui maintient dans sa jouissance le détenteur de l'immeuble litigieux, si elle ne désigne le propriétaire qui possédait avant lui, pour marquer le passage de la propriété. — 20 février 1813 Civ. r. Enreg. C. Sacerdote. D.A. 7. 226. D.P. 15. 1. 503.

§ 3. — *Des présomptions légales de mutation qui résultent des actes constatant la propriété ou l'usufruit.*

1952. — L'art. 12 de la loi de frimaire, en faisant résulter la présomption de mutation de tous actes constatant la propriété ou l'usufruit, a laissé la plus grande latitude à la régie pour rechercher les mutations, et aux tribunaux pour en rejeter ou en admettre les preuves (V. à l'appui plusieurs des arrêts rapportés dans le paragraphe qui précède). — D.A. 7. 248, n. 1.

1953. — Pour opérer un classement parmi les nombreux arrêts intervenus sur la matière, nous distinguerons d'abord les cas où le titre de la mutation existe et n'est pas représenté, de ceux où il n'apparaît d'aucun acte qui le constate.

Ainsi l'énonciation, dans un inventaire, d'un acte translatif de propriété ou d'usufruit d'immeuble, autorise la régie à percevoir le droit de mutation; car, d'après ce principe, que toute mutation d'immeuble, qu'il y ait ou qu'il n'y ait pas de titre, est assujettie au droit proportionnel, l'administration peut réclamer les droits de quelque manière qu'elle acquière la connaissance d'une transmission de propriété. — D.A. 7. 248, n. 2.

1954. — L'acte emportant translation de biens-immeubles était, sous la législation antérieure à 1790, soumis, dans un délai de rigueur, aux droits d'insinuation et de centième denier, et ces droits pouvaient en être réclamés, dès que la preuve s'en trouvait acquise. — 21 août 1811. Civ. r. Truol. D.A. 7. 254. D.P. 2. 41.

1955. — L'arrêté du directoire, du 22 vent. an 7, qui permet de mentionner dans un inventaire des actes sous seing-privé non enregistrés, ne fait aucun obstacle à l'application de l'art. 22, qui ordonne l'enregistrement, dans les trois mois, sous peine du double droit, de tous les actes sous seing-privé contenant transmission d'immeubles. En conséquence, la régie peut se prévaloir de l'énonciation dans un inventaire d'un acte de cette nature, pour réclamer les droits auxquels donne lieu son existence constatée, lorsque surtout cette énonciation se trouve accompagnée et corroborée de la possession du nouveau propriétaire, prouvée par son inscription au rôle de la contribution foncière, et par un bail. — 21 août 1811. Civ. r. Truol. D.A. 7. 254. D.P. 2. 41.

1956. — Pareillement, la preuve d'une mutation verbale ou sous signature privée est suffisamment acquise, pour la perception du droit, par la production d'une citation de l'acquéreur en conciliation, à l'effet de passer acte public de cette mutation, et mieux encore par la représentation d'un acte de partage sous seing-privé, dans lequel cet acquéreur a pris la qualité de subrogé aux droits d'un des propriétaires par indivis de l'immeuble faisant l'objet de la mutation, lors même qu'il dénierait sa signature apposée à cet acte de partage. Si le partage a reçu sa pleine et entière exécution, la vérification d'écriture ne doit pas être ordonnée, parce que cette jouissance divise et long-temps continuée est suffisante à elle seule pour prouver la mutation, et suppose, d'ailleurs, un partage préalable. — L'acquéreur ne peut déguiser cette jouissance sous l'apparence d'un bail à ferme, titre auquel il possédait avant son acquisition, parce qu'ayant paru comme propriétaire à l'acte de partage, l'exécution qui a été donnée à cet acte, et contre laquelle il n'a pas réclamé, en atteste la véracité (L. 22 frim. an 7, art. 4 et 12). — 17 fév. 1813. Civ. c. Enreg. C. Volant. D.A. 7. 255.

1957. — Jugé encore que la prise de possession de l'immeuble et, par suite, la mutation est suffisamment prouvée contre les assertions contraires de l'acquéreur, par la représentation de l'acte de vente, qui énonce qu'à l'époque du contrat *il habitait, depuis un certain temps*, la maison vendue. — 12 mars 1817. Civ. c. Enreg. C. Donge. D.A. 7. 366. D P. 17. 1. 189.

1958. — Mais lorsqu'un jugement, passé en force de chose jugée, déclare, en fait, que la promesse de vente d'un immeuble n'a jamais existé, à défaut de consentement réciproque des parties, qu'en conséquence il déclare illégale la prise de possession de cet immeuble par l'acquéreur, et le condamne, pour cette raison, à des dommages-intérêts, la régie ne peut trouver, dans ces faits, la preuve d'une mutation immobilière qui l'autorise à la perception du droit proportionnel. — 6 mai 1822. Civ. r. Enreg. C. Canouet. D.A. 7. 269. D.P. 22. 1. 303.

1959. — Egalement, un inventaire, celui par exemple dressé par les syndics d'une faillite, étant un acte purement conservatoire et descriptif, ne peut élever de présomption d'une transmission de propriété du fait d'un prétendu vendeur qui n'aurait pas concouru auxdites énonciations, et qui les a même positivement contredites. Par suite, la régie ne peut fonder sur un pareil acte une réclamation en paiement de droits de mutation. — 15 déc. 1832. Req. Enreg. C. Bella. D P. 33. 1. 120.

1960. — De même, un paiement à valoir, une résiliation de bail opérés par un acquéreur, ne sont pas des indices de mutation tellement certains que les tribunaux ne puissent rejeter la réclamation de la régie en paiement des droits, sur le fondement que la vente n'a été faite que sous une condition suspensive, par exemple, pour le cas seulement où l'acquéreur obtiendrait l'autorisation d'établir une usine près du domaine qui fait l'objet de la vente. — Même arrêt.

1961. — Comme aussi par application des principes exposés ci-dessus, art. 2, sur le porte-fort, on a jugé que la stipulation faite au profit d'un tiers n'ayant d'effet, à son égard, qu'autant qu'il veut en profiter, il en résulte que si, dans le cas où une acquisition faite par un frère, moitié pour lui, moitié pour son frère absent, pour lequel il s'est porté fort, le frère absent est décédé sans avoir accepté la stipulation, on ne peut dire que, dans ce cas, il y ait eu acquisition faite par ce dernier de la moitié : de telle sorte que, vis-à-vis de la régie, cette moitié doive être réputée faire partie de la succession, et que le frère stipulant et héritier de l'absent ait été obligé de la comprendre dans sa déclaration à la régie des biens du défunt. — 15 mai 1827. Req. Enreg. C. Ligny. D.P. 27. 1. 242.

1962. — Aussi a-t on jugé que les droits sont dus sur un acte de démission de biens invoqué durant le cours d'une instance, et dont l'existence n'a point été déniée, et celui qui en a fait usage ne saurait se soustraire au paiement du droit, sous prétexte que cet acte n'a eu qu'une existence momentanée, et qu'au décès de la mère démettante, les effets en ont cessé par d'autres arrangemens survenus dans la famille, et par un partage fait sur d'autres bases entre les enfans démissionnaires. — 18 déc. 1811. Civ. c. Enreg. C. Ruppert. D.A. 7. 255. D.P. 2. 42.

1963. — Jugé de même que la demande en résolution d'un acte de vente en prouve l'existence. Il y a, par conséquent, lieu à la perception du droit de mutation, lorsqu'une vente est annulée par jugement même quand il n'en prononcerait l'annulation *qu'autant qu'elle existe ou puisse exister*, parce que cette clause, tout-à-fait redondante, ne peut détruire l'induction qui résulte de la demande en résolution du contrat. — 26 août 1806. Civ. c. Enreg. C. Verlysen. D.A. 7. 250. D.P. 2. 40.

1964. — Pareillement, la preuve de la mutation est suffisamment établie par la représentation du titre translatif de propriété. — Si l'acquéreur poursuivi en paiement du droit ne dénie pas sa signature (lorsque l'acte est sous seing-privé), encore bien qu'il prétende n'avoir jamais été mis en possession de l'immeuble transmis, les juges ne peuvent obliger la régie à justifier, autrement que par la production du titre, de la mutation de propriété (C. civ. 1323 et 1324). — 7 fév. 1814. Civ. c. Enreg. C. Morin. D.A. 7. 259. D.P. 2. 43.

1965. — Quant aux actes qui ne sont pas le titre de la mutation elle-même, mais qui la font supposer, c'est aux tribunaux qu'il appartient d'en apprécier le mérite et de juger jusqu'à quel point ils sont une preuve suffisante de la transmission qu'ils décèlent. — D.A. 7. 248, n. 3.

1966 — Ainsi, décidé que les juges ont toute latitude pour déterminer si tel ou tel acte forme une présomption suffisante de mutation. — Ainsi, le paiement fait par un individu, en son nom personnel, du prix de la vente consentie à un autre, et l'inscription de cet individu au rôle de la contribution foncière, ont pu leur paraître une preuve assez complète pour autoriser la demande du droit proportionnel (L. 9 vend. an 6, art. 33). — Lors même que la première vente aurait été faite avec faculté pour l'acquéreur d'élire un command, les droits de la seconde mutation n'en demeurent pas moins dus, s'il n'apparaît d'aucune déclaration de ce genre. — 13 flor. an 10. Req. Lacroix. D.A. 7. 252. D.P. 2. 37.

1967. — Ce principe a encore reçu son application à l'égard des présomptions de jouissance, à titre de ferme ou de location, dont parle l'art. 13 de la loi du 22 frim. an 7; il appartient aux juges de déterminer si elles sont suffisantes pour faire supposer l'existence d'un bail ou d'une subrogation de bail, dont la connaissance aurait été dérobée à la régie. — 15 vend. an 14. Req. Enreg. C. Bigot. D.A. 7. 267. D.P. 6. 2. 6.

1968. — La résiliation d'un contrat de bail est suffisamment prouvée, quant à la perception du droit, par la production d'un acte dans lequel le bailleur s'oblige à le rapporter, lorsque cette énonciation se trouve d'ailleurs fortifiée de la production d'une procuration donnée par le fermier à un tiers, à l'effet de consentir cette résiliation, et de celle d'un bail authentique passé par le tiers acquéreur de l'immeuble à un nouveau fermier, avant l'expiration du premier bail (L. 22 frim. an 7, art. 12). — Les résilimens des actes qui ne sont point faits dans la forme authentique, et dans les vingt-quatre heures, conformément à l'art. 68, § 1er, n. 40 de la loi du 22 frim. an 7, sont soumis au droit proportionel. — 12 oct. 1808. Civ. c. Enreg. C. Gazai. D.A. 7 253. D.P. 2. 41.

1969. — Comme aussi, lorsque postérieurement à l'adjudication publique d'un immeuble au profit d'un individu, il est présenté à l'enregistrement un acte sous-seing privé, daté du même jour, et dans lequel un tiers s'associe, pour l'acquisition du même immeuble, quatre particuliers du nombre desquels est l'adjudicataire, le rapprochement de cet acte sous seing-privé, du contrat d'adjudication, fournit la preuve légale que, dans l'intervalle de la vente publique à la présentation du sous-seing à la formalité, il y a eu une mutation intermédiaire, laquelle ne peut être écartée sous prétexte que l'acte privé étant daté du même jour que la vente publique, il ne renfermait qu'une société pour acquérir, contractée avant l'adjudication, mais qui n'aurait été suivie d'aucun effet. — 20 avril 1807. Civ. c. Enreg. C. Coudère. D.A. 7. 251. D.P. 2. 40.

1970. — Et lorsque deux particuliers ont acheté des immeubles *en commun*, sans que l'acte fasse aucune mention de la part pour laquelle chacun deviendrait propriétaire, ils sont censés avoir des droits égaux, et si l'un d'eux retire de la masse commune une portion plus grande que celle attribuée à son associé, il y a mutation, à son profit, pour la part excédant sa moitié, et le droit proportionnel est dû à raison de cet excédant, nonobstant que l'acte soit qualifié partage, parce qu'un partage ne peut être considéré comme tel, et n'être assujetti qu'au simple droit fixe, qu'autant que la propriété de chacun des co-partageans est justifiée sur tous les biens compris dans son lot (L 22 frim. an 7, art. 4, et 68, § 3, n. 3). — 2 mai 1808. Civ. c. Enreg. C. Lemercier. D.A. 7. 252. D.P. 8. 2. 67.

1971. — Jugé de même que la déclaration faite par un individu, après la mort de son père, tant en son nom qu'en celui de sa sœur, des biens composant l'hérédité, et dans laquelle chacun d'eux a des droits égaux, rapprochée de l'inventaire et de la déclaration faite après le décès du fils et dans lesquels les mêmes biens se trouvent compris comme lui appartenant en totalité, donne la preuve d'une mutation secrète qui s'est opérée, soit verbalement, soit par écrit, de la sœur à son frère, laquelle rend exigibles les droits de mutation. — 23 mai 1808. Civ. c. Enreg. C. Foucaud. D.A. 7. 253. D.P. 2. 41.

1972. — Également, un acte de partage suppose nécessairement que ceux entre qui il est intervenu étaient antérieurement *co-propriétaires*, puisqu'il ne leur transmet aucun droit nouveau, et qu'il n'a d'autre objet que de les faire sortir d'indivision. — Ainsi, le partage fait entre les enfans, des biens appartenant à leur père encore vivant, les fait réputer démissionnaires de ce dernier, ou ses acquéreurs à quelque autre titre, qui rend exigible le droit de mutation. — Cette présomption n'est pas détruite par la circonstance que le père n'a point paru à l'acte de partage, parce que ce fait, qui ne concerne que l'intérêt du père, est tout-à-fait étranger pour la perception des droits. — 13 avril 1814. Civ. c. Enreg. C. Bègues. D.A. 7. 258. D.P. 2. 43.

1973. — Jugé de même que lorsqu'il est constant,

en fait, qu'il y a eu démission de biens de la part d'une mère au profit de ses enfans, et que les biens délaissés ont été partagés entre eux, il y a présomption suffisante de mutation pour la perception du droit d'enregistrement; et chacun des co-partageans est tenu d'acquitter le droit sur sa portion, nonobstant que l'un d'eux prétendrait n'avoir reçu dans son lot aucun des immeubles compris dans l'acte de délaissement, s'il en a, d'ailleurs, reçu la représentation en argent. — 28 aout 1816. Civ. c. Enreg. C. Vée. D.A, 7, 258. D.P. 17. 1. 44. — V. n. 1962.

1974. — Les licitations ou autres actes par lesquels un héritier acquiert la portion de ses co-héritiers, dans un immeuble composant la succession, opèrent, à l'égard de la régie, une mutation de propriété passible des droits fixés par l'art. 69, § 8, n. 4 et 5 de la loi du 22 frim. an 7, et cela encore bien qu'il n'existerait aucun acte de partage antérieur : à cet égard, l'art. 883 C. civ., suivant lequel le partage n'est que déclaratif, n'est pas applicable à la régie et doit être restreint aux co-héritiers entre eux. — 6 mars 1834. Req. Merlet. D.P. 34. 1. 144.

C'est là, à notre avis, une erreur : l'art. 883 est applicable à la régie comme aux autres citoyens; cet article contient une disposition générale, qui doit, sauf dérogation expresse, s'appliquer aux matières spéciales comme aux matières ordinaires. — D.A. 7. 252, 262, n. 38. D.P. 33. 1. 240.

1975. — La remise d'un objet de la succession, faite par l'héritier à une personne qu'il déclare en avoir été gratifiée par un *legs verbal* du défunt, ne peut être considérée que comme *une donation* faite par cet héritier, et dès lors est passible du droit dû en conséquence (C. civ. 893, 835 et 969). — 18 juill. 1832. Tribunal de la Seine. Guyot. D.P. 32. 3. 143.

1976. — Est-il vrai que la vente des immeubles d'un failli, faite sans formalités par ses héritiers, et du consentement de ses créanciers, doive être réputée faite par ces derniers en qualité de propriétaires, au moins vis-à-vis de la régie de l'enregistrement, et quant à la perception du droit? — 21 juill. 1828. Civ. c. Bruges-Dumesnil. D.P. 28. 1. 340.

1977. — Lorsqu'un procès-verbal d'adjudication ne désigne qu'un seul acquéreur, il en resulte une preuve légale que lui seul a acquis la totalité du domaine, encore bien que des circonstances postérieures prouvassent que la moitié de ce domaine appartenait au frère de l'adjudicataire. La seule conséquence qu'on puisse en tirer, c'est qu'il s'est depuis opéré une mutation en faveur du frère, et qu'il a dû être payé, à raison de cette mutation, un droit proportionnel d'enregistrement. — 7 mars 1808. Civ. c. Enreg. S. 8. 1. 488.

1978. — Jugé encore qu'il y a présomption légale de vente d'immeubles ayant appartenu à un tiers, et par conséquent ouverture au droit proportionnel, dans la circonstance qu'après le décès de son mari, une veuve a fait donation de ses biens à ses enfans; que ceux-ci en ont fait entre eux le partage, et qu'enfin ils ont déclaré à la régie que ces biens faisaient partie de la succession de leur père comme acquêts de communauté : cette présomption ne peut être détruite par la vente de ces biens, qui, après ces actes, aurait été consentie par le propriétaire primitif aux enfans, vente sur laquelle la régie aurait même perçu les droits. — 31 mai 1826. Civ. c. Enreg. C. Langlet. D.P. 26. 1. 300.

1979. — Jugé aussi que l'acte de partage entre plusieurs individus, de biens précédemment vendus par eux, donne la preuve d'une rétrocession de propriété. — La demande en paiement des droits résultant de cette rétrocession ne peut être repoussée sous prétexte qu'une rétrocession verbale n'est pas un titre translatif de propriété, et que le partage des biens appartenant à autrui n'est point un titre pouvant servir de base à la perception d'un droit proportionnel. — 21 mai 1806. Civ. c. Enreg. C. Kæriger, etc. D.A. 7. 264. D.P. 2. 44.

1980. — De même encore, l'acte de partage entre deux co-héritiers, après la résiliation volontaire, pour cause de lésion, d'un premier acte contenant vente, par l'un des co-héritiers à l'autre, de ses droits successifs, ne peut être considéré que comme une rétrocession, au profit du vendeur, de sa portion héréditaire, laquelle donne lieu au droit proportionnel, si d'ailleurs la rescision du premier contrat n'a pas été prononcée par jugement (L. 22 frim. an 7, art 69, § 7, n. 1). — 10 oct. 1810. Civ. c. Enreg. C. Saint-Blancard. D.A. 7. 266. D.P. 10. 1. 475.

1981. — Les preuves légales de mutation que l'art. 12 de la loi de frimaire attache aux actes qui démontrent la propriété d'un individu sur un immeuble, ne sauraient être infirmées par de simples *présomptions*, bien moins encore par les dires des parties. — *Spécialement*, lorsque, postérieurement à la vente qui l'a exproprié de ses biens, le débiteur saisi vend une partie de ces mêmes biens, avec la ratification de l'adjudicataire, cette vente donne la preuve légale d'une rétrocession de propriété de l'adjudicataire au débiteur saisi, que le tribunal n'a pu repousser, sur l'allégation que ce dernier n'a pris la qualité de vendeur que pour inspirer plus de confiance aux acquéreurs, en leur donnant la garantie de l'ancien et du nouveau propriétaire; mais que, dans la réalité, la vente ne concerne que l'adjudicataire. — 4 mars 1807. Civ. c. Enreg. C. Caubère. D.A. 7. 267. D.P. 2. 46.

1982. — Voilà pourquoi il a été décidé que celui qui vend une chose à un autre, sans qu'il apparaisse du titre qui lui en a transféré la propriété, est présumé l'avoir acquise par une mutation secrète, dont la régie est autorisée à lui réclamer les droits. Les juges ne peuvent éluder cette présomption en supposant, sans preuve, et contre toute vraisemblance, qu'il a vendu la chose d'autrui — 22 juill. 1807. Civ. c. Enreg. C. Maisonnade. D.A. 7. 260. D.P. 2. 43.

1983. — Jugé encore que le particulier qui reste en possession d'immeubles qu'il avait précédemment vendus par acte public enregistré, est censé n'en être redevenu propriétaire qu'au moyen d'une rétrocession soumise au même droit proportionnel que la première vente (L. 22 frim. an 7, art. 69, § 7, n. 1). — La présomption légale de rétrocession n'est pas détruite par la production d'une contre-lettre sous seing-privé, portant que la vente était simulée, si cette contre-lettre n'avait pas acquis date certaine dans les vingt-quatre heures du premier contrat, circonstance unique dans laquelle elle pourrait être considérée comme un résiliment pur et simple, passible d'un droit fixe (L. 22 frim. an 7, art. 68, § 1er, n. 40). — 25 oct. 1808. Civ. c. Enreg. C. Treil. D.A. 7. 264 D.P. 2. 45.

1984. — Toutefois, l'art. 12 n'exclut pas la *preuve* contraire aux présomptions qu'il établit. — Jugé ainsi le 14 fév. 1820. Bruxelles. Enreg. C. Vanlooy. D.A. 7. 268. D.P. 2. 46.

1985. — Mais on a décidé qu'il n'est pas permis aux tribunaux de donner à un acte une couleur autre que celle qui apparaît naturellement. Ainsi, lorsque le vendeur d'un immeuble, postérieurement à l'aliénation, l'affecte au cautionnement d'un tiers, il doit être présumé légalement avoir racheté cet immeuble, et les tribunaux ne pourraient, sous prétexte de rechercher l'intention des parties, admettre, par exemple, que cette affectation hypothécaire n'a eu lieu que par un arrangement concerté entre le vendeur et l'acquéreur, et par une complaisance du premier pour le second. — 2 juill. 1816. Civ. c. Enreg. C. Godin. D.A. 7. 266. D.P. 2. 45.

1986 — La vente ou le bail consenti par un particulier, d'un immeuble dont un autre avait paru jusque là propriétaire, n'établissent une présomption légale de mutation qu'autant qu'ils sont passés par ce particulier *en son nom personnel*, et non point comme agissant pour autrui. — D.A. 7. 249, n. 4.

1987. — Ce principe a été appliqué au cas où l'individu qui donne à bail un domaine en est réputé propriétaire aux yeux du fisc, quoiqu'il ait déclaré dans l'acte de bail même, qu'il n'est acquéreur dudit domaine que par un acte *non encore en forme*, et que, par suite, le bail, après une durée de près d'un an, vienne à être résilié sur le motif que la vente ne s'est point réalisée. — 23 fév. 1807. Civ. c. Enreg. C. Lubbert. D.A. 7. 250. D.P. 2. 40.

1988. — Comme aussi, nonobstant la qualification de mandat donnée à un acte, à l'effet de vendre un immeuble, si le prétendu mandataire a acquis, moyennant une somme qu'il s'est obligé de payer au mandant, le droit de disposer de cet immeuble au prix qu'il jugerait convenable; s'il a été stipulé dans le mandat que les parties non vendues dudit immeuble resteraient propres au mandataire, et si ce dernier s'est d'ailleurs porté garant de la vente à laquelle il a fait procéder, toutes ces circonstances forment une preuve évidente que le mandat ne renfermait qu'une vente déguisée. Il doit, par conséquent, être soumis au droit proportionnel de mutation. — 30 janv. 1808. Civ. c. Enreg. C. Didier. D.A. 7. 251. D.P. 2. 40.

1989. — Le propriétaire d'un immeuble qui, après l'avoir vendu à un tiers, l'échange de nouveau, en son nom personnel, avec une autre personne, est censé l'avoir racheté de son acquéreur; et cette rétrocession donne ouverture au droit proportionnel (L. 22 frim. an 7, art. 22 et 38; L. 27 vent. an 9, art. 4). — Si l'existence de la première vente est reconnue en fait, les juges ne peuvent éluder la présomption légale de rétrocession qui résulte du contrat d'échange, en alléguant que cet échange était dans l'intérêt unique de l'acquéreur, et que, s'il a été fait au nom du propriétaire originel, c'est parce que la vente étant demeurée secrète, l'acquéreur ne pouvait figurer personnellement dans l'acte d'échange. — 21 déc. 1808 Civ. c. Enreg. C. Liébau't. D.A. 7. 265. D.P. 2. 45. — V. *suprà*, l'arrêt du 2 juill. 1816, qui consacre le même principe.

1990. — De même, le bail passé par un fils et ses père et mère conjointement, d'un immeuble dont le fils seul était adjudicataire, fait présumer une mutation secrète de la part du fils à ses père et mère. — 29 juin 1813. Civ. c. Enreg. C. Hénaff. D.A. 7. 430. D.P. 13. 1. 576.

1991. — Jugé également que l'affectation hypothécaire, par deux frères, d'un immeuble *qu'ils déclarent leur appartenir*, quoiqu'il ait été acquis originairement par l'un d'eux, suffit à elle seule pour faire présumer une mutation de propriété de l'un des deux frères à l'autre, et autoriser la demande du droit proportionnel, à raison de cette mutation — 14 mai 1822. Civ. c. Enreg. C. Gauthier. D.A. 7. 260. D.P. 2. 45

1992. — Toutefois, il a été décidé que la présomption de mutation de propriété que l'art. 12 de la loi du 22 frim. an 7 attache à la représentation d'un bail émané du nouveau possesseur, n'est pas de nature à établir d'une manière irrévocable la réalité de la mutation. — Cette présomption doit disparaître devant des preuves matérielles de la non existence de cette prétendue mutation. — 20 juill. 1816. Civ. c. Schœngrun. D.A. 7. 268. D.P. 17. 1. 30.

1993. — Une acte qualifié *bail* par les parties contractantes, et renferment des clauses incompatibles avec la nature de ce contrat, mais essentielles à un contrat de vente, a pu être considéré, même vis-à-vis de la régie, pour la perception des droits, comme un véritable acte de vente : ainsi, dans un acte qualifié bail, où, par exemple, il aurait été stipulé que *le preneur ne pourrait prétendre à aucune indemnité pour les vides et vagues qui pourraient se trouver dans les coupes de bois affermés*, la régie a pu voir un acte de vente, et percevoir les droits fixés par la loi du 22 frim. an 7, pour les ventes et adjudications de coupes de bois taillis et hautes futaies (L. 22 frim. an 7, art. 69, § 5, n. 1). — 3 déc. 1832. Civ. c. Simon. D.P. 33. 1. 99.

1994. — Pour réclamer un droit de mutation, ce n'est point assez d'indiquer (comme il a été dit § 1er) deux propriétaires, il faut encore désigner deux *possesseurs*. Ainsi, lorsque dans un acte un immeuble est abandonné par un débiteur à son créancier, qui, de son côté, et par le même acte, l'abandonne à un tiers en paiement de ce qu'il lui doit, il n'y a réellement là qu'une seule mutation, parce qu'entre l'ancien propriétaire et le nouveau possesseur il n'y a pas eu de possesseur intermédiaire (*Journ. de l'enreg.* art. 097; art. 12, L. frim. an 7 et 4 vent. an 9) — D.A. 7. 249, n. 5.

1995. — Ainsi, jugé que le co-héritier qui n'est appelé que pour un quart dans la succession, et qui néanmoins vend à un tiers les trois quarts des biens héréditaires, n'est point, par cela seul, présumé avoir acquis de ses cohéritiers la moitié dont il a disposé, en son nom personnel. Il faudrait que la régie prouvât, pour pouvoir réclamer les droits résultant de cette prétendue mutation, qu'il y a eu une troisième possession intermédiaire entre la possession indivise des héritiers et celle de l'acquéreur (L. 9 vend. an 6, art. 33 et 34). — 20 vend. an 11 Req. Enreg. C. Dutil. D.A. 7. 261. D.P. 2. 44.

1996. — Mais la vente faite par un individu, d'un immeuble dont un autre était propriétaire, fait présumer une mutation intermédiaire, qui donne ouverture au droit proportionnel. — Cette présomption ne peut être détruite par la production d'un acte de partage, tendant à établir que l'immeuble provient d'une succession qui leur est échue en commun, lorsqu'il est prouvé que l'immeuble n'a été acquis par celui des deux qui en a été le premier propriétaire, que postérieurement à l'ouverture de la succession; ni par la supposition d'une société tacite qui aurait existé entre eux, au moment de la première acquisition, lorsque l'un des deux, à cette époque, était sous la tutelle de l'autre (circonstance qui exclut toute idée de société), et lorsque l'acquisition, d'ailleurs, a été faite en nom personnel, et non pour le compte d'une société. — 9 oct. 1810. Civ. c. Enreg. C. Bertrand. D.A. 7. 261. D.P. 2. 44.

1997. — De même, lorsque plusieurs particuliers ont acheté un immeuble en commun, la vente faite

ENREGISTREMENT. ART. 11, § 3.

par l'un d'eux de la totalité de cet immeuble, en son nom personnel, le fait réputer acquéreur, par contrat secret, des portions appartenant à ses communistes, et le soumet au droit proportionnel résultant de cette mutation. — 26 oct. 1812. Civ. c. Enreg. C. Schoppmann. D.A. 7. 262. D.P. 2. 44.

1998. — Egalement, l'individu qui vend un immeuble à un tiers, tant en son nom qu'en celui de ses associés, sans qu'il apparaisse du titre en vertu duquel il en est possesseur, est présumé l'avoir acquis, par un acte secret, de celui qui s'en était rendu précédemment adjudicataire, encore bien qu'il prétende avoir été intéressé dans cette adjudication, si le contrat ne fait aucune mention de lui, et n'énonce qu'un seul acquéreur. — 24 janv. 1815. Civ. c. Enreg. C. Deis. D.A. 7. 262. D.P. 2. 44.

1999. — Jugé de même que lorsque, dans une déclaration de biens héréditaires faite au bureau de l'enregistrement par plusieurs co-héritiers, il est fait mention d'un immeuble dont la valeur excède la portion virile de chacun des successibles, et que l'un d'eux néanmoins a fait des actes qui prouvent que l'immeuble lui appartient exclusivement, il est censé n'être devenu propriétaire de tout ce qui excède sa portion virile, qu'au moyen d'un acte secret passé avec ses co-héritiers, et il est dû, en conséquence, sur cet excédant un droit de vente. Ce droit est dû, nonobstant la production d'un acte fait entre les représentans du successible et ses co-héritiers, postérieurement à la déclaration, duquel il résulterait que plusieurs omissions avaient été faites dans l'énoncé des forces de la succession, et que l'immeuble en question avait réellement été compris en entier dans le lot de leur auteur. — 13 mars 1816. Civ. c. Enreg. C. Gauthier. D.A. 7. 262. D.P. 16. 1. 265.

2000. — La production du titre doit suffire à elle seule pour motiver la demande des droits de mutation d'immeubles; et cela, quand même ce titre serait susceptible d'être annulé. — Toutefois, même si la nullité attaquait l'acte dans son essence, par exemple, si un acte de vente était signé seulement par le vendeur ou par l'acheteur, la représentation de cet acte ne pourrait donner lieu à aucune action de la part de la régie, parce que l'absence d'une des signatures, toutes deux étant essentiellement constitutives du contrat, le ferait regarder comme non avenu ou comme un simple projet abandonné par les parties, à moins cependant que la vente n'eût point été déniée par elles, cet aveu tacite ayant toute la force d'une présomption légale. — D.A. 7. 249, n. 6.

2001. — On a jugé, dans ce sens, que la mutation est suffisamment prouvée, quant au vendeur et dans l'intérêt du fisc, par le seul fait de l'existence de l'acte qui la constate, quand même cet acte ne serait pas signé par l'acquéreur, mais par le vendeur seulement, lors surtout que ce dernier n'a point dénié la vente, soit dans une instance, soit dans une transaction provoquée entre l'acheteur et lui par des difficultés relatives à l'exécution du contrat. — 11 nov. 1822. Civ. c. Enreg. C. Soroste. D.A. 7. 257. D.P. 2. 43.

2002. — De même on a décidé que la vente est suffisamment prouvée, relativement à l'acquéreur et quant à la perception des droits, par la représentation de l'acte qui la constate, quand même cet acte ne serait pas signé par le vendeur, mais par l'acheteur seulement, et que celui-ci en argumenterait pour prétendre que la vente n'a jamais été qu'un projet. — 13 oct. 1806. Civ. c. Enreg. G. Carrier. D.A. 7. 257. D.P. 2. 42. — 22 mai 1811. Civ. c. Blachon. D.A. 7. 257. D.P. 2. 42.

2003. — Toutefois, l'arrêt qui consacre ce point de droit, et le jugement qui, sur le même principe, ordonne l'exécution de la contrainte décernée contre l'acquéreur, ne saurait préjudicier au vendeur qui n'a point été partie dans la cause, et qui reste le maître d'arguer la vente de nullité, et de s'opposer, par conséquent, à la saisie qu'aurait fait pratiquer la régie sur le domaine prétendu aliéné, pour le recouvrement des droits de mutation (C. civ. art. 1351). — 13 oct. 1806. Civ. c. Enreg. C. Carrier. D.A. 7. 257. D.P. 2. 42. — 22 mai 1811. Civ. c. Blachon. D.A. 7. 257. D.P. 2 42.

2004. — Si l'acte qui constate la mutation est sous seing-privé, la partie à qui les droits en sont réclamés peut en méconnaître l'écriture et demander qu'elle soit vérifiée. Jusqu'à cette vérification, toute action de la part de la régie demeure suspendue, mais la régie n'est pas obligée d'en provoquer elle-même la reconnaissance. — D.A. 7. 249, n. 7.

2005. — Mais l'aveu de la partie, l'aveu judiciaire surtout, à défaut de titre, est suffisant pour autoriser la régie à percevoir les droits, quelque allégation qui soit faite du contraire. — D.P. 34. 1. 307, note 1re. — Arrêt conf., 1er avril 1822. Cass. D.A. 7. 259. D.P. 2. 43.

2006 — De même, lorsque le tiers-détenteur d'un immeuble, assigné comme tel en paiement d'une rente hypothéquée sur cet immeuble, ne conteste point sa qualité d'acquéreur, et se laisse condamner au même titre, il résulte de ces faits une preuve suffisante de la transmission de propriété opérée à son profit. — 21 prair. an 13. Civ. c. Enreg. C. Geley. D.A. 7. 249. D.P. 2. 40.

2007. — Jugé de même que la reconnaissance par les parties, dans un procès-verbal de non conciliation, d'une vente verbale, résiliée depuis par jugement, donne ouverture au droit proportionnel, lors surtout que l'acquéreur était entré en possession, et avait payé une partie du prix, nonobstant qu'il prétende que la résiliation n'en a été prononcée que faute par les parties de s'être entendues sur les conditions de cette vente, lorsqu'il s'est agi d'en passer l'acte — 9 nov. 1813. Civ. c. Enreg. C. Nourrisson. D.A. 7. 256. D.P. 2. 42.

2008. — Jugé aussi que l'aveu extrajudiciaire d'une vente verbale suffit pour établir une mutation aux yeux de la régie; ce n'est pas là une simple allégation extrajudiciaire verbale; mais un acte du nombre de ceux qui constituent la reconnaissance d'une mutation. — Et spécialement, lorsqu'un individu, qui a acheté verbalement, par l'entremise d'un mandataire du vendeur, un fonds dont il a pris possession, est actionné par ce dernier en passation de l'acte de vente par-devant notaire, il suffit qu'il ait répondu par exploit qu'il ne connaissait point le mandant ou propriétaire du fonds, et qu'il n'avait acheté que du mandataire les biens dans la possession desquels il prétendait être maintenu, pour que la régie soit fondée à voir dans la réponse ou aveu extrajudiciaire de l'acquisition, une preuve de mutation, et à exiger le droit, encore bien que celui-ci prétendrait que la vente verbale n'a été que conditionnelle, et qu'il n'apparaîtrait d'aucun acte de rétrocession. — 9 juill. 1834. Req. Dupeysset. D.P. 34. 1. 307.

Cette prétendue condition suspensive ne reposait, dans l'espèce, que sur une simple allégation; elle était d'ailleurs démentie par les termes de la réponse ou de l'aveu de l'acquéreur.

2009. — De même, lorsqu'un individu, dans son contrat de mariage, s'est dit propriétaire d'un immeuble qu'il annonce tenir de la libéralité de son père, et bien que, postérieurement au contrat de mariage et à la prise de possession, le père ait déclaré, dans un acte en forme de donation, qu'en effet il avait entendu donner cet immeuble à son fils pour son mariage, et que c'est par omission que le contrat de mariage n'énonce pas cette libéralité, déclarant la renouveler en tant que de besoin, ce n'est pas au contrat de mariage que la donation doit se rattacher, mais à un acte antérieur, et, par conséquent, elle est soumise au droit proportionnel de 2 et demi pour 100, comme donation en ligne directe faite dans un acte autre que le contrat de mariage, et au paiement du double droit, faute d'avoir été présentée à l'enregistrement dans les trois mois de la mutation. — On ne peut faire résulter une fin de non-recevoir contre la régie, pour le paiement du double droit, de ce qu'il n'aurait été perçu, en principe, que le droit simple (L. 22 frim. an 7, art. 22, 38 et 69, § 6, n. 2). — 2 mai 1820. Civ. c. Enreg. C. Chrestien. D.A. 7. 269. D.P. 20. 1. 448.

2010. — On conçoit aussi que lorsque, dans un acte, un individu s'est dit acquéreur d'un domaine; qu'il a donné congé au fermier, réglé l'indemnité prétendue par ce dernier pour non jouissance, et qu'il s'est obligé personnellement au paiement de cette indemnité, il ne peut rester aucun doute sur la mutation, et la preuve n'en peut être balancée par cela que le nom du nouvel acquéreur n'aurait pas été porté sur le rôle de la contribution foncière, ou que le domaine aurait été revendu depuis par l'ancien propriétaire. — 30 nov. 1807. Civ. c. Enreg. C. Paulet. D.A. 7. 251. D.P. 2. 40.

2011. — Ainsi encore, quelque puissantes que puissent être les raisons données par un individu contre la présomption légale de mutation résultant de son inscription sur le rôle foncier, et des paiemens par lui faits en conséquence, il ne peut plus s'y soustraire lorsqu'elle se trouve appuyée d'un acte d'affectation hypothécaire dudit immeuble consenti par lui, et dans lequel il a pris la qualité de propriétaire, circonstance qui seule eût suffi pour l'assujettir au paiement des droits de mutation. — 26 therm. an 13. Civ. c. Enreg. C. Laurey. D.A. 7. 254. D.P. 2. 37.

2012. — Mais la déclaration de l'existence d'un acte de vente d'immeubles sous seing-privé, faite par l'acquéreur seulement dans une pétition adressée au ministre des finances pour obtenir la remise du double droit encouru à l'occasion de cet acte, ne constitue pas à elle seule une preuve suffisante à l'effet d'autoriser la régie à poursuivre le recouvrement des droits de mutation, alors surtout que, postérieurement à la pétition, le même immeuble aurait été vendu à un tiers par le précédent propriétaire, sans l'intervention du pétitionnaire se disant acquéreur. — 8 avril 1834. Délib. de la régie. Faure. D.P. 34. 3. 34.

ART. 12. — *Des valeurs sur lesquelles le droit proportionnel est assis.*

2013. — Les valeurs sur lesquelles le droit proportionnel est assis diffèrent suivant qu'il s'agit de meubles ou d'immeubles, de mutations à titre onéreux ou à titre gratuit, de transmission de propriété, d'usufruit ou de jouissance. — C'est ce qu'expliqueront les décisions qui vont suivre. On parlera dans un deuxième paragraphe du mode d'évaluation de ces valeurs.

§ 1er. — *Des meubles et immeubles transmis à titre onéreux ou gratuit. — Usufruit, Jouissance.*

2014 — Le n. 2, art. 14 de la loi du 22 frim. an 7, statue d'une manière générale, que, pour les créances à terme et tous autres actes obligatoires, le droit proportionnel doit être perçu *sur le capital exprimé dans l'acte et qui en fait l'objet.* — Mais si l'obligation était de faire, ou de donner, sans expression de la valeur de la chose promise, l'art. 14 ne pourrait être appliqué, et les parties seraient tenues d'y suppléer, avant l'enregistrement, par une déclaration estimative certifiée et signée au pied de l'acte (art. 16). — D.A. 7. 271, n. 2.

2015. — Ainsi, décidé que, lorsque la somme que le failli s'oblige de payer, par un concordat, à des créanciers, est indéterminée, le droit doit être perçu sur la déclaration des parties. — 26 avril 1830. Solut. D.P. 31. 3. 38.

2016. — De même aussi l'acte qui constate qu'un négociant a profité, pour certaine somme, du crédit qui lui a été ouvert par une maison de banque, est passible du droit proportionnel de 1 p. 100 sur les sommes dont il a profité. — 10 mai 1831. Civ. c. Enreg. C. Naegely. D.P. 31. 1. 167.

2017. — La loi n'admet la déclaration des parties pour déterminer la valeur des objets soumis aux droits d'enregistrement, que dans les cas où il n'existe pas d'autres moyens de constater cette valeur. — Mais à l'égard des rentes dépendant d'une succession, le droit de mutation par décès se règle sur le capital de la rente, formé d'après les règles ordinaires, et non point sur la valeur vénale ou d'estimation de ladite rente, lors même qu'elle aurait été vendue en justice pour un prix inférieur au capital réel (art. 14, n. 6 et 7). — 4 mai 1807. Civ. c. Enreg. C. Stroobault. D.A. 7. 286. D.P. 2. 50.

2018. — C'est toujours sur le capital entier de la créance que doit être perçu le droit de 50 cent. par 100 fr. auquel est assujettie l'hypothèque supplémentaire. Peu importe que les immeubles nouvellement affectés soient d'une valeur inférieure à ce capital. — 11 fév. 1834. Délib. de la régie. Quincy. D.P. 34. 3. 48.

2019. — Cette décision fait violence à la nature des choses et à la loi elle-même, qui, nulle part, ne tarife les garanties immobilières.

2020. — La régie ne peut provoquer une expertise pour faire constater l'insuffisance d'estimation dans le cas de mutation d'objets mobiliers, parce que la loi n'accorde ce remède que pour les mutations d'*immeubles*. — Mais si l'insuffisance d'évaluation était démontrée par toute autre voie, le supplément de droit serait dû, outre la peine réservée à la fraude. — D.A. 7. 271, n. 3.

2021. — Jugé, en conséquence, que les mesures de vérifications prescrites en cas de contestations de la régie par les art. 17, 18 et 19 de la loi du 22 brum. an 7, ne sont exclusivement relatives qu'aux transmissions de biens-immeubles : elles ne sont pas applicables au cas où elle prétend que le reliquat d'une gestion a été fixé trop bas par les parties, dans la vue de frauder les droits du fisc. — 1er fév. 1832. Req. Enreg. C. Gendron. D.P. 32. 1. 61.

2022. — Le droit proportionnel d'une créance quelconque doit être perçu sur le capital exprimé dans l'acte, quelle que soit d'ailleurs la valeur intrinsèque de ce capital, et sans qu'il soit permis de rechercher si la créance se compose en majeure partie de billets de caisse, et quel peut être le taux de ces

billets au-dessous du pair (Tarif de la loi du 19 déc. 1790, sect. 7, n. 2; l. 22 frim. an 7, art. 40, et 14, n. 2).—3 nov. 1807. Civ. c. Enreg. C. Francq. D.A. 7. 286. D.P. 7. 2. 164.

2023.—Lorsque les droits de mutation, par décès, sur les offices de notaires, greffiers, etc., ont été acquittés d'après la déclaration estimative des offices, faite par les héritiers, les préposés de la régie ne peuvent réclamer un supplément de droit, en se fondant sur ce que le prix de la vente de l'office consentie par les héritiers est supérieur au montant de l'estimation portée dans la déclaration.— 13 août 1832. Décis. min. Haquin. D.P. 32. 3. 135.

Cette décision est juste, surtout s'il y a eu un long intervalle entre la déclaration et la vente.

2024.—Les rentes et pensions créées avec expression de capital sont passibles du droit sur le *capital constitué et aliéné* (art. 14, n. 6), à la différence de celles créées sans expression de capital, qui doivent acquitter le droit sur un capital formé de dix ou de vingt fois la rente (art. 14, n. 9). Dans les premières en effet la somme réellement comptée à l'emprunteur est seule l'objet de l'obligation et le vrai capital de la rente.—D.A. 7. 271, n. 4.

2025.—La cession d'un bail à rente, sans autre prix, donne ouverture au droit proportionnel sur le capital de la rente calculée au denier vingt (art. 15, n. 2).—12 niv. an 12. Civ. c. Enreg. C. Foache. D.A. 7. 276. D.P. 4. 1. 229.

2026 —Lorsque, dans un contrat de mariage, les parens de la future lui constituent une pension, en se réservant la faculté de l'éteindre, moyennant un capital désigné, comme si, par exemple, ils lui constituent une rente annuelle de 1,500 fr., et se réservent la faculté de se libérer moyennant la somme de 30,000 fr., le droit de donation ne doit être liquidé que sur 15,000 fr., capital au denier dix de la rente, par application de l'art. 14, n. 9 de la loi du 22 frim. an 7, et non sur 30,000 fr., capital désigné.— 8 mai 1833. Délib. D.P. 33. 3. 79.

2027.—Les transports de rentes ou pensions, et leur amortissement, quel que soit le prix stipulé pour le rachat ou la cession, sont passibles du droit sur le capital *constitué* ou *évalué*, parce que la loi ne suppose pas que la cession ou le rachat s'en fassent à un prix inférieur : cette présomption a pour objet de prévenir les fraudes qui pourraient être commises au préjudice du fisc. Le même principe a été adopté, et pour les mêmes motifs, à l'égard des cessions et transports de créances : le droit en est dû non pas sur le prix de la cession, mais sur le capital de la créance (art. 14, n. 2, et déc. min., du 8 germ. an 8).—D.A. 7. 271, n. 5.

2028. — On a décidé aussi que le droit de mutation par décès doit être perçu, pour les rentes dépendant d'une succession, sur les capitaux constitués, et non sur l'évaluation qui en est faite par l'héritier.— C'est le n. 7 de l'art. 14 de la loi du 22 frim. an 7 qui doit servir de base à la liquidation du droit, même dans les transmissions par décès, et non le n. 8, qui n'a trait qu'aux objets mobiliers dont la valeur ne peut être déterminée autrement que par la déclaration de l'héritier. — 28 mess. an 13. Civ. c. Enreg. C. Stalpaert. D.A. 7. 285. D.P. 6. 2. 3.

2029. — Jugé de même que le transport d'une rente constituée donne lieu à la perception du droit sur le capital entier, et sans égard au prix de la cession, lors même que l'usufruit de cette rente aurait été réservé par le vendeur.— 1er sept. 1806. Civ. c. Enreg. C. Tournal. D.A. 7. 285. D.P. 2. 49.

2030.—Lorsqu'un immeuble est vendu, à la charge, par l'acquéreur et en sus du prix principal, de servir à une tierce personne, restée étrangère au contrat, une rente viagère précédemment due par le vendeur, le droit proportionnel doit se prendre, non sur le *capital* de la constitution, mais sur le capital auquel la *charge* est évaluée par les parties (art. 14, 15, 16). — 21 déc. 1829. Req. Enreg. C. Delafond. D.P. 30. 1. 28.

2031. — Le droit sur une cession de créance doit être perçu sur le capital transporté, et non sur le prix de la cession. — 16 avril 1833. Délib. Pigeot. D.P. 33. 3. 106.

2032.— Mais le droit pour la cession des créances doit-il être perçu sur le capital réel des créances aliénées, ou sur le prix de la cession, lorsque ce dernier prix est le seul exprimé dans l'acte? C'est sur le prix exprimé, ainsi que cela a lieu pour les cessions faites en justice, que la loi ne distingue pas de la cession volontaire (V. *infrà*). Lorsque le législateur a voulu que la perception frappât sur le *capital aliéné*, il s'en est expliqué d'une manière formelle (art. 14, n. 6, l. frim. an 7). On ne trouve

pas la même précision dans le cas du n. 2 du même article, applicable à l'espèce; il se borne à indiquer le *capital exprimé* pour base de la perception. Or, dans le cas particulier, ce capital est le prix de la cession.— D.P. 33. 3. 102, note.

Si cette opinion était admise, ne pourrait-on pas dire qu'il serait toujours loisible aux parties de faire porter à leur gré la perception sur le capital réel aliéné, ou sur le prix de la cession, et ne serait-ce pas favoriser la fraude? (V., au reste, délib. 5 avril 1833).—D.P. 33. 3. 102.

2033. — La retenue faite par le débiteur au rentier ne diminue pas le capital nominal de la rente, et ne peut en être déduite pour la perception des droits (Solut. 16 mars 1822). — *Dict. de l'enreg.*, v° Valeur, n. 33.

2034.— L'abandon, par suite d'un sinistre, fait par l'assuré à l'assureur maritime, pour obtenir le paiement de la somme convenue par la police d'assurance, n'opère le droit proportionnel que sur la valeur des objets abandonnés, et non sur celle de la chose assurée.— 11 déc. 1832. Délib cons. d'adm. Enreg. C. Jirq. D.P. 33. 3. 105.

2035. — Lorsque les rentes ont été vendues en justice, et avec les solennités requises, est-ce également sur le capital nominal de la rente, ou sur le prix d'adjudication, que le droit proportionnel doit être assis? C'est sur le prix; car la fraude n'étant plus à craindre, il faut rentrer dans le principe général.— D.A. 7. 271, n. 6.

2036 —En conséquence, jugé que la valeur d'une rente aliénée par vente forcée en justice, et après expertise, sur la tête d'un curateur à une succession vacante, est déterminée, pour la liquidation du droit proportionnel, par le prix exprimé dans l'acte d'adjudication, conformément au n. 5 de l'art. 14, et non par le capital de la rente, comme le veut le n. 7 du même article, lorsqu'il s'agit d'aliénation volontaire.—1er avril 1816. Civ. r. Enreg. C. Mathieu. D.A 7. 286. D.P. 16. 1. 179.—Arrêt conforme: 4 mai 1807.

2037.—Jugé de même que le droit d'enregistrement des cessions de créances faites en justice, ne doit être liquidé que sur le prix de l'adjudication, et non sur le capital exprimé et aliéné. — 29 mars 1823. Délib. D.P. 33. 3. 102.—8 déc. 1829. Solut. D.P. 33. 3. 102.

2038.—Egalement, les adjudications, faites devant un notaire commis par le tribunal, de rentes et créances à termes, sont passibles du droit d'enregistrement, non sur le montant des capitaux transférés, mais seulement sur le prix d'adjudication.— 3 déc. 1829. Délib. D.P. 33. 3. 26.

2039.—Le droit pour les quittances et tous autres actes de libération se perçoit sur le total des sommes ou capitaux dont le débiteur se trouve libéré (art. 14, n. 3). Et non sur la *somme payé au créancier et énoncée dans la quittance ou l'acte de libération* (*Journ. de l'enreg*, art. 1791).—D.A. 7. 271, n. 7.

2040.—Si la quittance n'est point *définitive*, et ne rappelle aucune autre somme que celle dont elle est l'objet, bien qu'elle se réfère à un titre qui présuppose des paiemens antérieurs, le droit proportionnel ne pourra être exigé que sur la somme énoncée dans la quittance, parce qu'elle ne forme titre que pour cette somme, et qu'une quittance n'étant point un acte emportant mutation, ne peut être passible d'aucun droit, tant qu'il n'en est point fait usage.—D.A. 7. 272, n. 8.

2041.— Conformément à ce principe, la quittance d'un capital, donnée sans réserve des intérêts, ne rend pas le droit exigible sur ces intérêts, quoiqu'elle en fasse présumer le paiement (C. civ., art. 1908); d'abord parce que cette présomption n'exclut pas la preuve contraire, et ensuite parce que la libération, en supposant qu'elle existe, ne vient pas de la quittance, et que le droit ne saurait être perçu au-de là de ce que le titre exprime (*Journ de l'enreg.*, art. 1791).—D.A. 7. 272, n. 8.

2042.— Si le créancier consentait à recevoir une somme moindre que celle qui lui est due, et qu'il donnât décharge *pleine* et *entière* dans la quittance, c'est sur le montant de l'obligation que le droit de délibération pourrait être exigé, parce que cette décharge est une véritable remise de la dette, qui doit acquitter le droit de 50 cent. p. 100. —D.A. 7. 272, n. 9.

2043.— L'époux survivant, donataire en usufruit d'une rente viagère, qui, par transaction avec le débiteur de la rente, renonce à son usufruit moyennant un prix moindre que le capital, doit acquitter le droit de succession sur ce capital, et non sur le prix de la renonciation (C. civ. 780). — 19

nov. 1833. Délib. cons. d'adm. F.... D.P. 34. 3. 32.

2044.— Anciennement, lorsqu'un billet, portant au dos quittance partielle de l'obligation, était présenté à la formalité, on ne percevait le droit proportionnel que sur le restant dû; mais cette perception était vicieuse, et elle ne pourrait plus être suivie aujourd'hui (Décis. de la rég. du 29 prair. an. 7). Au reste, le droit ne pourrait pas être exigé sur la quittance énoncée au dos du billet dont il s'agit, si les parties ne réclamaient que l'enregistrement du titre, parce que l'enregistrement des actes non translatifs de propriété ou d'usufruit d'immeubles est toujours facultatif (Même décis.).—D.A. 7. 272, n. 10.

2045.— *Immeubles.* — Les règles sur l'évaluation du droit, pour les baux et les transmissions à titre gratuit ou onéreux de *biens-meubles*, étant à peu près les mêmes que celles pour les baux et les transmissions à titre gratuit ou onéreux de *biens-immeubles*, nous réunirons nos observations à cet égard.

Si la mutation d'immeuble s'opère à titre onéreux, le droit est perçu *sur le prix exprimé*, *en y ajoutant* toutes les charges en capital (art. 15, n. 6). — D.A. 7. 272, n. 11.

2046.— La règle que le droit de vente doit être perçu *sur le prix exprimé* dans l'acte, ne souffre pas d'exception dans le cas où il y est stipulé un prix d'achat plus considérable, à raison de réparations que le vendeur se serait obligé de faire à l'immeuble. Ces réparations font corps avec lui; elles doivent en augmenter la valeur : elles font donc en quelque sorte partie de la vente; le droit proportionnel doit conséquemment être réclamé sur la portion du prix, correspondant à ces réparations (Avis du cons. d'état, du 27 fév. 1811). — D.A. 7. 272, n. 11, note 1re.

2047.— Le droit de mutation d'un acte de vente doit se percevoir sur la totalité du prix exprimé au contrat, et non pas seulement sur ce qui en reste dû au moment où l'acte est présenté à la formalité.— 8 frim. an 12. Civ. c. Enreg. C. Zimmermann. D.A. 7. 28. D.P. 2. 3.

2048.— Lorsque, dans un contrat de vente, le vendeur stipule que l'acheteur paiera, outre son prix, une somme de..., valeur assignats, qu'il doit à un tiers, la réduction de cette somme en numéraire, pour la perception du droit, doit être faite, non pas au cours du jour où la dette a été contractée par le vendeur, mais à celui de la date du contrat qui a fait passer l'obligation à la charge de l'acquéreur. —12 mess. an 13. Civ. c. Enreg. C. Selis. D.A. 7. 278. D.P. 2. 47.

2049.— Quand les charges à ajouter au prix d'un contrat de vente pour la liquidation du droit proportionnel ne consistent que dans une somme exprimée en assignats, il n'est besoin, pour asseoir la perception, ni d'une déclaration de l'acquéreur, ni d'une expertise, la réduction de cette somme en numéraire pouvant facilement s'opérer d'après les tableaux de dépréciation du papier monnaie. — 12 mess. an 13. Civ. c. Enreg. C. Selis. D.A. 7. 278. D.P. 2. 47.

2050.— Lorsqu'un acquéreur, à titre particulier, de plusieurs biens-meubles et immeubles, inquiété dans sa possession par les héritiers de son vendeur, se rend acquéreur, par un second acte, de l'universalité des droits héréditaires, moyennant un prix supérieur à celui stipulé dans le premier contrat, le droit de mutation doit être perçu sur le second prix, lors surtout qu'il apparaît que ni l'un ni l'autre de ces deux prix n'équivaut à la valeur vénale des seuls immeubles aliénés.— 4 flor. an 13. Civ. c. Enreg. C. Isnard. D.A. 7. 288. D P. 2. 50.

2051.— Lorsque deux individus se sont associés pour l'exploitation d'un bail à ferme, et que l'un des deux cède à l'autre, moyennant un prix, son intérêt dans le bail, le droit proportionnel auquel donne lieu cette cession doit être perçu non seulement sur le prix stipulé, mais encore sur la moitié des fermages qu'aurait été tenu de payer le cédant pour tout le restant du bail (art. 15, n. 1).—30 juin 1806. Civ. c. Enreg. B. Giacomotti. D.A. 7. 281. D.P. 2. 49.

2052.— Lorsque l'acheteur, qui rétrocède un immeuble à son vendeur, stipule qu'il lui sera remboursé, outre le prix de son acquisition, une somme de..., pour les frais et déboursés de la première vente, cette somme doit entrer dans la liquidation du droit à percevoir sur la rétrocession, comme étant une charge du second contrat (art. 15, n. 6).— 14 brum. an 10. Civ. c. Enreg. C. Gougy. D.A. 7. 280. D.P. 2. 48.

2053.— Dans une vente de droits successifs, on doit ajouter au prix de la cession le capital des dettes dont est grevée l'hérédité, pour asseoir le

montant du droit proportionnel, lors surtout que l'obligation de payer les dettes a été imposée au cessionnaire par le contrat même. — 20 niv. an 12. Civ. c. Enreg. C. Grimaldi. D.A. 7. 280. D.P. 4. 1. 337.

2054. — Au contraire, dans une cession à forfait de l'actif net d'une succession, on ne doit pas ajouter au prix de cette cession le capital des dettes dont est grevée l'hérédité, pour asseoir le montant du droit proportionnel, lors surtout que, dans l'acte portant cession, les cédans ont déclaré que le paiement de la totalité des dettes serait assuré par délégation ou autrement sur le prix à provenir de certaines ventes, et qu'alors ils se contenteraient d'une somme déterminée pour la cession de tous leurs droits dans la succession. — 5 mars 1833. Req. Paris. Enreg. C. de Rohan. D.P. 33. 1. 156.

2055. — Lors même que, dans un contrat d'échange, les parties ont donné aux immeubles échangés une valeur égale, et qu'elles ont déclaré que l'échange était fait sans soulte, mieux-value, ni retour, si l'un des immeubles se trouve grevé de plus de charges que l'autre, l'excédant de ces charges doit entrer en computation pour asseoir le droit proportionnel. — 14 vent. an 13. Civ. c. Enreg. C. Roques. D.A. 7. 281. D.P. 5. 2. 106.

2056. — De même encore, bien que, dans un échange, les parties aient dit que les revenus des biens échangés étaient égaux, charges comprises, il y a lieu à percevoir le droit de vente sur une somme que l'un des contractans se serait obligé de payer à un créancier de l'autre échangiste, encore bien que cette somme fût destinée à payer une partie du prix d'un des immeubles échangés. — 28 avril 1830. Civ. c. Enreg. C. Boisard. D.P. 30. 1. 230.

2057. — Le droit proportionnel sur une vente étant dû du jour du contrat, non sur le prix porté dans l'acte, mais sur la valeur réelle et vénale de l'objet vendu, il suit de là que si, sur la poursuite de la régie, il a été constaté que cet objet est d'une valeur supérieure au prix stipulé, la régie peut exiger un supplément de droit pour plus-value, encore bien qu'à cette époque la rescision de la vente aurait été prononcée pour lésion de plus des sept douzièmes (art. 4, 15, 17, 59). — 18 fév. 1829. Civ. c. Enreg. C. Gall. D.P. 29. 1. 153.

2058. — L'acquéreur d'un immeuble, qui s'oblige envers la régie à acquitter le supplément de prix résultant de la surenchère qu'elle a faite, comme créancière hypothécaire dudit immeuble, est passible du droit de mutation, à raison de ce supplément, qui ajoute au prix, et porte l'immeuble à sa vraie valeur. — 17 mars 1806. Civ. c. Enreg. C. Lacis. D.A. 7. 140. D.P. 2. 20.

2059. — La clause d'un bail par laquelle le preneur s'oblige à laisser au bailleur, en sortant, les constructions qu'il doit élever sur le terrain affermé, doit être considérée comme une charge à répartir sur chaque année de bail, et non comme une vente de matériaux soumise au droit proportionnel de 2 p. 100. — 21 mars 1833. Solut. (D.P. 33. 3. 77.

2060. — Le droit proportionnel de vente doit être perçu non seulement sur le prix stipulé en argent, mais encore sur la valeur donnée par le contrat aux marchandises qui font partie de ce prix (art. 69, § 5, n. 1). — 14 mai 1823. Civ. c. Enreg. C. Dufour. D.A. 7. 282. D.P. 2. 49.

2061. — En cas de bail consenti à une société par l'un des sociétaires qui demeure propriétaire exclusif de l'immeuble loué, et à qui les loyers doivent être payés par la société, le droit proportionnel doit être perçu sur la totalité du prix du bail lors de l'enregistrement de l'acte, et il n'y a pas lieu à exemption du droit pour la part du prix dont le bailleur sera tenu en sa qualité de sociétaire. — Il dirait en vain qu'il y a confusion en sa personne jusqu'à concurrence de son intérêt, et que nul n'est censé se louer à soi-même. — 3 janv. 1827. Civ. c. Enreg. C. Boilleau. D.P. 27. 1. 108.

2062. — La perception du droit d'enregistrement s'établit sur les dispositions matérielles des actes judiciaires, et sur leur effet légal, indépendamment des causes qui ont amené ces actes ou déterminé ultérieurement leur annulation. — 15 nov. 1828. Ch. réun. c. Enreg. C. Hélic. D.P. 29. 1. 14.

2063. — Un fonds social ne pouvant être évalué que déduction faite des dettes dont la société est grevée, il suit de là qu'en cas de décès de l'un des associés, les droits de mutation ne doivent être perçus que sur la part revenant à cet associé, après déduction des dettes sociales; et le jugement qui, asseyant la perception sur cette part ainsi réduite, mais sans autre distraction des charges dont le défunt ou ses héritiers pouvaient être personnellement passibles, a ordonné la restitution du droit perçu en trop, n'a point contrevenu à l'art. 14, n. 8 de la loi du 22 frim. an 7, portant que le droit sera acquitté sans aucune distraction des charges. — 3 mars 1829. Civ. r. Enreg. C. Rabot. D.P. 29. 1. 164.

2064. — Lorsque, dans la vente d'une forêt aménagée en vingt-quatre coupes, le vendeur se réserve les dix premières coupes à faire, on ne peut considérer, pour établir les droits de mutation, cette réserve comme une charge de la vente, et en ajouter la valeur au prix porté dans l'acte; les propriétaires ayant le droit de vendre tout ou partie de leur propriété, peuvent s'en réserver une partie; auquel cas il n'y a pas de mutation, ni, par suite, de droit à payer. — 1er fév. 1830. Rej. Enreg. C. Gailly. D.P. 31. 1. 48.

2065. — Lors d'une licitation entre co-héritiers, la régie, pour l'établissement des droits à percevoir, doit déduire du lot adjugé à chaque colicitant, non la part qu'il a dans ce lot, mais celle qui lui revient dans la masse héréditaire. — 30 juin 1833. Inst. gén. Daniel. D.P. 34. 3. 23.

2066. — Mais la charge imposée à l'acquéreur d'un immeuble, d'entretenir un bail à loyer consenti pour quatre-vingt-dix-neuf années, moyennant un prix unique payé d'avance, doit être ajoutée au prix de la vente, pour la liquidation du droit dû sur cette vente. — 16 mars 1831. Tribunal de la Seine. Petit-Bergons. D.P. 32. 3. 127.

2067. — Jugé au contraire que la vente d'un immeuble, loué par bail emphytéotique de quatre-vingt-dix-neuf ans, n'est passible du droit proportionnel que sur la valeur de la nue-propriété à cette époque, c'est-à-dire déduction faite de la dépréciation résultant de la jouissance, et non sur la valeur intégrale de l'immeuble; en conséquence, est nul le jugement qui, prescrivant une expertise pour estimer la valeur de cet immeuble, ordonne que la valeur de la jouissance y sera réunie pour la perception du droit. — 30 avril 1834. Civ. c. Enreg. C. Dumont. D.P. 34. 1. 212. — V. l'observation qui suit.

2068. — Jugé de même que la vente de la nue-propriété d'un immeuble loué par bail emphytéotique de 99 ans à un tiers, sous la condition que l'acquéreur n'entrera en jouissance qu'après l'expiration de ce bail dont les annuités ont déjà été touchées par le vendeur, n'est passible du droit proportionnel que sur la valeur de la nue-propriété, eu égard à la dépréciation résultant du défaut de jouissance, et non sur la valeur intégrale de l'immeuble · c'est dès lors à tort que la jouissance, ou l'usufruit emphytéotique aurait été considéré comme une charge de la vente, et que la valeur de cette jouissance aurait été réunie, pour la perception du droit, au prix de la propriété fixé dans la vente. — 26 nov. 1833. Civ. c. Petit-Bergons. D.P. 34. 1. 28. — Arrêts conformes : 25 niv. an 12. Civ. c. Enreg. C. Domolard. D.A. 7. 278. D.P. 2. 48. — 10 juill. 1810. Civ. c. Prevost. D.A. 7. 279. D.P. 10. 1. 364. — 24 juin 1829. Civ. c. D.A. 7. 278. 279. D.P. 29. 1. 280.

Ces arrêts ont de l'analogie, en ce sens qu'ils veulent que le droit proportionnel ne soit perçu que sur la valeur de la *nue-propriété* de l'immeuble, et non sur sa valeur *vénale*, ainsi que sur la moitié de la valeur de la nue-propriété pour l'usufruit. Mais il en est d'autres qui ont plus de conformité encore, puisqu'ils ne veulent pas que le droit puisse être perçu sur autre chose que la valeur de la nue-propriété. — (8 janvier 1822. Req. Enregistrement C. Bauge. — 20 mars 1826, 26 déc. 1826. D.A. 7. 159. D.P. 23. 1. 396. D.P. 26. 1. 210; 27. 1. 105). Il est à observer qu'à la vue de cette jurisprudence, M. le ministre des finances a ordonné de la prendre pour règle (Inst. gén. 1205, § 14, et 1210, § 9). — La réserve du fermage des biens aliénés n'est considérée que comme une charge de la nature de l'usufruit, et, par suite, ne doit être ajoutée au prix que lorsqu'elle a lieu pour un temps qui dépasse le *terme courant* ou même *l'année courante* (*Dict. de l'enreg.*, vo Charge, Obligations, n. 21, p. 485).

2069. — La contribution foncière n'est pas une *charge* qui doive être *ajoutée* pour la liquidation du droit de mutation, car elle n'ajoute rien au prix de l'immeuble. — D.A. 7. 272, n. 11.

Mais si l'acquéreur entré en jouissance au mois de juin, par exemple, était chargé par une clause spéciale de son contrat, d'acquitter l'impôt à partir du 1er janvier, il faudrait joindre au prix de la vente le montant des cinq mois échus, parce qu'ils sont payés par l'acquéreur sur l'acquit du vendeur (D. *ibid.*). — Arrêt conforme : 19 mai 1819. Req. Wengeler. D.A. 7. 277. D.P. 19. 1. 461.

2070. — Lorsqu'indépendamment du prix annuel de son bail, le fermier est chargé d'élever à ses frais des constructions sur les biens affermés, sans obligation de la part du bailleur de rembourser aucune partie du prix, à l'expiration du bail, cette charge, loin d'être considérée comme un marché, doit être regardée comme formant, pour le preneur, un accroissement réel du prix de son bail. En conséquence, il ne doit être perçu que le droit de 20 cent. pour 100 fr. sur la valeur des constructions ajoutées au montant du loyer, pendant la durée du bail (L. 16 juin 1834, art. 1er). — 14 mars 1834. Délib. D.P. 34. 3. 55.

2071. — La vente, dont le prix est stipulé en rente, n'est passible du droit proportionnel que sur le capital de la rente, multiplié par vingt, encore bien qu'il soit stipulé que la rente ne serait remboursable qu'au denier quarante. — 19 mai 1834. Civ. r. Enreg. C. Martel. D.P. 34. 1. 251.

2072. — Lorsqu'un acte de vente notarié est déclaré passé, en exécution d'une vente verbale arrêtée par les parties dans les trois mois qui précèdent, la valeur vénale de l'immeuble doit, vis-à-vis de la régie et pour la perception du droit, être déterminée d'après sa valeur à la date de l'acte authentique, et non d'après sa valeur à l'époque de la vente verbale. En un tel cas, la régie doit être assimilée à un tiers auquel la date de la vente verbale n'est pas opposable (C. civ. 1328; l. 22 frim. an 7, art. 18). — 22 août 1832. Trib. de Valenciennes. Dubois. D.P. 33. 3. 12.

2073. — D'après l'art. 18 de la loi de frimaire, c'est à *l'époque de l'aliénation* que doit toujours remonter l'estimation de l'immeuble vendu. Peu importe que l'acte soit authentique ou sous seing-privé : et cette estimation pourra avoir lieu jusqu'à l'expiration de l'année, à compter du jour de l'enregistrement. C'est là une preuve que la régie n'est pas un *tiers*, comme le prétend le jugement qui précède; car, à l'égard des tiers, c'est la date de l'acte authentique qui seule fait le point de départ de la prescription, et, pour l'acte sous seing-privé, c'est au moment où la date est devenue certaine.

2074. — S'il s'agit d'une convention verbale, on doit décider de même. Et si l'on objecte que les parties peuvent donner une fausse indication, on répond qu'elles peuvent aussi antidater l'acte sous seing-privé. Cette doctrine est celle des auteurs du *Dict. de l'enreg.*, vo Convention verbale, n. 17,985; à moins donc qu'il soit constant que l'aliénation n'a pu avoir lieu à l'époque indiquée, on doit prendre l'époque de l'aliénation pour base de la valeur de l'immeuble : sous ce rapport, le jugement précédent est mal rendu. — D.P. *eod.*

2075. — Les rentes constituées avec hypothèques sur le fonds, que l'acquéreur est tenu de servir, sont *des charges qui ajoutent au prix*, et qui entrent, par conséquent, dans la liquidation du droit (D.A. 7. 272, n. 12). — Arrêt conforme : 9 vend. an 13. Civ. c. Enreg. C. Vandescappen. D.A. 7. 277. D.P. 2. 47.

2076. — Le capital des rentes foncières doit également être ajouté au prix d'aliénation du fonds qu'elles affectent pour déterminer la quotité du droit à percevoir (D.A. 7. 272, n. 12). — Ainsi jugé par arrêt 19 prair. an 11. Civ. c. Enreg. C. Maigne. D.A. 7. 276. D.P. 2. 46. — 12 niv. an 12. Civ. c. Enreg. C. Foache. D.A. 7. 276. D.P. 4. 1. 229. — 14 mess. an 13. Civ. c. Enreg. C. Hauzen. D.A. 7. 277. D.P. 2. 46.

2077. — Jugé au contraire que l'art. 15, n. 6 de la loi du 22 frim. an 7, qui veut qu'on *ajoute au prix stipulé le capital de toutes les charges*, n'entend parler que des charges qui sont imposées à l'acquéreur par le contrat d'aliénation, et qui sont une partie du prix, et non de celles qui sont inhérentes à l'immeuble. Ainsi, le capital de la rente foncière qui grève un immeuble ne doit pas être ajouté au prix exprimé dans le contrat de vente de cet immeuble, pour la perception du droit de mutation. — 4 vent. an 10. Civ. r. Enreg. C. Jacquier. D.A. 7. 275. D.P. 2. 46.

2078. — Mais la cession d'un bail à domaine congéable, transmettant au cessionnaire, avec la propriété des superficies, la jouissance du fonds même, il s'ensuit que, si cette cession est faite moyennant une somme d'argent et à la charge d'une rente convenancière due par le cédant au bailleur du domaine congéable, le droit proportionnel doit être perçu tant sur la somme à payer que sur la charge d'acquitter la rente convenancière. — 13 nov. 1826. Civ. c. Enreg. C. Mazurié. D.P. 27. 1. 46.

2079. — De même, lorsque, pour éviter l'effet de la surenchère, l'adjudicataire surenchéri a consenti à servir une rente viagère dont le capital est supérieur au prix d'adjudication, il est dû un supplément de droit. — 17 fév. 1832. Délib. de la régie. D.P. 32. 3. 70.

2080. — Les servitudes doivent également être comptées pour l'évaluation du droit, car la valeur

de l'immeuble est plus ou moins considérable, suivant que les servitudes sont actives ou passives. — D.A. 7. 273, n. 13.

2081.— Ni les honoraires du notaire, ni les droits d'enregistrement, ordinairement à la charge de l'acquéreur, ne doivent entrer dans la liquidation du droit de mutation; mais on doit y comprendre les frais d'affiches et de publications, les émolumens du notaire ou de l'avoué enchérisseur; en un mot, ce que ces officiers reçoivent, à tout autre titre que pour *honoraires*, lorsque ces frais sont supportés par l'adjudicataire (Déc. min. de la just. 25 mai 1809).— D.A. 7. 273, n. 14.

2082. — En conséquence, lorsque dans le cahier des charges d'une adjudication publique d'immeubles, on a inséré la clause que les frais d'adjudication, d'enregistrement, de transcription, etc., seraient payés par les adjudicataires, *en déduction de leur prix*, ces frais doivent être déduits du montant de l'adjudication pour la perception du droit proportionnel. — 25 germ. an 13. Req. Enreg. C. Dinglemarc. D A. 7. 281. D.P. 5. 2. 125.

2083 — Mais il a été décidé que si dans une vente publique une clause du cahier des charges impose aux adjudicataires l'obligation de payer en sus du prix principal, pour les frais et honoraires du notaire, une somme qui paraît exorbitante à la régie, elle peut la faire réduire par le président du tribunal, à l'effet de percevoir sur le surplus les mêmes droits d'enregistrement que sur le prix principal de la vente — 10 déc. 1816. Req. Rodriguez. D.A. 7. 302. D P. 17. 1. 287.

2084.— Les frais, droits et honoraires du notaire enchérisseur, imposés aux adjudicataires par le cahier des charges d'une adjudication, ne sont passibles du droit proportionnel de vente, comme augmentation du prix principal, qu'en ce qu'ils excèdent de 10 pour 100 ce prix. — 16 sept. 1833. Solut. Leblond. D.P. 34. 3. 80.

2085 — Il doit en être de même pour les frais, droits et honoraires accordés à l'avoué enchérisseur (Même décision). — D.P. 34. 3. 80.

Cette décision est conforme à une solution du 28 juillet 1824, rapportée dans les instructions générales, n. 1150, § 2 et 1200, § 21.

2086. — Lorsque la mutation s'opère à titre gratuit, le droit doit être perçu sur la valeur des biens transmis, *sans distraction des charges:* d'où il suit qu'il ne doit pas être fait distraction des dettes de l'hérédité pour la perception du droit de mutation par décès. Par conséquent, les reprises de la femme sur la succession de son mari ne doivent pas être distraites de la valeur des biens héréditaires, puisque ces reprises ne sont autre chose que des dettes de la succession (D.A. 7. 273, n. 15). — 2 oct. 1810. Civ. c. Enreg. C. Lassarade. D.A. 7. 283. D.P. 2. 49.

2087. — De même, quoique la femme commune en biens ait, lors de la dissolution de la communauté, et en cas d'insuffisance des biens-meubles et immeubles de cette communauté, un recours subsidiaire sur les biens personnels de son mari, pour la remplir de ses reprises, ce recours ne constitue pas dans sa main un droit de co-propriété dans les biens personnels du mari, mais une simple garantie hypothécaire qui ne peut donner lieu à aucune distraction dans l'évaluation des biens que les héritiers du mari sont tenus de déclarer, pour le paiement du droit de mutation. — 18 mai 1824. Civ. c. Enreg. C. Cotignon. D.A. 7. 283. D.P. 24. 1. 210.

2088. — Jugé de même que, lorsqu'une veuve renonce à la communauté, sa dot ne doit plus être considérée, pour le paiement des droits de mutation par décès, comme son propre bien, mais comme une charge de la succession; en conséquence, on ne doit pas en déduire le montant pour la perception du droit de mutation par décès, qui se fait sur le total de la succession, sans déduction des charges. — 10 août 1830. Civ. c. Enreg. C. Thurmann. D.P. 30. 1. 327.

2089. — Mais lorsque le donateur d'un immeuble par contrat de mariage, avec réserve de disposer d'une somme à prendre sur cet immeuble, a réellement disposé de cette somme au profit d'un tiers, le donataire ne doit payer les droits de mutation à raison de l'immeuble et sur sa valeur, que déduction faite de la somme dont le donateur a disposé. — 17 août 1831. Civ. c. Regnier. D.P. 31. 1. 293.

2090. — Le droit à percevoir sur un douaire est déterminé par la loi en vigueur à l'époque de son ouverture. — 3 fév. 1832. Délib. Ouslow. D.P. 33. 3. 19.— 2 juill. 1823. Civ. c. Enreg. Barbier. D.A. 7. 83. D.P. 23. 1. 288. —On ne peut se dissimuler que,

bien qu'éventuel, le droit au douaire n'était pas moins irrévocable en cas de survie de la donataire. — *Ibid.*, note 2.

2091. — Les legs sont aussi des charges de l'hoirie, mais qui doivent être défalqués pour le paiement des droits dus par l'héritier sur l'intégralité de la succession. Ainsi, lorsqu'un testateur a fait plusieurs lots de ses biens pour les distribuer aux individus qu'il désigne, il y a, pour ainsi dire, autant de successions que de légataires; chacun, dès-lors, ne doit l'impôt que sur la portion qu'il recueille. Il est vrai que, lorsque les legs sont particuliers, et de sommes d'argent, l'héritier *ab intestat* ne peut en demander la distraction; mais si les droits en avaient été déjà acquittés par les légataires, il ne pourrait être réclamé de nouveau au légataire universel, parce qu'on ne peut percevoir deux droits sur une même mutation. — D.A. 7. 273, n. 16.—Voy. art. 7, § 1er.

2092. — Néanmoins, le legs d'un usufruit est soumis à un droit de mutation spécial, alors même que l'héritier aurait payé le droit proportionnel sur l'intégralité des biens de la succession. — 23 nov. 1811. Civ. c. Enreg. C. Anneix. D.P. 12. 1. 184.

2093.—Pour fixer un legs par préciput fait par un père à un de ses enfans, on doit déduire le montant d'une donation entre-vifs faite par préciput à un autre enfant (C. civ. 913, 923).—22 fév. 1831. Civ. c. Chalies D.P. 31. 1. 88.

2094.—La donation entre époux des meubles et de l'usufruit des immeubles ne peut, à l'égard de la régie, être valablement restreinte aux meubles, par l'époux donataire, survivant, sans le concours des héritiers. En conséquence, et tant que la femme ne rapporte pas un acte duquel il résulte que les héritiers ont exercé l'action en réduction, en optant pour l'abandon de la quotité disponible, la régie est fondée à percevoir le droit sur la totalité de la donation contractuelle (C. civ. 917). — 24 mars 1832. Délib. du cons. d'adm. Dufort. D.P. 32 3. 121.

Dans l'espèce, la donataire n'avait fait que ce qui lui était permis par la loi, car elle n'avait pas à son choix substitué des valeurs de la succession à un usufruit légal, ce qu'elle n'aurait pu faire sans le consentement des héritiers, mais elle avait renoncé à une partie des avantages que lui attribuait son contrat de mariage; ce qu'elle pouvait faire sans le concours de ces derniers.

Nulle part la loi n'oblige le donataire à accepter la totalité de la disposition, et rien ne l'empêche de restreindre ses prétentions à la propriété d'objets dont la valeur n'excède pas la portion disponible. La délibération qui précède est donc mal fondée.— D.P. *eod.*, n. 1.

2095.—Dans les mutations à titre gratuit, il y a nécessité, pour asseoir le droit proportionnel, de recourir à la déclaration des parties, s'il n'existe pas de baux propres à faire connaître le véritable produit des biens. Cette déclaration devient encore indispensable en matière d'échange, ou lorsque le prix de la vente de l'immeuble n'est pas stipulé en argent, mais en marchandises ou autres objets mobiliers non mis à prix par le contrat: mais s'il y avait insuffisance d'évaluation dans la déclaration des parties, ou dissimulation dans le prix exprimé en l'acte de vente d'un immeuble, l'expertise pourrait en être provoquée par la régie (V. la règle sur ce point, à l'art. 15).—D.A. 7. 273, n. 17.

2096.—Un bail non expiré, passé par un usufruitier peut, servir de base pour la perception des droits de succession dus par l'héritier du nu-propriétaire, perception qui doit être faite sur une évaluation portée à vingt fois le prix *des baux courans* (*Journ. de l'enreg.*). — D.P. 32. 3. 145.

2097.—Dans tous les cas, et quel que soit l'âge ou l'état de santé de celui sur la tête duquel repose l'usufruit *conféré à vie, à titre gratuit*, il est évalué à la moitié de la valeur de l'objet (art. 14, n. 11, et 15, n. 8): s'il est *conféré à temps*, il y a lieu à une distinction proposée par Proudhon: s'il est légué pour dix ans ou plus, le droit est perçu sur moitié de la valeur du fonds; s'il est légué pour un moindre espace de temps, on ne doit l'estimer que sur le revenu du fonds multiplié par le nombre d'années pour lequel il est légué (*Traité des droits d'usufruit*, etc., t. 4, p. 337).—Cette opinion, quoique rigoureuse, est plus conforme à la loi que celle des rédacteurs du *Journal de l'enregistrement*, qui estiment que dans ce cas on ne doit acquitter que le droit de bail (art. 758).—D.A. 7. 273, n. 18.

2098.—Le droit de mutation doit être perçu sur la moitié de la valeur estimative des meubles, lorsque l'usufruit en a été légué pour dix ans et plus, mais s'il a été légué pour moins de dix ans, pour trois, quatre ou cinq ans, par exemple, le

droit ne doit être liquidé que sur la valeur des trois, quatre ou cinq dixièmes de la moitié du prix estimatif de ces meubles.—Proudhon; D.A. 7. 274, n. 18.

2099.—La cession de la nue-propriété d'une somme d'argent grevée d'usufruit au profit d'un autre que l'usufruitier, doit, comme la cession des créances à terme, être soumise au droit de 1 p. 100 sur le capital de la cession, et non sur son prix, en conformité du § 2 de l'art. 14 de la loi de frim. an 7.— 9-17 mai 1834. Délib. D.P. 34. 3. 80.

2100.—Le § 2 de l'art. 14 était inapplicable à l'espèce qui précède, car cet article ne parle que des créances à terme et non de créances grevées d'usufruit, et ce n'est pas sans raison que la loi paraît faire une différence entre ces deux espèces de créances. Dans la première, en effet, l'époque de l'entrée en jouissance est connue au moment du contrat; dans la seconde, elle est incertaine; dans celle-là, le cessionnaire perçoit d'ordinaire les intérêts en compensation de la non jouissance; dans celle-ci, il ne retire aucun bénéfice de la cession jusqu'au terme de l'usufruit; ces différences démontrent que la régie aurait dû décider que le droit ne pouvait être perçu que sur la moitié du capital de la créance, comme dans le cas où la nue-propriété est cédée à l'usufruitier. —D P. *eod.*, n. 21.

2101.—Sur quelle valeur sera assis le droit de mutation pour la constitution à titre gratuit d'un droit d'usage et d'habitation?— On doit distinguer entre l'usage, servitude personnelle, qui n'est que viager, et l'usage, servitude réelle, perpétuel dans sa durée. Au premier cas, le droit est perçu au denier dix du revenu recueilli par l'usager, en augmentant le revenu des charges, ou dix fois la valeur locative de l'habitation; au second cas, on doit prendre vingt fois le produit annuel qui serait à percevoir par l'usager, suivant l'étendue de ses besoins, et liquider sur ce capital le droit d'enregistrement. — D A. 7. 274, n. 19, 20.

2102.—Si la transmission d'usufruit s'opère à titre onéreux, sa valeur est déterminée par le prix stipulé au contrat. mais s'il y avait une dissimulation manifeste dans le prix, la régie serait indubitablement admise à provoquer une expertise.— D.A. 7. 274, n. 1.

2103.—Lorsque la réserve d'usufruit est contenue dans un acte de vente, l'acquéreur est obligé d'acquitter le droit de mutation non seulement sur la nue-propriété qu'il acquiert, mais encore, et par anticipation, sur l'usufruit qui doit plus tard se réunir à sa propriété. Mais alors l'usufruit ne s'évalue pas, comme dans le cas de transmission de la nue-propriété à titre gratuit, à la moitié de la valeur entière de l'immeuble, mais *à la moitié de tout ce qui forme le prix du contrat*, c'est-à-dire à la moitié du prix stipulé pour la nue-propriété. Par exemple, soit un fonds estimé en plein domaine 20,000 fr., et le prix porté au contrat par la nue-propriété, 10,000 fr., l'acheteur sera tenu d'acquitter le droit de mutation sur le montant seulement de 15,000 fr., et ne devra plus rien payer pour la consolidation de l'usufruit réservé par le vendeur, (Décis. min. 8 août 1818).— D.A. 7. 274, n. 25.

2104.—Ainsi, jugé que la vente faite avec réserve d'usufruit est assujettie, sans exception ni distinction, au droit proportionnel, tant sur le prix stipulé pour la nue-propriété, que sur l'usufruit évalué à la moitié de ce prix (art. 15, n. 6).—*Spécialement*, lorsque dans une vente faite avec rétention d'usufruit, il a été convenu entre les parties que l'acte en demeurerait secret jusqu'à la mort du vendeur, sous peine de nullité, et que, dans le cas d'annulation, le vendeur ne rembourserait à l'acquéreur que le capital reçu, sans parler des intérêts, les juges ne peuvent prétendre, encore bien que l'acte ne soit présenté à l'enregistrement qu'après le décès du vendeur, que, dans l'intention des parties, la jouissance réservée se compensait avec les intérêts non restituables, et décider, en conséquence, qu'il n'est dû aucun droit sur la rétention d'usufruit.— 25 niv. an 12. Civ. c. Enreg. C. Dumolard. D.A. 7. 278. D.P. 2. 48.

2105.— Dans une vente faite avec réserve d'usufruit, le prix exprimé au contrat ne peut jamais être que celui de la nue-propriété, et non pas de la nue-propriété et de l'usufruit tout ensemble, puisque l'usufruit n'est pas vendu. Dès lors, si la régie provoque une expertise pour fixer le véritable prix de la vente, le droit de mutation devra être perçu, en définitive, sur la valeur donnée par les experts à la nue-propriété, et sur une moitié en sus pour l'estimation de l'usufruit, et non point sur la valeur intégrale de la pleine propriété.— L'évaluation particulière donnée par les experts à l'usufruit ne peut

être d'aucune considération dans la liquidation du droit, parce que la loi a donné, pour tous les cas, une estimation *à forfait* de cet usufruit, et cette estimation est toujours de la moitié de la valeur de la nue-propriété.— 10 juill. 1810. Civ. c. Prévost-Debord. D.A. 7. 279. D.P. 10. 1. 364.

2106.— La vente *du fonds* d'un immeuble, avec la *réserve de la jouissance de la superficie*, doit être regardée comme une vente de la nue-propriété, avec réserve de l'usufruit, laquelle est passible, non seulement du droit proportionnel sur le prix porté au contrat, mais encore d'un demi-droit en sus, sur la valeur de l'usufruit réservé, et il y a lieu d'annuler le jugement qui verrait, dans une telle vente, une réserve de la superficie transmissible aux héritiers du vendeur, au lieu d'y voir un simple usufruit extinguible à la mort de ce dernier. — 24 juin 1829. Civ. c. Enreg. C. Jacquot. D.P. 29. 1. 279, 280.

2107.—Il n'est dû aucun droit de mutation pour la réunion de l'usufruit à la propriété, si le droit a été acquitté sur la valeur entière des biens héréditaires, au moment du décès, lors même que la perception aurait été faite, à cette époque, sur une déclaration reconnue depuis insuffisante par l'accomplissement de la prescription.— 19 avril 1809. Civ. r. Enreg. C. Vandeuvielle. D.A. 7. 158. D.P. 9. 2. 79.

2108.—La vente de la nue-propriété, par le donataire, avant la consolidation sur sa tête de l'usufruit réservé par le donateur, ne donne pas ouverture à un droit particulier d'usufruit, et cette consolidation opérée postérieurement sur la tête de l'acquéreur, doit être considérée comme une seule mutation de l'usufruitier au propriétaire actuel du fonds, mutation qui ne donne droit à aucune perception, si, à l'époque de la donation, les droits ont été acquittés, conformément à la loi, non seulement pour la mutation de la propriété, mais encore pour celle de l'usufruit qui devait s'y réunir un jour.— 21 août 1832. Trib. civ. de Bar-sur-Aube. Pernet. D.P. 33. 3. 73.

2109.— La disposition qui, dans une vente faite avec réserve d'usufruit, exprime que la valeur de l'usufruit doit être jointe au prix d'achat de la nue-propriété, pour la liquidation du droit proportionnel, ne s'applique pas aux ventes de *meubles* (Déc. min. 11 août 1812), parce que la loi ne parle que des immeubles. Ceci s'applique à tous les cas où la loi veut que le droit soit perçu par anticipation sur la réunion future de l'usufruit à la propriété.— D.A. 7. 275, n. 26.

2110.— Le droit dû pour la cession de l'usufruit d'une rente viagère doit être perçu sur un capital formé de dix fois la rente, quelque soit le prix de la cession (art. 14, n. 9).— 10 mai 1833. Délib. du cons. d'adm. N..... D.P. 33. 3. 90.

2111. — Si, par une même disposition à titre gratuit, la nue-propriété a été donnée à l'un et l'usufruit à un autre, le légataire de la nue-propriété devra acquitter le droit sur la valeur en plein domaine (art 15, n. 7). — Si la même disposition se trouvait dans un contrat à titre onéreux, c'est-à-dire si, par un même acte, la nue-propriété et l'usufruit d'un immeuble étaient vendus à deux individus séparément, il n'y aurait plus lieu à ajouter au prix de la nue-propriété une moitié en sus, pour la réunion future de l'usufruit, comme le veut l'art. 15, n. 6, lorsque l'acte contient réserve de l'usufruit au profit du vendeur. Ceci est fondé sur l'absence d'une disposition législative qui ordonne la même perception que dans le cas où c'est le vendeur qui se réserve l'usufruit (D.A. 7. 275, n. 27). — 20 mars 1826. Civ. r. Enreg. C. Giard-Duclos. D.P. 26. 1. 210. — 26 déc. 1826. Req. Enreg. C. Cannoy. D.P. 27. 1. 105. — 3 janv. 1827. Req. Enreg. C. Audé. D.P. 27. 1. 106.

2112. — Mais, quoiqu'en cas de vente de la nue-propriété à une personne, et de l'usufruit à une autre, le droit proportionnel ait été perçu, tant sur la valeur de la nue-propriété que sur celle de l'usufruit, cependant un nouveau droit de mutation est dû par le nu-propriétaire lors de la consolidation ou réunion de l'usufruit à la nue-propriété, par le décès de l'usufruitier. — 25 nov. 1829. Req. Cottais. D.P. 32. 1. 328.

2113. — Jugé cependant que, lorsqu'en cas de vente ou donation de la nue propriété d'un immeuble avec réserve de l'usufruit, un droit a été perçu par anticipation pour la réunion future de l'usufruit à la nue-propriété, il n'est pas dû un nouveau droit pour cette réunion, soit qu'elle s'opère au profit de l'acquéreur ou donataire lui-même, soit qu'elle ait lieu en faveur d'un tiers, devenu cessionnaire de ses droits. — 29 mai 1832. Req. Mille. D.P. 32. 1. 328.

2114. — Jugé de même que lorsque, par un seul et même acte, la nue-propriété est vendue à l'un et l'usufruit à l'autre, et que les droits de mutation sont acquittés par chacun des acquéreurs, tant pour la nue-propriété que pour l'usufruit, il ne peut y avoir lieu à la perception d'un second droit d'usufruit pour la réunion future de cet usufruit dans la main du nu-propriétaire, parce qu'un tel acte ne renferme pas, de la part du vendeur, réserve de l'usufruit à son profit, comme le veut l'art. 15, n. 6.— 8 janv. 1822. Req. Enreg. C. Barge. D.A. 7. 159. D.P. 23. 1. 396.

2115.— De même que pour les mutations de propriété ou d'usufruit, à titre onéreux, il faut ajouter au prix annuel des baux à ferme ou à loyer, sur lequel le droit proportionnel doit être perçu, toutes les *charges* qui sont imposées au preneur, et qui augmentent le canon du bail (art. 14 et 15, n. 1, l. de frim. an 7). Le prix de chaque année étant ainsi déterminé, le droit de 20 c. p. 100 est perçu sur le prix cumulé de toutes les années de la durée du bail (V. art. 10, § 5). On regarde comme une charge imposée au preneur la stipulation d'un denier d'entrée ou pot-de-vin, quoique cela soit en quelque sorte en dehors de la convention. — D.A. 7. 275, n. 28.

2116.— On a cependant décidé, au contraire, que dans une vente de bois qui comprend la cession aux droits d'un bail consenti antérieurement par le vendeur, la réserve que fait ce dernier d'un pot-de-vin reçu par lui précédemment du preneur ou fermier, ne doit être considérée, ni comme un supplément du prix exprimé dans l'acte, ni comme une charge de la vente; et cette clause ne peut autoriser la régie à exiger sur ce pot-de-vin les droits de vente contre l'acquéreur. — 8 fév. 1832. Civ. r. Enreg. C. Alaine. D.P. 32. 1. 87.

2117.— Lorsqu'un bail fait en temps de paix contient deux prix, l'un pour le temps de paix, et l'autre pour le temps de guerre, c'est le prix du temps de paix qui représente la valeur. Il en serait de même si le bail était fait et enregistré en temps de guerre (*Dict. de l'enreg.*, v° Valeur, n. 47).

2118.— Le droit de mutation est perçu, pour les baux à rente perpétuelle et les baux illimités, *sur un capital formé de vingt fois la rente ou le prix annuel, auquel il faut ajouter les charges* (art. 15, n 2); et pour les baux à vie, sans distinction de ceux faits sur une ou plusieurs têtes, *sur un capital formé de dix fois la rente ou le prix annuel, en y ajoutant également les charges* (même art., n. 3). — D.A. 7. 275, n. 29.

2119. — Le caractère de rente perpétuelle ne résulterait pas de ce que le donateur ne se serait réservé le droit de retour qu'au cas du prédécès du donataire et de ses enfans sans postérité, une telle stipulation ayant pu, dans la pensée du donateur, n'avoir trait qu'au cas où il aurait fait l'amortissement réservé.

Et, par suite, le droit de 62 cent. 1/2 p. 100 ne doit être perçu que sur un capital évalué au denier 10, c'est-à-dire à raison d'un capital formé de dix fois la valeur de la pension ou rente viagère, et non au denier 20, c'est-à-dire sur un capital formé de vingt fois la valeur de la pension, et spécialement sur le capital que le donateur s'est exclusivement réservé la faculté de payer pour amortir la pension. — 22 fév. 1832. Civ. r. Enreg. C. Vachin. D.P. 32. 1. 107.

2120.— Lorsque le bail est stipulé payable en nature, pour le tout ou pour partie, il doit en être fait une évaluation (V. le paragraphe suivant).— D.A. 7. 275, n. 30.

2121.— La cour de cassation a jugé que l'acquéreur d'un immeuble grevé antérieurement d'un droit d'usufruit, ne doit aucun droit de mutation lors de la réunion de cet usufruit à sa propriété par la cessation naturelle de cette jouissance, c'est-à-dire lorsqu'il n'en a pas fait l'acquisition..., lors d'ailleurs que le droit a été perçu sur la valeur de l'entière propriété, au moment de la vente de la nue-propriété (art. 15, n. 7). — 27 mai 1834. Civ. r. Enreg. C. Dupuis. D.P. 34. 1. 255.

2122. — Lorsque c'est la nue-propriété qui fait l'objet de la donation ou du legs, le donataire ou le légataire doit acquitter le droit sur la valeur entière de l'immeuble : la loi a voulu que, dans ce cas, le droit de mutation pour la réunion future de l'usufruit à la nue-propriété fût perçu par anticipation (D.A. 7. 274, n. 22). — Arrêt conforme, du 21 flor. an 8. Civ. c. Enreg. C. Duchateau. D.A. 7. 278. D.P. 2. 47.

2123.— La loi n'entend pas par ces termes de l'art. 15, n. 7 (lorsque le droit aura été acquitté), que le paiement soit facultatif; elle entend seulement que si le receveur avait omis de réclamer le droit sur la valeur entière de l'immeuble, cet oubli devrait être réparé lors de la consolidation. Toutefois, la demande en supplément de droit serait prescrite, s'il s'était écoulé deux ans sans poursuites depuis la *perception insuffisamment faite* (art. 61, n. 1). — D.A. 7. 274, n. 23, 24.

2124.— Toutefois, on a décidé que l'acquéreur de la nue-propriété d'un immeuble, qui n'a acquitté le droit que sur le prix porté au contrat, doit payer un nouveau droit à l'époque où l'usufruit s'éteint. Ce n'est point au taux réglé pour les successions, mais comme supplément à la perception sur l'acte de vente de la nue-propriété, que le nouveau droit est exigible. Une solution du 5 juin 1829 établit d'ailleurs, en consacrant cette règle, que l'exigibilité du supplément de droits, et, par conséquent, la prescription sont suspendues jusqu'à la réunion de l'usufruit à la nue-propriété. — 27 mars 1830. Inst. gén. D.P. 33. 3. 34.

2125. — Jugé de même que si l'acquéreur de la nue-propriété d'un immeuble n'a payé le droit d'enregistrement que sur le prix de cette nue-propriété, la prescription des droits à exiger pour la réunion de l'usufruit à la propriété ne court que du jour de cette réunion. — 24 déc. 1831. Solut. de la régie. D.P. 32. 3. 68.

2126. — L'acquéreur d'un immeuble grevé d'un usufruit ne doit aucun droit de mutation lors de la réunion naturelle de cet usufruit à la propriété. — 12 août 1834. Civ. r. Enreg. C. Peltier. D.P. 34. 1. 375.

§ 2. — *Du mode d'évaluation des objets dont le prix n'est point déterminé.*

2127. — « Si les sommes et valeurs ne sont pas déterminées dans un acte ou un jugement, les parties sont tenues d'y suppléer, avant l'enregistrement, par une déclaration estimative, certifiée et signée au pied de l'acte » (L. 22 frim. an 7, art. 16). Mais sur quelles bases doit se faire cette évaluation ? —Distinction entre les mutations d'*immeubles* et celles de *meubles*. — Pour les premières, la déclaration doit porter sur le *revenu*, multiplié par dix ou vingt, suivant qu'il s'agira d'une transmission de propriété ou d'usufruit; pour les secondes, c'est sur la valeur en capital (art. 15, n. 7, 8). — D.A. 7. 284, n. 1.

2128. — Jugé que c'est le produit annuel ou le prix des baux, multiplié par vingt, et non la déclaration estimative des parties, qui doit être pris pour base de l'évaluation d'un immeuble pour la perception du droit proportionnel de donation. — — 19 déc. 1809. Civ. c. Enreg. C. Laurent. D.A. 7. 288. D.P. 2. 50.

2129.—Et le fait du receveur qui se serait contenté de la déclaration estimative des parties, sans avoir égard au produit des biens, ne saurait couvrir le vice de la perception.—19 déc. 1809. Civ. c. Enreg. C. Laurens. D.A. 7. 288. D.P. 2. 50.

2130. — Jugé de même que la valeur de la propriété des biens transmis par décès ne peut être déterminée pour la liquidation et le paiement du droit proportionnel, que d'après le produit même des biens, calculé à raison de vingt fois le revenu, ou d'après le prix des baux courans. Les tribunaux ne sauraient admettre aucune autre évaluation, et *spécialement* celle qui serait contenue dans une déclaration faite long-temps avant le décès qui a donné ouverture au droit de mutation.— 23 mars 1812. Civ. c. Enreg. C. Vanden-Plassche. D.A. 7. 289. D.P. 12. 1. 316.

2131.— Egalement, un tribunal ne peut déterminer d'office la valeur d'un immeuble non évalué par la partie à qui des droits de mutation sont réclamés, pour fixer l'assiette du droit proportionnel, mais il doit ordonner l'exécution pure et simple de la contrainte décernée par la régie, sauf à la partie à se pourvoir en restitution, s'il a été perçu au-delà de la somme réellement due (art. 16, 28). — 24 juill. 1810. Civ. c. Enreg. C. Labarre. D.A. 7. 289. D.P. 2. 50.

2132.— Lorsqu'en mariant leur fille, des père et mère se sont obligés à céder aux futurs époux, dotés de 50,000 fr., après quatre années à dater du mariage, leur fonds de commerce, sans indemnité pour l'achalandage, mais seulement à la charge de payer la valeur des ustensiles et des marchandises, suivant l'estimation qui en serait faite, et pour laquelle les père et mère sont autorisés à retenir, par imputation, les 50,000 fr. de constitution dotale restés entre leurs mains, c'est sur cette somme de 50,000 fr. que doit être perçu le droit proportionnel

auquel cette promesse de vente donne ouverture, parce qu'elle forme une évaluation provisoire du prix de vente fournie par les parties elles-mêmes (art. 7, art. 60, § 5, n. 1). — 26 nov. 1822. Civ. c. Enreg. C. Frémard. D.A. 7. 291. D.P. 2. 51.

2133. — Si, dans le même contrat, les père et mère se sont obligés à passer, à la même époque et moyennant un prix présentement déterminé, bail aux futurs époux, pour neuf, douze, quinze ou dix-huit ans, des lieux par eux occupés, pour faire valoir leur commerce, cette promesse de bail, par cela seul qu'elle fait partie d'un acte synallagmatique et signé de toutes les parties, a un caractère obligatoire qui la rend incontinent passible du droit proportionnel (art. 69, § 3, n. 2). — Même arrêt.

2134. — La plus-pétition supposée exister dans une contrainte décernée par la régie, n'est pas un motif pour les tribunaux de la rejeter en entier. — *Spécialement*, lorsqu'un individu a acquis un immeuble grevé d'un usufruit éventuel, à charge d'en supporter la distraction, le cas échéant, sans diminution de son prix, cette charge éventuelle doit entrer dans la computation du droit d'enregistrement, et si l'évaluation n'en a point été faite par l'acquéreur, elle doit être ordonnée par les juges, sauf l'expertise en cas de discord; mais l'exagération prétendue de l'évaluation provisoire qui en a été faite par la régie ne peut être un motif d'annuler la contrainte pour le tout. — 24 juin 1811. Civ. c. Enreg. C. Carles. D.A. 7. 289. D.P. 2. 51.

2135. — Si la déclaration d'objets mobiliers transmis par décès n'a lieu qu'après leur vente aux enchères, le droit de succession se règle sur le prix de la vente et non sur le montant de l'estimation portée à l'inventaire. — 5 nov. 1833. Délib. E... D.P. 34. 3. 44.

2136. — Pour quelle valeur les actions de la banque de France doivent-elles être énoncées dans une déclaration de succession? Est-ce pour leur valeur nominale et originaire de 1,000 fr., ou suivant la cote qu'elles reçoivent à la bourse? — Suivant le taux de la bourse (Déc. min. 17 août 1816). — Une décision du 25 sept. 1810 voulait que ce fût pour un capital de 1,000 fr. indépendamment de l'accroissement qu'elle recevait du fonds de réserve. — D.A. 7. 284, n. 2.

2137. — En matière d'échange, le revenu est pris pour base de l'évaluation, et lors même qu'il serait fait avec soulte, l'estimation par experts, que provoquerait la régie pour déterminer la valeur de l'immeuble, devrait également porter sur le revenu, parce que l'existence de cette soulte, comme accessoire au contrat, n'en dénature point le caractère. — D.A. 7. 284, n. 3.

2138. — Lorsqu'un échange a été fait avec retour, encore bien que le droit de vente doive être perçu sur la plus-value, ce n'est pas une raison pour forcer la régie à recourir à l'expertise, si la somme stipulée à titre de retour lui paraît renfermer une dissimulation de prix; mais cette plus-value doit s'estimer d'après la comparaison du revenu des deux immeubles, capitalisé au denier 20 (art. 15, n. 4 et 6; 69, § 5, n. 3). — 29 avril 1812. Civ. c. Enreg. C. Morlet. D.A. 7. 290. D.P. 12. 1. 433.

2139. — Pour les transmissions d'immeubles à titre gratuit, l'estimation des parties n'est que subsidiaire, et on doit toujours lui préférer le prix des baux courans, lesquels ne sauraient être récusés par elles, puisqu'ils sont leur ouvrage. La loi entend par baux *courans* ceux qui n'étaient pas encore expirés au moment où le droit s'est ouvert. Si le droit n'était réclamé que long-temps après que la mutation se serait opérée, ce seraient les baux existans lors de la transmission, et non ceux existans lors du paiement du droit, qui devraient être consultés pour fixer la valeur de l'immeuble, parce que les baux les plus voisins peuvent fournir les indices les plus sûrs sur la valeur de la chose. — D.A. 7. 284, n. 4.

2140 — Mais il a été décidé qu'on ne peut prendre pour base de l'évaluation des biens dépendans d'une succession, pour la perception du droit de mutation par décès, un bail qui ne s'applique pas uniquement à ces biens, quand même il aurait été fait antérieurement une ventilation desdits biens à toute autre fin que celle d'une déclaration par décès, lors surtout que ce bail contient diverses clauses avantageuses au preneur, qui élèvent le prix du fermage, sans augmenter le revenu des biens — *Spécialement*, lorsqu'un individu a pris à ferme une usine appartenant à l'état, avec les bois qui y sont attachés; que, postérieurement à son bail, l'état a vendu à un tiers une partie de cette usine, et qu'il a été procédé à une ventilation pour déterminer une réduction proportionnelle dans les fermages; si plus tard le fermier acquiert du cessionnaire de l'état la partie de l'usine qui avait été distraite de son bail, et qu'après la mort de sa femme, commune en biens, il soit obligé de déclarer à la régie, au nom de ses enfans, la moitié de cette acquisition, il ne sera point tenu de prendre pour base de l'évaluation qu'il doit fournir à l'enregistrement, le bail fait dans l'origine avec l'état. Outre que le titre de la possession ayant changé, ce bail ne saurait plus être considéré comme un bail *courant*, dans le sens de la loi; il ne peut servir de type à une déclaration qui ne doit porter que sur une partie des objets compris dans ce bail (L. 22 frim. an 7, art. 15, n. 7). — 9 vend. an 13. Civ. r. Enreg. C. Gehard. D.A. 7. 287. D.P. 2. 50.

2141. — De même, on ne peut prendre pour base de l'évaluation d'immeubles transmis par décès, à l'effet de déterminer le droit proportionnel à percevoir, de prétendues locations verbales, si l'on ne produit un bail courant qui constate le juste revenu des biens. — Ces prétendues locations verbales doivent d'autant plus être écartées, que l'évaluation qu'on voudrait en faire résulter se trouverait contredite par celle résultant de baux écrits, qui, à supposer qu'on ne pût les envisager comme courans au temps du décès, devaient néanmoins, de l'aveu même des héritiers, commencer à une époque très-rapprochée dudit décès (art. 4, 15, n. 7 et 19). — 30 mars 1808 Civ. c. Enreg. C. Poulain. D.A. 7. 282. D.P. 2. 49.

2142. — Toutefois, lorsque, pour asseoir la perception du droit de mutation d'immeubles, la régie prend pour base un bail enregistré, on ne peut être admis à prouver, par témoins, que ce bail a été lacéré; qu'il a cessé d'être exécuté, et qu'il n'est plus bail courant (C. civ. 1341). — 21 janv. 1812. Civ. c. Enreg. C. Rame. D.A. 1. 143. D.P. 12. 1. 253.

2143. — A défaut de baux courans, ou *de demande d'expertise de la part de la régie*, les juges peuvent prendre pour l'évaluation d'un immeuble, et pour déterminer la quotité du droit de mutation par décès, telle autre base que d'autres actes ou une loi analogue leur indiquent. — *Spécialement*, les juges ont pu, pour fixer la quotité du droit de mutation à percevoir sur un bois dépendant d'une succession, prendre pour règle d'évaluation, en l'absence de tout autre document, et lorsque la régie n'a point requis l'expertise, la valeur, en capital, donnée à ce bois par un partage antérieur au décès, et le revenu tel qu'il est déterminé pour les bois non aménagés, par la loi du 3 frim. an 7, pour l'assiette de la contribution foncière. — 31 déc. 1823. Civ. r. Enreg. C. Beaumarchais. D.A. 7. 292. D.P. 2. 52.

2144. — Lorsque le droit de mutation par décès a été librement acquitté par l'héritier, suivant le mode d'évaluation établi par la loi en vigueur au moment de l'envoi en possession des biens séquestrés et du paiement du droit, il n'est pas admissible à revenir contre cette perception qu'il a lui-même provoquée, sous prétexte qu'un partage antérieur, fait avec l'état et après rapport d'experts, aurait porté les biens à une valeur moindre que celle déclarée par lui. — 4 frim. an 10. Civ. c. Enreg. C. Mora. D.A. 7. 287. D.P. 2. 50.

2145. — Pour les baux à portion de fruits ou stipulés payables en nature, l'évaluation s'en fait, dit le n. 1er de l'art. 15, d'après les dernières mercuriales du canton de la situation des biens, à la date de l'acte. Même disposition (n. 9 de l'art. 14) pour les rentes et pensions stipulées payables en nature. Les prestations doivent être estimées d'après les dernières mercuriales du canton de la situation des biens, à la date de l'acte, s'il s'agit d'une rente créée pour aliénation d'immeubles, ou, dans tout autre cas, d'après les dernières mercuriales du canton où l'acte aura été passé. — D.A. 7. 284, n. 5

2146. — Deux décisions ministérielles des 10 mess. an 10 et 3 vend. an 13, sanctionnées par un décret du 26 avril 1808, avaient déclaré que l'évaluation des baux ou ventes stipulés payables en nature, aurait lieu d'après le taux commun résultant des mercuriales des *trois dernières années*; mais la loi du 15 mai 1818 (art. 75) a décrété que l'année commune serait formée d'après les mercuriales des quatorze dernières années antérieures à celles de l'ouverture du droit, en retranchant les deux plus fortes et les deux plus faibles, et divisant le surplus par 10. Cette loi a encore modifié les art. 14, n. 9, et 15, n. 1er, de la loi de frim. an 7. en désignant pour bases de l'évaluation, non plus les mercuriales du canton où l'acte aura été passé, ou celles du canton de la situation des biens, mais indistinctement celles du marché le plus voisin du bureau où l'acte sera présenté à la formalité. — D.A. 7. 284, n. 6, 7.

2147. — Lorsque le prix d'un bail d'immeubles est stipulé payable en grains, les tribunaux ne peuvent, pour fixer les droits de mutation, prendre une base d'évaluation autre que celle que présente une année commune d'après les mercuriales du marché le plus voisin, conformément à l'art. 75 de la loi du 15 mai 1818. — 22 fév. 1831. Civ. c. Chaliès. D.P. 31. 1. 88.

2148. — Mais l'art. 15 du 22 frim. an 7, qui dispose que les biens donnés à bail, soit que les baux aient été stipulés payables en nature, soit qu'ils l'aient été à portion de fruits, seront évalués d'après les dernières mercuriales, et le décret du 26 avril 1808, qui a fixé le nombre des mercuriales, sur lesquelles devait se faire l'évaluation, à celui des trois dernières années, ont été modifiés par l'art 75 de la loi du 15 mai 1818, en ce sens que cette dernière loi, en ordonnant que l'année commune sera calculée sur les mercuriales des quatorze dernières années, n'a parlé que des baux payables *en nature*; elle ne s'applique pas aux baux faits à colonage, c'est-à-dire moyennant une *portion fixe de fruits*. — En conséquence, l'année commune, pour un bail de cette dernière espèce, a pu être établie sur les mercuriales des trois dernières années seulement. — 9 mai 1826. Civ. r. Enreg. C. Deyres. D.P. 26. 1. 278.

La loi de 1818 et le décret de 1808 n'ont pas modifié la législation antérieure, en ce qui concerne l'évaluation des denrées dans les baux à portions de fruits, l'on doit donc prendre pour base de l'estimation dans ce cas l'art. 15 de la loi du 22 frim., qui prescrit de s'arrêter aux dernières mercuriales du canton de la situation des biens et non à celle des trois dernières années. Mais pour les baux à portion de fruits, l'évaluation est faite d'après le taux moyen des mercuriales des trois dernières années. — Trouill., *Dict. de l'enreg.*, v° Mercuriales, n. 4-5.

2149. — Lorsque le prix d'un bail est payable en grains, un tribunal ne peut pas prendre une autre base d'évaluation que celle prescrite par la loi du 15 mai 1818. — 22 fév. 1831. Civ. c. Chaliès. D.P 31. 1 88.

2150. — Lorsqu'il n'existe pas de mercuriales ou qu'il y a eu des lacunes, la valeur des rentes en nature s'établit par des appréciations constatées par l'autorité locale et approuvées par le préfet (Décis. de l'admin., du 31 mai 1820).

Cette décision s'applique au paiement des rentes dues au domaine. — *Dict. de l'enreg.*, v° Valeur, art. 38.

2151. — Et quand les biens affermés sont situés hors de l'arrondissement du bureau où la perception est faite, et que les parties ne justifient pas des mercuriales du lieu, on doit provisoirement prendre pour base de la perception les mercuriales en usage dans le bureau (Circ. 926). — Trouill., *Dict. de l'enreg*, v° Mercuriales, n. 10.

2152 — Le receveur doit faire chaque année, dans chacune des mairies de son arrondissement, le relevé des mercuriales, le tenir au courant et l'afficher dans un endroit apparent de son bureau. Les employés supérieurs doivent veiller à l'exécution de cet ordre et en rendre compte (art. 88 des ord. org.; circ., n. 783, 926).

Comme les mercuriales doivent exister dans chaque commune où il existe un marché, il est plus régulier de demander au maire un certificat constatant le taux moyen des mercuriales de chaque denrée pour l'année écoulée. On adresse un extrait de ce relevé au receveur des bureaux voisins qui sont privés de marchés. — Trouill., v° Mercuriales, n. 8.

ART. 13 — *De l'expertise.*

2153. — On s'occupe particulièrement ici des délai et du mode de l'expertise que la loi de frimaire autorise en matière d'enregistrement. — On parlera, au mot *Expertise*, des formes de l'expertise en général, et des effets du rapport des experts.

2154. — Les art. 17 et 19 de la loi du 22 frim. an 7 sont ainsi conçus :

Art. 17. « Si le prix énoncé dans un acte translatif de propriété ou d'usufruit de biens immeubles à titre onéreux, paraît inférieur à leur valeur vénale, à l'époque de l'aliénation, par comparaison avec les fonds voisins de même nature, la régie pourra requérir une expertise, pourvu qu'elle en fasse la demande dans l'année, à compter du jour de l'enregistrement du contrat.

Art. 19. » Il y aura également lieu à requérir l'expertise des revenus des immeubles transmis en propriété ou usufruit à tout autre titre qu'à titre

onéreux, lorsque l'insuffisance dans l'évaluation ne pourra être établie par actes qui puissent faire connaître le véritable revenu des biens. »

2155. — Comme on voit, l'expertise n'a jamais lieu que pour les *mutations d'immeubles*, et il en découle, comme conséquence, que le droit de mutation est établi sur la valeur même de la chose, et non sur le prix de sa transmission. Toutefois, les mots *valeur vénale* indiquent qu'on doit avoir égard au lucre que l'acquéreur est toujours censé retirer du contrat.— D.A. 7. 293, n. 1.

2156. — Lorsque, dans une vente publique, une clause du cahier des charges impose aux adjudicataires l'obligation de payer, en sus du prix principal, pour les frais et honoraires du notaire, une somme qui paraît exorbitante à la régie, elle peut la faire réduire par le président du tribunal, à l'effet de percevoir, sur le surplus, les mêmes droits d'enregistrement que sur le prix principal de la vente. — Ce n'est nullement là le cas de provoquer une expertise, conformément à l'art. 17 de la loi du 22 frimaire, pour déterminer la veritable valeur de l'immeuble.— Cette réduction peut même être opérée par le président seul, sans qu'il soit obligé de consulter la chambre de discipline des notaires. — 10 déc. 1816. Req. Rodriguez. D A. 7. 302. D.P. 17. 1. 287.

2157.— L'expert chargé d'établir la valeur vénale d'un immeuble, pour la perception du droit proportionnel, doit déduire du prix réel le montant des charges et déboursés à supporter par l'acquéreur, tels que frais et droits d'enregistrement d'actes, pour fixer ensuite la valeur vénale de cet immeuble. — 7 mars 1833. Req. Enreg. C. Brunet. D.P. 33. 1. 159.

2158. — La vente d'*usufruit*, comme celle de propriété, peut renfermer une dissimulation dans le prix : elle peut donc également donner lieu à une provocation d'expertise; mais, à cet égard, il faut distinguer entre les transmissions d'usufruit à titre onéreux et celles à titre gratuit. Les premières peuvent toujours donner lieu à une expertise, tandis qu'elle n'est accordée pour les secondes qu'autant que l'insuffisance de l'évaluation n'est pas etablie par des baux faisant connaître le véritable revenu des biens (V. art. 15, n. 8, l. 22 frim. an 7).—D.A. 7. 293, n. 2.

2159. — Si une vente est faite moyennant une rente viagère, et que le capital au denier dix de cette rente soit évidemment au-dessous de la valeur vénale de l'immeuble, la régie pourra en requérir l'expertise (Décis. de la régie, du 17 sept. 1807).— D.A. 7. 293, n. 3.

Arrêt qui le décide ainsi : 1er juin 1808. Req. Lanteri. D.A. 7. 295.

2160.— La démission de biens, consentie par une mère, au profit de ses enfans, sous la charge de jouissances viagères qui s'étendent sur les biens propres des cessionnaires, est à titre onéreux. — En conséquence, l'insuffisance d'évaluation des biens abandonnés ne peut être constatee que par la voie de l'expertise, lors même que la régie apporterait en preuve de cette insuffisance une déclaration émanée des cessionnaires eux-mêmes, et exprimant un revenu de beaucoup supérieur à celui annoncé dans l'acte de démission (L. 22 frim. an 7, art. 17; C. civ. 1106). — 2 sept. 1812. Civ. r. Enreg C. Bigault. D.A. 7. 296. D.P. 13. 1. 58.

2161.— La vente à pacte de rachat est, comme toute autre mutation à titre onéreux, soumise à l'expertise, si le prix qu'elle énonce paraît au-dessous de la valeur vénale (D. A. 7. 293, n. 4).—5 nov. 1811. Civ. c. Enreg. C. Chesnel. D.A. 7. 295. D.P. 12. 1. 107.

2162. — Lorsqu'une vente de droits successifs comprend des meubles et des immeubles, la demande d'expertise peut-elle porter à la fois sur les uns et sur les autres? Elle ne doit porter que sur les immeubles, car il n'y a aucun motif pour faire fléchir ce principe.— D.A. 7. 293, n. 5.

2163.—La désignation et estimation des meubles, article par article, exigée par l'art 9 de la loi du 22 frim. an 7, lorsque des meubles se trouvent confondus avec des immeubles dans un même contrat de vente, n'a trait qu'aux meubles qui, par leur nature et leur forme extérieure, peuvent être susceptibles de ce détail et de cette estimation : mais elle ne saurait s'appliquer à un compte de fruits de longues années, dus par l'acquéreur au vendeur, abandonnés par ce dernier avec l'immeuble, et dont la supputation serait, sinon impossible, au moins très difficile à faire.— La régie ne peut donc, à défaut d'évaluation détaillée, prétendre un droit unique de 4 pour 100 sur tout ce qui forme le prix du contrat; elle n'a que le droit de requérir l'expertise de l'immeuble, à l'effet de déterminer, par imputation, la portion de prix qui doit réellement s'appliquer aux arrérages de fruits cédés à l'acquéreur du fonds.—21 oct. 1811. Civ. r. Enreg. C. Ducluzel. D.A. 7. 301. D.P. 2. 53.

2164.— Les art. 17 et 19 n'autorisant l'expertise que pour les transmissions de *propriété* ou d'*usufruit*, elle ne pourrait être provoquée pour dissimulation du véritable prix d'un bail, puisque le bail ne transmet qu'une simple *jouissance* (Déc. de la regie, du 2 oct. 18.6).— D.A. 7. 293, n. 6.

2165.—L'expertise n'est jamais, surtout en ce qui concerne les transmissions à titre gratuit, qu'un moyen subsidiaire fourni à la régie pour arriver à la connaissance de la vraie valeur des immeubles, lorsqu'elle lui a été dissimulée par les parties. — D.A. 7. 293, n. 7.

2166.— La différence de rédaction des art. 17 et 19 porte à penser que les baux courans sont un mode légal d'évaluation dont il ne peut jamais être permis de s'écarter, tandis que le juge peut toujours ordonner l'expertise, s'il ne trouve pas dans les *actes* produits des élémens suffisans pour constater l'insuffisance de la déclaration.— D.A. 7. 293, n. 7.

2167.— Aussi, il a été décidé que depuis la loi du 22 frim. an 7, l'expertise ne peut être demandée pour constater l'insuffisance d'une déclaration faite après décès, qu'à défaut de baux courans ou d'autres actes propres à constater le revenu des biens (L. 22 frim. an 7, art. 15 et 19).—18 fév. 1807. Civ. c. Enreg. C. Lascaris. D.A. 7. 297. D.P. 2. 52.

2168.— Mais la matrice du rôle de la contribution foncière ne peut être considérée comme donnant le véritable revenu des immeubles : en conséquence, la régie ne peut être forcée de la prendre pour base de l'estimation des biens transmis par décès.— Si cette évaluation lui paraît insuffisante, elle peut requérir l'expertise (L. 22 frim. an 7, art. 15, n. 7, et art. 19).—4 août 1807. Civ. c. Enreg. C. Bogaert. D.A. 7. 301. D P. 7. 2. 117. — 5 avril 1808. Civ. c. Enreg. C. Garnier. D.A. 7. 297. D.P. 8. 2. 71.

2169.— Une expertise faite pour parvenir à une licitation ou à un partage, suffit pour constater l'insuffisance du revenu des biens dans une donation ou une déclaration de succession (Solut. admin. 25 nov. 1807; *Dict. de l'enreg.*, v° Expertise, n. 8, 62).

2170.— Décidé, au contraire, que la régie n'est point admise à prouver l'insuffisance du revenu des biens immobiliers énoncé dans une déclaration de succession, à l'aide d'une expertise faite pour le partage de ces mêmes biens. — 8 nov. 1833. Délib. cons. d'admin. D.P. 34. 3. 39.— *Rev. du not.*, 1834, p. 811.

2171. — Mais jugé qu'en cas de contestation sur le droit de mutation de deux ventes successives du même domaine, le procès-verbal d'expertise, qui en établit la valeur à l'égard du premier acquéreur, peut être invoqué par la régie contre le second acquéreur, sans qu'il y ait lieu de procéder à une nouvelle expertise, si le second acquéreur s'était porté garant du paiement des droits dus pour la première vente, et qu'il ait été appelé, en cette qualité, à l'instance où l'expertise a été ordonnée; si la seconde vente a suivi de très peu de temps la première; si l'expertise n'a eu lieu qu'après la seconde vente, toutes les parties duement appelées; si le second acquéreur enfin n'allègue aucun préjudice résultant du refus d'une double expertise. Peu importe que de la seconde vente soient exceptés certains objets, compris dans la première, si l'estimation du domaine a été faite article par article, et qu'ainsi il y ait évaluation distincte pour les objets exceptés. — 5 avril 1831. Req. Ridray. D.P. 31. 1. 315.

2172. — Les droits seront dus sur un capital formé du prix du bail quand même l'on prétendrait qu'il avait été résilié pour prix excessif, si l'on ne justifie pas qu'il n'était pas le bail courant à l'époque de la mutation. — 13 fév. 1809. Civ. c. Enreg. C. Baron. D.A. 7. 297. D.P. 10. 2. 1. 211. — *Dict. de l'enreg.*, v° Expertise, n. 64.

2173.— Un contrat d'échange ne perd point son caractère par cela que l'un des immeubles échangés est d'une valeur de beaucoup supérieure à l'autre. — Dès lors, s'il y a eu fausse évaluation dans la déclaration donnée par les parties, la régie n'est point obligée de recourir à l'expertise, comme en matière de vente, mais elle peut constater par un bail l'insuffisance d'estimation; et, dans ce cas, elle a deux ans pour former sa demande en supplément de droits, conformément à l'art. 61—1° de la loi du 22 frim. an 7. — 13 déc. 1809. Civ. c. Enreg. C. Quentin. D.A. 7. 298. D.P. 10. 1. 83.

2174. — Une soulte contenue dans un acte de partage opère une mutation qui est soumise aux mêmes règles et aux mêmes droits qu'une mutation résultant d'un acte de vente. — En conséquence, une expertise peut être ordonnée pour déterminer la quotité de la soulte, lorsque cette soulte n'est pas connue (L. 22 frim. an 7, art. 17). — 8 fév. 1813. Civ. r. Puech. D.A. 7. 290.

2175.— Lorsque, pour base de la perception du droit d'enregistrement sur une donation, la régie produit un bail authentique qui embrasse, dans sa durée, l'époque à laquelle la donation a été faite, elle ne peut être obligée à subir l'expertise ou à rapporter la preuve par titres ou par temoins que ce bail existait, de fait, au moment de la donation, par cela que les redevables produisent, de leur côté, un jugement rendu entre eux et un tiers, postérieurement à l'action de la régie, et duquel il résulterait que ce tiers était fermier, par bail verbal, des immeubles donnés, et qu'ainsi le bail authentique invoqué par la direction aurait cessé d'exister.— Ce jugement, entièrement étranger à la régie, et intervenu sur une demande postérieure aux poursuites dirigées par elle (circonstance qui le rend justement suspect), ne peut être considéré comme un commencement de preuve par écrit, qui autorise l'admission de la preuve testimoniale contre la foi due à un bail authentique. — 7 fév. 1821. Civ. c. Enreg. C. Vallée. D.A. 7. 300. D.P. 21. 1. 393.

2176. — Un bail, non encore expiré au moment du décès, doit, si la régie le requiert, servir exclusivement de base pour la perception du droit proportionnel, auquel la transmission par décès donne lieu. Il importe peu que l'élévation du prix du bail ne soit due qu'à des circonstances qui ont pris fin avec le bail; qu'au moment de la déclaration à la régie, la valeur des immeubles ait été fixée par une expertise suivie d'une vente judiciaire, et qu'enfin les déclarans offrent à la régie de faire fixer cette valeur par une expertise contradictoire (L. 22 frim. an 7, art. 15, n. 7 et 19). — 19 août 1829. Civ. c. Enreg. C. Kayser. D.P. 29. 1. 340.

2177. — Lorsque, dans un échange, il est stipulé qu'une des parties paiera une somme quelconque à la décharge de l'autre partie, cette somme doit être considérée comme une soulte, sans qu'il soit besoin de recourir à une expertise, pour savoir si la valeur d'un des objets echangés n'est pas supérieure à celle de l'autre. — Il n'est nécessaire de recourir à l'expertise que lorsque la régie prétend qu'il y a différence de valeur entre les objets, et que la soulte n'est pas constatée par l'acte. — 28 avril 1830. Civ. c. Enreg. C. Boissard. D.P. 30. 1. 230.

2178.— Les baux courans ne sont pris pour règle exclusive d'estimation que lorsqu'il s'agit de transmissions d'immeubles *à titre gratuit;* mais pour celles *à titre onéreux*, même pour les échanges, les tribunaux peuvent toujours recourir à l'expertise. Cette distinction sort des termes des art. 15, n. 4, et 17 de la loi de frim.— D.A. 7. 293, n. 8.

2179. — Jugé, dans ce sens, qu'en cas d'insuffisance prétendue dans la déclaration du revenu d'un immeuble cédé en échange, l'expertise peut être ordonnée par le tribunal, à l'effet de déterminer le véritable revenu de cet immeuble : il n'est point obligé de s'en tenir au prix stipulé dans le bail courant, au moment de l'échange, comme lorsqu'il s'agit d'une transmission de propriété, à titre gratuit ou par décès (L. 22 frim an 7, art. 15, n. 4, et art. 17). — 27 déc. 1820. Civ. r. Lyon. Enreg. C. François. D.A. 7. 299. D.P. 2. 53, et 21. 1. 87.

2180. — Si le bail est expiré à l'époque du décès ou de la donation, l'administration ne peut s'en prévaloir, quoique le fermier ait continué de jouir; elle ne peut invoquer la tacite réconduction (*Dict. de l'enreg.*, v° Expertise, n. 55).

2181.— C'est à la régie seule, en thèse générale, qu'il peut appartenir de provoquer l'expertise : cependant, il y a un cas où les nouveaux possesseurs pourraient avoir intérêt à la faire ordonner par le tribunal; ce serait celui où la régie voudrait se fonder sur des actes qui ne seraient pas par eux-mêmes démonstratifs du véritable revenu, ou même sur des baux courans dans des circonstances où la loi ne les admettrait pas comme règle unique d'évaluation (V. l'arr. du 27 déc. 1820, ci-dessus).— D.A. 7. 294, n. 9.

2182 — Jugé que l'expertise, dans le cas où elle est permise pour la fixation du droit d'enregistrement, ne peut être ordonnée que sur la demande de la régie et dans son intérêt (L. 22 frim. an 7, art. 17 et 19). — 27 avril 1807. Civ. c. Enreg. C. Colin. D.A. 7. 302. D.P. 2. 53.

2183.—L'expertise ne peut avoir lieu qu'à défaut

d'actes qui prouvent par eux-mêmes l'insuffisance d'évaluation donnée par le déclarant, et elle ne peut jamais être provoquée que par la régie. — Ainsi, dans une déclaration d'immeubles faite après décès, antérieurement au décret du 26 avril 1808, s'il existe un bail authentique, c'est le prix de ce bail qui doit être pris pour base de la valeur vénale des biens; et si le prix de ce bail était payable en nature, le taux doit en être déterminé d'après les dernières mercuriales, sans qu'il soit permis au redevable d'en demander la fixation par experts (L. 22 frim. an 7, art. 15, n. 1 et 7, et art. 19). — 14 juin 1809. Civ. c. Enreg. C. Target. D.A. 7. 298. D.P. 10. 1. 211.

2184. — Le droit de signer une demande, tendant à expertise, formée au nom du directeur-général, n'est pas exclusivement attribué au directeur du département; la signature a pu, en son absence, être valablement donnée par un inspecteur divisionnaire. — 29 fév. 1832. Civ. c. Enreg. C. Saussines. D.P. 32. 1. 109.

2185. — La régie n'a point à rendre compte des motifs de sa demande d'expertise : le plus léger soupçon de dissimulation dans un prix de vente, ou d'une fausse évaluation dans les biens échangés ou donnés, suffit pour l'y autoriser. — D.A. 7. 294, n. 10.

2186. — Relativement au délai dans lequel la demande d'expertise doit être faite, il faut distinguer entre les actes translatifs de propriété, moyennant *un prix énoncé* au contrat, et ceux qui, ne contenant point de prix, rendent la *déclaration* des parties nécessaire. Au premier cas, la demande doit être faite dans l'année de la présentation de l'acte à l'enregistrement (L. 22 frim. an 7, art. 17); et au second cas, elle est prescrite par le laps de deux années à partir de la déclaration (Même loi, art. 61-1°). — D.A. 7. 308, n. 7.

2187. — Jugé ainsi que la demande en expertise formée par la régie pour fausse évaluation dans une déclaration après décès, ne se prescrit que par deux ans, conformément à l'art. 61 de la loi de frimaire. La prescription annale, établie pour le même objet, par les art. 17 et 19 de la loi citée, ne s'applique qu'aux mutations opérées, à titre onéreux, par actes entre-vifs. — 10 déc. 1806 Civ. c. Enreg. C. Vanloo. D.A. 7. 313 D.P. 2. 56. — 13 déc. 1809. Civ. c. D.A. 7. 309. D.P. 10. 1. 83 — 26 fév. 1812. Civ. c. Enreg. C. Montesquieu. D.A. 7. 313. D.P. 12. 1. 266.

2188. — Une donation entre-vifs, faite par un père à ses enfans, à la charge par ceux-ci de le nourrir et entretenir, doit être réputée un acte translatif de propriété *à titre onéreux*. En conséquence, la régie n'a qu'un délai d'une année, à partir du jour du contrat, pour former une demande en expertise des biens transmis par cet acte (L. 22 frim. an 7, art. 17 et 61). — 22 nov. 1808. Req. Enreg. C. Liége. D.A. 5. 495. D.P. 8. 1. 524.

2189. — De même, l'acte de démission de biens, fait par une mère au profit de ses enfans, à charge par ceux-ci de lui payer une rente viagère, est un véritable contrat à titre onéreux (C. civ. art. 1106). — En conséquence, la demande d'expertise signifiée par la régie, à l'effet de déterminer la valeur des biens transmis, pour la perception du droit, est non-recevable, si elle n'a été formée que plus d'un an après l'enregistrement du contrat (L. 22 frim. an 7, art. 17). — 20 janv. 1817. Civ. r. Enreg. C. Sabourel. D.A. 7. 314. D.P. 2. 56.

2190. — Dans le cas où un acte sous seing-privé, portant vente d'immeubles, est remplacé dans les trois mois par un acte notarié, sur lequel a été perçu le droit proportionnel d'enregistrement, l'administration n'est pas recevable à décerner une contrainte pour le paiement du droit simple dont était passible le premier acte sous signature privée, et du double droit, comme n'ayant pas été soumis à l'enregistrement dans les trois mois de sa date; et cela, encore bien que le prix énoncé dans le second acte fût moins considérable que le prix mentionné dans le premier; le droit de l'administration se borne à pouvoir agir, dans les deux ans à partir de la présentation de l'acte notarié à l'enregistrement, pour requérir une évaluation par experts des immeubles vendus, à l'effet d'exiger un supplément, dans le cas où le prix exprimé serait dissimulé et inférieur à la valeur vénale des immeubles (L. 22 frim. an 7, art. 17, 4, 22, 38, 59 et 60) — 12 août 1829. Req. Enreg. C. Noirot. D.P. 29. 1. 333.

2191. — S'il résulte d'un aveu judiciaire fait par l'acquéreur d'un immeuble, que le prix de la vente est supérieur à celui énoncé dans le contrat, l'offre, par celui-ci, de payer le droit simple sur le supplément du prix, autorise la régie à percevoir ce droit, quoiqu'il se serait écoulé plus d'une année depuis la vente, et qu'ainsi l'expertise ne serait plus recevable; toutefois le double droit n'étant, dans ce cas, autorisé par aucune loi, ne pourrait être exigé. — 4 mai 1833. Délib. cons. d'adm. Vautier. D.P. 33. 3. 80.

2192. — On s'est élevé contre la perception même du simple droit, en se fondant sur ce que l'insuffisance du prix porté dans un contrat de vente *ne peut* être constatée que par une expertise demandée dans l'année (L. 22 frim. an 7, art. 17). D'où on conclut que la nature de la preuve invoquée dans l'espèce et les délais expirés s'opposaient à la fois à la perception du simple droit. Une délibération du 25 oct. 1826 l'a ainsi décidé (Cout. art. 684). Mais la régie peut percevoir le droit d'obligation sur la somme reconnue par l'acheteur comme devant former le complément du prix; cependant elle ne peut exiger que ce droit, quoique l'aveu ait eu lieu dans l'année, à moins que, dans ce dernier cas, les parties ne consentent à payer le droit de vente, la régie renonçant de son côté à l'expertise. — D.P. *ibid.*, note 1re.

2193. — Lorsqu'une ventilation du prix est nécessaire pour déterminer les droits dus sur un acte de vente, comprenant des biens situés en France et d'autres en pays étrangers, le délai pour provoquer l'expertise ne court que du jour où cette ventilation a été constatée, ou du jour de la déclaration qui en a tenu lieu (Délib. 16 mars 1827) — *Dict. de l'enreg.*, v° Expertise, n. 38.

2194. — Lorsque, par un acte postérieur à la vente d'un immeuble, il est déclaré que la contenance de cet objet est plus considérable, mais que le prix restera le même, l'administration peut requérir l'expertise, dans l'année du dernier acte. — *Dict. de l'enreg.*, v° Expertise, n. 39.

2195. — La régie doit requérir l'expertise dans l'année de la vente à réméré (Solut. 2 juill. 1807; arr. de cass. 5 nov. 1811 ; *Dict. de l'enreg.*, v° Expertise, n. 40).

2196. — Quoiqu'une déclaration de succession ait été postérieurement rectifiée par les héritiers, le délai de deux ans, pour provoquer l'expertise, n'en court pas moins du jour de la déclaration et non de celui de la rectification (Délib. du 23 oct. 1816). — D.A. 7. 308, n. 7.

2197. — Mais il suffit que la requête d'expertise ait été formée et notifiée au redevable *dans l'année*, quand même elle n'aurait pas été immédiatement suivie de l'exploit d'ajournement, ou que le jugement qui l'aurait admise ne lui aurait été signifié qu'après l'expiration du délai : car c'est un acte interruptif de la prescription. — D.A. 7. 308, n. 8. — Arrêts conformes : 21 fév. 1809. Civ. c. Enreg. C. Carné. D.A 7. 312. D.P. 2. 56. — 5 déc. 1820. Civ. c. Enreg. C. Simon. D.A. 7. 312.

2198. — Il n'est permis aux tribunaux de surseoir, sous aucun prétexte, à la demande d'expertise formée par la régie. — D.A. 7. 294, n. 11. — V. n. 2185.

2199. — Ainsi, décidé que les juges ne peuvent surseoir à la demande en expertise formée par la régie pour fixer les droits de mutation par décès, sous prétexte qu'un partage de la succession avec un des héritiers, mineur, doit donner lieu à une estimation des biens qui pourra être appliquée à la demande de la régie (L. 22 frim an 7, art. 18 et 59). — 4 fév. 1807. Civ. c. Enreg. C. Sarton. D.A. 7. 303. D.P. 2. 54.

2200. — Jugé de même que l'expertise étant le moyen spécial indiqué par la loi pour connaître la vraie valeur d'un immeuble, pour la perception du droit de mutation, il n'est permis d'y surseoir, sous aucun prétexte, lorsqu'elle est demandée par la régie, pas même sous celui d'une surenchère exercée contre l'acquéreur, encore bien que cette surenchère tende à le déposséder, sauf, en ce cas, le remboursement du droit d'enregistrement qu'il aura payé, à titre de loyaux coûts, par celui qui deviendra propriétaire en son lieu et place (L. 22 frim. an 7, art. 17, 18 et 50). — 3 mai 1809. Civ. c. Enreg. C. Riquebourg. D.A. 7. 303 D.P. 9. 2. 54. — 6 juill. 1812. Civ. c. Enreg. C. Jumot. D.A. 7. 303. D.P. 2. 54, et 12. 1. 484.

2201. — Bien plus, l'allégation d'une erreur non prouvée légalement, ni l'offre du droit simple sur un supplément d'évaluation, ne peuvent arrêter l'expertise (4 déc. 1821. Civ. c.). — *Dict. de l'enreg.*, v° Expertise, n. 74.

2202 — Si avant la demande en expertise ou pendant l'instance, le contrat de vente est rescindé ou annulé par jugement, la régie peut poursuivre l'instance. — *Dict. de l'enreg.*, v° Expertise, n. 47.

2203. — En matière d'enregistrement, les juges ne peuvent pas se dispenser d'ordonner l'expertise lorsque la demande en est régulièrement formée : il en résulte qu'ils ne peuvent pas substituer leur propre opinion à celle des experts; car alors le tribunal deviendrait arbitre d'une évaluation que la loi a voulu spécialement confier à des experts (D.A. 7. 294, n. 12). — 7 mars 1808. Civ. c. Enreg. C. Elsberg. D.A. 7. 304. D.P. 8. 2. 42. — 17 avril 1816. Civ. c. Enreg. C. Chaléat. D.A. 7. 305. D.P. 16. 1. 38.

2204. — Mais si les juges ne peuvent se constituer eux-mêmes experts, ils ne sont pas tenus d'entériner un rapport qui leur paraîtrait incomplet ou tout-à-fait erroné : ils peuvent et doivent même, dans ce cas, ordonner une seconde expertise (D.A. 7. 294, n. 12). — 7 mars 1808. Civ. c. Enreg. C. Elsberg D.A. 7. 304. D.P. 8. 3. 42. — 24 juill. 1815. Civ. c. Enreg. C. Varicourt. D.A. 7. 304. D.P. 15. 1. 437. — 17 avril 1816. Civ. c. Enreg. C. Chaléat. D.A. 7. 305. D.P. 16. 1. 308.

La cour de cassation est même allée plus loin; elle a accordé aux juges le droit de rectifier en certains cas le rapport des experts. — 8 brum. an 14. D.A. 7. 308. D.P. 2. 54.

2205. — L'on ne doit pas déduire du revenu fixé par les experts le cinquième pour les impositions. — *Dict. de l'enreg.*, v° Echange, n. 71.

2206. — Les frais de l'expertise sont de droit à la charge de la partie qui succombe (L. 22 frim. an 7, art. 19) — On distingue, suivant la jurisprudence, entre les mutations à titre onéreux et celles à titre gratuit. Pour les premières, les frais ne sont supportés par l'acquéreur que lorsque l'estimation excède d'un huitième au moins le prix énoncé; dans les secondes, la plus légère différence fait retomber les frais à la charge de l'héritier ou du donataire. — Mais cette jurisprudence est trop rigoureuse pour le dernier cas, elle a interprété d'ailleurs trop judaïquement les art. 17, 18 et 19. Il résulte au contraire de l'esprit de ces dispositions, la preuve manifeste que l'art. 18 n'est pas limitatif dans ses termes, et que les règles qu'il établit sont communes aux contrats à titre onéreux comme aux mutations à titre gratuit (D.A. 7. 294, n. 13). — Arrêt qui décide le contraire : 11 mai 1824. Civ. c. Enreg. C. Bourgeois. D.A. 7. 306. D.P. 24. 1. 216.

2207 — Jugé de même que l'art. 18 de la loi du 22 frim. an 7, qui, en cas d'insuffisance du prix déclaré par les parties, ne met les frais de l'expertise à la charge de l'acquéreur qu'autant que l'estimation excède d'un huitième le prix énoncé au contrat, est seulement relatif aux transmissions d'immeubles à titre onéreux; il ne s'applique pas aux transmissions d'immeubles par décès. Dans ce cas, l'héritier doit toujours payer les frais de l'expertise, dès que la valeur par lui déclarée est inférieure à l'estimation (L. 22 frim. an 7, art. 39). — 9 mai 1826. Civ. c. Enreg. C. Deyres, etc. D.P. 26. 1. 278. — 11 mai 1824. Civ. c. — *Dict. de l'enreg.*, v° Expertise, n. 72.

2208. — Que le redevable soit condamné ou non aux frais de l'expertise, il doit acquitter, sur la plus-value constatée par les experts, un supplément de droit que l'art. 5 de la loi du 27 vent. an 9 porte au double, mais seulement pour le cas où les frais de l'expertise tombent à sa charge (D.A. 7. 295, n. 14). — Arrêt conforme : 2 oct. 1810. Civ. c. Enreg. C. Vanderstock. D.A 7. 306. D.P. 2. 54. — 11 mai 1824. — 9 mai 1826. — *Dict. de l'enreg.*, v° Expertise, n. 72.

2209. — Et l'on a décidé qu'en matière d'enregistrement, lorsque les frais de l'expertise tombent à charge du défendeur, ce dernier doit non seulement payer tous les frais, mais le double droit sur le supplément (art. 5, l. 27 vent. an 9). — 23 déc. 1817. Civ. c. Enreg. C. Charrein.

ART. 14. — *Des obligations des fonctionnaires publics et des parties elles-mêmes; des infractions à ces obligations. — Peines.*

§ 1er. — *Dispositions générales.*

2210. — Les art. 41 et 42 de la loi du 22 frim. an 7 portent :

Art. 41. « Les notaires, huissiers, greffiers et les secrétaires des administrations centrales et municipales ne pourront délivrer en brevet ou expédition aucun acte soumis à l'enregistrement sur la minute ou l'original, ni faire aucun autre acte en conséquence, avant qu'il ait été enregistré, quand même le délai pour l'enregistrement ne serait pas encore expiré, à peine de 50 fr. d'amende, outre le paiement du droit. — Sont exceptés les exploits ou autres actes de cette nature qui se signifient à parties ou par affiches et procurations, et les effets

négociables compris sous l'art. 69, § 2, n. 6. — A l'égard des jugemens qui ne sont assujettis à l'enregistrement que sur les expéditions, il est défendu aux greffiers, sous les mêmes peines, d'en délivrer aucune, même par simple note ou extrait, aux parties ou autres intéressés, sans l'avoir fait enregistrer (art 41, l. de frim. an 7).

Art. 42. » Aucun notaire, huissier, greffier, secrétaire ou autre officier public ne pourra faire ou rédiger un acte en vertu d'un acte sous signature privée, ou passé en pays étranger, l'annexer à ses minutes, ni le recevoir en dépôt, ni en délivrer extrait, copie ou expédition, s'il n'a été préalablement enregistré, à peine de 50 fr. d'amende, et de répondre personnellement du droit, sauf l'exception mentionnée dans l'art. 41. »

2211. — On lit dans l'art. 56 de la loi du 28 avril 1816 : « L'art. 42 de la loi de frimaire an 7 continuera d'être exécuté; néanmoins, à l'égard des actes que le même officier aurait reçus, et dont le délai d'enregistrement ne serait pas encore expiré, il pourra en énoncer la date avec la mention que ledit acte sera présenté à l'enregistrement en même temps que celui qui contient ladite mention; mais, dans aucun cas, l'enregistrement du second acte ne pourra être requis avant celui du premier, sous les peines de droit. »

2212.— L'art. 13 de la loi du 16 juin 1824 dispose : « Les notaires pourront faire des actes en vertu et par suite d'actes sous seing-privés non enregistrés, et les énoncer dans leurs actes, mais sous la condition que chacun de ces actes sous seing-privé demeurera annexé à celui dans lequel il se trouvera mentionné, qu'il sera soumis avant lui à la formalité de l'enregistrement, et que les notaires seront personnellement responsables, non seulement des droits d'enregistrement et de timbre, mais encore des amendes auxquelles les actes sous seing-privé se trouveront assujettis. Il est dérogé, à cet égard seulement, à l'art. 41 de la loi du 12 déc 1798. »

2213. — « Aucun juge ni arbitre, aucune administration ne peut rendre un jugement, ni prendre un arrêté *en faveur de particuliers*, sur des actes non enregistrés, à peine de répondre personnellement des droits » (art. 47 de la loi de frim. an 7).

Telles sont les dispositions générales sur ce point, et pour en assurer l'exécution l'art. 44 veut que tout extrait ou expédition d'un acte contienne la mention littérale et entière de la quittance des droits perçus sur la minute, ou que tout acte authentique qui relate un sous seing-privé renferme également la transcription littérale de la quittance des droits perçus sur ce sous seing-privé, afin qu'il soit certain, non seulement que ces actes ont été enregistrés, mais encore que les droits en ont été régulièrement perçus.

L'officier public qui contrevient à ces dispositions est passible d'une amende de de 10 fr. (art. 46), réduite à 5 fr. par l'art. 10 de la loi de 1824; mais, en cas de fausse mention, il est poursuivi et puni comme faussaire.— D.A. 7. 315, n. 1.

2214. — Jugé, toutefois, qu'il ne contrevient pas à la loi le notaire qui, en relatant un acte sous seing-privé, ne transcrit pas littéralement la quittance du droit d'enregistrement, mais fait des indications qui mettent les préposés à même de vérifier si la formalité a été remplie, et, par exemple, s'il énonce le nom du bureau où cet acte a été enregistré, le folio et la case du registre où l'enregistrement a eu lieu, le nom du receveur et le montant des droits perçus; c'est avec ce tempérament qu'il faut entendre l'art. 44 de la loi du 22 frim. an 7 (23 avril 1830. Solut.) — D.P. 33. 3. 42.

2215.— Comme aussi la mention, dans un compte de tutelle, du projet de compte remis au mineur dix jours auparavant, suivant récépissé enregistré, n'oblige pas le notaire à faire enregistrer préalablement le projet de compte lui-même, qui ne peut être soumis à la formalité qu'en même temps que l'arrêté de compte. Le notaire, par le défaut d'enregistrement du projet, ne contrevient pas à l'art. 42.— 29 mars 1831. Solution. D.P. 31. 3. 39.

2216.— Mais un notaire qui, procédant à une adjudication, mentionne, dans son procès-verbal, des certificats d'un maire légalisant la signature d'un imprimeur, mise au bas d'un exemplaire du journal où étaient insérées les annonces de cette adjudication, sans que ces certificats aient été enregistrées, encourt une amende de 10 fr. — En un tel cas, les certificats servant à constater une formalité ordonnée par la loi, doivent être considérés, sinon comme la cause unique de l'acte public rédigé par le notaire, au moins comme l'un des élémens de cet acte; et, dès lors, on ne pourrait refuser l'amende sous le prétexte que la mention de ces certificats aurait été surabondante (art. 23, 42). — 26 janv. 1831. Civ. c. Enreg. C. Detourbet. D.P. 31. 1. 60.

ENREGISTREMENT. ART. 14, § 1er.

2217. — L'art. 49 de la loi de frimaire prescrit à chaque fonctionnaire d'avoir un répertoire sur lequel il inscrive, jour par jour, les actes et la mention de l'enregistrement — Ce répertoire doit être communiqué au receveur à chaque réquisition. Les préposés peuvent aussi en demander communication, mais sans déplacer les registres de l'état civil et ceux des rôles des contributions pour reconnaître les mutations non déclarées.— Ils peuvent aussi se transporter aux archives, dépôt de titres publics et chez les officiers instrumentaires, et y prendre les renseignemens, extraits ou copies d'actes (art. 54). — D.A. 7. 315, n. 2, 3.

2218. — Mais ils seraient sans droit pour étendre leur investigation aux testamens ou actes de libéralités à cause de mort..., aux paquets cachetés remis de confiance à un notaire.— D.A. *ibid.*

2219.— Ainsi, jugé que lorsqu'un paquet est remis cacheté en dépôt à un notaire, et que son intérieur doit rester inconnu jusqu'à un certain temps, ce notaire n'est point obligé de l'ouvrir et de le communiquer aux préposés de l'enregistrement qui l'en requièrent, sous prétexte qu'il renferme des actes sous seing-privé non enregistrés.— Le notaire à qui le dépôt est confié le reçoit comme simple particulier, et non comme depositaire public.— 13 déc. 1809. Civ. c Enreg. C. Pérignon. D.A. 7. 332. D P. 10 1. 65. — 4 août 1811. Req. Enreg. C. Pérignon. D.A. 7. 332. D.P. 13. 1. 465.

2220.— Mais l'ouverture des testamens mystiques peut être requise par les préposés de l'enregistrement (art 21).— 17 déc. 1830. Solut. Enreg. C. Fassey. D.P. 33. 3. 77.

2221. — Un notaire peut recevoir le dépôt d'un testament sans en dresser acte. Mais si le testateur exige un acte de dépôt, il doit être perçu un droit fixe de 2 fr., auquel la loi assujettit tous dépôts d'actes et pièces en général chez les officiers publics (art. 21 et 43, l. 28 avril 1816, art. 43, n. 10).— 14 juill. 1823. Civ. r. Amy. D.A. 7. 46. D.P. 23. 1. 261.

2222.— La découverte d'un acte sous seing-privé non enregistré, et dont il n'a pas été dressé acte de dépôt, dans l'étude d'un notaire, par suite d'une vérification faite par le préposé dans cette étude, ne saurait être regardée comme le résultat d'une mesure illégale, ni faire exempter l'acte du droit dont il est passible d'après la nature des conventions qu'il constate. — 11 mai 1825. Civ. c. Enreg. C. Guyot. D.P. 25. 1. 316.

2223. — Les préposés de l'enregistrement n'ont pas seulement le droit de se faire communiquer les répertoires des notaires, mais ils ont encore celui de dresser procès-verbal des contraventions, notamment de celles qui portent atteinte à la loi du 25 vent. an 11, sur le notariat, pour le transmettre aux procureurs du roi chargés d'en poursuivre la répression (art. 52 et 54; l. 25 vent. an 11, art. 53; l. 16 juin 1824, art. 14).— 22 avril 1833. Rennes. Min. pub. C. Pinot. D.P. 34. 2. 79.

2224. — L'employé de l'administration qui veut vérifier les actes d'une étude, en l'absence constatée du notaire, doit adresser sa réquisition de communiquer au notaire chargé de suppléer son confrère absent, et non au clerc de celui-ci, qui est sans caractère légal pour faire cette communication. — 18 nov. 1834. Jug. de Saverne, contre lequel l'administration ne s'est pas pourvue. — D.P. 35. 3. 34. *Rev. du not.*, 1835, t. 1er, p. 261.

2225.— Au reste, si l'on veut connaître la marche que doivent suivre les préposés de l'administration, dans les vérifications qu'ils ont à faire dans les études et la chambre de discipline des notaires et autres dépôts ou établissemens publics, on peut consulter un réglement annexé à une instruction générale de la régie, du 18 mars 1831, n. 1351, à l'aide duquel on pourra se former une idée de l'étendue des droits et des devoirs de ces préposés. — V. D.P. 35. 3. 33.

2226. — Un conseil de fabrique est bien un établissement public, mais ce n'est pas une administration publique, et, par suite, son trésorier ne peut être assimilé à un fonctionnaire public dans le sens de la loi du 13 brum. an 7, art. 12. — 6 nov. 1832. Civ. c. Enreg. C. Combeau. D.P. 33. 1. 16.

2227. — La présentation au visa du receveur du répertoire d'un greffier sur lequel sont inscrits tous les jugemens rendus à l'audience ne supplée pas aux extraits de ces jugemens, qu'il est chargé de remettre, dans les dix jours et sous peine d'amende, au préposé de la régie dans le cas prévu de l'art. 37.— 22 juill. 1807. Civ. c. Enreg. C. Vernet. D.A. 7. 331. D.P. 2. 64.

2228.— La peine infligée aux greffiers, pour n'avoir pas fourni aux receveurs de l'enregistrement des extraits certifiés des actes et jugemens, dont les droits ne leur ont pas été remis par les parties, n'est pas exclusive des poursuites à diriger contre les parties elles-mêmes, pour le recouvrement de ces mêmes droits.— 11 sept. 1809. Civ. c. Enreg. C. Perrin. D.A. 7. 323. D.P. 2. 58.

2229.— Enfin, l'art. 40 dispose que toute contre-lettre qui aurait pour objet une augmentation de prix dans un acte public, ou sous signature privée, précédemment enregistré, est passible du triple droit : de plus, il la déclare nulle et de nul effet. — Cette dernière disposition est implicitement abrogée par l'art. 1321 C civ. (opinion contraire de Merlin, *Quest. de droit*, v° Contre-lettre, t. 6, add. § 3).— D.A. 7. 315, n 4.

2230. — Mais n'est passible que du droit simple l'acte sous seing-privé par lequel on stipule un supplement de prix pour une vente à réméré, consentie antérieurement par acte notarié, si les parties l'ont spontanément présenté à la formalité. — Là ne se rencontrent pas les caractères de la fraude prévue par l'art. 40. — 24 août 1830. Délib. D P. 33. 3. 21.

2231.— Jugé de même que la perception du double droit de vente sur l'augmentation du prix d'une mutation d'immeubles fixée par acte postérieur à la vente, n'est légale que si la plus-value a été découverte par l'administration, et constatée par une expertise; les parties reconnaissant une lésion au préjudice du vendeur, et la réparant au moyen d'un supplément de prix, ce n'est pas le cas d'appliquer l'art. 5 de la loi du 27 vent. an 9, qui suppose une expertise consommée, et le droit simple est seul exigible.—25 janv. 1833. Solut. D.P. 33. 3. 77.

2232. — Mais lorsqu'il est reconnu par un jugement rendu entre des tiers qu'un billet sous seing-privé n'a d'autre cause qu'un supplement de prix à une vente, quoiqu'il ait été souscrit à une date antérieure à cette vente, si, d'ailleurs, il a été enregistré postérieurement, la régie est fondée à considérer ce billet comme contre-lettre stipulant un supplément de prix pour la vente, et à exiger le triple droit sur le montant. — 22 janv. 1833. Trib. de Saverne. Mess. D.P. 33. 3. 84.

2233. — Les receveurs de l'enregistrement ne peuvent délivrer d'extraits qu'aux parties contractantes ou leurs ayans-cause, ou au tiers-porteur d'une ordonnance du juge de paix permettant cette communication. Il leur est payé 1 fr. pour recherche de chaque année, et 50 cent. par chaque extrait, outre le papier timbré (L. 22 frim. an 7, art. 58). — D.A. 7. 315, n. 5.

2234. — La même défense est faite aux notaires qui ne peuvent donner connaissance ou délivrer expédition des actes à d'autres qu'à ceux qui y sont intéressés en nom direct, héritiers ou ayans-cause, sans une ordonnance du président du tribunal de première instance, à peine de dommages-intérêts et d'une amende de 100 fr., et, en cas de récidive, de suspension pendant trois mois, sauf l'exécution des lois et réglemens sur le droit d'enregistrement et de ceux relatifs aux actes qui doivent être publiés dans les tribunaux, par exemple, aux contrats de mariage entre époux dont l'un est commerçant (C. comm. art. 67; art. 23, l. 25 vent. an 11).—D.A. 7. 315, n. 5.

2235. — Comme les actes sous signature privée sont transcrits en entier par le receveur, la copie du registre, si elle ne doit pas obtenir la même foi que l'acte lui-même, mérite au moins une grande confiance.— D.A. 7. 315, n. 6.

2236.— Il n'y a de collation en forme, dans le sens de l'art. 56 de la loi du 22 frim. an 7, des actes dont il n'existe pas de minutes, que celles qui en sont faites par un officier public, parties présentes ou duement appelées.

En conséquence, la régie ne peut se prévaloir, pour exiger des droits et doubles droits sur des mentions contenues dans un acte sous seing-privé, d'un extrait ou collation de cet acte qu'elle s'est fait délivrer par un notaire, sans y appeler les parties. — 13 août 1833. Civ. r. Enreg. C. Proal. D.P. 33. 1. 334.

2237.— Le receveur forcé en recette pour insuffisance de perception a, de droit, son recours contre la partie passible d'amende, tant que la prescription n'est pas acquise. — Il ne peut être déclaré non-recevable, à défaut de représentation de l'acte, objet de la contravention, ou d'un procès-verbal qui la constate, lorsque le contrevenant a acquitté sur-le-champ, et sans réclamation, la somme qui lui était demandée à titre d'amende (art. 31). — 17 mess. an 11. Civ. c. Brette. D.A. 7. 330. D.P. 2. 64.

§ 2. — Des actes non présentés à l'enregistrement dans les délais.

2238.— La loi détermine un délai dans lequel les actes doivent être présentés à la formalité, et au-delà duquel une amende est encourue par l'officier public négligent.

Les délais sont de quatre jours : 1° pour les actes des huissiers, et tous autres ayant pouvoir de faire des exploits et procès-verbaux (art. 20, de la loi de frim. an 7); 2° pour les significations d'avoué à avoué, durant le cours des instances devant les tribunaux (L. 27 vent. an 9, art 15); de dix jours pour les notaires résidans dans la commune où le bureau d'enregistrement est établi, et de quinze, pour les non-résidans (même art.).

De quinze jours pour les baux à ferme des hospices, et autres établissemens publics de bienfaisance ou d'instruction publique, faits aux enchères devant un notaire désigné par le préfet du département (Décr. 12 août 1807). Ce délai ne court que du jour où les actes approuvés par le préfet seront parvenus au maire (Instr. , n. 290 , n. 1, et instr., n. 561).

De vingt jours : 1° pour les jugemens et actes judiciaires, qu'il en reste ou non minute (même art.).

2° Pour les présentations et les défauts, et les congés faute de comparoir, défendre ou conclure, qui doivent se prendre au greffe (L. 27 vent. an 9, art. 16).

3° Pour ceux des actes des administrations départementales et municipales assujettis à l'enregistrement (art. 20, l. de frim.).

4° Pour les actes des autorités administratives et des établissemens publics, portant transmission de propriété, d'usufruit et de jouissance, pour les adjudications ou marchés de toute nature, passés par ces administrations aux enchères, aux rabais, ou sur soumissions, et pour les cautionnemens relatifs à ces actes (art. 78, l. 15 mai 1818).

De trois mois : 1° pour les actes sous seing-privé passés en France, et qui sont translatifs de propriété ou d'usufruit d'immeubles (art. 22.).

2° Et pour les baux sous seing-privé à ferme ou à loyer, de biens-immeubles, et pour les sous-baux, cessions ou subrogations de baux (même art.).

3° Pour les engagemens de biens de même nature, *verbi gratiâ*, l'acte sous seing-privé constatant la dation d'un immeuble en antichrèse. — Le délai est plus long pour les actes de ces espèces, lorsqu'ils sont passés hors de France (art. 22).

4° Enfin, pour les testamens reçus par les notaires, ou déposés dans leur étude, le délai court du jour du décès (art. 21).

Quant aux testamens olographes, ils ne seront passibles de la formalité que lorsqu'on voudra en faire usage (art. 23). — D.A. 7. 316, n. 1.

2239.— Les procès-verbaux des commissaires de police, pour faits de police, doivent être soumis à la formalité de l'enregistrement dans les quatre jours de leur date, comme ceux des huissiers ou autres fonctionnaires ayant pouvoir de rédiger des procès-verbaux, sous les peines portées par l'art. 34 de la loi du 22 frim. an 7 (art. 70, § 1er, n. 3). — 22 juill. 1813. Req. Pernot. D.A. 7. 324. D.P. 2. 58.

2240.— Le dépôt au greffe d'un jugement arbitral, qui n'a d'autre objet que de le faire revêtir de l'ordonnance *d'exequatur*, donne lieu, contre la partie qui l'a obtenu, à la perception du droit proportionnel, et à celle du double droit, s'il n'a pas été enregistré dans les vingt jours, conformément à l'art. 20 de la loi du 22 frim. an 7. Les jugemens arbitraux, quoiqu'assimilables, en plusieurs points, aux jugemens ordinaires qui, en certains cas, ne doivent être enregistrés que sur l'expédition, n'en demeurent pas moins des actes sous signature privée, sur lesquels rien ne peut être fait ni ordonné avant l'enregistrement, aux termes des art. 42, 43 et 47. — 3 août 1813. Civ. c. Enreg. C. Darou. D.A. 7. 324. D.P. 15. 1. 84.

2241. — Lorsqu'un acte d'appel, fait à la requête d'un *seul* demandeur contre un *seul* défendeur, est signifié successivement à plusieurs domiciles, la première signification est seule soumise au droit fixe de 10 fr.; les autres ne le sont qu'à celui de 2 fr.; chacune.—2 déc. 1831, Délib. Enreg. C. P. D.P. 33. 3. 35

2242. — L'exploit d'appel enregistré après quatre jours, est nul sans exception pour le cas où le délai de l'appel ne serait point expiré. — 6 déc. 1830. Riom. Jurie. D.P. 33. 2. 231.

2243. — Bien plus, est nul l'exploit non enregistré dans le délai fixé par la loi, même au cas où le retard proviendrait du fait du receveur de l'enregistrement. — 23 déc. 1816. Bourges. Ferrand. D.P. 31. 2. 177.

2244 — L'art. 170 C. forest., qui fixe un délai de quatre jours pour l'enregistrement des procès-verbaux, est inapplicable aux procès-verbaux des récolemens. — 17 mai 1833. Ord. cons. d'état. Ferra. D.P. 34. 3. 65.

2245.— Les délais de dix et quinze jours accordés aux notaires, par l'art. 20, pour l'enregistrement de leurs actes, ne sont pas applicables aux lettres de change passées devant eux, lesquelles sont virtuellement comprises dans l'exemption portée par l'art. 70, § 3, n. 15 de la même loi.—24 mars 1830. Trib. d'Auch. S..., acquiesce par délib. du 22 oct. 1831 D.P. 33. 3. 103; 2 août 1833. Libourne. Lectoure. contre lequel un pourvoi a été admis le 22 juill. 1834. — *Contrà*, 22 nov. 1808. Déc. min. des fin.— 19 mars 1819. Solut.—12 avril 1832. Solut. — 13 juin 1832. Solut. D.P 32. 3. 68.

2246. — Les billets à ordre créés par acte notarié doivent être enregistrés dans les dix ou quinze jours de leur date, et non pas seulement lors du protêt et avec cet acte, comme les billets à ordre sous-seing privé.—10 fév. 1834. Civ. r. Pigalle. D.P. 34. 1. 47.

2247. — Mais, depuis la publication de la loi du 24 mai 1834, les actes de protêts faits par les notaires doivent être enregistrés dans *le même délai* et sont assujettis aux mêmes droits d'enregistrement que ceux faits par les huissiers. L'art. 13 de la loi du 16 juin 1824 est abrogé en ce qu'il peut contenir de contraire au présent article (art. 23 de la loi du 24 mai 1834). — D.P. 34. 3. 56.

2248. — Le notaire qui supplée un commissaire-priseur dans la vente d'objets mobiliers, conserve sa qualité. C'est précisément en vertu du droit qu'elle lui confère qu'il a pu procéder à cette vente en l'absence du commissaire-priseur. Ainsi, cette vente est un acte notarié qui n'est soumis à l'enregistrement que dans le délai de dix ou quinze jours, prescrit pour les actes des notaires, et non dans celui de quatre jours accordé aux commissaires-priseurs. — 3 fév. 1834. Décis. min. des fin. D.P. 34. 3. 48.

2249. — Le cahier des charges dressé par un notaire pour la vente aux enchères d'un immeuble appartenant à une commune, doit être présenté à l'enregistrement dans le délai ordinaire, et non dans les vingt jours de son approbation par le préfet du département. — 14 mars 1834. Délib. C... D.P. 34. 3. 60.

2250. — Les marchés purs et simples, passés de gré à gré entre des établissemens publics et des fournisseurs, sont sujets à l'enregistrement dans les vingt jours de leur date, encore bien qu'ils soient faits en double, la loi ne distinguant pas (art. 78, l. 15 mai 1818). — 12 mars 1833. Délib. D.P. 33. 3. 102.

2251. — Les certificats des secrétaires des chambres de discipline de notaires, constatant le dépôt et l'insertion au tableau des extraits de contrat de mariage de commerçans, des demandes en séparation de corps, etc., etc., doivent, comme actes de secrétaires d'administration ou établissemens publics, être présentés à l'enregistrement dans *les vingt jours de leur date*, conformément à l'art. 20 de la loi du 22 frim. an 7, et être soumis, *comme récépissé de pièces*, au droit fixe de 2 fr., par application de l'art. 43, n. 8 de la loi du 28 avril 1816. — 1er août 1834. Délib. D.P. 34. 3. 84.

2252.—Décidé que l'inventaire des biens mobiliers d'un failli, bien que fait par les syndics de la faillite, doit être considéré comme ayant un caractère judiciaire, et, comme tel, il doit être soumis à l'enregistrement dans les vingt jours de sa date (C. comm., 442, 454, 459, 480, 486 et 517; C. pr., 937; l. 28 avril 1816, art. 38; l. 22 frim. an 7, art. 20 et 68, § 2, n. 1). — 23 nov. 1832. Délib. D.P. 33. 3. 103.

2253. — Les inventaires des biens d'un failli, dressés par les syndics provisoires de la faillite, en présence du juge de paix, sont des actes judiciaires passibles du droit d'enregistrement.

.... Les syndics provisoires sont tenus de remplir cette formalité et d'acquitter ce droit, sauf leur recours contre la faillite.

.... Toutefois, et à défaut d'enregistrement dans les vingt jours, ils ne sont pas passibles de l'amende ou double droit comme les officiers ministériels; par suite, c'est à tort qu'une contrainte dirigée contre eux a été annulée en totalité. — 20 août 1834. Civ. c. Enreg. C. Baudron. D.P. 34. 1. 452.

2254. — Le double droit est encouru, à défaut d'enregistrement, dans les vingt jours de sa date, de la minute d'un jugement portant résolution de vente, et la partie qui a obtenu ce jugement ne peut, pour se faire décharger de la peine attachée à sa contravention, exciper de l'erreur du préposé qui, sur la présentation de ce jugement à la formalité, n'aurait perçu que le simple droit fixe, au lieu d'exiger le droit proportionnel, surtout si le double droit était déjà acquis à la régie, par l'expiration du délai d'enregistrement, au moment où le droit fixe a été perçu par erreur (art. 7 et 20). — 11 sept. 1809. Civ. c. Enreg. C. Ferrin. D.A. 7. 323. D.P. 2. 58.

2255. — L'ordonnance du juge-commissaire, à l'effet de sommer les créanciers de produire, soit qu'elle ait lieu sur la requête de l'avoué poursuivant, ou sur la minute du procès-verbal d'ordre, est assujettie au droit de 3 fr., dans les vingt jours de sa date. — 17 janv. 1820. Décis. min. des fin. D.A. 10. 848, n. 9.

2256. — Tout acte sous seing-privé, translatif de propriété, doit être enregistré dans les trois mois de sa date, sous les peines portées par la loi. Peu importe, à cet égard, que l'acte soit ou qu'il ne soit pas produit en justice, ou que les parties aient annoncé ou non l'intention d'en faire usage (L. 9 vend. an 10, § 1er).—4 niv. an 10. Civ. c. Enreg. C. Billot. D.A. 7. 320. D.P. 2. 57.

2257.— De même, lorsque, sur une demande en rescision d'un acte de vente pour cause de lésion, intervient entre les parties une transaction sous seing-privé, par laquelle l'acquéreur s'oblige à fournir un supplément de prix, cette transaction, qui devient une condition de la maintenue de la mutation précédemment opérée, non seulement donne ouverture au droit proportionnel, mais est de plus passible du double droit, à défaut d'enregistrement dans les trois mois (art. 3, 4, 22, 38, 40 et 68, § 1er, n. 45). — 23 fruct. an 12. Civ. c. Enreg. C. Fabre. D.A. 7 321.

2258.—Pareillement, l'acte sous seing-privé qui contient toutes les choses nécessaires à la perfection d'un contrat de vente, avec transmission actuelle de propriété, quoique fait sous la clause de le convertir en acte public, à la première réquisition, ne peut pas être considéré comme un simple projet, mais bien comme ayant tous les caractères d'un acte absolu et définitif : il est, en conséquence, passible du double droit, à défaut d'enregistrement dans les trois mois, quoiqu'il ait été converti en acte notarié (art. 28 et 38).—12 therm. an 13. Civ. c. Enreg. C. Duston. D.A. 7. 321. D.P. 2. 57.

2259. — Jugé aussi que tout acte constatant l'existence d'une convention antérieure, de laquelle il serait résulté une transmission d'usufruit de biens-immeubles, et qui n'aurait pas été enregistré dans les trois mois de sa date, donne ouverture au double droit (L. 27 vent. an 9, art. 4, et l. 22 frim. an 7, art. 22 et 38) — 7 avril 1823. Civ. c. Enreg. C. Duvivier. D.A. 7. 153. D.P. 23. 1. 214.

2260.—Mais un acte de vente n'est pas soumis au double droit, bien qu'il énonce que la mutation a eu lieu verbalement plus de trois mois avant, si, d'ailleurs, il est établi dans cet acte que la prise de possession de l'acquéreur n'a eu lieu qu'au jour de sa date. — 12 nov 1832. Solut. G.... D.P. 33. 3. 16.

Toutes les circonstances énumérées dans cette solution, telles que la prise de possession coïncidant avec la date de l'acte, la non inscription au rôle de la contribution foncière, l'absence d'un acte quelconque de propriété de l'acquéreur, antérieurement à la date de l'acte, justifient suffisamment la décision de la régie dans une matière surtout où la loi a spécialement indiqué les causes pouvant établir la présomption.

2261. — Un particulier qui s'est rendu adjudicataire, par le ministère d'un avoué, d'un bien vendu en justice, ne peut se faire relever du double droit qu'il a encouru, faute par lui d'avoir acquitté le droit simple dans le délai, même en justifiant d'une lettre de son avoué qui l'aurait induit en erreur sur la date de l'adjudication (art. 20, 35 et 37).— 23 mai 1808. Civ. c. Enreg. C. Fabre. D.A. 7. 323. D.P. 2. 57.

2262.— Le délai de trois mois déterminé par l'art. 21 de la loi du 22 frim. an 7 pour l'enregistrement des testamens, ne commence à courir, relativement au testament d'un militaire décédé en activité de service, mais sur le territoire français, que du jour de l'inscription de son acte de décès sur les registres de l'état civil de la commune de son dernier domicile.— 17 oct. 1832. Sol. D.P. 33. 3. 87.

2263.— Les distinctions établies par la loi du 22 frim. an 7, art. 20, 22 et 23, entre les actes publics

et ceux sous signature privée, sont exclusivement relatives aux délais, et étrangères à la quotité des droits d'enregistrement : dès lors, les préposés de la régie ne seraient pas fondés à critiquer la forme qui a été suivie, pour exiger des droits plus considérables. — 21 déc. 1831. Req. Enreg. C. Rouart. D.P. 32. 1. 5.

2264. — Les décisions ministérielles, si des actes avaient été passés en conformité de la perception du droit qu'elles prescrivaient, devraient-elles être prises en considération par les tribunaux qui reconnaîtraient la nécessité, d'après la législation, d'une perception plus forte? — Même arrêt.

C'est par la négative qu'il faut résoudre cette question, d'après le principe de droit public qui dénie aux actes dont il s'agit toute force législative. — D.P. *ibid.*, n. 1.

2265. — Le jour de la date de l'acte n'est point compté dans le délai pour l'enregistrement (*L.* 22 frim. an 7, art. 25); mais celui de l'échéance se compte, à moins qu'il ne soit férié. L'art. 1033 C. proc. ne déroge pas à la loi de l'enregistrement (D.A. 7. 316, n. 2). — Ainsi jugé par arrêt du 23 flor. an 9. Civ. c. Matherot. D.A. 7. 319. D.P. 3. 1. 356.

2266. — Toutes mutations, même verbales, sont passibles du droit d'enregistrement, et doivent être déclarées dans les délais, à peine du double droit. — Ainsi, lorsqu'il résulte des termes exprès d'un acte de vente qu'elle avait été verbalement convenue antérieurement, c'est à l'époque de cette vente verbale qu'il faut se reporter, pour faire courir les délais d'enregistrement; et cette énonciation suffit pour en constater l'existence, encore qu'elle n'eût été suivie d'aucune tradition réelle (L. 22 frim. an 7, art. 4, 12, 22 et 38; l. 27 vent. an 9, art. 4). — 21 oct. 1811. Civ. c. Enreg. C. Brandin. D.A. 7. 138. D.P. 2. 19.

2267. — L'absence de date d'un acte sous seing-privé translatif de propriété ne peut faire obstacle à la perception du droit de mutation. Cette date peut être suplééé par d'autres énonciations de l'acte, et ces énonciations servir de point de départ pour faire courir les délais de l'enregistrement. — 9 fév. 1814. Civ. c. Enreg. C. Cagnieu. D.A. 7. 134.

2268. — Soit que la vente d'un immeuble ait été faite sous-seing privé, soit qu'elle ait eu lieu par simple convention verbale, le défaut de déclaration, de la part de l'acquéreur, dans les trois mois depuis la vente arrêtée le rend passible du double droit. *Spécialement*, lorsqu'un acte de vente est présenté à l'enregistrement, cet acte contient la preuve que la vente qui en fait l'objet a reçu son exécution à une date antérieure; c'est à cette date, et non à celle de l'acte représenté, qu'il faut se reporter pour faire courir le délai de l'enregistrement (L. 22 frim. an 7, art. 22 et 38; l. 29 vent. an 9, art. 4). — 22 mars 1808. Civ. c. Enreg. C. Colasson. D.A. 7. 320. D.P. 2. 57.

2269. — C'est de la date d'une copie signifiée, et non de celle de l'original, que se calcule le délai de quatre jours pendant lequel les huissiers sont tenus, à peine de nullité, par les art. 20 et 34 de la loi du 22 frim. an 7, de faire revêtir leurs actes de la formalité de l'enregistrement. Conséquemment est nul l'acte d'appel enregistré le 13 déc. 1825, dont la copie porte la date du 8, encore que l'original soit daté du 10. Vainement dirait-on que la date du 8, insérée dans la copie, est le résultat d'une erreur commise par l'huissier (L. 22 frim. an 7, art. 20 et 34). — 25 avril 1826. Caen. Barbel. D.P. 27. 2. 76.

2270. — Un avis du conseil d'état (20 mars 1810) décide que le 1er janvier est jour férié dans le sens de l'art. 162 C. comm., et que le prôtet d'un effet échu le 31 déc. est valablement fait le 2 janv. La même décision doit-elle être suivie en matière d'enregistrement? — Oui (Dalloz, et *Journ. de l'enreg.*, art. 3656). — D.A. 7. 316, n. 2.

2271. — Une décision du ministre des finances, du 28 oct. 1817, a aussi déclaré férié le jour de la fête du roi, et a été suivie d'une délibération conforme de la régie, du 8 août 1831. Toutefois, ces décisions concernant seulement les actes et mutations, n'ont pas détruit le doute existant sur la même question quant aux protêts d'effets de commerce. — D.P. 34. 3. 82, note 3. Revue du not., 1834, p. 737, note 2.

2272. — C'est au bureau dans l'arrondissement duquel ils résident que les notaires doivent faire enregistrer leurs actes; les huissiers et tous autres ayant pouvoir de faire des exploits, procès-verbaux ou rapports, au bureau de leur résidence, ou du lieu où l'acte est passé, à leur choix; les greffiers et les secrétaires des conseils de préfecture ou administrations municipales, au bureau dans l'arrondissement duquel ils exercent leurs fonctions (art. 26), les actes sous signature privée, et ceux passés dans les pays étrangers, les colonies, peuvent être enregistrés dans tous les bureaux indistinctement (même art.). — D.A. 7. 316, n. 3.

2273. — La déclaration par laquelle la partie condamnée annonce à son adversaire, même avant le dépôt du pourvoi, qu'elle recourt en cassation, est passible du droit d'enregistrement établi sur les pourvois. — Ce droit doit être perçu alors au bureau où le recours est enregistré (art. 68, n. 3. l. 28 avril 1816). — 29 août 1831. Solut. D.P. 33. 3. 38.

Une solution du 4 janvier 1832 a eu lieu dans le même sens pour les dénonciations de recours au conseil d'état. — D.P. *eod.*

2274. — L'instruction générale du 30 sept. 1808, portant « que les actes passés en double minute seront enregistrés, tant sur la première que sur la seconde minute, au bureau de la résidence de chacun des notaires qui les recevront, et les droits seront acquittés par le plus ancien des notaires qui auront instrumenté, lorsqu'ils seront l'un et l'autre domiciliés dans le même bureau, et que la résidence de chacun d'eux sera étrangère au bureau dans le ressort duquel l'acte aura été passé; mais le paiement sera effectué par celui des deux notaires attachés au bureau d'où dépend le lieu où l'acte aura été passé, si l'un des deux officiers seulement est domicilié dans le ressort, » une telle instruction ne doit être observée que sauf le cas d'une convention différente dans l'acte.

En conséquence, la stipulation qui, dans un acte reçu en double minute, impose à l'un des notaires l'obligation d'acquitter les droits d'enregistrement, doit être suivie de préférence. — 27 nov. 1832. Délib. Chalis. D.P. 33. 3. 23.

2275. — Jugé, conformément, qu'un acte reçu en double minute peut, lors même que l'un des notaires réside dans le ressort du bureau du lieu où l'acte a été passé, être enregistré au bureau de l'autre notaire, si les parties en sont convenues dans l'acte. — 27 nov. 1832. Solut. Chabé. D.P. 33. 3. 73.

2276. — Les parties qui requièrent l'enregistrement d'actes et jugemens venant de l'étranger, sont tenues d'y joindre une traduction *certifiée par un traducteur juré*. — La relation de l'enregistrement doit être apposée sur la traduction, et la mention correspondante sur l'original doit contenir la date, le folio, la case, les droits perçus sur chaque disposition, et indiquer que la formalité a été donnée sur la traduction. — 7 mars 1833. Déc. min. des fin. D.P. 33. 3. 57.

L'art. 16 de la loi du 22 frim. an 7 dispose que si les sommes et valeurs ne sont pas déterminées dans un acte ou un jugement donnant lieu au droit proportionnel, les parties seront tenues d'y suppléer, avant l'enregistrement, par une déclaration estimative *certifiée et signée au pied de l'acte*. Cet article, quoique spécial pour l'enregistrement, a été appliqué, par analogie, en matière de timbre, par décision du 28 nov. 1831. D. — *ibid.*, note 2.

2277. — Les receveurs sont tenus d'arrêter leurs registres tous les jours, et quand le registre est clos, ils ne pourraient plus y porter aucun enregistrement qu'à la date du lendemain. — Mais pourrait-on, passé l'heure ordinaire de la fermeture du bureau du receveur, requérir l'enregistrement d'un acte dont le délai expirerait le jour même? Oui. — D.A. 7. 317, n. 4.

2278. — Si le receveur ne se trouve pas à son bureau lorsque l'officier public ou la partie s'y présente, à l'expiration du délai, pour faire donner à un acte la formalité, le redevable peut faire constater l'absence par un procès-verbal, afin d'éviter l'amende, qui ne retombera pas nécessairement sur le receveur; car il pourra faire valoir ses moyens d'excuse qui seront appréciés par l'administration. — D.A. 7. 317, n. 4. 26 mai 1807. — Arrêt conf. 3 oct. 1810. Civ. c. Enreg. c. Camy. D.A. 7. 322. D.P. 11. 1. 33. — *Dict. de l'enreg.*, v° Acte de notaire, § 5, n. 12.

2279. — Les receveurs de l'enregistrement ne pourront différer, sous aucun prétexte, l'enregistrement des actes dont les droits leur auront été payés (art. 56) Et s'il ne peut enregistrer sur-le-champ, vu la multiplicité des actes, il est loisible à l'officier ministériel d'exiger un récépissé du receveur, qui ne peut alors le refuser. — D.A. 7. 317, n. 5.

2280. — Les notaires, dont les actes n'ont point été enregistrés dans les délais, lors même qu'ils prétendent en avoir avancé les droits, ne peuvent se racheter de la contravention, en alléguant le refus ou la négligence du receveur, s'ils ne l'ont fait légalement constater en temps utile.

Ils ne peuvent, d'ailleurs, compenser avec les droits qu'ils doivent pour l'enregistrement de leurs actes, les sommes qu'ils ont pu prêter ou avancer au receveur. — 26 mai 1807. Civ. c. Enreg. C. Capion. D.A. 7. 322. D.P. 7. 2. 93.

2281. — Un notaire qui éprouve des obstacles réels ou un refus de la part du receveur, pour l'enregistrement d'un acte, doit faire constater légalement sa diligence et le refus, pour échapper à la peine du double droit, si l'acte n'est point enregistré à temps utile. S'il néglige cette précaution, il ne peut, après l'expiration du délai, être admis à justifier de l'obstacle ou du refus prétendu; et les tribunaux ne peuvent surtout, sous de vains prétextes d'excuse, suspendre jusqu'après cette preuve le recouvrement du droit principal non contesté (art. 20, 29, 33 et 59). — 3 oct. 1810. Civ. c. Enreg. C. Camy. D.A. 7. 322. D.P. 11. 1. 33.

2282. — La remise de l'acte dans le délai utile pour l'enregistrement ne suffit point pour mettre le redevable à l'abri de l'amende; il faut qu'elle soit accompagnée du paiement des droits; il est absolument défendu aux receveurs par les instructions de la régie, d'accorder des crédits aux officiers ministériels et aux parties. D.A. 7. 317, n. 6.

2283. — Jugé de même que la remise, avant l'expiration des trois mois, d'un acte sous seing-privé, ne met pas la partie à l'abri du double droit. — 21 flor. an 8. Civ. c. Enreg. C. Segui. D.A. 7. 322. D.P. 3. 1. 250.

2284. — Jugé même qu'un notaire ne peut imputer en paiement ou en compensation des droits, les prêts ou avances personnels qu'il aurait fait au receveur (Arrêt 26 mai 1807. Civ. c. Enreg. C. Capion. D.A. 7. 322. D.P. 7. 2. 93). — *Dic. de l'Enreg.*, v° Acte de notaire, § 5, n 19 — 12 déc. 1808. Civ. c. Enreg. C. Halot. D.A. 7. 338. D.P 9. 2. 4.

2285. — Les peines ou amendes dont la loi punit la non présentation des actes à l'enregistrement, dans les délais, varient suivant la nature des actes ou la qualité des officiers ministériels. — D.A. 7. 317, n. 7.

2286. — Chaque contravention à l'égard des actes notariés, passibles du droit fixe, entraîne une amende de 10 fr., et de 5 fr., outre une somme équivalant au droit, s'ils ont été reçus par un huissier ou autre ayant pouvoir de rédiger des exploits ou procès-verbaux (L. 22 frim. art. 33, 34) — D.A. *ibid.*

2287. — L'exploit ou procès-verbal non enregistré dans les délais, est déclaré nul (D.A. 7. 317, n. 7). — Arrêt conforme : 23 flor. an 9. Civ. c. Matherot. D.A. 7. 319. D.P. 3. 1. 356 et 357.

2288. — Jugé néanmoins que la nullité des exploits et procès-verbaux prononcés, pour défaut d'enregistrement dans les délais, par l'art. 34 de la loi du 22 frim. an 7, se trouve nécessairement restreinte par l'art. 47, qui ne défend aux juges de rendre jugement sur des actes non enregistrés que lorsque le jugement est *en faveur de particuliers*. Mais cette nullité ne saurait s'appliquer aux actes qui intéressent l'ordre et la vindicte publique, dont l'effet n'a pas dû être subordonné aux intérêts pécuniaires du fisc. — *Spécialement*, le procès verbal d'un garde-champêtre, constatant un délit de chasse, n'est pas nul, à défaut d'enregistrement dans les quatre jours de sa date (C. inst. cr., art. 154. — V. art. 2, § 2) — 16 janv. 1824. Cr. c. Amiens. Min. pub. C. Trocmé. D.A. 7. 328. D.P. 24. 1. 115.

2289. — La disposition de l'art. 34 de la loi du 22 frim. an 7, sur l'enregistrement, est restreinte par l'art. 47 de la même loi, en ce sens que la nullité qu'il prononce des exploits et procès verbaux non enregistrés dans le délai prescrit, n'est pas applicable aux actes qui intéressent l'ordre public, et, par exemple, à une notification de la liste des jurés. — 7 janv. 1826. Cr. r. Tranchant. D.P. 26. 1. 177.

2290. — Si les actes entraînent le droit proportionnel, la peine est, dans tous les cas, d'un somme égale au montant du droit dû, sans préjudice de ce droit, et sans que la peine puisse être au-dessous de l'amende de 10 fr. (L. 22 frim, art. 33, 34).

2291. — A l'égard des greffiers et des secrétaires des administrations départementales et municipales, l'amende par chaque contravention est, sans distinction, d'une somme égale au montant du droit, sans préjudice du droit principal (même loi, art. 35, 36).

2292. — Le double droit est aussi dû pour ceux des actes sous seing-privés, passés en pays étranger, qui, susceptibles d'enregistrement dans un délai déterminé, n'y ont pas été présentés en temps utile (même loi, art. 38). — D.A. 7. 317, n 7.

2293. — Les amendes et doubles droits sont supportés *personnellement* par les notaires, huissiers et autres ayant pouvoir de rédiger les procès verbaux pour les actes qu'ils reçoivent. Il faut excepter néanmoins les donations et testamens qui sont enregistrés *à la diligence des héritiers ou donataires*

(L. frim. 21 et 29). — Les greffiers sont responsables du double droit pour les actes qu'ils sont chargés de faire enregistrer. Sont exceptés les jugemens *rendus à l'audience*, dont les droits n'ont pas été consignés en leurs mains. A cet égard même, ils doivent fournir au préposé, pour le mettre à même de recouvrer le droit auprès de la partie, des extraits de ces jugemens, dans les dix jours de l'expiration du délai, à peine du double droit et d'une amende de 10 fr. par chaque jugement et chaque décade de retard.— D.A. 7. 318, n. 8.

2294. — La même exception s'applique, sous les mêmes obligations, aux secrétaires des administrations départementales pour les actes d'adjudication passés en séance publique, lorsque les droits n'ont pas été remis par les parties (L. frim. 37), et aux actes des autorités administratives et établissemens publics emportant transmission de propriété, d'usufruit et de jouissance. Pour les adjudications et marchés de toute nature, passés par ces administrations aux enchères, au rabais, ou sur soumission, ainsi que pour les cautionnemens y relatifs (L. 15 mai 1818, art. 78), mais on rentre dans la règle générale pour tous les actes non énoncés dans les deux articles.— D.A. 7. 318, n. 8.

2295. — Le greffier qui n'a point acquitté le droit dans le délai, ou qui, à défaut de consignation, par les parties, du montant du droit entre ses mains, n'a point envoyé, dans le même délai, au receveur un extrait de l'acte, doit être condamné au paiement du double droit de mutation (L. 9 oct. 1791, art 14). — 11 brum. an 7. Civ. c. Enreg. C. Robbe. D.A. 7. 319. D.P. 2. 57.

2296. — La partie qui a obtenu un jugement portant résolution de vente, ne peut rendre le greffier responsable du défaut d'enregistrement, et prétendre que lui seul doit être poursuivi par la régie, si elle ne justifie pas avoir consigné dans ses mains, avant l'expiration du délai, le montant des droits fixés par la loi (art. 37). — 11 sept. 1809. Civ. c. Enreg. C. Perrin. D.A. 7. 323. D.P. 2. 58.

2297. — L'adjudicataire dépouillé par la revente sur folle enchère peut être poursuivi en paiement du double droit de la première adjudication, s'il ne l'a pas fait enregistrer dans les délais. L'annulation de cette première adjudication, par suite de la revente sur folle enchère, étant de son fait, ne saurait lui faire un moyen de s'affranchir de ses obligations, ni priver le trésor de ses droits (art. 20, 69, § 7, n. 1). — 27 mai 1823. Civ. c. Enreg. C. Jaudas-Desliees. D.A. 7. 159. D.P. 2. 24.

2298. — L'art. 408 du code pénal est applicable au notaire qui a reçu une somme pour l'acquittement des droits d'enregistrement d'un acte, et qui ne le fait pas enregistrer.— 31 juill. 1817, Civ. c.— *Dict. de l'enreg.*, v° Notaire, n. 86.

2299. — Le notaire qui néglige de faire enregistrer l'acte de dépôt d'un testament exigé par le testateur, est passible de l'amende et du paiement du droit (L. 22 frim. an 7, art. 21, 43, et 68, § 1er, n. 26; l. 28 avril 1816, art. 43, n. 10).— 14 juill. 1823. Civ. r. Amy. D.A. 7. 46. D.P. 33. 1. 261.

2300. — Lorsqu'un jugement annulle un contrat de vente pour une cause antérieure à l'adjudication, en ce que, par exemple, l'immeuble vendu avait une contenance moitié moindre que celle portée sur le cahier des charges, le greffier n'est pas obligé de faire enregistrer la minute de ce jugement, attendu qu'il n'est pas translatif de propriété. Il importerait même peu que le jugement fût mal rendu en droit. — 8 avril 1811. Civ. r. Hucy.

2301. — Le greffier de la justice de paix qui n'avait pas reçu des parties la somme nécessaire pour l'enregistrement, n'a pu se dispenser d'envoyer, dans le délai, au préposé, extrait de l'acte d'une adjudication publique de biens-immeubles, faite devant un bureau de paix, en exécution d'un acte de conciliation intervenu entre les parties. Cet acte doit être considéré ou comme acte judiciaire, ou comme transaction, emportant transmission de propriété immobilière, passible, par conséquent, de l'enregistrement sur la minute, dans le mois de sa date, aux termes de l'art. 10 de la loi du 19 déc. 1790.

2302. — C'est la partie au profit de laquelle un jugement est rendu, qui est chargée de payer les droits d'enregistrement ; c'est elle, par suite, qui doit payer le double droit, dans le cas où elle passe le délai de la loi, sans qu'elle puisse répéter autre chose que le droit simple contre son adversaire (art. 31, 37). — 30 avril 1833. Civ. c. Cecile. D.P. 33. 1. 197.

2303.— Après l'enregistrement de l'acte notarié,

tous supplémens ne peuvent être exigés que des parties, lors même que la relation contiendrait réserve de plus forts droits (Décis. 7 juin 1808). — *Dict. de l'enreg.*, v° Notaire, n. 128.

2304.— En cas de décès des contrevenans, les droits de mutation par décès et *amendes* seront dus par leurs successeurs (L. de 1816, art. 76; avis cons. d'état, 9 fév. 1810). — D.A. 7. 318, n. 9.

2305 — Ainsi, jugé que la condamnation à l'amende prononcée par un tribunal correctionnel ou de police n'est pas éteinte par le décès du condamné. Le recouvrement doit en être poursuivi sur la succession. — 13-21 août 1833. Décis. Enreg. C. Proc... D.P. 33. 3. 98.

2306. — Mais le double droit et les amendes fixés ne sont pas dus par les héritiers d'un notaire contrevenant, à moins que la condamnation n'ait été prononcée du vivant du notaire, ou qu'il n'ait souscrit une obligation (Décis. du min. de la justice et des fin., 11 brum. et 26 frim. an 14, et 1er sept. 1807, instr. gén. 17 sept. 1807).— *Dict. de l'enreg.*, v° Acte de notaire, § 5. n. 15.

2307.—Le double droit sera dû sur l'acte vicié ou annulé, s'il n'a pas été enregistré dans les délais.— D.A. 7. 318, n. 10.

2308.— Mais le double droit pourra-t-il être exigé sur un jugement dont il y a appel, lorsqu'il n'aura pas été présenté à la formalité dans les vingt jours? Oui (Avis du cons. d'état, 22 oct. 1808, et arr. conforme : 21 nov. 1827. Civ. c. Cassaigne. D.P. 28. 1. 27). — D.A. 7. 318, n. 11.

2309.— Nul contrat de vente ne doit être soumis à l'enregistrement que lorsqu'il est parfait par le consentement de toutes les parties. — Ainsi, en cas d'appel d'un jugement d'adjudication, qui est moins un jugement proprement dit, qu'un contrat de vente judiciaire, le contrat n'étant formé qu'après que l'adjudication est devenue définitive par l'arrêt qui la confirme, il en résulte que *le droit de mutation ne peut être exigé qu'après que cet arrêt est rendu*; et que s'il a été perçu pendant la contestation sur l'appel, il ne peut l'être que *provisoirement*, et à charge de restitution, en cas d'arrêt infirmatif, il en est autrement d'un contrat ou d'un jugement ordinaire, dont l'annulation ne rend point le droit restituable, parce que celui qui souffre de cette annulation a le tort d'avoir fait des contrats nuls, ou provoqué des jugemens irréguliers.— 29 oct. 1806. Civ. r. Enreg. C. Guilbot. D.A. 7. 325. D.P. 6. 1. 601. — Conf. D.A. 7. 318, n. 11.

2310.—Spécialement, lorsque l'adjudicataire d'un immeuble vendu en justice est condamné par jugement à acquitter les droits de mutation, nonobstant qu'il y ait appel du jugement d'adjudication, cette condamnation ne saurait jamais être que *provisoire*; et dès lors, elle ne peut servir de titre à une expropriation : d'où la conséquence que si la régie, en vertu de ce jugement, a fait saisir les immeubles de l'adjudicataire, et en a fait prononcer l'adjudication, cette adjudication devra être déclarée nulle, comme intervenue sur un titre non définitif (C. civ. 2215). — Même arrêt.

2311. — Jugé au contraire que l'appel interjeté d'un jugement d'adjudication d'immeubles n'autorise pas l'adjudicataire à surseoir au paiement des droits de mutation jusqu'à la décision sur l'appel. Il peut seulement se faire restituer le droit payé, conformément à l'avis du conseil d'état, du 22 oct. 1808, si l'adjudication est annulée. — En conséquence, l'adjudicataire est passible du double droit, s'il n'a pas fait enregistrer le jugement d'adjudication dans les vingt jours de sa date (art. 7, § 2, art. 20) — 20 déc. 1808. Civ. c. Enreg. C. Papineau. D.A. 7. 326. D.P. 2. 58.

2312.— Cet arrêt ne décide pas, toutefois, que si le jugement sur l'appel était déjà rendu et l'adjudicataire dépossédé au moment où le double droit est réclamé, ce double droit pourrait également être exigé. Mais cette solution découle implicitement des termes de l'avis de 1808, ci-dessus.— D.A. 7. 318, n. 11.

2313.— Mais l'adjudicataire sur saisie réelle, qui est dépossédé, dans les vingt jours de son acquisition, par l'effet d'une adjudication sur surenchère, cesse d'être débiteur du droit de mutation, par suite de la résolution de son contrat. En conséquence, il ne peut être poursuivi en paiement du double droit, sous prétexte qu'il n'a pas fait enregistrer son adjudication dans les vingt jours de sa date (C. civ. 1183; C. pr. 710, 711).— 23 fév. 1820. Civ. c. Bels. D.A. 7. 326. D.P. 20. 1. 146.—V. n. 2297.

2314.— L'opposition formée à un jugement par défaut ne suspend point les délais pour l'enregis-

trement du jugement : d'où la conséquence, que si le droit n'a pas été acquitté dans les vingt jours, les droit et double droit pourront être exigés, nonobstant qu'il soit intervenu postérieurement un jugement contradictoire sur lequel le droit proportionnel ait été acquitté, sauf à réduire au simple droit fixe le droit perçu sur le second jugement (Jug. du trib. de la Seine, 28 mai 1812).— D.A. 7. 318, n. 12.

2315.— Une demande en justice peut être fondée sur une convention *verbale*, sans donner immédiatement lieu à la perception du droit de titre, lorsque la convention n'emporte pas transmission de propriété ou d'usufruit d'immeubles; mais si au cours de l'instance il est produit des écrits, billets ou marchés, factures acceptées, lettres, ou tout autre titre justificatif de la demande, non enregistrés, le double droit sera dû et pourra être exigé, lors de l'enregistrement du jugement intervenu. C'est la peine de la fraude que l'on voulait commettre au détriment du fisc (L. 1816, art. 57). — D.A. 7. 318, n. 13.

2316.— Mais, lorsque c'est le défendeur qui, dans le cours d'une instance et pour justifier de sa libération, est obligé de produire une quittance sous seing-privé, il n'est pas astreint à la faire enregistrer préalablement.— Là ne s'applique pas l'art. 57 de la loi du 28 avril 1816, qui concerne seulement *tout titre émané du défendeur* ou la convention synallagmatique, servant de base à l'action du demandeur. On conçoit qu'avant l'introduction de l'instance le demandeur ait été obligé, sous peine du double droit, de faire enregistrer les actes, sur lesquels il devait motiver ses prétentions. Il a pu prévoir qu'il aurait lieu de les invoquer dans le cours de l'instance, et alors il s'est exposé au reproche de dissimulation et de fraude. Mais la même considération n'est pas applicable au défendeur qui pouvait ne pas prévoir du tout l'instance.—22 avril 1831. Délib. D.P. 31. 3. 39.

2317.— Comme aussi, le défendeur qui, n'ayant encore fait aucun usage de son titre sous seing-privé, le soumet à la formalité avant de s'en servir pour sa défense, n'est point passible du double droit : c'est le demandeur seul que la loi a voulu atteindre. — 9 fév. 1832. Req. Enreg. C. Dardel. D.P. 32. 1 75.

2318.—Si le jugement fondé sur une convention verbale n'est point soumis à la formalité dans les vingt jours, le double droit portera-t-il à la fois sur le droit de titre et sur le droit de condamnation, comme formant un droit unique résultant du jugement?—Le double droit ne peut être exigé que sur le montant de la condamnation (Avis du cons d'état, 8 juillet 1809, approuvé le 5 août). — D.A. 7. 319, n. 14.

Décision conforme de la régie, portant que dans un acte sous seing-privé contenant plusieurs dispositions dont quelques unes seulement sont passibles d'enregistrement dans les trois mois, le double droit ne devait être perçu que sur celles-là.— 15 brum. an 13. D.A. 7. 319, n. 14.

2319.—Le double droit doit-il être étendu au droit additionnel de 1 et demi p. 100 perçu aujourd'hui, en même temps que le droit de mutation sur tous les actes qui sont de nature à être transcrits (L. 28 avril 1816, art. 54)? — Oui (*Journ. de l'enreg*, art. 6067).—Non (Dalloz), car les surtaxes de l'impôt ne peuvent résulter que d'un texte précis de loi, or la loi de 1816 n'a rien statué à cet égard.—D.A. 7. 319, n. 15.

§ 3.—*Des omissions et insuffisance d'évaluation dans les déclarations.*

2320.—Tout retard dans la déclaration de succession est puni d'un demi-droit qui se perçoit en sus à titre d'amende. Les tuteurs et curateurs supportent *personnellement* cette peine (art. 39. l. de frim.); d'où la conséquence que, s'ils sont insolvables, la régie est sans action sur la succession pour le recouvrement du demi-droit, car il ne faut pas confondre les droits principaux pour lesquels l'art. 32 accorde une action au trésor sur les *revenus des biens* assujettis, avec *les droits en sus* perçus à titre d'amende et par action personnelle.—D.A. 7. 328, n. 1 et 2.

2321.—Jugé que le tuteur peut être contraint, non seulement pour le demi-droit en sus, mais encore pour le droit simple, si, ayant fait vendre les effets de la succession, il a mis la régie dans l'impuissance de faire le recouvrement du droit de mutation.— 25 oct. 1808. Civ. c. Enreg. C. Bouillon. D.A. 7. 333. D.P. 2. 60.

2322. — Mais il n'est pas tenu *personnellement* à des droits de mutation par décès, dus par son pupille, si la régie ne prouve qu'elle a été, par le fait

du tuteur, mise dans l'impuissance de recouvrer ces droits.— 1er déc. 1812. Civ. r. Enreg. C. Boucher. D.A. 7. 333. D.P. 2. 60.

2323.—Des héritiers qui n'ont point acquitté le droit de mutation dans les six mois de l'ouverture de la succession, ne peuvent se racheter de l'obligation de payer le demi-droit en sus, sous prétexte qu'ils ont présenté à la formalité, dans ce délai, un acte sous seing-privé contenant partage entre eux, lorsque d'ailleurs il est constant qu'il n'a été perçu sur cet acte que le droit ordinaire de partage, et qu'il n'a point été présenté à l'enregistrement pour tenir lieu de la déclaration des biens. — 23 prair. an 9. Civ. c. Enreg. C. Lallemand. D.A. 7. 331. D.P. 2. 59.

2324.—Cet acte ne saurait non plus être considéré comme emportant translation de nouvelle propriété, laquelle, aux termes de l'art. 2 de la loi du 19 déc. 1790, eût dispensé les héritiers du paiement du droit de mutation.—23 prair. an 9. Civ. c. Enreg. C. Lallemand. D.A. 7. 331. D.P. 2. 59.

2325.—Le mari est *personnellement* responsable du demi-droit en sus faute par lui de déclarer, dans les délais, les biens recueillis par sa femme.—Toutefois, celle-ci seule demeure chargée de la déclaration, et sous la même peine si la succession n'a été acceptée par elle que comme autorisée en justice et contre le gré du mari.— D.A. 7. 328, n. 3.

2326.—Mais le délai de six mois accordé aux héritiers pour faire leur déclaration au bureau de l'enregistrement, et payer le droit de mutation, ne court point contre les militaires absens pour le service de la patrie.—La disposition de la loi de brum. an 5, qui relève les militaires absens pour cause de service public, de toute déchéance ou péremption en général, s'applique à ce cas comme à tout autre, bien que cette exception n'ait point été rappelée dans la loi du 22 frim. an 7, relative aux droits d'enregistrement. *Spécialement*, lorsqu'une succession est échue en partie à la femme d'un militaire absent pour le service de l'état, celle-ci, quoique présente sur les lieux, ne saurait être poursuivie en paiement du demi-droit, pour sa part, à défaut de déclaration dans les six mois du décès.—1er frim. an 9. Req. Enreg. C. Richardet. D.A. 7. 330. D.P. 3. 1. 299.

2327.—Les curateurs aux successions vacantes remplacent les héritiers. Ils doivent donc, comme eux, faire les déclarations après décès, sous peine du double droit en cas de négligence.— D.A. 7. 328, n. 4.—V. n.

2329.— Jugé néanmoins que le curateur à une hoirie vacante ne peut être tenu de la déclaration des biens héréditaires, s'il prouve n'avoir jamais été nanti de deniers provenant de cette succession; tout au moins ne peut-il être condamné au paiement du demi-droit en sus, à défaut d'avoir fait cette déclaration dans les six mois (art. 38 et 39) — 4 nov. 1815. Bruxelles. Enreg. C. Vannieu-Wenhuysen. D.A. 7. 333. D.P. 2. 60.

Cette décision est inapplicable au tuteur, qui doit dans ce cas demander l'autorisation d'emprunter pour son pupille une somme suffisante pour acquitter les droits.— D.A. 7. 329, n. 5.

2330.— Si un héritier meurt sans avoir accepté la succession, et que ses héritiers la répudient de son chef, même après l'expiration des six mois, il n'est dû aucun droit de mutation. S'ils acceptent cette succession, ils sont tenus de faire la déclarations dans les six mois, et ce délai commence à courir, même pour eux, à partir de l'ouverture de la succession.—Cette solution est rigoureuse, mais est commandée par la loi, qui ne proroge pas le délai pour le cas dont il s'agit.—D.A. 7. 329, n. 6.

2331.— L'héritier qui ne connaît pas exactement les forces de l'hérédité n'est pas dispensé de la déclaration. Il doit en faire une approximative, en se réservant d'y suppléer plus tard par une nouvelle, si le cas y échet, qu'il n'est pas tenu de faire dans les six mois, la loi ne lui imposant pas cette obligation.—D.A. 7. 329, n. 7.

2332.— Jugé que lorsqu'il a été fait, après le décès d'un failli, une déclaration provisoire de la valeur du mobilier, sous la réserve d'en passer une autre après la levée des scellés et la vente, la régie conserve bien une action contre la succession pour le supplément de droit qui, par événement, pourra être dû; mais elle ne peut réclamer le demi-droit en sus, à défaut de déclaration nouvelle dans les six mois, depuis la vente, lors surtout qu'elle a été mise à portée d'en connaître le produit, par le dépôt des fonds dans ses caisses. — 26 nov. 1810. Civ. r. Enreg. C. Locamus. D.A. 7. 334. D.P. 2. 60.

2333.— Il n'y a pas omission par cela qu'il y a erreur dans la contenance attribuée aux immeubles. Il suffit que tous les biens soient déclarés. C'est à la régie à s'enquérir de leur consistance et de leur valeur, et à demander l'expertise, si elle juge l'évaluation qui leur a été donnée insuffisante — D.A. 7. 329, n. 8.—Arrêt conforme : 10 mai 1814. Civ. c. Enreg. C. du Fayel. D.A. 7. 335.

2334.— Peu importe au reste que les biens ait été désignés d'une manière incomplète ; on pourra bien alors exiger de lui une déclaration plus circonstanciée, mais non le contraindre à payer pour cela le *droit en sus.*

2335.— Jugé ainsi que lorsque des biens sont situés sur plusieurs communes, et qu'il y a eu, dans la déclaration faite après décès, omission du nom d'une de ces communes, si cette omission a été considérée par les tribunaux comme une simple erreur de fait, non assimilable à une omission véritable, il ne peut y avoir lieu au paiement du double droit, par application de l'art. 39, § 2, de la loi du 22 frim. an 7, s'il est d'ailleurs reconnu que la partie des immeubles situés sur le territoire de la commune qu'on a omis de désigner, se trouvait implicitement comprise dans la déclaration générale des biens, dont l'évaluation totale a été fournie *en revenu*, conformément à la loi, sans que cette évaluation ait été combattue par la régie, soit par la voie de l'expertise, soit par la production des baux. — 27 janv. 1823. Civ. r. Enreg. C. Grandmaison. D.A. 7. 335. D.P. 23. 1. 437.

2336.— L'insuffisance d'évaluation des objets héréditaires est punie, comme l'omission de quelques uns de ces objets, *d'un droit en sus*.— D.A. 7. 329, n. 9.

2337. — Jugé que l'insuffisance est valablement constatée par l'énonciation du prix réel dans un bail à ferme, l'art. 39 de la loi de frim. an 7 prononçant d'une manière générale, et sans aucune restriction. — 22 mess. an 11. Civ. c. Enreg. C. Giry. D.A. 7. 331. D.P. 2. 59.

2338.—Le double droit est d'ailleurs encouru par l'absence de déclaration estimative dans les six mois, et la régie peut alors décerner contrainte en paiement de telle somme qu'elle arbitrera pour le montant des droits, sauf au contribuable à y former opposition, ou la faire réduire ainsi qu'il est dit art. 17.— D.A. 7. 330, n. 9.

2339.— S'il y a, soit *omission* dans les déclarations des biens transmis par décès, soit *insuffisance* constatée dans les estimations de ces biens, le double droit est dû dans l'un et l'autre cas. — 23 mars 1812. Civ. c. Enreg. C. Vanden-Plassche. D.A. 7. 289. D.P. 12. 1. 316.

2340.— Lorsque cession est faite, moyennant un prix déterminé, d'une créance sur le gouvernement, dont le montant n'est pas fixé, si, lors de l'enregistrement, les parties évaluent leur cession à une somme inférieure à celle véritablement cédée, la loi n'ayant soumis à aucune peine l'insuffisance d'évaluation en matière de transport de créance, il en résulte que les parties ne peuvent être condamnées à une peine quelconque. Seulement il y a lieu de répéter contre elles un supplément de droit. — 19 sept. 1832. Solut. D.P. 33. 3. 87.

2341.— La déclaration estimative des biens doit être faite par les héritiers eux-mêmes ou leur fondé de pouvoir, et signée sur le registre, afin que, s'il s'élève des contestations, les héritiers ne puissent méconnaître la déclaration donnée par eux et revêtue de leur seing. Elle est cependant rédigée ordinairement par le receveur lui-même, mais elle est censée émanée des parties — D.A. 7. 330, n. 10.

2342. — Aussi a-t on jugé que lorsque des omissions ont été faites dans une déclaration après décès, les déclarans ne peuvent être déchargés du double droit dû sur les objets omis, sous prétexte que les vices de la déclaration étaient le fait personnel du receveur, auquel ils avaient remis tous les documens propres à rédiger une déclaration régulière. — 3 sept. 1810. Civ. c. Enreg. C. Messié. D.A 7. 332. D.P. 2 59.

2343. — Lorsque du rapprochement de la déclaration faite après décès, et de l'inventaire dressé ultérieurement *pour constater les forces de la succession*, résulte la preuve évidente d'une insuffisance d'évaluation dans la déclaration faite au bureau de l'enregistrement, aucune preuve ne peut être admise contre les énonciations formelles de l'inventaire, sous prétexte de justifier que la différence qu'il présente avec la déclaration provient d'acquisitions postérieures à l'ouverture de la succession. — 11 avril 1815. Civ. c. Enreg. C. Laurette. D.A 7. 334.

2344.— Aussitôt qu'une omission ou une insuffisance dans l'estimation des biens a été constatée par un procès-verbal des préposés de la régie, le double droit est encouru, et les héritiers ne seraient pas admis à se faire décharger, en offrant de rectifier leur estimation ou de réparer leur omission (Déc. de la rég. 1er vent. an 7). — Si, avant que l'erreur fût reconnue, ils se présentaient d'eux-mêmes, quoiqu'après les délais, pour la signaler et la corriger, le double droit ne pourrait pas être exigé. — Op. conf., *Journ. de l'enreg*, art. 49.—D.A. 7. 330, n. 11.

2345.— Le délai d'un an accordé par l'art. 5 de la loi du 8 déc. 1790, pour faire la déclaration des objets omis, ne s'applique point à la rectification d'une estimation insuffisante.— 11 vent. an 7. Sect temp. c. Enreg. C. Vidal. D.A. 7. 330. D.P. 2. 58.

2346. — Lors même que la déclaration aurait été régularisée depuis le pourvoi en cassation, le jugement qui aurait décidé que la liquidation du droit devait être faite d'après la valeur déclarée des biens de la donation, n'en devrait pas moins être cassé comme contraire à la loi. — 19 déc. 1809. Civ. c. Enreg. C. Laurens. D.A. 7. 288. D.P. 2. 50.

2347.—Le double droit est encouru par le seul fait d'une déclaration insuffisante, et ne peut être couvert par l'offre d'augmenter la déclaration, lorsque cette offre n'a été faite que postérieurement au jugement qui a ordonné l'expertise, et qu'elle ne porte d'ailleurs que sur le tiers de l'immeuble précédemment déclaré pour la totalité. — 4 déc. 1821. Civ. c. Enreg. C. Beaumarchais. D.A. 7. 382.

2348 — Toutefois, lorsqu'une insuffisance, dans la déclaration d'une succession est le résultat d'une erreur de calcul, commise dans l'inventaire mis sous les yeux du receveur, il n'est pas dû de double droit.— 15 nov. 1833. Délib. D.P. 34. 3 45.

Cette décision est remarquable, car la régie a bien souvent refusé d'admettre l'excuse provenant d'une erreur, soit de fait, soit de droit.—D.P. *ibid.*, n. 1.

2349.—Décidé aussi que la preuve de l'insuffisance d'une déclaration de succession ne peut résulter de la déclaration antérieure d'une succession échue au défunt : la régie doit appuyer sa prétention d'actes constatant que les biens précédemment déclarés existent encore dans la nouvelle succession. — 22 oct. 1833. Délib. Salm-Salm. D.P. 34. 3. 57.

2350.— De même, la régie n'est point admise à prouver l'insuffisance du revenu des biens-immobiliers énoncés dans une déclaration de succession, à l'aide d'une expertise faite pour le partage de ces mêmes biens.—8 nov. 1833. Délib. Marguerie. D.P. 34. 3. 39.

2351. — En matière de donation ou d'échange, la déclaration doit être faite dans le délai accordé pour l'enregistrement de l'acte constatant la mutation. Ainsi, suivant qu'il s'agira d'un contrat passé devant notaire ou sous seing-privé, le délai sera de dix jours, ou de quinzaine, ou de trois mois, conformément aux distinctions que la loi établit (art. 20 et 22); et la peine du retard sera non plus d'un demi-droit, mais d'un droit en sus (art. 33 et 38). Lors même que la mutation ne résulterait que d'une convention verbale, la déclaration devrait également en être passée dans les trois mois, sous la même peine (L. 27 vent. an 9, art. 4).— D.A. 7. 330, n. 12.

2352. — Toute omission ou insuffisance d'estimation dans cette déclaration sera, d'ailleurs, comme en matière de succession, passible du double droit (Même loi, art. 5).

2353. — Lorsque l'acte de mutation a été passé devant notaire, est-ce le notaire ou les parties qui doivent fournir la déclaration estimative des biens à l'enregistrement ? Les parties elles-mêmes doivent en fournir les élémens, car elles seules connaissent la valeur des biens. Mais le notaire qui est chargé de présenter l'acte à la formalité et d'acquitter les droits (art. 29), devra se faire remettre tous les documens ou se faire accompagner des parties chez le receveur. — D.A. 7. 330, n. 13.

§ 4. —*Des actes passés en conséquence d'actes non enregistrés.*

2354. — La législation sur ce point se résume dans les dispositions suivantes : — Les notaires, huissiers, greffiers, et les secrétaires des autorités constituées ne peuvent délivrer en brevet, copies ou expéditions, aucun acte soumis à l'enregistrement sur la minute ou l'original, ni faire aucun acte en conséquence avant qu'il ait été enregistré, quand même le délai pour l'enregistrement ne serait pas encore expiré, à peine de 50 fr. d'amende (10 fr. aujourd'hui), outre le paiement des droits. Sont exceptés les exploits et autres actes de cette nature qui se si-

gnifient à partie ou par affiches et proclamations, et les effets négociables (art. 41, l. frim. an 7).

2355. — Aucun notaire, huissier, greffier, secrétaire ou autre officier public, ne pourra faire ou rédiger un acte en vertu d'un acte sous signature privée ou passé en pays étranger, l'annexer à ses minutes, ni le recevoir en dépôt, ni en délivrer extrait, copie ou expédition, s'il n'a été préalablement enregistré, à peine de 50 fr. d'amende (10 fr.) et de répondre personnellement du droit, sauf l'exception mentionnée dans l'art. précédent (42 même loi).

2356. — A l'égard des actes que le même officier aurait reçu, et dont le délai de l'enregistrement ne serait pas encore expiré, il pourra en énoncer la date, avec la mention que ledit acte sera présenté à l'enregistrement en même temps que celui qui contient ladite mention. Mais, dans aucun cas, l'enregistrement du second acte ne pourra être requis avant celui du premier — (art. 56, l. 28 avril 1816).

2357. — Les notaires pourront faire des actes en vertu et par suite d'actes sous seing-privé non enregistrés, et les énoncer dans leurs actes, mais sous la condition que chacun de ces actes sous-seing privés demeurera annexé à celui dans lequel il se trouvera mentionné; qu'il sera soumis avant lui à la formalité de l'enregistrement, et que les notaires seront personnellement responsables, non seulement des droits d'enregistrement et de timbre, mais encore des amendes auxquelles les actes sous seing-privé se trouveront assujettis. Il est dérogé par la loi de 1824 à l'art. 41 de la loi du 22 frim. an 7 (art. 13, l. 16 juin 1824).

2358. — Le défaut de mention que les deux actes seront enregistrés simultanément, n'autorise pas à réclamer une amende si le premier est revêtu de la formalité en même temps que le second, mais l'amende est encourue lorsque le dernier acte est enregistré avant le premier (Déc. min. 17 fév. 1819). — D.A. 7. 336, n. 1.

2359. — Au reste, l'exception portée par l'art. 56 ci dessus ne s'étend pas aux actes qui ne sont pas reçus par le *même officier public*, ou dont le délai d'enregistrement *serait expiré* au moment de leur mention dans un acte reçu par le même fonctionnaire. — D.A. *ibid.*

2360. — Egalement, l'exception contenue dans l'art. 13 de la loi de 1824 ne concerne que les notaires, et même encore sous la condition y énoncée touchant le paiement des droits et amendes. — D.A. *ibid.* n. 3.

2361. — La disposition pénale de l'art. 41 de la loi de frim. an 7 ne doit pas être restreinte au seul cas où un acte serait rédigé en conséquence d'un premier, non enregistré et délivré par le *fonctionnaire qui aurait reçu le second.* — *Spécialement*, le greffier qui relate le certificat non enregistré d'un maire attestant l'absence d'un individu, dans un procès-verbal de délibération du conseil de famille, se rend passible de l'amende — 20 oct. 1813. Civ. c. Enreg. C. Fraiché. D.A. 7. 340. D.P. 13. 1. 572.

2362. — Il en est de même relativement à l'énonciation par un notaire d'une quittance non enregistrée dans une autre quittance qui, par ses énonciations, se rattachait à la première. — 22 oct. 1811. Civ. c. Enreg. C. Colombié. D.A. 7. 339. D.P. 12. 1. 78.

2363 — Mais ils peuvent mentionner dans un acte de partage, comme dans un inventaire, des titres de créance consistant en billets sous seing-privé non enregistrés. — 24 août 1818. Enreg. C. Courmont. D.A. 7. 342. D.P. 18. 1. 563 D.A. 7. 315, n. 1.

2364. — Un notaire ne peut énoncer, dans un acte, un jugement non enregistré quoique celui ci ne soit susceptible de l'être que sur l'expédition. — 24 août 1818. Civ. c. Enreg. C. Courmont (*Dict. de l'enreg.*, vº Actes passés en conséquence, § 2, art. 5, n. 2). — D.A. 7. 342. D.P. 18. 1. 563

2365. — Lorsqu'un notaire dépositaire d'un testament public est requis par les héritiers d'en donner lecture, il ne peut être dressé acte de cette lecture sans que le testament ait été enregistré. — *Eod.* art. 5, n. 5.

2366. — Comme aussi un notaire ne peut, sans contravention, passer la quittance d'un legs fait par un testament non enregistré reçu par un autre notaire (Déc. du min. des fin. 10 mars 1819; *Dict. de l'enreg.*, *eod.* , 2, art. 5, n. 11).

2367. — Il est dû autant d'amendes que d'actes passés en vertu d'un seul acte non enregistré (*Dict. l'enreg.*, *eod.*, 2, n. 29) — 20 fév. 1810. Civ. c. Min. pub. C. Allaire. D.A. 7. 335.

2368. — Nous renvoyons le lecteur aux mots Amende et Notaire, où se trouvent rapportées plusieurs décisions qui ont un rapport plus ou moins direct avec les principes sur l'enregistrement.

2369. — Lorsque les droits auxquels sont sujets des actes passés en pays étrangers ont été perçus sur un jugement relatant ces actes, on peut ensuite les mentionner dans un acte notarié, sans qu'ils donnent ouverture à aucune perception, et sans qu'il y ait contravention à l'art. 42 de la loi du 22 frim. an 7 (Délib. 27 août 1825). — Troullet, vº Actes passés hors du territoire, n. 13.

2370. — Un notaire de la métropole peut annexer à son acte les actes passés dans l'Ile-Bourbon, régie par des réglemens particuliers, sans acquitter préalablement le supplément de droit auquel ils sont assujettis quand on en fait usage en France, parce que cet officier public se trouve ainsi dans le cas prévu par l'art. 13 de la loi du 16 juin 1824 (Délib. des 30 nov. 1832 et 8 oct. 1833) — Trouill., *eod.*, n. 11.

2371. — L'art. 42 de la loi du 22 frim. an 7, qui défend de faire aucun acte en vertu d'un autre acte sous seing-privé non enregistré, ne fait aucune exception pour le cas où il serait allégué que l'acte sous seing privé serait perdu ou adiré : l'exception ne serait admissible qu'en cas de preuve légale de la non existence de l'acte. Ainsi, en cas de présentation à la régie d'une citation en conciliation, en vertu de deux billets du débiteur qu'on dit être adirés, sans mention qu'ils aient été préalablement enregistrés et sans que leur destruction soit prouvée, il peut être perçu sur ces billets un droit proportionnel. — 23 nov. 1825. Civ. c. Enreg. C. Maingonnat D.P. 26. 1. 156.

2372. — Le notaire qui dresse acte de dépôt d'une pièce sous seing-privé enregistrée, n'est pas tenu de transcrire littéralement la quittance de l'enregistrement. — L'art. 44 de la loi du 22 frim. an 7, qui prescrivait cette transcription, a été modifié par l'art. 13 de la loi du 16 juin 1824, qui autorise les notaires à énoncer les actes sous seing-privés non enregistrés, sous la condition que chacun de ces actes demeurera annexé à celui dans lequel il sera mentionné, et qu'il sera soumis avant lui à l'enregistrement. L'annexe met les préposés à même de consulter la quittance de l'enregistrement sur l'acte déposé lui-même. — 17 sept. 1830. Décis. du min. des fin. D.P. 33. 3. 34. — V. n. 2357.

2373. — Le notaire qui rédige une quittance des intérêts d'un billet, même quand la date de ce billet n'est pas énoncée; se rend coupable d'une contravention, et doit être puni des peines portées par l'art. 10 de la loi du 16 juin 1824, s'il ne s'est pas mis en mesure de produire l'enregistrement du billet ou de l'annexer à l'acte par lui dressé. Il est dans ce cas mal fondé à prétendre qu'il n'a fait que constater la déclaration des parties. — 20 nov. 1832. Trib. de Troyes. C. D.P. 33. 3. 103.

2374. — Mais le notaire qui a reçu deux actes d'adjudication d'immeubles, dans lesquels il n'a point transcrit littéralement la quittance de l'enregistrement des certificats d'annonces qui y demeurent annexés, et qu'il a mentionnés, n'encourt pas une amende pour contravention à l'art. 44 : attendu que la mention littérale de la quittance est sans objet, du moment que l'acte sous seing-privé se trouve annexé à l'acte public dans lequel il est relaté. — 19 avril 1833 Délib. D.P. 33. 3. 83.

2375. — L'annexe du sous seing-privé à l'acte authentique étant préjudiciable aux parties, elles peuvent éviter de s'en dessaisir en le faisant enregistrer avant sa relation dans l'acte authentique. Toutefois un notaire ne pourra recevoir un acte quelconque en vertu d'une procuration sous signature privée, sans annexer cette procuration à l'acte dont elle est, en quelque sorte, partie intégrante. — D.A. 7. 336, n. 4.

2376. — S'il est permis à un notaire de mentionner un acte sous seing-privé non enregistré dans un acte authentique, sans encourir l'amende, il lui est expressément défendu de l'annexer à ses minutes, ou de le recevoir en dépôt, et d'en délivrer extrait, copie, ou expédition, sans l'avoir préalablement fait enregistrer (L. frim. an 7, art. 42; l. 16 juin 1824, art. 13). — D.A. 7. 337, n. 5.

2377. — Mais ni l'édit du mois de mars 1693 qui a établi le contrôle en France, ni aucune des lois rendues depuis, soit sur le contrôle, soit sur l'enregistrement, n'ont soumis à la formalité les jugemens antérieurs à l'établissement du contrôle. Ainsi, un notaire peut, sans contravention à la loi sur l'enregistrement délivrer copie collationnée d'un jugement d'adjudication, non contrôlé, rendu avant l'établissement du contrôle (Déc. min. des fin. 3 sept 1824; inst. 1150, § 1er). — Trouill., vº Acte ancien, n. 12.

2378. — Ce n'est qu'aux fonctionnaires publics que s'appliquent les art 41 et 42 de la loi de frimaire : d'où la conséquence que, s'il est présenté à la formalité un acte sous seing-privé, se référant à un acte antérieur non enregistré, les parties ne seront point passibles d'amende, comme le serait tout officier public à leur place (Inst. de la rég., n. 436, nomb. 45). Le receveur pourra seulement leur réclamer les droit et double droit de l'acte dont est mention, s'il est translatif de propriété, d'usufruit ou de jouissance de biens-immeubles, et qu'il se soit écoulé plus de trois mois depuis sa date. — D.A. 7. 337, n. 6.

2379. — Jugé que dans une instance où un mari n'a assisté que pour autoriser son épouse, celle-ci seule est passible de l'amende et du double droit, s'il a été fait usage par les époux d'actes non enregistrés. — 6 nov. 1827. Req. Enreg. C. Badereau. D.P. 28. 1. 12.

2380. — Jugé qu'un avoué se rend passible d'amende, lorsqu'il inscrit en entier, et avec guillemets, dans une requête qu'il signifie, une reconnaissance sous seing-privé non enregistrée (art. 25, 42). Mais l'huissier qui signifie cette requête ne se rend pas propre la *contravention.* — 8 août 1809. Civ. c. Enreg. C. Tortat. D.A. 7. 338. D.P. 9. 2. 136.

2381 — De même, un greffier se rend passible de l'amende prononcée par l'art. 41, lorsqu'il procède, à la requête d'un tuteur, à une levée de scellés, et en dresse procès-verbal avant que celui de la nomination du tuteur ait été enregistré. — 11 nov. 1811. Civ. c. Enreg. C. Lamisson. D.A. 7. 340. D.P. 2. 61, et 12. 1. 75.

2382. — Pareillement, l'huissier qui relate dans un exploit d'assignation une sommation par lui faite précédemment, et non encore enregistrée, encourt l'amende de 50 fr. prononcée par l'art. 41. — Il ne peut être déchargé de cette amende, sous prétexte que la sommation était inutile, et que l'assignation n'eut pas moins été valable sans elle. — 31 janv. 1814. Civ. c. Enreg. C. Pigeon. D.A. 7. 341.

2383. — Jugé de même que depuis la loi du 28 avril 1816, qui assujettit les lettres de change, en cas de protêt, à la formalité de l'enregistrement, aucun acte ne peut être fait par un officier ministériel *en conséquence* d'une lettre de change non enregistrée, à peine de l'amende prononcée par l'art. 41. — *Spécialement*, un huissier se rend passible d'amende, lorsqu'il notifie un exploit d'assignation à fin de paiement d'une lettre de change protestée, s'il n'a point auparavant présenté cette lettre de change à la formalité. — 7 nov. 1820. Civ. c. Enreg. C. Clarenc. D.A. 7. 342. D.P. 21. 1. 204.

2384. — Jugé de même que l'assignation en paiement d'un billet à ordre, avant l'enregistrement de ce billet, est une contravention passible des peines prononcées par l'art. 42. — 20 juill. 1821. Bruxelles. Enreg. C. V... D.A. 7. 343. D.P. 2. 62. — V. vol. 1835. 1. 34.

2385. — Le billet à ordre notarié est régi, soit quant au délai dans lequel il doit être enregistré, soit quant au paiement des droits, par les règles générales relatives aux actes des notaires; il ne suffirait pas qu'il fût présenté à l'enregistrement en même temps que le protêt; l'art. 69 de l'an 7 n'est relatif qu'aux billets à ordre sous seing-privés. — 12 avril 1832, Solut. D.P. 32. 3. 68. — V. la loi de 1834, au paragraphe précédent.

2386. — Mais la réponse d'un tiers saisi insérée dans une saisie-arrêt, et portant qu'il doit une somme déterminée, sans énoncer un titre enregistré, n'est pas soumise au droit proportionnel. — 13 fév. 1832. Solut. D.P. 33. 3. 35.

2387. — Il faut entendre par *acte passé en conséquence d'un autre*, tout acte qui se réfère à un autre acte préexistant, quand même il ne le rappellerait pas d'une manière explicite — D.A. 7. 337, n. 7.

2388. — Ainsi, un arrêt d'admission a préjugé qu'un huissier avait encouru l'amende, lorsque dans un commandement de payer sans mentionner précisément le titre, il a dit : « Fait sommation de payer la somme de ... *ainsi que l'actionné s'y est obligé le* ... , » parce que ces expressions se réfèrent nécessairement à un *acte* et non à une simple convention verbale. — 19 mars 1812. Cass. Req. D. *ibid.*

2389 — Si, dans l'espèce, l'huissier ne se fût pas soumis à l'amende, la chambre civile eût été appelée à se prononcer sur la question, et il est douteux qu'elle eût consacré cette solution; car la convention écrite n'était pas plus probable que la convention verbale.

2390. — C'est ainsi qu'il a été décidé au contraire que

lorsqu'un individu passe devant notaire un contrat d'échange d'immeubles, mais sans que dans l'acte d'échange il soit fait mention de la vente, il n'y a pas lieu à l'amende, parce qu'il est permis de supposer que l'échange est intervenu lorsque la vente n'était encore arrêtée que verbalement entre les parties. — 24 juill 1815. Civ. r. Enreg. C. Pradier. D.A. 7. 341. D P. 15. 1. 390.

2391.— Il n'y a pas non plus contravention de la part du notaire qui exprime, dans un acte de vente, que les biens appartiennent au vendeur, en vertu de diverses acquisitions, sans mention de leur enregistrement, parce que le notaire ne fait ici qu'énoncer un fait, sans citer les *actes* qui constatent ces acquisitions (Solut. du 15 oct. 1807). — D.A. 7. 337, n. 8.

2392.— Il n'est pas toujours facile de déterminer dans quels cas un acte doit être considéré comme dépendant d'un autre : les décisions suivantes pourront servir de règle en quelque sorte à cet égard.

2393.— La ratification d'une vente est *la conséquence* de l'acte de vente. Dès lors le notaire qui en a reçu l acte avant l'enregistrement du contrat d'aliénation, est passible de l'amende.—12 déc 1808. Civ. c. Enreg. C. Halot. D.A. 7. 338. D.P. 9. 2. 4.

2394.— Il en est de même, lorsqu'il reçoit l'acte de résiliement de bail avant l'enregistrement du bail lui-même. — 11 nov. 1812. Civ. c. Enreg. C. Potge. D.A. 7. 340. D.P. 2. 62.

2395. —Egalement, la copie ou la grosse d'un contrat démontre l'existence de l'original.— V. arrêt 24 juill. 1815, ci-dessus.

2396.— De même, une quittance fait nécessairement supposer une obligation préexistante.— D.A. 7. 337, n. 9.

2397.— Mais, dans l'hypothèse de deux déclarations de surenchère, l'huissier pourrait rédiger l'exploit de notification de l'une, sans faire enregistrer l'autre, parce qu'elles n'ont entre elles aucune connexité (Délib 30 mai 1818). Un notaire peut aussi recevoir l'obligation résultant de frais non taxés, sans que les états et mémoires de ces frais soient enregistrés (Décis. min. 11 juin 1818), parce que ces mémoires dressés par l'avoué et non rendus exécutoires par le juge, ne sont que de simples renseignemens sans force obligatoire pour la partie.— D.A. 7. 337, n. 9.

2398.— L'inventaire d'une succession à laquelle est appelé un mineur ne doit pas être considéré, dans l'esprit de la loi du 22 frim. an 7, comme un acte fait en conséquence de la nomination du subrogé-tuteur.—Dès lors, l'acte de cette nomination, qui n'était point encore enregistré, mais qui l'a été dans le délai légal, lequel n'était pas encore expiré, a pu être mentionné par le notaire dans l'inventaire, sans qu'il en résultât une contravention à l'art. 41 de cette loi.—3 janv. 1827. Civ. r. Enreg. C. Erard. D.P. 27. 1. 107.

2399.— La nécessité a du reste introduit quelques exceptions au principe posé par les art. 41, 42 de la loi de frimaire; c'est ainsi que l'on a jugé que la déclaration de command, faite dans les délais, et par suite d'une réserve expresse, forme avec l'adjudication un seul et même acte.— Ainsi, n'a point encouru l'amende le greffier qui aurait reçu cette déclaration avant l'enregistrement de l'adjudication.—13 brum. an 14. Req. Enreg. C. Castel. D.A. 7. 338. D.P. 6. 2 37.

2400. — De même encore, dans les opérations qui exigent plusieurs vacations, on ne peut considérer chaque séance comme constituant à elle seule un procès-verbal, dont la présentation à l'enregistrement doive être faite avant qu'il puisse être procédé à une autre vacation.—Il suffit que les séances successives soient enregistrées avant la clôture du procès-verbal, et dans le délai de la loi, par rapport à chacune d'elles (Décr. 10 frim. au 14).— 11 sept. 1811. Civ. r. Enreg. C. Malo. D.A. 7. 339. D.P. 2. 61, et 12. 1. 76.

2401. — Jugé de même que la procuration, contenant pouvoir de ratifier une adjudication déjà consommée, ne peut être considérée que comme ayant ce dernier acte pour objet, et non comme faite en conséquence. Aussi un notaire peut, sans contravention, recevoir la procuration donnée à cet effet, avant même que cette adjudication, passée devant un autre notaire, ait été enregistrée. — 8 sept. 1832. Délib. D.P. 34. 3. 47.

2402 —La justesse de cette décision dispense de toute remarque. Il suffit d'observer qu'il en serait autrement de la ratification elle-même. L'acte qui la contiendrait ne pouvant jamais surgir qu'à la suite de l'adjudication, car toute sanction n'intervient

que sur une chose préexistante, on conçoit dès lors que les art. 41 et 42 de la loi de frim. an 7 deviendraient applicables.— D.P. *ibid.*, note 1re.

2403.— De même encore, le notaire qui, dans un acte de vente, énonce la remise faite par le vendeur à l'acquéreur d'actes non enregistrés, ne commet pas une contravention passible de l'amende portée par l'art. 4.— 22 janv. 1834. Trib. de première inst. de Rennes. Laumailler. D.P. 34. 3. 51. — *Contra, Dict de l'enreg.*, t. 1er, p. 206 et suiv.

2404. — Pareillement, il est permis dans les cas urgens de poursuivre l'instruction de la procédure avant que les jugemens préparatoires aient reçu la formalité, pourvu qu'ils soient enregistrés avant le jugement définitif, et toutefois dans les vingt jours de leur date (Inst. régl., n. 436, nomb. 3).— D.A. 7. 337, n. 10.

2405.—De même aussi, l'acte de déclaration d'appel d'un jugement susceptible d'enregistrement peut être signifié par huissier avant que ce jugement ait reçu la formalité (Déc. régl. 10 fév. 1815, approuvée le 27 par le min. des fin.). — D.A. 7. 337, n. 10.

2406.— L'on a encore décidé, conformément à l'équité, qu'un notaire ne peut être passible d'amende pour avoir énoncé dans un acte de vente des créances à terme que l'acquéreur demeure chargé de payer en l'acquit de son vendeur, en déduction du prix de vente, parce qu'il est impossible à ce dernier de représenter les titres de ces obligations au notaire, en l'absence du créancier qui en était nanti. Mais toutes les fois que le notaire a sous les yeux des actes sous seing-privé en conséquence desquels il établit un compte, il ne peut se dispenser de les soumettre à l'enregistrement (Déc. régl. 19 août 1806).— D.A. 7. 337, n. 11.

.. .. Par le même motif, un notaire n'est pas en contravention à l'art. 42 de la loi du 22 frim. an 7, lorsqu'il énonce, dans un acte de démission de biens, que les dettes mises à la charge du donataire résultent d'actes sous seing-privés (*Contrôleur*, art. 361).— D.A. 7. 337, n. 11.

§ 5. — *Des répertoires.*

2407.— L'obligation de tenir des répertoires, imposée aux notaires antérieurement à l'établissement du contrôle, a été étendue depuis aux huissiers, greffiers et aux secrétaires des administrations centrales et municipales (L. 22 frim. an 7, art. 49); — aux commissaires-priseurs et aux courtiers de commerce, pour les procès-verbaux de vente de meubles et de marchandises, et pour les actes faits en conséquence de ces ventes (L. 16 juin 1824, art. 11). — D.A. 7. 343, n. 1

2408. — Ces dispositions sont limitatives. Ainsi, toutes personnes non désignées sont dispensées de tenir un répertoire. — Mais, sous la dénomination d'*huissiers*, il faut comprendre tous ceux qui remplissent les fonctions d'huissier, tels que les gardes du commerce, les individus qui exploitent près les conseils de prud'hommes, et les porteurs de contraintes (Dec. min. 20 juin 1819, et inst. de la régie, des 18 fév. 1808, et 5 juill. 1809). — D.A. 7. 343, n. 2.

2409.— Tous les actes reçus par les notaires, passés en brevet ou en minute, doivent être portés au répertoire (L. frim. art. 49).

2410 — Il en est de même des copies d'actes et extraits collationnés qui sont soumis à l'enregistrement (Déc. min. 9 prair. an 12 et 18 avril 1809).

2411. — Les actes reçus par un notaire comme substituant un de ses confrères, doivent être portés à la fois sur le repertoire du notaire *substitué* et sur celui du substituant, avec mention que la minute est demeurée au notaire suppléé, et qu'elle sera enregistrée au bureau de ce dernier (Instr. du 11 nov. 1819). — Favard, v° Répertoire; D.A. 7. 343, n. 3.

2412. — Les répertoires des notaires doivent être tenus sur papier timbré, à peine de 100 fr. d'amende, indépendamment du droit de timbre (L. 11 fév. 1791, art. 3; l 13 brum. an 7, art. 12). — 19 déc. 1808. Civ. c. Enreg. C. Pascaud. D.A. 7. 347. D.P. 2. 62.

2413. — Les décharges du prix de ventes publiques de meubles, mises à la suite des ventes, doivent être enregistrées dans le délai fixé par l'art. 20 de la loi du 22 frim. an 7 (Avis cons. d'état, 21 oct. 1809). Cet avis ne s'oppose pas à ce que la décharge soit énoncée par acte distinct du procès-verbal de vente et sous seing-privé : les parties restent à cet égard dans le droit commun, et si elles préfèrent cette dernière marche, la décharge ne peut être portée au répertoire, et n'est assujettie à l'en-

registrement que lorsque l'on veut en faire usage. — 16 mars 1830. Solut. D.P. 33. 3. 30.

2414. — Le répertoire que les courtiers de commerce d'une même ville doivent tenir de leurs actes, ne peut être collectif; il doit être individuellement tenu par chacun d'eux. — 4 mars 1833. Déc. min. D.P. 33. 3 84.

2415.— Les notaires doivent aussi inscrire sur leur répertoire les testamens qu'ils reçoivent, ou l'acte de souscription des testamens mystiques, ou l'acte de dépôt des testamens olographes. Mais si les testateurs sont encore vivans, on indique seulement la date du testament et les noms, qualité et demeure du testateur, sans mentionner aucune disposition.—D.A. 7. 343, n. 3.

2416.— Les inventaires et les procès-verbaux qui exigent plusieurs séances, doivent être portés seulement à la date de la première vacation (Déc. min. 18 août 1812).— D.A. 7. 343, n. 3

2417.— Les procès verbaux d'apposition et de levée de scellés doivent être inscrits distinctement sur le répertoire, chacun à la date de la première vacation (Solut admin. 15 mai 1816).—*Dict. de l'enreg.*, v° Répertoire, n. 54.

2418.—Les cahiers des charges forment des actes séparés lorsqu'ils sont rédigés et signés séparément; dans ce cas, ils doivent être enregistrés et insérés au répertoire; mais, lorsqu'ils font partie intégrante du procès-verbal d'adjudication, ils ne peuvent donner lieu à aucun droit particulier; ils ne sont alors, ni un acte proprement dit, ni une clause ou disposition indépendante dans le sens de l'art. 11 de la loi du 22 frim. an 7.— 5 juin 1833. Délib. D.P. 33. 3. 79.

4419.— Le projet de liquidation d'une succession, rédigé hors la présence des parties, par un notaire commis en justice, doit, sous peine d'amende, être inscrit au répertoire. Il ne suffit pas que le procès-verbal auquel le projet est annexé soit répertorié.— 18 fév. 1834. Délib. B... *Rev. du not.*, 1834, 605. D.P. 34. 3. 58.

2420.— Cet acte est l'œuvre du notaire seulement; pour qu'il soit définitif, il est nécessaire que la sanction des parties intéressées soit intervenue; jusque là, il n'est que provisoire, il peut être changé, modifié par le notaire de son propre mouvement ou d'apres les observations des parties. Comment penser dès lors, qu'un acte qui peut-être ainsi bouleversé ou même anéanti, ait pu être soumis par la loi à une formalité dont le seul but est la conservation intacte des actes? N'est-il pas plus naturel de penser que le procès-verbal, auquel *on annexe* toujours l'état de liquidation, est le seul qui doive être répertorié? Son inscription sur le registre garantit tout; il est impossible en effet que si celui-ci existe, l'état de la liquidation puisse être jamais supprimé ou antidaté.— D.P. *ibid.*, n. 5.

2421.—Un notaire commis pour faire une visite de lieux, doit répertorier le procès-verbal constatant cette opération (Décis. min. des fin., 24 nov 1817).—*Dict. de l'enreg.*. v° Répertoire, n. 103.

2422.—Les certificats de vie et ceux de propriété pour le transfert des inscriptions sur le grand livre, étant dispensés de l'enregistrement, ne doivent pas être répertoriés.— D.A. 7. 343, n. 3.

2423.—Les huissiers doivent inscrire sur leur répertoire tous les exploits et autres actes de leur ministère — D.A. 7. 343, n. 4.

2424.—Ils doivent porter les protêts des effets de commerce qu'ils sont appelés à rédiger, concurremment avec les notaires, dans un registre particulier, coté, *paraphé et tenu dans les formes prescrites pour les répertoires.* De plus, ils doivent les mentionner par leur date sur leur répertoire (Inst. 19 mars 1809.)

2425.— Les huissiers audienciers sont tenus d'avoir deux répertoires, l'un pour les actes signifiés en cette qualité, l'autre pour ceux qu'ils font comme huissiers ordinaires (Déc. min. 19 déc. 1820).—D.A. 7. 343, n. 4.

2426.—Les huissiers sont tenus, même après deux ans, de représenter leur répertoire (Decis. min. des fin. 16 mai 1819).—*Dict. de l'enreg.*, v° Répertoire, n. 79.

2427.— Le répertoire des greffiers doit contenir mention de tous les jugemens et actes du greffe, encore que les droits n'auraient pas été consignés ou que l'enregistrement devrait avoir lieu *gratis* ou en *débet* (Inst., n. 388).— Ils ne sont pas tenus d'y porter les actes émanant directement des juges (Solut. 9 août 1807).— Ils peuvent tenir deux réper-

toires, l'un pour matière civile, l'autre pour matière correctionnelle ou criminelle (Inst., n. 920).—D.A. 7, 344, n. 5.

2428.— L'exécutoire des dépens rédigé en minute et signé par le greffier qui la garde et en délivre expédition, doit être inscrit au répertoire.— 5 oct. 1832. Solut. D.P. 33. 3. 57.

2429 — Les secrétaires de préfecture et de sous-préfecture, les maires ou les personnes qu'ils ont préposées à la tenue des répertoires, doivent y mentionner tous ceux de leurs actes qui sont soumis à l'enregistrement sur les minutes (L. 22 frim. an 7, art. 49), que ces actes soient ou non soumis à *l'approbation du préfet ou du ministre* : seulement dans le premier cas, l'inscription doit être faite avec ces mots : *soumis à l'approbation du préfet ou du ministre*, avec indication du jour où cette approbation est parvenue (Décis. min. 27 frim. an 13). — Favard, Rép., vº Répertoire, art. 2. D.A. 7. 344, n 6.

2430.— Toute omission sur le répertoire est punie d'une amende de 10 fr., aujourd'hui réduite à 5 fr par l'art. 10, l. 16 juin 1824 (art. 49, l. frim. an 7). — D.A, 7. 344, n. 6.

2431.— Un acte imparfait et irrégulier, comme authentique, en ce que, bien que signé des parties et du notaire, il ne le serait cependant pas par les témoins ou par un notaire en second, ne peut autoriser la demande du droit d'enregistrement contre le notaire dans l'étude duquel il a été trouvé (art. 9, 14, 68; C. pr. 841).

.... Le notaire n'est pas non plus dans l'obligation d'inscrire un tel acte sur son répertoire (art. 42).— 25 mars 1834. Req. Enreg. C. Chaulin. D.P. 34. 1. 141.

2432.— Chaque acte doit être inscrit au jour de sa date, sous peine, contre l'officier public, d'une amende de 5 fr. (L. 22 frim. an 7, art. 49). — Les préposés de la régie peuvent, à toute réquisition, se faire représenter les répertoires, et constater les contraventions qu'ils auront reconnues (même loi, art. 52) — D.A 7. 344, n. 7.

2433.— Toute intercalation d'un acte dans le répertoire annonce que cet acte n'a pas été inscrit au jour de sa date. — 19 déc. 1808. Civ. c. Enreg. C. Pascaud. D.A. 7. 347; D.P. 2. 62.

2434.— Aujourd'hui, comme sous la loi du 6 déc. 1790, les notaires sont tenus, à peine d'amende par chaque omission, d'insérer, *jour par jour*, sur leur répertoire, tous les actes qu'ils reçoivent, même les testamens et les actes de dépôt. Cette obligation ne peut être considérée comme abrogée par les lois des 22 frim. an 7 et 25 vent. an 11, qui veulent, en outre, que mention soit faite de l'enregistrement desdits actes sur le répertoire. Ce n'est là qu'une obligation de plus imposée par ces lois, pour être remplie à la date de l accomplissement de cette formalité. — 19 déc. 1808. Civ. c Enreg. C. Pascaud. D.A. 7. 347. D.P. 2. 62.— V. n. 2415.

2435.—L'inscription des actes des huissiers sur leurs répertoires doit être faite dans l'ordre des dates respectives de ces actes, en ce sens qu'un acte d'un tel jour doit être inscrit avant tous autres actes des jours postérieurs.— En conséquence, s'il est constaté, par procès-verbal, que sept actes à la date des 22 et 23, après avoir été inscrits avant un acte du 16, ont été rayés par l'huissier et réinscrits dans l'ordre de leurs dates respectives, il doit être prononcé contre l'huissier l'amende de 5 fr. établie par l'art. 49, et il y a lieu de casser le jugement qui le décharge de l'amende, sans alléguer que cette interversion ait été le résultat d'une simple erreur dénuée de toute intention de contrevenir à la loi. — 28 mars 1827. Civ. c. Enreg. C. Loiseau. D.P. 27. 1. 185.

Les motifs de cet arrêt donnent à penser que la jurisprudence de la cour, sur l'inscription jour par jour, n'est pas invariablement fixée. — D.A. 7. 344, n. 8.

2436 — Les ratures trouvées sur le répertoire d'un huissier, jointes au fait de l'interversion de la date de quelques actes, peuvent suffire pour prouver la fraude.

Cette doctrine, repoussée par les principes ordinaires du droit, et que la jurisprudence a souvent consacrée dans l'interprétation des lois fiscales, s'induit des considérans de l'arrêt qui précède.— D.P. *eod.*

2437.—Les actes des huissiers (et il faut en dire autant des notaires, greffiers, secrétaires de préfectures, qui sont obligés de tenir un répertoire) doivent-ils nécessairement, sous peine de l'amende prononcée par l'art. 49, être inscrits sur leur répertoire le jour même où ils ont été signifiés? — 28 mars 1827. Civ. c. Enreg. C. Loiseau. D.P. 27. 1. 185.

Cette question a été résolue affirmativement par un arrêt de cassation du 14 déc. 1816.—D.P. *eod.*, n. 1.

2438.— Quand les testamens olographes, déposés aux notaires, n'ont pas été inscrits au répertoire à la date même de l'ordonnance de dépôt, il est d'usage que le notaire dresse un acte de dépôt du testament, et c'est cet acte qui, *à la date où il est fait*, est porté sur le répertoire.— 2 sept. 1831. Sol. D.P. 32. 3. 118.

2439.— Mais les baux des établissemens publics et autres, quoique ne s'enregistrant que dans le délai de quinze jours à partir de celui où l'approbation du préfet est parvenue à la mairie, doivent néanmoins être inscrits au répertoire immédiatement après leur rédaction (Déc. du 11 août 1827; *Dict. de l'enreg.*, vº Expertise, n. 94).

2440.— Chaque article du répertoire doit contenir un numéro d'ordre, la date de l'acte, sa nature, les noms et prénoms des parties, l'indication, *la situation des immeubles et le prix*, lorsqu'il s'agit d'actes emportant mutation de propriété, d'usufruit ou de jouissance. Il doit contenir, en outre, *la relation de l'enregistrement*.— D.A. 7. 344, n. 8.

2441.— Les actes des huissiers (et il faut en dire autant des actes des notaires, greffiers, secrétaires de préfecture, qui, d'après la loi de frim. an 7, sont obligés de tenir un répertoire) doivent-ils nécessairement, sous peine d'amende (art. 49), être inscrits sur leurs répertoires, le jour même où ils ont été signifiés? — Voy. D.P. 27. 1. 186, à la note.

2442. — Mais doivent-ils être inscrits *jour par jour*, ou suffit-il qu'ils le soient après les délais de l'enregistrement, en suivant, toutefois, l'ordre de leur date? La jurisprudence a plusieurs fois décidé qu'ils devaient être inscrits jour par jour. Dalloz pense le contraire, parce que la loi n'a pas dû vouloir mettre à la charge d'un officier ministériel une obligation presqu'impossible a exécuter. — D.A. 7. 344, n. 8.

2443. — Jugé toutefois que l'obligation imposée par l'art. 49 de la loi de frimaire, aux huissiers, d'inscrire, jour par jour, sur leur répertoire, les actes de leur ministère, ne se borne pas à inscrire ces actes à la suite les uns des autres, et suivant l'ordre de leur date; ils doivent y être portés dès le jour même où ils sont signifiés. — L'exécution de cette obligation n'est point incompatible avec l'accomplissement de celle qui a pour objet la mention de l'enregistrement desdits actes sur le répertoire, parce que rien ne s'oppose à ce que la colonne y destinée ne soit laissée en blanc jusqu'à ce qu'elle puisse être remplie (L. 22 brum. an 7, art. 49 et 50). — 4 déc. 1810. Civ. c. Enreg. C. Lemaître. D A. 7. 348. D.P. 2. 63, et 17. 1. 141. — 5 fév. 1811. Civ. c. Enreg. C. Dunat. D.A. 7. 348. D.P. 2. 63, et 11. 1. 134.

2444.— Une colonne particulière sera ajoutée aux répertoires des huissiers pour le coût de chaque acte ou exploit, déduction faite des débourses (Décr. 14 juin 1813, art. 47). — D.A. 7. 344, n. 8

2445. — Les répertoires doivent être présentés *tous les trois mois* au visa des préposés de la régie, et les receveurs doivent y énoncer le nombre des actes inscrits, afin qu'il ne puisse être fait ultérieurement aucune intercalation. C'est dans les dix premiers jours des mois de janvier, avril, juillet et octobre que la présentation au visa doit être faite. —Il est dû une amende pour chaque décade de retard, quand même la decade ne serait pas expirée. — D.A. 7. 344, n. 9.

2446. —Jugé qu'un huissier ne peut être relevé de l'amende encourue, en alléguant une infirmité, dès l'instant qu'elle ne l'aurait pas empêché de faire des actes de son ministère et de les faire enregistrer. — 31 janv. 1814. Civ. c. Enreg. C. Crohet. D.A. 7. 347. D.P. 2. 62.

2447. — Le défaut de mention sur les registres du receveur de l'enregistrement de plusieurs actes relevés sur le répertoire d'un huissier, forme, à défaut d'exhibition des originaux de ces mêmes actes, et dans le silence de l'huissier à cet égard, une présomption légale de leur non enregistrement, suffisante pour autoriser la réclamation de l'amende, nonobstant que ces actes soient portés sur le répertoire comme ayant subi la formalité (art. 34). — 2 oct. 1810 Civ. c. Enreg. C. Millard. D.A. 7. 346. D.P. 10. 1. 558.

2448 — Quoique les deux répertoires tenus par le greffier ne soient pas présentés au visa du receveur dans les dix premiers jours du trimestre, il n'est dû qu'une seule amende (Décis. min. des fin. 25 mai 1827; *Dict. de l'enreg.*, vº Répertoire, n. 53).

2449 — Cependant, si le dixième jour était un jour férié, la présentation pourrait sans contravention n'avoir lieu que le lendemain. C'est ce qu'a décidé la régie, le 21 déc. 1814, sur le motif que le notaire à qui il est accordé dix jours pleins, pourrait n'en avoir que neuf et même huit, si les neuvième et dixième jours du mois étaient fériés. — D.A. 7. 344, n. 9.

2450. — Les répertoires doivent être cotés et paraphes; savoir, ceux des notaires, par le président du tribunal du lieu de leur résidence (L. 25 vent. an 11, art. 30, qui a dérogé, à cet égard, à l'art. 53 de la loi de frimaire an 7); ceux des huissiers et greffiers de la justice de paix, par le juge de paix de leur domicile; ceux des greffiers des tribunaux, par le président du tribunal; ceux des secrétaires des administrations, par le président de l'administion (art. 53), c'est-à-dire par le préfet, pour les répertoires des secrétaires des conseils de préfecture, et par le maire ou son adjoint pour ceux des secrétaires des conseils municipaux; ceux des commissaires-priseurs, par le président, ou, à son défaut, par un juge du tribunal de première instance du lieu de leur résidence (Ord. 26 juin 1816, art. 13). — D.A. 7. 345, n. 10.

2451 —Les répertoires des huissiers près les tribunaux doivent être cotés et paraphés par les présidens des cours ou tribunaux auxquels ils sont attachés (Avis cons d'état, 16 juillet 1810).— D.A. 7. 345, n. 10.

2452.— L'obligation de la clôture et du visa des répertoires des greffiers des juges de paix, *dans les dix premiers jours du mois de janvier* de chaque année, prescrite par arrêté du directoire, du 28 brum. an 6, subsiste-t-elle encore?—Oui (Favard, Rép., vº Répertoire).—Non (Dalloz), parce que l'existence de la loi de frimaire doit être regardée comme une abrogation de cette formalité.—D.A. 7. 345, n. 11.

2453.—La formalité exigée par l'art. 53 de la loi de frimaire n'a rien de commun avec le visa périodique du receveur; car le paraphe de l'autorité n'a d'autre objet que d'empêcher les suppressions ou les intercalations frauduleuses, tandis que le visa du receveur a pour but de vérifier si les lois sur l'enregistrement sont fidèlement observées.— D.A, 7. 345, n. 12.

2454.—Ainsi, jugé que l'obligation imposée aux notaires de soumettre, tous les trois mois, leur répertoire au visa du receveur, ne doit point être considérée comme abrogée par la loi du 25 vent. an 11, par cela seul que cette loi ne l'a point renouvelée.—Encore bien que la loi de ventôse, en chargeant les présidens des tribunaux d'arrondissement des visa, cote et paraphe des registres destinés aux répertoires, ait dérogé à la loi de frimaire, qui avait attribué cette fonction aux juges de paix, on n'en saurait induire que la même loi ait voulu dispenser les répertoires du visa *périodique* des préposés de la régie, qui est une mesure de surveillance ayant pour objet la connaissance et l'énumération des actes reçus par les notaires, tandis que le visa du président, qui ne doit pas se renouveler périodiquement, ne tend qu'à assurer l'état et la consistance des registres (L. 25 vent an 11, art. 30, 69) — 24 avril 1809. Civ. c. Riom. Enreg. C. Bouville D.A. 7. 346. D.P. 9. 2. 46.

2455.—Enfin, les notaires doivent déposer, dans les deux premiers mois de chaque année, au greffe du tribunal de leur immatriculation, un double par eux certifié du répertoire des actes qu'ils auront reçus dans le cours de l année précédente, à peine de 100 livres d'amende par chaque mois de retard (art 6, l. 29 sept., 6 oct 1791). même obligation aux commissaires-priseurs (art. 13 de l'ord. du 26 juin 1816).—D.A. 7. 345, n. 13.

2456. — L'amende prononcée contre les notaires négligens, par *chaque mois de retard*, est elle encourue au commencement, ou n'est-elle due qu'à l'expiration du troisième mois? — D.A. 7. 345, n. 14, 15

2457 — Il a été décidé que l'amende prononcée, *par chaque mois de retard*, contre les notaires qui negligent de deposer au greffe du tribunal, dans les deux premiers mois de l'année, le double de leur répertoire de l'année précédente, est encourue dès le premier jour qui suit l'expiration de chaque délai, comme pour tout le mois, en sorte que si le dépôt n'a lieu que le 1er mars, il est dû une amende de 100 fr., comme si tout le mois était expiré; et que s'il n'a lieu que le 1er ou le 2 avril, il est dû une seconde amende de 100 fr, parce que l'amende se règle par mois et non par jour (L. 6 oct. 1796, t.t. 3, art. 16).— L'art. 40 du code pénal, portant que la condamnation à un mois d'emprisonnement

est de trente jours, n'ayant pour objet que les peines criminelles, correctionnelles et de police, ne saurait s'appliquer à une matière qui est toute civile. — 30 juill. 1816 Civ. c. Min. pub. C. Falconetti. D.A. 7. 349. D.P. 2. 63.— 15 mai 1822. Civ. c. Min. pub. C. Goubot. D.A. 7. 349. D.P. 2. 63. — 6 juin 1809. Civ. c. Enreg. C. Anselme. D.A. 7. 348. D.P. 2. 63, et 9. 2. 110.

2458 — Si le dernier jour du mois était férié, et que la présentation du répertoire n'eût été faite que le 1er du mois suivant, il semble que l'exception déjà mentionnée devrait être admise. Cependant, vu l'extrême rigueur et la longueur du délai, la solution est susceptible de controverse.—Fav., v° Répertoire; D.A. 7. 345, n. 15.

2459.— Un notaire est-il chargé du dépôt du répertoire des actes reçus par son prédécesseur, démissionnaire ou décédé pendant l'année, et doit-il supporter l'amende, en cas d'omission? Oui (Déc. min. des fin. 12 sept. 1817). — D.A. 7. 345, n. 16.

2460.— Mais on a depuis décidé la négative, par le motif que l'obligation du dépôt n'est imposée aux notaires que pour les actes *par eux reçus*, et qu'on ne peut suppléer aux dispositions pénales.— 7 déc. 1820. Req. Min pub. C. Guyard. D.A. 7. 350. D.P. 2. 64, et 21. 1. 324.

2461.— Si l'on n'a reçu aucun acte dans le cours d'une année, on n'est pas tenu, à défaut du double du répertoire, de déposer au greffe un certificat négatif (Déc. min. de la just. et des fin. 2-14 juill. 1812; *Dict. de l'enreg*, v° Répertoire, n. 124).

2462.— Les greffiers des tribunaux doivent dresser acte du dépôt qui leur est fait par chaque notaire de son répertoire, et plusieurs notaires ne peuvent se réunir pour exiger qu'il ne soit rédigé qu'un seul acte de dépôt pour tous (Déc. min., des 24 mai et 27 juin 1808; instr. du 14 juill 1812). — Ces actes de dépôt sont exempts de l'enregistrement; mais il est dû au greffier, pour droits de greffe, 1 fr. 25 c. (Décr. 12 juill. 1808). — D.A. 7. 346, n. 17.

2463.— L'acte de dépôt du double du répertoire, étant exempté de l'enregistrement (Délib. du cons. admin. 8 germ. an 11, 15 avril 1817), n'est pas de nature à être inscrit sur le répertoire du greffier (*Dict. de l'enreg.*, v° Répertoire, n. 58).

ART. 15. — *Du paiement des droits, et de ceux qui les doivent acquitter.*

2464. — Il ne peut y avoir enregistrement sans paiement préalable du droit, et les contestations qui pourraient s'élever sur la quotité, n'autorisent pas le redevable à différer le paiement ou de faire des offres partielles, sauf à demander la restitution s'il y a lieu (L. 22 frim. an 7, art. 28). L'art 64 de la même loi, qui dit que « l'exécution de la contrainte ne pourra être interrompue que par une opposition», n'est pas inconciliable avec l'art. 28; car ces deux articles disposent pour des hypothèses différentes; le premier, pour le cas où le contribuable présente de son propre mouvement un acte à l'enregistrement; le deuxième pour le cas au contraire où le redevable est poursuivi. — D.A. 7. 353, n. 1.

2465. — Il n'est permis à aucune autorité publique, ni à la régie, ni à ses préposés, d'accorder de modération des droits tels qu'ils sont établis par la loi, ni de faire remise des amendes encourues, non plus que d'en suspendre le recouvrement, sans en devenir personnellement responsable (art. 59). Mais le monarque a pleine puissance à cet égard, car l'art. 67 de la charte accorde au roi *de faire grâce*, et les amendes ou doubles droits sont des *peines*. — D A. 7. 354, n. 2.

2466.— *Condition.*— La perception du droit d'enregistrement des actes doit être basée sur la nature de ces actes et sur l'effet que la loi leur attribue au moment où ils sont présentés à l'enregistrement, à moins de dispositions expresses contraires.— 19 juin 1826. Civ. r. Enreg. C. Dumaine. D.P. 26. 1. 328.

2467.— Les tribunaux ne peuvent non plus admettre aucune excuse qui ne serait point écrite dans la loi, pour décharger le contribuable de l'amende qu'il aurait encourue, quand même sa bonne foi serait prouvée; car les contraventions aux lois fiscales ne s'excusent jamais par l'intention.—D.A. 7. 354, n. 3.

2468. — Les tribunaux ne peuvent pas dispenser du paiement du double droit (L 27 mai 1791, tit. 5, art. 51) — 2 niv. an 7. Civ. c. Enreg. C. Duprat. D.A. 1. 433. D.P. 1. 146.

2469.—Aucun motif de bonne foi ne peut excuser une contravention aux lois fiscales — 11 fév. 1807. Civ. c. Enreg. C. Sue. D.A. 7. 109. D.P. 2. 16.

2470. — En cas de contestation sur la quotité des droits, les tribunaux n'ont pas la faculté d'ordonner le dépôt des sommes pour tenir lieu des droits. — *Dict. de l'enreg.*, v° Enregistrement, n. 54.

2471.— Les droits des actes reçus par les officiers publics sont acquittés par eux (art. 29, l. de frim. an 7).

L'action personnelle que la loi accorde au trésor contre les officiers publics pour le recouvrement des droits d'enregistrement, a surtout pour objet d'accélérer la rentrée des impôts. Ils ne seraient donc point admis à prétendre, pour se soustraire au paiement des droits, qu'ils n'en ont pas reçu le montant; car c'est à eux à l'exiger d'avance: et ils peuvent refuser leur ministère à ceux qui ne le consigneraient pas (D.A. 7. 354, n. 4).—Ainsi jugé le 25 juill. 1827. Civ. c. Enreg. C. Schmith. D.P. 27. 1. 320.

Et le notaire qui dépose un acte de donation à la conservation des hypothèques, devient débiteur personnel des droits de transcription.—27 mars 1829. Bourges. Vidaline. D.P. 29. 2. 140.

2472.— Jugé par suite que les notaires ont action et qualité pour répéter personnellement contre la régie les droits qu'elle a perçus de trop sur les actes passés devant eux, et qu'ils ont fait enregistrer, droit que les notaires sont obligés d'acquitter pour les parties au moment de l'enregistrement, et dont ils sont considérés à cet égard comme débiteurs directs. — 1er mars 1825. Civ. r. Enreg. C. Notaires de Lyon. D.P. 25. 1. 178.

2473.— Mais les notaires ne sont personnellement tenus d'acquitter les droits d'enregistrement des actes aux stipulations desquels ils sont étrangers, que lorsque ces actes sont reçus par eux, et lorsqu'ils ont commis la contravention prévue et punie par l'art. 42 de la loi de frim. an 7.— 22 janv. 1834. Trib. de première instance de Rennes. Laumailler. D.P. 34. 3. 51.

2474. — Les droits des actes reçus par deux notaires, c'est-à-dire ceux faits à double minute, doivent être acquittés par le plus ancien, ou par celui qui est domicilié dans le ressort du bureau où l'acte est passé (Déc min. des fin. et de la just. 16 août 1808). — Trouillet, v° Débiteur, n. 33.

2475. — Toutefois, il est bon d'observer que tous les droits dus par les notaires ne sont que des droits d'actes, en ce sens, que c'est selon la *nature* de l'acte, et non selon celle de la convention ou de la mutation, que la perception doit être établie. Ainsi, à l'égard d'un contrat dont la simulation n'est établie que par des preuves extérieures, le seul droit exigible du notaire est celui du contrat simulé.—Champ. et Rig., t. 1er, p. 128.

2476. — Et les notaires ne sont tenus de faire l'avance que des droits d'enregistrement légalement dus, d'après la nature des actes passés devant eux; et dans le cas où la régie croit devoir attaquer ces actes sous le rapport de leur validité ou régularité, et par suite percevoir d'autres droits, c'est contre les parties qu'elle doit exercer son action. — Spécialement, dans le cas d'un acte de partage entre co associés, la régie ne peut percevoir que le droit fixe de 5 fr., quand même elle alléguerait que cet acte contient une transmission de propriété — 12 fév. 1834 Civ. r. Enreg. C. Hailig. D.P. 34. 1. 111.

Une délibération du 11 fév. 1834 (Inst. 1548, § 7) porte que la perception des droits sur les actes notariés doit être basée sur la stipulation de l'acte, et ne peut être aggravée par des circonstances prises en dehors de cet acte et auxquelles le notaire est étranger.— Trouill., v° Débiteur, n. 332

2477. — Un receveur, après avoir enregistré des actes notariés dont les droits ne lui ont été payés qu'en partie par le notaire, peut retenir ces actes jusqu'à ce que les droits soient soldés en totalité. — D.P. 32. 3. 69 —V. Greffier.

2478. — Lorsqu'il est établi que l'acquéreur d'un immeuble par acte notarié était, bien antérieurement à cet acte, inscrit au rôle de la contribution foncière, et qu'il avait acquitté les impositions en vertu de cette incription, la régie ne peut poursuivre le double droit pour défaut d'enregistrement, que contre l'acquéreur, et non contre le notaire qui a passé l'acte d'aliénation —11 fév. 1834. Délib M... D.P. 34. 3. 59.

2479.— Il y a exception au principe qui veut que les droits soient acquittés par les officiers publics qui ont reçu les actes : 1° pour les testamens et autres actes de libéralité à cause de mort, reçus par les notaires Les droits doivent être acquittés par les héritiers légataires, etc. (V. art. 13); 2° pour les jugemens reçus *à l'audience*, dont les droits doivent être recouvrés directement sur les parties lorsqu'elles ne les ont pas consignés entre les mains du greffier (art. 57); 3° et pour les actes d'adjudication, passés *en séance publique*, dans les préfectures, sous-préfectures, mairies, et les établissemens publics, dont les droits sont à la charge des parties, lorsqu'ils n'ont pas été remis par elles aux secrétaires de ces administrations ou établissemens (même article, et l. 15 mai 1818, art. 79). — D A. 7. 354, n. 4.

2480. — C'est contre les parties seules, et non contre les notaires, que la régie doit diriger les demandes en supplément de droit pour erreur ou insuffisance de perception (Déc. min. 7 juin 1808; instr. gén., n. 386) — D.A 7. 354, n. 4

2481. — Si la régie peut s'adresser directement aux fonctionnaires publics pour le paiement des droits auxquels leurs actes sont assujettis, ce n'est qu'autant qu'ils sont revêtus de leur signature; autrement ce ne seraient plus des actes *passés devant eux*, quoique trouvés parmi leurs minutes (D.A. 7. 354, n. 5). — Arrêt conforme : 2 nov 1807. Civ. r. Enreg. C. Passemard. D.A. 7. 364. D.P. 7. 2 167.

Jugé cependant qu'un acte signé des parties et inscrit sur le répertoire du notaire, mais resté imparfait en tant qu'authentique, à défaut de signature de la part de ce fonctionnaire, ne doit pas moins être présenté par lui à l'enregistrement dans le délai, et les droits doivent être acquittés par lui, quoique les parties n'en auraient pas fait la consignation entre ses mains. — 15 fév. 1814 Enreg. C. Fioretti. D.P. 32. 3 130 — 2 mars 1831. Trib. de la Seine. Cotelle. D.P. 32. 3. 130.

2482.— Et un notaire ne peut prétendre que, les parties ne lui ayant pas consigné les droits, il s'est cru dispensé de signer son acte, il serait passible de l'amende de 50 fr. — *Dict. de l'enreg.*, v° Acte de notaire, § 5, n. 11.

2483. — L'art. 42 de la loi du 22 frim. an 7 n'ayant prononcé contre les notaires aucune solidarité pour le paiment des droits dont il les déclare responsables, dans les cas qu'il spécifie, la régie ne peut recourir contre eux qu'après discussion du débiteur principal (D.A. 7. 354, n. 6). — 3 juill. 1811. Civ. r. Enreg. C. Boudet. D.A. 7. 365. D.P. 11. 1. 361.

2484. — L'action qui appartient à la régie contre les officiers publics rédacteurs des actes, ne peut pas préjudicier à celle qu'elle a de droit contre les parties: ce n'est, en quelque sorte, qu'un débiteur de plus que la loi lui a donné.— D.A. 7. 354, n. 7.

2485 — Si l'amende ou le double droit étaient dus pour défaut d'enregistrement dans les délais, c'est à l'officier public seul que la régie pourrait s'adresser, parce que c'est lui, du moins aux yeux du fisc, qui, est *personnellement* responsable de la contravention. Mais l'amende retomberait sur la partie qui malgré les avertissemens du notaire, n'aurait pas remis la somme suffisante pour acquitter les droits. — D.A. 7. 354, n. 8.

2486 — Les officiers publics qui ont avancé les droits, ont une action *solidaire* contre les signataires de l'acte, encore que quelques uns d'eux seulement soient tenus du remboursement.—Règles particulières à cette action (L. de frim., art. 30. Pour la procédure, V. art. 16 et 17).— D.A. 7. 354, n. 9.— 15 nov. 1820. Civ. c. Mamertz. D A. 7. 365. D.P. 21. 1. 42.

2487.— Le receveur *démissionnaire*, comme celui qui a été *destitué*, n'a d'action directe contre la régie, pour le remboursement des avances qu'il a faites pour frais de poursuites, que lorsque les articles pour lesquels les avances ont eu lieu sont tombés *en non valeur* par suite de l'insolvabilité reconnue des redevables. — Mais si ces avances ont été faites pour des objets *bons à recouvrer*, le remboursement n'en peut être demandé qu'au successeur à l'emploi (L. 27 mai 1791, art. 58; l. 22 frim. an 7, art. 66). — 7 mars 1809. Civ. c. Enreg. C. Caplane. D.A. 7. 377. D.P. 2. 66.

2488. — Les droits des actes sous seing-privé ou passés en pays étranger sont acquittés par les parties elles-mêmes (art. 26). Mais il faut, à cet égard, distinguer entre l'action qui appartient au fisc, et les obligations des parties entre elles. Par rapport aux parties, Voy. art. 31, même loi, au fisc, les droits doivent être acquittés par celle-là même des parties qui *présente l'acte à la formalité* (arg. art. 29). Toutefois, l'art. 12 permet de s'adresser d'abord, même dans ce cas, à la partie sur qui doivent retomber les droits.— D.A. 7. 355, n. 10, 11.

2489.— La régie peut, pour assurer la perception du droit, et nonobstant l'abandon fait aux créanciers, saisir-arrêter entre leurs mains les biens cédés (art. 32). — 3 vent. an 11. Civ. c. Enreg. C. Anthenis. D.A 7. 87. D.P. 2. 11.

2490. — Le receveur de l'enregistrement ne peut

s'adresser, pour le recouvrement des droit et double droit dus sur un acte quelconque, qu'à la partie qui présente cet acte à la formalité. — *Spécialement*, lorsque c'est le vendeur qui requiert l'enregistrement du contrat, après l'expiration des délais, le receveur ne peut, après avoir reçu le droit simple, diriger la contrainte en paiement du double droit contre le nouveau possesseur, sous prétexte que c'est sur lui que doit retomber en définitive le paiement des droit et double droit de mutation (art. 29, 31). — 15 niv. an 11. Req. Enreg. C. Faure. D.A. 7. 368. D.P. 3. 1. 575.

2491. — Jugé au contraire que la faculté qui appartient à la régie, aux termes de l'art. 29, de s'adresser, pour le paiement des droits résultant d'un acte sous seing-privé, à la partie qui veut en faire usage, et le présente à la formalité, n'est pas exclusive du droit qu'elle a, en vertu de l'art. 31 de la même loi, de poursuivre le recouvrement des droits de mutation contre les nouveaux possesseurs, sur qui, d'ailleurs, doit tomber en définitive la charge des droits. — Si donc un acte de vente sous signature privée est présenté à l'enregistrement par le vendeur, la régie pourra s'attaquer directement à l'acquéreur que cet acte lui désigne, pour lui faire supporter les droits, lorsque, d'ailleurs, la preuve de la mutation sera parfaitement établie. — 12 mars 1817. Civ. c. Enreg. C. Donge. D.A. 7. 369. D.P. 17. 1. 186.

2492. — Les droits à percevoir sur un acte portant abandon d'immeubles au profit d'un créancier de l'état, pour lui tenir lieu de reprises et conventions matrimoniales doivent être supportés par ce créancier, et il ne peut en faire écarter la demande sous le prétexte que l'état était débiteur (Arrêt 3 mai 1817. C. c.; *Dict. de l'enreg.*, v° Enregistrement, n. 60).

2493. — Du principe émis ci-dessus il suit que si dans une instance suivie contre l'acquéreur présumé d'un immeuble, pour le recouvrement des droits de mutation, l'acte même de vente est produit par le vendeur, la régie peut s'en prévaloir pour justifier ses poursuites contre l'acquéreur, et déterminer la quotité du droit. Si la signature de l'acte de vente était méconnue de l'acquéreur, ce ne serait point un motif pour les juges de le rejeter de la cause, mais bien d'en ordonner la vérification (V. article 10, § 2; D.A. 7. 355, n. 12) — Ainsi jugé : 30 juin 1806. Civ. c. Enreg. C. Blanche. D.A. 7. 368. D.P. 6. 1. 415.

2494. — Jugé de même que la perception des droits d'enregistrement doit avoir lieu sur les actes sous seing-privé, sans que la régie soit tenue de les faire préalablement reconnaître (art. 22 et 38). — C'est d'ailleurs aux signataires de l'acte à le désavouer formellement, et ils ne peuvent se faire un moyen de cassation de la non reconnaissance de cet acte, s'ils n'en ont point contesté la véracité devant le tribunal saisi de la demande des droits (C. civ. art. 1322, 1323, 1324) — 28 mars 1810. Req. Despagnac. D.A. 7. 371. D.P. 10. 1. 164.

2495. — L'acquéreur qui aura payé en vertu de l'action dirigée contre lui sur la connaissance donnée à la régie, par le vendeur, de l'acte constatant la mutation, ne pourra pas en faire rejeter les droits sur ce dernier, sous prétexte qu'il aurait agi méchamment et dans l'intention de lui nuire. Il en serait néanmoins autrement, s'il avait été stipulé que les frais d'enregistrement seraient à la charge de celui qui les occasionerait (D.A. 7. 355, n. 13). — 30 juin 1813. Civ. c. Mœvus D.A. 7. 367.

2496. — Mais s'il est reconnu que la perception des droits d'un acte de vente sous seing privé, dans lequel il a été stipulé que ces frais seraient à la charge de la partie qui y donnerait lieu par des contestations mal fondées, a été occasionée par le fait ou la faute des deux parties, les juges peuvent, dans ce cas, appliquant le droit commun, condamner l'acquéreur à supporter seul les frais d'enregistrement; l'arrêt qui présente une telle appréciation ne saurait être cassé, sous le prétexte que le vendeur aurait soulevé le débat qui a donné à la régie connaissance de l'acte (C. civ. 1595). — 16 août 1831. Req. Bourges. Michonnet. D.P. 31. 1. 320.

2497. — Les droits d'enregistrement, auxquels donne lieu une transaction qui a pour objet de régler les intérêts respectifs de deux époux, sont à la charge de celui au profit duquel l'autre époux renonce à une partie des répétitions qu'il a le droit d'exercer, encore que cette renonciation ne soit qu'éventuelle, et que la transaction contienne, en faveur de l'époux renonçant, l'abandon actuel de divers biens-meubles et immeubles pour le remplir d'une partie de ce qui lui est dû. — 12 août 1825.

Req. Paris. d'Anières C. dame Digeon. D.A. 6. 837, n. 4. D.P. 25. 1. 364.

2498. — La régie a-t-elle une action solidaire, pour le recouvrement des droits, contre tous les signataires d'un acte? — Non, car on ne peut établir une solidarité que la loi n'a pas créée; d'ailleurs l'acte peut être enregistré dans tous les bureaux. Comment dès lors imposer au vendeur non tenu de payer les droits, l'obligation de faire enregistrer cet acte lorsqu'il ignore s'il ne l'a pas été antérieurement. — D.A. 7. 355, n. 14.

2499. — Mais le possesseur d'un immeuble peut être poursuivi, par l'action solidaire, en paiement de la totalité du droit de mutation, encore qu'il ne soit propriétaire de l'immeuble que pour une partie (art. 31). — *Spécialement*, un co-partageant qui n'a qu'un tiers dans les immeubles indivis ne peut se refuser au paiement de la totalité du droit pour les immeubles tombés dans son lot, en offrant de payer seulement le tiers du montant du droit. — 9 fruct. an 12. Civ. c. Enreg. C. Huguier. D.A. 7. 373. D.P. 2. 66.

2500. — Quoiqu'il soit permis aux parties de déroger à l'art. 31 (l. frim. an 7), et de mettre les droits d'enregistrement à la charge du vendeur ou du créancier, l'acquéreur poursuivi en paiement des droits de mutation ne pourrait pas se retrancher dans la clause du contrat de vente qui l'en décharge. — D.A. 7. 356, n. 15.

2501. — Celui qui s'est rendu caution d'une obligation ne peut, sans une clause particulière, être poursuivi pour le paiement des droits d'enregistrement dont cette obligation est passible. — D.A. 7. 356, n. 16. Voir l'arrêt du 6 oct. 1806, v° Cautionnement.

Il y avait cela de particulier dans l'espèce de cet arrêt, que c'était la régie elle même comme préposée à la recette du revenu de l'état, qui stipulait comme créancière; *à fortiori*, devrait-on le décider ainsi dans tout autre cas — D.A. *eod.*

2502. — La dation d'immeubles en paiement au créancier d'une somme d'argent, est l'expression abrégée de deux contrats, dont le premier est la libération du débiteur, et le second la mutation immobilière opérée au profit du créancier; cependant il n'est perçu sur l'acte qu'un seul droit de vente, parce que les deux contrats se confondent en un seul, et que l'un dérive immédiatement de l'autre (L. 22 frim. an 7, art. 11). Mais sur qui tombera ce droit? Sur le créancier acquéreur, car c'est un droit de vente et non de quittance qui est perçu (D.A. 7. 356, n. 17). — V. art 2, Obligations alternatives.

2503. — Ainsi, jugé que lorsque l'état étant aux droits d'un émigré, abandonne des immeubles à sa femme pour la remplir de ses créances matrimoniales, l'épouse cessionnaire ne peut rejeter sur l'état le paiement des droits de mutation, sous prétexte que les droits des actes emportant libération, doivent être acquittés par les débiteurs, et ceux de tous les autres actes par les parties auxquelles ces actes profitent. — 13 mai 1817. Civ. c. Enreg. C. Polignac. D.A. 7. 367. D.P. 17. 1. 480.

2504. — Les droits doivent être acquittés par les parties, *pour les actes et décisions qu'elles obtiennent des arbitres*, si ceux-ci ne les ont pas fait enregistrer. Les sentences arbitrales, avant l'ordonnance d'*exequatur*, rentrent, comme sous seings privés, dans la règle générale. Mais lorsque le dépôt de la sentence arbitrale a été fait au greffe, pour la faire revêtir de l'ordonnance d'exécution, les poursuites pour les frais du dépôt et les droits d'enregistrement ne peuvent plus être faites que contre *les parties* (C. pr. 1020; l. 22 frim. art. 35). — D.A. 7. 356, n. 18.

2505. — Lorsqu'un jugement arbitral, qui statue sur des difficultés relatives à une mutation d'immeubles, n'est basé sur aucun acte, mais seulement sur l'audition des parties, et sur les preuves respectivement produites, il ne peut donner lieu contre l'arbitre à aucune recherche pour les droits résultant de la non représentation de l'acte, lors surtout que le compromis, énonçant cette mutation, a été précédemment enregistré, pour le droit fixe, circonstance qui a pu autoriser le juge-arbitre à penser qu'il n'était pas dû d'autre droit (art. 47). — 25 prair. an 10 Req. Enreg. C. Henry. D.A. 7. 358. D.P. 2. 63.

2506. — Mais l'art. 1020, ci-dessus, ne dispense pas néanmoins le greffier de l'obligation qu'il a de donner au préposé de la régie connaissance des actes dont les droits sont à recouvrer sur les parties (*J. de l'enreg.*, art. 2699). Il est clair du reste que la sentence arbitrale et l'acte de dépôt doivent être présentés à la formalité avant *l'exequatur* (Cir. Grand-juge,

28 oct. 1808), puisqu'on ne peut produire aucun acte en justice avant qu'il soit enregistré (art. 23). — D.A. 7. 356, n. 18.

2507. — C'est contre les parties que se poursuit le recouvrement des droits des jugemens rendus à *l'audience*, lorsqu'ils n'ont pas été consignés aux mains du greffier (art. 37); mais laquelle des parties doit les acquitter? C'est toujours celle qui a obtenu le jugement. — D.A. 7. 356, n. 19.

2508. — Ainsi, jugé que lorsque le tiers-saisi, assigné en déclaration, se reconnaît débiteur en vertu d'obligation non enregistrée, le jugement qui le condamne à payer entre les mains du créancier saisissant est susceptible d'enregistrement sur la minute, dans les vingt jours de sa date, comme prononçant une condamnation sur convention sujette à l'enregistrement, quoique sans énonciation de titre enregistré, et les droits en sont dus par la partie à qui ce jugement profite, c'est-à-dire par le créancier saisissant. — Il ne peut en être déchargé sous prétexte que la condamnation prononcée en sa faveur ne résultait point d'une convention directe entre le tiers-saisi et lui, le jugement ne peut être susceptible d'enregistrement sur la minute. — 24 vent. an 10. Civ. c. Enreg. C. Huet-Renard. D.A. 7. 366. D.P. 2. 66.

2509. — Jugé de même que la régie n'a pas d'action contre la partie condamnée pour les droits d'enregistrement d'un jugement dont l'exécution est suspendue par l'appel. Elle ne peut s'adresser, dans ce cas, qu'à la partie qui a obtenu le jugement (art. 31, 37). — 24 août 1808. Civ. c. Perrochain. D.A. 7. 366. D.P. 8. 2. 151.

2510. — Jugé encore que les droits d'enregistrement dus à raison d'un jugement quelconque, prononçant des condamnations, doivent être payés par celle des parties au profit de laquelle les condamnations ont été prononcées, et non par la partie condamnée. — *Spécialement*, la régie est sans action contre la partie condamnée pour le recouvrement des droits d'une sentence arbitrale, dont celle-ci demande et obtient l'annulation. — 10 mars 1812. Civ. r. Enreg. C. Thomas. D.A. 7. 366. D.P. 12. 1. 298.

2511. — Mais le paiement des droits résultant d'une sentence arbitrale rendue au profit d'une société, peut être poursuivi contre l'un des associés en nom, nonobstant qu'il soutienne avoir été tout-à-fait étranger à cette sentence, s'il n'en a pas demandé la nullité, dans son intérêt personnel. — 16 fév. 1814. Civ. c. Enreg. C. Morel D.A. 7. 371. D.P. 2. 66.

2512. — Lorsqu'un particulier, après avoir acheté des marchandises, cède à un tiers son traité, avant que la livraison lui en ait été faite; qu'ensuite il actionne le cessionnaire pour qu'il ait à prendre livraison; qu'à l'audience, ce cessionnaire déclare renoncer à toute action, soit principale, contre le vendeur originaire, soit de garantie, contre le cédant, et demande à être mis hors de cause, le jugement qui, au moyen de cette renonciation à toute garantie, adjuge les conclusions du cessionnaire, et condamne le cédant à tous les frais, doit être considéré comme profitant au cessionnaire; et celui-ci, dès lors, est obligé de le faire enregistrer dans les délais, et d'en acquitter les droits, sauf son recours contre la partie condamnée. — 23 fév. 1824. Civ. c. Enreg. C. Imbert. D.A. 7. 373. D.P. 24. 1. 80.

2513. — Les héritiers donataires ou légataires doivent payer les droits des déclarations par décès; et le droit est dû par les légataires qui n'ont pas la saisine des biens, lors même qu'ils n'auraient encore fait aucune demande en délivrance : ils sont présumés, vis-à-vis de la régie, vouloir profiter de leur legs, tant qu'ils n'y ont pas formellement renoncé. — D.A. 7. 356, n. 20.

Cette opinion peut souffrir des difficultés; car ce n'est qu'après acceptation expresse ou tacite, que les légataires peuvent être reconnus débiteurs des droits dus pour leur legs. Et comment induire une acceptation de leur silence?

2514. — Jugé, néanmoins, que le légataire est tenu, dans les six mois du décès du testateur, de faire la déclaration nécessaire pour la perception du droit de mutation, ou de renoncer au legs dans le même délai, à peine du demi-droit en sus. — 4 fév. 1812. Civ. c. Enreg. C. Malassis. D.A. 7. 359. D.P. 2. 68 et 12. 1. 219.

2515. — Jugé de même que l'obligation imposée, par l'art. 21 de la loi du 22 frim. an 7, à tout légataire, de faire enregistrer, dans les trois mois, le testament portant quelque libéralité à son profit, est absolue, et n'est pas subordonnée à la preuve que ce légataire a connu le testament et qu'il en a fait usage. Il suffit, par rapport au droit d'enregistre-

ment, qu'il n'y ait pas renonciation formelle, de la part du légataire, à son legs, pour qu'il soit légalement présumé vouloir en profiter. Ainsi, la régie a pu réclamer le paiement du double droit contre un légataire *à titre universel* qui n'a pas fait enregistrer le testament dans le délai de trois mois, sans qu'elle soit préalablement tenue de prouver que ce légataire a connu le testament et qu'il en a fait usage. — Il en est de même par rapport à l'exigibilité du droit dû à raison du legs. — 26 fév. 1823. Civ. c. Enreg. C. Saunal. D.A. 7. 360. D.P. 23. 1. 140 et 142. — 27 fév. 1823. Civ. c. Enreg. C. le même. D.A. 7. 360 et 361 D.P. 23. 1. 140 et 142.

2516.— Le droit fixe, auquel est assujetti le testament lui-même, indépendamment du droit proportionnel, à raison des legs qu'il contient, est une charge de succession, et doit être acquitté par l'héritier. — 24 oct. 1810. Civ. c. Enreg. C. Ducazeau. D.A. 7. 42. D.P. 2. 4.

2517.— Lorsqu'un testateur a ordonné que ses *immeubles* seraient vendus après son décès, pour le produit des ventes être employé à l'acquit de legs particuliers, et le surplus donné aux pauvres et à la fabrique d'une église, les droits de succession doivent néanmoins être acquittés par les héritiers légitimes saisis de la succession, et au taux fixé pour les immeubles. — 27 déc. 1831. Instr. Enreg. C. Villeneuve. D.P. 32. 3. 132.

2518. — Mais l'héritier appelé à une succession, qui, sur une contrainte de la régie de l'enregistrement, en paiement du droit de mutation, renonce à cette succession, est, par sa renonciation, dispensé du paiement du droit, même après l'expiration des six mois. — 23 frim. an 11. Req. Enreg. C. Vanhollebek. D.A. 7. 359. D.P. 3. 1. 572.

2519.— L'obligation de payer les droits des déclarations par décès pèse sur l'héritier bénéficiaire comme sur l'héritier pur et simple; sur le curateur à une succession vacante, comme sur l'exécuteur testamentaire. Tous représentent l'hérédité, ou sont chargés de ses actions (art. 27, 29, 32. — V. art. 7 et 15) — D.A. 7. 356, n. 21.

2520.— L'héritier bénéficiaire est tenu, comme l'héritier pur et simple, d'acquitter, dans les délais, le droit de mutation par décès. Il en est tenu, lors même qu'il y aurait un légataire de l'usufruit, parce que l'action récursoire, accordée à la régie sur les revenus des biens, pour le paiement du droit, ne porte aucune atteinte à l'action directe ouverte contre l'héritier. — 29 germ. an 11. Civ. c. Enreg. C. Valery. D.A. 7. 361. D.P. 3. 1. 635. — 20 frim. an 14. Civ. c. Enreg. C. Sage. D.A. 7 361. D.P. 2. 65. —27 oct. 1806 Civ. c. Enreg. C. hérit. Gudin. D.A. *ibid.*, note 2 —... Quand même il serait allégué que les biens de la succession ne suffiraient pas au paiement des dettes. — 28 oct. 1806. Civ. c. Enreg. C. Kindt. D.A. 7. 361, note. 1re.

2521.—De même, l'exécuteur testamentaire ou l'héritier bénéficiaire sont tenus, comme l'héritier pur et simple, de faire, dans les six mois à partir du décès, la déclaration des biens composant l'hérédité, et d'acquitter le droit de mutation. — 5 niv. an 12. Civ. c. Enreg. C. Schepens. D.A. 7. 362. D.P 4. 1. 199.

2522.—Jugé de même que le curateur à une succession vacante est obligé au paiement des droits de mutation par décès. La régie a, dans tous les cas, une action contre lui, en cette qualité, sauf le compte de son administration et les droits des autres créanciers de l'hoirie. — Encore bien qu'il y ait eu dans la cause de justes motifs de ne pas le condamner personnellement à la peine du demi-droit, les juges n'ont pu cependant rejeter, d'une manière absolue, la contrainte décernée contre lui, en sa qualité de curateur.—4 août 1807 Civ. c. Enreg. C. Vigneron. D.A. 7. 362 D.P 2. 65.

2523.—Le tuteur chargé de la déclaration, lorsque les héritiers sont mineurs, supporte *personnellement* la peine du demi-droit, s'il ne la fait pas dans les délais. Mais il ne peut être poursuivi, pour le droit principal, sur ses biens propres, que lorsque, par son fait, il a mis la régie dans l'impossibilité de recouvrer sur le mineur, à la charge par la régie de *prouver* d'abord l'impossibilité de recouvrer le droit, ensuite, que le préjudice qu'elle éprouve est le fait du tuteur —D.A. 7. 356, n. 22.

2524 —Lorsqu'une succession est dévolue à l'état par droit de déshérence, et qu'il la répudie, le curateur nommé à l'hoirie vacante demeure chargé de l'acquittement des droits. — 25 vent. an 9. Instr. régl. D.A. 7. 357, n. 23.

2525.—Lorsqu'il y a un héritier de la nue-propriété et un légataire de l'usufruit, il y a deux successions; il est donc dû deux droits à la régie, pour lesquels elle a une action personnelle et directe contre le nu-propriétaire et l'usufruitier, indépendamment de l'action réelle (V. art. 7, § 2).—D.A. 7. 357, n. 24.

2526.—La régie n'est point obligée de s'adresser à l'usufruitier pour le paiement des droits de mutation ouverts par décès; elle peut s'attaquer directement à l'héritier par l'action solidaire qui lui est toujours dévolue, nonobstant le recours subsidiaire que la loi lui accorde sur les revenus des biens.—21 mai 1806. Civ. c. Enreg. C. Charpentier. D.A. 7. 363. D.P. 2. 65.

2527.—De même, les droits de mutation par décès ne sont ni une dette de la succession, ni une charge imposée sur la propriété, dans le sens de l'art. 609 C. civ.; c'est une contribution indirecte qui doit être supportée par les héritiers seuls, et à laquelle ne doit point contribuer l'usufruitier, qui supporte, d'ailleurs, personnellement un droit spécial de mutation à raison de l'usufruit qu'il recueille.— *Spécialement*, la veuve usufruitière des biens de son mari, qui, outre le droit de mutation sur son usufruit, a payé, par l'action solidaire, les droits dus sur la transmission de propriété, a, *dès maintenant*, son recours contre les héritiers pour se faire rembourser des sommes qu'elle a payées à leur décharge, sans qu'ils puissent prétendre qu'elle est tenue de faire l'avance de ces droits, ou de souffrir la vente d'une partie des objets soumis à l'usufruit, pour les acquitter (art. 4, 32 et 69). — 9 juin 1813. Civ. c. Paris. André. D.A. 7. 363. D.P. 14. 1. 608.

2528. — Les co-héritiers sont solidaires pour l'acquittement des droits (art. 32); mais la solidarité ne doit pas être étendue aux *légataires*, dès que la loi n'a parlé que des *héritiers* (V. avis du cons. d'état, du 21 sept. 1810, *infrà*)— D.A. 7. 357, n. 25

2529. — La régie peut s'adresser à un seul des co-héritiers pour avoir paiement de la totalité, et ne peut être renvoyée à discuter les autres pour leur part — 21 mai 1806. Civ. c. Enreg. C. Rivals. D.A. 7. 363. D.P. 2. 65.

2530. — Bien plus, des co-héritiers sont solidaires pour le paiement tant du double droit que du simple droit de mutation.— 8 mars 1832. Trib. de Neufchâteau. Enreg. C. Fépoux. D.P. 32. 3. 69.

2531. — Outre l'action personnelle et solidaire que la loi accorde à la régie contre l'héritier, pour le recouvrement des droits de *mutation par décès*, l'art. 32 lui donne une action *réelle*, mais limitée, sur les *revenus des biens à déclarer*, en quelques mains qu'ils se trouvent. — Cette action forme-t-elle un *droit de suite* dont le tiers-détenteur ne puisse se garantir qu'en purgeant l'immeuble qui s'en trouve grevé? — D.A. 7. 557, n. 26. — L'affirmative a été adoptée. — 20 avril 1807. Civ. c. Enreg. C. Quesnon. D.A., 7. 375. D.P. 7. 1. 252.

2532. — Egalement, en principe général, les revenus des biens dépendans d'une succession demeurent affectés au paiement des droits de mutation, même entre les mains d'un tiers-acquéreur volontaire ou adjudicataire en justice; mais le privilége cesse contre le tiers-acquéreur, lorsqu'il s'est libéré de son prix, sans opposition de la part de la régie, et d'après les bordereaux de collocation délivrés sur l'homologation d'un procès-verbal d'ordre dont la régie avait connaissance, et dont elle n'a point appelé. — 15 avril 1807. Civ. r. Enreg. C Malvielle. D.A. 7. 374. D.P. 7. 1. 240.

2533. — Jugé de même que les revenus des immeubles dépendans d'une succession sont affectés au paiement des droits de mutation, même entre les mains des tiers, et ils peuvent être saisis par la régie, encore que le fermier excipe de la compensation stipulée dans son bail, de son prix de ferme, avec une créance qu'il avait à faire valoir contre la succession — 3 janv. 1809. Civ. c. Enreg. C. Pipon. D.A. 7. 376. D P. 9. 2. 38.

2534. — On a jugé aussi qu'une rente viagère, quoique stipulée insaisissable, peut néanmoins être saisie pour le paiement des droits de mutation (Décis. régl. du 5 août 1814). — D.A. 7. 357, n. 26 et n. 1.

2535. — Toutefois, un avis du conseil d'état a interprété autrement que ce dernier arrêt l'art. 32 de la loi de frim., en décidant que le droit de suite n'a lieu que contre les personnes dénommées dans cet article, c'est-à-dire, contre les héritiers, donataires ou légataires. — Ainsi, aujourd'hui, un fermier ne pourrait voir saisir ses récoltes pour le paiement des droits de mutation par décès (Décis. régl. du 13 oct. 1814), sauf pour la partie qui en appartiendrait à l'héritier. — D.A. 7. 357, n. 26 et n. 2.

2536. — Le droit de suite s'exerce encore contre les légataires, soit à titre universel, soit à titre particulier (avis précité). Il s'exerce aussi contre les simples légataires d'usufruit; mais l'usufruitier qui a été obligé de payer pour l'héritier, a son recours, de droit, contre lui. — D.A. 7. 357, n. 27.

2537.—L'avis du conseil d'état, 21 sept. 1810, qui décide que la régie n'a point d'action, pour le paiement des droits de mutation ouverts par décès, sur les revenus des biens dépendant d'une succession, *lorsqu'ils ont passé entre les mains du tiers-acquéreur*, ne peut s'appliquer au légataire de l'usufruit des biens sur lesquels le droit est dû : l'art 32 de la loi du 22 frim. an 7 reste, à son égard, dans toute sa force. — En conséquence, il doit acquitter, sur les revenus dont il jouit, le droit dû à raison de la nue-propriété. — 24 oct. 1814. Civ. c. Enreg. C. Bazire. D.A. 7. 377.

2538. — Le droit de mutation dû par l'héritier est-il une dette, une charge de la succession à laquelle l'usufruitier doive contribuer d'après les règles établies par l'art. 612 C. civ.? Non. On déclare aujourd'hui, comme sous l'ancienne jurisprudence, que l'usufruitier n'est pas tenu de faire l'avance des droits de mutation, qui sont une charge de la propriété —Merl , *Quest. de dr.*, v° Enregistrement, § 20; Proudhon, t. 2, p. 321, n. 772; D.A. 7. 358, n. 28.

2539. — Le droit de suite, tel qu'il est établi sur les *revenus* des biens à déclarer entre les mains des héritiers, donataires ou légataires, ne constitue pas un privilége au profit de la régie, qui lui donne un droit de préférence contre tous autres créanciers (V. Merl., Rep., v° Privilege, sect. 2, § 2, n. 7; D.A. 7. 358, n. 29-30) — Arrêt conforme relativement aux créanciers antérieurs au décès. — 6 mai 1816. Civ. r. Enreg. C. Mauban. D.A 7. 71. D.P. 16. 1. 292, v° Hypothèque.—*Contra:* 25 mai 1835. Paris. D.P. 35. 2e partie.

2540.—Mais la régie qui a fait saisir-arrêter, pour le paiement des droits de mutation par décès, les loyers d'un immeuble dépendant de la succession, doit être préférée aux créanciers qui, de leur côté, auraient aussi formé des saisies-arrêts sur ces loyers. — 9 vend. an 14. Civ. r. Leprêtre. D.A. 7. 374. D P. 6. 2. 85

2541. — Toutefois, l'adjudicataire d'immeubles vendus sur expropriation forcée, qui n'est obligé, par son contrat d'adjudication, de payer son prix que suivant l'ordre réglé par le juge, ne peut être contraint par la régie à acquitter sur-le-champ les droits de mutation par décès : elle doit être renvoyée à l'ordre, dans lequel elle a droit, comme tout autre créancier, de se faire comprendre.—Cette décision n'a rien qui contrarie la disposition de la loi qui accorde au fisc une action sur les revenus des biens, *en quelques mains qu'ils soient*, pour le recouvrement des droits —9 mars 1808. Civ. r. Enreg. C. Messet. D.A. 7. 376. D.P. 8. 2. 43.

2542. — Au reste, une lettre du ministre des finances, du 18 therm. an 9, avait reconnu que le droit de suite ne pouvait s'exercer contre les tiers acquéreurs. Aussi conseillait-elle aux receveurs de requérir inscription avant la vente, pour raison des droits, toutes les fois qu'il y avait à craindre que des héritiers peu solvables ne vendissent les biens de la succession.—Il est un cas cependant où l'inscription doit être faite d'office, c'est celui où l'acquéreur est chargé d'acquitter le droit de mutation par décès.

Mais depuis l'avis de 1810 ci-dessus, la régie n'ayant pas d'hypothèque légale, ne peut requérir d'inscription qu'en vertu d'un jugement ou d'une obligation notariée consentie par les héritiers. — D.A. 7. 358, n. 30.

2543. — Un héritier poursuivi en paiement des droits de mutation n'est pas fondé à prétendre qu'il les a payés, lorsqu'il ne justifie pas du paiement dans la forme prescrite par la loi du 22 frim. an 7. C'est-à-dire par la représentation de la quittance mise au bas de l'acte enregistré ou de l'extrait de la déclaration fourni par le nouveau possesseur. — 8 mai 1826. Civ. c. Enreg. C. Orth. D.P. 26. 1. 242.

2544. — Il ne peut y avoir aucune compensation des droits d'enregistrement avec les prétentions que peuvent avoir les débiteurs de ces droits, sauf à ces derniers à se pourvoir auprès du gouvernement, s'ils ont des répétitions à former.—30 pluv. an 12. Civ. c. Enreg. C. Labaume-Montrevel. D.A. 7. 457. D.P. 2. 81.

2545. — La compensation n'a pas lieu entre les droits de mutation par décès dus par un émigré, et les sommes qu'il peut avoir à recouvrer sur le trésor pour raison de la vente de ses biens. — L'arrêté du 3 flor. an. 11, qui admet cette compensation entre l'état et l'émigré, ne saurait s'appliquer qu'aux créances résultant de contrats ordinaires (art. 4).—

8 vend. an 14. Civ. c. Enreg. C. Lantivy. D.A. 7. 362. D.P. 6. 2. 33. *id.* 11 mai 1807. Civ. c. Enreg. Gohin. D.A. 7. 456 D.P. 2. 80.

2546. — Aux termes de la loi du 23 sept. 1793, les fonctions de commissaires receveurs aux saisies réelles ayant été dévolues à l'enregistrement, c'est entre les mains des employés que les fermiers judiciaires sont tenus de verser le prix des baux. — Ce serait donc violer la loi précitée que d'autoriser un tel fermier de s'acquitter par un autre mode, attendu qu'il n'y a que la quittance de l'enregistrement qui puisse opérer la libération. — 4 janvier 1087. Civ. c. Enreg. Bull. civ.

2547 — La régie de l'enregistrement, si, elle n'a pas accepté la délégation qui lui a été faite par un receveur sur son cautionnement par suite d'un forcement en recette pour insuffisance de perception, a qualité pour actionner elle-même en son nom le redevable au paiement des droits non perçus. — 16 mai 1821 Civ. cas. Enreg. C. Roussel. D.A. 5. 161. D.P 21. 1. 582.

2548 — Il est enjoint aux receveurs d'énoncer distinctement, à partir du 1er mars 1832, à peine d'amende, dans leurs quittances, la quotité de chacun des droits perçus sur les actes contenant des dispositions indépendantes l'une de l'autre. — 24 janv. 1832, Instr. D.P. 32. 3. 130.

Art. 16. — *De la restitution des droits induement perçus.*

2549. — « Tout droit d'enregistrement perçu régulièrement, ne pourra être restitué, quels que soient les événemens ultérieurs sauf les cas prévus par la présente » (l. frim. an 7, art 60). — Il n'y a, dans la loi aucun cas prévu. On n'en trouve qu'un seul dans toutes les lois de l'enregistrement : c'est celui où des droits de mutations ont été payés pour la succession d'un absent, lorsqu'il arrive qu'il reparait (L. 28. avril 1816, art. 40). — D.A. 7. 377. n. 1 et 2.

2550. — Par ces mots *quels que soient les événemens ultérieurs*, la loi reconnaît aux parties le droit de faire restituer en vertu d'événemens *antérieurs* à la perception.

2551. — Ainsi le droit proportionnel a-t-il été perçu sur un acte entaché de nullité dès son origine. Le droit devra être restitué dès l'instant où la nullité de l'acte aura été prononcée. — *Contrà*, D.A. 7 378, n. 3. ; Champ. et Rig. 2. 1. p. 228.

2552. — Toutefois, en examinant attentivement la jurisprudence de la cour suprême, on s'aperçoit qu'elle a consacré très souvent des principes opposés. C'est ainsi qu'après avoir établi, conformément à la doctrine des anciens auteurs (V art. 2), que les actes nuls ne sont pas passibles du droit; que cependant il doit être perçu tant que l'acte n'est pas annulé par jugement, mais qu'il doit être restitué, si cette nullité vient à être prononcée, elle a ensuite déclaré le contraire; et parmi ces derniers arrêts il en est plusieurs qui sont bien loin d'être décisifs sur la question dont il s'agit (Champ. et Rig., t. 1er, p. 221). — Voici au reste les arrêts intervenus sur la matière

2553. — L'annulation par jugement d'une adjudication volontaire d'immeuble, motivée sur ce que cette vente n'avait eu lieu que postérieurement à la saisie dudit immeuble, ne rend point restituable le droit perçu, d'autant que la nullité prononcée, dans ce cas, par l'art. 692 C. pr. civ., n'est point une nullité *radicale*, mais simplement *relative* — L'avis du conseil d'état, du 22 oct. 1808, qui ordonne la restitution du droit perçu sur une *adjudication faite en justice*, lorsqu'elle est annulée par les voies légales, ne doit, sous aucun prétexte d'identité, s'étendre à une adjudication volontaire, parce qu'une dérogation à la loi doit toujours être restreinte dans ses limites. — 10 fév. 1812. Civ. c. Enreg. C. Michiels. D.A 7. 387. D.P. 2. 68.

2554. — Jugé de même qu'il suffit qu'il apparaisse d'un acte translatif de propriété pour donner ouverture au droit de mutation, sans qu'il soit nécessaire d'examiner la validité du titre, sauf la restitution du droit perçu en cas d'annulation de l'acte, pour nullité radicale. — Ainsi, celui qui acquiert un immeuble par l'entremise d'un fondé de pouvoir, peut être poursuivi en paiement du droit de mutation, encore qu'il allègue n'avoir pas donné à son mandataire pouvoir d'acquérir, lorsqu'il ne justifie d'aucun désaveu judiciaire, d'autant que l'annulation de la vente, s'il parvenait à l'obtenir, n'aurait pour cause qu'une nullité purement relative, et ne donnerait conséquemment pas lieu à la restitution du droit perçu — 9 fév. 1814. Civ. c. Enreg. C. Caguien. D.A. 7. 134.

2555. — Jugé encore que l'art. 60 n'empêche pas que le droit perçu sur un legs ne doive être restitué, si un jugement annulle le testament et remet les héritiers en possession des biens legués. Ce n'est point là un de ces *événemens ultérieurs* dont parle la loi, l'effet de l'annulation du testament remontant au jour du décès du testateur.

Dans ce cas, quel que soit le temps écoulé depuis la perception, la restitution doit être ordonnée, si la demande est faite dans les deux ans de l'annulation du legs (art. 61). — 4 mai 1830. Délib. D.P. 33 3. 28. — *Id.* 4 mai 1830. D.P. 33. 3. 39.

2556 — Ces délibérations sont en opposition avec un avis du comité des finances, du 29 juin 1821, qui a déclaré que la règle commune d'après laquelle *la prescription ne court pas contre qui ne peut agir*, est inapplicable aux prescriptions introduites par la loi de frim. an 7 ; et en cela l'administration persiste dans sa décision du 4 mai 1825, qui consacre la même doctrine. — D.P. *eod.*, n. 2.

2557. — Jugé encore, mais contrairement à la doctrine émise quant à la prescription, que les droits de mutation par décès, perçus d'après un testament postérieurement annulé par un jugement qui reconnaît aux legataires leur qualité de successibles en ligne directe, doivent être restitués, si la demande en restitution a été faite dans les deux ans de la déclaration de succession. — 17 juin 1834. Délib. M.. D.P. 34 3. 83.

2558 — Egalement, des droits d'enregistrement perçus sur une adjudication d'immeubles faite devant un notaire commis par le tribunal, doivent être restitués lorsque l'adjudication est annulée par les voies legales. — 14 fév. 1834. Délib. Boiteau. D.P. 34. 3. 59.

2559. — On a décidé encore que les avis du conseil d'état des 10 brum. an 14 et 12 déc. 1806, qui décident que tous actes authentiques passés dans les colonies doivent être enregistrés pour le simple droit fixe de 1 fr., lorsqu'on veut en faire usage, n'ont point créé une disposition nouvelle, mais fixe seulement le sens douteux que pouvaient présenter plusieurs dispositions de la loi du 22 frim. an 7. — En conséquence, le droit proportionnel de mutation qui a été perçu sur un acte translatif d'immeubles situés dans les colonies, lors de son enregistrement en France, est restituable, depuis les avis du conseil d'état, qui ont interprété la loi. — 19 oct. 1808. Civ. r. Enreg C. Chaudarié. D.A. 7. 380. D.P. 8. 1. 546.

2560. — Le créancier qui refuse de recevoir une somme qui lui est offerte par un tiers, pour acquitter la dette, somme que ce tiers prétend avoir été déposée, à cet effet, par le débiteur, entre ses mains, ne peut être passible du droit proportionnel, à raison de cette reconnaissance de dépôt, qui n'est point son fait, qu'il n'a provoquée en aucune manière, et qui n'ajoute rien à sa créance, d'ailleurs suffisamment établie par des titres authentiques. — Le droit perçu doit, en conséquence, être restitué (art. 31). — 2 mai 1815. Civ. r. Enreg. C. Denisart. D.A. 7. 372, D.P. 15. 1. 295.

2561. — Ainsi encore, la perception faite sur l'évaluation des parties, à défaut de prix exprimé dans le contrat, n'est pas définitive.

Et spécialement, si le prix d'adjudication des biens dont un failli a fait cession à ses créanciers est inférieure à l'estimation que les créanciers avaient donnée à ces biens, et sur lequel la régie a perçu le droit proportionnel, les créanciers sont fondés à demander la restitution de ce qui a été perçu au-delà du prix d'adjudication. — 28 déc. 1831. Solut. D.P. 32. 3. 105.

2562. — Dans une cession de droits successifs se composant de meubles et de créances, si, en ne stipulant qu'un seul prix les parties ont déclaré qu'une liquidation ultérieure pourrait seule déterminer la portion de ce prix s'appliquant aux créances, et celle s'appliquant aux meubles proprement dits, et si, néanmoins, le droit de 2 pour 100, relatif à la cession des meubles, a été perçu sur la totalité du prix, il y a lieu de restituer ce qui a été perçu au-delà de 1 pour 100 sur le montant des créances lorsque la liquidation a déterminé la portion du prix qui y était affectée. — 5 avril 1833. Délib. T..... D.P. 33. 3. 102.

2563. — Lorsqu'une donation entre-vifs d'immeubles ayant été faite par un père à ses enfans acceptant, sous la réserve d'effectuer entre eux le partage dans un délai fixé, le droit de 4 pour 100 est perçu sur la donation, il y a lieu de restituer ce qui a été perçu au-delà de 1 pour 100, droit auquel sont soumises les donations d'ascendans, si ce partage a lieu même après le terme fixé Le partage, dans ce cas, quoique fait par acte séparé, doit être considéré comme le complément indispensable de la donation. — 1er oct. 1833. Délib. D.P. 33. 3. 120.

2564. — Les droits perçus à la suite d'une déclaration qui n'est elle même que le résultat d'une erreur de fait, sont restituables (Solut. 17 oct 1814 ; *Dict. de l'enreg.*, v° Restitution, n. 45).

2565 — Mais si l'on fait enregistrer un testament avant le décès du testateur, on ne peut invoquer l'erreur pour la restitution des droits (Solut 4 avril 1821 ; *Dict.*, *eod.*, n. 52).

2566. — De même, la loi du 22 frim. an 7, mettant à la charge des héritiers les droits de mutation par décès, sans distinction entre les héritiers purs et simples, et les héritiers par bénéfice d'inventaire, l'héritier bénéficiaire qui, conformément à cette loi, a librement acquitté, dans le délai legal, les droits de succession, n'est pas fondé à en réclamer la restitution, sous le prétexte que ces droits n'auraient été payés que par erreur. — Le bénéfice de n'être tenu des charges que jusqu'à concurrence des forces de la succession peut bien ouvrir une action récursoire sur les revenus ou capitaux de cette succession, mais non une action en restitution des droits légitimement perçus. — 3 fév. 1829. Req. Daripe. D.P. 29. 1. 129.

2567. — Mais il a été décidé au contraire que l'annulation d'un contrat ou d'un jugement ne rend pas le droit restituable, parce que celui qui souffre de cette annulation a le tort d'avoir fait des contrats nuls ou provoqué des jugemens irréguliers. — 29 oct 1806. Civ. c. Enreg. C. Guilhot. D.A. 7. 325.

2568. — Lorsqu'un immeuble a été vendu pour le prix qui serait déterminé par experts, et que néanmoins les parties ont donné à cet immeuble une évaluation provisoire, pour l'assiette du droit d'enregistrement, cette estimation a rendu la vente parfaite, nonobstant que les parties en aient consenti depuis la résolution Cette résolution n'ayant d'effet que pour l'avenir, non seulement ne rend point restituable le droit primitivement perçu, mais ne fait aucun obstacle à une demande en supplément de droit, pour insuffisance d'évaluation (art. 69, § 7, n. 1; C. civ 1592). — 14 avril 1807. Civ c. Enreg. C. Courmet. D.A. 7. 388. D.P. 2. 68.

2569. — Jugé encore que l'annulation d'un contrat de vente, prononcée par jugement, pour cause d'aliénation antérieure du même bien, par le même vendeur ou son fondé de pouvoir, à une autre personne, ne rend pas restituable le droit d'enregisrement perçu sur ce second contrat, dès qu'elle n'a point été classée parmi les cas de restitution prévus par la loi. — 2 fév. 1809. Req. Paris. Mascrany. D.A. 7. 386. D.P. 2. 68.

2570. — De même, lorsque la vente est annulée en vertu d'un jugement qui déclare la faillite du vendeur en la faisant remonter à une époque antérieure au contrat. — 31 déc. 1823. Civ. c. Enreg. C. Meyer. D.A. 7. 390. D.P. 23. 1. 519.

2571. — Egalement, une vente d'immeubles, faite sous la charge d'acquitter les dettes hypothécaires dont ils sont grevés, n'est nullement suspensive ; elle est pure et simple, et renferme seulement, comme tout contrat synallagmatique, la condition résolutoire pour le cas où l'acquéreur ne satisfera pas à ses engagemens. — En conséquence, il n'y a pas lieu à la restitution du droit perçu sur cette vente, lorsque, par le fait, elle se trouve résolue à défaut par l'acquéreur d'avoir rempli la condition (C civ. 1181 et 1184). — 28 août 1815. Civ. c. Enreg. C. Fournier. D.A. 7. 388. D.P. 15. 1. 500.

2572. — Lorsqu'une constitution de rente viagère est déclarée nulle par le décès de la personne sur la tête de laquelle cette rente était assise, dans les vingt jours de la date du contrat, conformément à l'art. 1975 C. civ., cette annulation n'autorise point la demande en restitution du droit perçu sur l'acte de constitution de rente. — 31 déc. 1823. Civ. c. Enreg. C. Lartois. D.A. 7. 389. D.P. 23. 1. 518.

2573. — Lorsqu'un tribunal, reconnaissant qu'une vente verbale a existé entre les parties, et qu'elle a même déjà reçu un commencement d'exécution, ordonne que le vendeur sera tenu d'en passer titre authentique à l'acquéreur, sinon que le jugement lui en tiendra lieu, la régie est autorisée à percevoir sur ce jugement le droit proportionnel de 5 1/2 p. 100, et elle ne peut être condamnée à restituer ce droit, sous le prétexte que les parties ne s'étant pas accordées sur les conditions et le mode de paiement, la résolution de la vente a été ultérieurement prononcée par jugement rendu de leur consentement réciproque. — 14 janv. 1824. Civ. c. Enreg. C. Migevant. D.A. 7. 389. D.P. 24. 1. 20.

2574. — Lorsque des enfans à l'égard desquels il existe une présomption légale de transmission gratuite des biens de leurs auteurs, non enregistrée dans le délai légal, ont payé sur un acte postérieur

de donation contenant partage des mêmes biens à leur profit, le droit de 1 p. 100 fixé par la loi, la régie n'est pas moins fondée à exiger le droit de 4 p. 100 sur la première mutation supposée, tellement que le jugement qui la condamnerait à imputer sur ce droit celui déjà perçu sur le partage, devrait être annulé pour contravention à la règle de l'art. 60 de la loi de frim. an 7, qui affranchit de la restitution les droits légalement perçus.— 22 mai 1833. Civ. c. Enreg. C. Berger. D.P. 33. 1. 223.

2575.— Quoique l'employé qui prête serment en ait déjà prêté un qui le dispensait d'un nouveau, le droit proportionnel sur le second n'est pas restitué. — *Dict. de l'enreg.*, v° Restitution, n. 111.

2576. — Quand la loi dit que les droits régulièrement perçus ne seront pas restitués, n'a-t-elle pas entendu parler des droits qui, dans la réalité, auraient été perçus, et non de ceux qui seraient encore dus? — Cette disposition ne doit-elle pas, en tout cas, être combinée avec la règle qui n'astreint une même mutation qu'à un seul droit? — 22 mai 1833. Civ. c. Enreg. C. Berger. D.P. 33. 1. 223.

2577.— N'est-ce pas violer toutes les règles de l'équité, que d'autoriser la régie à percevoir deux droits et demi sur une même mutation, alors qu'elle reconnaît qu'aucune rétrocession n'a eu lieu. — Même arrêt.

2578.— L'affirmative sur ces deux points ne ferait pas difficulté entre de simples particuliers, parce que, pour eux, il y a des règles générales et un certain appui donné à la bonne foi.— Mais les choses changent à l'égard de la régie, les doubles droits ne suffisent déjà plus; et l'interprétation doctrinale aidant, la loi fiscale deviendrait bientôt un moyen de ruine pour les citoyens. — D.P. *ibid.*, note 2 et 3; *Rev., du not.*, 1833, note 1 et 2.

2579.— Le droit perçu sur une adjudication d'immeubles faite en justice doit être restitué, lorsque l'adjudication est annulée par les voies légales (Avis du cons. d'état, 22 oct. 1808, fondé sur ce que l'art. 60 n'a eu pour but que d'*empêcher l'annulation des actes par des collusions frauduleuses*). Si cette raison est la véritable, il semble qu'elle est applicable à toute résolution d'un contrat *volontaire*, prononcée pour cause de *nullité radicale* (texte de l'avis ci-dessus).—Champ. et Rig., t. 1er, p. 209; D.A. 7. 379, n. 1.

2580.— L'avis du conseil d'état, du 22 oct. 1808, qui ordonne la restitution du droit perçu sur une adjudication d'immeubles faite en justice, lorsqu'elle est annulée par les voies légales, ne doit pas être étendu à un autre cas non spécifié, surtout à une vente volontaire dans laquelle la fraude est toujours possible. — 2 fév. 1809. Req. Mascrany. D.A. 7. 386. D.P. 2. 68.—... Ni à une adjudication volontaire.— 10 fév. 1812. Cass. Michiels. D.A. 7. 387. D.P. 2. 68.

2581.— De même encore, le droit perçu sur la vente notariée d'un immeuble, après dénonciation au vendeur de la saisie-immobilière, n'est pas sujet à restitution, si ce même immeuble, par suite de la consignation, par l'acquéreur, d'une somme suffisante pour acquitter les créances inscrites, a été postérieurement adjugé à un tiers, et soumis à un second droit sur l'adjudication.— Ici ne s'applique pas l'exception portée par l'avis du conseil d'état, du 22 oct. 1808. — 17 avril 1833. Civ. c. Enreg. C. Boissier. D.P. 33. 1. 193.—V. nos observations contraires, D.P. *eod.*

2582. — Mais, jugé au contraire que pour que la restitution du droit proportionnel perçu sur l'adjudication d'un immeuble faite au profit d'un colicitant soit ordonnée, lorsque, par un acte postérieur, le prix lui est abandonné pour le remplir de sa part dans la masse commune, il n'est pas nécessaire qu'il ait été fait réserve à cet effet. Cette restitution était ordonnée aussi par l'ancien droit (Bacquet, v° Licitation). Le code (art. 883) considère chaque co-héritier comme ayant eu seul et immédiatement les immeubles tombés dans son lot, quoique échus sur licitation. L'art. 69 de la loi de frimaire, qui assujettit au droit de 4 pour 100 les parts et portions indivises de biens immeubles, acquises par licitation, doit être entendu de ce qui est réellement acquis par un co-héritier, au-delà de sa portion virile dans la masse.— 8 janv. 1830. Délib. D.P. 33. 3. 34.

2583. — Le droit payé par un colicitant sur l'adjudication faite à son profit, est restituable lorsqu'un partage postérieur lui attribue, pour le remplir de sa part, le prix des objets adjugés, et la restitution doit être ordonnée, alors même que le partage serait effectué plus de deux ans après l'adjudication. — Dans ce cas, la prescription biennale n'a pu courir qu'à dater du partage et non de l'adjudication. — 27 sept. 1831. Délib. d'Harcourt. D.P. 33. 3. 82.

2584. — Le droit perçu sur une adjudication ne devient pas restituable jusqu'à concurrence, bien que le prix de la revente sur folle enchère soit inférieur à celui de l'adjudication.—6 fév. 1833. Civ. c. Agen. Enreg. C. Carde. D.P. 33. 1. 157.

2585.— L'exception consacrée pour les adjudications d'immeubles faites en justice doit-elle également s'appliquer aux ventes d'immeubles appartenant à des mineurs, faites devant notaire et annulées pour défaut de formalités? Oui, car ce sont de véritables adjudications faites *en justice*. —D.A. 7. 378, n. 5.

2586.—Jugé cependant dans le sens contraire par arrêt du 13 prair. an 9. Civ. c. Enreg. C. Legier. D.A. 7. 386. D.P. 2. 68.

Toutefois, il est à remarquer que cet arrêt est antérieur à l'avis du conseil d'état.

2587. — Peut-on de même admettre la répétition du droit perçu sur un jugement contradictoire ou par défaut rendu en premier ressort, lorsque ce jugement est réformé sur l'opposition ou sur l'appel? Les mêmes motifs militent ici que pour le cas où il s'agit de l'annulation des actes pour cause de *nullité radicale*. La même décision doit avoir lieu. La jurisprudence toutefois est tellement prononcée contre la répétition du droit, que ce serait témérité d'entreprendre de la combattre.—D.A. 7. 378, n. 6.

2588.—Ainsi, jugé qu'il n'y a aucune distinction à faire entre les jugemens par défaut et les jugemens contradictoires emportant translation de propriété. Les uns et les autres doivent être enregistrés sur la minute, et sont soumis au droit proportionnel de 4 p. 100 (art. 7 et 69, § 7). — 7 mai 1806. Civ. c. Enreg. C. Saint-Agnan. D.A. 7. 333. D.P. 2. 67.

2589.—Le droit de mutation perçu sur un jugement par défaut qui prononce la résolution d'un contrat d'adjudication volontaire d'immeubles, pour défaut de paiement des arrérages d'une rente qui en constituait le prix, n'est point restituable, encore que, sur l'appel, ce jugement vienne à être réformé, et les parties remises au même état qu'avant le jugement, sur le motif qu'il est établi et nullement contesté par le vendeur que l'acquéreur ne devait rien au moment des poursuites exercées contre lui (art. 7, 28).— 7 nov. 1821. Civ. c. Caen. Enreg. C. Hélie. D.A. 7. 384. D.P. 2. 69.

2590.—Ainsi, aucune induction ne peut être tirée, dans l'espèce, en faveur de la restitution, de l'avis du conseil d'état, du 22 oct. 1808, cet avis n'étant relatif qu'au seul cas d'un jugement d'adjudication faite en justice, et infirmé sur l'appel.—7 nov. 1821. Civ. c. Caen. Enreg. C. Hélie. D.A. 7. 384. D.P. 2. 69.

2591. — Jugé de même que le droit proportionnel d'enregistrement, perçu conformément à l'art. 69, § 7, n. 1 de la loi du 22 frim. an 7, sur un jugement par défaut, qui prononce la résolution d'un contrat d'adjudication sur licitation volontaire d'immeubles entre co-héritiers, pour défaut de paiement du prix ou des arrérages qui constituent ce prix, n'est pas restituable, quoique, sur l'appel, ce jugement soit réformé et les parties remises au même état qu'avant le jugement, sur le motif qu'il est établi, et non contesté par le vendeur, que l'acquéreur ne devait rien au moment des poursuites en résiliation : ici ne s'applique pas l'exception faite à l'art. 60 de cette loi, par l'avis du conseil d'état, du 22 oct. 1808, lequel doit être restreint à l'objet pour lequel il a été établi. — 15 nov. 1828. Ch. réun. c. Enreg. C. Hélie. D.P. 29. 1. 14.

2592. — Mais lorsqu'un jugement a prononcé la résolution d'une vente pour défaut de paiement du prix, le droit proportionnel perçu sur ce jugement de résolution n'est-il point restituable lorsque ce jugement n'a pas obtenu son effet, par suite de la libération postérieure de l'acquéreur, ou quand il est reconnu, sur l'opposition ou l'appel, que la demande en résolution était injuste, et que l'acquéreur était entièrement quitte envers son vendeur? Il semble, d'après les principes émis art. 10, §3, que le droit est restituable, puisque le paiement du prix est une condition inhérente au contrat et dont l'inaccomplissement en entraîne la résolution. — Dalloz, 7, 379, est d'avis contraire, tout en déplorant le rigorisme de la loi et de la jurisprudence sur ce point.

2593. — On a jugé que le droit proportionnel doit être perçu sur un jugement portant résolution de vente, pour défaut de paiement du prix, lorsque l'acquéreur est entré en jouissance. — Ce droit n'est point restituable, encore que le jugement n'obtienne pas son effet, par suite du paiement fait par l'acquéreur de la portion de prix dont il était redevable (L. 27 vent. an 9, art. 12). — 7 mai 1806. Civ. c. Enreg. C. Saint-Agnan. D.A. 7. 383 D.P. 2. 67.

2594. — Jugé de même que le droit de mutation perçu sur un jugement qui prononce, dès maintenant, la résolution d'un contrat de vente, à défaut par l'acquéreur d'en payer le prix dans un délai que le jugement détermine, n'est point restituable, si l'acquéreur n'a payé qu'après l'expiration du délai, encore que ce paiement ait eu pour effet de le maintenir dans la propriété de l'immeuble (art. 48, 60, § 3, n. 3; avis cons. d'état, 22 oct. 1808). — 8 fév. 1813. Civ. c. Enreg. C. Gallien. D.A. 7. 384.

2595. — Jugé de même que le droit proportionnel est dû sur un jugement par défaut portant résolution d'une vente, pour défaut de paiement du prix, lorsque l'acquéreur était entré en jouissance. Il n'y a à cet égard aucune distinction à faire entre les jugemens par défaut et les jugemens contradictoires. — Le droit n'est pas restituable, lors même que le jugement aurait été rétracté sur l'opposition de l'acquéreur (art. 69, § 7, n. 1). — 6 déc. 1820. Civ. c. Enreg. C. Mourgues. D.A. 7. 384. D.P. 21. 1. 279.

2596. — Pareillement, le droit de mutation perçu sur un jugement par défaut, qui prononce la résolution pure et simple d'un contrat de louage, est irrévocablement acquis à la régie, quoique, sur l'appel, ce jugement soit modifié par un arrêt qui surseoit à la résolution pendant un certain délai qu'il accorde au détenteur pour purger la demeure, et que ce détenteur ait effectivement purgé la demeure dans ce délai. — 19 fév. 1823. Civ. c. Caen. Enreg. C. Rupalley. D.A. 7. 385. D.P. 23. 1. 128.

2597. — Également, tous actes judiciaires portant transmission de propriété immobilière sont assujettis au droit de mutation, sans distinction entre les jugemens susceptibles d'appel, et ceux rendus en dernier ressort. — En conséquence, le droit de mutation perçu sur un jugement de première instance, qui reconnaît l'existence d'une vente verbale, n'est point restituable, encore que, sur l'appel, il soit déclaré qu'il n'y a jamais eu qu'un simple projet de vente, et qu'en conséquence le jugement de première instance soit réformé. — 14 juill. 1824. Civ. c. Lyon. Enreg. C. Tomerieu. D.A. 7. 383. D.P. 2. 67.

2598. — Jugé de même que lorsque l'acquéreur d'un immeuble s'est engagé, par convention verbale, à le rétrocéder à un tiers, moyennant un certain prix; que celui-ci a payé des à-comptes et est entré en jouissance, mais qu'ensuite, ne payant plus, la rétrocession a été résolue par jugement pour cette cause; si, lors de l'enregistrement de ce jugement, la régie a perçu le droit proportionnel tant pour la vente que pour la rétrocession, ce droit ainsi régulièrement perçu n'est pas restituable, encore qu'un arrêt infirmatif du jugement aurait déclaré postérieurement qu'il n'y avait pas eu de rétrocession. — 11 avril 1825. Civ. c. Enreg. C. Vernoy. D.P. 25. 1. 269.

2599. — De même encore, le droit proportionnel perçu sur un jugement contenant transmission de la propriété d'un domaine, n'est pas sujet à restitution, quoique ultérieurement ce jugement soit infirmé sur appel, et sans qu'aucune collusion soit imputable aux parties (art. 69, § 7, n. 1).— 17 avril 1826. Civ. c. Enreg. C. Nieuport. D.P. 26. 1. 240.

2600.— Ainsi encore, le droit proportionnel d'enregistrement perçu sur un jugement portant résolution d'une vente d'immeubles à défaut de paiement d'une rente viagère qui en était le prix, n'est pas sujet à restitution, quoique le jugement ait été infirmé sur l'appel. — 2 août 1826. Civ. c. Enreg. C. Loubeau. D.P. 26. 1. 438. V. aussi D.P. 35. 229.

2601. — Mais si la résolution n'a été prononcée, pour défaut de paiement du prix, que conditionnellement, par exemple, *si l'acquéreur ne se libère pas dans un délai de quinzaine*, le droit sera restituable si l'acquéreur satisfait au jugement dans le délai, parce que la perception, dans ce cas, n'a pu être que provisoire —18 oct. 1820. Solut. D.A. 7. 379, n. 7, 8.

2602.—Ainsi, jugé que lorsqu'un acquéreur, condamné à délaisser un immeuble vendu, ou à en payer le prix dans un délai déterminé, a souscrit, pour se libérer, avant l'expiration du délai, une obligation à terme au profit de son vendeur, il y a lieu de restituer le droit de mutation qui a été perçu sur le jugement. C'est le cas d'appliquer la décision ministérielle du 5 nov. 1819.— 6 nov. 1829. Délib. D.P. 33. 3. 28.

2603.— De même, le droit perçu sur un jugement contradictoire qui condamne au paiement du prix d'une vente verbale, sauf une preuve réservée à l'acheteur, doit être restitué en partie, si, la

preuve étant faite, un second jugement réduit la première condamnation — 28 juin 1830. Solut. B.. D.P. 33. 3. 24.

2604. — Lorsque des droits de mutation ont été perçus sur un jugement de première instance constatant une rétrocession ou mutation quelconque de propriété, si le jugement est réformé sur l'appel, la partie qui aura obtenu le premier jugement, et qui aura été obligée de faire l'avance du droit proportionnel dont elle n'aura pas obtenu la restitution, ne pourra le répéter de la partie qui aura gagné son procès en dernier ressort. — D.A. 7. 379, n. 9.

2605. — Au reste, quelque soit l'interprétation qu'on donne à l'art. 60 ci dessus, il est constant pour tout le monde que la perception doit être *régulière* : ainsi, l'acte manquant de quelques unes de ses conditions constitutives, ne peut donner lieu à un droit d'enregistrement, puisqu'il n'a aucune existence légale, si le droit avait été perçu, il ne l'aurait été qu'*irrégulièrement*, et il serait sujet à restitution. — D.A. 7. 379, n. 10.

2606. — Ainsi, jugé que la stipulation que le prêteur d'une somme pourra exiger son remboursement en grains, n'autorise pas la régie à percevoir le droit de vente. En un tel cas, l'exigibilité de la créance en grains dépendant de la volonté du créancier non encore exprimée, la vente se trouve soumise à une condition purement potestative; il n'existe de réel, quant à présent, que l'obligation de la somme, et c'est sur cet engagement seul que le droit doit être perçu. — En conséquence, la restitution du droit de vente doit être ordonnée. — 24 mai 1832. Sol. L... D.P. 32. 3. 115.

2607. — Pareillement, lorsque, sur la demande d'un individu, tendante à être reconnu créancier pour certaine somme (200,000 fr.) d'une société en faillite, il intervient jugement qui déclare cet individu associé commanditaire de la société faillie, fixe le montant de sa mise sociale (100,000 fr.) et ordonne que cette mise restera confondue dans l'actif de la société, ainsi que les bénéfices et intérêts qu'elle a produits, ce jugement ne doit être regardé que comme déterminant un élément du compte à établir entre le réclamant et la société, compte dans lequel la mise sociale a dû être compensée avec la créance réclamée, et non comme contenant une condamnation ou libération qui puisse donner ouverture au droit proportionel, ce droit n'étant dû que sur la somme qui formera le reliquat du compte à établir. — En conséquence, si, lors de l'enregistrement de ce jugement, il est perçu un droit proportionnel de 50 cent. par 100 fr., tant sur la somme formant la mise sociale que sur les bénéfices et intérêts qu'elle a produits, ce droit doit être restitué, si, par un second jugement portant liquidation de la créance réclamée, il a été déclaré qu'il y avait eu compensation de la mise sociale avec cette créance (art. 68, § 3, n. 7). — 20 juin 1826. Civ. r. Enreg. C. Robin. D.P. 26. 1. 343.

2608. — Mais lorsque dans un partage sous seing-privé, fait entre des enfans mineurs d'un premier lit et leur beau-père, pour le réglement de la communauté, dissoute par la mort de la mère, tous les immeubles de cette communauté ont été abandonnés au mari, et que néanmoins, postérieurement à ce partage, on comprend la moitié desdits immeubles dans une déclaration faite, au nom des mineurs, de la succession de leur mère, ce partage, qui manque des formalités nécessaires pour être définitif, doit alors être considéré comme un simple réglement de jouissance provisoire entre les parties, et comme se conciliant ainsi avec la déclaration. Ce partage ne peut donc être une raison de demander la restitution du droit perçu sur la déclaration, sous prétexte que cette déclaration n'avait aucun motif légitime (C. Civ. 1376, 1377). 31. — 4 juin 1817. Civ. c. Enreg. C. Vandenborglot. D.A. 7. 384. D P. 2. 67.

2609. — De même, lorsque, par un partage antérieur à la déclaration que les héritiers d'un époux décédé commun en bien et l'époux survivant sont tenus de faire des biens à eux échus en cette qualité, les immeubles ont tous été attribués à l'époux survivant; et que cependant les héritiers de l'autre époux ont payé à l'enregistrement des droits de mutation immobiliers, ils ne peuvent demander la restitution de ce droit qu'autant que le partage dont il s'agit serait définitif, et à l'abri de toute critique. — 4 juin 1817 Civ. c. Enreg. Briansiaux. D P. 23. 1. 311.

2610. — On a vu, art. 14, que les notaires étaient débiteurs des droits auxquels étaient assujettis les actes qu'ils présentaient à l'enregistrement. Ils devront donc aussi être écoutés lorsqu'ils demanderont la restitution de ceux induement perçus. Aussi a-t-il été décidé que les notaires ont qualité pour poursuivre contre la régie la restitution des sommes par eux avancées pour l'enregistrement des actes qu'ils ont reçus, lorsqu'elles ont été illégalement perçues. — 3 fév. 1810. Civ. r. Enreg. C. Gosselin. D.A. 7. 213. D.P. 10. 1. 77.

2611. — Et le notaire qui poursuit la restitution d'un droit perçu en trop, sur un acte passé devant lui, étant considéré comme débiteur direct de la régie, n'est pas tenu de prouver, avant sa demande en restitution, qu'il a payé le droit de ses deniers, et qu'il n'en a pas été remboursé (art. 29). — 22 juill. 1829. Trib. de la Seine. Aumont. D.P. 33. 3 82. — 27 juin 1809 et 2 nov. 1813. Déc. min. — 14 oct. 1811. Civ. c. Meynard D.A. 10. 434, n. 2. D.P. 11. 1. 477. — 26 juin 1820. Civ. c. Thomassin. D A. 10. 436, n. 2. D.P. 20 1 544. — 15 nov. 1820. Civ. c. Mamertz. D.A. 7. 365. D.P 21. 1. 42 — 1er mars 1825. Civ. r. Enreg. C. Not. de Lyon D.P. 25. 1. 178. — 19 avril 1826. Civ. c. Lenoble. D P. 26. 1. 240. — 27 mars 1829. Bourges. Vidalène. D.P. 29. 2. 140. — 20 mai 1829. Civ. c. Guerinet D.P 29. 1. 247.

2612. — De même les restitutions des droits d'enregistrement peuvent se faire aux notaires pour les actes de leur ministère (Cass. 5 fév. 1810, et 1er mars 1825). Il n'est pas nécessaire qu'elles soient faites aux parties elles-mêmes sur leurs quittances ou celles de leurs fondés de pouvoir. Ce sont les notaires que la loi de frimaire an 7 constitue débiteurs directs envers le trésor. Toutefois, les directeurs, pour prévenir tout abus, devront avertir simultanément le notaire et la partie. Cette décision abroge celle du 7 juin 1808. — 13 août 1830, n. 1328, Instr. gén. D P 33 3. 35.

2613. — Une décision ministérielle, du 5 juill. 1830, a résolu la question ainsi qu'elle est posée ci-dessus. Elle prescrit aux receveurs, pour prévenir tout abus, d'avertir simultanément le notaire et la partie. Cette sollicitude du ministre peut sembler une véritable contradiction, car s'il est vrai, comme l'a décidé la cour de cassation dans son arrêt du 1er mars 1825, que les notaires seuls puissent avoir intérêt à être avertis, puisqu'ils sont débiteurs directs envers la régie, il ne peut naître aucun abus du non avertissement à la partie. Si donc, le ministre avait cru devoir adopter pleinement l'avis de la cour de cassation, il était inutile de prescrire aux receveurs un double avertissement.

Mais si l'on remarque que les notaires, bien qu'ils soient tenus de payer les droits, s'en font faire l'avance par la partie ou tout au moins se les font rembourser ; si l'on examine qu'ils délivrent des expéditions où sont transcrites les quittances de ces droits, on est forcé de convenir que la partie seule est intéressée, et que le paiement effectué par le notaire n'est autre chose que l'exécution du mandat qu'il tient de la partie, mandat qui, dans les principes ordinaires, pourrait être réputé avoir cessé dès qu'il y a eu exécution. On comprendra, dès lois, que l'avertissement à la partie, ordonné par l'instruction de la régie, est une mesure qui ne peut qu'être approuvée. — D.P *ibid*, note 1re.

2614. — Pour que la réclamation d'un droit induement perçu soit accueillie, il suffit que le droit soit restituable, et qu'elle soit faite par le notaire qui a reçu l'acte sur lequel la perception irrégulière a été opérée, sans qu'on ait à examiner si ce notaire est encore en fonctions. — 16 mai 1833. Délib D.P. 33. 3. 80.

2615. — Si la condition est suspensive, le droit n'est dû qu'au moment de sa réalisation ; si néanmoins le droit a été perçu, il devra être restitué dès qu'il sera devenu certain que la condition ne s'accomplira pas (C civ. 1176. — V. à l'art. 2 une déc. min. 7 juin 1808, concernant les contrats de mariage). — D.A. 7 379, n. 11.

2616. — Jugé, dans ce sens, que le droit proportionnel établi sur les ventes d'immeubles, n'étant applicable qu'aux actes qui transfèrent réellement et immédiatement la propriété, et non aux actes faits sous condition suspensive, il s'ensuit qu'en cas d'acte de vente consenti par un co-propriétaire, tant en son nom qu'au nom de ses deux co-propriétaires indivis, dont l'un est mineur et l'autre n'a pas donné des pouvoirs suffisans ; acte qui est reconnu ne pas constituer une vente parfaite à l'égard de ceux-ci, vis-à-vis desquels l'acquéreur est chargé même de poursuivre la licitation, et de se rendre adjudicataire, mais sans pouvoir payer un prix moindre que celui fixé dans l'acte, il s'ensuit que le droit proportionnel ne peut être perçu que sur le tiers pour lequel il y a vente immédiate ; et s'il y a eu perception sur la totalité, le droit doit être restitué à l'égard des deux autres tiers (art. 15, n. 6). — 13 juin 1827 Civ. r. Enreg. C. Anthoine. D.P. 27. 1. 269.

2617 — Jugé également que les droits perçus sur un contrat de mariage non encore célébré, sont restituables lorsqu'on rapporte l'acte de résiliement (*Rev. du not.* 1834, 207, 208). — 8 sept. 1832. Sol. — 11 sept 1832. D.P. 33. 3. 3.

2618. — Mais le jugement qui ordonne que la dot sera remboursée, et le certificat du maire attestant que le mariage n'a pas été célébré, ne remplacent pas l'acte formel de résiliement. — 8 sept. 1832. Sol. D.P. 33. 3 3.

2619. — On regarde encore comme insuffisante la déclaration par l'un des futurs, sans le concours de l'autre, qu'un mariage projeté n'aura pas lieu. — 14 sept. 1832. Sol. D.P. 33. 3. 3.

2620 — La prétention de la régie, qui exige un acte formel de résiliement, est excessive ; car comment cet acte pourra-t-il être accordé si l'un des époux est absent ou décédé, ou refuse de l'accorder. Un acte équivalent doit donc suffire, pourvu que cet acte soit capable d'établir cette preuve aux yeux d'hommes raisonnables. Sous ce rapport, le jugement et la déclaration de l'un des futurs aurait pu suffire, ce semble (V. nos observ., D.P. *eod.*, n. 2).

2621. — Les droits perçus sur la cession d'un office sont restituables, même après le délai de deux ans, si le successeur désigné n'a pas été nommé. — 31 janv. 1832. Délib. M..... D.P. 32. 3. 69.

2622. — La restitution du droit proportionnel, perçu sur la cession d'un office, doit être ordonnée, lorsqu'un jugement prononce l'annulation de cette cession non encore agréée par le gouvernement. — 13 déc. 1833 Délib. Ardiet. D.P. 34. 3. 47.

En serait-il de même si le droit avait été perçu sur l'ordonnance de nomination?

2623 — Rolland de Villargue (*Journ. du not.*, art. 2316) professe la négative; mais à tort. Alors en effet tout est consommé; l'acte est parfait ; il doit donc payer son tribut au fisc, et le droit perçu l'ayant été régulièrement, la restitution ne peut avoir lieu. Et cela a été ainsi décidé dans une espèce où le résiliement volontaire avait eu lieu par suite de l'insertion dans l'acte de clauses qui s'opposaient à ce que le procureur-général donnât un avis favorable. — 26 mai 1832 Solut. de la régie). D.P 32. 3. 136. — *Rev. du not.*, *ibid.*, note 3, p. 174.

2624 — Mais que décider dans le cas où l'ordonnance de nomination serait intervenue à la suite d'un contrat auquel la loi ne reconnaîtrait aucune existence ? Il semble que le droit devrait être restitué, car alors il n'y a pas de contrat, et par suite point d'objet donnant lieu à une perception. — D.P. *ibid.*, note 3. — *Rev. du not.*, *ibid.*, note 3.

2625. — D'après cette règle, on a décidé que l'ordonnance royale qui nomme aux fonctions de greffier d'un tribunal, étant un acte définitif dont l'exécution dépend entièrement de celui qui a obtenu la nomination, il s'ensuit que la non acceptation de celui-ci et sa déclaration formelle qu'il renonce, n'autorisent pas la restitution du droit qui, d'ailleurs régulièrement perçu sur l'ordonnance royale, ne pourrait être restitué, aux termes de l'art. 60. — 16 juill. 1833. Délib. D.P. 33. 3. 83.

2626. — Dans les transmissions d'office, il ne peut être perçu deux droits, l'un sur l'ordonnance de nomination, l'autre sur la cession. En conséquence, s'il a été perçu, 1° le droit de 10 p. 100 du cautionnement, en exécution de la loi du 21 avril 1832 ; 2° le droit proportionnel, lors de l'enregistrement de l'acte de cession de l'office, le premier de ces droits doit être imputé sur le second, de manière que l'excédant profite au trésor; en conséquence, le premier droit doit être restitué (V. art. 10, § 4). — 20 juill 1832. Délib. P... D.P. 32. 3. 133.

2627. — Si le remplaçant au service militaire est refusé par l'autorité, le droit est restituable (Solut. 27 janv. 1830, *Dict. de l'enreg.*, v° Restitution, n. 82).

2628. — Mais il a été jugé que lorsque le droit proportionnel a été perçu sur une vente dont le prix devait être fixé par experts, le droit n'est pas restituable, quoique le délai dans lequel les experts devaient prononcer soit écoulé (C. civ. 1592 ; C. pr. 1007). — 5 mai 1832. Solut. B... D.P. 33. 3. 22.

2629. — Il s'agissait ici d'une action en restitution que l'on fondait sur l'expiration du *délai* fixé pour l'expertise: et, à cet égard, le journal le *Contrôleur*, invoquant l'art. 1007 C. pr., a soutenu, à tort, que, d'après cet article, la condition devait être réputée défaillie : car l'art 1007 C. pr., uniquement relatif à l'arbitrage, ne s'applique pas en matière d'expertise ; et il faudrait une clause très expresse dans la

convention des parties, pour que la défaillance de plein droit puisse être invoquée contre la régie. — D.P. *ibid*, note 4.

2630 — De même, la vente d'une mine, avec faculté de résilier après vérification faite dans un certain délai, si les filons ne présentent pas une épaisseur déterminée, est définitive, et ne peut être réputée faite sous une condition suspensive, donnant lieu, par suite, à restitution du droit perçu, en cas de résiliation par les tribunaux pour réalisation de la condition prévue (C. civ. 1181, 1188). — 23 juill. 1833. Civ. c. Enreg. C. Chave. D.P. 33. 1. 268.

2631. — L'acte de vente par une personne qui s'est portée fort pour une autre, constitue une vente parfaite, encore qu'elle soit postérieurement résolue en justice pour défaut de ratification par le propriétaire. Dès lors, la ratification promise par le vendeur n'étant point une condition suspensive qui puisse dispenser de la perception du droit lors de l'enregistrement, il en résulte que la perception est devenue définitive, nonobstant le défaut de ratification, et qu'il n'y a pas lieu à la restitution du droit. — 16 août 1833. Délib. D.P. 33. 3. 98. — V. art. 2.

2632. — Si la condition est résolutoire, le droit peut être exigé à l'instant même où l'obligation est formée, mais il est restituable, quand le contrat vient à être résolu en vertu d'une clause expresse de l'acte, puisque la résolution remonte alors au jour du contrat, et que ce n'est plus par un événement ultérieur que la résolution a lieu. L'art. 60 est donc inapplicable.—Dalloz (A. 7. 379, n. 11) est contraire à cette solution, ainsi qu'une décision de la régie, du 17 juill. 1824, touchant la révocation pour survenance d'enfans.—V. *supra*, art 2.

2633. — Les droits perçus sur la vente faite par un co-héritier, de ses droits dans une succession immobilière, ne sont pas sujets à restitution, lors même que le seul immeuble qui existait dans la succession est, par suite de licitation, adjugé à l'un des co-héritiers : ici ne s'applique pas l'art. 883 C. civ., aux termes duquel l'héritier ou son cessionnaire est censé n'avoir jamais eu la propriété de la part échue à son co-héritier, ou acquise par lui sur licitation. — 6 juill. 1825. Req. D'Aure. D.P. 25. 1. 357.

2634. — Un héritier qui, avant de prendre qualité, acquitte le droit de mutation. seulement pour éviter la peine du demi-droit auquel il pourrait être condamné, si la déclaration n'était point faite dans les six mois, pourra, s'il renonce, se faire restituer ce qu'il n'aura payé que provisoirement (*Journ. de l'enreg.*, art. 3843). — La demande en restitution doit être formée dans les deux ans. — D.A. 7. 380, n. 12.

2635. — Si le mineur au nom duquel une succession a été acceptée sous bénéfice d'inventaire, y renonce à sa majorité, les droits payés par le tuteur sont restituables (Solut. 6 juin 1828; *Dict. de l'enreg.*, v° Restitution, n. 100).

2636. — Jugé au contraire que des droits de mutation par décès perçus sur la déclaration d'un bien de communauté, au nom d'enfans mineurs, ne sont pas restituables, lorsque, postérieurement à la déclaration, les mineurs ont renoncé à la communauté. — 16 juill. 1833. Délib. M... D.P. 33. 3. 80.

2637. — L'héritier qui a payé les droits de succession sur un objet légué à un hospice autorisé à l'accepter, est fondé à demander la restitution de ces droits (Délib. 11 déc. 1829; *Dict. de l'enreg.*, v° Restitution, n. 103).

2638. — Si l'héritier, s'étant mis en possession de l'hérédité, en est dépouillé par la production d'un testament ignoré jusque là, ce n'est point à la régie qu'il doit s'adresser pour se faire rembourser les droits de mutation qu'il aura payés, mais au légataire qui l'évince, le principe de la restitution existe toutefois dans cette hypothèse, et cela a été implicitement reconnu par un arrêt du 13 oct. 1814 ci-dessus rapporté, art. 7, qui décide que le droit de mutation n'est pas dû par un deuxième légataire, lorsqu'il a déjà été acquitté par un premier, mis en possession de l'hérédité sur un titre annulé depuis, car il ne peut être dû deux droits sur une même succession. — D.A. 7. 380, n. 13.

2639.—Les droits perçus sur des marchés passés avec le gouvernement sont sujets à répétition, lorsque ces marchés sont annulés par la volonté seule du ministre (Décis. min. 8 niv. an 9).

C'est sur le même principe qu'est fondée la restitution des droits perçus sur la cession d'un office, lorsque le successeur à l'emploi n'est pas agréé par le gouvernement (*Journ. de l'enreg.*, art. 6845).— D.A. 7. 380, n. 14.

2640.—Lorsque le droit de mutation a été acquitté sur une évaluation exagérée, donnée par les parties aux biens déclarés, celles-ci ont droit à une restitution proportionnelle du droit payé, si l'exagération est démontrée (Déc. régl. 29 germ. an 7) — D.A. 7. 380, n. 15.

2641.—Lorsque des héritiers ont compris dans leur déclaration des immeubles pour la totalité, et ont acquitté le droit en conséquence, ils ne peuvent se faire restituer ultérieurement une partie de ce droit, comme trop perçue, sous prétexte que ces immeubles n'appartenaient au défunt que pour un tiers et à eux mêmes pour les deux tiers restans, si cette allégation n'est justifiée par aucune preuve légale. —4 déc. 1821. Civ. c. Enreg. C. Beaumarchais. D.A. 7. 382.

2642.—Le droit de titre perçu sur un jugement, à raison de la somme entière formant l'objet de la demande d'un fournisseur contre plusieurs munitionnaires généraux, n'est pas restituable, lorsque, par suite d'un compte ordonné pour la liquidation des fournitures, le créancier obtient condamnation contre l'un des munitionnaires pour une somme moindre que celle comprise dans ses exploits de demande, *tous ses droits réservés* contre les autres (art. 69, § 2, n. 9).—26 nov. 1822. Civ. c. Enreg. C. Derome. D.A. 7. 382. D.P. 2. 67.

2643 —Bien que l'époux *donataire* d'une quotité supérieure à la quotité disponible, prétende que c'est par erreur qu'au décès de l'époux *donateur* il a déclaré avoir recueilli intégralement le montant de la donation *réduit de droit* à cause des enfans laissés par le *donateur*, il ne peut cependant réclamer les droits trop perçus qu'en justifiant par *acte régulier* que la réduction a eu lieu, et qu'il y a eu erreur dans la déclaration.—24 avril 1832. Délib. Enreg. C. D.... D.P. 32. 3. 139.

2644.—Les erreurs matérielles et de fait, commises, au préjudice des parties, dans les évaluations de biens qui ont servi de base à la perception d'un droit d'enregistrement, ne sont pas susceptibles d'être rectifiées, soit qu'elles se trouvent dans un acte notarié, soit qu'elles se trouvent dans un acte sous-seing-privé.—Et particulièrement, une erreur constatée dans l'évaluation du revenu d'immeubles échangés, ne peut autoriser la demande en restitution d'une partie des droits perçus d'après cette évaluation.—23 juill. 1832. Délib. D.P. 32. 3. 138.

2645.—Mais il y a lieu à la répétition d'une portion du droit acquitté sur un prix de vente, si ce prix vient ultérieurement à être réduit pour déficit de mesure dans l'immeuble aliéné (*Journ. de l'enreg.*, art. 5504).—D.A. 7. 380, n. 16.

2647. — Ainsi, jugé que lorsqu'une vente a été faite avec condition que s'il y a en moins, sur le rapport d'un expert désigné, une différence entre la mesure réelle et celle exprimée au contrat, il y aura lieu, au profit de l'acquéreur, à une réduction proportionnelle, la restitution du droit perçu sur la partie réduite doit être effectuée, encore que l'expert n'ait procédé qu'après l'expiration d'une année, si, d'ailleurs, les parties ont renoncé à se prévaloir de ce délai. — 11 juin 1833. Délib. C... C. Enreg. D.P. 33. 3. 82.

2648. — De même, il y a lieu à la restitution proportionnelle du droit perçu sur une adjudication d'immeubles dont le prix a été réduit par suite d'une demande en distraction de plusieurs objets mal à propos compris dans la vente (Décis. min. du 6 juill. 1813). — D.A. 7. 380, n. 17.

2649. — La condamnation de la régie à la restitution de droits induement perçus n'entraîne jamais la condamnation au paiement des intérêts de la somme restituable, à partir du jour de la demande. — D.A. 7. 380, n. 18.

2650. — Aucune loi n'autorisant les receveurs de l'impôt à exiger des intérêts moratoires des redevables en retard, il en résulte que le trésor ne peut être condamné au paiement des intérêts des sommes qu'il a induement perçues, et qu'il est obligé de restituer. — 2 flor. an 13. Civ. c. Enreg. C. Nogarède. D.A. 7. 380. D.P. 5. 2. 115. — 28 janv. 1818. Civ. c. Enreg. C. Harnepont. D.A. 7. 126. D.P. 2. 18, et 18. 1. 248.

2651. — La demande, même judiciaire, en restitution de droits induement perçus, ne fait point courir les intérêts contre la régie. — 23 sept. 1811. Civ. r. Enreg. C. Anneix. D.A. 7. 94. D.P. 2. 13. — 17 mars 1812. Civ. r. Enreg. C. Vaudichon. D.A. 7. 94. D.P. 2. 14. — 31 mars 1819. Civ. c. Enreg. C. Jousrolin. D.A. 7. 422. D.P. 19. 1. 338.

ART. 17. — *De la compétence*

2652. — « L'introduction et l'instruction des instances auront lieu devant les tribunaux civils de départemens (aujourd'hui d'arrondissemens, art. 6, l. du 27 vent. an 9) : la connaissance et la décision en sont interdites à toutes autres autorités constituées ou administratives » (L. du 22 frim. an 7, art. 65).

2653. — Les juges de paix ne connaissent jamais, quelle que minime que soit la somme, des affaires d'enregistrement et de commerce. — Lonchamp, *Dict.*, v° Compétence, n. 20.

2654 — Les tribunaux *civils* sont donc seuls compétens pour connaître des affaires relatives à la perception des droits d'enregistrement. — D.A. 7. 390, n. 2

2655.— Par suite, il a été jugé que c'est devant le tribunal civil, et non devant le tribunal de commerce que doit se pourvoir la régie pour faire condamner les syndics d'une faillite à acquitter les droits d'enregistrement d'actes sous seing privé contenant mutation d'immeubles mentionnés dans l'inventaire des effets mobiliers du failli. — V. Compétence.

2656.— Jugé de même que le tribunal correctionnel devant lequel sont traduits plusieurs individus prévenus de délits constatés par des procès-verbaux de garde-champêtre, non enregistrés, doit se borner à statuer sur la validité ou l'invalidité de ces procès-verbaux; mais il est incompétent pour prononcer l'amende contre le garde-champêtre qui a négligé de les faire enregistrer.— 4 vent. an 12. Cr. c. Bouaure. D.A. 7. 391. D.P. 4. 1. 268.

2657.— De même, à supposer qu'un écrit intitulé : *Pourquoi nous sommes républicains*, publié par une société qui a déjà fait des publications pareilles sous d'autres intitulés, soit considéré comme contrevenant à la loi, en ce qu'il n'a pas été soumis au timbre, le tribunal correctionnel, même sous prétexte de connexité, est incompétent pour connaître de cette contravention.— 23 nov. 1833. Cr. r. Paris. Min. pub. C. Delente. — 11 oct. 1833. Paris. Min pub. C. Delente. D.P. 34. 1. 9.

2658. — Mais les tribunaux ne peuvent être saisis d'une contestation, en matière d'enregistrement, tant qu'il n'a pas été décerné de contrainte contre le redevable, en paiement des droits. — Ainsi, lorsqu'un acte est présenté à l'enregistrement, et qu'il s'élève des difficultés sur la quotité du droit, le contribuable ne peut assigner la régie devant les tribunaux, pour la contraindre à enregistrer l'acte : il doit payer préalablement, ou attendre qu'une contrainte ait été décernée contre lui.—7 mai 1806. Civ. c. Enreg. C. Blanc. D.A. 7. 392 et 396. D.P. 2. 68 et 69.

2659. — Les préfets ne peuvent, sans enfreindre les règles de leur compétence, prononcer un sursis aux recouvremens des droits d'enregistrement (Lettre min. des fin. 28 prair. an 8; *Dict. de l'enreg.*, v° Compétence, n. 15).

2660.—L'incompétence des tribunaux, autres que les tribunaux civils, est *ratione materiæ*; d'où il suit que le jugement incompétemment rendu, alors que la partie condamnée ne réclamerait pas, devrait être réformée à la requête du ministère public, soit d'office par un tribunal du second degré, soit par la cour de cassation, dans l'intérêt de la loi — D.A. 7. 390, n. 3.

2661. — Il ne pourrait être statué par simple ordonnance de référé sur l'opposition formée par le redevable à une contrainte décernée par la régie. — D.A. 7. 390, n. 4.

Voyez, en ce sens, un arrêt du 6 août 1817, v° Contributions indirectes, n. 572.

2662 — La loi de frimaire, tout en disant que les instances seront suivies devant le tribunal civil de département, n'indique pas devant lequel de ces tribunaux elles doivent être portées. Aussi l'on soutenait que, suivant la maxime *actor sequitur forum rei*, elles devaient être portées devant le tribunal du domicile du redevable, la régie étant toujours demanderesse, sauf toutefois pour les demandes en restitution de droits induement perçus.

2663.— Toutefois, en lisant attentivement la loi, on voit qu'elle a voulu déroger à cette maxime. — D.A. 7. 390, n. 5.

2664 — Ainsi, on a jugé qu'en général, le contribuable ne peut demander de décharge ou de modération de ses contributions que dans le lieu même où il a été imposé, et *particulièrement*, c'est devant le tribunal du lieu où un acte a été présenté à l'enregistrement que l'action relative au paiement des droits et amendes résultant de cet acte doit

être poursuivie.— Le redevable contre lequel il a été décerné contrainte à cet effet ne peut demander son renvoi devant les juges de son domicile (L. 22 frim. an 7, art. 64). — 30 mess. an 10. Req. Enreg. C. Isnard. D.A. 7. 392. D.P. 2. 68.

2665.— De même, le redevable qui forme opposition à une contrainte décernée contre lui, pour omission dans une déclaration de succession, doit assigner la régie pour y faire statuer, devant le tribunal de l'arrondissement dans lequel sont situés les biens non déclarés, et non devant le tribunal de son propre domicile (art. 64). — 1er mess. an 12. Civ. c. Enreg. C. Anthenis. D.A. 7. 393. D.P. 2. 69.

2666.— De même encore, lorsqu'il a été décerné par un receveur contrainte contre un héritier, en paiement des droits de mutation par décès, pour raison des biens situés dans l'étendue de son bureau, c'est le tribunal du lieu de la situation des biens qui est seul compétent pour statuer sur le mérite de l'opposition formée à cette contrainte, quel que soit le lieu de l'ouverture de la succession ou du domicile des parties.— 5 mai 1806. Civ. c. Enreg. C. Lessore. D.A. 7. 393. D.P. 22. 1. 199.

2667 — Ainsi, le tribunal qui, d'office, se déclare incompétent, et refuse de prononcer sur l'opposition formée à la perception d'un droit d'enregistrement dû sur un jugement par lui précédemment rendu, *sous prétexte que le redevable n'est pas domicilié dans son ressort*, contrevient à la loi. — 30 déc. 1806. Civ. c. Enreg. C. Bâton. D.A. 7. 393. D.P. 2. 69.

2668.—Par suite, le receveur d'enregistrement peut décerner une contrainte visée par le juge de paix du lieu où sont situés les immeubles soumis au droit, quoique le juge de paix ne soit pas celui du domicile du débiteur.— 15 floréal an 13. Req. régl. de juge. Duc. D.P. 5. 2. 138.

2669.— Ainsi encore, quoiqu'il n'y ait eu aucune opposition formée par le redevable à la contrainte, décernée contre lui, la saisie-arrêt pratiquée entre les mains d'un débiteur de ce redevable n'en est pas moins une suite de la contrainte, et dès lors la demande en validité de la saisie doit être portée devant le tribunal qui eût été compétent pour connaître l'opposition, c'est-à-dire devant le tribunal du lieu où est établi le bureau du préposé qui a entamé la poursuite. (C. pr. 567).—14 déc. 1819. Civ. c. Enreg. C. Meyer. D.A. 7. 394. D.P. 19. 1. 660.

2670 — C'est qu'en effet le premier acte de procédure, dit l'art. 64, pour le recouvrement des droits et le paiement des amendes, est une contrainte décernée par le receveur et dont l'exécution ne peut être suspendue que par une opposition avec *assignation devant le tribunal civil du département*; et ces expressions désignent clairement le tribunal où ressortit le bureau d'où la contrainte est partie. —D.A. 7. 391, n. 5.

2671 — Ainsi, s'il s'agit d'une demande en supplément de droits sur un acte enregistré, la contestation sera portée au tribunal du lieu où l'acte a reçu la formalité, quel que soit le domicile du redevable, parce que la contrainte sera décernée par le préposé qui a enregistré l'acte.

2672. — De même, s'il s'agit d'un droit de mutation par décès, l'opposition du redevable sera jugée au tribunal de la situation des biens, quelque soit le lieu de l'ouverture de la succession, parce que chaque receveur est chargé de recouvrer les droits pour les biens situés dans l'arrondissement de son bureau.

2673. — S'il résulte de là que plusieurs instances soient suivies, à raison de la même succession, devant divers tribunaux, le contribuable pourra-t-il demander son renvoi devant un seul? Cette règle, suivie en matière ordinaire par mesure d'économie (C. pr. 171), ne paraît pas devoir être adoptée en matière d'enregistrement.

2674. — C'est en effet dans l'intérêt de l'ordre et de la comptabilité, que les perceptions doivent être poursuivies devant les tribunaux des lieux où doit s'en faire la recette; et si, comme on l'a dit dans un des articles précédens, il résulte de l'art. 2 de la loi du 15 nov. 1808, que l'expertise des biens d'une succession doit être demandée au tribunal du lieu de la succession, en sorte qu'il peut y avoir autant d'expertises que d'immeubles appartenant à des ressorts différens, c'est une preuve que, pour aucun motif, la loi n'a voulu déroger à aucune des règles spéciales établies en matière d'impôts.—D.A. 7. 391, n. 6.

2675. — Les règles de compétence et d'instruction établies par la loi de frimaire pour la perception des droits d'enregistrement, sont applicables aux poursuites que la régie peut avoir à intenter contre ses préposés, qui auraient détourné, à leur profit, une partie des deniers de leur recette, ou se trouveraient ses reliquataires, pour toute autre cause. — D.A. 7. 391, n. 7.

2676.— La décision ministérielle qui donne à la régie de l'enregistrement la solution des difficultés relatives à la perception des droits, n'empêche point les tiers lésés par cette décision de saisir les tribunaux de leurs contestations contre la régie, par exemple, lorsqu'il s'agit de faire, contre le greffier du tribunal de commerce, l'application de l'art. 138, C. pr., et de l'art. 49 de la loi du 22 frim. an 7. — 14 sept. 1814. Ord. cons. d'état. Boilard.

2677.— Le contribuable qui forme contre la régie une demande en restitution de droits, doit porter son action devant le tribunal du lieu où les droits ont été perçus. On reste alors sous l'empire de la maxime *actor sequitur forum rei*. — D.A. 7. 391, n. 8.

2678. — Et il a été jugé que les dispositions du code de procédure qui permettent, en matière ordinaire, de former des demandes incidentes, ne sont pas applicables aux instances existantes entre la régie de l'enregistrement et les redevables, au sujet des droits d'enregistrement, ainsi, un tribunal saisi d'une demande en restitution d'un droit d'enregistrement perçu dans un bureau de son ressort, ne peut se déclarer compétent pour juger une autre demande également en restitution de droit perçu sur un autre acte dans un bureau situé hors de son ressort, alors surtout qu'il n'y a aucune connexité entre les deux actes. — 21 fév. 1831. Civ. c. Enreg. C. Verdun. D.P. 31. 1. 59.

2679.—Si un acte non revêtu de la formalité avait été produit devant un tribunal, autre que celui dans le ressort duquel cet acte eût dû être enregistré, et que la régie intervînt pour réclamer l'amende encourue, ce dernier tribunal serait compétent pour la prononcer. — D.A. 7. 391, n. 9.

ART. 18. — *Des poursuites et instances.*

§ 1er. — *De la contrainte.*

2680.— Lors de la déclaration d'un acte, s'il s'élève quelque contestation sur la nature ou la quotité du droit à percevoir, le préposé en réfère à son administration, qui seule (art. 63 de frim. an 7), doit résoudre les difficultés, avant l'introduction des instances. Si le délai dans lequel la déclaration doit être faite ou l'acte enregistré, est sur le point d'expirer, le contribuable, pour échapper à l'amende, devra provisoirement acquitter le droit réclamé par le receveur, sauf à se pourvoir ultérieurement en restitution (art. 28). — D.A. 7. 398, n. 1.

2681.— Toutefois, cet article 28 n'est applicable qu'au cas où la contestation n'est pas encore portée en justice par une opposition à la contrainte; et il a été jugé que le redevable, contre lequel est décerné une contrainte, n'est pas obligé de l'acquitter *provisoirement*, s'il y forme opposition, avec assignation devant le tribunal — 15 prair. an 13. Civ. r. Enreg. C. Vandenbrouck. D.A. 7. 396. D.P. 5. 2. 146.

2682 —La vente que la régie a fait faire des fruits après saisie-brandon, est valable, nonobstant l'opposition du redevable saisi, si cette opposition, au lieu d'être notifiée au domicile élu chez le receveur de l'enregistrement, l'a été au domicile du directeur. — 10 déc. 1821. Civ. r. Pinard. D.A. 7. 473. D.P. 22. 1. 187.

2683 — S'il y a contestation sur le droit à percevoir, lors de la présentation d'un acte à l'enregistrement, le redevable ne peut porter le débat devant les tribunaux, avant qu'une contrainte ait été décernée contre lui par la régie, parce qu'à la régie seule appartient l'initiative des poursuites (art. 28, 63 et 64). — 7 mai 1806. Civ. c. Enreg. C. Blanc. D.A. 7. 396. D.P. 2. 69.

2684 — En cas de refus ou négligence d'acquitter les droits, le préposé décerne une contrainte en paiement de la somme à laquelle il arbitre le montant du droit, s'il n'est pas connu, sauf à augmenter ou à diminuer.

2685.— Cette contrainte est visée et déclarée exécutoire par le juge de paix du canton où le bureau est établi, et elle est signifiée au redevable. — Ce magistrat ou ses suppléans empêchés, la contrainte est visée et rendue exécutoire par le juge de paix du canton le plus voisin que désigne le tribunal de première instance (Déc. min.; *Journ. de l'enreg.*, n. 5602) — D.A. 7. 395, n. 2.

2686.—La loi n'exige pas seulement le visa, mais encore l'exécutoire du juge.— 8 mai 1809. Civ. c. *Dict. de l'enreg.*, v° Contrainte, n. 11.

2687.— La contrainte doit, à peine de nullité, être signifiée à personne ou domicile. La loi du 22 frim. an 7 n'a point, à cet égard, dérogé à la règle générale en matière de notification d'exploits (Ord. 1667, art. 3, tit. 2).— *Spécialement*, la signification ne peut être faite au domicile du possesseur de la chose, sous prétexte que l'art. 3 de la loi de frimaire accorde à la régie une action sur les revenus des biens à raison desquels le droit est dû.—23 fév. 1807. Civ. r. Enreg. C. Valence. D.A. 7. 397. D.P. 2. 70.

2688 — Lorsqu'un huissier a visé et rendu une contrainte exécutoire en qualité de juge de paix, il ne peut être chargé de la signification.— *Dict. de l'enreg.*, v° Contrainte, n. 53.

2689 — Il a été jugé que dans le cas où un immeuble est affecté au service d'une rente, le président du tribunal, dans le ressort duquel est situé cet immeuble, peut viser la contrainte décernée par la régie, quoique les débiteurs de la rente soient domiciliés dans un autre ressort.—8 août 1828. Paris. Enreg. C. Plotho. D.P. 29. 2. 241.

2690.—Les juges ne peuvent annuler d'office une contrainte décernée par la régie, sous prétexte qu'elle ne concerne point celui contre lequel elle a été dirigée, si ce dernier n'élève point cette exception, et qu'il ait défendu au fond de la demande.— 7 août 1807. Civ. c. Ch. réun. int. de la loi. Gay. D.A. 7. 199. D.P. 2. 30.

2691.— La contrainte décernée contre un redevable ne peut être déclarée nulle, sous prétexte de poursuites antérieures commencées contre lui pour le même objet, mais dont la régie s'était désistée, à cause de leur irrégularité, *avant la signification*, quoique postérieurement à la date de cette contrainte — 8 mars 1808. Civ. c. Enreg. C. Robin. D.A. 7. 398. D.P. 2. 70.

2692 — La contrainte ayant pour objet le paiement du droit simple et du double droit, doit être maintenue pour le droit simple, s'il est réellement dû, encore bien qu'il n'y ait pas lieu à double droit (art. 4) — 8 fév. 1813. Civ. c. Enreg. C. Jousselin. D.A. 7. 70. D.P. 1. 541.

2693 — Quoiqu'un jugement n'ait pas été levé par la partie, la régie peut décerner une contrainte pour le paiement du droit résultant de la mutation (art. 69, § 5, n. 1).— 8 fév. 1813. Civ. c. Enreg. C. Jousselin. D.A. 7. 70. D.P. 13. 1. 541.

2694 — Le désistement, donné par la régie et accepté par le redevable, d'une contrainte irrégulière, n'emporte pas désistement de l'action, et ne rend point non recevable une seconde contrainte décernée pour le même objet (C. pr. 403) —16 mai 1821. Civ. c. Roussel, D.A. 7. 401. D.P. 21. 1. 582.

2695 — Le consentement donné par le receveur forcé en recette, au pied de la contrainte décernée contre lui par son administration, à l'abandon de son cautionnement jusqu'à concurrence du supplément réclamé, n'est qu'une délégation imparfaite qui n'empêche pas la régie de poursuivre contre le redevable le paiement de ce supplément.—Celui-ci peut d'autant moins se prévaloir de cette délégation que le receveur forcé en recette a toujours un recours contre lui, jusqu'à ce qu'il prouve que le forcement en recette n'était pas fondé.— 16 mai 1821. Civ. c. Enreg. C. Roussel. D.A. 7. 401. D.P. 21. 1. 582.

2696 — Lorsque l'état, rentré dans la propriété des terrains illégalement concédés, maintient les sous-concessionnaires dans la jouissance de leurs baux, à la charge de payer au domaine les redevances stipulées dans ces baux, ces sous-concessionnaires, devenus débiteurs directs du domaine, sont soumis aux règles spéciales établies pour le recouvrement des revenus nationaux. En conséquence ils doivent, en cas de non paiement des redevances, être poursuivis par voie de contrainte, et non suivant les formes ordinaires tracées par le code de procédure (L. 12 sept. 1791, art. 4; l. 27 vent. an 9, art. 17). — 30 janv. 1826. Civ. c. Enreg. C. Vidal. D.P. 26. 1. 194.

2697.— Les droits que l'état prétend lui être dus, comme représentant une ancienne compagnie supprimée, telle, par exemple, que la corporation des notaires, ne peuvent être exercés par la régie, par voie de contrainte. — 30 déc. 1829. Req. Nîmes. Domaine C. Roux. D.P. 30. 1. 42.

2698. — Il ne peut être sursis à statuer sur une demande en supplément de droit formée par la régie de l'enregistrement à l'occasion d'une vente soumise à la formalité, sous le prétexte qu'il existait au sujet de l'objet vendu des contestations qui pourraient bien anéantir les droits du vendeur. — 20

mars 1832. Civ. c. Enreg. C. Garnier. D.P. 33. 1. 168.

2699.— L'amende encourue par un avoué de cour royale, pour défaut de consignation d'amende, doit être recouvrée par voie de contrainte (Arr. 10 flor. an 11, art. 3, 8).— 3 mars 1832. Solut. D.P. 33. 3. 15.

2700. — A l'administration des domaines appartient la poursuite des infractions résultant d'actes et écritures soumis à son contrôle.— 30 nov. 1832. Circ. min. D.P 33. 3. 40.

2701. — Les officiers de police sont chargés des mêmes poursuites, en ce qui concerne les affiches, journaux et autres publications quelconques. — 30 nov. 1832. Circ. min. D.P. 33. 3. 40.

2702 — L'administration de l'enregistrement pouvant seule agir, par voie de contrainte, contre les débiteurs des droits ordinaires ; le conservateur des hypothèques qui les aurait acquittés, est subrogé, sans doute, à l'administration pour la somme payée, mais non pour la *forme* des poursuites ; il ne peut alors suivre que la voie d'action : à ce égard, il n'en est pas comme au cas d'impôt où le percepteur qui a payé les impositions peut agir par *contrainte*. — 27 mars 1829. Bourges. Vidalene. D.P. 29. 2. 140.

2703. — En matière d'impôts, la loi s'en tient, pour les recouvremens, à des formes plus expéditives qu'en matière ordinaire, le visa confère à la contrainte l'exécution parée, la contrainte contient implicitement le commandement de payer, exigé par l'art. 583.

2704. — Ainsi, la régie peut poursuivre par la voie de la contrainte (art. 65) le recouvrement des amendes dont la perception lui est confiée, quand même ces amendes n'auraient aucun rapport avec l'enregistrement. — Ce mode spécial de poursuites dérogeant aux règles ordinaires de la procédure, la régie peut immédiatement procéder à la saisie des meubles du redevable, quoique la contrainte n'ait point été précédée de la signification du jugement qui le condamne à l'amende (si ce jugement lui avait été précédemment notifié à la requête des parties en cause), ni d'un commandement de payer, lequel d'ailleurs se trouve renfermé dans la contrainte (C. pr. 585, avis du cons. d'état, du 12 mai 1807). — 16 juin 1823. Civ. c. Enreg. C. Hamerel. D.A. 7. 400. D.P. 23. 1. 383.

2705 — Ainsi encore, l'art. 584 C. pr., qui exige qu'un créancier qui fait un commandement à fin de paiement à son débiteur, élise domicile dans la commune où doit se faire l'exécution, c'est-à-dire, dans le lieu de la résidence du débiteur, ne s'applique pas aux contraintes que décernent les receveurs de l'enregistrement. — 16 fév. 1831. Civ. c. Enreg. C. Castel. D.P. 31. 1. 87.

2706.— Il n'y a point de délai fixé pour la signification d'une contrainte rendue exécutoire. Ainsi, quoique le visa du juge de paix ait plus d'une année de date, la signification peut encore être valable (*Dict. de l'enreg.*, v° Contrainte, n. 10).

2707.— Si la contrainte avait pour objet le recouvrement d'une amende prononcée par jugement, elle devrait contenir copie de ce jugement ; le redevable ne pouvant avoir une connaissance légale de sa dette que par la signification du jugement qui le constitue débiteur.— D.A. 7. 395, n. 4.

2708.— Et il a été jugé qu'une contrainte peut être valablement décernée, au nom de la régie, pour le recouvrement des amendes correctionnelles, ainsi que des dommages-intérêts et des frais, s'ils sont liquidés lorsque cette contrainte, portant commandement de payer, a été signifiée avec la copie du jugement de condamnation (C. 3 brum. an 4, art. 190 ; l. 18 germ. an 7, art. 3 ; arrêté 1er niv. an 5).— 6 juin 1809. Civ. c. Enreg. C. Chaix. D.A. 7. 399. D.P. 2. 70.

2709.— La contrainte pour double droit d'un jugement rendu à l'audience doit énoncer que l'extrait du jugement a été remis par le greffier dans le délai légal (*Dict. de l'enreg.*, v° Contrainte, n. 26).

2710.— La loi n'ayant indiqué aucun mode spécial de rédaction pour la contrainte, elle ne saurait être attaquée par voie de nullité, toutes les fois qu'elle est libellée de manière à faire connaître au contribuable l'objet de la demande. — D.A. 7. 395, n. 5.

2711. — Un procès-verbal n'étant point nécessaire pour constater la contravention, il en résulte qu'il ne peut ressortir aucun moyen de nullité de ce qu'il aurait été dressé par un vérificateur, en son nom propre, et non en celui de la régie, et de ce qu'il ne contiendrait aucune élection de domicile.— 2 août 1808. Civ. c. Enreg. C. Hermite. D.A. 7. 398. D.P. 2. 70.

2712 — Lorsqu'une contrainte est décernée contre un notaire pour diverses contraventions par lui commises, le receveur peut se dispenser de faire transcrire en tête copie du procès-verbal rapporté contre le notaire.— 9 juin 1813. Civ. c. Enreg. C. Dunal. D.A. 7. 400.

2713.— En conséquence, la nullité de ce procès-verbal ne peut vicier la contrainte elle-même, si elle est, d'ailleurs, revêtue de toutes les formes prescrites par la loi.— Même arrêt.

2714.— Si l'assignation donnée à quelques uns des héritiers, pour le paiement des droits, a été faite régulièrement, elle couvre, à raison de la solidarité qui lie les héritiers entre eux, tout ce qu'il peut y avoir d'irrégulier dans les autres. — 30 pluv. an 12. Civ. c. Enreg. C. Labaume. D.A. 7. 457. D.P. 2. 81.

2715. — Une contrainte décernée par la régie de l'enregistrement n'est point nulle, par cela qu'elle n'énonce point l'acte sur lequel elle est fondée, ou qu'elle donne à cet acte une date fausse.— 25 juill. 1814. Civ. c. Enreg. C. Anneix. D. A. 7. 401.

2716. — Les contraintes décernées par la régie, même pour le recouvrement des amendes de condamnation, sont nulles, si elles n'ont été revêtues du visa du juge de paix, qui seul peut lui donner la force exécutoire. — 8 mai 1809. Civ. r. Enreg. C. Dumoulin. D.A. 7. 399. 396. n. 6. D.P. 9. 2. 59.

2717.— Mais cette nullité doit être proposée avant toute défense au fond. — 11 nov. 1815. Civ. r. Guéry. D.A. 7. 399. D.P. 16. 1. 80.

2718. — Elle est couverte par le silence de la partie adverse dans son opposition, et par les défenses qu'elle a fournies au fond (Même arrêt). — *Dict. de l'enreg.*, v° Contrainte, n. 12.

2719. — « La contrainte sera décernée par le receveur *ou préposé de la régie* » (L. de frim., art. 65). De ces expressions il résulte, qu'il importe peu que la contrainte soit délivrée par le receveur ou par un employé supérieur de l'enregistrement : tous sont également délégués de la direction générale, au nom de laquelle s'exercent les poursuites. — D A. 7. 396, n. 7.

2720. — Ainsi, les contraintes pour le paiement des amendes encourues peuvent être décernées par un autre que le receveur de l'enregistrement, par exemple, par un vérificateur ; et il n'y a aucun délai de rigueur pour les signifier au redevable. — 2 août 1808. Civ. c. Enreg. C. Hermite. D.A. 7. 398. D.P. 2. 70.

2721. — Outre les droits d'enregistrement et de contravention aux lois sur l'enregistrement, qui seuls ont été réglés par la loi de frimaire, la régie est chargée de certaines perceptions provenant de diverses espèces de produits. Ainsi, droit de timbre, de greffe, d'hypothèque ; ainsi passe-port et permis de port d'armes ; ainsi amende de police correctionnelle, etc. — V. ces divers mots.

2722. — C'est par voie de contrainte que ces perceptions doivent être poursuivies, cette voie étant le mode spécial adopté pour le recouvrement des deniers qui doivent être versés dans les caisses de l'état. — D.A. 7. 396, n. 8.

2723.— Les contraintes décernées par la régie de l'enregistrement ne sont point, comme en matière de contributions indirectes (L. 28 avril 1816, art. 239), exécutoires par provision : l'exécution en est arrêtée par l'opposition formée par le redevable, laquelle doit énoncer les motifs sur lesquels elle est fondée, et contenir assignation de la régie, à jour fixe, devant le tribunal compétent (L. 22 frim. an 7, art. 64). Le redevable peut aussi prévenir les suites de la contrainte en faisant des offres réelles de la somme qui en est l'objet.— D.A. 7. 396, n. 9.

2724.— L'héritier contre qui a été décernée une contrainte qui fixe provisoirement l'évaluation du droit de mutation, peut faire cesser, *quant à présent*, les poursuites dont il est l'objet, en offrant la somme qui lui est demandée, sauf au receveur, si l'héritier se refuse à passer la déclaration des biens héréditaires, à décerner plus ample contrainte, s'il y a lieu.— 2 déc. 1806. Req. Enreg. C. Fayn. D.A. 7. 397.

2725.— L'action intentée ne peut être déclarée non recevable à défaut d'y avoir fait statuer dans les trois mois (L. 22 frim. an 7, art. 65). — 2 août 1808. Civ. c. Enreg. C. Hermite. D.A. 7. 398. D.P. 2. 70.

§ 2.— *De la procédure avant le jugement.*

2726.— L'instance n'est liée que par l'opposition motivée du redevable. — L'assignation *à jour fixe* que cette opposition doit contenir, doit être donnée dans le délai ordinaire des ajournemens (C. pr. 72, 73, 74).— D.A. 7. 402, n. 1.

2727.— En effet, les dispositions du C. de proc. civ. sont applicables aux instances relatives à la perception des droits d'enregistrement, dans tous les cas qui n'ont pas été réglés par la législation spéciale sur cette matière.— Ainsi, une demande en péremption d'instance, formée contre la direction de l'enregistrement, devient non-recevable, et est réputée couverte par une assignation en reprise d'instance donnée à la requête de cette administration, antérieurement à la demande (C. pr. 399).— 18 avril 1821. Civ. c. Enreg. C. Galdemar. D.A. 7. 404. D.P. 21. 1. 512.

2728.— Ainsi encore, comme il est de la nature des expertises que les parties connaissent le jour, le lieu et l'heure de l'opération, et qu'elles y soient présentes ou duement appelées, ainsi qu'à la rédaction du procès-verbal, pour y faire leurs dires et observations que de besoin, l'expertise doit être déclarée nulle, si ces formalités n'ont pas été observées.— 30 janv. 1824. Bruxelles. Enreg. C. ... D.A. 7. 404. D P. 2. 70.

2729.— La notification de la contrainte doit être faite par huissier de la justice de paix et les poursuites ultérieures par les huissiers près les tribunaux civils (Déc. min. des fin. 15 fruct. an 9, et min. de la just. 27 pluv an 11 ; instr. gén. 25 brum. an 10, n. 12, et 8 germ. an 11, n. 120).— D.A. 7. 402, n. 2.

2730.— En matière d'enregistrement, *l'instruction se fait par simples mémoires respectivement signifiés* (L. frim. an 7, art. 65). Cette disposition s'applique aux instances suivies par la régie pour toutes les perceptions qui lui sont confiées.— La plaidoirie est formellement interdite et les parties sont dispensées du ministère des avoués.— Ceux-ci peuvent néanmoins prendre des conclusions écrites et signées des parties (L. 27 vent. an 9, art. 17).— D.A. 7. 402, n. 3.

2731.— Jugé que la défense par plaidoirie, en cette matière, est seule défendue.— 9 juill. 1834. Req. Dupeysset. D.P. 34. 1. 307.

2732.— Mais on peut constituer avoué et se défendre par son ministère, en matière d'enregistrement. — Même arrêt.— Voy. Avoué, n. 49, 162.

2733. — Il suffit, dans une matière où l'instruction se fait par mémoires, que les parties se soient signifié leurs conclusions respectives, pour qu'elles aient été dispensées de se signifier les mémoires, qui n'en sont que le développement, si, d'ailleurs, ils ne contiennent aucun moyen nouveau.— 30 avril 1834. Civ. r. Toulouse. Préf. de Tarn-et-Garonne. D.P. 34. 1. 264.

2734. — L'instance sur requête civile formée contre un jugement rendu en matière d'enregistrement, doit être suivi dans les mêmes formes qui ont été observées pour le jugement attaqué, c'est-à-dire dans les formes spéciales tracées par la loi du 22 frimaire an 7.— 11 juill. 1822. Req. Daguin. D.A. 7. 409. D.P. 2. 71.

2735. — Lorsque la partie qui est en instance avec la régie de l'enregistrement demande elle-même que l'affaire soit instruite dans les formes tracées par le code de proc., et qu'elle ne se rend point appelante de la décision qui intervient et qui la condamne en tous les dépens, elle doit en supporter la taxe, d'après les règles déterminées par le tarif, sans pouvoir prétendre qu'elle ne soit que ceux de la procédure ordinaire en matière d'enregistrement. — 19 mai 1824. Civ. c Montpellier. Enreg. C. Lafabrègue. D.A. 7. 405. D P. 24. 1. 425.

2736. — Lorsqu'à l'effet de constater une contravention, il a été ordonné une preuve testimoniale pour laquelle l'on a suivi les formes de la procédure ordinaire relative aux enquêtes, on peut ensuite continuer l'instruction d'après les formes spéciales introduites par la loi du 22 frimaire an 7, c'est-à-dire poursuivre le jugement sur simple mémoire et sans plaidoirie. — 17 juill. 1827. Civ. r. Leroy. D.P. 27. 1. 310.

2737. — Les condamnations prononcées au profit de l'administration des eaux-et-forêts, devant être poursuivies à la requête de la régie de l'enregistrement, les instances relatives à de telles poursuites doivent être instruites et jugées comme les autres instances de la régie, c'est-à-dire par mémoires, et non comme en matière *ordinaire* (L. 29 sept. 1791, tit. 8, art. 23). — 11 mars 1828. Civ. c. Enreg. C. Valtaire-Bailly. D.P. 28. 1. 169.

2738. — Il suffit que, dans une contestation en matière de droit d'enregistrement, instruite par écrit, il soit constaté par le jugement que l'*avoué*

d'une des parties a été entendu à l'audience dans ses observations, et a persisté dans les conclusions prises par son client dans la requête écrite, pour que ce jugement soit vicié de nullité. — 28 juin 1830. Civ. c. Enreg. C. Béarn. D.P. 30. 1. 311.

2739. — Mais de ce que, dans une instance contre la régie, l'avoué de la partie adverse aurait mis quelques notes en marge de la réplique de la régie, sans plaider ni signifier de mémoire, il ne suit pas qu'il doive être réputé avoir donné à cette partie un ministère défendu par la loi en cette matière spéciale. — 26 mars 1833. Civ. r. Enreg. C. Linard. D.P. 33. 1. 174.

2740. — Jugé aussi que les avoués peuvent, sans contrevenir aux lois qui prescrivent une instruction sur simple mémoire et sans plaidoiries, prendre des conclusions écrites, surtout quand elles sont signées des parties elles mêmes. — 20 mars 1826. Civ. r. Enreg. C. Girard-Duclos. D.P. 26. 1. 210.

2741. — Le ministère des avoués étant purement facultatif, la partie qui les emploie est seule obligée de les payer (Décis. min. 26 nov. 1808). — D.A. 7. 402, n. 4.

2742. — Les affaires d'enregistrement se jugent sur le rapport d'un des membres du tribunal, à peine de nullité du jugement; et le ministère public n'intervient que comme partie jointe (art. 54, 65). — D.A. 7. 403, n. 5.

2743. — Il a été jugé; dans une affaire où un notaire était poursuivi par la régie, pour un fait qu'il prétendait être indépendant de sa qualité, et que le tribunal réputait tel, que les jugemens doivent, à peine de nullité, être rendus sur le rapport d'un juge et les conclusions du ministère public. — 13 déc. 1809. Civ. c. Enreg. C. Pérignon. D.A. 7. 352. D.P. 10. 1. 65.

2744. — Spécialement, l'instance intervenue sur la prétention des préposés de la régie qui demandent à un notaire l'ouverture d'un paquet à lui remis cacheté en dépôt, et dont l'intérieur doit rester inconnu jusqu'à un certain temps, doit être instruite dans les formes prescrites par la loi du 22 frim. an 7; et, par conséquent, le jugement qui intervient est nul, s'il n'a été rendu sans rapport préalable. — Même arrêt.

2745. — Le jugement d'une instance dans laquelle on conteste sur le mode d'estimation qui sera suivi par des experts, doit, comme en toute autre instance concernant la régie, être précédé d'un rapport à l'audience. — On dirait en vain que c'est là un jugement rendu sur une simple pétition, tendant à expertise. — 22 mai 1832. Civ. c. Bony. D.P. 32. 1. 208.

2746. — Le décret du 25 mai 1811, qui autorise le président du tribunal civil de la Seine à charger les suppléans du rapport des ordres et contributions, ne s'applique pas aux matières d'enregistrement, lesquelles, aux termes de l'art. 65, doivent être jugées sur le rapport d'un juge. — 15 mars 1825. Civ. c. Enreg. C. Bidault. D.P. 25. 1. 199.

2747. — Quoique la régie de l'enregistrement soit chargée du recouvrement des amendes prononcées pour délits correctionnels (C. d'inst. cr., art. 197), ou encourues par les notaires, pour contraventions à la loi du 25 vent. an 11, le ministère public seul poursuit les contrevenans; et quand l'amende est prononcée, c'est encore en son nom que les diligences doivent être faites pour en opérer la rentrée. — La régie n'a d'action directe que pour les droits et perceptions quelconques, placés dans ses attributions immédiates. — D.A. 7. 403, n. 5.

2748. — Ainsi, les poursuites dirigées contre un individu condamné correctionnellement pour le recouvrement de l'amende prononcée et des frais, doivent être faites *à la requête de la direction générale de l'enregistrement, agissant au nom du procureur du roi*, et non *à la requête du procureur du roi, poursuite et diligence de la direction générale* (C. inst. cr. 197). — 30 janv. 1826. Civ. c. Enreg. C. Gauchot. D.P 26. 1. 197.

2749. — Le tribunal a la faculté de prononcer sur les pièces d'une seule partie si l'autre n'a pas encore fourni ses défenses dans le délai d'un mois. Il ne peut accorder aucun sursis. — D.A. 7. 403, n. 6.

2750. — Les tribunaux doivent statuer dans les trois mois à compter de l'introduction de l'instance (art. 65). Mais l'infraction à cette disposition n'entraîne pas la déchéance. — D.A. 7. 403, n. 7.

2751. — Et il a été jugé que l'art. 65 forme une disposition purement réglementaire, à laquelle aucune peine de déchéance n'est attachée, pour le cas où l'affaire se prolongerait. — 4 mars 1807. Civ. c.

Enreg. C. Portzamparc. D.A. 7. 411. D.P. 7. 2. 88. — 19 juin 1809. Civ. r. Laguichardière. D.A. 7. 228. D.P. 9. 2. 136.

2752. — Par économie de procédure, il n'y a, en matière d'enregistrement, qu'un seul degré de juridiction (L. 22 frim., art. 65). Et un avis du conseil d'état, du 12 mai 1807, a décidé que l'art. 1041 C. pr. n'a pas dérogé à cette règle spéciale de procédure. — D.A. 7. 403, n. 8, et note.

2753. — Mais l'art. 65 ne trouve son application qu'en matière domaniale : partout ailleurs, la loi générale reprend son empire. — D.A. 7. 403, n. 9.

2754. — Ainsi, il a été jugé que les règles spéciales de procédure tracées par la loi du 22 frim. an 7, ne s'appliquent aux instances concernant l'enregistrement qu'autant que la contestation se trouve engagée entre le redevable seul et la régie : mais lorsque des tiers y sont parties, l'instruction doit avoir lieu dans la forme générale. Ainsi, lorsque la régie est appelée à figurer dans un ordre ouvert sur son débiteur, elle est obligée de constituer avoué et de plaider à l'audience, comme tous autres créanciers, dès qu'elle veut en critiquer les opérations. — 11 avril 1810. Bruxelles. Enreg. C. Staplaton. D.A. 7. 406. D.P. 2. 71.

2755. — Les recouvremens d'impôts indirects poursuivis par la régie doivent seuls être jugés en dernier ressort, à quelque somme que les droits dont le paiement est réclamé s'élèvent : quant à la demande formée par cette régie en paiement du prix d'une coupe de bois domaniaux, on rentre sous l'empire de la règle générale, et le tribunal ne peut en connaître qu'en premier ressort, si elle excède 1,000 fr. (C. pr. 453). — 9 juill. 1812. Req. Enreg. C. Baudoin. D.A. 1. 430. D.P. 12. 1. 536.

2756. — Ainsi, quoique la régie de l'enregistrement puisse se pourvoir, par simples mémoires, et sans le ministère d'avoué, pour faire juger les oppositions aux contraintes décernées par elle et faire ordonner la saisie-arrêt des deniers d'un redevable entre les mains d'un tiers-débiteur, elle doit agir dans la forme ordinaire, aussitôt que ce tiers conteste la saisie-arrêt, ou qu'elle veut procéder contre lui par voie de saisie-exécution, ou de saisie-mobilière (Avis du cons. 12 mai 1807). — 20 avril 1818. Civ. r. Enreg. C. Boy. D.A. 7. 406. D.P. 18. 1. 337.

2757. — L'assignation en garantie donnée à la régie par des adjudicataires dont on conteste la collocation pour des droits d'enregistrement qu'on soutient avoir mal à propos été payés par eux, quoique accessoire à une instance d'ordre, n'en forme pas moins, entre les adjudicataires et la régie, une action principale qui, ayant pour objet l'application d'un droit d'enregistrement, doit être instruite et jugée d'après les formes spéciales tracées en cette matière. Rien ne saurait donc autoriser le tribunal saisi de la demande en garantie à prononcer par défaut contre la régie, lorsqu'elle a déposé au greffe sa défense et les pièces à l'appui, plusieurs jours avant le jugement; et cela, quand même un règlement émané de ce tribunal imposerait aux préposés de la régie l'obligation de remettre eux-mêmes leurs pièces aux mains du juge-rapporteur, parce que ce règlement, qui est l'œuvre des juges, et qu'on ne justifie pas, en outre, avoir été revêtu de l'approbation du gouvernement, ne saurait prévaloir sur les dispositions expresses des lois qui règlent la forme de procéder dans toutes les affaires relatives aux perceptions confiées à la régie (L. 22 frim. an 7, art. 65 et l. 27 vent. an 9, art. 17). — 24 déc. 1822. Civ. c. Enreg. C. Martin. D.A. 7. 409. D.P. 2. 71.

2758. — Jugé cependant que les formes spéciales de procédure, telles que dispense de constitution d'avoué, instruction sur rapport, etc., établies pour les instances relatives à la perception des droits, doivent être observées, encore bien qu'il ne s'agisse que d'un débat entre la régie et un tiers, accessoire à la contrainte qui a été primitivement décernée; et l'on doit regarder comme accessoire de la contrainte, l'instance qui s'est engagée entre la régie et un gardien judiciaire établi à la suite de la saisie des meubles d'un redevable, objet de la contrainte, instance relative à la taxe des salaires de ce gardien. — 23 août 1830. Req. Balançon. D.P. 30. 1. 322.

2759. — La demande en validité de saisie-arrêt formée par la régie contre un redevable, doit être instruite dans la forme voulue par la loi du 22 frim. an 7, c'est-à-dire sur simples mémoires, et sans constitution d'avoué (L. 27 vent. an 9, art. 17 : C. pr., art. 61, 563). — 28 juill. 1812. Civ. c. Enreg. C. Bouyré. D.A. 7. 407. D.P. 2. 71. — 9 fév. 1814. Civ. c. Enreg. C. Lebris. D.A. 7. 407. D.P. 2. 71. — 7 janv. 1818. Civ. c. Enreg. C. Bildé. D.A. 7. 407. D.P. 18. 1. 211.

2760. — L'instance sur une assignation en validité d'opposition, poursuivie à la requête de la régie, pour recouvrement d'amende prononcée en matière d'usure, doit être instruite suivant la forme spéciale tracée par l'art. 65 et non selon la forme ordinaire. — 14 nov. 1832. Req. Rouen. Dubosc. D.P. 33. 1. 48.

2761. — Lorsque des communes sont débitrices de droits d'enregistrement, la régie doit s'adresser au préfet pour faire porter au budget de la commune la somme qu'elle a droit de réclamer (Avis cons. d'état, des 11-26 mai 1813). Si la dette était contestée, le litige devrait être porté devant les tribunaux, et l'affaire s'instruirait dans les formes prescrites par la loi de frimaire, après s'être assuré toutefois que la commune aurait reçu du préfet l'autorisation de plaider. — D.A. 7. 404, n. 10.

2762. — Bien que la régie de l'enregistrement et des domaines ait le droit de décerner les contraintes pour le recouvrement des créances sur l'état, telles par exemple que celles auxquelles l'état a succédé depuis la suppression des corporations religieuses, cependant, si, sur l'opposition à ces contraintes, le titre lui-même est contesté en la forme et au fond, la procédure doit se continuer non par mémoires et dans la forme spéciale suivie en matière d'enregistrement, mais dans la forme ordinaire; et, de ce moment, c'est au préfet seul, représentant de l'état en matière de propriété, à poursuivre, soit par intervention, soit par action, le jugement de la validité du titre, la régie devant, quant à présent, être déclarée non-recevable à agir (L. 12 sept. 1791, art. 4). — 30 juin 1828. Civ. r. Amiens. Enreg. C. Bergeron. D.P 28. 1. 303. — 6 août 1828. Req. Amiens. Enreg. C. Hérit. Marchand. D.P. 28. 1 306.

2763. — Le directeur général de l'enregistrement est autorisé à traduire devant les tribunaux, sans recourir à la discussion du conseil d'état, les agens *inférieurs* de cette administration (Arrêté 9 pluv. an 10). — D.A. 7. 404, n. 11.

2764. — Les règles spéciales établies par la loi du 22 frim. an 7, pour la poursuite des redevables de droits d'enregistrement, et qui s'appliquent également aux actions de la régie contre ses préposés à la recette des mêmes droits, n'ont point été abrogées par le code de procédure civile. Ainsi, la régie a pu demander l'autorisation nécessaire pour former saisie-arrêt contre un ex-receveur infidèle, au président du tribunal dans l'arrondissement duquel était le bureau de ce receveur, et l'y assigner en validité de saisie, encore que ce tribunal ne fût plus celui de son domicile. — 23 janv. 1822. Req. Désormeaux. D.A. 7. 468. D.P. 22. 1. 199.

2765. — En matière d'enregistrement, les juges ne peuvent admettre un fait, comme base de leur décision, qu'autant qu'il leur est connu par la voie d'une instruction régulière. — Ainsi, ils ne pourraient se déterminer d'après un fait établi dans une plaidoirie, ou dans un mémoire non signifié. — 1er avril 1822. Civ. c. Enreg. C. Duston. D.A. 7. 405. D.P. 2. 70.

2766. — L'administration, déboutée, à défaut de preuves suffisantes, d'une demande en paiement de droits d'une mutation présumée, peut former une nouvelle demande des mêmes droits, sans qu'on puisse lui opposer l'autorité de la chose jugée, lorsqu'elle justifie d'un acte qui établit la mutation (Arr. d'admin., du 26 août 1813). — D.A. 7. 404, n. 12.

§ 3. — *Du jugement.*

2767. — La forme d'instruction tracée en matière d'enregistrement doit être rigoureusement suivie, à peine de nullité, parce que toutes les formalités sont jugées essentielles pour la garantie réciproque du fisc et du contribuable. — D.A. 7. 410, n. 1.

2768. — Ainsi, en matière d'enregistrement, il ne suffit pas que le jugement ait été rendu sur rapport; il faut de plus que le rapport ait été fait en audience publique (art. 65). — 7 janv. 1818. Civ. c. Enreg. C. Collette. D.A. 7. 411. D.P. 2. 71. — 10 pluv. an 13. Civ. c. Delaïas. D.A. 7. 149. D.P. 2. 22. — 2 avril 1817. Civ. c. Enreg. C. Bohn. D.A. 7. 411. D.P. 17. 1. 426.

2769. — Ainsi encore, tout jugement qui se borne à constater la présence du procureur du roi à l'audience, mais sans faire aucune mention qu'il ait été entendu dans ses conclusions, est nul, s'il n'y a d'ailleurs aucune preuve de l'audition de ce magistrat. — 10 fév. 1819. Civ. c. Enreg. C. Mouchet. D.A. 7. 413. D.P. 19. 1. 240.

2770. — Ainsi, comme en toute autre matière où son audition est exigée par la loi, le ministère public doit, à peine de nullité du jugement à intervenir, être entendu à l'audience, au lieu de se borner à dépo-

ser des conclusions écrites. — 14 mars 1821. Civ. c. Godin. D.A. 7. 413. D.P. 21. 1. 595.

2771. — Les formes constitutives du jugement doivent être constatées par le jugement même. — *Spécialement*, le jugement qui ne constate pas qu'il ait été rendu *sur rapport* fait en *audience publique*, est nul (D.A. 7. 410, n. 1, 2, 3) — 13 juill. 1815 Civ. c. Montbreuil. D.A. 7. 412. D.P. 2. 71 — 19 déc. 1810. Civ. c. Hattol-Deshayes. D.P. 10. 1. 64. — 25 janv. 1815. Civ. c. Enreg. C. Gilbert. D.A. 7. 448. D.P. 2. 78.

2772. — Ainsi, doit être annulé tout jugement, en matière d'enregistrement, qui ne constate pas l'audition verbale du ministère public, ni même la présence de ce magistrat à l'audience (C. pr. 112). — 14 mars 1821. Civ. c. Godin. D.A. 7. 413. D.P. 21. 1. 595.

2773. — Le juge-rapporteur de l'affaire doit concourir par son vote au jugement, et ce fait doit être constaté par le jugement même, sans pouvoir être établi par aucun acte quelconque ayant une existence distincte de ce jugement. — 5 déc. 1822. Bruxelles. Beyts. D.A. 7. 415. D.P. 2. 71.

2774. — Le jugement rendu en cette matière doit être annulé, s'il n'exprime pas qu'il ait été rendu sur le rapport préalable de l'un des juges. — 2 juin 1823. Civ. c. Enreg. C. Cardelus. D.A. 7. 408. D.P. 23. 1. 419.

2775. — Un jugement est nul, s'il n'exprime pas qu'il a été précédé d'un rapport fait en audience publique, encore qu'il mentionne qu'au nombre des juges qui l'ont rendu, se trouvait le juge d'instruction rapporteur. — 5 mars 1822. Civ. c. Enreg. C. Dubois. D.P. 22. 1. 357.

2776. — Et il ne peut être suppléé à cette omission par un certificat du greffier, attestant que le rapport a réellement eu lieu. — 3 janv. 1820. Civ. c. Enreg. C. Robin. D.A. 7. 412. D.P. 20. 1. 178.

2777. — Mais il suffit que le ministère public ait été entendu à une première audience; il n'est pas nécessaire qu'il le soit de nouveau le jour du prononcé du jugement. — 23 avril 1816. Civ. r. Enreg. C. Glénard. D.A. 7. 173. D.P. 16. 1. 299.

2778. — Il suffit d'ailleurs que le jugement énonce qu'il a été *rendu à l'audience*, l'idée de publicité étant attachée à ces expressions, lors surtout que, par la matière à juger et les erremens de la procédure, le jugement ne pouvait être que public. — 26 juin 1817. Req. Testu. D.A. 7. 412, et 9. 614. D.P. 18. 1. 417.

2779. — Le jugement rendu, en cette matière, sur la seule production d'une des parties, est susceptible d'opposition de la part de l'autre, comme tout jugement par défaut. — 4 mars 1807. Civ. c. Enreg. C. Portzamparc. D.A. 7. 411. D.P 7. 2. 88.

2780. — Tout jugement est nul en matière d'enregistrement s'il a été rendu sur plaidoiries. — 18 janv. 1808. Civ. c. D.A. 7. 413. — 26 fév. 1816. Civ. c. Enreg. C. Michot. D.A. 7. 412. D.P. 17. 1. 386. — Conf. Civ. c. 13 janv., 18 janv., 19 oct. 1808; 5 mai 1811; 28 fév. 1814; 13 nov. 1816; 5 fév. Enreg. C. Boulogne, 7 mai 1817. D.A. 7. 412, 413.

2781. — On ne voit pas d'abord pourquoi cette surabondance d'instruction entraînerait la nullité; il semble que la partie condamnee devrait seulement ne payer aucun des frais qu'elle aurait occasionés. Cependant le principe admis, on sent que la sanction est necessaire; sans cela les chances ne seraient plus égales entre les parties si « l'une pouvait choisir un avocat et que l'autre ne voulût pas en employer. » — D.A. 7. 410, n. 4.

2782. — La nullité ne doit pas être prononcée s'il est dit dans le jugement, « Ouï M^e tel, avoué de.... » ces expressions ne constatant pas suffisamment qu'il ait été rendu sur plaidoirie. — 11 juill. 1815 Civ. r. Enreg. C. Coëffe, D.A. 7. 413. D.P. 21. 1. 478

2783. — Rien n'empêche que les parties soient entendues à l'audience, lorsque le tribunal le juge nécessaire pour éclairer sa religion (D.A. 7. 410, n. 5). — 20 mars 1816. Civ. r. Enreg. C Baillot. D.A. 7. 413. D.P. 16. 1. 180.

2784. — Un jugement, en cette matière, est nul, s'il ne contient pas les conclusions des parties (C. pr. 141). — 5 déc. 1822. Bruxelles. Beyts. D.A. 7. 415. D.P. 2. 71.

2785. — Mais il n'est pas nul pour ne pas avoir été précédé d'un acte d'avenir. l'art. 65 de la loi de frim. ne prescrivant point cette formalité. — 20 fév. 1809. Civ. c. Enreg. C. Quirin. D.A. 7. 411. D.P. 2. 71.

2786. — Est nul tout jugement rendu, en cette matière, sur des pièces ou mémoires non signifiés (D.A. 7. 410, n. 7). — 31 janv. 1814. Civ. c. Enreg. C. Milhet D.A. 7. 414.

2787. — Tout jugement qui intervient dans une instance relative à la perception des droits d'enregistrement est nul, s'il n'est justifié, par aucun acte produit devant la cour, que chacune des pièces ou mémoires qui ont pu servir d'élémens à ce jugement, ait été signifié à la partie qui succombe. — 10 fév. 1819. Civ. c. Enreg. C. Sacquin. D.A. 7. 414. D.P. 19. 1. 234.

2788. — La signification des mémoires doit être faite à la régie et non au ministère public. — D.A. 7. 411, n. 9.

2789. — Le procureur du roi n'a pas qualité pour représenter la régie de l'enregistrement dans les instances qui la concernent. — Ainsi, doit être déclaré nul tout jugement rendu sur un mémoire qui n'a point été signifié à la régie elle-même, mais seulement au procureur du roi. — 28 mai 1823. Civ. c. Enreg. C. Castanier. D.A. 7. 414. D.P. 23. 1. 263.

2790. — Lorsque, dans une affaire concernant l'enregistrement, l'audience pour le prononcé du jugement a été indiquée à jour fixe, et que néanmoins la cause est appelée et jugée avant le jour indiqué, la decision qui intervient est nulle, par cela que les parties n'ayant point été citées, pour être présentes au rapport, elles ont été privées de la faculté que la loi leur donne d'y assister, et de fournir des observations pour leur defense (art. 64, § 2; C. pr. 93, 111). — 3 fév. 1817. Civ. c. Jousselin. D.A. 7. 414. D.P. 17. 1. 177.

2791. — Il y a lieu de rédiger le jugement sans signification préalable de qualités, puisque la loi, dans ces sortes d'instances, dispense les parties du ministere des avoués (Décis. min. de la just. et des fin. 1er mars 1808; inst. gén., n. 369). — D.A. 7. 411, n. 10.

2792. — Lorsque des poursuites exercées par l'administration par voie de contrainte ont été suivies d'opposition, citation, jugement dans les formes spéciales prescrites en matière d'enregistrement, les poursuites relatives à l'exécution du premier jugement rentrent sous l'empire des lois générales, et doivent être faites conformément aux dispositions du code de procédure. — 9 août 1832. Req. Clément. D.P. 32. 1. 345.

§ 4. — *Des voies à prendre pour attaquer le jugement.*

2793. — L'art. 65 de la loi de frimaire veut que les jugemens soient sans appel, et *qu'ils ne puissent être attaqués que par la voie de cassation.*

2794. — Il en était ainsi sous l'empire de la loi de 1790 (L. 11 sept. 1790, tit 14, art. 2; 11 avril 1791, art. 17). — 13 prair. an 10. Civ. c. int. de la loi. Chicoteau D.A. 7. 417. D.P. 2. 72.

2795. — Toutefois, si, par erreur, on avait suivi les formes ordinaires de procéder, et qu'on eût porte la cause, par appel, devant une cour royale; que les parties eussent défendu sur cet appel, sans opposer le vice de la procédure, elles seraient plus tard non-recevables à s'en prévaloir. — D.A. 7. 415, n. 1.

2796. — Et il a été jugé que si un redevable a appelé d'un jugement qui le condamne envers la regie, et que, sur l'appel, il soit intervenu deux décisions, dont la première déclare l'appel recevable et la deuxième statue sur le fond, la régie est inadmissible à demander la cassation de celle-ci, si elle ne s'est pourvue contre celle-là. Toutefois, les deux décisions doivent être cassées dans l'intérêt de la loi. — 13 prair. an 10. Civ. c. int. de la loi. Chicoteau. D.A. 7. 417. D.P. 2. 72.

2797. — On ne peut se pourvoir devant le conseil d'état pour demander la nullité d'une décision ministérielle précisant la manière dont sera payé un droit d'enregistrement en matière de prise. Cette décision d'economie administrative étant une instruction pour servir de guide aux autorités inférieures, n'enlève point aux tribunaux la connaissance de ce droit (Lesseps, Corsaire *la Basque*). — 17 juill. 1816. Ord. cons. d'état.

2798. — Il importe de remarquer que le deuxième degré de juridiction ne peut être franchi que tout autant que l'affaire n'a pas pour objet immédiat le recouvrement de l'impôt.

2799. — Ainsi, l'action de la régie, en paiement d'un déficit trouvé dans la caisse d'un receveur de l'enregistrement, et *spécialement* l'action dirigée contre la veuve de ce receveur, pour la faire déclarer commune, et tenue, en cette qualité, du paiement de la dette de son mari, est une action ordinaire qui doit se régir d'après les règles communes. — 4 pluv. an 10. Civ. c. Lebrie. D.A. 7. 417. D.P. 2. 72.

2800. — Ainsi, le jugement qui renvoie la régie à se pourvoir, par les voies de droit, sur la demande en paiement d'un billet de 1,200 fr., souscrit par un tiers, pour acquitter le débet d'un receveur, doit être attaqué par la voie de l'appel et non par le recours direct en cassation. C'est là une action ordinaire qui ne peut être régie par les dispositions spéciales etablies, en matière d'impôt, par les lois des 22 frim. an 7 et 27 vent. an 9. — 10 août 1814. Req. Enreg. C. Bernard. D.A. 7. 421. D.P. 14. 1. 468.

2801. — Ainsi encore, l'appel est la seule voie recevable contre un jugement qui a statué sur une demande en subrogation de poursuite formée par la régie contre un propriétaire saisissant sur son fermier, débiteur de l'un et de l'autre, lorsque cette demande en subrogation avait pour objet de parvenir au paiement d'une somme excédant 1,000 fr. C'est là une action ordinaire qui ne peut être réglée par les formes spéciales de la loi du 22 frim. an 7, lesquelles ne concernent que les instances qui sont relatives à la perception des droits, et s'agitent entre le redevable et la regie — 25 janv. 1815. Req. Enreg C. Bourn. D.A. 7. 421. D.P. 15. 1. 300.

2802. — De même, lorsque la demande a pour objet une rente ou une redevance, la regie doit suivre la marche indiquée par le code de procédure, et interjeter appel avant de porter son recours en cassation, si la demande excédait 1,000 fr. (L. 22 frim. an 7, art. 65). — 10 juill. 1816. Req. Enreg. C. Chevalier. D.P. 16. 1. 551.

2803. — C'est la voie d'appel, et non celle de la cassation qu'il faut employer pour faire réformer un jugement rendu entre la regie de l'enregistrement et un particulier, et qui a pour objet une vente des bois domaniaux. — 16 avril 1818. Req. Angevin. D.P. 19. 1. 109.

2804. — De même, lorsque la moitié du décime par franc dû sur la coupe d'une forêt indivise entre l'état et un particulier, a été payée à ce dernier par le receveur des domaines, la demande en restitution de cette moitié, formée par la direction, sur le fondement que le droit appartient en totalité à l'état, chargé seul des frais d'administration, n'est point régie par les lois qui, à l'égard des droits d'enregistrement, n'ont admis qu'un seul degré de juridiction. Cette demande est régie par le droit commun, et le jugement dont elle a été l'objet doit être attaqué par voie d'appel et non de cassation; il importe peu que la cause ait été instruite par mémoires. — 16 mars 1825. Civ. r. Dom. C. Monier. D.P. 25. 1. 203.

2805. — De même, un jugement est susceptible d'appel, lorsqu'il a été rendu entre un redevable et un receveur appelé par lui en garantie dans une instance engagée avec la régie. — 30 déc. 1832. Orléans. Texier. D.P. 34. 2. 62.

2806. — Mais il a été jugé que, lorsqu'un individu, sur les poursuites dirigées par la régie contre plusieurs autres, en paiement de droits, prend le fait et cause des défendeurs, il se constitue, par ce seul fait, débiteur direct et redevable personnel des droits qui pourront être dus. En conséquence, il y a lieu de procéder sur cette action d'après les règles de compétence établies pour les affaires relatives au droit d'enregistrement. Celui qui a pris fait et cause n'a donc que le recours en cassation pour faire réformer le jugement de première instance qui le condamne; il ne peut recourir à la voie de l'appel. — 27 juin 1826. Civ. c. Cardon. D.P. 26. 1. 333

2807. — L'appel contre un jugement qui condamne un individu au paiement d'une somme dont il est redevable envers la régie, du chef de la perception qu'il a eue comme receveur de l'enregistrement, n'est pas recevable, lorsque d'ailleurs l'instance a été introduite sur une opposition formée par l'appelant à la contrainte decernée contre lui, et instruite dans les formes tracées par la loi du 22 frim. an 7. — 28 déc. 1822. Bruxelles. .... C. Enreg. D.A. 7. 422. D.P. 2. 72.

2808. — S'il y a eu insuffisance de perception dans un acte, et que la régie n'en ait point réclamé le supplément devant les premiers juges, elle ne peut se faire un moyen de cassation, de ce que ce supplément ne lui ait pas été alloué d'office, sauf à le réclamer ultérieurement, si elle s'y croit encore recevable. — 16 juin 1824. Civ. r. Enreg. C. Remin. D.A. 7. 44. D.P. 24. 1. 460.

2809. — L'autorité de la chose jugée ne peut être invoquée lorsque l'administration, après avoir été déboutée d'une demande en paiement des droits d'une mutation, intente une nouvelle action en s'appuyant sur la preuve acquise depuis de cette

même mutation (Arr. admin. 26 août 1815; *Dict. de l'enreg.*, v° Instance, n. 44).

2810. — De ce que le receveur, en payant au redevable la somme que la régie a été condamnée à lui restituer, a exigé de celui-ci la remise des pièces du procès, il n'en résulte aucune fin de non-recevoir contre le pourvoi en cassation. — 31 mars 1819. Civ. c. Enreg. C. Jousselin. D.A. 7. 422. D.P. 19. 1. 338.

2811. — Le jugement qui ordonne la distraction des reprises de la femme héritière de son mari pour la liquidation, des droits de mutation par décès, n'est pas simplement préparatoire; il préjuge que le montant de ces reprises n'entrera pas dans la formation de la masse à établir pour la fixation du droit : il peut dès lors être déféré à la cour de cassation avant le jugement définitif. — 9 oct. 1810. Civ. c. Enreg. C. Lassarade. — D.A. 7. 285. D.P. 2. 499.

2812. — Sur les attributions de la cour de cassation dans la révision des procès en matière fiscale, il importe de remarquer que cette cour a constamment professé la doctrine, qu'il lui appartenait d'apprécier les faits et les actes. C'est aussi l'opinion de Merlin, v° Enregistrement (droit d'), p. 749 (D.A. 7. 416, n. 3). — 10 mai 1819. Civ. c. Enregistr. C. Murat. D.A. 7. 71. D.P. 2. 8 et 19. 1. 356. — V. nos observ. v° Cassation, n. 000. — V. aussi n.

2813. — En matière d'impôts, les tribunaux ne peuvent, sous aucun prétexte d'interprétation ou d'analogie, étendre d'un cas à un autre les dispositions de la loi. — 11 déc. 1820. Civ. c. Enreg. C. Kohlaas. D.A. 7. 165. D.P. 21. 1. 96.

2814. — Mais on ne peut faire usage devant la cour de cassation d'un moyen qui n'aurait pas été présenté dans l'instance. — 21 avril 1806. Civ. c. Enreg. C. Dauphin. D A. 7. 441. D P. 2. 154.

2815. — Ainsi et *spécialement*, lorsqu'à une réclamation de droits de mutation sur décès, des héritiers opposent, mais seulement en cassation, qu'ils ont été évincés de la succession par un héritier testamentaire, contre lequel, d'ailleurs, la régie a décerné une contrainte particulière, ils ne peuvent être écoutés dans cette allégation tardive, sauf à eux à s'en prévaloir en temps et lieu, soit contre la régie, soit contre l'héritier testamentaire. — 14 germ. an 11. Civ. c. Enreg. C. Baroud-du-Soleil. D.A. 7. 435. D.P. 2. 80.

2816. — On ne peut exciper, devant la cour de cassation, d'un acte qui n'a point été produit au procès. — 29 avril 1818. Civ. r. Archambaud. D.A. 7. 452. D.P. 18. 1. 395.

2817. — La loi de frimaire, en déclarant que les jugemens ne pourraient être attaqués que par voie de cassation, n'a entendu interdire que l'appel et non les autres voies propres à amener à la réformation de ces jugemens.

2818. — Ainsi, on a jugé qu'on peut se pourvoir par requête civile contre toute espèce de jugement, contre ceux rendus en matière d'enregistrement, comme contre tous autres. — 14 mai 1811. Req. Enreg. C. Vanovervelt. D.A. 7. 420. D.P. 11. 1. 172.

2819. — Il en serait ainsi de la tierce-opposition. — On conçoit à peine que la difficulté ait pu s'élever, car ces mots de la loi, *ne pourront être attaqués que par la voie de cassation*, sont naturellement expliqués par ceux-ci qui précèdent : *les jugemens seront sans appel*. — D.A. 7. 416, n. 4.

2820. — Toutefois, les directeurs de l'enregistrement ne pourront se pourvoir par requête civile, qu'après un ordre spécial de l'administration (Inst., n. 606).

2821. — Quoique l'instruction ait lieu par écrit, il ne faut pas cependant appliquer l'art. 113 C. pr., soit parce que la loi de frimaire ne contient rien de semblable, soit, mieux encore, parce qu'il n'y a pas identité de position. — D.A. 7. 416, n. 5.

2822. — Jugé en effet qu'en matière d'enregistrement, tous jugemens rendus par défaut et sur la seule production des mémoires et des pièces d'une des parties, sont susceptibles d'opposition. — On ne peut leur appliquer l'art. 113, tit. 6, C. de pr. civ., qui ne concerne que les jugemens rendus sur délibéré et instruction par écrit, dans la forme et dans les cas prévus par ce titre. — 17 juill. 1811. Civ. r. Enreg. C. Cros-Lebailly. D.A. 7. 418. D.P. 11. 1. 446. — 8 juin 1812. Civ. r. Enreg. C. Sombret. D.A. 7. 418. D.P. 22. 1. 455.

2823. — Il est dans la nature des choses que la régie puisse être admise à former opposition. — D.A. 7. 416, n. 6.

2824. — En effet, l'opposition *motivée* d'un redevable à la contrainte de la régie suffit pour faire réputer *contradictoire* le jugement qui intervient

sur cette opposition, et qui en rappelle les motifs, encore qu'il n'ait été fourni par le redevable, durant le cours de l'instance, aucun mémoire en défense (L. 22 frim., art. 64; C. pr. 158). — Les juges peuvent rejeter d'*office* l'opposition formée à ce jugement qui avait épuisé leur juridiction. — 24 avril 1822. Civ. r. Serdobin. D.A. 7. 420. D.P. 22. 1. 453. — Dec. contraire du min. des fin. 10 janv. 1809; *Dict. de l'enreg.*, v° Instruction, n. 60.

2825. — Le jugement qui intervient entre un redevable et la régie, étant réputé contradictoire, aux termes de l'art. 65 de la loi du 22 frim. an 7, lorsqu'il a été rendu sur mémoires respectivement signifiés et produits par les parties, il en résulte qu'il ne saurait être susceptible d'opposition par cela que la régie n'aurait fourni aucune réplique au mémoire en défense que lui aurait fait signifier le redevable, la veille même du prononcé du jugement, si d'ailleurs elle n'a demandé aucun délai pour la préparer. — 13 fév. 1815. Civ. c. Enreg. C. Miaume. D.A. 7. 538.

2826. — L'opposition est recevable dans les délais fixés par le code de procédure, c'est-à-dire jusqu'à l'exécution (art. 158), puisque régulièrement il n'y a pas d'avoué constitué dans l'instruction. — D.A. 7. 416, n. 7.

2827. — L'audition du ministère public ne supplée pas aux défenses que pourrait fournir la régie elle-même; la signification au ministère public des jugemens rendus contre la régie est surabondante, et ne fait point courir le délai du pourvoi en cassation (D.A. 7. 417, n. 8). — 11 mars 1812. Civ. c. Enreg. C. Cazals. D.A. 7. 419. D.P. 12. 1. 295.

2828. — Mais les contraventions aux lois sur le notariat étant poursuivies directement par le ministère public, c'est à lui seul qu'appartient le droit de provoquer la censure des jugemens qui ne lui ont point adjugé ses conclusions (Déc. min. de la just. 25 avril 1808). — D.A. 7. 417, n. 9.

2829. — La direction peut se pourvoir en cassation contre un jugement qui lui fait grief, nonobstant que ce jugement ait été exécuté, sans protestation ni réserve, par un receveur qui n'avait reçu aucun mandat à cet égard. — D.A. 7. 417, n. 10.

2830. — Car la régie n'est point liée par les mauvaises défenses fournies par ses agens; elle est toujours à même de les rectifier et de revenir contre l'acquiescement précipitamment donné aux moyens adverses, tant que la contestation n'a pas été soumise au jugement du tribunal (arg. art. 59). — 21 avril 1806. Civ. c. Enreg. C. Dauphin. D.A. 7. 441. D.P. 2. 154. — 21 germ. an 12. Civ. c. Enreg. C. Maësebeyt. D.A. 7. 201. D.P. 4. 1. 557. — V. Acquiescement.

2831. — Il suffit que l'existence d'une société, quoique non rendue publique dans la forme légale, ait été reconnue par les juges, même contre la régie, pour que la régie ne soit pas fondée à critiquer cette décision devant la cour. — 9 mars 1831. Civ. r. Enreg. C. Bouchard. D.P. 31. 1. 67.

ART. 19. — *De la prescription.*

2832. — Les règles générales qui sont retracées v° Prescription doivent être combinées avec les dispositions spéciales de la loi de frimaire, qui ont été appliquées et commentées dans les paragraphes qui suivent et qu'on va faire précéder de quelques idées générales.

2833. — *Dispositions générales.* — Toutes les actions durent trente ans, à moins qu'elles ne soient limitées par des délais plus courts (C. civ. 2262).

2834. — La loi de frimaire a établi, en matière d'enregistrement, quelques prescriptions particulières, mais qui suivent la règle que toutes les exceptions sont de droit étroit, et ne doivent pas être étendues à d'autres cas que ceux pour lesquels elles sont créées. — D.A. 7. 423.

2835. — Dans le silence des lois spéciales, le droit commun s'applique en général aux matières exceptionnelles.

2836. — L'art. 2281 C. civ. s'applique-t-il aux prescriptions de droit, commencées avant le code? Il y a controverse. — V. Prescription.

2837. — Mais, dans le silence de la loi, on doit, ce semble, appliquer le principe de l'art. 2281.

§ 1er. — *De la prescription de deux ans.*

2838. — Sont soumises à la prescription biennale, à compter du jour de l'enregistrement, de la part de la régie, 1° toute demande en paiement d'un droit non perçu sur une disposition particulière dans un acte; 2° toute demande en supplément de droit, pour raison d'une perception insuffisamment faite; 3° toute demande pour fausse évaluation dans une

déclaration, et pour la constater par voie d'expertise; 4° et de la part du contribuable, toute demande en restitution de droits induement perçus (L. 22 frim. an 7, art. 61, § 1er). — D.A. 7. 423, n. 1.

2839. — La partie faisant l'objet du n. 1 de cet article est une dépendance naturelle de l'art. 11 de la loi de frimaire. Ainsi, lorsqu'un receveur, par ignorance ou par oubli, omet de percevoir quelque droit à raison de certaine disposition contenue dans un acte présenté à la formalité, il ne lui est accordé que deux ans pour réclamer le droit omis. — D.A. 7. 423, n. 2.

2840. — Mais tant que l'acte de mutation lui-même n'a pas été présenté à l'enregistrement, la demande de la régie en paiement des droits de cette mutation, lorsqu'elle parvient à sa connaissance, n'ayant pour objet ni un droit non perçu sur une disposition particulière d'un acte, ni un supplément de perception insuffisante, ne peut tomber sous la prescription de l'art. 61. — 24 therm. an 13. Civ. c. Enreg. C. Groc. D.A. 7. 429. D.P. 2. 73.

2841. — Comme aussi, la prescription du double droit encouru pour défaut d'enregistrement d'un acte quelconque dans les délais, ne peut courir que du jour où l'acte a *reçu* la formalité. — Elle ne saurait avoir pour point de départ le jour de la *présentation* de l'acte à l'enregistrement, parce qu'il n'y a d'autre preuve légale de ladite présentation que celle qui résulte de l'enregistrement de l'acte lui-même (Avis cons. d'état, 22 août 1810). — 15 juin 1813. Civ. c. Enreg. C. Robotti. D.A. 7. 434.

2842. — Mais l'énonciation, dans un inventaire, d'un acte contenant mutation de propriété, suffit pour donner au préposé connaissance de cet acte, et le mettre à portée d'en recouvrer les droits. — En conséquence, c'est à partir de la présentation de l'inventaire à la formalité que court la prescription. — 1er juin 1814. Civ. r. Enreg. C. Roux. D.A. 7. 426. D.P. 2. 72.

2843. — Toutefois, la mention de l'inventaire des effets d'une communauté, portant que la totalité de ses effets est restée en la possession de la veuve survivante, pour en représenter *la valeur*, ne peut être considérée que comme la preuve d'un dépôt et non comme un acte translatif de propriété, de telle sorte que, si, après avoir renoncé à la communauté, la veuve se trouve saisie, à titre d'abandon, des mêmes effets compris dans l'inventaire, en paiement d'une portion des reprises qu'elle a à exercer, elle ne peut échapper au paiement du droit d'abandon, en faisant remonter son titre de propriété à l'époque de l'inventaire, depuis la confection duquel il se serait écoulé plus de deux années. — 25 janv. 1833. Délib. Enreg. C. M.... D.P. 33. 3. 102.

2844. — Lorsque, dans un même acte, il se trouve une disposition pure et simple, et une sous condition suspensive, le receveur ne peut percevoir sur la dernière qu'un simple droit fixe, sauf à exiger le droit proportionnel, lors de l'événement de la condition, et on ne pourrait alors, s'il s'était écoulé plus de deux ans depuis l'enregistrement de l'acte, se prévaloir contre lui du § 1er de l'art. 61 de la loi du 22 frim. an 7, parce que le droit proportionnel n'était pas ouvert lors de la présentation de l'acte à la formalité. — D.A. 7. 423, n. 3.

2845. — Lorsque, sur une donation contractuelle qui ne doit être ouverte qu'au décès du donateur, le droit proportionnel a été induement perçu par la régie au moment de l'enregistrement du contrat, d'après l'estimation qui y est faite des biens donnés, cette perception ne fait point obstacle à ce que le droit soit de nouveau exigé par la régie au jour du décès du donateur, d'après la valeur des biens donnés à cette époque. En conséquence, le donataire à qui la régie offre d'imputer ce qu'elle a prématurément perçu par erreur de droit, n'est pas fondé à écarter la perception nouvelle, soit sous le prétexte qu'un prétendu contrat aléatoire serait intervenu entre lui et le receveur de la régie, soit sur ce que le droit de la régie serait prescrit par le laps de plus de deux ans, sans réclamation contre l'irrégularité de la perception première. — 13 avril 1825. Civ. c. Enreg. C. Devoisins. D.P. 25. 1. 270.

2846. — Le sens naturel de la disposition contenue dans le n. 2 de l'art. 61, c'est que la prescription de deux ans doit s'appliquer à toute réclamation de la régie, tendant à soumettre un acte quelconque ou une disposition dans un acte, à un droit d'enregistrement plus fort que celui perçu déjà à raison de cet acte ou de cette disposition. Ainsi un acte contenant mutation de propriété d'immeuble est présenté à la formalité postérieurement aux trois mois depuis sa date; le re-

ceveur n'exige que le droit simple; plus de deux ans après, il forme une demande en paiement du double droit : sa réclamation devra être rejetée, parce qu'il s'agit là bien évidemment d'une demande en supplément de droit pour raison d'une perception insuffisamment faite.—D.A. 7. 425, n. 5.

2847.—Aussi on a jugé que la prescription biennale ne court contre la régie que lorsqu'il s'agit d'une perception entamée, et d'une demande en supplément de droit sur un acte présenté à la formalité, ou dont l'acte de dépôt aurait été soumis à l'enregistrement — 17 mai 1809. Civ. c. Enreg. C Hérit. Descourts. D.A. 7. 162. D.P. 9. 2. 134.

2848.— Lorsque, dans un acte présenté à l'enregistrement, il est fait mention d'un autre acte non enregistré, le receveur peut réclamer de l'officier public une amende de 50 fr., outre le paiement des droits de l'acte non enregistré. S'il ne fait cette réclamation que plus de deux ans après l'enregistrement de l'acte qui constate la contravention, la demande ne doit-elle pas être considérée comme tardive? Oui (Avis du cons. d'état) du 22 août 1810) dont la doctrine a été sanctionnée par l'art. 14 de la loi du 16 juin 1824, portant : « La prescription de deux ans établie par le n. 1. de l'art. 61 de la loi du 12 déc. 1798 s'appliquera tant aux *amendes* de contraventions aux dispositions de ladite loi qu'aux *amendes* pour contraventions aux lois sur le timbre et les ventes de meubles. Elle courra du jour où les préposés auront été mis à portée de constater les contraventions, au vu de chaque acte soumis à l'enregistrement, ou du jour de la représentation des répertoires à leur *visa*. »—D.A. 7. 425, n. 6.

2849.— Mais les *droits principaux* d'enregistrement ne sont plus considérés comme étant prescriptibles par le délai de deux ans, depuis que la loi de 1824 a, par ce même article 14, disposé que dans tous les cas la prescription pour le recouvrement *des droits simples d'enregistrement et des droits de* timbre qui auraient été dus indépendamment des amendes, resterait réglée par les lois existantes.» Cette disposition a modifié entièrement la jurisprudence admise jusqu'alors, qui soumettait à la même prescription les droits simples et les amendes, en se fondant sur l'avis précité.—D.A. 7. 425, n. 6.

2850.— Ainsi, il a été décidé que la prescription de deux ans s'applique à la perception des amendes encourues pour contravention, comme à celles des droits d'enregistrement eux-mêmes (art. 62). — 25 janv. 1809. Civ. r. Enreg. C. Cairo. D.A. 7. 212. D.P. 9. 2. 7.

2851.—Jugé de même que les droit et double droit pour défaut d'enregistrement d'actes quelconques, dans les délais, se prescrivent par deux ans, sans réclamation, du jour où la régie a été avertie de l'existence de ces actes par l'énonciation de leur substance dans d'autres actes présentés à l'enregistrement. — 12 déc. 1814. Civ. r. Enreg. C. Arlet. D.A. 7. 427. D.P. 16. 1. 185 — 20 mars 1816. Civ. r. Enreg. C. Lavolley. D.A. 7. 427. D.P. 16. 1 187. — 21 mai 1816. Civ. c. Kergolay. D A. 7. 427. D.P. 16. 1. 324. — 23 juill. 1822. Civ. r. Enreg. C. Lambert. D.A. 7. 428. D.P. 22. 73.

2852. — Jugé également que l'art. 14 de la loi du 16 juin 1824, qui a applique aux amendes la prescription de deux ans établie par l'art. 61 de la loi du 22 frim. an 7, n'a fait que convertir en loi la doctrine énoncée dans l'avis du conseil d'état, du 22 août 1810, d'après laquelle la prescription de deux ans s'applique aux amendes comme aux droits simples, lorsqu'il y a eu insuffisance de perception ou fausse évaluation dans un acte dont la régie a eu connaissance— 16 juin 1828. Cr. c. Enreg. C. Roussey. D.P. 28. 1. 279.

2853.—La prescription de deux ans est applicable aux amendes prononcées par cette loi pour défaut de déclaration à la régie. — 14 août 1809. Civ. r. D.P. 9. 2. 136.

2854.—Mais il faut prendre garde que la prescription de deux ans ne devient applicable aux amendes de contravention que du jour où les préposés ont été mis à portée de constater les contraventions (L. 16 juin 1824, art. 14).—D.A. 424, n. 7

2855.—Ainsi, 1° La prescription de deux ans s'applique aux amendes encourues pour contraventions que les préposés de la régie ont été mis à portée de connaître par la présentation à la formalité des actes qui y ont donné lieu. *Spécialement*, l'amende prononcée contre un notaire pour énonciation d'un acte non encore enregistré dans un autre acte reçu par lui, cesse d'être due, si la régie n'en a pas formé la demande dans les deux ans de la formalité donnée à l'acte qui contient cette énonciation. — 9 avril 1810. Civ. r. Enreg. C. Boulade. D.A. 7. 434. D.P. 2. 74.

2856.—2° La présentation du répertoire d'un greffier au visa du receveur de l'enregistrement, équivaut à la présentation à la formalité d'actes capables de faire reconnaître des contraventions, exigée par l'avis du conseil d'état, du 22 août 1810, pour faire courir la prescription biennale contre la réclamation de droits non acquittés, et des amendes résultant du retard. — En conséquence, il y a prescription acquise contre l'action de la régie, lorsqu'il s'est écoulé plus de deux ans entre les poursuites dirigées par elle contre un greffier qui a négligé de présenter divers actes à l'enregistrement, et de les porter sur son répertoire, et la présentation de ce répertoire au visa. — 4 janv. 1814. Civ. r. Enreg. C. Ferrand. D.A. 7. 435. D.P. 14. 1. 146.

2857.— 3° La prescription des droits dus sur une mutation secrète, est acquise contre la régie, lorsqu'il s'est écoulé deux années sans réclamation de sa part, depuis l'enregistrement des actes desquels elle fait résulter elle-même la découverte de la mutation soustraite à la connaissance de ses préposés. — 25 juill. 1820. Civ. r. Enreg. C. Crucy. D.A. 7. 433. D.P. 21. 1. 49.

2858.— 4° La prescription de deux ans, applicable au droit principal comme au double droit d'un jugement d'adjudication d'immeubles, non enregistré dans les délais, court du jour où le jugement rendu sur folle enchère, faisant mention du premier, a été présenté à la formalité —Voyez, au n. 2851, l'arrêt Lambert, du 23 juill. 1822.

2859.— Mais, jugé qu'un simple bail consenti par le propriétaire présumé, et présenté à la formalité, ne suffirait point pour faire courir la prescription. — 27 mars 1817. Req. Lenglier. D.A. 7. 432. D.P. 17. 1. 444.

2860.— Si un acte passé dans les colonies est déposé chez un notaire, la prescription pour la demande du droit de mutation court à partir de l'enregistrement de l'acte de dépôt. — 14 août 1813. Civ. c. Ch. réun. Decourts. D.A. 7. 163. D.P. 15. 1. 148.

2861.— Comme aussi, lorsqu'un acte contenant échange d'un immeuble situé dans une colonie française contre un immeuble situé en France, n'a été présenté à l'enregistrement que dans la colonie, l'administration fiscale de la métropole peut exiger un supplément de droits, même après l'expiration des deux ans, à partir de l'enregistrement effectué dans la colonie. La prescription biennale ne peut, dans ce cas, être opposée à la régie, qui n'a pu avoir connaissance de l'acte d'échange. — 28 août 1832. Délib. D.P. 34. 3. 47.

2862.—Pour les demandes en supplément de droits des cessions de créance sur l'état, en valeur de l'arriéré, non liquidées définitivement au moment des cessions, la prescription ne court que du jour de la liquidation définitive (Décis. min. des fin.; 27 déc. 1822; *Dict. de l'enreg.*, v° Prescription, n. 66).

2863.— Lorsque des actes sous seing-privé non enregistrés ont été mentionnés dans des actes authentiques, sans que la régie en ait perçu les droits, la prescription acquise par le délai de deux ans produit l'effet d'éteindre l'action de la régie en paiement du droit proportionnel; et il ne peut plus être perçu qu'un droit fixe pour l'enregistrement de ces actes, s'ils sont plus tard produits en justice (art. 23).—24 juin 1828. Civ. c. Badereau. D.P. 28. 1. 288.

2864. — Jugé, toutefois, que quoiqu'il se soit écoulé plus de deux ans depuis la mention faite dans un acte public, d'un acte sous seing-privé non enregistré, sans que l'amende ni les droits aient été perçus, la prescription qui en résulte ne fait pas obstacle à ce que, dans le cas de mention nouvelle de cet acte par un officier public, ces droits et l'amende ne puissent être exigés. — 21 déc. 1832. Instr. gén. de la régie. Lisfranc. D.P. 33. 3. 23.

Cette doctrine est contraire à celle de l'arrêt ci-dessus, du 24 juin 1828, et d'un arrêt d'admission du 31 déc. 1831 que mentionne cette instruction. Elle est d'ailleurs erronée, car ce n'est pas la *mention* qui est sujette au droit, mais seulement *la convention* qui est *une*, comme le droit à percevoir. Lors donc qu'un droit proportionnel est acquitté à raison d'un acte quelconque, c'est celui de la convention qu'il énonce, et non celui de la mention. —Ce qui est vrai du paiement, l'est aussi de la prescription. Une fois ce droit prescrit, il ne peut plus être exigé, car, d'une part, il ne saurait être à la fois éteint et exigible, et, de l'autre, l'effet d'une prescription accomplie ne s'efface jamais. Pour qu'il en fût autrement, il faudrait que chaque mention nouvelle fît naître un nouveau droit différent du premier, ce qui ne peut être, tant qu'il s'agit d'une même convention. Le système de l'instruction qui précède est donc contraire aux principes. — D.A. *ibid.*, note 1re. — *Contrà*, n. 2582.

2865.—Lorsque, par erreur, le receveur n'a réclamé qu'une somme inférieure à celle à laquelle la mention donnait ouverture, il y a prescription du surplus par le laps de deux ans, à partir de l'enregistrement de l'acte, sans réclamation nouvelle de la régie, encore bien que la somme, d'abord réclamée, aurait été payée.—28 avril 1830. Civ. r. Enreg. C. Mignot. D.P. 30. 1. 228.

2866.—La prescription biennale des droits dus sur des actes d'adjudication de fournitures, faites pour un établissement, ne court, quelque grande qu'ait été leur publicité, et bien qu'il ait été loisible à la régie de prendre connaissance des registres de l'établissement, qu'à partir de la présentation à la formalité de l'enregistrement, soit de ces actes, soit d'actes qui les relatent, et non du jour où ces adjudications ont eu lieu.—17 avril 1833. Civ. c. Enreg. C. Bonnet. D.P. 33. 1. 186.

2867.—Lorsque, de la présentation d'un acte à l'enregistrement, ou même des énonciations qu'il contient, ne résulte pas la preuve immédiate, *et sans recherches ultérieures*, de la contravention commise, la prescription ne peut courir, puisque l'art. 14 de la loi de 1824 veut que le receveur soit mis à portée de connaître la contravention *au vu de chaque acte soumis à l'enregistrement.* — D.A. 7. 424, n. 8.

2868. — Et la prescription établie par l'art. 61 de la loi du 22 frim. an 7 ne s'applique pas aux mutations qui sont tenues secrètes, et que la régie n'a été mise, par aucun acte quelconque, à portée de connaître. —16 oct. 1810. Civ. c. Enreg. C. Jourdain. D.A. 7. 245. D.P. 2. 38.

2869.—C'est ainsi qu'on a décidé que la présentation à l'enregistrement d'un exploit, dans lequel deux frères se sont dits *co*-propriétaires, d'un immeuble dont l'un d'eux s'était précédemment rendu seul adjudicataire, ne suffit pas, pour faire courir, dès cet instant même, la prescription des droits résultant de la mutation secrète.—24 therm. an 13. Civ. c. Enreg. C. Groc. D A. 7. 429. D.P. 2. 73.

2870.—De même la présentation à l'enregistrement d'un acte contenant partage, entre deux individus, d'un immeuble dont un seul s'était rendu précédemment adjudicataire, n'est point suffisante pour mettre le receveur à même de découvrir sur-le-champ la mutation secrète que cet acte fait présumer, et pour faire courir la prescription des droits.—9 mai 1814. Civ. c. Enreg. C. Roudanès. D.A. 7. 432. D.P. 2. 74.

2871.—Jugé cependant, 1° que les droits de mutation résultant d'un acte de partage fait entre plusieurs individus, d'immeubles dont un seul s'était rendu précédemment adjudicataire, sont prescrits lorsque la régie est restée plus de deux ans sans les réclamer, depuis la présentation à la formalité des actes où cette adjudication se trouvait énoncée, et qui mettaient le receveur à même de reconnaître la mutation secrète.—5 mars 1825. Req. Enreg. C. Pallot. D.A. 7. 428. D.P. 2. 73.

2872.—2° Que dans le cas où un immeuble a été acquis par une société avant l'admission d'un sociétaire, si un jugement, qui constate cette admission, ordonne la dissolution et le partage de la société, c'est alors que la régie doit percevoir, à l'égard de ce sociétaire, les droits de mutation; elle ne pourrait les réclamer à l'occasion de l'acte de partage...; par suite, c'est à partir de ce jugement que court la prescription.—12 fév. 1834. Civ. r. Enreg. C. Hailig. D.P. 34. 1. 111.

2873.— Mais lorsque le vendeur d'un immeuble par acte secret, l'afferme, comme propriétaire, postérieurement à la vente, par bail notarié, enregistré, et le rachète ensuite de l'acquéreur par autre acte authentique postérieur, aussi enregistré, ni ce bail notarié, ni cet acte public de rétrocession ne peuvent être considérés comme des actes ayant mis, par leur présentation à la formalité, le receveur à même de découvrir la mutation secrète, sans *recherches ultérieures, indépendantes desdits actes*, et comme ayant fait courir la prescription (C. civ. 2262).— 29 juin 1813. Civ. c. Enreg. C. Vergnaud. D.A. 7. 430.

2874.—De même la présentation à la formalité, soit de l'acte d'adjudication, soit du bail, ne peut être considérée comme ayant mis le receveur à portée de découvrir la mutation. En conséquence, la pres-

cription n'a pu courir du jour de l'enregistrement du bail.—29 juin 1813. Civ. c. Enreg. C. Hénaff. D.A. 7. 430. D.P. 13. 1. 576.

Si l'acte d'adjudication eut été rappelé dans le bail, cette indication eût été suffisante pour faire courir la prescription, parce qu'il eût été vrai de dire que le receveur était à mmême de reconnaître la contravention *au vu de l'acte* et sans recherches ultérieures. Dans ce cas là même il n'y aurait eu que le double droit de prescriptible.—D.A. 7. 425, n. 9.

2875.—Jugé que la régie a trente ans pour réclamer le droit de rétrocession résultant de l'inscription sur le rôle foncier, lors même que, dans l'intervalle, il aurait été présenté, à la formalité, des procès-verbaux de saisie ou d'adjudication publique de l'immeuble sur le nouveau possesseur, parce que ces divers actes sont insuffisans par eux-mêmes et sans des recherches ultérieures, pour faire découvrir si la mutation qu'il font supposer a été déclarée et si les droits en ont été acquittés.— 30 juin 1813. Civ. c. Enreg. C. Clavé. D.A. 7. 431. D.P. 13. 1. 576.

2876. — ... Que le partage d'un immeuble, comme acquêt de communauté, entre un père et ses enfans, lorsqu'à une époque antérieure il avait consenti à l'un de ses fils la vente de sa moitié, n'est point suffisant pour donner, à lui seul, une connaissance légale de la rétrocession qui est présumée s'être opérée avant l'acte de partage. — 17 août 1813. Civ. c. Enreg. C. Frotin. D.A. 7. 431. D.P. 2. 74.

2877. — La prescription des droits auxquels un acte peut donner lieu ne court que du jour ou la régie a pu en connaître l'existence, lors même que cet acte aurait acquis une date certaine long-temps auparavant. — 6 nov. 1813. Civ. c. Enreg. C. Sevin. D.A. 7. 250. D P. 2. 53.

2878. —De même, lorsque, dans un contrat de donation soumis à l'enregistrement, le donateur se déclare propriétaire de l'objet donné, en vertu d'un acte qu'il énonce, si l'énonciation est reconnue fausse, elle ne peut servir de point de départ pour la prescription des droits résultant de la mutation soustraite à la formalité. Cette énonciation mensongère ne peut être jugée suffisante pour mettre la régie à portée de découvrir la contravention, *sans recherches ultérieures*. — 10 janv. 1821. Civ. c. Enreg. C. Vincent. D.A. 7. 433. D P. 2. 74.

2879. — Quoiqu'il se soit écoulé plus de deux ans entre l'ordonnance du roi qui autorise la donation de la jouissance des biens d'un majorat et la demande des droits, le donataire ne peut opposer la prescription, surtout si l'ordonnance n'a pas été insérée au Bulletin des lois (Décis. 10 juill. 1827; *Dict. de l'enreg.*, v° Prescription, n. 90).

2880. — La prescription de deux ans, établie par l'art. 61 et qui, d'après l'avis du conseil d'état, du 22 août 1810, court du jour où, par des actes présentés à l'enregistrement, les employés ont été mis à même de découvrir les contraventions, ne pouvant, selon la jurisprudence établie, avoir pour point de départ que des actes qui, par eux-mêmes et sans recherches ultérieures, aient mis les employés à portée de découvrir ces contraventions, il suit de là qu'en cas de présentation à la régie, d'un acte de vente dans lequel il n'est fait aucune mention du titre en vertu duquel le vendeur est devenu propriétaire, on ne peut dire que cet acte a mis suffisamment la régie à portée de connaître cette mutation; et il y a, dès lors, lieu d'annuler le jugement qui, sur ce motif, déclare prescrite son action en paiement du droit simple de mutation contre le vendeur ou ses héritiers. — 16 juin 1828. Cr. c. Enreg. C. Roussey. D.P. 28. 1. 279.

2881.— L'individu contre lequel existe une présomption légale de mutation secrète de propriété, par suite du paiement des contributions et de son inscription au rôle n'est pas fondé à opposer la prescription du droit, à défaut de poursuite de la part de la régie, à partir de son inscription au rôle, suivie du paiement des contributions.— 20 juill. 1829. Req. Decorde. D.P. 29. 1. 306.

Mais cette présomption suffit pour faire courir la prescription de trente ans.— V. *infrà*, § 3.

3882.— La prescription ne court, contre les actions ouvertes à la régie pour le recouvrement des droits ou amendes, ni du jour de la mutation au rôle, ni du jour de l'enregistrement d'un bail qui n'indiquerait pas l'origine de l'immeuble affermé, ou le désignerait sous un autre nom que celui donné dans la déclaration de partage. — 6 mars 1834. Req. Merlet. D.P. 34. 1. 144.

2883.— De même, des affiches annonçant une adjudication et des publications de mise aux enchères

ne peuvent être considérées comme ayant mis les préposés de la régie à portée de connaître les adjudications, alors, d'ailleurs, qu'elles n'ont pas été mentionnées dans d'autres actes présentés à l'enregistrement. En conséquence, est nul un jugement qui, en se fondant sur la publicité donnée à des adjudications, déclare l'action de la régie prescrite en ce qu'elle aurait été formée plus de deux ans après la date de ces adjudications. — 23 mai 1832. Civ. c. Enreg. C. Morel. D.P. 32. 1. 199

2884.—Ce n'est pas à partir de l'acte qui contient la mutation déguisée, mais à partir de l'acte où cette mutation se trouve dévoilée, ou au moins signalée, que court la prescription de deux ans établie contre l'action de la régie (L. 28 avril 1818, art. 45).— 21 mai 1834. Civ. c. Enreg. C. Cottin. D.P. 34. 1. 254.

2885. — Mais la présentation à la formalité de l'enregistrement de deux actes notariés par lesquels un individu, seul et en son nom personnel, a *affermé* et *hypothéqué* des immeubles déclarés provenir de la succession de son père, encore qu'il ne fût constaté par aucun acte que ces immeubles lui fussent échus en totalité par le partage de cette succession entre lui et ses co-héritiers, est suffisante, suivant les art. 12 et 61 de la loi du 22 frim. an 7, pour mettre la régie à même d'exiger les droits de mutation sur ces immeubles dont la valeur excède de plus de moitié la part héréditaire que celui qui s'en dit propriétaire à titre d'héritier devrait prendre dans la succession de son père. En conséquence, si la régie laisse écouler deux ans sans réclamation depuis l'enregistrement de ces actes, son action est prescrite.— 15 mars 1825. Civ. r. Enreg. C. de Moyria. D.P. 25. 1. 200.

2886.— De même, présenter à l'enregistrement un contrat de mariage dans lequel on se déclare propriétaire par suite d'acquisition, à titre onéreux, d'un immeuble qui y est désigné, suffit pour autoriser la régie à demander la justification de l'enregistrement des actes par lesquels la mutation de cet immeuble a été opérée, ou à exiger la perception du droit. En conséquence, l'action de la régie peut être repoussée par l'exception de prescription, si elle laisse passer deux ans sans réclamer.—6 fév. 1826. Civ. r. Enreg. C. Obl. D.P. 26. 1. 153.

2887.—Il en est de même en cas de présentation à l'enregistrement d'un contrat de mariage contenant des énonciations propres à faire connaître qu'une mutation a eu lieu, et, par exemple, portant qu'un fils a déclaré se constituer en dot, du consentement de sa mère, un immeuble provenant de la communauté d'entre ses père et mère.

Dans ce cas, la prescription court contre l'action de la régie à partir de la présentation du contrat à l'enregistrement.— 14 mars 1826. Civ. r. Enreg. C. Maritoux. D.P. 26 1. 153.

2888.— Lorsque des héritiers, après avoir déclaré à la régie que la succession de leur père était composée de partie d'immeubles dont l'autre partie appartenait à leur mère, ont fait, entre eux, le partage de la totalité de ces immeubles par acte qui a été enregistré (soit au bureau de la déclaration, soit dans un autre), c'est à partir de cet enregistrement que la régie à été mise en demeure de réclamer le droit de mutation relative à la transmission aux enfans de la part de leur mère. — 28 avril 1830. Civ. r. Enreg. C. Mignot. D.P. 30. 1. 228.

2889.— Lorsque la régie de l'enregistrement à été mise à portée, par des conclusions signifiées dans un procès, de découvrir une mutation déguisée, et qu'elle a laissé écouler plus de deux ans depuis cet acte, elle ne peut plus réclamer les droits de mutation dus par l'acte déguisé, et elle doit, par conséquent, restituer ceux qu'elle aurait perçus après ce délai. — 4 mai 1830. Civ. r. Enreg. C. Diert. D.P. 30. 1 299.

2890 — De même, lorsqu'un particulier a hypothéqué par acte authentique un immeuble, et que, par des actes enregistrés, il a obtenu permis de saisir, et a saisi sur le fermier auquel il avait loué cet immeuble, ces actes suffisent pour faire connaître qu'il était propriétaire, et, en conséquence, pour faire courir, à partir du jour de leur enregistrement, la prescription de deux ans contre l'action de la régie, pour non paiement du droit de mutation relatif au même immeuble. — 7 juill. 1830. Req. Enreg. C. Dubiez. D.P. 32. 1. 395.

2891.— Pour mettre la régie de l'enregistrement en demeure de percevoir un droit de mutation et faire courir contre elle la prescription établie par l'art. 61 de la loi du 22 frim. an 7, il n'est pas nécessaire que l'acte soumis à la formalité énonce, en termes exprès, que la mutation s'est opérée, *si*,

d'ailleurs, elle résulte suffisamment de l'ensemble des stipulations contenues dans l'acte.— 6 mai 1834. Req. Enreg. C. Monteau. D.P. 34. 1. 327.

L'emploi de termes sacramentels pour exprimer la volonté de faire certain acte, certain contrat, n'est pas plus prescrit en matière d'enregistrement qu'en toute autre. C'est à la réalité des stipulations qu'on doit s'attacher. La cour suprême a eu dès lors raison de repousser la prétention de la régie, qui n'allait à rien moins qu'à faire consacrer le système des formules d'actes ou d'actions, système proscrit par notre jurisprudence.— D.P. *eod.*, n. 5.

2892. — La prescription de deux ans, à compter du jour où les contraventions auront été commises, s'applique, 1° à l'action pour faire condamner à l'amende prononcée par l'art. 1er de la loi du 16 flor. an 4, contre les notaires qui négligeraient de déposer dans les deux premiers mois de chaque année, au greffe du tribunal de leur arrondissement, le double du répertoire des actes reçus pendant l'année précédente; 2° à l'action pour faire condamner à l'amende prononcée par l'art. 37 de la loi du 1er brum. an 7, contre les particuliers ou les fonctionnaires publics, pour le défaut de mention de la patente des négocians dans les exploits ou autres actes extrajudiciares; 3° à l'action pour faire condamner aux amendes résultant des contraventions des notaires aux diverses dispositions de la loi du 25 vent. an 11; 4° et à l'action pour faire comdamner à l'amende prononcée par l'art. 68 C. comm., contre le notaire qui, ayant reçu le contrat de mariage d'un négociant, n'en aura point fait le dépôt, dans le mois de sa date, aux greffes des tribunaux de première instance et de commerce du domicile du mari, ainsi qu'aux chambres des avoués et notaires du lieu, pour être exposé au tableau prescrit par l'art. 872 C. pr. civ. (L. 16 juin 1824, art. 14, 2e alin.).— D.A. 7. 425, n 11.

L'appel contre un jugement n'empêche pas la prescription d'avoir son cours: ainsi, on a jugé qu'en cas de transmission de propriété déclarée par jugement confirmé sur appel, le délai pour la perception du droit de mutation court à partir de l'enregistrement du jugement, et non à partir de l'arrêt, alors, d'ailleurs, que l'appel, dont l'effet est d'être suspensif, ne porterait que sur un chef du jugement étranger à la propriété. — Dès lors, il y a prescription, si la régie a laissé passer deux ans, à partir de l'enregistrement du jugement, sans exiger le droit (C. pr. 457).— 6 juin 1827. Req Enreg. C. Mollin. D.P. 27. 1. 264.

2893.—Les prescriptions particulières de l'art. 61 s'appliquent aux droits de greffe comme aux droits d'enregistrement.

2894.—Toutefois, il ne faut pas appliquer la prescription de deux ans à la réclamation d'amende contre un greffier qui a exigé de plus forts droits de greffe que ceux réglés par la loi du 21 vent. an 7 (art. 25); car cette amende est la peine d'un délit, et doit être réglée par les lois criminelles (D.A 7. 425, n. 12 et 13).— Arrêt conforme : 23 germ. an 11. Civ. c. Enreg. C. Minne. D.A. 7. 841. D.P. 3. 1. 638.

2895.—Il existe une contradiction apparente entre l'art. 61 qui soumet à la prescription de *deux ans* toute demande en expertise pour constater une fausse évaluation dans une déclaration, et l'art. 17 qui limite cette même demande à *une année*, lorsqu'il s'agit de vérifier si le prix énoncé dans un acte translatif de propriété ou d'usufruit de biens immeubles à titre onéreux est inférieur à leur valeur vénale. Mais cette contradiction s'efface quand on songe que l'art. 17 s'applique uniquement au cas où la mutation s'est opérée *moyennant un prix énoncé* dans le contrat, et l'art 61 à tous ceux où il s'agit de vérifier une *déclaration* donnée par les parties.— D.A. 7. 425, n 13.

2896.—C'est à partir de l'enregistrement de l'acte, que, dans la plupart des cas, la demande en restitution doit être formée. *Dans la plupart des cas*, parce qu'il en est où le droit de répétition n'est pas ouvert à cette époque, et où, par conséquent, la prescription ne peut courir: tel est celui où il s'agit de droits perçus sur des marchés passés avec le gouvernement, lorsque ces marchés ont été annulés par la volonté seule du ministre (Décis. min. des fin. 8 niv. an 9).— D.A. 7. 426, n. 16.

2897. —Tel est encore le cas d'une adjudication d'immeubles dont le prix a été réduit par suite d'une demande en distraction de plusieurs objets mal à propos compris dans la vente (Décis. 6 juill. 1813).— V. art. 15.

2898.—Et l'on a jugé que toute action en restitution de droits induement perçus se prescrit par deux ans, quand même le paiement des droits aurait été accompagné de réserves. — 21 avril 1806. Civ. c. Enreg. C. Dauphin. D.A. 7. 441. D.P. 2. 154.

2899. — Jugé de même que la demande en restitution du droit perçu sur une adjudication d'immeubles faite en justice, lorsque cette adjudication a été annulée depuis par les voies légales, est soumise à la prescription de deux ans, comme toute autre demande en restitution de droits. — 16 fév. 1813. Civ. c. Enreg. C. Macaire. D.A. 7. 436. D.P. 13. 1. 505.

2900. — Jugé encore que l'annulation d'un contrat d'échange de biens dotaux, prononcée par jugement passé en force de chose jugée, ne rend pas restituable le droit perçu sur la mutation.

2901. — En tous cas, la demande en restitution se prescrit par deux ans depuis l'enregistrement du contrat d'échange. — 10 mars 1823. Civ. c. Enreg. C. Portallier. D.A. 7. 437. D.P. 2. 74. — 15 mars 1825. C. r. Enreg. Demoyria. D.P. 25. 1. 200. — *Dict. de l'enreg.*, v° Prescription, n. 43. — 6 fév. 1826. C. c. — 14 mars 1826, *id.*, n. 71, 72.

2902. — C'est ainsi encore qu'on décide que l'action en restitution du droit perçu sur un contrat de mariage, en cas de non célébration, se prescrit par deux ans à partir de l'enregistrement du contrat (8 sept. 1832. Solut.). — D.P. 33. 3. 3.

2903. — Mais cette solution est inadmissible, car on ne peut demander que les parties forment leur réclamation avant qu'il soit devenu certain que le résilement du contrat a eu lieu. Sans cela la maxime, *contrà non valentem agere non currit prescriptio*, serait violée. — D.P. *eod.*

2904. — On ne peut opposer la prescription biennale à la demande en restitution, formée par les tiers acquéreurs, des fruits perçus par la régie, postérieurement à la vente, quoique ces fruits aient été perçus en paiement des droits d'enregistrement (Arr. 20 août 1811. Cas. cité par le *Dict. de l'enreg.*, v° Prescription, n. 95).

2905. — Le droit proportionnel ne peut être exigé sur une obligation suspensive que lorsque la condition s'est accomplie. Si néanmoins le droit avait été perçu immédiatement, et que la condition vint plus tard à défaillir, est-ce du jour de l'enregistrement de l'acte qu'aurait couru la prescription de l'action en répétition, ou seulement du jour où la condition a manqué? C'est de ce dernier jour, car jusqu'à l'événement de la condition, le contribuable peut être repoussé par la régie, qui répondrait que dans le doute de l'accomplissement de la condition, la provision doit demeurer à celui qui est en possession. — D.A. 7. 426, n. 17.

2906. — Mais si le droit proportionnel a été induement perçu sur l'obligation suspensive, par exemple sur une donation contractuelle, au moment du contrat et d'après l'estimation qui est y faite des biens donnés, la régie pourra-t-elle réclamer un nouveau droit au jour du décès du donateur, d'après la valeur des biens à cette époque et en offrant l'imputation de ce qu'elle a prématurément perçu par erreur de droit? Oui. — D.A. 7. 426, n. 18. — Conf. 13 avril 1825. Civ. c. Enreg. C. Devoisins. D.P. 25. 1. 270.

2907. — Néanmoins, quoique le droit proportionnel sur une donation conditionnelle, telle que celle qui est faite au cas de prédécès du donateur, ne soit exigible qu'à l'événement de cette condition, cependant si la perception a été faite à l'instant de la donation, c'est de ce jour, et non pas seulement du jour du décès, que court la prescription de deux ans contre l'action en restitution de ce qui a été perçu de trop par la régie. — 27 déc. 1830. Civ. c. Enreg. C. Warion. D.P. 31. 1. 25.

Il semble que cet arrêt contrarie la doctrine émise dans celui qui précède, car il doit au moins y avoir parité de droits entre la régie et le contribuable.

2908. — Doit-on compter dans le délai de la prescription le jour de l'enregistrement de l'acte que l'art. 61 prend pour point de départ? Oui. — D.A. 7. 426, n. 19.

2909. — L'art. 25, qui porte que le jour de la date de l'acte, ou celui de l'ouverture de la succession n'est point compté dans les délais fixés pour l'enregistrement des actes et des déclarations, ne s'applique pas aux délais réglés pour la prescription des droits. — *En d'autres termes*, le jour où une déclaration de succession est enregistrée se trouve compris dans les deux années accordées à la régie pour réclamer un supplément de droit sur une fausse évaluation, et pour la constater par voie d'expertise; en sorte que si la déclaration a eu lieu le 20 sept. 1808, par exemple, la régie ne sera plus à temps de requérir l'expertise des immeubles déclarés, si elle n'a fait enregistrer sa demande que le 21 sept 1810, quoiqu'elle l'ait fait signifier le 20. — 11 oct. 1814. Civ r. Enreg. C. Lelièvre. D.A. 7. 437. D.P. 15. 1. 103.

2910. — Jugé de même que dans le délai de deux ans, à compter de l'enregistrement, dans lequel la demande en restitution d'un droit induement perçu doit être formée, on doit comprendre le jour de l'enregistrement. Ainsi, le droit payé par un notaire, le 20 oct. 1825, est tardivement réclamé le 20 oct. 1827. — 1er août 1831. Civ. c. Enreg. C. Auger. D.P. 31. 1. 254.

2911. — Les prescriptions ci-dessus sont suspendues par des demandes signifiées et *enregistrées* avant l'expiration des délais (art. 61, l. de frim. an 7). — D.A. 7. 426, n. 20.

2912. — Les réclamations des contribuables peuvent être enregistrées soit au secrétariat du ministère des finances, soit à celui de la régie de l'enregistrement (Déc. min. des fin., 27 sept. 1827, et 2 mars 1831).

2913. — Les prescriptions dont s'occupe l'art. 61 ne s'appliquent qu'à l'action nécessaire pour faire consacrer les droits qu'on revendique; mais ces droits une fois reconnus par une condamnation, on rentre dans la règle générale. — D.A. 7. 426, n. 21.

2914. — La restitution ordonnée par jugement peut être effectuée pendant trente ans (*Dict. de l'enreg.*, v° Prescription, n. 178).

§ 2. — *De la prescription de trois et de cinq ans.*

2915. — La prescription de *trois ans* s'applique à toute demande de droits pour *omission* de biens dans une déclaration faite après décès; et celle de cinq ans, à la réclamation des droits sur les successions *non declarées* (L. 22 frim. an 7, art. 61). — D.A. 7. 438, n. 1.

2916. — L'action de la régie, pour les droits de mutation par décès, ne se prescrit que par cinq ans, et non par deux ans, encore bien que les héritiers auraient partagé les biens par un acte notarié présenté à l'enregistrement, ce qui aurait donné connaissance de l'ouverture de la succession. — Ici ne s'applique pas l'avis du conseil d'état, du 22 août 1810, lequel n'est relatif qu'au recouvrement des amendes encourues pour contraventions. — 29 mai 1832. Civ. c. Enreg. C. Descombe. D.P. 32. 1. 211.

2917. — Cette décision concerne-t-elle exclusivement les successions? Non; elle s'applique également à tous les cas où il y a lieu à une declaration de la part des parties. Telle la donation entre-vifs de la moitié du quart des biens présens. Si, dans les déclarations nécessaires et pour l'évaluation, et pour l'indication des biens donnés, il y a quelque omission, il y a même raison d'appliquer la prescription de trois ans. — D.A. 7. 438, n. 1.

2918. — Jugé cependant que la prescription de cinq ans, établie par l'art. 18 de la loi du 19 déc. 1790, pour le paiement des droits, ne concerne que les mutations opérées par décès, et ne saurait être appliquée aux mutations effectuées entre-vifs. — 26 août 1807. Civ. c. Enreg. C. Huard. D.A. 7. 464. D.P. 2. 85.

2919. — La prescription de trois ans court *à compter du jour de l'enregistrement*; et celle de cinq ans *à compter du jour du décès*. — D.A. 7. 438, n. 2.

2920. — Mais, d'après le principe général, que la prescription ne court pas contre celui qui ne peut agir, on a déclaré, 1° que la prescription de cinq ans ne pouvait courir à l'égard d'une succession non déclarée, que lorsque la régie avait une connaissance *légale* du décès. Ainsi, elle n'a point couru lorsque le décès n'a pas été inscrit sur les registres de l'état civil. — D.A. 7. 438, n. 3, § 1er.

2921. — Ainsi, il a été jugé que la prescription de cinq ans ne peut être opposée à la régie, pour les droits dus sur une succession non déclarée, que lorsqu'elle a eu une connaissance légale du décès. — Ainsi, lorsque l'acte de décès n'a point été inscrit sur les registres de l'état civil, les tribunaux ne peuvent ordonner une enquête, à l'effet de constater le jour du décès, et de déterminer le point de départ de la prescription. Tout au plus, la prescription pourrait-elle, dans ce cas, commencer à partir de l'enquête (art. 54, 55, 61). — 30 juin 1806. Civ. c. Enreg. C. Coural. D.A. 7. 446. D.P. 6. 2. 151.

2922. — Mais la prescription court du jour du décès, à l'égard d'un individu mort dans un hospice, lorsque l'acte de décès a été inscrit sur le registre de cette maison, encore bien qu'il n'ait point été porté sur les registres de l'état civil du domicile du décédé, si d'ailleurs il est constant que le registre de l'hôpital avait été déposé à la mairie de la ville à laquelle cet hôpital appartient, plus de cinq ans avant la réclamation de la régie. — 7 fév. 1809. Civ. r. Enreg. C. Durand. D.A. 7. 447. — 21 fév. 1809. Civ. r. Enreg. C. Durand. D.P. 9. 2. 18.

2923. — Jugé encore que lorsqu'un individu

meurt après avoir accepté bénéficiairement une succession dont il n'a pas fait la déclaration à la régie, les droits de mutation dus à raison de cette succession peuvent être perçus accessoirement et comme se liant à ceux auxquels le décès de cet individu donne ouverture, nonobstant qu'il se soit écoulé plus de cinq ans depuis l'acceptation bénéficiaire. — Il suffit que la demande en soit formée dans les deux ans de la déclaration de sa propre succession. — 21 avril 1806. Civ. c. Enreg C. Dauphin. D.A. 7. 441. D.P. 2. 154.

2924. — Pour les successions non déclarées des militaires morts en activité de service, hors de leur département, la prescription de cinq ans n'a également cours qu'à partir *de la mise en possession des héritiers* (à moins que le décès n'ait été connu de la régie auparavant).

Il en est de même pour les successions non déclarées des absens (L. 28 avril 1816, art. 40). — D.A. 7. 438, n. 2, § 2.

2925. — Ainsi, la loi ne faisant courir le délai de six mois qu'elle accorde aux héritiers pour les déclarations de successions, que du jour de *leur mise en possession*, quelle que soit l'époque du décès, lorsqu'il s'agit de l'hérédité d'un militaire mort en activité de service *hors de son département*, il en résulte, par une juste réciprocité, que la prescription quinquennale des droits de mutation dus en pareil cas, ne commence à courir contre la régie que de la même époque (L. 19 déc. 1790, art. 18, § 3; l. 22 frim. an 7, art. 24, 61 et 73). — 19 therm. an 13. Civ. c. Enreg. C. Lebas. D.A. 7. 450. D.P. 5. 1. 509.

2926. — Et la loi du 18 fruct. an 2 ne permettant à la régie de réclamer les droits de mutation sur la succession d'un militaire mort en activité de service, qu'après que ses héritiers se sont mis en possession des biens, à moins qu'elle n'ait été légalement informée du décès auparavant, ce n'est qu'à partir de cette prise de possession que peut courir la prescription des droits en faveur des héritiers. — *Spécialement*, la régie a cinq ans pour réclamer les droits de mutation, à partir du jour ou le décès a été constaté par un certificat du ministre de la guerre, en vertu duquel les héritiers ont pris possession des biens. — 22 brum. an 14. Civ. c. Enreg. C. Cense. D.A. 7. 450. D.P. 2. 79.

2927. — Ainsi encore, la régie a également cinq ans pour réclamer les droits de la succession d'un militaire décédé hors de France, à partir du jour où l'acte de son décès a été déposé chez un notaire en France, lorsqu'il est constant que les héritiers n'ont pris possession des biens que postérieurement au dépôt, parce que ce n'est qu'à dater de ce jour que courent les six mois accordés aux héritiers pour faire leur déclaration. — 25 juin 1806. Civ. c. Enreg. C. Gilloire. D.A. 7. 451. D.P. 2. 79.

2928. — Pareillement, la prescription des droits de mutation par décès ne court, à l'égard de la succession d'un militaire mort en activité de service hors de son département, que du jour où son décès est parvenu à la connaissance de la régie (art. 24). — 20 avril 1807. Civ. c. Enreg. C. Mercadier. D.A. 7. 451. D.P. 2. 79.

2929 — De même, la prescription des droits de mutation ouverts par décès, ne court que du jour où le décès a pu être connu de la régie. — Ainsi, à l'égard des militaires morts aux armées, la prescription ne peut commencer que du jour où, par un acte quelconque, le décès est parvenu à la connaissance de la régie, sans que l'on puisse exciper contre elle qu'elle pouvait s'en procurer une connaissance immédiate par une demande adressée au ministre de la guerre. — 29 avril 1818. Civ. r. Archambaud. D.A. 7. 452. D.P. 18. 1. 395.

2930. — Egalement, lorsqu'une succession commune à un militaire et à ses frères et sœurs, est restée indivise, si le premier vient à mourir, la prescription des droits ouverts par son décès court du jour où ses frères et sœurs se sont mis en possession réelle, par un partage, de la portion qui lui revenait, et non pas du jour où ils ont été légalement avertis de sa mort. — 29 avril 1818. Civ. r. Archambaud. D.A. 7. 452. D.P. 18. 1. 395.

2931. — Jugé encore, que la prescription pour la demande des droits de la succession non déclarée d'un individu décédé hors de France, ne court contre la régie qu'à compter du jour de l'envoi en possession, les délais, soit pour faire la déclaration, soit pour la poursuite des droits, ne courant qu'à partir de la même époque. — 7 mai 1833. Req. Frampton. D.P. 33. 1. 217.

2932. — Spécialement, de ce que la régie n'a point poursuivi le recouvrement de l'amende, dans les

deux ans de la présentation à la formalité d'actes, qui l'ont mise à portée de découvrir des contraventions aux lois des 22 frim. et 22 pluv. an 7, il n'en résulte pas que cette prescription puisse être opposée à la demande du droit simple pour une succession ouverte hors de France et non déclarée, laquelle demande ne se prescrit que par cinq années, à compter du jugement d'envoi en possession (Avis du cons. d'état, 22 août 1810) — Même arrêt.

2933. — Au reste, c'est la mise en possession *définitive* des héritiers et non seulement celle *provisoire et à charge de rendre compte*, qui transfère la propriété et donne ouverture au droit de mutation. — 23 brum., an 13. Civ. c. Enreg. C. Guenet-Saint-Just. D.A. 7. 456. D.P. 5. 1. 184.

2934. — Et on ne peut regarder comme prise de possession l'inscription des héritiers au rôle de la contribution foncière, parce que la régie est bien *autorisée* par la loi, mais non *obligée*, sous peine de déchéance, d'y puiser des preuves de mutation, lors surtout que les énonciations du rôle sont équivoques ou insuffisantes. — 7 janv. 1818. Civ. c. Enreg. C. Faucon. D.A. 7. 460. D.P. 18. 1. 169.

2935. — Mais la prise de possession d'une succession est suffisamment justifiée, à l'effet d'autoriser la régie à percevoir les droits, par l'exploit de demande en partage de cette succession formée par l'un des héritiers contre ses co-héritiers. — 5 nov. 1821. Civ. r. Enreg. C. Archambaud. D.A. 7. 453. D.P. 22. 1. 130.

2936. — La demande en partage peut dès lors être prise par les redevables pour point de départ de la prescription qu'ils opposent à la régie. — Même arrêt.

2937. — A l'égard des successions mises sous le séquestre, soit par suite de confiscation, soit pour cause d'indivision des droits des héritiers naturels avec ceux de l'état, la prescription demeure pareillement suspendue jusqu'à la levée définitive du séquestre et *la mise en possession réelle* des héritiers, parce que le séquestre s'exerçant au profit du trésor, la direction de l'enregistrement ne saurait agir contre elle-même pour le recouvrement des droits de mutation.

Le même motif suspend le cours de la prescription pour les droits d'une succession recueillie par indivis avec l'état, mais non séquestrée tant que les intéressés n'ont pas pris possession (arg. art. 24, l. du 22 frim. an 7). — D.A. 7. 438, n. 2, § 3

2938. — Cependant, jugé que la prescription quinquennale, à laquelle sont soumis les droits de mutation par décès, court du jour de l'ouverture de la succession, et non du jour de l'expiration des délais accordés aux héritiers, pour faire leur déclaration. *En d'autres termes :* la prescription n'est point suspendue par l'apposition du séquestre sur les biens de la succession, pour cause d'émigration de plusieurs des ayans-droit. — 26 frim. an 8. Req. Enreg. C. Morisseau. D.A. 7. 453. D.P. 2. 79.

2939. — Jugé de même que la prescription des droits de mutation court du jour du décès, lors même que la succession aurait été séquestrée au profit de l'état, parce que ce séquestre n'empêche point la régie de faire des actes conservatoires pour le recouvrement des droits de mutation. — De ce que les six mois accordés aux héritiers, par l'art. 24, pour la déclaration des successions, ne courent, pour celles qui ont été séquestrées, que du jour de la levée du séquestre, il n'en résulte nullement que la prescription des droits de mutation ne doive partir que de cette époque. — 9 vent. an 8. Req. Enreg. C. Nicolaï. D.A. 7. 453. D.P. 2. 79.

2940. — Jugé au contraire, 1° que le simple séquestre apposé, sans confiscation, sur les biens d'une hérédité, suspend, en faveur de la régie, la prescription quinquennale à laquelle sont soumis les droits de mutation par décès. — 6 flor. an. 10. Civ. r. Brancas-Villars. D.A 7. 454. D.P. 2. 79.

2941. — 2° Que la loi ne faisant courir le délai de six mois pour la déclaration de la succession d'un condamné, dont les biens ont été séquestrés, que du jour de la mise en possession de ses héritiers, il en résulte, par une conséquence nécessaire, que la prescription quinquennale, établie contre la répétition des droits de mutation, ne peut partir que de la même époque, et non du décès. — 14 germ. an 11. Civ. c. Enreg. C. Baroud-du-Soleil. D.A. 7. 455. D.P. 2. 80.

2942. — 3° Que la prescription quinquennale des droits de mutation dus sur une succession séquestrée, au profit de l'état, pour cause d'émigration, court, non du jour du décès, mais seulement du jour de la levée *définitive* du séquestre, et de la

mise en possession *réelle* des héritiers. — 30 pluv. an 12. Civ. c. Enreg. C. Labaume-Montrevel. D.A. 7. 457. D.P. 2. 81.

2943. — 4° Qu'à l'égard des successions séquestrées par le fisc, pour cause d'émigration, le droit d'enregistrement n'est dû, même pour celles antérieures à la loi du 22 frim. an 7, que du jour où, par la levée du séquestre, les héritiers sont entrés en possession des biens, parce que ce n'est réellement qu'à cette époque que la mutation s'est opérée à leur profit, et qu'ils ont pu faire acte de propriétaire ; ce n'est, conséquemment, qu'à partir de la même date que la prescription quinquennale peut courir. — 23 brum. an 13 Civ. c. Enreg. C. Guenet-St.-Just. D.A. 7. 456. D.P. 5. 1. 184.

2944. — 5° Que lorsque les héritiers d'un prêtre déporté, qui n'a pas reparu, sont restés en possession de ses biens, soit pendant le temps où ils étaient frappés de confiscation, soit après la loi du 22 fruct. an 3, qui a ordonné la restitution des biens séquestrés aux propriétaires ou à leurs héritiers présomptifs, ils ne peuvent alléguer cette possession comme point de départ de la prescription des droits de mutation par décès, parce que tant qu'a duré la confiscation, c'est-à-dire jusqu'à la loi de fruct. an 3, ils n'avaient pas la saisine légale des biens, et que, depuis la loi précitée, l'alternative qu'elle établit pour la restitution a mis la régie dans l'impossibilité d'agir pour le recouvrement des droits, tant qu'il n'existoit pas un acte quelconque propre à faire reconnaître la mutation. — 7 janv. 1818. Civ. c. Enreg. C. Faucon. D.A. 7. 460. D.P. 18. 1. 169.

2945. — 6° Que lorsqu'une succession a été séquestrée au profit de l'état, pour cause d'émigration, et qu'ensuite elle est restituée aux ayans-droit, ce n'est que du jour où l'envoi en possession *provisoire* a été converti en mise en possession *définitive*, que commence, pour ces derniers, l'obligation de faire leur déclaration au bureau de l'enregistrement ; et, par une juste réciprocité, ce n'est non plus qu'à partir de la même époque que la prescription peut courir contre la régie, pour la revendication des droits. — 11 mai 1807. Civ. c Enreg. C. Gohin. D.A. 7. 456. D.P. 2. 80.

2946. — 7° Que la prescription des droits de mutation dus sur une succession confisquée au profit de l'état, et restituée depuis aux ayans-droit, ne commence à courir que du jour de la mise en possession *réelle* des héritiers, et non du jour de la publication de la loi du 21 prair. an 3, qui les a appelés à recueillir les biens de leur parent, condamné révolutionnairement. — 22 déc 1806. Civ. c. Enreg. C. Laugier. D.A. 7. 455. D.P. 2. 80. — 30 pluv. an 12 Civ. c. Enreg. C. Labaume-Montrevel. D.A. 7. 457. D.P. 2. 81.

2947. — Jugé, au contraire, que la prescription des droits de mutation dus pour la succession d'un condamné, a pu courir contre la régie à partir de la loi du 21 prair. an 3, qui a restitué aux héritiers les biens des condamnés, confisqués au profit de l'état. — 22 vend. an 9. Civ. c. Enreg. C. Bonneau. D.A. 7. 454. D.P. 2. 80.

Mais il est bon de remarquer que cet arrêt a statué dans une espèce où il importait peu de faire courir la prescription de la mise en possession réelle des héritiers ou de la loi du 21 prair. an 3, puisque dans cette dernière hypothèse même les cinq ans n'étaient pas révolus.

2948. — Jugé même que si, après la mise en possession des héritiers, le séquestre est réapposé, la prescription demeure suspendue pendant tout le temps que l'état jouit des biens, et ne reprend son cours qu'à dater d'un nouvel envoi en possession. — 30 pluv. an 12. Civ. c. Enreg. C. Labaume. D.A. 7. 457. D.P. 2. 81.

2949. — A l'égard des successions testamentaires, la prescription ne court que du jour où le testament a été présenté à l'enregistrement (Déc. min. 11 oct. 1808) : et quoique le droit fixe auquel le testament est assujetti, comme acte, ne soit prescriptible que par trente ans, le droit proportionnel dû sur les legs n'en demeure pas moins soumis à la prescription de cinq années (Déc. min. 8 prair. an 9). — D.A. 7. 459, n 4.

2950. — Quoiqu'un légataire ait fait sa déclaration, si le testament est annulé, et la succession déférée à d'autres en tout ou en partie, la prescription contre la demande des droits à ceux qui ont obtenu l'annulation du testament, ne court que du jour du jugement (Arrêté d'admin. 19 juill. 1815 ; *Dict. de l'enreg.*, v° Prescription, n. 132).

2951. — L'énonciation dans un acte quelconque présenté à l'enregistrement, du décès d'un individu

suffit-elle, à défaut d'inscription de ce décès sur les registres de l'état civil, pour faire courir la prescription des droits de mutation? Oui, si le décès est énoncé d'une manière *bien formelle*. Car, de même qu'on ne refuserait pas l'action à la régie, si elle établissait d'une manière quelconque l'existence de la mutation, de même on doit pouvoir exciper contre elle de ce qu'elle aurait negligé d'agir lorsqu'elle était à même de le faire. Au reste, la question de savoir si l'énonciation dont il s'agit forme une présomption *juris et de jure* ne peut être résolue qu'en fait. Voici les arrêts rendus sur ce point. — D.A. 7. 439, n. 5.

2952. — En principe général, la prescription de cinq ans, établie contre la demande des droits de mutation, court du jour du décès, toutes les fois qu'il y a eu acte public du décès rédigé en France, seul moyen légal de constituer la régie en demeure. Mais, hors les cas de rédaction d'acte civil de décès, et particulièrement à l'égard de l'individu mort à l'étranger, la prescription des droits ne peut courir que du jour de la prise de possession des biens par les héritiers. — 8 mai 1809. Civ. c. Enreg. C. Renette. D.A. 7. 447. D.P. 2. 77.

2953. — Et la prescription pour le paiement du droit de mutation par décès, et spécialement des droits dus sur la succession d'un militaire décédé aux armées, n'a pu courir contre la régie, si le décès n'a pas été inscrit sur les registres de l'état civil, ou constaté d'une manière légale. — La circonstance que ses successibles auraient pris la qualité d'héritiers dans un acte enregistré, n'est pas suffisante pour la faire courir. — 26 nov. 1810. Civ. c. Enreg. C. Blanchet. D.A. 7 451. D.P. 2. 79.

2954. — Jugé aussi qu'aucune prescription ne peut courir contre la régie pour le recouvrement des droits de mutation par décès, si ce décès n'a été inscrit sur les registres de l'état civil, et qu'elle n'en ait eu d'ailleurs aucune connaissance légale. — 3 nov. 1813. Civ. r. Hoensbrock. D.A. 7. 448. D.P. 2. 77.

2955. — Spécialement, l'extrait délivré par le curé de la paroisse, et produit pour la première fois devant la cour de cassation, d'où résulterait la preuve du décès arrivé plus de cinq ans avant la contrainte, ne peut être d'aucune considération lorsqu'il ne paraît pas avoir été tiré d'un registre tenu dans la forme légale, et qu'il est d'ailleurs émané d'un fonctionnaire sans qualité. — Même arrêt.

2956. — De même aussi la prescription du droit de mutation ne peut courir, pour les successions non déclarées, lorsque l'acte de décès n'a point été inscrit sur le registre de l'état civil, que du jour de l'acte de notoriété qui a été dressé pour en tenir lieu. — 25 janv. 1815. Civ. c. Enreg. C. Gilbert. D.A. 7. 448. D.P. 2. 78.

2957. — Jugé encore que la prescription établie par la loi du 22 frim. an 7 ne court, contre la régie, qu'à partir du jour où elle a pu légalement connaître le décès. Ainsi, dans le cas où le propriétaire de biens situés à l'île Bourbon est décédé en France, la prescription n'a couru contre la régie que du jour où elle a pu connaître légalement ce décès, comme, par exemple, par la procuration à l'effet de gérer ou vendre ces biens, déposée par les héritiers dans l'étude d'un notaire. — 24 janv. 1827. Civ. c. Bourbon. Desaunay. D.P. 27. 1. 122.

2958. — L'action de la régie pour le paiement du droit de mutation par décès ne se prescrit que par cinq ans, encore bien que, d'après un partage ou un autre acte, les employés de cette administration auraient eu connaissance de la mutation ; ici ne s'applique point l'avis du conseil d'état, du 22 août 1810. — 12 mai 1834. Civ. c. Enreg. C. Desrochers. D.P. 34. 1. 242.

2959. — Mais il a été jugé, 1° que la prescription court contre la régie, à l'égard des droits de mutation dus sur des biens situés sur le continent et dépendans de la succession d'un individu décédé dans une colonie française, et dont le décès a été inscrit sur les registres de l'état civil de la colonie, lors surtout que ces registres sont restés pendant dix ans au dépôt de la marine en France, parce qu'indépendamment des renseignemens que la régie a reçus ou dû recevoir de ses agens dans la colonie, elle a pu prendre connaissance des actes de décès aux archives de la marine. — 9 juin 1817. Civ. r. Enreg. C. Clamouse. D.A. 7. 448. D.P. 2. 78.

2960. — 2° Que l'énonciation contenue dans un inventaire, qu'un militaire est décédé, et que son décès est attesté par un certificat du ministre de la guerre, forme, par rapport à la régie, un document suffisant pour la mettre à même de réclamer les droits de mutation résultant de ce décès. — 5 nov.

1821. Civ. r. Enreg. C. Archambaud. D.A. 7. 453. D.P. 22. 1. 130.

2961. — 3° Que la prescription court contre la régie, à l'égard des droits de mutation dus sur la succession d'un individu décédé dans une colonie française, soit à partir du jour où le décès a été inscrit sur les registres de l'état civil de la colonie, soit à partir de l'époque où les communications ont été rétablies entre la colonie et la métropole, si elles se trouvaient interrompues par la guerre, au moment du décès. — 21 nov. 1822. Req. Enreg. C. Grizol. D.A. 7. 449. D.P. 2. 78.

2962. — Quoique le registre du décès soit adiré, si le décès est constaté par la table décennale, la prescription court du jour du décès, s'il résulte de l'inscription sur cette table que ce décès a été inscrit sur les registres de l'état civil (*Dict. de l'enreg.*, v° Prescription, n. 128).

2963. — Aussi a-t-on décidé qu'un héritier, poursuivi en paiement de droits de mutation, n'est pas fondé à prétendre qu'il les a payés, lorsqu'il ne justifie pas du paiement, et ce, dans la forme prescrite par la loi du 22 frim. an 7; il ne peut non plus, s'il ne rapporte aucun acte qui constate le décès de son auteur, soutenir que la prescription du droit a été acquise par le laps de cinq années écoulées depuis ce décès. — 8 mai 1826. Civ. c. Enreg. C. Orth. D.P. 26. 1. 242.

2964. — Le jugement qui ordonne aux héritiers de faire preuve que la régie a été instruite de ce décès plus de cinq ans avant la contrainte, et qui, à défaut de cette preuve, dont les juges sont les appréciateurs, rejette la prescription invoquée, ne viole aucune loi. — 3 nov. 1813. Civ. r. Hoensbrock. D.A. 7. 448. D.P. 2. 77.

2965. — De même que la prescription des droits de succession ne court contre la régie qu'à partir du décès *connu*, de même les six mois accordés aux héritiers pour faire leur déclaration ne doivent être comptés que du jour où ils ont été informés de l'ouverture de la succession. — D.A. 7. 439. n. 6. — V. n. 934, s.

2966. — Comme le décès d'un militaire mort en activité de service, hors son département, peut long-temps demeurer inconnu à ses successibles, la loi n'a fait courir le délai de la déclaration que de la *prise de possession* de ses biens par ses héritiers : mais cela n'empêche pas que la régie ne puisse agir auparavant, et aussitôt qu'elle a acquis la certitude du décès (L. 18 fruct. an 2). La prescription prendra donc date du jour où cette certitude sera par elle acquise, nonobstant que les successibles ne seraient pas mis en possession. — D.A. 7. 439, n. 7.

2967. — Mais il n'en peut être de même à l'égard des successions séquestrées au profit de l'état, car, tant que le séquestre (acte préalable à la confiscation) existait, il n'y avait aucune mutation de propriété au profit des héritiers. Par conséquent, ce n'était qu'au moment où par la levée du séquestre ils entraient définitivement en possession des biens, que la propriété leur en était transmise, et que le droit proportionnel était dû.

2968. — Lorsqu'une succession recueillie, non par le véritable successible, mais par l'héritier appelé à son défaut, qui paie un plus faible droit de mutation, vient ensuite à être restituée au véritable ayant-droit, c'est du jour de l'acte ou du jugement qui opèrent cette restitution, duement connus de la régie, et non du jour du décès, que la prescription a pu courir pour la demande du droit de mutation, au successeur réel, parce que ce n'est que de ce jour là que la régie a pu agir contre lui. — D.A. 7. 440, n. 9.

2969. — Jugé ainsi que la régie n'a pas le droit de rechercher ceux qui peuvent prétendre à une hérédité dont ils s'abstiennent, lorsque la succession a légalement passé, faute de réclamation, dans la main de ceux qui devaient la recueillir, à défaut des premiers. De là il suit que ce n'est qu'à partir de l'acte qui restitue l'hérédité aux véritables successibles, et non du jour du décès, que la prescription des droits de mutation dus par ces derniers peut courir contre la régie, lorsqu'ils ont été acquittés par l'héritier apparent. — 5 sept. 1809. Civ. c. Enreg. C. Ouvrard-Pelleterie. D.A. 7. 444. D.P. 2. 77.

2970. — Si un héritier revendique une succession dévolue à l'état par droit de déshérence, ce n'est qu'à dater de cette revendication que pourront courir les cinq ans accordés à la régie pour réclamer le droit de mutation (Déc. min. 8 frim. an 9). — D.A. 7. 440, n. 10.

2971. — La prescription des droits de mutation ne court, à l'égard des biens rentrés dans la succession, par suite d'une action en revendication exercée par l'héritier, qu'à compter du jugement ou de l'acte qui opère cette réintégration. Toutefois, il faut distinguer : ou il a été passé une déclaration par les héritiers, et, à défaut de cette déclaration, la régie a fait des actes conservatoires des droits éventuels de mutation qu'elle aurait à demander ultérieurement; ou bien la régie est restée entièrement inactive pendant les cinq ans. Dans le premier cas, le jugement qui fait rentrer dans l'hérédité des biens qui en étaient sortis du vivant de l'auteur de la succession, force les héritiers à passer une seconde déclaration ; et c'est de ce jugement seulement que courent les cinq ans accordés à la régie pour le recouvrement des droits. Au second cas, la prescription prend date du jour même de l'ouverture de l'hoirie ; il en est de ce cas comme de celui d'une succession non déclarée. — D.A. 7. 440, n. 11.

2972. — Ainsi, décidé que si la régie a laissé passer cinq ans depuis le décès d'un individu, sans réclamer les droits de mutation, toute action de sa part est prescrite, à l'égard même des immeubles qui seraient rentrés dans la succession postérieurement au décès, et en vertu d'une action en revendication exercée par l'héritier. — 8 germ. an 11. Req. Enreg. C. Maussacré. D.A. 7. 442. D.P. 2. 76. — 20 frim. an 14. Civ. r. Enreg. C. Viviant. D.A. 7. 442. D.P. 2. 76.

2973. — Jugé de même que la prescription des droits de mutation est acquise aux héritiers qui n'ont point fait de déclaration, après cinq années à partir du décès, nonobstant que la régie prétende que le défunt ayant vendu tous ses biens de son vivant, elle n'a pu agir en répétition des droits, qu'à partir du jugement qui a fait rentrer les biens dans la succession, sur l'action en nullité dirigée par les héritiers contre la vente, parce que rien ne s'opposait à ce que la régie ne fît, dans l'intervalle, des actes conservatoires de ses droits. — 3 sept. 1810. Civ. r. Enreg. C. Aldebert. D.A. 7. 443. D.P. 2. 76.

2974. — De même encore, lorsque, dans la déclaration des biens composant une succession, les héritiers évitent d'y comprendre un immeuble qui, d'ailleurs, n'aurait pu faire partie de cette déclaration, n'étant point situé dans l'arrondissement du même bureau, il n'y a pas seulement *omission*, mais *absence* totale de déclaration relativement à cet immeuble, et dès lors l'action en répétition du droit de mutation ne peut tomber que sous la prescription quinquennale établie par le n. 3 de l'art. 61 de la loi du 22 frim. an 7. — 28 juin 1820. Civ. c. Enreg. C. Constant. D.A. 7. 445. D.P. 20. 1. 607.

2975. — Jugé de même que dans toute transmission de propriété à titre gratuit, entre-vifs ou par décès, le droit de mutation est dû sur la valeur entière de l'immeuble, à l'instant du contrat ou du décès, encore que l'usufruit soit séparé de la propriété. Et la régie n'est plus à temps de réclamer le droit de mutation sur cet usufruit, lorsqu'elle n'a point agi dans les cinq années, à partir du décès, quoiqu'il se soit écoulé moins de cinq ans depuis la réunion de l'usufruit à la propriété (art. 15, § 7). — 31 juill. 1815. Civ. c. Harostegny. D.A. 7. 443. D.P. 15. 1. 425.

2976. — Egalement, la prescription quinquennale des droits de mutation établie, par l'art. 61 pour une succession non déclarée, s'étend indistinctement à tous les objets dépendans de cette succession, même à un immeuble aliéné par le défunt et recouvré par ses héritiers par l'exercice d'une action en justice, cinq ans après son décès, à moins toutefois que la prescription n'ait été interrompue, soit par une poursuite quelconque de la régie en paiement des droits de succession, soit par une déclaration de succession émanée des héritiers eux-mêmes. — 8 mars 1826. Civ. r. Enreg. C. Lafiteau. D.P. 26. 1. 182.

2977. — Cet article est général, et embrasse la totalité des objets dont se compose la succession, soit que ces objets s'y trouvent en nature au moment du décès, soit qu'ils ne soient recouvrés que depuis par les héritiers; et, par exemple, elle s'étend aux choses aliénées par le défunt, et que les héritiers ont recouvrées par l'exercice de l'action résolutoire, en ce que la vente était simulée, ou de toute autre manière, à moins d'interruption de la prescription, soit par des poursuites de la régie en paiement des droits de succession, soit par une déclaration de succession émanée des héritiers..., cas auquel la prescription quinquennale rentre dans les règles du droit commun, et reprend son cours à dater de la rentrée en possession des héritiers dans l'objet aliéné. — 20 août 1827. Civ. r. Enreg. C. Pierreclau. D.P. 27. 1. 470.

2978. — Le legs d'une somme d'argent payable seulement après le décès du légataire universel par ses héritiers, est à terme et non éventuel. En conséquence, la prescription est acquise contre la régie, si cinq ans se sont écoulés sans poursuites de sa part, depuis qu'elle a eu connaissance de la disposition — 26 nov. 1833. Délib. cons. d'adm. Arlin. D.P. 34. 3. 40.

2979. — Mais lorsque des héritiers, après avoir fait la déclaration prescrite par la loi, et acquitté le droit de mutation sur les biens qui existaient au moment du décès, obtiennent un jugement qui fait rentrer dans la succession des immeubles qui en étaient sortis du vivant de leur auteur, ce jugement forme un état de choses tout-à-fait nouveau, qui oblige les héritiers à passer une seconde déclaration; et le droit auquel donne lieu la réintégration de ces immeubles à la masse héréditaire, n'est prescriptible que par cinq ans, comme s'il s'agissait d'une succession nouvelle. — 30 mars 1813. Civ. c. Enreg. C. Delard. D.A. 7. 443. D.P. 2. 76.

2980. — Les droits de mutation qui sont dus sur le douaire et les gains de survie, ouverts par le décès de l'un des époux, peuvent être réclamés, tant que l'époux survivant n'a pas renoncé à ces avantages. — 3 août 1808. Civ. c. Enreg. C. Dursel. D.A. 7. 79. D.P. 2. 10.

2981. — Il y a, aux yeux de la loi fiscale, autant de successions qu'il y a de bureaux devant lesquels les déclarations doivent être portées, à tel point que, si l'un des receveurs avait négligé d'agir dans les cinq ans, depuis le décès, les droits de mutation seraient prescrits, mais seulement quant aux biens dont il devait recevoir la déclaration (art. 27, l. 21 frim. an 7. — D.A. 7. 441, n. 13). — 30 pluv. an 12. Civ. c. Enreg. C. Labaume. D.A. 7. 457. D.P. 2. 81.

2982. — Une autre conséquence à tirer de la même disposition, c'est que s'il n'a point été fait de déclaration au bureau de la situation de plusieurs immeubles dépendant de l'hoirie, quoique le droit de mutation ait été acquitté sur d'autres immeubles *situés dans des arrondissemens différens*, il n'y aura pas simple *omission* donnant lieu à la prescription triennale, mais absence totale de déclaration, qui ne tombera que sous la prescription de cinq ans (D.A. 7. 441, n. 14). — 28 juin 1820. Civ. c. Constant. D.A. 7. 443. D.P. 20. 1. 607.

§ 3. — *De la prescription de trente ans.*

2983. — Les droits des actes, authentiques ou sous seing-privé, translatifs ou non translatifs de propriété, *non présentés à l'enregistrement*, ne sont prescriptibles que par trente ans. — D.A. 7. 461, n. 2.

2984. — Cela a été posé comme principe général, par arrêt du 12 oct. 1808. Civ. c. Enreg. C. Roche. D.A. 7. 465. D.P. 2. 85.

2985. — Jugé encore que les prescriptions établies dans l'art. 61, ne doivent pas être étendues à des cas qui n'y sont pas nominativement désignés. — Ainsi, la prescription quinquennale que la loi n'applique qu'*aux successions non déclarées*, ne saurait être invoquée lorsqu'il s'agit de droits de mutation d'un acte de vente sous seing-privé qui n'a pas été présenté à la formalité. Ces droits ne sont prescriptibles que par trente ans. — 18 mars 1806. Civ. c. Enreg. C. Malassagny. D.A. 7. 463. D.P. 6. 1. 345.

2986. — Jugé aussi que la prescription biennale pour la demande en supplément de droit sur un acte enregistré, ne s'applique pas à la demande du droit entier sur un acte qui n'a pas encore été présenté à la formalité. — 12 mai 1806. Civ. c. Enreg. C. Andigé. D.A. 7. 463. D.P. 2. 84. — 22 déc. 1806. Civ. c. Enreg. C. Rovel. D.A. 7. 463. D.P. 2. 84. — 31 août 1808. Civ. c. Enreg. C. Perrot. D.A. 7. 464. D.P. 2. 84.

2987. — Egalement, aucune des prescriptions établies par l'art. 61 de la loi du 22 frim. an 7 ne peut être opposée contre la réclamation des droits d'enregistrement dus sur un jugement, tant que ce jugement n'a pas été présenté à la formalité. — 20 janv. 1808. Civ. c. Enreg. C. Gauthier. D.A. 7. 465. D.P. 2. 85. — 25 avril 1808. Civ. c. Enreg. C. Bridoux. D.A. 7. 465. D.P. 2. 85.

2988. — Lors même qu'il se serait écoulé plus de trente ans, depuis la date de la mutation jusqu'à la demande en paiement des droits, si l'acquéreur n'avait joui de l'immeuble que sous le nom du vendeur, la prescription n'aurait pu s'accomplir, parce

qu'encore bien que la bonne foi ne soit pas nécessaire pour prescrire par trente ans, il faut tout au moins que la possession ait été *animo domini*.— 17 mai 1809. Civ. c. Enreg. C. Descourts. D.A. 7. 162 D.P. 9. 2. 134.

2989.— Les prescriptions de l'art. 61 doivent être sévèrement restreintes aux cas spéciaux pour lesquels elles sont établies. — Ainsi, elles ne limitent point l'action de la régie, lorsqu'elle a pour objet de réclamer les droits résultant d'un jugement soumis à l'enregistrement sur la minute, et qui n'a point été présenté à la formalité dans les vingt jours de sa date, conformément aux art. 7 et 20 de la loi précitée. — Cette action dure trente ans, quelque moyens qu'ait eus la régie de connaître l'existence de ce jugement. — 14 mai 1816. Civ. c. Enreg. C. Vigier. D.A. 7. 466. D P. 16. 1. 281.

2990. — La régie a trente ans pour réclamer un droit d'enregistrement non perçu, lorsqu'elle ne se trouve pas dans un des cas exceptionnels posés par l'art. 61, qui resserre dans un délai plus court l'exercice de son action.— 28 août 1816. Civ. c. Enreg. C. Vée. D.A. 7. 259. D.P. 17. 1. 41.

2991.—La condamnation aux frais, prononcée par un jugement ou arrêt correctionnel, ne peut être rangée au nombre des peines correctionnelles prescriptibles par le laps de cinq années. En conséquence, l'action de la régie de l'enregistrement pour le recouvrement de ces frais se prescrit, non par cinq, mais par trente ans (C. civ. 2262; C. instr. cr. 636, 642).—23 janv. 1828. Civ. c. Enreg. C. Boulard. D.P. 28. 1. 102.

2992. — Lorsque les droits dus sur un acte sont prescrits, le notaire peut-il rédiger un autre acte en conséquence du premier, sans le faire enregistrer? Oui, car il ne peut y avoir contravention pour défaut d'enregistrement d'un acte que, par la prescription acquise, les parties ou le notaire qui l'a reçu sont dispensés de présenter à la formalité.— Les auteurs du *Journal de l'enregistrement* enseignent le contraire (art. 4033).— D.A. 7. 461, note 1re.

2993. — Lors même qu'un acte non enregistré se trouverait énoncé dans un autre acte soumis à la formalité, bien que cette énonciation fût suffisante pour mettre le préposé en demeure de réclamer les droits de l'acte non enregistré, ces droits ne tomberaient que sous la prescription de trente ans, parce que l'art. 14 de la loi du 16 juin 1824 ne déclare atteinte, dans ce cas, par la prescription biennale, que l'amende, et a fait réserve de l'action pour les droits principaux. — D.A. 7. 461, n. 3.

2994. — Les prescriptions particulières, établies pour les amendes encourues en matière d'enregistrement, ne sont point applicables aux amendes prononcées contre les notaires, pour contravention à la loi sur le notariat.— Les notaires sont tenus de ces amendes par action personnelle, et cette action dure trente ans.— Elle appartient au ministère public seul, tandis que le recouvrement des amendes sur les droits d'enregistrement est confié aux préposés de la régie, et se fait par voie de contrainte. — 24 juin 1822. Civ. c. Min. pub. C. Boucaud. D.A. 7. 468. — V. n. 3004.

2995.—Ainsi, l'amende encourue par les fonctionnaires publics, aux termes de l'art. 44 de la loi de frimaire, pour défaut de transcription entière et littérale, au bas des expéditions de leurs actes, de la quittance des droits d'enregistrement de la minute, n'est prescriptible que par trente ans.— On ne saurait y appliquer aucune des prescriptions particulières établies par l'art. 61.— 18 nov. 1806. Civ. c. Enreg. C. Courtois. D.A. 7. 467. D.P. 2. 85.

2996.— Une distinction doit être admise entre le droit fixe auquel est soumis *l'acte* de testament, et le droit proportionnel dont sont passibles les legs que ce testament contient. Le droit fixe peut être réclamé pendant trente ans, parce qu'aucune disposition de la loi de frimaire ne le soumet à une prescription plus courte, au lieu que le droit proportionnel tombe sous la prescription de cinq ans, que l'art. 61 applique aux *successions* non déclarées, expressions qui regarde les successions testamentaires comme celles *ab intestat*. Ceci s'applique aux contrats de mariage contenant des dispositions soumises à l'événement du décès.— D.A. 7. 462, n.4,5.

2997.— Les droits d'enregistrement dont les testamens sont passibles, ne sont prescriptibles que par trente ans, dès qu'ils ne se trouvent pas classés parmi les prescriptions particulières de l'art. 61. — 13 oct. 1806. Civ. c. Enreg. C. Hérisson. D.A. 7. 462. D.P. 7. 2. 52.

2998. — La prescription trentenaire court-elle contre la régie, à l'égard d'un acte dont elle prouve n'avoir jamais eu ni pu avoir connaissance?

A l'égard des actes publics, la prescription doit toujours courir, puisque la régie a moyen de s'assurer de leur existence, par l'inspection des répertoires ou par toutes autres recherches (art. 54).

A l'égard des actes sous seing-privé non soumis à la formalité dans un certain délai, la prescription ne court que du jour où il en a été fait usage soit par acte public, soit en justice, soit devant toute autre autorité constituée, puisque la régie ne saurait jusques là réclamer les droits, quelque connaissance qu'elle en eût d'ailleurs (L. 22 frim. an 7, art. 23).

2999.—Enfin, à l'égard des actes sous seing-privé passibles d'enregistrement dans les trois mois (art. 22), la prescription courra pour tous ceux qui sont translatifs de propriété ou d'usufruit, parce que l'art. 4 de la loi du 27 vent. an 9 permet à la régie de demander le droit de mutation aux nouveaux possesseurs, lors même qu'ils prétendraient qu'il n'existe pas de conventions écrites entre eux et les précédens propriétaires. Mais pour tous ceux qui ne contiendront qu'une simple transmission de jouissance à titre *de bail*, la prescription ne pourra être opposée, si la régie n'a pu avoir aucune connaissance du bail, puisque nous avons vu que les locations verbales ne sont pas assujetties au paiement du droit.— D.A. 7. 462, n. 6.

3000. — La date des actes sous signature privée ne peut être opposée à la regie pour prescription des droits et peines encourues, à moins que ces actes n'aient acquis une date certaine par le décès de l'une des parties ou autrement (art. 62).

3001. — Aussi a-t-on décidé que la prescription trentenaire de l'action de la régie de l'enregistrement pour des droits dus à raison d'actes sous seing-privé, ne commence à courir que du jour où ces actes ont acquis une date certaine par l'un des modes énoncés en l'art. 1328 C. civ.—23 mai 1832 Civ. c. Enreg. C. Joly. D.P. 32. 1. 200.

3002. — Et l'action de la régie ne saurait être écartée sous le prétexte d'une possession trentenaire du fonds acquis en vertu de l'acte sous seing-privé, alors que la régie n'a pas été mise en demeure de contester cette possession.— Même arrêt.

3003. — Par le même motif, est nul un jugement qui, pour décider que la prescription de trente ans est acquise contre la régie pour la perception de droits d'enregistrement dus sur des actes sous seing-privé, considère la date de ces actes comme certaine, d'après la vétusté du papier et de l'écriture. — 17 août 1831. Civ. c. Enreg. C. Vincendon. D.P. 31. 1. 275.

3004.— On a décidé que la durée de l'action appartenant au ministère public pour la répression des contraventions qu'il est chargé, par la loi du 25 vent. an 11, de poursuivre contre les notaires, n'est point renfermée dans les limites tracées par l'art. 61, encore bien que la recherche et la découverte de ces contraventions puissent avoir lieu par le fait des agens de la régie de l'enregistrement. — Cette action n'a d'autres bornes que celles que la loi générale assigne à toutes le autres actions civiles ordinaires. — 5 déc. 1821. Civ. c. Min. pub. C. Allaire. D.A. 7. 467. D.P. 2. 86. —V. n. 2994.

3005.— De même, aucune des prescriptions particulières et exceptionnelles de l'art. 61, ne s'appliquant directement aux amendes encourues par un notaire pour défaut d'inscription de plusieurs de ses actes sur son répertoire, ces amendes ne sont prescriptibles que par trente ans. — 10 déc. 1806. Civ. c. Enreg. C. Loucongain. D.A. 7. 467. D.P. 2. 86.

3006. — Cependant, l'amende encourue par un notaire pour surcharge dans la date de ses actes, est prescriptible par deux et non par trente ans, nonobstant que la poursuite en appartienne au ministère public et non à la régie. — D.A. 7. 462, n. 8.

3007.— La prescription de l'action criminelle intentée contre un receveur de l'enregistrement pour cause de dilapidation des deniers par lui perçus, et qui entraîne avec elle, aux termes de l'art. 637 C. d'instr. cr., la prescription de l'action civile résultant de ce crime, n'empêche point que le receveur ne puisse encore être poursuivi par la régie pour le paiement de toutes les sommes dont il est constitué débiteur sur sa recette, parce que cette action s'appliquant à la comptabilité générale de cet employé, devient par là même étrangère aux réparations civiles qui peuvent être la suite du délit.— Cette action d'ailleurs dure trente ans. — 23 janv. 1822. Req. Désormeaux. D.A. 7. 468. D.P. 22. 1. 199.

3008.— Mais la même prescription de deux ans s'appliquera-t-elle à l'amende encourue pour défaut de comparution au bureau de paix sur une citation en conciliation, et à l'amende de fol appel? Non, car ces amendes n'ont aucun rapport soit avec l'enregistrement, soit avec les amende de contravention dont il est fait mention dans l'art. 14 de la loi du 16 juin 1824; ce sera donc le délai de trente ans qui deviendra applicable. —D.A. 7. 462, n. 8.

3009.— C'est dans ce sens qu'on a jugé, mais antérieurement à la loi de 1824, que les prescriptions de l'art. 61 ne s'appliquent pas à l'amende pour non comparution au bureau de paix. — 11 nov. 1806. Civ. c. Enreg. C. Cunaud. D.A 7. 466 D.P. 2. 85.

3010. — ..... Et que les prescriptions établies par la loi du 22 frim. an 7 ne concernent pas l'amende de fol appel. L'art. 2262 C. civ. est seul applicable. — 4 oct. 1817. Bruxelles. Enreg. C. Benoit. D.A. 7. 468. D.P. 2. 86.

§ 4.— *Des actes interruptifs et suspensifs de la pescription.*

3011.—Les prescriptions ci-dessus (celles de 2, 3 et 5 ans) sont suspendues par des demandes signifiées et enregistrées avant l'expiration des délais; mais elles seront acquises irrévocablement, si les poursuites commencées sont interrompues pendant une année, sans qu'il y ait d'instance devant les juges compétens, quand même le premier délai pour la prescription ne serait pas expiré (L. 22 frim. an 7, art. 61).

3012.—Ainsi, d'après cet article, en matière d'enregistrement, la prescription de trente ans n'est pas acquise par cela qu'il y a eu discontinuation de poursuite pendant un an; mais il suffit pour conserver le droit, que la demande soit signifiée avant l'expiration des trentes années, sauf l'application des règles ordinaires du droit, si la procédure se trouvait interrompue pendant trois ans, et que la péremption en étant demandée, la régie ne se trouvât plus à temps de renouveler son action.—D.A. 7. 469, n. 1.

3013. — Conformément à ce principe, un arrêt du 22 vent. an 9 (D A. 7. 454. D.P. 2. 80) a jugé que la disposition de l'art. 61, qui déclare la prescription des droits d'enregistrement acquise par la discontinuation de poursuites pendant un an, ne s'appliquait pas aux droits ouverts avant la publication de cette loi. — D.A. 7. 455.

3014. — L'interruption civile de la prescription ne profite qu'à la partie qui la forme. Elle ne peut être invoquée par celui contre qui elle est dirigée, à l'égard de la demande particulière qu'il aurait à exercer contre l'auteur de l'interruption. — Spécialement, la prescription de deux ans à laquelle est soumise l'action en restitution de droits induement perçus, n'est point interrompue par une demande formée par la régie elle-même, en supplément de droits.— 30 mars 1808. Civ. c. Enreg. C. Capelle. D.A. 7. 471. D.P. 8. 2. 65.

3015.—La péremption établie par le même art. 61, pour le cas où les poursuites commencées par la régie ne sont pas suivies, dans l'année, d'une instance devant les juges compétens, ne s'appliquant qu'aux prescriptions irrégulières et exceptionnelles contenues audit article, ne saurait être invoquée dans une espèce où aucune de ces prescriptions ne peut être alléguée par le contribuable. — 17 mai 1809. Civ. c. Enreg. C. Descourts. D.A. 7. 162. D.P. 9. 2. 134.

3016. — Jugé en fait que lorsqu'une première contrainte a été abondonnée, par la régie, pour en décerner une seconde, qui n'a pas le même objet que la première, la péremption dont celle-ci se trouverait frappée n'entraînerait pas la péremption de la seconde. — 17 mai 1809 Civ. c. Enreg. C. Descourts. D.A. 7. 162. D.P. 9. 2. 134.

3017. — Les poursuites pour recouvrement de frais correctionnels, devant être faites au nom du procureur du roi, celles qui auraient lieu au nom du directeur général de l'enregistrement n'auraient pas pour effet d'interrompre la prescription (C. inst cr. 197). — 7 déc. 1825. Trib. de Paris. Enreg. C. Boulard. D.P. 28. 1. 102.

3018. — La prescription, en matière de restitution des droits d'enregistrement, est interrompue par une réclamation administrative enregistrée avant l'expiration de deux années, soit au bureau de la perception du droit contesté, soit au bureau chef-lieu du département.—Il n'est plus nécessaire, comme l'exigeait une décision ministérielle du 27 sept. 1827, (Inst. gén., n. 1226), que la réclamation ait été enregistrée soit au secrétariat du ministère des finances, soit à celui de la direction générale. Il suffit que le receveur ou le directeur l'ait insérée *par ordre* sur un des registres qui s'arrêtent jour par jour. Par là on évite des retards préjudiciables aux parties

souvent elles remettaient leur réclamation au directeur pour la faire parvenir au ministre; mais le directeur demandait des renseignemens au receveur, pour les transmettre en même temps. Pendant cette correspondance, le délai de prescription s'écoulait avant que la réclamation fût parvenue au secrétariat-général.

La solution contraire du 23 oct. 1828, ne doit donc plus être suivie. — 2 mars 1831. Solut. D.P. 31. 2. 39.

3019. — La lettre d'un directeur qui ordonne la restitution d'un droit, constitue, en faveur de la partie intéressée, une solution administrative qui interrompt la prescription, et en vertu de laquelle on doit effectuer le remboursement, pendant trente ans, à partir de la date du droit induement perçu.— 22 déc. 1832. Solut. D.P. 33. 3. 24.

3020. — L'art. 14 de la loi du 16 juin 1824, ayant étendu aux amendes sur le timbre, aux ventes de meubles, à la loi concernant l'organisation du notariat, etc.[1], la prescription biennale introduite par la loi du 22 frim. an 7; dans tous ces cas, la prescription de l'amende se trouve acquise lorsqu'il y a eu *interruption de poursuites pendant un an, sans instance liée devant le tribunal compétent*, parce qu'il s'agit là de prescription réglée par la loi sur l'enregistrement.

Il en est de même des poursuites pour le recouvrement des amendes pour contravention aux lois portant établissement des droits de greffe. — V. les arrêts rapportés v° Greffe. — D.A. 7. 469, n. 2, 3.

3021. — Ainsi, l'assignation donnée au redevable devant un tribunal compétent, dans l'année de la contrainte décernée contre lui, constitue l'instance exigée par l'art. 61, et suffit pour empêcher la prescription.—19 juin 1809. Civ. r. Laguichardière. D.A. 7. 223. D.P. 9. 2. 136.

3022.— La prescription établie par l'art 61. pour le cas où une contrainte décernée par la régie demeurerait plus d'une année sans exécution, ne peut être appliquée à des poursuites exercées contre un notaire pour contravention aux lois sur le notariat, lors surtout que le redevable a formé, auprès du ministre des finances, des demandes tendantes à obtenir la remise ou la modération des condamnations par lui encourues, qu'il a payé des à-comptes et fait d'autres actes qui constituent, de sa part, un acquiescement formel auxdites condamnations, et même une véritable novation du titre de la régie.— 10 déc. 1821. Civ. r. Pinard. D.A. 7. 473. D.P. 22. 1. 187.

La doctrine de cet arrêt ne doit plus être suivie aujourd'hui. — D.A. 7. 470, n. 2.

3023. — Il n'y a que des demandes *signifiées* et enregistrées avant l'expiration des délais qui arrêtent le cours des prescriptions établies par la loi de frimaire. — D.A. 7. 470, n. 4.

3024.—Aussi a-t-on décidé, qu'en principe général, applicable en matière d'enregistrement, comme en matière ordinaire, la prescription ne peut être suspendue que par la notification de la demande, et non par une simple requête dont la partie adverse n'a eu nulle connaissance.—*Spécialement*, la demande en expertise est non-recevable, si elle n'a point été *signifiée* au redevable dans l'année de la date du contrat, quoiqu'elle ait été *formée* dans ce délai (art. 17). — 18 germ., an 13. Civ. c. Enreg. C. Guyot. D.A. 7. 471. D.P. 5. 2. 118.

3025 — Toute prescription, en effet, ne peut être interrompue que par une mise en demeure, ou la reconnaissance de la dette par le débiteur (C. civ. art. 2244 et 2248). Or, on ne peut considérer comme une mise en demeure une requête adressée au tribunal et ignorée du contribuable.—D.A. 7. 470, n. 4.

3026. — De même, de simples réserves, non suivies d'action dans le délai utile, ne suspendent point le cours de la prescription. — 23 janv. 1809. Civ. r. Enreg. C. Caire. D.A. 7. 212. D.P. 9. 2. 7.

3027. —La demande adressée à un directeur particulier de l'administration de l'enregistrement, par un redevable, et dans le délai de deux ans, en restitution de droits perçus en trop, n'interrompt pas la prescription, si elle n'a pas été enregistrée, et cela encore bien que ce receveur y aurait répondu en rejetant la demande (C. civ. 2248). — 18 fév. 1833. Civ. c. Besançon. Renaud. D.P. 33. 1. 159.

3028.—Mais le visa, au secrétariat de l'administration, de l'exploit contenant demande en restitution, interrompt la prescription, lors même que l'exploit ne serait enregistré qu'après l'expiration du délai (Solut. 14 fév. 1817). — 5 juill. 1820, 19 août 1823. *Dict. de l'enreg.*, v° Prescription, n. 179.

3029. Les pétitions faites par les contribuables à la régie ne font pas obstacle à ce que les pétitionnaires opposent, dans l'instance poursuivie, les prescriptions réglées par l'art. 61 de la loi de frim., an 7, alors même que la demande de la suspension des poursuites ferait l'objet de la pétition (Décis. du 12 fév. 1811; *Dict. de l'enreg.*, v° Prescription, n. 174).

3030. — Une action ayant pour objet un droit d'enregistrement ou tout autre dont le recouvrement n'est soumis à aucune des prescriptions particulières de l'art. 61 de la loi de frimaire, est valablement introduite par acte signifié, quoique non enregistré, avant l'expiration du délai.—Ainsi, une notification peut être faite par un huissier avant la présentation de l'original à l'enregistrement. — D.A. 7. 470, n. 5.

3031. — Ce n'est point assez que la demande en paiement des droits ou amendes soit signifiée et enregistrée avant l'accomplissement de la prescription, il faut, en outre, en cas d'interruption des poursuites, que l'instance soit introduite, *dans l'année*, devant les juges compétens. — D.A. 7. 470, n. 6.

3032. — On a jugé cependant qu'un commandement signifié dans l'année qui suit la contrainte décernée par la régie, suffit pour interrompre la prescription, encore bien qu'une instance n'ait pas été engagée : ici s'applique l'art. 2244. C. civ., auquel il n'est pas dérogé par l'art 61.—1er avril 1834. Civ. c. Enreg. C. Dejean. D.P. 34. 1. 138.

3033. — Mais quand l'instance est-elle censée commencée? C'est par l'opposition motivée du redevable à la contrainte. — D.A. 7. 470, n. 7.

3034. — Ainsi, jugé que l'opposition motivée du redevable à la contrainte décernée contre lui, signifiée à la régie, avec assignation devant les juges compétens, constitue l'instance dans le sens de l'art. 61.— Il suffit, dès lors, que cette opposition ait été formée avant l'année révolue depuis le commencement des poursuites ou la contrainte, pour rendre l'exception de péremption non-recevable, lors même que cette opposition serait demeurée plus d'un an sans réponse de la part de la régie. — 27 juill. 1813. Civ. c. Enreg. C. Lenti. D.A. 7. 471. D.P. 15. 1. 329.

3035. — Mais le pourvoi en cassation, s'il n'amène point un débat devant la section civile, n'est point interruptif de la prescription, en matière d'enregistrement. Ce n'est point là une *instance* proprement dite qui ait pour effet d'interrompre la prescription annale que l'art. 61 déclare applicable à la demande des droits d'enregistrement, en cas de discontinuation de poursuites pendant un an.—13 nov. 1815. Civ. c. Enreg. C. Mareille. D.A. 7. 472. D.P. 16. 1. 18.

3036. — Comme aussi le redevable qui ne fait point signifier à la régie le jugement qui l'a déchargé de la contrainte, ne peut pas, après que ce jugement a été cassé, se faire un moyen, devant le tribunal où l'affaire est renvoyée, de ce que le pourvoi de la régie n'ayant été formé que plus d'un an après le jugement, il y a eu interruption de poursuites pendant un temps suffisant pour opérer la prescription.— La prescription annale, dont parle l'art. 61 ne s'applique d'ailleurs qu'au cas où il n'y a pas eu instance devant le tribunal compétent, dans l'année des premières poursuites. — 20 juill. 1821. Bruxelles. Enreg. C. Verdonck. D.A. 7. 473.

3037. — Une fois l'instance introduite, la prescription annale ne reçoit plus d'application; il n'y a plus que la péremption ordinaire de la procédure qui puisse la faire revivre (V. Greffe (droits de) et l'arrêt de Bruxelles, du 20 juill. 1821) — D.A. 7. 470, n. 8.

3038. — En matière d'enregistrement, comme en matière ordinaire (C. civ. 2247), tous actes de poursuites qui sont nuls par défaut de forme, sont censés non avenus, et n'arrêtent, par conséquent, pas le cours de la prescription. Toutefois, une contrainte n'est pas nulle, par cela qu'elle n'est point revêtue du visa du juge de paix; elle manque seulement de la force exécutoire, mais elle est suffisante pour interrompre la prescription (V. art. 18). — D.A. 7. 470, n. 10.

3039. — L'art. 32 de la loi du 22 frim. an 7, déclarant les *co-héritiers* solidaires pour le paiement des droits de mutation par décès, les poursuites exercées contre l'un d'eux, dans les délais prescrits, conserve donc l'action de la régie contre tous les autres (D.A. 7. 471, n. 11). — 7 août 1807. Civ. c. Enreg. C. Montravel. D.A. 7. 459. D.P. 2. 83.

3040. — La déclaration négative faite par les héritiers interrompt la prescription ou en fait courir une nouvelle (*Dict. de l'enreg.*, v° Prescription, n. 169).

3041. — Lorsqu'une vente a été faite à plusieurs acquéreurs, la demande en expertise doit être signifiée à tous dans le délai légal, sinon la prescription est encourue (*Dict. de l'enreg.*, v° Prescription, n. 172).

—V. Greffe, Timbre, Transcription.— V. aussi Acquiescement, Affiche, Agens de change, Agréé, Alimens, Amende, Appel, Arbitrage, Arrêt définitif, Arrêté de compte, Arrondissement, Assignats, Associé, Assurance, Assurance maritime, Assurance terrestre, Avocat, Avoué, Brevet d'invention, Capitaine, Cassation, Caution, Certificat, Certificat d'individualité, Choses, Commerçans, Commissionnaire, Communauté, Communes, Compétence commerciale, Comptabilité, Compte, Conciliation, Confiscation, Conseil d'état, Conservateur, Contrainte, Contributions directes, Contributions et impôts, Contrat à la grosse, Domaine congéable, Domaine national, Domaine public, Dot, Droits civils, Effet de commerce, Elections législatives, Exploit, Faillite, Faux, Forêts, Frais, Garde nationale, Honoraires, Hypothèques, Jugement, Lettres, Loi, Majorat, Mandat, Ministère public, Nantissement, Ordre, Partage, Péremption, Procès-verbal, Saisie-arrêt, Saisie-immobilière, Société, Succession, Succession bénéficiaire, Succession vacante, Vente, Voirie, Voitures publiques.

TABLE SOMMAIRE.

Abandon 282, 341, 378, 393, 542, 832, s. 1062, 1304, 1322, 2034, 2503.
Absence. 651, 681, 713, s. 899, 2924, s. 2958.—V. Receveur.
Absent militaire. 2924, s
Abus de confiance. 2298.
Acceptation. 34, 66, 555, 1200, s. 1289, s. 1449, 2717.
Accessoire. 1244, 1737, s. 2081, 2669, s. 2976.
Accroissement. 1054, 1085, s.
Achalandage. 874.
A-compte. 1424, 1710.
Acquêt. 798, s.
Acquiescement. 397, 592, 2810, 2829.
Acte (donner). 294.—à la suite. 224. — complémentaire. 463, s. 476, 609, 2633. — d'appel. 184. — de l'état civil. 251. — de notoriété. 2956.—distinct. 280, s. 292.—en conséquence. 363, s. 368, s. 609, 2354, s. — en conséquence d'un autre. 2387, s.— innommé. 329, s.—imparfait. 50, 1306, 1452. 2431, 2481, s. — judiciaire. 158, s. 567, s.— non enregistré. 547, s. 655, s. 1297, 1561, 22.0, s. 2354, s. 2449, 2669, 2863, s.—non tarifé. 325, s. — notarié. 2248. — nul. 50, s. — prématuré 1085.—public. 159.—refait. 1600. séparé. 473, 584.—sous seing-privé. 19, s. 37, s. 164, 435, 496, s. 1304, 1190, 1547, 1549, 2230, 2488, 2494, 1955.—V. Date certaine.
Action. 858, 2680, 2719, s. 2747, 2757, 2820, s. 2828. — commerciale. 917, 946, 1511, 1732.— directe. 2547. — de la banque. 607, 917, s. 1319, 2136.—publique. 199, 2701, s. — réelle. 2531.
Adjudicateur. 2541.
Adjudication. 349, s. 393, 477, 567, 649, 836. 1369, 1468, s. 1977, 2035, 2054, 2261, 2297 2309, 2579. — préparatoire. 835. — V. Command, Folle enchère.
Adminis. publ. 197, s. 206, s. 355.
Adoption. 652, 704. 825, 846, 1099.
Affectation. 644.
Affiche. 285, 2885.
Affinité. 689, 1100, 1112.
Affirmation. 521.
Age. 2474.
Agent diplomatique. 890, s. 902, s.
Alimens. 1106, 1111, 1247, s. 1252, 2534.
Ambassadeur.—V. Agent diplomatique.
Amende. 31, 626, s. 645, s. 957, 1802, 2190, 2285, s. 2320, 2406, 2485, 2656, 2667, 2699, 2849, s. 2892, 2994, 3005,— distincte. 2357.
Ameublissement. 121.
Antichrèse. 1392, s.
Anticipation. 473.
Annexe. 2370, 2375, s.
Appel. 869, 2205, s. 2408, 2795, s. 2817, 2509, 2587, s.
Arbitrage 576, s. 608, 1461, 1650, 1721, 2213, 2504, s.—V Délai.
Arrêt.—V. Jugement.
Arrêté de compte. 283.
Assurance. 341.—terrestre. 345, s.
Atermoiement. 149, 1812.
Autorisation de famille. 598, s.—de femme. 61, 593. — de poursuivre. 2763, s.
Aval. 256, s.
Avance. 2487.
Avancement d'hoirie. 763 s. 849, 1125, 1174, 1428.
Avenir. 2785.
Aveu judiciaire. 2005, s.
Avocat. 2730, s. 2780, s.
Avoué. 1495, 1516, 1557, 2380, 2699, 2730, s. 2738, s. 2754, 2780.
Bail. 2031, s. 2096, 2859. à locatairie. 873. — à nourriture. 391, 1243, 1262, 1845, s.—à rente. 2118, s. 2126. — à vie. 5 133, 393.—héréditaire. 874.— V. Louage.

Bâtiment. 1755, s.
Billet à ordre. 151, s.
Bois. 1729, 1759, s.
Brevet d'invention. 1777.
Bureau. 910, 1797, s. 9272, s.
Cahier des charges. 2136, 2245, s
Caisse d'amortissement. 251.
Capital. 2092.
Cassation. 2793, 3035, s. — (appréciation) 149, 1625, 1980, 2106, 2812, 2851, 2880, 2964. — V. Jugement.
Caution. 340, 402, s. 441, 456, s. 471, 552, 545, 1845,1805,1985.—éventuelle. 418, s. — solidaire. 408, s. — supplémentaire. 424, s, Cautionnement. 225, 876, 2547. — V. Aval, Caution.
Cédule. 244.
Contième denier. 2, s. — supplémentaire. 1795.
Certificat. 240, s. 2251, 2251, 2492, 2776. — de vie. 935.
Cession de bail. 2116.— de biens. 2489.
Cessionnaire. 2212.
Charge. 773 , 1236 , s. 2051,2080,s.2134,2116.
Chasse. 161, s.
Chef distinct. 569, 641, s. 2796.
Chose commune. 792.— jugée. 2766, 2809.
Clause pénale. 142, s.
Collocation. 610, 652, s. 2236. — amiable. 284.
Colonies. 11, 477, s. 549, .888, 968, 1293, 1542, s. 1572, s. 1563, 2570, s. 2559, 2860, s. 2960, s.
Copie. 2707, s. 2742.
Corporation. 2607, 2762, Coupe de bois. 1729; 1872.
Courtier. 1804. — V. Répertoire.
Command. 1411, 1485, 1598 , 2379 , 2704 , s. 3032.— nouveau.1541, s. — distinct. 1531 suiv.
Commerçant. 2892,
Commiss.-priseur. 2248.
Communauté. 264, s. 276, 799, 829, s, 1000, 1006, s.1089, s 1286, s.1397.
Commune. 192 , 1354, 1581.
Compensation. 554, 610, 618, 1473, 1327, 2280, s.2544.
Compétence. 590, 642, s. 2652, s. 2683, 2757. — commune. 3698, 2799, s. — criminelle. 2056. matérielle 2660, s.
Compromis. 481, s.
Compte. 526, 606, s. 602. — courant. 671. — de tutelle. 624, s.
Conception. 935.
Concession. 1550, 1750, 1829.
Conciliation. 586.
Conclusion. 2784, 2889.
Concordat.146,578,3015.
Condamnation. 687 , s. 603, s. 652, s. — conditionnelle. 615 — pénale. 607.
Condamné. 2941, s.
Condition. 41, 118, 705, s. 744, 976, 1032.— alternative. 84, s.— éventuelle. 83 , 116, 418, s. 745, s. — potestutive. 86, s. 129, 762, 1173. — résolutoire. 127, 1264, 1558, 1622,

1907. — suspensive. 1602, 1960 , 2015, s. 2844, s. 2905, s.
Confiscation.628, s. 828, 2944, s.
Congé. 664.
Connaissance. 1413,2012, 2842, s. 2854, 2880, s. 2921, s. 2989.
Connexité. 2609,s.
Conseil. 298. — d'état. 214, 2797. — V. Jugement.
Consentement. 390, 470.
Conservateur. 2702.
Consignation. 870, 2296, 2546.
Consolidation. 2107.
Consul. — V. Agent diplomatique. 892.
Contrainte. 908, 930, s. 982, 2127, s. 2058, s. 3668, 2680, s. 2721, s. — délai. 2706. — (formes) 2710.
Contrat de mariage. 275, s, 1007, s. 2026 (V. Liquidation). — pignoratif.1386.— d'union. 146.
Contravention, 2210, s. 2828, 3004.
Contre-lettre. 1465 , s. 1061, s. 1722 , 1884, s. 2290, 2252, s.
Contre-ordre. 2.
Contribution. 1894, s.
Créance. 849, s. 907, s.
Créancier. 689.
Crédit ouvert 419 , s. 2016.
Curateur. 598. — V. Succession vacante.
Date. 18, s. 37, s. 2267, 2713.— certaine 38, s. 175, s. 1463, s. 1547, s. 1596, 1950, s. 1955, s. 1964, 2232, 3000, s.
Dation en paiement.1265, 2502.
Débet. 449.—V. Enregistrement.
Décès. 2304, 2916. — simultane. 737.—V.Mutation.
Décis. ministérielle.2263.
Décharge. 577, 478, 1315, 2706, s. 2735, 2751. — V. Libération.
Déclaration. 512 , 527, 540, 582, 1971, 2590, s. — (forme) 620, s. — de dette.583, 592, 1223.— distincte. 986.—insuffisante. 2520. — de succession. 527, 2044, s. 2608. — V. Command, Vente publique, Mutation par décès, Succession.—(bureau) 910, s. — (constatante) 531, s. — (dispense) 903, s. — tardive. 954, s.— unique. 1797.
Déduction. 2205.
Défense. 2750, s.
Degré de juridiction.597, 675, 2665, 2752,s.2793, 2798.
Délai. 41 , s. 161 , s. 207, 260, 650, 904, 1307, 1589 , s. 1801, 2258 , s. 2413.—(actes sous seing privé) 2257 , s. 2256, s. — (amende) 2285. — (effet de commerce) 224. — (exploit) 2258. —(huissier, avoué, notaire) 2258, s.—(jugement) 2258.— (procès-verbal) 2259, s. — jour d que. 2262 , 2841, s. 2854,2877,s 2919,2998. — V. Command.
Délaissement. 542.
Délégation. 372, s. 483, s. 501, 550, s. 837, 2695.

Délibération de famille. 398, s.
Délivrance. 279,782,785, 847.
Demande en justice.2515.
Demi-droit. 957, 2520.
Démission de biens. 1107, s. 1193,1962,2160,2188, s. 2406.
Dénonciation de collocation. 536.
Dépôt 9, 348, s. 2218, 2477,2843,2956.—d'acte. 1457. — de rentes. 224.— V. Répertoire.
Désistement. 84, 2694.
Détournement. 2675.
Dette. 849, 1151, 1152.— (mention) 496, s.—publique. 215, s.
Digues. 359.
Dispense. 206, s.
Disposition d'office. 26, 2060, 2088, 2824.
Distraction 625.
Divorce. 595, 711.
Domaine congéable. 275, 1483, 1825, 2072.— engagé. 1368. — de l'état. 2090, s. 2762.— extraordinaire. 1368. — public. 190, s.
Domicile. 2662, s. — élu. 2081, s. 2705, 2711.
Dommages - intér. 619 , suiv.
Don manuel. 655, 1276, s. 1975.—mutuel. 785.
Donation. 222 , 1097 , 1242, 1447, 1305, 1506, s. 1668, 2089, s. 2188, 2351, 2907, s.—(V. Partage d'ascendant).—alternative. 1255, s. —par contrat de mariage. 286, 705, 742, s. 734, s. 1110, 1114, 1118, 1135, s. 1142, s. 1165, 1178, s. 1420, s. 2845. — deguisée. 1072, 2188. — d'effet négociable.1974. — entre époux. 748, s. 1111, 1121, s. 1134.— éventuelle. 142, s. 841, 961, 1129, s. 1153, s. 1149, 1156 , s. 1169, s. —d'immeubles.1170,s. —mobilière. 398, 1245, 1261, s.
Dot. 281,392, 796, 1420,s. —immobilière. 1501.—religieuse. 1105.
Douaire. 709, 707, s. 741, 774, s. 1970, 2090.
Douanes. 1530, s.
Double droit. 639, 2231, 2241,2258,s.2296,2542, s. 2486, 2692, 2846, s.
Droit (cumul). 2577. — (débiteur) 2293, 2431, 2464, s. 2610, s. — acquis. 52. — ancien. 17, 42, s. — distinct. 268, s. 293, 998, s. 373, s. 475, s. 641, s. 648, s. 745, 2502. (V. Intérêts distincts).—fixes. 14, s. 260, 325, s. 338, 373, s. 2996. — incorporels. 803, 392, 915, s. —nouveau. 639, s. 809, s. — proportionnels. 14, s. 337, s. 604, s. —simulé. 1408.— successifs 388 , 1054 , 1305, 1425, s. 1995, s. 2562. — de suite. 2251. — de titre. 660, 2642. — tribut. 2290.
Eau. 1730.
Echange. 190,1242,1331, s. 1989 , 2046 , 2137, s. 2177, s. 2900
Effet de commerce. 150, s. 255, s 467, 548, 2242, 2583. — public. 882. (V. Rente sur l'é-

tat).— suspensif. 889, 2308, s. 2509.
Election. — V. Command.
Emigré. 217, 235, 834, 1370.
Emphytéose.-V. Louage.
Endossement.151, s. 255, 467.
Enfant naturel. 691, s.
Enquête. 2736.
Enregistrement gratis. 182, 188, s. 212. — en débet. 182, s. 212.
Envoi en possession.— V. Absence.
Epoux. — V. Succession.
Equivalent. 934 , 1406 , 1607, 2891.
Erreur. 947 , s. 1924, 2233, 2254, 2261, 2348, 2564, s. 2645, s. 2865.
Estimation. 941, s 2127, 2132, 2163, s. — V. Expertise.
Etablissement public. 11, 29, s. 698, 10b, 1286, s. 1380, 1389, s.
Etat des dettes. 1179.— estimatif. 957 , 1266 , 1778, s.
Etranger. 220, 775, 877, s. 916, 2276,2488,2952.
Evaluation.— V. Estimation.
Eviction. 2638.
Exceptions. 206, s. 603, 1516 , 2665, s. 2690, 2793
Excuse. 2467.
Exécution. 2085, s.— parée. 2705, 2710. — provisoire, 2080, s. 2725,s.
Exécuteur. 224, 266.
Exécuteur testamentaire. 780, s. 2521.
Expédition. 560, s. 616, 9210, 2364, s.
Expert. 400, 572.
Expertise. 295, 596, 647, 951,1482,2020, s. 2049, 2105, 2143, 2165, s. 2204,2251,2905,2550, 2628, 2646, 2727, 2748, 2895, 5041. — délai. 2160.— (frais) 2206, s. — (qualité) 2182, s.
Exploit. 181, 246, 285, 505, 394, 2241, 2242, 2287, s. 2382, 2681, s. — (délai) 2726.
Expropriation pour utilité publique. 403, s. 692.
Extrait. 1810, s. 2227, s. 2233, 2951, 2709, 2965.
Fabriques. 2060.
Faillite. 146, 280, 454, 502, 524, 555, 504, s. 592, 960, 1574, 1808, 1976, 2652
Femme. 494, s.— mariée. 1571.—normande. 810.
Fermage public. 1875.
Folle enchère. 1412,1468, s. 1726, s. 2684.
Fonctionnaire. 291, 2354 , 2763 , 2994. — public. 2210, s.
Fondation. 1109.
Force majeure. 954,2404. 2695.
Forêts. 2757, 2804.
Frais. 623, 2059, 2082, s. 2156, 2206, s. 2496, s. 2735,2781,2991,3017.— (convention licite) 2500, s.— d'acte. 1414, s. 1548. — judiciaire. 2504, s.
Fraude. 1550, 2406.
Fruits. 2904.—pendans. 1759, 1872, s.
Gage. 518, s. 402.
Gains de survie. 747 , suiv.
Garantie. 2237, 2767 ,

2805, s.— V. Cautionnement.
Garde de commerce.—V. Répertoire.
Greffe (droits de). 2895,s.
Greffier.1817, 2210,2227, s.2291, s. 2354, s. 2581, 2702.— V. Répertoire.
Habitation. 2101 , 2326.
Héritier. 298, s. 611, 665, 2643, s. 2714. — apparent. 2968, s. — bénéficiaire. 618, 703, 1057, s. 1473, 2506.
Homologation. 596, 1639.
Honoraires. 2082.
Hospice. 1553.
Huissier. 2210, s. 2354, s. 2688 , 2727. — V. Répertoire.
Hypothèques. 322 , 369, 582, 414, s. 446 , 460, 545,1165, s. 1991, 2011 —supplémentaires 287 s 463, 568, 2018.
Ignorance. 989, 1775.
Immeubles. 683 , s. 830, s. 1126 , 1305 , 1351 , 2045 , 2052, s. 2127, s. (V. Meubles). — par destination. 1784.
Immobilisation. 1519.
Impôt. 1879, s.— public. 1875.
Incendie. 1752.
Incident. 2678, 2757.
Incompétence. 59,590. — V compétence.
Indemnité. 248.
Indignité. 972.
Indivisibilité. 297, s. 367, 473, 560, 1314, 1784.
Indivision. 148 , 1105 , 1207, 1241, s. 1398, s. 1979, 1995, 2112.
Inexécution. 1408 , 1679.
Inscription au rôle. 758 , s. 1879, s. 1895, s. 2881, s. 2934, s.
Insinuation. 2, s.
Institution contractuelle. (Voyez Donation par contrat). — par écrit, 2821 , s.
Insuffisance. 2520, s.
Interdiction. 681 , 698, 1573.
Intérêt. 2649. — distinct. 298, s. 376, s. 597, s.
Interprétation restrict. 2813.
Interruption. 3011, s. — V. Suspension.
Inventaire. 290 , 496, s. 507, s. 504, 1781, 1903, s. 2253, 2543 , 2842 , s. 2960.
Jouissance. 1891, s.
Jour à quo. 665.
Jour férié. 1408 , 1524 , 2270, 2449, 2458.
Juge commissaire. 248. —de paix. 588 , 2055 , 2668, 2685, 2716.
Jugement. 59 , s. 247 , 294 , 337 , s. 567 , s. 2507, 2707, s. 2900, s. — annulé. 2653, s. — définitif. 664, s. — étranger.674.—d'expédient. 1637 —relatif. 2587, s. — interlocutoire , 571 , s. — par défaut. 603 , s 1690 , 2314, 2589, 2790, 2822, suiv. — (exécution) 2826. — préparatoire. 669, s. 2811.
Legs. 11 , 2091, s. (V. Mutation par décès et Succession). — conditionnel. 975.—dejouissance. 840. — particuliers. 768, s. 992.—aux pauvres. 608. — de sommes. 707, s. — d'usufruit. 780, s. — uni-

versel. 770, 992, 1082.
Lettre. 211 , 1787 , 2261. — de change. 150, 339, 369 , 2245.
Lettres - patentes. 201 , 568.
Libération. 278,283, 478, s. 484, s. 525, 555.
Licitation. 477 , s. 1374, 2065. — V. Partage.
Liquidation. 298 , 384, 389, 497, 520, 552, 608. 634, s. — de reprise. s. 1473, 2506.
Litispendance. 2726.
Loi (publication). 2879.
Louage. 1986 , 2117 , s. 2167, s.— emphytéotique. 1831 , s. 2067.— d'industrie . 1844. — perpétuel. 1859 , s. — à rente perpétuelle. 1419. — verbal. 1867. à vie. 1596,1822, s.
Main-levée. 485.
Majorat. 533,599, s.1113.
Mandat. 149, s. 205, 299, s. 996, 938, 909, 1308, s. 1934 , 1988 , 2401.— authentique. 1349 , s.
Manuscrit. 1776.
Marais. 1371.
Marchandises. 2080.
Marché 494, 907, s. 349, s. 593, 660, 1515, 1740, 1873, s. 2905, 2659.
Mariage. 2617 , 2886 , s. 2973, 2902.
Marin. 697.
Mémoire. 2730, s. 2740 , s. 2762, s. 2780, s.
Mention. 273, 496, s. 525, 559 , 658 , 607, 1226 , 1716, 1965, 2210 , s. 2354, s. 2548, 2774, s. 2858, s.
Mercuriales. 2445, s.
Meubles. 683 , s. 830, s. 1326 , s. 1574 , 1728, 1627, s. 1880, 2014, s. 2098 , 2109, 2137 , s. (V. Donation, Servitudes).— de l'état,1744, s.
Militaire. 967 , 2066 , s. 2955, s.— V. Absence.
Mines. 1829 , s.
Mineur. 62, 647, 1571, s. 1656 , s. 2585, 2655.— émancipé. 864 , s.
Ministère public. 2742 , s. 2769, s. 2887, s.
Minute. 182, 207 , 556 , s. 2256, 2588.—double. 2274, s.
Mise sociale. 462.
Modération. 2342, 2405 , suiv.
Moyen nouveau. 2814, s.
Mutation. 30.—par décès. 26, s. 57, 676, s.— distincte. 281. — entrevifs. 37 , s. — à titre gratuit. 1097 , 2014 , 2080 , s. 2439, s. — de jouissance. 1821. — à titre onéreux. 2014. — présumée.1887, s.—verbale. 37, s.
Nantissement. 481 , 532.
Navire. 1755.
Nomination. 396, s. 592.
Notaire. 181, s. 400, s. 2210, 2248, 2274, 2281, s. 2298, s. 2353 , 2405, 2431, 2471, s. 2610, s. 2892, 2994, 3005, s. — V. Répertoire.
Note sommaire. 566.
Novation, 322, 457, 543.
Nullité. 160, s. 171, s. — de plein droit. 1576.— radicale 49,s.2141,450, 1450, 1576, 4058, 1653, 1877, 2558. — relative. 1434.

Obligation. 382. — de faire. 426, s. — nouvelle. 548, 557, s. — de payer. 493, s. — personnelle. 2471, s. 2490, 2560. — verbale. 37, 528, 655, s. 1412, 1478, 1925, 2072, 2260, s. 2515, 2518, 2351, 2603.
Office. 871, s. 1611, s. 1765, 2621, s. 2639.
Officier de police. 2701. — public. 1815, 2471.
Offres réelles. 394, 490, 2725.
Omission. 2320, s.
Opposition. 250, 633, 2665, s. 2681, s. 2792, 2822, s. 3033, s.
Option. 134, s. 930.
Ordonnance. 2255. — royale. 253.
Ordre public. 161, s.
Paiement. 377, 386, 484, s. 1694. (V. Subrogation. — des droits et frais. 2464, s.
Paraphe. — V. Répertoire.
Partage. 148, 371, s. 442, 477, s. 499, s. 541, 766, 905, 1006, 1303, 1396, 1565, 1641, 1926, 1974, 1995, 2174, 2499, 2582, 2869, s. — anticipé. 1336. — d'ascendant. 1121, 1184, s. 1197, s. 2565, 2574.
Partie. 1415. — civile. 185.
Pays étranger. 20, 174, s. 340, 481, 968, 986, 1293, 1372, s. 2359, s.
Péage. 362.
Peine. 2320. — personn. 2295. — V. Amende.
Pension. 1139.
Perception. 2721. — (base) 2466, s. — (mode) 2015, s. — partielle. 604.
Péremption. 2727, 3015, 3020, s. 3036, s.
Perte. 2371, 2962.
Pétition. 3029.
Petits-enfans. 1229.
Plaidoirie. 2730, 2738, s. 2780, s.
Plan. 291.
Porte-fort. 426, s.
Porteur de contrainte. — V. Répertoire.
Portion disponible. 815, 1108, 2093.
Possession. 720, s. 2987, s.
Pot-de-vin. 2116.
Pourvoi en cass. 2273.
Préciput. 709, 794, 972, 2093.
Prescription. 1383, 2190, 2832, s. — biennale. 2838, s. — triennale. 2915, 2985, s. — V. Déchéance.
Présence. 2236.
Président. 2689.
Présomption. 735, s. 2890. — légale. 1879, s. 1895, s. 1952, 2445.
Prestation. — V. Serment.
Prêt. 145. — sur dépôt. 9, 318, s. — de rente. 229.
Preuve. 329, 1511, 1790, s. 1883, s. 1986, 2127, s. 2280. — (commencement) 1512. — contraire. 1928, s. 1981, s.
Prise. 2154, s. — maritime. 384. — de possession. 720, s. 2935, s.
Privilége. 323, 2531, s. 2539, s.
Prix exprimé. 2023, s. 2045, s. — non exprimé. 2127.
Procédure. 2080, s.
Procès-verbal. 161, s. 183, s. 213, 242, 245, 280, 295, 331, 586, 631, 1801, 2007, 2287, s. 2345, 2400, 2711, s.
Production. 150, 174, 2316, s. — de pièces. 667.
Projet. 1451. — d'acte. 114.
Promesse. 126, s. 429, s. — de prêt. 226. — simple. 151. — de vendre. 1693, 1958. — 1455, 1458, 1477, s. 2137, s.
Prorogation. 330, s. 370. — de juridiction. 582.
Protêt. 335.
Provision. 634.
Prud'homme. 572. — V. Répertoire.
Publication périodique. 2701.
Publicité. — V. Jugement.
Qualification. 154.
Qualité. — V. Action.
Question préjudicielle. 2698. — transitoire. 17, s.
Qui. 121.
Quittance. 82, 230, 243, 375, 388, 478, s. 522, s. 524, s. 618, 1271, 1720, 1820, 2033, s. 2316, 2348, 3374.
Rachat. 855, s. 970, 1336, 1393, 1682, 1732, 2161, 2194, 2230.
Radiation. 385, s. — de cause. 676.
Rapport. 277, 286, 766, 1224, 1281, 2742, s. 2768, s.
Ratification 85, 429, 433, s. 2345, 2437, 2631.
Rature. 2437.
Récépissé. 277.
Receveur. 2217, 2477, 2719 — (absence) 2278.
Reconduct. tacite. 1869, s.
Reconn. d'enfans. 202. — testamentaire. 710.
Recours. 2795, s.
Recrutement. 328, 346.
Récusation 593.
Référé. 2061.
Réformation d'acte. 87, s.
Refus. 931, 937, 2280, s.
Registre. 927. — (clôture) 2277. — public. 1.
Relief. 1035.
Reliquat. 269, 606, s. 669. — V. Compte.
Remise. 8. — V. Modération, Excuse, Sursis d'adjudication. 296. — de dette. 1269, s.
Remplacement. 482.
Remploi. 265, s. 304.
Renonciation. 971, 2043, 2086, 2497, 2518. — à communauté. 264, s. 1089 — conditionnelle. 1049. — gratuite. 1033, s. 1071. — à legs. 1066. — partielle. 1041, 1082, s. 1093, s. — à succession. 1448, s. 2634, s. — (formes) 1017, s. — tacite. 334. Rente. 371, 542, s. 708, 801, 812, s. 853, 1141, 1746, s. 2024, s. 2043, 2071, s. 2118, s. — foncière. 1740, 2072. — immobilière. 699. — sur l'état. 220, s. 234, s. 777, s. — viagère. 227, 381, 1114, 1136, 1233, 1395, 1824, s. 2159, 2534, 2572.
Réparat. d'erreur. 2350.
Répertoire. 2217, s. 2407, s. 2433. — (forme) 2450. — visa. 2445 — collectif. 2414. — délai. 2432, suiv.
Répétition. 2472, s. 2487, 2610, s.
Reprise. — V. Liquidation.
Répudiation. 1566, s.
Requête. 507. — civile. 2734, 2818.
Rescision. 1347, 2057. — V. Résolution.
Réserve. 344, 1120, 1132, 1160, 1165, 1824, 2064, 2068, s. 2089, 2103, 2898.
Résiliation. 1589, 1853, s. 2610, s.
Résolution. 1144, s. 1264, 1461, 1514, 1557, 1573, 1864, 1903, 2568, s. 2591, s. — volontaire. 1149, s. 1463, 1570, 1589, 1630. — forcée. 1630, s.
Responsabilité. 2296, 2520.
Ressort. — V. Degré de juridiction.
Restitution. 1414, 1869, 1608, 2896, s. 2910, s. 3018, s. — des droits. 2549, s.
Retenue. 2033.
Rétention d'acte. 2477.
Retour. 822, s. 1130, s. 1142, 1165.
Retrait. 1683. — litigieux. 1352. — successoral. 1356, 1360.
Rétroactivité. 17, s. 740, s. 1288, 2090, 2835.
Rétrocession. 1271, s. 1358, s. 1852, 1860, 1979, s. 2598, s.
Réunion. 20, 174, s. 1382.
Revendeur. 2490, s.
Revenu 2331.
Route. 358.
Saisie-arrêt. 610, 2489, 2669, 2759. — immobilière. 65, 1458, 2581.
Saisine. 2613, s.
Saisissabilité. 2534.
Salaire. 48.
Scellés. 2381.
Secrétaire. 2210, s. 2201, s. 2354, s.
Séparation de biens. 285, 972. — de corps. 600. de patrimoines. 376.
Séquestre. 533, 959, 978, 2937, s. 2967.
Serment. 20, 203, s. 249, s. 305, s. 313, 325, s. 396, 572, 2375.
Servitude. 1329, 2080, 2101.
Signature. 2481, s.
Simulation. 69, 1152, 1658, s. 2194, s. 2884, s. — V. Fraude.
Société. 228, 373, 1318, 1401, s. 1732, s. 1960, s. 2060, s. 2607. — (publicité) 2831.
Société d'acquêt. 761, 1122
Solidarité. 380, 388, 408, s. 458, 495, s. 2483, 2486, 2498, s. 2526, 2528, s. 2714.
Soulte. 1223, 1349, 2137, 2174. — V. Echange, Partage.
Sous location. 1854, s.
Sous-traité. 364.
Subrogation. 192, 363, 440, s. 450, 1852, s.
Subrogé-tuteur. 390, s.
Substitut. 701, 735, 1085, 1174, s.
Succession 22, 677, s. 2320, s. 2326, 2513, s. 2666, 2909, 2917, s. — (accessoire) 837. — bénéfic. 705, 964, 1057, 1088, 1523, 2519, 2923. — collatérale. 684, s. — directe. 682, s. — étrangère. 877, s. — mobilière. 683. — vacante. 679, s. 694, s. 866, 895, s. 2319, 2522, suiv.
Supplément. 2050, s. 2079, 2237, 2303, 2480, 2906. — de droit. 2023, 2808, 2839, s. — de prix. 87, s. — V. Hypothèques.
Surenchère. 650, 2313.
Surnuméraire. 314.
Sursis. 389, 649, 675, 964, 2198, s. 2659, 2698, 2749.
Surven. d'enfans. 1144, 1601, s. 1678.
Survie. 737, s. 792.
Suspension. 2911, s. 3011, s.
Stellionat. 1574.
Stipulation pour autrui. 438, s. 1061.
Tarif. 47.
Termes. 127, 330.
Testament. 2262, 2513, 2949, s. — mystique. 2220. — olograp. 2438.
Tierce-opposition. 2818.
Tiers. 38, s. 1570, 3001. — détenteur. 2531.
Timbre. 2657, 2849.
Titre gratuit. 1949. — onéreux. 1295, s.
Traduction. 2270.
Transaction. 75, s. 1128, 1438, s. 2519, 2497.
Transcript. 1329, 1333.
Transfert. 165, 218, s. 220, s. 275 — V. Rente.
Transport. 364, s. 372, s. 388, 442, 448, 661, 1244, 1252, 1300, 1303, 1311, 1322, 1425, s. 1691, s. 1732, s. 1821, s. 1852, s. 2025, s.
Travaux publics. 1316, s. 1321.
Tutelle. 400, s.
Tuteur. 2320, s. 2323.
Usage. 1326, 2101. — au bien. 36, 2263. — local. 1933.
Usufruit. 678, s. 786, s. 990, 1008, s. 1072, 1108, 1113, 1152, 1176, 1244, s. 1293, s. 1323, s. 1395, 1428, s. 1738, 1802, 1952, 2068, 2092, s. 2121, s. 2158, s. 2525, s. 2336. — légal. 334, 1250, s.
Vacation. 2400.
Valeur. 1798, s. 2013, 2231. — biennale. 2157. — réelle. 1013.
Vente. 19, s. 390, s. 479, 621, 1298, s. 1936, s. 2230, s. — aux enchères. 1813, s. — mobilière. 1728, s. — publique. 1786, 2035, s. — verbale. 2072. — V. Obligation verbale.
Vérificateur. 2711, 2720.
Vérification. 2432. — d'écriture 2493, s. — V. Visite.
Visa. 252, 2668, 2683, s. 2703, 2716, 3028.
Visite. 2217, s.

ENSEIGNE. — V. Action possessoire, Contributions indirectes, Nom.

ENSEIGNEMENT. — 1. — On entend ici par enseignement l'ensemble des dispositions légales concernant l'instruction et l'éducation publiques.

La connaissance de ces dispositions intéresse toutes les classes de citoyens.

2. — Le législateur a plus d'une fois posé les bases de l'instruction publique, depuis la révolution de 1789. Ainsi, la loi des 13-14 sept. 1791 a ordonné qu'il serait créé et organisé une instruction publique, commune à tous les citoyens, gratuite à l'égard des parties d'enseignement indispensables pour tous les hommes, et dont les établissemens seraient distribués graduellement dans un rapport combiné avec la division du royaume.

3. — Le décret du 15 sept. 1793 porte : « indépendamment des écoles primaires, il sera établi trois degrés progressifs d'instruction : le premier pour les connaissances indispensables aux artistes et ouvriers de tous les genres : le second pour les connaissances ultérieures nécessaires à ceux qui se destinent aux autres professions de la société ; le troisième pour les objets d'instruction, dont l'étude difficile n'est pas à la portée de tous les hommes. » — Le principe de cette division ne reçut malheureusement aucune application au milieu des troubles politiques de cette époque.

4. — Après des essais peu fructueux d'écoles centrales et d'instruction élémentaire, intervint la loi du 11 floréal an 10, dont l'article premier est ainsi conçu : « L'instruction sera donnée, 1° dans des écoles primaires établies par les communes; 2° dans des écoles secondaires établies aussi par les communes ou tenues par des maîtres particuliers ; 3° dans des lycées et des écoles spéciales entretenues aux frais du trésor public. »

5. — Enfin, la loi du 10 mai 1806 porte qu'il sera formé, sous le nom d'*Université*, un corps chargé exclusivement de l'enseignement et de l'éducation publique. L'organisation annoncée a été faite par le décret du 17 mars 1808, et par plusieurs autres décrets, modifiés à leur tour par des ordonnances royales.

6. — L'université étant chargée exclusivement de l'enseignement public général, il s'ensuit qu'aucune école, aucun établissement public d'instruction ne peut être ouvert hors de l'université, sans son autorisation (Décr. 17 mars 1808, art. 1, 2, 3). On verra ci-après, art. 4 les modifications et la sanction pénale de ce principe.

7. — Le caractère exclusif attribué à l'université, aux dépens de l'enseignement libre, a donné lieu à de vives attaques contre l'établissement universitaire que l'on a souvent regardé comme vulnérable sous le rapport de la légalité, attendu que ses prescriptions les plus sévères ne reposent que sur des décrets impériaux. Mais, d'une part, les décrets non attaqués pour inconstitutionnalité avaient force de loi ; de l'autre, les lois de finance et autres, votées depuis l'établissement du gouvernement constitutionnel de la charte, ont reconnu et légalisé l'existence de l'université. Aussi, tout en reconnaissant la nécessité d'une réforme qui vienne coordonner, dans des vues libérales, les diverses parties du code universitaire, faut-il renoncer franchement aux attaques dirigées contre l'existence même de l'université. Telle est aussi l'opinion de Dalloz (A. 12. 783). — Déc. cons. royal de l'instr. pub. Dubois. — 4 mai 1830. D.P. 33. 3. 92.

8. — La direction de l'enseignement est donc particulièrement confiée à l'université. Toutefois, il y a des établissemens, des écoles qui ne relèvent pas de l'université. De là la division de la matière en deux grandes sections. Quant aux écoles ecclésiastiques elles ont un caractère mixte encore indécis dans l'état actuel de la législation; il en est de même des écoles de filles, qui ne sont pas sous la juridiction de l'université, bien qu'elles aient de nombreux rapports avec le corps enseignant ; ces deux espèces d'écoles devant, lorsque la législation universitaire sera révisée et refondue, rentrer dans l'harmonie générale de l'enseignement, nous en parlerons à la suite de ce que nous avons à dire des établissemens directement dépendans de l'université.

9. — Après avoir fait partie du ministère des affaires ecclésiastiques (Ord. 26 août 1824), l'instruction publique en a été séparée (Ord. 4 janv. 1828). Enfin, l'ordonn. du 10 février 1828 porte : L'instruction publique sera dirigée par un ministre secrétaire d'état. Il exercera les fonctions de grand-maître de l'université de France, telles qu'elles sont déterminées par les lois et réglemens. — D.P. 28. 3. 8.

10. — Deux fois par an, un rapport doit être présenté au roi, sur la situation morale de l'instruction et de l'éducation (Ord. 1er juin 1822, art. 3).

SECT. 1re. — *De l'université et des établissemens qui en dépendent.*

ART. 1er. — *Organisation générale.*

ART. 2. — *De l'éméritat et des pensions de retraite.*

ART. 3. — *Des recettes et dépenses de l'université.*

ART. 4. — *De la juridiction. — Des délits et des peines.*

§ 1er. — *De la compétence universitaire.*
§ 2. — *De la compétence des tribunaux et officiers de police judiciaire.*
§ 3. — *Des contraventions, des délits et des peines.*
§ 4. — *Des réclamations et des plaintes.*
§ 5. — *De l'instruction, du jugement et de l'exécution dans la juridiction universitaire.*
ART. 5. — *Des facultés.*
§ 1er. — *Des facultés en général.*
§ 2. — *Des facultés de théologie.*
§ 3. — *Des facultés de droit.*
§ 4. — *Des facultés de médecine.*
§ 5. — *Des facultés des sciences.*
§ 6. — *Des facultés des lettres.*
ART. 6. — *De l'école normale.*
ART. 7. — *Des colléges royaux et communaux.*
§ 1er — *Colléges royaux.*
§ 2. — *Colléges communaux.*
ART 8. — *Des écoles primaires.*
§ 1er. — *De l'instruction primaire et de son objet.*
§ 2. — *Des écoles primaires privées.*
§ 3. — *Des écoles primaires publiques.*
§ 4 — *Des autorités préposées à l'instruction primaire.*
ART 9 — *Des colléges particuliers, institutions et pensions.*
ART. 10. — *Des écoles secondaires ecclésiastiques.*
ART. 11 — *Des écoles de filles.*
§ 1er — *Autorisation des écoles de filles en général.*
§ 2 — *Des écoles primaires de filles.*
§ 3. — *Des écoles de filles de degrés supérieurs.*
SECT. 2. — *Etablissemens d'instruction publique etrangers à l'université.*
ART. 1er — *Etablissemens placés dans les attributions du ministère de l'instruction publique.*
§ 1er. — *De l'institut.*
§ 2 — *Du museum d'histoire naturelle.*
§ 3 — *Du collége de France*
§ 4. — *Des bibliothèques publiques. — Cours qui se font à la bibliothèque du roi.*
§ 5 — *Des académies et sociétés littéraires; des encouragemens et souscriptions.*
§ 6 — *De l'école des Chartes.*
§ 7 — *Des établissemens britanniques.*
ART. 2. — *Etablissemens et écoles spéciales dans les attributions de divers ministères.*
§ 1er — *De l'école polytechnique.*
§ 2 — *Ecole d'artillerie et du génie.*
§ 3. — *Ecole d'application d'état-major.*
§ 4. — *Ecole de cavalerie à Saumur.*
§ 5. — *Ecole militaire de Saint-Cyr.*
§ 6. — *Collége militaire de La Fleche. — Gymnase normal militaire.*
§ 7. — *Ecole des mines.*
§ 8 — *Ecole des ponts et chaussées.*
§ 9 — *Ecole forestière.*
§ 10 — *Ecole de marine.*
§ 11. — *Ecole des beaux arts.*
§ 12. — *Ecole vétérinaire.*
§ 13 — *Ecoles commerciales, industrielles, et des arts et métiers.*
§ 14. — *Ecoles de sourds-muets.*

SECT. 1re. — *De l'université et des établissemens qui en dépendent.*

ART. 1er. — *Organisation générale.*

11. — *Devoirs, Rang, Grades, Titres, Priviléges, Costumes des membres de l'université.* — Les membres de l'université, lors de leur installation, contractent, par serment, des obligations civiles, spéciales et temporaires, qui doivent les lier au corps enseignant. Ils s'engagent à l'observation des statuts et réglemens de l'université, et à l'obeissance envers son chef (Décr. 17 mars 1808, art. 39, 40, 41).

12. — Ils s'engagent à ne quitter le corps enseignant et leurs fonctions qu'après en avoir obtenu l'agrément dans les formes prescrites, à défaut de quoi ils sont rayés du tableau de l'université (Décr. art. 42, 43, 44).

13. — Les membres de l'université ne peuvent, sans autorisation, accepter aucune fonction publique ou particulière et salariée. Ils sont tenus d'instruire le chef de l'université de tout ce qu'ils apprendraient de contraire aux principes dans les

établissemens d'instruction publique. Ils ont pour costume, un habit noir avec une palme brodée en soie bleue sur le côté gauche (*ibid.* 45, 46, 128).

14. — Le rang des fonctionnaires de l'université entre eux est déterminé : nul ne peut être appelé à une place qu'après avoir passé par les places inférieures (Décr., art. 23, 30).

15 — A chacune des fonctions de l'université correspond un grade qu'il faut avoir obtenu pour la remplir (Décr., art. 31; ord. 26 mars 1829, art. 18; ord. 29 sept. 1832, art. 1er).

16 — Les titres honorifiques sont ceux de titulaires, d'officiers de l'université et d'officiers des académies; ils sont donnés de droit à certains fonctionnaires de l'université, et comme récompenses à ceux qui ont mérité cette distinction (Décr. 17 mars 1808, art. 32, 33, 34, 37; ord. 1er nov. 1820, art 14).

17. — Les membres de l'instruction publique qui ont contracté l'engagement de se vouer pendant dix ans à l'enseignement, les élèves de l'école normale et les frères des écoles chrétiennes qui ont pris le même engagement, les jeunes gens qui ont obtenu le prix d'honneur décerné par le conseil de l'université, sont dispensés du service militaire (L. 10 mars 1818, art. 15; l. 21 mars 1832, art. 14).

18. — Les fonctionnaires de l'université ont droit à des pensions, et sont soumis à une juridiction spéciale. — V. *infra*, art. 2.

19. — La franchise du port des lettres et paquets a été réglée par le ministre de l'instruction publique entre les différens fonctionnaires de l'université par l'ordonnance du 6 juill 1823; par une décision du 13 mars 1829; une décision du 13 juill. 1833 et enfin une dernière décision du 28 mars 1834. — V. Rendu, *Code universitaire*, p. 13.

20 — Le costume des fonctionnaires de l'université, et le rang qu'ils occupent dans les cérémonies publiques sont réglés par les décrets des 31 juill. 1809 et 15 nov. 1811, et les ordonnances des 17 fév. 1815 et 1er nov. 1820.

21. — Un réglement du 10 oct. 1809 renferme des dispositions concernant le régime de l'université, la subordination, la correspondance et les attributions de ses diverses autorités. — Rendu, p. 325.

22. — *Académies, Surveillance des écoles.* — L'université est composée d'autant d'académies qu'il y a de cours royales (art. 4)

23. — L'enseignement et la discipline des académies sont sous la surveillance du conseil royal de l'instruction publique (Ord. 17 fév. 1815., art. 3).

24. — Les écoles appartenant à chaque académie sont rangées dans l'ordre suivant : les facultés pour les sciences approfondies, et la collation des grades, les colléges royaux, les colléges communaux, les institutions particulières, les pensionnats particuliers, les écoles primaires (Décr. 17 mars 1808, art. 4).

25 — Les préfets ont le droit et le devoir de surveiller les établissemens d'instruction placés dans leurs départemens; les préfets, sous préfets et maires ont l'autorité et la surveillance administrative sur les écoles primaires, les archevêques et évêques ont la surveillance de l'enseignement religieux dans les écoles et colléges, les consistoires et les pasteurs celle de cet enseignement dans les écoles protestantes (Décr 15 nov. 1811, art. 33, 40; ord. 29 fév 1816, art 40, 41; ord. 27 fév. 1821, art 24).

26. — *Grand-maître de l'université, Ministre* — La législation concernant la direction suprême de l'enseignement public a subi de fâcheuses variations. Lors de la création de l'université, Napoléon lui donna pour chef un grand-maître, nommé et révocable par lui, et lui conféra des attributions étendues qui, ainsi qu'on va le voir, ont passé au ministre de l'instruction publique.

27 — Le grand-maître (aujourd'hui le ministre) nomme aux places administratives et aux chaires des colléges, il nomme également les officiers des académies et de l'université; il fait toutes les promotions dans le corps enseignant; il institue les professeurs des facultés, nomme les boursiers communaux, autorise les maisons particulières d'instruction, présente au roi le tableau annuel des écoles et des fonctionnaires, transfère les fonctionnaires, applique les peines autres que la réforme et la radiation, ratifie les réceptions des facultés, donne les diplômes, notifie les réglemens des écoles, convoque et préside le conseil de l'instruction publique, se fait rendre compte des recettes et dépenses, fait afficher s'il le juge convenable, ses actes et ceux du conseil (Décr. 17 mars 1808, art. 50 à 66).

28. — Telles étaient les attributions du grand-

maître, d'après la législation impériale. La grande maîtrise ayant été supprimée, les attributions passèrent au président du conseil de l'instruction publique, dont les fonctions sont énumérées dans les ordonnances des 1er nov. 1820, 27 fév. 1821.

29. — Aux termes de l'ordonnance du 1er juin 1822, le chef de l'université a repris le titre de grand-maître avec les attributions que lui conferait le décret de 1808, et celles qui appartenaient au président du conseil de l'instruction publique, à la charge de prendre préalablement l'avis du conseil.

30. — D'après le décret du 17 mars 1808, art 69 et suivant, le conseil royal de l'instruction publique, se composait de dix conseillers à vie, ou titulaires brevetés par le roi, et de vingt conseillers ordinaires nommés tous les ans par le grand-maître. Les conditions de nomination des titulaires sont réglées par ce décret, et par l'ordonnance du 27 fév. 1821. Aujourd'hui le conseil royal ne se compose que de six membres titulaires; il n'y a point de conseillers ordinaires.

31. — Le conseil s'assemble au moins deux fois par semaine; il juge toutes les questions relatives à la police, à la comptabilité et à l'administration des établissemens universitaires; arrête leurs budgets, juge les plaintes des supérieurs et les réclamations des inférieurs, est seul compétent pour infliger aux membres de l'université les peines de la réforme et de la radiation, admet ou rejette les ouvrages destinés aux colléges, entend les rapports des inspecteurs généraux, juge, sauf recours au conseil d'état, les affaires contentieuses relatives à l'administration générale des académies et de leurs écoles, et celles concernant les membres de l'université en particulier, par rapport à leurs fonctions, sollicite la réforme et l'interprétation des lois et ordonnances, discute les questions relatives au degré d'instruction de chaque école, fait les réglemens sur l'enseignement et la discipline, propose les améliorations qui exigent le recours à l'autorité royale, encourage la composition de livres propres à l'enseignement (Décr. 17 mars 1808, art. 69 et suiv. 106, ord 27 fév. 1821, art. 7; ord. 17 fév. 1815, art. 55 et suiv.).

32. — L'un des conseillers exerce les fonctions de chancelier, un autre celles de trésorier: leurs attributions, ainsi que le partage des travaux entre les membres du conseil, ont été déterminés par les art. 67, 68, du décr. du 17 mars 1808, et 2, 4, 5 à 11, de l'ordonn. du 1er nov. 1820. — Rendu, p. 22, 23.

33. — Les procès-verbaux des séances du conseil sont envoyés chaque mois au ministre de l'instruction publique, à l'approbation duquel sont soumises les délibérations, autres que celles concernant la juridiction ou la discipline (Décr. 17 mars 1808, art. 84; ord. 26 mars 1829, art. 21).

34. — *Inspecteurs généraux.* — Les inspecteurs généraux sont nommés par le ministre, parmi les officiers de l'université. Ils sont partagés en cinq ordres comme les facultés; ils visitent les académies, sur l'ordre du ministre, pour reconnaître l'état des études et de la discipline dans les facultés et colléges, pour s'assurer du mérite des maîtres, examiner les élèves et surveiller l'administration et la comptabilité (Décr. 17 mars 1808, art. 90, 91).

35. — Le ministre peut, en outre, envoyer dans les académies, pour des inspections extraordinaires, des membres du conseil non-inspecteurs (*Ibid* art. 92).

36. — Le décret de 1808 avait créé vingt inspecteurs généraux : l'ordonnance du 17 février 1815 les a réduits à douze, celle du 12 mars 1819 les porte à quinze, dont un pour l'instruction primaire. Enfin, un rapport au roi, du 24 août 1830, reconnaît que douze inspecteurs suffiront aux besoins du service.

37 — Un système particulier d'inspection a été établi, d'après la loi du 23 mai 1834, pour l'instruction primaire; il y aura un inspecteur spécial pour chaque département dans les chefs lieux de département, ces fonctions sont remplies par l'un des inspecteurs ordinaires. — Rendu, p. 25

38. — *Recteurs.* — Chaque académie est gouvernée par un recteur, sous les ordres du ministre, qui le nomme, pour cinq ans, parmi les officiers de l'académie, il réside au chef-lieu de l'académie (Décr. 1808, art 94, 95) A Paris, c'est le ministre qui exerce les fonctions de recteur.

39 — Les recteurs assistent aux examens et réceptions des facultés, visent et délivrent les diplômes envoyés à la ratification du ministre, dirigent l'administration des facultés et des colléges, inspectent et font inspecter les écoles de leur académie, se font adresser le registre annuel des membres de l'université appartenant à leur académie, registre qui sert à dresser pour chaque année un registre

général déposé aux archives de l'université (Décr. 17 mars 1808, art. 96 à 99).

40.— *Inspecteurs d'académie.*— Dans chaque académie, un ou deux inspecteurs particuliers sont chargés, par ordre du recteur, de la visite et de l'inspection des écoles de leurs ressorts; ils sont nommés par le ministre, sur la proposition des recteurs (Décr. 1808, art. 93).

Les conditions légales de nomination des inspecteurs ont été déterminées par une ordonnance du 29 sept. 1832, art. 1 et 2.

Les recteurs sont chargés de veiller à tout ce qui concerne les inspections (Arrêté du 8 juin 1816).

41.— *Conseils académiques.*—Au chef-lieu de chaque académie, il y a un conseil de dix membres choisis parmi les officiers et fonctionnaires de l'université, parmi les premières autorités et les habitans notables du lieu (Décr. 1808, art. 85).—V. M. Rendu, 27, n. 2.

42.— Les conseils académiques, présidés par les recteurs, et où assistent les inspecteurs quand ils se trouvent au chef-lieu, s'assemblent au moins deux fois par mois; ils examinent l'état des écoles, les abus de leur discipline, de leur administration ou de l'enseignement, et les moyens d'y remédier, les affaires contentieuses, les délits commis par les membres de l'université, les comptes des colléges (Décr. 1808, art. 86, 87).

43.— Les procès-verbaux et rapports des conseils académiques sont envoyés au ministre qui les communique au conseil-royal, pour statuer ce que de droit (*ibid.*, art. 88).

L'organisation et les fonctions des membres du conseil ont été l'objet d'un arrêté du 26 mai 1812, et d'une circulaire du 20 fév. 1810.—Rendu, p. 331.

44.— Tous les prospectus et programmes des écoles doivent être préalablement soumis aux recteurs et aux conseils des académies, puis approuvés par eux (*ibid.*, art. 101).

Art. 2.— *De l'émeritat et des pensions de retraite.*

45.— Les fonctionnaires de l'université peuvent, après trente ans consécutifs de service, être déclarés émérites, et jouir, à ce titre, d'une pension de retraite, qu'ils ne peuvent cumuler avec aucun autre traitement universitaire (Décr. 17 mars 1808, art. 123, 124).

46.—Le fonds des pensions de l'université provient de la retenue faite sur les traitemens des fonctionnaires. Le taux des pensions et les conditions exigées pour y avoir droit sont réglées par la loi du 11 flor. an 10, art. 42, le décret du 17 mars 1808, art. 123 et suiv., le décret du 17 sept. 1808, art. 20, le décret du 18 oct. 1810, art. 1, 2 et suiv., l'ordonn. du 19 avril 1820.

L'ordonnance du 27 fév. 1821 a donné, aux aumôniers des colléges royaux, droit à la pension. Celle du 25 juin 1823 a admis généralement au droit à la pension de retraite tous les fonctionnaires de l'université non compris jusqu'alors parmi ceux auxquels leurs services donnaient droit aux pensions.

Enfin, une ordonnance du 1er avril 1830 porte qu'il pourra être accordé des pensions aux veuves des membres de l'université, et règle tout ce qui concerne ces pensions.

Art. 3.— *Des recettes et dépenses de l'université.*

47.— L'université est autorisée à accepter les dons et legs qui lui sont faits, en se conformant aux lois. Elle a, de plus, une dotation (V. à cet égard les décr. des 17 mars et 24 mars 1808). Les différens droits qu'elle perçoit sont réglés par les décrets du 17 mars 1808, art. 132 et suiv., 17 sept. 1808, art. 25 et suiv., du 11 déc. 1808, art. 1 et 2, du 17 fév. 1809, art. 1 à 16.

Le décret du 17 mars 1808 contient aussi des dispositions relatives à l'autorisation de vendre les biens dont la conservation serait onéreuse, et à l'acceptation et l'emploi des fondations et dotations de bourses, soit anciennes soit nouvelles (art. 168 et suiv.).—V. Rendu, p. 285 et suiv.

48.— Les rétributions et droits universitaires ne sont susceptibles d'aucune attaque sous le rapport de leur légalité, puisque la perception en est autorisée par la loi annuelle des finances.

49.— La rétribution annuelle à laquelle les maîtres de pension et instituteurs ont été assujetis au profit de l'université, par le décret du 17 sept. 1808, ne s'est pas trouvée supprimée par suite du décret du 15 nov. 1811, qui leur interdit la faculté de recevoir des élèves à demeure au-dessous de l'âge de neuf ans, à moins que le lycée ou le collége ne soit

au complet.—21 août 1815. Civ. c. Min. pub. C. Decenne. D.A. 12, 784. D.P. 16. 1. 42.

50.— La rétribution universitaire a toujours dû, même après les ordonnances des 17 fév. et 15 août 1815, être du vingtième du prix de la *pension* des élèves, conformément au décret du 17 sept. 1808, et non pas seulement du vingtième des *frais d'études.* — 27 juin 1831. Paris. D.P. 31. 2. 251.

51.—Celui qui ouvre une école d'instruction avant d'y avoir été autorisé, est soumis à payer la rétribution universitaire, non seulement depuis cette autorisation, mais encore depuis l'ouverture de son école.—14 fév. 1832. Lyon. Nordheim. D.P. 32. 2. 159.

Le recteur de l'académie pouvait, il est vrai, conformément à l'art. 54 du décret de 1808, faire condamner Nordheim à une amende pour infraction à l'art. 1er du même décret, mais cet acte de tolérance ne saurait être retourné contre elle, et Nordheim aurait eu mauvaise grâce de s'en prévaloir pour s'exempter de payer la rétribution.—D.P. *eod.*

52. — Un changement important a été introduit par la loi de finances du 24 mai 1834, art. 8, dans le mode de recouvrement et de perception des rétributions et droits universitaires.—Cet article porte:

« L'administration de l'instruction publique sera, pour 1835, chargée, conjointement avec les agens des contributions directes, de l'assiette des rétributions universitaires et du droit annuel; elle continuera à constater les rétributions à percevoir sur les candidats qui se présentent devant les facultés ou devant les jurys médicaux; les recouvremens de la rétribution universitaire et du droit annuel seront poursuivis sur les rôles rendus exécutoires par le préfet, et à la diligence des agens du trésor public, dans les mêmes formes que pour les contributions directes. L'administration de l'instruction publique prononcera sur les demandes en remise et modération, dans les limites des crédits alloués au budget. Les pourvois contre l'assiette de la rétribution universitaire seront jugés par les conseils de préfecture. »

53. — Par suite de cette disposition capitale, dit Rendu, p. 285, le budget de l'université vient se joindre au budget du ministère de l'instruction publique; toutes les dépenses qui concernent l'enseignement figurent parmi les services généraux de l'état, et tous les fonds destinés à acquitter ces dépenses sont versés au trésor, ainsi que les revenus de la dotation et des domaines de l'université, aussi bien que le produit des impôts. Toutefois, comme l'a fait observer le ministre de l'instruction publique dans son rapport au roi, du 22 nov. 1833, l'université conserve la propriété de sa dotation et de ses biens; son caractère d'établissement doté et propriétaire, capable de recevoir et de posséder, demeure intact et certain.

54. — L'université peut poursuivre ses débiteurs par voie d'expropriation forcée (Décr. 12 sept. 1811, art. 1 et 2).

Elle jouit de l'hypothèque légale établie par l'art. 2121 C. civ., au profit des établissemens publics (Décr. 15 nov. 1811, art. 155).

55.— Les dépenses d'entretien des bâtimens des colléges et des académies, sont au compte des villes (Décr. 17 sept. 1808, art. 23).

56.— La ville de Paris n'a été dispensée par aucune disposition spéciale de l'entretien des bâtimens affectés aux facultés de droit et de médecine. — 16 déc. 1830. Ville de Paris. D.P. 31. 3. 27.

57.— La dépense des traitemens et pensions des fonctionnaires de l'université est fixée par le décret du 17 mars 1808, art. 138 et suiv. et par les ordonnances des 17 fév. 1815 et 16 juill. 1831. — V. Rendu, p. 300, 301.

58.— Voici, au surplus, d'après Rendu, p. 285, note, une idée sommaire des recettes et des dépenses de l'université:

Les recettes de l'université proviennent des revenus de sa dotation et de ses domaines; du produit des divers droits qu'elle est autorisée à percevoir par la loi de finances. — Sa dotation se compose, 1° des 400,000 fr. de rentes inscrites sur le grand livre, qui lui ont été attribuées à titre d'apanage; 2° des rentes sur l'état qui ont été ou qui seront acquises avec l'excédent des revenus: 3° des rentes sur l'état qui ont été ou qui seront acquises, soit avec le produit de la vente des immeubles dont l'aliénation est autorisée, soit avec le produit du remboursement des rentes dues par les particuliers. — Les domaines consistent dans les biens-meubles, immeubles et rentes, qui ont appartenu au ci-devant Prytanée français, aux universités, académies et colléges, et qui n'ont été ni aliénés, ni définitive-

ment affectés par un décret spécial à un autre service public.

Les droits qu'elle perçoit sont: 1° la rétribution du vingtième, due pour tous les élèves pensionnaires, demi-pensionnaires ou externes, gratuits ou non gratuits, des colléges royaux, des colléges communaux, des institutions et des pensions; 2° le droit annuel dû par les chefs d'institution et les maîtres de pension; 3° les droits d'inscription, d'examens, de diplômes, de grades ou de certificats d'aptitude, et les droits de sceau qui forment les recettes des diverses facultés de théologie, de droit, de médecine, des sciences et des lettres; 4° les amendes prononcées par les tribunaux pour contravention aux lois et décrets qui régissent l'université.

Les dépenses ont pour objet: l'administration centrale, les frais de tournées des inspecteurs généraux, des recteurs et des inspecteurs particuliers; les administrations académiques; les traitemens soit fixes, soit éventuels, et les autres frais relatifs aux cinq facultés, notamment les frais des concours qui s'ouvrent dans ces facultés, pour les places d'agrégés ou pour les chaires de professeurs; les traitemens des agrégés près les colléges royaux et communaux, l'école normale, les secours accordés aux anciens membres des corporations enseignantes, les indemnités pour frais de route et de déplacement, les frais des poursuites dirigées contre les débiteurs de l'université.

59. — L'ancienne académie, et spécialement celle de Dijon, supprimée par le décret du 8 août 1793, n'est point représentée par la nouvelle académie de la même ville, en conséquence, celle-ci ne peut réclamer les édifices de l'ancienne académie, bien qu'ils lui aient été donnés par un arrêté de l'administration départementale, si un décret spécial n'en a pas disposé en sa faveur. —30 juill. 1817. Ordon. L'académie de Dijon C. l'Université. S. 4. 404.

60. — Depuis le 1er janv. 1828, et en vertu de l'ordonnance du 21 août 1827, les règles relatives à la reddition et au contrôle des comptes et des dépenses publiques de l'état, s'appliquent à la comptabilité de l'université. En conséquence, ses agens comptables sont justiciables de la cour des comptes.

Art. 4. — *De la juridiction.— Des délits et des peines.*

61. — La juridiction universitaire est une institution fort ancienne, dont les universités d'autrefois se sont montrées fort jalouses, et qui semble fondée sur la nature même du corps enseignant.— Rendu, p. 303.

62. — La juridiction universitaire a été attaquée sous le rapport de sa légalité, mais, défendue avec succès par les mêmes raisons qui ont toujours fait décider par la cour de cassation que les décrets impériaux ont force de loi, elle a toujours triomphé. L'usage que l'université a fait, en général du moins, de sa juridiction, l'absout, d'ailleurs, de la plupart des accusations déclamatoires qu'on a souvent dirigées contre elle.—Rendu, p. 324.

63. — Décidé que les décrets des 17 mars 1808 et 15 novembre 1811, constitutifs de l'université, ont force de loi sous l'empire de la charte. — Toutefois, il a pu y être dérogé par des ordonnances, en ce qui touche l'autorité disciplinaire intérieure, la forme dans les poursuites, la composition du conseil et la capacité des personnes appelées à en faire partie, les dispositions relatives à ces divers points étant purement réglementaires et administratives. — 4 mai 1830. Cons. roy. de l'inst. pub. Dubois. D.P. 33. 3. 92.

64. — L'université a juridiction sur tous ses membres, en tout ce qui touche l'observation de ses statuts et réglemens, l'accomplissement des devoirs et des obligations de chacun, les plaintes et les réclamations contre ses membres, relativement à l'exercice de leurs fonctions, les injures, diffamations et scandales entre les membres, et l'application des peines encourues par les délinquans (Décr. du 15 nov. 1811, art. 41).

65. — L'université a le droit de décider toutes les questions qui peuvent s'élever sur le personnel de ses membres.

En conséquence, le grand-maître et le conseil de l'université sont compétens pour décider si le professeur d'accouchement d'une école de médecine, dont la chaire a été supprimée doit ou non continuer à jouir des droits et prérogatives qui y sont attachés. —4 mai 1812. Décr. cons. d'état. Senaux.

66. — De même, lorsqu'aux termes d'un décret, une école de médecine a déclaré que tel cours de

médecine, par exemple, celui d'accouchemens, cessera de faire partie de l'école, mais que le professeur en titre continuera de remplir les mêmes fonctions dans un hospice indiqué ; les contestations que ce professeur élève alors sur la suppression de sa chaire, sont jugées par le conseil de l'université, sauf recours au conseil d'état — 18 janv. 1813. Décr Cons. d'etat. Senaux C. l'Universite. S. 2.227.

§ 1er. — *De la competence universitaire.*

67 — La juridiction des fonctionnaires de l'université a lieu, quant au personnel des membres, quant a la comptabilité, quant aux droits dus à l'université, et quant aux élèves.

68 — 1° *Compétence quant au personnel* — Elle s'exerce par le ministre grand-maître, par le conseil royal d'instruction publique et par les recteurs.

69. — Le ministre grand-maître peut infliger seul la réprimande, la censure, la mutation et la suspension, contre les membres de l'université qui auront manqué à leurs devoirs (Décr. 17 mars 1808, art 57 ; décr. 15 nov. 1811, art. 43).

70. — Le conseil royal de l'instruction publique peut seul infliger aux membres de l'université la peine de la reforme, ou celle de la radiation du tableau de l'université.

Le conseil est seul juge des plaintes des supérieurs et des réclamations des inférieurs, quand il s'agit d'abus d'autorité, d'excès de pouvoir, et, en général, de l'interprétation des réglemens (Dec. du 15 nov. 1811, art 44 et 45).

Les décisions définitives du conseil sont sujettes au recours devant le conseil d'état.

71. — Dans le cas où le conseil doit être juge, le ministre grand-maître peut, s'il y a urgence, ordonner provisoirement, par de simples arrêtés, la suspension, les arrêts, ou autres mesures qui n'excèdent pas sa compétence. Il peut y autoriser les recteurs, à charge de l'en informer sur-le champ (*ibid.*, art. 47 et 50)

72. — Les recteurs des académies ont le droit de suspendre provisoirement de leurs fonctions, en en rendant compte sans délai au grand-maître, les membres de l'université contre lesquels l'inculpation portée pourrait donner lieu à la reforme ou à la radiation (*ibid.*, art. 90)

73 — 2° *Compétence quant à la comptabilité.* — Les comptes de ceux qui reçoivent les deniers de l'université sont arrêtés, dans chaque académie, par le conseil académique, dont les arrêtés sont provisoirement exécutoires contre le comptable en débet.

Tous les comptes sont envoyés au trésorier, et définitivement approuvés par le conseil de l'instruction publique. S'il y a contestation par le comptable, le conseil décide, sauf recours, dans les trois mois, au conseil d'état par la voie contentieuse. Le délai de trois mois pour se pourvoir courra du jour de la notification de la decision du conseil (Décr. 15 nov. 1811, art. 47 et 50).

74. — La question de savoir si l'economome d'un collége de Paris sera forcé en recette d'une certaine somme qu'il pretend lui avoir été volee avec effraction de sa caisse, se rattache au jugement et à *l'apurement de ses comptes*, et doit, par consequent, etre jugee par le conseil de l'université, d'après les art. 47, 40 et 50 du decret du 15 nov 1811, et non par les tribunaux. — 31 mars 1825. Ord. du cons. d'état. Cléusseau.

75. — 3° *Compétence quant aux droits dus à l'université* — Les conseils académiques vérifient et arrêtent les etats de pensionnaires et des prix de pension que doivent fournir les instituteurs et maîtres de pension. Le recteur décerne, contre les instituteurs et maîtres de pension en retard, des contraintes exécutoires par provision.

L'arrêté et la contrainte peuvent être frappés d'appel, lequel, par une singulière exception aux règles administratives, est porté devant la cour royale, et dans les délais du code de procedure.

76. — 4° *Compétence quant aux élèves.* — Les infractions commises par les étudians des facultés sont réprimées, suivant leur gravité, par des délibérations de la faculte, ou par des conseils académiques.

Pour les peines plus graves que la perte d'une ou de deux inscriptions, les décisions des facultés sont sujettes à l'appel devant les conseils academiques. les décisions de ceux-ci, dans les cas graves, sont deférées au conseil de l'instruction publique.

L'exclusion de toutes les academies ne peut être prononcee que par le conseil royal de l'instruction publique, sauf recours au conseil d'état (Ord. du 5 juill. 1820, art. 10, 17, 18, 19 et 20).

77. — Quant aux peines infligées aux élèves des colléges, elles sont de nature à ne ressortir que de la volonté des professeurs et du proviseur. — V. *infra*, § 3.

§ 2. — *De la compétence des tribunaux et officiers de police judiciaire.*

78. — Les punitions infligées par les fonctionnaires de l'université ne font pas obstacle à l'application des peines légales en cas de crime ou délit de la compétence des tribunaux.

79. — L'usurpation des fonctions universitaires, par un enseignement public non autorisé, constitue un délit de la compétence des tribunaux (Déc. du 15 nov. 1811, art. 34). — V. *infrà*, § 3.

80. — L'action criminelle ordinaire peut être dirigée contre un membre de l'université pour divertissement de deniers qui lui auraient eté confiés (*ibid.*, art. 70)

81. — Les voies de fait, injures, diffamations, entre des membres de l'université, ne sont justiciables que de la juridiction universitaire (*ib.* art. 71, 72 et 73).

82. — Sous ce rapport, il a été jugé qu'un diplôme de maître de pension ne suffit pas pour constituer celui qui en est porteur *membre de l'université* ; il faut de plus que ce dernier soit à la tête d'un pensionnat ouvert à l'instruction publique.

En conséquence, la juridiction correctionnelle ne peut se declarer incompétente pour connaître des délits imputés à un tel individu, sous le prétexte qu'il est membre de l'université. — 19 juill. 1833. Cr. c. Orléans. Min. pub. C. Lafond D.P. 33 1. 335

83. — Décidé, en sens contraire, et dans la même affaire, que celui qui a obtenu un diplôme de maître de pension, est membre de l'université, encore qu'il n'en ait point fait usage et qu'il soit entré surveillant general dans un college En conséquence, il n'est point justiciable des tribunaux correctionnels pour voies de fait et diffamation envers le principal du collége et un professeur, mais est soumis à la juridiction universitaire. — 3 oct. 1833. Paris. Min. pub. C. Lafond. D.P. 34. 2. 54.

84. — La justice ordinaire ne connaît des délits commis par les eleves des colléges, au-dessous de seize ans, que lorsque les père, mere ou tuteur s'opposent à l'application des peines universitaires (Déc. du 15 nov. 1811, art. 78)

85. — Pour les délits commis par les éleves au-dehors, dans les sorties et promenades faites en commun, la partie lesée conservera le droit de poursuivre, si elle le veut, ses reparations par les voies ordinaires. Dans tous les cas, l'action sera dirigee contre le chef de l'établissement auquel l'eleve appartiendra, lequel sera civilement responsable, sauf le recours contre les père et mère ou tuteur, en établissant qu'il n'a pas dependu des maîtres de prévoir ni d'empêcher le délit (*ibid.*, art. 79). — A cet égard, V. Responsabilité.

86. — Les tribunaux ordinaires sont compétens pour connaître du faux commis par un étudiant qui prend une inscription pour un autre étudiant, et, en général, de tous les crimes ou délits qualifiés que les élèves des facultés peuvent commettre (Ord. du 5 juill. 1820, art. 10 et 24).

87. — Dans tous les cas où des tiers sont intéressés dans une contestation, elle est portée devant les tribunaux, si les tiers ne consentent pas à s'en rapporter au jugement des fonctionnaires de l'université (Décr. du 15 nov. 1811, art. 82).

88. — La contestation qui s'élève entre le proviseur ancien d'un collége et le proviseur qui le remplace, relativement à la reddition des hardes, meubles et effets, doit être portée devant les tribunaux et non devant l'autorité administrative. — 6 déc. 1820. Ord du cons. d'etat Verdet.

89. — Hors le cas de flagrant délit, d'incendie ou de secours réclamés de l'intérieur des colléges et autres écoles publiques appartenant à l'université, aucun officier de police ou de justice ne pourra s'y introduire pour constater un corps de délit ou pour l'exécution d'un mandat d'amener ou d'arrêt dirigé contre des membres ou élèves de ces établissemens, s'il n'en a l'autorisation spéciale et par écrit du procureur-général, de ses substituts, ou procureur du roi (Déc. 15 nov. 1811, art. 157).

90. — Les cours royales exercent leur droit à raison des délits ou crimes commis dans les établissemens de l'université, lesquels n'ont d'autre privilége à cet égard que ceux accordés dans les cas expressement prévus par les réglemens universitaires (*ibid.*, art. 158).

§ 3. — *Des contraventions, des délits et des peines.*

91. — *Usurpation des fonctions universitaires. — Enseignement non autorisé.* — Les procureurs généraux sont spécialement chargés de l'examen et poursuite, s'il y a lieu, de tout ce qui pourrait se passer dans les etablissemens publics propre à donner lieu à l'application des lois pénales, pour qu'il soit procédé de maniere à concilier les ménagemens convenables envers les etablissemens de l'université avec l'intérêt de la société blessée et de la justice offensée (*ibid.*, art. 159).

92. — Les procureurs-généraux pourront requérir, et les cours ordonner que des membres de l'université ou etudians prévenus de crimes ou délits, soient juges par les cours, ainsi qu'il est dit, pour ceux qui exercent certaines fonctions, par la loi du 20 avril 1810 art. 10, et au Code d'inst. cr., art. 479 (*ibid.*, art. 160).

93. — Les procureurs-généraux et du roi sont tenus de poursuivre, en cas de négligence ou de retard des officiers de l'université, les individus qui en sont membres, à raison des délits et contraventions portés aux art. 54, 63, 69, 74 et 79 du présent décret (Décr. 15 nov. 1811, art. 161).

94. — Dans toute affaire intéressant des membres ou élèves de l'université, les procureurs-généraux sont tenus d'en rendre compte au ministre de la justice, et d'en instruire le ministre de l'intérieur et le grand-maître de l'université (*ibid.*, art. 162).

95. — Si quelqu'un enseigne publiquement et tient école sans l'autorisation du grand-maître, il sera poursuivi d'office par les procureurs du roi, qui feront fermer l'école, et, suivant l'exigence des cas, pourront décerner un mandat d'arrêt contre le délinquant (Decr. 15 nov 1811, art. 54)

96. — Si le procureur du roi négligeait de poursuivre, le recteur de l'académie et même le grand-maître seront tenus de dénoncer l'infraction aux procureurs-généraux, qui tiendront la main à ce que les poursuites soient faites sans délai, et rendront compte au garde-des-sceaux de la négligence des officiers des tribunaux inférieurs (*ibid.*, art. 55).

97 — Celui qui enseignera publiquement et tiendra école sans autorisation, sera traduit, à la requête du procureur du roi, en police correctionnelle, et condamné à une amende qui ne pourra être moindre de 100 fr., ni de plus de 3,000 fr., dont moitié applicable au trésor de l'université, et l'autre moitié aux enfans trouvés, sans préjudice de plus grandes peines, s'il était trouvé coupable d'avoir dirigé l'enseignement d'une manière contraire à l'ordre et à l'intérêt public (*ibid.*, art. 56).

98. — Malgré les changemens survenus, par suite de la charte, dans les pouvoirs politiques de l'état, le décret de 1811 n'est pas moins demeuré obligatoire. 14 juin 1821. Cr. r. Min pub. Devaux. D.A 12. 784, n D P. 2. 1453. — 5 juill. 1832. Aix. Aimiex. D P. 32 2. 152.

99. — Un tribunal ne peut refuser d'appliquer l'amende encourue par un instituteur, enseignant sans autorisation, sous le prétexte que le recteur de l'académie aurait manifesté l'intention de ne poursuivre que les contraventions de cet instituteur, postérieures à celle pour laquelle il était mis en prévention, cette intention ne pouvant enchaîner l'action publique. — 3 mars 1825. Cr. c. Min. pub. C. Coat. D.P. 25 1. 263.

100. — Le décret du 17 mars 1808, qui défend d'ouvrir un établissement quelconque d'instruction, sans l'autorisation préalable de l'université et sans payer la rétribution universitaire, est applicable même à une école de langues vivantes et de droit commercial. — 14 fév. 1832. Lyon. Nordheim. D.P. 32. 2. 150.

101. — Qu'est-ce qui constitue la tenue d'une *école publique ?* La jurisprudence de la cour de cassation donne à ces termes une interprétation rigoureuse ; sa sévérité est sans doute indispensable au maintien du système de la loi qu'elle garantit des atteintes dirigées contre lui par les entreprises de l'intérêt personnel

102 — Jugé que celui qui reçoit chez lui des enfans de différentes familles pour leur enseigner la lecture et l'écriture, est réputé tenir une école *publique*, dès lors, il est punissable des peines prescrites par la loi, s'il n'avait pas de brevet délivré par l'université, qui l'autorisât à tenir cette école. Il importe peu qu'il n'y ait pas eu de sa part envoi de prospectus, enseigne ou écriteau indicatif de l'école (Decr. 17 mars 1808, art. 2 ; 15 nov. 1811, art. 54, 56). — 1er juin 1827 Cr. c. Min. pub. C. Chalandon D.P. 27 1 262

103. — De même, une école est publique dans le

sens de la loi, et par conséquent a besoin d'être autorisée toutes les fois que des enfans ou des jeunes gens de différentes familles se réunissent habituellement dans un local commun, dans l'objet de se livrer à l'étude, soit des lettres, soit des sciences: le mot *publiquement* n'étant employé dans la loi que par opposition à l'enseignement domestique et privé, il importe peu qu'il n'y ait pas eu, de la part du maître, distribution de prospectus, enseigne ou écriteau indicatif de l'école.— 1er juin 1827. Cr. c. Min. pub. C. Langlois. D.P. 27. 1. 486

104.— De ce qu'une école où se réunissent les enfans de plusieurs familles, pour l'étude des sciences serait clandestine, cette circonstance aggravante ne détruirait point le caractère de publicité de l'école résultant de la réunion d'écoliers de différentes familles (Décr. 17 mars 1808, art. 2; 15 nov. 1811, art. 54 et 56).— Même arrêt.

105. — Décidé encore que le fait, de la part d'un individu, d'enseigner dans sa maison les élémens à des enfans de différentes familles, constitue la tenue publique d'une école, laquelle a besoin d'être autorisée, encore bien qu'il serait constaté en fait que, de ces enfans au nombre seulement de sept, trois étaient reçus à titre de pensionnaires, plutôt à cause de leur mauvaise santé qu'à cause de l'enseignement, et les quatre autres étaient reçus par cet individu comme externes, par affection pour leurs parens, sans rétribution, et encore bien qu'aucune enseigne n'indiquât la tenue d'une école (Décr. du 17 mars 1808, art. 2; 15 nov. 1811, art. 54, 56).

Est-il vrai que dans cette matière la cour de cassation entre dans l'appréciation des faits constatés par les tribunaux.— 3 nov. 1827. Cr. c. Min. pub. C. Gaillard. D P. 26. 1. 7.— V. observations critiques sur cet arrêt, D.P. 28. 1. 7, note 3.

106.—C'est tenir une école publique que de réunir dans un cours gratuit et libre des individus de différens âges, pour leur enseigner la lecture, l'écriture, le calcul, et même le latin et le grec; en conséquence, doivent être appliqués à une réunion de ce genre les art. 56 et 57 du décret de 1811.—5 juill. 1832. Aix. Amic D.P. 32 2. 152.

107.—De ce que les desservans ou curés de campagne peuvent se charger de former deux ou trois jeunes gens pour les petits-séminaires, après déclaration préalable au recteur de l'académie, il ne résulte pas qu'il leur soit permis de tenir, sans autorisation universitaire, un établissement dans lequel ils admettraient une vingtaine d'élèves, dont quelques uns paieraient même une rétribution (Décr 15 nov. 1811, art. 54). — 15 mars 1833. Cr. c. Lyon. Min. pub. C. Menaide. D.P. 33. 1. 182.

108. — Jugé encore dans la même affaire, après un renvoi, qu'aucune école, aucun établissement quelconque d'instruction, ne peut être formé sans autorisation préalable et sans être soumis au régime universitaire, aux termes de l'art. 2 du déc. du 17 mars 1808 et de l'art. 14 de celui du 15 nov. 1811. les exceptions établies par les ordonnances des 5 oct. 1814, 16 juin 1828, 27 fév. 1821 ne s'appliquent pas à une école dirigée par un curé, où une rétribution est perçue, et où, sous prétexte de former des enfans de chœur, on enseigne à un certain nombres d'externes tout ce qui est nécessaire pour les faire admettre dans un petit-séminaire.— 18 déc. 1833. Ch. réun. c. Riom. Min. pub. C. Menaide. D.P 34 1. 68.

109.— De même, le curé qui, sans autorisation universitaire, tient un établissement dans lequel il admet plusieurs élèves, est passible des peines portées par l'art. 56 du décret du 15 nov 1811. — 7 mars 1834. Cr. c. Min. pub. C. Arbel. D.P. 34. 1. 223.

Ces peines sont applicables au fondateur de tout établissement où l'on reçoit une instruction quelconque, et spécialement à un curé qui tient chez lui plusieurs jeunes gens, encore bien qu'il se borne à leur donner l'instruction indispensable pour remplir les fonctions d'enfans de chœur et les charge simplement du service de sa paroisse, sans percevoir d'eux aucune rétribution.— Même arrêt.

110.— L'enseignement dans une école primaire, sans brevet, constitue la contravention prévue et punie par l'art. 56 du décret du 15 nov. 1811. — V. *infra*, art. 4.

111.—Mais celui qui se livre, moyennant une rétribution, à l'éducation de jeunes orphelins confiés à l'hospice des Enfans Trouvés, en vertu du mandat qu'il en a reçu de la commission administrative des hospices, quoique sans autorisation de l'Université, ne contrevient pas aux décrets universitaires. — 30 mars 1833. Cr. c. Bénard. D.P. 33. 1. 184.

112.— Jugé de même que l'instituteur qui enseigne les enfans qui sont recueillis dans un hospice, n'a pas besoin de l'autorisation de l'Université.— 23 juill. 1833. Amiens. Bénard. D.P. 34. 2. 144.

113. — Les décrets des 7 mars 1808 et 15 nov. 1811 ne sont pas applicables aux écoles de filles.— 24 nov. 1832. Cr. c. Sœurs de Sainte-Ursule. D.P. 33. 1. 87. — V. *infrà*, art. 11, pour tout ce qui est relatif aux écoles de filles.

114. — Lorsque le procureur du roi près le tribunal du domicile du contrevenant croira devoir poursuivre d'office celui qui enseignerait sans autorisation, il en informera le recteur préalablement, et il en instruira le grand-maître, auquel il communiquera les motifs d'urgence qui auront déterminé sa poursuite d'office.

Le recteur, prévenu par le procureur du roi que la clôture d'une école, institution ou pension, doit avoir lieu, enverra l'inspecteur de l'académie, ou, en son absence, déléguera un membre du conseil académique, lequel se concertera avec le procureur du roi, comme il est dit art. 59, pour que les parens ou tuteurs des élèves soient avertis, et pour que les élèves pensionnaires dont les parens seront trop éloignés pour les retirer de suite soient, en attendant, recueillis avec leurs effets dans une maison convenable. En cas de diversité d'opinions, le procureur du roi décidera (art. 60, 61). — V. au surplus les dispositions qui suivent :

115.— 2° *Clôture des écoles autorisées*. — Indépendamment des poursuites judiciaires ordonnées contre les écoles non autorisées, le grand-maître, après information faite et jugement prononcé par le conseil de l'instruction publique, fera fermer les institutions et pensions où il aura été reconnu des abus graves, et où l'enseignement sera dirigé sur des principes contraires à ceux que professe l'Université (Décr. 15 nov. 1811, art. 57).

116. — Le grand-maître adressera expédition en forme de l'ordonnance ou du jugement qui prononcera la clôture d'un établissement d'instruction au procureur du roi près le tribunal du domicile du délinquant, lequel sera tenu de le faire exécuter dans les vingt quatre heures à sa diligence.

Lorsqu'il y aura lieu de faire fermer une école, institution ou pension, le grand-maître en donnera préalablement avis, au moins huit jours avant, au recteur dans l'arrondissement duquel elle sera établie, pour qu'il se concerte avec le procureur du roi, avec lequel il prendra les mesures nécessaires dans l'intérêt des élèves et de leurs familles (art. 58 et 59).

117.— Une école peut être fermée, sur la poursuite du procureur du roi, pour retard d'envoi des états, et pour refus d'acquitter un droit dû personnellement par un chef d'établissement.— V. *infrà*, § 5.

118.— Dans tous les cas où il y aura lieu de fermer une école, pension ou institution, s'il se présente quelqu'un, membre de l'université, ou même un particulier, ayant les qualités requises, et méritant toute confiance, qui offre de se charger des élèves, soit externes, soit pensionnaires, jusqu'à ce qu'il y ait été autrement pourvu, le recteur, avec l'approbation du procureur du roi, pourra l'y autoriser provisoirement, et le grand-maître conférera toujours en pareil cas au recteur les pouvoirs nécessaires. Le procureur du roi pourra donner cette autorisation de son chef, et sans le concours du recteur (*ibid.*, art. 62).

119. — 3° *Faits des membres de l'université*. — Les peines de discipline qu'entraîne la violation des devoirs et des obligations des membres de l'université, sont : 1° les arrêts; 2° la réprimande en présence d'un conseil académique, 3° la censure en présence du conseil royal de l'instruction publique; 4° la mutation pour un emploi inférieur; 5° la suspension des fonctions pour un temps déterminé, avec ou sans privation totale ou partielle du traitement; 6° la réforme ou la retraite donnée avant le temps de l'éméritat, avec un traitement moindre que la pension des émérites; 7° enfin, la radiation du tableau de l'université (Décr. 17 mars 1808, art. 47, 49).

120. — A ces peines, il faut ajouter celle de la détention, d'un an au plus, que permet l'art. 69 du décr. du 15 nov. 1811, dans un cas dont il sera parlé ci-après.

121.— La peine de la radiation emporte incapacité d'être employé dans aucune administration publique (Décr. 17 mars 1808, art 48).

122.— Les maîtres de pension et chefs d'institution autorisés qui feront de fausses déclarations sur le nombre de leurs élèves, sur le prix de la pension et le degré d'instruction, devront restituer les rétributions dont ils auront privé l'université, et seront condamnés, par forme d'amende, envers l'université, à une somme égale à celle qu'ils paient pour leur diplôme. Ils seront, de plus, censurés. L'exécution aura lieu à la diligence du procureur du roi (Décr. 15 nov. 1811, art. 63).

123.— Tout membre de l'université qui s'écarte des bases d'enseignement prescrites, sera censuré ou suspendu, réformé ou rayé du tableau, selon la gravité de l'infraction (*ibid.*, art. 64).

124.—Ceux qui s'étant absentés, sans cause légitime, et sans avertissement donné aux proviseurs des colléges ou aux doyens des facultés, manqueront de remplir leurs fonctions, seront pointés et subiront une diminution de traitement par chaque jour d'absence; en cas de récidive, ils seront réprimandés et pourront même être suspendus de leurs fonctions, avec privation de traitement pendant le temps qui sera arbitré par le grand-maître, sur l'avis du conseil académique (*ib.*, art. 65).

125.— Les fautes contre la subordination et le respect dû aux supérieurs entraînent la réprimande, la censure, ou la suspension pour un an, suivant la gravité des cas (*ib.*, art. 66, 67; ordon. 8 avril 1824, art. 3).

126.— Un membre de l'université, repris pour des faits portant scandale, ou blessant la délicatesse et l'honnêteté, sera rayé, réformé, censuré, ou réprimandé suivant les cas (*ib.*, art. 68).

127.—L'abandon des fonctions sans les formalités prescrites entraîne la radiation du tableau de l'université, et une détention qui ne pourra excéder un an. Le jugement sera adressé au procureur du roi, qui en poursuivra l'exécution sans délai (Décr. 17 mars 1808, art. 43, 44; décr. 15 nov. 1811, art. 69).

128.— Le membre de l'université qui divertit les deniers à lui confiés sera rayé du tableau, et condamné à la restitution, sans préjudice de l'action criminelle (Décr. 15 nov. 1811, art. 70).

129.— Entre les membres de l'université, les injures verbales ou par écrit seront punies, sur la plainte de la partie offensée, par la réprimande ou la censure; il sera fait à l'offensé telle excuse et réparation que le conseil jugera convenable (*ibid.*, art. 71).

130. — Les voies de fait sont punies, sur la plainte de l'offensé, par la censure et par une suspension d'un mois au moins, avec privation de traitement; il y a radiation, s'il s'agit d'un inférieur envers son supérieur (*ibid.*, art. 72).

131.— Entre membres de l'université, la calomnie ou diffamation est punie par la suspension avec privation de traitement pendant trois mois, et même par la radiation avec affiche de l'ordonnance, suivant la gravité des cas (*ibid.*, art. 73).

132.— Les mauvais traitemens ou peines illégales envers les élèves sont passibles, selon les cas, de la censure, de la suspension ou de la destitution; sans préjudice de l'action judiciaire par les parens, ou par le ministère public (*ibid.*, art. 74).

133 — L'abus d'autorité, par un supérieur envers son inférieur, entraîne la réprimande ou la censure suivant les circonstances (*ibid.*, art. 75).

134.— Toute récidive peut être punie de la peine immédiatement supérieure à celle qui aurait été précédemment infligée (art. 80).

135. — Tout membre de l'université qui refuse de se soumettre aux ordonnances ou jugemens le concernant, après avoir été sommé et averti de la peine, sera contraint par justice (art. 81).

136 — Si un membre de l'université était repris de justice et condamné pour crime, il cesserait, par le fait même de sa condamnation, d'être membre de l'université, et il sera aussitôt rayé du tableau, sur l'avis qui en sera donné au grand-maître par le procureur-général près la cour saisie du procès. En cas de contumace, il sera provisoirement rayé du tableau, sauf à lui à se représenter dans les délais fixés au code de justice criminelle (*ibid.*, art. 165).

137.— Celui qui aura subi une condamnation du ressort de la police correctionnelle pourra, selon les circonstances, être réprimandé, censuré, réformé ou rayé du tableau (*ibid.*, art. 164).

138 — Le professeur poursuivi disciplinairement devant le conseil de l'instruction publique, à raison d'une condamnation correctionnelle prononcée contre lui pour excitation au mépris et à la haine du gouvernement du roi, n'est point recevable à récuser le président de ce conseil, grand-maître de l'université, sous le prétexte qu'en sa qualité de ministre il est partie intéressée dans la poursuite. —

4 mai 1830. Cons. royal de l'inst. pub. Dubois. D.P. 33. 3. 92.

139.— 4° *Faits des élèves.*— L'élève d'une faculté qui prend une inscription pour un autre étudiant, perd toutes ses inscriptions, dans quelque faculté que ce soit (Ord. 5 juill. 1820, art. 10).

140 — L'étudiant convaincu d'avoir répondu à l'appel pour un autre, perd une inscription (*ibid.*, art. 13).

141. — L'étudiant qui manque de respect ou de subordination envers un professeur ou envers le chef de l'établissement, est puni par la perte d'une ou deux inscriptions, prononcée en dernier ressort par délibération de la faculté. Si la peine est plus forte, il y a lieu à l'appel devant le conseil académique.

En cas de récidive, l'étudiant peut être exclu de la faculté pendant six mois au moins, et deux ans au plus, par une délibération de la faculté, sauf le pourvoi devant le conseil académique.

La même punition sera appliquée dans la même forme, à tout étudiant qui sera convaincu d'avoir cherché à exciter les autres étudians au trouble ou à l'insubordination dans l'intérieur des écoles. S'il y a eu des actes illicites commis par suite desdites instigations, la punition des instigateurs sera l'exclusion de l'académie, elle sera prononcée par le conseil académique (*ibid.*, art 17).

142 — L'étudiant convaincu d'avoir, hors des écoles, excité des troubles ou pris part à des désordres publics ou à des rassemblemens illégaux, pourra, suivant la gravité des cas, être privé de deux inscriptions au moins et de quatre au plus, ou exclu des cours de la faculté et de l'académie pour six mois au moins et deux ans au plus. Ces peines sont prononcées par le conseil académique, sauf, dans le cas d'exclusion, le pourvoi devant la commission de l'instruction publique, qui statuera définitivement (*ibid.*, art. 18).

143. — En cas de récidive l'exclusion de toutes les académies pourra avoir lieu pour six mois au moins et deux ans au plus (*ibid.*, art. 19).

144. — Il est défendu aux étudians, soit d'une même faculté, soit de diverses facultés de différens ordres, de former entre eux aucune association, sans en avoir obtenu la permission des autorités locales, et en avoir donné connaissance au recteur, d'agir ou d'écrire en nom collectif. En cas de contravention, les conseils académiques prononcent comme dans le cas des art. 18 et 19 (*ibid.*, art. 20).

145 — Peut être exclus, à temps ou pour toujours, selon la gravité des cas, de la faculté de l'académie ou de toutes les académies du royaume, l'élève qui aurait, par ses discours ou par ses actes, outragé la religion, les mœurs ou le gouvernement, qui aurait pris une part active à des désordres, soit dans l'intérieur de l'école, soit au dehors, ou qui aurait tenu une conduite notoirement scandaleuse (Ord. 2 fév. 1825).

146.— L'exclusion de toutes les académies ne peut jamais être prononcée que par la commission de l'instruction publique à laquelle l'instruction de l'affaire sera renvoyée par le conseil académique. L'étudiant pourra se pourvoir contre le jugement devant le conseil d'état (Ord 5 juill, art. 20).

147 — Tout arrêté portant exclusion de toutes les académies, et même d'une seule, sera transmis par la commission de l'instruction publique (aujourd'hui le ministre de l'instruction publique) aux ministres, pour y avoir tel égard que de raison dans les nominations qu'ils auront à proposer (*ibid.*, art. 23)

148 — Les sommes payées pour les inscriptions seront rendues à ceux qui auront perdu leurs inscriptions. Le recteur fera connaître au conseil d'instruction publique les punitions infligées aux élèves (*ibid*, art. 21, 22)

149.— Quant aux élèves des colléges, il faut distinguer entre les délits qu'ils commettent dans l'intérieur des colléges, et ceux qu'ils commettent au-dehors.

Dans l'intérieur, les élèves au-dessous de seize ans sont justiciables de l'université, sauf l'application, s'il y a lieu, des lois pénales : ils sont passibles, selon la gravité des cas, d'une détention de trois jours à trois mois dans l'intérieur du collège, dans un local destiné à cet effet.

Si les père, mère ou tuteur s'opposaient à l'exécution de ces mesures, l'élève leur sera remis, et ne pourra plus être reçu dans aucun collège de l'université, et sera renvoyé, le cas échéant, devant la justice ordinaire (Décr. 15 nov. 1811, art 76, 77, 78).

150. — Pour les délits commis par les élèves au-dehors, ils sont réprimés par l'action publique et civile ordinaire (*ibid*, art. 79).

§ 4. — *Des réclamations et des plaintes.*

151.— Les réclamations et les plaintes contre les membres de l'université sont portées devant le recteur de l'académie (Décr. 15 nov. 1811, art. 84, 85).

152.— Elles pourront être adressées aux doyens des facultés, aux proviseurs des collèges ou autres chefs de maison. Ceux-ci les feront passer au recteur, et, à Paris, au grand-maître, avec les renseignemens qu'ils auront pu se procurer et leur avis motivé. Elles pourront toujours être portées directement devant le grand-maître (*ibid.*, art. 86, 87).

153. — Les réclamations seront faites par écrit, datées et signées par celui qui les présentera, et enregistrées, il en sera donné récépissé (*ibid.*, art. 88).

154. — Les inspecteurs généraux et les inspecteurs des académies doivent porter plainte des abus, contraventions et délits venus à leur connaissance; les inspecteurs d'académie les porteront devant le recteur, les inspecteurs généraux devant le grand-maître (*ibid.*, art. 89).

§ 5. — *De l'instruction, du jugement et de l'exécution, dans la juridiction universitaire.*

155. — 1° *De l'instruction.* — Dans les cas où le grand-maître juge seul, il prononce d'après les instructions et rapports des conseils académiques à lui envoyés par les recteurs; et, dans le ressort de l'académie de Paris, sur les instructions et rapports des inspecteurs. Il doit préalablement prendre l'avis de trois des membres du conseil de l'instruction publique (Décr. 15 nov. 1811, art. 92, ord. 1er juin 1822) — Rendu, p. 314.

156. — Les affaires de la compétence du conseil de l'instruction publique, qui s'élèveront dans l'arrondissement d'une académie, seront portées, par le recteur, devant le conseil académique (*ibid.*, art 93).

157 — S'il s'agit d'une réclamation ou d'une plainte contre un membre de l'université, de nature à être jugée par le conseil de l'instruction publique, elle sera soumise par le recteur au conseil académique, qui, sur les conclusions de l'inspecteur chargé du ministère public, jugera si elle est recevable et s'il y a lieu d'instruire (*ibid*, art. 94).

158 — Si le conseil décide qu'il n'y a pas lieu, le mémoire ou la supplique est renvoyée avec l'avis motivé du conseil. Il y a lieu au recours devant le conseil de l'instruction publique, en s'adressant au chancelier, ou directement au grand-maître. Si le conseil estime qu'il n'y a pas lieu de suivre, le mémoire est renvoyé. S'il est décidé qu'il y a lieu de suivre, le mémoire est communiqué avec faculté d'y répondre dans huitaine; à cet effet le mémoire est transmis à l'intéressé par le recteur qui en prend récépissé (*ibid.*, art. 95, 96, 97, 98).

159. — La comparution des parties peut être ordonnée; leurs dires sont constatés par écrit, et signés par elles. Le président et le secrétaire du conseil signent le procès-verbal (*ibid.*, art. 99).

160.— L'assistance d'un défenseur n'est point permise à un membre de l'université disciplinairement cité devant le conseil de l'instruction publique. Il doit présenter lui-même sa défense (Décr. du 15 nov. 1811, art 4, § 1er). — 4 mai 1830 Cons. royal de l'inst. pub. Dubois. D P. 33. 3. 92.

Le droit de la défense est sacré. — Si je ne puis parler moi même, il doit m'être permis de le faire par un autre. On a quelquefois méconnu ce droit, mais la cour de cassation, sur l'action disciplinaire dirigée contre Beaudouin, a autorisé l'assistance d'un défenseur. — V Discipline, n 46

161 — Lorsqu'il y aura lieu à prononcer la réforme ou la radiation, le prévenu sera nécessairement entendu en personne ou appelé pour l'être. S'il comparait, il sera dressé procès-verbal de ses réponses (*ibid*, art 100).

162 — Les parties reçoivent copie des pièces, et sont averties par apostille d'y répondre dans huitaine (art. 102)

163. — Dans toute affaire, il est d'abord examiné par le conseil de l'instruction publique quelle est la peine applicable, afin de savoir si c'est le grand-maître ou le conseil qui doit juger (*ibid*, art. 105).

164. — Si, du rapport fait au conseil sur une affaire, il résulte qu'elle n'est pas suffisamment instruite, le conseil ordonne un complément d'instruction. Si l'affaire vient d'un conseil académique, elle est renvoyée au recteur pour être reportée au conseil, à l'effet d'y compléter l'instruction (art. 107, 108).

165. — Les débats devant le conseil de l'instruction publique, jugeant disciplinairement, doivent avoir lieu à huis clos (Charte de 1814, art. 64; C. inst. 153) — 4 mai 1830. Cons. royal de l'inst. pub. Dubois. D.P. 33. 3. 92.

On peut concéder ce principe, puisqu'il s'agit ici de matière disciplinaire, c'est-à-dire d'une matière dans laquelle le droit est plus sévère contre le fonctionnaire, puisqu'on est puni disciplinairement pour des faits qui, souvent, ne donneraient pas lieu à des poursuites contre de simples particuliers. — On ne doit pas oublier non plus que le fonctionnaire inamovible ayant toujours besoin de considération pour continuer dignement ses fonctions, il pourrait arriver qu'il la perdît par la publicité, ce qui serait un grand mal. — D.P. *eod.*

166. — Dans le cas de plainte portée contre un élève, le recteur désignera l'inspecteur de l'académie, et, à son défaut, un conseiller, pour faire l'instruction, entendre l'élève, et dresser procès-verbal du tout (art. 109).

167. — Des règles spéciales sont tracées pour l'instruction en matière de comptabilité (art. 111, 115).

168. — Le recouvrement des droits universitaires est poursuivi contre les maîtres à la diligence du recteur. Ces droits sont dus par trimestre et d'avance, sur des états visés par le maire, et rendus exécutoires par le recteur, en cas de retard. Faute d'envoi des états, et après mise en demeure, les instituteurs et maîtres sont poursuivis par le procureur du roi, qui peut ordonner la clôture de leur école. Il en est de même pour refus de droits dus personnellement. En cas de recours devant une cour royale, il y est procédé sommairement et sur simple mémoire, comme en matière de domaine (*ibid.*, art. 116, 123).

169. — Dans les affaires de juridiction, les fonctions du ministère public sont remplies, auprès du conseil royal, par le chancelier de l'Université, ou, à son défaut, par le membre dernier inscrit dans l'ordre du tableau. — Il doit être entendu dans ses conclusions, textuellement rappelées dans les jugemens du conseil; il dénonce d'office les contraventions, infractions ou délits, et le conseil est tenu de statuer (Décr. 15 nov. 1811, art. 124, 125).

170 — Les fonctions du ministère public sont exercées, près les conseils académiques, par un inspecteur d'académie (*ibid*, art. 126, 127).

171 — 2° *Du jugement et de l'exécution.* — Les actes de juridiction du grand-maître sont intitulés : *ordonnances*, ceux du conseil de l'instruction publique, *jugemens.* Les uns et les autres expriment toujours le fait et les motifs. sont signés par le grand-maître (en son absence par le trésorier) et par le secrétaire général, sont scellés et signés par le chancelier; en l'absence du trésorier, ils sont signés par le doyen des conseillers, président (art. 128 à 132).

172. — Les minutes sont transcrites sur deux registres, et remises à la chancellerie; il peut en être délivré expédition, et les recteurs peuvent délivrer des copies collationnées sur les expéditions à eux envoyées (art. 133 à 137)

173. — Les recteurs sont chargés de l'exécution des jugemens dans leur académie, et en rendent compte au grand-maître. Ils notifient sans délai le jugement ou l'ordonnance au membre de l'université qu'il concerne, en lui remettant copie de l'ordonnance avec injonction d'y satisfaire. S'il s'agit d'un membre de faculté séante hors du chef-lieu, la notification est faite par le doyen; dans les colléges, elle est faite par le proviseur ou principal, et hors du chef-lieu par un fonctionnaire de l'université délégué par le recteur (*ibid.*, art. 140 à 144)

174. — Le membre de l'université condamné à la réprimande, à la réforme ou à une peine autre que la réforme ou la radiation, est tenu de comparaître en personne devant le conseil académique pour y entendre prononcer son jugement. S'il ne satisfait pas à l'ordonnance, il est sommé d'obéir dans huitaine, et averti des peines de sa désobéissance (*ibid*, art. 146, 147)

175. — Si un membre de l'université est condamné à la réforme ou à la radiation du tableau, le jugement est renvoyé pour l'exécution, par le chancelier, au procureur-général de la cour royale du ressort, pour être lu au condamné en audience publique (art. 148)

176 — Le débet d'un comptable de l'université est acquitté d'abord sur son cautionnement, puis sur la retenue de ce qui lui est dû sur son traitement, et, en cas d'insuffisance, sur ses biens. Il est poursuivi à la diligence du recteur. — Il en est de

même pour le recouvrement des droits dus à l'université (art. 151, 152, 153).

177. — Tous actes conservatoires peuvent être faits, toutes inscriptions prises au profit de l'université contre ceux qui ont la recette de ses deniers (art. 154).

178. — Sur la part que prend le procureur du roi à l'exécution des mesures de clôture d'une école, des décisions rendues contre les maîtres qui ont fait de fausses déclarations, et du jugement de radiation de ceux qui abandonnent leurs fonctions sans *exeat*, V. ci-dessus, n. 147 et suiv.

179. — Dans quel cas un recours est-il ouvert contre les décisions du conseil de l'instruction publique? D'abord, les décisions rendues sur des comptes peuvent être attaquées devant le conseil d'état par la voie contentieuse (Décr. 15 nov. 1811, art. 50).

180. — Ainsi, les décisions rendues par le conseil royal de l'instruction publique, sur les comptes de l'économe d'un collége, constituent des jugemens susceptibles d'être attaqués devant le conseil d'état. — 30 nov. 1832. Ord. cons. d'état. Noblot. D.P. 33. 3. 24.

181. — Quant aux jugemens de discipline prononcés par le conseil, il ne peut y avoir recours au conseil d'état que lorsque la peine est la réforme ou la radiation (Décr. 15 nov. 1811, art. 149).

182. — Le pourvoi devant le conseil d'état contre les décisions du conseil d'instruction publique, n'étant recevable que dans deux cas, 1° en matière de *comptabilité*; 2° en matière de *discipline*, et lorsque la peine a été la *radiation* d'un membre, est non recevable le recours d'un chef d'établissement dont le diplôme *a été annulé* sur le motif d'une réorganisation de sa maison (art. 50, décr. du 15 nov. 1811; 105 de celui du 17 mars 1808). — 4 août 1824. Ord. cons. d'état. Ferlus. — 25 juill. 1827. Ord. Guillard.

183. — Jugé, par le même motif, que le pourvoi n'est pas recevable contre une décision qui aurait prononcé la réforme d'un membre de l'université pour diffamation. On dirait en vain qu'une telle décision est viciée d'incompétence et d'excès de pouvoir, en ce que le conseil ne pouvait prononcer que la radiation. — 9 juin 1830. Ord. Guillard. D.P. 30. 3. 16.

On peut voir un résumé critique des règles de la juridiction universitaire dans les *Tribunaux administratifs* de Macarel, p. 182 et suiv.

ART. 5. — *Des facultés.*

§ 1er. — *Des facultés en général.*

184. — Il y a dans l'université cinq ordres de facultés, savoir : les facultés de théologie, de droit, de médecine, des sciences mathématiques et physiques, des lettres (Décr. 17 mars 1808, art. 6).

Le doyen des professeurs est le chef de chaque faculté; c'est lui qui en dirige l'administration. — Voy. Rendu, p. 337.

185. — Le nombre et la composition des facultés, dans chaque académie sont réglés par le roi, sur la proposition du conseil royal de l'instruction publique (Ord. 17 fév. 1815, art. 26).

186. — Les grades sont conférés par les facultés après examens et actes publics, et les diplômes délivrés par le grand maître, sans droit de timbre (Décr. 17 mars 1808, art. 17; 4 juin 1809, art. 26).

La formule du diplôme est tracée par le décret du 4 juin 1809.

187. — Les diplômes sont au nom du roi, signés du doyen, et visés par le recteur, qui peut refuser son visa, s'il lui apparaît que les épreuves prescrites n'ont pas été convenablement faites (Ord. 17 fév. 1815, art. 31).

188. — Les grades dans les facultés sont : le baccalauréat, la licence et le doctorat (Décr. 17 mars 1808, art. 16).

189. — Un décret du 26 novembre 1811 avait chargé l'université de présenter un projet indiquant les professions obligées de prendre des grades dans les diverses facultés. Le conseil de l'instruction publique a rédigé ce projet en 1814 (Rendu, p. 115). Malheureusement, il n'y a pas été donné suite.

190. — Lorsqu'une chaire de professeur ou une place de suppléant est vacante dans une des facultés, il est ouvert un concours public pour procéder au remplacement. Les formes et conditions générales du concours sont tracées par le statut du 31 octobre 1809. — Rendu, p. 339.

191. — Les étudians ne sont admis dans aucune faculté avant l'âge de seize ans accomplis. — Rendu, p. 32, n. 2.

192. — Tout étudiant qui se présente pour prendre sa première inscription doit produire son acte de naissance; s'il est mineur, le consentement de ses père et mère ou tuteur; enfin, pour les facultés de droit et de médecine, le diplôme exigé (Ord. 5 juill. 1820, art. 5; stat. 9 avril 1825, art. 5).

193. — Dans les villes autres que celles de la résidence des parens ou du tuteur, les étudians sont tenus d'avoir un correspondant qu'ils déclarent, qui s'inscrit à l'école, et chez lequel ils sont censés domiciliés de droit (*ibid.*, art. 6, 7).

194. — La première inscription d'un étudiant doit être prise au commencement de l'année scolaire et de manière qu'il puisse suivre la totalité des cours dans l'ordre prescrit. Chaque étudiant suivra les cours, sans se permettre d'interruption, à moins d'excuses jugées valables par la faculté (Ord. 4 oct. 1820, art. 8).

195. — Le registre des inscriptions est clos le 15 du mois où il est ouvert, sauf le cas où le 15 est un dimanche ou jour férié; la clôture n'a lieu alors que le lendemain (Stat. 9 avril 1825, art. 1 et 2). — V. au surplus, pour tout ce qui regarde les inscriptions, le susdit statut. — Rendu, p. 346 et suiv.

Le même acte contient des dispositions relatives à la discipline et au bon ordre des cours des facultés, ainsi qu'aux examens et actes publics des élèves, et aux congés des professeurs, suppléans ou agrégés.

196. — Les leçons des facultés sont publiques (Décr. 21 sept. 1804, art. 69).

197. — Les professeurs des facultés sont tenus de faire des appels pour constater la présence des élèves (Ord. 5 juill. 1820, art. 11 et 12.

L'étudiant qui, dans un même cours, a manqué à l'appel deux fois dans un trimestre, sans excuse valable et légitime, ne peut recevoir de certificat d'assiduité. Ce certificat est nécessaire pour l'admission aux inscriptions suivantes (*ib.*, art. 14, 15).

198. — Un étudiant ne peut se prévaloir, dans une faculté, des inscriptions prises dans une autre, s'il ne produit un certificat de bonne conduite, délivré par le doyen de la faculté d'où il sort, et approuvé par le recteur. En cas de refus, l'étudiant peut se pourvoir près du conseil académique (*ib.*, art. 16).

Quant à la discipline des étudians, V. *suprà*, art. 4.

§ 2. — *Des facultés de théologie.*

199. — D'après le décret du 17 mars 1808, il devait y avoir autant de facultés de théologie catholiques que d'églises métropolitaines, et deux facultés de théologie protestante. Mais il n'y a que six facultés catholiques, savoir : à Paris, Aix, Bordeaux, Lyon, Rouen, Toulouse; une pour le culte réformé à Montauban, et une autre à Strasbourg pour le culte luthérien.

200. — Chaque faculté se compose de trois professeurs au moins; l'un enseigne l'histoire, l'autre le dogme, le troisième la morale évangélique (Décr. 17 mars 1808, art. 8 et 9). Dans plusieurs facultés le conseil royal a institué des chaires d'hébreu et d'éloquence sacrée. — Rendu, p. 37, n. 2.

201. — A la tête de chaque faculté est un doyen pris parmi les professeurs.

Les professeurs sont nommés d'après un concours jugé par les membres de la faculté, auxquels il peut être adjoint des juges étrangers à la faculté (Décr. 17 mars 1807, art. 7, 10; ord. 4 janv. 1829, art. 1 et 2).

Ces concours ont été réglés avec détails par un arrêté du 9 déc. 1828. — Rendu, p. 471.

202. — Tous les professeurs de théologie doivent enseigner les principes consacrés par l'édit de 1682 sur les libertés de l'église gallicane (Décr. 17 mars 1808, art. 38, décr. 25 fév. 1810).

203. — Une ordonnance du 25 déc. 1830 détermine les grades théologiques qui seront nécessaires, à partir de 1835, pour être professeur, adjoint ou suppléant dans une faculté de théologie, archevêque, évêque, vicaire-général, dignitaire du chapitre ou curé.

La même ordonnance admet les élèves des séminaires situés hors des chefs-lieux des facultés, à subir les épreuves du grade de bachelier ou de licencié, sur la présentation d'un certificat de trois années d'étude dans un séminaire. — Rendu, p. 43, 44.

204. — Les conditions requises pour être reçu bachelier ou licencié en théologie sont énumérées dans les art. 27 et 28 du décret du 17 mars 1808.

205. — Une ordonnance du roi a établi à Paris une institution qui représente l'ancienne Sorbonne, sous le titre de maison centrale de hautes études ecclésiastiques. — 20 juillet 1825. D.P. 25. 3. 29.

206. — Des réglemens spéciaux ont été publiés pour les facultés de théologie protestante de Strasbourg et de Montauban. — Rendu, p. 479 et suiv.

§ 3. — *Des facultés de droit.*

207. — Les écoles de droit instituées par le décret du quatrième complém. an 12 sont au nombre de neuf. On y enseigne le droit romain, le droit des gens, les codes français, le droit administratif et l'histoire du droit (L. 22 vent. an 12, art. 2; décr. quatrième compl. an 12, art. 10).

208. — L'enseignement du droit est réglé, comme celui des autres facultés, par le conseil de l'instruction publique (Décr. 4 juin 1809, art. 2).

209. — Une ordonnance du 4 octobre 1820 a organisé ce qui concerne l'école de droit de Paris, son enseignement, les examens, les certificats.

Une nouvelle organisation a eu lieu par ordonnance du 6 sept. 1822, qui supprima, en les passant sous silence, plusieurs chaires, notamment celles de droit administratif et de droit des gens.

Elles ont été rétablies en 1828 (Ord. 19 juin 1828). — D.P. 28. 3. 10.

210. — Différentes ordonnances ont successivement modifié ou étendu l'enseignement du droit dans les différentes facultés de droit du royaume. — Rendu, p. 62, 63; D.P. 30. 3. 11; 32. 3. 1.

La plus importante est celle qui établit à Paris, un enseignement de droit constitutionnel, obligatoire pour les examens de licence (Ord. 22 août 1834).

211. — Le nombre des professeurs peut être augmenté, si les besoins de l'école le demandent (art. 9, décr. 4e compl. an 12).

212. — A chaque vacance de place de professeur ou de suppléant, il est ouvert un concours public dont les professeurs sont juges; les inspecteurs généraux président, s'ils sont présens (L. 22 vent. an 12, art. 56). Pour tout ce qui concerne ces concours, V. Rendu, p. 432 et suiv.; stat. du 31 oct. 1809, et 10 mai 1825.

213. — Les professeurs sont nommés à vie, et prêtent serment, ainsi que les suppléans, devant la cour royale (L. 22 vent. an 12, art. 2).

214. — Les costumes des membres des facultés de droit, et leur traitement, sont réglés par la loi du 22 vent. an 12, art. 68, le décr. du 28 flor. an 13, art. 1er et 3, le décret du quatrième compl. an 12, art. 15 et 16.

215. — Chaque école est présidée par un doyen; il y a un secrétaire, qui est garde des archives et caissier (*ibid.*, art. 18, 19, 20).

Les conseils académiques ont remplacé les conseils de discipline et d'enseignement qui avaient été créés dans chaque école (Décr. 4 juin 1809, art. 4).

216. — Les budgets et comptes des écoles de droit sont réglés par le décr. du 4 juin 1809, art. 5 et suiv. — Rendu, p. 459 et suiv.

217. — Le secrétaire tient les registres d'inscription. Quatre inscriptions sont nécessaires pour être admis à l'examen de capacité, huit pour celui du baccalauréat, douze pour la licence, et seize pour le doctorat. Le trimestre pour lequel un étudiant n'a pas pris d'inscription ne compte pas dans le temps d'étude. Les inscriptions prises dans des facultés différentes pour des trimestres différens servent pour compter le temps d'étude. Le secrétaire de l'école délivre gratuitement aux élèves le certificat de leurs inscriptions (Décr. quatrième compl. an 12, art. 27 à 32).

218. — Les recteurs cotent, paraphent et ferment chaque trimestre les registres d'inscription (Décr. 4 juin 1809, art. 3).

219. — Les étudians en droit qui, appelés au tirage par le recrutement, justifient par des certificats de l'autorité administrative, qu'ils se sont rendus au lieu de la convocation, et ainsi n'ont pu prendre leur inscription dans les quinze premiers jours du trimestre, peuvent être admis à cette inscription, comme si elle avait été prise dans le délai. C'est le conseil royal qui prononce sur cette admission (Décr. 23 avril 1807). — Rendu, p. 54.

220. — Le cours des études est de trois ans. La quatrième année n'est nécessaire que pour le doctorat (L. 22 vent. an 12, art. 5).

221. — Les examens sont faits par les professeurs de l'école (L. 22 vent. an 12, art. 7).

L'ordre, l'objet des examens, et leurs résultats

sont réglés par la loi du 22 vent. an 2, art. 4, 5, 6, 9, 10, 11, 12.

La même loi, art. 14 et suivans, contient des dispositions et dispenses transitoires pour certaines classes de personnes.

Pour ce qui concerne les inscriptions et les examens des élèves, V. Rendu, p. 452.

222. — Les conditions nécessaires pour obtenir les certificats de capacité, les diplômes de bachelier, de licencié et de docteur sont détaillées dans le décret du quatrième complémentaire an 12, art. 33 et suiv.

L'époque à laquelle les examens des divers grades peuvent être subis, et les actes publics soutenus, est déterminée par le décret du 3 juill. 1806.

223. — Pour être admis au grade de bachelier, il faut avoir au moins celui de bachelier ès-lettres (Décr. 17 mars 1808, art. 26). — L'ord. du 5 juill. 1820 exige même que l'étudiant ait ce grade avant d'être admis a pendre sa première inscription.

224. — Les diplômes sont visés par les recteurs, qui les envoient à la ratification du grand-maître, et les delivrent aux gradués (Décr. 4 juin 1809, art. 3).

225. — Les fils des professeurs ou de suppléans sont admis gratuitement aux etudes et à la réception de tous les degrés dans les mêmes écoles (Décr. 25 janv. 1807).

226. — Les professeurs doivent être docteurs, les magistrats et avocats licenciés, et les avoués capables (L. 22 vent. an 12, art. 23 et suiv.).

Le décret du 26 déc. 1809 avait exigé que ceux qui aspiraient au titre d'auditeur au conseil d'état fussent licenciés en droit ou ès-sciences, et soumis, avant la prestation de serment, à un examen devant trois membres du conseil d'état. Cette disposition n'a été ni exécutee, ni reproduite ultérieurement.

§ 4. — *Des facultés de médecine.*

227. — Les écoles de médecine, au nombre de trois, sont principalement régies par la loi du 19 vent. an 11, par le décret du 4 juin 1809, par les ordonnances d'organisation des différentes facultés (V. *Art. de guérir*, et Rendu, p. 64 et suiv., p. 387 et suiv.), et par celles qui y créent des chaires spéciales.

Il faut être bachelier ès-lettres avant d'être admis à prendre sa première inscription à l'école de médecine (Ord. 5 juill. 1820).

228 — Les grades dans les facultés de médecine sont 1° celui de docteur, qui s'obtient après quatre ans d'études, cinq examens et une thèse, il exige qu'on ait pris seize inscriptions; 2° celui d'officier de santé, qui s'obtient après trois années d'école, douze inscriptions et trois examens.

229. — La même ordonnance exigeait le grade de bachelier ès-sciences pour l'admission à la première inscription dans les écoles de médecine; cette condition a été supprimée par ordonnance du 18 janv. 1831.—Rendu, p. 71 et 113 exprime le vœu de son rétablissement.

230. — 7-17 janv. 1834, ordonnance du roi qui, vu l'art. 4 de la loi du 21 germ. an 11, et l'arrêté du 25 thermidor de la même année, ordonne : Art. 1er. Il sera établi dans l'école de pharmacie de Paris, à dater du mois de janvier 1834, deux nouveaux cours, le premier sur la physique élémentaire, le second sur la toxicologie.— Art. 2. Ces cours seront faits, jusqu'a nouvel ordre, par deux des professeurs ou adjoints actuellement attaches à l'école de pharmacie. — D.P. 34. 3. 29.

§ 5.— *Des facultés des sciences.*

231. — Le décret du 17 mars 1808, art. 13, avait établi une faculté des sciences dans chaque chef-lieu d'académie. D'apres l'ordonn. du 8 janv. 1816, confirmative d'un arrêté du conseil, du 31 oct. 1815, il n'en fut conservé que sept : Paris, Dijon, Strasbourg, Toulouse, Caen, Grenoble, Montpellier.

La faculté des sciences a été rétablie à Lyon par ordonn. du 9 déc. 1833. D.P. 33. 3. 120.

232. — Dans les provinces, la faculté des sciences se compose du premier professeur de mathématiques du collége royal, et de trois professeurs, de mathématiques, d'histoire naturelle, de physique et de chimie. L'un des professeurs est doyen (Décr. 17 mars 1808, art. 13).

233. — A Paris, la faculté se compose de la réunion de deux professeurs du collége de France, de deux du Musée d'histoire naturelle, de deux de l'école Polytechnique, et de deux de mathématiques des colléges royaux (*ibid*, art. 14).

234.— Les candidats aux grades ès sciences, doivent être bacheliers ès lettres, et posséder les connaissances exigées par les arrêtés des 16 fév. 1810 et 10 nov. 1829, et le décret du 17 mars 1808, art. 22, 23, 24.

235.— Le baccalauréat ès-sciences est nécessaire aux agrégés des colléges royaux et régens des colléges communaux, aux principaux des colléges communaux, aux proviseurs, censeurs et professeurs des colléges royaux, aux secrétaires d'académie ou de faculté. Doivent être licenciés ès-sciences, les professeurs des sciences physiques et mathématiques dans les colléges royaux; il faut être docteur ès-sciences pour devenir professeur ou agrégé à la faculté des sciences.

236. — Sur l'organisation, l'administration intérieure et l'enseignement dans les facultés des sciences, V. Rendu, p. 376 et suiv.

§ 6. — *Des facultés des lettres.*

237.— Selon le décret du 17 mars 1808, il devait y avoir une faculté des lettres au chef-lieu de chaque académie. L'ordonn. du 18 janv. 1816 a supprimé cette faculté dans dix-sept académies.

238.— Dans les académies de province, la faculté des lettres se compose du professeur de belles-lettres au collége royal, et de deux autres professeurs. Le doyen est choisi parmi eux; le proviseur et le censeur peuvent y être adjoints.

A Paris, la faculté des lettres est formée de trois professeurs du collége de France, et de trois professeurs de belles-lettres des colléges royaux (Décr. 17 mars 1808, art. 15).

239.— On y enseigne l'histoire littéraire, la littérature grecque, latine et française, l'histoire ancienne et moderne, l'histoire de la philosophie, la géographie, la litterature étrangère.

240. — Dans les académies qui n'ont pas de faculté des lettres, il est formé une commission chargée d'examiner les candidats au grade de bachelier es-lettres (Ord. du 18 janv. 1816, art. 2).

241. — Une commission spéciale d'examen a été prescrite pour le grade de bachelier ès-lettres dans la Corse (Ord. 16 sept. 1829).

242. — Pour être admis à l'examen de bachelier, il faut avoir seize ans au moins, et répondre sur tout ce qu'on enseigne dans les hautes classes des colléges (Décr. 17 mars 1808, art. 19; ord. 27 fév. 1821, art. 11 et 12). Il faut avoir suivi, au moins pendant un an, un cours de philosophie dans un collége ou établissement autorisé, et y avoir suivi pendant un an un cours de rhétorique (Ord. 5 juill. 1820, art. 2 et 3, 17 oct. 1821, art. 1er).

243. — Mais ont été exceptés de la nécessité de ces cours dans les écoles publiques, ceux qui ont été élevés dans la maison de leur père, oncle ou frère. En produisant un certificat constatant cette éducation de famille, ils sont admis a l'examen du baccalauréat (*ibid.*, art. 2).

244. — Les candidats au grade de bachelier sont examinés sur les objets de l'enseignement des classes supérieures des colléges royaux, c'est-à-dire les auteurs grecs et latin, la rhéthorique, l'histoire, la philosophie, et les élémens des sciences mathématiques et physiques (*ibid.* art. 5).

245.— Aussi est-il adjoint aux examinateurs un professeur de mathématiques ou de physique des colléges royaux, docteur es-sciences (Ord. 17 oct. 1821, art. 4).

246. — Pour l'examen de licence, il faut être bachelier depuis un an, et composer en latin et en français sur un sujet et dans un temps donnés (Décr. 17 mars 1808, art. 20).

247. — Pour le doctorat, il faut présenter son titre de licencié, et soutenir deux thèses, l'une sur la rhétorique et la logique, l'autre sur la littérature ancienne. La premiere devra être écrite et soutenue en latin (*ibid.*, art. 21).

248. — Les grades de bacheliers licenciés et docteurs ès-lettres sont exigés des divers fonctionnaires enseignans, suivant l'élévation de leur enseignement.

249. — Pour plus de détails sur les réglemens concernant l'enseignement et l'administration des facultés des lettres, V. Rendu, p. 356.

ART 6. — *De l'école normale.*

250. — Le décret du 17 mars 1808, art. 110, établit à Paris un pensionnat normal, destiné à former des jeunes gens a l'art. d'enseigner les lettres et les sciences.

Les élèves de cette école sont choisis chaque année, au concours et après examens, dans les colléges royaux, par les inspecteurs. Ils doivent avoir le consentement de leurs parens ou tuteurs et s'engager à rester dix années au moins dans le corps enseignant (Décr. 17 mars 1808, art. 111, 112).

251.— Le même décret du 17 mars 1808, celui du 17 sept. 1808, et l'ordonn. du 17 fév. 1815, ont réglé les cours que doivent suivre les élèves, la durée du cours d'étude, la vie intérieure de l'école, son administration, sa direction, le choix et le rang de ses chefs.

252. — Un décret du 29 juill. 1811 exempte de la conscription les élèves de l'école normale, à certaines conditions qu'il détermine. La même exception a été reproduite par les lois sur le recrutement.

253.—Le gouvernement de la restauration prit ombrage de l'enseignement de l'école normale et de son influence sur la direction des études. Il commença par établir, dans chaque chef-lieu d'académie, des écoles normales partielles, composées de huit élèves (Ord. 27 fév. 1821, art. 24 et suiv.).

Une autre ordonnance, du 7 mars 1826, art. 1er et suiv., régla les droits des élèves de ces écoles, appelées aussi écoles préparatoires.

Il n'a jamais été organisé qu'une seule de ces écoles, au collége Louis-le-Grand, à Paris.

Dès 1822, et par une ordonnance du 6 septembre de cette année, la grande école normale de Paris avait été supprimée et remplacée par les écoles normales partielles. Toutefois, on l'avait rétablie en 1826, sous le nom d'école préparatoire, mais avec une organisation incomplète.—V. ses réglemens, Rendu, p. 738.

C'est l'ordonnance du 6 août 1830 qui, dès les premiers instans de la révolution, a rendu à l'école normale son nom et ses destinées.

254.—Deux arrêtés, du 18 février 1834, ont définitivement réglé ce qui concerne le concours d'admission à l'école normale, et les études faites dans cette école.—V. Rendu, p. 747 et suiv.

L'administration intérieure et la police de l'école avaient été déterminées pour l'ancienne école normale par un arrêté du 30 mars 1810 et un statut du 29 mai 1810. — V. Rendu, p. 719 et suiv., 759 et suiv.

ART. 7.—*Des colléges royaux et communaux.*

255.—Dans les divers colléges, la famille ou le gouvernement paie une pension et deux rétributions. L'une de ces rétributions, appelée *universitaire*, est perçue au profit de l'université, elle est égale au vingtième de la pension; l'autre est *collégiale*, et reste au profit du collége; elle est variable, et déterminée par le conseil royal sur la proposition des conseils académiques.

256.—Sous le régime du décret du 2 mai 1811, toute bourse ou portion de bourse pour les colléges royaux ou communaux, à laquelle il avait été nommé au commencement d'une année scolaire, était censée remplie jusqu'à la fin de ladite année, encore bien qu'il y ait eu des vacances et quelle qu'en fût la cause.—26 août 1824. Ord. cons. d'état. Ville de Lyon C. Min. de l'int.

§ 1er.—*Colléges royaux.*

257.—La création des lycées ou colléges royaux remonte à la loi du 11 flor. an 10, art. 0 et suiv.

Ce sont des établissemens où l'on enseigne les langues anciennes, les lettres, l'histoire, la rhétorique, la philosophie, les sciences mathématiques et physiques. Ils sont aujourd'hui au nombre de 41. — V. Rendu, p. 121 et suiv.

258.—L'enseignement est uniforme dans tous les colléges; ce qui n'empêche pas le conseil royal de varier, suivant les localités, les objets de l'enseignement; l'uniformité doit être entendue en ce sens, que les mêmes objets sont enseignés de la même manière dans tous les colléges (Rendu, p. 165, note). —Ord. 27 fév. 1821, art. 16, ord. 26 mars 1829, art. 17.

259.—L'administration des colléges royaux est confiée à un proviseur qui a sous lui un censeur des études et un économe.

La loi de l'an 10 établissait près de chaque lycée un bureau d'administration, que le décret du 4 juin 1809, art. 23, a remplacé par les conseils académiques, dans les chefs-lieux, et dans les autres endroits, par une commission d'administration, choisie par le recteur, parmi les magistrats ou les pères de famille les plus distingués, et présidée par un inspecteur de l'académie.

260.—Nul ne pourra être nommé censeur dans un collége royal, ou inspecteur d'académie, s'il ne rem-

plit une des conditions énoncées dans l'ordonnance. —29 sept. 1832. Ord. D.P. 32. 3. 133.

261.—Il y a dans chaque collége royal une bibliothèque et un aumônier (Arrêté du 19 frim. an 11, art. 27, 28).

262.—Il a été établi, à des taux différens, suivant l'importance des localités, un fonds commun de réserve pour assurance contre l'incendie; les fonds sont déposés à la caisse des dépôts et consignations (Ord. du 29 juill. 1829). —Rendu, p. 168, 169.

263.—Les fonctions du proviseur, du censeur et de l'économe sont détaillées dans un arrêté du gouvernement, du 21 prair. an 11.—Rendu, p. 129.

Le même réglement s'occupe de ce qui concerne les professeurs, les maîtres d'étude et la police des élèves.

264.—Les économes des colléges sont responsables de leur gestion.

Lorsqu'un économe avoue qu'il ne s'est pas conformé aux réglemens pour sûreté des fonds déposés dans sa caisse, et que, d'autre part il ne justifie pas, par pièces régulières, que la somme qu'il prétend lui avoir été volée, existât dans sa caisse, le conseil de l'université a pu le forcer en recette, encore bien qu'un domestique ait été condamné à vingt ans de travaux pour vol dans le même établissement et à la même époque.—31 mars 1825. Ord. cons. d'état. Clérisseau.

265.—L'économe est responsable des sommes non recouvrées sur les fournisseurs du collége.—30 nov. 1832. Ord. cons. d'état. Noblot. D.P. 33. 3. 24.

L'économe doit être forcé en recette du prix de la pension payée par les élèves, et non portée sur ses livres, lorsqu'il est constant, d'après les registres, que les élèves ont été admis et que leur pension a été payée.—Même ordonnance.

L'économe d'un collége n'a pu payer valablement au proviseur, à titre de traitement supplémentaire, une somme qui ne lui a pas été allouée par le conseil académique, et, conséquemment, il y a lieu de le déclarer débiteur de cette somme.—Même ordonn.

S'il a été fourni un logement à l'économe dans les bâtimens du collége, et que des circonstances, qui lui sont personnelles l'aient empêché d'en jouir, il ne peut s'allouer une indemnité pour le logement qu'il aurait pris en ville —Même ordonn.

266. — Les réglemens concernant les colléges royaux ont été déclarés soumis à une révision lors de la création de l'université (Décr. 17 mars 1808, art. 100).

267. — Les traitemens des fonctionnaires des colléges royaux sont gradués suivant un tableau divisé en trois classes. — Rendu, p. 124 et suiv.

Ces traitemens ont été l'objet d'une ordonnance du 26 mars 1829, et d'une ordonnance du 24 août 1833. — Rendu, p. 162, 163, 164.

268. — L'ordonnance du 26 mars 1809 règle le nombre et le traitement des maîtres d'étude; elle exige qu'ils soient tous bacheliers ès-lettres (Ord. art. 14, 15, 16).

269. — Les maîtres d'études des colléges royaux et les regens des colléges communaux sont admis à concourir entre eux pour l'agrégation au professorat des colléges royaux. Le nombre des agrégés destinés à remplacer les professeurs des colléges ne peut excéder le tiers de celui des professeurs.

Les agrégés ont un traitement de 400 fr. (Décr. 17 mars 1808, art. 119, 121, 122).

270. — Les professeurs des colléges royaux ne peuvent être choisis que parmi les agrégés (Ord. 27 fév. 1821, art. 18).

Il y a des concours d'agrégation dans chaque chef-lieu d'académie; les agrégés sont nommés par les recteurs; ils remplacent les professeurs des colléges royaux et sont employés dans les colléges communaux et autres établissemens du ressort. Ils sont institués par le grand-maître, qui détermine le nombre des agrégés qui doivent être attachés à chaque académie, et fixe l'époque des concours (Ord. 8 avril 1824, art. 4).

271. — Les colléges royaux reçoivent des pensionnaires et des externes.

Le prix de la pension est de 600 ou 750 fr., suivant les localités, et de 900 fr. à Paris. — Voy. Rendu, p. 123, 128, 154 et suiv.

272. — Dans chaque collége royal, il y a des bourses entières ou partielles destinées à soutenir l'établissement, à entretenir l'émulation des élèves et à récompenser les services rendus par les parens.

Ces bourses sont à la charge de l'état ou des communes, ou bien fondées par des particuliers.

Les conditions de nomination aux bourses, les obligations des boursiers, la privation des bourses, ont été l'objet d'une foule d'ordonnances et de réglemens qu'il serait trop long de recueillir et même d'analyser. — Voy. Rendu, p. 123, 137 et suiv., 143 et suiv., 157 et suiv., 166. — Voy. aussi D.P. 27. 3. 17, et 33. 3. 28.

273. — Si la pension d'un élève qui n'est pas à la bourse entière n'était point payée par les parens, après soumission par eux faite de l'acquitter, le proviseur prend toutes les mesures convenables, mêmes les voies judiciaires, pour en procurer le paiement; à l'effet de quoi il s'adressera au procureur du roi pour qu'il suive sans frais à la chambre du conseil, comme pour les affaires du domaine.

Le délai d'un an passé, il en sera fait rapport au recteur, qui en rendra compte au grand-maître. L'élève sera renvoyé à sa famille, contre laquelle le proviseur pourra d'ailleurs se pourvoir pour le paiement des trimestres échus. Si le grand-maître le juge convenable, il pourra demander l'envoi de l'élève dans une école d'arts et métiers (Décr. 1er juill. 1809, art. 11 à 14).

274. — Les enfans des personnes employées au service public, qui ont obtenu des bourses qui ne sont pas entières, et dont les parens seront reconnus hors d'état d'acquitter la portion restée à leur charge, pourront être admis à concourir avec les pensionnaires et les externes pour les bourses communales (*ibid.*, art. 15).

275. — Le paiement des sommes dues par les parens des élèves royaux, boursiers et particuliers, sera poursuivi par les procureurs du roi, à la requête des proviseurs. Le ministre de l'instruction publique pourra arrêter les poursuites dirigées contre les débiteurs des colléges royaux, en cas d'indigence, et leur accorder des dégrèvemens et même des décharges entières (Ord. 12 mars 1817, art. 16, 17).

276. — Les élèves des colléges royaux qui devraient plus d'un semestre de la pension ou portion de pension à leur charge, seront congédiés par les proviseurs et remis à leurs parens par les soins des préfets, d'après les instructions du ministre de l'instruction publique (*ibid.*, art. 18).

277. — La même ordonnance contient aussi des dispositions sur les revenus et dépenses des colléges royaux. — Rendu, p. 142, 143.

278. — Les réglemens concernant la discipline intérieure, l'administration, les études des colléges royaux, sont recueillis par Rendu, p. 499 et suiv.

§ 2. — *Colléges communaux.*

279. — Les colléges communaux, appelés autrefois écoles secondaires communales, sont fondés et entretenus aux frais des communes.

280. —On enseigne dans les colléges communaux les langues latine et française, les premiers principes de la géographie, de l'histoire, et des mathématiques (L. 11 flor. an 10, art. 6).

281. — Ils doivent être autorisés par le gouvernement, qui peut leur concéder un local, ainsi qu'aux instituteurs particuliers (L. 11 flor. an 10, art. 7; arr. 30 frim. an 11, art. 1, 2, 3, 4).

282. — Ils sont divisés en deux classes, selon le degré d'enseignement autorisé dans chacun d'eux (Décr. 15 nov. 1810, art. 10).

283. — Des colléges communaux peuvent être érigés en colléges royaux par le grand-maître de l'université, après délibération du conseil royal (Décr. 15 nov. 1811, art. 2, 3).

284.— Les colléges communaux sont placés sous la surveillance et l'inspection particulière des préfets (L. 11 flor. an 10, art 8).

Les maires ont la surveillance de ces écoles, sous l'autorité du sous-préfet et du préfet (Arr. du 30 frim. an 11, art. 6).

285 — L'approbation des réglemens est donnée par le conseil de l'instruction publique; les fonctionnaires sont nommés par le grand-maître — Rendu, p. 180, note.

286.—Les frais sont prélevés sur le prix des pensions et rétributions des élèves pensionnaires et externes; en cas d'insuffisance, la commune y supplée sur ses revenus libres (Arr. du 30 frim. an 11, art 3). Les recettes et dépenses sont administrées par les maires et les conseils municipaux (art 7).

Les bureaux d'administration sont nommés par le recteur et présidés par un inspecteur d'académie (Décr. 4 juin 1809, art. 24).

287.— Les traitemens sont réglés sur l'avis du

conseil royal, et le rapport du ministre, et classés parmi les dépenses fixes et ordinaires des villes (Décr. 15 nov. 1811, art. 11, 12).

288.— Les dépenses des colléges à la charge des communes sont réglées, chaque année, avant la réduction du budget de ces communes, par le conseil royal, sur l'avis des recteurs, et la proposition du grand-maître (Décr. 4 juin 1809, art. 23).

Les comptes des dépenses sont rendus chaque année, par le principal, à un bureau composé du maire, président, d'un délégué d'un recteur, de deux membres du conseil de département ou d'arrondissement, et de deux membres du conseil municipal (*ibid.*, art. 15).

289.— Un certain nombre de villes entretiennent dans leurs colléges les bourses dont elles faisaient précédemment les fonds dans les colléges royaux (Ord. 18 oct. 1820).

290.— Des bourses peuvent, d'ailleurs, être fondées dans les colléges communaux. L'ordonnance du 28 août 1826 leur déclare applicables les règles concernant les bourses des colléges royaux.

291.— Au surplus, les réglemens relatifs aux colléges communaux sont recueillis par Rendu, p. 695 et suiv.

ART. 8. — *Des écoles primaires.*

292. — La constitution de 1791 décréta que l'instruction publique serait gratuite à l'égard des parties de l'enseignement, indispensables pour tous les hommes. Plusieurs décrets de 1793 et 1794 établirent un instituteur pour chaque commune, avec un traitement de 1,200 fr. au minimum, et une retraite proportionnée. Ces mesures ne reçurent aucune exécution.

293.— La loi du 25 oct. 1795 n'accorda plus à l'instituteur primaire d'autre traitement que celui de la rétribution des parens.

Les lois de l'empire ne favorisèrent point le développement de l'instruction primaire. Il était défendu aux maîtres de porter leur enseignement au-delà de la lecture, de l'écriture et de l'arithmétique (Décr. 15 nov. 1811, art. 192).

294 — C'est de l'ordonnance du 29 fév. 1816 que date le nouvel essor de l'instruction primaire, favorisé par les comités gratuits et par les mesures du gouvernement (V. circul. du 20 mai 1816, 3 juin et 29 juill. 1819, 27 sept. 1820; ord. 2 août 1820, et 31 oct. 1831).

Les progrès furent arrêtés par l'esprit antilibéral qui se manifesta dans la politique de la restauration de 1822 à 1828. Ils puisèrent une nouvelle impulsion dans les dispositions de l'ordonnance du 21 avril 1828 (D.P. 28. 3. 8), et de celle du 26 mars 1829.

295. — Depuis la révolution de 1830, le gouvernement, les chambres, l'administration, ont donné un élan nouveau et toujours croissant à l'instruction élémentaire (V. notamment les ord. des 14 fév. 1830, 16 oct. 1830, 11 mars 1831; D.P. 31. 3. 18; 12 mars 1831; D.P. *eod.*; 18 avril 1831; D.P. 31. 3. 27; 8, 26 nov. 1832; (D.P. 33. 3. 119).

Les actes de l'autorité, antérieurs à la nouvelle loi, sur l'instruction primaire, sont tous recueillis par Rendu, p. 211 et suiv., 785 et suiv.

296.— Enfin, une loi, digne de la France et du siècle (V. Rendu), a ouvert une ère toute nouvelle; elle a consacré tout ce qu'il y avait d'utile et de sage dans les réglemens antérieurs, en leur donnant l'autorité majestueuse de la loi, et elle a établi des améliorations fécondes qui doivent avoir sur l'avenir de la nation une immense influence.

297.— Cette loi s'applique à toutes les classes de la société; elle saisit toutes les intelligences; elle met l'instruction à la portée de tous, sanctionne, dans de sages proportions, le principe de la liberté d'enseignement. L'importance d'une telle institution exige, de notre part, une exposition détaillée. La connaissance de cette loi est d'autant plus indispensable à tous les citoyens, que ses dispositions se rattachent, par des rapports intimes, à notre nouveau système municipal. Nous suivrons l'ordre tracé par la loi elle-même, recueillie D.P. 33. 3. 69.

§ 1er. — *De l'instruction primaire et de son objet.*

298.— L'instruction primaire est élémentaire ou supérieure.

L'instruction primaire élémentaire comprend nécessairement l'instruction morale et religieuse, la lecture, l'écriture, les élémens de la langue française et du calcul, le système légal des poids et mesures.

L'instruction primaire supérieure comprend nécessairement, en outre, les élémens de la géométrie et ses applications usuelles, spécialement le dessin linéaire et l'arpentage, des notions des sciences physiques et de l'histoire naturelle applicables aux usages de la vie ; le chant, les élémens de l'histoire et de la géographie, et surtout de l'histoire et de la géographie de la France.

Selon les besoins et les ressources des localités, l'instruction primaire pourra recevoir les développemens qui seront jugés convenables (L. 28 juin 1833, art. 1er).

299.— Un réglement complet pour les études et la discipline dans les écoles primaires élémentaires se trouve dans un statut du 25 avril 1834.— Rendu, p. 808 et suiv.

Dans les écoles privées, où l'enseignement est libre, les instituteurs ont le choix des méthodes. Dans les écoles communales, les comités peuvent exiger l'observation des réglemens prescrits par l'autorité centrale, et provoquer des réformes et améliorations (Décis. cons. royal, 25 fev. 1834).

300.— Pour le réglement des études, de l'administration et de la discipline dans les écoles primaires supérieures, pour lesquelles il n'a pas encore été statué d'une manière générale et complète, on peut voir les décisions des 8 nov 1833, 31 janv. 1834.— Rendu, p. 817 et suiv.

301.— Le vœu des pères de famille sera toujours consulté et suivi en ce qui concerne la participation de leurs enfans à l'instruction religieuse (L. 28 juin 1833, art. 2).

302 — L'instruction primaire est ou privée ou publique (art. 3).

§ 2.— *Des écoles primaires privées*

303.— Tout individu âgé de dix-huit ans accomplis pourra exercer la profession d'instituteur primaire et diriger tout établissement quelconque d'instruction primaire, sans autres conditions que de présenter préalablement au maire de la commune où il voudra tenir école,

1° Un brevet de capacité obtenu, après examen, selon le degré de l'école qu'il veut établir ;

2° Un certificat constatant que l'impétrant est digne, par sa moralité, de se livrer à l'enseignement. Ce certificat sera délivré, sur l'attestation de trois conseillers municipaux, par le maire de la commune ou de chacune des communes où il aura résidé depuis trois ans (L. 28 juin 1833, art. 4).D.P.33 3.78.

304.— Aussitôt que le maire d'une commune aura reçu la déclaration à lui faite, au terme de l'article 4 de la loi, par un individu qui remplira les conditions prescrites et qui voudra tenir une école, soit élémentaire, soit supérieure, il inscrira cette déclaration sur un registre spécial, et en délivrera récépissé au déclarant.

Il enverra au comité de l'arrondissement et au recteur de l'académie des copies de cette déclaration, ainsi que du certificat de moralité que doit présenter l'instituteur (Ord. 16 juill. 1833, art. 16).

305 — Le certificat de moralité, exigé de tout individu qui veut exercer la profession d'instituteur primaire, sera délivré, à Paris, sur l'attestation de trois notables, par le maire de l'arrondissement municipal ou de chacun des arrondissemens municipaux où l'impétrant aura résidé depuis trois ans (Ord. 8 nov. 1833, art. 6) —D.P. 33. 3. 119

306.—Est considérée comme école primaire toute réunion habituelle d'enfans de différentes familles, qui a pour but l'étude de tout ou partie des objets compris dans l'enseignement primaire (Ord. royale, 16 juill. 1833, art. 17).

307.— Un curé donnant à deux ou trois enfans l'intruction primaire, n'est pas censé tenir une école.

Un curé voulant tenir une école primaire doit remplir les conditions légales (Avis 29 mai 1834).

308.— Une école ouverte dans un hospice doit être, comme toute autre, soumise aux dispositions qui régissent les écoles primaires (Décis. cons. royal, 26 juill. 1833) — V. cependant *suprà*, art. 4, § 3.

309.— Sont incapables de tenir école, 1° les condamnés à des peines afflictives ou infamantes ;

2° Les condamnés pour vol, escroquerie, banqueroute, abus de confiance ou attentat aux mœurs, et les individus qui auront été privés par jugement de tout ou partie des droits de famille mentionnés aux paragraphes 5 et 6 de l'art. 42 C. pén. ;

3° Les individus interdits en exécution de l'art. 7 de la présente loi (L. 28 juin 1833, art. 5).

310.— Quiconque aura ouvert une école primaire en contravention à l'art. 5, ou sans avoir satisfait aux conditions prescrites par l'art. 4 de la présente loi, sera poursuivi devant le tribunal correctionnel du lieu du délit, et condamné à une amende de 50 à 200 fr. : l'école sera fermée.

En cas de récidive, le délinquant sera condamné à un emprisonnement de quinze à trente jours et à une amende de 100 à 400 fr. (L. 28 juin 1833, art. 6).

311. — Jugé de même avant la loi du 28 juin 1833, que l'exercice des fonctions d'instituteur primaire, sans avoir rempli aucune des formalités prescrites par l'art. 13 de l'ordonnance du roi, du 29 février 1816, doit être puni de la peine prononcée par le décret du 15 novembre 1811, art. 56. — 31 mars 1826. Cr. c. Min. pub. C. Cherriere. D.P. 26. 1. 288.

312. — Que, dans le cas de prévention de tenue d'école non autorisée, l'on doit casser le jugement qui a renvoyé le prévenu de la plainte, sur le motif que n'ayant exercé qu'après avoir produit des certificats de bonne conduite, subi un examen et avec l'approbation du curé et de l'instituteur du lieu, sa bonne foi avait pu le rendre excusable (art. 10 et 13, ord. 29 février 1816). — 14 juin 1821. Cr. c. Min. pub. C. Devaux. D.A. 12. 784, n.D.P. 2. 1433.

313. — Qu'un individu qui a tenu une école primaire, sans avoir subi les examens exigés par la loi, et sans avoir un brevet, est passible, par conséquent, des peines portées en l'art. 56 du décret du 15 nov. 1811, et ne peut être excusé, sous le prétexte que le hameau dans lequel il tenait son école était très éloigné de la commune, et qu'en hiver et dans les saisons rigoureuses, les enfans de ce hameau n'auraient pu se transporter dans cette commune, pour y recevoir l'instruction, et qu'il aurait fermé son école aussitôt qu'il aurait été averti qu'il était en contravention. — 4 juin 1829. Cr. c. Min. pub C. Millot D.P. 29. 1. 261.

314. — Que le fait d'avoir tenu une école primaire sans autorisation doit être puni, encore bien que le contrevenant aurait été déclaré de bonne foi, et se serait pourvu d'une autorisation aussitôt que le comité d'arrondissement avait été organisé (Déc. 17 mars 1808, art. 2 ; l. 15 nov. 1811, art 54, 56 ; ord. 29 fév. 1816, art. 10, 13 ; C. pén., 56). — 10 mars 1832. Cr. c. Sabaté. D.P. 32. 1. 416.

315. — Qu'il y a cette différence entre l'instituteur latiniste et celui qui tient une institution primaire, que le premier ne peut ouvrir son école sans un diplôme émané du grand-maître, tandis qu'une simple autorisation du recteur de l'académie suffit à l'instituteur primaire. Dès lors ce dernier, lorsqu'il montre le latin clandestinement, doit être considéré comme enseignant sans aucune espèce d'autorisation, puisqu'il n'a pas celle relative à son emploi, et il est passible, non seulement des peines de simple discipline de la part du chef du corps universitaire, mais de l'amende de 100 fr. à 3,000 fr. prononcée par l'art. 56 du décr. du 15 nov. 1811 contre celui qui enseignera publiquement et tiendra école sans autorisation. — 18 juillet 1823. Cr. c. int. de la loi Pailheu. D.A. 12. 784, n. D.P. 23. 1. 384.

316. — Tout instituteur privé, sur la demande du comité mentionné dans l'art. 19 de la présente loi ou sur la poursuite d'office du ministère public, pourra être traduit, pour cause d'inconduite ou d'immoralité, devant le tribunal civil de l'arrondissement, et être interdit de l'exercice de sa profession à temps ou à toujours.

Le tribunal entendra les parties et statuera sommairement en chambre du conseil. Il en sera de même sur l'appel, qui devra être interjeté dans le délai de dix jours, à compter du jour de la notification du jugement, et qui, en aucun cas, ne sera suspensif.

Le tout sans préjudice des poursuites qui pourraient avoir lieu pour crimes, délits ou contraventions prévus par les lois (L. 28 juin 1833, art. 7).

317.—Les instituteurs privés qui auront bien mérité de l'instruction primaire seront admis, comme les instituteurs communaux, sur le rapport des préfets et des recteurs, à participer aux encouragemens et aux récompenses que le ministre de l'instruction publique distribue annuellement (Ord. 16 juill. 1833, art. 19).

318. — Tout local destiné à une école primaire privée sera préalablement visité par le maire de la commune ou par un des membres du comité communal, qui en constatera la convenance et la salubrité (Ord. roy. 16 juill. 1833, art. 18).

319.— La loi ne limite pas le nombre des écoles privées, dont l'établissement peut être autorisé

dans chaque commune (Avis cons. roy. 28 janv. 1834).

§ 3.— *Des écoles primaires publiques.*

Ce paragraphe comprend les écoles primaires ordinaires, et les écoles normales primaires.

320.— 1° *Ecoles primaires.*—Les écoles primaires publiques sont celles qu'entretiennent, en tout ou en partie, les communes, les départemens ou l'état (L. 28 juin 1833, art. 8).

321.— Des écoles primaires peuvent aussi être fondées par un particulier, qui peut imposer les conditions à sa donation. Si l'école est communale, il peut se réserver le droit d'y faire admettre gratuitement un certain nombre d'élèves indigens : l'entière gratuité ne pourrait avoir lieu que s'il assurait le traitement légal de l'instituteur. Il peut se réserver la présentation du maître, pourvu que ce maître soit agréé conformément à la loi. Une telle école est communale, bien que la commune ne contribue en rien à son établissement. S'il s'agit d'une école privée, le fondateur peut choisir librement l'instituteur, pourvu qu'il réunisse les conditions légales, et y faire admettre tous les enfans qu'il voudra désigner (Avis cons. roy. 6 sept. 1833).

322.— Le droit de désignation, ou de nomination d'un instituteur communal, conféré par un donateur ou testateur, se résout en un droit de présentation, qui n'empêche ni les autres présentations légales, ni la délibération du comité d'arrondissement (Avis du cons. roy. 15 avril 1834).

323.—*Qualités et conditions requises des instituteurs primaires.*—Nul ne pourra être nommé instituteur communal, s'il ne remplit les conditions de capacité et de moralité prescrites par l'art. 4 de la présente loi, ou s'il se trouve dans un des cas prévus par l'art. 5 (L. 28 juin 1833, art. 16).

324.— La loi n'ayant parlé que des instituteurs, c'est-à-dire de ceux qui tiennent ou dirigent une école primaire, on ne peut soumettre à ce qu'elle exige les surveillans, ou moniteurs, aspirans, sous-maîtres, etc., employés pour le maître. Seulement, en vertu des règles générales universitaires, nul ne peut être employé pour l'enseignement ni pour la discipline, par un instituteur primaire, même privé, sans que le recteur n'ait été prévenu, et n'ait donné son consentement exprès ou tacite. L'instituteur répond des faits de ceux qu'il emploie dans son école (Arrêté 9 sept. 1833).

325 — Il y a deux sortes de brevets de capacité, les uns pour l'instruction primaire élémentaire, les autres pour l'instruction primaire supérieure. Ils sont délivrés, après examen, par les commissions d'instruction primaire (Stat. 19 juill. 1833, art. 1er).

326.—La réunion des deux degrés, dans une seule école, exige le brevet du degré supérieur (Avis du cons. roy. 31 déc. 1833).

327.—Deux classes tenues dans des locaux séparés, et aux mêmes heures, forment deux écoles distinctes, qui doivent avoir chacune un instituteur remplissant les conditions légales (Avis du 1er juill. 1834).

328.— Nul chef d'établissement d'instruction secondaire ne peut diriger une école primaire élémentaire ou supérieure, sans avoir le brevet de capacité voulu par la loi (Arrêté du 15 oct. 1833).

329.— Les chefs d'établissement, qui veulent y annexer une école primaire, et qui n'ont point de maître spécial breveté et remplissant les conditions prescrites, doivent subir l'examen et remplir personnellement les conditions (Arrêté 10 janv. 1834 ; avis 28 fév. 1834).

Le maître de pension qui s'est ainsi mis en règle, ne paie pas la rétribution universitaire pour les élèves qui ne reçoivent que l'instruction primaire ; ils la doivent pour tous les élèves indistinctement, si le chef de l'école secondaire n'est pas breveté, ou n'a pas un maître spécial qui le soit (Arrêté 5 août 1834).

330 — Le brevet de capacité doit être délivré à tout individu français ou non, dont l'examen a été satisfaisant.

Un étranger non naturalisé peut être instituteur privé, en remplissant les conditions légales (Décis. 12 nov. 1833).

331 — Mais un instituteur communal, ayant le caractère de fonctionnaire public, et étant soumis à la prestation de serment, nul ne peut être admis à en exercer les fonctions, s'il n'est français, ou naturalisé français (Décis. 8 nov. 1833).

332.— Les brevets se délivrent après examen devant des commissions.— V. *infrà*, § 4.

Un candidat non admis ne peut se représenter qu'après un intervalle de six mois (Arrêté 4 nov. 1834).

Tout candidat doit déclarer si c'est la première fois qu'il se présente. Une fausse déclaration lui fait perdre son brevet (*ibid.*).

La commission qui a ajourné un candidat, en informe le recteur, qui en donne avis aux commissions de son ressort et aux recteurs des académies voisines; ceux-ci en instruisent les commissions de leur ressort (*ibid.*).

333.— Les brevets de capacité, doivent être visés et légalisés par les recteurs (Avis 4 fév. 1834).

334.— La condamnation pour ouverture d'une école clandestine ne prive pas un instituteur du droit de tenir école, en se conformant à la loi (Avis 8 avril 1834).

335.— Des mesures provisoires ont été nécessaires pour concilier les exigences de la nouvelle loi pour l'admission des maîtres avec la situation des instituteurs actuellement existans (V. à ce sujet les décisions et avis du conseil royal). — Rendu, p. 824 et suiv.

336. — La faculté de souscrire l'engagement décennal qui, lorsqu'il est pris avant l'époque fixée pour le tirage au sort, dispense du service militaire, n'appartient qu'à l'instituteur qui tient une école publique communale (Déc. 8 nov. 1833). L'avis du 10 janv. 1834 contient à cet égard des mesures transitoires.— Rendu, p. 849.

337. — Les congés sont accordés, suivant leur durée, aux instituteurs primaires, par le maire, par le président du comité d'arrondissement, par le recteur (Déc. du cons. royal, 29 déc. 1833, 21 janv. 1834).

338.— *Nombre des écoles.*— Toute commune est tenue, soit par elle-même, soit en se réunissant à une ou plusieurs communes voisines, d'entretenir au moins une école primaire élémentaire (L. 28 juin 1833, art. 9).

339. — L'établissement d'une école annexée à un hospice, dispense la commune de pourvoir à l'établissement d'une autre école, sous la condition d'admission de tous les enfans, riches ou pauvres (Avis du cons. royal, du 13 déc. 1833).

340.—Dans le cas où les circonstances locales le permettraient, le ministre de l'instruction publique pourra, après avoir entendu le conseil municipal, autoriser, à titre d'écoles communales, des écoles plus particulièrement affectées à l'un des cultes reconnus par l'état (L. 28 juin 1833, art. 9).

La loi semble n'exiger de toute commune indistinctement qu'une seule école élémentaire; mais il est évident que les villes populeuses devront en établir plusieurs; car, suivant la loi même, art. 14, tous les enfans indigens doivent pouvoir trouver leur instruction dans l'école ou les écoles communales.— Rendu, p. 268.

341.— Dans le cas où des communes limitrophes ne pourraient entretenir, chacune pour son compte, une école primaire élémentaire, les maîtres se concerteront pour établir une seule école à l'usage desdites communes.

La réunion des communes à cet effet ne pourra être opérée que du consentement formel des conseils municipaux, et avec l'approbation du ministre de l'instruction publique.

A défaut de conventions contraires de la part des conseils municipaux, les dépenses auxquelles l'entretien des écoles donnera lieu seront réparties entre les communes réunies, proportionnellement au montant de leurs contributions foncière, personnelle et mobilière : cette répartition sera faite par le préfet.

Une reunion de communes ainsi opérée pourra être dissoute par le ministre de l'instruction publique, sur la demande motivée d'un ou plusieurs conseils municipaux, mais à condition que ces conseils prendront l'engagement de pourvoir sans delai à l'établissement et à l'entretien des écoles de leurs communes respectives (Ord. royale, 16 juill. 1833, art. 2).

342. — Lorsque deux communes, ayant chacune un instituteur, veulent se réunir pour avoir une école unique, elles peuvent choisir entre les deux instituteurs celui qui restera chef de l'école unique (Avis du cons. d'état, 30 janv. 1838).

343. — Dans les communes trop considérables pour qu'une seule école suffise, la question du nombre d'écoles que la commune devra entretenir est subordonnée aux circonstances. Il peut etre regardé comme désirable qu'il y ait une ecole par deux à *trois* mille habitans (Instr. 24 juill. 1833).

344. — Les communes, chefs-lieux de département, et celles dont la population excède six mille âmes, devront avoir en outre une école primaire supérieure (L. 28 juin 1833, art. 10).

345. — *Logement, traitement de l'instituteur; moyens de pourvoir aux dépenses.*— Il sera fourni à tout instituteur communal :

1° Un local convenablement disposé, tant pour lui servir d'habitation, que pour recevoir les élèves;

2° Un traitement fixe, qui ne pourra être moindre de 200 fr pour une école primaire élémentaire, et de 400 fr. pour une ecole primaire supérieure (L. 28 juin 1833, art. 12).

346.— Divers plans d'écoles primaires pour les communes rurales, accompagnés de devis estimatifs détaillés, seront dressés par les soins du ministre de l'instruction publique, et déposés au secrétariat des préfectures, des sous-préfectures, des mairies, des chefs-lieux de canton et des comités d'arrondissement, ainsi qu'au secrétariat de chaque académie (Ord. royale, 16 juill. 1833, art. 13).

347.— Un conseil municipal ne doit le traitement et le local que pour un seul instituteur : s'il y a plusieurs hameaux éloignés du centre de la commune, on doit stipuler que l'instituteur s'y transportera à certains jours de la semaine ou à certains mois de l'année pour y enseigner dans un local convenable (Avis du cons. royal, 12 nov. 1833).

348.— Les conseils municipaux ne peuvent, sous prétexte d'autres fonctions, réduire le traitement des instituteurs primaires au-dessous du minimum légal (Avis du cons. royal, 12 nov. 1833; avis, 27 déc. 1833).

349.— A défaut de fondations, donations ou legs qui assurent un local et un traitement, le conseil municipal délibèrera sur les moyens d'y pourvoir.

En cas d'insuffisance des revenus ordinaires pour l'établissement des écoles primaires communales élémentaires et supérieures, il y sera pourvu au moyen d'une imposition spéciale, votée par le conseil municipal, ou, à défaut du vote de ce conseil, établie par ordonnance royale. Cette imposition, qui devra être autorisée chaque année par la loi de finances, ne pourra excéder trois centimes additionnels au principal des contributions foncière, personnelle et mobilière.

Lorsque des communes n'auront pu, soit isolément, soit par la réunion de plusieurs d'entre elles, procurer un local et assurer le traitement au moyen de cette contribution de trois centimes, il sera pourvu aux dépenses reconnues nécessaires à l'instruction primaire, et, en cas d'insuffisance des fonds départementaux, par une imposition spéciale, votée par le conseil général du département, ou, à défaut du vote de ce conseil, établie par ordonnance royale. Cette imposition, qui devra être autorisée chaque année par la loi de finances, ne pourra excéder deux centimes additionnels au principal des contributions foncière, personnelle et mobilière (L. 28 juin 1833, art. 13).

Il a fallu imposer d'office plus de quinze mille communes qui n'avaient rien voté pour l'instruction primaire en 1834. Il est plus difficile qu'on ne le croit de faire du bien aux hommes.—Rendu, p. 269.

350.— Si les centimes ainsi imposés aux communes et aux départemens ne suffisent pas aux besoins de l'instruction primaire, le ministre de l'instruction publique y pourvoira au moyen d'une subvention prélevée sur le crédit qui sera porté annuellement pour l'instruction primaire au budget de l'état.

Chaque année, il sera annexé, à la proposition du budget, un rapport détaillé sur l'emploi des fonds alloués pour l'année précédente (L. 28 juin 1833, même art.).

351.—Les maires des communes qui ne possèdent point de locaux convenablement disposés, tant pour servir d'habitation à leurs instituteurs communaux que pour recevoir les élèves, et qui ne pourraient en acheter ou en faire construire immédiatement, s'occuperont sans délai de louer des bâtimens propres à cette destination. Les conditions du bail seront soumises au conseil municipal et à l'approbation du préfet.

Pendant la durée du bail, qui ne pourra excéder six années, les conseils municipaux prendront les mesures nécessaires pour se mettre en état d'acheter ou de faire construire des maisons d'école, soit avec leurs propres ressources, soit avec les secours qui pourraient leur être accordés par le département ou par l'état (Ordonn. roy. 16 juill. 1833, art. 3).

352.—Lorsqu'une commune, avec ses ressources ordinaires, ainsi qu'avec le produit des fondations, donations ou legs qui pourraient être affectés aux besoins de l'instruction primaire, ne sera pas en état de pouvoir au traitement des instituteurs et de procurer le local nécessaire, le conseil municipal sera appelé à voter, jusqu'à concurrence de trois centimes additionnels au principal des contributions foncière, personnelle et mobilière, une imposition spéciale à l'effet de pourvoir à ces dépenses (Ordonn. royale, 16 juill. 1833, art. 4).

353.— Pour les dépenses autres que les dépenses obligatoires de l'instruction primaire, les conseils municipaux sont libres de voter, en dehors des trois centimes spéciaux, des centimes extraordinaires qui doivent être autorisés par des ordonnances royales (Avis. cons. royal, 23 août 1833).

354.—Les délibérations par lesquelles les conseils municipaux auront reglé le nombre des écoles communales, fixé le traitement des instituteurs, arrêté les mesures ou les conventions relatives aux maisons d'école et voté les fonds, seront envoyées, avant le 1er juin, pour l'arrondissement chef-lieu, au préfet, et pour les autres arrondissemens, aux sous-préfets, qui les transmettront dans les dix jours au préfet avec leur avis (Ordonn. roy. 16 juill. 1833, art. 5).

355.—Les préfets insèreront sommairement les résultats de ces délibérations sur un tableau dont le modèle leur sera transmis par notre ministre de l'instruction publique, et qui indiquera les sommes qu'ils jugeront devoir être fournies par le département pour assurer le traitement des instituteurs communaux et pour procurer des locaux convenables.

Ces tableaux seront présentés aux conseils généraux dans leur session ordinaire annuelle (Ordonn. roy. 16 juill. 1833, art. 6).

356. — Dès que l'ordonnance royale de convocation des conseils généraux et des conseils d'arrondissement, pour leur session ordinaire annuelle, aura été publiée, les préfets enverront à notre ministre de l'instruction publique une copie de ces tableaux.

Ils enverront en même temps l'état des communes qui n'auraient pas encore fixé le traitement de leurs instituteurs communaux, ni assuré un local pour l'école, avec indication des revenus de chaque commune, du produit annuel des fondations, donations ou legs, et de la portion de ce produit et de ces revenus que la commune pourrait affecter à cette dépense (Ordonn roy. 16 juill. 1833, art. 7).

357. — Chaque année, le ministre de l'instruction publique fera dresser un état des communes qui ne possèdent point de maisons d'école, de celles qui n'en ont pas en nombre suffisant, à raison de leur population, et enfin de celles qui n'en ont point de convenablement disposées.

Cet état fera connaitre les sommes votées par les communes et par les départemens, en exécution des articles 1 et suivans de la présente ordonnance, soit pour les instituteurs, soit pour les maisons d'école. Il indiquera généralement tous les besoins de l'instruction primaire, et sera distribué aux chambres (Ordonn. roy. 16 juill. 1833, art. 15).

358. — Dans les cas où les votes des communes n'auraient pas pourvu au traitement de l'instituteur et à l'établissement de la maison d'école, une ordonnance royale autorisera, s'il y a lieu, dans les limites fixées par la loi, une imposition spéciale sur ces communes à l'effet de pourvoir à ces dépenses.

La somme ainsi recouvrée ne pourra, sous aucun prétexte, être employée à d'autres dépenses qu'à celles de l'instruction primaire (Ordonn. roy. 16 juill. 1833, art. 8).

359. — Si des conseils généraux de département ne votaient pas, en cas d'insuffisance de leurs revenus ordinaires, l'imposition spéciale destinée à couvrir autant qu'il se pourra les dépenses nécessaires pour procurer un local et assurer un traitement aux instituteurs, cette imposition sera établie, s'il y a lieu, par ordonnance royale, dans les limites fixées par la loi (Ordonn. roy. 16 juill. 1833, art. 9).

360.—Lorsque, dans le cas d'insuffisance des revenus ordinaires des communes et des départemens, et des impositions spéciales qu'ils sont autorisés à voter, l'état devra concourir au paiement du traitement fixe des instituteurs, ce traitement ne pourra excéder le minimum fixé par l'art. 12 de la loi du 28 juin dernier (Ord. royale, 16 juill. 1833, art. 10).

361.— *Rétribution mensuelle.*— En sus du traitement fixe, l'instituteur communal recevra une rétribution mensuelle dont le taux sera réglé par le conseil municipal, et qui sera perçue dans la même forme et selon les mêmes règles que les contributions publiques directes. Le rôle en sera recouvrable, mois par mois, sur un état des élèves certifié

par l'instituteur, visé par le maire et rendu exécutoire par le sous-préfet.

Le recouvrement de la rétribution ne donnera lieu qu'au remboursement des frais par la commune, sans aucune remise ou profit des agens de la perception.

Seront admis gratuitement, dans l'école communale élementaire, ceux des élèves de la commune, ou des communes réunies, que les conseils municipaux auront désignés comme ne pouvant payer aucune rétribution.

Dans les écoles primaires supérieures, un nombre de places gratuites, déterminé par le conseil municipal, pourra être réservé pour les enfans qui, après concours, auront été désignés par le comité d'instruction primaire, dans les familles qui seront hors d'état de payer la rétribution (L. 28 juin 1833, art. 14).

362.— Une délibération municipale ne peut interdire l'entrée gratuite des enfans de parens aisés dans l'école communale, pourvu que d'ailleurs cette admission ne nuise pas aux enfans indigens, et ne produise aucun encombrement (Avis cons. roy., 28 fév. 1834).

363. — Bien qu'un mineur ait le domicile de son tuteur et non celui d'un oncle qui le loge et le nourrit, il suffit de sa résidence dans la commune pour qu'il puisse, s'il est indigent, être inscrit par le conseil municipal parmi ceux qui doivent recevoir l'instruction primaire gratuite (Déc. cons. roy. 12 nov. 1833).

364.— Au commencement de chaque mois, l'instituteur communal remettra au maire l'état des parens des élèves qui auront fréquenté son école pendant le mois précédent, avec l'indication du montant de la rétribution mensuelle due par chacun d'eux.

Le recouvrement de ce rôle sera poursuivi par les mêmes voies que celui des contributions directes.

Tous les frais, autres que ceux de poursuites, seront remboursés par la commune.

Les réclamations auxquelles la confection du rôle pourrait donner lieu seront rédigées sur papier libre et déposées au secrétariat de la sous-préfecture.

Elles seront jugées par le conseil de préfecture, sur l'avis du comité local et du sous-préfet, lorsqu'il s'agira de décharges et de réductions; par le préfet, sur l'avis du conseil municipal et du sous-préfet, lorsqu'il s'agira de remise et de modérations (Ord. roy. 16 juillet 1833, art. 11).

365. — Un conseil municipal peut, en votant un traitement fixe supérieur au minimum légal, se réserver la perception de la retribution mensuelle (Avis cons. roy. 28 janv. 1834).

366.— Les parens non domiciliés dans le ressort de la perception doivent avoir un correspondant ou fondé de pouvoir à qui le percepteur puisse s'adresser (Avis cons. roy. 25 mars 1834).

367.— A moins de convention particulière, la rétribution est due pour le mois entier (Avis cons. roy. 16 mai 1834).

368. — On ne peut changer la rétribution mensuelle, prix de l'instruction reçue réellement en une rétribution annuelle payable par douzième pendant toute l'année indistinctement (Avis cons. roy. 14 mars 1834).

369. — L'instituteur peut traiter avec les parens, pour le paiement, en denrées, de la rétribution mensuelle, et les noms des parens ne doivent pas alors figurer sur l'état qu'il remet au maire (Inst. 24 juill. 1833).

370.— *Dispositions relatives aux recettes et dépenses.* — Les conseils municipaux délibéreront chaque année, dans leur session du mois de mai, sur la création ou l'entretien des écoles primaires communales, élémentaires ou supérieures; sur le taux de la rétribution mensuelle et du traitement fixe à accorder à chaque instituteur; et sur les sommes à voter, soit pour acquitter cette dernière dépense, soit pour acquérir, construire, réparer ou louer des maisons d'école.

Ils dresseront annuellement, dans leur session du mois d'août, l'état des élèves qui devront être reçus gratuitement à l'école primaire élémentaire.

Ils détermineront, s'il y a lieu, dans cette même session, le nombre des places gratuites qui pourront être mises au concours pour l'école primaire supérieure (Ord. roy. 16 juill. 1833, art. 1er).

371. — Les dépenses des écoles primaires et les diverses ressources qui y sont affectées font partie des recettes et dépenses des communes; elles doivent être comprises dans les budgets annuels et dans les comptes des receveurs municipaux; elles sont soumises à toutes les règles qui régissent la

ENSEIGNEMENT. SECT. 1re, ART. 8, § 3.

comptabilité communale (Ord. roy. 16 juill. 1833, art. 12).

372. — Le tableau de toutes les communes du royaume, avec l'indication de leur population et de leurs revenus ordinaires et extraordinaires, divisé par départemens, arrondissemens et cantons, sera adressé tous les cinq ans par notre ministre du commerce et des travaux publics à notre ministre de l'instruction publique (Ord. roy. 16 juill. 1833, art. 14).

373.— Les quittances de versemens dans les caisses municipales pour établissement d'écoles primaires et supplément de traitement des instituteurs sont exemptes du timbre. Il en est de même, jusqu'à concurrence de 300 fr., pour le traitement fixe des instituteurs communaux et la rétribution mensuelle (Décis. min. des fin. 30 nov. 1833 et 21 oct. 1834).

374.— *Caisse d'épargne et de prévoyance; retenue.* — Il sera établi, dans chaque département, une caisse d'épargne et de prévoyance en faveur des instituteurs primaires communaux.

Les statuts de ces caisses d'épargne seront déterminés par des ordonnances royales.

Cette caisse sera formée par une retenue annuelle d'un vingtième sur le traitement fixe de chaque instituteur communal. Le montant de la retenue sera placé au compte ouvert au trésor royal pour les caisses d'épargne et de prévoyance; les intérêts de ces fonds seront capitalisés tous les six mois. Le produit total de la retenue exercée sur chaque instituteur lui sera rendu à l'époque où il se retirera, et, en cas de décès dans l'exercice de ses fonctions, à sa veuve ou à ses héritiers.

Dans aucun cas, il ne pourra être ajouté aucune subvention, sur les fonds de l'état, à cette caisse d'epargne et de prévoyance; mais elle pourra, dans les formes et selon les règles prescrites pour les établissemens d'utilité publique, recevoir des dons et legs dont l'emploi, à défaut de dispositions des donateurs ou des testateurs, sera réglé par le conseil général (L. 28 juin 1833, art. 15).

375. — Les conseils généraux délibéreront dans leur prochaine session sur les projets de statuts des caisses d'épargne et de prévoyance qui doivent être établies dans chaque département en faveur des instituteurs primaires communaux (Ord. roy. 16 juill. 1833, art. 32).

376. — L'organisation de cette caisse a éprouvé des difficultés. Un projet de statut a été, conformément à la loi, soumis aux conseils généraux de département. — Rendu, p. 832.

377. — Le taux de la rétribution payable par les élèves varie suivant les circonstances. La retenue du vingtième doit être faite sur le traitement fixe affecté par la commune aux fonctions d'instituteur (Avis 27 déc. 1833).

378.—Le receveur municipal, en payant le mandat de l'instituteur, prélève la retenue qu'il verse au receveur particulier des finances de l'arrondissement. Chaque mois, celui-ci envoie un bordereau de ces sommes au préfet, qui les garde jusqu'à ce que la caisse d'épargne et de prévoyance soit définitivement organisée (Circ. du 31 juill. 1834).

379. — Si le conseil municipal a réuni en une seule somme le traitement fixe et la rétribution mensuelle, la retenue n'a pas lieu sur la portion de traitement déclarée représentative du produit de la rétribution mensuelle (Arrêté 10 mars 1835).

380.— Un instituteur primaire, maître de pension, n'a droit à aucune allocation sur les fonds de l'instruction primaire (Avis 31 déc. 1833).

Les instituteurs communaux ne doivent rien recevoir à titre de secours ou d'encouragement, hors de circonstances extraordinaires, qu'après que le comité d'arrondissement et le recteur auront constaté ce que la commune fait pour ces instituteurs. Les instituteurs privés ne peuvent rien recevoir à titre de secours (Avis cons. royal, 18 juill. 1834).

381. — *Ecoles normales primaires.* — Tout département sera tenu d'entretenir une école normale primaire, soit par lui-même, soit en se réunissant à un ou plusieurs départemens voisins.

Les conseils généraux délibèreront sur les moyens d'assurer l'entretien des écoles normales primaires. Ils délibèreront également sur la réunion de plusieurs départemens pour l'entretien d'une seule école normale. Cette réunion devra être autorisée par ordonnance royale (L. 28 juin 1833, art. 11).

382. — Les préfets et les recteurs prépareront chaque année un aperçu des dépenses auxquelles donnera lieu l'école normale primaire que chaque département est obligé d'entretenir, soit par lui-

ENSEIGNEMENT. SECT. 1re, ART. 8, § 3.

même, soit en se réunissant à un ou plusieurs départemens voisins.

Cet aperçu sera présenté aux conseils généraux dans leur session ordinaire actuelle (Ord. royale 16 juill. 1833, art. 20).

383. — Lorsque plusieurs départemens se réuniront pour entretenir ensemble une école normale, primaire, les dépenses de cette école, autres que celles qui seront couvertes par le produit des bourses fondées par les communes, les départemens ou l'état, seront réparties entre eux dans la proportion de la population, du nombre des communes, et du montant des contributions foncière, personnelle et mobilière.

Cette répartition sera faite par notre ministre de l'instruction publique (Ord. royale, 16 juill. 1833, art. 21).

384.— Lorsqu'un conseil général n'aura pas compris dans le budget des dépenses du département la somme nécessaire pour l'entretien de l'école normale primaire, une ordonnance royale prescrira de l'y porter d'office, au chapitre des dépenses variables ordinaires (Ord. 16 juill. 1833, art. 22).

385. — Dans les départemens d'une étendue considérable, ou dont les habitans professent différens cultes, notre ministre de l'instruction publique, sur la demande des conseils généraux, ou sur celle des conseils municipaux qui offriraient de concourir au paiement des dépenses nécessaires, et sur la proposition des préfets et des recteurs, pourra autoriser, après avoir pris l'avis du conseil royal, outre les écoles normales, l'établissement d'écoles modèles qui seront aussi appelées à former des instituteurs primaires (Ord. royale, 16 juill. 1833, art. 23).

386 — Les dépenses variables des écoles normales primaires, qui changent suivant le nombre des élèves, sont acquittées avec les pensions des élèves, ou avec le produit des bourses fondées par l'état, le département ou les communes Le surplus, s'il y en a, sert, concurremment avec les fonds alloués, à payer les dépenses fixes (Instr. 24 juill. 1833).

387.— Le certificat de bonne conduite des élèves entrant à l'école normale primaire et de ceux qui en sortent, est délivré de la même manière que le certificat de moralité exigé des instituteurs primaires (Déc. cons. 22 oct. 1833).

388. — La surveillance et l'administration des écoles normales primaires appartiennent à l'administration académique centrale, et non aux comités des simples écoles primaires (Avis cons. royal, 28 fév. 1834).

389. — L'organisation antérieure des écoles normales primaires, l'enseignement qu'on y donne, l'admission des élèves-maîtres, la surveillance, les examens, la discipline, sont l'objet d'un réglement du 14 déc. 1833. — Rendu, p. 863.

§ 4. — *Des autorités préposées à l'instruction primaire. — Du comité local.*

390. — Il y aura près de chaque école communale un comité local de surveillance composé du maire ou adjoint, président, du curé ou pasteur, et d'un ou plusieurs habitans notables désignés par le comité d'arrondissement (L. 28 juin 1833, art. 17).

391.— Le maire ou l'adjoint est appelé aux comités : ils n'y sont pas appelés simultanement (Avis cons. roy. 13 juin 1834).

392.— Le juge de paix ou le curé empêché par maladie habituelle, doit être remplacé au comité d'instruction primaire, par le juge de paix ou curé qui vient immédiatement après par rang d'ancienneté (Avis 19 nov. 1833).

393.— Un curé est membre de droit du comité des communes qu'il va desservir, et où il n'a qu'un pied-à-terre (Avis 13 déc. 1833).

Il en est de même des pasteurs protestans (Avis 13 déc. 1833).

394.— Dans les communes dont la population est répartie entre différens cultes reconnus par l'état, le curé ou le plus ancien des curés, et un des ministres de chacun des autres cultes désigné par son consistoire, feront partie du comité communal de surveillance.

Plusieurs écoles de la même commune pourront être réunies sous la surveillance du même comité.

Lorsqu'en vertu de l'art 9, plusieurs communes se seront réunies pour entretenir un école, le comité d'arrondissement désignera, dans chaque commune, un ou plusieurs habitans notables, pour faire partie du comité. Le maire de chacune des communes fera en outre partie du comité.

Sur le rapport du comité d'arrondissement, le ministre de l'instruction publique pourra dissoudre un comité local de surveillance, et le remplacer par

un comité spécial, dans lequel personne ne sera compris de droit (L. 28 juin 1833, art. 17).

395.— On peut être à la fois membre du comité supérieur et président du comité local (Avis cons. roy. 13 déc. 1833).

396.— Le comité communal a inspection sur les écoles publiques ou privées de la commune. Il veille à la salubrité des écoles et au maintien de la discipline, sans préjudice des attributions du maire en matière de police municipale.

Il s'assure s'il a été pourvu à l'enseignement gratuit des enfans pauvres.

Il arrête un état des enfans qui ne reçoivent l'instruction primaire ni à domicile, ni dans les écoles privées ou publiques.

Il fait connaître au comité d'arrondissement les divers besoins de la commune, sous le rapport de l'instruction primaire.

Le conseil municipal présente au comité d'arrondissement les candidats pour les écoles publiques, après avoir préalablement pris l'avis du comité communal (L. 28 juin 1833, art. 21).

397.— Jusqu'à l'installation des nouveaux comités, et lorsqu'il s'agira de nommer un instituteur communal, le conseil municipal présentera les candidats au comité placé au chef-lieu de l'arrondissement, après avoir pris l'avis du comité dont la commune ressort immédiatement. Le comité du chef-lieu d'arrondissement nommera l'instituteur, et se conformera aux dispositions de l'art. 28 de la présente ordonnance (Ord. 16 juill. 1833, art. 34).

398.— Un conseil municipal ne peut présenter un instituteur pour un nombre d'années fixé : les fonctions d'instituteur ne sont pas temporaires (Avis cons. roy. 7 janv. 1834).

399.— Le conseil municipal doit prendre, pour les présentations de candidats, l'avis préalable du comité communal : il peut présenter un ou plusieurs candidats. En cas de refus de présentation, le comité d'arrondissement doit constater ce refus, et nommer l'instituteur sur l'avis du comité communal (Décis. cons. roy. 25 oct. 1833).

400.— L'avis du comité communal, qui doit accompagner la présentation du conseil municipal, peut être donné avant comme après; il suffit que le comité d'arrondissement soit éclairé par ces deux avis (Décis. cons. roy. 25 fév. 1834).

401.— Un conseil municipal ne peut être tenu de présenter plusieurs candidats pour une seule place; si le comité d'arrondissement n'agrée pas le candidat proposé, le conseil doit en présenter un autre; les communes populeuses doivent être invitées à proposer plusieurs candidats (Avis cons. roy. 12 nov. 1833).

402.— Le conseil municipal, dont le candidat a été refusé, doit être mis en demeure d'en présenter un autre, et, à défaut, le comité d'arrondissement peut nommer le candidat non présenté par la commune (Avis cons. roy. 25 mars 1834).

Il fait cette nomination d'office (Avis 27 mai 1834).

403.— Dans la délivrance des certificats de moralité, le maire peut exprimer son suffrage personnel, en constatant celui de trois conseillers municipaux, ou même exprimer une opinion défavorable sur le candidat (Avis cons. roy. 8 avril 1834),

Le comité d'arrondissement a le droit d'examiner s'il doit nommer le candidat auquel a été donné un certificat désavantageux (*ibid*).

404. — Les instituteurs doivent adresser leurs demandes au comité local, qui les transmet au comité supérieur, avec son avis (Décis. 25 mars 1824).

405. — *Du comité d'arrondissement.* — Il sera formé dans chaque arrondissement de sous-préfecture un comité spécialement chargé de surveiller et d'encourager l'instruction primaire.

Le ministre de l'instruction publique pourra, suivant la population et les besoins des localités, établir dans le même arrondissement plusieurs comités dont il déterminera la circonscription par cantons isolés ou agglomérés (L. 28 juin 1833, art. 18).

406. — Sont membres des comités d'arrondissement :

Le maire du chef-lieu ou le plus ancien des maires du chef-lieu de la circonscription;

Le juge de paix ou le plus ancien des juges de de paix de la circonscription;

Le curé ou le plus ancien des curés de la circonscription;

Un ministre de chacun des autres cultes reconnus par la loi, qui exercera dans la circonscription, et qui aura été désigné comme il est dit au second paragraphe de l'art. 17;

Un proviseur, principal de collége, professeur, régent, chef d'institution ou maître de pension, désigné par le ministre de l'instruction publique, lorsqu'il existera des colléges, institutions ou pensions dans la circonscription du comité (L. 28 juin 1833, art 19).

407. — Si le ressort d'un comité d'arrondissement ne comprenait ni collége, ni institution ou pension, l'administration académique désignerait un habitant notable, et, autant que possible, un ancien membre de l'université (Inst. 18 fév. 1834).

408. — Un instituteur primaire résidant dans la circonscription du comité et désigné par le ministre de l'instruction publique;

Trois membres du conseil d'arrondissement, ou habitans notables désignés par ledit conseil;

Les membres du conseil général du département qui auront leur domicile réel dans la circonscription du comité.

Le préfet préside, de droit, tous les comités du département, et le sous-préfet tous ceux de l'arrondissement; le procureur du roi est membre, de droit, de tous les comités de l'arrondissement (L. 28 juin 1833, art. 19).

409. — Quand le préfet est présent au chef-lieu, mais ne qu'il peut se rendre au comité, la présidence appartient au vice-président nommé par le comité. Quand il est empêché pour un certain temps, il peut être remplacé par le conseiller de préfecture qui exerce toutes ses attributions (Avis cons. royal, 25 mars 1834).

410. — Le comité choisit tous les ans son vice-président et son secrétaire; il peut prendre celui-ci hors de son sein. Le secrétaire, lorsqu'il est choisi hors du comité, en devient membre par sa nomination (L. 28 juin 1833, art. 19).

411. — Le comité d'arrondissement inspecte, et au besoin fait inspecter, par des délégués pris parmi ses membres ou hors de son sein, toutes les écoles primaires de son ressort. Lorsque les délégués ont été choisis par lui hors de son sein, ils ont droit d'assister à ses séances avec voix délibérative.

Lorsqu'il le juge nécessaire, il réunit plusieurs écoles de la même commune sous la surveillance du même comité, ainsi qu'il a été prescrit à l'art. 17.

Il envoie chaque année au préfet et au ministre de l'instruction publique l'état de situation de toutes les écoles primaires du ressort.

Il donne son avis sur les secours et les encouragemens à accorder à l'instruction primaire.

Il provoque les réformes et les améliorations nécessaires.

Il nomme les instituteurs communaux sur la présentation du conseil municipal, procède à leur installation, et reçoit leur serment (L. 28 juin 1833, art. 22). Sur les présentations des conseils municipaux, V *suprà*.

412.— Lorsque le comité d'arrondissement nommera un instituteur, il enverra immédiatement au recteur l'arrêté de nomination avec l'avis du comité local, la délibération du conseil municipal, la date du brevet de capacité et une copie du certificat de moralité.

Le recteur transmettra ces pièces au ministre de l'instruction publique, qui donnera l'institution, s'il y a lieu.

L'instituteur ne sera installé et ne prêtera serment qu'après que le ministre de l'instruction publique lui aura conféré l'institution; mais le recteur pourra l'autoriser provisoirement à exercer ses fonctions (Ord. roy. 16 juill 1833, art. 28).

413 — A Paris, il y a un comité local par arrondissement, et un comité central, dont l'organisation est réglée par l'ordonnance du 8 nov. 1833. La même ordonnance autorise, en outre, la formation de comités pour la surveillance spéciale des écoles luthériennes, calvinistes et israélites.

414. — Des dispositions particulières concernant les séances du comité central à Paris, l'inspection des écoles primaires qui y sont établies, et la présentation et la nomination des instituteurs se trouvent dans une instruction du 4 février et un arrêté du 30 janv. 1835. — Rendu, p. 854.

415. — *Réunion et délibérations des comités.* — Les comités s'assembleront au moins une fois par mois. Ils pourront être convoqués extraordinairement sur la demande d'un délégué du ministre : ce délégué assistera à la délibération.

Les comités ne pourront délibérer s'il n'y a au moins cinq membres présens pour les comités d'arrondissement, et trois pour les comités communaux : en cas de partage, le président aura voix prépondérante.

Les fonctions des notables qui font partie des comités dureront trois ans; ils seront indéfiniment rééligibles (L. 28 juin 1833, art. 20).

416. — Les comités d'arrondissement fixeront annuellement, dans leur réunion du mois de janvier, l'époque de chacun des autres mois où ils s'assembleront.

La séance ainsi indiquée aura lieu sans qu'aucune convocation spéciale soit nécessaire (Ord. 16 juill. 1833, art. 24).

417. — En l'absence du président de droit et du vice-président nommé par le comité d'arrondissement, le comité est présidé par le doyen d'âge (Ord. 16 juill. 1833, art. 25).

418. — Tout membre élu d'un comité qui, sans avoir justifié d'une excuse valable, n'aura point paru à trois séances ordinaires consécutives, sera censé avoir donné sa démission, et sera remplacé conformément à la loi (Ord. 16 juill. 1833, art. 26).

419.— Les frais de bureau des comités communaux sont supportés par la commune, et ceux des comités d'arrondissement par le département (Ord. 16 juill. 1833, art. 27).

420. — *Commissions d'instruction primaire.* — Il y aura dans chaque département une ou plusieurs commissions d'instruction primaire, chargées d'examiner tous les aspirans aux brevets de capacité, soit pour l'instruction primaire élémentaire, soit pour l'instruction primaire supérieure, et qui délivreront lesdits brevets sous l'autorité du ministre. Ces commissions seront également chargées de faire les examens d'entrée et de sortie des élèves de l'école normale primaire.

Les membres de ces commissions seront nommés par le ministre de l'instruction publique (L. 28 juin 1833, art. 25).

421. — Il y a une commission dans chaque chef-lieu de département; elle se renouvelle tous les trois ans. Elle se compose de sept personnes, dont trois sont nécessairement prises parmi les membres de l'instruction publique. Elle ne procède que de six mois en six mois, et au nombre de quatre membres au moins; les brevets sont délivrés à la majorité des voix (Stat. 19 juill. 1833, art. 2 à 5. — V. aussi, sur la composition de la commision, Décis, 6 août 1833, et instr. 31 juill. 1834 (Rendu, p. 838).

422. — L'instruction morale et religieuse étant inscrite en tête de l'enseignement primaire, le vœu de l'administration est qu'un ministre de la religion soit au nombre des personnes appelées aux commissions d'examen avec trois membres de l'instruction publique (Circul. minist., 5 août 1833).

423. — Outre la commission formée au chef-lieu du département, pour examiner tous les aspirans, il pourra être établi aux chefs-lieux d'arrondissement une commission pour les brevets de capacité relatifs à l'instruction primaire élémentaire (Stat. 19 juill. 1833, art. 15). — Rendu, p. 837, note.

424.— Les examens auront lieu publiquement et à des époques déterminées par le ministre de l'instruction publique (L. 28 juin 1833, art. 25).

425. — Les examens sont présidés par le recteur ou un inspecteur d'académie, ou l'inspecteur spécial de l'instruction primaire. — Rendu, p. 835, note.

426. — On peut se présenter à l'examen à l'âge des dix-huit ans accomplis, en produisant son acte de naissance. Les examens sont publics et annonces d'avance par le recteur (Stat. 19 juill. 1833, art. 6 et 7).

Le même statut détermine les objets sur lesquels les aspirans aux brevets doivent répondre, ainsi que les formes du procès-verbal d'examen, du scrutin et de la délivrance des brevets.

427. — La commission d'instruction primaire du chef-lieu de département formée pour la délivrance des brevets de capacité, est chargée aussi de l'examen d'entrée et de sortie des élèves de l'école normale primaire. Tout ce qui regarde ces examens a été réglé par un arrêté du 13 août 1833. — Rendu, p. 838 et 839.

Le même mode est suivi pour l'examen annuel de ceux des élèves-maîtres en état de passer aux cours de l'année suivante (Arrêté 16 déc. 1834).

428. — *Inspecteurs spéciaux de l'instruction primaire.* — Il y aura, dans chaque département, un inspecteur spécial de l'instruction primaire. La surveillance de l'inspecteur s'exercera sur tous les établissemens de l'instruction primaire, y compris les salles d'asile et les classes d'adultes, et conformément aux instructions qui lui seront transmises par le recteur de l'académie et le préfet du département, d'après les ordres du ministre de l'instruc-

tion publique (Ordonn. 26 fév. 1835, art. 1 et 2). —Rendu, p. 284, note.

429. — L'ordonnance qui établit des inspecteurs spéciaux pour l'instruction primaire, leur enjoint d'inspecter les salles d'asile destinées aux enfans d'un âge trop tendre pour entrer dans les écoles primaires, institutions utiles, qui se multiplient, surtout depuis la loi du 28 juin 1833, et sur lesquelles on peut consulter Rendu, p. 808.

430. — L'institution d'un inspecteur spécial et permanent permet de faire connaître chaque année toutes les circonstances qui peuvent amener des améliorations ou déraciner des abus dans les écoles. Tel était le but quon s'était déjà proposé en ordonnant une inspection générale, et en traçant aux inspecteurs un programme des questions détaillées (Instr. 26 août 1833). — Rendu, p. 805.

431.— Un arrêté du 27 fév. 1835 donne des instructions aux inspecteurs spéciaux de l'instruction primaire, sur tout ce qui concerne le but de leur mission et les moyens de l'accomplir. — Rendu, p. 860.

432.— Les inspecteurs de l'instruction primaire sont nommés par le ministre de l'instruction publique, le conseil royal entendu. A l'avenir, et sauf la première nomination, nul ne pourra être nommé inspecteur de l'instruction primaire, s'il n'a rempli des fonctions dans les colléges royaux ou communaux, ou s'il n'a servi avec distinction dans l'instruction primaire pendant au moins cinq années consécutives, ou s'il n'a été, pendant le même nombre d'années, membre de l'un des comités institués conformément à la loi du 28 juin 1833 (Même ordonn., art. 3 et 4).

433.—*Autorités qui instituent, punissent et révoquent les instituteurs.*— Les instituteurs communaux doivent être institués par le ministre de l'instruction publique (L. 28 juin 1833, art. 22).

Ils sont nommés par les comités d'arrondissement, sur la présentation des conseils municipaux. — V. *suprà.*

434.— En cas d'urgence, et sur la plainte du comité communal, le maire peut ordonner provisoirement que l'instituteur sera suspendu de ses fonctions, à la charge de rendre compte, dans les vingt-quatre heures, au comité d'arrondissement, de cette suspension, et des motifs qui l'ont déterminée (L. 28 juin 1833, art. 21).

435. — En cas de négligence habituelle, ou de faute grave de l'instituteur communal, le comité d'arrondissement, ou d'office, ou sur la plainte adressée par le comité communal, mande l'instituteur inculpé, après l'avoir entendu ou duement appelé, il le réprimande ou le suspend pour un mois avec ou sans privation de traitement, ou même le révoque de ses fonctions.

L'instituteur frappé d'une révocation pourra se pourvoir devant le ministre de l'instruction publique, en conseil royal. Ce pourvoi devra être formé dans le délai d'un mois, à partir de la notification de la décision du comité, de laquelle notification il sera dressé procès-verbal par le maire de la commune. Toutefois, la décision du comité est exécutoire par provision.

Pendant la suspension de l'instituteur, son traitement, s'il en est privé, sera laissé à la disposition du conseil municipal, pour être alloué, s'il y a lieu, à un instituteur remplaçant (L. 28 juin 1833, art. 23).

436.— Dans le cas prévu par l'art 23 de la loi du 28 juin dernier, le droit de suspension ou de révocation sera exercé par le comité placé au chef-lieu de l'arrondissement, ou d'office, ou sur la plainte adressée par le comité dont ressortira immédiatement l'instituteur inculpé (Ord. 16 juill. 1833, art 35).

437.— Les dispositions de l'art. 7 de la présente loi, relatives aux instituteurs privés, sont applicables aux instituteurs communaux (L. 28 juin 1833, art. 24).

438.— L'action des comités n'est pas la même sur les écoles privées que sur les écoles communales. L'instituteur communal et l'instituteur privé peuvent être tous deux suspendus par le maire en cas d'urgence et sur la plainte du comité local; et le comité d'arrondissement peut confirmer ou annuler la décision du maire. Les tribunaux seuls peuvent enlever à l'instituteur primaire son état, tandis que le comité peut révoquer l'instituteur communal. Les comités supérieurs peuvent, en outre, poursuivre devant les tribunaux l'interdiction, à temps ou à toujours, des instituteurs publics ou privés (Instr. 21 mars 1834).

439.— Les instituteurs qui veulent se pourvoir, devant le ministre, contre un arrêté de révocation,

doivent en donner avis au comité supérieur qui a prononcé la révocation (Arrêté 26 août 1834).

440. — L'instituteur révoqué doit cesser d'enseigner du jour où la revocation lui a été notifiée. Sauf au comité supérieur à pourvoir à ce que les cours de l'école ne soient pas interrompus (Arrêté 16 déc. 1834, art. 1er).

Sauf décision spéciale, le maître révoqué conserve provisoirement son logement et son traitement. S'il fait connaître qu'il s'est pourvu contre sa révocation, il n'y a ni présentation ni nomination définitive jusqu'après jugement du pourvoi (*ibid.*, art. 2).

ART. 9. — *Des colléges particuliers, institutions et pensions.*

441.— A l'exception des instituteurs d'écoles primaires privées, tous les établissemens dont nous avons parlé sont des établissemens publics. Le régime universitaire embrasse aussi les maisons d'éducation dont la propriété appartient à des particuliers.

442. — Les maisons particulières d'éducation qui auront mérité la confiance des familles, pourront, sans cesser d'appartenir à des particuliers, être converties, par le conseil royal, en colléges de plein exercice, et jouiront, à ce titre, des priviléges accordés aux colléges royaux et communaux (Ord. 27 fév. 1821, art. 21).

A Paris, le collége Rollin et le collége Stanislas appartiennent à cette classe d'établissement.

443. — Ces colléges sont soumis à la rétribution universitaire, et à la surveillance de l'université pour l'instruction; leurs professeurs doivent être agrégés. Ils ne peuvent recevoir d'externes sans une autorisation spéciale (*ibid*, art. 22, 23).

444. — Les agrégés professeurs dans des colléges particuliers pouvant, comme fonctionnaires de l'université, obtenir une pension de retraite, sont soumis à une retenue sur leur traitement (Ord. 25 juin 1823, art. 8 et 9).

445. — La loi du 11 flor. an 10, art 6, 8, considère comme école secondaire toute école tenue par des particuliers, et statue qu'il n'en peut être établi aucune sans l'autorisation du gouvernement; elle les place sous la surveillance et l'inspection des préfets.

446.— Les réglemens de l'université ont distingué entre les chefs d'institution et les maîtres de pension. Les uns et les autres ont été soumis à la nécessité d'un brevet du grand-maître, portant pouvoir de tenir leur établissement; ils doivent se conformer aux réglemens adressés par le grand-maître (Décr. 17 mars 1808, art. 103).

447. — Nul ne peut établir une institution ou un pensionnat, ou devenir chef d'une institution ou d'un pensionnat déjà établi, sans avoir été examiné et autorisé par le conseil académique, avec l'approbation du conseil royal (Ord. 17 fév. 1815, art. 12).

448. — Les propositions de candidats pour les fonctions de chefs d'institution ou pension, sont faites par le recteur, dont le rapport fait connaître le candidat, sa moralité, sa capacité, ses services : il donne son avis sur l'établissement projeté, joint à son rapport les certificats obtenus par le candidat, le plan des bâtimens, une copie du bail ou de la promesse de bail, faite au candidat (Inst. 12 mars 1827).

449. — Une autorisation est nécessaire aux chefs d'institution ou pension qui veulent prendre un nouveau titre, ou rouvrir leur école après l'avoir fermée, ou la transférer ailleurs (Inst. du 31 mai 1823; arr. du 21 oct. 1826).

450.— Sur la proposition des recteurs, l'avis des inspecteurs, et une information faite par les conseils académiques, le grand-maître, après avoir consulté le conseil royal, peut faire fermer les institutions et pensions où il a reconnu des abus graves et des principes contraires à ceux de l'université (Décr. 17 mars 1808, art. 105).

451. — Les chefs d'institution ou pension qui, après avoir reçu leur diplôme, se trouveraient supprimés pour cause prévue par les réglemens, n'ont aucune restitution à demander pour le droit décennal (Dec. 16 oct 1821).

452. — Des preuves de capacité et de moralité sont exigées de ceux qui veulent exercer les fonctions de répétiteurs, précepteurs ou maîtres d'étude dans les institutions ou pensions. Des mesures de surveillance spéciales ont été prescrites à leur égard (Arrêtés 3 mai 1809, 27 juill. 1809 et 9 août 1817).— Rendu, p. 703 et 778.

453. — Le décret du 15 nov. 1811, art. 15, 16, 22 détermine le degré d'enseignement que peuvent donner, soit les institutions, soit les pensions; les différences établies entre elles, à cet égard, tendent de plus en plus à devenir vaines et sans objet depuis les développemens qu'a pris librement l'instruction publique en France — Rendu, p. 209

454. — Tout chef d'institution ou pension peut joindre à l'enseignement ordinaire, le genre d'instruction qui convient plus particulièrement aux professions industrielles et manufacturières. Il peut aussi se borner à cette dernière espèce d'enseignement. Les élèves qui suivent les cours spécialement destinés aux professions industrielles et manufacturières sont dispensés de suivre les classes des colléges royaux ou communaux (Ord. 26 mars 1829, art. 19).

455 — Sur la proposition du recteur, et en vertu d'une décision spéciale du conseil royal, il peut être établi dans les colléges, institutions et pensions, des classes primaires, non soumises à la rétribution, pour leurs élèves externes seulement. Ces classes doivent être séparées et distinctes des autres cours (Arr. 17 oct. 1815, art. 19). — Rendu, p. 779.

Les conditions de cette autorisation sont réglées par arrêtés des 21 août 1818 et 26 avril 1825.—V. aussi plus haut, art. 8.

456. — Les chefs d'institution et pension, établis dans les villes où il y a des colléges royaux ou communaux, sont tenus d'envoyer leurs pensionnaires, comme externes, aux leçons de ces colléges (Ord. 17 fév. 1815, art. 44).

457. — A raison du trouble qui peut en résulter dans les études des élèves qui suivent, comme externes, les cours des colléges, il est défendu aux chefs d'institution et de pension de donner des congés particuliers sans autorisation du ministre grand-maître (Arrêté 7 juill. 1827).

458. — L'université a déterminé la partie des statuts, concernant les colléges, qui est applicable aux institutions et pensions.—V. Rendu, p 378.

459. — La distance des lits des élèves dans les institutions et pensions ne peut être moindre d'un mètre (Déc. 23 déc. 1826).

ART. 10.— *Des écoles secondaires ecclésiastiques.*

460.— L'instruction, dans les séminaires, dépend des archevêques et évêques, chacun dans son diocèse; ils en nomment et révoquent les directeurs et professeurs; ils sont seulement tenus de se conformer aux réglemens sur les séminaires, approuvés par le gouvernement (Décr. 17 mars 1808, art. 3).

461. — Pour être admis dans les séminaires, les élèves doivent justifier du grade de bachelier ès-lettres (Décr. 9 avril 1809, art. 1er).

Aucune autre école, sous quelque dénomination que ce puisse être, ne peut exister en France, si elle n'est régie par des membres de l'université et soumise à ses règles (*ibid*, art. 3).

Cette dernière disposition est intervenue à la suite d'une dissidence élevée entre les préfets et les écoles établies sous le nom de petits-séminaires, dont les chefs prétendaient ne relever que de la juridiction des évêques, et ne pas être soumis aux réglemens universitaires.— Rendu, p. 184.

462. — Le grand maître et le conseil royal accorderont un intérêt spécial aux écoles secondaires que les départemens, les villes, les évêques ou les particuliers voudront établir pour être consacrées plus spécialement aux élèves qui se destinent à l'état ecclésiastique (*ibid.*, art. 4).

463 — La permission de porter l'habit ecclésiastique pourra être accordée aux élèves desdites écoles, dont les réglemens seront approuvés par le grand-maître et le conseil de l'université, toutes les fois qu'ils ne contiendront rien de contraire aux principes généraux de l'institution (*ibid*, art. 5).

464.— Le décret du 15 nov. 1811, art 24 et suiv., contient plusieurs dispositions relatives à ces écoles; il veut que leurs réglemens soient rédigés par le conseil royal, qu'il n'y en ait qu'une par département, et pas une seule dans la campagne; que les élèves soient conduits dans les colléges pour y suivre leurs classes.

465. — Ce système qui plaçait les écoles secondaires ecclésiastiques sous la dépendance directe de l'université, a été changé par l'ordonn du 5 oct. 1814, qui a été considéré comme l'une des fautes de la restauration.— Rendu, p. 186.

466. — Suivant cette ordonnance, les archevêques et évêques peuvent avoir, dans chaque département, une école ecclésiastique, dont ils nom-

ient les chefs et les instituteurs, et où ils font lever et instruire dans les lettres des jeunes gens estinés à entrer dans les grands séminaires. Ces coles peuvent être placées à la campagne et dans es lieux où il n'y a point de collége; quand il y a ollége, les élèves de l'école ecclésiastique sont ispensés d'en suivre les leçons; ils sont également ispensés de la rétribution universitaire. Après eur cours d'études, ils peuvent se présenter à examen de l'université pour le grade de bachelier s-lettres, qui leur est conféré gratuitement. Une econde école ecclésiastique peut être établie dans n département, sur le rapport du ministre de l'intérieur, après avoir entendu l'évêque et le grand-maître. Ces écoles peuvent recevoir des dons et legs.

467. — L'ordonnance du 17 février 1815, art. 45, reproduit la dispense, pour les écoles ecclésiastiques, d'envoyer leurs pensionnaires aux leçons des colléges, et seulement leur défend d'admettre des externes.

468. — Aux termes de l'ordonnance du 27 février 1821, art. 28, lorsque, dans les campagnes, un curé ou un desservant voudront se charger de former deux ou trois jeunes gens pour les petits-séminaires, ils devront en faire la déclaration au recteur de l'académie, qui veillera à ce que ce nombre ne soit pas dépassé. Ils ne paieront point de droit annuel, et leurs élèves seront exempts de la rétribution universitaire.

469. — A l'aide de ces diverses ordonnances, le clergé poussa si loin l'activité de ses usurpations sur le domaine de l'instruction publique, que le gouvernement se sentit contraint de prendre des mesures pour calmer les justes craintes de l'opinion. A la suite d'un rapport au roi, publié dans le *Moniteur* du 22 janvier 1828, une commission a été nommée pour préparer de nouvelles dispositions. Les travaux de cette commission, et les réglemens qui en sont résultés, n'ont pas, a beaucoup près, terminé toutes les difficultés. — Rendu, p. 184, 185.

470. — C'est dans l'espoir de déraciner les principaux abus, qu'ont été rendues les deux célèbres ordonnances du 16 juin 1828. — D.P. 28. 3. 10.

L'une soumet au régime de l'université huit maisons de jésuites, et porte que nul ne pourra être chargé de la direction ou de l'enseignement dans une maison dépendante de l'université, ou dans une école secondaire ecclésiastique, s'il n'affirme par écrit qu'il n'appartient à aucune congrégation religieuse non autorisée.

471. — D'après la seconde, le nombre des élèves des écoles ecclésiastiques secondaires doit être limité d'après un tableau dressé par le ministre, sans pouvoir excéder vingt mille; le nombre et l'emplacement de ces écoles sont déterminés par le gouvernement. Il ne peut y être reçu aucun externe, et l'on considère comme tels les élèves non logés et nourris dans l'établissement; après l'âge de quatorze ans, les élèves admis depuis deux ans doivent porter un habit ecclésiastique; les élèves qui se présentent pour obtenir le grade de bachelier ès-lettres ne reçoivent qu'un diplôme spécial, qui ne peut servir que pour parvenir aux grades de théologie; il pourra être échangé contre un diplôme ordinaire de bachelier ès-lettres, après que les élèves seront engagés dans les ordres; les supérieurs ou directeurs des écoles ecclésiastiques secondaires seront nommés par les archevêques et évêques, et agréés par le gouvernement. Les écoles qui n'exécuteraient pas les dispositions de cette ordonnance cesseront d'être considérées comme écoles ecclésiastiques, et rentreront sous le régime de l'université.

472. — Il existe à Strasbourg un petit-séminaire protestant, destiné aux jeunes gens qui se préparent au ministère évangélique. Par ordonnance du 26 octobre 1823, cet établissement a été déclaré collége mixte, soumis à la surveillance et à l'inspection de l'université. Les élèves qui ne se destinent pas au ministère évangélique paient la rétribution universitaire.

ART. 11. — *Des écoles de filles.*

473. — L'éducation des filles paraît avoir été oubliée par la législation sur l'instruction publique. Les réglemens qui s'en occupent se ressentent de cette absence de dispositions législatives. Au point où en est arrivée aujourd'hui l'instruction des filles, il est urgent de la comprendre dans le système général des études, et convenable de la soumettre plus complètement à l'autorité universitaire.

§ 1er. — *Autorisation des écoles de filles en général.*

474. — Aucune école primaire, pension ou institution de filles ne pourra être ouverte sans que la maîtresse ne soit préalablement pourvue d'une autorisation du préfet du département. Les sous-maîtresses employées dans ces maisons seront également tenues de se munir d'une pareille autorisation (Ord. 31 oct. 1821, art. 2 et 3).

475.—Jugé dans ce sens qu'aucune école primaire, pension ou institution de filles ne peut être ouverte sans que la maîtresse ne se soit préalablement pourvue d'une autorisation du préfet du département. — 20 juill. 1833. Cr. c. Min pub. C. James. D.P. 33. 1. 335.

476.—Décidé aussi que les écoles publiques de filles sont, comme celles de garçons, soumises à la surveillance des préfets, et ne peuvent être ouvertes qu'avec l'autorisation de ces fonctionnaires; jusque-là, il doit être fait défense aux prevenues de continuer à tenir école.— 24 nov. 1832. Cr. c. les Sœurs de Sainte-Usurle. D.P. 33. 1. 87.

477.— Le préfet ne peut retirer l'autorisation qu'après en avoir référé au ministre de l'intérieur (Ordonn. 31 oct. 1821, art. 4).

478. — Les maîtresses d'écoles primaires, de pensions et institutions de filles, ouvertes sans autorisation, ou qui continueraient de l'être, après que l'autorisation aura été retirée, seront poursuivies pour contraventions au réglemens de police municipale, sans préjudice des peines plus graves qui pourraient être requises pour des cas prévus dans le code pénal (*ib.*, art. 5).

479.— L'enseignement non autorisé est en général un délit passible de peines correctionnelles; mais, d'après l'ordonnance de 1821, il y a exception pour les écoles de filles.

Jugé, en ce sens, que les décrets des 7 mars 1808 et 15 nov. 1811, ne sont pas applicables aux écoles de filles.— 24 nov. 1832. Cr. c. les Sœurs de Sainte-Ursule. D.P. 33. 1. 87.

Ainsi, la contravention résultant de l'ouverture d'une école de filles sans autorisation doit être punie des peines de simple police (art. 600 et 606, C. 3 brum. an 4, remplacés par le § 15 de l'art. 471 du nouveau C. pén.).—Même arrêt.

480.— Jugé de même que la tenue d'une école de filles sans autorisation préalable n'est punie que des peines de simple police, et non des peines correctionnelles.— 20 juill. 1833. Cr. c. Min. pub. C. James. D.P. 33. 1. 335.

481.— Dans tous les cas, soit que le procureur du roi agisse d'office, soit que la poursuite se fasse à la diligence du préfet, ces fonctionnaires se préviendront réciproquement, et se concerteront pour que les parens ou tuteurs des élèves soient avertis de les retirer (Ord. 31 oct. 1821, art. 6).

§ 2.— *Des écoles primaires de filles.*

482.—La loi du 28 juin 1833, ne contient aucune disposition sur les écoles primaires de filles. Il s'ensuit que cette loi ne peut leur être appliquée, et qu'à leur égard, la législation antérieure subsiste jusqu'à nouvel ordre (Décis. 10 août 1833).

483.—On ne peut, quant à présent, appliquer aux institutrices la disposition de la loi de 1833, sur le recouvrement de la rétribution mensuelle (Avis 15 mai 1834).

484.—La commune n'étant tenue que des dépenses d'une seule école primaire, elle n'est pas obligée de voter des fonds pour une école de filles. Dans les communes où il n'y en a qu'une, les garçons et les filles peuvent y être admis simultanément, avec les précautions nécessaires, notamment celle d'une cloison de trois mètres au moins de hauteur entre les enfans des deux sexes (Avis cons. roy. 13 août 1833).

485. — L'existence d'une institutrice privée n'empêche pas l'instituteur communal de donner l'instruction primaire aux filles que les parens lui confient. Dans le cas où la commune établirait une école distincte pour les filles, alors seulement celles-ci suivraient l'institutrice communale, le principe de la séparation des deux sexes devant continuer d'être appliqué toutes les fois que la commune assure l'existence de deux écoles (Avis 13 déc. 1833.

486.— Les comités ont inspection sur les écoles de filles, en vertu des ordonnances de 1816, de 1828, non abrogées à leur égard, et dont ils leur appliquent les dispositions; ils font ce que cette législation attribuait aux anciens comités (Avis 24 déc. 1833, 14 janv. et 4 juillet 1834).

487.— Déjà précédemment, et avant que la législation sur l'instruction primaire ne fût renouvelée, les principales dispositions concernant les écoles de garçons avaient été déclarées applicables aux écoles de filles.

Ainsi, l'ordonnance du 3 avril 1820, déclare celle du 29 fév. 1816 applicable aux écoles de filles; celle du 21 avril 1828 contient la même déclaration à l'égard de ses propres dispositions.— V. aussi instruction du 13 juin 1828.

488. — Avant que l'ordonnance du 27 fév. 1816, n'eût été déclarée commune aux écoles de filles, une circulaire du ministre de l'intérieur aux préfets, en date du 3 juin 1819, avait fixé les conditions nécessaires pour être reçue institutrice, et pour en exercer les fonctions.—Rendu, p. 257, 258.

Une circulaire du 4 nov. 1820 ajoute la condition d'un certificat de bonne conduite, délivré par le curé et le maire.

489. — Les classes normales de filles sont assimilées aux écoles normales de garçons (Instr. 13 juin 1828). Il existe une classe de cette espèce à Charleville; ses statuts ont été autorisés par le ministre.— Rendu, p. 798.

490. — Les écoles de filles sont inspectées par deux ou trois dames, choisies parmi les mères de familles les plus recommandables (Instr. 13 juin 1828).

491. — Les recteurs délivrent les brevets de capacité et les autorisations d'exercer (Instr. 17 oct. 1828).

492. — Des dispositions spéciales et étendues sur les écoles primaires de filles à Paris sont renfermées dans le réglement du 19 oct. 1819.—Rendu, p. 800.

493. — Une circulaire du 29 juill. 1819 dispense les institutrices qui appartiennent à des congrégations religieuses de la nécessité de se pourvoir de brevets de capacité. Le préfet peut leur délivrer l'autorisation sur le vu de leur lettre d'obédience.

Elles sont assimilées, sous le rapport du brevet, lorsqu'elles appartiennent à une congrégation légalement reconnue, aux frères des écoles chrétiennes (Même circulaire, et ordonn. 3 avril 1820, art. 3).

494. — Les écoles primaires tenues par des sœurs sont sous la juridiction immédiate des préfets, sauf le recours au ministre de l'instruction publique (Décis. roy. 6 janv. 1830; avis cons. roy. 25 fév. 1834).

495. — Les institutrices qui appartiennent à des communautés religieuses, légalement reconnues, n'auront besoin ni de brevet, ni d'autorisation, et ne seront point soumises à la surveillance des comités (Instr. 9 fév. 1830).—Cette décision paraît exorbitante.— Rendu, p. 800, n. 1.

§ 3. — *Des écoles de filles de degrés supérieurs.*

496.—L'influence que les maîtresses de pensions exercent sur les mœurs, le caractère, l'intelligence des jeunes personnes qui leur sont confiées appellent toute la sollicitude du pouvoir législatif et réglementaire. On a lieu de s'étonner du silence de la loi et des ordonnances sur une matière aussi importante; c'est dans des réglemens ministériels, dans des circulaires, des actes d'une autorité variable et dépourvue d'une sanction énergique, qu'on est réduit à chercher le petit nombre de disposition destinées à protéger le plus cher intérêt des familles, l'éducation des enfans.

497. — Ainsi qu'on l'a vu § 1er, toute maison d'éducation a besoin d'être autorisée. Les maisons d'éducation de degrés supérieurs sont sous la surveillance des préfets des départemens (Ordonn. 31 oct. 1821, art. 1er).

498.—Une commission consultative de sept membres est établie auprès de chaque préfet, et s'assemble au moins une fois par mois pour donner son avis sur les questions relatives aux maisons d'éducation de filles (Circul. 19 juin 1820).

499. — La même commission examine, sous le rapport de l'instruction, les personnes qui demandent des diplômes de maîtresses ou de sous-maîtresses de pension (*ibid.*).

500. — Personne ne peut tenir une maison d'éducation sans avoir obtenu un diplôme et une autorisation de s'établir dans un lieu déterminé (*ibid.*).

501.— L'autorisation préalable du préfet, dont une institutrice de filles doit être munie, devant être spéciale *pour un lieu déterminé*, si cette institutrice, après l'avoir obtenue pour une commune, va s'établir dans une autre commune, elle se rend passible des peines de simple police prononcées par les art. 600 et 606 du code du 3 brum. an 4, sans pré-

judice des peines disciplinaires que l'université peut, en outre, lui infliger, en vertu des art. 15, 16, 17, 18 et 19 de l'ordonnance du 21 avril 1828.— 20 juill. 1833. Cr. c. Min. pub. C. James. D.P. 33. 1. 335.

502. —Le préfet a recours au procureur du roi pour faire fermer les maisons des individus qui ne seraient point en règle, conformément à ce qui se pratique pour les écoles de garçons (Circul. 19 juin 1820).

503. — Le maire de chaque commune s'assure si les institutrices sont munies de diplôme et d'autorisation.

504 — Il faut avoir vingt-cinq ans accomplis pour diriger une maison d'éducation, et dix-huit ans pour être sous-maîtresse (*ibid.*).

505.—Toutes personnes, même les filles ou parentes des directrices, ne peuvent être sous-maîtresses sans avoir obtenu un diplôme (Circ. 19 juin 1820).

506.—Le préfet n'envoie devant le jury d'examen les personnes qui voudraient tenir un pensionnat de filles, qu'autant qu'elles produisent un certificat de bonne conduite, des curés et maires de la commune ou des communes où elles ont habité depuis trois ans au moins (Circ. 4 nov. 1820).

507.—En se présentant à l'examen, il faut produire les pièces constatant l'état-civil et un certificat de bonnes mœurs, délivré sur l'attestation de trois témoins, par le maire de la commune qu'habite la postulante. Indépendamment de ces témoignages, le préfet peut se procurer tous les renseignemens qu'il juge convenables (*ibid.*).

508.—Le diplôme, délivré par le préfet, après un examen qui porte sur des objets gradués suivant l'importance du titre sollicité, n'a de valeur que dans le département.

Le préfet donne ensuite l'autorisation de s'établir dans un lieu déterminé, si toutefois ce lieu ne présente aucun danger sous le rapport de la salubrité ou du voisinage des autres habitations (*ibid.*)

509.—La cession d'une maison d'éducation ne peut être faite qu'à une personne préalablement autorisée (*ibid.*).

510 —Les maîtresses et sous-maîtresses appartenant à des congrégations religieuses autorisées par le roi, sont dispensées de subir l'examen ; le préfet peut leur délivrer le diplôme et l'autorisation sur le vu de leur lettre d'obédience; s'il y voit des inconvéniens, il doit en référer au ministre qui décide si le diplôme doit ou non être délivré (*ibid*).

511.—Le préfet peut, pour des motifs graves, révoquer le diplôme et l'autorisation, mais son arrêté ne peut être exécuté qu'après approbation du ministre (*ibid*).

512.—Les visites dans l'intérieur des pensionnats de filles sont faites par des dames inspectrices, choisies par le préfet, parmi les mères de famille les plus recommandables; elles s'assurent de l'exécution des réglemens et inspectent tout ce qui intéresse la bonne administration, l'ordre et la moralité de l'établissement. Cette surveillance des dames inspectrices a lieu pour les jeunes élèves des pensionnats tenus par des religieuses, Les dames inspectrices font leur rapport au préfet (*ibid.*).

513.—Les jeux, les danses, les concerts et les représentations théâtrales sont interdits dans les distributions de prix qui ne peuvent être faites que devant les maîtresses d'établissement, les pères ou tuteurs, mères ou correspondantes des élèves, leur parens et les dames inspectrices (*ibid.*).

SECT. 2. — *Etablissemens d'instruction publique étrangers à l'université.*

514.—Parmi ces établissemens, les uns sont du ressort du ministère de l'instruction publique, les autres relèvent de différens ministères.

ART. 1er.—*Etablissemens placés dans les attributions du ministère de l'instruction publique.*

515.—L'ordonnance du 11 octobre 1832 a compris dans les attributions du ministère de l'instruction publique : l'Institut royal de France, le Muséum d'histoire naturelle, le collège de France, les bibliothèques publiques, les académies et sociétés littéraires, les établissemens britanniques, l'école des Chartes, le dépôt légal de Sainte-Geneviève, les encouragemens et souscriptions littéraires et scientifiques, l'école des langues orientales et cours d'archéologie.

516.—Cette augmentation d'attributions accordée au ministère de l'instruction n'a point pour effet de

soumettre les établissemens qui y sont compris au régime universitaire, ni de rendre les fonctionnaires de ces établissemens fonctionnaires de l'université; à leur égard, les fonctions du ministre dirigeant sont tout-à-fait distinctes de sa qualité de grand-maître de l'université.

§ 1er.—*De l'institut.*

517.—L'institut national a été fondé par la loi du 3 brumaire an 4, tit. 4. Il fut divisé en cinq classes, embrassant toutes les branches des connaissances humaines.

518 —L'une des classes de l'institut était consacrée spécialement aux sciences morales et politiques. Un arrêté du 3 pluv. an 11 supprima cette classe.

519.—La restauration donna, en 1814 et 1815, une nouvelle organisation, ou plutôt de nouvelles dénominations aux classes de l'institut; aux anciennes classes furent substituées les académies, sous le nom d'académie française, académie des sciences, académie des inscriptions et belles-lettres, académie des beaux-arts. La réunion des diverses académies continua de porter le nom d'institut.

520.—Depuis la révolution de 1830, l'institut a été complété par une ordonnance du roi, qui rétablit dans le sein de l'institut royal de France l'ancienne classe des sciences morales et politiques. —26 oct. 1832. Ord. du roi. D.P. 32. 3. 144.

Cette classe, composée de trente membres, a pris le nom d'académie des *sciences morales et politiques.*

Du 5-27 mars 1833, réglement de l'académie des sciences morales et politiques.— D.P. 33. 3. 37.

521. — Des membres de l'institut sont quelquefois chargés, par le gouvernement, et dans leur qualité de membres de l'institut, de missions soit temporaires, soit permanentes. Ainsi, ce sont des membres de l'institut qui composent la commission chargée de décerner les prix aux élèves de l'école gratuite de dessin.—V. *infra* Ecole des beaux-arts.

522. — Ainsi encore, des membres de l'institut sont attachés à des établissemens publics. par exemple, il y en avait un qui faisait partie du conseil de perfectionnement établi par la direction du service des poudres et salpêtres. Une ordonnance du roi porte que le membre de l'académie des sciences qui fait partie de ce conseil sera désormais attaché au dépôt central de l'artillerie. — 10 août 1834. Ord. D.P. 34. 3. 74.

§ 2. — *Du muséum d'histoire naturelle.*

523. — Ce musée dépendant du jardin des Plantes, rentrait en effet dans les attributions du ministre de l'instruction publique, surtout à raison des cours qui s'y professent.

524. — Ces cours sont au nombre de treize, et embrassent les connaissances suivantes : 1° anatomie humaine; 2° botanique, 3° zoologie, quadrupèdes, cétacées et oiseaux; 4° anatomie comparée; 5° chimie générale; 6° géologie; 7° minéralogie; 8° zoologie, reptiles et poissons; 9° botanique rurale; 10° culture des jardins et naturalisation des plantes étrangères; 11° arts chimiques; 12° zoologie, insectes; 13° zoologie, mollusque et zoophytes.

§ 3 — *Du collège de France.*

525. — Cet établissement fut fondé en 1530, par François 1er. Le nombre des chaires, primitivement de douze, fut porté successivement à dix-neuf. En 1774, le collège fut réorganisé, à peu près tel qu'il existe aujourd'hui.

526. — On y enseigne : l'astronomie, les mathématiques, la physique, la physique expérimentale, la médecine, l'anatomie, la chimie, l'histoire naturelle, le droit de la nature et des gens, l'histoire et la morale, les langues hébraïque, chaldaïque et syriaque, l'arabe, le persan, le turc, les langues et littératures chinoises et tartares, mandchou, la langue et la littérature sanscrite et grecque, la langue et la philosophie grecque, l'éloquence latine, la poésie, la littérature française, l'archéologie, l'économie politique, l'histoire générale et philosophique des législations comparées. Les trois dernières chaires, qui complètent le nombre de vingt-quatre, ont été créées par une ordonnance du 12 mars 1831.

§ 4. — *Des bibliothèques publiques —Cours qui se font à la bibliothèque du roi.*

527.—Les bibliothèques publiques de Paris, instituées ou rétablies depuis les troubles politiques de la révolution de 1789, sont soumises, quant à leur

administration et à leur régime intérieurs, aux actes qui les établissent, aux réglemens qui leur ont été donnés par l'autorité, et aux décisions prises par les fonctionnaires qui les dirigent.

528. — La bibliothèque la plus importante, la plus nationale, celle de la rue Richelieu, a été plusieurs fois modifiée dans son organisation depuis le décret qui l'avait établie sur de nouvelles bases. Son organisation la plus récente a eu lieu par ordonnance royale du 14 nov. 1832. — D.P. 33. 3. 10.

529. — Une école spéciale des langues orientales vivantes se tient à la bibliothèque du roi. On y enseigne l'arabe littéral, l'arabe vulgaire, le persan, le turc, l'arménien, le grec moderne, l'indoustan.

Il s'y fait aussi un cours d'archéologie.

530. — Les bibliothèques des villes de province sont sous la direction du ministre de l'instruction publique, mais à la charge des villes ou des départemens. Elles sont alimentées soit par les allocations municipales et départementales, soit par les envois gratuits qu'elles reçoivent du gouvernement.

§ 5. — *Des académies et sociétés littéraires; des encouragemens et souscriptions.*

531. — Parmi les académies et sociétés littéraires, il faut distinguer celles qui ne sont pas autorisées et celles qui ont obtenu pour leurs statuts une autorisation royale.

Les premières sont des institutions particulières qui n'ont aucun caractère public; les secondes tirent de l'ordonnance royale une existence officielle qui confère à leurs membres des droits et priviléges, tels que celui de faire partie de la liste du jury.

532. —Toutefois l'autorisation royale ne donne pas essentiellement ce droit; elle peut même en contenir l'exclusion. Ainsi, une ordonnance du roi reconnaît la société de statistique de Marseille et approuve son réglement, mais sans donner à ses membres la qualité de *jurés.* — 2 avril 1831. D.P. 31. 3. 24

533.—Les encouragemens et souscriptions littéraires et scientifiques sont distribués sur un fonds spécial. Il en est distribué aussi par le ministre de l'intérieur sur les fonds secrets.

534.—A titre d'encouragement pour les ouvrages utiles, un auteur peut obtenir du gouvernement l'impression gratuite d'une production par l'imprimerie royale. Pour examiner ceux des ouvrages présentés qui seraient dignes de cette faveur, une commission spéciale a été instituée par ordonnance.

§ 6. — *De l'école des Chartes.*

535. — L'école des Chartes, qui a pour objet la science des anciennes écritures, ou l'art de les déchiffrer, a été établie par une ordonnance du 22 fév. 1821, et mise en activité par une autre ordonnance du 11 nov. 1827, sous la surveillance du ministre de l'intérieur, aujourd'hui de l'instruction publique, et de l'académie des inscriptions et belles-lettres.

536.—Pour être admis à cette école, il faut avoir vingt-et-un ans accomplis, et le diplôme de bachelier ès-lettres (art. 3).

537. —Les cours se divisent en cours élémentaire et en cours de diplomatique et de paléographie française (Ordonn. de 1827, art. 1er). Le premier dure un an et se fait à l'hôtel des archives du royaume: le second dure deux ans, et se fait à la bibliothèque du roi.

538. — On publie chaque année un volume des documens traduits par les élèves avec le texte en regard, sous le nom de bibliothèque de l'école royale des chartes; et un volume de chartes nationales, par ordre chronologique, avec des notes critiques, sous le nom de bibliothèque de l'histoire de France; le tout sous la direction d'une commission formée du secrétaire perpétuel et de deux membres de l'académie des inscriptions et belles-lettres, et du garde des archives du royaume (Ord. 1827, art. 4, 8; ord. 1er mars 1832). — D.P. 32. 3. 18.

539. — C'est devant cette commission que les élèves concourent pour les places d'élèves pensionnaires, qui donnent un traitement de 800 fr. par an (art. 4, 5, 7; ord. 1827).

540. — Les élèves pensionnaires, pendant leurs études, prennent part aux travaux de classification des manuscrits de la bibliothèque royale et des archives du royaume. Ils sont soumis, sous ce rapport, aux mêmes règles que les employés de cet établissement (art. 6).

541. — Admis au premier concours, et après deux

années d'études de diplomatique et de paléographie, les élèves peuvent subir l'examen pour obtenir le brevet d'archiviste paléographe. Les brevetés ont droit de préférence à la moitié des emplois vacans dans les bibliothèques publiques (hors la bibliothèque royale), les archives du royaume et les divers dépôts littéraires (art. 10).

§ 7. — *Des établissemens britanniques.*

542. — On appelle ainsi les établissemens qui, sur divers points du royaume, ont pour objet l'éducation de jeunes catholiques d'Angleterre, d'Écosse et d'Irlande qui désirent venir faire leurs études en France.

543. — Ces établissemens sont dirigés par des ecclésiastiques, nés sujets de S. M. britannique, sous la surveillance du ministre de l'instruction publique.

544. — Il existe à Paris trois établissemens de ce genre, l'un anglais, l'autre irlandais, le troisième écossais.

ART. 2. — *Établissemens et écoles spéciales dans les attributions de divers ministères.*

§ 1er. — *De l'école polytechnique.*

545. — Cette célèbre école, instituée par la loi du 7 vend. an 3, sous le nom d'école des travaux publics, a été successivement réorganisée et modifiée par de nombreux réglemens. — V. lois 15 fruct. an 3, 30 vend. an 3, 25 frim. an 8; décr. 27 mess. an 12, 22 fruct. an 13; ord. 4 sept. 1816, 17 sept. et 20 oct. 1822; décis. royale, 12 janv. 1825; ord. 13 nov. 1830.

Les dispositions antérieures ont été refondues dans l'ordonn. du 25 nov. 1831, qui contient un réglement complet sur l'administration et l'enseignement de l'école. Cette ordonnance, comme celle de 1830, place l'école dans les attributions du ministre de la guerre, et la soumet, sous plusieurs rapports, à un régime militaire, bien que sa destination ne soit pas essentiellement militaire. — D.P. 32. 3. 12.

546. — L'école polytechnique a été licenciée le 7 juin 1832. Ord. D P. 32. 3. 98.

Une partie des élèves licenciés a été rappelée, et l'école a été réorganisée par ordonn. du 30 oct. 1832 (D.P. 33. 3. 140). Cette ordonnance embrasse l'enseignement, l'administration, le personnel, en un mot, toutes les parties de l'organisation de l'école.

547. — Le but général de l'école polytechnique est de répandre l'instruction des sciences mathématiques, de la physique de la chimie et des arts graphiques. Son objet spécial est de fournir les élèves des écoles d'artillerie, du génie, des ponts et chaussées, des mines, du génie maritime, des ingénieurs hydrographes, des poudres et salpêtres, et des autres services publics qui exigeraient des connaissances étendues dans les sciences physiques et mathématiques (Ord. 30 oct. 1832, art. 1er). — D.P. 32. 3. 140.

548. — On n'est admis à l'école polytechnique que par voie de concours. Tous les ans, le 1er août, il est ouvert, tant à Paris que dans les principales villes du royaume désignées, un examen public pour l'admission des élèves à l'école polytechnique; les matières de l'examen sont indiquées dans un programe publié au plus tard le 1er avril (Ord 30 oct. 1832, art. 22, 23).

Les aspirans se font inscrire, avant le 10 juin, à la préfecture du département où est fixé le domicile de leurs parens (art. 21).

549. — Un arrondissement est assigné à chaque ville d'examen. Les aspirans ne peuvent être examinés que dans l'arrondissement du domicile de leurs familles, ou dans celui où ils ont achevé leur première instruction s'il y ont étudié au moins pendant un an. Le sort détermine l'ordre des examens (art. 25).

550. — Tout aspirant est tenu de présenter à l'examinateur des certificats constatant, 1° qu'il est Français; 2° qu'il a été vacciné ou qu'il a eu la petite vérole; 3° qu'il a plus de seize ans et moins de vingt ans. Cependant les sous-officiers et soldats des corps réguliers peuvent être admis jusqu'à l'âge de vingt-cinq ans (art. 26).

551. — Il y a quatre examinateurs d'admission des candidats; leurs fonctions sont temporaires. Deux d'entre eux concourent, avec deux examinateurs permanens, aux examens pour le passage des élèves de première année aux cours de seconde année, et aux examens de sortie pour l'admission dans les services publics. Les examinateurs permanens prennent connaissance, dans le cours de l'année, des progrès des élèves. Ils sont nommés par le ministre de la guerre (Ord., art. 13, 14).

552. — Tous les ans, au commencement d'octobre, il est formé à Paris un jury chargé de prononcer sur l'admission des candidats examinés dans tous le royaume. Ce jury dresse une liste, par ordre de mérite, de tous les aspirans susceptibles d'être admis à l'école (Ord., art. 28, 29).

Le ministre de la guerre expédie les lettres d'admission des élèves suivant l'ordre de la liste générale (art. 30).

553. — Les élèves paient une pension de 1,000 fr. et fournissent un trousseau. Vingt-quatre bourses sont réparties entre les élèves peu aisés de l'école, à charge de justifier du défaut de fortune de leur famille, et sous la condition de faire partie des deux premiers tiers de la liste générale d'admission des élèves. Cette faveur peut être retirée aux élèves qui en seraient déclarés indignes (art. 32, 33, 34).

554. — L'enseignement réparti entre dix professeurs, comprend les objets suivans : analyse, mécanique, analyse appliquée à la géométrie, géométrie descriptive et ses applications; géodésie et topographie, machines, arithmétique sociale, physique. chimie, architecture, composition française pendant la première année, langue allemande pendant la seconde (art. 36, 37).

555. — Le temps d'instruction est de deux ans; un élève ne peut rester une troisième année qu'en cas d'excuse légitime (art. 35).

556. — Il y a pour l'école un conseil d'instruction et un conseil de perfectionnement (art. 39 à 43).

557. — L'école est soumise au régime militaire; les élèves sont casernés, et portent l'uniforme (art. 44).

Un conseil de discipline prononce sur les fautes graves des élèves (art. 51 et suiv.).

558. — Chaque année, après la clôture des cours, les élèves sont examinés publiquement; ceux de la première année, pour savoir s'ils doivent être admis aux cours de la seconde, ceux de la seconde, pour savoir s'ils peuvent passer dans les services publics (art. 56 et suiv.).

559. — Les élèves admis dans les services publics sont placés, suivant le rang de mérite qu'ils occupent sur la liste générale, dans le service qu'ils ont demandé, et, à défaut de place, dans l'un des services auxquels ils se sont subsidiairement destinés, d'après l'ordre de leur déclaration (art. 50).

560. — Les élèves connus admissibles dans les services publics, mais qui, à raison de leur rang dans la liste générale, n'ont pu être classés dans un service de leur choix, ont droit d'être placés comme sous-lieutenant dans les corps de l'armée qui ne s'alimentent pas à l'école polytechnique. ou d'être reçus à l'école forestière, ou de suivre comme élèves libres celles des écoles civiles d'application qu'ils désigneront; ils y jouiront, sous le rapport des études, des mêmes avantages que les élèves du gouvernement (art. 60).

561. — La loi transitoire du 16-20 avril 1835, autorise la promotion au grade de sous-lieutenant, nonobstant le défaut d'emplois vacans, des élèves de l'école polytechnique qui ont été ou qui seront admis, en 1834 et 1835, à l'école d'application d'état-major. — D.P. 35. 3. 87.

561. — Les élèves de l'école ne sont plus reçus, à ce titre seul, dans le corps de la marine (Ord 24 sept. 1831).

562. — Au moyen d'une permission expresse, des personnes étrangères à l'école peuvent être admises à en suivre les cours.

D'après l'art. 115 du décret du 17 mars 1808, les élèves de l'école normale qui se destinent aux sciences suivent les cours de l'école polytechnique.

§ 2. — *École d'artillerie et du génie.*

563. — Cette école, fondée à Metz, par arrêté du 12 vend. an 11, est destinée à former des officiers d'artillerie et du génie.

Elle a été organisée successivement par un réglement du 20 mars 1807, par les ordonnances des 8 août 1821 et 12 mars, et enfin par l'ordonnance du 5 juin 1831, qui en règle de nouveau tous les détails.

564. — Les élèves sont pris parmi ceux de l'école polytechnique reconnus admissibles aux services publics (Ord. 1831, art. 1er.)

565. — Il y a pour les deux armes une instruction commune, dont l'objet est : 1° l'art militaire, la fortification passagère, la castramétation, la construction des ponts militaires; 2° un cours de machines; 3° la chimie et la physique dans leurs applications aux arts militaires; 4° l'architecture et les constructions militaires; 5° un cours sur la poussée des terres, la poussée des voûtes et la résistance des matériaux; 6° la balistique; 7° le cours et la première partie du projet de fortification permanente, l'attaque et la défense des places; 8° la géodésie, la topographie et le dessin; 9° la langue allemande; 10° les exercices et manœuvres d'infanterie, de cavalerie et d'artillerie, ainsi que les travaux pratiques des deux armes; 11° l'équitation et l'hippiatrique (art 22).

566. — L'instruction spéciale pour l'artillerie comprend, 1° la nomenclature raisonnée et les levers du matériel de l'artillerie; 2° un cours sur les différentes parties du service de l'artillerie; 3° le tracé raisonné des bouches à feu et voitures.

L'instruction spéciale pour le génie comprend la deuxième partie du projet de fortification permanente: 2° le projet d'amélioration d'une place de guerre; 3° le complément des mines (art. 23, 24).

567. — Le temps d'instruction est de deux ans au moins, et trois au plus. Les élèves sont classés en deux divisions (art. 19).

568. — En arrivant à l'école, les élèves ont le rang de sous-lieutenant, et en portent les marques distinctives, mais ils ne sont brevetés et classés qu'après les examens de sortie de l'école Ils ont une solde annuelle de 1,300 fr. (art. 20, 78).

569. — Un jury d'examen s'assemble chaque année à Metz; il classe définitivement les élèves dans l'ordre de capacité pour l'arme à laquelle ils se destinent; ils y prennent les emplois de lieutenant, réservés aux élèves par les lois du recrutement (art. 50).

570. — Il est compté à chaque élève, à l'instant de son admission à l'école d'application, quatre années de service d'officier (art. 62).

§ 3. — *École d'application d'état-major.*

571. — Cette école a pour objet de former des officiers d'état-major. Elle a été fondée par ordonnance du 6 mai 1818.

572. — Les élèves sont choisis parmi ceux de l'école de Saint-Cyr qui ont reçu le brevet de sous-lieutenant. Ils sont assimilés, pour le régime intérieur et la solde, aux élèves de l'école de Metz (Ord. art. 32, 33).

573 — Les objets d'études sont : la géographie, la statistique, la topographie, le dessin, le lever de la carte et les reconnaissances militaires; les élémens de l'artillerie, la fortification passagère, l'attaque et la défense des places, l'art, l'histoire et l'administration militaires (art 36)

574 — La durée des études est de trois ans au plus. Après ce temps, les élèves qui ont satisfait à deux examens, sont envoyés comme aides-majors dans les corps de l'armée, pour y compléter leur instruction (art. 34, 39).

575. — Les élèves qui n'ont point satisfait aux examens, ne peuvent faire partie des officiers d'état-major; ils sont placés, en qualité de sous-lieutenans dans les corps d'infanterie et de cavalerie, et les deux années qu'ils ont passées à l'école leur sont comptées pour parvenir au grade de lieutenant (art. 40).

§ 4. — *École de cavalerie à Saumur.*

576. — Cette école a été instituée par ordonnance du 23 décembre 1814, pour former des instructeurs, des sous-officiers, des maréchaux-ferrans et des trompettes pour la cavalerie, et pour instruire des élèves de Saint-Cyr, désignés pour cette arme.

577. — On admet : 1° un lieutenant par chaque régiment de cavalerie et d'artillerie tous les ans, et par chaque escadron du train tous les deux ans; ils portent le nom de lieutenans d'instruction; 2° les élèves de Saint-Cyr, destinés à la cavalerie, qui prennent le nom d'officiers, élèves de cavalerie; 3° des jeunes gens enrôlés volontairement, des hommes choisis dans les contingens annuels, et des militaires des régimens de cavalerie, qui, nommés cavaliers élèves instructeurs, forment un corps de troupe; 4° les élèves maréchaux-ferrans enrôlés volontaires ou choisis dans les contingens; 5° les élèves trompettes, choisis plus spécialement parmi les enfans de troupe (Ord. 10 mars 1825, art. 3, 4, 5, 12).

578. — L'instruction est toute militaire; elle dure deux années. Les officiers détachés des régimens peuvent obtenir de rester une année de plus (Ord., art. 13).

579. — Les conditions d'admission sont différentes selon la place qu'on doit occuper dans l'école (Ord. art. 6, 7, 8, 9, 11, 19).

580. — Au sortir de l'école, les officiers d'instruction ou élèves de cavalerie concourent de droit les premiers, pour tous les emplois de capitaine-instructeur vacans dans les régimens de troupes à cheval (art. 23).

Les deux premiers officiers sortant les premiers par ordre de mérite, et tous officiers d'instruction du grade de capitaine, sont proposés au ministre, pour les premiers emplois vacans d'officier-instructeur, ou du grade supérieur dans l'armée (art. 22 et 24).

581. — Les élèves de cavalerie reçoivent, après un examen, des numeros de mérite qu'on inscrit sur leurs etats de service, et qu'on rappelle dans toutes les propositions d'avancement faites en leur faveur; ils peuvent choisir le régiment de cavalerie où ils desirent être placés comme sous-lieutenans. Les deux premiers élèves de cavalerie sont présentés pour des emplois de lieutenant, dès qu'ils réunissent les conditions légales (art. 26).

582. — Les cavaliers élèves instructeurs sont répartis dans les regimens comme sous-officiers instructeurs Les eléves maréchaux-ferrans sont placés en cette qualité dans les corps de troupes à cheval.

§ 5. — *Ecole militaire de Saint-Cyr.*

583. — Elle est destinée à former des officiers pour les corps de l'armée, autres que ceux de l'artillerie, du genie, et des ingenieurs géographes. Elle avait été organisée par ordonnances des 31 déc. 1817 et 10 juin 1818. Elle l'a eté depuis par une nouvelle ordonnance du 20 sept. 1832. — D.P. 32. 3. 122.

584 — On ne peut être admis à l'école que d'après un concours; les examens sont ouverts chaque année dans les mêmes villes, et par les mêmes professeurs que ceux de l'ecole polytechnique. Le programme est publié d'avance (Ord. 20 sept. 1832, art. 2 a 5).

585. — Les candidats doivent être âgés de dix-huit ans au moins et vingt et un ans au plus; les sous-officiers et soldats des corps reguliers peuvent concourir jusqu'à l'âge de vingt cinq ans, s'ils ont deux années de service sous les drapeaux (art. 6).

586. — Tous les ans, après les tournées d'examen, il se forme à Paris un jury chargé de prononcer sur l'admission des aspirans examinés dans tout le royaume Ce jury dresse une liste, par ordre de mérite, de tous les candidats jugés admissibles. Sur cette liste, le ministre de la guerre expédie des lettres d'admission (art. 7, 8).

587. — Les eleves ne sont reçus qu'en présentant un acte d'engagement pour l'infanterie ou la cavalerie; le temps qu'ils passent à l'école leur est compté comme service militaire (art. 9, 10).

588. — Les élèves paient une pension de 1,500 fr. non compris 750 fr. pour trousseau. Il y a des places gratuites données de préférence aux enfans ou orphelins de militaires (art. 11, 12). Les eleves de La Flèche, admis à l'école de Saint-Cyr, ne paient pas de pension et sont dispensés de fournir un nouveau trousseau (art. 13).

589 — Le cours d'étude dure deux ans; il comprend quatorze cours; l'instruction est dirigée vers un but uniquement militaire (art. 14, 15, 16, 17).

590. — Les élèves sont soumis au régime militaire, ils sont casernes, prêtent serment au drapeau et forment un bataillon (art. 36 et suiv.).

591. — L'école est inspectée, pour les etudes, au milieu de l'année scolaire, par trois officiers généraux ou supérieurs (art. 56).

Chaque année, après la clôture des cours, les élèves subissent, devant un jury presidé par un lieutenant-général, des examens pour passer d'une division dans l'autre, ou pour passer dans l'armée (art. 57).

Enfin, la loi transitoire du 16-20 avril 1835, autorise la promotion au grade de lieutenant, nonobstant le défaut d'emplois vacans, des élèves de l'école spéciale militaire qui ont satisfait en 1834 et qui satisferont en 1835 aux examens de l'école. — D.P. 35. 3. 57.

592. — Le jury classe les élèves par ordre de mérite et le ministre de la guerre arrête la liste des élèves qui passent de la deuxième division à la première, et propose au roi la nomination au grade de sous-lieutenant des élèves de la première division (art. 59, 60).

Le numéro de mérite obtenu dans le classement de sortie donne aux élèves le droit de choisir l'arme de l'état-major, de l'infanterie ou la cavalerie; ils complètent leur instruction à l'école d'état-major ou à l'école de Saumur (art. 61).

Les élèves qui n'ont pas satisfait aux examens de sortie peuvent être placés dans les corps avec le grade de sous officier ou de caporal (art. 62).

§ 6 — *College militaire de La Flèche; Gymnase normal militaire.*

593. — Institué par l'ordonnance du 12 avril 1831, dans les bâtimens de l'école préparatoire, supprimée par décision royale du 10 nov. 1830, ce collége est destiné à l'éducation des fils d'officiers sans fortune, et, par préférence, d'enfans orphelins (Ord., art. 2 et 3). Il est placé sous la direction du ministre de la guerre.

594. — Il y a trois cents élèves entretenus à bourse entière par l'état, et cent à demi-bourse; on admet des enfans payant une pension de 850 fr. Tous les élèves indistinctement doivent apporter un trousseau (art. 2 et 9).

595. — Pour être admis, il faut avoir de dix à douze ans, et être capable d'entrer en septième ou en sixième, suivant l'âge de dix ou de onze ans (art 10). Les pièces à produire pour l'admission sont déterminées par les art. 4, 6, 7 de l'ordonnance.

596. — L'instruction comprend un cours complet d'humanités, y compris la rhétorique, des cours de mathématiques, d'histoire et de géographie, de langue allemande, un cours élémentaire de dessin, des exercices de gymnastique (art. 13).

597. — Les élèves peuvent rester au collége jusqu'à la fin de l'année scolaire dans laquelle ils ont complété leur dix-huitième année (art. 12).

598. — Le gymnase normal militaire est un établissement dirigé par un particulier, et qui a pour but de répandre l'instruction gymnastique, et plus spécialement de former des professeurs qui propagent cette science dans les différens corps de l'armée. L'établissement est placé sous la protection du gouvernement, et reçoit une subvention aux frais de l'état.

Ici se termine la série des différens établissemens d'instruction militaire; nous passons aux écoles destinées à alimenter les services publics civils, et celui de la marine.

§ 7. — *Ecole des mines.*

599. — L'école des mines, instituée à Paris, par un arrêt du conseil d'état, du 19 mars 1783, a été modifiée par les lois des 22 oct. 1795, 16 déc. 1798, et l'arrêté du 12 fév. 1802, et complétement réorganisée par l'ordonnance du 5 déc. 1816 et un réglement ministériel du 3 juin 1817.

600. — L'école des mines à des internes et des externes. Les internes sont ingénieurs et font partie du corps des mines; ils sont pris parmi les élèves de l'école polytechnique qui ont été désignés après leur cours d'études. Leur nombre est de neuf; cinq de première classe qui reçoivent 900 francs de traitement; quatre de seconde classe, qui reçoivent 800 francs (Ord. 5 déc. 1816, art. 15).

601. — Les externes ne font pas partie du corps des mines. Pour être admis élève externe, il faut être âgé de dix-huit à vingt-cinq ans, produire des certificats de bonnes mœurs et de saine constitution, et subir un examen, dont les formes et l'objet sont déterminés par le réglement du 3 juin 1817, et l'ordonnance du 1er août 1827.

602. — On enseigne dans cette école la minéralogie, la géologie, la docimasie, l'exploitation des mines, la minéralurgie, le dessin des machines, des constructions et des plans souterrains, le lavis de la carte et la stéréotomie-pratique, les langues allemande et anglaise. L'instruction est gratuite, les cours sont de six mois (Ord. 5 déc. 1816, art. 7, 17).

603. — Les élèves jugés capables, après examen, sont envoyés dans les grandes exploitations de mines; ils reçoivent pendant leur mission le même traitement que les aspirans, avec une indemnité de campagne de 100 fr. (art. 21, 22).

604. — Il est délivré, après les années d'étude, à ceux qui sont jugés capables, un diplôme constatant la durée de leurs études, le genre et l'étendue des connaissances qu'ils ont acquises (art. 30).

Les places d'aspirans sont données, en cas de vacances, à ceux qui sont le plus avancés dans leurs études (art. 32).

605. — Selon l'art. 1er de l'ordonnance du 5 sept. 1816, l'école de Paris devait avoir dans les départemens une ou plusieurs succursales, sous le titre d'écoles pratiques des mineurs, consacrées à l'exploitation de la houille et au traitement du fer, et, s'il est possible, à l'exploitation et au traitement de l'étain, de l'argent, du plomb et du cuivre; une seule

de ces écoles-pratiques a été organisée; elle est à Saint-Etienne.

606. — Le but spécial de l'école de Saint-Etienne est de former des conducteurs de travaux souterrains, des maîtres mineurs, des chefs d'ateliers capables de suivre tous les détails d'exécution (Circ. 13 avril 1820).

607. — L'école a été instituée par ordonnance du 2 août 1816, et organisée par ordonnance du 5 déc. même année. Plusieurs dispositions d'exécution sont renfermées dans un réglement ministériel du 3 juin 1817.

608. — On y enseigne l'exploitation, la connaissance des principales substances minérales et de leur gisement, ainsi que l'art de les essayer et de les traiter; les élémens des mathématiques, la levée des plans et le dessin (Ord. 2 août 1816, art. 3).

609. — Pour être admis à l'école, il faut avoir de quinze à vingt-cinq ans; produire un certificat de bonne conduite et de bonne santé, posséder l'instruction qui s'acquiert dans les écoles primaires.

Les élèves, pris de préférence parmi les fils et neveux des mineurs, chefs d'ouvriers d'usine, maîtres mineurs, directeurs ou exploiteurs de mines, ou usines, sont admis par le directeur général des ponts et chaussées et des mines, sur la présentation des préfets (Circ. min. 3 juin 1817, art. 10, 11).

610. — L'école est gratuite, et même les élèves dont les moyens d'existence n'ont pas été suffisamment assurés pour le cours de leurs études sont autorisés à travailler au-dehors avec salaire un certain nombre d'heures par jour ou un certain nombre de jours par semaine (Ord. 2 août 1816, art. 4; circ. min. 3 juin 1817, art 47).

611. — Les préfets reçoivent et adressent au conseil de l'école les demandes qui seraient faites par les propriétaires des divers établissemens de mines pour s'attacher des élèves brevetés de l'école.

§ 8. — *Ecole des ponts et chaussées.*

612. — Cette école, fondée en 1747, établie sur de nouvelles bases par les lois des 19 janv. 1791 et 1er juill. 1792, a été réorganisée par les décrets des 27 mess. et 7 fruct an 12.

Elle est sous l'autorité du ministre de l'intérieur et sous la surveillance du directeur-général des ponts et chaussées.

Ses fonctionnaires sont, un directeur, un inspecteur des études, un sécrétaire qui exerce les fonctions de bibliothécaire, et des professeurs.

613. — On n'y est admis qu'après être sorti de l'école polytechnique.

La durée des études est de deux ans et demi.

Les élèves sont partagés en trois classes, suivant les degrés de mérite; ces degrés, dont la distribution est réglée par le décret, assignent le rang dans chaque classe, et donnent droit, quand on en réunit un certain nombre, aux prix fondés pour chaque objet de l'enseignement (Décr. 7 fruct. an 12, art. 21, 24 et suiv.).

614 — On enseigne dans cette école l'application des principes de physique et de mathématiques à l'art de projeter et de construire les ouvrages relatifs aux routes, aux canaux, aux ports maritimes et aux édifices qui en dépendent; les moyens d'exécution et de pratique; les formes établies pour la réduction des devis et détails estimatifs des ouvrages à exécuter, et l'ordre à tenir dans la comptabilité; le droit administratif, l'architecture, la minéralogie, la mécanique et les constructions (Décr. 7 fruct. an 12, art. 8).

615. — Les élèves les plus distingués sont envoyés à des travaux dans les départemens sous les ordres des ingénieurs. Ils ne peuvent être envoyés deux campagnes de suite sur les mêmes travaux. Ils doivent rédiger un rapport sur les objets qu'ils ont vu exécuter (art. 43 et suiv.).

616. — Les appointemens des élèves sont, à l'école, de 700 fr. pour la première année, de 800 pour la deuxième, et de 900 pour la troisième. Pendant le temps qu'ils passent en province, leur traitement est sur le pied de 1,800 fr. par an; on leur paie en outre 100 fr. de frais de déplacement et le coût du voyage.

617. — En sortant de l'école, l'élève a le grade d'aspirant et un traitement de 2,400 fr. Un an après, il est nommé ingenieur ordinaire de deuxième classe, aux appointemens de 3,300 fr.

§ 9. — *Ecole forestière.*

618. — L'école royale forestière, instituée à Nanci par ordonnance du 26 août 1824, a été organisée

définitivement par une ordonnance du 1er août 1827. Aux termes de cette dernière, il devait y avoir des écoles secondaires dans les régions de la France les plus boisées, pour l'instruction d'élèves gardes. Mais ces écoles n'ayant pas été formées, nous ne parlerons que de celle de Nanci.

619.— Les cours y sont de deux années. Ils comprennent : l'histoire naturelle dans ses rapports avec les forêts; les mathématiques appliquées à la mesure des solives et à la levée des plans; la législation et la jurisprudence forestières, l'économie forestière en ce qui concerne l'agriculture, l'aménagement et l'exploitation des forêts, et l'éducation des arbres propres aux constructions civiles et navales, le dessin, la langue allemande (Ord. 1er août 1827, art. 41, 42).

620. — L'école possède une bibliothèque, un cabinet d'histoire naturelle, et un terrain pour les plantations nécessaires à l'instruction des élèves (art. 43).

621.— Chaque année, les élèves sont conduits en forêts par un professeur pour faire l'application de leurs connaissances théoriques (art. 48).

622.— Le nombre des élèves est de vingt-quatre. Les places sont données au concours. On y est admis de dix-neuf à vingt-deux ans; il faut avoir terminé son cours d'humanités; justifier d'un revenu annuel de 1,200 fr., ou, à défaut, d'une obligation des parens de payer une pension égale pendant le séjour à l'école, et une pension de 400 fr. depuis la sortie de l'école jusqu'à ce que l'élève soit employé comme garde-général en activité (art. 44).

623.— Les objets de l'examen sont déterminés par l'ordonnance, et les élèves sont nommés par le ministre des finances, d'après les résultats de l'examen (art. 45).

Une ordonnance, du 5 mai 1834, autorise le ministre à fixer chaque année le nombre des élèves à admettre à l'école, et détermine les objets sur lesquels les candidats seront examinés.—D.P. 34. 3. 49.

624.— Les élèves ont à l'école le rang de garde à cheval, et portent un uniforme spécial (Ord. de 1827, art 46, 47).

625.— Ceux qui ont complété deux années d'études subissent un examen; en satisfaisant à l'examen de sortie, les élèves ont le rang de garde-général, et obtiennent les premiers emplois vacans dans ce grade, dès qu'ils ont atteint vingt-cinq ans, où avec dispense d'âge. Toutefois, la moitié de ces grades est réservée aux gardes à cheval en activité (art. 49, 50).

626.— Les élèves non assez instruits peuvent rester à l'école une troisième année, après laquelle les incapables sont rayés du tableau de l'école et de l'administration forestière (art. 52).

§ 10.— *Ecoles de marine.*

627. — Une ordonnance, du 7 déc. 1830, ayant supprimé l'école préparatoire de marine établie à Angoulême, il reste des écoles de navigation, l'école navale de Brest, l'école du génie maritime.

Ecoles de navigation. — Elles sont gratuites, et établies pour faciliter aux navigateurs de toutes les classes l'étude des mathématiques, de la navigation, et l'usage des instrumens nautiques.

628.— Des examinateurs parcourent tous les ans les ports de France, et procèdent aux examens exigés par les réglemens pour le commandement des bâtimens de commerce.

629. — *Ecole navale de Brest.* — Etablie sur un vaisseau de l'état par décision ministérielle, du 7 mai 1827, cette école a été organisée, sous le nom d'école navale, par une ordonnance, du 1er nov. 1830, et par celle du 4 mai 1833. Elle a pour but de compléter l'instruction des jeunes gens qui se destinent à la marine.— D.P. 33. 3. 61.

630.— Les élèves sont admis par voie de concours; les examens sont faits dans les mêmes lieux, aux mêmes époques, et par les mêmes examinateurs que ceux de l'école polytechnique (Ord. 1830, art 7).

Les conditions d'admission, qui supposent des études mathématiques assez avancées, et l'enseignement dans l'école, sont réglées par les art. 1er et 5 de l'ordonnance de 1833.

La durée du cours d'études est de deux ans, et les élèves sont partagés en deux divisions (*ibid.*, art. 3).

631.—Les élèves doivent être pourvus d'un trousseau, verser 100 fr. en entrant à l'école, et payer une pension de 700 fr., y compris les 100 fr. Des places gratuites peuvent être accordées aux élèves

privés de fortune et fils de marins ou militaires (*ibid.*, art. 3).

632. — Une corvette de guerre est affectée à l'école pour les exercices de manœuvres (Ord. de 1830, art. 11).

633. — Pendant leur séjour à bord, les élèves jouissent d'une ration en nature et d'une somme de 1 fr. par jour, à titre de traitement de table (*ibid.*, art. 13).

634.—Tous les trois mois, les élèves subissent des examens qui constatent leurs progrès (*ibid.*, art. 15).

Des récompenses peuvent être accordées, sur la caisse de l'école, aux élèves qui se sont le plus distingués (art. 20). Ceux qui n'ont pas répondu d'une manière satisfaisante sont renvoyés à leur famille; le temps passé à l'école ne leur compte pas comme service (art. 17). Toutefois, il peut être accordé une prolongation d'une année pour cause de maladie (Ord. 4 mai 1833, art. 6).

635.— Chaque année, après la clôture des cours, les élèves subissent un examen public devant une commission, pour passer d'une division à l'autre, ou pour passer au grade d'élève de la marine de deuxième classe (Ord. 4 mai 1833, art. 6).

636. — L'élève qui a encouru trois fois la peine du cachot, est renvoyé de l'école (Ord. 1er nov. 1830, art. 18).

Sauf le cas de maladie, il n'est accordé de congé qu'aux élèves qui ont rempli les conditions exigées pour être enseignes de vaisseau (*ibid.*, art. 23).

637.— Lorsque les élèves se trouvent à terre, ils sont soumis à la surveillance du major-général de la marine (art. 22); l'école est placée sous la surveillance spéciale du préfet maritime (*ibid.*, art. 24).

638. — *Ecole du génie maritime.* — Cette école est destinée à former les ingénieurs qui composent le corps du génie maritime. Elle est établie au port de Lorient, et organisée par les ordonnances des 8 mars 1830 et 7 sept. 1831 (D.P. 31. 3. 51). Cette dernière règle l'admission et l'instruction des élèves de l'école.

639.—Les élèves sont pris parmi ceux de l'école polytechnique déclarés admissibles dans les services publics.

La durée des études est de deux ans. Après un examen de sortie, les élèves déclarés admissibles sont nommés immédiatement sous-ingénieurs de troisième classe. Ceux qui n'ont pas été jugés admissibles restent à l'école une troisième année, après laquelle ils sont renvoyés s'ils n'ont pas acquis les connaissances nécessaires.

640. — Outre ces écoles, il y a encore des écoles de maistrance dans les ports de Brest, Toulon et Rochefort. Elles ont été organisées par une ordonnance du 1er janv. 1833.—D.P. 33. 3. 27.

§ 11. — *Ecoles de beaux-arts.*

641.—Il y a, à Paris, une école gratuite de dessin pour les garçons et une pour les filles. On y enseigne le dessin de figure d'ornement, de paysage, d'animaux et de fleurs.

Chaque année, des prix sont distribués, et les ouvrages des élèves demeurent exposés pendant huit jours. Les prix sont décernés par la commision de surveillance, composée de membres de l'institut, et établie en 1828 par le ministre de l'intérieur.

642.— L'école spéciale des beaux-arts, qui a remplacé l'académie royale de peinture et sculpture fondée en 1648, et celle d'architecture fondée en 1671, est divisée en deux sections, l'une de peinture et sculpture, l'autre d'architecture. Son administration est du ressort du ministère de l'intérieur

643.—Des écoles de dessin existent aussi dans les provinces; ce sont des fondations particulières, ou des établissemens subventionnés par les départemens ou les communes.

644. — Le conservatoire de musique et de déclamation est une école où l'on enseigne toutes les parties de l'art musical et de l'art dramatique. Il fut créé le 3 janv. 1784, par arrêt du conseil d'état, sous le nom d'*école de chant*, et ouvert sous la direction de Gossec. Ses réglemens ont été plusieurs fois modifiés. Il est dans les attributions du ministre de l'intérieur.

645.—Plus de trois cents élèves des deux sexes y reçoivent gratuitement les leçons; l'on y est admis que par voie d'examen et de concours. Les prix y sont également distribués après un concours qui est public.

646.—C'est du conservatoire que sortent les artistes des théâtres royaux, et un grand nombre d'artistes des théâtres des départemens, ainsi que d'habiles exécutans pour les orchestres.

Le conservatoire produit aussi des compositeurs. Une mesure récente donne aux élèves qui ont eu le prix de composition le droit de faire représenter un ouvrage sur le théâtre de l'Opéra-Comique.

Enfin, le conservatoire est aussi une école normale où l'on forme des professeurs.

647. — Il est administré et surveillé par un directeur. Le nombre des professeurs a été successivement augmenté, selon les besoins de l'école et les développemens de l'art musical.

648. — Il existe en province, notamment à Lille et à Toulouse, des conservatoires de musique. Ce sont des établissemens fondés par des associations particulières, et plus ou moins soutenus par des allocations départementales ou municipales.

649. — Depuis Louis XIV, la France entretient à Rome une école où sont envoyés, pour y passer cinq années, aux frais de l'état, les élèves en peinture qui ont remporté les premiers grands prix de l'Institut. Les élèves graveurs y ont été admis par ordonnance du 30 août 1828.

§ 12. — *Écoles vétérinaires.*

650. — Ces écoles ont pour objet l'art de soigner et de guérir les chevaux et autres animaux domestiques. Celle d'Alfort a été licenciée par ordonnance du 7 juin 1832, qui a chargé le ministre de l'intérieur d'en proposer la réorganisation s'il y avait lieu (D.P. 32. 3. 98). — Une autre ordonnance du 28 août 1832 statue relativement aux élèves entretenus à l'école d'Alfort aux frais du département de la guerre. — D.P. 32. 3. 116.

651. — Il y a aussi une école vétérinaire à Lyon et une à Toulouse.

652. — On fait dans ces écoles des cours d'anatomie, de maréchalerie et de jurisprudence vétérinaire. Les chaires sont données après des concours dont les programmes sont transmis par les préfets aux maires, chargés de les publier (Circ. min. 12 mars, 8 nov. 1817, 26 janv. 1821).

653. — Il y a pour chaque école un jury d'examen composé de quatre médecins et de quatre agriculteurs instruits, nommés par le préfet (L. 29 germ. an 3, art 12). Ce jury prononce sur l'admission des élèves et sur leur capacité après le temps d'études.

654. — Les élèves sont soumis au même régime et portent un uniforme; la pension est de 360 fr. par an.

La durée des études est de quatre ans (Ord. 1er sept. 1825). Après ce temps, les élèves jugés assez instruits reçoivent le diplôme vétérinaire dont la rétribution est de 100 fr.

§ 13. — *Ecoles commerciales, industrielles et des Arts et Métiers.*

655. — L'école spéciale de commerce, à Paris, est un établissement particulier où l'on enseigne toutes les sciences positives applicables au commerce.

Plusieurs institutions du même genre, mais d'un ordre inférieur, existent soit à Paris, soit dans des villes de province.

656. — Ce sont aussi des particuliers qui ont fondé à Paris l'école centrale des arts et manufactures, vaste établissement destiné à former des directeurs d'usines, des chefs de manufactures, des ingénieurs civils, par l'enseignement des sciences industrielles. Le cours d'études y est de trois années.

657. — Les écoles d'arts et métiers ont pour objet la théorie et la pratique des arts mécaniques, nécessaires pour former des chefs d'atelier et de bons ouvriers.

658. — Une école de ce genre fut d'abord placée à Compiègne, puis transférée à Châlons; une seconde a été créée à Angers; elles ont été régies par une ordonnance du 31 décembre 1826, et le sont aujourd'hui, sous le titre d'écoles royales d'arts et métiers, par une ordonnance du 23 septembre 1832. — D.P. 33. 3. 124.

659. — L'école de Châlons peut recevoir quatre cents élèves et celle d'Angers deux cents. Cent cinquante pensions, cent cinquante trois quarts et cent cinquante demi-pensions, plus soixante-quinze bourses de dégrèvement d'un quart, donnés comme récompense ou encouragement, sont aux frais de l'état (Ord. 23 sept. 1832, art. 1, 2).

660. — Les élèves ne sont admis qu'après un examen passé devant un jury formé dans chaque département (art. 5). Ce jury dresse des listes sur

tesquelles le ministre du commerce fait les nominations (art. 6, 7, 8).

661. — Le cours des études dure trois ans, et ne peut être prolongé. Outre les cours pour l'instruction théorique, chaque école a quatre ateliers qui peuvent, s'il y a lieu, être divisés chacun en deux sections (art. 19, 20, 21, 22).

Les élèves, à leur entrée, sont classés dans chaque atelier (art. 23).

662. — Il est fait, deux fois l'an, un examen général des élèves. Celui de la fin de l'année est fait par des examinateurs nommés par le ministre. Ceux-ci président à la distribution des prix; ils décernent aux élèves les plus distingués une médaille d'argent (art. 25, 26, 27).

663. — Ceux des élèves qui ont reçu des médailles, et qui, à la sortie de l'école, n'auraient pas de moyens d'existence assurés, sont placés dans les arsenaux ou dans les manufactures du royaume, aux frais de l'état, pendant une année (art. 28).

664. — Trois cours publics et gratuits ont été établis, par ordonnance royale du 25 nov. 1819, au conservatoire des arts et métiers. Ce sont ceux de chimie appliquée aux arts, de géométrie et mécanique appliquées aux arts, et d'économie industrielle.

665. — Au même établissement se trouve une école de dessin et de géométrie descriptive, où les élèves ne sont admis que sur une autorisation ministérielle, demandée par les préfets ou par les maires de Paris (Ord. 31 août 1828).

666. — Il existe aussi, depuis 1766, à Paris, une école gratuite de mathématiques et de dessin en faveur des ouvriers qui se destinent aux professions mécaniques.

On y enseigne la géométrie pratique, l'arithmétique et le toisé, l'arpentage, la coupe des pierres, la coupe des bois, les élémens d'architecture, les proportions de la figure humaine et le dessin des animaux, le dessin des ornemens et des fleurs.

§ 14. — Écoles des sourds et muets.

667. — Fondée par l'illustre abbé de l'Épée, cette institution a été autorisée à Paris par une loi du 29 juillet 1795. Les sourds-muets des deux sexes y apprennent les principes de la religion, la lecture, l'écriture, le calcul, le dessin. On leur enseigne aussi des métiers; les filles y font tous les ouvrages de leur sexe. L'instruction dure cinq à six ans.

668. — On y est admis de dix à quinze ans. Le nombre des élèves est de cent, dont quatre-vingts à places gratuites, dix à demi-bourse, dix à trois quarts de bourse; les places vacantes sont données moitié par le ministre, moitié par les administrateurs. Il y a de plus des pensionnaires dont le nombre illimité; le maximum de la pension est de 900 fr. pour les garçons, et 800 fr. pour les filles.

669. — L'institution a un directeur: elle est sous la surveillance immédiate du ministre de l'intérieur; elle est administrée par un conseil gratuit et honoraire de sept membres. Le gouvernement y a ajouté, en 1824, un conseil de perfectionnement.

670. — Une succursale de l'institution de Paris a été fondée à Bordeaux, le gouvernement en entretient soixante boursiers.

Il y a encore d'autres écoles de sourds-muets, notamment à Nanci, à Besançon, etc.; elles sont aux frais des villes ou des départemens.

— V. Louage.

TABLE SOMMAIRE.

Abandon. 12, 127.
Absence. 124.
Academie. 16, 22, s. 237, 551. — V. Conseil.
Acceptation. 47.
Acquiescement. 90.
Action. 64. — publique. 91, s. 150.
Adjoint. — V. Maire.
Admission. 339, 350, s.
Age. 17, 46; 191; 303, 504, s.
Agrégé. 68, 209, s. 441.
Amende. 77.
Appel. 76, 318. — nominal. 197, s.
Approbation. 42, 44.
Artillerie. — V. École.
Arts et Métiers. 655, s.
Association. 142.
Attribution. 27, s.

Auditeur. 226.
Autorisation. 6, 47, s. 51, s. 79, 92, 95, s. 313, s. 443, s 461, s 474, 497, s. 509, 512.
Avertissement. 114, s. 481.
Avis. 130.
Avoué. 226.
Baccalauréat. 188, s. 203, suiv.
Bachelier. 222, 234, s. 242, s. 460.
Bâtiment. 58, s. 80.
Bibliothèque. 261. — publique. 527.
Biens. 58, s.
Bonne conduite. 197.
Bourse. 250, 271, 289, s.
Brevet. 410, -303, 325, 421, s. 491, s.

Capacité. 47, 53, 109, s. 525, 421, 452, 491, s.
Caisse d'épargne. 374, s.
Candidats. 597.
Cassation (apprec.) 105.
Cavalerie. 578.
Censeur. 209, s.
Censure. 69, 123.
Certificat. 197, s. 203, 269, 219, 222, 243, 305, s. 387, 403, s. 550.
Chaire vacante. 190, 214, suiv.
Chancelier. 52, 169, s.
Changement. 449.
Clerc d'église. 100.
Clôture. 113, s.
College. 53, s. — communal. 279. — (organisation). 280, s. — de La Flèche. 525. — de France. 525. — royale. 238.
Comité. 394, s. — (délibération). 413. — d'arrondissement. 405. — composition. 400, s.
Commission. 240, s. 420, suiv.
Communauté religieuse. 497.
Comparution. 169, 174.
Compétence. 18, 52, 60, s. 67, s. 79, s. 99, 149, 156, 183. — ordinaire. 84, s. 531.
Comptabilité. 60, 75, s. 176, 182.
Concours. 201, 648.
Condamnation. — V. Capacité.
Congé. 547.
Conseil académique. 41, 76, s. 156, s. 198, 215. — d'état. 70, 179 — municipal. 547, 597. — de préfecture. 52. — d'université. 50, s. 65, 68, s.
Contrainte. 52, s. 75.
Copie. 169, 172.
Co-re-pondant. 493.
Costume. 20, 214, 463.
Curé. 100, s. 307, 590.
Déclaration. 468. — fausse. 352.
Décompte. — V. Comptabilité.
Décret. 63, 98.
Défense. 310, s. 318, 453.
Degré de juridiction. 70, 6. 75, s. 179, s.
Délégation. 114.
De il. 61, s. 79, s.
Dépense. 53, s. 288, s. 347, s. 571, 585.
Désordre. 142.
Dessin. 647, s.
Diplôme. 79, 82, s. 186, 222, s. 449, 505.
Dispense. 17, 224, 225.
Discipline. 18, s. 23, 64, s. 118, s. 163, 181, 279, 300, 557.
Doctorat. 188, 222, s 246.
Donation. 47.
Dotation. 58.
Doyen 152, 184, 201, 215, 258.
Droit. 48, 168. — V. Rétribution. — commun. 78.
École d'application d'état major. 571, s. — d'artillerie et du génie. 563 — des beaux-arts. 638, s. — de cavalerie. 576. — centrale. 4. — chrétienne. 17. — communale. 650, s. — ecclésiastique. 199, 208, s — secondaire 460, s. — de filles. 473. — forestière. 615, s. — génie maritime. 638, s. — industrielle. 651, s.

— de marine. 627. — militaire. 593, s. — des mines. — 599, s. — normale. 250, s. 489. — primaire. 382,292, — polytechnique.545,s. — organisation. 545. — des ponts et chaussées. 612, s. — V. Instruct. primaire. — (nombre) 319, 338,s. — de filles. 481. — degrés supérieurs. 496, s. — primaire publique.520, s. — publique. 101,s. — de Saint-Cyr.583, s. — des sourds et muets. 667, s. — vétérinaire. 630, s.
Économe. 74, 264, s.
Élève. 132, 139, s. 191.
Émérital. 45, s.
Établissement britannique. 342. — public. 51.
État-major. — V. École d'application.
Étranger. 330.
Étudiant. — V. Élèves.
Évêque. 25, 466.
Examen. 209, 221, s. 228, 240, 305, 352, 424, s. 500. — V. École.
Excès de pouvoir. — V. Compétence.
Exclusion. 76.
Excuse. 197.
Exécution. 122, 127, 173. — provisoire. 71, 78, 434, 458.
Expulsion. 142, 145, s.
Externe. 456.
Facultés. 183, s. — de droit. 207. — des lettres. 237. — de médecine. 227. — des sciences. 251, s. — de théologie. 498, s.
Faux. 86.
Fermeture. — V. Clôture.
Fille. 113, 641. — V. École.
Fondation. 47.
Génie — V. École.
Grade. 15, s. 186.
Grand-maître 26, s. 55, 68, s. 113, s.
Gratuité. 225, 297, 521, 561, 590, 647, s. 664.
Gymnase normale. 593.
Gymnase. 111, s. 308.
Historique. 2, s.
Hospice. 114, s.
Hypothèques légales. 84.
Immunibilité. 215.
Incompatibilité. 15.
Indemnité. 58.
Inscription. 194, 217, s. — (perte). 140.
Inspecteur d'académie. 40, s. — général. 34, s. 154. — spécial. 428, s.
Inspection. 596, s.
Institut. 517, s.
Instituteur primaire.505, s. 525, s.
Institutrice. 463, s. 491,s.
Instruction. 2, s 37. — primaire. 514, s. — publique. 2, s 27.
Insubordination.156,141.
Jésuite. 470.
Jugement. 171, s.
Juridiction. 61.
Jury médical. 52.
Langue vivante. 100.
Latin. 315.
Lettre. 19.
Licence. 222, 246.
Livré. 51.
Local. 345, s 590.
Logement. 346, s.
Loi. 2, s. 62, 93.
Lycée. 267, s.
Maire. 304, 590, s.
Maison d'éducation. 441.
Maître d'études. 209. — de pension. 529.

Mauvais traitement. 132
Mauvaise conduite. 508, suiv.
Médecine. 65. — V. Faculté.
Mémoire de l'université. 11, s. 82, s.
Mémoire. 168.
Mesure conservatoire. 177.
Mesure urgente. 71.
Mines. — V. Écoles.
Ministère public. 91, s. 169, s.
Ministre 9, 26, 514, s.
Motifs. 172.
Musée d'histoire naturelle. 523.
Navigation. 627, s.
Nomination. 27, s. 433.
Obligation. 11, s.
Officier. 16.
Ordonnance. 171.
Organisation. 3, s. 11, s. — V. Instruction.
Paiement. 297.
Parens. 149, 192, 501.
Pauvres.—V.Gratuité.
Peine. 69, s. 139, s. 165, 310, 339, s. 454, s. 479.
Pension. 17, 45, 57, 115. — s. 122, s. 271, 406, 441, s. 506.
Permission. 42.
Petit séminaire. 468, s.
Pharmacie.—V. Faculté.
Plainte. 154.
Poids et mesures. 598.
Ponts et chaussées.618,s.
Poursuite. 114, 155, s.
Préf. 25,582,408,494,498.
Principal. 406.
Procès. 370, s. — verbal. 53, 43, 166.
Professeur. 201, 211, s. 226, 270, 406.
Projet. 218.
Protestant 206, 593, 472.
Proviseur. 88, 259, s. 406.
Publicité 101, s.105,196.
Radiation. 12, 69, 115, 119, 125, 136, s. 161, 519, s.
Rang. 14, 324.
Rapport. 164. — aux lois. 10.

Recette. 58.
Récidive. 124, 134, 141, s. 510.
Réclamation. 149, 151, s. 364.
Récompense. 317.
Recours. 52, 70, 151, s. 179, s. 198, 224, 459.
Recouvrem. 95, s. 301, s.
Recrutement.17,219,546.
Recteur. 38, 55,68, 72, s. 114, s. 151, s. 166, s. 173, s 218, 259, 582, 448, 455.
Récusation. 158.
Réforme. 70, 119, s. 161, 174, s. 185.
Reins. 155.
Registre. 39, s.
Règlement. 25, 298.
Répétiteur. 452.
Réprim. nde. 69,125,174.
Responsabilité. — V. Économe.
Retenue. 574, s.
Rétribution. 48, 58, 275, s. 361, s. 445.
Revenus. 277.
Révocation 458.
Sciences.—V. Facultés.
Secrétaire. 215, 218.
Séminaire. 460, s.
Serment. 11, 245.
Société littéraire. 531.
Sourds et muets. — V. École.
Souscription. 553.
Sous-préfet. 55, 561, s.
Suppression. 59.
Surveill.nce. 22, s. 452.
Suspension. 69, s. 119, 130, s 354, s.
Théologie — V. Faculté.
Timbre. 186, 564.
Tolérance. 55.
Traitement. 57, 119, 124, 214, 267, s. 295, 545.
Trésorier. 52.
Troubles. 142.
Université. 5, s. 11, s. 22, s. 47.
Usurpation. 79, 91.
Veuve. 46.
Ville de Paris. 16.
Violation de dépôt. 80.
Visite.—V. Inspecteur.

ENTABLEMENT.—V. autorité municipale.
ENTÉRINEMENT. — V. Amnistie.
ENTONNOIR.—V. Propriété.
ENTRÉE.—V. Capitaine, Contributions indirectes, Élections départementales, Faillite, Théâtre, Vol, ENTRÉE DE FAVEUR.—V. Audience, Théâtre.
ENTREPOSITAIRE.—V. Commissionnaire, Contributions indirectes.

ENTREPOT.

ENTREPOT. — On a vu au mot Douanes, p. 191, n. 47 et suiv., ce qu'il faut entendre par entrepôt, et ce qui distingue l'entrepôt réel de l'entrepôt fictif.

1. — Lorsqu'un régime de douanes soumet à des droits d'entrée presque toutes les provenances de l'étranger, il devient nécessaire (a dit M. le ministre du commerce, dans le discours de présentation de la loi du 9 fév. 1832) d'établir des exceptions en faveur de celles de ces provenances qui sont destinées à retourner à l'étranger. La protection accordée à l'industrie intérieure ne doit pas faire dédaigner les bénéfices accessoires du commerce d'économie, commerce qui consiste à spéculer pour les autres avec de médiocres profits, il est vrai, mais sans courir de chances. D'une part, les consommateurs, et les négocians qui les approvisionnent ont intérêt à acquitter les droits non à l'instant où les marchandises étrangères destinées à la consommation intérieure arrivent sur le sol français, mais seulement à l'époque où elles doivent pénétrer dans l'intérieur, pour y trouver un placement. Cette combinaison frappa Colbert; aussi qu'il eût organisé le service des fermes et terminé son tarif de 1664, il conçut la pensée si simple et si féconde des entrepôts et du transit. — Les entrepôts qui, dans chaque port, forment un territoire neutre et un lieu d'asile contre le fisc; le transit qui donne passage de l'étranger à travers un territoire défendu par une ligne de douanes. — Ces deux facultés se

complètent l'une par l'autre; elles sont corrélatives, car les entrepôts, avec obligation de ne réexporter que par mer, n'offrent que des facilités illusoires et sans avantages réels.

2. — Créés par l'ordonnance de 1687, les entrepôts et le transit furent supprimés en 1688. En 1791, ils furent rétablis partiellement; la loi du 8 flor. an 11 rétablit en même temps les entrepôts et le transit. Cette loi, ainsi que celles du 17 déc. 1814 et 21 avril 1818, excluaient les marchandises prohibées. La loi du 18 avril 1831 et les ordonnances des 29 avril et 2 juin de la même année tendirent à faire cesser cette exclusion, c'est aussi dans ce but qu'a été rédigée la loi du 9 fév. 1832, sur le *transit et les entrepôts*. — D.P. 32. 3. 1.

3. — Cette loi est divisée en deux titres, le premier relatif au transit, tant des marchandises non prohibées, que des objets prohibés; le second concerne les entrepôts et contient des dispositions relatives, les unes aux entrepôts des marchandises prohibées, les autres à tous les entrepôts; les dernières enfin sont spéciales à certains entrepôts. Du reste, par la multiplicité des détails qu'elle contient, cette loi échappe à toute analyse. Elle est rapportée par Dalloz (D.P. 32. 3. 1) — Une ordonnance royale du 27 fév. 1832 est intervenue touchant l'exécution de l'art. 11 de ladite loi. — D.P. 32. 3. 9.

4. — Une autre loi du 27 fév. 1832 autorise, sous certaines conditions qu'elle détermine, la création d'entrepôts dans l'intérieur et aux frontières. — D.P. 32. 3. 11.

5. — 7 janv.-1er fév. 1833, ordonnance du roi contenant des modifications au régime de l'entrepôt des vins à Paris. — D.P. 33. 3. 29.

6. — 17 fév. 1830, 29 janvier 1833, ordonnance concernant l'annexe de l'entrepôt général des vins à Paris. — D.P. 33. 3. 29.

7. — 22 mars.-15 avril 1833, ordonnance du roi sur l'entrepôt général des boissons de la ville de Paris. — D.P. 33. 3. 44.

8. — Aux décisions judiciaires rendues en matière d'entrepôt, et que l'on trouvera aux mots *Contributions indirectes, Douanes, Octroi*, il convient d'ajouter ici les suivantes :

9. — Lorsque des marchandises prohibées destinées à la réexportation, ont été soustraites dans le magasin spécial de l'entrepôt, dit *magasin du prohibé*, dont l'administration des douanes a la disposition exclusive, cette administration doit être déclarée responsable de la valeur des marchandises. — 13 juin 1831. Req. Bordeaux. Douanes C. Gaboriaud, etc. D.P. 31. 1. 203.

10. — La régie ne doit être tenue de payer que la valeur des marchandises d'après l'estimation qui en a été faite dans l'acquit-à-caution; on dirait en vain qu'elles avaient une valeur bien supérieure. — Même arrêt.

11. — La soustraction commise à l'entrepôt par l'entrepositaire, ne fait pas obstacle à ce que la régie réclame les droits, même contre la caution, et celle-ci ne serait pas fondée à lui opposer soit l'art. 1392, soit l'art. 2037 C. civ. — D.P. 33. 1. 274.

12. — De la disposition de l'ordonnance de 1814, portant que les liquides consignés à l'entrepôt de Paris ne pourront en sortir que sur transfert signé du consignataire ou d'un *fondé de pouvoir reconnu*, il ne résulte pas que le fondé de pouvoir doive être porteur d'un mandat écrit; il suffit d'un mandat verbal. — 23 mars 1831. Req. Paris. Oppermann. D.P. 31. 1. 149.

— V. Actes de commerce, Commissionnaire, Compétence commerciale, Contributions indirectes, Douanes, Sels, Tabac, Voirie.

ENTREPRENEUR-ENTREPRISE. — V. Marché. — V. aussi Acte de commerce, Amende, Caution, Commissionnaires, Commerçans, Compétence administrative, Compétence civile, Compétence commerciale, Contrainte par corps, Concession, Conseil d'état, Eau, Forêts, Louage, Presse, Théâtre, Travaux publics, Voirie, Voitures publiques.

ENTRETIEN. — V. Alimens, Autorité municipale, Communauté, Contributions directes, Dot, Eau, Fabriques, Garde nationale, Louage, Mandat, Rente, Rapport, Servitudes, Usufruit, Voirie.

ENVOI EN POSSESSION. — V. Absence, Conciliation, Domaine extraordinaire, Droits civils, Elections départementales, Enregistrement, Fabriques, Ministère public, Substitution, Succession, Succession irrégulière, Testament olographe, Usufruit, Vente.

ÉPAVES. — V. Droits civils, Propriété, Vol.

ÉPICIER. — V. Autorité municipale, Art de guérir, Patente.

ÉPIDEMIE. — V. Autorité municipale, Contrainte par corps.

ÉPILEPSIE. — V. Interdiction.

ÉPINE. — V. Forêts.

ÉPINGLE. — V. Vente.

ÉPIZOOTIE. — Maladie épidémique ou contagieuse des animaux.

1. — L'administration, soit municipale, soit supérieure, a le droit de prendre toutes les mesures nécessaires pour prévenir cette maladie ou pour en arrêter le cours.

2. — Des peines sont infligées à tout détenteur ou gardien de bestiaux soupçonnés d'être infectés de maladie contagieuse, qui n'en avertit pas sur-le-champ le maire de la commune, ou qui les laisse communiquer avec d'autres bestiaux.

3. — Un arrêté du directoire, du 27 mess. an 5, et une ordonn., du 17 janv. 1815, contiennent des mesures d'ordre public pour le cas où des épizooties se déclarent.

— V. Autorité municipale, Louage.

ÉPOUX. — V. Absence, Action possessoire, Adoption, Alimens, Appel, Appel incident, Cassation, Chose jugée, Communauté, Contrainte par corps, Contrat de mariage, Divorce, Donation, Donation déguisée, Dot, Enregistrement, Femme, Frais, Interdiction, Loi, Partage, Peine, Péremption, Procès-verbal, Rente, Retrait successoral, Séparation de corps, Substitution, Succession, Succession irrégulière, Usufruit, Vente, Voies de fait, Vol.

ÉQUIPAGE. — V. Avarie, Capitaine, Charte-partie, Contrat à la grosse, Douanes.

ÉQUIPEMENT. — V. Militaire, Peine, Rapport, Vol.

ÉQUITÉ. — V. Lois.

ÉQUIVALENT. — V. Acte de notoriété, Appel incident, Assurance maritime, Autorité municipale, Avarie, Capitaine, Cassation, Caution, Confiscation, Conflit, Conflit d'attribution, Contrainte par corps, Contributions indirectes, Contrat à la grosse, Loi, Partage, Rapport, Rescision, Saisie-exécution, Saisie-immobilière.

ERREUR. — V. Obligation. — V. aussi Acquiescement, Acte de notoriété, Acte respectueux, Action, Amende, Appel, Assurance maritime, Assurance terrestre, Autorité municipale, Aveu, Capitaine, Cassation, Caution, Charte-partie, Chose jugée, Commerçans, Commissionnaires, Communes, Conseil d'état, Compte, Contrat à la grosse, Contributions indirectes, Désaveu, Domicile, Douanes, Droits politiques, Effet de commerce, Empêchement, Jugement, Elections départementales, Elections législatives, Enregistrement, Exception, Exploit, Faux, Forêts, Honoraires, Hospices, Hypothèques, Loi, Louage, Mandat, Ordre, Organisation judiciaire, Pêche, Prescription, Prêt, Prise à partie, Procès-verbal, Requête civile, Rescision, Saisie-immobilière, Succession, Tentative, Transaction, Usufruit, Voitures publiques.

ERREUR COMMUNE. — V. Loi. — V. aussi Acquiescement, Acte de notoriété, Assurance maritime, Bigamie, Cassation, Droits civils, Etranger, Faillite, Obligation, Peine, Témoins, Tribunaux.

ERREUR DE DROIT. — V. Loi. — V. aussi Aveu, Cassation, Chose jugée, Rescision, Substitution, Transaction.

ERREUR DE FAIT. — V. Acquiescement, Aveu, Capitaine, Cassation, Erreur de droit, Rescision, Substitution.

ERREUR JUDICIAIRE. — V. Amnistie.

ESCALADE. — V. Peine, Tentative, Vol.

ESCALIER. — V. Servitudes.

ESCAULT. — V. Douanes.

ESCLAVAGE — ESCLAVE. — V. Contrainte par corps, Avarie, Traite des noirs.

ESCOMPTE. — 1. — C'est la déduction faite au profit de celui qui paie une dette à terme avant l'échéance. Elle a lieu principalement pour le paiement des effets de commerce et autres valeurs en papier.

2. — La déduction se règle sur la différence de valeur existant entre les papiers en circulation et l'argent comptant; s'ils éprouvent une perte de 10 pour 100, le montant de la déduction sera égal à cette perte. — Roll., v° Escompte, n. 1, 2.

3. — Si les papiers et l'argent se trouvaient au pair, la réduction serait fixée au taux de l'intérêt légal. C'est un dédommagement de toute justice au profit du débiteur qui renonce au bénéfice du terme. — Roll., n. 3 à 6.

4. — C'est d'après les principes généraux du droit que l'escompte doit être fixé au taux de l'intérêt légal. Mais l'usage local de la convention des parties établit quand et à quel taux le créancier doit subir l'escompte qui, ordinairement, excède l'intérêt légal. — Pard., n. 200; Garn., *de l'Usure*, p. 55; Roll., n. 7.

5. — Entre le débiteur et le créancier, l'escompte est un paiement anticipé; il s'ensuit qu'il doit être annulé, s'il y a lieu, dans les dix jours antérieurs à la faillite. — Roll., n. 8.

6. — Il y a également lieu à un escompte en faveur de celui qui achète et paie un effet sur un tiers, si cet effet n'est payable que dans un terme plus ou moins éloigné. — Roll., n. 9, 10.

7. — L'escompte réel n'est pas soumis à la loi contre l'usure; mais il en est autrement, si l'on prouve que l'escompte stipulé n'a eu pour but que de déguiser un pacte usuraire. — V. Usure.

ESCROQUERIE. — La définition de ce mot se trouve dans la loi elle-même (V. n. 6), mais les difficultés auxquelles cette définition donne lieu sont nombreuses dans l'application. — Cette matière a de l'analogie avec l'*abus de confiance, le faux, le stellionat* (V. ces mots), avec le dol civil. — V. Obligation.

§ 1er. — *Historique et définition du délit d'escroquerie.*

§ 2. — *Caractères de l'escroquerie. — Faux nom et fausse qualité, Manœuvres frauduleuses, etc.*

§ 3. — *Tentative, complicité et peines de l'escroquerie. — Poursuites.*

---

§ 1er. — *Historique et définition du délit d'escroquerie.*

1. — Sous notre ancien droit pénal, l'escroquerie n'avait pas dans la loi de qualification qui lui fût propre; elle était punie tantôt comme abus de confiance, tantôt comme vol, tantôt comme crime de faux, selon que les circonstances avec lesquelles elle se présentait se rapprochaient davantage de l'un de ces délits. — D.A. 7. 540, n. 1.

2. — L'art. 35 de la loi du 22 juill. 1791 établit sur l'escroquerie des dispositions spéciales. Il réputa coupables d'escroquerie, « Ceux qui, par dol, ou à l'aide de faux noms, ou de fausses entreprises, ou d'un crédit imaginaire, ou d'espérances et de craintes chimériques, auraient abusé de la crédulité de quelques personnes, et escroqué la totalité ou partie de leur fortune ».

3. — Cette loi n'avait pas entendu assurément atteindre le dol dont l'appréciation est réservée à la juridiction civile; mais les nuances qui différencient le dol civil du dol criminel sont trop difficiles à saisir, pour qu'on ne doive pas reconnaître qu'elle était conçue en des termes trop vagues. Aussi abusa-t-on souvent de sa disposition, tantôt pour convertir les procès civils en procès correctionnels, et par là, procurer à la partie poursuivante la preuve testimoniale et la contrainte par corps, au mépris de la loi générale; tantôt pour éluder la poursuite en faux, en présentant l'affaire comme une simple escroquerie, et par là procurer au coupable une espèce d'impunité.

4. — La loi du 2 frim. an 2 ne remédia qu'à un seul de ces inconvéniens. Elle put bien empêcher la confusion du faux avec l'escroquerie, mais elle n'empêcha pas que la loi générale ne fût encore éludée.

5. — Cet abus a cessé à la publication du code pénal de 1810. La suppression du mot *dol* qui se trouvait dans les deux précédentes rédactions, a ôté tout prétexte de supposer qu'un délit d'escroquerie existe par la seule intention de tromper. La loi ne veut pas que la poursuite en escroquerie puisse avoir lieu sans un concours de circonstances et d'actes antécédens qui excluent toute idée d'une affaire purement civile.

6. — « Quiconque, dit l'art. 405 C. pén., soit en faisant usage de faux noms ou de fausses qualités, soit en employant des manœuvres frauduleuses pour persuader l'existence de fausses entreprises, d'un pouvoir ou d'un crédit imaginaire, ou pour faire naître l'espérance ou la crainte d'un succès, d'un accident ou de tout autre événement chimérique, se sera fait remettre ou délivrer des fonds, des meubles ou des obligations, dispositions, billets, promesses, quittances ou décharges, et aura, par un de

ces moyens, escroqué ou tenté d'escroquer la totalité ou partie de la fortune d'autrui, sera puni d'un emprisonnement d'un an au moins et de cinq ans au plus, et d'une amende de 50 fr. au moins et de 3,000 fr. au plus.

« Le coupable pourra être en outre, à compter du jour où il aura subi sa peine, interdit pendant cinq ans au moins et dix ans au plus des droits mentionnés en l'art. 42 du présent code : le tout sauf les peines plus graves s'il y a crime de faux. »

7.— En comparant cette disposition à l'art. 35 de la loi de 1791, on voit qu'elle en diffère principalement, 1° en ce qu'elle a remplacé le mot *dol* dont se servait cet article, par une définition des manœuvres frauduleuses auxquelles elle attache l'idée de l'escroquerie, définition qui présente toute la précision dont elle était susceptible ; 2° en ce qu'elle a sagement assimilé la tentative d'escroquerie à l'escroquerie consommée, ce qui était le moyen le plus efficace pour prévenir ce genre de délit, qui deviendrait d'une fréquence extrême si la loi ne punissait que sa consommation ; 3° en ce que, dans la loi de 1791, la répression pécuniaire l'emportait sur la répression corporelle, tandis que dans la loi nouvelle c'est celle-ci qui domine (*ibid.*, n. 3).

8.— Les changemens apportés à la loi de 1791 ne doivent faire admettre qu'avec circonspection l'autorité des décisions rendues sous cette loi et portant condamnation pour escroquerie. On comprend, en effet, que le *dol*, à l'emploi duquel la loi dont il s'agit attachait vaguement le caractère du délit d'escroquerie, ait pu autoriser un grand nombre de condamnations auxquelles résisterait la rédaction plus précise de l'art. 405. Mais, par la même raison, les jugemens d'absolution rendus sous la loi de 1791 n'ont rien perdu aujourd'hui de leur autorité, ou plutôt cette autorité est d'autant plus grande que la loi nouvelle est moins sévère. — D.A. 7. 542, n. 12.

§ 2.— *Caractères de l'escroquerie.— Faux nom et fausse qualité. Manœuvres frauduleuses.*

9.— Pour constituer le délit d'escroquerie, il faut, suivant les cas, le concours de deux ou de trois circonstances. Ainsi, lorsque l'escroquerie a été tentée ou consommée à l'aide d'un faux nom ou d'une fausse qualité, l'emploi de l'un de ces moyens, joint à l'action ou à la tentative de se faire remettre des effets ou valeurs avec l'intention de se les approprier, suffit pour caractériser l'escroquerie. — D.A. *ibid.*, n. 4.

10.— L'action de toucher, à l'aide d'un faux nom, une somme d'argent au préjudice de l'état, ne constitue pas un vol, mais une escroquerie. — 17 fruct. an 8. Cr. c. Chambreuil. D.A. 7. 543.

11. — *Faux nom et fausse qualité.* — Pour qu'il y ait escroquerie, il suffit qu'un individu, en faisant usage d'un faux nom, se soit fait remettre des sommes, objets, obligations ou décharges, sans qu'il soit besoin qu'à l'aide du faux nom il ait persuadé l'existence de fausses entreprises, d'un pouvoir ou d'un crédit imaginaire, ou qu'il ait fait naître, soit l'espérance, soit la crainte d'un événement chimérique. — 5 mai 1820. Cr. r. Colmar. Poirier. D.A. 7. 563. D.P. 20. 1. 296.

12. — On comprend en effet que l'emploi, soit d'un faux nom, soit d'une fausse qualité, constitue par lui-même une manœuvre frauduleuse au plus haut degré ; tandis que les autres moyens de fraude n'offrent les élémens de l'escroquerie qu'autant qu'ils se présentent avec des caractères graves, tels que ceux exigés par l'art. 405. — D.A. 7, 541.

13. — Il cesse d'y avoir délit dès qu'il est reconnu, en fait, que l'usage du faux nom n'a pas été la cause efficiente de la remise des objets au prévenu. — 5 mai 1820. Cr. r. Colmar. Poirier. D.A. 7. 565. D.P. 20. 1. 296.

14. — Tel est aussi l'avis de Bourguignon, (*C. cr.* t. 3, p. 448). Si, dit-il, par l'usage du faux nom et de la fausse qualité, la remise de fonds n'a pas été déterminée, mais que par l'effet de cet usage, celui qui a fait cette remise n'ait pas le moyen de recouvrer ce qu'il a ainsi délivré trop légèrement, sans y avoir été induit par le faux nom ou la fausse qualité ; la perte qu'il éprouve ne peut être la base d'une action en escroquerie. Il a en effet à se l'imputer. Il a suivi la foi de celui avec qui il a contracté ; et, d'après l'art. 405, c'est la remise des fonds, lorsqu'elle a été déterminée par la confiance qu'on a pu donner à un faux nom ou à une fausse qualité, et non l'impossibilité de recevoir ces fonds, à raison de l'usage de ces faux noms ou de cette fausse qualité, qui peut seulement donner lieu à une poursuite en escroquerie.

15. — Il n'y a qu'une simple escroquerie, lorsqu'un individu se borne à prendre verbalement soit un faux nom, soit une fausse qualité, ou lorsque, faisant usage d'un acte sincère, il se présente faussement comme la personne dont il est parlé dans cet acte. — D.A. *ibid.*, n. 5.

16. — Mais s'il prend ce faux nom et cette fausse qualité dans un écrit qui est son propre ouvrage, ou bien si, cet écrit étant l'œuvre d'un autre, il en fait sciemment usage, alors il y a crime de faux, c'est-à-dire que l'escroquerie a été tentée ou couronnée à l'aide d'un faux. — *Ibid.*

17. — Jugé ainsi que l'escroquerie commise à l'aide d'un faux nom pris par écrit, n'est pas seulement passible des peines de simple police portées par la loi du 7 frim. an 2, mais qu'elle constitue un faux en écriture. — 17 mai 1811. Cr. c. Min. pub. Peyroton. D.A. 7. 560. D.P. 2. 94.

18. — L'individu qui, associé à l'auteur d'une secte religieuse, nommée *la religion des saints*, se fait passer pour le prophète Elie, en annonçant que la terre va être dévorée par le feu, dont ses sectaires seront seuls garantis, et qui parvient ainsi à se faire remettre des sommes d'argent et d'autres effets, se rend coupable d'escroquerie. — 2 mai 1829. Grenoble. Min. pub. Dubia. D.P. 30. 2. 83.

19. — Celui qui, incapable de contracter, se borne à prendre dans une obligation une qualité qui le suppose capable, et qui pourrait être facilement vérifiée par ses co-contractans, ne commet pas à leur égard le délit d'escroquerie. Ainsi, ne peuvent être condamnés comme escrocs, soit le mineur qui dans un contrat s'est déclaré majeur, soit la femme mariée qui y a pris la qualification de *fille majeure jouissant de ses droits.* — 21 mars 1807. Cr. c. Huéwart. D.A. 7. 554, n. 21).

..... Il en serait autrement, on le sent bien, si l'incapable avait employé des manœuvres frauduleuses pour faire croire à sa capacité.

20. — Jugé que la vente des drogues médicinales, par un individu non muni de diplôme ou d'autorisation, ne constitue pas à elle seule le délit d'escroquerie. — 9 janv. 1832. Orléans. Barjon. D.P. 33. 2. 108.

21. — Celui qui, sous la fausse qualité de chirurgien, mais en signant son véritable nom, a fabriqué de faux certificats de visite, et a, par ce moyen, obtenu de l'argent, en faisant espérer à ceux qui le lui ont remis qu'il leur ferait délivrer un congé de réforme, n'a pas commis un faux, mais seulement un délit d'escroquerie. — 6 août 1807. Cr. c. Jourdain. D.A. 7. 556. D.P. 2. 93.

22. — L'agent d'une compagnie d'assurance qui, postérieurement à la révocation de ses pouvoirs, continue, en faisant usage de la qualité qu'il a perdue, de recevoir des désistemens, d'en donner récépissé, et de percevoir des sommes à titre de rétribution, commet le délit d'escroquerie. — 26 mai 1827. Cr. r. Lambin. D.P. 27. 1. 412.

23. — *Manœuvres frauduleuses.* — Dans tous les cas où il n'est fait usage ni d'un faux nom, ni d'une fausse qualité, la réunion de trois conditions est nécessaire ; il faut, 1° qu'on ait employé des manœuvres frauduleuses ; 2° que ces manœuvres aient eu pour but de persuader l'existence de *fausses* entreprises, d'un pouvoir ou d'un crédit *imaginaire*, ou de faire naître l'espérance ou la crainte d'un événement *chimérique* ; 3° qu'à l'aide de ces mêmes manœuvres ainsi caractérisées, on se soit fait remettre des effets ou valeurs. — D.A. 7. 541.

24. — La loi a caractérisé par leur but les manœuvres frauduleuses nécessaires pour constituer l'escroquerie ; mais elle n'a pu définir les moyens dont l'usage constitue ces mêmes manœuvres : à cet égard les tribunaux prendront pour règle la définition que les lois romaines nous ont laissée du dol et de la fraude : *Omnis calliditas, fallacia, machinatio ad circonveniendum, fallendum, decipiendumve alterum, adhibita.* — D.A. *ib.*, n. 7.

25.— Le fait, de la part d'un individu, 1° de s'être annoncé dans un lieu comme ayant assez de pouvoir pour faire *réformer les jeunes gens tombés au sort* ; 2° d'avoir déclaré qu'un autre individu avec lequel il s'était promené était un capitaine de recrutement ; 3° d'avoir conduit un conscrit chez un chirurgien en lui promettant de le faire réformer, moyennant 800 fr. de gratification, constitue les manœuvres frauduleuses désignées dans l'art. 405 du code pénal.

En conséquence, un tel individu peut être poursuivi, pour délit d'escroquerie, par le ministère public, bien que le conscrit ait été réformé et les 800 fr. volontairement payés par lui. — 22 août 1834. Cr. r. Toulouse. Squirolis. D.P. 34. 1. 425.

26. — La jurisprudence de la cour de cassation a varié sur le point de savoir s'il appartient à cette cour d'apprécier les faits matériels d'escroquerie déclarés par les jugemens ou arrêts qui lui sont déférés, et si, par suite, ces faits doivent être énoncés dans ces jugemens.

27. — Dans le principe, il fut décidé que la cour de cassation, investie du droit de juger si les lois pénales ont été justement appliquées, devait examiner les faits et apprécier la qualification qui leur avait été donnée. — 28 mars 1812. Cr. c. Min. pub. Hepp. D.A. 7. 562. D.P. 2. 95.

28. — Et que, comme « il ne peut y avoir lieu à l'application d'une loi pénale que sur un fait de délit, qualifié tel par la loi, les arrêts de condamnation devaient énoncer les faits matériels résultant de l'instruction ; que l'application de la loi ne pouvait être justifiée par la seule énonciation de la qualification morale qui avait paru devoir être donnée à ces faits ; » et qu'ainsi, il y avait lieu de casser l'arrêt qui se bornait à déclarer que le prévenu avait abusé de l'ignorance et de la crédulité d'une personne pour lui faire céder ses droits, etc., sans constater aucun des moyens employés pour opérer cet abus de crédulité. — 7 fév. 1812. Cr. c. Laillet. D.A. 7. 562. D.P. 2. 95.

29.— Jugé de même que les tribunaux criminels qui accueillent une plainte en escroquerie doivent, pour justifier leur compétence, non seulement déclarer que le prévenu s'est rendu coupable de ce délit par la jactance d'un crédit imaginaire et par des allégations mensongères, mais encore préciser les faits d'où doit résulter une pareille induction.— 24 avril 1807. Cr. c. Goret. D.A. 7. 555. D.P. 2. 93.

30.— Et un tribunal ne peut décider qu'il y a escroquerie, sans constater les faits simples qui sont les élémens du fait moral d'escroquerie.— 23 déc. 1807. Cr. c. D.A. 12. 624, n. 4. D.P. 8. 1. 69.

31.— Mais, depuis, il a été constamment jugé que les manœuvres frauduleuses dont parle l'art. 405 C. pén., n'étant ni définies ni précisées par aucune loi, leur appréciation est abandonnée à la conscience des juges, et le défaut d'énonciation des faits desquels ils ont induit l'existence du délit ne peut être invoqué comme moyen de cassation.— 9 sept. 1826. Cr. r. Orléans. Lahayes. D.P. 27. 1. 342. —17 août 1821. Cr. r. Dieudonné. D.A. 7. 567, et 4. 413. D.P. 2. 97. — 20 mai 1826. Cr. r. Courtaillon. D.P. 26. 1. 377.

32.— Décidé de même que le jugement portant que de tels et tels faits incriminés, résultent les manœuvres frauduleuses et le crédit imaginaire constitutifs de l'escroquerie, n'est pas susceptible de cassation pour fausse appréciation desdits faits.— 21 mars 1828. Cr. r. Min. pub. Notté. D.P. 28. 1. 209.— 30 juill. 1831. Cr. r. Loubier. D.P. 31. 1. 305.

33.— Jugé de même qu'on ne peut faire casser l'arrêt portant qu'un médecin s'est rendu coupable de manœuvres frauduleuses en faisant naître dans l'esprit d'un conscrit la crainte d'être déclaré propre au service, et l'espérance de le faire réformer pour de l'argent. — 25 nov. 1826. Cr. r. Bordeaux. Laffauris. D.P. 27. 1. 342.

34. — Jugé de même que les tribunaux correctionnels jugeant un délit d'escroquerie, ne sont pas obligés d'énoncer, dans leurs jugemens, les faits qu'ils ont considérés comme manœuvres frauduleuses ; il suffit qu'ils constatent que ces manœuvres ont existé.— 9 juill. 1830. Cr. r. Mantel. D.P. 30. 1. 549. — 18 oct. 1827. Cr. r. Sédillon. D.P. 27. 1. 506.

35.— Cependant, il est des cas où la cour de cassation est dans la nécessité d'apprécier les faits matériels constitutifs de l'escroquerie, par exemple, 1° lorsqu'elle est appelée à prononcer sur le mérite d'un arrêt de la chambre d'accusation qui renvoie le prévenu devant le tribunal correctionnel ; 2° lorsque le prévenu propose devant le tribunal correctionnel une exception d'incompétence prise de ce que les faits énoncés dans la plainte ou dans l'ordonnance du renvoi de la chambre du conseil ne constituent pas les manœuvres dont parle l'art 405.

36.— Au surplus, quoique l'appréciation morale des faits d'escroquerie appartienne exclusivement aux premiers juges, ceux-ci ne sont pas pour cela dispensés de caractériser ces faits dans leurs jugemens, et d'exprimer qu'ils réunissent les différentes circonstances dont parle l'art. 405. Il faut donc qu'il soit constaté, 1° que des manœuvres frauduleuses ont été employés ; — 2° que ces manœuvres ont eu pour but de persuader, etc. ;— 3° et qu'à l'aide de l'un de ces moyens le prévenu s'est fait remettre des sommes ou des valeurs pour se les approprier. Si l'énonciation de l'une de ces conditions élémentaires était omise, le jugement de condamnation encourrait la cassation.— D.A. 7. 542, n. 10.

37.— Ainsi, il ne suffit pas, pour constituer le délit

d'escroquerie, de s'être fait remettre des sommes, objets ou titres, à l'aide de manœuvres frauduleuses; il faut encore que ces manœuvres offrent les caractères déterminés par l'art. 405 : c'est-à-dire qu'elles aient été employées pour persuader l'existence de fausses entreprises, d'un pouvoir ou d'un crédit imaginaire, ou pour faire naître la crainte ou l'espoir d'un événement chimérique, et que le jugement de condamnation déclare que c'est par de tels moyens que le prévenu a escroqué ou tenté d'escroquer tout ou partie de la fortune d'autrui.— 4 janv. 1812. Cr. c. Terelle. D.A. 7. 568. D.P. 12. 1. 312.— 30 janv. 1823. Cr. c. Paris, Bourbon-Leblanc. D.A. 7. 569. D.P. 2. 98.

38.— Le jugement ou l'arrêt qui condamne pour délit d'escroquerie, doit énoncer, à peine de nullité, que les manœuvres frauduleuses, caractérisées par l'art. 405, ont eu pour but de frustrer de tout ou partie de sa fortune celui au préjudice duquel l'escroquerie a été consommée ou tentée.— 26 avril 1811. Cr. c. Vaillant. D.A. 7. 560. D.P. 2. 94. — 1er oct. 1814. Cr. c. Fichon. D.A. 7. 561. D.P. 2. 94.

39.— Le délit d'escroquerie est suffisamment caractérisé, lorsque le prévenu est déclaré coupable de s'être créé un crédit imaginaire à l'aide de fausses manœuvres, et d'avoir causé un préjudice de plus de 50,000 fr.— 10 fév. 1831. Cr. c. Laget. D.P. 31. 1. 111.

40. — Le délit de complicité d'escroquerie est suffisamment caractérisé, lorsque le jugement, en se référant aux motifs donnés relativement à l'auteur principal, déclare que le prévenu de complicité connaissait parfaitement la nature des opérations par lesquelles l'auteur principal faisait des dupes (C. pen. 59).— Même arrêt.

41.— Les mots *fausses* entreprises, pouvoir *imaginaire*, événement *chimérique*, doivent être entendus dans leur acception rigoureuse; c'est-à-dire qu'il faut que le prévenu n'ait pas pu croire de bonne foi au pouvoir, au crédit, ni aux craintes ou aux espérances à l'aide desquels il s'est fait remettre de l'argent ou des objets. — D.A. *eod.*

42. — Jugé ainsi que lorsque, tout en reconnaissant qu'un individu s'est fait remettre par diverses personnes, en leur faisant voir le livre de *l'ancien grimoire*, certaines sommes pour frais des expériences par lesquelles il disait pouvoir faire de l'or, les juges reconnaissent que cet individu a agi de bonne foi, et en conséquence l'acquittent de la prévention d'escroquerie, cette absolution est légale, la bonne foi étant exclusive de la fraude, telle qu'elle est caractérisée par l'art. 405 du code pénal. — 26 août 1824. Cr. c. Douai. Barra. D.A. 7. 570. D.P. 24. 1. 434.

43. — Il n'y avait de même abus de crédulité, et conséquemment escroquerie dans le sens de la loi de 1791, qu'autant que l'auteur de ce délit savait qu'il en imposait sur ses promesses, ses entreprises et les espérances qu'il donnait, et que ceux avec lesquels il traitait, ignoraient réellement la fausseté de ces promesses, entreprises et espérances.— 13 fruct. an 13. Cr. c. Rasse. D.A. 7. 549. D.P. 5. 1. 535.

44.— Mais ne serait-ce pas aller trop loin que de décider, comme semble le faire Carnot, que par les mots *fausses entreprises* la loi a entendu parler d'entreprises qui n'auraient aucune existence réelle, de sorte que l'art. 405 serait inapplicable au cas où il s'agirait d'entreprises réelles dont on aurait considérablement exagéré l'importance? Mais quelle différence peut-on voir, soit quant à la moralité, soit quant au résultat, entre persuader l'existence d'une entreprise qui n'existe pas, et présenter comme une brillante opération ce qu'on sait n'être qu'une chétive et funeste entreprise? N'y a-t-il pas dans ce cas persuasion d'une fausse entreprise? Peut-on dire que celle qui a été annoncée soit celle qui existe réellement?—D.A. *ibid.*

45.— Si les moyens imaginés pour commettre ce délit étaient tellement grossiers que personne ne pût en être dupe, on pourrait présumer que ce ne sont pas ces moyens qui ont procuré la remise des fonds ou valeurs; mais à cet égard le juge doit user d'une grande circonspection. Il doit consulter surtout l'âge, le sexe, la qualité des parties, leur situation respective, et ne pas perdre de vue qu'un homme simple et ignorant peut tomber dans un piége que tout homme doué d'une raison et d'une expérience ordinaires eût aisément su reconnaître. — D.A. *eod.*

46. — Il y a escroquerie de la part de celui qui s'approprie des sommes qui lui ont été confiées à titre de mandat, par exemple, pour faire dire des messes pour le repos des morts, s'il a obtenu que ces sommes lui fussent remises en persuadant à ses mandans que les morts se vengeraient de leur refus en leur envoyant des maladies. Le prévenu dirait en vain qu'il n'est passible que d'une action civile en reddition de compte de son mandat.— 23 mai 1806. Cr. r. Rives. D.A. 7. 550. D.P. 6. 2. 164.

47.— Pour qu'un dol constitue le délit d'escroquerie, il faut qu'il ait été employé pour abuser de la crédulité de la personne trompée. Ainsi, la collusion par laquelle, sans ce moyen, un vendeur et un acquéreur se sont ménagé la possibilité de faire prononcer la rescision pour lésion, d'une vente au préjudice d'un second acquéreur, n'offre pas le caractère du délit d'escroquerie.— 5 mess. an 11. Cr. c. Vincent, etc. D.A. 7. 546. D.P. 2. 93.

48.—Le fait de recevoir de l'argent sous prétexte de présens à faire aux juges, pour en obtenir une décision favorable, constitue le délit d'escroquerie. On dirait en vain que les juges sont incorruptibles et qu'il était invraisemblable que le prévenu (simple cabaretier) pût avoir quelque influence sur leur esprit. Ces circonstances prouvent davantage encore les manœuvres frauduleuses qui ont dû être employées par le prévenu pour persuader un crédit imaginaire et des espérances chimériques. — 28 mars 1812. Cr. c. Min. pub. C. Hepp. D.A. 7. 562. D.P. 2. 95.

49.— L'individu qui a touché de l'argent d'un conscrit, en le déterminant à accepter pour remplaçant un homme réformé, et qui est convaincu d'avoir garanti l'admission de cet homme, nonobstant son congé de réforme, en déclarant faussement qu'il existait un decret qui autorisait cette admission, ne peut échapper aux peines de l'escroquerie, sur le motif qu'il aurait donné connaissance au conscrit du congé de réforme du remplaçant. — 27 nov. 1812. Cr. c. Grasioli. D.A. 7. 565. D.P. 2. 96.

50. — Un séparateur de la loterie dite hollandaise, qui sépare, vend ou loue des lots dont il n'a ni la propriété ni la possession, n'est pas seulement passible de l'amende prononcée par le règlement du 13 oct. 1812, relatif à l'administration de la loterie; il doit être puni comme escroc. — 26 mars 1819. Bruxelles. Fredanus. D.A. 7. 565. D.P. 2. 97.

51. — Les menaces insérées dans une lettre anonyme, avec ordre de déposer une somme d'argent dans un lieu désigné, qui ne rentre pas dans celles prevues par les art. 305 et 436 C. pén., constituent le délit d'escroquerie. — 22 nov. 1820. Bruxelles. Min. pub. Schampaert. D.A. 7. 567. D.P. 2. 97.

52. — Celui qui exhibe une bourse dont l'inspection peut faire espérer à son créancier de toucher le montant de sa créance, et lui fait par ce moyen signer une quittance, après quoi il retire la bourse, commet le délit d'escroquerie.—4 sept. 1824. Cr. r. Daunou. D.A. 7. 571. D.P. 2. 99.

53. — Peut être poursuivi pour délit d'escroquerie l'individu prévenu, 1° d'avoir proposé à son agent de change qui avait fait pour lui divers achats d'effets publics et qui lui demandait une garantie pour ces achats, de prendre livraison avant le terme des rentes achetées pour son compte; 2° d'avoir fixé le jour et l'heure pour cette livraison; 3° d'avoir engagé l'associé de l'agent de change, qui le cherchait pour lui faire la délivrance des effets achetés, à venir dans son domicile, afin d'y effectuer cette délivrance et d'en toucher le prix; 4° enfin, d'avoir reçu les effets, selon l'usage du commerce, avant d'en payer la valeur, et d'avoir refusé ensuite d'acquitter cette valeur, sur le motif qu'il l'aurait payé en prenant livraison. Tous ces faits, s'ils sont prouvés, constituent le délit d'escroquerie. — 11 déc. 1824. Cr. r. Paris. Roumage. D.P. 25. 1. 23.

54. — Un marchand qui trompe un acheteur, en livrant d'autres marchandises que celles qui avaient été présentées et offertes en vente; par exemple, en substituant, pour la livraison, de la limaille de cuivre à la poudre d'or, et qui, pour consommer cette déception, emploie des manœuvres frauduleuses, doit être puni conformément à l'art. 405 C. pén. L'art. 423 du même code n'est applicable qu'à ceux qui trompent les acheteurs sur la nature ou la qualité des objets vendus, mais sans l'emploi de manœuvres frauduleuses.— 20 août 1825. Cr. r. Nanci. Lorano. D.P. 25. 1. 441.

55. — La circonstance que l'expert d'une compagnie d'assurance qui aurait dit à un assuré dont la maison avait brûlé, et qui allait toucher le montant de l'assurance : « Eh! bien! tu as fait une bonne journée. Que vas-tu donner à M. Courtallon (agent de la compagnie) pour ses peines? Cela vaut bien 500 fr. », et le fait de celui-ci d'avoir retenu cette somme sur celle de 5,000 fr., sans opposition de l'assuré, qui, d'après le langage tenu par l'expert dans un lieu écarté où il avait été attiré, aurait compris que cette somme était due à l'agent à titre d'honoraire, peuvent être considérés comme constituant des manœuvres frauduleuses, et faire condamner l'agent pour escroquerie. — 20 mai 1826. Cr. r. Courtallon. D.P. 26. 1. 377.

56.—Sous le régime de la conscription militaire, on devait considérer comme coupables d'escroquerie les agens de l'administration et officiers de santé qui, convaincus d'avoir, au mépris des défenses portées par la loi du 28 niv. an 7, et par le décret du 8 fruct. an 13, reçu de l'argent des conscrits, à raison de leurs fonctions, étaient en même temps convaincus de s'être fait donner cet argent par l'espérance qu'ils avaient inspirée aux conscrits de les faire exempter du service militaire. — 11 sept. 1807. Cr. r. Deshayes. D.A. 7. 557, n. 4, et 8. 683. D.P. 2. 312.

57. — Ils devaient être condamnés aux peines de l'escroquerie, même dans le cas où l'ordonnance qui les avait traduits devant le tribunal correctionnel, ne les mettait en prévention que quant au premier de ces délits. — Même arrêt.

58. — Jugé, par application de l'art. 35 de la loi de 1791, que celui qui, pour se rendre l'intermédiaire entre un conseil de recrutement et un conscrit, afin d'obtenir la réforme de celui-ci, recevait une somme d'argent dont il n'aurait pas eu à rendre compte en cas de succès, et dont la restitution n'aurait été que partielle en cas de non réussite, commettait le délit d'escroquerie. — 7 juin 1811. Cr. c. Min. pub. C. Pilari. D.A. 7. 560. D.P. 2. 94.

59. — Le vendeur d'un immeuble qui, par ses manœuvres frauduleuses, était parvenu à tromper l'acquéreur sur la consistance et la valeur de l'immeuble vendu, pouvait être déclaré coupable d'escroquerie. Dans ce cas, le tribunal correctionnel pouvait prononcer la résolution de la vente — 18 vend. an 10. Cr. r. Méat. D.A. 7. 545. D.P. 2. 92.

60.— Cette décision ne pourrait plus être admise, car l'art. 405 ne répute escroc que celui qui s'est fait remettre des *fonds* (et, par ce mot, il n'entend évidemment parler que de sommes d'argent), *des meubles ou des obligations*, *dispositions*, *billets*, *promesses*, *quittances ou décharges*, c'est-à-dire, en un mot, des objets *mobiliers*. Ce serait d'ailleurs méconnaître le sens attaché par l'usage au mot escroquerie, que de prétendre qu'on puisse escroquer des immeubles réels.

61.— Des manœuvres pratiquées pour vendre des marchandises à un prix supérieur à leur valeur, ne constituent pas le délit d'escroquerie, surtout lorsqu'elles ont lieu à l'égard d'une personne qui fait le commerce de ces sortes de marchandises, et qu'elles ne sont pas de nature à tromper la prévoyance du commun des hommes. Spécialement, il n'y a pas escroquerie, lorsque des bijoutiers ont été déterminés à acheter des bijoux à un prix très élevé, par la promesse qu'un tiers, d'intelligence avec le vendeur, leur avait faite, en leur donnant même des arrhes, d'acheter lui-même ces bijoux. — 2 août 1811. Cr. c. Paris. Vancelle. D.A. 7. 561. D.P. 2. 95, et 11. 1. 442.

62. — De simples achats ou négociations de courtage, non accompagnés de manœuvres extrinsèques à ces actes, capables de tromper la prudence ordinaire qu'on apporte dans le commerce, ne présentent pas les caractères de l'escroquerie. — 23 avril 1807. Cr. c. Courvoisier. D.A. 7. 554. D.P. 2. 93.

63. — Le vendeur par acte sous seing-privé qui, pour dissimuler l'existence de ce contrat, donne pouvoir à l'acquéreur de vendre l'immeuble dont il n'a pas encore payé le prix, et qui, par l'abus que fait l'acquéreur de ce mandat, se trouve privé du prix de l'immeuble et de son privilége de vendeur, ne peut porter plainte en escroquerie contre le mandataire, ni contre celui qui a traité avec lui, si d'ailleurs ce mandataire n'a employé aucune manœuvre criminelle pour obtenir la vente ou procuration. — 30 mars 1809. Cr. c. Raverol. D.A. 7. 559. D.P. 9. 1. 220.

64. — Il n'y a pas non plus escroquerie dans la déclaration mensongère, qu'un immeuble est franc d'hypothèques, si elle n'est accompagnée d'aucune circonstance aggravante; cette déclaration ne renfermant pas les caractères du dol puni par l'art. 35 de la loi de 1791, il n'en peut résulter qu'un stellionat dont la connaissance est dévolue aux tribunaux civils (L. 15 germ. an 6).— 9 vend. an 10. Cr. c. Giroust. D.A. 7. 544. D.P. 2. 1299.

65.—Ni dans l'annonce mensongère insérée dans une feuille publique d'un traitement à faire à celui

qui, moyennant un cautionnement en espèces, se chargeait de la régie d'un domaine considérable, quoique cette annonce ait été suivie du versement du cautionnement demandé et d'un traité non exécuté par l'individu qui se disait faussement propriétaire de ce domaine. — 6 frim. an 10. Civ. c. Ferrière-Sauve-Bœuf. D.A. 7. 546. D.P. 2. 92.

66.—Ni dans le fait du débiteur qui, par l'effet d'une fausse promesse, obtient la restitution d'un gage remis à son créancier pour la sécurité d'un prêt, et qui non seulement n'exécute pas sa promesse, mais déclare même faussement avoir payé sa dette. — 24 brum. an 8. Cr. c. Vauquelin. D.A. 7. 545. D.P. 3. 1. 223.

67.—Ni dans le fait de retenir induement un billet acquitté, et d'en poursuivre une seconde fois le paiement, si le billet n'était resté en la possession du prévenu que par l'effet de la volonté libre du plaignant; ce fait constitue un abus de confiance. — 8 therm. an 13. Cr. c. Goursault. D.A. 7. 550. D.P. 5. 2. 181.

68.—Ni dans la violation d'un dépôt, à moins toutefois qu'il ne fut reconnu que le dépôt n'avait été amené que par de fausses promesses et des manœuvres frauduleuses. — 13 fruct. an 13. Cr. c. Rasse. D.A. 7. 549. D.P. 5. 1. 535.

69.—Ni dans le fait du mandataire qui expose et perd au jeu la somme reçue en exécution de son mandat. C'est là encore un abus de confiance. — 14 therm. an 13. Cr. c. Viec. D.A. 7. 550. D.P. 5. 2. 183

70.—Ni dans des promesses et des assurances de remboursement, à l'aide desquelles un individu s'est fait prêter de l'argent, et dont la fausseté eût été reconnue du prêteur, s'il eut eu recours aux précautions que conseillait une prudence ordinaire. — 28 mai 1808. Cr. c. Bapst. D.A. 7. 557. D.P. 8. 1. 393

71.—Ni dans le fait de celui qui a dissipé des fonds qu'il avait fait espérer d'employer utilement, et qui a continué d'en recevoir de nouveaux, sachant l'impossibilité où il était de les rendre; de tels moyens de fraude ne rentrent pas dans ceux prévus par la loi, et ne sont pas d'ailleurs de nature à égarer la prudence ordinaire. —13 mars 1806. Cr. c. Yvers-Lagravière D.A. 7. 553. D.P. 6. 2. 124.

72.—Ni dans l'action d'un débiteur qui se fait remettre par son créancier les billets dont ce créancier est porteur, en lui déclarant faussement qu'il vient de signer chez un notaire une obligation en remplacement de ces billets, si d'ailleurs le débiteur s'est borné à cette seule fausse déclaration, car si l'offre d'une obligation notariée, en remplacement des billets, et le soin qu'a eu le prévenu de faire rédiger cette obligation, peuvent être considérés comme des manœuvres frauduleuses; du moins, elles ne constituent pas le délit d'escroquerie, puisqu'elles n'ont pas été employées pour persuader l'existence de fausses entreprises, d'un pouvoir imaginaire, ou pour faire naître l'espérance ou la crainte d'un événement chimérique. — 7 mars 1817. Cr. c. Yvonnet. D.A. 7. 564. D.P. 2. 96.

73.—Ni dans le fait d'un ouvrier, attaché au service d'un atelier, qui se fait livrer une paire de souliers par un cordonnier, en lui disant que son maître la lui paierait, quoiqu'il n'ait point encore de compte arrêté entre celui-ci et son compagnon. — 6 juill. 1826. Cr. r. Lorand. D.P. 26. 1. 401.

74. — Ni dans l'emploi de voies de fait par lesquelles un huissier a fait payer arbitrairement des frais non taxes. — 12 flor. an 13. Cr. c. Rillot. D.A. 7. 547. D P. 2. 93.

75.—Ni dans l'emploi fait d'un titre anéanti, pour prendre une inscription hypothécaire.—6 fev. 1806. Cr. c. Pavy. D.A. 7. 551. D.P. 6. 2. 95.

76 —Ni dans le refus d'un créancier qui reçoit une somme offerte par son débiteur, d'en donner quittance et de porter cette somme en compte à valoir sur ses créances. — 29 août 1806. Cr. c. Lefèvre. D.A. 7. 553. D.P. 6. 1. 606.

77.—Ni dans l'action de conserver des obligations acquittées, de recevoir des à-comptes en argent ou en denrées, sans en donner quittance ni inscrire la mention au dos des obligations, enfin de porter le prix d'une vente à une somme supérieure à celle qui est due, sans tenir compte de cet excédant au débiteur.— 27 nov. 1812. Cr. c. Min. pub. Dangueger, etc. D.A. 7. 564. D.P. 2. 96.

78.—Ni dans le fait du porteur d'effets exigibles qui, pour se faire livrer des marchandises par le marchand débiteur de ces effets, qui refusait de les acquitter, a exhibé en sa présence du numéraire et des billets de banque auxquels il a substitué adroitement des effets acquittés, ce fait, bien que

moralement répréhensible, ne peut donner lieu qu'à une action civile.— 17 fév. 1809. Cr. c. Verdun. D.A. 7. 559. D.P. 9. 2. 58.

79.—Ni dans le fait de celui qui a reçu de l'argent pour avoir donné des conseils à un conscrit, sur les moyens de se faire exempter ou réformer, si les conseils avaient pour objet l'emploi des moyens légaux. — 30 juill. 1813. Cr. r. Proc.-gén. de Grenoble. Colombet. D.A. 7. 564. D P. 2. 96.

80. — Ni dans le fait du syndic provisoire d'une faillite qui, par menaces de poursuites rigoureuses et en flattant la femme du failli de l'espoir d'obtenir un sauf-conduit pour ce dernier, se fait remettre par cette femme, en garantie de sa créance, des effets de la faillite au préjudice de la masse; ce fait ne constitue pas non plus un vol. — 30 déc. 1824. Rouen. Capperon. D.P. 25. 1. 309.

81.—Ni dans le fait d'un commerçant d'avoir enlevé et dispersé ses meubles, ce fait présente le caractère de banqueroute frauduleuse. — 13 mars 1806. Cr. c. Yvers-Lagravière. D A. 7. 553.

82.— Dans le cas où, au délit d'habitude d'usure, se rattache celui d'escroquerie, puni par la loi du 3 sept. 1807, il faut, pour déterminer les élémens constitutifs de l'escroquerie, recourir à la loi du 22 juill. 1791, sur l'escroquerie, seule en vigueur à l'époque de la promulgation de la première, et non à l'art 405 C. pén.— 5 août 1826. Cr. r. Dijon. Martin. D.P. 27. 1. 336.

83. — Lorsque le délit d'escroquerie est connexe avec des crimes tels que faux et baratterie, il peut être légalement compris dans l'arrêt de renvoi à la cour d'assises; cette cour en est dès lors valablement saisie, et peut, en suite de la délibération du jury, appliquer la peine. — 17 août 1821. Cr. r. Dieudonné. D.A. 7. 567, et 4. 413. D.P. 2. 97.

84. — Il n'y a pas simple escroquerie, il y a concussion, ou du moins corruption, dans le fait du garde-champêtre qui, pour une somme d'argent, supprime un procès-verbal qu'il avait rédigé en cette qualité; encore que ce garde n'eut pas eu le droit de dresser procès-verbal du prétendu délit qu'il avait constaté. — 16 sept. 1820. Cr. c. Min. pub. C. Wainet. D.A. 7. 566 D.P. 20. 1. 596.

§ 3.— *Tentative, complicité et peines de l'escroquerie.— Poursuites.*

85.— Tout ce qu'on a à dire sous ce paragraphe se réfère d'une manière intime au paragraphe qui précède. — Les peines de l'escroquerie sont retracées au n. 6, et il y a dans le cours du § 1er plusieurs décisions relatives à la tentative, à la complicité, à la procédure.

86. — Comme la répression de la *tentative* d'escroquerie est une exception aux principes que les délits ne sont punissables qu'autant qu'ils ont été consommés, les tribunaux doivent user en pareil cas de la latitude que leur laisse la loi de modérer la peine, pour peu que les circonstances soient favorables au prévenu.— D.A. 7. 542, n. 11.

87.—Avant le Code pén. de 1810, celui qui, par les moyens énoncés en l'art. 35 de la loi du 22 juill. 1791, s'était fait faire et délivrer une obligation à son profit, ne commettait pas la simple tentative d'escroquerie, non punie par cette loi, l'escroquerie était consommée.— 27 mess. an 8. Cr. r. Levié. D.A. 7. 544.

Et, en effet, avant le nouveau code pénal, la tentative d'escroquerie n'était pas punie comme l'escroquerie consommée. — 25 déc. 1807. Cr. c. D.A. 12. 624, n. 4. D.P. 8. 1. 69.

88. — L'action par laquelle, à l'aide de fausses craintes, on extorque à une femme mariée une obligation que le défaut d'autorisation de son mari aurait annulée, ne devait point, sous la loi du 22 juill. 1791, être considérée comme une simple tentative d'escroquerie: le délit était consommé par le seul fait de la souscription du billet et de sa possession par le prévenu. — 4 nov. 1808. Cr. c. Min. pub. Busch. D.A. 7. 544.

89.— La restitution de la somme escroquée, opérée avant toute poursuite criminelle, ne fait pas dégénérer le délit en une simple tentative d'escroquerie, et ne peut conséquemment motiver l'acquittement du prévenu, l'action publique étant indépendante de l'action et des intérêts des parties civiles.— 6 sept. 1811. Cr. c. Min. pub. Trapigny. D.A. 7. 544, et 8. 699. D.P. 11. 1. 511.

90.— Aujourd'hui, il faut, avec l'usage de faux noms ou de fausses qualités, ou avec l'emploi des manœuvres frauduleuses qui sont spécifiées dans l'art. 405 C. pén., le concours de la remise ou délivrance de fonds, meubles ou obligations, dispositions, billets quittances ou décharges, pour constituer, aux termes de cet article, le délit d'escroquerie ou de tentative d'escroquerie; en telle sorte que l'arrêt

ESCROQUERIE. § 3.

qui, reconnaissant à la fois, en fait, l'existence de manœuvres telles qu'elles sont caractérisées par l'article précité, mais sans que les prévenus se soient fait délivrer de fonds, meubles, etc., a, par suite, décidé qu'il n'y avait pas délit, s'est exactement conformé à la loi.— 29 nov. 1828. Ch. réun. r. Toulouse. Min. pub. C. Rossignol. D.P 29. 1. 44.

La cour avait rendu dans la même affaire une décision contraire le 24 fév. 1827. D.P. 27. 1. 389.

91.— Jugé de même que l'arrêt qui, après avoir constaté qu'un individu a employé des manœuvres frauduleuses pour persuader l'existence d'un crédit imaginaire, et a même tenté de se faire remettre une certaine somme d'argent, sous la promesse de faire dispenser quelqu'un du service militaire, a reconnu en même temps qu'aucune remise de fonds, obligations, etc., n'a eu lieu, a justement déclaré qu'il n'y avait pas, de sa part, délit d'escroquerie — 23 janv. 1829. Cr. r. Agen. Min pub. Gary. D.P. 29. 1. 119.

92.—Celui qui accompagne un conscrit, et lui sert d'interprète auprès de ceux qui commettent à son égard le délit d'escroquerie, se rend complice de ce délit, et devient punissable comme celui qui en est l'auteur (L. 19, 22 juill. 1791, tit. 2, art. 7). — 14 août 1807. Cr. c. Min. pub. Koob. D.A. 7. 556 D.P. 2. 93.

93.— Et le décès de l'auteur du délit d'escroquerie n'affranchit pas le complice de la peine qu'il a encourue.— Même arrêt.

94.— La circonstance que le complice est au service du principal délinquant ne peut le soustraire aux peines de la complicité.— Même arrêt.

95 — Le délit d'escroquerie peut être poursuivi par le ministère public sans le concours de la partie lésée (C. de brum. an 4, art. 4). — 18 avril 1806 Cr. r. Flachat. D.A. 7. 552. D.P. 6. 1. 349.

96. — Lorsqu'un prince ou un gouvernement étranger a été victime d'une escroquerie commise en France par des Français, les tribunaux de France ont le pouvoir de prononcer sur ce délit, et d'annuler les actes qui en ont été le résultat, en tant que ces actes portent sur des biens situés dans le royaume, et dans leur force d'exécution sur le territoire français, sans qu'on puisse leur reprocher de porter la moindre atteinte à la souveraineté du prince ou du gouvernement étranger auquel ces actes ont été surpris par des manœuvres frauduleuses.— 18 avril 1806. Cr. r. Flachat. D.A. 7. 551. D.P. 6. 1. 349.

97.— Des obligations passées en France, à l'aide de manœuvres constituant le délit d'escroquerie, peuvent donner lieu à une plainte en escroquerie devant les tribunaux français, encore que la plupart de ces manœuvres aient eu lieu en pays étranger. — 27 janv. 1824. Cr. r. Min. pub. C. Brunschweig. D.A. 7. 570. D.P. 2. 99.

98.— L'individu condamné à une peine comme coupable d'escroquerie, doit l'être nécessairement à la restitution des objets ou valeurs escroqués. — 14 germ an 8. Cr. c. Fressanges. D.A. 7. 543.

99.— Et les amendes prononcées pour cause d'escroquerie sont solidaires contre chacun des condamnés pour raison du même fait, encore que, par l'effet de la solidarité, l'amende s'élève, pour chacun, au-delà du *maximum* déterminé par la loi (L. 22 juill. 1791, tit. 2, art. 42).— 11 sept. 1807. Cr. r. Deshayes. D.A. 7. 557. D P. 2. 312.

100.—L'arrêt qui ne prononce pas la solidarité de l'amende entre tous les condamnés doit être cassé à cet égard.—14 août 1807. Cr. c. Min. pub. C. Koob. D.A. 7. 556 D.P. 2. 93.

101.— Il n'est pas nécessaire que la condamnation à des dommages-intérêts soit explicitement motivée, lorsqu'elle a ses motifs dans un délit d'escroquerie déclaré constant; qu'elle est un accessoire de la condamnation principale, et qu'elle se réfère de droit aux mêmes bases et aux mêmes motifs.— 17 août 1821. Cr. r. Dieudonné. D.A. 7. 567, et 4. 413. D.P. 2. 97.

102.— Lorsque des traites sont déclarées être le résultat d'une escroquerie, qu'il y a eu condamnation pour ce délit, prononcée contre plusieurs individus, endosseurs ou porteurs de ces effets, la restitution de ces effets et leur annulation, au besoin, ne peuvent être prononcées qu'à l'égard des individus condamnés, et non au préjudice d'un tiers porteur de ces traites, lequel est reconnu avoir agi de bonne foi.— 24 mess. an 13. Cr. c. Mouru-Lacoste. D.A. 7. 548, et 3. 474. D.P. 2. 93.

103.— L'escroquerie n'est pas assimilée au vol, dans le sens de l'art. 2279 C. civ.

104 —... Elle n'empêche pas d'être électeur communal.— D.P. 34. 1. 332.

105.— La prescription de trois ans, à raison du délit d'escroquerie, ne court pas du jour de la re-

mise des titres obligatoires, mais seulement du jour où ils ont été acquittés, surtout s'il s'agit de faits qui constituent à la fois le délit d'escroquerie et celui d'usure.— 27 janv. 1824. Cr. r. Min. pub. Brunschweig. D.A. 7. 570. D.P. 2. 99.

105.— Nous pensons, au contraire, que la prescription court du jour de la remise des billets ou obligations obtenues par escroquerie, parce que le délit existe dès ce moment. La décision de l'arrêt ci-dessus ne nous semble pas justifiée par cette circonstance, que les faits reprochés au prévenu offraient les caractères de l'usure en même temps que ceux de l'escroquerie. Il a été jugé, il est vrai, que la prescription du délit d'usure ne court que du jour du paiement (V. D.P. 95. 1. 197); mais cette doctrine, fondée sur ce que l'usure est un délit primitif, repose, comme on voit, sur un motif inapplicable à l'escroquerie. Quant à la connexité qui existait, dans l'espèce, entre les deux délits, puisqu'ils prenaient leur source dans les mêmes faits, c'était une particularité indifférente; car la connexité n'a d'influence que sur la procédure et le jugement: la loi ne lui en accorde aucune sur la prescription pour laquelle il faut toujours consulter les règles particulières à chaque espèce de délit.— D.A. 7. 570, n.

— V. Action, Action civile, Amnistie, Arrêt, Assistance, Assurance, Atelier, Baraterie de patron, Cassation, Chose jugée, Complicité, Concussion, Corruption, Fausse monnaie, Faux, Fonctionnaire public, Peine, Prescription, Presse, Stellionat, Suppression de titres, Tentative, Vol.

TABLE SOMMAIRE.

Action civile. 78. — publique. 95.
Abus de confiance. 68, s.
— de crédulité. 28, s. 45, s.
Agent de change. 53.
Amende. 100, s.
Autorisation maritale. 88.
Baraterie. 83.
Bonne foi. 62, 103.
Caractère. 1, 6, 50, s. 45
Cassation (appréciation). 26, s.
Cautionnement. 65.
Certificat. 21.
Chirurgien. — V. Médecin.
Compétence. 55, 96.
Complicité. 40, 47, 92, s.
Concussion. 84.
Conseil. 79.
Corruption. 84.
Courtage. 62.
Crédit imaginaire. 6, 39, s. 52.
Décès 93.
Délai (jour à quo). 104, s.
Devin 42, s.
Dol. 2, s. 7, s.
Dommages-intérêts. 102.
Drogues. 19.
Écriture. 16.
Élection. 106.
Entreprise. 6, 41, s.
Espérance. 6, 43.
Étranger. 96, s.
Faillite. 80, s.
Faux. 3, s. 85.— nom. 2, s. 44, s.
Fraude. 2, s. 47, 59.
Garde-champêtre. 84.
Hypothèque. 78.
Ignorance. 43, s.
Immeubles. 72.

Loterie. 50.
Mandat. 22, 46, 55, 63, 69, s.
Manœuvre. 6, s. 20, 25, s. 31, s. 90, s.
Médecin. 21, 25, 33, 49, 56, 79, 91.
Menace. 51, 80.
Mensonge. 59, s.
Mention des faits. 29, s. 37.
Meuble. 6, 60.
Mineur. 18.
Motif implicite. 102.
Peine. 6.
Possession. 103.
Prescription. 104, 106, s.
Preuve. 5, s.
Promesse. 6, 65, s.
Prophétie. 18.
Qualité fausse. 6, s. 11, s.
Réception. 10, 48.
Recrutement. — V. Médecin.
Réforme. 21, 25, 49, 56.
Refus. 76.
Religion. 18.
Remise. 72
Restitution. 58, 66, 89, 98.
Rétention. 67, s. 78.
Salaire. 55, 79.
Solidarité. 100, s.
Statut réel. 96.
Stellionat. 64.
Substitution de chose. 54, 78.
Suppression de titre. 84.
Tentative. 6, 86, s.
Tiers. 105.
Usure. 82, 106.
Vente. 59, s.
Violation de dépôt. 68.
Vol. 71, s. 104.

ESPIONNAGE.— V. Attentat.

ESPLANADE.— V. Place de guerre, Servitudes.

ESPRIT DE RETOUR.— V. Domicile, Droits civils, Étranger.

ESSAI. — V. Brevet d'invention, Douanes, Prêt, Vente.

ESSAIMS.— V. Usufruit.

ESSARTEMENT.— V. Forêts.

ESTAMPILLE. — V. Douanes, Voitures publiques.

ESTIMATION. — V. Assurance maritime, Assurance terrestre, Avarie, Communauté, Contrat à la grosse, Domaine engagé, Dot, Enregistrement, Expertise, Fabriques, Forêts, Louage, Mandat, Nantissement, Partage, Prêt, Rapport, Rente, Res-

cision, Saisie-immobilière, Société, Succession bénéficiaire, Usufruit, Vente, Voirie.

ÉTABLISSEMENT. — V. Aliments, Communauté, Chose jugée, Dot, Rapport.

ÉTABLISSEMENT DE COMMERCE.—V. Commerçans, Effet de commerce, Nom, Patente.

ÉTABLISSEMENT INSALUBRE.—V. Manufacture.

ÉTABLISSEMENS PUBLICS ET RELIGIEUX.—

1.— Ce sont ceux qui ont pour but l'utilité publique.

2.— Ils sont de deux espèces, ou civils ou religieux.

3.— On peut encore les distinguer en temporaires et perpétuels. Les établissemens publics temporaires sont ceux que des circonstances momentanées ont déterminés, par exemple, les maisons de secours extraordinaires pour le service des épidémies. Les établissemens publics proprement dits, dont il va être question, sont ordinairement permanens, et la perpétuité est dans le vœu de leur institution

§ 1er. — De l'autorisation des établissemens publics civils ou religieux.

§ 2. — De l'administration des établissemens publics.

§ 3. — Des propriétés, aliénations et acquisitions des établissemens publics.

§ 4. — Des actions et des autorisations de plaider et contracter.

§ 5. — Droits divers des établissemens publics.

§ 1er. — De l'autorisation des établissemens publics civils ou religieux.

4.— Aucun établissement public, soit civil, soit religieux, ne peut exister légalement sans l'autorisation et la sanction de la puissance civile; car aucun corps, aucun individu, aucune communauté ne peut se créer une existence qui échappe aux lois du pays. Cette maxime a toujours été proclamée en France, depuis que la royauté a été affranchie de la tutelle monacale.— V. Roll., v° Établissemens publics, n. 3.

5.— Le principe et la pratique de l'autorisation n'ont jamais rencontré d'obstacle pour les établissemens publics civils, d'enseignement, de commerce, de science, etc.

6.— Parmi les ordonnances récentes qui confèrent le caractère d'établissement public, on remarque:

7.— Celle qui reconnaît la société géologique comme établissement d'utilité publique, et approuve le règlement de cette société. — 5 avril, 12 mai 1832. Ord. D.P. 32. 3. 58.

8.— Celle qui reconnaît comme établissement d'utilité publique la société industrielle de Mulhausen. —20 avril 1832. Ord. D.P. 32. 3. 59.

9.— Celle qui autorise et reconnaît comme établissement d'utilité publique la caisse de prêts pour les chefs d'atelier de la fabrique d'étoffes de soie de la ville de Lyon, et approuve les statuts de cette caisse. —8-19 mai 1832. Ord. D.P. 32. 3. 02.

10.— L'institution des jeunes aveugles est un établissement public et doit comme tel jouir de l'exemption du droit proportionnel établi par la loi du 7 févr. an 12, en faveur des pauvres et des hôpitaux. —4 févr. 1834. Civ. c. Instit. des aveugles. D.P. 34.1. 85.— 4 fév. 1834. Civ. c. Enreg. C. Hospice de Cambrai. D.P. 34. 1. 86.

11.— Depuis le concordat qui a rétabli le culte en France, plusieurs décrets de Napoléon, et ensuite de nombreuses ordonnances de la restauration, ont autorisé des congrégations hospitalières et autres, et des établissemens de charité.

12.— Les tendances du gouvernement de 1814 ayant multiplié les associations religieuses et amené à des tentatives de rétablissement des couvens, on sentit la nécessité, de rappeler le principe de l'autorisation et d'en régler les conséquences. Tel est l'objet de la loi du 24 mai 1825 (D.P. 25. 3. 4).— Roll., p. 9, 10, et v° Association religieuse, n. 1, 2.

13.— Lorsqu'une association religieuse existe légalement, elle ne peut élever, soit dans une même ville, soit ailleurs, sans une nouvelle autorisation, de nouveaux établissemens, qui ne soient que des dépendances du premier. Mais une ordonnance suffit pour cette autorisation, même si l'association n'avait été autorisée que par une loi (L. 24 mai 1825, art. 3).— Roll., v° Association religieuse, n. 4.

14.— Les communautés religieuses de femmes peuvent être autorisées par des ordonnances du roi, rendues de concert avec l'autorité ecclésiastique, après une enquête préalable et l'examen des statuts par le conseil-d'état.

Quant aux communautés religieuses d'hommes, elles sont restées sous la prohibition prononcée par les lois de 1792. En conséquence, il ne peut s'en former aucune qu'en vertu d'une loi (Roll., v° Établissement public, n. 4). Ainsi, c'était contre le vœu et la lettre de la loi que l'ancien gouvernement tolérait l'existence de certains couvens d'hommes, tels que ceux des Trapistes.

15.— La prohibition des couvens n'entraîne pas celle des associations; mais des associations, même autorisées, ne forment pas des communautés ayant des droits aussi étendus que ceux des couvens, surtout relativement à la propriété et à l'inaliénabilité des biens.

Considérés comme simples associations, les établissemens religieux sont-ils soumis aux dispositions de l'art. 291 C. pen. ? — V. Association.

16.— Les associations religieuses non autorisées par le gouvernement ne forment pas des êtres moraux, et ne peuvent avoir l'exercice d'aucune action, soit active, soit passive; dès lors, elles ne peuvent être actionnées en justice dans la personne de leur prieur (C. pr. 464).—27 janv. 1825. Aix. Pénitens noirs d'Arles. D.P. 90. 2. 151.

17.— L'exception proposée par le prieur d'une association religieuse non autorisée, tirée de son défaut de qualité pour représenter cette association, est une exception d'ordre public qui peut être proposée pour la première fois en appel. — Même arrêt.

18.— Les congrégations religieuses ont des noviciats, et les élèves et novices peuvent contracter des vœux, à seize ans accomplis, avec le consentement de leurs parens (Déc. 18 févr. 1809, art. 6 et 7).

19.— L'autorisation des congrégations de femmes ne pourra être révoquée que par une loi. Celle des maisons qui en dépendent ne pourra l'être que sur l'avis de l'évêque, et suivant les formes légales (L. 24 mai 1825, art. 6).

§ 2. — De l'administration des établissemens publics.

20.— Les établissemens publics religieux sont soumis, pour le spirituel, à la juridiction ordinaire; pour le temporel, à la surveillance de l'autorité administrative; pour les crimes et délits, aux cours et tribunaux.

21.— Aux termes du décret du 18 février 1809, les biens de toute nature des associations religieuses sont régis et administrés conformément au code civil et aux lois et règlemens sur les établissemens de bienfaisance.

22.— L'administration des établissemens publics religieux ou ecclésiastiques est confiée à des supérieurs élus par la communauté, ou choisis par l'évêque; celle des établissemens civils, à des administrateurs du choix de l'autorité civile.—Roll., n. 22.

23.— Les administrateurs des établissemens publics représentent ces établissemens. Ils citent en justice, passent les baux, touchent les revenus, rendent compte de leur administration. — Roll., n. 23.

24.— Les supérieurs ou administrateurs qui excèdent leurs pouvoirs n'obligent pas les établissemens publics. Mais si ces administrateurs ont contracté en leur nom personnel ou comme débiteurs solidaires, les intéressés peuvent les poursuivre personnellement devant les tribunaux (Ord. 14 août 1822).— Cormenin, p. 447.

25.— Une ordonnance du roi soumet à des règles de comptabilité la gestion des économes des établissemens de bienfaisance.—29 nov. 1831. Ordonn. D.P. 31. 3. 50.

§ 3. — Des propriétés, aliénations et acquisitions des établissemens publics.

26.— Les biens qui, avant la révolution, appartenaient aux corps ecclésiastiques ont été réunis au domaine de l'état par le décret du 2 nov. 1789, et aliénés depuis en grande partie.— Le concordat de 1801 déclara le clergé et les établissemens ecclésiastiques inhabiles à posséder des biens-immeubles, seulement il autorisa les communes à procurer aux archevêques et évêques diocésains, aux curés et desservans, un logement ou un jardin convenables (art. 71, 72 et 73).— Mais la loi du 2 janv. 1817 a depuis rendu aux établissemens ecclésiastiques reconnus par la loi, la faculté d'acquérir des immeubles avec l'autorisation du roi.— Cette même autorisation suffit pour l'aliénation de ces biens qui, d'ailleurs sont prescriptibles (C. civ. 2227).— Dur., n. 218 et suiv.

27.— L'acquéreur d'une partie des biens d'une corporation religieuse, dont la vente a eu lieu à

une époque où cette corporation avait encore l'administration de ses biens, mais qui n'a été précédée d'aucune des formalités prescrites pour l'aliénation des biens ecclésiastiques, ne fait point obstacle à ce que le domaine se mette en possession desdits biens, comme si la vente n'existait pas.

Si la contestation est élevée après l'adjudication de ces biens, elle est jugée par le conseil de préfecture. — 11 nov. 1813. Déc. cons. d'état. Le Domaine C. Dementen.

28. — Les membres d'une communauté religieuse, exclus en conformité des statuts y relatifs, ne peuvent demander le partage des bénéfices et économies faits par la communauté (L. 24 mai 1825). — 4 juin 1831. Trib. de Paris. Derouer. D.P. 33. 3. 17.

29. — Chaque sœur d'une congrégation religieuse conserve l'entière propriété de ses biens et revenus, avec le droit de les administrer et d'en disposer, conformément aux lois (Décr. 18 fév. 1809).

30. — Les établissemens publics ne peuvent aliéner leurs biens qu'en cas de nécessité et avec l'autorisation royale (L. 2 janv. 1817, art. 3; 24 mai 1825, art. 4). — Roll., n. 5.

Quant à leurs acquisitions, il faut aussi qu'elles soient autorisées (Ord. de nov. 1629, juin 1659 et août 1749). — Roll., n. 6.

31. — Les membres des communautés religieuses ne peuvent disposer au-delà du quart de leurs biens, au profit de la communauté ou de l'un de ses membres; à moins que celui-ci ne soit l'héritier en ligne directe du donateur ou testateur, et pourvu que le don ou legs n'excède pas 10,000 fr. (L. 24 mai 1825, art. 5).

32. — Les établissemens d'utilité publique peuvent accepter des donations et des legs, avec l'autorisation du roi (C. civ. 910). Cette disposition s'applique aux établissemens religieux existant légalement (L. 2 janv. 1817).

33. — Une ordonnance du roi, du 7 mai 1826, détermine par qui devront être acceptées les donations faites aux établissemens ecclésiastiques, lorsque les personnes désignées par l'ordonnance royale du 2 avril 1817, seront elles-mêmes donatrices. — D.P. 26. 3. 7.

34. — Les établissemens ecclésiastiques ne peuvent recevoir que des dispositions à titre particulier (C. civ. 1010; l. 2 janv. 1817, art. 1er; l. 24 mai 1825, art. 14).

35. — Nulle acceptation de legs au profit d'établissemens ecclésiastiques ou de communautés religieuses de femmes ne peut être présentée au roi, sans que les héritiers connus aient consenti à son exécution, ou produit leurs moyens d'opposition, et, s'il n'y a pas d'héritiers connus, avant qu'il y ait trois publications avec invitation aux héritiers d'adresser leurs réclamations au préfet (Ord. 14 janv. 1831, art. 3). — D.P. 31. 3. 11.

36. — Ne peuvent être présentées à l'autorisation les donations faites à des établissemens ecclésiastiques ou religieux avec réserve d'usufruit en faveur du donateur (Ord. 14 janv. 1831, art. 4).

37. — L'état de l'actif et du passif des revenus et charges des établissemens donataires ou légataires doit être joint à la demande d'autorisation (Ord. 14 janv. 1831, art. 5).

38. — Lorsque le gouvernement refuse d'autoriser l'acceptation d'un legs fait à un établissement public, ou n'en autorise l'acceptation que pour partie, le legs ou la portion distraite entre dans la succession et appartient à tous les héritiers légitimes aptes à la recueillir (Avis cons. d'état, 7 sept. 1820).

39. — La clause de retour, en cas de suppression d'un établissement public donataire, au profit des héritiers du donateur, serait constitutive d'une substitution prohibée; le droit de retour ne peut être stipulé qu'au profit du donateur seul (C. civ. 896, 951; avis cons. d'état, 30 mars 1822). — Cormenin, *Droit. admin.*, t. 2, p. 422.

40. — Toutefois, en cas d'extinction de communautés et congrégations religieuses de femmes, ou de révocation de l'ordonnance qui les a autorisées, les biens à elles donnés par actes entre-vifs ou par testament retournent aux donateurs ou testateurs, ou à leurs parens au degré successible (L. 24 mai 1825, art. 7). — D.P. 25. 3. 4.

41. — Les donateurs ou testateurs peuvent stipuler que si les conditions sous lesquelles ils donnent à des établissemens publics ne sont pas exécutées, non seulement que les biens rentreront aux donateurs ou testateurs, mais encore qu'ils reviendront à leurs héritiers. Il faut cependant que les conditions profitent aux donateurs ou testateurs; autrement ils ne peuvent, faute d'intérêt, se prévaloir de l'inexécution (Avis cons. d'état, 30 mars 1822).

42. — Lorsque le donateur ou ses héritiers de-

mandent la nullité ou la réduction d'un don ou legs, nonobstant l'ordonnance d'autorisation, le litige est de la compétence des tribunaux (Cormenin, p. 425). Un décret du 25 janv. 1807 semblait avoir décidé le contraire. — Favard, Rép., v° Établissement public; Roll, n. 18, 19.

43. — Les notaires doivent donner avis aux établissemens publics des dons ou legs faits au profit de ces établissemens. — Roll, n. 37.

44. — L'ordonnance du 2 avril 1817, art 6, avait permis aux communautés de femmes et aux établissemens ecclésiastiques d'acquérir des rentes sur l'état sans autorisation royale. Mais cette faculté abusive leur a été retirée par l'ordonn. du 14 janv. 1831. — D.P. 31. 3. 11.

45. — L'autorisation du préfet suffit pour l'acceptation d'objets mobiliers qui n'excèdent pas 300 fr. — Roll., v° Association religieuse, n. 8.

46. — Les ordonnances et arrêtés qui autorisent l'acceptation d'une donation ou d'un legs déterminent l'emploi des sommes données, et prescrivent la conservation ou la vente des effets mobiliers lorsque le donateur ou le testateur a omis d'y pourvoir (Ord. du 2 avril 1817).

47. — Les synagogues consistoriales des Israélites sont des établissemens publics capables d'acquérir les biens nécessaires à l'entretien des temples et et aux frais du culte (Roll., n. 56). Cela est aujourd'hui d'autant moins douteux que, d'après la loi du 8 février 1831, les ministres du culte Israélite reçoivent un traitement du trésor public.

48. — Lorsque la dette d'une ancienne communauté de Juifs, en Alsace, n'est pas contestée, mais qu'il s'agit seulement d'en ordonner la répartition sur tous ses membres, en vertu d'un décret spécial, le ministre ne peut refuser son approbation à cette mesure, sous prétexte qu'on doit la considérer comme la *perception d'un impôt*, dont la connaissance appartiendrait à l'autorité judiciaire (Décr. du 5 sept. 1810). — 3 janv. 1827. Ord. du cons. d'état. Cerfberr. — 10 janv. 1827. Roland, etc.

§ 4. — *Des actions, et des autorisations de plaider et de contracter.*

49. — L'art. 910 C. civ., porte : « Les dispositions soit entre-vifs, soit testamentaires, au profit des hospices, des pauvres d'une commune ou d'établissemens d'*utilité publique*, n'auront leur effet qu'autant qu'elles seront autorisées par une ordonnance royale. » — V. Dispositions entre-vifs, art. 9.

50. — Les actions dirigées contre les établissemens publics doivent être portées devant les tribunaux. — Roll., n. 28.

51. — Les actions mobilières contre les établissemens publics doivent être autorisées par les conseils de préfecture (Ord. du 11 fév. 1823); mais non les actions réelles (Avis du cons. d'état, du 9 juill. 1806). — Cormenin, p. 443.

52. — La décision du conseil d'état qui, sur une instance dans laquelle une commune ou un établissement public est intéressé, renvoie les parties devant les tribunaux, renferme virtuellement autorisation pour l'établissement ou la commune de plaider devant les tribunaux (L. 5 nov. 1790, tit. 5, art. 15). — 22 mai 1822. Req. Paris. Lafarge. D.P. 22. 1. 260.

53. — Les consistoires des églises protestantes sont des établissemens publics dans le sens de l'art. 1032 C. pr.... En conséquence, ils ne peuvent, comme les fabriques des églises catholiques, plaider sans l'autorisation du conseil de préfecture... Il ne suffirait pas, dès lors, qu'ils fussent autorisés par le directoire général... (L. 30 déc. 1809, art. 77; l. 18 germ. an 10, 2e partie, art. 15 et 20 C. pr. 1032). — 13 nov. 1833. Colmar. Consist. de Wasselonne. — 12 déc. 1833. Colmar. Durckeim. D.P. 34. 2. 81, 82.

54. — Et le défaut d'autorisation peut leur être opposé en tout état de cause, même d'office. — Même arrêt.

55. — Les établissemens publics ne peuvent transiger avec des particuliers ou avec d'autres établissemens publics qu'avec l'autorisation expresse du roi (C. civ. 2045). — Roll., n. 29, 30, 31; Corm., p. 448.

56. — Les actes dépassant les bornes d'une administration ordinaire doivent être préalablement autorisés par l'autorité administrative. Les baux de neuf ans et au-dessous peuvent être autorisés par les préfets (Avis cons. d'état, 28 pluv. an 11; décr. 12 août 1807).

57. — Lorsqu'il s'agit d'appliquer et d'exécuter, entre deux corporations religieuses qui réclament toutes deux un revenu, un décret qui a déterminé la destination de ce revenu, l'application en apper-

tient, non aux tribunaux, mais aux préfets, comme chargés de la surveillance des biens des corporations. — 26 mars 1814. Décr. cons. d'état. Chanoines de Savillan C. les Chanoines de Mondovi.

58. — Les ventes, échanges, acquisitions d'immeubles, baux à long terme, et autres actes extraordinaires, doivent être autorisés par le roi (Décr. 21 déc. 1809; avis cons. d'état, 22 oct. 1810; 13 août 1812).

59. — La mense épiscopale est confiée à l'administration de chaque évêque, sous l'observation des règles communes aux établissemens publics, et spécialement du décret du 6 nov. 1813.

Lorsque la demande contre un évêque est purement mobilière, et n'intéresse pas directement les droits fonciers de sa mense épiscopale, il n'a pas besoin d'autorisation pour plaider (art. 14 et 29, décr. du 6 nov. 1813). — 2 avril 1833. Colmar. Evêque de Strasbourg. D.P. 34. 2. 107.

60. — Aux termes des art. 6, 8 et 29 du décret cité, il est formellement interdit aux évêques de grever les biens de leurs menses, sous *aucun prétexte*, sans une autorisation expresse du gouvernement, à peine de nullité de leurs actes et engagemens. — Même arrêt.

§ 5. — *Droits divers des établissemens publics.*

61. — Le ministère public doit être entendu dans toutes les causes qui intéressent les établissemens publics (C. pr. 83).

62. — Les établissemens publics ont une hypothèque légale, sur les biens de leurs receveurs et administrateurs comptables, mais non sur ceux de l'administrateur qui ordonnance les paiemens à faire par le receveur (C. civ. 2121). — Roll., n. 33, 34.

63. — Les établissemens publics sont soumis aux mêmes prescriptions que les particuliers, et peuvent aussi les opposer (C. civ. 2227).

64. — L'autorité administrative, et non les tribunaux, est compétente pour juger les difficultés qui s'élèvent, au sujet des places qui sont distribuées dans une église, aux autorités civiles, encore bien que ces distributions aient lieu en vertu de réglemens de la fabrique, approuvés par l'évêque. — 29 avril 1809. Décr. cons. d'état. Turny C. Besançon.

65. — Les droits à des places, dans les églises, appartenant à des particuliers, ont été supprimés par la loi du 12 juill. 1790, art. 21 et 23. — Vainement dirait-on que la suppression ne s'étend qu'aux droits des ecclésiastiques sur ces édifices. — 19 avril 1825. Req. Dame de Courcy. D.P. 25. 1. 275.

— V. Autorisation, Autorité municipale, Choses, Communauté, Conciliation, Conflit, Conseil d'état, Contrainte par corps, Contributions directes, Disposition entre-vifs, Domicile, Donation, Enregistrement, Fabrique, Féodalité, Forêts, Hospice, Hypothèques, Legs, Louage, Mines, Ministère public, Péremption, Prescription, Rente, Servitude, Surenchère, Tontine, Transaction, Usufruit, Vente, Voirie.

TABLE SOMMAIRE.

Acceptation. 32, s. 46.
Acquisition. 26, s.
Action judiciaire. 50.
Administrateur. 24.
Administration. 20, s.
Age. 18
Aliénation. 26, s. 58.
Association. 15, s.
Autorisation. 4, s. 26, 30, s. 38, 44, s. — nouvelle. 13, s. — de plaider. 51, s.
Aveu. 10.
Biens. 21, 29, s.
Caisse de prêt. 9.
Capacité. 26, s.
Charité. 11.
Communauté religieuse. 14, s. 28, s. 44.
Compétence. 27, 48, 50, s. 57, 64.
Comptabilité. 25.
Comptable. 62.
Condition. 41.
Congrégation. 2, 11.
Consistoire. 53.
Corporation religieuse. 27, s.
Couvent. 15.
Dons. 32, s.
Echange. 58.
Emploi. 46.
Equivalent. 52.
Etablissement de bienfaisance. 25.
Etat estimatif. 37.
Evêque. 19, 22, 26, 59, s.
Exception. 54. — péremptoire. 17.
Hypothèque légale. 62.
Juif. 47, s.
Loi. 19.
Louage. 56.
Mandat. 23, s.
Mense épiscopale. 59.
Ministère public. 59.
Notaire. 43.
Obligation. 24.
Partage. 28.
Place d'église. 64, s.
Portion disponible. 31
Prescription. 52.
Production. 42.
Propriétaire. 27, s.
Protestant. 34.
Qualités. 17.
Refus. 38.
Retour. 38, s.
Révocation. 19.
Société de géologie. 7. — d'industrie. 8.
Solidarité. 24.
Sœurs. 29.
Synagogue. 47.
Transaction. 55.
Vente. — V. Aliénation.
Vœu religieux. 18.

ÉTABLISSEMENT DE PROPRIÉTÉ — 1. — C'est l'analyse des titres en vertu desquels les parties possèdent des biens-immeubles, des rentes ou des créances.

2. — L'établissement de propriété se fait dans les actes emportant transmission de propriété ou d'usufruit, et dans les actes contenant affectation hypothécaire. Il ne se fait pas pour les objets mobiliers susceptibles de tradition manuelle, à l'égard desquels la possession vaut titre. — Roll., vº Établissement de propriété, n. 1, 2.

3. — Il se place d'ordinaire après la désignation des biens, et n'est soumis à aucune forme particulière. — Roll., n. 3, 4.

Il peut se faire en forme d'état, et par annexe. — Roll., n. 5.

4. — L'établissement de propriété doit être rédigé de telle sorte qu'à la lecture de l'acte on puisse reconnaître l'origine et la durée de la possession, les mutations successives, les priviléges des précédens propriétaires, etc. — Roll., n. 6.

5. — On remonte, en général, pour l'établissement de propriété, à l'époque de la possession la plus longue nécessaire pour prescrire, c'est-à-dire à trente ans. — Roll., n. 7.

6. — Quelqu'utile que puisse être l'établissement de propriété, quelque nécessaire que soit aux conservateurs la connaissance des inscriptions grevant un immeuble vendu, du chef des précédens propriétaires, néanmoins il n'est pas d'obligation. — Roll., n. 9, 10, 11, 12.

7. — Lorsqu'une mutation ou une affectation hypothécaire a lieu sans que celui qui la consent soit porteur de ses titres de possession, l'établissement de propriété se fait sommairement, selon les renseignemens que fournit le propriétaire, et par forme de déclaration. On se réserve de le compléter par un acte postérieur fait à la suite, mais sur une feuille séparée (L. 22 brum. an 7, art. 26).

ÉTAGE. — V. Louage, Servitude.

ÉTAL. — V. Autorité municipale.

ÉTALAGE. — V. Autorité municipale.

ÉTALON. — V. Poids et mesures.

ÉTANG. — V. Action possessoire, Chose jugée, Eau, Louage, Pêche, Peine, Poisson, Servitude, Vente, Usufruit, Vol.

ÉTAT. — V. Profession.

ÉTAT CIVIL. — V. Actes de l'état civil, Filiation. — V. aussi Amende, Arbitrage, Audience solennelle, Cassation, Chose jugée, Droits civils, Enregistrement, Ministère public, Nom, Question d'état, Tierce-opposition.

ÉTAT CIVIL. — V. État des personnes.

ÉTAT ESTIMATIF DE MEUBLES ET EFFETS MOBILIERS. — 1. — Ces états sont utiles dans plusieurs circonstances.

2. — Ils sont indispensables pour la validité des donations d'effets mobiliers. — V. Donation.

3. — Lorsqu'un acte translatif de propriété comprend à la fois des immeubles et des meubles, on peut, en dressant un état estimatif, soit dans le contrat même, soit séparément, mais par annexe, ne payer le droit d'enregistrement que pour les meubles (L. 22 frim. an 7, art. 9) — Rolland, vº État estimatif de meubles et effets mobiliers, n. 18.

4. — Les héritiers, légataires ou donataires rapportent, à l'appui de leurs déclarations de biens-meubles, un inventaire ou état estimatif, article par article, certifié par eux, s'il n'a pas été fait par un officier public (L. 22 frim. an 7, art. 27.) — V. Enregistrement.

5. — On dresse aussi des états estimatifs dans les baux de moubles. — Roll., n. 21. — V. Louage.

— V. Communauté, Donation, Enregistrement, Rapport.

ÉTAT A FOURNIR. — V. Action civile, Jugement.

ÉTAT DES LIEUX. — V. Louage.

ÉTAT-MAJOR. — V. Armée, Garde nationale.

ÉTAT DES PERSONNES. — 1. — C'est la qualité à raison de laquelle les personnes ont, soit relativement à la société, soit relativement à la famille, des droits à exercer et des devoirs à remplir.

2. — Les questions qui s'élèvent sur ces qualités se nomment questions d'état, telles sont celles-ci : un individu est-il libre ou esclave, Français ou étranger, légitime ou bâtard, mineur ou majeur, etc.? — Toull., t. 1er, n. 179; Roll., vº État des personnes, n. 1, 2.

3. — Ces questions sont, aux yeux de la loi, d'une telle importance qu'elles ne peuvent être traitées devant les tribunaux, sans communication au ministère public (C. pr. 83).

4. — L'état des personnes peut changer par une foule de circonstances. Telles sont la mort civile, la perte de la qualité de Français, la perte de tout ou partie des droits civiques, civils ou de famille, par suite de condamnations judiciaires, l'interdiction, le mariage, la faillite, etc. — Roll., n. 5.

5. — L'état des personnes est d'ordre public, et, par conséquent, ne peut être acquis ni modifié par les conventions des parties. Il n'en est pas de même des intérêts pécuniaires dérivant de tel ou tel état; les parties peuvent y déroger. Ainsi, le père qui ne peut renoncer à la puissance paternelle que la loi lui attribue, est libre de renoncer à l'usufruit que la loi lui accorde sur les biens de ses enfans mineurs. — Roll., n. 6, 7.

6. — L'état des personnes est politique ou civil. L'état politique se compose des qualités requises pour être admis à l'exercice des droits politiques. — V. Droits politiques.

7. — L'état civil se compose des droits résultant de la fixation du domicile, des rapports de parenté et d'alliance, des qualités et droits que la loi attache au sexe, à l'âge, à la constitution physique et morale, de la capacité légale et des facultés requises pour participer valablement aux transactions sociales. — Roll., n. 9 — V. Droits civils.

8. — Les qualités qui constituent l'état civil des personnes agissent sur leurs biens; c'est ainsi que la qualité de fils mineur donne au père le droit d'usufruit légal, et que la qualité d'époux donne l'usufruit sur les biens dotaux de la femme. — Roll., vº Etat civil.

9. — Lorsqu'il s'agit d'actes d'aliénation, d'hypothèques, de contrats emportant obligation civile, on fait déclarer aux parties leur état, si elles sont mariées, tuteurs, comptables publics, etc. — Roll., n. 3.

10. — L'état civil des personnes est constaté par des fonctionnaires et sur des registres publics. — V. Actes de l'état civil.

ÉTAT DE SIÉGE. — 1. — Les lois et décrets qui régissent l'état de siége (c'est-à-dire les lois de 8 juill. 1791, et 10 fruct. an 5, et le décr. du 23 déc. 1811), doivent continuer d'être exécutés dans toutes celles de leurs dispositions qui ne sont pas inconciliables avec la charte. — 30 juin 1832. Cr. c. Geoffroy. D.P. 32. 1. 265.

2. — Cette décision semble incontestable : 1º Toute société doit pouvoir se garantir d'un naufrage inévitable ; la constitution qui laisserait un pays désarmé contre l'attaque profonde et soudaine d'un ennemi, ou des anarchistes, porterait en elle un germe de mort; elle serait placée en dehors de la loi commune à tous les êtres, à tous les corps organisés, qui est de pourvoir à leur conservation; 2º les lois générales, telles que les chartes, n'abrogent dans la législation secondaire, surtout dans la législation spéciale, que celles des dispositions qui leur sont formellement contraires. On ne saurait s'écarter de cette règle, sans tomber dans un véritable chaos législatif, chacun tirant à son gré des dispositions de la loi constitutionnelle telles conséquences qu'il plaît à ses passions d'en faire découler. — D.P. 32. 1. 265.

3. — L'art. 103 du déc. du 24 déc. 1811 qui, en cas de déclaration de l'état de siége, veut que les tribunaux ordinaires soient remplacés par des tribunaux militaires, est inconciliable avec la charte. Par suite, les individus non militaires saisis, pendant l'état de siége, en rébellion armée, ne sont justiciables que des cours d'assises. — 30 juin 1832. Cr. c. Geoffroy. D.P. 32. 1. 265. — V. au surplus, sur cette question et sur quelques autres qui se rapportent à l'état de siége, les observations faites vº Compétence criminelle, p. 587, n. 632 et suiv.

4. — Ordonnance du roi qui met la ville de Paris en état de siége. — 7 juin 1832. D.P. 32. 3. 98.

Ordonnance qui rapporte la précédente. — 29 juin, 2 juill. 1832. D.P. 32. 3. 98.

5. — Ordonnance du roi qui déclare en état de siége les communes comprises dans les arrondissemens de Laval, Château-Gontier et Vitré. — 1er et 7 juin 1832. D.P. 32. 3. 98.

6. — Ordonnance du roi qui déclare en état de siége les communes comprises dans les départemens de Maine-et-Loire, de la Vendée, de la Loire-Inférieure et des Deux-Sèvres. — 3 et 7 juin 1832. D.P. 32. 3. 98.

7. — Ordonnance qui rapporte les deux précédentes — 10 et 14 juin 1833. D.P. 33. 3. 62.

— V. Chose jugée, Compétence criminelle.

ÉTOFFE. — V. Douanes, Poids et mesures.

ÉTRANGER. — 1. — C'est celui qui est né de parens non français, et qui n'a point été naturalisé (V. Naturalisation). — On entend en général par *étrangers* les individus soumis à un statut personnel autre que celui qui régit les citoyens de la nation, sur le territoire de laquelle il se trouve (C. civ. 3). — V., quant à l'effet des statuts, réel et personnel, vº Lois.

2. — L'habitant d'un pays réuni à la France, qui, avant la réunion, était au service d'une puissance étrangère, ne devait pas être considéré comme étranger, ni privé du droit de succession en France, lorsqu'il avait manifesté son intention de conserver son ancien domicile, et qu'il était encore dans les délais pour obtenir du souverain l'autorisation de servir une puissance étrangère (Décr. 26 avril 1811, art. 14 et 26; décr. 31 juill. 1812; C. civ. 726). — 12 janv. 1813. Liége. de Galen. D.A. 5. 194. — V. Droits civils, et Naturalisation.

ART. 1er. — *Des droits dont les étrangers jouissent en France.*

ART. 2. — *Contestations entre Français et étrangers.*

ART. 3. — *Contestations entre étrangers.*

§ 1er. — *Obligations civiles.*

§ 2. — *Obligations commerciales.*

ART. 4. — *Compétence en matière criminelle et correctionnelle.*

ART. 5. — *Où et comment l'étranger doit être assigné.*

ART. 6. — *Exécution et autorité des jugemens étrangers.*

ART. 7. — *Exécution et autorité des actes étrangers.*

ART. 1er. — *Des droits dont les étrangers jouissent en France.*

3. — On lit dans l'art. 11 : « L'étranger jouira en France des mêmes droits civils que ceux qui sont ou seront accordés aux Français, par les traités de la nation à laquelle cet étranger appartiendra. »

4. — L'art. 13 porte : « L'étranger qui aura été admis par l'autorisation du roi, à établir son domicile en France, y jouira de tous les droits civils, tant qu'il continuera d'y résider. »

5. — Quant aux femmes, l'art. 12 C. civ. dispose : « L'étrangère qui aura épousé un Français suivra la condition de son mari. »

6. — Néanmoins, et quoiqu'en France une femme ne puisse s'obliger sans l'autorisation de son mari ou de la justice, la femme étrangère qui voyage en France est, par là même, censée avoir reçu de son mari l'autorisation nécessaire pour se procurer des alimens, et spécialement pour se procurer un logement. — 25 fév. 1808 Bruxelles. Hameroyen. — V. Autorisation de femme.

7. — C'est au mot *lois* qu'on examine avec étendue la question de savoir si c'est la loi française ou la loi étrangère qui doit régir les conventions ou les actes des étrangers consommés en France, qu'ils soient majeurs ou mineurs, mariés ou non, capables ou incapables (C. civ. 3).

8. — On distinguait autrefois deux sortes d'étrangers, qu'on appelait *aubains*, si le lieu de leur naissance était connu, et *épaves*, s'il était ignoré. Leur condition, dans l'origine, différait peu de celle des serfs. — Déclarés plus tard capables des actes du droit des gens, ils purent posséder, acquérir, faire le commerce. Mais tout office ou bénéfice, toute fonction publique leur étaient interdits (Bacquet, *Droits d'aubaine*, et ord. 1386, 1431; ord. de Blois, art. 4.) — D.A. 6. 458, n. 1.

9. — L'une des plus grandes rigueurs usitées alors contre les étrangers, le droit d'aubaine, modifié d'abord par les traités à l'égard de la plupart des états d'Europe, fut entièrement supprimé et sans aucune condition de réciprocité par l'assemblée constituante (Décr. 6 août 1790), qui les autorisa même à succéder en France à leurs parens français (Décr. 8 avril 1791). — D.A. 6. 458, n. 2, 12. 270, n. 12.

10. — Par la même loi du 6 août 1790, fut aboli aussi le droit de *détraction*, c'est-à-dire le droit en vertu duquel l'état retenait une certaine portion des successions ou legs que l'étranger venait recueillir en France. Il prenait quelquefois le nom de

droit de migration, de *traite foraine d'exclusion de retenue*.— V. Gaschon, *Code diplom.*

Ce droit, qui avait le même fondement que le droit d'aubaine, se trouve rétabli par les art. 11, 726 et 912 C. civ., qui avait introduit le système de réciprocité. Mais il a été de nouveau aboli avec le droit d'aubaine, par la loi du 14 juillet 1819.

11.—L'art 1er de cette loi porte en effet : « les art. 726 et 912 C civ. sont abrogés : en conséquence, les étrangers auront le droit de succéder, de disposer et de recevoir de la même manière que les Français, dans toute l'étendue du royaume. »

12. — Les art. 11 et 726 avaient donné naissance à diverses questions qui ont perdu presque tout intérêt depuis la loi du 14 juillet 1819. — Il était reconnu entr'autres : 1° que la réciprocité devait être fondée sur des traités, qu'il ne suffisait pas que la législation d'un pays autorisât les Français à y succéder. Dans le projet de l'art. 11, il était dit, *par les lois et les traités de la nation*; on supprima le mot *lois*.— C'est par exception qu'un avis du conseil d'état, approuvé le quatrième jour complémentaire de l'an 13, et rendu sur la question de savoir si l'étranger prisonnier de guerre en France peut y contracter un mariage valable, décide qu'un tel mariage produit les effets civils quant à l'état de la femme et des enfans ; mais que les conventions matrimoniales, en tout ce qui touche la *successibilité*, n'ont d'effet en faveur de l'étranger, prisonnier de guerre, qu'autant que *les lois du pays dont il est sujet* accorderaient les mêmes avantages aux Français qui se marient en pays étranger.—Chabot, *sur l'art.* 726, n. 2; Toull, t. 1er, p. 212; Proudh. *C. de dr. franc*, t. 1er, p. 79; Durant., t. 6, n. 81.

13.—Les lois de 1790 et 1791, abolitives du droit d'aubaine, ont été abrogées par les art. 11 et 726 C civ.—13 déc. 1827. Req. Austen. D.P. 28. 1. 56.

14.—Suivant les principes de l'ancienne législation, le droit d'aubaine était distinct et indépendant de l'incapacité de succéder; l'abolition de ce droit d'aubaine n'entraînait pas celle de l'incapacité de succéder; cette incapacité ne pouvait cesser que par l'effet d'une dérogation expresse et formelle.— 28 déc. 1825. Civ. r. Rennes. Robiou. D.P. 26. 1. 89.

15.—Les Genevois, relevés du droit d'aubaine, par lettres-patentes de 1608, pouvaient-ils être institués héritiers testamentaires?— Non résolu. — 15 nov. 1808. Nîmes. Héritiers Balmier. D.A. 6. 179.

16.—De l'abolition du droit d'aubaine, prononcée, en général, par la loi du 18 août 1790 (art. 1er), et, en particulier, pour les Genevois, par les lettres-patentes de juin 1608, n'est pas résultée pour l'étranger la faculté de recueillir, après la mort de ses parens français, les biens qu'ils ont laissés en France, mais seulement le droit d'y succéder à ses parens étrangers (L. 8 avril 1791, art. 3 et 4).— 2 pluv. an 9. Civ. r. Bastard. D.A. 12. 270. n. 1. D P. 3. 1. 358.

17.—L'art. 23 du traité du 15 août 1761, fait entre la France et l'Espagne, et appelé pacte de famille, en n'abolissant que le droit d'aubaine en faveur des Espagnols, a laissé subsister leur incapacité de succéder à leurs parens français. En conséquence, sous l'empire du code civil et avant la loi du 14 juillet 1819, abolitive du droit d'aubaine et de l'incapacité de succéder, un Espagnol non naturalisé ne pouvait succéder à son parent français décédé en France. — 28 déc. 1825. Civ. r. Rennes. Robiou. D.P. 26. 1. 89.

18.—Un Anglais, héritier d'un Français devenu étranger sous le régime des lois de 1791, mais mort depuis la publication du code civil, ne peut réclamer les immeubles situés en France, et faisant partie de la succession. — 13 déc. 1827. Req. Austen. D.P. 28. 1. 56.

19.—La France a toujours marché la première dans la voie de civilisation, d'humanité et même de générosité envers les étrangers. Il est fâcheux qu'elle ait trouvé peu d'imitateurs parmi les législateurs des autres peuples. Et à cet égard, on croit devoir rappeler entre autres, la loi récente du 21 avril 1832, relative aux étrangers réfugiés qui se rendent en France, loi dont les dispositions généreuses ont été prorogées par celles des 6 avril 1833, 1er mai 1834. — D.P. 32. 3. 46; 33. 3. 57; 34. 3. 45.

20.—Le code semble avoir restreint, par les art. 11 et 13, les droits civils dont jouissent les étrangers en France, à ceux qui leur sont formellement accordés, ou par les traités, ou par l'autorisation de leur domicile, ou par des lois particulières. — Essayons de préciser le sens de ces deux articles.

21.—*De l'étranger non domicilié.*— A ne consulter que la discussion du conseil-d'état, il n'est pas douteux, comme le fait remarquer Merlin (Rép., v° Étranger, p. 1re, n. 6), que dans la pensée des orateurs, l'étranger non domicilié était exclu de tous les droits civils non accordés aux Français dans son pays par des traités. Autrement, en quoi consisterait le bénéfice, ou des traités, ou de l'autorisation du domicile? Mais qu'ont-ils entendu par *droits civils?* Le Tribunat en sollicita vivement la définition. On recula devant cette tâche difficile, en considérant les controverses qu'elle avait fait naître, la variété presque incalculable des droits dont on peut jouir, et le danger d'une omission. C'est donc à la doctrine et à la jurisprudence à déterminer tous les droits civils de l'étranger (V. l'article Droits civils, et les renvois à la fin du mot Étranger).—D.A. 6. 458, n. 3.

C'est à l'article *naturalisation* qu'on indique la manière dont les étrangers acquièrent la qualité de Français.

22.— Pour qu'un étranger soit admis à succéder en France à ses parens français, il faut qu'il y ait une réciprocité, non seulement de nation à nation, mais d'individu à individu.— Ainsi un moine italien, avant le décret du 23 avril 1810, n'aurait pu succéder en France, par cela seul que, frappé de mort civile en Italie, il n'eût pu transmettre de succession à un Français. — La contravention aux lois étrangères est en France un moyen de cassation, lorsque leur observation est ordonnée par les lois françaises, et dans le cas, par exemple, où il s'agit de savoir si, selon les lois de son pays, un étranger est mort civilement, encore que la contravention résultât, non d'un refus d'expliquer les lois, mais d'une erreur sur le sens ou le choix de celles que les juges ont dû appliquer. — 1er fév. 1813. Civ. c. Gênes. Tarchini. D.A. 9. 895, n. 2. D.P. 13. 1. 130.

23 — Un étranger a pu disposer par testament de ses biens en France en faveur d'un Français, encore qu'il n'existe pas de traité relatif à la faculté de recevoir et de disposer, entre sa nation et la France : un traité n'était exigé que pour habiliter l'étranger à recueillir lui-même un legs ou une donation (C. civ. 11, 726). — 13 août 1813. Trèves. Héritiers Goerres. D.A. 5. 272. D.P. 1. 1316.

24. — L'abolition du droit d'aubaine suffit pour établir le droit réciproque de succession entre les sujets des puissances contractantes. — 9 juin 1825. Req. Romieux. D.P. 25. 1. 338.

25.— L'art. 912 C. civ., avant l'abolition du droit d'aubaine, ne permettait pas aux Français de disposer au profit d'un Américain des biens situés en France, la convention du 30 sept. 1800 ne permettant pas aux Américains de disposer au profit d'un Français des biens situés en Amérique. — 2 avril 1821. Rouen. Paulmier. D.A. 12. 271, n. 2. D.P. 2. 1301.

26.— L'art. 999 C. civ., qui autorise le Français, en pays étranger, à tester selon les formes usitées dans ce pays, ne dispensait pas d'observer l'article 912, qui ne permet de disposer au profit d'un étranger que dans le cas où cet étranger pourrait disposer au profit d'un Français ; la disposition faite hors ce cas n'est pas exécutoire sur les biens situés en France — Même arrêt.

27.— Le traité entre la France et la ville de Francfort, du 8 oct. 1767, lequel établissait une réciprocité, en matière de succession, entre les individus des deux états, traité dont les effets avaient été suspendus pendant l'état de guerre, a repris toute sa vigueur au retour de la paix.— 9 juin 1825. Req. Demoiselle Romieux. D.P. 25. 1. 338.

28.— L'effet des art. 11 et 726 C. civ., sur les biens laissés en France par un émigré devenu étranger, ne cesse pas, par cela qu'ils ont passé directement de l'état de séquestre, pour cause d'émigration, à celui de confiscation, prononcée par le décret de Berlin, du 21 novembre 1806, contre les propriétés anglaises, et que les traités de 1814 et 1815, entre la France et l'Angleterre, ont ordonné la restitution des biens confisqués sur les Anglais. Ces traités sont sans application au séquestre apposé sur les biens d'un individu demeuré inscrit sur la liste des émigrés. — 13 déc. 1827. Req. Austen. D.P. 28. 1. 56.

29. — Il a été jugé que la réciprocité des traités n'était nécessaire que pour habiliter l'étranger à succéder *ab intestat*, mais qu'il n'en était pas de même pour recevoir par testamens ou donations entre-vifs ; qu'à cet égard, la capacité de l'étranger était soumise seulement à la condition que l'étranger pût disposer au profit d'un Français, quelle que fût l'étendue de cette libéralité —26 janv. 1820. Bordeaux. Duchesne. D P. 20. 2. 83.

30. — L'art. 912, en effet, ne renvoie point, comme l'art. 726, à l'art. 11 C. civ, le seul qui fasse mention des traités. C'est ainsi que les étrangers sont capables de contracter en France, d'après l'art. 1123, sous la restriction apportée par l'art. 11 (C. civ. 11, 726, 912).

31. — Ainsi, un Anglais peut disposer, dans son pays, de toute sa fortune mobilière envers un Français. — 26 janv. 1829. Bordeaux. Duchesne. D.P. 29. 2 83.

32. — Le mineur né dans les Indes, *de père et mère gentils*, c'est-à-dire mahométans ou idolâtres, sujet du roi de France, élevé dans la religion catholique, est habile à recevoir par testament. — 5 juin 1828. Req. Pondichery. Tumerel D.P. 28. 1. 268.

33. —De même l'individu d'origine malabare, né dans les Indes, sur le territoire français, est habile à succéder sans lettres de naturalisation. — Même arrêt.

34.— La loi du 14 juillet 1819 n'a habilité l'étranger qu'à *succéder*, *disposer* et *recevoir ;* elle doit être restreinte à ces trois sortes de droits civils ; il y a exclusion pour les autres. — 7 juin 1826. Civ. c. Nîmes. Hérit. de Canillac. D.P. 26. 1 299.

35. — Ainsi, jugé que les lettres patentes du 18 janvier 1787, qui admettent les Anglais à succéder en France à leurs parens français, forment une loi plutôt qu'un traité, ont été abrogées par le code civil, qui fait dépendre la successibilité des étrangers de la réciprocité établie en faveur des Français, non par des lois, mais par des traités conclus entre les états respectifs — 6 avril 1819. Civ. c. Metz. Flavigny. D.A. 12. 270, note 1re, n. 1. D.P. 19. 1. 291.

36. — Spécialement, la femme, Française d'origine, et devenue Anglaise par son mariage avec un Anglais, ne peut succéder en France à ses parens français, à défaut de traités qui établissent la réciprocité du droit de succéder entre les deux pays. Peu importe qu'en Angleterre la femme anglaise, devenue étrangère, conserve le droit de succéder à ses parens anglais. — Même arrêt.

37 — Il s'agit d'une réciprocité, non de nation à nation seulement, mais d'individu à individu. — Chabot, *loc. cit.*, n. 23; Durant., t. 6, n 82; Toull., t. 4, n. 102; Delaporte, *Pand. franç.*, sur les art. 11 et 726; Legal, p. 281; D.A. 12.271, n. 13.—V. n. 22.

38. — Ainsi, pour qu'un étranger puisse succéder en France à un Français, il ne suffit pas que ce Français soit reconnu capable de succéder dans le pays de l'étranger, mais il faut encore que cet étranger individuellement ait la capacité de transmettre au Français dont il veut recueillir l'héritage. — 24 août 1808. Civ. c. Liége. Huseman. D.A. 12. 271, n. 1. D P. 8. 1 527.

Par exemple, les religieux étrangers, morts civilement dans leur pays, sont incapables de succéder à leurs parens en France, soit *ab intestat*, soit par testament. — Même arrêt.

39. — Par la même raison, si un individu laisse en mourant des biens en France et à l'étranger, et un héritier français et un étranger, et que, d'après les lois civiles du pays étranger, le Français ne puisse prendre aucune part dans les biens situés à l'étranger, l'héritier étranger ne pourra venir prendre aucune part dans les biens situés en France, encore bien que les lois civiles françaises ne s'y opposeraient pas. — 9 fév. 1831. Civ. r. Bastia. Raggio. D P. 31. 1. 72.

40. — L'état de guerre suspend et n'anéantit pas les traités dans les dispositions qui permettent aux étrangers de succéder. Ils peuvent, la paix rétablie, recueillir en France les successions ouvertes pendant les hostilités avec leur nation. C'est la doctrine de tous les publicistes, consacrée par plusieurs arrêts (D.A. 12. 272, n. 13). — 3 vend. an 10. Civ. r. D.A 12. 272, n. 1. — 10 janv. 1810. Turin. D.A. 12. 273, n. 1. D.P. 2. 1302. — 6 avril 1819. Civ. c. Metz. Flavigny. D.A. 12. 270, note 1re, n. 1. D.P. 19. 1. 291. — 2 avril 1824. Colmar. Zwickert. D.A. 12. 273, n. 1. D.P. 2. 1302. — 9 juin 1825. Req. Demoiselle Romieux. D.P. 25. 1. 338.

41. — Jugé d'ailleurs, comme nous l'avons vu au n. 27, que si, à l'époque du testament d'un Français en faveur d'un habitant de Francfort, et de son décès, la France était en pleine paix avec l'état de Francfort, la succession a été valablement transférée à l'étranger.

42 — Ce n'est pas le droit de succéder en France, mais la simple faculté d'y recueillir les avantages de l'effet rétroactif, que l'art 59 de la loi du 17 nivôse an 2 refuse aux étrangers en état de guerre avec la France. — 3 vend. an 10. Civ. r. Fassi. D.A. 12 272, n. 1.

43. — La loi du 14 juill. 1819, en abrogeant les art. 726 et 912 C., a laissé subsister l'art. 11, qui

en contenait le germe : « On a examiné, disait de Serres (*Exposé des mot.*, Moniteur, 14 mai 1819), si l'on abrogerait aussi cet article. On n'y a vu aucun avantage..... Les autres droits civils n'ont rien de commun avec celui qu'il nous est avantageux de restituer. » — En autorisant l'étranger à disposer et recevoir de la même manière que les Français, cette loi ne permet plus qu'on mette en question si deux époux étrangers peuvent, en se mariant en France, stipuler des gains de survie (V. Rép., Gains nuptiaux, p. 21); si deux étrangers peuvent contracter une société universelle (V. Dur., *des Contrats*, n. 904). — D.A. 6. 459, n. 4 — V Succession.

44.—Déjà, avant cette loi, et en vertu de l'art. 12 du traité du 27 sept. 1803, les Suisses jouissaient en France des mêmes droits que les régnicoles, en tant que l'exercice de ces droits n'était pas attaché à la qualité de Français.— Légat, p. 284.

45.— Ainsi, un Suisse ne peut, en France, être témoin dans un testament.— 23 janv. 1811. Req. Rennes. Blary. D.A. 5. 810. D.P. 11. 1. 114.

46.— S'il y avait erreur commune sur la qualité d'un témoin, en ce que, d'après les fonctions dont il a été revêtu, il passait pour *citoyen français*, quoiqu'il fût étranger, l'acte notarié, tel qu'un contrat de mariage, auquel il a concouru comme témoin, n'en est pas moins valable.— 28 juin 1831. Req. Colmar. Muller. D.P. 31. 1. 219.

47.— La capacité putative d'un témoin, ou l'erreur commune, qui doit le faire considérer comme tel, ne peuvent résulter que d'une série d'actes faits en qualité de *régnicole*, actes qui ne pouvant être faits que par des *sujets du roi*, par des Français, formeraient, pour le témoin, une possession publique et paisible de l'état, que l'opinion générale lui attribue, comme si, par exemple, il a été maire, électeur, juré, membre de la garde nationale (C. 980). — 9 avril 1829. Poitiers. Massonneau. D.P. 30. 2. 197.

Spécialement, pour qu'un Genevois, non naturalisé Français, ait pu être témoin d'un testament, il ne suffit pas qu'il ait été employé dans un port français, en qualité, par exemple, d'adjudant aux compagnies des gardes chiourmes, qu'il se soit marié en France, qu'il ait été témoin dans un acte de mariage, etc.: ces différens faits ne pouvant jamais établir la capacité putative.— Même arrêt.

48.— A l'égard des droits civils qui participent du droit des gens, et spécialement de la prescription, ils appartiennent aux étrangers, indépendamment des traités, qui ne statuent que sur les droits purement civils.— Légat, p. 285.— V. Droit des gens.

49.—Les étrangers peuvent acquérir les actions de la banque de France (Décr. 16 janv. 1808, tit. 1er, art. 3)— Légat, p. 185.

50.—. Obtenir des concessions de mines isolément ou en société (L. 21 avril 1810, art. 13). — Légat, p. 181.

51.—...Poursuivre les contrefacteurs d'un ouvrage littéraire (Décr. 5 fév. 1810, art. 40.— V. Propriété littéraire).— Légat, p. 192; D.A. 6. 459, n. 5.

52.—Jugé que l'art. 11 du C. civ. n'est point applicable au recouvrement d'une créance en vertu d'une convention — 25 avril 1821. Colmar. Rosenwald. D.A. 11. 528, n. 1. D.P. 2. 1107.

53.— Mais ils ne peuvent être promus à l'épiscopat en France (Concordat du 18 germ. an 10, art. 16 — V. Légat, *Code des étrangers*, p. 202 à 264). A moins qu'ils n'aient été naturalisés suivant les règles du code civil — Légat, p. 264 et 265.

54.— Il leur est défendu d'exercer en France le ministère ecclésiastique, sans la permission du gouvernement (L. 18 germ. an 10, art. 32). — D.A. 6. 459, n. 5.

55.— Ils ne peuvent servir dans les troupes françaises (L. 21 mars 1832, art. 2); ce qui ne fait pas obstacle à ce que des étrangers prennent du service en France; les troupes étrangères peuvent être admises au service de l'état en vertu d'une loi (Charte de 1830, art. 13).— Légat, p. 266.

56.—Les étrangers ne peuvent être admis à exercer les fonctions de notaires (L. 25 vent. an 11, art. 35), de juges, avoués, commissaires-priseurs, huissiers, agens de change, enfin aucune fonction qui soit à la nomination du roi, parce que la première condition pour les obtenir est de justifier préalablement de la *qualité de Français*.— Légat, p. 269.

57.— Les jugemens rendus à leur profit dans les matières pour lesquelles il y a, d'après le décret du 22 janv. 1806, recours au conseil d'état, ne peuvent être exécutés, pendant le délai accordé pour le recours, qu'autant qu'ils ont préalablement fourni caution (Décr. 7 fév. 1809).—D.A. 6. 459, n. 5.

58.— Pour exercer la profession d'avocat dans un barreau français, il ne suffit pas d'avoir obtenu en France un diplôme de licencié, il faut encore être Français d'origine ou par naturalisation. — 6 fév. 1830. Décis. cons. de l'ordre des avocats de Grenoble. D.P. 31. 3. 37.

59.— L'étranger ne peut non plus être juré, parce que c'est là l'exercice d'un droit de citoyen. — V. Cour d'assises.

60. — Conformément aux anciennes constitutions françaises, aucun étranger ne peut siéger dans la chambre des pairs, ni dans celle des députés, à moins que, par d'importans services rendus à l'état, il n'ait obtenu du roi des lettres de naturalisation vérifiées par les deux chambres (Ord du 4 juin 1814, art. 1er) — V. Naturalisation.

61.— Le gouvernement peut, s'il le juge convenable, accorder à un médecin ou à un chirurgien étranger, et gradué dans les universités étrangères, le droit d'exercer la médecine ou la chirurgie en France (L. du 19 vent. an 11, art. 4).

62. — Il n'est pas nécessaire de demander cette autorisation, lorsque le diplôme de médecin ou de chirurgien a été délivré aux étrangers par l'une des facultés de France. Il y a garantie suffisante de capacité, et, d'ailleurs, le diplôme, qui est délivré au nom du roi, confère le droit d'exercer la médecine.— Légat, p. 267.

63 —Voyez, D P. 34, 3, 80, une ordonnance royale des 29 août et 17 sept. 1834, qui annulle celle du 7 avril 1830, portant autorisation au sieur *Buchillot* (*Antoine*) d'exercer la médécine et la chirurgie en France.

64. — Un étranger non muni d'un diplôme français ou d'une autorisation du gouvernement français, accordée sur la représentation d'un diplôme étranger, ne pourrait non plus ouvrir en France un laboratoire ni débiter des médicamens, parce que l'exercice de cette profession, intéressant la santé publique, est placé sous l'empire des lois de police et de sûreté qui obligent tous ceux qui habitent le territoire français (C. civ. 3) —Légat, p. 268.

65 — Un étranger peut-il être arbitre? Oui, en arbitrage volontaire.— Légat, p. 275 et suiv — Mais non en arbitrage forcé(*cod.*). — V. Arbitrage.

66.—Les étrangers peuvent être experts, d'abord, parce qu'il peut arriver qu'il n'existe pas de régnicoles ayant les connaissances nécessaires pour donner leur avis sur l'objet en litige, et ensuite, parce que, outre qu'on ne peut induire de prohibition contre eux d'aucun texte de loi, l'art. 414 C. comm. leur semble favorable. — Légat, p. 278 et 279.

67. — Ils ne peuvent être admis au bénéfice de cession de biens (C. pr. 905, et C. comm. 575), à moins que ce droit ne soit dans leurs pays accordé aux Français, parce qu'alors il y aurait lieu pour eux d'invoquer la réciprocité, aux termes de l'art 13 C.— Légat, p. 385.—V. Cession de biens.

68. — Les créanciers français sont-ils, en cas d'insuffisance des biens situés en France et appartenant à leurs débiteurs étrangers, tenus, avant de s'adresser à la caution, de discuter les biens de leur débiteur situés hors du royaume et spécialement affectés à la créance? — L'affirmative a, sous l'ancienne jurisprudence, été jugée par arrêt du parlement de Paris, en date du 17 mars 1614 (Brodeau sur Louet, lett. D, somm. 49, n 4).—Mais la négative, jugée par deux autres arrêts du même parlement, en date du 3 mars 1582 et du 21 janv. 1606 (Choppin, coutume d'Anjou, ch. 3, n. 10), est, à cause de l'extrême difficulté pour les Français de discuter les biens de leurs débiteurs, situés hors du royaume, adoptée, sous la législation actuelle, par Légat, p. 387 à 390.

69. — La conséquence à tirer de ce que les étrangers ne peuvent faire cession de biens en France, c'est qu'il ne leur est pas permis de signer valablement un concordat avec leurs créanciers, au moins en tant que ce concordat serait passé en présence du juge-commissaire, parce que celui-ci ne pourrait se prêter à une violation de la loi. Le tribunal de commerce ne devrait pas l'homologuer.—Légat, p. 392.

70. — Dans le cas de faillite ou de déconfiture, soit d'un Français, soit d'un étranger, les régnicoles ne doivent point permettre aux étrangers qui seraient créanciers, de prendre leur quote-part dans la masse, avant d'avoir justifié que, dans leur pays, les Français sont admis à recevoir leurs dividendes sans aucune diminution et aux mêmes conditions que les nationaux. Il s'agit ici d'une réciprocité qui n'est point anéantie par l'abolition du droit d'aubaine, et que l'art. 2 de la loi du 14 juill. 1819, pourrait même légitimer par analogie.— Légat, p. 392 à 398.

71.— Le jugement qui, au sujet d'une action tendante à contrainte par corps dirigée contre un individu né en pays étranger, mais domicilié en France, et dans une matière où le Français n'est pas soumis à cette contrainte, met à la charge du demandeur l'obligation de prouver la qualité d'étranger, ce jugement ne viole aucune loi : on dirait en vain que le lieu de la naissance établit une présomption d'extranéité. — 6 fév. 1826. Civ. r. Contrib. ind. C. Canapa. D.P. 26. 1. 164.

72 — Les biens mobiliers et immobiliers que les étrangers possèdent en France, peuvent être saisis par des étrangers comme par des Français. — 5 août 1832. Paris. Hanèle. D.P 33. 2. 224.

73 — L'art. 560 C. pr., suivant lequel les saisies-arrêts ou oppositions faites sur personnes non demeurant en France, doivent être signifiées à personne ou domicile, est applicable aux transports de créances. Ainsi la signification d'un transport à un étranger doit être faite à personne ou domicile; elle ne peut l'être au parquet du procureur du roi (C. pr. 69 et 560). — 28 fév. 1825. Paris. Faillant. D.P. 26 2. 60.

74.— Les mesures de police à prendre contre les étrangers sont du ressort de l'autorité administrative. C'est la règle générale.

75. — Ainsi, un tribunal correctionnel ne peut, sans commettre un excès de pouvoir, ordonner que celui qu'il condamne sera conduit par la gendarmerie jusqu'aux frontières de France. C'est à l'autorité administrative qu'appartient un tel pouvoir.— 9 sept. 1826. Cr. c. int. de la loi. Muzzioli. D.P. 27. 1. 18.

Mais il est bien entendu que l'autorité administrative ne peut s'immiscer en rien dans les conventions passées par les étrangers : celles-ci ne tombant sous le coup que de la loi civile.

76 — *De l'étranger domicilié.*— La constitution du 22 frim. an 8, art. 3, soumettait à un stage politique de 10 ans l'étranger qui aspirait à la qualité de citoyen français. Pendant ce stage, l'étranger ne jouissait en France d'aucun droit particulier. Il en résultait que, privé peut-être dans son pays des droits de cité par le seul transport de son domicile sur le sol français, il perdait presque tous les avantages civils. C'est pour éviter cet inconvénient, propre à détourner les étrangers de la France, que l'art. 13 C, a attribué à l'autorisation qu'ils obtiennent de fixer leur domicile, l'effet immédiat de les faire jouir des droits civils pendant le temps de la résidence.—D.A. 6. 459, n. 6.

77.—Faut-il que l'étranger, qui réside en France, en ait reçu l'autorisation expresse, pour qu'il y puisse, à part tout traité politique, jouir des droits civils? Cette question à trois branches : 1° Deviendrait-il citoyen français sans aucune autorisation, en remplissant seulement les conditions prescrites par l'art 3 de la constitution de l'an 8.— D.A. 6. 459, n. 7.

78.— Un étranger a-t-il pu avant, et même sous le code civil, acquérir en France un domicile attributif de juridiction, par le seul fait d'une longue résidence, et de l'acquisition d'immeubles en France, quoiqu'il n'ait obtenu aucune autorisation du gouvernement français (C. 13 et 14)? — 30 nov. 1814. Civ r. Paris. Parker. D.A. 6. 471. D.P. 15. 1. 144.

79 —Non, car l'étranger qui veut devenir citoyen français, par la voie qu'indique l'art. 3 de la constitution de l'an 8, est tenu d'obtenir la permission du gouvernement pour s'établir en France (18-20 prair. an 11, avis du cons. d'état, rapporté par Légat, p. 287).

80.— Il ne peut y acquérir un domicile qu'en se conformant à l'art. 13 C. — 16 août 1811. Paris. Poniatowska. D.A. 3. 348. D.P. 12 2. 79.

81.—2° S'il avait fixé en France le siége de ses affaires, et qu'il ne conservât aucun esprit de retour, y acquerrait-il, sans la permission du gouvernement, un véritable domicile, attributif des droits civils? La négative est établie v° Domicile.— Légat, p. 287.

82.— 3° La possession d'état équivaudrait-elle à une autorisation expresse en supposant qu'il a été porté long-temps sur la liste civique, qu'il a rempli les charges imposées aux seuls citoyens? La cour de cassation a deux fois déclaré que l'incapacité ne pouvait être couverte par la possession d'état, et qu'il appartenait exclusivement au roi de conférer les droits civils.— D.P. 25. 1. 38 et 165.

83.— Cette décision paraît conforme à l'intention manifestée par les auteurs du code ; en effet, le caractère personnel de l'étranger, sa moralité, le moment où il se trouve en France, la position respective des deux peuples, et une foule

d'autres circonstances peuvent rendre son admission aux droits civils plus ou moins désirable. La loi n'a donc dû y faire participer que l'étranger admis par le gouvernement.— D.A. 6. 459, n. 7.

84. — Proudhon, *Droit français*, t. 1er, p. 89, a imaginé un état mitoyen, qu'il appel *incolat*, pour l'étranger établi en France sans esprit de retour : en cet état, sa capacité personnelle sera régie par nos lois; mais il ne pourra réclamer les droits qui intéressent le fisc ou les tiers. Le domicile, dit ce professeur, est la seule marque distinctive de l'association civile; or, l'étranger cesse d'être membre de celle à laquelle il appartenait, lorsqu'il transporte son domicile dans un autre pays : il doit donc acquérir des droits civils dans ce pays; car il ne peut être sans patrie. Mais on ne voit pas pourquoi l'étranger qui a perdu sa patrie et n'a pas rempli les conditions nécessaires pour en acquérir une autre, devrait cependant en avoir une, et l'on conçoit encore moins comment il en aurait deux, c'est-à-dire, comment il pourrait être moitié étranger et moitié Français. En supposant que d'après les lois de son pays, son établissement en France lui fasse perdre ses droits civils dans sa patrie, il ne s'ensuit pas qu'il acquière par là même en France, des droits civils que la loi française peut seule conférer.—Merl., Rép., vº Etranger, p. 1re, n, 6; Dur., t. 1er, n. 115; Delv., t. 1er, p. 194; D.A. 6 460, n. 8.—13 juin 1814. Paris. Styles. D.A. 6. 508. D.P. 1. 1412. — Autre décision implicite, 1er fév. 1813. —Domicile.

85. — Avant le code civil, l'étranger pouvait, sans avoir obtenu préalablement l'autorisation du chef de l'état, acquérir un domicile réel en France, par une longue résidence et la possession de biens-immeubles. Conséquemment, si un Américain se trouve dans cet état, il pourra valablement être assigné devant les tribunaux français, pour obligations contractées en France, même avec un étranger. — 11 juin 1812. Paris. Swan, etc.

86. — On a élevé la question de savoir si l'autorisation accordée à un étranger, de résider en France, pouvait lui être retirée, et, dans ce cas, si les effets devaient cesser? L'affirmative résulte de l'avis du conseil d'état du 18 prair. an 11, et du motif même qui a dicté l'art. 13 C. — Légat, p. 289. — V. Aff. Vecchiarelli. D.P. 35. 2e partie.

87. — Un étranger, résidant en France, qu'un jugement a condamné à la contrainte par corps, est fondé à se prévaloir en appel, pour se soustraire à la contrainte, d'une ordonnance du roi qui l'a autorise, depuis le jugement de première instance, à fixer son domicile en France. — 2 mai 1834. Paris. Boode. D.P. 34. 2. 2e partie.

88. — Le fait de l'établissement du domicile de l'étranger autorisé à résider en France, s'apprécie de la même manière et d'après les mêmes circonstances que celui des régnicoles. — 15 mars 1831. Paris. Boner. D.P. 31. 2. 112.

89. — En conséquence, doit être réputée ouverte en France la succession d'un étranger qui y est mort depuis la loi du 14 juill. 1819, après avoir obtenu du gouvernement la jouissance des droits civils et y avoir transféré son domicile, conformément à l'autorisation qu'il avait obtenue, et cela, encore bien que cet étranger ne serait pas naturalisé Français. — Et par suite, c'est devant le tribunal dans le ressort duquel il est mort que doivent être portées les contestations qui s'élèvent entre le fils du défunt et le légataire étranger qu'il a institué au sujet de la succession, et, par exemple, sur la validité ou invalidité du testament qu'il a laissé : le légataire demanderait en vain le renvoi devant les juges du pays du testateur (C. civ. 13, 110; C. pr. 59). — 7 nov. 1826. Civ. c. Paris. Thornton. D.P. 27. 1. 49.

90. — Les condamnations à des peines dont l'effet est de priver celui qui est condamné de toute participation aux droits civils et de le frapper de mort civile (C civ. 22), atteignent les étrangers comme les Français. Ainsi, soit que l'étranger jouisse en France des droits civils par suite de la réciprocité accordée aux Français dans son pays, soit qu'il en jouisse par suite de l'autorisation à lui donnée de résider en France, cette jouissance doit cesser par l'effet des condamnations criminelles prononcées contre lui lorsqu'elles sont de nature à l'en priver totalement ou partiellement. — Légat, p. 296, vs Droits civils et Mort civile.

Quel est l'effet légal en France des condamnations prononcées contre un étranger dans son pays? — V. plus bas, n. 106.

91. — Tout individu, né en France, de parens étrangers, est soumis à l'obligation de satisfaire à loi du recrutement immédiatement après qu'il a été admis à jouir du bénéfice de l'art. 9 C. civ. (L. du 21 mars 1832, art. 2). — Légat, p. 266 et 267

ART. 2. — *Des contestations entre français et étrangers.*

92. — Nous nous occuperons successivement du cas où l'étranger est défendeur, et de celui où il serait demandeur.

Etranger defendeur. — L'art. 14 C. permet de citer l'étranger devant nos tribunaux pour l'exécution des obligations qu'il a contractées en France ou en pays étranger avec un Français. C'est une dérogation à la maxime : *actor sequitur forum rei.* — Le motif qu'on en a donné au conseil d'état est que, les jugemens étrangers n'étant pas exécutoires en France, ce serait dénier la justice aux Français que de ne pas les autoriser a traduire devant leurs juges naturels un débiteur étranger, quand l'obligation peut être réalisée en France, sur sa personne ou sur ses biens (Locré, *Lég. civ*, t. 2, sur l'art. 14). — Mais ce motif n'est pas le seul, le législateur a dû nécessairement prendre aussi en considération la difficulté pour un Français d'obtenir justice contre un étranger devant les tribunaux de la patrie de celui-ci. — D.A. 6. 460, n. 1.

93. — Un étranger ou ses héritiers, même non *résidans* en France, peuvent être cités ou traduits devant les tribunaux français, à raison des obligations par eux contractées envers un Français en pays étranger (C. civ. 14). — 1er juill. 1829. Civ. r. Paris. Verac. D.P. 29. 1. 405. — 7 sept. 1808. Req. Trèves. Ingelhein. D.A. 6. 462. D.P. 8. 1. 449.

94. — ... Alors surtout que cet étranger s'est obligé solidairement avec des Français. — 1er juill. 1829. Civ. r. Paris. Vérac. D.P. 29. 1. 405.

95. — ... Encore qu'il ne soit pas trouvé en France, et sans qu'il y ait lieu de distinguer, à cet égard, le sens des mots *citer* et *traduire* qui sont dans l'art. 14 C et le lieu du contrat. — 7 sept. 1808. Req. Trèves. Ingelhein. D.A. 6. 462. D.P. 8. 1. 449. — 17 août 1809. Florence. Rigali. D.A. 6. 463, n. 1. — Merl., Rép., vº Etranger, § 4; Pig., 1er, p. 100; Guichard, *Tr. des dr. civ.* p. 222.

96. — L'arrêt de la cour de Florence que nous venons de citer décide, en outre, qu'il importe peu que l'existence de l'obligation soit constatée par un étranger. S'il en était autrement, celui-ci aurait un moyen infaillible d'éluder l'application de l'art. 14 C civ — D.A. 6. 463, n. 1.

97. — Le mot *obligation* dont se sert l'art 14 C. ne doit s'entendre que d'une obligation dérivant d'un contrat, et non d'un fait donnant lieu seulement à une action civile, telle qu'une demande en rectification d'acte de l'état civil. — 5 juin 1829. Paris. Despine. D.P. 29. 2. 289, V. n.

98. — Toutefois, il a été jugé que l'art. 14 C. comprend tous les actes par lesquels un étranger peut s'obliger envers un Français, et par conséquent les engagemens qui ont pour cause un délit, quasi-délit ou quasi contrat, comme ceux résultant d'une convention formelle. — 8 prair. an 13. Poitiers. Hielsin. D.A. 6. 498, n. 2. D.P. 5. 2. 71.

99. — Ainsi, l'adition faite par un étranger d'une hérédité ouverte en France, et sur laquelle un Français réclame un legs, rend l'étranger justiciable des tribunaux français pour le paiement des legs (C. civ. 14). — 12 juill. 1826. Montpellier. Travy. D.P. 27. 2. 140.

100. — Un Français, créancier d'un étranger et d'un Français, pourrait-il, à son choix, citer l'un et l'autre conjointement devant un tribunal quelconque du royaume, comme le permet l'art 59 C. pr. lorsqu'il y a plusieurs défendeurs; ou devra-t-il appeler le débiteur régnicole devant le tribunal de son domicile personnel? Nous pensons que la règle *actor sequitur forum rei* doit prévaloir ici sur la disposition exceptionnelle de l'art. 59 C. pr. Cet article a, en effet, pour but d'empêcher qu'un demandeur engage divers procès devant les tribunaux différens, pour une action qui, quoique dirigée contre plusieurs personnes, est cependant une quant à son objet. Or, le vœu du législateur nous semble donc rempli par l'assignation devant le juge du domicile du co-débiteur français, et la dérogation à la règle générale ne trouverait pas ici le motif qui a présidé seul à l'art. 59 C. pr. — D.A. 6. 460, n. 3.

101. — La juridiction doit-elle se régler par la loi du temps où le contrat a été fait, plutôt que par la loi du temps où s'intente l'action? L'étranger serait-il justiciable de nos tribunaux pour une obligation contractée hors de France, avant le code? — D'une part, on remarque que la juridiction est de droit public, et de l'autre, que les conventions ont toutes les suites que leur donnent l'usage et la loi contemporaine (C. civ. 1135). — Il nous semble que la loi ne rétroagit pas là où elle n'altère pas la substance des actes antérieurs à sa publication; que « tout ce qui touche à l'instruction des affaires, tant qu'elles ne sont pas terminées, se règle d'après les formes nouvelles, sans blesser le principe de la non rétroactivité, que l'on n'a jamais appliqué qu'au fond du droit » (Arrêté du 5 fruct. an 9). — D.A. 6. 460, n. 4.

102. — Ainsi, l'art. 14 C. civ., qui permet au Français d'assigner l'étranger devant les tribunaux français, s'applique au cas même où le Français n'aurait eu cette qualité que depuis l'obligation, encore que l'obligation fût antérieure au code civil. — 13 mai 1807. Trèves. Raynach. D.A. 6. 462, n. 1. D.P. 1. 1593.

103. — La loi se borne à donner une nouvelle action pour assurer l'exécution des actes. Quant à la circonstance relative à ce que le créancier ne serait devenu Français qu'après le contrat, elle est sans force, attendu que l'art. 14 ne distingue pas.

104. — On objecterait en vain qu'il a sur l'objet du procès une instance engagée devant les juges étrangers. — 13 mai 1807. Trèves. Raynach. D.A. 6. 462. D.P. 1. 1593.

105. — Car il est de principe que les jugemens rendus en pays étrangers contre des Français ne peuvent produire aucun effet en France. — V. cependant, n. 218.

106. — Un étranger peut être traduit devant les tribunaux français pour des obligations contractées avec des Français en pays étranger avant le code civil, et, par exemple, pour régler les comptes d'une société de commerce dissoute, surtout si, dans ce cas, la dissolution, l'inventaire et les comptes ont été postérieurs à la promulgation du code, et que l'assignation ait été donnée à la personne même de l'étranger en France, pendant qu'il y résidait, sur ses biens. — 8 juill. 1809. Pau. Laponne, etc. D.A. 6. 461. D.P. 9. 2. 191

107. — L'opinion contraire est professée par Guichard, *Tr. des droits civils*, n. 220.

108. — Pour jouir de la faculté de citer un étranger devant les tribunaux français, il ne suffit pas que le demandeur soit Français au moment où l'action est formée, il faut, de plus, qu'il ait eu cette qualité au moment où l'obligation a pris naissance; et s'agit-il même d'une rectification de son acte de l'état civil dressé en France, demandée par un étranger d'origine contre des étrangers, ceux-ci seraient fondés à décliner la compétence des tribunaux français (C. civ. 14). — 5 juin 1829. Paris. Despine. D.P. 29. 2. 289.

109. — La demande en rectification de l'acte de décès d'un Français, dressé en pays étranger, doit être portée devant le tribunal du domicile d'origine. — 10 mars 1813. Civ. r. Paris. Pigeollot. D.A. 6. 781, n. 1.

110. — Le domicile du Français dans le pays de l'étranger est-il un obstacle au droit de citer l'étranger devant les tribunaux français, pour le paiement de dettes contractées dans ce pays? — L'étranger alors pourrait intenter son action en France : s'il usait de cette faculté, c'est qu'elle lui offrirait un moyen plus facile d'être payé. Pourquoi la refuserait-on au Français? Le principe de la réciprocité est établi par les art. 14 et 15, n. 150 — Delvincourt, t. 1er, p. 201, deuxième édit.; Légat, p. 290 et suiv.; Dur., t. 1er, n. 150; Légat, p. 290; D.A. 6. 460, n. 2. — *Contrà*, Delv., t. 1er, p. 201. — 28 fév. 1814. Paris. Gesnelle. D.A. 6. 460. D.P. 15. 2. 10.

111. — Toutefois, l'art. 14 C. civ. ne s'applique pas au cas où le Français établi lui-même en pays étranger, n'a pas de domicile en France..., surtout s'il s'agit d'une obligation contractée au profit d'une maison de commerce étrangère. — 20 mars 1834. Paris. Bertin. D.P. 34. 2. 132.

112. — Les tribunaux français sont incompétens pour connaître de l'exécution d'un testament fait en France par un étranger, au profit de Français. — 22 juill. 1815. Paris. Lainé. D.A. 11. 38. D.P. 2. 919.

113. — L'acquiescement du Français aux procédures commencées en pays étranger, le rend-il non-recevable à citer l'étranger en France pour la même cause? Cette question, fort controversée, se résout en partie par les principes exposés à l'art. 6, sur la révision des jugemens étrangers. — Quelques cours considèrent que le contrat judiciaire, formé devant un tribunal étranger, n'a pas plus que la chose qui y est jugée, un caractère légal et définitif en France; que le droit accordé par l'art. 14 est inhérent à la qualité de Français, inaliénable, à l'abri de toute fin de non-recevoir. — D.A. 6. 461, n. 6.

114. — Ainsi, l'exception de litispendance devant un tribunal étranger n'est pas proposable devant un tribunal français, par un étranger contre un Français. — 13 mai 1807. Trèves. Raynach. D.A. 6. 462, n. 1. D.P. 1. 1593. — 7 sept. 1808. Req. Trèves. Ingelhein. D.A. 6. 462. D.P. 8. 1. 449.

115.— Mais les autres prétendent que les lois qui refusent aux jugemens étrangers la force exécutoire jusqu'à révision, n'ayant point disposé en vue des intérêts privés, les parties litigeantes ou contractantes restent liées par tous les actes de la juridiction volontaire ou contentieuse à laquelle elles se sont soumises.

116.— Il a été jugé que le Français qui saisit les tribunaux étrangers d'une contestation entre lui et un étranger, et qui épuise tous les degrés de leur juridiction, renonce par là même à la faculté ou privilége que lui attribuait l'art 14 C. civ., de traduire l'étranger devant les tribunaux de France. — 15 nov. 1827. Req. Paris. Delamme. D.P. 28. 1. 25.

117.— Et il importerait même peu que le tribunal étranger n'aurait pas encore rendu une décision définitive. — 29 juill. 1826. Paris. Delamme. D.P. 27. 2. 76.

118.— Il nous paraît sans difficulté : 1° qu'en cas de séparation de pays réunis à la France, l'étranger déclinerait sans succès la juridiction française, sous prétexte qu'à l'époque du contrat il était Français par la réunion, et espérait, en conséquence, être assigné pour l'exécution devant les juges de son domicile; 2° que ne fût-il pas Français lors de la naissance de l'obligation, le demandeur qui aurait acquis cette qualité au temps de l'action pourrait l'intenter en France. —13 mai 1807. Trèves. Raynach. D.A. 6. 462, n. 1; 461, n. 5.

119.—Un individu né Anglais, naturalisé Français, et domicilié en France, a pu être valablement assigné devant le tribunal de son domicile en France, par un Anglais, sur une contestation résultant d'un contrat passé en Angleterre, antérieurement à sa naturalisation (C. civ. 2, 14).—27 mars 1833. Req. Paris. Stacpool. D.P. 33. 1. 172.

120.—Toutefois, il a été jugé que le droit accordé au Français par l'art. 14 C., de citer devant les tribunaux français l'étranger qui a contracté envers lui une obligation, ne peut être exercé que lorsque l'étranger a contracté *directement* avec le Français, et non lorsque cet étranger n'est devenu débiteur du Français que par l'effet de la cession faite à ce dernier ou de l'endossement consenti à son profit d'une obligation originairement contractée entre étrangers, ou d'une lettre de change tirée et acceptée par des étrangers, et non payable en France.— 27 fév. 1828. Douai. Rauc. D.P. 28. 2. 181.

121.—Mais il faut remarquer que, dans cette espèce, le Français était dans le pays de l'étranger, qu'il s'agissait de traites payables dans ce pays, et que le créancier provoquait, en vertu de la loi de 1807, l'arrestation de l'étranger, arrestation qui, d'après l'exposé des motifs de cette loi, ne paraît permise que pour les obligations originairement ou immédiatement contractées envers un Français. — D.A. 6. 461, n. 5.

122.—Néanmoins, il a été jugé qu'une lettre de change, quoique tirée et acceptée par des étrangers en pays étranger, constitue en France, entre les mains du porteur français, lors même qu'il ne le serait que par voie d'endossement, un titre apparent à l'aide duquel il peut obtenir l'arrestation provisoire de son débiteur étranger, en vertu de la loi du 10 sept. 1807.—20 nov. 1831. Paris. Cochrane. D.P. 32. 2. 55.

123.— L'étranger qui a souscrit en pays étranger et au profit d'un étranger, une lettre de change que celui-ci a endossée à un Français, peut être traduit par celui-ci devant les tribunaux....., à moins qu'il ne prouve que l'endossement n'a eu lieu que dans la vue de le soustraire à ses juges naturels, et de le faire arrêter en France, preuve qu'il doit lui être permis de fournir.—12 janv. 1832. Douai. Bloqué. D.P. 32. 2. 55.

124.—Contrairement à ces derniers arrêts, on a décidé que l'étranger qui a souscrit, au profit d'un étranger, en pays étranger, une obligation cédée plus tard à un Français, ne peut être traduit par celui-ci devant les tribunaux français (C. 14). — 3 juill. 1832. Poitiers. Chaulin. D.P. 32. 2. 166.

125.— *Étranger demandeur.* — Les art. 15, 16 C. civ. et 166 C. pr. autorisent l'étranger à citer le Français devant nos tribunaux pour l'exécution d'engagemens formés en France ou en pays étranger, à condition, toutefois, qu'en matières autres que celles de commerce, et s'il n'a pas en France d'immeubles d'une valeur suffisante, il sera tenu de fournir caution pour le paiement des frais et dommages-intérêts résultant du procès.—D.A. 6. 461, n. 7.

126.—Dans quels cas et comment la caution *judicatum solvi* doit-elle être fournie?—V. Exception. —D.A. 6. 461, n. 8.

127.—De ce que, dans une contestation, formée directement par un étranger contre le trésor de France, il y a intervention de la part d'un autre étranger, qui ne prend des conclusions que contre l'étranger, les tribunaux français ne cessent pas d'être compétens pour statuer sur l'intervention comme sur l'action principale.—19 mai 1830. Civ. r. Paris. Taaffe. D.P. 30. 1. 245.

128. — Un étranger n'est pas recevable à intervenir dans une instance, mue devant les tribunaux français entre un Français et un autre étranger, si ce dernier combat la demande de l'intervenant, et, par exemple, si la demande en intervention a pour but la participation à la liquidation d'une société, et que le demandeur se présente comme un héritier d'un prétendu associé en sous-ordre des parties, sans prouver ici que son auteur était réellement associé, ni qu'il en fût héritier. — 31 déc. 1821. Bruxelles. Constantini. D.A. 6. 463, n. 2. D.P. 1. 1393.

129.—Le droit de plaider en France contre un Français est-il refusé à l'étranger, quand son pays est en guerre avec la France?—Il faut que ce refus soit ordonné par une loi expresse. L'état de guerre ne paralyse que l'empire des droits qui sont l'objet de considérations politiques. C'est ce principe qui a fait décider tant de fois que la guerre ne suspend pas, entre les sujets des puissances belligérantes l'effet des traités d'abolition réciproque du droit d'aubaine (V. n. 000; D.A. 6. 461, n. 9).—Cependant Merlin cite un arrêt contraire, du 28 juin 1704, Rép., v° Guerre.

130.—L'arrêté du 19 messidor an 11, qui suspend les instances actuellement engagées par un Anglais contre un Français, ne s'applique qu'à celles qui ont pour objet d'autoriser les poursuites d'Anglais contre Français, et non à celles qu'intente un Français pour les prévenir ou les empêcher. — En conséquence, si, avant cet arrêté, l'Anglais a obtenu un arrêt contre un Français, celui-ci a pu se pourvoir contre cet arrêt, sans qu'il y ait lieu de surseoir à statuer sur le pourvoi, et sans qu'il soit sursis à l'exécution de l'arrêt attaqué.—3 frim. an 14. Greffulhe. D.A. 6. 463. D.P. 6. 2. 21.

131. — La suspension prononcée par l'arrêté du 19 mess. an 11 s'appliquait à l'instance où un Anglais revendique contre un Français des marchandises qui sont encore sous balle et sous corde.— 20 pluv. an 12. Bruxelles. D.A. 6. 463, n. 2. D.P. 1. 1393.

132. — Lorsqu'un étranger chargé d'une mission secrète, par un gouvernement en guerre avec la France, et spécialement par le ministre anglais, a été arrêté par sa police générale, et dessaisi, entre autres objets, d'une somme de 15,000 fr. et d'un écrin de diamans, il ne peut, après sa mise en liberté, se pourvoir au conseil d'état; mais, bien à la justice gracieuse ou discrétionnaire du souverain, contre l'ordonnance qui commande la restitution de la somme des 15,000 fr. et la confiscation des diamans. — 8 janv. 1817. Ord. cons. d'état. De Kolli.

133. — La question élevée par l'administration sur un droit d'aubaine et sur la validité d'une donation entre-vifs, faite par un étranger en faveur d'un Français, est de la compétence des tribunaux et non de l'autorité administrative. — 29 mai 1815. Décret cons. d'état. Le Domaine C. Pioger.

ART. 3. — *Des contestations entre étrangers.*

134. — Comme la juridiction est un attribut essentiel de la souveraineté, le sujet n'est, en général, justiciable que des tribunaux institués par le prince auquel il doit obéissance. — Toutefois, des motifs d'ordre public ont introduit diverses exceptions.

135.—1° Les tribunaux français ne sont compétens pour connaître des contestations qui s'élèvent entre deux étrangers, même d'une demande en séparation de corps, qu'autant que les deux parties consentent à être jugées par ces tribunaux, encore qu'elles résident en France. Entre étrangers, l'incompétence des tribunaux français peut être proposée en appel, quoiqu'elle ne l'ait pas été en première instance; mais elle ne pourrait l'être pour la première fois devant la cour de cassation. — 30 juin 1823. Civ. r. Paris. Zaffiroff. D.A. 6. 467. D.P. 23. 1. 338.

136. — C'est donc une exception d'un ordre particulier qui tient le milieu entre l'incompétence *ratione personæ*, qui doit être proposée en première instance, et celle *ratione materiæ* qui peut l'être même devant la cour de cassation. Mais sur quel texte repose cette incompétence anomale? Nous n'en connaissons pas.— D.A. 6. 467, note.

137. — 2° Lorsqu'une contestation entre deux Suisses a été portée devant les tribunaux français, et qu'en première instance l'une et l'autre partie ont débattu au fond, sans proposer le déclinatoire, cette exception n'est plus proposable en appel. C'est dans ce sens qu'il faut entendre l'art. 13 du traité entre la France et la Suisse, du 27 sept. 1803, et il n'est pas nécessaire, pour écarter l'exception d'incompétence, que par une convention expresse les parties aient consenti la juridiction. — 30 déc. 1815. Colmar. Hoefly. D.A. 6. 465. D.P. 1. 1394.

138.—3° Le déclinatoire fondé sur la qualité d'étranger des parties en cause, doit, à peine de déchéance contre les parties, être proposé en première instance et avant toute conclusion au fond. (C. civ. 168, 170).— 29 mai 1833. Req. Paris. Obrié. D.P. 33. 1. 232.— 7 mai 1828. Douai. Williams-Robert. D.P. 29. 2. 122.

Pour simplifier cette matière, compliquée en plusieurs points par le silence de la loi et la mobilité de la jurisprudence, on examinera séparément les deux objets des contestations dont nous traitons ici : les obligations civiles et les obligations commerciales. — D.A. 6. 464.

§ 1er. — *Des obligations civiles.*

139. — La nature de l'action, les traités politiques, le domicile en France de l'une des parties leur acquiescement à la juridiction française, peuvent modifier l'application de la maxime *actor sequitur forum rei.* — D.A. 6. 464, n. 1.

140. — Les immeubles possédés en France par des étrangers, étant régis par la loi française (C. civ. 3), l'action réelle doit toujours être portée devant les tribunaux français. — En est-il de même de l'action mixte, de celle, par exemple, de l'étranger qui veut recouvrer d'un autre étranger le bien vendu à réméré? Sans doute, le demandeur alors a la faculté d opter entre les deux actions personnelle et réelle (Pigeau, t. 1er, p. 100; Delv., p. 13, note 8; Dur., n. 154; D.A. 6. 464, n. 1). — 23 therm. an 12. Paris. Dewitt. D.A. 3. 250. D.P. 1. 762.

141. — Des traités politiques peuvent autoriser des étrangers à procéder entre eux devant nos juges. — D.A. *ibid.*

142. — Mais, de ce que les juges d'un pays étranger sont dans l'usage de connaître des procès entre Français, il ne suit pas nécessairement que, par réciprocité, les tribunaux français doivent connaître des procès entre les citoyens de ce pays. — La réciprocité n'oblige que quand elle est établie par des traités entre les deux états. — 22 janv. 1806. Req. Paris. Montflorence. D.A. 6. 465. D.P. 6. 1. 160.

143. — La réciprocité n'est point de droit comme les représailles. C'est au gouvernement seul à l'établir par des traités. — D.A. *ibid.* — V. n.

144 — L'étranger, détenu en France au su de son créancier, ne doit pas, à peine de nullité, être assigné au lieu de sa détention. Le créancier peut le citer devant le tribunal du lieu où l'obligation a été contractée. — 30 mai 1808. Paris. Sturt. D.A. 6. 464.

145. —L'exécution des obligations de droit naturel est compétemment réclamée même entre étrangers, devant le tribunal de la résidence du défendeur, en France.

..... Et spécialement, une demande alimentaire est valablement formée par une femme contre son mari, étranger, devant le juge du domicile de ce dernier, en France. — 19 déc. 1833. Paris. Favre. D.P. 34. 2. 63.

146 — Mais jugé qu'il suffit que la réclamation judiciaire d'un enfant né en France, et que son acte de naissance constatent qu'il est né de parens étrangers, pour que, plaidant contre ceux-ci même en suppression d'état, il ne soit pas fondé à réclamer la juridiction française...; alors d'ailleurs qu'il ne s'est pas conformé à l'art. 9 C. civ. — 14 mai 1834. Civ. r. Paris. Despine. D.P. 34. 1. 245.

147.—Le domicile autorisé par le roi assimile au Français l'étranger ainsi domicilié, quant au droit d'ester en jugement comme demandeur ou défendeur. — Mais la simple résidence ou un établissement commercial produisent-ils le même effet?

148. — Oui; ainsi, un étranger, propriétaire d'immeubles en France, et y résidant long-temps avant la publication du code civil, a pu valablement être assigné par un autre étranger devant les tribunaux français, du moins, aucune loi n'interdisant, dans ce cas, le droit de juridiction; il n'y a pas lieu de casser la décision du tribunal qui s'est déclaré compétent. — 30 nov. 1814. Civ. r. Paris. Parker. D.A. 6. 471. D.P. 15. 1. 144.

149. — Un étranger peut être assigné devant les tribunaux français par un étranger qui a en France une maison de commerce patentée, pour obligation contractée en France envers cette maison, et, par exemple, pour remboursement de sommes prêtées (C. civ., art. 15). — 30 mai 1808. Paris. Sturt. D.A. 6. 464.

150.—Mais Merlin, Rép., v° Étranger, combat cette proposition, par le motif qu'un simple établissement commercial ne confère pas le droit de juridiction pour tous actes qui ne sont pas de commerce, et qu'à tort on l'a assimilé au domicile autorisé, qui seul investit de tous les droits civils : le domicile légal est seul attributif de juridiction (V., v° Domicile, nos observ.). — D.A. 6. 464, n. 3.

151. — Les étrangers, et spécialement les Américains non domiciliés en France, ne sont pas justiciables des tribunaux français pour une action personnelle qui ne résulte pas d'un fait de commerce, et qui tend à l'exécution d'un contrat passé entre eux, en France, dans les formes de leur pays. — 22 janv. 1806. Req. Montflorence. D.A. 6. 465. D.P. 6. 1. 160.

152. — Un Français, par le fait seul de sa naturalisation en pays étranger (aux États-Unis d'Amérique), perd la qualité de Français, alors même qu'il aurait conservé l'esprit de retour. Dès lors, cet individu n'est point justiciable des tribunaux français pour les actes passés à l'étranger avec un autre étranger; et si, assigné par celui-ci devant les tribunaux français, il demande son renvoi, ces tribunaux ne peuvent se dispenser de le prononcer (C. civ. 7, 18).— 17 juill. 1826. Civ. c. Pau. Descande. D.P. 26. 1. 418.

153.— Des étrangers défendeurs sont recevables à opposer la qualité d'étranger de leur partie adverse, à l'effet d'obtenir le renvoi devant les juges de leur pays.— 14 mai 1834. Civ. r. Paris. Despine. D.P. 34. 1. 245.

154.— Le consentement des étrangers à se faire juger en France n'est point obligatoire pour nos tribunaux, qui peuvent refuser d'office de statuer sur leur différend; car ils ne doivent la justice qu'aux nationaux. On l'a décidé ainsi, comme nous le verrons plus bas, même pour les contestations qui ont leur cause dans un fait de commerce (11 mars 1807. — V. Compétence; 30 nov. 1814. et 8 avril 1818). — D.A. 6. 464, n. 5.

155. — La compétence des tribunaux français, à l'égard des contestations entre étrangers, hors les cas où la loi leur en attribue *positivement* la connaissance, est *facultative*, en ce sens, qu'encore bien que les étrangers ne puissent plus la décliner lorsqu'ils ont conclu au fond, les tribunaux conservent néanmoins, même après ce temps, *la faculté* de juger ou de ne point juger le différend.—29 mai 1833. Req. Paris. Obrié. D.P. 33. 1. 252.

156.— On ne peut astreindre des juges français à juger une contestation entre étrangers, sur le motif qu'ils auront à réviser, avant sa mise à exécution en France, le jugement à intervenir à l'étranger, et par conséquent à examiner ce qu'ils refusent de juger actuellement (C. civ. 2123; C. pr. 546). — 2 avril 1833. Req. Paris. Bloome. D.P. 33. 1. 250.

157.— Les tribunaux français, sauf les cas particuliers où ils sont juges nécessaires, peuvent s'abstenir de la connaissance des contestations qui s'élèvent entre des étrangers, alors même que ceux-ci, par leur consentement formel, se soumettraient à leur juridiction, et à plus forte raison lorsque l'une des parties s'y refuse, même après avoir conclu au fond (C. civ. 3).— Même arrêt.

158.—De ce qu'un individu étranger, demandeur contre un étranger en paiement d'une somme d'argent, aurait additionnellement conclu à l'affectation hypothécaire des immeubles de son débiteur, situés en France, il n'en résulte pas que l'action personnelle et mobilière qu'il a intentée soit devenue réelle immobilière, de manière à saisir nécessairement les tribunaux français, dans le sens de l'art. 3, § 2 C. civ.— Même arrêt.

159. — Les tribunaux français peuvent, en tout état de cause, s'abstenir de statuer sur un litige entre deux étrangers; mais c'est là une faculté dont celui-là même qui les a saisis n'est point admissible à provoquer l'exercice. — 7 mai 1828. Douai. Robert. D.P. 29. 2. 122.

160.—Les tribunaux français n'étant obligés de rendre la justice qu'à leurs justiciables, peuvent d'office, en tout état de cause, lors même que les parties consentiraient à être jugées par eux, et, à plus forte raison, lorsque le déclinatoire est proposé par l'une d'elles, se déclarer incompétens pour statuer sur une contestation entre étrangers, et, par exemple, sur une demande en séparation de corps, intentée par une Française contre son mari, Français à l'époque du mariage, et qui est devenu étranger depuis la demande, encore que le mariage ait eu lieu en France et que le mari y ait conservé sa résidence depuis qu'il n'est plus Français. — 14 avril 1818. Req. Paris. Vanherke. D.A. 6. 466. D.P. 19. 1. 103.

161.— Mais les tribunaux français sont compétens pour connaître d'une demande en séparation de biens, formée par une femme française mariée à un individu né en France et réputé Français au moment du mariage, encore que le contrat de mariage ait été fait en pays étranger et que le mari ait renoncé à la qualité de Français en acceptant des fonctions publiques et par d'autres actes.— 21 juill. 1818. Paris. Forestier. D.A. 6. 467, n. 1. D.P. 19. 2. 39.

162.— Ils le peuvent, nonobstant le déclinatoire élevé par le mari, alors que, spécialement, ils ont été saisis de la demande par une femme, française d'origine, et devenue étrangère par son mariage en France à un étranger qui est résidant en France depuis plusieurs années.— 30 mai 1826. Paris. Ditrich. D.P. 27. 2. 39.

163. — Les tribunaux français sont compétens pour examiner la validité d'une saisie-arrêt, faite en France, au préjudice d'un étranger, et par un étranger, en vertu d'un contrat passé en pays étranger, de même qu'ils le seraient pour statuer sur celle qui serait pratiquée en vertu d'une ordonnance du juge français, par suite d'une obligation payable en France. — 6 janv. 1831. Aix. Rindi. D.P. 32. 2. 173.

164.— Jugé au contraire que les tribunaux français doivent se déclarer incompétens pour juger des différends qui s'élèvent entre étrangers, même à raison d'actes commerciaux passés et exécutoires en pays étranger, alors surtout que le déclinatoire est élevé devant eux. — 13 juill. 1831. Aix. Gervasio. D.P. 32. 2. 173..—V. le § qui suit.

165.— La demande en validité d'une saisie-arrêt faite en France, entre les mains d'un débiteur d'un étranger, doit être portée, non devant le juge du domicile de ce débiteur, mais devant celui du lieu où le contrat en vertu duquel est faite la saisie a été passé; et si les parties ont contracté en pays étranger, le saisissant doit se pourvoir en indication de juges.— Carré, n. 199.

166.— Un étranger n'est pas justiciable des tribunaux français par le seul fait de sa résidence en France, établie même depuis un grand nombre d'années (C. civ. 13). — 2 avril 1833. Req. Paris. Bloome. D.P. 33. 1. 250.

167.— Les tribunaux français ne sont pas compétens pour statuer sur les contestations existantes entre un consul et un vice-consul d'une puissance étrangère, à raison de la répartition à faire entre eux des droits consulaires, encore bien que le vice-consul fût Français.— Il en serait autrement s'il s'agissait d'obligations contractées en France, envers un Français, par un consul étranger (C. civ. 13).—20 mai 1829. Bordeaux. Ducot. D.P. 29. 2. 192.

168.— Le principe qui s'oppose à ce qu'un étranger puisse actionner en France un autre étranger, n'a pas une telle extension qu'il interdise aux juges français d'autoriser des mesures conservatoires; et, par exemple, ces juges peuvent autoriser une saisie-arrêt de la part d'un étranger, sur des marchandises transportées en France par un autre étranger.— 6 janv. 1831. Aix. Rindi. D.P. 32. 2. 173.

169.— Jugé au contraire qu'ils ne sont pas compétens pour accorder à un étranger la permission de saisir-arrêter une somme appartenant à un autre étranger, lorsque ces deux étrangers sont tous deux domiciliés et ont contracté hors de France.— 16 août 1817. Bordeaux. Lewis. D.A. 9. 699. D.P. 2. 576, n. 3.

170.— Au reste, la séquestration d'un navire appartenant au débiteur étranger, n'est pas au nombre des mesures conservatoires qui, sur la réquisition d'un étranger, peuvent être ordonnées par les tribunaux français. — 13 juill. 1831. Aix. Gervasio. D.P. 32. 2. 173.

171. — Les lois personnelles suivant l'étranger, en quelque pays que ce soit, il ne peut être forcé de faire régler son état par nos tribunaux (V. Loi). — D.A. 6. 464, n. 4.

172. — Les tribunaux français sont incompétens pour prononcer la séparation de corps entre étrangers. — 26 avril 1823. Paris. Ely. D.A. 6. 469. D.P. 23. 1. 341..— V. n. 160 et suiv.

173. — Mais un tribunal français, tout en se déclarant incompétent pour prononcer sur une demande en séparation de corps entre deux époux étrangers, peut néanmoins indiquer un lieu dans lequel la femme aura la faculté de se retirer pendant le temps reconnu nécessaire pour former la demande devant les tribunaux de sa patrie. — 30 juin 1823. Civ. r. Paris. Zaffiroff. D.A. 6. 467. D.P. 23. 1. 338.

174. — L'arrêt qui autorise la femme d'un étranger à vivre provisoirement hors de la maison de son mari, jusqu'à ce qu'il ait été statué par leurs juges nationaux sur sa demande en séparation de corps pour sévices, ne peut donner lieu à une requête en réglement de juges : il n'est attaquable que par voie de cassation. — Même arrêt.

175. — Légat (*Code des étrangers*, p. 305) s'élève contre la jurisprudence de la cour de Paris, qui tout en se déclarant incompétente pour prononcer la séparation de corps en prononce toutefois une provisoire, sous prétexte de mesure de sûreté. Il pense que c'est là porter atteinte à l'autorité maritale; et il se demande ce qui arriverait si la femme ne formait pas sa demande en séparation de corps devant les tribunaux étrangers? Si le mari serait, dans ce cas, tenu de prendre l'initiative? Et dans tous les cas, quel serait, en France, l'effet d'un jugement qui ordonnerait à la femme étrangère de rentrer au domicile conjugal, après avoir rejeté sa demande en séparation de corps? — De la combinaison des art. 546 C. pr.; 2123 et 2128 C. civ., il conclut qu'il y aurait nécessité absolue pour les tribunaux français de procéder à un nouvel examen de l'affaire déjà jugée, et que, dès lors, pour éviter un circuit de procédure aussi long et aussi bizarre, les tribunaux français doivent se déclarer compétens puisque la loi ne s'y oppose pas.

Dalloz, t. 1er, p. 469, note, pense que la jurisprudence de la cour de Paris est sage et doit être suivie.

176. — L'incompétence des tribunaux français pour statuer sur une question d'état entre étrangers, n'est point absolue; ils sont valablement saisis si les parties ont négligé de la proposer. — 4 sept. 1811. Req. Salis-Haldenstein. D.A. 8. 562. D.P. 12. 1. 96.

177. — L'étranger demandeur doit fournir au défendeur étranger la caution *judicatum solvi*, alors que ce dernier a été admis à établir son domicile en France, car il y jouit alors des droits civils (C. civ. 13); mais si le défendeur n'a point en France de domicile légal, il ne doit pas être admis à profiter d'un droit établi par la loi civile et qui est en dehors du droit des gens.—Argon, *Instit. du droit francais*, t. 1er, liv. 1er, ch. 11; Légat, p. 313 et 314.

§ 2.— *Des obligations commerciales.*

178. — On a vu souvent la faveur du commerce opérer une quasi-naturalisation de l'étranger par rapport aux actes qui y sont relatifs. — C'est ainsi que le réglement du 26 juill. 1778 sur la navigation en temps de guerre, efface entièrement la qualité d'ennemi dans la personne de celui qui possède sur le territoire français un établissement commercial, antérieur à l'ouverture des hostilités, et ordonne que ses propriétés soient respectées sur mer, comme celles de tout régnicole. C'est ainsi encore que, selon l'ordonnance de la marine de 1681, tit. 2, art. 1er, les juges de l'amirauté devaient connaître, même entre étrangers, « de tout ce qui concerne les construction et apparaux, avitaillement et équipement, vente et adjudication des vaisseaux. » — D.A. 6. 469, n. 1.

179. — La célérité des affaires commerciales, et la bonne foi qui y préside, avaient, depuis un temps immémorial, fait placer dans les attributions de nos tribunaux la connaissance des marchés que font ensemble les étrangers aux foires de France (Ord. 1673, tit. 12, art. 17). Les auteurs du code n'ont pas voulu s'écarter de cette règle. L'art. 14 C. civ. ne préjuge rien de contraire. On a dit formellement au conseil d'état « qu'on ne peut en tirer aucune conséquence négative; » c'est en quelque sorte une loi de police, a dit Pardessus.—Conf. Locré, *Espr. du C. civ.*, t. 1er, p. 319; Merl., Rép., v° Étranger, § 2; Dur., t. 1er, n. 152; D.A. 6. 469, n. 2.

180.— Mais que faut-il décider des autres actes de commerce faits en France entre étrangers? Sont-ils tous indistinctement de la compétence des juges français? — La cour de cassation a jusqu'à présent laissé aux tribunaux la faculté de statuer à leur gré sur ces sortes de contestations, même en cas de consentement des étrangers à leur juridiction (Rej. 11 mars 1807, t. 3, p 376; 30 nov. 1814, et 8 avril 1818). Elle a toujours déclaré qu'aucune loi n'était expressément violée par ce refus d'office. — Une

opinion, qui semble favorable au commerce et plus propre à donner de l'uniformité à la jurisprudence, a été soutenue par Merlin, Rép., v° Étranger, § 2; Pardessus, n. 1353; Toullier, t. 1er, n. 265. Ils pensent que l'art. 420 Pr. peut être invoqué par les étrangers entre eux, et n'est pas fait seulement pour les nationaux. — Les étrangers sont censés élire domicile en France avec les effets déterminés par l'art. 3 C. civ. — D.A. 6. 469, n. 3.

181. — L'étranger qui a endossé en France une lettre de change tirée de France, et stipulée payable dans le pays de l'étranger, peut décliner la juridiction française contre un autre endosseur de ce même pays, qui l'assigne en garantie. — 6 fév. 1822. Civ. r. Paris. Orrock. D.A. 6. 473. D.P. 22. 1. 118.

182. — L'art. 420 C. pr., qui, en matière de commerce, permet d'assigner le débiteur dans le lieu où la promesse a été faite, n'établit pas de distinction entre les Français et les étrangers. En conséquence, le commerçant étranger qui a acheté en France, où il est établi, d'un commerçant de son pays, des marchandises livrables en France, où il est stipulé que le paiement aura lieu, a pu être assigné en paiement devant les tribunaux français, et ces tribunaux ne peuvent, nonobstant le déclinatoire opposé par le défendeur, se déclarer incompétens. Il importerait peu qu'il s'agît d'une assignation en validité d'une saisie-arrêt formée par le vendeur contre l'acheteur, devant les tribunaux civils de France. — 26 nov. 1828. Civ. c. Paris. Richard-Harris. D.P. 29. 1. 36.

183. — Toutefois, ces deux *espèces* offrent quelques différences, que nous avons du faire ressortir dans notre proposition, avec d'autant plus de soin qu'elles se trouvent expressément retracées dans le premier de ces deux arrêts. Ces différences sont-elles de nature à justifier la divergence dans les décisions de la cour? C'est au lecteur à en juger en présence des observations qui précèdent. — V. D.P. 29. 1. 36.

184. — L'acte de commerce est un contrat du droit des gens, soumis, dans son exécution, aux lois et aux tribunaux du pays où il a eu lieu. — Ainsi, les tribunaux français sont compétens pour connaître de l'exécution d'un acte commercial passé en France entre étrangers, et, par exemple, d'une traite tirée de Paris par un Anglais sur un Anglais, et, à plus forte raison, s'il est constaté en fait que le tiers-porteur de la traite, qui, en vertu d'un endossement daté de Paris, demande le remboursement, est domicilié dans cette ville depuis plusieurs années, et qu'il y exerce ses droits civils (C. 14, C. comm. 123). — 24 avril 1827. Req. Paris. Driver-Cooper. D.P. 27. 1. 214.

185. — L'étranger qui a souscrit, à l'ordre d'un étranger, un effet de commerce, que celui-ci a endossé au profit d'un Français, peut être traduit, par ce dernier, devant les tribunaux français, et contraint, par corps, au paiement. — 26 janv. 1833. Req. Paris. Inglée. D.P. 33. 1. 54.

186. — L'autorisation royale exigée pour que l'étranger puisse établir en France son domicile, à l'effet d'y jouir des droits civils, n'est pas nécessaire pour que, notamment en matière de commerce, l'étranger puisse, même vis-à-vis d'un autre étranger, être déclaré justiciable des tribunaux de commerce. — 26 avril 1832. Req. Aix. Hugues. D.P. 32. 1. 184.

187. — L'étranger qui, depuis plusieurs années, a en France sa résidence et le siége d'un commerce considérable, est censé y avoir son vrai domicile pour tous les actes de son commerce, et peut, en conséquence, être, à raison de ces actes, cité devant les tribunaux français, même par un étranger, dans le cas, par exemple, où il s'agit du paiement de lettres de change tirées sur lui par cet étranger. — 24 mars 1817. Paris. Abro. D.A. 6. 471. D.P. 17. 2. 107.

188. — Merlin, Rép., v° Étranger, § 3, signale une lacune dans le motif de cet arrêt. Abro n'était pas justiciable pour le seul fait de l'établissement à Paris d'une maison de commerce. Cet établissement ne lui constituait pas par soi un domicile attributif de juridiction en matière personnelle. Il n'était justiciable qu'à raison de la troisième cause qui dans l'art. 420 C. proc. fonde la compétence d'un tribunal de commerce, c'est-à-dire, l'obligation qu'il était censé contracter de payer à Paris même, puisque là était sa caisse. — D.A. 6. 472, note.

189. — L'Anglais, prisonnier de guerre en France, est justiciable des tribunaux français, à raison des traites par lui souscrites en France depuis sa détention, encore que le protêt ait eu lieu à l'étranger, dans le lieu où le preneur et le tireur ont leur domicile, et sans qu'il y ait lieu de prolonger le délai des poursuites, nonobstant l'art. 15, tit. 5, de l'ord. de 1673 (C. civ. 14). — 16 germ. an 13. Paris. Barrington. D.A. 6. 464. D.P. 6. 2. 70.

190. — Les tribunaux français sont compétens pour statuer sur des contestations ayant pour objet le réglement d'un compte courant relatif à des opérations commerciales faites en France par deux étrangers résidant en France (C. civ. 15, 14; C. proc. 420; ordonn. 1673, tit. 12, art. 17). — 10 nov. 1825. Paris. Omaly. D.P. 26. 2. 49.

191. — Deux étrangers en contestation sur l'exécution d'opérations de commerce faites entre eux à l'étranger, avant qu'aucun d'eux n'eût en France ni domicile, ni résidence, ne sont pas justiciables des tribunaux français, qui doivent se déclarer incompétens, si le moyen d'incompétence est proposé par l'une des parties. — 28 juin 1820. Civ. r. Rouen. Hunter. D.A. 6. 472. D.P. 20. 1. 552.

192. — Le consentement d'étrangers à être jugés par les tribunaux français, confère à ces tribunaux la faculté, mais non l'obligation de juger, dans le cas où il ne s'agit que d'une action purement personnelle, et, par exemple, de la liquidation d'une société commerciale formée en France entre étrangers. Ils peuvent alors d'office se déclarer incompétens (art. 14, C. civ.). — 8 avril 1818. Civ. r. Lyon. Davet. D.A. 6. 472. D.P. 22. 1. 117.

193. — Les tribunaux français ne sont pas compétens pour connaître de la demande formée par un étranger contre un autre étranger qui réside en France et y a une maison de commerce, si cette demande est relative à l'exécution d'opérations commerciales et d'un contrat de change, par exemple, faites entre eux en pays étranger, à une époque où ni l'un ni l'autre n'avaient en France, soit domicile, soit résidence. — 28 juin 1820. Civ. r. Rouen. Hunter. D.A. 6. 472. D.P. 20. 1. 552.

194. — Merlin, Rép., v° Étranger, § 4, fait diverses observations sur cet arrêt. Il se demande ce qu'on eût décidé, si l'opération commerciale avait été faite à l'étranger, après que le sieur Withe défendeur a fixé à Rouen le siége de son commerce. Il répond : s'il se fût obligé à payer en France, l'art. 420 C. proc. le rendait clairement justiciable des tribunaux français; si l'acte eût été absolument muet sur le lieu du paiement, il eût été censé s'obliger à payer là où est son établissement; s'il avait désigné une place étrangère où le paiement devait se faire, il n'aurait pas moins été tenu, à défaut de solde dans le lieu convenu, de payer dans le lieu de son établissement; s'il avait eu, dans cette hypothèse, une maison de commerce en France et une autre en pays étranger, la question de compétence eût dépendu du point de savoir à laquelle de ces deux maisons se serait rapportée l'opération commerciale; et si l'on avait pu démêler pour le compte de laquelle cette opération se fût effectuée, l'équité et la bonne foi auraient fait décider qu'il était présumé avoir traité solidairement pour le compte de l'une et de l'autre, et que, par suite, il pouvait être actionné en France. — D.A. 6. 473, note.

195. — Il ne faut pas conclure de cette proposition que l'art. 420 C. proc. ne soit pas applicable aux contestations entre étrangers. Cet article ne concerne point le change. Le lieu d'où est datée une lettre de change, un endossement, ne serait point attributif de la connaissance de l'action récursoire contre le tireur ou l'endosseur, s'il n'était pas le domicile de l'un des obligés. Telle est l'opinion de Pardessus, n. 1355, et Merlin, Rép., v° Lettre de change, § 4, n. 18, et v° Étranger, § 2. Il faut concours de promesse et marchandise livrée dans un même lieu en France (Ord. 1673, tit. 12, art. 17). — D.A. 6. 473, note.

196. — Immédiatement après l'exposé des moyens des parties et avant les motifs de cet arrêt dans ses qualités, on lit cette énonciation : « La cour de cassation après en avoir murement délibéré et avoir examiné la question sous toutes ses faces, est demeurée convaincue que l'art. 420 C. proc. ne pouvait régir les étrangers qui avaient contracté entre eux; que cet article n'était fait que pour les nationaux, et qu'aucune exception au principe, que les lois n'ont d'empire que sur les regnicoles ne se trouvait à cet égard, ni dans les art. 3 et 14 C. civ., ni dans aucune autre loi française. — On voit que la cour n'a pas jugé seulement la question dans le cas d'un acte de commerce qui devait recevoir à l'étranger son exécution définitive, mais a décidé absolument que l'art. 420 C. proc. n'était applicable à aucune contestation, même pour fait de commerce, entre étrangers. Toutefois, la question de compétence, à l'égard des marchés faits en foire, n'en demeure pas moins indécise, puisque sa solution peut trouver son principe, non dans l'art. 420 C. proc., mais dans la discussion du conseil d'état, et dans un usage immémorial et universel, qui, en matière commerciale, a toute la force de la loi. — D.A. 6. 473 et 474, note.

197. — Des contestations que des négocians américains ont en France, pour fait de commerce, ne sont pas de la compétence de tribunaux français; l'art. 12 de la convention du 14 nov. 1788, entre la France et les États-Unis, qui attribue à leurs consuls et vice-consuls la connaissance des différends entre Américains, ne s'applique pas seulement aux contestations entre gens de mer, mais à tout procès, quel qu'il soit. — 7 fruct. an 4. Civ. c. Vans. D.A. 6. 470. D.P. 1. 1395.

198. — L'étranger, simple préposé d'un armateur étranger, et à qui, pour prix de ses services, il a été alloué, par acte fait en pays étranger, tant du cent sur les profits nets de la vente d'une cargaison, n'a pas le droit de citer ses commettans devant le tribunal français du lieu où a été déchargée une partie de cette cargaison, pour faire statuer sur la validité et l'exécution de son titre, afin de s'emparer ensuite, en vertu de ce titre, des marchandises déchargées. — 11 janv. 1817. Rouen. Joints. D.A. 6. 489, n. 1. D.P. 1. 1404.

199. — Le signataire d'une police d'assurance pour le compte de *qui il appartiendra*, est censé contracter directement non seulement avec le mandataire qui la lui présente, mais encore avec le propriétaire, dans quelque temps qu'il lui soit nommé.

... En conséquence, bien que l'assureur soit étranger, et la police souscrite en pays étranger avec un étranger agissant *pour compte de qui il appartiendra*, cependant l'assureur est censé avoir traité directement avec un Français, si l'assuré désigné plus tard, a cette qualité, et, dès lors, il peut être traduit devant les tribunaux français à raison de la perte (C. civ. 14). — 5 juill. 1833. Aix. Aquarone. D.P. 34. 2. 79.

200. — Aux termes de l'art. 3, § 1er du traité entre la France et la Suisse, du 18 juill. 1828, un Français ne peut actionner un Suisse, à raison d'opérations de commerce, devant les tribunaux français, mais seulement devant les tribunaux suisses, et réciproquement. — En conséquence, doit être annulé pour incompétence un jugement rendu par défaut contre un Suisse, par un tribunal français, sur la demande d'un Français. — 12 nov. 1832. Civ. c. int. de la loi. C. Serrano. D.P. 33. 1. 109.

201. — Toutefois, lorsque, dans le cas d'une société originairement contractée entre des Français, l'acte social porte que le siége principal de la société sera établi en France, et que les difficultés qui s'élèveraient entre les associés seront jugées par des arbitres nommés par le tribunal (sans autre désignation de ce tribunal), s'il arrive que des Suisses s'engagent à faire partie de la société, ils sont, par suite de leur adhésion, sans réserve, à l'acte social, soumis, pour les demandes dirigées contre eux par leurs co-associés, à la juridiction du tribunal dans le ressort duquel se trouve le siége principal de la société, et ils ne peuvent se prévaloir des traités politiques aux termes desquels les Suisses, défendeurs, doivent être poursuivis devant les juges de leur domicile. — 2 juill. 1828. Paris. Mabille. D.P. 28. 2. 187.

202. — Le commissionnaire ou consignataire étranger, domicilié ou établi en France, de marchandises à lui expédiées de l'étranger par des étrangers, a pu être directement et personnellement assigné, même par un étranger, devant les tribunaux français, en réglement des avaries relatives à ces marchandises. — 26 avril 1832. Req. Aix. Hugues. D.P. 32. 1. 184.

203. — Il peut, en effet, être traduit, même par un autre étranger, devant les tribunaux français, s'il a en France un domicile de fait, s'il y a un établissement commercial, si, dans d'autres affaires de même nature, il s'est soumis à la juridiction commerciale française, si surtout, par la nature de l'engagement commercial, comme si, par exemple, il s'agit de réglement d'avaries, et par ses résultats et par les droits respectifs des parties intéressées, celles-ci, à quelques nations qu'elles appartiennent, sont présumées avoir, à l'égard du même engagement, élu leur domicile en France, où il doit être consommé. — Même arrêt.

ART. 4. — *De la compétence des tribunaux français en matière criminelle contre les étrangers.*

204. — Les tribunaux français sont compétens pour juger un étranger accusé de bigamie, encore bien que son premier mariage aurait été contracté

en pays étranger. — 20 nov. 1828. Cr. r. Gaunier. D.P. 29. 1. 23.

205. — Un étranger, demeurant en France, poursuivi pour fait de diffamation dans un écrit anglais qu'il a publié en France, est justiciable des tribunaux français pour la répression de ce fait, bien que les plaignans contre lesquels l'écrit est dirigé soient étrangers et non résidant en France (C. civ. 3; C. inst. cr. 63). — 22 juin 1826. Cr. r. Wilson. D.P. 26. 1. 587.

206. — Les prévenus d'actes hostiles envers des étrangers, sur le territoire étranger, peuvent, s'ils habitent la France, être poursuivis devant les tribunaux français. — 23 avril 1831. Grenoble. Cayen D.P. 31. 2. 201.

ART. 5. — *Où et comment l'étranger doit être assigné.*

207. — Un usage bien bizarre s'était introduit, avant l'ordonnance de 1667 (tit. 2. art. 7), pour l'ajournement des étrangers qui ne se trouvaient pas en France : l'huissier y procédait à son de trompe sur la frontière. — Louis XIV a sagement abrogé cette formalité dispendieuse et ridicule, en ordonnant de les assigner *ès-hôtels des procureurs-généraux des parlemens.* — D.A. 6. 474, n. 1.

208. — Ainsi, sous l'empire de l'ordonnance de 1667 (art. 7, tit. 2), les étrangers, non domiciliés en France, devaient être assignés devant la cour de cassation, au domicile du procureur-général près cette cour, et non au domicile qu'ils auraient élu en première instance, chez leur avoué, par exemple. — 19 vend. an 11. Civ. r. Bertaud. D.A. 6. 474. D.P. 3. 1. 541.

209. — Néanmoins, un étranger a pu être assigné au lieu de sa résidence en France, encore que le gouvernement français ne l'ait pas autorisé à y établir son domicile. — 20 août 1811. Roq. Paris. Church. D.A. 6. 474. D.P. 11. 1. 413.

210. — La loi nouvelle offre un mode encore plus facile : les procureurs du roi près les tribunaux de première instance peuvent recevoir les assignations données aux étrangers (C. pr. 69). — Toutefois, l'ajournement devant une cour royale doit, *à peine de nullité*, être notifié au domicile du procureur-général (v° Exploit, t. 7, p. 825, arr. 30 janv. 1811). — D.A. 6. 474, n. 2.

Le code de procédure n'a rien innové à cet égard. La cour suprême a jugé de même, le 3 août 1818.

211. — En est-il des significations de jugement comme des citations? doivent-elles être faites au domicile des gens du roi? Sans doute; quel autre moyen plus sûr de faire parvenir ces significations à des étrangers hors de France? On argumenterait vainement de ce que l'art. 69 C. pr., qui renouvelle les dispositions de l'art. 7, tit. 2 de l'ord. de 1667, ne statue que sur l'ajournement. C'est ce que remarque Merlin, qui cite trois arrêts conformes, des 28 déc. 1748, 4 sept. 1752 et 15 juill. 1778 (*Quest. de dr.*, v° Signification, B. 1; Rép., v° Assignation, B. 1). — D.A. 6. 474, n. 3.

212 — La signification d'un jugement rendu contre un étranger, faite en sa demeure par lui indiquée en France, est valable, soit comme faite à son domicile de fait (pr. 68), soit comme faite au lieu de sa résidence (pr. 69, § 8). — 27 juin 1809. Civ. r. Enreg. C. Basseinhein D.A. 6. 475, n. 3 D.P. 9. 2. 114. — 2 juill. 1822. Civ. r. Paris Berembroch. D.A. 6. 475. D.P. 22. 1. 346.

213 — Un étranger, domicilié en pays étranger, ne peut être assigné en France au domicile de son mandataire, et s'il s'agit, par exemple, de la signification d'un arrêt d'admission de la cour suprême, elle doit lui être faite au domicile du procureur-général près cette cour. — 5 août 1807. Civ r. Douanes C. Marton. D.A. 6. 475. D.P. 7. 2. 124.

214. — Il en serait autrement si le mandataire avait pouvoir spécial pour répondre à l'action. Il ne représente le mandant que quant à l'objet de la gestion qui lui a été confiée. — Carré, sur l'art. 69, C. pr.; D.A. 6. 475, note.

215. — Lorsque l'étranger qu'on veut assigner a résidé en France, l'assignation doit lui être donnée devant le tribunal de sa dernière résidence; mais s'il n'en a jamais eu en France, le choix du tribunal est laissé au demandeur, qui peut incontestablement porter sa demande devant le tribunal dont la jurisprudence est favorable à ses prétentions (Pr. 69, § 8 et 9). — Légat, p. 317.

216. — S'il s'agit de l'exécution d'un acte dans lequel l'étranger ait fait élection de domicile, il ne pourra être assigné que devant le tribunal de ce domicile d'élection (C. 3). — Légat, *ibid.*

217. — La faculté d'assigner à bref délai, en vertu de la permission du président, est restreinte au cas où l'assigné est domicilié en France, et elle ne s'étend pas au cas où l'assigné est domicilié hors de France, à moins qu'il n'ait fait élection spéciale de domicile en France, ou que l'exploit ne soit signifié à la personne de l'assigné. — 12 nov. 1830. Colmar. Paravicini. D.P. 31. 2. 163.

218. — La circonstance qu'une obligation souscrite à l'étranger par un individu qui y est domicilié, est stipulée payable en monnaie du pays, n'empêche pas que le débiteur, s'il transfère son domicile en France, ne puisse être assigné devant les tribunaux français. — 14 janv. 1823. Aix. Koutloumousiano. D.P. 25. 2. 145.

ART. 6. — *De l'exécution et de l'autorité des jugemens étrangers.*

219. — Que les jugemens étrangers ne puissent s'exécuter en France sans la permission du souverain français, c'est une vérité qui n'a jamais été contestée. Elle est la conséquence nécessaire de l'indépendance respective des nations. Elle n'avait, pour ainsi dire, pas besoin d'être écrite dans les art. 121 de l'ord. de 1629 (2023 C. civ., et 546 C. pr.). — D.A. 6. 484, n. 1.

220. — Ainsi, la décision d'une autorité étrangère, qui accorde à une maison de commerce, également étrangère, un sursis général aux poursuites de ses créanciers, pendant un temps déterminé, n'empêche pas qu'il soit pratiqué en France des saisies-arrêts au préjudice de cette maison de commerce, et à la requête même de créanciers étrangers, si cette décision n'a pas été rendue exécutoire par les tribunaux français (C. pr. 546). — 5 fév. 1813. Bordeaux. Benecke, etc. D.A. 6. 489. D.P. 1. 1404. — Conf. D.A. 6. 483, n. 1.

221. — Il ne résulte pas, du traité conclu en 1760, entre la France et le Piémont, qu'on puisse, en vertu d'un jugement émané des tribunaux, et, par exemple, d'un tribunal de commerce, autoriser l'arrestation en France d'un failli piémontais, et ordonner sa translation dans les prisons du Piémont : ce serait là une véritable extradition qui sort des termes du traité de 1760. — 30 mars 1832. Aix. Margaria. D.P. 32. 2. 179.

222. — Le concordat passé à l'étranger par un failli étranger, et homologué par les juges de son pays, ne peut être opposé en France aux créanciers français qui refusent d'y adhérer. — 25 fév. 1825. Paris. Pedemonte. D.P. 25. 2. 207.

223. — Mais les jugemens prononcés entre des *nationaux* par les juges locaux d'un pays accidentellement soumis aux armes d'une puissance étrangère qui l'a conquis, ne peuvent être assimilés aux jugemens rendus en pays étranger contre des *étrangers* ou contre des Français y résidant, lesquels, sans sanction en France, ne peuvent être exécutés que de l'autorité des tribunaux français (C. civ. 2128; C. pr. 546). — 6 avril 1826. Req. Bastia Viterbi. D.P. 26. 1. 244.

224. — Ainsi, le jugement rendu à Sainte-Lucie, en 1812, et au moment où cette colonie (qui, par le traité du 30 mai 1824, a été cédée par la France aux Anglais) était momentanément sous la domination anglaise, ne peut être réputé jugement rendu à l'étranger : en conséquence, un tel jugement est exécutoire en France. — 25 janv. 1820. Bordeaux. Beaudenon-Delamaze. D.P. 25. 1. 272.

225. — D'après le droit des gens, les faits, les actes, les contrats, les jugemens intervenus *entre les habitans* pendant l'occupation d'un pays conquis, et revêtus du sceau de l'autorité publique, restent obligatoires et sont exécutoires après la retraite du conquérant, comme ceux intervenus avant la conquête, à moins de stipulations contraires dans les traités ou de dérogation au droit public par des lois formelles. Ainsi, un jugement n'est pas nul par cela seul qu'il a été rendu dans l'île de Corse pendant l'occupation de cette île par les Anglais; au contraire, il conserve toute sa force obligatoire, même depuis l'évacuation des conquérans. Une simple lettre ministérielle ne peut avoir l'effet d'abroger ce principe admis depuis des siècles, et dans l'intérêt de l'ordre social — 6 avril 1826 Req. Bastia. Viterbi. D.P. 26. 1. 244.

226. — L'ordonnance anglaise du 22 septembre 1810, pour la Guadeloupe, a dû être exécutée pendant toute la durée de l'occupation des Anglais : les actes faits dans cet intervalle n'ont été annulés par aucune ordonnance royale depuis que la colonie est rentrée sous la domination française. — 13 juin 1826. Civ. r. La Guadeloupe. Demoiselles Calmez de Lestiez. D.P. 26. 1. 306.

Dès lors, les absens de cette colonie ont été valablement représentés par les régisseurs que cette ordonnance a établis pour administrer leurs biens, et les assignations données à ces régisseurs, ainsi que les jugemens obtenus contre eux (par des rendans-compte des biens des absens), ont, à l'égard des absens, le même effet que s'ils étaient rendus contradictoirement avec eux; ils ne peuvent, par conséquent, y former tierce-opposition. — Même arrêt.

227. — L'étranger qui, dans son pays, est déclaré failli et interdit pour fait de faillite, n'est réputé, en France, ni failli, ni interdit, en conséquence, des Français peuvent l'assigner personnellement devant un tribunal de France, sans que les syndics puissent opposer son incapacité d'ester en jugement. — 11 mars 1820. Colmar. Kolb. D.A. 6. 502. D.P. 1. 1407.

228. — Ces syndics sont même sans qualité pour représenter l'étranger en France — Même arrêt.

229 — Un jugement étranger, qui déclare en état de faillite un individu, a pu être déclaré ne pas former preuve suffisante de ce fait devant un tribunal français, si ce jugement n'est pas revêtu du *pareatis* donné par un juge de France (C. proc. 546). — 29 août 1826. Req. Aix. Bethfort. D.P. 30. 1. 404.

230. — Enfin, le droit de contracter en France ou d'y agir en justice n'est point paralysé par un jugement d'interdiction prononcé contre un étranger par les juges de son pays (C 3). — 18 sept. 1833. Paris. Challas. D.P. 34 2. 26.

231 — Mais quelle est l'autorité en France des jugemens rendus à l'étranger? Ont-ils force de chose jugée, et ne leur manque-t-il que la force d'exécution? ou bien sont-ils comme non-avenus aux yeux de nos tribunaux, et ceux-ci doivent-ils juger à neuf le fond du procès? Les uns admettent uniformément, pour tous les cas, la nécessité d'un nouveau débat de la chose jugée en pays étranger; les autres créent des distinctions, et sur chacune d'elles proposent des solutions diverses que nous examinerons successivement. — D.A. 6. 484, n. 2

232. — D'abord, un jugement rendu en pays étranger doit, avant d'être déclaré exécutoire par les tribunaux français, être examiné et revisé; le tribunal français doit donner son approbation en connaissance de cause, et non point comme s'il remplissait une simple formalité. — 27 déc. 1819. Toulouse. Delon. D.A. 7. 594. D.P. 2. 404.

233. — Le jugement, émané d'un tribunal étranger contre un français domicilié en France et au profit d'un étranger, est comme non avenu aux yeux des juges français, tellement qu'il ne pourrait servir de titre à une saisie-arrêt en France, eût-il même statué sur des opérations commerciales faites dans le ressort du tribunal étranger. — 14 avril 1815. Paris. Delacroix. D.A. 6. 501 D.P. 16 2. 49.

234. — Ainsi, le jugement étranger, qui reconnaît dans un étranger la qualité de légataire universel d'un étranger, qui a laissé des biens en France, et l'envoi en possession de tous ses biens, n'est pas exécutoire, sans révision, contre un français, curateur de la succession, à qui le légataire demande en France compte de sa gestion. — 28 mai 1819. Rennes. Jersey. D.A. 6. 501. D.P. 1. 1406.

235. — En vertu d'un jugement étranger, l'étranger ne peut en France prendre inscription sur les biens d'un Français, qu'autant que ce jugement a été revu au fond par les tribunaux français. — 3 niv. an 14. Bruxelles. Bouvy. D.A. 6. 500. D.P. 6. 2. 72

236 — Un consul français, à qui l'exécution d'un jugement rendu par un consul étranger, au profit d'un étranger et contre un français, est demandée, peut, avant de revêtir ce jugement de son *exequatur*, le reviser d'après les règles du droit public. — 5 fév. 1832. Aix. Schilizzi. D.P. 32. 2. 178.

237. — Les jugemens rendus par les tribunaux italiens contre un français n'étaient pas exécutoires sans révision en France, à l'époque même où la France et l'Italie étaient soumises au même prince. — 27 août 1812. Req. Gènes. Morelli. D.A. 6. 500. D.P. 12. 1. 590.

238. — Les jugemens émanés des tribunaux d'un pays réuni à la France, pendant cette réunion, ont cessé d'être exécutoires en France, sans révision, depuis l'époque de la séparation. — 20 mars 1817. Paris. Mortemart. D.A. 6. 490. D.P. 1. 1405. — *Contrà*, Grenier, t. 1er, n. 221; D.A. 6. 491, n. 1.

239. — Toutefois, la décision du tribunal étranger, qui valide une saisie arrêt, faite dans son ressort, en se fondant sur un jugement français, qui a reconnu au saisissant la qualité de créancier, peut être opposée en France au débiteur qui a été par-

tie dans ce jugement. Le tiers-saisi est libéré par le paiement qu'il a fait au saisissant en vertu de la décision étrangère. — 14 fév. 1810. Req. Paris. Buzoni. D.A. 6. 488. D.P. 10. 1. 236.

240. — La saisie, dans ce cas, se lie intimement à l'acte français, qu'elle conduit à exécution. Elle n'a d'autre propriété que d'exécuter cet acte; elle reçoit donc de lui son véritable caractère. Si donc la saisie-arrêt était faite en vertu de titres étrangers, elle serait subordonnée à l'autorisation des tribunaux français. C'est ce qui a été jugé dans l'espèce suivante (Conf. Delv., t. 1er, p. 16, note 2, 2e édit.; Carré, *Proc. civ.*, t. 1er, p. 362). — D.A. 6. 489, n. 1.

241. — L'art. 21 de l'ordonnance de 1629, relatif à l'exécution des jugemens rendus en pays étrangers, est inapplicable à des jugemens qui ne sont que l'exécution d'arrêts rendus en France contre un Français: ces jugemens acquièrent en France l'autorité de la chose jugée, sans être susceptibles d'aucune révision. — 30 juill. 1810. Civ. r. Paris. Gouppy. D.A. 12. 118, n. 5. D.P. 2. 1274.

242. — Il n'y a pas violation du principe d'après lequel les jugemens rendus en pays étrangers ne sont pas exécutoires de plein droit en France, dans l'arrêt qui, pour condamner un vendeur à garantir son acquéreur, se fonde sur un jugement étranger qui a prononcé l'éviction de l'acquéreur, alors que cette éviction n'est point contestée entre les parties devant les tribunaux français (C. civ. 2123; C. proc. 546). — 12 déc. 1826. Civ. r. Douai. Lesueur. D.P. 27. 1. 93.

243. — Et les dispositions des art. 2123, 2128 C. civ. et 546 C. pr., qui, en refusant la force exécutoire aux jugemens étrangers jusqu'à leur révision par un juge français, consacrent le droit de souveraineté sur le territoire de la France, ne sont point prises en vue des intérêts privés; ainsi, les parties contractantes ou litigantes restent liées par les actes de la juridiction volontaire ou contentieuse à laquelle elles se sont soumises en pays étranger.

244. — Dalloz pense qu'il faut distinguer le cas où l'exécution d'un jugement étranger est requise contre un Français de celui où elle est requise contre un étranger; que, dans le premier cas, le Français a le droit de soumettre en France le jugement à une discussion nouvelle, mais que, dans le second, l'exécution doit s'opérer sur simple *pareatis*. C'est ce qu'il induit des termes de l'art. 121.

245. — L'art. 121 de l'ord de 1629, lequel est encore en vigueur, est ainsi conçu : « Les jugemens rendus, contrats ou obligations, reçus ès-royaumes et souverainetés étrangères, pour quelque cause que ce soit, n'auront aucune hypothèque ni exécution en notredit royaume; ains (mais) tiendront les contrats lieu de simples promesses, et, nonobstant les jugemens, *nos sujets contre lesquels* ils auront été rendus pourront de nouveau débattre leurs droits, comme entiers, devant nos officiers. » — Dalloz soutient qu'il n'a été dérogé à cet article ni par l'art. 546 C. pr., ni par l'art. 2123 C. civ., quoiqu'ils n'en aient pas reproduit textuellement les termes. Ces articles portent en effet : Art. 546 C. pr. « Les jugemens rendus par les tribunaux étrangers, et les actes reçus par les officiers étrangers *ne seront susceptibles d'exécution* en France que de la manière et dans les cas prévus par les art. 2123 et 2128 C. civ. » — Art. 2123 C. civ. « L'hypothèque ne peut pareillement résulter des jugemens rendus en pays étranger *qu'autant qu'ils ont été déclarés exécutoires par un tribunal français*: sans préjudice des dispositions qui peuvent être dans les lois politiques ou les traités. » — Conf. parlement d'Aix, 10 nov. 1678, 10 mars 1687; parl. de Paris, 16 avril 1777, 25 fév. 1778; Boniface, t. 3, liv. 1er, tit. 1er, ch 4 et 5; Boullenois, t 1er, p. 606, observ. 25; Emérigon, ch. 4, sect. 8; Julien, *Stat. d Provence*, t. 2, p. 442; Bourjon, *Droit commun de la France*, sur l'art. 165, *Cout. de Paris*; l'av.-gén. Séguier, dans ses concl. pour l'arr. du 25 fév. 1778; Henrion, Rép., et *Quest. de dr.* de Merlin, vo Jugement, § 14; D.A, 6. 484, n. 2, 485, 486.

246. — Ainsi, l'art. 121 de l'ord. de 1629, qui prescrit la révision en France des jugemens étrangers, ne s'applique qu'aux jugemens entre un Français et un étranger, et non à ceux entre étrangers. — janv. 1806 Req. Besançon. Chaillet. D.A. 6. 487 D.P. 6 1. 113. — 13 mai 1820. Paris. Thompson D.A. 6. 490. D.P. 1. 1405.

247. — ...Et spécialement entre Français émigrés morts civilement en France, et devenus sujets de l'état qui les a jugés. — 7 janv. 1806. Req Besançon. Chaillet. D.A. 6. 487. D.P. 6. 1. 113.

248. — Et il suffit que le tribunal français reconnaisse qu'un jugement entre étrangers a été régulièrement et souverainement rendu, et qu'il ne renferme rien de contraire aux droits et usages du royaume, pour qu'il soit exécutoir en France. — 13 mai 1820. Paris. Thompson. D A. 6. 490. D.P. 1. 1405.

249. — Jugé cependant que « les jugemens étrangers, rendus *contre un étranger et au profit d'un Français*, ne sont pas exécutoires en France, sans révision. » — 8 prair. an 13. Poitiers. Hielsin. D.A. 6. 498 D.P. 5. 2. 71. — 19 avril 1819. Civ. r. Paris. Holker. D.A. 6. 496. D.P. 19. 1. 257.

250. — Dalloz remarque que le jugement étranger, rendu dans cette dernière affaire, n'avait été prononcé que par défaut: qu'ainsi, il n'avait pas encore acquis l'autorité de chose jugée, et que l'étranger devait, selon l'art. 14, être admis à débattre ses droits, comme entiers. — Toutefois, on fait observer que les motifs de l'arrêt de la cour de cassation sont généraux et sans distinction aucune. Aussi Persil et Toullier avaient ils d'abord adopté la doctrine qu'ils établissent. Mais, depuis, ils sont revenus à la distinction qui est faite au n. 244, et qui est adoptée aussi par Merlin, Rép., vo Jugement, § 8; Pigeau, t. 2, p. 36; Carré, sur l'art. 546 C. pr.; Berriat, p. 507; Maleville (art. 2123 C. civ.). — Delvincourt, t. 1er, p. 16, est le seul auteur moderne qui soit d'avis contraire.

251. — Du reste, un acte ou jugement d'interdiction légale, prononcé à l'étranger contre un étranger, ne peut être exécuté en France contre lui, qu'autant qu'il a été déclaré exécutoire par les tribunaux français (C. civ. 2123 et 2128). — 18 sept. 1833. Paris. Chaltas. D.P. 34. 2. 26

252. — Si le Français était demandeur devant le tribunal étranger, conserverait-il en France le droit de débattre de nouveau la chose jugée? — Oui, car il est censé se réserver la faculté de réclamer de son souverain la justice qui lui serait déniée par un souverain étranger. — Merl., *Question de droit*, vo Jugement, et Grenier, *des Hypothèques*, t. 1er, n. 210; D.A. 6. 486, n. 3.

253. — Ainsi, un jugement étranger, rendu contre un Français et au profit d'un étranger, n'a point en France l'autorité de la chose jugée, lors même que le Français aurait été demandeur, l'affaire en litige commerciale, et le tribunal étranger, saisi par renvoi d'un agent diplomatique français, qui, refusant, par exemple, de statuer sur le procès, aurait déclaré ce tribunal compétent (Ord. 1629, art. 121). — 18 pluv. an 12. Civ c. Rouen. Spohrer. D.A. 6. 499. D.P. 4. 1. 302.

254. — Jugé en sens contraire dans l'affaire Delamme, indiqué en. 116, s.; mais, dans cette espèce, il s'agissait d'un Français établi dans le ressort du tribunal étranger, et de la liquidation d'une société commerciale formée dans le même ressort, ce qui explique la différence dans la solution de la question. — D.A. 6 486, n. 3.

255. — Si, dans le cours d'une instance étrangère, le Français s'était expressément engagé à ne plus continuer ses poursuites contre l'étranger, les tribunaux le déclareraient alors obligé en vertu, non plus de l'autorité de la chose jugée à l'étranger, mais de cette loi universelle, Remplis tes engagemens. — D.A. 6 486, n. 4.

256. — Ainsi, un Français n'est plus recevable à renouveler en France, contre un étranger, l'action dont il s'est formellement désisté en pays étranger, en consentant, devant les tribunaux de ce pays, l'annulation du titre de sa créance. — Spécialement, si, porteur d'un titre argué de faux, il s'est expressément engagé à abandonner toute poursuite contre l'étranger, en cas que le faux fût constaté par experts, il ne peut plus, après cette constatation, et quand les poursuites ont été réellement abandonnées en pays étranger, recommencer le procès en France. — 14 juill 1809. Paris. Maupas. D.A. 6. 502. D.P. 1. 1406.

257. — Les jugemens rendus par des arbitres étrangers sont exécutoires en France sur simple *pareatis*. — Grenier, *des Hypothèques*, t. 1er, n. 213; Delv., t. 1er, p. 16; D.A. 6. 486, n 5. — V. Arbitrage, n. 930 et suiv.

258. — Les enquêtes et tous actes juridiques faits en pays étrangers, pour préparer le jugement qui y a été rendu, devront toujours avoir leur effet en France. Ne serait-il pas injuste de rejeter des preuves et des attestations qu'on n'a pu se procurer que sur les lieux? Nos tribunaux, dans ce cas, ne défèreront point à la chose jugée: ils admettront, comme vrais, des faits dont l'existence n'est pas susceptible d'une autre démonstration, et qui ne serviront, au reste, qu'à guider leur propre jugement. La foi attachée au témoignage privé des hommes est indépendante de telle ou telle forme. — Merlin, *Question de droit*, vo Suppléant; Grenier, *des Hypothèques*, t. 1er, n. 211; D.A. 6. 486, n. 6.

259. — Encore qu'un jugement rendu en pays étranger ne soit pas obligatoire en France, néanmoins le fait de la faillite d'un étranger, et l'époque de l'ouverture de cette faillite, constatés par un jugement du domicile de cet étranger, doivent être tenus pour constans par les tribunaux français, mais seulement jusqu'à preuve contraire. — 10 fév. 1824. Bordeaux. Charvet. D.A. 6. 593. D.P. 24. 2. 111.

260. — Les lois politiques ou les traités peuvent donner l'autorité de la chose jugée aux jugemens étrangers, rendus contre un Français. C'est ce qui a lieu pour la Suisse, d'après le traité du 9 mai 1715, confirmé par celui du 27 sept. 1803.

261. — Ainsi, pour que les jugemens rendus par les tribunaux suisses soient exécutoires en France, il suffit qu'ils aient été légalisés, et il n'est pas besoin qu'ils soient revêtus de l'ordonnance *d'exequatur* exigée pour les jugemens rendus dans les autres états. — 23 juill. 1832. Civ. c. Wahl. D.P. 32. 1. 311. — V. Arbitrage, n 932.

262. — Les tribunaux français ne sont pas obligés d'examiner ces jugemens, soit au fond, soit dans la forme, avant d'en ordonner l'exécution en France, alors qu'ils ont été régulièrement légalisés..., alors surtout qu'il ne s'agit que de valider des oppositions (C. civ. 2123; C. pr. 547). — 28 déc. 1831. Civ. r. Paris. Trimaille. D.P. 32. 1. 47.

263. — L'exécution réciproque que ce traité autorise s'applique-t-elle aux sentences arbitrales rendues en Suisse? — Oui (Arrêt de Paris, vo Arbitrage, n. 932). — *Contrà*, Lacroix-Frainville, D.A. 6. 486, n. 8.

264. — Les traités de la France avec le comté de Neufchâtel dispensent de la révision en France des jugemens émanés des tribunaux de ce comté. — 18 mess. an 12. Besançon. Chaillet. D.A. 6. 487. D.P. 6. 1. 113.

265. — Mais il ne suffirait pas qu'une loi locale ou l'usage particulier d'un pays autorisât l'exécution, sans révision, des jugemens français, pour que les jugemens de ce pays eussent la même faveur en France. L'art. 2123 C. civ. décide littéralement que la règle de réciprocité prend sa source dans la convention des souverains. Les seules conventions de la France, intervenues sur cette matière, sont relatives à la Sardaigne et à la Suisse dont nous venons de parler. Les décisions des tribunaux sardes sont exécutoires sur lettres rogatoires des cours suprêmes de ce royaume (Traité 24 mars 1760, art. 21, confirmé les 15 mai 1796, 5 avril 1797, 30 mai 1814). — D.A. 6 486, n. 6.

266. — Toutefois, il a été jugé 1° qu'il n'est pas dérogé au principe d'après lequel les jugemens rendus en pays étrangers ne sont exécutoires, en France, qu'après examen ou révision des tribunaux français, dans le traité diplomatique passé le 24 mars 1760 entre le roi de Sardaigne et le roi de France, dont l'art 22 porte que les cours suprêmes défèreront, de part et d'autre, à la forme de droit, aux réquisitions qui leur seront adressées (C. civ. 2123, 2128; C. pr. 546). — 3 janv. 1829. Grenoble. Ovel. D.P. 29. 2. 149.

267. — 2° Que cet article ne fait un devoir aux cours de France de déférer, pour l'exécution des jugemens qu'ils ont prononcés, aux lettres rogatoires des juges de Savoie, qu'autant que ces juges étaient compétens pour statuer sur la contestation; que dès lors la permission d'exécuter ces jugemens ne doit être accordée par les tribunaux français qu'après qu'ils ont formellement reconnu la compétence. — 7 août 1817. Grenoble. Vertu. D.A. 6. 503. D.P. 1. 1407.

268. — Lorsque, pendant la réunion du Piémont à la France, un tribunal de ce pays a prononcé la séparation de corps et de biens en faveur d'une Française mariée à un Génois; que le jugement, acquiescé par le mari et exécuté par la femme, laquelle est revenue établir son domicile en France, a été ensuite et depuis la séparation du Piémont d'avec la France, déclaré non avenu par le sénat de Nice, une cour royale peut refuser de rendre cet arrêt exécutoire sur les immeubles de la femme, situés en France, sans violer les traités existans entre les gouvernemens français et sarde au sujet de l'exécution, chez l'une des puissances, des jugemens rendu chez l'autre. — 14 juill. 1825. Req. Aix. Ricardi. D.P. 25. 1. 364.

269. — Une cour royale, à qui des lettres rogatoires sont demandées par un étranger pour faire exécuter en France un jugement rendu par la judicature mage de Savoie contre un Français, peut refuser l'autorisation demandée (Traité 24 mars 1760,

art. 22). — 9 janv. 1826, Grenoble. Dumas. D.P. 26. 2. 29.

270. — Les jugemens français, rendus au profit de Français contre des étrangers, domiciliés dans un pays qui depuis a été réuni à la France, ne sont pas devenus, par la réunion, exécutoires de plein droit dans ce pays; mais ils y sont, comme auparavant, soumis à la révision, la réunion n'ayant pas d'effet rétroactif. — 18 therm. an 12. Req. Liége. Vertegans. D.A. 6, 495, D.P. 1. 1406.

271. — Le traité sur l'exécution des jugemens existans entre deux états qui ont été réunis momentanément, par suite de conquêtes et soumis aux mêmes lois, reprend-il sa force de plein droit par la rentrée de l'état conquis sous la domination de son prince? — 14 juill. 1825. Req. Aix. Ricardi. D.P. 25. 1. 364.

272. — Le traité du 24 mars 1760, entre la France et la Sardaigne, portant que les cours suprêmes des deux états déféreront réciproquement, à la forme du droit, aux réquisitions qui leur seront adressées touchant l'*exécution* des jugemens rendus par une d'elles, est-il encore en vigueur?

273. — Dans une consultation, Jouhaud, Tripier et Dupin ont pensé que le traité de 1760, entre la France et la Sardaigne a été anéanti par la conquête de la Sardaigne; que les dispositions de ce traité ne pourraient être invoquées qu'autant qu'une convention postérieure les aurait fait revivre (Grotius, liv. 2, ch. 13, § 14, et Puffendorf, liv. 8, ch. 9, § 11); que, de plus, d'après l'art. 1er de la loi du 1er mars 1793, tout traité d'alliance ou de commerce existant entre l'ancien gouvernement français et les puissances avec lesquelles la république était en guerre ayant été annulé, le traité de 1760 s'est trouvé compris dans l'abrogation; que depuis 1793 aucune convention entre la France et le Piémont n'ayant renouvelé les dispositions du traité de 1760, les deux peuples sont rentrés dans les termes du droit commun. — D.P. 25. 1. 365, note.

274. — Lorsque des jugemens étrangers ont été rendus entre Français, en vertu d'un traité politique, qui, comme la convention du 11 janv. 1807 entre la France et la Russie, autorise les tribunaux étrangers à juger les contestations relatives à l'héritage d'un Français décédé à l'étranger, ces jugemens ont en France, et seulement quant aux biens situés à l'étranger, l'autorité de la chose jugée, lors même qu'ils auraient prononcé sur des questions incidentes et préjudicielles, concernant l'état civil des parties — 15 juill. 1811. Civ. c. Paris. Champeaux. D.A. 6. 492. D.P. 11. 1. 468.

275. — Les jugemens de tribunaux étrangers, compétens, en vertu des traités, pour statuer entre Français sur le partage d'une succession, dont une partie est située à l'étranger, et qui, à l'occasion de ce partage ont incidemment prononcé sur l'état des personnes, n'ont en France l'autorité de la chose jugée qu'en ce qui concerne les biens situés à l'étranger, et sont, quant à la question d'état, soumis à révision. — Même arrêt.

276. — Les jugemens rendus en pays étrangers, et qui sont exécutoires en France, d'après les lois existantes, ne le sont qu'autant qu'ils ne contrarient point les règles du droit public de la France. — Ainsi, les tribunaux français ne peuvent rendre exécutoire, en France, l'arrêt par lequel une cour étrangère déclare non avenu un jugement émané d'un tribunal alors français, et devenu ensuite dépendant de cette cour étrangère, jugement passé en force jugée et exécuté en France. — 14 juill. 1825 Req. Aix. Ricardi. D.P. 25. 1. 364.

277. — Le traité de commerce avec la Russie, du 11 janv. 1807, n'a pas été annulé, mais seulement suspendu par l'état de guerre de la France avec ce pays. — 15 juill. 1811. Civ. c. Paris. Champeaux. D.A. 6. 492. D.P. 11. 1. 468.

278. — Il y a exception encore au principe général posé dans l'art. 2123 C., en ce qui concerne les jugemens rendus par la commission établie à Mayence, sur l'appel des sentences émanées de nos juges de paix, dans les affaires relatives à la navigation du Rhin. Ces jugemens reçoivent *de plano* exécution en France, sans qu'il soit nécessaire de les faire rendre exécutoires par un tribunal français. La loi sur la navigation du Rhin, du 21 avril 1832, doit donc être considérée comme loi politique. — Légat, *Code des étrang.*, p. 379.

279. — Les jugemens rendus en pays étrangers et entre des étrangers peuvent être dénoncés à la cour de cassation en France, si la partie du territoire sur laquelle ils doivent être exécutés a été réunie à la France, avant l'expiration du délai pour les faire annuler dans les pays où ils ont été rendus. — 3 août 1812. Civ. c. Pestel. D.P. 12. 1. 610.

280. — Les tribunaux français sont compétens pour connaître de l'exécution en France des jugemens rendus par des tribunaux étrangers, entre étrangers : — Spécialement, ils peuvent valider une saisie-arrêt pratiquée en vertu de ces jugemens. — 5 août 1832. Paris. Hanéle. D.P. 33. 2. 224.

281. — Ils sont compétens pour rendre exécutoire, en France, une sentence arbitrale rendue en pays étranger entre deux étrangers. — 7 janv. 1833. Paris. Harisson. D.P. 33. 2. 97.

282. — Et l'exécution d'une sentence arbitrale, rendue en pays étranger, peut être ordonnée, sans qu'il soit nécessaire de réviser le fond devant les tribunaux français, si toutefois il est reconnu que cette sentence ne contient aucune disposition contraire à ce qui est d'ordre public en France. — Même arrêt.

283. — L'instance, engagée par un étranger contre un Français, en matière personnelle et devant un tribunal français, ne peut, si, avant qu'elle soit terminée, le lieu de ce tribunal est séparé de la France, être reprise ou continuée devant les juges de ce lieu, devenus étrangers; — Elle doit être portée devant un tribunal de France. — 27 janv. 1823. Grenoble. Sougeon. D.A. 6. 503, n. 1. D.P. 1. 1407.

284. — Une femme qui a commencé, contre son mari Français, une instance devant un tribunal alors français, conserve le droit de faire prononcer sur sa demande par d'autres juges français, lorsque le pays où était situé le tribunal saisi de la contestation vient à être détaché de la France. — 5 déc. 1815. Req. Régl. de juges. Salignac. D.P. 16. 1. 22

§ 7. — *Exécution et autorité des actes étrangers.*

285. — Pour garantir contre les faux ou les falsifications qui pourraient être commis à l'étranger, les actes expédiés dans les pays étrangers où il y a des consuls, doivent être légalisés par eux, sous peine de ne faire aucune foi en France (Ord. sur la marine, liv. 1er, tit. 9, art. 23). — Légat, *Code des étrangers*, p. 383.

286. — Une saisie-arrêt de fonds appartenant à un étranger, faite en France, par un étranger, en vertu d'un acte qui n'a été ni passé en France, ni rendu exécutoire par un tribunal français, est nulle, dans le cas surtout où les droits résultant de l'acte n'ont pas encore été liquidés à l'époque de la saisie (546, 559 C. pr.). — 11 janv. 1817. Rouen. Joints. D.A. 6. 489, n. 1. D.P. 1. 1404.

287. — Les actes passés en Suisse ne sont exécutoires en France, d'après les traités, qu'autant qu'ils sont passés entre des Suisses et des Français; ainsi, un acte passé en Suisse entre un Français et un Milanais, ne peut conférer à ce dernier le droit de prendre hypothèque sur les biens du Français, situés en France (C. civ. 2128). — 10 mai 1831. Civ. r. Riom. Chanson. D.P. 31. 1. 168.

288. — Il en serait de même quoiqu'en vertu des traités les actes passés dans le Milanais, entre un Milanais et un Français, emporteraient hypothèque en France. — 16 mai 1828. Riom. Chanson. D.P. 31. 1. 168.

289. — Les actes passés en pays étrangers doivent être enregistrés en France avant d'y être exécutés (L. du 22 frim. an 7, art. 42). — Légal, p. 384.

290. — L'édit de 1778, qui défend à tout Français de traduire un Français devant des juges étrangers, ne défend pas de réclamer des juges étrangers l'emploi de la force publique pour l'exécution d'un titre paré. — 11 déc. 1809. Civ. r. Bordeaux. Bouchereure. D.A. 6. 491. D.P. 10. 1. 238.

— V. Droits civils, Naturalisation. — V aussi Acte de l'état civil, Adoption, Agent de change, Assurance maritime, Assurance terrestre, Autorité municipale, Avarie, Avocat, Bigamie. Brevet d'invention, Certificat de propriété, Certificat de coutume, Chose jugée, Commissionnaire, Commune, Conciliation, Contrainte par corps, Contrat à la grosse, Contributions indirectes, Domaine extraordinaire, Domicile, Dot, Droits civils, Droits politiques, Effet de commerce, Elections législatives, Elections municipales, Enregistrement, Evasion, Exceptions, Faillite, Fausse monnaie, Garde nationale, Hypothèques, Interdiction, Loi, Louage, Ministère public, Ordre, Partage, Pêche, Plainte, Prescription, Rapport, Récidive, Recrutement, Succession, Témoin, Vente.

TABLE SOMMAIRE.

Absence. 234.
Acquiescement. 113, s. 243, 268.
Acquisition. 49
Acte de commerce. 111, 149, s. 164, 178, s.
Action de la banque. 49.
Action hostile. 206.
Agent de change. 56.
Alimens 6, 14.
Amérique. 23, 55, 151, s.
Anglais. 18, 33, s. 119, 130, 136, 224, s.
Arbitrage. 64, 256, 281, s.
Assurance. 199.
Aubain. 8, s. 24, s.
Autorisation. 76, s. 209.
Avocat. 58.
Avoué. 56.
Ayant-cause 119, s.
Bigamie. 204
Capacité 3, s. 22, s. 49.
Cassation. 279
Caution *judicatum*. 126, s. 177, 223, s.
Cession de biens. 68. — V. Endossement et Transport.
Chirurgien. 61, s.
Chose jugée. 231, s.
Colonies. 32, 224.
Commissaire-priseur. 56.
Commissionnaire. 202, s.
Compétence. 6, 74, s. 89, 92, s. 243. — administrative. 138. — facultative. 132, s. 148, 152, 154, 192. — personnelle. 133, s.
Compte-courant. 190.
Concession 50.
Confiscation. 28, 136.
Conquêts. 225, s.
Conseil d'état. 57.
Consul. 167, 197, 236.
Contestation entre étrangers. 138, s.
Contrainte par corps 69, s. 87.
Délai bref. 217.
Demandeur. 120, s.
Député 60.
Désistement. 256.
Détraction. 8, s.
Diplôme. 58, s. 62, s.
Discussion 68.
Disposition. 23, s. — d'office. 156, s.
Domicile. 2, 21, s. 73, 76, s. 147, s. 166, 177, 186, s. 208. — élu. 208.
Droguiste. 64.
Droit d'aubaine. — V. Aubain. — civils. 3, s. 21, s. 76, s. — des gens. 48, 226. — naturel. 145.
Effet de commerce. — V. Endossement.
Emigré. 28.
Endossement. 120, s. 180, suiv.
Engagement. 92, s. 230.
Enquête. 256.
Enregistrement. 289
Epaves. 8, s.
Epoux. 43.
Equivalent 82.
Erreur commune. 46, s.
Espagnol. 17.
Etranger. 202. — (défendeur) 92, s. — réfugié. 19
Evêque. 53.
Exception. 133, s. 176, — (nullité couverte) — V. Litispendance.
Exécution. 112, 184, 219. — des actes. 287. — des jugemens. 217, s. — parée. 290. — provisoire. 57.
Expert. 66.
Exploit. 207.
Expulsion. 75.
Faillite. 69, s. 222, s. 227, s. 259.
Femme. 6, 36.
Fonctions. 56.
Francfort. 44.
Genève. 15, s. 47.
Guerre. 40, s. 129, s. 277.
Huissier. 56.
Hypothèques. 287.
Incolat. 84, s.
Indien. 32, s.
Interdiction. 230, 250.
Intervention. 127, s.
Juré. 59.
Légalisation. 261, s. 285, suiv.
Litispendance. 104, 113, s. 284.
Loi personnelle. 1, 18, 39, 171. — réelle. 140, 158.
Mandat. 213, s.
Matière criminelle. 204.
Médecin. 61, s.
Mesure conservatoire. 108, 170.
Militaire 55.
Ministère public. 208, s.
Minorité. 32.
Mort civile. 38, 90, s.
Moyen nouveau. 152.
Naturalisation. 2; 35, 53, 58.
Navire. 170, 198.
Notaire. 36.
Obligation. 92, s. — civile, 159, s. — commerciale 177.
Outrage. 205.
Pair de France. 60.
Pharmacien. 64.
Piémont. 268, 288.
Police. 74.
Possession d'état. 82, s.
Prescription. 48.
Prêtre. 38, 54.
Preuve. 71, 226.
Propriété littéraire. 51.
Qualités. 155.
Question d'état. 97, 105, 146, 196, 274.
Réciprocité. 3, s. 22, 37, s. 142.
Recrutement. 91.
Rectification. — V. Etat civil.
Réglement de juges. 174.
Renonciation. 145, s.
Résidence. — V. Domicile.
Rétroactivité. 16, 87, 101, suiv.
Réunion. 2, 118, 236, s. 268, s.
Révision. 231, s. 244, s.
Russie. 277.
Saisie-arrêt. 163, s. 168, s. 220, 233, 239, s. 280, 286. — immobilière. 72.
Sardaigne. 265.
Séparation de biens. 160, s. — de corps. 152, 160, 172, s. 268.
Séquestre. 170.
Société. 192.
Solidarité. 94.
Souveraineté. 223, s.
Statut. — V. Lois.
Succession. 14, s. 22, s. 43.
Suisse. 43, s. 134, 200, s. 260, s. 287.
Sursis. — V. Guerre.
Suspension. 57. — V. Guerre.
Syndic. 226.
Témoin. 46.
Testament. 23, s.
Traité. 40, 141, 260.
Transport. 120.
Usage local. 265.
Voies de fait. 206.

ÊTRE MORAL.—V. Communauté, Société commerciale.

ÉTUDIANT.—V. Domicile.

ÉVALUATION. — V. Assurance maritime, Charte-partie, Communauté, Contributions directes, Domaines engagés, Enregistrement, Forêts, Hypothèques, Mandat, Ordre, Partage, Patente, Propriété littéraire, Rente, Requête civile, Rescision, Vente.

ÉVASION. — Se dit du fait d'un inculpé, d'un accusé ou d'un condamné qui s'est échappé des mains de ceux qui le detenaient, ou de la maison où il était renfermé.

§ 1er.—*De l'évasion considérée à l'égard de l'évadé.*

§ 2.—*Des fauteurs d'évasion.*

§ 3.—*Compétence et reconnaissance d'identité.*

——

§ 1er. — *De l'évasion considerée à l'égard de l'évadé.*

1.— Avant le code pénal de 1810, aucune peine ne frappait le détenu qui recouvrait furtivement sa liberté : les établissemens de saint Louis, à cet égard, étaient tombes en désuétude. L'art. 245 ne punit l'évadé qu'autant que l'évasion a été tentée ou consommée par *bris de prison* ou *violence*; il prononce, dans ces cas, un emprisonnement de six mois à un an. Mais toute évasion qui ne présente pas un de ces caractères trouve grâce à ses yeux, quelques manœuvres qu'on ait employées. Ce n'est pas que le fait d'évasion ne soit moralement reprochable, puisqu'il renferme une désobeissance à la loi : mais l'indulgence du législateur s'explique par l'impulsion naturelle de l'homme vers la liberté. Comme on le voit, la simple *tentative* est punie.

2.— Pour qu'il y ait délit *d'évasion par bris de prison*, dans le sens de l'art. 245 C pén., il faut que le local d'où le détenu s'est évadé ait eté légalement désigné pour tenir lieu de prison... Encore bien qu'il s'agisse d'une prison destinée à l'exécution des jugemens rendus contre les gardes nationaux (L. 22 mars 1831, art. 84). — 2 janv. 1832. Poitiers. Picault. D.P. 32. 2. 69.

3.—L'art. 245 C. pén., contient une dérogation expresse à la deuxième disposition de l'art. 365 C. inst. crim.; en conséquence, le délit d'évasion par bris de prison est un délit spécial pour lequel on doit appliquer la peine de six mois d'emprisonnement, outre celle attachée au délit qui faisait l'objet de la détention, lors même qu'il aurait été commis avant toute condamnation sur le delit principal qui a donné lieu à l'arrestation.— 31 juill. 1834. Cr. c. Min. pub. C. Roncariès. D.P. 34. 1. 389.

4. — Si le sens des mots *bris de prison* est facile à saisir, il n'en est pas de même du mot *violence* qu'emploie l'art. 245 C. pén. Il semble à Dalloz que cette expression n'a trait qu'aux voies de faits commises sur les personnes et non à celles exercées sur les choses, à moins qu'elles ne constituent un bris de prison ou tout autre délit.—D.A. 7. 572, n. 2.

5. — Ainsi, le fait de la part d'un accusé d'un crime de s'être évadé par violence des mains de la force armée qui le détenait, constitue le délit prévu par l'art. 245 C. pén., et doit être puni de six mois à un an de prison, à subir après l'expiration de la peine encourue pour le crime dont il a été accusé et déclaré coupable.—5 avril 1832. Cr. c. Béranger. D.P. 32. 1. 247.

6. — Au reste, l'art. 245 n'est applicable, même en cas de bris de prison ou de violence, qu'autant que la détention était légale (Carnot, t. 1er, p. 599, n. 11; D.A. 7. 752, n. 4), c'est-à-dire ordonnée suivant les lois, et abstraction faite de la culpabilité ou de l'innocence du prévenu.

7. — Mais le détenu pour crime ou délit qui, pendant l'instruction de son proces, a tenté de s'évader, devient passible pour ce fait d'une peine particulière et indépendante de celle prononcée pour le crime ou delit qui fait l'objet de sa détention. — 13 oct. 1815. Cr. r. Daumas-Dupin. D.A. 7. 573. D.P. 16. 1. 367.

8. — La peine de l'art. 245 est toujours indépendante de celle encourue à raison du délit pour lequel le détenu a été emprisonné, et il doit la subir, alors même qu'il est déclaré innocent de ce délit. — D.A. 7. 472, n. 5.

9.— La peine portée par l'art. 245 C. pén., contre le prisonnier qui s'evade par bris de prison, n'est applicable qu'au détenu pour crime ou délit, et non au prisonnier pour dettes. — 20 août 1824. Cr. r. Min. pub. C. Carnot. D.A. 7. 576. D.P. 2. 101.

10. — Dalloz est d'avis contraire; il pense que l'art. 245 s'applique à tous les détenus à quelque titre que ce soit. Car, suivant lui, c'est au fait seul du bris de prison ou de violence, et non à l'évasion, que cet article attache le caractère de délit. — D.A. 7. 752, n. 3.

11. — Jugé, depuis, cependant, que la *tentative* d'évasion par un prisonnier pour dettes n'est punie d'aucune peine. Mais un prisonnier pour dettes qui se rend complice d'une tentative d'évasion par un prisonnier détenu pour un délit ou pour un crime, doit être puni des peines de l'art. 245 C. pén. — 29 sept. 1831. Cr. c. D.P. 31. 1. 330.

12.—Les peines établies par les art. 456 et 479 C. pén., contre les auteurs de destruction de clôture, ou de dommages aux propriétés mobilières d'autrui ne s'appliquent pas non plus au prisonnier pour dette qui s'evade par bris de prison.—20 août 1824. Cr. r. Min. pub. C. Carnot. D.A. 7. 576. D.P. 2. 101.

13.—L'évasion des forçats est régie par les dispositions exceptionnelles du décret du 12 nov. 1806, tit. 8, et par celles de l'ord. du 2 janv. 1817. —D.A. 7. 573, n. 1.

§ 2. — *Des fauteurs d'évasion.*

14.—La justice est le premier besoin d'un état; aussi l'on ne saurait lui soustraire ceux qu'elle a frappes ou qui attendent ses decisions. En 595, une ordonnance de Childebert punissait de mort le juge convaincu d'avoir relâché un voleur. La loi du 13 brum. an 2, fruit des passions du moment, en prononçant, en cas de connivence dans l'évasion d'un détenu, la peine capitale contre les gardiens, gendarmes et autres preposes, et, en cas de simple négligence, deux ans d'emprisonnement, a rappelé cette ordonnance barbare. Mais la loi du 4 vend. an 6 concilia les droits de l'humanité et de l'ordre public, elle fut ameliorée à son tour par le code penal de 1810, qui, dans ses art. 237 à 248 reproduisit la plupart de ses dispositions.—D.A. 7. 576, n. 1.

15.—Le code penal distingue entre les personnes préposées à la garde ou à la conduite des détenus, tels que les huissiers, gendarmes, commandans de la force armée, concierges, geôliers, et les personnes etrangères. A l'égard de celles-ci, il n'y a délit qu'autant qu'on peut leur reprocher un acte positif à l'aide duquel elles ont procuré ou facilité l'évasion, tandis qu'à l'égard de celles-là, la loi punit même la simple négligence (C. pén. 237).—D.A. 7. 576, n. 2.

16.—Jugé cependant, avant le code, que le concierge d'une maison d'arrêt, qui, par sa négligence, laisse évader un détenu, n'est passible d'aucune peine, lorsque la personne évadée n'etait point inculpée, accusee ou condamnée à raison d'un délit prévu par les lois penales. — 4 niv. an 7. Cr. c. Boniface. D.A. 7. 577. D.P. 2. 102.

17.— Le fait de connivence avec un détenu pour procurer son évasion, etant par lui-même un fait coupable, ne saurait être excusé par l'intention; une question intentionnelle posée au jury sur ce point est donc superflue (L. 4 vend. an 6, art. 9; 3 brum. an 4, art. 456). — 3 frim. an 13. C. c. Min. pub. C. Coudere. D.A. 7. 578. D.P. 5. 2. 84.

18. — Mais le fait d'avoir favorisé l'évasion d'un étranger arrêté en France, en vertu d'une ordonnance royale, non pour délit commis sur le territoire français, mais en suite d'une demande d'extradition formee par un gouvernement étranger, qui accuse cet individu de vol, ce fait, quoique répréhensible à un très haut degré, n'est point punissable par la loi française : ici ne s'appliquent pas les articles 237 et suivans du code pénal, relatifs à l'évasion de détenus, et recèlement de criminels. — 30 juin 1827. Cr. c. Douai. Delagrainville. D.P. 27. 1. 288.

19. — Les art. 237 et suivans ne font aucune distinction en faveur des parens même les plus proches du détenu qui ont facilité son évasion. Mais l'art. 248, relatif au recèlement des criminels, établit, en faveur des ascendans ou descendans, époux ou épouses, frères ou sœurs du recélé et ses alliés au même degré, une exception que Dalloz et Legraverend regrettent de ne pas voir reproduite par l'art. 237 (D.A. 7. 576, n. 3).—Au reste, les mœurs font souvent ce que le législateur ne croit pas devoir sanctionner par des dispositions expresses. Madame de Lavalette ne fut pas inquiétée pour avoir procuré l'évasion de son mari. Et la même chose se passa autrefois en Angleterre (D.A. *eod.* —V. n. 44, s.).—Aussi, le silence du législateur nous semble-t-il plus sage, et Dalloz le reconnaît implicitement lorsqu'il admet qu'on devrait faire une exception pour les *alliés*.

20.—Les peines que les art. 237 et suivans prononcent contre ceux qui ont procuré l'évasion des détenus ne s'appliquent pas au cas où l'évadé n'aurait été détenu que pour dettes civiles. Cela n'aurait pas fait difficulté sous la loi du 18 pluv. an 5, qui se servait du mot *condamné*; mais le code emploie le mot *détenu*, ce qui peut prêter davantage au doute : il n'y a lieu contre les fauteurs d'une telle évasion qu'à une action civile. — Ce cas, au reste, est bien distinct de celui indiqué plus haut.—Carnot, t. 2, p. 385; D.A. 7. 577, n. 4.

21.— Si la détention était *illégale*, les fauteurs de l'évasion ne devraient pas être punis (Carnot, t. 2, p. 385, n. 6, qui argumente de l'art. 13, sect. 5, tit. 1er du code de 1791).—Dalloz partage cet avis comme conséquence de ce qui est dit au n. 6 et suiv. : il fait sentir cependant le danger très réel de cette doctrine qui laisse la multitude juge de la légalité de l'évasion (D.A. 7. 577, n. 5) — Et si la détention était légalement ordonnee, comment punira-t-on la multitude?

22.— La loi du 21 brum. an 5, relative à l'évasion des prisonniers prévenus des délits militaires, porte, art. 17, tit. 8 : « lorsque, par une coupable négligence, la force armée aura laissé evader un prévenu de délit militaire, confié à sa garde, les officiers, sous-officiers et les quatre volontaires plus anciens du service, faisant partie de la force armée, seront poursuivis et punis de la même peine que celle que le prevenu aurait dû subir, sans néanmoins que cette peine puisse excéder deux ans de fers. Si, pendant les débats, le véritable auteur du délit est découvert, il en portera seul la peine qui pourra être etendue à trois années de fers. » Dalloz remarque que ce texte a une supériorité de rédaction sur celle de la loi commune.—D.A. 7. 577, n. 6.

§ 3. — *Compétence et reconnaissance d'identité.*

23.—1° *Compétence à l'égard des évadés.— Identité.* — L'évasion ou la tentative d'évasion est un délit connexe avec le délit ou le crime principal, dans le sens de l'art. 227 C. inst. cr., et il doit être soumis à la même juridiction (D.A. 7. 572, n. 6). — 13 oct. 1815. Cr. r. Daumas. D.A. 7. 573. D.P. 16. 1. 367.

24.— Mais il y a exception, 1° dans le cas où le délit principal n'a pas encore été jugé, et c'est en ce sens qu'il faut entendre l'arrêt qui precède.

25.— 2° Dans le cas où l'évasion a été accompagnée de violences constitutives d'un crime, lorsque le fait pour lequel l'auteur principal était poursuivi ne constituait qu'un délit. — D.A. 7. 752, n. 6.

26. — 3° Dans le cas où la poursuite n'aurait lieu que pour une contravention, puisque le fait prévu par l'art. 245 est puni de peine correctionnelle.— *Ibid.*

27.— Si c'est un condamné qui s'est évadé, les règles de compétence sont tracees par les art. 518, 519, 520 C. inst. cr., relatifs à la reconnaissance des condamnés evadés et repris, dont il importe de remarquer la portée.

28.— En l'an 4, un individu fut amené devant le tribunal de l'Ardeche, comme s'étant soustrait par la fuite à l'exécution d'une condamnation à mort; il nia son identité avec le condamné; des débats s'élevèrent sur la procédure à suivre, sur la compétence du juge qui reconnaîtrait l'identité. Etait-ce le jury ou le tribunal? Le pouvoir législatif intervint : la loi du 22 frim. an 8 décida : 1° que la reconnaissance de l'identité d'un individu condamné, évadé et repris, appartenait au tribunal qui l'a jugé; 2° que cette reconnaissance doit se faire sans assistance de jurés : et cette dernière disposition parut naturelle, puisqu'au moment où l'on reconnaît l'identité, le jury qui a prononcé la condamnation a disparu, et que, suivant la remarque du tribun Albisson, au corps législatif (Séance du 24 vend. an 8; Locré, t. 24, p. 394), « il n'y a nulle nécessité d'appeler les jurés, parce qu'il s'agit bien moins d'un jugement à rendre, que de *l'exécution* d'un jugement rendu avec des jurés. »

Lors de la confection du code d'instruction criminelle, le conseil d'état repoussa d'abord ces dispositions comme ne prévoyant que des cas trop rares; ce qui n'était pas faire preuve de sagacité, et comme devant être mieux placées au titre de l'évasion, ce qui était mieux raisonner. Mais ces dispositions furent reproduites plus tard, et devinrent les art. 518 et 519 de ce code.

Or, lorsqu'il s'agit d'individus qui ont *été condamnés* définitivement, la question de compétence est peu douteuse.

29. — D'abord, on jugeait, avant le code d'instruc-

tion criminelle : 1° que le tribunal qui a prononcé la condamnation, a seul le droit de prononcer sur l'identité; une cour spéciale ne serait pas compétente. — 17 mess. an 9. Cr. c. Ouvrard. D.A. 7. 573. D.P. 2. 99.

30. — 2° Que, de même, le condamné aux fers qui est extrait du bagne et employé à une opération militaire par ordre du gouvernement, n'étant pas absous de la peine, c'est le tribunal qui l'a condamné qui doit, après l'expiration de sa mission, procéder à la reconnaissance de l'identité de sa personne, et le renvoyer au bagne (L. 22 frim. an 8, art. 1er). — 29 therm. an 8. Cr. c. Min. pub. C. Camerelle. D.A. 7. 573. D.P. 3. 1. 279.

31. — Jugé que lorsqu'il y a contestation sur l'identité de deux individus, il faut des renseignemens certains, et, dans ce cas, le rapport de deux officiers de santé qui déclarent que l'accusé actuellement sous la main de la justice a des cicatrices aux jambes, de même que le condamné en avait, n'est point suffisant pour la rendre certaine. — 3 vent. an 13. Cr. c. Ménier. D.A. 11. 498, n. 4. D.P. 2. 1092.

32. — Depuis, il a été jugé, par application des art. 518 et 519, 1° que les art. 241, 242 et 271 du C. inst. cr., aux termes desquels les cours d'assises doivent être saisies de la connaissance des crimes qui leur sont déférés par un acte d'accusation dressé à la requête du procureur-général et signifié à l'accusé, ne sont pas applicables à la procédure spéciale, en reconnaissance de l'identité des condamnés évadés et repris; et que, dans ce dernier cas, la cour d'assises est légalement saisie, par le fait seul de la traduction devant elle de l'individu que le ministère public signale comme un condamné évadé et repris, si, d'ailleurs, il lui a été donné connaissance de la prévention, et qu'on lui ait accordé le temps nécessaire pour faire entendre des témoins et préparer sa défense. — 21 août 1818. Cr. r. Saint-Hélène. D.A. 4. 560. D.P. 18. 1. 641.

33. — 2° Que, de même, c'est à la cour d'assises à reconnaître l'identité d'un condamné évadé et non à d'autres juges. — 28 juin 1824. Cour d'assises de Rouen Gandoulf. D.A. 7. 574. D.P. 2. 100. — 6 sept. 1833. Cr. r. Min. pub C. Guillemette. D.P. 34. 1. 385.

34. — Mais si la condamnation n'a été prononcée que par contumace, est-ce également à la cour d'assises seule, et sans l'assistance du jury, qu'il appartient de procéder à la reconnaissance de l'identité d'un individu qui prétend n'être pas le même que celui contre lequel existe la condamnation par contumace? Oui. — 6 fév. 1824. Cr. c. Gandoulf. D.A. 7. 574. D.P. 2. 100. — 28 juin 1824. Cour d'assises de Rouen. Gandoulf. D.A. 7. 574. D.P. 2. 100. — 24 janv. 1834. Cr. c. Min. pub. C. Karst. D.P. 34. 1. 182.

35. — En effet, a dit depuis la cour, en audience solennelle, les dispositions des art. 518, 519 sont générales : il doit être statué par la cour d'assises sur cette question unique et préalable d'identité, sans assistance des jurés, sauf, dans le cas d'une décision affirmative sur ce point, à procéder sur le fond de l'accusation dans la forme ordinaire, avec l'assistance des jurés, et tous moyens de défense dument réservés à l'accusé, nommément celui de soutenir et prouver que, lors même que les faits incriminés par l'accusation seraient constans, il n'en serait pas l'auteur. — 5 août 1834. Cr. c. Chambres réunies. Nanci. Karst. D.P. 34. 1. 385. — *Contrà*, cour de Paris. — V. Contumace, n. 21.

36. — La décision doit être la même dans le cas où la condamnation par contumace serait devenue définitive à défaut de représentation dans les cinq années.

37. — Mais, lorsqu'il n'y a eu de condamnation ni contradictoire ni par contumace, si l'accusé prétend qu'il n'est pas celui qui est mis en accusation, c'est au jury et non à la cour d'assises à prononcer : il n'y a là qu'un moyen de défense. — V. l'arr. du 20 nov. 1833, v° Cour d'assises, n. 959.

38. — Au reste, il y a lieu d'instruire contre un condamné aux travaux forcés à perpétuité évadé, et coupable d'un fait qui ne peut aggraver la peine déjà prononcée contre lui (d'un vol avec escalade par exemple), et de le renvoyer devant la cour d'assises, quoique son identité serait reconnue par le juge instructeur, et que le fait nouveau ne pouvait aggraver la peine. — 6 sept. 1833. Cr. c. Min. pub. C. Guillemette. D.P. 34. 1. 385.

39. — Les art. 518 et 519 s'appliquent en matière correctionnelle, de même qu'en matière criminelle. Dans ce cas, la reconnaissance de l'identité d'un condamné, évadé et repris, et spécialement de l'individu qui s'est soustrait à la surveillance de la haute police, est attribuée au tribunal qui a prononcé la condamnation (C. inst. cr. 25, 65). — 11 juill. 1834. Cr. c. Min. pub. C. Bareille. D.P. 34. 1. 377.

40. — Et lorsqu'un individu, connu sous deux noms, a été condamné par un tribunal correctionnel sous le nom qui ne lui appartient pas, il n'est pas nécessaire de faire juger de nouveau l'affaire, il suffit de faire établir l'identité par le même tribunal. — 6 nov. 1833. Gand. Vereyken. D.P. 34. 2. 143.

41. — L'art. 518 C. inst. cr. ajoute dans sa deuxième partie « que si l'individu évadé et repris est un condamné à la déportation ou au bannissement, la cour, en prononçant l'identité, lui applique de plus la peine attachée par la loi à l'infraction de son ban. » — Dalloz conclut de là qu'à l'égard des autres condamnés évadés et repris, la peine qu'ils ont pu encourir ne peut être prononcée que par les tribunaux compétens, d'après les règles et les formes du droit commun. — D.A. 7. 572, n. 7.

42 — Que déciderait-on à l'égard des forçats évadés et repris? — V. n. 38.

43. — 2° *Compétence à l'égard des fauteurs d'évasion.* — Ce qu'on vient de dire à l'égard des évadés sera le plus souvent applicable aux fauteurs de l'évasion.

44. — Jugé que l'épouse d'un prévenu qui a facilité l'évasion de son mari détenu pour vol, ne peut être poursuivie que correctionnellement (C. brum. an 4, art. 219, 228, et 4 vend. an 6). — 28 vend. an 9. Cr. c. Min. pub. C. Danlaux. D.A. 7. 578. D.P. 3. 1. 284.

45. — Il en est de même de l'huissier et de ses assistans chargés de la translation d'un prisonnier pour dettes, et qui, par négligence ou connivence, l'ont laissé évader; ils sont hors de la juridiction des tribunaux spéciaux, qui ne sont compétens que lorsqu'il s'agit d'un fait réputé délit par les lois pénales. — 30 avril 1807. Cr. c. Min. pub. C. Viguier. D.A. 7. 578.

46. — Et lorsqu'il résulte du réquisitoire du procureur-général, qu'il a existé un complot entre des Français, dont le but et l'effet ont été de fournir à des prisonniers de guerre les moyens de s'évader, dans la vue d'augmenter les forces de l'ennemi, la chambre des mises en accusation, si elle ne s'explique pas sur ces faits, est censée les reconnaître prouvés, et, réglant la compétence d'après l'art. 77 C. pén., elle doit renvoyer les prévenus devant la cour d'assises, et non devant le tribunal correctionnel. — 5 juin 1812. Cr. c. Min. pub. C. Ranfast, etc. D.A. 7. 579.

— V. Chose jugée, Contrainte par corps, Contumace, Droits civils, Faux, Ministère public, Peine, Prescription, Récidive, Tentative.

TABLE SOMMAIRE.

Bannissement. 41.
Bris de prison. 1, s.
Clôture. 12.
Compétence. 23.
Complice. 14, s.
Condamné. 1, 36, s.
Connexité. 23, s.
Contumace. 34, s.
Cour d'assises. 28, s.
Déportation. 41.
Destruction. 12.
Détention illégale. 6, 21.
Détenus pour dettes. 9, s. 20, 46.
Epoux. 19, 44.
Etranger. 18.
Extradition. 18.
Fauteurs. 14, s. 43, s.
Femme. 19.
Fonctionnaires. 15, s.
Forçat. 13, 30, 42.
Garde nationale. 2.
Geôlier. 16, s.
Huissier. 43.
Identité. 27, s.
Intention. 15, 17.
Militaire. 22.
Négligence. 15.
Peine. 1, s. 9, 41. — (cumul) 3, 8.
Reconnaissance d'identité. 27, s.
Tentative. 23.
Violence. 1, 4, s. 25.

ÉVÊCHÉ—ÉVÊQUE. — V. Culte, Droits civils, Etablissemens religieux, Fabrique, Propriété littéraire.

ÉVÉNEMENT. — V. Condition, Capitaine, Communauté, Louage, Usufruit.

ÉVICTION. — V. Garantie. — V. aussi Absence, Appel, Cassation, Caution, Communes, Communauté, Contrainte par corps, Domaine extraordinaire, Dot, Enregistrement, Faillite, Féodalité, Garantie, Hypothèques, Louage, Prescription, Prêt, Rapport, Rente, Saisie-immobilière, Substitution, Succession, Surenchère, Vente, Vente nationale, Voirie.

ÉVOCATION. — V. Degré de juridiction. — V. aussi Action possessoire, Assurance maritime, Avocat, Cassation, Chose jugée, Conflit, Conseil d'état, désistement, Douanes, Exception.

EXACTION. — V. Contributions directes.

EXAGÉRATION. — V. Assurance maritime, Avocat.

EXAMEN. — V. Enseignement, Théâtre.

EXCÉDANT. — V. Avarie, Charte-partie, Commissionnaire, Contributions indirectes, Douanes, Garantie, Louage, Rapport, Saisie-exécution, Saisie-immobilière, Usage, Vente.

EXCEPTIONS. — 1. — On entend, en général, par *exceptions*, les moyens qu'une partie oppose à la demande formée contre elle (D.A. 7. 579). — Les exceptions sont de deux sortes : celles qui n'ont trait qu'à la procédure, et qu'on nomme *fins de non procéder*; celles qui attaquent le fond même du droit de l'adversaire, et qu'on appelle *défenses* ou *fins de non-recevoir*. — D.A. *ibid.*

2. — Une règle commune à toutes les exceptions, c'est que le défendeur qui les invoque est obligé de les prouver, de la même manière que tout demandeur doit justifier son action : *reus excipiendo fit actor*. — *Ibid.*

3. — Une partie n'est point recevable à se plaindre de ce qu'on n'a point statué sur une exception proposée par l'autre partie. — 4 août 1806. Req. Labrousse. D.A. 7. 655. D.P. 6. 1. 526.

4. — La division usitée des exceptions en exceptions *déclinatoires*, *dilatoires* et *péremptoires*, nous semble vicieuse, en ce qu'elle fait mal à propos rentrer dans les exceptions dilatoires la demande de la caution *judicatum solvi* et celle de *communication de pièces*, lesquelles cependant, tout en ayant pour effet de retarder le jugement de l'instance, n'ont pas ce résultat pour but direct et avoué, à la différence de l'exception pour faire inventaire et délibérer. Cette classification, d'ailleurs, ne présente pas les exceptions dans leur ordre le plus naturel, qui est celui dans lequel elles doivent être proposées. — Nous admettrons ici les divisions adoptées par la loi, en y en ajoutant une dernière relative aux exceptions du fond, que quelques auteurs appellent péremptoires quant à l'action.

Quant aux renvois pour parenté et alliance, pour insuffisance de juges et pour suspicion légitime ou sûreté publique, il en sera parlé v° Renvoi.

Les règles de la compétence déterminée par la *connexité* des délits sont exposées v° Compétence criminelle.

Ce qui concerne les nullités en matière *criminelle* proprement dite est traité aux mots Cours d'assises et Instruction criminelle.

Les règles relatives à la communication de pièces, en matière criminelle, sont exposées v° Instruction criminelle.

ART. 1er. — *De la caution* judicatum solvi.

ART. 2. — *Des renvois.*

§ 1er — *Renvoi pour incompétence.*

§ 2. — *Renvoi pour litispendance.*

§ 3. — *Renvoi pour connexité.*

§ 4. — *Procédure et jugement des demandes en renvoi.*

ART. 3. — *Des nullités d'exploits et d'actes de procédure.*

§ 1er. — *Nullités d'exploits et d'actes de procédure en matière civile.*

§ 2. — *Nullités d'exploits et d'actes de procédure en matière correctionnelle et de police.*

ART. 4. — *Exceptions dilatoires.*

§ 1er. — *Des exceptions dilatoires en général.*

§ 2. — *Exception tirée du délai pour faire inventaire et délibérer.*

§ 3. — *Exceptions de garantie.* — (V. Garantie.

ART. 5. — *De la communication des pièces.*

ART. 6. — *Des exceptions du fond ou fins de non-recevoir.*

ART. 1er. — *De la caution* judicatum solvi.

5. — On va parler, 1° des cas dans lesquels elle peut être demandée; — 2° quand et comment elle peut l'être, et quelles obligations sont imposées à la caution.

6. — 1° *Dans quels cas la caution peut être demandée.* — Nos lois nouvelles ne font que reproduire une règle très ancienne, lorsqu'elles obligent l'étranger qui vient intenter un procès en France à fournir une caution pour le paiement des frais et des dommages-intérêts auxquels il peut être condamné par suite de son action (C. civ. 16; C. pr. 166). — D.A. 7. 580, n. 1.

7. — Cette caution, qui n'est plus exigée que de l'étranger, était autrefois requise, par certains parlemens, des taillis, des individus tombés en déconfiture, de ceux qui avaient fait cession de biens (D.A. *ibid.*). — Merl., Rép., v° Caution *judicatum solvi*, § 2.

8. — En principe, tout étranger, qu'il le soit d'o-

rigine ou qu'il le soit devenu, doit fournir caution lorsqu'il intente une action principale devant les tribunaux français, ou lorsqu'il intervient pour soutenir une action précédemment formée par un Français.— D.A. 7. 580, n. 2.

9. — L'art. 16 C. civ. ne fait aucune exception à raison des personnes, ainsi, tout étranger, quels que soient son rang et sa dignité, fut-il ambassadeur et même souverain, doit fournir caution (Arrêts des 25 mars 1732, et 25 mai 1781; *Nouv Denisart*, v° Caution *judicatum solvi*, § 1er). — Pig., t. 1er, p. 159; Merl., Fav., D.A. 7. 580.

10.— L'obligation où est l'étranger demandeur, de fournir caution, a lieu même en matière criminelle; ainsi, il est astreint à cette mesure, s'il se rend partie civile dans une poursuite criminelle. — 3 fév. 1814. Cr. c. Paris. Damour. D.A. 7. 583. D.P. 2. 103.

11. — L'étranger *défendeur* principal ou intervenant est dispensé du cautionnement, même à raison des demandes reconventionnelles qu'il pourrait former dans le cours de la contestation principale. Le motif de la loi, c'est à-dire la crainte de voir les nationaux inconsidérément actionnés par des étrangers qui se joueraient ensuite, dans leur patrie, des condamnations prononcées contre eux pour les frais et dommages qu'ils auraient témérairement occasionés, disparaît, en effet, lorsque c'est le Français qui a pris l'initiative, surtout si les demandes reconventionnelles formées par l'étranger sont une défense à l'action principale.— D.A. 7. 580.

12. — L'étranger, défendeur en première instance, qui interjette appel du jugement rendu contre lui, ne cesse pas d'être défendeur dans le sens de l'art. 16 C. civ.; et, par suite, il n'est pas tenu de fournir la caution *judicatum solvi*. — 27 août 1817. Metz Pauletz. D.A. 7. 584. D.P. 18 2. 54. — 20 juill. 1832. Limoges. Castro. D.P. 32. 2. 183.

13. — En effet, cet appel n'est que la continuation de la défense de l'étranger à la demande formée contre lui (Arrêts du parlement de Paris, des 16 janv. 1710 et 4 mai 1736). — V. Boillon, v° Caution, n. 225; Denizart, v° Caution *judicatum solvi*, t. 4. p. 328. — Conf. Pig, t. 1er, p. 158; Carré, t. 1er, n. 700; Fav., v° Exception, § 1er, n. 2; Delv., t. 1er, p. 197; D.A. 7. 580, n. 3.

14. — Par la raison contraire, l'étranger intimé, qui a été demandeur en première instance, ne cesse pas d'être tenu de la caution (Arrêt du parlement de Douai, du 12 janv. 1784, rapporté par Merl. Rép., v° Caution *judicatum solvi*) — Conf. Carré, *Lois de la pr.*, t. 1er, p. 431; D.A. 7. 580, n. 4.

15. — Mais alors, la caution ne peut être exigée que pour les frais d'appel, car, ou la caution a été demandée en première instance, et alors le tribunal a fixé le montant du cautionnement pour les frais à faire devant lui; ou elle n'a pas été demandée, et alors elle ne peut plus l'être, car elle ne peut être requise que *in limine litis*. — D.A. 7. 580, n. 4.

16. — L'étranger, demandeur en nullité d'une saisie pratiquée contre lui en France, doit, suivant un arrêt du parlement de Douai, du 4 janv. 1772, cité par Merl., *loc. cit.*, être regardé comme défendeur, et n'est pas tenu de donner caution, parce que c'est le saisissant qui est le véritable demandeur.—Cette proposition est bien générale et difficilement admissible, ce semble, dans le cas où la saisie attaquée par l'étranger aurait été pratiquée en vertu d'un titre exécutoire. — D.A. 7. 580.

17. — L'action en nullité d'écrou, formée par un étranger détenu pour dettes, est une demande principale, à raison de laquelle il doit fournir caution. — 20 oct 1831. Paris. Bristow. D.P. 31. 2 207.

18. — Celui qui intervient pour le défendeur, comme étant, par exemple, sa caution, peut, après que son intervention a été admise par les parties, et, en cas de contestation, par le juge, exiger caution de l'étranger demandeur principal. — Pig., *Comm*, 1, 374.

19. — L'étranger qui intervient spontanément doit aussi fournir caution *Secùs*, si son intervention est passive ou forcée par suite de sa mise en cause par l'une des parties — Berriat, p. 227.

20. — Une première exception à l'obligation de fournir caution est celle qui résulte des traités diplomatiques. Mais la dispense doit être formellement énoncée dans ces traités; on ne pourrait l'établir par induction, et, par exemple, l'inférer d'un traité abolitif du droit d'aubaine en général Ainsi jugé par de nombreux arrêts de parlemens, rapportés par le *Journ. des aud*, t. 1er, liv. 2, ch. 66; par Raviot sur Perrier, quest. 202; par Serres, *Inst. au dr. fr.*, liv. 4, tit. 11; par Merl., Rép., *loc. cit.* Ce serait en vain que l'étranger, pour obtenir l'exemption de la caution, quand cette exemption n'est pas écrite dans les traités, se prévaudrait de ce qu'une pareille caution n'est pas imposée aux Français par les lois du pays auquel il appartient : la loi française n'a pas admis ici le principe de la réciprocité. — D.A. 7. 580, n. 5.

21. — Les Suisses qui poursuivent des actions devant les tribunaux français ne sont pas tenus à la caution *judicatum solvi*. — 9 avril 1807. Req. Paris. Sabatier. D.A. 7. 583. D.P. 7. 1. 308. — 28 mars 1810. Colmar. Zaaslin. D.A. *eod.*

Ils en sont, en effet, expressément dispensés par le traité d'alliance conclu entre la France et la Suisse. — 4 vend. an 12. D.A. 7. 583, n. — V. aussi D.P. 32. 1. 47.

22. — *Deuxième exception.* — L'étranger admis par le gouvernement à établir son domicile en France, y jouit de tous les droits civils (C. civ. 13), et dès lors n'est pas tenu de donner caution, la faculté de recourir à la justice des tribunaux français, sans cautionnement préalable, étant essentiellement un droit civil.— D.A. 7. 580, n. 6.—V. *infra*, l'arrêt d'Orléans, du 26 juin 1828.

23. — *Troisième exception.* — La caution *judicatum solvi* n'est pas exigée en matière commerciale (C. civ. 16). — 20 juill. 1832. Limoges. Castro. D.P. 32. 2. 183.—V. aussi D.A. 7. 583, n. 7.

24.— Et cela, alors même que, durant l'instance, il s'élève un incident, tel qu'une vérification d'écriture, pour le jugement duquel des parties sont renvoyées devant le tribunal civil. Cet incident n'altère point le caractère commercial de l'action principale. — 26 mars 1821. Metz. Prost. D.P. 23. 2. 74.

25.— *Quatrième exception.*— L'étranger doit être exempt de fournir caution lorsque son adversaire se *reconnaît* débiteur envers lui de sommes suffisantes pour payer le jugé (Arr. du parlement de Flandre, du 12 janv. 1784, rapporté par Merlin, *loc. cit.*— Conf. Carré, *L. de la proc.*, t. 1er, p. 433; Fav., Rép., v° Exception, § 1er). — La caution serait indispensable, si la prétendue créance de l'étranger n'était pas reconnue, mais était au contraire contestée par le défendeur.— D.A. 7. 581, n. 8.

26. — *Cinquième exception.* — L'étranger qui poursuit en France l'exécution d'un titre paré, n'est pas obligé de fournir la caution *judicatum solvi*, surtout lorsque le débiteur trouve une garantie suffisante de ses frais dans le montant de la dette pour laquelle il est poursuivi.— 9 avril 1807. Req. Paris. Sabatier. D.A. 7. 583. D.P. 7. 1. 308.

27 —*Sixième exception.*—Elle ne s'applique pas à l'étranger qui possède en France (sur le territoire continental) des immeubles d'une valeur suffisante pour assurer le paiement des frais et dommages-intérêts résultant du procès (C. civ. 16).

La loi exige des *immeubles* : la propriété d'un établissement industriel ou commercial ne suffirait donc pas. — D.A. 7. 581, n. 8.

27. — Si les immeubles étaient grevés d'hypothèques pour des sommes qui absorberaient leur valeur, on ne pourrait dire qu'ils fussent d'une valeur suffisante pour répondre des frais et dommages, à moins que les revenus ne fussent libres entre les mains du propriétaire, et capables de couvrir le jugé.— D.A. 7. 581, n.

28. — Lorsque l'étranger est dispensé de donner caution, parce qu'il possède en France des immeubles suffisans, le défendeur peut-il prendre inscription hypothécaire sur ces biens? Non. La loi n'exige de la part de l'étranger que la possession d'immeubles suffisans; on ne doit point aggraver sa disposition. L'étranger, dans le cas dont il s'agit, offre autant de garantie que le régnicole, et plus même que le Français prolétaire. Vainement dit-on que le jugement qui déclare les immeubles suffisans, confère au défendeur une hypothèque judiciaire, aux termes de l'art. 2123 C. civ.— D'abord, la suffisance des immeubles sera rarement contestée, à raison de la modicité des frais à cautionner; ensuite, l'art. 2123 n'établit d'hypothèque qu'en faveur de la partie qui a obtenu le jugement, et non au profit de celle qui a succombé. — D.A. 7. 581, n. 10. — Conf. Toull., t. 1er, p. 265, note 1re; Merl., Rép., *loc. cit.*; Dur., t. 1er, p. 104, n. 2. — *Contrà*, Delv., t. 1er, p. 198, n. 7, et Fav., v° Exception, § 1er, n. 7.

30. — Mais l'hypothèque judiciaire sur les biens de la caution est attachée à la soumission que celle-ci fait au greffe, lorsque cette caution a été ordonnée par un jugement. — 27 août 1817. Metz. Pauletz. D.A. 7. 584. D.P. 18. 2. 54.

31.— Le droit d'exiger de l'étranger demandeur la caution *judicatum solvi*, n'appartient qu'aux Français ou aux étrangers qui jouissent en France des droits civils, et, par exemple, cette caution ne peut être exigée par l'étranger défendeur, quoiqu'il prétende avoir sollicité l'autorisation d'établir son domicile en France, s'il ne l'a pas encore obtenue.— 26 juin 1828. Orléans. Sinnett. D.P. 28. 2. 164.

32. — Jugé, au contraire, que l'étranger demandeur, plaidant en France contre un étranger, est oblige, de même que s'il plaidait contre un Français, de fournir la caution prévue par les art. 16 C. civ. et 166 C. pr. — 28 mars 1832. Paris. Oncale. D.P. 32. 2. 132.

33.—Comme les étrangers ne sont justiciables de nos tribunaux, pour raison de transactions intervenues entre eux, qu'autant qu'ils y consentent, il semble que l'étranger qui renonce à demander son renvoi devant les tribunaux de son pays, et consent à être jugé en France, ne doit pas pouvoir exiger caution au sujet d'une instance à laquelle il se soumet volontairement. On peut ajouter avec Pig, t. 1er, p. 159, et Duranton, t. 1er, n. 166, que la caution *judicatum solvi* est une institution de notre droit civil, dont les effets ne peuvent profiter qu'aux Français et aux étrangers admis à l'exercice des droits civils en France. — Cependant l'opinion contraire, admise généralement dans l'ancien droit (V. Raviot, quest. 202, et l'arrêt du 25 août 1751, rapporté par Papon, liv. 8, tit. 1er, n. 7), conforme à la généralité des termes des art. 16 C. civ. et 166 C. pr., protectrice des étrangers qui vivent sur notre sol, est professée par Dalloz, A. 7. 581, n. 11; Lepage, p. 157, Carré, Merl. et Favard, *locis cit.*

34.—L'exception de caution *judicatum solvi* n'étant établie que dans un intérêt purement privé, ne peut être suppléée d'office par le juge; elle doit être proposée par la partie en droit de l'invoquer.—D A. 7. 582, n 13.

35.— 2° *Quand et comment la caution peut être demandée.—Devoirs de la caution.*—L'exception de la caution *judicatum solvi* doit être proposée avant *toute exception* (C. pr. 166).— Cependant Pig., t. 1er, p. 160, Delv., t. 1er, p. 298, et Berriat, p. 228, pensent, d'après l'art. 169 C. pr., qu'elle peut être proposée après l'exception d'incompétence. — Les auteurs de la *Bibliothèque du barreau*, t. 3, 1re part., p. 283, estiment, au contraire, que l'ordre des deux exceptions dans le code détermine l'ordre dans lequel chacune d'elles doit être proposée — Enfin, suivant Dalloz et Carré, *loc. cit.*, on peut indifféremment accorder la priorité à l'exception de caution ou au déclinatoire. Il convient de demander d'abord la caution en annonçant le déclinatoire et en se réservant de le proposer immédiatement après l'exception de caution.

36.—L'exception du défaut de caution *judicatum solvi* doit être présentée *in limine litis*; elle est tardive, si elle n'est proposée qu'en appel. — 27 déc. 1819. Toulouse. Delon. D.A. 7. 584. D.P. 2. 104.—16 août 1831. Toulouse. Bousquet. D.P. 34 2. 59.

37.—Un Français qui, après avoir opposé à un étranger qui l'assignait devant les tribunaux français l'exception de la caution *judicatum solvi*, a contesté long-temps sur le fond, ne peut faire résulter un moyen de cassation de ce que la cour n'a pas prononcé sur cette exception.—28 déc. 1831. Civ. r. Paris. Trimaille. D.P. 32. 1. 47.

38.—La caution *judicatum solvi* ne peut être demandée en appel par le défendeur qui, l'ayant demandée en première instance par des conclusions signifiées, n'a cependant à l'audience proposé que des exceptions au fond. — 15 avril 1833. Douai. March. D.P. 33. 2. 139.

39.—Jugé toutefois que la caution peut être valablement demandée en appel pour les frais à faire devant la cour. — 14 mai 1831. Paris. Macmahon. D.P. 31. 2. 140.

40.—Elle pourrait être demandée en appel, même pour les frais de première instance, dans le cas où le Français actionné par l'étranger aurait été condamné par défaut; alors la caution serait réellement demandée avant toute exception, comme le veut l'art. 166 C pr.—D.A. 7, 580, n. 4.

41.—La demande de la caution se forme par requête grossoyée, signifiée d'avoué à avoué, et il y est répondu de la même manière. La requête et la réponse ne peuvent excéder deux rôles (Tarif, 75).

42.—Le jugement qui ordonne la caution doit déterminer la somme jusqu'à concurrence de laquelle elle doit être fournie (C. pr. 167), et le délai dans lequel elle doit l'être. Quant aux formes à suivre, ce sont celles prescrites par l'art. 519 C. pr.

43.—Le jugement qui ordonne cette caution est simplement préparatoire, et ne peut dès lors pro-

noncer de condamnation définitive aux dépens.—
3 fév. 1821. Colmar. Bunger. D.A. 7. 584. D.P. 22.
2. 48.

44.—La caution *judicatum solvi* a pour objet le
paiement des frais et des dommages-intérêts résultant du procès (C. civ. 16). Ces mots *résultant du
procès*, expliquent la disposition trop vague de l'art.
166 C. proc., qui par le *des dommages-intérêts auxquels les étrangers pourraient être condamnés*. Le
cautionnement ne s'étend donc pas aux dommages-
intérêts dont la répétition serait l'objet de l'action
principale, ni même à ceux qui, nés pendant le
procès, n'en seraient pas la conséquence nécessaire.
— D.A. 7. 582, n. 12; Carré, *L. de la pr.*, n. 696 ;
Pig., t. 1er, p. 223.

45. — Jugé ainsi que l'étranger n'est tenu de
donner caution que pour les frais et dommages-
intérêts, et non pour le principal de la demande.—
3 fév. 1821. Colmar. Bunger. D.A. 7. 584. D.P. 22.
2. 48.

46.—Si la caution a repos été limitée à une somme
déterminée, elle s'étend naturellement à tous les
frais et dommages résultés de l'instance. — D.A. 7.
582, n. 13.

47.—Lorsque la somme fixée d'abord par le juge
pour la caution *judicatum solvi* se trouve épuisée
avant la fin du procès, une nouvelle caution peut
être exigée. — 15 mars 1821. Metz. Rouff. D.A. 7.
584. D.P. 2. 103.

48.—Lorsqu'un premier jugement a condamné
l'étranger demandeur à fournir caution, sans spécifier comment et jusqu'à quelle somme cette caution sera fournie, le second jugement qui déclare
valable la caution donnée au moyen d'une consignation d'une somme déterminée, ne blesse nullement la chose jugée. — 12 nov. au 12. Req. Boutmy.
D.A. 7 582. D.P. 2. 102.

49.— Un supplément de caution peut être demandé devant la cour royale, pour les frais d'appel
et de cassation; mais la demande serait tardive devant la cour de cassation; la nature de l'institution
de cette cour ne lui permettrait pas d'en connaître.
— D.A. 7. 582.

50.—La caution fournie en première instance,
sans fixation de somme, ne serait pas tenue des frais
d'appel et de cassation, à moins d'une disposition
expresse à cet égard dans le jugement.— Carré, n.
700; D.A. 7. 582.

51.—La caution *judicatum solvi* peut être fournie
par la consignation d'une somme d'un agent déclarée
suffisante par le juge, aussi bien que par fidéjusseur.
—15 nov. au 12. Req. Boutmy. D.A.7.582 D.P 2 102.

52.— Un dépôt de valeurs mobilières pourrait
également être admis à titre de cautionnement. —
D.A. 7. 582, n 14.

53.—Mais il en serait autrement de la délégation
que ferait le plaideur, des gages à echoir qui lui seront
dus par un Français au service duquel il est attaché.
— 15 mars 1821. Metz. Rouff. D.A. 7. 584. D.P. 2.
103.

53.— La caution est contraignable par corps (C.
civ. 2048).

54.—Lorsque l'étranger obtient, durant l'instance,
des lettres de naturalisation, la caution est déchargée
pour l'avenir, mais non pour le passé. — Denizart,
v° Caution, n 3.

55. — Un étranger qui, pour plaider contre un
Français, a consigné une somme, ne peut, lorsqu'il
a obtenu gain de cause, exiger de son adversaire les
intérêts de cette somme, lesquels ne sont pas payes
par l'état.— 6 fév. 1831. Pau. Rances. D.P.32. 1. 590.

Art. 2. — Des renvois.

§ 1er. — Du renvoi pour incompétence.

56. — Il ne s'agit ici de l'exception d'incompétence que quant à sa forme, c'est-à-dire quant au
point de savoir à quel phase de la procédure
elle doit être proposée à peine de déchéance. Ce
qui se rattache au fond du droit en cette matière est
traité v° Compétence.

On va parler successivement, 1° du renvoi pour
incompétence à raison de la personne ; 2° du renvoi
pour incompétence à raison de la matière

57.—1° *Incompétence personnelle.*—La partie appelée devant un tribunal autre que celui qui doit
connaître de la contestation, peut demander son
renvoi devant les juges compétens (C. pr. 168.)

58.—Des défendeurs sont recevables à
opposer la qualité d'étranger de leur partie adverse,
à l'effet d'obtenir le renvoi devant les juges de leur
pays. — 14 mai 1834. Civ. r. Paris. Despine. D.P. 34.
1. 245.

59. — *La partie appelée*, etc. Ces mots semblent
restreindre au défendeur le droit de demander le
renvoi, et il a été jugé en ce sens que la partie qui
porte elle-même une reprise d'instance devant un
tribunal d'arrondissement, n'est pas recevable à
soutenir ensuite que la cour royale est seule compétente pour statuer.—25 nov. 1825. Req. Montpellier. Meix. D.P. 26 1. 11.

60. — Toutefois, cette décision semble trop rigoureuse Et on peut y opposer, ce semble, les arrêts
de cassation, rapportés aux n 77 et 85 ci-après.

61.—Il a été jugé que lorsque, dans une demande
en délivrance de legs, la veuve d'un Français a d'a-
bord porté son action devant les tribunaux étrangers où la succession s'était ouverte, elle n'est plus
recevable à vouloir ensuite exciper du bénéfice de
l'art. 14 C. civ., pour intenter la même action devant
les tribunaux de France (C. civ. 14; C. pr. 59). — 3
mai 1834. Paris. Hermet. D.P 34. 2. 170.— *Contra,*
Boncenne, t 3, p. 222. et D.A. 6 461 et 486. — V.
aussi Droits civils.

62. — La demande en renvoi pour incompétence
personnelle doit être formée *préalablement à
toutes autres exceptions ou définies* (C. pr. 169).
Telle est la règle générale qu'avait déjà établie l'art.
1, tit. 4 de l'ordonnance de 1667, et, avant lui, les
lois romaines. On comprend, en effet, que la première chose à examiner dans une instance, c'est la
compétence du juge, et qui se soumettre à un tribunal
la décision de quelque partie du litige, c'est virtuellement reconnaître sa juridiction pour le procès
entier, dont le jugement ne doit pas être divisé. —
D.A. 7. 583, n. 2.

63. — On doit considérer comme purement relative, et dès lors comme devant être proposée, à
peine de déchéance, *in limine litis*.

64.—1° L'incompétence des tribunaux ordinaires,
relativement aux affaires commerciales; dès lors, la
partie qui, pour une affaire commerciale, a été assignée devant le tribunal civil, ne peut, lorsque la
contestation est déjà engagée, decliner ce tribunal
et assigner devant le tribunal de commerce. — 3
août 1808 Treves. Vander'eide. L.A. 7. 590. D.P.
10 2.413.

65 —2° L'incompétence d'un tribunal autre que celui de l'ouverture d'une succession, pour connaître
des affaires relatives à cette succession. — 16 déc.
1825. Amiens. Guillaume. D.P. 29. 2. 102.

66.—3° L'incompétence d'un tribunal dans le ressort duquel une inscription hypothé-
caire a été prise, pour connaître de l'action en radiation ou réduction d'hypothèque.— V. Compétence.

67 —4° L'incompétence d'un tribunal civil devant
lequel est portée une contestation sur l'exécution
d'un jugement, lorsque, régulièrement, cette contestation doit être soumise à un autre tribunal.

68.—5° L'incompétence des tribunaux français relativement aux questions d'état entre étrangers. Spécialement, l'étranger qui a succombé en première
instance et en appel, dans l'action en désaveu de
paternité qu'il avait portée devant les tribunaux
français, ne peut exciper, devant la cour de cassation, de l'incompétence de ces tribunaux. — 4 juill.
1811. Req. Douar. Salis. D.A 7. 591. D.P. 12. 1. 96.

69.—Lorsque, sur une demande en revendication
de marchandises, formée par un étranger devant
un tribunal français, un tiers opposant intervient,
et qu'un jugement admet la revendication, à la
charge de l'opposition, l'étranger qui a discuté le
mérite de cette opposition et exécuté ce premier
jugement sans réserve, ne peut exciper de
l'incompétence des tribunaux français pour l'appel
du jugement définitif rendu plus tard contre lui, et
qui prononce sur les causes de l'opposition. — 5
juin. au 14. Req. Eberstein. D A 7. 593. D.P. 6.1.
137.

70. — L'exception tirée du fond du droit, et sur
laquelle on fonde un moyen d'incompétence, peut
aussi être proposée *in limine litis*. — Ainsi, le for-
mier actionné par le propriétaire pour cause de dégradations, ne peut, après avoir défendu au fond et
acquiesce à un jugement préparatoire, exciper, sur
l'appel du jugement définitif qui le condamne, de
l'incompétence du juge de paix, sur le motif que,
supposant réelles les dégradations alléguées, il n'a
agi que en vertu de son bail, dont les clauses doivent
préjudiciellement être interprétées par les tribun-
naux ordinaires.— 17 mai 1820. Req. Pichaud. D.A.
7 595. D.P. 20. 1. 516.

71.— La fin de non-recevoir résultant de ce qu'un
jugement a du être rendu en dernier ressort, est
couverte si on ne l'a pas présentée en appel : ou

ne pourrait s'en faire un moyen de cassation. —27
juill. 1825 Civ. r. Reiss. D.P. 25. 1. 401.

72.—Jugé de même que l'incompétence des juges
du deuxième degré, pour connaître d'une affaire
qui ne serait susceptible que du premier degré,
peut être couverte par l'acquiescement même
des parties ; et, par exemple, elle est couverte par
les conclusions au bien jugé du jugement, prises en
appel, par l'intimé. — 51 juill. 1828. Req. Pravaz.
D.P. 29. 1. 381.—18 juill 1835. Req. Angers. Hoïs-
nard. D.P. 34. 1. 69.—24 déc. 1833. Req. Caen. Pre-
bois. D.P. 34. 1. 70.

73 —Jugé au contraire que la fin de non-recevoir
contre un appel, tirée de ce que le jugement a été
rendu dans une contestation où il s'agissait du
paiement d'une somme de moins de 1,000 fr., est
d'ordre public, et des lors peut être proposée en
tout état de cause et, par exemple, après que l'intimé
a conclu au fond. — 24 nov. 1828. Toulouse. Corbière. D.P. 29. 2. 186.

74.— — Ou après qu'il a obtenu un arrêt de défaut congé, confirmatif du jugement.—15 mai 1828.
Lyon. Tardy. D.P. 29. 2. 100.

75.—Il n'en est pas de la règle des deux degrés
de juridiction comme de l'interversion des juridictions ou de l'incompétence *ratione materiæ* qui tenant aux principes de l'ordre public, ne peut recevoir aucune atteinte par le silence ou même par
l'adhésion des parties...; par suite, si les deux
parties ont conclu et plaidé au fond, sans réserves
ni protestations, devant le tribunal d'appel, sur une
cause non décidée par les premiers juges, elles se
sont rendues non-recevables à se faire un moyen de
cassation contre l'arrêt de l'atteinte portée à la
règle des deux degrés de juridiction.—4 fév. 1829.
Req. Douanes. C. Lalanne. D.P. 29. 1. 138.

76.— Jugé de même que lorsque, sur appel d'un
jugement interlocutoire, les juges d'appel reconnaissant que les premiers juges ont erré sur le véritable point du litige, ordonnent, au fond, la
preuve des faits allégués dans la demande, à l'enquête ordonnée, et à conclu au principal devant la
cour, lors de l'arrêt définitif s'est rendu par la
non-recevable à invoquer ensuite le moyen de cassation tiré de la violation de la règle du double degré de juridiction, de la loi du 24 août 1790, et de
l'art. 473 C. pr. — 9 déc. 1828. Req. Rouen. Gally.
D.P. 29. 1. 57.

77.— Les art. 168 et 169 C. pr., d'après lesquels
l'exception d'incompétence doit être proposée avant
la défense au fond, s'appliquent au demandeur
comme au défendeur. — 7 nov. 1830 Req. Toulouse.
Viguier. D.P. 31. 1. 330.

78.—La constitution d'avoué, même sans aucune
espèce de réserve, n'est ni une défense ni une exception, mais une simple formalité préliminaire,
indispensable au plaideur pour pouvoir proposer
l'exception de renvoi; et par conséquent, aucune
déchéance ne peut en résulter relativement à cette
exception.—D.A. 7. 586, n. 5.

79.— Jugé ainsi que la partie qui, sur l'assignation à elle donnée, a constitué avoué, est recevable
a se pourvoir en règlement de juges, si son avoué
n'a pas conclu au fond, et n'a fait que réserver formellement à son mandans le droit de proposer tout
déclinatoire et de se pourvoir en règlement de
juges (C. pr. 363, § 4).— 1er mars 1826. Req. Régl.
de jug. Forceville. D.P. 26. 1. 268.

80.— Les actes de poursuite d'audience, la demande en remise de la cause ne sont également pas
des poursuites au fond; car le défendeur peut
donner avenir pour plaider sur le déclinatoire,
et demander un délai pour préparer ses moyens
d'incompétence. — D.A. 7. 586, n 6.

81.—L'exception de renvoi n'étant couverte par
la défense au fond, ou par la proposition d'une
autre exception, que parce qu'il en résulte une
renonciation tacite du défendeur à réclamer ses
juges naturels, il s'ensuit que tout acte, même
préjudiciaire, qui annoncerait clairement cette renonciation, doit produire le même effet Ainsi, le
défendeur qui, dans des exploits signifiés au demandeur, se dirait domicilié dans l'arrondissement
du tribunal devant lequel il a été assigné, se rendrait
par la non-recevable à exciper plus tard de l'incompétence de ce tribunal.— D.A. 7. 586, n 7.

82.— Mais il ne faudrait pas regarder comme une
renonciation à exciper de l'incompétence du tribunal civil le fait d'avoir comparu, sans réserve, devant un bureau de paix de l'arrondissement de ce
tribunal. Le préliminaire de conciliation n'a rien de
commun avec l'instance devant le tribunal civil.
De ce que, pour me concilier, j'ai comparu volon-

tairement devant un juge de paix qui n'était pas le mien, il ne s'ensuit pas qu'à défaut de conciliation j'aie entendu renoncer à mes juges naturels : *actus ultrà intentionem agentium operari non debent.* Décider autrement, ce serait aller contre le but même de l'institution des bureaux de conciliation. — D.A. 7. 586, n. 8; Carré. *Lois de la proc.*, t. 1er, p. 438.

83. — Le défendeur contre lequel serait rendu un jugement par défaut serait-il en temps utile pour demander le renvoi, sur l'opposition qu'il aurait formée à ce jugement? — Oui, s'il a eu soin de proposer le déclinatoire dans sa requête en opposition. — Demiau, p. 135; Carré, *Lois de la proc.*, t. 1er, p. 437; D.A. 7. 586, n. 6.

84. — Jugé ainsi que le souscripteur ou endosseur d'un billet à ordre, non négociant, peut, sur l'opposition formée à un jugement par défaut rendu contre lui par le tribunal de commerce, demander son renvoi devant les tribunaux civils. — 23 déc. 1809. Bruxelles. Adnet. D.A. 7. 591. D.P. 10. 2. 116.

85. — Il a même été jugé que l'exception d'incompétence *ratione personæ* peut être proposée tant que la défense au fond n'a pas été commencée devant le tribunal, encore bien qu'on ait déjà conclu au fond dans l'exploit d'opposition à un jugement par défaut. — 26 fév. 1835. Douai. Féron. D.P. 34. 2. 192.

86. — Cette dernière décision semble contraire à l'opinion de Carré, Demiau et Dalloz, qui pensent que l'opposant ne peut plus proposer le déclinatoire s'il s'est défendu au fond dans sa requête, sans parler du renvoi.

87. — Si le défaillant a laissé expirer les délais de l'opposition, et interjeté appel du jugement rendu par défaut, comme il n'a fourni ni dû fournir alors aucune défense, il est vrai de dire qu'en proposant le déclinatoire sur l'appel il demande son renvoi préalablement à toute autre défense ou exception. — D.A. 7. 586, n. 6; Favard, Rep., vo Exception, § 2, n. 5.

88. — Il y a deux exceptions qui semblent pouvoir être invoquées avant celle d'incompétence, savoir : l'exception de caution (V. *suprà*), et, dans certains cas, celle de communication de pièces, proposée par le défendeur pour s'éclairer sur la nature de la demande dont l'exploit introductif ne lui permettrait pas de bien saisir le caractère. Mais, dans ce cas, il faut annoncer que c'est à cette unique fin que la communication est demandée, et se réserver expressément le droit de proposer le déclinatoire, si, par suite de cette communication, on s'y croit fondé. — Toute autre exception a pour effet de couvrir l'exception du renvoi. — D.A. 7. 585, n. 2.

89. — Mais l'exception d'incompétence ne peut plus être utilement proposée par le débiteur assigné devant un tribunal qui n'est pas celui de son domicile, s'il a commencé par dénoncer une opposition pratiquée entre ses mains à la requête d'un tiers, et si, sur cette dénonciation, dont il a demandé acte à l'audience, bien que sous la réserve formelle de tous ses droits, est intervenu un jugement préparatoire qui a ordonné la mise en cause du tiers opposant. — 7 prair. an 13. Req. Foulon. D.A. 7. 587. D.P. 23. 2. 49.

90. — ... Ni par la partie qui a d'abord proposé une nullité d'exploit. — V. n. 140.

91. — ... A moins, suivant Pigeau (*Comm.* sur l'art. 169), que la nullité venant à être prononcée, l'exception d'incompétence ne soit invoquée par le défendeur sur une *nouvelle* instance formée par son adversaire; la première demande étant nulle ne peut produire aucun effet.

...Ni par le signataire d'un billet à ordre, non négociant, et non domicilié dans le ressort du tribunal de commerce devant lequel il est assigné, lorsqu'il n'invoque l'exception qu'après s'être inscrit en faux contre le protêt : la déclaration qu'il veut s'inscrire en faux est une défense au fond. — 28 fév. 1812. Paris. Bistolli D.A. 7. 592. D.P. 13. 2. 8.

92. — ... Ni par la partie qui a d'abord conclu à l'annulation d'un jugement par défaut, rendu contre elle. — 1er août 1831. Bordeaux. David. D.P. 33. 2. 3.

93. — ... Ni par le défendeur qui, avant de demander le renvoi, appelle en garantie un tiers contre lequel il obtient un jugement de défaut profit joint : il importe peu, dans ce cas, que la garantie soit simple ou formelle. — 29 avril 1822. Toulouse. Finiels. D.A. 7. 595. D.P. 23. 2. 49.

94. — Il a été rendu dans le même sens deux arrêts de la cour de Rennes, des 26 janv. 1809 et 8 janv. 1812, cités par Carré, *L. de la pr.*, t. 1er, p. 440. Cependant cet auteur enseigne, ainsi que Demiau, p. 146, qu'une demande en garantie, formée par le défendeur, ne ferait pas obstacle au déclinatoire qu'il proposerait ensuite. Mais des considérations, même graves, ne peuvent l'emporter sur le texte de l'art. 169 C. pr. Le déclinatoire doit être formé avant *toutes autres exceptions* ou défenses. Appeler un tiers en garantie, c'est bien proposer une exception dilatoire (C. pr. 175); c'est même une défense quand il s'agit de la garantie formelle. — D.A. 7. 585, n. 3.

95. — Toutefois, le garant ainsi appelé en cause a le droit de demander le renvoi de son chef : le fait du défendeur principal ne peut lui préjudicier (Arrêts de la cour de cassation, des 4 oct. 1808 et 17 juin 1817. D.A. 3. 381 et 383. D.P. 8. 1. 493 et 17. 1. 581). — Dans ce cas, la contestation se divise et doit être jugée de la même manière que si le recours en garantie n'avait été exercé qu'après le jugement de l'action principale; c'est dire assez que, s'il s'agit d'une garantie formelle, le garant se trouve privé de la faculté de demander sa mise hors de cause. — D.A. 7. 585, n. 4.

96. — On ne peut proposer en cause d'appel l'incompétence *ratione personæ*, lorsqu'on n'a pas opposé ce moyen en première instance. — 4 fév. 1806. Req Jousselin. D.A. 9. 695. D.P. 6. 1. 255.

97. — Jugé ainsi que l'exception d'incompétence ne peut être opposée en appel, par le défendeur qui, en première instance, a conclu simplement au rejet des poursuites, ces conclusions ne renfermant pas implicitement cette exception. — 27 déc. 1819. Toulouse. Delon. D.A. 7. 594. D.P. 2. 104.

98. — De même, celui qui, assigné devant le tribunal de commerce, en paiement de lettres de change, se borne à demander des délais, ne peut, sur l'appel, sous prétexte que ces lettres de change contiennent supposition de lieu, demander son renvoi devant les tribunaux ordinaires. — 11. fév. 1825. Rouen. Grand-Devaux D.A. 7. 596. D.P. 2. 105.

99. — Celui qui, après avoir proposé l'incompétence du tribunal, défend ensuite subsidiairement au fond, ne peut plus, en cause d'appel, renouveler son exception d'incompétence. — 17 mai 1813. Paris. Godier. D.A. 1. 151. D.P. 1. 58.

100. — Jugé cependant que celui qui, après avoir proposé l'incompétence devant un tribunal de commerce, a défendu au fond, n'est pas non-recevable à attaquer, en appel, le jugement quant au chef d'incompétence (C. pr. 425). — 22 janv. 1811. Montpellier. Bouillon. D.A. 3. 402. D.P. 1. 815.

101. — Une exception d'incompétence personnelle, quoique énoncée dans l'acte d'appel, est couverte si l'avocat de l'appelant se borne, à l'audience, à discuter le fond : la cour, en ce cas, est dispensée de s'occuper de cette exception. — 5 août 1817. Req. Paris. Cavagnari. D.A. 7. 592. D.P. 18. 1. 460.

102. — On ne peut se faire un moyen de cassation de ce qu'on a plaidé devant les tribunaux, malgré les termes d'un compromis qui constituait un arbitrage entre les parties, si cette exception n'a été proposée ni en première instance ni en appel. — 13 juin 1831. Req. Paris. Lafitte. D.P. 31. 1. 200.

103. — Les tribunaux ne sont pas tenus de prononcer d'office, dans le silence des parties, leur incompétence, lorsqu'elle n'est que relative : mais ils ont la faculté de le faire, à l'exception des juges de paix. — V. Compétence.

104. — 2° *Incompétence matérielle.* — Lorsque le tribunal est incompétent à raison de la matière, le renvoi peut être demandé en tout état de cause (c'est-à-dire tant que le tribunal n'a pas rendu un jugement définitif qui le dessaisisse du procès); et si le renvoi n'est pas demandé, le tribunal est tenu de renvoyer d'office devant qui de droit (C. pr. 170).

105. — Jugé ainsi que les conclusions qu'une partie peut avoir prises au fond ne la rendent nullement irrecevable à proposer un déclinatoire fondé sur une incompétence à raison de la matière : le juge doit même se dessaisir d'office. — 25 mars 1823. Req. Amiens. Delaporte. D.A. 3. 351. D.P. 23. 1. 355.

106. — Jugé, d'après la même règle, que l'incompétence des tribunaux de commerce, pour connaître d'actes non commerciaux, est proposable en appel, bien qu'on ait plaidé au fond sans la proposer. — 6 août 1829. Aix. Montanart. D.P. 29. 2. 184.

107. — Jugé encore que la partie qui a plaidé au fond après le rejet du déclinatoire par elle proposé pour incompétence à raison de la matière, est néanmoins recevable à appeler du jugement qui a repoussé le déclinatoire. — 28 mai 1808. Bruxelles. Questroi. D.A. 2. 692. D.P. 9. 2. 37. — 6 août 1829. Aix. Jullien. D.P. 30. 2. 2.

108. — Jugé dans le même sens que le défendeur qui, après que son déclinatoire a été rejeté par le tribunal de commerce, a plaidé au fond à l'audience à laquelle la cause a été renvoyée, sans réitérer son déclinatoire, peut néanmoins proposer de nouveau ce moyen en appel. — 6 juin 1826. Toulouse. Rebuffat. D.P. 26. 2. 245.

109. — L'incompétence du juge de référé pour statuer sur une contestation que la loi ne lui a pas attribuée, est absolue, et peut être proposée, pour la première fois, en cause d'appel. — 25 déc. 1818. Rennes. De Listré. D.A. 5. 77. D.P. 1. 1293.

110. — Le renvoi pour incompétence matérielle peut être demandé pour la première fois, non seulement en appel, mais même en cassation. C'est ce qui résulte des termes de l'art. 170, *en tout état de cause*.

111. — L'incompétence à raison de la matière étant une exception qui peut toujours être proposée nonobstant tous acquiescemens, il suit de là que si, après qu'un tribunal civil s'est déclaré, à tort, par jugement passé en force de chose jugée, incompétent pour connaître de certaine contravention en matière de douanes, un jugement correctionnel a mal à propos reconnu sa compétence pour en connaître, les parties, et spécialement l'administration des douanes, sont recevables à se prévaloir devant la cour de cassation de l'incompétence du tribunal correctionnel, malgré leur silence devant ce tribunal. — 3 janv. 1829. Cr. c. Besançon. Douanes C. Cattin. D.P. 29. 1. 91.

112. — Le renvoi pour incompétence matérielle peut être demandé par toutes les parties, même par celle qui a saisi le tribunal incompétent.

113. — Jugé cependant que celui qui a intenté devant les tribunaux une action, n'est pas recevable à opposer en appel que la contestation est de la compétence administrative. — 24 mars 1820. Paris. Muiron D.P. 32. 1. 75.

114. — De même, celui qui a soumis lui-même au tribunal de commerce une demande en partage d'une prétendue société, résultant d'une promesse dans laquelle le tribunal n'a vu qu'une libéralité, n'est pas recevable à se faire un moyen de cassation de ce que le tribunal aurait statué sur une question de droit civil (interprétation d'un contrat), qui ne serait pas de sa compétence. — 2 juill. 1833. Req Rouen. Platel. D.P. 33. 1. 313.

115. — Si le renvoi n'étant requis ni par les parties, ni par le ministère public, le tribunal le prononce d'office, ce tribunal ne peut condamner le demandeur aux frais envers le défendeur : ce serait juger *ultrà petita*. — Pig., *Comm.*, art. 170.

116. — Dans le cas où le débiteur d'une traite, en même temps qu'il invoque la prescription, demande à être subrogé au tiers-cessionnaire de cette créance qu'il prétend litigieuse, et paralyse par là l'effet de son exception, le tribunal de commerce peut, sans encourir la cassation, le condamner au paiement de la lettre de change, en lui réservant son action en subrogation devant le tribunal civil compétent pour en connaître, au lieu de surseoir jusqu'à ce que ce dernier tribunal ait statué sur l'exception de prescription, ainsi que cela paraît plus régulier (C. pr. 179). — 18 janv. 1821. Req. Riom. Verny. D.A. 6. 741. D.P. 21. 1. 506.

117. — Un Français, encore bien qu'il se soit défendu volontairement au fond devant les tribunaux étrangers, est néanmoins recevable à opposer en France, et lors de l'exécution du jugement réclamée contre lui, l'incompétence de ces tribunaux : ici ne s'applique pas l'art. 173 C. pr. — 3 janv. 1829. Grenoble. Ovel. D.P. 29. 2. 149.

§ 2. — *Du renvoi pour litispendance.*

118. — Il y a litispendance lorsqu'un tribunal est saisi de la connaissance d'une cause sur laquelle il n'a pas encore prononcé, et la litispendance autorise la partie qui est traduite devant un autre tribunal, à raison du même objet, à demander son renvoi devant celui où l'affaire a d'abord été portée (C. pr. 171).

La litispendance est à l'instance ce que la chose jugée est à l'action elle-même; elle lui oppose un invincible obstacle; c'est ce qui a fait dire à Zangerus, *Traité des exceptions*, que la litispendance empêchait l'instance de se former : *dicitur impeditiva causæ et litis.* — D.A. 7. 596.

119. — Il n'y a pas lieu à renvoi pour litispendance d'une demande en nullité d'un testament, sous prétexte d'une instance introduite par le légataire en délivrance du legs que lui accorde ce testament, si la validité de ce même acte n'a pas été contestée dans cette instance. — 4 mars 1824. Montpellier. Lapierre. D.A. 7. 600. D.P. 2. 106.

120. — Il n'y a pas litispendance entre la demande en paiement annulée pour vice de forme

par jugement attaqué sur appel; et la demande formée par le défendeur originaire en apurement de son compte ; par suite, il n'y a pas lieu, pour raison de cette prétendue litispendance, au sursis réclamé par le demandeur originaire. — 6 juillet 1830. Paris. Pigalle. D.P. 30. 2. 245.

121. — Lorsque deux individus, ayant acquis en commun diverses propriétés, entre autres deux moulins, à raison desquels ils ont formé une société, ont demandé, et que le tribunal de commerce à prononcé la liquidation et le partage de la société, s'il arrive que l'un des deux propriétaires forme ensuite une demande en partage de tous les biens indivis entre eux, cette dernière demande peut et doit être jugée par les tribunaux civils, sans qu'on puisse objecter aucune litispendance devant le tribunal de commerce, si rien ne constate que la propriété même des deux moulins ait été mise en société; si, au contraire, on est fondé à croire que la société n'avait pour objet que la gestion en commun des deux moulins et le partage des bénéfices et pertes résultant de l'exploitation, de telle sorte que le tribunal de commerce n'ait rien eu à prononcer sur la propriété et le partage des deux immeubles. — 24 mai 1832. Req. Layet. D.P. 32. 1. 238.

122 — Lorsqu'un mari, poursuivi par sa femme, en séparation de corps, a demandé qu'elle fût condamnée à lui payer une somme pour sa portion contributoire au ménage, et que le tribunal a sursis de statuer sur cette demande jusqu'à ce que le mari ait rendu des comptes que sa femme prétendait être dus par lui ; si, ultérieurement, le mari demande à un autre tribunal contre son épouse, après la séparation obtenue par elle, une pension alimentaire, et une provision pour se procurer le logement, ainsi que des habits, linges et meubles, ces deux demandes étant distinctes, il n'y a pas litispendance, et le second tribunal peut prononcer sur la demande à lui soumise, sans violer l'autorité de la chose jugée par le premier tribunal. — 5 juin 1832. Req. Paris. Dufriche. D.P. 32. 1. 277.

123. — On ne peut repousser, sous prétexte de litispendance, l'action en calomnie qu'exerce un avoué contre l'auteur d'imputations diffamatoires, sous prétexte que la chambre des avoués est chargée d'apprécier les faits imputés, et d'appliquer des peines de discipline, s'il y a lieu. Il ne doit pas même être sursis à cette action (C. pén. 372). — 28 sept. 1815. Cr. r. Paris. Selves. D.A. 7. 599. D.P. 2. 106.

124. — Lorsque l'appelant s'est désisté d'un acte d'appel nul en la forme, et declaré tel postérieurement par un arrêt de défaut, si un second acte d'appel est signifié à sa requête, et renvoyé par le premier président à une autre chambre que celle qui a jugé le premier, l'appelant, formant opposition à l'arrêt de défaut, ne peut prétendre que la chambre saisie du second appel doit renvoyer la cause à celle qui statuera sur l'opposition, alors surtout qu'il n'a pas querellé l'ordonnance de classement. — 11 mars 1828. Req. Châtelet. D.P. 28 1. 170.

125. — Un mineur qui se trouve au nombre des héritiers de son tuteur, ne peut, après avoir formé contre ses co-héritiers une demande en partage, intenter contre eux une action directe et principale en reddition de compte, action de laquelle il est lui-même tenu en qualité d'héritier ; il doit former cette dernière action incidemment à la demande en partage ; et les co-héritiers sont fondés à demander, devant la cour royale, que le mineur soit renvoyé à se pourvoir dans l'instance en partage, encore bien qu'ils n'auraient pas exposé cette exception en première instance (C. civ 828). — 2 avril 1830. Lyon. Duon. D.P. 31. 2. 111.

126. — Il n'est pas nécessaire qu'il y ait *contestation en cause* pour autoriser à demander le renvoi pour litispendance. L'opinion contraire, professée par quelques anciens commentateurs du droit romain, est condamnée par les plus grandes autorités, notamment par un arrêt du parlement de Grenoble, de 1640 (Boucheul, *Biblioth. civ.*, v° Litispendance), qui a jugé qu'un ajournement régulier opère litispendance; par un autre arrêt du parlement de Douai, du 2 déc. 1785, rendu conformément à une consultation de Merlin (V. *Quest. de droit*, v° Litispendance), par le président Favre, qui décide (liv. 2, tit. 38, déf. 1, n. 10), qu'il suffit d'un simple ajournement pour fermer la litispendance, *lis enim pendere dicitur, licet nulla dum contestatio secuta sit*. V. aussi Voet, sur le titre du *Dig. de except. præscript. et præj.*, n. 7; par Deghewiet, *Instit.*, part. 3 tit. 2, § 6, art. 3, et par Welembecius, sur le code, liv. 1er, tit. 21. — D.A. 7. 596, n. 3.

127. — Mais une simple interpellation pour se concilier sur une demande projetée, n'est point une demande judiciaire d'où puisse résulter la litispendance. — 7 niv. an 12. Paris. Thomas. D.A. 7. 598. D.P. 2. 105.

128. — Pour qu'on puisse demander le renvoi pour litispendance, il faut, comme on l'a dit, que les deux demandes soient portées devant des tribunaux différens. Si elles étaient formées devant *le même* tribunal, il y aurait lieu d'en demander la jonction.

129 — La jonction de deux instances ne peut être ordonnée qu'autant que le procès existe entre les mêmes parties, qu'elles procèdent en la même qualité, et à raison du même fait. — 13 mai 1833. Bordeaux. Bedout. D.P. 33. 2. 182 — V D.A. 7. 596, n. 2.

130. — Il n'y a pas lieu à la jonction des causes, lorsque plusieurs demandes ont été formées contre la même personne, devant le même tribunal et sur la même question, si les demandeurs ont des intérêts distincts. — 31 août 1808. Paris. Messageries C. Vital. D.A. 2. 790. D.P. 1. 667.

131. — L'exception de litispendance ne peut s'appliquer à des causes pendantes devant les tribunaux de différens royaumes; ainsi, un étranger, d'abord actionné devant son pays, et ensuite en France, n'est pas recevable à demander pour litispendance le renvoi de la cause devant les juges de son pays. — 7 sept. 1808. Req. Trèves. Ingerlbein. D. 4. 6. 463. D.P. 8. 1. 449. — 12 juill. 1826. Montpellier. Travy. D P. 27. 2. 140.

132. — Cette décision résulte virtuellement du principe, que les jugemens étrangers ne sont exécutoires en France qu'autant qu'ils ont été déclarés tels par les tribunaux français. Il est reconnu que le droit réservé à nos tribunaux d'ordonner l'exécution des jugemens étrangers contre des Français, emporte le devoir de reviser ces jugemens. Donc, comment la juridiction française serait-elle arrêtée dans son cours par un précédent appel à la justice étrangère, lorsqu'elle ne peut être enchaînée par ses décisions? On dit qu'il y aura deux procès et deux jugemens qui pourront être différens pour une même affaire; mais c'est là un résultat inévitablement attaché au sort de toute contestation jugée en pays étranger, puisque le jugement étranger n'est rien aux yeux des tribunaux français. — Il résulterait du système contraire qu'une assignation donnée devant un tribunal étranger, quoique manifestement incompétente, mettrait obstacle à toute action ultérieure en France, tant qu'il plairait à ce tribunal de demeurer saisi, en sorte qu'un juge étranger serait, en réalité, l'arbitre du sort d'une réclamation dont, sous aucun rapport, il ne doit connaître. — D.A. 7. 597, n. 5.

133. — Mais le droit qu'a une partie assignée devant un tribunal étranger, de traduire à son tour son adversaire devant un tribunal français, sans craindre l'exception de litispendance, ne saurait s'appliquer à celui qui aurait consenti à plaider devant les tribunaux étrangers; il aurait abdiqué par là le droit d'exciper de leur incompétence et il ne lui resterait d'autre garantie que la révision par les tribunaux français des jugemens rendus contre lui à l'étranger, si toutefois on venait à en poursuivre l'exécution en France. — D.A. 7. 597, n. 6.

134. — Lorsqu'une contestation a été portée devant deux tribunaux, celui de ces tribunaux qui en a été saisi le premier doit, en cas de renvoi pour litispendance, être préféré, et ce, encore que, s'agissant d'affaires commerciales, le tribunal, dernier saisi, soit le tribunal compétent. — 23 déc. 1807. Req. Clerc. D.A. 7. 599. D.P. 8. 2. 26.

135. — .. Sauf à exciper, si déjà on ne l'a fait, et s'il en est temps encore, de l'incompétence du premier tribunal, devant lui-même. — D.A. 7. 597, n. 4.

136. — Cependant, si le tribunal premier saisi était manifestement incompétent, par exemple à raison de la matière, le second tribunal pourrait refuser le renvoi, ou du moins surseoir à y statuer jusqu'à ce que le premier eût prononcé sur sa compétence; car l'art. 171 ne dit pas que le renvoi *sera* ordonné en cas de litispendance, mais qu'il *pourra* l'être ; ce qui laisse au juge la faculté d'accueillir, ou non, l'exception, suivant les circonstances. — D.A. 7. 597, n. 4.

137. — Si le second tribunal persiste à vouloir connaître du litige, il y a lieu alors à un réglement de juges, dont le résultat peut être favorable au tribunal dernier saisi. — D.A. 7. 597, n. 4. — V. Conflit, Réglement de juges.

138. — Le tribunal, saisi d'une demande par suite d'un désistement devant une autre juridiction, ne doit pas, si la validité de ce désistement est contestée, se dessaisir et renvoyer la cause devant le premier tribunal saisi : il doit simplement prononcer un sursis. — 11 janv. 1832. Paris. Talansier. D.P. 33. 2. 67.

139. — L'exception de renvoi pour litispendance doit être proposée avant les exceptions de nullité. Si l'art. 171 C. pr. se tait sur le moment où les exceptions dont il parle doivent être présentées, tout ce qu'il faut en conclure, c'est qu'il se réfère, sur ce point, à l'art. 169 dont la disposition, bien que paraissant restreinte au renvoi pour incompétence personnelle, doit être applicable aux renvois pour litispendance et pour connexité, qui sont l'objet du même paragraphe, et qui, par cela seul, sont évidemment placés sur la même ligne. Il semble, il est vrai, rigoureux de laisser une partie dans la nécessité de plaider, pour une même affaire, devant deux juridictions, par cela seul qu'elle aura omis d'exciper d'abord de la litispendance. Mais les parties peuvent parer à l'inconvénient des deux instances, soit en demandant à l'un des tribunaux de surseoir jusqu'à ce que l'autre ait prononcé définitivement, soit en concluant à ce que le tribunal saisi de la première affaire en fasse le renvoi au tribunal devant lequel la deuxième instance a été portée. — D.A. 7 597, n. 7., Merl., Rép, v° Compte.

140. — Jugé en ce sens que l'exception de litispendance ne peut être proposée par celui qui, après s'être laissé condamner par défaut sur la nouvelle assignation qui lui a été donnée, a appelé de ce jugement, et a demandé, sur l'appel, la nullité de l'exploit pour vice de forme, sans parler de l'incompétence du tribunal ni de celle de la cour d'appel — 14 oct. 1806. Req. Paris. Seytre D.A. 7. 598. D.P. 2. 105.

141. — La partie qui, sur l'instance dirigée contre elle à fins civiles et en restitution de bestiaux saisis en prétendue contravention, a fait, de son côté, assigner l'auteur du délit devant le tribunal correctionnel, est non-recevable à attaquer, comme incompétemment rendu, l'arrêt intervenu, qui a statué sur la demande en restitution des bestiaux, et sur la réintégration du droit de pâture, alors qu'elle n'a proposé la litispendance ni devant les premiers juges ni devant la cour. — 14 août 1821. Civ. r. Rouen. Rohan. D A. 7 599. D P. 22. 1. 176.

§ 3. — *Du renvoi pour connexité.*

142. — La connexité diffère de la litispendance en ce que celle-ci suppose deux instances pour une même contestation, tandis qu'il suffit, pour qu'il y ait lieu au renvoi pour connexité, que les deux instances, bien que relatives à un objet différent, aient entre elles une corrélation telle, que la décision de l'une doive influer sur celle de l'autre. — D.A. 7. 600.

143. — Malgré cette différence, ces deux exceptions reposent sur le même motif, savoir : le besoin de prévenir des jugemens contradictoires, et de rendre plus prompte et moins onéreuse pour les parties la dispensation de la justice. — D.A. 7 600, n. 1.

144. — Le droit romain défendait expressément de porter deux affaires connexes devant deux tribunaux différens (L. 10 au C. *de Judiciis*), et dans les deux lois que renferme le titre du Digeste *quib. reb., ad eundem jud. eatur*, on trouve deux exemples de connexité. 1° la demande en bornage d'immeubles entre co-héritiers ou communistes qui seraient déjà en instance de partage de la succession ou de la communauté d'où dépendraient ces immeubles; 2° le recours en garantie formé par un tuteur contre ses co-tuteurs, lorsqu'il a été actionné seul par le pupille à raison de l'administration tutélaire. — D.A. 7. 600, n. 1.

145. — L'art. 171 C. pr. se borne à énoncer que le renvoi *pourra être demandé et ordonné*, si la contestation est connexe à une cause déjà pendante en un autre tribunal, sans dire en quoi consiste la connexité, laissant aux tribunaux l'appréciation des circonstances qui, dans chaque espèce, peuvent contribuer à l'établir. — D.A. 7. 601, n. 2.

146. — Les juges, dans cette appréciation, ne doivent pas oublier qu'à côté de l'avantage de réunir deux procès en une seule instance, se trouve le danger de distraire les citoyens de leur juridiction naturelle. C'est assez dire qu'il ne doit y avoir connexité à leurs yeux qu'autant que les deux contestations ont un rapport intime et nécessaire; ils ne pourraient impunément proclamer une doctrine contraire; mais rien de plus facile que de rendre hommage au principe, tout en le transgressant dans l'application. — D.A. 7. 600, n. 2.

147. — Le renvoi pour connexité est facultatif pour le juge. Ainsi, le tribunal de commerce saisi d'une demande en paiement de lettre de change, connexe

à une autre demande formée postérieurement devant le tribunal civil en restitution de cette même lettre de change, n'est pas tenu de se dessaisir : c'est pour lui une faculté; on objecterait en vain que son jugement, par suite de la sentence des juges civils, pourrait rester sans exécution. — 30 déc. 1833. Trib. de comm. de Paris. F... D.P. 34. 3. 27.

148. — La connexité peut exister entre deux contestations, quoique les parties qui y figurent ne soient pas toutes les mêmes, à la différence de la litispendance qui exige l'identité des parties. — D.A. 7. 601, n. 3.

149. — Ainsi, celui qui s'est pourvu devant deux tribunaux différens, contre deux parties distinctes et pour des objets séparés, peut ensuite demander, par voie de réglement de juges, la réunion des deux instances devant un seul tribunal, lorsque les exceptions des défendeurs tendent au même but, et qu'elles constituent contre le demandeur une double répétition de la même somme, en telle sorte qu'elles ne peuvent être accueillies séparément, sans que le demandeur originaire se trouve exposé à payer deux fois. — 3 pluv. an 10. Req. régl. de juges Dalbis. D.A. 7. 604. D.P. 2. 106.

150. — Mais on ne saurait concevoir de connexité dans le sens de la loi, si l'une au moins des parties ne figurait pas à la fois dans les deux procès. — D.A. 7. 601, n. 3. Req. régl. de jug. Goldschmit. D.A 7. 604.

151. — D'après ces principes, il y a connexité entre les demandes principales et celles accessoires. — 21 juin 1820. Req. Régl. de jug. Goldschmit. D.A. 7. 604

152. — ... Entre les demandes que deux parties ont formées respectivement l'une contre l'autre devant deux tribunaux, en suppression d'écrits différens. — 6 avril 1808. Req. Lacan. D.A. 3. 297. D.P. 8. 2. 62.

153. — ... Entre l'action réelle sur le mérite d'une inscription hypothécaire et l'action personnelle sur la validité d'une saisie-mobilière, si les deux actions ont pour base le même titre, et si le débiteur fait valoir contre elles la même exception de libération. — 20 août 1817. Req. régl. de jug. Yvonnet. D.A. 3. 252. D.P. 1. 763.

154. — Entre l'action en validité et celle en radiation d'une inscription, quand toutes deux reposent sur les mêmes titres. — 5 mai 1820. S. 20. 248.

155. — Entre la demande formée par des enfans contre le curateur à la succession vacante de leur mère, en délivrance de leur légitime dans la succession de leur père, dont celle-ci était héritière, et la demande en déclaration d'arrêt commun contre le débiteur du prix d'un immeuble de cette dernière succession : celle-ci doit donc être portée devant les juges saisis de celle-là. — 22 déc. 1807. Req. Régl. de juges. Archimbaud. D.A. 7. 602. D.P. 8. 2. 31.

156. — Entre la demande en partage d'une succession, engagée par les co-héritiers devant le tribunal du lieu de son ouverture, et l'instance en validité d'une saisie-immobilière dirigée contre un immeuble de la succession, par le créancier de l'un des co-héritiers, alors que ce créancier conteste l'indivision, et soutient que l'immeuble dont il poursuit l'expropriation était la propriété exclusive de son débiteur ; en conséquence, celle-ci doit être renvoyée devant le tribunal saisi de la première. — 22 juill. 1822. Civ. c. Amiens. Babaud, etc. D.A. 7. 605. D.P. 24. 1. 154.

157. — .... Dans tous les cas, les juges de la situation de l'immeuble dont on poursuit l'expropriation ne peuvent ordonner qu'il sera passé outre à la saisie-immobilière, alors que les juges de la succession n'ont pas prononcé sur l'indivision. — Même arrêt.

158. — Entre la demande formée par le saisi en main-levée partielle d'une saisie-arrêt, sur le motif qu'il n'est débiteur que pour partie des billets, cause de la saisie, et l'action intentée par le créancier devant un autre tribunal, en paiement intégral de ces billets. En conséquence, les juges devant lesquels est portée la seconde instance ne peuvent se dispenser de renvoyer les parties devant le tribunal déjà saisi de la première, sans violer l'art. 171 C. pr. — 1er juill. 1823. Req. Rennes. Tual. D.A. 7. 606. D.P. 23. 1. 435.

159. — Entre l'opposition formée devant un tribunal de commerce à l'ordonnance d'*exequatur*, d'une sentence arbitrale entre associés, et l'action introduite devant le tribunal civil, sur la validité d'offres faites en exécution de cette ordonnance. — 25 oct. 1811. S. 14. 345.

160. — Entre une demande intentée par les syndics d'une faillite en restitution du montant de billets appartenant au failli, et celle par eux précédemment formée en homologation du contrat d'union des créanciers. En conséquence, la première, quoique personnelle, a pu être portée devant le tribunal saisi de celle-ci, encore que ce tribunal ne soit pas celui du domicile des défendeurs. — 8 avril 1807 Req. Régl. de juges. Warthemann. D.A. 7. 602. D.P. 7. 1. 359.

161. — Le tribunal qui a été compétemment saisi, à raison du domicile de toutes les parties, de la demande en reddition de compte formée par des associés contre un individu qu'ils prétendent être leur mandataire, est compétent aussi pour connaître de l'action ou exception par laquelle ce dernier, se qualifiant associé, demande, devant le tribunal où se trouveraient les titres relatifs à la prétendue société, à être nommé liquidateur de cette société. — 7 avril 1825 Req. Régl. de juges. Toulouse. Ouvrard. D P. 25. 1. 329.

162. — Lorsque l'un des membres d'une société de commerce en demande la dissolution, pour inexécution des clauses du contrat, et a été renvoyé devant des arbitres, si l'autre associé, consentant à l'anéantissement de l'acte de société, demande néanmoins à prouver qu'il a été formé, à défaut de cet acte, entre les parties, une association en participation, cette demande, étant incidente et connexe à la première, peut être jugée par le tribunal arbitral; et le demandeur ne peut alléguer son incompétence devant la cour de cassation, sous le prétexte que cette dernière association était déniée par lui, et devait être prouvée devant la juridiction ordinaire..., surtout s'il apparaît qu'il a consenti à laisser juger les arbitres. — 30 avril 1828. Req Paris. Therouenne. D.P. 28. 1. 233.

163. — Dans le cas où une sentence arbitrale a jugé certains chefs, et a laissé les autres indécis, à supposer que l'on doive, quant à la compétence du tribunal devant lequel seront portées les contestations auxquelles cette décision peut donner lieu, distinguer celles qui ne sont qu'une exécution des points jugés définitivement, de celles qui sont restées indécises, et porter les premières devant la cour ou le tribunal qui a rendu l'ordonnance d'exécution, tandis que les secondes seront déférées à la cour ou au tribunal, juge naturel, et originairement saisi de la contestation, cependant, si ce dernier tribunal a été saisi de toutes les contestations, sans qu'on ait demandé la division des chefs définitivement jugés, de ceux qui étaient restés en suspens, il a pu statuer régulièrement sur le tout. — 3 mars 1830. Civ. r. Bordeaux. Pilté-Grenet. D.P. 30. 1. 153

164. — Jugé aussi qu'il y a connexité entre l'action en licitation des immeubles d'une succession, portée par les créanciers de cette succession devant le tribunal du lieu où elle est ouverte, et l'action en expropriation formée par un créancier hypothécaire devant le tribunal de la situation de l'immeuble hypothéqué. — 29 oct. 1807. Req. Régl. de juges. Daguilard. D.A. 3. 302. D.P. 7. 1. 512. — V. Compétence civile, n. 240.

165. — Mais il n'y a pas connexité entre l'action en diminution du prix du bail pour éviction soufferte par le preneur, et celle en nullité de ce bail pour incapacité du bailleur. — 3 juill. 1810. S. 14. 136.

166. — ... Ni entre les deux actions formées par un créancier contre son débiteur, l'une en saisie-mobilière, et la seconde en expropriation d'une maison affectée à la sûreté de sa créance; par suite, il n'y a pas lieu à renvoyer celle-ci devant les juges saisis de la première. — 4 juin 1817. Req. Régl. de juges. Robert. D.A. 7. 604. D.P. 1. 762.

167. — ..... Ni entre l'instance en distribution du prix de marchandises données en nantissement et saisies entre les mains des consignataires, à la requête du propriétaire de ces marchandises, et la demande engagée par le nanti, à l'effet d'exercer le privilége résultant de son contrat de nantissement, laquelle est principale, et ne saurait être subordonnée à l'instance en distribution. — 21 juin 1820. Req. Régl. de juges. Goldschmidt. D.A. 7. 604.

168. — .... Ni entre une demande en nomination d'un liquidateur à une société, et une demande en déclaration de faillite de cette même société. — 14 janv. 1829. Req. Jeanne. D.P. 29. 1. 105.

169. — Le renvoi pour connexité ne peut être demandé, si les demandes connexes sont pendantes en deux degrés de juridiction différens. — 14 juin 1815. Req. Lemercier. D.A. 3. 259. D.P. 1. 768.

170. — Si de deux demandes connexes, portées devant le même tribunal, l'une seulement est en état, le tribunal peut, *même d'office*, ordonner qu'elles seront l'objet de jugemens séparés, car il a le droit de prendre toutes les mesures qui lui semblent nécessaires pour l'instruction des procès. — Rodier, 3e quest., tit. 8 de l'ord.; Berriat, p. 232. — *Contrà*, Carré, *Comm.*, art. 184.

171. — Le renvoi pour connexité doit être demandé au tribunal même qu'on prétend dessaisir, et non à celui devant lequel on veut être renvoyé. — *Spécialement*, celui qui est cité devant un juge de paix ne peut s'adresser à la cour royale, ni obtenir d'elle l'évocation de la cause, sur le motif qu'elle est connexe à une autre affaire dont cette cour est saisie entre les mêmes parties. — 7 juin 1810. Req. c. Rome. int. de la loi. Barberini. D.A. 7. 602. D.P. 10. 1. 249.

172. — Lorsqu'il y a connexité entre les demandes que deux parties ont formées respectivement l'une contre l'autre devant deux tribunaux, c'est au tribunal premier saisi que la cause doit être renvoyée. — 6 avril 1808. Req. Régl. de jug. Lucan. D.A. 3. 297. D P. 8. 2. 62.

173. — Jugé, dans le même sens, qu'en cas de connexité de deux actions réelles, portées par les mêmes parties devant des tribunaux différens, c'est au tribunal premier saisi, et dans le ressort duquel est située la plus grande partie des immeubles contentieux, que doit être attribuée la connaissance des deux instances — 17 avril 1811. Req. Régl. de jug. Champy. D.A. 7. 603. D.P. 2. 106.

174. — Toutefois, le tribunal saisi en dernier lieu doit, malgré le déclinatoire, connaître de la contestation, lorsque la demande formée devant le premier tribunal n'est que l'accessoire de celle portée devant le second. — 21 juin 1820. D.A. 7. 604.

175. — Il en est ainsi, encore lorsque la première action soit feinte, et ait eu pour but de distraire de ses juges naturels la partie contre laquelle elle était dirigée. — 5 juillet 1808. Req. régl. de jug. Lacan. D.A. 3. 297. D.P 8. 1. 227.

176. — Dans le cas où un tribunal est investi d'une juridiction spéciale, relativement à l'objet de la contestation, on ne peut, sous prétexte de connexité, porter l'affaire devant un autre tribunal; et, par exemple, saisir de la connaissance des difficultés élevées sur l'arrestation d'un débiteur, un tribunal autre que celui du lieu où s'est faite l'arrestation (C. pr. 794), n. 730. — Carré, *Commentaire.*

177. — La compétence sur la demande principale n'attribue juridiction sur les questions incidentes qu'à l'égard des tribunaux ordinaires : elle ne conférerait pas aux tribunaux d'exception le droit de statuer sur ces questions incidentes, si elles sortaient du cercle de leurs attributions. — V. Compétence civile, p. 538, n. 96.

178. — Lorsqu'un tribunal civil est saisi de divers chefs, dont les uns sont de sa compétence, les autres de la compétence d'un juge de paix, mais que tous dérivent du même titre, ce tribunal doit prononcer sur *tous* les chefs. — 8 août 1807. Paris. Delarode. D.A. 3. 285. D.P. 1. 778.

§ 4 — *Procédure et jugement des demandes en renvoi.*

179. — En matière ordinaire, toute demande en renvoi est présentée par requête. Cette requête, et celle en défense, ne peuvent excéder six rôles (Tarif, 75). En matière sommaire, les demandes en renvoi sont présentées à l'audience. — Pig., 1, 208.

180. — Même en matière ordinaire, le déclinatoire est jugé *sommairement* (C. pr. 172), c'est-à-dire avec célérité, quoique ce ne soit pas alors une cause sommaire (Carré, *L. de la proc.*, 1, 449, Favard, v° Exceptions, § 2, n. 11; D.A. 7. 586, n. 9); et, dans ce cas, les dépens sont taxés comme en matière ordinaire. — 25 mai 1808. Paris.

181. — Celui qui propose un simple déclinatoire pour raison d'incompétence, n'est point obligé de désigner le tribunal devant lequel il demande à être renvoyé. — 4 mars 1818. Req. Cossabois. D.A. 7. 593. D.P. 19. 1. 128.

182. — Du reste, il le désigne suffisamment en invoquant la maxime *actor sequitur forum rei*, dans un acte qui contient l'énonciation de son domicile. — Même arrêt.

183. — Le tribunal ne peut se dispenser de statuer expressément sur le déclinatoire proposé par l'une des parties, avant de passer au jugement du fond (Ord. 1667, art. 3, tit. 6). — 12 germ. an 9. Civ. c. Diochet. D.A. 7. 587.

184. — Aux termes de l'art 172 C. pr., dont la disposition est à cet égard conforme à l'art. 3, tit 6 de l'ordonnance de 1667, la demande en renvoi ne peut être réservée ni jointe au principal.

185. — Le tribunal ne peut pas statuer sur le fond par le même jugement qui rejette le déclinatoire; il faut deux jugemens séparés.

186. — Jugé ainsi que le jugement qui rejette un

déclinatoire, ne peut prononcer en même temps sur le fond, lorsque la partie assignée n'y a pas défendu — 12 niv. an 9. Civ. c. Arnoux. D.A. 7. 587. D.P. 3. 1. 322. — 2 mai 1810. Toulouse. Galy. D.A 7. 591. D.P. 2. 105. — 5 déc. 1819. Metz. Petit. D.A 11. 594, n. 1. D.P. 2. 1131. — 7 mai 1828. Civ. c. Vernhes. D.P. 28. 1. 241. — 27 mai 1828. Toulouse. Eychène. D.P. 29. 2. 59.

187. — Cette règle, qui a pour objet de donner au défendeur le temps de préparer sa défense au fond et d'appeler du jugement de compétence, se confirme par l'exception même qu'y apporte l'art. 425 C. pr., relativement aux tribunaux de commerce. — D.A. 7. 586, n. 10; Carré, *L. de la proc.*, n. 735, Fav., vº Exception, § 2, n. 12.

188. — Déjà, avant le code de procédure, les juges de commerce pouvaient, en rejetant le déclinatoire, statuer sur le fond, encore que le défendeur ne se fût pas expliqué sur ce point. — 25 prair. an 10. Civ. r. Colmar. Belfort. D.A. 7. 761. D.P. 1. 983.

189. — Les deux jugemens qui doivent statuer séparément sur la compétence et sur le fond ne peuvent être rendus à la même audience. Autrement, le jugement qui rejette le déclinatoire recevrait son exécution avant l'expiration de la huitaine, pendant laquelle l'art. 450 C. pr. suspend cette exécution, à raison de ce que l'art. 449 ne permet l'appel qu'après ce délai; car le tribunal ne peut procéder à la décision du fond qu'en exécution du jugement par lequel il déclare sa compétence. — Rodier et Serpillon, sur l'art. 3, tit. 6, de l'ord. de 1667; Demiau, p. 140, et Carré, *L. de la proc.*, t. 1er, p. 454; D.A. 7. 586, n. 11.

190. — Lorsqu'une partie se borne à prétendre que le juge est incompétent, sans demander son renvoi devant un autre juge, et conclut en même temps au fond, quoique d'une manière subsidiaire, le juge n'est pas tenu, à peine de nullité, de statuer sur l'exception d'incompétence par un jugement séparé, il peut aussi prononcer au fond par un seul et même jugement. — 27 avril 1825. Req. Regl. de juges. Montpellier. Albarel. D.P. 25. 1. 330.

191. — La partie qui, ayant proposé un moyen d'incompétence, a consenti, après le rejet de ce moyen, à ce qu'il fût plaidé immédiatement sur le fond, n'est pas recevable à se plaindre de ce qu'il n'aurait pas été rendu deux jugemens séparés, l'un sur la compétence, l'autre sur le fond du droit, et celui-ci huit jours seulement après la signification du premier (C. pr. 135, 440, 457). — 14 août 1832. Req. Montpellier. Albarel. D.P. 32. 1. 325.

192. — Ce n'est point proposer un déclinatoire que de demander, avant faire droit, le renvoi des parties devant les autorités du pays, pour avoir leur avis sur les suites d'un contrat passé à l'étranger; nonobstant cette demande, les juges ont pu déclarer qu'ils avaient des documens suffisans pour éclairer leur religion, et passer outre au jugement du fond. — 27 mars 1833. Req. Paris. Stacpool. D.P. 33. 1. 172.

193. — La nécessité de prononcer sur le déclinatoire et sur le fonds par deux jugemens séparés, n'existe pas dans les instances d'appel. Il est admis qu'en cour souveraine on plaide à toutes fins, et cette règle, d'après laquelle les tribunaux d'appel peuvent juger en même temps les fins de non-procéder et le fond, comme le remarquent Rodier et Serpillon, sur l'art. 3, tit. 6 de l'ord. de 1667, est implicitement consacrée par l'art. 473 C. pr., qui accorde aux tribunaux d'appel la faculté d'évoquer le fond, à la charge d'y statuer par le même jugement. — D.A. 7. 586, n. 12.

194. — Aussi a-t-il été jugé que lorsque, dans le cours d'une instance en divorce déjà portée en appel, la femme demande incidemment une provision alimentaire, et que le mari excipe de l'incompétence de la cour d'appel pour prononcer *de plano* sur cet incident, qu'il soutient avoir dû être soumis au premier juge, la cour peut, par un seul et même arrêt, rejeter le déclinatoire et accorder la pension demandée. — 3 juill. 1809. Req. Pau. Darracq. D.A. 7. 590. D.P. 9. 1. 281.

195. — Cet arrêt, conforme *dans son dispositif* à la règle ci-dessus indiquée, semble erroné dans ses motifs, car il prétend qu'on ne trouve dans les art. 168, 169 et 172 C. pr. aucune disposition qui défende aux *tribunaux* de statuer sur le fond par le même jugement qui a préalablement rejeté une exception tendante au renvoi de la cause devant un autre tribunal. — D.A. 7. 586, n. 12; Favard, vº Exception, § 2, n. 12.

196. — Si le défendeur originaire, demandeur en appel, tout en arguant de l'incompétence matérielle du premier juge, a plaidé et pris des conclusions

au fond, le tribunal d'appel a pu statuer et sur l'exception d'incompétence et sur le fond, par un seul jugement, en rejetant d'abord l'exception, puis en prononçant ensuite sur le fond. — 15 juill. 1834. Req. Amanieu. D.P. 34. 1. 431.

197. — Le juge de paix devant lequel, à raison d'une action en complainte possessoire, un déclinatoire est proposé, peut, avant de statuer sur l'exception, et sans violer l'art. 172 C. pr., ordonner préalablement une vérification des lieux qui le mettra à même de s'éclairer sur sa compétence. — 7 janv. 1829. Req. Vignon. D.P. 29. 1. 97.

198. — Les juges, devant lesquels un déclinatoire est proposé, peuvent, quoiqu'il y ait urgence, ordonner, avant de statuer sur cette exception préjudicielle, une expertise, à l'effet de constater l'état des marchandises qui donnent lieu au différend. — 9 juin 1830. Req. Martinique. Joques. D.P. 30. 1. 306.

199. — Le tribunal saisi de l'appel d'un jugement de compétence peut statuer préalablement sur une demande en provision dont l'urgence est reconnue. — 20 avril 1808. Req. Riom. Plantade. D.A. 7. 590. D.P. 8. 2. 72. — 26 juill. 1808. Req. Lyon. Hérit. Thezan. D.A. 6. 378. D.P. 8. 1. 471.

200. — Quelque urgente que soit une demande provisionnelle, elle ne peut être accordée ou refusée que par le juge compétent, et cette compétence semble des lors devoir être préalablement mise hors de doute. Il serait bizarre qu'une cour royale, après avoir accordé la provision réclamée par l'une des parties, pût ensuite se déclarer incompétente pour statuer au fond, ce résultat choquerait la maxime qui défend de diviser les élémens d'un même procès: *ne continentia litis dividatur* (Carré, *Lois de la proc.*, t. 1er, p. 439; D.A. 7. 587, n. 13.

201. — Celui qui, après un jugement d'incompétence, porte sa demande devant un autre tribunal, peut, suivant Pigeau (*Comm.*, art. 170), se dispenser de libeller son exploit, en s'en référant aux conclusions prises dans sa première demande, attendu que celle-ci reste dans l'instance, en tant qu'elle interrompt la prescription (C. civ. 2246). Mais il est plus prudent de libeller l'exploit.

202. — C'est, en général, par les voies ordinaires de l'appel et de la cassation qu'on doit se pourvoir contre la décision rendue sur un déclinatoire. — 30 juin 1807. Req. Quenifey. D.A. 3. 243. D.P. 1. 760.

203. — Mais il y a lieu de se pourvoir en *réglement de juges* devant la cour de cassation, en cas de rejet par un tribunal d'une demande en renvoi devant un tribunal ressortissant à une autre cour royale. — 20 janv. 1818. Req. Legrand. D.A. 385. D.P. 1. 507.

204. — En cas d'appel, pour *incompétence*, d'un jugement en dernier ressort, la question de compétence est la seule sur laquelle la cour puisse statuer. — 22 juin 1812. Civ. c. Galibert. D.A. 1. 436. D.P. 12. 1. 450.

205. — On ne saurait prendre en appel aucune conclusion nouvelle; et lorsque, d'ailleurs, la cour royale se trouve saisie de l'appel d'un jugement rendu par le tribunal de commerce, elle ne peut statuer sur une demande qui est en litispendance devant le tribunal civil. — 27 août 1822. Bruxelles. Baugniet. D.A. 8. 50. D.P. 2. 175.

ART. 3. — *De l'exception des nullités d'exploits et d'actes de procédure.*

§ 1er — *Des nullités d'exploits et d'actes de procédure en matière civile.*

206. — Avant de plaider au fond, on doit vérifier si l'instance a été ou non légalement engagée et suivie. — Toute nullité d'exploit ou d'acte de procédure est couverte, si elle n'est proposée avant toute défense ou exception autre que les exceptions d'incompétence (C. pr., art. 173).

207. — Et autre aussi que l'exception de caution à fournir par l'étranger. — 26 avril 1820. Metz. Varsberg. D.A. 11. 207, n. 10. D.P. 22. 2. 78, et 2. 977, n. 1.

208. — Il est sans difficulté que les communes sont soumises, comme les particuliers, à la disposition de l'art. 173 C. pr. — 10 janv. 1810. Req. Paris. Comm. de Saint-Ouen. D.A. 7. 614. D.P. 10. 1. 36.

209. — Cet article ne s'applique qu'aux nullités contenues dans les exploits ou autres actes de procédure. — 1er mars 1826. Bordeaux. Versaveau. D.P. 26. 2. 145.

210. — Il ne s'étend pas aux nullités résultant, non de l'irrégularité de l'acte dans sa forme extérieure, mais d'un vice intérieur dont l'effet nécessaire serait d'anéantir l'action, comme, par exemple, si un acte d'appel avait été tardivement signifié. Dans des cas semblables, la nullité de l'exploit constitue,

non une nullité de forme, mais une exception péremptoire de l'action, proposable en tout état de cause, tant qu'on n'y a pas renoncé. Si la loi a dû prévenir l'abus que l'esprit de chicane peut faire des formes de la procédure, elle a aussi dû laisser aux parties la latitude nécessaire pour rechercher et produire leurs moyens de défense auxquels on ne peut pas raisonnablement leur supposer l'intention de renoncer. — D.A. 7. 607, n. 2. — V. *infrà*.

211. — On ne doit point avoir égard à un moyen de nullité provenant du fait de celui qui l'oppose, alors surtout qu'il n'a point été proposé devant les premiers juges. — 4 germ. an 8. Civ. c. Rennes. Lebreton. D.A. 7. 609. D.P. 3. 1. 248.

212. — Relativement aux exploits et actes de procédure (auxquels s'applique expressément l'art. 173 C. proc.), un arrêt de la cour de cassation, du 24 déc. 1811 (V. Enquête), établit une distinction qui semble inadmissible. Suivant cet arrêt, l'assignation en contre-enquête ne couvre pas la nullité de l'assignation en enquête, lorsque cette nullité, comme dans l'espèce, provient de l'omission du *parlant à*; et cela, 1º parce que cette formalité est substantielle, et doit être constatée par l'acte même; 2º parce qu'une contre-enquête n'est pas une de ces défenses auxquelles l'art. 173 attribue l'effet de couvrir les nullités. Cet arrêt (du moins, le *premier motif*) est contraire 1º au texte de cet art. 173, lequel ne fait aucune distinction entre les différens vices de forme dont un exploit peut être affecté; 2º à l'esprit de la loi, car toutes les formalités auxquelles l'art. 61 C. pr. assujettit les exploits, doivent être constatées dans l'acte lui même; toutes sont sanctionnées par la même nullité, et quant à celles à l'omission desquelles la loi n'aurait pas attaché de nullité, cette peine ne peut être suppléée (D.A. 7. 607, n. 3; Carré, *Lois de la proc.*, t. 1er, p. 763 et 1021). Quant au *deuxième motif*, quoique subtil, il peut paraître suffisant pour justifier l'arrêt, car la contre-enquête ne résulte pas de l'assignation donnée pour y assister, mais du jugement qui l'autorise et de l'ordonnance du juge; et il semble qu'une nullité d'exploit ne peut être couverte par une défense qu'autant que celle-ci est une suite nécessaire de l'exploit qu'on prétend ensuite faire annuler.

213. — Une nullité ne peut être couverte qu'autant qu'elle a été ou pu être connue; par conséquent la renonciation au droit de s'en prévaloir ne saurait résulter que d'un fait postérieur à l'acte entaché de nullité, et une renonciation générale souscrite d'avance au droit de se prévaloir des nullités que pourraient offrir les actes d'une procédure non encore signifiés, ne serait pas plus valable que la renonciation à une prescription non encore acquise; car elle serait plus contraire encore à l'ordre public, puisqu'elle conduirait au mépris des formes légales. — D.A. 7. 609, n. 11.

214. — De là, la nécessité de distinguer entre les exploits introductifs d'instance, dont les vices sont naturellement effacés par toute défense ou exception (art. 173), et les autres actes de procédure intervenus dans le cours de l'instance, après que les parties ont discuté les exceptions et même entamé les plaidoiries au fond, telles que les assignations à fin d'enquête, d'expertise, d'interrogatoire, de prestation de serment, etc. Les irrégularités que présenteraient ces derniers actes ne peuvent être effacées que par des exceptions et défenses produites depuis l'existence de ces mêmes actes. — D.A. 7. 609, n. 11.

215. — Pour faciliter les recherches au milieu des nombreux arrêts rendus par application de l'art. 173 C. proc., on va, conformément à la distinction qui vient d'être indiquée, rappeler d'abord ceux dans lesquels cet article a été appliqué à des exploits introductifs d'instance (tels qu'assignations et actes d'appel), on énumérera ensuite ceux dans lesquels il s'est agi d'autres actes de procédure.

216. — La nullité d'une assignation n'est pas couverte par une constitution d'avoué pure et simple. — 17 janv. 1827. Lyon. Comm. de Branges. D.P. 31. 1. 344. — Conf. D.A. 7. 607, n. 4.

217. — Cependant la nullité résultant du défaut de constitution d'avoué est couverte par la constitution d'avoué, signifiée, au nom du défendeur, à l'avoué chez lequel l'élection de domicile avait été faite. — 17 nov. 1828. Nîmes. Arsac. D.P. 29. 2. 188.

218. — De même, la nullité d'un acte d'appel résultant de ce qu'il renferme seulement élection de domicile chez un avoué près la cour, sans contenir constitution d'un avoué, est couverte par l'acte d'occuper, que l'avoué de l'intimé fait signifier à l'avoué chez lequel l'appelant a élu son domicile. La réserve que l'intimé fait dans cet acte de ses

moyens de nullité, ne peut s'entendre que des moyens autres que ceux tirés de l'irrégularité ou du défaut de constitution d'avoué. — 24 fév. 1813. Req. Paris. Gargoteux. D.A. 7. 615. D.P. 2. 108. — 26 mai 1810. Rennes. D.A. v° Exploit. — 9 mai 1826. Paris. Nantel. D.P. 27. 2. 100. — V. aussi D.A. 7. 607, n. 5, et Carré, *Lois de la pr.*, t. 1er, p. 460.

219. — La comparution du défendeur ne suffit pas pour couvrir la nullité de l'assignation.

220. — Jugé aussi que le fait que l'intimé s'est présenté sur l'appel n'est pas une fin de non-recevoir contre la demande en nullité de l'acte d'appel, si la renonciation au moyen de nullité ne résulte pas de ses conclusions. — 25 vend. an 12. Civ. c. Jouin. D.A. 7. 807. D.P. 4. 1. 121.

221. — ... Ou si, sans plaider au fond, il s'est borné à soutenir l'appel non-recevable. — 29 mai 1806. Turin. Béardi. D.A. 7. 611.

223. — Décidé de même que la comparution d'un intimé au jour où la cause est renvoyée à une autre audience, ne couvre pas la nullité d'exploit qu'il aurait à présenter. — 25 avril 1833. Civ. c. Pau. Préfet des Hautes-Pyrénées C. Jacomet. D.P. 33. 1. 196.

224. — Jugé encore que la nullité d'une assignation n'est pas couverte, par cela que les héritiers de l'assigné se sont bornés à comparaître dans une instance en garantie, dirigée contre eux à l'occasion de l'objet même pour lequel l'assignation a été donnée à leur auteur, et qu'il est intervenu un jugement qui a déclaré purement et simplement reprise l'instance introduite par cette assignation. — 17 janv. 1827. Lyon. Comm. de Branges. D.P. 31. 1. 344.

225. — Jugé cependant que la nullité d'une citation en conciliation est couverte par la comparution du défendeur au bureau de paix, à l'effet d'opérer la conciliation. — 5 août 1817. Bourges. Joly D.P. 31. 2. 174.

226. — Et qu'un tribunal a pu décider, sans violer les art. 68, 70, et 173 C. pr., que la nullité d'une citation devant le juge de paix avait été couverte par la comparution personnelle de la partie, alors même que cette partie avait demandé, *in limine litis*, la nullité de la citation. — 21 mai 1828. Civ. r. Labarrois. D.P. 28. 1. 252.

227. — L'intervention du maire, dans l'instance en cassation, couvre la nullité résultant de ce que le pourvoi aurait été formé et l'arrêt d'admission signifié *au nom collectif des habitans*, au lieu de l'avoir été au nom du maire. — 21 juin 1815. Civ. r. Besançon. Comm. de Chevigney. D.A. 3. 71. D.P. 15. 1. 375.

228. — La seule production d'un exploit, nul pour vice de forme, ne couvre pas cette nullité. En d'autres termes, la maxime *quod produco non reprobo* ne s'applique pas aux nullités d'exploit (Ord. 1667, tit. 5, art 5) — 22 vend. an 10 Civ. c. Paris. Testu-Balincourt. D.A. 3. 98. D.P. 1. 711. — 22 brum. an 13. Civ. r. Testu-Balincourt. D.A. 7. 611. D.P. 5. 2. 57, 38.

229. — Décidé de même que la partie qui, en se pourvoyant en cassation, produit l'exploit de signification qui lui a été faite du jugement qu'elle attaque, ne couvre pas par là les nullités que pourrait contenir cet exploit, lors même que dans la production elle ne ferait aucune observation relativement aux nullités. — 12 frim. an 14. Civ. c. Brisy. D.A. 1. 105. D.P. 1. 40.

230. — La nullité d'un exploit n'est pas couverte, par la demande, faite *sous toutes réserves*, de la communication de l'original de cet exploit; car c'est précisément pour s'éclairer sur les irrégularités de l'acte que cette demande est formée. — 4 avril 1810. Agen. Vignié. D.A. 11. 840. D.P. 2. 1232.

231. — Il en est de même, *à fortiori*, dans le cas où, sans exprimer de réserve, le défendeur a demandé communication de l'original de l'exploit, dans le but annoncé de vérifier s'il ne renferme aucune nullité. — D.A. 7. 608, n. 7.

232. — Mais une nullité d'exploit se couvre par la demande en communication de pièces. — 30 janv. 1810. Req. Trèves. Schneider. D.A. 7. 617. D.P. 10. 1. 63. — 5 janv. 1821. Colmar. Scheurer. D.A. 7. 617. — 30 mars 1829. Bourges. Bourdiau. D.P. 31. 2. 170. — 25 fév. 1834. Bourges. Fuist. D.P. 34. 2. 100.

233. — .... Lors même que la partie qui a demandé cette communication ne l'a pas obtenue. — 23 sept. 1815. Rennes. N.... D.A. 7. 632. D.P. 2. 110.

234. — Décidé pareillement que les nullités à proposer contre l'appel sont couvertes, si l'intimé a fait sommation de communiquer les titres dont l'appelant entend se servir; peu importe que, dans l'acte de constitution, antérieur à cette sommation, l'avoué ait fait réserve des moyens de nullité. — 17 juin 1817. Rennes. D.A. 7. 708. D.P. 2. 128.

235. — Une communication de pièces, faite officieusement, et sous la réserve de ses droits, ne peut être regardée comme une défense au fond. — 19 juin 1829. Orléans. Guyard. D.P. 32. 2. 195.

236. — L'acte par lequel on somme l'adversaire de régulariser la procédure, et de mettre en cause ses co-héritiers, ne couvre point les nullités d'exploit, encore que, dans cet acte, les moyens de nullité ne soient pas réservés. — 14 pluv. an 11. Paris. Renard, etc. D.A. 7. 610.

237. — Le fait par l'assigné d'avoir appelé les associés ou leurs héritiers en cause, ne couvre pas les nullités résultant soit de ce que l'exploit a été remis au serviteur de l'assigné, sans mentionner que c'est au domicile de ce dernier; soit de ce que l'exploit a été signifié à un domicile que l'assigné a déclaré régulièrement avoir quitté. — 9 août 1819. Rennes. Decroix. D.A. 7. 784.

238. — Un acte de présentation au greffe, une sommation de donner copie de la présentation d'une autre partie en cause, un appel subsidiaire dirigé contre un gérant, ne sont que des actes d'instruction, et ne couvrent point les nullités d'un exploit d'appel (Ord. 1667, art. 5, tit. 5) — 26 juill. 1808. Civ. c. Colmar. Ortlieb, etc. D.A. 7. 613. D.P. 8. 1. 426.

239. — Ces nullités ne sont pas non plus couvertes par la sommation d'audience, à la requête de l'intimé. — 23 mai 1808. Civ. r. Pau. Dupeyron. D.A. 7. 612. D.P. 8. 2. 78.

240. — .... Ni par l'acte de présentation, encore qu'il soit fait sans protestation. — 9 janv. 1809. Civ. c. Pau. Paisselier. D.A. 7. 613. D.P. 9. 2. 5.

241. — .... Ni par le placement de la cause au rôle même sans réserves. — 25 nov. 1814. Liége. Massin. D.A. 7. 754. — 26 janv. 1816. Colmar. Huglin. D.A. 7. 754. D.P. 22. 2. 159.

242. — ... Ni par sommation d'instruire, surtout lorsque, dans cet acte, les moyens de nullité sont réservés. — 27 juill. 1820. Angers. Vannier. D.A. 7. 617. D.P. 21. 2. 88.

243. — .... Ni par la nouvelle signification du jugement attaqué, faite à l'appelant par l'intimé, avec assignation à huitaine, pour faire prononcer la nullité de l'acte d'appel; ce n'est pas là une défense au fond, dans le sens de l'art. 173 C. pr. — 6 juin 1832. Bordeaux. Tirail. D.P. 32. 2. 177.

244. — Lorsqu'il y a deux ou plusieurs défendeurs dont l'un fait défaut, les conclusions prises par ceux qui sont présens, à fin de jonction du profit du défaut, et le jugement de jonction, les rendent-ils non-recevables à exciper ensuite de la nullité de l'exploit? Cette question, qui est commune aux exceptions de renvoi, et même à toutes les exceptions, a été résolue affirmativement par un arrêt de la cour de Rennes, du 22 avril 1815, que Carré cite (*Lois de la proc.*, t. 1er, p. 456), mais en le désapprouvant comme trop rigoureux et contraire à un usage général (*ibid.*, n. 625). Et, en effet, le jugement de jonction n'est qu'une formalité nécessaire pour régulariser la procédure, et on ne peut y voir ni une défense au fond, ni une exception, ce qui écarte l'application de l'art. 173. — D.A. 7. 607, n. 6, Demiau, p. 130.

245. — De plusieurs héritiers assignés en matière réelle, les uns régulièrement, les autres irrégulièrement, et à un domicile qui n'est pas le leur, ces derniers ont seuls qualité et intérêt pour se prévaloir de la nullité de l'exploit.... Par suite, l'arrêt qui, après que la nullité a été couverte par leur silence, annule l'exploit sur la demande seule des premiers, doit être cassé (C. pr. 68: C. civ. 1317). — 23 déc. 1828. Civ. c. Nîmes. Dejoux. D.P. 29. 1. 79.

246. — L'exception de nullité n'est pas couverte par l'exception d'incompétence (C. pr. 169 et 173). — Voy. aussi Merlin, *Rép.*, v° Compte: D.A. 7. 607, n. 9.

247. — Il en serait de même, à cet égard, en appel qu'en première instance, c'est-à-dire qu'une partie peut faire valoir les moyens de nullité contre un appel, après même qu'elle a proposé une exception d'incompétence à raison de la matière. Les art. 173 et 470 combinés du C. de proc. ne permettent pas de faire ici une distinction qu'aucune raison d'ailleurs ne motive. — D.A. 7. 607, n. 3; Carré, *L. de la proc.*, n. 743.

248. — Une nullité d'exploit, proposée dans des conclusions écrites, n'est pas couverte par le silence que l'avocat garde dans sa plaidoirie sur cette nullité. — 30 mai 1810. Civ. c. Besançon. Paquet. D.A. 4. 600. D.P. 10. 1. 204.

249. — L'intimé ne couvre pas la nullité d'un exploit d'appel, par cela qu'il ne la propose qu'après la plaidoirie de l'appelant. — D.A. 7. 608, n. 8; Carré, *L. de la proc.*, t. 1er, p. 459.

250. — Le défaillant sur le fond, qui cependant avait conclu à la nullité de l'assignation, n'est plus recevable à présenter ce moyen sur l'opposition, si, sans le reproduire dans sa requête, il a pris des conclusions au fond. — 5 août 1807. Paris. Cholois. D.A. 7. 804. D.P. 2. 165.

251. — Le mari qui a été assigné comme personnellement héritier sur une action mobilière intentée à raison d'une succession recueillie, non par lui, mais par sa femme, ne peut exciper de cette erreur, si, au lieu de s'en prévaloir *in limine litis*, il a contesté en cause en soutenant le demandeur non-recevable, ou en appelant un garant. — 15 mars 1808. Req. Orléans. Pibuleau. D.A. 1. 362. D.P. 8. 1. 217.

252. — Une nullité d'exploit ou acte de procédure, non proposée en première instance, ne peut l'être en appel. — 6 oct. 1806. Civ. c. Bastard. D.A. 7. 611. D.P. 6. 2. 223.

253. — ....Et même, lorsqu'après avoir été proposées, et le tribunal ayant omis d'y statuer, la partie intéressée n'a pas appelé du jugement. — 24 juin 1834. Civ. c. Lyon. Sabut. D.P. 34. 1. 295.

254. — On ne peut proposer pour la première fois en appel la nullité résultant du défaut de transcription du procès-verbal de non conciliation en tête de l'exploit. — 20 pluv. an 10. Paris (arrêt cité par Bioche).

255. — D'après les mêmes principes, on doit considérer comme couverte la nullité de l'acte d'appel, lorsque, dans l'exploit d'anticipation, l'intimé ne l'a opposée ni expressément ni implicitement, et s'est borné à conclure au fond (Ord. 1667, art. 5, tit. 2). — 14 janv. 1807. Civ. c. Bruxelles. Werbrouck. D.A. 7. 611. D.P. 7. 2. 61.

256. — Ou lorsque l'intimé, auquel l'exploit d'appel a été signifié au domicile élu, n'a proposé la nullité de cette signification qu'après avoir offert de fournir caution pour l'exécution du jugement malgré l'appel. — 19 mars 1808. Turin. Camosso. D.A. 7. 814. D.P. 2. 165.

257. — ... Ou lorsque l'intimé, lors des qualités posées, a conclu purement et simplement à la confirmation du jugement de première instance.... Et cela, encore que l'intimé soit du nombre de ceux auxquels est accordée la voie de la requête civile, en cas de non valable défense. — 10 janv. 1810. Req. Paris. Comm. de Saint-Ouen. D.A. 7. 614. D.P. 10. 1. 56.

258. — ....Ou lorsqu'une commune a soutenu être suffisamment autorisée à plaider sur appel, et a fait placer la cause au rôle, avant d'avoir proposé la nullité de l'acte d'appel. — 3 avril 1810. Liége. Comm. de Milieu. D.A. 7. 614. D.P. 2. 407.

259. — ....Ou lorsque l'intimé a fait placer la cause au rôle des audiences solennelles; il annonce par là l'intention de plaider les questions du fond, qui seules peuvent comporter cette solennité. — 12 déc. 1811. Aix. Brescher. D.A. 7. 615. D.P. 2. 108.

260. — .. Ou lorsque l'intimé s'est présenté en appel et a obtenu arrêt par défaut, sans avoir proposé l'exception, encore que cet arrêt soit ensuite rapporté sur l'opposition de l'appelant. — 22 fév. 1812. Colmar. Zipff. D.A. 7. 613.

261. — .. .Ou lorsque l'intimé a pris des conclusions tendant à ce que l'appel fût déclaré irrecevable. — 28 fév. 1826. Nîmes. Salion. D.P. 27. 2. 29.

262. — Passons à l'application de l'art. 173 C. pr., c'est-à-dire aux actes de procédure autres que ceux introductifs d'instance.

263. — La signification de l'acte d'appel couvre de plein droit la nullité de la signification du jugement. — 19 mars 1808. Turin. Camosso. D.A. 7. 814. D.P. 2. 165.

264. — Les nullités contenues dans un acte d'enquête sont couvertes, si elles ne sont proposées avant toute défense ou exceptions ultérieures. — Une simple réserve à cet égard, dans une requête présentée au président et conçue en termes vagues et généraux, n'équivaut pas à la proposition formelle exigée par la loi (C. pr. 173). — 19 août 1808. Paris. Dufort. S. 9. 2. 11.

265. — Décidé dans le même sens qu'en matière sommaire la nullité de l'enquête faite hors de l'audience, est couverte par le silence et l'adhésion des parties, résultant de ce qu'elles ont entendu et fait entendre des témoins (C. pr. 407). — 13 juin 1834. Req. Comm. de Cabanac. D.P. 34. 1. 290.

266. — Jugé cependant que dans ce cas la nullité résultant de ce que les témoins n'ont pas été entendus à l'audience, est d'ordre public. — 1er août 1832. Civ. c. Laffore. D.P. 32. 1. 342.

267. — A supposer que deux copies d'un arrêt d'admission soient nécessaires pour la partie qui agit en deux qualités, celles de tutrice et de femme commune, la nullité qui résulterait de ce qu'une seule copie aurait été remise, est, dans tous les cas, couverte par la défense que cette partie a présentée au fond devant la cour, sans proposer la nullité. — 21 juin 1815. Civ. r. Besançon. Comm. de Chevigney. D.A. 3. 71. D.P. 15. 1. 375.

268. — Les nullités de forme d'une requête en péremption d'instance doivent être proposées avant toute défense au fond, encore que ces nullités soient péremptoires, en ce sens que la nullité de la requête doive emporter déchéance de l'action en péremption. — 16 août 1819. Nîmes. Bouvet. D.A. 7. 616. D.P. 20. 2. 60.

269. — La nullité résultant du défaut de date d'un contredit inséré dans un procès-verbal d'ordre, demeure couverte, si elle n'est point proposée avant toute défense au fond. — 3 juill. 1824. Limoges. Tarrade. D.A. 9. 305, n. 2. D.P. 2. 467.

270. — Les nullités de formes que contiennent les actes d'exécution d'un jugement de séparation de biens sont couvertes par la signification d'un acte d'appel de ce jugement, motivé sur des moyens au fond. — 9 déc. 1825. Amiens. Cottard. D.P. 26. 2. 166.

271. — L'irrégularité dans la nomination d'un tiers-arbitre est couverte par la comparution volontaire des parties avec les arbitres sur les lieux contentieux (C. civ. 1338). — 17 janv. 1826. Req. Poitiers. L'Evêque. D.P. 26. 1. 120.

272. — Bien que, dans une affaire mise en délibéré, le tribunal ou la cour doive indiquer le jour où le rapport sera fait, néanmoins, si le jour n'a pas été indiqué, les parties ne peuvent se prévaloir de cette omission, si elles ont toutes comparu et repris leurs conclusions à l'audience où le rapport a été fait et l'arrêt rendu. — 10 mai 1826. Req. Pau. Dabbadie. D.P. 26. 1. 278.

273. — Une partie n'est plus recevable à demander la nullité d'une assignation, sur le motif qu'elle ne comportait pas les délais fixés par la loi, lorsqu'elle a assisté, sans protestation ni réserves, à des opérations, telles qu'enquêtes, pour lesquelles l'assignation lui avait été donnée. — 30 juill. 1828. Req. Lyon. Lávie. D.P. 28. 1. 361.

274. — La partie qui a spontanément plaidé et conclu en audience solennelle devant une cour royale, n'est pas recevable à soutenir que la cause ayant d'abord été plaidée contradictoirement, et le ministère public ayant été entendu devant l'une des chambres de la cour, le renvoi en audience solennelle ne pouvait plus être ordonné. — 15 mars 1826. Req. Caen. Halluin. D.P. 26. 1. 201.

275. — Décidé de même que lorsqu'une cour a jugé, en audience solennelle ou chambres réunies, une cause qui aurait dû être portée devant une seule chambre, sans réclamation de la part des parties, ces parties ou celle d'entre elles qui a succombé ne sont pas recevables à se faire de cette circonstance un moyen de cassation : on dirait en vain que les compétences sont d'ordre public. — 19 juill. 1827. Req. Riom. Villemont. D.P. 27. 1. 314.

276. — La nullité d'offres réelles fondée sur ce qu'elles auraient été signifiées à un domicile qui n'est pas celui du créancier, doit être proposée avant toute défense au fond ; elle n'est pas recevable, si elle est proposée pour la première fois en appel. — 5 déc. 1826. Civ. r. Riom. Chabanier. D.P. 27. 1. 79.

277. — L'art. 173 C. pr. s'applique à toutes les instances, même à celles sur saisie-immobilière. — Ainsi, la nullité des actes d'une saisie-immobilière, antérieurs à l'adjudication préparatoire, telle, par exemple, que celle résultant de ce qu'il n'a pas été dressé d'original du commandement, est couverte, encore qu'elle ait été proposée avant cette adjudication, conformément à l'art. 733, si elle ne l'a été qu'après des défenses ou exceptions au fond. — 3 avril 1827. Req. Caen. Beauquesne. D.P. 27. 1. 189. — 21 janv. 1832. Riom. Fouilloux. D.P. 33. 2. 196.

278. — L'art. 173 C. pr. n'est pas limité aux actes relatifs à l'instruction ou à l'introduction de l'instance, et s'applique même aux actes qui peuvent avoir lieu en vertu d'autres articles du code de procédure, et, par exemple, à la nullité résultant de ce qu'une saisie-exécution n'aurait pas été précédée d'un commandement au saisi. — 30 mai 1828. Besançon. Jamez. D.P. 23. 2. 110.

279. — On ne peut, en appel, proposer contre un acte respectueux un moyen de nullité tiré de ce qu'il a été notifié un jour férié, s'il a été défendu en première instance sans que ce moyen ait été proposé. — 27 août 1829. Agen. Roussanes. D.P. 32. 2. 37.

280. — La nullité résultant de ce que les formes administratives n'ont pas été suivies sur une partie des actes de procédure, telle que comparution à expertise, ne peut être invoquée que dans le cas où il y a lieu à indemnité pour plus-value, résultant d'entreprises de grands ouvrages. — 22 janv. 1829. Req. Bordeaux. Tristan. D.P. 29. 1. 143.

281. — Un jugement par défaut ordonnant une enquête ne peut plus être attaqué comme nul, sur le fondement qu'on n'a été ni appelé ni présent lorsqu'il fut rendu, si, sur l'opposition, on s'est défendu au fond ; et cela bien qu'il s'agisse d'un avoué poursuivi à la requête du ministère public, pour abus et contraventions. — 20 déc. 1830. Civ. r. Amiens. G... D.P. 34. 1. 133.

282. — L'exception ayant pour but d'établir que le demandeur méconnaît la force d'un titre exécutoire déjà obtenu, et agit frustratoirement pour s'en procurer un nouveau, attaque le mode d'exercice du droit, et non le droit en lui-même ; et rentre, conséquemment, dans la classe de celles qui doivent être proposées avant la discussion sur le fond. D'où il suit qu'elle ne peut être présentée pour la première fois en appel. — 24 août 1831. Bordeaux. Dupuy. D.P. 33. 1. 42.

283. — Des offres réelles, faites pendant le cours d'une instance, constituent une défense au fond, et couvrent les moyens de nullité qui peuvent vicier la procédure, et ce, encore bien que ces offres auraient été déclarées nulles comme insuffisantes. — 21 janv. 1832. Riom. Fouilloux. D.P. 33. 2. 196.

284. — Le souscripteur d'un billet à ordre ne peut se prévaloir du défaut de protêt, lorsqu'il a comparu devant le bureau de paix, et qu'au lieu d'invoquer le moyen, il a défendu au fond. — 28 mars 1832. Toulouse. Esquilat. D.P. 32. 2. 145.

285. — En concluant devant le tribunal avant le jour pour lequel il a ordonné leur réassignation, des parties couvrent l'irrégularité résultant de ce qu'il n'y aurait pas eu réassignation pour le jour indiqué. — 5 déc. 1832. Req. Lyon. Savoye. D.P. 33. 1. 146.

286. — L'intimé qui a obtenu un arrêt par défaut, lequel, sans statuer sur un moyen de nullité d'appel, confirme par les motifs du fond, ne peut reproduire, sur l'opposition, ce moyen de nullité, tout en concluant à l'exécution de l'arrêt par défaut. — 7 janv. 1833. Paris. Harrisson. D.P. 33. 2. 97.

Cette décision peut sembler rigoureuse, si, dans l'ordre des moyens proposés par l'intimé, la nullité était au rang, et précédait par conséquent les conclusions tendantes à la confirmation de l'arrêt par défaut. Ne faudrait-il pas, dans cette hypothèse, appliquer la maxime qu'en cour souveraine on conclut à toutes fins ?

287. — La règle qui prescrit de proposer les nullités avant toute défense au fond ne s'applique qu'aux actes de procédure de l'instance dans laquelle sont engagées les parties ; elle ne concerne pas les actes d'une autre instance, qui sont produits incidemment. — 15 juill. 1828. Caen. Brunot. D.P. 30. 2. 166.

288. — La règle établie par l'art. 173 C. pr. cesse, comme on va le voir, d'être applicable dans plusieurs cas.

289. — La partie assignée en référé à un domicile qui n'est pas le sien, et qui s'est présentée par son avoué pour défendre sur l'assignation, sans opposer la nullité, peut cependant la proposer, lorsqu'elle est assignée au même domicile, pour voir prononcer le jugement sur le fond (C. pr., art. 59 ; ord. 1667, art. 3, tit. 2). — 13 mess. an 12. Paris. Bérenger. D.A. 7. 610.

290. — Les nullités ne sont pas couvertes par les moyens du fond proposés devant le bureau de conciliation. — 6 niv. an 13 (Arrêt cité par Bioche).

291. — Sur la question de savoir si l'omission du préliminaire de conciliation est proposable en tout état de cause, V. Conciliation, n. 4 et 5.

292. — La nullité d'une assignation, pour assister à une enquête, est proposable après la confection de la contre-enquête de la partie. — V. Enquête.

293. — La nullité d'une enquête qui a eu lieu en première instance peut être proposée en appel, lorsque cette nullité provient du défaut de pouvoir du juge-commissaire. — Carré, art. 173, n. 746.

294. — Les nullités ne sont pas couvertes par l'opposition à un jugement par défaut formée par acte extrajudiciaire et non réitérée dans les délais : cette opposition n'est pas une défense au fond. — 11 fév. 1813. Grenoble. — *Contrà*, 17 avril 1809. Paris. Pont. D.A. 7. 787. D.P. 2. 143.

295. — L'appelant qui a conclu au fond est néanmoins recevable à demander la nullité du jugement, fondée sur ce qu'il ne contient pas l'insertion des conclusions de l'une des parties. Ici ne s'applique pas l'art. 173 C. pr. — 24 janv. 1825. Toulouse. Terrisse. D.P. 25. 2. 250.

296. — La nullité résultant de ce que, en matière ordinaire, on a suivi la procédure spéciale à l'enregistrement, est proposable, quoiqu'il ait été plaidé au fond sans la proposer ; ce n'est pas là une nullité dans le sens de l'art. 173 C. pr. — 10 mars 1827. Amiens. Marchand. D.P. 28. 1. 305.

297. — La nullité résultant de ce que le ministère public n'a pas été entendu dans une cause où cette audition était exigée par la loi, comme en matière de déclinatoire des juges français, n'est pas couverte par les conclusions que les parties ont prises au fond sur l'appel. — 20 mai 1829. Bordeaux. Ducot. D.P. 29. 2. 102.

298. — Décidé cependant que la nullité d'un jugement résultant de ce que le ministère public n'a pas été entendu, est couverte, si devant la cour on se contente d'en faire l'observation après la défense au fond, et si d'ailleurs on ne conclut pas expressément à l'annulation. — 11 frim. an 9. Req. Lyon. Bordonnez. D.A. 7. 610. D.P. 3. 1. 304.

299. — La nullité d'un jugement résultant de ce que le second juge, dans l'ordre d'ancienneté, a présidé et signé la minute en présence d'un juge plus ancien, est une nullité d'ordre public, et peut être proposée par le ministère public et prononcée d'office par les tribunaux supérieurs. — 16 mars 1831. Colmar. Balazuc. D.P. 34. 1. 375.

300. — L'appelant peut, avant de former opposition à l'arrêt par défaut pris contre lui, exciper devant la cour de la nullité de la signification qui lui en a été faite. — 5 mars 1832. Bruxelles. Voet... D.P. 33. 2. 230.

301. — Le défendeur principal, en défendant au fond, couvre les nullités d'exploit, non seulement à son égard, mais encore à l'égard de son garant ; il est, en ce cas, réputé l'ayant-cause de ce dernier. — 1er mars 1824. Civ. c. Dijon. Comm. de Branges. D.A. 7. 619. D.P. 24. 1. 106. — 14 fév. 1826. Req. Amiens. Choquet. D.P. 26. 1. 67.

302. — Le garant se rend lui-même non-recevable à les proposer, en demandant acte de sa déclaration qu'il n'entend prendre aucune part à la reprise d'instance formée contre le défendeur principal, et en exécutant volontairement le jugement qui déclare l'instance reprise avec toutes les parties. — Même arrêt du 1er mars 1824.

303. — L'exception de nullité d'un exploit n'a pas besoin d'être proposée par un acte d'avoué à avoué ; elle peut l'être à l'audience, pourvu que ce soit avant toute défense ou exception. — 6 nov. 1811. Civ. c. Pontal. D.A. 7. 615. D.P. 2. 108.

304. — Pour décider si une partie a, ou non, conclu au fond, sans avoir préalablement demandé la nullité de l'exploit, c'est aux conclusions seules, et non aux motifs qui les ont précédés, que les juges doivent avoir égard. — 9 fév. 1828. Toulouse. Ambiallet. D.P. 29. 2. 95.

305. — La nullité d'un exploit peut être déclarée avoir été couverte par un jugement, encore bien que ni la minute ni l'expédition de ce jugement ne soit représentée, s'il est constant qu'il a été rendu. — 1er août 1823. Paris. Dufour. D.P. 29. 1. 411.

306. — Les exceptions de nullité doivent être présentées par les parties, et ne peuvent être prononcées d'office par les tribunaux (arg. de l'art. 173 C. pr.), mais quand un moyen de nullité est proposé par une partie, le juge peut et doit suppléer les raisons de droit propres à faire admettre ou rejeter cette exception. (V. Lois). — D.A. 7. 608, n. 9.

307. — Dans le cas où la partie se serait bornée à demander la nullité d'un ajournement ou d'un acte de procédure, sans préciser l'irrégularité dont elle aurait à se plaindre, la nullité ne pourrait pas être prononcée par le juge ; car il ne doit et ne peut suppléer d'office que les raisons de droit, et dans une nullité il n'y a pas seulement à faire l'application du texte qui la prononce, mais il faut, avant tout, établir le vice matériel donnant lieu à cette application, ce qui est un fait hors du devoir et de la puissance du magistrat. Deux arrêts de la cour de Rennes, des 31 juill. 1810 et 8 janv. 1812, cités par Carré, *Lois de la proc.*, t. 1er, p. 458, ont jugé qu'en concluant vaguement à la nullité de l'exploit, sans indiquer aucun moyen, et en plaidant ensuite au fond, le défendeur couvrait les nullités de cet acte. — D.A. 7. 608, n. 9.

308. — Le juge peut-il du moins et doit-il suppléer les nullités quand le défendeur fait défaut ? Oui, dit

Dalloz (A. 7, 608, n. 10); car les partisans de l'opinion contraire (Carré, *L. de la proc.*, n. 748, et Fav., v° Exception, § 3, n. 4) reconnaissent eux-mêmes que le juge pourrait admettre d'office la nullité d'un exploit qui ne porterait pas la preuve de sa notification au défendeur, parce qu'on pourrait attribuer l'absence de celui-ci à ce defaut de notification. Or, pourquoi n'en serait-il pas de même à l'egard de l'ajournement qui n'indiquerait pas soit le tribunal devant lequel la cause serait portee, soit l'objet de la demande, et par suite de tout exploit qui présenterait des irrégularités telles qu'il ne mettrait pas le défendeur à même de connaitre l'action dirigee contre lui, et d'y répondre. On dit que les nullités ne sont pas favorables; soit; mais peut-on inférer de cette maxime que le défaillant doive être présumé avoir renoncé aux exceptions existant en sa faveur, quand son absence peut s'expliquer souvent par l'irrégularite même de l'exploit. Vainement dit-on que, d'après l'art. 173, les nullités se couvrent par le silence de la partie. Cette article ne s'exprime point ainsi; il décide que la nullité est converte, *si elle n'est proposée avant toute défense ou exception*, etc., ce qui montre qu'il entend parler du cas ou le défendeur est présent à l'audience, et non du cas où il est défaillant. Le défaillant n'éprouvera, dit-on, aucun préjudice, parce qu'il pourra toujours proposer ses nullités sur l'opposition au jugement; mais pourquoi lui imposer la charge de plaider en opposition. Enfin, Dalloz invoque, a l'appui de son opinion, la disposition de l'art. 150 C. pr. et l'autorité de Rodier, sur l'art. 3, tit. 6 de l'ord. de 1667. Quant à l'arrêt du 23 mess. an 9, invoqué par Carré, il ne décide point la question. — Voy. cet arrêt, D.A. v° Jugement.

309. — Le jugement des exceptions de nullité doit-il, comme celui des exceptions de renvoi, être séparé du jugement du fond? Oui, suivant Carré et Favard, lorsque la nullité est péremtoire en la forme, c'est-à-dire a pour but d'aneantir l'instance, car il est inutile de se livrer à l'examen long et dispendieux du fond, qui peut s'évanouir devant un moyen de nullité. Non, suivant Dalloz, car l'art. 173 n'a pas étendu aux exceptions de nullité la règle portee par l'art. 132 relativement aux déclinatoires; et quant à l'arrêt du 5 mars 1810, invoqué par Carré, il est sans application à l'espece (Voy. cet arrêt, D.A. v° Appel). — Il ne faut donc pas distinguer entre les exceptions de nullité péremptoires quant à la forme, et celles qui tendent à l'annulation d'un acte de procédure en laissant subsister l'instance; toutes peuvent être jointes au fond; mais le juge, investi à cet égard d'une sorte d'arbitraire, ne doit ordonner la jonction d'une exception de nullité péremptoire de l'instance qu'autant que cette exception offre peu de chances de réussite; et quand la jonction n'a pas eu lieu, il convient d'accorder au defendeur dont l'exception est rejetée le temps nécesaire pour préparer sa défense au fond. — D.A. 7, 609, n. 12.

310. — Jugé ainsi que les tribunaux peuvent statuer sur les moyens de forme et sur ceux du fond par un seul et même jugement, si les parties ont respectivement conclu sur le fond — 31 janvier 1821. Req. Tourailles D.A. 7. 618. D.P. 21. 1. 395.

311. — Décidé cependant que le jugemnt qui annulle l'exploit introductif d'une instance comme ayant été signifié au domicile d'une société après sa dissolution, ne peut pas en même temps statuer sur le fond du procès, même sur la demande des parties. — 19 déc. 1812. Paris. Sarradles.

§ 2. — Des exceptions de nullité d'exploit et d'actes de procédure en matière correctionnelle et de police.

312. — De ce que les art. 146 et 184 C. d'inst. cr. ne déclarent couverte, faute d'avoir été proposée avant toute exception et défense, que la nullité résultant de ce que la citation a été donnée à un délai trop court, Dalloz conclut que les autres nullités sont proposables en tout état de cause. Il y aurait, ajoute-il, trop de sévérité à priver un prévenu d'un moyen de forme que, dans son ignorance, il n'aurait pas aperçu d'abord, surtout si ce moyen était de nature à lui faire obtenir le bénéfice de la prescription. Cet auteur ne pense même pas qu'il y ait lieu, lorsque la citation est donnée directement à la requête de la partie civile, de s'écarter de la règle qu'il établit, même en ce qui concerne l'intérêt civil des parties; attendu qu'on ne peut distinguer là où la loi ne l'a pas fait; d'ailleurs, la partie civile ne peut obtenir une réparation pécuniaire qu'en faisant déclarer le prévenu coupable, et il serait bizarre d'interdire au prévenu d'exciper de la nullité de la citation contre la partie civile auteur de cette nullité, tandis qu'il pourrait l'opposer au ministère public à qui elle serait étrangère. — D.A. 7. 620, n. 1 et 2.

313. — Mais il a été décidé, contrairement à cette doctrine, qu'en matière correctionnelle, comme en matière civile, et specialement en matière forestière, la défense au fond couvre les nullités d'un exploit, encore que le vice d'où résultent ces nullités n'étant que dans l'original, n'ait pu être connu de la partie qui a reçu la copie, comme s'il s'agit du défaut d'enregistrement. — 24 mai 1811. Cr. c. Forêst C. Landes. D.A. 7. 620. D.P. 2. 109.

314. — De même, un prévenu, qui s'est défendu en première instance, ne peut demander, en appel, pour la première fois, la nullité de la citation introductive de l'action, en ce que l'original ne serait pas signé par l'huissier, cette nullité étant couverte par la défense au fond, sans l'avoir préalablement proposée; ainsi, est nul un jugement sur appel qui, dans de telles circonstances, prononce cette nullité. — 20 juill. 1832. Cr. c. Balat. D.P. 32. 1. 364.

315. — Jugé aussi que la nullité d'une assignation en matière de delit politique par la voie de la presse, résultant de l'abréviation des délais déterminés par l'art. 17 de la loi du 26 mai 1819, est couverte par la comparution du prévenu, lorsqu'il ne l'a pas proposee de suite. — 24 juill. 1834. Cr. r. *Le Progressif de l'Aube*. D.P. 34. 1. 426.

316. — Et qu'on ne peut pas se faire un moyen de nullité, de ce qu'une cour aurait jugé par un seul et même arrêt plusieurs affaires correctionnelles, qu'elle a reconnues n'être pas connexes, lorsque la division de ces affaires n'a été demandée ni en première instance ni en appel, et que, d'ailleurs, la cour a statué sur chacune d'elles, par une disposition distincte de son arrêt (C. inst. cr. 227). — 8 mai 1828. Cr. r. Alard. D.P. 28. 1. 238.

317. — De même la nullité qui pourrait résulter dans un jugement de première instance, de ce que le juge d'instruction aurait excedé ses pouvoirs en saisissant ou en faisant saisir par un commissaire de police, pour les soumettre à l'investigation, les livres et papiers domestiques d'un négociant, afin de vérifier sa déclaration comme témoin, ne constitue point une nullité d'ordre public; dès lors, si elle n'a point été proposée en appel, elle ne peut fournir une exception recevable devant la cour de cassation. — 12 avril 1834. Req. Paris. Corbie D.P. 34. 1. 237.

318. — La citation au bureau de police, quoique donnée par un huissier non attaché à la justice de paix, vaut comme avertissement, et ne peut être annulée d'office, lorsque la partie assignée et présente ne s'en plaint pas (C. inst. cr. 145, 147). — 25 fév. 1815 Cr. c. Min pub. C. Allard. D.A. 7. 620. D.P. 2. 109.

319. — La comparution volontaire et spontanée des parties peut, sans aucune citation préalable ni ordonnance de renvoi, saisir les tribunaux correctionnels, lorsqu'ils sont d'ailleurs compétens à raison du fait qui leur est deféré. — 25 janv. 1828. Cr. c. Forêts C. Morin. D.P. 28. 1. 108.

320. — Du reste, en admettant, avec quelques uns des arrêts ci-dessus, que l'art. 173 C. pr. soit applicable aux matières correctionnelles et de police, il faut restreindre cette application aux irrégularités de la citation et des autres actes de procedure, et ne point l'étendre aux nullités d'une poursuite provenant, par exemple, des vices essentiels dont le procès-verbal servant à constater le délit se trouverait entaché. Quand le procès-verbal est nul, la preuve légale du delit ou de la contravention n'existe plus, et toujours un prévenu est recevable à se prévaloir du défaut de preuve du délit qui lui est reproché. — D.A. 7. 620, n. 3.

321. — Jugé en ce sens que les nullités de forme des procès-verbaux, en matière de droits-réunis, ne sont pa des simples nullités d'instruction et de procédure qui doivent nécessairement être proposées *in limine litis*... Elles constituent au contraire des exceptions péremptoires, qui, tombant sur le titre même de l'action et tendant à l'anéantir, peuvent, comme telles, être proposées en tout état de cause, et par conséquent pour la première fois sur l'appel. — 10 avril 1807. Cr. r. Contr. ind. C. Pichard. D.A. 11. 416, n. 25.

322. — Jugé encore que la nullité des actes introductifs de la procédure, en matière de délits forestiers et résultant de l'absence de formalités substantielles dans le procès-verbal, peut être proposée par le prévenu, même après la defense au fond. — 8 mars 1833. Bordeaux. Forêts C. Sassoubre. D.P. 34. 2. 84.

323. — La nullité d'un acte d'appel, tirée de ce qu'il n'aurait pas été consigné dans les dix jours sur les registres tenus à cet effet au greffe correctionnel, peut être proposée pour la première fois devant la cour où l'affaire aura été renvoyée par la cour de cassation, quoique cette nullité n'ait pas été proposée devant la première cour d'appel, ni devant la cour de cassation (L. 29 avril 1806, art. 2; C. inst. cr. 203). — 27 sept. 1828. Cr. c. Moreau. D.P. 28. 1. 428.

324. — En matière criminelle, on ne peut présenter, après l'arrêt définitif de la cour d'assises, des moyens de nullité contre des actes de procédure, antérieurs à l'arrêt de mise en accusation. — 22 avril 1830. Cr. r. Gairal. D.P. 30. 1. 220.

ART. 4. — *Des exceptions dilatoires.*

§ 1er. — Des exceptions dilatoires en général.

325. — La compétence du tribunal reconnue, et la procédure jugee régulière, le moment est venu de proposer les exceptions dilatoires, c'est-à-dire qui tendent à différer la décision du litige.

326. — Il y a d'autres exceptions dilatoires que celles mentionnées sous le § 4, tit. 9 C. pr. Ce sont, en général, toutes celles qui ont pour but direct de faire différer le jugement du proces; par exemple, les demandes en remise de la cause à un jour plus éloigné, les exceptions de discussion et de division que la caution peut opposer, aux termes des art. 2022 et 2026 C. civ., etc. Aussi Pigeau, t. 1er, p. 179, dit-il que l'exception de discussion doit être présentée simultanément avec l'exception de garantie, par application de l'art. 186 C. pr. — D.A. 7. 621, n. 2.

327. — L'art. 186 C. pr. exige que les exceptions dilatoires soient proposées conjointement; mais cet article ne s'applique pas à la demande en remise, qui est essentiellement de nature à pouvoir être proposée en tout état de cause, dès l'instant qu'il survient un motif capable de la justifier. — D.A. 7. 621, n. 2.

328. — Berriat, p. 227, note 2, et Carré, *Lois de la proc.*, t. 1er, p. 492, pensent même que cette disposition de l'art. 186 C. pr. n'a rien d'inflexible. Ils citent l'exemple des demandes incidentes qui, nonobstant l'art. 338, sont admises dans la pratique, quoique non présentées simultanément, toutes les fois qu'il parait que leur présentation successive n'est pas un artifice employé afin d'eterniser le procès. — D.A. 7. 621, n. 2.

329. — Jugé cependant que toutes les exceptions contre une demande doivent être proposées simultanément; en conséquence, sont non-recevables des conclusions en sursis, lorsque, dans une première audience, on s'est borné à demander la communication des pièces. — 27 nov. 1828. Paris. Berthoud. D.P. 29. 2. 247.

330. — L'art. 186 exige aussi que toutes les exceptions dilatoires soient proposées *avant toutes défenses au fond*. Il ne doit être dérogé à cette règle que pour les demandes en remise, qui sont essentiellement proposables en tout état de cause. — D.A. 7. 621, n. 3.

331. — La disposition de l'art. 27 C. pr., d'après laquelle l'individu condamné au possessoire, ne peut se pourvoir au pétitoire qu'après avoir satisfait aux condamnations contre lui prononcées, ne consacre qu'une exception purement dilatoire, qui n'est pas proposable après qu'il a été défendu au fond..., et quelles que soient les réserves faites à cet égard (C. pr. 27, 173, 186). — 13 fév. 1829. Bourges. Villoudi. D.P. 29. 1. 270.

332. — La réserve, en défendant au fond, d'opposer une exception purement dilatoire, telle, par exemple, que celle résultant du défaut de paiement des frais faits au possessoire, ne conserve pas l'exception. — 20 mars 1826. Bordeaux. Lassale. D.P. 26. 2. 209.

333. — Il a été jugé que l'exception prise de ce que la demande est prématurée, est une exception dilatoire, et ne peut, par conséquent, être proposée pour la première fois sur l'appel; ainsi, le colon contre lequel est dirigée une demande en congément, ne peut, après avoir plaidé au fond en première instance, opposer devant la cour que la demande est précipitée, attendu qu'il y a lieu à une continuation de jouissance par tacite reconduction. — 11 sept. 1813. Rennes. Picholat. D.A. 7. 621.

334. — Cette décision parait erronée. Il ne faut pas regarder comme dilatoires les exceptions dont le but est de faire rejeter une demande quant à présent, sauf au demandeur à la reproduire plus tard, comme l'exception d'un débiteur poursuivi avant l'échéance du terme, d'un fermier actionné avant l'expiration du bail, etc. Ces exceptions et autres du même genre, quoique n'écartant pas l'action sans retour, en anéantissent l'exercice actuel; dès lors, elles sont

péremptoires de l'instance, et ne peuvent être assimilées aux exceptions dilatoires qui laissent subsister l'instance, et n'ont pour but que d'en prolonger la durée en différant le jugement. — D.A. 7. 621, n. 4.

§ 2. — *De l'exception tirée du délai pour faire inventaire et délibérer.*

335. — L'art. 174 C. pr., qui autorise cette exception, n'étant que la répétition des art. 795, 797, 798, 800, 1456, 1458 et 1459 C. civ., c'est aux mots *communauté, donation, succession*, que sont examinées les questions relatives au délai accordé par ces articles pour faire inventaire et délibérer. On se bornera à faire observer ici :

1° Que quoique la généralité des termes de l'art. 186 C. pr. semble écarter l'idée de toute dérogation à l'obligation de proposer, avant toutes défenses au fond, l'exception établie par l'art. 174 C. pr., néanmoins celui qui devient héritier de son litis-consort, depuis les plaidoiries au fond, peut exciper du délai pour faire inventaire et délibérer, du chef de ce cointéressé auquel il succède : on ne peut être présumé avoir renoncé au bénéfice d'une exception, avant l'événement qui fait naître le droit de la proposer. — D.A. 7. 622, n. 2.

2° Que si l'action exercée contre les personnes auxquelles est accordée l'exception dont parle l'art. 174, n'avait trait qu'à des mesures purement conservatoires, que l'héritier, la veuve, la femme séparée auraient eux-mêmes le droit de provoquer, sans prendre pour cela qualité, d'après les art. 779 et 1454 C. civ., elles ne pourraient opposer à cette action l'exception dont il s'agit. — D.A. 7. 622, n. 3.

§ 3. — *De l'exception de garantie.* — V. Garantie.

ART. 5. — *De la communication des pièces.*

336. — La demande en communication de pièces n'est pas, comme on l'a prétendu, une simple voie d'instruction : c'est une exception véritable, considérée comme telle par la loi, et la dernière des exceptions relatives à l'instance, ce qui ne permet pas aux parties de la proposer avant les autres sans renoncer tacitement à celles-ci, sauf toutefois les modifications exprimées dans les articles précédens. — D.A. 7. 628, n. 1.

337. — Les parties peuvent respectivement demander communication des pièces employées contre elles (C. pr. 188).

338. — Le droit de demander la communication de pièces existe dans les contestations commerciales, comme dans les procès civils. — 14 mai 1821. Civ. c. Guadeloupe. Crespin. D.A. 7. 632. D.P. 21. 1. 328 (1)

339. — Il existe pareillement dans les contestations portées devant le juge de paix ou devant des arbitres ; car il constitue un attribut de la défense qui, sans cette communication, serait souvent impossible — D.A. 7. 628, n. 2.

340. — Quoiqu'il semble résulter de l'art. 188 que les pièces *employées* ou *signifiées* dans l'instance soient les seules dont on puisse demander la communication, néanmoins Carré, n. 788, et Fav., v° Exception, § 5, estiment, 1° qu'une partie a le droit de demander la communication d'un titre qui lui est commun avec son adversaire, comme un acte de partage, et cela, par la raison que la rétention de ce titre par l'adversaire deviendrait un moyen de requête civile ; 2° que toute partie a également le droit de requérir l'apport et la communication des pièces qui peuvent servir à l'instruction de la cause, en quelque lieu qu'elles soient déposées. Dalloz décide aussi que les termes de l'art. 188 ne sont pas limitatifs ; que le brocard *nemo tenetur edere contrà se* ne doit pas être admis dans un sens absolu ; qu'enfin il serait immoral de proclamer l'obligation pour le juge d'accueillir une action dont une pièce qu'on sait être entre les mains du demandeur pourrait démontrer l'injustice, si cette pièce était représentée. — D.A. 7. 629, n. 5.

341. — La maxime *nemo tenetur edere contrà se* n'est pas absolue ; on peut, en matière commerciale, y déroger en faveur du défendeur. Ainsi, le négociant qui est assigné par un autre, en paiement d'une somme dont il prétend s'être libéré entre les mains d'un tiers, ayant pouvoir de recevoir pour le demandeur, peut demander la communication des pièces, tendant à prouver tant le fait de la libération que la qualité du tiers entre les mains duquel il l'a opérée, encore que le demandeur n'ait fait aucun emploi de ces pièces. — 15 juin 1822. Bruxelles. Deloosse. D.A 7. 633. D.P. 2. 111.

342. — Des titres pouvant être l'objet d'une action *ad exhibendum*, lorsqu'il s'agit de fonder une demande ou d'étayer une exception, il s'ensuit que celui dont on a géré les affaires a le droit d'exiger la communication des livres ou journaux qui ont été tenus pour cette gestion. — 13 janv. 1820. Bruxelles. Vanhoute. D.A. 10. 730, n. 2 D.P. 2. 857, n. 2.

343 — Une pièce communiquée, dans une contestation, aux personnes chargées d'y statuer, et, par exemple, à des arbitres, devient commune : en conséquence, elle ne peut être enlevée par la partie qui l'a produite, sans le consentement de l'autre (C. pr. 188, anal.). — 3 vent. an 10. Paris. Hupaix. D.A. 1. 743. D.P. 1. 275.

344. — Pour que la mauvaise foi n'abuse pas d'une garantie donnée à la défense, les tribunaux, lorsqu'une première communication a été ordonnée, ont le droit d'en refuser une seconde des mêmes pièces, et ne doivent l'autoriser qu'avec réserve. Même ils pourraient, ce semble, n'avoir aucun égard à une première demande, si la pièce dont la communication serait requise était évidemment sans influence sur le sort de la contestation. — D.A. 7. 629, n. 2.

345. — On ne peut, sur l'appel, refuser de communiquer une pièce, sous prétexte qu'elle l'a été en première instance. — 9 déc. 1807. Rouen. Delabarre. D.A. 7. 631. D.P. 2. 110.

346. — Il serait en effet rigoureux de refuser, sous ce prétexte, la communication à l'avoué d'appel. Ce serait inviter l'avoué de première instance à faire toujours transcrire les pièces qu'il prendrait en communication, ce qui serait onéreux pour les parties. Les copies d'ailleurs pourraient ne pas toujours tenir lieu de l'examen des originaux. — D.A. 7. 629, n. 3.

347. — La communication qui est faite ainsi de nouveau en appel, doit l'être aux frais de la partie qui la requiert. — 9 déc. 1807. Rouen. Delabarre. D.A. 7. 631.

348. — Cependant un autre arrêt de la même cour, du 24 déc. 1807, arrêt cité par le *Journal des avoués* a, dans un cas analogue ordonné aussi la communication, mais en réservant les dépens pour être supportés par la partie qui succomberait au fond.

349 — Carré semble admettre la première de ces décisions, t. 1er, p. 404 ; Dalloz adopte la seconde. Si, dit-il, la communication repose sur un motif sérieux, celui qui la demande ne fait qu'user d'un droit légitime qui ne doit être à sa charge qu'autant qu'il succombe au fond, et si la demande n'est pas motivée, comme, par exemple, si le titre n'est d'aucun intérêt ou s'il est constant que l'avoué de première instance en a pris une copie que possède son client, la communication doit être refusée D.A. 7. 629, n. 3.

350. — La communication de pièces n'est pas nécessaire sur l'appel, avant de prononcer sur la question, déjà résolue en première instance, de savoir si l'intervention de diverses parties doit être formée par requêtes séparées. — 31 juill. 1811. Rouen. C. D.A. 7. 631. D.P. 2. 110.

351. — Le défendeur ne peut demander une communication de pièces, lorsque le demandeur ne se fonde que sur une convention verbale. — 1er juin 1832. Poitiers. Sapineau. D.P. 32. 2. 170.

352. — La défense faite aux juges d'interdire ou d'entraver le droit de défense, ne leur ôte pas le pouvoir de *décider*, d'après les faits de la cause, si la communication de toutes les pièces nécessaires à cette défense a eu lieu. — 23 nov. 1829. Req. Colmar. Schirmer. D.P. 30. 1. 41.

353. — Il est facultatif au juge d'ordonner la production des livres d'un commerçant, et, s'il la refuse sous prétexte qu'elle est frustratoire, sa décision échappe à la censure. — 13 août 1833. Req. Orléans. Luzel. D.P. 33. 1. 361.

354 — Une communication de pièces peut être ordonnée sans blesser les intérêts ni les droits de la partie qui est condamnée à cette communication, lorsque le jugement, ou l'arrêt qui l'ordonne, ne préjuge rien sur les qualités des parties. — 23 fév. 1830. Req. Caen. Auvray. D.P. 30. 1. 140.

355. — La communication doit être demandée, suivant l'art. 188 C. pr., dans les trois jours où les pièces ont été signifiées ou employées.

356. — Cet article suppose évidemment un emploi ou une signification de pièces dans le cours de l'instance : aussi, malgré ses termes trop généraux, Carré et Dalloz pensent que le délai dont il parle ne court que du jour de la constitution d'avoué, relativement aux titres signifiés en tête de l'exploit introductif d'instance ; autrement le délai ordinaire accordé au défendeur pour constituer avoué, serait singulièrement abrégé, toutes les fois qu'il y a lieu à l'exception de communication de pièces. — D.A. 7. 629, n. 4.

357. — Le délai de trois jours n'est point prescrit à peine de déchéance. — 14 mai 1821. Civ. c Guadeloupe. Crespin. D.A. 7. 632 et 629, n. 4. D.P. 21. 1. 328.

358. — La communication se demande par un simple acte d'avoué à avoué (C. pr. 188). Si elle est refusée, on peut la faire ordonner par jugement.

359. — Le refus volontaire de la part d'une partie, d'exécuter le jugement qui la condamne à communiquer les pièces qu'elle aurait invoquées, ferait regarder ces pièces comme non avenues, et même autoriserait le juge à tirer de ce refus des inductions favorables à l'autre partie.

Si le défaut de communication était involontaire, par exemple, si la pièce se trouvait détruite ou égarée, ce serait au juge à prononcer, eu égard aux circonstances : on ne saurait guère établir de règles à ce sujet. — D.A. 7. 630, n. 8.

360. — La communication est faite entre avoués sur récépissé ou par dépôt au greffe : les pièces ne peuvent être déplacées, si ce n'est qu'il y en ait minute, ou que la partie y consente (C. pr. 189).

361. — Le choix entre les deux modes de communication indiqués par l'art 189 appartient à l'avoué qui fait la communication ; car elle constitue une obligation de sa part, et dans toute obligation alternative, l'option appartient au débiteur. — D.A. 7. 629, n. 8 ; Delaporte, t. 1er, p. 193.

362. — La partie qui a pour adversaire le greffier du tribunal où l'affaire est pendante, peut s'opposer à ce que des minutes de notaire dont l'apport est demandé par sa partie adverse, soient déposées au greffe. Dans ce cas, on peut ordonner le dépôt au greffe de la justice de paix — 1er mai 1817. Bruxelles. D'hondt. D.A. 7. 632. D.P. 2. 110.

363. — Si, hors d'instance, le dépôt des livres et papiers d'une faillite doit être fait chez les syndics où chacun des créanciers peut en aller prendre connaissance, il n'en est plus de même en instance réglée, où les créanciers ont pour adversaires les syndics de la faillite. Dans ce cas, la communication doit avoir lieu par la voie du greffe du tribunal de commerce. — 4 oct. 1811. Rennes. T .. D.A. 7. 631. D.P. 2. 110.

364. — Lorsque plusieurs défendeurs ayant le même intérêt ont des avoués différens, la communication ne doit être donnée qu'à l'avoué le plus ancien.

365. — Si la communication a lieu à l'amiable, l'avoué qui l'a fait dresse un état des pièces communiquées, au bas duquel l'autre avoué appose son récépissé. Si c'est par la voie du greffe, le greffier dresse un acte de dépôt, dont il est donné connaissance à l'adversaire par acte d'avoué à avoué. Lorsque la communication a lieu avec déplacement des pièces, un récépissé daté doit être délivré au greffier par l'avoué qui prend communication.

366. — Toute pièce produite dans un procès devient commune aux parties qui sont en cause, en ce sens que celles à qui elle est opposée ont le droit d'en obtenir communication, et qu'elle ne peut être retirée du procès sans leur consentement. Ainsi jugé par un arrêt de la cour de Besançon, du 12 avril 1818, relativement à une pièce produite dans une instruction par écrit, et par un arrêt de la cour de Paris, du 14 therm. an 10, au sujet d'un titre présenté dans un arbitrage. — D.A. 7. 630, n. 7.

367. — Une amende est prononcée contre quiconque soustrait des pièces par lui produites (V. C. pén., art. 409).

368. — Lorsqu'une pièce communiquée par la voie du greffe paraît fausse, ou lorsqu'elle est le titre d'une obligation déjà acquittée, il peut être formé entre les mains du greffier opposition à la remise de cette pièce (Pig., 1, 234). Si la communication a eu lieu entre avoués, l'avoué auquel une pareille pièce a été communiquée, peut la déposer au greffe, et s'opposer à la remise jusqu'à ce que l'adversaire ait déclaré s'il entend faire usage de la pièce (Bioche, *Dict. de pr.*, 2, 468) On peut aussi se dispenser de l'opposition et laisser retirer le titre en le faisant parapher par le greffier et en en faisant dresser une copie figurée et certifiée. — Pig., *loc. cit.*

369. — Le délai de la communication est fixé ou par le récépissé de l'avoué, ou par le jugement qui l'a ordonnée : s'il n'est pas fixé, il est de trois jours

(1) Sur la communication des pièces en matière commerciale, V. Commerçant, § 4.

(C. pr. 190); et il peut être prorogé, s'il est nécessaire.

370. — Si, après l'expiration du délai, l'avoué n'a pas rétabli les pièces, il est, sur simple requête et même sur simple mémoire de la partie, rendu *une ordonnance* portant qu'il sera contraint à ladite remise incontinent et par corps; même à payer 3 fr. de dommages-intérêts à l'autre partie par chaque jour de retard, du jour de la signification de ladite ordonnance, outre les frais desdites requêtes et ordonnances, qu'il ne peut répéter contre son constituant (C. pr. 191)

371. — L'ordonnance et la requête sont à la fois signifiées à l'avoué rétardataire par un huissier commis par l'ordonnance, ou par une ordonnance nouvelle rendue sur requête.

372. — Ce n'est pas au tribunal entier, mais seulement au président, qu'il faut s'adresser pour obtenir contre l'avoué l'ordonnance de contrainte en remise des pièces communiquées. — L'opinion contraire, émise par Pigeau. t. 1er, p. 194, par les auteurs du *Praticien*, t. 2, p. 47, et par le *Journ. des avoués*, t. 1er, p. 17, est combattue, avec raison, par Hautefeuille, p. 128; Carré, *Lois de la proc*, t. 1er, p. 499; Favard, Rép., v° Exception, § 5, n. 3. — Les motifs de cette dernière opinion sont, 1° que l'art. 191 n'exige qu'une *ordonnance*, qui est l'œuvre d'un seul juge : 2° que si le législateur avait voulu un jugement, il n'eût prescrit qu'un avenir et non une requête, comme il l'a fait dans l'art. 107, relatif à la remise des pièces prises en communication dans une instruction par écrit; 3° qu'il a été et qu'il est encore d'usage de ne recourir en pareil cas qu'au président, et que cette voie est plus prompte et moins dispendieuse. — D.A. 7. 650, n. 9.

373. — En cas d'opposition (de la part de l'avoué contre l'ordonnance du président), l'incident est réglé sommairement; si l'avoué succombe, il est condamné personnellement aux dépens de l'incident, même en tels autres dommages-intérêts et peines qu'il appartient, suivant la nature des circonstances (C. pr. 192).

374. — Cette opposition, qui se fait par requête, ne peut excéder deux rôles (Tarif 75). La réponse ne peut non plus excéder deux rôles de grosse.

ART. 6. — *Des exceptions du fond ou fins de non-recevoir.*

375. — Ce sont celles qui tendent à anéantir non seulement la demande ou l'instance, mais le droit même en vertu duquel elle est exercée; on les appelle fins de non-recevoir, parce que leur but est d'empêcher que le demandeur ne soit reçu à prouver le fondement de sa prétention; telles sont les exceptions d'incapacité, de chose jugée, de défaut d'intérêt, de compensation, de prescription, et une infinité d'autres. — D A. 7. 634, n 1.

376. — Ces exceptions sont régies par d'autres règles que les *fins de non-procéder* dont on a parlé jusqu'ici. Ces dernières n'ont guère pour effet que retarder le jugement de la contestation sur le fond de laquelle elles sont le plus souvent sans influence: elles sont peu favorables, et l'on est aisément présumé avoir voulu y renoncer. Les fins de non recevoir, au contraire, ayant toutes pour objet de terminer le procès, se présentent avec toute la faveur qu'inspire la défense, et comme l'abandon n'en est guère probable, on est toujours admis à s'en prévaloir, à moins que, d'après les circonstances, on ne doive être présumé y avoir renoncé (C. civ. 2224). — D.A. 7. 634, n. 1, et 2.

377. — Jugé, d'après ces principes, que l'on peut opposer la compensation en tout état de cause. — 4 août 1806. C. cass. Req. Labrousse. D.A. 7. 635. — V. cependant v° Ratification l'arrêt de la cour de cass., du 18 nov. 1833 (Affaire Chalambel).

378. — Comme aussi l'exception prise du défaut d'intérêt. — 4 avril 1810. Req. Bruxelles. Fasciaux. D A. 7. 635. D.P. 10. 1. 159.

379. — L'exception tirée de l'acquiescement peut aussi être opposée en tout état de cause. — V. Acquiescement, § 2.

380. — Il en est de même de la caducité d'une donation, quoique les héritiers du donateur se soient bornés, en première instance, à attaquer cette donation comme nulle pour défaut d'insinuation. — 24 janv. 1822. Req. Guadeloupe. Hérit. Roux. D.A. 6. 241. D.P. 22. 1. 180.

381. — .... De la fin de non-recevoir contre un appel, tirée de ce que le jugement est en dernier ressort. — 2 avril 1827. Bastia. Trésor C. Orto. D.P. 27. 2. 149. — 7 fév. 1834. Lyon. Cros. D.P. 34. 2. 128.

382. — Cette fin de non-recevoir peut même être prononcée d'office par les juges d'appel. — 2 janv. 1830. Bourges. Cottin. D P. 31. 2. 78.

383. — Peut aussi être proposée en tout état de cause l'exception résultant contre une commune du défaut d'autorisation. — 25 juill. 1830. Bordeaux. Marchand. D P. 30. 2. 271.

384. — .. L'exception tirée du défaut de qualité du demandeur ou du défendeur. — 24 août 1825. Pau. Gaimet. D.P. 29. 1. 34. — 16 mars 1827. Bordeaux. Gardet. D.P. 28. 2. 39. — 31 août 1831 Req. Caen. Not. de Caen. D.P. 31. 1. 325.

385. — Telle est, par exemple, l'exception proposée par le prieur d'une association religieuse non autorisée, tirée de ce qu'il n'a pas qualité pour représenter cette association. — 27 janv. 1825. Aix. Pénitens d'Arles. D.P. 26. 2. 131.

386. — Telle est aussi l'exception prise de ce qu'un individu ne justifie pas qu'il soit propriétaire d'un terrain. — 15 juill. 1826. Amiens Nattier. D.P. 28. 2. 253.

387. — Telle est encore celle résultant d'une contestation d'état. — 14 avril 1833. Req. Rouen. Gaulon. D P. 33. 1. 173.

388. — Jugé, au contraire, que le défaut de qualité pour agir ne peut être proposé pour la première fois en appel. — 28 janv. 1831. Colmar. Lienhart. D.P. 31. 2. 108.

389. — Jugé dans le même sens que lorsque le mari a exercé seul une action immobilière de sa femme, si l'exception n'a été prononcée ni en première instance, ni en appel, il ne peut s'en faire un moyen de cassation. — 24 août 1825. Req. Colmar. Foltz. D.P. 25. 1. 430.

390. — L'exception de chose jugée peut être admise d'office, si la partie qui pouvait l'invoquer, a déclaré s'en rapporter à justice, et ne pas prendre de conclusions. — 7 juill. 1829. Req. Montpellier. Brail. D.P. 29. 1. 415.

391. — Jugé cependant que dans le cas où un jugement de police correctionnelle a déclaré un légataire coupable de vol envers la succession du testateur, et où le legs a été révoqué, à raison de ce délit, par les tribunaux civils; si, sur renvoi après cassation, une cour royale annulle le legs, pour injure faite à la personne du testateur, le légataire ne peut invoquer la violation de la chose jugée, qu'autant qu'il a fait valoir cette exception devant la cour royale. — 24 déc. 1827. Civ. r. Chantereau. D.P. 28. 1. 72.

392. — L'exécution sans réserve d'un jugement nul, comme ne contenant ni les points de fait et de droit, ni les motifs, couvre cette nullité, et rend l'appelant non-recevable à la proposer. — 8 juill. 1830. Poitiers. Blondeau. D.P. 30. 2. 259.

393. — Sous l'empire des lois romaines, toutes les exceptions tendant à la preuve de la libération du débiteur étaient admissibles dans les termes du droit commun, et proposables pendant la durée de temps admise par ce droit, à la charge seulement que le débiteur qui avait laissé expirer le délai fixé pour l'exception particulière, devait en administrer la preuve, devenant demandeur à cet égard. — 24 août 1815 Req. Gènes. Zoppi. D.A. 10. 719, n. 3. D.P. 15. 1. 485.

394. — La nullité d'un acte de procédure résultant non de l'irrégularité de sa forme, mais de l'expiration du délai dans lequel cet acte devait être fait, doit-elle être proposée avant toute défense au fond; ou bien peut-elle l'être en tout état de cause? A l'appui de la première opinion, on peut dire que l'art. 173 C. pr. ne distingue pas entre les diverses causes de nullité des actes de procédure. — Nous pensons cependant que lorsqu'il s'agit d'un exploit ou d'un acte de procédure dont l'omission, dans le délai fixé par la loi, entraîne l'anéantissement, non pas seulement de l'instance, mais du droit même en vertu duquel elle est poursuivie, l'exception résultant de l'expiration du délai constitue une exception proposable en tout état de cause. L'art. 173 C. pr. ne parle que des nullités, et la déchéance existante dans le cas dont il s'agit, constitue une véritable prescription qui, d'après l'art. 2224 C. civ., peut toujours être opposée, à moins qu'on ne soit présumé, d'après les circonstances, y avoir renoncé — D.A. 7. 634, n. 3.

395. — Jugé ainsi que l'on peut proposer, en tout état de cause, la forclusion prononcée en matière d'ordre par l'art. 756 C. pr., à moins qu'il ne résulte des circonstances qu'on y a renoncé. — 9 janv. 1827. Grenoble. Bouvard. D.P. 28. 2. 99.

396. — .... La nullité résultant contre le créancier surenchérisseur de ce qu'il n'a pas signifié, dans les quarante jours, sa surenchère au vendeur ou à ses représentans (2185, n. 3), la réquisition de mise aux enchères n'étant ni un exploit, ni un acte de procédure. — 13 août 1829. Bourges. Delasle. D.P. 30. 2. 128.

397. — .... La nullité d'une enquête ou contre-enquête prise de l'inobservation des délais. — 8 août 1832 Toulouse. Panassier. D.P. 33. 2. 45.

398. — .... La nullité résultant de la tardiveté d'un appel : cette nullité peut être proposée par l'intimé, même après qu'il a obtenu, sans l'invoquer, un arrêt par défaut; et sur l'opposition formée à cet arrêt par l'appelant — 3 niv. an 8. Civ. c. Bayssélance. D.A. 7. 634. D.P. 2. 111. — 15 janv. 1829. Angers. Grimoux. D.P. 29. 2. 228.

399. — ... Il a été jugé, au contraire, que la déchéance qu'on peut opposer contre un appel tardif, est couverte par des conclusions prises sur le fond, bien que la renonciation au bénéfice de la déchéance ne soit pas expresse. — 18 nov. 1809. Colmar. D.P. 23. 2. 180, n. 4. — 30 nov. 1830. Civ. r. Lyon. Comm. de Saint-Albin. D.P. 30. 1. 406.

400. — Jugé, dans le même sens, que lorsqu'une opposition à un jugement de défaut a été formée, la partie qui défend au fond, sans opposer l'exception tirée de l'expiration des délais, soit pour former opposition, soit pour interjeter appel, est censée avoir renoncé à cette exception, et ne peut plus l'opposer en appel. — 9 janv. 1827. Civ. r. Rouen. Chatigny. D P. 27. 1. 110.

401. — Jugé de même que la fin de non recevoir contre l'opposition à un arrêt par défaut est couverte, si elle n'a été proposée avant toute autre défense, même sur incident. — 30 mars 1807. Bruxelles. Bereinbroeck. D.A. 7. 612 D.P. 2. 107. — 11 janv. 1827. Lyon. Chenzeville. D.P. 30. 1. 236.

402. — Jugé encore, dans le même sens, que l'exception tirée de ce qu'un second jugement par défaut, après un premier jugement de défaut profit-joint, serait insusceptible d'opposition, se couvre par la défense au fond proposée sur cette opposition par la partie qui a obtenu ce jugement..., tellement que, sur l'appel, elle n'est pas recevable à opposer que le jugement était définitif (C. pr. 173, 153, C. civ. 1351). — 1er juill. 1834. Req. Caen. Anfrie. D P. 34. 1. 311.

403. — Il est passé en principe que lors même qu'une action est temporaire, l'exception à cette action est perpétuelle. Mais les observations auxquelles donne lieu l'application de cette règle, seront plus convenablement placées sous le mot Prescription.

404. — Disons seulement ici que cette règle ne s'applique pas au cas où il y a eu exécution du contrat par celui qui oppose l'exception. — 6 fév. 1828. Grenoble. Popon. D.P. 31. 1. 195.

— V. Compétence, Garantie. — V. aussi Acquiescement, Acte respectueux, Action, Action possessoire, Amende, Appel, Appel criminel, Arrêt de défaut, Autorité municipale, Aveu, Avocat, Avoué, Bigamie, Brevet d'invention, Capitaine, Cassation, Caution, Chose jugée, Commerçans, Commissionnaire, Communauté, Communes, Complicité, Conciliation, Conseil d'état, Contrainte par corps, Contributions directes et indirectes, Désaveu, Domaines publics, Douanes, Droits civils, Effet de commerce, Elections départementales, Elections législatives, Elections municipales, Escroquerie, Etranger, Expertise, Exploit, Faillite, Forêts, Frais, Garantie, Garde nationale, Hypothèques, Jeu et Pari, Jugement, Loi, Louage, Ordre, Ordre public, Pension, Péremption, Prescription, Presse, Question préjudicielle, Retrait successoral, Saisie-immobilière, Servitudes, Société, Société commerciale, Stellionat, Substitution, Succession, Témoin, Voirie.

TABLE SOMMAIRE.

Accessoire. 151, 174, s.
Acquiescement. 70, 191, 379, 394.
Acte d'avoué. 303, 358.
Acte respectueux. 279.
Action possessoire. 107, 331, s.
Agent diplomatique. 9.
Aliment. 194.
Appel. 62, 347, s. — nouveau. 124.
Arbitrage. 102, 159, s. 162, 271.
Association illicite. 387.
Audience solennelle. 259, 274, s.
Autorisation. 384.
Avocat. 248.
Bénéfice d'inventaire. 335, s.
Cassation. 202, s. — (appréciation) 333.
Caution. 29, 88. — *judicatum. A*, 5, s. 207. — fixation. 42. — supplément. 49.
Chose jugée. 71, s. 122, 381, s. 400. — (interprétation) 48.
Citation — V. Exploit.
Commandement. 277, s.
Commune. 208, 227, 258, 384.
Communication de pié-

ces. 43, 88, 232, s. 323, 336, s.—(délai) 355. —(formes) 360.
Comparution. 219, s. 273, 319.
Compensation. 377, s.
Compétence. 33.— administrative. 113.—matérielle. 75, 104, s. 139, 247, s 306, s.—personnelle. 112, s. 57, s. 84, suiv.
Compte de tutelle. 123.
Conciliation. 82, s. 225, 289, s.
Conclusion subsidiaire. 190.
Connexité. 5, 139, 142, s. 310.— (tribunal saisi) 171.
Constitution d'avoué. 78, 216.
Contestation en cause. 126, s.
Contrainte par corps. 53.
Date. 154.
Déchéance. 390. — V. Délai.
Déchéance. — V. Nullité couverte.
Déclinatoire. 43, s. 56, s. 186, s. 206, s. 246. —(renvoi) 181, s.
Défendeur. 11, s. 59, 77.
Défense. 352. — au fond. 59, s. 187, s. 206. s, 267, 287, s 312, s. 333, 375, s.—V. Nullité couverte.
Degré de juridiction. 71, suiv.
Délai. 15, 35, s. 62, s. 323, s. 355, 396.— pour délibérer. 335.
Demande principale. 17, s 151, 167.
Demandeur. 2, 14, s. 59, 77
Dépôt au greffe. 360.
Désaveu. 68.
Désignation. 181, s.
Désistement. 138.
Discussion. 326.
Disposition d'office. 34, 104, s. 170, 318, s.
Domicile. 31.
Dommages-intérêts. 44, s.
Droits civils. 22, 31, 58.
Ecrou. 17.
Enquête. 212, 263, s. 281, 292, 399. — sommaire. 265.
Equivalent. 27, s. 264.
Erreur. 255.
Etranger. 6, s. 58, 61, 68, s. 117, s. 131, s.
Evocation. 193, s.
Exception dilatoire. 4, 325, s. 335 s.—péremptoire. 4, 321, s. 375, s.
Exécution. 26. — parée. 262.
Exploit. 263, s. — conventionnel. 312, s. — introductif. 214, s. — V. Nullité.
Faillite. 160, 168, s.
Faux.—V. Inscription de faux.
Fin de non-procéder. 1, s. — de recevoir. 1, 375.
Forclusion. 397.
Frais. 39, 44, 80, 180, 347, 373, s.
Garantie. 93, s. 190, 219, 301, s. 326.
Huissier commis. 371.
Hypothèques. 28, s. 66, 153, s.
Immeuble. 27.
Incident. 125, 176, s. 214, 287, s. 373.
Incompétence.—V. Compétence.
Indivisibilité. 178, 245.
Inscription de faux. 91, 368, s.
Instruction illégale. 317, suiv.
Intérêts. 53.— (qualité) 3, 375, s.
Intervention. 11, 18, s. 227
Inventaire. 335, s.
Jonction. 129, s. 244, s. 309.
Jour férié. 279.
Jugement (mention). 305. —par défaut. 83, s. 140, 244, 260, 281, 286, 300, 308, s. 402. — distinct. 184, s. 309. — préparatoire. 43, 91, 197, s.
Liquidation. 121, 161, s.
Litispendance 64, 118, s. 142, s. 205. — (caractère) 126.
Matière commerciale. 23. —correctionnelle. 312. — criminelle. 10. — de police. 312, s. — sommaire. 180, 373.— urgente. 198, s.
Mesure frustratoire. 353.
Mise au rôle. 251, s 258, suiv.
Moyen nouveau. 38, s. 68, 102, 106, s. 289, 297, s. 314, 391.
Naturalisation. 54.
Nullité couverte. 36, s. 71, s. 263, s. 312, s. 335, s. — V. Défense au fond. — du fond. 210, s. 375, s. — de formes. 206, s. 312, s.—d'office. 305, s. 381, s.— relative. 112.
Offres réelles. 274, s. 283.
Opposition. 294.
Option. 125, 361.
Ordre public. 104, 265, 299, 387, s.— V. Compétence matérielle.
Outrage. 123, 152.
Partage. 125, 156, s.
Péremption. 264.
Préjugé. 354.
Prescription. 375, 405.
Preuve. 2, s.
Priorité. 134, s. 172, s. 206, s.
Privilége. 167.
Procédure. 283. — spéciale. 296.
Production. 227, s. 340, s.—(soustraction) 375. — forcée. 341.
Protêt. 284.
Provision. 199, s.
Qualité 554, 375, s. 385, s. — distincte. 267.
Question d'état. 68. — préjudicielle. 116, s. 198, s.
Radiation. 66.
Récépissé. 360.
Reconvention. 11.
Référé. 109, 289.
Refus. 359.
Registre. 353
Réglement de juges. 79, 137, 149, s. 203, s.
Remise de cause. 79, 327.
Renonciation. 213, s. — V. Défense au fond.
Renvoi. 4, 56, s. 323. — (connexité) 142, s. — V. Connexité.—(forme procédure) 179, s. — litispendance. 118, s. — incompét. 56, s.
Reprise d'instance. 59, 301.
Requête 41.
Réserve. 79, 184. 218, 230, 235, s. 264, 334, s.
Saisie-immobilière. 157, s. 166, 277.
Signification. 263, s.
Société. 161, s.
Sommation d'audience. 249, s.
Succession. 65, 155, s.
Suisse. 21.
Suppression d'écrit. 152.
Surenchère. 398.
Sursis. 116, 325, s.
Traité. 20.
Tribunal de commerce. 84, s. 106, s. 187, s. — correctionnel. 141. — étranger. 127, 131, s.
Ultrà petita. 115.

EXCEPTION *JUDICATUM SOLVI*. — V. Etranger, Exception, Tribunaux.

EXCEPTION PERSONNELLE.— V. Obligation personnelle.

EXCÈS DE POUVOIR. — V. Compétence, Mandat, Tribunaux.

EXCITATION. — V. Animaux, Attentat-Complot, Attentat à la pudeur, Attroupement, Cassation, Presse.

EXCLUSION.—V. Commerçans, Communauté, Complicité, Contrat de mariage, Droits politiques, Elections départementales, Elections législatives, Fabriques, Faillite, Féodalité, Forêts, Garde nationale, Juge, Interdiction, Recrutement, Saisie-immobilière, Substitution, Succession.

EXCLUSION DE COMMUNAUTÉ.— V. Absence, Communauté, Dot, Vente.

EXCUSE.— 1.— En matière criminelle, on entend par *excuses*, soit les circonstances que la loi a spécialement qualifiées telles, et qui, lorsqu'elles sont établies, ont pour effet d'opérer le changement d'une peine afflictive et infamante en une simple peine correctionnelle, soit les circonstances atténuantes qui, sans être assez puissantes pour faire modifier la nature de la peine, peuvent porter le juge à en modérer l'application dans les limites du pouvoir discrétionnaire que la loi lui confie à cette fin.— D.A. 7. 636.

2. — Il est aussi des circonstances qui n'ont pas seulement pour effet de changer ou de faire réduire la peine, mais même d'effacer toute idée de délit et de soustraire l'accusé à toute peine. Nous croyons devoir traiter au même lieu de ce qui concerne les excuses proprement dites, les circonstances atténuantes et les cas exclusifs de culpabilité, attendu l'affinité qui existe entre ces matières.

ART. 1er.— *Des circonstances qui détruisent la culpabilité.*
§ 1er.— *De la démence.*
§ 2.— *De la force majeure.*
§ 3.— *De la légitime défense.*
ART. 2.— *Des excuses déterminées par la loi.*
§ 1er.— *Principes généraux.*
§ 2.— *Des excuses résultant de l'adultère.*
§ 3.— *Des excuses résultant d'un outrage violent à la pudeur.*
§ 4.— *De l'excuse tirée de l'âge de l'accusé.*
§ 5.— *De l'excuse dérivant de la provocation* (1).
ART. 3.— *Des circonstances atténuantes.*
§ 1er.— *De l'ivresse.*
§ 2.— *De l'intention.*
§ 3.— *De la misère et de la faiblesse d'esprit. —Sortilége.*

ART. 1er. — *Des circonstances qui détruisent la culpabilité.*

§ 1er.— *De la démence.*

3. — Il n'y a ni crime ni délit lorsque le prévenu était en état de démence au temps de l'action (C. pén. 64).— 8 brum. an 13. Cr. c. Guillaume. D.A. 12. 953, n. 2.

En effet, il ne peut y avoir délit que là où une intention coupable vient se joindre à un fait nuisible. Or, les actions de l'homme en démence sont destituées de toute moralité. Ce malheureux est en dehors de la loi criminelle, comme il est en dehors de la loi civile; avec cette différence toutefois que l'interdiction est, en général, nécessaire pour faire annuler ses actes civils, tandis qu'en matière de délits, la preuve de la démence suffit pour l'affranchir de toute peine.— D.A. 7. 636.

4.— Ne doit-on entendre par *démence* que l'aliénation totale des facultes intellectuelles, sans aucun intervalle lucide? Non sans doute; toutes les fois que le discernement du prévenu se trouvait, au moment du fait imputé, couvert d'un nuage qui l'a empêché d'apercevoir la moralité de l'action à laquelle il se livrait, on ne saurait le trouver coupable, soit que son esprit ait été égaré par une démence complète et perpétuelle, soit qu'il l'ait été par une aliénation momentanée.— D.A. 7. 636, n. 4.

5. — On doit aussi considérer comme un fait exclusif de culpabilité, la disposition d'esprit appelée *monomanie*, et qui consiste dans l'aberration de l'intelligence sur un point donné, alors, d'ailleurs, que la raison est parfaitement saine sur tous les autres.

Mais il faut restreindre la monomanie aux seules affections partielles de l'intelligence, qui font que le monomane, raisonnable sur le reste, est frappé sur un seul objet d'une démence véritable qui l'empêche d'apprécier la criminalité de ses actes.— D.A. 7. 636, n. 4.

6. — Aussi ne doit-on pas qualifier monomanie l'état d'un individu qu'une passion violente aura seule entraîné au crime. Cette passion, quelque fougueuse qu'elle ait pu être, ne lui a pas ôté le discernement nécessaire pour distinguer le bien du mal, et il n'en faut pas davantage pour caractériser la culpabilité.— D.A. 7. 636, n. 4.

7.— Sous le code de brumaire, lorsque le défenseur d'un accusé alléguait le fait de démence, le jury devait être interrogé sur ce fait, et l'omission de cette question emportait nullité, quand bien même les jurés auraient déclaré que le crime avait été involontairement commis. — D.A. 7. 636, n. 2.

8. — Il a d'abord été jugé sous le code pénal actuel, que la question de démence devait aussi être soumise au jury. — 15 fév. 1816. Cr. r. Lecouarzer. D.A. 7. 637. D.P. 2. 112.

9. — Mais. depuis, il a été décidé (avec raison) que la démence n'étant point un fait d'excuse, mais un fait exclusif de la volonté, et conséquemment, de la culpabilité, ne peut être la matière de question particulière à soumettre aux jurés, puisqu'elle est substantiellement comprise dans la question relative au fait du crime. — 17 janv. 1817. Cr. r. Chaussepied. D A. 7. 637. D.P. 2. 112.

10.— En effet, la démence excluant la culpabilité, et le jury se trouvant interrogé sur la moralité du fait et sur la volonté, se bornera à répondre négativement, s'il est convaincu du fait d'aliénation ment le. Néanmoins, la position de cette question ne serait point un motif de nullité. — D.A. 7. 636, n. 2.

11. — Mais il y a ouverture à cassation de l'arrêt d'une cour criminelle ou d'assises, lorsque l'accusé ayant conclu à ce qu'il fût déclaré qu'au moment du fait imputé il était en état de démence, et subsidiairement qu'il a été provoqué par des violences graves, cette cour omet de statuer sur ces conclusions, et se borne à déclarer l'accusé *atteint* et *convaincu* des faits de l'accusation.— 24 oct. 1822. Sect. cr. c. Salicetti. D.A. 7. 637.

12.— Lorsque, soit devant la chambre du conseil, soit devant la chambre d'accusation, la démence est reconnue avoir existé au moment du delit, elle donne lieu au renvoi du prévenu, sans qu'il soit besoin de faire constater la démence devant la cour d'assises. Elle détruit la criminalité, et l'on ne peut renvoyer à cette cour que des faits ayant le caractère de crime. — Carnot, *Commentaire sur le code pén.*, t. 1er, p. 201, cite et approuve un arrêt du 9 déc. 1814, qui l'aurait ainsi jugé.

13.— L'état de démence n'affranchit pas l'accusé de l'obligation de reparer le dommage civil résultant de son fait (C. civ. 1382; arr. parlem. de Paris, du 10 sept. 1683). —V. Merlin, *Questions de droit*, v° Blessures, § 3, n. 4; D.A. 7. 636, n. 5. — V. cependant Responsabilité.

14.— Quel doit être le sort de l'accusé tombé en démence depuis la consommation du délit? La loi 16, *de Officio præs.*, laissait au juge le soin de décider s'il y avait lieu ou non à le mettre en jugement. Carnot, t. 1er, p. 204, n. 2, et Legraverend, t. 1er, ch. 3, font observer qu'alors les jugemens criminels se rendaient à huis-clos sur les pièces de l'instruction; mais que, dans l'état actuel de notre législation, les accusés devant être entendus en personne aux debats, il y aurait nécessité de surseoir relativement à un accusé tombé en démence depuis son crime.—Dalloz pense, au contraire, que comme il peut arriver que les charges produites contre l'accusé soient légères, et que l'état de ses facultés n'offre rien de menaçant pour la sûreté publique, on doit, attendu l'injustice qu'il y aurait, dans ce cas, a le laisser long-temps dans les fers, sous le poids d'une accusation téméraire, admettre, dans le silence du code pénal, la doctrine de la loi romaine, qui tend à remettre dans la main du magistrat un pouvoir discrétionnaire également protecteur des droits de l'accusé et des besoins de l'ordre social. — D.A. 7. 637, n. 6.

15.— Du reste, la démence de l'accusé au moment

(1) Il est plusieurs autres excuses légales disséminées dans le code pénal selon la matière spéciale à laquelle elles se rattachent; telles sont celles dont parlent les art. 107, 108, 114, 115, 116, 119, 137, 138, 144, 163, 190, 247, 284, etc. On en parlera aux mots *Fausse monnaie*, *Faux*, *Sûreté publique*, etc.

du jugement est un fait étranger à l'existence du crime, qui ne peut être soumis au jury. — 15 fév. 1816. Cr. r. Lecouarzer. D.A. 7. 637.

§ 2. — *De la force majeure.*

16.—Il n'y a ni crime ni délit, lorsque le prévenu, au moment de l'action, a été contraint par une force à laquelle il n'a pu résister (C. pén. 64).

17.— Il résulte virtuellement de ces mots : *une force à laquelle le prévenu n'a pu résister*, que la force majeure, dont parle l'art. 64 C. pén., doit s'entendre exclusivement d'une violence physique. Il peut y avoir sans doute une impulsion morale capable de porter à tel ou tel attentat, presque aussi puissamment qu'une violence physique, mais quand la loi l'a pense, elle a regardé la violence morale comme une excuse : jamais elle n'y a vu une circonstance de nature à effacer complètement l'idée du crime, parce qu'il n'y a pas de violence morale à laquelle on puisse dire d'une manière absolue qu'il soit impossible de résister. — D.A. 7. 638.

18.— Ainsi, un domestique accusé d'un crime ne peut pas alléguer comme excuse qu'il n'a fait, en le commettant, qu'obéir aux ordres de son maître. Ici ne peut s'appliquer l'art. 64 C. pén. — 8 nov. 1811. Cr. r. Lacaze. D.A. 7. 638.

19.—Jugé de même que l'état de domesticité n'est pas un motif d'excuse dont puisse se prevaloir celui qui s'est rendu complice d'un délit commis par son maître, surtout si le domestique a participé au produit du délit.— 14 août 1807. Cr. c. Min. pub. C. Goffer. D.A. 1. 216. D.P. 1. 80.

20.— La crainte révérentielle du fils envers son père ne pourrait pas non plus être considérée comme force majeure dans le sens de l'art. 64 C. pén. — Bourg., *Jurisp. des Cours crim.*, 3, 74.

21.— *Quid* à l'égard des agens de l'autorité agissant en vertu d'ordres supérieurs?—V. Fonctionnaires publics et Responsabilité.

22.—Le code n'a ni défini, ni pu définir la force majeure dont parle l'art. 64. C'est aux juges et aux jurés qu'appartient souverainement l'appréciation des circonstances qui la constituent. L'âge, le sexe, le caractère, le degré de force physique et morale de chaque individu, doivent être pris en considération.— D.A. 7. 638, n. 2.

23.— Suivant Carnot, t. 1er, p. 206, n. 14, on doit regarder comme force majeure capable d'écarter l'idée du délit, la faim dont serait pressé un individu accusé d'avoir dérobé un morceau de pain ou tout aliment pour soutenir ses forces défaillantes. Dalloz adopte cette doctrine; mais en exigeant que non seulement la réalité du besoin soit constatée, mais encore l'impuissance de se procurer quelque nourriture autrement que par la soustraction.

Ce qu'on vient de dire de la faim, il faut le dire aussi du froid, et en un mot de toute circonstance où le délit s'explique clairement par une cause impulsive et invincible, autre que la volonté de nuire à autrui, ou de s'enrichir à son préjudice.— D.A. 7. 638, n. 3.

§ 3.— *De la légitime défense.*

24.— Il n'y a ni crime, ni délit, lorsque l'homicide, les blessures et les coups étaient ordonnés par la loi ou l'autorité légitime, ou commandés par la nécessité actuelle de la *légitime défense* de soi-même ou d'autrui (C. pén. 327, 328).

25.— Il ne faut pas confondre la légitime défense avec la provocation : celle-ci n'est qu'une excuse; celle-là détruit complètement la culpabilité. Lorsque les violences exercées contre un individu ne sont pas assez graves pour mettre sa vie en péril, elles constituent une provocation qui rend seulement excusables le meurtre ou les blessures. Au contraire, lorsque ces violences ont été de nature à offrir un danger imminent, qu'il était urgent de repousser l'agresseur, l'individu qui a frappé pour la légitime défense de soi-même ou d'autrui, n'a commis ni crime ni délit.— D.A. 7. 638, n. 1.

26. — L'appréciation des circonstances constitutives des deux conditions requises pour qu'il y ait légitime défense, savoir : 1° la légitimité de la défense; 2° la nécessité actuelle de protéger sa vie ou celle d'autrui, est en grande partie abandonnée aux tribunaux. — D.A. 7. 368.

27.—Toutefois, un arrêt d'absolution motivé sur des menaces, même les plus graves, ou sur la nécessité même actuelle de défendre des propriétés ou des animaux, n'échapperait pas à la cassation. — D.A. 7. 638.

28.— La loi comprend expressément dans les cas

de nécessité actuelle de défense les deux cas suivans : 1° si l'homicide a été commis, si les blessures ont été faites, ou si les coups ont été portés en repoussant pendant la nuit l'escalade ou l'effraction des clôtures, murs ou entrées d'une maison ou d'un appartement habité ou de leurs dépendances, 2° si le fait a eu lieu en se défendant contre les auteurs de vols ou de pillages exécutés avec violence (C. pén. 329).

29. — Dans l'application de cet article, la loi ne laisse rien à l'appréciation des juges. Le bénéfice de ses deux dispositions ne peut appartenir qu'à ceux qui se trouvent absolument dans les circonstances précisées pour chacun des deux cas, et l'arrêt d'absolution doit les preciser d'une manière expresse. Ainsi, par exemple, la circonstance de la nuit, que l'art. 329 exige dans le premier cas, ne saurait être omise sans entraîner nullité. — D.A. 7. 639. n. 3.

30. — La légitime défense, tendant à effacer la trace du crime ou du délit, se lie essentiellement au fait principal dont elle détermine le caractère; elle peut donc, à la différence de l'excuse qui modifie seulement la peine, être reconnue par la chambre du conseil et celle d'accusation; et lorsque ces chambres pensent qu'elle a rendu nécessaires l'homicide ou les blessures, elles doivent prononcer le renvoi pur et simple du prévenu. — Carn., *C. pén.*, 2, 85; Bourg., 3, 304 ; D.A. 7. 639, n. 4.

31. — Il est hors de doute que la nécessité de la légitime défense est admissible même dans le cas de parricide. — D.A. 7. 639, n. 5.

32. — En matière d'homicide, coups et blessures, on doit distinguer s'ils ont eu lieu d'individus à individus non revêtus de fonctions publiques, ou s'ils ont été commis par des agens du gouvernement dans l'exercice, ou à l'occasion de l'exercice de leurs fonctions ; au premier cas, il faut, pour qu'il n'y ait ni crime, ni délit, qu'il y ait eu nécessité actuelle de légitime defense de soi ou d'autrui ; au second cas, les coups et homicide ne sont punissables qu'autant qu'il ont été commis sans motif légitime. En conséquence, lorsque des préposés du gouvernement, en exercice, sont prévenus de violence, la chambre d'accusation doit se borner à examiner et à déclarer si ces préposés avaient ou non un motif légitime; elle ne peut pas motiver son arrêt sur ce que le préposé ne se trouvait pas dans la nécessité actuelle de la légitime défense. — 9 juill. 1825. Cr. c Pradal et Valenet. D.P. 25. 1. 425.

33. — Lorsqu'un agent du gouvernement est accusé d'avoir usé ou fait user de violences envers les personnes, il ne suffit pas que le jury soit interrogé sur le point de savoir si l'accusé était dans la nécessité actuelle de la défense légitime de soi-même ou d'autrui ; il doit nécessairement être interrogé sur les deux questions de savoir s'il a agi dans l'exercice de ses fonctions, et s'il a agi sans motifs légitimes.

Ces questions doivent être posées d'office, si elles ne sont pas requises par l'accusé ou son défenseur. —14 oct. 1825. Cr. c. Girod. D.P. 26. 1. 74.

34. — Sous le code de brumaire an 4, les questions portant sur le cas de légitime défense et sur l'excuse de provocation violente, devaient être séparées; elles ne pouvaient être réunies sans une complexité donnant ouverture à cassation. — 6 brum. an 11. Cr. c. Jacquin. D.A. 7. 639.

35. — S'il résultait de l'acte d'accusation que l'homicide avait été commis par l'accusé dans un moment où, se trouvant assailli et renversé par terre, il avait lâché le coup d'arme à feu qui avait donné la mort, on ne pouvait se borner à poser la question de provocation ; il fallait poser la question de légitime defence. — 24 vent. an 12 Cr. c. Quichaud-Lion. D.A 7. 639.

36. — La question relative au fait d'excuse doit être posée d'une manière précise, et telle que la réponse par oui ou par non ne puisse rien présenter d'ambigu. — Ainsi, on ne peut la proposer de cette façon : *Est-il constant que l'accusé ait agi hors le cas de légitime défense, et sans excuse légitime?* La réponse négative à cette question ne suppose que la possibilité, et non la preuve d'une provocation, et ne peut servir de base à un acquittement. — 1er frim. an 14. Cr. c. Min. pub. C. Brulez. D.A. 7. 639.

ART. 2. — *Des excuses déterminées par la loi.*

§ 1er. — *Principes généraux.*

37. — Les excuses admises par la loi sont fondées généralement sur cette présomption, que le prévenu n'a pu avoir, au moment du délit, une force de raison suffisante pour lui faire apprécier toutes les

conséquences de l'acte auquel il se livrait. — D.A. 7. 640.

38. — Nul crime ou délit ne peut être excusé, ni la peine mitigée, que dans les cas et dans les circonstances où la loi déclare le fait excusable, ou permet de lui appliquer une peine moins rigoureuse (C. pén. 65). — 1er avril 1826. Cr. c. Bousquet. D.P. 26. 1. 320. — 11 nov. 1825. Cr. c. Gérald. D.P. 26. 1. 106.

39. — Le principe qu'on ne peut admettre d'autre excuse que celle déclarée telle par la loi, était déjà suivi avant la publication du code penal.

40.—Ainsi, le tribunal criminel qui reconnaissait qu'un individu avait exercé le ministère d'un culte, sans avoir fait la déclaration prescrite par la loi du 7 vend. an 4, devait le condamner aux peines prononcées par cette loi, et ne pouvait l'excuser par des motifs non reconnus par la loi (L. 7 vend. an 4, art. 5, 6 et 7).— 18 mess. an 7. Cr. c. Min. pub. C. Brun. D.A. 7. 651.

41.— Ce principe s'applique aux contraventions. — 5 août 1824. Cr. c. Min. pub. C. Morry. D.A. 7. 655. D.P. 24. 1. 389.—23 sept. 1826. Cr. c. Bordago. D.P. 27. 1. 23.

42.— Ainsi, le fait d'avoir fait passer une charrette attelée d'un cheval sur une prairie encore chargée de sa récolte, ne peut être affranchi de l'amende prononcée par l'art. 475, n. 10 du C. pén., sous des excuses qui ne sont pas dans ce code.— 5 août 1824. Cr. c. Min. pub. C. Morry. D.A. 7. 655.

43.— Lorsqu'une excuse est admise par la loi, et que l'accusé s'en fait un moyen de défense, la cour d'assises est obligée de la proposer aux jurés. Telle était la jurisprudence suivie sous le code de brum. an 4; elle changea depuis et plusieurs arrêts décidèrent que les cours pouvaient rejeter les conclusions tendantes à ce qu'une question d'excuse fût posée, en se fondant, non pas sur ce que l'excuse alléguée ne serait pas admise par la loi pénale, mais seulement sur ce que le fait présenté comme excuse ne résulterait ni des débats ni des circonstances de l'accusation. Cette jurisprudence, combattue par tous les auteurs, blessait les droits du jury, et violait même l'art. 339 C. inst. cr. (D.A. 7. 640). Elle est aujourd'hui proscrite en termes plus formels et à peine de nullité, par ce même art. 339, modifié par la loi de 1832.

44.— Lorsque le fait d'excuse est prouvé, s'il s'agit d'un crime emportant la peine de mort, ou celle des travaux forcés à perpétuité, ou celle de la déportation, la peine doit être réduite à un emprisonnement d'un an à cinq ans; s'il s'agit de tout autre crime, elle doit être réduite de six mois à deux ans. — Dans ces deux premiers cas, les coupables peuvent de plus être mis par l'arrêt ou le jugement sous la surveillance de la haute police pendant cinq ans au moins, et dix ans au plus. — S'il s'agit d'un délit, la peine doit être réduite à un emprisonnement de six jours à six mois (C. pén. 326).

45.— La position de la question d'excuse ne fait pas obstacle à celle des circonstances atténuantes. En matière criminelle, cette dernière question ne sera utile, il est vrai, qu'autant que la première serait rejetée, car la réduction produite par l'excuse est incomparablement plus forte que celle produite par les circonstances atténuantes. Mais il n'en est pas ainsi en matière de délits (C. pén. 326, 463 combinés).

46. — Avant la loi modificative du code pénal, on reconnaissait pareillement aux cours d'assises le pouvoir de modérer par l'application de l'art. 463 C. pén. la peine déjà réduite à un simple emprisonnement correctionnel par suite de l'excuse. Cette décision se fondait sur la généralité des termes de cet article 463.— Carnot, t. 2, p. 80, n. 7, et D.A. 7. 641, n. 10.

47. — Lorsque deux individus ont été déclarés coupables, l'un d'être l'auteur, l'autre le complice d'un vol avec escalade, dans une maison habitée, si la cour d'assises atténue la peine encourue par l'auteur principal, à raison de son âge et des circonstances atténuantes reconnues par le jury en sa faveur seulement, elle ne peut, sans violer la loi, étendre au complice cette atténuation de peines (C. pén. 59, 384). — 20 déc. 1832. Cr. c. Min. pub. C. Lecomte. D.P. 33. 1. 349.

§ 2.—*Excuses résultant de l'adultère.*

48 — Dans le cas d'adultère, prévu par l'art. 336 C. pén., le meurtre commis par l'époux sur son épouse, ainsi que sur le complice, à l'instant où il les surprend en flagrant délit dans la maison conjugale, est excusable (C. pén. 324). Le sentiment souvent irrésistible d'un grand outrage a dû entraîner hors de lui-même l'époux dont la maison a été

souillée, sous ses propres yeux, par l'adultère. Si, cédant au délire que doit exciter en lui une trahison si audacieuse et si cruelle, il immole l'infidèle ou son complice, la loi ne peut voir dans cet acte que l'effet trop violent d'une cause naturelle et légitime; et le meurtrier, plus malheureux que coupable, ne doit être puni que d'un léger châtiment.— D.A. 7. 640.

49.— Pour que cette excuse soit admise, il faut 1° que l'adultère ait été *flagrant* au moment où le mari a frappé sa femme ou le complice. Dalloz ne pense pas qu'on puisse appliquer au flagrant délit d'adultère la définition donnée par l'art. 41 C. instr. cr., pour les délits en général, attendu que l'art. 324 C pén. n'admet l'excuse qu'autant que le meurtre est commis à l'instant même où le mari *surprend* sa femme et son complice en flagrant délit. La question, ajoute Dalloz, doit être décidée par les jurés, d'après les faits, et sur cette seule définition que le flagrant délit est celui qui se commet *actuellement*.— D.A. 7. 640, n. 4.

50 —2° Il faut encore, pour qu'il y ait lieu à l'application de l'art. 324, que le mari ait surpris les coupables dans la *maison conjugale*. Si les époux vivaient séparés de fait, et que l'adultère eût été commis dans la maison habitée par la femme seule, il n'y aurait pas lieu à excuser le meurtre, cette maison n'étant pas la maison conjugale. Au contraire, on devrait considérer comme maison conjugale, celle habitée par le mari seul, parce qu'elle est véritablement le siége de l'association matrimoniale. — D.A. 7. 640, n. 3.

51.—L'excuse n'est pas admissible quand les époux sont séparés de corps. Dans ce cas, le lien du mariage étant relâché, l'outrage commis devient moins sensible; d'ailleurs l'on ne peut considérer comme maison conjugale ni celle qu'habite le mari, ni celle où demeure la femme, puisque de droit il n'y a plus de domicile commun.—D.A. 7. 640, n. 3.

52.— L'épouse qui se rendrait coupable de meurtre sur son époux ou la concubine de celui-ci, lorsqu'elle les surprend en flagrant délit d'adultère, n'est pas excusable, d'après les termes ni d'après l'esprit de la loi; car, dans nos mœurs, l'outrage éprouvé par la femme en pareil cas est moins violent que celui qui donne lieu d'excuser le meurtre commis par le mari; il ne saurait avoir non plus les même résultats.— D.A. 7. 640, n 5.

§ 3.— *Excuses résultant d'un outrage violent à la pudeur.*

53.— Le crime de castration, s'il est immédiatement provoqué par un outrage violent à la pudeur, est considéré comme meurtre ou blessures excusables (C. pén. 325).

54.— *Par un outrage violent.*— Ces deux mots doivent s'interpréter l'un par l'autre: il ne suffirait pas d'un outrage à la pudeur, s'il n'était accompagné de violences, et ne présentait toutes les apparences d'un véritable attentat. — D.A. 7. 640, n. 8.

55.—Suivant Carnot, *Comm. code pén.*, 2,77, la loi suppose qu'il n'a pas été possible à la personne outragée d'employer un autre moyen pour repousser la violence. Dalloz pense qu'il suffit de la vraisemblance qu'un autre moyen de défense ne se soit pas présenté à l'esprit de la personne outragée.— D.A. 7. 640, n. 6.

56.— Si l'outrage à la pudeur avait été commis contre un tiers, et que le crime de castration eût eu pour but de le défendre, les termes de la loi ne s'opposent pas à ce que l'excuse soit admise dans ce cas. Mais il faudrait qu'on eût la preuve de l'impossibilité où se serait trouvé l'accusé de détourner autrement la violence.— D.A. 7. 640, n. 7.

§ 4.— *De l'excuse tirée de l'âge de l'accusé.*

57.—Lorsque l'accusé a moins de seize ans, s'il est décidé qu'il a agi *sans discernement*, il doit être acquitté: la cour d'assises ne pourrait le condamner à des peines correctionnelles. — 14 oct. 1813. Cr. c. Klein. D.P. 13. 1. 604.

Mais il doit être, selon les circonstances, remis à ses parens, ou conduit dans une maison de correction, pour y être élevé et détenu pendant tel nombre d'années que le jugement doit déterminer, et qui toutefois ne peut excéder l'époque où il aura accompli sa vingtième année (C. pén. 66).

58.— Cette détention, a dit l'orateur du gouvernement, n'est point une peine (puisque le fait n'a pas le caractère de délit), mais un moyen de suppléer à la correction domestique, lorsque les circonstances ne permettent pas de confier l'enfant à sa famille.— D.A. 7. 641, n. 2.

59.— L'art. 66 C. pén., en autorisant les juges à ordonner que l'accusé, de moins de seize ans, déclaré avoir agi sans discernement, sera détenu pendant tel nombre d'années que le jugement déterminera, n'établit qu'un maximum de la durée de la détention, et ne s'oppose pas à ce que cette détention soit fixée à une fraction d'années, par exemple, six mois.— 8 fév. 1833. Cr. r. Min. pub. C. Stolz. D.P. 33. 1. 294.

60. — Jugé, au contraire, que l'art. 66 C. pén. doit être entendu en ce sens, que le mineur ne peut être condamné à une détention moindre d'une année.— 10 oct. 1811. Cr. c. Min. pub. C. Stragin. D.A. 2. 319. D.P. 12. 1. 30.

61.— Cette dernière décision est inadmissible. La détention est nécessairement prononcée pour moins d'un an, dans le cas, par exemple, où l'accusé a vingt ans commencés au moment du jugement. — D.A. 7. 641, n. 3.

62. — L'art. 66 ci-dessus s'applique indistinctement aux délits comme aux faits qualifiés crimes.— Ainsi, l'arrêt portant qu'un individu, âgé de moins de seize ans, qui a commis sans discernement un vol simple, ne sera point détenu dans une maison de correction, contient une violation de cet article, s'il est motivé, non d'après les circonstances du fait, mais uniquement sur ce que cet article ne s'applique pas aux délits proprement dits. — 17 avril 1824. Cr. c. North. D.A. 7. 642. D.P. 2. 113.

63. — Mais l'art. 66, qui permet d'acquitter un mineur de seize ans, lorsqu'il a agi sans discernement, ne peut être étendu aux matières régies par des lois spéciales, telles que les délits de chasse; elle ne s'applique qu'aux matières régies par ce code. — 12 janv. 1825. Grenoble. Burlet. D.P. 26. 2. 166.— 28 nov. 1833. Grenoble. Garillon. D.P. 34. 2. 106.

64.— S'il est décidé que l'accusé mineur de seize ans a agi *avec discernement*, sa culpabilité est établie, et il doit être condamné. Mais son âge rend le crime excusable, et quel que grave que soit ce crime, il ne peut faire encourir au mineur de seize ans une peine excédant celle de l'emprisonnement.— Voy. l'art. 67 C. pén., modifié par la loi du 28 avril 1832.

65.— On voit donc que la minorité de seize ans, quand l'accusé a agi avec discernement, est une véritable excuse, puisqu'elle ne produit légalement que des effets semblables à ceux de toutes les autres. La loi, d'ailleurs, la qualifie ainsi, en en parlant sous la rubrique *des personnes excusables*. C'est donc à tort que Carnot prétend qu'elle est *plus qu'une excuse*.— D A. 7. 641, n. 5.

66 —Jusqu'à cet âge de seize ans, la présomption est que le mineur a agi sans discernement, et, par conséquent, qu'il doit être acquitté; c'est à l'accusation à prouver le contraire.

67.— Après cet âge, l'excuse légale n'est plus admise en faveur du mineur qui a agi avec discernement. On a vainement essayé dans la discussion de la loi modificative du code pénal d'en étendre l'application jusqu'à l'âge de dix-huit ou vingt ans. Mais l'admission du principe des circonstances atténuantes est un remède à toutes les rigueurs du code, et puis, si l'excuse légale n'est pas admise, il est possible d'ailleurs que le prévenu, même âgé de plus seize ans, ait agi sans discernement, alors il doit être acquitté. Mais, dans ce cas, il n'y a pas de milieu entre l'absolution complète et la condamnation aux peines ordinaires, sauf les circonstances atténuantes.

68.— Lorsqu'un mineur, âgé de moins de seize ans, s'est rendu coupable avec discernement, d'un crime emportant les travaux forcés à temps ou à la réclusion, la durée de la détention correctionnelle à laquelle il doit être condamné, d'après l'art. 67 C. pén., durée égale au tiers au moins ou à la moitié au plus du temps de la peine qui aurait pu lui être infligée s'il eût eu plus de seize ans, ne se calcule pas nécessairement sur le maximum de cette peine; mais elle peut être graduée depuis le tiers du minimum jusqu'à la moitié du maximum. Si donc le crime commis est puni de cinq ans au moins et de vingt ans au plus de travaux forcés, le mineur peut être condamné à vingt mois au moins et dix ans au plus de détention. — 15 janv. 1825. Cr. r. Dalbis. D.P. 25 1. 103. — 11 fév. 1825. Cr. r. Routin. D.P. 25. 1. 103, n.

69.—L'individu âgé de moins de seize ans, qui n'a pas de complices présens au-dessus de cet âge, et qui est prévenu de crimes autres que ceux que la loi punit de la peine de mort, de celle des travaux forcés à perpétuité, de la peine de la déportation ou de celle de la détention, doit être jugé par les tribunaux correctionnels. Telle était la disposition de l'art. 1er de la loi du 25 juin 1824, disposition que la loi de 1832 a substituée à celle de l'art. 68 du code de 1810.

70 — Dans tous les cas où le mineur de seize ans n'a commis qu'un simple délit, la peine prononcée contre lui ne peut s'élever au-dessus de la moitié de celle à laquelle il aurait pu être condamné, s'il avait eu seize ans. C'est ce que porte l'art. 69 C. pén., modifié par la loi de 1832.

71.— Il a été jugé, avant la loi de 1832 (mais cette décision est repoussée par la nouvelle rédaction de l'art. 69), qu'on ne peut appliquer au mineur de moins de seize ans, *coupable* d'un délit correctionnel, précisément la moitié de la peine qu'il eût subie s'il avait eu seize ans, mais seulement une peine *inférieure à la moitié* de celle qu'il aurait subie dans ce cas. — 26 août 1830. Bordeaux. Ponchier. D.P. 31. 2. 8.

72.— La cour de cassation avait jugé plusieurs fois que la question de savoir si le mineur a agi avec discernement doit être soumise aux jurés, à peine de nullité de l'arrêt de condamnation.— 9 mess. an 8. Cr. c. Moreau. D.A. 7. 642.— 8 brum. an 9. Cr. c. Rosselin. D.A. 7. 642.

Cette jurisprudence a été confirmée par la nouvelle rédaction de l'art. 340 C. instr. cr.

73.— Le condamné qui n'a pas produit devant le tribunal correctionnel ou la cour d'assises la preuve qu'il était âgé de moins de seize ans au moment du délit, est recevable à faire cette preuve devant la cour de cassation. — 9 mess. an 8. Cr. c. Moreau. D.A. 7. 642.— 8 brum. an 9. Cr. c. Rosselin. D.A. *cod.*— *Contrà*: 19 avril 1821. D.A.

74 — On ne doit point s'arrêter à cette dernière décision; la présomption doit, en matière pénale surtout, céder la place à la vérité. Par cela seul qu'il est mineur de seize ans, le condamné ne doit point subir de peine afflictive ou infamante.— Carnot; D.A. 7. 641, n. 6.

75.— Les art. 70 et suiv. C. pén. atténuent en faveur des septuagénaires la rigueur des peines criminelles par eux encourues; mais cette atténuation n'est point l'effet d'une excuse tirée de l'âge de ces derniers, car elle n'est point motivée sur l'affaiblissement de leurs facultés intellectuelles, mais sur l'affaiblissement de leurs forces physiques. — V. Peines.

§ 5 — *De l'excuse dérivant de la provocation.*

76.— Le meurtre ainsi que les blessures et les coups sont excusables, s'ils ont été provoqués par des coups ou violences graves envers les personnes (C. pen 321).

77.— Cette provocation, a dit l'orateur du gouvernement, doit être d'une violence telle que le coupable n'ait pas, au moment même de l'action qui lui est reprochée, toute la liberté d'esprit nécessaire pour agir avec réflexion. Elle doit être de nature à faire impression sur l'esprit le plus fort.

78.— Il ne suffit pas que les actes de violence ou les coups aient été *graves*, il faut qu'ils aient été dirigés contre les *personnes*; et par ce mot il faut entendre la personne physique et matérielle: on ne pourrait faire résulter la provocation d'injures, mêmes les plus grossières, ni d'imputations, même calomnieuses.— D.A. 7. 642.

79. — Ainsi, jugé que l'imputation verbale d'un fait injurieux n'est pas une violence grave dans le sens de la loi.—27 fév. 1813. Cr. C. Fioravanti. D.A. 7. 646 D.P. 2. 113.

80. — Elle n'excuse point le meurtre qui n'a été provoqué que par une pareille imputation, alors surtout qu'elle n'est pas calomnieuse, le fait imputé ayant été constaté judiciairement. — Même arrêt.

81.—La provocation violente excusative du meurtre peut exister sans qu'il y ait eu blessure, par la seule menace avec une arme meurtrière approchée du corps. — 15 mess. an 13. Cr. c. Férou. D.A. 7. 643.

82. — La provocation ne peut non plus être alléguée comme excuse, que lorsqu'elle a précédé immédiatement le fait dont elle a été la cause.— D.A. 7. 643, n. 2.

83.— Jugé ainsi qu'un meurtre ne peut pas être déclaré excusable sur le motif que l'accusé y aurait été excité par des violences graves précédentes. — Une telle provocation ne présente pas les caractères déterminés par l'art. 321 code pén. — 7 fév. 1812. Cr. c. Danesi. D.A. 7. 646. D.P. 12. 1. 439

84.— Toutefois, lorsque, dans une accusation de meurtre, le défenseur a demandé la position d'une question d'excuse fondée sur la provocation, la cour d'assises ne peut rejeter cette demande, en se fon-

dant uniquement sur ce qu'aucune provocation n'aurait eu lieu dans telle rue, où le meurtre a été commis, et que, pour qu'il y ait eu provocation propre à constituer l'excuse, il faudrait que ce meurtre ait été commis immédiatement. Dans ce cas, les coups et violence pouvant avoir eu lieu dans une rue voisine et dans un instant assez rapproché pour exclure la possibilité de la réflexion, il n'est, par une déclaration ainsi restreinte, statué que sur une partie de la demande (C inst. cr. 403, C. pén. 321). — 10 mars 1826. Cr. c. Chevalier. D.P. 26. 1. 270.

85. — Lorsqu'à la question de savoir si l'accusé d'un meurtre volontaire *a été provoqué* violemment par des blessures et des coups que son adversaire lui aurait portés auparavant, les jurés ont répondu : « Oui, des coups ont été portés auparavant, mais *ils ne constituent pas la provocation*, » la cour d'assises ne peut scinder cette déclaration, et, déclarant qu'il y a eu provocation, appliquer l'excuse de l'art. 326. — 30 juillet 1831. Cr. c. Girardin. D.P. 31. 1. 271.

86. — Il n'est pas nécessaire que les violences aient été commises contre l'accusé lui-même. L'excuse de provocation est admise lorsque le prévenu a commis le meurtre en défendant un tiers contre des violences graves. — D.A. 7. 643, n. 3.

87. — L'art 321 C. pén. déclare excusables les crimes commis en repoussant une escalade *pendant le jour*. Suivant Carnot, *Comm. C. pén.*, t. 2, p. 69, n. 7, cet article devrait s'appliquer au cas où un individu, sans attendre l'escalade, aurait commis un meurtre en s'opposant aux préparatifs de cette même escalade. Dalloz n'admet cette doctrine que dans l'hypothèse où, à raison de l'éloignement ou de toute autre cause, on n'aurait eu aucun autre moyen de repousser, d'empêcher l'escalade, ce qui doit assez rarement arriver pendant le jour. — D.A. 7. 642, n. 4.

88 — L'homicide ou les blessures commis en repoussant une escalade, *pendant la nuit*, sont dénués de culpabilité (C. pén. 329).

89. — La loi n'admet pas la provocation et l'état d'ivresse comme excuse du vol ; ces causes d'excuse ne peuvent donc être proposées au jury. — 15 therm. an 12. Cr. c. int. de la loi. Watchern. D.A. 7. 650.

90. — Le parricide n'est jamais excusable (C. pén. 323); il ne peut pas l'être sous prétexte de provocation ou de violences, si graves qu'elles soient, pourvu qu'elles ne mettent pas en péril la vie de l'enfant. — D.A. 7. 643, n. 5. — V. n. 31.

91. — Il a été jugé que du principe que le parricide n'est jamais excusable, suit la conséquence que les coups portés par un fils à son père ne peuvent être excusés pour fait de provocation violente. — 16 mars 1815. Bruxelles. Englebert. D.A. 7. 646. D.P. 2. 113. — 28 sept. 1822. Bruxelles. Min. pub. D.A. 7. 646. D.P. 2. 113.

92. — Mais cette jurisprudence ne doit pas être suivie. Quelque odieux que soit le crime dont il s'agit, il n'est pas littéralement dans l'art. 323, qui exclut toute espèce d'excuse seulement pour le *parricide*, c'est-à-dire le *meurtre*. On ne peut appliquer une disposition pénale par de simples motifs d'analogie. — D.A. 7. 643, n. 5.

93. — Suivant la cour de cassation, l'excuse de provocation est inadmissible lorsqu'il s'agit d'excès commis sur un agent de la force publique dans l'exercice de ses fonctions; et il y a lieu de casser l'arrêt qui a posé une semblable question au jury. — 13 mars 1817. Cr. c. Boissin. D.A. 7. 647. D.P. 17. 1. 305. — 8 avril 1826. Cr. c. Darbelin. D.P. 26. 1. 340.

94. — Dalloz combat cette solution. Sous quel prétexte déclarer inviolables les agens de l'autorité qui, sans y être contraints par la nécessité, exercent des actes de violence? Comment prétendre qu'en devenant agresseurs, ils ne donnent pas le droit de la défense? Ils sont *présumés*, dit-on, agir conformément aux lois ; mais que devient cette présomption, quand il est judiciairement prouvé qu'au lieu d'obéir aux lois, ils les ont violées en sévissant contre les citoyens ? L'arrêt prétend que ceux-ci doivent, au lieu d'user de représailles, se borner à demander la mise en jugement des agens de l'autorité. Cette voie serait plus légale assurément ; mais il ne s'ensuit pas que les coups portés par représailles ne soient point excusables, car, lors même que la provocation émane d'un simple particulier, le provoqué viole la loi en frappant le provocateur, ce qui n'empêche pas que les circonstances qui accompagnent cet acte ne soient de nature à le faire excuser. — Dire que l'article relatif à l'excuse de provocation ne peut, malgré la généralité de ses

termes, s'appliquer aux violences commises sur des fonctionnaires publics, parce qu'il se trouve sous le titre *des crimes et délits contre les particuliers*, c'est recourir à une vaine subtilité; la loi statue *de eo quod plerùmque fit* : elle a dû placer l'excuse de provocation là où elle traitait du meurtre en général; il n'est pas interdit de combiner ses dispositions, parce qu'elles ne se trouvent pas sous le même titre. — D.A. 7. 643, n. 6.

95. — Il a été jugé (et cela est aujourd'hui hors doute, d'après l'art. 339 C. instr. cr.) que l'excuse de la provocation doit être proposée au jury lorsqu'elle résulte de l'acte d'accusation. — 27 flor. an 8 Cr. c. Zandor. D.A. 7. 644. — 7 fruct. an 8. Cr. c. Mercourt. D.A. 7. 644.

96. — Jugé de même que la cour d'assises ne peut refuser à l'accusé qui le requiert, de poser la question de provocation. — 9 vend. an 8. Civ. c. Mairot. D.A. 7. 644 — 23 janv. 1807. Cr. c. Mazoyras. D.A. 7. 645. — 19 fév. 1807. Cr. c. Wilhelmans. D.A. 7. 646.

97. — Jugé encore que lorsque le procès-verbal d'audience porte que l'accusé a proposé une excuse admise par la loi ; par exemple, celle de provocation, il y a présomption qu'il a formellement conclu à ce que cette excuse fût soumise au jury. — En conséquence, s'il n'apparaît pas que ce fait ait été posé en question, ni qu'il y ait été autrement statué, cette omission donne ouverture à cassation, même dans le cas où l'accusé n'aurait fait aucune observation sur la position des questions. — 2 mars 1816. Bruxelles. Deroo. D.A. 7. 647.

98. — Sous le code de l'an 4, lorsque les jurés avaient déclaré constant le fait de provocation violente, les juges ne pouvaient appliquer que l'emprisonnement correctionnel, et non la peine de deux années de détention, prononcée par le code pénal de 1791. — 10 therm. an 10. Cr. c. Vermeulin. D.A. 7. 648.

ART. 3. — *Des circonstances atténuantes.*

99. — Il sera parlé, v° Peines, des changemens apportés à la législation pénale par la loi du 28 avril 1832, en ce qui concerne les circonstances atténuantes. Ces circonstances, dont l'appréciation souveraine est laissée à l'arbitrage du jury ou des magistrats, sont en quelque sorte aussi nombreuses que les espèces particulières. Nous traiterons seulement ici des principales, c'est-à-dire de celles à l'égard desquelles des difficultés peuvent naître.

§ 1er. — *De l'ivresse.*

100. — L'ivresse n'est point considérée comme une excuse par nos lois. C'est une faute, au dire de la plupart des jurisconsultes, qui rend responsable celui qui la commet de tout ce qui peut en être la suite, et qui, loin d'atténuer le délit commis dans cet état, en pourrait être considérée comme une circonstance aggravante. Tel était le principe qu'avait admis l'ord. du 31 avril 1536, et auquel la jurisprudence s'est généralement conformée. — D.A. 7. 648.

101. — Jugé ainsi, sous le code de brumaire, que l'ivresse étant un fait volontaire et répréhensible, ne peut jamais constituer une excuse que la morale et la loi permettent d'accueillir. En conséquence, on ne peut interroger le jury sur le point de savoir si l'accusé était dans un état d'ivresse au moment du délit, afin de faire de cet état un motif d'excuse légale. — 7 prair. an 9 Cr. c. int. de la loi. Foisy. D.A. 7. 649. D.P. 2. 114. — 15 therm. an 12. Cr. c. Watchern. D.A. 7. 650. — 19 nov. 1807. Cr. c. Chiguin. D.A. 7. 649. D.P. 2. 114; S. 2. 9.

102. — Jugé, sous le code d'instruction criminelle, que l'ivresse n'est pas un motif d'excuse légale. La cour d'assises peut se dispenser d'avoir égard à cette circonstance, surtout si, au lieu de déclarer le fait constant, le jury se borne à déclarer qu'il *est présumable* que les accusés étaient dans l'état d'ivresse. — 18 mai 1815. Cr. r. Rosay. D.A. 2. 105. D.P. 15. 1. 441.

103. — Jugé encore que l'état d'ivresse ne peut excuser les accusés, et, par exemple, les prévenus de rébellion envers la force publique. — 23 avril 1824. Cr. c. Colmar. Min. pub. C. Trendel. D.A. 7. 650. D.P. 2. 114 ; 24 1. 263.

104. — Suivant Dalloz, il faut distinguer trois sortes d'ivresse, qui ne sauraient être régies par le même principe.

105. — L'ivresse *habituelle* ou ivrognerie est un vice déterminé : par conséquent elle ne saurait ni excuser, ni pallier les mauvaises actions qu'elle a fait commettre ; presque toujours l'homme qui a l'habitude de s'enivrer, sait que son ivresse le porte

à d'autres excès qu'il devrait éviter. — D.A. 7. 648, n. 2.

106. — L'ivresse *préméditée* est celle dans laquelle, on s'est volontairement mis, afin de se donner plus de force ou de résolution pour commettre un crime. L'ivresse, dans ce cas, devrait être considérée comme une circonstance aggravante : elle suppose plus de perversité dans la résolution, et un dessein plus mûrement formé et arrêté. — D.A. 7. 648.

107. — L'ivresse *accidentelle* est le plus souvent involontaire ; elle a toujours ce caractère particulier, que celui qui s'y est exposé *n'a pu* prévoir toutes les suites qu'elle entraînerait ; elle le prive de sa raison, pour ainsi dire, à son insu. Aussi devrait-elle figurer parmi les excuses légales. Elle doit du moins être toujours considérée comme une circonstance atténuante. — D.A. 7. 648, n. 4.

108. — Au reste, pour les délits qui consistent principalement en paroles, comme les injures, les provocations, etc., l'ivresse est toujours une circonstance qui pallie la gravité du fait. — D.A. 7. 649, n. 5.

109. — Jugé ainsi que l'ivresse est une circonstance atténuante du délit d'injures. — 10 flor. an 10. Cr. c. Min. pub. C. Mauny. D.A. 7. 650. D.P. 2. 114.

110. — Jugé même que l'état d'ivresse était une des circonstances atténuantes qui, sous la loi du 27 germ. an 4, devaient donner lieu à modérer la peine du crime de provocation à la dissolution du gouvernement. — En conséquence, lorsque cette circonstance était alléguée par l'accusé, elle devait faire l'objet d'une question au jury qui, d'après cette loi, pouvait seul la constater. — 8 frim. an 7. Cr. c. Métay. D.A. 7. 649. D.P. 2. 115.

§ 2. — *De l'intention.*

111. — C'est l'intention qui forme le caractère moral du fait imputé, et qui le rend punissable ou innocent. La mauvaise intention, jointe au fait défendu par la loi, constitue le délit. — D.A. 7. 651.

112. — Si l'intention a été bonne, bien qu'il y ait eu perpétration d'un fait puni par le législateur, la peine n'est pas encourue, parce que le délit ne saurait s'apercevoir là où on n'a cru faire que le bien. — D.A. 7. 651.

113. — Si l'acte défendu et puni a été commis dans la persuasion que cet acte n'avait rien de répréhensible, la *bonne foi* anéantira la culpabilité, et produira les mêmes effets que la bonne intention, pourvu toutefois qu'elle porte sur le fait en lui-même, et non sur le droit ou la question de pénalité. Un prévenu ne pourrait demander son renvoi, en alléguant qu'il ignorait que le fait imputé fut défendu et puni. — D.A. 7. 651, n. 3.

114. — L'ignorance de la loi ne saurait donc ni exempter des peines qu'elle prononce, ni excuser le délit. C'est surtout pour les matières criminelles qu'est fait le principe *Nemo jus ignorare censetur*. L'application n'en est rigoureuse et juste que dans la répression des délits, qu'il serait le plus souvent impossible de punir, si l'on admettait l'excuse de l'ignorance du droit. — D.A. 7. 651.

115. — Ainsi, ne peut être modérée l'amende encourue par celui qui se qualifie chirurgien et prépare des drogues, sans diplôme de faculté; il ne peut être excusé sous prétexte de bonne foi (L. 19 vent. an 11, art. 35 et 36). — 19 fév. 1807. Cr. c. Min. pub. C. Sandeyon. D.A. 1. 401. D.P. 7. 2. 78.

116. — En cas d'infraction de l'officier de l'état civil aux lois concernant les actes de son ministère, aucune excuse, tirée de l'ignorance ou de sa bonne foi, ne peut non plus être admise. — 6 avril 1808. Turin. Barelli. D.A. 1. 194. D.P. 10. 2. 22.

117. — Les principes ci-dessus concernant l'intention sont applicables à toute espèce de délit, sans exception. Mais l'intention ne doit pas porter seulement sur la nocuité de l'action commise ; celui qui s'est livré à un acte défendu, sachant qu'il faisait mal, mérite d'être puni, alors même qu'il n'a eu aucune intention de causer du dommage. — D.A. 7. 651, n. 4.

118. — Il est certains actes punis par la loi, et qu'elle présume invinciblement avoir été commis dans une intention coupable; en sorte que le prévenu de ces sortes de délits ne peut jamais être admis à établir qu'il les a commis sans intention de mal faire. Telles sont les contraventions aux lois de police municipale et rurale, de douanes, de contributions indirectes, et autres lois fiscales. Telles sont encore les infractions aux lois sur le recèlement des déserteurs des armées de terre et de mer. — D.A. 7. 652, n. 5.

119. — Jugé ainsi que le prévenu de contravention à la loi relative à la suspension des travaux pendant les jours fériés du calendrier républicain, ne pouvait être excusé sur son intention (L. 17 therm. an 6, art. 10). — 18 mess. an 7. Cr. c. Min. pub. C. Haussetête. D.A. 7. 651.

120 — De même, la contravention à la loi du 18 nov 1814, relative à la célébration des fêtes et dimanches, ne pouvait être excusée sous le prétexte que les contrevenans avaient mal compris le sens de la loi. — 9 fev. 1815. Cr. c. Min. pub. C. Pépin, etc. D.A. 7. 655. D.P. 2. 115. — V. Jour fixé.

121. — Lorsqu'une contravention est constatée par un procès-verbal régulier, et que le prévenu l'avoue ou fait défaut, le tribunal de police ne peut prononcer l'acquittement, sur le fondement d'excuses dénuées de preuves ou non concluantes en droit, comme s il acquitte pour ignorance de la loi, ou par le motif que l'individu prévenu d'avoir donné à boire pendant l'office, n'aurait donné à boire et à manger qu'à des voyageurs pressés de partir. — 11 nov. 1825. Cr. c. Gerald. D.P. 26. 1. 106.

122. — En matière de contravention aux lois sur la presse, les exceptions de bonne foi ou d'excuse des imprimeurs ne peuvent être prises en considération. — 31 août 1833. Metz. Lamort. D.P. 34. 2. 221.

123. — Merlin, Rép., v° Intention, prétend que cette présomption contre laquelle aucune preuve n'est admissible, peut s'appliquer, par exemple, à la menace verbale ou par écrit d'incendie. Dalloz pense au contraire que ces délits rentrent dans la règle générale qui permet de prouver le défaut d'intention criminelle : ainsi le prévenu qui établirait que la prétendue menace n'était qu'une plaisanterie, et n'a pas pu être considérée autrement, devrait être acquitté. — D.A. 7. 651, n. 6.

124. — Du reste, il faut bien distinguer l'intention du discernement. Celui qui n'a pas de discernement, est incapable d'intention. Si donc un délit de la nature de ceux qui sont toujours présumés commis avec intention, était reproché à un mineur de seize ans, et qu'il fût décidé que ce mineur n'a pas de discernement, on ne pourrait lui appliquer de peine, car la présomption légale ne peut être admise que contre les personnes susceptibles d'intention. — D.A. 7. 651, n. 7.

§ 3. — *De la misère et de la faiblesse d'esprit. —Sortilége.*

125. — Sous le code pénal de 1791, la misère de l'accusé pouvait rendre le vol excusable, et au jury seul appartenait le droit de s'expliquer d'abord sur l'existence de la misere, et ensuite sur l'excusabilité du délit.—14 germ. an 7. Cr. c. Colin. D.A. 7. 656.

126.—Aujourd'hui, la misère n'excuse pas le vol; mais elle peut constituer une circonstance atténuante.

127.—Il faut en dire autant de la faiblesse d'esprit.

128.— Ainsi, une fille accusée d'infanticide ne pourrait pas être déclarée excusable sous le prétexte de faiblesse d'esprit, ou des menaces qui lui auraient été faites, ou d'un empire qu'on pouvait avoir sur elle, alors d'ailleurs qu'elle est reconnue avoir agi volontairement et avec préméditation.—6 vent. an 9. Cr. c. Rigollet. D.A. 7. 652.

129.—Un crime n'est pas non plus excusable à cause de la persuasion intime où aurait été son auteur qu'il était frappé de sortilége, en conséquence, un tel fait ne peut être posé aux jurés comme fait d'excuse.—16 frim. an 9. Cr. c. Gabet. D.A. 7. 656.

130.— L'état supposé d'ensorcellement, s'il n'est pas de nature à enlever toute espèce de discernement, ne peut être considéré comme excuse. Mais l'état d'ignorance dans lequel sont plongés quelques habitans des campagnes, peut donner à des esprits faibles une telle opinion du sortilége dont ils se croiraient frappés, et égarer à tel point leur raison, que l'action commise dans cet état perdrait sa moralité, et que la défense aurait le droit de prétendre que la raison du prévenu se trouvait aliénée momentanément. — D.A. 7. 754, n. 2.

—V. Actes de l'état civil, Amende, Attentat-complot, Attentat à la pudeur, Attroupemens, Autorité municipale, Avocat, Bigamie, Concussion, Contributions indirectes, Corruption, Douanes, Eau, Elections départementales, Enregistrement, Faillite, Fausse monnaie, Faux, Forêts, Garde nationale, Homicide, Hypothèques, Jeu et pari, Loterie, Mandat, Pêche, Peine, Poids et mesures, Postes, Presse, Propriété littéraire, Succession, Tabac, Tapage, Voirie, Voitures publiques.

TABLE SOMMAIRE.

Actes de l'état civil. 116.
Adultère. 48.
Age. 57, s.
Agens. — V. Fonctionnaires.
Alimens 23.
Appréciation (cassation). 29.
Art de guérir. 115.
Attentat à la pudeur. 53, s.
Bonne foi. —V. Intention.
Cas fortuit. 107.
Castration. 53, s.
Chambre d'accusation. 12. — d'instruction. 30.
Chasse. 63, s.
Circonstances atténuantes. 1, s. 45, 67, 99, s.
Compétence. 69.
Complicité. 19, 47.
Contravention. 41, s. 118.
Contributions ind. 118.
Correction. 58.
Crainte révérentielle. 20.
Crime. 48, s.
Culte. 40.
Défense légitime. 24, s. 90, s.
Délit. 48, s.
Démence. 3, s. 75. — caractère. 6. — V. Faiblesse.
Détention. 50, s.
Discernement. 57, s. 124.
Domestique 18, s.
Dommages. 13.
Douanes. 118.
Droits personnels. 47.
Escalade 88.
Faiblesse d'esprit. 127, s.
Flagrant délit. 49, s.
Fonctionnaire. 21, 31, s. 93, 103, s.
Force majeure. 16, s. — (caractère) 17, 22.
Fraction. 71.
Habitude. 105.
Homicide. 24, 28, 52, 84, s.
Imprimerie. 122.
Intention. 3, s. 57, s. 100, s. 111, s.
Ivresse. 100.
Jours fériés. 118, s.
Loi (ignorance). 120, s.— expresse. 38, s.
Menace. 27, 81, 123.
Meurtre. —V. Homicide.
Mineur. 57, s.
Misère. 125.
Modération. —V. Réduction.
Monomanie. 5, s.
Outrage. 78, s. 108, s. — aux mœurs. 53, s.
Parricide. 31, 90, s.
Peine. 1, 44, 69, s.—(âge) 59.
Préméditation. 106.
Présomption. 37, s. 118, s
Provocation. 11, 25, 76, s. 108, s.
Question. 7, s. 32, s. 45, 95, s.
Rébellion. 103.
Réduction. 44, s.
Responsabilité. 13, 21.
Semence. 42.
Séparation de corps. 51.
Sortilége. 129, s.
Sursis. 14.
Violence morale. 17, s. 78, s.
Voies de fait. 27, s. 76, s.

EXÉCUTEUR DES ARRÊTS DE JUSTICE CRIMINELLE. — 1. — Cette dénomination, qui est à elle-même sa propre définition, a remplacé celles de *bourreau, exécuteur ou maître des hautes œuvres, exécuteur de la haute justice.*

2.— Autrefois, un préjugé légal d'infamie s'attachait à l'exercice de cette triste fonction. Les lois de 1789 ont fait justice de cette prétendue infamie. — Merl., Rép., v° Exécuteur de la haute justice, n. 1.

3. — Un arrêt du parlement de Normandie, du 7 juillet 1781, a décidé qu'on ne pouvait adresser publiquement le nom de *bourreau* à l'exécuteur à sa famille ou à ses employés, ni les exclure d'aucun lieu public (Merl., *eod.*, n. 8). La seconde partie de cette décision serait indubitablement applicable aujourd'hui; on peut même à peine supposer que semblable question puisse encore se présenter. Quant à la première, les tribunaux ne pourraient plus, par voie réglementaire, faire défense de donner à l'exécuteur le nom de bourreau; mais peut-être une pareille épithète, qui n'est pas la simple appellation d'une profession consacrée par loi, pourrait, suivant les circonstances, et d'après les intentions de celui qui l'aurait employée, être considérée comme une injure et punie comme telle.

4. — Les exécuteurs sont nommés par le ministre de la justice (L. 22 flor. an 2, et message du directoire, du 2e complém. an 4.)

5. — D'après la loi du 13 juin 1793 et le décret du 18 juin 1811, il devait y avoir un exécuteur dans chaque département. Le décret fixe aussi le nombre des aides et les émolumens et droits des exécuteurs et de leurs aides.

6. — L'adoucissement apporté aux lois pénales par la législation de 1832, la diminution des cas de peine de mort, et la suppression de la flétrissure et du carcan, ayant rendu moins nécessaire l'emploi des exécuteurs, une ordonnance, du 7-8 oct. 1832, a décidé que leur nombre serait réduit de moitié; elle a fixé le nombre de leurs aides, réglé leurs gages, et déterminé plusieurs conditions de l'exercice de leurs fonctions. — D.P. 32. 3. 126.

7. — La loi du 22 germ. an 4 autorise la mise en réquisition d'ouvriers pour les travaux nécessaires au matériel des exécutions. Le décret de 1811 a étendu ces dispositions en établissant une sanction pénale contre ceux qui refuseraient de loger l'exécuteur. La légalité de cette dernière disposition a été contestée, et même niée par la cour de Besançon, le 22 mai 1829.

8. — La cour de cassation, à laquelle la question s'est trouvée soumise, ne l'a pas résolue : elle a prononcé, dans l'espèce, par une fin de non-recevoir, en jugeant que le ministère public n'a pas qualité pour agir, au civil, par action directe contre un particulier pour le contraindre à loger dans sa maison l'exécuteur des arrêts criminels. — 28 déc. 1829. Cr. r. Min. pub. Maillot. D.P. 30. 1. 76.

9. — Depuis, elle a jugé que la loi de l'an 4 et le décret de 1811, qui autorisent le ministère public à faire toutes les réquisitions nécessaires pour arriver à l'exécution des jugemens de condamnation, ont encore force de loi. — 13 mars 1835. Cr. c. Min. pub. C. Segond. D.P. 35. 1. 199.

10. — .... Qu'ainsi, le ministère public a le droit de désigner, selon les circonstances et les localités, les ouvriers qu'il juge devoir être employés aux travaux nécessaires pour dresser l'échafaud, et que ceux-ci ne peuvent refuser d'obéir à une telle réquisition sans encourir les peines portées par la loi. — Même arrêt.

EXÉCUTEUR TESTAMENTAIRE. — 1. — C'est celui qui a été nommé pour exécuter les dispositions d'un testateur ou pour surveiller leur exécution.

La législation romaine autorisait dans les testamens des clauses tendant à en assurer l'exécution. Mais c'est dans les pays de coutume que la nomination des exécuteurs testamentaires a pris naissance, usage qui s'est répandu ensuite dans les provinces de droit écrit, avec les progrès du christianisme. On recourait le plus souvent à ce moyen pour faire exécuter les volontés dont personne n'aurait eu intérêt à poursuivre l'exécution, comme l'érection d'un tombeau, des prières, etc. — Merl., Rép., v° Exécuteur testamentaire.

§ 1er.—*Nature de la charge des exécuteurs testamentaires et mode de leur nomination.*
§ 2. — *Des personnes capables d'être exécuteurs testamentaires.*
§ 3. — *De la saisine, des pouvoirs et des obligations de l'exécuteur testamentaire.*
§ 4.— *De la durée et de l'expiration de ses fonctions.*

§ 1er.— *Nature de la charge des exécuteurs testamentaires et mode de leur nomination.*

2.— L'exécuteur testamentaire est le mandataire du testateur, ou, pour mieux dire, le mandataire, nommé par le testateur, des héritiers et des légataires. La règle que le mandat finit par la mort du mandant ne reçoit pas son application au cas où l'objet du mandat est de telle nature qu'il ne puisse être rempli qu'après le décès du mandant.— Poth., des *Donat. testam.*, ch. 5, sect. 1re, art 3; Furgole, ch. 10, sect. 4, n. 12, 13, 14, 15; Dur., t. 9, n. 390; Gren., t. 1er, n. 327; Toull., t. 5, n. 577; Delv., t. 2, p. 371; D.A. 6. 122, n. 1.

3.— La loi laisse une grande latitude au choix du testateur; il peut nommer, parmi les personnes capables, un ou plusieurs exécuteurs (art. 1025). Le mandat qu'il leur confère peut être restreint à certains objets (C. civ. 1033), soumis à certaines conditions; et, comme tout mandataire, l'exécuteur doit se renfermer dans les limites de sa commission.— Furg., *loc. cit.*, n. 16.

4.— Le testateur peut conférer à l'exécuteur, de même qu'à un mandataire ordinaire, le droit de se substituer une autre personne.— Gren., n. 329; Toull., n. 596; D.A. *ibid.*

5.—Les fonctions d'exécuteur testamentaire étant un mandat qui n'a d'exécution que par le décès du testateur, les conditions de ce mandat, par exemple la faculté de substituer, doivent recevoir leur effet malgré le décès du mandant (C. civ. 1025, 2025).— 8 nov. 1821. Colmar. Stæckel. D.A. 6. 125. D.P. 1. 1348.

6.—L'héritier institué qui peut révoquer le mandat de l'exécuteur, même à l'égard des tiers, en offrant de le remplir lui-même (art. 1027), peut, à plus forte raison, le révoquer quand son propre intérêt y est seul engagé.— Merl., Rép., v° Héritiers, § 7; D.A. *ibid.*

7.— Jugé que la révocation peut avoir lieu sur la demande des héritiers, si l'exécuteur se rend indigne de confiance. — 26 juill. 1823. Liége. D.A. 6. 125.

8.—Les interprètes du droit ancien distinguaient les exécuteurs donnés par la loi, ceux que désignait le juge, et ceux que le testateur nommait (Furg., n. 7 et suiv.). On ne reconnaissait généralement en France, et le code ne mentionne que ces

derniers ; un autre mode de nomination serait nul. — D.A. 6. 123, n. 3.

9. — Par sa nature de mandat, l'exécution testamentaire est gratuite, mais le testateur peut témoigner, par un présent, sa reconnaissance à l'exécuteur. Il peut même le salarier (art. 1986) ; mais il faut que le salaire lui ait été expressément accordé. — D.A. 6. 123, n. 4.

10. — Un exécuteur testamentaire désigné peut refuser cette charge, sans être tenu d'énoncer ni de faire déclarer valables les motifs de son refus. — *Ibid.*, n. 5.

11. — Mais il ne peut plus se désister, lorsqu'il a accepté ; le contrat est alors formé (C. civ. 1984). *Voluntatis est suscipere mandatum, necessitatis consummare* (L. 17, § 3, D. *Commodat*).

12. — Il en serait autrement s'il prouvait que la continuation de la gestion lui causerait du préjudice (C. civ. 2007). — Furgole, n. 20, 21, 22 ; Gren., n. 328 ; Toull., t. 5, n. 577 ; Delv., t. 2, p. 371 et 372, notes ; Favard, v° Exécuteur testamentaire, n. 2 ; Dur., n. 392 ; D.A. 6. 123, n. 5.

13. — L'exécuteur testamentaire ne pourrait répudier la charge si elle était la condition d'un legs à lui fait, et qu'il eût accepté le legs.

14. — Le légataire peut-il prendre le legs tout en refusant la charge ? On distinguait autrefois. Le legs n'était enlevé au légataire refusant la charge qu'autant qu'il paraissait avoir été fait en considération de cette charge, et non quand il en était indépendant ; c'est une question d'intention. — Furgole, n. 20, D.A. *ibid.*, n. 5.

15. — Toutefois Ricard, *Donat.*, part. 3, n. 236, décidait, en cas de legs pur et simple, que le légataire pouvait demander le legs et refuser la charge. Delvincourt, t. 2, p. 371, notes, oblige indistinctement le légataire d'accepter, sous peine d'être privé du legs. Duranton, n. 391, pense que généralement ou dans le doute le refus de la charge devra emporter la déchéance du legs. On eût décidé ainsi, dans le droit romain, d'après la règle : *omnibus qui contrà voluntatem defuncti faciunt, ut indignis auferatur hæreditas.* — Paul., *Sentent.*, liv. 8, tit. 3.

16. — Lorsque l'exécuteur testamentaire nommé par le défunt refuse d'accepter ces fonctions, les tribunaux ne peuvent le remplacer, malgré les héritiers, par un curateur ; c'est contre les héritiers que doit être dirigée l'action en exécution du testament (C. civ. 1025). — 13 janv. 1823. Caen. Josse. D.A. 6. 123. D.P. 1. 1348.

§ 2. — *Des personnes capables d'être exécuteurs testamentaires.*

17. — L'exécution testamentaire produit des engagemens : pour l'exercer, il faut être capable de s'obliger (art. 1028). La capacité requise excède celle que doivent avoir les mandataires ordinaires. Les mineurs, les femmes mariées peuvent remplir un mandat (art. 1990) ; il n'en est pas de même de l'exécuteur testamentaire. C'est qu'en effet le choix de celui-ci est étranger aux héritiers dont il est le mandataire légal ; qu'ils ne peuvent le révoquer, et que leur intérêt serait compromis si l'exécuteur testamentaire n'avait qu'une responsabilité imparfaite. Tant pis, au contraire, pour un mandant ordinaire, s'il a mal placé sa confiance. — Dur., t. 9, n. 393 ; D.A. 6. 124, n. 1.

18. — La femme mariée, si elle est commune en biens, ne peut l'accepter qu'avec le consentement personnel de son mari. Si elle est séparée, soit par contrat de mariage, soit par jugement, le consentement de son mari pourra être suppléé par une autorisation judiciaire (art. 1029). — *Ibid.*

19. — La femme non séparée de biens a besoin de l'autorisation du mari, quoique mariée sans communauté ou sous le régime dotal. On a voulu ménager le plus de garantie possible aux héritiers et légataires qui poursuivront alors le paiement des indemnités qui leur seraient dues, sur les biens aliénables de la femme, sans être obligé d'en réserver la jouissance au mari (C. civ. 1413). — Dur., n. 394 ; Delv., t. 2, p. 376 ; D.A. 6. 124, n. 4.

20. — Si la nomination de la femme commune est accompagnée d'un legs, dont elle soit la condition, et que le mari refuse son autorisation, le legs est caduc, parce qu'un mari pourrait concerter avec sa femme un moyen frauduleux d'avoir le bénéfice sans la charge. — Delv., *loc. cit.*

21. — L'obligation de la femme qui accepte la charge, avec l'autorisation de son mari, en même temps qu'elle reçoit un legs, varie suivant la nature du legs. Si la communauté profite du legs, par exemple s'il est d'une chose mobilière, l'exécution des engagemens de la femme se poursuit sur les biens personnels du mari, sur ceux de la femme, et sur ceux de la communauté (arg. C. civ. 1411 et 1419). Si le legs est d'un immeuble, comme il ne tombe pas dans la communauté, la femme est tenue seule et sur ses biens personnels (C. civ. 1413). — Delv., *eod.* ; D.A. 6. 124, n. 3.

22. — A défaut de legs, la femme est responsable des suites de l'exécution testamentaire, quoiqu'autorisée du mari. Cette autorisation n'est donnée que pour la validité de l'acceptation de la femme. Elle n'oblige pas le mari sur ses biens personnels. L'art. 1419 C. civ. statue le contraire, mais dans un cas différent, où le mari a pu profiter des obligations (et, par exemple, d'emprunts) souscrites par la femme. Cet article a pour but de prévenir une fraude, qui ne peut se commettre ici. Le seul effet de l'autorisation du mari sera de le priver de la jouissance des biens de la femme, sur lesquels on actionnerait celle-ci en responsabilité (C. civ. 1413). — Dur., n. 394.

23. — Les femmes non soumises à la puissance maritale peuvent être exécutrices testamentaires ; cette charge n'est point une fonction publique réservée exclusivement aux hommes. — Poth., ch. 5, sect. 1re, art. 1er, Ricard, part. 2, n. 67, Gren., t. 1er, n. 332 ; D.A. 6. 124, n. 5.

24. — Les mineurs émancipés ou non sont indistinctement incapables de l'exécution testamentaire ; par là cessent les discussions qui s'élevaient sous l'ancienne jurisprudence. — Poth., *loc. cit.* ; Gren., n. 332 ; Delv., t. 2, p. 376, notes ; D.A. 6. 124, n. 6.

25. — *Quid*, si un legs était joint à la nomination du mineur, qui en paraîtrait la condition ? — On réputerait la condition non écrite (C. civ. 900). — Dur., n. 391 ; Gren., n. 332 ; Delv., t. 3, p. 356.

26. — Le legs ne serait pas caduc, quoique le testateur crût le légataire majeur. — D.A. *eod.*, n. 6. — *Contra*, Delv., *ibid.*

27. — Toute personne, capable de s'engager, et non comprise dans les exceptions signalées, peut être nommée exécuteur testamentaire. Ainsi, l'héritier lui-même, ou un légataire, est capable de gérer cette charge. Seulement, l'héritier qui voudrait garder le droit d'attaquer le testament, devrait refuser l'exécution, ou s'il voulait ne contester que quelques dispositions, accepter seulement sous des réserves expresses. — Toull., t. 5, n. 579 ; Dur., n. 395 ; D.A. 6. 124, n. 7.

28. — Jugé que la fonction de tuteur est compatible avec celle d'exécuteur testamentaire, par le motif qu'aucune loi ne déclare incompatibles ces deux qualités. — 8 nov. 1821. Colmar. Stœckel. D.A. 6. 125. D.P. 1. 1348.

29. — L'exécution testamentaire n'étant point une charge publique, peut être gérée par les personnes qui n'ont pas la jouissance des droits politiques, par exemple les étrangers non naturalisés (C. civ. 1025. — Poth., *loc. cit.* ; Fav., v° Exécuteur testamentaire, n. 3 ; D.A. *ibid.*). — 8 nov. 1821. Colmar. Stœckel. D.A. 6. 125. D.P. 1. 1348.

30. — Mais la nomination d'un mort civilement serait nulle. — Gren., n. 332 ; D.A. 6. 124, n. 9.

31. — L'incapacité de recevoir un legs n'exclurait pas de la charge d'exécuteur. C'est pourquoi, dans les pays de coutume, où les époux étaient mutuellement incapables de se rien léguer, le mari pouvait nommer sa femme pour exécutrice testamentaire. C'était la doctrine de Ricard et Pothier, qu'on doit encore adopter sous le code civil ; les incapacités pour être exécuteur ne s'étendent pas plus que celles de recevoir un legs. — Gren., t. 1er, n. 335 ; Toull., n. 580 ; Fav., v° Exécuteur testamentaire ; D.A. 6. 124, n. 10.

32. — Ainsi, le prêtre qui a assisté le testateur dans ses derniers momens, n'est point incapable d'être nommé exécuteur testamentaire (C. civ. 1028). — 26 nov. 1828. Civ. c. Pau. Guimet. D.P. 29. 1. 32.

33. — Ni l'un des témoins instrumentaires du testament (Durant., n. 395). On jugeait ainsi sous l'ancien droit (*Dict. du not.*, 3e édit., v° Exécuteur testamentaire, n. 6).

34. — Ni même le notaire qui reçoit le testament. Un notaire ne peut, à la vérité, recevoir d'acte qui contiendrait quelque disposition *en sa faveur* (L. du 25 vent. an 11) ; mais la nomination d'exécuteur testamentaire est une charge, non une faveur (C. civ. 1028, 1031), c'est un mandat donné, non dans les intérêts du notaire, mais dans ceux du testateur ou plutôt de sa succession (*Dict. du not.*, *ib.*).

35. — Toutefois, si la nomination n'était pas gratuite, si elle contenait un présent, même modique, il y aurait une disposition *en faveur* du notaire ; on retomberait donc sous la prohibition générale de la loi du 25 vent. an 11.

36. — Alors le testament serait nul, lors même que le notaire, au décès du testateur, renoncerait aux fonctions d'exécuteur testamentaire. — 15 janv. 1834. Douai. Stouèke. D.P. 34. 2. 127.

37. — L'exécuteur testamentaire peut même, quoiqu'incapable de recevoir par testament, être gratifié d'un présent modique, ou récompense de ses soins. On comparerait le don à la fortune du testateur (Pothier, Toull., n. 602, Fav., n. 3, Dur., n. 393, D.A. n. 11. — *Contra*, Grenier, *loc. cit.*), parce que l'incapacité prononcée par la loi est sans exception, et que, d'ailleurs, la fixation de ce qui serait modique ou non deviendrait trop arbitraire.

38. — La cour de Paris a fait résulter la qualité de légataire d'un don de somme très modique fait à l'exécuteur testamentaire, et a déclaré nul, en conséquence, le testament, à raison de la présence, comme témoin instrumentaire, d'un parent de celui-ci au degré prohibé. — 5 fév. 1833. Paris. Mallèvre. D.P. 33. 2. 182.

39. — L'exécuteur testamentaire ayant une charge de confiance, n'est tenu à aucune justification de solvabilité, ni même à fournir caution ; le silence de la loi et du testateur l'en dispense. — Furgole ch. 10, sect. 4, n. 48 et suiv., Poth., ch. 5, sect. 1re, art. 1er ; Gren., n. 333 ; D.A. 6. 125, n. 12.

40. — Toutefois, si, depuis sa nomination, l'exécuteur testamentaire était devenu l'objet d'un juste soupçon, si ses affaires s'étaient considérablement dérangées, surtout s'il y avait faillite, il devrait être exclu : on ne peut plus présumer que le testateur l'eût nommé s'il eût connu ce qui est arrivé. — D.A. *ibid.*

§ 3. — *De la saisine, des pouvoirs et des obligations de l'exécuteur testamentaire.*

41. — *De la saisine.* — Autrefois, le droit de saisine de l'exécuteur testamentaire variait suivant les coutumes ; ici la saisine s'étendait aux immeubles, là elle ne comprenait que les meubles ; tantôt elle était de droit ; ailleurs elle n'avait lieu qu'autant que le testateur l'ordonnait. — Poth., ch. 5, sect. 1re, art. 2 ; Merl., Rep., v° Exécuteur testamentaire.

42. — Le code civil n'admet pas la saisine de plein droit ; il permet de la donner seulement pour le mobilier ; si le testateur ne l'a pas donnée, l'exécuteur ne peut l'exiger (art. 1026). — D.A. *ibid.*

43. — Cette saisine a pour but de mettre dans la main de l'exécuteur les moyens d'acquitter les legs, sans être obligé de former une demande en délivrance contre l'héritier. Elle n'est qu'une conséquence du mandat, et ne nuit en rien aux droits de l'héritier naturel, qui n'en a pas moins la saisine légale de toute la succession, avantage qui, à défaut d'héritier légitimaire, appartient au légataire universel. — Toull., t. 5, n. 582 ; Gren., t. 1er, n. 338 ; Dur., n. 396 ; D.A. 6. 126, n. 2.

44. — D'où il suit, 1° que la saisine de l'exécuteur ne dispense point les légataires de former leur demande en délivrance contre les héritiers légitimes. — D.A. *ibid.*

45. — 2° Que l'héritier peut faire cesser la saisine de l'exécuteur en offrant de lui remettre une somme suffisante pour le paiement des legs mobiliers, ou en justifiant de ce paiement (art. 1027). Dans ce cas, en effet, et au moyen de ces offres, la saisine de l'exécuteur est sans objet. — D.A. *ibid.*

46. — Elle cesserait alors, quoique le défunt eût chargé l'exécuteur testamentaire de faire vendre tous ses biens, s'il n'avait ordonné cette vente que pour rendre l'exécution de ses dispositions plus facile (Dur., n. 397). — 16 mars 1811. Bruxelles. Guéerinck. D.A. 6. 134. D.P. 11. 2. 120.

47. — L'héritier peut encore demander la cessation de la saisine, si l'exécution se trouve entièrement terminée avant l'expiration de l'année ; l'exécuteur n'aurait plus aucun motif à alléguer pour conserver la saisine. — Delv., t. 2, p. 373 ; Dur., Dal. *ibid.*

48. — La durée de la saisine est fixée, par l'art. 1026, à l'an et jour, à compter du décès du testateur. L'année ne court que du jour où l'exécuteur a eu connaissance du testament. — Toull., t. 5, n. 594 ; D.A. 6. 126, n. 4.

49. — Si le testament ou son exécution a été contestée, l'année ne peut courir que du jour où l'exécuteur a pu entrer en possession. Telle était l'ancienne jurisprudence, qui doit encore être suivie. — Gren., t. 1er, n. 330 ; Toull., t. 5, n. 594 ; Dur., n. 399 ; Delv., 2, p. 374, notes ; D.A. *ibid.*

50. — Si l'exécuteur a été ou a pu être mis en possession, il n'est pas recevable à s'y mettre ou à

s'y maintenir après l'an et jour, sous prétexte que l'exécution du testament n'est pas achevée. — Dur., n. 398 ; Gren. et Dal., *ibid.*

51. — Si certaines dispositions n'ont pu être exécutées pendant l'année de la saisine, l'exécuteur peut et doit prendre des précautions pour que l'héritier ne dissipe point la succession. — Delv., t. 2, p. 373 ; D.A. 6. 126, n. 6.

52. — Le testateur peut restreindre la saisine de l'exécuteur, quant aux biens qu'elle embrasse ; l'art. 1026 dit que le testateur pourra donner la saisine du tout ou partie de son mobilier. — D.A. *ibid.*

53. — Si la somme dont a été saisi l'exécuteur n'est pas suffisante, il n'en doit pas moins veiller à l'entier accomplissement du testament ; pour cela il sera tenu de recevoir des mains de l'héritier ce qui est nécessaire à l'entier accomplissement du testament. — Poth., ch. 5, sect. 1re, art. 2, § 3 ; D.A. *ibid.*

54. — Le testateur peut-il ordonner la saisine d'une somme plus grande que celle à laquelle s'élève l'exécution du testament? Autrefois Pothier et Ricard décidaient la négative, parce que la loi seule accordant la saisine, le testateur n'est pas maître d'aller au-delà de ce qu'elle a permis. Ce motif n'a plus de force, le code ne reconnaissant plus, comme la coutume de Paris, la saisine de plein droit. — Il faut aujourd'hui distinguer. S'il n'y a pas d'héritiers à réserve, la volonté du testateur recevra son effet. Autrement, la disposition sera nulle, comme compromettant la réserve qui ne doit être exposée à aucune atteinte. — D.A. *ibid.*

55. — Il est même entendu que si la succession était toute ou en grande partie mobilière, l'exécuteur ne pourrait avoir la saisine que de la portion disponible. — Dur., n. 401.

56. — La durée de la saisine peut-elle être étendue par le testateur au-delà de *l'an et jour?* — D'un côté, on invoque les termes impératifs de l'art. 1026, le motif de la loi, qui a été de ne pas priver trop longtemps l'héritier de la possession de l'hérédité, le caractère exceptionnel du mandat de l'exécuteur, qui doit être restreint plutôt qu'étendu, parce que de droit commun le mandat finit par le décès du mandant, et l'exécuteur, administrant au nom et dans l'intérêt des héritiers, devrait naturellement être choisi par ceux-ci. — D.A. *eod.*, n. 6.

57. — Mais on répond par la maxime *qui peut le plus, peut le moins.* Pourquoi ne laisserais-je pas *en dépôt* à l'exécuteur testamentaire les sommes ou effets mobiliers que je pourrais lui donner en *propriété?* Il peut y avoir des legs à terme ou sous condition, qui nécessitent cette prolongation de délai. D'ailleurs l'héritier, en acquittant les legs ou en offrant à l'exécuteur des sommes suffisantes pour le paiement, aura toujours la faculté de faire cesser la saisine. — Delv., 2, 373 ; Dur., n. 6.

58. — Les arrérages de rentes, et les fruits des immeubles, échus depuis le décès du testateur, peuvent être réclamés par l'exécuteur pendant sa saisine. Si l'immeuble était affermé, l'action contre le fermier pour fermages échus depuis le décès, étant mobilière, tomberait dans la saisine de l'exécuteur. — Toull., t. 5, n. 587 ; Delv., t. 2, p. 372, notes ; D.A. 6. 129, n. 21. — *Contrà,* Ricard, part. 2, n. 77, qui soutient que le mobilier ne s'entend que de ce qui est tel au décès du testateur, et que les fruits pendans sont immeubles et non compris dans la saisine.

59. — L'exécuteur ne peut employer la complainte possessoire contre l'héritier qui lui refuse la saisine ou qui l'y trouble (Poth., *loc. cit.*, Ricard, part. 2, n. 63 ; Delv., t. 2, p. 572, notes). En effet, l'exécuteur n'a pas la possession nécessaire pour la complainte. Il ne prétend aucun droit dans la chose, ni sur la chose : elle n'est entre ses mains que par une espèce de séquestre. C'est toujours l'héritier qui possède, il peut seulement exercer contre l'héritier une action *in factum*, pour qu'il lui soit fait défense de le troubler dans la possession qui lui est nécessaire pour l'accomplissement du testament. — D.A. 6. 129, n. 23.

60. — Pothier, ch. 5, sect. 1re, art. 2, § 4, parlant des dispositions d'une coutume qui saisissait l'exécuteur même de la possession des immeubles, lui reconnaissait le droit d'agir par voie de complainte contre les tiers qui le troublaient dans la possession où il était au nom de l'héritier ou de la succession. Cette opinion n'a plus aujourd'hui de force que dans les cas où l'on admettrait la complainte en matière mobilière. — D.A. 6. 129, n. 23.

61. — *Des pouvoirs et obligations de l'exécuteur testamentaire.* — Nos observations à cet égard auront pour objet, 1° *l'apposition des scellés ;* 2° *l'inventaire ;* 3° *le paiement des legs ;* 4° *le paiement des dettes ;* 5° *la vente du mobilier ;* 6° *le recouvrement des créances ;* 7° *la responsabilité de l'exécuteur ;* 8° *la reddition de son compte.*

62. — 1° *Apposition des scellés.* — S'il y a des héritiers mineurs, interdits ou absens, les exécuteurs testamentaires doivent faire apposer les scellés (art. 1031), soit qu'ils aient ou non la saisine, la loi ne distingue pas. — Malev. et Toull., t. 5, n. 584 ; D.A. 6. 127, n. 8.

63. — Cette mesure n'est pas indispensable, s'il y a des mineurs et qu'ils soient pourvus de tuteur ou qu'ils aient père ou mère. L'art. 911 C. pr. explique dans ce sens les art. 819, 1031 C. civ. — Dur., t. 9, n. 404, t. 3, n. 354, t. 7, n. 25 et 133.

64. — 2° *Inventaire.* — L'héritier a le même droit que l'exécuteur d'exiger la confection d'un inventaire contradictoire (arg. 1027 C. civ ; 909, 930, 941 C. pr.). — Gren., n. 330 ; D.A. 6. 127, n. 9.

65. — Il peut l'exiger, quoiqu'il ne soit que l'héritier bénéficiaire, et que l'exécuteur ait la saisine (Gren. et D.A. *ibid.*). — 9 août 1808. Bruxelles. Dubois. D.A. 11. 881, n. 1.

66. — A l'exécuteur appartient le choix du notaire et autres officiers publics qui doivent procéder à l'inventaire, à la prisée et à la vente du mobilier ; mais l'héritier a, de son côté, le droit d'adjoindre des officiers de son choix à ceux qu'a nommés l'exécuteur ; cette décision, sans violer aucune loi, concilie tous les intérêts (Toull., t. 5, n. 584 ; Delv., t. 2, p. 375, notes ; Dur., n. 408 ; D.A. 6. 127, n. 10). — 6 fév. 1806. Paris. Picquais. D.A. 6. 132. D.P. 1. 1349.

67. — S'il y a des héritiers à réserve, il semble que le choix des officiers ministériels doive leur appartenir. — Dur., n. 405.

68. — Le testateur peut-il dispenser l'exécuteur testamentaire de l'obligation de faire inventaire? Il le peut s'il n'existe pas d'héritiers à réserve et que l'exécuteur ne soit pas incapable, soit entièrement, soit jusqu'à une certaine quotité, de recevoir du testateur. — Ricard, *Donat.*, part. 2, ch. 2, n. 87 et suiv. ; Toull., t. 5. n. 504 ; Delv. t. 2, p. 593 ; Dur., 1, n. 406 ; D.A. n. 11. — *Contrà,* Pothier, Grenier et Favard.

69. — La loi n'a ordonné l'inventaire que pour le cas où le testateur ne disposerait pas autrement. *Qui peut le plus, peut le moins :* dans l'hypothèse, le testateur eut pu donner tout à l'exécuteur testamentaire. Ainsi la loi dernière au code *Arbitrium tutelæ*, permet positivement au testateur, qui lègue des biens à un mineur, de dispenser le tuteur d'inventaire. On a objecté l'embarras qui résulterait du défaut d'inventaire pour le cas de réduction proportionnelle des legs. Mais cela regarde l'exécuteur, qui, s'il y a soupçon de fraude, s'expose à payer au-delà des valeurs qu'il a reçues.

70. — 3° *Paiement des legs.* — L'exécuteur testamentaire doit *veiller à l'exécution du testament*, et non l'exécuter lui-même. Ainsi, il ne doit acquitter aucun legs sans avoir obtenu à l'amiable ou judiciairement le consentement de l'héritier, ou sans l'avoir mis en demeure de consentir. S'il agissait seul, il s'exposerait à indemniser les héritiers du paiement du legs qu'ils auraient fait annuler ou réduire. — Poth., ch. 5, sect. 1re, art. 3, § 2 ; Furgole, ch. 10, sect. 4, n. 47 ; Ricard, n. 79 ; Durant., n. 413 ; Toull., n. 589 ; Favard, v° Exécuteur testamentaire, § 2, n. 5 ; Delv., t. 2, p. 375 ; D.A. 6. 127, n. 7 et 12.

71. — Ainsi jugé que les contestations élevées entre un donataire entre-vifs et un exécuteur testamentaire, soit sur la validité de la donation, soit sur le titre d'exécuteur testamentaire, concernant essentiellement les héritiers légitimes, ne peuvent être jugées sans que ces derniers aient été mis en cause (C. c. 1031). — 2 pluv. an 13. Bruxelles. Vanobstuyen. D.A. 6. 131. D.P. 1. 1349.

72. — Toutefois, l'arrêt rendu contre l'exécuteur testamentaire profite aux héritiers et légataires, quoique non mis en cause. — 17 janv. 1829. Bourges. Brechard. D.P. 31. 1. 382.

73. — Les intérêts courent au profit des légataires, du jour où ils ont formé leur demande contre l'exécuteur, et non pas seulement à compter de la dénonciation que celui-ci en a faite à l'héritier. Le code attribue les fruits ou intérêts au légataire à partir de la demande en délivrance ; l'exécuteur représente l'héritier qui est mis en demeure, comme un mineur l'est par l'interpellation faite à son tuteur. L'héritier, à qui l'exécuteur aura tardé à dénoncer la demande, pourra refuser de passer à l'exécuteur les intérêts avant la dénonciation ; mais ils n'en sont pas moins dus au légataire demandeur. — Poth., ch. 5, sect. 1re, art. 2, § 4 ; D.A. 6. 128, n. 13.

74. — Si la succession était vacante, l'exécuteur devrait faire nommer un curateur, et faire ordonner, contradictoirement avec lui, la délivrance et le paiement des legs. — Toull., n. 590 ; D.A. 6. 128, n. 14.

75. — Si l'exécuteur n'a point de saisine, il doit obtenir de l'héritier la remise des deniers ou une somme suffisante pour acquitter les legs. — D.A. 6. 128, n. 15.

76. — Pour assurer le paiement des legs, en cas d'insuffisance du mobilier, l'exécuteur peut, dans l'intérêt des légataires, prendre inscription sur les immeubles de la succession, conformément à l'art. 2111. Ce n'est là qu'un acte conservatoire des dispositions du testament. — Dur., n. 417.

77. — 4° *Paiement des dettes.* — C'est au paiement des legs mobiliers seulement que les art. 1027 et 1031 bornent l'emploi des deniers ou du prix de la vente du mobilier. L'exécuteur ne pourrait donc point s'en servir pour acquitter les dettes. — Gren., t. 1er, n. 331 ; Toull., t. 5, n. 591 ; Dur., n. 414 ; Delv., t. 2, p. 372 ; D.A. 6. 129, n. 18.

78. — ... A moins que le testateur ne l'y ait autorisé, auquel cas il aurait encore besoin du consentement des héritiers, ou d'un jugement rendu contre eux et ayant force de chose jugée. — *Ibid.*

79. — Pothier, ch. 5, sect. 1re, art 2, § 2, enseigne au contraire, d'une manière générale, que le paiement des dettes fait partie de l'exécution du testament. Furgole et Ricard étaient d'un avis contraire.

80. — Sous la coutume de Paris, art. 297, l'exécuteur testamentaire, à qui le testament n'imposait pas la charge d'acquitter les dettes de la succession, ne pouvait être actionné par les créanciers en paiement de ces dettes. En conséquence, le jugement rendu contre un exécuteur testamentaire en paiement des dettes de la succession, ne peut être opposé à l'héritier. Il importe peu qu'il ait été rendu dans les colonies, où la succession s'est ouverte. — 18 avril 1825. Civ. c. Bordeaux. Beaudenon-Delmaze. D.P. 25. 1. 272.

81. — L'exécuteur saisi de deniers comptant peut acquitter les dettes privilégiées, telles que les frais funéraires, de scellés, d'inventaire et de vente. — D.A. 6. 129, n. 18 ; Dur., n. 414.

82. — Si les créanciers avaient fait saisir entre ses mains, il y aurait un motif particulier de lui permettre de les payer. Furgole et Ricard le lui permettaient, dans ce cas, par exception, vu que les oppositions des créanciers, si elles n'étaient levées, rendraient impossible ou retarderaient le paiement des legs. Favard, *loc cit.*, adopte cette exception. — D.A. *ibid.*, n. 18.

83. — 5° *Vente du mobilier.* — Si les deniers sont insuffisans, les exécuteurs *provoquent* la vente du mobilier (art. 1031). Les termes de la loi exigent le concours des héritiers ; la vente, si elle n'est pas consentie par eux, doit être ordonnée par le juge, à moins que l'héritier n'offre la somme nécessaire pour l'exécution du testament (Ricard, part. 2, n. 94 ; Poth., ch. 5, sect. 1re, art. 2, § 4, et art. 3, § 2). Ce dernier ajoute, d'après Dumoulin, que le juge ne doit permettre à l'exécuteur de vendre que jusqu'à concurrence de la somme nécessaire à l'accomplissement du testament. — Dur., t. 9, n. 410 ; D.A. 6. 128, n. 15.

84. — Si la saisine n'a pas été donnée à l'exécuteur, le prix de la vente doit être versé entre les mains de l'héritier : dans le cas contraire, il est remis à l'exécuteur ; comme faisant partie du mobilier dont le testateur lui a conféré la possession. — Toull., t. 5, n. 585 ; D.A. 6. 128, n. 16.

85. — Le mandat donné à un exécuteur testamentaire, de vendre le mobilier et d'en placer le produit au profit des personnes désignées par le testateur, doit être exécuté, quoique l'héritier ait demandé l'annulation du testament (C. civ. 1031). — 13 therm. an 12. Amiens. Seigneur. D.A. 6. 131. D.P. 1. 1349.

86. — Lorsque la vente du mobilier ne produit pas une somme suffisante pour le paiement des legs, l'exécuteur a le droit de provoquer la vente des immeubles, si le testateur lui en a expressément donné le pouvoir ; ce mandat est utile à la succession ; il empêche l'expropriation que pourraient poursuivre les légataires (Delv., t. 2, p. 373, notes ; Fav., v° Exécuteur testamentaire, n. 4 ; D.A. n. 17). — 24 août 1825. Pau. Guimet. D.P. 26. 2. 4.

87. — Jugé aussi qu'un testateur peut valablement charger son exécuteur testamentaire de vendre les immeubles pour payer les legs.

Mais, dans ce cas même, les légataires à titre universel ont le droit de s'opposer à ce que cette vente ait lieu avant que les héritiers légitimes aient fait la

délivrance des legs, et ce, quand même les legs absorberaient la valeur entière de la succession (C. civ. 1031). — 2 août 1809. Bruxelles. d'Outreligne. D.A. 6. 133. D.P. 10. 2. 52.

88. — Lors même que l'exécuteur aurait reçu expressément le pouvoir de vendre, il devrait encore appeler à la vente les héritiers, qui sont propriétaires et possesseurs de plein droit (Dur., n. 411, D.A. 6. 128, n. 17). — Même arrêt.

89. — Si le testateur n'a pas autorisé la vente des immeubles pour acquitter les legs, l'exécuteur peut faire assigner l'héritier et demander qu'il soit procédé à la vente de quelque immeuble pour acquitter les legs, lorsque l'héritier ne consent pas à fournir les sommes qui manquent pour l'accomplissement du testament. — Furg., ch. 10, sect. 4, n. 41; Malev., sur l'art. 1031; Toull., t. 5, n. 593; Fav., v° Exécuteur testamentaire, n. 4.

Pothier dit au contraire (ch. 5, sect. 1re, art. 2, § 4) que l'exécuteur ne peut ni vendre les immeubles, ni faire condamner l'héritier à en souffrir la vente. Ricard blâme l'usage contraire introduit dans plusieurs provinces.

Delvincourt, p. 375, et Dalloz, *ibid.*, n 17, enseignent que les immeubles ne peuvent être vendus que par expropriation forcée, laquelle ne peut être poursuivie qu'à la requête du créancier c'est-à-dire du légataire. Ils se fondent sur les termes restrictifs de l'art. 1031, qui n'a permis à l'exécuteur que la vente du mobilier pour suppléer à l'insuffisance des deniers comptant, quoique le législateur ait bien dû prévoir le cas où il serait nécessaire de vendre les immeubles.

90. — L'exécuteur testamentaire, auquel le testateur a donné le mandat de vendre tous les biens de la succession et de la liquider, n'a pas pour cela le droit d'exiger la levée des scellés et la confection d'un inventaire, ni celui de s'opposer à un partage, lorsque les héritiers, maîtres de leurs droits, offrent de lui remettre les fonds dont il peut avoir besoin pour acquitter les legs (C. civ. 1031). — 16 mars 1811. Bruxelles. Géerinck. D.A. 6. 134. D.P. 11. 2. 120.

91. — 6° *Recouvrement des créances.* — La saisine, lorsqu'elle est conférée à l'exécuteur, lui donne le droit de recouvrer les créances mobilières de la succession (Dur., n. 412). Et même l'insolvabilité des débiteurs qu'il aurait négligé de poursuivre demeurerait à sa charge.

Si le débiteur conteste, l'héritier doit être mis en cause, sinon le jugement rendu serait, à cet égard, comme non avenu, ou, au moins, pourrait être attaqué par la tierce-opposition. — Poth., ch. 5, sect. 1re, art. 2, § 4; Furg., n. 44; Toull., t. 5, n. 588; Delv., t. 2, p. 372, notes; D.A. 6. 129, n. 19.

92. — Les actions immobilières ne peuvent pas être intentées par l'exécuteur. — D.A. *ibid.*

93. — Toutes les rentes étant mobilisées, l'exécuteur peut non seulement en recevoir les arrérages, mais même le capital: car, pendant la saisine, il a seul droit au prix du mobilier. — Toull., t. 5, n. 586; D.A. 6. 129, n. 20.

94. — Toutefois, il serait plus sûr pour le débiteur de faire le remboursement en présence de l'héritier, et de son consentement. — Toull., t. 5, n. 586; D.A. *ibid.*

95. — L'héritier serait considéré comme débiteur de la succession, et soumis aux poursuites de l'exécuteur, pour avoir recélé des effets de la succession. — Toull., t. 5, n. 592; D.A 6. 129, n. 22.

96. — 7° *Responsabilité de l'exécuteur testamentaire.* — Elle est la même, en général, que celle du mandataire (C. civ. 1991 à 1997). Leurs fonctions, comme on l'a vu au paragraphe premier, sont de la même nature.

97. — « S'il y a plusieurs exécuteurs testamentaires qui aient accepté, un seul pourra agir au défaut des autres et ils seront solidairement responsables du compte du mobilier qui leur a été confié, à moins que le testateur n'ait divisé leurs fonctions, et que chacun d'eux ne se soit renfermé dans celle qui lui était attribuée » (C. civ. 1033). Dans le cas de mandat ordinaire, il faut que la solidarité ait été *exprimée* (C. civ. 1995). Mais on a voulu ici donner le plus de garantie possible aux héritiers et aux légataires, qui ne choisissent pas les exécuteurs testamentaires et qui ne peuvent les révoquer.

98. — Si le testateur a divisé leurs fonctions, l'un peut agir dans le cercle de son mandat spécial sans le concours de l'autre et même nonobstant son refus d'accepter.

99. — *Quid*, si les fonctions n'ont pas été divisées? Delv., t. 2, p. 373, Dur., n. 425, pensent qu'aucun alors ne peut agir avant que tous aient accepté. La garantie, dit-on, que l'héritier trouvait dans la solidarité de tous les exécuteurs serait affaiblie, et il se peut que le testateur n'eût pas nommé l'un sans l'autre. — Il nous semble, au contraire, que hors le doute, il est mieux de ne pas supposer cette intention du testateur de rendre indivisible la nomination des exécuteurs. — D.A. 6. 130, n. 35.

100. — La solidarité n'existe pour le compte du mobilier que lorsque la saisine a été accordée. — Dur., n. 423.

101. — La solidarité ne s'étendant pas d'un objet à l'autre, par simple analogie (C. civ. 1202), il faut la restreindre au compte du mobilier. L'art. 1033 n'en parle pas quant aux dommages-intérêts dont les exécuteurs seraient passibles pour d'autres causes. — Dur., t. 9, n. 423.

102. — Si, en nommant plusieurs exécuteurs, le testateur leur a fait conjointement un legs, la part de ceux qui refusent la charge accroît à ceux qui l'ont acceptée. — D.A 6. 130, n. 32.

103. — Les frais relatifs aux fonctions de l'exécuteur sont à la charge de la succession (art. 1034), à moins qu'il n'ait élevé des contestations mal fondées (arg. C pr. 132). — Dur., n. 419, D.A. 6. 129, n. 24.

104. — Un exécuteur testamentaire n'est pas tenu d'agir en personne; il peut faire remplir par un fondé de pouvoir spécial tous les devoirs qui lui sont imposés par le testament. Il importerait peu que le testateur eût nommé un second exécuteur testamentaire, *au défaut du premier*..., et, dans ce cas, le second exécuteur testamentaire serait, au surplus, mal fondé à réclamer les libéralités faites par le testateur à l'exécuteur testamentaire, après que toutes les charges de la succession ont été remplies par le fondé de pouvoir. — 26 mai 1829. Req. Guadeloupe. Gélis. D.P. 29. 1. 254.

105. — 8° *Reddition de compte.* — Le dernier devoir de l'exécuteur est de rendre compte de sa gestion à l'expiration de l'année du décès du testateur (art. 1031), sauf les cas de prolongation de durée de ses fonctions. Il le rend tel que sa gestion se trouve, il en remet le reliquat, soit que les opérations soient terminées ou non, soit qu'il y ait encore des legs à acquitter: l'héritier ne peut être privé plus longtemps de la saisine; c'est aux légataires à pourvoir, par les moyens que la loi leur donne, à la garantie de leurs droits. — D.A. 6. 129, n. 25.

106. — Le compte est rendu aux héritiers ou aux légataires universels; si la succession est vacante, c'est le curateur qui le reçoit. — Toull, t. 5, n. 599; Dur., n. 422; D.A. 6. 130, n. 27.

107. — Arrêté soit à l'amiable, soit judiciairement, ce compte est revêtu des formes ordinaires et communes à toute espèce de comptes. Il se divise en recettes et en dépenses. En recette, il comprend tout ce qui a été trouvé lors de l'inventaire, toutes les sommes reçues pendant la gestion, le prix du mobilier, le remboursement des dettes actives, plus la perte provenant de ce qu'il a négligé de faire, ou de ce qu'il a fait contre son obligation. — Furgole, n. 68; D.A. 6. 130, n. 28.

108. — Quant à la dépense, l'exécuteur, ne pouvant ni profiter ni souffrir aucun préjudice, a le droit d'imputer tous les frais relatifs à ses fonctions (1034), les dépens des procès qu'il a soutenus, à moins qu'il n'y ait été condamné personnellement; les sommes qu'il a été obligé de payer aux légataires et aux créanciers de la succession. — Furgole, n. 69, 71; Toull, t. 5, n. 599; Dur., 1, n. 420; D.A. 6. 130, n. 29.

109. — Un exécuteur testamentaire a qualité pour s'opposer à l'homologation d'une transaction passée entre les héritiers légitimes et les légataires; il ne peut être condamné personnellement aux dépens que lorsqu'il élève une contestation évidemment mal fondée, et non lorsque son intervention avait pour objet de procurer l'entière exécution du testament (C. civ. 1031). — 28 flor. an 13. Bourges. Tardif. D.A. 6. 132. D.P. 1. 1349.

110. — Mais il n'aurait pas qualité si la contestation ou la transaction se formait entre des héritiers et des créanciers. — Dur., n. 415.

111. — Les dépenses sont justifiées par des quittances ou d'autres preuves légales. Quant aux menues dépenses pour lesquelles il n'est pas d'usage de prendre une preuve par écrit, elles doivent être admises sur le serment de l'exécuteur. — Furgole, n. 70; D.A. 6. 130, n. 30.

112. — L'exécuteur ne peut, dans le silence du testament, réclamer aucun honoraire; mais il a droit de répéter ce qu'il aurait payé pour se faire assister par un notaire, avoué ou autre mandataire salarié, lors de l'inventaire, des scellés, de la vente, de la reddition du compte, ainsi que des honoraires, des consultations prises pour se diriger dans les affaires contentieuses de sa gestion. — Ricard, part. 2, n. 95, 96; Poth., ch. 5, sect 1re, art. 3, § 3; Furgole, n. 53, 54; Toull., t. 5, n. 600 et 601; Fav, v° Exécution testamentaire, n. 9; Malev., sur l'art. 1031; Dur., n. 422; D.A. 6. 130, n. 31.

113. — L'incapacité de l'exécuteur, de recevoir un legs, ne serait pas un motif pour autoriser les héritiers à contester le présent, s'il était modique; il peut en faire l'un des articles de son compte, sauf réduction, en cas d'insuffisance des deniers pour acquitter les autres. — Furgole, n. 47; Toul.; n. 602; Dur., n. 421 (V. *suprà*, § 1er); D.A. 6. 130, n. 32.

114. — Le compte devait être rendu, suivant le droit romain, devant le juge du lieu de la gestion, et, suivant l'ancienne jurisprudence, devant le juge du domicile du comptable. Aujourd'hui, c'est devant le tribunal du lieu de l'ouverture de la succession (art. 59 C. pr.). — Troull., t. 5, n. 606, D.A. 6. 130, n. 33. — *Contrà*, Duraut., n. 422, qui se fonde sur l'art. 527, et croit l'art. 59 C. pr. inapplicable en ce que l'exécution est déjà opérée. La reddition de compte n'est, dit-il, qu'indirectement relative à l'exécution.

115. — Les actions réciproques de l'exécuteur et des héritiers ou légataires universels, sont des actions personnelles résultant du mandat intervenu entre eux. Les intérêts du reliquat établi pour ou contre l'exécuteur par le compte de sa gestion, sont réglés d'après les principes du mandat (art. 1996 et 2001). — Furgole, n. 71 et suiv; D.A. 6. 130, n. 34.

116. — Le code civil n'ayant point attribué d'hypothèque à l'exécuteur contre l'héritier, ni à celui-ci contre l'exécuteur, il n'y a plus lieu d'examiner l'existence et l'étendue de cette hypothèque, qui n'existe qu'en vertu du jugement de condamnation intervenu sur les débats du compte, et qui constitue l'un ou l'autre débiteur. — D.A. 6. 130, n. 34.

117. — Un légataire universel, majeur, peut, avant la reddition de compte par l'exécuteur testamentaire, traiter de l'hérédité avec ce dernier (C. civ. 1031); ici ne s'applique pas à l'art. 472 même code. — 10 mai 1808. Paris. Hedon. D.A. 6. 126, n. 1.

§ 4. — De la durée et de l'expiration des fonctions d'exécuteur testamentaire.

118. — L'exécution testamentaire et la saisine conférées par le testateur s'éteignent par les mêmes causes qui, d'après l'art. 2003, anéantissent le mandat. — Dur., n. 402; Delv., t. 2, p. 374; D.A. 6. 135, n. 3.

— L'exécution testamentaire ne passe donc point aux héritiers de l'exécuteur (art. 1032); ces derniers sont responsables de la gestion commencée par leur auteur; et ils ont droit au legs qui lui aurait été fait pour le récompenser de la charge qu'il avait acceptée. — Troull., t. 5, n. 602; Delv., t. 2, p. 374, notes; Dur., n. 403; D.A. 6. 135, n. 1.

120. — Les pouvoirs de l'exécuteur survivent à la personne désignée par le testateur, lorsque, dans la nomination, le testateur a plutôt considéré la qualité que l'individu, par exemple, s'il a choisi le doyen des avocats, le curé de telle paroisse, etc. Les termes de l'acte devront, avant tout, servir à faire connaître quelle a été la volonté du testateur. — Ricard, part. 2, n. 69, 70; Furgole, n. 43, 45; Poth., ch. 5, sect. 1re, art. 4; Troull., t. 5, n. 596; D.A. 6. 135, n. 2.

121. — Une disposition ne devient pas caduque par le prédécès de l'exécuteur testamentaire, quoique le testateur, qui a survécu, n'en ait pas nommé un nouveau; dans ce cas, le testateur est censé s'en être référé à la volonté de la loi pour l'exécution de ces dispositions (C. civ. 1032, 1039). — 10 juill. 1827. Toulouse. Danizan. D.P. 28. 2. 27.

122. — Le pouvoir des exécuteurs testamentaires nommés pour le maintien d'un fidéicommis perpétuel a cessé par l'effet des lois qui ont aboli les substitutions (C. civ. 896). — 12 janv. 1815. Liége. De Galen. D.A. 5. 191.

123. — Les principes du code n'autorisent plus l'ancien usage attesté par Ricard, part. 2, n. 66, de s'adresser à la justice pour la nomination d'un nouvel exécuteur; lorsqu'il était mort, ou avait refusé, ou ne pouvait remplir sa charge. La loi ne voit plus dans les pouvoirs de l'exécuteur qu'une émanation de la volonté du testateur. — Gren., t. 1er, n. 334; D.A. 6. 135, n. 4.

124. — La durée de l'exécution testamentaire est fixée à un an, terme de la saisine et de l'obligation de rendre compte de la gestion (art. 1026 et 1031).

125. — Il suit de là que s'il y a des legs dont la condition ne puisse exister qu'après l'année, les lé-

gataires devraient s'adresser à l'héritier, et non à l'exécuteur dont la charge serait expirée.—Poth., ch. 3, sect. 1re, art. 4; D.A. 6. 135, n. 5.

126.—Ce n'est qu'à partir du temps où l'exécuteur a été mis à même, par l'héritier, de remplir sa charge, que commence l'année de l'exécution testamentaire. Le délai se trouve prorogé nécessairement lorsque l'exécuteur a entamé des contestations non encore jugées après l'expiration de l'année. —D.A. 6. 135, n. 6.

127. — Ainsi, jugé que l'exécuteur testamentaire qui a, dans l'année du décès, actionné l'héritier, mais dont l'assignation a été déclarée nulle, peut former, après l'expiration de l'année, une nouvelle demande contre cet héritier. — 23 vent. an 13. Poitiers. Chevalereau. D.A. 6. 132. D.P. 1. 1349.

128.—Peut-on laisser à l'exécuteur testamentaire l'emploi ou la disposition des sommes qui resteront après le paiement des legs, pour recevoir une destination secrète, connue seulement de l'exécuteur et du testateur? Toullier, t. 5, n. 606, décide la négative. Durant., n. 408, subordonne la solution aux circonstances de la cause. D'un côté, des motifs honnêtes peuvent avoir déterminé le secret, dans l'intérêt soit du légataire inconnu, soit du testateur lui même ou de sa famille, s'il s'agissait de quelque restitution Mais, d'un autre côté, l'effet de la volonté du testateur ne doit pas dépendre de l'arbitraire d'un tiers ; et il faut que les héritiers connaissent le légataire pour juger s'il est ou non capable, si la libéralité qui lui est faite est ou non susceptible de révocation. On doit craindre aussi de ne favoriser des dispositions indirectes au profit de corporations non autorisées. Tels sont les motifs de douter.

Dans l'ancienne jurisprudence, la clause était réputée valable.—Furgole, *Testament*, ch. 10, n. 51, 52 ; Denisart, v° Exécuteur testamentaire.

La jurisprudence nouvelle offre des décisions pour et contre, que nous citons (v° Legs), en traitant des legs à personnes incertaines.

129. — Même après l'expiration de l'année, l'exécuteur, quoique privé de la saisine, et de tout maniement de fonds, et quoiqu'il ait rendu son compte, doit continuer de veiller à ce que le testament soit exécuté. L'accomplissement complet du testament seul termine la mission de l'exécuteur.— D.A. 6. 135, n. 8.

—V. Enregistrement, Legs, Substitution, Testament.

TABLE SOMMAIRE.

Acceptation. 11, s.
Accroissement. 102.
Action immobilière. 92.
—possessoire, 59, s.
Autorisation maritale. 18, suiv.
Ayant-cause. 72, 80, 91, s.
Caducité. 121.
Capacité. 3, 17, s. 113.
Caution. 39.
Compétence. 114.
Compte. 101, 105, s.
Condamnation personnelle. 109.
Condition. 3.
Curateur. 74, 106.
Décès. 2, 5.
Délai. 127.
Délivrance. 44.
Dette. 77, s.
Droits civils. 29, s.—personnel. 119, s. — politique. 29.
Durée. 124.
Etranger. 29, s.
Femme. 18, s.
Fin. 118.
Fonctions (durée). 78, s. publiques. 23.
Fruit. 58.
Honoraires. 112.
Hypothèque. 76.
Immeuble. 89, s.
Indivisibilité. 98, s.
Insolvabilité. 39.
Intérêt. 32, s.
Intérêts, jour *à quo*. 73.
Inventaire. 64, s. 90.
Legs. 70.
Mandat. 2, 5, 17.—(révocation) 85, s. 96, 104.
Meuble. 55, s. 92, s.— V. Vente.
Mineur. 62, s.
Mineur émancipé. 24.
Mise en cause. 71, s.
Notaire. 34, s.
Option. 67.
Paiement (délai). 70, s.
Portion disponible. 55.
Prêt. 81.
Prêtre. 32
Qualité. 109.
Quittance. 111.
Recélé. 95.
Recouvrement. 91.
Reddition de compte. 105, s.
Refus. 10.
Remplacement. 16.
Rémunération. 9.
Renonciation. 11.
Rente. 93.
Responsabilité. 96, s. — (mari) 22.
Restriction. 52, 128.
Révocation. 6, s.
Saisine. 41, s. 84, 100.—(durée) 45, s. 56, s.
Salaire. 37, 112.
Scellés. 62, s.
Solidarité 97, s.
Substitution. 4.
Succession vacante. 74, 106.
Témoin. 33.
Tierce-opposition. — V. Ayant-cause.
Tuteur. 28.
Vente. 46, 83, s.

EXÉCUTION DES JUGEMENS ET ACTES. — 1.—On entend par là l'accomplissement de ce qui est ordonné par un jugement ou par un acte, ou convenu soit expressément, soit tacitement entre les parties. Dans le premier sens, l'exécution a du rapport avec l'acquiescement; dans le second, elle se rapproche de la ratification.—V. ces mots.

§ 1er.— *Caractères généraux de l'exécution.*

§ 2.—*Par qui et contre quelles personnes peut être poursuivie l'exécution.*

§ 3.— *Pour quelles créances et en vertu de quels actes on peut exécuter.*

§ 4.— *Obstacles qui peuvent arrêter l'exécution.*

§ 5. — *Formalités préalables à l'exécution, soit qu'elle ait lieu contre le débiteur, soit qu'elle ait lieu contre des tiers.*

§ 6.— *Par qui, quand et comment il doit être procédé à l'exécution.*

§ 7. — *De la compétence en matière d'exécution d'actes et jugemens.*

§ 8.— *De l'exécution des jugemens en matière criminelle.*

---

§ 1er.— *Caractères généraux de l'exécution.*

2.— L'exécution est volontaire ou forcée. Nous ne dirons qu'un mot de la première.—Elle se règle à l'amiable entre les parties. En cas de contestation ou d'incapacité de l'une d'elles, l'exécution est réglée par les tribunaux. La procédure à observer est, dans plusieurs cas, déterminée par la loi.— V. Caution, Cession de biens, Compte, Offres réelles, etc.

L'exécution volontaire emporte *acquiescement*.— V. ce mot et l'art. 1348 C. civ.

3.— Toutefois, lorsqu'un jugement a des dispositions favorables à une partie, et d'autres qui lui sont contraires, on ne peut considérer comme un acquiescement formel à tout son contenu, les actes de cette partie tendant à son exécution dans la disposition qui lui est favorable.—12 niv. an 12. Civ. r. Leremoin. D.A. 10. 291, n. 13. D.P 4. 1. 216.

4.—L'exécution forcée se poursuit sur la personne du débiteur (V. Contrainte par corps) ou sur ses biens (V. Saisie). Elle est définitive ou provisoire.— V. Exécution provisoire.

5.— *Exécution.*— Les voies d'exécution se cumulent (C. civ. 2069).

6.—En d'autres termes, l'usage que l'on fait d'un mode d'exécution n'enlève pas la faculté de recourir en même temps à une autre voie.—Ainsi, par exemple, le créancier, déjà subrogé à une saisie-arrêt, peut, avant même que le résultat de cette saisie soit connu, procéder par voie de saisie-immobilière. —20 déc. 1831. Bordeaux. Deglanne. D.P. 33. 2. 80.

7 — Le mode d'exécution est réglé par la loi, par la convention, ou par le juge. Quand il s'agit d'une obligation de faire, le créancier peut être autorisé, en cas d'inexécution de la part du débiteur, à faire effectuer l'obligation aux frais de ce dernier. Les ouvriers nécessaires à cet effet peuvent, sur la demande du créancier, être requis par le procureur du roi, à la charge de leur faire compter le prix ordinaire de leurs travaux (L. 22 germ. an 4).

8. — Quelquefois le juge prescrit l'exécution de l'obligation, à peine, par le débiteur, de payer une certaine somme par chaque jour de retard.

9. — Décidé ainsi que le juge peut ordonner la restitution d'un acte indûment retenu, sous peine de payer une somme par chaque jour de retard, encore bien qu'il ne serait pas allégué qu'un préjudice résultât de cette rétention. — 29 janv. 1834. Req. Paris. Normand. D.P. 34. 1. 81.

10.—Jugé encore que d'après le principe de l'art. 548 C. pr., les jugemens qui ordonnent quelque chose à faire contre les tiers, étant exécutoires contre ces tiers, comme s'ils y avaient été parties, une cour royale a pu, pour l'exécution de son arrêt infirmatif qui avait ordonné la remise d'une mineure confiée à des dames religieuses, condamner ces dernières à l'exécution de ce premier arrêt, en y ajoutant une clause pénale par chaque jour de retard, encore bien qu'elles n'aient pas été parties dans l'instance, et qu'on prétendît que c'était là une demande principale susceptible des deux degrés de juridiction (C. pr. 472, 59).—23 août 1834. Paris. P... D.P. 34. 2. 223.

11.—En général, les actes d'exécution forcée doivent être réglés par les lois en vigueur au moment où cette exécution a lieu.—V. Loi.

12.—Le point de savoir si tel acte constitue ou non l'exécution, dépend tant de la nature de l'acte, que de la personne qui agit, et des effets qu'on veut faire produire à l'exécution. Ainsi, des actes d'exécution forcée sont, en général, nécessaires pour interrompre une prescription, ou couvrir une péremption ; tandis qu'un simple commencement d'exécution suffit ordinairement pour emporter renonciation à attaquer un acte ou jugement. — —Bioche, 2, 507.—V. au surplus Acquiescement, Jugement par défaut, Péremption, Prescription.

§ 2. — *Par qui et contre quelles personnes l'exécution peut être poursuivie.*

13. — L'exécution est poursuivie par le créancier ou par son représentant.

14.—Celui qui succède au créancier ne peut poursuivre l'exécution qu'après avoir justifié de sa qualité en notifiant au débiteur, indépendamment du titre originaire, celui en vertu duquel il possède.

15.—Un emprisonnement n'est pas nul, lorsqu'il a été fait à la requête du légataire universel du créancier qui a fait faire le commandement, encore que le décès de ce créancier n'ait pas été notifié au débiteur, et que le légataire ait simplement signifié le testament authentique qui l'institue, sans faire accompagner sa signification d'un acte de délivrance par les héritiers à réserve, ou d'un acte de notoriété constatant qu'il n'y a pas d'héritier à réserve (C. pr. 780; C. civ. 1004 et 1006). — 19 mai 1825. Paris. Beautier. D.P. 26. 2. 96.

16. — Le créancier muni d'un titre exécutoire peut néanmoins traduire en justice son débiteur pour obtenir contre lui une condamnation, attendu que cette action, que, par la généralité de ses termes, l'art. 1153 C. civ., l'autorise à exercer, lui est utile pour obtenir, soit l'hypothèque judiciaire, soit les intérêts qui ne courent que d'après la demande en justice. Ce n'est que dans le cas où l'acte dont il est porteur procurerait au créancier tous les avantages qu'il pourrait obtenir d'un jugement, que sa demande devrait être rejetée pour défaut d'intérêt, et que les frais de l'instance devraient être mis à sa charge, comme frustratoires.—Carré, n. 1898.

17.— Celui qui, ayant un titre paré, procède contre son débiteur par action, au lieu d'agir par voie d'exécution, ne doit pas supporter, comme frustratoires, les frais auxquels cette action a donné lieu, lorsqu'il ne l'a exercée que par suite des exceptions employées contre lui par son débiteur. — 13 déc. 1831. Req. Rennes. Desson. D.P. 31. 1. 377.

18.— Un créancier, porteur de titres exécutoires, ne peut se pourvoir, par voie d'action ordinaire, contre l'héritier pour le faire condamner au paiement des intérêts et du capital de sa créance. — 12 janv. 1832. Montpellier. Julien. D.P. 32. 2. 147.

19. — L'exécution se poursuit contre le débiteur ou son représentant.

20. — Lorsque, le débiteur est devenu capable d'incapable qu'il était, ou lorsqu'au contraire il a perdu sa capacité, il n'y a nécessité de diriger les poursuites, dans le premier cas, contre le débiteur, dans le second, contre son défenseur légal, qu'autant que le créancier a été averti du changement d'état par un acte légalement signifié. A défaut de cette signification, l'exécution est valablement poursuivie contre le débiteur, conformément à la qualité qui lui est donnée dans le titre exécutoire. — Pig., 2, 14.

21.— Le créancier qui, sans décharger le premier débiteur, a accepté l'engagement d'un second, conformément à l'art. 1275 C. civ., peut poursuivre à son choix l'un ou l'autre. — V. Obligation.

22. — Le créancier porteur d'un titre exécutoire contre le défunt, peut faire apposer les scellés sur les biens-mobiliers de la succession, tant que ces biens n'ont pas été inventoriés : mais, cette formalité remplie, il ne le peut plus, à moins que l'inventaire ne soit attaqué, et que l'apposition des scellés ne soit autorisée par le président (C. pr. 923). Du reste, le créancier, dans le cas même où il y a eu un inventaire non attaqué, peut faire saisir-exécuter les biens dont il s'agit (arg. de l'art. 878 C. civ.).

23. — Les titres exécutoires contre le défunt sont pareillement exécutoires contre l'héritier personnellement; néanmoins, les créanciers ne peuvent en poursuivre l'exécution que huit jours après la signification de ces titres à la personne ou au domicile de l'héritier (C. civ. 877).

24. — Cette signification préalable est requise à peine de nullité des poursuites d'exécution. — 5 juill. 1817. Rennes. Bahuand. D.A. 11. 680. D.P. 2. 1165.

25. — Il ne suffit pas, pour remplir le vœu de

l'art. 877 C. civ., que copie des titres exécutoires contre le défunt soit donnée seulement en tête d'un commandement tendant à expropriation forcée ; faute d'avoir été précédées de cette signification, les poursuites ultérieures sont frappées de nullité, encore qu'elles n'aient été commencées que huit jours après le commandement. — 31 août 1825. Civ. r. Toulouse. Sacasc. D.P. 25. 1. 431.

26. — Jugé de même qu'est nul le commandement de payer fait aux héritiers d'un débiteur, sans notification préalable des titres, bien que copie de ces titres ait été donnée dans le commandement; que cette copie eût même déjà été donnée dans un commandement resté sans exécution, et qu'enfin l'héritier ait connu la dette de son auteur avant toute exécution, laquelle exécution n'a, d'ailleurs, eu lieu qu'après huitaine. — 3 sept. 1829. Pau. Balade. D.P. 30. 2. 289.

27. — Jugé encore que le commandement à fin de saisie-immobilière constitue un acte d'exécution. Et qu'en conséquence, il ne peut, à peine de nullité, être signifié à l'héritier *simultanément* avec les titres exécutoires obtenus contre son auteur. — 12 fév. 1833. Bastia. Colani. D.P. 33. 2. 140.

28. — Jugé cependant que la signification du titre exécutoire, qui doit être faite aux héritiers du débiteur huit jours avant toute exécution, n'est pas nulle, par cela qu'elle contient commandement de payer, si ce commandement n'impose l'obligation de payer *que dans la huitaine, à peine d'y être contraint par les voies de droit*, et si aucune poursuite n'a réellement eu lieu avant ce délai...; cette nullité, d'ailleurs, serait couverte par des défenses au fond (C. civ. 877; C. pr. 173). — 22 juin 1826. Grenoble. Mercier. D P. 26. 2. 222.

29. — Il n'est besoin d'aucune autorisation de la cour de cassation pour que l'arrêt d'admission obtenu contre une partie décédée depuis, soit valablement signifié à ses héritiers. — 12 therm. an 12. Civ. r. Lenoble. D.A. 7. 831. D.P. 4. 1. 563.

30 — L'exécution ne peut être poursuivie sur les biens personnels de l'héritier bénéficiaire, qu'après qu'il a inutilement été mis en demeure de présenter son compte (C. civ. 803).

31. — Tant que les légataires ou donataires universels et à titre universel ne sont pas saisis, soit par la délivrance, quand elle est nécessaire, soit par leur acceptation, ce n'est pas contre eux, mais contre l'héritier que doivent être dirigées les poursuites d'exécution. Et les poursuites continuées ainsi, même après la saisine, sont valables contre eux, s'ils ont omis de notifier leurs qualités au poursuivant. — Pig., 2, 23.

32. — Les titres exécutoires contre les successeurs à titre universel ne le sont pas *de plano* contre le successeur à titre particulier. Il faut l'actionner en restitution de l'objet, ou en paiement de la somme due: sauf à lui à appeler en garantie l'héritier ou légataire universel.

33. — Le jugement obtenu contre le débiteur n'est pas exécutoire *de plano* contre le tiers détenteur.

§ 3. — *Pour quelles créances et en vertu de quels actes on peut exécuter.*

34. — Il ne peut être procédé à aucune saisie-mobilière ou immobilière, que pour choses *liquides* et *certaines* (C. civ. 2213; C. pr. 551). La créance est *certaine*, quand il résulte clairement de l'acte que le poursuivant est créancier. Il ne résulte pas, par exemple, de créance certaine de l'acte ou jugement portant seulement qu'une personne doit un compte à une autre. — La créance est *liquide*, lorsqu'il est spécifié, dit dans l'acte que telle somme, ou telle chose, ou telle quantité de marchandises est due.

35. — Si la dette exigible n'est pas d'une somme en argent, il est sursis, après la saisie, à toutes poursuites ultérieures, jusqu'à ce que l'appréciation en ait été faite (C. pr., art. 551). — V. Saisie-exécution et Saisie-immobilère.

36. — La contrainte par corps, pour objet susceptible de liquidation, ne peut être exécutée qu'après que la liquidation a été faite en argent (C. pr., art. 552). — V. Contrainte par corps.

37. — Si la créance n'est pas liquide, on peut surseoir à l'exécution, même en référé. — 27 déc. 1810. Cassat.

38. — Les poursuites en expropriation forcée, commencées pour obtenir le paiement d'une créance, ne peuvent, alors que le principal et les intérêts de la dette ont été payés, être continuées pour raison de ces frais, s'ils ne sont point liquidés (C. civ., art. 2213). — 2 janv. 1834. Paris. Gentil. D.P. 34. 2. 44.

39. — Les dépens non liquidés par le jugement ne sont poursuivis qu'en vertu d'un *exécutoire*. — V. Frais et Dépens.

40. — La cession, par acte authentique, d'une créance, avec garantie, n'est point, en cas de non paiement par le débiteur à l'échéance, exécutoire *de plano* contre le cédant; car l'obligation contractée par celui-ci n'est que conditionnelle, et dès lors le cessionnaire, avant de poursuivre, doit faire juger que la condition à laquelle cette obligation est subordonnée s'est accomplie. — 13 avril 1811. Bruxelles. Proft. D.A. 12. 922. D.P. 2. 1481.

41. — Jugé de même que le cessionnaire ne peut point agir par voie parée contre le cédant qui s'est engagé envers lui, par acte notarié, avec toute garantie *et même promesse de payer faute de paiement*. — 19 juin 1824. Agen. Pagès. D.P. 25. 2. 43.

42. — *L'authenticité* d'un titre est une condition essentielle pour qu'il soit susceptible d'exécution parée. Ainsi, l'exécution d'un titre sous seing-privé ne peut être poursuivie qu'après qu'on a obtenu un jugement de condamnation.

43. — Le jugement qui, en constatant la reconnaissance faite en justice d'un acte sous seing-privé, ordonne qu'il soit exécuté, lui confère la force de titre exécutoire. — 27 juill. 1824. Toulouse. S. 25. 406.

44 — Mais on ne peut poursuivre l'exécution par voie parée d'un acte sous seing-privé, lorsque le jugement qui a simplement donné acte de la reconnaissance de la signature y apposée, n'en a pas ordonné formellement l'exécution. — 18 déc. 1823. Agen. Marmiesse D P. 24. 2. 108. S. 25. 11.

45. — La reconnaissance d'écriture faite au bureau de paix n'emporte ni exécution ni hypothèque. — 22 déc. 1806. Cas. c. Werelnichorren. D.A. 9. 187. D.P. 7. 109.

46. — Les testamens, même notariés, ne sont pas susceptibles d'exécution parée, sauf le cas où le testateur ne laisse pas d'héritiers à réserve, et institue, par acte authentique, un légataire universel.

47. — Ne sont pas non plus susceptibles d'exécution parée les actes constatant les ventes publiques de meubles, bien que faites par des notaires, s'ils ne sont signés par l'acheteur et le vendeur, de même que par le notaire et les témoins. — 22 mars 1810. Bruxelles. Vermeulen. D.A. 10. 667. D.P. 10. 2. 99.

48. — Dans ce cas, pour obtenir paiement des acquéreurs, il faudrait régulièrement faire rendre un jugement contre eux. Dans l'usage, on obtient du président une ordonnance *d'exequatur*, en vertu de laquelle on saisit. — Carré, t. 2, p. 358.

49. — Les jugemens, les contrats, les lois ne sont exécutoires qu'en vertu de la puissance publique, exercée en France par le roi. C'est en vertu du mandement du souverain que les actes peuvent être exécutés par les officiers chargés d'y pourvoir (V. C. pr. 146, 545; charte, art. 48). — D.A. 10. 667, n. 67.

50. — C'est par une délégation du pouvoir royal que les notaires communiquent aux actes qu'ils reçoivent la force exécutoire. Ils exercent ce ministère dans la grosse de leurs actes, au moyen de la formule réglée par les lois (V. *infrà*). — D.A. 10. 667, n. 67.

51. — La formule exécutoire a été déterminée par un arrêté du gouvernement, du 15 prair. an 11; elle n'a changé que quant aux dénominations nouvelles introduites par les changemens dans la constitution politique. — D.A. 10. 667, n. 67.

52. — Un avis du conseil d'état, du deuxième jour complémentaire an 13, décide que cette formule n'est point nécessaire pour les grosses délivrées antérieurement, lesquelles sont exécutoires sous la formule dont elles ont été revêtues au moment de leur confection. — D.A. 10, 667, n. 67.

53. — On a pu, dans l'intervalle du décret du 22 sept. 1792 à la loi du 25 vent. an 11, exécuter un acte sans formule. — 21 brum. an 11, 25 mai 1807. Civ. c. Paris. D.A. 9. 675. D.P. 2. 571.

54. — Mais un jugement rendu avant le C. de pr. n'a pu être signifié depuis, qu'avec la formule exécutoire prescrite par ce code. — 13 mars 1813. Besançon. Bas. D.A. 11. 697, n. 3. D.P. 2. 1174.

55. — Depuis l'ordonnance du 30 août 1815 jusqu'à la publication de la charte de 1830, il a été nécessaire que la formule fût au nom du pouvoir exécutif existant au moment de l'exécution. Les porteurs d'anciennes grosses et expéditions d'actes et jugemens pouvaient faire rectifier sans frais les formules exécutoires, par les notaires et les greffiers.

56. — Jugé, sous l'empire de cette ordonnance,

que les expéditions, délivrées sous la république, d'actes passés avant la révolution devant les notaires du Châtelet de Paris, ne pouvaient, à peine de nullité des actes, être exécutées sans être revêtues de la formule d'exécution prescrite par l'art 545 C. pr., et par l'ordonn. précitée. — 22 mai 1828. Req. Agen. Pagès. D P. 28. 1. 262.

57. — La rectification de l'intitulé des jugemens n'était exigée par la loi du 30 août 1815, que lorsqu'il s'agissait de mettre ces jugemens à exécution par voie de contrainte et de saisie; elle n'était pas nécessaire lorsque la production des jugemens n'avait pour but que de prouver, dans un ordre, la qualité de créancier. — 2 janv. 1828. Req. Longuet. D.P. 28. 1. 81.

58. — Aujourd'hui, aucune loi ni ordonnance ne prescrit pour les jugemens et actes anciens la rectification de leur intitulé. — En conséquence, le titre revêtu de la forme exécutoire requise à l'époque de sa date, peut être mis à exécution, quoiqu'une nouvelle formule ait été décrétée. — 25 nov. 1830. Riom. Souchère. D.P. 33. 2. 215.

59. — La formule exécutoire est ainsi conçue : « Louis Philippe Ier, roi des Français, à tous présens et à venir, salut... (suit la teneur du jugement ou de l'acte, que l'on termine par le mandement suivant :) « Mandons et ordonnons à tous huissiers sur ce requis, de mettre ces présentes à exécution, à nos procureurs-généraux et à nos procureurs près les tribunaux de première instance d'y tenir la main; à tous commandans et officiers de la force publique d'y prêter main-forte lorsqu'ils en seront légalement requis » (Sen. cons. 28 flor. an 12, art. 141; ord. 16 août 1830.)

60. — Les cours de Besançon, le 13 mai 1813, et d'Orléans, le 11 janv. 1816, ont décidé, l'une, que l'omission de la formule : *Louis, par la grâce de Dieu*, ou *de par la loi*, etc., entraînait la nullité du commandement, l'autre, que cette omission empêchait seulement l'exécution. Cette dernière décision semble préférable.

61. — L'omission des mots *Louis*, etc., n'est pas une cause de nullité, alors que le jugement en exécution duquel le commandement a lieu contient la formule exécutoire. — 24 nov. 1829. Bordeaux. Fellion. D.P. 30. 2. 174.

62. — *Exécution.* — Le commandement qui repose sur un titre authentique et exécutoire, n'est pas nul parce qu'il a été fait pour une somme excédant l'intégralité de la dette. — 28 janv. 1828. Bordeaux. Coutans. D.P. 28. 2. 40.

63. — Il n'est pas nécessaire, pour remplir le vœu de la loi, qui règle les formules exécutoires des actes, que ces formules soient placées avant la date et la mention de signature : il suffit qu'elles se trouvent immédiatement après la stipulation. — 11 fév. 1820. Bruxelles. Wanzeele. D.A. 10. 516, n. 4. D.P. 2. 795, n. 1.

64. — L'ordonnance exécutoire d'un juge ne peut être mise à exécution qu'autant qu'elle est intitulée et terminée ainsi que le prescrit l'art. 545 C. pr. — 22 mars 1810. Bruxelles. Vermeulen. D.A. 10. 667. D.P. 10. 2. 99. S. 10. 333.

65. — La formule exécutoire n'est pas nécessaire à l'ordonnance du président qui commet un huissier pour la signification d'un jugement. — 13 mars 1813. Besançon. Bas. D.A. 11. 697, n. 3. D.P. 2. 1174.

66. — ... Ni pour l'exécution de la contrainte par corps. — 22 août 1827. Montpellier. Jalaguier. D.P. 28. 2. 71.

67. — L'exécutoire des dépens est par lui-même un titre exécutoire, en vertu duquel par conséquent on peut exproprier, sans qu'il soit nécessaire de donner en tête du commandement copie du jugement par suite duquel cet exécutoire a été obtenu. — 27 déc. 1820. Civ. c. int. de la loi. Comm. de Villechevreux. D.A. 9. 686. D.P. 21. 1. 94.

68. — Une copie d'arrêt, signifiée d'avoué à avoué, par ministère d'huissier, peut être considérée comme un titre authentique et exécutoire, pouvant servir de base à une saisie-immobilière, alors que l'exécution de cette copie a été ordonnée, sur requête, par la cour qui avait rendu l'arrêt; dans ce cas, il est vrai de dire que c'est ce dernier arrêt qui est devenu le titre en vertu duquel la saisie a été faite (C. civ. 2213). — 17 déc. 1829. Toulouse. Ducros. D.P. 30. 2. 93.

69. — Les sentences arbitrales ne sont exécutoires qu'en vertu de l'ordonnance du président du tribunal. — V. Arbitre.

70. — Les ordonnances rendues en conseil d'état sont exécutoires *de plano*.

71. — Les arrêtés, condamnations et contraintes

émanés des conseils de préfecture, des préfets et autres administrateurs, peuvent être mis en exécution sans être revêtus de la formule exécutoire. Voyez l'avis des comités réunis, du 5 fév. 1826, rapporté par Corm, p. 180; Fav., v° Exécution, n. 3. — *Contrà*, Macarel, *Trib. adm.*, n. 237, Carré, *Lois de la proc.*, n. 1894; D.A. 9. 689, n. 7.

72. — Les contraintes décernées en matière de douanes pour le recouvrement des droits dont il a été fait crédit aux redevables, et pour défaut de rapport des certificats de décharge des acquits-à-caution, ne sont pas des jugemens proprement dits; mais elles reçoivent leur force d'exécution parée, tant du *visa* judiciaire auquel elle sont assujetties, que de la soumission du redevable, laquelle est le titre qui confère hypothèque à la régie (L. 22 août 1791, tit. 13, art. 23, 32 et 33; Fav, *ibid*, avis du cons. d'état, des 16 therm. an 12, 29 oct. 1811, 24 mars 1812.

73. — Au contraire, peuvent être exécutées sans formule.

Les contraintes décernées en matière d'enregistrement; elles ne sont que des actes préalables de poursuites dont on peut toujours arrêter les effets, en se pourvoyant par opposition devant les tribunaux. — Carré, n. 1894.

74. — Les contraintes décernées par la régie des contributions indirectes, elles ne sont pas des actes de juridiction, mais une sorte de sommation exprimant la prétention de la régie, et dont le mérite doit, sur une simple opposition du redevable, être jugé par les tribunaux. — Fav., *ibid.*

75. — On ne doit pas considérer comme authentiques et exécutoires certains actes reçus ou passés administrativement par les préfets, tels que ceux relatifs aux adjudications d'immeubles, de marchés de travaux publics. En émettant cette opinion, le conseil d'état (comités réunis) a pensé qu'il conviendrait que les actes reçus par les préfets fussent, à l'avenir, et dans un délai déterminé, passés devant notaires.

76. — L'acte d'adjudication de la location d'une propriété communale, et, par exemple, le bail à ferme d'une halle, quoique acte public en ce qu'il est passé devant le maire, n'emporte pas exécution parée, un tel acte n'étant pas revêtu de la formule exécutoire prescrite pour les jugemens et les actes notariés (C. pr. 545). — 28 janv. 1833. Colmar. Schienger. D.P. 33 2. 206

77. — Jugé de même que le bail d'un terrain communal, consenti par le maire d'une commune, n'est pas, bien qu'approuvé par le préfet, un acte administratif ni un acte exécutoire par lui-même; en conséquence, il est nécessaire de s'adresser aux tribunaux, dans leur ordre hiérarchique, pour en demander l'exécution, et spécialement au juge de paix, s'il s'agit de moins de 50 fr.; par suite, est nul le jugement qui déclare, en pareil cas, le juge de paix incompétent. — 27 nov. 1833. Civ. c. Maire de Doissac. D.P. 34. 1. 61.

78. — C'est sur les expéditions que les jugemens et les ordonnances de juges reçoivent la formule exécutoire et sont exécutés (C. pr. 146, 545, 844, 854). — Berriat, p. 506

79. — Toutefois, il a été jugé que la disposition de l'art. 811 C. pr., qui permet au juge du *référé* d'ordonner l'exécution de son ordonnance sur la minute, *dans les cas d'absolue nécessité*, s'applique, dans les mêmes cas, à tous les jugemens. — 10 janv. 1814. Civ. r. Levrier-de-l'Isle. D.A. 11. 752. D.P. 14. 1. 142. — *Contrà* : 27 juin 1810. Paris. Foubert. D.A. 3 733, et 1. 501. D.P. 1. 180.

80. — Il n'y a que les grosses des actes notariés qui soient délivrées en forme exécutoire (L. 25 vent. an 11, art. 25). Il ne peut être délivré à chacune des parties intéressées qu'une seule grosse, sous peine de destitution du notaire, à moins que la délivrance d'une seconde grosse n'ait été autorisée par le président du tribunal (*ibid.*, 26).

81. — Est nul tout acte d'exécution fait en vertu d'une seconde grosse qui a été délivrée sans que les formalités voulues par les art. 844 et 845 C. proc. aient été observées. — 6 fév. 1819. Metz. Dubois. D.A. 10. 582, n. 1. D.P. 2. 807, n. 6.

82 — Jugé de même que sont nuls les actes de poursuites, tels que commandement, exercés en vertu d'une seconde grosse que le créancier s'est fait délivrer par le notaire, hors la présence du débiteur, et sans avoir observé les formalités prescrites par l'art. 844 C. pr., et cela, encore bien que la première grosse à lui délivrée l'ait été sans la formule exécutoire. — 23 août 1826. Req. Chauveau. D.P. 27. 1. 10.

83. — Si l'acte notarié a été délivré en brevet, dans les cas où la loi permet qu'il en soit ainsi, on peut, en le déposant chez un notaire, s'en faire délivrer une grosse.

84. — La grosse de l'acte notarié sur laquelle on exécute, doit porter l'empreinte du cachet du notaire (L. 25 vent. an 11, art 27). Toutefois, cette formalité n'est pas prescrite à peine de nullité, peine que le juge ne pourrait suppléer. Seulement, si l'on présente une grosse non scellée, il pourrait ordonner que le poursuivant en produise préalablement une revêtue du sceau. — Toull., t. 8, n. 60; D A. 10. 668, n. 72.

85. — Les actes notariés doivent être légalisés, savoir : ceux des notaires, à la résidence des cours royales, lorsqu'on s'en sert hors de leur ressort, et ceux des autres notaires, lorsqu'on s'en sert hors de leur département. — La légalisation est faite par le président du tribunal de première instance de la résidence du notaire, ou du lieu où est délivré l'acte ou l'expédition (L. 25 vent. an 11, art. 28).

86. — Le but de cette formalité est de faire certifier, hors du ressort du notaire, la vérité de la signature et de la qualité de cet officier Elle a pour effet de rendre l'acte exécutoire dans tout le royaume; c'est une formalité qui confirme l'authenticité, mais qui ne la constitue pas. — D.A. 10. 668, n. 69.

87. — Il s'ensuit que l'exécution donnée à un acte non légalisé peut bien être empêchée, mais que le tribunal devant lequel on oppose le défaut de légalisation est tenu seulement de suspendre, non d'annuler l'acte d'exécution. — Toull., 8, n. 58 et 59; Roll., *Rép. du not.*, v° Légalisation; Merl, Rép., *eod. verbo*; D.A. 10. 668, n. 69.

88 — Jugé ainsi que lorsque l'exécution d'un acte est poursuivie hors du ressort où il a été reçu, le défaut de légalisation n'entraîne pas la nullité de la procédure. — 10 juill. 1817. Req. Jouenne. D.A. 10. 668. D.P. 18 1. 539.

89. — Lorsque l'acte doit être exécuté en pays étranger, la signature du fonctionnaire qui a légalisé doit être légalisée par le garde-des-sceaux; celle de ce ministre l'est par le ministre des affaires étrangères; enfin cette dernière est certifiée vraie par l'ambassadeur de la puissance dont il s'agit. — D.A. 10. 668, n. 70.

90. — Les actes étrangers produits en France doivent avoir été légalisés par l'ambassadeur ou autre ministre français, et visés au ministère des affaires étrangères; si la France n'a point d'envoyés dans ce pays, les actes doivent être légalisés par le ministre étranger accrédité à Paris, et visés au ministère des affaires étrangères. — Roll., v° Légalisation, n. 22 et suiv.; D.A. 10. 668, n. 70.

91. — La circonstance que le défendeur a figuré dans l'acte dont on poursuit l'exécution, ne le rend pas non-recevable à exciper du défaut de légalisation : on peut bien reconnaître l'existence d'un acte, et néanmoins contester la fidélité de la copie ou la sincérité de la signature y apposée. — Biocke, 2, 484. — *Contrà*, Carré, 2, 366.

92. — Les jugemens rendus par les tribunaux étrangers, et les actes reçus par les officiers étrangers, ne sont susceptibles d'exécution en France, que de la manière et dans les cas prévus par les art. 2123 et 2128 C. civ. (C. pr. 546). — V., v° Etranger, la solution des questions qu'a fait naître cette disposition.

§ 4. — *Des obstacles qui peuvent arrêter l'exécution.*

93. — L'exécution d'un acte ayant voie parée peut, en certain cas, devenir impossible; par exemple, s'il s'agit d'un jugement par défaut non exécuté dans les six mois de son obtention (C. pr. 156), ou d'un acte constatant une obligation éteinte.

94. — Si la stricte exécution d'un engagement est devenue impossible, il suffit de l'exécuter autant que le permettent les circonstances. — 19 juill. 1827. Req. Nîmes. Forbinfousson. D.P. 27. 1. 314.

95. — L'exécution est suspendue de droit si l'obligation est conditionnelle (C. civ. 1180), ou à terme (C. civ. 1185, 1188); si le créancier poursuivant est en retard de remplir les conditions que lui impose la convention, la loi ou le jugement; s'il y a plainte en faux principal (C. civ. 1319); si, s'agissant d'un jugement, il a été légalement attaqué par opposition ou appel. — V. Jugement.

96. — Un tribunal ne peut, sous le prétexte de la non recevabilité d'un appel interjeté, ordonner l'exécution de son jugement. — La cour royale peut seule connaître du mérite de cet appel. — 7 janv.

1818. Civ. c. Paris. Gravet. D.A. 7. 770. D.P. 18. 1. 77 et 202.

97. — Dans le cas où les employés des contributions indirectes sont autorisés, par arrêté du préfet (arrêté non subordonné, pour son exécution, à l'approbation de l'autorité supérieure), à exercer chez un voisin d'un debitant dont le cellier communique intérieurement avec l'habitation de ce débitant, l'exécution de cet arrêté, duement exhibé, ne peut être suspendue ou retardée, soit par une opposition, soit par une déclaration de pourvoi à l'autorité administrative supérieure. — 7 juill. 1827. Cr. c. Rennes. Contrib ind. C. Chedane. D.P. 27. 1. 298.

98. — La citation en référé n'est pas suspensive par elle-même de l'exécution à laquelle elle a pour objet de s'opposer, et l'huissier peut, sous sa responsabilité, passer outre à l'exécution, et il n'est passible d'aucuns dommages-intérêts, si l'acte était légal et régulier. — 10 avril 1827. Caen. Langlois. D.P. 28. 2. 79.

99. — L'exécution des actes ne peut, en général, être suspendue par les tribunaux.

100. — Ainsi un tribunal de première instance excède ses pouvoirs en défendant l'exécution d'un jugement émané d'un autre tribunal. — 17 fév. 1817. Req. Garde. D A. 11. 631, n. 2. D.P. 2. 1144.

101 — Pareillement, un tribunal civil ne peut surseoir à l'exécution de jugemens rendus par un tribunal de commerce pour dettes commerciales. — 12 frim. an 14. Colmar. Lewy. D.A. 9. 644. D.P. 6. 2. 62

102. — Il ne doit user de la faculté d'accorder un délai au débiteur de bonne foi, qu'après avoir vérifié la position de ce débiteur : il ne peut non plus généraliser le délai en l'étendant à tous les créanciers (C. civ., art. 1244). — Même arrêt.

103. — L'exécution commencée en vertu d'un jugement ne peut etre retardée par une demande à fin d'interrogatoire sur faits et articles. — 12 déc. 1809. Turin Armandi. D.A. 9. 577. D.P. 11. 2. 16.

104. — Un tribunal ne peut surseoir à l'exécution d'un arrêt, sous le prétexte qu'il a été formé une tierce-opposition ou un recours en cassation (C. pr., art. 477) — 7 janv. 1812. Paris. Ragouleau. D.A. 1. 488. D.P. 12. 2. 62.

105. — Les poursuites dirigées par le porteur d'un titre authentique contre son débiteur, ne peuvent être arrêtées par l'offre que fait celui-ci de donner caution. — 3 janv. 1826. Rennes. Amice. D.P. 26. 2. 188.

106. — L'usure dont les actes exécutoires en vertu desquels il est fait commandement, sont entachés, ne suffit pas pour faire annuler le commandement; seulement il y a lieu à restitution des intérêts usuraires : c'est donc en vain que, pour faire annuler ces actes, on offrirait la preuve de l'usure. — 4 avril 1826 Bordeaux. Charron. D.P. 26. 2. 184.

107. — Toutefois, le débiteur peut, par voie de référé, faire surseoir à l'exécution d'un titre exécutoire, lorsqu'il soutient qu'il est survenu une loi qui a réduit la dette. — 5 déc. 1810. Req. Agen. Laudié. D.A. 11. 543. D.P. 2. 1113. — V. au surplus Jugemens et Obligations.

§ 5 — *Formalités préalables à l'exécution, soit qu'elle ait lieu contre le débiteur ou contre des tiers.*

108. — *Cas où l'exécution a lieu contre le débiteur.* — Toute exécution est précédée d'un commandement et d'une notification au débiteur du titre en vertu duquel cette exécution est faite (C. pr., art. 583, 634, 636, 673, 780).

109. — Si ce titre est un jugement, et qu'il y ait avoué en cause, le jugement ne peut être executé qu'après avoir été signifié à avoué, à peine de nullité (C. pr., art. 147).

110. — Jugé, d'après cette disposition, que le jugement définitif rendu et les procédures faites, avant la signification à avoué d'autres jugemens rendus dans la cause, ne peuvent produire aucun effet. — 13 janv. 1831. Rennes. Narbot. D.P. 31. 2. 107.

111. — ...Que la signification faite à l'acquéreur du jugement qui, en prononçant la rescision de la vente, fixe le délai dans lequel il doit faire l'option que lui réserve l'art. 1681 C. civ., ne fait pas courir ce délai, si le jugement n'a pas été préalablement signifié à avoué. — 30 nov. 1831. Bordeaux. Chantecaille. D P. 32. 2. 52.

112. — ...Qu'il y a nullité de l'adjudication définitive, lorsque le jugement d'adjudication préparatoire n'a pas été signifié à l'avoué du saisi. — 16 janv. 1828. Civ. c. Caen. Crespin. D.P. 28. 1. 94.

113. — Décidé même que le jugement qui, au jour

fixé pour l'adjudication définitive, renvoie, sur la demande de l'avoué de la partie saisie, cette adjudication à un autre jour (moins éloigné que celui qui a été demandé), doit être signifie à cet avoué. A défaut de la part du créancier poursuivant de l'avoir fait signifier, le saisi peut demander la nullité de l'adjudication définitive. Il importe peu que le saisi ait consigné, sans réclamation contre la fixation du délai, une somme suffisante pour payer les frais du renvoi. — 14 juin 1826. Civ. Lyon. Cognet. D.P. 26. 1. 312.

114. — La signification préalable du jugement à l'avoué de la partie qui a succombé, n'étant exigée par l'art. 147 que lorsqu'il s'agit de faire exécuter le jugement, n'est pas nécessaire quand il n'est question que de faire courir le delai de l'appel. — V. Appel.

115.— Mais le défaut de signification à avoué d'un jugement qui ne décide rien sur le fond, tel que celui qui refuse d'ordonner une communication de pieces, n'entraîne pas la nullité du jugement définitif.—1er juin 1832. Poitiers. Sapineau. D.P 32. 2. 170.

116. — En effet, l'exécution d'un jugement qui repousse une demande en communication de pièces ne consiste pas en des poursuites qu'on puisse, à proprement parler, qualifier *d'exécution*. Nulle partie n'a dès lors intérêt à ce qu'il soit signifié; un tel jugement doit donc être classé dans la catégorie des jugemens préparatoires qui ne jugent rien, ne préjugent rien, et qui, pareils aux jugemens sur délibérés, doivent, suivant Thomine, *Nouveau comment.*, t. 1er, p. 274, être exécutés par les avoués sans délivrance ni signification préalable. — D.P. 32. 2. 170. note.

117. — La signification d'un jugement d'avoué à avoué n'est pas soumise à l'observation rigoureuse des formalités des exploits en général. — Carré, n. 612. — V. Exploit.

118. — Les jugemens provisoires et définitifs qui prononcent des condamnations, doivent (indépendamment de la signification qui en est faite à avoué) être signifiés à la partie, à personne ou domicile, et il est fait mention de la signification à l'avoué (C. pr. 147).

119. — Il suit de là, par exemple, qu'un jugement d'interdiction ne peut valablement être exécuté avant d'avoir été signifié à l'interdit.

120. — Cependant, en matière de saisie-immobilière, lorsque, au jour fixé pour l'adjudication définitive, il a été rendu un jugement par défaut, faute de comparaître, qui a fixé un nouveau délai où l'adjudication a eu lieu, le défendeur ne peut, sous le prétexte que ce jugement ne lui a pas été signifié, demander la nullité de l'adjudication définitive, alors qu'il a connu le jour où elle a été prononcée, soit parce qu'il avait été sommé de se trouver présent au jugement qui a fixé le délai, soit parce que les placards apposés en exécution du jugement par défaut lui ont été notifiés.— 29 janv. 1827. Civ. r. Hodiesne. D.P. 27. 1. 139.

121.— Jugé encore que le défaut de signification du jugement préparatoire, rendu par défaut, ou non, contre le saisi, n'entraîne pas la nullité de l'adjudication définitive. Et qu'en tous cas, ce moyen de nullité doit être proposé avant l'adjudication définitive. — 16 juin 1830. Nîmes. Augeras. D.P. 31. 2. 35.

122.— De ce qu'un arrêt autorise les parties à le ramener à exécution sur la copie signifiée à avoué, il ne résulte pas que cet arrêt soit nul; seulement, les poursuites qui seraient faites de cette manière et avant toute signification seraient frappées de nullité. — 14 juill. 1830. Civ. r. Agen. Dorlan. D.P. 30. 1. 315.

123.— En général, la signification à la partie n'est pas nécessaire, quand le jugement, sans prononcer contre elle de condamnation, se borne à prescrire une mesure d'instruction, une communication de pièces, un délibéré, etc.— Carré, n. 607.

124.— Un arrêt qui ne fait que déclarer un appel non-recevable n'est pas non plus une décision qu'il soit nécessaire de signifier au domicile de la partie condamnée, pour pouvoir le mettre à exécution; la signification à avoué suffit. — 1er fév. 1811. Turin. Ponte-Lombriasco. D.A. 9. 742. D.P. 2. 587.

125. — Lorsqu'un jugement annulle certaines poursuites, par exemple, partie d'une procédure de saisie-immobilière, et qu'il prescrit simplement de les recommencer, on peut valablement exécuter ce jugement, sans être tenu de le signifier à la *partie* elle-même *au profit* de laquelle il a été rendu, c'est-à-dire au saisi: celui-ci, dès que le jugement a été signifié à son avoué, ne serait pas fondé à demander la nullité de ce qui aurait été fait en vertu de ce jugement, en invoquant la disposition de l'art. 147, laquelle n'est applicable que dans le cas où il s'agit d'exécuter le jugement *contre la personne* qui a été *condamnée*. — Carré, n. 611.

126.— La règle qu'un jugement ne peut être exécuté avant la signification à avoué et à partie, ne peut être appliquée à un jugement que la partie condamnée a attaqué par appel, et qui a été confirmé par arrêt signifié à cette partie. — 14 fév. 1828. Req. Agen. Mothé-Lafon. D.P. 28. 1. 131.

127.— L'art. 147, quand il y a avoué en cause, n'exige la signification à personne ou domicile que des jugemens emportant *condamnation*. Mais ses dispositions doivent s'étendre aux jugemens préparatoires ou interlocutoires qui ordonneraient un fait personnel, comme une comparution, une prestation de serment. Dans ces cas, la mesure ordonnée ne dépendant en rien des avoués, et étant du fait personnel de la partie, il semble nécessaire de la mettre en demeure personnellement de satisfaire au jugement. — Carré, n. 607; D A. 9. 642.

128.—Lorsque le jugement est provisoire ou définitif, la signification qui doit en être faite à partie, peut-elle l'être à domicile *élu*? Non; outre que ces mots de l'art. 147, *à personne ou domicile*, semblent indiquer le domicile *réel*, il y aurait trop d'inconvéniens à valider la signification d'un jugement définitif, faite à un domicile dont le choix est presque toujours forcé, et où l'on n'est pas toujours sûr de trouver le zèle et l'attention necessaires pour instruire à temps la partie du jugement rendu contre elle. — Carré, n. 608.

129.—La signification dont il s'agit doit être faite dans la forme ordinaire des exploits. — V. ce mot.

130 — Le jugement rendu contre deux époux, ayant des intérêts distincts, doit leur être signifié par copies séparées. — 13 juin 1807. Paris. Florat. D.A. 7. 770. D.P. 2. 154.

131.—Le jugement de condamnation rendu contre plusieurs personnes, procédant individuellement, doit leur être signifié séparément et à domicile, et ils doivent payer les frais de cette signification, encore qu'ils aient déclaré se contenter d'une signification collective au domicile de leur avoué. — 29 juin 1813. Paris. Mailliot. D.A. 9. 643. D.P. 2. 538.

132 — Le défaut de mention dans la signification à la partie, que le jugement a été préalablement signifié à l'avoué, n'entraîne pas, quand d'ailleurs cette dernière signification a eu lieu, la nullité de celle faite à la partie. — 14 fév. 1821. Riom. Chabanette. D.P. 22 2. 102. — *Contrà*, 12 fév. 1818. Metz. Levy. D.A. 9. 728. D.P. 2. 582.

133.— Mais la première opinion, professée par Carré, n. 613, paraît plus conforme à la disposition de l'art. 1030 C. pr.

134.—Si l'avoué est décédé, ou a cessé de postuler, la signification à partie suffit; mais il doit y être fait mention du décès ou de la cessation des fonctions de l'avoué (C. pr. 148).

135. — L'omission de cette mention n'entraîne point, comme le prétend Delaporte, 1, 153, la nullité de la signification et de l'exécution, cette nullité n'étant pas prononcée par l'art. 148 (C. pr. 1030); elle ne donne lieu qu'à une condamnation contre l'huissier (Carré, n. 613; D.A. 9. 642), et à une opposition à l'exécution juqu'à ce qu'il soit justifié du décès ou de la cessation des fonctions de l'avoué.

136. — Lorsque, par le même exploit, un jugement est signifié et qu'il est fait commandement de l'exécuter, la signification peut être valable, quoique le commandement soit nul. — 12 fév. 1818. Cour de Metz. Levy. D.A. 9. 728. D.P. 2. 582.

137.—La signification d'un jugement, faite par un juif à une époque où il était sursis à l'exécution des actes consentis en faveur des personnes de cette religion, est valable, bien que le même exploit contienne un commandement. — Même arrêt.

138. — La signification d'un jugement n'est pas un acte d'exécution; elle n'en est que le préliminaire. — 25 sept. 1821. Bruxelles. Opsomer. D.A. 5. 123.

139. — En exigeant que cette signification précède l'exécution, la loi n'interdit pas de la faire elle-même précéder de mesures conservatoires, telles qu'inscriptions hypothécaires.—18 juin 1823. Civ. c. Duquesny. D.A. 9. 248. D.P. 23. 1. 255.

140.— L'exécution des jugemens en premier ressort non exécutoires par provision, est suspendue pendant huit jours à dater de leur prononciation (C. pr. 450).

141. — La partie qui exécute un jugement non exécutoire par provision, avant l'expiration de la

huitaine pour interjeter appel, se rend non-recevable à critiquer l'appel interjeté par l'adversaire avant l'expiration de cette même huitaine, cette exécution précipitée ayant dû induire l'appelant en erreur sur la nature du jugement exécuté. — 19 avril 1826. Req. Besançon. Metz. Choffin. D P. 26. 1. 331.

142.— Une expertise, ordonnée par un jugement, peut être faite dans le délai de l'appel, pourvu qu'elle le soit après la huitaine de la prononciation de ce jugement, et avant que l'appel en ait été interjeté. — 25 nov. 1824. Amiens. Polle. D.P. 25. 2. 88.

143.— Les jugemens *par défaut* ne peuvent être exécutés avant l'échéance de la huitaine de la signification à avoué, ou à personne ou domicile s'il n'y a pas d'avoué, à moins que l'exécution n'en ait été ordonnée avant l'expiration de ce délai, dans les cas prévus par l'art. 135 C. pr. (art. 155).

144. — Le cessionnaire d'un titre exécutoire ne peut poursuivre l'exécution qu'après la signification du transport et commandement préalable (C. civ. 1690, 2214).

145.— La signification du transport et le commandement peuvent être faits *par le même acte*. — 2 juill. 1808. Nîmes. Leplay. D.A. 9. 2. 38.— 22 juin 1826, Grenoble. Mercier. D.P. 26. 2. 222. — *Contrà*, 31 août 1825. Civ. r. Toulouse. Sacaze. D.P. 25. 1. 431.

146.— *Cas où des tiers sont engagés dans l'exécution d'un jugement.*— Les jugemens qui prononcent une main-levée, une radiation d'inscription hypothécaire, un paiement, ou quelqu'autre chose à faire par un tiers ou à sa charge, ne sont exécutoires par les tiers ou contre eux, même après les délais de l'opposition ou de l'appel, que sur le certificat de l'avoué de la partie poursuivante, contenant la date de la signification du jugement, faite au domicile de la partie condamnée, et sur l'attestation du greffier, constatant qu'il n'existe contre le jugement ni opposition ni appel (C. pr. 548).

147.— A cet effet, l'avoué de l'appelant fait mention de l'appel, dans la forme et sur le registre prescrits par l'art. 163 (C. pr. 549). — Ce registre est tenu au greffe.

148.—Pour qu'une inscription hypothécaire puisse être rayée en vertu d'un jugement par défaut, il faut justifier de la signification de ce jugement, non seulement au domicile élu, mais au domicile réel. — Fav., v° Exécution, n. 5; Berriat, p. 508.

149.— Le défaut de représentation d'un certificat de non appel ne pourrait évidemment justifier le refus que ferait le tiers d'exécuter le jugement, si ce jugement n'était pas susceptible de subir les deux degrés de juridiction, ou s'il résultait de quelque pièce probante que les parties ont consenti à être jugées sans appel. — Bioche, *Dict. de pr.*, 2, 493.

150.— De ces mots de l'art. 548: *même après les délais de l'opposition ou de l'appel*, il résulte, suivant Favard, v° Exécution, § 2, n. 3, et les auteurs du *Praticien*, t. 4, p. 76, qu'on ne peut poursuivre contre les tiers l'exécution d'un jugement tant qu'il est susceptible d'être attaqué, et que, même après les délais de l'opposition ou de l'appel, on ne peut l'exécuter contre eux, qu'en justifiant des certificats ci-dessus. — Suivant d'autres auteurs, Carré, t. 2, p. 368; Pigeau, 1, 654; Berriat, p 508; Thomine, n. 98, et l'art. 548 exige la production des certificats soit *avant*, soit *après* les délais d'opposition ou d'appel, de sorte que, même *avant* l'expiration de ces délais, on peut exécuter contre les tiers le jugement, en justifiant qu'il n'est pas encore attaqué, sauf à la partie condamnée à arrêter l'exécution, en formant et dénonçant aux tiers son opposition ou son appel, suivant les cas.

151.— Cette dernière opinion semble devoir être adoptée, mais seulement en ce qui concerne les jugemens susceptibles d'appel, et non à l'égard des jugemens susceptibles d'opposition; car ceux-ci, s'ils sont par défaut contre avoué, ne peuvent être exécutés qu'après le délai de l'opposition (C. pr. 155 et 157), et s'ils sont par défaut contre une partie qui n'a pas d'avoué, leur existence étant légalement présumée ignorée de cette partie, on ne peut supposer aucun acquiescement de sa part à ces jugemens, et dès lors on ne saurait admettre qu'ils puissent être valablement exécutés par les tiers, tant que la voie de l'opposition est ouverte. Les art. 158 et 159 C. pr. repoussent une telle conséquence. — Bioche, *Dict. de pr.*, 2, 495.

152.— C'est au greffe du tribunal de première instance que doit, suivant Thomine, être faite la mention du défaut d'appel. S'il y a eu, dans la cause, avoué constitué, c'est lui qui, tenu pendant un an d'occuper sur l'exécution, fera la mention; s'il n'y a pas eu d'avoué, l'appelant aura dû charger un

avoué de la faire. — Carré, sur l'art. 549 ; Delaporte, 2, 139 ; D.A. 9. 642, n. 4.

153. — Quant aux mentions d'opposition à des arrêts par défaut de cours royales, elles doivent être faites sur un registre tenu *ad hoc* par le greffier de la cour (C. pr. 163 et 470), et par l'avoué près la cour que l'opposant aura constitué. — Bioche, *Dict. de proc.*, t. 2, p. 497.

154. — La mention prescrite par l'art. 549 ne doit s'appliquer qu'à l'appel du jugement qui ordonne quelque chose à faire par un tiers : c'est pour la sûreté de celui-ci seulement que cette mention est exigée. — Lepage, p. 376, quest. 1re ; D.A. 9. 642, n. 4.

155. — L'omission de la mention, sur le registre, de l'opposition ou de l'appel, rendrait l'avoué responsable. Delaporte, 2, 137, pense même que ce serait un fait de charge qui donnerait privilège sur le cautionnement. — D.A. 9. 642, n. 5.

156. — Quoiqu'il n'y ait pas d'avoué près les tribunaux de commerce, et qu'aucune loi n'astreigne leurs greffiers à tenir le registre dont parlent les art. 163, 548 et 549 ; néanmoins, Favard, v° Opposition, § 3, n. 4, pense qu'on doit, par identité de motifs, appliquer ces articles aux jugemens de ces tribunaux, et qu'ainsi les tiers peuvent refuser d'exécuter ces jugemens jusqu'à ce qu'on leur représente un certificat du greffier du tribunal de commerce, attestant l'absence de toute opposition ou appel contre le jugement dont on poursuit l'exécution. — « A Paris, dit Bioche, *Dict. de proc.*, 2, 498, le greffier du tribunal de commerce ne tient pas de semblables registres. Il délivre, s'il en est requis, un certificat constatant qu'il n'existe à sa connaissance ni opposition, ni appel ; mais, le plus souvent, le créancier qui éprouve un refus de la part du tiers, introduit contre lui un référé pour voir dire qu'il sera tenu d'exécuter le jugement, et il appelle à ce référé la partie condamnée. »

157. — Les mêmes observations s'appliquent aux sentences des juges de paix. — Favard et Bioche, *loc. cit.*

158. — Sur le certificat qu'il n'existe ni opposition, ni appel, les séquestres, conservateurs et tous autres seront tenus de satisfaire au jugement (art. 550).

159. — Il semble résulter de l'art. 550 que les tiers doivent exécuter le jugement sur la seule présentation du certificat du greffier, sans pouvoir exiger en outre celui de l'avoué du poursuivant, dont parle l'art. 548. Favard, v° Exécution de jugemens, § 2, n. 4, pense néanmoins, contre l'opinion de Lepage, p. 377, que les deux certificats doivent être produits. Toute difficulté disparaît, si l'on décide, avec Carré, t. 2, n. 1909, que le greffier ne doit délivrer son certificat que lorsqu'il a celui de l'avoué. L'attestation du greffier garantit suffisamment que le jugement a été réellement signifié, de manière à faire courir les délais d'opposition ou d'appel. — D.A. 9. 642, n. 2.

160. — Les préposés de la caisse des consignations ne sont tenus d'exécuter le jugement qui ordonne le remboursement d'une consignation judiciaire, qu'autant que ce jugement a été rendu avec toutes les parties qui peuvent y être intéressées.

161. — Le jugement rendu contre le débiteur principal peut être exécuté contre les garans et les cautions, sans qu'il soit nécessaire, quoique ceux-ci n'aient pas été parties au jugement, de leur représenter les certificats dont parle l'art. 548 : il suffit qu'il leur soit fait commandement avec notification du titre. — La même règle s'applique aux tiers-détenteurs, lorsqu'ils deviennent débiteurs personnels. — Bioche, *Dict. de proc.*, 2, 499.

§ 6. — *Par qui, quand et comment il doit être procédé à l'exécution.*

162. — L'exécution des actes et jugemens est confiée, suivant les cas, tantôt au président du tribunal ou à un juge qui, s'il survient des obstacles à l'exécution, doit renvoyer les parties devant le tribunal, à moins qu'il ne soit autorisé, soit par la loi, soit par le tribunal (C. pr. 806 et suiv.), à statuer provisoirement, auquel cas ses ordonnances sont assimilées à celles de référé (Voyez Descentes de lieux, Enquêtes, Interrogatoires, etc.) ; tantôt aux greffiers des tribunaux dont il s'agit d'exécuter les jugemens (Voy. Caution, Saisie-arrêt) ; aux notaires (Voy. Compte, Partage, etc.) ; aux gardes du commerce, à Paris (Voy. Contrainte par corps) ; à des experts (Voy. Expertise) ; enfin et principalement aux huissiers (Voy. ce mot et Exploit).

163. — La remise de l'acte ou du jugement à l'huissier vaut pouvoir pour toutes exécutions autres que la saisie-immobilière et l'emprisonnement, pour

lesquels il est besoin d'un pouvoir spécial (C. pr. 556). — Voyez Désaveu, Contrainte par corps, p. 766, n. 494 et suiv., et Saisie-immobilière.

164. — L'officier chargé de l'exécution peut, en vertu des mandemens dont sont revêtus les actes exécutoires, requérir directement la force publique (Carré, sur l'art. 555) ; en cas de refus, il s'adresse au procureur du roi, qui enjoint à cette force armée d'obéir à la réquisition à elle faite. — Fav., v° Exécution, § 2, n. 7 ; Lepage, p. 377.

165. — Le refus d'un ouvrier d'obtempérer à la réquisition à lui faite par un huissier ou porteur de contrainte, sans un ordre direct d'un officier public ou magistrat dépositaire de l'autorité publique, de venir ouvrir les portes d'un débiteur absent, dont il veut saisir les meubles, n'est pas punissable. — 20 fév. 1830. Cr. r. Min. pub. C. Sourisseau. D.P. 30. 1. 132.

166. — Il en serait autrement si le juge de paix, appelé sur les lieux, avait autorisé la réquisition faite à l'ouvrier. — Même arrêt.

167. — L'officier ministériel insulté dans l'exercice de ses fonctions, doit dresser procès-verbal de rébellion, et il est procédé suivant les règles établies par le code d'instruction criminelle (C. pr. 555. — V. Huissier, Rébellion). Pour le cas où le délit est commis envers un juge commissaire, V. Audience, n. 24.

168. — Il est du devoir de l'officier ministériel qui procède à l'exécution d'observer les égards dus au débiteur. Il ne pourrait, sans encourir des peines graves, employer des violences inutiles (V. loi du 17 avril 1791, article 10). — Pigeau, 2, 40, pense que si un huissier, pouvant saisir chez le débiteur certains objets (par exemple, une voiture, des chevaux), affectait de le faire dans des lieux publics, sur un homme constitué en dignité, cet affront pourrait être réprimé par la nullité de la saisie. — Mais ce serait créer arbitrairement une nullité à raison d'un fait qui trouve une répression suffisante dans des peines disciplinaires.

169. — Aucun acte d'exécution ne peut être fait, depuis le 1er oct. jusqu'au 31 mars, avant six heures du matin, et après six heures du soir ; et depuis le 1er avril jusqu'au 30 sept. avant quatre heures du matin et après neuf heures du soir ; non plus que les jours de fête légale, si ce n'est en vertu de permission du juge, dans le cas où il y aurait péril en la demeure (C. pr. 1037).

170. — On ne peut déroger, en vertu de permission du juge, qu'à la règle qui interdit d'exécuter les jours de fêtes légales (V. Jours fériés) ; mais la première disposition de l'art. 1037 n'admet pas d'exception. — Carré, t. 3, p. 505.

171. — Il est certains lieux où il est interdit de faire des actes d'exécution. — V. Contrainte par corps.

§ 7. — *De la compétence.*

172. — Lorsqu'il s'agit de contrats et d'actes autres que des jugemens, les difficultés auxquelles donne lieu leur exécution sont de la compétence du tribunal du lieu où cette exécution est poursuivie.

173. — Lorsqu'il s'agit de jugemens, il faut distinguer ceux rendus par les tribunaux ordinaires, et ceux émanés de juridiction exceptionnelle.

Chaque tribunal civil de première instance est juge de l'exécution de ses jugemens, qu'il y ait ou non appel, et quand même l'exécution aurait lieu hors de son ressort.

174. — Une demande en paiement de frais de garde, formée à la fois contre le saisissant, le saisi et l'adjudicataire des effets saisis, doit être portée devant le tribunal chargé de l'exécution du jugement en vertu duquel il a été procédé à la saisie, et non devant le juge de paix, bien qu'il ne s'agît que d'une somme de 40 francs (L. 24 août 1790, tit. 3, art. 9). — 28 mai 1816. Req. Sanugues. D.A. 10. 384, n. 3. D.P. 16. 1. 423.

175. — En cas d'appel, et lorsque l'appel a été jugé, il faut encore distinguer : si le jugement est confirmé, l'exécution appartient au tribunal dont est appel.

176. — Si le jugement est infirmé, l'exécution, entre les mêmes parties, appartient à la cour royale, ou à un autre tribunal qu'elle a indiqué par le même arrêt, sauf les cas de demande en nullité d'emprisonnement, en expropriation forcée, et autres dans lesquels la loi attribue juridiction (C. pr. 472).

177. — Cette différence entre les jugemens confirmés et ceux infirmés sur l'appel provient de ce que les premiers sont censés n'avoir jamais été attaqués et conservent toute leur force primitive, tandis que les seconds sont comme non avenus, et il

n'y a plus à leur place que les arrêts infirmatifs.

178. — Lorsqu'il n'y a pas appel du chef d'un jugement ordonnant une option dans certain délai, c'est au tribunal et non à la cour saisie de l'appel sur d'autres chefs, qu'il appartient de décider si la déchéance doit être encourue à défaut de déclaration dans le délai. — 14 mai 1830. Pau Latxagne. D.P. 31. 2. 83.

179. — Une cour d'appel est compétente pour liquider les dommages-intérêts accordés par un jugement de première instance, dont elle prononce la confirmation, même après la prononciation de l'arrêt confirmatif. Cette liquidation doit être plutôt considérée comme un complément de l'arrêt que comme une exécution du jugement, et peut être conséquemment poursuivie devant la cour d'appel. — 26 janv. 1811. Rome. Buoncompagny-Ludovici. D.A. 10. 781, n. 8. D.P. 2. 867, n. 5.

180. — Sous la loi du 3 brum. an 2, un tribunal d'appel qui adjugeait des dommages-intérêts pour des faits postérieurs au jugement rendu en première instance devait les liquider lui-même. — 14 niv. an 9. Civ. c. Dewallly. D.A. 10. 781. D.P. 2. 867, n. 4.

181. — Lorsqu'un arrêt infirmatif a déterminé la quotité des droits des parties à une même succession, c'est la cour qui a rendu cet arrêt, qui doit connaître de la demande en partage des biens. — 27 juill. 1808. Liège. Leps. D.A. 9. 647. D.P. 2. 558.

182. — Une cour d'appel peut prononcer sur la nullité d'un acte extrajudiciaire, tel qu'une opposition, dont l'effet est d'entraver l'exécution d'un arrêt infirmatif d'un jugement, sans que cette nullité ait été demandée par action principale devant un tribunal de première instance. — 5 juill. 1809. Req. Pau. Darracq. D.A. 9. 647. D.P. 9. 1. 281.

183. — Une cour d'appel peut, lorsqu'elle a infirmé un jugement, connaître, même relativement au garant, de la validité d'une saisie, faite faute de paiement des dépens adjugés par l'arrêt infirmatif. — 16 août 1809. Req. Bourgoing. D.P. 9. 2. 168.

184. — Lorsqu'un jugement est infirmé seulement pour vices de forme, et que ses dispositions quant au fond sont maintenues, l'exécution de l'arrêt n'en appartient pas moins à la cour royale qui l'a rendu, et non aux premiers juges, l'art. 472 C. pr. ne distinguant pas si le jugement est infirmé quant au fond ou quant à la forme. — 29 janv. 1818. Req. Jarry. D.P. 18. 1. 658.

185. — Jugé cependant que, quand le jugement infirmé est un simple jugement de forme qui a seulement rejeté une demande en prorogation d'enquête, la cour royale n'est point obligée de connaître elle-même de l'exécution de son arrêt, ou de renvoyer, pour cette exécution, à un tribunal autre que celui qui a rendu le jugement. — 20 fév. 1824. Amiens. Comm. de Dorcayt. D.A. 9. 648. D.P. 2. 559.

186. — Lorsqu'un jugement est infirmé sur certains chefs, et confirmé sur d'autres, l'exécution étant indivisible, doit appartenir entièrement à la cour ou au tribunal. Ni l'une ni l'autre de ces juridictions n'est entièrement incompétente ; chacune a droit, d'après les termes de l'art. 472, à une partie de l'exécution. Carré, n. 1697, témoigne quelque préférence pour la juridiction du tribunal, par le motif qu'il a déjà de plein droit l'exécution pour la partie confirmée, et que c'est par une sorte d'exception que le juge d'appel connaît de la partie infirmée. — D.A. 9. 646. — V. n. 178.

187. — Décidé que lorsqu'un jugement n'est confirmé que sur un chef, l'exécution, en ce qui touche ce chef, appartient au tribunal dont est appel. — 15 juin 1822. Amiens. Dufresne. D.P. 23. 2. 169. — 16 mai 1834. Req. Paris. Vernon. D.P. 34. 1. 248.

188. — Jugé encore que si une cour infirme un jugement quant au chef qui ordonne un partage, et le confirme quant au chef qui ordonne une expertise, c'est devant le tribunal de première instance que devra être suivie la procédure relative à l'expertise. — 21 août 1809. Toulouse. Girou. D.A. 9. 648. D.P. 2. 559.

189. — Jugé cependant que lorsqu'une cour confirme un jugement dans certaines dispositions, et l'infirme dans une autre, l'exécution de l'arrêt appartient à la cour pour tous les chefs. — 26 avril 1824. Bourges. Garnier. D.P. 25. 2. 38. — 15 avril 1829. Bordeaux. Lagorée. D.P. 33. 2. 108.

190. — Lorsqu'en exécution d'un arrêt de cour royale, rendu en matière civile, ordonnant la remise de certains effets mobiliers offerts comme présent de noce, à l'occasion d'un mariage qui n'a pas eu lieu, ces effets ont été remis au propriétaire, qui en a donné décharge, et que, dans la suite, ce-

lui-ci s'est plaint que les objets qu'il avait donnés ont été changés frauduleusement, ou qu'une partie a été retenue aussi frauduleusement, il ne peut s'adresser aux tribunaux correctionnels pour faire juger le mérite de sa plainte, s'agissant simplement, dans ce cas, de l'exécution d'un arrêt civil, dont la connaissance appartient à la cour qui l'a rendu.

191. — Ainsi, doit être annulé, soit comme incompétemment rendu, soit comme tendant à faire admettre, par la voie correctionnelle, une preuve interdite par la loi civile, le jugement d'un tribunal qui s'est déclaré compétent pour connaître d'une telle action. — 30 janv. 1829. Cr. c. Lefebvre. D.P. 29. 1. 127.

192. — En matière de partage, l'exécution de l'arrêt infirmatif n'appartient pas à la cour qui l'a rendu, mais au tribunal devant lequel l'action est portée, et auquel, pour ce cas spécial, la loi attribue juridiction. — 2 juin 1831. Bordeaux. Pinet. D. P. 13. 2. 186. — 20 mai 1833. Limoges. Brugnières. D. P. 34. 2. 34.

193. — Bien qu'en matière d'expropriation l'exécution des arrêts, même quand ils infirment le jugement de première instance, n'appartienne pas aux cours, néanmoins, une cour royale, en annulant un jugement qui a mal à propos sursis à l'adjudication d'un immeuble au préjudice du dernier enchérisseur, n'est pas tenue de renvoyer devant les premiers juges pour prononcer l'adjudication; elle peut la prononcer elle-même. En faisant ainsi ce que les premiers juges auraient dû faire, elle prononce, mais n'exécute pas un arrêt. — 9 nov. 1831. Cour de Pau. Ricaud. D P. 32. 2. 29.

194 — Lorsqu'un arrêt a prononcé la nullité d'un jugement en vertu duquel une inscription hypothécaire avait été prise, mais sans prononcer sur la radiation de l'inscription à laquelle n'a pas conclu le demandeur en nullité du jugement, la demande ultérieure en radiation de cette inscription ne tend pas simplement à obtenir l'exécution de l'arrêt; c'est une demande principale qui ne peut être portée directement devant la cour, mais qui doit subir les deux degrés de juridiction. — 23 mars 1817. Cour de Paris. Fauvel. D.A. 9. 648. D.P. 2. 559.

195. — Quel tribunal statuera sur l'exécution d'un jugement commercial confirmé par un arrêt? La loi attribue juridiction au tribunal dont la sentence est confirmée (art. 472), et elle défend aux tribunaux de commerce de connaître de l'exécution de leurs jugemens (art. 442). L'intérêt, pour les parties, d'avoir pour juge de l'exécution celui qui connaît le fond de l'affaire, a fait penser à Carré, n. 1695, que la cour royale devrait retenir l'exécution du jugement confirmé. Dalloz pense que, dans l'absence d'un texte positif, une cour royale ne commettrait pas une nullité en renvoyant l'exécution à un tribunal civil. Pour nous, il nous semble qu'il faut, dans le cas dont il s'agit, se rattacher au principe suivant lequel un jugement confirmé est censé n'avoir pas été attaqué, et que, dès lors, son exécution appartient aux juges qui en auraient connu s'il n'y avait pas eu d'appel.

196. — La cour qui infirme un jugement commercial connaît de l'exécution de son arrêt. L'art. 472 est formel et sans distinction. — Carré, n. 1696; D.A. 9. 646. — *Contrà*, Lepage, p. 317.

197. — Une cour peut-elle, en infirmant un jugement, indiquer, pour l'exécution, le tribunal qui l'a rendu? La négative résulte des termes positifs de l'art. 472, surtout si on les rapproche de ces paroles du tribun Albisson : Les cours pourront renvoyer l'exécution *à un tribunal autre que celui qui avait rendu le jugement réformé*. — Carré, n. 169; D.A. 9. 646. — *Contrà*, Pig., 1, 597.

198. — Ce sont les tribunaux de première instance et non les cours royales qui doivent connaître de l'exécution des jugemens rendus, sous la législation intermédiaire, par les tribunaux de district, statuant en dernier ressort sur l'appel des jugemens des tribunaux de famille. — 23 nov. 1825. Req. Melix. D.P. 26. 1. 11.

199. — Si les difficultés élevées sur l'exécution des jugemens ou actes requièrent célérité, le tribunal du lieu y statue provisoirement, et renvoie la connaissance du fond au tribunal d'exécution. (C. pr. 554).

200. — Le juge du lieu peut, en cas d'urgence, statuer provisoirement, même sur l'exécution d'un jugement émané d'un tribunal supérieur. Ainsi, Carré décide, n. 1915, qu'on peut s'adresser à un juge de paix pour faire statuer sur un cas urgent.

201. — Jugé cependant qu'en cas de difficultés sur l'exécution d'un arrêt infirmatif d'un jugement, le tribunal du lieu où se fait cette exécution ne peut

statuer provisoirement; les art. 554 et 806 C. pr. civ. ne faisant pas exception à l'art. 472. — 10 nov. 1813. C. de Colmar. Schmitt. D.A. 9. 648. D.P. 14. 2. 84.

202. — Lorsque l'exécution se poursuit dans le ressort de divers tribunaux, chacun de ces tribunaux peut, en cas d'urgence, statuer provisoirement; mais la connaissance du fond doit être renvoyée à un seul tribunal. — Pig., 2, 38.

203. — Les tribunaux d'exception ne connaissent point de l'exécution de leurs jugemens (V. Compétence civile et commerciale).

204. — Cependant les juges de paix peuvent connaître de l'exécution de leurs jugemens *préparatoires* (C. pr. 28), ainsi que des difficultés qui ne rentrent pas dans les actes d'exécution proprement dits, et de l'incident sur l'exécution que présente une cause de leur compétence. — Biocho, *Dict. de pr.*, 2, 503.

205. — Les contestations élevées sur l'exécution des jugemens des tribunaux de commerce (ou des tribunaux civils jugeant commercialement) sont portées au tribunal de première instance du lieu où l'exécution se poursuit (C. pr. 553). — V. v° Compétence commerciale, n. 296, et suivans, le développement de cette règle et les exceptions qu'elle souffre.

206. — Le principe, que l'exécution des jugemens des tribunaux de commerce appartient aux tribunaux civils, ne concerne que les incidens qui peuvent s'élever sur l'exécution proprement dite, et nullement l'opposition formée contre ces jugemens — 7 déc. 1816. Colmar. Hirtz. D.A. 7. 706. D.P. 17. 2. 75. — V. un arrêt du 14 sept. 1812. Turin. Giacomasso. — *Journal du palais*, 13, 283.

207. — La question de savoir si un acquiescement à un jugement par défaut rendu commercialement, embrasse toutes les dispositions de ce jugement, notamment la contrainte par corps, ou s'il est exclusif de ce moyen de coaction, est, dans le sens de l'art. 553 C. pr., une contestation sur l'exécution, dont la connaissance appartient au tribunal civil (C. pr. 442, 553). — 17 juill. 1833. Req. Amiens. Bouteille. D.P. 33. 1. 330.

208. — La connaissance de l'exécution des sentences arbitrales appartient au tribunal dont le président a rendu l'ordonnance d'*exequatur* (C. pr. 1021). — V. Arbitrage et Compétence.

209. — En cas de contestations sur l'exécution d'actes administratifs, c'est au tribunal de première instance du lieu où se poursuit l'exécution, qu'il appartient d'en connaître. — Carré, 2, n. 1914; Corm., *Quest. de droit adm.*, *Prolég.*, p. 22, 28, 36.

210. — Jugé cependant que les difficultés relatives à l'exécution d'un alignement donné par un maire, sont de la compétence de l'autorité administrative. — 15 juill. 1828. Lyon. Charbonnier. D.P. 29. 2. 13.

211. — Les juges chargés de statuer sur l'exécution d'un acte ou jugement ne peuvent, s'ils prononcent en la seule qualité de juges d'exécution, interpréter les dispositions de cet acte, mais seulement les appliquer purement et simplement. — V. Compétence administrative, n. 160 et suiv.

§ 8. — *De l'exécution des jugemens en matière criminelle.*

212. — Lorsqu'il y a une partie civile, c'est à elle de faire exécuter les condamnations pécuniaires qui lui ont été adjugées (C. instr. crim. 165, 197).

213. — Quant à l'exécution de la partie pénale, elle est confiée aux officiers du ministère public, ainsi que celle des condamnations pécuniaires au profit de l'état. — V. Amende.

214. — « Les officiers, dit Legraverend, doivent veiller avec le plus grand soin à ce que partout où les condamnés sont placés, ils subissent la peine qu'ils ont encourue, à ce qu'ils la subissent sans interruption, et de la manière que la loi a déterminée. Leur devoir est de prévenir tous les abus qui pourraient se glisser dans l'exécution. » Mais cette partie de leurs fonctions est toute d'administration publique et n'a rien de contentieux.

215. — L'exécution d'un arrêt qui ordonne la mise en liberté d'un prévenu, appartenant au procureur-général, c'est à lui de faire opérer cette mise en liberté ou d'y surseoir, selon que la loi le prescrit, et sans qu'il appartienne à la cour de s'immiscer dans cette partie de ses fonctions. — En conséquence, c'est à tort qu'il requiert ce sursis de la cour, et celle-ci doit se déclarer incompétente pour statuer sur ces réquisitions. — 20 juill. 1827. Cr. c. Toulouse. Min. pub. C. Lafitte. D.P. 27. 1. 315.

216. — Un juge de paix ne peut, sans abus de pouvoir, faire exécuter les jugemens qu'il rend en simple

police, au moment de leur prononciation. — 19 avril 1806. Cr. c. Jean-Chio. D.A. 9. 513. D.P. 2. 514.

217. — Le mode d'exécution des arrêts des cours d'assises est réglé par les art. 366, 375 et suiv. du Code d'instr. crim.

218. — Les procureurs-généraux et les rapporteurs des conseils de guerre ne peuvent faire exécuter aucune condamnation infamante contre un membre de la Légion-d'Honneur, que le légionnaire n'ait été dégradé. — V. arrêté du gouvernement, du 24 vent. an 12, art. 5 et 6.

219. — L'illégalité de l'exécution d'un arrêt n'entraîne point la nullité ou l'illégalité de l'arrêt même. — 30 sept. 1826. Cr. c. Fabien. D.P. 27. 1. 343.

220. — L'arrêt d'une cour d'assises qui, conformément à un précédent arrêt de condamnation, statue sur les réparations civiles, ne peut être considéré comme une exécution de ce premier arrêt, dans le sens de l'art. 373 C. instr. cr.

.... En conséquence, le pourvoi dirigé contre le premier arrêt n'est pas tellement suspensif, que la cour d'assises ne puisse, avant que la décision de la cour de cassation soit intervenue, statuer sur les réparations civiles. — 16 janv. 1834. Cr. r. Priou. D.P. 34. 1. 178.

221. — Pour que l'arrêt de condamnation d'une cour d'assises, contre lequel il y a eu pourvoi, soit exécutoire, il n'est pas besoin que l'arrêt de la cour de cassation, qui rejette ce pourvoi, soit signifié au prévenu ou à l'accusé, encore bien que ce dernier ne serait pas détenu; par suite, si, depuis l'arrêt de rejet, l'individu auquel il avait été interdit de rendre compte des débats d'une cour d'assises, a enfreint cette condamnation, il se rend coupable d'un nouveau délit, quoique cet arrêt ne lui ait pas été signifié (C. inst. cr. 375). — 31 mai 1834. Cr. r. *Le National*. D.P. 34. 1. 267.

222. — Quel tribunal connaît de l'exécution des jugemens criminels? En général, la prononciation de la peine fait cesser, en matière criminelle, tout débat ultérieur. Le ministère public surveille l'exécution de la condamnation; mais il n'opère en cela que comme un agent du pouvoir exécutif. Du reste, et en général, pas de référé aux tribunaux criminels pour connaître de l'exécution de leurs jugemens. — Dupin, *Réquisit.* dans l'aff. du *National*, rapportée D.P. 34. 1. 126.

223. — Cependant il existe divers cas où l'inexécution forme un nouveau délit, sur lequel il faut un nouveau juge. Quel sera ce juge? Ici encore, pas de règle générale, absolue; mais divers cas particuliers, réglés diversement par la législation (Dupin, *eod.*). Voici quelques uns de ces cas :

224. — Lorsque l'individu condamné à la surveillance de la haute police, se soustrait à cette surveillance, ce n'est pas le tribunal qui a prononcé la première condamnation, c'est le gouvernement lui-même qui est maître d'appliquer la détention encourue pour ce nouveau fait, et d'en déterminer la durée. — Dupin, *eod.*

225. — En cas d'évasion d'un condamné aux travaux forcés, c'est le tribunal maritime spécial, et non le tribunal qui a rendu la première condamnation, qui prononce la peine encourue par l'évadé repris.

226. — Quand un déporté ou un banni a rompu son ban, c'est à la cour qui a prononcé la condamnation à constater l'identité du criminel, et à prononcer, sans l'assistance du jury, la peine dont le rend passible la rupture de son ban.

227. — La violation de la défense faite à un journal de rendre compte des débats législatifs et judiciaires, doit être jugée par le tribunal des audiences duquel il a été rendu un compte infidèle et de mauvaise foi, et sans adjonction du jury, s'il s'agit d'une cour d'assises. — 14 déc. 1833. Cr. c. *Le National*. D.P. 34. 1. 126.

228 — La chambre des vacations d'une cour d'appel peut connaître d'une contestation relative à l'interprétation et à l'exécution d'un arrêt rendu en matière de faux par une cour d'assises de son ressort. — 23 sept. 1813. Paris. Ch. des vac. Michel, etc.

— V. Acquiescement, Ratification. — V. aussi Action civile, Action possessoire, Agent de change, Alimens, Amende, Amnistie, Appel, Autorité municipale, Avoué, Bannissement, Cassation, Caution, Charte partie, Chose jugée, Commissionnaire, Communauté, Communes, Conciliation, Condition, Conflit, Conseil d'état, Contrainte par corps, Contrat de mariage, Contributions directes, Désaveu, Domaines engagés, Domaines privés, Domicile, Domicile élu, Dot, Droits civils, Effet de commerce, Elections législatives, Elections mu-

nicipales, Exceptions, Exploit, Fabriques, Faillite, Faux incident, Forêts, Frais, Garde nationale, Hypothèques, Jugement, Loi, Louage, Mandat, Mandat d'exécution, Ministère public, Nantissement, Nom, Obligation, Ordre, Postes, Prescription, Prise à partie, Rébellion, Récidive, Régime dotal, Remplacement militaire, Reprise d'instance, Requête civile, Saisie-immobilière, Sols, Séparation de patrimoines, Servitudes, Société commerciale, Théâtre, Tierce-opposition, Transaction, Vente, Vente administrative, Vente nationale, Voirie.

TABLE SOMMAIRE.

Accessoire. 38, 174, s.
Acquiescement. 3.
Acte administratif. 75, s. 209. s. 214. s. — authentique. 45, s. — d'avoué. 117. — d'exécution. 131. — notarié. 47, 84, s.— sous seing-privé. 48.
Adjudication. 75, s. 115, s. 120. —préparatoire, 120. s.
Appel. 146.—V. Suspension.
Arbitrage. 69, 208, s.
Arrêt d'admission. 29.
Authenticité. 45, 86.
Autorisation. 29.
Autorité administrative. 214, s.
Avoué. 109, 155, s.
Ayant-cause, 13, s. 19, s.
Bail. 75.
Brevet. 83.
Cassation, 104.—V. Suspension, Signification.
Certificat. 146, s. 158, suiv.
Changement d'état. 45, 20, s.
Chose jugée. 128.
Commandement. 25, s. 61, s. 82, 136.
Communication de pièces. 115, s.
Compétence. 10, 172, s. 222.—ordinaire. 175, s.
Compte rendu. 227.
Condamnation pénale. 219, s.
Condition. 40, 95.
Confirmation.—V. Jugement.
Consignation. 150.
Contrainte. 72, s. — par corps. 4, 36, 66.
Copie. 25, s. — séparée. 130. — signifiée. 68.
Créanciers. 13, s.
Cumul. 5.
Décès. 134. — V. Héritier.
Délai. 28, 111, 140, 146. s.— de grâce. 102.
Délit. 175.
Délivrance. 31.
Dépôt. 83.
Désignation du juge. 196.
Domicile. 118, s. 128, s.
Dommages-intérêt. 8 s. 179.
Effet suspensif.—V. Suspension.
Epoux. 130.
Erreur. 141.
Etranger. 89, s.
Evasion. 223.
Exception. 91.
Exécutoire. 66, s.
Exigibilité. 35.
Expédition 78, s.
Expertise. 142.
Exploit. 129, s.
Formule exécutoire. 49. s.
Frais. 38.— frustratoires. 16. s.
Garantie 161.
Grosse. 52, s. 80. s. — seconde, 81, s.
Héritier. 16, s, 22, s. — bénéficiaire. 50.
Huissier. 135. 163. s. — commis, 66.
Hypothèques. 146. s.
Impossibilité. 94.
Indication de paiement. 20.
Indivisibilité. 130.
Infirmation. — V. Jugement.
Interdiction. 119.
Intérêts (action). 16, s.— distinct. 150.
Interprétation. 12, 207, 211, 228.
Jour férié. 166, s.
Juge de paix. 166.
Jugement. 109, s. — administratif. 71. — par défaut. 93, 143. — distinct. 3, 189, s. 207. — infirmé. 175, s. — préparatoire, 115, s. 204. — provisoire. 199.
Juif. 137.
Justice de paix. 45, 157, 204.
Légalisation. 85, s.
Légataire. — V. Successeur.
Liquidation. 36.
Mandat spécial. 163.
Marché administratif. 75, suiv.
Matière criminelle. 212, s. — V. Jugement. — urgente. 199.
Mineurs. 10
Ministère public. 213, s.
Minute. 79.
Modes. 7, s.
Notaire. 84, s.
Obligation certaine. 34.— liquide. 34.
Officier ministériel. 164, s.
Opposition. 146.
Option. 5, 111, 178.
Ordonnance. 70. — du juge. 79.
Paiement. 107.
Partage. 192.
Partie civile. 212.
Peine. 213, s.
Plus-pétition. 62.
Qualités. 13, s.
Référé. 79, 98, 162.
Refus. 164.
Remise de pièces. 164.
Responsabilité d'avoué. 156.
Ressort. 88, 202.
Rétroactivité. 11.
Saisie. 4, 34, s. — immobilière. 193.
Sceau. 84.
Scellés. 22.
Signification. 23, 109, s. 221.—à personne. 118, suiv.
Succession.—V. Héritier.
Successeur à titre particulier. 32.
Sursis. 33, 95, s.
Surveillance de police. 224.
Suspension. 95, s. 220.— (appel) 95, s.
Testament. 46.
Tierce-opposition. 104.
Tiers. 10, 146, s. — détenteur. 33.
Titre exécutoire. 16, s. 69.
Transport. 40, s. 144, s.
Tribunal de commerce. 195, s. 205.
Usure. 106.
Vente publique. 46.
Visa. 72.

EXÉCUTION (DÉLAI).— V. Contrainte par corps.

EXÉCUTION (MANDAT SPÉCIAL).—V. Contrainte par corps.

EXÉCUTION PAR EFFIGIE.— V. Mort civile, Ministère public, Usufruit.

EXÉCUTION FORCÉE.— V. Absence, Acquiescement, Exception.

EXÉCUTION PARÉE. — V. Exécution. — V: aussi Agent de change, Conciliation, Conseil d'état, Contributions directes, Enregistrement, Exécution provisoire, Louage.

EXÉCUTION PARTIELLE. — V. Autorité municipale, Mandat.

EXÉCUTION PROVISOIRE DES JUGEMENS.— 1. — Se dit de l'exécution dont jouissent, en certaines circonstances, les jugemens, malgré l'appel ou l'opposition dont ils ont pu être frappés (C. pr. 135, 155, 458, 459, 497, 840, 848, 1024).

§ 1er.— *De l'exécution provisoire des jugemens des tribunaux civils de première instance.*

§ 2.— *De l'exécution provisoire des jugemens des tribunaux de commerce.*

§ 3.— *De l'exécution provisoire des sentences des juges de paix.*

—

§ 1er.—*De l'exécution provisoire des jugemens des tribunaux civils de première instance.*

2.—C'est tantôt une obligation, tantôt une simple faculté pour le juge d'ordonner l'exécution provisoire.

3.— L'exécution provisoire sans caution *sera* ordonnee, s'il y a titre authentique, promesse reconnue, ou condamnation precédente par jugement dont il n'y ait point d'appel (C. pr. 135).

4.— *S'il y a titre authentique.* — Ainsi, l'exécution provisoire, sans caution, doit être ordonnée lorsqu'il y a titre authentique. —2 et 4 août 1828. Toulouse. D'Aragon. D.P. 29. 2. 157.

5.— Un testament olographe, ouvert et publié dans les formes voulues, est un acte authentique: Le juge en ordonne valablement l'exécution provisoire.— 17 déc. 1812. S. 13, 409. — 25 mars 1819. Nîmes. D.A 5. 672. D.P. 20. 2. 55.—*Contrà*, Loiseau, p. 464; Delv., 1, 591; Thomine, 1, 262.

6.— Un titre, quoiqu'authentique, n'autorise pas les juges à ordonner l'exécution provisoire d'un jugement, lorsque la validité du titre est contestée. — 4 mars 1817. C. de Rennes. — 11 mars 1824. C. de Metz. Destable. D.A. 9. 653. D. P. 2. 562.

7 — Cette décision ne doit cependant pas être prise à la lettre. Si, d'une part, on ne peut attribuer l'autorité de titre authentique à un titre sérieusement attaqué, d'un autre côté, il ne doit pas être au pouvoir d'un plaideur d'arrêter l'exécution d'un jugement, en chicanant sur la validité d'un titre incontestable. Ce n'est donc que lorsqu'il s'élève sur l'interprétation ou l'application du titre des doutes raisonnables, que l'exécution provisoire doit en être refusée (Thomines, 1, 261), ou du moins ne doit, suivant les circonstances, être accordée qu'à la charge de donner caution.— Carré, p. 326, n. 2; Fav., Rep., v° Jugement, sect. 1re, § 2; Pigeau, 1, 321.

8. — Si à un titre authentique, on oppose un titre de même nature, de sorte qu'il s'agisse de juger la préférence que l'un doit avoir sur l'autre, le juge ne peut prononcer l'exécution provisoire sans caution. — Favard, *loc. cit.*; Carré, n. 577.

9. — L'admission du serment contre la teneur d'un acte authentique n'est point un obstacle à l'exécution provisoire de cet acte. — 20 fev. 1808. Turin. Turpini. D.A. 10. 769, n 2. D.P. 2. 862, n. 4.

10. — Une qualité non contestée à celui qui la réclame, et, par exemple, la qualité de co-héritier, équivaut au titre authentique dont parle l'art. 135 C. pr., et les juges peuvent, en vertu de cet article, rendre exécutoire, par provision et sans caution, un jugement qui ordonne un partage entre héritiers.— 1er fév. 1815. Civ. r. Rouen. Bournisien. D.A. 9. 649. D.P. 15. 1. 161.

11.— De même, la qualité de syndic, avouée par celui qui en a été revêtu, équivaut à l'existence du *titre* exigé par la loi pour que les juges soient autorisés à ordonner l'exécution *provisoire*, sans caution, du jugement qui l'oblige à rendre son compte de gestion. — 1er mars 1831. Cour de Paris. Renault. D.P. 32. 2. 11.

12. —Décidé encore que le jugement portant condamnation du caissier d'une faillite à la restitution, aux syndics, des sommes par lui perçues, peut être déclaré exécutoire par provision; le jugement de nomination aux fonctions de caissier est, dans le sens de l'art. 135 C. proc., un titre suffisant pour autoriser l'exécution provisoire. — 16 juill. 1817. Req. Paris Layné. D.A. 3. 738. D.P. 18. 1. 488.

13. — Jugé cependant que de ce que la qualité d'un co-héritier n'est pas contestée par son co-héritier, et a été reconnue par jugement, il ne suit pas qu'on doive assimiler ce défaut de contestation à un titre authentique, tellement qu'on puisse ordonner l'exécution provisoire du jugement qui condamne ce dernier à une restitution de fruits envers celui-là. — 20 juill. 1830. Agen. Daguzan. D.P. 33. 2. 121.

14. — Lorsque le saisi a succombé dans ses demandes incidentes, en vertu de jugemens et d'arrêts inattaquables, le jugement qui, pour en assurer l'exécution, fixe le jour de l'adjudication définitive, est exécutoire par provision, et l'adjudication doit avoir lieu nonobstant appel. — 14 fev. 1828. Req. Mothé-Lafon. D.P. 28. 1. 131.

15. — Le procès-verbal constatant l'admission au passif de la faillite d'une créance duement vérifiée, forme pour le créancier un titre certain, contre lequel le débiteur ne peut faire admettre ni preuve testimoniale, ni serment supplétoire, à l'effet d'en modifier les dispositions, et qui est de nature à autoriser l'exécution provisoire. — 2 déc. 1831. Bordeaux. Gaudichaud. D.P. 32. 2. 58.

16. — Lorsque l'exécution provisoire d'un titre authentique, frappé d'opposition, est demandée, le juge de référé qui doit prononcer ne peut, en ordonnant cette exécution provisoire, accorder un délai pendant lequel les poursuites seront suspendues.—1er août 1829. Toulouse. Ricons. D.P. 30. 2. 220.

17. — *S'il y a promesse reconnue.* — Suivant un arrêt de la cour de Rennes, du 14 oct. 1815, approuvé par Carré, n. 378, ce mot *promesse* n'exprime qu'une promesse écrite, antérieure à l'instance, et non pas une promesse verbale, ou que l'on ferait résulter d'un acquiescement tacite, également antérieur a l'instance.

18. — Il y a lieu d'ordonner l'exécution provisoire, sans caution, d'une promesse écrite, lorsque la partie contre laquelle elle est produite la reconnaît tacitement, en ne la déniant pas.—Carré, *loc. cit.*

19.—.... Ou lorsque la promesse est reconnue, quant à la signature, lors même que l'obligation est contesté dans sa validité intrinsèque. — 18 juill. 1809. Grenoble. Brunel. D.A. 9. 649. D.P. 2. 559. — 23 sept. 1829. Bordeaux. Hosten. D.P. 30. 2. 143.

20.— Un tribunal civil peut ordonner l'exécution provisoire d'un jugement lorsque la créance, objet de la condamnation, a été reconnue devant le bureau de paix.—28 sept. 1809. C. de Paris. Moudot. D.A. 9. 650. D.P. 2. 560.

21. —Cette opinion, que la reconnaissance dont parle l'art. 135 peut se faire en justice, même devant le juge de paix, a été contestee par le motif, peu concluant a nos yeux, que les mots *promesse reconnue* supposent une promesse reconnue avant l'instance. Carré, n. 580, n'admet la decision que nous refutons que dans le cas où la reconnaissance n'aurait pas été signée par la partie au bureau de paix.—D.A. 9.

22.— La reconnaissance de l'obligation résulte tacitement, soit du jugement qui tient l'acte pour reconnu sans que la partie reclame; soit, en cas de dénégation, du jugement de vérification d'écriture.

23.— Mais lorsque la partie assignée en paiement d'une obligation sous seing-privé fait défaut, les juges ne peuvent, tenant l'acte pour *reconnu*, ordonner l'exécution provisoire; car, dit Carré, n. 579, il est de principe que *le défaut emporte contestation*. L'art. 194 C. pr. semble contredire cette décision; mais sa disposition est exceptionnelle.

24. — Un arrêt de la cour de Paris, du 23 mars 1814, décide que l'exécution provisoire peut être ordonnée par un jugement qui condamne au paiement d'un billet de commerce, en rejetant les moyens opposés à ce billet par la partie qui l'a souscrit. Ne peut-on pas objecter que, dans ce cas, il n'y a pas titre authentique, ce qui est évident, ni promesse reconnue, puisque le débiteur en demandait l'annulation? — D.A. 9. 650.

25. — *S'il y a condamnation précédente par jugement dont il n'y a pas d'appel.*— Par exemple, lorsqu'il s'élève des contestations sur l'exécution

d'un précédent jugement. Ce cas nous semble rentrer dans le premier de ceux énumérés par l'art. 135, puisque le jugement est un *titre authentique*.

26. — L'exécution provisoire d'un jugement ne peut être prononcée lorsqu'il est basé sur un autre jugement dont la validité est contestée. — 15 mars 1816. Limoges. Loullier. D.A. 9. 651, n. 3. D.P. 2. 561.

27. — Lorsque l'exécution d'un arrêt est poursuivie devant un tribunal civil, et que la partie contre laquelle elle est dirigée oppose qu'une transaction est intervenue sur cet arrêt, et que cette transaction est le seul titre qu'on puisse désormais lui opposer, le tribunal ne peut ordonner l'exécution de l'arrêt sans caution (C. pr., art. 135 et 459). — 23 sept. 1815. Rennes. N... D.A. 7. 632. D.P. 2. 140.

28. — L'exécution provisoire peut être ordonnée, avec ou sans caution, lorsqu'il s'agit, 1° d'apposition et levée de scellés, ou confection d'inventaire; 2° de réparations urgentes; 3° d'expulsion des lieux, lorsqu'il n'y a pas de bail, ou que le bail est expiré; 4° de séquestres, commissaires et gardiens; 5° de réception de cautions et certificateurs; 6° de nomination de tuteurs, curateurs et autres administrateurs, et de reddition de compte; 7° de pensions ou provisions alimentaires (C. pr. 136).

29. — Hors les cas spécialement énumérés dans l'art. 135, l'exécution provisoire ne peut être ordonnée, même sans caution. — 27 août 1819. Rennes. Baton. D.A. 9. 650. D.P. 2. 560. — 2 déc. 1815. Colmar. Sulter. D.A. 11. 788, n. 2. D.P. 2. 1209.

30. — Un tribunal ne peut déclarer exécutoire provisoirement une condamnation à exécuter sur des objets servant de gage à une pension alimentaire. — 27 août 1819. Rennes. Baton. D.A. 9. 650. D.P. 2. 560.

31. — L'exécution provisoire sans caution ne peut être autorisée lorsqu'il s'agit d'une condamnation à des dommages-intérêts. — Même arrêt.

32. — Ou lorsqu'il n'y a aucune garantie pour la restitution en définitive. — Même arrêt.

33. — L'art. 135 C. pr. ne concernant que les contestations ordinaires, un tribunal n'a pas dû déclarer exécutoire, *nonobstant appel*, le jugement qu'il a rendu sur une contestation entre les prétendans à la priorité de collocation dans un ordre, et s'il y a eu appel, c'est le cas de surseoir à l'exécution du jugement. — 22 déc. 1824. Pau. Farthoat. D.P. 25. 2. 141. — 23 fév. 1828. Grenoble. Vinay. D.P. 28. 2. 183.

34 — Carré, n. 585, s'appuyant sur l'ancienne jurisprudence, pense que d'après leur nature, les jugemens provisoires sont exécutoires provisoirement, quoiqu'ils ne soient pas compris dans la nomenclature de l'art. 135. Mais, ajoute cet auteur, les juges peuvent aujourd'hui ordonner l'exécution *sans* caution, tandis qu'autrefois on prescrivait toujours le cautionnement. — Quant à Pigeau, t. 2, p. 35, il enseigne que les jugemens dont il s'agit sont, de plein droit, exécutoires sans caution. — V. aussi sur ce point Merlin, Rép., v° Exécution parée.

35. — La tierce-opposition à un jugement exécutoire par provision, et spécialement à un jugement portant nomination d'un séquestre, ne fait pas obstacle à ce que, avant d'en examiner le mérite et de surseoir, le juge ordonne que le jugement attaqué sera provisoirement exécuté (C. pr. 135 et 477). — 4 fév. 1834. Civ. r. Rennes. Abautret. D.P. 34. 1. 150.

36. — L'art. 135 C. pr. n'est applicable qu'aux jugemens contradictoires. — 20 mars 1812. Turin. Delfino. D.A. 9. 652. D.P. 2. 561.

37. — L'exécution provisoire ne peut être ordonnée pour les dépens, quand même ils seraient adjugés pour tenir lieu de dommages et intérêts (C. pr. 137); il n'est jamais urgent d'exécuter pour ce chef.

38. — L'exécution provisoire n'étant pas d'ordre public, ne peut être ordonnée sans que les parties l'aient demandée. — 9 juill. 1810. C. de Rennes. Codrosy. D.A. 9. 650. D.P. 2. 560. — 15 déc. 1820. Grenoble. N... D.A. 9. 650. D.P. 2. 260. — Conf. Pig., 1, 527; Fav., v° Jugement, 165; Carré, 2, n, 583; D.A. 9. 650, n. 5.

39. — Jugé au contraire qu'elle peut, dans les cas de l'art. 135 C. pr., être ordonnée d'office. — 11 juin 1828. Limoges. Chatard. D.P. 28. 2. 246.

40. — Les juges ne pouvant accorder ce qui ne leur a pas été demandé, il s'ensuit qu'un tribunal auquel l'exécution provisoire est demandée purement et simplement, ne peut l'ordonner nonobstant appel et sans caution. — 27 août 1819. Rennes. Baton. D.A. 9. 650. D.P. 2. 560.

41. — Il y a, par exception à la règle ci-dessus, des jugemens provisoirement exécutoires en vertu de la loi même, et sans que cette exécution ait été prononcée.

42. — Ce sont ceux qui prescrivent des mesures pour la police de l'audience (C. pr. 89, 90), qui condamnent à l'amende des témoins défaillans (C. pr. 263), qui statuent sur les interpellations faites aux témoins (C. pr. 276), sur des récusations d'experts (C. pr. 312) ou de juges, qui ordonnent la délivrance d'expéditions d'actes, ou un compulsoire (C. pr. 848).

43. — Dans les cas énoncés en la première disposition de l'art. 135, il n'y a lieu, suivant Thomine, 1, 263, d'ordonner l'exécution provisoire que *nonobstant appel*, et dans les cas énoncés en la seconde, le juge peut l'ordonner *nonobstant opposition et appel*. Cette distinction est motivée par la différence des motifs qui ont dicté les deux dispositions de l'art. 135, dont la première est fondée sur la quasi-évidence du bon droit de la partie qui a obtenu le jugement, et la seconde, sur le préjudice qui résulterait pour cette partie du retard apporté à l'exécution du jugement.

44. — Dans aucun cas, ajoute Thomine (*loco cit.*), il n'y a lieu d'ordonner l'exécution provisoire *nonobstant opposition*, s'il n'y a urgence et péril dans le retard, sans doute parce que l'opposition ne peut être de longue durée; mais s'il y a péril dans le retard, le juge peut ordonner l'exécution, nonobstant opposition et appel, et même sur le simple vu de la minute du jugement, et sans qu'il soit besoin de le délivrer et de le signifier.

45 — En ordonnant l'exécution provisoire, le tribunal doit exprimer qu'il y a péril en la demeure. — 20 mars 1812. Turin. Delfino. D.A. 9. 652. D.P. 2. 561.

46. — On peut appeler dans les délais de l'opposition, du chef d'un jugement par défaut, qui ordonne l'exécution provisoire nonobstant opposition. — Même arrêt.

47. — Si les juges ont omis de prononcer l'exécution provisoire, ils ne peuvent l'ordonner par un second jugement (C. pr. 136).

48. — La clause d'un jugement ordonnant l'exécution provisoire doit être annulée, lorsque les qualités prouvent que l'exécution provisoire n'a été demandée qu'après la prononciation du jugement, quoique du dispositif il semble résulter que l'exécution ait été ordonnée d'une manière régulière. — 4 fév. 1820. Toulouse. N... D.A. 9. 653. D.P. 2. 562.

49. — L'exécution provisoire, quoique non ordonnée par un premier jugement rendu par défaut, peut l'être valablement par le jugement ultérieur, qui prononce le rejet de l'opposition formée au premier. — 1er mars 1831. Paris. Renault. D.P. 33. 2. 11. — *Contra :* 13 déc. 1810. C. de Bruxelles. Ghesquière. D.A. 9. 651. D.P. 2. 560. — 30 avril 1833. Bordeaux. Gallenou. D.P. 34. 2. 86.

50. — Mais ces dernières décisions ne doivent point être suivies; attendu, dit Thomine, 1, 264, que l'opposition remet les parties au même état où elles étaient avant le jugement par défaut, et qu'ainsi la partie qui l'a obtenu peut former incidemment de nouvelles demandes.

51. — Un juge qui a défendu illégalement l'exécution provisoire peut se réformer lui-même, s'il a statué ainsi avant le jugement du fond, ou par jugement susceptible d'opposition; et si cette voie n'est plus en son pouvoir, il y a lieu de s'adresser à la cour de cassation, même avant le jugement définitif. — Pig., *Comm.*, 2, 28; D.A. 9 652.

52. — Quand l'exécution provisoire n'a pas été prononcée dans les cas où elle était autorisée, l'intimé peut, sur un simple acte, la faire ordonner à l'audience, avant le jugement de l'appel (C. pr. 136, 458).

53. — La disposition de l'art. 135 C. pr., portant que l'exécution provisoire sera ordonnée dans les cas que cet article spécifie, est impérative; de sorte que, si les juges ont omis d'ordonner cette exécution, l'intimé peut la faire prononcer par la cour, avant le jugement de l'appel. — 11 juill. 1832. Bordeaux. Veau. D.P. 33. 2. 63.

54. — Cette disposition est générale et absolue; et, dès lors, elle s'entend du cas où l'exécution provisoire n'a pas été requise en première instance, aussi bien que de celui où les premiers juges auraient omis d'y statuer. — Ce n'est point là une demande nouvelle qui, aux termes de l'art. 464 C. pr., ne peut être formée en cause d'appel. — 20 janv. 1821. Toulouse. Lapierre. D.A. 9. 651. D.P. 2. 561. — 21 nov. 1823. Nîmes. Dalayrac. D.A. 9. 651. D.P. 2. 561. — 2 et 4 août 1828. Toulouse. D'Aragon. D.P. 29. 2. 137.

55. — Jugé, dans le même sens, que l'exécution provisoire d'un jugement qui, en prononçant la résolution d'une vente pour défaut de paiement du prix, autorise le vendeur à se mettre en possession des biens vendus, peut être ordonnée en appel, quoiqu'elle n'ait pas été demandée en première instance. — 31 août 1829. Bourges. Delaus. D.P. 33. 2. 192. — Conf. Favard, v° Appel, p. 180; Pig., 2, 36; Carré, n. 1656; D.A. 9. — *Contrà :* 13 mars 1816. C. de Limoges. Loullier. D.A. 9. 651. D.P. 2. 561. — 9 fév. 1816. Grenoble. D.A. 9. 651. — Conf. Thomine, *loc. cit.*

56. — Dans les cas où la loi prononce elle-même l'exécution provisoire, il n'est pas nécessaire, on le sent bien, que les juges d'appel suppléent à l'omission des juges inférieurs. L'exécution provisoire, quoique non ordonnée, a lieu alors de plein droit (Voy. les art. 17, 265, 276, 840 et 848 C. pr.). — Carré, n. 581; Favard, v° Jugement, p. 162; Delaporte, 2, 18.

57. — L'exécution provisoire d'un jugement dont il y a appel peut être demandée devant la cour, par acte d'avoué à avoué, avant l'expiration du délai pour comparaître sur l'exploit d'appel; l'art. 458 ne fixant aucun terme avant lequel il soit interdit de demander cette exécution, quand elle peut l'être, il suffit, pour que cette demande soit recevable, qu'il y ait un exploit d'appel. — 28 août 1821. Toulouse. D.A. 9. 652. D.P. 2. 561. — Conf. Carré, n. 1657, et Delaporte, 2, 18.

58. — Si l'exécution provisoire a été ordonnée hors des cas prévus par la loi, l'appelant peut obtenir des défenses à l'audience, sur assignation à bref délai, sans qu'il puisse en être accordé sur requête non communiquée (C. pr. 459).

59. — Le tribunal qui a ordonné l'exécution provisoire ne peut la suspendre lui-même par un second jugement; un tribunal ne peut se réformer. — 6 oct. 1810. Rennes (arrêt cité par les auteurs).

60. — Ce n'est que quand l'exécution provisoire a été ordonnée hors des cas prévus par la loi, qu'il peut être accordé des défenses; en aucun autre cas, il ne peut être rendu un jugement tendant à arrêter directement ou indirectement l'exécution du jugement, à peine de nullité (C. pr. 460).

61. — L'exécution provisoire, sans caution, d'un jugement, ne peut être arrêtée par des défenses lorsqu'elle a été accordée en vertu d'un traité sous seing-privé, mais reconnu en justice. — 5 janv. 1808. Nîmes. Eymard. D.A. 9. 649. D.P. 2. 559.

62. — La cour de Bruxelles a décidé, avec raison, que le mal-jugé, au fond, n'est pas un motif pour accorder des défenses contre l'exécution provisoire ordonnée dans un cas où la loi l'autorise. Un arrêt de la cour de Paris, du 9 octobre 1812, a refusé des défenses contre l'exécution d'un jugement qui prononce une main-levée d'opposition. — D.A. 9. 652.

63. — Des offres réelles, lorsqu'elles sont contestées, encore bien qu'elles aient été suivies de la consignation de partie de la somme due, ne sauraient suspendre l'exécution d'un jugement exécutoire par provision. — 18 fév. 1829. Paris. Ranseland. D.P. 29. 2. 141.

64. — Celui qui, après condamnation au paiement de plusieurs effets de commerce par un jugement provisoirement exécutoire, a porté une plainte en usure et abus de confiance au sujet de ces mêmes billets, et a ensuite interjeté appel du jugement, n'est pas recevable à demander devant la cour un sursis à l'exécution provisoire jusqu'à ce qu'il ait été statué sur la plainte. — 12 nov. 1826. Paris. Ruault. D.P. 26. 2. 218.

65. — L'exécution provisoire peut être suspendue si le jugement est argué de faux (arg. de l'art. 1319 C. civ.). — Carré, t. 2, n. 1667; D.A. 9. 652.

66. — Une cour d'appel peut aussi accorder un sursis à l'exécution provisoire d'un jugement, ordonnée par les premiers juges, lorsque le titre authentique contient une clause résolutoire. — 24 août 1824. Grenoble. Bonnefoi. D.P. 25. 2. 57.

67. — Lorsque la cause est en état sur le fond, les juges ne doivent pas accorder de défenses : ce serait une procédure inutile. — Carré, n. 1659; D.A. 9. 652.

68. — La demande de défense est entièrement distincte du fond; en conséquence, les juges ne pourraient la réserver, et la joindre au principal dont le but serait de faire décider si l'appel est bien ou mal fondé. — Pigeau, t. 1er, p. 557; Carré, n. 1660; D.A. 9. 652.

69 — De ce qu'aux termes de l'art. 459, l'intimé qui veut obtenir des défenses doit les demander sur assignation à bref délai, il ne s'ensuit pas qu'il soit dispensé de constituer avoué; la loi ne fait ici aucune exception à la règle générale de la constitu-

tion d'avoué.— Berriat, p. 426, et Carré, n. 1661; D.A. 9. 652.— *Contra*, Praticien, t. 3, p. 142.

70.— L'assignation à bref délai ne peut être remplacée par un simple placet; il faut que la partie contre laquelle on se pourvoit ait le temps de préparer sa défense.— Carré, n. 1664; D.A. 9. 652.

71.— La cour de Rennes est, et avec raison, dans l'usage de n'accorder l'effet d'arrêter l'exécution qu'à un arrêt de défenses et non à une simple ordonnance du président, quoique la demande de défenses ne soit formée que par une simple requête. —Carré, n. 1665; D.A. 9. 652.

§ 2.—*De l'exécution provisoire des jugemens des tribunaux de commerce.*

72.— Les tribunaux de commerce peuvent ordonner l'exécution provisoire de leurs jugemens, nonobstant l'appel et sans caution, lorsqu'il y a titre non attaqué, ou condamnation précédente dont il n'y a pas d'appel: dans les autres cas, l'exécution provisoire n'a lieu qu'à la charge de donner caution, ou de justifier de solvabilité suffisante (C. pr. 439).

73.— Par ces mots, *lorsqu'il y a titre non attaqué*, cet article, dit Demiau, entend que la légitimité du titre ne soit pas contestée; car les contestations sur le plus ou le moins de la chose ou de la somme demandée, ne peuvent empêcher l'exécution, le titre n'étant pas contesté.— D.A. 9. 649.

74.— L'exécution provisoire nonobstant appel, à la charge de donner caution, est de plein droit, tant pour les jugemens des tribunaux de commerce, que pour ceux des arbitres forcés qui les remplacent entre associés négocians; l'art. 439, en les autorisant à ordonner, lorsqu'il y a titre non attaqué ou contestation précédente dont il n'y ait pas d'appel, l'exécution provisoire, *même sans caution*, n'a pas entendu que, hors ces cas et avec caution, il fût besoin qu'ils ordonnassent l'exécution provisoire. — 2 avril 1817. Civ. r. Pau. Idembourg. D.A. 1. 521. D.P. 17. 1. 223. — 3 fév. 1819. Req. Metz. D.A. 6. 634. D.P. 1. 1465.—V. Appel.

75.— Les jugemens de tribunaux de commerce étant de plein droit exécutoires par provision moyennant caution, ce n'est que lorsqu'il s'agit de dispenser de donner caution qu'il est besoin d'une disposition spéciale pour ordonner cette exécution provisoire.— 27 nov. 1832. Lyon. Moulin. D.P. 34. 2. 51.

76.— Quand un jugement, qui a ordonné l'exécution provisoire dans une affaire où le titre n'a pas été contesté, n'exprime pas qu'elle aura lieu sans caution, cette omission vaut dispense. — 29 janv. 1808. Rennes (cité par Carré, t. 2, p. 101).

77. — Le silence du juge sur l'exécution provisoire, dans les cas autres que ceux où il y a titre non attaqué ou condamnation précédente, établit une présomption légale que la caution doit être fournie, et il suffit pour exécuter que la partie la fournisse.— Carré, n. 1547.

78. — Le jugement d'un tribunal de commerce qui se borne à rejeter un déclinatoire, et ne prononce aucune peine pécuniaire, est exécutoire par provision, nonobstant l'appel, et sans caution. — 3 juill. 1807. Rouen. Cardon. D.A. 9. 652. D.P. 2. 561. — Conf. Thomine, sur l'art. 439.

79. — Les tribunaux de commerce peuvent prononcer l'exécution provisoire de leurs jugemens, même pour les dépens. L'art. 439 ne reproduit point l'exception établie par l'art. 137 par rapport aux dépens. — 11 déc. 1821. Rouen. Delahalle. D.P. 27. 2. 71. — *Contrà*, Berriat, p. 420, et le *Prat franç.*, t. 1er, p. 409.

80.— L'exécution provisoire, nonobstant l'appel, est de plein droit, même pour les sentences arbitrales en matière d'assurances.—3 nov. 1807. Rouen. D.A. 1. 780. D.P. 1. 206.

81.— Un tribunal de commerce qui ordonne l'exécution provisoire, quoiqu'il y ait titre attaqué, ne peut dispenser le demandeur de justifier de sa solvabilité, sous prétexte qu'elle est notoire.— 4 juill. 1807. Pau.

82. — Carré pense aussi, n. 1549, que toutes les fois que la solvabilité d'une partie n'est pas reconnue par son adversaire, le tribunal doit ordonner qu'elle en justifie par la représentation de l'inventaire que tout commerçant doit dresser chaque année.

83. — Il ne dépend pas du tribunal d'ordonner que le jugement ne sera exécutoire que sous caution; la partie a toujours option de fournir caution ou de justifier de sa solvabilité. — Demiau, p. 317; Carré, t. 2, p. 99.

84. — Le mode de présentation de la caution est réglé par l'art. 440 C. pr.

Il n'est pas indispensable, en matière de commerce, que le cautionnement soit fourni en immeubles (C. civ. 2019). — Carré, n. 1550.

§ 3. — *De l'exécution provisoire des sentences des juges de paix.*

85. — Les jugemens des justices de paix, jusqu'à concurrence de 300 fr., sont exécutoires par provision, nonobstant l'appel, et sans qu'il soit besoin de fournir caution: les juges de paix peuvent, dans les autres cas, ordonner l'exécution provisoire de leurs jugemens, mais à la charge de donner caution (C. pr. 17).

86. — Mais ces jugemens ne sont pas exécutoires nonobstant opposition. — Carré, art. 17, n. 78.

87. — Il n'est pas nécessaire, pour que la sentence d'un juge de paix, jusqu'à concurrence de 300 fr., soit provisoirement exécutoire, que le juge l'ait ainsi ordonné: elle l'est de plein droit. — 28 juill. 1819. Bruxelles. Baeten. D.A. 9. 651. D.P. 2. 560.

88. — Un juge de paix n'a pas le droit d'ordonner l'exécution provisoire de son jugement, quant aux dépens: ainsi décidé par un arrêt de la cour de cassation, du 19 prair. an 7, qui devrait être encore suivi sous le code de procédure.

89. — La caution, dans les cas où elle est exigée, doit être présentée au greffe, non du tribunal de première instance, mais de la justice de paix. — Carré, n. 82; Thomine, 1, 77.

—V. Acquiescement, Appel, Assurance maritime, Audience, Autorité municipale, Brevet d'invention, Charte-partie, Compulsoire, Conciliation, Contrainte par corps, Contributions indirectes, Effet de commerce, Faux incident, Garde nationale, Louage, Saisie-exécution, Saisie-immobilière, Voirie.

TABLE SOMMAIRE.

Acte d'avoué. 57.
Appel. 3, 33, 43, s.
Arbitrage. 80.
Aveu. 10, s.
Cause en état. 67, s.
Caution. 3, s. 27, s. 40. 72, s. 85, s.
Chose jugée. 47, s.
Compulsoire. 42.
Condition. 60.
Défense d'exécuter. 58, s.
Délai bref. 69, s.
Demande nouvelle. 52, s.
Disposition d'office. 38, s.
Dommages-intérêts. 31, 37.
Frais. 79, 88.
Garantie. 32.
Incident. 50.
Jugement de commerce. 74, s.—par défaut. 49, s. — nouveau. 47, s. — provisoire. 34, s.
Justice de paix. 85, s.
Offres réelles. 63.
Omission. 47, s.
Opposition. 43, s. 56.
Police d'audience. 42.
Promesse reconnue. 17, s. 3.
Provision.—V. Jugement provisoire.
Qualité contestée. 10, s.
Récusation. 42.
Réserve. 68.
Rétractation. 59.
Serment décisoire. 9, s.
Sursis. 16, 33, s. 64, s.
Testament olographe. 5.
Tierce-opposition. 35.
Transaction. 27.
Titre authentique. 3, s. 25.
Tribunal de comm. 72, s.

EXÉCUTOIRE. —1.— C'est, en général, l'ordonnance du juge qui doit donner la force d'exécution à un acte.

2.— Dans certains cas, le juge de paix a reçu de la loi le droit de délivrer des exécutoires.

Ainsi, les notaires, greffiers, huissiers, etc., qui font, pour les parties, l'avance des droits d'enregistrement, peuvent prendre exécutoire du juge de paix de leur canton, pour obtenir le remboursement (L. 22 frim. an 7, art. 29 et 30). — Roll., vo Exécutoire, n. 2, 3; Toull., t. 7, n. 156.

3.— Cette disposition n'est que facultative, et rien n'empêche les officiers publics qu'elle concerne de suivre la voie d'action pour se faire payer.— Roll., n. 5; Toull., *cod.*

4.—Le droit de prendre exécutoire passe aux héritiers des officiers publics. — 4 avril 1826. Civ. c. Mandosse. D.P. 26. 1. 224.

5.— Celui qui veut obtenir un exécutoire présente au juge de paix une requête, en tête de laquelle il transcrit la quittance des droits d'enregistrement par lui avancés. — Roll., n. 7.

6.— La requête n'entraîne pas de frais; elle se confond avec l'exécutoire et le tout reste en minute au greffe. — Roll., n. 9.

7.—Le notaire doit, en outre, représenter la minute au juge de paix, et cette représentation se constate dans l'exécutoire.—Roll., n. 8.

8.—Les notaires, greffiers, huissiers, etc., peuvent se faire délivrer exécutoire par le juge de paix, pour les droits de timbre comme pour ceux d'enregistrement. —Roll, n. 10, 11.

9.—L'exécutoire peut être pris contre toutes les parties qui figurent dans l'acte ayant donné ouverture aux droits d'enregistrement et de timbre.—Roll., n. 12.

10.—L'exécutoire délivré par le juge de paix aux officiers publics n'emporte pas hypothèque.—Roll., n. 13.

11.—Les contraintes en matière de timbre, d'enregistrement, de greffe, d'hypothèques, de peines et amendes, doivent être visées et déclarées exécutoires par le juge de paix (L. 22 frim. an 7, art. 64). —V. Contrainte.

12.—L'opposition à l'exécutoire et toutes les contestations qui s'ensuivent, sont jugées dans les formes tracées pour les affaires relatives à l'enregistrement (L. 22 frim. an 7, art. 65).

13.—Les magistrats des tribunaux délivrent des exécutoires pour le paiement des frais et dépens, au profit des avoués.—V. Frais et dépens.

—V. Contrainte par corps, Frais et dépens, Douanes, Enregistrement.

EXEMPLAIRE. — V. Propriété littéraire, Effet de commerce.

EXEMPTION.—V. Communauté, Contributions directes, Contributions indirectes, Enregistrement, Escroquerie, Fausse monnaie, Faux, Frais, Garde nationale, Louage, Patente, Péremption, Presse, Recrutement, Sels, Substitution, Voirie.

EXERCICE.—V. Avocat, Contributions indirectes, Faux, Fonctionnaire, Garde nationale, Théâtre.

EXHALAISON.—V. Autorité municipale, Eau, Salubrité.

EXHAUSSEMENT.—V. Forêts, Servitudes, Usufruit, Voirie.

EXHÉRÉDATION.—V. Féodalité, Legs, Portion disponible, Substitution, Succession.

EXIGIBILITÉ.—V. Caution, Charte-partie, Communauté, Condition, Contrat à la grosse, Effet de commerce, Enregistrement, Faillite, Féodalité, Hypothèques, Nantissement, Obligation, Ordre, Partage, Patente, Prescription, Rapport, Sels, Séparation de patrimoines, Succession, Succession bénéficiaire, Voirie, Voitures publiques.

EXIL.—V. Bannissement, Presse.

EXPATRIATION.—V. Droits civils.

EXPÉDIENT.—V. Jugement d'expédient, Ordre, Transaction.

EXPÉDITEUR.—V. Commissionnaire, Douanes.

EXPÉDITION.—V. Preuve littérale.— V. aussi Acquiescement, Acte de notoriété, Adoption, Amnistie, Appel, Assurance maritime, Avocat, Cassation, Contributions indirectes, Fabriques, Faillite, Faux, Faux incident, Honoraires, Hypothèques, Interdiction, Ministère public, Ordre, Partage Patente, Saisie-arrêt, Sels, Suppression de titres, Tabac.

EXPERTISE. — 1. — C'est l'opération confiée par le juge, ou d'office ou sur le choix des parties, à des gens expérimentés dans un métier, dans un art, dans une science, ou possédant des notions sur certains faits, sur certaines questions, afin d'obtenir d'eux des renseignemens dont il croit avoir besoin pour la décision du litige, et qu'il ne peut se procurer lui-même. — D.A. 7. 656, n. 1.

2.—L'acte qui constate cette opération se nomme rapport. Un rapport est donc l'exposé par écrit de cette opération, c'est-à-dire, des travaux, des recherches et des calculs auxquels les experts se sont livrés, et de l'avis qu'ils ont arrêté respectivement ou unanimement. — *Ibid.*, n. 2.

3.— L'expertise diffère essentiellement de l'arbitrage, en ce que des arbitres sont de véritables juges, tandis que les experts ne sont en quelque sorte que des donneurs d'avis (V. Arbitrage, n. 14, 22); sauf dans quelques matières où la jurisprudence accorde à ceux-ci plus d'autorité (V. plus bas). — L'art. 429 C. pr. permet, en matière commerciale, de les investir de la mission d'arbitres conciliateurs — V. n. 315, suiv.

4.— Notez que le code de procédure ne contient pas de nullités expresses en cas d'infraction à ses dispositions. Mais ce n'est pas une raison pour que le juge valide des expertises irrégulières. Libre de les prendre pour règles de sa décision, ou de n'y

avoir aucun égard, il rejette une expertise irrégulière; il en demande une autre, et sa décision échappe presque toujours à la censure de la cour suprême. — D.A. *ibid.*, n. 4.

5.— Néanmoins, il est des irrégularités qui doivent appeler cette censure : ce sont celles qui touchent à la qualité des experts, à la récusation, au refus d'opérer, et celles, en un mot, qui auraient laissé l'une des parties dans l'impossibilité de défendre ses droits; il y aurait, dans ce dernier cas, violation du droit de la défense. — *Ibid.*

6.— C'est le code de procédure, au titre 14, intitulé *des rapports d'experts*, art. 302 à 323, qui contient les dispositions fondamentales en matière d'expertise. Beaucoup d'autres dispositions, soit des codes, soit des lois spéciales, parlent aussi de l'expertise; mais c'est l'expertise qu'elles se bornent, pour la plupart, à ordonner, plutôt qu'elles ne règlent les formes d'après lesquelles elle doit avoir lieu. — Voici au reste l'indication de ces dispositions :

7.— Il y a lieu à expertise pour constater les biens d'un absent (C. civ., art. 126), estimer les biens d'un mineur (art. 453); en cas de partage avec un mineur, leur serment à ce sujet (art. 466); partage de biens d'une succession par experts choisis ou nommes d'office (C. civ., art. 824, 834; C. pr., art. 971); estimation de l'immeuble dotal en cas d'échange (art. 1559); en cas de rescision de vente (art. 1678, 1680); frais d'expertise pour estimation de prix de bail non écrit (art. 1715, 1716). — Experts nommés par le juge de paix (C. pr., art. 20, 42); vérification d'écriture (art. 105, 196, 204, 208, 209, 210); inscription de faux (232, 236); en matière ordinaire (art. 302, 323); estimation d'ouvrages ou marchandises (art. 429); assistance à levée de scellés (art. 935); immeubles du mineur (art. 955, 957); formalités en cas de partage (art. 971); sommation aux experts (art. 1034); faculté accordée au juge en cas d'éloignement des experts (art. 1035); — en cas de jet à la mer (C. comm., art. 414); répartition (art. 416); — Pour apprécier la nature d'un délit (C. inst. cr., art. 43); serment (art. 44). Incapacité (C. pén., art. 42, 43); — Vacations (Tarif, 70, 72, 76, 91, 92, 159, 165). — En matière de papier-monnaie (L. 19 flor. an 6), d'enregistrement (L. 22 frim. an 7), de dessèchement et de travaux (L. 16 sept. 1807; art. 8, 56); d'expropriation pour utilité publique (L. 8 mars 1810, art. 17); mais la loi nouvelle paraît être conçue dans un esprit qui répugne à l'expertise.— V. n. 388. — D.A. 7. 656, n. 1.

On verra dans le cours de cet article que les matières régies par les dispositions qu'on vient de rappeler, ont souvent paru aux tribunaux et aux auteurs exiger qu'on s'écartât des règles générales que le code de procédure a posées au titre de l'expertise.

ART. 1er.— *Expertise devant les tribunaux ordinaires.*

§ 1er.— *Quand il y a lieu d'ordonner une expertise.*

§ 2.— *Qualités exigées pour être expert.*

§ 3.— *Nomination des experts.*

§ 4.— *Du serment.*

§ 5.— *De la récusation des experts.*

§ 6.— *De la présence des parties au serment, et de la sommation de se trouver sur les lieux contentieux.*

§ 7.— *Des devoirs et opérations des experts.*

§ 8.— *Des lieux, jour et heure de la rédaction du rapport.— Indication.*

§ 9.— *De l'écriture et de la signature du rapport.— Absence des experts.*

§ 10.— *Avis des experts.— Motifs.*

§ 11.— *Mention des formalités accomplies.*

§ 12.— *Dépôt, enregistrement et frais du rapport.*

§ 13.— *Expertise nouvelle.*

§ 14.— *Effets de l'expertise.*

ART. 2.— *Expertise devant les tribunaux de commerce.*

ART. 3.— *Expertise devant la justice de paix.*

ART. 4.— *Expertise en matière d'enregistrement.*

ART. 5.— *Expertise en cas de lésion des ventes en papier-monnaie.*

ART. 6.— *Expertise en cas d'expropriation pour utilité publique.— Bois de l'état.*

ART. 7.— *Expertise en matière administrative.*

ART. 1er. — *Expertise devant les tribunaux ordinaires.*

§ 1er. — *Quand il y a lieu d'ordonner une expertise.*

8.— L'art. 302 C. pr. porte : « lorsqu'il y aura lieu à un rapport d'experts, il sera ordonné par un jugement, lequel énoncera clairement l'objet de l'expertise. »

9. — Les tribunaux ne sont point obligés, il leur est facultatif d'ordonner une expertise, soit d'office, soit sur la demande des parties. L'obligation de recourir à l'expertise ne leur est imposée que dans quelques matières spéciales dont il sera parlé plus bas : personne ne peut savoir mieux que le juge lui-même, s'il a besoin de renseignemens pour rendre sa décision. — Carré, t. 1er, p. 731 et n. 1155; Favard, Rép., v° Rapport d'experts, p. 699, n. 1; D.A. 7. 657, n. 1.— Civ. c. D.P. 35. 1. 249.

10. — Ainsi, il peut ne pas ordonner d'expertise lorsque les faits qu'elle a pour but de détruire lui paraissent prouvés. — 21 fév. 1834. Req. Rouen. Cacheux. D.P. 34. 1. 147.

11. — En général, les tribunaux n'ordonnent une expertise que lorsqu'ils manquent des notions qui doivent précéder un jugement éclairé, et qu'ils ne peuvent les trouver ailleurs. Mais si la seule inspection des localités suffit pour leur donner les lumières qu'ils désirent, ils doivent se borner à ordonner une descente sur les lieux (D.A. 657, n. 2). — V. Descente.

12. — Ainsi, les juges peuvent, sur une action en garantie, fixer eux-mêmes les dommages-intérêts, sans être astreints à recourir à une expertise; et il ne saurait y avoir contravention à la loi dans la fixation par eux faite d'après les actes et les circonstances. — 17 mars 1819. Req. Nimes. Montseveny. D.A. 7. 657. D.P. 19. 1. 377.

13. — Quoiqu'une première expertise soit irrégulière, ils peuvent apprécier eux-mêmes le litige sans être tenus d'en ordonner une nouvelle. — V. n. 252, s.

Cependant la cour de Besançon paraît décider qu'en matière de vérifications d'écriture ils doivent ordonner une nouvelle expertise, en cas d'insuffisance de la première (V. n. 259); mais c'est une erreur.— V. n. 258.

14.— Et quand, pour apprécier une opération de chirurgie, on demande qu'une expertise soit faite par des gens de l'art, les tribunaux peuvent se refuser à l'accorder, par la raison que le *quantùm* des honoraires à accorder au médecin opérateur ne repose point uniquement sur une opération matérielle, mais encore sur la position des parties, et les offres faites par celle qui a profité de l'opération, et qui sont reconnues être suffisantes. — 29 fév. 1812. Orléans. Villemotte. D.A. 7. 657.

15. — Et ce qu'on dit ici s'applique aux matières criminelles. Ainsi, il n'est pas nécessaire, à l'occasion d'un vol avec effraction, de citer comme témoins des serruriers experts, lorsque ni le ministère public ni les accusés ne l'ont requis. — 4 nov. 1830. Cr. c. Netter. D.P. 31. 1. 22.

16.— L'homme de l'art dont le juge-commissaire qui le désigne se fait assister en vertu du pouvoir discrétionnaire qu'il tient du tribunal, n'est pas soumis aux formalités imposés aux véritables experts.— 28 mars 1831. Bordeaux. Comm. de Châtres. D.P. 34. 2. 88.— V. n. 268.

17. — Mais les gens de l'art nommés en matière de vérification d'écriture sont des experts proprement dits : la loi les qualifie même tels; ils doivent donc observer les règles ordinaires de l'expertise. — 16 juill. 1817. Rennes. D.A. 7. 682. D.P. 2. 123.

18. — On doit regarder aussi comme une sorte d'expert *le tiers* devant lequel des parties sont renvoyées par le tribunal pour se concilier, si faire se peut. — 12 mars 1834. Req. Villa. D.P. 34. 1. 344.

19. — Toutefois, il paraît être dans l'esprit de la loi de proscrire l'expertise en matière d'expropriation forcée. — V. n. 388.

20. — L'expert nommé par les parties pour fixer le prix d'un immeuble vend, n'est pas un expert judiciaire.

21. — Au reste, c'est au tribunal saisi de la contestation qu'il appartient d'ordonner l'expertise, parce que, mieux que tout autre, il est juge de l'opportunité de cette mesure. — V. n. 86.

Une cour royale peut, sur l'appel d'un jugement qui a refusé une expertise, ordonner cette expertise sans infirmer le jugement.— 4 janv. 1820. Civ. r. Montpellier. Benezech. D.A. 7. 682. D P. 20. 1. 49.

§ 2. — *Qualités exigées pour être expert.*

22. — Les experts ne forment plus des corporations : le choix des parties, et surtout le choix des juges, n'est plus circonscrit entre les individus de tel état, de telle profession; ils investissent de leur confiance ceux qu'ils en trouvent les plus dignes. Aussi y a-t-il excès de pouvoir dans le jugement du tribunal civil qui circonscrit, dans une liste particulière, le choix d'un tiers-expert, à faire par le juge de paix, et porte ainsi atteinte au droit attribué par la loi à ce magistrat (V. n. 355). — D.A. 7. 657, n. 1.

23.— Ainsi, le choix qui a été fait d'un expert ne pourrait point être infirmé par cette considération, qu'il exerce une profession étrangère aux connaissances qu'exige la contestation qu'il s'agit de juger. — D.A. 7. 658, n 2.

24.— Et l'on déciderait, à plus forte raison, qu'un avocat a pu être chargé d'estimer des biens-immobiliers : s'il a été nommé, c'est que le tribunal a pensé qu'il possédait toutes les connaissances nécessaires.— *Ibid.*

25.— Jugé en conséquence que le rapport ne peut être annulé, en ce que, pour apprécier la nature d'un terrain et l'importance des plantations en oliviers et vignobles qu'il aurait reçues, le tribunal, au lieu de choisir des cultivateurs ou des vignerons, et de les prendre sur les lieux mêmes, aurait nommé trois experts, parmi lesquels se trouvaient un notaire et un arpenteur, qui, de plus, étaient domiciliés à plus de deux lieues.— 10 août 1829. Req. Hielly. D P. 29. 1. 327.

26.— Jugé cependant que l'expert chargé d'estimer les meubles du mineur, dont la jouissance appartient au survivant des père et mère, doit être un commissaire-priseur, quand il y en a d'établi dans le lieu où doit être faite l'estimation.— 24 nov. 1819. Orléans. Bernier. D.A. 7. 657, n. 2.

Dalloz critique le principe absolu (*eod.*). Il semble, en effet, que les juges ont un pouvoir arbitraire dans le choix des arbitres.

27.— « Les experts, a dit la cour de cassation, ont une mission légale qui fait que leurs actes ne peuvent pas être rangés dans la catégorie des actes sous seing-privé. » — V. n. 378.

Mais cette *mission légale*, par qui peut-elle être exercée? Quelles conditions, quelle capacité sont exigées par la loi? Ici le silence du législateur a été moins absolu qu'en matière d'arbitrage. Les art. 28 et 42 du code pénal portent : « (art. 28) Quiconque aura été condamné à la peine des travaux forcés à temps, du bannissement, de la réclusion ou du carcan, ne pourra jamais être *expert*.— (art. 42) Les tribunaux, jugeant correctionnellement, pourront, dans certains cas, interdire, en tout ou en partie, l'exercice des droits civiques, civils et de famille, suivans...... n. 7, celui d'être *expert*.

28.— Il résulte de là que la capacité d'être nommé expert constitue un droit civil.— D.A. 7. 658, n. 3.

29. — Un étranger ne peut dès lors être expert (*ibid.*).— V. Arbitrage, n. 271, et Etranger, n. 66, s.

30.— .. Encore bien que les parties auraient consenti à sa nomination; nul ne peut donner à un autre une capacité civile qu'il n'a pas.— D.A. 7. 658, n. 4.

31....— Mais si les juges ont pris pour base d'autres documens que l'expertise, leur décision sera difficilement attaquable.— *Ibid.*

32.— Le juge ne peut être expert; il y a incompatibilité entre les fonctions de l'un et de l'autre. La raison qui s'oppose à ce cumul, c'est que l'expert ouvre son avis, qu'il le développe, le justifie, et le consigne même dans un rapport, qui bientôt sera livré aux discussions, aux attaques des parties.

—Ajoutez qu'il serait peu convenable qu'un magistrat descendît de son siége pour se livrer aux détails souvent minutieux, aux démarches nombreuses, fatigantes, qui entrent dans la mission de l'expert; il ne le pourrait pas non plus sans détriment pour l'administration de la justice. — D.A. 7. 658, n. 5.

33.— Cependant, un tribunal peut se décider contrairement à une expertise, d'après un travail fait *sous ses yeux*, encore bien que les parties n'auraient pas été appelées à ce travail; et de cette mention que le travail a été fait *sous ses yeux*, on ne saurait induire qu'il a été procédé à une expertise occulte, hors la présence des parties, alors, d'ailleurs, que de l'ensemble du jugement il résulte que le tribunal n'a entendu parler que d'un travail auquel il a procédé lui-même, en la chambre du conseil, pour éclairer sa religion.— 25 juill. 1833. Req. Montpellier. Maraval. D.P. 33. 1. 321.

La circonstance qu'un pareil travail a été invoqué par le tribunal et joint au jugement, ne doit-elle pas le faire considérer comme une véritable expertise? Non, suivant nous.

34.— Notez qu'un juge de paix, chargé, par un tribunal supérieur, de la visite de lieux contentieux, ne peut être assimilé à un expert. — 17 janv. 1833. Req. Paris. Comm. de Fourche. D.P. 33. 1. 82.

35.— Ce qu'on vient de dire, n. 32, s., pour les matières civiles, semble plus rigoureusement exact dans les procès criminels.—D.A. 7. 658, n. 6.

Aussi un citoyen ne peut-il être expert dans une cause où il est employé comme juré.—V. Cour d'assises.— D.A. *ibid.*

36.— Jugé cependant que le président de la cour d'assises ayant le droit de faire les actes d'instruction qu'il juge nécessaires à la manifestation de la vérité, peut, sans que, pour ce fait, la procédure soit viciée de nullité, dresser lui-même un plan des lieux et le produire aux débats; il n'est point nécessaire que la cour d'assises lui donne, à cet effet, une délégation spéciale; la levée du plan est d'ailleurs non un acte d'instruction, mais un simple renseignement dont l'accusé ne peut se faire un moyen de cassation, si le plan a été soumis, non seulement aux jurés et aux témoins, mais encore à l'accusé qui en a reconnu l'exactitude (C. inst. crim. 293, 303, 304).—26 juin 1828. Cr. r. Marie. D.P. 28. 1. 295.

37.— Dalloz critique cet arrêt (D.A. 7, n. 6) Mais la circonstance qu'il y a eu consentement de l'accusé, rend la critique moins fondée. Au reste, le plan avait été produit aux débats; il n'était pas resté dans les pièces de l'instruction. Ce procédé serait tout-à-fait irrégulier sous l'empire d'une loi qui, en cas de partage des jurés, remettrait le jugement à la cour d'assises.

38.—Quoique le greffier soit membre du tribunal, il semble cependant qu'il n'y a pas parité de raison pour lui interdire les fonctions d'expert; et si un tribunal pensait que son greffier fût plus capable que tout autre de donner des détails précis au tribunal dans une affaire qui lui est soumise, rien ne s'opposerait à ce qu'il lui conférât la mission d'expert.—Le greffier pourrait être aussi choisi par les parties; seulement, dans l'un et l'autre cas, il devrait se faire remplacer momentanément par son commis assermenté.—D A. 7. 658, n. 6 —*Contra*, Carré. n. 1163, qui se fonde sur les art. 1597 C. civ., et 312 C. pr.

§ 3.—*Nomination des experts.*

39 — Avant d'aborder les difficultés nombreuses que font naître les art. 303, 304 et 305 C. pr., il importe d'en retracer le texte :

« Art. 303. L'expertise ne pourra se faire que par trois experts, à moins que les parties ne consentent qu'il soit procédé par un seul.

..... » Art 304. Si, lors du jugement qui ordonne l'expertise, les parties se sont accordées pour nommer les experts, le même jugement leur donnera acte de la nomination.

.. .. » Art. 305. Si les experts ne sont pas convenus par les parties, le jugement ordonnera qu'elles seront tenues d'en nommer dans les trois jours de la signification, sinon qu'il sera procédé à l'opération par les experts qui seront nommés d'office par le même jugement.

» Ce même jugement nommera le juge-commissaire qui recevra le serment des experts convenus ou nommés d'office . . »

40. — L'art. 303 C. pr., qui, en cas de nomination d'office, exige que l'opération soit confiée à *trois* experts, a prévenu le retour d'une question controversée dans l'ancienne jurisprudence, celle de savoir si, lorsque plusieurs individus ont le même intérêt, il doit être nommé un expert pour chacun d'eux.

41 —La négative est certaine : ou les parties s'accordent pour nommer un ou trois experts, et alors le tribunal leur donne acte de la nomination, ou bien elles n'en désignent que deux, et le tribunal nomme le troisième; mais, dans aucun cas, la division de l'un des intérêts en litige, quelle que soit son importance, ne peut donner droit à un plus grand nombre de nominations. — D.A. 7. 659, n. 1.

42. — Si c'est le tribunal qui fait la nomination d'office, il doit nommer *trois* experts, ni plus ni moins.

43. — Ainsi, il ne peut nommer d'office *un seul* expert; ici ne s'applique pas l'art. 955 C. pr., relatif à la vente des biens de mineur. — Delaporte t. 1er, p. 293; Carré, n. 1158; Fav., v° Rapport, n. 2, p. 701, 662; D.A. 7. 659, n. 2.

44. — Et la nomination faite, dans une affaire civile, d'office, sans le consentement des parties, par une cour royale, d'un seul expert, est nulle. — 15 juin 1830. Civ. c. Poitiers. Sénéchal. D.P. 30. 1. 283. —11 fév. 1811. Paris. Pause. D.A. 7. 662. D.P. 2. 116.

45.— ..... Dans ce cas la nomination d'office est nulle ainsi que l'opération de l'expert. — 3 janv. 1832. Poitiers. Rochebrune. D.P. 32. 2. 33.

46.— Enfin, quelle que soit la modicité de l'objet pour lequel une expertise est ordonnée, on ne peut nommer un seul expert, si les parties n'y consentent point. l'art. 303 C. pr. est impératif, et tout jugement qui y contrevient est nul.— 27 mars 1822. Orléans. Chardeau. D.A. 7. 662, n. 1. D.P. 2. 116.

47.—Toutefois, lorsque l'expertise n'est ni prescrite par la loi, ni demandée par les parties, le tribunal ou la cour, qui ont besoin de renseignemens, peuvent nommer d'office un seul expert.— 10 juill 1834. Req. Paris. Brouquens. D.P. 34. 1. 326.

48.— Ainsi jugé dans une espèce où la cour de Paris, après avoir prononcé sur le litige, avait nommé d'office, et sans provocation aucune, un seul expert pour estimer des immeubles.

49 —Le principe important que cet arrêt pose semblait être déjà suivi par le tribunal de la Seine en matière de référé. — Dalloz remarque en effet que ce tribunal est dans l'usage de ne désigner qu'un expert (D.A. 7. 659, n. 2). Il faut croire qu'il n'en agit ainsi que dans les cas où aucune expertise n'est demandée ou lorsqu'il n'agit que de l'agrément des parties —Néanmoins, le principe que cette jurisprudence pose nous semble avoir des inconvéniens graves; il finirait par renverser la règle établie par l'art. 303, règle sage, au moins dans l'état actuel de la société.

50.—Cependant, la circonstance que les juges ont ordonné qu'un *seul* expert dresserait procès-verbal estimatif, et que cet expert a opéré seul, ne donne pas ouverture à cassation, lorsque les juges n'ont pas homologué le rapport, et ont jugé le fond d'après leur conscience. — 20 juill. 1825. Req. Liste civile C. Berry. D.P. 25. 1. 384.

51.— De même, lorsque, devant la cour royale, les parties n'ont pas excipé, de ce que, pour procéder à une expertise, les premiers juges n'ont nommé qu'un seul expert, celle qui a succombé n'est pas recevable à se plaindre de cette irrégularité, pour la première fois, devant la cour de cassation.— 22 fév. 1827. Req. Rouen. Delacroix. D.P. 27. 1. 149.

52.— Pareillement, une expertise ne peut être annulée en ce qu'elle aurait été faite par un seul expert nommé d'office par le tribunal, et que cet expert aurait procédé sans attendre l'expiration des délais fixés par l'art. 305 C. pr., lorsqu'il résulte de la procédure et du jugement que les parties ont donné leur consentement à ce mode de procéder. —28 déc. 1831. Civ. r. Martin. D.P. 32. 1. 47.

53.— En effet, la circonstance qu'il y a eu acquiescement des parties au mode qui a été suivi, faisait disparaître toute difficulté sérieuse : car il s'agit ici d'une matière d'intérêt privé sur laquelle la plus grande latitude est accordée aux conventions des parties.—*Ibid.*

54.—Aussi, la convention des parties, de ne nommer qu'un seul expert, n'est pas absolument sans effet, quoique l'une d'elle agît en *qualité de tuteur*, si l'expert a été désigné par celle-ci, agréé par la partie adverse et nommé par le tribunal. En conséquence, on doit rejeter la demande en nullité du rapport, fondée, de la part du tuteur, sur ce que l'expertise avait été faite par un expert, nonobstant la minorité d'une des parties.— 24 mars 1812. Rennes. D.A. 7. 659, n. 2.

55.— Enfin, si, sur le consentement des parties, l'expertise a été faite par un seul expert, le tribunal peut, malgré l'opposition de l'une des parties, qui même demande la nullité du rapport, charger le même expert de faire seul une nouvelle opération explicative et supplétive de ce rapport. — 27 mars 1824. Montpellier. Ferrand. D.A. 7. 675. D.P. 2. 120.

56.—Toutefois, en matière de commerce, le président ou le tribunal de commerce peut ne nommer qu'un seul expert.— V. n. 313, 326. Il en est de même en justice de paix.— V. n. 340.

57. — Si le juge ne peut nommer d'office qu'un seul expert, il ne peut non plus en nommer plus de trois, ni fait une nomination en nombre pair.— Carré, n. 1159; Demiau, 225; Hautef., n. 169; D.A. 7. 659., n. 2 et 3.

58.— Ainsi, le jugement qui nomme plus de trois experts, et, par exemple, qui en nomme cinq, est nul.— 3 avril 1830. Colmar. Hanser. D.P. 32. 2. 171.

59. — Néanmoins, en déterminant le nombre d'experts qui doivent être nommés par le tribunal, le code de procédure a disposé dans l'intérêt particulier et non dans l'intérêt public. En conséquence, dans le cas de désignation de trois experts par le tribunal, les parties peuvent, à défaut de l'un de prêter serment, donner mission aux deux autres de procéder seuls à la vérification ordonnée, avec faculté de s'adjoindre un tiers-expert. Et le rapport que dressent ces deux experts, sans avoir eu besoin de s'adjoindre un tiers, ne peut être annulé, sous le prétexte qu'il ne serait pas permis aux parties de ne nommer que deux experts. — 15 juill. 1825. Nîmes. Paradon. D.P. 25. 2. 231.

60.— Il paraît, en effet, que les parties peuvent délier les tribunaux de l'obligation où ils sont de nommer trois experts : le consentement des parties forme, à cet égard, une convention qu'elles doivent respecter. soit qu'un seul expert ait été nommé d'office (V. les auteurs cités, n 44, 52, s. et les arrêts indiqués *eod.* et suiv.), soit qu'il en ait été nommé *deux*, *quatre* ou un plus grand nombre. — V. n. 58, s.

61. — Mais cet accord des parties doit être exprimé dans le jugement, s'il n'est pas verbal.

62 — Il doit être laissé un délai aux parties pour convenir du choix des experts : la désignation n'est faite par le tribunal que conditionnellement, et pour le cas où, conformément à l'art. 305 C. pr., les parties n'en choisiraient pas dans les *trois jours* de la *signification*; mais si la nomination était faite par le tribunal, d'une manière définitive, les parties seraient fondées à la critiquer.— D.A. 7. 660, n. 5.

63.— Carré, n. 1161, cite deux arrêts, l'un de la cour de Bruxelles, du 6 août 1808, l'autre de la cour de Paris, du 4 fév. 1811, qui, suivant lui, ont jugé qu'en effet de telles nominations devaient être déclarées non avenues — D.A. 7. 660, n 1.

64.—En cas de refus de l'une des parties de choisir son expert, le tribunal ne doit avoir aucun égard à la nomination de l'autre partie; il doit désigner d'office les trois experts (C. pr. 303, 304).— Ici ne s'applique pas la jurisprudence qui s'est établie en matière d'arbitrage. —Carré, n. 1160; D.A. 7. 670, n. 4.

65. — Ainsi, la nomination de deux experts, faite d'office par un tribunal, après la nomination du troisième, faite par l'une des parties, est irrégulière, et il y a lieu d'annuler, pour ce motif, le rapport des experts (C. pr. 305). — 13 juill 1813. Rennes. Launai. D A. 7. 662. D.P. 2 116.

66. — Mais rien ne s'opposerait à ce que le tribunal, après avoir donné acte à chacune des parties de la nomination de son expert, nommât lui-même le troisième. — D.A. 7. 670, n. 4.

67. — Il résulte un acquiescement à un jugement qui ordonne une nomination d'experts, et, par suite, les parties sont non-recevables à en appeler, si elles ont elles-mêmes nommé amiablement les experts, assisté à la prestation de leur serment et à leurs opérations.—24 frim. an 12. Agen. Feyt. D.A. 7. 663, n. 1 D.P. 2. 117.

68. — Il suffit qu'il soit constaté, dans un jugement portant nomination de trois experts, qu'ils ont été *convenus par les parties*, pour qu'il résulte de là un acquiescement qui rend l'une d'elles non-recevable à critiquer cette nomination, encore bien qu'elle aurait fait admettre le désaveu contre son avoué, de qui était émané ce prétendu acquiescement, un tel désaveu étant étranger à l'autre partie (C. pr., art. 30). — 3 janv. 1818. Agen. Kearney. D.A. 7. 663. D.P. 2. 117.

69. — Mais, de ce que, dans le dispositif d'un jugement portant nomination d'experts, il est dit : « par les sieurs.. ., *experts agréés par les parties*, etc., » il ne résulte pas un acquiescement qui les rende non-recevables à appeler du jugement, s'il apparaît que c'est par erreur que cette mention s'y trouve, et que l'une des parties était absente de l'audience. — 22 mai 1812. Agen. Tujagu. D.A. 7. 662. D.P. 2. 117.

70. — Et il n'y a pas acquiescement au jugement qui nomme un expert, par cela seul que l'avoué a consenti à la nomination d'un autre par un second jugement, s'il est d'ailleurs constant pour la partie qu'il n'était pas nécessaire de le remplacer, et si, en conséquence, elle n'a pas donné à l'avoué le pouvoir d'y consentir; dès lors elle est recevable à appeler du jugement qui ordonne l'expertise. — 20 juin 1824 Agen. Dulon. D.A. 7. 663, n. 2. D.P. 2. 117.

71. — Un tribunal ne peut nommer des experts d'office, qu'à défaut de nomination, par les parties, dans les délais de droit (C. pr. 305).—3 avril 1830. Colmar Hanser. D.P. 32. 2. 171.

72. — Mais l'exécution sans réserve d'un jugement qui nomme d'office les experts, rend non-recevable l'appel de ce jugement, fondé sur ce que le tribunal n'aurait pas laissé aux parties la faculté d'en convenir. — 14 nov. 1810. Rennes. D.A. 7. 660, n. 2. — Conf. Carré, n. 1161; D.A. *eod.*

73 — Et lorsque l'une des parties a conclu à la nomination d'office des experts, et que l'autre n'a fait aucune objection, cette dernière ne peut ensuite

attaquer la nomination d'office comme arbitraire, en ce que les parties auraient été privées de la faculté de nommer elles-mêmes les experts.— 20 août 1828. Civ. r. Bourges. Préfet de la Nièvre. D.P. 28. 1. 393.

74.— Il a été décidé qu'il n'est pas permis au juge de nommer des experts autres que ceux désignés par les parties.— 3 avril 1830. Colmar. Hauser. D.P. 32. 2. 171.

75. — Cependant, si, par incapacité des experts désignés, le rapport est insuffisant et inutile, il semble que le tribunal pourra demander des renseignemens à des experts ou à un expert (V. n. 266, s. 274), qu'il désignerait d'office.

76.— Aussi a-t-il été jugé qu'une cour royale qui, sur l'appel, ordonne une nouvelle expertise, nomme valablement d'office les nouveaux experts (C. pr 322). — 20 août 1828. Civ. r. Bourges Préfet de la Nièvre. D.P. 28. 1. 393. — V. n. 275, s.

En est-il de même dans le cas où l'un des experts a été récusé? — V. n. 277.

77.— Quel est le sort d'une nomination d'experts faite par la partie, après le délai de trois jours (C. pr. 305)? Delaporte, t. 1er, p. 294; Lepage, *Quest.*, p. 207, font prévaloir la nomination des parties sur celle du tribunal, à moins, toutefois, que l'ordonnance prescrite par l'art. 307 C pr., n'ait été délivrée. — Carré, n. 1169, enseigne même que la faculté que les parties ont de choisir les experts, ne doit point être ainsi restreinte; qu'elle peut être exercée tant que l'opération n'est pas commencée; et que ce n'est qu'à partir de la prestation de serment des experts qu'elle doit être réputée commencée.— Cependant, quelle que soit la latitude qu'on doive accorder aux choix amiables, il semble que le tribunal ne devrait point être obligé de donner acte de la nouvelle nomination d'experts.— Le tribunal ne peut point être asservi aux caprices des parties, et il doit avoir, à cet égard, un pouvoir discrétionnaire.— D.A. 7. 660, n. 9.

78. — Le délai de trois jours, accordé aux parties par l'art 305, pour nommer les experts, ne court, si le jugement qui a ordonné l'expertise est par défaut, qu'après la huitaine accordée pour former opposition, et à partir de la signification du jugement qui aura rejeté l'opposition. — D.A. *eod.*, n. 10.

S'il y a eu appel, le délai ne court qu'à partir de la signification de l'arrêt confirmatif. — Carré, n. 1165, et Fav., n. 4; D.A. *eod.*

79.— Si un jugement (d'arbitres forcés en matière de société) a déterminé le mode de nomination des experts, ce mode n'est pas sacramentel, et on peut nommer les experts d'après un mode différent. — V. n. 234.

80.— Un principe qui était admis dans l'ancienne jurisprudence, qui est dans le vœu de la loi nouvelle, et que les experts oublient trop souvent, c'est qu'un expert n'est point l'expert seulement de la partie qui l'a nommé : il l'est de toutes les parties, ou, pour parler plus exactement, les experts, de quelque part qu'ils soient nommés, sont des délégués du tribunal, chargés de lui donner des renseignemens dont il a besoin. Ils méconnaissent dès lors leurs devoirs lorsqu'ils se constituent les défenseurs exclusifs de la partie qui les a choisis : ils se doivent tout entiers à la vérité et à la justice.

81. — Lorsque les parties nomment elles-mêmes les experts, elles doivent en faire la déclaration au greffier, qui leur en donne acte (C. pr. 306).

Pigeau, t. 1er, p 291, et Carré, n. 1168, prétendent que cette déclaration étant un acte judiciaire, ne peut être faite sans l'assistance d'avoué; cependant Dalloz croit que si elle a été reçue par le greffier, sans l'assistance de l'avoué, les tribunaux ne devraient point l'annuler; le retour au droit commun est favorable, et d'ailleurs la loi ne prononce pas de nullité.— D.A. 7. 660, n. 11.

82.— Les auteurs recommandent que les experts soient clairement désignés, et par ce motif ils conseillent de choisir des hommes dont le domicile soit peu éloigné du tribunal (arg. 302; Favard, section 1re, n. 4, et Carré, n. 1164). On comprend tout l'inconvénient d'une désignation inexacte, puisqu'elle pourrait rendre impossible l'exercice du droit de récusation, et que, par suite, elle pourrait entraîner, selon les circonstances, la nullité de l'expertise. — D.A. 7. 660, n. 8.

83. — Aussi est-il nécessaire qu'on fasse connaître à la partie défaillante non seulement le nom de l'expert choisi par sa partie adverse, mais encore celui des experts nommés d'office par le juge.— 13 juill. 1813. Rennes. Launai. D.A. 7. 662. D.P. 2. 116.

84. — Si l'on craint que l'une des parties ne se livre à des injures, à des voies de fait envers les experts, le tribunal peut ordonner qu'ils seront assistés d'un juge-commissaire. Les fonctions de ce juge consisteront à prendre les mesures propres à assurer l'exécution de l'opération prescrite par le tribunal. — Pigeau, t. 1er, p. 291; Carré; D.A. 7. 660, n. 7.

85. — Le tribunal peut aussi adjoindre un juge pour surveiller l'opération des experts, dans l'intérêt de l'une des parties absentes.—V. n. 16, 335, 268.

86. — La nomination est faite par le tribunal saisi du litige; ainsi, en matière de revendication, lorsqu'une expertise est ordonnée, et que le jugement a été infirmé sur l'appel, parce que les premiers juges n'ont nommé qu'un expert au lieu de trois, si la cause est renvoyée à un autre tribunal, comme n'étant point en état de recevoir sa décision définitive, ce n'est point à la cour, mais au nouveau tribunal saisi de la contestation qu'appartient le droit de nomination des trois experts (303 et 472) — 29 août 1822. Orléans. Baguet D.A. 7. 659, n. 1.

87. — Une nommination d'experts doit être faite d'après les règles du code de procédure, dans une instance ancienne, à l'effet de procéder à une estimation pour laquelle il avait déja été ordonné, sous l'ord. de 1667, une expertise restée sans résultat (C. civ. 2). — 25 juill. 1831. Req. Besançon. Prince de Nassau. D P. 31. 1. 259.

88. — Jugé de même dans un procès relatif à une demande en cantonnement, commencé sous l'ord. de 1667. — 4 fév. 1812. Civ. r. Besançon. Joly. D.A. 7. 661. D.P. 2. 115.

89. — Mais si, en règle générale, la procédure, faite en exécution d'un jugement, doit être considérée comme une procédure nouvelle dont l'instruction doive être soumise aux formes voulues par la loi existante lorsqu'elle a commencé, et non à celles qui étaient en vigueur au moment de la prononciation du jugement, il n'en doit pas être de même lorsque le jugement rendu avant le code de procédure ne s'est pas borné à ordonner une estimation de fruits et levées, mais a décidé que cette estimation serait faite par deux experts et un tiers-expert, s'il y avait lieu : dans ce cas, on n'est pas obligé de faire nommer par un arrêt nouveau trois experts, en conformité des art. 302 et suiv. C. pr.; mais on doit se conformer, pour cette nomination d'experts, à l'ord. de 1667. — 25 janv. 1809. Besançon. Froissard. D.A. 7. 661, n. 2. D.P. 2. 116.

90.—Sous l'ordonn. de 1667, la nomination des experts se faisant par ordonnance et non par jugement, il ne saurait résulter une nullité de ce que l'audience où la nomination a été faite n'aurait pas été publique. — 9 pluv. an 12. Civ. c. Borderioux. D.A. 7. 661. D.P. 4. 1. 227.

91. — Le tribunal peut rétracter la nomination d'experts qu'il a faite, si, par événement, l'expertise lui paraît être devenue inutile.— Carré, n. 1162, D.A. 7. 660, n. 6.

92. — Une demande en nomination d'experts aurait certainement l'effet d'interrompre la péremption de l'instance.

93.— Mais il a été jugé que, dût-on regarder comme une protestation suffisante pour conserver l'action en avaries, la requête au consul, en nomination d'experts, cette requête serait sans effet, si elle n'a pas été signifiée. — 27 janv. 1820. Bordeaux. Santos. D.P. 29. 2. 78.

§ 4. — *Du serment.*

94. — L'art. 305 C. pr. dispose : « ...Le jugement nommera le juge-commissaire, qui recevra le serment des experts convenus ou nommés d'office; pourra néanmoins le tribunal ordonner que les experts prêteront leur serment devant le juge de paix du canton où ils procéderont. »

95. — « Art. 307. Après l'expiration du délai de l'art. 306, la partie la plus diligente prendra l'ordonnance du juge, et fera sommation aux experts nommés par les parties ou d'office, pour faire leur serment, sans qu'il soit nécessaire que les parties y soient présentes. »

96.— La loi n'a point exigé que les parties fussent assignées pour être présentes à la prestation de serment des arbitres; cette présence était même inutile, comme l'art. 307 prend soin, pour ainsi dire, de le déclarer. Delaporte, t. 1er, p. 295, et Demiau, disent cependant que sommation sera faite aux parties de se trouver à la prestation de serment (*Contrà*, Hautef., p. 173; Lepage, t. 1er, p. 293, et Carré, n. 1171). — Dalloz va même jusqu'à penser que l'ordonnance donnée par le juge et indicative du jour où le serment sera prêté, ne doit pas non plus être signifiée, à peine de nullité. — D.A. 7. 660, n. 12.

97. — Et Dalloz regarde comme à l'abri de critique un arrêt de la cour de Rennes, que Carré retrace en ces termes : Une partie n'ayant pas été présente à la prestation de serment des experts, ni assignée à se trouver sur les lieux aux jour et heure indiqués, n'est pas fondée à demander une nouvelle expertise, s'il est prouvé par le procès-verbal des experts qu'elle fut rencontrée par ces derniers aux dépendances des lieux, et qu'elle a fait suspendre l'opération pour aller chercher son commis à l'effet de l'assister.— D.A. 7. 668, n. 1.

98. — Les parties peuvent dispenser les experts du serment et la convention doit être exécutée (Carré; D.A. *eod.*).— 23 juin 1810. Florence. D.A. 7. 661, n. 1.

99. — Et, lorsque les parties ont consenti à ce qu'un tiers-expert, choisi par les deux experts nommés par les parties et pour les départager, opérât, sans prestation préalable de serment, ces parties ne sont plus recevables, ensuite, à demander la nullité de l'expertise pour défaut de cette prestation. — 21 juill. 1830. Req. Painlan. D.P. 30. 1. 376.

100. — Mais lorsqu'il n'y a pas dispense, le serment doit être prêté à peine de nullité.—Ce principe a été étendu aux matières commerciales.

101.— Ainsi, les experts nommés par des consuls français en pays étrangers, pour vérifier ou estimer des marchandises, doivent, à peine de nullité, prêter serment avant de commencer leur opération, et cette formalité doit être mentionnée. — 9 mars 1831. Civ. c. Aix. Cros. D.P. 31. 1. 86.

102. — Et le serment des experts nommés dans le cas de l'art. 106 C. de comm. ne peut être prêté devant le greffier du tribunal, et leur procès-verbal est nul s'il a été rédigé à la suite d'une telle délation, dans le cas même où le greffier a été commis pour la recevoir. — 27 août 1828. Lyon. Pontrevé. D.P. 29. 2. 13.

103. — Au surplus, les experts chargés d'estimer les biens d'une succession, ayant, lors de leur nomination, prêté serment, ne sont pas tenus de le prêter une seconde fois pour affirmer leur procès-verbal (C. pr. 319).—3 prair. an 12. Rouen. Joubert. D.A 12. 510, n. 2. D.P. 2. 1344.

104.—Et des experts auxquels il est demandé, par le tribunal, un nouveau rapport, seulement pour expliquer les motifs qui ont servi de base à un premier rapport par eux déposé, ne sont pas astreints à prêter un nouveau serment. — 27 fév. 1828. Req. Bordeaux. Gauthier. D.P. 29. 1. 381.

105. — La formalité du serment est plus impérieuse encore en matière criminelle.— Mais il a été jugé que la formule de l'art. 44 C. inst. cr. n'était pas sacramentelle.— V. Serment.

106. — Il a été jugé, en effet, 1° qu'un jugement de simple police est nul, s'il ne fait pas mention qu'un expert nommé pour une opération a prêté le serment prescrit par la loi (C. inst. cr. 44, 154, 155). — 27 nov. 1828. Cr. c. Min. pub. C. Duchaussoy. D.P. 29. 1 40.

107.— 2° Qu'un jugement de simple police, rendu sur le rapport d'un expert non assermenté, est nul et tout ce qui l'a suivi, quoique l'expert ait été dispensé du serment par le juge : le juge ni les parties ne pouvant dispenser l'expert de l'accomplissement d'une formalité substantielle — 27 nov. 1828 Civ c. Min. pub. C Mathon. D.P. 29. 1 40.

108.— ... Et il importe peu, dès lors, que le juge de police ait fondé la dispense du serment sur le consentement de la partie et du ministère public. — 27 déc. 1828. Cr. c. Min pub. C. Coignet. D.P. 29. 1. 81.

109.—Cependant, les experts écrivains appelés devant la cour d'assises, en vertu du pouvoir discrétionnaire du président, pour donner leur avis sur une pièce prétendue fausse, ne sont pas assujettis, à peine de nullité, à la prestation de serment (C. inst. cr. 317).—L'art. 207 C. pr. n'est pas applicable en matière criminelle — 4 fév. 1819. Cr. r. Piart, etc. D.A. 8. 390. D.P. 19. 1. 28.

110.—Et lorsqu'en vertu du pouvoir discrétionnaire, et sur la demande de l'accusé, un médecin a été appelé pour donner son avis sur une affection ou tremblement de main de l'accusé, il n'est pas exigé qu'avant de remplir sa mission, et de donner son opinion, laquelle, ainsi qu'il a été observé par le président, ne devait être qu'un simple renseignement, ce médecin prête le serment voulu par l'art. 44 C. inst. cr. (C inst. cr. 269). — 2 avril 1831. Cr. r. David. D P. 31. 1. 224.

Jugé de même à l'égard d'un pharmacien appelé en vertu du pouvoir discrétionnaire.— 10 avril 1828. Cr. r. Derre. D.P. 28. 1. 207.

Le médecin appelé pour rendre compte des opérations dont il a été chargé dans le cours de l'instruction, n'est pas non plus tenu de prêter un nouveau serment. — En tout cas, il peut être entendu à titre de renseignement, sans prestation de

serment, en vertu du pouvoir discrétionnaire. — 15 janv. 1829. Cr. r. D.P. 29. 1. 108.

Mais si, après avoir été entendu comme témoin, il est chargé par la cour d'une visite et d'un rapport comme expert, il doit prêter un nouveau serment en cette dernière qualité. — 19 janv. 1827. Cr. c. Paris. D P. 27. 1. 375.

§ 5. — *Récusation des experts.*

111. — L'art. 308 C. pr. porte : « Les récusations ne pourront être proposées que contre les experts nommés d'office, à moins que les causes n'en soient survenues depuis la nomination et avant le serment. »

112. — Cet article fait, comme on voit, une distinction entre les experts nommés d'office et ceux qui ont été choisis par les parties ; ceux-ci ne peuvent être récusés que pour causes survenues dans l'intervalle de leur nomination à celui de leur prestation de serment; ceux-là, au contraire, qui n'ont pu être connus des parties, sont récusables même pour causes antérieures à leur nomination. — D.A. 7. 662, n. 1.

113. — Suivant l'art. 309, la partie qui aura des moyens de récusation à proposer, sera tenue de le faire dans les trois jours de la nomination, par un simple acte signé d'elle ou de son mandataire spécial, contenant les causes de récusation et les preuves, si elle en a, ou l'offre de les vérifier par témoins : le délai ci-dessus expiré, la récusation ne pourra être proposée, et l'expert prêtera serment au jour indiqué par la sommation.

114. — Le délai de trois jours court à partir de la *nomination*, et non de la *signification*, lorsque, d'ailleurs, le jugement est contradictoire : si le jugement était rendu par défaut, le délai ne prendrait cours qu'à compter du jugement contradictoire ou par défaut, qui aurait rejeté l'opposition (Carré, Favard; D.A. 7. 662, n. 5). — 4 fév. 1818. Rennes. Riou. D.A. 7. 665. D.P. 2. 117. — 17 juin 1816. Rennes. D.A. 7. 666. D.P. 2. 118.

Thomine estime que le délai de trois jours ne court qu'à partir de la signification, et la cour d'Aix l'a ainsi jugé. — D.P. 35. 2. 3.

Pigeau, t. 1er, p. 562, pense qu'on doit ajouter au délai un jour par trois myriamètres.

115. — Au reste, et dans le système de ceux qui font courir le délai à partir de la nomination, le jour de la nomination n'est pas compris dans le délai. — Carré, n. 1174; Fav., p. 702; D.A. 7. 662.

Mais le délai n'est pas franc, et, les trois jours expirés, la récusation ne serait plus recevable. — D.A. *eod.*, n. 3.

116. — Dès l'instant que le serment a été prêté, les opérations des arbitres sont censées avoir commencé, et la récusation n'est plus admissible, même pour causes postérieures à la prestation du serment (D.A. 7. 662. n. 2). Toutefois, si l'un des experts est devenu l'allié de l'une des parties, s'il a bu ou mangé avec elle, ces particularités seront signalées à l'audience, et le tribunal saura en apprécier toute l'importance (Carré, n. 1173; Lepage, t. 2, p. 234; D.A. *eod*). — C'est en ce sens qu'il faut entendre le rejet qui fut fait, lors de la discussion de la proposition, de reproduire l'art. 15, tit. 21 de l'ordonnance de 1667, qui défendait aux experts de recevoir, par eux ou par leurs domestiques, des présens des parties, ni de souffrir que celles-ci les défrayassent; cependant de telles circonstances seraient assez graves pour que les tribunaux ne dussent accorder qu'une confiance bien restreinte à une opération à laquelle auraient concouru des experts qui auraient à ce point méconnu ce que la délicatesse et les convenances le plus généralement observées exigeaient d'eux.

117. — Aussi, a-t-il été jugé que les moyens de récusation allégués contre un tiers-expert sont non-recevables lorsqu'ils n'ont été proposés que postérieurement à la rédaction du procès-verbal d'expertise, nonobstant qu'ils l'aient été avant l'enregistrement dudit procès-verbal (par la régie de l'enregistrement). — 6 frim. an 14. Civ. c. Makelot. D.A. 7. 511. D.P. 6. 2. 29.

118. — Une récusation d'experts, pour cause de parenté de la partie qui récuse, avec l'un des experts, faite après l'expiration du délai prescrit par la loi, est nulle et non avenue, et les experts ont dû, malgré cette récusation, procéder à l'expertise qui leur était confiée. — 4 juill. 1832. Bordeaux. Muller. D.P. 33. 2. 18.

119. — Jugé cependant, que quand les causes de récusation sont survenues après la prestation de serment des experts, comme si, durant leurs opérations, les experts ont bu et mangé chez l'une des parties et à ses frais, l'autre partie n'a pas seulement trois jours pour proposer cette cause de récusation ou de nullité du rapport; elle peut le proposer même après que le rapport a été déposé. — 7 déc. 1822. Amiens. Famin, etc. D.A. 7. 666. D.P. 2. 118.

120. — En un mot, l'expert qui, durant le cours de ses opérations, a bu et mangé avec l'une des parties et à ses frais, se rend à l'instant incapable de continuer son expertise — Même arrêt.

121. — Il est sans difficulté que, de ce que l'expert nommé d'office a prêté à l'instant serment, les parties ne sont point privées du droit de récusation, qui leur est accordé par l'art. 309 C. pr. — 2 août 1833. Bordeaux. Bernard. D.P. 34. 2. 63.

122. — Quelque bref que soit le délai de la récusation, l'avoué de la partie ne peut être regardé, d'après son propre caractère, comme un mandataire ayant un pouvoir suffisant pour récuser un expert : aux termes de l'art. 309 C. pr., la récusation ne peut être valable qu'autant qu'elle contient un mandat spécial et particulier à cet effet. — 11 mai 1821. Orléans. Courtin. D.A 7. 664, n. 1.

123. — L'art. 310 établit les causes de recusation. « Les experts, y est-il dit, pourront être récusés par les motifs pour lesquels les témoins peuvent être reprochés. »

124. — Jugé, 1° que l'expert nommé par les parties, pour fixer le prix d'un immeuble vendu, n'étant pas un expert judiciaire, il n'y a pas lieu d'attaquer son rapport en nullité, en ce qu'étant parent de l'une des parties au degré prohibé, il aurait dû se récuser. — 13 brum. an 10. Req. Chaussy. D.A. 7. 666. D.P. 2 118.

125. — 2° Que la loi du 6 mai 1791 ayant abrogé implicitement tous les édits et réglemens particuliers à certaines provinces et contraires à l'ordonnance de 1667, un expert n'a pu, sous cette loi, être récusé sur le motif qu'habitant tel arrondissement, il ne pouvait, aux termes de l'arrêt du conseil de 1770, vaquer dans tel autre arrondissement où l'expertise devait avoir lieu. — 6 fruct. an 13. Nîmes. Baffe. D A. 7. 665.

126. — 3° Qu'un arbitre ou expert nommé dans le cas des art. 430 et suiv. C. pr., ne peut être récusé sur le motif qu'il aurait un procès contre l'une des parties, s'il n'a suivi ce procès qu'en qualité de consignataire d'un armateur, et non pas en son nom personnel (C pr., art. 378). — 4 fév. 1818. Rennes. Kerhallet. D.A. 7. 665. D.P. 2. 117.

127. — 4° Que l'expert qui a été précédemment avoué de l'une des parties litigantes, ne peut être récusé pour ce motif (C. pr. 283, 310). — 24 janv. 1827. Req. Paris. Collin. D.P. 27. 1. 123.

128. — 5° Enfin, que de ce qu'un individu serait ingénieur de l'administration des mines, il ne résulte pas qu'il doive être exclus des expertises qui peuvent être ordonnées en justice en matière d'exploitation de mines (sel gemme). Une telle qualité ne peut fournir un motif légal de récusation. — 19 déc. 1833. Cr. r. Lyon Parmentier. D.P. 34. 1. 395.

129. — Jugé cependant, 1° qu'il peut être récusé sur le motif qu'il est toujours employé par une compagnie; qu'il a voté dans la délibération prise par celle-ci au sujet du procès, et qu'il est son mandataire habituel. — 9 déc. 1834. Aix. Decroze. D.P. 35. 2. 3.

130. — 2° Que, dans le cas où, après la prestation de serment, *les experts* ont bu et mangé chez l'une des parties et à ses frais, même du consentement de l'une des parties adverses et avec elle, il y a lieu, sur la demande du litis-consort de celle-ci, lequel n'assistait pas au repas, de prononcer la nullité du rapport des experts : on alléguerait en vain qu'il n'y avait pas d'auberge sur les lieux contentieux, et qu'il n'en a été agi ainsi que dans la vue d'éviter les pertes de temps. — 7 déc. 1822. Amiens. Famin. D.A. 7. 666. D.P. 2. 118.

131. — 3° Qu'en cas de nomination des mêmes experts pour une nouvelle expertise, on peut récuser l'expert, auteur de l'irrégularité qui a rendu nécessaire cette expertise. — V n. 281.

132. — La récusation suspend l'effet de la nomination de l'expert, puisque la prestation de serment ne peut avoir lieu qu'après le jugement qui la rejeterait. — D.A. 7. 664; n. 6.

133. — L'art. 313 dispose : « Si la récusation est admise, il sera, d'office, par le même jugement, nommé un nouvel expert ou de nouveaux experts à la place de celui ou de ceux récusés. »

134. — On a dit plus haut, n. 62, que les parties avaient le *droit* de choisir elles-mêmes les experts. Résulte-t-il de là qu'en cas de récusation admise contre un expert, les parties doivent avoir la faculté de désigner elles-mêmes l'expert remplaçant? — La négative semble résulter de l'art. 313 C. pr. Carré émet le même avis pour le cas où les experts ont été nommés d'office; il pense, contre l'opinion de Delaporte, t. 1er, p. 298; Demiau, p. 329, et Favard, sect. 1re, § 3, n. 5, que le remplacement doit alors être fait par le tribunal. — Il paraît aussi à Dalloz que le jugement qui nommerait d'office l'expert remplaçant, dans le cas même où les experts auraient été convenus par les parties, ne devrait point être annulé, parce que l'expertise est une simple mesure d'instruction, un renseignement, et que l'on doit craindre que la concession de délais successifs pour la récusation ne fasse perdre au tribunal un temps précieux. — D.A. 7. 665, n. 8.

135. — L'expert nommé d'office en remplacement de celui qui a été récusé, conformément à l'art. 313, est lui-même récusable. — Demiau, p. 229; Carré, n. 1181; Favard, sect. 1re, § 3, n. 5; D.A. 7. 665, n. 9.

136. — On a prétendu qu'il ne résultait point de l'art. 312, d'après lequel « le jugement sur la récusation sera exécutoire nonobstant appel, » que le tribunal pût prononcer au fond, depuis le résultat de l'expertise. — Mais Carré, n. 1179, fait observer avec raison que puisque l'appel ne suspend point l'expertise, il ne doit pas suspendre davantage le jugement de la contestation. — En effet, il faut prendre la loi dans sa généralité Si la récusation a été rejetée, c'est que le tribunal l'a jugée sans fondement, et s'il l'a déclarée telle, rien ne s'oppose à ce qu'il procède en conformité de cette opinion; au reste, il arrivera bien rarement que le tribunal ait à juger la contestation avant que la récusation soit définitivement vidée. — D.A. 7. 665, n. 7.

137. — « La récusation contestée sera jugée sommairement à l'audience, sur un simple acte, et sur les conclusions du ministère public; les juges pourront ordonner la preuve par témoins, laquelle sera faite dans la forme ci-après prescrite pour les enquêtes sommaires » (C. pr., art 311).

138. — . . Le ministère public doit être entendu, soit que la nomination ait été faite d'office, soit qu'elle émane des parties. — Carré, n. 1177; D.A. 7. 662, n. 3.

139. — La contestation à laquelle une récusation donne lieu est susceptible de deux degrés de juridiction, quoiqu'elle se soit élevée dans une cause qui n'en est pas susceptible (Pigeau, t. 1er, p. 295, et Carré, n. 1178). Les termes de l'art. 312 peuvent prêter à cette interprétation; mais cette opinion, dit avec raison Dalloz, nous paraît fort contestable. — D.A. 7. 665, n. 10.

140. — Enfin, on lit dans l'art. 314 C. pr. : « Si la récusation est rejetée, la partie qui l'aura faite sera condamnée en tels dommages et intérêts qu'il appartiendra, même envers l'expert, s'il le requiert; mais, dans ce dernier cas, il ne pourra demeurer expert. »

§ 6. — *De la présence des parties au serment des experts et de la sommation de se trouver sur les lieux contentieux.*

141. — L'art. 15, § 1er, porte : Le procès-verbal de prestation de serment contiendra indication, par les experts, des lieu, jour et heure de leur opération.

L'omission de cette formalité est-elle une cause de nullité? — Non. — Carré, n. 1186; Favard, sect. 1re, § 3; Delaporte, p. 299: D.A. 7. 668, n. 2.

142. — Et l'on ne peut, dans ce cas, annuler leur rapport, surtout lorsqu'il a été suppléé à cette omission par une signification tendant à prévenir tout préjudice que cette irrégularité aurait pu causer. — 21 nov. 1820. Req. Bastia. Giulani. D.A. 7. 668. D.P. 21. 1. 308.

143 — Cependant, si cette irrégularité avait amené des inconvéniens qui eussent motivé une nouvelle expertise, il semble que le juge pourrait refuser d'allouer aux experts leurs vacations, si l'irrégularité provenait de leur chef. — D.A. 7 668, n. 2.

144. — L'art. 315 ajoute : « En cas de présence des parties ou de leurs avoués, cette indication vaudra sommation.

» En cas d'absence, il sera fait sommation aux parties, par acte d'avoué, de se trouver aux jour et heure que les experts auront indiqués. »

145. — Ces dispositions, comme on voit, ne prononcent pas non plus de nullité d'une manière expresse. Faut-il induire de là que la complète omission de formes qu'elles prescrivent ne saurait autoriser le juge à la prononcer malgré le vœu bien manifeste qui en résulte, que les parties assistent à l'expertise? — Carré, n. 1186, et Favard, sect. 1re, § 3, soutiennent qu'en cas d'absence des parties à la prestation de serment, elles doivent, à peine de nullité, être sommées de se trouver sur les lieux aux jour et heure. Ces auteurs se fondent particulièrement sur l'art. 317, aux termes duquel des parties peuvent faire insérer dans le rapport leurs dires et observations; droit et faculté qui leur seraient enlevés, si l'on pouvait se dispenser de les

appeler.—Dalloz est d'un avis contraire, qu'il fonde sur l'absence d'une nullité dans la loi (V. plus haut, n. 4), et sur ce qu'il est possible qu'aucune des parties n'ait assisté à la prestation de serment; ce qui n'empêche pas les experts de remplir leur mission.—Il ajoute que, s'il apparaît au tribunal que, de cette irrégularité, il est résulté que les intérêts de l'une des parties n'ont pas été défendus, ou que ses droits n'ont pu être compris, il ordonnera une nouvelle expertise: et, si de simples explications données à l'audience par la partie qui n'a pas été avertie de se trouver sur les lieux, devaient suffire pour l'intelligence parfaite de ses moyens, le tribunal pourrait se borner à ordonner que ces explications auraient lieu. Mais le refus d'annuler l'expertise ou d'en ordonner une nouvelle ne devrait pas vicier de nullité son jugement.— D.A. 7. 668, n. 1.

146.— D'après cette doctrine, il est sans difficulté, 1° que la partie qui a elle-même requis l'expertise et signifié le jugement de prestation de serment des experts, n'est pas fondée à se plaindre de ce que l'expertise n'a pas été précédée d'une citation donnée en vertu d'une cédule ou ordonnance, indicative des lieu, jour et heure de l'expertise. — 24 niv. an 13. Civ. r. Bordeaux. N... D.A. 7. 668. D.P. 5. 2. 105.

147. — 2° Que la partie qui a été présente sur les lieux lors de l'expertise, n'est pas fondée à se prévaloir de ce que la sommation prescrite par l'art. 315 C. pr. ne lui a pas été faite; le but de cet art. ayant, dans ce cas, été rempli. — 27 mars 1824. Montpellier. Ferrand. D.A. 7. 674. D.P. 2. 120.

148.— Jugé cependant, 1° que les formalités prescrites par les art. 315 et 317 C. pr. sont substantielles; elles ont pour objet de conserver aux personnes intéressées le droit d'assister aux vacations et à la rédaction du rapport, et de faire constater tout ce qui serait dans leur intérêt. Toute contravention à ces articles emporte nécessairement nullité, et vicie le rapport qui n'aurait point été fait en conformité de leurs dispositions.—26 juill. 1821. Besançon. Hospices de Besançon. D.A. 7. 674, n. 1.

149. — 2° Que lorsqu'une partie qui obtenu de faire procéder à un rapport d'experts, n'a pas sommé régulièrement son adversaire, non présent à la prestation du serment, de se trouver sur les lieux au jour indiqué par les experts, l'expertise et le rapport de ces derniers, faits hors la présence de cette partie, sont atteints de nullité... Mais, dans ce cas, un nouveau rapport peut être ordonné (C. pr. 315). — 20 août 1825. Grenoble. Carcel. D.P. 26. 2. 173.

150. — En tout cas, la partie qui a été appelée à une expertise, et sommé d'y produire ses titres, ne peut se faire un moyen de nullité contre l'expertise, de ce qu'elle n'aurait pas présenté ses titres ni fait ses observations devant les experts. — 25 nov. 1824. Amiens. Polle. D.P. 25. 2. 88.

151.— Au reste, si les deux parties, ou l'une d'elles, sont absentes à la prestation de serment des experts, la sommation de se trouver sur les lieux, prescrite par l'art. 315, doit être faite par la partie la plus diligente; cela ne souffre pas difficulté. — D.A. 7. 668, n. 2.

152. — Cette sommation peut être faite non seulement par acte d'avoué à avoué, mais encore par exploit signifié à la partie elle-même.— 13 nov. 1832. Req. Grenoble. Lattier. D.P. 33. 1. 166.

153. — Dans le cas où un rapport d'experts est ordonné par une cour royale, sur l'appel d'un jugement définitif, c'est à l'avoué d'appel, et non à celui qui a occupé en première instance, dont le mandat a cessé, que doit être notifiée la sommation de se trouver sur les lieux, prescrite par l'art. 315, § 3 C. pr. — 20 août 1825. Grenoble. Carcel. D.P. 26. 2. 173.

§ 7. — *Des devoirs et opérations des experts.*

154. — La fonction d'expert est libre. Nul ne peut être contraint de l'accepter. — Duparc-Poullain, Favard, sect 1re, § 3; Carré, n. 1189.

C'est la conséquence de la liberté de l'homme et de son affranchissement de tout lien qui ne lui est pas expressément imposé par la loi, plutôt que de la règle *nemo cogi potest ad factum*, rappelée par ce dernier auteur. — D.A. 7. 670, n. 1.

155. — Aussi, l'art. 316 se borne-t-il à dire : « Si quelque expert n'accepte point la nomination, ou ne se présente point, soit pour le serment, soit pour l'expertise, aux jour et heure indiqués, les parties s'accorderont sur-le-champ pour en nommer un autre à sa place; sinon, la nomination pourra être faite d'office par le tribunal. »

156. — Mais cet article ajoute : « L'expert qui, après avoir prêté serment, ne remplira pas sa mission, pourra être condamné, par le tribunal qui l'avait commis, à tous les frais frustratoires, et même aux dommages-intérêts, s'il y échet. »

157. — *Il peut être condamné.* C'est une faculté pour le juge, et non une obligation que la loi lui impose. Il est en effet des cas où un expert peut avoir des causes légitimes d'excuse.— Pigeau, t. 1er, p. 296; Carré, n. 1191; D.A. 7. 670, n. 2.

158.—En général, on a remarqué que les experts, trop étrangers aux connaissances des lois qui les touchent le plus directement, ne savent point assez se pénétrer de l'intention du tribunal lorsqu'il les charge de lui donner les lumières qu'il croit avoir besoin de leur demander. De là, il arrive parfois que leur travail présente plutôt un état de lieux ou un simple avis sans motifs, qu'un rapport véritable propre à donner au juge, des notions précises, sur le point qu'il veut éclaircir.

159. — Ils doivent bien se pénétrer de la mission que le juge leur confère.

160.—Pour cela, « le jugement qui aura ordonné le rapport, et les pièces nécessaires seront remis aux experts; les parties pourront faire tels dires et réquisitions qu'elles jugeront convenables : il en sera fait mention dans le rapport » (C. pr. 317).

161. — Mais de ce que le jugement qui ordonne une nomination d'experts n'aurait été ni levé, ni signifié aux parties, ni remis aux experts, ni même enregistré, il ne saurait résulter de là une nullité du rapport des experts, alors d'ailleurs que les parties, lesquelles ont dispensé les experts du serment, auraient couvert cette irrégularité en prenant part à l'opération des experts.— 30 nov. 1824. Req. Bourges. Planchon. D.A. 7. 679. D.P. 2. 121.

162.—En général, les experts doivent se renfermer dans les limites de la mission qui leur est confiée, et qui sont tracées par le jugement.—V. n. 254, 367, s.

163.—Cependant le moyen tiré de ce qu'une cour aurait admis une expertise faite sur des bases non conformes à celles qu'elle avait prescrites, dépendant de la comparaison de ces bases, et par suite conduisant à l'examen du fond, ne peut être proposé en cassation.—Il ne peut l'être, d'ailleurs, s'il n'a été proposé ni discuté devant la cour royale. — 11 nov. 1829. Req. Orléans. Coudreux. D.P. 29. 1. 416.

164. — Lorsque, sur une contestation relative à une somme demandée pour paiement d'ouvrages, une expertise est ordonnée, si les experts élèvent la somme due au-dessus de la demande, elle doit être payée ainsi qu'elle est fixée, quand les juges adoptent dans leur rédaction le contenu au rapport des experts. Il n'y a pas d'*ultra petita* dans la sentence, puisqu'en concluant à l'homologation du rapport, on demande le paiement du montant fixé par les experts. — 17 fév. 1818. Orléans. Gautry. D.A. 7. 684, note.

165.— Les auteurs paraissent être d'avis que les experts peuvent se livrer à une enquête pourvu qu'ils en aient reçu la mission du tribunal (Pigeau, Favard, D.A. 671, n. 4). Mais on doute que cela soit autorisé même avec le correctif admis par Dalloz, qu'ils « n'entendent les témoins qu'à titre de renseignement, sans prestation de serment».

166.— Aussi a-t-il été jugé que des experts commis par un tribunal, pour vérifier s'il a été fait des améliorations à un immeuble, et en quoi elles consistent, ne peuvent entendre des témoins : le droit de faire enquête n'appartient qu'aux magistrats, et est hors du caractère et des attributions reconnus par la loi aux experts (C. pr. 255, 255, 259). — 23 avril 1823. Orléans. Corsats. D.A. 7. 671.

167.— Mais il ne résulterait point une nullité du rapport, de ce que, sans mission expresse (Dalloz dit sans mission *légale*), les experts se seraient livrés à des questions, à des interrogations, et les auraient mentionnées de bonne foi; seulement le tribunal pourrait annuler le rapport en cette partie.—D.A. *eod.*

168. — Toutefois, des experts qui n'auraient pas des données très précises sur la valeur de certaines choses, sur leur mode de confection dans une certaine localité, seraient autorisés à demander ces détails, et la mention dans leur travail, des renseignemens qu'ils auraient obtenus des personnes les plus considérées de la contrée, ne devrait pas encourir la censure.—D.A. *eod.*

169. — Les opérations de l'expertise pour lesquelles la présence des parties est exigée, sont les opérations matérielles de l'expertise.

170. — Et la question de savoir quelles sont les opérations qui ont le caractère d'opérations matérielles, et à quel point sont épuisées les observations des parties, est de nature à être résolue souverainement par la cour royale. — 11 nov. 1829. Req. Orléans. Coudreux. D.P. 29. 1. 416.

171. — Les experts nommés pour procéder à l'estimation et au partage d'un immeuble commun sont obligés d'examiner d'abord s'il peut être commodément partagé, lors même que cet immeuble est divisible par sa nature. — 19 fév. 1808. Paris.

172. — Lorsqu'une expertise a pour objet de fixer une indemnité relative à la privation d'un droit de pâture, on doit l'établir par l'appréciation des fruits naturels, et non des fruits industriels du fonds. Ainsi, celui dont le domaine est soumis à un droit d'usage doit récolter ce qu'il a semé, à la charge envers les usagers d'une indemnité évaluée à la perte qu'ils ont éprouvée par le défaut d'exercice du pacage.—16 mai 1823. Orléans. Comm. de Francault. D.A. 7. 670, n. 1.

173. — Une procédure d'experts, antérieure au code, ne doit pas être renouvelée et assujettie aux formes qu'il prescrit, lorsqu'il a été publié avant la décision du procès. — 14 therm. an 12. Nîmes. Peyrouse. D.A. 12. 911, n. 2. D.P. 2. 1476.

174.— Et des experts nommés à l'effet de vérifier et estimer un domaine dont on attaque la vente pour cause de lésion, doivent procéder d'après le mode établi par la législation nouvelle, encore que la décision qui les a nommés ait été rendue avant la publication des lois actuelles; il n'y a pas là atteinte au principe de la non rétroactivité. — 22 flor. an 12. Nîmes. Valady. D.A. 7. 671.

175. — On ne peut se pourvoir par appel contre le mode de procéder des experts : *On doit se borner à de simples réserves.* — 24 janv. 1832. Aix. Coullet. D.P. 32. 2. 158.

176. — Et celle des parties qui a comparu devant de nouveaux experts, sans protestations ni réserve, est non-recevable, après leur opération terminée, à contester leur pouvoir. — 6 mai 1834. Req. Bordeaux. Lagorie. D.P. 34. 1. 304.

177. — De ce que l'art. 317 C. pr. porte que les parties pourront faire aux experts tels dire et réquisition qu'elles jugeront convenables, il ne faut pas conclure que les experts soient tenus de déférer à toutes les réquisitions qui leur seraient faites; ils se bornent à les mentionner dans le procès-verbal (Pigeau, t. 1er, p. 296, et Carré, n. 1192).—En effet, leur mission est tracée par le jugement qui les a nommés; ils y puisent les règles de leur conduite, et souvent ils s'en écarteraient s'ils étaient obligés de déférer à toutes les observations des parties. — D.A. 7. 671, n. 6.

178. — Le rapport ne serait pas nul pour avoir été rédigé un jour férié, et la raison donnée au répertoire qu'ils font en quelque sorte fonction de juges, n'est pas exacte. — Carré, n. 1198; Favard, sect. 1re, § 3, n. 5; D.A. 7. 677, n. 17. — V. Arbitrage et Jour férié.

§ 8.— *Des lieux, jour et heure de la rédaction du rapport.— Indication.*

179. — Le rapport « sera rédigé, porte l'art. 317, sur les lieux contentieux ou dans le lieu et aux jours et heures qui seront indiqués par les experts. »

180.— Cette disposition n'est pas prescrite, à peine de nullité; car, suivant Dalloz, il ne résulte pas d'inconvéniens de son inobservation (D.A. 7. 671, n. 7) et l'on peut ajouter qu'il n'est jamais sage d'imposer des formes irritantes à des hommes peu familiarisés avec les pratiques de la procédure (V. n. 145).—Toutefois, il nous semble que la question doit dépendre des points de savoir : 1° si le jugement qui a nommé les experts a été contradictoire ou par défaut; 2° si les parties ont été présentes ou sommées d'assister à la prestation de serment des experts; 3° s'il leur a été fait ou non des sommations de se trouver sur les lieux. Il nous paraît qu'on ne devrait prononcer la nullité, à supposer qu'on la prononce, qu'autant que l'une des parties n'a eu aucun moyen légal de se trouver aux opérations des experts, auxquelles cependant l'autre partie aurait assisté.

181. — Jugé qu'aucune disposition ne prononçant la nullité d'un rapport dans le cas où les experts ne se seraient pas conformés aux formalités prescrites par l'art. 317 C. pr., il n'y a pas lieu de prononcer cette nullité; seulement si cette omission a mis les parties hors d'état de donner aux experts les éclaircissemens ou apuremens nécessaires, le tribunal, qui n'est pas obligé de suivre leur avis, si sa conviction s'y oppose, peut ordonner qu'un nouveau rapport lui sera fait par d'autres experts.— 16 juill. 1818. Rennes. Buscher. D.A. 7. 673. D.P. 2. 119.

182.— Mais il a été décidé que l'omission d'une

formalité emporte nullité de l'acte, encore que la loi ne l'ait pas prononcé, lorsque de cette formalité dépend la régularité de l'acte, laquelle est la garantie d'un droit. — 10 sept. 1814. Nanci. Choiseuil. D.A. 7. 673. D.P. 16. 2. 61.

183. — Les parties ont-elles le droit d'être présentes à la rédaction du rapport? *Oui* (Delaporte, t. 1er, p. 303; Hautefeuille, t. 1er, p. 175). *Non*, parce que la loi ne le dit pas; qu'elle ne contient pas de nullité, que d'ailleurs il suffit qu'elles assistent au transport des experts, aux opérations matérielles du rapport. Tandis que la rédaction doit être secrète. — Conf. Pigeau, t. 1er, p. 297; D.A. 7. 671, n. 8.

184. — Un rapport n'est pas nul pour n'avoir pas été rédigé sur les lieux contentieux. — 20 août 1828. Req. Bourges. Préfet de la Nièvre. D.P. 28. 1. 393. — 10 août 1829. Req. Aix. Hielly. D.P. 29. 1. 327.

185. — A plus forte raison, un procès-verbal non rédigé sur les lieux contentieux, et dans lequel le lieu de la rédaction n'a pas été indiqué, n'est-il pas nul, lorsque d'ailleurs les opérations ont été faites en présence des parties, et que les dires et réquisitions de chacune d'elles se trouvent consignés dans le rapport. La formalité relative à la rédaction n'est pas mise au nombre de celles qui sont substantielles aux actes de cette nature, telles que la signature, etc. L'art. 317, d'ailleurs, n'en prescrit point l'exécution à peine de nullité. — 27 mai 1818. Orléans. Maccurtin. D.A. 7. 674, n. 2.

Le 12 juin 1822, cette même cour a rendu un autre arrêt infirmatif, qui dispose dans le même sens, c'est-à-dire qu'un rapport d'experts n'est pas nul pour n'avoir pas été rédigé sur les lieux contentieux. — *Ibid.*

186. — Le défaut d'indication du *lieu* et de l'*heure* où le rapport sera rédigé n'est pas une cause de nullité. — 10 août 1829. Req. Aix. Hielly. D.P. 29. 1. 327.

187. — N'est pas nul non plus un rapport d'experts rédigé hors du lieu de l'expertise, quoique les experts n'aient pas indiqué le *lieu*, le *jour* et l'*heure* de la rédaction. Dans ce cas, l'art. 317 C. pr. ne prononce pas de nullité. — 10 oct. 1823. Toulouse. Rouaix-Belluguet. D.A. 7. 674. — 20 avril 1825. Bourges. Préfet de la Nièvre. D.P. 25. 2. 231. — 16 juill. 1828. Agen. Damandie. D.P. 29. 2. 26.

188... — Surtout si la partie présente à l'opération de l'expertise a pu faire ses observations. — 27 mars 1824. Montpellier. Ferrand. D.A. 7. 674. D.P. 2. 120.

189. — Jugé pareillement, 1° que l'indication des jour et heures auxquels les experts procéderont à la rédaction du rapport n'étant point prescrite par l'art. 317 C. pr., à peine de nullité, l'omission de cette formalité, bien que constituant une irrégularité, ne saurait entraîner la nullité de l'expertise, lorsque, d'ailleurs, il y a eu indication du lieu, que les opérations matérielles ont été faites en présence des parties, et que les observations de celles-ci ont été épuisées avant la rédaction. — 11 nov. 1829. Req. Orléans. Coudreux. D.P. 29. 1. 416.

190. — 2° Qu'on ne doit pas annuler le rapport d'un expert (nommé par le tribunal, de l'aveu des parties), quoique non rédigé sur les lieux, et hors la présence des parties, qu'il n'a pas même invitées à se trouver présentes à la rédaction.... — D'ailleurs, une partie, par le fait de laquelle cette invitation ne lui a pas été faite, ne peut s'en prévaloir pour faire annuler le rapport. — 7 déc. 1826. Req. Angers. Briant. D.P. 27. 1. 85.

191. — Et il est sans difficulté que, de ce que des experts, après avoir examiné les lieux contentieux, se sont retirés annonçant que le rapport serait clôturé au domicile de l'un d'eux, sans toutefois indiquer le jour où ils feraient cette clôture, ce défaut d'indication de jour n'emporte pas nullité du rapport; et cela, surtout lorsqu'il est devenu certain que la partie qui invoque la nullité n'aurait pas comparu, alors que toutes les vérifications à faire étaient terminées, et qu'il ne s'agissait plus que d'établir la conséquence qui devait en être déduite. — 4 juill. 1832. Bordeaux. Muller. D.P. 33. 2. 18.

192. — Jugé cependant, 1° que le rapport est nul s'il n'indique pas d'avance le jour et le lieu de sa rédaction. — *Contrà*, 10 sept. 1814. Nanci. Choiseul. D.A. 7. 673. D.P. 16. 2. 61.

193. — 2° Qu'une partie peut demander la nullité d'un rapport d'experts, lorsque le procès-verbal de la première vacation, à laquelle seule elle a assisté, ne fait pas mention du jour où devaient avoir lieu les vacations subséquentes, et qu'il n'a été suppléé à ce défaut de mention par aucune assignation. — 30 flor. an 10. Paris. Gordonnier. D.A. 7. 673.

194. — 3° Que le défaut de signification du jour où les experts devaient continuer leurs opérations est une cause de nullité de l'expertise, si la partie qui l'attaque n'a pas assisté à leur première réunion. — 11 juill. 1833. Colmar. Brun. D.P. 34. 2. 164.

§ 9 — *De l'écriture et de la signature du rapport. — Absence des experts.*

195. — L'art. 317 C. pr. porte : « La rédaction sera écrite par un des experts, et signée par tous. S'ils ne savent pas tous écrire, elle sera écrite et signée par le greffier de la justice de paix du lieu où ils auront procédé. » — « Cette disposition, bien qu'elle ait été réclamée par plusieurs cours d'appel, ne prononce pas de nullité en cas d'inobservation » (arg. décr. 16 fév. 1807, art. 162, § 2. — D.A. 7. 675, n. 2). — 6 janv. 1825. Amiens. Bunel. D.P. 26. 1. 350. — 6 mai 1824. Orléans. Rotté. D.A. 7. 678, n. 1. — 6 juill. 1826. Rouen. Augian. D.P. 27. 2. 2. — 24 juillet 1826. Rouen. Hébert. D.P. 27. 2. 2.

196. — Si l'un des experts ne sait pas écrire, doit-on recourir au greffier de la justice de paix pour la rédaction du procès-verbal, quoique les autres experts sauraient écrire? — Oui (Demiau, p. 231; Lepage, *Quest.*, p. 211; Hautf., p. 176; Delaporte, p. 303). — Cependant, si le rapport était écrit par l'un des experts, en présence de tous les autres et du greffier, qui l'auraient signé après qu'il en aurait été donné lecture, il nous semble qu'on ne devrait point l'annuler. L'ignorance de l'écriture de la part de l'un ou deux des experts serait énergiquement suppléée par la présence du greffier. Il y aurait, d'ailleurs, un tel degré de bonne foi qu'on devrait se dispenser de prononcer une nullité que la loi n'a point établie. — D.A. 7. 675, n. 1.

197. — *Écriture.* — Un rapport, non écrit en entier de la main d'un des experts, n'est pas nul. L'art. 317 C. pr., bien que sa disposition soit impérative, ne prescrit point une formalité substantielle dont l'omission entraîne la nullité. Il importe peu dès lors que cet acte ne soit pas copié entièrement de la main d'un des experts. — 6 mai 1824. Orléans. Rotté. D.A. 7. 678, n. 1.

198. — .... Il en doit être de même, à plus forte raison, lorsqu'il est constant que la rédaction a été faite par l'expert, et qu'il ne s'est servi d'un écrivain que pour le copier. — 6 juill. 1826. Rouen. Augian. D.P. 27. 2. 2. — 24 juill. 1826. Rouen. Hébert. D.P. 27. 2. 2.

199. — Jugé de même qu'un rapport d'experts n'est pas nul, en ce qu'il n'a pas été écrit en entier par l'un des trois experts ou par le greffier du juge de paix, si la récapitulation est écrite par l'un des experts, s'il est signé par tous, et s'il est d'ailleurs déclaré par les juges que, s'étant eux-mêmes transportés sur les lieux, ils ont reconnu que les opérations des experts avaient été faites avec toute l'attention et toute l'exactitude possibles. — 20 juin 1826. Req. Amiens. Bunel. D.P. 26. 1. 350.

200. — Autrefois, les rapports d'experts pouvaient être écrits par un notaire; des officiers nommés *greffiers de l'écritoire*, avaient aussi, dans certains lieux, le droit exclusif de les rédiger. — Quoique l'art. 317 indique le greffier de la justice de paix, le tribunal pourrait maintenir un rapport qui serait rédigé et signé par un notaire, même dans le cas où l'un des experts ne saurait pas écrire. — D.A. 7. 675, n. 2.

201. — Et il n'y a pas nullité dans le cas où l'un des experts ne sachant pas écrire, le rapport a été écrit par un greffier du tribunal de première instance. — 21 juin 1814. Paris. Millet. D.A. 7. 678. D.P. 2. 120.

202. — Par ces mots, *greffiers du lieu où les experts auront procédé*, l'art. 317 a entendu désigner le greffier de la justice de paix du lieu contentieux (Favard, sect. 1re, § 3, n. 4; Hautef.; Carré, n. 1195). Mais Delaporte pense que l'art. 317 a eu en vue le greffier du lieu où les experts rédigeront leur rapport, parce que si le procès-verbal devait être écrit par le greffier du lieu contentieux, il serait nécessaire que les experts restassent jusqu'à la rédaction de leur rapport dans le canton où ce lieu serait situé. La question, dit Dalloz, est à peu près indifférente, puisqu'il ne devait, selon lui, résulter aucune nullité de ce que la rédaction serait faite par l'un ou l'autre des greffiers. — D.A. 7. 676, n. 6. — Et cela est juste.

203. — Des experts, bien que *tous* sachent écrire, peuvent-ils faire écrire leur procès-verbal par un greffier ou par un notaire? Oui (Delaporte, p. 304; Carré, p. 751, note 2; D.A. 7. 675, n. 3). — Au reste, il est dans l'esprit de la loi que les experts écrivent eux-mêmes leurs rapports; les détails sont plus précis, plus exacts; mais la loi n'établit pas de nullité, lorsque, sachant écrire, aucun d'eux n'a écrit le rapport, lequel l'a été par un greffier. — 21

juin 1814. Paris. Millet. D.A. 7. 678. D.P. 2. 120.

204. — Il suffit même que, sur le rapport, écrit par un tiers non fonctionnaire, chargé par eux, ils aient apposé leur signature. — D.A. 7. 675, n. 5.

205. — Selon Demiau, p. 231, le rapport, lorsqu'il est écrit par le greffier de la justice de paix, doit l'être sous la *dictée* de l'un des experts. — Si cette dictée n'avait point lieu, il ne résulterait pas de nullité. — D.A. 7. 675, n. 4.

206. — Quoique les experts doivent donner leur avis par écrit, rien ne s'opposerait à ce qu'ils fussent entendus à l'audience, à l'effet de donner des explications qui ne seraient pas de nature à laisser percer leurs opinions particulières, s'il y avait eu différence dans ces opinions. — On n'admet donc point d'une manière absolue cette assertion de Carré, sur l'art. 317, que les experts *ne sont jamais entendus à l'audience*. — Deux arrêts du parlement de Paris, des 26 juill. 1737 et 23 avril 1785, ont autorisé cette audition, et cette jurisprudence pourrait encore être suivie, mais avec circonspection. — Conf. Favard, § 3, n. 10, se fonde sur ce qu'on ne peut défendre à des juges de s'éclairer par tous les moyens qui sont à leur disposition. — D.A. 7. 676, n. 7.

207. — *Signature.* — On a prétendu que le refus de l'un des arbitres de signer le rapport, devait en entraîner la nullité. C'est une erreur; ce cas est bien différent de celui où l'un des experts, après avoir prêté serment, refuserait de remplir sa mission. — D.A. 7. 676, n. 12.

208. — D'ailleurs, en cas de refus de l'un des experts de signer, la signature des deux autres suffit, comme la loi l'autorise en matière d'arbitrage et de jugemens. — 14 nov. 1817. Orléans. Vaslin. D.A. 7. 679, n. 1. D.P. 2. 121. — 21 nov. 1820. Req. Bastia. Giulani. D.A. 7. 668. D.P. 21. 1. 308. — 30 juill. 1828. Agen. Ardouin. D.P. 29. 2. 27.

209. — Et, de ce que l'expert nommé par l'une des parties aurait, malgré les sommations à lui faites, refusé de signer le procès-verbal, lequel a d'ailleurs été signé par l'expert de l'autre partie et par celui nommé par le tribunal, il ne saurait résulter de là une nullité de ce procès-verbal, n'étant pas au pouvoir de l'un des experts d'anéantir le procès-verbal signé par les deux autres. — 30 nov. 1824. Req. Bourges. Planchon. D.A. 7. 679. D.P. 2. 121.

210. — Enfin, dans le cas où, sur le partage d'avis de deux experts qu'elles avaient nommé pour déterminer un prix de vente, les parties ont nommé un tiers-expert, le rapport rédigé par ce tiers-expert, en son nom personnel, ne peut être annulé en ce que les deux autres experts, au lieu de concourir à sa confection, n'auraient fait qu'y apposer leur signature. — 13 brum. an 10. Req. Choussy. D.A. 7. 666. D.P. 2. 118.

211. — Jugé même, 1° que si, de trois experts nommés volontairement pour procéder *ensemble* à une estimation, l'un d'eux ne se présente pas, ou refuse de se présenter, le rapport dressé par les deux autres, sans que l'expert absent ait été remplacé, est nul. — 2 sept. 1811. Civ. c. Amiens. Lefèvre d'Ormesson. D.A. 1. 687. D.P. 11. 1. 444.

212. — 2° Que lorsque, sur trois experts, un ne se présente pas au jour de l'expertise, les deux autres peuvent renvoyer à un autre jour, et l'estimation nouvelle qu'ils donnent ne peut être attaquée d'irrégularité par les parties, alors surtout qu'elles y ont acquiescé. — 2 août 1833. Bordeaux. Bernard. D.P. 34. 2. 65.

§ 10. — *De l'avis des experts. — Motifs.*

213. — « Les experts, dit l'art. 318 C. pr., dresseront un seul rapport; ils ne formeront qu'un seul avis, à la pluralité des voix.

» Ils indiqueront néanmoins, en cas d'avis différens, les motifs des divers avis, sans faire connaître quel a été l'avis personnel de chacun d'eux. »

214. — Le rapport contient l'avis de chaque expert. — Dès lors, l'obligation imposée aux juges ou aux arbitres de se ranger en majorité à une opinion ne saurait être étendue aux experts. — Carré, n. 1200; D.A. 7. 676, n. 11.

215. — Mais, quoiqu'un rapport doive être motivé, cependant des experts chargés de faire une estimation ne sont pas tenus, sous peine de nullité, de motiver leur estimation autrement qu'en faisant connaître le total de l'évaluation des uns et le total de l'évaluation donnée par les autres. — 5 mai 1809. Colmar. C... D.A. 7. 672.

216. — Néanmoins, lorsqu'une expertise est ordonnée, relativement à une action en rescision de vente pour cause de lésion des sept douzièmes, et

que les experts, étant d'avis différens, ne motivent point leur opinion, les juges doivent ordonner une nouvelle expertise. Ils ne font en cela qu'user d'un droit qui ne porte aucun préjudice aux parties. — 20 déc. 1821. Orléans. Bassin. D.A. 7. 681.

217.—Le rapport des experts ne doit pas nécessairement mentionner la valeur séparée de chacun des objet, à l'ensemble desquels ils ont eu égard pour fixer le prix d'une maison. Il suffit qu'après avoir tout vu, ils aient donné l'estimation de l'ensemble (C. pr., art. 318.) — 3 pluv. an 13. Nîmes. Boule. D.A. 7. 672.

218. — Toutefois, un décret du 29 juillet 1810 présente les dispositions que voici : « Les procès-verbaux d'experts sur des demandes en partage, échange ou aliénation de bois indivis entre le gouvernement et des particuliers, doivent faire mention, 1° de la contenance du bois; 2° de l'évaluation du fonds; 3° de l'évaluation de la superficie, en distinguant le taillis d'avec la vieille écorce, et mentionnant les claires-voies, s'il y en a; 4° de l'indication des rivières navigables ou flottables qui servent aux débouchés, et des villes et usines à la consommation desquelles les bois sont employés — D A. 7 676, n. 1.

219. — Des superfluités dans un rapport ne devraient point en entraîner la nullité. Ce ne serait pas même une raison d'ordonner une nouvelle expertise il faut pour cela de graves inexactitudes.— Carré, n 1199; Favard, sect. 1re, § 3, n. 7; D.A. 7. 976, n. 10.

220. — Seulement, ces superfluités doivent être rejetées de la taxe. — 30 juill. 1818 Orléans. Beaumariet. D A. 7 676, n 2.

§ 11. — *Mention des formalités accomplies.*

221. — En général, il suffit que les formalités prescrites par la loi se trouvent observées par les experts; il n'est pas nécessaire que leur rapport en fasse mention expresse, et l'omission de cette mention ne serait pas une cause de nullité. On doit présumer en effet que les formalités nécessaires pour la validité d'un acte ont été remplies, à moins que l'acte ne fournisse lui-même la preuve du contraire (D.A. 7. 675, n. 8). — 16 juin 1812 Besançon Commune de Dompierre. D.A. 7. 676, n 1.

222 — Par une suite du principe qui vient d'être posé, un rapport ne cesse pas d'être valable, quoiqu'il ne mentionne, ni le lieu où il est rédigé.— 27 mai 1818. Orléans. Maccurtin. D.A. 7. 674, n 2. — 2 août 1833. Bordeaux. Bernard D.P. 34. 2. 63.

223.—...Ni la présence des parties à sa rédaction. — 10 août 1829 Req. Aix. Hielly. D P. 29. 1. 327.

224 —... Ni les dires et observations des parties, mais se borne à déclarer qu'elles ont été ouïes. — Même arrêt.

225. — Notez qu'un rapport qui contient en plusieurs endroits les dires et les observations des parties, constate par cela même et implicitement leur assistance aux opérations des experts. — D.A. 7. 679, n. 9. — 5 mai 1819. Orléans. Cousin. D.A. 7. 676, n. 3.

§ 12.— *Dépôt, enregistrement et frais du rapport*

226.— Les art. 319, 320 et 321 C pr. portent. « Art. 319. La minute du rapport sera déposée au greffe du tribunal qui aura ordonné l'expertise, sans nouveau serment de la part des experts. leurs vacations seront taxées par le président au bas de la minute, et il en sera délivré exécutoire contre la partie qui aura requis l'expertise, ou qui l'aura poursuivie, si elle a été ordonnée d'office.

227.—» Art. 320. En cas de retard ou de refus de la part des experts de déposer leur rapport, ils pourront être assignés à trois jours sans préliminaire de conciliation, par-devant le tribunal qui les aura commis, pour se voir condamner, même par corps, s'il y échet, à faire ledit dépôt; il y sera statué sommairement et sans instruction.

228.— « Art. 321. Le rapport sera levé et signifié à avoué par la partie la plus diligente; l'audience sera poursuivie sur un simple acte. »

229.— La loi n'a pas fixé un délai dans lequel les experts devront faire le dépôt de leur rapport; mais ils peuvent être condamnés par corps à l'effectuer (C. pr. 320).—Et même, nonobstant cette voie coactive, les parties pourraient recourir contre eux en dommages-intérêts, si la mauvaise foi, ou même la grande négligence des experts avait causé un préjudice évident (arg. de l'art. 316 C. pr.).—Carré, n. 1210; Favard, sect. 1re, § 3, n. 8; D.A. 7. 677, n. 16.

230.— Selon Carré, n. 1215, les frais d'expertise ne pourraient être mis à la charge des experts, qu'autant qu'il y aurait *dol* de leur part; il se fonde sur ce qu'ils participent en quelque sorte aux fonctions du juge.— Mais, une faute grossière, un oubli total de l'objet de leur mission, pourraient justifier la décision qui les rendrait passibles des frais d'expertise. C'était l'avis de Duparc-Poullain, sous la coutume de Bretagne, dont l'art. 264 rendait, il est vrai, les priseurs et arpenteurs *responsables de la faute grossière* commise dans leurs opérations. — Conf. Fav., sect. 1re, § 4; D.A. 7. 681, n. 3.

231.— Quelle est l'expertise dont les frais peuvent être mis à la charge des experts? Est-ce la nouvelle, est-ce au contraire l'expertise qui a été annulée? Il semble que l'on doit adopter le parti qui blessera le moins les intérêts des experts dont le travail est annulé.— D.A. 7. 681, n 5

232.— En général, c'est au greffe du tribunal qui a ordonné une expertise, que le rapport doit être déposé, et il a été justement décidé que, dans le cas où l'expertise a été ordonnée par une cour royale, le procès-verbal devait être déposé au greffe de cette cour (C. pr., art. 470).— 2 déc 1809. Paris. D.A. 7. 677, n. 14.

233 — Toutefois, il est dérogé à cette règle par l'art 957 C. pr., relatif à une vente d'immeubles faite par un notaire commis par le tribunal. Dans ce cas, le dépôt doit avoir lieu dans l'étude du notaire.— D A. 7. 677, n. 14.

234 — Lorsque, pour établir une indemnité entre associés, les arbitres ont rendu une sentence à l'effet de déterminer le mode de nomination d'experts et le délai dans lequel les experts devraient déposer leur rapport, si cette sentence a été infirmée sur l'appel, par un arrêt portant néanmoins que *le dédommagement* dû à l'un des associés *serait fixé par des experts, qui procéderaient en exécution du jugement arbitral*, on a pu déclarer, sans violation de la chose jugée, que les experts avaient pu être valablement nommés d'après un mode différent et remettre leur rapport dans un délai plus long que celui fixé dans la sentence infirmée (C. civ. 1351). — 6 mai 1834. Req. Bordeaux. Lagorce. D.P. 34. 1. 304.

235. — Les experts ne sont pas obligés de faire enregistrer leur rapport. C'est au receveur de poursuivre le recouvrement du droit sur l'extrait du dépôt qui lui est fourni par le greffier Il en est ici comme du cas où il s'agit d'une sentence arbitrale, et le tribunal ne peut prononcer qu'autant que ce procès-verbal a été enregistré Le droit, au reste, n'est fixé qu'à 1 fr. par l'art. 68, § 1er, n 35 de la loi du 22 frim. an 7; ce qui rend la question presque sans intérêt.—Carré, n. 1205; D A 7. 677, n. 15.

236.—On ne doit point demander l'homologation du rapport des experts, comme en matière de succession, où le rapport des experts doit, en quelque sorte, devenir le titre de chaque partie Les juges en effet, investis de la connaissance de tout le débat, ne sont point dans l'alternative de sanctionner ou de rejeter le rapport. Ils y puisent les renseignemens qu'ils trouvent exacts, et prononcent ensuite d'après leur conviction. — Pigeau, t 1er, p. 200, Demiau, p. 233; Carré, n. 1213; Favard, § 3, n. 10; D.A. 7. 677. — *Contrà*, Hautef., p. 177.

237. — Les experts sont dans l'usage de diviser leur procès-verbal en plusieurs séances : mais la loi ne leur en fait point une obligation, elle ne les oblige pas davantage à rappeler, soit à la suite de chaque séance, soit même à la fin du procès-verbal, et en masse, le nombre total des vacations qu'ils ont employées.—D A 7. 676, n. 13.

338 — Seulement, le juge taxateur aurait le droit de le demander, ou de fixer lui-même le nombre des vacations, d'après ses lumières personnelles — *Ibid*.

239. — Quand un rapport fait mention, lors de la clôture du procès-verbal, du nombre de vacations qui ont été employées, il est régulier, quoiqu'il ne soit pas divisé par séance. Les nullités ne peuvent jamais être étendues au-delà des termes de la loi L'art 317 C. pr. ne contient pas de formules prohibitives qui équivalent à la peine de nullité, d'après la maxime de Dumoulin · *Conditio prohibitiva tollit potestatem*. La loi exige que les vacations des experts soient taxées par le président au bas de la minute (art 319); il faut donc que le nombre de ces vacations soit indiqué. mais le législateur n'a point spécialisé le mode d'après lequel cette indication doit avoir lieu.—5 mai 1819. Orléans. Cousin. D.A. 7. 676, n. 3.

240. — Quoique l'art. 321 porte que l'audience, après que le rapport a été signifié, est poursuivie *sur un simple acte*, on ne devrait pas annuler l'acte qui contiendrait des moyens par lesquels on critiquerait ou l'on défendrait les conclusions du rapport; seulement on ne devrait passer en taxe que les frais d'un *simple acte*.—Carré, n. 1212; D.A. 7. 677, n. 20.

241. — Il paraît que sous l'ordonnance de 1667 on tenait pour certain que les experts ne pouvaient être forcés d'opérer lorsqu'on n'avait pas, sur leur demande, consigné leur vacation On appliquait à l'expertise ce que l'art. 15, tit. 21 de l'ordonnance, prescrivait au sujet des descentes sur les lieux. (V Rodier, Jousse, Pothier.) — La cour d'Orléans avait demandé qu'il fût ordonné que la partie poursuivante consignât au greffe telle somme qui serait arbitrée par le président; mais la disposition ne fut pas établie Carré, n. 1190, Berriat, p. 304, note 16, et Favard. 3, § n 2, pensent que les experts ne sont pas obligés de faire l'avance des frais de transport et de nourriture; que si l'avance de frais de nourriture et de transport n'a point été faite. les experts peuvent se dispenser de remplir leur fonctions (C. pr 301) Dalloz admet cette opinion, quoique dans l'usage les frais soient avancés par les experts. — D.A. 7. 671, n. 5.

242. — Toutefois, il faudrait qu'il fût bien certain que les experts ont requis en temps opportun la consignation des vacations, pour que leur refus de se rendre sur les lieux fût excusable; car, si la solvabilité des parties était d'une grande notoriété, et si l'abstention des experts ou de l'un d'eux n'avait été exprimée qu'au moment même de se rendre sur les lieux, on pourrait lui appliquer l'art. 316.—D.A. *Ibid*

243. — Jugé en ce sens que les experts ne sont pas fondés à demander la consignation préalable du montant de leurs vacations, lesquelles ne peuvent être taxées qu'après le dépôt de leur rapport. — 23 juill. 1830. Grenoble. Soubeyran. D P. 33 2. 85.

244.— Au reste, suivant l'art. 319 C. pr., l'avance des frais de vacation d'experts doit être faite par celle des parties qui a requis l'expertise, ou qui l'a poursuivie, si elle a été ordonnée d'office; d'où l'on doit induire que, lorsque l'expertise a été ordonnée du consentement des parties, l'avance du montant des vacations doit être faite par parts égales entre parties ayant le même intérêt.— 2 août 1822. Besançon. Dubouchet. D.A. 7. 671, n. 2.

245. — Les experts ont-ils une action solidaire contre les parties pour leurs frais et honoraires? Il y a controverse.— V. Honoraires.

246 — En cas d'expertise ordonnée par jugement, l'exécutoire des vacations taxées doit être décerné contre la partie qui a requis l'expertise ou qui l'a poursuivie, encore que le jugement ait déterminé aux frais de laquelle des parties l'expertise a dû avoir lieu: l'expert doit être payé par la partie poursuivante, sauf son recours contre qui de droit. — 9 janv. 1832. Bourges. Girard. D.P. 32. 2. 129.

247. — Lorsqu'une partie a demandé une expertise pour fixer le montant d'indemnités qu'elle réclame, et que le tribunal, en déterminant d'office le *quantùm* à payer comme indemnité, laisse néanmoins l'option d'une expertise, si la partie adverse, profitant de cette option, veut que l'expertise ait lieu, elle devient demanderesse par exception, et reste passible du paiement des experts (C. pr. 319).— 18 janv. 1816. Orléans. Moutansier. D.A. 7. 677, n. 1.

248. — Si la partie qui lève le rapport n'est pas celle qui a requis l'expertise ou qui l'a poursuivie, elle peut se faire délivrer exécutoire du montant de cette expédition, et s'en faire rembourser comme de frais préjudiciaux (C. pr. 220). — Pigeau, t. 1er, p 300; Carré, n. 1211 et Favard, n. 1211; D.A 7. 677, n. 21.

On peut former opposition à l'ordonnance de taxe ou en appeler. Dans quel délai? — V. Frais.

§ 13. — *Expertise nouvelle.*

249 — L'art. 322 C. pr. porte : « Si les juges ne trouvent point dans le rapport les éclaircissemens suffisans, ils pourront ordonner d'office une nouvelle expertise par un ou plusieurs experts qu'ils nommeront également d'office et qui pourront demander aux précédens experts les renseignemens qu'ils trouveront convenables. »

250. — Le pouvoir que cet article confère aux magistrats est sans limites; ils sont les seuls juges de l'impression que le travail de ces experts a produite sur eux. — D.A. 7. 680, n. 1.

251. — Déjà, sous l'ordonn. de 1667, lorsque les deux experts nommés étaient d'avis différens, et qu'ils avaient fait leurs rapports par actes séparés, le tribunal pouvait, sans nommer un tiers-expert,

décider que les avis émis étaient concordant au fond, et que sa religion était suffisamment instruite. — 20 frim. an 14. Req. Paris. Saillant. D.A. 7. 684. D.P. 6. 2. 46

252. — Jugé en effet, 1° que des juges qui, après avoir annulé cette opération, trouvent dans la cause des élémens suffisans pour asseoir leur décision, peuvent se dispenser d'ordonner une nouvelle expertise. — 3 janv. 1832. Poitiers. Rochebrune. D.P. 32. 2. 33.

253. — Jugé 2° qu'ils ne sont pas obligés d'obtempérer à la demande d'une nouvelle expertise — 26 mars 1813. Rennes. Chauvin. D.A. 7. 682.

254. — 3° Que, lorsqu'un arrêt a reconnu en principe que des dommages et intérêts étaient dus, et a renvoyé à des experts pour la fixation de leur quotité, si les experts, s'écartant de leur mission, décident que les dommages et intérêts ne sont point dus, les juges peuvent annuler cette décision, et, sans recourir à une nouvelle expertise, arbitrer eux-mêmes ces dommages et intérêts d'après les documens que leur fournit la cause, sans qu'il y ait violation, soit de l'art. 1351 C. civ., soit des art. 322, 323 C. pr., 293 C. comm. — 9 avril 1833. Req. Bourbon. Fonton. D.P. 33. 1. 199.

255. — 4° Qu'il est facultatif aux tribunaux de juger contrairement à l'avis des experts nommés par eux, sans nommer de nouveaux experts, s'ils ont la conviction personnelle que les premiers se sont trompés. Ainsi, l'arrêt d'une cour où se trouvent exposés en détail les motifs qui la déterminent à s'écarter de l'avis des experts, et à juger dans un sens différent, ne peut être cassé, sur le fondement que la cour aurait dû ordonner une seconde expertise (C. pr. 322, 323) — 7 mars 1832. Req. Destrac. D.P. 32. 1. 406.

256. — Que pareillement une cour royale peut, si l'expertise ne lui paraît pas suffisante, en ordonner elle-même une nouvelle. — 20 août 1828. Req. Bourges. Préfet de la Nièvre. D.P. 28. 1. 393.

257. — Néanmoins, lorsqu'en fait de partage, les experts nommés pour apprécier les biens, se bornent à donner dans leur rapport les confronts et la contenance de ces biens, au lieu d'énoncer que les bases de leur estimation ont été prises dans leur nature ou leur situation, dans les titres produits par les parties et dans leurs observations ou autre renseignement, il y a lieu, sur la demande de l'une des parties, surtout si elle offre d'en avancer les frais, d'ordonner une nouvelle expertise (C. pr. 322). — 15 juill. 1829. Nîmes. Gely. D.P. 29. 2. 301.

258. — La même faculté existe pour le juge en matière de vérification d'écriture. — Carré, n. 1217; D.A. 7. 681, n. 6.

Jugé, en effet, que les gens de l'art chargés d'émettre leur avis sur l'écriture contestée, exerçant les fonctions d'experts, et étant même qualifiés tels par la loi, les règles relatives à la procédure ordinaire, en matière d'expertise, et spécialement l'art. 322, leur deviennent applicables; en conséquence, si leur rapport est jugé insuffisant, il peut être ordonné par le juge qu'il en sera fait un nouveau. — 16 juill. 1817. Rennes. D.A. 7. 682. D.P. 2. 123.

259. — Décidé cependant qu'il n'en est pas d'une expertise atramentaire ou en vérification d'écriture, comme d'une expertise ordinaire, et la science des experts atramentaires n'étant que conjecturale, les juges *doivent* ordonner une nouvelle expertise, pour peu que la première ne présente pas de renseignemens suffisans. — 12 juin 1812. Besançon. Joly. D.A. 7. 681. D.P. 2. 122.

260. — ... Et en matière d'enregistrement, le tribunal qui annulle une expertise *doit*, à peine de nullité, ordonner une expertise nouvelle. — 29 fév. 1832. Civ. c. Enreg. C. Saussines. D.P. 32. 1. 109.

261. — Dans le cas où deux expertises ont donné deux avis *unanimes* en sens contraire, les juges ne sont point tenus d'ordonner une troisième expertise; il suffit qu'ils jugent d'après leur conviction (C. pr. 323). — 20 déc. 1830. Req. Bordeaux. Delerces. D.P. 31. 1. 23.

262. — De ce que l'art. 322 porte que les juges pourront ordonner *d'office* une nouvelle expertise, résulte-t-il qu'il ne soit pas permis aux parties de la demander? — Oui (Pigeau, p. 300, et les auteurs du *Praticien*). Non (Demiau, p. 234; Delaporte, p. 108; Carré, n. 1214, et Favard, § 4, n. 1).

Dalloz remarque en effet que le droit de réclamer une nouvelle expertise entre dans les élémens de la défense, ... que seulement les juges apprécieront le mérite de cette demande. — D.A. 7. 681, n. 2. — Conf. V. n. 9 et suiv.

263. — Les tribunaux ne doivent ordonner une nouvelle expertise qu'après avoir annulé la première, et ils autorisent les nouveaux experts à prendre des renseignemens auprès des premiers.

264. — Cependant, s'il est formé tierce-opposition au jugement qui a prononcé sur la première expertise, les juges peuvent, sur cette nouvelle instance, ordonner une autre expertise par d'autres experts. Ici ne s'applique pas l'art. 322 C. pr., car tout ce qui a été fait précédemment est étranger au tiers-opposant. — 5 avril 1810. Lyon. Praire. D.A. 12. 662. D.P. 2. 1390.

265. — Quand un tribunal déclare un premier rapport d'experts insuffisant, et qu'il en ordonne un second, en statuant sur le résultat de celui-ci, il ne s'interdit pas le droit de prendre dans le premier tout ce qu'il y trouve de régulier; il peut, en conséquence, combiner la teneur des opérations des deux procès-verbaux d'expertise. — 9 août 1816. Orléans. Dame V... D.A. 7. 681, n. 2.

266. — Une nouvelle expertise ne doit être ordonnée qu'avec circonspection, et quand de simples explications paraissent suffisantes, le juge les demande aux mêmes experts.

267. — Il ne leur est pas interdit, en effet, d'interroger d'office les experts sur des circonstances qui leur paraissent mériter des explications, surtout lorsque ces circonstances sont alléguées, pour la première fois, par l'une des parties, depuis la clôture du rapport. — 7 août 1827. Req. Limoges. Gilbert-Gory. D.P. 27. 1. 434.

268. — En ordonnant une nouvelle expertise, les juges peuvent ordonner que les nouveaux experts opéreront en présence des premiers experts et autres individus désignés, lesquels sont capables de donner des renseignemens. On dirait en vain que ces individus n'étant pas liés par le serment, il y a excès de pouvoir ou irrégularité dans une telle disposition. — 4 janv. 1820. Civ. r. Montpellier. Benezech. D.A. 7. 682. D.P. 20. 1. 49.

269. — La partie qui a concouru à l'exécution d'un jugement par lequel un rapport d'experts a été annulé et des experts nouveaux ont été nommés, n'est pas recevable à interjeter appel de ce jugement, pour prétendre que la première expertise doit être suivie. — 5 mai 1809. Colmar. C.... D.A. 7. 672. D.P. 1. 182, n.

270. — Lorsque, sur l'appel d'un jugement portant nomination d'experts, la cour royale a désigné de nouveaux experts, la partie qui a obtenu cet arrêt est non-recevable à se plaindre que les premiers experts aient continué d'opérer, si elle a gardé le silence le plus absolu sur l'assignation, afin de nomination d'un nouveau juge-commissaire pour recevoir le serment de ces experts, sur la signification du jugement de cette nomination et de la prestation de serment, sur la sommation d'assister aux opérations des experts, et enfin sur la signification du procès-verbal d'expertise. — 28 janv. 1828. Rouen. Gury. D.P. 32. 1. 320.

271. — En homologuant une expertise comme suffisante pour établir les droits des parties, le juge motive suffisamment le rejet de la demande d'une expertise nouvelle (C. pr. 141). — 9 fév. 1822. Req. Rennes. Nelumières. D.P. 32. 1. 325.

272. — Ce n'est que parce qu'ils n'ont pas encore suffisante connaissance de cause pour juger que les tribunaux ordonnent une nouvelle expertise ou toute autre mesure interlocutoire, ainsi, l'arrêt qui ordonne une nouvelle expertise est légalement motivé s'il énonce qu'il est rendu avant faire droit. — Même arrêt.

273. — Les mêmes experts peuvent être chargés de l'expertise nouvelle. Il est généralement reconnu qu'il ne résulte contre eux aucune incapacité, aucune cause de reproche, de ce qu'ils se sont déjà livrés à un premier travail. Ici la loi s'écarte un peu de ce qui se pratique en matière d'enquête, où l'on peut reprocher les témoins qui ont donné des certificats sur les faits relatifs au litige. Or, peut-on dire, un premier rapport dans lequel des experts ont exprimé leur avis doit être assimilé à un certificat. Cet argument, en thèse générale, n'est pas sans force, puisque les causes de récusation des experts sont les mêmes que celles admises contre les témoins.

274. — Mais remarquons 1° que d'ordinaire, les juges se bornent à demander plutôt des explications supplémentaires qu'un rapport nouveau, 2° que, d'ailleurs, c'est d'office qu'ils font cette désignation, et souvent sans réclamation de parties, ce qui, jusqu'ici, a presque toujours écarté la question générale.

275. — Jugé, en effet, 1° que les tribunaux peuvent, dans le cas où ils jugent un second rapport nécessaire, nommer les mêmes experts, alors d'ailleurs qu'il ne s'agit que de suppléer à des omissions et à l'insuffisance du premier rapport (C. pr., art. 322). — 5 mars 1818. Req. Bordeaux. Lalanne, etc. D.A. 7. 663. D.P. 19. 1. 137.

276. — 2° Qu'il ne saurait y avoir nullité dans une nomination des mêmes experts pour faire un nouveau rapport, alors que cette nomination n'est faite que pour le cas où les parties ne s'accorderaient pas sur le choix de trois nouveaux experts (C. pr., art. 322). — Même arrêt.

277. — 3° Que lorsque des juges, qui ne trouvent pas dans un rapport d'experts des éclaircissemens suffisans, en ordonnent un second, ils ne sont pas tenus de choisir de nouveaux experts; ils peuvent désigner ceux qui ont déjà été choisis, alors que la nouvelle expertise a pour objet, en plaçant sous leurs yeux de nouveaux documens, non de contrarier leurs premières opérations, mais de les compléter; et un arrêt qui l'a décidé ainsi ne peut être annulé, surtout lorsque ces nouveaux experts n'ont pas été récusés. — 1er fév. 1832. Req. Paris. Lointier. D.P. 32. 1. 375. — V. n. 76.

278. — Et qu'ainsi des experts qui ont déclaré dans un premier rapport qu'il leur était *impossible* de se livrer à l'appréciation en suivant le mode tracé par le jugement, et qui ont demandé à être autorisés à suivre un autre mode qu'ils indiquent, ont pu, si ce dernier mode paraît trop dispendieux, être chargés, par jugement nouveau, de *continuer* leurs opérations d'après le mode prescrit par le tribunal. On dirait en vain que c'est là une expertise nouvelle, et non la continuation d'une précédente expertise. — Même arrêt.

279. — 4° Que des experts, quoiqu'ils aient déclaré dans un rapport que des travaux, exécutés par l'une des parties pendant le cours de l'expertise, n'ont causé à l'autre partie qu'un préjudice à peine appréciable, ont pu être chargés, par le tribunal, d'évaluer ce préjudice, et le tribunal n'est pas obligé de nommer d'autres experts, surtout si la partie s'est bornée à en faire la demande, mais sans récuser ceux qui avaient déjà été nommés. — Même arrêt.

280. — 5° Qu'il en est de même en matière correctionnelle; qu'ainsi, aucune loi ne s'opposant à ce que l'un des experts qui a déjà concouru à une première expertise ordonnée en matière correctionnelle, soit ultérieurement nommé pour procéder à une seconde, on ne peut pour ce motif exercer aucune récusation contre lui, surtout si la seconde expertise n'est que le supplément de la première. — 19 déc. 1833. Cr. r. Lyon. Parmentier. D.P. 34. 1. 395.

281. — Mais, lorsqu'une expertise est annulée par le motif qu'il y a été procédé par l'un des experts seul, en l'absence de l'autre, il y a lieu, en cas de nouvelle expertise, de récuser l'expert qui a irrégulièrement opéré, et de nommer un expert pour la partie qui avait nommé l'expert récusé, si elle n'en nomme pas un elle-même. — 31 juill. 1811. Bruxelles. Desthroets. D.A. 7. 666. D.P. 2. 118.

282. — Au reste, les experts peuvent procéder à un nouveau rapport hors la présence des parties ou sans qu'elles aient été dûment appelées. — 27 fév. 1828. Req. Bordeaux. Gauthier. D.P. 29. 1. 381. — V. n. 141, s.

§ 14. — *Effets de l'expertise. — Caractère du rapport.*

283. — L'art. 323 C. pr. porte : « Les juges ne sont point astreints à suivre l'avis des experts, si leur conviction s'y oppose. » — Cette disposition, en consacrant l'ancienne maxime, *dictum expertorum nunquam transit in rem judicatam*, trace bien la limite qui doit séparer le pouvoir du juge de celui des experts. — Ceux-ci, simples conseils, simples donneurs d'avis; ceux-là, investis du droit d'apprécier ces avis, d'y puiser les renseignemens utiles qu'ils peuvent contenir, de les juger, en un mot, d'après leurs lumières et leur conscience. — Au reste, le principe était déjà suivi dans l'ancienne jurisprudence. — V. D.A. 7. 683, n. 1.

284. — Ils peuvent juger sans nouvelle expertise, même contre l'avis des experts. — 22 mars 1813. Civ. r. Grenoble. Taulier. D.A. 3. 769. D.P. 13. 1. 223. — V. n. 254, s.

285. — ... Et, par exemple, arbitrer eux-mêmes une somme plus forte que celle fixée par l'expert. — Même arrêt.

286. — Déjà, sous la loi ancienne comme sous la nouvelle, les juges n'étaient pas astreints à suivre le rapport des experts. — 17 mars 1819. Req. Nîmes. Montseveny. D.A. 7. 657. D.P. 19. 1. 377.

287. — Ainsi, même en matière de vérification d'écriture, ils n'étaient pas liés par le rapport des

experts, et ils pouvaient, d'après leur conviction, vérifier, comparer les écritures, et en tirer telles inductions qu'ils ont jugées exactes. — 16 therm. an 10. Civ. r. Grenoble. Barthélemy. D.A. 7. 685. D.P. 1. 1231.

288. — Et sous l'ordonnance de 1667, le tiers-expert n'était pas tenu de se ranger à l'opinion de l'un ou l'autre des experts appelés à statuer sur une question de propriété. Ainsi, quand l'un avait décidé que l'une des parties était propriétaire exclusif, et que l'autre le soutenait seulement mitoyen, le tiers-expert pouvait, sans violer aucun texte de loi, adopter une opinion différente et décider que la propriété appartenait exclusivement à l'autre partie.— 22 vent. an 13. Civ. r. Peyronnet. D.A. 7. 678. D.P. 5. 2. 107.

289.— En un mot, l'art. 323 n'est point introductif d'un droit nouveau; en conséquence, il peut être appliqué sans effet rétroactif, encore que le jugement qui a ordonné le rapport des experts, et ce rapport lui-même, aient précédé la publication de ce code (C. civ. 2).— 10 juin 1818. Req. r. Toulouse. D'Hérisson. D.A. 7. 685. D.P. 19. 1. 139.

290.— L'art. 323 permettant aux juges de ne pas suivre l'avis des experts, quand leur conviction s'y oppose, les juges d'appel peuvent adopter la seconde expertise qui aurait eu lieu en première instance, quoique les premiers juges eussent donné la préférence à la première.— 5 juill. 1816. Rennes. D.A. 7. 684, note 1re.

291 —Une cour royale qui, saisie de l'appel d'un jugement conforme à l'avis *unanime* de trois experts chargés de vérifier l'écriture d'un testament, a cru devoir, pour éclairer sa religion, nommer trois nouveaux experts dont l'avis *unanime* a été contraire à celui des premiers, a pu, d'après sa propre conviction, s'écarter de l'avis des seconds experts, et confirmer le jugement. — On dirait en vain que ce n'est pas la juger d'après sa conviction, mais d'après celle des premiers experts, puisqu'elle avait eu besoin d'une seconde expertise. — 20 déc. 1830. Req. Bordeaux. Delerces. D.P. 31. 1. 23.

292.— Lorsque trois experts, partagés d'opinion, ont rédigé trois rapports séparés, les juges peuvent, sans donner ouverture à cassation, adopter les faits constatés dans l'un des rapports pour base de leur décision, et rejeter ceux des autres rapports, par le motif que, des deux experts qui les ont rédigés, l'un étant en même temps mandataire de l'une des parties, et l'autre ayant été nommé par le president du tribunal, en l'absence du demandeur, leurs opinions ne sauraient mériter la confiance du tribunal. — 21 déc. 1825. Civ. r. Lévy. D.P. 26 1. 98.

293. — Les juges sont si peu liés par le rapport des experts, qu'ils peuvent préférer aux rapports les déclarations des témoins.— 12 janv. 1825. Nîmes. D'Aramon. D.P. 26. 1. 273.

294.— Enfin, le principe de l'art. 322 est général : il doit, à défaut d'exception, s'étendre à toute matière qui ne répugne pas essentiellement à son application. La régie a obtenu la consécration d'une doctrine contraire en matière d'enregistrement ; mais on croit que c'est à tort.— D.A 7. 684, n. 2.—V. n. 377.— *Contrà*, Carré, n. 1220; Favard, sect. 3, n. 2.

295. — Les juges n'étant autorisés à s'écarter de l'avis des experts que lorsqu'ils ont la conviction personnelle qu'ils se sont trompés, il suit de là qu'il y a lieu de casser l'arrêt d'un cour royale, qui, au sujet d'une vérification d'écriture, faisant prevaloir l'opinion solitaire de l'un des experts sur celle des deux autres, n'a pas déclaré qu'elle se décidait d'après sa propre conviction, mais seulement parce que l'avis de l'expert dont elle a adopté l'opinion semblait rendre la question incertaine (C. pr., art. 323). —7 août 1815. Civ. c. Douai. Vardarcolme. D.A. 7. 685.—Conf. Favard, § 4, n. 2, suivant lequel l'opinion de la majorité des experts est la règle naturelle des tribunaux.

Mais la présomption n'est-elle pas que le juge a obéi à cette conviction? N'est-ce pas en ce sens que sa décision doit être interprétée, et dès qu'il motive son jugement, que peut-on lui demander de plus? N'est-ce pas là une déclaration implicite et formelle que sa conviction est contraire à l'avis des experts? L'affirmative nous a paru certaine (V. nos observations, D.P. 33. 1. 321), et l'on va voir que les derniers arrêts se rapprochent de cette interprétation de l'art. 323.

296. — Jugé, dans le sens de la décision qu'on vient d'indiquer, qu'une expertise ne peut, surtout en matière de partage, être rejetée par le juge comme inexacte, lorsque cette inexactitude n'est pas clairement justifiée.—9 fév. 1832. Req. Rennes. Nétumières. D.P. 32. 1. 325.

297. — Et qu'ainsi les juges ne peuvent s'écarter de l'avis des experts *sans motifs*, et d'une manière arbitraire.— 8 janv. 1830. Bordeaux. Bernardeau. D.P. 30. 2. 86.

298.— Mais quoiqu'une nouvelle expertise ait eu lieu sur l'appel, on peut se borner à adopter les motifs des premiers juges, sans que l'arrêt qui omet de donner les motifs exprès du rejet de cette expertise, soit susceptible d'être annulé pour défaut de motifs (C pr. 141).— 25 juill. 1833. Req Montpellier. Maraval. D.P. 33. 1. 321.—V. nos observations conformes, *eod.*

299 — Et, en matière d'expropriation pour cause d'utilité publique, les juges, lorsqu'ils s'écartent de l'avis unanime des experts qu'ils ont nommés, ne sont pas obligés, à peine de nullité de leur jugement, de déclarer positivement qu'ils ont une conviction contraire à l'opinion exprimee dans le rapport. Il suffit qu'ils expriment les motifs de leur jugement, ou qu'ils déclarent adopter l'avis de l'un des experts primitivement désignés par les parties (C. pr. 323; l. 8 mars 1810, art. 17).— 18 mars 1829. Req. Paris. Bullourde. D.P. 29. 1. 189.

300.— Au reste, la déclaration que la conviction du juge s'oppose à l'adoption de l'avis des experts, peut être implicite.

.... Et, par exemple, dans le cas où une expertise nouvelle a eu lieu en appel, le vœu de l'art. 323 C. pr. est rempli, lorsque, contrairement à l'avis émis dans cette expertise, la cour se borne à adopter les motifs des premiers juges.— 25 juill 1833 Req. Montpellier. Maraval. D.P. 33. 1 321

301. — Dalloz n'admet pas l'avis de Carré, p. 763, note 1re, suivant lequel les juges seraient liés par l'expertise qu'ils auraient ordonnee dans le cas de l'art. 1678, afin d'obtenir la preuve de la lésion dans une vente. — Il importe peu que l'expertise soit le seul mode auquel les tribunaux peuvent recourir. — Cette exclusion des autres genres de preuve ne doit point avoir pour effet d'affaiblir la garantie que la loi a voulu donner aux citoyens, ce qui arriverait si l'autorité inamovible du juge devait s'abaisser devant le pouvoir precaire et variable de l'expert (D.A. 7. 684, n. 3).— 18 avril 1831. Grenoble Sarpeille. D.P. 32. 2. 88.

302. — Toutefois, il est des cas où il semble que l'avis des experts doit avoir, pour ainsi dire, l'effet d'un jugement. C'est lorsque le tribunal, en prononçant une condamnation à une somme determinée, laisse aux parties cette alternative, *si mieux n'aiment les parties a dire d'experts.* — D.A. 7 684, n. 4.

303.— Cependant, même dans ce cas, si l'expertise présentait des obscurites, le tribunal pourrait en ordonner une autre. — Carré, n. 1222, D.A. 7. 684, n. 5.

304—Carré regarde même le jugement, dans la partie qui laisse la faculté d une expertise, comme simplement interlocutoire, et, par une conséquence, il applique à cette expertise la disposition de l'art. 323 C. pr., c'est-à-dire qu'il permet au tribunal de juger de nouveau la contestation, et d'adjuger une somme inférieure à celle qu'il avait fixee, ou même à juger dans un sens tout opposé. — *Contrà*, D.A. 7. 684, n. 5.

305.— Et la cour de Rennes, par arrêt du 7 avril 1813, qu'indique Carré, n. 1221, a jugé, en effet, que, dans ce cas, et si l'on a opte pour le rapport des experts, leur avis doit être la règle et la décision définitive, « attendu que l'option étant consommee en faveur de l'expertise, la condamnation à une somme fixe devient caduque, puisque les deux dispositions étant alternatives et au choix des parties, celle qu'elles ont admise doit nécessairement subsister avec tous ses effets, comme si l'autre n'avait pas été portée. » — D.A. 7. 684, note 1re.

306. — Quoiqu'il soit dit qu'en cas de contestation sur le prix des bois de construction pour la marine royale, appartenant à des particuliers, l'évaluation en sera faite par experts, cependant les tribunaux ne sont pas tenus d'adopter cette évaluation, si leur conviction s'y oppose; ils peuvent en faire eux-mêmes une autre (C. forest. 127). — 12 fév. 1830. Montpellier. Millet. D.P. 30. 2. 168.

307.— De ce qu'une cour royale n'aurait annulé un rapport d'experts que dans la partie sur laquelle ils ont excédé leurs pouvoirs, en prononçant, au lieu de surseoir, sur une question qui sortait de leur mission, il ne saurait résulter une nullité de son arrêt sur le fond, alors qu'indépendamment du rapport qui n'a été pour elle qu'un renseignement,

elle a fondé son arrêt sur les actes du procès — 17 juill. 1826. Req. Montpellier. Com. de Fornaquières. D.P. 28. 1. 332.

308.— Et de ce que des experts, au lieu de surseoir à statuer sur une contestation élevée devant eux par les parties, et sortant de la mission qui leur était confiée, auraient prononcé sur cette contestation, il ne s'ensuit pas que leur rapport ait dû être annulé en totalité ; il a pu n'être annulé que dans la partie qui contenait un excès de pouvoir. — Même arrêt.

309.— Les procès-verbaux des experts ont une date certaine avant l'enregistrement (V. n. 378).— C'est exprimer, en d'autres termes, que ces procès-verbaux font foi de leur date; d'où l'on doit conclure que l'inscription de faux serait nécessaire pour détruire cette énonciation. — D.A. 7. 684, n. 6.

310.— La même force devrait être accordée à d'autres mentions qui rentrent dans le ministère des experts; telles que celles d'avoir procédé en présence des parties, d'avoir reçu d'elles certains dires ou déclarations. — Carré, n. 1223; D.A. *ibid.*

311.— Il suit de là : 1° que lorsque des experts ont été chargés, par la justice, d'apprécier les dégradations et améliorations prétendues par des cohéritiers en litige, et d'entendre ces héritiers, leur rapport doit faire foi des déclarations qu'ils certifient avoir été faites devant eux, par les parties; par exemple, il fait foi que, de leur aveu, il y eut compensation dans les améliorations et dégradations. — 25 juin 1824. Agen. Hérit. Aillet. D.P. 25. 2. 19.

312.— 2° Que le procès-verbal des experts nommés par justice fait foi jusqu'à inscription de faux ; et, par exemple, il suffit qu'il soit declaré dans leur procès-verbal qu'ils ont entendu les parties, pour que l'une d'elles ne soit pas recevable à prouver, par témoins, que les experts ont refusé de l'entendre — 31 août 1826. Amiens. d'Essertaux. D.P. 29. 2. 103

Art. 2.—*Expertise devant les tribunaux de commerce.*

313.— L'art. 429 C. comm. est ainsi conçu : « S'il y a lieu à renvoyer les parties devant les arbitres, pour examen de comptes, pièces et registres, il sera nommé un ou trois arbitres pour entendre les parties et les concilier, si faire se peut, sinon donner leurs avis.

» S'il y a lieu à visite ou estimation d'ouvrages ou marchandises, il sera nommé un ou trois experts.

» Les arbitres et les experts seront nommés d'office par le tribunal, à moins que les parties n'en conviennent à l audience »

314.— Il faut remarquer que cet article emploie simultanément les mots *arbitres* et *experts;* et ce n'est pas sans intention, car la mission qu'il confère dans le premier alinéa, celle de *concilier*, est plus encore dans le rôle du juge que dans celui de l'expert.

315.— Les arbitres dont parle cet article ne sont pas cependant des arbitres-juges dans le sens des art. 51 et suiv. du code de commerce; ce sont des *arbitres conciliateurs*, nommés à l'instar de ce qui se pratique en matière civile, où l'on voit le tribunal renvoyer quelquefois les parties devant un ancien avocat ou devant un avoué pour se concilier si cela se peut, ou pour avoir l'avis de ce dernier. —Thomine, t. 1er, p. 651.

316.— La nomination de l'arbitre ou des arbitres conciliateurs diffère de celle des arbitres-juges : ceux-là sont toujours en nombre impair ; ceux-ci sont d'ordinaire en nombre pair ; et ce n'est qu'en cas de partage qu'un sur-arbitre est nommé Les premiers sont d'ordinaire désignes d'office par le juge, les seconds le sont plus communément par les parties ; et, d'après une jurisprudence contestable il est vrai, le choix de celles-ci lie le tribunal. Les uns se bornent à concilier ou à donner un avis ; les autres jugent le litige.

317. — Les arbitres conciliateurs diffèrent aussi des simples experts, quoique leur mission puisse être confondue suivant les cas Leur mission est gratuite, selon Thomine, t. 1er, p. 652 (V. Honoraires), au lieu que celle des experts ne l'est pas ; ils sont aussi affranchis de l'obligation de prêter serment ; tandis que, suivant Thomine, *eod.*, les experts y sont astreints, à moins qu'ils n'en aient été dispensés par les parties.

318.— Jugé que les experts commerciaux doivent prêter serment devant le juge-commissaire.— 28 août 1824. Orléans. Pasques. D.A. 7. 687, n. 1.

319.— La nomination d'office des arbitres ou experts n'est pas simplement conditionnelle comme

celle des experts ordinaires, et subordonnée au cas où, dans un certain délai, les parties ne s'accorderaient pas; car c'est à l'audience même que les parties *doivent convenir*; sans cela, la désignation du tribunal est définitive.— Thomine, t. 1er, p. 555.

320.—Jugé que le tribunal n'est pas astreint à accorder aux parties un délai de *trois jours* pour nommer leurs experts. — 25 janv. 1831. Bordeaux. Faussat. D.P. 31. 2. 91.

321.— Jugé cependant que les experts ne peuvent être nommés par le tribunal de commerce, que lorsque les parties ne s'accordent point entre elles sur le choix de cette nomination. Les art. 305 et 307 C. pr. sont applicables devant les tribunaux consulaires.— 28 août 1824. Orléans. Pasques. D.A. 7. 687, n. 1 — Mais le second membre de cette proposition contient une erreur manifeste.

322.— De ce qu'il a été procédé avant l'expiration des délais de l'art 305, il n'y a pas nullité, si les parties y ont consenti.—V. plus haut, n. 52.

323.— Thomine dit, *eod.*, qu'après l'audience, les parties peuvent convenir d'autres conciliateurs ou experts que ceux que le juge a désignés. Il semble que cette désignation devrait être sanctionnée par le tribunal pour qu'à ses yeux le travail de ces nouveaux experts ait un caractère légal; et le tribunal, d'ordinaire, maintiendra sa nomination.

324.— L'art. 106 C. comm., § 1er, porte : « En cas de refus ou contestation pour la réception des objets transportés, leur état est vérifié et constaté par des experts nommés par le président du tribunal de commerce, ou, à son défaut, par le juge de paix, et par ordonnance au pied d'une requête. »

325. — Cet article doit, quant à la fixation du nombre des experts, être combiné avec l'art. 429 ci-dessus cité.

326 — En conséquence, le président du tribunal de commerce peut, dans le cas où il y a lieu de vérifier des marchandises, ne nommer qu'un seul expert, alors d'ailleurs *que les marchandises ne sont pas de nature différente.* — 16 déc. 1826 Rouen. Rougier. D.P. 30. 2. 69.

327.— Si les marchandises étaient considérables, d'espèce différente et sujettes à dépérissement, le juge pourrait-il nommer plus de trois experts? L'affirmative ne doit être admise, selon nous, qu'avec ce tempérament, que le juge ordonnerait une expertise particulière pour chaque espèce ou partie de marchandise. C'est en ce sens qu'il faut entendre notre observation (D.P. 30. 2. 69, n. 1).— Un argument contraire peut s'induire de quelques expressions de l'arrêt qui précède.

328. — L'art. 430 dispose : « La récusation ne pourra être proposée que dans les trois jours de la nomination » Cet article correspond à l'art. 309 C pr. — Le délai court, *à partir de la nomination*, si elle est contradictoire, à partir du jour de la signification, si elle est par défaut; et, s'il y a opposition, du jour du jugement rendu sur cette opposition.— Thomine, *eod.*

329. — Si la récusation n'est proposée que trois jours après la nomination de l'expert, dans le cas de l'art. 430 C. pr., elle est inadmissible. — 4 fév. 1818. Rennes. Kerballet. D.A. 7. 665. D.P. 2. 117.

330. — Dans le silence de la loi spéciale, les experts doivent, ce semble, se conformer aux règles qui sont tracées au titre de l'*expertise* et qui ont été exposées dans l'article qui précède (D.A. 7. 687, Thomine, t. 1er, p. 653). — Cependant, l'omission qu'ils feraient à cet égard, donnera rarement lieu à nullité; car, à part les dispositions relatives à la nomination, au serment et à la récusation des experts, il en est peu de l'inobservation desquelles il résulte une nullité.

331. — Il semble cependant que si aucune précaution n'avait été prise pour qu'une des parties fût présente à l'expertise, il pourrait, suivant les cas, résulter de là une nullité. — D.A. 7. 687, n. 3. — V. n. 180.

332.— Jugé que de ce que les art. 429, 430 et 431 C pr. contiennent des formalités applicables aux expertises ordonnées par les tribunaux de commerce, on ne doit pas moins appliquer à ces expertises les formalités prescrites par le code de procédure au titre des rapports d'experts, notamment celles qui tendent à mettre les parties à portée de connaître le lieu, l'époque de l'expertise et le contenu du rapport — En conséquence, il y a lieu d'annuler, sur la demande de l'une des parties, le rapport de l'expert nommé par le tribunal, s'il a eu lieu hors la présence des parties, sans qu'elles aient été informées du jour, de l'heure, du lieu de l'expertise, et sans que le rapport leur ait été signifié (C. pr., art. 315, 429, 430, 431; C. comm. 642). — 7 janv. 1820. Nîmes. Perrier. D.A. 7. 687. D.P. 20. 2 60.

333. — Et l'expertise faite en l'absence des parties intéressées, et sans qu'elles aient été préalablement sommées ou mises en demeure d'y assister, est frappée de nullité.— 5 déc. 1831. Colmar Kœchlin D.P. 33. 2. 69.

334. — Au reste, les tribunaux de commerce ne peuvent point conférer à des commissaires-arbitres le pouvoir d'entendre des témoins (C. pr. 255, 412 et 429). — 16 juill. 1827. Toulouse. Troy. D.P. 29. 2. 91.

335.— Mais le président qui, dans le cas de l'art. 106, a nommé un expert, peut adjoindre un juge pour surveiller l'opération de l'expert, dans l'intérêt de l'une des parties absentes. — 16 déc. 1826. Rouen Rougier. D P. 30. 2. 69 — V. n. 16, 85.

336. — « Le rapport des arbitres et experts sera, porte l'art 431, déposé au greffe du tribunal. » — V. plus haut, n. 232.

ART. 3.— *Expertise devant la justice de paix.*

337. — La procédure devant le juge de paix doit surtout être simple, rapide, économique, celle que l'art. 42 prescrit semble réunir tous ces caractères.

338. — Cet article porte : « Si l'objet de la visite ou de l'appréciation exige des connaissances qui sont étrangères au juge, il ordonnera que les gens de l'art, qu'il nommera par le même jugement, feront la visite avec lui, et donneront leur avis; il pourra juger sur le lieu même, sans désemparer. Dans les causes sujettes à l'appel, procès-verbal de la visite sera dressé par le greffier, qui constatera le serment prêté par les experts. Le procès-verbal sera signé par le juge, par le greffier et par les experts, et si les experts ne savent ou ne peuvent signer, il en sera fait mention (C. pr. 302 et suiv ; T. 21, 25).

339 — Et l'art 43 dispose : « Dans les causes non sujettes à l'appel, il ne sera point dressé de procès-verbal, mais le jugement énoncera les noms des experts, la prestation de leur serment, et le résultat de leur avis. »

340. — Le juge peut ne nommer qu'un seul expert Il en doit être ici comme en matière de commerce.— Carré, t. 1er, n. 175: Favard, sect. 2, n. 2, D.A. 7 688, n. 2 — V. aussi Delaporte, p. 37, et Lepage, p 89.

341. — L'expert ou les experts peuvent-ils être récusés? Les art. 42 et 43 se taisent. Mais la récusation tient à la défense; elle doit être autorisée, ainsi que cela a lieu pour les nominations que fait le juge de paix en matière d'enregistrement — D.A. 7. 688, n. 3. — *Contrà*, Carré, n. 176

342.— ...Et elle doit l'être pour les mêmes causes qui rendent récusables des arbitres ordinaires. — D.A. *eod.* — *Contrà*, Carré, *eod.*

343. — Quant aux délais et aux formes de la récusation, tout doit être instantané : on doit consulter l'esprit de l'art. 429 plutôt que celui de l'art. 408 C. pr. — D.A. 7. 688, n. 3.

344. — Il nous paraît pas absolument nécessaire que la nomination de l'expert ou des experts soit faite d'*office.* Le juge de paix peut, il doit même, donner acte aux parties de la nomination qu'elles déclarent faire d'un commun accord; nous pensons que c'est pour lui une faculté et non une obligation (D.A. 7. 689, n. 4). Carré, n. 174, se rapproche de cet avis.—V. aussi Lepage, p. 88 et Delaporte, p 37.

345. — Les parties qui ont assisté au jugement de nomination des experts, doivent-elles, à peine de nullité, être assignées pour être présentes à l'expertise? Non; quoiqu'il serait mieux qu'elle le fussent. — D.A. 7. 689, n. 5.

346. — Au reste, les experts nommés par les parties au bureau de paix, où elles avaient comparu volontairement, sont dispensés d'indiquer le jour de leur opération, de rédiger leur rapport sur les lieux, et d'en déposer la minute au greffe. — 5 déc. 1811. Besançon. Comm. de Dompierre. D.A. 7. 688 et 689.

347 — Carré, n. 177, et Biret, t. 2, p. 299, font observer que l'avis des experts et la visite du juge de paix ne doivent être constatés que par un seul procès-verbal, et que le greffier occasionne des frais frustratoires, s'il rédige deux procès-verbaux séparés. Néanmoins, quand un juge de paix ordonne une expertise pour apprécier une contrefaçon, on comprend qu'un procès-verbal isolé est indispensable pour constater l'avis de l'expert. — D.A. 7. *eod.*, n. 6.

348. — Le juge de paix n'est pas astreint à suivre l'avis des experts; ici s'applique l'art. 323 C. pr. — Carré, n. 177; D.A. 7. 689, n. 7.

ART. 4. — *Expertise en matière d'enregistrement.*

349. — *Cas où il y a lieu à l'expertise.* — L'art. 15 de la loi du 22 frim. an 7 porte : « la valeur de la propriété, de l'usufruit et de la jouissance *des immeubles*, est déterminée, pour la liquidation et le paiement du droit proportionnel, ainsi qu'il suit : 1°..... 6° par le prix exprimé, en y ajoutant toutes les charges en capital, *ou par une estimation d'experts* dans les cas autorisés par la présente loi. » — D.A. 7. 307, n 5.

350. — On lit dans l'art. 17 : « Si le prix paraît inférieur à la valeur vénale, la régie pourra requérir une expertise, pourvu qu'elle en fasse la demande dans l'année de l'enregistrement du contrat »

351.— L'art. 18 détermine les formes de la nomination des experts et du tiers-expert, leur mode d'opérer, etc

352.— L'art. 19 prescrit aussi l'expertise pour l'évaluation des revenus des biens.

353. — L'art. 18 cité avait dit que l'expertise serait demandée au tribunal civil du département dans l'étendue duquel les biens étaient situés. — L'art. 1er de la loi du 15 nov. 1808 a statué sur le cas où les biens sont situés dans le ressort de plusieurs tribunaux : il veut qu'on s'adresse au tribunal du chef-lieu de l'exploitation, ou, à défaut, à celui où se trouve la partie des biens du plus grand revenu. — Il veut aussi qu'on choisisse les experts dans le ressort du tribunal de la situation des biens. Les experts prêtent serment devant le juge de paix de la situation des biens.— D.A. 7. 308, n. 2.

354. — Enfin, les art. 1 et 2 de la loi du 15 nov. 1808 indiquent le tribunal auquel on doit s'adresser lorsque les biens sont situés dans le ressort de plusieurs tribunaux.

Art. 1er. « Lorsque, dans les cas prévus par les art. 17, 18 et 19 de la loi du 22 frim. an 7, il y aura lieu à expertise de biens-immeubles situés dans le ressort de plusieurs tribunaux, la demande en sera portée au tribunal de première instance dans le ressort duquel se trouve le chef-lieu de l'exploitation, ou, à défaut de chef-lieu, la partie des biens qui présente le plus grand revenu, d'après la matrice des rôles. Ce même tribunal ordonnera l'expertise partout où elle sera jugée nécessaire, à la charge néanmoins de nommer pour experts des individus domiciliés dans le ressort des tribunaux de la situation des biens, et il prononcera sur leur rapport. — Les experts seront renvoyés, pour la prestation du serment, devant le juge de paix du canton où les biens sont situés. — D.A 7. 308, n.

355.— *Qualité pour être expert.* — Tout individu peut être nommé expert ou tiers-expert : le juge de paix n'est pas obligé d'en circonscrire le choix dans les listes d'experts dressées par les juges de paix de l'arrondissement.— 30 déc 1822. Civ. c Guenivcau-Delaraye. D.A. 7. 314. D.P. 2. 56.

356.— *Nomination des experts.*— Le tribunal devant lequel la demande est portée, sur le refus par l'une des parties de nommer son expert, lui en choisit un d'office; mais la nomination du tiers-expert appartient au juge de paix du canton de la situation des biens. — D.A. 7. 307, n. 5.

357.— Chaque partie nomme son expert, et on appelle un tiers-expert, en cas de partage (L 22 frim. an 7, art 18). La marche tracée par le code de procédure n'a point dérogé à l'art. 18 de la loi de frimaire, parce qu'il est de principe, reconnu par un avis du conseil d'état, du 1er juin 1807, que l'art. 1041 C. pr., qui prononce l'abrogation des lois et réglemens généraux relatifs à la procédure, ne s'applique point aux lois et réglemens concernant la forme de procéder en matière d'enregistrement. — D.A. 7. 307, n. 4. — Arrêts conf. : 25 oct. 1808. Civ. c. Enreg. C. Calvière. D.A. 7. 310. D.P 8. 1. 536 —2 mai 1810. Civ. c. Enreg. C. Montmorin. D.A. 7. 310. D.P. 2. 56.

358. — Chaque partie a le droit de nommer son expert, et ce n'est que sur le refus de l'une d'elles, après sommation, que le tribunal peut lui en nommer un d'office. — *Spécialement*, lorsque la régie a désigné un expert, et que des moyens de récusation ont été proposés contre lui, le tribunal qui, sans juger ni admettre ces moyens, nomme d'office un autre expert, à la place de celui qui a été récusé, contrevient à la loi — 26 oct. 1813. Civ. c. Enreg. C. Boileau. D A. 7. 311. D.P. 2. 50.

359.— Lorsque l'expert choisi par la régie a été agréé par jugement, il ne peut lui en être nommé un autre d'office par le tribunal, sans contrevenir à la chose jugée.— 27 avril 1807. Civ. c. Enreg. C. Colin. D.A. 7. 302. D.P. 2. 53.

360.— Le jugement qui admet la demande en ex-

pertise, et qui nomme des experts à l'effet d'y procéder, est un jugement définitif, susceptible du recours en cassation.— 27 avril 1807. Civ. c. Enreg. C. Colin. D.A. 7. 302. D.P. 2. 53.

361.—*Récusation des experts.*— La régie ne peut pas récuser l'expert nommé par elle, pour des causes existantes à l'époque de sa nomination, et qu'elle pouvait connaître. Ici s'applique l'art. 302. —16 juill. 1822. Req Enreg. C. Garret. D.A. 7. 314. D.P. 2. 56.

362.— Des experts ne peuvent pas être considérés comme des mandataires que l'on soit libre de révoquer à son gré.—Même arrêt.

363.— C'est le juge de paix, et non le tribunal d'arrondissement qui doit connaître, *en premier ressort*, de la récusation formée contre le tiers-expert nommé par le juge de paix, dans le cas prévu par l'art. 18 de la loi du 22 frim. an 7.—30 déc. 1822. Civ. c. Hueniveau-Delaraye. D.A. 7. 314. D.P. 2. 56.

364. — *Mode d'évaluation.* — « Lorsque le *prix énoncé* dans un contrat translatif de propriété ou d'usufruit d'immeubles paraît inférieur à leur valeur vénale, à l'époque de l'aliénation, *par comparaison avec les fonds voisins de même nature*, la régie, dit l'art. 17, peut requérir une expertise. » L'estimation, dans ce cas, n'est plus calculée sur le *revenu*, mais sur la valeur *en capital* de l'immeuble, et les experts sont appelés à fixer cette valeur. — D.A. 7. 307, n. 2.

365.— En matière d'échange, ou quand la mutation de propriété ou d'usufruit s'opère à titre gratuit, la déclaration des parties doit porter sur la somme des biens qui se capitalise ensuite au denier 10 ou au denier 20, suivant qu'il s'agit d'une transmission de propriété ou d'usufruit. La même règle doit être suivie pour l'expertise (D.A. 7. 307, n 1).— Cela résulte des termes d'un arrêt, du 27 déc. 1820. Civ. c. Lyon. Enreg. C. François. D.A. 7. 209. D.P. 9. 53.

366.— Les tribunaux, en ordonnant une expertise, pour fixer la valeur vénale d'un immeuble, dont le véritable prix de vente paraît à la régie avoir été dissimulé, ne peuvent s'écarter du mode d'évaluation tracé par la loi, en matière de vente : ainsi, ils ne peuvent ordonner que l'estimation sera faite d'après le revenu de l'immeuble, multiplié par vingt, lorsque la loi veut que cette estimation soit faite *par comparaison avec les fonds voisins de même nature.*— 23 mars 1812. Civ. c. Enreg. C. Bonnecarère. D.A. 7. 309. D.P. 12. 1. 351.

367.— L'art. 17 de la loi du 22 frim. an 7 n'ayant pas déterminé, d'une manière précise, les bases que les experts doivent suivre dans leur évaluation, ils peuvent choisir celles que leurs lumières et leur conscience leur suggèrent, sauf aux juges à les apprécier.— 6 avril 1815. Req. Enreg. C. Demangeon. D.A. 7. 310. D.P. 2. 56, et 15. 1. 367.

368. — *Spécialement*, encore que les experts, dans l'estimation qu'ils ont été chargés de faire d'un immeuble, n'aient pas opéré *par comparaison avec les fonds voisins de même nature*, ce n'est pas une raison suffisante pour ordonner une nouvelle expertise, si le tribunal juge sa religion suffisamment éclairée par la première (C. pr. civ., art. 323). — Même arrêt.

369.— C'est aux tribunaux à décider si les bases que les experts ont prises pour leur estimation sont ou non conformes au vœu de la loi. Ainsi, ils peuvent, sans se constituer eux-mêmes experts, et sans excéder leurs pouvoirs, réduire à la valeur de l'arpent ordinaire fournie par les experts, la plus-value donnée par ceux-ci à de certains fonds, sous prétexte qu'on pouvait en tirer un plus grand avantage, en changeant la nature de leurs produits.— 8 brum. an 14. Req. May. D.A. 7. 308. D.P. 2. 54.

370.—Lorsqu'il s'agira de l'estimation d'un domaine, les experts ne devront pas se contenter d'estimer *en masse*, mais ils devront faire autant d'estimations différentes qu'il y a de fonds de nature diverse ; autrement leur opération ne serait plus faite *par comparaison avec les fonds voisins*, comme le veut l'art. 17 (D.A. 7. 307, n. 3). — 8 brum. an 14. Req. May. D.A. 7. 308. D.P. 2. 54.

371.—Si, au lieu d'estimer un immeuble d'après sa valeur vénale, au temps de l'aliénation, les experts l'ont estimé dans son état actuel, et sans égard à la plus-value résultant et des circonstances et des améliorations qui ont été faites, les juges doivent exiger la constatation, par les experts, de la valeur au moment de l'aliénation, et il y a lieu d'annuler leur décision, s'ils se sont bornés à ordonner aux experts de déduire de leur estimation la plus-value acquise à l'immeuble.— 15 mai 1832. Civ. c. Broutin. D.P. 32. 1. 212.

372.— C'est d'après sa valeur vénale, au moment de la vente, et non d'après sa valeur au moment où l'expertise a lieu, qu'un immeuble doit être estimé pour la perception du droit. — 15 mai 1832. Civ. c. Broutin D.P. 32. 1. 212.

373.— *Présence des parties à l'expertise.*— Lorsque, sur la demande de la régie, il a été rendu un jugement préparatoire ordonnant une expertise pour estimer une propriété, lequel a été signifié au redevable, avec sommation de nommer son expert, ce jugement ne peut être annulé sur la demande de ce dernier, sous le prétexte qu'il n'y a pas été appelé.— 6 juill. 1825. Req. D'Aure. D.P. 25. 1. 357.

374.— *Tiers-expert.*—Le tiers-expert, nommé en cas de discord des deux premiers experts chargés de l'estimation d'un immeuble dont la mutation donne ouverture à un droit proportionnel d'enregistrement, n'est pas obligé d'adopter l'avis de l'un ou de l'autre; il énonce son opinion personnelle, et si il constate une insuffisance d'évaluation, la régie peut s'en prévaloir pour décerner une contrainte en supplément de droits, sans que le redevable puisse exciper de la nullité de l'expertise, à raison de la divergence des estimations fournies par chacun des experts.— 18 août 1823. Civ. c. Enreg. C. Thibert. D.A. 7. 305, D.P. 2. 54, et 23. 1. 408.—Conf. D.A. 7. 307, n. 5.

375.—*Expertise nouvelle.* —Lorsqu'un tribunal, annulant une première expertise faite sur la provocation de la régie, en ordonne une nouvelle, il ne peut nommer d'*office* les experts qui doivent y procéder. C'est aux parties qu'appartient le droit de les choisir, d'après les règles spéciales, tracées en cette matière par l'art. 18 de la loi de frimaire, règles auxquelles les art. 303 et 322 du C. pr. civ. n'ont point dérogé.— 16 juin 1823. Civ. c. Enreg. C. Finot. D.A. 7. 311. D.P. 23. 1. 480.

376.— C'est aux juges qui, en matière d'enregistrement, ont ordonné une nouvelle expertise lorsque la première leur a paru défectueuse ou insuffisante et non à la cour de cassation, qu'il appartient d'apprécier le mérite de cette nouvelle expertise.— 24 juill. 1815. Civ. r. Enreg. C. Varicourt. D.A. 7. 304. D.P. 15. 1. 437.

377.—*Effet du rapport.*—En matière d'enregistrement, les juges ne peuvent pas substituer leur opinion à celle des experts; mais ils ne sont pas tenus d'entériner un rapport qui leur paraîtrait incomplet ou erroné ; ils peuvent et doivent même, dans ce cas, ordonner une seconde expertise.— 7 mars 1808. Civ. c. Enreg. C Elsberg. D.A. 7. 304. D.P. 8. 2. 42. — 17 avril 1816. Civ. c. Enreg. C. Chaléat. D.A. 7. 303. D.P. 16. 1. 308.— V. n. 294.

En conséquence, est nul un jugement qui, en matière de droit d'enregistrement, fixe, pour la perception du droit proportionnel de mutation, la valeur de l'immeuble transmis à titre onéreux, par le revenu, et non d'après l'expertise qu'il avait ordonnée.— 28 mars 1831. Civ. c. Enreg. C. Boscaff. D.P. 31. 1. 86.

378.— Les experts ont une mission légale qui fait que leurs actes ne peuvent pas être considérés comme de purs actes sous seing-privé, qui n'ont de date certaine que par l'enregistrement (L. 22 frim. an 7, art. 18 et 22).— 6 frim. an 14. Civ. c. Makelot. D.A. 7. 311. D.P. 6. 2. 29.

ART. 5.— *Expertise en cas de lésion dans les ventes en papier-monnaie.*

379.—L'art. 1er de la loi du 19 flor. an 10 détermine les formes de l'expertise qu'il établit en cette matière, qui a perdu presque tout son intérêt. On va voir que les tribunaux ne se sont pas regardés comme rigoureusement liés par la lettre de cet article, évidemment trop laconique pour les dispenser de recourir aux règles générales.

380. — L'art. 1er de la loi du 6 floréal an 6 n'ayant prescrit aux experts nommés à l'effet de constater la lésion dans une vente d'immeubles en assignats, que d'avoir égard à l'état et au produit de ces immeubles et de ceux de même nature dans les lieux voisins, à l'époque de la vente, on ne peut, alors d'ailleurs qu'ils ont eu égard à ces documens, annuler leur rapport, en ce qu'il ne donnerait de détails ni sur cet état et ce produit des immeubles, ni sur leur valeur comparative. Les juges auraient pu seulement, si leur religion n'était pas assez éclairée, demander d'autres renseignemens.— 13 pluv. an 11. Civ. c. Cinget. D.A. 7. 689. — 21 therm. an 11. Civ. c. Huré D.A. 7. 689 D.P. 3. 1. 742.— 24 niv. an 13. Civ. r. Bordeaux. Cheyron. D.A. 7. 689. D.P. 5. 2. 106.

381. — Le rapport d'un tiers-expert nommé en vertu de la loi du 19 floréal an 6, a pu être annulé s'il n'exprimait pas ou s'il ne contenait rien d'où l'on ait pu induire qu'il eût eu égard au produit du fonds au moment de la vente. — 11 flor. an 13. Civ. r. Jaillac. D.A. 7. 690. D.P. 9. 2. 115.

382.—Les juges peuvent, sans être astreints à se conformer à l'avis des experts, fixer le prix en numéraire d'un immeuble vendu pendant le cours du papier-monnaie. — 14 déc. 1808. Req. Paris. Potin. D.A. 7. 685. D.P. 9. 2. 16.

383. — Et lorsque, pour déterminer la valeur d'un immeuble dont la vente, faite pendant le cours du papier-monnaie, est attaquée pour lésion d'outre-moitié, deux expertises ont été successivement ordonnées pour remplir le vœu de l'art. 1er de la loi du 19 flor. an 6, les juges peuvent, si les rapports des experts sont insuffisans, y suppléer par leurs connaissances personnelles et les documens mis sous leurs yeux; ils ne sont pas obligés d'adopter le résultat de l'expertise comme base unique de leurs décisions, et, par exemple, ils peuvent adopter un moyen terme entre les deux rapports, sans que leur décision puisse être cassée.— Il importe peu que les seconds experts aient déclaré, dans leur rapport, que les contrats qui ont été mis sous leurs yeux ne leur ont pas donné des moyens de comparaison satisfaisans. — 2 janv. 1828. Req. Gauthier. D.P. 28. 1. 81.

ART. 6.— *Expertise en cas d'expropriation pour utilité publique.—Bois de l'état.*

384. — L'art. 17 de la loi du 9 mars 1810, relative aux expropriations forcées pour cause d'utilité publique, porte que « dans le cas ou les documens fournis sont insuffisans pour déterminer l'indemnité due au propriétaire exproprié, le tribunal peut nommer d'*office un* ou *trois* experts ; leur rapport ne lie point le tribunal, et ne vaut que comme renseignement. » —Comme on voit, le tribunal peut nommer un seul expert, et il le nomme toujours d'office, disposition qui a eu pour objet d'éviter la prépondérance fâcheuse de l'intérêt privé ; mais ce qui ne l'a pas empeché, ainsi qu'on l'a vu lors de la discussion de la loi nouvelle sur l'expropriation.

385.—L'art. 17 de la loi de 1810 ne proscrit pas d'autres dérogations au droit commun. Il semble dès lors qu'à la qualité des experts, au serment, à la récusation, au dépôt, et enfin à la présence des parties, on doit appliquer les règles que nous avons retracées sous les divers paragraphes de l'art. 1er. —D. A. 7. 691, n. 2.

386. — Les formalités prescrites par les art. 30 et suivans de la loi du 16 sept. 1807, notamment celles relatives à la nomination d'experts, ne s'appliquent qu'au cas où il y a lieu à indemnité pour plus-value résultant d'entreprises de grands ouvrages, tels que desséchement de marais, ouverture de route ou de canal, et non au cas où il s'agit de fixer l'indemnité due par l'état aux propriétaires expropriés, et d'évaluer, par suite, les compensations qui peuvent leur être opposées par l'état, pour amélioration de leur propriété.—22 janv. 1829. Req. Bordeaux. Tristan de Latour. D.P. 29. 1. 143.

387. — L'art. 323 s'applique en matière d'expropriation —V. n. 299.

388.—Depuis, a été publié la loi du 7 juillet 1823, dont l'esprit a été de proscrire, dans cette matière, une expertise proprement dite, encore bien qu'on puisse commettre un homme de l'art, un géomètre, pour assister et éclairer le juré délégué par ses collègues pour visiter les lieux...; par suite, il n'y a pas nullité en ce que cet homme de l'art n'aurait pas fait un rapport spécial (art. 42).— 9 juin 1834. Civ. r. Boubers. D.P. 34. 1. 337.

389.— Les règles relatives à l'expertise, prescrites par le décret du 20 juillet 1808, spécial aux partages de bois indivis entre l'état et des particuliers, ne sont pas applicables à l'expertise en matière de cantonnement sur les bois appartenant à l'état. — 20 août 1828. Req. Bourges. Préfet de la Nièvre. D.P. 28. 1. 393.

ART. 7.—*Expertise en matière administrative.*

390.— L'art. 8 de la loi du 16 sept. 1807, relative au desséchement des marais et à d'autres objets d'utilité publique, porte que, pour les estimations qui, d'après les articles précédens, devront être faites dans le cas où le desséchement des marais serait entrepris par d'autres que ceux à qui ils appartiennent, les propriétaires des marais, par l'organe de leurs syndics, « nommeront et présenteront un expert au préfet du département, les concessionnaires en présenteront un autre, le préfet nommera un tiers-expert. Si le desséchement est fait par l'é-

tat, le préfet nommera le second expert ; et le tiers-expert sera nommé par le ministre de l'intérieur. »

391.— L'art 56 ajoute : « Les experts, pour l'évaluation des indemnités relatives à une occupation de terrain, seront nommés, pour les objets de travaux de grandes voiries, l'un, par le propriétaire ; l'autre, par le préfet, et le tiers-expert, s'il en est besoin, sera de droit l'ingénieur en chef du département. Lorsqu'il y aura des concessionnaires, un expert sera nommé par le propriétaire, un autre par le concessionnaire, et le tiers-expert par le préfet.— Quant aux travaux des villes, un expert sera nommé par le propriétaire; un par le maire de la ville, ou arrondissement, pour Paris, et le tiers-expert par le préfet. »

392.—Ces articles, comme on voit, ne s'occupent, pour ainsi dire, que d'une seule chose, la nomination des experts et des tiers-experts. C'était là, en effet, le point le plus important. Mais quoiqu'il en résulte de notables dérogations au droit commun, on verra que le conseil d état s'en est souvent rapproché. Il a même parfois interprété le code de procédure avec plus de rigueur que ne l'ont fait les tribunaux ordinaires.— D.A. 7. 691, art. 1er.

393.—Les principes retracés à l'art. 1er de ce mot peuvent donc être invoqués par analogie : c'est au jurisconsulte qu'il appartient de les modifier selon l'esprit de la loi du 16 sept. 1807, exprimé dans le petit nombre des textes qu'elle contient sur les expertises.—*ibid.*

394.—*Cas où il y a lieu à expertise.* — Les conseils de préfecture peuvent recourir à des expertises pour interpréter un acte de vente de biens nationaux.—2 fév. 1821. Ord. cons. d'état. Ve Joly. D.A. 7. 691, n 1.

395.— Lorsqu'en vertu de la loi du 7 sept. 1827, des biens ont été cédés à un hospice, en remplacement de ceux dont il avait été dépouillé, s'il est prétendu plus tard que les biens cédés excèdent la valeur des biens enlevés et que l'hospice soutienne le contraire, il y a lieu d'ordonner une expertise contradictoire pour vérifier et établir l'excédant. — 18 déc. 1822 Ord. cons. d'état. Havre. D.A. 7. 691, n 1-2.

396. — Lorsque, sur une contestation au sujet d'une vente de biens nationaux, l'interprétation des actes qui ont préparé et consommé la vente, ne suffit pas pour faire prononcer sur les objets en litige, le conseil de préfecture ne peut, sans excéder sa compétence, et empiéter sur les attributions des tribunaux, avoir recours à un rapport d'experts pour suppléer cette insuffisance de documens — 16 avril 1823. Ord. cons. d'état. Cassaynole. D.A. 7. 691, n. 1-3.

397. — Dans le cas où, sur la demande d'un propriétaire tendant à une réduction de revenu net sur des usines, qu'il prétend trop évaluées, un avis des répartiteurs de la commune a rejeté cette demande comme mal fondée, si, dans les dix jours qui ont suivi cet avis, le réclamant n'a pas fait connaître son refus d'y adhérer ou son intention de recourir à une expertise, il est plus tard non-recevable à présenter cette demande (art 21, loi du 2 mess. an 7) — 19 nov. 1823. Ord. cons. d'état. Vossieux. D A. 7. 691, n. 1-4.

398.—Dans le cas où les commissaires classificateurs refusent de donner leur avis sur les réclamations contre les opérations cadastrales d'une commune, il convient de nommer d'office un expert chargé de les représenter pour vérifier les points en litige, contradictoirement avec les experts choisis par les réclamans; et, si les opérations de ces experts sont régulières, de les prendre pour base de la décision.— 25 nov. 1831. Ord. cons. d'état. Torterat. D.P. 34. 3 64.

399. — Les réclamations relatives à la classification et aux évaluations cadastrales doivent, comme tout ce qui se rapporte au simple classement des propriétés, être soumises à la vérification d'experts (Arrêté 4 floréal an 8).— 2 mai 1834. Ord. cons. d'état. Min. des fin. C. Freytag. D.P. 34. 3. 61.

400. — *Nomination.* — Le mode de nomination d'experts, tel qu'il est prescrit par le code civil et le code de procédure, n'est pas d'obligation pour les actes d'administration ; d'autres modes ont été tracés à cet égard par la loi du 16 sept. 1807, et par l ordonnance du 23 juin 1817.

Il est de règle et d'usage, en administration, de laisser aux parties le soin de choisir leurs experts ; il ne leur en est donné d'office que sur leur refus, et quand elles ont été mises en demeure. — 17 nov. 1819. Ord. cons. d'état. Hardy. D.A. 7. 691, n. 2.

401.— Lorsqu'un propriétaire a droit à une indemnité à raison du chômage causé à ses moulins par la prise d'eau faite pour utilité publique, notamment pour une usine servant à l'école des arts et métiers, si l'expertise doit avoir lieu par des experts, ils doivent être nommés contradictoirement par toutes les parties, et si le préfet en nomme un d'office, pour le propriétaire du moulin, sans, au préalable, l'avoir mis en demeure, l'expertise est nulle.— 25 juin 1817. Ord. cons. d'état. Albitte.

402. — Une partie est non-recevable à attaquer, comme n'ayant pas été entendue, un arrêté du conseil de préfecture. alors que les experts, sur le rapport desquels l'arrêté a statué, ont été nommés contradictoirement.— 29 mai 1822. Ord. cons. d'état. Coulon. D.A. 7 691, n. 2

403. — *Serment.* — Une partie est fondée à réclamer contre un arrêté de conseil de préfecture qui a pris pour base de sa décision un rapport d'experts, lesquels, en matière de travaux publics, appelés à évaluer des objets dépéris, n'avaient pas prêté le serment prescrit, et s'étaient livrés à l'interprétation du marché (C. pr., art. 304 et suiv).—13 juin 1821. Ord. cons. d'état. Ville de Nanci. D.A. 7. 691, n. 2.

404. — Mais, de ce que des experts nommés en matière de vérifications relatives à l'assiette des contributions, n'ont pas, avant de procéder à leurs opérations, prêté le serment prescrit par l'art. 305 C. pr., il n'y a pas lieu d'annuler leur rapport.—25 nov. 1831. Ord cons. d'état Torterat. D P. 34.3.64.

405.— *Récusation.*— Devant les conseils de préfecture, les experts peuvent être récusés valablement, lorsque, pendant le cours de leurs opérations et depuis la prononciation du jugement qui a ordonné l'expertise, ils ont bu ou mangé avec la partie (C. pr. 283, 310). — 13 juin 1812. Decr. Lassis. D A. 7. 691, n. 3.

406.—*Motifs de l'avis.*— En matière de dessèchement, s'il résulte des documens de l'affaire que l'estimation faite par la majorité des experts, des diverses classes de terrains soumis au dessèchement, d'après leur valeur nouvelle et l espèce de culture dont ils sont devenus susceptibles, n'est pas exagérée, la décision non *motivée* de la commission spéciale, qui s'écarte de cette estimation, doit être annulée — 16 nov 1832. Ord. cons. d'état. D.P. 33. 3. 13.

407. — *Tiers expert.* — Doit être annulé l'arrêté du conseil de préfecture qui, après avoir pris un arrêté préparatoire ordonnant une expertise, et déclaré qu'en cas de discordance, il serait nommé un tiers-expert, a statué en l'absence du rapport de ce tiers-expert, alors qu'il y avait réellement désaccord entre les deux premiers Il était lié par son arrêté préparatoire — 26 mars 1823. Ord. cons. d état. Ville de Pontarlier. D.A. 7. 691, n.

408. — Dans le cas où un conseil de préfecture, avant de prononcer sur une indemnité due à un propriétaire exproprié, a ordonné une expertise qui a été mal faite, il doit ordonner une nouvelle expertise, et non arbitrer lui-même d'après ses propres données (L. 16 sept. 1807, art. 57) — 3 juin 1818. Ord. Niogres. D.A. 7. 692, n. 2-2.

409.—Lorsqu'un conseil de préfecture a ordonné une expertise pour déterminer la fixation d'une indemnité réclamée, il peut, sur le motif que cette expertise est incomplète, en ordonner une seconde... Ces deux arrêtés doivent être considérés comme des jugemens interlocutoires auxquels, dans aucun cas, le conseil de préfecture n'est tenu de se conformer dans la décision définitive à intervenir. — 18 juill. 1821. Ord. Bourdon. D.A. 7. 692, n. 2.

Il y a lieu d'ordonner une nouvelle expertise devant le même conseil de préfecture qui, sur la demande d'un contribuable en rappel à l'égalité proportionnelle, a pris pour terme de comparaison une cote antérieurement réduite. — 6 fév. 1822. Ord. De Jausé C la Commune de Lanoue.

410. — Sur la demande en réduction de cotisation présentée par l'un des membres de l'association des vidanges des eaux de Trébou, il y a lieu, de la part du conseil d'état, d'ordonner une nouvelle expertise, et d'en indiquer les bases, alors que le rapport des experts, ordonné par le conseil de préfecture et sanctionné par leur arrêté, est insuffisant pour motiver le rappel à l'égalité proportionnelle Les experts procédant à la nouvelle expertise devront être nommés par le conseil de préfecture, à défaut de nomination amiable entre les parties. — 29 mai 1822. Ord. L'association des eaux de Rébou. D.A. 7. 692, n. 2-4.

411. — Dans le cas où, sur le refus d'un particulier exproprié pour cause d'utilité publique (pour la construction d'un canal), d'adhérer à la première expertise qui fixait l'indemnité qui lui était due, il a été procédé à une expertise contradictoire, et alors que le conseil de préfecture, appelé à statuer, n'a prononcé qu'après avoir entendu l'inspecteur des travaux et le directeur des canaux, et qu'ainsi toutes les formalités prescrites par la loi du 16 septembre 1807 ont été régulièrement observées, qu'enfin les experts ont été d'un avis unanime, le propriétaire n'est plus recevable à demander, quels que soient les motifs de sa réclamation, une nouvelle estimation. — 4 juin 1823. Ord. cons d'état. Calmontier. D.A. 7. 692, n. 2-5.

412.— Lorsqu'un réglement d'administration publique a ordonné que plusieurs propriétaires d'usines seraient tenus, au moyen d'une contribution proportionnelle, de l'entretien d'une digue ou chaussée, et que, pour statuer sur l'exécution de ce réglement, le conseil de préfecture a basé sa décision sur des expertises contradictoires et régulièrement faites, il n'y a pas lieu d'annuler cet arrêté et d'ordonner une nouvelle expertise.— 20 oct. 1823. Ord. cons. d'état. Contrib. indirectes C. les Propriétaires du moulin de Basacle. D.A. 7. 692, n. 2-6.

413.—*Effets du rapport.*— En matière de contributions, lorsque deux experts nommés par un conseil de préfecture et par les réclamans se sont accordés dans l'évaluation du revenu des héritages à imposer, et que leur rapport a reçu l'approbation des directeurs et inspecteurs des contributions, il y a lieu d'annuler l'arrêté du conseil de préfecture qui a adopté une évaluation différente (L. de frim. et 2 mess. an 7 : arrêté du 24 flor. an 8) — 8 oct. 1810 Décret. Mainville et autres. D.A. 7. 692, n. 3-3.

414 — Lorsque des experts, nommés pour fixer l'indemnité due à un propriétaire dépossédé pour l'exécution de travaux publics, ont dressé un rapport irrégulier ou suspect de partialité, le conseil de préfecture ne peut faire lui-même l'évaluation de l'indemnité ; il ne peut qu'en référer au préfet, pour qu'il provoque une nouvelle estimation (L. 16 sept. 1807). — 11 juill. 1812. Décret. Goulet. D.A. 7. 692, n. 2.

415.— Les conseils de préfecture sont compétens pour expliquer les actes administratifs de vente et d'expertise.— 30 mai 1821. Ord. cons. d'état. Beaugeard. D A. 7. 692, n. 3.

416.— *Frais.*— Les frais de l'expertise à laquelle a donné lieu une réclamation relative au classement de terres cadastrées, doivent être répartis entre tous les contribuables de la commune, sans en excepter le réclamant, bien que sa réclamation ait été reconnue fondée.— 8 sept. 1830 Ord. Jane. D.P. 32. 3. 5.

—V. Acquiescement, Action possessoire, Arbitrage, Assurance maritime, Avarie, Brevet d'invention, Capitaine, Charte-partie, Communauté, Contrat à la grosse, Contributions directes, Contributions indirectes, Domaines engagés, Domaines nationaux, Douanes, Droits civils, Eau, Elections communales, Enregistrement, Exceptions, Fabriques, Faux, Faux incident, Forêts, Frais, Garantie, Honoraires, Hypothèques, Louage, Mandat, Ministère public, Papier-monnaie, Partage, Patente, Péremption, Prescription, Presse, Propriété littéraire, Requête civile, Saisie-immobilière, Saisie-exécution, Servitude, Société, Tierce-opposition, Vente, Voirie, Voitures publiques.

TABLE SOMMAIRE.

Absence. 212.
Absent. 85, 335.
Accessoire. 191.
Acquiescement. 30, 62, 64, s. 68, s. 146, 161, 176, 212, 267, 322.
Adjonction. 84, s 335.
Appel. 175, 339.
Appel (effet suspensif). 136.
Arbitrage. 316, s.
Arbitre conciliat 314, s.
Avis. 213, s. 1339, 406.
Avocat. 24.
Avoué. 70, 81, 127, 163.
Cassation. 360.
Cantonnement. 389.
Certificat 129.
Chirurgie 14.
Chose jugée. 79, 234, 283, s. 377.
Citoyen illettré. 196.
Commissaire (classificateur). 399, s.
Compétence. 86, 353, s. 415.
Concilateur. 18.
Consul. 93.
Contexte. 237.
Contrainte par corps. 227.
Contributions directes. 398, s. 416.
Conviction. — V. Effet du rapport.
Corporation 22.
Date certaine. 309, s. 378.
Déchéance. 397.
Déclaration au greffe. 81.
Degré de juridiction. 139, 363.
Délai franc. 115.
Dépôt. 226, s. 356.
Désaveu. 70.
Descente. 34.
Désignation. 82.
Devoir. 80, 154, s. 362.
Dictée. 205.

EXPERTISE

Dires. — V. Réquisition.
Disposition d'office. 43,
s. 94, 262.
Dol. 230.
Domaine de l'état. 219.
Dommages-intérêts. 12,
140, 156, 229.
Droit civil. 27, s.
Echange. 218.
Ecriture. 195.
Effet du rapport. 181,
285, s. 348, 568, 577, s.
584, 589, 415, s.
Enquête. 165, s. 354.
Enregistrement. 255, 260,
294, 549, s.
Equivalent. 193, 141.
Erieur. 82.
Estimation. 89, 313, s.
549, s. 565, s. 372.
Etranger. 29.
Excès de pouvoir. 162,
308.
Excuse légitime. 157.
Exécution. 86.
Exécutoire. 248.
Expert nouveau. 74.
Expertise nouvelle. 121,
145, 197, 215, 249, 285,
s. 375, s. 408, s.
Expropriation publique.
384, s.
Fonction. 27, 378.
Frais. 226, 230, s. 240,
257, 416. —(consigna-
tion) 16, 241, s. — frus-
tratoires. 145, 156, 347.
Fruits. 172.
Greffe. 232.
Greffier. 38, 102, 195.
Heure. — V. Rédaction.
Homologation. 236.
Honoraires. 14.
Impartialité. 80.
Indivisibilité. 265, 307.
Ingénieur. 128.
Inlrmation 21, 86.
Inscription de faux. 309,
56, 81.
Intérêt modique. 47, s.
Interprétation. 350', s.
592, s.
Interrogatoire. 167.
Interruption. 92.
Inutilités. 219, s.
Jour férié. 143.
Jour. — V. Rédaction.
Juge. 32, s. — commis-
saire. 16, 84, 270.— de
paix. 34, 94, 343, 353, s.
Jugement. 100, s. —d'ex-
pédient. 68.
Juré. 35.
Justice de paix. 357, s.
Lésion. 301, s. 379.
Lieu de l'expertise. 141,
184, s.
Majorité. 213.
Mandat. 103, 362.
Marais. 380, 390 s.
Marchandises. 313, s.
Matière administrative.
390, s. — commerciale.
98, s. 513, s. — crimi-
nelle. 15, 53, s. 105, s.
280. — sommaire. 257,
Médecin. 130.
Mention. 100, 221, 259.
Mineur (procédure). 50.
public. 158.
Minute. 226.
Motifs. 215, s. 257, 271,
s. 295, 406.—implicite.

300.
Moyen nouveau, 81, 165.
Nombre d'experts. 38, s.
313, s. 526, s. 340.
Nomination. 59, s. 134 ;
345, 356, 384, s. 391, s.
400, s. — (délai) 77-, s.
Nomination d'office. 43,
s. 94, 525, s. 349, 356,
594, s.
Notaire. 26.
Nullité. 4, 141, s.
Nullité (effet). 205.
Nullité substantielle. 182,'
s. 197, s.
Opération matér. 163, 189.
Opposition. 248.
Option. 502, s.
Papier-monnaie. 379.
Parenté. 184.
Partage. 171.
Pouvoir discrétionnaire.
9, s. 21, 91, 157, 244,
285, s.
Présence. 225, 282, 355,
373.
Présence des parties. 183,
193, s. 141, s.
Preuve. 309, s.
Prix de vente. 20, 210,
549, s.
Procès. 126.
Procès-verbal (indica-
cation). 151, s.
Procès-verbal unique.
547.
Protestation. 93.
Publicité. 90.
Qualité. 22, s. 353.
Rapport (levée, significa-
tion) 228.
Rapport d'expert. 2.
Récusation. 2, 70, s. 76;
141, s. 280, 328, s. 341,
s. 361, s. 405.—(cause)
125.—(délai) 114, s.
Rédaction. 179, s. 558, s.
— (lieu et heure) 141,
s. 179, s. 186, s.
Refus. 209, 227.
Remplacement. 134.
Renseignement. 164, 181,
20b.
Réquisition. 160, 177, s.
924
Réserve. 175.
Responsabilité. 230.
Retard. 227.
Rétractation. 94.
Rétroactivité. 87, s. 175,
s. 289, s.
Serment. 41, 67, 94, s.
270, 518, 559, 403, s.—
(dispense) 98, s. 107, s.
161.—nouveau. 103, s.
226. — (présence) 141,
suiv.
Signature. 19b, 207, s.
Simple acte. 240.
Solidarité. 24b.
Sommation. 144, 193, s.
s. 353.
Suspension. 136.
Taxe. 226. s.
Tierce-opposition. 264.
Tiers-experts. 99, 557,
374, 589, s. 407.
Tribunal de commerce.
313, s.
Tutelle. 54.
Ultra petita. 164.
Vacation. 77, s.
Vente nationale. 394, s.
Vérification d'écritures.
17, 258, s. 287, s.

EXPLOIT.—1. — On entend par exploit tout acte fait par un huissier, auquel'la qualité de cet offi-cier public, agissant dans les limites de ses fonc-tions et avec certaines formalités, donne un carac-tère de vérité.—D.A. 7. 695.

2. — Les mots *ajournement*, *assignation*, *cita-tion* sont tous trois, à fort peu de chose près, synony-mes, signifiant l'exploit par lequel une partie est ap-pelée devant un tribunal, soit pour y défendre à une action dirigée contre elle, soit pour déposer comme témoin.

3. — Cependant, on désigne communément par *ajournement* l'acte par lequel on assigne une par-tie devant un tribunal civil, et par *citation*, l'ex-ploit d'assignation devant un juge de paix ou une chambre de discipline.

Boncenne (2, 98) dit également qu'entre l'ajour-nement et la citation, il n'y a d'autre différence que les mots; que l'un s'applique plus particulièrement à l'exploit d'assignation devant un tribunal civil, et l'autre à l'exploit d'assignation devant un juge de paix.

4. — Le mot *signification* désigne ordinairement l'acte par lequel on constate qu'on a donné à une partie copie de certaines pièces, *d'un titre*, *d'un jugement*.

5. — Les mots *sommation*, *commandement* dési-gnent des actes extrajudiciaires par lesquels on met une partie en demeure de faire certaine chose, ou on lui défend de faire telle chose, ou on l'avertit qu'on va prendre certaine mesure à son égard. — V. Distribution par contribution, Ordre, Saisie. —V. aussi l'art. 9 du présent mot.

ART 1er.— *Dispositions générales.*
ART. 2.— *Des formalités communes à tous les ex-ploits.*
§ 1er.— *De la date de l'année, du mois, du jour.*
§ 2.— *Des noms, profession et domicile du de-mandeur. — Procureur-fondé.*
§ 3.— *Des noms, demeure et immatricule de l'huissier.*
§ 4.— *Des noms et demeure du défendeur.*
§ 5.— *Mention de la remise de la copie, et de la personne à qui cette copie est laissée. — Incapables, Etrangers, Parlant à, Serviteur, Voisin, Maire, etc.*
§ 6.— *Indication de l'objet de la demande ou libellé.*
§ 7.— *Coût de l'acte.*
§ 8 — *Signature.*
§ 9.— *Jour et heures où les exploits doivent être faits.*
§ 10.— *Enregistrement.*
§ 11.— *Visa.*
§ 12.— *Exploits qui doivent être signés par les parties et par les témoins.*
§ 13.— *Nullité des exploits. — Tribunal com-pétent.*
ART. 3.— *Des formalités spéciales aux ajourne-mens et aux actes d'appel.*
§ 1er.— *De la constitution d'avoué.*
§ 2.— *De l'assignation et du délai.*
§ 3.— *Indication du tribunal.*
§ 4.— *Indication de l'objet de la demande.—Li-bellé.*
§ 5.— *Désignation de l'héritage, ses tenans et aboutissans.*
§ 6.— *Copie du procès-verbal de non-concilia-tion et des titres.*
ART. 4.— *Actes d'avoué à avoué.*
ART. 5.— *Avenir.*
ART. 6.— *Citation en justice de paix. — Cédule. — Citation devant le tribunal de commerce, et en référé.*
ART. 7.— *Citation devant la cour de cassation et le conseil d'état.*
ART. 8.— *Des citations en matière criminelle.*
ART. 9.— *Du commandement.*
ART. 10.— *Des exploits en matière de contrainte par corps.*
ART. 11.— *Des exploits en matière de contribu-tions indirectes.*
ART. 12.— *Des exploits en matière de douanes.*
ART. 13.— *Des projets.*
ART. 14.— *Des exploits en matière d'élection.*
ART. 15.— *Des exploits en matière de garde na-tionale.*

ART. 1er.— *Dispositions générales.*

6. — Une première condition essentielle pour la validité d'un exploit, c'est qu'il soit fait par un huissier reçu conformément à la loi (V. Huissier), ou un fonctionnaire public ayant capacité à cet ef-fet, et en personne.

7.— Autrefois, en Belgique, on pouvait assigner les étrangers par lettres chargées à la poste; mais cet usage fut abrogé par l'ordonnance de 1667, pu-bliée en Belgique, lors de sa réunion à la France. — 1er germ. an 9. Civ. c. Latour. D.A. 7. 832. — 16 vend. an 15. Civ. r. Mirback. D.A.7.822. D.P.5.1.56.

8.—Les ajournemens, assignations ou citations se sont d'abord faits de vive voix, en présence de té-moins; mais à présent il est de l'essence des ex-ploits d'être écrits.

9. — A Rome, ce fut Justinien qui, dans sa No-velle 112, ch. 2, imposa le premier l'obligation d'é-crire les exploits.

Il est difficile d'indiquer la première loi en Fran-ce qui prescrivit aux sergens de faire par écrit leurs actes, de les signer et d'en donner copie. On voit par l'ordonnance de 1539, qu'à cette époque il existait déjà des dispositions à cet égard. — Bon-cenne, 2, 84.

10 — Tout exploit doit être écrit en langue fran-çaise (Arrêté du gouv., du 24 prair. an 11) et lisi-blement, sans aucun blanc, lacune, intervalle et surcharge.

11.—Les changemens nécessaires seront mis en marge. Ainsi, est nulle et empêche de faire courir les délais d'appel la signification d'un jugement surchargée dans une partie essentielle (le nom de l'avoué à qui elle est faite). — 8 déc. 1808. Besançon. Pageoz. D.A. 7. 759. D.P. 2. 144. — 7 juill. 1803. Besançon. Outhenin. D.A. 7. 70b. D.P. 2. 127.

12.—La surcharge du jour, du mois, dans la date d'un exploit, lorsqu'elle n'est pas régulièrement approuvée, doit faire considérer ce mot comme non écrit, et rend l'exploit nul. — 28 janv. 1852. Cr. c. Grassot. D.P. 52. 1. 168.

13.— Cependant, n'est pas nul un exploit d'huis-sier qui contient des ratures, lorsqu'elles ne pré-sentent aucune ambiguïté; ainsi il n'y a pas lieu à annuler un acte d'huissier, lorsque la copie signi-fiée contient, en *parlant à*, la rature non approuvée du mot *personna*, s'il est remplacé par un mot qui ne représente aucune ambiguïté, par exemple quand il y a parlant *à sa femme*, au lieu de *parlant à* sa personne, et que le reste de la ligne en blanc est rempli par un trait de plume, lorsque, d'ailleurs, l'original de cet acte ne contient pas de rature. — 8 mai 1810. Besançon. Grosperrin. D.A. 11. 717, n. 1. D.P. 2. 1184.

14 — Lorsque, sur une copie, conforme à l'ori-ginal qui est régulier, des mots sont raturés, mais sans approbation des ratures, ces ratures doivent être regardées comme non avenues. — 12 juin 1827. Civ. c. Lyon. Roux. D.P. 27. 1. 267.

15.—La signification d'un jugement ne fait cou-rir les délais d'appel qu'autant qu'elle contient la copie de la formule exécutoire. — 12 fév. 1810. Be-sançon. Boutechoux. D.A. 7. 726. D.P. 2.136. — V. Exploit, n. 145.

16. — Mais il suffit, pour faire courir les délais dans lesquels on doit procéder à une enquête, que le jugement qui l'ordonne soit signifié par extrait contenant le dispositif du jugement, les faits à prouver et le nom du juge-commissaire (C. pr. 257). — 6 avril 1831. Bruxelles. Gérard. D.P. 52. 2. 64. — V. Enquête.

17. — Les dispositions de la loi relatives à la si-gnification de l'acte d'appel, quelque générales qu'elles soient, ne sont pas d'ordre public; intro-duites dans l'intérêt particulier des justiciables, les parties peuvent y déroger. — 7 juin 1820. Orléans. Legardeur. D.A. 9. 960. D.P. 1. 1.b69.

18. — L'assignation donnée au saisi pour voir ordonner le renvoi de l'adjudication définitive à un autre jour, est soumise aux formalités prescrites pour les exploits en général (art. 72 et 1033 C. pr.). — 31 janv. 1817. Besançon. Pacotti. D.A. 11. 747, n. 2. D.P. 2. 1198.

19. — Un principe qui domine toutes les autres formalités, c'est que la copie de l'exploit sert d'o-riginal à la partie qui la reçoit. Cette copie seule est pour elle l'exploit; les formalités doivent y être observées à peine de nullité. Cette règle n'a subi quelques altérations dans la jurisprudence que pour les simples erreurs de copistes, erreurs telles que la partie n'a pas pu se méprendre sur le véri-table contenu de l'acte; du reste, la plupart des arrêts sur ce sujet sont la confirmation de ce prin-cipe, que *la copie sert d'original à la partie qui la reçoit, et que la régularité de celui-ci ne saurait relever la copie des nullités qui la vicieraient.*— D.A. 7. 701; Bonc., 2, 101; Thom., 1, 156.

20. — Ainsi, jugé que la copie tient lieu de l'ori-ginal à la partie qui la reçoit; et si un délai de trois mois s'est écoulé depuis l'arrêt d'admission jusqu'à l'annulation de la signification qui en est faite, la déchéance du pourvoi est encourue, en-

core qu'il résulte de l'original de la signification et de son enregistrement qu'elle a eu lieu dans le délai. — 21 flor. an 10. Civ. r. Mesenges. D.A. 7. 835. D.P. 3. 1. 475.

21. — De même, la copie d'un exploit, laissée à une partie, lui tient lieu de l'original, et peut seule faire foi contre elle, en telle sorte qu'elle peut faire annuler l'exploit, qui n'est pas régulier d'après la copie, encore qu'il le soit d'après l'original. — 13 janv. 1825. Lyon. Guillon. D.P. 25. 2. 202.

22. — La transcription sur les registres, de la part d'une administration départementale, de la copie d'un acte d'appel qui lui a été signifié, constate en sa faveur l'existence de l'appel, quand elle ne représenterait pas la copie signifiée. — 8 prair. an 13. Req. Nimes. Maillot. D.A. 7. 703. D.P. 3. 2. 157.

23. — Le défendeur peut demander la représentation de l'original et par suite en opposer les vices. — Thomine, 1, 160.

24. — Un autre principe, tout aussi certain, c'est que l'exploit fait foi en justice, jusqu'à inscription de faux, des faits que l'huissier y a constatés, c'est-à-dire *des faits de son ministère*, et non des opinions particulières qu'il a exprimées et des conséquences qu'il a déduites de ce qu'il a vu et entendu. — Bonc., 2, 243; D.A. 7. 701.

25. — L'exploit fait foi des énonciations qu'il contient: ainsi, la qualification d'associé donnée dans un exploit signifié à une maison de commerce à celui qui reçoit la copie, fait foi jusqu'à preuve contraire. — 9 avril 1811. Turin. Déabbate. D.A. 7. 707. D.P. 11. 2. 224.

26. — Les tribunaux peuvent refuser d'admettre l'inscription de faux contre un acte d'huissier, lorsque, dans la supposition où cet acte serait déclaré faux, la cause du demandeur n'en serait pas meilleure. Ainsi, ils peuvent refuser d'admettre l'inscription de faux contre un acte d'huissier qui constaterait que les troisièmes placards ont été signifiés au saisi, cette signification n'étant pas exigée par la loi. — 23 juin 1817. Liége. François. D.A. 11. 851, n. 2.

27. — L'accomplissement de toutes les formalités prescrites pour la validité d'un exploit doit être prouvé par l'acte lui-même, c'est le cas de la maxime *non esse et non apparere sunt unum et idem.*

28. — Jugé ainsi que la preuve de l'accomplissement des formalités doit ressortir de l'acte même pour lequel elles sont prescrites. — 24 juill. 1811. Liége. Akermann. D.A. 7. 824. D.P. 2. 169.

29. — De même, la preuve de la délivrance des copies doit résulter des termes mêmes de l'exploit; elle ne saurait s'induire de la perception du droit d'enregistrement basé sur le nombre des parties assignées. — 14 mars 1821. Civ. r. Aix. Rebattu. D.A. 7. 777. D.P. 21. 1. 549.

30. — Lorsqu'une partie ne représente pas la copie d'une sommation qui lui a été faite, si l'original est produit par la partie adverse, la première peut s'en prévaloir comme d'une pièce commune. — 17 juin 1817. Rennes. D.A. 7. 708. D.P. 2. 128.

31. — Lorsque les faits énoncés dans l'original d'un exploit et dans la copie se contrarient, ces énonciations ne méritent pas plus de confiance l'une que l'autre, elles se détruisent mutuellement. — 7 vent. an 7. Civ. c. Dumay. D.A. 7. 702. D.P. 2. 126.

32. — Lorsqu'il résulte d'un acte émané de la partie qu'une décision lui a été signifiée, la représentation de la signification n'est pas nécessaire pour faire rejeter le pourvoi comme tardif. — 20 juill. 1832. Ord. du cons. d'état. Dubourdieu. D.P. 33. 3. 2.

33. — Un décret par défaut ne peut être attaqué au conseil d'état plus de trois mois après sa notification surtout s'il a servi de base à un autre décret postérieur, contradictoire. — 29 août 1821. Ord. du cons. d'état. Lizet. Macarel. 2. 313.

34. — La notification légale à la partie adverse, d'un arrêté préfectoral qui défend à une commune de conduire ses bestiaux dans des pâturages appartenant à une autre commune, ne peut être remplacé par l'envoi officiel à cette commune de l'arrêté et faire courir les délais du pourvoi. — 29 janv. 1825. Ord. du cons. d'état. Comm. de Thann C. Comm. de Cerney. Mac. 5. 55.

35. — L'irrégularité résultant du défaut de mention, dans la copie de signification d'un arrêt par défaut, soit de la date de cet arrêt, soit du sommaire de cet arrêté relaté dans l'original, n'est pas une cause de nullité de l'exploit. — 28 août 1834. Civ. r. Lacoze. D.P. 34. 1. 438.

36. — Un huissier, en signifiant un exploit, doit-il, à peine de nullité, énoncer la réponse de la personne à qui il remet l'exploit? — Non, suivant Boncenne, 2, 244, il ne doit ni la solliciter, ni l'écrire, excepté dans les actes d'offres et quelques autres. — 10 avril 1810. Paris. Marnois. D.A. 1. 150. D.P. 1. 58.

37. — Quelquefois, un acte nul comme exploit peut néanmoins avoir effet en tant que présentant l'équivalent d'un autre acte. — V. Jugement par défaut.

ART. 2. — *Formalités communes à tous les exploits.*

38. — Le code ne reconnaît point de formules d'actes ni d'expressions sacramentelles. Par suite, une formalité peut être observée d'une manière expresse, explicite, en suivant littéralement les indications du code, c'est le mieux; mais elle peut être remplie par des équivalens. — Thomines, 1, 133.

39. — Les formalités des exploits sont diverses; elles varient selon les actes qu'elles concernent. Le but pour lequel elles sont prescrites étant de fixer les prétentions que les parties élèvent l'une contre l'autre, et les faits qu'elles avancent à l'appui et pour la conservation d'un droit, ces formalités doivent varier avec l'objet des actes. — D.A. 7. 700.

40. — Toutefois, au milieu de cette variété de formes, plusieurs sont générales, communes à tous les exploits et essentielles; leur omission enlèverait à l'acte qui en serait dépourvu son caractère d'exploit. — *Ibid.*

41. — Nous nous occuperons d'abord des formes prescrites pour tous les exploits, et nous indiquerons ensuite les formalités spéciales à quelques exploits particuliers.

42. — D'abord une difficulté se présente. Le code de procédure ne s'occupe que sous un rapport très restreint des formes générales des exploits, l'ordonnance n'est pas plus explicite sur ce point; sous l'une et l'autre législation, le détail des formalités se trouve rejeté à l'ajournement; l'art. 68 C. pr. indique, il est vrai, quelques formalités relatives à la remise des exploits en général, mais toutes celles énumérées art. 61, et dont plusieurs paraissent applicables à tout exploit, ne sont formellement prescrites que pour l'ajournement. Leur omission sera-t-elle dès lors sans influence sur la validité des autres exploits, et pourra-t-on, pour le décider ainsi, s'étayer de la disposition de l'art. 1030, qui proscrit toute nullité qui ne serait pas prononcée par la loi? Nous ne le pensons pas. Le but du législateur, quand il exige pour l'assignation l'accomplissement de diverses formalités, est de garantir les droits des parties contre toute surprise, de mettre l'assigné en situation de bien connaître ce qu'on lui demande, de se défendre. Or, cette garantie n'est pas moins nécessaire quand on lui signifie un jugement de condamnation, quand on va l'exécuter sur ses biens, sur sa liberté, que lorsqu'on l'appelle devant le tribunal. Les motifs étant les mêmes, la décision devra donc être identique. — Carré, 1, 145, Berriat, 79, n. 48; Merlin, Rép., v° Exploit, *Quest.*, v° Triage; D.A. 7. 701.

43. — Les formalités des exploits sont de deux espèces: les formalités constitutives de l'acte; ce sont la date des jours, mois et an, les noms, profession et domicile du demandeur, les noms et demeure du défendeur, les noms, demeure et immatricule de l'huissier, l'objet et les moyens de la demande, la désignation des héritages en matière réelle ou mixte, la constitution d'avoué, enfin, l'indication du tribunal et des délais pour comparaître. Les autres formalités sont relatives à la remise de l'exploit dépendantes des circonstances, elles varient avec elles; mais ces circonstances, prévues par la loi, trouvent dans ses dispositions les règles qui s'appliquent à chacune d'elles. Ces formalités feront l'objet des §§ et articles suivans. — D.A. 7. 722.

§ 1er. — *De la date.*

44. — La date est indispensable pour la régularité des exploits, elle se compose de la triple mention de l'année, du mois et du jour.

45. — L'indication de l'heure n'est nécessaire que dans des cas très rares (V. art. 967 C. pr., et v° Enregistrement, art. 10, § 2). Autrefois l'heure était nécessaire lorsqu'il s'agissait d'une saisie-mobilière.

46. — On doit toujours suivre, dans l'indication de la date, le calendrier grégorien, à peine de nullité. — 9 mai 1810. Aix. Bobonne. D.A. 7. 727. D.P. 2. 137.

47. — La date, dans la pratique, se met en tête de l'exploit, mais la loi ne déterminant pas la place où elle doit être, on peut la mettre où on le trouve le plus convenable. — Boncenne, 2, 102.

48. — Si la date de l'exploit est restée en blanc, l'exploit est nul. — Thomine, 1, 156.

Il en est de même si elle est illisible. — *Ibid.*

49. — Il n'est pas nécessaire, à peine de nullité, d'écrire en toutes lettres la date d'un exploit d'appel. — 12 fév. 1810. Besançon. Boutechoux. D.A. 7. 726. D.P. 2. 136. — Boncenne, t. 2, p. 106; Bioche, t. 1er, p. 163, n. 13. — Mais il est beaucoup mieux de l'écrire en toutes lettres, de crainte d'altération.

50. — La simple erreur de date, son omission partielle annullent-elles l'assignation? Plusieurs arrêts rapportés plus bas ont jugé diversement ces questions. Nous pensons, avec Favard et Carré, que la nullité ne doit avoir lieu pour erreur de date, que lorsque l'erreur est telle que la véritable date ne puisse être suppléée par les énonciations de l'acte. Quant à l'omission, même partielle de la date, rappelons que la loi exige la triple mention, à peine de nullité; que toutes trois peuvent avoir une égale importance; que l'art. 1029 vient encore étayer de son autorité la disposition spéciale de l'art. 61. Favard, v° Citation, pense cependant que dans ce cas, comme pour la simple erreur, la nullité n'a pas lieu, si les énonciations de l'acte ont pu suppléer le vice de la date. — D.A. 7. 722, n. 3.

51. — Des imperfections, des erreurs, des omissions dans l'énoncé de la date rendent-elles toujours l'exploit nul? Il faut distinguer: si ces erreurs laissent du doute sur l'époque véritable à laquelle l'exploit a été signifié, il y a nullité.

Dans le cas contraire, l'exploit est valable.

Les différentes spécialités résolues par la jurisprudence consacrent cette distinction.

52. — Jugé cependant qu'il ne suffit pas qu'on puisse fixer la date d'un exploit par les énonciations qu'il renferme, la date des jours, mois et an doit y être exprimée. — 9 mai 1810. Aix. Bobonne. D.A. 7. 727. D.P. 2. 137.

Mais les décisions suivantes modifient singulièrement celle ci.

53. — *Année.* — Jugé d'abord qu'est nul, comme n'énonçant pas de date certaine, l'exploit d'appel portant l'an *mil huit huit* au lieu de *mil huit cent huit.* — 28 déc. 1810. Lyon. Beflors. D.A. 7. 727. D.P. 2. 138. — 28 juill. 1812. Montpellier. Joffre. D.A. 7. 727. D.P. 2. 138.

54. — ... Est nulle la citation en conciliation dont la copie porte pour date l'an mil cent neuf, au lieu de mil huit cent neuf, encore que l'original soit régulier. — 6 juill. 1812. Agen. Delcussot. D.A. 7. 724. D.P. 2. 135.

55. — Jugé, au contraire, que l'erreur de date dans l'indication de l'année n'est point une cause de nullité d'un acte d'appel, lorsque, d'ailleurs, les énonciations que contient cet acte ne peuvent laisser aucun doute sur l'année où il a été fait. — 2 juill. 1822. Amiens. Chrétien. D.A. 7. 730. D.P. 2. 140.

56. — Que l'omission de la date de l'année n'est pas une cause de nullité d'une signification d'arrêt d'admission, si la partie a pu connaître cette date, soit au moyen des actes signifiés, soit par les énonciations de l'exploit. — 7 niv. an 11. Sect. civ. r. Dubois. D.A. 7. 836. D.P. 2. 172.

57. — A été jugé valable l'exploit portant pour date le 15 mars *dix-huit dix*, surtout si l'omission se trouve suppléée par d'autres énonciations de l'acte. — 29 déc. 1810. Nimes. Tauriac. D.A. 7. 724; D.P. 2. 135.

58. — Est valable la signification d'un arrêt d'admission, encore que la copie porte pour date l'an mil cent neuf, au lieu de mil huit cent neuf. — 15 janv. 1810. Civ. r. Brouwet. D.A. 7. 836. D.P. 2. 172.

59. — Est valable la signification d'un arrêt d'admission, encore que la copie énonce une année pour l'autre, si, d'ailleurs, on n'a pu se tromper sur sa véritable date: tel serait le cas où la copie porterait mil huit cent, au lieu de mil huit cent huit. — 8 nov. 1808. Civ. r. Bousquet. D.A. 7. 836. D.P. 9. 2. 63.

60. — Un exploit qui porte pour date *l'an dix-huit dix*, au lieu *de dix-huit cent dix*, est valable, si l'année se trouve d'ailleurs suffisamment déterminée dans le corps de l'acte. — 29 août 1810. Liége. Renard. D.A. 7. 825. D.P. 2. 169.

61. — *Mois.* — L'exploit d'appel est nul vis-à-vis la partie dont la copie ne porte point la date du mois, si aucune énonciation dans le corps de l'acte ne supplée cette omission, encore que l'original soit régulier, et que plusieurs copies signifiées à d'autres intimés ne présentent aucun vice. — 8 janv. 1824. Riom. Monteil. D.A. 7. 729. D.P. 2. 139.

62. — Un exploit d'ajournement est nul, comme

n'ayant pas une date complète, s'il ne contient pas l'indication *du mois* dans lequel il a été signifié. — 9 déc. 1828. Bordeaux. Reyner. D.P. 31. 2. 179.

63. — La signification d'un arrêt d'admission est nulle si la copie n'offre pas l'énoncé du mois. — 21 flor. an 10. Civ. c. Mesenges. D.A. 7. 835. D.P. 3. 1. 475.

64. — La signification d'un arrêt d'admission est nulle pour omission du mois dans la date de l'exploit; la déchéance est encourue, encore que cette omission ne se trouve que dans la copie, et que l'original ait été déposé au greffe de la cour de cassation avant l'expiration des trois mois pendant lesquels la signification doit être faite (C. pr., art. 61). — 18 déc. 1816. Civ. r. Quignon. D.A. 7. 835. D.P. 21. 1. 57. — 8 nov. 1820. Civ. r. Paris. D.A. 7. 835.

65. —Est nulle la signification d'un arrêt d'admission si la copie de l'exploit ne renferme pas le mois de la signification. — La nullité a lieu, encore que l'original soit régulier, et que la partie ait comparu. —4 brum. an 10. Civ. r. Fridfond. D.A. 7. 835. D.P. 2. 172.

66. — L'acte d'appel est nul, si la date du mois se trouve en blanc sur la copie, encore qu'elle soit remplie dans l'original. L'huissier est responsable de cette nullité. — 28 août 1812. Colmar. Venuste-Quenet. D.A. 7. 729. D.P. 2. 139.

67. — Jugé en sens contraire que, malgré la disposition rigoureuse des art. 61 et 456 C. pr., la nullité d'un exploit d'appel ne devrait pas être prononcée, sur le motif que la date de la copie ne serait pas la même que celle de l'original; par exemple si l'original était du 5 juin et la copie du 5 mai. Il y aurait lieu d'autant moins à prononcer la nullité, qu'il serait constant, comme dans l'espèce, que l'exploit avait été signifié le 5 juin, qu'il avait été enregistré en temps utile, et qu'il n'en était résulté aucun préjudice pour la partie.—8 avril 1813. Caen. Laroche.

68—....Que l'omission du mois dans la date d'un exploit d'appel n'en emporte pas la nullité, lorsque l'indication de ce mois se trouve implicitement dans le corps de l'exploit (C. pr. civ., art. 61). — 3 août 1819. Civ. c. Rennes. Delarue. D.A. 9. 180. D.P. 19. 1. 561.

69.—... Que bien que, dans la copie d'un exploit d'opposition à un jugement, l'indication du mois soit omise, comme si, par exemple, on a écrit la date en ces mots, *l'an* 1825, *le* 29, cette omission a pu être déclarée insuffisante pour faire annuler l'exploit, si sa date véritable se trouve établie par la représentation de la requête en opposition, où cette date est rappelée par l'original de l'exploit, par l'enregistrement, et, enfin, par les circonstances de la cause (C. pr. 61, 157). — 7 déc. 1829. Req Amiens. Roux. D.P. 30. 1. 24.

70. — L'omission du nom du mois, dans la date d'un acte d'appel, n'est pas une cause de nullité, si d'ailleurs la partie a pu le connaître par les diverses énonciations renfermées dans l'exploit. — 29 janv. 1817. Rennes. Hervé. D.A. 7. 728. D.P. 2. 138.

71. — L'assignation donnée pour assister à une enquête ordonnée sur une demande en séparation de corps, est nulle si la copie laissée au défendeur ne contient pas la date du jour et du mois où cette assignation a été donnée. —27 mars 1827. Nanci. Thouvenot. D.P. 31. 2. 187.

72. — *Jour*. — L'exploit d'assignation qui ne contient pas la date du jour est nul, encore que la partie ait comparu. —31 juill. 1811. Liége. Delescaille. D.A. 7. 723. D.P. 2. 135.

73. — L'omission de la date du jour entraîne la nullité de l'acte d'appel, lors même que l'original serait régulier, et que d'ailleurs il serait prouvé que la signification de l'acte d'appel a été faite dans le délai utile. — 4 déc. 1811. Req. Douai. Griguard. D.A. 7. 727. D.P. 12. 1. 60.

74. —L'exploit d'appel est nul si la copie ne désigne pas le jour où il a été signifié, encore que, par l'indication du mois et de l'année, il soit constant qu'il a été signifié dans les trois mois : il importerait peu que la date de l'original fût régulière (C. pr. 61, 456). — 20. fév. 1828. Rennes. Philippe. D.P. 28. 2. 143.

75. — L'omission du jour de la signification dans la date d'un acte d'appel, entraîne la nullité de cet acte, encore bien qu'il soit constant que la signification a été faite dans le délai de trois mois, en ce que, par exemple, le délai n'aurait expiré qu'après le mois tout entier dans lequel la signification a eu lieu, et qui est mentionné dans la date incomplète de l'exploit (C. pr. 61). —21 mai 1827. Corse. Lambert. D.P. 27. 2. 187.

76. — Est nul l'acte d'appel si la copie ne porte pas la date du jour de sa signification. La signification d'un nouvel acte après l'expiration des délais, ne couvre pas cette nullité. — 18 juin 1819. Metz. Thierry, etc. D.A. 7. 728. D.P. 2. 138.

77. — Jugé en sens contraire que n'est pas nul l'exploit d'appel dont la copie ne joint pas à l'indication de l'année et du mois celle du quantième, lorsque l'énonciation de ce quantième se trouve dans la transcription faite sur cette copie du visa apposé sur l'original par celui qui l'a reçue (C. pr. 61). — 17 nov. 1830. Bourges. Plassat. D.P. 31. 2. 55.

78. — Quoique la date d'un exploit soit différente dans la copie et l'original, cependant cet exploit n'est pas nul, si l'on reconnaît que la date de la copie a été matériellement altérée, et si l'inspection de la copie et de l'original fait voir que la véritable date de la copie est la même que celle de l'original; du moins, une cour qui le juge ainsi, rend un arrêt qui échappe à la censure de la cour de cassation (C. pr. 61). — 7 nov. 1832. Civ. r. Riom. Mabru. D.P. 33. 1. 47.

79.— La différence de date, entre l'original et la copie d'un exploit d'appel, n'en opère point la nullité, lorsque la vraie date peut être facilement reconnue. — 4 fév. 1830. Riom. Pourrat. D.P. 32. 2. 194.

80.— Si la copie porte le 20 août et l'original le 21, l'exploit n'est pas nul si au quantième du mois faussement indiqué, se trouve joint le jour de la semaine, et que ce jour corresponde à la véritable date énoncée dans l'original.—8 juill. 1812. Orléans.

81.—Mais est nulle la signification d'un arrêt d'admission dont la copie porte une date antérieure à l'expédition de cet arrêt : la régularité de l'original ne relève pas de la déchéance du pourvoi. — 8 fév. 1809. Civ. r. Enreg. C. Guérin. D.A. 7. 836. D.P. 9. 2. 17.

82.— L'erreur de date commise dans la copie de la dénonciation d'une saisie-immobilière ne constitue pas une nullité, si l'exploit original est en règle. — 29 août 1810. Liége. Renard. D.A. 7. 825. D.P. 2. 169.

83.— La nullité qui, par une erreur de date dans la copie de l'exploit, paraît résulter d'un enregistrement tardif, n'a pas lieu si l'exploit original est régulier, surtout si la partie qui a reçu la copie a pu, d'après les énonciations qu'elle renferme, connaître la véritable date. Ainsi, est valable un exploit enregistré le 30 mars, encore que la copie signifiée soit datée du 19 mars, si l'exploit original porte la véritable date du 29 mars, et si, d'ailleurs, il donne copie d'un procès-verbal de conciliation, du 24 du même mois. — 24 août 1810. Paris. Hugot. D.A. 7. 723. D.P. 2. 124.

84. — L'assignation donnée pour l'audience de demain, 9 juillet, indique suffisamment que cet exploit a été signifié le 8, et ne peut être annulée, sous prétexte qu'elle ne serait pas datée (C. pr. 61). —7 mars 1833. Req. Rouen. Prévost. D.P. 33. 1. 145.

85.— La date de l'exploit, même en matière criminelle, telle, par exemple, que dans une signification de la liste des jurés, est substantielle (C. pr. 61). — 28 janv. 1832. Cr. c. Grasset. D.P. 32. 1. 168.

86.— Mais l'omission du jour de la signification d'une citation devant un tribunal correctionnel ne peut en faire prononcer la nullité, surtout lorsque la partie citée s'est présentée, par un fondé de pouvoir, au jour indiqué dans la citation, pour en proposer la nullité. — 25 janv. 1828. Civ. c. Forêts C. Morin. D.P. 28. 1. 108.

§ 2. — *Des noms, profession et domicile du demandeur.— Procureur-fondé.*

87. — L'énonciation des nom, profession et domicile du demandeur est nécessaire pour que le défendeur sache qu'elle est la personne qui forme la demande, et si elle a capacité pour la former, et pour qu'il puisse lui faire signifier les actes utiles à sa défense, ou lui faire des propositions d'arrangement. — Bioche, v° Ajournement, n. 24.

88.— *Noms*.— La maxime *nul en France ne plaide par procureur*, fondée sur la déclaration de Henri II, du 30 nov. 1549, n'est pas simplement une forme de procédure, mais une disposition d'ordre public qui n'a pas été abrogée par l'art. 1041 C. pr.— Loiseau et Bavoux, *Rép. des arrêts modernes*.

89. — D'après cette maxime, il faut toujours que les noms, prénoms, etc., des véritables demandeurs soient indiqués dans l'exploit.

90. — S'ils agissent par mandataire, il faut avoir

soin de dire que la personne désignée agit en qualité de mandataire de telle autre dont on indique les nom, etc.

Du reste, il nous paraît indifférent qu'on mette *à la requête de N..., agissant en qualité de mandataire de N...*, ou *à la requête de N..., représenté par N..., son mandataire.*

91.— Toutefois, cette question, sur laquelle la jurisprudence commence à se fixer, a été, de la part des auteurs, l'objet d'un examen approfondi. Pigeau, t. 1er, p. 12, et Thomine, ch. 2, se prononcent pour la nullité d'exploits faits à la requête de procureurs-fondés; ils invoquent et déclarent applicable dans toute sa rigueur la maxime, *nul en France, autre que le roi, ne plaide par procureur*. Toute action doit, selon eux, être exercée *au nom du maître*; et la mention même du pouvoir ne donne pas qualité au procureur-fondé pour assigner valablement. — Berriat-Saint-Prix, p. 183, n. 9; Carré, t. 1er, p. 149; Merlin, Rép., v° Prescription, p. 96 et suiv., pensent que c'est aller beaucoup trop loin; ils citent plusieurs arrêts qui ont jugé en sens contraire; et la raison proscrit en effet cette exclusion des principes du mandat, qui ne repose sur aucune loi.— D.A. 7. 715.

92. — Jugé, d'une part, que l'appel fait au nom d'un procureur-fondé, encore que l'exploit porte copie du pouvoir, est nul. — 18 fév. 1808. Aix. Eusebi. D.A. 7. 718. D.P. 2. 132.

93.— Et, d'autre part, que l'assignation signifiée à la requête d'un procureur-fondé, encore que ses mandans ne soient dénommés qu'après lui, est valable. En tous cas, la demande en communication de pièces par le défendeur couvre cette nullité (C. pr. 173). — 16 janv. 1816. Rennes. Babeau-Castel. D.A. 7. 716. D.P. 2. 151.

94.— Par *noms*, on entend non seulement le nom de famille, mais encore les prénoms (Boncenne, t. 2, p. 107 et suiv.). Ainsi, l'exploit doit, à peine de nullité, contenir les prénoms du demandeur, en toutes lettres; leur indication par lettres initiales est insuffisante.—27 janv. 1818. Bruxelles. Cambron. D.A. 7. 735. D.P. 2. 141.— *Contrà*, Carré.

95. — La désignation des noms du demandeur peut être remplacée par la mention de la qualité dans laquelle il agit : un préfet, un procureur du roi, un agent du trésor public, un directeur, un maire, etc., qui assignent à raison des intérêts et des droits qu'ils sont chargés de conserver et de défendre, se font assez connaître en indiquant le titre de leurs fonctions.—Boncenne, 2, 115; Rodier, quest. 2, le *Nouv. Deniz.*, t. 2, p. 457; Jousse, t. 2, p. 15; Berriat, 199.

96. — Il a été jugé qu'est pas nul non plus l'exploit qui, sans indiquer les nom et prénoms de l'appelant, le désigne par le titre dont il est qualifié dans la société; par exemple, si l'appelante y est désignée sous le titre de *comtesse de Serent*; surtout si, dans l'assignation originaire et dans la procédure en première instance, elle n'a été désignée que sous cette qualification, et cela, sans réclamation de la part de l'autre partie.— 26 juill. 1826. Bourges. Serent. D.P. 27. 2. 92.

97. — Mais l'acte d'appel dont la copie porte par erreur un autre nom que celui de l'appelant, est nul, encore que le contexte de l'acte, les prénoms et les qualités énoncées puissent désigner suffisamment le véritable requérant (C. pr. 61, 456) — 15 déc. 1824. Rennes. Morin. D.A. 7. 747. D.P. 2 147.

98.— Jugé au contraire que l'omission, dans la copie d'un acte d'appel, du nom de l'appelant, n'est pas une cause de nullité de l'appel, si, malgré cette omission, on n'a pu se méprendre sur la personne de l'appelant (C. pr., art. 456, 1029). — 6 avril 1824. Req. Scaillette. D.A. 7. 747. D.P. 2. 146.

99. — Et que l'erreur dans l'énoncé du prénom de l'une des parties n'est pas une cause de nullité d'exploit, si l'erreur se rencontre dans une signification faite à avoué. — 5 août 1811. Turin. Gionatti. D.A. 7. 707. D.P. 2. 128.

100. — Le renvoi par l'exploit d'appel au jugement dont est appel, pour la désignation des noms, professions et domicile de quelques uns des appelans, suffit pour la validité de cet acte. — Ce renvoi suffit également pour le pourvoi en cassation, lorsque le demandeur se réfère à l'arrêt dénoncé pour les noms, professions et domiciles d'une partie des défendeurs. — 7 nov. 1821. Civ. c. Amiens. Wamant. D.A. 7. 748. D.P. 22. 1. 23.

101.— La signification d'un jugement est valable, quoiqu'elle soit faite par un simple acte de bail de copie dressé par l'huissier, n'énonçant pas à la re-

quête de qui il est fait, si cette énonciation se trouve toutefois dans un acte d'avoué qui le précède et dont copie est aussi baillée à la partie (C. pr. 61). — 24 nov. 1831. Montpellier. Subé. D.P. 32. 2. 155.

102. — L'exploit d'ajournement, qui désigne le demandeur sous le nom de *Lechallier*, au lieu de Lechevalier, a pu être déclaré valable, lorsque le véritable nom est indiqué dans une lettre de change, transcrite en tête de l'exploit (C. pr. 61). — 23 avril 1834. Req. Dauxert. D.P. 34. 1. 235.

103.— L'exploit d'appel dans lequel l'un des requérans se déclare appelant tant en son nom qu'en celui de son frère, pour lequel il se porte fort, est nul vis-à-vis ce dernier, surtout si les noms, profession et domicile ne sont pas exprimés — 17 juill. 1816 Rennes. Briand. D.A. 7. 718. D.P. 2. 132.

104. — Il résulte des décisions rendues sur ce point, que toutes les fois qu'il n'y a pas possibilité de se tromper sur les noms et *prénoms* du demandeur, de légères omissions ne peuvent vicier l'exploit; mais lorsqu'il peut y avoir incertitude, comme, par exemple, s'il y a plusieurs personnes, plusieurs frères du même nom, domiciliés dans le même lieu il y aurait nullité évidente si l'exploit ne contenait pas les prénoms du demandeur.— Carré, n. 285.

105.—Quand il y a plusieurs demandeurs, il faut indiquer les noms et *prénoms* de tous; la qualification de un tel *et consorts* rend l'exploit nul pour tous ceux qui ne sont pas dénommés (Pigeau, t. 1er, p. 179; Jousse, Merlin, Rép., v° Consorts; Carré, n. 288; — 17 juill 1816 Rennes. Briand. D A. 7. 718. D.P. 2 132), pourvu toutefois que celui qui est dénommé ait dans l'action un droit qui lui permette d'agir isolément. Autrement l'acte serait nul envers tous les demandeurs.

106.— L'exploit d'appel signifié à la requête d'une personne décédée antérieurement, est nul. — Celui qui aurait procédé au nom du défunt est garant des suites de l'instance qu'il aurait suivie. — 20 mai 1813. Rennes. Gabory. D.A. 7. 719. D P. 2. 133.

107.— Le principe que l'exploit doit contenir la mention des noms et prénoms du demandeur reçoit plusieurs exceptions qui sont dans la nature des choses.

Ainsi, les actions concernant la liste civile et la dotation de la couronne sont exercées au nom de l'intendant de la liste civile;

Celles de l'état, au nom des préfets;

Celles relatives aux expropriations pour cause d'utilité publique, au nom des préfets (L. 7 juill. 1833, art. 57);

Celles du trésor public, au nom de l'agent judiciaire;

Celles des directions de l'enregistrement, des contributions directes et indirectes et des douanes, au nom de leurs directeurs, ou administrateurs;

Celles des administrations ou établissemens publics, sous le nom collectif de leurs administrateurs;

Celles des communes, sous le nom de leur maire;

Celles des faillis, sous le nom de leurs syndics;

Celles des sociétés commerciales et en nom collectif, sous les noms de la raison sociale;

Celles des sociétés en commandite, sous le nom des associés responsables et solidaires;

Celles des sociétés anonymes, sous le nom de leurs mandataires (C. pr., art. 69);

Quant aux sociétés civiles et en participation, leurs actions doivent être formées sous le nom de tous les associés — Boncenne, 2, 132 et suiv.;

Les mineurs, les interdits procèdent par leurs tuteurs;

Les condamnés à une peine afflictive et infamante, les morts civilement, par des curateurs spéciaux;

Quant aux mineurs émancipés, aux prodigues, aux femmes mariées, on doit simplement faire mention de l'assistance de leur curateur, conseil judiciaire, ou mari. — Boncenne, *ibid*.

108.—Toutes les fois qu'un particulier ou un administrateur doit être autorisé à former une demande, il faut que cette autorisation soit mentionnée dans l'exploit.— 2 mai 1808. Civ. c., et 9 mars 1818. D.A. 3 20, n. D.P. 1. 682.

109.— Jugé qu'est régulier l'appel interjeté à la requête des habitans d'une commune, poursuite et diligence du maire, sans indication des noms, profession et domicile de ce dernier. — En général, cette indication est inutile dans les actes qui intéressent la commune, ou qui sont signifiés à sa requête.— 7 mai 1829. Req. Rousseau. D.P. 29. 1. 240.

110.— Est valable la signification d'un jugement obtenu par une commune, encore qu'elle soit faite à la requête des habitans de la commune, poursuite et diligence non du maire seul, mais conjointement avec les officiers municipaux et agens nationaux. —Le délai pour se pourvoir contre ce jugement a pu courir à dater de la signification. — 6 avril 1819. Req. Andréas-de-Marly. D.A. 7. 820. D P. 22. 1. 260.

111.— Est valable la signification d'un arrêt d'admission par un maire, en sa qualité, encore qu'elle n'énonce ni le nom, ni le domicile de ce fonctionnaire, et que la signification ait été faite par l'adjoint remplissant les fonctions du maire alors suspendu.—L'adjoint représentant le maire pendant sa suspension, prend valablement la qualité de maire dans la signification faite à sa requête — 12 sept. 1809. Civ. r. Comm d'Odratzheim. D.A. 7. 837. D.P. 9. 2. 158.

112.— Est valable l'exploit de signification d'un arrêt d'admission, signifié à la requête du maire d'une commune, agissant en cette qualité, bien qu'il ne contienne ni le nom, ni le domicile de ce fonctionnaire. — 25 juill. 1825 Civ. c. Toulouse. Comm. d'Erp. D.P. 25. 1. 379.

113. — L'assignation donnée à la requête d'un agent du trésor est valable, quoiqu'elle ne contienne pas son nom, si ce fonctionnaire a agi en raison de ses fonctions. — 11 janv. 1810. Besançon. Dormoy. D.A. 7 736. D.P. 2. 141.

114.— Jugé au contraire que les poursuites dirigées dans l'intérêt d'une administration publique, doivent, à peine de nullité, l'être à sa requête, et non à celle du fonctionnaire délégué, mais seulement à sa diligence (C. pr. 61).— 7 avril 1832. Bruxelles Caisse d'amort. D P. 33. 2. 242

Donné purement à la requête du chef d'une administration, l'exploit ne serait pas valable dans l'intérêt de celle-ci; mais nous pensons que, fait à la requête du préposé, au nom et comme agissant dans l'intérêt de l'administration, ou avec toute autre énonciation équipollente, il le serait, puisque, d'après le vœu de la loi, la partie demanderesse serait bien déterminée.— *Ibid*.

115 —*Profession*.—Le code de procédure prescrit également, à peine de nullité, l'indication de la profession du demandeur. L'ordonnance de 1667 enjoignait aux huissiers de déclarer dans leurs exploits *la qualité* du demandeur; au lieu *de la profession* qu'exige le code procédure; l'ordonnance était préférable, car beaucoup de personnes n'ont pas de profession, les rentiers, par exemple (Boncenne). Aussi trouve-t-on souvent dans les exploits ces mots: *sans profession*.

116.— L'énoncé de la qualité de propriétaire est suffisant pour la validité *de l'exploit*, quoique d'ailleurs le demandeur exerce une profession. — 17 août 1810. Paris. Grognier. D.A. 7. 739. D.P. 2. 143. — 26 nov. 1824. Poitiers. Gallard. D.A. 7. 740. D.P. 2. 145.

117.— Le fait que l'appelant s'est qualifié de propriétaire au lieu de cultivateur, n'est pas une cause de nullité de l'acte d'appel, surtout s'il cultive ses propriétés. — 21 mai 1812. Besançon. Baverel. D.A. 7. 740. D.P. 2. 144.

118.—La qualité d'un créancier surenchérisseur est suffisamment indiquée dans l'exploit de surenchère, où il est qualifié propriétaire.—6 avril 1830. Paris. Rej. Coffinet. D.P. 32. 1. 171.

119 —La désignation de la profession d'appelant n'est pas aussi rigoureusement exigée dans l'acte d'appel que dans l'ajournement; cette profession est d'ailleurs suffisamment indiquée par la qualification d'un *tel et compagnie*, si les appelans sont *négocians* ou *banquiers*.— 29 janv. 1817. Rennes Hervé. D.A. 7. 728. D.P. 2. 138.

120.—Le défaut d'énonciation de la profession des appelans n'est pas une cause de nullité de l'acte d'appel, si d'ailleurs elle n'est pas reconnue, et surtout s'il n'en a pas été fait mention devant les premiers juges.— 8 déc. 1808. Besançon. Pageoz. D.A. 7. 739. D.P. 2. 144.

121. —Celui qui a plusieurs qualités connues, qui lui donnent des droits et des intérêts distincts et séparés dans une même cause, doit être assigné dans ces différentes qualités.—31 juill. 1811. Liége. Delescaille. D.A. 7. 723. D.P. 2. 135.

122.—L'exploit d'ajournement qui ne désigne ni la profession, ni le domicile du demandeur n'est pas nul, si la copie du procès-verbal de non conciliation donnée en tête de cet exploit, contient ces énonciations (C. pr., art. 61).—5 août 1812. Nîmes. D.A. 7. 739. D.P. 2. 144.

123.—La signification d'un jugement est valable, quant à la qualité de celui qui l'a faite, lorsqu'elle est conforme au jugement signifié. — 26 août 1833. Civ. r. Angers. Vaudolon. D.A. 1. 514. D.P. 1. 184.

124.—*Patente*.—Aux formalités que le code prescrit pour le demandeur, il faut joindre la mention de sa patente s'il est d'une profession à patente, et si l'objet de l'exploit se rapporte à cette patente.

L'omission de cette formalité n'est pas une cause de nullité, elle donne lieu seulement à une amende (Boncenne, 2, 127). — 21 therm. an 9. Civ. c. Min. pub. C. Potter. D.A. 7. 698. D.P. 2. 125.

125.— L'ordonnance du 23 déc. 1814 n'a point eu pour objet d'étendre la pénalité de la loi du premier brumaire an 7, mais seulement d'en rappeler l'exécution. Ainsi, un huissier peut simplement déclarer, dans un exploit, que l'individu pour lequel il instrumente, est patenté, sans être dans l'obligation d'y énoncer la date, la classe et le numéro de la patente, à moins qu'il ne soit prouvé que l'acte était relatif à des affaires commerciales. — 29 déc. 1829. Req. Min. pub. C. Mandon. D.P. 30. 1. 39.

126.—L'exploit donné à la requête du commis d'une maison de commerce, *faisant pour cette maison*, doit, à peine d'amende, faire mention de la patente de cette maison, comme si la maison avait agi elle-même (art. 37, l. 1er brum. an 7).—22 juill. 1807. Civ. c. Min. pub. C. Guay. D.A 11. 147, n. 11. D.P. 2. 957, n. 7.

127.—*Domicile*.— Il faut encore que tout exploit contienne, à peine de nullité, l'indication du domicile du demandeur (art. 61 C. proc.).

128.—Le demandeur sait toujours où il habite, l'indication de son domicile doit donc toujours se trouver dans l'exploit.

C'est son domicile réel, et non celui d'élection qu'il faut indiquer.

129. — Jugé, toutefois, que l'énonciation du domicile peut être suppléée par des énonciations équipollentes, et de nature à ne laisser aucun doute. — 4 mai 1825. Montpellier. Thimothée. D.P. 27. 2. 92.

130. — L'élection d'un domicile par le demandeur dans l'exploit, n'est pas un motif suffisant pour dispenser d'indiquer son domicile réel. — Boucenne, t. 2, p. 119.

131.—Jugé que dans les assignations qu'une femme faisait donner à son mari, lorsqu'il y avait demande en divorce, son domicile était suffisamment indiqué en énonçant sa résidence de fait. — 6 germ. an 10. Paris. Danneville. D.A. 11. 943, n. 24. — 9 frim. an 11. Civ. c. Paris. Danneville. D.A. 7. 732. D.P. 2. 140.

On devrait décider de même dans le cas d'une séparation de corps. — Bioche, v° Ajournement, n. 45.

132. — Par domicile, on entend le lieu où le demandeur a établi le siége de ses affaires, et non la résidence qu'il pourrait avoir accidentellement dans un lieu, par exemple s'il était fonctionnaire amovible. — Voy. Domicile.

133. — L'exploit d'appel doit, à peine de nullité, contenir la mention du domicile de l'appelant (C. pr. 61, 456). — 25 janv. 1809. Liége. Drion. D.A. 7. 741. D.P. 2. 145.

134. — Ainsi, est nul l'exploit d'assignation, s'il n'indique pas le domicile du demandeur. — La mention de sa demeure est insuffisante. — 13 juill. 1814. Liége. D.A. 7. 737. D.P. 2. 143.

135. — Est nul aussi l'acte d'appel portant fausse indication du domicile de l'appelant (C. pr. 61, 456). — 20 juin 1809. Paris. Gauvin. D.A. 7. 741. D.P. 2. 145.

136. — Jugé, de même, que la mention du domicile, dans un acte d'appel, ne peut être suppléée par l'indication de la demeure de l'appelant. — 5 août 1808. Gênes. Barbieri. D.A. 7. 741. D.P. 9. 2. 76.

137. —Mais il a été jugé que l'indication, dans l'exploit d'ajournement, *de la demeure* du demandeur est suffisante, si d'ailleurs c'est le lieu de son domicile. — 7 oct. 1814. Liége. Meau. D.A. 7. 738. D.P. 2. 143.

138. — .... Qu'est valable l'exploit d'appel qui n'énonce que la demeure de l'appelant, si d'ailleurs il y a son domicile — 21 mai 1812. Besançon. Baverel. D.A. 7. 740. D.P. 144.

139.— ....Que la mention que l'appelant demeure en tel lieu, énonce suffisamment qu'il y a son domicile, lorsque d'ailleurs ce dernier point n'est pas contesté en fait. — 28 juill. 1818. Civ. c. Aix. Saint-Amand. D.A. 7. 743. D.P. 18. 1. 532.

140. — La divergence qu'on remarque dans ces solutions se trouve dans les auteurs: Berriat pense que l'indication de *la demeure* ne peut remplacer le domicile; Carré, Favard et Boncenne pensent le

contraire. Suivant eux, les mots *demeure* et *domicile* ont le même sens et la même valeur.

141. — Est nulle l'assignation donnée à la requête de tel....., militaire actuellement à l'armée, encore qu'il y aurait un domicile à lui indiqué ; il faut mentionner le domicile réel. — 27 mars 1807. Bruxelles.

142. — Il en est de même d'un exploit fait à la requête de N....., employé dans les hôpitaux de la Martinique ; cette énonciation n'indique pas suffisamment le domicile du requérant. — 22 avril 1818. Grenoble. *Journ. des avoués*, v° Exploit, n. 317.

143. — Jugé, toutefois, que celui qui n'a pas de domicile actuel en France, par suite de son emploi dans les armées, peut, dans un acte d'appel, et sans violer l'art. 61 C. pr., indiquer son domicile chez son mandataire demeurant en France. — 4 fév. 1811. Paris. Bourgoing. D.A. 3. 678. D.P. 1. 964.

144. — Il n'est pas nécessaire qu'un acte d'appel (lequel est soumis aux formes des exploits d'ajournement) contienne littéralement le domicile réel de l'appelant ; il suffit qu'il le contienne d'une manière implicite et suffisante pour le faire connaître à l'intimé, et mettre celui-ci à même d'y faire les significations requises. Et, par exemple, il y a mention suffisante du domicile réel des appelans dans un acte d'appel fait à la requête de quatre individus qualifiés propriétaires, enfans et héritiers de.., ayant le même intérêt comme co-héritiers, et pour lesquels domicile est élu au chef-lieu de la commune de...., maison de l'un d'eux. Un pareil acte d'appel doit être déclaré valable, surtout si les intimés eux-mêmes ont signifié des actes au domicile qui s'y trouve désigné, et que, d'ailleurs, ils n'indiquent l'existence d'aucun autre domicile réel des appelans (C. pr. 61, 456, 1030). — 18 fév. 1828. Civ. c. Limoges. Bazennerie. D.P. 28. 1. 137.

145. — La mention qu'un exploit d'appel est fait à la requête d'un tel, de telle commune, n'équivaut pas à l'indication de son domicile (C. pr. 61, 456). — 24 avril 1810. Turin. Bianchetto. D.A. 7. 741. D.P. 2. 145.

146. — La simple indication de la ville où l'appelant est domicilié, ne suffit pas pour tenir lieu de l'énoncé du domicile prescrit pour la validité de l'assignation, si cette ville est divisée en plusieurs arrondissemens. Spécialement, l'assignation, même en appel, à la requête d'un tel, demeurant à Paris, est nulle ; peu importe que la profession déclarée puisse facilement faire découvrir le domicile (C. pr., art. 443). — 13 août 1824. Poitiers. Marconnay. D.A. 7. 744.

147. — Jugé au contraire que dans un exploit, et spécialement dans des actes de signification faits dans le cours d'une saisie-immobilière, les mots *demeurant à Paris* ont pu être déclarés indiquer suffisamment le domicile du demandeur (C. pr. 61). — 22 mars 1831 ; Req. Besançon. Vieille. D.P. 31. 1. 161.

148. — *Acte d'appel.* — Il n'est pas nécessaire que l'exploit d'appel énonce la rue ou le quartier de la ville qu'habite l'appelant (C. r. 61). — 26 juill. 1826. Bourges. Serent. D.P. 27. 2. 92. — 4 mai 1825. Montpellier. Thimothée. D.P. 27. 2. 92.

149. — Les mots, *demeurant hors la barrière d'Enfer*, dans un exploit signifié par un huissier de Paris, ont pu être considérés comme indiquant suffisamment la demeure de l'assigné (C. pr. 61). — 3 mai 1830. Req. Orléans. Boucher. D.P. 30. 1. 229.

150. — Mais le domicile réel d'une veuve n'est pas suffisamment indiqué dans l'exploit de saisie-arrêt, portant ces mots : « à la requête de la dame..., veuve du sieur...., en son vivant, notaire à .... », sans ajouter que la saisissante est dans l'intention formelle de conserver le domicile de son mari défunt (C. civ. 108). — 27 juill. 1829. Colmar. Dischbein. D.P. 29. 2. 223.

151. — Un exploit fait à la requête d'un individu logé en hôtel garni, sans autre indication de domicile, serait nul.

152. — Mais est valable, encore bien qu'elle ne contienne pas une énonciation positive du domicile du demandeur, l'assignation donnée à la requête d'un fonctionnaire, de N...., juge au tribunal de...., par exemple, qui est domicilié de droit dans le lieu où il exerce ses fonctions. — 8 juill. 1809. Gênes. Tarchini. D.A. 9. 895, n. 2. D.P. 13. 1. 130.

153. — Est nul le commandement aux fins d'expropriation forcée, s'il ne contient pas l'indication du domicile actuel du poursuivant ; celle de son ancien domicile est insuffisante, encore qu'il soit dans la même commune, dans le même quartier ; mais dans une autre maison (C. pr.. art. 673). — 17 flor. an 13. Paris. Vervin. D.A. 7. 737. D.P. 2. 142.

154. — L'expression de *habitant à*, employée dans un acte d'appel, peut remplacer celle de domicilié, surtout quand le lieu d'habitation est réellement celui du domicile (C. pr., art. 61). — 30 nov. 1809. Pau. Prjelley. D.A. 7. 817. D.P. 2. 167.

155. — Les expressions, *habitant tel endroit*, indiquent suffisamment le domicile de l'appelant. L'énoncé de l'habitation du mari est suffisant si l'exploit d'appel est à la requête d'une femme mariée. — 23 déc. 1819. Req. Grenoble. Bernard. D.A. 7. 741. D.P. 20. 1. 28.

156. — Un exploit, et, par exemple, un acte d'appel, a pu être déclaré valable, quoiqu'il ne mentionne pas le domicile de l'appelant, s'il est constant que l'intimé a dû connaître ce domicile par la relation de l'acte d'appel à un autre acte de l'instance, et particulièrement au jugement dont est appel, jugement qui énonce le domicile de l'appelant et qui avait été signifié depuis peu au domicile de l'appelant, à la requête de l'intimé lui-même (C. pr. 61). — 26 avril 1830. Civ. r. Rouen. Mesnil. D.P. 30. 1. 222.

157. — Est nul l'acte d'appel qui n'indique pas expressément le domicile réel de l'appelant, et dans lequel l'appelant se borne à déclarer qu'il interjette appel *d'un jugement rendu le.... et signifié à domicile, le....*, sans énoncer que son domicile était indiqué dans les qualités de ce jugement, et qu'il n'en avait pas changé depuis sa prononciation. — 9 mars 1825. Civ. r. Amiens. Houy. D.P. 25. 1. 193.

158. — Est nul aussi l'acte d'appel dans lequel l'appelant se borne à élire domicile dans sa maison d'habitation, sans désigner le lieu où est située cette maison — 9 nov. 1808. Riom. Bruyère. D.A. 7. 741. D.P. 2. 145.

159. — La qualification de marchand patenté par acte délivré à ...., n'équivaut pas à l'indication du domicile de l'appelant, encore que le lieu indiqué soit celui de son domicile. — 7 déc. 1818. Bruxelles. Courtois. D.A. 7. 743. D.P. 2. 145.

160 — Jugé cependant qu'il n'est pas nécessaire que l'assignation donnée devant la cour de cassation, en vertu de l'arrêt d'admission d'un pourvoi, indique le domicile du demandeur en cassation (Règlement de 1738 ; C. proc. 61). — 10 avril 1811. Civ. c. Fiando. D.A. 4. 723 D.P. 11. 1. 204.

161. — L'élection du domicile dans l'exploit introductif de la demande, ne dispense pas de celle exigée par l'art. 422 du code de commerce. Les actes, dans le cas d'omission de cette dernière élection, sont valablement signifiés au greffe du tribunal. — 28 nov. 1822. Poitiers. Bousquet. D.A. 7. 762. D.P. 2. 152.

§ 3. — *Noms, demeure et immatricule de l'huissier.*

162. — Tout exploit doit aussi contenir les noms, demeure, et immatricule de l'huissier, à peine de nullité. Ce qui veut dire ses noms, prénoms, et demeure ou domicile, l'indication du tribunal où il a été reçu, et le numéro de sa patente

163. — La qualification d'officier ministériel près les tribunaux de Paris, prise par un huissier dans un exploit, indique suffisamment son immatricule, surtout si à ce moment il n'y avait pas encore d'avoué. — 6 flor. an 10. Civ. r. Danneville. — *Journ. des av.*, v° Exploit, n. 23. — 9 frim. an 11. Civ. r. Paris. Danneville. D.A. 7. 732. D.P. 2. 140.

164. — L'exploit signifié par M...., huissier près le tribunal de commerce de..., contient une énonciation suffisante de son immatricule. Cette énonciation indique implicitement que l'huissier est immatriculé près le tribunal civil du ressort. — 4 août 1827. Rennes. Garreau. D.P. 33. 2. 139.

165. — L'immatricule serait suffisante, quoique les noms de l'huissier ne seraient point énoncés, si sa signature au bas de l'exploit était très-lisible. — Thomine, 1, 159. — *Contra*, arrêt 22 août 1810. Rennes. Fontau. D.A. 7. 734. D.P. 2. 140.

166. — Sous l'ordonnance de 1667, l'huissier était tenu, comme sous le code de procédure, d'énoncer son immatricule, à peine de nullité de son exploit (C. pr. 61 anal.). — 19 mai 1819. Civ. c. Beauffremont. D.A. 1. 673. D.P. 19. 1. 553.

167. — Jugé que l'exploit qui n'indique pas le domicile de l'huissier, est nul. — 9 pluv. an 13. Civ. r. Deschamps. D.A. 1. 734. D.P. 2. 240.

168. — Est nulle la signification de l'exploit si l'huissier n'énonce ni son ancienne immatricule, ni le tribunal près lequel il exerçait au moment de la signification (L. 7 niv. an 7). — 22 brum. an 13. Civ. r. Testu-Balincourt. D.A. 7. 732. D.P. 5. 2. 57.

169. — Est nul un exploit de signification fait dans l'intervalle de la suppression des anciens tribunaux, à la loi du 7 niv. an 7, s'il n'énonce ni l'ancienne immatricule de l'huissier exploiteur, ni le nouveau tribunal près duquel il exerçait ses fonctions ; et, par exemple, si cet huissier s'est seulement dit *demeurant à Villeneuve-le-Guyard*. — 22 vend. an 10. Civ. c. Paris. Testu-Balincourt. D.A. 3. 98. D.P. 5. 2. 57.

170. — Cependant, il a été décidé que l'omission, dans la copie de l'exploit, des noms, demeure et immatricule de l'huissier, n'est pas une cause de nullité de l'appel, lorsqu'elle n'a causé aucun préjudice à l'intimé, et qu'il a comparu sur l'assignation. En tout cas, cette nullité serait couverte si l'intimé a affecté de ne dénoncer la nullité qu'après l'expiration du délai sur l'appel, et qu'antérieurement il ait signifié avenir pour plaider, sans déclarer si c'est sur la nullité ou sur le fond ; il importe peu que l'avenir contienne la réserve générale des fins de non-recevoir (C. pr. 61, 173, 456). — 23 janv. 1818. Colmar. Barxel. D.A. 7. 734. D.P. 2. 141.

171. — L'énonciation, dans un exploit, du *domicile* de l'huissier, est suffisante et valable : il ne résulte aucun moyen de nullité de ce que cette énonciation a été employée au lieu de celle de la *demeure* (C. pr. 69). — 10 août 1813. Civ. c. Deleuil. D.A. 4. 665 D.P. 14. 1 586.

172. — La mention, par l'huissier, d'une résidence réelle autre que celle qui lui est assignée par son institution près le tribunal, n'est pas une cause de nullité de l'exploit ; seulement le tribunal peut provoquer le remplacement de l'huissier. — 20 janv. 1819. Nîmes. M... D.A. 7. 698 D.P. 20. 2. 15.

173. — Un huissier qui, dans un exploit d'appel, s'est borné à prendre la qualité d'huissier audiencier à la cour royale de..., exprime suffisamment son immatricule (C. pr. 61). — 29 août 1825. Lyon. Fond. D.P. 26. 2. 67. — Conf. Carré, art. 66.

174. — Jugé aussi que l'immatricule de l'huissier est suffisamment énoncée, lorsque l'huissier indique le tribunal près lequel il exerce ses fonctions, sans dire qu'il y est immatriculé. — 12 mai 1813. Civ. c. — 4 août 1827. Rennes. Garreau. D.P. 33. 2. 139.

175. — L'exploit de signification, qui ne mentionne pas le tribunal près duquel un huissier exerce ses fonctions, est nul (L. 7 niv. an 7, art. 2 ; l. 4 germ. an 2, art. 2). — 22 therm an 10. Civ. c. Préfet des Vosges. D.A. 2. 296. D.P. 1. 455.

176. — Sous la loi de l'an 7, l'huissier était déjà tenu, à peine de nullité, d'énoncer dans un exploit d'ajournement le tribunal près duquel il exerçait ses fonctions. — 29 avril 1806. Paris. Desgrigny. D.A. 7. 732, et 12. 911, n. 1. D.P. 2. 1476.

177. — Est valable la signification dans laquelle l'huissier mentionne le tribunal près lequel il exerce ses fonctions, encore qu'il ne déclare pas y être immatriculé. — 12 mai 1813. Req. Rouen. Cauchois. D.A. 7. 733. D.P. 13. 1. 300.

178. — Le fait que les énonciations relatives à l'immatricule d'un huissier ne sont pas écrites de sa main, ne constitue pas une nullité d'exploit ; ces énonciations lui deviennent propres par sa signature. — L'obligation de la part de l'huissier d'énoncer ses noms dans l'exploit, est suffisamment remplie par la signature de son nom de famille (C. pr. 61). — 22 août 1810. Rennes. Fontan. D.A. 7. 734. D.P. 2. 140. — 25 janv. 1810. Besançon. Gros. D.A. 7. 725. — 13 juin 1819. Poitiers.

179. — Un huissier n'est pas plus tenu d'écrire lui-même l'*immatricule*, la *date* et le *parlant à*..... d'un acte, tel que procès-verbal de carence, dont la sincérité est d'ailleurs garantie par sa signature, qu'il n'est obligé d'écrire lui même les autres parties de cet acte, et l'arrêt qui voit là une cause de nullité doit être cassé. — 13 avril 1831. Civ. c. Ravoux. D.P. 31. 1. 140.

180. — Jugé au contraire que, quoiqu'il soit admis qu'un huissier peut faire écrire ses actes par une main étrangère, il y a néanmoins exception pour certaines parties de ces actes, et spécialement pour l'*immatricule*, la *date* et le *parlant à*. En conséquence, un procès-verbal de carence est nul par cela seul que le *parlant à* est écrit d'une main autre que celle de l'huissier (C. pr. 61, 586). — 4 juill. 1829. Riom. Lauby. D.P. 30. 2. 248.

181. — Il n'est pas nécessaire, à peine de nullité, que les huissiers fassent, dans leurs exploits, mention de la patente dont ils sont munis (C. pr. 61, 1041 ; l. 6 fruct. an 4, art. 18 ; l. 7 niv. an 7, art. 2). — 3 nov. 1807. Civ. r. Enreg. C. Franck. D.A. 2. 298. D.P. 7. 2. 164. — 28 mars 1808. Civ. c. Godemort. D.A. 692.

Cette omission les expose seulement à une amende de 5 fr. (L. 16 juin 1824, art. 10). — 21 therm. an 9. Civ. c. Min. pub. C. Portier. D.A. 7. 698. D.P.

2. 123. — 10 fruct. an 12 Civ. c. Amiens. Abric. D.A. 7. 690. D.P. 5. 2. 33. — 1er brum. an 13. Civ. r. Amiens. Abric. D.A. *ibid.*

182.— A plus forte raison, le défaut de mention de la patente de l'huissier dans la copie, n'est point une cause de nullité de l'exploit, si l'original est régulier. — 2 niv. an 9. Req. Caen. Corbin. D A. 7 698. D.P. 2. 125.

183.— Jugé de même que la circonstance qu'un huissier a omis de faire mention de sa patente dans l'exploit de notification de la liste des jurés a un accusé, ne rend pas nulle cette notification (C. pr. 61; C. instr. 389; l. 1er brum an 7, art. 37; ord. 23 dec. 1814, art. 1er, 2; l. 16 juin 1824).—2 janv. 1834. Cr. r. Pelissier. D.P. 34. 1. 169.

184. — L'immatricule peut contenir des abréviations, pourvu qu'elle ne cesse pas d'être claire et bien exacte — 28 juill. 1817. Grenoble.

185.— Un tribunal qui commet un huissier pour signifier un jugement par defaut, n'est pas tenu d'indiquer l'immatricule de cet huissier, il suffit qu'il le désigne par son nom.— 16 janv. 1811. Besançon. Perrin. D.A. 7. 697. D P. 2. 124.

186.—Les réassignés n'étant qu'une suite de l'exploit originaire, ne sont pas soumis aux formalités des exploits ordinaires; ainsi, il n'est pas nécessaire à peine de nullité, que l'huissier insère son immatricule dans un tel acte. — 5 brum. an 11. Civ. r. Bosset. S. 3. 2. 526

§ 4.— *Des noms et demeures du défendeur.*

187.— Tout exploit doit contenir *les noms* et *demeure* du défendeur (C. pr. 1 et 61).

La loi ne dispose plus ici, comme lorsqu'il s'agit du demandeur. On ne peut plus élever la question de savoir si l'exploit doit contenir les prénoms du défendeur; ç'aurait été exiger, pour certains cas, l'impossible. — Bioche, v° Ajournement, n. 80. — *Contrà*, Boncenne, 2, 111

Il n'est pas non plus nécessaire d'indiquer la profession du défendeur.

188.— *Noms, prénoms.* — Jugé ainsi que l'omission du prenom du défendeur n'est pas une cause de nullité, surtout si l'on n'a pu se méprendre sur la personne assignée. — 31 juill. 1811. Liége Delescaille D.A. 7. 723. D.P. 2. 135.

189.— ... Que l'erreur dans les prénoms de l'assigne ne vicie pas l'ajournement, lorsque d'autres circonstances font reconnaître l'individu que l'on a voulu appeler en justice.—19 fév. 1812 Liége. Wilmaert. D.A. 7. 734. D.P. 2. 141.

190.—... Que l'omission, dans la citation en police correctionnelle, des noms et prénoms du prévenu, n'est pas une cause de nullité, si d'ailleurs il est suffisamment designé. Spécialement, si la citation se refère a un autre acte où les noms et prénoms sont rapportés. — 8 mai 1824 Grenoble. Humbert. D.A. 7. 713. D.P. 2. 131.

191.— La designation d'un prévenu, dans une citation devant un conseil de discipline, avec des prénoms autres que les siens, n'est pas un motif de nullite de cette citation, lorsqu'il n'existe dans la ville aucun individu ayant le même nom patronimique (C. instr. cr. 145, 169; C. pr. 61). — 11 janv. 1833. Cr. r. Cosserel. D.P. 33. 1. 243.

192.— Décidé cependant qu'en matière de délits forestiers, un procès-verbal dressé contre le fils d'un individu, et la citation donnée de même au fils de tel individu sans aucune indication des prénoms de ce fils, sont nuls comme ne désignant pas le prévenu d'une maniere suffisante, si le père de ce prévenu a plusieurs fils.—31 mars 1832. Cr. r. Archaï. D.P. 32. 1. 261.

Cette décision ne doit pas être considérée comme contraire aux précédentes : la loi exige qu'il y ait certitude sur la personne à mettre en cause; or, dans l'espèce, on ne rencontrait pas cette certitude, et c'est uniquement pour ce motif que l'assignation a été annulee, et non pour omission des prenoms du prevenu.— *Ibid.*

193.— Est nulle l'assignation donnée à une mère pour son fils, lorsqu'elle a quatre fils et que la citation ne désigne pas celui qui est l'objet de la poursuite.— 16 prair. an 7. Cr. c. int. de la loi. Quetel. D.A. 10. 797, n. 1. D.P. 2. 874, n. 1.

194 — Le créancier qui poursuit les héritiers de son débiteur, n'est pas tenu, à peine de nullité, d'énoncer cette qualité d'héritier dans les actes de poursuite.— 14 mars 1833. Bruxelles. Schrockaert. D.P. 34. 2. 132.

195.— Mais l'indication du nom du défendeur est absolument nécessaire, la loi l'exige à peine de nullité (art. 61 C pr.).

196.— Jugé cependant que l'assignation donnée à une entreprise gérée par une societé est valable, encore qu'elle n énonce le nom d'aucun des associés; il suffit que l entreprise soit désignée, et l'exploit remis au siége de l'établissement, à personne capable de le recevoir.— 21 nov. 1808. Civ. c. Enreg. C. les Messageries. D.A. 7. 735. D P. 8. 1. 489.

197.—. .Que l'omission du nom de l'intimé dans la copie d'un acte d'appel n'est pas une cause de nullité, si d'ailleurs ce nom se trouve dans le même acte à l'ajournement.— 21 mai 1810. Besançon. Sibille. D.A. 7. 746. D.P. 2. 146.

Ces deux décisions ne doivent pas être prises pour regle. Il existait, sans doute, des circonstances tres favorables dans l'espèce, qui ont fait incliner la sevérite du principe.

198 — Toutefois les fonctionnaires publics, les maires peuvent être assignés sous leur qualité, sans qu'il soit besoin d'indiquer leur nom. — V. n. 107.

199. — Ainsi, un maire agissant au nom de sa commune est valablement assigné, en sa qualité de maire de la commune; il n'est pas besoin de l'assigner en son nom propre (C. pr. 61).— 3 janv. 1827. Bourges. Rousseau D.P. 32. 2. 28.

200.— Est valable l'exploit dont la copie a été remise au maire ou adjoint, encore qu'il ne designe ces fonctionnaires que par la qualité de *maire*, sans indiquer leurs noms — 4 fev. 1811. Montpellier. Argilliers. D.A. 7. 794. D.P. 2. 161.

201.— *Demeure ou domicile.*— L'énoncé du domicile du defendeur n'est point prescrit pour la validité de l'assignation; il suffit que sa demeure soit declarée. — L'exploit est valablement remis a la personne de l'assigné trouve hors de son domicile, encore que, par jugement, l'assignation à domicile fut ordonnee (C. pr., art. 61, 68).— 12 juill 1814. Rennes. Garbagny. D.A. 7. 738. D.P. 2. 143.

202 — L'énonciation de la demeure du défendeur, dans un exploit d'ajournement, etant exigee, a peine de nullité, par l'art. 61 C. pr., le défaut d'indication ne peut être suppléé par induction et par raisonnement.— Ainsi, est nulle, comme ne contenant pas l'indication de la demeure du défendeur, l'assignation *donnée à Deschatelets fils, proprietaire et maire de la commune de.... en son domicile et parlant a sa personne.*—21 fév. 1826. Cr. r. Paris. Bernage. D.P. 26. 1. 176.

203.— L'énonciation, faite dans une assignation, qu'un individu est maire d'une commune, n'emporte pas nécessairement l'idée que cet individu a son domicile dans cette commune, parce que l'on peut être maire d'un lieu et demeurer dans un autre. —Même arrêt.

204.—De même, énoncer, dans un exploit d'appel, la qualité de maire de l'assigné, ce n'est pas indiquer suffisamment son domicile, un maire pouvant être domicilié dans une commune autre que celle qu'il administre (C. pr. 61).— 18 juin 1830. Poitiers. Sabouraud. D.P. 30. 2. 240.

205.—L'omission du domicile de l'intimé n'est pas une cause de nullité de l'appel, si l'exploit énonce la qualité de l'intimé, et que de cette qualité résulte la connaissance du domicile. *Spécialement*, l'exploit signifié à N..., *receveur des contributions directes de la ville de...*, énonce suffisamment son domicile. — 12 juin 1812. Liége. Chainaie-Raymond. D.A. 7. 815. D.P. 2. 166.

206.— Lorsqu'un exploit d'appel est notifié, par deux copies séparées, à un mari et a sa femme demeurant ensemble, l'appel n'est pas nul, par cela que la copie laissée à l'épouse au domicile de son mari ne mentionne pas la *ville* qu habite le mari, lorsque, d'ailleurs, cette ville est indiquée dans la copie laissée au mari, et que la femme, par sa comparution, a prouvé qu'elle avait reçu la copie. — 15 mars 1825. Poitiers. Giraud. D.P. 25. 2. 200.

207. — L'exploit signifié à un domicile élu n'en doit pas moins indiquer le domicile réel du défendeur.— Bonc. 2 223.

208.— Jugé ainsi que l'assignation donnée à domicile élu, doit, à peine de nullité, indiquer la demeure du défendeur. — 14 juill. 1807. Bruxelles. Defalque. D.A. 7 738 D.P. 2. 143.

209.—Est nul l'appel signifié au domicile élu dans le commandement, si l'exploit ne contient pas la mention de la demeure de l'intimé. — 11 mai 1811. Turin. F.......D.A. 7. 742. D.P. 14. 2. 48. — V. Domicile élu.

210.— En matière de saisie-immobilière, comme en toute autre matière, l'acte d'appel est nul lorsque l assignation qu'il renferme n'indique pas la demeure de l'intimé. — 20 mars 1820. Civ. r. Pau. Batz. D.A. 7. 743. D.P. 20. 1. 257.

211.— Jugé, au contraire, que l'exploit signifié à domicile élu est valable, encore qu il ne mentionne ni la demeure, ni le domicile réel des parties. — 12 fév. 1817. Req. Paris. Janenne. D.A. 7. 742. D.P. 17. 1. 333.

212.— L'assignation, qui a pu être donnée à une partie au domicile de son avoué, est valable, encore que le domicile de cette partie n'y ait pas été énoncé, ou qu'il y ait erreur dans l'énonciation. — 27 déc. 1808. Req. Deshenrys. D A. 7. 737. D.P. 9. 2. 12.

213.— L'exploit d'appel est valable, quoiqu'il indique la maison de l'intimé sous un autre numéro que le véritable, et qu'il qualifie d'épouse de l'assigne, qui n'est point marié, la personne qui a reçu la copie, si d'ailleurs la signification a eu lieu au véritable domicile, et si la copie a eté remise à une personne capable de la recevoir. — 12 juill. 1815. Bruxelles. Caron. D.A. 7. 742. D.P. 2. 145.

214.— Lorsque l'acte d'appel est signifié à personne, il n'est pas nécessaire, à peine de nullité, qu'il enonce la demeure de l'intimé, surtout si celui-ci y est clairement désigné. — 24 janv. 1821. Bruxelles. Van-Tongerloo. D.A. 7. 744. D.P. 2. 145.

215 — L'omission, dans l'assignation, du numéro de la maison du defendeur, n'est pas une cause de nullite de l'exploit. La nullité d'exploit est couverte par l'opposition a un jugement par defaut, dont l'opposant est déchu pour ne l'avoir pas réitérée aux termes de la loi (C. pr., art. 61, 161, 173).—17 avril 1809. Paris. Ponte. D.A. 7. 737. D.P. 2. 143.

216 — Un acte est valable toutes les fois que, dans son contexte, il presente des enonciations suffisantes pour réparer les erreurs ou omissions qu'il peut contenir.

Spécialement, l'erreur de place ou de rue, dans un commandement, sur l'adresse du débiteur, n'entraine pas la nullite, si, en tête de l'exploit de signification, se trouve une copie du jugement où est mentionné le domicile veritable, alors surtout que l'exploit a été remis au debiteur qui le represente lui-meme (C. pr. 61). — 4 juin 1833. Lyon. Despiès. D P. 34. 2. 88.

217.—La signification faite au prévenu defaillant, du jugement rendu contre lui, est nulle, si le domicile n'est indiqué que d'une manière vague, comme s il est dit que le prévenu *est demeurant hors la ville, pres la commune de...*, sans que ce défaut d'indication precise du domicile puisse être suppléé par la mention que la copie à été laissée à une servante de la maison. — 23 fév. 1832. Bordeaux. Min. pub. C. Tallard. D.P. 33. 2. 178.

218.— La signification ou sommation de produire faite au domicile élu chez un avoué, en la personne de son successeur, est nulle si elle n'exprime pas formellement qu'elle a été notifiée en l'habitation de l'avoué chez lequel il a été elu domicile, ou à sa personne (C. pr. 60, 70).—24 août 1830. Grenoble. Chevron. D.P. 31. 2. 108.

§ 5.—*Mention de la remise de la copie et de la personne à qui cette copie est laissée. Incapables, Etrangers*, Parlant à, *Serviteurs*, *Voisin*, *Maire*, etc.

219.—Tout exploit doit être signifié à personne ou domicile, sauf quelques exceptions; et il doit contenir, à peine de nullite, mention de la remise de la copie, et indiquer d'une manière claire et précise la personne à laquelle cette copie est laissée.

220 —« L'huissier doit mentionner dans l'exploit, dit Berriat, 202, la remise de la copie, et en outre la personne à laquelle il s'est adressé et à laquelle il a parlé. L'omission de l'une ou l'autre de ces énonciations est un moyen de nullité. »

221. — Le défaut de mention, sur la copie d'un exploit, de la personne à laquelle il a été signifié, est une cause de nullité de l'exploit, alors même que l'original contiendrait cette indication, la copie tenant lieu d'original à l'égard de la partie à laquelle l'exploit est signifie (C. pr. 61).—3 juill. 1832. Req. Limoges. d'Artiule. D.P. 32. 1. 360.

222.—Cependant, il a été jugé d'une part que l'exploit dans lequel l'huissier a fait mention de la personne à laquelle la copie a été laissée sans désigner celle à laquelle il a parlé, est valable (11 août 1820. Grenoble), et d'autre part que l'exploit dans lequel l'huissier dit avoir parlé à la partie assignée était aussi valable, quoiqu'il n'eût pas fait mention de la personne à laquelle il avait remis la copie.— 27 fev. 1822. Grenoble.

Mais il faut bien se garder de prendre de telles décisions pour règle de conduite.

223.—Cependant, bien que la loi exige qu'un acte soit notifié, et qu'il en soit fait mention, il n'est pas nécessaire que dans la copie comme dans l'original il soit dit que copie en a été donnée. — 18 mai 1808. Civ c. Lescaut. S. 8. 1. 398.

EXPLOIT. ART. 2, § 5.
EXPLOIT. ART. 2, § 5.

224.—Lorsque, dans l'original de l'exploit de signification d'un jugement, l'huissier a omis d'énoncer qu'il signifiait le jugement, et qu'il en *laissait copie*, une telle notification ne fait pas courir le délai du pourvoi en cassation (C. pr. 61, anal.). — 3 nov. 1818. Civ. c Montalivet. D.A. 1. 743. D.P. 18. 1. 644.—C'est-à-dire que cet acte est nul.

225.—Est nul un ajournement où l'huissier s'est borné, après avoir relaté son immatricule, à faire cette mention, *ai déclaré et signifié au sieur...*, *parlant à sa personne*, sans rappeler plus bas qu'il a laissé à cette personne copie de l'acte qu'il lui signifiait; la loi exige, à peine de nullité, qu'il soit fait mention, dans l'exploit d'ajournement, de la remise de la copie (C. pr. 61, 70). — 12 déc. 1829. Dijon. Dumont. D.P. 31. 2. 201.

226.—En général, c'est au domicile de la personne assignée que l'huissier doit déposer sa copie. Cependant, il y a certains cas où il peut valablement la remettre ailleurs; ce sont :

1° Quand il rencontre la personne à qui la copie de son acte est destinée ; mais, alors, il doit la connaître personnellement, c'est sous sa responsabilité qu'il agit ainsi.

Il est à observer qu'il n'y a point d'actes d'huissiers qui doivent, à peine de nullité, être signifiés seulement à personne, à l'exception de la notification de la liste des jurés à un accusé détenu.—V. Cours d'assises, n. 345.

227.—Mais, réciproquement, ils peuvent tous être faits à personne, excepté les protêts.— 18 juin 1834. Bordeaux. Durand. D.P. 35. 2. 40. — V. Effet de commerce, n. 750.

228.—Il n'est pas nécessaire, pour la validité d'un protêt, qu'il soit fait en *parlant* à la personne du tiré; il est valable lorsqu'il énonce que les sommations et interpellations d'usage ont été faites dans le domicile du tiré, parlant à son domestique, qui a répondu qu'il en donnerait connaissance à son maître, et que copie de ce protêt a été laissée à ce domicile avec copie de la lettre de change et des endossemens, si d'ailleurs il contient les autres formalités.... et c'est à tort qu'on ordonnerait qu'un autre protêt eût lieu (C. comm 161, 162, 173, 174). —23 nov. 1829. Civ. c. Gregori. D.P. 30. 1. 18.

229 — 2° Dans les cas où ceux à qui l'acte est destiné sont incapables ou sont des êtres moraux, tels que les communes, les établissemens publics, les mineurs; ou n'ont pas de domicile en France, ou n'en ont pas de connu.

230. — 3° Quand il y a un domicile élu, soit par la force de la loi, soit par la disposition expresse d'un acte.

Les copies peuvent être remises aux parties elles-mêmes en tous lieux. Le code de procédure n'interdit aux huissiers la faculté d'exploiter dans les lieux publics, les églises, les tribunaux, la bourse, etc., que lorsqu'ils exercent la contrainte par corps. —Bonc., 2, 196.

231. — Quelques auteurs soutiennent encore l'opinion contraire adoptée par l'ancienne jurisprudence (Praticien, 1, 313; Delaporte, 1, 76; Pigeau, 1, 120).

Toutefois, d'après Pigeau, la prohibition n'existerait que pendant le temps des exercices religieux, ou des séances des autorités constituées.

Merlin, Rép., v° Ajournement, et Carré, art. 68, sont d'avis, ainsi que Boncenne, que les anciens usages ont été formellement abrogés par l'art. 1041 C. pr.

232.—Cependant il nous paraît juste de faire une exception pour le cas où il s'agirait de faire une signification au ministre d'un culte, à un magistrat, à des autorités constituées, pendant l'exercice de leurs fonctions. — Conf. Bioche, v° Ajournement, n. 166.

233. — Le fait de la remise de la copie à la personne de l'assigné ne dispense pas de l'accomplissement des autres formalités; ainsi, est nul l'exploit dont la copie est remise à la partie elle-même, s'il n'est pas fait mention de sa demeure. — Bonc., 2, 194.

234.—L'assignation doit être donnée à personne ou domicile, à peine de nullité. — 16 pluv. an 7. Sect. temp. C. Descayrac. D.A. 7. 780. D.P. 3. 1. 188.

235. — Sous l'empire de l'ordonnance de 1667, comme aujourd'hui, l'appel devait être signifié à personne ou domicile, à peine de nullité.—2 vend. an 7. Sect. temp. C Tiercelin. D.A. 7. 787. D.P. 2. 159.

236. — Est nulle la signification d'un exploit à la personne d'un agent ou préposé de la partie assignée ; cette signification doit, à peine de nullité, être faite à personne ou domicile. — 4 therm. an 5. Civ. c. Custine. D.A. 7. 780. D.P. 2. 156.

237. — Cependant, les citations en matière de simple police, tendantes à la destruction d'édifices menaçant ruine, sont valablement données au propriétaire non domicilié sur les lieux, à un de ses locataires où à un mandataire. — V. Autorité municipale.

238. — Et en matière d'expropriation pour cause d'utilité publique, les significations des jugemens et autres actes sont valablement faites au domicile qu'ont dû élire les propriétaires dans l'arrondissement de la situation des biens ; et, en cas où il n'a pas été fait d'élection de domicile, ces significations sont faites en double copie dont l'une est remise au fermier, locataire, gardien ou régisseur de la propriété et l'autre au maire de la commune de la situation (7 juill. 1833, art. 15).— D.P. 33. 3. 70.

239. — Ces significations sont faites à la requête du préfet du département, par huissier ou tout agent de l'administration (*ibid.*, art. 57).

240. — La triple circonstance 1° que la copie de l'extrait d'un jugement d'expropriation pour utilité publique a été remise à l'exproprié en l'hôtel de la mairie : 2° qu'il existe une attestation du maire portant qu'il a fait afficher cet extrait et qu'il l'a notifié à l'exproprié; 3° que ce dernier a eu connaissance du jugement : ce concours de circonstances n'équivaut pas à la notification prescrite par les art. 57 et 15 de la loi du 7 juill. 1833, et ne suffit pas pour faire courir le délai de trois jours à partir de la notification, dans lequel on doit se pourvoir.— 28 janv. 1834. Civ. c. Dumarest. D.P. 34. 1. 48.

241. — Est nul l'acte d'appel signifié aux assurés en la personne et au domicile de celui qui a contracté dans une police d'assurance pour *compte de qui il appartiendrait*, lorsque, par la procedure antérieure, l'assureur a connu les assurés et leur domicile. — 16 avril 1813. Rennes. Biarrot. D.A. 7. 786. D.P. 2. 158.

242.—Dans les colonies, surtout à la Martinique, les colons absens ou non résidens, sont valablement assignés au domicile de leur mandataire. — V. Colonies, n. 61 et 62.

243. — L'assignation donnée à une partie au domicile indiquée par elle-même dans plusieurs actes de la procedure, n'est pas nulle, quoiqu'il soit constaté, par un certificat du directeur des contributions directes, qu'elle demeure dans un autre lieu (C. pr. 61). — 5 mai 1834. Civ. c. Nimes. Fournier. D.P. 34. 1. 233.

244.— L'exploit d'appel, en matière de saisie, qui n'a été notifié qu'au greffier du tribunal, est nul; la signification doit en être faite à personne ou domicile (C. pr., art. 456, 549). — 11 oct. 1817. Rennes. Pincé. D.A. 7. 788. D.P. 2. 159.

245. — L'appel doit être signifié à personne ou domicile, à peine de nullité; la déclaration d'appel dans un procès-verbal d'affiche de prise de possession est nulle (L. de brum. an 2, art. 8). — 6 frim. an 13. Req. Turin. Ponté. D.A. 7. 788. D.P. 5. 1. 116.

246.—Quoiqu'un domaine soit mis en séquestre, et que le propriétaire ait fait place au gardien, on peut valablement signifier à ce domicile un exploit d'appel en parlant *au jardinier de la terre*.— 26 mars 1822. Req. Rennes. Fresnais. D.A. 7. 789. D.P. 23. 1. 47.

247. — Une signification n'est pas nulle, par cela seul qu'elle a été réitérée à personne ou à nouveau domicile. — 25 janv. 1808. Paris Estellé. D.A. 3. 775. D.P. 1. 987.

248. — Est valable l'exploit signifié à une personne décédée, dont le décès n'est pas inscrit sur les registres de l'état civil, et dont la mort n'aurait pas été annoncée à l'huissier.—3 sept. 1811. Civ. r. Marquer. D.A. 7. 832. D.P. 11. 1. 417. —Conf. Pig., 1, 183.

249.— Une assignation n'est pas nulle, bien que donnée à des parties alors décédées, si elle a été en même temps dirigée contre d'autres parties solidaires (C. pr. 399; C. civ. 2249). — 22 août 1833. Bordeaux. Lassus. D.P. 34. 2. 130.

250. — L'appel d'un jugement rendu au profit d'une personne qui vient à décéder ensuite, peut être signifié à la maison mortuaire, aux héritiers collectivement, sans désignation de noms ni de qualités (C. pr. 447). S'il n'en était pas ainsi, il arriverait fréquemment qu'on ne pourrait pas interjeter appel à temps, faute de pouvoir découvrir tous les héritiers. — 30 août 1810. Bruxelles. Dom. C. de Burges.

251. — De plusieurs héritiers assignés en matière réelle, les uns régulièrement, les autres irrégulièrement et à un domicile qui n'est pas le leur, ces derniers ont seuls qualité et intérêt pour se prévaloir de la nullité de l'exploit....; par suite, l'arrêt qui, après que la nullite a été couverte par leur silence, annulle l'exploit sur la demande seule des premiers, doit être cassé (C. proc 68; C. civ. 1317). — 23 déc 1828. Civ. c. Nimes. Déjoux. D.P. 29. 1. 79.

252. — La signification d'une cédule délivrée par un juge de paix contre un individu décédé depuis, est valablement faite à ses héritiers. — 27 août 1807. Paris. Moreton, etc. D.A. 7. 781. D.P. 2. 156.

253. — Est nul l'exploit d'appel qui n'est pas signifié à personne ou domicile, et, à défaut, si le domicile est inconnu, au parquet du procureur du roi : peu importe qu'il soit ou non suivi d'un procès-verbal de perquisition.—6 janv. 1818. Rennes. Dupont-Degault. D.A. 7. 788.

254. — L'appel d'un jugement d'adjudication définitive signifié à avoué est nul; il doit, comme l'appel ordinaire, être signifié à personne ou domicile. —20 mars 1820. Civ. r. Pau. Baiz. D.A. 7. 743. D.P. 20. 1. 257.

255. — Un appel est valablement signifié au domicile d'un mandataire chargé d'exécuter tous jugemens, d'en appeler et d'élire domicile. — 3 mai 1808. Liége. Roder. D.A. 7. 806. D.P. 163.— Journ. des avoués, v° Exploit, 106 — Cette décision est trop hasardée.

256. — Lorsqu'il s'agit non d'une action à intenter, mais de l'exécution d'un jugement qui ordonne la radiation d'une hypothèque, la signification de ce jugement doit se faire au domicile reel ou à celui du procureur du roi, s'il s'agit d'un étranger, et non au domicile élu dans le bordereau d'inscription. — 21 janv. 1834 Pau. Hubert. D.P. 34. 2. 188.

257. — La signification d'un jugement contradictoire qui, en annulant un jugement antérieur, ordonne de fournir défense dans un certain délai, est nulle, si elle est faite à avoué, et non à personne ou domicile. — 16 vent. an 12. Turin. Pistone. D.A. 7. 781. D.P. 2. 156.

258.—Jugé qu'une demande reconventionnelle est valablement signifiée au domicile élu dans la demande principale.—21 fév. 1819. Paris. Petit-Pierre.

359.—Une demande reconventionnelle n'est pas nulle, en ce qu'elle aurait été formée, non par simple acte, mais par exploit à domicile, surtout quand l'assigné n'avait pas d'avoué (C. pr. 337). — 13 fév. 1827 Poitiers. Laurence. D.P. 30. 2. 49.

260. — Une demande en intervention dans une instance pendante devant un tribunal de commerce, doit être notifiée à personne ou à domicile; et ne peut l'être ni au domicile élu par l'une des parties principales, ni au greffe du tribunal de commerce. —9 mai 1809. Bruxelles. Deloppez. D.P. 10. 2. 119.

261. — Une citation en police correctionnelle, dans laquelle l'huissier n'a pas constaté qu'elle avait été remise à la personne du cité, ou à son domicile, est nulle (C. inst. crim., 182). — 10 sept. 1831. C. r. Min. pub. C. Aubry. D.P. 31. 1. 315.

262. — Les significations faites au domicile connu du débiteur, en parlant à des personnes de sa famille, sont valables, quoiqu'il alléguerait avoir un nouveau domicile, qu'il n'aurait pas d'ailleurs fait connaître. — 25 fév. 1810. Bruxelles. Delescailles. D.A. 11. 838, n. 2. D.P. 2. 12. 30.

263. — La connaissance du domicile auquel une assignation doit être donnée peut présenter quelques difficultés. — V. au mot Domicile les règles générales sur ce point.

Mais pour déterminer le domicile, les faits postérieurs sont sans influence. — V. Domicile.

264. — Est valable l'assignation donnée par l'avoué à son client, à fin de remboursement de ses avances, au domicile indiqué par lui dans divers actes, tels qu'un pouvoir, et des significations qui lui ont été faites, encore bien que le rôle de la contribution mobilière et d'autres circonstances sembleraient fixer son domicile ailleurs.— 3 août 1807. Paris. Cholais. D.A. 7. 804. D.P. 2. 103.

265.— Il suffit que le domicile d'une partie soit indiqué dans un jugement, pour que ce jugement doive être signifié à ce domicile.— Dès lors, lorsqu'on ne trouve ni la partie ni personne pour elle à son domicile, c'est plutôt conformément à l'art. 68, que suivant le § 8 de l'art 8 de l'art. 69 C. pr., qu'on doit procéder.—28 mars 1833. Bordeaux. Arlincourt. D.P. 34. 2 86.

266. — Est nulle la notification, pour parvenir à la contrainte par corps, faite à un domicile que le débiteur justifie avoir quitté depuis long-temps. — 28 fév. 1807. Paris. Berthot. D.A. 3. 807.

267.— Lorsqu'un acte d'appel a été déclaré nul, faute de signification à personne ou domicile, et que, sur le pourvoi en cassation contre l'arrêt qui a prononcé la nullité, le fait de l'omission est reconnu par le demandeur en cassation, dans un mémoire, il ne peut ensuite se prévaloir devant la cour suprême d'une copie de l'exploit annulé, pour en faire résulter qu'au moyen d'un renvoi il y a eu réellement signification à personne ou domicile. — 20 mars 1820. Civ. r. Pau. Balz. D.A. 7. 743. D.P. 20. 1. 257.

268.— La copie d'un jugement (en matière de garde nationale) à un receveur de l'enregistrement, est valablement faite à son bureau, en parlant à un surnuméraire faisant l'intérim.— 14 mars 1834. Cr. r. Larzilière. D P. 34. 1. 213.

269.— Les exceptions au principe du code de procédure, dont il va être parlé, sont toutes formellement consacrées par la loi; elles étaient d'ailleurs commandées par la nature des choses.

270.— Les assignations données à l'état, lorsqu'il s'agit de domaines et droits domaniaux, sont remises au préfet ou au domicile du préfet du département dans lequel siége le tribunal qui doit connaître de l'affaire; « celles données au trésor, à la personne ou au bureau de l'agent judiciaire; celles aux administrations ou établissemens publics, en leurs bureaux lorsqu'elles sont faites au siége principal de l'administration ou de l'établissement, et, dans les autres lieux, à la personne ou au bureau de leur préposé.

Celles aux communes, en la personne ou au domicile de leur maire. A Paris, à la personne ou au domicile du préfet.

Dans tous ces cas, l'original est visé par le fonctionnaire qui reçoit la copie. En cas d'absence ou de refus, l'apposition du visa se fait, soit par le juge de paix, soit par le procureur du roi, à qui il faut alors laisser la copie (art. 69, C. pr).

Les assignations, dans les actions à la charge du roi, étaient autrefois données *en la personne* du procureur du roi de l'arrondissement. Maintenant, et depuis la loi du 2 mars 1832, les actions concernant la dotation de la couronne doivent être dirigées pour et contre l'administration de cette dotation. Celles intéressant le domaine privé doivent aussi être dirigées pour et contre l'administrateur de ce domaine (art. 27).— D.P. 32. 3. 14.

Ainsi maintenant, c'est à l'intendant de la liste civile que doivent être remises les copies des exploits relatifs à des actions dirigées contre le domaine privé et le domaine de la couronne.

Il est incontestable que l'employé chargé de recevoir ces copies doit viser l'original, et qu'à son refus on doit s'adresser soit au juge de paix, soit au procureur du roi, conformément à l'art. 69 C. pr.

Les copies destinées aux sociétés de commerce, et aux unions de créanciers, doivent être laissées à la maison sociale, et en la personne ou domicile des syndics.

271. — Il suffit qu'il soit reconnu que le bureau d'un journal est le siége même de l'établissement de ce journal, pour que la notification d'un arrêt en matière de presse y ait été valablement faite au gérant, encore bien qu'il aurait ailleurs un domicile. — 28 août. 1834 Cr. r. Laroze. D.P. 34. 1. 438.

272. — L'appel, dans une contestation relative à un domaine de l'état, est valablement signifié à l'administration de l'enregistrement et des domaines, lorsque c'est cette administration qui a agi en première instance (8 juin 1814. Civ. r. Marchadier). — Mais à coup sur un exploit introductif d'instance signifié, en pareille matière, à l'administration, serait nul; l'art. 70 C. pr. prescrivant, à peine de nullité, qu'en ce cas l'exploit soit signifié au préfet (Arg. de l'arrêt du 8 juin 1814. Coltinière).

Les assignations aux établissemens publics doivent être remises au bureau de ces établissemens (art. 69, § 3, C. pr.), et non ailleurs.

273.— Jugé ainsi que l'appel interjeté contre un établissement public, contre un bureau de bienfaisance, doit, comme l'assignation en première instance, être signifié au lieu où siége l'administration, et non au domicile de son préposé, encore qu'il habite la même ville (C. pr., art. 69).— 31 mars 1810 Liége Braconnier. D.A. 7. 823. D.P. 2 169. — 13 juill. 1814. Liége. Fabrique de Saint-Aubin. D.A. 7. 823. D.P. 2 169.

274. — Jugé cependant que lorsqu'une administration d'hospice n'a pas de bureau spécial dans le siége de son établissement, bien qu'il y ait un receveur, les significations peuvent lui être faites en la personne du maire, comme président du bureau d'administration (C. pr. 59). — 11 janv. 1830. Req. Pau. Hospice de Sainte-Marie. D.P. 30. 1. 58.

275. — Le vœu de l'art. 69, § 3 C. pr, qui exige que les administrations et établissemens publics soient assignés dans leurs bureaux, a pu être déclaré, suffisamment rempli par un exploit donné à l'un des administrateurs *en domicile*, parlant à sa personne; et l'arrêt qui décide que les mots *en domicile* désignent le bureau de l'administration, et non la demeure particulière de l'administrateur, qu'en conséquence, cet exploit est valable, échappe à la censure de la cour de cassation, comme renfermant une interprétation d'expressions douteuses.— 27 avril 1830. Civ. r. Aix. Hospices de Salon. D P. 30. 1. 223.

276.— *Communes.*— En 1790, et d'après ce qui se pratiquait alors, c'était au domicile du maire et non à celui du procureur de la commune, que les communes devaient être assignées. — 6 flor. an 11. Colmar. Comm. de Sainte-Croix. D A 3. 17. D.P. 1. 679.

277. — Les actes signifiés aux communes, en la personne de leurs maires, devant, en l'absence et sur le refus de ceux-ci, être laissés aux juges de paix ou aux procureurs du roi, est nul l'acte d'appel qui, au lieu d'être fait au domicile du maire, a été fait à celui de son adjoint (C. pr. 69) — 12 mai 1830. Req. Besançon. Comm. de Loisia. D.P. 30. 1. 241. — 22 nov. 1813. Civ. r. Comm de Riom. D.A. 7. 838. D.P. 14. 1. 178. — 10 juin 1812. Civ. r. Montpellier. Fulcrand. D.A. 7. 823. D.P. 12 1.448. — 7 juill. 1828. Civ. c. Lyon. Comm. d'Ambutrix. D.P. 28. 1. 317. — 17 déc 1834. Nimes. Delpuech. D.P. 35. 2. 102.

278. — Jugé de même qu'est nul l'exploit d'appel d'un jugement rendu en faveur d'une commune, si la copie a été, en l'absence du maire, lequel n'a pas de domicile particulier dans la commune, laissée à l'adjoint et au domicile de ce dernier (C pr. 69).— 17 nov. 1830. Bourges. Plassat. D P. 31. 2. 55.

279.— Jugé, en sens contraire, qu'en l'absence du maire, l'adjoint a qualité pour recevoir la copie et viser l'original d'un exploit (C. pr. 68. 69). — 8 mars 1834 Ch réun. r. Grenoble Comm. d'Ambutrix. D.P. 34. 1. 89.

280. — Jusqu'ici la jurisprudence de la cour était en sens opposé; et c'est après l'avoir constatée, et rappelé qu'en général l'adjoint remplace le maire, que Dalloz, Jur. gén, v° Exploit, p 820, n. 1, ajoutait qu'il ne *saurait donner la raison* de la jurisprudence de la cour.

Toutefois, Boncenne, t. 2, s'est rangé à la jurisprudence que la cour de cassation vient d'abandonner, et critique l'observation de Dalloz, en ces termes:

« La cour de cassation, dit ce professeur, a constamment annulé les exploits reçus et visés par l'adjoint. Des cours royales se sont élevées contre cette doctrine, et quelques auteurs déclarent qu'ils ne sauraient donner de raisons pour l'expliquer; je crois que c'est à tort: ces raisons se trouvent dans les règles qui concernent l'organisation des communes et les attributions des corps municipaux.

« Le maire administre seul, et représente seul la commune; il consulte ses adjoints, quand il le juge à propos, et il a la faculté de leur déléguer, au besoin, une partie du pouvoir municipal. Mais un adjoint ne peut remplacer le maire, par la seule vertu de son titre, à moins que la loi elle-même ne l'y autorise pour quelques actes spéciaux, comme dans l'art. 68, par exemple, et vous remarquerez que, dans cet article et autres semblables, il ne s'agit point d'une assignation signifiée à la commune. Ajoutez que tout ce qui concerne les procès à intenter ou à soutenir pour l'exercice et la conservation des droits de la commune, se rattache essentiellement aux attributions du conseil municipal, qui seul peut en délibérer. »— D.P. *eod.*, note.

Cette opinion de Boncenne nous paraît renfermer plusieurs erreurs; elle nous paraît aussi un peu trop générale et n'avoir pas tiré de la contexture de l'art. 69 C. pr. toute la partie que, dans son système restrictif, il était permis d'en tirer.— V. nos observ. *ibid.*

281. — Avant cet arrêt solennel, il avait déjà été jugé que l'assignation donnée au maire d'une commune, en cette qualité, en la personne de l'adjoint, pendant que celui ci était à la mairie, et qu'il remplissait les fonctions de maire, en l'absence de l'individu revêtu de cette dignité, était valable. — 13 fév. 1827. Poitiers. Comm. d'Asnières. D.P. 29. 2. 85.

282.— Et qu'en cas d'absence du maire, son adjoint pouvait valablement viser l'exploit contenant *signification d'un arrêté* de conseil de préfecture, qui avait statué sur une contestation entre la commune et un entrepreneur d'éclairage. — 13 juill. 1825. Ord. cons. d'état. Lesage. D.P. 26. 3. 32.

283. — Et il a été jugé, toujours dans le même sens, qu'en cas d'absence de leurs domiciles, des maires de deux communes auxquels il est chargé de faire deux significations, l'huissier doit, au lieu d'y laisser les copies, se transporter au domicile de leurs adjoints, et, en cas d'absence de ceux-ci, faire viser l'original de son exploit, soit par le juge de paix, soit par le procureur du roi, auxquels il doit laisser deux copies.

.... Et c'est à tort qu'en un cas pareil, il se bornerait à laisser au juge de paix une *seule copie*, sous le prétexte qu'il a déjà laissé une copie de ce même exploit au domicile de chacun des maires absens. — 26 mars 1834. Req. Grenoble. Pitiot. D.P. 34. 1. 162.

284. — La constatation de l'absence du maire résulte suffisamment de ces mots: *remis à l'adjoint en l'absence du maire.*— 8 mars 1834. Ch. réun. r. Grenoble. Comm. d'Ambutrix. D.P. 34. 1. 89.

285.— Mais s'il est vrai qu'en l'absence du maire, l'adjoint a qualité pour recevoir la signification d'un exploit (arrêt d'admission ou autre), cependant l'huissier n'est obligé, ni de s'informer si l'absence du maire est telle que ses fonctions se trouvent dévolues à l'adjoint, ni de chercher le domicile de cet adjoint, avant de remettre au procureur du roi l'exploit destiné au maire (C. pr. 69).— 7 juill. 1834. Civ. r. Paris. Hosp. de Paris. D.P. 34. 1. 296.

Cette décision importante a été déterminée sans doute par la nécessité d'apporter un tempérament à la rigueur de la règle posée par l'arrêt solennel. du 8 mars 1834, rapporté au n. 279.

286.— Dans un procès contre une commune, l'acte d'appel est valablement signifié au maire, alors même que l'adjoint aurait été commis par le préfet pour suivre le procès en l'absence du maire, et que le jugement aurait été rendu entre l'adjoint et les appelans.— 31 mars 1829. Bourges. D.P. 31. 2. 177.

287.— A défaut du maire (décédé), et encore bien que l'adjoint fût momentanément absent, un conseiller municipal n'a pas qualité pour recevoir la copie d'un acte d'appel, ni pour le revêtir de son visa (C. pr. 69).— 24 mai 1833. Nanci. Comm. de Merville. D.P. 34. 2. 170.

288.— Mais le visa donné, en cas d'empêchement du maire ou de son adjoint, par le plus ancien conseiller municipal, à un procès-verbal de saisie-immobilière, est valable, sans même qu'il soit besoin de constater d'où provient l'empêchement du maire ou de l'adjoint.— 2 janv. 1834. Req. Bordeaux. Ducarpe. D.P. 34. 1. 74.

289. — Les assignations données à un adjoint faisant les fonctions de maire par *interim*, ne sont pas nulles, quoique cet adjoint aurait, quelques temps auparavant, cessé ses fonctions par la nomination d'un maire en titre, lorsqu'aucun acte du procès n'avait encore fait mention de ce changement (C. pr. 61). — 6 août 1832. Civ. r. Angers. Comm. d'Epieds. D.P. 33. 1. 17.

290.— Un acte d'appel, signifié à une commune, contenant cette mention: « Signifié aux habitans de la commune de..., procédant, poursuites et diligences de l'adjoint du maire, à la *personne de ce dernier*, en son domicile et parlant à sa personne, lequel a visé l'original, » constate suffisamment qu'il a été signifié au maire et non à l'adjoint, surtout lorsque l'original est visé par le maire, ces mots: *à la personne de ce dernier*, après ceux *l'adjoint du maire*, se rapportant nécessairement au maire; un tel acte est, par conséquent, valable, aux termes de l'art. 69, § 5, C. pr. — 1er mars 1824. Civ. c. Dijon. Comm. de Branges. D.A. 7. 719. D.P. 31. 1. 344.

291. — Une société est valablement assignée sous sa raison sociale, et lorsqu'on l'a assignée ainsi en première instance; on peut, sans qu'il y ait nullité, assigner en appel tous les sociétaires individuellement.— 20 flor. an 10. Civ. r. Paris. Jeanbart et comp. *Journ. des avoues*, v° Exploit, n. 37.

292.— La signification d'un jugement, faite seulement à l'un des deux associés condamnés à exécuter un marché, fait courir le délai de l'appel à l'égard de tous les deux.— 16 déc. 1813. Orléans. Colin-de-la-Noue.

293. — On peut valablement assigner un héritier pendant les délais pour faire inventaire et délibérer. — 10 juin 1807. Civ. c. Bordeaux. Geres. D.A. 12. 368, n. 1. D.P. 7. 1. 291. S.A. n. 80.

294. — Les personnes qui n'ont aucun domicile connu, sont assignées à leur résidence actuelle (art. 69, § 8 C. pr.). C'est là que la copie doit être remise avec toutes les autres formalités prescrites par la loi.

295.— Lorsqu'une partie a, dans des actes de pro-

cèdure, indiqué un domicile, et que cependant lors d'une signification à lui faire, l'huissier ne la trouve pas à ce domicile, et que les voisins déclarent qu'elle n'y demeure plus, il y a lieu de l'assigner comme si elle n'avait pas de domicile connu. — 21 fév. 1828. Amiens. Leindet. S. 29. 2. 349.

296.—La loi trace des règles différentes pour l'assignation de ceux qui n'ont aucun domicile connu en France, et pour celle des Français qui habitent le territoire français hors le continent, ou qui sont établis chez l'étranger.

Au premier cas, une copie de l'exploit doit être affichée à la principale porte de l'auditoire du tribunal où la demande est portée, et une seconde copie doit être remise au procureur du roi qui vise l'original.

Au second cas, il suffit de remettre une seule copie au procureur du roi, près le tribunal où la demande sera portée, lequel visera l'original, et enverra cette copie, soit au ministre de la marine, soit au ministre des affaires étrangères (art. 69, § 9 C. pr.).

297. — Le Français établi en pays étranger doit, à la différence du Français dont le domicile n'est pas connu, être assigné au parquet du procureur du roi, conformément au n. 9 de l'art. 69 C. pr.; il y a nullité, si l'on s'est borné à l'assigner par affiche à la porte du tribunal, avec remise d'une seconde copie au procureur du roi, conformément au n. 8 du même article.—28 avril 1831. Orleans. Gautier. D.P. 32. 2. 52.

298. — Encore que le défendeur domicilié sur le territoire français hors du continent, doive, aux termes de l'art. 69 C. pr., être assigne au domicile du procureur-général, l'assignation lui est valablement donnée a personne et à domicile par un huissier exerçant dans le ressort du tribunal de ce domicile.—30 juin 1810. Florence. Grant. D.A. 7. 821. D.P. 2. 108.

299— Pourrait-on valablement faire assigner un étranger à comparaitre devant un tribunal français, par un huissier ou officier ministériel étranger qui remplirait les formalités prescrites par les lois de son pays? Oui (Pigeau, 1, 198). Chauveau, v° Exploit, n. 153, notes, pense qu'une telle signification n'aurait aucune force, pour défaut d'authenticité en France.

300. — L'acte d'appel d'un jugement rendu au profit d'une personne établie en pays étranger, doit être signifié au domicile du procureur-général près la cour royale devant laquelle l'appel est porte, et non au domicile du procureur du roi près le tribunal qui a rendu le jugement (C. pr. 69, 456) — 14 juin 1830. Req. Montpellier. Comm. de Villansda. D.P. 30. 1. 286.

301. — L'acte d'appel contre un individu domicilié à l'étranger doit être signifié au domicile du procureur-général, et contenir le délai exigé par la loi pour assigner un étranger (C. pr. 73, 456, 584). — 2 juill. 1824. Grenoble. Borel. D.A. 7. 807. D.P. 2. 163.

302. — Lorsqu'un individu n'est pas trouvé au domicile indiqué, et qu'en outre son domicile n'a pu être découvert par l'huissier, c'est le cas d'appliquer l'art. 69, § 8, et non l'art. 68 C. pr. Par suite, l'exploit, et spécialement la notification de surenchère a pu être laissée au procureur du roi. — 24 déc. 1833. Req. Paris. Guignard. D.P. 34. 1. 161.

303. — Dans un exploit donné conformément à l'art. 69, § 8 C. pr., la mention de l'accomplissement de toutes les formalités n'est pas exigée à peine de nullité (C. pr. 1030).— 11 janv. 1834. Bordeaux. Paz. D.P. 34. 2. 103.

304.—Lorsqu'en cas de domicile inconnu de deux époux, l'exploit d'assignation a été donné conformément à l'art. 69, § 8 C. pr., on n'est pas recevable à en demander la nullité, sous le prétexte que le domicile originaire de la femme assignée étant parfaitement connu, l'exploit aurait dû y être laissé.— Même arrêt.

305.— C'est près le tribunal qui a rendu le jugement et non près celui du domicile présumé de la partie qui n'a ni domicile ni lieu de résidence connu, que les formalités pour la signification à faire à celle-ci doivent être remplies (C. pr. 69, 558). — 28 mars 1833. Bordeaux. Arlincourt. D.P. 34. 2. 86.

306. — Dans les actions contre l'état, on signifie les réquisitions et conclusions au parquet du ministère public.— Boncenne, 2, 146.

307. — Mais l'appel signifié au domicile que le préfet avait élu au parquet du procureur du roi est nul; il doit l'être à personne ou domicile.— 10 août 1820. Rennes. Préfet du Finistère. D.A. 7. 756.

308. — Le fonctionnaire amovible, qui n'a pas manifesté l'intention d'établir son domicile dans le lieu où il exerce ses fonctions, le militaire, etc., ne peuvent être valablement assignés dans le lieu de leur résidence qu'en parlant à leur personne; il faut les assigner à leur ancien domicile.— Bioche, v° Ajournement, n. 169.

309. —Quand on réfléchit un moment à cette disposition de la loi (car c'en est une), on ne peut s'empêcher de la trouver trop rigoureuse et peut-être absurde. Comment, en effet, s'imaginer qu'un procureur du roi, par exemple, résidant dans la même ville que son créancier, sera plus sûrement assigné a son domicile, à deux cent lieues, qu'à l'endroit où il reside; comment pourra-t-on faire croire à des gens raisonnables qu'un exploit qui fait deux cents lieues pour aller, qui sera sûrement signifié a un fonctionnaire public, et qui fera de nouveau deux cents lieues pour parvenir à la personne à qui il est destiné, est bien plus exactement signifié que si on l'avait laisse a la femme ou au domestique de la partie? Il semble que toutes les fois qu'un fonctionnaire est établi dans un lieu, on devrait pouvoir lui signifier, a cette résidence, tous les actes qui le concernent; car on a toute la certitude possible qu'il recevra les copies qui lui sont destinées.

310. — Jugé que les significations à un percepteur à vie, peuvent être valablement faites à son ancien domicile, ses fonctions etant, nonobstant cette qualification, révocables. — 11 mars 1812. Req. Provost. D.A 6. 382. — 17 août 1810. Paris. Gronier. D.A. 7. 739. D.P. 2. 143.

311. — Les prisonniers, les bannis sont valablement assignés au domicile qu'ils avaient avant leur incarcération ou leur bannissement. — Rodier, Ord. de 1667, art. 2, quest. 10; Domat, *Droit public*, liv. 1er, tit. 16, sect. 3, n. 14; Carré, art. 68.

312. — Jugé également que l'assignation à un déporte peut être signifiée à son ancien domicile. — 16 frim. an 11. Civ. r. Agen. Doumerc. D.A. 5. 48. D.P. 1. 1285. — Conf. Carré, 184; Delap., 1, 58; *Pratic. franç.*, 1, 286, et Pigeau, 1, 143.

313. — Les exploits à signifier à un détenu doivent être remis à son domicile, ou à sa personne entre des guichets; ils ne pourraient être signifies au geôlier. — Conf. Carre, n. 358; Pigeau, 1, 126; Chauveau, v° Exploit, 383.

314. — Les vagabonds, les colporteurs, les bateleurs, les comédiens ambulans, doivent être considérés comme n'ayant pas de domicile (Rodier, sur l'ord. de 1667. — 4 pluv. an 9. Nîmes. S. 4. 2. 528), et être assignés, par suite, conformément à l'art. 69, § 8, C pr.

315. — *Etranger*. — Il est nécessaire quelquefois, et l'on en a le droit, d'assigner des étrangers devant les tribunaux français; la loi est muette sur les formalites à remplir. Mais tous les auteurs s'accordent a dire qu'on doit observer à leur égard les formalités prescrites pour les Français habitant en pays étranger, c'est-à dire qu'on doit remettre les copies qui leur sont destinées au domicile du procureur du roi du tribunal où la demande doit être portée. — Merl., Rép., v° Ajournement, n. 14, p. 179; Boncenne, D.A. 7. 820, n. 2.

316. — La signification d'un exploit faite à un étranger au domicile du procureur du roi est valable, bien que ce magistrat n'ait pas envoyé au ministre des affaires etrangères la copie qui lui a été remise. — 11 mars 1817. Req. Amiens. Bellot. D.A. 7. 822. D.P. 17. 1. 487.

317.— L'appel d'un jugement, introduisant devant la cour où il est porte une instance nouvelle, il s'ensuit que, lorsqu'il est relevé contre des étrangers, l'exploit doit, à peine de nullité, en être signifié, non au domicile du procureur du roi près le tribunal qui a rendu le jugement, mais à celui du procureur-général en la cour: peu importe, à cet égard, qu'à raison de l'unité qui existe dans les fonctions du ministère public, les procureurs du roi établis près les tribunaux de première instance soient considérés comme les substituts du procureur-général près la cour royale où ces tribunaux ressortissent (C. pr. 69, n. 9, et 456). — 16 juill. 1828. Montpellier. Azémar. D.P. 29. 2. 95. — 25 nov. 1815. Colmar. Wolff C. Stœpel. — 30 janv. 1811. Trèves. Gœdertz. D.A. 7. 825. D.P. 11. 2. 216.

318. — Jugé même que c'est au domicile du procureur-général, et non à celui du procureur du roi, que doit être signifiée l'assignation donnée à l'étranger, même pour comparaitre en première instance. — 11 fruct. an 11. Req. Gigot-Garville. D.A. 7. 822. D.P. 2. 168.

319.— Cependant l'étranger est valablement assigné en France, au lieu de sa résidence, lorsqu'il l'a indiquée lui-même dans plusieurs actes signifiés, encore bien qu'il n'aurait pas été autorisé à résider en France.— 27 juin 1809. Civ. r. Enreg. C. Basseinheim. D.A. 6. 475. D.P. 9. 2. 114. — 20 août 1811. Req. Paris. Churck. D.A. 6. 474. D.P. 11. 1. 413.

320. — Mais il ne peut l'être au domicile de son mandataire et de sa caution. — 5 août 1807. Civ. r. Douanes C. Marton D.A. 6. 475. D.P. 7. 2. 124.

321.—*Militaire.*—Jugé que l'appel dirigé contre le procureur fondé d'un curateur aux biens d'un militaire absent est nul: le militaire lui-même devait être intimé en la personne de son curateur (C. pr., art. 62, 456) — 17 juill. 1819. Rennes. Frotin. D.A. 7. 787. D.P. 2. 159.

322.— Est valable l'exploit signifié à un militaire en activité de service, au domicile de son fondé de pouvoir, lorsque celui-ci avait été son tuteur et que ce militaire, après sa majorité, n'avait point fait choix d'un autre domicile. — 4 fév. 1812. Liège. Collin. D.A. 7. 806. D.P. 2. 163

323. — Un exploit d'appel contre un militaire en activité de service doit être signifié à son dernier domicile et non au parquet du procureur-général. — 5 août 1812. Rennes. *Journ. des avoues*, v° Exploit, n. 218.

324.— On doit remettre les copies destinées aux absens accusés et condamnés par contumace à l'administrateur nommé par justice pendant le temps de la présomption d'absence, et celui de la contumace, et dans les autres cas, aux envoyés en possession provisoire ou définitive (C. civ. 112, 120, 140, 129; C. inst. cr. 471).— Bioche., 1, 199.

325. — Celles destinées au mort civilement, au curateur spécial qui lui est nommé par le tribunal (C. civ. 25).

Celles destinées au mineur non émancipé, à l'interdit, aux condamnés aux travaux forcés à temps, à la detention ou à la réclusion, pendant le temps de leur incapacité et celui de leur peine, à leurs tuteurs (C. civ. 450, 509; C. pén. 29).

Celles destinées au mineur émancipé, à celui pourvu d'un conseil judiciaire, à eux-mêmes; mais on doit assigner en même temps leur curateur ou conseil judiciaire, à l'effet de les assister (C. civ. 482, 513).

Celles destinées aux femmes mariées dans les matières à raison desquelles le mari peut seul former une demande au mari. — V. Autorisation de femme.

326. — Jugé sur ce dernier point qu'une femme mariée ne peut ester seule en jugement, encore bien que ce serait en qualité de tutrice d'enfans d'un premier mariage; en conséquence, un acte d'appel donné à une femme seule, lorsqu'elle est mariée, est nul, encore bien qu'elle aurait été intimée pour procéder en qualité de tutrice d'enfans qu'elle aurait eus d'un premier mariage (C. civ. 21). — 17 août 1831. Grenoble. Michallon. D.P. 32. 2. 47.

327.— Que la signification d'un appel, faite à la femme seule, sans que son mari ait été assigné, conjointement avec elle, pour l'autoriser, bien que l'autorisation eût été donnée en première instance est nulle. — Il en est de même si l'assignation donnée au mari, aux fins de l'autorisation, ne l'a été qu'après l'expiration des délais de l'appel (C. civ. 215). — 3 mai 1827. Aix. Sabatier. D.P. 29. 2. 99.

328.— Que l'appel dirigé contre une femme n'est pas recevable, s'il n'a été signifié au mari dans les délais de l'appel, aux fins de venir l'autoriser. — L'assignation donnée au mari postérieurement à ces délais doit être réputée comme non avenue. — 5 janv. 1832. Agen. Labro. D.P. 34. 2. 140.

329. — Que l'assignation donnée à une femme mariée, si le mari n'est assigné à l'effet de l'autoriser à ester en justice, est nulle.— Cette nullité a lieu même lorsque l'assignation est donnée pour défendre à un pourvoi en cassation (C. civ., art. 215, 225). — 25 mars 1812. Civ. r. Enreg. C. Vincent. D.A. 7. 831. D.P. 2. 171.

330.— Que l'assignation donnée à une femme mariée pour défendre à un pourvoi en cassation, si le mari n'est assigné pour l'autoriser, est nulle, eût-elle d'ailleurs procédé en instance et en appel avec l'autorisation de ce dernier.— 14 juill. 1819. Civ. r. Mignot. D.A. 7. 831. D.P. 19. 1. 453.

331.— La déchéance est encourue, si l'assignation donnée au mari est signifiée après le délai de trois mois accordé pour la signification des arrêts d'admission.— Même arrêt.

332. — Et l'assignation pour défendre à un pourvoi en cassation, donnée à une femme *mariée depuis le pourvoi*, si son mari n'est appelé pour l'autoriser,

est nulle — La sommation faite à la femme d'avoir a se faire autoriser, ne couvre pas cette nullité. — 7 oct. 1811. Civ. c. François. D.A. 7. 832. D.P. 11 1. 481.

333. — Jugé au contraire que l'assignation donnée à une femme, sans que son mari soit appelé pour l'autoriser, n'est point radicalement nulle; elle peut être validée par une assignation postérieure donnée au mari (C. civ., art. 215; C. pr., art. 68) — 5 août 1812. Req. Paris. Genti. D.A. 7. 716. D.P. 12. 1. 567.

334. — Les *marins*, *matelots* peuvent être assignés à bord du vaisseau ou du navire, l'art. 419 C. pr., en déclarant valables les assignations données à bord à la personne assignée, n'exige pas que l'exploit soit nécessairement signifié parlant à la personne assignée, l'assignation peut être valablement laissée à une personne de l'équipage, par exemple à un matelot. — 22 janv. 1827. Caen. Corbin. D.P. 28. 2. 38.

335. — Jugé ainsi que le capitaine d'un navire a pu être valablement assigné à bord de son bâtiment. — 16 mai 1815. Bruxelles. Desmaot. D.A. 7. 782. D.P. 2. 156.

336. — Lorsqu'un jugement par défaut, faute de plaider, n'a pas été frappé d'opposition dans le délai, la partie défaillante doit être assignée à personne ou domicile, et non chez son avoué. — V. Avoué, n. 119.

337. — Les *ambassadeurs et ministres étrangers* résidant en France, doivent, suivant Pigeau, être assignés au parquet du procureur du roi, parce que, dit-il, leurs hôtels sont censés faire partie du territoire de l'état qu'ils représentent. Le tribunal de la Seine a consacré cette opinion par décision du 2 juill. 1834, par laquelle il a réprimandé un huissier, pour avoir donné une assignation à un ambassadeur à son hôtel. Bioche, v° Assignation, 228, soutient qu'un exploit ainsi fait doit être très régulier; il nous semble à nous, que conformément aux principes admis, un tel exploit ne pourrait être valable (en laissant de côté la raison de Pigeau, qui est tout-à-fait dérisoire), qu'autant qu'il serait signifié à personne; car un ambassadeur reste toujours étranger, il n'a point de domicile en France, son hôtel n'est point un lieu où il soit réellement domicilié, c'est tout au plus une résidence qu'on ne peut pas même assimiler à la résidence d'un fonctionnaire public français amovible; il faut donc remplir les formalités prescrites pour assigner les étrangers, si on ne signifie pas l'acte à sa personne même.

338. — *Domicile élu.* — Les actes que la loi ordonne de signifier au domicile de la partie, peuvent l'être chez son avoué, si la partie y a fait élection de domicile (C. pr. 61). — On dirait, en vain, que cette élection doit être restreinte aux actes que les avoués sont dans l'usage de se signifier entre eux. — 4 mars 1830. Paris. Millot. D.P. 30. 2. 108.

339. — La procuration la plus générale et la plus absolue donnée à un avoué par une partie, pour gérer ses affaires et la représenter en justice, ne peut pas suppléer à *l'élection expresse de domicile* chez l'avoué (C. civ. 111).

Conséquemment, toutes assignations données au domicile de cet avoué sont nulles, et doivent être resignifiées à personne ou domicile de la partie, conformément à la loi. — 6 fruct. an 13. Turin. Laturbie. Sir. 7. 2. 912.

340. — L'appel est valablement signifié au domicile élu dans la signification du jugement, chez un fondé de pouvoirs généraux, surtout si, pendant le cours de l'instance, domicile était élu chez l'avoué qui a occupé. — En tout cas, la nullité qui résulterait de cette signification à domicile élu, serait couverte par la sommation faite par l'intimé de produire griefs et par le placement de la cause au rôle, sans qu'il soit fait de réserves du moyen de nullité. — 10 août 1810. Liége. d'Harscamp. D.A. 7. 806. D.P. 2. 163.

341. — Lorsque, sur la demande d'un créancier, la subrogation aux poursuites a été prononcée, l'appel d'un jugement, relatif à des incidens de saisie-immobilière élevés postérieurement, peut être valablement signifié au domicile de l'avoué constitué par la demande en subrogation, et il n'est pas exigé, à peine de nullité, qu'il le soit à personne ou domicile (C. pr. 584). — 30 juill. 1829. Lyon. Chomel. D.P. 29. 2. 248.

342. — L'assignation pour être présent à une enquête doit être donnée à la partie elle-même au domicile de son avoué. Celle qui lui serait donnée en la personne de son avoué, est nulle (C. pr. 271). — 5 et 15 avril 1813. Rennes. Leprieur. D.A. 7. 781. D.P. 2. 156.

343. — C'est au domicile de l'avoué que doit,

EXPLOIT. ART. 2, § 5.

à peine de nullité, être faite la notification des noms des témoins. Celle qui est faite au domicile de la partie elle-même ne remplit point le vœu de l'art. 261 C. pr. — Si donc une liste de quatorze témoins seulement ayant été notifiée au domicile de l'avoué, et une de dix-sept au domicile de la partie, il intervient un arrêt qui se fonde sur l'ensemble des dépositions des dix-sept témoins, et sans distinguer l'influence exercée par les trois dépositions admises irrégulièrement, cet arrêt contrevient à l'art. 261 C. pr. — 19 avril 1826. Civ. c. Caen. Venard. D.P. 26. 1. 233. — V. Enquête.

344. — L'assignation en paiement de lettres de change est valablement donnée au domicile indiqué pour le paiement. — 11 juill. 1810. Paris. De la Guiatte. — 4 fév. 1810. Paris. Delaplace. — *Journ. des av.*, v° Exploit, n. 136. — V. arrêts conformes, v° Domicile élu, n. 96 et suiv.

345. — Mais on ne peut signifier à ce domicile ni les jugemens de condamnation, ni un appel. — V. Domicile élu, n. 102 et 103.

346. — Quoique tous les actes de la procédure, jusqu'au jugement par défaut, aient été valablement signifiés au domicile élu pour l'exécution de l'obligation, néanmoins, la signification du jugement lui-même ne peut être faite à ce domicile; elle doit l'être à personne ou domicile réel du défaillant; celle qui est faite au domicile élu n'a pu faire courir le délai de l'opposition. — 17 mai 1828. Colmar. Remacle. D.P. 28. 2. 223.

347. — L'appel signifié au domicile élu, dans une saisie faite en vertu de permission du tribunal de commerce, est nul. — 14 août 1816. Rennes. Leroux. D.A. 7. 816. D.P. 2. 166. — Nous avons rapporté cet arrêt, v° Domicile élu, n. 43, d'une manière fautive.

348. — Celui qui, en faisant commandement d'exécuter un jugement qu'il signifie, élit domicile, sans rien dire de plus, n'autorise pas les parties qui habitent ce domicile à recevoir la signification d'un acte d'appel. — 1er juin 1811. Rennes. — *Journ. des av.*, v° Exploit, n. 176. — V., v° Domicile élu, n. 16 et suiv., d'autres arrêts dans le même sens, et d'autres en sens contraire.

349. — Est nul l'appel signifié au domicile élu pour l'exécution du jugement. — 26 déc. 1807. Bruxelles; 20 janv. 1808. Bruxelles. Steffens. D.A. 7. 809. D.P. 22. 1. 431. — 1er août 1810. Paris.

350. — Il en est de même, à plus forte raison, lorsque dans la signification du jugement il n'a pas été fait commandement à fin de saisie-exécution. — 19 déc. 1815. Bourges. *Journ. des av.*, v° Exploit, n. 269.

351. — Mais l'appel a été valablement signifié au domicile élu en première instance, lorsque cette élection a été continuée dans des actes faits sur l'appel. — 9 janv. 1806. Orléans. *Journ. des av.*, v° Exploit, n. 57.

352. — Une assignation à bref délai, tendant à une récusation, est valablement donnée au domicile élu dans l'appel. — 24 brum. an 12. Paris. Simon. — *Journ. des av.*, v° Exploit, n. 43.

353. — Une demande reconventionnelle est valablement formée par exploit au domicile élu dans la demande principale. — 21 fév. 1810. Paris. Petit-Pierre. — *Journ. des av.*, v° Exploit, n. 144.

354. — L'assignation à fin de nomination d'arbitres, dans les affaires de commerce, ne peut être faite au domicile élu pour l'appel. — 21 prair. an 8. Civ. c. Chevalier. Bull. civ. — V. au surplus les longs développemens donnés sur ce point au mot Domicile élu.

355. — La disposition de l'art. 26, tit. 15 de l'ordonnance de 1669, qui imposait à l'adjudicataire d'une coupe d'élire domicile, est générale, et ne concerne pas seulement les contestations civiles qui peuvent naître du contrat d'adjudication, mais aussi toutes celles auxquelles le défaut de vidange, la mauvaise exploitation de l'adjudicataire, les peines pécuniaires par lui encourues peuvent donner lieu; en conséquence, si le cahier des charges a, conformément à l'ordonnance, disposé que les actes postérieurs à l'adjudication seront signifiés au domicile qu'elle oblige les enchérisseurs d'élire au lieu de l'adjudication, ou qu'à défaut d'élection, ils le seront au secrétariat de la préfecture où la vente s'est faite, l'adjudicataire, en contravention pour n'avoir pas vidé sa coupe dans le délai, a pu être valablement cité par l'administration forestière, devant le tribunal correctionnel, par exploit remis au secrétaire-général du conseil de préfecture, et il y a lieu d'annuler l'arrêt qui a annulé cette citation, sous le prétexte qu'elle aurait dû être remise directement au prévenu ou à son domicile réel (C.

EXPLOIT. ART. 2, § 5.

instr. cr. 182; C. for. 27). — 5 juill. 1828. Cr. c. Dijon. Forêts C. Rollet. D.P. 28. 1. 316. — 5 juill. 1828. Cr. c. Dijon. Forêts C. Bertrand. D.P. *ibid.*

356. — Quoiqu'il y ait domicile élu dans un acte, on peut néanmoins valablement assigner au domicile réel. — D.A. 7. 797.

357. — Ainsi, on peut valablement signifier l'appel d'un jugement relatif à une inscription hypothécaire au domicile réel, parlant à un domestique. L'élection de domicile ne peut jamais exclure le domicile réel. — 28 juill. 1811. Bruxelles. Prévôt. — *Journ. des avoués*, v° Exploit, n. 213.

358. — *Copie séparée.* — L'huissier, quand il assigne plusieurs personnes, doit remettre autant de copies qu'il y a de personnes, à peine de nullité. Ce principe comporte plusieurs exceptions que nous indiquerons plus bas.

359. — Mais, lorsqu'une partie est assignée en plusieurs qualités; par exemple, en son nom personnel et comme tuteur, il n'est pas nécessaire de lui laisser plusieurs copies. — 7 janv. 1818. Civ. c. Paris. Marcy. D.A. 11. 854, n. 1.

360. — Il ne suffit pas, lorsqu'un exploit doit être notifié à plusieurs parties, que l'original énonce que la signification leur en a été faite, il faut de plus qu'il constate, à peine de nullité, que copie en a été délivrée pour chacune d'elles. — Le créancier inscrit qui veut surenchérir doit, s'il y a plusieurs acquéreurs, signifier à chacun d'eux sa réquisition de mise aux enchères, alors même que ces acquéreurs sont époux, mais *séparés de biens*, acquéreurs *conjoints* et *solidaires*, habitant le même domicile, et qu'ils ont notifié leur contrat par un seul acte. — 12 mars 1810. Civ. c. Caen. Lemarchand. D.A. 7. 771.

361. — Lorsque des héritiers poursuivent en commun l'exécution d'un jugement, la partie condamnée qui veut en appeler ne peut leur signifier son appel collectivement et en une seule copie; elle ne le pourrait même pas en signifiant son appel au domicile commun que ces héritiers ont élu dans un commandement qu'ils lui ont fait notifier; il faut autant de copies qu'il y a d'héritiers intimés, encore que dans l'exploit original ils aient déclaré agir ensemble et faire cause commune. — 5 fév. 1815. Civ. c. Limoges. Turenne. D.A. 7. 776. D.P. 2. 154. — 10 juin 1820. Rennes. Sévigny. D.A. 7. 776. D.P. 2. 155. — 28 juin 1822. Grenoble. Novat. D.A. *ibid.* — 14 mars 1821. Civ. r. Aix. Rebattu. D.A. 7. 777. D.P. 21. 1. 549.

362. — Un acte d'appel signifié à plusieurs héritiers collectivement, même avant partage, par un seul acte et par une seule copie, est nul, quoique ceux-ci aient signifié collectivement le jugement rendu au profit de leur auteur, et qu'ils aient élu le même domicile (C. pr. 61, 456). — 25 mars 1831. Orléans. Dom. C. Dechazal. D.P. 31. 2. 163.

363. — Jugé de même que l'appel doit être signifié individuellement à toutes les parties dénommées dans le jugement, et non en la personne de l'une d'elles, et comme consort. — 25 mars 1813. Rennes. X... D.A. 7. 776. D.P. 2. 154.

364. — L'appel d'un jugement d'ordre est nul lorsque, formé contre les héritiers d'un créancier, il n'a été remis au domicile élu qu'une seule copie pour tous les héritiers, quoique cependant tous ces héritiers fussent désignés dans l'acte d'appel par leurs nom, prénom, qualités et demeure. — 17 août 1831. Grenoble. Michallon. D.P. 32. 2. 47.

365. — Cependant, lorsqu'après le décès d'une personne on assigne ses enfans avant le partage de la succession, pendant qu'ils sont encore dans les délais pour prendre qualité et sont tous encore réunis au domicile du défunt, il n'y aurait pas, à toute force, nullité, si on ne leur donnait qu'une seule copie. — Sirey, *Dissert.*, 21. 2. 121.

366. — Lorsque plusieurs débiteurs solidaires ont été assignés, les uns régulièrement, les autres irrégulièrement, les premiers ne peuvent profiter de la nullité relative à ceux-ci (C. pr. 61). — 25 juill. 1829. Toulouse. Issalis. D.P. 30. 2. 139.

367. — La validité de l'acte d'appel signifié à un héritier ne couvre pas les nullités de la copie signifiée à son co-héritier (C. pr. civ. 61). — 14 août 1811. Grenoble. Buisson. D.A. 5. 741. D.P. 1. 1339.

368. — La nullité d'un acte d'appel à l'égard de quelques débiteurs solidaires est sans conséquence sur sa validité, s'il est d'ailleurs régulier vis-à-vis des autres (C. civ. 1199, 1206, 1207; C. pr. 61, 456). — 24 juill. 1810. Rennes. Cornelier. D.A. 7. 719. D.P. 2. 155.

369. — L'appel signifié au domicile élu dans le commandement, conformément à l'art. 584 C. proc., doit être donné en autant de copies qu'il y a d'in-

timés. — 15 juin 1829. Bruxelles. D.P. 31. 2. 174.

370.— La signification d'un exploit en une seule copie à parties ayant intérêt distinct, est nulle. *Spécialement*, la nullité a lieu lorsque la signification est faite à époux séparés de biens. — 13 juin 1807. Paris. Florat. DA. 7. 770. D.P. 2. 154.

371.— Lorsqu'une femme séparée de biens est assignée à raison de ses droits, avec son mari pour l'autoriser, il doit être laissé deux copies de l'exploit. Peu importe que la femme soit assignée conjointement avec son mari et au domicile de celui-ci.— 7 sept. 1808. Civ. c. Paris. Berlier. D.A. 7. 770. D.P. 8. 1. 438.

372.— Lorsqu'une femme séparée de biens procède en justice pour un droit qui lui est personnel, et que son mari est en cause pour l'assister, il doit être donné à chacun d'eux copie de l'acte d'appel, à peine de nullité. La constitution d'avoué, par le mari, ni son appel en cause après l'expiration du délai, ne couvrent cette nullité (C. pr., art. 68, 173, 443, 456). — 17 nov. 1823. Civ. c. Paris. Latour-d'Auvergne. D.A. 7. 774. D.P. 23. 1. 433.

373.— Lorsqu'une femme séparée de biens procède en justice pour un droit qui lui est personnel, et que son mari n'est en cause que pour l'autoriser, il ne suffit pas, pour faire courir les délais de l'appel d'un jugement rendu contre eux, qu'une seule copie de ce jugement leur soit signifiée au domicile commun, en la personne du mari; il doit être donné une copie individuelle à la femme (C. pr. 443). — 10 janv. 1826. Civ. c. Dijon. Borelly. D.P. 26. 1. 191.

374.—Jugé même, que quoique deux époux aient le même intérêt à la contestation, en ce que, par exemple, le mari ne serait en cause que pour autoriser sa femme, il doit être laissé une copie pour chacun d'eux (C. proc. 68, 70).—17 mai 1831. Bordeaux. Leblanc. D.P. 31. 2. 126.

375.— Ainsi, une enquête peut être annulée, si l'exploit à l'effet d'y assister a été notifié à deux époux, par une seule copie laissée au domicile de leur avoué (C. proc. 68, 70, 261).— Même arrêt.

376.— Lorsque sur une instance relative aux biens propres de la femme, et dans laquelle le mari procède seulement pour l'autorisation de celle-ci, les deux époux sont assignés, au domicile de leur avoué commun, pour être présens à une enquête, il doit être laissé à l'avoué *deux* copies de l'assignation, à peine de nullité tant de cette assignation que de l'enquête qui en a été la suite (C. pr. 68, 70, 261).—Même arrêt.

377.— En matière d'enquête, l'assignation donnée aux parties, au domicile de l'avoué, conformément à l'art. 261 C. pr., est un véritable exploit d'ajournement et non un simple acte d'avoué à avoué; en conséquence, si l'avoué représente plusieurs parties, il doit être laissé une copie séparée pour chacune d'elles, quoiqu'elles n'aient qu'un même intérêt (C. pr. 61). — 28 janv. 1826. Ch. réun. c. Paris. Duboys. D.P. 26. 1. 81.

378.— Est nul un exploit signifié à deux personnes non mariées et qui ne demeurent pas ensemble, si, de la copie qui leur a été laissée, il résulte qu'il ne leur en a été remis qu'une seule, quoique l'original de l'exploit fasse mention qu'il a été signifié séparément à toutes les parties. — 13 janv. 1825. Lyon. Guillon. D.P. 25. 2. 202.

379.— En matière correctionnelle, un jugement qui condamne un mari et une femme par défaut, doit-il leur être signifié par copie séparée? Oui.—7 mai 1825. Civ. r. Bourges. Peny. D.P. 25. 1. 451.

380.— Jugé cependant qu'en matière correctionnelle, le fils et le père, civilement responsables, sont valablement assignés par une seule copie, signifiée au domicile commun.—14 nov. 1812. Limoges. —*Journ. des avoués*, v° Exploit, n. 222.

381. — La signification d'un jugement par défaut de la justice de paix, obtenu contre une femme séparée de corps, sans autorisation de son mari, ne suffit pas, lorsqu'elle est faite à la femme seule et *sans notification quelconque au mari*, pour faire courir contre celui-ci le délai de l'appel.— En conséquence, le mari, devenu tuteur de sa femme interdite depuis sa séparation, peut appeler du jugement, quoiqu'il se soit écoulé plus de trois mois après cette signification irrégulière (C. civ. 215; C. pr. 443).— 6 mars 1837. Civ. c. Delalleau. D.P. 27. 1. 163.

382.— La citation donnée à tel individu qui y est désigné et à son gendre, et dont il n'a été laissé qu'une copie parlant à l'individu désigné, est valable, mais seulement à l'égard de cette partie, qui ne peut se prévaloir, pour en demander la nullité, de ce qu'elle serait nulle à l'égard du gendre. — En conséquence, la nullité n'a pu être prononcée à l'égard des deux parties. — 5 fév. 1827. Cr. c. Min. pub. C. Barbe. D.P. 27. 1. 385.

383. — Lorsque plusieurs parties assignées, par une seule copie, pour être présentes à une enquête, y ont assisté en personne (ou par leur avoué non désavoué par elles), et y font des interpellations aux témoins, elles sont non-recevables à demander ensuite la nullité de l'enquête, sous le prétexte qu'il aurait dû être donné une copie pour chacune d'elles, et cela, encore bien qu'elles aient fait des réserves générales et de style, de se prévaloir de la nullité, ces réserves ne pouvant couvrir la fin de non-recevoir (C. pr. 173). — 9 nov. 1825. Civ. r. Corse. Marioti. D.P. 26. 1. 49.

384. — Jugé en sens contraire que sous l'empire de l'ordonnance de 1667 l'exploit signifié en une seule copie au domicile élu par deux parties appelantes par le même acte était valable. — 12 avril 1806. Paris. Blaye, etc. D.A. 7. 770. D.P. 2. 154.

385. — Il n'est point nécessaire que la demande en main-levée de l'opposition, formée au mariage de l'enfant par ses père et mère, soit signifiée à chacun d'eux par copie séparée, alors surtout qu'eux-mêmes ont formé leur opposition par un seul acte. — Les père et mère, opposans au mariage de leur enfant, ne peuvent être considérés comme agissant dans un intérêt distinct l'un de l'autre (C. pr. 173, 177).—29 mai 1829. Paris. Verteillac. D.P. 29. 2. 294.

386.— Est nulle cependant la signification d'un arrêt de défaut rendu contre des père et mère opposans au mariage de leur fille, si elle n'est faite à chacun d'eux séparée; leur qualité d'époux non séparés n'empêche pas qu'ils n'aient dans ce cas des intérêts distincts (C. pr., art. 68; C. civ., art. 148, 149, 151, 154).— 23 janv. 1816. Cr. r. Maupou. D.A. 7. 828. D.P. 16. 1. 214.

387. — Dans un procès où figurent deux époux communs en biens, ou en tout cas non séparés, pour réclamer des droits mobiliers du chef de la femme, il a suffi de remettre aux époux une seule copie de l'acte d'appel; il n'a pas été besoin de deux copies, l'une pour la femme, l'autre pour le mari (C. pr. 68). — 23 mars 1831. Douai. Dupuis. D.P 31. 2. 161.

388. — Lorsque deux époux ne sont pas séparés de biens, il suffit, même en matière de droits immobiliers intéressant la femme, tels que droits d'usage, qu'une seule copie des actes qui leur sont signifiés conjointement, et, par exemple, d'un arrêt d'admission, ait été laissée aux *époux*; il n'est pas nécessaire de laisser une copie pour chacun d'eux (C. pr. 68). — 8 avril 1829. Civ. c. Besançon. Comm. de Sornay. D.P. 29. 1. 212.

389.— La signification d'un arrêt d'admission est valablement faite par une seule copie à des époux communs en biens. — 20 avril 1818. Civ. c. Colmar. Houssmann. D.A. 7. 827. D.P. 18. 1. 424.

390.— La signification de l'arrêt d'admission donnée en une seule copie à époux *non séparés*, est valable, encore qu'il s'agisse de biens dotaux appartenant à la femme.—1er avril 1812. Civ. r. Lyon. Pardon. D.A. 7. 827. D.P. 2. 170.

391.— L'assignation de deux conjoints devant la cour de cassation n'est pas nulle, quoique signifiée en une seule copie, lorsque le mari était le maître de l'action, comme s'il s'agissait de biens de communauté. — 31 janv. 1827. Civ. c. Caen. Hamard. D.P. 27. 1. 128.

392. — L'appel d'un jugement rendu au profit d'époux communs en biens, et relativement à des immeubles dépendans de la communauté, est valablement signifié par une seule copie remise au mari. — 4 août 1817. Civ. c. Limoges. Vacherie. D.A. 7. 773. D.P. 17. 1. 555.

393.— L'exploit d'offres réelles du prix de plusieurs immeubles propres au mari et à la femme, et vendus par eux conjointement et pour un seul et même prix, pendant l'existence de la communauté, dont il n'a été remis qu'une seule copie aux époux, est valable, nonobstant que, depuis la vente, la femme se soit fait séparer de biens, si elle n'a pas fait connaître son changement d'état à l'acquéreur. — En conséquence, l'acquéreur peut se faire employer dans l'ordre pour les frais privilégiés, d'offres réelles et de consignation.— 15 mai 1816. Paris. Porlier. D.A. 9. 151. D.P. 17. 2. 55.

394.—Le mineur émancipé, et son curateur chez lequel il a domicile, sont valablement assignés dans la signification de l'arrêt d'admission, par un seul exploit signifié au mineur en la personne et au domicile de son curateur, encore qu'il s'agisse d'une action immobilière.—17 flor. an 13. Civ. r. Richon-Brassier. D.A. 7. 529. D.P. 2. 170.

395. —La signification d'un arrêt d'admission, avec l'assignation devant la cour, faite à deux frères par *un seul* exploit, n'est pas nulle, lorsque l'intérêt de ces deux frères était un et indivisible.— 30 janv. 1827. Civ. c. Caen. Hamard. D.P. 27. 1. 128.

396.— Il suffit que, par l'exploit introductif de leur action, plusieurs parties, telles, par exemple, qu'une mère et ses enfans, aient déclaré agir conjointement et solidairement, pour que l'appel du jugement rendu à leur profit leur ait été valablement signifié par une seule copie à la mère, tant pour elle que pour ses enfans, ses co-intéressés.— 8 janv. 1827. Caen. Lebon. D.P 27. 2. 164.

397.— Sous l'ordonnance de 1667, une signification était valablement faite par une seule copie au domicile élu par deux parties par le même acte.— 12 avril 1806. Paris. Blaye. D.A. 7. 770. D.P. 2. 154.

398.—L'action en réglement d'avaries est valablement formée par citation à deux des consignataires principaux, quel qu'en soit le nombre.—V. Avaries, n. 125.

399.— Lorsque plusieurs personnes poursuivent dans l'intérêt commun l'exécution d'un jugement, et n'élisent qu'un seul et même domicile dans le commandement, l'appel signifié au domicile élu en une seule copie suffit pour tous les intimés. — 14 juill. 1815. Bruxelles. Gaasens. D.A. 7. 775. D P. 2. 154.— 6 oct. 1815. Bruxelles. Lippens. D.A. 7. 775. D.P. 2. 154.

400.— Lorsque plusieurs parties, plaidant dans un intérêt commun, ont nommé un mandataire à la personne duquel elles ont déclaré, par acte signifié à leurs adversaires, qu'elles entendaient que les actes et jugemens intervenus ou à intervenir, fussent signifiés en une seule copie pour elles toutes, les parties adverses ne peuvent porter en taxe les frais des significations qu'elles auraient faites postérieurement, autrement que de la manière indiquée par cet acte.—Mais, si l'un des signataires de la procuration est décédé, les significations qui le concernaient ont pu être adressées à ses héritiers séparément, à leur personne ou domicile; — il en est de même de celles qui concernaient les mineurs devenus majeurs depuis la procuration. — 29 août 1828. Bordeaux. Doens. D.P. 31. 2. 180.

401.— On peut appeler, par un même acte, de deux jugemens rendus entre les mêmes parties sur deux instances différentes (C. pr. 443).

La réunion de deux appels dans un même acte n'est point un obstacle à ce que la cour prononce séparément sur chaque appel. — 14 juin 1833. Bordeaux. Marchais. D.P. 34. 2. 49.

402.— Lorsque plusieurs co-débiteurs ont été condamnés par des jugemens différens rendus le même jour sur la demande formée par la même personne, pour les mêmes causes, ils peuvent valablement interjeter appel des jugemens par un seul et même exploit, alors même qu'ils auraient déclaré appeler du jugement et non des jugemens rendus contre eux; cette déclaration devant être interprétée comme si chaque appelant déclarait interjeter respectivement appel du jugement qui le concerne (C. pr. 456).— 27 juin 1811. Bruxelles. Stirkertz. D A. 4. 667. D.P. 1. 1214.

403.— L'huissier ne peut pas remettre les copies de ses actes à toutes personnes indistinctement: la loi lui trace des règles qu'il ne peut enfreindre, qu'en s'exposant à voir déclarer son acte nul; et il doit toujours faire mention dans l'exploit et la copie, de la personne à qui il parle, où il laisse la copie et du lieu où cette remise est effectuée.

404.—Ainsi, est nul, 1° l'exploit d'appel dont le *parlant à* se trouve en blanc sur la copie, encore que l'original soit régulier. — 14 mars 1820. Rennes. Trotu, etc. D.A. 7. 778. D.P. 2. 155.

405.— 2° La signification d'un arrêt d'admission, lorsque le parlant à est laissé en blanc; le demandeur en ce cas est déchu de son pourvoi. — 19 juin 1832. Civ. c. Dijon. Morel. D.P. 32. 1. 293.

406.—L'acte d'appel ainsi terminé : « J'ai, audit Tourrette, donné et laissé copie, en son domicile, parlant à... » est nul pour défaut de la mention de la personne à qui la copie a été laissée (C. pr. 61). — 12 janv. 1829. Grenoble. Boulat. D.P. 29. 2. 254.

407.— L'exploit dont le *parlant à* est rempli au crayon est nul. — 25 avril 1807. Colmar. Dorcy. D.A 7. 773. D.P. 2. 154. — 17 août 1822. Grenoble. Dupin. D.A. 7. 778. D.P. 2. 155.

408.— L'huissier est responsable des suites de cette nullité (C. pr. 1031). — Même arrêt.

409.—L'exploit dont la copie est, en l'absence de la partie, remis aux parens ou serviteurs, doit encore, à peine de nullité, énoncer que la remise a eu lieu à domicile. Ainsi, est nul l'exploit d'appel remis à la portière de l'intimé, s'il ne porte que la remise a eu lieu à son domicile. — 27 juin 1810. Bruxelles Gaubert. D.A. 7. 790. D.P. 2. 159. — La même cour a statué dans le même sens, par deux autres arrêts des 28 décembre 1812, et 16 avril 1813. —*Journ. des avoués*, n. 51.

410.— L'exploit remis à un domestique de la partie assignée doit, à peine de nullité, énoncer si c'est à son domicile que la remise a eu lieu. — 20 fruct. an 11. Civ. r. Lalande. D.A. 7. 837. D.P. 4. 1. 47.

411.—Ainsi, est nul l'exploit remis au serviteur de l'assigné, s'il ne mentionne pas que c'est au domicile que la remise a eu lieu. — 9 août 1819. Rennes. Decroix. D.A. 7. 784. D.P. 2. 157. — 16 avril 1813. Rennes. Biarrot. D.A. 7. 786. D.P. 2. 158.

412. — Il en serait ainsi, quoiqu'il l'aurait remise même à la femme de l'intimé.—3 déc. 1810. Montpellier Descoins. D.A. 7. 790. D.P. 2. 159.

413.— Est encore nulle, la signification à avoué parlant à son serviteur, si elle ne mentionne pas que c'est au domicile de l'avoué que la remise a eu lieu.—19 mars 1812. Liége. Niezstras. D.A. 7. 707. D.P. 2. 128.

414.—L'huissier doit aussi avoir soin de remettre la copie aux personnes qui ont caractère, d'après la loi, pour la recevoir; ces personnes sont la partie elle-même, ses parens et serviteurs, ses voisins, le maire ou l'adjoint de la commune (art. 68 et 70 C. proc.).

415.— Si la loi ne parle pas de l'âge, ni de l'état d'esprit que doivent avoir les parens et voisins à qui on peut remettre les copies en l'absence de la partie, la raison et le bon sens disent assez que la remise faite à un enfant, à un imbécille, ne remplirait pas le but de la loi.

416. — Il faut, disaient les anciens auteurs, que le sergent prenne garde diligemment que l'exploit qu'il fait au domicile, le soit en parlant à une personne d'âge suffisant.

417 — Cette obligation doit toujours être sous-entendue dans la loi. Boncenne, 2, 207; Merlin, Rép., v° Ajournement; Carré, art. 68, pensent que la personne à qui on remet la copie doit être *mentis compos*, et avoir au moins quinze ans révolus, âge auquel on est admis à déposer comme témoin.

418. — Jugé ainsi que l'exploit d'appel dont la copie a été laissée à un enfant de l'intimé, âgé de sept ans quatre mois est nul; la loi, en autorisant l'huissier à remettre, en l'absence de la partie assignée, la copie à un parent ou à un serviteur, a entendu parler d'une personne ayant atteint l'âge de raison, et l'huissier n'a pu regarder comme tel un enfant si éloigné de l'âge de puberté.—27 déc. 1827. Montpellier. Coudercq. D.P. 28. 2. 82.

419. — Il faut aussi que celui qui reçoit la copie *n'ait pas un intérêt notoirement opposé au demandeur*. Bioche, v° Ajournement, n. 189, pense que la citation remise au fils du demandeur, employé chez le défendeur, annulerait l'exploit. Cette décision nous paraît au moins douteuse; un exemple plus précis serait le cas où une femme agissant en séparation de corps contre son mari recevrait elle-même la copie de l'exploit fait à sa requête.

420. — Jugé par suite que les significations faites par l'acquéreur pour arriver à la purge de l'hypothèque légale d'une femme ne peuvent être laissées au domicile du mari parlant à sa personne, attendu qu'il est l'adversaire de sa femme. — 25 fév. 1819. Paris. Létang. D.A. 5. 578. D.P. 1. 1331.

421.— Jugé cependant que la notification du contrat, faite à la femme, même séparée de biens, en parlant à son mari, trouvé dans son domicile et avec lequel elle demeure, suffit pour purger l'hypothèque légale qu'elle a, pour sa dot, sur les biens vendus par son mari, lorsque, d'ailleurs, il n'y a eu ni dol ni fraude; il n'est pas exigé, à peine de nullité, que la signification soit faite à la personne même de la femme. — 14 juill. 1830. Req. Rouen. Doray. D.P. 30. 1. 374.

422.—Au nombre des parens qui ont capacité pour recevoir les copies, on doit comprendre l'époux de la personne assignée et ses alliés.

423. — Un point incontestable en cette matière, c'est que la copie ne peut jamais être remise aux parens et serviteurs de l'assigné, hors le domicile de celui-ci. — Il n'y a que lorsque la signification est faite à sa personne que la copie peut être remise de cette manière.

424. — Une copie, dit Boncenne, 2, 206, ne peut être remise entre les mains des commensaux, parens ou domestiques de la personne assignée, que lorsque l'huissier les trouve dans le domicile de cette personne, et non lorsqu'il les trouve dans un autre lieu.

425. — Ainsi, est nulle la copie d'un acte d'appel, remise au mari de la femme intimée *hors de leur domicile*. — 22 déc. 1830. Toulouse. Lascazes. D.P. 31. 2. 181.

426. — Il n'y a pas lieu d'annuler un exploit, tel qu'un commandement préalable à une saisie-mobilière dirigée contre deux frères, habitant le même domicile, sur le motif que l'huissier aurait, par erreur, donné à la personne à qui il a remis l'exploit, la qualité de fille de celui des frères dont elle n'était que la nièce et la qualité de nièce de celui dont elle était la fille (C. pr. 61; 68). — 13 janv. 1827. Caen. Lecœur. D.P. 28. 2. 7

427.— Est valable l'exploit remis au domicile de l'assigné à une personne qui prend ou reçoit faussement la qualité de sœur de celui-ci, si, d'ailleurs, elle a qualité pour recevoir cette copie.—3 fév. 1820. Bruxelles. Geley. D.A. 7. 791. D.P. 2. 160.

428. — L'exploit fait à chacun des époux *en son domicile, parlant à sa nièce*, est valable, bien qu'il n'indique pas auquel des deux époux la nièce appartient.— 15 fév. 1832. Bruxelles. Winck. D.P. 33. 2. 241.

429. — L'acte d'appel signifié au mari et à la femme, *parlant à sa personne*, est nul, pour défaut de désignation suffisante de la personne à laquelle l'exploit a été remis — 8 déc. 1814. Liége. Kervyn. D.A. 7 790. D.P 2. 159.

430. — La loi n'exige point que le parent trouvé au domicile de l'assigné, et auquel on peut remettre la copie de l'exploit, ait sa demeure chez l'assigné. — 15 fév. 1832. Bruxelles. Winck. D.P. 33 2. 241.

431.— Jugé, en sens contraire, que la copie d'un exploit n'est pas valablement laissée à un parent de l'assigné, trouvé accidentellement dans le domicile de ce dernier. — 4 déc. 1807. Colmar. Gougenheim. D.A. 7. 783. D.P. 2. 157.

432. — Mais le fait d'avoir remis une copie à une personne qui se trouvait accidentellement chez l'assigné, sans être son parent ni son serviteur, doit, ce semble, rendre l'exploit nul dans tous les cas.

433. — Jugé aussi que la remise faite à une fille qui dit s'appeler N..., couturière, sans autre désignation, sans indiquer les rapports existans entre cette fille et l'intimé, est nulle (C. pr. 61, 68).—26 juill. 1809. Pau. Darbin. D.A. 7. 790. D.P. 2. 159.

434.— Quoiqu'un exploit d'appel ne contienne pas la désignation positive de la personne à laquelle copie en a été remise, cependant, il n'est pas nul s'il y est dit qu'il a été signifié à tel, *parlant à son épouse*; ce *parlant à* supplée ou rend inutile la mention de remise de la copie (C. pr. 61). — 29 mars 1831. Bourges. Simonin. D.P. 31. 2. 172.

435.— La mention que la copie d'un arrêt d'admission a été laissée au domicile de l'assigné, parlant à une de ses *servantes domestiques*, remplit le vœu de l'art. 61 C. pr., relatif à la désignation de la personne à qui la copie est remise.— 15 janv. 1833. Civ. c. Bourges. Dufraigne. D.P. 33. 1. 142.

436.— L'assignation n'est pas nulle, comme ayant été remise à une personne qui n'était pas au service de l'assigné, s'il est dit dans l'acte que « copie en a été délaissée à son domicile, parlant à une femme, qui a refusé de dire son nom, mais qui a déclaré être au service de l'assigné » — Une telle mention est suffisante. — 13 juin 1822. Poitiers. Chauloux. D.A. 12. 353, n. 2. D.P. 2. 1313.

437.— On ne peut arguer de nullité un exploit qui porte que la copie en a été remise *à une domestique*, sous le prétexte qu'il n'y est pas dit que cette domestique est au service de la personne à qui l'exploit est signifié. — 26 nov. 1816. Civ. r. Paris. Lechat. D.A. 9. 93. D.P. 16. 1. 572.

438.—Une assignation n'est pas nulle, lorsqu'elle porte que la copie en a été remise *aux domestiques* de la partie assignée —14 déc. 1815. Req. Perrochel. D.A. 7. 783. D.P. 16. 1. 96.

439.— Jugé au contraire que la mention que l'exploit a été remis *à domicile à une* domestique, est insuffisante, en ce qu'elle ne désigne pas si c'est la domestique de la partie assignée (C. pr., art. 61, 68). — 28 août 1810. Civ. r. Lorieux. D.A. 7. 784. D.P. 10. 1. 476.— 4 nov. 1811. Civ. r. Lemarquant. D.A. 7. 785. D.P. 11. 1. 510. — 15 fév. 1810. Req. Lyon. Moury. D.A. 7. 785. D.P. 10. 1. 113.

440.—De même la mention que l'exploit a été remis *à une servante au domicile* de l'assigné, est insuffisante.— 22 janv. 1810. Civ. r. Boudrat. D.A. 7. 784. D.P. 2. 157.

441.— Un employé de la partie assignée a, comme le serviteur, qualité pour recevoir la copie d'un exploit; la remise de l'assignation à cet employé, et au domicile de l'assigné, est valable (C. pr., art. 68). — 25 fév. 1820. Metz. Létrange. D.A. 7. 791. D.P. 22. 2. 26.

442.— Est valable un exploit signifié au domicile de la partie, en parlant à *un employé de la maison* (C. pr. 61, § 2). — 24 août 1831. Bordeaux. Monneyra. D.P. 32. 2. 8.

443.— Est régulière la signification d'un exploit, à un avoué en qualité du curateur à une succession vacante, faite à son domicile, parlant à son clerc.— 17 avril 1812. Nîmes. Hérit. Marie.

444.— Jugé de même que la signification d'un jugement en appointement de preuve, faite en vertu de l'art. 257 C. pr., à un avoué, *parlant à son* clerc, est valable.— 2 juin 1812. Besançon.

445.— Lorsqu'il est constaté dans un exploit, que la copie a été remise à un commis de l'assigné, on ne peut pas, en cour de cassation, critiquer cette qualification.— V. Cassation, n. 906.

446.— Est valable la signification d'un arrêt d'admission faite au défendeur, en parlant *à son salarié*. — 10 mess. an 11. Civ. r. Comte. D.A. 7. 837. D.P. 3. 1. 712. — 18 niv. an 12. Civ. r. Perthon. D.A. 7. 837. D.P. 4. 1 228.

447. — La copie d'un exploit signifié au gérant d'un journal, est valablement remise à un employé, dans les bureaux de l'établissement (C. pr. 68).— 2 mars 1833. Cr. r. Brunet. D.P. 33. 1. 325.

448.— En cas de co-habitation de deux personnes, la copie d'un arrêt d'admission signifiée à l'une d'elles peut être remise au serviteur de l'autre (C. pr., art. 68, 70).— 7 août 1807. Sect. réun. c. Pèno. D.A. 7. 838. D.P. 7. 2. 126.

449.—Mais est nul l'exploit portant que la copie a été remise au fils de l'assigné, lorsqu'il est prouvé qu'il n'a point de fils. — 20 mai 1812. Bruxelles. Verhonvoyre.—*Journ. des avoués*, v° Exploit, n 200.

450.—N'est pas nul l'exploit d'appel dont copie a été laissée au domicile de l'intimé, parlant à un homme qui a paru, dans l'instruction faite en première instance, en qualité d'homme d'affaire de l'intimé; on peut présumer qu'il était à son service. — 26 juin 1813. — Besançon. *Journ. des avoués*, v° Exploit, n. 279.

451.—Le maître d'un hôtel garni peut être considéré, à l'égard de ses locataires, comme un serviteur, dans le sens de l'art. 68; les exploits qu'on leur signifie lui sont valablement laissés, encore bien que ces locataires seraient détenus pour dettes à Sainte-Pélagie ou ailleurs. — 4 mai 1813. Caen. Mariette. D.A. 7. 792. D.P. 15. 2. 41.

452.—L'exploit peut valablement être laissé au maître d'un hôtel garni pour un particulier, habitant cet hôtel, sans qu'il y ait lieu de le considérer comme un voisin, qui, aux termes de l'art. 68 C. pr., doit signer la copie. —22 juin 1813. Nanci. Douanes C. Spery. D.A. 6. 481, n. 1. D.P. 1. 1398.

453.—Dire dans un exploit que copie en a été laissée au domicile d'un individu, *en parlant à son maître d'hôtel*, c'est énoncer suffisamment que la copie a été remise au maître d'hôtel lui-même.—La foi due à cette énonciation ne peut être détruite par l'allégation que l'huissier a posé la copie sans que la personne à laquelle il a parlé s'en soit aperçue, et qu'il lui a parlé de toute autre chose que de la signification (C. pr. 62, n. 2). — 2 juill. 1810. Gênes. Séraphini. D.A. 1. 778. D.P. 11. 2. 151.

454.—La mention de la remise d'un exploit, en l'absence de la partie, à l'individu chez lequel elle a son domicile, remplit le but de la loi (C. pr. 61-2°). —17 juill. 1833. Bordeaux. Bernard. D.P. 34 2. 49.

455.—La copie d'un exploit d'appel, signifiée à domicile, devant être remise soit à un des parens ou serviteurs de la personne assignée, soit à un voisin, soit au maire ou à l'adjoint, la signification est nulle si la copie a été remise à un notaire, propriétaire de la maison, mais sans mention de la qualité qu'il avait pour recevoir la copie (C. pr. 68, 456). — 21 nov. 1821. Colmar. Commune d'Obersausheim. D.A. 3. 111. D P. 1. 713.

456.—Est nul l'exploit d'ajournement remis au propriétaire de la partie assignée habitant la même maison, si les formalités prescrites pour la remise au voisin ne sont pas observées. — 23 août 1817. Rennes. X. C. Mignot. D.A. 7. 792. D.P. 2. 160.

457.—Un exploit (de dénonciation de saisie-immobilière et d'apposition de placards) remis au locataire de la partie assignée et au domicile de celle-

Il est nul si les formalités prescrites pour la remise d'exploits au voisin ne sont pas observées, en ce que, par exemple, ce locataire n'aurait pas signé l'original (C. pr., art. 68). — 5 avril 1808. Nîmes. Olivier. D.A. 7. 785. D.P. 2. 168.

458. — Mais, jugé que l'exploit d'ajournement remis au propriétaire de la partie assignée, habitant la même maison, est valable, quoique l'huissier ne lui en ait pas fait signer l'original, lorsque ce propriétaire, par la nature de ses relations avec la partie assignée, peut être considéré comme son commensal (C. pr. 68). — 30 janv. 1817. Paris. Wolbe. D.A. 6. 581. D.P. 1. 1359.

459. — Il n'est pas nécessaire d'indiquer dans un exploit le nom de la personne à laquelle on en a laissé la copie en l'absence de celle assignée; il suffit d'indiquer ses rapports de parenté ou de domesticité avec elle (C. pr. 61, 68). — 15 fév. 1832. Bruxelles. Winck. D.P. 33. 2. 241.

460. — Lorsqu'il est constant que la copie d'un exploit a été laissée à une personne ayant les rapports voulus par la loi avec le défendeur, elle ne peut être annulée, en ce que, par exemple, cette personne, nommée *Brasser*, aurait été, par erreur, désignée sous le nom de *Grasser*..; par suite, cette copie a fait courir le délai de l'appel (C. pr. 61, 443). — 19 déc. 1826. Req. Colmar. Moch. D.P. 27. 1. 98.

461. — Il ne suffit pas, pour la validité de l'appel, de nommer la personne qui reçoit la copie; il faut, à peine de nullité, indiquer ses rapports avec la partie assignée. — 6 fév. 1811. Montpellier. Rouzet. D.A. 7. 791. D.P. 11. 2. 223.

462. — Toutefois la mention dans un exploit que la copie a été laissée à telle personne qu'il nomme, sans indiquer d'ailleurs ses rapports avec l'assigné, remplit le vœu de la loi, s'il est reconnu au procès que cette personne avait qualité pour recevoir l'exploit (C. civ. art. 68). — 3 janv. 1809. Paris. Fallops. D.A. 7. 809. D.P. 2. 164. — 23 janv. 1810. Req. Bruxelles. Cartier. D.A. 7. 809. D.P. 2. 164. — 9 janv. 1811. Trèves. Kayser. D.A. 7. 809. D.P. 2. 164.

463. — Il suffisait qu'un exploit fît connaître les rapports existant entre l'individu auquel une copie a été remise et l'assigné, pour que, sous l'ord. de 1539, on ne fût pas recevable à dénier cette qualité, afin de faire annuler l'arrêt. — 27 fév. 1834. Req. Bordeaux. Puyferrat. D.P. 34. 1. 342.

464. — Un exploit signifié à domicile, en parlant *à une femme*, sans autre désignation, est nul. — 5 therm. an 13. Civ. r. Moreau. D.P. 5. 2. 172.

465. — Est nul l'exploit signifié au domicile de l'assigné en parlant *à une femme aux injonctions de droit*; il doit, à peine de nullité, désigner la personne qui reçoit la copie, ou par sa qualité, ou par ses rapports avec la partie assignée. — 24 vent. an 11. Civ. r. Froin. D.A. 7. 837. D.P. 3. 1. 621.

466. — Un exploit dont la copie a été laissée à *une femme trouvée au domicile* de la partie assignée, sans énonciation des qualités de cette femme relativement à la personne assignée, est nul. — 7 août 1809. Civ. r. Rouen. Bouvier. D.P. 9. 2. 133.

467. — Est nul l'exploit laissé au domicile de l'intimé parlant à son fondé de pouvoir. — 19 août 1818. Limoges. Vieslet. D.A. 5. 371. D.P. 20. 1. 616.

468. — Est nul un exploit remis en parlant à un citoyen qui s'est chargé de faire parvenir, et qui n'a pas dit son nom, de ce interpellé. — 25 brum. an 10. Civ. c. Olivier. S. 2. 1. 141.

469. — Les portiers sont considérés par l'usage comme des serviteurs à l'égard de tous les habitans de la maison; ainsi, ils ont capacité pour recevoir les copies destinées aux locataires de la maison, à la garde et à la surveillance de laquelle ils sont préposés.

470. — Il suffit, pour la validité d'un exploit d'appel, que l'huissier, sans énoncer le nom de la personne qui reçoit la copie, l'indique par sa qualité, ou par ses rapports avec la partie assignée; notamment, il n'est pas obligé d'indiquer le nom du portier à qui cette copie est remise; il suffit qu'il soit constaté qu'elle a été remise au portier de la maison. — 12 fév. 1810. Besançon. Boulechoux. D.A. 7. 726. D.P. 2. 156.

471. — La désignation du nom de la personne qui reçoit la copie, ou la déclaration qu'elle a refusé de se nommer, sont insuffisantes; l'huissier doit indiquer ses rapports avec la partie assignée. — 20 juin 1808. Civ. c. Rouen. Delamarre, etc. D.A. 7. 785. D.P. 8. 1. 322.

472. — Un huissier peut laisser la copie de son exploit au serviteur de la partie assignée, quoique celle-ci serait chez elle; la loi place les parties et les serviteurs sur la même ligne, lorsqu'il s'agit de signification à faire à domicile. Il en serait autrement des voisins et du maire.

473. — Les significations aux personnes qui ont leur résidence habituelle dans les palais, châteaux, maisons royales et leurs dépendances sont faites en parlant aux suisses ou concierges, auxquels il est enjoint de les remettre incontinent à ceux qu'elles concernent (art. 1er de l'ordonn. du 20 août 1817). Cette ordonnance ne fait que consacrer la jurisprudence d'après laquelle les portiers, les concierges sont considérés comme les serviteurs de toute la maison. S'il en était autrement, une telle ordonnance n'aurait pu déroger au code de procédure.

474. — L'exploit portant dans la copie, parlant *comme à l'original*, était valable dans le ressort du parlement de Douai. L'ordonnance de 1667 n'y était point observée. — 21 niv. an 11. Civ. r. Banze. D.A. 7. 703. — Il serait nul aujourd'hui.

475. — Un exploit, et spécialement un acte d'appel est nul, si le parlant à est si peu concordant dans la copie et dans l'original, qu'il y ait incertitude sur la personne à laquelle la copie est laissée (C. pr. 61, 456). — 9 nov. 1826. Req. Limoges. Pelouze. D.P. 27. 2. 45.

476. — Lorsqu'un exploit d'appel est notifié par copies séparées au mari et à la femme, si la copie remise à la femme est nulle pour défaut de forme, et que celle destinée au mari renferme un *parlant à*, suivi d'un *etc.*, il n'y a pas présomption suffisante que celle-ci a été laissée au mari, et l'exploit est nul comme ne contenant pas la mention de la personne qui a reçu la copie (C. pr. 61). — 14 déc. 1832. Grenoble. Oriol. D.P. 33. 2. 93.

477. — Un exploit n'est pas nul, parce que le nom de la personne à laquelle il est signifié n'est pas écrit de la main de l'huissier. — 24 germ. an 12. Turin. Calombo. D.A. 7. 734. D.P. 2. 141.

478. — La mention de la personne à laquelle est laissée la copie doit, à peine de nullité, être placée après les mots *parlant à*; le vœu de la loi n'est pas rempli par l'intercalation de cette mention à une autre place. — 26 juin 1807. Bruxelles. Talboant. D.A. 7. 773. D.P. 2. 154.

479. — Il est un acte qui ne peut pas être remis aux parens, serviteurs ou voisins de la partie; c'est le procès-verbal de saisie-exécution en cas d'absence de la partie; copie doit être remise seulement au maire (art. 601 C. pr.). — V. Saisie-exécution.

480. — Jugé ainsi que la copie du procès-verbal de saisie-exécution doit, en l'absence de la partie saisie, être remise au maire, et non aux parens ou serviteurs de la partie (C. pr., art. 68, 586, 601). — 24 juin 1822. Amiens. Dupont. D.A. 7. 786. D.P. 2. 158.

481. — *Voisins.* — Lorsque l'huissier est obligé de remettre la copie chez les voisins de la personne assignée, il doit, à peine de nullité, constater dans l'exploit qu'il n'a trouvé au domicile ni la partie, ni aucun de ses parens ou serviteurs.

482. — Suivant Boncenne, t. 2, p. 214, l'huissier obligé de remettre la copie à un voisin de la partie assignée, ne peut la laisser aux parens et domestiques de ce voisin. C'est au chef de la maison seul qu'il doit la remettre. — *Contrà*, Chauveau, *Journ. des avoués*, 15, 48.

483. — Jugé ainsi que la remise au domestique du voisin annulle l'exploit, surtout si celui-ci n'a pas signé l'original, ou déclaré ne le savoir faire (C. pr., art. 68, 70). — 21 août 1820. Rennes. Bihel. D.A. 7. 795. D.P. 2. 161.

Et lors même qu'il aurait signé l'exploit. — 19 fév. 1806. Bruxelles. D.A. *ibib.* D.P. 7. 2. 47.

484. — Lorsque la copie d'un exploit (de signification d'arrêt d'admission) est remise à un voisin, l'huissier doit, à peine de nullité, faire mention qu'il n'a trouvé au domicile ni la partie, ni aucun de ses parens ou serviteurs. — 25 mars 1812. Civ. c. Enreg. C. Lambert. D.A. 7. 794. D.P. 12. 1. 324.

485. — Dans le cas où l'huissier ne trouvant pas l'assigné à son domicile, la copie est remise au voisin, il faut, à peine de nullité, que cette copie fasse mention de la qualité de voisin, appartenant à celui à qui elle est remise; il ne suffirait pas que cette mention se trouvât sur l'original (C. pr. 68). — 9 fév. 1830. Poitiers. Arginet. D.P. 30. 2. 181.

486. — Lorsque l'huissier, en voulant déclarer qu'il n'a trouvé personne au domicile, omet le mot *personne*, dit, par exemple, et n'ayant trouvé au domicile dudit P...., ni aucun voisin, l'exploit n'est pas nul, le mot ni indique assez qu'il y a omission du mot *personne*. — 21 mai 1813. Montpellier. Lubic. — *Journ. des avoués*, v° Exploit, n. 242.

487. — Au cas de refus d'un portier de recevoir une copie, de même qu'au cas où il refuse de signer, la copie doit être remise au maire (C. pr. 68). — 16 déc. 1828. Bourges. Robin. D.P. 29. 2. 90.

488. — Lorsqu'au domicile de la partie assignée, se trouve un serviteur qui refuse de recevoir la copie, il n'y a pas lieu de la laisser à un voisin: l'huissier peut alors la porter au maire du domicile de cette partie (C. pr. 68). — Même arrêt.

489. — La copie d'un commandement est valablement remise à l'adjoint du maire, lorsque les parens ou serviteurs et les voisins de la partie refusent de la recevoir. — La mention du nom de la personne qui a *refusé* de recevoir la copie n'est pas prescrite à peine de nullité. — 24 janv. 1816. Req. Paris. Jouenne. D.A. 7. 707. D.P. 16. 1. 123.

490. — L'exploit dans lequel l'huissier, après avoir énoncé qu'il n'a trouvé personne au domicile de la personne assignée, et qu'il a requis l'un des voisins de recevoir la copie, se borne à ajouter: *ce que vu, je l'ai portée et remise au maire*, doit être annulé comme ne remplissant pas le vœu de l'art. 68 C. pr., en ce qu'il n'en résulte pas que le voisin ait été requis de signer, qu'il ait accepté ou refusé la copie, ni qu'il ait déclaré ne pouvoir ou ne vouloir signer. — 22 avril 1828. Toulouse. Demonts. D.P. 28. 2. 188.

491. — Est nul l'exploit d'appel dont la copie est remise au maire en l'absence de l'assigné, si l'huissier ne mentionne dans son acte qu'il s'est d'abord présenté chez un voisin. — 12 nov. 1822. Civ. c. Bernard. D.A. 7. 794. D.P. 23. 1. 103.

492. — Est nul un exploit dont copie a été laissée au maire, en l'absence de la partie assignée et sur le refus des voisins de la recevoir, s'il n'est pas constaté en même temps que ce n'est qu'en l'absence de parens et serviteurs de l'assigné que la copie a été remise au maire (C. pr. 68). — 4 janv. 1828. Limoges. Doreau. D.P. 29. 2. 18.

493. — L'huissier doit constater, sur l'exploit dont copie est laissée au maire, l'absence de l'assigné, celle de ses parens ou serviteurs, celle enfin du voisin, ou son refus de recevoir la copie, le tout à peine de nullité. — 22 mars 1809. Liége. Furstenberg. D.A. 7. 794. D.P. 2. 161. — 1er août 1810. Rouen. Barbey. D.A. 7. 794. D.P. 2. 161.

494. — L'huissier, s'il ne trouve personne au domicile de la partie à laquelle il veut signifier un acte, doit, à peine de nullité, mentionner dans l'exploit la maison du voisin auquel il a présenté la copie, avant de la remettre au maire. — 28 juin 1810. Bruxelles. Powits. D.A. 7. 793. D.P. 1. 1448.

495. — Lorsqu'un huissier ne trouve au domicile ni la partie, ni aucun de ses parens ou serviteurs, il doit, à peine de nullité, avant de remettre la copie de l'exploit au maire, constater qu'il n'a pu la remettre au voisin, ou que celui-ci l'a refusée (C. pr. 68, 70). — 20 juill. 1827. Orléans. Boudet. D.P. 28. 2. 54.

496. — La signature d'un voisin sur la copie de l'exploit n'est prescrite que quand ce voisin reçoit la copie, et non quand il la refuse (C. pr. 68). — 4 fév. 1811. Montpellier. Argilliers. D.A. 7. 794. D.P. 2. 161.

497. — L'indication du nom des voisins qui, en l'absence de la personne assignée, ont refusé de recevoir l'exploit, n'est pas exigée à peine de nullité (C. pr. 68). — 11 janv. 1832. Bruxelles. Quart..... D.P. 33. 2. 243.

La loi exigerait l'impossible, si elle obligeait l'huissier d'indiquer le nom du voisin qui refuse de recevoir la copie, quand elle ne lui donne pas les moyens de contraindre celui-ci à le dire. Ce voisin peut, d'ailleurs, avoir des motifs plausibles pour taire son nom. Comment alors faire dépendre de ce caprice la validité d'un exploit qui, d'ailleurs, atteint directement son but?

498. — L'art. 68 C. pr., qui prescrit la signature du voisin sur l'original de l'assignation dont copie lui est remise en l'absence de la partie assignée, est applicable aux exploits faits à domicile élu, comme à ceux faits à domicile réel. — 29 mai 1811. Civ. c. Colmar. Achard. D.A. 7. 793. D.P. 2. 160.

499. — Les exploits en matière correctionnelle sont, comme en matière civile, soumis aux formalités prescrites par l'art. 68 C. pr. — L'exploit est nul, ainsi que le jugement qui aurait suivi, si, en l'absence de l'assigné, il a été remis au maire sans être présenté au voisin. — Ni cet exploit, ni le jugement n'ont l'effet d'interrompre la prescription (C. pr. 68; instr. crim. 637, 638). — 18 août 1824. Grenoble. Marel. D.A. 7. 712. D.P. 2. 130.

500.— Quoique les formalités que le code de procédure a établies pour les exploits, ne soient pas applicables en matière correctionnelle, cependant est nulle une citation donnée à un prévenu, lorsque la copie a été laissée à un voisin qui n'a pas signé l'original, s'il n'est pas prouvé, d'ailleurs, que cette copie soit parvenue à ce prévenu en temps utile (C. pr. 68). — 13 janv. 1830. Cr. r. Bastia. Forêts C. Millelire. D.P. 30. 1. 81.

501. — Mais quelles personnes sont comprises sous l'expression de voisin? Par cette expression, on entend une personne établie dans un lieu dépendant du même corps de bâtiment, ou à la distance la moins éloignée possible du domicile du défendeur (Bioche, v° Ajournement, n. 181). Si le plus proche voisin refuse, l'huissier peut frapper à telle autre porte dont la proximité offre l'aspect ordinaire du voisinage et l'idée de ses relations naturelles. — Bonc., 2, 213; D.P. 33. 2. 243, note 1re.

En tous cas, l'huissier n'est pas tenu de se présenter chez plusieurs voisins.

502. — Le ministère public étant indivisible, l'appel d'un jugement d'un tribunal de police peut être valablement signifié au procureur du roi près le tribunal de première instance; il n'est pas nécessaire de le notifier au ministère public près le tribunal de police. — 27 août 1825. Cr. c. Bichoux. D.P. 25. 1. 444.

503. — Il n'y a pas lieu à déclarer nulle la citation à comparaître devant la cour de cassation, donnée à un électeur, sous le prétexte qu'une copie n'a pas été laissée au maire, lorsque celle de l'électeur n'était pas remise en parlant à sa personne, si cet électeur se présente devant la cour de cassation par le ministère d'un avocat. — 5 juill. 1830. Civ. r. Préfet de la Seine. D.P. 30. 1. 207.

504. — La remise de la copie du procès-verbal de saisie-immobilière aux greffiers des justices de paix, ainsi qu'aux maires ou adjoints, est suffisamment constatée par le procès-verbal lui-même et par le visa qui y est apposé, encore que la mention de cette remise ne soit pas dans la copie (C. pr., art. 676).— 6 juin 1814. Rennes. Lefer. D.A. 7. 825 D.P. 2. 170.

505. — La copie que refuse le voisin peut être remise à l'adjoint, en l'absence du maire, et, en l'absence de tous deux, au membre du conseil municipal le premier sur la liste, c'est-à-dire celui qui a réuni le plus de suffrages (L. 21 mars 1831; argument d'une décision du ministre de la justice, du 6 juillet 1810, qui prescrit cette marche dans le cas de l'art. 676 C. civ.).—20 mars 1835. Toulouse. D.P.35.2.128.—Carré, t. 1er, p. 11; Prat. franç., 1, 122.

En cas d'absence du premier conseiller municipal, il nous semble qu'on devrait s'adresser aux autres, par ordre d'inscription; le demandeur ne peut souffrir de l'absence du maire, de l'adjoint et d'un conseiller municipal. Mais il n'en est pas ainsi. Plusieurs auteurs soutiennent même que la décision ministérielle ne doit pas s'appliquer à d'autres cas que celui pour lequel elle est intervenue. — V. plus haut, n. 287.

506. —L'huissier peut remettre la copie à un employé de la mairie, lorsqu'il a fait viser l'original de l'exploit par le maire. — 23 juin 1814. Orleans. —10 nov. 1818. Metz.—*Journ. des avoués*, v° Exploit, n. 255.

§ 6. — *Indication de l'objet de la demande, ou libellé.*

507. — Tout exploit doit contenir, à peine de nullité, l'indication de l'objet de la demande; il faut que la partie à qui on signifie un acte sache d'une manière non équivoque ce qu'on lui demande, ce qu'elle doit répondre, ce qu'elle doit faire.

Dans les significations pures et simples de jugement ou d'autres actes, l'exploit satisfait suffisamment à l'art. 61, n. 4, lorsque l'huissier dit qu'il « donne copie des actes ci-dessus, afin qu'on n'en ignore. » C'est surtout en matière d'ajournement, de citation en police correctionnelle, d'appel, etc., que les exploits doivent indiquer l'objet de la demande ou être libellés, comme on dit en termes de palais.—V. plus bas, n. 606 et suiv.

508. — C'est depuis l'ordonnance de 1539 qu'il est exigé que les exploits soient libellés; avant cette époque, le *libellé* ou l'exposé de la demande se faisait par un second acte. — Boncenne, 2, 148.

509. — On ne saurait mettre trop de clarté, d'exactitude et de justesse dans les conclusions d'un ajournement. De l'ambiguïté peut faire naître du doute sur la nature de l'action, sur la compétence du tribunal.

510. — Pour ce qui touche l'exposé des moyens; s'ils sortent de la loi, il n'est pas nécessaire d'indiquer leur source : ainsi, l'on peut demander le partage d'une succession sans être obligé de citer l'art. 815 C. civ.

Lorsque la demande est fondée sur un titre, on doit énoncer ce titre et déterminer les effets qu'on veut lui faire produire. — Bonc., 2, 150.

§ 7.— *Coût de l'acte.*

511. — L'huissier est tenu de mettre à la fin de l'original et de la copie de l'exploit le coût de son acte, c'est-à-dire la somme due pour son salaire, et pour les droits de timbre et d'enregistrement.

512 — Dans l'usage, on ne mentionne sur la copie que la somme due à raison de cette copie; cependant comme elle est destinée à servir d'original au défendeur, il est plus exact d'indiquer sur la copie le coût complet. — Bioche, *Dict. de proc.*, v° Ajournement, n. 138.

513. — Le défaut d'énonciation du coût n'est pas une cause de nullité; mais il soumet l'huissier contrevenant à une amende de 5 fr. payable au moment de l'enregistrement (C. pr. 67) et l'expose à être interdit de ses fonctions sur la requisition d'office des procureurs-généraux et procureurs du roi (Tarif, art. 66).

§ 8. — *Signature.*

514. — Tout exploit doit, à peine de nullité, être signé par le fonctionnaire public qui le rédige. Rien de plus évident. *Tout exploit*, cela signifie la copie aussi bien que l'original. — 12 fév. 1813. Rennes. Monistrol. D.A. 7. 725. D P. 2. 136.

515. — Jugé cependant que l'acte par lequel un huissier notifie une surenchère, et assigne en validité de caution un acquéreur, est valable, quoique la copie laissée à l'acquéreur ne soit pas signée par lui, alors que cette copie était signée par le surenchérisseur; que l'acquéreur n'a pas méconnu avoir reçu des mains de l'huissier cette copie non signée, et que l'original est régulier et duement enregistré. — 3 avril 1832. Civ. r. Paris. Coffinet. D.P. 32. 1. 171.

516. — Quand un désistement est donné par plusieurs, tous doivent le signer. — V. Désist., n. 63.

Et la signature doit se trouver non seulement sur l'original, mais encore sur la copie, qui est le titre du signifié (Pigeau, 1, 554). — 25 mai 1810. Bruxelles. Bosquet. D.A. 5. 153. D P. 14. 2. 350. — *Contrà*, 5 mai 1822. Orléans.— 3 fév. 1832. Toulouse. Tournan. D.P. 32. 2. 65.—Et cela, que le désistement ait lieu par acte d'avoué ou par exploit.

Peu importe même que la copie non signée mentionne la signature apposée sur l'original : l'huissier n'a pas caractère pour constater ce fait. La nullité peut être demandée sans qu'il soit besoin de s'inscrire en faux (*Contrà*, Carré, n. 1457; Fav., n. 4). Mais la signature sur l'original n'est pas exigée à peine de nullité, comme en matière d'enchère (C. 2185); celle de la copie suffit. — Pigeau, 1, 544; Berriat, p. 307.

517. — En matière forestière, est nulle la citation donnée au prévenu, si la copie du procès-verbal, donnée en tête, ne fait mention de la signature des gardes qui l'ont rédigé (C. forest. 172). — 6 mai 1830. Cr. r. Forêts C. Nicolai. D.P. 30. 1. 259.

518. — La non mention de la signature du garde et de son domicile dans la copie du procès-verbal, signifiée en tête d'une citation pour délit forestier, n'est pas une cause de nullité de citation. — La présentation de nouveaux moyens sur l'appel n'est pas recevable; les nullités présentées en première instance ont couvert toutes les autres.— 5 mai 1809. Cr. c. Forêts C. Pozzi. D.A. 7. 712 D.P. 2 130.

519.— Lorsque l'huissier donne des copies d'acte, en tête de son exploit, doit-il les signer et les certifier séparément de son exploit? — Cela se pratique ainsi communément; mais la signature au bas de l'exploit suffit.

520. — Le défaut de certification de la copie d'un arrêt par défaut en matière de délit de presse, qu'on signifie au condamné, n'est pas une cause de nullité de l'exploit.

Cette irrégularité n'empêche pas les délais de l'opposition de courir. — 28 août 1834. Cr. r. Laroze. D.P. 34. 1. 438.

521. — Il n'y a pas nullité en ce que des copies de pièces signifiées en tête d'une citation en matière forestière ne seraient pas signées, lorsqu'elles forment un seul contexte avec la citation qui est elle-même régulièrement signée (C. forest. 172). — 15 oct. 1834. Cr. r. Courège. D.P. 34. 1. 427.

522. — La signification d'une copie de jugement n'est pas nulle, parce qu'elle n'est pas signée par l'avoué à la requête de qui elle est faite, mais par un avoué étranger à la cause, qui a déclaré signer pour l'avoué absent. Le défaut de signature de l'avoué n'a d'autre effet que d'attribuer le droit de copie à l'huissier porteur de la commission. — 26 juill. 1824. Grenoble. Guerre. D.P. 25. 2. 70.

§ 9. — *Jour et heure où les exploits doivent être faits.*

523. — Les exploits en général ne peuvent pas être faits les jours fériés ni pendant la nuit, c'est-à-dire depuis six heures du soir jusqu'à six heures du matin, à partir du 1er octobre au 31 mars, et depuis quatre heures du matin, jusqu'à neuf heures du soir à partir du 1er avril au 30 septembre, à moins de permission du juge, dans le cas où il y aurait péril en la demeure (C pr. 1037).

524. — Cette permission peut être donnée par le président du tribunal du lieu où l'assignation doit être signifiée; il n'est pas nécessaire qu'il soit saisi de l'affaire pour avoir capacité de l'accorder. — 7 avril 1819. Civ. r. Bordeaux. Ferrant. D.A. 9. 603, n. 3. D.P. 19. 1. 388.

525. — Cette permission se restreint toujours à l'objet pour lequel elle a été accordée; ainsi, la permission de faire une signification un jour férié ne comprend pas celle de la faire la nuit. — Berriat, p. 144, n. 2 et 5. — *Contrà*, Demiau, p. 64; Pigeau, 1, 178, n. 3.

526.— La contravention à ces défenses n'entraîne pas la nullité de l'exploit; l'art. 1037 n'en prononce pas; mais elle donne lieu à une amende de 5 à 100 fr. contre l'huissier. — 17 mars 1817. Grenoble. D.A. 9 604. D.P. 23. 2. 40.— 17 mai 1817. Grenoble. D.A. *ibid.* D.P. 2. 545, n. 2. — 16 juill. 1827. Bordeaux. Lescure. D.P. 28. 2. 4. — 29 janv. 1819. Cass. — 23 fév. 1825. Civ. r. Caen. Landour. D P. 25. 1. 74. — *Contrà*, 10 fév. 1827. Bordeaux. Bertrand. D.P. 27. 2. 74.— Pigeau, t. 1er, p. 185; Carré, t. , n. 330, et 3, n. 3422.

527. — La nullité des significations faites un jour férié n'a pas lieu non plus en matière correctionnelle. — Spécialement, l'appel d'un jugement correctionnel est valable, encore qu'il soit signifié un jour de fête légale.— 27 août 1807. Cr. r. Jégu. D.A. 7. 711. D.P. 7. 2. 186.

Il en est de même en matière criminelle. Ainsi, la notification à l'accusé, de la liste des jurés, n'est pas nulle pour avoir été faite un jour férié. —13 août 1814. Cr. r. Bruxelles. Detrief. D.A. 4. 310. D P. 1. 1104. — V. Jour férié.

528. — L'exploit signifié la nuit n'est pas nul si la partie assignée a reçu la copie : l'huissier est seulement passible d'amende (Bonc., 2, 240). — V. Nuit.

529.— L'art. 1037 C. pr., qui dispose qu'aucune signification ne peut être faite avant et après certaines heures, n'est pas obligatoire à peine de nullité. — En conséquence, un tribunal peut refuser d'admettre l'une des parties à la preuve testimoniale du fait, que la signification a eu lieu hors les heures déterminées par la loi (C. pr. 130, 1037). — 29 juin 1819. Civ. r. Valet. D.A. 9. 709. D.P. 19. 1. 409.

§ 10.— *Enregistrement.*

530.—Les exploits doivent aussi être enregistrés. L'huissier est tenu de faire enregistrer l'original de l'exploit, soit au bureau de sa résidence, soit au bureau du lieu où il instrumente, dans les quatre jours à partir de sa date (L. du 19 déc. 1790, et celle du 22 frim. an 7, art. 20), c'est-à-dire, au plus tard, le cinquième jour de la date (V. Délai). — Boncenne, 2, 242.— V. aussi Enregistrement.

531.— Un exploit non enregistré est nul (L. 22 frim. an 7, art. 34).— Boncenne, 2, 242.

Indépendamment de cette nullité et de ses conséquences, l'huissier est passible d'une amende.—V. Enregistrement.

532.—*Acte d'appel.*—La nullité d'un acte d'appel, faute d'enregistrement dans le délai de quatre jours, prescrit par la loi du 22 frim. an 7 (qui se calcule de la date de la copie et non de celle de l'original), ne peut point être réparée par une signification postérieure qui mentionne que la copie de l'acte d'appel, enregistré le 13 déc., a été signifiée le 10, et non le 8, dont elle porte la date, et qui, au lieu de contenir l'assignation prescrite par l'art. 456, pour être valable comme acte d'appel nouveau, se réfère purement et simplement au premier acte frappé de nullité (C. pr. 456).—25 avril 1826. Caen. Barbel. D.P. 27. 2. 76.

533.— La disposition de l'art. 34 de la loi du 22 frim. an 7, sur l'enregistrement, est restreinte par l'art. 47 de la même loi, en ce sens que la nullité

qu'il prononce des exploits et procès-verbaux non enregistrés dans le délai prescrit, n'est pas applicable aux actes qui intéressent l'ordre public, et, par exemple, à une notification de la liste des jurés — 7 janv. 1826. Cr. r. Tranchant. D.P. 26. 1. 177.

534.— Un exploit de notification de la liste élémentaire du jury à un accusé, n'est pas nul en ce qu'il ne serait pas fait mention sur cet acte de la date de l'enregistrement, les huissiers étant des fonctionnaires publics qui impriment à leurs actes un caractère d'authenticité, indépendamment de la formalité de l'enregistrement. — 15 déc. 1831. Cr. r. Franquette. D.P. 32. 1, 60.

535.—La signification d'une ordonnance d'officier public n'est pas nulle pour avoir été faite avant l'enregistrement de l'ordonnance; il y a seulement lieu à une amende contre l'huissier. — 6 flor. an 10. Paris. Danneville. S. 2. 2. 287.

536.— L'extrait de l'enregistrement d'un exploit ne peut suppléer la représentation de l'original. — Bonc., 2, 242.

537.— La représentation de l'original de l'exploit de signification d'un jugement ne peut être suppléée par l'extrait d'enregistrement de cet acte, surtout s'il ne porte pas la date du jugement.—17 mai 1815. Rennes. Lolidec. D.A. 7. 706.

538. — Le défaut de représentation d'un exploit ne peut être suppléé par d'autres actes qui, tout en prouvant son existence, ne pourraient justifier de sa régularité. Ainsi, la production de l'extrait de l'enregistrement d'un acte ne saurait suppléer celle de cet acte lui-même pour prouver son existence valide. — 7 brum. an 13. Civ. r. Portalis. D.A. 7. 705. D.P. 2. 127.

539. — La preuve qu'un exploit a été signifié à telle personne doit résulter de l'acte même; on ne saurait l'induire de la mention de l'enregistrement, qui n'a d'autre objet que d'en fixer la date. — Est nul l'exploit de signification, si, dans sa partie essentielle, telle, par exemple, que le nom de l'avoué à qui il est signifié, il se trouve des ratures et surcharges non approuvées par l'huissier. — 7 juill. 1808. Besançon. Outhenin. D.A. 7. 705. D.P. 2. 127.

540.— L'extrait de l'enregistrement ou du répertoire de l'huissier sont insuffisans pour prouver l'existence d'un appel. — L'original ou la copie de l'acte même doivent être nécessairement représentés.— 7 déc. 1816. Colmar. Hirtz. D.A. 7. 706. D.P. 17. 2. 75.

541.— La preuve qu'un exploit a été enregistré, ne peut suppléer à la representation de cet exploit. —1er août 1810. Req. Paris. Lempereur D.A. 2. 215. D.P. 10. 1. 431.

542. — Lorsqu'un tribunal a ordonné à une partie de faire une affirmation dans un delai déterminé, à partir de la signification du jugement, sous peine de déchéance, la signification qui a dû faire encourir la déchéance n'est pas suffisamment constatée par un certificat d'enregistrement, elle doit l'être par l'exploit même de signification (C. civ. 1349, 1353, anal.). — 2 fév. 1825. Paris. Montchevrel. D.P. 26. 2. 12.

543. — jugé, au contraire, que l'exploit de signification d'un jugement est valablement suppléé par l'extrait du receveur de l'enregistrement. — Il y a pour cette signification présomption de régularité jusqu'à preuve contraire. — 28 déc. 1808. Riom. Majeune. D.A. 7. 703.

544. — Le créancier poursuivant et adjudicataire sur expropriation forcée, dont le saisi veut, par voie de tierce-opposition, critiquer le titre, sous le prétexte qu'il aurait été irrégulièrement appelé, peut, surtout après un laps de dix ans, être dispensé de produire les originaux des actes de poursuites et établir leur existence par l'extrait des régistres du receveur de l'enregistrement. Il y a pour lui présomption de régularité; surtout si la partie qui se pourvoit ne produit pas les copies des actes qu'elle argue de nullité.—23 nov. 1812. Nanci. Bellanger. D.A. 7. 704.

545. — Mais l'exploit n'est pas nul pour le défaut de mention de l'enregistrement des pièces signifiées au demandeur par le même exploit (C. pr., art. 61, 1030). — 20 flor. an 11. Turin. Belloti. D.A. 7. 759. D.P. 2. 150.

546. — Le défaut de mention de l'enregistrement sur la copie des exploits n'en opère pas la nullité. Encore qu'une assignation sur appel soit donnée à jour fixé, à trois jours, par exemple, comme l'autorisait la loi du 14 fruct. an 3, les tribunaux commettent un excès de pouvoir en déclarant l'appel désert malgré la comparution postérieure des parties. — 26 vend. an 8. Civ. c. Douanes C. Geerts. D.A. 7. 702. D.P. 2. 126.

547. — Les pièces dont on est obligé de signifier copie doivent être enregistrées à peine de 50 fr. d'amende contre l'huissier (art. 23 de la loi du 22 frim. an 7.).

548. — *Droits.* — Sont sujets à un droit fixe de 50 c. (55 c.) 1° les significations d'avoué à avoué pour l'instruction des procédures devant les tribunaux de première instance; 2° les assignations et tous autres exploits devant les prud'hommes (art. 41 loi 28 avril 1816). — D.A. 7. 15.

549. — La loi du 22 frimaire an 7 portait : « sont passibles du droit fixe de 1 fr. (le dixième en sus) les exploits, les significations, celles des cédules des juges de paix, les commandemens, demandes, notifications, citations, offres ne faisant pas titres au créancier et non acceptées, oppositions, sommations, procès-verbaux, assignations, protêts, interventions à protêt, protestations, publications et affiches, saisies, saisies-arrêts, séquestres, mains-levées et généralement tous actes extrajudidiciaires des huissiers ou de leur ministère qui ne peuvent donner lieu au droit proportionnel, sauf les exceptions, mentionnées dans la loi, et les exploits, significations et tous autres actes extrajudiciaires faits pour le recouvrement des contributions directes et indirectes et de toutes autres sommes dues à la nation, même des contributions locales, mais seulement lorsque la somme principale excède 25 fr. (L 22 frim. an 7, art. 68, § 1er, n. 30). La loi du 28 avril 1816, art. 43, n. 13, porte : sont sujets au droit fixe de 2 fr. (2 fr. 20 c.), les exploits et autres actes du ministère des huissiers qui ne peuvent donner lieu au droit proportionnel : sont exceptés les exploits relatifs aux procédures devant les juges de paix, les prud'hommes, les cours royales, la cour de cassation et les conseils de sa majesté, jusques et y compris les significations des jugemens et arrêts définitifs, les déclarations d'appel ou de recours en cassation, les significations d'avoué à avoué et les exploits ayant pour objet le recouvrement des contributions directes ou indirectes, publiques ou locales.

550.—Il sera dû un droit pour chaque demandeur ou défendeur en quelque nombre qu'ils soient dans le même acte, excepté les co-propriétaires et cohéritiers, les parens réunis, les co-intéressés, les débiteurs ou créanciers, associés ou solidaires, les séquestres, les experts, les témoins, qui ne seront comptés que pour une seule et même personne, soit en demandant, soit en défendant dans le même original d'acte, lorsque leurs qualités y seront exprimées. — *Ibid.*

551. — Sont aussi sujets au droit fixe de 2 fr. (2 fr. 20 c.) les acquiescemens purs et simples. — *Ibid.*

552.— Sont passibles du droit fixe de 3 fr. (3 fr. 30 c.) les prestations de serment des huissiers, des juges de paix (*ibid.*); ... 7° les exploits et autres actes du ministère des huissiers relatifs aux procédures devant les cours royales, jusques et y compris la signification des arrêts définitifs; sont exceptées les déclarations d'appel et les significations d'avoué à avoué;... 11° les significations d'avocat à avocat dans les instances à la cour de cassation et aux conseils du roi (L. 28 avril 1816, art. 44). — D.A. 7. 15.

553.— Sont sujettes au droit fixe de 5 fr. (5 fr. 50 c.) les déclarations et significations d'appel des jugemens des juges de paix aux tribunaux civils (L. 22 frim. an 7, art. 68, § 4).

554 — Sont sujets au droit fixe de 5 fr., 1° les exploits et autres actes du ministère des huissiers relatifs aux procédures devant la cour de cassation et les conseils du roi, jusques et y compris les significations des arrêts définitifs. Le premier acte de recours est excepté; le droit est de 27 fr. 50 c. (L. 28 avril 1816, art. 45).— D.A. 7. 16.

555.—Sont sujettes au droit fixe de 10 fr. (11 fr.) les déclarations et significations d'appel des tribunaux civils, de commerce et d'arbitrage (*ibid.*, § 5).

556.—Les sermens des huissiers près les tribunaux civils sont sujets au droit fixe de 15 fr. (16 fr. 50 c.) (L. 22 frim. an 7, art. 68, § 6).

§ 11.— *Visa.*

557.—Certains exploits doivent aussi être revêtus d'un *visa*. Ce sont ceux dont il est laissé copie à des fonctionnaires publics. Tels que les préfets, les maires des communes, les procureurs-généraux, les procureurs du roi, etc. — Cette formalité est substantielle.

558.— Pour ce qui concerne le visa des significations faites aux divers fonctionnaires publics, il est à remarquer que l'art. 69, qui traite des assignations, attache seul la peine de nullité à l'omission de cette formalité; l'art. 1039 l'indique bien pour toutes les significations faites à personnes publiques, mais il ne prononce pas de nullité. Concluons que la nullité ne saurait être appliquée pour défaut de visa qu'à l'assignation ou à l'appel qui, nous ne saurions trop le répéter, est soumis à toutes les formalités de l'assignation.—Favard, v° Ajournement; Merlin, v° Sigification de jugement; D.A. 7. 820, n. 3

559.—Mais la formalité du visa, prescrite pour la validité des assignations données à un fonctionnaire public, sera-t-elle nécessaire dans le cas de signification de l'appel au domicile élu par ces fonctionnaires, dans un commandement, aux termes de l'art. 584? Quand le domicile est élu chez un individu qui n'a point qualité pour donner le visa, point de doute que l'exploit n'en soit affranchi, et nous pensons qu'il en doit être ainsi dans le cas même où le domicile serait élu chez un fonctionnaire autre que celui à la requête de qui le commandement serait signifié; celui chez lequel le domicile serait élu n'agit plus alors en qualité de fonctionnaire public, et dans les limites de ses fonctions.— *Ibid.*, n. 4.

560.—L'appel signifié à domicile élu est soumis aux mêmes formalités que l'appel à domicile réel; il est nul, si, interjeté contre le trésor public, la formalité du visa n'a pas été remplie.—24 juill. 1811. Liége. Akermann. D.A. 7. 825. D.P. 2. 169.

561.— L'exploit d'appel signifié à une commune représentée par son receveur et au domicile élu chez celui-ci, doit être revêtu de son visa, à peine de nullité. — 16 déc. 1809. Liége. Gilson. D.A. 7. 824. D.P. 2. 169

562.— L'exploit notifié au trésorier d'un bureau de bienfaisance est nul, s'il n'est revêtu du visa de ce préposé.— 16 nov. 1830. Toulouse. Martin. D.P. 31. 2. 132.

563.—L'administration des biens d'une fabrique est un établissement public; les assignations signifiées aux marguilliers sont soumises à la formalité du visa, à peine de nullité (C. pr., art. 69, 70).— 2 juill. 1810. Bruxelles. Pæffgen. D.A. 7. 821. D.P. 11. 2. 157.

564.— Est nul l'exploit d'appel remis au maire dans les cas prévus par l'art. 69 C. pr., si la copie ne mentionne pas le visa de l'original.— La disposition de l'art. 676 doit être renfermée dans ses termes. — 25 juin 1818. Rennes. Laqueuille. D.A. 7. 720. D.P. 2. 1184.

565.— L'appel dirigé contre une commune est nul, si l'appelant ne représente pas l'original de l'exploit contenant le visa, surtout si la copie ne mentionne pas l'accomplissement de cette formalité.— 18 avril 1822. Bruxelles. Bacro. D.A. 7. 722. D.P. 2. 134.

566.— Jugé, en sens contraire, que le défaut de visa que les personnes publiques (telles qu'un maire plaidant pour sa commune), sont tenues, aux termes de l'art. 1039 C. pr., d'apposer sur les significations qui leur sont faites, n'entraine pas la nullité de ses significations.—23 août 1827. Req. Besançon. Communede Plaimbois. D.P. 27 1. 473.

567.— Le défaut de visa d'un maire, sur l'original d'une signification quilui est faite, n'en entraîne pas la nullité (C. pr. 1039).—11 avril 1826. Nanci. Paris. D.P. 30. 2. 222.

568.— Le défaut de visa de l'exploit de signification d'un jugement, par le préposé de l'administration qui le reçoit, n'est pas une cause de nullité. La nullité n'a lieu dans ce cas que lorsqu'il s'agit d'assignation (C. pr., art. 69, 70, 1039).— 20 août 1816. Civ. r. Domaine C. Monnet. D.A. 7. 821. D.P. 17. 1. 9.

569.— L'exploit de dénonciation de saisie, nul vis-à-vis l'une des parties saisies pour défaut de visa par le maire de son domicile, peut être valable à l'égard des autres.— 6 juin 1814. Rennes. Lefer. D.A. 7. 825. D.P. 2. 170.

570 —La citation donnée, en matière correctionnelle, à une commune, en la personne de son maire, doit, à peine de nullité, être révêtue du visa du maire : ici s'appliquent les art. 6, 69 et 70 C. pr. (C. inst. cr. 182, 184).— 30 juin 1829. Nanci. Forêts C. Commune. d'Azelot. D.P. 30. 2. 23.

571.— Jugé au contraire, sur le pourvoi en cassation. qu'en matière correctionnelle n'est pas nulle la citation donnée à une commune en la personne de son maire, à défaut par celui-ci d'avoir visé l'original, lorsque, d'ailleurs, il est constant qu'il en a eu connaissance (C. inst. cr. 182, 183, 184). — 14

janv. 1830. Cr. c. Forêts C. Comm. d'Azelot. D.P. 30. 1. 66.

572.— La citation pour contravention en matière de droits réunis, était valable sans visa du directeur du jury. L'art. 182 du code des délits et des peines n'était point applicable à ces contraventions, renvoyées par la loi elle-même au jugement des tribunaux correctionnels.— 5 fév. 1808 Cr. c. Cont. ind. C. Fragier. D.A. 7. 711. D.P. 2. 129.

573.— Dans les affaires dont la connaissance est spécialement attribuée à la police correctionnelle, la citation donnée par la partie plaignante est affranchie du visa du directeur du jury. — 6 juin 1806. Cr. c. Douanes C. Colombani. D.A. 7. 711. D.P. 6. 2. 164.

574.— Dans le cas où le visa d'un fonctionnaire public est nécessaire pour la validité d'un exploit, il ne suffit pas du visa seul; copie de l'exploit doit être laissée à ce fonctionnaire, et, en son absence, à celui qui le remplace pour le visa (C. pr., art. 69, 70). — 24 juill. 1811. Liége. Akermann. D.A. 7. 824. D.P. 2. 169.

575.— En cas d'absence d'un préfet, les actes qui lui sont notifiés, par exemple la signification d'un jugement, ne peuvent être visés par le secrétaire général; ils doivent, à peine de nullité, être visés par le juge de paix ou par le procureur du roi (C. pr. 69). — 25 janv. 1827. Pau. Préfet des Landes. D.P. 28. 2. 52.

576.— La notification d'un exploit d'appel, faite au préfet, en la personne d'un conseiller de préfecture, qui y a apposé son visa, avec ces mots : *par autorisation*, est valable. On dirait en vain que l'absence du préfet n'étant pas constatée, on ne pouvait remettre à un conseiller de préfecture une copie destinée au préfet, et que le visa qui devait être donné par ce fonctionnaire, doit l'être, en cas d'absence, par le juge de paix ou le procureur du roi (C. pr. 69, 70) — 29 juin 1831. Toulouse. Narbonne. D.P. 31. 2. 214.

577.— L'adjoint du maire a autant que ce dernier qualité pour apposer le visa sur l'exploit de dénonciation de saisie immobilière. Il remplace le maire dans toutes ses fonctions, sans que l'huissier doive énoncer les motifs de l'absence du maire. — 6 juin 1814. Rennes. Lefer. D.A. 7. 825. D.P. 2. 170.

578.— Un exploit d'appel adressé à une commune n'est pas nul, en ce que, en l'absence du maire, il a été visé par le substitut du procureur du roi : le procureur du roi est, dans ce cas, valablement remplacé par son substitut (C. pr. 69). — 1er fév. 1828. Besançon. Comm. de Leschaux-Des-Prés. D.P. 28. 2. 230.

579.— L'huissier est obligé, dans le cas où il laisse la copie de l'exploit au maire, de faire mention, à peine de nullité, du visa de ce fonctionnaire, tant sur la copie que sur l'original ; et cela, encore bien que le maire ait apposé son visa sur l'original, et déclaré avoir reçu la copie (68, 70 C. pr. civ.). — 10 mai 1830. Req. Bourges. Binet. D.P. 30. 1. 248.

580.— Un exploit est nul lorsqu'il a été laissé au maire, sans qu'il ait été fait mention, sur la copie, du visa apposé sur l'original, encore que le maire ait apposé son visa sur l'original, et déclaré qu'il a reçu la copie (C. pr. 68) — 16 déc. 1828. Bourges. Robin. D.P. 29. 2. 90.

581.— Jugé en sens contraire qu'il n'est pas nécessaire, à peine de nullité, qu'il soit fait mention dans la copie d'une assignation donnée à une commune en la personne du maire, que l'original a été visé par le maire. Il suffit, pour la régularité de l'assignation, que le visa existe sur l'exploit (C. pr. 69). — 3 janv. 1831. Bourges. Leuthereau. D.P. 31. 2. 231.

582.— Jugé de même, que la loi n'exige pas, à peine de nullité, que la copie du commandement, afin de saisie immobilière, laissée au débiteur, contienne mention du *visa* qui doit être apposé par le maire sur l'original (C. pr. 673). — 3 fév. 1832. Bourges. Sugnot. D.P. 32. 2. 127.

Mais il sera toujours très prudent de faire mention du visa sur la copie.

583.— Lorsqu'il est constant, d'après les explications données par les parties, que l'original d'un acte d'appel d'un jugement rendu au profit d'une commune, ayant été remis au maire de la commune pour y apposer le *visa* prescrit par l'art. 69 C. pr., ce maire a retenu l'original (pendant deux jours) et ne l'a rendu à l'huissier qu'après l'expiration du délai de l'appel, sans y avoir apposé son *visa*, la formalité du visa peut néanmoins être réputée avoir été remplie, et la commune déclarée non-recevable à demander la nullité de l'exploit d'appel : elle dirait en vain qu'il n'y a pas eu impossibilité, pour l'huissier, de faire remplir la formalité du visa, et que les intérêts de la commune n'ont pu être compromis par les aveux de son maire. — 25 janv. 1825. Civ. r. Lyon. Comm. de Gex. D.P. 25. 1. 108.

584.— L'exploit d'ajournement contenant assignation à deux communes ayant des intérêts distincts, est nul, si l'huissier n'a pas laissé au juge de paix qui en a visé l'original, en l'absence des maires, autant de copies qu'il y a de communes intéressées. Peu importe que l'huissier ait laissé au domicile de chaque maire une copie de l'exploit, si les personnes auxquelles les copies ont été remises n'en ont pas visé l'original. Il prétendrait en vain que dans ce cas il n'était pas même nécessaire de s'adresser au juge de paix (C. pr. 69). — 17 juill. 1832. Grenoble. Comm. de Mions, etc. D.P. 32. 2. 213.

585.— L'appel dirigé contre un tribunal qui avait condamné un citoyen pour injure, s'il est signifié au greffe de ce tribunal, n'est pas nul pour n'être pas visé par le greffier, alors surtout que le ministère public reconnaît avoir reçu la copie. — 6 mars 1807. Bourges. Lug.... — *Journ. des avoués*, v° Exploit, n. 67.

586.— On peut suppléer à la preuve officielle de la notification des précédentes décisions du ministre par leur visa dans une requête postérieure de la partie. — 10 août 1825. Ord. Parodi. D.P. 26. 3. 28.

587.— Le fonctionnaire public qui refuse de viser un exploit dans le cas où la loi exige cette formalité, est passible d'une amende de 5 fr. (art. 1039 C. pr.).

Carré, art. 68, pense que le refus du visa par des fonctionnaires publics ne les rend passibles de l'amende que lorsqu'il s'agit de notifications à eux faites comme personnes publiques, et non dans le cas où on leur remet des copies pour d'autres.

Bioche n'est pas de cet avis, il va jusqu'à dire qu'ils peuvent être responsables envers le demandeur du tort qui résulterait pour lui de leur refus, ainsi que des frais de transport dus à l'huissier (v° Ajournement, n. 195 et 196). — Chauveau, *Journ. des avoués*, 13, 9, émet la même opinion.

§ 12.— *Exploits qui doivent être signés par les parties et par les témoins.*

588.— En général, il n'est pas nécessaire, pour la validité des exploits, qu'ils soient signés ni par la partie ou son mandataire, ni par des témoins; la signature de l'huissier seule suffit pour leur régularité et leur authenticité. Il y en a cependant qui sont nuls s'ils ne sont pas revêtus de la signature des parties, et il y en a aussi qui doivent être faits en présence de témoins et signés par eux à peine de nullité.

589. — Les oppositions à mariage sont nulles si elles ne sont signées par les parties (art. 66 C. civ.).

Il en est de même de la réquisition de mise aux enchères d'un immeuble vendu, faite par les créanciers inscrits (art. 2185 C. civ.). — V. aussi n. 516.

590.— Les requêtes d'avoué à avoué doivent aussi être signées par les avoués. — V. n. 522.

591. — Mais il n'est pas nécessaire que la copie d'une requête d'avoué à avoué, signifiée à l'avoué requis, soit signée par l'avoué requérant, alors que cette signature se trouve sur l'original. — 5 déc. 1832. Montpellier. Pradal. D.P. 33. 2. 118.

592. — Une requête d'appel était nulle, sous le code du 3 brum. an 4, si elle n'était point signée par l'appelant ou par un fondé de ses pouvoirs (C. 3 brum., art. 195). — 15 therm. an 7. Cr. c. Thil. D.A. 3. 472. D.P. 1. 854.

593.— Aujourd'hui, la signature des appelans sur l'acte d'appel n'est plus nécessaire pour sa validité. Ainsi, l'appel interjeté au nom de plusieurs appelans ne saurait être annulé, parce que l'un d'eux aurait signé l'exploit comme ayant été autorisé par ses consorts; il suffit que le nom de chacun des appelans se trouve dans l'acte (C. pr., art. 61, 456). — 5 fév. 1810. Trèves. N.... D.A. 7. 746. D.P. 2. 146. — 26 août 1808. Besançon. V° Faivre. — *Journ. des avoués*, n. 116.

594.— Les huissiers doivent être assistés de deux témoins ou recors, 1° lorsqu'ils font des protêts, (art. 173 C. comm.); 2° lorsqu'ils procèdent à une saisie-mobilière (art. 585 C. pr.); et 3° lorsqu'ils procèdent à la contrainte par corps (art. 783 C. pr.).

§ 13.— *Nullité des exploits.— Tribunal compétent.*

595. — On distingue deux espèces de nullités : les nullités d'exploit proprement dites et les nullités du fond. Les nullités de procédure proprement dites, c'est-à-dire celles résultant de l'omission d'une formalité de détail prescrite par la loi, doivent être demandées pour être prononcées.

596. — Les nullités du fond sont celles qui sont fondées sur un moyen de droit ou une considération d'ordre public. Telles sont l'assignation donnée devant un tribunal incompétent *ratione materiæ*, ou sans qu'il y ait eu préliminaire de conciliation, ou par une personne non revêtue du caractère d'huissier, ou par un huissier hors du ressort du tribunal auquel il est attaché.

Toutes ces nullités et d'autres sont absolues et doivent être prononcées d'office, quoique la loi ne les prononce pas formellement. — Bioche, n. 249.

597.— Des inexactitudes dans l'original, si la copie est régulière, ne pourraient faire annuler l'exploit. — Carré, 1, 166.

598. — Jugé cependant, lorsque dans l'original de la notification de la liste des quarante jurés à un accusé, le nom d'un des jurés supplémentaires se trouve en blanc, il y a présomption que cette omission se trouve dans la copie, et la notification et tout ce qui a suivi est nul (C. instr. crim., 394, 399).

En ce cas, la nullité de la notification entraînant la nullité de toute la procédure, l'huissier doit être condamné à supporter tous les frais de la procédure nouvelle (C. d'inst. crim. 415). — 16 fév. 1832. Cr. c. Martineau. D.P. 32. 1. 85.

599. — Au reste, il ne suffit pas d'articuler d'une manière vague et générale qu'un exploit est nul; on doit préciser cette nullité dans la demande; autrement le moyen ne pourrait être représenté devant la cour de cassation. — V. Cassation, n. 936.

600. — La demande de dépôt au greffe des pièces de la procédure ne couvre point les nullités de l'ajournement, surtout s'il y a des réserves. — 31 juill. 1811. Liége. Delescaille. D.A. 7. 723. D.P. 2. 135.

601. — La demande, par l'intimé, de dépôt d'une pièce de procès ne couvre pas la nullité, surtout si elle contient des réserves et ne renferme pas de conclusions au fond (C. pr., art. 173). — 26 juill. 1809. Pau. Darbin. D.A. 7. 790. D.P. 2. 159. — V. Exceptions.

602. — L'appel n'est pas une défense au fond, qui couvre les moyens de nullité de l'exploit. — 6 juill. 1812. Agen. Delcussot. D.A. 7. 724. D.P. 2. 135.

603. — L'huissier supporte seul les frais d'un exploit déclaré nul par son fait, sans préjudice des dommages-intérêts qu'il peut encourir en certains cas (C. pr., art. 71). — Bonc., 2, 241. — V. Huissier, Responsabilité.

604. — Le tribunal devant lequel une citation est donnée est toujours compétent pour en prononcer la nullité, s'il y a lieu.

Pour les actes extrajudiciaires, c'est le tribunal seulement devant lequel on les fait valoir qui peut en prononcer la nullité.

605. — Un tribunal dont la compétence est contestée peut statuer préalablement sur la validité ou la nullité de l'assignation donnée devant lui. — 27 fruct. an 11. Civ. r. Balnes. D.A. 7.748. D.P. 4.1.105.

ART. 3. — *Des formalités spéciales aux ajournemens et aux actes d'appel.*

606. — L'ajournement est l'acte par lequel une partie en assigne une autre à comparaître à jour déterminé devant le juge compétent, pour voir prononcer sur leur différend. On lui donne aussi le nom d'assignation (D.A. 7. 714). — L'appel est l'acte par lequel une partie dénonce à une autre qu'elle demande la réformation d'un précédent jugement, et l'assigne à comparaître devant un tribunal supérieur, à jour déterminé, pour entendre réformer tout ou partie de ce jugement. — V. Appel.

607. — On avait agité la question de savoir si l'acte d'appel devait, pour être valable, contenir toutes les formalités de l'ajournement. Quelques auteurs, entre autres Dalloz (D.A. 7. 715), ont embrassé la négative, mais une jurisprudence constante et uniforme et un grand nombre d'auteurs ayant adopté l'affirmative, il ne peut plus y avoir lieu à examiner la question.

608. — Le principe de l'identité de l'acte d'appel et de l'ajournement ainsi établi, on conçoit que les questions qui naissent du prescrit des formalités de l'ajournement deviennent communes à l'acte d'appel; c'est dès lors avec raison que nous les aurons confondues dans une même section. Les observations spéciales sur l'appel seront indiquées avec soin. — D.A. 7. 715.

609.— Long-temps il a fallu une autorisation du juge pour pouvoir assigner une partie; mais, depuis la loi du 11 sept. 1790, art. 20 et 21, tout citoyen peut citer en justice qui bon lui semble, sans autorisation. Il n'y a que quelques exceptions intro-

duites par le code de procédure ; dans les cas de réglement de juges, de prises à partie, de séparations, de demandes en autorisation de femme mariée, d'actions contre les communes, etc. — Berr., p. 194.

610. — Deux conditions essentielles sont encore nécessaires pour la validité de l'ajournement et de l'appel : 1° les parties doivent exister au moment de la signification des actes ; 2° elles doivent être capables d'introduire une demande, ou d'y défendre : ainsi, les communes, les mineurs, les interdits, les femmes mariées, ne sauraient donner ou recevoir une assignation valable, soit en première instance, soit en appel, qu'autant que les formalités exigées par la loi pour autoriser leurs présentations en justice auraient été remplies. — D.A. 7. 715.

§ 1er. — *Constitution d'avoué et élection de domicile chez l'avoué.*

611. — Tout exploit d'ajournement devant le tribunal civil et devant la cour royale doit, à peine de nullité, contenir, outre les formalités communes aux actes d huissiers, une constitution d'avoué pour le demandeur ; car tous les actes de la procédure, postérieurs à l'ajournement, devant se faire entre les avoués des parties, il est indispensable que le défendeur, et l'avoué qu'il constituera, connaissent celui chargé de suivre l'action.

612. — La constitution d'avoué doit-elle être formellement exprimée, et ne peut-on pas l'induire de termes équivalens ? Oui, s'ils sont tels qu'il en résulte évidemment que l'avoué désigné doit occuper sur la demande ou sur l'appel. C'est ainsi qu'on a décidé que la mention que, *tel avoué conclura sur l'appel*, équivalait à une constitution ; mais l'élection de domicile chez un avoué d'appel, même en son *étude*, ne saurait remplacer la constitution. Il n'est pas indispensable non plus que le nom de l'avoué se trouve dans l'exploit ; sa signature apposée sur cet exploit, et une désignation telle qu'on ne puisse douter de l'existence de l'avoué constitué et de sa capacité, sont suffisantes. — D.A. 7. 751.

613. — L'acte d'appel qui ne contient pas constitution d'avoué est nul ; peu importe que cet acte renferme des réserves pour cette constitution, et qu'elle ait été faite par exploit d'appel postérieur ; il y a déchéance de l'appel si le deuxième exploit n'est signifié qu'après l'expiration du délai de l'appel (C. pr. 453, 456, 470). — 16 nov. 1808. Riom. Béné. D.A. 7 751. D.P. 2. 149.

614. — Un acte d'appel doit, à peine de nullité, contenir constitution d'avoué (C. pr. 61, 456). — 25 août 1828. Lyon. Dupont. D.P. 28. 2. 207. — 14 juin 1807. Turin. Masselli. D.A. 7. 751. D.P. 22. 2. 159. — 10 nov. 1821. Amiens. Rouzaud. D.P. 22. 2. 159. — 5 janv. 1815. Req. Bourges. Rochechouart. D.P. 15. 1. 48. — 5 juill. 1828. Grenoble. Ageron. D.P. 28. 2. 254.

615. — Est nul l'acte d'appel dont la copie ne contient pas le nom de l'avoué constitué sur l'appel (C. pr. 61). — 14 déc. 1832. Grenoble. Oriol. D.P. 33. 2. 93.

616. — Un exploit d'ajournement n'est pas nul pour constitution d'un avoué qui, au moment de l'appel, avait cessé d'exercer son ministère depuis peu, lorsque le successeur de cet avoué se présente pour la partie à la requête de qui l'exploit a été fait (C. pr. 61). — 29 juin 1823. Pernatte. D.P. 31. 2. 92.

617. — Jugé en sens contraire dans une espèce où l'avoué avait cessé ses fonctions depuis un an, pour exercer la profession d'avocat. — 11 mai 1813. Bourges. Montagu. D.P. 31. 2. 92.

618. — Un acte d'appel est nul si l'avoué qui y est constitué avait cessé cette fonction et n'exerçait plus que celle d'avocat, et surtout si l'appelant a pu connaître cette cessation, qui avait eu lieu plus de deux mois auparavant (C. pr. 61, 456). — 1er mars 1831. Bourges. Maillet. D.P. 32. 2. 187.

619. — L'exploit d'ajournement contenant constitution d'un tel avocat pour avoué est valable, si l'avocat remplit aussi les fonctions d'avoué. — 30 déc. 1812. Limoges. Tourandel. D.A. 7. 751. D.P. 2. 148.

620. — Il n'est pas indispensable pour la validité de la constitution d'avoué, d'indiquer les noms et demeure de l'avoué ; des constitutions faites en ces termes : « *Le doyen des avoués, le plus ancien, le plus jeune des avoués, l'avoué demeurant telle rue...., n....., le successeur de Me tel...* » sont valables. — Carré, art. 61.

621. — La loi ne prescrivant aucuns termes sacramentels dans lesquels doive être faite une constitution d'avoué, cette constitution résulte suffisamment des mots : *ayant Me un tel pour avoué*, inscrits dans un ajournement ou un acte d'appel (C. pr. 61), — 21 déc. 1831. Req. Martinique. Lalanne. D.P. 32. 1. 27.

622. — Elle peut résulter aussi des équipollens qui ne permettent pas de douter qu'elle existe : comme, par exemple, de l'élection de domicile dans l'étude d'un avoué, portée dans un exploit d'appel, ou de la signification de la quittance d'amende consignée par l'avoué, et transcrite en tête de l'exploit (C. pr. 61, 456). — 21 août 1832. Req. Guadeloupe. Verdier. D.P. 32. 1. 365.

623. — .... Elle résulte, en appel, de la déclaration par l'appelant qu'il constitue pour avoué celui qui avait été indiqué dans un précédent acte d'appel auquel on a renoncé (C. pr. 61). — 12 juin 1833. Req. Amiens. Comm. de Bichaucourt. D.P. 1. 33. 300.

624. — Une erreur de nom dans la constitution d'avoué n'opère pas la nullité d'un acte d'appel, si d'ailleurs il est impossible, d'après les énonciations renfermées dans l'exploit, de se méprendre sur la personne du véritable avoué constitué (C. pr. civ., art. 61, 456). — 2 janv. 1824. Angers. Feumisson. D.A. 7. 752. D.P. 2. 149.

625. — La mention, dans l'acte d'appel, que tel avoué *conclura à ce que le jugement soit mis au néant*, équivaut à une constitution d'avoué. — 21 févr. 1814. Bruxelles. Demeyer. D.A. 7. 755. D.P. 2. 150.

626. — Est valable l'exploit d'appel portant déclaration de constituer avoué, encore qu'il n'en désigne aucun, si d'ailleurs la signature d'un avoué se trouve en marge sur la copie. — 20 janv. 1813. Rennes. D.A. 7. 752. D.P. 2. 149.

627. — Un acte d'appel n'est pas nul, par cela seul que le nom de l'avoué constitué ne s'y trouve pas énoncé, quand, d'ailleurs, la demeure de cet avoué est indiquée d'une manière précise, et qu'aucun autre avoué n'habite la même maison (C. pr. 61, 456). — 17 juin 1831. Bordeaux. Blanc et Aymet. D.P. 31. 2. 177.

628. — L'omission de la constitution d'avoué ne rend pas nul l'exploit d'appel en tête duquel se trouve inséré un acte contenant cette constitution, et en outre une réquisition faite à l'huissier, par l'avoué constitué, d'assigner l'intimé devant la cour d'appel. — 21 déc. 1831. Req. Martinique. Lalanne. D.P. 32. 1. 27.

629. — Un exploit d'appel ne peut être annulé comme ne contenant pas de constitution d'avoué, lorsque cette constitution a été faite dans un acte inscrit en tête de cet exploit, et formant avec lui un seul et même acte (C. pr. 61, 456). — Même arrêt.

630. — L'élection de domicile chez un avoué ne peut remplacer la constitution. — Boncenne, 2, 141. — *Contrà*, Thomines, 1, 158.

631. — Jugé que l'élection de domicile chez un avoué ne remplace pas sa constitution ; l'acte d'appel est nul, s'il contient seulement cette élection de domicile. — 15 juin 1807. Bruxelles. Soliveau. D.A. 7. 754. D.P. 22. 2. 159. — 23 nov. 1814. Liége. Massin. D.A. 7. 754. — 26 janv. 1816. Colmar. Huglin. D.A. 7. 754. D.P. 22. 2. 159. — 20 nov. 1809. Bruxelles. D.P. 12. 2. 19. — 29 mai 1816. Lyon. Fabvre. D.P. 18. 2. 23. — 29 mai 1816. Lyon. Raymond. D.P. 18. 2. 23. — 10 nov. 1821. Amiens. Rouzaud. D.P. 22. 2. 159. — 25 août 1828. Lyon. Dupont. D.P. 28. 2. 207. — 5 août 1807. Montpellier. Bonaterre. D.A. 7. 755. D.P. 2. 150.

632. — Le défaut de constitution d'avoué, dans un acte d'appel, n'est pas suppléé par l'élection de domicile qui est faite *en la personne, demeure et étude* d'un avoué d'appel, désigné dans l'acte... Il importe peu aussi que la constitution d'avoué se trouve sur l'original, si elle n'est point dans la copie. — 5 juill. 1828. Grenoble. Ageron. D.P. 28. 2. 254.

633. — Jugé, au contraire, et conformément à l'opinion de Thomines, que l'élection de domicile dans un acte d'appel chez un avoué exerçant près la cour, tient lieu de la constitution de cet avoué. — L'intimé ne pourrait, en tout cas, en demander la nullité s'il a signifié sa constitution au domicile de l'avoué de l'appelant (C. pr., art 61, 456, 173). — 24 mars 1810. Colmar. Grass. D.A. 7. 754.

634. — De même, l'élection de domicile chez un avoué, dans un acte d'appel, équivaut à une constitution d'avoué (C. pr. 61). — 16 août 1825. Nanci. Delorme. D.P. 26. 2. 139.

635. — L'appelant qui, dans l'acte d'appel, a constitué pour avoué un individu, même avocat, qui n'en exerçait pas les fonctions, ne peut, après le délai, réparer cette erreur par la constitution d'un avoué. — 4 sept. 1809. Civ. c. inst. de la loi C. Pierret. D.A. 7. 753. D.P. 2. 149.

636. — La constitution, pour avoué, d'un individu qui n'a point cette qualité, annulle l'acte d'appel. — La constitution régulière, mais postérieure à l'expiration du délai d'appel, ne relève pas de cette nullité. — 19 mai 1810. Florence. Sansbuchi. D.A. 7. 752. D.P. 2. 149.

637. — Jugé cependant que la constitution d'un avoué qui n'exerce plus ses fonctions, mais que par diverses circonstances, telles que son éloignement, ou l'inscription de l'avoué parmi les avoués encore exerçant, l'appelant a pu de bonne foi considérer comme exerçant encore, n'annulle pas l'exploit d'appel ; l'appelant peut réparer son erreur, même après l'expiration du délai. — 20 mars 1824. Bordeaux. Taffard. D.A. 7. 754. D.P. 24. 2. 157.

638. — L'appelant qui, par erreur, a constitué un avoué qui n'exerce plus ses fonctions, fait valablement une constitution nouvelle, s'il est encore dans le délai. — 24 août 1810. Nîmes. Layre. D.A. 7. 752. D.P. 13. 2. 25.

639. — L'acte d'appel signifié pour réparer le vice d'un premier exploit d'appel, portant constitution d'un avoué qui n'exerce plus ses fonctions, est valable, encore qu'il ne contienne pas individuellement les noms, professions et domiciles des requérans, s'il renvoie au premier acte d'appel. — 4 déc. 1809. Trèves. H... D.A. 7. 745. D.P. 22. 2. 160.

640. — Est nul l'acte d'appel dont la constitution d'avoué porte sur un nom inconnu, encore qu'un avoué exerçant se soit présenté sur cet appel (C. pr., art. 61). — 23 juin 1820. Rennes. François. D.A. 7. 752. D.P. 2. 149.

641. — Ne devrait pas être nul, suivant Boncenne, un ajournement qui contiendrait constitution d'un avoué décédé, lorsque les parties ignoraient ce décès et qu'un autre avoué se présente pour elle. — D.P. 2. 146.

642. — L'exploit d'appel dans lequel on constitue un avoué démissionnaire est nul, encore qu'on ignore la démission. Cette nullité ne peut être réparée par la constitution, après le délai, du successeur de l'avoué démissionnaire. — 17 avril 1818. Riom. Rudel. D.A. 7. 753. D.P. 19. 2. 38.

643. — L'exploit d'appel portant constitution d'un avoué décédé est nul. — Il n'a pas même l'effet de suspendre le cours du délai d'appel. — 21 oct. 1816. Rennes. Sautel. D.A. 7 753. D.P. 2. 149.

644. — Le défaut de constitution, dans l'acte d'appel, d'un avoué exerçant près la cour devant laquelle l'appel est porté, emporte la nullité de cet acte d'appel (C. pr., art. 61, 470). — 22 juill. 1809. Pau. Pujo-Mageron. D.P. 12. 2. 18.

645. — L'assignation donnée, aux termes de l'art. 261 C. pr., par un avoué constitué, à une partie ayant elle-même avoué constitué dans l'instance, pour être présente à une enquête, doit, à peine de nullité, contenir constitution d'avoué. — 5 mars 1830. Orléans. Leroi-Beronet. D.P. 30. 2. 132.

646. — Le fait que l'avoué constitué dans l'exploit d'appel ne se présente pas au jour indiqué, ne saurait changer la nature de l'arrêt, et le faire considérer, quant au délai de l'opposition, comme obtenu contre partie n'ayant pas avoué. — 9 janv. 1809. Turin. Nigra. D.A. 7. 768.

647. — L'élection de domicile chez un avoué d'appel, autorise à faire à ce domicile toutes significations d'actes intervenus dans l'instance, encore qu'il soit dit dans l'exploit que l'élection de domicile est faite *sans autre attribution*. — 13 germ. an 12. Req. Paris Simons. D.A. 7. 805. D.P. 4. 1. 298.

648. — Est-il vrai que, lorsqu'il n'y a eu constitution en appel que pour quelques uns des intimés *solidaires*, le principe d'indivisibilité de la procédure doit faire admettre la présomption que l'avoué a entendu se constituer pour *tous*, tant qu'il n'est pas désavoué, et cela même vis-à-vis de la partie adverse ? (C. pr. 75) Oui. — 23 mai 1833. Nîmes. Bonnard. D.P. 32. 2. 208.

649. — Quelques assignations sont néanmoins dispensées de la constitution d'avoué ; et sans parler de la procédure devant les tribunaux de commerce, qui n'y sont pas soumises, les demandes formées par les préfets agissant pour le gouvernement, les assignations signifiées à la requête de la régie des douanes, de l'enregistrement et des domaines (V. art. 17 l. du 17 frim. an 6 ; arrêts de mess. an 9 ; l. 4 germ. an 2, tit. 6 ; l. de vent. an 9 ; arrêts de cass., p. 754), sont dispensées de cette formalité. — D.A. 7. 751.

650. — Sont aussi dispensés de la constitution d'avoué les ajournemens faits à la requête d'un avoué agissant en son nom dans son intérêt devant le tribunal auquel il est attaché ; rien ne s'oppose à ce que les avoués puissent se défendre et occuper pour eux-mêmes. — Bioche, Ajournement, n. 57.

651.— On a long-temps agité la question de savoir si l'état devait constituer avoué. Mais la jurisprudence est si constante qu il ne peut plus y avoir de doute à cet égard.— Bonc., 2, 146

652 — L'appel interjeté par la régie de l'enregistrement est valable, encore qu' l ne renferme pas constitution d'avoué.—16 déc 1819. Rennes. Audicq. D.A. 7. 756. D P. 22. 1. 54.

653.—Les préfets ne sont pas tenus de constituer avoués dans les causes où ils plaident au nom du gouvernement. — 16 mess. an 10. Civ. c. int. de la loi. Préf. du Loiret. D.A. 2. 224. D.P. 1. 418. — 29 therm. an 10. Req. Paris int. de loi. D.A. *ibid.*

654 —Dans les affaires qui concernent le domaine de l'état, la déclaration dans l'exploit d'appel, que le procureur-général soutiendra les intérêts de l'état, vaut constitution d'avoué ; l'élection de domicile, dans ce cas, est de droit au parquet du procureur général. — 10 août 1820. Rennes. Préf. du Finistère. D.A. 7. 756.

§ 2. — *De l'assignation et du délai pour comparaître.*

655. — Tout ajournement doit aussi, à peine de nullité, contenir assignation et indiquer au défendeur d'une maniere positive le délai qui lui est accordé pour préparer sa défense et le jour où il doit camparaître.

656. — Avant le code de procédure, comme aujourd'hui, l'appel d'un jugement de justice de paix devait contenir assignation. — 6 sept. 1814. Req. Dademar. D.A. 7. 717. D.P. 14. 1. 534.

657. — Est nul l'acte d'appel qui ne contient pas assignation (C. pr., art. 456). —25 août 1807. Paris. Duval. D.A. 7. 717. D.P. 2. 132.

658. — L'exploit d'appel est valable, encore qu'il contienne assignation pour un jour férié. — 17 nov. 1808. Liege. Coulon. D.A. 7. 763. — 14 fév. 1821. Bruxelles. Vanhoute. D.A. 7. 363. D.P. 2. 752.

659. — Jugé au contraire que l'appel contenant assignation pour un jour férié, est nul. — 27 déc. 1814. Bruxelles. Beke. D.A. 7. 763. D.P. 2. 152.

660.—*Délai.*—L'assignation, porte l'art. 61 C. pr., contiendra l'indication du tribunal qui doit connaître de la demande, et du délai pour comparaître...., à *peine de nullité.*

661.—L'indication du délai se fait ordinairement non pas en désignant le jour de la comparution par son nom et le quantième du mois, mais seulement en faisant connaître le nombre de jours dont il se compose; en ces termes, par exemple, *d'hui à huitaine, d'aujourd'hui à huit jours.*

662 —De cette manière, les parties ne savent jamais précisément le jour de la comparution; il serait mieux sans doute d'indiquer nommément le jour, et d'assigner à comparaître samedi, 10 août, ou bien le huitième, le dixième, le quinzième jour après celui du présent acte.

663.—Par suite de l'importance que le législateur a attachée à cette formalité dont l'influence est si directe sur le droit de défense, il a dû prescrire l'indication du délai de l'assignation, délai qui n'est pas le même pour toutes; que la simple mention de comparaître *dans le délai de la loi*, obligerait le défendeur à recourir aux diverses dispositions de la loi, à les connaître dans leurs détails, à rechercher enfin ailleurs que dans l'acte signifié ce qui peut concerner la demande introduite contre lui, contrairement aux principes admis en matière d'assignation ; que l'accomplissement des formalités, les conditions de la demande doivent résulter de l'acte lui même.

Aussi, suivant Pigeau, Boncenne, 2, 170, Favard, 1, 139, on ne doit pas se borner a assigner *dans les délais de la loi*; on doit indiquer le délai d'une maniere précise, même dans les actes d'appel.

664. — Jugé, conformément à cette opinion, que l'assignation pour comparaître dans le délai de la loi est nul ; ce délai doit être précisé. — 12 fév. 1810. Besançon. Boutechoux. D.A. 7. 726. D.P. 2. 136.

665. — Jugé de même que l'acte d'appel contenant assignation *dans les délais de la loi* est nul. Il est nécessaire, à peine de nullité, que le délai de la comparution soit précisé (C. pr., art. 61, 456). — 9 août 1808. Turin. Garda. D.A. 7. 765. D.P. 9. 2. 29. — 29 juill. 1809. Bruxelles. Lorent. D.A. 1. 494. D.P. 1. 177.

666. — Dalloz, qui paraît aussi pencher vers le système qu'on vient d'indiquer comme plus commode et plus rationnel, remarque néanmoins que la jurisprudence contraire à prévalu. — D.A. 7. 757, n. 2.

667.— Cette jurisprudence se fonde sur l'usage et sur le soin que la loi, dont nul ne doit ignorer les dispositions, a pris de fixer les délais divers des actes.—Carré, p. 161, n. 313; Merl., Rép., v° Délai.

668. — Ajoutons que le code n'a pas prescrit de formule, de termes sacramentels pour l'indication des délais; que l'esprit de la société répugne à la subtilité de la trop grande minutie des formes ; qu'il est mieux sans doute d'indiquer avec soin le délai de comparution, que l'huissier ou l'officier qui ne le fait pas, peut, suivant les cas, être passible de dommages-intérêts; mais que, dès qu'on peut reconnaitre avec clarté dans les termes d'un exploit, rapprochés de ceux de la loi, le jour précis de la comparution, le vœu de la loi est rempli; que des expressions equivalentes suffisent, et qu'on ne peut être plus sévère que le législateur, qui n'a tracé aucune formule particulière à l'inobservation de laquelle il ait attaché la peine de nullité.

669.—Jugé en effet que l'appel est valable, encore qu'il ne prescrive pas le délai de comparution ; il suffit qu'il contienne assignation dans le délai de la loi.— 14 mars 1809. Bourges. D.A. 7. 764. D.P 9. 2. 76. — 30 mai 1809. Liége. Renard. D.A. 7. 764. — 21 nov. 1810. Req. Masse. D.A. 7. 764. D.P. 10. 1. 549. — 6 mai 1812. Sect. civ. c. Levy. D.A. 7. 764. — 24 juin 1812. Sect. civ. c. Préfet de la Lys C. Comm. de Zuydschote. D A. 7. 764. — 20 avril 1814. Sect. civ. c. Gerber. D.A. 7. 764.

670.— Un acte d'appel contenant assignation *dans le délai de la loi*, sans autre désignation, est valable (C. pr. 456).— 8 janv. 1811. Req. Chiappe. D.P. 11. 1. 143. — 5 juin 1809. C. Caen. D.P. 2. 232, n.— 16 août 1809. Pau. D.P. 2. 232, n. — 18 mars 1811. Civ. c. Turin. D.P. 11. 1. 143, n.— Cet arrêt a été rendu à l'unanimité.

671.— L'acte d'appel portant assignation à comparaître dans le délai déterminé par le code de procédure, indique suffisamment le délai de la comparution, nul n'étant censé ignorer la loi (C. pr. 61, 456). — 18 juin 1830. Poitiers. Sabouraud. D.P. 30. 2. 240.

672.— L'assigation à comparaître *à la première audience après les vacations* indique suffisamment le délai auquel les parties sont ajournees, et a rempli la formalité prescrite par l'art. 61 C. pr (C. pr. 61). — 7 août 1829. Bordeaux. Duplessis. D.P. 30. 2. 7.

Mais elle est nulle, s'il n'y a pas eu un délai suffisant entre l'assignation et le jour de l'audience. — 28 janv. 1812. Limoges. Constant. — *Journ. des avoués*, v° Exploit, n. 191.

673. — Mais est nul l'acte d'appel contenant simplement assignation à comparaître à *l'audience ordinaire de la cour.* — 7 août 1829. Bordeaux. Duplessis. D.P. 30. 2 7.

674.— Et l'ajournement donné pour comparaître après le délai expiré. — 18 janv. 1811. Rennes. — *Journ. des avoués*, v° Exploit, n. 104. — Conf. Carré, art. 61.

675.—Est nulle aussi, suivant Carré, art. 61, l'assignation donnée pour la première *audience utile*, à cause de l'incertitude qu'il y a sur le jour de la comparution.

676. — Est nulle l'assignation donnée à la première audience après la date de l'exploit.— 30 avril 1823.— *Journ. des av.*, 25, p. 146.

677. — Est nul, faute d'indication de délai, l'exploit d'appel portant assignation pour l'échéance des jours qui suivront la notification de cet exploit; le délai d'appel contre un jugement par défaut faute de plaider court du jour où l'opposition ne serait plus recevable (C. pr., art. 61, 157, 443, 456). — 30 avril 1813. Rennes. Kerdreux. D.A. 7. 765. D.P. 2. 152.

678.— Jugé cependant que l'exploit donné pour comparaître *à terme compétent* n'est pas nul.—Thomine, 1, 159 et 160.

679.— Est valable une assignation à comparaître dans *le délai prescrit par le code de procédure*, même devant des juges de première instance.— 27 avril 1813. Civ. c. Cotella. S. 13. 1. 387.

680. — N'est pas nul comme donné à trop bref délai l'exploit d'ajournement pour comparaître à la première audience et aux suivantes, surtout si rien n'a été poursuivi qu'après l'expiration du délai légal.—12 fév. 1807. Nîmes. Duparc. D.A. 9. 705. D.P. 2. 577.

681.— Après la dénonciation d'une saisie-arrêt au débiteur, l'assignation à comparaître, donnée en ces termes : *dans le délai fixé par le code de procédure*, serait valable, et satisferait complétement à ce qui est prescrit par l'art. 61 C. pr., n. 4.— Et, à cet égard, s'il arrivait qu'une deuxième assignation fût donnée, elle ne revoquerait pas la première.— 27 avril 1813. Civ. c. Enreg. C. Cotella. S. 13. 1. 387.

682. — Le délai ordinaire en matière civile est de huitaine (art. 71 C. pr.), le délai doit être franc, c'est-à-dire qu'on ne doit compter ni le jour de la

signification ni celui de la comparution. Ainsi, lorsqu'une assignation est donnée à huitaine franche, le 1er août, le demandeur ne peut prendre défaut que le 10 du mois. Il est augmenté à raison des distances (art. 1033 C. pr.); il doit toujours être fait mention de cette augmentation quand il y a lieu.

683.—Avant le C. de pr., le délai d'une assignation donnée même à une personne domiciliée dans le lieu où siége le tribunal devait être au moins de trois jours francs. — 25 vend. an 12. Civ. c. Bois-Renaud. D.A. 7. 759 D.P. 4. 1. 119.

684. — Le délai pour ceux demeurant en Corse, dans l'île d'Elbe ou de Capraja, en Angleterre, et dans les états limitrophes de la France, est de deux mois; pour ceux demeurant dans les autres états de l'Europe, de quatre mois; pour ceux demeurant hors d'Europe, en-deçà du cap de Bonne-Espérance, de six mois, et pour ceux demeurant au-delà, d'un an (art. 73 C pr.).

685. — Ainsi, le délai ordinaire des ajournemens devant être, aux termes de l'art. 1033 C. pr., augmenté d'un jour à raison de trois myriametres de distance, l'acte d'appel qui ne porte assignation qu'à *huitaine franche* est nul, lorsque l'intimé est domicilié au-delà d'un rayon de trois myriamètres (C. pr. 61, 72, 456, 1033). — 13 juin 1828. Poitiers. Savarit. D.P. 28. 2. 185.— 11 mai 1824. Bourges. Trinquet. D.P. 25. 2. 110.

686. — L'assignation à comparaître dans un délai qui ne renferme pas celui de la distance est nulle. — 25 juin 1810. Bruxelles. Demazieu. D.A. 7. 765. D P. 2. 152.— 12 juill. 1810. Bruxelles. Schote. D.A. 7. 766. D.P. 2. 152.— 17 déc 1811. Montpellier. Bouniot. D.A. 7. 766. D.P. 2. 152.

687.— Toutes les assignations doivent contenir, à peine de nullité, citation dans les délais de la loi (C. pr. 456), c'est-à-dire à huitaine pour les ajournemens, délai augmenté d'autant de jours qu'il y a de fois *trois myriamètres* du lieu ou siège le tribunal (même code 72, 1033); ce délai supplémentaire faisant nécessairement partie de la composition du délai pour comparaire.

Ainsi, est frappé de nullité un acte d'appel portant assignation à comparaître dans *huit jours*, lorsque l'intimé est domicilié à plus de trois myriamètres du lieu ou siège la cour.— 17 nov. 1812. Nîmes. H. C. V...

688. — L'assignation sur appel, dans le délai de huitaine, augmenté d'un jour par trois myriamêtres de distance, sans désignation du jour spécial pour la comparution, est valable (C. pr. 456).— 21 août 1810. Bruxelles. Vanhavre. D P. 11. 2. 75.

689.— Il n'est pas nécessaire, pour la valadité de l'appel, que le délai de comparution soit précisé; l'assignation pour comparaître le huitième jour après la date de l'exploit avec augmentation d'un jour par trois myriamètres de distance, énonce suffisamment ce délai.— 7 janv. 1812. Civ. c. Toulouse. Terson. D.A. 7. 764 D.P. 12. 1. 249.— 28 avril 1812. Civ. c. Bruxelles. Vanwatermenten, etc. D.A. 7. 764.

690.—Les délais des distances ne sont plus les mêmes pour la partie qui demeure hors du ressort de la cour que ceux accordés par l'ordonnance à ceux qui demeuraient hors du ressort du parlement devant lequel on assignait; les distances effectives déterminent seules ces délais. — 9 janv. 1806. Rouen. Imminck. D.A. 7. 808. D.P. 2. 164.

691. — Jugé cependant que l'assignation donnée à huitaine franche contient implicitement le délai des distances ; ainsi elle est valable encore qu'eu égard aux distances, il eût fallu assigner à un délai plus long que huitaine (61, 72, 456, 1033 C. pr.). — 28 juin 1824. Nîmes. Bouschet. D.A. 7. 767. D.P. 2. 153.

692.— L'assignation à huitaine franche est valable, quelle que soit la distance du domicile de l'assigné, et ces expressions doivent être entendues en ce sens qu'il faille déduire de la huitaine le jour de l'assignation et celui de l'échéance, et y ajouter tous autres délais particuliers aux distances. — 21 mars 1821. Bourges. Delafont. D.P. 22. 2. 110, n.

693.— L'assignation à comparaître, *dans le délai de huitaine*, n'est pas nulle, en ce qu'elle ne fait pas mention de l'augmentation du délai à raison des distances, dans le cas où il y a lieu à cette augmentation (C. pr. 61, 456).

..... On doit le décider ainsi, surtout dans le cas où, nonobstant cette omission contenue dans un exploit d'appel, les assignés ont tous comparu. —20 fév. 1833. Civ. c. Poitiers. Villemandy. D.P. 33. 1. 156.

694.— Est valable l'acte d'appel contenant assignation dans *le délai de huitaine*, sans indication qu'il s'agit d'une *huitaine franche* (C. pr. 61, 72, 456 et 1033).

Mais on devrait exprimer le délai supplémentaire

à raison des distances. — 15 mars 1826. Bourges. Jacquet. D.P. 33. 2. 45.

695. — Un exploit d'appel contenant assignation à comparaître, à un intimé qui réside dans un lieu éloigné de plus de trois myriamètres du siége de la cour, conçu en ces termes : *Donné assignation à comparaître le neuvième jour après les présentes, jours suivans et autres utiles et nécessaires devant la cour*, etc., remplit le vœu de la loi (C. pr. 61, 72, 456, 1033). — 23 avril 1833. Civ. c. Pau. Préfét des Hautes-Pyrénées. D.P. 33. 1. 196.

696. — La non expiration du délai d'appel résultant de la distance du domicile de l'une des parties, relève les autres demeurant à des distances plus rapprochées de la déchéance qu'elles auraient encourue, parce que le premier aurait pu réclamer un seul délai pour toutes les parties, et que ce délai eût été réglé sur le domicile le plus éloigné. — 29 janv. 1817. Rennes. Hervé. D.A. 7. 728. D.P. 2. 138.

697. — Le délai, lorsqu'il y a domicile élu, doit se calculer seulement d'après la distance de ce domicile au lieu où siége le tribunal, et non d'après la distance du domicile réel, car l'élection de domicile n'a souvent d'autre objet que d'abréger les délais. — Bonc., 2, 222.

698. — Jugé ainsi que l'assignation au domicile élu pour le paiement d'effets de commerce, était valable sous l'empire de l'ordonnance de 1673, encore que le délai du domicile réel de l'assigné n'y fût pas observé. — 25 prair. an 10. Civ. r. Colmar. Belfort, etc. D.A. 7. 761. D.P. 2. 151.

699. — ....Que l'assignation donnée au domicile indiqué pour le paiement d'un billet de commerce est valable, sans qu'il soit nécessaire d'observer le délai des distances du domicile réel. — 2 juin 1812. Paris. Maître. D.A. 7. 761. D.P. 2. 151.

700 — Jugé, au contraire, que l'assignation sur l'appel signifié à domicile élu dans le commandement doit contenir les mêmes délais que si elle était donnée au veritable domicile, à peine de nullité (C. pr., art. 450, 584, 1030). — 17 déc. 1808. Besançon. Papillard. D.A. 7. 766. D.P. 2. 153. — 15 mai 1811. Nîmes. D.A. 7. 766. D.P. 22. 2. 56, — 10 déc. 1812. Limoges. Dallet. D.A. 7. 766.

701. — Jugé de même que l'assignation sur l'appel signifié à domicile élu dans le commandement doit contenir les mêmes délais que si elle était donnée au véritable domicile, à peine de nullité (C. pr., art. 450, 584, 1030). — 29 déc. 1815. Bruxelles. Hauw. D.A. 7. 767. D.P. 2. 153.

702. — ....Que l'assignation à domicile élu pour le paiement d'une lettre de change doit observer le délai de distance du domicile réel de l'assigné, surtout si ce domicile est connu du porteur. — 4 juin 1806. Civ. r. La Chenaye. D A. 7. 760. D.P. 6. 1. 390 et 2. 151.

703. — ....Que l'assignation à domicile élu doit contenir les délais de distance comme si elle était donnée à domicile réel (C. pr., art. 61, 68, 1033). — 6 fév. 1810. Agen. Sommabère. D.A. 7. 802. D.P. 12. 2. 12.

704. — Dans un acte d'appel, donné à domicile élu, on doit observer les délais en raison de la distance du domicile réel, même lorsque le jugement de première instance a été déclaré exécutoire par provision, sans caution, et nonobstant appel (C. pr. civ. 73, 74, 456). — 6 juill. 1829. Bruxelles. D.P. 31. 2. 179.

705. — Mais dans une assignation afin de radiation d'inscription, on doit observer les délais non à raison du domicile réel, mais à raison du domicile élu. — 25 nov. 1809. Colmar. vᵉ Bruner. — *Journ. des avoués*, v° Exploit, n. 133.

706. — La prorogation de délai, à raison d'un jour par trois myriamètres de distance, n'est point applicable à l'assignation donnée au domicile de l'avoué constitué pour assister à une enquête (C. pr. civ. 261, 1033). — 22 nov. 1810. Req. Poitiers. Pleumartin. D.A. 5. 208. D.P. 11. 1. 27.

707. — Il n'y a pas lieu à accorder à un individu assigné à un domicile par lui élu, un délai supplémentaire à raison de la distance du domicile élu au domicile réel. — 9 juin 1830. Req. Martinique. Joques. D.P. 30. 1. 366.

708. — L'augmentation du délai à raison de la distance est calculée sur celle du domicile de l'appelant à chacun de ceux des intimés, en sorte qu'il n'y a pas lieu à l'augmentation d'un jour si les domiciles des divers intimés ne sont pas éloignés de celui de l'appelant de trois myriamètres, quelque soit d'ailleurs la distance qui sépare ces domiciles entre eux. Il n'est accordé aucune augmentation pour toute distance moindre que trois myriamètres. Le délai de l'appel n'est point prorogé par son expiration, un jour de fête légale. — 8 janv. 1824. Riom. Monteil. D.A. 7. 729.

709. — Jugé encore que, pour qu'il y ait lieu à une augmentation de délai, à raison de la distance, il faut qu'il existe une première distance de trois myriamètres entre le domicile du défendeur et le lieu où siége le tribunal. — 25 mai 1812. Besançon. — *Journ. des avoués*, v° Exploit, n. 204, et 27 août 1812. Gènes. cité. — *Journ. des avoués*, 33, 116. — Conf. Toullier, 1, 45 ; Praticien fr. 1. 130; Laporte, 1, 145 et 495.

710. — Carré, t. 1, 12; Pigeau, 2, 55; Lepage, 69 et 118; Pardessus, *Cours de droit comm.*, 2, p. 513, soutiennent au contraire que le délai doit être augmenté d'un jour pour toute fraction de moins de trois myriamètres. La cour de Bordeaux, par arrêt du 5 juillet 1825 (Journ. des avoués), 33, 115, a aussi décidé en ce sens. Cette dernière opinion nous paraît préférable; il est juste que la partie qui ne réside pas dans le lieu où siége le tribunal, et est obligée de se déplacer, jouisse d'un plus long délai que celle qui y réside.

711. — Lorsqu'on assigne un étranger à un domicile qu'il a élu en France, on doit l'assigner dans le délai de deux mois (art. 73 C. pr.). — 15 sept. 1815. Bruxelles. Hausd. — Journ. des avoués, v° Exploit, n. 272.

712. — Les assignations données à des étrangers (propriétaires de forges) à un domicile élu, ne seraient pas nulles en ce qu'on n'aurait pas observé le délai extraordinaire prescrit par l'art. 73 C. pr. pour les étrangers. — 22 oct. 1812. Trèves. Klotz, etc.

713. — L'acte d'appel signifié en pays étranger, doit, à peine de nullité, contenir assignation dans le délai fixé par l'art. 73, § 1ᵉʳ du C. pr. ; il ne suffirait point qu'il contînt seulement assignation à comparaître dans les délais ordinaires de huitaine, outre un jour par trois myriamètres de distance. — 5 juill. 1826. Poitiers. D.P. 34. 2. 197.

714. — Les deux mois accordés par l'art. 73 C. pr., aux personnes demeurant hors de la France continentale, ayant été calculés sur les distances approximatives des domiciles, ne peuvent être augmentés d'un jour par trois myriamètres. La disposition de l'art. 73 est, en cela, tout-à-fait distincte de celle de l'art. 72. — 19 fév. 1828. Colmar. Reimlinger. D P. 28. 2. 67.

715. — Les délais fixés par l'art. 73 C. pr. ne doivent pas être augmentés à raison des distances. — 1ᵉʳ août 1812. Colmar. Klenck, etc. D.A. 7. 767. D.P. 2. 153.

716. — Jugé au contraire que le délai des distances devait être observé dans les assignations données aux étrangers au domicile du commissaire du gouvernement (Ord. 1667, art. 3, tit 3). — 22 prair. an 9. Civ. c. Vanderkun. D.A. 7. 758. D.P. 3. 1. 362.

717. — Est nul l'appel interjeté contre un étranger, si l'assignation n'observe pas les délais prescrits par l'article 73 C. pr. — 29 déc. 1815. Bruxelles. Hauw. D.A. 7. 767. D.P. 2. 153.

718. — Lorsque dans plusieurs actes de procédure un individu a été qualifié d'habitant de Paris, sans qu'il ait réclamé, il a été valablement assigné dans les délais ordinaires. — 24 brum. an 12. Paris. Simons. — *Journ. des avoués*, v° Exploit, n. 44.

719. — Lorsque, dans le cours d'une instance, une partie change de domicile sans remplir les formalités de l'art. 104 C. civ., on peut continuer de l'assigner à son ancien domicile sans observer les délais à l'égard du nouveau. — 13 germ. an 12. Req. Paris. Simons. — *Journ. des avoués*, v° Exploit, n. 48.

720. — Assigner à un délai plus long que celui de la loi, n'est pas une cause de nullité de l'ajournement — Bonc., 2, 167; D.A. 7. 757, n. 4.

721. — On ne peut faire déclarer nulle une assignation, par cela seul qu'elle a été donnée à un délai plus long que celui fixé par la loi, la prolongation du délai étant une faveur à laquelle le défendeur pouvait renoncer, en se présentant dans le délai de la loi (L. 22 août 1791, tit. 10, art. 17). — 13 prair. an 2. Civ. c. Douanes. D.P. 3. 1. 37.

722. — Est valable l'assignation donnée à un délai plus long que celui fixé par la loi. — 15 déc. 1808. Cr. c. Régie des droits-réunis C. Bucklaw. D.A. 7. 768. D.P. 9. 2. 35.

723. — Est valable l'assignation donnée à un délai plus long que celui fixé par la loi. — Il est loisible au défendeur de le réduire au délai de la loi. — 13 prair. an 12. Civ. c. Douanes C. Gaye. D.A. 7. 759. D.P. 2. 150.

724. — Est valable l'appel d'un jugement d'ordre, encore qu'il assigne à un délai plus long que celui fixé par la loi. L'intimé à la faculté de faire venir la cause à l'audience après le délai légal, et par simple acte. — 8 août 1810. Bruxelles. Elinckhuis. D.A. 7. 768.

725. — Lorsque le délai donné dans un acte d'appel est trop long, l'intimé a le droit d'assigner les appelans en anticipation, pourvu qu'il observe les délais ordinaires de la loi. — 2 janv. 1811. Montpellier. Rech D.A. 10. 126, n. 2. D.P. 23. 2. 173, n. 4.

726. — Le défendeur peut, si le délai de l'assignation excède celui de la loi, poursuivre l'audience et prendre défaut contre le demandeur avant l'échéance de ce délai (C. pr., art 154). — 9 janv. 1809. Turin. Nigra. D.A. 7. 768.

727. — Assigner à un délai plus court que celui de la loi, n'est pas non plus une cause de nullité. (Bonc., 2, 168). — 22 oct. 1812. Trèves. Klotz. P. 13. 886.

728. — Jugé ainsi que l'assignation sur l'appel n'est pas nulle par cela seul qu'elle serait donnée à un délai trop court; *spécialement*, si le délai des distances n'est pas observé (C pr., art. 61, 72, 1030, 1033). — 17 déc. 1808. Besançon. Papillard. D.A. 7. 766. D.P. 2. 153. — 15 mai 1811. Nîmes. D.A. 7. 766. D.P. 22. 2. 56. — 10 déc. 1812. Limoges. Dallet. D.A. 7. 767.

729. — Jugé cependant que l'acte d'appel dont l'assignation contient un délai trop court est nul. (C. pr., art. 456, 72). — 18 avril 1817. Liége. Simonis. D.A. 7. 765. D.P. 2. 152. — 11 janv. 1820. Bruxelles. Smeulders. D.A. 7. 765. D.P. 2. 152.

730. — Est nulle l'assignation à bref délai donnée à un délai plus court que celui fixé par l'ordonnance du président. — 3 prair. an 12. Civ. c. Courdier. D.A. 7. 759. D.P. 2. 150.

731. — Est nulle l'assignation qui n'observe pas le délai de distance du domicile de l'assigné, quoiqu'elle lui soit remise à personne, dans le rayon de trois myriamètres du tribunal devant lequel il doit comparaître. — 3 juill. 1821. Poitiers. Joyeux. D.A. 7. 760. D.P. 2. 151. — Conf. Carré, 1, 12; et 101; Berriat, p. 212; Demiau, p. 69; Delaplace, 1, 89.

732. — Jugé au contraire lorsqu'il est constant qu'un exploit a été signifié à une partie en personne, elle n'est plus fondée à en demander la nullité sous le prétexte que le délai à raison de la distance de son domicile n'a pas été observé. — 30 juill. 1828. Req. Lyon. Lavie. D.P. 28. 1. 361.

733. — L'art 1033 du C. de pr., qui veut, dans l'intérêt du défendeur, que dans les délais fixés pour les ajournemens et autres actes signifiés à personne ou domicile, ni le jour de la signification, ni celui de l'échéance ne soient comptés, n'est pas applicable au délai fatal déterminé par la loi pour la signification de ces actes par le demandeur. — *Spécialement*, le jour de la signification et celui de l'échéance sont compris dans le délai de huitaine, prescrit par l'art. 563 C. pr. pour la dénonciation de la saisie-arrêt et pour l'assignation en validité — 14 mai 1808. Turin. Rastelli. D.A. 7. 760. D.P. 8. 2. 153.

734. — L'assignation donnée par erreur de date, à un jour autre que celui de l'audience, n'entraîne pas nullité, si le jour de la semaine placé à la suite de la date (comme si, voulant assigner pour le mercredi 9 mars, on a écrit mercredi 7 mars), indique le vrai jour où les assignés ont d'ailleurs comparu pour demander une remise (C. pr. 61). — 19 juin 1832. Bordeaux. Bourdeau. D P 33. 2. 26.

735. — La règle qui ne permet pas d'établir des nullités par induction ou par analogie s'applique même au cas où la loi aurait disposé qu'une assignation serait donnée dans la huitaine *au plus tard*; en un tel cas, si la déchéance n'est pas prononcée formellement, il n'est pas permis de la suppléer (C. pr. 1030). — 31 janv. 1834. Cr. c. Cont. ind. C. Mocquet. D.P. 34. 1. 117.

736. — *Bref délai*. — Lorsqu'une ordonnance du juge a permis de citer à bref délai, l'assignation a pu être donnée le 19 pour venir plaider le 20 : on dirait en vain que le jour aurait dû être franc. — 30 juill. 1828. Req. Lyon. Lavie. D.P. 28. 1. 361.

737. — L'assignation à bref délai doit, comme tout autre ajournement, contenir l'augmentation de délai à raison des distances. — 23 vend. an 12. Civ. c. Janin. D.A. 7. 807. D.P. 4. 1. 121.

738. — Le juge, qui peut, en cas d'urgence, abréger le délai d'ajournement, ne peut abréger l'augmentation de délai accordée par la loi pour les distances. Ainsi, est nul l'exploit d'appel donné 11 juillet pour comparaître le 15, à un individu d

micilié à douze myriamètres du lieu où siége le tribunal (C. pr. 72, 1033). — 5 mars 1830. Dijon. D.P. 31. 2. 204.

739.— L'assignation à bref délai est, comme tout ajournement, soumise aux dispositions de l'art. 1033. Le délai dans lequel il a été permis d'assigner doit être franc, c'est-à-dire ne comprendre ni le jour de l'assignation, ni celui de l'échéance (C. pr. 72, 1033). — 12 juill. 1809. Bruxelles. Monaert. D.A. 7. 760. D.P. 2. 150. — V. n. 736.

740.— Lorsque l'ajournement sur l'appel d'un jugement qui maintient l'emprisonnement d'un débiteur, a été donné à *bref delai*, en vertu de la permission du juge, il n'y a pas lieu d'ajouter un jour par trois myriamètres de distance entre le domicile élu et le domicile réel du créancier : ici ne s'applique pas l'art. 1033 C. pr. — 1er déc. 1831. Bordeaux. Martini. D.P. 32. 2. 54. — 28 fév. 1807. Paris. Vacher-Lacour.— *Journ. des avoués*, v° Exploit, n. 63.

741. — Le président qui autorise à assigner à bref délai n'est pas tenu de commettre un huissier; l'art. 72 C pr. ne lui impose pas cette obligation.— 25 mai 1812. Besançon.— *Journ. des avoués*, v° Exploit, n. 203.

742. — On peut assigner à bref délai sans autorisation, au provisoire. — 25 mai 1812. Besançon. — *Journ. des avoués*, v° Exploit, n. 205.

743.— Lorsque la première assignation a été donnée à bref délai, en vertu d'une ordonnance, il y a lieu d'assigner de la même manière les défaillans, dans le cas où il y a lieu à ordonner un profit joint. — 15 mai 1807. Nîmes.— *Journ. des avoués*, v° Exploit, n. 79.

744. — Le magistrat qui délivre une ordonnance sur requête, est seul juge de l'urgence des cas : en conséquence, sa décision à cet égard ne peut être réformée (C. pr. 72). — 13 juill. 1827. Toulouse. Colasson. D.P. 33. 2. 142.

745.— Suivant Boncenne, 2, 162, on peut former opposition à une ordonnance qui abrège les délais ordinaires.

Suivant Chauveau, *Journal des avoués*, on ne peut attaquer un tel acte que par la voie de l'appel.

746.— La citation donnée à bref délai pour comparaître *à telle heure sur les lieux contentieux*, où *le juge de paix se transportera lui-même*, ne peut être annulée, soit à défaut de notification de la cédule qui abrège le délai, cette notification n'étant point exigée par la loi, soit à défaut de mention expresse de la cedule, cette mention résultant suffisamment de l'indication de l'heure et du transport du juge sur le lieu contentieux (C. pr. 72) — 4 fév. 1829. Req. De Bariot D.P. 29. 1. 136.

747.— L'omission, dans l'ajournement, de l'heure de la comparution, n'est pas une cause de nullité de l'exploit.— 20 flor. an 11. Turin. Belotti. D.A. 7. 749. D.P. 2. 150.

§ 3.— *Indication du tribunal.*

748. — L'ajournement doit aussi indiquer le tribunal où doit comparaître le défendeur (61 C. pr.).

749. — L'indication du tribunal devant lequel la partie assignée doit comparaître, est de la substance de l'ajournement; mais il n'est pas indispensable d'indiquer le local dans lequel se tiennent les audiences; cela se pratique cependant presque toutoujours.— Bonc., 2, 155.— Conf. Carré, 1, 161.

750.— Assigner à comparaître devant *le tribunal competent*, ne remplit pas le vœu de la loi : l'ajournement qui ne contiendrait pas plus de détail pourrait être déclaré nul; toutefois, des équipollens pourraient être admis. Ainsi, il nous paraît que si l'on assignait en *revendication d'un immeuble situé dans le ressort de tel tribunal*, le tribunal serait suffisamment désigné

751.— Suivant Carré, 1, 161, il n'est pas nécessaire, à peine de nullité, de désigner si le tribunal devant lequel on assigne est un tribunal civil ou de commerce, parce que, dit-il, les lois régulatrices de la compétence sont censées connues des parties.

Il nous semble que cette raison est erronée; les questions de compétence sont si difficiles, que les auteurs les plus instruits s'y trompent; d'ailleurs la loi prescrivant au demandeur de désigner le tribunal, exige sans contredit, qu'il désigne quel tribunal particulier doit connaître de l'affaire; sans cela, chaque partie pourrait se présenter devant un tribunal different, puisqu'il est souvent difficile de fixer positivement la compétence; qu'il faut quelquefois (trop fréquemment peut-être) plaider plusieurs années avant qu'elle soit déterminée.

752.— Est nul l'acte d'appel qui ne désigne pas la cour qui doit connaître de la contestation, l'art. 470 C. pr. voulant que les règles établies pour les tribunaux inférieurs soient observées devant les cours d'appel.— 17 fév. 1809. Rennes.— *Journ. des avoués*, v° Exploit, n. 127.

...Mais il n'y a pas nullité en ce qu'on aurait assigné devant *le tribunal* d'appel, au lieu d'avoir dit devant la cour (*Journ. des avoués*, *ibid.*, n. 56).

753.— Cependant l'acte d'appel est valable, quoiqu'il ne désignerait pas la cour qui devra connaître de l'affaire, lorsqu'à raison d'un pourvoi en cassation sur l'affaire, la cause peut être renvoyée devant une autre cour, pourvu toutefois que cet appel contienne la réserve d'indiquer plus tard la cour. — 20 avril 1812. Metz.— *Journ. des avoués*, v° Exploit, n. 198.

754. — Est valable l'assignation donnée devant le tribunal du siége de la société, encore que l'associé demeure dans un autre ressort. La question de savoir si un individu fait partie d'une société de commerce est de la compétence du tribunal du lieu où cette société est établie, et non du domicile du défendeur (C. pr. 59). — 14 mars 1810. Req Jouenne. D.A. 7. 783. D.P. 10. 1. 213.

755. — La personne civilement reponsable, est valablement assignée devant le tribunal compétent pour prononcer sur le fait principal. — 8 mai 1824. Grenoble. Humbert. D.A. 7. 713. D.P. 2. 131.

§ 4.— *Indication de l'objet de la demande, ou libellé.*

756. — Les ajournemens et actes d'appel doivent en outre contenir, à peine de nullité, l'indication de l'objet de la demande et l'exposé sommaire des moyens (art. 61, n. 4 C. pr.); c'est ce qu'on entend en pratique par le mot *libellé*, et les conclusions du demandeur.

757. — Rien de plus naturel, de plus juste de la part de celui qui introduit une action, que d'instruire son adversaire de ce qu'il exige de lui. L'appel en justice, sans l'énoncé de l'objet de la demande, deviendrait un véritable guet-à-pens, où le demandeur, preparé pour l'attaque, surprendrait son adversaire sans défense. Aussi l'art. 61 frappe-t-il de nullité tout ajournement qui n'indiquerait pas l'objet de la demande. La loi a été plus loin, elle exige que l'assignation renferme les moyens de la demande. — D.A. 7. 747, n. 1.

758. — Deux modifications essentielles sont ici à remarquer : la première dispense l'acte d'appel de l'énoncé des moyens et griefs d'appels; pour lui, *l'objet de la demande* est suffisamment indiqué par la mention du jugement dont est appel. La seconde observation porte sur la disposition l'art. 64; Carré, t. 1er, p. 68, 69; Pigeau, t. 1er, p. 122; Delaporte, t. 1er, p. 72; Favard, v° Ajournement, pensent que les désignations dont cet article parle ne sont qu'indicatives, et peuvent être suppleées par des équivalens; que, s'il résulte des énonciations de l'acte, des circonstances même, que la désignation donnée est suffisante pour bien faire connaître l'objet de la contestation, la nullité de l'assignation ne doit pas être prononcée, encore que les formalités prescrites par l'art. 64 ne s'y rencontrent pas textuellement. — D.A. 7. 747, n. 2.

759.— L'exploit d'ajournement qui ne contient aucunes conclusions précises sur lesquelles les juges puissent statuer, est frappé d'une nullité qui ne peut être couverte ni par des conclusions ultérieurement prises, ni par des défenses au fond de la partie assignée, quand ces défenses n'ont été proposées que subsidiairement à la demande en nullité de l'exploit : *spécialement*, est radicalement nul l'exploit d'ajournement dans lequel le défendeur est assigné « *pour voir dire que le testament seul retrouvé* (en vertu duquel il détient la succession) *ne préjudicie point au testament* (prétendu soustrait au préjudice du demandeur) *par lequel le défunt eut l'intention de transmettre ses dernières volontés....* » (C. pr. 61). — 27 juin 1831. Req. Bourges. D.P. 31. 1. 332.

760. — Est nul l'assignation qui ne contient pas de conclusions précises sur l'objet de la demande (C. pr., art. 61). — 27 fruct. an 11. Civ. r. Balas. D.A. 7. 748. D.P. 4. 1. 105.

761. — Cependant il n'est pas indispensable de libeller l'exploit par lequel, après un premier jugement d'incompétence, on porte la demande devant un autre tribunal ; il suffit qu'on s'en refère aux conclusions de la première demande. — Pigeau, *Comm.*, art. 170.

762. — L'assignation donnée aux fins de plaider la cause sur la compétence du tribunal, sans rapporter les moyens et conclusions du fond n'est pas suffisamment libellée. — 27 fruct. an 11. Civ. r. Liége. — *Journ. des avoués*, v° Exploit, n. 41.

763. — L'exploit d'ajournement n'est point nul, pour défaut d'exposé des moyens, si la copie du procès-verbal de non conciliation, signifié en tête de cet exploit, contient l'objet, la cause et les motifs de la demande (C. pr., art. 61). — 12 mai 1817. Poitiers. Martin. D.A. 7. 748. D.P. 2. 147.

764. — L'exploit d'ajournement énonçant que l'objet de la demande est de faire déclarer des offres réelles nulles comme insuffisantes dans une partie, et trop fortes dans une autre, remplissent le vœu de l'art. 61 C pr. — 14 juill. 1819. Poitiers. Labastière. D.A. 10. 578, n. 1. D.P. 2. 806, n. 1.

765. — L'ajournement est suffisamment libellé, lorsqu'il est donné pour voir adjuger les fins d'une requête dont copie est donnée en tête.— 23 avril 1812. Nîmes. Modinier.— *Journ. des avoués*, v° Exploit, n. 199.

766.— Est suffisamment libellé l'exploit par lequel on demande à un colon le paiement de la rente convenancière qu'il doit sur la ferme qu'il exploite. — 31 juill. 1810. Rennes. Quemort. — *Journ. des avoués*, v° Exploit, n. 156.

767.— Une assignation par laquelle on demande le partage d'un immeuble, n'a pas besoin d'indiquer autrement l'objet de la demande. — 21 juin 1809. Besançon.— *Journ. des avoués*, v° Exploit, n. 129.

768 — On ne peut se plaindre qu'une assignation n'est pas suffisamment motivée, lorsque l'objet de la contestation a été précédemment debattu devant l'autorité administrative. — 5 juill. 1816. Limoges. Brisset.— *Journ. des avoués*, v° Exploit, n. 282.

769.— L'exploit d'appel doit, à peine de nullité, préciser les actes que l'on veut attaquer par voie d'appel. L'énonciation vague que l'on est appelant d'un jugement et de tout ce qui l'a suivi ou pu suivre, est insuffisante. — 23 janv. 1817. Rennes. Sidaner. D.A. 7. 750. D.P. 2. 148. — V. n. 758.

770. — Jugé au contraire que l'exploit d'appel ne doit pas, comme les ajournemens, contenir, à peine de nullité, l'exposé sommaire de la demande, et les conclusions de l'appelant. — 2 déc. 1814. Besançon. Froidot. D.A. 11. 822, n. 1.

771.— Est suffisamment libellé l'exploit portant qu'on appelle du jugement rendu pour les torts et griefs qu'on en ressent et qu'on déduira en temps et lieu — 10 fév 1816. Besançon.— *Journ. des avoués*, v° Exploit, n. 275.

772.— Il n'est pas nécessaire, à peine de nullité, d'indiquer, dans un acte d'appel, les griefs ou moyens que l'on se propose de faire valoir contre le jugement qui en est l'objet, alors même qu'il s'agirait d'une affaire sommaire, d'une affaire électorale (C. pr. 61, 1030).— 11 mai 1831. Civ. c. Aix. Arnaud. D.P. 31. 1. 193.

773.— L'acte d'appel dans lequel on déclare se référer expressément aux conclusions et motifs exposés en première instance, n'est pas nul pour défaut d'exposé sommaire des moyens (C. pr. 456). — 8 mai 1830. Bourges. Berger. D.P. 30. 2. 219.

774.— L'appel d'un jugement qui prononce la contrainte par corps, est suffisamment motivé, quoiqu'il n'énonce que cette formule générale : « Par les motifs développés en première instance, et tous moyens et griefs » (C. pr. 61, 456, 470). — 14 août 1829. Paris. Hierthès. D.P. 29. 2. 283.

775.— Un acte d'appel est suffisamment motivé par l'énonciation des griefs de l'appelant (C. pr. 462). — 3 août 1832. Bordeaux. Trigaut. D.P. 34. 2. 33.

776.— Est valable comme énonçant suffisamment l'objet de la demande, l'acte d'appel portant des conclusions tendantes à ce que *l'appellation et ce dont est appel soient mis au néant*. — 4 mai 1822. Bruxelles. Meulemans. D.A. 7. 750. D.P. 2. 148.

777.— L'art. 763 C. proc., qui exige que l'appel d'un jugement en matière d'ordre contienne l'énonciation des griefs n'est point prescrit à peine de nullité.— 9 déc. 1813. Rouen.— *Journ. des avoués*, v° Exploit, n. 125.

778.— Jugé encore que ni l'énoncé des griefs, ni la signature de l'appelant ne sont nécessaires pour la validité de l'appel (C. pr. 456, 462).— 26 fév. 1808. Besançon. Mouthon. D.A. 7. 747. D.P. 2. 148. — 4 déc. 1809. Civ. c. Ajaccio. Casale. D.A. 7. 749. D.P. 2. 148, et 9. 1. 507.— 1er mars 1810. Req. Daunoot. D.A. 7. 749 D.P. 2. 148.

779.— L'acte d'appel est nul, s'il donne une fausse date au jugement attaqué. Il y a encore nullité, si la copie n'est pas revêtue de la signature de l'huissier.— 12 fév. 1813. Rennes. Monistrol. D.A. 7. 725. D.P. 2. 136.— 23 août 1814. Rennes. Quemar. D.A. 7. 723. D.P. 2. 136.— 3 juin 1813. Rennes. D.A. 7. 725. D.P. 2. 126.

780.—Jugé au contraire, que l'acte d'appel est valable, encore qu'il donne une fausse date au jugement attaqué, si l'intimé n'a pu se méprendre sur le jugement. — 9 juill. 1810. Agen. Claverie. D.A. 7. 726. D.P. 2. 136.

781.—L'omission, dans un acte d'appel, de la date du jugement attaqué, n'entraîne pas la nullité de l'appel (C. pr. 456). — 28 août 1813, Paris. Maricourt. D.A. 3. 703. D.P. 14. 2. 96.

782. — Jugé de même que l'acte d'appel dans lequel le jugement attaqué est indiqué sous une fausse date, comme si, par exemple, on lui a donné la date du 17 mars 1824, tandis qu'il était du 17 avril 1823, est néanmoins valable, si, aux yeux des parties, cet appel n'a pas pu se rapporter à un autre jugement qu'à celui du 17 avril 1823 (C. pr. 456).— 31 janv. 1826. Colmar. Ribstein. D.P. 26. 2. 189.

783.—La fausse indication de la date du jugement attaqué par appel, en ce que, par exemple, l'acte d'appel lui donne la date du 17 août, tandis qu'il est du 13, ne rend pas l'appel nul, lorsque, de fait, l'identité du jugement ne peut être sérieusement contestée (C.pr. 61).—22 juill. 1831. Bordeaux. Guiravel. D.P. 32. 2. 174.

784.— L'exploit d'appel est encore valable quoiqu'il indique par erreur la date d'un jugement préparatoire, pour celle du jugement définitif, si, d'ailleurs, l'intimé n'a pu se méprendre sur le jugement dont était appel. — 11 mars 1814. Rennes. Leroi. D.A. 7. 726. D.P. 2. 136.

785.— Lorsque deux jugemens ont été rendus le même jour, contre la même personne, au profit du même demandeur, l'acte d'appel par lequel la partie condamnée déclare se rendre appelante d'un *jugement rendu ledit jour* est nul comme insuffisant par son énonciation, si, avant l'expiration du délai de l'appel, l'appelant n'a pas spécialement indiqué celui des deux jugemens qu'il entend attaquer. — 11 mars 1831. Bordeaux. Girot. D.P. 33. 2. 158.

786.— L'erreur commise par des agens forestiers, en citant devant le tribunal de première instance une loi non applicable à ce délit, n'autorise pas le tribunal d'appel à décider qu'il n'est pas saisi, sous prétexte qu'il n'y a pas eu de conclusions prises à cet égard en première instance, lorsque, d'ailleurs, il résulte de l'assignation et des conclusions de l'inspecteur, la preuve que le prévenu était réellement poursuivi pour délit de dépaissance. — 19 fév. 1825. Cr. c. Eaux et forêts C. Burlereaux. D.P. 25. 1. 214.

787. — Les formalités prescrites pour les ajournemens n'étaient pas de rigueur pour les réassignés admis en matière de commerce avant le code de procédure. — 4 fruct. an 8. Paris. Blaneard. D.A. 7. 715.

§ 5 — *Désignation de l'héritage, ses tenans et aboutissans.*

788. — S'il s'agit de matières réelles ou mixtes, l'ajournement doit énoncer, à peine de nullité, la nature de l'héritage, la commune, et autant que possible, la partie de la commune où il est situé et deux au moins des tenans et aboutissans; s'il s'agit d'un domaine, corps de ferme ou métairie, il suffit d'en désigner le nom et la situation (art. 64 C. pr.).

On sent que cette formalité n'est plus essentielle aux exploits d'appel.

789 — L'art. 3, tit. 9, ord. de 1667 contenait déjà la même disposition; la jurisprudence avait admis qu'en cas d'omission de cette formalité, on pouvait les réparer par un acte postérieur notifié à partie ou à avoué. Cette jurisprudence ne pourrait être admise sous le code de procédure qui exige formellement *que l'exploit contienne ces indications.*

Carré fait observer à cet égard que s'il était possible de remplir cette formalité après coup, il faudrait au moins que ce fût avant l'expiration des délais de l'assignation.

790. — L'assignation sur la demande d'une universalité de biens n'est pas soumise aux formalités prescrites par l'art. 64 C. pr. Ainsi, l'omission de la désignation des immeubles n'annulle pas l'assignation en partage de succession. Il en est de même pour la revendication, si le défendeur, en comparaissant sur la citation, reconnaît de quel immeuble il s'agit. — 21 juin 1810. Liége. Jamoulle. D.A. 7. 749. D.P. 2. 147.

791.— En matière de partage, il n'est pas nécessaire, pour la validité de l'exploit introductif d'instance, qu'il contienne la nature des héritages indivis, ni leurs tenans et aboutissans.— Ces formalités ne sont exigées qu'en matière *réelle* ou *mixte* (C. pr. 64) — 24 déc. 1811. Limoges. Héritiers Paulet. — 21 juin 1809, Besançon. — *Journ. des avoués*, v° Exploit, n. 129.

792. — Pareille désignation est encore inutile lorsqu'il résulte du procès que les parties sont fixées sur l'objet du litige (C. pr. art. 64, 73).— 8 déc. 1820. Liége. Lebœn. D.A. 7. 749. D.P. 2. 147.

793. — Sous l'ord. de 1667, l'exploit introductif d'instance donné en matière réelle *aux héritiers*, comme *détenteurs des biens à titre universel*, était valable, encore qu'il ne contînt pas la désignation des biens sur lesquels portait la demande; car alors les héritiers ne pouvaient ignorer l'objet pour lequel ils étaient cités (Ord. 1667, art. 3, tit. 9, C pr. 64). — 10 déc. 1806. Civ. c. Amiens. Runchon. D.A. 1. 229. D.P. 6. 1. 702.

794. — N'est pas nul l'exploit en matière réelle qui n'énonce pas la nature des héritages, leur situation, leurs tenans et aboutissans, lorsqu'il énonce que copie a été signifiée en tête de l'exploit, d'un acte où ces héritages sont suffisamment désignés.— 24 juill. 1821. Metz. Glotigny. — *Journ. des avoués*, v° Exploit, n. 362.

795. — Un exploit n'est pas nul, en ce qu'il ne contiendrait pas l'indication de la commune où sont situés les biens qui font l'objet du litige, lorsqu'il contient l'indication du hameau où ils sont situés, et que, dans des pièces signifiées en tête de la copie, il est indiqué plusieurs fois de quelle commune dépend ce hameau, et que tous les tenans et aboutissans y sont exactement signalés. — 14 juill. 1829. Nîmes Fournier. D.P. 34. 1. 233.

796.—L'ajournement en matière réelle, bien qu'il n'indique pas la commune où se trouve le fonds litigieux, est valable, s'il porte en tête copie d'actes indiquant cette commune (C. pr. 59). — 14 juill. 1829. Nîmes. D.P. 32. 2. 170.

797. — En matière réelle ou mixte, l'exploit d'ajournement n'est pas nul pour défaut d'énonciation des tenans et aboutissans de l'héritage litigieux, lorsque cette énonciation se trouve consignée dans un acte notifié en même temps que l'exploit, et auquel cet exploit se réfère expressément (C. pr. 64). — 9 fév. 1828. Toulouse. Ambialet. D.P. 29. 2. 95.

798.—Lorsque, dans un exploit introductif d'instance, la désignation des biens a été omise, il peut y être suppléé par cette désignation dans un exploit en reprise d'instance, lorsque, toutefois, l'acte en reprise a été signifié avant que la nullité de l'acte introductif ait été demandée. — 14 janv. 1830. Montpellier. Maillebiau. D.P. 30. 2. 213.

799. — L'ajournement en matière réelle est nul, s'il n'indique pas la commune où se trouvent les immeubles réclamés, quoiqu'il soit accompagné de la copie d'un bail énonçant leurs tenans et aboutissans, mais non la commune dans laquelle ils sont situés (C. pr. 64). — 5 avril 1830. Nîmes. Mercier. D.P. 33. 2. 74.

§ 6.—*Copie du procès-verbal de non conciliation et des titres.*

800. — La loi veut encore, sous peine de nullité, que la copie du procès-verbal de non conciliation ou la copie de la mention de non comparution soit signifiée avec l'exploit d'ajournement, lorsque l'affaire n'est pas dispensée de l'essai du bureau de paix (art. 65 C. pr.). — Boncenne, 2, 100.

801. — Mais il n'est pas nécessaire, à peine de nullité, de donner copie entière du procès-verbal de conciliation, en tête de l'assignation introductive d'instance; il suffit que la comparution en bureau de paix soit constatée (C. pr., art. 65). — 27 flor. an 10. Civ. r. Natey. D.A. 7. 748. D.P. 2. 147, et 3. 1. 481.

802. — Une assignation par laquelle on demande le partage d'un immeuble ne doit pas nécessairement contenir copie des titres qui servent de base à l'action. — 21 juin 1809. Besançon. — *Journ. des avoués*, v° Exploit, n. 129.

803. — Le demandeur doit aussi donner copie des pièces ou de la partie des pièces sur lesquelles la demande est fondée (65 C. pr.). Mais ne pas donner cette copie avec l'ajournement, ce n'est point le faire nul; car elle peut être fournie dans le cours de l'instance. Toutefois, les frais de cette communication tardive restent à la charge du demandeur, quel que soit, en définitive, le sort du procès.— Boncenne, 2, 100 et 152.

804. — L'ajournement n'est pas nul en ce que dans la copie on aurait omis la date du procès-verbal de non conciliation. — 27 fév. 1811. Rennes. — *Journ. des avoués*, v° Exploit, n. 167.

805. — Il doit être donné autant de copies de pièces (et du procès-verbal de non conciliation) qu'il y a de parties; il ne suffirait pas d'en donner une seule à une des parties et de sommer les autres d'en prendre connaissance dans ses mains.—Carré, n. 337, Lepage, 1, 139; Chauveau, *Journ. des avoués*, v° Exploit, n. 386. — *Contra*, Delaporte, 1, 73, et Jousse, sur l'ordonnance de 1667.

On ne pourrait pas davantage se borner à en offrir communication au greffe.—*Journ. des avoués*, v° Exploit, n. 388.

806. — L'extrait des pièces à signifier doit contenir les préambules, la date, le nom et la qualité des contractans, la clause relative à la demande, les noms des témoins et du notaire, la relation de la signature et l'enregistrement. — Carré, n. 336.

807 — Quand les pièces sont en langue étrangère, il paraît convenable qu'elles soient traduites. — Pigeau, 1, 189; Chauveau, v° Exploit, n. 389.

808. — Il n'est pas nécessaire à peine de nullité, que dans la copie de l'exploit il soit fait mention qu'on donne copie d'un procès-verbal ou d'autres pièces.— 18 mai 1808. Cr. c. Contrib. ind — *Journ. des avoués*, v° Exploit, n. 107.

809 — Les officiers ministériels agissant en paiement de frais, doivent toujours donner, avec les assignations, copie de leur état de frais (Déc. 16 fév 1807, art. 9).

ART. 4.— *Actes d'avoué à avoué.*

810. — On entend par acte d'avoué à avoué la signification des actes de procédure que se font entre eux les avoués occupant dans une même cause.

811.— Il est d'usage, partout, de n'observer aucune des formalités prescrites par l'art. 61 C. pr. pour ces actes. On ne trouve cependant rien dans la loi qui autorise une telle dérogation; c'est sans doute à cause du peu d'importance de ces actes, que les tribunaux tolèrent cet abus.— Carré, 1, 145; D.A. 7. 751, n. 1.

812.— Les actes d'avoué à avoué sont cependant soumis à quelques formalités; ils doivent toujours être signés par les avoués; mais cette omission n'est pas un motif de nullité.— V. n. 590.

813.— Ils doivent aussi être signifiés par les huissiers audienciers.— V. Huissiers.

814 — Les significations à avoués doivent encore contenir la mention qu'elles ont été faites à personne ou domicile, et indiquer les rapports des personnes à qui on laisse copie, avec les avoués à qui les significations sont faites, surtout s'il peut résulter de ces significations un droit acquis à l'une ou à l'autre des parties (C. pr., art. 61, 68, 1030).— 23 nov 1809. Liége. Musch. D.A. 7. 706. D.P. 2. 128.

815. — Il suffit que les significations faites d'avoué à avoué portent le nom de la personne au requis de laquelle on agit.

Ces actes ne sont pas, à peine de nullité, soumis aux formalités prescrites par l'art. 61 C. pr. — 28 mai 1823. Grenoble. David. D.A. 9. 680, n. 2. D.P. 2. 571, n. 2.

816.— Est même valable un acte d'avoué à avoué qui n'est signifié qu'avec cette formule : au requis de M°...., avoué, signifié à M°...., avoué.— 6 août 1822. Grenoble. Sambuc. D.A. 10. 821, n. 2-1. D.P. 2. 886.

817 — Les formes prescrites pour les ajournemens par l'art. 61 C. pr. civ., ne sont point applicables aux significations faites d'avoué à avoué pendant l'instruction du procès.—Ainsi, n'est pas nulle la signification à avoué d'un jugement par défaut, encore qu'elle ne contienne ni les noms, prénoms, domicile et profession de la partie, ni ceux de son avoué requérant, ni l'immatricule de l'huissier qui l'a faite.— 23 août 1827. Req. Besançon. Comm. de Plaimbois. D.P. 27. 1. 473.

818.—Il ne faut pas confondre avec les actes d'avoué à avoué, qui sont des constitutions d'avoué, des *avenirs*, des sommations de produire, des significations de requête, de conclusions, de qualités, et certains actes qui doivent être signifiés à la partie au domicile de son avoué, tels que l'assignation à la partie pour être présente à une enquête (C. pr. 261), la signification des jugemens d'ordre (C. pr. 763), etc.; ces actes faisant courir des délais contre la partie, il est important qu'ils contiennent toutes les formalités prescrites pour les exploits; cependant la jurisprudence est très incertaine sur ce point.

819. — Ainsi, jugé d'une part, que la signification à avoué d'un jugement d'ordre, est valable, encore qu'elle ne contiendrait pas les noms, prénoms, profession et domicile du requérant, ni de celui auquel l'acte serait adressé. — 23 mars 1833. Bordeaux. Bardou. D.P. 33. 2. 136.

820.—Que la signification d'un jugement d'ordre, faite par acte d'avoué à avoué, peut faire courir le

délai d'appel, quoiqu'elle ne contienne pas toutes les formalités des ajournemens.—10 mai 1825. Bordeaux. Mouru. D.A. 10. 840, n. 1. D.P. 2. 893, n. 9.

821. — Qu'est valable la signification à avoué d'une requête d'opposition à un arrêt par défaut, bien qu'elle ne contienne ni l'immatricule de l'huissier, ni le nom de la partie dans l'intérêt de laquelle est faite la signification (C. pr. 61).— 23 nov. 1832. Toulouse. Robert. D.P. 33. 2. 89.

822.—D'autre part, jugé au contraire et avec raison, ce nous semble, que la signification d'un jugement à avoué doit, pour faire courir le délai de l'appel, dans les cas d'exception prévus par la loi, contenir la triple mention du nom de l'avoué à la requête duquel elle est faite, de la personne à laquelle la copie est remise, et de la qualité du signataire.— 25 janv. 1811. Bordeaux. Dequeux. D.A. 7. 707. D.P. 11. 2. 122.

823.—... Que si les significations d'avoué à avoué ne sont pas rigoureusement assujetties aux formalités des exploits à personne ou domicile, on doit, au moins, y observer les formalités essentielles à tous les exploits (C. pr. 61).

Ainsi, une signification d'avoué à avoué, pour qu'elle ait l'effet de faire courir le délai d'appel dans la quinzaine, dont il est parlé dans l'art. 734 C. pr., doit, à peine de nullité, mentionner que copie en a été remise. —3 sept. 1829. Pau. Balade. D.P. 30. 2. 289.

824.—Une demande incidente n'est pas nulle, par cela seul qu'elle n'a pas été formée par acte d'avoué à avoué, mais bien par de simples conclusions verbales, prises à la barre du tribunal (C. pr., art. 337 et 406). — 10 déc. 1830. Bourges. Grandvergne. D.P. 31. 2. 187.

825.—L'acte d'appel doit être, à peine de nullité, signifié à personne ou domicile (C. pr. 456), par le motif que devant contenir assignation, il est assimilé à un exploit. En conséquence, doit être déclaré nul un acte d'appel signifié au domicile élu chez un avoué; cette exception n'est permise que dans le commandement qui a pour objet une saisie-exécution.— 28 nov. 1812. Limoges. Girard de Pendray.

826.—La signification d'un jugement contradictoire qui, en annulant un jugement antérieur, ordonne de fournir défense au fond dans un certain délai, est nulle, si elle est faite à avoué.—16 vent. an 12 Turin. Pistone. D.A. 7. 781. D.P. 2. 156.— V. n.

827. — En ce cas, l'huissier doit, à peine de nullité, donner assignation pour ouïr prononcer jugement définitif.— *Ibid.*

828.—Un avoué, bien qu'il ait présenté son successeur, continue d'exercer ses fonctions, et, par suite, les significations lui sont valablement faites, tant que le successeur n'a pas prêté serment (C. pr. 844).—17 août 1831. Angers. Cholleau. D.P. 31. 2. 173.

829.—La notification de l'état provisoire de collocation aux créanciers est régulièrement faite par acte d'avoué, en la forme suivie pour les significations des actes de cette nature; il n'est pas nécessaire qu'elle soit faite d'après les formes des exploits. — 31 août 1825. Req. Grenoble. Rolland. D.P. 25. 1. 433.

830.— La clôture de l'état de collocation doit être dénoncée au débiteur saisi, par acte d'avoué à avoué, s'il y en a un en cause, et s'il n'y en a pas, par exploit à sa personne ou à son domicile. Il est de principe que les actes dont la loi a ordonné la notification par actes d'avoué à avoué, doivent être notifiés à la personne ou au domicile de la partie qui n'a pas d'avoué en cause.— Carré, t. 3, n. 2561; D.A. 10. 821, n. 2

ART. 5.— *Avenir.*

831.—On entend par ce mot l'acte par lequel un avoué somme son confrère de se présenter à une audience qu'il lui indique, pour y conclure ou plaider la cause dans laquelle il est constitué.

832.—Cet acte se signifie d'avoué à avoué; on doit observer le délai d'un jour franc entre celui de la signification et celui de la comparution.

833.—Il n'est admis en taxe qu'un avenir pour chaque partie sur chaque demande (C. pr. 82); mais on peut donner un nouvel avenir pour plaider sur le fond, lorsqu'il y a eu un premier jugement sur des conclusions exceptionnelles.

834.—Toutefois, il n'est par nécessaire de donner un nouvel avenir dans le cas où il y a jugement de remise à un jour indiqué.— 20 août 1814. Paris.

835. — Lorsque l'exécution d'un jugement ou d'un arrêt a lieu dans l'année de son obtention, la partie condamnée peut être appelée à l'audience par un simple avenir signifié à l'avoué qui occupait pour elle dans l'instance. — 29 janv. 1818. Req. Jarry. D.P. 18. 1. 658.

ART. 6. — *Citation en justice de paix, Cédule, Tribunal de commerce, Référé.*

836. — Les citations devant les justices de paix doivent être faites dans les mêmes formes que les ajournemens (C. pr., art. 1er).

837. — Cependant, à la différence de l'ajournement, la citation devant le juge de paix doit indiquer *le jour et l'heure* de la comparution, parce que les audiences du juge de paix ne sont pas invariablement fixées comme celles des tribunaux civils, et que les parties n'étant pas obligées de se faire représenter par un officier public, il ne faut pas les exposer à se déranger inutilement (Carré, art. 1er. — *Contrà*, Deleporte, t. 1er, p. 3). Ainsi, l'expression vague, *dans le délai de la loi*, serait une irrégularité dans une citation.— Carré, *ibid.*

838. — Le délai ordinaire de la comparution est d'un jour franc au moins (C. pr., art. 5).

Il doit être augmenté à raison des distances (art. 5 et 1033).

Toutefois, il n'y a pas lieu à augmentation quand le défendeur est domicilié à une distance moindre de trois myriamètres (art. 5).

839.— Il n'est pas nécessaire non plus que la citation contienne constitution d'avoué, ni élection de domicile.

840. — Le juge de paix peut abréger le délai, il peut permettre d'assigner dans le jour même à une heure indiquée; il donne, dans ce cas, une cédule (C. pr. 6).— Berriat, 203.

841. — On entend par *cédule* la permission que donne le juge de paix d'assigner à bref délai (c'est l'ordonnance du président du tribunal civil). Autrefois, il était nécessaire d'une cédule pour assigner devant le juge de paix en matière civile et en conciliation (L. 14 oct. 1790, art. 2, et 26 vent. an 4, art. 4); maintenant la cédule n'est plus exigée que, 1° pour assigner à bref délai;

2° Pour citer les experts commis par une sentence;

3° Pour citer des témoins à comparaître à une enquête.

842. — Dans les deux derniers cas, la cédule a pour objet d'éviter la levée de la sentence et autres frais; elle doit par conséquent indiquer, le lieu, le jour et l'heure auxquels doivent avoir lieu l'expertise ou l'enquête, les faits, les motifs et le dispositif du jugement. — 4 fév. 1829. Req. Barlet. D.P. 29. 1. 137.

843.— Il n'est pas nécessaire que la cedule soit écrite par le juge de paix, il suffit qu'elle soit signée par lui.— Carré, art. 7.

844.— L'huissier doit-il laisser copie de la cédule au défendeur? l'affirmative paraît certaine, parce qu'à défaut de cette copie le défendeur est fondé à regarder la citation à bref délai comme donnée sans permission. Cependant on a jugé le contraire. — 4 fév. 1829. Req. de Barlet. D.P. 29. 1. 137.

845.— Sous l'empire du code de brumaire an 4, la cédule de citation n'était point nécessaire en police simple; les parties étaient valablement assignées par citation directe devant le juge de paix. — 4 brum. an 14. Cr. c. Min. pub. C. Chambon. D.A. 7. 710. D.P. 2. 129, 1095.

Il en est de même maintenant.

846.— L'art. 1er C. pr. ne prescrit pas la mention de la personne à laquelle la copie est laissée, mais c'est une formalité substantielle de tout exploit qui doit être observée, à peine de nullité, dans la citation.— Carré, art. 1er; Levasseur, 76.

847.— Il n'exige pas non plus qu'on donne copie des pièces à l'appui, sans doute pour éviter les frais. Cette omission ne saurait donc être une cause de nullité.

848.— Il n'exige pas non plus que l'exploit fasse mention du coût, mais cette omission est punie en général d'une amende de 5 fr.

849. — L'omission des formalités prescrites par le code a pour sanction la perte des frais de la première citation; le juge de paix doit se borner en pareil cas à ordonner la réassignation du défendeur (arg. de l'art. 5). Telle est l'opinion de Carré, t. 3, n. 3392; Berriat, p. 139; Merlin, Rép., v° Nullité. Pigeau, t. 3; Demiau, 16, et Chauveau, v° Exploit, n. 376, pensent au contraire que l'inobservation des formalités des art. 1 et 4 C. pr. entraîne la nullité de l'exploit.

850. — Quand le défendeur comparaît, il ne peut demander la nullité de la citation, le fait de sa comparution prouve qu'il a été averti. En cette matière point de nullité sans griefs. — Bioche, v° Citation, n. 3.

851.— *Tribunal de commerce.*— Il en est pour les ajournemens devant les tribunaux de commerce, comme pour ceux des justices de paix, c'est-à-dire qu'ils sont dispensés de la constitution d'avoué; que le délai est au moins d'un jour franc, et que le juge peut abréger le délai (art. 415, 416 et 417 C. comm.).

852.— Cependant, dans les affaires maritimes où il existe des parties non domiciliées, et dans celles où il s'agit d'agrès, victuailles, équipage et radoubs de vaisseaux prêts à mettre à la voile, et autres matières urgentes et provisoires, l'assignation de jour à jour ou d'heure à heure, peut être donnée sans ordonnance (art. 418 C. pr).

853.— La citation à comparaître devant un tribunal de commerce, qui n'indique pas le jour où la comparution devra avoir lieu, est nulle: cette nullité ne peut être écartée sur de simples présomptions, ou sous le prétexte que la demande au fond serait bien fondée (C. pr. 61).— 13 août 1832. Civ. c. Jonnard. D.P. 32. 1. 327.

854. — *Référé.* — L'assignation en référé se fait dans les mêmes formes que l'ajournement, à l'exception qu'il n'est pas besoin qu'elle contienne constitution d'avoué.

855.— Jugé ainsi qu'il n'est pas nécessaire qu'une assignation à l'audience de référé contienne une constitution d'avoué. —4 juin 1824. Toulouse. Couzinier. D.P. 25. 2. 113.

856.— Le délai de l'assignation en référé est de *huitaine franche*, c'est-à-dire qu'à ce délai on doit ajouter celui des distances toutes les fois que le juge n'a pas permis d'assigner à plus bref délai; et l'on dirait en vain qu'il appartient aux juges d'apprécier si le délai a été suffisant (C. pr. 72, 808). — 13 juill. 1830. Bourges. Jault. D.P. 31. 2. 70.—Mais le juge du référé peut permettre d'assigner à heure indiquée, même les jours de fêtes (art. 808 C. proc.).

ART. 7. — *Citation devant la cour de cassation et le conseil d'état.*

857. — L'avantage de voir rassemblées dans nos codes les dispositions rélatives aux diverses procédures ne s'est pas étendu jusqu'au recours en cassation, du moins en matière civile. Cette lacune n'est pas sans inconvéniens, et la nécessité de recourir à diverses lois qui se modifient l'une par l'autre en est déjà un très grave. Il serait désirable que, mettant cette branche de notre législation en harmonie avec notre code de procédure, on l'y réunit en une seule loi. — D.A. 7. 826, n. 1.

858.—Plusieurs lois règlent ce qui concerne l'arrêt d'admission. Les principales dispositions qui s'y rapportent sont renfermées dans le réglement de 1738. Quant à sa nature, aux formes de son obtention, nous n'avons pas à nous en occuper; il s'agit seulement de sa signification.—*Ibid.*, n. 2.

859. — Les formalités des citations en cette matière sont absolument les mêmes que pour les ajournemens. Les légères exceptions que nous allons indiquer ne peuvent pas être considérées comme des dérogations à la procédure ordinaire.

860. — Les citations en cour de cassation ne se donnent jamais en matière civile qu'en vertu d'un arrêt rendu par une chambre de la cour de cassation, appelée chambre des *Requêtes*, qui permet d'assigner le défendeur devant une autre chambre, appelée *Chambre civile.*

861.— Il est nécessaire de donner, avant l'assignation, copie de cet arrêt et des requêtes qu'à présentées le demandeur et sur lesquelles est intervenu l'arrêt d'admission, à peine de nullité.

862. — Toutefois, l'omission, dans la copie signifiée d'un arrêt d'admission, d'une des requêtes produites, par le demandeur en cassation, fût-ce même la requête introductive, n'est pas un motif de déchéance du pourvoi, lorsque la requête, ou les requêtes qui ont été signifiées énoncent les faits, les moyens de cassation, et que la cassation de l'arrêt dénoncé a été demandée. — 6 juill. 1831. Civ. c. Paris. Dolle. D.P. 31. 1. 241.

863. — Le délai dans lequel on doit signifier un arrêt d'admission est de trois mois sans aucune augmentation à raison des distances ni sous aucun prétexte (V. Cassation, n. 504, et suiv.).—Ainsi une partie qui, ayant obtenu un arrêt d'admission, ne le notifie pas dans les trois mois de sa date, est déchue de son pourvoi. — 11 janv. 1831. Civ. c. Pau. Marrast. D. P. 31. 1. 69.

864. — Mais l'occupation du territoire par l'ennemi ne préserve de la déchéance encourue faute de signification d'un arrêt d'admission dans le délai, qu'autant qu'il est prouvé que les communications étaient interrompues.—23 janv. 1816. Cr. r. Maupau. D.A. 7. 828. D.P. 16. 1. 214.

865. — La copie des requêtes et arrêts doit, à peine de nullité, être signée d'un avocat à la cour de cassation (Réglem. 1738, p. 2, tit. 1er, art. 17; arrêté du cons., du 16 juin 1746).

866.—Cette décision nous paraît trop rigoureuse; aussi la cour de cassation n'a-t-elle jamais prononcé la nullité d'une signification d'arrêt d'admission pour l'omission de cette formalité, quoiqu'il arrive quelquefois que les avocats ne certifient pas les copies des arrêts d'admission, et qu'elles sont certifiées par l'avoué ou l'huissier à qui elles sont adressées; il arrive en effet quelquefois qu'un avocat à la cour de cassation envoie une seule copie, parce qu'au moment du pourvoi il n'y avait qu'une partie à assigner, et que cependant cette partie décédée est représentée par plusieurs héritiers, et qu'il est nécessaire de faire plusieurs significations; si, en ce cas, l'huissier ne pouvait pas faire les copies et les certifier, s'il fallait obtenir la signature de l'avocat, il pourrait arriver qu'il fût trop tard pour faire les significations en temps utile, la loi n'accordant pas de prorogation en cas de décès; il est donc de toute justice de s'en rapporter au droit commun.—V. n. 869.

Toutefois, il sera toujours préférable que les copies soient signées par un avocat à la cour.

867. — L'exploit de signification de l'arrêt d'admission avec assignation devant la cour de cassation doit contenir, à peine de nullité, le nom de l'avocat que le demandeur entend constituer. Régl. 1738, art. 2, tit. 1er, 2e part.). — 17 brum. an 12. Civ. r. Tothmann. D.A. 2. 298. D.P. 1. 457. — Poncet, *Jugem.*, t. 2, n 552.

868. — Mais la signature de l'avocat, mise au bas de la requête signifiée et de l'arrêt, peut être considérée comme suffisante pour cette constitution.— 8 niv. an 13. Civ.—11 mars 1811. Civ.—16 mai 1815. Civ. c. Enreg. C. Montcharmont. D.A. 7. 530. D P. 15. 1. 306. — Merlin, Rép., v° Constitution de procureur.

869. — Il ne peut y avoir nullité dans la signification d'un arrêt d'admission, par cela que l'avoué qui a certifié la copie de cet arrêt aurait omis d'ajouter à sa signature sa qualité d'avoué. — 9 mars 1824. Civ. c. Darmay. D.A. 1. 47. D.P. 24. 1. 93.

870.— La signification d'un arrêt d'admission est nulle pour omission de l'indication du mois dans la date de l'exploit, encore que cette omission n'ait pas été faite dans l'original (C. pr., art. 61). — 6 nov. 1820. Civ. r. Paris. D.A. 7. 628. D.P. 21. 1. 59.

871. — La signification d'un arrêt d'admission n'est pas nulle pour ne pas contenir l'indication de la personne à la requête de laquelle elle est faite. — 22 therm. an 10. Civ. c. Préfet des Vosges. D.A. 2. 296. D.P. 1. 455.

872. — Si le demandeur décède après le pourvoi, l'arrêt d'admission, rendu en son nom, doit être signifié au nom des héritiers.

873. — La signification de l'arrêt de soit-communiqué n'a pas besoin de contenir l'indication du domicile réel du demandeur. — Cette disposition de l'art. 61 C. pr. n'est prescrite que pour les exploits d'ajournement, et non pour l'assignation devant la cour de cassation, lors surtout que l'acte contient l'indication du domicile élu chez l'avocat du demandeur en pourvoi.— 8 mai 1811. Civ. c. Turin. Delprato. S. 11. 1. 202.

874. — Les qualités du défendeur doivent être indiquées dans la signification.

875. — Mais si le nom du défendeur à la cassation se trouve dans la minute de l'arrêt d'admission, l'assignation qui lui est donnée en vertu de cet arrêt est valable, quoique, par erreur de copiste, son nom soit omis dans l'expédition (art. 7, tit. 1er, 2e part, régl. 1738).— 4 mess. an 8. Civ. c. Hartmann. D.A. 2. 494. D.P. 1. 543.

876. — Quoiqu'un arrêt d'admission permette simplement d'assigner une partie sans désigner ses qualités, on peut l'assigner en toutes les qualités qu'elle avait dans l'arrêt attaqué; l'arrêt d'admission étant censé s'en référer à l'arrêt dénoncé. — 7 janv. 1818. Civ. c. Paris. M... C. Marcy. D.A. 11. 854, n. 1.

877. — La signification d'un arrêt d'admission n'est pas nulle pour ne pas énoncer le domicile du défendeur, si d'ailleurs elle contient l'élection de domicile chez un avocat à la cour de cassation. — 10 avril 1811. Civ. c. Turin. Friando. D.A. 4. 723. D.P. 11. 1. 204.

878.— La signification doit être faite à la personne ou au domicile réel du défendeur; elle ne peut l'être au domicile élu pendant l'instruction, antérieure au jugement attaqué; par exemple, chez l'avoué qui avait occupé pour lui (Régl. 1738, tit. 4, 1re part., art. 30).— 28 oct. 1811. Civ. r. Enreg. Arnaudy. D.A. 2. 302 et 7. 834. D.P. 11. 1. 506.

879. —Lorsque, dans un procès, les membres d'une société commerciale ont figuré individuellement et non comme associés, ils ne peuvent prétendre que la citation qui leur a été donnée en cassation est nulle pour n'avoir été signifiée qu'à leur domicile individuel et non au domicile social. — 27 fév. 1815. Civ. c. Rouen. Ginoul. D.A. 10. 823. D.P. 15. 1. 273.

880. — La signification ne peut être faite qu'aux personnes dénommées dans l'arrêt d'admission, et non à celles qui n'auraient pas figuré dans le jugement attaqué. — Merl., Rép., v° Cassation, § 6, n. 7.

881.— L'assignation à comparaître devant la cour de cassation, donnée à des parties qui n'étaient pas désignées dans l'arrêt d'admission, est nulle. — 27 août 1833. Civ. r. Limoges. Joseph. D.P. 33. 1. 309.

882.—Est nulle l'assignation à comparaître devant la section civile, donnée à des individus que l'arrêt d'admission n'a point permis de citer. —4 mess. an 8. Civ. c. Hartmann. D.A. 2. 494. D.P. 1. 543.

883.— La signification de l'arrêt d'admission n'est valablement donnée qu'aux parties qui étaient personnellement en qualité dans le jugement attaqué; la signification faite à la femme conjointement avec son mari, quand ce dernier a seul comparu au procès, est nulle vis-à-vis de la femme. —4 vent. an 11. Civ. r. Longuet. D.A. 7. 830. D.P. 2. 171.

884.— Si le défendeur est décédé avant la signification, et que son décès soit légalement constaté, on doit signifier l'arrêt d'admission à ses héritiers (Mel., Rép., v° Cassation, § 5, n. 10, § 6, n. 7).— 13 therm. an 12. Civ.

885. —Jamais la cour ne donne de permission à part l'arrêt d'admission. On peut le faire sans nouvelle permission d'assigner (Merl., *eod.*). — 25 juin 1810.

886.— Lorsque la partie contre laquelle est exercé un recours en cassation vient à mourir avant la signification de l'arrêt qui a admis la requête, on peut signifier cet arrêt à ses héritiers. — 12 therm. an 12. Civ. r. Lenoble. D.A. 7. 831. D.P. 4. 1. 565.

887.— Lorsque la partie contre laquelle un pourvoi est formé est décédée, ce sont ceux de ses héritiers qui n'ont pas renoncé à sa succession, ou un curateur à sa succession vacante, qu'il faut assigner. — 11 juin 1833. Civ. r. Montpellier. Laure. D.P. 33. 1.244.

888.— La signification d'un arrêt d'admission à une personne décédée, mais dont le décès n'est pas connu, est valablement faite à son dernier domicile, parlant à son procureur-fondé. — 3 sept 1811. Civ. r. Marquier. D.A. 7. 832. D.P. 11. 1. 417.

889.— Est nulle la signification d'un arrêt d'admission, faite au domicile de la partie que l'arrêt permet d'assigner, si cette partie était décédée, et cela quoique le décès n'ait point été notifié à celui au nom duquel est faite la signification (Ord 1667, tit. 2, art. 3; régl. 1738, première partie, tit. 4, art. 30).—14 niv. an 11. Civ. r. Nanci. Thouvenin D.A. 2. 299. D.P. 1. 457. — 2 fév. 1813. Civ. r. Lyon. Dumas. D.A. 2. 299. D.P. 13. 1. 229.

890.— Quand, depuis la signification de l'arrêt rendu au profit d'une partie, celle-ci est décédée, s'il arrive que le pourvoi contre cet arrêt soit dirigé contre la partie décédée, et que l'arrêt d'admission soit également signifié, deux ans plus tard, à cette même partie, il y a lieu de prononcer la nullité de la signification de l'arrêt d'admission de la requête, et, par suite, la déchéance du pourvoi, lorsque, d'ailleurs, tout fait présumer que le demandeur en cassation n'a pu ignorer le décès. — 1er déc. 1829. Civ. r. Nîmes. Roucaute. D.P. 30. 1. 15.

891.— Est nulle la signification d'un arrêt d'admission, faite à un tuteur pour un mineur, lorsque, depuis plusieurs années (depuis sept ans) le mineur a acquis sa majorité, encore bien que toute la procédure faite devant les premiers juges, eût été dirigée contre le tuteur et en son nom (C. pr. 68). Il n'est pas nécessaire, pour que cette nullité soit prononcée, qu'il ait été donné une connaissance officielle de l'âge du mineur à ses adversaires : c'est à eux à prendre toutes les informations nécessaires sur l'âge de la personne contre qui ils plaident.—27 mai. 1834. Civ. c. Enreg. C Bonnet. D.P. 34. 1 237.

892.— L'exploit de signification d'un arrêt d'admission donné à une femme mariée, en son nom de fille et au domicile qu'elle avait avant son mariage, est nulle, lorsqu'il est constaté par son acte de mariage, ou par le certificat du maire du lieu où le domicile conjugal a été établi, que plusieurs mois avant cette assignation elle avait effectivement changé d'état (C. pr. 61). — 5 mai 1834. Civ. c. Nîmes. Fournier. D.P. 34. 1. 253.

893. — La signification des arrêts d'admission doit avoir lieu à personne ou domicile; le demandeur en cassation qui, ne signifie son arrêt qu'à l'un des héritiers du défendeur, avec sommation d'avertir les autres héritiers qu'il nomme, est déchu de son pourvoi vis-à-vis de ces derniers.—23 fruct. an 12. Civ. r. Valette. D.A. 7. 828.

894.— Bien que la signification doive être faite au domicile réel, l'arrêt d'admission du pourvoi en cassation, formé par le débiteur incarcéré contre ses créanciers, est valablement signifié au domicile élu par eux, dans l'acte d'écrou ou de recommandation. — 14 mars 1821. Civ. r. Daloz. D.A. 2. 304.

895.— Est valable aussi la signification, faite à la résidence momentanée, lorsque, dans l'instance, la partie qui a obtenu l'arrêt attaqué n'a jamais indiqué son vrai domicile, mais seulement cette résidence (Merlin, *Question de droit*, v° Inscription hypothécaire, § 1er). — 7 juin 1809. Civ.

896. — Le demandeur en cassation ne peut valablement assigner le défendeur au domicile élu par ce dernier dans la signification du jugement contre lequel le pourvoi est dirigé.

En ce cas, l'élection de domicile n'est censée faite que pour les actes d'exécution de ce jugement (L. 2 brum. an 4, art. 16). — 3 floréal an 9. Req. Pasteels. D.P. 3. 1. 351.

897.—La signification des mémoires en cassation et de l'arrêt d'admission, doit être faite à personne ou domicile; est nulle celle qui a lieu au domicile élu, dans la signification du jugement ou arrêt attaqué.—3 flor. an 9. Civ. r. Pasteels. D.A 7. 834. — 28 oct. 1811. Cour de cass. Sect. civ. Enreg. C. Arnaudy. D A. 7. 834. D.P. 11. 1. 508.

898. — Jugé, au contraire, qu'est valable la signification d'un arrêt d'admission au domicile élu dans l'instance, *si*, pendant le cours de cette instance, le défendeur en cassation n'a pas fait connaître son véritable domicile. — 16 mess. an 11. Civ. r. Hasenforder. D.A. 7. 834. D.P. 2. 171.

899. — Pour les significations à faire dans les colonies et hors de France, l'usage est de les faire au parquet du procureur-général à la cour de cassation, lequel se charge de les remettre aux parties par l'intermédiaire des ministres de la marine et des affaires étrangères (C. pr. 69).—Godart, *Manuel de la cour de cass*, p. 30.

900. — Jugé ainsi que les arrêts d'admission qui permettent d'assigner des individus domiciliés dans les colonies, sont valablement signifiés au procureur-général près la cour de cassation (C. pr. 69). — 16 mars 1831. Civ. r. Chazelles. D.P. 31. 1. 212.

901. — Est valable le signification d'un arrêt d'admission au parquet du procureur-général, quoique faite postérieurement au décès du défendeur qui avait son domicile dans les colonies, et dont les héritiers habitent le territoire continental de la France, si ce décès n'était pas connu en France au moment de la signification. — 18 juin 1823. Civ. c. Duquerny. D.A. 9. 248. D.P. 23. 1. 255.

902. — Est valable la signification d'un arrêt d'admission faite au procureur-général de la cour de cassation, pour une personne domiciliée dans les colonies, quoiqu'elle fût décédée quelque temps auparavant, si son décès n'était pas connu lors de cette signification. — 21 déc. 1830. Civ. c. Martinique Douanes C Lassichère. D.P. 31. 1. 40.

903. — La signification d'un arrêt d'admission faite au parquet de la cour de cassation, est valable lorsqu'il résulte du procès-verbal dressé par l'huissier, que malgré les informations qu'il a prises, même à la mairie du lieu où le défendeur en cassation se dit domicilié, il n'a pu trouver la maison d'habitation du défendeur, si d'ailleurs ce défendeur a reçu la signification qui y avait été déposée pour lui. — 13 mars 1820. Civ. c. Rouen. Aubers. D.A. 7. 833. D.P. 20. 1. 397.

904. — Quand il y a plusieurs défendeurs, il faut signifier l'arrêt à chacun par copie séparée. — V. n. 866 et suiv.

905. — Jugé, cependant, que lorsque deux époux

vivent en communauté, il suffit de leur signifier, au domicile commun, *une seule* copie de l'arrêt d'admission d'un pourvoi dirigé contre eux. — 20 avril 1818. Civ. c. Colmar. Houssmann. D.A. 9. 12 et 7. 827. D.P. 18. 1. 424.

906. — Et que la signification d'un arrêt d'admission, avec l'assignation devant la cour, faite à deux frères par un seul exploit, n'est pas nulle, lorsque l'intérêt de ces deux frères était un et indivisible. — 31 janv. 1827. Civ. c. Caen. Hâmard. D.P. 27. 1. 128.

907. — Est valable l'assignation signifiée en une seule copie à une partie qu'on assigne d'ailleurs sous diverses qualités, alors surtout qu'il est déclaré dans l'exploit que la partie est assignée sous les diverses qualités dans lesquelles elle procède. — Encore qu'un arrêt d'admission ne porte dans son permis d'assigner que le nom d'une personne qui a procédé sous diverses qualités, cette personne est valablement assignée sous toutes les qualités qu'elle avait dans le jugement dénoncé. — 7 janv. 1818. Civ. c. Paris. Gravet. D.A. 7. 770. D.P. 18. 1. 77.

908. — Lorsqu'un père et un fils se sont trouvés qualifiés en noms collectifs, soit en première instance, soit en appel; que le pourvoi en cassation a été dirigé contre eux de la même manière, ils ne peuvent se prévaloir de ce que la citation devant la section civile de la cour de cassation a été signifiée au père, tant pour lui que pour son fils. — 1er germ. an 10. Civ. c. Dufayel. D.A. 9. 697. D.P. 2. 576.

909. — Le délai de comparution est fixé par le réglement de 1738, part. 2, tit. 1er, art 3 et 4, à quinze jours pour Paris et le rayon de dix lieues, à un mois pour les autres tribunaux du ressort des parlemens de Paris, Rouen, Dijon, Metz et Artois; à deux mois pour le ressort des autres parlemens; a un an pour la Martinique et la Guadeloupe. Sans parler de ce que cette fixation, basée sur des distances hors d'usage et des divisions aujourd'hui presque oubliées, a d'irrégulier, remarquons qu'elle n'est même pas complète : pour les autres colonies, en effet, le réglement laisse à l'arrêt d'admission à déterminer le délai de comparution (Régl., 2e part., tit. 1er, art. 3 et 4); il se tait entièrement sur le délai à accorder soit à l'étranger, soit à ceux qui y seraient établis. — D.A. 7. 826.

910. — Quel sera dès lors la règle à suivre? Quelques auteurs veulent que le délai pour la signification de l'arrêt d'admission soit toujours le même que celui accordé par le réglement pour le pourvoi, quand il n'en est pas indiqué d'autre (Poncet, *des Jugemens*, t. 2, p. 322; Paillet, 1824, in-4°, p. 965); mais reste encore la question de savoir quel délai sera accordé contre l'étranger ou celui qui serait domicilié à l'étranger. Sur ce point, on pourrait dire que le code de procédure, réglant le délai de l'assignation en général, son art. 73 devra faire loi en l'absence de toute disposition spéciale pour la procédure en cassation; mais il nous semble qu'il serait plus raisonnable d'admettre ici par analogie, le décret du 11 frimaire an 2, qui accorde six mois pour le délai du pourvoi à ceux qui habitent la Corse, et d'accorder les mêmes délais pour tous les états confondus avec la Corse dans le n. 1 de l'art. 73; et, en général, combiner ainsi, dans le silence du réglement, ses dispositions analogues avec l'art. 73 C. pr.

911. — Il résulterait donc du principe ci-dessus que l'assignation à comparaître *dans les délais de la loi* remplit suffisamment le vœu du législateur.

912. — La signification d'un arrêt d'admission emportant de plein droit sommation de comparaître devant la cour, dans le délai fixé par le réglement, une assignation donnée à cet effet au défendeur devient superflue. En conséquence, et en supposant que cette assignation fût nulle, soit parce que le demandeur se serait borné à assigner le défendeur dans le délai du réglement, soit parce qu'elle ne contiendrait pas le domicile de celui-ci, cette nullité ne pourrait entraîner celle de la signification régulièrement faite de l'arrêt d'admission (Régl. 1738, art. 6, tit. 1er, 2e part.; C. pr. 61). — 3 nov. 1807. Civ. r. Enreg. Franck. D.A. 2. 298. D.P. 7. 2. 164.

913. — Jugé, de même, que la signification de l'arrêt d'admission emporte de plein droit la citation du défendeur en cassation à comparaître devant la section civile, et à fournir ses défenses dans le délai prescrit, sans qu'il soit besoin de lui donner aucune assignation à cet effet. Ainsi, la signification de l'arrêt d'admission au défendeur, avec sommation de fournir ses défenses, si bon lui semble, est parfaitement régulière (Régl. 1738, 2e part., art. 6). — 1er juill. 1823. Civ. c. Drée. D.A. 2. 303. D.P. 23. 1. 578.

914. — En matière électorale, la cour de cassation permet d'assigner à trois jours. — 21 juin 1830. Civ. régl. de jug. Paris. Préf. de la Seine. D.P. 30. 1. 241. — V. Election législative.

915. — Le pourvoi contre un arrêt définitif étant le principe d'une instance nouvelle et extraordinaire, il n'y a point obligation, de la part des héritiers de la partie contre laquelle un pourvoi a été dirigé, de faire signifier au demandeur en cassation l'acte de décès de leur auteur. — 1er déc. 1829. Civ. r. Nîmes. Roucaute. D.P. 30. 1. 15.

916. — Lorsqu'une partie, qui avait dirigé un pourvoi en cassation contre le vendeur primitif d'un immeuble, et plusieurs acquéreurs successifs du même immeuble, n'a, en exécution de l'arrêt d'admission qu'elle a obtenu, assigné que le premier des acquéreurs, appelé en cause seulement comme garant, laissant ainsi acquérir l'autorité de la chose jugée à l'arrêt attaqué, vis-à-vis du vendeur et des autres acquéreurs postérieurs, cette partie doit être déclarée non-recevable dans son pourvoi sur le mérite duquel il devient dès lors inutile de statuer. — 11 juin 1833. Civ. r. Montpellier. Laure. D.P. 33. 1. 244.

917. — On justifie de la signification en produisant l'original de l'exploit qui la contient. — 15 fév. 1822. Cass.

918. — A Paris, les assignations devant la cour de cassation sont nulles, si elles ne sont pas données par les huissiers faisant le service auprès de cette cour. — V. Huissiers.

919. — Les défenses et autres actes de procédure qui se signifient devant la chambre civile de la cour de cassation, sont de véritables actes d'avoué à avoué, qui se font dans les mêmes formes.

920. — *En matière criminelle*, correctionnelle et de police, la partie civile ou le ministère public, qui ont déclaré, conformément à l'art. 417 C. instr. cr., se pourvoir en cassation, doivent notifier leur recours à la partie contre laquelle il est dirigé : si elle est en liberté, par le ministère d'un huissier, soit à sa personne, *soit au domicile par elle élu*, dans le délai de trois jours, qui sera augmenté d'un jour par chaque trois myriamètres (C. instr. cr. 418).

921. — Les formalités de cet exploit sont celles des exploits en général, à l'exception qu'il peut être signifié à domicile élu.

922. — Le pourvoi formé contre un jugement qui a été signifié une première fois à l'ancien domicile du demandeur, et une deuxième fois à son nouveau domicile, est recevable, encore bien qu'il aurait été formé après les trois mois de la première signification, mais avant l'expiration des trois mois de la seconde. — 4 juill. 1832. Civ. c. Dubuc. D.P. 32. 1. 293.

923. — Lorsque, par suite d'un arrêt de cassation, l'appel d'un jugement ne peut plus être porté devant la cour d'appel dans le ressort de laquelle il a été rendu, l'exploit d'appel signifié avec réserve d'assigner devant le juge qui sera indiqué par la cour de cassation, suffit pour conserver les droits de l'appelant. — 20 avril 1812. Bruxelles. Desfavereau. D.A. 7. 718. D.P. 13. 2. 22.

924. — Les héritiers à qui un arrêt rendu contre leur auteur, décédé durant l'instance, a été signifié, ne sont pas recevables à se pourvoir à la requête du défunt. — 8 mai 1820. Civ. c. Poitiers. Cailleteau. D.A. 2. 301. D.P. 20. 1. 342.

925. — *Conseil d'état.* — Tout ce qui vient d'être dit s'applique exactement aux significations des ordonnances de soit-communiqué, rendues par le conseil d'état; le réglement de 1738 régit la procédure de la cour de cassation et du conseil d'état. — V. Conseil d'état.

926. — Si un ministre ne justifie pas que sa décision ait été notifiée dans les formes légales, le délai du recours ne courra que du jour où la partie contre laquelle elle était prise en aura accusé réception par une lettre (Régl. du 22 juill. 1806). — 21 sept. 1827. Ord. cons. d'état. Dienne.

ART. 8. — *Des citations en matière criminelle.*

927. — Deux principes opposés devraient présider à l'application des lois relatives aux formes des exploits en matière civile et en matière criminelle. Valider les actes en tant que la loi ne s'y oppose pas formellement, et que les intérêts qu'elle a voulu garantir en prescrivant les formes, ne se trouvent pas compromis; tel est le besoin senti dans le premier cas. En matière criminelle, au contraire, l'annulation des poursuites devrait, lorsqu'il y a omission des formalités, obtenir une large préférence. Ici l'intérêt est toujours tout puissant; la moindre garantie enlevée peut devenir une atteinte à l'honneur et à la liberté des citoyens. C'est cependant le contraire qu'on a fait : les lois, soigneuses à l'excès de nos intérêts civils, laissent beaucoup à désirer sous le rapport des garanties qui résulteraient de l'observation des formalités des exploits en matière criminelle. — D.A. 7. 708.

928. — Le code d'instruction criminelle, en effet, se tait presque entièrement sur la forme des exploits (V. art. 141, 145, 146, 182, 183, 184 C. instr. cr.). On avait pensé, dès lors, et peut-être avec justesse, qu'il devait être entré dans l'intention du législateur, que les formes ordinaires des exploits fussent applicables à des actes qui avaient et le même nom et le même objet; plusieurs cours l'avaient ainsi jugé. Néanmoins, la jurisprudence de la cour de cassation, et les auteurs qui ont écrit sur la matière ont émis et accrédité la doctrine contraire. — Fav., v° Citation, p. 496; Legrav., t. 2, p. 384; Bourg., sur les art. 145 et 183 C. instr. cr.; D.A. 7. 708, n. 2.

929. — Les règles adoptées se réduisent à ce qui est strictement nécessaire pour que le prévenu ne ne soit pas jugé sans être présent; nous disons *présent*, et non *défendu*; car le plus souvent la défense exigerait une latitude que ne comportent pas les principes admis dans la matière qui nous occupe. Il suffit, en effet, qu'il y ait citation, qu'elle indique le fait imputé au prévenu, et le tribunal qui en doit connaître; du reste, les énonciations relatives aux noms, demeure et immatricule de l'huissier ou de l'agent de la force publique qui instrumente, à la remise de la copie, au délai pour comparaître, sont sans influence sur la validité de la citation, sauf, pour ce dernier point, la citation en simple police, dont l'art. 146 (on ne sait par quelle préférence) prononce la nullité si le délai qu'il prescrit n'a pas été observé. — D.A. 7. 708, n. 3.

930. — La disposition finale de l'art. 145 donne lieu à une autre question; elle porte que copie de la citation sera laissée au prévenu, ou à la personne civilement responsable. Une seule copie suffira-t-elle pour tous deux, ainsi que le ferait croire l'expression littérale de la loi, ou bien devra-t-il être laissé copie séparée à chacun? Carnot pense qu'une seule copie suffit; Legrav, t. 2, p. 308; Bourguignon, sur l'art. 145; Favard, v° Citation, p. 496, sont d'un avis opposé, et Carnot lui-même, par une contradiction singulière, pense, sur l'art. 205, concernant l'appel, et conçu dans les mêmes termes que l'art. 145, qu'il doit être laissé, tant au prévenu qu'à la personne civilement responsable, copie distincte de l'appel. — Dalloz pense qu'il est nécessaire, dans les deux cas, de deux copies. — D.A. 7. 708, n. 4.

931. — Quant à ce qui concerne la capacité de l'officier public, on remarque encore au criminel moins d'exigence qu'en matière civile. Les significations et citations à la requête du ministère public peuvent être faites concurremment avec les huissiers, par d'autres agens de la force publique, notamment par des gendarmes (L. du 5 pluv. an 13, art. 1er). — D.A. 7. 709, n. 5.

932. — Jugé d'une part, que le code d'instruction criminelle n'ayant pas réglé la forme des citations correctionnelles, on doit se référer au code de proc. pour connaître les élémens substantiels qu'elles doivent contenir. — 30 juin 1829. Nanci. Forêts. C. Comm. d'Azelot. D.P. 30. 2. 23. — 11 août 1826. Cr. c. Leblanc. D.P. 26. 1. 450.

933. — Mais jugé en sens contraire que les dispositions du code de procédure civile, relatives aux formalités des exploits, ne s'appliquent pas aux citations en matière correctionnelle; à cet égard, il suffit que le cité ait eu connaissance de la citation. — 14 janv. 1830. Cr. c. Comm. d'Azelot. D.P. 30. 1. 66. — 24 déc. 1829. Pau. Forêts. C. Lazaret. D.P. 30. 2. 97. — 25 janv. 1828. Cr. c. Forêts. C. Morin. D.P. 28. 1. 108.

934. — Jugé, par suite, que l'omission du nom de la personne qui a reçu la citation, n'est pas une cause de nullité; cette nullité n'est surtout plus proposable si le prévenu a comparu sur la citation. — 18 nov. 1813. Cr. c. Dijon. Forêts. C. Thomas. D.A. 7. 712. D.P. 2. 131.

935. — Jugé encore que les art. 182, 183 et 184 C. instr. cr. ne prononçant pas la nullité des citations, lorsque les copies n'indiquent pas la personne à qui elles ont été remises, il n'y a pas lieu d'annuler la citation pour le défaut de cette formalité, alors surtout que le prévenu a comparu au jour indiqué. — 30 déc. 1825. Cr. c. Forêts C. Casteran. D.P. 26. 1. 165.

936.—Le seul fait de la comparution devant le tribunal correctionnel, et sans proposer la nullité de la citation, étant suffisant pour saisir le tribunal, le prévenu n'est pas fondé à se prévaloir en appel de l'irrégularité de la citation (C. inst. cr. 182).— 24 déc. 1829. Pau. Forêts C. Lazaret. D.P. 30. 2. 97.

937.—L'art. 182 C. inst. cr., aux termes duquel, en matière correctionnelle, le tribunal est saisi, soit par renvoi, soit par citation directe, ne présente point une disposition restrictive, et ne fait point obstacle à ce que le prévenu soit valablement et régulièrement jugé sur sa comparution volontaire et spontanée —18 avril 1822. Cr. c. Chastin. D.P. 22. 1. 327.

938.—Une citation en police correctionnelle a pu être légalement donnée par l'huissier au domicile que le prévenu avait indiqué dans le procès-verbal pour délit de chasse, dressé contre lui, ou, en cas d'absence de ce domicile, au maire de la commune, et cela encore bien que sa déclaration, au procès-verbal, serait fausse et que son domicile se trouverait ailleurs (C. pr. 68; C. inst. cr. 182, 154). —21 sept. 1833, Cr. c. Min. pub. C. Gouhier. D.P. 34. 1. 50.

939.—Lorsqu'un jugement rendu par défaut contre un individu sans domicile fixe, a été signifié dans un lieu où il est constant qu'il n'avait pas *reparu depuis long-temps*, il appartient au tribunal d'appel de déclarer que ce condamné ne peut être légalement présumé avoir eu connaissance du jugement, et que, dès lors, les délais n'ont pu courir contre lui à l'effet de rendre ce jugement définitif (C. pr. 158).—30 janv. 1834. Cr. r. Min. pub. C. Chevrier. D.P. 34. 1 235.

940.— La citation donnée (en matière forestière) au maire de la commune où réside la personne assignée, est nulle, lorsqu'il n'est pas constaté que cette copie a été présentée à cette personne ou à son domicile, ni à son voisin (C. inst. cr. 182; C. pr. 68 et 70). — 15 oct. 1834. Cr. r. Forêts C. Méjat. D.P. 34. 1. 427.

941 —*Affiche.* — L'affiche d'un exploit apposée, dans les formes légales, à la porte d'un individu qui ne peut être trouvé ou saisi, constitue une véritable notification. Ainsi, l'affiche de l'ordonnance de se représenter, apposée à la porte du domicile d'un contumax, et revêtue du visa du maire, remplit le vœu des art. 466 et 470 C. inst crim. (C. inst. cr. 105, 109, 466, 470; C. pr. 68, 69, n. 8). — 24 nov. 1826. Cr. c. Min. pub. C. Joubert. D.P. 27. 1. 348. — 24 nov. 1826. Cr. r. Min. pub. C. Barbet. D.P. *eod.*

942.—*Visa.*—Mais le visa du maire et du juge de paix est une formalité substantielle, dont l'omission emporte la nullité de la notification. — 24 nov. 1826. Cr. r. Min. pub. C. Barbet. D.P. 27. 1. 348.

943.— Si la signification d'un jugement correctionnel, rendu par défaut, donne à ce jugement une date erronée, et, par exemple, la date de 1827, lorsqu'il est de 1828, elle n'a pas fait courir le délai de cinq jours, pendant lequel le prévenu a pu y former opposition.—4 mai 1829. Paris. Caron. D.P. 29. 2. 186.

944.— L'affiche, par *copie*, de l'ordonnance de contumace à la porte du dernier domicile de l'accusé, constitue une notification légale qui remplit le vœu des art. 466 et 470 C. inst. cr., portant que cette ordonnance doit être affichée à la porte du contumax.— 19 mai 1826 Cr. c. Yves-Leguennec. D.P. 26. 1. 378 — V. Contumace.

945.—*Libellé.*—Une citation en matière de délit de chasse est suffisamment libellée, lorsqu'il y est dit que le prévenu est cité devant le tribunal correctionnel, comme « inculpé d'avoir chassé, le 3 nov. dernier, dans telle commune, sans permis de port d'armes de chasse. »— 3 mai 1834. Cr. c. Min. pub. C. Guinolé. D.P. 34. 1. 356.

946.— Il n'est pas nécessaire que la citation donnée à un individu, qui a injurié un garnisaire dans l'exercice de ses fonctions, et à l'occasion de ces mêmes fonctions, contienne l'articulation et la qualification des outrages ou injures, ainsi que le prescrit l'art. 6 de la loi du 26 mai 1819, l'art. 183 C. pén. étant seul applicable lorsqu'il s'agit d'outrages ou d'injures commises envers des fonctionnaires, dans l'exercice de leurs fonctions, et punies par l'art. 224 C. pén.; la simple énonciation du fait est suffisante : il importe peu que, dans les débats, le délit ait perdu le caractère de publicité qui lui était attribué dans la citation. — 20 fév. 1830. Cr. c. Min. pub. C. Papennet. D.P. 30. 1. 135.

947 — Il est suppléé à cette articulation et qualification de fait, lorsqu'en tête de la citation, il est donné copie d'un procès-verbal régulier, relatant les faits incriminés.— Même arrêt.

948.— La loi n'exige pas que la citation en police correctionnelle contienne l'articulation et l'énumération de chacun des faits dont l'ensemble forme le délit d'habitude d'usure; et il suffit que l'ordonnance du conseil, dont copie est donnée au prévenu, énonce le délit de manière à ne laisser aucune incertitude, pour que le tribunal soit saisi (C. inst. cr. 182).—20 oct. 1826. Cr. c. Min. pub. C. Dancou. D.P. 27. 1. 33.

949.—*Citation, Faits.*—La citation donnée à la requête du ministère public, après une ordonnance de renvoi devant le tribunal correctionnel, à un individu prévenu d'habitude d'usure et d'escroquerie, n'est pas nulle, par cela seul qu'elle n'énumère pas les faits constituant ces deux délits. La citation se référant nécessairement à l'ordonnance de renvoi qui mentionne les faits, ne permet pas à l'accusé de soutenir qu'il ne les connaissait pas, surtout si, dans l'intervalle des premières poursuites à la citation, il a été fait des actes d'instruction qui ont donné au prévenu une entière connaissance des faits qu'on lui imputait. — 20 janv. 1826. Cr. r. Laprotte. D.P. 26. 1. 203.

950.— Lorsque les habitans d'une commune ont adressé au préfet, contre leur maire, une pétition divisée en divers titres ou paragraphes, intitulés : *Vie privée du maire*, *réquisitions*, *chemins vicinaux*, *voie publique*, *horloge*, *police et abus d'autorité*, s'il arrive que le maire, se prétendant calomnié, actionne les signataires, par une citation dans laquelle il se borne à indiquer les titres ci-dessus de la pétition adressée au préfet, sans rappeler autrement les faits prétendus calomnieux exposés sous ces titres, il est exact de dire que, par une citation ainsi libellée, il est suffisamment satisfait à la disposition de l'art. 183 C. inst cr., portant *que la citation énoncera les faits de la plainte.* — 3 sept. 1831. Cr. r. Orléans. Faff. D.P. 31 1. 337.

951.— Il n'est pas nécessaire, à peine de nullité, que la citation donnée à un prévenu en matière de police municipale, soit détaillée ni précédée de la copie du procès-verbal dressé à l'occasion de la contravention; il suffit qu'elle énonce le fait sur lequel le prévenu est appelé à se défendre : ainsi, une citation par laquelle un individu est assigné à comparaître devant le tribunal de police pour avoir contrevenu à un article déterminé d'une ordonnance de police locale, *dont il sera du tout donné lecture à l'audience*, est valable (C. civ. 145).—23 avril 1831. Cr. c. Audebaud. D.P. 31. 1. 170.

952.— Il n'est pas nécessaire, à peine de nullité, de donner à un prévenu, avec la citation, copie d'un procès-verbal constatant un délit forestier; lorsque l'on donne copie d'un second procès-verbal, où il est fait mention du premier (C. forest. 172).— 1er mai 1830. Cr. c. Besançon. Forêts C. Sauget. D.P. 30. 1. 259.

953.— Lorsqu'une citation donnée à la requête du ministère public à des prévenus, énonce qu'ils sont traduits pour s'être rendus coupables de résistance avec violence et voies de fait envers un huissier agissant pour l'exécution d'un jugement, ou du moins pour s'être rendus coupables envers le même officier public d'outrage avec paroles, gestes ou menaces, et même avec violence, ces énonciations sont suffisantes pour sa validité. En conséquence, cette citation ne peut être annulée, en ce qu'elle ne contient pas l'énumération des coups, blessures, menaces et violences détaillés dans le procès-verbal (C. inst. crim. 183). — 3 juin 1830. Cr. c. Min. pub C. Paucis. D.P. 30. 1. 295.

954.— Le vœu des art. 6 et 15 de la loi du 26 mai 1819, qui ordonne, à peine de nullité, qu'en cas de poursuite d'un délit de la presse, les faits incriminés soient *articulés* et *qualifiés*, tant dans le réquisitoire du ministère public que dans l'ordonnance de mise en prévention, a été suffisamment rempli, si le réquisitoire et l'ordonnance ont désigné, par les premiers et derniers mots, les passages incriminés, et s'ils ont cité les dispositions législatives auxquelles ces passages paraissaient avoir contrevenu (6 et 15, l. 26 mai 1819) —27 mars 1830. Cr. r. Bordeaux. Min. pub. C. Coudert. D.P. 30. 1. 196.

955. — Un tribunal de police ne peut se dipenser de statuer sur la poursuite d'une contravention à un réglement municipal, sous le prétexte que le fait reproché au prévenu n'est pas compris dans la citation qui lui a été donnée, lorsque cette citation énonce sommairement l'objet de la plainte, en se référant, d'ailleurs, au procès-verbal (C. inst. cr. 154). — 7 août 1829. Cr. c. Min. pub. C. Gosselin. D.P. 29. 1. 325.

956. — L'art. 183 C. inst. cr., non prescrit d'ailleurs à peine de nullité, n'impose qu'à la partie civile, et non au ministère public, l'obligation d'énoncer les faits dans la citation donnée au prévenu. — 20 janv. 1826. Cr. r. Laprotte D.P 26. 1. 204.

957. — Une citation en police correctionnelle libellée en ces termes : « Attendu que lesdits... se seraient frauduleusement concertés pour faire naître dans l'esprit de... (la partie civile donnant citation) l'espérance illusoire d'un mariage que la fille C. (une des personnes assignées) avait le dessein de rendre, et qu'elle a rendu en effet chimérique, et pour, à l'aide des manœuvres frauduleuses par eux employées, soustraire la majeure partie de la fortune de... (le citant) donne assignation auxdits... pour se voir condamner, » énonce suffisamment les faits sur lesquels doit se défendre le prévenu, et se trouve par suite régulière (C. inst. cr. 183). — 14 juill. 1832 Cr. r. Evrard. D.P. 33. 1. 21.

Ce libellé nous semble satisfaire littéralement au vœu de l'art. 183 C. inst. cr. Les juges, d'ailleurs, ne manqueront pas de remettre la cause, s'il leur paraît que le prévenu n'a pu préparer sa défense sur certaines circonstances qui seront révélées aux débats, ou même, sur la demande du cité, d'annuler la citation, s'il leur paraît qu'on a voulu surprendre la bonne foi du prévenu — D P. *eod*, note.

L'énoncé, dans la citation, de la loi ou de l'arrêté auxquels le prévenu serait contrevenu, supplée l'énoncé du fait même qui lui est impute. — 29 août 1806. Cr. r. Min. pub. C. Vindevogel. D.A. 7. 710. D.P. 2. 129.— 11 fév. 1808. Cr. c. Min. pub. C. Durieux. D.A. 7. 710. D P. 2. 129.

958. — *Délai.* — Est valable la citation en police correctionnelle, pour comparaître à trois jours francs et en tant que besoin à toutes les audiences suivantes; elle ne saurait être annulée faute d'indication de jour fixe. — 6 fév. 1808. Cr. c. Contr. ind. C. Fragier. D.A. 7. 711. D.P. 2. 129.

959. — Les tribunaux de police correctionnelle peuvent, même lorsque le prévenu fait défaut, prononcer la nullité de la citation, si les délais prescrits par les art. 146 et 174 C. inst. cr. n'ont pas été observés. — 15 nov. 1811. Cr. r. Douanes C. Cesledy. D.A. 7. 712. D.P. 2. 130.

960.— Jugé cependant que la nullité du jugement correctionnel, par le motif qu'il n'y a pas eu trois jours d'intervalle entre le jugement et la citation, n'entraîne pas la nullité de cette citation. Ainsi, la prescription du délit n'est acquise qu'autant qu'il s'est écoulé trois ans à compter de cette citation (C. inst. cr. 184, 637, 638). — 25 fév. 1819. Cr. c. Min. pub C. Gauthier. D.A. 7. 713. D.P. 19. 1. 286. — 2 avril 1819. Cr. c. Min. pub C. Gremlot. D.A. 7. 713. D.P. 19. 1. 400.

961.— Jugé encore que lorsque la citation à comparaître en police correctionnelle a été donnée à trop bref délai, on doit annuler non pas cette citation, mais le jugement par défaut qui serait rendu (C. inst. cr. 184). — 14 avril 1832. Cr. c. Colmar. N... D.P. 32 1. 189

962. — La citation sans date ou à un délai trop court, n'est pas nulle en matière correctionnelle; le jugement, s'il était intervenu *par défaut*, pourrait seul être annulé. — Si le prévenu comparaît, il ne peut demander la nullité de cette citation, mais seulement le renvoi de la cause, renvoi que, suivant les circonstances, le tribunal peut accorder ou refuser (C inst. cr 147, 184). — 15 fév. 1821. Cr. c. Colmar. Forêts C. Lemper. D.A. 7. 714. D.P. 21. 1. 175.

963. — *Acte d'appel.*— L'art. 174 C. inst. cr., se taisant sur les formes dans lesquelles les actes d'appel des jugemens de police doivent être interjetés, et déclarant qu'il doit l'être dans le même délai que les jugemens correctionnels, il s'ensuit que, pour ces formes, il n'y a pas lieu à appliquer les art. 61, 68, 72 et autres C. pr., mais plutôt celles relatives aux appels des jugemens correctionnels.

Dès lors, il importe peu que l'acte d'appel fasse ou non mention, soit de la profession, soit du domicile des appelans, soit qu'il a été donné à bref délai, cette absence de mention n'opérant pas nullité. — 2 déc. 1826. Cr. c. Ancillon. D.P. 27. 1. 352.

ART. 9. — *Du commandement.*

964.— Les formes du commandement sont les mêmes que celles des exploits ordinaires; seulement, il ne peut être fait qu'en vertu d'un titre exécutoire, il doit toujours contenir élection de domicile dans la commune où doit se faire l'exécution en cas de saisie-exécution (C. pr. 583 et 584) et dans le lieu où siége le tribunal en cas de saisie-immobilière (C. pr 673). — V. au mot Saisie les solutions relatives à cet acte.

965. — Toutefois, l'exception établie par l'art. 584 C. pr. doit être resteinte au cas où le créancier qui fait élection de domicile, ne demeure pas dans la commune où doit se faire l'exécution. — 5 janv. 1809. Paris. Lesselin. D.P. 9. 2. 40.

966. — Le commandement en matière de contrainte par corps doit aussi contenir élection de domicile dans le lieu où siège le tribunal qui a rendu le jugement mis à exécution, et ne peut en outre être signifié que par un huissier commis (C. pr. 780).

967. — Cependant il n'y a pas nullité dans un commandement tendant à saisie-exécution, par cela qu'il ne contient pas, de la part du créancier, élection de domicile dans la commune où l'exécution doit avoir lieu (C. pr.[584, 1030).— 1er fév.1811. Turin: Ponte-Lombrisco. D.A. 9. 742. D.P. 2. 587.

968. — Ce n'est qu'en faveur du saisi qu'est ordonnée l'élection de domicile, qui précède la saisie-exécution; cette élection ne peut profiter au tiers, qui revendique partie des objets saisis (C. pr. 584, 68). — 26 fév. 1828. Toulouse. Gresse. D.P. 29. 2. 95.

969. — L'exploit par lequel l'huissier signifie un jugement et fait commandement de payer n'est pas nul, par cela que l'huissier aurait commis une erreur dans l'énonciation de la date de ce jugement (C. pr. 585) — 31 janv. 1821. Req. Tourailles. D.A. 7. 618. D.P. 21. 1. 395.

970. — L'invitation à la partie condamnée de se conformer au jugement, insérée dans la signification qui lui en est faite, ne peut être assimilée à un commandement à fin de saisie-exécution, et faire dériver pour elle, en vertu de l'art. 584 C. pr., la faculté de signifier son appel au domicile élu, même lorsque la déclaration de ce domicile a été faite par l'intimé, dans l'exploit de signification du jugement (C. pr. 456, 584). — 6 juin 1832. Bordeaux. Tirail. D.P. 32. 2. 177. — V. Domicile élu.

ART. 10. — Des exploits en matière de contrainte par corps.

971. — Les exploits ou procès-verbaux des huissiers qui procèdent à l'arrestation d'un débiteur doivent contenir les formes ordinaires des exploits, et en outre faire mention du pouvoir spécial dont ils doivent être porteurs, et de l'assistance de deux recors. — V. au surplus au mot Contrainte par corps, n. 454 et suiv., le détail des formalités de ces actes.

ART. 11. — Des exploits en matière de contributions indirectes.

972. — Les citations en cette matière se font dans la forme ordinaire des exploits, seulement elles peuvent être données par des commis de l'administration, et le délai pour assigner est de trois jours francs. — V. au surplus au mot Contributions indirectes, pour plus de détail.

ART. 12. — Des exploits en matière de douanes.

973. — En cette matière, les citations doivent aussi être faites dans les formes des exploits, seulement elles peuvent être faites par les employés de l'administration et les jours fériés. — Les prévenus sont cités, en cas d'absence, par affiche à la porte du bureau, au lieu de l'être au parquet du procureur du roi, etc., et le délai, pour comparaître, est de vingt-quatre heures. — V. au surplus le mot Douanes.

ART. 13. — Des protêts.

974. — Ils se font aussi dans la forme des autres exploits, excepté qu'ils doivent être signés par deux témoins et transcrits ensuite sur un registre spécial. — V. au mot Effet de commerce, ce qui concerne ces actes.

ART. 14. — Des citations en matière d'élection.

975. — Les citations en cette matière, soit devant le tribunal civil, soit devant la cour royale, soit devant la cour de cassation, se font dans la forme des autres exploits, seulement les gendarmes et les sergens de ville ont le droit de les signifier, et la jurisprudence s'est montrée très indulgente à leur égard. — V. Elections législatives.

ART. 15. — Des citations en matière de garde nationale.

976. — Ces citations, qui doivent aussi être faites dans les formes ordinaires, peuvent être signifiées par des sergens de ville, tambours et appariteurs de police. — V. Garde nationale.

—V. Acte respectueux, Cassation, Communauté, Compétence administrative, Compétence civile, Conflit, Conseil d'état, Contrainte par corps, Contributions indirectes, Domicile, Domicile élu, Douanes, Droits civils, Enregistrement, Exceptions, Péremption, Prescription, Saisie, Saisie-immobilière.

TABLE SOMMAIRE.

Aboutissans. 788, s.
Abréviation. 49, 184.
Absence. 242, 263, 277, s. 294, 324, 959.
Acquisition. 253.
Acte d'appel. 11, s.55, s. 607, s.— V. Domicile.
Acte d'avoué. 919. — V. Requête.
Acte d'avoué à avoué.817.
Action collective. 402.
Adjoint. 111, 503. — V. Commune.
Adjudicataire. 355.
Adjudication. 18, 254, 544.
Administrateur. 95, 107, s. 229, s. 270.
Affiches. 296, 941, s.
Age. 44b, s
Agensdiplomatiques.336, s. — judiciaire. — V. Trésor.
Ajournement. 2, s. 606, s.
Amende. 531, 546, 587.
Année. 44, 53, s.
Anticipation. 721, s.
Appel. 606, s.
Arrêtd'admission. 20,56, s. 405, 801, s. — V. Domicile.
Assignation. 2, 655, s.
Assurance. 241.
Augmentation.—V. Distance.
Authenticité.— V. Enregistrement.
Autorisation. 108, 609. —de femme. 526.
Avenir 818, 851.
Aveu. 35.
Avocat. 619. — en cassation. 865, s.
Avoué. 284, 336, s. 413. V. Acte d'avoué et Constitution.
Banni. 311.
Blanc. 10, 48, 405, 598.
Bref délai.—V. Délai.
Cassation. 807,925.—(appréciation). 275.
Caution. 320.
Cédule. 841, s. — V. Citation.
Certificat. 245, 542.
Certification. 519, s. 869.
Changement d'état.— V. Décès.
Chiffres. 49.
Chose jugée. 267.
Citation. 2, s.— (matière criminelle) 926. — en justice de paix. 356.
Colonies. 242, 894.
Commandement. 4, 153, 209, s. 348, s. 489,954, s.
Commis. 196.
Commune. 95,108,s. 190, 270,276,796.—V. Visa.
Comparution. 695 , 935. — V. Délai et Nullité couverte.
Compétence. 605.
Conciliation. 800.
Conclusion. 756, s.
Confins. — V. Désignation.
Conseil d'état. 33, 922.
Conseiller municipal.288, 505.
Consorts. 105, 365.
Constitution d'avoué. 43, 611, s. 839, 864, s.
Contrainte par corps. 231, 205, 971.

Contributions indirectes. 972.
Contumace. 324, 944.
Copie. 15, 19, s. 30, s. 219, 844. — V. Conciliation. — entière. 16, 801. — — de pièces. 517, s.—sé-parée. 208, 558, s. 899, s —unique. 283.
Cour d'assises.—V.Liste.
Coût. 511, s. 848.
Crayon. 407.
Curateur. 107, 321, s.
Date. 12, 56, 43, 754, 781, s. 969.—place. 47. — certaine.554.
Décès. 248, s. 879, 884,s. 902, 946, 986.
Défendeur. 43, 187.
Délai. 11, s. 43, 44, 655, 837, 854, s. 864,909, s. 958. — distance. 684, s — bref. 548, 756, s. 840, s — franc. 689, s. 744,938.—légal.658,s. 837, 910, s.
Demandeur. 43.
Demeure. 162, 171, 187. — V. Domicile.
Déporté. 312.
Désignation. 219. — des biens. 43, 788, s.
Désistement 546.
Distance. 684, s. 838,836.
Domaine de la couronne. 270. — de l'état. 107, 270, 279, 506, 681, s.
Domicile. 43, 127, 162, 187, s. 201, 226, 873, 938, s. — (preuve) 265. —connu. 260, s. 294, s. —élu. 187, 218, 250, 255, s. 260, 307, 338, s. 362, s. 393, s. 650, 700, 825, s 839, 877, 894, s. 920, s. 968, s.
Douanes. 973.
Ecriture. 179, s.
Effet de commerce. 343.
Eglise. — V. Lieux publics.
Elections. 914, 975.
Empêchement. 288.
Enchère. 18.
Enfant. 492, s.
Enquête. 542, s. 648.
Enregistrement. 20, 22, 30, 272, 550, s. — (droits).548.—V.Coût.
Envoi officiel. 33.
Epoux. — V. Femme.
Equivalent. 35, s. 39, 52, s.100, s. 429, s.444, 407, 216, 621, s. 735, 796, 947,952.
Erreur. 19,50, s. 99,189, s. 212,624, 754,782, s. 945, 969. — possible. 34.
Etabliss. public. 229, s. 270, 273, s. — V. Visa.
Etat. 107. — V. Domaine.
Etranger. 256, 296, s. 345, s.
Exceptions. 503, 595.
Exécution. 346, 85b, 970. 594.
Exploit itératif. 924.
Expropriation publique. 238, s.
Femme. 107, 431, 206, 504,325,560, 571, 412, 419, s. 464, s. 905.
Fonctions (cessation) 620, s.
Fonctionnaire. 95, 152,

198, 232, 506, 558.—V. Visa.
Force majeure. 865.
Forêts. 355, 517, s. 940.
Formalité. 40, s.—(preuve) 28, s.
Formule. 59, s.—exécutoire. 16.
Frais. 849.—V. Coût.
Garde nationale.191,268, 976.
Gardien. 258, 246.
Garnisaire 946, s.
Gérant.— V. Journal.
Greffe. 159.
Greffier. 244.
Habitation. — V. Domicile.
Hérilier. 194, 280, s. 295, 361, s. 765, 884.
Heure. 45, 525, s. 757, 837, 854, s.
Honoraires. 514.
Hospices.—V. Etablissemens publics.
Hôtel garni. 148, 451, s.
Huissier. 1, 6, 45, 162, s. 918.—audiencier. 171, 813.
Hypothèques. 355.
Immatricule. 43, 162, s. 817.
Incapable. 610, s.
Incertitude. 785.
Indication. — V. Délai, de la demande, Tribunal.
Indivisibilité. 261,366, s. 595, 658, 906.
Inscription de faux. 24,s.
Intendant. — V. Liste civile.
Interdit. 325.
Intérêts. 419. — (action) 27.—distincts.—V. Copie séparée.
Interprétation. 275.
Jonction. 401.
Jour. 44, 72, s. 525, s. — férié. 247,523, s.558,s.
Journal. 271,447.
Juge de paix. 270, 283, s.
Jugement par défaut.356, 546, 982.
Justice de paix.—V. Citation.
Langue française. 10.
Lettre 7.
Libellé. 507, s. 758, 945. — V. Désignation des biens.
Lieux publics. 231, s.
Lisibilité. 10, 48, 465.
Liste civile. 107, 270.
Liste du jury. 533, s. 598.
Localisation. 237, s.
Maire. 95, 108, s. 198, s. 204, 270, 274, 505.— V. Commune, Visa, Voisin.
Maison. 215, s.— V. Domicile.
Mandat. 88, s. 196, 145, 237, s. 295,520.—général. 359.
Mari.— V. Femme.
Matelot.— V. Marin.
Matière criminelle. 927. — V. Citation.
Mention. 28, s. 46,s.— 288, 505, 459, s. 489, s. 546.
Militaire. 308, 324, s.
Mineur. 107, 299, s. 325, 594.
Ministère public. — V. Procureur du roi et Procureur général.
Mois. 54.
Mort civile. 325.
Motifs. 951.—V. Libellé.
Moyens. 43.
Navire. 324, s.
Nom. 43, 87, s. 162, s. 187, s. 407,815, s. 871,

875, 954.
Nuit. 525, s.
Nullité. 38, 849. — couverte. 332, s. 540, 505, 596, s. 880, 955. — expresse. 42.—de procédure. 595. — radicale. 47.
Objets de la demande. 43, 507, 756.
Omission 50, s. 190, s. 862, 870.
Opposition. 589.
Ordonnance de soit-communiqué.922, s.
Ordre. 818, s.
Original. 93.— V. Copie.
Outrage 946, 954.
Parens. 423, s.
Parenté. 382, 459, s.
Parlant à. 219, s. 403, s. 844, 874.
Parquet 506, 899.
Patente. 124, s. 159, 162, 181.
Pays étranger. 711, s.
Permission. 742.—de juge. 609.—V. Jourférié.
Personne.— V. Parlant à. — morale. 229, s.—vivante. 610.
Placards. 27.
Porte-fort. 103.
Portier. 409, 464.
Préfet. 95, 107, 239, 270, s. 507. — V. Visa.
Prénom. 94, 105, 188, 817.
Preuve cert. 20, s. 536.
Prisonnier. 314.
Procès-verbal.— V. Conciliation.
Procureur.— V. Mandat. — général. 208, s. 348, s. 896, s. — du roi. 270, s. 283, s. 296, s. 502, s. 315, s. 337, 502. — V. Visa.
Production. 34.
Profession. 43, 115, s.
Protêt. 247,523, s. 594, 914.
Qualification. 25, s.
Qualité. 95, 115, s. — V. Profession.
Ratification. 352, s.
Rature. 13, s. 559.
Receveur. 268.
Reconvention. 258, 353.
Refus. 487, s. 887.
Relation à un acte. 100, s. 156, 190,552.
Remise. 752.—d'exploit. 43, 219, s. — V. Parlant à.
Renonciation. 17.
Réparation d'erreur. 328, s. 552, 798.
Réponse. 37.
Reprise d'instance. 798.
Requête. 590, s.
Réserve. 613.
Responsabilité. 408, 587, 598, s. 755.
Rue. 148, s. 216.
Saisie-arrêt. 681.
Saisie-exécution. 479, s. 968.
Saisie-immobilière. 804.
Salaire. 511.
Séquestre. 241.
Sergent. 9.
Serviteur. 409, s. 423, s. 483.
Signature. 514, s. 588, s. 812, 845, 806.
Signification. 4.
Situation. 788.
Société. 196, 270, s. 291; 764, 874.
Solidarité. 249, 366, 402.
Sommation. 4.
Souscription. 10, s. 539.
Surenchère. 118, 302,515.
Sursis. 18.
Témoin. 588, s.
Tenans. 788, s.—V.Aboutissans.

Terme sacramentel. 39.
Timbre.—V. Coût.
Trésor. 95, 145, 270.
Tribunal. 45, 251, 748.—
de commerce. 851, s.
Tuteur. 107, 359, 380.
Vagabond. 311.
Visa. 77, 270, 279, s. 296, 504, 557, 942.
Voisin. 414, s. 455, 481.

EXPLOITATION.—V. Choses, Contributions directes, Commerçans, Elections législatives, Forêts, Louage, Mines, Partage, Saisie-immobilière, Servitude, Usufruit.

EXPORTATION. — V. Brevet d'invention, Commissionnaire, Compétence administrative, Douanes, Poids et mesures.

EXPOSÉ.—V. Instruction, Compte.

EXPOSITION. — V. Autorité municipale, Faux, Fausse monnaie, Forêts, Loterie, Peine, Presse.

EXPROPRIATION FORCÉE. — V. Saisie-immobilière.

EXPROPRIATION POUR CAUSE D'UTILITÉ PUBLIQUE. — 1. — C'est le fait de s'emparer des propriétés particulières, pour les affecter a un usage public, moyennant une indemnité.

2.— C'est ainsi que l'art. 545 C. civ. porte : « Nul ne peut être contraint de céder sa propriété, si ce n'est pour cause d'utilité publique, et moyennant une juste et préalable indemnite » (Charte de 1830, art. 9). — D.A. 11. 438, n. 1.

3. — Jugé que déjà c'était une maxime de notre droit public que les rois de France étaient dans l'heureuse impuissance de porter aucune atteinte aux propriétés de leurs sujets (C. civ. 545). — 19 juill. 1827. Req. Nîmes. Forbin-Janson D.P. 27. 1. 314.

4. — Les lois des 18 août 16 septembre 1807 et 8 mars 1810 avaient tracé des règles d'expropriation; une loi du 30 mars 1831 (D.P. 31. 3 20), relative à l'expropriation pour travaux militaires, a eu pour objet de sacrifier les lenteurs et la complication des formalités à l'urgence des circonstances; enfin la loi du 7 juill. 1833 (D.P. 33. 3. 70) a remplacé par un nouveau système de procédure et d'estimation celui de la loi du 8 mars 1810, mais elle n'a pas abrogé la loi du 30 mars 1831, qui reste applicable au cas spécial qu'elle prévoit.

5. — La loi du 8 mars 1810 se trouvant abrogée celle de 1833 est applicable dans tous les cas où les lois se réfèrent à celle de 1810 (L. 7 juill. 1833, art. 67).

6. — Les significations et notifications mentionnées dans la loi de 1833 sont faites à la diligence du préfet du département de la situation des biens. Elles peuvent être faites tant par huissier que par tout agent de l'administration dont les procès-verbaux font foi en justice (L. 7 juill., art. 57).

Lors de la discussion, le rapporteur a dit que l'art. 1033 C.pr. civ. ne devait jamais recevoir d'application.

7. — Les plans, procès-verbaux, certificats, significations, jugemens, contrats, quittances et autres actes faits en vertu de la présente loi sont visés pour timbre et enregistrés *gratis*, lorsqu'il y a lieu à la formalité de l'enregistrement (L. 7 juill., art. 58).

8. — Les concessionnaires des travaux publics exercent tous les droits conférés à l'administration, et sont soumis à toutes les obligations imposées dans la présente loi (art. 63).

9. — Les contributions de la portion d'immeubles qu'un propriétaire aura cédée, ou dont il aura été exproprié pour cause d'utilité publique, continuent à lui être comptées pendant un an, à partir de la remise de la propriété, pour former son cens électoral (art. 64).

ART. 1er. — *Caractères de l'expropriation; à quels biens elle s'applique.—Cas où elle peut avoir lieu.*
ART. 2. — *Déclaration d'utilité publique.*
ART. 3. — *De la manière de constater quelles sont les propriétés dont l'aliénation est nécessaire.*
ART. 4. — *De la cession volontaire avant le jugement d'expropriation, et de la rétrocession après l'expropriation.*
ART. 5.— *Du jugement d'expropriation, ses formalités, ses effets.— Réclamations auxquelles il peut donner lieu.*
ART. 6. — *De l'indemnité.*
§ 1er.— *Mesures préparatoires.—Offres.*
§ 2. — *Du jury spécial chargé de régler les indemnités.*
§ 3. — *Des règles à suivre pour la fixation des indemnités.*

§ 4. — *Du paiement des indemnités.*
ART. 7. — *De l'expropriation, en cas d'urgence, des propriétés nécessaires aux fortifications.*

ART. 1er. — *Caractères de l'expropriation ; à quels biens elle s'applique.—Cas où elle peut avoir lieu.*

10.—Deux caractères sont essentiels à l'expropriation, c'est qu'elle soit forcée, et qu'elle n'ait lieu qu'à la charge d'une indemnité. La vente volontaire, même pour cause d'utilité publique, est régie par les principes du droit civil ordinaire. — D.A. 11. 440, n. 15.

11.— Elle ne peut s'appliquer qu'aux immeubles, et ne concerne point les réquisitions de denrées et autres objets mobiliers que le gouvernement peut ordonner.— D.A. 11. 439, n. 4.

12. — Elle ne s'applique pas non plus aux propriétés incorporelles (Delalleau, t. 1er, n. 14. 2 mars 1806).

... Ni aux propriétés littéraires. — 3 mars 1826. Cr. c. Nanci. Muller. D.P. 26. 1. 265.

13. — L'usufruit d'un fonds est réputé immeuble (art. 526); mais l'expropriation frappant sur l'immeuble, sans considération de la personne à qui il appartient, une seule expropriation suffit contre le nu-propriétaire et contre l'usufruitier. — D.A. 11. 439, n. 5.

14. — La vente ne changeant pas les droits de l'usufruitier (C. civ. 621), c'est contre lui que l'expropriation doit être poursuivie, lorsque l'administration a déjà acquis la nue-propriété du terrain. Delalleau, n. 19, applique cette opinion aux droits d'usage et d'habitation. — D.A. 11. 439, n. 5.

15. — Sous l'empire de la loi de 1810, on contestait la nécessité d'une procédure d'expropriation pour priver un propriétaire d'une servitude acquise à l'héritage qu'il possédait (Arr. cons. d'état, 22 sept. 1812; arr. 19 déc. 1821). — Delalleau, n. 21 à 24; D.A. 11. 439, n. 6. — V. l'art. 21 de la loi de 1833.

16. — Les biens des étrangers sont soumis à l'expropriation pour cause d'utilité publique; et les étrangers peuvent réclamer l'observation des formalités prescrites pour cette expropriation. — Delalleau, t. 1er, n. 25, 26; D.A. 11. 439, n. 7.

17. — Des biens, d'ailleurs inaliénables, peuvent être atteints par l'expropriation; tels sont les majorats, les biens des établissemens publics et corporations ou communautés, les propriétés nationales (Avis du cons. d'état, 9 fév. 1808, appr. le 21).—D.A. 11. 439, n. 8.

18. — Il faut que l'immeuble à exproprier soit destiné à l'utilité du public. Les constitutions de 1791, 1793 et de l'an 3, employaient l'expression de *nécessité publique*, que quelques personnes ont paru regretter. Les mots *utilité publique*, *intérêt public*, employés par la charte, sont suffisans, le gouvernement étant obligé de faire tout ce qui est utile à l'état, sans attendre qu'il y ait nécessité urgente. — D.A. 11. 439, n. 9; Delall., n. 32.

19. — L'expropriation peut n'être que partielle; alors l'état n'est pas obligé à l'acquisition de l'héritage entier. Si le propriétaire est exproprié pour toujours, d'une portion souterraine de son fonds, il doit en être indemnisé (Delall., n. 39 et 40). Toutefois, le conseil d'état, le 27 octobre 1818, a rejeté l'indemnité réclamée pour un aqueduc passant à deux pieds au-dessous de la superficie d'un terrain. — D.A. 11. 440, n. 10.

20. — La loi n'étant faite que pour les expropriations, ne peut être invoquée pour l'établissement de servitudes pour cause d'utilité publique, lesquelles n'enlèvent point la propriété, et ne la grèvent que d'une simple charge. —D.A. 11. 440, n. 11.

21.— Et même, s'il s'agit de servitudes établies par des lois générales, Cormenin, *Quest.*, t. 2, p. 391; Fav., Rép., v° Expropriation pour cause d'utilité publique, n. 17, pensent qu'elles ne donnent jamais lieu à indemnité.— *Contra*, Delalleau, t. 1er, n. 46; D.A. 11. 440, n. 11.

22.— *Cas d'expropriation.* — Il serait difficile d'énumérer toutes les circonstances où l'utilité publique peut exiger le sacrifice de la propriété particulière; mais, dans tous les cas, il faut qu'une loi ou qu'une ordonnance royale autorise l'exécution des travaux pour lesquels l'expropriation est requise : c'est la première condition (art. 2, l. 7 juill. 1833).

23.—Tous grands travaux publics, routes royales, canaux, chemins de fer, canalisation de rivières, bassins et docks, entrepris par l'état ou par compagnies particulières, avec ou sans péage, avec ou

sans subside du trésor, avec ou sans aliénation du domaine public, ne peuvent être exécutés qu'en vertu d'une loi qui ne doit être rendue qu'après une enquête administrative. Une ordonnance royale suffit pour autoriser l'exécution des routes, des canaux et chemins de fer d'embranchement de moins de vingt mille mètres de longueur, des ponts et de tous autres travaux de moindre importance. Cette ordonnance doit également être précédée d'une enquête; ces enquêtes ont lieu dans les formes déterminées par un règlement d'administration publique (L. 7 juill., art. 3).

24.— La première disposition de cet article parlant seulement des *routes royales*, il s'ensuit que pour les routes *départementales*, alors même qu'elles auraient plus de vingt mille mètres de longueur, il suffit d'une ordonnance.

25.— Toutes les fois que les travaux mentionnés dans la deuxième partie de l'art. 3 exigent une aliénation d'une portion quelconque du domaine public, il faut une loi.

26.— La loi qui autorise l'expropriation pour utilité publique des propriétés privées, est applicable à un établissement destiné aux soulagemens des malades, tels que les bains du Mont-d'Or, dont les propriétaires pourraient éloigner une partie des citoyens en exigeant des prix excessifs ou en ne les entretenant pas convenablement. C'est en vain qu'on opposerait qu'il n'est besoin pour parer à cet inconvénient que de donner un tarif, puisque ce serait de même enlever au propriétaire le droit de disposer en maître de sa propriété.— 23 sept. 1810. Décr. cons. d'état. Lizet.

27.—Et dans ce cas le propriétaire n'est pas fondé à demander que l'estimation ait lieu conformément à la loi sur l'expropriation, lorsque le tarif de ses bains avait été déterminé précédemment par un décret.— 8 mai 1813. Décr. cons. d'état. Lizet.

28 — La loi du 7 juill. 1833 ne s'applique point aux dessèchemens des marais. Il résulte de la discussion, que celle de 1807 continue à avoir force obligatoire.

29.— Elle est encore inapplicable aux cas d'occupation temporaire, et aux cas d'urgence. « Pour l'occupation temporaire, disait le commissaire du roi, nous avons une législation qui suffit à nos besoins, et qui dérive des lois du 28 pluv. an 8 et du 16 sept. 1807. Quant aux cas d'urgence, en matière de travaux civils, on ne peut guère admettre comme cas d'urgence que les cas d'inondation et d'incendie. Il y a ici une loi supérieure à toutes les autres, c'est celle de la nécessité, et l'on peut dire que les cas d'urgence se font justice eux-mêmes. » Ces observations firent rejeter un amendement qui avait eu pour but de tracer des règles pour les cas d'urgence.

30.— La loi de 1810 n'était pas non plus applicable à l'occupation temporaire (Décis. du conseil d'état, du 1er nov 1814, et du 10 fév. 1816).—Corm., t. 2, p. 390; Delalleau, n. 50 à 54; D.A 11 440, n. 12.

31.— Lorsque des raisons d'utilité publique obligent l'administration de requérir un édifice ou une propriété particulière pour un service temporaire, l'indemnité due au propriétaire, si elle ne peut être fixée de gré à gré, doit l'être par les tribunaux. — Ainsi, le ministre de l'intérieur, bien qu'ayant le droit d'ordonner au propriétaire d'une salle de la mettre à la disposition d'un directeur privilégié de spectacles, n'est pas compétent pour fixer le prix du loyer — 10 fév. 1816. Ord. cons. d'état. Lebrun C. Féréol et Duplan. D.A. 3. 226.

32.— Il résulte de la discussion et de l'art. 12 de la loi du 7 juill. 1833, qu'elle est applicable dans les cas où l'expropriation a lieu dans un intérêt purement communal. Mais toujours il faut une loi ou une ordonnance qui autorise les travaux.

33. — La loi actuelle est-elle applicable aux cas d'expropriation pour alignement? On proposa un amendement, qui avait pour but de distinguer deux cas confondus par la loi de 1807 : celui où il s'agit véritablement de la question d'alignement pour élargir une rue existante, et celui où il s'agit d'ouvrir une rue nouvelle, une nouvelle place. L'amendement voulait que, dans ce dernier cas, les maisons ne fussent soumises à l'interdiction, non pas du jour où le plan a été arrêté, mais seulement du jour où il y a dépossession, et que jusque là les propriétaires pussent user de leur propriété comme ils l'entendront. « Il ne suffit pas, dit alors le commissaire du roi, que le projet d'une communication nouvelle soit arrêté, pour que les terrains et bâtimens qui se trouvent sur la ligne soient à l'instant même frappés des servitudes essentiellement inhérentes aux bâtimens et terrains situés le long

des routes déjà ouvertes. Ces servitudes ne sont que le prix des avantages que procure la jouissance de la communication ; si les avantages n'existent pas (et ils n'existent pas si la communication n'est pas ouverte), les servitudes ne peuvent pas être invoquées ; en un mot, les servitudes ne peuvent pas être antérieures à l'ouverture de la route ou canal, ou de la rue nouvelle, puisqu'elles ne dérivent que de l'existence même de ces communications. Quand il s'agit de les ouvrir pour la première fois, ce n'est pas par mesure d'alignement que l'on doit procéder, mais par voie d'expropriation. Il faut, dans ce cas, acheter et payer dans leur entière valeur les terrains et bâtimens qui doivent servir d'emplacement aux travaux ; et toute interdiction de bâtir ou de réparer, qui reposerait uniquement sur un plan arrêté dans le cabinet, et lorsqu'il n'y a encore ni route, ni canal, ni rue, serait une interdiction contraire à l'esprit de la loi. » On demanda acte de cette déclaration, et l'amendement fut rejeté.

34. — Jugé, avant la loi de 1833, que dans le cas où un alignement a été pris pour l'agrandissement de la voie publique, s'il arrive qu'une maison bâtie sur un terrain qui, d'après le plan, doit en totalité contribuer à cet agrandissement, menace ruine, et doive être démolie conformément à l'alignement pris et non attaqué, il n'y a pas lieu de fixer l'indemnité comme au cas d'expropriation pour utilité publique, et cela, encore bien que la démolition serait causée non par *vétusté*, mais par un accident imputable à un agent même de l'autorité, accident dont celle-ci aurait refusé d'autoriser la réparation (C. c. 544). — 8 avril 1826. Paris. Lebon. D.P. 27. 2. 128.

35. — De même, l'alignement des maisons et bâtimens qui bordent les rues des villes et bourgs, intéressant essentiellement la sûreté et la commodité publique, les propriétaires de constructions élevées lors des alignemens tracés par l'autorité municipale, peuvent être contraints de les céder, moyennant indemnité (C. civ. 544, 545 ; charte 9 et 10). — 7 août 1829. Cr. r. Becq. D.P. 29. 1. 326.

36. — .... Et au cas de démolition ordonnée pour cause de vétusté, seulement de la partie supérieure d'un bâtiment, l'autre, restant intacte, la reconstruction de cette partie, par le propriétaire, ne peut avoir lieu qu'en se conformant à l'alignement donné par l'autorité administrative compétente : alors, l'indemnité due à raison du reculement imposé par l'alignement, doit être estimée sur la valeur du terrain délaissé, et non d'après tout le dommage résultant du reculement (L. 16 sept 1807, art. 50, 52, C. civ. 545). — 7 juill. 1829. Civ. c. Douai. D.P. 29. 1. 291.

37. — Jugé qu'un particulier n'est pas recevable à demander une indemnité pour la démolition d'une maison qu'il construisait, et qui a été ordonnée pour l'élargissement d'une rue, par un décret postérieur, par le motif que la construction en était commencée antérieurement à ce décret, s'il est constant que le préfet, d'après les ordres du ministre, lui avait fait défense de les continuer, antérieurement aussi à ce décret. — 8 mars 1813. Décr. cons. d'état. Pigny.

38. — Lorsque, d'après les termes de la loi du 5 fruct. an 5, il a été créé un quartier neuf pour l'embellissement d'une ville de guerre, le ministre ne peut pas disposer de ce quartier pour étendre les limites du terrain militaire, à l'effet de favoriser les manœuvres des troupes. — Dans le cas où le ministre aurait été autorisé à cet effet, il devrait préalablement se conformer aux dispositions de la loi du 10 mars 1810, sur les expropriations forcées pour cause d'utilité publique.

Réciproquement, la ville ne peut pas apporter des changemens au plan approuvé par la loi précitée (5 fruct. an 5), avant de les avoir soumis à l'autorité administrative.

Toutes autres contestations entre le ministre et la ville, par exemple, sur des questions de propriété, sur la fixation des indemnités par suite d'expropriation, etc., sont de la compétence des tribunaux ordinaires. — 26 août 1818. Ord. cons. d'état. Ville de Metz.

39. — L'exécution d'un plan d'alignement peut causer préjudice à des particuliers, s'il faut, par exemple, redresser, supprimer, exhausser des rues ou places, et s'il résulte de ces changemens une dépréciation ou diminution de valeur pour les propriétés voisines. Il est dû alors une indemnité, qui doit être réglée par le jury, et acquittée avant l'exécution des travaux, comme dans le cas d'expropriation pour utilité publique.

40. — Ainsi, le propriétaire d'une maison enfouie partiellement par l'exhaussement du pavé d'une rue,

a droit à une indemnité contre la ville, s'il est reconnu que les travaux ordonnés par l'administration ont causé à la maison un dommage réel, sans avantage qui le compense (C. civ. 554, 1382). — 11 mai 1826. Aix. Dufour. D.P. 27. 2. 1.

41. — Et, dans ce cas, l'administration alléguerait en vain qu'il y a eu force majeure pour elle de faire les travaux (C. c. 544, 545 ; charte, 9 et 10). — 18 janv. 1826. Civ. r. Rennes. Ville de Nantes. D.P. 26. 1. 150.

42. — Jugé de même, bien que les lois et réglemens de police obligent tous les habitans et propriétaires des maisons situées sur les rues et places publiques à supporter personnellement et sans indemnité toutes les *charges* et *sujétions* que comportent l'ordre et la bonne police, néanmoins la ruine ou dépréciation qu'un immeuble éprouve à la suite de travaux ordonnés par l'administration municipale, dans la seule vue de l'utilité publique, n'est pas une charge individuelle que chaque habitant de la commune doive supporter sans aucune indemnité ; elle doit être supportée proportionnellement par tous. — 11 déc. 1827. Req. Ville d'Aix. D.P. 28. 1. 54.

43. — Le propriétaire d'une maison a droit à une indemnité lorsqu'il est reconnu que les travaux ordonnés par l'administration ont causé à sa maison un préjudice réel qui excède, par exemple, les 3/20 de la valeur capitale de cette maison (C. civ. 544, 545, 1382 ; charte 9 et 10). — Même arrêt.

44. — Une indemnité est due pour le préjudice résultant du nivellement des routes dans la traverse des villes, bourgs et villages (Circ. de la direct. gén. des ponts et chaussées, 21 fév. 1821 ; Arr. cons. d'état. des 7 avril 1824 et 17 août 1825). — D.A. 12. 1021, n. 24.

45. — Chaque habitant d'une commune doit supporter, personnellement et sans indemnité, toutes les charges et sujétions qui sont la conséquence nécessaire du régime municipal, et sont d'ailleurs autorisées par les lois et réglemens de police. — 12 juin 1833. Civ. c. Paris. Ville de Paris. D.P. 33. 1. 237.

46. — Par suite, une ville qui a exécuté des travaux de nivellement sur la voie publique, en se conformant aux lois et sans qu'on ait à lui reprocher aucune faute, n'est pas tenue d'indemniser les marchands, propriétaires ou locataires riverains, du dommage qu'ils ont pu éprouver dans leur commerce par suite de l'exécution de ces travaux ; et, en un tel cas, l'arrêt qui, sans constater aucune faute de l'autorité, sans avoir égard aux avantages ultérieurs qui doivent résulter de ces travaux en compensation pour les riverains, a condamné la ville à des dommages-intérêts, est susceptible de cassation (C. civ. 544, 1382). — Même arrêt.

47. — Jugé de plus que le nivellement des rues ou voies publiques tient à la sûreté des communications et à la salubrité de la commune. Des propriétaires riverains n'ont pas qualité pour s'opposer à l'exécution de travaux de nivellement, lorsque ces travaux ont été autorisés par l'administration — Même arrêt.

48. — Quant au réglement des indemnités dues aux particuliers, pour le préjudice résultant du nivellement de leurs propriétés, il doit être poursuivi administrativement, aux termes des lois des 28 pluv. an 8, et 16 sept 1807. — 20 fév. 1828. Ord. Launier. D P. 28. 3 19.

49. — Il est dû une indemnité aux riverains pour la suppression d'une rue. — Isambert, n. 487 ; Davenne, *Recueil des lois sur la voirie*, p. 126 ; D.A. 12. 1022, n. 34.

50. — Jugé en ce sens qu'une rue ou un chemin public ne peuvent être supprimés par l'état qu'en payant une indemnité aux propriétaires qui ont, sur cette rue, un droit de passage ou de vue qui se trouve paralysé ; et le passage, consistant, primitivement, en une porte, fût-il devenu, par l'exhaussement du terrain, trop petit pour y passer, dût-on même le considérer comme une servitude, sa suppression ne donnerait pas moins lieu à une indemnité (C. civ. 545). — 6 avril 1829. Bourges. Brière. D.P. 30 2. 25.

51. — La décision qui classe un chemin au nombre des chemins vicinaux, ne fait pas obstacle à ce qu'un individu qui aurait depuis fait reconnaître son droit de propriété sur le sol de ce chemin, fasse fixer par les tribunaux l'indemnité à laquelle il aurait droit dans ce cas. — 14 nov. 1833. Ord. cons. d'état. Turodin. D.P. 34. 3. 31.

52. — La loi du 28 mars 1790, en supprimant en faveur des communes les droits de hallage, a voulu que les bâtimens de ces halles continuassent d'ap-

partenir à leurs propriétaires, sauf à ces derniers à s'arranger à l'amiable, soit pour le loyer, soit pour l'aliénation avec les municipalités des lieux. D'après la loi du 20 août 1790, les propriétaires peuvent être contraints par les municipalités de vendre les halles, à moins qu'ils n'en préfèrent le louage. D'après l'art. 19 de cette loi, c'étaient les directoires de département qui devaient déterminer, par voie d'arbitrage, toutes les difficultés qui pourraient s'élever entre les municipalités et les propriétaires des halles.

53. — Jugé qu'un préfet ne peut déposséder un propriétaire de sa halle, sans l'avoir, au préalable, indemnisé (C. civ. 545). — 26 mars 1814. Décr. cons. d'état. Delamarre.

54. — Comme chef de l'administration, un préfet peut homologuer le rapport d'experts qui fixe l'indemnité due au propriétaire d'une halle exproprié, mais seulement lorsque les parties sont d'accord sur l'estimation. Dans le cas contraire, lorsque les experts ne sont pas d'accord sur le mode d'estimation ; la question, d'administrative qu'elle était, devient contentieuse et doit être soumise au conseil de préfecture. Ainsi, est nul l'arrêté d'un préfet qui en pareille circonstance homologue un tel rapport. — 6 déc. 1813. Décr. cons d'état. Leseigneur.

55. — Pour l'estimation des halles publiques, que les communes peuvent se faire céder par les particuliers qui en sont propriétaires, on doit prendre en considération, non seulement la valeur intrinsèque des bâtimens et du terrain, mais encore le prix de la location que le propriétaire peut retirer des marchands qui réclament l'usage de ses bâtimens, prix de location que l'autorité municipale peut régler dans l'intérêt général, et qui est différent de celui que la commune, si elle était propriétaire ou locataire de la halle, pourrait établir (L. 15-28 mars, 12-20 août 1790, 11 frim. an 7 ; C. civ. 545). — 20 mai 1829. Civ r. Rennes. Comm. de Bazouges C. Sohier. D P. 30. 1. 22.

56. — L'art. 19 de la loi du 28 mars 1790, et le § 2 du chap. 3 de l'instruction publiée en forme de loi, le 20 août suivant, ayant pour objet de supprimer les chemins de hallage et la propriété des halles, sont applicables à tous les droits de cette espèce, soit qu'ils émanent de la puissance féodale, soit qu'ils aient une autre origine. — En conséquence, le propriétaire d'une halle ne pourrait se refuser à la vendre à une commune, par la raison qu'il n'est pas prouvé qu'elle ait une origine féodale. — 30 avril 1830. Bordeaux. Meynard D.P. 30. 2. 226.

57. — En cas de refus d'un particulier de vendre ou de louer à la commune une halle ou terrain servant à une foire ou à un marché, la commune a le droit d'exiger l'expropriation pour cause d'utilité publique (L. 20 août 1790, ch. 3, art. 32 ; 8 mars 1810 ; 7 juill. 1833)

..... Et il ne saurait résulter une nullité de ce que, le refus une fois constaté, le tribunal qui a ordonné l'expropriation n'aurait pas réservé à la partie le droit d'empêcher l'expropriation en offrant de louer. — 7 mai 1834. Civ. r. Paris. Menetreau. D.P. 34. 1. 338.

58. — Jugé encore qu'il suffit qu'un particulier ait refusé soit de vendre, soit de louer à une commune un emplacement servant à une foire ou marché, et que celle-ci voudrait faire servir à une halle, pour que, sur la poursuite de la commune, l'expropriation pour cause d'utilité ait pu être prononcée par le tribunal, sans qu'il y ait eu pour lui obligation de laisser au particulier la faculté, d'opter entre la location ou l'aliénation (L. 20 août 1790, ch. 3, art. 3 ; 7 juill. 1833). — 9 juin 1834. Civ. r. Montmorency. D.P. 34. 1. 328.

59. — Quant à la législation spéciale sur les eaux, les rivières navigables et flottables, la loi permet, sous certaines conditions, l'expropriation des moulins et usines non autorisés, ou l'expropriation par suite de la déclaration de navigabilité. — V. Eau.

60. — Si l'exécution de travaux publics cause aux propriétés voisines un préjudice, il n'y a pas expropriation, mais seulement dommage non susceptible des formalités exigées pour l'expropriation. Sur ce point, la jurisprudence administrative est constante. — D.A. 11. 440, n. 13.

61. — Il en est de même de l'occupation d'un terrain pour l'extraction de matériaux nécessaires à des travaux publics. Le conseil d'état a rendu un grand nombre de décisions conformes. — Delalleau, n. 60 à 73 ; D.A. 11. 440, n. 14.

62. — Décidé ainsi que dans ce cas l'indemnité doit être accordée d'après les règles prescrites par les art. 55 et 56 de la loi du 17 sept. 1807 et non pas suivant les art. 16 et 17 de la loi du 8 mars 1810. — 1er nov. 1814. Ord. cons. d'état. Fauconnet.

63. — Jugé que l'appréciation de l'indemnité due pour les dégâts occasionés par les travaux préliminaires, relatifs au tracé d'un chemin de fer et en dehors de la portion du terrain qui est devenue, plus tard, sujette à l'expropriation définitive, est du ressort de l'autorité administrative et non des tribunaux ordinaires. — 31 mai 1833. Lyon. Mellet. D.P. 33. 2. 197.

64. — De même pour le tracé d'une route départementale. — 20 mars 1828. Ord. Combault. D.P. 28. 3. 22.

65. — Lorsque, par suite de la suppression des ordres monastiques, l'état, mis aux droits d'un couvent, s'est emparé d'une propriété à laquelle appartenait un droit de péage; qu'il a vendu ensuite cette propriété, le droit de péage compris, et que postérieurement, en vertu de la loi du 30 floréal an 10, sur la navigation intérieure, il s'est de nouveau mis en possession du péage vendu, le propriétaire dépossedé a le droit de réclamer une indemnité, tant en vertu du principe que l'acquéreur doit être garanti par son vendeur de l'éviction qu'il souffre, que du principe consacré par l'art. 545 C. civ., en faveur de tout propriétaire exproprié pour cause d'utilité publique. — 23 fév. 1825. Req. Paris. Préfet de l'Yonne C. Bonneville. D.P. 25. 1. 123.

66. — L'utilité particulière ne permet point l'expropriation; la cession forcée de la propriété, pour un avantage particulier, n'a lieu que dans deux cas prévus par les art. 661 et 841, relatifs à la mitoyenneté et au retrait successoral. Ce principe a été consacré par une foule d'arrêts du conseil d'état. — D.A. 11. 440, n. 20.

67. — Toutefois, lorsque l'usufruitier d'une maison, après avoir acheté un immeuble voisin de celui dont il a l'usufruit, fait faire des constructions au moyen desquelles il réunit les deux bâtimens, et que le nu-propriétaire de celle des deux maisons qui est grevée d'usufruit, n'a pas formé opposition aux constructions, et a même, depuis, approuvé la réunion, les tribunaux peuvent, en cas de poursuites des créanciers de la succession de l'usufruitier sur l'immeuble qui lui était propre, ordonner la vente simultanée des deux immeubles, s'il n'est pas possible de les séparer sans nuire aux intérêts des propriétaires : par conséquent, ils peuvent ordonner la visite des lieux par des experts, à l'effet de constater si les immeubles peuvent être vendus séparément. Ce n'est pas là contrevenir aux principes, qui veulent que nul ne puisse être contraint de céder sa propriété hors les cas exceptés par la loi, et qu'il n'y ait lieu à licitation qu'autant que l'immeuble est commun entre les parties. — 23 mars 1825. Civ. r. Paris. Martin. D.P. 25. 1. 249.

68. — Le fondateur d'une école gratuite, érigée, sur sa demande, en école spéciale entretenue aux frais de l'état, ne peut être considéré comme ayant été dépossédé de son établissement pour cause d'utilité publique, et n'a droit à aucune indemnité.

....Par suite, le fondateur démissionnaire de cette école ne peut réclamer une indemnité, au-delà des souscriptions et des encouragemens qu'il a reçus du ministère de l'intérieur, pour le temps pendant lequel il a soutenu son établissement à son propre compte, non plus que pour la valeur du mobilier qui se serait trouvé dans l'établissement à l'époque de la cession, s'il ne justifie d'aucune clause, d'aucun inventaire, d'aucune estimation au procès-verbal de réception, qui ait réservé ses droits à cet égard. — 14 oct. 1831. Ord. cons. d'état. Montizon. D.P. 33. 3. 119.

ART. 2. — *Déclaration d'utilité publique.*

69. — La loi ou l'ordonnance qui prescrit des travaux publics, ou achats de terrains ou édifices destinés à des objets d'utilité publique, est un préliminaire indispensable de l'expropriation. Mais, dans aucun cas, l'intervention de la puissance législative n'est nécessaire pour déclarer l'utilité publique (L. 7 juill., art. 2). — Il en était de même sous l'empire de la loi de 1810. — Delal., n. 285, 291; D.A. 11. 441, n. 26.

70. — Il n'est pas nécessaire que l'ordonnance déclare en termes exprès que les travaux concernent l'utilité publique; il faut seulement qu'il n'existe aucun doute sur l'intention du roi d'ordonner que les travaux auront lieu, même par voie d'expropriation; elle ne résulterait pas suffisamment d'une ordonnance approbative du budget d'une commune, sans homologation de plans ni ordre d'aucune disposition relative à un travail communal. — Delall., n. 282; D.A. 11. 441, n. 27.

71. — L'ordonnance déclarative de l'utilité publique doit être rendue sur le rapport d'un ministre res-

ponsable; toutefois, les tribunaux ne pourraient refuser l'expropriation ordonnée par un arrêt du conseil, qui est une véritable ordonnance. — D.A. 11. 441, n. 28.

72. — Ainsi que toutes les autres, les expropriations pour les travaux des places de guerre ne peuvent être opérées qu'après une ordonnance spéciale; tous les actes de possession que ferait auparavant l'autorité militaire seraient irréguliers, et ne porteraient aucune atteinte aux droits des particuliers (Ord. du 28 juill. 1820). — D.A. 11. 441, n. 26.

73. — Il en est de même pour le dessèchement des marais, la concession des mines, l'ouverture des rues ou places publiques (Delalleau, n. 295 à 300). — Quant aux chemins vicinaux, V. Voirie.

74. — Sous l'empire de la loi de 1810, M. de Cormenin pensait que l'ordonnance d'utilité publique devait être rendue sur le rapport du ministre de l'intérieur, de l'avis et sur les désignations du préfet, et après avoir mis les parties en état de contredire. — D.A. 11. 441, n. 31.

75. — S'il y avait lieu à interprétation de l'ordonnance, elle devait être faite par l'autorité administrative (Ord. du 11 avril 1827). — D.A. 11. 441, n. 32.

76. — Jugé que le tiers qui a intérêt dans une contestation est recevable à intervenir devant le conseil d'état. — 16 août 1832. Ord. cons. d'état. Schenck. D.P. 33. 3. 5. — Conf. Cormenin et Delall., n. 333 à 350.

77. — Au surplus, il résulte de la discussion que lorsqu'une loi ou une ordonnance a autorisé l'ouverture d'une route, l'établissement d'un canal, tous les travaux dépendans de cette route ou de ce canal sont par là même autorisés implicitement, et qu'il n'est pas exigé des déclarations partielles d'utilité publique.

78. — L'art. 3 de la loi de 1833 a voulu que la loi et l'ordonnance qui autorisent des travaux publics fussent précédées d'une enquête administrative, dont l'ordonnance du 18 fév. 1834 règle les formalités. — D.P. 34 3. 33.

79. — D'après l'art. 2, l'enquête doit s'ouvrir sur un avant-projet où l'on fait connaître le tracé général de la ligne des travaux, les dispositions principales des ouvrages les plus importans, et l'appréciation sommaire des dépenses.

80. — Lorsque la ligne des travaux relatifs à une entreprise d'utilité publique doit s'étendre sur le territoire de plus de deux départemens, les pièces de l'avant-projet qui servent de base à l'enquête ne sont déposées qu'au chef-lieu de chacun des départemens traversés (Ord. 15 fév., 6 mars 1835). — D.P. 35. 3. 25.

81. — L'ordonnance royale d'autorisation des travaux peut se référer à un plan y annexé, pour déterminer les terrains soumis à l'expropriation (L. 7 juill. 1833, art. 65). — 22 déc. 1834. Civ. r. D.P. 35. 1. 112.

82. — Il est formé, au chef-lieu de chacun des départemens que la ligne des travaux doit traverser, une commission de neuf membres au moins et de treize au plus, pris parmi les principaux propriétaires de terres, de bois, de mines, les négocians, les armateurs et les chefs d'établissemens industriels. Ils sont désignés par le préfet (Ord. 18 février, art. 4).

83. — Des registres destinés à recevoir les observations auxquelles peut donner lieu l'entreprise projetée sont ouverts, pendant un mois au moins et quatre mois au plus, au chef lieu de chacun des départemens et des arrondissemens que la ligne des travaux doit traverser. L'administration supérieure détermine la durée de l'ouverture du registre (Ord. 18 février, art. 5).

84. — A l'expiration du délai, la commission se réunit sur-le-champ : elle examine les déclarations consignées aux registres de l'enquête; elle entend les ingénieurs des ponts et chaussées et des mines, employés dans le département; et après avoir recueilli auprès de toutes les personnes qu'elle juge utile de consulter les renseignemens dont elle croit avoir besoin, elle donne son avis motivé. Le procès-verbal de la commission est transmis avec les registres et les autres pièces au préfet, qui l'adresse avec son avis à l'administration supérieure, dans les quinze jours qui suivent la clôture du procès-verbal (art. 6 et 7).

85. — Les chambres de commerce, et, au besoin, les chambres consultatives des arts et manufactures des villes intéressées à l'exécution des travaux, sont appelées à délibérer et à exprimer leur opinion sur l'utilité et la convenance de l'opération (art. 8).

ART. 3. — *De la manière de constater quelles sont les propriétés dont l'aliénation est nécessaire.*

86. — D'après la loi du 8 mars 1810, cette opération était attribuée au préfet (art. 3). — D.A. 11. 441, n. 35.

Il en est de même sous la loi de 1833 (art. 11).

87. — C'est donc à l'administration à déterminer l'étendue et les limites de l'expropriation, à prononcer si elle peut être restreinte par des servitudes ou par des constructions permises aux particuliers (Ord. 19 oct. 1825) — D.A. 11. 441, n. 35.

88. — La loi exige ici de nombreuses formalités préalables. Les ingénieurs ou autres gens de l'art chargés de l'exécution des travaux autorisés lèvent, pour la partie qui s'étend sur chaque commune, le plan parcellaire des terrains ou des édifices dont la cession leur paraît nécessaire (L. 7 juill. 1833, art. 4).

89. — Le plan doit indiquer la contenance exacte des terrains qu'on veut exproprier, afin que chaque propriétaire sache la portion qu'on veut lui enlever, et qu'il puisse réclamer. — D.A. 11. 442, n. 41.

90. — Ce plan indicatif des noms de chaque propriétaire, tels qu'ils sont inscrits sur la matrice des rôles, reste déposé, pendant huit jours au moins, à la mairie de la commune où les propriétés sont situées, afin que chacun puisse en prendre connaissance (art. 5).

91. — L'attribution accordée aux maires, de délivrer des extraits des rôles des contributions, pour arriver à l'expropriation, n'est point administrative, et le maire requis de faire cette délivrance ne peut s'y refuser, sous le prétexte que ce n'est point par action devant les tribunaux que la demande doit être introduite. — 27 août 1827. Colmar. Triponé. D.P. 28. 2. 68.

92. — Le délai fixé par l'art. 5 ne court qu'à dater de l'avertissement donné collectivement aux parties intéressées, de prendre communication du plan déposé à la mairie. Cet avertissement est publié à son de trompe ou de caisse dans la commune, affiché tant à la principale porte de l'église du lieu qu'à celle de la maison commune, et inséré dans l'un des journaux des chefs-lieux d'arrondissement et de département (art. 6).

93. — Le maire certifie ces publications et affiches; il mentionne sur un procès-verbal que les comparans sont requis de signer, les déclarations et réclamations qui lui ont été faites verbalement, et y annexe celles qui lui sont transmises par écrit (art. 7).

94. — Les réclamations des propriétaires sont soumises à une commission. Si les travaux s'étendent sur le territoire de plusieurs communes, la commission doit faire autant d'opérations séparées qu'il y a de communes. — Delall., n. 406; D.A. 11. 442, n. 43.

95. — Cette commission est composée de quatre membres du conseil général de département ou du conseil d'arrondissement, désigné par le préfet au maire de la commune où les propriétés sont situées, et de l'un des ingénieurs chargés de l'exécution des travaux : cette commission est présidée par le sous-préfet de l'arrondissement (art. 8).

96. — Les propriétaires qu'il s'agit d'exproprier ne peuvent être appelés à faire partie de la commission (*eod.*) On avait proposé d'ajouter : leurs pères, fils ou frères ou alliés au même degré. Cette proposition fut rejetée.

97. — La commission reçoit les observations des propriétaires. Elle les appelle toutes les fois qu'elle le juge convenable. Elle reçoit leurs moyens respectifs, et donne son avis. Ses opérations doivent être terminées dans le délai d'un mois, après quoi le procès-verbal est adressé immédiatement par le sous-préfet au préfet. Dans le cas où lesdites opérations n'auraient pas été mises à fin dans le délai ci-dessus, le sous-préfet devra, dans les trois jours, transmettre au préfet son procès-verbal et les documens recueillis (art. 9).

98. — Dans le cas où les réclamations parvenues à la commission dans sa première réunion pourraient être examinées par elle dans la même séance, elle ne pourrait terminer ce jour-là toutes ses opérations, et clore son procès-verbal.

Le délai d'un mois, fixé par loi, a été donné pour que tous les propriétaires puissent avoir le loisir d'examiner les pièces, de prendre communication du plan, et de présenter leurs observations, ce qui peut entraîner un long délai, lorsque les propriétaires résident loin de la commune où sont leurs propriétés. — Delall., n. 424; D.A. 11. 442, n. 44.

99 — Si par suite des changemens proposés par la commission, il résulte que les travaux doivent

être exécutés sur des terrains autres que ceux désignés dans le plan primitif, la commission a le pouvoir d'appeler et d'entendre les propriétaires de ces terrains; mais cette formalité est facultative. On rejeta un amendement, par lequel le devoir d'appeler ces propriétaires était formellement imposé à la commission.

100.— Le procès-verbal et les pièces transmis par le sous-préfet restent déposés au secrétariat général de la préfecture, pendant huitaine, a dater du jour du dépôt.

Les parties intéressées peuvent en prendre communication sans déplacement et sans frais (art. 10).

La commission de la chambre des pairs avait demandé qu'on ajoutât : *et adresser au préfet leurs dernières observations*. Mais on rejeta cette disposition comme surabondante, chacun ayant toujours le droit de présenter au préfet des observations.

101 — Sur le vu du procès-verbal et des documens y annexés, le préfet détermine, par un arrêté motivé, les propriétés qui doivent être cédées, et indique l'époque à laquelle il sera nécessaire d'en prendre possession. Toutefois, dans le cas où il résulterait de l'avis de la commission qu'il y aurait lieu de modifier le tracé des travaux ordonnés, le préfet surseoira jusqu'à ce qu'il ait été prononcé par l'administration supérieure. La décision de l'administration supérieure sera définitive et sans recours au conseil d'état (art. 11).

L'arrêté du préfet qui fixe définitivement la ligne que doivent suivre les travaux, et désigne les propriétés qui doivent être soumises à l'expropriation, est définitif, et ne peut être soumis à l'autorité supérieure, excepté dans le cas où des changemens ont été indiqués par la commission

102.— Toutefois, si l'arrêté du préfet prescrivait des changemens que la commission n'aurait pas provoqués, le ministre pourrait les réformer. Au surplus, si les formalités exigées n'ont pas été remplies, on ne peut s'adresser ni au ministre, ni au conseil d'état pour faire réformer l'arrêté du préfet. Les tribunaux sont seuls compétens pour déclarer l'inobservation des formalités prescrites. Un amendement qui voulait que dans ce cas on pût former un recours au conseil d'état fut rejeté.

103.— Jugé, sous l'empire de la loi de 1810, qu'il n'est pas nécessaire que le décret qui ordonne les travaux à faire et les arrêtés qui indiquent les terrains sur lesquels ces travaux doivent avoir lieu, soient signifiés aux parties intéressées.

104.— Les art. 8, 9 et 10 ne sont point applicables aux cas où l'expropriation est demandée par une commune, et dans un intérêt purement communal.

Dans ce cas, le procès verbal prescrit par l'art 7 est transmis, avec l'avis du conseil municipal, par le maire au sous préfet, qui l'adresse au préfet avec ses observations.

Le préfet, en conseil de préfecture, sur le vu de ce procès-verbal, et sauf l'approbation de l'administration supérieure, prononce comme il est dit en l'art. 11 et 12.

En se servant de ces mots : *le préfet en conseil de préfecture*, cet article veut dire que les conseillers de préfecture n'assistent le préfet que pour lui communiquer leurs avis, et n'ont pas voix délibérative.

ART. 4.—*De la cession volontaire avant le jugement d'expropriation et de la rétrocession après l'expropriation.*

105. — Sous la la loi de 1833 comme sous celle de 1810, l'administration a le droit de faire dès le premier moment, et avant le jugement d'expropriation, des offres amiables aux propriétaires des terrains soumis à l'expropriation. Dans ce cas, l'art. 19 de la loi de 1833 déclare applicables les art. 17 et 18 de la même loi, aux contrats passés entre l'administration et les propriétaires.

106.— Les contrats de vente, quittances et autres actes relatifs à l'acquisition des terrains peuvent être passés dans la forme des actes administratifs; la minute restera déposée au secrétariat de la préfecture, expédition en sera transmise à l'administration des domaines (L. 7 juill., art 56).

Mais, comme l'a dit M. le commissaire du roi, les actes peuvent être faits par-devant notaires, lorsque l'administration, partie dans ces actes, le juge convenable.

107.— En cas d'expropriation pour travaux utiles au service de la marine, le préfet maritime a qualité pour faire des offres amiables aux parties intéressées, et, en cas de refus de celles-ci, de mettre en action le ministère du procureur du roi pour

faire prononcer l'expropriation (L. 17 juill. 1833, art. 13 et 57). — 22 déc. 1834. Cass. D.P. 35. 1. 112.

108.—Supposez qu'il y a un usufruitier et que l'administration n'a traité qu'avec le propriétaire. Quand l'expropriation a eu lieu, la loi de 1833, comme celle de 1810, veut que si le propriétaire n'a pas appelé les usufruitiers ou usagers, avant la fixation de l'indemnité, il reste seul chargé envers eux des indemnités qu'ils pourraient prétendre. Cette déchéance ne peut s'étendre au-delà de l'espèce pour laquelle elle a été faite. — Delalleau, n. 536, 537; D.A. 11. 443, n. 51.

109. — Si le bien à acquérir appartient à un mineur, à un interdit, à une femme mariée sous le régime dotal, a un failli, il faut, pour traiter à l'amiable, suivre toutes les formalités établies pour la vente de ces sortes de propriétés. — D.A. 11. 443, n. 52.

110.—Si le bien faisait partie d'un majorat, on devrait observer les formes exigées par le décret du 1er mars 1808.—D.A. 11. 443, n. 53.

111.— C'est aux tribunaux à statuer sur l'interprétation ou l'exécution de l'acte de vente reçu par l'administration. — Delall., n. 546 à 552 ; D.A. 11. 443, n. 54.

112.— Le paiement du prix doit s'effectuer aux époques et conditions stipulées.

113 — Sous la loi de 1810, la créance de l'exproprié n'était sujette aux déchéances prononcées par les lois administratives, que si l'expropriation était antérieure à la charte de 1814. L'exproprié se trouvait dans la même catégorie que tous les autres créanciers de l'état.— Delall., n. 576 à 582; Cormenin, t 2, p. 392; D.A. 11. 443, n. 57.

114.— Encore bien que le propriétaire, qui, sous l'empire de la loi du 16 sept. 1807, a été exproprié d'un terrain incorporé à la voie publique, soit devenu créancier de l'état du prix de son fonds, il n'a pas moins encouru la déchéance prononcée par la loi du 25 mars 1817, s'il n'a pas formé sa demande en liquidation d'indemnité dans les délais fixes par l'art. 5 de la loi précitée.—30 nov. 1832. Ord. cons. d'état. Tixier. D.P. 33. 3. 24.

Les créances de cette nature se paient en numéraire (Décr. du 1er septembre 1811).

115. — L'expropriation est opérée par le jugement, qui ne laisse plus à régler que l'indemnité ; ainsi, les traités amiables, postérieurs au jugement, ne sont pas des ventes, mais des réglemens d'indemnité.—D.A. 11. 443, n. 58.

116.— *Rétrocession*.— Si des terrains acquis pour des travaux d'utilité publique ne reçoivent pas cette destination, les anciens propriétaires ou leurs ayans-droits peuvent en demander la remise.

Le prix des terrains rétrocédés est fixé à l'amiable, et s'il n'y a pas accord, par le jury, dans les formes ci-dessous prescrites. La fixation par le jury ne peut, en aucun cas, excéder la somme moyennant laquelle l'état est devenu propriétaire desdits terrains (L. 7 juill., art. 60).

117.— Un avis, publié de la manière indiquée en l'art. 6, fait connaître les terrains que l'administration est dans le cas de revendre. Dans les trois mois de cette publication, les anciens propriétaires qui veulent réacquérir la propriété desdits terrains sont tenus de le déclarer; et, dans le mois de la fixation du prix, soit amiable, soit judiciaire, ils doivent passer le contrat de rachat, et payer le prix, le tout à peine de déchéance du privilége que leur accorde l'article précédent (art. 54).

On rejeta hors de la discussion, une proposition qui voulait que les contrats de rachat faits en vertu de cet article, fussent exempts du droit de mutation.

118. — Les dispositions des art. 60 et 61 ne sont pas applicables aux terrains qui ont été acquis sur la réquisition du propriétaire, en vertu de l'art. 50, et qui resteraient disponibles après l'exécution des travaux (art. 62).

ART. 5. — *Jugement d'expropriation; ses formalités, ses effets, et réclamations auxquelles il peut donner lieu.*

119.— A défaut de conventions amiables avec les propriétaires des terrains ou bâtimens dont la cession est reconnue nécessaire, le préfet transmet au procureur du roi, dans le ressort duquel les biens sont situés, la loi ou l'ordonnance qui autorise l'exécution des travaux, et l'arrêté du préfet mentionné en l'art. 11 (L. 7 juill., art 13).

120.— Dans les trois jours, et sur la production des pièces constatant que les formalités prescrites par l'art. 2, tit. 1er, et par le tit. 2 de la présente

loi, ont été remplies, le procureur du roi requiert, et le tribunal prononce l'expropriation pour cause d'utilité publique des terrains ou bâtimens indiqués dans l'arrêté du préfet (art. 14).

121.— Il résulte de la discussion de cet article, que du moment où toutes les formalités exigées sont constatées par des pièces administratives, le tribunal doit, à moins d'inscription de faux, considérer ces formalités comme accomplies, et prononcer l'expropriation. — Si, au contraire, les pièces ne constatent pas toutes ces formalités, le tribunal ne prononce pas l'expropriation, mais il n'a aucunement à annuler l'arrêté du préfet; il doit se borner à dire qu'il n'y a pas lieu, quant à présent, de prononcer l'expropriation demandée.

122.— Jugé qu'un tribunal peut, sans empiéter sur l'autorité administrative, surseoir à prononcer des expropriations jusqu'à justification des actes légaux qui ont ordonné les travaux. — 8 avril 1835. Civ. r. D.P. 35. 1. 216.

123.— Les formes à suivre sont, pour les instances d'expropriation, celles établies par les lois générales de la procédure, et non les formes sommaires (L. 22 frim. an 7, 14 vent. an 7, et 27 vent. an 9) de l'instruction par mémoire et sans plaidoirie. — 14 juill 1829. Civ. r. Paris. Préf. de la Marne C. Halot. D.P. 29. 1. 301.

124.— Il n'est pas exigé, à peine de nullité, d'appeler les parties devant le tribunal chargé d'ordonner une expropriation pour cause d'utilité publique, lorsque l'affaire a été préalablement et contradictoirement instruite devant l'administration (L. 7 juill. 1833). — 9 juin 1834. Civ. r. Montmorency. D.P. 34. 1. 328.

Les affaires d'expropriation pour utilité publique sont urgentes. — D.P. 35. 1. 112.

125 — Jugé de même que l'expropriation pour cause d'utilité publique peut être prononcée par un tribunal, sur la réquisition du procureur du roi, sans qu'il soit nécessaire que la partie expropriée ait été appelée dans l'instance.— 22 déc. 1834. Civ. r. D.P. 35. 1. 112.

126. — Il est indispensable, à peine de nullité, que le jugement qui déclare que les formalités prescrites en matière d'expropriation pour utilité publique ont été remplies, porte avec lui la preuve de l'exactitude de cette déclaration (L. 7 juill. 1833, art. 2, 14).

Ainsi, il est nul s'il ne mentionne aucune production des pièces que le préfet a dû adresser au procureur du roi.

...Ou s'il ne mentionne pas que le tribunal a visé ces pièces.— 1er juill. 1835. Civ. c. Dumarest. D.P. 34. 1. 295.

127 — Le jugement qui prononce l'expropriation, commet un des membres du tribunal pour remplir les fonctions attribuées, par le tit. 4, ch. 2, au magistrat directeur du jury chargé de fixer l'indemnité (L. 7 juill, art. 14).

Dans le projet de loi, le tribunal commettait un expert chargé de faire un travail préparatoire ; mais on a pensé que le jury offrait assez de garanties, et qu'il fallait lui laisser toute sa responsabilité. — V. n. 179.

128 — Le jugement doit en outre indiquer, 1° l'époque à laquelle l'administration veut prendre possession des terrains expropriés.—D.A. 11. 443., n. 62.

129.— 2° La contenance de chaque partie de terrain que l'on prend. Mais il n'est pas nécessaire de désigner les tenans et aboutissans, les noms des usufruitiers, usagers, locataires, etc., ni autres détails relatifs aux immeubles expropriés. — Delall., n. 610, 611; D.A. 11. 443, n. 63, 64.

130.— La loi n'exige pas que les pièces sur lesquelles le jugement a été rendu y soient annexées ; mais il est utile de le faire. — Delall., n. 613; D.A. 11. 443, n. 65.

131. — Sous la loi de 1810, on déclarait admissible l'appel du jugement qui aurait refusé l'expropriation (Delall., n. 617, 618. D.A. 11. 443, n. 66). — Cette opinion ne peut plus être suivie aujourd'hui (L. 7 juill. 1833, art. 20).

132. — Le jugement est publié et affiché, par extrait, dans la commune de la situation des biens, de la manière indiquée en l'art. 6. Il est, en outre, inséré dans l'un des journaux de l'arrondissement et dans l'un de ceux du chef-lieu du département.

Cet extrait, contenant les noms des propriétaires, les motifs et le dispositif du jugement, leur est notifié au domicile qu'ils auront élu dans l'arrondissement de la situation des biens, par une déclaration faite à la mairie de la commune où les biens sont situés, et dans le cas où cette élection de do-

micile n'aurait pas eu lieu, la notification de l'extrait est faite en double copie au maire et au fermier, locataire, gardien ou régisseur de la propriété (L. 7 juill., art. 15).

133. — Le jugement est immédiatement transcrit au bureau de la conservation des hypothèques de l'arrondissement, conformément à l'art. 2181 C. civ. (art. 16).

134. — Dans la quinzaine de la transcription, les privilèges et les hypothèques conventionnelles, judiciaires ou légales, antérieurs au jugement, sont inscrits. A défaut d'inscription dans ce délai, l'immeuble exproprié est affranchi de tous privilèges et de toutes hypothèques, de quelque nature qu'ils soient; sans préjudice du recours contre les maris, tuteurs ou autres administrateurs qui auraient dû requérir les inscriptions. Les créanciers inscrits n'ont dans aucun cas la faculté de surenchérir; mais ils peuvent exiger que l'indemnité soit fixée conformément au tit. 4 (art. 17).

135. — Les actions en résolution, en revendication, et toutes autres actions réelles, ne peuvent arrêter l'expropriation, ni en empêcher l'effet. Le droit des réclamans est transporté sur le prix, et l'immeuble en demeure affranchi (art. 18).

136. — En se servant des mots, *et toutes autres actions réelles*, l'art. 18 comprend évidemment les droits d'usage, d'usufruit, d'habitation, de servitude, de retour, de substitution. Il résulte de la discussion, que cet article s'applique également aux fermiers et locataires.

137. — Les créanciers doivent supporter les changemens qui résultent de l'expropriation et de la conversion des droits de propriété en un droit d'indemnité. Ainsi, le remboursement d'une créance hypothécaire a lieu immédiatement, bien qu'un terme ait été stipulé avant l'expropriation; ainsi un traité fait avec un maçon ou entrepreneur serait résilié de plein droit. — D.A. 11. 444, n. 81.

138. — Le jugement d'expropriation transmet à l'état, non la possession, mais la propriété des biens désignés. — Delall., n. 651, 652; Fav., v° Expropriation pour cause d'utilité publique, n. 7; D.A. 11. 444, n. 73.

139. — Il est obligatoire pour l'état comme pour les particuliers; l'état ne peut donc plus obliger le propriétaire exproprié à reprendre son bien, si, par quelque événement ultérieur, la cession est devenue inutile. — Delall., n. 653; D.A. 11. 444, n. 74.

140. — Si le bien exproprié est sujet à licitation, et que l'expropriation frappe sur la totalité du fonds, il n'y a plus lieu à licitation; si le terrain exproprié n'était qu'une partie de celui à liciter, la licitation se ferait, et l'adjudicataire aurait droit à l'indemnité allouée pour la portion comprise dans l'expropriation. — D.A. 11. 444, n. 75.

141. — L'état n'ayant pas la possession, ne peut pas disposer ni rien faire sur les terrains expropriés, avant d'avoir acquis cette possession, quil n'obtient qu'après le paiement de l'indemnité. La possession est laissé à l'exproprié pour lui assurer le paiement de l'indemnité. Si, après le jugement, l'exproprié aliénait ses droits, il ne céderait qu'une action en paiement d'indemnité. Si l'exproprié meurt après le jugement, et avant le paiement de l'indemnité, l'action appartiendrait à ceux qui auraient droit aux meubles : car il ne reste plus qu'une action en paiement d'une somme. L'exproprié ne peut plus accorder hypothèque après le jugement d'expropriation. — D.A. 11 444, n. 77.

142. — L'état, en acquérant une propriété pour cause d'utilité publique, acquiert en même temps et par cela seul le droit de modifier les plans d'exécution, à son gré, comme le ferait un acquéreur privé, et, dès lors, le droit de bâtir, sur le terrain acquis, les édifices qu'il croit nécessaires. Dans ce cas, les anciens propriétaires du terrain ne pourraient pas contester l'exécution de ces plans; ils ne pourraient que faire valoir leurs droits de servitude, s'ils en avaient, devant l'autorité judiciaire, et nonobstant les actes administratifs. — 16 août 1832. Ord. cons. d'état. Schenck. D.P. 33. 3. 5.

143. — La voie d'opposition était accordée aux particuliers par la loi de 1810, qui en réglait les conditions et les effets. — D.A. 11. 443, n. 67.

144. — Aujourd'hui, le jugement d'expropriation est définitif; il ne peut être attaqué que par la voie du recours en cassation, et seulement pour incompétence, excès de pouvoir ou vices de forme du jugement. Le pourvoi a lieu dans les trois jours, a dater de celui de la notification du jugement, par déclaration au greffe du tribunal qui l'aura rendu. Ce pourvoi est notifié dans la huitaine, soit au préfet, soit a la partie, au domicile indiqué par l'art.

15, et les pièces adressées dans la quinzaine à la chambre civile de la cour de cassation, qui statue dans le mois suivant. L'arrêt, s'il est rendu par défaut à l'expiration de ce délai, n'est pas susceptible d'opposition (L. 7 juill., art. 20).

145. — Non seulement l'administration et le propriétaire, mais encore les créanciers et les autres parties intéressées peuvent se pourvoir. Mais, dans aucun cas, le pourvoi n'est suspensif.

146. — La signification d'un jugement, en matière d'expropriation pour cause d'utilité publique, ne fait courir le délai du pourvoi en cassation qu'autant que le jugement a été affiché; publié et inséré dans un des journaux de l'arrondissement et/du chef-lieu du département, la signifisation n'étant complète que lorsque ces formalités sont remplies (L. 7. juill. 1833, art. 15). — 1er juill. 1833. Civ. c. Dumarest. D.P. 34. 1. 295.

147. — Il semble résulter d'un discours du commissaire du roi, qu'un jugement, qui déclare qu'il n'y a lieu à l'expropriation, attendu que les formalités prescrites n'ont pas été observées, peut être soumis à la censure de la cour de cassation, si l'on démontre que toutes les formalités ont été fidèlement remplies. Il semble cependant qu'il n'y a là ni incompétence, ni vice de forme, ni excès de pouvoir, mais seulement une appréciation des faits et des actes.

148. — La triple circonstance, 1° que la copie de l'extrait d'un jugement d'expropriation pour utilité publique, a été remise à l'exproprié, en l'hôtel de la mairie; 2° qu'il existe une attestation du maire, portant qu'il a fait afficher cet extrait et qu'il l'a notifié à l'exproprié; 3° que ce dernier a eu connaissance du jugement, ce concours de circonstances n'équivant pas à la notification prescrite par les art. 57 et 15 de la loi du 7 juill. 1833, et ne suffit pas pour faire courir le délai de trois jours, à partir de la notification, dans lequel on doit se pourvoir. — 28 janv. 1834. Civ. c. Dumarest. D.P. 34. 1. 48.

ART. 6. — *De l'indemnité.*

§ 1er. — *Mesures préparatoires. — Offres.*

149. — Dans la huitaine qui suit la notification prescrite par l'art 15, le propriétaire est tenu d'appeler et de faire connaître au magistrat, directeur du jury, les fermiers, locataires, ceux qui ont des droits d'usufruit, d'habitation ou d'usage, tels qu'ils sont réglés par le code civil, et ceux qui peuvent réclamer des servitudes résultant des titres mêmes de propriété ou d'autres actes dans lesquels il serait intervenu; sinon, il reste seul chargé envers eux des indemnités que ces derniers peuvent réclamer.

Les autres intéressés sont en demeure de faire valoir leurs droits par l'avertissement énoncé en l'art. 6, et tenus de se faire connaître au magistrat, directeur du jury, dans le même délai de huitaine; à défaut de quoi, ils sont déchus de tous droits à l'indemnité (L. 7 juill., art. 21).

150. — D'après l'art. 1722 C. civ., si le bien loué est exproprié en totalité, le bail est résilié de plein droit; si l'expropriation n'est que partielle, le preneur peut demander ou la résiliation du bail, ou une diminution du loyer. « Dans l'un et l'autre cas, il n'y a lieu a aucun dédommagement ». Il n'en faut pas conclure que le fermier ou locataire n'a droit à aucune espèce de dédommagement. La loi reconnaît qu'ils ont droit à une indemnité; et le code civil ne statue, d'ailleurs, que sur les rapports mutuels du preneur et du bailleur. — Delall., n. 676, 678; D.A. 11. 444, n. 80.

151. — Si l'usufruit est établi sur un bâtiment exproprié et détruit, on a prétendu, en invoquant l'art. 624 C. civ., que l'usufruitier ne doit pas jouir de l'indemnité accordée pour la destruction de ce bâtiment. — *Contrà*, Delalleau, n. 666 et suiv; il établit que l'art. 624 n'est relatif qu'à la perte totale de la chose, et non à l'expropriation. Il applique la même solution aux droits d'usage et d'habitation. — D.A. 11. 444, n. 79.

152. — Les dispositions de la présente loi, relatives aux propriétaires et à leurs créanciers, sont applicables à l'usufruitier et à ses créanciers (L. 7 juill., art. 22).

153. — L'administration notifie aux propriétaires, aux créanciers inscrits et à tous autres intéressés qui ont été désignés ou qui sont intervenus en vertu des art. 21 et 22, les sommes qu'elle offre pour indemnité (art. 23).

154. — Dans la quinzaine suivante, les propriétaires et autres intéressés sont tenus de déclarer leur acceptation, ou, s'ils n'acceptent pas les offres qui leur sont faites, d'indiquer le montant de leurs prétentions (art. 24).

155. — Les tuteurs, maris et autres personnes qui n'ont pas qualité pour aliéner un immeuble, peuvent valablement accepter les offres énoncées en l'art. 23, lorsqu'ils s'y sont fait autoriser par le tribunal. Cette autorisation peut être donnée sur simple mémoire en la chambre du conseil, le ministère public entendu. Le tribunal ordonne les mesures de conservation ou de remploi que chaque cas peut nécessiter (art. 25).

156. — La disposition de l'art. 25 étant générale, doit s'appliquer au cas où il s'agit d'un immeuble dotal.

157. — S'il s'agit de biens appartenant à des départemens, à des communes ou à des établissemens publics, les préfets, maires ou administrateurs, pourront valablement accepter les offres énoncées en l'art. 23, s'ils y sont autorisés par délibération du conseil général du département, du conseil municipal ou du conseil d'administration, approuvée par le préfet en conseil de préfecture (art. 26).

158. — Ces mots, *offres*, énoncés en l'art. 23, ont été ajoutés par le même motif que dans l'art. 25. Dans le même but, on a supprimé la faculté de *traiter à l'amiable*, que le projet donnait expressément aux préfets, maires et administrateurs.

159. — Le délai de quinzaine, fixé par l'art. 24, est d'un mois dans les cas prévus par les art. 25 et 26 (art. 27). Si les offres de l'administration ne sont pas acceptées, ou si, nonobstant l'acceptation du propriétaire, les créanciers inscrits et autres intéressés déclarent, dans la quinzaine de la notification qui leur en est faite, qu'ils ne veulent pas se contenter de la somme convenue entre l'administration et le propriétaire, il sera procédé au règlement des indemnités, de la manière indiquée au chapitre suivant (art. 28).

160. — Lorsqu'un propriétaire a accepté les offres de l'administration, le montant de l'indemnité doit, s'il l'exige et s'il n'y a pas eu contestation de la part des tiers, dans le délai prescrit par l'art. 28, être versé à la caisse des dépôts et consignations, pour être remis ou distribué à qui de droit, selon les règles du droit commun (art. 59).

§ 2. — *Du jury spécial chargé de régler les indemnités.*

161. — D'après la loi de 1810, les tribunaux étaient appelés à fixer le montant de ces indemnités.

162. — Mais, d'après le décret interprétatif du 18 août 1810, les contestations relatives aux expropriations antérieures à la loi du 8 mars 1810, devaient être portées devant l'autorité administrative (L. 15 sept. 1807.) — 25 fév. 1818. Ord. cons d'état. Vitalis.

163. — En un tel cas, ce n'est point à partir de l'estimation, mais de l'exécution même des travaux qu'est réputée commencer l'expropriation. — 5 avril 1833. Ord. cons. d'état. Godard. D.P. 34. 3. 66. — 16 sept. 1832. Solut de la régie. P... D.P. 33. 3. 16.

164. — La loi de 1833 confie à un jury l'appréciation des indemnités. Dans sa session annuelle, le conseil général du département désigne pour chaque arrondissement de sous-préfecture, tant sur la liste des électeurs que sur la seconde partie de la liste du jury, trente-six personnes au moins, et soixante-douze au plus, qui ont leur domicile réel dans l'arrondissement, parmi lesquelles sont choisis jusqu'à la session suivante ordinaire du conseil général, les membres du jury spécial appelé, le cas échéant, à régler les indemnités dues par suite d'expropriation pour cause d'utilité publique. Le nombre des jurés désignés pour le département de la Seine sera de six cents (L. 7 juill., art. 29).

165. — Toutes les fois qu'il y a lieu de recourir à un jury spécial, la cour royale, dans les départemens qui sont le siège d'une cour royale, et, dans les autres départemens, le tribunal du chef-lieu judiciaire du département (toutes les chambres réunies en chambre du conseil) choisit sur la liste dressée en vertu de l'article précédent seize personnes pour former le jury spécial chargé de fixer définitivement le montant de l'indemnité. La cour ou le tribunal choisit en outre et en même temps quatre jurés supplémentaires. Ne peuvent être choisis : 1° les propriétaires, fermiers, locataires des terrains et bâtimens désignés dans l'arrêté du préfet, pris en vertu de l'art. 11, et qui restent à acquérir; 2° les créanciers ayant inscription sur lesdits immeubles; 3° tous autres intéressés désignés ou intervenans en vertu des art. 21 et 22. Les septuagénaires sont dispensés, s'ils le requièrent, des fonctions de juré (art. 30).

166.— Il a été reconnu, lors de la discussion à la chambre des pairs, que si des propriétaires de terrains ou bâtimens désignés dans l'arrêté du préfet, avaient traité à l'amiable avec l'administration, comme leurs terrains ne seraient plus *à acquérir*, ils pourraient être choisis pour jurés.

167.— La liste des seize jurés, et des quatre jurés supplémentaires, est transmise par le préfet au sous-préfet, qui, après s'être concerté avec le magistrat directeur du jury, convoque les jurés et les parties en leur indiquant, au moins huit jours à l'avance, le lieu et le jour de la réunion La notification aux parties leur fait connaître les noms des jurés (art. 31).

168.— Tout juré qui, sans motifs légitimes, manque à l'une des séances ou refuse de prendre part à la délibération, encourt une amende de 100 fr. au moins et de 300 fr. au plus. L'amende est prononcée par le magistrat directeur du jury. Il statue en dernier ressort sur l'opposition qui serait formée par le juré condamné. Il prononce également sur les causes d'empêchement que les jurés proposent, ainsi que sur les exclusions ou incompatibilités dont les causes ne seraient survenues ou n'auraient été connues que postérieurement à la désignation faite en vertu de l'art. 30 (art. 32).

169. — Ceux des jurés qui se trouvent rayés de la liste par suite des empêchemens, exclusions ou incompatibilités prévus à l'art. précédent, sont immédiatement remplacés par les jurés supplémentaires, que le magistrat directeur du jury appelle dans l'ordre de leur inscription. En cas d'insuffisance, le tribunal de l'arrondissement choisit, sur la liste dressée en vertu de l'art. 29, les personnes nécessaires pour compléter le nombre des seize jurés (art. 33).

170. — Une décision en matière d'expropriation pour utilité publique n'est pas nulle en ce que le président du jury a, en l'absence de la partie et de son défenseur, appelé un juré suppléant en remplacement d'un juré titulaire (L. 7 juill. 1833, art. 32).

.....Ni en ce que ce suppléant a été porté sur la liste à la place qu'y occupait le juré remplacé, au lieu d'y être inscrit le dernier (L. 7 juill. 1833, art. 33). — 9 juin 1834. Civ. r. Boubers. D.P. 34. 1. 357.

171. — Le magistrat directeur du jury est assisté, auprès du jury spécial, du greffier ou commis greffier du tribunal, qui appelle successivement les causes sur lesquelles le jury doit statuer, et tient procès-verbal des opérations. Lors de l'appel, l'administration a le droit d'exercer deux récusations péremptoires; la partie adverse a le même droit. Dans le cas où plusieurs intéressés figurent dans la même affaire, ils s'entendent pour l'exercice du droit de récusation, sinon le sort désigne ceux qui doivent en user. Si le droit de récusation n'est point exercé, ou s'il ne l'est que partiellement, le magistrat directeur du jury procède à la réduction des jurés au nombre de douze, en retranchant les derniers noms inscrits sur la liste (art. 34).

172.— Le jury spécial n'est constitué que lorsque les douze jurés sont présens. Les jurés ne peuvent délibérer valablement qu'au nombre de neuf au moins (art. 35).

Si donc, par différens motifs, le nombre des jurés se trouve réduit à huit, il y a lieu à la formation d'un nouveau jury, qui devra recommencer l'affaire.

173. — Lorsque le jury est constitué, chaque juré prête serment de remplir ses fonctions avec impartialité (art. 36).

174. — Un procès-verbal constatant que chacun des jurés, appelé individuellement, a dit : *Je le jure*, établit suffisamment qu'ils ont prêté le serment séparément et non en masse (L. 7 juill. 1833, art. 42).—9 juin 1834. Civ. r. Boubers. D.P. 34. 1. 357.

175.—De ce que le jury aurait, avant de siéger, manifesté le désir qu'un tiers et l'un des jurés vérifiassent les lieux, il ne s'ensuit pas qu'il doive être censé avoir commencé ses opérations, et, par suite, avoir déjà prêté serment.—Même arrêt.

176.—Mais les jurés doivent, avant de se transporter sur les lieux, prêter serment; et il y a lieu d'annuler leurs opérations, si la visite qu'ils ont faite avant d'avoir prêté serment a été l'un des élémens de leur conviction (L. 7 juill. 1833, art. 30).— 26 sept. 1834. Ch. des vac. c. Comp. du can. de Rouanes C. Ducoin. D.P. 35. 1. 112.

177.—Le transport des jurés sur les lieux fait partie de leurs fonctions.—D.P. 35. 1. 112.

178.—Le magistrat directeur met sous les yeux du jury :

1° Le tableau des offres et demandes notifiées en exécution des art. 23 et 24; 2° les plans parcellaires, et les titres ou autres documens produits par les parties, à l'appui de leurs offres et demandes.

179.—Les parties, ou leurs fondés de pouvoir, peuvent présenter sommairement leurs observations. Le jury peut entendre toutes les personnes qu'il croira pouvoir l'éclairer. Il peut également se transporter sur les lieux, ou déléguer à cet effet un ou plusieurs de ses membres. La discussion est publique; elle peut être continuée à une autre séance (art. 37).—Toutefois on a jugé qu'il a été dans l'intention de la loi de proscrire une expertise proprement dite, encore bien qu'on puisse commettre un homme de l'art, un géomètre, pour assister et éclairer le juré délégué par ses collègues pour visiter les lieux.—V. Expertise, art. 6, n. 388.

180.—La clôture de l'instruction est prononcée par le magistrat directeur du jury. Les jurés se retirent immédiatement dans leur chambre pour délibérer, sans désemparer, sous la présidence de l'un d'eux, qu'ils désignent à l'instant même. La décision du jury fixe le montant de l'indemnité; elle est prise à la majorité des voix. En cas de partage, la voix du président du jury est prépondérante (art. 38).

181.—Par argument de l'art 342 C. inst cr., le chef du jury doit être le premier juré désigné par le sort, ou celui qui est désigné par les jurés, et du consentement de ce dernier.

182.— On proposa un amendement ainsi conçu : « S'il se forme plus de deux opinions, les jurés faibles en nombre seront tenus de se réunir à l'une des deux opinions émises par le plus grand nombre. La déclaration du jury, signée du président du jury, est lue par lui en présence des autres jurés en audience publique, si cette déclaration est irrégulière, obscure ou incomplète, le juge-commissaire, après avoir entendu, s'il y a lieu, les observations des parties, renvoie le jury dans la salle de ses délibérations, pour rectifier, expliquer ou compléter la déclaration. » M. le rapporteur a fait repousser cette disposition, en disant : « Toutes les formalités relatives au jury, qui ne sont pas abrogées par la présente loi, doivent être appliquées à ce jury spécial.»

183.—Jugé toutefois, que les dispositions du code d'instruction criminelle, sur la composition du jury, ne sont pas applicables en matière d'expropriation pour utilité publique.

Par suite, il n'y a nullité ni en ce qu'il n'est pas constaté que les jurés ont nommé eux-mêmes leur président; ni en ce que le directeur du jury ne leur a pas posé de question, ni en ce que leur déclaration n'est signée ni par lui ni par le greffier.— 9 juin 1834. Civ. r. Boubers. D.P. 34. 1. 357.

184.—La décision du jury, signée des membres qui y ont concouru, est remise par le président au magistrat directeur, qui le déclare exécutoire, statue sur les dépens, et envoie l'administration en possession de la propriété, à la charge par elle de se conformer aux dispositions des articles 53 et 54. Ce magistrat taxe les dépens. La taxe ne comprend que les actes faits postérieurement à l'offre de l'administration; les frais des actes antérieurs demeurent dans tous les cas à la charge de l'administration (art. 41).

Une ordonnance du 18 sept. 1833 (D.P. 33. 3. 94) contient le tarif des frais et des dépens en matière d'expropriation pour utilité publique.

185.—Il n'est pas nécessaire qu'il soit constaté que la décision du jury a été prise à la majorité, surtout si elle est signée par tous les jurés, et qu'il n'y ait point d'opposition.

Le procès-verbal fait foi jusqu'à inscription de faux; ainsi, on ne peut prouver par témoin contre le procès-verbal, que les délibérations n'ont pas été secrètes. La même personne peut présider deux séances du jury. Les opérations ne sont pas nulles par cela qu'après la fixation de l'indemnité, les jurés ont ordonné un paiement et un dépôt à la caisse des consignations. — 19 janv. 1835. Civ. r. D.P. 35. 1. 113.

186. — L'art. 40 de la loi de 1833, règle par qui doivent être supportés les dépens.

187.— Les dépens doivent-ils être payés par privilége sur le montant du prix de l'indemnité? Lors de la discussion, plusieurs orateurs soutinrent, et le rapporteur convint que la condamnation aux frais n'était prononcée que contre ceux qui l'avaient encourue par l'obligation des poursuites, mais jamais à l'aide d'une retenue sur les prix de la propriété. On sent, en effet, que lorsque le propriétaire et les

créanciers placés en ordre utile, ont accepté les offres de l'administration, il est de toute justice que le créancier en rang non utile supporte les frais qu'il a seul occasionés en s'opposant à l'acceptation des offres.

188. — La décision du jury ne peut être attaquée que par la voie du recours en cassation, et seulement pour violation du premier paragraphe de l'art. 30, et des art. 31, 35, 36, 37, 38, 39 et 40.

Le délai est de quinze jours pour ce recours, qui est d'ailleurs formé, notifié et jugé comme il est dit en l'art. 20; il court à partir de la décision (art. 42).

189. — Lorsqu'une décision du jury a été cassée, l'affaire est renvoyée devant un nouveau jury choisi dans le même arrondissement, conformément à l'art. 30 (art. 43).

190. — Le jury ne connaît que des affaires dont il a été saisi au moment de sa convocation, et statue successivement et sans interruption sur chacune de ces affaires. Il ne peut se séparer qu'après avoir réglé toutes les indemnités dont la fixation lui a été ainsi déférée (art. 44).

191.— Les opérations commencées par un jury, et qui ne sont pas encore terminées au moment du renouvellement annuel de la liste générale mentionnée en l'art. 29, sont continuées, jusqu'à conclusion définitive, par le même jury (art. 45).

192. — Après la clôture des opérations du jury, les minutes de ses décisions et les autres pièces qui se rattachent auxdites opérations sont déposées au greffe du tribunal civil de l'arrondissement (art. 46).

193. — Les noms des jurés qui auront fait le service d'une cession ne pourront être portés sur le tableau dressé par le conseil général pour l'année suivante (art. 47).

Ainsi, les jurés qui ont été portés sur le tableau pour une année, mais qui n'auront pas fait le service d'une session, peuvent être portés sur le tableau pour l'année suivante.

§ 3. — *Des règles à suivre pour la fixation des indemnités.*

194. — Le jury est juge de la sincérité des titres et de l'effet des actes qui seraient de nature à modifier l'évaluation de l'indemnité (art. 48).

195.—D'après la loi de 1810, les tribunaux étaient tenus, pour évaluer l'indemnité, de prendre pour base les actes énumérés dans l'art. 16 de cette loi. Ils pouvaient même avoir recours à une expertise.

196.— Mais ils n'étaient pas tenus de ne consulter que ces actes, sans pouvoir puiser ailleurs les élémens de leur conviction, sous le prétexte que l'interlocutoire et l'expertise préalables ont porté sur cette base légale. — 22 janv. 1829. Req. Bordeaux. Tristan de Latour. D.P. 29. 1. 143.

197.—... Ni liés par le rapport des experts (C. pr. 323).— 13 fév. 1822. Bruxelles. Cordier. D.A. 11. 445, n. 1. D.P. 2. 1082, et même arrêt Tristan de Latour.

198.—L'envoi en possession du domaine ne pouvait être ordonné sans expertise préalable, sauf à la partie intéressée à faire valoir ses droits lors de la fixation de l'indemnité et de la mise en possession de l'administration.— 13 fév. 1822. Bruxelles. Cordier. D.A. 11. 445 D.P. 2. 1082, n. 2.

199.—L'expertise faite dans la vue de parvenir à une cession volontaire, et lorsque les parties ne s'étaient pas accordées, ne pouvait, sous le prétexte de son irrégularité, servir de moyen contre le jugement qui ordonnait la dépossession.— Même arrêt.

200.— Si, dans la prévoyance d'une expropriation, il a été fait un acte, les parties seront obligées, l'expropriation s'étant réalisée, de se conformer à cette convention.— D.A. 11. 443, n 98.

201.— Le mot indemnité ne comprend pas seulement *la valeur matérielle* de l'immeuble, mais encore le dédommagement dû au propriétaire par suite de sa dépossession.

203.— Jugé en ce sens avant la loi de 1833. — 8 juill. 1830. Toulouse. Préfet de la Haute-Garonne. D.P. 31. 2. 67.

202.— C'est toujours d'après leur valeur, avant l'entreprise des travaux d'utilité publique, et non d'après l'augmentation de valeur résultant de ces travaux, que les terrains nécessaires pour leur construction doivent être payés à leurs propriétaires (L. 16 sept. 1807, art 49). — 24 oct. 1832. Ord. cons. d'état. Saunier. D.P. 33. 3. 20.

203.— Une mine ou une carrière en exploitation dans le terrain exproprié, doit être prise en consi-

dération pour la fixation de l'indemnité. Il en doit être de même lorsqu'on sait qu'il existe une mine dans le terrain, bien qu'elle n'ait pas encore été exploitée.— D.A. 11. 445, n. 101.

205.— Lorsque l'état a vendu précédemment un bien, et qu'il y a expropriation ultérieure, on doit, selon un arrêt de la cour suprême (du 23 fév. 1825. Req. Paris. Préf. de l'Yonne), appliquer les principes de l'éviction pour le réglement de l'indemnité. Delalleau, n 780 à 782, remarque avec raison que ces principes ne sont pas applicables; ainsi, il n'y a lieu ni à restitution de fruits ni à frais de demaude en garantie (C. civ. 1630) ; et c'est toujours la valeur de la propriété au moment de l'éviction qu'on doit considérer (C. civ. 1633).

206.—Lorsqu'il existe des bâtimens sur le terrain exproprié, l'état ne peut forcer le propriétaire à les enlever pour que la valeur en soit deduite de l'indemnité.— D.A. 11. 445, n. 103.

207.— Même dans le cas où il y aurait une clause de démolition d'un moulin ou usine, sans indemnité, le propriétaire peut enlever les matériaux s'il le juge convenable.—Si un moulin était abandonné depuis long-temps, il y aurait lieu à restreindre l'étendue de l'indemnité.—Delall., n. 806 ; D.A. 11. 44, n. 104.

208.— Les profits que l'on retire d'un moulin ou d'une usine ne doivent pas être considérés ; l'état doit le prix de la chose et non des dommages que l'expropriation fait éprouver.—15 fév. 1822. Bruxelles. Cordier. D.A. 11. 443, n. 1. D.P. 2. 1082, n. 2.

209.— Le fait, par l'administration, de s'emparer de la majeure partie des eaux nécessaires à un moulin, pour alimenter un canal nouvellement établi, constitue, par la privation continuelle d'eau qu'elle fait éprouver au moulin, une expropriation pour cause d'utilité publique, dont l'indemnité doit être fixée d'après la loi de l'expropriation. — 28 fév. 1832. Bourges. Leclerc. D.P. 33. 2. 128.

210.— Néanmoins, si cette demande en indemnité est subordonnée à l'interprétation d'un acte administratif, il y a lieu, avant de statuer au fond, de renvoyer, pour cette interprétation, devant l'autorité administrative.— Même arrêt.

211. — Le propriétaire d'un moulin, sur une rivière navigable, détruit par un incendie, et dont l'administration a refusé d'autoriser la reconstruction, n'est pas fondé à réclamer, comme privé de sa propriété pour cause d'utilité publique, une indemnité à laquelle il n'aurait droit qu'autant qu'il exhiberait un titre ancien, en vertu duquel aurait été construit le moulin, et émané de l'autorité compétente.— 8 juin 1831. Ord. cons. d'état. Beaugrand. D.P. 33. 3. 97.

212. — Le propriétaire a droit à une indemnité pour les arbres plantés sur son terrain ; mais ne peut exiger aucune indemnité pour des arbres qu'il voudrait conserver pour lui. Les pépinières et arbres exotiques reçoivent une estimation spéciale.— D.A. 11. 446, n. 108.

213.— Les vignes, suivant le prix que le propriétaire pourrait obtenir du terrain où elles se trouvent, donnent lieu à indemnité. Il en est de même des grains; l'administration doit les payer, mais seulement si elle entre en possession avant la récolte. — Delall., n. 822 ; D.A. 11. 446, n. 109.

214. — Les droits accessoires, tels que les droits de pêche ou de plantis, appartenant au riverain d'un ruisseau ou d'un chemin vicinal, ne fonderaient pas par eux-mêmes un droit à une indemnité. — Delall., n. 824 ; D.A. 11. 446, n. 110.

215.— Il n'est pas dû indemnité, lorsqu'on prend une partie d'un chemin vicinal, pour l'exécution d'un canal, si l'on décide que les chemins vicinaux sont une dépendance du domaine public, comme les grandes routes. Mais si on les considère (et c'est l'opinion la plus répandue, V. Voirie) comme la propriété des communes, une indemnité paraît assez juste. Cependant Delall., n. 802, la refuse, par le motif que « l'existence du chemin est plutôt une charge qu'un profit, et que si la suppression du chemin occasionne quelque préjudice, c'est sur les propriétaires riverains qu'il frappe, et non sur la commune même, envisagée comme être moral. »

216. — La nouvelle destination donnée à une place tendant à la faire servir aux exécutions capitales, ne donne pas lieu à une demande en indemnité contre l'administration départementale, de la part des propriétaires de maisons situées sur cette place (C. civ. 1382).— 14 janv. 1834. Paris. Le Dieu. D.P. 34. 2. 27.

217.— D'après l'art. 49 de la loi du 16 sept. 1807, les terrains nécessaires pour l'ouverture des rues ou la formation des places étaient payés à leurs propriétaires, à dire d'expert, d'après leur valeur avant l'entreprise des travaux et sans nulle augmentation du prix d'estimation.

218.— Décidé que le propriétaire exproprié pour cause d'utilité publique, spécialement pour l'élargissement de la voie publique, non seulement d'un terrain, mais encore de la façade de sa maison, peut s'adresser directement devant les tribunaux pour la fixation de l'indemnité à laquelle il a droit pour la moins-value de sa maison, sans qu'il ait besoin de former un recours administratif contre l'arrêté du préfet qui a ordonné qu'il serait indemnisé à raison seulement du terrain délaissé, sans tenir compte ni de la moins-value de sa maison ni des reconstructions nécessitées.— Un tel arrêté a le caractère, non pas de la chose jugée, mais d'une offre faite par la voie domaniale (L. 16 sept. 1807 et 8 mars 1810). — 23 août 1820. Ord. cons. d'état. Sauvan.

219.— Le jury prononce des indemnités distinctes en faveur des parties qui les réclament à des titres différens, comme propriétaires, fermiers, locataires, usagers, autres que ceux dont il est parlé au premier paragraphe de l'art. 21, etc. Dans le cas d'usufruit, une seule indemnité est fixée par le jury, eu égard à la valeur totale de l'immeuble ; le nu-propriétaire et l'usufruitier exercent leurs droits sur le montant de l'indemnité, au lieu de les exercer sur la chose. L'usufruitier est tenu de donner caution ; les père et mère ayant l'usufruit légal des biens de leurs enfans, en seront seuls dispensés.

Lorsqu'il y a litige sur le fond du droit ou la qualité des reclamans, et toutes les fois qu'il s'élève des difficultés étrangères à la fixation du montant de l'indemnité, le jury règle l'indemnité indépendamment de ces difficultés, sur lesquelles les parties sont renvoyées à se pourvoir devant qui de droit (L. 7 juill. art. 39).

Cet article a tranché la difficulté qui naissait des termes de l'art. 18 de la loi de 1810, sur la question de savoir s'il était dû à l'usufruitier une indemnité distincte de celle du propriétaire. — V. Proudh., *de l'Usufr.*, t. 5, n. 2526, et Delall., n. 890.

220. — Dans le cas de bail à rente, l'indemnité appartient au preneur ; le bail lui a transféré la propriété de l'immeuble (Pothier, *du Bail à rente*, n. 1). Quant au bailleur, ou il obtiendra le rachat de la rente, qui se fera sur le montant de l'indemnité ; ou l'indemnité sera placée, et le bailleur prélèvera ses rentes sur les intérêts. — Delall., n. 899 et 900.

221. — Si l'expropriation n'a frappé qu'une partie de l'héritage arrenté, le bailleur, pour sûreté du paiement, se fera rembourser une quotité proportionnelle de la rente, ou l'indemnité sera placée, et lui servira de garantie supplémentaire. Mais il n'a pas droit au rachat de la rente entière, quoique, en principe, la rente soit due par chaque partie de l'héritage, et que la diminution de garanties autorise le remboursement. Il y a là force majeure non imputable au preneur, et l'indemnité, d'ailleurs, représente le bien exproprié. — Delall., n. 902.

222. — Si le bail est emphytéotique, l'indemnité représentative de l'immeuble sera placée; sur les intérêts, le bailleur touchera le montant du canon emphytéotique par lui stipulé, et le surplus des intérêts appartiendra au preneur, jusqu'à la fin de l'emphytéose, époque à laquelle le bailleur rentrera dans l'indemnité comme il fût rentré dans l'immeuble. — Delall., n. 903 à 908.

223. — Quant au bail à longues années, si on l'assimile à l'emphytéose, on appliquera la solution précédente. Mais cette assimilation est combattue par Merlin, Rép., v° Bail, § 4, n. 2.

224. — Pour le bail à vie, l'indemnité se déterminera d'après les circonstances et la nature du préjudice. Ce n'est pas le lieu d'appliquer la solution donnée ci-dessus pour le cas d'usufruit. — Delall., n. 910.

225. — Dans le cas où l'administration contesterait au détenteur exproprié le droit à une indemnité, le jury, sans s'arrêter à la contestation, dont il renvoie le jugement devant qui de droit, fixe l'indemnité comme si elle était due, et le magistrat directeur du jury en ordonne la consignation, pour ladite indemnité rester déposée jusqu'à ce que les parties se soient entendues, ou que le litige soit vidé (L. 7 juill., art. 49).

226. — Les maisons et bâtimens dont il est nécessaire d'acquérir une portion pour cause d'utilité publique sont achetés en entier ; si les propriétaires le requièrent par une déclaration formelle adressée au magistrat directeur du jury, dans le délai énoncé en l'art. 24.

Il en est de même de toute parcelle de terrain qui, par suite du morcellement, se trouve réduite au quart de la contenance totale, si toutefois le propriétaire ne possède aucun terrain immédiatement contigu, et si la parcelle, ainsi réduite, est inférieure à dix ares (art. 50).

227. — Il a été reconnu, lors de la discussion, que si l'administration prenait la cour ou le jardin attenant à des bâtimens, elle ne serait pas obligée de prendre ces bâtimens.

228. — Si l'état ne prend qu'une portion de la propriété, et que le surplus perde de sa valeur, le dédommagement de la moins-value doit entrer dans l'indemnité (Delall., n. 827 et suiv.). — 13 fév. 1827. Bourges. Fournier. D.P. 27. 2. 128.

229.— Si, par une suite directe de l'expropriation, le propriétaire se trouve forcé de faire des travaux pour sa sûreté, ses communications, etc., l'état doit lui tenir compte des dépenses.— D.A. 11. 446, n. 112.

230.—Ainsi, jugé que, dans l'appréciation de l'indemnité due à un particulier exproprié pour cause d'utilité publique, et, par exemple, pour l'exécution de travaux d'une grande route, les tribunaux peuvent comprendre les frais de construction d'un mur destiné à soutenir la propriété de ce particulier, construction que ces travaux rendent nécessaire. —On dirait en vain que ce sont là des travaux particuliers et non d'utilité publique (C. civ. 545 ; l. 8 mars 1810, art. 16 ; charte, art. 10).— 21 fév. 1827. Req. Préfet de l'Hérault. D.P. 27. 1. 147.

231. —Doit-on accorder l'indemnité de ce qui pourra en coûter pour réacquérir une propriété de même valeur? Un arrêt de la cour de Douai, du 2 déc. 1824, semble décider qu'on ne doit point avoir égard aux frais de remploi ; mais Delall., n. 858 à 864, démontre que la cour a considéré la question comme dépendant absolument des circonstances. Il estime d'ailleurs qu'on doit en résumé donner à l'exproprié pour indemnité principale la somme nécessaire pour acquérir, s'il le veut, une autre propriété de même valeur. C'est le seul moyen de le rendre réellement indemne. Qu'il fasse du reste ou qu'il ne fasse pas ensuite le remploi, c'est une circonstance qui doit rester étrangère à l'administration.

232.— Si l'exécution des travaux doit procurer une augmentation de valeur immédiate et spéciale au restant de la propriété, cette augmentation peut être prise en considération dans l'évaluation de l'indemnité (art. 51).

233.—L'indemnité due, soit pour le terrain occupé, soit pour dépréciation du terrain restant, peut être diminuée par la plus-value que l'administration prouve résulter des travaux entrepris en faveur du terrain exproprié (C. civ. 545).— 22 janv. 1829. Req. Bordeaux. Tristan de Latour. D.P. 29. 1. 143.

234.—Les constructions, plantations et améliorations ne donnent lieu à aucune indemnité, lorsque, à raison de l'époque où elles ont été faites ou de toutes autres circonstances, dont l'appréciation lui est abandonnée, le jury acquiert la conviction qu'elles ont été faites dans la vue d'obtenir une indemnité plus élevée (art. 52).

§ 4.— *Du paiement des indemnités.*

235. — Les indemnités réglées par le jury sont, préalablement à la prise de possession, acquittées entre les mains des ayans-droit. S'ils se refusent à les recevoir, la prise de possession a lieu après offres réelles et consignation (art. 53).

236.— Le paiement de l'indemnité doit être fait en numéraire, et non en mandats ou autres valeurs susceptibles de cours plus ou moins élevé. — Delall., n. 1072 ; D.A. 11. 447, n. 131.

237.— Jugé qu'un tribunal a excédé ses pouvoirs en cédant, à titre d'indemnité, à un individu exproprié pour cause d'utilité publique, des parties de routes et de lits de rivière qui sont des dépendances du domaine public, et qui ne peuvent être aliénés que dans les formes prescrites à cet effet.— 20 nov. 1815. Ord. cons. d'état. Roussel.

238. — L'indemnité doit toujours être acquittée avant que l'administration puisse prendre possession du terrain exproprié. La charte avait déjà fait de cette règle une loi fondamentale. — D.A. 11. 447, n. 132.

239. — Toutefois, le principe ne s'applique qu'au cas d'une véritable expropriation, et non à l'établissement d'une servitude, à l'occupation temporaire,

aux dommages causés par des travaux d'utilité publique.— D.A. 11 447, n. 132.

240.— Jugé que l'envoi en possession, même temporaire, ne peut être ordonné, s'il n'y a fixation préalable de l'indemnité (C. civ. 545). — 28 janv. 1834. Civ. c. Dumarest. D.P. 34. 1. 48.

241. — La loi de 1810 proclamait aussi la nécessité d'une indemnité préalable, mais les art. 20 et suiv. admettaient des exceptions. Ces dispositions ont été abrogées par la charte. La jurisprudence, la loi de juillet 1819, sur les places de guerre, la loi du 30 mars 1831, sur l'expropriation en cas d'urgence pour les travaux de fortification, l'opinion des auteurs : tout concourt à rendre cette proposition incontestable. — Toull., t. 3, n. 276 ; Fav., v° Expropriation pour cause d'utilité publique ; Delall., n. 1085 a 1117, D.A. 11. 447, n. 133.

242.— Jugé, par suite, que l'administration n'est pas fondée à s'opposer à l'adjudication d'une propriété particulière, sous le prétexte que cette propriété a été designée comme devant faire partie d'une construction publique, alors qu'aucune indemnité n'a été réglée ni payée au propriétaire.— Le préfet offrirait en vain de faire régler cette indemnité, dans la forme déterminée par la loi du 8 mars 1810. — 4 mars 1824. Paris. Pref. de la Seine. D.A. 11. 447, n. 2. D.P. 24. 2. 104.

243. — Le principe de l'art. 545 C. civ. est applicable, surtout lorsqu'il y a eu, entre les parties intéressées, une convention expresse. Ainsi, le propriétaire d'un terrain situé proche de la barrière de l'Etoile, qui l'a cédé au roi en 1790, à titre d'échange, est fondé à réclamer devant qui de droit, même en 1811, les terres qui lui ont été données en contre-échange, sans qu'il puisse être renvoyé à la liquidation de la dette publique.— 1er sept. 1811. Décr. cons. d'état. Pauguet.

244. — Aux termes de l'art. 19 de la loi de 1810, lorsqu'avant l'évaluation des indemnités il y avait des difficultés, non sur le fonds de l'expropriation, le tribunal pouvait, sans y être obligé, ordonner provisoirement, selon la nature et l'urgence des travaux, la mise en possession de l'administration.— D.A. 11. 448, n. 140.

245. — Décidé déjà que, encore bien qu'en matière d'expropriation pour cause d'utilité publique, le propriétaire ne puisse être dépossédé sans une juste et préalable indemnité, l'inexécution de cette condition n'entraîne pas la nullité de l'arrêté qui a ordonné l'expropriation, si elle était commandée par des circonstances d'une extrême urgence, telles que les réparations à faire à un pont, et alors qu'avant toute destruction une estimation des immeubles expropriés a été faite dans les formes prescrites par la loi du 17 sept. 1808 (C. civ. 545). — Malon. Décret 24 déc. 1808.

246.— Décidé encore que l'art. 545 C. civ. est applicable seulement lorsque l'expropriation a lieu pour agrandissement ou embellissement de la voie publique, et non pas lorsqu'il y a urgence. Ainsi, le propriétaire d'un moulin dont le préfet a ordonné la démolition, en lui réservant trois jours pour enlever son mobilier, ne peut pas demander la nullité de cet arrêté pour violation de l'art. 545, si les réparations à faire à un pont voisin obligeaient de démolir ce moulin sans aucun retard, avant qu'il ait pu être statué sur l'indemnité due, et surtout s'il y avait péril en la demeure.— 21 déc. 1808. Déc. cons. d'état Malon de Bercy.

247.—Jugé toutefois que l'administration ne peut, pour quelque motif que ce soit, même pour cause d'urgence, être autorisée à prendre, soit définitivement, soit provisoirement, possession d'une propriété privée, qu'après l'évaluation et le paiement préalable de l'indemnité.— L'art. 10 de la charte a abrogé, en ce qui lui est contraire, la loi du 8 mars 1810.— 22 mars 1823. Amiens. Préfet de la Somme. D.A. 11. 447, n. 1. D.P. 23. 2. 126. — 3 janv. 1828. Bourges. De Raigecourt. D.P. 29. 2. 43.

248 —Jugé, de plus, que l'indemnité doit être préalable, tant pour la dépréciation de la portion non expropriée, que pour la portion réellement expropriée.— En conséquence, doit être réformé le jugement déclaré exécutoire par provision, quoiqu'il n'y ait pas indemnité préalable pour la moins-value ou dépréciation de la partie non expropriée (L. 8 mars 1810, art. 19, charte, art. 10 ; C. c. 545).— 13 fév. 1827. Bourges. Fournier. D.P. 27. 2. 128.

249.— Les tribunaux pouvaient examiner les motifs d'urgence, invoqués par l'administration, et lui refuser, suivant leur appréciation, l'exécution provisoire.— 14 juill. 1829. Civ. r. Paris. Préfet de la Marne. D.P. 29. 1. 301.

250 —Jugé même que l'envoi en possession provisoire n'est permis qu'après que l'indemnité a été fixée par les tribunaux ; il ne suffit pas qu'elle l'ait été, de l'ordre du préfet, par un agent de l'administration.— 27 fév. 1826. Bourges. Dagois. D.P. 27. 2. 6.

251 — Le principe posé par la charte n'étant plus susceptible d'exception, doit s'appliquer, dans toute son étendue, aux législations spéciales relatives aux mines, aux travaux militaires, aux marais, aux chemins vicinaux, aux halles — D.A. 11. 448, n. 134.

252 — Quoique l'indemnité résultant, par exemple, de l'arrachis d'une haie, n'ait pas été payée, ni réglée avec l'état ou la commune, préalablement, elle n'est pas moins due au propriétaire dépossédé. — 20 août 1828. Bourges. Roland D.P. 31. 2. 188.

253.— Il n'est pas fait d'offres réelles toutes les fois qu'il existe des inscriptions sur l'immeuble exproprié, ou d'autres obstacles au versement des deniers entre les mains des ayans-droit ; dans ce cas, il suffit que les sommes dues par l'administration soient consignées, pour être ultérieurement distribuées ou remises, selon les règles du droit commun (L. 7 juill., art. 54).

254. — Si le propriétaire est inconnu, ce qui ne doit pas empêcher l'état d'obtenir la mise en possession, on peut agir comme on le fait d'après la loi anglaise, c'est-à-dire consigner la somme. — D.A. 11. 445, n. 90.

255 —Si dans les six mois du jugement d'expropriation, l'administration ne poursuit pas la fixation de l'indemnité, les parties peuvent exiger qu'il soit procédé à ladite fixation. Quand l'indemnité a été réglée, si elle n'est ni acquittée ni consignée dans les six mois, les intérêts courent de plein droit, à l'expiration de ce délai, à titre de dédommagement (art. 55.)

ART. 7. — *De l'expropriation, en cas d'urgence, des propriétés nécessaires aux fortifications.*

256 — Les formalités prescrites par les titres 1 et 2 de la loi de 1833, ne sont applicables ni aux travaux militaires, ni aux travaux de la marine royale. Pour ces travaux, une ordonnance royale détermine les terrains qui sont soumis à l'expropriation (L. 7 juill. art., 65).

257. — L'expropriation ou l'occupation temporaire, en cas d'urgence, des propriétés privées qui sont jugées nécessaires pour des travaux de fortification, continuent d'avoir lieu conformément aux dispositions prescrites par la loi du 30 mars 1831. Toutefois, lorsque les propriétaires ou autres intéressés n'ont pas accepté les offres de l'administration, le règlement définitif des indemnités a lieu conformément aux dispositions du titre 4 ci-dessus. Sont également applicables aux expropriations poursuivies en vertu de la loi du 30 mars 1831, les art. 16, 17, 18, et 20, ainsi que le titre 6 de la présente loi. (art. 66.)

258.— La loi du 30 mars 1831 déroge, dans l'intérêt de la défense militaire de l'état, aux formalités prescrites pour l'expropriation, lorsqu'il y a lieu d'occuper tout ou partie d'une ou plusieurs propriétés particulières, pour y faire des travaux de fortification, et que leur urgence ne permet pas d'accomplir ces formalités (art. 1er).

259. — L'ordonnance royale qui autorise les travaux déclare en même temps l'utilité publique et l'urgence (art. 2).

260.—Dans les vingt-quatre heures de la réception, le préfet transmet ampliation de l'ordonnance au procureur du roi, qui requiert de suite, et le tribunal ordonne le transport sur les lieux de l'un des juges et d'un expert nommé par le tribunal. L'ordonnance est publiée par le maire (art. 3).

261. — Le transport du juge se fait dans un bref délai (art. 4).

Le maire doit convoquer, au moins cinq jours à l'avance, 1° les propriétaires intéressés, et, s'ils ne résident pas sur les lieux, leurs agens, mandataires ou ayans-cause ; 2° les usufruitiers, ou autres personnes intéressées, telles que fermiers, locataires, ou occupans à quelque titre que ce soit. Les personnes ainsi convoquées peuvent se faire assister par un expert ou arpenteur (art. 4).

262.— Se transportent en même temps sur les lieux un agent de l'administration des domaines et un expert ingénieur, architecte ou arpenteur, le juge-commissaire, le maire ou l'adjoint, l'agent militaire et l'expert désigné par le tribunal.

263.—L'agent militaire trace le plan des travaux et détermine l'étendue de terrain nécessaire (*ibid.*, art. 5).

264.— Estimation contradictoire est faite de la valeur foncière et locative des terrains compris dans le plan, et des détériorations diverses qui peuvent résulter de l'exécution (art. 6).

265. — L'expert désigné par le préfet est chargé spécialement de concourir avec l'agent militaire à la levée du plan. L'estimation est confiée à l'expert nommé par le tribunal (art. 7).

266.—L'art. 8 détermine les diverses bases d'évaluation et autres mentions que doit contenir le procès-verbal de l'expert.

267.— Lorsque les propriétaires, ayant le libre exercice de leurs droits, consentiront à la cession qui leur sera demandée et aux conditions qui leur seront offertes par l'administration, il sera passé entre eux et le préfet un acte de vente qui sera rédigé dans la forme des actes d'administration et dont la minute restera déposée aux archives de la préfecture (art. 9).

268.—Dans le cas contraire, sur le vu des procès-verbaux dressés par l'expert et le juge qu'il a délégués, le tribunal sans retard et sans frais, comme en matière sommaire, détermine, 1° l'indemnité de déménagement ; 2° l'indemnité approximative et provisionnelle de dépossession (art. 10).

269.— L'indemnité de déménagement doit être payée aux détenteurs avant l'occupation ; et l'indemnité provisionnelle de dépossession, consignée jusqu'à règlement définitif, *préalablement à la prise de possession* (art. 10).

270 — A ces conditions, le jugement autorise le préfet à se mettre en possession. Il est exécutoire nonobstant appel ou opposition (art. 10).

271.—Les détenteurs seront tenus d'abandonner, dans les cinq jours au moins, les propriétés non bâties, dans les dix jours, les propriétés bâties. (*ibid.*).

272. — Le tribunal peut accorder un moindre délai. (*ibid*).

273. —L'acceptation de l'indemnité approximative et provisionnelle de dépossession ne fait aucun préjudice à la fixation de l'indemnité définitive (art. 11).

274. — Le gouvernement, dans les trois mois du jugement, purge les hypothèques légales, si l'indemnité provisionnelle excède 100 fr. (art. 11) — Sinon, il n'y a point lieu à cette formalité.

275. — Les trois mois expirés, l'indemnité provisionnelle est exigible de plein droit, même à défaut des formalités ci-dessus, à moins qu'il n'y ait des inscriptions ou des saisies-arrêts ; dans ce cas, il sera procédé selon les règles ordinaires (art. 11).

Cet art. 11 est abrogé par l'art. 66 de la loi du 7 juill. 1833.

276 —Le règlement définitif de l'indemnité de dépossession suit immédiatement l'occupation. D'après l'art. 66 de la loi de 1833, le droit de la régler appartient au jury.

277. — Si l'indemnité définitive excède l'indemnité provisionnelle, l'excédant se paie de la même manière que l'indemnité provisionnelle (art. 12).

278. — L'art. 51 de la loi du 16 sept. 1807 qui, dans le cas de morcellement par suite de l'expropriation de partie d'un immeuble pour cause d'utilité publique, ordonne l'acquisition de la propriété entière, est applicable aux expropriations d'urgence pour travaux militaires, prévus par la loi du 30 mars 1831. — 6 mars 1833. Metz. Legardeur. D.P. 34. 2. 195.

279. — Et le tribunal, dans le jugement qui statue sur l'indemnité provisionnelle, peut aussi décider la question de morcellement, dont il a été saisi par les parties. — Même arrêt.

280. — Mais lorsque les juges ont reconnu, dans la première instance sur la fixation de l'indemnité provisionnelle, qu'il n'y avait pas morcellement, cette question ne peut être reproduite lors de la fixation de l'indemnité définitive devant le même tribunal. — Même arrêt.

281.— L'*occupation temporaire*, prescrite par ordonnance royale, ne peut avoir lieu que pour les propriétés non bâties. L'indemnité annuelle représentative de la valeur locative et du dommage est réglée à l'amiable ou par autorité de justice, et payée par moitié, de six mois en six mois, au propriétaire et au fermier, le cas échéant (art. 13).

282.— Si, dans le cours de la troisième année d'occupation provisoire, le propriétaire n'est pas remis en possession, il peut exiger que l'état paie l'indemnité pour expropriation définitive de l'immeuble. L'indemnité est fixée sur l'état de la propriété au moment de l'occupation (*ibid*).

283.— Le fermier ou exploitant est remboursé de *tout dommage* résultant de cette dépossession définitive, après règlement amiable ou judiciaire (*ibid.*).

284.—Un article additionnel avait été proposé à la loi du 30 mars 1831, tendant à indemniser de la di-

minution de valeur que ferait subir à l'avenir le voisinage des nouvelles places de guerre, aux propriétés situées dans la zône militaire. L'article a été rejeté, comme étranger à la loi du 8 mars 1810, qu'il s'agissait de modifier, et se rattachant plutôt à la loi du 17 juill. 1819. Il faudrait d'ailleurs, a-t-on dit, avoir calculé les dépenses qu'entraîneraient les indemnités de dépréciation.

285.—On a donc paru reconnaître en principe qu'il n'est pas dû d'indemnité à raison des servitudes imposées aux propriétés qui environnent les places de guerre. La jurisprudence s'est à peu près prononcée dans ce sens. L'ord. du 1er août 1821, art. 45 et suiv., n'attribue aussi d'indemnité qu'au cas de dépossession, démolition et privation de jouissance.

—V. Compétence administrative, Concession, Eau, Empêchement, Expertise, Garantie, Marin, Mines, Ministère public, Propriété, Saisie-immobilière.

TABLE SOMMAIRE.

Absence. 168.
Acceptation. 154, s.
Aqueduc. 19.
Acte administratif. 106.
Affiche. 92, 132, 146.
Agent de l'administr. 6.
Alignement. 33, s.
Annexe. 130.
Appel. 131.
Arbres. 212.
Autorité munic. 40, s.
Avertissement 89, s.
Bain public. 26.
Canal. 78.
Capacité. 155.
Cassation. 144, s. 188. — (renvoi)189.
Circonscription distincte. 60.
Cession amiable. — V. Vente.
Chambre de commerce. 85.
Changement. 100, 216.
Chef du jury. 181, s.
Chose jugée. 280.
Commission. 82, s.
Communes. 32, s. 70, 94, 104, 157.
Compensation. 232.
Compétence. 48, 75, 111, 120, 144, s. 161, s. 190, 237, s. 276.
Concession. 8, s.
Conseil d'état. 102, s.
Consignation. 183, 225, 233, s.
Convocation. 261.
Créancier. 152.
Déchéance. 113, s.
Déclarat. d'utilité. 68, s. 278, s.
Défense. 123, s.
Délai. 120, s.
Déménagement. 269.
Dépôt au greffe. 192.
Descente. 177, 261.
Directeur du jury. 127.
Domaine public. 23, s.

Dommages-intérêts. 60 ; 283.
Dot. 156.
Droits incorporels. 12, s.
Droits de propriété. 2, s.
Eau. 59.
Ecole gratuite. 68.
Effet suspensif. 145.
Elections. 9.
Emphytéose. 222, s.
Enquête. 23, 78.
Estimation. 161, s. 264, s.
Etablissement public. 17.
Etranger. 16.
Excès de pouvoir. 144.
Exécution. 23, 60. — des jugemens. 216.
Exemption. 195.
Expertise. 179, 197, s. 262, s.
Expropriation partielle. 19, s. 140, 150, 221, 226, s. 278, s.
Extraction de matériaux. 61, s.
Fermier. 150, 285.
Force majeure. 41, s.
Fortification. 256, s.
Frais. 186, s.
Halle. 52, s.
Huissier. 6.
Hypothèque. 154, s. 274.
Immeuble. 11, s.
Indemnité. 10, 40, s. 112, s. 141, 149, s. — (fixation) 194, s.—(provisoire) 269, s. — (règlement) 149, s.
Indivisibilité. 19, 236, s. 278, s.
Indivision. 67.
Ingénieur. 84, 88, 262.
Instruction. 178, s.
Intérêts. 255.
Intervention. 76, 142, 153.
Jugement. 23. — (effet) 158, s.

Juré suppléant. 170.
Jury. 127, s. 161, s. — (composition) 164, s.— (décision) 180.
Licitation. 140.
Liste du jury. 167.
Loi. 25, s.
Louage. 220, s.
Maire. 261.
Majorat. 17 110.
Majorité. 172, 180, s.
Marais. 28, s. 75.
Marché. 57.
Marine. 107.
Matière sommaire. 123, s.
Mémoire. 125.
Mention. 120, s. 185.
Meuble. 12.
Minorité. 109, s.
Minute. 192.
Motifs. 126, s.
Nivellement. 44, s.
Nullité de procédure. 6.
Occupation temporaire. 29, 284, s.
Offres. 105, s. 149.
Opération. 178, s.—commencée. 175, 191.
Opposition. 145, s.
Ordonnance royale. 23, 70, s. 281.
Ouverture de rue. 217.
Paiement. 75, 277, 255, s.
Pêche 214.
Peine. 108.
Place de guerre. 58, 72, 284, s.
Plaidoirie. 123.
Plan. 81, 88, 265. — (dépôt) 90.
Plus-value. 232, s.
Ponts et chaussées. 84.
Possession. 141.
Préfet. 86, 101, s. 265.
Président. 183, s.
Preuve certaine. 185.

Privilège. 154, 187.
Prix. 112, s.
Procès-verbal. 100, 185.
Production de pièces. 126.
Provisoire 268, s.
Publicité. 132.
Purge. 154, s.
Question préjud. 210.
Réclamation. 95.
Récoltes. 213.
Ratification tacite. 67.
Récusation. 171.
Registre public. 85.
Renseignement. 84.
Résolution. 155, s.
Rétrocession. 116, s.
Route royale. 23, s.
Rue. 49, s.
Serment. 175, s.
Servitudes. 15, 20, s.
Signature. 183, 185.
Signification 6, 103.
Spectacle. 51.
Sursis. 122, 225, 235, s.
Tradition. 138, s.
Transcription. 133.
Travaux publics. 20, s. 47.
Urgence. 29, 244, 256, s.
Usine. 59, s. 207, s.
Usufruit. 13, s. 67, 108, 151, s. 219, s.
Utilité particulière. 66.—publique. 18, s.
Valeur vénale 201, s. 264, 284.
Vente amiable. 105, s. 119, s. 267.
Visa. 103.

EXPULSION.— V. Audience, Droits civils, Loi, Louage, Propriété, Retrait successoral, Usufruit.

EXTINCTION.—V. Obligation.—V aussi Alimens, Caution, Commissionnaire, Communauté, Communes, Compensation, Désistement, Domaine congéable, Domaines engagés, Effet de commerce, Enregistrement, Faillite, Féodalité. Hypothèques, Louage, Péremption, Presse, Rente, Saisie-immobilière, Servitude, Substitution, Usufruit, Voirie.

EXTORSION.—V. Concussion, Escroquerie, Suppression de titres, Tentative, Vol.

EXTRADITION.—V. Compétence criminelle, Droit naturel, Fausse monnaie, Ministère public.

EXTRAIT.—V. Actes de l'état civil, Affiche, Agent de change, Appel, Certificat, Contrainte par corps, Elections départementales, Elections législatives, Enregistrement, Faillite, Faux, Forêts, Garde nationale, Hypothèques, Ministère public, Ordre, Presse, Preuve littérale, Saisie-immobilière, Saisie des rentes sur particuliers.

F

FABRICANT.— V. Actes de l'état civil, Commerçant, Compétence commerciale, Complicité, Faux, Poids et mesures, Patente.

FABRICATION. — V. Autorité municipale, Cartes, Cassation, Fausse monnaie, Faux, Poudres, Tabac, Vol.

FABRIQUES. — 1. — Ce sont des établissemens publics dont l'objet est de veiller à l'entretien et à la conservation des temples, d'administrer les biens, les rentes et tous les fonds affectés à l'exercice du culte.

§ 1er. — Institution et organisation des fabriques.
§ 2. — Des fonctions, des droits, des obligations et de la responsabilité des membres des fabriques.
§ 3. — Des biens des fabriques.
§ 4. — Des revenus des fabriques.
§ 5. — Des charges des fabriques.
§ 6. — De la régie des fabriques.
§ 7. — De l'autorisation de plaider dans les affaires concernant les fabriques.
§ 8. — De la procédure et de l'exécution des jugemens ou actes.
§ 9. — De la compétence en matière de fabriques.

§ 1er. — Institution et organisation des fabriques.

2. — Dans l'origine, l'administration des biens de l'église appartenait à l'autorité épiscopale. Les fabriciens ou marguilliers ne furent nommés que lorsque l'église fut parvenue à un plus haut degré d'opulence. — Roll., ro Fabrique, n. 1, 2.

3. — L'organisation des fabriques, dans l'ancien régime, a été l'objet de plusieurs lettres-patentes, ordonnances, édits, arrêtés et réglemens de cours souveraines. — Roll., n. 3; D. A. 8, s, n. 1.

4. — Les immeubles des fabriques, comme les autres biens ecclésiastiques furent mis, par la loi du 2 novembre 1789, à la disposition de la nation, à la charge de pourvoir d'une manière convenable aux frais du culte, à l'entretien des ministres, et au soulagement des pauvres.

5. — La loi du 18 février 1791 ordonna la vente des biens affectés au service des fondations, et le paiement, aux fabriques, de l'intérêt du prix, au taux de 4 p. cent, pour le service des fondations.

6. — Enfin, la loi du 19 brumaire an 2 déclara tout l'actif des fabriques propriété de l'état. Le culte fut aboli; les fabriques cessèrent d'exister. Elles durent revivre quand le culte fut rétabli. — D. A. 8, n. 2.

7. — Sous l'empire des lois des 24 août 1793 et 13 brum. an 2, les biens des fabriques ont dû être administrés et vendus comme les autres domaines nationaux; et l'agent municipal de la commune dans laquelle ces biens sont situés était sans qualité pour en percevoir les revenus : ce droit n'appartenait qu'à la régie des domaines (L. 24 août 1793, art. 24; l. 13 brum. an 2, art. 2). — 1er vent. an 7. Civ. c. Comm. de Meurcourt. D.A. 8. 16

8. — Le débiteur d'une rente au profit d'une ancienne fabrique n'a pu refuser de la payer à l'état, pendant qu'il jouissait des biens des fabriques, sous prétexte que la fondation à raison de laquelle cette rente avait été créée n'était plus desservie (L. 26 sept. 1791, art. 1er ; l. 13 brum. an 2, art. 1er et 5). — 13 prair. an 9. Cr. c. Enreg. C. James. D.A. 8. 17. — Conf. D.A. 8, 8, n. 13; Cormen., p. 415; Macar., Elém., p. 116.

9. — De même, une rente due par un émigré à une fabrique, a été éteinte par confusion, après la loi du 15 brum. an 2, qui attribuait à l'état tout l'actif des fabriques. — 27 fév. 1827. Caen. Vassy. D.P. 30. 2. 114.

10. — Après la loi organique du 18 mes. an 10, le gouvernement accorda aux évêques, sauf son droit d'approbation, le pouvoir d'établir les réglemens nécessaire aux fabriques. —D.A. 8, 5, n. 2.

11.—Plus tard, le gouvernement, en rendant aux fabriques les immeubles et rentes dont l'état était encore en possession, en avait confié l'administration à des marguilliers nommés par les préfets (Arr. 7 therm. an 11).

12. — Dès lors . il y eût deux fabriques, l'une choisie par les évêques, et chargée d'administrer le produit des quêtes, oblations et aumônes ; l'autre, choisie par les préfets, et administrant les biens-immeubles et les rentes. De la naquirent des divisions, des mésintelligences ; et le gouvernement sentit la nécessité de réunir les deux fabriques en une seule. — D. A. 8. 1, n. 3; Roll., p. 6. 7. 8.

Ce nouvel établissement des fabriques paroissiales est organisé par le décret , très développé , du 30 déc. 1809. — D.A. 8, 5, n. 3.

13. — Les dispositions du décret du 30 déc. 1809 ne s'appliquent littéralement qu'aux fabriques des églises paroissiales et succursales. Cependant, les fabriques des cathédrales sont soumises aux règles relatives à l'administration intérieure des églises paroissiales. — D.A. 8. 6, n. 4.

14. — Les réglemens faits par les évêques , avant le décret de 1809, pour des fabriques d'églises paroissiales ou succursales, restent supprimés par le décret (Décr. du 22 fév. 1815 , approbatif d'un avis du cons. d'état). —D.A. 8, 6, n. 4.

15. — La fabrique paroissiale se compose de neuf membres, dans les paroisses d'une population de 5,000 habitans et au-dessus , et de cinq dans les autres. Les membres nommés doivent être catholiques, et pris parmi les notables de la paroisse. Le maire, s'il est catholique, et le curé ou desservant, sont membres de droit du conseil de la fabrique (Décr. 30 décr. 1809).

16.—La fabrique se divise en bureau et en conseil. Le bureau se compose du curé ou desservant, de trois membres choisis par le conseil, et reçu-

velés par tiers tous les trois ans; ils nomment entre eux un président, un secrétaire et un trésorier.

Le bureau s'assemble au moins tous les quinze jours; la présence de trois membres est nécessaire à ses délibérations (Decr. 30 déc. 1809, art. 13 et suiv.).

17.—Le conseil de fabrique nomme aussi son président et son secrétaire. Il s'assemble quatre fois par an; il peut se réunir extraordinairement, pour affaires urgentes et imprevues, avec l'autorisation de l'évêque ou du préfet. Le renouvellement du conseil se fait en deux fois, de trois en trois ans; la première fois par le sort, la seconde par rang d'ancienneté. Les membres restans nomment les rentrans à la majorité des suffrages. Les réélections sont indéfiniment permises. Toutes les délibérations doivent être prises, à peine de nullité, par la majorité, et signées par tous les membres qui y participent (Décr. 30 dec. 1809, art. 3 et 5).

18. — Les proces-verbaux des séances ne sont assujettis a aucune formalite rigoureuse. — D.A. 8. 6, n. 7.

19.— Si le conseil de fabrique ne nomme pas aux places vacantes, dans le mois des époques fixees pour les élections, l'evêque diocésain y nomme lui-même (Ord. 12 janv. 1825, art. 3 et 4).

20.— Les membres du conseil de fabrique *des chapelles* sont nommés par l'évêque (Circ. du 11 mars 1809). — D.A 8. 6, n. 8.

21.— Les *notables* qui doivent former le conseil de fabrique, sont les personnes exerçant des fonctions publiques, comme le juge de paix, ou des professions libérales, comme les medecins, les avocats, ou les plus imposés.—Carré, n 206; D.A. 8. 6, n. 8.

22 — Le maire et le curé, qui sont de droit membres du conseil de fabrique, peuvent-ils être nommés présidens? L'usage semble avoir consacré l'affirmative, mais cette nomination paraît contraire au texte du décret. — Carré, *Gouvernement des paroisses*, n 206, D.A. 8. 6, n. 6.

23.—Les membres des fabriques ne sont astreints à la prestation d'aucun serment, lors de leur entrée en fonctions: c'est ce qui résulte du silence du décret à cet égard.— Carré, n. 209; D.A. 8. 6, n. 5.

24.— Les marguilliers, dont la nomination est la première opération du conseil, ne sont pas forcés d'accepter cette charge. Cependant leur refus, sans juste raison, pourrait motiver une demande d'exclusion du conseil; car, ne pouvant être pris que dans le conseil, ceux qui en font partie semblent avoir consenti à accepter la qualité de marguillier. — Carré, n 217; D A. 8. 6, n. 8.

§ 2. — *Des fonctions, des droits, des obligations et de la responsabilité des membres des fabriques.*

25. — Le bureau dresse le budget de la fabrique, prepare les affaires qui doivent être soumises au conseil, execute ses délibérations, et est chargé de l'administration journalière du temporel de l'eglise.

26. — Les membres du bureau nomment, sur les présentations du curé, les officiers et serviteurs de l'église, et les révoquent lorsqu'ils lui donnent des sujets de plainte (Décr. 30 déc. 1809).

27. — Mais, dans les communes rurales, le curé ou desservant peut seul révoquer les chantres, bedeaux et sacristains (Ord. 12 janv 1825, art. 7).

28. —Le budget de la fabrique, le compte annuel du trésorier, l'emploi des fonds excédant les dépenses, le remploi des capitaux remboursés, toutes les dépenses extraordinaires au-delà de 50 fr., dans les paroisses au-dessous de cinq mille habitans, et de 100 fr. dans celles au-dessus; les procès à entreprendre et à soutenir, les baux emphytéotiques ou à longues années; les aliénations ou échanges, et généralement tous les objets d'une administration extraordinaire sont soumis aux délibérations du conseil de fabrique (Decr. 30 déc. 1809, art. 3 et suiv.)

29. — Les marguilliers ne doivent plus, comme autrefois, être que personnellement responsables du préjudice par eux causé à la fabrique, il n'y a plus de solidarité entre eux — D.A. 8. 13, n. 54.

30. — Lorsqu'on veut poursuivre un marguillier à raison de ses fonctions on doit, avant d'agir, obtenir une autorisation du gouvernement (D.A. 8. 13, n. 54). — 9 déc. 1808. Cr. c. Dupin. D.A. 3. 218. D.P. 2 162 (cet arrêt ne le décidait qu'implicitement).

31.— Les actes conservatoires des droits de la fabrique pour le recouvrement de ses revenus, sont confiés au tresorier seul.— D.A. 8. 13, n. 51.

32.— Le trésorier est, en sa qualité d'administrateur comptable d'un établissement public, responsable sous l'hypothèque legale de tous ses biens, et peut être condamné par corps. — D.A. 8. 13, n. 54.

33.— Un conseil de fabrique est bien un établissement public; mais ce n'est pas une administration publique, et, par suite, son trésorier ne peut être assimilé à un fonctionnaire public dans le sens de la loi du 13 brumaire an 7, art. 12. — 6 nov. 1832. Civ. c Enreg. C. Gombeau. D.P. 33. 1. 16.

34.— L'action contre le trésorier à raison de son compte, étant personnelle, doit durer trente ans à partir de la fin de son exercice.— Carré, n. 482; D.A. 8. 3, n. 53.

35.— La fabrique peut donner à un autre de ses membres qu'au trésorier le pouvoir spécial de répondre sur faits et articles, mais sans qu'il puisse être interrogé d'office (C. pr. 336). — Carré, n. 535; D.A. 8. 14, n. 62.

§ 3.— *Des biens des fabriques.*

36.— L'arrêté du 7 therm. an 11 porte, art. 1er: Les biens des fabriques non aliénés, ainsi que les rentes dont elles jouissaient, et dont le transport n'a pas été fait, sont rendus à leur destination (art. 2). Les biens des fabriques des églises supprimées seront réunis à ceux des églises conservées, et dans l'arrondissement desquelles ils se trouvent (31 juill. 1806, Décr.). De nombreux actes de l'autorite, intervenus depuis, ont ordonné des restitutions et affectations importantes au profit des fabriques.— D.A. 8. 6, n. 9; Roll., n. 15.

37.—L'une des plus notables restrictions apportées aux restitutions et affectations faites aux fabriques, c'est la nécessité de l'envoi en possession, exigé par un avis du conseil d'état, du 30 janv. 1807. Cet avis est conçu en termes généraux, et n'est point abrogé par celui du 25 avril 1807, qui ne règle que les pretentions respectives des fabriques et des hospices, et non l'étendue des restitutions entre le domaine et les fabriques. —Cormenin, *Quest*, v° Fabriques.

Carré, n. 256, pense que les fabriques sont, *de plein droit*, propriétaires des biens qui leur ont été restitués, et que l'envoi en possession ne leur est nécessaire que pour les autres espèces de biens. Mais l'avis du 30 janv. 1807 n'admet pas cette distinction.— Cormenin, *eod.*; D.A. 8. 7, n. 10.

38.— Décidé, d'après la généralité des termes de l'avis du 30 janv. 1807, que doivent être maintenus les transferts de rentes opérés après la restitution aux fabriques, mais avant l'envoi en possession (Décr. 7 oct. 1812; ord. 8 sept. 1819 et 18 juill. 1821).— D.A. 8. 7, n. 10.

39. — Jugé aussi que la restitution ordonnée par l'arrêté du 7 therm. an 11, des biens non aliénés qui ont appartenu aux fabriques, n'investit pas *de plano* ces dernières des biens restitués; il y a nécessité absolue d'une décision préalable qui envoie les fabriques en possession.—25 mars 1828. Colmar. Teutsch. D.P. 28. 2. 189.

40.— Toutefois, l'envoi en possession n'est pas une mesure d'ordre public dont l'inexécution puisse être utilement proposée en tout état de cause, et, par exemple, donner ouverture à cassation, lorsque les demandeurs ont négligé de s'en prévaloir devant les juges du fond.— 15 fév. 1832. Req. Sollier. D.P. 32. 1. 375.

41.—La rentrée en possession ne peut se faire qu'en vertu d'un arrêté spécial du préfet, approuvé par le ministre de l'intérieur (Avis cons. d'état. 16 décembre 1816).

42. — C'est donc au préfet, et non au conseil de préfecture à prononcer lorsque les fabriques reclament des rentes transférées du domaine à des tiers (Ord. 8 sept. 1819).

43. — Une fabrique ne peut avoir droit aux biens affectés au desservice d'une chapelle ou oratoire fondé par un particulier dans sa maison; cela est conforme aux anciens usages et aux lois de l'assemblée constituante, d'après lesquels les biens affectes a une fondation laicale ne cessaient point d'appartenir à leur fondateur. — Carre, n. 248; D.A. 8 7, n. 11.

44. — Mais, si la chapelle fondée par un particulier a été spiritualisée, la fabrique a le droit de la reclamer, lorsqu'elle a été réunie au domaine de l'etat. — Carre, n. 250; D.A. 8 8, n. 11.

45. — Les fabriques d'église n'étant recevables à reclamer que les biens qui leur appartenaient anciennement, et dont elles avaient l'administration, elles n'ont aucun droit a une rente qui leur avait été constituée a *patronage simple laique*.—14 août 1822. Ord. cons. d'état. Eglise de St.-Severac-le-Château. Mac. 22. 222.

46. — Une fabrique ne pourrait réclamer, à titre de propriété, les biens qui ne composeraient pas la dotation, mais qui seraient seulement hypothéqués au service d'une rente établie pour l'acquit de la fondation Le fondateur ne serait tenu que du paiement de la dotation. — Carré, n. 251; D. A. 8. 8, n. 11.

47. — De leur côté, les fabriques ne pourraient exiger la rente qu'en se soumettant aux conditions de la donation. — Carré, n. 252; Cormen., *loco cit.*; D.A. *eod.*

48.—Quoique remises en possession, les fabriques ne peuvent contester la validité des aliénations ou transports qui ont eu lieu pendant la main-mise nationale (Dec. 19 juin 1811 et 20 juin 1812).—D.A. 8. 8, n. 12.

49.— Elles ne peuvent non plus attaquer les remboursemens faits dans les caisses du domaine, pendant que l'état était en possession (Avis du cons. d'état, du 21 dec. 1808; ordonn. des 8 janv. 1817 et 16 janv. 1822). —D.A. 8. 8, n. 12.

50. — L'envoi en possession ne fait jamais obstacle aux réclamations que pourraient exercer des tiers devenus propriétaires des biens cédés à une fabrique. —D.A. 8. 8, n. 12.

51. — L'aveu de l'émigré, qu'il ne lui a pas été fait déduction du capital d'une rente réclamée, sur la liquidation qui a eu lieu en sa faveur, en vertu de la loi d'indemnité, n'autorise pas, contre lui, l'action en continuation de cette rente. La fabrique ne peut, dès lors, raisonnablement rejeter l'offre qu'il fait de lui en déléguer le capital en rente 3 p. 100, sur l'indemnite qui lui est due.—27 fév. 1827. Caen. Vassy. D.P. 30. 2. 114.

52.— Les fabriques ont le droit de réclamer les arrérages échus des rentes qui leur ont été attribuées; lesquels, depuis le code civil, sont soumis à la prescription de cinq ans (art. 2277).

53. — Mais elles sont non-recevables à déférer le serment au débiteur qui opposerait la prescription. — Carré, n. 253, D.A. 8. 8, n. 13.

54. — La présomption est que le service pour lequel la rente est fondée a eu lieu. Le débiteur qui soutient le contraire doit le prouver; on ne peut plus exiger, comme autrefois, une affirmation. — Carré, n. 253; D.A. 8. 8, n. 13.

55. — Pour établir leurs droits aux biens et rentes qu'elles reclament, les fabriques doivent fournir les moyens de preuve admis par le droit commun. A défaut de titre, elles pourraient s'appuyer sur le service des arrérages. On ne pourrait plus accueillir, comme autrefois, la preuve de ce service par les comptes des marguilliers; la loi n'autorise pas cette dérogation au principe qui ne veut pas qu'on puisse se créer un titre à soi-même. — Carré, n. 255; Toull., 9, n. 103; D.A. 8. 8, n. 14.

56. — Les registres de la fabrique ne peuvent même servir de commencement de preuve en sa faveur, pour établir qu'une rente qui lui est due n'est pas prescrite. — *Contra*, arrêt. Paris. 6 juill. 1810. D.A. 8 8, n. 14. — V. Preuve littérale.

57. — Les biens des fabriques découverts depuis la loi de l'an 2 à l'arrêté du 7 therm. an 11, doivent être rendus aux fabriques, si, malgré leurs démarches préliminaires, les hospices n'en ont pas encore été mis en possession (Avis cons. d'état, 30 avril 1807).

58. — Les fabriques sont autorisées à se mettre en possession d'un bien qui leur aurait appartenu, lorsque l'hospice à qui il aurait été cédé en vertu des lois du 4 vent an 9, et 27 frim. an 11, ne prouve pas qu'il s'en est mis en possession (Arr. 25 mai 1811). — D.A. 8. 8, n. 16.

59. — Une rente appartenant à une fabrique doit lui être rendue par un hospice auquel la propriété n'en aurait été transférée que depuis l'arrête du 7 therm. an 11 (Ord. 19 fév. 1823).— D.A. 8. 9, n. 16.

60 — Mais l'arrêté du 7 therm. an 11 n'a rendu aux fabriques des églises que les rentes qui étaient alors entre les mains du domaine; il n'a pas dépouillé un hospice d'une rente dont il jouissait en vertu de la loi du 4 vent. an 9 (Ord. 23 fév. 1820).

61. — Appartiennent aux hospices, comme domaines usurpés, les biens de fabriques, dont la rente ou le prix du bail a cessé d'être servi à la régie des domaines, quelle que soit la date du titre (Avis cons. d'état, 28 avril 1807).

62. — Une fabrique qui s'est mise en possession de rentes inconnues au domaine, doit en adresser l'etat au préfet, pour qu'il examine si elles n'appartiendraient pas au domaine et non à la fabrique (Arrêté, 29 déc. 1810). — D.A. 8. 9, n. 16.

63 — Les hospices qui ont été mis en possession de biens chargés de fondations religieuses, doivent payer la retribution des services religieux aux fabriques des églises auxquelles ces fondations sont

affectées (Déc. du 19 juin 1806). — D.A. 8. 9, n. 16.

64. — Les débiteurs de rentes anciennement constituées, à la charge de fondations pieuses, et qui ont été confisquées au profit de l'état, affranchies des conditions que le fondateur y avait apposées, puis transférées, plus tard, aux hospices, en vertu de la loi du 14 vent. an 9, ne peuvent pas se soustraire au service de ces rentes, sous prétexte d'un défaut d'acquit de la fondation pieuse; le droit d'en demander l'exécution appartient exclusivement aux fabriques, d'après l'art. 3 du décret du 16 juin 1806. — 22 mai 1828. Nîmes. Hospice d'Avignon. D.P. 29. 2. 204.

65. — Parmi les biens des fabriques, se placent les dons et legs qui peuvent leur être faits (V. Disposition entre-vifs et testamentaire, Donation, Etablissemens publics), ainsi que les acquisitions qui leur sont permises, sous l'autorisation du gouvernement (L. 2 janvier 1817).

66. — Un particulier ne doit pas être déclaré non-recevable à poursuivre une fabrique en revendication de biens qui lui auraient été légués. — 28 mars 1822. Besançon. D.A. 8. 12, n. 38.

67. — Les débiteurs des fabriques peuvent se libérer par le remboursement des capitaux qu'ils leur doivent; mais ils doivent avertir les administrateurs un mois d'avance (Avis cons. d'état, 21 nov. 1808).

§ 4. — *Des revenus des fabriques.*

68. — Les revenus des fabriques se composent, 1° du produit des biens et rentes qui leur ont été restitués ou attribués par les lois, décrets et ordonnances; 2° du produit des biens, rentes et fondations qu'elles ont été ou sont autorisées à accepter; 3° de celui des biens et rentes célés au domaine, dont elles ont été autorisées à se mettre en possession (Avis cons. d'état, 28 nov. 1809; décis. min. des fin. 6 août 1817); 4° de celui des terrains servant de cimetières (Décr. 12 juin 1804); 5° du prix annuel de la location des chaises; 6° des quêtes pour les frais du culte (Décr. 18 mai 1806 et 30 déc. 1809); 7° de la concession des bancs placés dans l'église (Décr. 1er août 1805 et 30 déc. 1809); 8° de ce qui se trouve aux troncs placés dans les églises (Décr. 18 mai 1806 et 30 déc. 1809); 9° des oblations faites aux fabriques (Décr. 18 mai 1806 et 26 déc. 1813); 10° des droits que, suivant les réglemens épiscopaux approuvés par le gouvernement, les fabriques perçoivent, et de celui qui leur revient sur le produit des inhumations, 11° du supplément donné par la commune, le cas échéant (Décr. 30 déc. 1809, art. 36).

Plusieurs de ces branches de revenu exigent des observations spéciales.

69. — *Produit des cimetières.* — Les fabriques n'ont droit qu'au produit *spontané* des terrains servant de cimetière. — D.A. 8. 9, n. 17.

70. — Le terrain des cimetières n'appartient cependant pas aux fabriques, mais aux communes, et le soumissionnaire d'un cimetière possédé par une fabrique, ne peut refuser d'exécuter sa soumission, sous prétexte que la commune ne prouve pas sa propriété du cimetière, et que, d'après le décret du 12 juin 1804, qui attribue aux communes la propriété des cimetières, il y a présomption que la commune en est propriétaire. — 27 fév. 1830. Colmar. Fabrique de Molsheim. D.P. 33. 2. 77.

71. — Le prix des concessions de terrains dans les cimetières appartient aux communes et non aux fabriques. — D.A. 8. 10, n. 28.

72. — *Location de chaises et bancs.* — Par le produit de la location des chaises, il faut entendre celui de la location des chaises ou bancs mobiles, loués au premier occupant, et non des chaises ou bancs en place fixe, concédés à des particuliers. — D.A. 8. 9, n. 18.

73. — Le mode de location est réglé par le décret du 30 déc. 1809, art. 64 et suiv. Lorsqu'elle est mise en adjudication, la fabrique prélève un sixième, qui forme un fonds de secours pour les ecclésiastiques âgés (Déc. du 13 therm. an 13). — D.A. 8. 9, n. 18.

74. — L'ordre général et le placement des bancs et chaises doivent être déterminés par le conseil de la fabrique, avec l'agrément du curé ou desservant, sauf les droits acquis à des tiers, qui ne peuvent être dépossédés sans indemnité. — Carré, n. 277; D.A. 8. 9, n. 18.

75. — *Concessions de bancs et places.* — Les droits honorifiques de bancs et de chapelle ont disparu avec le système féodal. Cette espèce de servitude ne peut revivre; elle ne peut plus être que le résultat d'une convention. — Favard, Rép., v° Fabrique, p. 506; D.A. 8. 9, n. 19.

76. — Il n'y a plus aujourd'hui que les autorités et les marguilliers qui aient des *bancs d'honneur* dans les églises. Cependant celui qui a entièrement bâti une église peut y *retenir* un banc ou une chapelle (Loi du 8 avril 1802, art. 47; déc. du 24 mess. an 12; déc. de 1809). — D.A. 8. 9, n. 19.

77. — Ce droit n'étant reservé qu'à celui qui a entièrement construit, n'appartiendrait pas au réparateur ou bienfaiteur d'une église. — Carré, n. 280; D.A. 8. 9, n. 19

78. — Le droit de banc ainsi retenu, pouvait autrefois être affecté à un fonds, et il passait aux acquéreurs du fonds; aujourd'hui il est essentiellement personnel au fondateur de l'église et à la famille. — Carré, n. 280; D.A. 8. 9, n. 19

79. — Jugé que, suivant les principes de l'ancien droit français, *le droit de séance* que le fondateur d'une chapelle s'y était réserve était, comme les droits honorifiques des patrons, en général, personnel ou réel, selon qu'il avait été réservé à la personne du patron et à celle de ses descendans ou héritiers, ou qu'il avait été constitué inhérent à des biens, l'acquéreur des biens du fondateur ne peut le revendiquer que dans ce dernier cas. — 1er fév. 1823. Req. Senot. D.P. 25. 1. 82.

80. — Doit être réputé personnel le droit de séance stipulé dans l'acte constitutif pour le fondateur *et ses successeurs*, encore que le fondateur ait grevé tous ses biens d'une redevance foncière, si cette redevance était affectée à la célébration d'un certain nombre de messes, et non à l'entretien de la chapelle : peu importe qu'il se soit personnellement obligé à réparer la chapelle en cas de besoin. — Même arrêt.

81. — L'acquéreur n'est pas recevable à invoquer le décret du 30 dec. 1809, qui ne rétablit le droit de banc que pour le fondateur et sa famille. — Même arret.

82. — Le droit *retenu* par le fondateur peut être réservé dans le chœur. — Quant aux bancs concédés, les marguilliers sont maîtres d'en déterminer la place. — Carré, n. 281, 282; D.A. *eod.*

83. — Ce sont les bancs concédés dont le prix forme l'un des revenus des fabriques, et dont il est question ici.

De telles concessions ne peuvent être faites que pour la durée de la vie de ceux qui les obtiennent. — D.A. 8. 9, n. 20.

84. — Il semble qu'on pourrait accorder ou conserver une concession de bancs à des personnes demeurant dans une autre paroisse, et en concéder plus d'un à la même personne. — D.A. 8. 9, n. 20. — *Contrà*, Carré, n. 285.

85. — Le fondateur d'un droit de banc, qui a changé de religion, pourrait céder son banc à un catholique. — D.A. 8. 9, n. 21.

86. — En cas de concession de bancs, la supériorité des offres doit être la seule cause de préférence entre les soumissionnaires. — Carré, n. 290 et 291; D.A. 8. 9, n. 22.

87. — A la mort du concessionnaire, il y a lieu de procéder à une nouvelle adjudication. — D.A. 8. 9, n. 23.

88. — S'il vient seulement à changer de domicile, il appartiendra à la sagesse des tribunaux de prononcer s'il y a lieu ou non à une nouvelle adjudication. — Carré, n. 292; D.A. 8. 9, n. 23.

89. — Mais le concessionnaire qui a changé de domicile n'a pas le droit d'enlever son banc, ni d'en reprendre la jouissance, s'il a été adjugé, depuis son départ, à un autre paroissien. — Carré, *eod.*; D.A. *eod.*

90. — Les concessions ne peuvent être révoquées que lorsque le service du culte exige le déplacement ou la suppression d'un banc; cette suppression ne peut avoir lieu sans une indemnité; les décisions des évêques sur cette matière peuvent être frappées d'appel comme d'abus. — D.A. 8. 10, n. 24.

91. — Un concessionnaire dépossédé devrait agir, non au possessoire, mais au pétitoire, pour se faire réintégrer dans son droit de banc. — Carré, n. 293; D.A. 8. 10, n. 24.

92. — Tous les paroissiens peuvent se porter adjudicataires d'une concession de bancs dans une église ou chapelle. — D.A. 8. 10, n. 25.

93. — *Droit de chapelle et de monument.* — Le droit de chapelle est plus important, plus étendu que le droit de banc. Il ne peut être concédé qu'aux fondateurs, donateurs ou bienfaiteurs d'une église (Décr. 30 déc. 1809, art. 72). Ce droit ne doit pas être confondu avec celui de *retenir* une chapelle, qui n'appartient qu'à la personne et à la famille de celui qui a entièrement bâti l'église. — D.A. *eod.*

94. — Le droit de chapelle ne peut plus être attaché à une terre. — D.A. *eod.*

95. — L'acquéreur de la terre ne peut donc le réclamer. — 1er fév. 1823. Req. Senot. D.P. 25. 1. 82.

96. — On n'a jamais exigé de condition de domicile pour les concessions de chapelle. — Carré, n. 304, D.A. *eod.*

97. — Le propriétaire du droit de chapelle peut exclure de cette chapelle les autres paroissiens (Carré, n. 305). Les anciens auteurs pensaient le contraire. — D.A. 8. 10. 26.

98. — Le droit de chapelle, comme le droit de banc, n'appartient qu'à celui qui peut justifier d'un titre : la preuve de la possession ne serait donc pas admissible (*contrà*, Carré). — 2 déc. 1820. Besançon. D.A. 8. 10. 27. — Voy. Action possessoire, n. 117, 367.

99. — Aucun monument quelconque ne peut être placé dans les églises, que sur la proposition de l'évêque et la permission du ministre du culte.

100. — Ce n'est que lorsque l'érection d'un monument est autorisée, que la concession peut devenir une source de revenu pour la fabrique. — D.A. 8. 10. 28.

101. — *Produit des quêtes et de ce qui se trouve dans les troncs.* — Le produit des quêtes pour les frais du culte appartient à la fabrique, celui des quêtes pour les pauvres est versé dans les caisses des bureaux de bienfaisance; l'évêque peut, en outre, ordonner ou autoriser des quêtes dont le produit reste aux mains des curés, qui les emploient suivant ses instructions. — D.A. 8. 10. 29.

102. — Les marguilliers désignent les quêteurs pour la fabrique; le curé ou desservant les nomment pour les autres circonstances. — D.A. 8. 10. 29.

103. — La recette des quêtes et celle des troncs ne doivent pas être confondues, et forment deux articles séparés dans les comptes. — Carré, n. 315; D.A. 8. 11. 29.

104. — *Oblations faites à la fabrique.* — Depuis la loi du 8 avril 1802, les évêques sont chargés de faire les réglemens relatifs aux oblations, sous l'approbation du gouvernement. — D.A. 8. 11. 30.

105. — Les fabriques n'ont droit qu'aux oblations qui leur sont spécialement adressées, ou à celles qui leur sont nommément accordées par le décret de 1809, ou enfin à celles qui leur sont dévolues après prélèvement de celles qui reviennent à l'église. — Carré, n. 316 et suiv., D.A. 8. 11. 30.

106. — Les réglemens épiscopaux ne peuvent attribuer aucun droit aux fabriques, relativement à l'administration des sacremens. — Carré, n. 323; D.A. 8. 11. 31.

107. — *Produit des droits sur les inhumations.* — Les fabriques ont seules le droit de faire toutes les fournitures d'enterremens; les prix en sont fixés pour chaque ville par des tarifs approuvés par le roi (Décr. 23 prair. an 12, art 22; 18 mai 1806, art. 7). — D.A. 8. 11. 32.

108. — Elles peuvent affermer le droit de faire les fournitures nécessaires aux inhumations. Dans les grandes villes, elles se réunissent pour former une seule entreprise. On traite avec un entrepreneur étranger. — D.A. 8. 11. 32.

109. — L'on peut conclure du silence du décret du 30 décembre 1809, que le produit de l'affermage du droit de fournitures d'inhumations peut être employé indifféremment à l'acquit des diverses charges de la fabrique. — Carré, n. 335; D.A. 8. 11. 32.

110. — Un décret spécial, du 18 août 1811 règle ce qui concerne les inhumations à Paris.

§ 5. — *Des charges des fabriques.*

111. — Les charges des fabriques sont : 1° de fournir aux frais nécessaires du culte, savoir, les ornemens, les vases sacrés, le linge, le luminaire et le paiement des vicaires et autres employés au service de l'église, suivant la convenance et le besoin des lieux : 2° de payer les honoraires des prédicateurs les jours de solennité; 3° de pourvoir à la décoration et aux dépenses relatives à l'embellissement intérieur de l'église; 4° de veiller à l'entretien des églises, presbytères et cimetières, et, en cas d'insuffisance de leurs revenus, de faire toutes les démarches nécessaires pour qu'il soit pourvu par la commune et par l'administration aux réparations et reconstructions devenues nécessaires (Décret du 30 dec. 1809, art. 37).

112.— Lorsqu'une commune est obligée de suppléer à l'insuffisance des revenus d'une fabrique, pour les charges qu'elle doit supporter, le budget de la fabrique est soumis au conseil municipal, qui en délibère, et soumet sa délibération au préfet ; celui-ci prononce, après avoir consulté l'évêque ; s'ils ne sont pas d'accord, ils en réfèrent au ministre des cultes, qui décide s'il y a lieu d'accorder le supplément demandé par la fabrique (Décr. 1809, art. 93).

113.— Quand les biens d'une commune ne suffisent pas pour suppléer au défaut du revenu des fabriques, on doit recourir, non plus au décret de 1809, mais aux lois sur les finances, des 15 mai 1818, 23 juillet 1820, etc. — D.A. 8. 11, n. 33.

114.—On doit, pour les détails de la qualité et de la quantité d'objets que la fabrique doit fournir au culte (art. 37 décr. de 1809), s'en rapporter aux anciens réglemens et usages.— Carré, n. 357 et suiv. D.A. 8. 11, n. 34.

115.— Les communes ont, pour ce qui concerne les réparations, les obligations d'un propriétaire, et les fabriques, celles d'un usufruitier. — D.A. 8. 11, n. 34.

116.—Les fabriques étant tenues de veiller à l'entretien et aux réparations des églises, et les procès relatifs à la propriété ou à l'usage des églises, devant être poursuivis par les marguilliers, une commune n'a pas qualité pour intenter les actions réelles concernant les églises, et par exemple pour revendiquer un droit de passage sur une propriété particulière, pour arriver à l'église (L. 18 germ. an 10, art. 75, 76; décr. des 30 mai 1806, 30 déc. 1809, art. 37, 94).— 31 mai 1827. Nanci. Comm. de Mirecourt. D.P. 28. 2. 179.— Conf. D.A. 8. 11, n. 34.

117.— Les réparations locatives ou de menu entretien doivent être faites, pour les biens affectés à la cure, par le curé ou desservant, ainsi que celle des dégradations qui seraient survenues par sa faute (Décr. du 6 nov. 1813).

118.— L'état de situation du presbytère doit être dressé lors de la prise de possession de chaque curé, par le trésorier de la fabrique et non par le maire (même décret) — D.A. 8. 11. n. 34.

119.— Les réparations demeurent à la charge du curé sortant ou de ses héritiers, jusqu'à ce que le nouveau en ait reçu le compte. — Carré, n. 383; D.A. 8. 11, n. 35.

120.— Le trésorier de la fabrique pourrait faire saisir le mobilier du curé, si ce dernier avait négligé de faire les réparations locatives. Mais il n'y a point d'hypothèque légale sur les immeubles du curé —Carré, n 383; D.A. 8. 11, n. 36.

121.—L'action en paiement de réparations paraît ne pas devoir durer plus de cinq ans, comme celle pour le prix du loyer (Carré, n. 38).—Dalloz est du même avis, mais d'une manière plus dubitative. — D.A. 8. 12, n. 36.

122 — L'art. 37 du décret de déc 1809 charge expressément les fabriques de veiller à l'entretien des cimetières. Cependant Carré, n. 390, pense que les fabriques ne sont pas tenues des réparations grosses ou d'entretien. Le texte du décret paraît contraire à cet avis.— D.A. 8. 12, n. 37.

123.—Les dettes des anciennes fabriques ne figurent pas parmi celles des fabriques nouvelles; les créanciers des anciennes fabriques doivent s'adresser au ministre de l'intérieur (Avis du cons. d'état, 9 déc. 1810; ord 28 janv. 1820, et 20 juin 1821).— D.A. 8. 12, n. 38.

124.— Les nouvelles fabriques ont donc succédé aux biens sans succéder aux charges des anciennes (Ord. 20 juill. 1820; décr. 30 nov. 1810).

125.— Les fabriques nouvelles doivent néanmoins acquitter les services religieux anciennement fondés, qui sont la condition tacite et inséparable de la restitution des biens et rentes qui y étaient affectés.— Cormenin, t. 2, p. 423.

§ 6.— *De la régie des biens des fabriques.*

126 — Les fabriques sont assimilées aux communes pour le loyer et la régie des maisons et biens ruraux.

127.— Par analogie avec ce qui est prescrit pour les hospices, il semble que les fabriques ne peuvent exploiter par elles-mêmes sans autorisation.—D.A. 8. 12, n. 39.

128.— Les baux, même au-dessous de neuf ans, passés par les fabriques, ne sont définitifs qu'après l'approbation du préfet (Décr. 1809, art. 62; ord. du 7 oct. 1818).— D.A. *eod.*

129.— A l'égard des baux au-dessus de neuf ans, les fabriques sont soumises aux règles prescrites pour les baux des biens des communes.— Carré, n. 393 et suiv.; D.A. 8. 12, n.. 39.—V. Commune.

130.— Depuis le code civil, les baux de fabrique n'emportent plus hypothèque de plein droit. D'ailleurs, ils ont les avantages de l'authenticité.—D.A. 8. 12, n. 40.

131. — Les fabriques doivent prendre hypothèque sur l'universalité des biens du preneur. Toutefois, il n'y aurait pas lieu de provoquer l'annulation du bail, si l'hypothèque, prise sur un seul bien, suffisait pour répondre de l'exécution du bail; la fabrique n'aurait pas intérêt à contester.— Carré, n. 400; D.A. 8. 12, n. 40.

132. — Les aliénations des biens des fabriques ne peuvent avoir lieu à titre onéreux que pour nécessité ou utilité évidente, ou pour cause d'expropriation pour utilité publique.—Carré, n. 406, 407; D.A. 8. 12, n 41.

133.— Quoique la soumission, pour l'acquisition des biens d'une fabrique, ne puisse avoir d'effet que par l'autorisation du gouvernement, elle n'est pas moins obligatoire jusqu'à ce que l'autorisation ait été accordée, surtout lorsqu'aucun délai n'a été imposé pour l'obtenir, et qu'elle a déjà reçu son exécution de la part du soumissionnaire. — Toutefois, un délai peut être fixé à la fabrique. — 27 fév. 1830. Colmar. Fabrique de Molsheim. D.P. 33. 2. 77.

134. — La vente d'un bien de fabrique ne peut avoir lieu sans qu'il y ait eu une expertise contenant estimation de l'immeuble; mais il n'est pas nécessaire que l'expertise soit contradictoire. — Carré, n. 412; D.A. 8 12, n. 42.

135.— Les ventes des biens de fabrique, ne pouvant avoir lieu qu'après estimation, ne peuvent être résiliées pour cause de lésion.— Carré, n. 414; D.A. 8. 12, n. 43

136.—Les arbres existant sur des propriétés des fabriques ne peuvent être abattus et vendus par elle, qu'en observant les formalités prescrites par un arrêté du 8 therm. an 4.— Carré, n. 415; D.A. 8. 13, n. 44.

137.—Les fabriques peuvent acquérir à titre onéreux, en se conformant aux dispositions qui régissent les acquisitions faites par les communes, en y joignant l'avis de l'évêque.—Carré, n. 417; D.A. 8. 13, n. 45.

138 — Les fabriques n'ont pas besoin d'autorisation pour se rendre adjudicataires d'un bien dont elles poursuivent elles-mêmes l'expropriation. — Carré, n. 418; D.A. 8. 13, n. 46.

139 — Elles peuvent surenchérir un immeuble, même lorsque l'expropriation n'est pas suivie à leur requête.—Carré, n. 419; D.A. 8. 13, n. 46.

140 —Mais l'autorisation leur est nécessaire pour faire des échanges de biens immeubles, ou de rentes, ou pour emprunter.—Carré, n. 420, 421; D.A. 8. 13, n. 47.

141.— Elles ne peuvent transiger qu'avec l'autorisation du roi, et en suivant les mêmes formes que les communes.— D.A. 8. 13, n. 48.

142 — Mais l'arbitrage leur est interdit (C. pr. 83, 1000, 1004).— D.A. 8. 13, n. 48.

143.— Les fabriques sont, quant à la capacité de contracter, assimilées aux mineurs, auxquels il est toujours permis de faire leur condition meilleure; de sorte que la nullité de la constitution de rente viagère, sur la tête d'un tiers, que les fabriciens ont stipulée dans l'intérêt de la fabrique, sans autorisation préalable du gouvernement, ne peut être demandée par le prêteur ou créancier de la rente (C. civ. 1225).— 2 mars 1829. Orléans. Emme-Espung. D.P. 29. 2. 159.

144.— Les sommes libres après l'acquittement des charges, sont employées dans les formes voulues par l'avis du conseil d'état du 21 déc. 1808, modifié par un décret du 16 juill. 1810.— Carré, n. 426; D.A. 8. 13, n. 49.

145.—Une circulaire ministérielle du 7 sept. 1819 indique le mode de placement de sommes provenant de fondations, dont l'emploi a été déterminé en rentes sur l'état.

146.— Les marguilliers et le trésorier seraient personnellement responsables du préjudice qu'une fabrique éprouverait par suite d'un placement non autorisé sur particuliers.— Carré, n. 428; D.A. 8. 13, n. 49.

147.— Le mode de garder et conserver les deniers a été minutieusement réglé par le décret de 1809.— V. aussi Carré, n. 429 et suiv.

148.— Le mode de remboursement des rentes et créances des fabriques l'a été par avis du conseil d'état, des 22 nov. et 21 déc. 1808.

149.—Les administrateurs des fabriques peuvent, sans le concours de l'autorité supérieure, recevoir le remboursement des rentes consituées, appartenant à ces établissemens.— 11 vend. an 10. Civ. c. Brigaut. D.A. 8. 818. D.P. 2. 411.

150.— Les actes conservatoires pour le recouvrement des revenus de la fabrique sont confiés au trésorier, qui peut, en conséquence, saisir-arrêter, prendre inscription, donner main-levée, etc.—D.A. 8. 13, n 51.

151.— Les inscriptions prises au nom des fabriques sont exemptes des droits d'hypothèque et des salaires des préposés.— Carré, n. 444; D.A. *eod.*

152.— Le trésorier ni aucun des membres de la fabrique ne doivent accepter des débiteurs des déclarations ou actes récognitifs sous seing-privé. — D.A. 8. 13, n. 52.

153. — D'après une lettre ministérielle, du 15 mai 1811, les fabriques ont le droit, comme parties intéressées, d'exiger des notaires ou autres dépositaires des copies des titres récognitifs de leurs droits.— D.A 8. 13, n. 52.

154. — La comptabilité est réglée dans tous ses détails par le décret de 1809.— V. Carré, n 451 et suiv.; Roll., v° Fabrique, n. 30. — V. aussi *suprà*, § 2.

§ 7.— *De l'autorisation de plaider dans les affaires concernant les fabriques.*

155. — L'art. 77 du décret du 30 déc. 1809 défend aux marguilliers d'entreprendre aucuns procès, et d'y défendre sans une autorisation. La généralité de ces expressions ne permet pas d'excepter, comme avant le décret, les réclamations d'objets de peu de valeur. — 21 juin 1808. Civ. r. Jeudi. D.A. 8. 17; Carré, n. 509; D.A. 8. 14, n. 55. — *Contrà*, Cormenin, v° Fabrique.

156.— Quoique l'art. 78 du décret de 1809 charge le trésorier de faire tous les actes conservatoires, et les diligences pour recouvrer les revenus, il n'est pas moins utile et indispensable de se pourvoir d'une autorisation, même *dans les affaires où le fond* du droit n'est pas contesté.— D.A. 8. 14, n. 56.

157.— Jugé que le trésorier d'une fabrique, qui forme et suit un appel malgré un refus d'autorisation, ne fait pas un acte conservatoire; il doit être condamné personnellement aux dépens de cet appel (Décr. 30 déc. 1809, C. pr., art. 132).— 13 nov. 1823. Bastia. Trésorier de Sainte-Lucie-de-Tallano. D.A. 8. 17. D.P. 2. 172.

158.— L'autorisation donnée à une fabrique, de plaider sur la validité d'un legs, n'entraîne pas la faculté d'acquiescer à un jugement qui annulle la disposition; un tel acquiescement, donné sans autorisation expresse, ne lie pas la fabrique, et ne rend pas non-recevable l'appel du jugement acquiescé (C. civ. 937, 1331).— 31 juill 1823. Colmar. Meinrad-Munch. D A 5. 296. D P. 1. 1317.

159. — L'autorisation est nécessaire à une fabrique pour appeler d'un jugement rendu contre elle. A plus forte raison, le trésorier de la fabrique ne peut-il plaider sur appel, malgré le refus formel d'autorisation, sous le prétexte qu'il s'est pourvu au conseil d'état contre l'arrêté contenant ce refus (Décr. 30 déc. 1809). — 13 nov. 1823. Bastia. Trésorier de Sainte-Lucie-de-Tallano. D.A. 8. 17. D.P. 2. 172.

160. — Encore qu'au moment où un jugement préparatoire a été rendu dans l'instance entre un particulier et la fabrique d'une église, celle-ci n'eût pas été autorisée à plaider, la procédure devient cependant régulière, si l'autorisation a été obtenue avant le jugement définitif.— 14 mars 1833. Req. Fabr. de Vavincourt. D.P. 33. 1 190.

161.— L'autorisation, pour un procès relatif aux dépenses du culte, ne devient plus nécessaire, si les fabriciens s'engagent personnellement. — 25 fév. 1818. Ord. cons. d'état. Marguilliers fab. de Fontenay. D.A. 6. 259.

162.— Il n'est pas exigé, mais l'usage est que la demande d'autorisation soit appuyée de l'avis de trois jurisconsultes. — D.A. 8. 14, n. 57.

163. — Sur la nature de la nullité provenant du défaut d'autorisation et sur l'autorisation pour se pourvoir par appel et par cassation, V. Communes.

164.— On ne peut, devant la cour de cassation, opposer à une fabrique qu'elle n'était point autorisée à plaider, lorsque les qualités de l'arrêt attaqué font mention de l'autorisation, et que l'on n'a pas formé opposition à ces qualités.—1er fév. 1825. Req. Senot. D.P. 25. 1. 82.

165.— Une autorisation spéciale est nécessaire

pour former, au nom de la fabrique, une tierce-opposition ou une requête civile. — Carré, n. 543; D.A. 8. 14, n. 58.

166.— Le défaut d'autorisation ne peut donner lieu à élever le conflit dans l'intérêt d'une fabrique; la jurisprudence contraire avait d'abord prévalu (Ord. du 16 janv. 1822, arrêté du 19 vent. an 10). Rép., v° Hôpital; Macarel, an 1822. 1. 40. — Cormenin, v° Fabrique d'église; D.A. 8. 14, n. 59.

167.— Il n'est pas nécessaire que l'autorisation soit motivée.

168.— Mais le refus d'autorisation doit l'être. — Macarel, t. 1er, p. 31; Carré, n. 518, 519; D.A. 8. 14, n. 60.

169.— C'est pour cette raison que le conseil d'état est dans l'usage de prendre l'avis de trois jurisconsultes, avant de statuer sur les refus d'autorisation (Ord. du 19 juill. 1826). — D.A. *eod.*

170.— L'autorisation que doit demander celui qui veut actionner une fabrique n'est pas nécessaire, quand il s'agit de défendre à une action intentée au nom de la fabrique (Décr. 31 mai 1808).

171.—Comme pour les communes, on exige aussi que les créanciers des fabriques, qui veulent se pourvoir devant les tribunaux, doivent préalablement obtenir une permission par écrit, du conseil de préfecture. — Corm., v° Fabriques d'église, 3e édit., p. 415; D.A. 8. 14. n. 61.

172.— La fabrique qui voudrait poursuivre un hospice, devrait, non seulement se faire autoriser par le conseil de préfecture, mais aussi lui demander d'autoriser cet hospice à ester en jugement. — D.A. 8. 14, n. 61.

173.— Ainsi, lorsqu'une fabrique d'église et un bureau de bienfaisance, légalement autorisés à ester en justice par le conseil de préfecture, demandent à ce même conseil qu'il autorise également l'administration de l'hospice contre laquelle ils poursuivent, ce conseil ne pourra pas, sans violer sa compétence et commettre un excès de pouvoir, rejeter cette dernière demande, en statuant au fond.— 17 avril 1822. Ord. cons. d'état Fab. de Saint-Didier.

174.—Au surplus, lorsque les agens d'un établissement public refusent de donner suite à un procès pour lequel ils ont reçu l'autorisation de plaider, l'autorité administrative peut nommer un agent spécial pour y suppléer. — *Spécialement*, un agent spécial nommé par un préfet pour remplacer le trésorier d'une fabrique, a qualité pour appeler d'un jugement auquel cette fabrique a donné son acquiescement ou se désistant expressément de l'appel qu'elle avait interjeté (C. civ. 937). —31 juill. 1823. Colmar. Meinrad-Munch. D.A. 5. 296. D.P. 1. 1317.

§ 8.—*De la procédure et de l'exécution des jugemens et actes.*

175.—En général, les actions judiciaires, ainsi que les instances suivies administrativement par les fabriques, sont soumises aux formes, délais et recours ordinaires.— D.A. 8. 14, n. 62.

176 —Les fabriques peuvent intenter contre les particuliers l'action en délaissement d'immeubles qu'elles prétendent leur appartenir, sans avoir recours à l'envoi en possession prescrit par l'avis du conseil d'état, du 30 avril 1817, relativement aux biens jouis par le *domaine*. — 8 janv. 1834. Montpellier. Fab de Caudas. D.P. 34. 2. 228

177.— Les causes des fabriques sont exemptes du préliminaire de conciliation (C. de pr., art. 49). — D.A. 8. 14, n. 62.

178.—Elles doivent être toutes communiquées au ministère public — D.A. *eod.*

179.—L'exploit de l'ajournement, soumis au visa, doit être dirigé contre ou par la fabrique, aux poursuites et diligences du trésorier, sans que ce dernier puisse se substituer aucune autre personne, sauf la constitution d'avoué.—D.A. *eod.*

180.—Une action judiciaire est valablement intentée contre une fabrique au lieu de l'être contre la commune dont dépend cette fabrique. — 2 déc. 1820. Besançon. D.A. 8. 11, n. 34.

181. — La péremption court contre les fabriques comme contre les particuliers, sauf leur recours contre leur trésorier, alors même que la demande eût été formée sans autorisation.— D.A. 8. 14, n. 62.

182.—Les désistemens et les acquiescemens donnés par les fabriques sont gouvernés par les mêmes principes que ceux donnés par les communes. — Carré, n. 538 et suiv.; D.A. *eod.*

183.—Le trésorier peut suivre, par les voies indiquées au code de procédure, l'exécution des jugemens ou arrêts rendus en faveur de la fabrique.— D.A. 8. 14, n. 63.

Quant à l'exécution des condamnations prononcées contre elle, voyez le paragraphe suivant.

184.—L'avis du conseil d'état, du 12 août 1807, qui défend de faire des saisies-arrêts sur les revenus des communes, doit être appliqué aux biens des fabriques. — Corm., 3e éd. p. 417; Carré, n. 550 et 551; D.A. 8. 15, n. 63.

185.—On ne peut saisir-exécuter ni le mobilier d'une fabrique, ni les bâtimens de l'église ou du presbytère; et quant aux autres biens, comme ils ne peuvent être vendus sans autorisation royale, il résulte qu'ils ne peuvent être saisis.—D.A. 8. 15, n. 64.

186.—Ainsi, les créanciers porteurs de titres ou condamnations exécutoires contre les fabriques doivent obtenir du préfet l'assignation des fonds disponibles; s'il n'y en a pas, se pourvoir devant le ministre de l'intérieur pour que, sur son rapport, le roi ordonne l'aliénation des biens, jusqu'à concurrence de leurs créances, sauf recours des créanciers au conseil d'état.—Carré, n. 556; D.A. *eod.*

§ 9. — *De la compétence en matière de fabriques.*

187. — 1° *Compétence judiciaire.* — L'art. 80 du décret du 30 décembre 1809 se borne à poser le principe, que les contestations relatives à la propriété des biens, et les poursuites à fin de recouvrement des revenus, sont portées devant les tribunaux ordinaires (Ord. 1er déc. 1819).—Cette règle générale a été interprétée et modifiée par la jurisprudence, ainsi qu'on va le voir.

188. — Nul doute sur les questions de propriété. Ainsi, une contestation élevée entre une fabrique et une commune, sur la propriété d'un terrain, et fondée sur la possession des titres de propriété, et non sur des actes administratifs, est de la compétence des tribunaux. — 19 juill. 1826. Ord. Mac. 26. 393. D.A. 8. 16, n. 68.

189 — De même, les contestations qui s'élèvent entre les fabriques d'église, relativement aux revenus ou propriétés leur appartenant, sont de la compétence des tribunaux (Décr. du 31 déc. 1809). Mais lorsqu'il s'agit de la mise en possession de ces mêmes propriétés non aliénées, la question appartient exclusivement à l'autorité administrative (Arr. 7 therm. an 11).

Ainsi, des paroisses et églises qui ont été supprimées, et dont les revenus ont été partagés entre d'autres paroisses de la même commune, ne sont pas recevables à attaquer la décision ministérielle qui a ordonné le partage. — 8 juill. 1818. Ord. cons. d'état. Paroisse Saint-Patrice, de Rouen.

190.—C'est aussi aux tribunaux à prononcer sur les questions de prescription des redevances dues aux fabriques (Déc. du 28 fev. 1809). — Corm., 3e ed., p. 414; Carré, n. 504; D A. 8. 16. 68.

191. — Ainsi, jugé qu'encore bien que l'affaire fût soumise à l'autorité administrative, si le débiteur des arrérages d'une rente oppose une exception de prescription, notamment celle de cinq ans, le jugement de cette exception doit être renvoyé aux tribunaux. — 28 fev. 1809. Décr. cons. d'état. Voyat.

192. — Les tribunaux jugent les questions de propriété ou de féodalité des rentes dont les fabriques ont été envoyées en possession. — Cormenin, p. 413; D.A. 8. 16. 68.

193. — Dans les contestations relatives au transfert des rentes restituées aux fabriques par le domaine, par l'arrêté du 7 thermidor an 11, si la question s'élève, soit entre les porteurs de transfert et des tiers, soit entre les fabriques envoyées en possession d'une rente et leurs débiteurs, cette question de propriété est du ressort des tribunaux, sauf l'intervention du domaine, s'il y a lieu. — D.A. 3. 217.

194. — Jugé, conformément à cette doctrine, que les réclamations faites par un tiers, relativement à la propriété de rentes transférées par le domaine, sont du ressort des tribunaux, aux termes de l'avis du conseil d'état, du 14 mars 1808, et de l'ordonnance du 16 mars 1816 (Ord. 24 oct. 1821; déc. 28 fév. 1809, et 28 mai 1812). — D.A. 3. 217, n.

195. — Jugé cependant que c'est à l'administration, et non aux tribunaux, à connaître d'une contestation qui s'élève entre le porteur d'une rente transférée par le domaine, comme étant aux droits d'une fabrique ou d'un chapitre, et le débiteur de cette rente, sur le point de savoir si elle est ou non féodale. — 12 fév. 1806. Civ. c. Colmar. Salomon. D.A. 3. 218. D.P. 6 1. 197.

Cette jurisprudence n'a pas été suivie : elle est combattue par Cormenin, *loc. cit.*

196. — Sont du domaine de l'autorité judiciaire : les revendications formées par des tiers, de biens non aliénés, remis aux fabriques, en vertu de l'arrêté du 7 thermidor an 11 (Déc. du 22 sept. 1812; ord. des 16 mars 1816 et 1er déc. 1819). — D.A. 8. 14. 68.

197. — .... Les questions relatives à l'existence, à la validité et à l'exécution des legs faits aux fabriques (Décr. 16 sept. 1811). — D.A. *eod.*

198. — .... Les contestations élevées par l'héritier d'un testateur qui a légué des rentes en nature pour les frais d'une fondation (Décr. du 16 juill. 1810). — D.A. *eod.*

199. — .... Celles entre l'administrateur d'une ancienne fabrique, poursuivi comme obligé personnellement, et un particulier (Décr. du 11 janv. 1808). — Macar., *Elém. de dr. adm.*; p. 111; Carré, n. 404; D.A. *eod.*

200. — .... Les actions des créanciers contre les cautions des fabriques (Décr. du 28 mai 1809). — Macar., p. 112; D.A *eod.*

201. — La question de savoir si, en fait, les administrateurs d'une fabrique se sont engagés personnellement, et quelles sont les conséquences de cet engagement.— 28 mai 1809. Déc. D.A. *eod.*

202. — La question de savoir si la fabrique d'une église a le droit d'en louer les bancs, ou s'ils ont été valablement concédés à un habitant par un acte à titre onéreux, est, de même que son exécution, du ressort des tribunaux (Décr. du 30 déc. 1809, art. 36 et 80).—4 juin 1826. Ord. cons. d'état. Lefebvre. D.A. 8. 15. 66.

203.— L'autorité judiciaire est incompétente pour statuer sur le placement et la forme des bancs dans les églises; mais seulement sur les droits résultant de la concession à titre onéreux faite par la fabrique, et sur les dommages-intérêts pour l'inexécution de la concession. — 18 déc. 1827. Ord. Boccaudé. D.P. 28. 3. 35.

204. — Les tribunaux peuvent également reconnaître des titres de créance contre une fabrique, et en ordonner le paiement (Ord. 16 janv. 1822). — D.A. 8. 16, n. 68.

205. — Ainsi, la reconnaissance des titres de créance d'un épicier contre la fabrique d'une église est de la compétence des tribunaux, lesquels doivent également en ordonner le paiement; par suite, un préfet est sans qualité pour élever un conflit dans cette matière, sous le prétexte que la fabrique avait agi sans autorisation et sans avoir fait régulariser ses pièces. — 16 janv. 1822. Ord. cons. d'état. Fabr. de Pin-lès-Magny.

206. — Les tribunaux ne peuvent prescrire un mode de paiement, ni en forcer l'exécution. — D.A. 8. 16, n. 68.

207.— Mais ils sont compétens pour prononcer sur l'opposition formée par le débiteur d'une rente, aux poursuites en paiement dirigées contre lui par le receveur d'une fabrique. L'autorité administrative ne peut revendiquer la contestation sur le motif que le receveur aurait été cité sans autorisation préalable du conseil de préfecture (Ord. 31 mai 1808).

208. — La compétence territoriale des tribunaux et les degrés de juridiction se règlent, dans les fabriques, comme dans toutes autres contestations.— D.A. 8. 16, n. 69.

209. — 2° *Compétence administrative.* — C'est à l'administration à fixer la délimitation des paroisses, et à statuer sur les comptes des trésoriers de fabriques; les tribunaux ne peuvent que contraindre le trésorier à rendre ses comptes et à en payer le reliquat, une fois que l'administration l'a réglé.—D.A. 2. 216.

210.—Jugé, en ce sens, que c'est devant l'autorité administrative, et non devant les tribunaux, que doivent être rendus les comptes du trésorier d'une fabrique; les tribunaux ne sont compétens que pour contraindre le trésorier récalcitrant à rendre ses comptes ou à payer le reliquat.— 9 juin 1823. Civ. c. Rouen. Eustache. D.A. 8. 17. D P. 23. 1. 284.—Conf. D.A. 8. 15, n. 66.

211.— Dans les contestations relatives au transfert des rentes restituées aux fabriques par l'état, si la question s'élève entre le domaine et une fabrique, après l'envoi en possession, comme s'il s'agit de savoir si la rente contestée provient d'un bénéfice simple ou d'une fondation, il est évident qu'une pareille question découle des actes administratifs qui ont restitué leurs biens aux fabriques; qu'il s'agit d'interpréter ces actes, et que, sous ce rapport, le jugement appartient au conseil de préfecture.—Corm., v° Fabriques d'églises; D.A. 3. 217.

212.— Les questions qui peuvent s'élever entre le domaine et les porteurs de transfert, exclusivement sur l'acte d'aliénation, sa validité et ses effets, sont

de la compétence des conseils de préfecture (Ord. 10 janv. 1821).—D A. 3. 217.

213.— Le conseil de préfecture prononce sur les contestations entre deux fabriques relativement à la préférence. d'attributions de biens ou rentes ayant appartenu à des églises supprimées (Déc. 10 fév. 1806).—D A. 3. 1b, n. 66.

214.—De même, c'est à l'administration que doivent être soumises les questions relatives à l'exécution des arrêtés, décrets et ordonnances concernant l'abandon aux fabriques des biens qui avaient été réunis au domaine de l'état.

Lorsqu'une paroisse, à laquelle des rentes étaient dues, a été supprimée et réunie à d'autres paroisses, l'abandon de ces rentes, fait par l'administration à l'une d'elles, ne constitue qu'une simple affectation qui n'a rien de définitif ni d'irrévocable, laquelle ne met point obstacle a ce qu'il soit fait une nouvelle répartition proportionnelle aux charges desdites fabriques, dans les formes prescrites par l'ordonnance réglementaire du 28 mars 1820. — 26 déc. 1827. Ord F. br. de Saint-Vincent. D.P. 28. 3. 35.

215 — Le conseil de préfecture statue sur les contestations entre les anciens chapitres et chanoines, sur la propriété des maisons canoniales qu'ils habitent (Déc. du 5 août 1808). — D A. 8. 1b, n. 66.

216 —... Sur les contestations entre les fabriques et séminaires sur la propriété ou l'usage des biens nationaux qui leur ont été respectivement rendus. — D A. eod.

217.—La réclamation que fait un évêque, de biens compris dans son diocèse par suite d'une nouvelle circonscription, et affectés d'abord à l'entretien d'un séminaire, est de la compétence des conseils de préfecture (Arrêt du cons. d'état du 30 oct. 1825).—Corm., p. 411, D.A. eod.

218.— C'est l'administration qui prononce, lorsqu'un bureau de bienfaisance réclame des biens de dotation d'une chapelle, et qu'il s'agit de savoir s'ils sont compris dans l'exception, par l'art. 3 de la loi du 5 nov. 1790 (Ord. du 15 nov. 1820). — D.A. eod.

219.— Les conseils de préfecture doivent prononcer sur la revendication faite par un tiers, à titre de vente nationale, de tout ou partie d'un bien remis à une fabrique (Ord. du 13 juill. 1825). — D.A. eod.

220.—... Sur la prétention d'une fabrique, de pouvoir poursuivre un co-débiteur pour une rente laissée, comme dette, à la charge du propriétaire, par un partage administratif (Déc. du 7 déc. 1810).— Corm ; 3e édit., p 412; D.A. eod.

221.—Ce sont également les conseils de préfecture qui prononcent sur les difficultés que font naître entre les adjudicataires des pompes funèbres et les fabriques, l'interprétation et l'exécution des actes d'adjudication —Contra, Cass. 27 août 1825. D.A. 3. 198 et 3. 1b , n. 66.

222.—Toutes contestations sur la distribution, l'emplacement des bancs et chaises, en ce qui concerne la police de l'église sont jugées, administrativement (Déc. du 17 mai 1809). — Carré , n. 505 ; D.A. 8. 15, n. 66.

223.— Ainsi, jugé que l'enlèvement de chaises placées dans la nef d'une église, opéré par un fabricien en vertu d'une délibération trouble à l'administration de la fabrique, tel un acte d'administration, dont les tribunaux ne peuvent point connaître. — 9 déc. 1808. Cr. c. Dupin. D.A. 3. 218. D.P. 9. 2. 162.

224. — Des fabriciens ne peuvent être cités en justice pour des faits relatifs à leurs fonctions. — Même art et (V. n. 30).

225.— L'administration statue sur les contestations entre une fabrique et un curé pour des dépenses qu'il aurait faites relativement au culte (Déc. du 22 juin 1811); mais non, si la dépense a été autorisée par le budget, et qu'il ne s'agisse plus que de poursuivre sur la réclamation de celui qui en aurait fait l'avance.—Carré , n. 505 ; D.A.S. 1b, n. 66.

226. — Jugé que c'est aux conseils de préfecture et non aux tribunaux, qu'il appartient de juger la demande intentée contre une fabrique d'église pour dépenses faite à raison du service du culte , même liquidées par la fabrique. — 19 janv. 1833. Trib. de la Seine. D.P. 34. 3. 2. — Conf. Carré, p. 377 ; Macarel, Léïm., t. 2, p. 113; arrêt cons. 22 juin 1811 — Contra, arrêt du cons. 16 janv. 1822.

227.— L'administration doit seule régler le mode de paiement des dettes de fabrique, et l'exécution des jugemens obtenus contre elle. — Cormenin, eod.; D.A. 8. 15, n. 65.

228. — Mais les tribunaux peuvent valider, en

cas de refus de paiement, la saisie-arrêt pratiquée sur une fabrique, lorsque la créance a été reconnue, liquidée, le paiement ordonné et que les fonds ont été assignés sur les revenus de la fabrique (Ord. du 3 déc. 1817). — D.A. eod.

229.— Il y a, dans la matière qui nous occupe, des actes administratifs qui ne donnent lieu à aucun recours par la voie contentieuse, même devant une autorité administrative.

230. — Telle est une ordonnance royale qui, en exécution de celle du 28 mars 1820, a concédé à une chapelle vicariale, l'usufruit du presbytère et du jardin appartenant à l'église paroissiale.— Macarel, 2b, 258 ; D.A. 8. 16, n. 67.

231. — On ne peut non plus attaquer par la même voie une décision ministérielle qui rejette une demande formée par une fabrique, tendante à l'aliénation d'un presbytère, mais alors le refus d'autorisation ne préjuge pas la question de propriété du presbytère (Ord. 16 nov. 1825). — Macarel, 28, 668 ; D.A. eod.

— V. Actions possessoires, Appel, Arrérages, Communes, Concession, Culte, Domaine extraordinaire, Domaine nationaux , Enregistrement, Hypothèques, Manufacture, Nom, Rente, Sels, Surenchère.

TABLE SOMMAIRE.

Acquiescement. 158, 182, 187.
Acquisition. 138, s.
Action. 116, 175, s.—possessoire. 91. — prématurée. 159.
Administration. 2, s. 126. —publique. 34.
Approbation. 128.
Arbitrage. 142.
Arbre. 130.
Arrérages. 52, s.
Attributions. 106.
Autorisation. 28, 127, s. 133, 138, 155, s.
Aveu. 51.
Bancs. 203. — d'église. 79, s.
Bedeau. 27.
Biens. 4, s. 56, s.
Bureau. 16, s. 25, s.— (attributions) 98, s.
Capacité. 134, 145.
Catholique. 68.
Chantre 27.
Charges. 111, s.
Chose cessible. 85. —jugée. 49.
Cimetière. 69, s. 121.
Communes. 70, s.116,126.
Compétence. 42.— administrative. 189, s. s.—judiciaire: 187,209, s.
Composition: 15.
Concession. 75, s. 93, s. — a vie. 85.
Conciliation. 177.
Conflit. 166, 205.
Confusion. 9.
Conseil. 16, 74. — municipal. 142.
Constitut. d'avoué. 179.
Culte. 1.
Curé. 43, s. 26, s.
Déclaration. 152.
Désistement. 162.
Domaine national. 7, s. 44, s.
Domicile. 88, s. 96.
Donation. 65.
Droit de chapelle. 93, s. —personnels. 78, s.— récis. 79, s. 93, s.
Échange. 140.
Église. 13, s. 56.
Élections. 18.
Émigré. 9, 61.
Entrée en possession. 57, 170.
Établissemens publics. 1, 33.
Évêque. 2, 10, s.112.
Exécution. 206.
Expertise. 134.
Expropriation publique. 159.
Fabricien. 2.

Fonctionnaire. 33.
Fondation b, s. 42, s. 65, 78, s. 93, s.
Frais. 157.
Hypothèques. 130,150, s.
Immeubles. 4, b, 11, s.
Inhumation. 107, s.
Jurisconsulte. 163, 169.
Location de chaises. 72, s.
Louage. 12b, s.
Maire. 7, 16, 22, 118.
Mandat spécial. 38.
Marguillier. 9, 11, 24, 76, 146.
Mesure conservatoire.52, 130, 157.
Ministère forcé. 24. public. 178.
Monument. 93, 99, s.
Moyen nouveau. 40, 164.
Nomination. 16, s.
Notable. 21.
Nullité radicale. 40. — relative. 143.
Oblation. 104, s.
Obligation. 133. — personnelle. 161.
Organisation. 2, s.
Paiement. 53, 67.
Perception. 484.
Placement. 144.
Préfet. 16, s. 41, s. 62, 112, 198.
Presbytère. 148.
Prescription. 34, 52, s. 121.
Président. 16, 22.
Preuve. 98 — litterale.56.
Proces-verbal. 18.
Propriété ecclésiastique. 2, s.
Qualités. 160.
Quête. 101, s.
Ratification tacite. 160.
Registre. 50.
Réglement. 10, 6.
Rente. 8, s. 52, s. 214.
Réparations. 115, s.
Résolution. 135.
Responsabilité. 52, 146, 157.
Restitution. 11 , 56 , 45 , 69, s.
Retenue. 82.
Réunion. 16, 36, 214.
Revendication. 66.
Revenus. 68, s.
Révocation. 26 , 6. 90.
Sacrement. 106.
Sacristain. 27.
Saisie. 130. 184, s.
Secrétaire. 26.
Serment. 25, 53.
Service religieux. 63, s. 125.
Servitudes. 93, s.
Soumission. 134.

Successeur. 79, s.
Surenchère. 439, s.
Tierce-opposition. 163.
Tiers. 74.
Titre récognitif. 152.
Transaction. 141.
Trésorier. 10, 31, 118, s, 140, 157, s.
Tronc. 103.
Usage local. 114.
Vacation. 108, s.
Visa. 179.

FAÇADE.— V. Voirie.

FAÇON.— V. Commerçant, Forêts.

FACTEUR.— V. Adoption, Commerçant, Compétence commerciale , Contributions indirectes , Prescription.

FACTION.— V. Garde nationale.

FACTURE.— V. Assurances maritimes, Contrat à la grosse, Enregistrement, Faillite, Postes, Preuve littérale, Saisie-immobilière.

FACULTÉS.— V. Assurances maritimes, Commissionnaire, Contrainte par corps, Culte, Descente sur les lieux, Douanes, Enquête, Garde nationale, Louage, Partage, Péage, Pouvoir discrétionnaire, Rapport, Saisie-immobilière, Usufruit.

FACULTÉS DES LETTRES ET DES SCIENCES.—V. Enseignement.— V. aussi Contributions directes.

FAGOT.— V. Forêts.

FAIBLESSE D'ESPRIT.— V. Excuse, Interdiction.

FAIENCE.— V. FAILLITE.

FAILLI (HÉRITIERS).— V. Cour d'assises.

FAILLITE, BANQUEROUTE, DÉCONFITURE.

—1.— La faillite est la cessation des paiemens d'un commerçant (C. comm. 437). La banqueroute est l'etat du commerçant failli qui se trouve dans l'un des cas de dol ou de faute grave prévus par la loi (C. comm. 438). La déconfiture est l'état d'insolvabilité d'un non commerçant, quelle que soit la cause qui l'a produite.

2.— Il résulte , de ces définitions , que les mots faillite et banqueroute ne sont pas synonymes , quoiqu'on les confonde souvent dans l'usage. La faillite est un malheur ; la banqueroute est toujours un délit.—D.A. 3. n. 1 et suiv. — V. plus bas art. 17.

3. — Toutes les règles relatives aux faillites sont contenues dans le livre 3 du code de commerce. Elles ont été puisées, en partie, dans l'ordonnance de 1673, autrement dite le code marchand. — Un nouveau projet de loi, sur cette matière, vient d'être adopté cette année (1835) par la chambre des députés, et soumis à la chambre des pairs ; mais il ne pourra être converti en loi que dans la prochaine session parlementaire : aussi , nous dispenserons-nous d'en parler ici. Nous dirons seulement qu'il renferme la plupart des améliorations que les auteurs avaient instamment réclamées. — V. D.A. 8. 19 , n. 2 et suiv.

ART. 1er.— Caractère de la faillite.

ART. 2.— Déclaration de la faillite.

ART. 3.— Ouverture de la faillite.

ART. 4.— Recours contre le jugement qui déclare la faillite et fixe son ouverture.

ART. 5. — Effets de la faillite, relativement à la personne du failli.

ART. 6.— Effets relativement à ses biens.

ART. 7.— Du juge-commissaire, des agens et des premières mesures réclamées par la faillite.

ART. 8.— Des syndics provisoires et de leurs fonctions.

ART. 9.— De la vérification et de l'affirmation des créances.

ART. 10. — Du concordat.

§ 1er.— De la formation du concordat.

§ 2.— De l'opposition au concordat.

§ 3.— De l'homologation du concordat.

ART. 4.— Des effets du concordat.

ART. 11.— Des syndics définitifs, et de l'union des créanciers.

ART. 12.— De la vente des biens du failli, et des poursuites dont ces biens peuvent être l'objet.

ART. 13 — Des différentes espèces de créanciers, de leurs droits , en cas de faillite.

§ 1er.— Des droits des créanciers chirographaires.

§ 2.— Des droits des créanciers hypothécaires et privilégiés.

§ 3.— Des droits des femmes.

ART. 14.— De la cession des biens.

ART. 15.— De la revendication.

§ 1er.— De la revendication des marchandises vendues.

§ 2.— *De celle des marchandises consignées ou déposées.*

§ 3.— *De celle des remises en effets de commerce ou autres.*

ART. 16.— *De la réhabilitation.*

ART. 17.— *De la banqueroute.*

§ 1er.— *De la banqueroute simple.*

§ 2.— *De la banqueroute frauduleuse.*

ART. 18.— *De la déconfiture.*

ART. 1er.— *Caractère de la faillite.*

4.— Le *commerçant* seul peut être déclaré en faillite (C. comm. 437).— 21 mars 1810. Paris. Delagarde. D.A. 2. 688. D.P. 1. 624.

5.— Si donc il n'est pas reconnu, en fait, qu'un commerçant qui avait abandonné le commerce, l'eût repris à l'époque où s'est manifesté l'embarras dans ses affaires, l'arrêt qui le met en faillite doit être cassé.— 16 mars 1818. Civ. c. Caen. Lambert. D.A. 8. 25, et 24, n. 5.

6.— Le fonctionnaire public qui s'est livré à un assez grand nombre d'opérations commerciales pour le faire réputer *commerçant*, peut être déclaré en faillite.— 25 janv. 1809. Bruxelles. Allard. D.A. 8. 26. D.P. 22. 2. 144, n. 9.

7.— Il en est de même du notaire qui se livre habituellement à des opérations de banque et tient une agence d'affaires.— 24 fév. 1831. Paris. Chollet. D.P. 31. 2. 104.

8.— L'arrêt qui, de la circonstance qu'un individu a fait le commerce pendant plus de trente ans, a induit qu'une convention verbale, et non rendue publique, à l'effet de substituer à son fonds de commerce l'un de ses commis, ne prouvait pas suffisamment la cessation entière de la profession du cédant, et, par suite, ne faisait point obstacle à ce qu'il pût encore être déclaré en faillite, ne viole aucune loi, surtout si, depuis la cession, le cédant a pris et reçu, dans plusieurs actes, la qualité de *négociant*, souscrit des billets à ordre, subi des condamnations commerciales, même par corps, sans se plaindre ni élever aucune contestation sur la qualité ou sur la compétence. — 1er avril 1829. Req. Caen. Philippe. D.P. 29. 1. 205.

9.— Les agens de change et les courtiers, quoique le commerce leur soit interdit, tombent en faillite (C. comm. 89). — V. Agens de change et Courtiers.

10. — L'associé commanditaire, qui est déclaré *solidaire*, pour s'être immiscé dans la société, ne peut, s'il n'est pas *commerçant*, être déclaré en faillite (C. comm. 28).— 2 août 1828. Bourges. Porcheron. D.P. 29. 2. 284.

11.— Quoique le gérant d'une société puisse, en cas de faillite de cette société, être personnellement condamné au paiement des effets qu'il a souscrits au nom de la raison sociale, sans avertir que c'était *par procuration*, et être ainsi réputé lui-même associé à l'égard de ceux qui, par son imprudence, ont été induits à le considérer comme tel, néanmoins il ne doit pas être réputé associé, en ce sens qu'il puisse, quoique non négociant, se faire déclarer en état de *faillite* et obtenir un concordat. — 3 mars 1831. Paris. Guibal. D.P. 31. 2. 99.

12.— Le commerçant failli qui, après avoir passé un concordat avec ses créanciers, refuse d'accomplir les engagemens par lui contractés dans cet acte, ne peut pas être de nouveau constitué en état de faillite, dans le cas où, depuis cette époque, il aurait cessé de faire aucune opération *commerciale*. — 27 mai 1829. Req. Caen. Combal. D.P. 29. 1. 365.

13.— Le *non-commerçant* est recevable à former opposition au jugement qui le déclare en faillite, encore bien qu'il ait, auparavant, remis son bilan aux agens de la faillite, l'incompétence à raison de la matière pouvant être opposée en tout état de cause. — 25 janv. 1809. Bruxelles. Allard. D.A. 8. 26. D.P. 22. 2. 141.

14.— Un négociant peut, dans l'intérêt de ses créanciers, et nonobstant que l'action publique soit éteinte, être déclaré en faillite après son décès, lorsqu'il y a eu cessation de paiement *de son vivant*, manifesté par plusieurs protêts intervenus contre lui.— Sa succession doit alors être administrée suivant les règles prescrites au titre des faillites. — 23 août 1809. Riom. L'Héritier. D.A. 8. 32 et 24, n. 7. D.P. 13. 2. 7. — 21 janv. 1814. Paris. Piranesi. D.A. 8. 33. D.P. 14. 2. 72.

15.— Jugé de même que le décès du failli, quoique antérieur aux poursuites dirigées pour le faire déclarer tel, n'est point un obstacle pour constater l'ouverture de la faillite sur la demande et dans l'intérêt des créanciers, à fins civiles. — 24 déc. 1818. Req. Bordeaux. Courrège. D.A. 8. 34. D.P. 19. 1. 241.

16.— Jugé encore que, lorsque, avant son décès, un commerçant était notoirement au-dessous de ses affaires, sa faillite a pu être déclarée après son décès, et fixée provisoirement au jour de ce décès. — 10 déc. 1830. Toulouse. Richard. D.P. 31. 2. 29.

17. — L'individu, mort dans la jouissance de ses droits, contre lequel on n'argue d'aucun protêt fait contre lui, *de son vivant*, ou de refus d'acquitter ses engagemens, ne peut être déclaré en faillite après son décès. — 27 mai 1811. Douai. B..... D.A. 8. 35. D.P. 13. 2. 6.

18.— Jugé de même qu'un négociant ne peut être déclaré en faillite après sa mort, pour des causes manifestées *depuis*, lors même que l'insolvabilité aurait existé de son vivant, si d'ailleurs il n'y a pas eu cessation de paiemens *avant* le décès. — 16 oct. 1812. Nîmes. Charbault. D.A. 8. 35. D.P. 13. 2. 8.— 5 août 1818. Douai. Kreglinger. D.A. 8. 256. D.P. 21 2. 28. — 28 avril 1828. Lyon. Robert. D.P. 28. 2. 217.

19. — Jugé encore qu'on ne peut, après le décès d'un commerçant, le déclarer en état de faillite, si la cessation de ses paiemens n'est constatée par des actes *antérieurs* au décès; et, à défaut de ces actes, on dirait en vain que le fait de la faillite ressort suffisamment, soit de l'inventaire des biens du défunt, qui prouve que ce dernier était beaucoup au-dessous de ses affaires, soit de l'impuissance où il a été, peu de jours avant son décès, de payer diverses lettres de change que, malgré son acceptation, les tireurs ont été obligés d'acquitter, pour éviter les protêts. — 8 juill. 1826. Paris. Broquère. D.P. 29. 2. 3.

20.— Jugé pourtant, en thèse générale et d'une manière absolue, que le décès du failli laisse à chacun des créanciers l'exercice de tous ses droits et actions; que cet exercice ne peut, dès lors, être entravé par aucun acte d'union, ni concordat ultérieur. — 29 janv. 1807. Rouen. Carpentier. D.A. 8. 132. D.P. 22. 2 166, n. 2.

21 — S'il a été nommé un curateur à la succession vacante, c'est au curateur à exercer toutes les actions de l'hoirie, et non au prétendu syndic qui aurait été nommé par les créanciers.— Même arrêt.

22. — La faillite d'un négociant ne peut être déclarée et constatée plusieurs années après son décès.....

..... En tout cas, l'ouverture n'en pourrait être placée à une époque postérieure au décès.— 16 juill. 1830. Toulouse. Baynade. D.P. 31. 2. 29.

23.— Faillite sur faillite n'étant autorisée par aucune loi, un commerçant placé dans les liens d'une première faillite, prononcée sous l'ancienne législation, ne peut, sur la demande d'un créancier antérieur à cette faillite, être déclaré une seconde fois en faillite, quoique, depuis la première faillite, il ait été remis à la tête de ses affaires et qu'il ait acquis des biens dans de nouvelles opérations commerciales. — 31 août 1831. Paris. Seguin. D.P. 31. 2. 207.

24.— Lorsqu'un *commerçant* cesse ses paiemens, il n'y a pas à distinguer entre ses dettes civiles et ses dettes commerciales, pour n'appliquer qu'à celles-ci les règles de la faillite: son état, par la faillite, est rendu indivisible, et il se fait une confusion de toutes les dettes. — Pardessus, n. 1093; D.A. 8. 24, n. 6.

25.— La *cessation de paiement* est le caractère essentiel et unique de la faillite. La retraite du débiteur, la clôture de ses magasins, des condamnations ou des protêts ne sont des signes incontestables de faillite, qu'autant qu'il y a *cessation de paiement* (C. comm. 441).— D.A. 8 22, n. 1.

26.— Jugé, par application de cette règle, que de simples protêts, non suivis de condamnations, ne suffisent pas pour motiver l'état de faillite du souscripteur des effets protestés. — 13 mai 1826. Paris. Lebon. D.P. 27 2. 76.

27.— Dans le même sens, que l'état de faillite ne résulte pas suffisamment de quelques protêts isolés, et de quelques condamnations obtenues contre un négociant, s'il n'y a point eu cessation absolue de paiemens, ni interruption de commerce. — 14 juin 1815. Paris. Mahon. D.A. 8 36. D.P. 22. 2. 147, n. 7. *ibid.*

28.— Que de même, sous l'ord. de 1673, des protêts, même suivis de condamnation, ne suffisaient point pour constituer l'état de faillite, si ces condamnations étaient restées sans poursuites ultérieures; qu'en conséquence, la vente faite postérieurement, par un négociant à sa fille, d'un domaine, pour la remplir de sa dot, ne saurait être attaquée par les créanciers, dès qu'il est reconnu, en fait, qu'elle est exempte de simulation et de fraude. — 11 avril 1807. Paris. Tourton. D.A. 8 25. D.P. 22. 2. 147.

29.— Qu'un commerçant ne peut être déclaré en faillite sur une prétendue notoriété d'*insolvabilité*, lors surtout qu'un aperçu de sa fortune vient plus tard en écarter toute idée; — que la faillite ne peut jamais résulter que de la retraite du failli, ou de la clôture de ses magasins, ou de tous actes contenant le refus de payer, suivis d'une cessation absolue de paiemens, ou de sa propre déclaration; — et que la déclaration qui serait faite par le failli dans le trouble et le désordre produits par l'apposition des scellés sur ses effets, et en vertu de l'interpellation qui lui aurait été adressée à la fin du procès-verbal, ne saurait être d'aucun poids pour justifier de l'existence de la faillite, lors surtout que cette déclaration n'a point été signée par lui, et qu'ainsi elle se trouve frappée de nullité. — 4 juill. 1809. Riom. Serendat. D.A. 8. 27. D.P. 10. 2. 69 et 22 2. 147, n. 2 et 3.

30.— Que des défauts partiels et non continus de paiemens ne suffisent pas pour constituer un négociant en état de faillite; qu'il faut une cessation absolue de paiemens ou la déclaration du failli, qu'il est hors d'état de remplir ses engagemens.— 8 août 1809. Paris. Herban. D.A. 8. 40. D.P. 22. 2. 148.

31. — Jugé aussi qu'une société commerciale ne peut être réputée en faillite par cela seul que son passif dépasse son actif, ou que des lettres de change, non souscrites par elle, auraient été protestées, s'il n'y a d'ailleurs ni cessation de paiemens, ni déclaration de faillite de la part de l'associé gérant.— 17 mars 1810. Colmar. Schlumberger. D.A. 8. 29. D.P. 22. 2. 147, n. 4. *ibid.*, p. 29.

32. — Et que la liquidation, de la part d'un commerçant, de ses créances, n'est pas un signe de faillite; qu'elle indique plutôt que le commerçant n'a pas été dépouillé de l'administration de ses affaires, et que, dès lors, on peut valablement traiter avec lui. — 18 janv. 1825. Aix. Bouchet. D.P. 26 2. 125.

33.— Sous l'ord. de 1673, comme sous le code de commerce, l'état de faillite résultait de la simple cessation de paiemens. — 13 mai 1808. Besançon. Mourel. D.A. 8. 25. D.P. 2. 173.

34.— La cessation de paiement constitue le débiteur en faillite, quelle qu'en soit la cause, fût-elle attribuée à un événement de force majeure étranger à son commerce, tel que son arrestation par mesure administrative. — 18 mars 1826. Cr. c. Paris. Dermenon. D.P. 26. 1. 283.

35. — La déclaration de cessation de paiement, reçue par le greffier du tribunal de commerce, est, par elle-même, constitutive de la faillite.— 21 janv. 1807. Nîmes. Lacombe. D.A. 9. 244.

36. — A défaut de déclaration du failli, la cessation de paiement, ou faillite, doit être appréciée par le tribunal. Elle résultera de protêts successifs, de condamnation, d'atermoiemens, en un mot, de tous actes assez nombreux pour en induire que le débiteur a cessé de faire honneur à ses affaires.— D.A. 8. 23, n. 2.

37. — Jugé aussi que des protêts, des condamnations et un acte d'atermoiement passé entre un débiteur et plusieurs de ses créanciers, établissent suffisamment la cessation de paiemens, et rendent nécessaire la déclaration de faillite, provoquée par des créanciers non signataires du contrat d'atermoiement, nonobstant qu'il n'y ait eu ni disparition du débiteur, ni interruption de son commerce, et qu'il ait été déclaré en fait que rien ne justifiait de son insolvabilité absolue.— 30 avril 1810. Civ. c. Bourges Barreau. D.A. 8. 28. D.P. 10. 1. 198.

38.— La preuve du refus de payer un engagement commercial doit être puisée dans tous actes, soit authentiques, soit privés, sans qu'il soit permis aux juges d'admettre une distinction; et, par exemple, ce refus de payer peut être déclaré résulter d'une lettre par laquelle un débiteur, invité à solder un billet à ordre depuis long-temps échu, a répondu qu'il demandait un jour pour procurer une caution à son créancier (C. comm. 441). — 28 avril 1831. Nîmes Irague. D P. 33. 2. 76.

39. — On ne peut pas dire qu'il y a cessation de paiement proprement dite, et par conséquent faillite, de la part du commerçant qui, ayant acquitté tous ses engagemens directs, n'a en souffrance que des engagemens par endossement, si le porteur, quoique muni d'un jugement de condamnation, ne poursuit pas l'endosseur; il y a lieu d'induire de cette inaction du porteur qu'il attend du souscrip-

teur le paiement des effets.—9 juill. 1832. Bordeaux. Pelletingeas. D.P. 33. 2. 58.

40. — Il n'est pas besoin, pour constituer l'état de faillite, d'une cessation de *tous* paiemens : autrement, quelques uns, modiques, et peut-être même frauduleux, seraient allégués comme preuve qu'on a conservé un crédit évidemment perdu. — Pard., t. 4, n. 1101; D.A. 8. 22, n. 2.

41. — Jugé ainsi que pour déclarer un commerçant en faillite, il n'est pas nécessaire qu il y ait, de sa part, cessation absolue de paiemens; il suffit que le montant des effets protestés, des condamnations intervenues contre lui, excède la valeur du gage qu'il peut offrir à ses créanciers. — 27 août 1824. Bourges. Guénot. D.A. 2. 699. D.P. 1. 629.

42. — Jugé même qu'il suffit qu'un commerçant refuse de payer une seule dette commerciale, pour qu'il doive être déclaré en faillite. — 28 avril 1831. Nîmes. Iragne. D.P. 33. 2. 76.

43. — Pour qu'il y ait cessation de paiemens, il faut qu'il y ait refus d'acquitter des engagemens *commerciaux* (C. comm. 441).— Pardessus, n. 1101; Boulay-Paty, n. 29; Favard, v° Faillite; D.A. 8. 23, n. 3.

44.— Jugé ainsi que le refus d'acquitter une dette non commerciale, suivi de poursuites en expropriation forcée dirigées contre un négociant, ne constitue pas la cessation de paiement dont parle l'art. 441 C comm., en telle sorte que l'ouverture de sa faillite doive être reportée à l'époque où ces poursuites ont été commencées.—17 août 1818. Metz. Anceaux. D.A. 8. 49. D.P. 20. 2. 24.

45.— L'art. 441 C. comm. entend parler de paiemens réels et non fictifs : en conséquence, le débiteur qui, au lieu de payer ses billets, les aurait renouvelés, d'accord avec le porteur, n'en est pas moins dès lors en état de cessation de paiement, et, par suite, en état de faillite, si, à l'époque des renouvellemens, il était déjà dans l'impossibilité de payer. — 11 juin 1830. Bordeaux. Espinasse. D.P. 30. 2. 261.

46.— La faillite ne fait pas toujours supposer l'*insolvabilité* du débiteur. Dans le système de la loi actuelle, qui ne met aucune différence, quant aux effets, entre la suspension et la cessation de paiemens, il ne s'agit pas, pour le commerçant, d'être solvable ou insolvable, mais de savoir si, de fait, il paie ou ne paie pas. — Vincens, t. 1er, p. 482 et 535; Boulay-Paty, n. 24; Pardessus, n. 1319; D.A. 8. 23, n. 4.

47.— Ainsi, quel que soit l'actif d'un négociant, fût-il dix fois au-dessus de son passif, s'il manque ou cesse de payer, il a failli (V. *suprà* l'arrêt cité, du 30 avril 1810, n. 37); tandis que, s'il est exact dans ses paiemens, dût-il dix fois plus qu'il ne possède, il n'est pas en état de faillite.— D.A. 8. 23, n. 4.

48. — Jugé cependant que pour emporter l'état de faillite, la cessation de paiement doit être le résultat de la situation *réelle* du commerçant; la cessation accidentelle et temporaire n'aurait pas le même effet. — 25 nov. 1830. Paris. Bodinier. D.P. 31. 2. 184.

49.— Dans la réalité, la *suspension* diffère de la *cessation* de paiement, en ce que le débiteur qui a des ressources peut atermoyer avec ses créanciers, et empêcher que ceux dont les créances ne sont pas exigibles, et qui sont étrangers à l'arrangement, ne le fassent déclarer en faillite.—Pardessus, *loc. cit.*; D.A. 8. 23, n. 4.

50 — Cet atermoiement, du reste, est purement volontaire; il doit être consenti par tous les créanciers de sommes échues, et aucune décision de la majorité ne peut lier la minorité, comme lorsqu'il s'agit de concordat. Le tribunal de commerce ne pourrait même pas, sans méconnaître l'esprit de l'art. 1244 C. civ., surseoir d'une manière générale, et en vue de la solvabilité reconnue du débiteur, à toutes poursuites de ses créanciers, pendant un certain temps, parce que nous n'admettons plus aujourd'hui les *lettres de répit*, les *arrêts de défenses générales*, si abusifs sous l'ancienne jurisprudence. — D.A. 8. 23, n. 4.

51.— Il appartient à la cour de cassation de déclarer si, des faits reconnus constans par les tribunaux, résulte l'état de faillite.— 1er avril 1829. Req. Caen. Philippe. D.P. 29. 1. 205.

52.—Les dispositions du code de commerce, relatives aux faits qui caractérisent les faillites, à la manière de les constater, et aux effets qu'elles produisent sur la personne et les biens du failli, sont des lois d'ordre public auxquelles les particuliers ni les tribunaux ne peuvent déroger (C. civ. 6). *Spécialement*, lorsqu'un commerçant a cessé ses paiemens; qu'un jugement a déclaré sa faillite; qu'il est intervenu un traité ou concordat par lequel ses créanciers lui font remise d'une partie de ce qui leur est dû, l'état de faillite existe légalement, et ne peut cesser que par l'accomplissement des formalités prescrites pour la réhabilitation. Un tribunal ou une cour ne peut rapporter le jugement qui a déclaré l'ouverture de la faillite, dans la vue de réintégrer le failli dans la jouissance de ses droits, en se fondant sur ce que, dans le concordat, les créanciers ont reconnu qu'il était susceptible de recouvrer ses droits, à l'aide de la révocation du jugement de faillite, et sur ce qu'ils ont consenti à l'annulation de ce jugement (C. comm. 437, 442, 519, 516, 605).— 29 août 1827. Civ. Douai. int. de la loi. Minart-Burrois. D.P. 28. 1. 35.—28 nov. 8271. Civ. c. Douai. D.P. 28. 1. 35.

ART. 2.— *Déclaration de la faillite.*

53. — La cessation de paiemens, ou faillite, se constate par la déclaration du failli, faite au greffe du tribunal de commerce du lieu de son domicile (C. comm. 440); il est le premier juge de sa position.

54.— Cette déclaration fait foi de sa date jusqu'à inscription de faux.—21 janv. 1807. Nîmes. Lacombe. D.A. 9. 244.

55.—Elle doit être faite par le failli *dans les trois jours* où il a cessé ses paiemens (C. comm. 440); sinon il peut être poursuivi comme banqueroutier simple (487).

56. — Lorsqu'une société commerciale tombe en faillite, c'est au gerant à faire la déclaration. Si la société est en nom collectif, tout associé solidaire, administrateur ou non, peut faire cette déclaration, puisqu'il est indéfiniment responsable.—D.A. 8. 23, n.; Pardessus, n. 1096.

57. — Mais le commanditaire, ou l'actionnaire d'une société anonyme, n'y ont aucun intérêt, à moins qu'ils ne soient créanciers. — D.A. *loc. cit.*

58. — Jugé ainsi qu'un associé commanditaire n'est pas recevable, comme associé, à provoquer la déclaration de faillite de la société; qu'il ne le peut, même comme créancier, et sous prétexte que l'inventaire constate un déficit de valeurs, lorsqu'il n'y a pas eu cessation de paiement.— L'inventaire, dressé avec sa participation, doit être pour lui une pièce confidentielle, dont il ne saurait abuser pour ruiner le crédit de la société. — 17 mars 1810. Colmar. Schlumberger. D.A. 8. 29. D.P. 22. 2. 147, n. 4.

59. — Jugé ainsi que l'associé commanditaire qui, sous l'unique prétexte d'un excédant considérable dans le passif de la société, a fait déclarer cette société en état de faillite, est passible de dommages-intérêts envers ses associés, dont il a par là ruiné l'établissement. — Même arrêt.

60. — Toutefois, cette condamnation à des dommages-intérêts ne doit pas entraîner la contrainte par corps contre l'associé commanditaire, dès qu'il est créancier de la société (C. pr. 126). — Même arrêt.

61. — Après la dissolution d'une société et le paiement par l'un des associés de sa part dans la dette sociale, l'autre associé, qui n'est poursuivi par le créancier que pour la portion dont il est tenu personnellement dans la même dette, n'a ni droit ni motif pour provoquer la déclaration de faillite de la raison sociale, qui n'existe plus.—8 août 1820. Req. Lyon. Chirat. D.A 8. 31. D.P. 22. 1. 164.

62. — L'individu liquidateur de la société dont il était membre, qui n'a pas opéré le paiement des sommes qu'il a été condamné à verser, en sa qualité de liquidateur, peut être déclaré en faillite sur la demande même de son ancien associé, encore bien que celui-ci ne soit pas son créancier personnel, et lorsque, d'ailleurs, des créanciers de la société interviennent dans l'instance. Il objecterait en vain que son co-associé n'est pas recevable à provoquer sa faillite. — 22 déc 1831. Paris. Rousseau. D.P. 32. 2. 187.

63. — Tout créancier, quel qu'il soit, peut provo- la déclaration de la faillite (C. comm. 441). — D.A. 8. 24, n. 8.

64. — Il n'importe que le créancier requérant soit, ou non, porteur d'une obligation commerciale : la faillite range tous les créanciers dans une même catégorie (*ibid.*), quoiqu'elle ne puisse s'induire que du refus d'acquitter des engagemens de *commerce*.

65. — Le créancier ayant titre *non échu* peut, comme les autres, provoquer le jugement déclaratif de la faillite, car les créances non echues deviennent exigibles dès le moment où, par cessation de paiement, il y a faillite, quoiqu'elle ne soit pas encore déclarée. — 22 déc. 1831. Paris. Rousseau. D.P. 32. 2. 187.

66. — L'endosseur d'un billet à ordre qui a cessé ses paiemens, peut être déclaré en faillite, à la poursuite du porteur de ce billet, quoique celui-ci n'ait pas exercé son recours en garantie dans le délai de la loi (C. comm. 170). — 27 août 1824. Bourges. Guénot. D.A. 2. 699. D.P. 1. 629.

67. — Le tribunal de commerce peut déclarer la faillite, et ordonner les mesures conservatoires qui en sont la suite, sur la simple requête d'un créancier, et sans qu'il soit besoin de l'assignation préalable du failli, sauf l'opposition de ce dernier (C. comm. 453 et 454). — 13 mai 1808. Besançon. Mouret. D.A. 8. 26. D.P. 2. 173.

68. — L'appel du jugement qui a rejeté la demande du créancier, peut également être formé par simple requête, et sans assignation préalable, sauf toujours le droit d'opposition du failli. — Même arrêt.

69. — Des créanciers de la faillite, ayant le même intérêt que l'appelant, peuvent intervenir en appel, quoique non parties en première instance (C. pr. 466; C. comm. 457). — Même arrêt.

70. — La demande en déclaration de faillite du débiteur, formée postérieurement au code de commerce; doit suivre les règles tracées par ce code, nonobstant que la faillite remonte à une époque antérieure. — 13 mai 1808. Besançon. Mouret. D.A. 8. 26. D.P. 2. 173.

71. — La faillite est déclarée par le tribunal de commerce du *domicile du failli*, soit sur la déclaration propre de ce dernier, soit sur la requête de quelque créancier, soit *d'office*, sur la notoriété publique (C. comm. 449 et 454). — D.A 8. 24, n. 9.

72.— Si le failli a plusieurs maisons dans des ressorts différens, la connaissance de la faillite appartient aux juges du domicile, par préférence à ceux du lieu où la faillite a d'abord éclaté, et où elle a été déclarée.—16 mars 1809. Req. régl. de juges. Mayaud. D.A. 3 316. D.P. 10. 1. 255. — 16 juin 1824. Req. régl. Boissière. D.A. 3. 316. D.P. 1. 784.

73. — Lorsqu'une société fait faillite, c'est également le tribunal du *domicile social* qui doit rendre le jugement déclaratif de la faillite. — D.A. 8. 24, n. 10.

74. — Si la société a plusieurs établissemens, le domicile social est au lieu où est établi le principal siége du commerce. — 18 pluv. an 12. Req. Chaine. D.A. 3. 318. D.P. 1. 785.

75. — La faillite ne peut être déclarée, et l'apposition des scellés ordonnée que par le *tribunal* de commerce, et non par de simples ordonnances sur requête. — 10 mai 1813. Rouen. Langlois. D.A. 8 36. D.P. 22. 2. 140, n. 3.

76. — Jugé pareillement que l'apposition des scellés sur les biens d'un failli ne peut, à peine de nullité absolue et de droit public, être ordonnée par *un seul juge* : elle ne doit avoir lieu qu'en vertu d'un jugement émané du tribunal entier. — 4 juill. 1809. Riom Serendat. D.A. 8. 27. D.P. 10. 2. 69 et 22. 2. 147, n. 2 et 3.

77. — Il arrive souvent que les mêmes négocians sont intéressés dans des établissemens distincts; cela n'empêche pas que chaque établissement ne forme une société particulière; qu'ainsi la connaissance de la faillite de chacun d'eux n'appartienne au tribunal dans le ressort duquel il est situé, et ce, quand même la faillite de l'un aurait déterminé la faillite de l'autre. — D.A. 8 25, n. 12. — V. Compétence.

78. — Jugé, ainsi, que lorsqu'un négociant anglais, qui a deux maisons de commerce sous des raisons sociales différentes, l'une à Londres, l'autre à Anvers, est déclaré en état de faillite par les juges d'Angleterre, cette faillite n'entraîne pas nécessairement celle de la maison établie à Anvers; — qu'en tout cas, il n'appartiendrait qu'au tribunal de commerce de cette dernière ville, de connaître de l'état de la maison d'Anvers, d'en déclarer et fixer la faillite, le cas échéant, et d'y statuer conformément au code de commerce en vigueur dans les Pays-Bas; — et, *spécialement*, que les syndics de la faillite de la maison de Londres n'ont pas qualité pour poursuivre, dans le royaume des Pays-Bas, les droits et actions qui peuvent appartenir à la maison d'Anvers. — 6 juin 1816. Bruxelles. Fergusson. D.A. 8. 30. D.P. 2. 173.

ART. 3. — *Ouverture de la faillite.*

79. — Le tribunal de commerce, par le même jugement qui déclare la faillite, doit fixer l'epoque de son ouverture (C. comm. 454).

80. — La jurisprudence est pleine d'embarras et d'incertitude sur le choix des règles propres à déterminer l'époque de l'ouverture de la faillite : s'en tenir à la lettre de l'art. 441, qui reporte cette ouverture *à la date de tous actes constatant le refus d'acquitter ou de payer des engagemens de commerce*, eut été trop rigoureux ; on s'est rallié généralement à cette idée, qu'on ne doit prendre pour point de départ de la faillite que des faits d'une *existence notoire*, tels qu'une convocation de créanciers, une série de jugemens de condamnation, dont aucun n'a été rempli; mais qu'il ne faut nullement s'attacher à quelques protêts isolés, non suivis de poursuites, ou acquittés depuis, si le débiteur a continué de tenir ses bureaux ouverts, et est resté ostensiblement à la tête de son commerce. — D.A. 8. 37, n. 3 : Pardessus, n. 1105.

Voici les diverses applications qui ont été faites de ce principe par les arrêts :

81. — Le jour de l'ouverture de la faillite est déterminé par la disparition du débiteur, lorsque cette disparition a eu pour cause l'impossibilité de faire face à ses engagemens. — 2 therm an 8. Civ. c. Isnard. D.A. 8. 38. D.P. 3. 1. 270.

82. — La faillite est réputée ouverte du jour où il y a eu divers protêts ou jugemens de condamnation constatant la disparition du débiteur, suivie d'une apposition de scellés sur une partie de ses effets, quand même il aurait fait depuis quelques achats ou ventes partiels, loin des lieux où son insolvabilité était notoire, à l'insu et en fraude de ses créanciers. — 3 pluv. an 10. Civ. r. Dupont. D.A. 8. 38.

83. — La faillite d'un négociant rétroagit à la date de la lettre circulaire par laquelle il déclare à ses créanciers l'impossibilité de satisfaire à ses engagemens, et leur demande un délai, encore bien que, depuis le terme accordé, il ait continué son commerce. — Ainsi, toutes hypothèques acquises postérieurement à cette lettre sont de nul effet. — 26 pluv. an 10. Paris. B.... D.A. 8. 39. D.P. 22. 2. 148, n. 11.

84. — La faillite d'un négociant a pu être reportée à la date d'une circulaire annonçant sa suspension de paiemens, lorsque, dès cette époque, il existait divers actes ou protêts manifestant, de sa part, un refus de s'acquitter, et que ces actes ont été suivis immédiatement de la disparition du débiteur du lieu de son principal établissement, et de condamnations obtenues contre lui. — 24 déc. 1810. Bruxelles. Dussard. D.A. 8. 42. D.P. 2. 174, et 13. 2. 12.

85. — La lettre circulaire, dans laquelle le failli a manifesté son impossibilité de payer, suffit pour déterminer l'époque de l'ouverture de la faillite, lors surtout que cette lettre a été suivie immédiatement de protêts d'effets endossés par le failli, et qu'elle se lie à une cessation antérieure de paiemens et d'affaires, constatée par le livre-journal du failli. — 3 juill. 1812. Liége. Homberg. D A. 8. 43. D.P. 2. 174.

86. — L'annonce qu'un négociant fait afficher dans le lieu le plus apparent de sa caisse, qu'il ne paiera ses créanciers que par douzièmes, de mois en mois, constitue un véritable atermoiement, alors surtout que le plus grand nombre des créanciers y ont tacitement adhéré, en recevant leurs douzièmes. — En conséquence, c'est à cette date que doit être reportée la faillite ; et tous paiemens faits postérieurement doivent être rapportés à la masse, soit réellement, soit en moins prenant. — 23 juill. 1807. Paris. Lombard. D.A. 8. 39. D.P. 22. 2. 148, n. 12.

87. — Sous l'ordonnance de 1673, un négociant était réputé en état de faillite ouverte, lorsque ses meubles et marchandises avaient été vendus publiquement, par suite de saisie-exécution. — Dès lors, le bail d'un maison, consenti par le débiteur postérieurement à la saisie et à la vente de ses meubles, saisie dont le preneur avait connaissance, se trouve frappé de nullité. — 22 janv. 1808. Paris. Michault. D.A. 8. 40. D.P. 22. 2. 148, n. 9.

88. — Avant le code de commerce, lorsqu'il n'existait aucune définition légale de l'état de commerçant, cet état devait se déterminer par la nature et l'importance des affaires auxquelles un individu s'était livré. Il pouvait, dès lors, résulter d'un grand nombre d'opérations faites en lettres de change, d'une correspondance établie avec divers banquiers sur plusieurs points, d'une association dans une manufacture, de la qualification de *négociant* donnée au débiteur, soit dans des actes de poursuites, soit dans des jugemens. — Si donc, cet individu devient insolvable, sa faillite doit être reportée à la date des premiers protêts qui ont annoncé, de sa part, une cessation de paiemens; et, par suite, toutes les hypothèques acquises dans les dix jours de l'ouverture de la faillite doivent être déclarées nulles. — 25 août 1809. Bruxelles. Delabarre. D.A. 8. 41. D.P. 22. 2. 141, n. 10.

89. — Un protêt, qui n'a point été purgé par le paiement ou par un arrangement quelconque, et qui a été immédiatement suivi de la convocation des créanciers auxquels le débiteur a déclaré publiquement la nécessité de suspendre ses paiemens, l'acte d'atermoiement intervenu par suite de cette déclaration, et l'engagement pris par le débiteur, de rendre compte à ses créanciers de la vente ou de l'affermage de ses biens, placés sous la surveillance de plusieurs commissaires choisis par eux, témoignent suffisamment de l'ouverture de la faillite dès cette époque, nonobstant qu'il n'y ait eu, de la part du failli, déclaration de *cessation de paiemens* que plus de deux ans après, lors surtout qu'il résulte des faits de la cause, que l'*insolvabilité* remonte au jour de la convocation des créanciers, et de la déclaration de *suspension de paiemens*. — 22 août 1812. Bruxelles. Néefs. D.A. 8. 46. D.P. 13. 2. 1.

90. — L'ouverture de la faillite doit être reportée à la date de tous actes annonçant une cessation de paiemens non interrompue, jusqu'au jour de la déclaration de faillite. — Spécialement, lorsqu'il existe, à la charge du débiteur, une série de jugemens de condamnations, dont aucun n'a été rempli, l'ouverture de sa faillite doit être reportée à la date du premier de ces jugemens. Quelques paiemens partiels faits dans l'intervalle, et consistant uniquement en des frais de poursuites à l'effet d'éviter des saisies-exécutions, ne caractérisent pas la continuation de paiemens exigée par la loi. — 3 déc. 1810. Colmar. Diemert. D.A. 8. 48. D.P. 22. 2. 149, n. 13.

91. — L'ouverture de la faillite est déterminée, non pas uniquement par la cessation *absolue* de paiemens, mais par toute cessation procédant de l'insolvabilité réelle du débiteur, encore qu'il ait fait quelques paiemens partiels postérieurement aux protêts ou condamnations sur lesquels peut se fonder le refus d'acquittement de ses obligations. — 19 avril 1815. Rouen. Sauval. D.A. 8. 47. D.P. 22. 2. 148.

92. — Tout acte constatant le refus de payer des engagemens de commerce, fixe l'époque de l'ouverture de la faillite, quand il y a cessation de paiemens ou déclaration de faillite. Il n'importe que, dans l'intervalle, quelques uns des effets protestés aient été acquittés. — 20 déc. 1820. Aix. Billiet. D.A. 8. 76. D.P. 2. 182.

93. — Tout acte apparent, qui constate le refus du débiteur d'acquitter des engagemens de commerce, est propre à fixer l'ouverture de la faillite, lorsqu'il a été suivi, sans interruption, d'autres faits et actes qui prouvent la décadence du débiteur, et que la cessation totale de ses paiemens et sa faillite en ont été le résultat final. — 27 août 1822. Bruxelles. Baugniet. D.A. 8. 50. D.P. 2. 175.

94. — L'arrêt qui fait résulter la cessation de paiemens de protêts de plusieurs effets de commerce non acquittés, et figurant à la masse de la faillite, juge *en fait*, et ne viole aucune loi, en faisant remonter l'ouverture de la faillite à la date du premier de ces protêts. Mais les juges ne doivent avoir aucun égard, pour la fixation de la faillite, à la date de protêts plus anciens, si les effets ont été ultérieurement acquittés et ne sont pas restés à la masse comme titres de créance. — 26 avril 1825. C. de cass. de Liége. Dubois. D.A. 8. 51. D.P. 2. 178.

95. — Une assignation, suivie d'une condamnation par défaut à laquelle il n'a pas été satisfait, suffit pour faire reporter à la date de cette assignation l'ouverture de la faillite, lors surtout qu'il résulte de la correspondance du failli, à une époque antérieure, notamment avec le créancier en cause, qu'il ne payait point ses traites, parce qu'il lui était entièrement impossible d'y faire honneur. — 29 déc. 1823. Liége. Vauderay. D.A. 8. 51. D.P. 2. 177.

96. — Le traité par lequel des créanciers, à la suite de protêts dressés contre leur débiteur, accordent à celui-ci une remise sur leurs créances, et un terme pour le paiement du surplus, peut, s'il n'a pas été exécuté ou s'il ne l'a été qu'à l'égard de quelques uns des créanciers, et si le débiteur a depuis cessé tout paiement, être pris pour point de départ de l'ouverture de la faillite. — 9 mai 1828. Bordeaux. Peilelingeas. D.P. 29. 2. 225. — 31 août 1831. Bordeaux. Crespy. D.P. 31. 2. 259.

97. — Bien qu'un seul protêt ne soit pas suffisant pour faire déclarer l'ouverture d'une faillite, cependant les tribunaux ont pu faire remonter cette ouverture au premier refus de paiement, si le failli, depuis cette époque jusqu'à sa mise en état de faillite, a laissé successivement protester les billets qu'il avait consentis, et n'a pas justifié qu'il ait repris ses paiemens. — 19 déc. 1833. Bordeaux. Damblat. D.P. 34. 2. 116.

98. — Quoique le débiteur, dans sa déclaration de faillite, en ait fait remonter l'ouverture à une époque où quelques poursuites auraient été dirigées contre lui, cette déclaration erronée ne peut être d'aucun poids pour fixer la date de la faillite, si, malgré ces poursuites isolées, le débiteur n'a pas cessé son commerce; si les créanciers, auteurs de ces poursuites, ont été désintéressés depuis; si, en un mot, la grande majorité des créanciers désignés au bilan sont porteurs d'obligations souscrites postérieurement à cette époque. — 8 août 1809. Paris. Herhan. D.A. 8. 40. D.P. 22. 2. 148.

99. — L'ouverture d'une faillite ne peut dater que du jour de la retraite du débiteur, ou de la clôture de son magasin, ou d'un acte quelconque constatant le refus d'acquitter un engagement commercial, suivi d'une cessation absolue de paiement, quand même il serait prouvé qu'auparavant le débiteur était au dessous de ses affaires. — Ainsi, l'on ne saurait annuler la vente faite par le failli à son frère des objets relatifs à son commerce, plus de dix jours avant la cessation réelle de paiemens, en la considérant comme indiquant la retraite du débiteur, ou la clôture de son magasin, s'il n'est prouvé que l'acquéreur a été en participation de fraude avec son frère. — 24 mars 1810. Bruxelles. Doublestein. D.A. 8. 41. D.P. 11. 2. 131.

100. — ...Toutefois, cette circonstance, que l'acte de vente a été passé entre deux frères, sans bourse délier, et à une époque très voisine de l'ouverture de la faillite, suffit pour écarter toute demande en dommages-intérêts dirigée par l'acquéreur contre le syndic, demandeur en nullité de la vente. — Même arrêt.

101. — Des protêts, faits au domicile du tiré, d'effets endossés par le failli, sans qu'il soit constant que celui-ci ait été mis en demeure ou ait refusé d'en payer le montant, ne sont pas par eux-mêmes suffisans pour déterminer l'époque de l'ouverture de la faillite. — 3 juill. 1812. Liége. Homberg. D.A. 8. 43. D.P. 2. 174.

102. — On ne saurait prendre pour point de départ de l'ouverture de la faillite les ventes faites par un négociant à une époque même où il était dans un état complet d'insolvabilité, si, postérieurement à ces ventes, il a conservé, aux yeux du public, son existence commerciale. En un mot, il n'y a que la cessation de paiemens qui soit un signe incontestable de la faillite, sans qu'on puisse avoir égard à des protêts faits contre le débiteur, mais non suivis de poursuites ou de condamnations, ou même à la vente de son fonds, s'il est resté ostensiblement à la tête de son commerce. — 6 janv. 1812. Paris. Molens. D.A. 8. 44. D.P. 13. 2. 13.

103. — Les juges ne peuvent reconnaître, comme signe caractéristique de la faillite, tout acte constatant le refus de paiement, qu'autant que cet acte est patent aux yeux du public. Ainsi, un protêt isolé, et qui n'a pas eu de suite, à cause du paiement de la lettre protestée; des constitutions hypothécaires, quand bien même elles seraient susceptibles d'annulation, comme faites en fraude des autres créanciers, ne peuvent influer, en aucune manière, sur la fixation de l'ouverture de la faillite. — 22 août 1812. Bruxelles. Neefs. D.A. 8. 46. D.P. 13. 2. 1.

104. — Des protêts faits, non contre le souscripteur direct, mais contre le simple endosseur d'effets de commerce, à un autre domicile que le sien, et à une époque où il faisait encore des paiemens à son propre domicile, ne peuvent être considérés comme indiquant le refus de payer, et ne sauraient, dès lors, être pris pour point de départ de la faillite. — 6 janv. 1813. Req. Dijon. Carteret. D.A. 8. 47. D.P. 22. 2. 147, n. 5.

105. — Il n'y a pas cessation de paiement, pouvant servir de point de départ à l'ouverture de la faillite, si, postérieurement aux protêts ou jugemens de condamnation intervenus contre le débiteur, celui-ci a tenu ses comptoirs ouverts, s'il a continué son commerce, s'il a fait nombre d'affaires, et si, à l'époque de ces protêts, le commerce se trouvait dans des circonstances si difficiles, que les meilleures maisons pouvaient éprouver un moment de gêne, sans pour cela être en état de faillite, tant qu'on ne les forçait point à déposer leur bilan. — 19 avril 1815. Rouen. Sauval. D.A. 8. 47. D.P. 22. 2. 148.

106. — L'ouverture de la faillite d'un commerçant ne doit pas nécessairement être fixée à l'époque où des protêts, même nombreux, ont été faits contre lui, et où il a demandé un atermoiement, si les effets

protestés ont été acquittés sans poursuite, si le débiteur a continué son commerce pendant plusieurs années, au vu et su des créanciers, et s'il paraît que la suspension de paiement provenait, non de l'insolvabilité réelle du débiteur, mais de circonstances imprévues, telle qu'une baisse subite de marchandises. — En conséquence, l'hypothèque qu'il a consentie, dès cette époque, pour une créance postérieure, et quatre ans avant la cessation réelle de paiemens, doit être maintenue, et la faillite fixée à cette dernière époque. — 27 août 1824. Angers Grille. D.P. 25. 2. 79.

107. — Pour que la cessation des paiemens opère l'ouverture de la faillite, il faut une cessation complète, absolue et notoire; une intermittence dans les paiemens, des protêts, des condamnations même ne suffiraient pas. Dès lors, les obligations souscrites et les paiemens faits par le failli après les défauts partiels de paiement, mais avant le jugement de déclaration de faillite, sont valables, à moins qu'on ne prouve la mauvaise foi. — 18 janv. 1825. Aix. Bouchet. D.P. 26. 2. 125.

108. — Un concordat, resté imparfait entre un débiteur et quelques uns de ses créanciers, n'est pas une preuve de cessation de paiement de nature à faire remonter l'ouverture de la faillite du débiteur au jour de ce concordat, si, d'ailleurs, le débiteur a fait des paiemens partiels à plusieurs créanciers, s'il lui a été accordé des prorogations d'exigibilité, et enfin s'il y a eu des novations de créance. — 1er fév. 1825 Paris Ligneau-Grand Court. D.P. 25. 2. 210.

109. — Des créanciers qui, ensuite de traités avec leur débiteur, contenant mandat à l'effet de vendre les biens de ce dernier, et de payer ses dettes avec le prix, ont effectué cette vente par l'intermédiaire des syndics par eux nommés, reconnaissent par là virtuellement que leur débiteur (encore bien qu'il eût été écroué à la suite de protêts et de condamnations) n'était pas en état de faillite au moment du traité, et, par suite, se rendent non recevables à critiquer les titres d'autres créanciers non signataires du traité, en demandant que la faillite soit fixée à une époque antérieure à ce traité : il importe peu qu'ils se soient réservé de faire déclarer la faillite. — Dans ce cas la peine attachée à l'inobservation de la loi, c'est ou la représentation de tout l'actif du débiteur, ou la reconnaissance de toutes les dettes envers les créanciers non signataires. — 5 fév. 1825. Bordeaux. Besse D.P. 26. 2. 194.

110. — Le refus, fait par un négociant, d'exécuter une obligation qu'il prétend être nulle, ne le constitue pas en état de faillite, lorsque depuis il a continué ses paiemens. — *Spécialement*, l'arrêt qui, sans examiner le vice ou la validité d'un marché à terme argué de nullité, fait remonter l'ouverture de la faillite à la date du refus d'exécuter ce marché, est sujet à cassation — 29 mars 1825 Civ. c. Paris Mancel D.P. 25. 1. 258. — 1er juin 1831. Grenoble. Olivier. D.P. 32. 2. 40.

111. — L'époque de l'ouverture de la faillite doit être fixée seulement à la cessation des paiemens, sans pouvoir être reportée à une date antérieure, encore bien qu'il soit constant, par des actes attestant des refus de paiement, que le failli était dans un état d'embarras et de détresse qui ne lui a permis de satisfaire à ses engagemens qu'à l'aide de sacrifices énormes et préjudiciables à la masse. — 7 mai 1829. Paris. Borde D.P. 29. 2. 228.

112. — Des constitutions d'hypothèques consenties par le failli, des délégations de paiemens sur des débiteurs, quelque nombreuses qu'elles soient, ne peuvent être regardées comme des actes propres à fixer l'époque de l'ouverture de la faillite, alors surtout que, postérieurement à ces constitutions d'hypothèques et à ces délégations, le débiteur a continué son commerce. — 1er juin 1831. Grenoble. Olivier. D.P. 32. 2. 40.

113. — La position de fortune d'un négociant, découverte après la déclaration de faillite, ne doit point être prise en considération pour en fixer l'ouverture, alors que travaillant sur son crédit ou sur la confiance que sa fortune présumée inspirait, il a continué ses opérations commerciales. — 1er juin 1831. Grenoble. Olivier. D.P. 32. 2. 40.

114. — Ce n'est pas à la date de la lettre dans laquelle un banquier ordonne à sa maison et à ses correspondans de suspendre ses paiemens, que doit remonter l'époque de l'ouverture de la faillite, lorsque, malgré cette lettre, les paiemens continuent et la maison est restée ouverte; c'est au jour seulement où la maison du banquier se ferme et où ses paiemens sont réellement suspendus. — 6 déc. 1831. Paris. Mackensie. D.P. 32. 2. 59.

115. — De ce qu'un grand nombre de protêts et jugemens sont intervenus contre un commerçant, il ne résulte pas nécessairement cessation de paiement donnant lieu à l'ouverture de sa faillite à cette époque; et spécialement, de ce qu'un commerçant, après un grand nombre de protêts et de jugemens intervenus, soit le même jour, soit à des intervalles différens, s'est vu obligé de solliciter et d'obtenir un atermoiement, puis enfin de se déclarer en état de faillite, il ne résulte pas que l'époque de l'ouverture de la faillite doive être nécessairement fixée à l'époque des protêts et jugemens, ou à l'époque à partir de laquelle le failli a sollicité un atermoiement; elle a pu n'être fixée qu'à l'époque de la déclaration de faillite, et l'arrêt qui, ne voyant dans les protêts, jugemens et atermoiemens qu'un signe de cessation de paiemens accidentelle et temporaire, connue et tolérée par les créanciers, et non de cessation réelle, refuse de la prendre pour point de départ de l'époque de la faillite, ne saurait tomber sous la censure de la cour de cassation — 19 déc. 1831. Req. Paris. Pichorel. D.P. 31. 1. 381.

116. — Des protêts et des condamnations ne constituent pas l'état de faillite lorsque le négociant, au préjudice duquel ces actes ont eu lieu, a payé ceux qui l'avaient poursuivi ou obtenu d'eux de nouveaux délais, qu'il a conservé ses relations commerciales et joui publiquement de ses droits civils et politiques — En conséquence, l'ouverture de la faillite de ce négociant survenue, plus tard, ne doit pas nécessairement être reportée à la date de ce protêt ou jugement. — 6 août 1832. Lyon. Vernick. D.P. 34. 2. 35.

117. — Un arrêt qui constate, en fait, la cessation de paiement d'un débiteur, et qui fixe en conséquence l'ouverture de sa faillite, ne peut être critiqué devant la cour de cassation. — 7 avril 1819. Req. Nanci. Kauffmann. D.A. 1. 124. D.P. 19 1. 424.

118. — Les cours royales étant appréciatrices des faits d'où doit résulter la véritable époque de la faillite d'un commerçant, une cour royale a pu, sans encourir la censure de la cour de cassation, et s'il n'est pas justifié que la cessation des paiemens d'un failli remonte à une époque antérieure à celle où, d'après sa propre déclaration, l'ouverture de sa faillite a été fixée, refuser de reporter cette ouverture à une époque antérieure, encore bien qu'à cette dernière époque des protêts aient été faits contre le failli. — 13 nov. 1828. Req. Rouen. Mallard. D.P. 29. 1. 13.

119. — Les circonstances énumérées dans l'art. 441 C. comm., comme fixant l'époque de l'ouverture d'une faillite, sont des élémens de décision pour le juge, et qu'il apprécie souverainement. — 19 déc. 1831. Req. Paris. Pichorel. D.P. 31. 1 381.

120. — Le jour auquel un jugement fixe l'ouverture de la faillite est compris, sans distinction d'heures ni d'instans, dans le temps de la faillite. Dès lors, les paiemens faits dans ce jour sont nuls, quand bien même les causes qui ont amené la faillite ne seraient connues du failli que quelques heures après les paiemens. — 12 juillet 1825. Rouen. Lecouteulx. D.P. 25. 2. 194.

121. — Le tribunal de commerce, lorsqu'il déclare la faillite, manque quelquefois des documens nécessaires pour en déterminer l'ouverture d'une manière précise, et par le même jugement : aussi est-il d'usage dans plusieurs tribunaux de commerce (à Paris, par exemple) de ne l'indiquer que *provisoirement*, sauf à confirmer ou à rectifier cette indication provisoire sur les renseignemens qui seront obtenus ultérieurement. — D.A. 8. 57, n. 5.

Cet usage n'a rien d'illégal. — 24 déc. 1818. Req. Bordeaux. Courrège. D.A. 8. 54. D.P. 19. 1. 241.

122. — Dans le cas où le tribunal n'a fixé l'époque de l'ouverture d'une faillite que provisoirement, et s'est réservé de la fixer définitivement, on n'est plus recevable à demander cette fixation définitive après la vérification des créances, et à la faire remonter à une époque antérieure à celle provisoirement fixée. — 28 juin 1835. Toulouse. Billières. D.P. 35. 2. 238.

123. — Si le tribunal avait omis de prononcer sur l'époque de l'ouverture de la faillite, elle serait fixée, de droit, au jour de la déclaration; et les créanciers ne seraient point admis plus tard à attaquer le jugement, sous prétexte de cette omission, alors surtout qu'ils auraient laissé passer les délais prescrits pour former opposition, et qu'ils auraient exécuté ce jugement en prenant part à toutes les opérations de la faillite. — D.A. 8 57, n. 6.

124. — Jugé ainsi qu'il n'y a pas nullité du jugement qui déclare un commerçant en faillite, et ordonne l'apposition des scellés sur ses effets, par cela que ce jugement ne fixe pas l'époque de l'ouverture de la faillite. — Encore moins peut-on dire qu'à défaut de cette fixation par le même jugement qui a ordonné l'apposition des scellés, la faillite ne sera ouverte que du jour du jugement à intervenir pour en déterminer la date. — 25 avril 1815. Douai. Bonté. D.A. 8. 52. D.P. 16. 2. 34.

125. — Jugé de même qu'un tribunal de commerce peut déclarer la faillite d'un négociant, et se réserver d'en fixer plus tard l'ouverture. — L'art 454 du code de comm., qui veut que *par le même jugement* l'apposition des scellés soit ordonnée, et l'époque de l'ouverture de la faillite déclarée, n'est pas tellement impératif, que le juge ne puisse, par un jugement subséquent, compléter le premier et rectifier l'omission qui y aurait été faite — 30 sept. 1815. Douai. Debrandt. D.A. 8. 52. D.P. 2 177. — Voyez l'arrêt du 25 fév. 1820 Paris.

126. — L'ouverture d'une faillite peut être fixée par le tribunal même, après la vérification des créances, et par le même jugement qui homologue le concordat, lorsque cette fixation n'a pas été faite par le jugement déclaratif de la faillite. — 10 juin 1833 Paris. Goudchaux. D.P. 33 2. 161.

127. — Le jugement qui déclare la faillite est exécutoire par provision (C. comm. 457).

128 — Ce jugement doit être affiché et inséré par extrait dans les journaux, suivant le mode établi par l'art. 683 C. pr. (C. comm. 457).

129. — Ces formalités ont pour but de donner à la faillite la plus grande publicité possible, et elles remplacent, soit à l'égard du failli, soit à l'égard des créanciers ou autres intéressés, la signification à personne ou domicile, nécessaire, dans les cas ordinaires, pour faire courir les délais d'opposition.

130. — La preuve légale de l'affiche du jugement déclaratif de la faillite, pour faire courir le délai d'opposition, ne peut résulter que d'un procès-verbal d'apposition. — Ce procès-verbal ne peut être remplacé par un certificat attestant que l'affiche a eu lieu, et dressé long-temps après le fait qu'il constate. Ce certificat ne peut avoir plus de force qu'une déposition de témoins, laquelle ne peut être admise pour faire courir le délai d'opposition au jugement qui déclare la faillite ouverte. — 27 fév. 1810. Douai. Leclair. D.A. 8. 55. D.P. 10. 2. 69.

131. — Jugé de même que l'affiche du jugement déclaratif de la faillite ne peut être constatée que par un procès-verbal d'apposition, ou par exploit d'huissier. Un certificat du greffier, constatant que cette affiche a eu lieu, sans indication du jour où elle a été faite, ne saurait suffire. — 17 mars 1810. Colmar. Schlumberger. D.A. 8. 29. D.P. 22. 2. 147, n. 4.

ART. 4 — *Recours contre le jugement qui déclare la faillite et fixe son ouverture.*

132. — Le jugement qui déclare la faillite et en fixe l'ouverture est un véritable jugement par défaut. — Il est par défaut contre les *créanciers*, lorsqu'il est intervenu sur la déclaration du débiteur, déposée au greffe du tribunal de commerce (C. comm. 440); par défaut contre *le failli*, lorsqu'il a été par les créanciers eux-mêmes, sans assignation préalable de leur débiteur; par défaut contre les uns et les autres, lorsqu'il est rendu d'office par le tribunal sur la notoriété publique (C. comm. 449). D'où la conséquence qu'il ne peut être attaqué que par la voie d'opposition (art. 457). — D.A. 8. 52, n. 1.

133. — Jugé ainsi, que c'est par voie d'opposition, et non par appel, qu'on doit se pourvoir contre les jugemens déclaratifs de faillite, et indicatifs de son ouverture : l'appel n'est ouvert que contre les jugemens qui ont statué sur cette opposition (C. com. 457). — 17 août 1828. Poitiers. Deschamps. D.P. 29. 2. 219.

134. — Jugé encore, que le jugement déclaratif de la faillite n'est pas tellement d'ordre public, qu'il ne puisse être révoqué sur l'opposition formée par le commerçant contre lequel il a été rendu, et non contestée par ses créanciers, si, d'ailleurs, l'examen de la faillite n'ayant signalé aucune contravention à l'ordre public entraînant quelque peine, le ministère public a conclu lui-même au rapport du jugement dont il s'agit. — 9 juill. 1832. Bordeaux. Pelletingeas. D.P. 33. 2. 57

135. — Le délai d'opposition est de *huitaine* pour le failli, à partir de l'affiche du jugement (C. com. 457).

136. — Jugé ainsi que l'affiche du jugement déclaratif de la faillite, équivaut à une signification; le failli qui n'y a pas formé opposition dans les huit jours à partir de l'affiche, doit être déclaré non-recevable à y faire opposition après ce délai, encore bien que le jugement ne lui ait pas été si-

gnifié : il y a ici dérogation aux règles du droit commun (C. com. 643).— 15 déc. 1830. Req. Dijon. Durand. D.P. 31. 1. 560.

137.— Jugé pourtant, mais à tort, que le débiteur peut former opposition au jugement déclaratif de sa faillite, même après la huitaine qui a suivi l'affiche du jugement, tant que ce jugement ne lui a pas été signifié.—L'art. 457 C. comm. doit être combiné avec l'art. 436 C. pr., qui ne prescrit le délai de l'opposition au jugement par défaut qu'après la signification.— 4 juill. 1809. Riom. Serendat. D.A. 8. 27, et 53, n. 2. D.P. 10. 2. 69, et 22. 2 147, n. 2 et 3.

138. — Les créanciers ou autres intéressés à la faillite ont, pour attaquer le jugement de déclaration, un délai plus long que le failli : les créanciers présens ou représentés, et tous autres intéressés sont recevables dans leur opposition, non point, comme le dit Pardessus, n 1111, *dans la huitaine, à compter du jour où chacun d'eux est venu faire vérifier sa créance*, mais *jusques et y compris le jour du procès-verbal constatant la vérification des créances*. Quant aux créanciers en demeure (c'est-à-dire ceux qui n'ont pas produit dans le premier délai fixe pour la vérification), ils sont recevables *jusqu'à l'expiration du dernier délai qui leur aura été accordé* (C. comm 457 et 511).— D.A. 8. 53, n. 2 et 3.

139 — L'opposition au jugement qui fixe l'ouverture de la faillite, de la part des syndics ou de tout autre créancier, n'est pas recevable après l'expiration du jour de la clôture du procès-verbal de vérification des créances (C. comm. 457) — 25 juill. 1815. Paris. Hoyer. D.A 8. 56. D P. 2. 177

140.— Le procès-verbal de vérification est un acte complexe qui ne peut pas être fait dans un seul jour : on doit le regarder comme renfermant autant de procès-verbaux particuliers qu'il porte de dates différentes, en sorte que le délai fatal d'opposition, pour chaque créancier, expire le jour même où sa créance a été vérifiée.— D.A. 8. 53, n. 4.

141.— Mais, pour le créancier dont l'admission au passif d'une faillite a été contestée judiciairement, il n'y a de vérification judiciaire que du jour où il a été statué sur cette contestation. En conséquence, ce créancier a droit de former opposition au jugement qui déclare l'ouverture de la faillite jusques et y compris ce jour, mais, s'il laisse passer ce délai, il encourt la déchéance (C. comm. 457 et 507).— 17 janv. 1826. Rouen. Boucher. D.A. 8. 53, n. 4. D.P. 26. 2. 105.

142. — Dans le cas où le tribunal n'a fixé l'époque de l'ouverture d'une faillite que *provisoirement*, et s'est réservé de la fixer définitivement, les créanciers sont recevables, même après la vérification des créances, et tant qu'il n'y a pas eu fixation définitive, à demander que l'ouverture soit reportée à une époque antérieure à celle provisoirement déterminée.— Ici ne s'applique pas l'art. 457 C. comm. — 10 août 1829. Grenoble. Cret. D.P. 30. 2. 166.

143 — Lorsque l'époque de l'ouverture de la faillite n'a été fixée que provisoirement, il peut être formé opposition au jugement de la part des créanciers, même après les délais accordés par l'art. 457 C. comm. pour la vérification des créances, et encore bien qu'un nouveau délai pour cette vérification eût été accordé aux créanciers. Cette concession d'un nouveau délai ne saurait équivaloir à un jugement qui aurait fixé définitivement l'ouverture de la faillite, et l'art. 457 n'est pas applicable.—19 déc. 1831. Req. Paris. Pichoret. D.P. 31, 1. 381.

144. — Décidé, au contraire, que les délais fixés par l'art. 457 C. comm., pour former opposition au jugement qui fixe l'époque de l'ouverture de la faillite, sont applicables au cas où la fixation est *provisoire*, comme à celui où elle est *définitive* ; par suite, le jugement provisoire est devenu définitif après l'expiration de ces délais.— 30 mars 1833. Paris. Méquignon-Havard. D.P. 33. 2. 222.

145. — Le tribunal de commerce ne peut *d'office* changer l'époque, même *provisoire*, assignée par un premier jugement à l'ouverture de la faillite. Dans quel intérêt pourrait-il le faire, si nul ne se plaint ? — D.A. 8. 54, n. 10; Boul., *loc. cit.* — *Contrà*, Pard., n. 1113.

146.— Il ne pourrait résulter du contraire nul grave inconvénient pour les parties intéressées qui ne seraient plus dans le délai utile de l'opposition ; car, ainsi qu'on l'a dit plus haut, la tierce-opposition serait permise, dans ce cas, à tout individu qui se croirait lésé par la rétractation d'office du premier jugement.— D.A. 8. 54, n. 10.

147.— L'art. 457 qui ne donne à tout intéressé le droit de former opposition au jugement déclaratif de la faillite, que jusques et y compris le jour du procès-verbal constatant la vérification des créances, semble rigoureusement applicable aux tiers contre qui il serait introduit quelque demande en nullité ou en révocation d'actes qu'ils auraient passés avec le failli, et qui, par cela même, auraient intérêt à faire donner à la faillite une date plus récente.

148.—On peut objecter, cependant, contre ce système, que si la publicité donnée à la faillite peut paraître suffisante pour que les créanciers soient avertis de son existence dans un bref délai, il n'en saurait être de même vis-à-vis des tiers tout-à-fait étrangers à cette faillite, et qui, supposé qu'elle parvienne à leur connaissance avant l'expiration du délai d'opposition, n'ont ni intérêt, ni qualité pour agir avant qu'on les attaque; que ce serait le cas, dès lors, de leur accorder, en tout état de cause, la voie de la *tierce-opposition incidente*, sorte d'exception qui naîtrait de l'action dirigée contre eux et durerait autant que cette action.— Mais ces raisons, *toutes plausibles* qu'elles soient, ne sauraient l'emporter sur les expressions si générales de l'art. 457, *tout intéressé*. — D A. 8. 53, n. 5; Pard., n. 1111.—*Contra*, Boul., n. 54; Locré, t. 5, p. 461.

149.—Jugé ainsi que l'opposition au jugement qui fixe la date de l'ouverture de la faillite n'est plus recevable, après la clôture du procès verbal de vérification des créances, de la part de tout intéressé, quel qu'il soit, et spécialement, de la part de celui qui a acheté un immeuble du failli, avant sa faillite déclarée, mais postérieurement au jour auquel le tribunal en a fait remonter l'ouverture. — 10 nov. 1824. Civ. c. Amiens. Gellee. D.A. 8. 58. D P. 2. 179. —Même décision par la cour à qui l'affaire fut renvoyée. 25 juin 1825. Paris. D.A 8 58.

150. —L'opposition étant la seule voie permise par le code de commerce, et dans les délais qu'il détermine, pour attaquer le jugement qui fixe l'ouverture de la faillite, encore que l'opposant n'y ait point été appelé, on ne peut imprimer à cette opposition, pour la valider, la couleur de la tierce-opposition qui n'est, par elle-même, susceptible d'aucun délai (C. pr. 474 et 475; C. comm. 457).— Même arrêt.

151.—Lorsque, sur une déclaration de cessation de paiemens qu'un commerçant, condamné aux travaux forcés à temps, a faite par le ministère d'un fondé de pouvoir, il est intervenu un jugement qui déclare la faillite et en fixe l'ouverture, des créanciers ne sont pas recevables à former tierce-opposition à ce jugement, et à en demander la nullité, sur le fondement que ce commerçant étant frappé d'interdiction légale, la déclaration n'a pu être faite que par un curateur légal. — 18 janv. 1823. Paris. Renet. D.A. 8. 56. D.P. 23. 2. 166.

152.— Mais, lorsque sur une instance, poursuivie entre le syndic provisoire de la faillite et l'un des créanciers chirographaires, est intervenu un jugement qui a rapporté à une époque antérieure l'ouverture de la faillite, fixée par une première décision, tout créancier hypothécaire, qui n'a point été appelé à ce jugement, et n'a pu y être représenté par le syndic, peut, dans son intérêt seul, y former tierce-opposition.— Les règles particulières tracées dans l'art. 457 C. comm. ne s'appliquent qu'au premier jugement qui fixe l'ouverture de la faillite — 22 mars 1815. Rouen. Duclos. D.A. 8. 56, et 54, n 6. D.P. '2. 178.— Conf. Vincens, t. 4, p. 547.

153.— Jugé encore que la tierce-opposition, formée, par des créanciers hypothécaires du failli, au second jugement qui fixe définitivement la date de l'ouverture de la faillite, en la reportant à une époque antérieure à celle fixée par le jugement provisoire, est recevable lorsque ce jugement leur porte préjudice, en ce que, par exemple, cette fixation définitive de la faillite annulle leur hypothèque : ici, ne s'applique pas l'art. 457 C. comm., spécial au jugement qui, aux termes de l'art. 454, déclare la faillite ouverte. — 15 mars 1830. Civ. c. Paris. Bonnet. D.P. 30. 1. 156.

154.— Les syndics d'une faillite ne représentent la masse des créanciers que lorsqu'il s'agit d'intérêts généraux et communs à tous, mais non lorsque les divers créanciers ont des intérêts opposés. Ainsi, des créanciers peuvent, en leur nom individuel, s'ils sont encore dans les délais, former opposition au jugement qui a fixé le jour de l'ouverture de la faillite, nonobstant la présence des syndics à ce jugement.— 8 mai 1824. Toulouse. Degennes, etc. D.A. 8. 57 et 54, n. 7. D.P. 2. 178.

155.— Il ne peut s'élever contre cette opposition aucune fin de non-recevoir résultant de ce que les opposans auraient produit à l'ordre ouvert pour la distribution du prix des immeubles. Cette production n'a eu pour objet que la conservation de leurs droits, en leur qualité de créanciers, et ne suppose aucun acquiescement, de leur part, au jugement qui a fixé l'époque de l'ouverture de la faillite — Même arrêt.

156 —Décidé encore que le jugement qui intervient entre le syndic de la faillite et l'un des créanciers intéressés, pour en fixer l'ouverture, fait droit contre tous, sauf l'opposition à ce jugement de la part de chacun d'eux, conformément à l'art. 157 C. pr. civ.—En conséquence, le syndic, lorsqu'un des créanciers se rend opposant au jugement qui fixe la date de la faillite, n'est point obligé d'appeler tous les autres créanciers au procès —27 août 1822. Bruxelles. Baugniet. D.A. 8. 50. D.P. 2. 175.

157.— Lorsque l'opposition au jugement déclaratif de la faillite est formée incidemment à une contestation pendante devant un tribunal autre que celui qui a rendu le jugement, la décision sur cette opposition doit-elle être renvoyée, dans tous les cas, devant les juges qui ont déclaré la faillite, ou le tribunal saisi de la demande principale peut-il accessoirement connaître de la demande incidente, s'il est égal ou supérieur au tribunal du domicile du failli ? — Distinguons : le renvoi est toujours nécessaire, lorsque la contestation principale est mue devant un tribunal civil; car alors il y a incompétence *ratione materiæ*. Mais si le débat principal est agité devant une cour royale ou devant un tribunal de commerce, il n'y a, dans la loi spéciale des faillites, aucune disposition qui s'oppose à l'application des art. 474 et suiv. C. pr., qui, bien qu'ils ne parlent que de *tierce-opposition*, doivent être interprétés néanmoins comme établissant cette règle générale, que la demande introductive d'instance saisit le tribunal de toutes les demandes incidentes qui ne sont pas hors de sa compétence matérielle.—Boul., n. 54; *Contrà*.—Pard., n. 1111; D.A. 8. 54, n. 8.

158.—La tierce-opposition à un jugement de déclaration de faillite, n'est pas recevable devant un tribunal civil.—30 mars 1833. Metz. Dureteste. D.P. 34. 2. 201.

159.—Le jugement qui, sur l'opposition du failli, a ordonné la pleine et entière exécution d'un premier jugement déclaratif de la faillite, est, comme celui-ci, avec lequel il forme un tout indivisible, provisoirement exécutoire — En conséquence, le failli qui en a souffert l'exécution, en assistant à l'inventaire de ses meubles et effets, dressé à la requête des syndics nommés par ce jugement, ne peut être réputé y avoir acquiescé, lorsqu'il a d'ailleurs fait toutes réserves d'appeler de ce jugement et de celui qui l'a déclaré en faillite (C. comm. 457 et 486). — 25 mai 1824. Poitiers. Alliot. D.A. 8. 58. D.P. 2. 179.

160.—La partie qui a succombé dans son opposition au jugement d'ouverture de la faillite, peut se pourvoir, par appel, devant la cour. Ce recours est de droit, puisque le code de commerce ne l'interdit pas.—D A. 8. 54, n. 9; Delv., p. 245, n. 1; Boul., n. 58.

161.— L'appel est la seule voie recevable contre le jugement par défaut rendu contre un créancier, sur son opposition au jugement déclaratif de la faillite.— 9 janv. 1812. Req. Lyon. Canot. D.A. 8. 55. D.P. 12. 1. 172.

162. — L'appel est de droit, après que les délais de l'opposition sont expirés (C. pr. 443).— Pard., n. 410 ; D.A. 8. 54, n. 9.

163. — Jugé, au contraire, que la voie de l'appel n'est pas ouverte contre le jugement déclaratif de faillite pour le créancier qui a laissé écouler le délai d'opposition. — 22 juill. 1824. Paris. Casanova. D.A. 8. 56. D.P. 2. 177.

164. — Jugé encore que le créancier qui n'a pas formé opposition, dans les délais de l'art. 457 C. comm., au jugement déclaratif de la faillite, est non-recevable à interjeter appel de ce jugement, sous le prétexte que son débiteur, n'étant pas commerçant, n'aurait pas dû être déclaré en faillite. Il en doit être ainsi, surtout si le créancier a acquiescé au jugement, en présentant ses titres à la vérification ; à cet égard, on dirait en vain que la question touche à l'ordre public.— 26 mars 1830. Paris. Deswin. D.P. 30. 2. 171.— Conf. Boul., n. 60.

165.— Le créancier ne perd pas la faculté d'appeler du jugement qui l'a débouté de son opposition au jugement portant fixation de l'ouverture de la faillite, en faisant vérifier sa créance avant d'interjeter appel.—7 avril 1819. Req. Nanci. Kauffmann. D.A. 1. 125. D. P. 19. 1. 424.

166. — L'appel de ce créancier demeure également recevable, quoique, après l'avoir interjeté, il se soit présenté à un ordre ouvert entre les créanciers de la faillite, ou qu'il se soit rendu adjudi-

cataire d'une partie des biens du failli.—Même arrêt.

167.— Lorsque le jugement qui fixe l'ouverture d'une faillite est attaqué par la voie d'appel, les créanciers qui ont déja fait vérifier leurs créances sont, nonobstant cette vérification, recevables, comme les créanciers non vérifiés, à intervenir dans l'instance (C. pr. 466). — Même arrêt.

168. — Nul ne peut cumuler les moyens d'opposition et de tierce-opposition, celle-ci n'étant pas recevable. tant qu'il y a lieu à la première. — Ainsi, lorsqu'un créancier, en première instance, a formé incidemment opposition au jugement qui fixe l'époque de l'ouverture de la faillite, il ne peut, en appel, former tierce-opposition au même jugement, lors surtout qu'il n'a fait signifier cette tierce-opposition qu'à avoué et après la plaidoirie, et qu'il n'y reproduit que les moyens développés dans son opposition.— 22 août 1812. Turin. Zanotti. D.A. 8. 72. D.P. 22. 2. 161, n. 4.

169.— Lorsque le jugement, qui n'a indiqué que *provisoirement* l'epoque de l'ouverture de la faillite, est attaqué par appel, soit parce que la faillite aurait été mal à propos déclarée, soit parce que l'ouverture n'en aurait pas éte portée à sa date réelle, la cour royale peut, *de plano*, et sans renvoyer devant les premiers juges, fixer *définitivement* l'époque de l'ouverture de cette faillite.— 24 déc. 1818 Req. Bordeaux. Courrège. D.A. 8. 34. D.P. 19. 1. 241.

170.— Tous créanciers ayant le droit de requérir la fixation de l'ouverture de la faillite a une autre époque que celle déterminée par les premiers juges, et l'arrêt qui intervient étant dans l'intérêt de la masse, aucune des parties ne peut être personnellement passible des dépens. — 22 août 1812. Bruxelles. Neefs. D.A. 8. 46. D.P. 13. 2. 1.

171. — Si, après un jugement par défaut obtenu contre des syndics, et qui les condamne à payer, *mais par les voies de droit seulement*, un effet de commerce, il arrive qu'un arrêt de la cour royale rétracte le jugement qui avait déclaré la faillite, et réintègre le failli dans ses droits et actions, le jugement rendu avec les syndics devra être déclaré comme non avenu (C. comm. 442, 494; C. civ. 1351).

.....Par suite, le tribunal ne pourra pas, sur nouvel exploit des porteurs de l'effet de commerce, se borner à viser son premier jugement en y ajoutant la contrainte par corps comme nouveau moyen d'exécution. — Il devra statuer comme sur une nouvelle demande introductive d'instance. — 18 juill. 1833. Bordeaux, Lemoine-Reclus. D.P. 34. 2. 193.

Mais si le jugement rendu contre les syndics avait acquis l'autorité de la chose jugée, on doute que la rétractation ultérieure de la faillite dût en entraîner l'annulation. Aussi ne perdons pas de vue que ce n'était qu'un jugement par défaut qui, dans l'espèce, avait été obtenu contre les syndics, et, quoique les termes de l'arrêt paraissent bien absolus, il faut se garder de leur donner une portée qui pourrait aller contre les règles du droit. — D.P. 34. 2. 193, note.

ART. 5. — *Des effets de la faillite relativement à la personne du failli.*

172. — La faillite enlève au débiteur, tant qu'il ne s'est pas fait réhabiliter, l'exercice des droits politiques (Const. 22 frim. an 8, art. 5).

173. — Il lui est interdit de se présenter à la bourse (C. comm. 614).

174. — Il ne peut être agent de change ni courtier (83).

175. — Il ne peut assister aux assemblées pour nommer les prud'hommes, ni, à plus forte raison, être élevé à ces fonctions (Acte du 11 juin 1809, art. 14).

176. — Mais la faillite ne suspend pas l'exercice des droits civils. Ainsi, le failli peut être témoin d'un testament. Il ne perd pas *de plein droit* la tutelle de ses enfans mineurs, sauf l'application de l'art. 444 C. civ., s'il y a lieu. — D.A. 8. 59, n. 1.

177. — Le failli ne perd pas, par le seul fait de la faillite, le droit d'être tuteur ou membre d'un conseil de famille (C. comm. 442). — 14 août 1833. Bruxelles. D.P. 34. 2. 143.

178. — Par le jugement qui déclare la faillite, le tribunal *doit* ordonner le dépôt du failli dans la maison d'arrêt pour dettes, ou la garde de sa personne par un officier de police ou de justice, ou par un gendarme (C. comm. 455); à Paris, par un garde du commerce (Acte du gouv. 14 mars 1808, art. 7).

179. — Si le failli est déja détenu à la requête de quelque créancier, le tribunal ordonne qu'il soit écroué de nouveau.

180. — Le failli ne peut appeler du jugement qui, conformément à l'art. 455 C. comm., ordonne le dépôt de sa personne dans la maison d'arrêt. Il ne peut que présenter requête au tribunal pour obtenir son élargissement. — 8 déc 1829. Bordeaux. Feytaud. D.P. 30. 2. 119.

181. — Tant que le failli demeure en état d'arrestation provisoire, il ne peut être reçu contre lui d'écrou ou recommandation, en vertu d'aucun jugement du tribunal de commerce (C. comm. 455).

182. — Jugé ainsi qu'après la déclaration de faillite et la nomination des agens ou syndics des créanciers, la contrainte par corps contre le failli devient interdite à tout créancier privé, soit qu'elle ait été prononcée par jugement antérieur à la faillite, soit, à plus forte raison, qu'elle ne résulte que de jugemens postérieurs (C. comm. 442, 447, 455 et 494).— 31 juill. 1823 Angers. D... D.A. 8. 95. D.P. 24. 2. 26.

183. — Jugé de même que le créancier privé d'un failli, dont les créances ont été vérifiées et admises au passif de la faillite par les syndics provisoires, ne peut assigner directement le failli, afin d'obtenir la contrainte par corps contre lui, et que cette action, illegale en elle-même, ne peut être légitimer par l'assignation des syndics définitifs en déclaration de jugement commun. — 14 mai 1813. Bourges. Baudot. D.A. 8. 95, n.

184. — *En vertu d'aucun jugement du tribunal de commerce.* — Le failli pourrait-il être recommandé pour dette *purement civile?* Il ne nous semble pas que les termes de l'art 455 doivent être pris dans un sens restrictif; car quel motif de distinguer entre les créanciers pour une cause commerciale et ceux pour une cause purement *civile*, puisque les uns et les autres sont indistinctement admis a la faillite, et y ont des droits égaux? Quel serait, d'ailleurs, le résultat de la contrainte par corps permise au porteur d'une obligation *civile?* Le ferait-elle payer plus tôt et autrement que les autres créanciers? — D.A. 8 88, n. 8. — *Contrà*, Pard., *eod.*; Const. du 7 janv. 1815.

185 — La faillite, du reste, si elle empêche toute contrainte par corps de la part d'un créancier isole, ne peut faire obstacle a l'exécution des condamnations pour crime ou délit, mais seulement quant aux peines et amendes qui intéressent la vindicte publique, non quant aux reparations civiles qui ne touchent qu'à des intérêts privés. — D.A. 8. 891, n. 9.

186. — Il appartient toujours au tribunal, sur le compte qui lui est rendu par le juge-commissaire de l'état apparent de la faillite, de faire cesser l'arrestation provisoire, en accordant au failli, sur sa propre demande (C comm. 467), ou sur celle du juge-commissaire, ou sa mise en liberté pure et simple, avec sauf-conduit provisoire de sa personne, ou sa mise en liberte avec sauf-conduit, en fournissant caution de se représenter (C comm. 466), sauf le cas où il s'éleverait contre le failli une présomption de banqueroute simple ou de banqueroute frauduleuse (490).

187. — Le tribunal arbitre la somme que devra payer la caution, si le failli ne se présente pas; et cette somme est attribuée par la loi aux créanciers (C. comm. 466), comme pour leur tenir lieu de dommages-intérêts, sans préjudice de la poursuite du failli comme banqueroutier frauduleux (594).

188. — Le défaut de livres et d'une justification rigoureuse de l'emploi de toutes ses recettes, de la part du failli, ainsi que le retard apporté par lui dans la déclaration de sa faillite, ne le rendent point indigne de la faveur de l'art. 466 C. comm., si d'ailleurs il ne s'élève contre lui aucun indice de fraude ou d'inconduite, et que tout, au contraire, démontre sa bonne foi. — 26 août 1824. Pau. Rances. D A. 8. 97. D.P. 2. 188.

189.— Le jugement qui refuse au failli sa mise en liberté est susceptible d'appel, et cet appel peut être interjeté personnellement par le failli. — 26 août 1824. Pau. Rancès. D.A. 8. 97. D.P. 2. 188.

190. — Cet appel ne peut être repoussé par le créancier qui, avant la faillite, a fait emprisonner le failli, sous prétexte qu'étant l'unique créancier du failli, et déclarant d'avance se refuser à toute espèce de concordat, la procédure de faillite doit être annihilée. La faillite doit être considérée comme existante, dès que les décisions et poursuites intervenues à cet égard n'ont été l'objet, de la part de ce créancier ou de tout autre, d'aucune attaque quelconque. — Même arrêt.

191. — Le failli, qui n'est incarcéré qu'en vertu du jugement qui a déclaré la faillite ouverte, peut, en toute circonstance, obtenir un sauf-conduit du tribunal de commerce. C'est à ce tribunal seul à apprécier si le failli mérite, ou non, cette faveur. —

10 fév. 1815. Paris. Chevrier. D.A. 8. 93. D.P. 2. 188.

192. — Le sauf-conduit accordé au failli pour assister aux opérations de la faillite, subsiste tant que dure l'état de faillite, ou tant que le sauf-conduit n'est pas révoqué, quelque long intervalle qui se soit écoulé depuis son obtention.— Ce n'est pas au failli à prouver que les opérations de la faillite ne sont pas encore terminées.— 12 fév. 1817. Paris. Michelet. D A. 8. 94 D.P. 17. 2. 122.

193. — L'arrestation provisoire du failli, ordonnée en vertu de l'art. 455 C. comm., est tout à la fois dans l'intérêt de la vindicte publique, et dans celui des créanciers. Il suit de là, 1° que le tribunal qui a accordé le sauf-conduit, est toujours maître de le révoquer, et d'ordonner la réintégration du failli dans la maison d'arrêt, soit d'office, soit sur la provocation du juge-commissaire ou d'un créancier de la faillite, si le failli fait un mauvais usage de sa liberté, ou que de nouveaux renseignemens sur la faillite le rendent suspect de banqueroute. — D.A. 8. 88, n. 3; Pard., n. 1149; Locré, t. 6, p. 137.

194. — 2° Que tout créancier peut s'opposer à la mise en liberté provisoire du failli, et intervenir dans l'instance engagée à ce sujet, sauf au tribunal, à qui seul appartient le droit de décider si le failli mérite ou non quelque faveur, à avoir tel égard que de raison à l'opposition du créancier.— D.A. 8. 88, n. 4.

195 — Jugé, par suite, qu'il suffit, devant un tribunal de première instance, d'avoir intérêt, pour avoir le droit d'intervention; qu'ainsi, le créancier qui a fait emprisonner le débiteur antérieurement à la déclaration de faillite, a qualité pour intervenir dans la demande en elargissement formée par le failli. — 26 août 1824. Pau. Rancès. D.A. 8. 97. D.P. 2. 188.

196 — Cette demande en intervention ayant pour objet de défendre à la demande en élargissement formée par le failli, en son nom individuel, il est conséquent qu'elle puisse être dirigée contre le failli seul, et non contre les syndics provisoires.— Même arrêt.

197 — Jugé de même que le créancier qui, avant la déclaration de faillite de son débiteur, l'a fait emprisonner, est recevable à former opposition au jugement qui accorde à ce dernier un sauf-conduit, alors que la conduite du failli est entachée de fraude et de mauvaise foi (C comm. 466).— 2 avril 1827. Rouen. Lerat. D.P. 27. 2. 193.

198.— Du reste, le failli peut être mis en liberté sans appeler le créancier qui l'avait fait antérieurement écrouer. Cependant, dans l'usage, les créanciers sont appelés.

199. — Les créanciers peuvent aussi, tant que les opérations de la faillite ne sont pas terminées, faire maintenir le failli en état d'arrestation.—D.A. 8. 88, n. 5.

200. — Décidé ainsi que le jugement qui, en conformité de l'art. 455 C comm., ordonne le dépôt du failli dans la maison d'arrêt des détenus pour dettes, doit avoir son effet, même à l'expiration de la peine à laquelle il a été condamné comme coupable de banqueroute, et cela, nonobstant le contrat d'union formé entre ses créanciers : seulement il peut user de la faculté que lui accordent les art. 466 et 467 C. comm. pour obtenir sa mise en liberté, aux conditions énoncées dans ces articles.— 9 nov. 1824. Civ. r. Rouen. Groult. D.A. 8. 92. D.P. 24. 1. 506.

201. — Jugé, de même, que le dépôt du failli dans une maison d'arrêt, ordonné conformément à l'art. 455 C. comm., n'étant pas seulement dans l'intérêt de la vindicte publique, peut être effectué, quoique le failli ait été condamné comme banqueroutier simple, et que, depuis qu'il a subi sa peine, tous ses biens aient été vendus en suite d'un contrat d'union entre ses créanciers. Mais il peut obtenir un sauf-conduit ou sa mise en liberté, dans la forme prescrite par les art. 466 et 467 C. comm. — 28 juin 1828. Paris. Viardin. D.P. 29. 2. 15.

202.—Mais le dépôt du failli dans une maison d'arrêt pour dettes, en conformite de l'art. 455 C. comm., est une mesure provisoire qui doit cesser du moment que la justice n'a plus rien à exiger, et que les créanciers ont pris un parti définitif sur leurs intérêts. — *Spécialement*, les créanciers du failli, qui lui ont refusé tout traité, et l'ont fait exclure du bénéfice de cession, ne peuvent, après qu'il a subi la peine à laquelle il a été condamné comme banqueroutier simple, faire revivre contre lui l'ordonnance du tribunal de commerce qui avait ordonné le dépôt provisoire de sa personne dans la maison d'arrêt pour dettes, sauf à eux à le contraindre personnel-

lement dans le cas où la loi les y autorise. — 9 mai 1814. Civ. c. Paris. Thomas. D.A. 8. 91. D.P. 14. 1. 298.

203. — Le tribunal de commerce peut-il accorder au failli sa mise en liberté provisoire, dans les cas prévus par les art. 466 et 467, nonobstant l'opposition du créancier qui l'avait fait incarcérer avant la faillite? Oui, car le débiteur étant, par sa faillite, dessaisi de l'administration de ses biens (442), et ne pouvant, en cet état, disposer d'aucune partie de son actif, il en résulte que tous les effets de la contrainte par corps, exercée antérieurement à la faillite, doivent cesser, puisque la contrainte par corps n'est qu'un moyen de coaction pour se faire payer. —.D.A. 8. 89, n. 6; Pard., n. 1149; Delv., t. 2, p. 445.

204. — Jugé ainsi que l'effet de la contrainte par corps exercée, contre un débiteur, antérieurement à sa faillite, cesse de plein droit, et par la seule force de la loi, par l'événement postérieur de la faillite; qu'en conséquence, il est au pouvoir du tribunal de commerce, sans qu'on puisse lui reprocher de connaître de l'exécution de ses jugemens, d'ordonner la mise en liberté provisoire du failli, avec ou sans caution. — 17 janv. 1824. Colmar. Drion. D.A. 8. 93. — 26 avril 1824. Rouen. Adam. D.A. 8. 98. D.P. 25. 2. 7.

205. — Le créancier, à la requête de qui le débiteur avait été incarcéré, ou tout autre, n'a pas qualité, postérieurement à la faillite, pour s'opposer, en son nom individuel, au jugement qui, du consentement des syndics et du juge-commissaire, a accordé un sauf-conduit provisoire au failli (494, 495). — Même arrêt.

206. — Jugé, de même, que la disposition de l'art. 466 du C. de comm., qui permet au tribunal de commerce d'ordonner la mise en liberté provisoire du failli, avec ou sans caution, est générale, et ne s'applique pas seulement au cas où le tribunal aurait ordonné lui-même le dépôt de la personne du failli dans la maison d'arrêt pour dettes, conformément à l'art. 455, mais encore au cas où un créancier aurait fait écrouer le débiteur antérieurement à la faillite. — 26 août 1824. Pau. Rancès. D.A. 8. 97. D.P. 2. 188. — 26 avril 1824. Rouen. Adam. D.A. 8. 97. D.P. 25. 2. 7. — 7 déc. 1824. Paris. Derivière. D.P. 25. 2. 118.

207. — Jugé aussi que le créancier, qui a fait incarcérer son débiteur, ne peut, si celui-ci tombe postérieurement en faillite, et s'il intervient un contrat d'union entre tous les créanciers, dans lequel ils renoncent à la contrainte par corps, s'opposer au sauf-conduit demandé par le failli, encore qu'il n'ait pas été partie dans le contrat d'union. — 29 janv. 1825. Paris. Fessard. D.P. 25. 2. 210.

208. — Jugé encore que lorsque le failli a été emprisonné ou recommandé à la requête de ses créanciers, avant la faillite, le jugement qui ordonne sa mise en liberté, avec sauf-conduit, doit être exécuté, nonobstant la recommandation. — 27 avril 1825. Montpellier. Farrand. D.P. 26. 2. 215.

209. — Si le failli avait été incarcéré avant la faillite, pour dette non *commerciale*, le tribunal de commerce pourrait-il ordonner sa mise en liberté au préjudice du créancier incarcérateur? On a déjà dit (*suprà*, n. 184) qu'il n'y avait aucun motif de distinguer entre le créancier pour dette commerciale et celui pour dette purement *civile*, et que les termes de l'art. 466 ne devaient pas se prendre dans un sens restrictif. — D.A. 8. 89, n. 8. — *Contrà*, Pard., *cod.*; Const. du 7 janv. 1815.

210. — L'exercice de la contrainte par corps n'est que suspendu par la faillite. Elle reprend son cours après que l'association des créanciers est dissoute. C'est ce qui résulte forcément de l'art. 568 C. comm., portant « la cession judiciaire n'éteint point l'action des créanciers sur les biens que le failli peut acquérir par la suite; elle n'a d'autre effet que de soustraire le débiteur à la contrainte par corps ». Il est clair que la cession de biens n'aurait pas pour effet de soustraire le *failli* à la contrainte par corps, si déjà cet effet avait été produit par la déclaration de faillite (V. l'arrêt cité, du 9 mai 1814) — D.A. 8. 89, n. 8.

211. — Le concordat passé avec failli, n'est obligatoire que pour les créanciers chirographaires; mais il n'a aucun effet vis-à-vis des créanciers privilégiés. — Ainsi, l'adjudicataire d'une coupe de bois appartenant à l'état, lorsqu'il est tombé en faillite, ne peut opposer au gouvernement le concordat qu'il a obtenu, pour se soustraire à la contrainte par corps, expressément stipulée dans le cahier des charges de l'adjudication, pas plus que ne le pourrait, à l'encontre du propriétaire, le fermier qui aurait consenti une pareille clause dans son bail. — 10 déc. 1810. Caen. Decrès. D.A. 8. 90. D.P. 2. 187.

212. — La décharge pure et simple de la contrainte par corps, donnée par des créanciers à leur débiteur failli, dans un traité fait avec lui, ne cesse pas d'avoir son effet, lors même que celui-ci n'a pas satisfait aux engagemens qu'il avait pris, tant que la résolution du contrat n'a pas été prononcée, et que les parties n'ont pas été remises au même état qu'elles étaient auparavant (L. 15 germ. an 6, tit. 1er, art. 1er; C. civ. 1184). — 3 janv. 1814. Civ. c. Agen. Lasbouygues. D.A. 8. 90. D.P. 14. 1. 137.

213. — Dans la règle, c'est au tribunal civil que le failli devrait s'adresser pour obtenir sa mise en liberté provisoire, ou même un sauf-conduit pour paraître devant ses créanciers; mais il y a, à cet égard, dérogation au droit commun (C. comm. 466 et 467).

214. — Jugé ainsi, que lorsqu'un failli a été recommandé et écroué, en vertu d'un jugement du tribunal de commerce, pendant qu'il subissait l'emprisonnement auquel il a été condamné comme banqueroutier simple, ce n'est pas au tribunal civil qu'il doit s'adresser pour faire prononcer la nullité de cette recommandation, mais à la cour royale, à laquelle il doit déférer par appel le jugement du tribunal de commerce. — 9 nov. 1824. Civ. r. Rouen. Groult. D.A. 8. 92. D.P. 24. 1. 396.

215. — Le failli qui se livre à de nouvelles opérations de commerce, peut valablement être traduit devant les juges de commerce et condamné par corps à raison de ces opérations. — 6 juin 1831. Req. Besançon. Blondeau. D.P. 31. 1. 311.

ART. 6. — *Effets de la faillite relativement aux biens du failli.*

216. — Ces effets sont : 1° de dessaisir le failli de l'administration de ses biens; 2° de rendre toutes ses dettes exigibles; 3° d'annuler certains actes. — La faillite modifie aussi les droits de la femme, ainsi qu'on le verra plus bas.

217. — *Dessaisissement.* — Le principal effet de la faillite, quant aux *biens*, est le *dessaisissement* du débiteur. Ce dessaisissement s'opère *de plein droit*, sans qu'il soit nécessaire d'une disposition particulière dans le jugement déclaratif, et sans que le tribunal puisse en affranchir le failli. Il dépouille le failli, non de la propriété, qui continue à résider sur sa tête, mais de *l'administration* de ses biens (C. comm. 442). — D.A. 8. 59, n. 2.

218. — Le dessaisissement s'étend à *tous* les biens du failli (art. 442); qu'ils dépendent ou non de son commerce, car l'état du commerçant failli est indivisible (*ibid.*). — Il faut excepter toutefois les donations ou legs qui lui ont été faits à titre d'alimens (C. pr. 581).

219. — Les biens que le failli acquiert par la suite, soit à titre de donation ou de legs, sauf disposition contraire de la part des donateurs ou testateurs (C. pr. 581), soit de toute autre manière, sont également dévolus à ses créanciers, mais avec les charges qui les grèvent (*ibid.*). — Par exemple, si le failli avait été admis, postérieurement à sa faillite, à faire partie d'une société de commerce, les bénéfices qui lui arriveraient à ce titre pourraient être revendiqués par ses créanciers, mais aux clauses et conditions de l'acte de société, c'est-à-dire défalcation faite de toutes les dettes et charges communes. — Pard., n. 1117; Locré, sur l'art. 442; D.A. *ibid.*

220. — Le dessaisissement ne va pas jusqu'à rendre le failli incapable de s'obliger ultérieurement. — 28 août 1813. Bourges. Col. D.A. 8. 64 et 60, n. 3. D.P. 2. 180.

221. — Jugé ainsi qu'un failli est non-recevable à demander la nullité d'un billet dont il reconnaît la signature, sous prétexte que la date de ce billet est fausse, et qu'il l'a souscrit à une époque où il était en faillite. — Il n'appartient qu'à ses créanciers de se prévaloir de la nullité, en prouvant que le billet a été fait pendant la faillite. — 12 avril 1821. Req Abram. D.A. 8. 87. D.P. 21. 1. 603.

222. — Jugé de même que le failli peut s'obliger; mais les obligations qu'il contracte postérieurement à sa faillite ne peuvent altérer le gage de ses créanciers, et il est tenu personnellement de les acquitter, alors même que la dette consisterait dans un billet qui ne serait que le renouvellement d'un autre, antérieur à la faillite, et porté au bilan du failli (C. comm. 524). — 21 nov. 1827. Req. Toulouse. Astruc. D.P. 28. 1. 29.

223. — Jugé de même, encore que la faillite n'ôte pas au failli la faculté de s'engager pour l'avenir (C. comm. 443).... Dès lors, peuvent être déclarés valables les billets souscrits par un failli au profit d'un de ses créanciers et notamment au profit des syndics de la faillite pour supplément de dividende.

..... Mais, dans ce cas, bien qu'il ne puissent être annulés, du moins sur la demande du failli, comme étant le résultat d'une violence morale et comme rompant l'égalité entre les créanciers, leur échéance doit au moins être reportée à une époque postérieure aux délais de libération fixés par le concordat. — 20 fév. 1834. Paris. Dereure. D.P. 34. 2. 55.

224. — Une femme ne peut demander la nullité d'un traité, comme passé avec son mari en état de faillite, si elle avoue que le traité a été approuvé par les commissaires, et si, d'ailleurs, elle n'apporte aucune preuve qu'ils n'étaient pas autorisés à donner cette approbation. — 5 janv. 1830. Req. Paris. Vanlerbergh. D.P. 30. 1. 86.

225. — Les actions auxquelles peuvent donner lieu les obligations contractées par le failli depuis sa faillite doivent être poursuivies contre le failli seul, et non contre les syndics. — 28 août 1813. Bourges. Col. D.A. 8. 64. D.P. 2. 180.

226. — Quoique dessaisi de l'administration de ses biens, le failli a le droit de prendre des mesures conservatoires; et, par exemple, il a pu valablement signifier un jugement rendu à son profit, et faire courir le délai de l'appel. — 25 août 1828. Lyon. Dupont. D.P. 28. 2. 207.

227. — Il peut ester en jugement soit pour réclamer *personnellement* la partie de mobilier que lui réserve la loi (C. comm. 529 et 530). — 29 avril 1812. Paris. Dewink. D.A. 8. 64. D.P. 22. 2. 160, n. 2.

228. — ... Soit pour revendiquer ses créances ou droits; soit pour augmenter son actif; soit pour tout autre moyen justificatif. — 28 fév. 1832. Aix. Sanson. D.P. 33. 2. 229.

229. — ... Soit pour défendre contre des tiers ses droits trop légèrement sacrifiés par les syndics. — 12 juin 1822. Rennes. Botrelle. D.A. 2. 658. D.P. 1. 617.

230. — Il peut intervenir dans la contestation engagée entre son débiteur et le syndic de ses créanciers, lors surtout qu'il s'agit de règlement de compte courant; et cette intervention doit particulièrement être accueillie en appel, lorsque les premiers juges, en reconnaissant la créance du failli, lui ont enjoint d'en affirmer la sincérité. — 21 juin 1820. Bruxelles. Godsal. D.A. 8. 111. D.P. 2. 193.

231. — Il peut intervenir dans les débats judiciaires qui ont lieu à raison de sa faillite, s'il est constaté par le tribunal saisi de la contestation qu'il y a intérêt. — 19 avril 1826. Req. Metz. Choffin. D.P. 26. 1. 331.

232. — Il peut, en cas d'appel interjeté par le syndic de la faillite (appel qui lui profite puisque le syndic gère aussi bien les intérêts du failli que ceux des créanciers), poursuivre personnellement l'instance d'appel, après que le syndic a déclaré, mais au nom des créanciers seulement, se désister dudit appel. — 19 avril 1826. Req. Besançon. Choffin. D.P. 26. 1. 331.

233. — Si, dans un cas pareil (c'est-à-dire lorsqu'il veut suivre personnellement une instance d'appel interjetée par le syndic, qui s'en est désisté, mais seulement au nom de la masse des créanciers), le failli forme mal à propos une demande en intervention, les juges peuvent, sans violer aucune loi, admettre cette demande en ne la considérant que comme une simple déclaration que le failli entend soutenir séparément ses intérêts (C. pr. 466, 474). — Même arrêt.

234. — Le failli est recevable à agir dans un intérêt différent de celui de la masse de ses créanciers; par suite, il peut se pourvoir en cassation contre un arrêt rendu avec ses syndics, et dans lequel il n'avait pas figuré. — 7 avril 1830. Req. Paris. Lasalle. D.P. 30. 1. 204.

235. — Le failli pouvant exercer tous les droits qui ont pour objet la conservation des biens, il suit de là qu'un failli ou ses héritiers ont pu valablement exercer une surenchère sur les biens d'un débiteur de la faillite ...., alors surtout qu'ils géraient la faillite, du consentement des créanciers (C. civ. 2185). — 2 août 1827. Toulouse. Porte. D.P. 28. 2. 80.

236. — Il y a même des contestations dans lesquelles la nature de la demande ne permettrait pas qu'on prononçât, sans appeler le failli, par exemple, une demande de sa femme en séparation de biens. — D.A. 8. 101, n. 9; Pardessus, n. 1162; Boulay, n. 147. — Arrêt conforme : 24 mai 1826. Bourges. Lafeta. D.P. 27. 2. 59.

237. — L'état de faillite d'un commerçant ne fait pas obstacle à ce que, avec des moyens nouveaux d'industrie, mais non avec les effets ou marchandi-

ses de la faillite, il se livre valablement à de nouvelles opérations de commerce, lesquelles ne peuvent que profiter à la faillite, sans jamais lui préjudicier. — 6 juin 1831. Req. Besançon. Blondeau. D.P. 31. 1. 311.

238. — Les créanciers postérieurs à la faillite ne peuvent avoir aucun droit, sur les biens *existant au moment de la faillite;* car le dessaisissement opère un véritable séquestre au profit des créanciers antérieurs. — D.A. 8. 60, n. 4.

239. — A l'égard des biens advenus au failli *postérieurement à la faillite*, ils sont bien le gage des créanciers anciens, tant que le failli n'est pas entièrement libéré (C. civ. 2092); mais ils sont aussi le gage des créanciers nouveaux, puisque le failli était capable de s'obliger postérieurement à sa faillite. Le code n'a établi, relativement à ces biens, aucune préférence des premiers sur les seconds. Cette préférence ne peut être le résultat de l'inscription prise en vertu de l'art. 500 C comm., puisque cette inscription ne frappe que les immeubles existant au moment de la faillite.

240. — Jugé, au contraire, que les obligations contractées par le failli, postérieurement à sa faillite, ne sauraient préjudicier, soit sur les biens actuels, soit sur *les biens à venir* du failli, aux créanciers antérieurs à la faillite. — 28 août 1813. Bourges. Col. D.A. 8. 64. D P. 2. 180. — Conf. Locré, sur l'art. 442.

241. — Le dessaisissement ne s'opère qu'à compter du jour où la faillite est déclarée par le tribunal, et non à partir de l'époque fixée pour son *ouverture*, ainsi qu'il résulte des termes mêmes de l'art. 442, sauf l'application des art. 443 et suiv. — D. A. 8. 60, n. 5. — Conf. Pard., n. 1118 et 1119. — *Contrà*, Boulay, n. 96 et 97. — V. *infrà*.

242 — La faillite d'une société en nom collectif constitue en faillite chacun des associés solidaires. — 9 fév. 1825 Douai. Druez-Velcome. D P. 25 2. 198.

243 — Mais la faillite d'un commerçant n'entraîne pas la faillite d'une société dont il fait partie, lorsque cette société existe sous une raison sociale différente, et que ses opérations sont aussi différentes de celles de l'associé qui a été déclaré en faillite. — 14 mai 1830. Metz. Suchetel. D.P. 31. 1. 378.

244. — Lorsqu'un mari a été déclaré en faillite, à raison d'un commerce qu'il exerçait conjointement avec sa femme, les créanciers ne sont pas recevables à demander que la femme soit également déclarée en faillite, sous le prétexte qu'elle gérait seule le commerce (C. civ. 220). — 24 août 1825. Caen. Nicolle. D.P. 26. 2. 76.

245 — *Exigibilité des créances.* — Un autre effet de la faillite, c'est de rendre *exigibles* les dettes passives non échues (C. comm. 448).

246 — Elles sont exigibles, sans distinction entre les chirographaires et les hypothécaires. — 4 juin 1832 Bordeaux. Polh. D.P. 32. 2. 177.

247. — Ce principe, toutefois, ne doit s'entendre que du droit qu'ont les créanciers à terme, comme les autres, de prendre part à la distribution des deniers; mais il n'autorise pas un créancier hypothécaire à diriger personnellement des poursuites en expropriation contre le failli, à raison de créances qui n'étaient pas échues avant l'ouverture de la faillite (C. civ. 1188; C. comm. 448, 528 et 532). — 8 déc 1814. Bruxelles Néefs. D.A. 8. 187 et 60, n. 6. D.P. 2. 208.

248. — Lors même que partie de la créance serait échue durant les poursuites, cette échéance postérieure ne saurait couvrir le vice originaire et radical des poursuites. — Même arrêt.

249. — Le créancier sous une condition soit résolutoire, soit suspensive, a le même droit que le créancier à terme; il peut se faire colloquer à la faillite: mais les autres créanciers peuvent exiger de lui une caution pour sûreté de la restitution qu'il sera obligé de faire, si la condition vient à défaillir. — D.A. 8. 61, n. 7.

250. — Suit-il de l'exigibilité que produit la faillite, que le créancier puisse opposer la compensation de sa créance avec ce qu'il pourrait devoir lui-même au failli? Non: car aucun paiement ne pouvant être fait par le failli après la faillite déclarée, il en résulte qu'aucune compensation ne saurait être opposée à la masse créancière, puisque le créancier qui invoquerait cette compensation, s'il avait reçu son paiement, serait tenu de rapporter ce qu'il aurait touché pour venir au marc le franc avec les autres (D.A. 8. 61, n. 8: Pard., n. 1125). — 12 fév. 1811. Civ. c. Bruxelles. Vangorsel. D.A. 8. 70. D.P. 11. 1. 128. — 17 fév. 1823. Civ. c. Paris. Defrondat. D.A. 8. 71. D.P. 2. 181, et 23. 1. 402. — 24 mars 1821. Bruxelles. Steenbist. D.A. 8. 119. D.P. 2. 194.

251. — L'agent de change à qui il a été remis des effets pour les négocier, est tenu de remettre le produit de la négociation à ses commettans, sans pouvoir l'appliquer à son profit, sous prétexte qu'il est leur créancier d'autant ou même de sommes plus fortes. — *En conséquence*, il ne peut, en cas de faillite des propriétaires de ces effets, les retenir, au préjudice de la masse des créanciers; mais le montant doit en être déposé à la caisse des consignations, pour la conservation des droits de tous. — 24 mai 1808. Paris. Gallot. D.A. 8. 70. D.P. 22. 2. 161, n. 5 et 6.

252. — Le signataire de ces effets a qualité pour en contester le paiement à l'agent de change, lorsqu'il est lui même créancier du failli. — Même arrêt.

253. — Si un individu, débiteur à terme du failli, était en même temps son créancier d'une somme échue antérieurement à la faillite, pourrait-il, en déclarant qu'il renonce au bénéfice du terme, prétendre que sa dette s'est compensée avec sa créance, en temps utile? — Non: cette renonciation, faite après coup, ne peut avoir d'effet rétroactif: le créancier qui ne s'est pas fait payer antérieurement à la faillite, doit partager le sort commun et ne toucher qu'un dividende proportionnel à sa créance, tandis qu'il acquittera intégralement le montant de sa dette. — Pard., n. 1125; D.A. 8. 61, n 9.

254. — Lorsque la créance à terme résulte d'effets de commerce dans lesquels le failli se trouve être l'un des obligés, l'art. 448 veut que les autres *obligés* soient tenus de donner caution pour le paiement à l'échéance, s'ils n'aiment mieux payer immédiatement. Le mot *obligés* dont se sert l'article ne comporte pas d'explication restrictive. Par exemple: Pierre tire une lettre de change sur Paul. Cette lettre a été successivement endossée par Jacques, par Jean, par René. Joseph s'en trouve porteur au moment où René tombe en faillite. Des auteurs disent que ni le tireur, ni l'accepteur, ni les endosseurs Jacques et Jean ne seront tenus de rembourser Joseph ou de lui donner caution du paiement de la lettre à l'échéance, parce qu'aucun d'eux n'a présenté à Joseph, porteur, ce même René comme débiteur de la lettre; qu'aucun d'eux n'a promis, dès lors, qu'il resterait solvable jusqu'à l'échéance. Mais qu'importe? Pierre, Paul, Jacques, Jean et René ne sont-ils pas tous *obligés* envers Joseph? La disposition de l'article peut paraître rigoureuse; elle est certainement une exception au droit commun; mais elle peut se justifier par la nature particulière de la lettre de change, qui est la monnaie courante du commerce, et qui ne doit pas souffrir d'altération dans son crédit. — D.A. 8. 61, n. 11. — *Contrà*, Pardessus, n. 1129: Vincens, t. 2, p. 270; Boulay, n. 115.

255. — Jugé ainsi que lorsque l'un des endosseurs d'une lettre de change tombe en faillite, le porteur a le droit d'exiger une caution ou de poursuivre le paiement avant l'échéance, non seulement contre les endosseurs postérieurs au failli, mais encore contre les endosseurs antérieurs, l'accepteur et le tireur. — 31 janv. 1825. Nîmes. Bousquet. D.P. 25. 2. 175. — *Contrà*, 28 mars 1811. Bruxelles. Desmet. D.A. 6. 700. D.P. 11. 2. 47.

256. — En cas de faillite de l'un des obligés au paiement d'une lettre de change, le tribunal devant lequel on s'est pourvu pour obtenir simplement une caution provisoire contre les autres obligés, peut retenir la connaissance du fond et décider que le porteur de lettres de change doit prouver qu'il en est réellement propriétaire. — 19 mars 1812. Req. régl. Pau. Blanque. D.A. 8. 171. D P. 12. 1. 519. — 21 nov. 1818 Rennes. Fresnais. D.A. 8. 173.

257. — Le bailleur d'un immeuble à long terme peut, en cas de faillite du preneur, exiger de ce dernier une caution hypothécaire, tant pour sûreté de ses loyers que pour la valeur de l'immeuble, sinon demander la résiliation du bail, nonobstant que le preneur fasse l'offre de garnir l'immeuble d'objets suffisans (C. civ. 1188, 1613 et 1653). — 16 déc. 1807. Req. Dijon. Poigné. D.A. 8. 62. D.P. 8. 1. 66.

258. — Jugé de même que le locateur d'objets mobiliers, tels que clichés ou caractères d'imprimerie, peut, si le locataire tombe en faillite, exiger de lui une caution, et en cas de refus, demander la résiliation du bail. — 16 août 1825. Paris. Touquet. D.P. 26. 2. 54.

259. — Le vendeur d'une coupe de bois peut, en cas de faillite de l'acheteur, faire saisir et vendre les bois coupés, s'il sont encore dans les mains de ce dernier, et se faire payer sur le prix, lors même que la vente aurait été faite à terme. — 10 mai 1809. Req. Toulouse. Corbière. D.A. 8. 62. D.P. 9. 1. 186.

260. — Il peut également forcer l'acheteur à donner caution, soit des dégradations qu'il pourrait commettre dans l'exploitation, soit de la portion de prix non encore échue, quand même cette portion de prix aurait été convertie en une rente constituée dont le débiteur offrirait de servir exactement les intérêts. — Même arrêt.

261. — La faillite d'un commerçant ne résout pas les ventes qu'il a faites précédemment de marchandises qui, au moment où elle s'ouvre, existent encore dans ses magasins. En conséquence, les syndics peuvent contraindre les acquéreurs à les recevoir et à en payer le prix. — Ceux-ci ne peuvent opposer que la résolution a eu lieu de plein droit, à défaut de livraison dans le temps convenu, si c'est sur leur demande que la livraison a été différée. — 5 août 1812 Req Rouen. Asselin. D.A. 8. 64. D.P. 12. 1. 601.

262. — L'état de faillite n'anéantit pas le contrat de louage d'ouvrage; elle ne rompt pas les obligations que le failli avait contractées envers des tiers; la masse qui le représente est tenue de les accomplir comme il y était tenu lui-même. — Ainsi, la convention par laquelle un constructeur de navires s'est engagé à construire un bâtiment pour le compte d'un armateur, moyennant un prix déterminé, ne s'éteint pas par la faillite du constructeur; la masse des créanciers doit faire achever l'ouvrage par le failli; s'il s'y refuse, elle doit autoriser l'armateur à le faire terminer par lui-même, ou enfin le faire parachever par un autre entrepreneur (C. civ. 1144, 1184, 1795, 1991). — 24 janv. 1826. Rouen. Vauquelin. D.P. 26. 2. 133.

263. — Le vendeur d'un immeuble moyennant une rente, a deux actions en cas de faillite de l'acheteur, celle en résolution du contrat et en reprise de l'immeuble, et celle de créancier privilégié sur le prix. Il peut exercer ces deux actions concurremment et subordonnément l'une à l'autre (C. civ. 1654, 1655, 2103) — 12 juin 1816. Angers. Penneau. D.A. 8. 64. D.P. 2 181.

264. — Si les syndics font procéder à l'adjudication de l'immeuble, nonobstant la demande en résolution formée par le vendeur, et que, par suite, cette demande en résolution soit accueillie et l'adjudicataire évincé, ils sont responsables envers ce dernier de tous les frais et loyaux coûts de l'adjudication et de tous dommages-intérêts résultant de l'éviction (C. civ. 1626) — Même arrêt.

265. — *Annulation de certains actes.* — L'édit de Henri IV, du mois de mai 1609 annulait « tous transports, cessions, donations, ventes et aliénations faites aux *enfans et héritiers présomptifs*, ou aux *amis* du débiteur; et s'il appert que les transports, cessions, donations et ventes soient faites et acceptées en fraude des créanciers, les cessionnaires, donataires et acquéreurs seront punis comme complices des fraudes et banqueroutes. » Le code de commerce n'ayant pas dit, à l'instar de ce qui est établi dans l'art. 911 C. civ., que les *père et mère, les enfans ou descendans et l'époux* du failli seraient réputés *personnes interposées* à son égard, le contrat ne pourrait pas être déclaré nul de plein droit; mais la proximité du lien formerait une grave présomption de fraude, qui pourrait donner lieu à l'application de l'art. 447. — D.A. 8. 66, n.

266. — L'ordonn. de 1673 s'était contentée de déclarer nuls « tous transports, cessions, ventes et donations de biens-meubles ou immeubles, faits en fraude des créanciers, » et d'en ordonner le rapport à la masse (art. 4). — D.A. 8. 66, n. 1.

267. — Mais cette disposition ayant paru insuffisante, une déclaration du mois de nov. 1702 porta, « que toutes cessions et transports sur les biens des marchands qui font faillite seraient nuls et de nulle valeur, s'ils n'étaient faits dix jours au moins avant la faillite *publiquement connue;* comme aussi, que les actes et obligations qu'ils passeraient devant notaires, au profit de quelques uns de leurs créanciers, ou pour contracter de nouvelles dettes, ensemble les sentences qui seraient rendues contre eux, n'acquerraient aucune hypothèque ni préférence sur les créanciers chirographaires, si lesdits actes et obligations n'étaient passés, et si lesdites sentences n'étaient rendues pareillement, dix jours au moins avant la faillite *publiquement connue.* » — D.A. *ibid.*

268. — Le code de commerce a adopté ces principes, en les modifiant. Il a distingué entre les divers actes, pour y attacher, tantôt une présomption de fraude *juris et de jure*, qui les frappe d'une nullité absolue, tantôt une présomption légale qui établit la fraude vis-à-vis du failli seulement, et met les créanciers dans la nécessité de prouver la mauvaise

foi de ceux qui ont traité avec lui. — D.A. 8. 66, n. 2.

269.—Ainsi, par l'art. 443, tout privilége ou hypothèque acquis dans les dix jours qui précèdent l'ouverture de la faillite, est déclaré sans effet. — V. Hypothèque et Privilége.

270.—Les actes hypothécaires consentis par le failli, dans les dix jours qui précèdent l'ouverture de sa faillite, sont nuls, encore bien qu'il y ait eu bonne foi entre les parties.—15 mars 1830. Paris. C. Bonnet. D.P. 30. 1. 136.

271.—Celui qui, après avoir obtenu une condamnation contre un individu déclaré plus tard en état de faillite, n'a pris inscription que pendant les dix jours qui ont précédé la déclaration de faillite, n'a aucun droit de préférence, alors surtout qu'il n'a pu ignorer le dérangement des affaires du débiteur au moment des poursuites, et que l'ouverture de la faillite a été reportée a une époque de beaucoup antérieure à l'inscription (C civ. 2146; C. comm. 443).— 26 mars 1834. Bordeaux. Moulonguet. D.P. 34. 2. 186.

272.— De même, suivant l'art. 444, tout acte translatif de *propriétés immobilières*, fait par le failli, *à titre gratuit*, dans les dix jours qui précèdent l'ouverture de la faillite, sous quelque forme qu'on le déguise, est nul et sans effet relativement à la masse des créanciers.

273.—L'art. 447 parle *de propriétés immobilières:* la constitution dotale d'une somme d'argent, d'effets mobiliers, n'est donc pas nulle de plein droit; mais elle peut être annulée, si elle a été faite en fraude des créanciers.—D.A. 8. 66, n. 4.

274.—Un testament fait avant les dix jours qui ont précédé l'ouverture de la faillite, mais qui n'a eu d'effet que postérieurement, tombe-t-il sous l'application de l'art. 444?—Non, parce que l'annulation prononcée par l'art. 444 ne frappe pas la disposition à titre gratuit, en tant qu'elle émane d'un homme incapable de contracter au moment où elle reçoit son effet, mais en tant que la proximité de sa date du jour de l'ouverture de la faillite fait supposer dans le failli l'intention de frustrer ses créanciers. D.A. 8. 67. n. 5. — *Contrà*, Locré, p. 183, Boulay; n. 85.

275.—*Quid*, si une donation, quoique antérieure par sa date aux dix jours, n'avait cependant été acceptée qu'après? La donation ne devenant parfaite que par l'acceptation, ne prend réellement existence que du jour de cette acceptation; elle se trouverait donc frappée de nullité radicale dans le cas proposé.—Conf: Locré et Boulay, *loc. cit.*; D.A. 5. 311, n. 25, et 8. 67, n. 6.

276.—Si l'acceptation avait eu lieu avant les dix jours et qu'elle n'eût été notifiée qu'après, la donation devrait encore être annulée, parce que cette notification est nécessaire pour faire produire à la donation tous ses effets, même vis-à-vis du donateur (C. civ. 932).—D.A. 8. 67, n. 7.

277. — Mais les syndics seraient mal fondés à attaquer de nullité une donation d'immeubles faite long-temps avant l'ouverture de la faillite, et transcrite seulement dans les dix jours qui l'ont précédée, parce que la transcription n'est pas une formalité essentielle, mais extrinsèque du contrat (D.A. *ib.*). — 17 juin 1822. Grenoble. Dossat. D.A. 5. 564. D.P. 1. 1331.

278. — L'art. 444 n'annulle les actes que relativement à la masse des créanciers; les libéralités ont tout leur effet vis-à-vis de ceux qui en sont l'objet, parce que le failli n'est pas mis en interdiction légale, au moment où sa faillite se manifeste, mais uniquement dans l'impossibilité de nuire à ses créanciers. — D.A. 8. 67, n. 9

279. — Quant aux actes translatifs de propriété immobilière, faits *à titre onéreux*, ils ne sont pas nuls de plein droit : ils sont seulement susceptibles d'etre annulés, sur la demande des créanciers, s'ils paraissent aux juges porter des caractères de fraude (444).

280. — Suivant l'art. 445, « tous actes ou engagemens pour fait de commerce, contractés dans les dix jours qui précèdent l'ouverture de la faillite, sont présumés frauduleux, *quant au failli:* ils sont nuls, lorsqu'il est prouvé qu'il y a fraude de la part des autres contractans. » On voit que si les créanciers sont dispensés de prouver la mauvaise foi du failli, ils sont tenus d'établir que les tiers se sont rendus participans de la fraude. — D.A. 8. 67, n. 10.

281. — L'article ne parle que d'engagemens pour *fait de commerce :* ceux qui ont une cause purement civile sont soumis à la règle générale de l'art. 447. — D.A. *eod.*

282. — Il est manifeste que, lorsqu'une vente de marchandises, faite en fraude des créanciers, a été résolue, et les objets rendus à l'actif du failli, les créanciers ne sont point obligés à la restitution du prix touché par leur débiteur, à moins que les deniers n'existent en nature, et que leur identité ne soit constatée (L. 8 ff. *Quæ in fraud.*). L'acquéreur n'a point à se plaindre, puisqu'il ne souffre que de sa mauvaise foi : il doit donc être renvoyé parmi les chirographaires. — D.A. 8. 67, n. 11.

283. — Les actes faits par le failli dans les dix jours de l'ouverture de la faillite ne sauraient, d'ailleurs, être déclarés nuls que lorsqu'ils sont préjudiciables a la masse des créanciers. Celui donc qui s'est rendu caution pour le failli du paiement de marchandises que ce dernier a achetées dans les dix jours qui ont précédé l'ouverture de sa faillite, ne peut opposer au vendeur la nullité de la vente, pour se soustraire aux effets du cautionnement, puisque cette vente, loin de diminuer l'actif du failli, y a fait entrer des marchandises qui en ont augmenté la valeur.— 24 déc. 1818. Cour sup. de Bruxelles. Nélis D.A. 8. 67, n.

284. — L'obligation contractée par un failli n'est nulle que vis-à-vis ses créanciers; il n'est dès lors pas recevable à en demander la nullité. — 4 juin 1829. Angers. Quentin. D.P. 30. 2. 127.

285. — Enfin, d'après l'art. 446, toutes sommes payées dans les dix jours qui précèdent l'ouverture de la faillite, pour *dettes commerciales non échues*, doivent être rapportées. Si, au lieu d'argent, le créancier avait reçu des effets de commerce, il en devrait également le rapport. — D.A. 8. 67, n. 12.

286. — Il en serait de même si c'étaient des immeubles ou des effets mobiliers, parce que c'est toujours une dation en paiement. — *Eod.*

287. — L'art. 446 ne soumet au rapport que les sommes payées pour dettes *commerciales* non échues : il en résulte que ce qui a été payé par anticipation pour une dette *civile* n'est pas rapportable, sauf les cas d'application de l'art. 447. — D.A. 8. 67, n. 14; Boulay, n. 90. — *Contrà*, Pard., n. 1140.

288. — Le commerçant qui, dans les dix jours qui précèdent l'ouverture de sa faillite, escompte ses propres effets, fait un paiement anticipé, et par conséquent nul.— D.A. 8. 68, n. 15.— Conf. Pard., n. 1140; Boulay, n. 90. *Contrà*, Locré, p. 192.

289. — Le paiement d'une dette échue, fait dans les dix jours qui ont précédé la faillite, est valable, si le créancier était de bonne foi, c'est-à-dire, ignorait le mauvais état des affaires du débiteur. — 28 avril 1830. Poitiers. Dupont. D P. 31. 2. 240.

290. — Si des immeubles ou des marchandises avaient été livrés au créancier, en paiement d'une dette *échue* avant l'ouverture de la faillite, cette dation en paiement pourrait-elle être attaquée? Elle pourrait l'être comme *vente*, si le prix des objets livrés n'était point en proportion avec la quotité de la dette, parce qu'il serait évident alors qu'elle aurait été faite en fraude des créanciers (C. comm. 447): mais elle ne pourrait l'être comme *dation en paiement*, si le créancier avait reçu de bonne foi, c'est-à-dire sans recours à des manœuvres pour se faire payer, alors que la faillite existait réellement, quoique non encore déclarée, et que le désastre des affaires de son débiteur était nécessairement connu de lui. — Jousse, sur l'art. 4, tit. 11 de l'ord. de 1673; D.A. 8. 67, n. 13.

291. —Le créancier qui, connaissant le mauvais état des affaires de son débiteur, s'est fait délivrer, dans les dix jours de la faillite, des marchandises pour couvrir ses avances, est obligé d'en faire le rapport à la masse. — 3 juill. 1812. Liége. Hamberg. D.A. 8. 45. D.P. 2. 174.

292.—Une vente de marchandises, faite par acte enregistré plus de dix jours avant la faillite, peut être annulée comme frauduleuse, si cette vente a été faite au comptant, sans facture, sans énonciation de poids ni de quantité, et à une époque où la faillite du vendeur n'était plus douteuse pour les parties. — 11 août 1809. Dijon. Lougpré. D.A. 8. 270. D.P. 2. 227.

293.— Dans le cas où la vente faite par un failli est déclarée nulle, l'acheteur ne peut, avant la fixation du dividende, qui doit être partagé entre les créanciers, proposer à ceux-ci, en compensation du prix des objets de la vente qu'il doit restituer, le montant d'une obligation, antérieure de plus de dix jours à l'ouverture de la faillite, alors surtout qu'il s'élève, contre la sincérité de cette obligation, de fortes présomptions de fraude tirées notamment de la date de ce contrat, très rapprochée de l'ouverture de la faillite, de l'état de la fortune du prétendu créancier, de ses rapports intimes avec le failli, et autres circonstances semblables.— 17 juin 1828. Bordeaux. Duclaud. D.P. 28. 2. 225.

294.—Le jugement obtenu par un créancier dans les dix jours qui ont précédé l'ouverture de la faillite, ou postérieurement, est valable, et peut servir de base à une saisie-immobilière.—9 juill. 1834. Nanci. Viljemain. D.P. 34. 2. 138.

295.— Un créancier qui avait obtenu un premier jugement par défaut, quelque temps avant la faillite de son débiteur, et un deuxième jugement de débouté d'opposition, dans les dix jours qui ont précédé cette faillite, doit être considéré comme ayant un titre valable; le deuxième jugement n'ayant fait que confirmer le premier qui était un titre régulier. — 7 juill. 1826. Orléans. Traversa. D.P. 31. 2 8.

296.—Ce qui précède concerne les actes ou paiemens antérieurs à l'ouverture de la faillite; mais quel sera le sort de ceux faits, soit postérieurement à la faillite déclarée, soit dans l'intervalle de l'ouverture de la faillite à la déclaration? A l'égard des premiers, ils sont absolument nuls (dans l'intérêt unique des créanciers, bien entendu), puisque le dessaisissement du débiteur a lieu du jour de la faillite.— D.A. 8, 68, n. 17.

297. — Jugé ainsi que toute vente d'immeuble, consentie par un individu en état de faillite, et après qu'il a fait cession de biens, est nulle, comme faite en fraude de ses créanciers, que l'acquéreur ait ou non traité dans l'ignorance de la faillite (Ord. 1673, tit 11, art. 1er et 4) — 8 oct. 1806. Civ. c. Lyon. Dessin. D.A. 8. 69. D.P. 6. 1. 614.

298.—Jugé même que le transport d'une créance, consenti par le failli avant les dix jours de l'ouverture de la faillite, n'est pas valable vis-à-vis des créanciers, s'il n'a été signifié au débiteur que postérieurement à la faillite.— 13 déc. 1814. Paris. Dubois. D.A. 8. 73. D.P. 15. 2. 70.

299.— Jugé pourtant que le jugement déclaratif de la faillite est censé ignoré des tiers jusqu'à sa publication, à moins de preuve contraire, qu'en conséquence, celui qui a reçu du failli des marchandises en dépôt, avant la faillite, a pu valablement les restituer au failli postérieurement, si, à l'époque de la restitution, le jugement déclaratif de la faillite n'avait pas encore reçu la publicité prescrite par l'art. 457 C. comm., et qu'il ne soit point établi que le consignataire ait agi de mauvaise foi et en fraude des créanciers.— 2 mars 1822. Bruxelles. Mans. D.A. 8. 68, n.

300 — Du reste, le jugement par défaut qui déclare l'ouverture de la faillite, tombant en péremption par défaut d'exécution dans les six mois, les actes faits par le failli depuis cette époque ne peuvent être annulés. — 26 fév. 1834. Req. Pau. Duprat. D.P. 34. 1. 177.

301.— La vente d'un bureau de loterie, faite par la femme qui est titulaire de ce bureau, est valable, quoique postérieure à la faillite du mari, encore que la femme soit commune en biens, et que le bureau ait été acquis des deniers de la communauté.— 26 avril 1811. Paris. Bailleux. D.A. 2. 704. D.P. 11. 2 221.

302. — A l'égard des actes faits dans l'intervalle de l'ouverture de la faillite à la déclaration, il faut distinguer : si le tiers qui a contracté ou qui a reçu, était de mauvaise foi, point de doute sur la nullité de l'obligation ou du paiement.

303.— Jugé ainsi que tous actes à titre onéreux, faits par le failli, dans l'intervalle de la déclaration de l'ouverture de la faillite, sont nuls à l'égard des tiers de mauvaise foi. — 30 juill. 1819. Colmar. Meyer. D.A. 8. 77. D.P. 2. 183.

304.— Jugé, d'après cette règle, que le créancier doit rapport à la masse les sommes qu'il a touchées de son débiteur, antérieurement à la déclaration, mais postérieurement à l'époque fixée pour l'ouverture de la faillite, et pendant l'existence d'arrangemens qui avaient maintenu le débiteur dans l'administration de ses biens.— 20 mars 1816. Bruxelles. Cloquette. D.A. 8. 77.

305. — Jugé de même que les paiemens faits dans l'intervalle de l'ouverture de la faillite et le jugement qui l'a déclarée, sont nuls si le créancier connaissait la position malheureuse de son débiteur. — 26 fév. 1833. Colmar. Witz-Witz. D.P. 34. 2. 160.

306. — Jugé de même, qu'un paiement, fait dans les dix jours antérieurs à la déclaration de la faillite, est *frauduleux*, dans le sens des art. 445 et 447 C. comm., par cela seul qu'au moment où il a été fait, le créancier connaissait l'état d'insolvabilité de son débiteur, encore bien que la faillite n'ait été reportée à cette époque que par un jugement

postérieur. — 2 juillet, 1834. Req. Duval-Liard. D.P. 34. 1. 289.

307. — Jugé encore que la connaissance qu'a nécessairement la femme, demanderesse en séparation de biens, du mauvais état des affaires de son mari, suffit pour la constituer en mauvaise foi, et pour faire annuler, dès lors, la vente qui lui aurait été consentie par celui-ci, à l'insu et au préjudice des créanciers, dans l'intervalle de la déclaration et de l'ouverture de la faillite, pour la remplir du montant de ses reprises, liquidées par le jugement de séparation.—30 juill. 1819. Colmar. Meyer. D.A. 8. 77. D.P. 2. 183.

308.—...Qu'un jugement obtenu contre le failli à une époque postérieure au jour fixé pour l'ouverture de la faillite, quoiqu'antérieure au jugement de déclaration de faillite, doit être déclaré sans effet à l'égard des créanciers, surtout si le créancier qui a fait les poursuites avait connaissance de la position de son débiteur. — 14 janv. 1825. Douai Gérard. D.P. 31. 2. 157.

309.—...Que la somme déposée entre les mains du geôlier par un détenu pour dette, pour désintéresser le créancier incarcérateur, doit, si, depuis, le débiteur a été constitué en faillite, dont l'ouverture a été reportée à une époque antérieure à la consignation, être déclarée appartenir à la masse et non exclusivement au créancier incarcérateur... Il en serait de même, encore bien que ce dernier aurait touché la somme déposée. — 23 juill. 1827. Caen. Le Gohérel. D.P 30. 2 248.

310.—.. Qu'enfin, si, à l'époque où deux dettes sont devenues exigibles, la faillite de l'un des débiteurs était *notoire*, la compensation n'a pu s'opérer au profit de l'autre, quoiqu'à cette époque la faillite n'eût pas encore été déclarée, et que ce soit par un jugement postérieur que son ouverture a été reportée à l'échéance de l'une des dettes. Il importe peu qu'il ne soit pas expressément mentionné que la notoriété a existé pour celui qui se prévaut de la compensation; et l'on dirait en vain aussi qu'en raison de la grande distance qui sépare le domicile du failli de celui de son créancier, la notoriété de la faillite n'a pu exister à l'égard de celui-ci (C. civ. 1289, 1290). — 10 juill. 1832. Req. Orléans. Guerlin. D P. 32. 1. 318.

311. — Les actes faits par le failli dans l'intervalle écoulé entre l'époque fixée pour l'ouverture de sa faillite et celle où elle a été déclarée, sont légalement présumés frauduleux, même de la part de celui qui a contracté avec le failli, et, comme tels, doivent être déclarés nuls, sauf à ce tiers à prouver incontestablement son ignorance du dérangement des affaires du failli. — 27 juin 1828. Bordeaux. Duclaud. D P. 28. 2. 223.

312. — Quand une vente de vins, faite par un failli depuis l'époque fixée pour la faillite, et avant celle de la déclaration, est résolue en vertu de la présomption légale de fraude, l'acheteur ne doit pas supporter la diminution que ces vins ont éprouvée pour leur consommation. — Même arrêt.

313.— Les art. 443, 444, 447 et autres, qui établissent que les actes du failli ne peuvent être annulés, au préjudice des créanciers, que pour fraude légalement prouvée, ne sont applicables qu'au cas où ces actes ont été faits *avant* l'ouverture de la faillite.—V., D.P.33.1.265, le rapport de M. Lasagny.

314. — Les intérêts des sommes payées par un failli, *en fraude* des créanciers, doivent être rapportés à la masse, du jour du paiement, et non pas seulement du jour de la demande (C. civ. 1153). — 2 juill. 1834. Req. Duval-Liard. D.P. 34. 1. 289.

315 — Mais lorsque le tiers a été de bonne foi, il semble que les engagemens qui lui ont été consentis, les paiemens qui lui ont été faits dans l'intervalle de l'ouverture à la déclaration de la faillite, doivent être réputés valables, que ces actes aient ou non tourné au profit de la masse, qu'ils aient ou non pour cause une obligation antérieure à l'ouverture de la faillite, parce qu'ainsi qu'on l'a dit *suprà*, le dessaisissement du failli ne s'opère qu'à partir du jugement déclaratif de la faillite (D.A. 8. 68, n. 18). On verra toutefois que cette solution n'est pas unanimement admise.

316. — Jugé, par application de cette doctrine, qu'une obligation est valable, quoique souscrite après la faillite du débiteur, lorsqu'il est prouvé qu'elle a sa cause dans une dette légitime bien antérieure à cette faillite.— 26 déc. 1810. Paris. Gerbé. D A. 8. 83. D P. 11 2. 133.

317.— Que la somme reçue (soit du débiteur, soit du tiers-saisi) par un créancier, en paiement d'une dette échue (commerciale ou civile) à une époque où il n'existait aucun signe de faillite contre le débiteur, ne doit pas être rapportée à la masse, lorsque ce paiement ne porte aucun caractère de fraude, nonobstant que sa date coïncide avec l'époque de l'ouverture de la faillite, telle qu'elle a été fixée par un jugement ultérieur.— 16 mai 1815. Req. Rennes. Moreau. D.A. 8. 76. D.P. 15. 1. 291. — 22 juill. 1825. Civ. c. Amiens. Stuber. D.A. 8. 81. D.P. 28. 1. 384.— 25 juin 1828. Rouen. Chaubert. D.P. 30. 2. 46. — 17 mars 1829. Req. Rennes. Crétois. D.P. 29. 1. 184.

318.— Jugé de même encore qu'on doit réputer valable, soit la cession à titre onéreux d'une créance, soit la vente d'immeuble, soit la stipulation d'une hypothèque, consentie par le failli à un tiers de bonne foi, avant la déclaration de la faillite, quoique postérieurement à l'époque à laquelle un jugement à fait remonter l'ouverture de cette faillite.— 28 mai 1823 Civ. r. Paris. Choisy D.A. 8. 8. D.P. 23. 1. 233. — 7 mars 1827. Req. Dallarde. D.P. 27. 1. 178. — 13 mai 1829 Req. Fournier. D.P. 29. 1. 245.—13 août 1831. Paris. Peyrot. D.P. 31. 2. 158.

319.—...Que si, au moment où deux dettes sont devenues exigibles, la faillite de l'un des débiteurs *n'était pas encore connue*, la compensation s'est irrévocablement opérée, encore bien que, par jugement postérieur, l'ouverture de la faillite aurait été reportée à une époque où sa dette n'était pas encore exigible. — 12 juill. 1832. Req. Paris. Seytre. D.P. 32. 1. 319.

320.— Jugé encore que les actes ou paiemens faits par le failli, dans le temps intermédiaire entre le jour où sa faillite a été déclarée par un premier jugement, et le jour auquel elle a été reportée par un second jugement, ne sont pas nuls de plein droit, et peuvent être maintenus, s'il paraît aux juges que le créancier n'avait pas connaissance de l'insolvabilité de son débiteur, ce qui constitue suffisamment sa bonne foi. — 28 mai 1833. Req. Rouen. Demiannay. D.P. 33. 1. 263.

321. — Jugé de même qu'il résulte des art. 444, 445 et 447 C. comm., qu'avant la déclaration de la faillite et tant que le failli conserve de fait l'administration de ses biens, les actes passés avec lui par des tiers de bonne foi et les jugemens obtenus par des créanciers sincères, sont valables, pourvu qu'ils ne soient relatifs qu'à l'actif mobilier, encore bien que l'ouverture de la faillite soit, dans la suite, reportée à une époque antérieure à ces actes. — 9 juill. 1833. Lyon. Faidy. D.P 34. 2. 141.

322. — Jugé enfin qu'à supposer que le paiement à titre d'à-compte, reçu de bonne foi par un créancier, avant qu'il y ait jugement déclaratif de faillite, doive, dans l'intérêt des autres créanciers, être rapporté dans le cas où un jugement postérieur ferait remonter l'ouverture de la faillite à une époque antérieure à ce paiement, il n'en saurait être ainsi vis-à-vis du failli lui-même, et la prétention de celui-ci, à qui il a été fait une remise considérable par concordat, de se prévaloir de ce jugement à l'effet d'obtenir du créancier payé la restitution de l'équivalent de la remise faite par le concordat, doit être *repoussée par la morale non moins que par les lois :* il importerait peu que, par le concordat, la masse des créanciers eût fait au failli l'abandon de toutes les valeurs de la masse. — 9 mai 1834. Req. Paris. Lainné. D.P. 34. 1. 241.

323. — Jugé, au contraire, qu'à compter du jour auquel le tribunal a fixé l'ouverture de la faillite, le failli se trouve dessaisi, *de plein droit*, de l'administration de ses biens, et ne peut faire aucune transaction commerciale. Dès lors, les marchandises données par lui, ce jour-là même, en paiement d'une dette commerciale échue, doivent être rapportées à la masse. Il n'a pu s'opérer de compensation, de droit, nonobstant la bonne foi alléguée par le créancier, entre le prix de ces marchandises, déterminé par une facture, et le montant de la créance, à cause de l'incapacité du failli. — Le créancier, d'ailleurs, ne peut invoquer sa bonne foi, lorsqu'il a pu prévoir l'événement de la faillite par le protêt fait à sa requête, et que la précaution qu'il a prise de demeurer nanti de la lettre de change protestée, au lieu de la rendre en recevant les marchandises, décèle la connaissance qu'il avait de la véritable situation de son débiteur. — 24 avril 1813. Colmar. Picard. D.A. 8. 75. D.P. 22. 2. 161, n. 3.

324. — Jugé de même, que tous paiemens faits par le failli après *l'ouverture* de sa faillite, sont radicalement nuls, quand même le créancier aurait reçu de bonne foi. L'échéance de sa dette et la bonne ou mauvaise foi du créancier ne sauraient exercer d'influence sur la validité du paiement, que lorsqu'il s'agit de dettes acquittées avant l'ouverture de la faillite, et dans les dix jours qui la précèdent (C. comm. 442, 494 et 558). — 20 déc. 1820. Aix. Billiet. D.A. 8. 70. D.P. 2. 182.— 24 mars 1821. Bruxelles. Steenkist. D.A. 8. 119. D.P. 2. 194.

325.—Jugé, d'après la même règle, que tout paiement fait par le failli, postérieurement au jour de l'ouverture de la faillite, est nul, aussi bien à l'égard du créancier qui a reçu, qu'à l'égard du failli, et que les sommes ainsi payées doivent être rapportées à la masse, quelles que soient l'origine et la nature de la créance; que le principe est vrai aussi bien à l'égard du tiers porteur d'un effet de commerce souscrit par le failli, qu'à l'égard de toute autre espèce de créancier, et que c'est du tiers porteur qui a reçu le paiement, et non du propriétaire primitif du billet, que le rapport doit être exigé. — 18 avril 1822. Bruxelles. Smets D.A. 8. 76, n.

326. — Jugé aussi, et par application du même principe, que la vente, même publique, d'un immeuble, consentie par le failli, dans l'intervalle de l'ouverture de la faillite au jour de la déclaration, doit être déclarée nulle, et que le syndic de la faillite a qualité et intérêt pour en demander l'annulation, *lorsque le désastre des affaires du vendeur était tel, à l'époque de la vente, qu'il ne pouvait être ignoré du public*, et devait nécessairement éloigner les enchérisseurs; qu'en tout cas, la loi frappant la vente de nullité, ce serait à l'adjudicataire à prouver qu'il n'en est résulté aucune lésion pour la masse, et qu'ainsi l'action des syndics est sans objet; qu'enfin l'adjudicataire, en cas d'annulation de la vente, n'a aucun droit à se faire comprendre parmi les créanciers privilégiés, à raison des frais relatifs à cette vente et à tout ce qui l'a suivie. — 8 juin 1822. Bruxelles. V... L... D.A. 8. 76, n. — V. la note sous le numéro ci-dessous.

327.—Jugé de même qu'à quelque époque que l'ouverture de la faillite ait été reportée, c'est de ce jour là même que le failli s'est trouvé dessaisi *de plein droit* de l'administration de ses biens; que ces biens sont devenus le gage commun de ses créanciers, et qu'aucune préférence n'a pu être accordée à l'un au préjudice des autres; que, dès lors, toutes opérations faites avec le failli, postérieurement à l'époque fixée pour l'ouverture, quoiqu'antérieurement à la déclaration de faillite, *par un créancier qui avait connaissance de la situation des affaires de son débiteur et qui agissait de concert avec lui*, sont nulles, et que toutes les sommes reçues par lui doivent être rapportées à la masse.— 20 mars 1824. Liége. D.A. 8. 68, n.

Cet arrêt et le précédent, quoiqu'à notre avis mal fondés *en droit*, ont cependant bien jugé *en fait*, puisqu'il y avait mauvaise foi de la part des tiers qui avaient contracté avec le failli.

328 — Jugé encore que des cessions d'obligations faites par un failli, avant sa faillite, ne sont pas opposables à la masse, si elles n'ont pas été notifiées aux débiteurs cédés avant les dix jours qui ont précédé la faillite. — 13 juill. 1830. Civ. r. Grenoble. Gaillard. D.P. 30. 1. 319.

329.— Jugé enfin que les paiemens faits par le failli, le jour même de l'ouverture de la faillite, sont nuls, sans distinction de l'heure à laquelle ils ont eu lieu, et cela, encore qu'ils eussent été faits le matin, et que le failli eût continué ses opérations jusqu'après midi.—22 août 1812. Turin. Zanotti. D.A. 8. 72. D P. 22. 2. 161.

330.—Le failli qui a fait un acte de commerce après l'époque à laquelle le jugement a reporté l'ouverture de sa faillite, peut résilier cet acte sans le consentement de ses créanciers ou des syndics.— 7 août 1820. Caen. Nourry. D.A. 8. 263. D.P. 22. 2. 125.

331.—Tout paiement anticipé, toute hypothèque, ou toute aliénation d'immeubles, à titre gratuit, consentis postérieurement à l'*ouverture* de la faillite, seraient radicalement nuls, parce que, s'ils sont frappés d'une présomption légale de fraude, lorsqu'ils ont pris naissance dans les dix jours qui ont précédé cette ouverture (C. comm. 443, 444 et 446), cette présomption les atteint à plus forte raison lorsqu'ils sont intervenus à une époque encore plus rapprochée de la déclaration de la faillite.— D.A. 8. 69, n. 19.

332.— Jugé ainsi que l'inscription prise par le créancier d'un failli, long temps avant le jugement déclaratif de la faillite, mais après l'époque à laquelle cette faillite a été déclarée remonter, est nulle, encore que le créancier serait de bonne foi : il n'en est pas d'une inscription comme d'un contrat, lequel ne donne aucun privilége (C. comm. 443).— 6 mars 1829. Bordeaux. Cantenat. D.P. 30. 2. 167. — 8 août 1831. Req. Bordeaux. Cantenat. D.P. 31. 1. 355.

333.— L'art. 1328 C. comm. n'est point applicable en matière commerciale (Toull., t. 8, p. 413). Ainsi, lorsqu'un acte sous seing-privé constate un paiement reçu, une négociation faite long-temps avant la faillite, les créanciers sont inadmissibles à soutenir qu'à leur égard l'opération est censée n'avoir eu lieu qu'après, *par cela seul* que l'acte qui la

mentionne n'a point de date certaine.—D.A. 8. 69, n. 20; Pard., n. 246 et 1187.

334.— Jugé ainsi que le créancier qui n'a pour titre que des billets à ordre non enregistrés, ni protestés avant la faillite, doit néanmoins être colloqué dans la distribution des deniers provenant de la vente des biens du failli, lorsque la sincérité de ces billets n'est pas suspecte.—26 déc. 1810. Paris. Gebé, etc.,D.A. 8. 85. D.P. 11. 2. 155.

335.—Que la vente de marchandises, faite par le failli, antérieurement à sa faillite, doit obtenir tout son effet, vis-à-vis des créanciers, bien que l'acte sous seing-privé qui la constate n'ait été enregistré que depuis, si la sincérité de la date est établie par les circonstances du fait, et notamment par l'exécution partielle du marché, avant que la faillite se fût manifestée. —12 avril 1811. Paris. Armet-Delisle. D.A. 8. 85 et 10. 682. D.P. 2. 185 et 836, n. 1.

336.—...Que, de même, le créancier d'un failli peut être admis au passif de la faillite (même après les délais fixés pour la vérification des créances), quoique son titre sous seing-privé n'ait acquis date certaine que postérieurement à l'ouverture de la faillite, s'il résulte des circonstances de fait, que ce titre remonte à une époque antérieure.— 4 fév. 1819. Req. Aix. Giraud. D.A. 8. 85. D.P. 2. 185.

337.—Qu'en matière commerciale, le transport d'une créance, par un failli, avant l'ouverture de sa faillite, mais par acte sous seing-privé n'ayant pas date certaine, et non signifié au débiteur, peut être déclaré valable, vis à-vis de la masse, s'il est d'ailleurs reconnu, en fait, que le transport a été opéré de *bonne foi*.—Plus *spécialement*, l'arrêt qui décide, *en fait*, qu'un paiement effectué postérieurement à l'époque à laquelle le tribunal a reporté l'ouverture de la faillite, mais se rattachant à des opérations antérieures, faites de *bonne foi*, est valable, ne peut donner aucune prise à la cassation.— 7 janv. 1824. Civ. r. Paris. Gay. D.A. 8. 74. D.P. 24. 1. 12.—V. cependant *supra*, l'arrêt du 13 juillet 1830.

338. — Que l'acte de vente sous seing-privé, qui n'a pas de date certaine avant les dix jours qui ont précédé l'ouverture de la faillite du vendeur, doit être déclaré nul dans l'intérêt des créanciers, *quand aucune circonstance n'établit la sincérité de la date de cet acte;* si donc les marchandises se trouvent encore dans les magasins du vendeur lors de sa faillite, l'acheteur n'est pas fondé à les revendiquer.— 17 août 1818. Metz Anceaux. D.A. 8. 49. D.P. 20. 2. 24.

339.—Qu'une simple lettre du failli, produite par son commis pour justifier de la quotité de ses appointemens, peut faire foi vis-à-vis des créanciers, quoiqu'elle n'eût acquis date certaine que postérieurement à la faillite (C. civ. 1328). — Mais elle doit être écartée si elle se trouve contredite par les livres du failli.—24 janv. 1824. Toulouse. Rachoux. D.A. 8. 86. D.P. 2. 185.

340.— Que le défaut d'enregistrement d'un bail sous seing-privé ne peut, en cas que le locataire tombe en faillite, autoriser les syndics à ne considérer le bail que comme étant purement verbal à leur égard, de sorte qu'ils aient la faculté de donner congé.— 28 avril 1831. Paris. Bony. D P. 31. 2. 138.

341. — Jugé néanmoins que la quittance sous seing-privé du prix de marchandises prétendues vendues par un failli, ne suffit pas, à elle seule, pour prouver l'existence de la vente et sa date antérieure à la faillite, si elle n'est appuyée d aucune écriture commerciale, tenue soit par le failli, soit par l'acheteur lui-même.—Cette quittance n'a alors d'autre date vis-à-vis des créanciers de la faillite, que celle de son enregistrement (C. civ. 1328) —21 sept. 1816. Bruxelles. Neerinck. D.A. 8. 86. D P. 2. 186.

342.— Jugé encore que les actes sous seing-privé faits par le failli n'ont de date certaine, à l'égard de la masse, que du jour de leur enregistrement. — Qu'ainsi, doit être déclarée nulle la vente d'un immeuble consentie par le failli, sans date certaine avant les dix jours de l'ouverture de la faillite, lorsqu'elle n'a eu pour objet que de masquer un paiement fait par le failli à l'un de ses créanciers au préjudice des autres, sauf au prétendu acquéreur à demander le recouvrement de sa créance comme en matière de faillite.— 21 avril 1821. Liège. Gourmont. D.A. 8. 87. D.P. 2. 186.

343.— Si l'acte fait avec le failli avait une cause purement *civile*, il nous semblerait difficile d'éluder l'application de l'art. 1328, quelque rigoureuse qu'elle soit; car chaque contestation doit être jugée suivant les règles qui lui sont propres. Le grand nombre et la rapidité des transactions commerciales n'admettent pas ces précautions méticuleuses qui mettent le créancier à l'abri de tout événement ultérieur : la confiance est le premier mobile du commerce; mais, en matière civile, c'est tout différent. — D.A. 8. 69, n. 21, et 116, n. 18.

344.— Jugé pourtant que l'acte sous seing-privé, émané du failli, quoique non enregistré, et ayant une cause purement *civile*, fait foi de sa date vis-à-vis des créanciers du failli, comme vis-à-vis du failli lui-même, s'il n'est pas argué de dol ou de fraude. — *Spécialement*, que les syndics devant être considérés comme les *ayans-cause* et les représentans du failli, ne peuvent critiquer l'acte, même sous seing-privé, qui constate, de sa part, une vente de meubles dont l'acquéreur était en possession long-temps avant la faillite, sous prétexte que cet acte n'a été enregistré que postérieurement à la faillite, à moins qu'ils n'attaquent la vente comme étant le fruit de la collusion (C. civ. 1328).

345.—Du reste, cet acte doit d'ailleurs être considéré comme un commencement de preuve par écrit, pouvant servir de base à la preuve testimoniale (*ibid.*, 1347). — 19 déc. 1810. Besançon. Pillot. D.A. 8. 83 D.P. 2. 184.

346. — Le locataire qui a commencé à payer d'avance, et par semestre, les loyers de l'appartement garni qu'il occupe, est présumé avoir continué de payer ainsi jusqu'à la fin de sa location, alors surtout que c'est un fonctionnaire public dont la résidence est sujette à varier. Les paiemens ainsi faits avant l'ouverture de la faillite doivent être maintenus.— Même arrêt.

347.— Jugé encore que les créanciers ne sont des tiers, vis-à-vis du failli, que lorsqu'ils arguent de fraude les actes sous seing-privé qu'on leur oppose, et que la contre-lettre souscrite par le failli, quoique naturellement suspecte, n'est pas nulle de plein droit à l'égard de ses créanciers; qu'elle peut être admise, quand il y a des présomptions suffisantes qu'elle est sincère, et qu'elle a été signée en même temps que l'acte authentique auquel elle apporte une restriction, alors surtout que ces présomptions sont fondées sur un commencement de preuve par écrit, capable d'autoriser la preuve testimoniale. — 23 juill. 1812. Besançon. Sandrin. D.A. 8. 883, n. 2.

348.— Une opération de banque ou d'escompte, dans laquelle un bon payable à vue a été remis par l'escompteur en échange de traites, avec retenue d'escompte, doit être réputée consommée dès l'instant même de cette remise, encore bien que le bon à vue n'aurait été payé par l'escompteur que plusieurs jours après l'opération; en conséquence, si, dans l'intervalle de la remise du bon à vue à son paiement, l'escompté est tombé en faillite, la créance de l'escompteur doit être réputée créance antérieure et non postérieure à la faillite.....; et, par suite, si, après une vérification de créances dans laquelle celle de l'escompteur a été admise, il est intervenu, entre le failli et ses créanciers, un concordat par lequel ces derniers ont fait remise au failli de toutes actions et obligations contre lui, moyennant l'abandon de ses biens, un arrêt n'a pu, sans violer l'art 524 C. comm., condamner personnellement et par corps le failli au remboursement du montant des traites escomptées, et cela, sous le prétexte erroné en droit que le failli aurait profité du montant du bon à vue remis en escompte; alors qu'il est, au contraire, constant qu'il avait été employé dans le mouvement commercial du failli, dès avant l'ouverture de la faillite. — 20 août 1828. Civ. c. Dijon. Guignet. D.P. 28. 1. 394.

Art. 7. — *Du juge-commissaire; des agens et des premières mesures réclamées par la faillite.*

349.— *Du juge-commisssaire.*— Le juge-commissaire est désigné par le jugement qui déclare la faillite. Il est choisi parmi les membres du tribunal de commerce (C. comm. 454).

350.— Ses fonctions commencent à l'instant même de sa nomination, et durent jusqu'à la liquidation définitive, ou jusqu'au concordat.—D.A. 8. 99. n. 1.

351.— Elles consistent, non point à administrer, mais à surveiller les opérations des administrateurs de la faillite (art. 458).

352.— C'est lui qui préside l'assemblée des créanciers, quand ils délibèrent sur les intérêts communs (478 et 515); c'est en sa présence que se fait la vérification des créances (503), et qu'est débattu le concordat (515 et suiv.); c'est lui qui fait les répartitions aux créanciers (559), et qui fait au tribunal de commerce le rapport de toutes les contestations que la faillite peut faire naître, et qui sont de la compétence de ce tribunal (458).

353. — Ses fonctions de rapporteur ne sont point incompatibles avec celles de juge; loin de là, il a voix délibérative, quand même, par la division du tribunal en plusieurs sections, il appartiendrait à une autre que celle qui doit prononcer sur la contestation — D.A. 8. 99, n. 1; Pard., n. 1142.

354.— Le juge-commissaire est chargé spécialement de rechercher les causes de la faillite. S'il présume la fraude, il doit en avertir le tribunal, soit pour prévenir la mise en liberté du failli (466), soit pour empêcher qu'il ne soit déclaré excusable et susceptible d'être réhabilité (531); s'il la découvre, il doit la dénoncer au ministère public.— D.A. 8. 99, n. 2.

355. — Obligé de rendre compte au tribunal de commerce de l'état apparent de la faillite, il a incontestablement tous les pouvoirs nécessaires pour s'entourer de documens propres à éclairer sa religion. Il peut, dit l'art. 474, interroger les commis et autres employés du failli (mais non sa femme et ses enfans), tant sur ce qui concerne la formation du bilan, que sur les causes et circonstances de la faillite.—*Ibid.*

356.— Mais un juge-commissaire à une faillite n'a aucun caractère pour faire une instruction judiciaire. ce droit n'appartient qu'aux officiers de police judiciaire, ou au juge d'instruction, sur le réquisitoire du procureur du roi ou des parties intéressées.— *Spécialement*, c'est au juge d'instruction à examiner s'il y a présomption de banqueroute, et à instruire la procédure sur la réquisition du ministère public; ainsi un juge-commissaire de la faillite ne peut, sans excès de pouvoir, faire la recherche, chez des particuliers, des marchandises et effets du failli, prétendus recélés par eux, interroger le failli, ou le faire conduire en prison (C. inst. cr. 441). — 13 nov. 1823. Cr. c. int. de la loi. D.A. 8. 102. D.P. 2. 190.

357.— Le juge-commissaire n'ayant qu'un ministère de surveillance, ne peut rendre aucune décision qui soit obligatoire pour ceux qui s'en prétendraient lésés. Ses décisions ne sauraient être assimilées à des ordonnances sur référé, qui sont exécutoires par provision, et ne sont susceptibles que d'appel (C. pr. 809). La marche naturelle est de recourir au tribunal, qui a incontestablement le droit de réformer les actes de son délégué; et le jugement rendu à ce sujet peut ensuite être attaqué par voie d'appel, puisque, par sa nature, il statue toujours sur un intérêt indéfini.— D.A. 8. 100. n. 3; Pard., n. 1143.

358. — Jugé ainsi que toutes les opérations du juge-commissaire de la faillite, quelles qu'elles puissent être, sont provisoires, et, comme telles, nécessairement dépendantes de l'approbation ou de l'improbation du tribunal. Elles ne peuvent donc avoir le caractère de jugement, ni conséquemment donner ouverture à l'appel devant la cour. — *Spécialement*, lorsque le juge-commissaire s'est opposé à la formation d'un concordat, sous prétexte de quelques présomptions de banqueroute, le failli doit appeler de cette décision devant le tribunal de commerce, et non directement devant la cour.— 25 mai 1815. Bruxelles. Vandonghen. D.A. 8. 134. D.P. 2. 198.

359.— *Des agens.*— La faillite opérant le dessaisissement du débiteur, il y a nécessité de nommer sur-le-champ des représentans de sa personne, des administrateurs de ses biens.— D.A. 8. 101, n. 4.

360.— L'impossibilité, au moment de la faillite, de rassembler immédiatement les créanciers, pour les consulter sur le choix de leur mandataire, a fait confier au tribunal le soin de désigner lui-même un ou plusieurs agens, suivant l'importance de la faillite, pour faire, sous la surveillance du juge-commissaire, tous les actes d'urgence (454).

361.— Ces agens peuvent être pris, ou parmi les créanciers présumés, ou parmi toutes autres personnes, commerçantes ou non, parentes ou non du failli : la loi n'exclut personne, pourvu qu'on offre une garantie morale suffisante (456). — D.A. *ibid.*

362. — Ces agens, comme tous mandataires, peuvent être révoqués par le *tribunal* qui les a nommés (460) : ils ne peuvent donc pas l'être, *directement* par les créanciers.— *Ibid.*

363.— Ils n'ont droit à un salaire qu'autant qu'ils ne sont pas des créanciers du failli (483 et 485).

364. — L'art. 484 annonçait que l'indemnité due aux agens serait réglée *selon les lieux et suivant la nature de la faillite*, par un réglement d'administration publique. Ce réglement n'a jamais été fait. c'est donc au tribunal de commerce, en cas de contestation, à arbitrer la quotité de cette indemnité.— *Ibid.*; Favard, Rép., § 7.

365. — Les agens, avant d'entrer en fonctions, doivent prêter serment devant le juge-commissaire, de bien et fidèlement s'acquitter de leur mandat

461). Cette garantie, toute de conscience, n'exclut pas celle qui résulte de l'art. 1992 C. civ.— D.A. 8. 100, n. 4.

366. — La gestion toute provisoire des agens ne doit durer que quinze jours, ou un mois au plus, si le tribunal juge convenable de la proroger (459).

367. — Ces délais sont de rigueur sans doute; mais, comme la faillite ne doit pas rester sans administrateurs, s'il arrivait que les syndics provisoires ne fussent pas nommés dans le mois, les agens devraient continuer leur gestion, qui serait alors plutôt de fait que de droit, mais qui n'en obligerait pas moins les créanciers, sauf les cas de dol ou de connivence avec les tiers.— *Ibid.*

368.— Jugé ainsi qu'une poursuite en expropriation, à supposer que des agens d'une faillite aient qualité pour y défendre, a pu être dirigée valablement contre eux, même après l'expiration du mois, auquel l'art 459 C. comm. a limité leurs fonctions, s'ils n'ont pas encore été remplacés par des syndics provisoires. — 15 janv. 1828. Bordeaux. Pereyre. D.P. 28. 2. 218.

369. — Nul ne peut être nommé agent deux fois dans le cours de la même année, à moins qu'il ne soit créancier (456). On n'a pas voulu que les fonctions d'agent devinssent un métier (Procès-verbaux du Tribunat, n. 12).

370. — *Des premières mesures réclamées par la faillite.*— La première chose à faire par les agens, en entrant en exercice, est de faire apposer les scellés sur les magasins, comptoirs, caisses, portefeuilles, livres, papiers, meubles et effets du failli (462), si déjà ils n'avaient été apposés par le juge de paix, soit d'office (450), soit de l'ordre du tribunal (449).

371.— Jugé pourtant qu après la faillite d'un négociant, les scellés ne peuvent être apposés sur les effets et marchandises trouvés chez un consignataire qui les avait reçus, avant la faillite, avec pouvoir de les vendre et de se rembourser sur le prix du montant de ses avances — Ce consignataire a le droit de poursuivre la vente, nonobstant la faillite ouverte, et en y appelant les syndics, lors surtout qu'il avait été autorisé à procéder à cette vente par un jugement rendu avant la faillite, contradictoirement avec le failli. — 8 mai 1811. Paris. Cormier. D.A. 8. 65. D.P. 2. 180 et 11. 2. 152.

372. — Les agens doivent ensuite s'occuper immédiatement de la formation du bilan (473), s'il n'a été préparé d'avance par le failli (470).

373. — Si le failli est sur les lieux, et qu il ait obtenu un sauf-conduit, il dressera lui-même son bilan, en présence des agens, et sur le dépouillement de ses livres et papiers, qui lui seront communiqués à cet effet (472) Ce bilan doit être certifié véritable, daté et signé par le débiteur (471), et il est déposé, non point au greffe du tribunal de commerce, mais entre les mains des agens (470). Si le failli n'a pas obtenu de sauf-conduit, il doit se faire représenter par un fondé de pouvoirs (469 et 472 C. comm)

374.— Si le failli décède après l'ouverture de sa faillite, il est suppléé, pour la formation du bilan, et pour toutes les autres obligations qui lui sont imposées, par sa veuve ou ses enfans (475).

375.— Le bilan doit présenter un tableau exact des affaires du failli il doit contenir l'évaluation de l'actif, l'énumération des dettes, la désignation des créanciers, etc. (471).

376 — Les agens sont chargés de faire le recouvrement des effets de porte-feuille à courte échéance, ou susceptibles d'acceptation : de recevoir toutes les autres sommes qui peuvent être dues au failli, et d'en donner quittances, lesquelles doivent être visées par le juge-commissaire (465).

377.—Les effets de porte-feuille peuvent être recouvrés sur leur simple acquit. C'est la règle générale, à laquelle la loi n'a pas dérogé en matière de faillite : la rapidité des transactions commerciales, d'ailleurs, l'exige ainsi.— D.A. 8. 101, n. 7.

378 —Ils peuvent opérer la vente des denrées et marchandises sujettes à dépérissement prochain; mais ils doivent, au préalable, se faire autoriser du juge-commissaire. Ils peuvent même, avec la permission du tribunal, accordée sur le rapport du juge-commissaire, procéder à la vente des marchandises non dépérissables : car il y a souvent, dans le commerce, un temps opportun pour vendre (464).

379 — Ces ventes doivent avoir lieu aux enchères publiques, par l'entremise des courtiers, et à la Bourse, conformément à l'avis du conseil d'état, du 22 nov. 1811. Les créanciers ne peuvent avoir, dans

les agens nommés par le tribunal, la même confiance que dans les syndics choisis parmi eux; aussi ces derniers peuvent vendre à l'amiable (492).

380.—L'agent d'une faillite qui a vendu, sans aucune formalité, des marchandises appartenant au failli, peut être condamné à une indemnité pour vileté du prix, s'il s'élève contre lui des présomptions graves de fraude (C. comm. 492). — 14 déc. 1825. Req. Dijon. Rebattu. D.P. 26 1. 52.

381.—L'agent d'une faillite qui a passé, sans aucune formalité, un bail à vil prix, peut être condamné à des dommages-intérêts, s'il y a contre lui des présomptions de fraude; dans ce cas, les dommages-intérêts s'arbitrent d'après la diminution que la vileté du prix du bail peut avoir fait éprouver au prix de la vente des immeubles.— Même arrêt.

382.—Les agens peuvent se faire autoriser par le tribunal à continuer le commerce du failli, s'ils y voient un moyen de rétablir ses affaires ou d'augmenter le gage de ses créanciers. Mais on sent qu'ils ne sont assujettis, dans ce cas, à aucune des règles relatives aux ventes à l'enchère pour effectuer le débit qu'ils font ou font faire, chaque jour, des marchandises du fonds de commerce continué.— D.A. 8. 101, n. 8; Pard., n. 1150.

383.— Les agens, étant les représentans du failli, sont investis de toutes ses actions. C'est donc à eux à poursuivre les débiteurs du failli, comme c'est à eux à défendre aux procès qui lui sont intentés (494). — D A. 8. 101, n. 9 — V. cependant plus bas l'art. 8

384. — Jugé ainsi que toute condamnation obtenue contre le failli personnellement, postérieurement au jugement qui a déclaré la faillite, est nulle, quand même elle aurait été prononcée avant que la faillite eût été rendue publique par affiches et insertion dans les journaux, conformément à l'art. 457 C. comm., et qu'ainsi le créancier poursuivant pût être présumé avoir agi de bonne foi et dans l'ignorance de la faillite — 2 juill. 1821. Civ. c. Chamborre. D A. 8 65 D P. 21. 1. 386.

385 — Il faut remarquer que l'art. 494 ne parle que des actions civiles à intenter ou à suivre contre la personne ou les biens mobiliers du failli : d'où la conséquence que les significations et autres actes extrajudiciaires, notamment des protêts, peuvent être faits au failli ou à son domicile, sans mention des agens — D A. 8. 101, n.; Pard., n. 1165.

386. — Les agens sont encore chargés par la loi de prendre inscription, au nom de la masse des créanciers, sur tous les immeubles du failli (500). « Cette inscription a pour objet d'avertir la masse des expropriations » (Procès-verb. du cons. d'état).

387. — Les agens sont aussi tenus de prendre inscription sur les immeubles des débiteurs du failli, si elle n'a été prise par ce dernier, et s'il a des titres hypothécaires. En un mot, ils doivent faire tous actes nécessaires à la conservation des droits des créanciers ou du failli (499).

388. — Les fonctions des agens cessent dans les vingt-quatre heures de la nomination des syndics provisoires, et ils doivent rendre compte à ces derniers, en présence du juge-commissaire, de toutes leurs opérations et de l'état de la faillite (481).

389 — En cas de condamnation prononcée contre eux pour résultat de leur gestion, elle est *solidaire*, à raison de l'*indivisibilité* de leurs fonctions.— Pard., n. 1167; Boulay, n. 150.

390. — La *contrainte par corps* peut aussi être prononcée, dans le même cas, conformément à l'art. 126 C pr.— V. *infrà*, l'arrêt de la cour de cass., du 18 janv. 1814.

ART. 8.—*Des syndics provisoires et de leurs fonctions.*

391.— *Nomination et révocation.* — Lorsque le bilan a fait connaître les créanciers, ils sont convoqués, à la diligence du juge-commissaire, par lettres, affiches et insertions dans les journaux (C. comm. 476 et 477), pour se former en assemblée, aux jour et lieu indiqués par lui (478), à l'effet de se choisir des mandataires qui remplacent et continuent l'administration des agens.—D.A. 8. 105, n. 1.

392. — Des créanciers qui, lors d'une première faillite terminée par un contrat d'union, n'ont pas été entièrement désintéressés par les répartitions, doivent, dans le cas d une seconde faillite, être convoqués pour concourir à la formation de la liste sur laquelle doivent être choisis les syndics provisoires : à défaut de convocation, ils peuvent demander une convocation nouvelle (C. comm. 480). — 24 août 1825. Paris. Laisné. D.P. 26. 2. 49.

393.—Les créanciers hypothécaires ou privilégiés

participent, comme les simples chirographaires, à la nomination des syndics provisoires : le code ne les exclut pas; ils sont d'ailleurs intéressés, comme les autres, à une bonne administration.— D.A. 8. 103, n. 6.

394.— Sous l'ordonnance de 1673, le failli pouvait citer en justice le créancier hypothécaire, pour le forcer à concourir, avec les créanciers chirographaires, à la nomination d'un syndic. Le créancier hypothécaire ne pouvait, en conséquence, demander son renvoi de l'instance. — 23 prair. an 9. Civ. r. Foucher. D.A. 8. 105.

395. — Le choix des syndics provisoires est important pour la masse; le failli, qui supposerait des créanciers pour se rendre maître de la délibération, serait puni comme banqueroutier frauduleux (art. 593-4°).—Toute personne qui se présenterait comme créancier à l'assemblée, et dont le titre serait postérieurement reconnu supposé, *de concert entre elle et le failli*, encourrait les peines portées contre les complices de banqueroutiers frauduleux (art. 479).

396.—Notez ces termes de l'article : *de concert entre lui et le failli;* ils ont été ajoutés sur la demande du Tribunat, qui faisait observer que « le failli pouvait avoir supposé des titres, comme lettres de change ou billets à ordre, avec un confident, et ce confident les avoir ensuite négociés à des tiers qui s'en trouveraient porteurs *de bonne foi.* » — D.A. 8. 103, n. 7, Locré, sur l'art. 479.

397.— Si pourtant ces tiers, quoiqu'ils n'eussent point participé directement à la fraude, avaient concouru à la nomination des syndics provisoires, *sachant* que leurs titres de créance étaient supposés, il est clair qu'ils devraient être poursuivis comme complices de banqueroute frauduleuse. — D.A. 8. 103, n. 7.

398 —L'art. 479, du reste, ne se confond pas avec l'art. 597, qui semble d'abord réunir dans une même énumération tous les cas de complicité de banqueroute frauduleuse. Or, ce dernier article porte : « Seront déclarés complices de banqueroutiers frauduleux, les individus convaincus .. d'avoir acquis sur le failli des créances fausses, *et qui, à la vérification et affirmation de leurs créances, auront persévéré à les faire valoir comme sincères et véritables:* » d'où il paraîtrait résulter que, dans l'hypothèse de l'art. 479, qui est aussi un cas de complicité de banqueroute frauduleuse, il faudrait que le créancier supposé coupable de s'être concerté avec le failli, *eût persévéré, lors de la vérification et affirmation de sa créance, à la faire valoir comme sincère et véritable.* Mais cette interprétation, outre qu'elle supposerait, dans l'art. 479, une négligence de rédaction impardonnable, laisserait la disposition qu'il consacre sans aucune espèce de sanction, puisqu'il suffirait au créancier supposé, qui aurait rempli sa mission en détournant le choix des créanciers réunis pour la nomination des syndics provisoires, sur des hommes tout dévoués au failli, de ne pas se présenter à la vérification des créances, pour échapper au châtiment qui l'attendait — D.A. 8. 103, n. 7; Pard, n. 1170: Boulay, n. 176; Locré, sur l'art. 479.

399.— Les créanciers réunis présentent au juge-commissaire, à la pluralité des voix, une liste triple du nombre des syndics provisoires qu'ils estiment devoir être nommés, et le *tribunal* nomme sur cette liste (art. 480).

400.—L'art 480 C. comm. est impératif, et le tribunal ne peut choisir les syndics provisoires de la faillite que sur la liste triple de candidats qui lui est présentée.— 22 août 1814. Bordeaux. Baritault. D.A. 8. 106, et 105, n. 2. D.P. 2. 190.

401.—En cas de remplacement d'un syndic provisoire d'une faillite, la nomination du syndic remplaçant doit, comme celle du premier, être faite sur une liste triple présentée par les créanciers; la nomination du nouveau syndic est irrégulière, encore qu'il ait été choisi parmi les trois personnes présentées par les créanciers pour la nomination du premier syndic. — 4 août 1824. Bordeaux. Rives. D.P. 25. 2 21. — 25 janv. 1820. Rennes. Bournichon. D.A. 8. 110. D.P. 2. 102.

402. — Jugé, au contraire, que lorsqu'il y a lieu de remplacer des syndics qui ne remplissent pas leur mandat, le tribunal peut faire les nominations sur la liste primitivement présentée, en exécution de l'art. 480 C. comm, sans qu'il soit nécessaire, tant que cette liste n'est pas épuisée, de réunir les créanciers à l'effet d'en présenter une seconde — 10 août 1830. Montpellier. Raymond-Barre. D.P. 31. 2. 93.

403.—Tout créancier, y ayant intérêt, est recevable à attaquer, par tierce-opposition, le jugement qui a nommé le nouveau syndic d'une faillite. — 4 août 1824. Bordeaux. Rives. D.P. 25 2. 1.

404. — Jugé que les syndics provisoires d'une faillite peuvent, comme les agens, être choisis parmi les individus non créanciers (C. comm. 456, et 480). — 13 mars 1815 Paris. Capel. D.A. 8. 106 et 103, n. 3. D.P. 14. 2. 1.

405. — Les dispositions des art. 481 et 527 C. comm., qui semblent exclure l'agent d'une faillite des fonctions de syndic provisoire, et le syndic provisoire des fonctions de syndic définitif, sont purement comminatoires. — 31 déc. 1831. Colmar. Thiébaud. D.P. 33. 2. 122.

406. — Le syndic élu doit être, comme tout mandataire, maître de ses droits (arg. 1990 C. civ.). Un failli non réhabilité ne pourrait, par conséquent, être nommé syndic provisoire, puisqu'il est sous les liens du dessaisissement. — D.A. 8. 103, n. 5; Pard., n. 1172; Boulay, n. 184; Locré, sur l'art. 480.

407. — Mais, si un concordat lui avait rendu la libre disposition de ses biens, il n'y aurait plus de motif pour l'exclure. — D.A. *eod.*

408. — Un étranger pourrait également être choisi, surtout s'il était créancier du failli; car un étranger peut faire le commerce en France, et s'obliger vis-à-vis des régnicoles. — Boulay et Locré, *loc. cit.*; D.A. 8. 103, n. 5.

409. — Les syndics provisoires peuvent-ils être révoqués de la volonté seule des créanciers, et sans recours au tribunal? Non, parce que, tant que les créanciers ne sont pas reconnus, le tribunal doit avoir un droit de contrôle sur tous leurs actes. C'est, d'ailleurs, ce que laisse entendre l'art. 495. — D.A. 7. 104, n. 8.

410. — Mais peuvent-ils être révoqués *d'office* par le tribunal, sur la provocation du juge-commissaire, et sans qu'il y ait eu plainte portée par les créanciers? Oui, s'ils malversent; car le tribunal, qui doit toujours veiller dans l'intérêt de la masse, ne peut pas être obligé d'attendre la dénonciation des créanciers, qui n'ont pas, comme le juge-commissaire, l'œil ouvert sur toutes les démarches des administrateurs de la faillite. — D.A. *eod.*; Pard., n. 1183.

411. — Jugé néanmoins que, si le tribunal de commerce peut révoquer *d'office* les agens de la faillite, il n'a pas ce même droit vis-à-vis des *syndics provisoires*, qui ne sont révocables que sur les plaintes des créanciers (C. comm. 460 et 495). — 25 janv. 1820. Rennes. Bournichon. D.A. 8. 110. D.P. 2. 192.

412. — Le tribunal de commerce excède ses pouvoirs, si, sur le simple rapport du juge-commissaire, et sans citation préalable du syndic, il révoque celui-ci pour avoir refusé de signer le procès-verbal de vérification des créances, sur le motif que ce procès-verbal ne contenait point les contredits des créanciers. — 25 janv. 1820. Rennes. Bournichon. D.A. 8. 110. D.P. *eod.*

413. — Le syndic peut former opposition au jugement qui le révoque, et qui a été rendu en son absence (arg. 457). — Même arrêt.

414. — Cet arrêt peut se concilier avec ce qui a été dit ci-dessus; car il avait à statuer dans une espèce où la révocation avait été prononcée d'autorité par le tribunal, et sans qu'il y eût aucun fait de fraude ou de malversation à reprocher au syndic.

415. — *Fonctions et responsabilité.* — Les syndics provisoires sont chargés de faire procéder à la levée des scellés apposés sur les meubles et effets du failli. Ils en dressent eux-mêmes l'inventaire, assistés du juge de paix, qui doit le signer, à chaque vacation (486). — Le failli doit y être appelé (487). — Le procureur du roi peut y assister, s'il le juge convenable (489).

416. — Le syndic provisoire est dépositaire des biens du failli compris dans l'inventaire, en ce sens qu'il est passible des peines portées par les art. 406 et 408 C. pén., s'il détourne à son profit quelques effets ou marchandises provenant de ces biens, lors même qu'il serait créancier du failli, et ne se serait saisi de ces effets qu'en garantie de sa créance. — 29 avril 1825. Cr. r. Rouen. Capperon. D.P. 25. 1. 309.

417. — Les syndics provisoires continuent l'administration des agens, mais avec des pouvoirs plus étendus. Ainsi, ils peuvent faire vendre les *effets et marchandises* quelconques du failli, soit aux enchères publiques, par l'entremise des courtiers, et à la bourse (V. ord. 9 avril 1819), soit amiablement, à leur choix (492). — La vente des *immeubles* appartient aux syndics définitifs seuls.

418. — On doit regarder, non comme un simple acte d'administration, mais comme un acte d'aliénation, qui ne saurait appartenir aux syndics, l'expédition d'un navire, dont la cargaison constitue la presque totalité de l'actif de la faillite, quand même le navire eût été prêt à mettre à la voile au moment où la faillite a éclaté. — En conséquence, des créanciers du failli peuvent s'opposer à cette expédition, comme désavantageuse à la masse, nonobstant qu'elle soit approuvée par la majorité en nombre et en somme des créanciers. — A cet égard, la volonté de la majorité ne saurait lier la minorité, alors surtout que la délibération a été prise avant la vérification des créances, et que la majorité des créanciers ne veut pas prendre sur elle tous les risques de l'expédition (C. comm. 442 et 519). — 28 janv. 1824. Req. Aix. Segond. D.A. 8. 112. D.P. 24. 1. 141.

419. — Les syndics provisoires sont aussi chargés du recouvrement des dettes actives du failli (492). Les agens n'ont mission que pour recouvrer les effets *à courte échéance*, et donner quittance des sommes volontairement acquittées par les débiteurs du failli (463).

420. — Les syndics provisoires d'une faillite sont tenus de faire tous les actes nécessaires pour la conservation des droits du failli contre ses débiteurs; mais cette obligation ne s'étend pas jusqu'à intenter, aux risques et périls des créanciers, un procès éventuel d'un succès incertain, et dont les frais pourraient absorber la totalité de leurs créances. — Les syndics sont surtout exempts de reproche, lorsqu'ils ont convoqué une assemblée de créanciers, à l'effet de délibérer si l'on entreprendrait le procès — Si aucun des créanciers convoqués ne s'est présenté, ils ont du regarder ce silence, de leur part, comme un refus d'entamer l'affaire. — Mais alors, le tribunal ne peut refuser au failli lui-même, qui n'a pas perdu, par sa faillite, le droit de défendre ses intérêts et de faire assigner les créanciers, dans la personne des syndics, pour se plaindre du tort qu'il éprouverait par leur faute ou leur négligence, l'autorisation nécessaire pour suivre, à ses risques et périls, la réclamation qu'il prétend avoir droit de former. — 1er juill. 1819. Rennes. Laberguerie. D.A. 8. 110. D.P. 2. 191.

421. — Les syndics ont qualité pour actionner l'étranger, débiteur du failli, en versement de ce qu'il doit à la masse. — 21 juin 1820. Bruxelles. Godsal. D.A. 8. 111. D.P. 2. 193.

422. — L'arrêté du 9 sept. 1814, qui défend l'exécution dans la Belgique des jugemens rendus par un tribunal étranger, n'est point applicable à une action intentée devant un tribunal de ce royaume, à charge d'un Belge qui est débiteur d'un Français, déclaré en faillite par jugement d'un tribunal de commerce de France. — Cet arrêté, à l'instar de ce qu'avaient établi les codes français, n'a eu pour objet que de prohiber en Belgique l'exécution d'un titre paré obtenu à l'étranger. — Même arrêt.

423. — Le syndic qui a transigé, pour le recouvrement d'une créance, avec un débiteur de la faillite, en vertu d'une autorisation délibérée par la masse des créanciers, ne peut être inquiété par ceux-ci, sous le prétexte que le failli aurait dû être appelé à la délibération pour donner des renseignemens, alors que ce syndic a agi de bonne foi et que la transaction a, d'ailleurs, été autorisée par un jugement homologatif rendu avec le failli (C. comm. 563). — 13 mars 1833 Req. Rouen. Ricard. D.P. 33. 1. 147.

424. — La loi n'autorise pas les syndics provisoires à payer les dettes de la faillite. Cette opération est renvoyée après le contrat d'union, et ne regarde que les syndics définitifs. — D.A. n. 11.

425. — Jugé ainsi que le propriétaire, en cas de faillite de son fermier, ne peut former, contre les syndics provisoires, aucune demande, soit en paiement de ses loyers échus, soit en résiliation du bail. Il doit attendre la nomination des syndics définitifs (C. comm. 491, 496, 497 et 533). — 4 avril. 1814. Req. Paris. Bréant D. A. 8. 106. D.P. 2. 191.

426 — Cependant, s'il était d'un intérêt évident pour la faillite de retirer promptement un objet donné en nantissement des mains du créancier, ce qui ne pourrait être fait qu'en le désintéressant, les syndics provisoires devraient demander cette autorisation, et le tribunal pourrait l'accorder, suivant les circonstances. — Pard., n. 1175; D. A. 8. 104., n. 11.

427. — Ils pourraient également, pour empêcher l'effet d'un bail onéreux à la masse, se faire autoriser à en consentir la résiliation, en acquittant tous les loyers échus, bien que le propriétaire ne fût pas en droit de demander son paiement immédiat. — *Ibid.*

428. — Les syndics provisoires représentent la masse, tant en demandant qu'en défendant. C'est à eux qu'appartiennent toutes les actions à former ou à suivre contre les tiers, au nom du failli, comme c'est à eux à répondre sur toutes celles (au moins personnelles et mobilières) où le failli est défendeur, soit qu'elles aient pris naissance avant ou après la faillite (494).

429 — Le négociant étranger, qui a été déclaré en état de faillite par les tribunaux de son pays, et qui est venu résider en Belgique, ne peut pas y être poursuivi par un créancier regnicole, en paiement d'une dette contractée avant la faillite : cette action doit être dirigée contre les syndics ou commissaires du failli. — 29 juill. 1823. Bruxelles. Depaepe. D.A. 8. 112. D.P. 2. 193.

430. — Les syndics d'une faillite ont qualité pour défendre les intérêts de la masse, non seulement contre l'action des tiers, mais encore contre celle des créanciers vérifiés et affirmés, et, spécialement, ils sont recevables à contester une demande en paiement par privilége formée par l'un de ces derniers (C. comm. 498, 528). — 4 mai 1820. Metz. Briard. D.A. 9. 30. D.P. 22. 2. 80.

431. — Les syndics ont mandat pour tous d'exercer les droits qui peuvent appartenir au failli; mais cela n'empêche pas qu'en cas d'incurie de leur part, ou à leur refus, les créanciers n'aient individuellement qualité pour reprendre une instance ouverte, avant la faillite, entre un tiers et leur débiteur. Mais alors le tiers a droit d'appeler en cause les syndics, afin de donner au jugement à intervenir le caractère de la chose jugée contre tous les créanciers (C. civ. 1166). — 1er mars 1823. Cour sup. de Liége. Valcusart de Billché. D.A. 8. 104, n.

432. — Jugé aussi que l'action en nullité d'actes frauduleux faits par le failli, intentée par un créancier, tant en son nom qu'en celui de la masse, est recevable, si les syndics appelés par lui en déclaration de jugement commun, loin d'improuver son action, déclarent s'en rapporter à justice. — 1er fév. 1831. Paris. Briard. D.P. 31. 2 204.

433. — Jugé encore que, de ce que la loi confère aux syndics seuls le droit d'intenter toutes actions relatives à la faillite ou d'y défendre, il ne s'ensuit pas qu'un créancier ne puisse contester, à ses périls et risques, les droits d'un autre créancier, ou attaquer les actes faits par le failli au préjudice de ses créanciers (C. comm. 442, 495, 504). — 26 fév. 1833. Colmar. Witz-Witz. D.P. 34. 2. 160.

434. — Mais lorsque, dans une instance ayant pour objet de faire rejeter le privilége réclamé par un créancier, la masse de la faillite est représentée par son syndic, un autre créancier n'est pas recevable à intervenir, de son chef, pour contester la même créance, alors surtout qu'aucune négligence n'est imputée au syndic. — 23 mars 1824. Paris. Remy. D.P. 25 2. 119.

435. — Toutefois, les syndics d'une faillite ne représentent la masse des créanciers que dans les affaires qui présentent pour tous une unité d'intérêts. — En conséquence, des créanciers hypothécaires qui ont des intérêts distincts et séparés de ceux des chirographaires, peuvent former tierce-opposition à un jugement qui leur préjudicie, quoiqu'il ait été rendu avec les syndics de la masse (C. pr. 474; C. comm. 492, 494, 511. 512, 532, 528 et 583). — 25 juill. 1814. Civ. c. Dijon. Quevrement. D.A. 8. 109, et 105, n. 14. D.P. 14. 1. 439. — V. aussi l'arrêt du 8 mai 1824, cité n. 154.

436 — Jugé pareillement que les créanciers hypothécaires d'une faillite ne sont pas représentés par les syndics, et, dès lors, qu'ils peuvent interjeter appel des jugemens rendus contre ceux-ci (C. civ. 1166). — 21 déc. 1831. Lyon. Targe. D.P. 32. 2. 105.

437. — Un créancier du failli ne peut demander, en appel, qu'un jugement intervenu avec les syndics provisoires soit déclaré nul, lorsqu'il était lui-même demandeur en première instance, et qu'il n'a fait aucune réserve à cet égard (C. comm. 499). — 7 fév. 1829. Colmar. Mirault. D.P. 33. 1. 151.

438. — Les syndics n'ont pas besoin de se faire autoriser par le juge-commissaire de la faillite pour exercer une action civile devant la cour d'assises, alors surtout que les accusés les ont eux-mêmes interpellés de déposer leurs conclusions entre les mains du président (C. comm. 482, 488, 492, 499, 595 et 600). — 14 juill. 1826. Cr. c. Grandjean. D.P. 26. 1. 415.

439. — Jugé de même que les agens, syndics, ou autres mandataires des créanciers d'une faillite peuvent intenter, dans l'intérêt de la masse, une action quelconque, sans justifier qu'ils y ont été autorisés par le juge-commissaire nommé à cette faillite, sauf le compte que ce dernier peut, en tout état de choses, leur demander (C. comm. 454, 458).

— 1er fév. 1830. Req. Paris. Piot. D.P. 30. 1. 102.

440.— De ce qu'après avoir repris une instance engagée avec le failli, un syndic, à défaut de titres et de renseignemens pour contester, a déclaré *s'en rapporter à justice*, il ne saurait être passible d'aucune responsabilité pour cause de la condamnation intervenue contre le failli, s'il est reconnu qu'il a *consciencieusement agi.* — 13 mars 1833. Req. Rouen. Ricard. D.P. 33. 1. 147.

441.— Les syndics ne peuvent former tierce-opposition au jugement rendu contradictoirement avec les agens de la faillite. — *Spécialement*, ils ne peuvent demander à faire preuve, contre la femme du failli, de recélés ou de divertissemens, capables de la faire déclarer elle-même en faillite, lorsque cette preuve avait déjà été offerte par les agens et rejetée par un jugement passé en force de chose jugée.—19 août 1817. Riom. Mallet. D.A. 8. 219, et 105, n. 15. D.P. 18. 2. 2.

442. — Ils ne pourraient pas davantage former tierce-opposition au jugement intervenu contre le failli lui-même, à une époque où il n'était pas encore dessaisi de l'administration de ses biens, car il est de règle que le jugement rendu contre le débiteur a l'autorité de la chose jugée contre ses créanciers, qui sont ses ayans-cause, à moins qu'ils ne l'attaquent pour cause de dol ou de fraude; cas auquel ils deviennent des *tiers*. — 21 mai 1819. Bruxelles. Hughes. D.A 8. 105, n. 1.

443. — Mais la femme d'un failli, exerçant son hypothèque légale, n'est pas représentée par les syndics de la faillite; en conséquence, elle peut former tierce-opposition à un jugement rendu contre eux.— 15 juin 1815. Limoges. C... D.A. 10. 857. D.P. 2. 901.

444.—Des syndics irrégulièrement nommés n'ont pas moins caractère pour représenter la faillite jusqu'à leur remplacement : dès lors, les jugemens rendus contre eux, en faveur des tiers de bonne foi, sont présumés rendus contre la faillite, et les nouveaux syndics, régulièrement nommes, ne peuvent attaquer ces jugemens par voie de tierce-opposition (25 mars 1323. Civ. r. Delaporte. D.A. 3. 352. D.P. 23. 1. 355), sauf les dommages-intérêts auxquels les syndics qui auraient abusé de leur mandat pourraient être condamnés *solidairement* envers les créanciers.— Pard., n. 1167.

445.— Les condamnations prononcées contre les syndics, *en cette qualité*, obligent la masse et les obligent eux-mêmes, comme membres de cette masse, s'ils sont créanciers.— D.A. 8. 105, n. 12.

446. — Mais les syndics d'une faillite, qui succombent dans une instance par eux introduite en cette qualité, peuvent, suivant les circonstances, dont le tribunal saisi de la contestation est le seul appréciateur, être condamnés aux dépens, *en leur nom personnel*, et sans répétition contre la masse (C. pr. 132).— 27 juin 1821. Civ. r. Paris. Dumont. D.A. 8. 211. D.P. 21. 1. 533. — 25 mars 1823. Req. Amiens. Delaporte. D.A. 3. 352. D.P. 23. 1. 355.

447. — Jugé de même que les syndics peuvent être condamnés personnellement aux dépens des procès dans lesquels ils ont compromis l'intérêt de leur administration, ainsi qu'à l'amende de la tierce-opposition qu'ils ont formée. — 25 mars 1825. Req. Amiens. Delaporte. D.A. 3. 352. D.P. 23. 1. 355.

448. — Les syndics d'une faillite qui ont acquiescé à un jugement, en le faisant signifier sans protestation ni réserve, ne peuvent prétendre, pour repousser la fin de non-recevoir résultant de leur acquiescement, que leur qualité de syndics leur imposait le devoir de faire cette signification. — 15 nov. 1813. Civ. r. Paris Chaline. D.A 1. 137. D.P. 1. 53.

449.— Des syndics provisoires peuvent être déclares personnellement responsables des dilapidations commises au préjudice de la masse, pendant le temps qu'ils ont administré la faillite, lorsqu'il est jugé, en fait, que c'est à leur négligence seule qu'on doit attribuer les distractions qui ont eu lieu de divers effets ou marchandises faisant partie de l'actif du failli (C. civ. 1382 et 1383).—18 janv. 1814. Civ. r. Poitiers. Amyet. D.A. 8. 107.

450.— Le compte rendu par eux de leur gestion au syndic définitif, n'a pu, au préjudice des parties intéressées, opérer leur décharge des objets qu'ils ont omis d'y comprendre, lors surtout que l'oyant-compte avait été lui-même l'un des syndics provisoires.— Même arrêt.

451. —Les syndics qui, par suite d'erreurs graves commises dans leur rapport au ministère public sur l'état de la faillite, et d'opinions inconsidérées sur le caractère de cette faillite, ont occasioné des poursuites criminelles en banqueroute frauduleuse contre le failli, lequel a été ensuite acquitté, peuvent être condamnes à des dommages-intérêts envers ce même failli (C. civ. 1382 et 1383).— 14 déc. 1825. Req. Dijon. Rebattu. D.P. 26. 1. 52.

452.—Si, lors de la présentation du bilan par le syndic, il ne s'est élevé aucune réclamation de la part des créanciers contre l'admission de créances régulièrement vérifiées, mais affirmées hors des délais de la loi, on ne peut revenir plus tard contre le syndic pour le rendre responsable de cette admission (C. comm. 507, 513, 538).—13 mars 1833. Req. Rouen. Ricard. D.P. 33. 1. 147.

453. — Un syndic a pu, sans encourir aucune responsabilité, omettre d'exercer un recours contre les assureurs d'un navire avarié, et de renouveler l'assurance pour le retour de ce navire, malgré l'avis d'un chargement de marchandises expédiées au failli, lorsqu'il est constant que cette action ou cette assurance aurait été sans résultat (C. civ. 1382, 1992).—13 mars 1833. Req. Rouen. Ricard. D.P. 33. 1. 147.

454. — L'arrêté d'un maire prescrivant la démolition d'une maison qui menace ruine sur la voie publique, est légalement obligatoire pour les syndics du failli, propriétaires de la maison; et, en cas de contravention, ils sont passibles des peines que la loi y attache (L. des 14 déc. 1789 et 24 août 1790; C. pén. 471).—21 déc. 1821. Cr. c. Min. pub. Gagé. D.A. 2. 136. D.P. 1. 374.

455.—La nomination des syndics provisoires par la justice fait peser sur eux une responsabilité *solidaire*, à raison de l'administration commune et indivisible dont ils sont chargés. L'indivisibilité de l'obligation suffirait seule pour établir la solidarité, quand même elle serait conventionnelle (C civ. 1217, 1218 et 1222).— L'art. 1995 C. civ., qui n'établit de solidarité entre des co-mandataires qu'autant qu'elle est exprimée dans l'acte, ne peut recevoir d'application à un cas où il s'agit, non point d'un mandat conventionnel, mais d'un mandat *judiciaire* et *indivisible*, dont les obligations sont réglées par la loi seule, sans pouvoir être modifiées par aucune stipulation. — 18 janv. 1814. Civ. r. Poitiers. Amyet. D.A. 8. 107.

456.—Les syndics provisoires qui, au lieu de gérer eux-mêmes, comme ils le devaient, les biens de la faillite, en ont laissé l'administration au failli, ne sont pas dispensés de rendre leur compte, par la raison que le failli a été nommé, par un concordat homologué, liquidateur de sa propre faillite.—Toutefois, le failli doit préalablement compte à ces syndics du mandat de confiance dont ils l'ont investi, et cela jusqu'au jour de la reddition de compte, et non pas seulement jusqu'à celui de l'homologation du concordat qui l'a nommé liquidateur (C comm. 459, 525).—14 avril 1831. Paris. Belhomme. D.P. 33. 2. 5.

457.—Les syndics provisoires d'une faillite n'ont pas droit, lors de la reddition de leur compte, à une indemnité, alors qu'il n'en a été fixé aucune. Il n'en est pas à leur égard comme à l'égard des agens de la faillite (C. comm. 483, 517; C. civ. 1986). — 30. juill. 1828. Poitiers. Lecourt. D.P. 31. 2. 84.—Conf. D.A. 8. 103, n. 4.—*Contrà*, Boul., n. 186.

458.—En matière commerciale, il y a lieu d'allouer, au syndic de la faillite, des frais pour mise en ordre des pièces du compte; vainement on opposerait que toute affaire de commerce est *sommaire* (C. pr. 532).—13 mars 1833. Req. Rouen. Ricard. D.P. 33. 1. 147.

459.—La contrainte par corps peut être prononcée contre les syndics provisoires, pour les restitutions auxquelles ils sont condamnés par suite de l'administration qu'ils ont eue des objets de la faillite, et dont ils n'ont point rendu un compte exact (C. pr. 126).—18 janv. 1814. Civ. r. Poitiers. Amyet. D.A. 8. 107.

ART. 9 —*De la vérification et de l'affirmation des créances.*

460.— La vérification des créances est une opération préalable au concordat ou au traité d'union. On doit y procéder sans délai, au fur et à mesure que les créanciers se présentent (C. comm. 501).

461.— A cet effet, tous les créanciers du failli sont avertis par lettres et par les papiers publics, de se présenter, dans les quarante jours, aux syndics, pour leur déclarer à quel titre, et pour quelle somme ils sont créanciers, et leur remettre leurs titres de créances, ou les déposer au greffe du tribunal de commerce. Il leur en est donné récépissé (C. comm. 502).

462.—Ce récépissé n'est point un acte sujet au droit d'enregistrement (Décis. min. des fin. 11 oct. 1808).

463.— Le point de départ des quarante jours est l'insertion dans les journaux de l'avertissement prescrit par l'art. 502. — D.A. 8. 114, n. 7.

464.— Jugé ainsi que l'insertion dans les journaux, pour appeler les créanciers à la vérification des créances, est suffisante pour les mettre en demeure; les lettres sont un moyen surabondant. — 14 déc. 1829. Nanci. Olry. D.P. 30. 2. 37.

465.— Tous ceux qui se prétendent créanciers du failli, même pour des causes étrangères au commerce, sont obligés de produire à la vérification. Il n'y a nulle distinction à faire entre les chirographaires et les hypothécaires ou privilégiés, entre ceux dont la créance est pure et simple, et ceux dont la créance est éventuelle ou indéterminée. — D.A. 8. 113, n. 2.

466. — Jugé ainsi que les créanciers privilégiés ne sont pas dispensés de faire vérifier et d'affirmer leurs créances, les autres créanciers ayant intérêt à contester le privilége.—Ils ne peuvent, à défaut de cette vérification, réclamer leur paiement par préférence (C. comm. 533). — 15 juin 1811. Rennes. Basterreche. D.A. 8. 118. D.P. 2. 193.

Jugé de même que la créance du propriétaire sur les meubles garnissant les lieux loués, n'est pas une créance qui se trouve en dehors de la faillite du locataire.— Le propriétaire est, par conséquent, tenu, en cas de faillite, de s'astreindre, pour l'exercice de ses droits, aux formalités imposées aux autres créanciers de la faillite (C. comm. 502, 2102). —1er juill. 1828. Paris. Jailloux. D.P. 30. 2. 197.

467.— Les syndics provisoires sont, comme les autres créanciers, assujettis à la vérification; mais cette vérification doit avoir lieu en présence de quelques uns au moins des créanciers déjà vérifiés, pour qu'ils ne soient point accusés de s'être prêtés la main les uns aux autres. — D. A. 8. 115, n. 13; Locré, t. 6, p. 289.

468. — La vérification se fait contradictoirement entre le créancier ou son fondé de pouvoir et les syndics, dans la quinzaine qui suit le délai de quarante jours, et en présence du juge-commissaire (505); ce qui ne veut pas dire que la vérification ne doive commencer qu'après les quarante jours expirés: l'art. 501 dit, au contraire, que les créanciers seront vérifiés, *à mesure qu'ils se présenteront*.— D.A. 8. 114, n. 6.

469.— De ce que les syndics de la faillite n'ont pas procedé à la vérification des titres d'un créancier, dans la quinzaine du dépôt fait par ce créancier de ses titres au greffe du tribunal, il ne s'ensuit nullement que la vérification soit réputée faite, et que le créancier ne soit plus tenu de représenter ses titres, la loi n'ayant attaché aucune forclusion au défaut de vérification dans le délai.—Dans ce cas, le créancier, pour mettre les syndics en demeure, doit les appeler à la vérification devant le juge-commissaire, qui, à leur défaut, fera lui-même la vérification. — 25 juill. 1816. Paris. Boursier. D A. 8. 120.

470.— Le juge-commissaire doit dresser procès-verbal de la vérification (503). Le ministre de la justice, se fondant sur l'art. 1040 C pr., a décidé, le 27 sept. 1808, que c'était le greffier qui devait tenir la plume: d'où la conséquence que ce procès-verbal étant un acte du greffe, serait sujet au droit fiscal. Il nous semble, au contraire, que l'art. 503 n'exige ni l'assistance, ni l'entremise d'un greffier, ni, partant, l'acquittement des droits fiscaux.— D.A. 8. 115, n. 14; Pard., n. 1186; Delv.; Boulay, n. 218.

471.— Le procès-verbal de vérification des créances, dressé par le juge-commissaire de la faillite, doit contenir, pour être régulier, les contredits des créanciers et les réquisitions du syndic, et le renvoi des parties à l'audience, si elles n'ont pu s'entendre; autrement, le syndic provisoire peut refuser sa signature à ce procès-verbal. — 25 janv. 1820. Rennes. Bournichon. D.A. 8. 110. D.P. 8. 2. 199.

472. — C'est d'après les règles générales du droit que les syndics doivent se déterminer sur l'admissibilité ou la non admissibilité des créances au passif. Mais comme, en matière commerciale, la preuve testimoniale est toujours possible, les syndics ne doivent pas seulement avoir égard aux actes, mais encore à l'extrait des livres, à la correspondance, à de simples renseignemens, lorsqu'ils créent, en faveur du créancier, sinon une preuve directe et absolue, au moins des présomptions graves, précises ou concordantes (arg. des art. 109 et 509 C. comm.).— D.A. 8. 115, n. 15.

473. — Les syndics, d'un autre côté, ne sont pas liés par les actes qu'on met sous leurs yeux, et ils peuvent en contester la sincérité par toutes sortes de moyens. L'art. 1341 C. civ. n'a point d'application en matière commerciale, ainsi que l'énonce le 2e alinéa de ce même article; ou bien il y aurait été dérogé, en matière de faillite, par l'art. 509 C. comm. — D.A. 8. 115, n. 16.

474. — Jugé ainsi qu'en matière de vérification de créances sur un failli, le tribunal de commerce peut non seulement invoquer la preuve testimoniale contre les titres d'une créance commerciale dont

la sincérité est contestée, mais les rejeter de la faillite sur de simples présomptions graves et concordantes (C. civ. 1353). — 12 déc. 1815. Req. Nîmes. Delcuze. D.A. 8. 118. D.P. 16. 1. 47.

475. — Jugé aussi que, nonobstant la production faite par un créancier, à la vérification d'un acte notarié antérieur à l'époque fixée pour l'ouverture de la faillite, les syndics ont pu exiger du créancier négociant la représentation de ses livres, à défaut desquels, et nonobstant que le créancier, frère du failli, soutînt qu'il n'en avait jamais tenu parce qu'il ne savait pas écrire, la créance a pu être rejetée du passif, lorsque d'ailleurs sa proximité de la faillite, et diverses autres circonstances de fait élevaient des doutes sérieux sur sa légitimité (C. comm. 505 et 508). — 21 fév. 1820. Caen. D.A. 8. 118, n.

476. — Mais, en cas de contestation d'une créance purement *civile*, le tribunal (hors les cas de *fraude* et de *dol*) ne pourrait pas s'écarter de la disposition de l'art. 1341 C. civ., malgré la généralité apparente de l'art. 509, dont la disposition doit être considérée moins comme une dérogation au premier alinéa de l'art. 1341, que comme un cas d'application du second alinéa de cet article. — D.A. 8. 115, n. 17.

477. — Il suit du même principe que c'est à la juridiction *civile* que doit être renvoyé le jugement des contestations sur les créances purement *civiles* : l'art. 635 C. comm., qui attribue juridiction aux tribunaux de commerce, en matière *d'affirmation et de vérification de créances*, sans distinguer entre les créances civiles et les créances commerciales, a uniquement pour objet la vérification des créances, abstraction faite des difficultés que cette vérification peut incidemment soulever sur la créance elle-même. — D.A. 8. 116, n. 20; Pard., n. 1186; Boulay, n. 233.

478. — Hors ce cas, c'est le tribunal qui a déclaré la faillite qui doit connaître de toutes les contestations dont les créances à vérifier peuvent être l'objet; car le créancier qui se présente à la vérification se constitue *demandeur*, et toutes demandes, en matière de faillite, se portent devant le juge du domicile du failli (C. pr. 59). — D.A. 8. 116, n. 19.

479. — Si la créance n'est pas contestée, il est écrit sur chacun des titres : *admis au passif pour la somme de....* Cette déclaration est signée par les syndics et visée par le juge-commissaire (506).

480. — Si la créance est contestée, le juge-commissaire peut, sur la réquisition des syndics, ordonner le dépôt des titres du créancier au greffe du tribunal de commerce, pour qu'il en soit fait un plus mûr examen, ou renvoyer sur-le-champ les parties devant le tribunal, qui jugera sur son rapport (508).

481. — Alors même que la créance ne serait pas contestée par les syndics, le juge-commissaire peut, suivant l'exigence des cas, c'est-à-dire, si les droits du créancier ne lui paraissent pas certains, demander à ce créancier soit la représentation de ses livres, soit l'extrait fait par les juges de commerce du lieu, en vertu d'un compulsoire, ou renvoyer *d'office* devant le tribunal, qui statuera sur son rapport : c'est du moins ce qui semble résulter de l'art. 505.

482. — Sous l'ordonnance de 1673 et les lois antérieures au code de comm., le défaut de représentation de la part des créanciers du failli, des titres sur lesquels ils établissaient leurs droits, emportait déchéance de ces droits. — Spécialement, lorsqu'un individu s'est dit créancier de la faillite en vertu d'un compte courant qu'il représente, et qu'il annonce avoir été fidèlement extrait de ses livres, si plus tard il ne veut ou ne peut justifier de ces livres, la peine de la déchéance doit lui être appliquée, lors même qu'il produirait une reconnaissance du failli, si d'ailleurs la somme portée en cette reconnaissance diffère essentiellement de celle énoncée au compte courant, et que les juges aient reconnu des indices de fraude dans les variations du créancier sur la nature du titre, le montant et les élémens de la dette (Ord. 1673, tit. 3, art. 1er, et tit. 11, art. 3; déclar. de 1739). — 12 flor. an 12. Civ. r. Dijon. Manuel. D.A. 8. 117. D.P. 4. 1. 542.

483. — Le créancier qui se présente à la faillite, en vertu d'un jugement passé en force de chose jugée, n'est tenu à aucune autre justification de sa créance. — Partant, le syndic n'est pas admis à la contester, et à demander la production des livres du créancier, à l'effet de la vérifier. — 14 mars 1823. Rouen. Darry. D.A. 8. 122 et 115, n. 11. D.P. 2. 194.

484. — Les syndics doivent être unanimes sur l'admission de la créance au passif, autrement il y a *contestation*, et le juge-commissaire *doit* renvoyer au tribunal (508). L'article dit *pourra*, mais il nous paraît que, lorsque la créance est contestée, le juge-commissaire ne peut statuer seul. Au surplus, la décision que rendrait le juge-commissaire serait toujours sans danger, puisque, soit les syndics, soit le créancier, pourraient en demander la réformation au tribunal dont il est membre. — D.A. 8. 115, n. 12; Locré, t. 6, p. 289.

485. — Chaque créancier, après que sa créance a été vérifiée et admise au passif, doit, dans la huitaine, en affirmer la sincérité entre les mains du juge-commissaire, sous peine d'être exclus des répartitions à faire (513).

486. — Le vœu de l'art. 503 C. comm. peut être rempli par l'affirmation de ce créancier, qu'il n'est point à sa connaissance que la créance qu'il réclame comme exerçant les droits de son débiteur, ait été éteinte. — 18 déc. 1822. Amiens. Viel. D.A. 10. 501, n. 1. D.P. 2. 791, n. 3.

487. — Le délai de huitaine n'est pas de rigueur et n'emporte aucune déchéance, puisque le créancier est toujours à même de former opposition aux répartitions non encore faites (513). — D.A. 8. 116, n. 21; Boulay, n. 229.

488. — L'affirmation peut être faite par un fondé de pouvoirs, parce qu'il ne s'agit pas ici d'un *serment* déféré, au cours d'une contestation, pour en faire dépendre le jugement (arg. 534 C. pr.). — D.A. 8. 117, n. 22; Pardessus, n. 1186; Locré, t. 6, p. 282.

489. — Il doit être dressé procès-verbal de l'affirmation, quoique le code ne le dise pas; car il faut bien que quelque chose constate qu'une formalité aussi importante a été remplie; et d'ailleurs comment, sans cela, appliquer l'art. 513. — D.A. 8. 117, n. 23; Locré, sur l'art. 509.

490. — Tout créancier, dont la créance a été vérifiée et affirmée, peut assister à la vérification des autres créances, et fournir tout contredit aux vérifications faites ou à faire (504).

491. — Mais ceux des créanciers dont les créances n'ont été vérifiées ni affirmées, n'ont pas qualité pour contester les titres de ceux qui prétendent exercer les droits contre la faillite. — 8 mai 1824. Toulouse. Degennes, etc. D.A. 8. 57. D.P. 2. 178.

492. — L'art. 503 ne parle point du failli; il n'est donc pas partie nécessaire à la vérification. Mais alors la vérification est pour lui *res inter alios acta*, et il sera toujours fondé à demander la réduction ou le rejet de la créance, à moins qu'il ne l'ait portée lui-même dans son bilan : car, quoique les déclarations faites par le failli dans son bilan ne lient point la masse des créanciers, il est indubitable qu'elles font pleine foi contre lui, à moins qu'il ne prouve qu'elles sont le résultat d'une erreur de fait (arg. 1356 C. civ.). — D.A. 8. 114, n. 9; Locré, t. 6, p. 23 et 260.

493. — Jugé ainsi que la créance admise sans contradiction aucune par les syndics provisoires d'une faillite, peut être contestée par le failli, et rejetée du passif, même après le contrat d'union formé entre tous les créanciers, et encore que le créancier porteur du titre contesté ait, ainsi que les autres, touché un premier dividende (C. comm 506, 528). — 23 mai 1829. Douai. Sailli. D.P 29. 2 239.

494. — Un créancier vérifié peut-il, après la clôture du procès-verbal de vérification, contester des créances qui ont été admises, sans aucune restriction, au passif, et en demander une vérification nouvelle? La cour de Paris a jugé la négative, mais dans une espèce où la contestation n'avait pour objet que de faire exclure quelques créanciers de la délibération du concordat : or, leur admission au passif de la faillite, sans qu'aucune réclamation se fût élevée pendant la vérification, formait en leur faveur un préjugé suffisant pour leur donner voix délibérative au concordat. Mais lorsqu'il s'agit de contester le droit d'un créancier, même vérifié, aux répartitions, c'est tout autre chose : les syndics ne sont pas juges de la légitimité ou de l'illégitimité de la créance; ils ne sont juges que de l'admissibilité à la faillite. Le droit de contestation qui appartient à chaque créancier individuellement reste donc intact, tant qu'il n'y a pas jugement passé en force de chose jugée, qui ait reconnu la sincérité de la créance; et, pour renfermer l'exercice de ce droit dans les délais de la vérification, il faudrait une disposition expresse de la loi. — D.A. 8. 114, n. 10; Pard., n. 1186; Boulay, n. 220.

495. — Jugé ainsi que les syndics provisoires, en procédant à la vérification des créances, n'ont que le droit de les admettre au passif de la faillite; mais il n'ont pas qualité pour consentir, au détriment de la masse, à des compensations qui créeraient, en faveur d'un créancier de la faillite, un privilége auquel il n'a pas droit de prétendre. — Cette adhésion des syndics aux prétentions du créancier, lors même qu'elle aurait été suivie d'un jugement du tribunal de commerce qui aurait entériné le compte réglé de part et d'autre, ne peut avoir le caractère de la *chose jugée* quant à ces compensations, mais doit naturellement se restreindre à une simple admission au passif, qui n'empêche pas les créanciers de revenir plus tard sur la décision des syndics. — 24 mars 1821. Bruxelles. Steenkist. D.A. 8. 119. D.P. 2. 194.

496. — Jugé ainsi que le procès-verbal de vérification qui mentionne qu'un créancier a été admis au passif pour une certaine somme, ne fait pas seul, en cas de contestation ultérieure par les syndics, preuve de la créance, et ne dispense pas le créancier de la représentation du titre original sur lequel la formule d'admission a dû être inscrite, conformément à l'art. 506, alors, d'ailleurs, que ce procès-verbal contient les réserves de contester plus tard la créance, s'il y a lieu. — On se prévaudrait en vain, pour être dispensé de représenter le titre original, du long intervalle de vingt cinq ans écoulé depuis l'admission, et l'on dirait à tort que le procès-verbal doit équivaloir, en tout cas, à l'acte récognitif dont parle l'art. 1337 C. civ. — 19 juin 1834. Req. Douai. Mallez. D.P. 34 1. 279.

497. — Jugé pourtant que les créanciers du failli ne sont plus admissibles, après la clôture du procès-verbal de vérification et affirmation des créances, et *lors de l'assemblée tenue pour délibérer sur le concordat*, à contester des créances qui ont été admises, sans aucune restriction, au passif de la faillite, et à en demander une vérification nouvelle. — 25 juin 1812. Paris. Levrat. D.A. 8. 119. D.P. 14. 2. 82.

498. — Si, à l'expiration des quarante jours et de la quinzaine qui suit, quelques créanciers ont négligé de se presenter, les syndics dressent une liste de leurs noms, et, sur cette liste, le tribunal de commerce fixe aux créanciers défaillans un nouveau délai, déterminé d'après la distance du domicile des créanciers en demeure : un jour par trois myriamètres pour les créanciers résidant en France, et pour ceux résidant hors de France, un delai calculé suivant l'art. 73 C. pr. (510 et 511).

499 — Le jugement leur est notifié, non point à personne ou domicile, mais par la voie des journaux, comme il est prescrit en l'art. 683 C. pr. (512).

500. — On n'est point obligé d'attendre que les créanciers en retard aient produit, soit pour délibérer sur le concordat (514), soit pour nommer les syndics définitifs (512). — D.A. 8. 114, n. 6.

501. — A défaut de comparution dans le délai fixé par le jugement, les défaillans ne sont point compris dans les répartitions à faire (513).

502. — Cette déchéance atteint même l'endosseur intermédiaire, dont le droit n'est ouvert contre la faillite que quand, obligé de payer, il peut exercer un recours contre elle; et cela, parce que son droit, quoique éventuel, n'en existait pas moins, et que rien ne l'empêchait de se faire vérifier. — D.A. 8. 113, n. 3; Pard., n. 1188.

503. — Elle s'applique également aux créanciers *inconnus* (513). La publicité donnée au jugement qui déclare la faillite (457), la convocation des créanciers, par les journaux, pour la nomination des syndics provisoires (476), l'avertissement qu'ils ont reçu, par la même voie, de produire leurs titres à la vérification (502); tout cela à paru suffisant au législateur pour équivaloir à une véritable mise en demeure.

504. — Toutefois, les créanciers défaillans n'en sont pas moins aptes, aussitôt qu'ils se font connaître, à se faire vérifier, et à prendre part aux répartitions ultérieures; *mais sans pouvoir rien prétendre aux répartitions consommées, qui, à leur égard, sont réputées irrévocables, et sur lesquelles ils sont entièrement déchus de la part qu'ils auraient pu prétendre* (515). — D.A. 8. 114, n. 4.

505. — Le créancier d'une faillite *dont la créance a été vérifiée*, mais non affirmée sincère et véritable, conformément à l'art. 507 C. comm., est recevable, en faisant cette affirmation, à prélever sur les répartitions à faire, la portion de dividende qu'il aurait reçue dans celles déjà consommées, si elles eussent été précédées de l'affirmation voulue par la loi. — 29 déc. 1830. Paris. Perreau-Lecomte. D.P. 31. 2. 34.

506. — Tant que la distribution, par contribution, des sommes saisies-arrêtées sur un *failli*, n'a pas été consommée, la forclusion ne peut être prononcée contre les créanciers qui ne se présentent qu'après le réglement provisoire : la disposition de l'art. 664 C. pr. ne s'applique point au cas de faillite. — 18 avril 1828. Rouen. Lucas. D.P. 29. 2. 95.

507. — Les créanciers qui ne produisent qu'après

les délais, et forment opposition, soit à la distribution du prix du mobilier, soit à l'ordre ouvert sur le prix des immeubles, doivent supporter personnellement, et sans répétition contre la masse, les frais de cette opposition, et ceux que la vérification tardive de leurs titres aura occasionés (arg. 757 C. pr.).— D.A. 8. 114, n. 5.

ART. 10.— *Du concordat.*

§ 1er.— *De la formation du concordat.*

508.— Le mot *concordat* a, sous le code, le même sens que le mot *atermoiement*, dans l'ancien droit, qui, bien qu'il n'emportât, dans son étymologie, que l'idée de *terme* accordé au débiteur, sans aucune *remise* de partie de la dette, était néanmoins employé pour désigner le contrat qui accorde tout à la fois *remise* et *terme*.— D.A. 8. 122, n. 1; Poth., *des Obl.*, n. 381.

509.— Dans les trois jours après l'expiration des délais prescrits pour l'affirmation des créanciers connus, les créanciers dont les créances ont été admises sont convoqués par les syndics provisoires pour se former en assemblée, sous la présidence du juge-commissaire, aux lieu, jour et heure qui seront fixés par lui (C. comm. 514 et 515). Le failli est appelé à cette assemblée (516).

510. — *Après l'expiration des délais prescrits*: faut-il entendre, après l'expiration du premier délai de quarante jours fixé par l'art. 502, et l'expiration du second délai accordé aux créanciers en demeure par l'art. 511? Evidemment non; car l'art. 512 déclare que la notification, par la voie des journaux, du jugement qui détermine le second délai, *ne retardera pas la nomination des syndics définitifs*: à plus forte raison ne doit-elle pas retarder la délibération sur le concordat, qui précède toujours le contrat d'union. La convocation prescrite par l'art 514 doit donc avoir lieu, au plus tard, le troisième jour qui suit, 1° les quarante jours accordés par l'art. 502 pour la production; 2° les quinze jours donnés par l'art. 503 pour la vérification; 3° enfin, les huit jours octroyés par l'art. 507 pour l'affirmation des créances; ce qui comprend en tout soixante-trois jours.— D.A. 8. 122, n. 1.

511.— Les syndics provisoires rendent compte, à cette assemblée, de l'état de la faillite, des formalités qui ont été remplies et des opérations qui ont eu lieu: on y entend le failli, et le juge-commissaire dresse procès-verbal de tout ce qui s'y décide (517 et 518).

512 —Il ne peut s'établir de traité entre les créanciers délibérans et le failli qu'après l'accomplissement de toutes les formalités que nous avons indiquées dans les articles qui précèdent (519).—Parmi les plus importantes de ces formalités, il faut classer la formation du bilan, qui fait connaître tous les créanciers; l'inventaire, qui donne un état des forces de la faillite, et la vérification des créances, qui sépare les faux créanciers des véritables.—D.A. 8. 124, n. 9.

513. — Jugé ainsi que le concordat souscrit entre un failli et ses créanciers, avant que l'époque définitive de la faillite ait été fixée par le tribunal de commerce, est nul; en conséquence, ce tribunal ne peut homologuer le concordat, et fixer l'époque définitive de l'ouverture de la faillite par le même jugement, et le créancier hypothécaire qui n'a pas adhéré à ce concordat, est fondé à en demander la nullité (C. comm. 510, 520).— 2 janv. 1833. Civ. c. Amiens. Goudchoux. D P. 33. 1. 85.

514.— Jugé néanmoins que le concordat n'est pas nul, comme n'ayant point été précédé de toutes les formalités prescrites, par cela seul que l'époque de l'ouverture de la faillite n'a point été déterminée par le jugement qui déclare la faillite ouverte: cette ouverture est fixée de droit au jour de la déclaration du failli, toutes les fois que, sur la demande des parties, le tribunal ne la fait pas remonter à une autre époque. — Les créanciers ne peuvent pas se faire un moyen, pour attaquer le concordat, de ce que le jugement de déclaration de faillite n'en a point reporté l'ouverture à une époque antérieure, lorsqu'ils ne l'ont point demandé, et que, loin d'attaquer le jugement dans les délais prescrits, ils l'ont, au contraire, exécuté, en prenant part à toutes les opérations de la faillite (C. comm. 454 et 523).—25 fév. 1820. Paris. Boulenger. D.A. 8. 141. D.P. 21. 2. 74.

515.— Pour la validité et la force d'un concordat, les formalités prescrites dans les art. 456, 476, 503, 514 C. comm., sont seules nécessaires: celles indiquées dans les art. 510 et 511 du même code ne peuvent, quand elles ont été omises, autoriser un

FAILLITE. ART. 10, § 1er.

créancier à attaquer un concordat. — 14 déc. 1829. Nanci. Olry. D.P. 30. 2. 37.

516. — Sous l'ordonn. de 1673, il n'était pas nécessaire, pour la validité du contrat d'atermoiement, qu'il fût précédé de la vérification et affirmation des créances: il suffisait que ces formalités fussent remplies, lorsque l'homologation du contrat était demandée contre les créanciers refusans.— 6 mess. an 13. Paris. Faber. D.A. 8. 131. D. P. 2. 196.

517. — Ces affirmations, d'après la nouvelle organisation judiciaire, ont dû être faites devant le tribunal de commerce, et non devant le tribunal civil.— Même arrêt.

518. — Les créanciers inscrits et ceux nantis d'un gage n'ont point de voix dans les délibérations relatives au concordat (520); il en résulte que le concordat n'est pas obligatoire pour eux.

519. — Il en était de même sous l'ord. de 1673, qui, bien qu'elle n'exclût pas les créanciers hypothécaires de la délibération du concordat, déclarait néanmoins « qu'elle n'entendait déroger aux priviléges sur les meubles, ni aux priviléges et hypothèques sur les immeubles, qui seront conservés, sans que ceux qui auront privilége ou hypothèque puissent être tenus d'entrer en aucune composition, remise ou atermoiement, à cause des sommes pour lesquelles ils auront privilége ou hypothèque » (art. 8, tit. 1). — D. A. 8, 123, n. 5.

520. — Jugé qu'aucune des résolutions prises dans l'assemblée des créanciers du failli, et *spécialement* celle qui aurait pour objet de le mettre à l'abri de toutes saisies ou ventes ultérieures de ses biens, n'est pas obligatoire pour les créanciers hypothécaires ou privilégiés, quand même ils auraient pris part aux délibérations du concordat, et l'auraient signé (Ord. 1673, tit 11, art. 8).— 7 déc. 1792. Civ. c. Rennes. Broustail. D.A. 8. 126. D.P. 3. 1. 12.

521. — Mais aujourd'hui que, suivant l'art. 520 C. comm., « les créanciers hypothécaires inscrits, et ceux nantis d'un gage, n'ont point de voix dans les délibérations relatives au concordat, » il semble que s'ils prenaient part au traité, et le revêtaient de leur signature, cette signature devrait être considérée, de leur part, comme une renonciation à leur hypothèque et un acquiescement aux arrangemens pris avec le failli.— D.A. 8 126, n.; Locré, t. 6. p. 344.

522.— Mais ils rentreraient dans tous leur droits, si le concordat était annulé, ou que le tribunal en refusât l'homologation.— D A. 8. 126.

523. — Lorsque les créanciers hypothécaires sont intervenus au concordat, pour consentir une réduction de leurs créances, avec stipulation qu'il serait tenu compte à ceux d'entre eux qui ne seraient point payés sur le pied convenu, des intérêts de leurs créances, cette stipulation doit être exécutée en entier, sans que, pour ces intérêts, les créanciers hypothécaires puissent être forcés de venir à contribution sur les deniers de la masse. — 24 mars 1821 Bruxelles. Steenkist. D.A 8.149. D.P. 2. 194.

524. — Le créancier hypothécaire est lié par le concordat, quant à la remise de la contrainte par corps qui a été faite au failli; en conséquence, il ne peut être admis à l'exercer pour cause de stellionat commis à son égard.— 25 août 1812. Besançon. Sybille. D.A.8. 130 et 123, n. D.P. 2. 195.

525. — Jugé au contraire que le concordat accordé au failli ne peut être opposé aux créanciers hypothécaires, ni préjudicier à leurs droits. — Ils peuvent, en conséquence, même après l'homologation du concordat, exercer contre le failli une action en stellionat. — 26 fév. 1833. Paris. Lainné. D.P. 33. 2. 126.

526. — Bien que les créanciers hypothécaires du failli ne soient pas admis à prendre part aux délibérations relatives au concordat, ce concordat, néanmoins, lorsqu'il a été homologué, devient obligatoire pour eux, comme pour les simples chirographaires, quant à l'exercice de leurs droits sur les *biens-mobiliers* du failli. — 26 avril 1814. Civ. r. Dijon. Amyot. D.A. 8. 132. D P. 2 197, et 14. 1. 302. — 14 déc. 1829. Nanci. Olry. D P. 32. 2. 37.

527. — Jugé au contraire que les arrangemens qu'un failli prend avec ses créanciers chirographaires n'engagent point les créanciers hypothécaires qui n'y sont point intervenus. — *Spécialement*, le créancier hypothécaire qui est nanti d'un titre exécutoire contre le failli, peut faire saisir les meubles et effets de son débiteur, nonobstant le dépôt qui en a été fait entre les mains d'un tiers, de l'accord de tous les créanciers chirographaires, sans qu'il soit besoin d'appeler ces derniers en cause, lors surtout que la valeur des objets déposés excède de beaucoup le montant des sommes qui restent dues aux

FAILLITE. ART. 10, § 1er.

créanciers chirographaires, d'après les réductions consenties par eux. — Ce dépôt ou nantissement ne peut d'ailleurs conférer à ceux-ci aucun droit de préférence sur les créanciers hypothécaires — 16 flor. an 13. Turin. Ballarini. D.A. 8. 209. D.P. 2. 213.

528. — Jugé de même que le concordat ne peut être opposé au créancier hypothécaire qui n'y a point été appelé; qu'il peut, dès lors, nonobstant ce concordat, exercer ses droits sur les meubles de son débiteur. —18 mars 1833. Paris. Lavollée. D.P. 33. 2. 146.

529. — Un tribunal qui admet à demander l'annulation d'un concordat un créancier dont l'hypothèque a été *périmée* depuis l'homologation, ne contrevient pas à l'art. 520 C. comm., qui exclut les créanciers hypothécaires des délibérations relatives au concordat. —12 déc. 1827. Civ. r. Guillou. D.P. 28. 1. 56.

530. — L'art. 520 n'exclut pas des délibérations du concordat les créanciers *privilégiés sur les meubles*, comme il le fait pour les créanciers *nantis d'un gage*, qui sont cependant dans la classe des privilégiés, c'est qu'il n'est pas toujours facile de déterminer quand la loi accorde ou n'accorde pas le privilége, tandis que l'inscription de l'hypothèque et le nantissement du créancier sont des faits ostensibles, qui ne se prêtent à aucune contestation.—D.A. 8. 123, n. 5; Locré, t 6, p. 345. — *Contrà*, Pard., n. 255; Boulay, n. 255.

531. — Quoique l'art. 520 ne parle pas non plus des créanciers *privilégiés sur les immeubles*, ils doivent cependant, comme les hypothécaires, être exclus des délibérations du concordat; car ils sont, pour la plupart, assujettis à la formalité de l'inscription. — D.A. 8. 124, n.; Locré, *loc. cit.*

532. — Il en doit être de même des femmes et des mineurs, dont l'hypothèque légale existe indépendamment de l'inscription. — D.A. *eod.*

533. — La concession faite par l'autorité à plusieurs créanciers du failli, *en leur nom personnel*, du droit d'exploitation d'un établissement de Mont-de-Piété, dont le failli avait obtenu le privilége, ne peut pas être considérée comme un gage entre leurs mains, et les faire exclure en conséquence des délibérations relatives au concordat. — 1er déc. 1819. Req. Rouen. Ancelin. D.A. 8. 134. D.P. 20. 1. 45.

534.— Le créancier gagiste ou hypothécaire pourrait-il être reçu à prouver, par une estimation, l'insuffisance du gage ou de l'hypothèque, afin de se faire admettre à délibérer avec les créanciers chirographaires pour l'excédant de la créance sur la valeur de l'hypothèque ou du gage? Non: la proposition en fut faite et rejetée au conseil d'état. Il n'y a pour le créancier hypothécaire ou gagiste, qui craint de n'être point intégralement payé, d'autre moyen que de renoncer au gage ou à l'hypothèque, pour se confondre avec les chirographaires. — D.A. 8. 124, n. 6, Locré, t. 6, p. 342. — *Contra*, Pard., n. 1255.

535. — Remarquez, d'ailleurs, que le concours des créanciers hypothécaires au concordat, ne le viciera it pas s'il avait été voté par la majorité des créanciers chirographaires. — D.A. 8. 124, n. 6.

536. — Les créanciers éventuels du failli ont, comme les autres, le droit de prendre part au concordat. — D.A. 8. 124, n. 7.

537 — Jugé ainsi que les créanciers, porteurs de titres pour lesquels ils ont plusieurs obligés solidaires, ont le droit de figurer, pour la totalité de leurs créances, dans la faillite de chacun de leurs débiteurs; qu'ils peuvent dès lors concourir, dans la faillite de l'un des obligés, à former les trois quarts en sommes nécessaires pour la signature du concordat, quand même les autres obligés solidaires jouiraient encore de tout leur crédit. — 6 mess. an 13. Paris. Faber. D.A. 8. 131. D P. 2. 196.

538.—Les créanciers d'un failli qui ont cédé leurs créances à des tiers, peuvent néanmoins, lorsque les cessionnaires ne se présentent pas eux-mêmes, prendre part à la délibération du concordat, pour soutenir et faire valoir les créances par eux cédées, et la voix de chacun doit être comptée pour former la majorité individuelle, quand même quelques uns d'eux auraient cédé à une même personne.—2 juill. 1822. Amiens. Becquerel D.A. 8. 136.

539.—On pourrait cependant abuser du principe, fort juste d'ailleurs, consacré par cet arrêt, si un créancier, par exemple, n'achetait les droits de ses co-créanciers que pour se rendre plus facilement maître de la délibération, en dirigeant leur vote pour ou contre le concordat, suivant son intérêt: les tribunaux ne manqueraient certainement pas de faire justice de ce concert frauduleux.—D.A. 8. 136, n.

540.—Si le cessionnaire se présentait lui-même à l'assemblée, les cédans en seraient indubitablement exclus; et alors la voix de ce cessionnaire ne compterait que pour une, quel que fût le nombre de ceux dont il exercerait les droits.—D.A. *ibid.*; Pard., n. 1235.

541.— Il ne faut pas confondre le concordat avec les traités individuels que peut faire le failli avec ses créanciers. ces traités isolés n'obligent que ceux qui les ont souscrits, et ils suivent les règles ordinaires du droit; le concordat y déroge, au contraire, en ce qu'il lie la minorité des créanciers à la volonté du plus grand nombre (524).— D.A. 8. 124, n. 8.

542.—Les traités souscrits entre le failli et ses créanciers, sans force contre la masse, doivent être exécutés par le failli.—18 mars 1828. Bordeaux. Biot. D.P. 28. 2. 125.

543. — Il faut une double condition pour la formation du concordat : une majorité en nombre, une majorité en sommes (519). L'art. 6, tit. 11 de l'ordonnance de 1673 n'exigeait que la majorité en sommes : la majorité numérique fut transportée de la législation hollandaise dans le code de commerce, pour que les deux majorités se servissent l'une à l'autre de contre-poids.— D.A. 8. 124, n. 10.

544.— D'après les lois anciennes, comme sous les nouvelles, le concordat doit être déclaré nul, s'il a été consenti par moins des trois quarts en sommes des créanciers du failli.— 22 janv. 1808. Paris. Borredon. D.A. 8. 228. D.P. 2. 217.

545.— ... Et si, en outre, le failli a déguisé, dans son bilan, une partie de son actif. — 8 juin 1818. Rouen. Alexandre. D.A. 8 140 D.P. 22. 2. 167, 168.

546.— Une délibération prise par moins des trois quarts en sommes des créanciers du failli, et qui a pour objet, non d'expliquer ou de rectifier le concordat primitivement obtenu par le failli, mais de le dénaturer et d'en renverser les principales dispositions, n'est point obligatoire pour ceux des créanciers qui n'y ont point pris part, quoiqu'ils soient obligés par le concordat, alors surtout qu'elle est fondée sur un second bilan, prétendu rectificatif du premier, dressé par le failli d'une manière tout-à-fait incomplète et inexacte, et non déposé par lui au greffe du tribunal de commerce.— 13 therm. an 11. Paris. Bérenger. D.A. 8. 126. D.P. 2. 195.

547. — La majorité *numérique* se calcule sur le nombre des créanciers *présens* à la délibération, et non sur celui des créanciers vérifiés (arg. 522).— D.A. 8. 124, n. 11.

548.— C'est le contraire pour la majorité *en sommes* : il faut que les signataires du concordat « représentent, par leurs titres de créance vérifiés, les trois quarts de la totalité des sommes dues, *selon l'état des sommes vérifiées et enregistrées* » (519). — D.A. 8. 124, n. 12.

549. — Supposé que les créanciers d'une société commerciale, dont les créances auraient été vérifiées et affirmées, lors du concordat consenti sur la masse sociale, eussent besoin de les faire vérifier de nouveau, en se présentant à la faillite particulière d'un des associés, ils n'en seraient pas moins recevables, quoique non vérifiés, à attaquer de nullité le concordat passé avec cet associé individuellement, comme consenti hors de leur présence, et sans que leurs créances soient entrées dans la composition du passif, pour déterminer le montant des trois-quars en sommes, nécessaire à la validité de l'atermoiement, si, d'ailleurs, ils n'avaient été légalement mis en demeure de se présenter aux délibérations.—18 fév. 1817. Paris. Jacquemart. D.A. 8. 170. D.P. 18. 1. 342.

550.— Le concordat, dans ce cas, n'est pas seulement nul dans l'intérêt des opposans, mais dans celui de tous les créanciers sociaux. — Même arrêt.

551.— On ne doit faire état, pour la formation des trois quarts, que des *sommes dues* aux créanciers n'ayant droit de concourir à la délibération du concordat : ainsi, il faut retrancher de *l'état des créances vérifiées*, celles des créanciers hypothécaires ou nantis d'un gage.

552.—On en jugeait autrement sous l'ordonnance de 1673, parce que les créanciers hypothécaires n'étaient pas exclus de la participation au concordat; mais, sous le code de commerce, l'art 519 doit s'interpréter par l'art. 520, et la loi ne peut être entendue dans un sens qui la rendrait souvent inutile et sans effet, par exemple, dans le cas où le failli aurait contracté des dettes hypothécaires pour plus d'un quart en sommes, comparativement aux créanciers chirographaires.—D.A. 8. 124, n. 13. — *Contrà*, Pard., n. 1237.

553.— Jugé, sous l'ordonnance de 1673, que les créanciers hypothécaires doivent compter pour déterminer les trois quarts en sommes des créanciers dont le concours est nécessaire à la validité du concordat.—28 brum. an 13 Paris. Leduc. D.A. 8. 129. D.P. 2. 195.

554.—... Et qu'ainsi, le concordat n'obligeait pas, quant à la remise de la contrainte par corps, le créancier hypothécaire qui ne l'ait point souscrit, quoiqu'il eût été passé avec plus des trois quarts en sommes des créanciers chirographaires, si les créanciers signataires n'emportaient pas à eux tous plus des trois quarts de la totalité des dettes, soit hypothécaires, soit chirographaires (Ord. 1673, tit. 11, art. 6).—26 janv. 1808. Civ. c. Paris. Desgoffes. — Sur le renvoi de l'affaire, arrêt conforme : 21 janv. 1809. C. de Rouen. D.A. 8. 129. D.P. 8. 1. 90.

555.— Jugé au contraire, sous le code de commerce, que les créanciers hypothécaires ne doivent pas concourir avec les créanciers chirographaires, pour former la majorité en nombre, et les trois quarts en sommes dues et vérifiées, double condition nécessaire à la validité du concordat. — 25 août 1812. Besançon. Sybille. D.A. 8. 130. D.P. 2. 195.

556 — Mais un concordat n'est pas nul, par cela que les créanciers hypothécaires ont pris part à la délibération, et ont été comptés pour former la majorité voulue par la loi, si, dans le concordat même, ces créanciers avaient renoncé au privilége résultant de leurs titres et de leurs inscriptions, se réduisant à la même répartition que les chirographaires, et ne se réservant de faire valoir leurs droits qu'après l'acquittement de cette répartition à tous les créanciers.— 18 mai 1813. Nîmes. Valescure. D.A. 8. 148. D.P. 14 2. 65.

557.—Il faut de même n'avoir aucun égard, pour la computation des trois quarts, aux sommes qui peuvent être dues aux créanciers qui ne se sont pas présentés à temps pour se faire vérifier, et auxquels il a été accordé un nouveau délai, conformément à l'art. 511 — Comment ferait-on état de ces créances, puisque la vérification n'a pas encore éclairé sur leur sincérité? l'art. 519, d'ailleurs, est formel : il parle de créances *vérifiées*.—D.A. 8. 122, n. 2.

558. — *Quid*, à l'égard des créanciers qui ont produit dans les quarante jours, mais dont la créance a été contestée en tout ou en partie, et qui sont encore en instance, sur ce point, devant le tribunal? Distinguons : si la créance est contestée en totalité, ils ne doivent prendre aucune part à la délibération; car l'art. 514 n'ordonne de convoquer que les *créanciers dont les créances ont été admises*; et l'art. 515 n'admet à l'assemblée que des créanciers *reconnus* : il ne doit être tenu aucun compte de leur prétendue créance, pour déterminer la majorité des trois quarts.—D.A 8. 123, n 3.

559.— Si la créance n'est contestée qu'en partie, elle se trouve vérifiée pour le reste, et il semble dès lors que le créancier puisse se présenter à l'assemblée, et se faire comprendre dans l'état des créances *vérifiées*, jusqu'à due concurrence.—D.A. *eod.*; Pard., n. 1233.— *Contrà*, Locré, t. 6, p. 336.

560. — Jugé ainsi que les contestations élevées de bonne foi lors de la vérification des créances, le fussent-elles par les syndics eux-mêmes, ne suspendent pas les opérations de la faillite, et le concordat qui intervient entre les créanciers vérifiés et le failli, n'est pas moins obligatoire pour le créancier dont la créance, contestée par les syndics, n'a pu être vérifiée. Il est obligatoire, surtout si c'est par sa négligence que la créance n'a pu être vérifiée en temps utile pour qu'il ait pu prendre part aux opérations de la faillite. — 12 janv. 1831. Req. Aix. Fournier. D.P. 31. 1. 125.

561. — Jugé dans le même sens qu'il y a lieu d'annuler le jugement portant que le concordat dûement homologué n'est pas obligatoire pour le créancier qui, quoique dûement appelé à la faillite, n'y a pas paru et n'a pas signé le concordat, et qui, par suite, refuse d'adhérer à la remise faite au failli. — 16 juin 1828. Civ. c. Guyot. D.P. 28. 1. 297.

562. — Jugé même qu'il suffit que la dette d'un créancier du failli ait été omise de bonne foi dans le bilan, et que le créancier ait eu connaissance de la faillite et de ses suites, pour que ce créancier, encore bien qu'il n'ait pas été appelé au concordat, et qu'il n'y ait point figuré, puisse être déclaré sans droit pour réclamer la totalité de sa créance contre le failli, et que ce dernier soit fondé, au contraire, à ne lui offrir que le dividende revenant à chaque créancier.—18 nov. 1829. Orléans. Hache-Bourgeois. D.P. 29. 1. 392.

563. — Jugé au contraire que le concordat qui intervient avant la vérification de *toutes* les créances, est nul. — 10 août 1811. Paris. Tuart. D.A. 8. 138. D.P. 12. 2. 36.

564.— Jugé aussi que le concordat, quoique dûement homologué, n'est point obligatoire pour le créancier qui n'y a point été appelé, et n'a pas même été compris au bilan du failli. Il conserve la plénitude de ses droits et actions contre son débiteur, et la saisie-arrêt qu'il a formée, entre les mains des syndics, sur des deniers qui devaient appartenir au failli, aux termes du concordat, est valable. — 2 fév. 1822. Paris. Hazard. D.A. 8. 160. D.P. 22. 2. 168, n. 10.

565. — Jugé, d'après la même règle, qu'un failli poursuivi par un créancier qu'il n'a pas porté sur son bilan, en paiement de la totalité d'une dette antérieure à la faillite, ne peut faire réduire la créance au dividende convenu dans un concordat, auquel ce créancier doit rester entièrement étranger. — 17 janv 1826. Civ. r. Paris. Piquet. D.P. 26. 1. 105.—14 janv. 1831. Poitiers. Papillault. D.P. 32. 2. 14.

566. — Jugé enfin que le concordat consenti et homologué sous l'ordonn. de 1673, ne peut être opposé aux créanciers qui n'y ont été ni présens ni appelés, encore bien qu'aucune mauvaise foi ne serait reprochée au failli.— 15 mai 1832. Req. Paris. Enfantin. D.P. 32. 1. 189.

567. — Pour que la minorité des créanciers soit liée par le concordat, il faut que le débiteur prouve qu'il a été consenti par la majorité des créanciers, telle qu'elle est spécifiée par la loi. — Mais doivent être retranchées de la majorité les voix achetées à prix d'argent, au préjudice de la masse, ou obtenues par séduction.— 25 vent an 12. Turin. Brouzet. D.A. 8. 127, et 125, n. 17. D.P. 22. 2. 166, n. 3.

568 — Jugé aussi que les billets qu'un failli souscrit au profit de l'un de ses créanciers doivent être annulés, lorsqu'il est *prouvé* qu'ils n'ont été consentis que pour obtenir la signature de ce créancier au concordat. Le failli peut en demander lui-même la nullité après son concordat. — 14 déc. 1824. Rouen. Moyse D.P. 25. 2. 138, et 125, n. 18. — Conf. Pard., n. 1238; Boulay, n. 279.

569. — Jugé de même que l'engagement que contracte un failli avec l'un de ses créanciers avant le concordat, et pour prix de son consentement à ce concordat, de le payer intégralement, est nul.— Le failli, aussi bien que les créanciers, peuvent en demander la nullité (C. comm. 442 et 519).— 21 fév. 1828. Paris. S... D.P. 29. 2. 214.

570 — Jugé de même qu'un tel engagement a pu être légalement annulé, soit pour cause illicite, soit comme consenti par un incapable... ; alors, d'ailleurs, que la nullité est demandée non seulement par le failli seul, mais encore par un créancier de ce dernier, qui avait signé le concordat (C. civ 1133, 1123; C. comm. 442). — 30 mars 1830. Req. Rouen. Delarue. D P. 30. 1 152. — 17 mars 1831. Lyon. Godard. D.P. 31. 2. 103.

571.— Jugé encore que l'hypothèque qu'un failli a consentie, après le concordat, au profit de l'un des signataires du concordat, est nulle au moins vis-à-vis des autres signataires, si elle n'a d'autre cause que la créance pour laquelle ce créancier a figuré au concordat. — 30 avril 1829. Rouen. Huet. D.P. 30. 2. 272.

572.— Elle est nulle même à l'égard du cessionnaire de bonne foi du créancier hypothécaire.— Même arrêt.

573. — Jugé, au contraire, que le créancier qui a obtenu du failli concordataire une promesse de remboursement intégral, est fondé à demander l'exécution de cette promesse, sans que le failli puisse être admis à *prouver* qu'il n'a souscrit cette obligation que pour obtenir l'adhésion du créancier au concordat.— 15 déc. 1809. Paris. M.... D.A. 8. 132. D.P. 2. 197.

574.— Jugé que les créanciers du failli pourraient seuls attaquer cet engagement comme pris en fraude de leurs droits (C. comm. 442, 444, 519). — 19 août 1828. Bordeaux. Fourgeant. D P. 29. 2. 169. — 30 déc. 1828. Bordeaux. Chauvet. D.P. 29. 2. 169.

575.—Le concordat doit être signé *séance tenante*, à peine de nullité (522).

576.— Jugé pourtant que la circonstance que quelques créanciers ont signé le concordat postérieurement à la délibération dans laquelle il a été consenti, n'en entraîne pas la nullité, lorsqu'il a d'ailleurs été signé, séance tenante, par un nombre de créanciers formant les trois quarts en sommes. — 18 mai 1813. Nîmes. Valescure. D.A. 8. 148. D.P. 14. 2. 65.

577.—*Quid*, si, dans la première assemblée, l'on ne tombe point d'accord sur les conditions du concordat? L'art. 522 veut que « si la majorité des créanciers présens consent au concordat, mais ne forme pas les trois quarts en sommes, la délibération soit remise à huitaine, *pour tout délai.* » Est-ce à dire, d'une part, que si le concordat ne réunit pas, de prime-abord, la majorité des voix, le failli ne puisse tenter un second essai? Et, d'un autre côté, que le concordat, signé à plus de huit jours d'intervalle de la première assemblée, soit radicalement nul? Ce serait pousser la rigueur un peu loin et introduire une nullité que la loi n'a pas établie. Si les créanciers ne tombent pas d'accord dans la première ou la seconde assemblée, nous ne voyons rien qui s'oppose à ce que le juge-commissaire en convoque une troisième, s'il a toute raison de penser qu'elle ne sera pas sans résultat. Mais s'il peut accorder cette faveur, il a droit aussi de la refuser, et de se tenir dans les termes précis de l'art. 522.— D.A. 8. 125, n. 15.

578. — Lorsque la délibération a été renvoyée à une seconde assemblée, les créanciers qui, à la première, ont signé le projet d'accommodement, peuvent-ils, à la seconde, revenir sur le consentement qu'ils ont donné? Tout contrat synallagmatique ne se forme que par le *concours* des volontés nécessaires à son existence; car une partie ne peut être liée que l'autre ne le soit également : il y a donc toujours lieu à repentir de la part du créancier qui a signé le projet de concordat, tant que le traité n'a pas réuni le nombre de signatures voulues pour sa perfection (arg. 932 C. civ.). — D.A. 8. 125, n. 16; Boulay, n. 261.—*Contrà*, Pard., n. 1237.

579.—Il n'est pas nécessaire que le concordat soit passé devant notaire, la loi ne l'exigeant pas. On a argumenté, pour l'opinion contraire, de l'art. 528, qui laisse supposer que le contrat d'union doit être rédigé dans la forme *authentique* : d'où l'on a conclu que le concordat ne pouvait être reçu que par un notaire, d'autant que cela se pratiquait ainsi sous l'ancienne jurisprudence. Mais nous répondrons, qu'en supposant l'authenticité nécessaire, soit au concordat, soit au traité d'union, cette authenticité existe par la signature du juge-commissaire au bas du procès-verbal qu'il doit rédiger, conformément à l'art. 518, et qui n'est autre que le concordat lui-même, ou le traité d'union, s'il n'intervient point de concordat.—D.A. 8. 125, n. 19, Boulay, n. 251. — *Contrà*, Favard, § 8, n. 2.

580. — Le contrat d'atermoiement, passé entre un failli et ses créanciers, a pu, sous l'empire des constitutions piémontaises, être rédigé sous seing-privé. L'atermoiement doit être envisagé comme un contrat accessoire, pouvant revêtir la même forme que les créances auxquelles il se rattache. Il ne peut donc être déclaré nul, comme n'ayant point été passé judiciairement, lorsque d'ailleurs il a été homologué par le tribunal — Et lors même qu'il y aurait eu plainte en banqueroute avant la signature du concordat, cet acte, quoique sous seing privé, et renfermant implicitement le désistement des poursuites criminelles, n'en serait pas moins valable, parce qu'il n'est écrit dans aucune loi qu'un pareil désistement doive nécessairement avoir lieu par acte notarié.— 25 vent. an 12. Turin. Brouzet D.A. 8. 127. D.P. 22. 1. 160, n. 3.

581.— La nullité de quelques unes des stipulations insérées dans l'acte d'atermoiement n'entraîne pas la nullité des autres.— Même arrêt.

582.—Aucune formalité particulière n'est requise, quand des mineurs ou interdits sont intéressés au concordat; car, bien qu'à la rigueur, on puisse considérer un concordat comme une transaction, les formalités dont il est entouré et l'intervention de la justice dispensent le tuteur de recourir à une assemblée de famille et à une autorisation spéciale. — D.A. 8. 125, n. 19, Pardessus, n. 1237; Boulay, n. 257.

583.— Le concordat est interdit, *à peine de nullité*, quand il s'élève contre le failli quelque présomption de banqueroute (521). Telle était déjà la disposition de l'édit du mois de mai 1609.— La prohibition atteint le banqueroutier simple comme le banqueroutier frauduleux. Le projet de loi l'avait restreinte au cas de banqueroute frauduleuse; mais la distinction a été écartée.— D.A. 8. 125, n. 20.

584.— Jugé ainsi que le concordat passé avec un failli est nul, lorsqu'il a été condamné postérieurement comme banqueroutier *simple*; qu'en conséquence, le tribunal peut en refuser *d'office* l'homologation, nonobstant que cette homologation soit demandée par les créanciers signataires eux-mêmes. — De ce que les art. 575 et 613 C. comm. admettent le banqueroutier *simple* au bénéfice de cession et à la réhabilitation, il n'en saurait résulter qu'il puisse faire un concordat, dès que l'art. 521 prohibe tout traité entre le failli et ses créanciers, lorsqu'il s'élève contre lui quelque présomption de *banqueroute*. — 19 janv. 1824. Caen. B..... D.A. 8. 159. D.P. 2. 200.

585. — Le concordat, même postérieur à la condamnation du failli comme banqueroutier *simple*, ne pourrait être homologué.— Même arrêt.

586.— La privation du droit de faire un concordat s'applique même au commerçant qui n'a été condamné comme banqueroutier simple qu'à raison de l'irrégularité de ses livres. — 27 janv. 1831. Paris. Schmidt D.P. 31. 2. 69.

587 — Jugé, au contraire, que la condamnation du failli comme banqueroutier, à raison seulement de l'*inexactitude de la tenue de ses livres*, n'est point un motif pour les juges de refuser l'homologation du concordat, dès qu'il n'existe aucune preuve ni indice de fraude à la charge du failli (C. comm. 521, 526). — 9 janv. 1819. Paris. Devaux. D.A. 8. 158. D.P. 2. 200.

588. — Lorsque le failli a été mis en prévention de banqueroute, il ne peut être passé de concordat avec lui qu'après une nouvelle convocation de tous les créanciers depuis le jugement qui déclare n'y avoir lieu à suivre sur cette prévention.— 10 août 1811. Paris. Tuart. D.A. 8. 138. D.P. 12. 2. 36.

589. — Le bilan présenté par le failli peut être rectifié par des additions supplémentaires, sans que ces rectifications puissent être regardées comme des indices de fraude, et forment un obstacle au concordat. — 6 mess. an 13. Paris. Faber. D.A. 8. 131. D.P. 2 196.

590.— Décidé dans le même sens que l'omission, de la part d'un failli, de porter dans son bilan des effets qui lui appartiennent réellement, ne donne pas par elle-même, et en l'absence d'intention frauduleuse, ouverture, pour cause de dol, à l'action en nullité du concordat qu'il aurait signé avec ses créanciers : telle serait l'omission de porter au bilan les droits du failli dans la communauté de ses père et mère, droits dont il ne jouissait pas à cette époque.— 11 janv. 1833. Bordeaux. Jalalguier. D.P. 33. 2. 97.

591. — Aucun concordat ne peut être rédigé sans énoncer si les livres du failli sont timbrés et paraphés; et s'ils ne le sont pas, le concordat ne peut recevoir d'exécution avant que les amendes aient été payées (L. 28 avril 1816. art. 72, 73 et 74).

§ 2.— *De l'opposition au concordat.*

592. — La seule voie légale pour demander la nullité du concordat est la voie de l'opposition formée dans le délai et dans la forme prescrits par la loi. — 17 juin 1812. Cr. c. Paris. Mondot. D.A. 8. 145. D.P. 12. 1. 456.

593.— Les créanciers ayant droit de délibérer au concordat, sont les seuls qui aient qualité pour y former opposition; en conséquence, toute opposition de la part de créanciers dont les créances n'ont été ni vérifiées ni affirmées, avant la signature du concordat quoiqu'ils aient été régulièrement mis en demeure, est non-recevable. — 17 janv. 1812. Nîmes. Isnard. D.A. 8. 141, et 137, n. 7. D.P. 13. 2. 3. — 25 fév. 1820. Paris. Boulenger. D.A. 8. 141. D.P. 21. 2. 74.

594.—...Il en est ainsi, alors même que ces créanciers n'ont pris aucune part au concordat, et encore bien qu'ils allèguent qu'il n'a pas été précédé de toutes les formalités prescrites.— 19 juin 1821. Civ. r. Rouen. Ricard. D.A. 8. 142. D.P. 21. 1. 576

595. — Jugé encore que l'opposition d'un créancier au concordat d'un failli n'est pas admissible lorsqu'il n'a pas préalablement affirmé sa créance. — 18 juill. 1826. Colmar. Edighoffen. D.P. 27. 2. 60.

596. — Jugé aussi (mais à tort, suivant Dalloz) que les créanciers hypothécaires n'ayant pas voix délibérative au concordat, sont sans qualité pour s'y rendre opposans, de même que pour former tierce-opposition au jugement qui l'a homologué. — 25 août 1812. Besançon. Sybille. D.A. 8. 130. D.P. 2. 195.

597.— L'opposition du créancier *non vérifié* doit-elle être rejetée d'une manière absolue; ou ce créancier ne doit-il pas être admis à la discuter devant les tribunaux, en offrant de se soumettre préalablement à la vérification? La négative semble résulter des arrêts ci-dessus; mais cette décision serait bien rigoureuse; car, si les créanciers non vérifiés sont toujours habiles à se rendre opposans aux répartitions non encore consommées (513), sous la seule condition de faire vérifier et d'affirmer leur créance, pourquoi leur interdirait-on, aux mêmes offres, l'opposition au concordat, à laquelle ils peuvent avoir un égal intérêt? Cette opposition est un acte conservatoire, pour lequel il n'est pas besoin d'avoir un droit actuel, suivant l'art. 1180 C. civ.—D.A. 8. 137, n. 7.—*Contrà*, Pard., n. 1259.

598.— Le même droit appartiendrait, à plus forte raison, aux créanciers dont les titres ont été contestés à la vérification, et qui sont encore en instance sur ce point.—D.A. 8. 137, n. 8.

599.— Jugé ainsi que les créanciers d'abord contestés, qui n'ont pas eu soin de faire vérifier leurs titres avant le concordat, auquel, dès lors, ils n'ont pas été appelés, peuvent néanmoins y former opposition — 27 juin 1832. Bordeaux. Foucart. D.P. 33. 2. 116.

600.— Jugé encore que le concordat ne peut être déclaré de suite exécutoire contre un créancier porté au bilan, mais dont la créance était contestée et qui, par ce motif, n'a pas pris part au concordat; ce créancier a le droit de demander communication du concordat et des pièces à l'appui, d'examiner le tout, de contredire, et d'y former opposition, s'il y a lieu. — 2 déc. 1831. Paris. Morin. D.P. 32. 2. 56.

601.—Le droit d'opposition appartient aux créanciers qui ont signé le concordat, comme à ceux qui ont refusé de le signer. Toute partie a le droit de faire valoir les vices que renferme l'acte auquel elle a concouru; et il faut une ratification ou un acquiescement *postérieurs* pour emporter la renonciation aux moyens et exceptions qu'elle pouvait opposer au contrat (C. civ. 1338). Les créanciers, d'ailleurs, qui ont adhéré au concordat, ne l'ont signé que sous la condition tacite qu'il serait obligatoire pour tous. — D.A. 8. 138, n. 9; Pard., n. 1239.— *Contrà*, Boulay, n. 272.

602 — L'opposition doit être formée dans la huitaine *pour tout délai* (C. comm. 523). Pendant ce temps, l'homologation en demeure suspendue (524).

603. — Ni le concordat, ni le jugement d'homologation, ne doivent être signifiés pour faire courir le délai de l'opposition.— 13 fév. 1811. Bruxelles. Despiennes. D.A. 8. 167. D.P. 2. 201.

604.—Par conséquent, il court du jour de la date du concordat. — 14 avril 1813. Rouen. Mondot-Lagorce. D.A. 8. 146. D.P. 22. 2. 167, n. 7.

605.—Ce délai est de rigueur.—14 déc. 1829. Nanci. Olry. D.P. 30. 2. 37.

606.—La déchéance résultant de l'art. 523 est générale, et frappe les mineurs, les interdits et les femmes mariées, comme les créanciers qui ont le libre exercice de leurs droits, sauf leur recours contre le tuteur ou le mari. — Pard., n. 1240; D.A. 8. 130, n. 1.

607.—Elle frappe aussi les créanciers hypothécaires, dans tous les cas où le concordat peut leur être opposé.— *Contrà*, Pard., n. 1248; D.A. 8. 137, n. 6.

608.—Jugé ainsi que l'opposition des créanciers hypothécaires au concordat (en supposant que le droit d'opposition leur appartienne) ne saurait être reçue après le délai de huitaine expiré. — 25 août 1812. Besançon. Sybille. D.A. 8. 130. D.P. 2. 195.

609.—La déchéance est applicable aux créanciers non signataires du concordat. — 14 avril 1813. Rouen. Mondot. D.A. 8. 146. D.P. 22. 2. 167.

610.—.... Et même à ceux qui ne se sont pas fait vérifier, et n'ont point assisté à la délibération du concordat, lorsque, d'ailleurs, tous les intéressés avaient été légalement mis en demeure de faire vérifier leurs créances.—26 avril 1820. Req. Besançon. Magnoncour. D.A 8. 143. D.P. 20. 1. 478.

611.—Jugé même que le délai de huitaine est applicable aux créanciers qui, à défaut de vérification de leurs titres, n'ont pu prendre part au concordat, encore bien que le retard dans la vérification provienne de contestations élevées par les syndics,....; à plus forte raison si la non vérification doit être attribuée à la négligence du créancier. — 12 janv. 1831. Req. Aix. Fournier. D.P. 31. 1. 125. — 27 juin 1832. Bordeaux. Foucart. D.P. 33. 2. 116.

612.—Jugé encore que le concordat, une fois homologué par le tribunal, ne saurait plus être attaqué par le créancier, qui n'y a pas formé opposition dans le délai et de la manière prescrite, quand même il y aurait eu, de sa part, et avant la signature du traité, plainte en banqueroute rendue contre le failli, et qu'il aurait été instruit sur cette plainte; et quand même il serait allégué que le concordat n'a pas été précédé de toutes les formalités exigées pour sa validité.—Le seul fait de non opposition dans la huitaine équivaut à un acquiescement de la part même du créancier qui a refusé de signer le concordat (C. comm. 523, 524, 526).— 17 juin 1812. Cr.

c. Paris. Moudot-Lagorce. D.A. S. 145. D.P. 12. 1. 456.

613.—Jugé, au contraire, que le créancier dont les titres étaient contestés à l'époque du traité, et qui, dès lors, n'a pu y prendre part, est admis à y former tierce-opposition, sans qu'on puisse lui opposer l'art. 523 C. comm. — 10 août 1811. Paris. Tuart. D.A. 8. 138. D.P. 12. 2. 36.

614.—La disposition qui n'accorde que huitaine pour s'opposer au concordat, et ne permet pas de l'attaquer après son homologation, ne reçoit d'application qu'à l'égard des concordats arrêtés entre le failli et ses créanciers *légalement et sans fraude*, mais non à l'égard de traités clandestins, arrêtés sans convocation préalable, hors de la présence du juge-commissaire, et sans l'observation des formes voulues pour la validité du concordat; ainsi, le créancier non appelé à ce concordat, et qui a refusé de le signer, peut toujours former opposition au jugement qui l'a homologué sur une requête contenant un faux exposé des faits qui en ont précédé la signature. — 18 août 1814. Caen. Caboulet. D.A. 8. 147, et 137, n. 3. D.P. 15. 2. 51.

615. — Jugé ainsi que le créancier non invité et non intervenu, soit au concordat, soit au jugement d'homologation, doit être admis à fournir la preuve de l'erreur ou de la fraude qui a présidé au traité, et à demander la mise en cause, soit des créanciers, soit des syndics de la masse, comme à se faire représenter les pièces d'où la preuve de la fraude peut être tirée. — 25 vent. an 12. Turin. Brouzet. D.A. 8. 127. D.P. 22 2. 166, n. 3

616. — Jugé encore que l'opposition au concordat est recevable, *même après le délai de huitaine et le jugement d'homologation*, de la part d'un créancier qui, par ruse ou par fraude du failli, par exemple, au moyen d'une contestation élevée sur sa créance, a été mis dans l'impossibilité de se présenter à l'assemblée des créanciers pour y défendre ses intérêts, ou de se rendre opposant au concordat, dans le délai prescrit. — 8 juin 1818. Rouen. Alexandre. D.A. 8. 140 et 123, n. 4. D.P. 22. 2. 167 et 168.

617. — Jugé enfin que les créanciers qui ont signé un concordat, peuvent en demander la nullité, même après le délai de huitaine, lorsqu'ils ont été trompés par le dol et la fraude du failli, découverts après l'expiration du délai. — Dans ce cas, l'action en nullité dure dix ans. — 1er août 1825. Lyon. Michaud. D.P. 26. 2. 90. — V. le paragraphe suivant.

618 — Jugé, au contraire, que le délai de huitaine est tellement de rigueur, que les créanciers ne peuvent plus, alors qu'il est expiré, former une demande en nullité du concordat pour quelque cause que ce soit. — 5 juill. 1833. Bordeaux. Bernier. D.P. 33. 2. 232.

619.— L'opposition doit être portée devant le tribunal de commerce du lieu de l'ouverture de la faillite, lorsque les moyens de l'opposant sont fondés sur des actes ou opérations dont la connaissance est attribuée par la loi aux juges des tribunaux de commerce (635).

620 — Si l'opposition est basée sur des actes ou opérations qui ressortissent à la juridiction civile (ce qui devra rarement arriver), elle doit être jugée par les tribunaux civils (*ibid.*).

621.— L'opposition doit contenir les moyens de l'opposant, *à peine de nullité* (C. comm. 685).

622.— Jugé néanmoins que l'exploit d'opposition au concordat est suffisamment motivé, et ne saurait, par conséquent, être annulé, lorsque le créancier opposant déclare s'en référer aux moyens par lui consignés dans le procès-verbal de l'assemblée des créanciers délibérant sur le concordat, procès-verbal dont le failli, le syndic et les créanciers ne peuvent prétendre cause d'ignorance (C. comm. 635). — 20 fév. 1822. Caen. Godart. D.A. 8. 150, et 138, n. 11. D P. 2. 199.

623.— Ce concordat ne saurait être attaqué sous prétexte qu'il accepte un dividende plus faible que celui que l'actif du failli pouvait réellement offrir, dès qu'il a été consenti par les trois quarts en sommes des créanciers vérifiés, et nonobstant les observations faites, à cet égard, dans l'intérêt de la masse, par ceux-là même qui les reproduisent comme moyens d'opposition à l'exécution du concordat. — 25 fév. 1820. Paris. Boulenger. D.A. 8. 141. D.P. 21. 2. 74.

624.— L'action civile ne peut être suspendue par l'action publique, qu'autant que l'instruction criminelle est commencée. — Ainsi, le créancier d'un failli, opposant à l'homologation du concordat, ne peut demander qu'il soit sursis à l'action civile jusqu'à ce qu'il ait été statué sur la plainte en banqueroute frauduleuse qu'il a rendue contre le failli, s'il ne justifie pas que le procès crimiuel soit déjà entamé (C. d'inst. cr. 3) — 19 juin 1821. Civ. r. Rouen. Ricard. D.A. S. 142. D.P. 21. 1. 576.

625.—Celui qui se pourvoit à *fins civiles*, à raison d'un crime ou d'un délit, renonce par là même à la voie criminelle; et si, durant l'instance au civil, l'affaire est renvoyée devant le tribunal criminel, le procès civil demeure suspendu; mais la décision qui intervient sur l'action publique, a sur l'action civile toute l'autorité de la chose jugée. — *Spécialement*, lorsque des créanciers du failli se sont fondés, dans leur opposition à l'homologation du concordat, sur des faits de fraude et de dol dont, suivant eux, le failli se serait rendu coupable; que l'affaire a été renvoyée devant le tribunal criminel, à l'effet de vérifier ces allégations, et qu'il est intervenu une ordonnance de la chambre du conseil qui a déclaré n'y avoir lieu à suivre sur la présomption de banqueroute, cette décision, encore bien que les créanciers opposans n'y aient point été parties, prend, si elle n'a point été attaquée par eux, l'autorité de la chose jugée, et forme une fin de non-recevoir contre la reproduction des mêmes faits devant le tribunal civil, lesquels, par conséquent, ne peuvent plus être des moyens d'opposition à l'homologation du concordat (C. comm. 521).—18 mai 1813. Nîmes. Valescure. D.A. 8. 148. D.P. 14. 2. 65.

626. — L'opposition doit être signifiée aux syndics et au failli (523).

627. — Lorsque, dans une faillite, il n'existe qu'un seul syndic, et qu'il veut se rendre opposant au concordat, il ne peut être obligé de mettre en cause tous les créanciers à ses frais, pour remplacer la notification d'opposition qu'aux termes de l'art. 523 C. comm. l'opposant est tenu de faire au syndic; mais les créanciers doivent se réunir pour nommer un autre syndic, conformement à l'art. 480 du même code.—10 avril 1824. Rouen. Morice. D.A. S. 150. D.P. 2. 199.

628. — L'opposition, d'ailleurs, ne profite qu'à celui qui l'a formée, et les vices de forme, capables de vicier le concordat, sont réputés couverts vis-à-vis de tous ceux qui ne les ont pas fait valoir par une opposition formée dans la huitaine. — D.A. 8. 138, n. 13.

629. — Jugé ainsi que la nullité du concordat ne doit être prononcée que dans l'intérêt du créancier qui l'a demandée, qu'elle ne peut l'être *d'office* par le tribunal, à l'égard des autres créanciers qui ne sont pas parties au procès. — 8 juin 1818. Rouen. Alexandre. D.A. 8. 140. D.P. 22. 2. 167 et 168.

630. — Les créanciers du failli sont sans qualité pour former individuellement tierce-opposition au jugement qui annulle le concordat. Ce jugement ne peut être attaqué que par la masse des créanciers, ou quelqu'un ayant droit de la représenter. — 11 mai 1812. Paris. Meynard. D.A. 8. 147. D.P. 2. 199.

631. — Si le concordat était annulé comme manquant de quelques unes de ses formes constitutives, le failli serait-il admis à prétendre qu'au moins il doit avoir, vis-à-vis des créanciers qui l'ont souscrit, la force d'un traité individuel? Non, car c'est un concordat, et un concordat seulement, avec tout les effets qui y sont attachés, que les créanciers ont prétendu faire. — D.A. S. 138, n. 9; Locré, t. 6, p. 363.

632. — Le délai pour interjeter appel des jugemens qui statuent sur l'opposition au concordat, ainsi que de ceux qui ordonnent son homologation, est le délai ordinaire de trois mois; on ne saurait induire une exception à ce principe de ce que l'art. 524 C. comm. veut que le concordat soit homologué dans la huitaine du jugement sur les oppositions (C. pr. 443). — 17 mars 1813. Colmar. Goll. D.A. 1. 444. D.P. 22. 2. 166, n. 5. — 27 janv. 1831. Paris. Schmidt. D.P. 31. 2. 69.

633. — De ce que, comme on l'a vu, le jugement qui annulle le concordat au profit d'un créancier et sur sa demande individuelle, ne profite pas aux autres créanciers, il suit qu'ils ne pourraient attaquer, par la tierce-opposition, l'arrêt qui infirmerait ce jugement. — 5 juill. 1833. Bordeaux. Bernier. D.P. 33. 2. 232.

§ 3. — *De l'homologation du concordat.*

634.— Le concordat doit être homologué, s'il n'y a pas d'opposition dans la huitaine fixée par l'art. 523; l'homologation ne peut avoir lieu qu'après l'expiration de ce délai.— Ainsi, c'est irrégulièrement que le concordat passé le 20 avril serait homologué le 25 du même mois; mais cette irrégularité n'empêche pas le jugement d'homologation de produire son effet, si d'ailleurs il n'y a pas eu d'opposition formée dans le délai de huitaine (C. comm. 523 et 524). — 18 juill. 1826. Colmar. Edighoffen. D.P. 27. 2. 60.

635.— S'il a été formé quelque opposition, l'homologation doit être differee jusqu'après le jugement sur les oppositions (524).

636. — Si l'opposition formée par un créancier avait été rejetée, et qu'il y eut appel du jugement, le tribunal pourrait-il passer outre à l'homologation, sans attendre la décision sur l'appel? L'opposition, ainsi qu'on l'a déjà dit, ne profite qu'au créancier de qui elle émane : rien ne saurait donc empêcher le tribunal d'homologuer le concordat vis-à-vis des non opposans, et même vis-à-vis de tous, sauf les droits du créancier opposant, pour qui le concordat ne sera pas obligatoire, s'il réussit dans son appel. L'art. 524 semble confirmer cette décision, en disant que « le traité sera homologué dans la huitaine du jugement sur les oppositions,» sans parler de l'appel.— D.A. S. 150 n. 3; Pard., n. 1243. — *Contrà*, Boulay, n. 264; Vincens, t. 4, p. 440.

637. — Cette décision néanmoins peut avoir des inconvéniens, à raison de l'art. 528, qui veut que les syndics provisoires remettent au failli l'universalité de ses biens, papiers et effets, après que le jugement d'homologation leur a été signifié. Les syndics feront donc sagement de ne pas se dessaisir avant que l'opposition du créancier ait été définitivement jugée, et celui-ci pourrait même former saisie-arrêt entre leurs mains.— D.A. 8. 151, n. 3.

638.—Mais lors même que la remise des biens aurait été effectuée avant le jugement de l'opposition sur l'appel, les syndics ne seraient passibles d'aucuns dommages-intérêts pour s'être conformés à la loi, pourvu qu'ils fussent exempts de fraude.— D.A. *ib.*

639. — Jugé ainsi que les fautes commises dans les opérations de la faillite étant plus le fait du juge-commissaire que des syndics, il en résulte que ceux-ci ne peuvent être condamnés à des dommages-intérêts envers le créancier qui demande la nullité du concordat, pour raison de l'homologation de ce concordat, et de la remise des effets au failli, qui en a été la conséquence, lorsque c'est de l'avis du juge-commissaire que l'homologation a été prononcée. — 10 août 1811. Paris. Tuart. D.A. 8. 138. D.P. 12. 2. 36.

640.— L'homologation est demandée au tribunal de commerce (C. comm. 635-3°).

641.— Le concordat, passé à l'étranger par un failli étranger avec la majeure partie de ses créanciers, et homologué par un tribunal étranger, ne peut pas être opposé, en France, à un créancier français qui refuse d'y adhérer.— 25 fév. 1825. Paris. Pedemonte. D.P. 25. 2. 207.

642 — L'homologation est demandée par le failli ou les syndics, par simple requête, sans assignation ni plaidoirie. La marche à suivre pour l'homologation du concordat est tracée par l'usage; le code de commerce n'a établi aucune règle à cet égard.— D.A. S. 151, n. 4.

643 — Un concordat librement et volontairement consenti entre un failli et ses créanciers ne peut être annulé *d'office* par les tribunaux, si ce n'est, tout au plus, dans les cas d'inconduite ou de fraude qui constituent la banqueroute simple ou frauduleuse. — Dès lors, il ne peut être annulé pour non accomplissement des formalités qui doivent en précéder la signature, que sur la demande des créanciers qui se prétendraient lésés par l'omission de quelque formalité, et seulement à leur égard (C. comm. 519, 526).—25 fév. 1817. Civ. c. Paris. Garnery. D.A. 8 156. D.P. 17. 1. 171.

644.— En effet, ces formalités ne touchent qu'à l'intérêt privé, et il est, dès lors, permis aux parties de renoncer à la nullité résultant de leur violation (arg. 526). — D.A. 8. 151, n. 9; Pard., n. 1243; Boulay, n. 270; Locré, t. 6, p. 336

645 —Jugé de même que le tribunal de commerce ne peut refuser *d'office* l'homologation du concordat, lorsqu'aucun créancier ne se plaint; que le juge-commissaire atteste que toutes les formalités ont été remplies, et qu'il ne s'élève contre le failli aucune présomption de banqueroute ni d'inconduite.— 8. mai 1817. Rennes. Rosi. D.A. 8. 156, n. 1.

646.— Jugé encore que l'art. 519 C. comm., qui interdit tout traité entre les créanciers et le failli, avant l'accomplissement des formalités que la loi prescrit, n'est applicable qu'au cas où la majorité doit obliger la minorité, mais nullement à celui où le traité est librement consenti par le failli et tous ses créanciers.—Dans ce dernier cas, les juges ne

peuvent se dispenser d'homologuer le concordat, sous prétexte qu'il n'a point été procédé des formalités voulues par le code de commerce, si, d'ailleurs, il n'existe contre le failli aucune présomption pouvant donner lieu à des poursuites de banqueroute.— 22 juin 1820. Douai. Desfarges. D.A. 8. 157. D.P. 22. 2. 25.

647.— Quand même il aurait été formé, en temps utile, par un créancier, en son nom individuel, une opposition au concordat pour non accomplissement des formalités prescrites, ce ne serait pas une raison pour le tribunal de refuser l'homologation vis-à-vis des créanciers non opposans, puisque l'opposition, qui n'est pas fondée sur des motifs d'ordre public, ne profite qu'à celui qui l'a faite.— D.A. 8. 152, n. 10. — V. l'arrêt du 25 fév. 1817, ci-dessus, n. 643.

648.—Le tribunal devant lequel se trouve portée une demande à fin d'homologation du concordat, et, par suite, la cessation, pour l'avenir seulement, des effets de la faillite, ne peut refuser d'y statuer, en alléguant une décision antérieure du même tribunal, qui a rejeté la demande tendante à faire rapporter et regarder comme non avenu le jugement déclaratif de la faillite, ces deux demandes n'ayant aucune identité.— 22 juin 1820. Douai. Desfarges D.A. 8 158. D.P. 22. 2. 25.

649. — Ces mots de l'art. 526 : « Le tribunal de commerce *pourra*, pour cause d'inconduite ou de fraude, refuser l'homologation..., » signifient, non pas que le tribunal ait *faculté* d'accorder ou de refuser l'homologation, tout traité est au contraire absolument interdit quand il y a présomption de banqueroute (521); mais seulement que le tribunal a le droit de refuser *d'office* l'homologation du concordat, quand il s'élève contre le failli des présomptions de banqueroute.— D.A. 126, n. 20.

650.— Le concordat, quoique passé avec les trois quarts des créanciers du failli, n'est point obligatoire et ne peut être homologué contre celui des créanciers chirographaires qui se refuse à cette homologation, lorsque le failli n'a point représenté ses livres, et que les allégations de pertes qu'il prétend avoir essuyées se trouvent démenties par sa propre déclaration, «qu'il ne vendait qu'au comptant. »—28 mess. an 12. Paris. Flabaut. D.A. 8. 154 D.P. 22. 2. 166, n. 4.

651.— Le commerçant dont la faillite a pour cause des pertes résultant de jeux de bourse, ne peut pas être admis à l'atermoiement. Le tribunal doit, en conséquence, refuser l'homologation du concordat. — 18 juin 1808. Paris. Boursier. D A. 8. 154. D.P. 22. 2. 166, n 1.

652. — Lorsqu'il y a indice de fraude et de banqueroute dans la faillite d'une société en nom collectif, le juge doit refuser l'homologation du concordat accordé à la société, sans distinguer entre les associés, encore que chacun d'eux ait obtenu un concordat personnel (C. comm. 22 et 526). — 2 août 1832. Réq. Nîmes. Deleutre. D.P. 32. 1. 357.

653. — Le tribunal, par cela qu'il est allégué contre le failli des faits d'inconduite ou de fraude, n'est pas obligé de tenir ces faits pour vrais, et de refuser, sans examen, l homologation du concordat. — D.A. 8. 152, n. 12.

654. — Jugé ainsi que le négociant qui ne représente pas de livres n'est pas, par cela seul, en présomption de banqueroute; que c'est aux juges qu'il appartient d'apprécier s'il y a imprudence grave ou fraude de sa part, et si, en conséquence, l'homologation de son concordat doit lui être refusée (C. comm. 587).—15 avril 1823. Caen. Mouton D.A. 8. 310. D.P. 2. 234.

655 — L'erreur commune, d'après laquelle une certaine classe de négocians se sont crus dispensés de tenir des livres, peut être apportée comme excuse par le failli de cette classe, qui n'en représente point, lorsque d'ailleurs les circonstances de la cause et les justifications qui ont été faites éloignent tout soupçon de fraude ou d'inconduite. — Même arrêt.

656.— Le défaut de publication de son contrat de mariage, dans le délai prescrit, ne saurait non plus le faire considérer comme banqueroutier frauduleux, et partant indigne du concordat, lorsqu'il a pu se croire dispensé de cette publication par l'opinion commune que sa profession n'était point commerciale, opinion autorisée par des arrêts ou des actes administratifs qui auraient déchargé les individus de cette classe du paiement de la patente (C. comm. 70).— Même arrêt.

657. — Jugé de même que les tribunaux ne peuvent refuser l'homologation d'un concordat arrêté de l'avis unanime des créanciers, et sans opposition de la part du juge-commissaire, que pour des causes manifestes d'inconduite ou de fraude, ignorées des créanciers ou dissimulées par eux par une connivence coupable. Mais ni la différence entre l'actif et le passif, si elle est moindre de 50 p. 100; ni l émission d'un grand nombre de traites tirées à découvert et sans provision; ni la facilité démesurée du failli à livrer des signatures de circulation, lorsqu'il n'est point établi qu'il en a livré pour une somme triple de son actif; ni sa négligence à couvrir les risques de ses navires par des assurances, ne peuvent être considérés comme des indices de *fraude* ou d'*inconduite*, suffisans pour faire refuser l'homologation du concordat. — Il en est de même de l'absence du livre-journal et du livre d'inventaire, lorsque, dans les autres livres tenus par le failli, se trouvent répandus et exactement consignés tous les détails que peut réunir un livre-journal, et que le dernier inventaire du failli a été transcrit sur un registre duement en forme; — Il en serait de même du défaut de timbre et de paraphe de tous les livres tenus par le failli, s'ils ont été exactement tenus par ordre de dates, et ne contiennent ni blancs, ni lacunes, ni transports en marge (C. comm. 526 et 586).— 7 janv. 1811. Rennes. Keristiou. D.A. 8. 155. D.P. 13. 2 5.

658.— S'il avait été rendu plainte en banqueroute contre le failli, devant la justice criminelle, et qu'il eût été donné suite à cette plainte avant que le jugement d'homologation fût intervenu, le tribunal de commerce serait obligé de surseoir, conformément à l'art. 3 C. inst. cr. — 18 nov. 1812. Civ. c. Guillard. D.A. 1. 208 D.P. 13. 1. 93.

Et le jugement rendu sur l'action publique réfléchirait nécessairement sur l'action civile, c'est-à-dire sur le rejet ou l'homologation du concordat, puisqu'il s'agirait, devant l'une et l'autre juridiction, de l'appréciation du même fait.— D.A. 8. 152, n. 13.— V., sous l'article précédent, l'arrêt de Nîmes, du 18 mai 1813, n. 625.

659. — Jugé ainsi que, quoique l'art. 521 C. comm. prohibe tout traité entre un failli en prévention de banqueroute frauduleuse et ses créanciers, cependant le concordat passé entre ces derniers et leur débiteur failli, prévenu de banqueroute, doit obtenir effet et être homologué, si, depuis, le failli a été acquitté de l'accusation de banqueroute — 21 juill. 1825. Poitiers. Deme. D.P. 26 2. 205.

660. — Notez que, si après l'acquittement du prévenu par le tribunal correctionnel ou la cour d'assises, il était porté à la connaissance du tribunal de commerce *d'autres faits* caractéristiques de la banqueroute que ceux qui ont fait l objet des débats criminels, ce tribunal pourrait refuser l'homologation, sans violer la chose jugée. — D.A. 8. 152, n.

661. — Au contraire, si l'instruction n'était pas encore commencée sur la plainte en banqueroute, lorsque la demande d'homologation est portée devant le tribunal de commerce, ce tribunal pourrait statuer immédiatement sur les intérêts civils des créanciers et du failli, c'est-à-dire prononcer ou refuser l'homologation du concordat, sans attendre l'issue du procès criminel (arg. de l'art. 3 C. inst. cr.). — D.A. 8. 152, n. 14.

662.— Jugé ainsi que la plainte rendue par un particulier, qui se prétend lésé par suite d'un délit, ne constitue pas l'action publique, cette plainte ne saurait donc, à elle seule, indépendamment des poursuites du magistrat chargé de la vindicte publique, être un motif pour les tribunaux de surseoir à statuer sur l'action civile dont ils sont saisis, jusqu'après décision sur l'action publique, conformément à l'art. 8 du code du 3 brum. an 4. — Et *spécialement*, un créancier ne peut arrêter l'homologation du concordat, sous prétexte qu'il a rendu contre le failli une plainte en banqueroute frauduleuse, s'il n'a été donné aucune suite par le ministère public à cette plainte. — 10 avril 1810 Req. Rouen. Lelargue. D.A. 8. 160. D P. 10. 1. 192.

663 — Il pourra arriver de là qu'après que le tribunal de commerce aura homologué le concordat, en rejetant l'allégation des faits d'inconduite ou de fraude, le failli soit condamné comme banqueroutier; le jugement d'homologation pourra-t-il alors subsister, au mépris de l'art. 521 C. comm.? Indubitablement, et il n'y aura pas violation de l'art. précité, parce que l'homologation n'aura été accordée, par les juges de commerce, que parce qu'à leurs yeux toute prévention de banqueroute s'était dissipée : il y a lieu, dans ce cas, à l'application des principes de la *chose jugée* (V. ce mot). — D.A. 8. 152, n. 15; Merlin, Rép., t. 15, p. 272.

664. — Lorsque l'homologation est refusée pour cause *d'inconduite* ou de *fraude*, le failli est renvoyé, en présomption de banqueroute, devant le procureur du roi, qui est tenu de poursuivre d'office (526).

665.— Si l'homogation est refusée, les créanciers ou le failli peuvent appeler du jugement. C'est le droit commun, quoique le code de commerce ne le dise pas.— D.A. *eod.*, n. 5.

666.— Cette faculté appartient aux créanciers individuellement, parce que les syndics ne sont que leurs délégués, et que le mandant peut toujours agir de lui-même, quand le mandataire néglige ses intérêts. — D.A. 8. 151, n. 5. — *Contrà :* arrêt de la cour de Paris, 11 mai 1811, *suprà.*

667.— Si l'homologation est accordée, le tribunal déclare le failli excusable et susceptible d'être réhabilité.

668.—Le failli qui justifie de l'acquit de toutes ses dettes, peut être déclaré susceptible de réhabilitation, avant même que toutes les formalités préliminaires au concordat aient été remplies, et notamment avant qu il ait été procédé à aucune vérification de créances (C. comm. 519 et 526). — 28 mai 1822 Amiens. Houel. D.A. 8. 135. D.P. 2. 198.

669.— En tout cas, il ne peut appartenir au propriétaire de la maison occupée par le failli, qui a été payé de tous les loyers échus, et qui est en instance devant les tribunaux ordinaires, pour avoir paiement de tous ceux à échoir, de former opposition au jugement qui a déclaré le failli susceptible de réhabilitation, après que ce jugement a reçu toute son exécution par la remise du failli à la tête de son commerce.— Même arrêt.

670 — L'exécution donnée à ce jugement ayant fait cesser les fonctions de syndics, ils n'ont pu être mis en cause par l'opposant, sous une qualité qui ne leur appartenait plus.— Même arrêt.

671.— Aucun jugement portant défense d'exécuter ne peut être rendu que parties présentes, ou duement appelées. — Spécialement, le tribunal, en homologuant le concordat passé avec le failli, nonobstant que les créanciers refusans n'aient point été cités en homologation, ne peut pas fixer un délai pour les mettre en cause, et cependant ordonner le sursis des poursuites commencées par l'un des créanciers du failli, si ce dernier n'est point présent au jugement, ou n'y a point été appelé.— 5 frim. an 12. Paris. Boucher. D.A. 8. 154. D.P. 2. 199.

672 — Aussitôt que le jugement d'homologation a été signifié aux syndics provisoires, ils rendent leur compte définitif au failli, en présence du juge-commissaire. S'il s'élève quelque contestation, le tribunal de commerce prononce: les syndics remettent ensuite au failli l'universalité de ses biens, papiers et effets; le failli en donne décharge, et il est dressé du tout procès-verbal par le juge-commissaire (525).

673.— Dans le cas de l'art. 525 C. comm., la décharge donnée par un failli aux syndics de sa faillite, de leur compte de gestion, est nulle, si elle a été donnée antérieurement à l'homologation du concordat. — 18 juin 1825. Paris. Langlet. D.P. 25. 2. 233.

674. — Lorsqu'un failli a reçu, sans protestation ni réserve, postérieurement à l'homologation du concordat, ses livres, papiers, le carnet de caisse tenu pendant la gestion des syndics et le solde restant, il n'est pas recevable à demander aux syndics leur compte de gestion; la réception de ces différens effets, sans réclamation, équivaut à une décharge pour les syndics.— Même arrêt.

675. — L'inscription aux hypothèques du jugement d'homologation conserve à chacun des créanciers, sur les immeubles du failli (et contre les créanciers postérieurs de la faillite), l'hypothèque déjà acquise à la masse, en vertu de l'art. 500 C. comm. (524).

676. — La loi charge les syndics de prendre cette inscription, à moins qu'il n'y ait été dérogé par le concordat (524).

677. — Les créanciers peuvent-ils se pourvoir contre le jugement qui a accordé l'homologation? Oui, pourvu qu'ils ne s'attaquent pas au concordat; car ce serait un moyen indirect de proroger le délai de huitaine donné par l'art. 523 pour y former opposition. Ce ne sera donc que pour des vices particuliers au jugement d'homologation, que la révision pourra en être demandée. — D.A. 8. 151, n. 6.

678. — Jugé ainsi que l'opposition est la seule voie permise pour attaquer le concordat. L'appel du jugement qui l'a homologué est non-recevable (C. comm. 523 et 524).—25 oct. 1823. Caen. Groult. D.A. 8. 161. D.P. 2. 201. — 13 fév. 1811. Bruxelles. Despiennes. D.A. 8. 167. D.P. 2. 201.

679. — L'homologation du concordat, portant *terme* et *remise*, et souscrit par les trois quarts en sommes des créanciers du failli, ne peut pas être refusée par le tribunal, sur l'opposition des créanciers chirographaires non signataires du traité, qui n'argueut d'aucun moyen de fraude ou de simulation, mais déclarent accéder uniquement aux termes accordés au failli pour se libérer (Ordonn. de 1673, tit. 11, art. 7). — 29 therm. an 10. Civ. c. Maynony. D.A. 8. 153. D P. 3. 1. 508.

680. — Par quelle voie doit être attaqué le jugement d'homologation? S'il a été rendu en présence des syndics, les créanciers n'ont que la voie de l'appel; car tous sont censés représentés par les syndics, quand ils ont des intérêts identiques: or, le défaut d'opposition d'aucun d'eux au concordat, dans le délai prescrit, a emporté adhésion de tous à ce concordat. — D.A. 8. 151, n. 7.

681. — Si c'est sur la requête du failli seul, et hors de la présence des syndics, que l'homologation a été prononcée, la tierce-opposition est la seule voie admissible. — D.A. *eod.*; Pard., n. 1245. — *Contra*, Merlin, Rép., t. 15, p. 269.

682. — Dans l'ancienne législation, tout créancier qui n'avait point été partie au concordat, ni appelé au jugement d'homologation, pouvait former tierce-opposition à ce jugement, même après la huitaine de la signification qui lui en avait été faite. Ce délai, qui n'était jamais de rigueur en matière de commerce, n'était d'ailleurs applicable qu'à l'opposition aux jugemens rendus par défaut contre partie (Ord. 1667, tit. 35, art. 2 et 3). — 5 frim. an 9. Nîmes. Goin. D.A. 8. 152. D.P. 22. 2. 168, n. 9.

683. — Le créancier hypothécaire ne peut être reçu à former tierce-opposition au jugement homologatif d'un concordat régulièrement consenti. — 14 déc. 1829. Nanci. Oiry. D.P. 30. 2. 37.

684. — L'appel doit être interjeté dans les délais ordinaires (C. pr. 443), qui courent à partir de la signification faite aux syndics du jugement d'homologation, conformément à l'art. 525. — D.A. 8. 151, n. 8. — V. Appel.

685. — Le failli, qui a obtenu contre les créanciers refusans, l'homologation de son concordat, est censé se désister du bénéfice du jugement d'homologation, lorsque, sur l'appel qui en est interjeté par les créanciers, il forme une demande en cession de biens. — 22 janv. 1808. Paris. Borredon. D.A. 8. 228. D.P. 2. 217.

686. — Un concordat homologué peut être annulé pour cause de fraude découverte postérieurement au jugement d'homologation: dans ce cas (où c'est moins le jugement d'homologation que le concordat qu'il s'agit de faire réformer), l'action en nullité dure dix ans, et la prescription ne court que du jour où la fraude a été découverte (C. civ. 1304; C. comm. 523). — 12 déc. 1827. Civ. r. Lyon. Guillon. D.P. 28. 1. 56.

687. — Le jugement qui annulle un concordat pour cause de fraude et dol, ne viole pas la chose jugée par le jugement d'homologation de ce concordat, surtout si la demande n'est pas formée par les mêmes personnes (C. civ. 1351). — Même arrêt.

688. — Un créancier qui a signé le concordat et reçu, en conséquence, des dividendes, est néanmoins recevable à l'attaquer pour des faits de dol et de fraude ignorés au moment du traité; on ne peut, dans ce cas, dire qu'il y a eu exécution volontaire de l'acte, dans le sens de l'art. 1338 C. civ. — Même arrêt.

§ 4. — *Des effets du concordat.*

689. — Le concordat, duement homologué, est obligatoire pour *tous* les créanciers (hors les hypothécaires et ceux nantis d'un gage, quant à leurs droits sur la chose affectée), qu'ils aient concouru ou non à la délibération; car la loi leur ayant donné *huit jours* pour former opposition au concordat, et en prévenir ainsi l'homologation, ils sont réputés, à défaut d'opposition dans ce délai, avoir acquiescé au traité. — D.A. 8. 150, n. 2.

690. — Mais le concordat passé avec le failli, et duement homologué, n'est point obligatoire pour les créanciers de la femme, qui n'y ont point paru, nonobstant que celle-ci s'y soit obligée solidairement envers les créanciers de la faillite, dont plusieurs étaient en même temps ses créanciers personnels, et leur ait fait abandon des sommes qu'elle avait à recouvrer (C. civ. 1351; C. comm. 523, 524). — Les créanciers de la femme, non signataires du traité, ont donc pu saisir-arrêter ces mêmes sommes, nonobstant la cession faite aux créanciers de la faillite, si, lors de la saisie-arrêt, aucune notification du transport n'avait été faite, de la part des cessionnaires, aux détenteurs des deniers (C. civ. 1690; C. pr. 557). — 19 janv. 1820. Civ. c. Rennes. Ve Coiffier. D.A. 8. 173 D.P. 20. 1. 145.

691. — Le concordat provoqué par le failli, et homologué sur sa demande, forme, entre lui et ses créanciers, une véritable transaction, qui ne lui permet plus d'attaquer aucune des créances comprises dans le traité, s'il est d'ailleurs prouvé qu'il n'y a eu, lors de la vérification de ces créances, ni erreur dans la personne, ni erreur sur l'objet de la contestation (C. civ. 2053).

692. — Ainsi, lorsqu'un tiers a cautionné, sur la demande du failli lui-même, des effets de commerce souscrits par ce dernier, et qu'il en a remboursé la valeur, lorsque ce tiers s'est fait admettre au passif de la faillite, en vertu d'une vérification faite contradictoirement avec le failli, les syndics provisoires et les autres créanciers, sous l'autorité du juge-commissaire, le failli ne peut plus, après le jugement d'homologation, rendu à sa requête, faire rejeter cette créance du concordat, sous prétexte qu'il ne devait pas le montant desdits effets, sauf à lui à agir particulièrement contre celui au profit de qui ils ont été souscrits, et qui en a reçu le paiement. — 19 nov. 1813. Colmar. Heisch. D.A. 8. 166. D.P. 2. 201.

693. — Jugé de même que le failli qui a obtenu un concordat, et en a provoqué l'homologation, n'est plus admissible à contester la légitimité de créances vérifiées par les syndics, et qui figurent au concordat, sous prétexte que cette vérification lui est étrangère, et qu'il n'y a point assisté. — Des exceptions de cette nature, qui ne tendent qu'à perpétuer illégitimement les opérations d'une faillite terminée depuis long-temps, ne doivent point être écoutées, lorsqu'elles ne reposent point sur des erreurs de calcul, mais sur des moyens de droit, auxquels le failli est présumé avoir renoncé par l'exécution qu'il a donnée au concordat.

Spécialement, lorsque les syndics ont vérifié et admis au passif de la faillite la créance du tiers-porteur d'effets endossés par le failli, lequel tiers-porteur avait perdu son recours contre son cédant, à défaut de dénonciation du protêt dans les délais prescrits par les art. 164 et suiv. C. comm., le failli ne peut, après le jugement d'homologation du concordat, qu'il a provoqué lui-même, et qu'il a exécuté en donnant décharge aux syndics du compte qu'ils lui ont rendu, conformément à l'art. 525 C. comm., refuser au tiers-porteur le paiement du dividende stipulé, sur de prétendues exceptions, à l'égard desquelles il est réputé avoir transigé, en demandant au tribunal l'homologation du concordat. — 16 avril 1813. Douai. Leblond. D.A. 8. 165. D.P. 14. 2. 81.

694. — Jugé encore que le failli ne peut appeler du jugement qui l'a déclaré débiteur envers un tiers, lorsque, postérieurement au jugement, il a compris la dette au passif de son bilan, et a fait citer le créancier en homologation du concordat. — 27 frim. an 12. Paris. J.... D.A. 8. 165. D.P. 2. 201.

695. — Jugé encore que le concordat homologué est, pour les créanciers, un titre justificatif de leur créance, quant au dividende qui leur est attribué par cet acte. — 20 nov. 1829. Nîmes. Laurent. D.P. 30. 2. 133.

696. — Jugé enfin que le failli, en donnant son consentement au concordat, reconnaît, par cela même, les titres des créanciers qui y sont intervenus, ainsi que le montant des sommes pour lesquelles ils ont été admis, et il ne peut détruire l'effet de cette reconnaissance par une protestation intervenue même avant le jugement d'homologation; il prétendrait en vain qu'il n'était pas, à cette époque, relevé de son incapacité (C. comm. 442, 525; C. civ. 1338). — 25 avril 1834. Req. Colmar. Blotry. D.P. 34. 1. 178.

697. — Les créanciers hypothécaires du failli ont droit au dividende fixé par le concordat, comme ils ont droit de prendre part avec les créanciers chirographaires, lorsqu'il n'existe point de concordat, à la distribution du prix du mobilier, de la manière et avec les conditions prescrites par les art. 539, 540, 541 et 542 C. comm. — 26 nov. 1812. Paris. Pernot. D.A. 8. 168. D.P. 22. 2. 169.

698. — Si le concordat ne détruit pas les effets de la faillite, quant au passé, puisque le failli est obligé de se faire réhabiliter (526), il les fait du moins disparaître pour l'avenir, et replace le failli à la tête de ses affaires (525).

699. — Le failli ne reprend souvent la direction de ses affaires que sous certaines restrictions que lui imposent ses créanciers. Ainsi, ils désignent plusieurs d'entre eux pour surveiller l'exécution du traité, assister à la vente des biens, et assurer la répartition du prix en provenant aux divers créanciers. — D.A. 8. 161, n. 1.

700. — Quelquefois même il est stipulé que le failli ne sera capable d'aucun acte soit d'administration, soit de disposition, sans l'assistance et le consentement exprès des commissaires nommés par les créanciers. — D.A. *ibid.*

701. — Cette clause est obligatoire même à l'égard des tiers qui auraient traité de bonne foi avec le failli seul: c'était à eux à se faire représenter l'acte qui rendait à celui-ci partie des droits dont il avait été dépouillé par la faillite. — *Ibid.*

702. — Jugé ainsi que lorsque dans le concordat il a été réservé expressément par les créanciers que le failli ne pourrait disposer d'une partie quelconque de l'actif dévolu à sa masse, sans le secours des commissaires établis au concordat, un créancier postérieur à la faillite ne peut se prévaloir, au préjudice de la masse, de la cession qui lui aurait été faite par le failli concordataire, d'une créance appartenant à son actif, nonobstant que ce créancier allègue avoir contracté de bonne foi et dans l'ignorance de la faillite. — 21 juin 1820. Bruxelles. Vanlook. D.A. 8. 161, n. 3.

703. — L'art. 494 C. comm., aux termes duquel toute action à intenter contre un failli après sa faillite, ne peut l'être que contre les agens et syndics, cesse d'être applicable lorsqu'il a été fait entre les créanciers et le failli un concordat par lequel ce dernier est autorisé à administrer ses biens sous la surveillance et avec l'assistance de commissaires. — Ainsi, une demande en justice dirigée directement contre le failli n'est pas nulle à son égard, par cela seul qu'elle n'a pas été formée simultanément contre les commissaires: le failli a droit, intérêt et qualité pour y défendre; la demande est seulement irrégulière à l'égard des commissaires. — 21 juin 1825. Civ. r. Paris. Ouvrard. D.P. 25. 1. 225.

704. — Lorsque le gérant d'une faillite, nommé par les créanciers dans le concordat passé avec le failli, a été autorisé à recevoir le compte du syndic, et à lui en donner décharge, s'il y a lieu, la décharge donnée en conséquence, après reddition du compte, met le syndic à l'abri de toute réclamation ultérieure quant à son administration, soit de la part du gérant, soit de la part des créanciers. — 16 fév. 1829. Rouen. Durand. D.P. 31. 2. 20.

705. — Le commissaire des créanciers, nommé à l'exécution du concordat, ne peut être contraint, par l'un d'eux, à une reddition de compte, tant que la masse de la faillite n'est pas liquidée: il suffit qu'il remette au créancier un tableau de situation de l'actif et du passif. — 24 mars 1821. Bruxelles. Steenkist. D.A. 8. 119. D.P. 2. 194.

706. — De ce que, dans un concordat par lequel il a été stipulé que des commissaires, nommés par les créanciers, administreraient la faillite avec l'assistance du failli auquel il est accordé une certaine somme pour son entretien, avec attribution de tant par cent, prélèvement fait au préalable de 50 pour 100, au profit des créanciers, d'une telle stipulation il ne saurait résulter que le failli doive être considéré comme mandant: il n'est, au contraire, que co-mandataire des créanciers de la faillite avec les commissaires; et c'est avec raison qu'il a été déclaré sans qualité pour exiger un compte et pour quereller le compte rendu par les commissaires: ici ne s'appliquent ni l'art. 525 C. proc., ni l'art. 1993 C. civ. — 9 nov. 1831. Civ. r. Nîmes. Charbonnier. D.P. 31. 1. 547.

707. — Le gérant d'une faillite nommé par les créanciers dans le concordat passé avec le failli, qui, par négligence, n'a pas fait le recouvrement des capitaux, peut être privé, non seulement des honoraires qui lui ont été promis, mais encore du remboursement de ses avances, et être déclaré comptable des sommes non recouvrées (C. comm. 458; C. civ. 1992). — 16 fév. 1829. Rouen. Durand. D.P. 31. 2. 20.

708. — Le failli est pleinement libéré (du moins dans le for extérieur) de toutes les dettes qui lui sont remises par le concordat: en conséquence, il ne peut être recherché, pour raison de ces dettes, sur les biens qu'il a acquis depuis. — 9 niv. an 11. Poitiers. Kirch-Patrich. D A. 8. 163. D.P. 22. 2. 170, n. 15. — Conf. Savary, *Parf. négoc.*; Jousse, sur l'art. 7, tit. 11 de l'ord. de 1673; Locré, t. 6, p. 457; Pard., n. 1247; Vincens, t 4, p, 439; D.A. 8. 161, n. 2.

709. — Cependant, la loi devrait s'expliquer sur ce point; car la remise stipulée par le concordat a un caractère mixte qui peut souvent embarrasser. La considérera-t-on comme *volontaire*, ainsi que

l'a fait Savary, pour lui appliquer les principes du droit civil (C. civ. 1282 et suiv.)? Mais alors elle emporterait la décharge des débiteurs solidaires et des cautions (*ibid.* 1285 et 1287); ce qu'on ne peut admettre (V. l'arrêt suivant). La regardera-t-on comme *forcée*, ainsi que le veut Locré (*loc. sup. cit.*). Mais elle ne l'est pas, dans toute l'étendue du mot, vis-à-vis des créanciers signataires du concordat; car ils pouvaient préférer le contrat d'union au concordat. — D.A. 8. 162.

710.— La remise définitive et *sans réserve* de leurs créances, consentie, dans un concordat, par les créanciers d'une société en faillite, et l'acceptation du dividende convenu, a éteint, de la manière la plus absolue, toutes les créances sociales, en telle sorte que ces créanciers ne sont plus admis à se présenter dans la faillite personnelle des associés solidaires, pour y réclamer le paiement des sommes dont ils ont fait remise. — Le défaut de réserve fait présumer, dans ce cas, un abandon général et indéfini de toute espèce d'action, soit contre la masse sociale, soit contre les associés solidaires individuellement, alors surtout que, par le concordat, il est donné main-levée des inscriptions qui avaient été prises sur *tous les immeubles des faillis* (C. civ. 1234, 1285). — 3 juin 1818. Civ. c. Paris. Jaquemart. D.A. 8. 170. D.P. 18. 1. 342.

711.— La remise faite au failli par le concordat, ne profite pas à ses co-débiteurs solidaires, et à ses cautions. En effet, cette remise n'a pas le même caractère que la décharge conventionnelle dont il est parlé dans les art. 1287 C. civ. le failli n'est déchargé que parce qu'il ne *peut pas* payer, et nullement par un sentiment de bienveillance des créanciers à son égard. — D.A. 8. 162, n. 3.

712.— Jugé ainsi que la remise accordée par un créancier au failli, dans un concordat, moyennant paiement d'un dividende, ne peut être considérée comme volontaire de la part du créancier, qui, d'ailleurs, fait toutes réserves; par suite, elle ne libère pas les cautions ou co-obligés du failli. — 8 juin 1831. Paris. Duchauffour. D.P. 31. 2. 222.

713.— De même, le co-débiteur solidaire ou la caution ne peuvent se prévaloir des termes de paiement stipulés par le traité.—D.A. 8. 162, n. 4.

714.— Toutefois, la caution cesse d'être obligée envers le créancier hypothécaire qui, sans aucune réserve de ses droits d'hypothèque, a adhéré purement et simplement aux remises consenties par le concordat, et s'est contenté du dividende promis. Ce créancier, en effet, devant, au moyen de l'hypothèque, obtenir son paiement intégral, ne peut pas, par son propre fait, nuire à la caution. — 28 août 1826. Bordeaux. Coureaux. D.P. 27. 2. 200.

715.— Si le créancier, au lieu de réclamer directement du failli le dividende qui lui est attribué par le concordat, s'adresse de prime-abord au co-débiteur solidaire ou à la caution, pour l'intégralité de sa créance, ceux-ci seront obligés de payer immédiatement, sans doute, mais ils auront, comme subrogés dans les actions du créancier (C. civ. 1251), le droit de prendre sa place dans le concordat, et d'y toucher sa portion afférente —D.A. 8. 162, n. 5.

716.— Lorsque le créancier, après avoir touché le dividende, recourt, pour le surplus, contre la caution, celle-ci peut-elle revenir contre le failli, à l'effet d'obtenir pour elle-même un dividende proportionnel à la somme qu'elle aura été obligée de payer pour le débiteur principal? Non, car la même créance ne peut figurer qu'une fois dans le concordat. — D.A. 8 162, n. 6.

717.— Par une raison semblable, si le créancier a négligé le failli, pour s'adresser à deux co-débiteurs solidaires de la dette, tous deux ne pourront *simultanément* prendre part dans le concordat, que dans la proportion de ce qu'ils auront payé, et non pas chacun pour la totalité de la dette qu'ils ont cautionnée. — Pard., n. 1247; D.A. 8. 162, n. 7.

718. — Mais le créancier porteur d'engagemens solidaires entre le failli et d'autres co-obligés également en faillite, peut se présenter dans toutes les masses, pour le montant nominal de son titre, jusqu'à entier paiement (C. comm. 534). Ainsi, après avoir été payé d'une partie de sa créance par un premier obligé, il peut se faire comprendre dans le concordat du second pour la même créance en entier, pourvu que le dividende à obtenir n'excède pas ce qui lui reste dû. Cette décision ne contrarie pas ce que nous venons de dire, que les cautions qui avaient acquitté la dette du failli ne pouvaient simultanément se faire comprendre au concordat ou dans la faillite, que pour un dividende, calculé, non pas sur le montant total de la dette, mais sur la somme par eux réellement payée. Les deux cas diffèrent. Dans le second, on forcerait le débiteur

à payer deux fois; dans le premier, la faveur accordée au tiers-porteur ne nuit en rien aux faillis. — D.A. 8. 162, n. 8.

719. — Jugé ainsi que le porteur d'effets de commerce, qui a été payé, en partie, par l'un des débiteurs solidaires de ces effets, peut s'adresser à la faillite de l'autre pour la totalité de sa créance, mais de manière cependant qu'il ne puisse recevoir au-delà de ce qui lui est dû. — S'il a été passé un concordat avec le failli, il peut également, dans les mêmes cas, et sous les mêmes conditions, réclamer le dividende convenu, sur la totalité de sa créance (C. comm. 534). — 28 janv. 1817. Civ. r. Douai. Leblond. D.A. 8. 168. D.P. 2. 202.

720. — En cas de faillite d'une société de commerce, les remises que les creanciers font à l'un des associés dans un traité particulier passé avec lui, ne doivent pas nécessairement profiter aux autres associés. — 22 avril 1818. Req. Montpellier. Neblon. D.A. 8. 169. D.P. 19. 1. 105.

721. — Des lettres de change souscrites par un failli, avant sa faillite, au profit d'un de ses créanciers, et dont la date laissée en blanc a été remplie postérieurement au concordat consenti par les autres créanciers, sont obligatoires en totalité pour le failli, et sans qu'il puisse obliger ce créancier, porteur lui même des traites, à recevoir un dividende. — Toutefois, le failli ne doit être condamné à les acquitter qu'après le paiement, aux créanciers liés par le concordat, du dividende qui y est stipulé (C. comm. 442). — 31 juill. 1830. Toulouse. Lamothe. D.P. 31. 2. 101.

722. — Des offres réelles n'engagent celui qui les fait que lorsqu'elles sont acceptées par le créancier. — *Spécialement*, les offres faites par le failli de payer les dettes qui lui ont été remises par le concordat, *ne produisent d'obligation* qu'autant que ces offres ont été acceptées, *en termes formels*, avant la rétractation du failli. — 9 niv. an 11. Poitiers. Kirch-Patrich. D.A. 8. 163. D.P. 22. 2. 170.

723.— On a remarqué *suprà*, n. 310, que la faillite empêche, dans certains cas, que la compensation ne s'opère entre le débiteur et le créancier; mais la faillite ne produit cet effet que dans l'intérêt de la masse, d'où la conséquence, que le failli rétabli dans la jouissance de sa fortune par un arrangement quelconque avec ses créanciers, ne pourrait faire valoir cette exception, réservée à la masse seule. — Pard., n. 1126; D.A. 8. 162, n.

724. — Par le concordat, le failli se trouvant lié vis-à-vis de tous les créanciers signataires, que leurs créances aient été affirmées ou non, il suit de là que le créancier qui, pour faciliter le concordat, a garanti son exécution aux autres créanciers, doit, comme caution, être tenu de cette exécution envers tous les créanciers portés au bilan, soit que leurs créances aient été affirmées, soit qu'elles ne l'aient pas été (C. comm. 502, C. civ. 1275).— 9 juill. 1828. Paris. Vincent. D.P. 28. 2. 167.

725. — De ce que le concordat fait cesser les effets du dessaisissement, il suit que les obligations souscrites par le failli depuis le traité seront exécutées sur ses *meubles*, sans que les créanciers de la faillite puissent réclamer aucune préférence sur les nouveaux, à raison même du mobilier qu'ils justifieraient avoir appartenu au débiteur avant le concordat (Pardessus, n. 1249), à moins qu'ils n'aient réservé leur action sur ce mobilier par le traité même; car ce privilége existant tant qu'il y a dessaisissement, les créanciers doivent pouvoir mettre à la réintégration du failli dans l'administration de ses biens telles conditions qu'il leur plaît.— D.A. 8. 162, n. 9.

726. — Quant aux immeubles, soit actuels, soit futurs, ils demeurent affectés aux créanciers de la faillite par l'inscription aux hypothèques, à la diligence des syndics, du jugement d'homologation, à moins qu'il n'y ait été dérogé par le concordat (524).

727.— Cette inscription est requise individuellement au profit de chaque créancier dénommé au procès-verbal d'admission des créances. A l'égard des créanciers inconnus, il est convenable et prudent de les inscrire pour les droits déterminés que leur assure le concordat.— Pard., n. 1248; D.A. 8. 165, n. 10.

728.—Après le concordat duement homologué, et précédé de toutes les formalités prescrites pour mettre les intéressés en demeure d'y prendre part, aucun créancier ne peut, à peine de dommages-intérêts, faire incarcérer le failli, sous prétexte qu'il ignorait ce concordat, et que le jugement d'homologation ne lui en avait pas encore été signifié, lors de l'incarcération du débiteur.—13 fév. 1811. Bruxelles. Despiennes. D.A. 8. 167. D.P. 2. 201.

729.— Lorsqu'aux termes du concordat, les engagemens pris par le failli, du consentement des syndics, sont obligatoires pour les créanciers, les syndics peuvent, comme représentant la masse, être condamnés par corps à l'acquittement de ceux de ces engagemens qui sont susceptibles d'entraîner l'application de la contrainte par corps, sauf ensuite la mise à exécution de cette condamnation contre les créanciers formant la masse, dans les formes voulues par la loi (C. civ. 2063; C. comm. 494).— 19 janv. 1819. Req. Metz. Marmod. D.A. 8. 94. D.P. 19. 1. 225.

730.— Si le failli, qui, après la signature du concordat, a repris son commerce, vient de nouveau à cesser ses paiemens, cet événement détermine une seconde faillite, mais ne fait pas revivre la première : d'où la conséquence que tous les engagemens consentis dans l'intervalle de l'une à l'autre seront inattaquables, sauf le cas de fraude (447), s'ils sont antérieurs de plus de dix jours à l'ouverture de la seconde faillite.— D.A. 8. 163, n. 11.

731. — Jugé ainsi que le concordat passé entre un failli et ses créanciers, fait cesser l'état de faillite, et rétablit le failli dans la plénitude de ses droits. Spécialement, la saisie réelle de ses biens, postérieurement au concordat, mais à une époque où il avait antérieurement quitté le commerce, n'a pas eu pour effet de faire revivre la faillite. En conséquence, ne sont point nulles, comme prises sur un failli, les inscriptions hypothécaires d'une date postérieure à la saisie.— 12 flor. an 11. Civ. c. Nîmes. Garibie. D.A. 8. 163. D.P. 3. 1. 650.

732.— Jugé encore qu'avant le code de commerce, lorsqu'après une première faillite, il avait été passé entre le failli et ses créanciers, un contrat d'atermoiement, bien que ce contrat n'eût point été homologué, si le failli s'était replacé à la tête de ses affaires, sans aucune opposition, les engagemens souscrits par lui postérieurement, même envers un créancier de sa première faillite, étaient valables, s'ils étaient antérieurs aux dix jours de l'ouverture de la seconde faillite.—19 juin 1809. Douai. Recu. D.A. 8. 166. D.P. 22. 2. 160, n. 1.

733.—Le concordat, comme tout contrat synallagmatique, est soumis à la condition résolutoire (C. civ. 1184), en ce sens que si le failli ne paie pas au terme fixé, les créanciers rentrent dans tous leurs droits.—D.A. 8. 163, n. 12.

734.—Mais cette résolution du contrat ne fait pas revivre la première faillite; en telle sorte que les choses soient replacées au même état qu'elles étaient avant le concordat, et que les créanciers puissent reprendre la procédure aux derniers erremens : car, s'il en était ainsi, tout ce ce qui aurait été fait avec des tiers, postérieurement au concordat, ne pourrait préjudicier aux anciens créanciers; tandis qu'au contraire ceux-ci ne peuvent réclamer aucune préférence sur les nouveaux, sauf l'exercice des droits hypothécaires. Comment, d'ailleurs, remettre les choses en leur premier état? Il n'y a plus ni masse, ni juge-commissaire, ni syndics provisoires (525). Les créanciers non payes pourront donc provoquer une nouvelle déclaration de faillite, si leur débiteur est encore négociant; sinon ils le poursuivront par les voies ordinaires.— Locré, t. 6, p. 444; Boul., n. 299 et 300; D.A. 8. 163, n. 12.

735.— Jugé ainsi que le failli réintégré de droit et de fait dans l'exercice de tous ses droits par le concordat, a capacité pour disposer de tous ses biens et hypothéquer des immeubles, nonobstant qu'il n'ait point rempli les engagemens qu'il avait pris envers ses créanciers par ce traité. En conséquence, tout individu auquel il a consenti des hypothèques, postérieurement au concordat, peut réclamer sa collocation sur le prix des immeubles grevés, à la date de ses inscriptions. — 10 fév. 1815. Paris. Avial, ect. D.A. 8. 164. D.P. 22. 2. 170, n. 14.

ART. 11.— *Des syndics définitifs et de l'union des créanciers.*

736.— Si les créanciers n'ont pu tomber d'accord sur les conditions du concordat, un contrat d'union se forme, et les syndics provisoires sont remplacés par des syndics définitifs (C. comm. 527).

737.—De ce qu'à un individu déclaré en faillite par décisions passées en force de chose jugée, un arrêt a accordé, *tous moyens tenans*, un délai pour se libérer avant la nomination d'un syndic définitif, et que, par suite de cet arrêt, il a satisfait intégralement ses créanciers, il ne s'ensuit pas que la déclaration de faillite soit anéantie par là; il n'en résulte d'autre conséquence, en faveur du failli, que le droit de solliciter et d'obtenir sa réhabilitation. — 20 nov. 1827. Civ. r. Rouen. Thirion. D.P. 28. 1. 25.

738.—Dans ces circonstances, tous les frais qu'a occasionés la faillite, jusqu'au moment où les créanciers ont été satisfaits, doivent être mis à la charge du failli (C. civ. 1351 ; C. comm. 437, 604). —Même arrêt.

739.—Les créanciers qui n'ont pas pu ou qui n'ont pas voulu faire un concordat avec le failli, peuvent-ils, avant de s'unir, ou bien au cours de l'union, s'arranger avec lui et le réintégrer dans l'administration? Suivant Pardessus, n. 1269, l'accord des créanciers vérifiés, même unanime, ne peut faire cesser le régime des syndics et la surveillance du juge-commissaire, sans l'intervention du tribunal; lequel même ne doit se décider à cette mesure qu'en prenant des précautions pour les créanciers inconnus qui se présenteraient, en exigeant, dans leur intérêt, un cautionnement dont il déterminera la quotité et la durée. — Il semble, au contraire, que le tribunal excéderait ses pouvoirs en agissant ainsi. On ne fait aucun tort aux créanciers inconnus en replaçant leur débiteur dans une situation qu'ils ne cherchaient point à troubler. Dira-t-on que leurs droits sont garantis par l'homologation : mais elle est de pure forme. La loi ne soumet la faillite à de certaines règles que dans l'intérêt commun des créanciers : ces règles doivent cesser, ainsi que toute intervention protectrice du tribunal, quand le débiteur et tous ses créanciers se sont entendus. — *Ibid.*, n. 22; Locré, t. 6, p. 436.

740.—Toutefois, le traité, quoique consenti par tous les créanciers présens et vérifiés, ne lierait pas ceux qui se feraient connaître plus tard, et ne les empêcherait pas de poursuivre le débiteur comme ils l'aviseraient, même de faire reprendre la procédure comme en matière de faillite : car ce traité n'est qu'une convention ordinaire, qui n'oblige que ceux qui l'ont souscrit; et il ne peut obtenir les effets du concordat, délibéré dans la forme voulue, et revêtu de la sanction du tribunal. — D.A. *loc. cit.*

741.—Les aliénations que consentirait le failli rétabli par la stipulation dans l'administration de ses biens, ne seraient frappées d'aucune présomption légale de fraude, soit à son égard, soit à celui des tiers; et alors même qu'une impuissance de remplir ce qu'il a promis l'obligerait à une nouvelle faillite, les actes intermédiaires ne pourraient être annulés que si la fraude en était prouvée, ou s'ils avaient été faits dans les dix jours de l'ouverture de cette nouvelle faillite.—*Ibid.*, n. 24.

742. — La cour suprême n'étant pas appelée à réviser les interprétations que les tribunaux ont données aux clauses des contrats, il s'ensuit qu'il n'y a pas ouverture à cassation contre un arrêt qui, de ce qu'un créancier dont le débiteur est en faillite a assisté comme chirographaire à une délibération des syndics, qui confie au failli le mouvement de certaines créances, a tiré la conséquence que ce créancier avait renoncé à l'exercice de la contrainte par corps pour cause de stellionat. — 4 mars 1824. Req. Dijon. Moreau. D.A. 10. 599, n. 1. D.P. 2. 812, n. 3.

743. — Le contrat d'union n'établit pas une société entre les créanciers, mais seulement une simple communauté de biens résultant, comme pour les héritiers de l'indivison temporaire de la chose commune.—D.A. 8 176; Locré, t. 6, p . 485; Boul., n. 309.

744.— Ce contrat intéresse les créanciers hypothécaires comme les chirographaires; ils y ont donc voix délibérative comme ces derniers.—D.A. 8. 174.

745.— Les formalités prescrites impérieusement pour la formation et la validité d'un concordat, ne sont pas également prescrites pour la validité de la délibération qui le rejette. — *Spécialement*, le contrat d'union formé par les créanciers du failli n'est pas nul, par cela qu'il n'a point été précédé du rapport des syndics provisoires sur l'état de la faillite, lorsque le failli lui-même a d'ailleurs déclaré qu'il ne pouvait donner un état de ses affaires, ou par cela que les créanciers hypothécaires ont concouru à la délibération, si elle a été prise à l'unanimité (C. comm. 517, 520). — 2 juin 1812. Req. Douai. Letocard. D.A. 8. 178. D.P. 12. 1. 534.

746.— Sous l'ordonnance de 1673, un contrat d'union entre créanciers n'était valable et ne pouvait être opposé, à des tiers qu'autant qu'il avait été précédé d'un procès-verbal de vérification des créances, et suivi d'homologation. — 4 fév. 1806. Req. Jousselin. D A. 9. 696. D.P. 6. 1 255.

747.—Quelques auteurs prétendent encore que l'homologation est nécessaire toutes les fois qu'une délibération non unanime peut obliger tous les créanciers d'une faillite (Vincens, t. 4, p. 443; Boul., n. 311). Mais outre que le code n'a pas exigé l'homologation du traité d'union, qui ne sent la différence qu'il y a entre l'exécution d'un traité (le concordat) qui force tous les créancies à remettre au débiteur une partie de la dette, et l'exécution d'un simple mandat donné par plusieurs pour administrer les intérêts communs, non pour en disposer à leur gré?— D.A. 8. 174; Delv.. *Inst. comm.*, t. 2, p. 469, note.

748.— Le procès-verbal dressé par le juge-commissaire d'une faillite, et qu'il a qualifié de contrat d'union, n'a aucune valeur, s'il a été rédigé hors la présence des créanciers, sans leur consentement ni leur signature.—15 janv. 1834. Bordeaux. Brunet. D.P. 34 2. 105.

749.—En effet, le juge-commissaire a bien qualité pour dresser procès-verbal de toutes les délibérations des créanciers, mais sous la condition que les actes seront rédigés avec toutes les formalités voulues. Il est investi d'une délégation qui doit être restreinte plutôt qu'étendue.—D.P. 34. 2. 105.

750. — Les créanciers dont les créances n'ont pas été vérifiées, ne devant ni être convoqués par le syndic, ni être admis dans l'assemblée, ni enfin concourir au contrat d'union, sont non-recevables à venir attaquer ce contrat, même sur l'appel interjeté par le failli et d'autres créanciers vérifiés (C. comm. 514, 515, 519 et 527). — 15 janv. 1834. Bordeaux. Brunet. D.P. 34. 2. 105.

751.— Lorsque, sur la poursuite d'un des créanciers reconnus, un contrat d'union a été déclaré nul, les effets de la nullité sont indivisibles et s'appliquent à tous les créanciers, vérifiés ou non. — Même arrêt.

752. — En cas d'union des créanciers, comme lorsqu'il intervient un concordat, le juge-commissaire doit faire au tribunal de commerce un rapport circonstancié de l'état de la faillite. Ce tribunal, selon ce qu'il présumera de la bonne foi du failli, prononcera ou non son excusabilité. En cas de refus, le ministère public est averti, et il doit instruire sur-le-champ (art. 531).

753. — Les syndics définitifs sont nommés à la pluralité des voix (527).

754.— La loi n'oblige point à prendre ces syndics parmi les créanciers; ils peuvent donc être choisis parmi les individus étrangers à la faillite. — D.A. *loc. cit.* — Cependant l'opinion contraire s'induit de l'arrêt suivant.

755.— Le créancier qu'un failli a porté dans l'état de ses créanciers et qui a figuré dans le concordat, a, par là même, un titre apparent, propre à lui faire conférer les fonctions de syndic de l'union, et il ne peut être écarté du syndicat, sous le seul prétexte que le titre constitutif de sa créance ne serait point l'œuvre du failli, lorsque, d'ailleurs, ce dernier a reconnu par un second acte, que le souscripteur du titre de ce créancier était le prête-nom de lui, failli.—11 mai 1830. Req. Paris. Bearn. D.P. 30. 1. 247.

756. — Le syndic provisoire d'une faillite peut être nommé syndic définitif de la même faillite, avant même d'avoir rendu aucun compte (C. comm. 527). — 1er déc. 1819. Req. Rouen. Ancelin. D.A. 8. 134. D.P. 20. 1. 45.

757.— Nul ne peut être contraint d'accepter les fonctions de syndic définitif.—18 déc. 1812. Colmar. Cahen. D.A. 8. 179. D.P. 2. 204.

758. — Cependant Pardessus prétend (n. 1253) que « les élus ne peuvent refuser la qualité de syndics, sans motifs légitimes dont le tribunal serait appréciateur, parce qu'il s'agit de défendre les intérêts communs. » Mais cette opinion, professée aussi par Boulay, n. 307, est condamnée par l'art. 1984 C. civ., d'autant plus applicable ici que les syndics doivent administrer gratuitement (C. comm. 483 et 485).— D.A. 8. 174.

759. — Les syndics définitifs ne recevant leur mission que des créanciers, sont de simples mandataires à leur égard. En conséquence, ils peuvent, comme tout mandataire, être révoqués à volonté (C. civ. 2004).— 8 déc. 1812. Caen. Delaunai. D.A. 8. 178. D P. 2. 204.

760. — Jugé de même que les syndics définitifs peuvent toujours être révoqués à la volonté des créanciers, délibérant en assemblée régulière, sans qu'il soit besoin de l'intervention de la justice. — 6 mai 1825. Paris. Regnault. D.P. 25. 2. 181.

761. — Jugé encore que les créanciers qui ont chargé deux d'entre eux de l'administration d'une faillite, peuvent révoquer les pouvoirs de l'un et les conférer à l'autre.— 24 déc. 1827. Paris. Guerlain. D.P. 28. 2. 21.

762.—Les créanciers légalement représentés dans la délibération où la révocation d'un administrateur de la faillite a été arrêtée, ne peuvent attaquer ni cette délibération, ni le jugement qui l'homologue.— Même arrêt.

763. — Dans les vingt-quatre heures de leur nomination, les syndics définitifs recevront le compte des syndics provisoires (527). Si les syndics provisoires sont nommés syndics définitifs, l'administration ne change pas; elle se continue, et ceux-ci n'auront alors qu'un seul compte à rendre, après la liquidation terminée, conformément à l'art. 562. — *Ibid.*

764.— L'administration des syndics définitifs est de même nature que celle des agens et des syndics provisoires, sauf que les premiers ont des pouvoirs beaucoup plus étendus. Ils sont chargés de représenter la masse et le failli dans tous les droits qu'ils ont à exercer, dans tous les procès qu'ils peuvent avoir à soutenir (494 et 528); ce qui n'empêche pas, ainsi qu'on l'a dit plus haut, le failli d'intervenir, et les créanciers de poursuivre en leur nom personnel, en cas de négligence des syndics.— *Ibid.*

765.— Lorsqu'il y a un procès à intenter, ou un appel à former au nom de la masse ou du failli, les syndics n'ont pas besoin d'autorisation spéciale, ni du concours du failli; et comme ils le représentent en justice, les significations de jugemens qui leur sont faites font courir les délais des recours dont ces jugemens peuvent être susceptibles.— *Ibid.*; Pard., n. 1256.

766.— Les créanciers hypothécaires sont, comme les créanciers chirographaires, représentés par les syndics définitifs.— Ainsi, par exemple, dans les contestations qui s'élèvent sur le rang des créances des syndics provisoires pour leurs frais d'administration, les jugemens rendus contradictoirement avec les syndics sont réputés rendus avec les créanciers hypothécaires, et acquièrent contre eux l'autorité de la chose jugée (C. comm., art. 520, 528, 532; C. pr. 474; C. civ. 1351). — 4 juill. 1831. Colmar. Teutsch. D.P. 32. 2. 203.

767.— Les syndics définitifs opèrent la vente des marchandises et effets mobiliers du failli qui n'ont point été vendus par les syndics provisoires, et ils ont, comme eux, le droit de vendre à l'amiable ou en justice, à leur choix (492).— D.A. *ibid.*

768.— S'ils adoptent la voie de vente publique, ils doivent employer le ministère des courtiers de commerce. — 20 août 1825. Douai. Radez. D.P. 26. 2. 76.

769.— Avant de passer outre à la vente des marchandises et effets du failli, celui-ci pourra, dans tous les cas, se faire délivrer par les syndics, sous l'approbation du juge-commissaire, les vêtemens, hardes et meubles à son usage et à celui de sa famille.—Les syndics dresseront l'état des objets qu'ils auront remis, afin d'en justifier lors de la reddition de leur compte (529).

770.— Les droits du propriétaire ne peuvent pas souffrir d'altération par la faillite du locataire. En conséquence, celui-ci est tenu, sur la demande du propriétaire, de réintégrer dans la maison occupée par lui, les meubles formant la garantie des loyers, et dont la remise lui a été faite par le syndic de la faillite, conformément à l'art. 529 C. comm., à l'exception de ceux déclarés insaisissables par l'art. 592 C. pr. civ.— 27 déc. 1813. Paris. Caubec. D.A. 8. 185. D.P. 2. 207.

771.— Le failli ne peut, outre la remise des effets indiqués dans l'art. 529 C. comm., réclamer la délivrance de ceux que l'art. 592 C. pr. réserve au saisi, en cas de saisie-execution : l'art. 592 est spécial aux matières civiles.— 4 fév. 1828. Rouen. Bertout. D.P. 30. 2. 140.

772.— Lorsqu'il ne s'élève contre le failli aucune présomption de banqueroute, l'art. 530 C. comm. lui donne le droit de demander, à titre de secours, une somme sur ses biens. Les syndics en proposent la quotité: le plus souvent, ils la convertiront en une pension alimentaire; mais, dans tous les cas, c'est au tribunal à arbitrer, sur le rapport du juge-commissaire, l'étendue des secours à accorder, en proportion des besoins du failli, du nombre de ses enfans, de sa bonne foi, et du plus ou moins de perte qu'il fait supporter à ses créanciers.

773.— Le juge a le droit de refuser au failli tout secours sur ses biens, nonobstant qu'il n'existe contre lui aucune présomption de banqueroute, s'il est d'ailleurs reconnu qu'aucune des circonstances énumérées dans l'art. 530 C. comm. ne milite en faveur du failli.—17 nov. 1818. Req. Paris. Dumont. D.A. 8. 206. D.P. 19. 1. 198.

774.— La quotité du secours à accorder au failli,

une fois déterminée par un jugement rendu contradictoirement avec les syndics definitifs, et de leur consentement, l'est irrévocablement ; ceux-ci, par consequent, liés par le contrat judiciaire qui s'est formé entre eux et le failli, et qui a l'autorité de la chose jugee sans retour, ne peuvent plus en demander la revocation ni la réduction. — 25 mars 1816. Rouen. *ibid.*, note.

775. — S'il y a présomption de banqueroute, la loi doit peu de pitié au failli. le plus souvent, d'ailleurs, il aura su se faire à lui-même une part assez grande, au detriment de ses creanciers. Si pourtant il se lavait de l'imputation, il rentrerait dans les droits que lui confère l'art. 530.— *Ibid.*, n. 15.

776.— C'est aux syndics definitifs seuls a poursuivre la vente des immeubles, si, toutefois, il n'y a pas eu d'action en expropriation formee avant leur nomination (532).

777. — Le syndic a pouvoir et qualité pour recevoir les offres reelles des adjudicataires des biens du failli.— 11 mai 1825. Req. Paris. Dyvrande. D.P. 25. 1. 319.

778.— L'art. 528 C. comm., donnant aux syndics la mission de poursuivre la vente des immeubles du failli, il en resulte qu'ils sont investis de ses actions immobilières. Ils sont donc ses représentans naturels pour défendre a toute action que l'héritier béneficiaire du failli aurait a intenter contre la succession — Ce n'est pas alors le cas de provoquer la nomination d'un curateur au bénéfice d'inventaire, conformément a l'art. 996 C. pr. civ.—14 mars 1820. Amiens. Jamin. D.A. 8. 179. D.P. 2. 204.

779.— Ils procedent à la vérification du bilan, s'il y a lieu (528), c'est-à-dire qu'ils peuvent rechercher si quelques articles d'actif n'auraient pas été omis, quelques creances induement admises. Dans ce dernier cas, le créancier dont ils contesteraient les droits, ne peut leur opposer, comme fin de non-recevoir, qu'il a éte verifié et qu'il a fait son affirmation, il n'y a qu'un jugement passé en force de chose jugee qui ferait obstacle a cette nouvelle vérification.— *Ibid.*; Pard, n. 1255.

780.— A mesure qu'ont lieu les recouvremens provenant soit de la vente des biens du failli, soit de la rentrée de ses dettes actives, la répartition s'en fait entre les divers créanciers, à la diligence des syndics, et sur l'etat de collocation dressé par le juge-commissaire (558 et 559).

781.— Lorsque le syndic provisoire a négligé de faire à l'un des creanciers de la faillite la notification prescrite par l'art. 512 C. comm., la masse de la faillite n'est pas tellement responsable de ce fait. que les syndics définitifs puissent être condamnes, *en leur nom personnel*, au paiement de ce que ce creancier aurait touché de son dividende, dans une premiere distribution qui a eu lieu sans sa participation.— 28 aout 1829. Bordeaux. Laurence. D.P. 30. 2. 88.

782.— Ce créancier, n'ayant pas été mis légalement en demeure, ne doit néanmoins pas subir la dechéance prononcée par l'art. 513 C. comm. Il a droit d'être admis au passif de la faillite, et même de prendre sa part dans les répartitions déja consommées, et de la prélever avant toute autre distribution ulterieure.— Même arrêt.

783.— S'il existe dans l'actif quelques droits litigieux, quelques créances douteuses, l'union peut, en tout etat de cause, se faire autoriser par le tribunal de commerce, *le failli duement appelé*, à traiter à forfait de leur recouvrement ; en ce cas, les syndics feront tous les actes nécessaires (563).

784.— L'irrégularité provenant de l'absence du failli a la délibération prise par l'union des créanciers, est toute personnelle au failli, et ne peut être invoquee par l'un des creanciers contre la masse (C. comm. 563).— 17 déc. 1833. Req. Rouen. Boulestreau. D.P. 34. 1. 5.

785.— Cette décision résout une difficulté délicate; il était de toute justice que le failli fût appelé à contrôler l'aliénation ou reduction de creances qui pourrait etre faite à ses débiteurs par l'union.

Et si l'on ne s'attache qu'a ce motif, on peut dire que c'est dans l'intérêt unique du failli que sa présence à la délibération des créanciers unis est nécessaire. Cependant, quand on considere que la presence du failli est également necessaire pour donner a l'union des renseignemens sans lesquels celle-ci serait souvent hors d'état de défendre les intérêts de la masse ; que le droit d'alienation accordé a l'union par l'art. 563 est spécial, exorbitant, ce qui rend plus impérieuses les conditions sous lesquelles ce droit est établi; qu'il n'est jamais exact de dire d'une manière absolue que, dans les actes d'aliénation, l'union represente la masse

des créanciers ; que, d'ailleurs, l'art. 563 est général, on comprend que le principe de nullité personnelle admis par la cour peut paraître prêter à une critique au moins spécieuse.— V. nos observations, D.P. 34. 1. 5.

786. — La délibération prise par l'union des créanciers, alors même qu'elle accorde une remise des sommes aux débiteurs de la faillite, conformément à l'art. 563 C. comm., ne peut être critiquée par un creancier non présent, sous le prétexte qu'elle n'a eté prise que par la majorité des créanciers en nombre (C. comm. 527), tandis qu'il faudrait tout a la fois la majorité en nombre et en créances, prescrite par l'art. 519 —17 déc. 1833. Req. Rouen. Boulestreau. D.P 34. 1. 5.

787.— Cette décision est juste, le cas que prévoit l'art. 563 est celui où il s'agit du recouvrement de quelques mauvaises créances appartenant à la faillite. Or les mesures à prendre pour opérer ce recouvrement ne doivent, ce semble, être considérées que comme des actes en quelque sorte de simple administration; et quand, pour de tels actes, on a exigé et l'autorisation du tribunal et la presence du failli, on a suffisamment pourvu à tous les intérêts.— V. nos observations, D.P. 34. 1. 5.

788.— D'apres les lois espagnoles, les syndics d'une faillite ont le droit de transiger, comme mandataires, sur les contestations relatives a la faillite, lorsqu'ils ont été autorisés par une assemblee des créanciers à traiter sur toutes les affaires de la faillite.— 9 fev. 1831. Pau. Rancès. D.P. 32. 1. 390.

789. — Tant qu'il reste des facultés au failli, l'union subsiste, et, par suite, les pouvoirs des syndics, la surveillance du juge-commissaire et l'action du tribunal.— D.A. 8. 176; Pard., n. 1268.

790. — Jugé ainsi que tant qu'un failli est placé sous l'influence d'un contrat d'union, et que les opérations de cette union ne sont pas terminees, en ce que, par exemple, il resterait des recouvremens à faire, il ne peut être poursuivi, individuellement, par l'un des créanciers, sous le prétexte que des facultés nouvelles lui sont survenues, quoiqu'un premier compte aurait été deja rendu par le syndic, et une premiere répartition faite (C. comm. 528). — 26 nov. 1829. Paris. François. D.P. 30. 2. 165.

791. — L'etat de faillite ne cesse pas, et, par suite, le failli ne recouvre pas de plein droit l'administration de ses biens, par cela qu'il a payé tous les créanciers produisans à la faillite, alors surtout qu'il existe d'autres créanciers non payés qui ont formé opposition a un jugement qui les a declarés forclos faute de produire. En consequence, l'action de ces derniers est valablement dirigée contre les syndics, les fonctions de ces syndics n'ayant pas cessé (C. comm. 525). — 31 août 1830. Civ. r. Rouen. Thirion. D.P. 30. 1. 337.

792. — Des créanciers d'un failli qui ont, par un contrat d'union, consenti à ce que leur debiteur fît lui-meme sa liquidation, et poursuivît le recouvrement de ses creances contre le gouvernement, débiteur de son co-obligé, ne peuvent exercer d'action directe contre ce dernier, tant que la liquidation et l'apurement des comptes ne sont pas terminés. — 1er mars 1831. Req. Paris. Despres. D P. 31. 1. 121.

793. — La liquidation terminée, tous les moyens du failli discutes, les syndics rendent leur compte, dont le reliquat forme la dernière répartition (art. 562).

794. — Lorsque les syndics d'une faillite ont rendu leur compte aux créanciers, et que ceux-ci l'ont approuve, le failli n'est pas recevable a intenter contre eux une action fondée sur de prétendues dilapidations et spoliations de sa fortune pendant leur administration. — Il n'a d'action, après le compte rendu, que pour omissions, erreurs, faux ou doubles emplois, commis par les syndics dans leur compte (C. pr. 541).—15 mars 1826. Req. Paris. Lainé. D.P. 26. 1. 208.

795. — Lorsque, sous prétexte d'erreurs, un nouveau compte a été demandé par un failli à ses syndics, qui déjà ont rendu compte à la masse en présence du juge-commissaire, le jugement qui accueille cette demande a pu et dû être interprété en ce sens, qu'il avait pour objet de soumettre les syndics non à une reddition de compte proprement dite, mais seulement à une réparation des erreurs que le compte rendu pouvait présenter (C. proc. 540). — 19 juin 1830. Bordeaux. Brisson. D.P. 31. 2. 240.

796.— A supposer que, comme l'a décidé la cour de cassation, les condamnations prononcées contre les agens ou les syndics provisoires, au profit de la masse, pour resultat de leur gestion, emportent la contrainte par corps et une action solidaire contre chacun d'eux, il n'en doit pas être de même

à l'égard des syndics définitifs. On ne peut repo[...] ser ici l'application de l'art. 1995 C. civ., sous prétexte qu'il n'a trait qu'au mandat conventionn[...] puisque les syndics définitifs sont directement no[...] més par les créanciers ; que ceux-ci sont les m[...] tres d'étendre ou limiter leurs pouvoirs, et qu[...] auraient pu même, s'ils l'avaient jugé à propo[...] stipuler la solidarité. Vainement invoquerait-[...] l'indivisibilité des fonctions des syndics pour [...] soumettre à une responsabilité également indivisi[...] ble ; cette raison, parfaitement applicable au cas [...] plusieurs mandataires sont chargés d'une même a[...] faire, n'a pas empêché que l'art. 1995 n'ait été d[...] crété comme exception aux art. 1217, 1218 et 12[...] C. civ.— Pardessus, n. 1257, énonce, mais sans [...] développer, un sentiment contraire, auquel [...] range Boulay, n. 528, en invoquant la loi 60, § [...] ff. *Mand*, *vel contrà.* Mais, comme le dit Merlin [...] Rép., vº Mandat, cette loi est abrogée par l'ar[...] 1995, et, partant, ni les anciens principes, ni le[...] anciens auteurs ne peuvent être des autorités da[...] la question.— *Ibid.*, n. 11.

797.—Il est sans difficulté que le syndic a l'actio[...] solidaire contre les créanciers unis, pour tout [...] qui résulte du mandat (C. civ. 2002); ainsi, s'il [...] payé la dette de tous, tous sont obliges solidair[...] ment envers lui, à moins qu'il ne l'ait fait de *con*[...] *cert* avec des tiers, et pour *nuire* à ses mandans, au[...] quel cas il n'a pas de recours contre eux, car *malitiis non est indulgendum.*— D A. *ibid.*, n. 1[...] Boulay, n. 331.

798. — Il a même été jugé que le tiers qui a ob[...] tenu des condamnations contre le syndic d'une fail[...] lite, en sa qualité de mandataire des créancier[...] unis, peut en poursuivre le recouvrement par l'ac[...] tion personnelle et solidaire contre chacun de[...] créanciers membres de l'union, de la même manièr[...] que le syndic, s'il eût acquitté le montant de ce[...] condamnations, aurait pu revenir par voie *solidair*[...] contre chacun de ces mandans. — 13 flor. an 10[...] Rouen. Duval. D.A. 8. 177. D.P. 2. 203.

799. — Mais cet arrêt exagère les conséquence[...] d'un principe vrai en lui-même : le syndic, tan[...] qu'il n'a rien payé, ou qu'il n'a payé que sa por[...] tion dans la dette commune, n'a aucun droit vis-à[...] vis de la masse; il ne saurait donc y avoir lieu [...] l'application de l'art. 1166. Un créancier, d'ailleurs[...] ne peut exercer les droits de son débiteur que jus[...] qu'à concurrence de ce qui lui est dû par ce der[...] nier. Or, le syndic, s'il est créancier du failli, n'es[...] obligé, dans les condamnations, comme tous le[...] autres créanciers, que pour sa part virile, vis-à[...] vis des tiers, et pour une quotité proportionnelle à[...] sa créance, vis-à-vis de ses communiers, dès qu'au[...] cune loi n'accorde d'action solidaire pour ce cas. —[...] D.A. 8. 175 ; Boul., *loc. cit.*

800. — Du reste, les syndics doivent être collo[...] qués sur les premiers deniers de la faillite, par pré[...] férence à tous autres créanciers pour les avances[...] qu'ils peuvent avoir faites dans l'intérêt de la masse[...] — D.A. 8. 175, note.

801.—Le contrat d'union ne libère point le failli [...] seulement l'action des créanciers ne peut être exer[...] cée immédiatement, et, par exemple, deux mois[...] après ; il faut qu'il soit justifié que, depuis l'exécu[...] tion du contrat d'union, le failli a acquis des biens [...] ici s'applique par analogie l'art. 568 C. comm. —[...] Toutefois, les créanciers ne sont pas obligés d'at[...] tendre que le failli ait demandé sa réhabilitation.—[...] 17 juill. 1824. Paris. Anfrye. D.P. 25. 2 4.

802. — Jugé, dans le même sens, que le créancier d'un failli, qui a concouru au contrat d'union et dont la créance a été reconnue et admise par l'union, ne peut, tant qu'il ne prouve pas que le failli ait acquis de nouveaux biens, obtenir contre lui une condamnation pour le restant de sa créance (C. comm 528). — 7 déc. 1831. Paris. Hemerdinger. D.P. 32. 2. 57.— 25 fév. 1833. Paris. Levy. D P. 34. 2. 43.

803.— Un contrat d'union, passé entre les créanciers d'un débiteur commun et homologué par l'autorité législative, peut être réputé dissous, par cela que, dans un temps de révolution, l'état est venu, en vertu de lois, se mêler de l'administration originairement établie, s'emparer du patrimoine du débiteur émigré ou prétendu tel, en vendre une partie et solder une portion des dettes, encore bien que ces lois n'aient pas eu pour objet spécial d'anéantir cette union,..., surtout si les créanciers ont, au moins tacitement, consenti à la dissolution (C. civ. 1234). — 29 janv. 1834. Req. Paris. Normand. D.P. 34. 1. 81.

804. — Si, après la dissolution de l'union, il survient au failli quelques biens, ceux de ses créanciers qui ne sont pas intégralement payés, peuvent

...viduellement, puisqu'il n'existe plus de masse, ...suivre leur paiement sur ces biens, comme ...les cas ordinaires. — D.A. *eod. loc.*

...5. — Jugé cependant que le compte rendu à ...union de créanciers par les syndics définitifs, ...itôt la liquidation terminée, ne dissout pas l'u... et ne fait pas cesser la faillite. En conséquen... nul d'entre les créanciers n'a le droit d'exercer ... poursuites individuelles contre le failli, lors... ne que des biens lui surviennent postérieure...t (C. comm. 442, 449, 482, 528, 562).—24 juill. ...2. Poitiers. Reviron. D.P. 33. 2. 5.

...06. — L'union une fois dissoute, et en cas que ...nouvelles ressources adviennent au failli, les ...anciers qui obtiendraient de lui quelque paie...nt ne seraient point tenus d'en faire le rapport ...profit de créanciers moins exigeans ou moins ...iles qu'eux, comme ils l'auraient été pendant ... le temps qui a précédé la dissolution de l'u...n. — Pard.; D.A. *ibid.*, n. 21.

...07. — Après la dissolution du contrat d'union, ...créanciers de la faillite n'ont aucune préférence ...éclamer, contre les créanciers postérieurs, sur ... biens à venir du failli, sauf les droits résultant ...l'hypothèque prise au profit de la masse, en ver... de l'art. 500 C. comm.; car cette hypothèque ...nt légale, doit s'étendre aux biens futurs comme ... biens présens. — D.A. *ibid.*, note.

...808. — Le sauf-conduit accordé au failli et la ...fense d'obtenir ou d'exécuter contre lui des con...mnations par corps, subsistent-ils après la disso...ion de l'union? Non, suivant Pard.; le failli ne ...ut échapper à la contrainte par corps que par ...cession de biens. — Mais cette voie d'exécution, ...i sans doute serait permise, comme toute autre, ...ns le cas où le failli aurait acquis de nouvelles ...ssources, serait, dans le cas contraire, inutile...ent vexatoire, et dès lors interdite (*ibid*). — V. ...*prd*, l'arrêt de la cour de Paris, du 17 juill. 1824.

...ART. 12.—*De la vente des biens du failli, et des* ...*ursuites dont ces biens peuvent être l'objet.*

809.—La faillite dessaisissant le débiteur, et con...ntrant les intérêts de la masse dans la main des ...présentans des créanciers, il s'ensuit qu'en prin...pe, aucune poursuite individuelle ne doit être per...ise, postérieurement au dessaisissement, qu'elle ...été commencée ou non avant la faillite; car le ...éancier ne pouvant s'isoler des autres, et se faire ...ayer séparément, toute saisie pratiquée en son ...om serait sans objet, détruirait toute centralisa...on, premier vœu de la loi, et nuirait à la masse en ...pportant nécessairement dans la vente les forma...tés judiciaires, au lieu que les syndics ont faculté ...e vendre à l'amiable, s'ils le jugent plus utile (492). ... D.A. 8. 179.

810 — Cette règle toutefois est sans application à ...égard des *immeubles*, car l'art. 532 déclare que, ...*s'il n'y a pas d'action en expropriation des im...meubles*, formée avant la nomination des syndics ...éfinitifs, eux seuls seront admis à poursuivre la ...ente ...» Tout créancier peut donc, même posté...rieurement à la faillite, pourvu que ce soit avant le ...ontrat d'union, saisir *immobilièrement* le débiteur; ... plus forte raison, *continuer* la saisie qu'il aurait ...ommencée avant la faillite — D.A *ibid.*, n. 2. —

811.— A l'égard des *meubles*, l'art. 537 porte: ...Si les syndics ne retirent pas le gage, *qu'il soit ...endu par les créanciers*, et que le prix excède la ...réance, le surplus sera recouvré par les syndics, ...etc. » Le créancier nanti d'un gage a donc le droit ... en provoquer la vente, sans l'intervention des ...yndics, mais en dirigeant son action contre eux ...494); car ils représentent la masse et le failli. On ne ...trouve que cette exception dans la loi : donc aucun ...autre créancier, que le créancier gagiste, ne pourra ...e soustraire à cette centralisation qu'il a été dans ...l'esprit de la loi d'établir, pour abréger le temps ...et les frais. Il est vrai que l'art. 494, désignant lui-...même ceux qui auront qualité pour défendre aux ...*actions* intentées soit avant, soit après la faillite, ...par un créancier privé, contre la *personne* et les ...*biens-mobiliers* du failli, suppose la possibilité des ...poursuites. Mais il résulte des explications données ...sur cet art. au conseil d'état, que l'effet de l'art. 494 ...est borné aux *actions*, et ne s'étend pas aux *pour-suites*, ce qui montre que, par *action civile inten-tée contre la personne*, l'art. 494 a simplement en-...tendu les demandes à porter devant les tribunaux, ...et qu'on connaît, dans le droit, sous le nom *d'ac-tions personnelles*, et par *action* civile intentée ...*contre les biens-mobiliers*, les demandes qu'on dé-...signe sous le nom *d'actions réelles mobilières*, tel les

que la réclamation d'un dépôt, ou une revendication de marchandises. Ainsi compris, l'art. 494 s'explique d'une manière satisfaisante : car la loi devait laisser au créancier la faculté de faire reconnaître ses droits dans la faillite, et lui permettre, par conséquent, d'actionner le débiteur, dans la personne des agens ou des syndics, mais sans lui accorder un droit d'exécution sur les biens. Telle paraît être aussi l'opinion de Pard., n. 1164. — D.A. 8. 180.

812.— Le créancier gagiste ne peut, avant l'échéance du terme conventionnel, quoique postérieurement à la faillite, faire vendre le gage dont il est nanti. — D.A. 8. 181, n. 4.

813.— La femme séparée de biens d'un failli, même agissant en qualité de co-propriétaire d'un immeuble commun entre elle et son mari, ne peut, postérieurement à la faillite, saisir-arrêter entre les mains du fermier tous les revenus indéfiniment; elle doit se borner à faire connaître son droit au fermier, et à appeler les syndics pour faire liquider contre eux sa créance (C comm. 494, 528). — 30 juill. 1813. Bourges. Tixier-Praux. D.A. 8. 186. D.P. 2. 207.

814.—*Quid* à l'égard des poursuites qu'un créancier privé aurait entamées avant la faillite sur le mobilier du failli, et qu'il vaudrait *continuer*? Ce créancier a une sorte de droit acquis auquel il semble que la faillite ne puisse porter atteinte. Nous croyons pourtant qu'il est dans l'esprit de la loi que, par la faillite, toute poursuite individuelle soit suspendue. — D.A. 8. 181, n. 4.

815.—Jugé cependant que la faillite du locataire, survenue postérieurement à la saisie-gagerie de ses meubles, et au jugement qui a déclaré cette saisie valable, ne fait point obstacle à ce qu'il soit procédé à la vente des meubles, en la forme ordinaire, et à la requête du propriétaire saisissant, sous la conservation des droits de tous les intéressés (C. comm. 494, 532).— 19 oct. 1808. Paris. Roussel. D.A. 8. 185. D.P. 2. 206.

816.—Jugé aussi que la faillite du débiteur, survenue depuis la saisie de ses meubles, opérée en vertu d'un jugement, n'enlève point au créancier saisissant le droit de continuer ses poursuites (C. comm. 442).— 20 avril 1831. Paris. Rhiva. D.P. 31. 2. 139.

817.—Lorsque les meubles d'un débiteur ont été saisis par un créancier, les poursuites ne peuvent être arrêtées, sous prétexte de faillite, par une apposition de scellés, faite, non sur la notoriété publique et en vertu de jugement déclaratif de la faillite, mais à la requête du débiteur lui-même.— 23 déc. 1811. Paris. F.... D.A. 8. 186. D.P. 2. 207.

818.— Les poursuites pour la vente des meubles et effets du failli appartiennent au syndic de la faillite, comme premier saisissant par l'apposition des scellés, par préférence au propriétaire de la maison louée au failli. — 27 déc. 1813. Paris. Caubec. D.A. 8. 185. D.P. 2. 207.

819.—La femme d'un failli n'a pu être déclarée irrecevable à former tierce-opposition à un jugement rendu contradictoirement avec les syndics de la faillite de son mari, lors d'une poursuite en distribution du prix de certains meubles, sous le prétexte qu'elle avait été représentée dans l'instance par les syndics. Ces derniers ne la représentent point. — 15 juill. 1813. Limoges. C.... D.A. 9. 81. D.P. 2. 425.

820. —L'expropriation des immeubles du débiteur peut (ainsi qu'on l'a déjà dit, *suprà*) être poursuivie par un créancier après l'ouverture de la faillite, et avant la nomination des syndics définitifs. —9 juill. 1834. Nanci. Villemain. D.P. 34. 2. 138.

821. — Il en est ainsi, que ces créanciers soient hypothécaires ou chirographaires, pourvu qu'ils aient un titre authentique et exécutoire, et que la créance soit certaine et liquide.—D.A. 8. 181, n. 4.

822. — Jugé ainsi qu'un créancier hypothécaire, dont la créance n'a été rendue exigible que par la faillite du débiteur, peut, comme tout autre créancier dont la créance est échue, poursuivre sans délai la vente sur saisie des biens du failli, tant qu'il n'y a encore qu'un syndic provisoire (C. comm. 448, 532; C. civ. 1188). — 22 août 1827. Bordeaux. Danet. D.P. 28. 2. 146.

823.—Toutefois, un créancier hypothécaire ne peut pas diriger personnellement des poursuites en expropriation contre le failli, à raison des créances *non échues avant l'ouverture de la faillite.*— Le principe que l'ouverture de la faillite rend exigibles les créances à terme, ne doit s'entendre que du droit qu'ont tous les créanciers indistinctement de prendre part à la distribution des deniers.—5 déc. 1811. Bruxelles. Neefs. D.A. 8. 187. D.P. 2. 208.— Conf. D.A. 8. 181, n. 4; Locré, sur l'art. 532; Pard., n. 1164.

824. — Il en serait ainsi lors même que partie de la créance serait échue durant les poursuites : cette échéance postérieure ne saurait couvrir le vice originaire et radical des poursuites.— Même arrêt.

825. — Les poursuites en saisie-immobilière, intentées par un créancier, avant le contrat d'union, doivent être dirigées, non contre le failli personnellement, mais contre les agens ou syndics; c'est à eux, par conséquent, et non au failli, que doit être fait le commandement de payer; ainsi, les irrégularités commises dans la notification faite surabondamment au failli, soit du commandement, soit des autres actes de la procédure, sont sans aucune influence sur la validité de la saisie. — 2 mars 1819. Civ. c. Orléans. Laurence. D.A. 8. 190. D.P. 19. 1. 267.

826. — Jugé de même que c'est contre les syndics provisoires seuls que doit être poursuivie la saisie-immobilière, et non simultanément contre eux et le failli. — 21 fév. 1824. Pau. B... C. Lechaud. D.A. 8. 191. D.P. 2. 209.

827.— Jugé encore que le créancier qui, avant le contrat d'union, poursuit l'expropriation forcée des immeubles d'un failli, doit diriger ses poursuites contre les syndics, et non contre le failli lui-même, auquel il n'est tenu de signifier aucun acte. — 18 janv. 1826. Poitiers. Millaire. D.P. 26. 2. 107.

828.— Jugé encore qu'un failli qui peut critiquer les actes d'une saisie-immobilière dirigée contre lui seul, ne peut plus, lorsque la saisie est dirigée simultanément contre lui et les syndics de sa faillite, critiquer utilement les actes faits contre lui personnellement, ceux faits contre les syndics étant seuls valables; de telle sorte que si les actes faits contre le failli contenaient des nullités, la saisie ne pourrait être annulée, si les actes faits contre les syndics étaient reguliers. — 7 juill. 1826. Orléans. Traversa. D.P. 31. 2. 8.

829. —Jugé encore qu'à supposer que la saisie-immobilière, action réelle, dirigée par un créancier, avant la nomination d'un syndic définitif, puisse l'être sur la tête du failli, cependant le commandement qui doit précéder la saisie étant une action mobilière, doit être signifié, non au failli, mais au syndic provisoire. — 2 juin 1828. Rouen. Hautemer. D.P. 29. 2 130.

830. — Jugé enfin que les poursuites en expropriation des biens d'un individu déclaré en faillite devant être dirigées, à peine de nullité, contre les agens ou syndics, le failli lui-même, si elles ont été dirigées contre lui, est recevable, depuis sa réintégration dans ses droits par la cessation de faillite, laquelle avait été illégalement déclarée, à demander, par tierce-opposition, la nullité de la procédure et de l'adjudication définitive, encore bien qu'il ait été représenté, lors de l'adjudication, par le ministère d'un avoué, lequel s'était borné à exciper de l'incapacité du failli. — 2 avril 1828. Bordeaux. Marchais. D.P. 28. 2. 184.

831. — Mais il a été jugé que, dans ce cas, l'expropriation provoquée depuis l'ouverture de la faillite est nulle, si les poursuites n'ont été dirigées que contre les syndics provisoires, au lieu de l'être contre le failli personnellement.— 29 août 1816. Colmar. Psefinger. D.A. 8. 189. D P.17.2.21.

832. — Que l'adjudicataire dépossédé doit être indemnisé par le poursuivant des frais et loyaux coûts par lui payés à raison de l'adjudication ainsi annulée.—Même arrêt.

833. — Mais que néanmoins l'erreur du tuteur poursuivant ne peut être considérée comme une faute lourde, capable d'entraîner une condamnation personnelle contre lui. — Même arrêt.

834. — Jugé de même que les poursuites en saisie-immobilière, intentées par un créancier, avant le contrat d'union, doivent être dirigées contre le failli personnellement; — Qu'ainsi tous les actes de la procédure en expropriation sont nuls, quand même ils auraient été signifiés aux syndics et au failli, si le commandement qui les a précédés n'a été notifié qu'aux syndics seuls. — 14 mars 1820. Metz. Rogier. D.A. 8. 189. D.P.22. 2. 76.

835.— De ces systèmes contraires, Dalloz adopte le premier. Si, dit-il, aux termes de l'art. 528, les syndics définitifs, lorsqu'ils poursuivent eux-mêmes la vente des immeubles, ne sont pas obligés d'appeler le failli, c'est-à-dire de lui signifier les actes de la procédure, c'est que, dans la pensée de la loi, ils le représentent. Pourquoi en serait-il différemment lorsque c'est un créancier qui poursuit l'expropriation, et que les syndics sont en cause? N'y a-t-il pas identité d'intérêts entre la masse et

le failli pour défendre à cette saisie, et faire porter les immeubles à leur véritable valeur? admettre, au contraire, qu'une expropriation, procédure hérissée de nullités, doive être suivie contre plusieurs, contre le failli et contre les agens de la faillite (car on ne saurait soutenir qu'elle doive être suivie contre le failli seul, qui est dessaisi de l'administration de ses biens, et qu'ainsi le gage des créanciers puisse être aliéné sans leur participation), ce serait multiplier les frais, les difficultés et les dangers.— D.A. 8. 181, n. 5; Boulay, n. 447.

836. — Un créancier peut poursuivre, contre le failli personnellement, la saisie-immobilière de ses biens, lorsqu'au commencement des poursuites, il n'y avait pas de syndics de la faillite, mais de simples agens, qui n'avaient encore ni accepté, ni prêté serment. Il suffit que la dénonciation des poursuites soit faite aux créanciers dans la personne de ces agens.— 12 mai 1812. Bourges. Imbert. D.A. 8.188. D.P. 2. 209.

837.— Le commandement à fin de saisie-immobilière notifié tant au failli qu'à l'agent provisoire de la faillite par le créancier hypothécaire poursuivant, est valable, quoiqu'à l'époque de cette notification, le délai pour la durée des fonctions de l'agent fût expiré, si d'ailleurs il n'avait pas encore été pourvu a son remplacement, et encore bien que cet agent eût, à cette même époque, cessé lui-même ses paiemens, si sa faillite n'avait point été rendue publique par le mode prescrit en l'art. 457 C. comm. (arg. art. 481).—19 mars 1815. Rouen. Racine. D.A. 8. 188, et 11. 697, n. 1. D.P. 23. 2. 25.

838.— Le failli n'étant point dépouillé de la propriété de ses biens, a le droit d'intervenir à la vente de ses immeubles, quoiqu'il ne soit pas nécessaire de l'y appeler, pour veiller à la conservation de ses intérêts, et empêcher que la vente ne soit faite autrement que suivant les formes voulues par la loi. — 13 oct. 1812. Douai. Fleury. D.A. 8. 192.

839 — Jugé de même que le failli a qualité pour intervenir dans la procédure en expropriation de ses biens.— L'art. 466 C. pr. civ., qui n'admet l'intervention que de la part de ceux qui auraient droit de former tierce-opposition, ne s'applique qu'à l'intervention formée en appel. Mais toute partie qui a intérêt dans la cause peut intervenir en première instance.—21 fév. 1824. Pau. D.A. 8. 191. D.P. 2.209.

840.— Jugé aussi que le failli a qualité pour intervenir dans les instances relatives à la validité de la vente de ses immeubles, et pour se pourvoir contre les decisions rendues a ce sujet (C. comm. 542). —21 nov. 1827. Civ. c. Caen. Enreg. Boulay. D.P. 28. 1. 27.

841 — Tout créancier, quel qu'il soit, a aussi le droit d'intervenir dans la poursuite en expropriation des immeubles de son débiteur, et notamment la femme du failli qui a une hypothèque légale sur les biens saisis.—21 fév. 1824. Pau. B.... D.A. 8. 191. D.P. 2. 209.

842 — Jugé encore que le créancier hypothécaire d'un failli a qualité pour intervenir dans une instance où il s'agit d'une contestation qui pourrait avoir pour résultat de diminuer de valeur l'immeuble affecté a sa créance (C. pr. 339).— 7 fév. 1829. Colmar. Mirault. D.P. 33. 1. 151.

843.— Sous l'ordonnance de 1673, les créanciers du failli, qui n'avaient point concouru au traité d'union, et n'avaient point été appelés au jugement d'homologation *provisoire* de ce traité, pouvaient former tierce-opposition au jugement d'adjudication des immeubles du failli, provoqué par le syndic nommé par le contrat, et auquel ils étaient demeurés étrangers, tant que le traité n'avait pas été homologué *definitivement*. Dans ce cas, l'adjudication devait être déclarée nulle, les syndics n'ayant pas, avant l'homologation définitive de traité, qui se poursuivait contre les creanciers qui refusaient de le signer, les pouvoirs nécessaires pour faire procéder à la vente des immeubles du failli (Ordonn. de 1673, tit. 11, art. 3 et 7).—14 mars 1810. Req. Amiens. Dareluy. D.A. 8. 186. D.P. 2. 207, et 10. 1. 175.

844.— L'homologation du traité d'union ne nous semble plus nécessaire sous le code de commerce, ainsi qu'on l'a dit *suprà*. S'il en est ainsi, il faut décider que les syndics définitifs, nommés à la pluralité des voix, représentent légalement la masse, et qu'ils ont qualité pour faire tous les actes que la loi leur confie, sauf aux créanciers refusans le droit de s'opposer, par les voies ordinaires, à l'exécution du mandat.— D.A. *ibid.*

845. — Le principe d'après lequel les syndics représentent les créanciers dans la vente des immeubles du failli, doit être entendu en ce sens que ces créanciers ne sont pas recevables à critiquer l'ad-

judication de ces biens, qui a été régulièrement consommée avec eux; mais il ne s'oppose pas à ce qu'un créancier hypothécaire, non appelé à la distribution du prix, soit recevable à faire saisir l'immeuble, si l'adjudicataire n'a ni transcrit ni notifié son contrat (C. comm. 532). — 28 nov. 1825. Caen. Augenon. D.P. 26. 1. 191.

846. — De ce que l'ouverture de la faillite rend exigibles les créances non échues, il ne s'ensuit pas que les immeubles du failli doivent être vendus au comptant. Les syndics peuvent, dans l'intérêt de la masse, accorder délai aux adjudicataires, afin que les immeubles soient portés à leur valeur. — Mais les termes qu'ils ont fixés doivent être réduits par les tribunaux, s'ils paraissent excessifs.— 18 déc. 1816. Metz. B... D.A. 8. 198. D.P. 2. 211.

847.— La vente des immeubles du failli, lorsque ce sont les syndics définitifs qui la provoquent, doit avoir lieu suivant les formes prescrites par le code civil pour la vente des biens des mineurs (C. comm. 564).

848. — Les immeubles d'un failli doivent être vendus avec toutes les formalités prescrites, non pas seulement par le code civil, mais par le code de procédure, pour l'aliénation des biens de mineurs. — En conséquence, l'adjudication de ces biens doit être declarée nulle, si elle n'a pas été précédée de l'estimation des immeubles par des experts (C. civ. 459; C. pr. 755; C. comm. 564). — 13 oct. 1812. Douai. Fleury. D.A. 8. 192. — Conf. D.A. 8 181, n. 6.

849. — La vente, par les syndics, des immeubles d'un failli, au-dessous de l'estimation, est nulle, si elle n'a pas eté autorisée par le juge-commissaire, qui remplit, en matière de faillite, les mêmes fonctions que le conseil de famille pour la vente des biens des mineurs.— 21 nov. 1827. Civ. c. Caen. Enreg. Boulay. D.P. 28. 1. 27.

850. — C'est au syndic de la faillite, et non au juge-commissaire, qu'il appartient de nommer les officiers ministériels chargés de vendre les meubles et les immeubles du failli, avec d'autant plus de raison que cette vente est une suite du jugement déclaratif de la faillite, et que l'art. 442 C. pr. civ. déclare que les tribunaux de commerce ne peuvent connaître de l'exécution de leurs jugemens. — 27 fév. 1813. Paris. Fromont. D.A. 8. 193. D.P. 2. 210

851. — Les règles tracées par le code de commerce, en matière de faillite, ne sont point applicables au trésor public pour les actions qu'il a à exercer contre son débiteur failli.

852. — Jugé ainsi que le trésor public, qui forme opposition aux scellés apposés sur les meubles et effets d'un comptable tombé en faillite, et décerne une contrainte contre lui, n'est point obligé de procéder contre ce débiteur, sur les biens duquel il a un privilége, suivant les formes prescrites en matière de faillite, et devant le tribunal de commerce. Il peut poursuivre, par les voies ordinaires, l'exécution de la contrainte, jusqu'à ce qu'il y soit formé opposition devant le tribunal civil compétent, c'est-à-dire le tribunal du lieu où le failli était domicilié, et où il avait le principal siége de ses affaires. — 9 mars 1808. Req. le Trésor. D.A. 8. 183. D.P. 2. 205, et 8 1. 158.

853.— Jugé, d'après la même règle, que le trésor public peut, malgré la faillite de son débiteur comptable, poursuivre, contre ce dernier *personnellement*, la saisie de ses immeubles. — 8 mai 1811. Bordeaux. Thomas. D.A. 8. 183. D.P. 2. 206.

854. — Jugé de même que les syndics n'ont que le droit de former opposition aux contraintes décernées par le trésor devant le tribunal civil; qu'ils ne peuvent se faire autoriser par le tribunal de commerce à procéder eux-mêmes à la vente des objets saisis par le trésor, et à renvoyer la discussion de son privilége devant le juge-commissaire de la faillite (Décr. 1er germ. an 13, art. 47; C. civ. 2098).— 9 janv. 1815. Civ. c. Paris. Contr. ind. C. Bonnet. D.A. 8. 184. D.P. 2. 206.

855. — Jugé encore que la contrainte décernée par la régie des douanes contre son débiteur, n'est point arrêtée par la faillite de ce dernier, et que le syndic est obligé d'en souffrir l'exécution par la vente des meubles du failli et le versement des deniers dans la caisse de la douane, jusqu'à due concurrence. — 12 août 1811. Bruxelles. Douanes C. Vanhove. D.A. 8. 184. D.P. 13. 2. 12.

856 — Jugé de même enfin que les priviléges à raison des droits du trésor, et, spécialement, le privilége de l'administration des douanes, peuvent être exercés contre un failli par voie ordinaire de contrainte ou de saisie-arrêt; la régie n'est pas tenue de suivre les formalités de vérification d'écriture et

autres imposées aux créanciers de la faillite (C. civ. 2098). — 12 août 1829. Douai. Douanes C. Black. D.P. 31. 2. 17.

857. — Quoique le juge de paix soit seul compétent pour statuer en matière de douane, néanmoins, si le fond du droit n'est pas contesté, et s'il s'agit uniquement de juger du mérite d'une opposition formée par la régie entre les mains du syndic de la faillite de son débiteur, c'est là un acte d'exécution dont la connaissance ne peut appartenir qu'au tribunal civil du lieu où l'exécution se poursuit (C. pr. 553). — Même arrêt.

858. — Le code de commerce n'est point applicable aux faillites ouvertes avant sa publication. — *Spécialement*, lorsqu'une faillite s'est ouverte en Piémont sous l'empire des lois sardes, et qu'il a été passé entre le failli et ses créanciers un traité par lequel le failli a reçu pouvoir d'administrer et de vendre, conjointement avec les syndics de la faillite, les biens formant le gage des créanciers, la vente consentie par les syndics et le failli, aux enchères et par-devant notaire, d'un immeuble dépendant de la faillite, est valable, quoique cette vente ait eu lieu postérieurement à la publication du code de commerce en Piémont, et que l'art. 564 de ce code prescrive l'emploi des formes judiciaires pour l'aliénation des immeubles appartenant au failli. — Au moins la question de validité ou d'invalidité de cette vente ne peut être jugée que d'après les lois piémontaises. — 18 mai 1813. Req. Turin. Pinot. D.A. 8. 193. D.P. 2. 210.

859. — L'art. 565 C. comm., qui donne aux créanciers d'une faillite le droit de surenchère d'un dixième dans la huitaine de l'adjudication, n'est pas exclusif de l'art. 710 C. pr. civ., qui permet à toute personne, dans toutes les ventes d'immeubles, de surenchérir du quart le prix de l'adjudication. — 10 juin 1813. Aix. ..., C. Martin. D.A. 8. 195. D.P. 2. 211, et 14. 2. 45.

860. — Jugé, au contraire, que les créanciers du failli peuvent seuls surenchérir sur la vente faite en justice, et dans la forme voulue pour l'aliénation des biens de mineurs, des immeubles de leur débiteur, parce que l'art. 564 C. comm., n'ayant renvoyé qu'au code civil, pour les formes à suivre dans la vente des immeubles du failli, il en résulte que les dispositions correspondantes du code de procédure ne sauraient être invoquées, ou, tout au moins, que l'art. 565 C. comm. a restreint, quant à la faculté de surenchérir, l'art. 710 C. pr. civ. — 19 nov. 1824. Rouen. Martin. D.A. 8. 195. D.P. 2. 211.

861. — La première de ces décisions semble préférable. Vraisemblablement le législateur n'a point entendu déroger par l'art. 565 à l'art. 710 C. pr.; car, en n'accordant le droit de surenchère qu'aux seuls *créanciers*, il aurait donné moins de garantie à la masse, pour que les immeubles atteignissent leur véritable valeur, et il doit avoir voulu tout le contraire. — Pard., n. 1265; D.A. 8. 181, n. 7. — *Contrà*, Boulay, n. 442.

862. — Un créancier non vérifié serait-il recevable à surenchérir du dixième? Puisque la loi l'admet (C. comm. 513) à former opposition à la distribution des deniers, il faut aussi lui accorder le droit de surenchère, sauf la discussion de ses titres; du moins le code ne prononçant pas son exclusion, on ne saurait suppléer une semblable peine. — D.A. 8. 181, n. 8.

863. — Lorsque l'expropriation des immeubles du failli est suivie par un créancier, dans les cas ci-dessus, les syndics pourraient-ils, du consentement de ce créancier, demander, aux termes de l'art 747 C. pr., la conversion de la saisie en vente volontaire, suivie dans les formes voulues pour l'aliénation des biens des mineurs? Oui, sans doute, quand tous les intéressés y consentent, lors même qu'ils ne seraient pas tous majeurs et maîtres de leurs droits. Toutefois, ce serait au tribunal à décider si la vente serait renvoyée devant un notaire, ou faite à la barre (C. pr. 955). — Pard., n. 1265; D.A. 8. 182, n. 9.

864. — Un créancier, autre que le poursuivant, ne pourrait s'opposer à cette conversion, parce que, dans un contrat d'union, la majorité fait loi pour tout ce qui regarde les intérêts communs.— D.A. 8. 182, n. 10.

865. — Les syndics *provisoires* pourraient, du consentement du créancier poursuivant, et sans opposition de la part des autres, demander au tribunal, et le tribunal ordonner la conversion de la saisie-immobilière en vente volontaire devant notaires. Vainement dirait-on que les syndics provisoires n'ont pas qualité pour provoquer la vente des immeubles; ils sont les représentans de la masse; en

consentant à la conversion, c'est comme si tous les créanciers y donnaient individuellement leur voix. Il est vrai que tous les créanciers ne sont pas connus, puisqu'ils ne sont pas encore vérifiés. Cela ne détruit pas le mandat des syndics, alors qu'aucun des créanciers présumés ne s'oppose à la conversion, laquelle d'ailleurs est dans l'intérêt de la masse, en ce qu'elle diminue les frais. — D.A. 8. 182, n.

866. — Les tribunaux *civils* sont seuls compétens, à l'exclusion des tribunaux de commerce, pour connaître de la vente des immeubles des faillis, et de l'ordre et de la distribution du prix provenant de la vente (Avis du cons. d'état, des 4 et 9 déc. 1810). — D.A. 8. 182, n. 11.

867. — C'est devant le tribunal du lieu de la situation de l'immeuble, et non devant celui du lieu de l'ouverture de la faillite, que la vente doit être poursuivie. — 10 mars 1813. D.A. 3. 316. — Conf. D.A. 8. 182, n. 12. — *Contrà*, Boulay, n. 439.

868. — Lorsque de la faillite dépendent plusieurs immeubles situés dans des arrondissemens différens, la vente doit être poursuivie devant le tribunal du lieu de chacun d'eux, s'ils n'appartiennent pas à la même exploitation (arg. de l'art. 2210 C. civ.). — D.A. 8. 182, n. 13.

869. — Dans ce dernier cas cependant, divers motifs font souvent porter la vente devant un même tribunal, celui du lieu de l'ouverture de la faillite : les intéressés en ont le droit, quand nul d'entre eux ne s'y oppose; mais en cas de réclamation à ce sujet, par exemple, si un créancier poursuivait la saisie d'un des immeubles devant les juges de la situation, nonobstant la procédure collective entamée par les syndics devant un autre tribunal, les poursuites devraient être disjointes, et renvoyées séparément devant la juridiction compétente. — V. l'arrêt du 29 oct. 1807, rapporté. D.A. 3. 302.

870. — L'ordre est aussi, de sa nature, une action réelle qui doit être portée devant les juges civils du lieu de la situation de l'immeuble vendu. Cependant Pardessus, n. 1266, et Boulay, enseignent qu'il ne peut en être ainsi dans une faillite, qui, disent-ils, ne se réduit pas à des poursuites partielles sur certains objets, mais qui comprend l'universalité des biens du failli, et que c'est devant le tribunal civil du lieu de l'ouverture que l'ordre des biens, *quelque part qu'ils aient été vendus*, doit être fait. Ces auteurs s'appuient sur un arrêt de cassation du 30 juin 1814 (D.A. 3. 317); mais ils vont beaucoup plus loin que cet arrêt ; car ils veulent que l'ordre soit porté devant le tribunal civil du lieu de l'ouverture de la faillite, *quelque part que les biens aient été vendus*, tandis que l'arrêt a seulement décidé que si deux immeubles dépendans d'une faillite, situés dans deux arrondissemens différens, ont été vendus conjointement devant le tribunal du lieu où la faillite s'est ouverte, l'ordre doit être porté, en ce qui concerne les deux immeubles, devant ce dernier tribunal. — D.A. 8. 182, n. 15.

871. — La demande du syndic d'une faillite, tendante à faire déduire des sommes de la collocation provisoire d'un créancier hypothécaire, n'est point une *contestation sur l'ordre*, de telle sorte qu'en cas de rejet, le syndic soit obligé, sous peine de forclusion, de contredire dans le mois sur le procès-verbal du juge-commissaire, aux termes des art. 755 et 756 C. pr. C'est une demande principale qui doit, à peine de nullité, être formée par exploit signifié à personne ou domicile. — 5 janv. 1824. Paris. Dyvrande. D.P. 25. 2. 115.

ART. 13. — *Des différentes espèces de créanciers, et de leurs droits en cas de faillite.*

§ 1er. — *Des droits des créanciers chirographaires.*

872. — Aux termes de l'art. 534 C. comm., « le créancier porteur d'engagemens *solidaires* entre le failli et d'autres co-obligés qui sont en faillite, participe aux distributions dans toutes les masses, jusqu'à son parfait et entier paiement. » Mais, pour qu'il ne puisse se faire payer au-delà de sa créance, chaque paiement qui lui est fait est mentionné sur le titre (561).

873. — Le créancier a le droit de se présenter dans chaque masse, *pour le total de sa créance*, capital, intérêts et frais, quels que soient les dividendes partiels qu'il ait déjà obtenus; sans quoi, il ne pourrait jamais arriver à son *parfait et entier paiement*. Les discussions qui ont précédé l'adoption de l'art. 534 ne laissent d'ailleurs aucun doute à cet égard. — Locré, t. 7, p. 33; Vincens, t. 4, p. 521; Pard., n. 1211; D.A. 8. 196.

874. — La circonstance que le créancier aurait accédé au concordat de l'un des débiteurs faillis, n'apporterait aucun changement aux droits que lui confère l'art. 534 contre les autres; on a déjà dit (article 6) que la remise stipulée dans le concordat n'opérait point la décharge des garans solidaires ni des cautions. Ce ne peut être ici le cas d'appliquer l'art. 1210 C. civ. — D.A. *ibid.*, n. 3; Boulay, n. 381 et 382.

875. — Le créancier peut s'adresser, pour avoir son paiement, à telle faillite plutôt qu'à telle autre, sans être tenu de suivre aucun ordre que celui qui lui convient. La loi n'aurait pu, sans blesser les principes de la solidarité (C. civ. 1203), obliger le porteur (ainsi qu'on le proposait) à s'adresser d'abord au débiteur principal, et successivement aux endosseurs, suivant leur rang d'endossement. — D.A. *ibid.*, n. 4; Locré, *loc. cit.*

876. — Lorsque le créancier s'est fait colloquer dans plusieurs masses, en vertu de l'art. 534, quels sont les droits de ces masses les unes contre les autres? Quoique l'obligation solidaire se divise de plein droit entre les débiteurs (C. civ. 1213), néanmoins celle des masses qui a donné au créancier un dividende plus considérable, n'a aucun recours à exercer contre l'autre, si celle-ci a payé au créancier un dividende proportionnel au montant intégral de la dette.

877. — Ainsi, Jean a deux débiteurs solidaires, Pierre et Paul : tous deux tombent en faillite; Pierre donne 75 p. 100, et Paul 25 p. 100. Pierre ne pourra réclamer à la masse de Paul les 25 p. 100 qu'il a payés en plus, comme il l'aurait pu, si Paul n'était pas en faillite, ou n'eût rien payé au créancier. Mais, dès que celui-ci s'est présenté à la masse de Paul, pour la totalité de sa créance, et qu'il y a touché le dividende afférant à cette créance, Pierre ne saurait plus exercer de recours, parce que Paul a payé de la dette tout ce qu'il pouvait en acquitter, et qu'une même créance ne peut figurer deux fois au passif. — Pard., n. 1255; D.A. *ibid.*, n. 6.

878. — Le même raisonnement s'appliquerait au cas où Pierre ne devrait être considéré que comme la caution de Paul, quoique solidairement obligé avec lui. — D.A. *ibid.*

879. — Jugé ainsi que lorsque le tireur et l'accepteur de lettres de change ont tous deux fait faillite, et que les porteurs de ces lettres se sont fait colloquer dans les deux masses, l'accepteur, quoiqu'il n'ait payé que comme caution, n'a aucun recours à exercer contre le tireur, lorsque celui-ci a payé aux porteurs des traites le dividende stipulé par son concordat. Accorder à l'accepteur une action contre le tireur, à raison d'une dette que celui-ci a déjà payée autant qu'il était en lui, ce serait rendre illusoires les conventions insérées au concordat. — 22 mars 1814. Civ. c. Bruxelles. Volequart. D.A. 8. 201. D.P. 14. 1. 286.

880. — Lorsque le porteur d'une lettre de change s'est fait admettre successivement dans la faillite du tireur et de l'accepteur, et que, par suite, le tireur et l'accepteur viennent exercer leur recours contre la faillite du donneur d'ordre, ils ne peuvent être admis simultanément comme créanciers du montant total de la lettre de change: ce serait imposer au donneur d'ordre l'obligation de payer deux fois la traite (C. civ. 1999 ; C. comm. 92). — 1er déc. 1824. Civ. c. Paris. Desprez. D.A. 8. 202. D.P. 24. 1. 465.

881. — Jugé cependant que lorsque l'accepteur de traites tombe en faillite après avoir reçu provision, et sans avoir acquitté ces acceptations, le tireur, failli lui-même, mais qui, par suite d'un concordat, a payé un dividende aux porteurs de ses traites, a droit de demander à être admis au passif de la faillite de l'accepteur pour le montant de la provision qu'il lui avait envoyée, et cela, encore que le tiers-porteur aurait droit à un recours contre l'accepteur pour leur entier paiement (C. civ. 2000 ; C. comm. 524). — 8 fév. 1827. Req. Paris. Bazin. D.P. 27. 1. 136.

882. — Le principe que la masse du failli, par le paiement au créancier, d'un dividende proportionnel au montant intégral de la dette, est affranchie de toute action récursoire de la part des débiteurs solidaires ou des cautions, souffre exception lorsque le failli veut se faire réhabiliter (arg. de l'art. 605 C. comm.). Ainsi, dans l'exemple cité, Paul ne pourrait obtenir sa réhabilitation qu'en remboursant à Pierre, soit les 25 p. 100 que ce dernier a payés, si chacun d'eux était intéressé pour moitié dans l'obligation, soit les 75 p. 100, si Paul seul avait retiré tout l'avantage de la dette. — D.A. *ibid.*, n. 10.

883. — Remarquons à ce sujet qu'en cas de faillite du tireur et des endosseurs d'une lettre de change, le premier endosseur qui veut se faire réhabiliter doit rembourser à l'endosseur subséquent le dividende que celui-ci a payé au porteur ; mais si c'est le dernier endosseur qui veut obtenir sa réhabilitation, il n'est pas tenu, comme le dit par erreur Locré, t. 7, p. 37, de rembourser à l'endosseur précédent qui a été payé par celui-ci. — D.A. *ibid.*, n. 11.

884. — Si l'un des co-débiteurs solidaires donnait un dividende tout à la fois inférieur à celui donné par l'autre, et supérieur à la somme nécessaire pour satisfaire le créancier, cet excédent appartiendrait au second débiteur.

885. — Par exemple, si, dans l'exemple ci-dessus, Paul donnait 50 pour 100 au lieu de 25 pour 100, Jean n'ayant besoin que de 25 pour 100 pour compléter sa créance, Pierre aurait évidemment droit au surplus, soit comme subrogé au créancier (C. civ., art. 1211), soit comme exerçant une action qui lui est propre (*ibid.* 1214). — Pard., *loc. cit.*; Locré, t. 6, p. 277 ; D.A. 8. 197, n. 7.

886. — S'il y avait plusieurs cautions solidaires, et que toutes eussent payé un dividende au créancier, quel serait leur recours contre la masse du débiteur principal? Elles n'en auraient aucun, si le créancier s'était présenté lui-même à cette masse, et qu'il y eût épuisé le dividende afférant à la dette. — D.A. *ibid*, n. 8.

887. — Mais, en supposant que la masse payant 50 pour 100 pour achever de solder le créancier, les 25 pour 100 qui restent devront être partagés entre les cautions solidaires, au prorata de ce que chacune a payé ; car elles ont toutes des droits égaux, toutes ayant cautionné seulement le débiteur principal (arg. art. 2033 C. civ.). — Vincens, t. 4, p. 530 ; D.A. 8. 197, n. 8.

888. — Il n'en est pas ainsi, lorsque le cautionnement résulte d'une lettre de change : car tous les signataires de la lettre ne sont pas seulement des cautions du débiteur direct; ils sont encore des garans solidaires les uns par rapport aux autres.

889. — Ainsi, par exemple, dans le cas où le tireur pour compte et l'accepteur auraient désintéressé le porteur de la lettre, il n'y aurait pas lieu d'attribuer à l'un et à l'autre, dans la faillite du donneur d'ordre, un dividende proportionnel à ce que chacun d'eux aurait payé à la décharge du donneur d'ordre. Le tireur pour compte devra seul être compris aux répartitions pour le montant intégral de la lettre de change dont il n'a acquitté qu'une partie, et l'accepteur en sera entièrement exclu. En effet, le tireur pour compte a tout à la fois un recours solidaire contre le donneur d'ordre et contre l'accepteur, et puisque tous deux sont en faillite, il peut, invoquant l'art. 534, se présenter dans la masse de l'un et de l'autre pour le *montant intégral* de l'effet, sans s'embarrasser du recours que, de son côté, la masse de l'accepteur peut avoir à exercer contre la masse du donneur d'ordre (D.A. *ibid.*). — Conf. Pardessus, n. 1255, qui se fonde sur des motifs que Dalloz combat (*eod*).

890. — Il résulterait de la doctrine de Pardessus que, dans le cas spécifié, tous les endosseurs qui auraient payé un dividende au porteur, exerceraient un recours simultané contre la faillite du donneur d'ordre. — On pense, au contraire, que le dernier endosseur devra être préféré, car il a tous les autres pour garans solidaires, et la solidarité l'autorise à se prévaloir de l'art. 534 C. comm.

891. — Jugé cependant que le tireur et l'accepteur d'une lettre de change tirée pour le compte d'autrui, qui ont concouru tous deux au paiement de la lettre, doivent, au cas de faillite du donneur d'ordre, être admis dans cette faillite concurremment, et sans que le tireur ait un droit de préférence (C. comm. 118, 140). — 27 août 1832. Civ. c. Paris. Steinmann. D.P. 33. 1. 10.

892 — Aux termes du même arrêt, les porteurs de lettres de change tirées pour le compte d'un tiers, n'ont, contre le donneur d'ordre indiqué par des initiales, ni action directe, ni même action par subrogation aux droits du tireur tombé en faillite, et spécialement en cas de faillite du tireur, de l'accepteur et de l'ordonnateur, les tiers-porteurs n'ont droit qu'à un dividende dans la faillite du tireur pour compte, comme tous autres créanciers. — Même arrêt.

893. — Le commissionnaire qui, en paiement de marchandises par lui vendues sans garantie envers son commettant, de la solvabilité de l'acheteur, a reçu de celui-ci des billets passés à l'ordre de lui, commissionnaire, dont il a avancé le montant à son commettant, a droit, en cas de faillite de l'acheteur et du commettant, de se porter à la fois créancier dans les deux masses (C. comm. 93, 534). — 28 juin 1828. Rouen. Maille. D.P. 29. 2. 245.

894. — Le commissionnaire qui, en cas de faillite de l'acheteur, de qui il avait reçu des effets à son

ordre, pour le prix de vente, faite au nom de son commettant, a porté ces effets au débit de ce dernier, n'est pas censé, par là, avoir renoncé à la propriété de ces billets, et suivi la foi seule de son commettant (C. comm. 93). — Même arrêt.

895. — Les créanciers garantis par un cautionnement sont compris dans la masse, sous la déduction des sommes qu'ils ont reçues de la caution; la caution est comprise dans la même masse pour tout ce qu'elle a payé à la décharge du failli (C. comm. 538).

896. — Cet article semble en désharmonie avec l'art. 1252 C. civ., en ce qu'il fait concourir le créancier et la caution qui n'a payé qu'*une partie* de la dette. Il aurait fallu dire que le créancier pourrait se présenter à la masse du débiteur principal, pour la totalité de sa créance, nonobstant les paiemens partiels qu'il aurait reçus de la caution, avec d'autant plus de raison, qu'il en est ainsi lorsque plusieurs endosseurs d'une même lettre de change ont fait faillite, quoiqu'ils ne soient pourtant, vis-à-vis du tireur et de l'accepteur, et les uns par rapport aux autres, que des cautions (C. civ. 1216, et C. comm. 164). — D.A. 8. 199; Vincens, t. 4, p. 525, n. 5.

897. — Toutefois, ce vice de rédaction ne préjudicie pas au créancier qui, par une juste conséquence des principes généraux, a droit de se faire attribuer, exclusivement à tous les autres créanciers de la caution, le dividende que celle-ci vient réclamer pour la part de la dette qu'elle a déjà payée, sans préjudice du droit de la poursuivre pour le reste. — D.A. 8. 199; Pard., n. 1216.

898. — Lorsque la caution non solidaire et le débiteur principal sont en faillite, le créancier qui a touché un dividende dans la masse de celui-ci, ne peut se faire admettre au passif de la caution que sous la déduction du dividende qu'il a déjà reçu. — D.A. 8. 199, n. 13.

899. — Dalloz relève à cette occasion une conséquence bizarre (A. *eod.*, n. 1).

900. — S'il y a deux ou plusieurs cautions, et s'il y a solidarité entre elles, quoiqu'elles ne soient pas solidaires avec le débiteur principal, le créancier pourra se présenter à la masse des unes et des autres pour la totalité de ce qui lui restera dû, après défalcation de ce qu'il a touché dans la masse du débiteur direct. — Pard., D.A. *eod.*

901. — S'il n'y a pas solidarité entre les cautions, le créancier, suivant Pardessus, ne peut se présenter dans chacune des masses de l'une et de l'autre caution, que pour moitié du restant dû; mais lorsque les cautions sont en faillite, il ne peut y avoir lieu au bénéfice de division (arg. de l'art. 2026 C. civ.). Chaque caution demeure donc obligée à toute la dette (C. civ. 2025); et dès lors le créancier peut agir contre la masse de chacune d'elles, pour la totalité de ce qui lui reste dû, et non pas seulement pour la moitié, le tiers ou le quart de ce reste. — D.A. 8. 199, n. 13.

902. — Enfin, dans le cas où la caution non solidaire est seule en faillite, tandis que le débiteur principal est resté solvable, comme il peut arriver que, dans le temps qui reste à courir jusqu'à l'échéance conventionnelle, le débiteur principal devienne insolvable, il semble juste que le créancier soit admis à se faire colloquer dans la faillite de la caution, sauf à la masse à recourir, en temps et lieu, contre le débiteur principal. Ici ne s'applique point l'art. 2021 C. civ. — D.A. *ibid.*, n. 14; Pardessus, n. 1217.

903. — Lorsque l'action du créancier s'exerce contre un failli et plusieurs co-obligés solidaires non faillis, le créancier qui a reçu un dividende dans la masse du failli, ne peut poursuivre les autres co-obligés solidaires, que sous la déduction de ce qu'il a touché: le principe de l'art. 534 C. comm. lui serait inutile dans ce cas, puisque tous les codébiteurs qui restent sont supposés solvables. Ceux-ci n'ont point de recours contre la masse du failli, à raison de ce qu'ils ont payé, conformément à ce que nous avons dit ci-dessus. — D.A. *ibid.*, n. 15.

904. — Si le créancier s'est adressé à l'un des co-obligés solidaires du failli, et en a obtenu son paiement intégral, le co-obligé pourra se faire admettre au passif de la faillite, à la place du créancier, soit pour la totalité de la somme payée, si le failli était seul intéressé à la dette (C. civ., art. 1216, 2028 et 2029 comb.), soit pour la part seulement du failli, si la dette concernait tous les obligés (C. civ. 1214). — D.A. *ibid.*, n. 16.

905. — *Quid* lorsqu'un créancier se présente à la faillite en vertu d'un compte-courant dans lequel sont entrées des valeurs de crédit dont l'échéance, au moment de la faillite du correspondant qui les a reçues, n'est point encore arrivée? Par exemple, Pierre est en compte courant avec Paul, qui fait faillite: le crédit de Pierre est de 60,000 fr.; son débit de 50,000 fr. Mais le crédit ne se compose que d'effets non échus au moment où il se présente à la vérification pour faire régler le compte courant; le débit, au contraire, consiste, soit en argent remis, soit en marchandises livrées avant la faillite: rien ne peut assurer que les effets formant le crédit seront acquittés à leur échéance; ils peuvent même avoir été négociés par le failli avant sa faillite, et alors les tiers-porteurs ont droit de se faire admettre au passif. Dans ce cas, on doit admettre Pierre conditionnellement comme créancier de 10,000 fr., et lui délivrer son dividende, mais en l'obligeant à donner caution, pour garantie des droits de la masse, et, en cas de refus, faire ordonner le dépôt des fonds à la caisse des consignations (Pard., n. 1219). — De plus, pour empêcher que la même créance ne figure deux fois au passif, il faudra défalquer des 10,000 fr. la somme pour laquelle les tiers-porteurs se feraient comprendre dans les répartitions à raison des mêmes effets que le créancier par compte courant a portés dans son crédit. — D.A. 8. 200, n. 17.

906. — Autre hypothèse: Paul a tiré pour 50,000 fr. de lettres de change sur Pierre, qui les a acceptées. En même temps, pour garnir ses mains, Paul lui a souscrit ou endossé pour 70,000 fr. d'effets. Ici, c'est la masse du failli qui se trouve créancière éventuelle de Pierre. Obligera-t-on ce dernier à verser en argent ou à restituer en même nature d'effets qu'il a reçus de Paul, l'excédant de 2,000 fr. dont il est débité dans le compte-courant? Non: ce serait changer la condition sous laquelle Pierre a consenti ses acceptations. On ne pourrait pas même, en le considérant comme un créancier nanti, ne le tirer dans la faillite que *pour mémoire*, conformément à l'art. 535 C. comm. — D.A. *ib.*, n. 18.

907. — La circonstance que les deux correspondans qui étaient en compte-courant seraient tombés en faillite, ne changerait pas les rapports respectifs résultant du compte courant. — D.A. *ib.*, n. 19; Pard., n. 1221.

908. — Mais en cas de faillite de deux commerçans ayant fait des opérations par compte-courant, et dont les remises respectives ont été protestées, les tiers-porteurs seuls ont le droit de se présenter dans chacune des deux masses, sans que le prétendu créancier par compte-courant puisse y figurer à raison de remises protestées. Dans cette hypothèse, une admission définitive au passif, sur l'aperçu d'un compte-courant formé de valeurs fictives, tendrait à avantager une masse au préjudice de l'autre, dès qu'il est impossible de reconnaître, quant à présent, laquelle des deux est véritablement créancière. — 16 nov. 1820. Rouen. Delcourt. D.A. 8. 203. D.P. 2. 212.

909. — Cette décision est juste: les tiers-porteurs ne manqueront pas de s'adresser aux deux masses pour le montant intégral des billets qui forment le débit et le crédit de chacune d'elles. En ce cas, il ne pourra jamais y avoir lieu au recours de l'une des masses sur l'autre, puisque l'action des tiers porteurs aura épuisé le dividende que l'une et l'autre devaient donner. — D.A. 8. 200, n. 19.

Si pourtant les tiers-porteurs de ces effets, soit parce qu'ils auraient reçu leur paiement des débiteurs directs, soit parce qu'ils auraient trouvé dans l'une des masses de quoi se remplir, ne s'étaient pas présentés dans les deux faillites à la fois, ou s'étaient présentés tantôt à l'une, tantôt à l'autre, il y aurait compte à faire entre les deux masses, et ce compte serait réglé d'après les principes ordinaires, en observant toujours que le même titre ne peut jamais donner lieu à deux dividendes en faveur de deux créanciers. — D.A. 8. 200, n. 19.

910. — Si, après le réglement du compte, la masse débitrice avait encore à craindre d'en voir changer le reliquat par des actions que des tiers pourraient exercer contre elle, actions qui lui donneraient un recours contre la masse créancière, on pourrait n'admettre celle-ci à toucher le dividende afférent à sa créance, qu'en fournissant une caution. — *Ibid.*

911. — Dans le cas où un négociant, en compte courant avec un commerçant depuis tombé en faillite, est porté sur les livres du failli, comme débiteur de certaine somme, tandis que, dans la réalité, il se trouve créancier de plus forte somme, comme porteur de traites à lui remises par le failli, et qui n'ont pas été acquittées, il s'opère, il est vrai, une compensation entre eux, jusqu'à concurrence de la somme dont ce négociant est débiteur envers la faillite, et il ne doit être porté dans la faillite que comme créancier du surplus; mais l'effet de cette compensation n'est point tel que ce négociant soit tenu de remettre à la faillite partie des effets impayés, équivalente à la somme dont il est débiteur: il est, au contraire, fondé à retenir ces effets en totalité, pour s'en faire payer, s'il le peut, contre tous les autres signataires (C. civ. 1291; C. comm. 136, 534). — 11 fév. 1829. Bourges. Guébin. D.P. 29. 2. 243.

912. — Des associés en nom collectif n'ont aucune action solidaire les uns contre les autres: par conséquent, lorsqu'une société se continue, après sa dissolution, entre plusieurs des associés, qui ensuite font faillite, les créanciers de la faillite ne peuvent, comme exerçant les droits de leurs débiteurs, réclamer, à celui des associés qui a cessé de faire partie de la société, que sa part dans le déficit existant à la charge de la société, au moment de sa dissolution. Et si cet associé paie aux créanciers de l'ancienne société, en vertu de l'action solidaire, au-delà de sa part, il a droit de venir au marc le franc sur la masse de la faillite, comme les autres créanciers des faillis. — 16 mars 1813. Liége. Péters. D.A. 8. 235. D.P. 2. 218.

913. — En cas de faillite d'un négociant en son nom individuel, et de la société en nom collectif dont ce négociant faisait partie, les créanciers individuels du négociant failli ne peuvent réclamer sur ces biens personnels un droit de préférence aux créanciers de la masse sociale. Les uns et les autres doivent venir par concurrence. La loi 5, ff. *de Tribut. actione*, qui établissait ce droit de préférence, doit être considérée comme abrogée, dès que ni le code civil, ni le code de commerce, qui contiennent un système complet sur les priviléges, n'en ont renouvelé les dispositions. — 18 oct. 1814. Civ. r. Agen. Maret. D.A. 8. 204. D.P. 15. 1. 32.

914. — En contractant une société, même en nom collectif, chacun des associés peut conserver un patrimoine particulier et personnel, tout-à-fait distinct et séparé de la société et du fonds social. Dans ce cas, si la société est dissoute à cause de la faillite déclarée seulement sur le patrimoine particulier et personnel d'un des associés, les autres peuvent retirer leurs mises respectives dans le fonds social, sur lesquelles les créanciers particuliers et personnels de l'associé failli n'ont aucune action. — 13 mars 1823. Req. Aix. Meiffred. D.A. 8. 205. D.P. 23. 1. 171.

915. — L'art. 1328 C. civ. n'a pas d'application en matière commerciale, et notamment en matière de faillite. C'est aux magistrats à apprécier, d'après les circonstances de fait, si la date de l'acte sous seing-privé qui est produit mérite toute confiance. — *Spécialement*, l'inventaire sous seing-privé, dressé entre un beau-père et son gendre, au moment où ils s'associent pour faire le commerce, inventaire où sont énumérées et estimées les marchandises destinées à composer le fonds social, a pu servir de règle aux juges, lors de la dissolution de la société par la faillite personnelle du beau-père, pour leur faire reconnaître le fonds social et l'empêcher de se confondre avec les biens personnels de l'associé failli, quoique cet inventaire n'eût acquis date certaine qu'une année environ après la formation de la société. — Même arrêt.

916. — La donation d'usufruit, faite même par contrat de mariage, par l'un des époux à l'autre, à l'effet de procurer au donataire les moyens d'exister avec le plus d'aisance possible, ne doit pas être considérée comme une donation alimentaire, ni comme établissant, en faveur du donataire, un droit purement personnel, de telle sorte qu'en cas de faillite de ce dernier, ses créanciers n'aient aucun droit à cet usufruit (C. civ. 1166; C. pr. 581). — 17 nov. 1818. Req. Paris. Dumont. D.A. 8. 206. D.P. 19. 1. 198.

917. — De ce qu'un créancier aurait fait vérifier sa créance, laquelle a été admise, il ne résulte pas qu'il doive être réputé avoir abandonné le droit qu'il aurait d'être payé intégralement sur l'actif comme créancier personnel de la masse et non du failli. — 31 janv. 1823. Dijon. Guignet. D.P. 28. 1. 394.

918. — Le créancier qui, avant l'ouverture de la faillite de son débiteur, a reçu de lui, en paiement de sa dette, le transport de plusieurs créances contre des tiers, a le droit, en rapportant à la masse celles seulement des créances transportées, dont il n'a pu obtenir le recouvrement, de rentrer dans sa position primitive de créancier chirographaire, et de participer aux opérations de la faillite (C. comm. 520, 535, 537). — 1er avril 1829. Paris. Claisin. D.P. 29. 2. 206.

919. — Tous les créanciers dont les droits ont été reconnus dans la faillite, s'ils n'ont à faire valoir

aucune cause de préférence, participent aux distributions au marc le franc de leurs créances *vérifiées et affirmées* (C. comm. 558).— V. *suprà*.

920 — Le sort de tous les créanciers étant fixé par la faillite, il s'ensuit qu'un paiement illegal fait par le failli à un de ses créanciers, antérieurement au concordat, empêche ce créancier de prendre part à aucune distribution après le concordat, tant que les autres créanciers n'ont pas reçu un dividende proportionnellement égal à celui qu'il a touché d'avance (C. comm. 442).— 26 janv. 1825. Caen. Demireleau. D.P. 26. 2. 15.

921.—La répartition est ordonnée par le juge-commissaire, sur le compte que les syndics doivent lui rendre, tous les mois, de la situation de la faillite et des deniers existant en caisse (559). Ce sont les syndics qui doivent en dresser l'état. S'il s'élève des contestations, elles sont vidées à l'audience, comme en matière ordinaire (C. pr. 666).

922. — Nul paiement n'est fait que sur la représentation du titre constitutif de la créance (561). Ce titre est celui qui a été admis lors de la vérification, et sur lequel on a fait les mentions prescrites par l'art 506. Ce peut n'être qu'un simple arreté de compte ou une facture acceptée. Si pourtant le titre originaire était adiré, on pourrait y suppléer par l'extrait du procès-verbal de la verification.— Locré, t. 7, p. 174; Boulay, n. 421; D.A. *ibid*, n. 21.

923. — Les créanciers ont-ils droit de se faire comprendre aux répartitions, même pour les intérêts de leurs créances? Vincens, t. 4, p. 554, décide que ceux-là seuls qui ont des priviléges, des hypothèques, des gages ou soit des cautions, soit des débiteurs solidaires co-obligés avec le failli, n'ont pas le cours de leurs intérêts interrompu par la faillite, s'il en courait à leur profit; mais qu'il en est autrement à l'égard des intérêts des créanciers *ordinaires*. Cette distinction n'est pas fondée. Il faut appliquer l'art. 672 C. pr. civ., qui, dans un cas analogue, ne fait « cesser les intérêts des sommes admises en distribution, que du jour de la clôture du procès-verbal de distribution, s'il ne s'élève pas de contestation; en cas de contestation, du jour de la signification du jugement qui aura statué; en cas d'appel, quinzaine après la signification du jugement sur appel » — D.A. 8. 200, n. 22.

§ 2. — *Droits des créanciers hypothécaires et privilégiés.*

924.— Tous les créanciers inscrits, ou ceux qui ont un privilége ou une hypotheque dispensés d'inscription, ont sur les immeubles qui leur sont affectés un droit de préférence aux autres créanciers du failli; ce qui ne les dépouille pas de leur qualité de créanciers chirographaires, par rapport à la masse mobilière, ou aux immeubles qui ne leur sont point engagés (545).

925.— Si la vente du mobilier précède celle des immeubles, et donne lieu à une ou plusieurs répartitions de deniers avant la distribution du prix des immeubles, les créanciers hypothécaires concourront à ces répartitions dans la proportion de leurs créances totales, et, sauf le cas échéant, les distractions dont il sera parlé ci-après (540).

926.— Cet article est applicable au cas où les immeubles hypothéqués sont situés en pays étranger, et en faveur d'un créancier étranger, comme au cas où ils sont situés en France.... Seulement, les tribunaux peuvent ordonner des mesuree pour que les subrogation ou distraction résultant au profit des chirographaires aient leur effet; et, par exemple, ordonner la consignation des sommes revenant aux hypothécaires, et assigner à ceux-ci un délai de rigueur, dans lequel ils devront justifier de leurs diligences, afin d'être payés sur les immeubles. — 16 juillet 1831. Paris. Pellegrino D.P 31. 2. 205.

927.— Après la vente des immeubles et le jugement d'ordre entre les créanciers hypothécaires, ceux d'entre ces derniers qui viendront en ordre utile sur le prix des immeubles pour la *totalité* de leurs créances, ne toucheront le montant de leur collocation hypothécaire que sous la déduction des sommes par eux perçues dans la masse chirographaire (541).

Les sommes ainsi déduites ne resteront point dans la masse hypothécaire, mais retourneront à la masse chirographaire, au profit de laquelle il en sera fait distraction.

928. — A l'égard des créanciers hypothécaires qui ne seront colloqués que partiellement dans la distribution du prix des immeubles, leurs droits sur la masse chirographaire seront definitivement réglés d'après les sommes dont ils resteront créanciers après leur collocation immobilière, et les deniers qu'ils auront touchés au-delà de cette proportion dans la distribution antérieure, leur seront retenus sur le montant de leur collocation hypothécaire, et reversés dans la masse chirographaire (642).

929.—Lorsque l'ordre sur le prix des immeubles précède la distribution du prix des meubles, ou s'ouvre simultanément, les seuls créanciers hypothécaires, non remplis sur le prix des immeubles, concourront, *à proportion de ce qui leur restera dû*, avec les créanciers chirographaires, sur les deniers appartenant à la masse chirographaire (539).

930. — Jugé ainsi que, lorsque la distribution du prix d'un immeuble appartenant à un failli se fait simultanément avec celle du prix des meubles, les créanciers ayant hypothèque doivent d'abord être colloqués sur le prix de l'immeuble, et ne peuvent prendre part au mobilier que dans la proportion de ce qui leur restera dû. — 28 juin 1821. Paris. Soupé. D.A. 8. 215. D.P. 22. 2. 105.

931. — On voit qu'à la différence du créancier qui a plusieurs obligés *solidaires*, lequel peut se présenter à la faillite de chacun d'eux, pour la *totalité* de sa créance (534), le créancier hypothécaire, colloqué d'abord sur les immeubles, ne peut revenir sur la masse mobilière qu'*à proportion de ce qui lui reste dû* (539). C'est que, dans le premier cas, il y a *solidarité*, et que l'équité ne permet pas que l'une des faillites profite, au préjudice du créancier, de ce qui lui a été payé sur l'actif de l'autre faillite. La réserve de la solidarité pour la totalité de la créance est présumée de droit par la loi, dans la quittance de chaque paiement. Mais il n'en saurait être ainsi, lorsqu'il n'y a qu'un débiteur; il n'y a point alors de solidarité à invoquer.— D.A. 8. 208, n. 6; Locré, t. 7, p. 74.

932. — Dans le cas où les créanciers privilégiés de l'art. 2101 C. civ. se présenteraient à l'ordre ouvert sur les immeubles avant que la distribution du prix des meubles fût commencée, leur collocation dans l'ordre ne sera que provisoire, et à la charge de reverser à la masse hypothécaire le montant de leur contribution dans le mobilier, attendu qu'ils n'ont droit aux immeubles qu'en cas d'insuffisance du mobilier (C. civ. 2105). — D.A. 8. 208, n. 7.

933. — Les créanciers privilégiés sur les *meubles* ne sont pas obligés d'attendre, pour leur paiement, que la contribution sur le prix du mobilier soit ouverte: les syndics présentent au commissaire l'état des créanciers se prétendant privilégiés sur les meubles, et le commissaire autorise le paiement de ces créanciers *sur les premiers deniers rentres* (533).

934. — Ils ne peuvent toutefois réclamer ce paiement avant la formation du contrat d'union et la nomination des syndics définitifs. Cela résulte de la place qu'occupe l'art. 533 dans le titre des faillites. — D.A. 8. 208, n. 9.

935. — Le créancier privilégié d'un failli étant, par la nature de sa créance, étranger aux operations de la faillite, peut, à la différence du creancier chirographaire, dont le sort est fixé au jour de l'ouverture de la faillite, exiger les intérêts de sa créance, courus pendant les contestations judiciaires par lesquelles le failli ou les syndics ont mal à propos retardé son paiement.—14 juill. 1829. Req. Paris. Roger. D.P. 29. 1. 303.

936. — Tout créancier a le droit de contester le privilége, et, dans ce cas, le tribunal prononce (C. comm. 533).

937. — Les frais, ajoute l'article, sont supportés par ceux dont la demande a été rejetée, et ne sont pas au compte de la masse. Il faut distinguer: si c'est le créancier réclamant le privilége, ou le créancier contestant en son nom individuel, qui succombent, les frais sont à leur charge personnelle: mais si ce sont les syndics, comme ils sont censes agir au nom de tous, ils doivent être autorisés à employer les dépens auxquels ils auront été condamnés en frais de syndicat. — Boulay, n. 376; D.A. 8. 208, n. 10.

938.— La renonciation à l'hypothèque ne se présume pas; ainsi, on ne peut la faire résulter de ce que l'un des créanciers hypothécaires du failli aurait concouru par lui-même, ou par un fondé de pouvoir, au contrat d'union qui autorisait les syndics à vendre les meubles et immeubles du débiteur commun, et à en distribuer le prix, *au marc le franc*, entre les divers intéressés, et de ce que ce même créancier aurait touché, sans réclamation, sa part dans les répartitions ainsi faites, sans préférence des créanciers hypothécaires sur les chirographaires, et sans distinction des masses mobilière et immobilière. — Cette autorisation donnée aux syndics par le contrat d'union, de distribuer, *au marc le franc*, le prix des immeubles, n'a pu s'entendre que de la portion du prix non affectée aux créanciers hypothécaires, interprétation qui résultait d'ailleurs du pouvoir donné aux syndics par le même acte, de faire procéder *à tous ordres* et distributions. — En conséquence, le créancier hypothécaire, lésé par les répartitions dont il s'agit, peut les faire déclarer nulles en ce qui le concerne, et forcer les syndics au rapport du prix des immeubles, en principal et intérêts, jusqu'à concurrence des sommes qui lui étaient conservées par son titre hypothécaire. — 5 fév. 1822. Paris. Gauthier. D.A. 8. 215. D.P. 2. 214.

939. — Le créancier hypothécaire du failli qui a demandé *en première instance*, contre les syndics de l'union, à être payé immédiatement du montant de sa créance sur l'immeuble hypothéqué, ou à être remis en possession de cet immeuble, qui lui avait originairement appartenu comme vendeur, peut, en cas de vente de cet immeuble, durant le procès, à la diligence des syndics, conclure, *en appel*, à être autorisé à recevoir son paiement directement des tiers-acquéreurs, sans être obligé de l'aller prendre dans la caisse de l'union. — Ce n'est pas là former une *demande nouvelle*, que la loi déclare irrecevable en appel (L. 3 brum. an 2, art 7). — 22 pluv. an 10. Civ. c. Dorcy. D.A. 8. 209. D.P. 2. 213

940. — Cette demande ne saurait non plus être écartée par les juges de l'appel, sous prétexte qu'elle aurait été consentie par les créanciers unis; car cet acquiescement de leur part, loin d'être un motif de repousser la demande, en est un, au contraire, de l'admettre.— Même arrêt.

941.—Les syndics ont pour les frais et les avances qu'ils ont pu faire dans l'intérêt général, pour les depenses resultant de quelque procès soutenu pour l'avantage commun, un prélevement à exercer sur les recettes dont se compose l'actif du failli (C. civ. 2101; C. comm. 558).— Pard., n. 1192; D.A. 8. 208, n. 11.

942.—Les syndics définitifs étant les mandataires, tant des créanciers hypothécaires que des chirographaires, il s'ensuit qu'ils ont pu être colloqués sur le prix des immeubles, par préférence aux créanciers hypothécaires, pour les dépenses qu'ils ont faites, dans l'intérêt général de la masse, et de l'autorisation du juge-commissaire, lorsque, d'ailleurs, ces dépenses sont d'une nature privilégiée. — 6 nov. 1812. Rouen. Soufland. D.A. 8. 210. D.P. 2. 214.

943. — Cette décision doit, ce semble, être modifiée. Les prélèvemens des syndics (hors les cas où ces prélèvemens se réferent à des dépenses que la loi considère comme *frais de justice*) doivent porter d'abord sur la masse chirographaire, parce qu'elle est le gage commun des créanciers; mais, dans l'insuffisance du prix des meubles, les syndics peuvent se prendre aux immeubles, quand même les articles de leur compte dont il serait question n'emporteraient point privilége sur les immeubles, parce qu'il s'agit moins ici d'un privilége proprement dit, que de l'action qui appartient à tout mandataire contre ses mandans pour se faire rembourser de ses avances (C. civ. 1999). Or, les syndics sont aussi bien les mandataires des créanciers hypothécaires que des chirographaires; les uns et les autres ont concouru à leur nomination, et se sont engagés tacitement à ratifier tout ce que feraient les syndics dans les limites de leurs pouvoirs. — *Ibid.*, n. 12.

944. — Jugé, d'après le même principe, que lorsque, par suite d'opérations faites postérieurement à la faillite, de l'aveu des syndics et avec leur participation, un tiers est devenu créancier de la masse de sommes dont celle-ci a profité, il peut s'en faire rembourser sur les deniers de la faillite par préférence aux créanciers personnels du failli.— 27 juin 1821. Civ. r. Paris. Dumont D.A. 8. 211. D.P. 21. 1. 533.

945 —Le tiers ainsi reconnu créancier de la masse par divers jugemens passés en force de chose jugée, peut faire tous actes conservatoires de ses droits.— En conséquence, il peut former saisie-arrêt entre les mains du caissier de la faillite et des syndics.— Même arrêt.

946. — Les tribunaux de commerce ne pouvant connaître de l'exécution de leurs jugemens, c'est le tribunal civil, et non le tribunal de commerce, qui doit prononcer sur la validité et les suites de cette saisie-arrêt, quoique formée en vertu de condamnations prononcées, au profit du saisissant, par les juges de commerce (C. pr. civ., art. 442). — Même arrêt.

947. — Les frais dus à un agréé, à raison d'opérations d'une faillite dont il a été chargé, se rattachant aux frais d'administration de la faillite, sont privilégiés; et, par suite, la demande qui en est faite est de la compétence du tribunal de commerce (C. comm. 533, 635). — 14 juin 1833. Paris. Lallemand. D.P. 33. 2. 207.

§ 3. — *Des droits des femmes.*

948. — Ce n'est pas ici le lieu d'examiner si réellement, comme on l'a prétendu, le législateur, dans le réglement des droits de la femme du failli, s'est montré trop sévère envers elle (V. à cet égard D.A. 8. 214) Bornons nous à constater dans quel esprit la loi a été rédigée.

949. — On a admis, dit le conseiller d'état Corvetto, « une sorte de transaction entre des principes différens. d'un côté, la femme est considérée comme complice, ou du moins comme solidairement responsable de la faillite de son mari; et, sous ce rapport, on lui impose des sacrifices; de l'autre, on la regarde comme ne devant pas partager la chance des événemens, et ses droits sont respectés. » — Locré, t. 7, p. 104; D.A. 8. 214.

950. — La femme dont le mari a fait faillite a le droit de reprendre en nature les *immeubles* qu'elle a apportés en dot, ou qui lui sont survenus depuis par successions ou donations, et qu'elle n'a point mis en communauté (545), comme aussi les *immeubles* acquis par elle et en son nom, des deniers provenant desdites successions et donations, pourvu que la déclaration d'emploi soit expressément stipulée au contrat d'acquisition, et que l'origine des deniers soit constatée par inventaire ou par tout autre acte authentique (546).

951. — Hors le cas où cette double formalité a été remplie, la présomption légale est que les biens acquis par la femme du failli appartiennent à son mari, sont payés de ses deniers, et doivent être réunis à la masse de son actif, sauf à la femme à fournir la preuve du contraire (547).

952. — L'action en reprise autorisée par les art. 545 et 546 n'est exercée par la femme qu'à charge des dettes et hypothèques dont les biens sont grevés, soit que la femme s'y soit volontairement obligée, soit qu'elle y ait été judiciairement condamnée (548).

953. — Cette disposition porte atteinte au principe d'inaliénabilité de la dot; elle sera même le plus souvent stérile, et ne profitera pas à la masse, mais aux créanciers qui auront la femme pour débitrice. — D.A. 8 215, n. 3.

954. — Pour éviter cette inconséquence, Pardessus, n. 1223, entend autrement l'art. 548. il dit que la femme n'a droit à aucune indemnité contre la faillite, à raison des dettes et hypothèques dont elle aurait pu laisser grever ses biens par conventions ou condamnations. Mais, pour cela, il faudrait que l'art. 548 dérogeât formellement au principe général de l'art 551. — D.A., *eod*

955. — La femme ne peut exercer, dans la faillite, aucune action à raison des avantages portés au contrat de mariage; et réciproquement, les créanciers ne peuvent se prévaloir, dans aucun cas, des avantages faits par la femme au mari dans le contrat (549).

956. — Il est clair que cette disposition (qui a donné lieu à beaucoup de critiques; V. D.A. 8 215, n. 4) concerne les libéralités qui ont un effet actuel, comme celles dont l'effet est subordonné à la condition de survie; quant à celles qui n'ont de prise que sur les biens existant au moment du décès, l'article est sans objet à leur égard, puisqu'elles ne peuvent jamais nuire aux créanciers. — Locré, t. 7, p. 118; D.A. 8. 216, n. 5.

957. — L'article ne parle que des *avantages portés au contrat de mariage;* mais il y a une raison *a fortiori* pour que la femme ne puisse réclamer aucun de ceux qui lui auraient été faits *constante matrimonio*, c'est qu'ils sont révocables (C. civ. 1096) et justement suspects — D.A. 8. 216, n. 6.

958. — Du reste, l'art. 549 ne prive la femme du failli du droit de faire valoir ses avantages nuptiaux, qu'autant que son mari était commerçant au jour du mariage (arg. de l'art. 551). — *Ibid.*, n. 10. — V. *infrà.*

959. — En cas que la femme ait payé des dettes pour son mari, la présomption légale est qu'elle l'a fait des deniers de son mari; et elle ne peut, en conséquence, exercer aucune action dans la faillite, sauf la preuve contraire, comme il est dit à l'art. 547 (550).

960. — L'art. 551 (l'un de ceux qui ont fait naître le plus d'objections, V. D.A. 8, 216) porte que « la femme dont le mari était commerçant à l'époque de la célébration du mariage, n'a hypothèque, pour les deniers ou effets mobiliers qu'elle justifie par actes authentiques avoir apportés en dot, pour le remploi de ses biens aliénés pendant le mariage, et pour l'indemnité de dettes par elle contractées avec son mari, que sur les immeubles qui appartenaient à son mari à l'époque ci-dessus. »

961. — La restriction de l'hypothèque légale de la femme d'un failli aux biens que son mari possédait à l'époque de la célébration du mariage, n'a pas lieu à l'égard d'un particulier qui, sans être alors commerçant de profession, faisait passagèrement des actes de commerce (C. comm. 551). — 9 mai 1822. Bruxelles. Caytitz. D.A. 9. 136.

962. — L'art. 551 C. comm., n'est applicable qu'au cas où il y a faillite déclarée par jugement; et, quoiqu'il y ait cessation absolue de paiement à l'époque où des immeubles du mari sont vendus sur la poursuite de ses créanciers, cependant, si la faillite n'a pas été déclarée, la femme a le droit de se faire colloquer, même sur les biens advenus au mari depuis le mariage. — 26 août 1828. Toulouse. Carivenc. D.P. 29. 2 175. — 27 nov. 1830. Bourges. Bernard. D.P. 31. 2. 142.

963. — Mais l'article est applicable, quoique l'état de faillite ait cessé par un concordat entre le failli et ses créanciers. en un tel cas, il n'est pas exact de prétendre que, même vis-à-vis des créanciers hypothécaires étrangers au concordat, le règlement des droits de la femme doive avoir lieu comme s'il n'y avait pas eu de faillite: on distinguerait, en vain, entre le concordat et le contrat d'union. — 4 mars 1828. Nîmes. Chion D.P. 31. 2. 24.

964. — Quels sont les *actes authentiques* par lesquels la femme doit justifier avoir apporté en dot les effets mobiliers qu'elle réclame? Lorsque les deniers ou effets dotaux proviennent de successions ou de donations faites à la femme, l'inventaire, l'acte de partage, l'état des meubles annexé à la donation, voilà les actes qui justifieront de sa propriété, et qui sont pris ici par opposition avec la faculté laissée à la femme ou à ses héritiers, dans le cas de l'art. 1415 C. civ., de faire preuve contre le mari, tant par titres et papiers domestiques que par témoins, et au besoin par la commune renommée, de la consistance et valeur du mobilier non inventorié. — D.A. 8. 217, n. 1.

965. — Mais lorsque la femme aura déclaré, dans son contrat de mariage, se constituer en dot une somme de ....., sans qu'aucun autre acte authentique constate l'existence et l'origine des deniers, cette énonciation suffira-t-elle pour appuyer l'action en reprise de la femme? De pareilles déclarations couvrent souvent une dot simulée; néanmoins, tant que la simulation n'est pas prouvée, il doit être ajouté foi au contrat, même en cas de faillite, parce qu'il n'y a pas d'autre moyen de justifier de l'apport réel d'une somme dont l'origine n'est point établie par un acte authentique. La publicité donnée au contrat de mariage fait d'ailleurs que la simulation de dot ne peut nuire qu'au mari. — *Ibid.*

966. — Il ne suffit pas, pour que le vœu de l'art. 551 soit rempli, qu'il soit exprimé, dans le contrat de mariage, que la femme s'est constitué certaine somme en dot; il faut, de plus, que le paiement de cette somme soit authentiquement établi; et il y a lieu de casser l'arret qui, à défaut de constatation par acte écrit, déclare que le paiement résulte des présomptions et des circonstances: comme si, par exemple, à l'égard d'une constitution dotale de certaine somme à prendre dans une succession non encore liquidée, les juges ont décidé que la preuve de la delivrance de cette somme, par l'exécuteur testamentaire, paraît résulter des circonstances, telles que les poursuites qui ont été dirigées à cet effet et l'absence de dénégation du paiement de la part de l'adversaire. — 21 fev 1827. Civ. c. Colmar. Hoffmann. D.P. 27. 1. 145. — 21 juin 1828. Besançon. Hoffmann. D.P. 29. 2. 139.

967. — Jugé cependant que la femme d'un failli, à qui une dot a été constituée par contrat de mariage, peut prouver le versement de cette somme dans la communauté, par des faits et des actes constans et non suspects, quoiqu'ils ne soient pas dans la forme authentique, et, par suite, prétendre, pour ces apports, à l'hypothèque conférée par l'art. 551. — 23 juill. 1830. Angers. Vinet. D.P. 31. 2. 94.

968. — La femme, en cas d'insuffisance des biens qui lui sont hypothéqués, vient dans la masse chirographaire pour se remplir, par contribution avec tous les autres créanciers, de ce qui peut lui rester dû. — D.A. 8. 217, n. 8.

969. — Si même, avant les dix jours qui ont précédé l'ouverture de la faillite, elle avait demandé et obtenu sa séparation de biens; ou si, séparée de biens par son contrat, elle s'était fait reconnaître par jugement créancière de son mari, elle jouirait, pour ses reprises, d'une hypothèque judiciaire qui aurait tous les effets de ces sortes d'hypothèques, mais seulement à partir de l'inscription qu'elle aurait prise, et pourvu que cette inscription eût été faite en temps utile (C. civ. 2123). — *Ibid.*

970. — Mais, à part ce cas, l'inscription que la femme prendrait durant le mariage, à mesure des acquisitions en immeubles de son mari, serait inefficace pour affecter ces immeubles à ses reprises; ce serait un moyen trop facile d'éluder l'art. 551. — *Ibid.*

971. — Cet article, du reste, en restreignant l'hypothèque légale de la femme du failli, n'en a pas changé le rang, et elle s'exerce suivant les distinctions établies dans l'art. 2135 C. civ., à la date du contrat de mariage, pour le recouvrement de la dot fixée par ce contrat, et à la date de l'obligation ou de la vente, pour l'indemnité des dettes contractées par la femme avec son mari, et pour le remploi de ses propres aliénés. — D.A. 8. 217, n. 9.

972. — Les dispositions qui privent les femmes des faillis de leurs avantages matrimoniaux, et qui diminuent les effets de leur hypothèque légale, ne concerne pas seulement « la femme dont le mari était commerçant à l'époque de la célébration du mariage, mais aussi celle qui a épousé un fils de négociant, n'ayant, à cette époque, aucun état ou profession déterminée, et qui est devenu lui-même négociant » (552).

973. — « Est exceptée des dispositions des art. 549 et 551, et doit jouir de tous les droits hypothécaires accordés aux femmes par le code civil, la femme dont le mari avait, à l'époque de la célébration du mariage, une profession déterminée autre que celle de négociant: neanmoins, cette exception n'est pas applicable à la femme dont le mari ferait le commerce dans l'année qui suivrait la célébration du mariage (553). »

974. — L'art. 552 ne doit, suivant Boulay, n 402, s'appliquer qu'au cas où le mari, fils de negociant, prend le commerce peu de temps après le mariage, et non au cas où il ne devient négociant que *plusieurs années* après, et dans un temps non suspect. — Le même auteur excepte encore de la disposition de l'art. 552, l'hypothèse où le mari, fils de commerçant, sans profession lors du mariage, n'aurait depuis embrassé le commerce qu'après avoir exercé, dans le temps intermediaire, une profession civile. — Mais ces distinctions sont arbitraires. — D.A. 8. 217, n. 10.

975. — « Tous les meubles-meublans, effets mobiliers, diamans, tableaux, vaisselle d'or et d'argent, et autres objets, tant à l'usage du mari qu'à celui de la femme, sous quelque régime qu'ait été formé le contrat de mariage, sont acquis aux créanciers, sans que la femme puisse en recevoir autre chose que les habits et linge à son usage, qui lui sont accordés d'apres l'art. 529. — Toutefois, la femme peut reprendre les bijoux, diamans et vaisselle qu'elle peut justifier, par état légalement dressé, annexé aux actes, ou par bons et loyaux inventaires, lui avoir été donnés par contrat de mariage, ou lui être advenus par succession seulement » (554).

976. — Ces expressions, *bijoux, diamans et vaisselle*, ne doivent pas être pris dans un sens limitatif, et il faut étendre, par identité de raison, l'action en reprise de la femme aux autres effets mobiliers dont il est parlé dans la première partie de l'art. 554 — Locré, t. 7, p. 161; Pard., n. 1223, D.A. 8. 215, n.

977. — Si, dans son contrat, une femme a énuméré divers objets mobiliers qu'elle se réserve de reprendre en cas de séparation, elle peut se les faire délivrer lors de la faillite de son mari, sans que les créanciers puissent prétendre qu'elle n'a droit qu'aux *bijoux*, *diamans* et *vaisselle*. — 25 août 1826. Rouen. Mallard. D.P. 27. 2. 72.

978. — Mais remarquez ces mots: *par contrat de mariage*, ou *par succession seulement*. La femme ne pourrait pas reprendre les bijoux, diamans ou vaisselle qui lui auraient été donnés par un tiers, postérieurement au mariage. Ce titre est souvent suspect par la possibilité que le mari donne manuellement à un tiers, qui ferait ensuite une donation à la femme. — D.A. 8. 214, n.; Pard., n. 1223; Favard, Rép., v° Faillite et Banqueroute, § 10, n. 7.

979. — Toutefois, ainsi interprété, le deuxième alinéa de l'art. 554 contredit l'art. 546 portant, que « la femme reprendra les immeubles acquis par elle des *deniers* provenant des successions ou *donations* qu'elle aura recueillies depuis son mariage »; car

rien ne saurait être plus suspect de fraude qu'une donation de somme d'argent, et cependant la loi n'en ôte pas la propriété à la femme. Quoi qu'il en soit, il convient de s'en tenir, dans cette matière tout exceptionnelle, à la lettre du code, si inconciliable, d'ailleurs, avec son esprit. — D.A. *ibid.*

980. — La femme peut-elle reprendre *en nature* les meubles, même autres que les *bijoux, diamans* et *vaisselle*, qu'elle justifie avoir apportés en dot ou lui être échus depuis, et que son contrat de mariage lui a rendus propres? Oui. — D.A. 8. 215, n. 2.

981. — Jugé cependant que la femme qui a renoncé à la communauté, ne peut prétendre, contre les créanciers de son mari, à un privilége ou droit de préférence sur les deniers ou biens-meubles appartenant à ladite communauté, pour la reprise des sommes qu'elle s'est réservées en propre dans son contrat de mariage : elle n'a droit qu'à une contribution, concurremment avec ces créanciers. — Il en doit être ainsi, alors surtout que le privilége est réclamé sur les deniers ou effets mobiliers d'un négociant tombé en faillite (C. civ. 1492, 1493; C. comm. 544). — 25 juill. 1822. Lyon. Durand. D.A. 8. 221. D.P. 23. 2. 109.

982. — L'épouse du failli n'est pas tenue de faire état à la masse des vêtemens, hardes et meubles *nécessaires* à l'usage de sa personne et de ses enfans. Ces objets lui sont remis gratuitement par la loi (C. comm. 529). — Elle peut même obtenir quelques meubles au-delà du strict nécessaire, et sans être pareillement tenue d'en compter la valeur, lorsque ces meubles sont de peu d'importance, et qu'il y a présomption grave que tous lui appartiennent, soit comme ayant été sa propriété avant son mariage, soit comme ayant été achetés depuis avec l'argent de sa dot. — Cette remise doit lui être faite sur la seule affirmation de la sincérité de sa réclamation, et sans qu'il soit besoin d'ordonner préalablement une enquête dont les frais dépasseraient la valeur des objets réclamés. — 24 fév. 1815 Colmar. Lemaire. D.A. 8. 218. D.P. 23. 2. 110, n. 2.

983. — Les dispositions que nous venons de parcourir ne sont point applicables aux droits et actions des femmes, *acquis* avant la publication de la loi sur les faillites (557).

984. — L'article dit *acquis*, et non *ouverts*, ce qui est bien différent; car lorsque le contrat de mariage assure à la femme un gain de survie, il y a droit *acquis*, quoique non encore *ouvert*. Peu importe donc l'époque de l'ouverture de la faillite : le code de commerce ne doit point être suivi, si les époux sont mariés antérieurement, quoique la faillite du mari ne soit arrivée qu'après. — Locré, t. 7, p. 165; D.A. 8. 218, n. 11.

985. — Jugé, par application de ce principe, 1° que la femme mariée sous une loi qui lui assurait, pour son douaire et ses apports, un privilége sur tous les créanciers ultérieurs de son mari, a conservé ce privilége, nonobstant la survenance du code de commerce, sous l'empire duquel a eu lieu la faillite du mari (C. civ. 2). — 11 fév. 1813. Paris. Tousserat. D.A. 8. 219. D.P. 23. 2. 110.

986. — 2° Que les femmes de commerçans, mariées avant le code de commerce, ont pour l'indemnité des dettes par elles contractées avec leurs maris, une hypothèque légale qui s'étend même sur les biens que leurs maris ont acquis depuis le mariage. — 19 juin 1824. Bourges. Berthelemot. D.P. 25. 2. 44.

987. — 3° Que l'art. 551 C. comm., qui n'accorde d'hypothèque à la femme d'un commerçant pour raison des dettes contractées par elle avec son mari, que sur les immeubles que celui-ci possédait à l'époque de la célébration du mariage, et non sur ceux acquis depuis, ne s'applique pas aux femmes mariées avant ce code, et cela, bien que leurs obligations n'aient été souscrites que depuis sa promulgation.

.... Il importerait peu que l'hypothèque légale n'eût pas été inscrite, conformément à la loi de brumaire an 7, en vigueur au moment du mariage, ni avant la faillite, si c'est sous l'empire du code civil que la faillite a été ouverte. — 9 avril 1834. Req. Paris. Mouroult. D.P. 34. 1. 121. — V. Hypothèque.

988. — 4° Que l'art. 554 C. comm., qui n'accorde à la femme du failli le droit de reprendre les effets mobiliers qui lui ont été donnés par contrat de mariage, ou qui lui sont échus par succession seulement, qu'autant qu'elle en justifie par états ou inventaires légalement dressés, n'est point applicable au cas où le mariage a été célébré, et lesdits effets reçus par le mari, antérieurement au code de commerce, ou encore au cas où ces effets sont réclamés par la femme comme ayant été apportés par son père au moment où il est venu habiter avec elle et

son mari. Elle peut, dans ces circonstances, justifier de l'apport de ces effets tant par titres que par témoins, et en demander la distraction. — 19 août 1817. Riom. Mallet. D.A. 8. 219. D.P. 18. 2. 2.

989. — 5° Que la femme mariée avant le code de commerce peut, nonobstant l'art. 549 de ce code, réclamer, en cas de faillite de son mari, les avantages qui lui sont assurés par son contrat de mariage, notamment le gain de survie stipulé en sa faveur, encore que la faillite ait eu lieu sous ce code. — Même arrêt.

990. — 6° Qu'on ne peut appliquer à un contrat de mariage antérieur au code de commerce, les dispositions de ce code relatives aux droits des créanciers d'un failli sur les avantages qui lui ont été faits par sa femme, dans le contrat; surtout si, par la mort de sa femme, lors de sa faillite, le mari s'était déjà trouvé saisi de ces avantages. — 1er fév. 1831. Bourges. Desnoyers. D.P. 31. 2. 133.

991. — 7° Que la présomption, que les biens acquis par la femme d'un failli, ont été payés des deniers de celui-ci, n'est pas applicable à la femme mariée avant le code de commerce, et sous une jurisprudence qui n'admettait pas cette présomption. — 11 mars 1828. Nîmes. Père. D.P. 31. 2. 239.

992. — Les dispositions ci-dessus ne concernent que le cas de faillite et les droits de la femme vis-à-vis de la masse; mais, hors de la faillite, et vis-à-vis du mari ou de ses héritiers, la règle ordinaire reprend son empire. Si donc un commerçant avait joui de tout son crédit jusqu'à son décès, quelle que fût l'insolvabilité de sa succession, les créanciers ne pourraient s'opposer à ce que la femme exerçât tous les droits qu'elle peut prétendre d'après la loi civile, parce que, dans ce cas, il n'y aurait pas de faillite. — Pard., n. 1225; D.A. 8. 218, n. 12.

993. — Lorsque c'est la femme, et non plus le mari, qui fait le commerce, et qu'elle tombe en faillite, le mari demeure solidairement obligé avec elle, comme son associé, s'il y a communauté entre eux (C. comm. 5 et 22). — D.A. 8 218, n. 13.

994. — S'il y a exclusion de communauté, sans que, pour cela, il y ait séparation de biens, le mari demeure encore obligé avec sa femme, parce que recueillant tous les revenus de celle-ci et ayant l'administration de ses biens (C. civ. 1530 et 1531), il a profité des gains qu'elle a pu faire. — *Ibid.*

995. — Enfin, si les époux sont séparés de biens, la femme sans doute est seule obligée; mais on doit alors examiner attentivement ses livres, pour connaître si les gains, ou si quelques portions de son actif n'ont pas profité à son mari au-delà de la proportion fixée par le contrat de mariage, ou du tiers qu'elle doit verser, à défaut de stipulation, pour subvenir aux charges du ménage. — Pard., n. 1226; D.A. 8. 218, n. 13.

ART. 14. — *De la cession de biens.*

996. — On ne s'occupe ici de la cession de biens que d'une manière en quelque sorte exceptionnelle, et seulement dans ses rapports avec le droit commercial. Les règles de la matière sont exposées avec développement, v° Cession de biens.

997. — Le but de la cession de biens est de mettre le débiteur de bonne foi à même de conserver la liberté de sa personne. On a vu, en effet, que si, après la faillite, aucune contrainte par corps ne peut être exécutée contre le débiteur par un créancier isolé, il en est autrement après la dissolution de l'union. Le failli aurait d'ailleurs intérêt à se faire admettre au bénéfice de cession, ne fût-ce que pour faire cesser la détention qu'il subit en vertu de l'art. 455 C. comm. — D.A. 8. 222.

998. — La cession de biens, quoiqu'elle suppose nécessairement l'insolvabilité du débiteur, peut cependant précéder la faillite et l'empêcher. — Locré, t. 7, p. 227; D.A. 8. 222, n. 2.

999. — Aussi a-t-il été jugé que le négociant, qui veut se faire admettre au bénéfice de cession, n'est pas tenu de faire, au préalable, une déclaration de cessation de paiemens, et de remplir toutes les autres formalités prescrites en cas de faillite, sauf à ses créanciers à contester sa bonne foi et au tribunal à prendre, dans l'intérêt public, telles mesures qu'il jugera nécessaires, relativement à la déclaration de la faillite. — 7 fév. 1810. Bruxelles. Vaubelleghen. D.A. 8. 230. D.P. 10. 2. 111.

1000. — Décidé de même que le débiteur négociant peut recourir à la cession de biens, sans être tenu de justifier qu'il a préalablement rempli les formalités prescrites par la loi en cas de faillite. — 4 nov. 1823, Civ. c. Bourges. Planque. D.A. 8. 231. D.P. 23. 1. 442.

Une disposition contraire à cette décision avait été proposée par la commission; mais elle fut retranchée par la section de l'intérieur. — D.A. *loc. cit.*; Locré, sur l'art. 575.

1001. — La cession de biens est volontaire ou judiciaire (C. comm. 566). Les effets de la cession volontaire se déterminent par les conventions entre le failli et les créanciers (C. civ. 1267; C. comm. 567).

1002. — Après la déclaration de faillite et l'accomplissement de toutes les formalités qui doivent précéder le concordat, la majorité des créanciers, délibérant dans les formes voulues pour le concordat, peut accepter la cession de biens, contre le vœu de la minorité, et sa délibération, duement homologuée, fait loi pour celle-ci. Un pareil contrat, en effet, ne diffère en rien du concordat, celui-ci étant susceptible de toutes les clauses qu'il plaît aux créanciers d'y insérer. — Savary, *Parf. négoc.*, t. 1er, p. 701; Pard., n. 1325; D.A. 8. 222, n. 4. — *Contrà*, Locré, t. 7, p. 204.

1003. — La cession *judiciaire* est un bénéfice que la loi accorde au débiteur malheureux et de bonne foi, auquel il est permis, pour avoir la liberté de sa personne, de faire en justice l'abandon de tous ses biens à ses créanciers (C. civ. 1268). — Le failli y recourt d'ordinaire, lorsqu'il n'a pu obtenir de concordat.

1004. — Sont exclus du bénéfice de cession, 1° les stellionataires, les banqueroutiers frauduleux, les personnes condamnées pour fait de vol ou d'escroquerie; 2° les étrangers, les tuteurs, administrateurs ou dépositaires (574).

1005. — Les termes de cet article devant être pris dans un sens restrictif, parce qu'il s'agit de pénalité; on ne pourrait faire revivre aujourd'hui l'exclusion que prononçait l'ancienne jurisprudence contre tous les acheteurs en foire, exclusion que l'art. 11, tit. 6 de l'ordonnance de 1669 n'appliquait nommément qu'aux lettres de répit, mais qu'on avait étendue à la cession de biens. — V. Jousse, sur le tit. 10 de l'ordonn. de 1673; D.A. 8. 225, n. 14.

1006. — Les bouchers, comme tous autres commerçans, peuvent être admis au bénéfice de cession de biens, nonobstant qu'ils en fussent exclus par un ancien usage du commerce, qui doit être considéré comme abrogé par le code de procédure. — 13 avril 1807. Aix. Mathey. D.A. 8. 225. D.P. 2. 215.

1007. — Le failli, quoique condamné comme banqueroutier simple, peut être admis au bénéfice de cession — 8 août 1812. Paris. Lavallée. D.A. 8. 230. D.P. 2. 217.

1008. — En effet, il peut n'être qu'imprudent et non de mauvaise foi. C'est au tribunal à apprécier les faits sur lesquels sa condamnation est fondée. Des spéculations hasardées peuvent faire déclarer un débiteur en banqueroute simple, sans exclure sa bonne foi. Mais des pertes au jeu, par le luxe, tout en ne le faisant déclarer que banqueroutier simple, semblent exclure sa bonne foi, et ne laissent guère au failli l'espoir de la prouver. — Pard., n. 1328; D.A. 8. 225, n. 15.

1009. — Le défaut de tenue de livres de commerce n'est pas une cause d'inadmissibilité du failli au bénéfice de cession, si aucun jugement ne l'a déclaré banqueroutier frauduleux. — 15 mai 1816. Req. Aix. Aigues-Parche. D.A. 8 227. D.P. 16. 1. 414.

1010. — Jugé encore que la circonstance que le failli n'a pas tenu de livres, et que son bilan renferme des omissions, ne l'exclut pas du bénéfice de cession, lorsque ce failli est un ouvrier presque illettré; qu'aucun autre fait de fraude n'est allégué contre lui, et que tout tend, au contraire, à prouver sa bonne foi. — 21 nov. 1817. Angers. Mabille. D.A. 8. 227. D.P. 19. 2. 37.

1011. — Jugé, au contraire, que le failli ne saurait être admis au bénéfice de cession, s'il n'a pas tenu et déposé, à l'appui de sa demande, les livres et registres que les lois de commerce l'obligeaient de tenir. — 11 août 1807. Paris. Jadras. D.A. 8. 226. D.P. 2. 216.

1012. — Jugé de même que tout commerçant, sans exception, même le simple marchand de vaches, devant avoir des livres, ne peut, s'il n'en présente pas, ou n'en présente que d'informes, comme aussi s'il ne justifie pas de ses pertes, être admis à la cession. — 2 avril 1808. Paris. Bertot. D.A. 8. 227. D.P. 2. 216. — *Contrà*, Pardessus, n. 1331; D.A. 8. 223, n. 6.

1013. — On n'admet point les étrangers au bénéfice de cession, la contrainte par corps étant le plus

souvent la seule voie d'exécution qu'on ait contre eux.

1014.— Mais on ne range pas dans ce nombre, dit Pardessus (*loc. cit.*), un étranger ayant un établissement en France, avec permission du roi. — D.A 8. 225, n. 16.

1015. — On doit exclure du bénéfice de cession, suivant Jousse, « les Français bannis à perpétuité du royaume, ou condamnés aux galères perpétuelles, parce qu'ils ont perdu la vie civile. Ainsi jugé par arrêt du dernier de février 1608. » Il semble qu'on ne jugerait pas de même aujourd'hui, car la cession de biens n'appartient pas au pur droit civil.— D.A. 8, 225, n. 16.

1016.— Plusieurs arrêts, des 18 avril 1566, 5 déc. 1591 et 17 août 1598, cités par Jousse et Savary, avaient aussi jugé qu'un Français n'est point admis au bénéfice de cession contre un étranger, par la raison que c'est une assurance réciproque pour entretenir le commerce avec les étrangers. Mais le contraire est admis aujourd'hui et avec raison, parce que l'art. 575 C. comm. est de droit étroit. — D.A. 8. 225, n. 17. — V. Droits civils.

1017.— Il est clair que les exclusions prononcées par l'art. 575 ne s'appliquent pas à la cession *volontaire*, les créanciers pouvant renoncer au droit qu'ils auraient de l'empêcher.— Si néanmoins il paraissait plus tard qu'il y a eu fraude de la part du débiteur, les créanciers pourraient demander la résolution du contrat, et à rentrer dans tous leurs droits, soit pour le faire emprisonner, soit pour le poursuivre comme banqueroutier frauduleux.—D.A. 8. 225, n. 18.

1018. — C'est devant le tribunal *civil* du lieu de son domicile, que la demande en cession de biens d'un négociant doit être portée (arg. art. 635-4°). — 4 nov. 1825. Civ. c. Bourges. Planque. D.A. 8 231. D.P. 25. 1. 442.

1019. — C'est ce tribunal, par conséquent, qui la rejette ou l'admet. Si le débiteur est ensuite obligé de se présenter à l'audience du tribunal de commerce (571), ce n'est pas pour y faire juger de nouveau le débat, mais uniquement pour donner plus de publicité à la cession.— D.A. 8. 222, n. 7.

1020.— Il a été jugé, avant le code de commerce, que le débiteur incarcéré, qui veut se faire admettre au bénéfice de cession, doit mettre tous ses créanciers en cause, à défaut de quoi le jugement à intervenir est nul. — Il ne suffirait pas que les créanciers fussent appelés seulement lors de la réitération de la cession au tribunal de commerce ou à la mairie (C. pr., art. 898 et suiv).—24 nov. 1807. Colmar. Burgaoffer. D.A. 8. 228. D.P. 2. 216, et 22. 2. 99.

1021.— Jugé, au contraire, depuis le code de commerce, que le failli qui veut recourir au bénéfice de cession n'est pas tenu de former sa demande contre chacun de ses créanciers individuellement; qu'il peut les assigner tous dans la personne du syndic de l'union; qu'il peut même porter sa demande devant le tribunal, sans citation aucune, puisque l'insertion dans les feuilles publiques, requise par l'art. 569 C. comm., n'aurait pas d'objet, si l'assignation particulière à chaque créancier avait été dans l'intention du législateur. — 19 fév. 1821. Bruxelles. Smets. D.A. 8. 228, n. 1, et 223, n. 8.

1022.— Bien qu'aucun des créanciers ne conteste la cession, le tribunal ne doit pas l'admettre sans examen, ce bienfait n'étant dû qu'au débiteur de bonne foi; les juges doivent se faire remettre les titres nécessaires (569) —L'art. 898 C. pr. civ. voulait que le débiteur déposât au greffe *son bilan, ses livres et ses titres actifs :* on a changé cette rédaction, parce que le failli a dû remettre son bilan et ses livres aux agens de la faillite dans les vingt-quatre heures de leur entrée en fonctions.—Locré, t. 7, p. 213 ; D.A. 8. 223, n. 9.

1023.— La demande d'admission au bénéfice de cession est valablement formée, quoique le débiteur n'ait déposé au greffe du tribunal saisi de cette demande, qu'un extrait de son bilan, si le bilan lui-même, avec les titres actifs et papiers, avait été antérieurement déposé au greffe d'un autre tribunal devant lequel la déclaration de faillite avait eu lieu (C. pr. 898). — 13 avril 1807. Aix. Mathey. D.A. 8. 225. D.P. 2. 215.

1024 — C'est au failli qui demande à être admis au bénéfice de cession, à prouver que sa faillite est l'effet des malheurs qu'il a essuyés.—17 fev. 1809. Liége. M... D.A 8. 230. D P. 2. 217.— 8 août.1812. Paris. Lavallée. D.A. 8 230. D.P. 2. 217.

1025.— En effet, le débiteur connaît seul ses affaires; lui seul doit donc démontrer que les pertes qu'il a essuyées ne sont point dues à son inconduite. Obliger ses créanciers à prouver sa mauvaise foi, ce serait assurer une prime à celui qui saurait mieux déguiser ses fraudes. — Pard., n. 1328; D.A. 8. 223, n. 5.

1026.— L'ordonnance du mois d'oct. 1535, ch. 8, art. 33 soustrayait le débiteur à la contrainte par corps, du moment qu'il avait présenté sa requête et cité ses créanciers. Il pouvait arriver que le bénéfice de cession ne fût pas accordé, et qu'on ne sût plus où prendre le débiteur. — D.A. *ibid.*, n. 10; Locré, sur l'art. 570.

1027.— Il n'en est pas de même aujourd'hui : le failli ne peut obtenir son élargissement provisoire avant qu'il ait été statué sur sa demande en bénéfice de cession de biens — 11 août 1807. Paris. Jadias. D.A 8. 226. D.P. 2 216.

1028.—Jugé de même que la demande en cession de biens peut être un motif pour les tribunaux de surseoir provisoirement, *parties appelées* (570), aux poursuites à faire contre le débiteur, mais non de détruire, avant d'être admise, l'effet de celles déjà exercées. — *Specialement*, le débiteur incarcéré, qui dépose son bilan et demande à être admis au bénéfice de cession, ne peut pas obtenir son élargissement provisoire.—7 nov. 1808. Toulouse. Delhou. D.A. 8. 229. D.P. 2. 217, et 9. 2. 86.

1029.— Le tribunal civil est compétent pour statuer sur une contestation de cette nature (C. pr. civ., art. 900 et 902).— Même arrêt.

1030.—Jugé d'après ce principe que la simple demande en cession de biens ne suspend l'effet d'aucune poursuite, et n'empêche pas, dès lors, que le tribunal de commerce, averti de la cessation de paiemens, ne déclare l'ouverture de la faillite. — 4 nov 1825. Civ. c. Bourges. Planque. D A. 8. 231. D.P. 25. 1. 442. — 30 mars 1833. Metz. Dureteste. D.P. 34. 2. 201.

1031. — Mais s'il est excipé devant le tribunal de commerce d'un jugement du tribunal civil qui admet le débiteur au bénéfice de cession, le tribunal de commerce doit surseoir à statuer, jusqu'à ce que ce jugement, quelque irrégulier en la forme, ou quelque mal fondé qu'il puisse être, ait été réformé sur l'opposition ou l'appel, par les voies légales pour l'attaquer. — 4 nov. 1825. Civ. c. Bourges. D.A. 8. 231. D.P. 25. 1. 442.

1032 — Lorsque le tribunal civil a prononcé sur la demande en cession, s'il l'admet, le débiteur est obligé de la réitérer *en personne* et non par procureur, ses créanciers appelés, à l'audience du tribunal de commerce de son domicile, et s'il n'y a pas de tribunal de commerce, à la maison commune, un jour de séance (571). Si la déclaration est faite à l'audience, il en est donné acte par le tribunal, et elle se redige sur le plumitif; si elle a lieu à la mairie, il en est dressé procès-verbal par un huissier (*ibid.*) — On a voulu, dit Locré, t. 7, p. 200, entourer la cession de biens de formes assez humiliantes pour empêcher le débiteur d'y recourir hors le cas de la plus absolue necessité.

1033. — Autrefois, le débiteur devait faire la cession, *desceint et la tête nue* (Ord. de juin 1510), c'est-à-dire, suivant Savary, « qu'il fallait qu'il ôtat la ceinture que l'on portait en ce temps-là sur le pourpoint, ce qui marquait une infamie particulière. » Il s'etait même introduit l'usage de coiffer celui qui faisait cession en justice, d'un bonnet vert qui devait être attaché par ses créanciers. On trouve cette peine appliquée dans un arrêt postérieur à l'ordonnance de janvier 1629, qui semble pourtant l'avoir abolie par son art. 144. — D.A. 8. 224.

1034. — Pour que personne ne puisse être induit à ouvrir un crédit au débiteur, faute de connaître sa situation, l'art. 573 veut que ses nom, prénoms, profession et demeure soient insérés dans des tableaux à ce destinés, placés dans l'auditoire du tribunal de commerce de son domicile, ou du tribunal civil qui en fait les fonctions, dans le lieu des séances de la maison commune, et à la bourse.

1035. — Les art. 571 et 573 C. comm. ne s'appliquant nommément qu'à la cession judiciaire, la cession volontaire ne doit plus, comme autrefois, être publiée et affichée. — D.A. 8. 224, n.

1036. — Savary (*Parf. nég*) est d'un avis contraire, sur le motif que l'art. 1er, tit. 10, de l'ordonnance de 1673, n'a fait aucune distinction entre les unes et les autres.— D.A., *eod*, note.

1037. — Les créanciers sont appelés (571); mais ils ne peuvent plus, devant le tribunal de commerce, proposer d'exceptions contre l'admission du débiteur à la cession. Avertis de la demande en cession (569), ils devaient la contester devant le tribunal civil. Si ce tribunal a rejeté leur prétention, ils peuvent demander au tribunal de commerce qu'il soit sursis à la formalité prescrite par l'art. 570, jusqu'à ce qu'il ait été statué par l'autorité *compétente*, sur le mérite du jugement qu'ils veulent attaquer. Ils ne sont appelés devant le tribunal de commerce que comme ils le sont devant le conseil municipal assemblé; ce ne peut être pour y faire valoir les mêmes moyens déjà rejetés par le tribunal civil.—D.A. 8. 224, n. 12 — *Contrà*, Locré, *loc. cit.*

1038. — La vocation des créanciers peut être faite en la personne de leurs syndics, s'il y a une masse formée : cela diminue les frais. — D. A. *eod.*

1039. — La cession judiciaire (pas plus que la cession volontaire, à moins que pour celle-ci le contraire ne soit exprimé) n'est point une dation en paiement; elle ne libère pas le débiteur sur ses biens à venir (568), et elle vaut seulement pouvoir aux créanciers de faire vendre, dans les formes prescrites pour la vente de biens de mineurs, tous les biens du débiteur, pour être payés sur le prix (564, 574).

1040 — Lorsque deux associés ont fait à leurs créanciers l'abandon, non seulement de l'avoir social, mais de tous leurs biens personnels, et qu'au moyen de cette cession, quoique bien insuffisante pour désintéresser pleinement les créanciers, ils en ont obtenu quittance définitive, celui des associés qui se trouve avoir fait un abandon plus considérable que l'autre, n'a aucune répétition à exercer contre son associé, lorsque d'ailleurs la valeur abandonnée par lui était loin de remplir sa part dans les dettes, et que, dans l'acte de cession, les parties ont déclaré se tenir respectivement quittes, sans aucune réserve de l'action d'un des associés contre l'autre. — 24 fév. 1808. Rennes. Sch... D.A. 8. 229. D P. 2. 217.

ART. 15. — *De la revendication.*

1041. — La revendication dont il s'agit ici est le droit de reprendre, dans la masse d'un failli, certaines marchandises ou certains effets de commerce qui ne doivent pas faire partie de cette masse, soit parce que ces objets avaient seulement été confiés au failli, soit parce que la propriété ne lui en avait pas été définitivement transmise

1042.—Ce droit est exceptionnel : l'exercice en est limité à un petit nombre de cas qui, dans l'esprit de la loi, doivent être plutôt restreints qu'étendus. — D.A. 8. 238, n. 1.

1043. — Avant le code de commerce, les actions revendicatoires étaient accueillies avec une extrême facilité; en sorte que, dans le commun naufrage, les priviléges accordés à quelques créanciers, plus souvent favorisés par le hasard que garantis par leur prévoyance, rendaient les pertes des autres plus sensibles et plus onéreuses. — D'ailleurs, le silence de la législation sur la matière avait laissé s'introduire les usages les plus divers et les plus arbitraires. — *Ibid.*

1044. — Lors de la confection du code de commerce, le droit de revendication donna lieu, à diverses reprises, aux débats les plus approfondis. Les uns demandèrent que l'on consacrât le principe du droit *illimité* de revendication; d'autres, la reconnaissance de ce droit, mais avec des restrictions; d'autres enfin, la suppression absolue de la revendication. Ce n'est pas ici le lieu de rappeler les divers projets successivement présentés sur la matiere, et les vives discussions qu'ils provoquèrent. On les trouvera fidèlement analysés par Dalloz, 8. 238 et 239.

1045.—Notez que le code n'embrasse pas tous les cas possibles de revendication. Il n'a établi, disposé que pour les cas qui se rencontrent le plus fréquemment en matiere de faillite, sans déroger aux principes du droit commun dans d'autres circonstances où l'état de faillite ne peut point apporter de modification.— D.A. *ibid.*

1046. — Ainsi, la chose prêtée à usage au failli, celle qu'il a trouvée, ou dont il s'est mis induement en possession, celle qui lui a été donnée en nantissement, en un mot, toutes les choses sur lesquelles le droit de propriété des tiers est établi, peuvent être revendiquées sur le failli, comme elles l'auraient été sur toute autre personne : on ne pourrait raisonnablement invoquer le silence de la loi comme une prohibition.— *Ibid.*

§ 1er. — *De la revendication des marchandises vendues.*

1047. — *Du privilége en concours avec la revendication.* — Le vendeur peut, en cas de fail-

lite, revendiquer les marchandises par lui vendues et livrées, et dont le prix ne lui a pas été payé, dans les cas et aux conditions ci-après exprimés (576).

1048. — Le vendeur a-t-il, en outre, le privilége conféré au vendeur par l'art. 2102 C. civ.? — Oui, parce que cet article s'applique aux matières commerciales comme aux matières civiles (Persil, *des Hypoth.*, sur l'art. 2102, § 4). — Non, parce qu'il doit y avoir égalité en cas de faillite, et que le but de la loi, qui tend à restreindre la revendication, serait manqué, si le vendeur auquel on refuserait sa marchandise, en retrouvait l'équivalent dans le recouvrement exclusif du prix (Tarribie, Merl., Rép., v° Privilége de créance, et *Quest*, v° Privilége, Fav., v° Faillite; Gren., *Tr. des hypoth.*, t. 2, p. 42). — Suivant Pardessus, t. 4, p. 362 et 498, les principes du code civil sur les priviléges ne s'appliquent qu'aux choses qui n'ont pas été achetées par le failli pour son commerce, telles que meubles, glaces, instrumens aratoires; et au contraire, quand il s'agit de marchandises, la revendication est le seul droit qui appartienne au vendeur (Conf. Boulay, t. 2, p. 20 et 330, et Vincens, t. 1er, p. 506). — Dalloz fait une autre distinction : dans les engagemens *entre commerçans* d'objets destinés au *négoce*, il n'admet que la revendication. — Il ne l'admet pas si les objets ne sont point destinés au négoce, ou s'ils sont vendus par un non commerçant — D.A. 8. 240.

1049. — Jugé cependant (conformément à l'opinion de Persil, mais avant le code de commerce, qui a changé le système des revendications) que l'art 2102, § 4 C. civ., s'applique aux matières commerciales comme aux matières civiles, et qu'ainsi le vendeur de marchandises non payées par l'acheteur, a, dans le cas de faillite de ce dernier, un privilége sur le prix de la marchandise. — 16 déc. 1806 Turin. Curté. D.A. 8. 242 D.P. 23. 2. 102, n. 1.

1050. — Jugé, au contraire, que le commerçant vendeur de marchandises, et qui n'a pas été payé du prix, n'a que le droit de revendication. — Ici ne s'applique pas l'art. 2102, § 4 C. civ — 16 fév. 1810. Turin. Turc. D.A. 8. 242. D.P. 11. 2. 97.

1051. — Jugé aussi (conformément à la distinction adoptée par Dalloz), 1° qu'un menuisier non commerçant peut exercer, dans la faillite, le privilége de l'art. 2102. — V. Acte de commerce, n. 147.

1052. — 2° Que le propriétaire qui vend une coupe de bois à un négociant, ne fait point un acte de commerce; en telle sorte que si les bois ont été enlevés de la forêt et transportés sur le port pour être vendus, ou même s'ils ont été convertis en charbon, le propriétaire non payé peut exercer son privilége sur ces objets, sans qu'on soit fondé à lui opposer que l'acheteur est tombé en faillite depuis la vente, et qu'il faut appliquer à ce cas les principes de la revendication. — 6 fév. 1819. Dijon. Jeannot. D.A. 8. 245. D.P. 2. 220, et 20. 2. 25. — 16 déc. 1820. Liége. Mérode. D.A. 8. 246. D.P. 2. 220.

1053. — 3° Que le vendeur non commerçant, non payé des objets par lui vendus à un commerçant, depuis tombé en faillite, est fondé à exercer contre ce dernier, non seulement l'action en revendication, mais encore le privilége de l'art. 2102 C. civ. — 28 déc. 1829. Nanci Nettancourt. D.P. 31. 2. 242.

1054. — Et la circonstance que des objets vendus et non payés auraient été dénaturés, comme si des bois avaient été convertis en charbon, ne met pas obstacle à l'exercice du privilége du vendeur non payé, sur ces bois, alors d'ailleurs que l'identité des bois est constante. — Même arrêt.

1055. — 4° Que dans le cas d'une vente, même entre commerçans, le vendeur d'objets mobiliers reconnaissables, non destinés à être manufacturés, et qui ne changent pas de nature par l'usage, par exemple, d'une tondeuse pour la fabrication des draps, a sur le prix de cette chose qui se trouve dans les mains du débiteur au jour de la faillite de celui-ci, le privilege établi par l'art. 2102 C. civ. : on soutiendrait vainement qu'il ne peut exercer ses droits que par voie de revendication commerciale, s'il y a lieu. — 13 janv. 1824. Rouen. Collier. D.A. 8. 247. D.P. 24. 2. 135.

1056. — 5° Que des meubles destinés à meubler un hôtel garni ne sont pas des marchandises, dans le sens de l'art. 576 C. comm., et le commerçant, vendeur de ces effets non payés, peut exercer, dans la faillite de l'acheteur, sur le prix de ces meubles, le privilége de l'art. 2102. — 23 juin 1831. Paris. Charre. D.P. 31. 2. 129.

1057. — Le vendeur d'un fonds de commerce peut-il, en cas de faillite de l'acheteur, exercer un privilége sur le prix du fonds, et, à défaut, faire résilier le contrat? Il n'a ni privilége, ni action en résiliation. La vente d'un fonds de commerce est, tant à l'égard du vendeur qu'à l'égard de l'acquéreur, un acte de commerce (V. Acte de commerce), qui, à ce titre, rentre dans la catégorie de ceux qui sont soumis aux règles sur les faillites. — D.A. 8, 241 et 242.

1058. — Jugé en effet que le privilége établi par l'art. 2102, n. 4, ne s'applique qu'à des objets matériels et non à des objets incorporels. Ainsi, le vendeur d'un objet incorporel ne peut le revendiquer à défaut de paiement du prix, alors surtout qu'il s'agit de matière commerciale, et *spécialement* d'un fonds de commerce, et que l'acheteur est tombé en faillite. — 11 déc. 1822. Paris. Muraine. D.A. 8. 244. D.P. 23. 2. 102.

1059. — Et que le vendeur ne peut non plus demander la résolution de la vente pour défaut de paiement, alors même que cette faculté lui serait expressément réservée dans l'acte. — Même arrêt.

1060 — Le vendeur d'un objet mobilier, qui, n'étant pas payé à l'époque de la faillite de l'acheteur, n'a point revendiqué la chose, et la laisse vendre avec les autres meubles, ne peut prétendre ensuite qu'il est créancier privilégié sur le prix, à l'exclusion de tous autres, et notamment de la régie des douanes : le privilége du trésor public a été maintenu par l'art. 2098 C. civ. — 17 oct. 1814 Civ. c. Douanes. Bouisson. D.A. 8. 248. D.P. 22. 2. 129, n. 15.

1061 — *Des personnes qui peuvent revendiquer, et de l'époque où s'ouvre le droit de revendication.* — La loi ne se sert que du mot *vendeur*; cependant, quelque restrictive que doive être l'interprétation en cette matière, comme avant tout elle doit être vraie, on ne saurait, ce semble, dénier le droit de revendication à toute personne exerçant les droits du vendeur. — D.A. 8. 248, n. 1.

1062. — Ainsi, l'héritier, le cessionnaire, les créanciers du vendeur tombé en faillite, les liquidateurs d'une société, représentent leur auteur, et il n'y a nulle raison de leur refuser le droit dont il s'agit. — D.A. *eod.*

1063 — Mais des associés en participation peuvent-ils revendiquer dans la faillite de leur co-participant, gérant de la société, les marchandises de la participation? — Oui, le failli n'a que son intérêt dans l'association; s'il devient incapable d'en gérer les affaires, ses co-associés ne doivent pas pour cela subir de plus grandes pertes que celles qu'entraîneront les opérations de la société. La liquidation doit donc se faire dans l'intérêt commun; il faut, dès lors, que les marchandises soient vendues, et par conséquent elles peuvent être revendiquées. — D.A., *eod.*

1064. — Seulement, si, en définitive, l'association est en perte, et que les co-participans aient un recours à exercer contre le failli, ils viendront comme tous les autres créanciers, prendre, au marc le franc, dans l'actif de la faillite. — D.A. *eod.*

1065. — Jugé ainsi qu'en cas de faillite de l'associé gérant d'une association en participation, ayant pour objet l'achat et la revente de marchandises, les autres sociétaires ont le droit de revendiquer les marchandises existant en la possession d'un commissionnaire, pour continuer l'opération, sauf à rendre compte à la faillite après la vente des marchandises : les syndics soutiendraient vainement que les marchandises doivent appartenir aux créanciers du failli, sauf aux autres sociétaires à venir à la masse par contribution, tant pour la mise du failli dans la société en participation, que pour celle des autres sociétaires. — 21 avril 1810. Rouen. Humann. D.A. 8. 249. D.P. 2. 221, et 11. 2. 234.

1066 — Cependant le négociant qui a acheté, payé de ses fonds et expédié à un autre négociant, des marchandises pour être vendues de compte à demi, ne peut, en cas de faillite de ce dernier, revendiquer la totalité des marchandises existantes en nature, ni imputer sur la part du failli ce que celui-ci a touché du prix des marchandises vendues par lui; mais il a seulement un droit de revendication pour la moitié des marchandises existantes, et le droit de concourir à la masse pour la moitié du prix des marchandises vendues. — 10 nov. 1820. Bruxelles. Aaron-Joseph. D.A. 8. 250. D.P. 2. 222.

1067. — Cette décision semble contrarier la précédente; mais il faut considérer les circonstances de la cause : la société en participation n'était rien moins que constante, et d'ailleurs le demandeur en revendication prétendait à la restitution de la totalité des marchandises, comme étant sa propriété, parce qu'il en avait fait les avances; il se refusait à être associé, et la cour ne l'a considéré que comme un acheteur pour compte; or, les marchandises étant entrées dans les magasins du failli, elle a rejeté la revendication. — D.A. 8. 248, n. 1.

1068. — Le commissionnaire qui a été chargé par son commettant d'acheter des marchandises, et qui a fait les avances, peut revendiquer ces marchandises lorsqu'il se trouve dans les circonstances voulues par la loi. — 14 nov. 1810. Civ. c. Colmar. Calliano D.A. 2. 574. D.P. 11. 1. 9. — 4 janv. 1825. Rouen. Fort. D.P. 25. 2. 132.

1069. — Ce n'est pas à dire cependant qu'il faille considérer le commissionnaire comme vendeur des marchandises achetées d'ordre de son commettant, mais seulement comme subrogé aux droits du vendeur originaire, et par suite tenant de lui l'action en revendication. La qualité de vendeur serait repoussée par la nature du contrat de commission, le seul contrat existant entre le commissionnaire et le commettant; et la subrogation en est au contraire une conséquence directe. — D.A. 8. 249, n. 2.

Jugé, en conséquence du même principe, que le commissionnaire qui a revendiqué les marchandises par lui adressées à un commerçant tombé en faillite depuis l'envoi, ne peut, pas plus que ne le pourrait le vendeur lui-même, réclamer du failli destinataire les droits de commission qui, sans l'événement de la faillite, lui auraient été dus à raison du mandat. — 21 février 1828. Req. Paris. Heinzelmann. D.P. 28. 1. 142.

1070. — La subrogation une fois admise, il est évident qu'un second commissionnaire qui aurait, d'ordre de l'acheteur, désintéressé le premier, serait également subrogé à son droit, et pourrait aussi exercer la revendication. — *Ibid.*

1071. — Mais il en serait différemment à l'égard d'un simple prêteur qui aurait avancé à l'acheteur lui-même ou à son mandataire les fonds nécessaires pour faire l'achat des marchandises. — *Ib.*

1072. — ..... Fût-il constant que le vendeur a été payé avec les deniers prêtés, le prêteur n'aurait qu'une action personnelle contre l'acheteur. — *Ib.*

1073. — Quand s'ouvre le droit de revendication? Il faut qu'il y ait faillite de l'acheteur; mais il n'est pas besoin qu'elle soit déclarée. Une suspension de paiement notoire, une clôture de magasin, donneraient lieu à la revendication. — D.A. 8. 249, n. 3.

1074. — Jugé ainsi que la revendication peut s'exercer, encore que l'acheteur ne soit point *déclaré* en faillite par jugement; il suffit que *l'état* de faillite soit constant. — 15 juin 1825. Rouen. Mousset. D.P. 27. 2. 21.

1075. — ... Et que le vendeur, auquel l'acheteur a annoncé son *état* de faillite, lorsque surtout les traites qui devaient payer le prix des marchandises vendues sont protestées, peut revendiquer. — Même arrêt.

1076. — Jugé, au contraire, que la revendication (art. 576, 577) n'est pas admissible, si l'acheteur n'a point été déclaré en faillite : en un tel cas, il ne peut y avoir lieu qu'à l'action en résolution. — 20 juill. 1831. Paris. Warequelle. D.P. 31. 2. 238.

1077. — Un simple refus de paiement de la marchandise, quelques présomptions même de dérangement d'affaires, n'autoriseraient pas une demande qui ne peut s'ouvrir que dans l'état de faillite, lequel n'existe qu'autant qu'il y a cessation de paiement, c'est-à-dire, dérangement, non pas présumé, mais patent. — D.A. 8. 249, n. 3.

1078. — Ainsi, le défaut de paiement du prix de la part de l'acheteur, n'autorise pas le vendeur à revendiquer les marchandises, s'il n'y a pas faillite de l'acheteur, et lors même qu'il y aurait de graves présomptions du dérangement d'affaires de cet acheteur. — 5 août 1818. Douai. Kreglinger. D.A. 8. 256. D.P. 21. 2. 28.

1079. — *Circonstances nécessaires pour qu'il y ait lieu à revendication de marchandises.* — Il faut : 1° qu'il y ait eu vente et livraison, et que le prix n'ait pas été payé; 2° que les marchandises soient encore en route, qu'elles ne soient pas entrées dans les magasins du failli ou de son commissionnaire chargé de vendre; 3° que, quoiqu'encore en route, elles n'aient pas été revendues sur connaissement et facture; 4° enfin, que pendant la route, ou dans les magasins du commissionnaire chargé du transport, elles n'aient pas été déballées, changées, etc. — L'absence d'une seule de ces conditions mettrait obstacle à la revendication. — D.A. 8. 251.

1080. — *Première condition : — Vente, livraison et non-paiement.* — La vente, quoique parfaite, n'obligerait pas le vendeur à revendiquer si elle n'avait pas été suivie de livraison. Si le retard dans la mise en possession de l'acheteur provenait du fait du vendeur, celui-ci pourrait sans doute être soumis à des dommages-intérêts pour le préjudice causé par le défaut d'exécution; mais, la faillite arrivant, il

serait en droit de conserver ses marchandises sans avoir besoin de les revendiquer (576). — D.A. 8. 251, n. 1.

1081. — L'expression *livraison* ne doit s'entendre ici que de la *tradition réelle* : la tradition feinte ou conventionnelle laissant le vendeur nanti de la chose, ne l'obligerait pas à la revendiquer. Si donc la vente avait été faite en bloc ou à la mesure, avec dégustation ou sur la simple inspection, et si les marchandises, pesées, mesurées, dégustées et agréées, étaient néanmoins restées dans les magasins du vendeur, il les conserverait et ne pourrait être contraint de les livrer réellement. — D.A. 8. 251, n. 1.

1082. — Il en serait de même s'il s'était obligé à les transporter en la possession de l'acheteur. L'obligation de livrer, quoique parfaite du jour du contrat, peut n'être exécutée par le vendeur que lorsque le paiement lui est offert. S'il a accordé un terme pour le paiement, il peut, nonobstant ce terme, refuser d'opérer la livraison, quand il est en danger de perdre son prix (C. civ. 1138, 1612, et 1613) — *Ibid.*

1083. — Jugé cependant qu'une vente de marchandises à la mesure, des bois, par exemple, est parfaite avant le mesurage, si les parties sont d'accord sur la chose et le prix. Que si donc l'acheteur a laissé les bois entre les mains du vendeur pour qu'il ait à les faire arriver à un port autre que celui où ils étaient lors de la convention, ce dernier n'est plus qu'un mandataire; et s'il vient à tomber en faillite, l'acheteur peut revendiquer ses bois soit dans la masse, s'il y sont en nature, soit le prix de ce qui peut en avoir été vendu à des tiers par le failli, encore même que le mesurage n'ait pas été fait (C. civ. 1583, 1585; C. comm. 581). — 11 nov. 1812. Civ. r. Limoges. Larue. D.A. 8. 254. D.P. 2. 223 et 13. 1. 500.

1084. — Mais cette décision ne contredit point les principes ci-dessus. Il ne s'agissait pas, dans l'espèce de cet arrêt, d'un vendeur revendiquant sa chose dans la faillite d'un acheteur, mais d'un individu se prétendant propriétaire et exerçant la revendication contre la masse de son commissionnaire. On contestait au réclamant sa propriété et par suite son droit à la revendication, mais cette deuxième question n'était que secondaire; par conséquent les règles sur la revendication ne pouvaient en rien être invoquées pour la décision de la première, à laquelle on n'a dû appliquer que les principes du droit civil; et à cet égard l'arrêt est à l'abri de reproche. — D.A. 8. 251, n. 1.

1085. — Ne doit-on également considérer que la tradition réelle, pour savoir s'il y a lieu à la revendication, dans le cas de perte de la chose, arrivée avant ou après la faillite, lorsque le vendeur était encore nanti ? Suivant Dalloz, il faut distinguer : si la perte a eu lieu avant la faillite, c'est à la masse à supporter cette perte, encore bien que la livraison n'ait été que feinte ou conventionnelle, à moins que le vendeur ne fût en demeure de livrer réellement. Il en serait de même si l'accident était arrivé après la faillite, mais lorsque le vendeur ignorait encore la position fâcheuse de son acheteur : il était de bonne foi, il ne pensait pas a faire résoudre le contrat.

1086 — Au contraire, ajoute Dalloz, s'il avait connaissance de la faillite, il invoquerait en vain la perfection du contrat, et la délivrance conventionnelle, surtout si le sinistre n'avait pas eu lieu à une époque trop rapprochée de la faillite. On lui opposerait que, quoique la revendication soit facultative, elle était dans son intérêt; que certainement il l'aurait exercée plutôt que de consentir à venir prendre un dividende dans la masse. Du reste, ce serait une question de bonne foi, par conséquent l'appréciation des circonstances serait laissée à la conscience des magistrats (D.A. 8. 251, n. 2). Cette distinction paraît controversable. Le vendeur a pour lui un fait réel, la perfection du contrat; l'acheteur ne raisonne que d'après un fait hypothétique, savoir, que le vendeur, en cas que la chose ne fût pas périe, aurait exercé la revendication.

1087. — Il n'y a que le vendeur *non payé* qui puisse revendiquer, sans qu'il y ait lieu de distinguer, comme dans l'ancienne jurisprudence, entre les ventes à termes et celles au comptant. Le bénéfice des termes accordés cesse par la faillite. — *Ibid.*, n. 3.

1088. — Sous la coutume de Paris (art. 176 et 177), le vendeur, *à terme*, d'effets mobiliers, pouvait, en cas de faillite de l'acheteur, les revendiquer sur ce dernier, pourvu qu'ils ne fussent pas passés dans les mains d'un tiers, a la différence du vendeur *sans terme*, qui avait le droit de revendication, encore que la chose se trouvât en la possession d'un tiers. — 15 flor. an 11. Paris. Renault. D.A. 8. 254.

1089. — Dans la ci-devant Alsace, le vendeur non payé ne pouvait revendiquer la marchandise existante sous balles et cordes entre les mains de l'acheteur, qu'autant que la vente avait été faite au comptant, et non à terme. — 4 janv. 1806. Colmar. Engelbrecht. D.A. 8. 254. D.P. 22. 2. 125, n. 2.

1090. — Une vente réglée par une lettre de change à une échéance plus ou moins longue, était considérée comme faite à terme. — Même arrêt.

1091. — Le vendeur qui avait accepté une lettre de change en paiement de marchandises, était censé avoir fait novation a sa créance, et, par suite, ne pouvait plus revendiquer sa marchandise, même en cas de non paiement de la traite — Même arrêt.

1092. — Il est souvent difficile de savoir si un vendeur est payé, et si, par suite, il ne peut revendiquer, lorsque le prétendu paiement a été fait, non en numéraire, mais en billets, délégations, effets de commerce à terme La question est subordonnée au point de savoir s'il y a eu, ou non, novation, ce qu'on ne peut décider qu'en recherchant dans les correspondances, livres, factures, qu'elle a été l'intention des parties. Quelques exemples donneront lieu d'appliquer les vrais principes.

1093. — En réglement d'une facture de marchandises, je vous souscris un billet à ordre à un terme plus ou moins long; y a-t-il novation? Non (pourvu que rien n'indique une intention contraire de notre part); ce n'est là qu'une reconnaissance de ma dette avec indication d'un terme pour le paiement, et avec faculté laissée au créancier d'indiquer un tiers qui recevra pour lui, mais ce n'est pas un véritable paiement : en principe, un effet n'est reçu pour éteindre une dette que sauf encaissement à l'échéance. Le souscripteur du billet est toujours obligé envers le bénéficiaire. — Il n'importe que la facture soit acquittée par un simple *acquit*, ou par l'indication d'un billet souscrit en réglement. c'est le fait qu'il faut considérer. Le billet n'est toujours que le réglement de la dette et non une dette nouvelle substituée à l'ancienne. En cas de non paiement, soit avant la faillite, soit par suite de la faillite, la marchandise peut être revendiquée. — D.A. 8. 252, n. 4; Boul., t. 2, p. 349; Pard., t. 4, p. 481, 489.

1094 — Il n'y a pas novation, ni, par conséquent, obstacle à la revendication de la part du vendeur qui a reçu en paiement de marchandises un mandat qui ne se trouve ni échu ni accepté au moment de la faillite de l'acheteur (C. civ. 1273). — 6 nov. 1823. Req. Rouen. Aymard. D.A. 8. 261. D.P. 24. 1. 86. — 15 mars 1822. Rouen. Joyeux. D.A. 8. 263. D.P. 2. 224.

1095. — Et, en effet, un mandat à vue ou à terme sur un tiers ne contient qu'une désignation de la personne qui doit payer pour le débiteur, ce qui ne constitue pas la novation. Il est dans la nature du mandat de ne lier que le souscripteur. Dans l'usage, il ne s'accepte pas; il se vise, et ce visa n'oblige pas au paiement à l'échéance. — D.A. 8. 252, n. 5.

1096 — Du reste, il ne faut pas induire de l'arrêt ci-dessus que si le mandat avait été accepté par celui qui devait le payer, la revendication n'eût pas été admise. Le motif qui a déterminé la cour, c'est qu'un effet de commerce n'est reçu que sauf encaissement. L'acceptation ne fait que donner un obligé de plus au paiement du titre : jusqu'à l'encaissement effectif, le tireur n'est point déchargé; l'acceptation n'est donc qu'une libération conditionnelle. — D.A. *ibid.* — V. l'arrêt de la cour de Rouen, du 4 janv. 1823.

1097. — Il n'y aurait pas non plus novation si un acheteur déléguait en paiement de marchandises une somme à lui due par un tiers; à moins que la délégation n'eût été acceptée sans garantie par le cédant, et avec stipulation que le cessionnaire ne pourrait recourir contre lui. — Boul., t. 2, p. 351; D.A. 8. 252, n. 6

1098. — Mais si la facture est acquittée purement et simplement, et qu'en paiement le vendeur ait reçu des effets souscrits par des tiers à diverses échéances et qu'il les escompte à l'acheteur; si la facture porte l'escompte qu'il est d'usage de faire à ceux qui achètent au comptant, nul doute qu'il y ait novation — D.A. *eod.*

1099. — Jugé ainsi que celui qui consent à recevoir des effets de commerce en paiement de marchandises qu'il a vendues au comptant, n'est plus recevable, en cas de faillite de l'acheteur, à revendiquer ces marchandises, alors même que les effets n'ont pas été acquittés à leur échéance, et surtout si, lors de la dation en paiement, l'acquéreur a supporté l'escompte. — 5 août 1818. Douai. Kreglinger. D.A. 8. 256. D.P. 21. 2. 28.

1100. — *Quid* s'il n'y avait pas eu escompte d'effets, mais si les valeurs données au vendeur émanaient de négocians jouissant, suivant l'expression d'usage, *d'un premier crédit?* S'il apparaissait par la correspondance ou par toute autre preuve, qu'ayant entendu vendre *au comptant*, le vendeur a néanmoins reçu les valeurs à lui remises; en les considérant comme numéraire, il aurait fait novation et ne pourrait revendiquer. — D.A. 8. 252, n. 8.

1101. — Mais il en sera autrement, s'il n'y a pas stipulation de vente au comptant; si l'escompte fait par le vendeur est moindre que celui qu'il est d'usage de faire à l'acheteur qui paie en numéraire; s'il n'a rien été dit sur la faveur dont jouissent, aux yeux du vendeur, les signatures données en paiement. C'est, si l'on veut, une valeur comptée au vendeur, mais qui ne vaudra paiement qu'après encaissement. Cela est si vrai, que pour en faire usage et se procurer des fonds, il faudra supporter un escompte. — *Ibid.*

1102. — Souvent le prix d'une vente se règle par des traites tirées soit par l'acheteur à l'ordre du vendeur sur un tiers qui accepte, soit par le vendeur sur l'acheteur lui-même, soit enfin par un tiers à l'ordre du vendeur, sur l'acheteur qui accepte. Dans ces divers cas, à moins de conventions contraires, les parties ne paraissent avoir voulu que régler le mode dont le paiement s'effectuera, surtout si, comme cela se pratique, la valeur est stipulée fournie en marchandises du vendeur dont le nom est désigné par des initiales, ou en compte. Le tiers, quand c'est lui qui tire à l'ordre du vendeur, n'est fréquemment qu'un prête nom qui intervient pour rendre le contrat parfait; quand il est l'accepteur, on doit le considérer comme la caution de l'acheteur, ou la personne indiquée par ce dernier pour payer. Il en est si bien ainsi, que l'acheteur reste toujours garant du paiement des traites en cas de faillite; le vendeur pourrait donc revendiquer. — D.A. 8. 252, n. 9.

1103. — Y a-t-il novation lorsque, le vendeur et l'acheteur ayant l'un chez l'autre des comptes courans, le prix d'une vente de marchandises a été porté, en vertu de convention, par l'acheteur au crédit du vendeur? Non, suivant Pardessus, t. 4, p. 489. Mais il faut, ce semble, distinguer entre les ventes à terme et celles au comptant. La vente à terme, si le vendeur a consenti à ce que l'acheteur en portât le montant au crédit de son compte, ne figure que provisoirement dans ce crédit; si donc l'acheteur fait faillite avant le terme où ce prix devait se confondre avec la masse des créances et produire intérêt, le vendeur ne peut être réputé avoir fait novation à sa créance primitive. *Secùs,* si la vente a eu lieu au comptant; il y a eu anéantissement de l'ancienne dette par la confusion, et création d'une dette nouvelle, incertaine à la vérité, jusqu'à la reconnaissance du compte par les parties. — *Ibid.*, n. 10.

1104. — Dans ce dernier cas même, il faut appliquer la distinction établie, pour les remises en effets de commerce, dans l'art. 584 C. comm. Si à l'époque où il a été convenu de passer le prix en compte, le solde était en faveur de l'acheteur, la revendication ne sera pas possible; le vendeur a voulu sans doute affecter le prix de la vente au paiement de ce qu'il devait et dont il payait les intérêts. Au contraire, si le solde était en sa faveur, on ne saurait voir dans le consentement qu'il a donné à ce que le prix de vente fût porté à son crédit, que l'intention d'avoir, entre les mains de l'acheteur, une somme à sa disposition, soit pour faciliter ses paiemens, soit pour faire traite dans ses besoins. — *Ibid.*, n. 11.

1105. — Le vendeur qui, suivant la convention, aurait été payé de partie du prix comptant, pourrait-il revendiquer la marchandise pour la partie du prix restant due, et qui était payable à terme? Oui. — D.A. 8. 252, n. 12.

1106. — Jugé cependant que le propriétaire vendeur d'une coupe de bois à un négociant ne peut demander la résolution de la vente et revendiquer les bois vendus, dans la faillite de l'acheteur, lorsque le prix a été payé partie en argent et partie en effets, et qu'à l'époque de la faillite l'exploitation avait été presque achevée, que les bois étaient à peu près en totalité façonnés, exposés en vente, même en partie débités, quoique encore non enlevés (C. civ. 1184, 1654, 1657; C. comm. 576). — 10 janv. 1821. Req. Paris. Mesgrigny. D.A. 8. 257. D.P. 22. 1. 204.

1107. — Cet arrêt a décidé de deux choses l'une, ou bien que le paiement partiel devait être considéré comme un paiement dans le sens de l'art. 576, ou bien, qu'une remise de billets constituait un paiement; et dans l'un comme dans l'autre cas, l'o-

pinion de la cour paraît difficilement admissible.— D.A. 8. 253, n. 12.

1108. — Du reste, la revendication exercée par le vendeur payé seulement en partie, ne saurait être partielle et jusqu'à concurrence de la portion du prix non encore comptee. Ici s'applique le principe de la résolution des contrats faute d'exécution. — D.A. 8. 253, n. 13.

1109. — *Deuxième condition: — Il faut que la marchandise ne soit pas entrée dans les magasins du failli ou du commissionnaire chargé de vendre.* — La revendication ne peut avoir lieu que pendant que les marchandises expédiées sont encore en route, soit par terre, soit par eau, et avant qu'elles soient entrées dans les magasins du failli ou dans les magasins du commissionnaire chargé de les vendre pour le compte du failli » (C. comm. 577).

1110. — Pour prévenir la fraude et rendre le sort des créanciers aussi égal que possible, la loi veut que la marchandise une fois arrivée à la disposition de l'acheteur, devienne le gage commun des créanciers; et que le failli ne puisse, à son gré, favoriser les uns aux dépens des autres, en changeant ou laissant intact les marques et enveloppes.— D.A. 8. 258, n. 1.

1111. — En assimilant au failli le commissionnaire chargé de vendre, l'art. 577 entend parler tant du commissionnaire, simple mandataire, chargé de vendre au nom et pour compte d'autrui, que du commissionnaire qui contracte en son propre nom, s'oblige, et oblige les autres envers lui.— *Ibid.*

1112. — De ces mots, *chargé de vendre pour le failli*, il suit que la revendication est admissible lorque la marchandise se trouve encore dans les magasins du commissionnaire qui *a acheté pour compte* du failli, sans être en même temps chargé *de vendre*. — *Secùs*, lorsqu'elle est entrée dans les magasins d'un intermédiaire chargé d'acheter et de revendre ensuite.— D.A. 8. 258, n. 2.— V. *infra*.

1113.—Par les mots *magasin* du failli, il faut entendre tout emplacement où le failli, mis en possession réelle de la marchandise, l'aura déposée. Ce qu'il faut examiner, c'est le fait de la mise en *possession réelle*, plutôt encore que le lieu qui sert de dépôt. Si les termes de la loi sont équivoques, son intention ne l'est point. Par exemple, que les objets, à leur arrivée, aient été mis dans la cour de la maison du failli, ou, comme cela se pratique dans quelques villes et pour certaines marchandises, le long des murs de sa maison, sur la voie publique, le vendeur ne peut plus les revendiquer. — Pard., t. 4, p. 490, Boul., t. 2, p. 333; D.A. 8. 258, n. 2.

1114. — Quant aux marchandises d'un grand encombrement, qu'on n'est pas dans l'usage d'emmagasiner, et que l'on vend et achète sur place, ou qu'on dépose dans des lieux publics, sur des terrains vagues, voici quelques règles qui peuvent servir à décider quand elles ont, ou non, cessé de pouvoir être revendiquées.

1115.— 1° Si c'est un terrain public qui serve de dépôt, et que le déposant soit tenu de payer un loyer à la ville, on examinera à la charge de qui ce loyer a été mis après la vente.— D.A. 8 259, n. 4.

1116.— 2° S'il n'y a pas de loyer à payer, on recherchera dans la convention aux risques de laquelle des parties la marchandise a été laissee.— *Ibid.*

1117.— 3° Lorsque la marchandise est de nature à rester sur place, et qu'elle a été comptée ou mesurée, l'emplacement pourra être considéré comme devenu le magasin de l'acheteur (arg. de l'arrêt ci-dessus, du 10 janv. 1821). — *Ibid.*

1118.— 4° Il en est autrement si le vendeur s'est engagé à la transporter dans un autre lieu, même après le mesurage.— *Ibid.*

1119.— S'il n'y a eu qu'un dépôt momentané dans un lieu public, et que l'intention seule de diriger les marchandises sur un autre lieu ait été manifestée par l'acheteur, le vendeur peut revendiquer.—*Ibid.*

1120. — Le vendeur non payé de marchandises qui sont encore déposées dans un entrepôt réel, lors de la faillite de l'acquéreur, peut les revendiquer, parce que ces marchandises ne sont pas à la libre disposition de l'acquéreur, et sont considérées comme étant encore en route. — 25 avril 1810. Bruxelles. Vaurossum. D.A. 8. 260. D.P. 10. 2. 129.

1121.— Il n'est pas nécessaire que le lieu du dépôt soit la propriété de l'acheteur pour être regardé comme son magasin; il suffit qu'il en ait la libre disposition; les marchandises placées dans un magasin momentanément loué par l'acheteur ou dont l'usage lui a été prêté, ne pourraient donc être revendiquées.— D.A. 8. 259, n. 5.

1122.—Ainsi, le vendeur non payé ne peut revendiquer sa marchandise lorsqu'elle est entrée dans des magasins à la disposition du failli. — 26 mai 1815. Rennes. N.... D.A. 8. 272. D.P. 2. 227.

1123.— Et le vendeur non payé ne peut revendiquer de l'acheteur failli les marchandises qu'il lui a vendues, lorsqu'elles sont dans un magasin même public et situé dans une autre ville que celle où réside l'acheteur, mais qu'elles y sont entrées pour y rester à sa disposition : ce magasin doit alors être considéré comme celui de l'acheteur lui-même ; du moins, l'arrêt qui le décide ainsi ne viole aucune loi et ne donne pas ouverture à cassation.— 31 janv. 1826. Req. Caen. Mutel. D.P. 26. 1. 140.

1124. — Dans le cas où les marchandises seraient restées dans les magasins du vendeur qui en aurait loué ou prêté l'usage à l'acheteur, le vendeur devrait être considéré comme réellement dessaisi, et dès lors comme ne pouvant revendiquer.— D.A. 8. 259, n. 4.

1125.—La revendication peut être déclarée inadmissible, quoique les marchandises se trouvent encore dans les magasins du vendeur...., s'il y a eu remise à l'acheteur des clés de ces magasins dont le vendeur n'était que locataire, si l'acheteur en a eu la possession pendant quinze mois, et si, enfin, la plus grande partie des marchandises ne se trouve plus dans les magasins. — 25 fév. 1826. Bourges. Bezier. D.P. 26. 2. 211.

1126.— Peu importe, du reste, que le failli ait eu l'intention de conserver les marchandises ou qu'il les ait achetées pour une destination ultérieure, par exemple pour les expédier en pays étranger, ou les envoyer à un tiers pour les avoir à sa disposition sur une autre place. On ne doit considerer que la première mise en magasin par l'acheteur, et son entrée en possession.—D.A. 8. 259, n. 6.

1127.—Jugé ainsi qu'encore bien qu'un vendeur de marchandises ait déclaré à la douane que celui auquel il les expédie les destine à l'etranger, ce vendeur ne peut revendiquer ces marchandises contre les créanciers de l'acheteur tombé en faillite, si, avant la demande en revendication, elles étaient entrées dans les magasins du failli.—La destination de ces marchandises pour l'étranger ne peut les faire considérer comme etant encore en route, si elles sont entrées dans les magasins du failli. — 13 oct. 1814. Req. Rouen. Berard. D.A. 8. 260. D.P. 14. 1. 351.

1128. — La circonstance que des marchandises (barriques de sucre), entrées dans les magasins du failli, y sont en entrepôt fictif, n'empêche pas qu'elles ne puissent plus être revendiquées par le vendeur, cet entrepôt n intéressant que l'acheteur et l'administration de la douane, et étant étranger au vendeur..., il en doit être surtout ainsi, si l'acheteur a déjà disposé de partie des barriques de sucre. —23 fév. 1831. Poitiers. Ligneau. D.P. 31. 2. 206.

1129. — Lorsque les marchandises vendues sont arrivées à leur destination et ont été réexpédiées par le failli à un tiers, dans les magasins duquel elles se trouvent, elles ne peuvent être revendiquées, quoique ce tiers ne soit pas un commissionnaire chargé de les vendre.—13 avril 1822. Bruxelles. N... D.A. 8. 261. D.P. 2. 224.

1130.— Si l'acheteur, à la réception de la marchandise, l'avait emmagasinée, en déclarant toutefois qu'il la laissait pour compte, la revendication serait permise. La déclaration ne serait qu'un refus de prise de possession, et la masse ne pourrait tardivement prétendre que la marchandise est convenable et qu'elle est en droit de la conserver. Le consentement donné par le vendeur de reprendre sa chose annulerait la convention.—D.A. 8. 259, n. 7.

1131.— L'entrée des marchandises dans les magasins des agens employés par le failli, autres que le commissionnaire *chargé de vendre*, ne met pas obstacle à la revendication : la loi est restrictive.— *Ibid.*, n. 8.

1132.— Jugé ainsi que les marchandises livrées à l'acheteur, mais qui ne sont point encore entrées dans ses magasins ni dans ceux de son commissionnaire chargé de les vendre, mais seulement dans les magasins du commissionnaire qu'il avait choisi pour le transport, peuvent être revendiquées en route.—En d'autres termes, la revendication n'est pas moins permise lorsque les marchandises voyagent de l'ordre de l'acheteur, si elles ne sont pas entrées dans ses magasins, que quand elles voyagent de l'ordre du vendeur. — 6 nov. 1823. Req. Rouen. Aymard. D.A. 8. 261. D.P. 24. 1. 86. — 15 mars 1822. Rouen. Joyeux. D.A. 8. 263. D.P. 2. 224.

1133.— Jugé de même qu'il ne suffit pas que la marchandise soit entrée dans le magasin d'un commissionnaire chargé seulement de l'expédier au failli pour que la revendication ne soit plus recevable ; il est nécessaire qu'elle soit entrée dans les magasins d'un commissionnaire chargé de la vendre pour le compte du failli.— 19 déc. 1826. Toulouse. Foussac. D.P. 27. 2. 175. — 4 mars 1834. Bordeaux. Courtois. D.P. 34. 2. 175.

1134.—Jugé dans le même sens, que celui qui, dans l'ignorance de la faillite d'un commerçant, expédie à ce dernier des marchandises, conserve le droit de les revendiquer, 1° si la demande de ces marchandises, qui se trouvent encore dans la masse, lui a été faite dans les dix jours qui ont precedé la faillite; 2° si la lettre par laquelle l'expéditeur annonce qu'il accepte la commission et qu'il va expédier les marchandises, n'est arrivée au domicile du failli qu'à une époque où il était deja absent, et postérieurement à l'ouverture de la faillite, et cela, bien que les marchandises soient entrées dans le magasin du commissionnaire du failli, où elles sont restées, non pour être vendues, mais en attendant l'embarquement qui en serait fait par le failli. — 7 août 1820. Caen. Nouriy. D.A. 8. 263. D.P. 22. 2. 125.

1135.— La revendication peut être exercée, encore que les marchandises soient entrées dans les magasins du commissionnaire du failli, et que les cordes des balles y aient été coupées, si, d'une part cette section des cordes n'est qu'un acte abusif du commissionnaire, et si, d'autre part, les marchandises ont été placées chez ce dernier, non pour y être vendues, mais pour y rester en dépôt jusqu'à l'embarquement que devait en faire le failli.—Même arrêt.

1136.— Dans ce cas, le navire destiné à transporter ces marchandises peut seul être regarde comme le magasin du failli, dans le sens de l'art. 577 C comm. — Même arrêt.

1137.— Les objets saisis pour cause de fraude commise par le failli, ne peuvent être revendiqués entre les mains du gouvernement, sous prétexte que le failli n'en a pas eu la possession, et qu'ils ne sont pas entrés dans ses magasins Il y a ici un fait répréhensible, qui doit être puni suivant le mode indiqué par la loi, et qui nécessairement fait cesser le droit de revendiquer (L. 22 août 1791, tit. 12, art. 5; décr. 1er germ. an 13, art. 38).—D.A. 8. 260, n. 9.

1138.— Enfin, si une partie seulement de la marchandise était entrée dans les magasins du failli, pourrait-on revendiquer la portion non emmagasinée? Non ; la loi a voulu mettre un terme à toutes ces revendications partielles et abusives qu'autorisait l'ancienne jurisprudence.— D.A. *cod.*, n. 10.

1139.— *Troisième condition : — Revente sur facture, connaissement ou lettre de voiture.* — Les marchandises (quoiqu'elles ne soient encore ni payées, ni entrées dans les magasins du failli) ne peuvent néanmoins être revendiquées, si, avant leur arrivée, elles ont été vendues sans fraude, sur factures et connaissemens ou lettres de voiture (578). Les droits du tiers de bonne foi doivent être respectés ; il a dû croire que le vendeur s'etait définitivement dessaisi.

1140.— Mais il faut que la vente ait été faite sur facture et connaissement ou lettre de voiture. Les deux conditions doivent être reunies. Une vente faite sur facture seule ou connaissement seul, ne serait pas parfaite : elle serait suspecte de mauvaise foi; le nouvel acheteur est en faute pour ne pas s'être fait représenter les deux titres qui seuls pouvaient consommer l'opération entre le vendeur originaire et l'acheteur. En effet, la facture constate le droit à la propriété, le connaissement ou la lettre de voiture, le droit à la prise de possession. Le vendeur originaire pourrait donc revendiquer ses marchandises, même dans les magasins du nouvel acheteur.—D A. 8. 265, n. 1; Pard., t. 4, p. 494; Boulay, t. 2, p. 341.

1141.— Jugé ainsi que le vendeur non payé peut, en cas de faillite de l'acheteur, revendiquer les marchandises vendues et non encore entrées dans les magasins du failli, et ce, même au préjudice d'un tiers auquel l'acheteur les a revendues, si la revente n'a eu lieu que sur facture, et non sur facture et connaissement ou lettre de voiture, et réciproquement.— 26 juill. 1810. Liége. Everts. D.A. 8. 266. D.P. 11. 2. 15. — 20 juill. 1819. Rouen. Héliot. D.A. 8. 267. D.P. 22. 2. 125, n. 4.

1142.— Il ne suffirait pas que le revendeur eût eu seulement la facture entre ses mains, ni même qu'il eût subrogé l'acheteur à l'utilité de la lettre de voiture remise au voiturier.— 19 déc. 1826. Toulouse. Foussac. D.P. 27. 2. 175.

1143 — Du reste, pour qu'il n'y ait pas lieu à revendication de marchandises revendues avant leur arrivée, il suffit qu'avant l'époque de l'ouverture de la faillite du revendeur, l'acheteur se soit trouvé nanti,

sans fraude, tout à la fois et de la facture et de la lettre de voiture ou connaissement, encore bien que la remise de ces deux titres n'aurait pas été simultanée, et que le connaissement ou lettre de voiture n'aurait été remis que quelque temps après la facture. — 2 déc. 1828. Rouen Rouet. D P. 30. 2. 31.

1144 — La revente sur facture et connaissement ou lettre de voiture ne mettrait pas obstacle à la revendication, s'il apparaissait qu'elle est le résultat d'un concert frauduleux. C'est aux juges à apprécier les faits qui peuvent constituer le nouvel acheteur en mauvaise foi; on ne saurait établir des règles précises à cet égard. — D.A. 8. 265, n. 2

1145. — Le vendeur non payé de marchandises que son acheteur a revendues à un tiers, quelques jours avant de tomber en faillite, ne peut prétendre que cette revente est frauduleuse, et, par suite, exercer la revendication, en se fondant sur ce que la revente a été faite à une époque très rapprochée de la faillite, sur ce qu'elle a été faite à bas prix, sur ce que le tiers acheteur a profité de la circonstance de l'embarras de son vendeur pour acheter à bas prix, si, du reste, la revente est régulière et qu'il n'y ait pas de preuve que le tiers acquéreur ait eu l'intention de frustrer les créanciers. — 27 janv. 1824. Caen. Joly. D.A 8. 267. L.P. 2. 224.

1146. — Doivent être considérés comme étant encore en route, et, par suite, comme pouvant être revendiquées par le vendeur non payé, des marchandises que l'acheteur a frauduleusement revendues à une tierce personne, laquelle se les est fait délivrer, sur la route même, par le voiturier chargé de les conduire à leur destination. — Dans ce cas, si cette tierce personne ne peut représenter ces marchandises, celui qui revendique peut être autorisé à en acheter de pareilles en quantité et qualité. — 11 août 1809. Dijon. Lomprey. D.A. 8. 270. D.P. 2. 227.

1147. — La revendication, dans le cas de revente, est permise au vendeur, parce qu'il n'est pas censé avoir autorisé cette revente tant que l'acheteur n'est pas réellement maître de la chose. Mais si, avant de recevoir la facture et les connaissemens, l'acheteur avait revendu à un tiers, et instruit de cette revente le vendeur originaire, en lui ordonnant d'expédier à ce nouvel acheteur, et que le vendeur eût consenti à faire cette expédition, la revendication ne serait plus possible, encore que la marchandise fût en route. Le vendeur ne pourrait se rejeter sur sa bonne foi, et alléguer qu'il ne considérait son acheteur direct comme n'ayant encore aucun droit; les faits combattraient sa prétention. — Pard., t. 4, p 494, Boulay, t. 2, p. 342, D.A. 8. 266, n 2.

1148 — La revendication n'étant interdite que lorsqu'il y a eu revente, il s'ensuit que la remise à un commissionnaire des factures et connaissemens ou lettres de voiture, pour le garantir de ses avances, n'empêcherait pas le vendeur de revendiquer, mais alors il devrait rembourser les sommes avancées par le commissionnaire (arg. de l'art. 93 C. comm.), sauf à prendre part pour ce remboursement dans les distributions des deniers de la masse de son acheteur failli. — 15 nov. 1818. Cour de Bruxelles. Thuret. D.A. 2. 765. D.P. 1. 655. — V. aussi Pard., t. 4, p. 495, et Merl., *Quest. de droit*, v° Revendication.

1149. — Quoique l'art. 578 C. comm. ne parle que d'une *revente* faite sans fraude, sur facture et connaissement, sa disposition serait également applicable dans le cas d'un *échange*. Les raisons de décider sont les mêmes dans les deux cas. — D.A. 8. 266, n. 8.

1150. — La revente partielle empêcherait la revendication des marchandises non vendues — V. *suprà*, et D.A 8. 266, n. 9.

1151. — *Quatrième condition: — Identité des marchandises; non ouverture des balles, barriques ou enveloppes; même nature et quantité. — Obligation du revendiquant de tenir la faillite indemne.* — L'art. 580 porte : « La revendication ne peut être exercée que sur les marchandises qui sont reconnues être identiquement les mêmes, et que lorsqu'il est reconnu que les balles, barriques ou enveloppes dans lesquelles elles se trouvaient lors de la vente, n'ont pas été ouvertes, que les cordes ou marques n'ont été ni enlevées ni changées, et que les marchandises n'ont subi en nature et quantité ni changement ni altération. »

1152. — La loi veut qu'il y ait *identité*, parce que le vendeur n'a de droit que sur ce qu'il a réellement vendu et dont il n'a pas été payé. Si donc une certaine quantité de marchandises parfaitement uniformes, avait été achetée partie comptant et payée, partie à terme, et que le vendeur, en expédiant, n'eût pas pris soin de mettre une marque

distinctive sur la portion vendue à terme, et si enfin, par suite d'accident, une quotité de ces marchandises avait péri, le vendeur ne serait pas recevable à prétendre que c'est précisément celle payée comptant. On ne pourrait pas davantage admettre un moyen terme, et considérer les marchandises perdues comme composées moitié de celles vendues au comptant, et l'autre moitié de celles vendues à termes. — D.A. 8. 270, n. 2.

1153. — Ainsi, en cas de vente en bloc de toutes les marchandises, telles que faïences et porcelaines contenues dans un magasin, il ne peut y avoir lieu à revendication, si, à l'époque de sa faillite, l'acheteur en a débité une forte partie, et s'il est impossible de reconnaître si les marchandises sont identiquement les mêmes que celles vendues. — 25 fév. 1826. Bourges Bezier. D.P. 26. 2. 211.

1154. — Si, par hasard, un objet avait été substitué à un autre pendant la route, de manière qu'on ne retrouvât plus la chose vendue, le vendeur n'aurait aucun droit sur celle laissée en la place, puisqu'il n'y aurait plus identité. — D.A. 8. 271, n. 3.

1155. — Pourrait-il exercer l'action contre le voiturier ou le commissionnaire de transport? Non; son droit n'existe que relativement aux marchandises; s'il ne les retrouve plus, il reste créancier de la masse du failli, sans pouvoir exercer les actions qui auraient appartenu à celui-ci. — *Ibid.*

1156. — La confusion entre choses appartenant à divers propriétaires ne serait pas toujours censée détruire l'identité — *Ibid.*, n. 4; Pard., t. 4, p. 496, Boul., t 2, p. 344.

1157. — Ainsi, lorsque des choses, des bois, par exemple, appartenant à divers propriétaires, se sont mêlées fortuitement ensemble de manière à ne pouvoir être séparées que par un partage, la part qui revient à chacun d'eux est réputée la même chose que celle qu'il avait auparavant. — En conséquence, si ces bois avaient été confiés à un commissionnaire tombé en faillite, le propriétaire pourrait revendiquer les bois provenant du partage, sans qu'on fût fondé à lui opposer le défaut d'identité (C. comm., art. 580 et 581). — 11 nov. 1812. Civ. r. Limoges. Larue. D.A. 8. 254. D P. 2 223, et 13. 1. 50

1158. — Le changement de forme nécessairement prévu par la convention ne détruirait pas non plus l'identité, par exemple, la vente d'une coupe de bois sur pied n'empêcherait pas la revendication des bois coupés et restés sur les lieux. — D.A. 8. 271, n. 4; Pard. et Boulay, *loc. cit.*

1159. — Cependant si les bois se trouvaient seulement coupés, mais façonnés et débités même en partie, quoique non enlevés, les choses ne seraient plus entières, et la quantité ne se trouvant pas la même, la revendication ne serait plus admissible (V *suprà*, l'arrêt de la cour de cassation, du 10 janv 1821). — D.A. *ibid.*

1160 — Toute confusion entre marchandises de qualités différentes, quoique de même espèce, tout changement de forme imprévu par la convention, par exemple, le mélange de deux liquides, la transformation de vins en esprit, en détruisant l'identité, mettraient obstacle à la revendication. — *Ibid.*

1161. — Par rapport aux marchandises qui se mettent sous balles, dans des barriques ou enveloppes, l'ouverture des balles, barriques ou enveloppes dans lesquelles les objets se trouvaient lors de la vente, l'enlèvement ou le changement des cordes et marques, suffisent pour détruire toute identité et pour empêcher la revendication. — *Ibid.*, n. 5.

1162 — Néanmoins, si ces changemens ou enlèvemens avaient eu lieu en fraude des droits du vendeur, et que cette circonstance fût prouvée, le vendeur ne serait pas privé de son action.

1163. — Il en serait de même si les enveloppes ou cordes n'avaient été changées que par suite de force majeure justifiée, ou pour la conservation des marchandises. Par exemple, une partie de vins laissée en entrepôt chez un commissionnaire a nécessité des changemens dans les fûts, des ouvertures de barriques pour les soutirer et les remplir. Ces changemens n'empêcheront pas la revendication; ils tiennent à la nature même des marchandises. — 26 mars 1828. Trib. de comm de Paris.

1164. — Au contraire, si un commissionnaire chargé par l'acheteur d'expédier les marchandises à un tiers, change les enveloppes et les marques anciennes, et y substitue de nouveaux emballages et de nouvelles marques, l'identité n'existera plus, et le vendeur ne pourra revendiquer. — D.A. 8. 271.

1165. — Toutefois, l'art. 580 ne parle que des enveloppes existantes lors de la vente, en telle sorte que si les marchandises n'avaient pas été emballées à cette époque, qu'elles ne l'eussent été que posté-

rieurement, et seulement pour en faire l'envoi à l'acheteur, la revendication pourrait avoir lieu nonobstant l'ouverture des balles et la rupture des cordes, pourvu que l'identité fût d'ailleurs clairement justifiée. — *Ibid.*

1166. — La substitution de la marque et des numéros de l'acheteur à ceux du vendeur sur les balles de marchandises vendues suffit pour faire perdre à celui-ci son action en revendication sur ces marchandises. — 11 janv. 1831. Aix. Cohen. D.P. 31. 2. 117

1167. — La loi veut que les marchandises n'aient éprouvé, en nature et quantité, ni changement ni altération, parce que l'acheteur ou son préposé, en soumettant la marchandise à un changement ou à une altération, ont fait acte de propriétaire; les choses ne sont plus entières; dès lors, le vendeur n'est plus dans la plénitude de ses droits. — D.A. 8. 271, n. 6.

1168. — De là découle une distinction entre le cas où l'altération vient du fait de l'homme, et celui où elle est occasionée par le vice propre de la chose, ou la force majeure. Par exemple, si du blé a été converti en farine, de la laine en drap; si des vins rouges ont été mélangés avec des vins blancs, il y a obstacle à la revendication. Mais il en est différemment à l'égard des altérations produites par le coulage, les avaries, les injures du temps, à moins que l'identité soit détruite et que les marchandises vendues ne soient plus reconnaissables. — Pard., t. 4, p. 495; Boulay, t. 2, p. 343; D.A. 8. 271, n. 6.

1169. — Il ne suffirait pas non plus d'une altération insignifiante pour appliquer la règle dans sa rigueur. C'est aux juges à apprécier les faits, et à distinguer les actes que la loi a voulu désigner dans son expression nécessairement un peu vague et trop générale. Cette observation s'applique principalement au mot *quantité* dont on ne peut comprendre toute l'étendue qu'en recourant à la discussion qui a eu lieu au conseil d'état. — D.A. 8. 271, n. 7.

1170. — Dans le cas d'une vente de marchandises dont chaque partie forme un tout, par exemple, des pièces d'eau-de-vie, le vendeur ne peut plus être admis à la revendication lorsque l'acheteur ou son préposé a vendu une seule de ces pièces : il n'y a plus même quantité dans le sens de la loi. — 26 mai 1815. Rennes. N... D.A. 8. 272, et 271, n. 7. D.P. 2. 227.

1171. — La revendication étant subordonnée à la condition que les marchandises n'aient subi en quantité aucune altération, il suit que, lorsque partie de ces marchandises a déjà passé dans les mains de l'acheteur tombé en faillite, le vendeur n'est pas fondé à revendiquer même la portion des mêmes marchandises qui se trouve encore dans ses magasins, et dont, par conséquent, la livraison n'a été opérée que fictivement. — 1er mai 1832. Req. Caen. Lecarpentier. D.P. 32. 1. 174.

1172. — Toutefois, de ce qu'un commissionnaire, qui a reçu des marchandises dans ses magasins, sur l'ordre de l'acheteur, a été chargé d'en vendre une partie pour se couvrir de ses avances, il n'en résulte pas que le vendeur, en cas de faillite de l'acheteur, ne puisse revendiquer, chez le commissionnaire, celles à l'égard desquelles il n'y a pas eu mandat de vendre. — 4 mars 1834. Bordeaux. Courtois. D.P. 34. 2. 175.

1173. — « En cas de revendication, le revendiquant est tenu de rendre l'actif du failli indemne de toute avance faite pour fret ou voiture, commission, assurance ou autres frais, et de payer les sommes dues pour mêmes causes, si elles n'ont pas été acquittées (579). » — Celui qui jouit des avantages d'une mesure doit, en effet, en supporter les charges. — D.A. 8. 271, n. 8.

1174. — Le vendeur ne peut revendiquer ses marchandises qu'à la charge des droits réels que des tiers ont acquis sur les objets revendiqués, et, spécialement, à la charge du privilége du commissionnaire, à raison des avances par lui faites à l'acheteur sur ces mêmes objets (C. comm. 93). — 2 avril 1828. Douai. Bonnaris. D.P. 29. 2. 122. — Conf. D.A. 8. 266, n. 4. — *Contrà*, Aff. Courtois, v° Commissionnaire.

1175. — Du reste, les conditions exigées par la loi pour que le commissionnaire ait un privilége, doivent rigoureusement exister pour qu'il puisse le réclamer. Ainsi, il ne suffirait pas qu'il fût porteur du connaissement et des factures, pour réclamer le privilége de l'art. 93 C. comm.; il serait encore nécessaire qu'il justifiât que les marchandises devaient *lui être adressées*.

1176. — S'il ne devait pas être mis en possession,

et si les marchandises devaient être déposées dans les magasins d'un autre commissionnaire, ou envoyées à la disposition d'un tiers sur une autre place, il ne serait point privilégié pour ses avances, lors mêmes qu'il serait chargé de trouver des acheteurs. — 13 juin 1826. Rouen. Mousset. D.P. 27. 2. 183. — 6 nov. 1827. Req. Caen. Joly. D.P. 28. 1. 121.—Conf. D.A. 8. 266, n. 5.

1177.—Toutefois, si le tiers chez lequel le dépôt doit avoir lieu était l'agent du commissionnaire chargé de recevoir les objets en son nom et pour son compte, elles seraient considérées comme devant être placées dans les magasins de ce commissionnaire. C'est la conséquence du principe, que nous pouvons posséder par nous ou nos mandataires. — 12 juill. 1813. Gênes. Fiitz D.A. 2. 763. D.P. 14. 2. 67.—Conf. D.A. 8. 266, n 6.

1178. — Mais le vendeur serait mal fondé à invoquer contre le commissionnaire, par analogie, l'art. 578, et à soutenir qu'il doit prouver l'expédition à lui faite des marchandises sur lesquelles il a fait des avances, non seulement par facture *ou* connaissement, mais par ces deux titres réunis. L'art. 93 n'exige, pour preuve de l'expédition, qu'un connaissement *ou* une lettre de voiture.—18 juill. 1827. Rouen. Sauvageot. D.P. 27. 2. 190. D.A. 8. 266, n. 7.

1179. — Le revendiquant doit encore rembourser tous les frais faits pour la conservation de la chose : tels que magasinage, remplacement des enveloppes brisées par cas fortuit, réparation d'avaries provenues du vice propre de la chose, en un mot, toutes les dépenses dont la marchandise répond. — D.A. 8. 266, n. 7.

1180. — Mais, dans le cas où un créancier de l'acheteur aurait saisi-arrêté les marchandises, soit en route, soit entre les mains d'un commissionnaire, le vendeur ne serait pas obligé de rembourser la créance, car la faillite ferait évanouir la saisie, en ce sens que le créancier n'aurait plus intérêt, puisqu'il ne pourrait être payé par préférence aux autres créanciers de la masse. — D.A. 8. 266, n. 9.

1181. — Lorsque les marchandises, vendues et non payées, ayant été assurées par le commissionnaire pour le compte du failli, une partie de ces marchandises vient à périr, le montant de l'assurance appartient à la masse de la faillite et non au revendiquant. Celui-ci ne peut exercer son droit de revendication que sur la partie conservée des marchandises, après, toutefois, l'exercice du privilège du commissionnaire, qui le primera même sur la partie de la marchandise dont la revendication a été admise. — 8 juin 1829. Req. Douai. Auriol. D.P. 29. 1. 264.

1182. — Dans tous les cas de revendication, excepté ceux de dépôt et de consignation de marchandises, les syndics des créanciers ont la faculté de retenir les marchandises revendiquées, en payant au réclamant le prix convenu entre lui et le failli (582). — D.A. *loc. cit.*

§ 2 — *De la revendication des marchandises déposées et consignées, ou de leur prix.*

1183. — Le dépôt et la consignation n'étant pas, comme la vente, une aliénation du droit de propriété, la loi a été moins sevère sur les conditions auxquelles est subordonnée la revendication des marchandises déposées et consignées. Et, par suite, l'interprétation doit ici se montrer plus facile dans les questions où les termes de la loi peuvent laisser quelque doute sur son esprit. — D.A. 8. 272. n. 1.

1184. — « Peuvent être revendiquées, dit l'art. 581 C. comm., aussi long-temps qu'elles existent en nature, en tout ou en partie, les marchandises consignées au failli, à titre de dépôt, ou pour être vendues pour le compte de l'envoyeur : dans ce dernier cas même, le prix desdites marchandises peut être revendiqué, s'il n'a pas été payé ou passé en compte courant entre le failli et l'acheteur. »

1185. — Le droit de revendication consacré par cet article peut être exercé, non seulement par celui-là même qui a déposé ou consigné des marchandises, mais aussi par ses représentans, tels que ses héritiers, cessionnaires, mandataires, acheteurs.— D.A. 8. 272, n. 2.

1186. — Pourquoi le droit de revendication ne peut-il être exercé *sur le prix* des marchandises que par celui qui les a remises à un consignataire chargé de les vendre pour son compte, et non pas par le simple déposant? C'est ce qu'il est difficile d'expliquer; mais la loi est formelle.— *Ibid.*, n. 3.

1187. — Tant que les marchandises déposées ou consignées n'ont pas été vendues, le droit de les revendiquer subsiste, en quelques mains qu'elles se trouvent, si ce n'est lorsqu'elles y sont à titre de propriété. — Ainsi, dans le cas d'un dépôt, si le dépositaire infidele a affecté les marchandises au paiement de sa propre dette, s'il les a vendues pour son compte, le déposant n'a pas d'action contre le détenteur, à moins qu'il n'y ait eu connivence entre celui-ci et le failli (arg. des art. 2279, 2280 C. civ.). — *Ibid.*, n. 4.— V. Possession.

1188. — Si les objets n'ont pas été aliénés, s'ils ont seulement été affectés provisoirement à la sûreté de la dette propre du dépositaire, ils peuvent être revendiqués; mais à la charge par le revendiquant de rembourser les sommes dues au tiers détenteur de bonne foi; sauf l'action en dommages-intérêts et même l'action criminelle contre le dépositaire — *Ibid.*

1189.— Dans le cas où, après avoir été vendue ou donnée en gage, la chose déposée n'a pas encore été délivrée à l'acheteur ou au créancier, lors de la faillite du dépositaire, le déposant pourrait s'opposer à cette délivrance, car il y a vente de la chose d'autrui.— *Ibid.*

1190 — Lorsque la marchandise a été consignée pour être vendue pour le compte de l'envoyeur, et que celui-ci la retrouve, il peut la reprendre, soit qu'elle existe dans les magasins du failli, soit qu'elle ait été placée par lui dans d'autres lieux, et même consignée pour son compte à un autre commissionnaire : dans ces cas, le droit à la propriété subsiste, le failli n'ayant agi qu'en sa qualité de commissionnaire.— D.A. 8. 273, n. 5.

1191.— Mais si les objets consignés ont été aliénés, toute revendication cesse. S'ils n'étaient point encore délivrés, l'envoyeur ne pourrait s'opposer à leur enlèvement, parce que la vente est évidemment parfaite, quoiqu'elle ait eu lieu par un intermédiaire.— Pard., t. 4, p. 478; D.A., *eod.*

1192 — La circonstance que le commissionnaire aurait outrepassé les ordres à lui donnés par son commettant, et même qu'il n'aurait tenu aucun compte d'une défense de vendre quant à présent, ne changerait rien à la question. Il y aurait lieu à une action en dommages-intérêts, mais non à la résolution de la vente faite à un tiers de bonne foi.— D.A., *eod.*

1193. — Alors même que, moyennant une commission plus forte, ou autre avantage, le commissionnaire répond de la solvabilité des acheteurs avec lesquels il traite (ce qui s'appelle être du *décroire*), le droit de revendication du commettant reste toujours le même. Cette stipulation de responsabilité n'altère pas la nature du contrat, qui n'est jamais qu'une commission non translative de propriété au commissionnaire — *Ibid.*, n. 6; Pard., t. 4, p. 478; Boulay, t. 2, p. 360.

1194. — Jugé ainsi que la stipulation d'un droit de decroire au profit du commissionnaire, n'opère aucune novation dans les droits du commettant; elle ne fait pas obstacle à ce que celui-ci puisse, en cas de faillite du commissionnaire, exercer la revendication autorisée par l'art. 581 C. comm. — 7 fév. 1825 Toulouse. Bovet. D.P. 25. 2. 176.

1195 — Peu importe que le commissionnaire ne fasse pas connaître au commettant les noms des acheteurs : celui-ci n'a effectivement intérêt de les savoir que dans le cas de faillite, pour revendiquer le prix, s'il est encore dû : et alors les livres du commissionnaire ne peuvent lui être refusés. — D.A. et Pard. *loc. cit.*

1196. — Peu importe encore de quelle manière les deux parties passent les écritures; que le commettant crédite son commissionnaire à mesure que celui-ci lui donne avis des ventes, et que ce commissionnaire débite l'envoyeur. Ce n'est là qu'un mode de constater l'opération, mode qui ne touche pas à l'essence du contrat. — D.A 8. 273, n. 6.

1197.— Le revendiquant doit d'abord prouver sa qualité de déposant ou de commettant. Cette preuve est souvent difficile, attendu que les négociations commerciales compliquées, rapides, sont souvent faites verbalement ou par une correspondance laconique peu explicite : qu'elles changent quelquefois de nature; telle consignation, par exemple, devenant une vente, telle vente un dépôt. On ne peut donc établir des règles. C'est aux juges à puiser dans la correspondance, les livres, les témoignages, des raisons de décider. — *Ibid*, n 7.

1198 — Lorsque le vendeur de marchandises apprenant la faillite de son acheteur, les réclame par lettres pendant qu'elles sont en route, et que le failli lui répond qu'il ne les recevra pas lors de l'arrivée; que cependant elles sont mises dans ses magasins; ce vendeur peut néanmoins les revendiquer, parce qu'elles ne sont censées être entrées dans les magasins du failli qu'à titre de dépôt. — 23 fév. 1815. Rennes. Waubert. D.A. 8 276. D.P. 2. 228.

1199. — Le déposant ou commettant doit aussi prouver *l'identité* de la marchandise réclamée avec celle déposée ou consignée. — Mais il n'est pas nécessaire que la marchandise soit *intacte*.— La rupture des cordes, le changement d'enveloppes et de marques, l'altération dans la forme et la nature, ne seraient pas des obstacles à la revendication, ces changemens ne conférant pas au commissionnaire la propriété.— Seulement la masse des créanciers du commissionnaire ou dépositaire aurait peut-être une action en remboursement de la plus-value qui pourrait résulter des transformations auxquelles le failli a soumis la marchandise.— D.A. 8. 273, n. 8.

1200.— De même, la confusion des choses consignées ou déposées avec d'autres de même nature, ne pourrait empêcher la revendication, si la séparation pouvait avoir lieu; et si la chose consignée était la principale dans la confusion, le propriétaire aurait le droit de réclamer le tout, sauf à indemniser la masse pour la partie à elle appartenante. — *Ibid.*

1201.— La revendication est permise lors même que la marchandise ne se retrouve qu'en partie.— D.A. 8. 274, n. 9.

1202. — Si un commissionnaire infidèle, afin de profiter pour lui-même d'une occasion favorable, vendait pour son compte la marchandise consignée, et en rachetait ensuite de même nature en remplacement, le commettant aurait-il (indépendamment d'une action en dommages-intérêts) l'action en revendication des marchandises rachetées? On peut dire que le rachat a été payé de ses deniers; que le failli ne peut tirer profit de la violation de son mandat. Mais, d'autre part, l'art. 581 subordonne la revendication à l'identité des marchandises. — *Ibid.*, n. 10.

1203.— Pour que *le prix* de la chose aliénée par le commissionnaire puisse être revendiqué, il faut (outre la preuve du droit de propriété et de l'identité des marchandises consignées avec celles vendues) que ce prix n'ait pas été payé ou passé en compte courant entre le failli et l'acheteur.

1204.—Jugé, d'après cette règle, que l'envoyeur de marchandises pour être vendues pour son compte, peut, en cas de faillite du commissionnaire, revendiquer le prix, encore que ce commissionnaire les ait vendues à un tiers qui les a laissées dans les magasins de ce même commissionnaire auquel il ne les a pas encore payées.—27 mars 1816. Bruxelles. Willink. D.A. 8. 278. D.P. 2. 229.

1205.—On a vu *suprà*, § 1er de cet article, les divers cas où une vente est censée payée. Les mêmes principes, à peu près, s'appliquent ici. Ainsi, on a dit qu'une souscription d'effets, la remise d'un mandat ou d'une délégation, le réglement d'une facture en lettres de change, ne doivent pas être considérés comme des paiemens; qu'ils ne sont qu'un mode adopté pour parvenir à la libération. Les motifs que l'on a donnés doivent servir à décider, dans le cas où la vente faite par un commissionnaire aurait été réglée de cette manière, la question de savoir si ce commissionnaire a été payé. — D.A. 8. 274, n. 12.

1206.—Mais la solution négative n'entraînerait pas le même résultat : le propriétaire n'aurait pas le droit de revendiquer sa marchandise entre les mains de l'acheteur, parce que la vente a été faite pour son compte et qu'elle est parfaite, malgré la faillite du commissionnaire. Seulement, si les effets donnés en paiement se retrouvent dans le portefeuille du failli, il pourra les reprendre; ils sont la représentation de la chose, le titre au moyen duquel le prix sera compté. — *Ibid.*; Pard., t. 4, p. 479; Boul., t. 2, p. 360.

1207.— Jugé ainsi que si, en paiement de marchandises vendues par un consignataire, il lui a été remis des effets à terme non encore échus, et trouvés dans son porte-feuille au moment où il est tombé en faillite, le consignateur est fondé à revendiquer ces effets ou le montant encaissé par les syndics de la faillite (C. comm. 576, 581).—23 août 1828. Paris. Perreau-Lecomte. D P. 29. 2. 40.

1208.— Si les effets avaient été mis dans le commerce, si la propriété en avait été transmise, le propriétaire n'aurait pas d'action pour se les faire restituer. *Secus*, si les effets n'avaient été confiés que pour en faire le recouvrement, ou même s'ils n'étaient pas de nature à être transportés à des tiers. Dans ces derniers cas, le revendiquant formerait

une opposition, pour la conservation de ses droits, entre les mains des personnes obligées au paiement. —D.A. 8. 274, n. 13.

1209.—Si le commissionnaire avait vendu au comptant, et s'il avait reçu son paiement en effets qu'il aurait escomptés à l'acheteur, pourrait-on revendiquer ces effets, dans le cas où ils seraient encore dans le porte-feuille du failli ? On a déjà dit qu'un achat ainsi réglé était censé payé. Cependant Dalloz ne pense pas que la revendication de ces effets fût impossible, s'il n'était pas douteux que ce sont ceux escomptés par le commissionnaire.—*Ibid.*, n. 14.

1210. — Cette interprétation s'appliquerait-elle au cas où le prix aurait été versé en numéraire entre les mains d'un tiers indiqué par le vendeur, si ce tiers n'était débiteur d'aucune somme envers le commissionnaire, et s'il était chargé de tenir ces fonds à la disposition de ce dernier? Non, la caisse du mandataire est considérée comme celle du mandant : or, bien que le mandataire n'ait reçu que le prix de la vente pour le compte du mandant, toujours est-il qu'il a confondu cette somme avec ses propres biens, et qu'il est devenu lui-même débiteur, à tout autre titre que par le contrat de vente. —*Ibid.*, n. 15.

1211. — Considérerait-on comme paiement la compensation entre une dette du commissionnaire et le prix des marchandises? Si la vente avait été faite au comptant et que le prix n'eût pas été compté, et si, d'un autre côté, le vendeur était débiteur envers l'acheteur d'une somme exigible avant la faillite, l'expéditeur ne pourrait exiger de l'acheteur le versement de son prix, au préjudice de la compensation qui se serait opérée de plein droit. —D.A. 8. 275, n. 16.

1212. — Il en serait autrement s'il résultait de quelque circonstance, que, nonobstant l'exigibilité de sa créance, l'acheteur devait verser le prix entre les mains du commissionnaire ; il ne pourrait invoquer tardivement le principe de la compensation, auquel il aurait dérogé.—*Ibid.*

1213.— Il a été jugé que le tiers qui a acheté des marchandises à lui vendues par un commissionnaire tombé ensuite en faillite, ne peut opposer à l'expéditeur, qui revendique ces mêmes marchandises ou leur prix, qu'il les a payées par compensation avec un prêt en actions sur les fonds publics qu'il a fait à ce commissionnaire personnellement. — 27 mars 1816. Bruxelles. Willink. D.A. 8. 178. D.P. 2. 229.

1214.— Le prix passé en compte courant entre le failli et l'acheteur n'est plus susceptible de revendication (581); mais il faut que le compte courant soit *réel*, qu'il soit composé d'un *débit* et d'un *crédit* réciproques Si le prix de vente formait le premier article d'un compte, y eût-il convention que ce compte deviendrait compte courant par la suite, on ne pourrait l'invoquer pour empêcher la revendication.— Pard., t. 4, p. 481; Boulay, t. 2, p. 364; D.A. 8. 275, n. 17.

1215.— Bien plus, malgré l'existence d'un compte *réel*, c'est-à-dire portant plusieurs opérations au crédit comme au débit, il y aurait lieu à la revendication, si à l'époque où l'article a été passé en compte courant, le solde créditeur était en faveur de l'acheteur. Une somme passée en compte courant éteint la première dette, par l'effet d'une compensation conventionnelle; mais encore faut-il qu'il y ait matière à compensation. C'est ce qui arrive lorsque, par suite d'opérations réciproques, le prix de la marchandise vendue pour le compte d'un tiers se trouve, au moment de la faillite, compensé, dans l'intérêt de l'acheteur, avec une somme ou valeur que lui devait le commissionnaire; mais la simple insertion dans un compte courant ne saurait opérer la *passation* en compte et équivaloir au paiement. —*Ib.*

1216. — Jugé ainsi que l'art. 581 C. comm. ne peut s'entendre en ce sens, qu'il suffit, pour échapper à la revendication, que l'acheteur ait crédité le failli du prix des marchandises vendues à terme, et que, de son côté, le failli ait porté ce prix au débet de l'acheteur, dans son compte courant. Par les mots, *passé en compte courant*, le législateur a entendu parler d'un mode de régler le paiement par la balance définitive du compte courant, arrêté d'un commun accord entre le vendeur et l'acheteur. — 24 juill. 1819. Bruxelles. Joseph. D.A. 8. 277. D.P. 2. 228.

1217.— Jugé encore que pour qu'un commettant soit privé du droit de revendiquer, entre les mains des acheteurs, le prix de ses marchandises vendues par son commissionnaire, tombé en faillite, il ne suffit pas que ce prix ait été porté, inséré dans un compte entre le commissionnaire et les acheteurs; il faut qu'il ait été passé en compte courant, c'est-à-dire compensé avec des sommes dues par le commissionnaire aux acheteurs. — 7 fév. 1825. Toulouse. Bovet. D.P. 25. 2. 176.

1218. — La novation ayant le même effet que le paiement, si l'acheteur s'était obligé envers le commissionnaire à payer une dette pour son compte, et que le créancier eût pris part à cette convention, le commettant ne pourrait réclamer le prix de sa marchandise. — Mais une simple indication d'une personne qui recevrait à la place du créancier, n'opérerait pas novation, et la revendication serait admissible (C. civ. 1277).— D.A. 8. 275, n. 18.

1219. — Le paiement fait par l'acheteur après l'ouverture de la faillite et entre les mains du syndic, ne changerait rien au droit du commettant; le principe de son action revendicatoire existe pour lui dès la faillite déclarée : c'est cette époque qui fixe tous les droits des intéressés. Si le paiement a été fait à la faillite, c'est par erreur, l'acheteur étant débiteur, non de la masse, mais du commettant. — Pard, t. 4, p. 480; Boulay, t. 2, p. 362; D.A. 8. 275, n. 19.

1220. — Une condition encore pour que le prix puisse être revendiqué par le commettant, c'est que celui-ci n'ait point accepté un paiement de la part du commissionnaire. Cela peut arriver fréquemment lorsque le commissionnaire est du *décroire*, lorsqu'il vend à un terme plus long que celui auquel il s'est obligé de verser les fonds à son commettant.

Si celui-ci a reçu des effets émanés directement du commissionnaire ou sortis de son porte-feuille, et qu'ils ne soient pas échus au moment de la faillite, il peut, en les rendant, conserver un recours sur le prix dû par l'acheteur ; car la remise d'effets n'est pas un paiement. — Pard, t. 4, p. 482; Boul., t. 2, p. 364; D.A. 8. 275, n. 20.

1221. — Cependant le commettant pourrait avoir perdu tout recours, par exemple, s'il avait refusé les réglemens des acheteurs, en exigeant des effets du commissionnaire ; s'il avait quittancé purement et simplement les comptes de vente, en reconnaissant avoir reçu des billets pour solde, et laissant à la charge du commissionnaire le recouvrement des sommes dues par les acheteurs ; en un mot, s'il résultait de la correspondance qu'il n'a entendu avoir pour obligé que celui dans lequel il avait confiance : dans tous ces cas, il invoquerait vainement la subrogation du droit sur le prix, car il aurait fait novation. — Pard, *loc. cit* ; D.A. 8. 275, n. 21.

1222. — La stipulation d'être du *décroire* n'empêcherait pas le commettant d'agir contre les acheteurs, en paiement du prix des ventes à eux faites par le commissionnaire, qu'autant qu'il aurait renoncé à les avoir pour obligés, même indirectement. Dans ce dernier cas, il n'y a plus, à proprement parler, un contrat de commission, mais un dépôt, avec des ventes faites successivement au dépositaire lui-même, puisqu'il est seul obligé au paiement du prix. — D.A. 8. 275, n. 22.

1223. — Si le commissionnaire s'était vendu à lui-même, et qu'il eût réglé son commettant en ses billets, la marchandise encore existante en magasin pourrait-elle être revendiquée? Non, si le commissionnaire avait donné connaissance de cette vente au commettant, que celui-ci ne s'y fût pas opposé, et qu'elle ne contînt aucune fraude, car la vente faite par un préposé est censée faite par le propriétaire, et les marchandises, dans le cas dont il s'agit. sont entrées dans les magasins du failli. — D.A. 8. 276, n. 23.

1224. — Mais si le commissionnaire avait laissé ignorer au commettant qu'il se vendait à lui même, on ne pourrait refuser à celui-ci la délivrance de sa chose. — *Ibid.*, n. 24.

1225. — La loi n'interdisant la revendication du prix passé en compte courant, que lorsqu'il l'a été entre le failli et *l'acheteur*, Pard. et Boulay, *loc. cit.*, pensent que le commettant pourrait revendiquer le prix non payé au commissionnaire, quoique ces deux correspondans eussent été en compte courant, et que tous les deux eussent passé l'article sur leur compte. Mais il faut, ce semble, restreindre cette décision au cas où lorsque l'article a été passé d'un commun accord, le commettant n'était pas débiteur par balance de compte, et où le prix de vente n'était pas exigible comptant et productif d'intérêts dès le jour même ; autrement, la compensation se serait opérée. et le commettant, devenu créancier par des opérations nouvelles, ne pourrait réclamer aux acheteurs le prix de sa chose. — D.A. 8. 276, n. 25.

1226. — La cession du prix, faite par le commissionnaire à un tiers de bonne foi, empêcherait-elle la revendication du commettant? Suivant Pardessus, ce tiers est réputé propriétaire du prix à l'égard de toutes personnes. Oui, si la cession a été signifiée au débiteur, ou acceptée par lui, sinon le cessionnaire n'est pas saisi à l'égard des tiers qui peuvent exercer sur le prix les droits à eux appartenant. — D.A. 8. 276, n. 26.

1227. — Jugé ainsi que la cession faite par un commissionnaire, du prix des marchandises qu'il a vendues pour le compte d'autrui, ne peut être opposée au propriétaire de ces marchandises, si elle n'a pas été signifiée au débiteur cédé.— En conséquence, si le commissionnaire tombe en faillite, le propriétaire peut revendiquer le prix de ces marchandises au préjudice du cessionnaire qui n'a pas fait signifier son transport.— 25 nov. 1813. Civ. c. Turin. Levi. D.A. 8. 279. D.P. 14. 1. 51.

1228. — Le client qui a donné l'ordre à un agent de change d'acheter des rentes pour lui, et qui a effectué le versement du prix de l'achat entre les mains du mandataire, ne cesse pas, lorsque la faillite de celui ci a suivi immédiatement, d'être propriétaire de la rente, encore que le transfert, conformément à l'usage constant, soit fait momentanément sous le nom de l'agent de change lui-même, alors surtout qu'il est établi que la faillite survenue n'a pas laissé le temps de retransférer la rente au nom du propriétaire réel.— 23 juill. 1833. Req. Paris. Gallot. D.P. 33. 1. 323.

1229 — L'art. 579 C. comm., d'après lequel celui qui revendique des marchandises contre un failli doit tenir l'actif de la faillite indemne de toute avance faite pour fret, voiture ou commission, assurances et autres frais, s'applique tant au cas de revendication de marchandises simplement consignées au failli, qu'à celui où il s'agit de marchandises vendues et non payées.— 4 juill. 1826. Req. Rouen. Leseigneur. D.P. 26. 1. 401.

1230. — Mais la masse des créanciers n'a pas le droit, comme elle l'a à l'égard du vendeur, de retenir la chose en offrant de la payer au propriétaire.— D.A. 8. 276, n. 27.

1231. — Lorsqu'une cour juge que la totalité des marchandises consignées à un failli, avant sa faillite, est nécessaire pour l'indemniser de ses avances, elle peut rejeter la revendication exercée contre lui. — 4 juill. 1826. Req. Rouen. Leseigneur. D.P. 26. 1. 401.

1232.— Le consignataire qui met sous son nom personnel des marchandises en entrepôt réel, est, à l'égard de la régie des douanes, considéré comme propriétaire, de telle sorte que la régie des douanes a le droit de les retenir jusqu'au paiement de tout ce qui lui est dû, à quelque titre que ce soit, par le consignataire, au préjudice même de la revendication qu'en fait le propriétaire par suite de la faillite du commissionnaire.—7 juin 1817. Rouen. Martin. D.A. 8. 276.

§ 3.—*De la revendication des remises en effets de commerce et autres.*

1233.— La revendication des remises en effets de commerce et autres effets, est autorisée par la même raison que la revendication des marchandises consignées ou déposées. Restituer au propriétaire les valeurs par lui remises à titre de dépôt, ou de mandat, ou pour l'extinction d'une dette spéciale, lorsqu'elles se trouvent en nature dans la masse, ou qu'elles ne se sont pas confondues dans l'actif du failli, telle a été la pensée du législateur. — Mais la rédaction vicieuse des art. 583 et 584 rend mal cette pensée. Une interprétation étroite des termes rendrait presque illusoire le droit que la loi a voulu consacrer Il ne faut donc pas perdre de vue qu'il ne s'agit pas d'une faveur à restreindre, mais d'un droit sacré qu'on doit craindre de paralyser.— D.A. 8. 280, n. 1.

1234. — L'art. 583 porte : Les remises en effets de commerce, ou en tous autres effets non encore échus, ou échus et non encore payés, et qui se trouvent en nature dans le porte-feuille du failli à l'époque de sa faillite, peuvent être revendiquées, si ces remises ont été faites par le propriétaire avec le simple mandat d'en faire le recouvrement et d'en garder la valeur à sa disposition, ou si elles ont reçu de sa part la destination spéciale de servir au paiement d'acceptations ou de billets tirés au domicile du failli.

1235. — Les termes *et autres effets*, quoique mis en opposition avec les mots *effets de commerce*, ne

signifient pas exclusivement les billets ou mandats non commerciaux, mais bien toute espèce de titres de créances, factures, ordonnances du gouvernement pour fournitures, polices d'assurances, contrats à la grosse, etc.— Souvent ces titres sont envoyés par un correspondant à un négociant pour en soigner le recouvrement. —Ils doivent d'autant mieux être restitués au propriétaire, que le droit de propriété est bien plus facile à constater sur ces sortes de titres, que sur les effets de commerce proprement dits.— D.A. 8. 280, n. 2.

1236. — Des espèces monnayées envoyées à un commerçant, après l'ouverture de sa faillite, sont, comme les effets et marchandises, susceptibles de revendication. — 11 juin 1825. Paris. Basindrant. D.P. 26. 2. 62.

1237.— Lorsque, dans les remises envoyées à un négociant, il se trouve des traites souscrites ou acceptées par lui-même, l envoyeur, intéressé à les revendiquer, s'il y a des endosseurs contre lesquels on puisse recourir, peut exercer ce droit. Ces effets sont compris dans les termes de l'art. 583. Et n'étant payables qu'à une époque déterminée, le seul fait de leur arrivée dans les mains de celui qui doit les payer n'opere pas la confusion, surtout s'il n'est chargé de les encaisser que comme mandataire. Cela est si vrai, que si ces effets sont reçus en compte courant, ils ne produiront intérêt au profit de l'envoyeur que du jour de l'échéance.— D.A. 8. 280, n. 2.

1238. — C'est plutôt au défaut de paiement des effets qu'à leur exigibilité, qu'il faut faire attention; car, échus ou non, s'ils ne sont pas payés, ils peuvent être revendiqués (sauf dans quelques cas.— V. *infrà*).—Ainsi, le propriétaire peut se faire restituer, même après l'échéance, le titre qu'il avait envoyé antérieurement à son correspondant pour en poursuivre le recouvrement.— *Ibid.*, n. 3.

1239.—Des à-comptes donnés par le débiteur, sur des effets envoyés à un négociant pour en soigner l'encaissement, n'empêcheraient pas la revendication des effets restés dans les mains de ce négociant failli. Il n'y a que les sommes versées qui ne pourraient plus être revendiquées à cause de la confusion.— *Ibid.*

1240.— La loi veut que les effets non payés se retrouvent en *nature*. Elle ne pouvait, sans faire naître les plus grands abus, permettre la revendication des sommes encaissées par suite de l'échéance ou de l'escompte des effets. L'envoyeur, qui s'est imprudemment confié à son correspondant, n'a qu'une action personnelle pour les valeurs qui se sont confondus dans la masse des biens du failli.—*Ibid.*, n. 4.

1241. — Mais c'est à distinguer s'il y a eu *confusion* qu'il faut s'attacher, plutôt qu'au sens rigoureux de l'expression *en nature*. Lorsque, par exemple, un débiteur ne pouvant payer les effets par lui souscrits, les a renouvelés ou bien en a donné d'autres en couverture, on doit rendre ces effets nouveaux à l'envoyeur des premiers, si le failli n'a pas voulu prendre pour son compte les chances du renouvellement ou du paiement des effets qu'il a reçus en couverture, s'il n'a pas crédité l'envoyeur comme s'il avait été payé. — *Ibid.*

1242. — Peu importe, du reste, que les nouveaux effets aient été souscrits à l'ordre même du mandataire, ils n'en sont pas moins la propriété d'autrui. La revendication serait encore moins douteuse si les anciens titres étaient restés entre les mains du failli.—*Ibid.*

1243. — Lorsque, pour retirer des effets mis en circulation, le souscripteur a créé de nouvelles traites et les a remises à un individu qui est tombé en faillite, après avoir toutefois opéré le retirement convenu, s'il arrive que les effets retirés se trouvent dans le porte feuille du failli, ils peuvent être revendiqués par le souscripteur ou porteur de nouvelles traites, dont le montant a servi à effectuer le retirement (C. comm. 583). — 5 avril 1831. Civ. r. Caen. Douelle. D.P. 31. 1. 140.

1244. — La valeur des effets envoyés au failli pour en faire le recouvrement et que celui-ci aurait remis à un escompteur qui n'en aurait pas encore fourni les fonds, pourrait être revendiquée quoique les effets ne fussent plus *en nature*. Celui qui a fait la remise est dans la même position que le commettant qui a envoyé des marchandises pour les vendre; il peut exercer ses droits de propriétaire sur la représentation de sa chose, tant qu'elle n'est pas venue se confondre dans le patrimoine du failli. Cette règle est même applicable au cas où des billets et des titres de créance auraient été donnés en paiement au lieu de numéraire.—V. aussi Pardessu, t. 4, p. 483; Boulay, t. 2, p. 384; D. A. 8. 280, n. 4.

1245. — Des effets remis à un failli, pour en faire le recouvrement, peuvent avoir été négociés par lui, et lui être retournés, faute de paiement à leur échéance; cette négociation n'empêche pas la revendication. Elle est censée n'avoir pas eu lieu. — D.A. 8. 281, n. 5.

1246. — Mais si un tiers, en compte courant avec le failli, ayant reçu des remises de ce dernier, les lui avait retournées, par suite de non paiement, ces remises, se retrouvassent-elles *en nature* à l'époque de la faillite, ne pourraient être revendiquées : car un effet retourné ne peut être considéré comme une remise envoyée à l'encaissement, mais comme une propriété de celui qui l'avait transmise, et auquel on l'a retournée, parcequ'elle n'a pas été payée. Celui qui l'a ainsi rendue n'y a plus aucun droit, fût-il créancier de l'envoyeur. — *Ibid.*, n. 6.

1247. — Pour pouvoir exercer la revendication autorisée par l'art 583 C. comm., il faut être propriétaire des effets revendiqués; et l'on a cessé de l'être, si on les a transmis au failli par un endossement régulier. On dirait en vain que cette transmission n'a été faite qu'avec la condition que les fonds seraient recouvrés dans l'intérêt de l'endosseur. — 12 juill. 1832. Req. Paris. Seytre. D.P. 32. 1. 319.

1248. — Quoiqu'un créancier, porteur de traites, ait consenti à ce que son débiteur, qu'il représente dans une faillite de l'un des endosseurs, fût mis hors de cause, il a pu être jugé, sans qu'il y ait lieu à censure contre l'arrêt, qu'il ne résultait pas nécessairement de là que le créancier eût renoncé à faire valoir les droits de son débiteur, et, par exemple, à revendiquer, comme substitué aux droits de ce dernier, des effets qui se trouvent dans le porte-feuille du failli (C. civ. 1166). — 5 avril 1831. Civ. Req. Caen. Douelle. D.P. 31. 1. 140.

1249. — L'effet revendiqué doit exister dans le *porte-feuille* du failli, c'est-à-dire qu'il faut que le failli n'en ait point transmis la propriété à des tiers. — Ainsi, non seulement les effets dont il ne s'est pas dessaisi, mais encore ceux qu'il a confiés à d'autres, pour les négocier, ou en faire le recouvrement pour son compte, peuvent être revendiqués. Les courtiers, agens de change, les correspondans chargés d'encaisser, et auxquels la propriété n'a pas été transmise, les tiers qui ne sont porteurs qu'en vertu d'un endossement en blanc, en un mot, toutes personnes qui ne sont pas propriétaires doivent rendre au revendiquant les effets qu'il n'avait envoyés au failli que comme dépositaire ou mandataire. Il en est de même des tiers de mauvaise foi, quel que soit leur titre, parce que la bonne foi seule mérite quelque faveur.— D.A. 8. 281, n. 7.

1250. — Jugé ainsi qu'on peut revendiquer les effets envoyés à un négociant, avant sa faillite, pour en faire l'encaissement, lorsqu'ils existent en nature entre les mains des préposés ou des mandataires que le failli s'était substitués pour les exiger. 5 février 1812. Req. Paris. Choisnard. D.A 8. 284. D.P. 12. 1. 250.

1251. — La revendication autorisée par l'art. 583 C. comm., peut avoir lieu, même contre les tiers porteurs de bonne foi, si le failli les a passés dans le commerce, postérieurement à sa faillite déclarée. — Peu importe que les effets lui eussent été adressés depuis sa déclaration de faillite, si l'envoyeur ignorait cette circonstance (C comm. 442 et 583).— 25 janv. 1830. Paris. Warocqué. D.P. 30. 2. 169.

1252. — Il a été jugé, d'après ce principe, que la revendication autorisée par l'art. 583 doit être exercée contre le failli, et non contre les tiers, qu'il suffit que le failli à qui des effets avaient été transmis par endossement régulier, avant sa faillite, s'en soit matériellement dessaisi entre les mains du tiré, pour que l'endosseur se trouve sans droit à les revendiquer contre le tiré, encore bien qu'ils n'aient été remis à celui-ci que pour le compte de qui de droit.— 12 juill. 1832. Req. Paris. Seytre. D.P. 32. 1. 319.

1253.—Afin de ne pas nous répéter, nous renvoyons au mot Effet de commerce, article de l'Endossement, pour tous les cas où il s'agira de savoir si un endossement a transmis la propriété d'un effet, ou s'il ne vaut que comme procuration, puisque la question de la revendication dépend de cette circonstance. Rappelons seulement qu'un endos, même régulier, peut cependant ne conférer qu'un mandat, lorsque les parties en sont formellement convenues.

1254.—Enfin, les effets doivent être dans le portefeuille *au moment de la faillite*. Ce n'est pas que les effets qui rentreraient à la masse postérieurement, ou la valeur de ceux qui auraient été payés entre les mains des syndics avant l'action en revendication, ne puissent être revendiqués. C'est l'ouverture de la faillite qui fixe le droit; il suffit donc qu'à ce moment les effets ou leur prix ne soient pas confondus dans les biens du failli, pour que le propriétaire soit fondé à les réclamer : cette confusion ne peut plus s'opérer à son préjudice; c'est uniquement celle qui a précédé la faillite qui met obstacle à la revendication.—D.A. 8. 281, n. 8.

1255. — Il y a trois circonstances dans lesquelles la revendication des effets peut avoir lieu La première, c'est lorsque les remises ont été faites par le propriétaire avec le simple mandat d'en faire le recouvrement et d'en garder la valeur à sa disposition. Le failli n'étant qu'un mandataire, les règles que l'on a données relativement aux marchandises envoyées en consignation sont applicables. La seule difficulté consiste dans la preuve du mandat : si la correspondance ne s'explique que d'une manière insuffisante, il faut recourir à la manière dont les effets sont endossés au failli. Un endossement en blanc fait présumer le mandat, un endossement régulier suppose transmission de propriété, mais jusqu'à preuve contraire. Il faut, au surplus, consulter tout ce qui peut donner des éclaircissemens sur les conventions des parties entre elles; c'est aux tribunaux à apprécier les preuves (V. Effet de commerce).—*Ibid.*, n. 9.

1256.—La deuxième circonstance où la revendication puisse s'exercer, c'est lorsque les remises ont reçu de la part du propriétaire une destination spéciale de servir au paiement d'acceptations ou de billets tirés au domicile du failli.

La destination des remises, qui ne peut guère être révoquée en doute, lorsque les deux correspondans ne sont pas en grande relation d'affaires et qu'il n'existe pas entre eux de compte courant, peut, dans le cas contraire, devenir une source de difficultés. Ce n'est plus à la forme de l'endos que l'on peut s'arrêter dans le doute, car l'endos le plus régulier n'est pas plus un indice d'une destination qu'une preuve contraire.—*Ibid.*, n. 10.

1257.—Pour admettre qu'il y a eu destination pour un emploi déterminé, il faut que les preuves soient non équivoques et bien établies (Pard., t. 4, p. 500; Boulay, t. 2, p. 387).—Mais peut-on recourir à des présomptions pour en induire la spécialité d'emploi que la loi paraît exiger? —Non. — *Ibid.*, n. 10.

1258.—La troisième circonstance qui autorise la revendication, est celle prévue par l'art. 584, ainsi conçu : « La revendication a pareillement lieu pour les remises faites sans acceptation ni disposition, si elles sont entrées dans un compte courant par lequel le propriétaire n'est que créditeur; mais elle cesse d'avoir lieu, si, à l'époque des remises, il était débiteur d'une somme quelconque. »

1259.—Jugé que le négociant qui a envoyé à un autre négociant avec lequel il est en compte courant, des lettres de change, à condition d'en recevoir de lui le montant en d'autres traites à courts jours, peut, en cas de faillite de ce correspondant, s'il n'a pas reçu les traites à courts jours, et si les lettres de change sont encore en nature dans le porte-feuille du failli, et enfin s'il est créancier par compte courant, loin d'être débiteur, revendiquer ces mêmes lettres de change qui n'ont pas cessé d'être sa propriété.—9 avril 1815. Colmar. Rausch. D.A. 8. 285. D.P. 22. 2. 126.

1260.—L'expression *créditeur*, dont l'art. 584 se sert mal à propos (car elle se rapporte plus à l'état des écritures qu'au résultat des affaires), a donné lieu de soutenir que la revendication n'est admise que lorsqu'il n'y a des articles qu'au crédit, de sorte que s'il y a un seul article au débit, et quel que fût d'ailleurs le résultat de la balance à l'époque des remises, la revendication ne peut être exercée. Cette interprétation est erronée. La loi parle d'un *compte courant*, cette expression serait inexacte si elle ne devait désigner qu'un compte où il n'y aurait pas de débit. D'ailleurs, la disposition finale de l'art. 584 décide implicitement que si, lors des remises, le solde de compte est en faveur du propriétaire, il peut revendiquer, car alors il n'est *débiteur d'aucune somme* —D.A. 8 282, n. 10.

1261.—Il faut donc entendre l'art. 584 en ce sens, que si, en faisant la balance du compte, à l'époque des remises, le solde était en faveur du propriétaire de ces remises, il peut les revendiquer lorsqu'elles se trouvent en nature; il est censé n'avoir fait des remises que dans le but d'avoir entre les mains de son correspondant des fonds à sa disposition, mais

que si le solde était en faveur du failli, quelque minime que fût la somme, le bénéfice de la revendication doit cesser; car le but de l'envoyeur a été d'abord de payer ce qu'il devait pour ne pas payer des intérêts. Or, s'il n'a pas indiqué quelle portion des remises était destinée à opérer cette extinction, comme on ne peut distinguer arbitrairement, il est déchu du droit de revendiquer la totalité. Ce principe est rigoureux sans doute; mais la loi est formelle.—Pard., t. 4, p. 501; Boul., t. 2, p. 388; D.A. 8. 282, n. 10.

1262. — Jugé ainsi que lorsque, de deux correspondans qui, dans leurs comptes, ont respectivement des sommes portées en crédit et en débit, l'un envoie des traites à l'autre, quoiqu'il soit déjà son créancier, ces traites non encore échues, et qui, au moment de la faillite de ce dernier, se trouvent dans son porte-feuille, sans acceptation ni disposition, peuvent être revendiquées par le créancier propriétaire de ces traites. — Le failli est, dans ce cas, assimilé à un mandataire.— 5 mars 1823. Toulouse. Bosseront. D.P. 25. 2. 157.

1263. — Mais que la revendication ne peut être admise, en cas de compte courant, entre le revendiquant et le débiteur failli, si, au moment de la remise de l'effet, le revendiquant était débiteur d'une somme quelconque envers le failli.— 12 juill. 1832. Req. Paris. Seytre. D.P. 32. 1. 319.

1264. — Jugé même qu'il suffit qu'au moment où un négociant, en compte courant avec un commerçant, depuis tombé en faillite, a envoyé à celui-ci des traites, il ait été reconnu débiteur, apparent ou non, par la balance du compte, pour qu'il ne soit pas fondé à revendiquer ces valeurs contre la faillite, encore bien que, par suite du non paiement des effets que le failli lui avait remis, et qui étaient entrés au crédit de ce dernier, il se trouve créancier de la faillite : et la revendication doit être rejetée pour la totalité des effets envoyés, sans que l'envoyeur soit en droit de ne laisser à la faillite que les effets nécessaires pour couvrir son débit. — 11 fév. 1829. Bourges. Guébin. D.P. 29. 2. 243.

1265. — Si, depuis l'envoi des remises, le propriétaire a tiré une traite même non acceptée par le failli, ou a fait un billet payable à son domicile pour l'emploi de ces remises, la revendication, suivant Vincens, t. 1er, p. 496, ne peut plus être admise. Mais cette décision est fondée sur une interprétation erronée de ces mots de l'art. 584, *sans acceptation ni disposition*. Evidemment, ces expressions ne sont dans la loi que par opposition avec ce que porte l'art. 583. Elles signifient que *même les remises pour lesquelles le propriétaire n'aura pas déterminé spécialement d'emploi, pourront être revendiquées si elles sont entrées*, etc. — D.A. 8. 283, n. 12.

1266.— Si, depuis l'envoi des remises, et avant leur encaissement en tout ou en partie, le failli a fait, pour l'envoyeur, des paiemens ou avances qui n'équivalent pas au montant total des remises, la revendication peut avoir lieu pour la portion de ces remises existant en nature, sauf à la masse des créanciers à exercer son droit de rétention jusqu'à concurrence des avances faites par le failli. — Pard. et Boulay; D.A. *ibid.*

1267. — Mais si les avances ou les paiemens dépassent les remises, en telle sorte que la balance du compte soit en faveur du failli, même avant l'encaissement, et si depuis, de nouvelles remises ont été faites, celui qui les a envoyées ne pourra pas plus revendiquer les premières que les dernières, bien que celles-ci l'aient constitué créancier. — D.A. 8. 283, n. 12.

1268. — Lorsqu'un négociant tire des lettres de change sur un autre négociant avec lequel il est en compte courant, il est d'usage que l'accepteur débite le tireur du montant des acceptations, à partir du jour où il a donné sa signature. Si, postérieurement à l'époque de ces acceptations, et par conséquent à celle où écriture en a été passée, le tireur envoie des remises sans détermination de spécialité, faudra-t-il, en établissant la balance du compte courant pour vérifier si celui qui revend que était créancier lors de l'envoi, laisser figurer au débit les acceptations du failli non encore payées au moment de la faillite ? Non.— V. D.A. 8. 284, n. 13.— Conf. 6 oct. 1828. Trib. de Paris. *ibid.*

1269. — Le billet remis par un négociant à un banquier contre une lettre de change, ne peut, en cas de faillite de ce dernier et de non paiement de la lettre de change, être revendiqué, quoiqu'il se trouve encore entre les mains du banquier. — Ici ne s'appliquent point les règles du droit civil relatives à l'échange (C. civ. 1705; C. comm. 583). — 15 fév. 1823. Limoges. Lousteau. D.A. 8. 286. D.P. 24. 2. 13.

1270.— Quoiqu'il soit dit, dans la correspondance des parties, que des billets ont été remis à un banquier ou à un mandataire de ce dernier, pour entrer en compte courant, et qu'il ait été reçu certaines sommes par le souscripteur, s'il arrive que le banquier, étant tombé en faillite, les billets se trouvent entre les mains du tiers à l'ordre duquel ils ont été souscrits, et non à l'ordre du banquier, ces billets peuvent être regardés comme étant sans cause entre les mains du tiers, et, par suite, être valablement revendiqués par le souscripteur au préjudice de la masse de la faillite, sauf à tenir compte à celle-ci des sommes reçues par le souscripteur (C. comm. 584; C. civ. 1131, 2071).— 21 mars 1831. Req. Bourges. Guébin. D.P. 31. 1. 321.

1271. — Dans les cas où la loi permet la revendication, les syndics doivent examiner les demandes; ils peuvent les admettre, sauf l'approbation du commissaire : s'il y a contestation, le tribunal prononce, après avoir entendu le commissaire (585).

1272. —Les agens pourraient défendre à l'instance si elle était introduite contre eux : mais ils ne pourraient enlever aux syndics le droit de rejeter la demande en l'admettant eux-mêmes. Les syndics seuls ont le droit d'admission.— D.A. 8. 284, n. 14.

1273.— Jugé ainsi que les syndics sont recevables à contester une demande en revendication, encore qu'elle ait été admise par l'agent de la faillite. — 10 janv. 1821. Req. Paris. Mesgrigny. D.A. 8. 256. D.P. 22. 1. 204.

1274.—Les créanciers du failli, autres que les syndics de la faillite, sont recevables à contester la revendication prévue par l'art. 576 C. comm., quoique cette revendication ait été admise par le syndic et par le commissaire de la faillite. — 11 janv. 1831. Aix. Cohen. D.P. 31. 2. 117.

1275. — Aucun délai n'étant prescrit pour intenter l'action, elle peut l'être tant que dure la faillite. — D.A. 8. 284, n. 14.

1276. — Quand les marchandises sont *en route*, on peut agir conformément aux art. 827 et suiv. C. pr., ou même saisir-revendiquer par un simple exploit, il n'en est pas ici comme de la saisie-revendication en matière civile. On porte ensuite la demande en validité devant le tribunal de commerce pour satisfaire au vœu de l'art. 585 C. comm.— *Ibid.*

1277. — Mais lorsque des marchandises ont été expédiées par un négociant à un autre négociant pour le compte d'un tiers qui se trouve en faillite, et que ces marchandises sont encore en route, la demande en revendication formée par l'un de ces négocians peut être portée devant le tribunal du domicile de l'un des créanciers indifféremment, alors que la faillite demeure étrangère à la contestation, et qu'il ne s'élève de débat qu'entre les deux négocians pour le privilége qu'ils prétendent respectivement leur appartenir (C. pr. 59, § 7, 420 et 831). — 4 avril 1821. Civ. r. Aix. Bouisson. D.A. 8. 286. D.P. 21. 1. 259.

1278. — Dans le cas d'une saisie-revendication faite sur des marchandises vendues par le failli à un tiers, mais dont la vente serait frauduleuse, il faudrait saisir-revendiquer sur le failli et sur le tiers-acquéreur, et porter la demande devant le tribunal de la faillite : car l'art. 585 C. comm. est général, et d'ailleurs la faillite est intéressée dans la contestation, puisqu'il faudrait juger que la vente est frauduleuse, même à l'égard du failli, et, par suite, il y aurait nécessité de mettre les syndics en cause. — D.A. 8. 284, n. 14.

1279. — On peut revendiquer avant la déclaration de faillite : mais la demande ne peut être suivie qu'autant que la faillite est déclarée et l'ouverture fixée à une époque antérieure à la revendication. Une demande pareille, inconsidérément formée, donnerait lieu à des dommages-intérêts de la part du négociant contre lequel elle aurait été faite, et auquel elle peut avoir causé préjudice dans sa fortune et son crédit.— *Ibid.*, n. 15.

ART. 16. — *De la réhabilitation.*

1280. — La faillite enlève au débiteur l'exercice de ses droits politiques, et le frappe de quelques incapacités civiles que sa réhabilitation seule peut faire disparaître. — D.A. 8. 287, n. 1. — V. Réhabilitation.

1281. — La réhabilitation, soit qu'il y ait eu ou non concordat passé avec le failli, ne s'obtient que par le paiement intégral des créanciers en principal, intérêts et frais (C. comm. 605). Il est justifié de ce paiement par les quittances ou autres pièces que le failli peut représenter, et qu'il doit joindre à sa demande en réhabilitation.— *Ibid.*

1282. — Quoiqu'un failli malhonnête homme parvienne souvent à arracher à ses créanciers une quittance totale, en ne leur payant qu'une partie de la dette, néanmoins, la loi attache à la représentation de la quittance une présomption de paiement intégral ; sauf à tout créancier non payé intégralement et à tout autre intéressé, le droit de former opposition à la réhabilitation, par simple acte au greffe, appuyé de pièces justificatives, s'il y a lieu (608).— D.A. 8. 287, n. 2.

1283.— Mais les opposans ne peuvent jamais être partie dans la procédure tenue pour la réhabilitation, parce qu'ils n'ont nul intérêt personnel à cette opposition, la réhabilitation ne pouvant préjudicier à aucun de leurs droits (*ibid.*). Cette opposition n'est provoquée de leur part que pour empêcher que le failli ne surprenne à la justice une réhabilitation non méritée.— D.A. 8. 288, n. 2.

1284. — La procédure s'instruit également en l'absence du failli : il adresse à la cour royale, dans le ressort de laquelle il est domicilié (604) une pétition rendue publique par affiche et insertion dans les journaux (607) : il est informé sur la conduite du failli et sur la vérité des faits exposés en la demande (606). Les renseignemens obtenus, ainsi que les oppositions survenues durant les deux mois de l'affiche, sont transmis au procureur-général (609), qui, sur le tout, fait rendre arrêt portant admission ou rejet de la demande en réhabilitation. Si la demande est rejetée, elle ne peut être reproduite (610).— D.A. 8. 288, n. 3.

1285. — Cette enquête faite en l'absence de la partie intéressée peut ne pas paraître exempte de dangers. Mais remarquez que les oppositions à la demande en réhabilitation doivent être appuyées de pièces justificatives ; que le failli peut fournir aux juges tous éclaircissemens utiles à sa défense. Il peut faire cesser l'effet de ces oppositions, soit en payant les sommes réclamées, soit en faisant, en cas de refus, des offres et une consignation, soit enfin en faisant juger qu'il n'est point débiteur de la somme réclamée, c'est-à-dire, qu'au cas où il n'eût pas failli, l'opposant n'aurait pas été fondé à lui demander cette somme. — *Ibid.*, n. 4 ; Pard., n. 1316.

1286. — Le failli qui veut se faire réhabiliter doit-il acquitter même les intérêts des capitaux par lui dus, à compter de l'échéance, quoique le créancier n'ait formé aucune action pour les faire courir? Oui (Pardessus, *loc. cit.*; Boulay, n. 649, et Favard, § 15, n. 3). — Non (D.A. 8. 288, n. 5).

1287. — Le demandeur en réhabilitation doit justifier du paiement de tout ce qu'il doit, soit qu'il le doive comme débiteur principal ou comme caution. Ainsi, l'endosseur d'un effet de commerce doit solder le porteur, si celui-ci n'a été payé qu'en partie dans la faillite du tireur et de l'accepteur. — *Ibid.*, n. 6.

1288. — Les stellionataires, les banqueroutiers frauduleux, les personnes condamnées pour fait de vol ou d'escroquerie, les personnes comptables, telles que les tuteurs, administrateurs ou dépositaires, qui n'auront pas rendu ou apuré leurs comptes, ne seront point admis à la réhabilitation (612). Le banqueroutier simple peut y être admis, après qu'il a subi sa peine (613).

1289. — La réhabilitation est une question de conscience pour les juges ; ils peuvent en exclure, sur des motifs qu'eux seuls sont appelés à apprécier, non seulement, comme le dit Boulay, n. 661, le banqueroutier simple, mais même le simple failli. A quoi bon, en effet, les renseignemens que l'art. 609 prescrit de prendre sur la conduite du failli, s'il devait suffire à celui-ci, pour obtenir sa réhabilitation, de justifier de l'acquittement de ses dettes. — D.A. 8. 288, n. 8.

1290. — Au surplus, comme ce n'est pas la déclaration du failli qui constate l'état de faillite, mais le jugement du tribunal de commerce, si le débiteur, après avoir fait sa déclaration, mais avant que le tribunal ait prononcé, trouvait des ressources pour solder ses engagemens, il n'aurait jamais été failli, et pourrait se passer de réhabilitation. — *Ibid.*, n. 9; Locré, sur l'art. 441.

1291. — Le principe que le commerçant, dont la faillite a été irrévocablement constatée, ne peut être relevé que par une réhabilitation solennelle, ne reçoit d'application que quand la faillite a été *justement* déclarée, et non lorsqu'il est reconnu que la situation du débiteur ne le constituait pas positivement en état de faillite. — 9 juill. 1832. Bordeaux. Pelletingeas. D.P. 33. 2. 58.

ART. 17. — *De la banqueroute.*

1292. — Tout *commerçant failli*, dit l'art. 438 C. comm., qui se trouve dans l'un des cas de faute

rave ou de fraude prévus par la présente loi, est en état de banqueroute.

Cet article, qu'il s'agisse de banqueroute frauduleuse ou de banqueroute simple, ne s'applique qu'aux commerçans de profession. — D.A. 8. 289. —*Contrà*, Legrav., t. 1er, p. 28.

1294.— Jugé, d'après la même règle, qu'un mineur, ne pouvant, à l'égard des opérations auxquelles il s'est livré, être réputé commerçant qu'autant que les formalités prescrites par l'art. 2 C. comm. ont été remplies, il s'ensuit qu'un mineur qui a fait des opérations de commerce ne peut être poursuivi en banqueroute frauduleuse ou simple, ni puni comme tel, si l'autorisation de son père ou de sa mère exigée par cet article, pour que ce mineur soit habile à faire le commerce, n'a été ni déposée, ni affichée, ni enregistrée au tribunal de commerce de son domicile. — 2 déc. 1826. Cr. c. Freneaux. D.P. 27. 1. 77.

1295.— Pour qu'il y ait lieu à accusation de banqueroute, il faut qu'il y ait cessation de paiemens. Aussi, l'art. 438 dit-il « tout commerçant *failli*, etc.» — D.A. 8. 249, n. 4; Locré, sur l'art. 586.

1296.— Toutefois, les tribunaux criminels peuvent être saisis de la prévention de banqueroute, avant que la faillite ait été déclarée par le tribunal de commerce : car ce n'est pas le jugement du tribunal de commerce qui constitue l'état de faillite, mais la cessation de paiemens; on n'a qu'à examiner si le prévenu a cessé ses paiemens. — V. n. 1310, 1334.

1297.—Bien qu'il n'ait été donné aucune suite au jugement déclaratif de la faillite, l'inaction des créanciers, qui ont laissé leur débiteur à la tête de ses affaires, ne saurait arrêter l'action de la justice répressive, qui doit même informer sur les faits de fraude, et caractéristiques de la banqueroute, parvenus à sa connaissance.

1298 — La faillite pouvant exister sans *l'insolvabilité* du débiteur, le fait de banqueroute peut être jugé, sans qu'au préalable il ait été vérifié si l'actif est, ou non, suffisant pour désintéresser les créanciers. Les art. 600, 601, 602 et 603 C. comm. démontrent que les procès criminels en banqueroute frauduleuse peuvent marcher de front avec les procédures civiles qu'entraîne la faillite, ce qui ne pourrait avoir lieu, si l'insolvabilité du prévenu devait d'abord être établie.

D'ailleurs, il serait sans utilité, au moins pour le banqueroutier *frauduleux*, de justifier de sa solvabilité, puisque sa tentative de frustrer ses créanciers peut avoir échoué par des circonstances fortuites, sans qu'il cesse pour cela d'être punissable.

1299.— On ne peut en dire autant à l'égard du banqueroutier simple : comme ce n'est pas d'avoir voulu tromper ses créanciers que la loi l'accuse, mais d'avoir compromis leur gage par ses imprudences, il peut faire cesser les poursuites correctionnelles dont il est l'objet, non pas en excipant simplement de sa solvabilité, mais en prouvant que tous ses créanciers sont satisfaits. — D.A. 8. 290, n. 5.

1300.— La banqueroute peut aussi bien résulter de faits postérieures que de faits antérieurs à la cessation de paiemens. Il y a même tels des faits caractéristiques de la banqueroute qui sont nécessairement postérieurs à la faillite. (D.A., *eod.*, n. 6). —V. *infrà*.

1301.— Le failli peut être mis en prévention de banqueroute frauduleuse, à raison de soustractions par lui faites long temps après l'époque de sa faillite, quoique, depuis cette époque, il ait cessé de faire le commerce ; car il n'a pas cessé, pour cela, d'être débiteur commercial, assujetti à toutes les obligations qui lient un pareil débiteur envers ses créanciers, et simple dépositaire, à leur égard, des valeurs qui se trouvaient entre ses mains (*Ibid*).— V. *infrà*, n. 1341.

1302 —Le failli peut encore être poursuivi comme banqueroutier, après que le tribunal de commerce a homologué le concordat qu'il a obtenu de ses créanciers, et l'a déclaré excusable. — On ne saurait opposer à l'exercice de l'action publique contre le failli, sur la prévention de banqueroute simple ou de banqueroute frauduleuse, le jugement d'excusabilité rendu par le tribunal de commerce, parce que l'autorité de la *chose jugée* ne peut avoir lieu qu'autant qu'il y a *identité des parties*, et que le ministère public n'est, dans aucun cas, partie devant les tribunaux de commerce. — Tout jugement qui décide le contraire, et dont le ministère public n'a point appelé, doit être cassé dans l'intérêt de la loi. — 9 mars 1811. Cr. c. Ragouleau. D.A. 8. 293. D.P. 11. 1. 208.

§ 1er. — *De la banqueroute simple.*

1303.— « *Sera* poursuivi comme banqueroutier simple, et pourra être déclaré tel, le commerçant failli qui se trouvera dans l'un ou plusieurs des cas suivans ; savoir : 1° si les dépenses de sa maison, qu'il est tenu d'inscrire mois par mois sur son livre-journal, sont jugées *excessives;* 2° s'il est reconnu qu'il a consommé de *fortes* sommes au jeu, ou à des opérations de pur hasard; 3° s'il résulte de son dernier inventaire que son actif, étant de cinquante pour cent au-dessous de son passif, il a fait des emprunts *considérables*, et s'il a revendu des marchandises à perte ou au-dessous du cours; 4° s'il a donné des signatures de crédit ou de circulation pour une somme triple de son actif, selon son dernier inventaire » (586).

1304.— La loi ajoute : « Pourra être poursuivi comme banqueroutier simple et être déclaré tel, 1° le failli qui n'aura pas fait, au greffe, la déclaration (de cessation de ses paiemens) prescrite par l'art. 440 ; 2° celui qui, s'étant absenté, ne se sera pas présenté en personne aux agens et aux syndics dans les délais fixés, et sans empêchement légitime; 3° celui qui présentera des livres *irrégulièrement tenus*, sans néanmoins que les irrégularités indiquent de fraude, ou qui ne les présentera pas tous; 4° celui qui, ayant une société, ne se sera pas conformé à l'art. 440 (587), qui exige la déclaration du nom et du domicile de chacun des associés solidaires. »

1305.—Remarquez que tous les cas dans lesquels la poursuite est facultative (c'est-à-dire ceux énumérés par l'art. 587), présentent des faits *certains*, au lieu que ceux où elle est obligée (ceux prévus par l'art. 586), ne présentent que des faits *vagues et dépendant de l'arbitrage du juge.* Il semble que ce soit le contraire qui devrait avoir lieu. Au surplus; ceci est peu important dans la réalité (à l'exception d'un seul cas, celui du n. 4 de l'art. 586); la poursuite en banqueroute simple ne peut jamais être que facultative.— Vinc., t. 4, p. 470 ; D.A. 8. 291. n. 2.

1306.— Est-il nécessaire, pour l'application de l'art. 586, n. 3, que les deux circonstances 1° d'emprunts considérables, 2° de revente de marchandises au-dessous du cours, soient *cumulées?* Oui, suivant Vincens, t. 4, p. 471. «Le texte est ainsi, et, en fait de peine, on ne peut l'interpréter plus rigoureusement qu'il n'est écrit »—Il est douteux pourtant que telle ait été l'intention du législateur ; car faire des emprunts et revendre les marchandises à perte sont deux ordres de faits tout-à-fait indépendans l'un de l'autre.— D.A. 8. 291, n.

1307. — Par les mots *signatures de crédit ou de circulation*, l'art. 586 C. comm. entend tous effets qui présentent des valeurs négociables.— 13 août 1825. Cr, c. Turpin, etc. D.P. 25. 1. 438.

1308.— Dans le cas de l'art. 586-4°, pour calculer si l'émission des valeurs excède le triple de l'actif du failli, on comprendrait non seulement les valeurs émises dont il aurait réellement touché le prix, mais encore celles qu'on appelle *de complaisance*, c'est-à-dire les valeurs fictives que des commerçans se souscrivent mutuellement quelquefois, pour assurer, par le concours de plusieurs signatures sur un même effet, un crédit que n'obtiendrait pas une signature isolée.— Pard., n. 1306 ; D.A. 8. 291, n.

1309.— Lorsqu'il s'agit de déterminer si un failli a donné des signatures pour une somme triple de son actif, l'actif ne doit pas s'entendre de l'avoir du négociant, déduction faite de ce qu'il doit, mais de la totalité de son avoir, par opposition avec son passif ou avec la somme de ce qu'il doit.— 13 août 1825. Cr. c. Turpin. D.P. 25. 1. 438.

1310.— Le commerçant qui, dans les trois jours de la cessation de ses paiemens, n'a point déclaré sa faillite au greffe, peut être poursuivi comme banqueroutier simple et déclaré tel, encore qu'aucune déclaration de faillite n'ait été préalablement prononcée par le tribunal.— 15 avril 1825. Cr. r. Granier. D.P. 25. 1. 377.

1311.— L'irrégularité des livres, qui peut faire poursuivre le failli comme banqueroutier, résulte de l'omission des formes extrinsèques ou intrinsèques prescrites par les art. 8, 10 et 11. Le timbre n'est pas compris dans les formes que le code exige. Le timbre est un impôt, et non une garantie, comme le visa, le paraphe et l'obligation de ne point laisser de blanc, de ne point se permettre de transports en marge, et de suivre l'ordre des dates (V. les art. 72 et 74 de la loi de fin., du 28 avril 1816). —D.A. 8. 291, n. ; Locré, sur l'art. 587.

1312.— En général, on doit regarder comme une

irrégularité capable de caractériser la banqueroute simple, l'omission de l'inventaire annuel dans le livre destiné à le recevoir. Car la disposition qui ordonne l'inventaire ayant principalement pour objet de faire connaître exactement la situation du débiteur, en cas de faillite; on ne peut guère douter que l'art. 587 ne contienne la sanction de cette disposition. L'omission dont il s'agit est une irrégularité non moins forte que serait dans le livre-journal celle d'une opération de commerce. Cependant l'application de l'article dépend entièrement des circonstances.— Mêmes autorités.

1313. — La présomption de banqueroute était étendue, dans le projet de la commission, à celui qui ayant une société de commerce, n'aurait pas rempli les formalités prescrites par les art. 25 et 24 (42 et 46 du code) ; mais cette disposition a été écartée. — D.A. et Locré, *loc. cit.*

1314.—De ce qu'un individu aurait commencé son commerce avec de faibles ressources, et l'aurait continué pendant une année, sachant que son actif était bien inférieur à son passif, il peut résulter banqueroute simple, mais non escroquerie; et, par suite, si, outre quinze mois de prison, il a été prononcé une amende de 50 fr. contre le prévenu, il y a aggravation de peine, et, par suite, lieu de casser l'arrêt, en ce qu'il aurait mal à propos prononcé l'amende.— 24 avril 1829. Cr. c. Guilloux. D.P. 29. 1. 226.

1315.— Il ne suffit pas que le failli se trouve matériellement dans l'un des cas de banqueroute simple pour en subir la peine. Les juges doivent apprécier la moralité du fait imputé au failli. Aussi l'art. 586, après ces mots . *sera poursuivi comme banqueroutier simple*, ajoute, *et pourra* être déclaré tel, le commerçant, etc — D.A. 8. 291, n. 3; Locré, t. 7, p 414

1316.— Tous les faits constitutifs de la banqueroute simple sont nécessairement personnels au failli, et partant exclusifs de toute complicité. — D.A. 8. 293, n. 9.— *Contrà*, Pard., n. 1306.

1317 — La poursuite de banqueroute simple appartient non seulement au ministère public agissant dans l'intérêt de la société, mais aux syndics.

... Ou même à tout créancier quelconque du failli (588).—2 sept. 1833. Paris. Mandrou. D.P. 34. 2. 18.

Et cette poursuite de leur part est directe et indépendante de l'action du procureur du roi (C. instr. cr. 182). Mais celui-ci doit intervenir dans la procédure, parce qu'à lui seul appartient l'action pour l'application de la peine (*ibid.*, art. 1er). — D.A. 8. 292. n. 4.

1318. — L'homologation du concordat exclut les poursuites, non du ministère public, mais des créanciers, pour faits de banqueroute simple, pourvu que ces faits fussent connus des créanciers lors du concordat. En effet, les créanciers qui ont adhéré au concordat, sont censés avoir reconnu que leur débiteur était exempt de tout soupçon (arg. de l'art. 521) Les réfractaires qui n'ont pas formé opposition au concordat en temps utile, sont censés y avoir adhéré. Et, quant aux créanciers dont l'opposition, formée dans le délai, a été rejetée, ils doivent s'imputer de n'avoir pas exercé contre le failli, avant l'homologation du concordat, des poursuites criminelles, jusqu'au jugement desquelles le tribunal de commerce aurait été tenu de surseoir à l'homologation. — D.A. 8. 292, n. 5. — *Contrà*, Locré, *loc. cit.*

1319.— Les tribunaux correctionnels ne peuvent prononcer sur les actions civiles autres que celles prévues par l'art. 598 C. comm. ; ni, par conséquent, sur les dommages-intérêts réclamés par la partie civile qui a fait déclarer constant le délit de banqueroute simple.—2 sept. 1833. Paris. Mandrou. D.P. 34. 2. 18.

1320. — Le créancier d'un failli, qui s'est porté partie civile sur la plainte en banqueroute simple qu'il a rendue contre ce dernier, peut, en sa double qualité de créancier et de partie civile, appeler du jugement qui a déchargé le prévenu, nonobstant que le ministère public ait gardé le silence sur cet appel, et que le créancier lui-même n'ait formé, soit devant les premiers juges, soit devant la cour, aucune demande en dommages-intérêts contre le failli (l'intérêt qu'avait le créancier à faire déclarer le failli banqueroutier était de le faire exclure, à ce titre, du concordat). — 19 mai 1815. Cr. r. Paris. Grébauval. D.A. 8. 296. D.P. 16. 1. 305.

1321.— L'arrêt qui, sur cet appel, a déclaré le failli banqueroutier simple, mais sans lui appliquer aucune peine, et uniquement dans l'intérêt de l'appelant, ne peut être considéré comme ayant violé l'art. 1er C. d'instr. cr., qui n'accorde l'action

pour l'application des peines qu'au ministère public.— Même arrêt.

On ne peut considérer comme peine, en matière correctionnelle, que les condamnations qui ont reçu cette qualification du code pénal. Ainsi, la flétrissure morale qui s'attache à la déclaration de banqueroute, n'est pas une peine dans le sens légal. —Même arrêt.

1322.— Le créancier qui a porté plainte en banqueroute contre le failli, et qui s'est rendu partie devant la cour appelée à statuer sur la mise en prévention, a qualité pour se pourvoir en cassation contre l'arrêt qui a déclaré n'y avoir lieu à suivre, à cause de l'homologation du concordat, nonobstant que le ministère public n'ait formé aucun pourvoi, et qu'ainsi toute action en application de la peine se trouve éteinte.—9 mars. 1811. Cr. c. Ragoulleau. D.A. 8. 293. D.P. 11. 1. 208.

1323.— Mais le pourvoi n'est pas admissible de la part de ce créancier, s'il n'a point signifié aux syndics et au failli d'opposition au concordat, dans le délai de huitaine, encore qu'il ait déclaré, lors de la signature du traité, ne point y adhérer. Le défaut d'opposition légale équivaut à un acquiescement au concordat : d'où la conséquence que, ce concordat ayant réglé ses intérêts civils, il a perdu toute qualité pour se pourvoir contre l'arrêt qui a déclaré n'y avoir lieu à suivre sur la prévention de banqueroute, et dans lequel il n'a pu figurer que comme partie civile (C. comm. 523 et suiv.).—Même arrêt.

1324. — *A quelque requête* que la poursuite en banqueroute (soit simple, soit frauduleuse) ait été faite, les frais en sont supportés par le failli, s'il est condamné, et la masse, par conséquent, est tenue de les acquitter (C. instr. cr. 194, 368). — D.A. 8. 292, n 6, Pard., n. 1303.

1325.—Si le failli est absous, la masse ne supporte les frais qu'autant que la poursuite aurait été faite par les syndics : dans les autres cas, le trésor royal ou les créanciers qui ont poursuivi individuellement doivent les acquitter (C. comm. 589 et 590, et arg. des art. préc. du C. d'instr. cr.). —D.A. et Pard., *loc. cit.*

1326.— C'est devant le tribunal correctionnel du lieu de son domicile que le prévenu de banqueroute simple doit être poursuivi (C. instr. cr. 179).

1327.—Un failli, prévenu tout à la fois de banqueroute simple et de banqueroute frauduleuse, a pu être mis en accusation, et renvoyé devant la cour d'assises sur les deux chefs, et il n'est pas fondé à attaquer, comme incompétemment rendu, l'arrêt qui l'a condamné comme banqueroutier simple (C. instr. cr. 226, 365). — 18 nov. 1813. Cr. r. Paris. Deterne. D.A. 2. 707. D.P. 1. 632.

1328. — Mais si les faits de banqueroute simple et de banqueroute frauduleuse n'avaient pas été réunis dans une même accusation, l'acquittement du failli, prononcé par le jury sur la prévention de banqueroute frauduleuse, n'empêcherait pas le ministère public de le poursuivre ultérieurement comme coupable de banqueroute simple, alors surtout que l'action devant le tribunal correctionnel aurait été réservée dans l'ordonnance de mise en accusation, en cas que le jury se déclarât favorable à l'accusé.—13 août 1825. Cr. r. Turpin. D.P. 25. 1. 439.

1329.— La peine réservée au banqueroutier simple est, suivant l'exigence des cas (expressions qui ne laissent pas au tribunal la faculté de faire remise de la peine, mais seulement de la modérer), l'emprisonnement pour un mois au moins et deux ans au plus (C. comm. 592) : le jugement doit, en outre, être affiché et inséré dans un journal, suivant la forme prescrite par l'art. 683 C. pr.—D.A. 8. 293, n. 7.

§ 2.— *De la banqueroute frauduleuse.*

1330. — Toute banqueroute suppose nécessairement l'état de faillite du débiteur : on ne peut donc punir comme banqueroutier l'individu qui, étant seulement saisi dans ses meubles, a détourné les effets saisis, dans la vue de tromper ses créanciers. — 19 flor. an 9. Cr. c. Dufief. D.A. 8. 303. D.P. 2. 230.

1331. — Jugé de même que les peines de la banqueroute frauduleuse sont inapplicables au particulier *non commerçant de profession*, encore qu'il se soit livré passagèrement à des opérations commerciales, a raison desquelles il ait été mis en prévention de banqueroute frauduleuse (C. comm. 437, et suiv., 586 et 593). — 21 nov. 1812. Cr. r. Limoges. Min. pub. Léger-Lafont. D.A. 8. 303. D.P. 22. 2. 144.

1332.—Jugé de même que les commerçans peuvent seuls être condamnés comme banqueroutiers frauduleux; et qu'ainsi est nul un arrêt de cour d'assises qui a condamné, comme banqueroutier frauduleux, un accusé à qui on n'avait donné la qualité de négociant, ni dans les questions soumises au jury, ni dans ses réponses.— 22 juin 1827. Cr. c. Duchateau. D.P. 27. 1. 420.— 19 sept 1828. Cr. c. Escande. D.P. 28. 1. 421.— 17 mars 1831. Cr. c. Bombard. D P. 31. 1. 122.— 21 avril 1831. Cr. c. Robin. D.P. 31. 1. 225. — 16 sept. 1830. Cr. c. Gire. D.P. 30 1. 386.— 23 juin 1832. Cr. c. Gaurent. D.P. 32. 1. 323.

1333.— Les arrêts de mise en accusation ne peuvent jamais avoir l'autorité de la chose jugée, quant à l'existence de certaines circonstances de fait, qui peuvent servir de point d'appui à l'accusation, en telle sorte que la cour d'assises soit tenue de les réputer constantes.— *Spécialement*, une cour d'assises a pu déclarer, sans contrevenir à la chose jugée, qu'un individu n'était point accusable de banqueroute frauduleuse, par cela seul qu'il n'était point prouvé qu'il fût *commerçant de profession*, nonobstant que l'arrêt de mise en accusation eût dit qu'il *était constant que l'accusé faisait le commerce de vins, de grains et de bestiaux*.— 21 nov. 1812. Cr. r. Limoges. Léger-Lafont. D.A. 8. 303. D.P. 22. 2. 144.

1334.— La banqueroute frauduleuse n'est pas une circonstance, une modification du fait de la faillite, mais elle constitue un fait principal dont les tribunaux criminels peuvent être saisis, sans qu'il soit besoin d'attendre que la faillite ait été déclarée par le tribunal de commerce.— 7 nov. 1811. Cr. r. Laurent. D.A. 8. 306. D.P. 12. 1. 261.

1335. — Jugé de même que les jurés peuvent, sans qu'il s'ensuive de nullité, déclarer, dans leur réponse, qu'un individu poursuivi pour banqueroute frauduleuse est *commerçant failli*, quoiqu'il n'ait pas été mis en état de faillite par la juridiction commerciale.— 22 janv. 1831. Cr. r. Bouloud. D.P. 31. 1. 119.

1336. — Jugé encore que tout commerçant qui cesse ses paiemens, est en état de faillite, et peut être poursuivi comme banqueroutier, s'il se trouve dans l'un des cas de faute grave ou de fraude prévus par la loi, encore bien qu'il n'ait été donné aucune suite au jugement déclaratif de la faillite, et que l'insolvabilité du débiteur n'ait point été constatée. — 3 nov. 1814. Cr. r. Bourges. Pineau. D.A. 8. 308. D.P. 2. 293.

1337. — Jugé de même qu'un commerçant peut être poursuivi en banqueroute frauduleuse, lors même que le jugement qui aurait d'abord prononcé sa mise en faillite aurait ensuite été rapporté. — 14 mai 1833. Metz. Hébing. D.P. 34. 2. 180.

1338.— Le crime de banqueroute frauduleuse peut résulter tout aussi bien de faits de fraude, postérieurs à la faillite, que de faits antérieurs.—Il n'importe que l'insolvabilité du débiteur ne fût pas constante au moment où la faillite a éclaté, et qu'elle ne soit survenue qu'après; que ses créanciers l'aient laissé, malgré la faillite, en possession de tout son actif, et que depuis lors il n'ait fait aucun acte de commerce. — 5 mars 1813. Cr. c. Metz. Min. pub. C. Mathis. D.A. 8. 307. D.P. 2. 232.

1339.— Jugé, d'après la même règle, qu'est légalement condamné comme complice de banqueroute frauduleuse l'individu que les jurés ont déclaré coupable de s'être entendu avec l'accusé principal pour soustraire à la masse des créanciers une partie de l'actif mobilier du failli, bien que le fait frauduleux qui lui est réproché ait eu lieu avant la faillite. — 24 janv. 1828. Cr. r. Grenoble. Bessele. D.P. 28. 1. 104.

1340.— La poursuite de banqueroute frauduleuse est *facultative* ou *obligée*.

1341. — *Sera* déclaré banqueroutier frauduleux, dit l'art. 593, qui énumère les cas où la banqueroute est obligée, tout commerçant qui se trouvera dans un ou plusieurs des cas suivans, savoir :

1° S'il a supposé des dépenses ou des pertes, ou ne justifie pas de l'emploi de toutes ses recettes; 2° s'il a détourné aucune somme d'argent, aucune dette active, aucunes marchandises, denrées ou effets mobiliers; 3° s'il a fait des ventes, négociations ou donations supposées; 4° s'il a supposé des dettes passives et collusoires entre lui et des créanciers fictifs, en faisant des écritures simulées, ou en se constituant débiteur, sans cause ni valeur, par des actes publics ou par des engagemens sous signature privée; 5° si, ayant été chargé d'un mandat spécial, ou constitué dépositaire d'argent, d'effets de commerce, de denrées ou marchandises, il a, au préjudice du mandat ou du dépôt, appliqué à son profit les fonds ou la valeur des objets sur lesquels portait soit le mandat, soit le dépôt; 6° s'il a acheté des immeubles ou des effets mobiliers à la faveur d'un prête-nom; 7° s'il a caché ses livres.

1342. — *Pourra* être poursuivi comme banqueroutier frauduleux, et être déclaré tel : 1° le failli qui n'a pas tenu de livres, ou dont les livres ne présenteront pas sa véritable situation active et passive; 2° celui qui, ayant obtenu un sauf-conduit, ne se sera pas représenté à justice (594).

1343. — A la différence de l'art. 586, qui porte : «*pourra* être déclaré banqueroutier simple, le failli, etc. », l'art. 593 dit : « *sera* déclaré banqueroutier frauduleux le commerçant, etc. » C'est que les faits classés sous l'art. 586 n'établissent contre le failli qu'une présomption de culpabilité; au lieu que les faits mentionnés dans l'art. 593 (à l'exception de deux, celui de ne pouvoir justifier de l'emploi de toutes ses recettes, et celui d'avoir employé à son usage des choses qui lui avaient été confiées en dépôt ou à titre de mandat) sont d'une nature telle que leur existence matérielle est inséparable de leur criminalité. — D.A. 8. 298, n. 2.

1344.— Un seul des faits prévus par l'art. 593 C. comm. constitue le crime de banqueroute frauduleuse; il n'est pas nécessaire pour cela de la réunion de tous ceux qu'il énumère. — 3 nov. 1831. Cr. r. Caubet. D.P. 32. 1. 58.

1345. — La banqueroute étant un fait moral qui ne peut se constituer que par un ou plusieurs des faits déterminés par le code de commerce, le président de la cour d'assises ne doit pas se borner à proposer aux jurés l'unique question de savoir si l'accusé s'est rendu coupable de banqueroute frauduleuse, mais il doit invoquer leur déclaration sur tous les faits caractéristiques de ce genre de crime. — 11 juill. 1816. Cr. c. Davoust. D.A. 8. 302. D.P. 2. 230.

1346. — il en était de même sous le code du 3 brum. an 4. — 11 vent an 8. Cr. c. Sirhop. D.A. 8. 301. D.P. 2. 229 — 16 germ. an 8. Cr. c. Cauvel. D.A. 8. 301. D.P. 2. 230.

1347. — Pour qu'il y ait banqueroute frauduleuse, il faut non seulement que l'accusé soit convaincu d'être l'auteur d'un des faits prévus par les art. 593 et 594 C. comm., mais encore que ce fait soit frauduleux par lui-même ou qu'il ait été déclaré tel par le jury. — 13 mai 1826. Cr. c. Paraud. D.P. 26. 1. 366 —26 janv. 1827. Cr. c. Gilles. D.P. 27. 1. 377.

1348. — La circonstance qu'un failli ne justifie pas de l'emploi de toutes ses recettes, n'établit pas nécessairement qu'il y ait eu fraude de sa part, cette omission pouvant procéder d'une cause exempte de criminalité.

1349. — En conséquence, la déclaration du jury, qu'il est constant que l'accusé de banqueroute ne justifie pas de l'emploi de ses recettes, n'équivaut pas à la déclaration qu'il est *coupable* de n'avoir pas justifié de l'emploi de ses recettes. — 13 mai 1826. Cr. c. Paraud. D.P. 26. 1. 365. — 14 avril 1827. Cr. c. Rémond. D.P. 27. 1. 405.

1350. — Jugé cependant (mais cette décision doit être restreinte au cas où le fait imputé à l'accusé renferme en lui-même la preuve de la fraude) que la culpabilité, en matière de banqueroute frauduleuse, résulte du seul rapprochement du fait de la faillite et des faits prévus par l'art. 593 C. comm. Qu'en conséquence, en interrogeant le jury sur chacun des faits et sur leur relation avec celui de la faillite, sans demander si l'accusé est *coupable* de tel fait, et si ce fait constitue le crime de banqueroute frauduleuse, le président de la cour d'assises satisfait au vœu de la loi. La réponse affirmative du jury, à ces questions, constate suffisamment la culpabilité. — 3 juin 1825. Cr. r. Min. pub. Traizet. D.P. 25. 1. 393.

1351.— Le fait d'avoir supposé des dettes passives et collusoires envers des créanciers fictifs, en se constituant débiteur, sans cause ni valeur, non par des actes publics ou par des engagemens sous signature privée, mais par de simples déclarations énoncées dans *le bilan*, ne rentrant pas directement dans les termes du n. 4 de l'art. 593 C. comm., ne saurait donner lieu à l'application des peines portées par cet article.— 3 juill. 1823. Cr. r. Min. pub. Cousin. D.A. 8. 310. D.P. 24. 1. 88.

1352.—Le fait, de la part d'un individu en faillite, de s'être rendu coupable d'avoir détourné partie de ses marchandises, joint à celui de n'avoir pas justifié de toutes ses recettes, sont constitutifs du crime de banqueroute frauduleuse.— 7 mars 1828. Cr. r. Cauchy. D.P. 28. 1. 167.

1353.—Aucune condamnation ne saurait être prononcée sur des déclarations du jury contradictoires; par exemple, sur la déclaration que l'accusé a soustrait des effets, *à dessein de tromper ses créanciers*,

et qu'il a assisté à cette même soustraction *sans aucune intention de crime*.—19 flor. an 9. Cr. c. Duflef. D.A. 8. 303. D.P. 2. 230. — 2 flor. an 11. Cr. c. Allard. D.A. 8. 305. D.P. 2 231.

1354.— Le jury qui déclare constant le fait de soustraction, postérieurement à la cessation de paiemens, d'un effet de commerce appartenant à l'actif du failli, mais celui-ci non convaincu d'avoir soustrait ledit effet, pour le faire négocier à sa perte, sans dire expressément néanmoins si le failli était, ou non, l'auteur de la soustraction reconnue constante, et dans le cas où il en aurait été l'auteur, s'il l'avait pratiquée frauduleusement, et à l'effet de tromper ses créanciers, bien que toutes ces questions lui eussent été posées, fait une déclaration incomplète, qui ne peut servir de base à l'acquittement du prévenu de banqueroute frauduleuse.— 2 frim. an 12. Cr. c. Min. pub. (C. Aubry. D.A. 8. 308. D.P. 2. 231.

1355 — L'usage fait sciemment de faux billets a pu être déclaré suffisant pour constituer un individu en état de banqueroute frauduleuse.—16 sept. 1831. Cr. r. Buret. D.P. 31. 1. 335.

1356.—L'inobservation des règles prescrites pour la formation des sociétés commerciales, n'est pas toujours suffisante pour mettre un associé à l'abri de la solidarité. Ainsi, quoiqu'il ne soit point rapporté d'écrit constatant l'existence d'une société, conformément à l'art 1er, tit. 4. de l'ord. de 1673, un individu peut être déclaré membre de cette société par arrêt de la cour d'assises, et puni comme banqueroutier frauduleux, lorsqu'il a été convaincu d'avoir soustrait des marchandises au préjudice de ses créanciers. — 11 avril 1806 Cr. r. Gauthier. D.A. 8. 306. D.P. 6. 2. 152.

L'état de faillite existant par la seule cessation des paiemens et indépendamment de tout jugement qui la déclare ouverte, le ministère public n'est pas obligé, pour poursuivre les faits de banqueroute qui s'y rattachent, de produire un jugement déclaratif de la faillite. ..., et, dès lors, s'il s'agit d'un étranger qui ait été déclaré en faillite par un tribunal étranger, il n'est pas vrai de dire qu'en poursuivant en France cet individu pour la banqueroute frauduleuse, on donne, devant les tribunaux de France, effet à un jugement rendu en pays étranger, ce jugement ne peut être, au procès, que comme renseignement.— 1er septemb 1827. Cr. r. Montigny. D.P. 27. 1. 493.—V. n. 1395.

Un étranger, et, à plus forte raison, un Français résidant à l'étranger, peut être poursuivi en banqueroute frauduleuse par le ministère public en France, pour faits de fraude commis envers ses créanciers français......., il le peut surtout, lorsque ces faits frauduleux ont eu lieu en France (C. civ. 14).—Même arrêt.

1357.— La réponse faite par les jurés, qu'un individu poursuivi pour banqueroute frauduleuse est coupable d'avoir caché ses livres ou de n en avoir pas tenu, est nette et précise; elle suffit pour motiver une condamnation, alors surtout qu'il était déclaré coupable d'avoir soustrait des marchandises.— 22 janv. 1831. Cr. r. Bouloud. D.P. 31. 1. 119.

1358.— Un agent d'affaires failli qui a détourné des sommes à lui confiées pour un emploi déterminé, doit être poursuivi, non pour abus, mais pour banqueroute.— V. Abus de confiance, n. 96.

1359 — Dans les deux cas spécifiés en l'art. 594, non seulement il est laissé à la prudence du ministère public de poursuivre le failli, mais encore à celle des jurés de le déclarer coupable ou non.— D.A. 8. 298, n. 3.

1360.— Sous l'ordonnance de 1673, un commerçant n'était pas de plein droit réputé banqueroutier frauduleux, par cela qu'il ne représentait pas de registres.—13 avril 1807. Aix. Mathey. D.A. 8. 225. D.P. 2. 215.

1361.—Un commerçant n'est passible, à raison de la tenue irrégulière de ses livres, que des peines de la banqueroute simple; il faut qu'il y ait fraude dans leur tenue, pour qu'il puisse être condamné pour banqueroute frauduleuse. — 3 nov. 1826. Cr. c. Lambert. D.P. 27. 1. 329.

1362.— Jugé de même que n'est pas coupable de banqueroute frauduleuse l'individu accusé d'avoir tenu des livres ne présentant pas sa véritable situation active et passive, lorsque, d'ailleurs, on n'allègue point de fraude; ce fait ne constitue que le délit de banqueroute simple. — 19 sept. 1828. Cr. c. Escande. D.P. 28. 1. 421.

1363.— La déclaration du jury, qu'il est constant que l'accusé n'a pas tenu de livres, constatant seulement la matérialité du fait et non sa criminalité, ne peut servir de base à une condamnation pour banqueroute frauduleuse. — 26 janv. 1827. Cr. c. Gilles. D.P. 27. 1. 377.

1364.— Jugé de même que si, dans la question posée au jury sur la culpabilité d'un failli prévenu de banqueroute frauduleuse, pour production de livres ne présentant pas sa véritable situation active et passive, la circonstance de fraude, seule constitutive de criminalité, a été omise, ainsi que dans la réponse du jury, l'accusation n'est point vidée; en conséquence, les art. 594 C. comm. et 402 C. pén. ne sont point applicables.— 25 juillet 1833. Cr. c. Boudin. D.P. 33. 1. 376.

1365.— Mais un marchand déclaré coupable de banqueroute frauduleuse, non pour n'avoir pas tenu de livres, mais pour en avoir tenu qui ne présentaient pas sa véritable position active et passive, ne peut critiquer sa condamnation, sous le prétexte que le défaut de tenue de livres ne constitue que la banqueroute simple. — 16 sept. 1831. Cr. r. Buzet D.P. 31. 1. 335.

1366. — L'art. 445 C. comm. déclare frauduleux, quant aux faillis, tous actes ou engagemens pour fait de commerce, contractés par le débiteur dans les dix jours qui précèdent l'ouverture de la faillite: mais ce n'est là qu'une présomption légale établie dans l'intérêt de la masse; le contrat peut n'en être pas moins sérieux et fait de bonne foi par le failli. qui pouvait encore espérer de revenir à une meilleure fortune.— D.A. 8. 298, n. 4.

1367. — S'il apparaissait, au contraire, que l'acte, de quelque espèce qu'il fût, et à quelque époque qu'il eût été passé. n'eût été, de la part du failli, qu'un moyen pour spolier ses créanciers, il y aurait lieu à accusation de banqueroute. — *Ibid.*

1368. — Si l'acte ou la négociation n'était que le résultat d'un concert frauduleux entre un tiers et le failli, tous deux devraient être mis en jugement, l'un comme auteur, l'autre comme complice de banqueroute frauduleuse (art. 593 et 597 C.comm.). — *Ibid.*

1369. — Mais si le tiers, légitime créancier du failli, avait réellement traité pour lui-même et dans la vue de faire sa condition meilleure, la connaissance qu'il aurait eue de la faillite imminente du débiteur pourrait bien être un motif de faire annuler l'obligation, mais nullement de le faire considérer comme complice de banqueroute frauduleuse. — *Ibid.*

1370. — A plus forte raison « celui qui, comme le dit Jousse, sur l'art. 13, tit. 11 de l'ordonn. de 1673, accepterait de bonne foi un transport qui lui serait fait par un négociant, peu de jours avant sa banqueroute, sans savoir sa mauvaise intention, et seulement pour lui faire plaisir, comme à un ami, ne mériterait aucune peine, même pécuniaire. » — *Ibid.*

1371. — L'omission des formalités prescrites par les art. 65, 66, 67 et 68 C. comm., relatives à la publicité des séparations de biens entre époux, dont l'un est commerçant, ne suffirait pas, en cas de faillite, pour faire réputer banqueroutier frauduleux l'époux séparé de biens, dès que la loi n'a point attaché les peines de banqueroute à leur inobservation.— 9 sept 1813. Cr. c. Bourges. Margueryе. D.A. 8. 309. D.P. 2 234.

1372.—Les art. 69 et 70 C. comm., portant injonction à tout époux séparé de biens, ou marié sous le régime dotal, qui exerçait une profession commerciale au moment de la promulgation du code de commerce, ou qui est devenu commerçant depuis son mariage, de donner de la publicité à son contrat de mariage, *sous peine d'être réputé banqueroutier frauduleux, en cas de faillite*, ne s'appliquent, par leurs termes mêmes, qu'aux *séparations contractuelles*, ou *exclusions de communauté*, et nullement aux séparations judiciaires, lesquelles sont l'objet des art. 65 et 66, et sont sujettes à des formalités particulières qui en assurent par elles-mêmes la publicité, sans que leur inobservation puisse entraîner la peine de banqueroute. — A plus forte raison ne sont-ils point applicables aux séparations judiciaires prononcées sous les lois anciennes, et exécutées conformément à ces lois.— Même arrêt.

1373. — Il résulte implicitement du même arrêt que, quoique le mode de publicité prescrit par l'art. 872 C. pr. soit exigé par l'art. 67 C. comm. pour les contrats de mariage entre époux dont l'un est commerçant, il faut se tenir dans les termes restrictifs des art. 69 et 70, et ne prononcer, dans le cas dont il s'agit, qu'une simple amende contre le notaire (C. comm. 68), sauf l'action en dommages-intérêts s'il y a lieu.— D.A. 8. 299, n. 6.

1374. — La *tentative* de banqueroute frauduleuse est punie comme le crime même (C. pén., art. 2). Il en est autrement de la tentative de banqueroute simple (C. pén., art. 3). On trouverait d'ailleurs difficilement des cas où ce genre de délit serait possible.— *Ib.*, n. 8.

1375 —Lorsqu'un accusé de banqueroute frauduleuse a été déclaré par le jury coupable d'avoir diverti frauduleusement des effets de la faillite, ce divertissement constitue la tentative de banqueroute frauduleuse. — 26 mess. an 8. Cr. r. Forest. D.A. 8. 302. D.P. 3. 1. 262.

1376.— La question de tentative de banqueroute a pu être soumise au jury, quoique le fait de la banqueroute ait été déclaré non constant. — Même arrêt.

1377. — La question de savoir si la tentative de banqueroute a été manifestée par des *actes extérieurs*, se trouve implicitement renfermée dans celle du divertissement des effets.— Même arrêt.

1378.— L'arrêt rendu contre un individu accusé de complicité de banqueroute ou de tentative de banqueroute frauduleuse, doit être cassé, si les jurés n'ont point été interrogés sur le fait et les circonstances de la tentative de banqueroute. — 28 pluv. an 10. Cr. c. Desangré. D.A. 8. 303. D.P. 2. 231.

1379.— Il doit l'être encore, s'il n'a pas été donné copie au prévenu, avec les autres pièces de la procédure, d'une lettre de convocation écrite par le failli à ses créanciers, et qui faisait charge au procès.— Même arrêt.

1380. — Tout individu, même non commerçant, peut être poursuivi comme complice de banqueroute frauduleuse (597).

1381. — Sont déclarés complices des banqueroutiers frauduleux, et condamnés aux mêmes peines que l'accusé, les individus convaincus, 1° de s'être entendus avec le banqueroutier pour recéler ou soustraire tout ou partie de ses biens-meubles ou immeubles;

2° D'avoir acquis sur lui des créances fausses, et qui, à la vérification et affirmation de leurs créances, auront persévéré à les faire valoir comme sincères et véritables (597).

1382.— 3° Ceux qui se seraient présentés comme créanciers à l'assemblée tenue pour la nomination des syndics provisoires, et dont le titre aurait été postérieurement reconnu supposé de concert entre eux et le failli (art. 479), *encore qu'ils n'eussent point reparu à la vérification des créances.*—V. *suprà.*

4° La femme qui aurait détourné, diverti ou recélé des effets mobiliers, des marchandises, des effets de commerce ou de l'argent comptant, appartenant à son époux failli (art. 555).— Elle peut encore, *suivant l'exigence des cas*, être poursuivie comme complice de banqueroute frauduleuse, lorsqu'elle a prêté son nom ou son intervention à des actes faits par le mari en fraude de ses créanciers (art. 556). Le plus souvent, en effet, la femme prête son intervention au mari par faiblesse ou inexpérience des affaires, et sans connaître toute la portée de ce qu'on exige d'elle.

1383. — Quoique l'art. 597 C. comm. n'ait pas, comme le faisait l'art. 13, tit. 11 de l'ordonnance de 1673, explicitement compris au nombre des cas de complicité de banqueroute frauduleuse celui *de s'être* (de concert avec le failli) *présenté comme créancier, ne l'étant pas*, ou d'avoir réclamé *une plus grande somme que celle réellement due*, ces deux cas rentrent néanmoins dans la première partie de l'article, qui atteint tout individu convaincu *de s'être entendu avec le failli pour recéler ou soustraire tout ou partie de ses biens-meubles et immeubles.*— D.A. 8. 299, n.

1384. — Il n'est pas nécessaire, pour constituer le crime de complicité de banqueroute frauduleuse, de la réunion des circonstances caractérisées par l'art. 597 C. comm, c'est-à-dire qu'il n'est pas nécessaire de s'être entendu avec le banqueroutier frauduleux pour recéler ou soustraire des effets mobiliers, et d'avoir acquis sur lui des créances fausses, qu'on a persisté à faire valoir comme sincères à la vérification. L'une de ces deux circonstances suffit seule pour constituer le crime. Ainsi, un individu convaincu seulement de s'être entendu avec un banqueroutier frauduleux pour soustraire ou recéler des effets mobiliers ou des marchandises, peut être condamné comme complice de banqueroute frauduleuse. — 17 mars 1831. Cr. c. Bombard. D.P. 31. 1. 122.

1385. — Le recel ou la soustraction d'objets appartenant à un failli, ne constitue pas le crime de complicité de banqueroute frauduleuse, s'il n'y a pas eu concert frauduleux entre le receleur et le failli.— Ainsi, lorsque le jury a déclaré un individu coupable d'avoir détourné ou recélé des marchandises d'un failli, sans qu'il soit question que ce fait est la suite d'un concert entre lui et le failli, il n'y a pas lieu à appliquer l'art. 597 C. comm. — Même arrêt.

1386 — A défaut de concert avec le failli, la soustraction des effets de son commerce par un tiers constitue seulement un vol et non la complicité de banqueroute.— 10 fev. 1827. Cr. c. D.P. 27. 1. 386.

1387. — L'art. 555 C. comm., portant que la femme qui aura détourné ou recélé des effets du commerce de son mari, sera poursuivie comme *complice* de banqueroute frauduleuse, doit être combiné avec la disposition générale de l'art. 597, qui déclare *complices* les individus qui seront convaincus de s'être *entendus avec le banqueroutier* pour recéler ou soustraire; et si ce concert n'a pas eu lieu, la femme ne peut être declarée complice de banqueroute frauduleuse; elle est seulement tenue à des réparations civiles. — 10 fév. 1827. Cr. c. Gandon. D.P. 27. 1. 386.

1388.— Lorsqu'après avoir reconnu un individu coupable de banqueroute frauduleuse, le jury a declaré, au sujet d'un autre individu accusé pour complicité, qu'il avait recélé des marchandises du failli, et ensuite aidé, assisté et coopéré au détournement de ces marchandises, sciemment et au préjudice des créanciers, il résulte de cette double déclaration la preuve nécessaire que le complice s'est entendu avec le failli à l'effet d'opérer le détournement, et, par suite, cette declaration a suffi pour caractériser la complicité légale. — 9 déc. 1831. Cr. r. Thermier. D.P. 32. 1. 59.

1389.—Les créanciers n'ont qu'une simple action civile pour faire reduire ou rejeter entierement la créance de celui qui se presente sans titre à la faillite, ou qui demande au-delà de son titre, lorsqu'il n'y a pas eu *de concert* entre lui et le failli.—D.A. 8. 299, n

1390.— Le complice de banqueroute frauduleuse peut se prévaloir de ce que l'on n'a pas interrogé les jurés sur le point de savoir si l'auteur principal du crime était commerçant failli. — 17 mars 1831. Cr. c. Bombard. D.P. 31. 1. 122.

1391 — Il ne peut y avoir de complicité de banqueroute, dès qu'il n'y a pas banqueroute.—5 mars 1813. Cr. c. Metz. Min. pub. C. Mathis. D.A. 8. 307. D.P. 2. 232.

1392.— Une cour d'assises n'a pu, sur une déclaration de culpabilité, condamner un individu comme complice, si la réponse du jury n'établissait, ni explicitement, ni implicitement, le fait principal de la banqueroute (V. Complicité) —D.A. 8. 300, n. 11.

1393. — La déclaration du jury, portant qu'un individu est coupable de complicité de banqueroute frauduleuse, est contradictoire avec la déclaration portant que l'auteur principal n'est pas coupable de ce crime; en conséquence, cette déclaration, et tout ce qui a suivi, est nulle.—17 mars 1831. Cr. c. Bombard. D.P. 31. 1. 122.

1394.— Toutefois, il ne suit pas de ces décisions, que si le coupable de banqueroute n'était pas poursuivi, par quelque cause que ce fût, ou même était déchargé de l'accusation, il faudrait en conclure l'impossibilité de poursuivre, ou la nécessité d'acquitter ceux qu'on prétendrait avoir aidé le failli à commettre le crime dont il était accusé. — D.A. 8. 300; Pard., n. 1312.

1395. — Les complices, domiciliés en France, d'un fait de fraude commis par un commerçant déclaré en faillite en pays étranger, peuvent être poursuivis pour banqueroute frauduleuse en France. — 1er sept. 1827. Cr. r. Montigny. D.P. 27. 1. 492.

1396. — L'ordonnance d'Orléans. de 1560, celle du mois de mai 1609. celle de janvier 1629, celle de 1673 et la déclaration du roi, du 11 janvier 1716 prononçaient la peine de mort contre les banqueroutiers frauduleux. Mais la jurisprudence avait adouci cette rigueur. — Jousse, sur l'art. 12, tit. 11 de l'ord. de 1673.

1397.— Aujourd'hui, la banqueroute frauduleuse n'est punie que des travaux forcés à temps (C. pén., art. 402), excepté à l'égard des agens de change et courtiers, qui, s'ils tombent en faillite, sont de plein droit, et par cela qu'il leur était interdit de faire le commerce (C. comm., art. 85), réputés banqueroutiers (*ib.*, art. 89), et encourent la peine des travaux

forcés à temps, s'il y a banqueroute simple; et, s'ils sont convaincus de banqueroute frauduleuse, celle des travaux forcés à perpétuité (C. pén., art. 404).

1398. — Les complices du banqueroutier frauduleux sont punis de la même peine que l'accusé, les travaux à temps.

Quid, si l'accusé principal est un courtier ou agent de change? On peut dire que c'est par des considérations toutes relatives à la personne, que la loi punit des travaux *à perpétuité* ceux de ces officiers qui font banqueroute, et que ces motifs ne se rencontrant pas à l'égard de leurs complices, on ne doit punir ceux-ci que des travaux à temps. Mais la généralité des termes de l'art. 59 C. pén. repousse ce moyen. — D.A. 8. 300, n.

1399. — L'art 598, comme antérieurement la déclaration du roi, du 11 janv. 1716, fait concourir les réparations civiles avec la peine corporelle; il veut que le même jugement qui aura prononcé les peines contre les complices de banqueroutes frauduleuses, les condamne 1° à réintégrer à la masse des créanciers les biens, droits et actions frauduleusement soustraits, 2° à payer, envers ladite masse, des dommages-intérêts égaux à la somme dont ils ont tenté de la frauder.—D.A. *eod.*

1400. — Les cas de banqueroute frauduleuse sont poursuivis d'office devant les cours d'assises par les procureurs du roi et leurs substituts, sur la notoriété publique, ou sur la dénonciation soit des syndics, soit d'un créancier (595). Ils ne peuvent, comme les cas de banqueroute simple, être poursuivis directement par les créanciers.

1401. — L'action du ministère public est indépendante de la volonté des créanciers — 22 juill. 1819. Cr. r. Fontanille. D.A. 8. 309. D.P. 2. 283.

1402. — Même avant le code de commerce, la déclaration du roi, du 5 août 1721, qui exigeait la délibération et le consentement préalable de la majorité en sommes des creanciers, pour l'admissibilité des poursuites, à fins criminelles, contre le débiteur en état de faillite ou de banqueroute, n'avait depuis long-temps aucune autorité. — 26 fruct. an 8. Cr. r. Libman. D.A. 8. 301. D.P. 2. 229.

1403. — Le ministère public doit accueillir tous les renseignemens qui lui sont donnés, qu'ils viennent des créanciers du failli ou de tout autre citoyen. Mais la dénonciation du *créancier* peut, sans examen préalable, devenir le motif d'une instruction criminelle, et suffit pour mettre en état d'inculpation celui qu'elle atteint : au lieu que le ministère public vérifie les renseignemens qui lui viennent *d'ailleurs*, et ne les fait valoir que lorsque le premier examen lui découvre qu'ils ne sont pas sans consistance. — D.A. 8. 300, n. 13; Locré, t. 7, p. 473

1404. — L'officier de police judiciaire qui, sur la réquisition d'un prévenu de banqueroute frauduleuse, refuse de faire le dépouillement de ses livres, sous prétexte que cette opération ne peut être envisagée que comme une formalité à décharge, qui ne regarde pas sa compétence, mérite le blâme; mais ce refus ne peut être un moyen de cassation contre l'arrêt de condamnation de l'accusé. — 18 brum. an 9. Cr. c. Roux. D.A. 8. 302. D.P. 2. 230.

1405. — Quoique les syndics soient chargés de l'administration des biens du failli, et qu'ils représentent la masse des creanciers, cependant ceux de ces créanciers qui sont lésés par un délit du failli, peuvent se porter parties civiles sur l'action criminelle en banqueroute dirigée contre lui, et réclamer des dommages-intérêts en leur nom personnel. — 13 oct. 1826. Cr. c. Renault. D.P. 27. 1. 29.

1406 — Lorsque les faits servant de base à une accusation n'ont point été déclarés n'être pas constans, mais n'être pas criminels, les accusés, bien qu'ils soient acquittés, peuvent, dans ce cas, être condamnés à des dommages-intérêts envers la partie civile par la cour d'assises, si cette cour est compétente pour en connaître. — Même arrêt.

1407.— L'instruction au criminel sur le crime de banqueroute ne suspend pas les opérations de la faillite, lesquelles doivent avoir lieu devant le tribunal de commerce, de la même manière que s'il n'y avait pas eu d'accusation de banqueroute (600). —D.A. 8. 300, n. 14; Locré, sur l'art. 600.

1408. — Si le failli poursuivi en banqueroute frauduleuse est contumax, ses biens ne doivent pas être mis sous le séquestre jusqu'à l'expiration du délai donné pour purger la contumace. Ici ne s'appliquent pas les art. 465 et 471 C. inst. cr.—D.A. *loc. cit.*; Pard., n. 1301; décis. du min. de la justice, du 7 prair. an 11, transmise dans une circul. du direct.

de l'enreg., du 5 sept. 1807, et rapportée D.A. *eod. loc.*

ART. 18. — *De la déconfiture.*

1409. — La déconfiture est l'état d'insolvabilité du débiteur *non commerçant*, manifesté par des condamnations et des poursuites auxquelles il est hors d'état de satisfaire. La déconfiture diffère de la faillite sous des rapports essentiels : celle-ci ne convient qu'au commerçant de profession; celle-là, à tout particulier non négociant dont les biens sont insuffisans pour désintéresser ses créanciers, quand même il se serait livré passagèrement à des opérations de commerce qui l'auraient conduit à sa ruine. La faillite ne suppose pas toujours l'insolvabilité; l'insolvabilité, à l'inverse, est ce qui constitue la déconfiture. — D.A. 8. 311, n. 1.

1410. — Pour constituer l'état de déconfiture, et lui faire produire les effets qu'y ont attachés diverses dispositions du code civil (notamment les art. 1865, 1913 et 2003), il ne suffit pas de simples protêts d'effets à ordre (lesquels peuvent n'annoncer qu'une gêne momentanée), ni même d'une insolvabilité notoire; il faut qu'elle soit annoncée par des saisies-mobilières ou immobilières, qui attestent l'impuissance du débiteur de satisfaire à ses obligations. — 24 mars 1812. Rennes. Génevois. D.A. 8. 313, et 312, n. 6. D.P. 13. 2. 3.

1411.— Un procès-verbal de carence des meubles du débiteur ne suffit pas non plus pour constater sa déconfiture . la preuve de son insolvabilité ne peut résulter que de la discussion de tous ses biens, tant meubles qu'immeubles. — Spécialement, tant que le mari n'est poursuivi par aucun de ses créanciers personnels, un créancier de la femme ne peut se prévaloir de la disposition du deuxième alinéa de l'art. 1446 C. civ , pour former, sans le consentement de cette dernière, une demande en séparation de biens, en s'appuyant d'un procès-verbal de carence des meubles du mari, alors surtout que la dot de la femme se trouve assurée par une hypothèque suffisante. — 21 mars 1822. Req. Aix. Lamarque. D.A. 8. 310. D.P. 22. 1. 205.

1412. — Mais la cessation publique de paiement, jointe à l'abandon que le débiteur a fait de ses affaires, sont des circonstances suffisantes pour fixer l'époque de la déconfiture.— 17 fév. 1810. Bruxelles. Daneels. D.A. 9. 245, n., n. 2. D.P. 22. 2. 141.

1413 — Un particulier est pareillement réputé en déconfiture, lorsque du rapprochement de l'état des créances du procès-verbal de distribution des deniers, provenant de la vente des biens, il résulte que le passif surpasse de beaucoup l'actif.— 23 mars 1811. Bruxelles. D... D.A. 8. 312. D.P. 12. 2. 54.

1414. — Les règles de la déconfiture ne sont pas les mêmes que celles de la faillite. Celle-ci a reçu une organisation particulière de la loi commerciale: la loi civile a laissé la déconfiture dans le droit commun. Ainsi, les présomptions légales de nullité qui s'attachent aux actes faits par le failli dans un temps voisin de sa faillite, ne peuvent être étendues à la déconfiture, sauf le droit qu'ont les créanciers, en vertu de l'art. 1167 C. civ , d'attaquer tous actes faits en fraude de leurs droits. — D.A. 8. 311, n. 2, et 312, n. 5.

1415 — Jugé ainsi que ni l'art. 2146 C. civ., ni l'art. 443 C. comm., qui déclarent que nul ne peut acquérir privilége ni hypothèque sur les biens du failli, dans les dix jours qui précèdent l'ouverture de la faillite, ni l'art. 444 C. comm., qui attache une présomption de fraude à toute aliénation immobilière faite par le failli, dans les mêmes circonstances, ne peuvent s'appliquer aux actes consentis par le débiteur non négociant, lors surtout qu'à l'époque où il a consenti ces actes, ses biens ne se trouvaient frappés d'aucune saisie-mobilière ou immobilière, et qu'aucune poursuite judiciaire n'avait encore été exercée contre lui, quoiqu'il n'eût pas fait honneur à plusieurs de ses engagemens, à leur échéance. — 24 mars 1812. Rennes. Génevois. D.A. 8. 313. D.P. 13. 2. 3.— V. au surplus Hypothèque.

1416. — Bien plus, la déconfiture n'opère pas, comme la faillite, le dessaisissement du débiteur.— D.A. 8. 311, n. 2.

1417. — Jugé ainsi que les ventes faites par un déconfit ne sont pas annulables comme celles faites par un failli, excepté en cas de fraude duement constatée. — 21 mars 1810. Paris. Delagarde. D.A. 2. 688. D.P. 1. 624, et 22. 2. 141. — 2 sept. 1812. Cr. r. Nanci. Brizac. D.A 8. 313. D.P. 12. 1. 624.

1418. — Jugé de même que le déconfit n'est pas incapable de contracter.— 26 fév. 1834. Req. Pau. Duprat. D.P. 34. 1. 177.

1419.— Jugé cependant que la déconfiture, comme

la faillite, rend le débiteur incapable de disposer d'aucune partie de ses biens ; et qu'ainsi le transport d'une créance, fait au profit d'un créancier, par le débiteur, postérieurement à sa déconfiture, est nul vis-à-vis des autres créanciers. Tous ont droit de venir par contribution sur le montant de cette créance.— 23 mars 1811. Bruxelles. D..— D.A. S. 512. D.P. 12. 2. 54.

1420. — Mais il est à croire que cet arrêt n'a annulé le transport dont il s'agissait que parce qu'il avait été manifestement fait en fraude des créanciers (D.A. 8.-511, n. 2). Au surplus, la fraude, en cas d'aliénation pendant la déconfiture, sera facilement prouvée. La mauvaise foi, évidente de la part du vendeur, est bien vraisemblable de la part de l'acheteur, car l'état de déconfiture est annoncé par des poursuites qui ne permettent pas aux tiers de se tromper sur la situation de celui avec lequel ils traitent.— ibid.

1421. — Les créanciers ne peuvent s'unir pour faire vendre les biens de leur débiteur, et les administrer jusqu'à la vente, que du consentement de ce dernier, contre lequel ils n'ont pas les voies de poursuite ordinaire.— ibid.

1422. — Jugé ainsi que les créanciers sont sans action pour faire déclarer leur débiteur en état de déconfiture, et faire nommer un curateur ou syndic à l'administration de ses biens, quand même il serait dans un état complet d'insolvabilité. — Ils ne peuvent jamais réclamer que les effets qui sont attachés à la déconfiture, par les art. 1865, 1913, 2003, 2052 et autres du code civil. — 8 déc. 1815. Bruxelles. D.A. 8. 511, n. 2.

1423. — Le contrat d'atermoiement que l'individu tombé en déconfiture passe avec la majorité en sommes de ses créanciers, ne saurait être homologué en justice avec les créanciers refusans. Les règles tracées par le code de commerce à cet égard ne sont applicables qu'aux négocians faillis. — 14 mai 1812. Paris. Pascal. D.A. 8. 314.—Conf. D.A. 8. 511, n. 3.

1424. — La cession de biens volontaire, consentie par l'individu non commerçant, n'est obligatoire pour tous les créanciers que lorsqu'elle a été acceptée par tous.—Elle n'a aucun effet vis-à-vis de ceux qui n'y ont point adhéré, quand même elle aurait été stipulée par les trois quarts en sommes.—Même arrêt.

1425. — Aucune contrainte par corps ne peut être exercée contre le déconfit dans l'intérêt de la masse : mais, d'un autre côté, l'état de déconfiture ne suspend point l'exécution des titres individuels des créanciers. — D.A. 8. 511, n. 3.

1426. — Les peines de la banqueroute ne pouvant atteindre que le commerçant, il suit qu'à l'égard du simple particulier tombé en déconfiture, ni le désordre de ses affaires, ni l'imprudence de sa conduite, ni l'excès de ses dépenses, ni le scandale de ses profusions, ne le rendraient justiciable du tribunal correctionnel. — D.A. 8. 512, n. 4 ; Pard., n. 1322.

1427. — Quant aux fraudes ou divertissemens qui lui seraient reprochés, ils pourraient donner lieu soit à une action civile, soit à une action criminelle, suivant les cas, mais qui n'auraient toujours rien de commun avec la poursuite de banqueroute. — D.A. 8. 511, n. 3.

1428. — Bien que les règles de la faillite soient inapplicables à la déconfiture, l'équité semble exiger que les principes exposés, n. 872, 919, sur la distribution entre créanciers chirographaires et hypothécaires, pourraient être invoqués ici. — D.A. 8 512, n. 7.

— V. Abus de confiance, action, Agent de change, Alimens, Appel, Assurances maritimes, Assurances terrestres, Brevet d'invention, Cassation, Caution, Charte-partie, Commerçans, Commissionnaire, Compétence civile, Compétence criminelle, Compensation, Compte-courant, Condition, Contrainte par corps, Cour d'assises, Domicile, Droits civils, Droits politiques, Effets de commerce, Élections législatives, Élections municipales, Enregistrement, Escroquerie, Exceptions, Forêts, Hypothèques, Mandat, Ministère public, Nantissement, Ordre, Prescription, Prêt, Rapport, Rente, Requête civile, Saisie-gagerie, Saisie-immobilière, Société commerciale, Succession bénéficiaire, Succession vacante, Surenchère, Théâtre, Vente.

TABLE SOMMAIRE.

Absence. 935. — V. Présence.

Acceptation 275, s. 722. A-compte. 1259.

Acquiescement. 159, 164, 448, 940, 1323.—tacite. 612.

Acquit. 1095.

Acte authentique. 960. — gratuit. 272 s.—notarié 679. — nul. 265, s. — sous seing-privé. 579.

Actif. 1309, s.

Action. 21, 58, 65, s. 78, 154, s. 185, 225, 368, s. 584, s. 490, s. 666, 680, s. 705, 764, s. 776, s. 790, 802, 809, s. 1274, 1322.— (cumul) 168.— civile. 458, 624, 1319, s. 1389, 1400, s. 1405. — immobilière. 778, 810, s. — prématurée. 934. — publique. 14, s. 624, 661, s. 1318, 1426. — V. Désistement.

Adjudication. 850, s. 848, suiv.

Administration. — Voy. Agent, Dessaisissem.

Admission. 479, 495.

Affiche 128, s. 136, s. 1034, s.

Affirmation. 483, s. 516, 599, 724, 919. — (formes) 487.

Agent. 359, s. 419, 457, 830, 856, s. 1272, s. — d'affaires. 7 — de change. 9, 174, 1228.

Alimens. 769, 772, s. 916.

Appel. 68, 133, 160, 189, s. 214, 387, s. 436, 632, 636, 678, s.

Arrestation. 54, 104.—V. Contrainte par corps.

Assurance. 1181.

Atermoiement. 37, 80, 508, s. 1422.

Autorisation. 578, 382, 426, s. 439, 765, 788, 849.

Avance. 941.

Aveu. 492.

Ayant-cause. 766, 790, 816, 118.—V. Créancier, Tierce-opposit.

Banni. 1015.

Banqueroute. 4, s. 200, 556, 59b, 885, 962, 1007, s. 1288, 1292, s — frauduleuse. 1330, s.—simple. 1292, s. 1505, s.

Banquier. 7, 14.

Biens nouveaux. 801, s.

Bijoux. 976.

Bilan. 572, s. 512, 589, s. 779, 1010, 1025.

Billet de complaisance. 1308.

Bon à vue. 548.

Bourse de commerce 173.

Capacité. 99, s. 151, 172, s. 216, s. 582, 785, 735, 790, s. 858, s. 1416, s.

Cassation (appréciation). 37, 51, 94, 117, s. 742.

Cause fausse. 570, s.

Cause illicite. 568, s.

Caution. 187, 711, s. 874, s. 395, s. — V. Exigibilité.

Certificat. 130, s.

Cessation de payement, s. 25, s. 81, s. 1075.

Cession de biens. 210, 294, s. 683, 808, 996.

Chose d'autrui. 1189. — jugée. 171, 441, 481, 628, 648, 666, s. 687, 757, 766, 945, 1302, 1333.

Circonstance aggravante. 1333.

Commandement. 825, 829.

Commerçans. 4, s. 164, 1292, s. 1330, s. 1380.

Commissaire. 699.

Commissionnaire. 893, s. 1067, s. 1109, s. 1172, s. 1185, s. 1202, s.

Communauté. 981, s.

Communication de titre. 1193.

Comparution personnelle. 1032.

Compensation. 250, s. 293, 310, 319, 723, 906, 911, 1211, s.

Compétence. 71, s. 187, 215, 477, 619, s. 681, 832, 866, 873, 921, 947, 1017, 1029, 1036, 1276, s. 1319, 1326. — civile. 477.

Complicité. 395, s. 1306, 1368, 1378, s.

Compte. 450, 456, s. 511, 672, s. 704, 735, 736, 793, s. 921. — courant. 905, s. 1203, 1214, s. 1258, s.

Concert. 395.

Concordat. 126, 211, 382, 348, 407, 508, s. 874, 1318.— (effet) 20.— (formalité) 508. — illégal. 52.

Condamnation personn. — V. Responsabilité.

Condition. 601.

Confusion. 1200, 1237, s.

Collocation. 876, s. 927, s. — conditionnelle. 905.

Connaissement. 1139, s.

Conseil. 1387, s.

Consignation. 251, 371, 1185.

Contradiction. 1395.

Contrainte 842. — par corps. 60, 178, s. 210, s. 390, 489, 524, 533, s. 725, s. 796, 803, 997, 1015, 1029, s. 1425.

Contrat. 750 — aléatoire. 785.—de mariage.1375.

Contumace. 1408.

Conversion. 363.

Convocation. 464, 509, 588.

Copie. 1379.

Correspondance. 1270.

Courtier. 9, 174.

Créancier. 69, 194, s. 453, 1274.—V. Action, Appel, Intervention, Opposition, Tierce-opposition.' — chirographaire. 872, s.— hypothécaire. 393, 430, 465, s. 513, s. 551, s. 596, 607, 697, 714, 743, s. 766, 851, s. — V. Hypothèques. 211, 924, s. — superfiuer. 258, s.

Curateur. 21, 101, 778, 1422.

Date. 79, s. — certaine. 220, 535, s.

Décès. 14, s.

Décharge. 450, 673, 704.

Déchéance.—V. Forclusion.

Déclaration de faillite. 52, s. 997, s. 1030, s. 1075.— V. Ouverture.

Délai. 1275.— V. Opposition, Ouverture, Déclaration, Vérification, Affirmation, Concordat, Opposition, Homologation.

Délégation. 1097.

Délibération. 551, s. 744, s.— V. Créancier hypothécaire, Majorité.

Demande nouvelle. 171, 959.

Dépôt. 299, 416, 527, 1121, s. 1185, s. 1198. — au greffe. 461, 480.

Dessaisissement. 99, s. 172, 214, 384, s. 725, 809, s.

Désistement. 232, s. 380, re. 685..

Dette non commerciale. 24, 44, 64, 184, 209, 250, s. 543, s. 476.

Disposition comminatoire. 405.

Distribution. 1428.— V. Répartition.

Dividende. 889, s. — V. Concordat.

Domicile. 71, s. 585, 478.

Dommages-intérêts. 60, 100, 380, s. 1299.

Donation. — V. Acte gratuit.

Donneur d'ordre. 880, 889, s.

Douanes. 1137.

Droits civils. 176, s. 1015.— éventuel. 556.—personnel. 533, 784, s. 916 — politiques. 172, 1280.

Ducroire. 1193, 1221, s.

Échange. 1149.

Effet de commerce. 251, 719, s. 879, s. 1090, s. 548, 1235, s.

Emprunt. 1308.

Endosseur. 66.

Enregistrement. — V. Date certaine.

Entrepôt. 1220, 1232.

Enveloppe. 1198.

Équivalent. 130, 136.

Erreur. 585, 691, 1848.—commune. 654, s.

Escompte. 548, 1099, s. 1309.

Estimation. 848.

Étranger. 78, 408, 641, 926, 1015, 1305. — V. Jugement.

Exécution. 169.

Exécution provis. 127.

Exigibilité. 65, 216, s. 245, s. 892, 846.

Facture. 1079, 1093, 1139, s.

Facultés. 1340, s.

Faillite nouvelle. 23, 730, s.

Faux. 1355.

Femme. 244, 301, 443, 690, 815, 948.—(droit) 948.

Fonctionnaire. 6, s.

Fonds de commerce. 1057, s.

Force majeure. 34, 803, 1135, s.

Forclusion. 469, 495, s. 628, 871.— V. Opposition.

Frais. 170, 507, 832, 937, 941, s. 1179, 1229, 1235. — V. Responsabilité.

Fraude. 103, 267, s. 381, s. 559, 568, s. 644, 692, 1330, s. 1347, s.

Gain de survie. 724, 989, 1155.

Gérant. — V. Société.

Gestion 699.

Greffier. 470.

Heure. 329.

Homologation. 126, 515, 525, s. 584, s. 654, s. 746, 844. — (recours) 677.— (refus) 649, s.

Honoraires. 707. — V. Salaire.

Hypothèques. 105, 166, 112, 153, 246, s. 267, s. 726, 1415.— V. Créancier hypothécaire.—légales. 443, 532, 961, s. 986, s.

Identité. 1149, s. 1197, s.

Incident. 157, s.

Incompétence matérielle. 13, 157, s. — V. Compétence.

Incompatibilité. 369, 405.

Inconduite.— V. Homologation.

Indivisibilité. 24, 77, 150, s. 218, 232, 389, 455, 550, 561, 635, 740, 751, 790, 1135, 1153.

Indivision. 743.

Inscription de faux. 34.

Inscription hypothécaire. 386, s 675, 726, s. 731.

Instruction criminelle. 386.

Intention. 1355, 1369, s.

Interdiction légale. 151, s. 278.

Intérêts. 314, 923, 935, 1937. — (action) 148, 1365.— distincte. 255.

Interdit.— V. Mineur.

Interprétation. 795, 1185. 1254.

Interrogatoire. 356.

Intervention. 69, 195, s. 395, s. 434, 636, s.

Inventaire. 615, 915.

Jeu de bourse. 651.

Jour à quo. 159, 259, 604.

Journal. 128, s. 464. 4991 510.

Juge-commissaire 349, s. 363, 388, 410, 439, 470, s. 479, s. 509, s. 672, 748, 752, 780, 789, 795, 850. — de paix. 413.

Jugement. 76, 204, s. — étranger. 422, 429. — par défaut. 9b, 132, 463.—d'office. 71, 146, 410, s. 629, 643, s.

Lettre circulaire. 83, s. — de voiture. 1139, s.

Libération. 708, s. 791, 801, 808, 1039, 1284.

Liberté provisoire. 186, s. 551, 811, s.

Liquidateur. 62.

Louage. 669.

Magasin. 1079, 4109.

Majorité des voix. 418, 484, 53b, s. 576, s. 623, 646, 650, s. 753, 786, 864.

Mandat. 359, s. 436, 747, 759, s. 788, 845, 1052, s. 1111, 1177, 1191, s. — V. Commissaire, Syndic provisoire.

Mauvaise foi.—V. Bonne foi.

Mélange. 1156.

Mesure conservatoire 68, 226, s. 420, 945, s.— provisoire. 370, s. 576.

Meubles: 811, s. 933, 975, 1187, s.

Mineur. 582, 606, 1294.

Ministère forcé. 757.— public. 415, 732, 1284, 1317, s.

Mise en cause. 629. — en demeure.—V. Journal.

Monnaie. 1936.

Navire. 1136.

Nantissement; 426, 533, s. 551, 811, s.

Nomination.— V. Agent, Syndic.

Notaire. 7.

Notoriété. 31, s. 80, 107, 267, s.

Novation. 792, 918, 1091, s. 1194, 1215, s.

Nullités (délai). 686. — (ordre public) 52. — radicale. 268, s. — relative. 282, 285, 550, 569, s. 784.— V. Ordre public.

Obligation. 223, s. 542, 721, 725, 731, s. 790, 801, s. — V. Cause, personnelle. 11, 795, s.

Officier ministériel. 850.

Offres réelles. 722, 777.

Opposition. 13, 132, 190, 197, 357, 413, 677. — à concordat. 592, s. — (motifs) 620, s.
Option. 168, 263.
Ordre. 870, s. 876, s. — public. 52, 134, 643.
Ouverture 80, 132, 269, 513.—prov. 121, 142, s.
Paiement. 285, s. 424, s. 920, s. 1204, 1219.— V. Dessaisissement.— anticipé. 331.
Paraphe. 591.
Peine. 200, 1321, 1329, 1397.
Péremption. 300.
Personne interpos. 205, s.
Plein droit. 268, 327.
Possession. 1113, s. 1187.
Porteur. 251, s. 879, s. 908, s.
Pourvoi. 1322, s.
Prescription. 680.
Présence. 492, 544, s. 593, s. 784, s. 835.
Présomption. 265, 741, 1414, s.
Prête-nom. 755.
Preuve 1197. — (charge de) 280 —(commencement) 345. — certaine. 54. 333, s. 915. — testimoniale. 474, s.
Prison. 178, s.
Privilége. 211, 268, 800, 852, s. 924, 941, s. 1047, s. — V. Créancier hypoth. du loctaeur. 770.
Procès-verbal. 130. s. 138, s. 470, s. 489, 672, 748, 1411.
Production. 558.
Prorogation. 1317.
Protestation. 696.
Protêt. 26, s. 82, s. 1410.
Prud'homme. 175.
Publicité. — V. Affiche.
Qualités. 21, 58, 63, s. 78, 148, s. 811, 1197, 1322. —V. Action.
Question au jury. 1354.
Rapport. 285, s. — des juges. 759.
Ratificat 688, 696, 824.
Recel. 1385.
Recomm. 181, 184, 214.
Refus de payer. 80, s.
Registre. 188, 472, s. 481, s. 591, 650, 654, s. 1009, s. 1195, 1309, 1357, 1260, s. 1404.
Réglement de police. 454.
Réhabilitation. 52, 172, 406. 667, s. 698, 737, 801, 882, s. 1260.
Remise de dette. 348, 708, s. 874.
Renonciation présumée. 742, 917, s. 937.— tacite. 521.
Renouvellement de billet. 45, 222.
Rentes. 1228.
Répartition. 781, s. 872, s. 919, s. 925, s. 967.
Répétition. 1040.
Reprise. 981.
Requête. 68, s.
Réserve. 125, 496, 710.
Résolution. 261, s. 733, 803, s. 1059, s. 1106.
Responsabilité. 204, 415, 638, s. 781, 790, s. 833.
Rétention. 1182, 1230.
Rétractation. 171, 1336.
Rétroactivité. 70, s. 83, s. 108, 271, s. 296, s. 513, s. 858, 983, s.
Réunion. 509, s.
Revendication. 338, 1041, s. 1139, s. 1183, s.— (marchandise) 1048, s. —(vente) 1047, s. 1061, s. — partielle. 1201.
Revente. 1139, s.
Révocation. 302, 409, s. 759, s.
Saisie arrêt. 945.— gagerie. 815 —immobilière. 368, 810, s. 845.— (titre). 294.—revendicat. 1276, s.
Saisissabilité. 770, s.
Salaire. 363, s. 458, 707, 758.
Sauf-conduit. 188, s. 372, s. 808
Scellés. 73, 82, 124, 370, s. 415, s. 817.
Secours — V. Alimens.
Sép. de biens. 995. 1371, s.
Serment 365, 488, 856
Signature. 415, 479, 575, s. 601, 748. de créd 1307.
Signification 603, 626, s.
Société. 1313, 1356, 10, 51, 56, s. 242, 710, 720, 743, 912, s. 1040. — (dette) 61. — (domicile). 73, s.— en commandite. 58 s.—en participation. 1063, s.
Solidarité. 10, 57, 242, s. 389, 455, 537, 710, 717, s. 796, s. 872, 875, 931, 993.
Solvabilité. 1299, 1409.— 29, s. 81, s.
Stellionat. 1288.
Subrogat. 1069, s. 1142.
Succession benéfi. 778.
Surenchère. 235, 859, s.
Sursis. 1407, 1028, s. 1036. 624, s. 661, s. 671.
Suspension. 602.
Syndic. 21, 78, 154, s. 225 670, 680, 809, s. 1272, s. 1405.— définitif. 736, s 753, s.—provisoire. 152, 196, 388, 391, 467, 495, 511, 672, 763, s. 822, 831, 834, 865.
Témoin. 176.
Tentative. 1374, s.
Tierce-opposition. 146, 150, 168, 403. 441, s. 596, 613, 630, 633, 681, s. 819, 843.
Timbre. 591.
Tradition. 548, 1081, s.
Transaction. 423, 788.
Transcription. 277.
Transport 328, s. 538, s. 572, 1226.
Trésor public. 851, 1060.
Tutelle. 176, s.
Tuteur. 833.
Union. 20, 200, 493, 739, 743, 810, 825, 844. 1421.
Usage local. 121, 642.
Usufruit. 916.
Vente. 810, s.— V. Résolution. — à perte. 1306. — à terme. 846, 1087.—publique. 379, 766, s. 809, s. 847, s.— sur conversion. 863, s.
Vérification. 165, s. 432, 460, s. 516, 559, s. 593, s. 610, 691, s. 740, 746, 650, 917, s.
Vérification (formalités). 460, s.
Vêtemens. 769, 982.
Violence moral. 223, 567.
Visa. 479.
Vol. 1427.

FAIT DE CHARGE. — V. Agent de change, Cautionnement de fonctionnaires publics, Contrainte par corps, Hypothèques.

FAIT CONCLUANT.— V. Enquête.

FAIT MATÉRIEL.— V. Actions possessoires, Pêche, Procès-verbal.

FAIT NOUVEAU.— V. Action civile, Avocat, Cour d'assises, Défense, Demande nouvelle, Enquête, Faillite, Ministère public, Moyen nouveau, Peine.

FAIT PERSONNEL — V Action, Chasse, Compétence civile, Compétence criminelle, Complicité, Contrat à la grosse, Contributions indirectes, Effets de commerce, Faillite, Garantie, Louage, Mandat, Péremption, Requête civile, Vente.

FAIT PERTINENT. — V. Enquête, Faux incident.

FAIT DE PRINCE.— V. Arrêt, Assurances maritimes, Garantie, Vente.

FAIT PRINCIPAL — V. Attentat à la pudeur, Complicité, Cour d'assises, Faillite, Instruction criminelle.

FALSIFICATION.— V. Confiscation, Effets de commerce, Empoisonnement, Faux, Vol.

FAMILLE ROYALE — V. Attentat, Presse.

FARINES.— V. Autorité municipale, Commerçans, Douanes, Saisie-exécution.

FAUSSES CLÉS.— V. Vol.

FAUSSE MONNAIE. — 1. — Le crime de fausse monnaie est le délit de celui qui fabrique ou altère les monnaies ayant cours légal en France, ou qui participe à l'émission, exposition ou introduction sur le territoire français de ces monnaies contrefaites ou altérées. — C'est aussi le crime de celui qui contrefait ou altère, en France, des monnaies étrangères *ayant cours légal en pays étrangers*, ou participe à l'émission, exposition ou introduction en France de monnaies étrangères contrefaites ou altérées.— D.A. 8. 316, n. 1.

2. — Ce crime était considéré à Rome comme un crime de lèse-majesté.— La peine qu'il entraînait fut d'abord, pour les personnes d'une condition élevée, la déportation dans une île; et pour les personnes de basse condition, la condamnation aux mines. Plus tard, les faux monnayeurs furent livrés aux bêtes, s'ils étaient libres; et, s'ils étaient esclaves, punis de mort (L. 8, ff. *de Leg. Corn de falsis*). Constantin les condamna au supplice du feu (L. 2, Cod. *de Fals. monetâ*). — D.A. 8. 316, n. 2.

3. — En France, aux termes des coutumes de Bretagne et de Loudun, on faisait *bouillir* et puis on pendait le faux monnayeur. Un capitulaire de 744 avait ordonné de lui couper le poing (V. Baluze, t. 1er, ch. 20, p. 154).— Cette peine fut reproduite dans des ordonnances de 819 et de 864. — Saint Louis, en 1262, punit les faux monnayeurs de la peine de mort et de la confiscation de leurs biens.— D.A. 8. 317, n. 3.

4.— Les rogneurs d'écus et d'autres espèces d'or et d'argent ayant cours, furent punis des peines infligées aux faux monnayeurs, aux termes des ordonnances de 1526 et 1549.

Quant aux expositeurs de fausse monnaie, ils étaient cousus dans un sac de cuir, avec un chat, une couleuvre ou un serpent et un coq, et jetés ainsi dans l'eau; plus tard, ils furent condamnés à être pendus avec une inscription devant et derrière eux, en gros caractères.

Enfin, l'édit des monnaies, de 1726 enveloppa dans une même peine de mort ces différentes sortes de coupables.— *Ibid.*

5. — Cette peine, momentanément abolie par le code pénal de 1791, et le décret du 2 frim. an 2, qui y substituèrent celle de quinze années de fers, fut ensuite rétablie par la loi du 14 germ. an 11, puis maintenue par le C pénal de 1810; mais elle a enfin été changée en celle des travaux forcés à perpétuité par la loi de 1832. — D.A. 8. 317, n. 4.

6. — Quiconque aura contrefait ou altéré les monnaies d'or ou d'argent ayant cours légal en France, ou participé à l'émission ou exposition desdites monnaies contrefaites ou altérées, ou à leur introduction sur le territoire français, sera puni des travaux forcés à perpétuité (C pén. 132), de l'amende énoncée dans l'art. 164 et de l'exposition (C. pén. 165). Quant à la confiscation que prononçait l'ancien art. 132, elle a été abrogée dès la promulgation de la charte de 1814.— 3 mars 1826. Cr. c Lafitau. D.P. 26. 1. 261.

7. — Il est bien entendu que toute application de peine cesse lorsque le faux n'a pas été connu de la personne qui a fait usage de la chose fausse (C. pén. 163).

8.— Chacune des expressions de l'art. 132 C. pén. mérite d'être pesée.

9. — *Quiconque aura contrefait.* — *Contrefaire*, c'est imiter frauduleusement. On doit donc considérer comme contrefacteur celui qui blanchit avec du mercure des pièces de monnaie de cuivre, pour les faires circuler comme monnaie d'argent. Cependant, suivant Carnot, *loc. cit.*, ce fait ne constitue qu'une escroquerie, attendu que ce n'est pas une monnaie d'or ou d'argent qui a été *altérée*, et que d'ailleurs ce n'est pas *altérer*, c'est-à-dire, corrompre, changer en mal une pièce de monnaie de billon que de lui donner l'apparence d'une monnaie d'argent.— Mais il y a, dans le fait dont il s'agit, sinon *altération*, du moins *contrefaçon* d'une monnaie d'argent.— Il n'importe, au surplus, que le procédé dont nous parlons soit d'un effet peu durable; qu'il ne donne pas tout-à-fait la ressemblance et le luisant de l'argent; et qu'il n'altère ni l'effigie, ni la légende, ni les signes indicatifs de la véritable valeur des monnaies. Ces exceptions ne sont point dans la loi; d'ailleurs l'intérêt du commerce ne permet pas d'exiger que les citoyens, dans les paiemens qu'ils reçoivent, soient tenus d'examiner en détail les empreintes des monnaies qui leur sont données. — D.A. 8. 318, n. 7.

10. — Jugé ainsi que celui qui enduit frauduleusement d'un minéral blanc des monnaies de cuivre, auxquelles il donne, par ce procédé, le luisant et la ressemblance d'une monnaie d'argent, commet le crime de fausse monnaie, encore qu'il n'altère pas les insignes distinctifs de la véritable valeur de ces monnaies. — 4 juill. 1811. Cr. c. Min. pub. C. Riboni. D.A. 8. 321. D.P. 2. 235. — 7 brum. an 10. Cr. c. D.A. 8 321, n. 1, et 8. 318, n. 7.

11.— L'arrêt de compétence qui établit d'un côté qu'il résulte de l'instruction une prévention de crime de fabrication de fausse monnaie, avec dessein de crime, et, de l'autre, que la prévention porte sur un fait d'aplatissement et de blanchiment de monnaie nationale, à l'effet de donner à cette monnaie blanchie et aplatie une valeur autre que celle qui lui est attribuée par la loi, et ne présentant qu'une tentative d'escroquerie, est contradictoire dans ses termes, et doit être cassé. — 3 juin 1808. Cr. c. Min. pub. C. Hannecart. D.A. 8. 320. D.P. 2. 235.

12. — L'individu condamné pour contrefaçon de monnaie ne peut prétendre que sa condamnation n'est pas fondée, vu que les monnaies qu'il a mises en circulation étaient si grossièrement contrefaites, qu'il était impossible de les prendre pour bonnes. L'art 132 code pénal ne fait pas dépendre son application de la plus ou moins grande ressemblance que les monnaies contrefaites peuvent avoir avec les monnaies legales.— 5 oct. 1821. Cr. r. Gorrichon. D.A. 8 323, et 4. 316. D.P. 2. 237. — Conf. D.A. 8. 318, n. 8.— V. ci-après l'arrêt du 4 mars 1830.

13.— Toutefois, le crime de fausse monnaie suppose nécessairement que la monnaie contrefaite porte l'empreinte de la monnaie véritable.— Ainsi, celui qui contrefait des pièces de cinq sous, des *plaquettes* et des pièces de dix liards, ne se rend pas coupable du crime de fausse monnaie, si les pièces contrefaites ne portent aucune empreinte. — 28 nov. 1817. Bruxelles Min. pub. C. Huart. D.A. 8. 323 D.P. 2. 237. — V D.P. 35, aff. Bertrand.

14.— Lorsqu'il est demandé au jury, 1° l'accusé est-il coupable d'avoir contrefait des pièces d'un franc ayant cours en France; 2° est il coupable d'avoir, avec connaissance, participé à l'émission d'autres pièces d'un franc, sans qu'il soit prouvé qu'il les ait reçues pour bonnes? — Si le jury répond négativement sur la première question, et affirmativement sur la seconde, cette déclaration du jury dans la seconde question, laquelle n'énonçait pas expressément que les pièces émises étaient *contrefaites*, ne peut servir de base à une condamnation pour crime de fausse monnaie, et à l'application de l'art. 132 du code pénal. — 8 avril 1825. Cr. c. Nozé. D.P. 25. 1. 248.

15. — *Quiconque aura contrefait ou altéré....* — L'altération de la monnaie étant assimilée à sa fabrication, il s'ensuit que celui qui altère des écus en les rognant commet le crime de fausse monnaie. — 19 brum. an 10. Cr. r. Lefranc. D.A. 8. 320. D.P. 2. 235.

16. — Le fait d'avoir doré des pièces de 2 fr., portant l'empreinte du royaume d'Italie, dans le but de les faire passer pour des pièces de 40 fr., constitue le crime d'altération de monnaies, prévu et puni par l'art. 132 code pénal, encore bien qu'il serait reconnu qu'il est très facile d'apercevoir l'altération. — 4 mars 1830. Cr. c. Min. pub. C. Mathœus. D.P. 30. 1. 157.

17.— ... *Ou participé à l'émission ou exposition.* — L'émission dont parle l'art. 132 code pénal doit s'entendre, non seulement de la première émission, mais aussi des émissions subséquentes. — Ainsi, un accusé d'émission de fausses pièces de monnaie ne peut tirer une exception de ce qu'il n'a pas reçu les pièces par lui mises en circulation de celui qui les avait altérées; il suffit, pour que la peine lui soit applicable, qu'il ait émis les fausses pièces, sachant qu'elles étaient fausses. — 5 oct. 1821. Cr. r. Gorrichon. D.A. 8. 323 et 4. 316. D.P. 2. 237.

18. — Celui qui, ayant reçu comme bonnes des

monnaies contrefaites ou altérées, les remet ensuite en circulation, quoique les sachant fausses, ne peut être considéré comme ayant participé à l'émission ou exposition desdites monnaies (C. pén. 132, 133). — 14 déc. 1833. Cr. c. Min. pub. C. Court-Payet. D.P. 34. 1. 66 — V. *infrà*.

19. — Il n'y a pas contradiction entre deux réponses du jury, dont l'une déclare des accusés non-coupables d'avoir contrefait des monnaies d'argent ayant cours légal en France, et l'autre, qui les condamne comme coupables d'avoir participé à l'émission *desdites monnaies énoncées en la première question*, cette déclaration ne voulant pas dire qu'ils sont coupables d'avoir émis des monnaies *contrefaites par eux*, mais des *monnaies d'argent ayant cours légal en France*. — 16 sept. 1831. Cr. r. Couvreux. D.P. 31. 1 334.

20. — Un individu accusé d'avoir émis de fausses pièces de monnaie ne peut se faire un moyen de cassation de ce que la cour d'assises a empêché son défenseur de mettre sous les yeux des jurés le texte de la loi, et de leur expliquer la diversité des effets résultans de l'émission et les modifications apportées a la peine qui leur est attachée, selon les circonstances qui ont accompagné cette émission. — 26 déc. 1823. Cr. r. Ravel. D.A. 8. 324. D.P. 2. 238. — V. Défense.

21. — L'accusé coupable du crime d'émission de fausses monnaies, doit, en sus de la peine corporelle, être condamné à l'amende (C. pén. 164). — 12 sept. 1833 Cr. c. Couturier. D.P. 33. 1. 365.

22. — . . Et cela, à peine de nullité de la condamnation. — 23 juin 1832. Cr. c. Véron. D.P. 32. 1. 392.

23. — .... *Ou exposition desdites monnaies*..... — Serait coupable d'exposition de pièces fausses, un changeur, par exemple, qui, ayant reçu pour fausses des pièces contrefaites, les aurait exposées dans sa boutique.

24. — La criminalité du fait d'exposition de fausse monnaie est tout entière dans la connaissance qu'a celui qui les expose, que ce sont des monnaies contrefaites ou altérées. — Ainsi, une cour criminelle, après avoir demandé si l'exposition a été faite *sciemment* par les accusés, ne doit pas demander au jury s'ils ont agi *dans l'intention du crime*; et si elle lui pose cette double question et que le jury déclare que les accusés l'ont fait *sciemment*, mais qu'ils n'ont pas *eu l'intention du crime*, cette déclaration se détruisant elle-même par sa contradiction, ne peut servir de base à un acquittement. — 6 therm. an 8 Cr. c. int. de la loi C. Bricolleau. D A. 8. 320.

25. — ... *Les monnaies d'or ou d'argent*,... — Lorsque ce sont des monnaies de billon ou de cuivre qui ont été contrefaites, altérées ou émises, le crime rentre dans l'application de l'art. 133, qui prononce contre le coupable la peine des travaux forcés à temps.

26. — La loi n'entend par billon que la monnaie de cuivre alliée à un peu d'argent, et non celle où ce dernier métal domine. — En conséquence, on ne peut regarder comme monnaie de billon les pièces de 1 fr. 50 cent., et la contrefaçon de ces pièces entraîne la peine portée par l'art. 132 C. pén. — 28 nov. 1812. Cr. c. int. de la loi. Ardoin. D.A. 8. 322. D.P. 2. 236.

27. — De même les pièces de 75 centimes, quoique composées d'un tiers d'alliage et de deux tiers d'argent, et quoiqu'elles ne puissent être données, comme les pièces de billon, que pour des appoints au-dessous de 5 fr., sont cependant des monnaies d'argent. — 22 sept. 1831. Cr. r. Frédéric. D.P. 31. 1. 333.

28 — Et en effet, une pièce de monnaie ne pouvant être à la fois monnaie d'*argent* et monnaie de *billon*, c'est par la qualité du métal qui y *prédomine* que doit être déterminé le caractère de la monnaie. Or, l'argent et non le cuivre, prédomine dans les pièces de 1 fr. 50 cent. et dans celles de 75 cent. (D.A. *loc. cit.*; Merl., Rép., v° Monnaie, § 2, art. 2, n. 2; Bourg., *Jur. des cours crim.*, t. 3, p. 133) Vainement Carnot, *loc. cit.*, objecte-t-il que le code n'a point établi d'intermédiaire entre la monnaie d'argent et celle de billon, et que les pièces dont il s'agit n'ayant pas été fabriquées au titre des écus, ne peuvent être réputées monnaie d'argent. — L'art. 132 C. pén. ne doit pas être restreint aux monnaies d'*argent* fabriquées *au titre des écus*, puisqu'il n'y est fait aucune mention du titre : cet article s'applique à toutes les *monnaies d'argent ayant cours légal*; les pièces de 75 cent. et de 1 fr. 50 cent. sont classées, par les lois de 1790, 1791 et 1792, parmi *les monnaies d'argent* d'un titre moins fin que les pièces de 5 fr.; elles y sont désignées par *menues monnaies d'argent* et distinguées des monnaies de cuivre et des monnaies de billon dont elles diffèrent, en effet, tant par l'empreinte que par le titre, le poids, etc. — D.A., *eod.*

29. — ...*Ayant cours légal en France*... — Il ne suffit pas, pour la condamnation de l'accusé, que le jury l'ait déclaré convaincu de fabrication de fausse monnaie; il doit encore déclarer si la monnaie contrefaite a *cours légal* dans le lieu où elle a été fabriquée. — 28 germ. an 9. Cr. c. Sigleur. D.A. 8. 320.

30. — L'art. 132 embrasse, dans la généralité de ses expressions, non seulement les monnaies *nationales*, mais aussi les monnaies étrangères ayant un *cours légal* en France, et particulièrement les monnaies d'Italie à l'effigie de Napoléon, lesquelles, aux termes d'un décret du 24 janv. 1807, non abrogé, ont cours pour leur valeur nominale en France (*ibid.*, n. 6). — Cependant Carnot, sur l'art. 132, et Bourguignon, *Jur. des cours crim.*, t. 3, p. 134, pensent que, depuis 1814, la France et l'Italie étant devenues, dans leurs rapports respectifs, des états indépendans; les monnaies d'Italie ont cessé d'être assimilées à celles de France, de sorte que le contrefacteur de la monnaie d'or et d'argent d'Italie doit être considéré comme contrefacteur de monnaies étrangères.

31. — Du reste, comme c'est la loi qui doit avoir assigné son cours à la monnaie, l'art. 132 serait inapplicable à la monnaie étrangère à laquelle l'*usage* aurait donné une espèce de cours en France.

32. — L'individu déclaré coupable d'avoir émis pour bonne monnaie des espèces monnayées d'argent, qu'il savait être fausses, doit être condamné aux peines portées par l'art. 132 C. pén., encore que les monnaies soient réputées étrangères à l'égard d'une certaine partie de la France, et qu'elles n'aient cours légal que dans une autre partie réunie à la France depuis leur fabrication, si c'est dans ce dernier pays que l'émission en a été faite (Décr. 8 août 1810). — 21 mai 1813. Cr. c. int. de la loi. Lamy. D.A. 8. 322. D.P. 2. 236

33. — L'application des art. 132 et 133 C. pén. n'est point subordonnée à la condition que le crime qu'ils punissent ait été commis en France.

34. — Tout Français, dit l'art. 5 C. inst. cr., qui se sera rendu coupable, *hors du territoire de France*.... de contrefaction de monnaies nationales ayant cours..., pourra être poursuivi, jugé et puni *en France*, d'après les dispositions des lois françaises. Cette disposition pourra être étendue aux étrangers qui, auteurs ou complices du même crime, seraient arrêtés en France, ou dont le gouvernement obtiendrait l'extradition (*ibid.* 6).

35. — Mais il y a lieu, au contraire, de s'arrêter à la circonstance du lieu où le crime a été commis, lorsqu'il s'agit de contrefaçon des monnaies étrangères.

36. — Tout individu, dit l'art. 134 C. pén., qui aura, *en France*, contrefait ou altéré des monnaies étrangeres, ou participé à l'émission, exposition ou introduction en France de monnaies étrangères contrefaites ou altérées, sera puni des travaux forcés à temps.

37. — Il suit de cet article que le Français qui contrefait *en pays étranger* des monnaies étrangères (ayant cours légal dans ce pays, car sans cette condition il n'y a pas de véritable monnaie), serait bien passible des lois étrangères contre les faux monnayeurs, mais ne pourrait être condamné, en France, à aucune peine. — D.A. 8. 319, n. 15.

38. — Mais si le Français qui contrefait en pays étranger des monnaies étrangères remet à un tiers les pièces de monnaie contrefaites, sachant que celui-ci doit les introduire en France, il est alors complice de l'introduction des monnaies contrefaites (C. pén. 60). *Secùs*, s'il n'a pas remis les fausses pièces et est resté étranger à leur introduction en France. — *Ibid.*

39. — Un militaire français qui contrefait des monnaies étrangères en pays étranger occupé par les armées françaises, commet-il le crime de fausse monnaie? Non : par les mots, *en France*, dont se servent les art. 133 et 134, on ne peut entendre que le territoire soumis, non à nos armées, mais à nos lois, à notre constitution; ainsi, un pays conquis ne fait partie de la France que lorsque la réunion en a été légalement ordonnée. La fiction que le militaire qui est sous le drapeau est censé être en France n'a été introduite qu'en faveur des militaires français, et ne peut être tournée contre eux. — D.A. 8. 319, n. 16.

40. — C'est aux cours spéciales (aujourd'hui aux cours d'asisses), et non aux conseils de guerre, qu'appartient la connaissance du crime de fabrication ou émission de fausse monnaie commis par des militaires, faisant partie des armées hors du territoire Français (L. du 23 flor an 10; C. instr. crim., art. 554; avis du cons. d'état, du 20 flor. an 11). — 18 oct. 1811. Cr. Régl. de juges. Min. pub. C. Visnoski. D.A. 8. 321. D.P. 12. 1. 108. — *Contrà*, D.A. 8. 319, n. 16.

41. — L'art. 134 C. pén., qui punit la contrefaçon de la monnaie étrangère, ne s'applique pas seulement à la monnaie métallique, mais encore au papier-monnaie, tel que les billets de la caisse de Prusse. — 25 avril 1828. Cr. r. Magny. D.P. 28. 1. 227.

42. — La contrefaçon des billets papier-monnaie de Prusse doit, quoiqu'il n'en ait pas été fait usage en France, être punie des peines portées par l'art. 134 C. pén., qui comprend, dans sa généralité, toutes les monnaies étrangères, de quelque nature ou de quelque matière qu'elles soient. — 29 juin 1829. Cr. c. Dalsace. D.P. 29. 1. 278.

43. — Dans cette espece, la cour de la Moselle, pour caractériser ce qu'on devait entendre par *monnaies étrangères*, avait, à ce qu'il paraît, cru devoir examiner si les billets de Prusse constituaient des actes authentiques, ou des actes de commerce, et ne voyant dans ces billets que des actes sous seing-privé, elle leur avait appliqué seulement l'art. 150 C pén. (1er avril 1829 Cour d'assises de la Moselle. D.P. 29. 1. 278). Mais la cour de cassation ne s'est point expressement prononcée sur cette question; elle a vu dans les billets en question une monnaie étrangère, dans le sens de l'art. 134; elle a en conséquence cassé l'arrêt de la cour d'assises. — Toutefois, il semble résulter implicitement de cette décision que ces billets ne sont pas rangés dans la classe des actes privés. — Même arrêt.

44. — L'administration de la dette de l'état du royaume de Prusse est recevable à se porter partie civile, sur une poursuite en contrefaçon des monnaies de cet état, dirigée en France. — Même arrêt.

45. — Aux termes de l'art. 135 C. pén., la participation énoncée aux art. 132, 133 et 134 ne s'applique point à ceux qui, ayant reçu pour bonnes des pièces de monnaies contrefaites ou altérées, les ont remises en circulation. — Toutefois, celui qui aura fait usage desdites pièces, après en avoir vérifié ou fait vérifier les vices, sera puni d'une amende triple au moins, et sextuple au plus de la somme représentée par les pieces qu'il aura rendues à la circulation, sans que cette amende puisse, en aucun cas, être inférieure à seize francs.

46. — La cour royale qui met un individu en accusation pour crime d'émission de fausse monnaie, n'est pas tenue d'ajouter au fait de participation à l'émission de la fausse monnaie la circonstance que l'accusé n'avait pas reçu pour bonnes les pièces de monnaie par lui émises, lorsque, d'ailleurs, il n'y a ni indice ni allégation de l'accusé, qu'il ait reçu les pièces pour bonnes. — 23 juin 1826. Cr. r. Sauvey. D.P. 26. 1. 396.

47. — De quelle manière doit-on en cette matière poser au jury les questions? — V. Cour d'assises, n. 985, 1005, s., 1156, s. 1523.

48. — En quels termes doit être conçue la déclaration du jury? — V. Cour d'assises, *eod.*

49. — Le fait de vérification énoncé dans la seconde disposition de l'art 135 C. pén. ne peut être considéré comme une circonstance modificative de l'émission de fausses pièces de monnaie que lorsque ces pièces ont été reçues pour bonnes. En conséquence, un individu qui ne prétend pas avoir reçu pour bonnes les fausses pièces de monnaie dont il est accusé d'avoir fait l'émission, ne peut exiger qu'il soit posé au jury une question sur le fait isolé de savoir s'il a été fait usage des pièces, après en avoir vérifié les vices. — 26 déc. 1823. Cr. r. Min. pub. Ravell. D.A. 8. 324. D P. 2. 238.

50. — La tentative du délit d'émission de pièces qu'on sait être fausses, mais qu'on a reçues pour bonnes, n'est pas punissable. — 15 avril 1826. Cr. c. Intérêt de la loi. Schmitt. D.P. 26. 1. 349.

51. — Les personnes coupables des crimes mentionnés aux art. 132 et 133 seront exemptes de peine, dit l'art. 138 C. pén., si, ayant la consommation de ces crimes et avant toutes poursuites, elles en ont donné connaissance et révélé les auteurs aux autorités constituées, ou si, même après les poursuites commencées, elles ont procuré l'arrestation des autres coupables. — Elles pourront néanmoins être mises, pour la vie où à temps, sous la surveillance spéciale de la haute police.

52. — Lorsqu un individu accusé de fausse monnaie demande qu'il soit posé au jury une question sur le fait de savoir s'il y a lieu à lui appliquer l'exemption de peine que prononce l'art. 138 C. pén. en faveur du prévenu de ce crime qui a dénoncé les autres coupables, la cour d'assises ne peut rejeter cette demande, sous prétexte que le crime était consommé, sans usurper les fonctions du jury, en décidant le fait de la consommation du crime, et sans donner une fausse interprétation à la loi, les accusés ayant, même après la consommation

du crime, le droit de poser cette question. — 17 août 1820. Cr. c. Farchaud. D.A. 8. 323. D.P. 2. 237.

53. — Les dispositions des art. 136 et 137 du C. pén., relatives à la non révélation de l'existence de fabriques ou dépôts de fausses monnaies, ont été abrogées par la loi de 1832.

54. — Les fabricateurs d'instrumens propices à contrefaire ou altérer les monnaies doivent-ils être punis comme faux monnayeurs, quoique la contrefaçon ou altération n'ait pas été consommée? La question a été affirmativement résolue, relativement aux assignats, par décret de la convention, du 17 brum an 2. Mais le code ayant depuis établi une législation spéciale sur la matière, le fabricateur d'instrumens ne pourrait être condamné qu'autant qu'il se serait rendu *complice* du crime, conformément à l'art. 60 C. pén., c'est-à-dire qu'autant qu'il aurait su, en fabriquant l'instrument, quelle devait en être la destination. — D.A. 8. 318, n. 9; Carn., *loc. cit.*

55. — Les manufacturiers et artistes sont tenus de prendre des permissions pour l'établissement des presses, laminoirs, moutons, balanciers et coupoirs, et l'on doit poursuivre comme faux monnayeurs ceux qui fabriquent des médailles ou jetons au coin des armes de quelques souverains (Lettres-patentes du 23 juill. 1783; arrêt du cons., du 3 germ. an 9). — D.A. 8. 318, n. 10; Legrav., 2, ch. 4.

56. — Les balanciers, adoptés pour la fabrication des monnaies du royaume, ne peuvent être confectionnés que dans l'hôtel des monnaies de Paris, sous la surveillance de l'administrateur des monnaies, et il est défendu à tous artistes d'établir de pareils balanciers, sous peine d'être poursuivis et jugés d'après les lois contre les faux-monnayeurs (Décr. 24 avril 1808).

57. — La forme de procéder en matière de crime de fausse monnaie est celle suivie pour les délits en général; la procédure particulière sur le faux lui est étrangère. Cependant quelques dispositions exceptionnelles ont été établies pour la procédure de ce genre de crime, telle est celle de l'art. 464 C. inst. cr. — Il doit aussi, s'il y a lieu, être fait description des pièces de conviction formant le corps du délit. — D.A. 8. 319, n. 12.

58. — Les lois qui créent des juridictions particulières entraînent devant ces juridictions toutes les affaires de la nature de celles qui sont l'objet de ces nouvelles attributions, qui n'ont pas encore subi l'épreuve d'un jugement définitif, sauf à appliquer la peine selon la loi existant au temps où le délit en question a été commis; en conséquence, une cour n'a pu, avant l'abolition des cours spéciales, refuser de renvoyer à cette juridiction le crime de fausse monnaie, sur le motif qu'il n'était pas constaté si le crime avait été commis sous les anciennes ou sous les nouvelles lois, et qu'il y avait dès lors incertitude sur la peine à appliquer (C. inst. cr. 334). — 24 juin 1813 Cr. c. Min. pub. C. Bælger. D.A. 8. 322. D.P. 2. 237.

— V. Banque de France, Compétence criminelle, Complicité, Cour d'assises, Peine, Tentative.

TABLE SOMMAIRE.

Acte authentique. 43.	Exemption. 51, s.
Alliage. 26, s.	Exposition. 6, 23.
Altération. 1, 6, 9.	Extradition. 34.
Amende. 6, s. 21, s. 45.	Instrument. 54, s.
Argent. 25. s.	Intention. 17, s. 24.
Balancier. 56.	Médaille. 55.
Billet. 42.	Mercure. 9.
Billon. 25, s.	Militaire. 39, s.
Cassation (appréciation). 12.	Or. 25.
Compétence. 40. — générale 58	Papier-monnaie. 41, s.
Confiscation. 6, s.	Participation. 17, 45.
Contrefaçon. 6, s. — grossière. 12, 16.	Pays étranger. 30, s.
Cours légal. 1. s. 29.	Peine. 2, s.
Défense (lecture de la loi). 20.	Procédure. 57.
Dorure. 16.	Question au jury. 47, s.
Emission. 17.	Révélation. 51, s.
Escroquerie. 11.	Réunion. 32.
Excuse. 51.	Statut réel 32, s.
	Tentative. 11.
	Titre. 42. s.
	Trone, 9.
	Usage coupable. 7.

FAUTE. — V. Responsabilité. — V. aussi Appel, Assurances maritimes, Assurances terrestres, Avoué, Capitaine, Cassation, Caution, Charte partie, Commissionnaire, Communauté, Comptabilité, Condition, Conseil d'état, Contrainte par corps, Contrat à la grosse, Dépôt, Désaveu, Faillite, Louage, Mandat, Partage, Prêt, Prise à partie, Substitution, Succession bénéficiaire, Vente.

FAUX. — 1. — Toute suppression ou altération de la vérité constitue un faux; mais pour qu'il y ait *crime de faux*, il faut que cette suppression ou altération soit frauduleuse et faite au préjudice d'autrui (D.A. 8. 325, n. 1), ou de l'état.

2. — Les lois romaines, en matière de crime de faux, ne présentent guère que des dispositions incohérentes et incomplètes. Les principales de ces lois, sont la loi *Cornelia de falsis*, la loi *Vitellia*, et le sénatus-consulte Libonien. — *Ibid.*, n. 2.

3. — En France, l'édit du mois de mars 1531, celui de 1680, l'ordonnance des fermes, de 1681, les déclarations des 10 août 1699 et 4 mai 1720, l'ordonnance des testamens, de 1735, l'édit de 1787, établirent successivement des dispositions répressives du crime de faux. — *Ibid.*, n. 3.

4. — Enfin parut le code pénal de 1791; il conserva la distinction, sagement établie par l'édit de 1680, entre le faux commis par un simple particulier et celui commis par un fonctionnaire public *dans l'exercice de ses fonctions*. Et à cette distinction il en ajouta une autre, non moins fondée, entre les faux en écritures publiques et authentiques, les faux en écritures de commerce ou de banque et les faux en écritures privées. — *Ibid.*, n. 4.

5. — Mais il n'avait pas suffisamment précisé les caractères de divers genres de faux. Cette lacune a été remplie par le code pénal de 1810, qui lui-même a été notablement amélioré par la loi du 28 avril 1832.

6. — Le faux peut avoir lieu de plusieurs manières : par *paroles*, comme dans le cas de faux serment, de faux témoignage (V. Témoignage faux); par des *faits*, en usant de faux poids, en fabriquant de la *fausse monnaie* (V. ce mot); par des *écrits*, en composant de faux actes, en altérant des actes véritables.

C'est de cette dernière espèce de faux qu'on va parler, soit dans le cours de cet article, soit à l'article *faux incident*.

ART. 1er. — *De la contrefaction des sceaux de l'état, des billets de banque, des effets publics, des poinçons, timbres et marques.*

ART. 2. — *Des caractères généraux du faux en écritures.*

§ 1er. — *Altération ou suppression de la vérité.*

§ 2. — *Intention frauduleuse.*

§ 3. — *Préjudice possible.*

ART. 3. — *Du faux en écritures authentiques et publiques.*

§ 1er. — *Quelles écritures doivent être réputées écritures publiques.*

§ 2. — *Du faux en écritures publiques commis par des fonctionnaires ou officiers publics.*

§ 3. — *Du faux en écritures publiques commis par de simples particuliers.*

ART 4. — *Du faux en écritures de commerce et de banque*

ART. 5 — *Du faux en écriture privée.*

ART. 6. — *Du faux commis dans les passe-ports, feuilles de route et certificats.*

ART. 7. — *De l'usage du faux.*

ART. 8. — *Des peines du faux.*

ART. — 9 *De la procédure en inscription de faux principal.*

ART. 10. — *De la compétence.*

ART. 1er. — *Contrefaction des sceaux de l'état, billets de banque, effets publics, poinçons, timbres et marques.*

7. — Les dispositions du code pénal actuel, en cette matière, sont en quelque sorte calquées sur le code pénal de 1791, part. 2, tit. 1er, sect. 6, et sur la loi du 24 germ. an 11, sauf que la loi nouvelle a mieux gradué les peines suivant l'importance de la destination des objets contrefaits, et qu'elle a, avec raison, distingué, comme on le verra, la fabrication d'un faux timbre d'avec le faux emploi d'un timbre vrai. — D.A. 8. 326, n. 1.

8. — Ceux qui auront contrefait le sceau de l'état ou fait usage du sceau contrefait; ceux qui auront contrefait ou falsifié, soit des effets émis par le trésor royal avec son timbre, soit des billets de banque autorisés par la loi, ou qui auront fait usage de ces billets et effets contrefaits ou falsifiés, ou qui les auront introduits dans l'enceinte du territoire français, seront punis des travaux forcés à perpétuité (C. pén. 139).

9 — La contrefaction du sceau de l'état est, comme on l'a dit avec raison, une sorte d'usurpation de la souveraineté: celle des effets émis par le trésor et les banques autorisées est un attentat semblable à celui de fausse monnaie : ces considérations justifient la sévérité de la loi.

10. — Le sceau de l'état n'est pas celui qui s'applique, au nom du gouvernement, sur les marchandises et autres objets; mais celui qui doit être appliqué sur les actes du gouvernement pour les rendre obligatoires. — *Ibid.*, n. 3.

11. — L'art. 139 qui ne punit que la contrefaction, et non l'altération ou falsification du sceau de l'état, punit, au contraire, même la falsification des effets émis par le trésor ou par les banques autorisées.

12. — Celui qui, pour faire revivre des billets de banque retirés de la circulation, en fait disparaître, par des procédés chimiques, un timbre indiquant qu'ils étaient annulés, commet le crime de faux. — 19 déc. 1807. Cr. r. Cabourdin. D.P. 8. 1. 298.

13. — Il est indispensable, pour l'application de l'art. 139, qu'il s'agisse de la contrefaçon ou falsification d'effets émis par le trésor royal *avec son timbre*, ou de billets de banque *autorisés par la loi*. A défaut de cette autorisation, les banques ne sont que des établissemens particuliers aux effets desquels s'applique l'art. 147 ci-après.

14. — Il faut aussi, si le prévenu est accusé d'avoir *fait usage* d'effets du trésor ou de billets de banque falsifiés, qu'il en ait fait usage *sciemment* (C. pén. 163).

15. — Du reste, l'usage que l'on fait d'effets du trésor ou de billets de banque que l'on sait être faux, est passible de la peine portée par l'art. 139, alors même qu'on aurait reçu ces effets comme bons. Cet article n'établit pour ce cas aucune exception, en quoi il diffère notablement de l'art. 135.

16. — La déclaration d'un gouvernement étranger, que des billets de banque prétendus émis par lui sont faux, est une preuve irréfragable, même pour les tribunaux français, de la fausseté de ces effets. — 10 prair. an 10. Paris. Batavhis. D.A. 8. 327. D.P. 2. 238.

17 — Les dispositions de l'art. 138 (relatives aux exemptions de peines prononcées en faveur des révélateurs) sont applicables aux crimes mentionnés dans l'art. 139 (144), mais ne s'étendent point aux crimes mentionnés dans les articles qui suivent cet art. 139.

18. — Ceux qui auront contrefait ou falsifié, soit un ou plusieurs timbres nationaux, soit les marteaux de l'état servant aux marques forestières, soit le poinçon ou les poinçons servant à marquer les matières d'or et d'argent, ou qui auront *sciemment* fait usage de papiers, effets, timbres, marteaux ou poinçons falsifiés ou contrefaits, seront punis des travaux forcés à temps, dont le *maximum* (20 ans) sera toujours appliqué dans ce cas (140).

19. — Pour connaître les caractères distinctifs des divers sceaux, marques, timbres et poinçons, qui font la matière de l'art. 140, il faut recourir aux lois des 8 vend et 6 pluv. an 3. — D.A. 8. 326, n. 5.

20. — Le timbre national est celui qui porte les armoiries de l'état. Ainsi, le timbre d'un bureau de la poste aux lettres, quoique fourni par le gouvernement et destiné à être appliqué aux lettres qui partent de ce bureau, n'est pas un timbre national; il ne porte que le nom du lieu du département. — 28 nov. 1812. Cr. r. Paris. Min. pub. C. Chambes. D.A. 3. 269. D.P. 1. 772.

21. — Mais le type ou poinçon de la régie sur les cartes, est le véritable timbre national. La contrefaçon de ce type, sous la loi du 23 vent. an 12, était par conséquent de la compétence exclusive de la cour spéciale de la Seine. — 26 déc. 1807. Cr. c. Chevallier. D.A. 8. 327. D.P. 2. 253.

22. — Le timbre apposé sur les divers actes qu'on veut produire en justice, est également un timbre *national*.

23. — La contrefaçon des marques forestières peut caractériser le crime prévu par l'art. 140 C. pén., sans qu'il y ait eu emploi d'un marteau contrefait : toute contrefaçon ou falsification de ces marques, quel que soit le plus ou le moins d'exactitude dans l'imitation, quel que soit l'instrument employé pour l'opérer, lorsqu'elle a été faite avec l'intention de faire passer la fausse marque pour la véritable, rentre dans l'application de cet article. — 21 oct. 1813. Cr. c. Min. pub. C. Ramo. D.A. 8. 330, et 327, n. 11. D.P. 2. 239.

24. — L'adjudicataire d'une coupe de bois qui, pour s'approprier des arbres réservés, a détruit entièrement l'empreinte du marteau *national*, ne doit pas être puni comme faussaire, mais comme destructeur d'un acte public (art. 437 C. pén.). — D.A. 8. 327, n. 9.

25. — *Secus*, si, après avoir détruit l'empreinte du marteau de l'état, il en fait une fausse, qu'il applique sur un arbre non réservé : il commet un faux. — *Ibid.*, n. 10.

26. — Sous le code pénal de 1791, la contrefa-

çon du marteau national rentrait implicitement dans l'application de l'art. 5, sect. 6, tit. 1er, part. 2 de ce code, lequel article punissait de dix ans de fers les contrefacteurs des marques apposées, au nom du gouvernement, sur toute espèce de marchandises. En conséquence, et aux termes de la loi du 23 flor. an 10, la contrefaction des marteaux servant au balivage des bois était de la compétence des cours spéciales.—2 oct. 1806. Cr. c. D.A. 8. 326, n.7.

27.— C'est un délit de contrefaction que de calquer un poinçon sur le poinçon employé par le bureau de garantie pour la marque de l'or et de l'argent, et la connaissance de ce délit était, sous la loi du 23 flor. an 10 (art. 2), attribuée aux cours spéciales.—Ainsi, lorsqu'un individu était prévenu d'avoir fabriqué et mis dans le commerce des couverts d'argent portant des marques d'un poinçon illégal, encore bien que les marques eussent été apposées avec un poinçon calqué sur le véritable, une cour spéciale ne pouvait se déclarer incompétente pour statuer sur cette prévention. — 13 mai 1808. Cr. c. Min. pub. C. Morel. D.A. 4. 214, et 8 328. D.P. 1. 1068.

28.— Sera puni de la réclusion quiconque s'étant indûment procuré les vrais timbres, marteaux ou poinçons ayant l'une des distinctions exprimées en l'art. 140, en aura fait une application ou usage préjudiciable aux droits ou intérêts de l'état (141). —Ainsi, trois conditions sont exigées pour qu'il y ait lieu d'appliquer cet article : 1° qu'on se soit indûment procuré les vrais timbres, etc.; 2° qu'on en ait fait usage; 3° que cet usage soit préjudiciable, non à de simples particuliers, mais aux droits de l'état.

29.— Jugé ainsi que l'enlèvement frauduleux des empreintes du marteau royal, apposées sur les arbres qui doivent faire partie d'une coupe de bois adjugée, et le placement de ces empreintes sur des souches de plus forte dimension, doivent être réputés destruction d'actes de l'autorité publique, et constituent, dès lors, non une simple filouterie, mais les crimes prévus par les art. 439 et 141 C. pén.—4 mai 1822. Cr. régl. de juges. Min. pub. C. Schwanger. D.A. 8. 331. D.P. 22 1. 224.

30.— Jugé encore que l'enlèvement frauduleux des empreintes d'un marteau servant aux marques forestières pour les appliquer sur des arbres réservés par les agens de l'administration, dans le but de se les approprier, constitue un vol qualifié des bois de l'état, pareil à celui pratiqué à l'aide de marteaux portant cette même empreinte; en conséquence de cette identité, les delinquans ont pu être condamnés à l'emprisonnement, conformément aux dispositions de l'art. 141 C. pén. — 4 janv. 1834. Cr. r. Wolf. D.P. 34. 1. 221.

31.— Le fait de rendre des feuilles de papier timbré qui ont servi, susceptibles d'être employées de nouveau, en effaçant, à l'aide d'un lavage, l'écriture qui les couvre, ne constitue pas un faux (C. pén. 141, 147, 148).— 11 juill. 1834. Cr. r. Min. pub. C. Monnié. D.P. 34. 1. 387.

32.— L'art 22 C. pén. qui, depuis la loi de 1832, autorise les cours d'assises à affranchir de l'exposition publique l'individu condamné à la réclusion, s'il n'est pas en état de récidive, ne peut être invoqué par celui qui encourt la réclusion par application de l'art. 141; car, aux termes de l'art. 165, tout *faussaire* doit nécessairement subir l'exposition, et c'est en vain qu'on prétend soustraire à la qualification de *faussaire*, celui qui a fait usage des *vrais* timbres, marteaux, etc. L'art. 141 est placé dans le chapitre *du faux*, et c'est avec raison, car il y a, dans le cas qu'il prévoit, altération frauduleuse de la vérité au préjudice d'autrui. — D.A. 8. 327, n. 14.—*Contrà*, Carnot, sur l'art. 141.

33.— Ceux qui auront contrefait les marques destinées à être apposées, au nom du gouvernement, sur les diverses espèces de denrées ou de marchandises, ou qui auront fait usage de ces fausses marques; — ceux qui auront contrefait le sceau, timbre ou marque d'une autorité quelconque, ou d'un établissement particulier de banque ou de commerce, ou qui auront fait usage des sceaux, timbres ou marques contrefaits, seront punis de la réclusion (142).

34.— Toutefois, cet article a été modifié par la loi du 28 juillet 1824, en ce qui concerne les apposition, addition, retranchement, altération sur des objets fabriqués, du nom d'un fabriquant ou de la raison commerciale. Ces faits, assimilés, par la loi du 12 avril 1803, art. 17, à la contrefaçon des *marques* particulières, prévue par les art. 142 et 143 C. pén., ne sont plus passibles, d'après la loi de 1824, que d'un emprisonnement de trois mois à un an, et d'une amende, aux termes de l'art. 423.

35.— Du reste, pour que la marque d'un fabricant soit établie d'une manière légale, il faut qu'elle soit distincte des autres marques, et qu'un modèle en ait été déposé au greffe du tribunal de commerce (L. 12 avril 1803).

36.— La prévention de faux pour contrefaçon des marques appliquées par les manufacturiers sur les objets de leur fabrication, ne peut exister, à l'égard des liquides, que lorsque les marques ont été falsifiées, puis appliquées sur les vases de manière à faire corps avec eux, de telle sorte que les liquides ne puissent en être extraits sans rupture de la marque ou destruction de son application aux vases (L. du 22 germ. an 11, tit. 4, art 16).—22 janv. 1807. Cr. c. Laugier. D.A. 8. 328. D.P. 2. 238.

37 — Le fait d'avoir apposé sur des bouteilles un faux poinçon, constitue le crime de faux prévu par l'art. 142 C. pén. et non la simple contravention, en matière de poids et mesures, que prévoit l'art. 479, n. 5 C. pén On ne peut distinguer là où la loi ne distingue pas — 20 janv. 1825. Cr. c. intérêts de la loi. Fabre. D.P. 25. 1. 167.

38.— Sera punie de la dégradation civique (peine substituée dans ce cas à celle du carcan, par la loi, de 1832) quiconque s'étant indûment procuré les vrais sceaux, timbres ou marques, ayant l'une des destinations exprimées en l'art. 142, en aura fait une application ou usage préjudiciable aux droits ou intérêts de l'état, d'une autorité quelconque, ou même d'un établissement particulier, (143) sauf la modification apportée à cette disposition par la loi de 1824, ci-dessus citée.

39.— Sous le code pénal de 1791 et de la loi du 23 flor. an 10, l'ex-employé des droits-réunis qui, devenu possesseur illégitime d'une pince servant à marquer les tabacs, apposait frauduleusement à des tabacs l'empreinte de cette pince, commettait un crime de faux de la compétence des cours spéciales (Décret interprétatif du 15 oct. 1810).—D.A. 8. 327, n 12 et 329.

ART. 2.— *Des caractères généraux du faux en écriture.*

40.— Le faux en écriture se divise en faux *matériel* et en faux *intellectuel*. Le faux matériel consiste, soit dans la fabrication d'un acte par contrefaction d'écriture (c'est le faux que d'anciens auteurs appelaient *formel*); soit par l'altération d'un acte véritable, au moyen d'addition d'écritures, de changemens ou de suppression de mots, etc.; c'est ce faux seulement que l'on appelait autrefois *matériel*. On voit que ce faux résulte d'une falsification ou altération, en tout ou en partie, commise sur la pièce arguée, et susceptible d'être constatée physiquement par un procédé quelconque; de là sa qualification.— D.A 8. 331.

41.—Le faux *intellectuel* est celui qui, sans qu'il y ait contrefaction ou altération de l'écriture ou de la pièce, dénature la substance de l'acte.—Par exemple, lorsqu'un officier public insère dans un acte d'autres conventions que celles qui lui sont dictées; lorsqu'on fait signer à une partie un acte dont le contenu n'est pas ce qu'elle entend signer. Cette espèce de faux ne pouvant être reconnue à un signe physique et matériel, a été nommée faux *intellectuel*; par quelques auteurs, faux *moral*, et dans plusieurs arrêts de la cour de cassation, faux *substantiel*.—*ibid*.

42.— Le crime de faux suppose trois conditions essentielles : 1° suppression ou altération de la vérité; 2° intention de nuire; 3° préjudice possible, l'une de ces trois conditions venant à manquer, la criminalité du fait s'évanouit. Nous allons les parcourir successivement.—D.A. 8. 335, n. 26.

§ 1er.— *Altération ou suppression de la vérité.*

43. — La supposition d'une chose fausse, ou la suppression ou altération d'une chose vraie, tel est l'élément fondamental du crime de faux, et sans lequel ce crime ne peut même se concevoir.

44. — Il n'y a pas crime de faux de la part de celui qui a tenu et dirigé la main d'un individu pour la confection d'un testament ou acte révocatoire de testament, lorsqu'il est constant que l'acte ainsi écrit est bien l'expression de la volonté de celui dont la main a été tenue et dirigée (C. pén. 147). — 18 mars 1830. Cr. r. Min. pub. C. Scepeaux. D.P. 33. 1. 245.

45. —L'usage d'un livret faux, sans qu'il soit certain que l'accusé en ait fait usage sachant qu'il était faux, ne constitue pas le crime de faux, mais seulement un délit d'escroquerie, lorsque cet usage a eu lieu dans le but de s'emparer de la fortune d'autrui, en persuadant l'existence d'une fausse entreprise. — 16 sept. 1830. Cr. c. Durlenwanger. D.P. 30. 1. 389.

46. — Toute supposition frauduleuse faite dans un acte, pour cacher ou altérer la vérité au préjudice d'autrui, ne constitue pas nécessairement le crime de faux. Pour qu'il y ait faux, dans la plus étroite signification de ce mot, il est nécessaire que l'altération frauduleuse de la vérité rentre dans l'un de cas prévus par la loi.

47. — De simples allégations mensongères dans un acte ne constituent pas le crime de faux. Les faux comptes, les faux calculs, par exemple, ne sont point réputés crimes de faux. Ainsi, ceux qui ont porté dans un compte des sommes qui ne devaient pas y figurer ou qui ont été exagérées, ne peuvent être poursuivis comme faussaires (L. 23, D *de Leg. Corn. de fal.*). Ce qui nous fait admettre cette décision, c'est que la loi semble exiger, pour qu'il y ait faux criminel, que le fait par lequel ce faux s'opère ait été commis à l'insu de la partie à laquelle il doit préjudicier. Or, cette circonstance n'a pas lieu dans un faux compte, puisque les articles qui y figurent, même indûment et frauduleusement, n'y sont point insérés à l'insu de la partie dont ils blessent les droits.

48. — Jugé ainsi que l'huissier qui, dans l'état de ses salaires et dépenses, qu'il a fait signer par le président du tribunal, a supposé certaines opérations au lieu d'autres, et même des actes qu'il n'a point faits, afin d'augmenter la somme de ses salaires au préjudice du trésor public, s'il n'a fait usage d'aucune pièce fausse pour appuyer les articles altérés ou supposés, n'a point commis un faux caractérisé, mais une tentative de vol au préjudice du trésor public. — 7 sept. 1810. Cr. c. Crociani. D.A. 8. 357. D.P. 2. 248.

49.— Aux termes de la loi 29 D. *de Leg. Corn. de falsis*, celui qui, par une fausse allégation consignée dans une requête ou dans un acte de procédure, surprenait la religion du magistrat, commettait, non pas un faux réel, mais, comme le fait observer Merlin, un *quasi-faux*, c'est-à-dire un délit que des raisons particulières avaient déterminé le législateur à assimiler au faux, quant à la peine.

50. — Aujourd'hui, le fait dont il s'agit ne saurait, ce semble, constituer le crime de faux, attendu que les actes de procédure faits par l'une des parties ne peuvent être considérés comme ayant pour objet de *constater*, dans le sens de l'art. 147 C. pén., les allégations qu'ils contiennent.

51. — Sous l'ancienne législation, où l'accusé prêtait serment de dire la vérité, on tenait pour constant que ses réponses mensongères ne lui faisaient pas encourir les peines du parjure : *à fortiori*, dans notre législation actuelle, où le prévenu a été dispensé de prêter serment, le mensonge de ses réponses ne saurait constituer ni crime ni délit.

..... En conséquence, le fait d'un prévenu qui, dans l'objet de se disculper, s'est permis, soit devant le juge d'instruction, soit devant le tribunal, de prendre un nom supposé, et de confirmer cette supposition par sa signature, a été justement déclaré ne pouvoir constituer le faux prévu et puni par l'art. 147 C. pén — 1er sept. 1826. Cr. r. Besançon. Min. pub. C. Sellier. D.P. 33. 1. 315.

52.—La loi 21 D. *de Leg Corn. de falsis*, assimilait au crime de faux, du moins *quant à la peine*, le fait de celui qui vendait, comme lui appartenant encore, un bien qu'il avait déjà vendu à un autre. — Aujourd'hui, ce fait est qualifié par la loi, non pas crime de faux, mais simple stellionat.

53.— On ne peut poursuivre comme faussaire celui qui a fait des actes simulés (de prétendus prêts, par exemple), pour paraître plus riche qu'il n'est, et, par là, usurper un crédit au moyen duquel il pût faire des dupes. — Merl., *loc. cit.*—*Contrà*, Jousse.

54.— Le militaire qui, pour cumuler une pension de retraite avec un traitement d'activité, atteste, dans des déclarations revêtues de sa signature, qu'il ne jouit d'aucun traitement d'activité, tandis qu'il reçoit le traitement du grade de lieutenant, ne commet pas le crime de faux, mais un simple délit de déclaration mensongère, prévu par l'art. 60 de la loi du 28 fruct. an 7, de la compétence des conseils de guerre.— 21 avril 1809. Cr. r. Min. pub. C. Vaillard. D.A. 8. 385. D.P. 9. 2. 174.

55.— La simulation respectivement consentie par les contractans ne constitue pas le crime de faux, alors même qu'elle a pour objet de nuire à des tiers. Cette décision, consacrée par un arrêt du 12 flor. an 13 (V. ci-après...), rendu sur les conclusions conformes de Merlin, est universellement admise.

56. — Toutefois, Dalloz ne nous paraît pas la motiver d'une manière satisfaisante en disant que

tant que l'acte simulé n'a pas été *mis à exécution* vis-à-vis des tiers, il n'y a qu'une simple *tentative de crime*, non manifestée par des actes extérieurs, et non suivie d'un commencement d'exécution, et, par suite, non punissable. — D'abord, il est difficile d'admettre cette opinion, si l'on réfléchit que la fabrication d'un faux est un crime distinct de l'usage de ce faux. — Ensuite, on peut douter qu'il y eût crime de faux, alors même que l'acte simulé serait mis à exécution vis-à-vis des tiers. Il n'y aurait toujours là qu'une allégation mensongère. Le motif, ce semble, de décider qu'il n'y a pas crime de faux dans la simulation dont il s'agit, c'est que ce fait ne paraît rentrer dans aucune des dispositions de l'art. 147 C. pén.

57. — En effet, quand cet article répute crime le faux par *fabrication de conventions, dispositions*, etc., il entend parler de conventions et dispositions qui sont fausses respectivement à la partie de laquelle on les suppose émanées, c'est-à-dire de conventions et dispositions faites sans l'aveu et sans la participation de cette partie. Les règles d'interprétation prescrites en matière de lois pénales interdisent, à notre avis, de donner un sens plus large aux expressions de l'art. 147.

58. — La dissimulation du véritable prix dans un contrat de vente, en fraude des droits du fisc, ne donne lieu qu'à une action civile (L. 22 frim. an 7). — D.A. 8. 335, n. 24.

59. — Il faut bien distinguer l'altération frauduleuse de la vérité, capable de constituer un faux, de celle qui n'a que les caractères d'un abus de confiance. Cette distinction est très clairement établie par les arrêts suivans :

60. — Le fils qui, sous le nom et à l'insu de son père, écrit à une maison de commerce et contracte des obligations qui ont porté cette maison à lui délivrer des marchandises et à lui faire crédit, ne se rend pas coupable d'un faux, mais seulement d'un abus de confiance, s'il est reconnu que son père l'avait autorisé, dans nombre d'affaires relatives à son commerce, à signer son nom, et que les engagemens pris sous cette signature avaient été par lui remplis. — 26 mars 1813. Cr. c. Herz. D.A. 8. 388. D.P. 13. 1. 270.

61. — Dans le cas où chacun des associés a le droit de prendre la signature sociale, l'associé qui abuse de cette signature, pendant l'existence de la société, pour éteindre des dettes qui lui sont personnelles, ou grever enfin de quelque manière que ce soit le sort de ses co-associés, ne commet pas le crime de faux. — 16 oct. 1806. Cr. r. Gor. D.A. 8. 372, et 371, n. 4. D.P. 6. 1. 653.

62. — Il ne commet qu'un abus de confiance ou un délit d'escroquerie, car, en signant du nom social des effets de commerce, il a usé du pouvoir qu'il avait d'employer la signature sociale. C'est, dit Merl., Rép. v° Faux, sect. 1re, § 5, la société qui tenait la plume quand il a écrit et signé ces effets, ils ne sont donc pas faux; ils n'ont pas été faits *pour* la société, mais ils ont été faits *par* elle. — D.A. 8. 371, n. 4.

63. — Il n'y aurait pas davantage crime de faux, quand même les porteurs des effets signés du nom social par l'un des associés, auraient su, en recevant les effets, que l'associé qui les leur remettait ne devait pas en employer le montant aux affaires sociales. Cette circonstance n'empêcherait pas qu'on ne dût considérer la société comme ayant souscrit elle-même les effets par la main de l'associé qui les a revêtus de la signature sociale. — Merlin, *loc. cit.*

64. — Mais l'associé qui a, depuis la dissolution de la société, créé et émis sous la signature sociale des billets à ordre, lettres de change et autres effets de commerce, commet un faux caractérisé. — 16 oct. 1806. Cr. r. Gor. D.A. 8. 372, et 371, n. 4. D.P. 6. 1. 653.

65. — Dans ce cas, en effet, l'associé a signé un nom qui ne lui appartenait pas et qui n'existait même plus, la société étant dissoute : il a donc commis un faux matériel, élevé à la qualité de crime par la réunion de ces deux circonstances : l'intention frauduleuse et la possibilité de nuire à autrui. — D.A. 8. 371, n. 4.

66. — Il y aurait également faux dans le cas où les lettres de change endossées par l'un des associés depuis la dissolution de la société, auraient été tirées, avant cette dissolution, à l'ordre de la raison sociale, mais *valeur en elle-même* : car ce n'est que par l'endossement qu'une lettre ainsi conçue cesse d'être un simple projet, pour devenir une véritable lettre de change. — Merl., *loc. cit.*

67. — La différence entre le crime de faux et le simple abus de blanc-seing, est facile à saisir : l'abus de blanc-seing, qui n'est passible que de peines correctionnelles, lorsqu'il est commis *par celui auquel le blanc-seing a été confié*, devient crime de faux, lorsqu'il a lieu de la part d'une personne à qui le blanc-seing n'a pas été confié (C. pén. 407). — D.A. 8. 380, n. 7. — V. au surplus les arrêts cités *infrà*.

68. — Il n'est pas moins facile de distinguer le crime de faux du simple délit d'escroquerie commis à l'aide d'un faux nom ou d'une fausse qualité : ce n'est que lorsque le faux nom n'a pas été pris seulement *verbalement*, mais qu'il l'a été *par écrit*, qu'il peut constituer le crime de faux. — V. les arrêts cités *infrà*.

69. — Encore faut-il, pour qu'il y ait faux et non escroquerie, que l'écrit dans lequel on a pris un faux nom ou une fausse qualité, contienne une obligation ou libération, soit au profit de l'auteur du faux, soit à celui de toute autre personne.

70. — Jugé ainsi que la fabrication d'un écrit sous seing-privé ne contenant ni obligation, ni quittance, mais une simple invitation à donner, pour être employé à des œuvres pieuses, de l'argent qu'on s'approprie, ne constitue qu'un simple délit d'escroquerie. — 14 germ. an 13. Cr. c. Ebbenie. D.A. 8. 381. D.P. 6. 1. 206.

71. — La criminalité du faux n'est pas détruite par cette circonstance, qu'elle n'a eu pour objet qu'une soustraction entre parens; il n'y a pas lieu, dès lors, d'appliquer, à celui qui s'est rendu coupable de faux, avec cette circonstance, les dispositions de l'art. 380 C. pén. — 17 déc. 1829. Cr. r. Auger. D.P. 30. 1. 30.

72. — Jugé de même que le fils qui, de concert avec une femme qu'il fait passer pour sa mère, vend, par acte public, à un tiers, un fonds appartenant à celle-ci, et se rend ainsi complice d'un faux en écriture publique, ne peut échapper à la peine que la loi inflige à ce crime, sous le prétexte que le faux avait pour objet le prix d'un immeuble qui était la propriété de sa mère. — 15 oct. 1818. Cr. r. Villark. D.A. 8. 368. D.P. 19. 1. 47.

73. — La circonstance que des prévenus d'un faux auraient anéanti la pièce fausse, après en avoir fait usage, n'empêche pas qu'ils ne puissent être poursuivis et condamnés comme faussaires. — 7 thermid. an 8. Cr. r. Baudry. D.P. 3. 1. 271.

74. — Jugé de même que sur une accusation de faux, le jury peut, sans que les pièces arguées de faux soient produites devant lui, déclarer, d'après sa conviction, l'existence de ces pièces et l'usage criminel qui en a été fait. — 17 déc. 1812. Cr. r. Bernard. D.A. 2. 245. D.P. 1. 430.

75. — Toutefois, si la disparition de la pièce ne provenait pas du *fait de l'accusé*, Carnot, t. 1, p. 391, pense que l'accusé se trouvant privé, par le fait d'autrui, de la justification qu'il aurait pu trouver dans la représentation de cette pièce, il doit suffire des plus légers doutes sur la réalité du faux pour le faire déclarer non coupable.

§ 2. — *Intention frauduleuse.*

76. — L'intention frauduleuse n'est pas une condition moins essentielle que l'altération de la vérité, à l'existence du *crime* de faux : car la moralité d'une action réside tout entière dans la volonté. — D.A. 8. 336, n. 27.

77. — Pour qu'il y ait intention frauduleuse dans l'opération qui constitue un faux, il ne suffit pas que l'on agisse *sciemment*, sachant bien que l'on commet un faux, il faut encore que l'on ait le dessein de nuire à autrui en le commettant (C. pén. 146). — D.A. 8. 334, n. 16; Merl., Rép., v° Faux, sect. 1re, § 13.

78. — Il n'y a pas crime de faux dans le fait d'avoir signé le nom de plusieurs personnes au bas d'une pétition, sans intention de nuire. — 16 mai 1806. Cr. r. Min. pub. C. Huol. D.A. 8. 381.

79. — Ni dans le fait de l'officier de santé qui signe une consultation du nom de son associé, lorsque le malade qu'elle concerne avait donné la même confiance à l'un et à l'autre, et que la consultation est avouée par celui dont elle porte la signature. — 15 flor. an 12. Cr. c. Romain. D.A. 8. 381. D.P. 2. 255.

80. — Ni dans l'inscription faite après coup et à une date inexacte, sur les registres d'une commune, de l'acte de naissance d'un enfant, si elle a été faite sans intention de nuire. — 3 mess. an 12. Cr. c. Pardon. D.A. 339. D.P. 2. 240.

... Ni dans les fausses énonciations d'un procès-verbal des préposés au droit de passe, si elles ne sont pas criminelles, et n'ont pas eu pour objet d'établir une contravention qui n'aurait pas existé. — 20 fév. 1806. Cr. c. Aubry. D.A. 8. 414. D.P. 6. 1. 227.

81. — Ni dans le fait déclaré constant par le jury, précisé et circonscrit par lui dans la fabrication matérielle des clauses d'une donation, sans intention d'en consommer l'acte par l'apposition d'une fausse signature. — 14 août 1817. Cr. c. Golran. D.A. 8. 368.

82. — Il suffit, pour que le faux soit un crime, qu'il ait été un des élémens employés pour nuire à autrui, quoiqu'il y ait eu d'autres élémens indépendans du faux qui aient concouru au même but : ainsi, celui qui appose de fausses signatures à une pétition présentée à l'autorité administrative, pour faire destituer un garde-champêtre, commet le crime de faux, encore que la pétition contienne un grand nombre de signatures véritables. — 3 août 1810. Cr. c. Min. pub. C. Gilbert. D.A. 8. 386. D.P. 2. 256.

83. — Il n'est pas nécessaire, pour qu'il y ait crime de faux, que celui qui a commis un faux dans l'intention de nuire à autrui, l'ait commis aussi dans l'intention d'en profiter *personnellement*. — 6 avril 1809. Cr. r. Min. pub. C. Devolder. D.A. 8. 377. D.P. 9. 1. 334.

84. — Il n'est pas nécessaire non plus que le faux ait été commis dans l'intention de nuire à des intérêts privés. En conséquence, le faux commis pour soustraire des conscrits déserteurs aux recherches de la gendarmerie, était, sous la loi du 23 flor. an 10, de la compétence des cours spéciales, aussi bien que le faux commis au préjudice de simples particuliers. — 8 août 1806. Cr. c. Min. pub. C. Charbonnier. D.A. 8. 383. D.P. 2. 255.

85. — Le faux qui a pour objet de soustraire un individu à une loi d'ordre et de police, de le libérer d'une obligation que cette loi lui imposait personnellement, et, par suite, de faire remplir cette obligation par un autre citoyen, constitue suffisamment un faux commis méchamment et à dessein de nuire à autrui. En conséquence, la fabrication, par un conscrit déserteur, d'un faux acte de décès, et l'emploi de cet acte auprès des autorités, à l'effet de cacher sa désertion et de se soustraire au service militaire, constituent un faux, dont, sous la loi du 23 flor. an 10, les cours spéciales ne pouvaient refuser de connaître, sous prétexte qu'il avait été commis dans le seul intérêt du conscrit. — 24 mars 1806. Cr. c. Min. pub. C. Bellon. D.A. 8. 343. D.P. 6. 1. 411. — 14 janv. 1830. Cr. r. Martres. D.P. 30. 1. 52.

86. — On ne peut punir comme faussaire celui qui, en vertu d'une fausse procuration, a touché au nom et pour le compte de son prétendu commettant, des sommes égales ou inférieures à celle que ce dernier lui doit. — 13 mess. an 13. Cr. r. Parizot.

87. — Jugé, au contraire, que l'emploi d'une fausse procuration, même dans la seule intention de se procurer le paiement d'une dette réelle, contre le gré de celui à qui appartient la somme retirée à l'aide de cette pièce fausse, contient essentiellement le crime de faux : on dirait à tort que le prévenu a pu, sans méchanceté et sans intention de nuire, se procurer, par le moyen dont il s'agit, le paiement d'une somme qui lui était réellement due. — 3 août 1809. Cr. c. Min. pub. Gautron. D.A. 8. 386. D.P. 9. 1. 420.

88. — Le faux commis pour se procurer la rentrée de sommes légitimement dues, ne serait pas punissable, suivant Carnot, t. 1er, p. 389, et Bourguignon, *Cours criminelles*, t. 3, p. 157, dans le cas où l'accusé n'aurait pas fait *usage* de la pièce fausse *envers des tiers*, pour les contraindre à verser entre ses mains ce qu'ils doivent à son débiteur. A l'appui de cette opinion, on invoque un arrêt de la cour de cassation qui a refusé de considérer comme un *vol* le fait d'avoir enlevé de force, sur la voie publique, à un débiteur de mauvaise foi, la somme qu'il refusait indûment de payer.

89. — Il a été jugé que le fait d'avoir fabriqué une fausse quittance notariée constitue le crime de faux, encore bien que la somme dont il était donné décharge par cette quittance, eût été régulièrement payée auparavant. On dirait en vain que le faux n'est crime que lorsqu'il peut profiter à quelqu'un. La loi ne fait point cette distinction. — 13 mai 1831. Cr. r. Bonnet. D.P. 31. 1. 243.

90. — Mais cette décision semble rigoureuse, surtout si on l'applique au cas où il ne serait fait usage de la fausse quittance qu'envers les héritiers ou autres représentans du créancier qui a été payé, et non vis-à-vis des tiers, créanciers eux-mêmes de ce dernier. Mais, sans doute, dans une telle hypothèse, le jury fera usage de la faculté qu'il a de déclarer l'existence de circonstances atténuantes.

91.—Il n'est pas nécessaire que le faux puisse nuire *à la fortune* d'autrui, il suffit qu'il puisse nuire à la *réputation*, pour que, s'il a été fait dans une intention coupable, il constitue le *crime* de faux. — D.A. 8. 379, n. 5.

92. — Jugé ainsi qu'il y a crime de faux, et non simple délit de calomnie, lorsqu'on fabrique une lettre par laquelle la personne qui est supposée l'avoir écrite avance des choses qui devraient attirer sur elle le mépris et la haine publique. Car il y a dessein criminel dans tout faux qui a pour objet de nuire à l'intérêt public ou particulier, et l'intérêt particulier se compose non seulement des moyens d'aisance et de fortune, mais aussi de la réputation et de l'honneur.— 12 nov. 1813. Cr. c. int. de la loi. Sarrazin-Lamy. D.A. 8. 389. D.P. 2. 258.

93.— Le principe, qu'il ne peut y avoir crime de faux si l'auteur du faux n'a point agi *frauduleusement*, s'applique aussi bien au cas où le faux prétendu criminel a été commis par un officier public dans l'exercice de ses fonctions, qu'au cas où il l'a été par un simple particulier.

94 — Jugé ainsi que le notaire qui a intercalé une fausse date dans un contrat de vente ne se rend pas coupable du crime de faux, s'il n'a pas fait cette substitution à dessein de nuire, mais seulement à raison de ce qu'il n'avait pas d'argent pour payer les droits d'enregistrement, et de ce que l'acquéreur ne lui en avait pas fourni pour y subvenir. — 24 prair. an 13. Cr. c. Mazac. D.A. 8. 340. D.P. 2 241.

95.— Jugé de même que le faux en écriture authentique n'est véritablement un faux, dans le sens du code pénal, que lorsqu'il a été commis à dessein de nuire; qu'ainsi, le notaire qui ayant fait signer un acte hors de son étude, mais dans son arrondissement, déclare l'avoir fait signer dans son étude, ne commet pas nécessairement le crime de faux.— 29 déc. 1808. Cr. c. Ferry. D.A. 8. 352 D.P. 2. 246.

96.— Jugé de même encore que le notaire qui atteste faussement, dans un inventaire, avoir dressé cet acte, et reçu le serment de l'expert estimateur, et les déclarations des parties de ne savoir signer; ou bien le notaire qui, dans un contrat de vente, atteste faussement l'avoir rédigé, tandis qu'il l'a été par son clerc, ne commet le crime de faux qu'autant qu'il a fait ces fausses attestations *dans l'intention de nuire à autrui* (C. pén., art. 146).— Ainsi, lorsqu'une chambre d'accusation, saisie d'une plainte en faux contre un fonctionnaire public, n'aperçoit pas d'intention frauduleuse, elle peut déclarer qu'il n'y a pas lieu à poursuite ultérieure. — 18 fév. 1813. Cr. r. Min. pub Delamotte. D.A. 8. 363, et 334, n. 16. D.P. 2. 251.

97.— Jugé encore que le notaire qui a fait de fausses énonciations dans un acte, sans l'intention de nuire, ni de commettre une fraude, et, dans le fait, sans avoir nui ni pu nuire à aucun intérêt privé, ni blessé l'ordre public, a pu être renvoyé de la prévention, sous la réserve de l'art. 6 de la loi du 25 vent. an 11. — 4 mars 1825. Cr. r. Min. pub. C. D... D.P. 33. 1. 301.

98.— Jugé enfin qu'à supposer qu'un huissier n'ait pas fait remise de la copie à la personne qu'il a mentionnée dans l'exploit, il n'y a faux qu'autant qu'il est établi qu'il a agi frauduleusement. — 12 déc. 1832. Lyon. Richarme. D.P. 33. 2. 138.

99. — Il suit implicitement de ces décisions : 1° que pour qu'il y ait *fraude* de la part d'un notaire qui commet un faux dans un acte de son ministère, il ne suffit pas que ce notaire commette, ce faux sciemment et sachant bien que ce faux peut préjudicier soit à des tiers (qui n'ayant pas lieu de soupçonner le faux dont l'acte est entaché, ne seront pas à portée de contester, le cas échéant, l'authenticité de cet acte), soit aux parties contractantes elles-mêmes (puisque l'acte est susceptible d'être annulé comme authentique, et qu'il peut ne pas même valoir comme acte sous seing-privé, si, par exemple, il n'est pas signé des parties); il faut encore, pour qu'il y ait *fraude* dans l'opération qui constitue un faux, que l'intention de nuire à quelqu'un dirige, dans cette opération, celui qui l'a fait : *fraudis interpretatio semper in jure civili, non ex eventu duntaxat, sed ex consilio desideratur* (L. 79, D. *de Regul.*).

100. — Au surplus, en cas d'annulation de l'acte entaché de faux, les parties lésées auront, aux termes de l'art. 68 de la loi du 25 vent. an 11, contre le notaire, une action en *dommages-intérêts, s'il y a lieu*, c'est-à-dire, si c'est à leur insu ou contre leur gré que le faux a été commis. — Dans le cas contraire, *volenti non fit injuria*. — D.A. *eod.* et Merl., Rép., v° Faux, § 24.

101. — 2° Une autre conséquence des mêmes décisions, c'est que le préjudice apporté à l'ordre public par des officiers publics et notamment par des notaires qui commettent des faux dans l'exercice de leurs fonctions, ne suffit pas non plus pour les constituer en état de fraude : c'est qu'en effet le préjudice à l'ordre public n'est puni comme crime que dans les cas déterminés par la loi, au nombre desquels ne se trouve pas le faux commis sans dessein formel de nuire à autrui. — Du reste, si le préjudice que cause ce faux à l'ordre public n'est pas toujours puni comme crime, il peut toujours l'être comme faute contre la discipline. — Mêmes autorités. — V. n. 209, s.

102. — Jugé cependant qu'il y a essentiellement intention criminelle dans toute action faite sciemment contre la prohibition de la loi, et surtout dans les fausses déclarations par lesquelles des fonctionnaires publics certifient sciemment l'observation des formalités prescrites par la loi pour la validité des actes relatifs à leurs fonctions et que la fausseté de ces déclarations, ainsi faites sciemment, étant une prévarication, un abus de la confiance et du caractère public dont la loi a investi ces fonctionnaires pour l'intérêt des particuliers et de la société, exclut la possibilité de toute intention légitime et renferme intrinsèquement une intention criminelle. — 21 juin 1810. Cr. c. Min. pub. C. Gibory. D.A. 8. 350. D P. 2. 248.

103. — Jugé de même que tout faux introduit dans la rédaction des actes authentiques et publics est criminel et punissable, indépendamment des faits auxquels le faussaire veut le rattacher et qu'il aurait eu en vue, puisqu'il attaque la bonne foi publique en ses fondemens, et nuit, dans tous les cas, à cette confiance nécessaire, qui est l'âme de toutes les transactions sociales.— 3 nov. 1826. Cr. r. Lair. D.P. 27. 1 34.

104. — Sous l'empire de la loi du 23 flor. an 10, art. 2, le seul fait de fausses énonciations écrites volontairement dans un acte public, par l'officier chargé de le rédiger, suffisait sans qu'on eût à examiner qu'elle avait été l'intention de cet officier pour établir contre lui la *prévention* de faux, et pour fixer la *compétence* de la cour criminelle et spéciale, sauf à juger, lors de l'arrêt définitif, sur l'intention du prévenu, le degré de sa culpabilité.— V. les arrêts ci après.

105.— L'expédition d'un acte peut être restreinte à la partie contenant les faits qui intéressent une personne en particulier, sans que l'omission du surplus doive faire suspecter d'infidélité ou de mauvaise foi, soit l'expéditionnaire, soit le provocateur de cette expédition, et donner ainsi lieu à une accusation de faux, pour emploi frauduleux d'une pièce non véritable. — 18 prair. an 13. Cr. c. De Vauban. D.A. 8. 339. D.P. 1. 881.

106.— Dès que le faux a été commis dans l'intention de nuire, il constitue le crime de faux, quoique, par un concours quelconque de circonstances, il n'ait occasioné aucun préjudice à autrui.

107.— Jugé ainsi que le dessein de nuire ne s'apprécie point sur le résultat réel et circonstanciel du fait, mais sur la possibilité éventuelle du préjudice que le fait peut produire. — 21 juin 1810. Cr. c. Min. pub. Gibory. D.A. 8. 336. D.P. 2 248.— 7 janv. 1826. Cr. r. Weyland. D.P. 26. 1. 161.

108.— Jugé de même que la criminalité d'un faux doit être appréciée par l'intention frauduleuse reconnue dans celui qui en est l'auteur, et non pas seulement par ses effets.

109. — Doit être puni comme faussaire celui que le jury a déclaré coupable d'avoir falsifié un billet de loterie, tout en reconnaissant qu'il n'a pas créé, par là, une obligation à la charge du gouvernement. — 7 janv. 1826. Cr. r. Weyland. D.P. 26. 1. 161.

110. — La déclaration du jury : *Oui, l'accusé est coupable d'avoir commis un faux en écriture de commerce*, renferme nécessairement l'intention criminelle de l'accusé. — 10 août 1813. Cr. r. Perthon D.A. 8. 378, D.P. 13. 1. 538.

111. — La qualification de crime donnée à la fabrication d'un acte faux suppose nécessairement une intention criminelle.— Ainsi, celui qui est déclaré coupable du *crime de faux*, par la fabrication de quittances supposées, ne peut se plaindre d'avoir été condamné pour un fait matériel destitué d'intention coupable. — 16 juill. 1818 Cr. r. Dufour. D.A. 8. 401. D.P. 2. 260.

112.— Quand un individu a été déclaré coupable de faux par altération de signature, il n'est plus permis de plaider devant la cour de cassation que ce faux ne pouvait porter préjudice à des tiers, et qu'il n'était pas criminel. — 6 juill. 1827. Cr. c. Marcassin. D.P. 27. 1. 487.

113. — Sous le code de brum. an 4, lorsqu'un individu était accusé d'avoir fabriqué une lettre sous un nom supposé, dans le dessein de faire passer ceux à qui elle était adressée pour des conspirateurs, il ne suffisait pas de poser au jury les questions relatives au faux, il fallait aussi lui poser les questions qui dérivaient de l'intention. — 19 mess. an 8. Cr. c. Petermann. D.A. 8. 406. D.P. 3. 1. 259.

§ 3.— *Préjudice possible.*

114. — L'altération de la vérité et l'intention de nuire ne suffisent pas: la *possibilité* de nuire à autrui, c'est-à-dire soit à l'état, soit aux citoyens, est encore une condition essentielle à l'existence du crime de faux.— D.A. 8. 336, n. 28.

115.— Pour qu'un faux puisse nuire à autrui, il faut évidemment ou qu'il ait pour objet de porter atteinte à la réputation d'un tiers, ou de faire naître ou d'éteindre à son préjudice un droit ou une action.

116.— Il est également évident qu'un faux qui n'attaquerait pas la *substance* d'un acte, c'est-à-dire qui n'en changerait pas le véritable caractère, qui ne lui ôterait rien de son efficacité, qui n'altérerait aucune de ses dispositions, ne saurait préjudicier à autrui.

117.— Il n'y a donc pas crime de faux dans l'antidate d'un acte sous seing-privé, respectivement consentie par les parties contractantes; un tel acte n'ayant date certaine contre les tiers que du jour où il a été enregistré. — D.A. 8. 380, n. 9.

118.—Ni dans l'énonciation mensongère faite dans les pièces d'une procédure, que l'acte en vertu duquel on réclame un paiement, a été enregistré, cette énonciation ne nuisant à personne. — 2 avril 1807. Cr. r. Lapierre. D.A 8. 347. D.P. 2. 244 et 7. 2. 130.

119.—Ni dans la substitution d'un *passé à l'ordre* ou *pour acquit*, faite par le porteur d'une cédule hypothécaire, transmissible par voie d'endossement, si cette substitution n'a nui *ni pu nuire* à autrui.— 11 fév. 1808. Cr. c. Libert. D.A. 8. 376, et 372, n. 5. D.P. 8. 1. 304.

120.— Ni dans la fabrication d'une fausse lettre missive, ayant uniquement pour objet d'obtenir de la personne à qui elle est adressée, ce qu'elle ne peut raisonnablement refuser, par exemple, dans la fabrication d'une lettre adressée, sous le nom d'un maire, au sous-préfet, pour obtenir copie du cadastre. — 22 oct. 1813. Cr. c

121.— Ni dans le fait de celui qui signe la lettre d'un nom idéal, pour persuader à un receveur de loterie que c'est pour un riche actionnaire qu'il prend des mises à crédit, puisque la sûreté de l'administration est dans la réalisation même de la mise, et que le receveur ne peut délivrer de billets sans qu'il y ait mise effective des fonds; le nom de l'actionnaire ne paraît pas d'ailleurs dans les mises. —2 juin 1809. Cr. c. Garnier. D.A. 8. 385. D.P. 2. 256.

122.— Ni dans la déclaration faite par un receveur de loterie, sur ses registres, d'avoir reçu le montant d'un nombre de billets de loterie par lui délivrés à crédit; car il ne peut y avoir faux dans un fait qui grève d'une obligation celui qui en est l'auteur. Et si, par l'effet des chances du sort, et par l'insuffisance de la responsabilité du receveur, l'administration de la loterie pouvait éprouver du préjudice de ces suppositions de versement, il n'en résulterait pas que ces suppositions pussent prendre le caractère du faux; mais seulement qu'elles pouvaient, selon les circonstances, être envisagées comme vol ou divertissement de deniers publics. — Même arrêt.

123.— Ni dans l'emploi fait sciemment de la copie d'un contrat insérée à la tête d'un exploit, et contenant une altération dans la date de l'échéance, ce qui a déterminé le débiteur à payer avant le terme réel, cette copie ne pouvant par elle-même créer ni éteindre aucun droit, ni aucune action.—2 sept. 1813. Cr. c. Brunet. D.P. 13. 1. 459.

124.— Ni dans l'emploi fait sciemment, à l'appui de l'allégation d'avoir payé une dette, d'une fausse déclaration écrite, dans laquelle deux individus attestent le fait du paiement, un tel écrit ne constituant ni obligation, ni libération, ni décharge. — 19 fév. 1825. Cr. c. Gaillard. D.P. 25. 1. 256.

125.—Ni dans la post-date donnée à une promesse de mariage, lorsque la promesse a été réellement souscrite par les parties, et que, d'ailleurs, il n'est porté aucun préjudice à des tiers. — 20 août 1825. Cr. c. Conter. D.P. 25. 1. 441.

126. — Ni dans le fait d'un particulier non commerçant, qui a falsifié ses registres domestiques,

s'il n'en a pas fait usage au préjudice d'autrui, attendu que de tels registres ne sont point un titre pour celui qui les a tenus (C. civ. 1331). — Il ne pourrait être déclaré coupable de faux en écriture privée qu'autant qu'il s'en serait servi pour nier un paiement reçu. — 27 janv. 1827. Cr. c. Laloua. D.P. 27. 1. 378.

127. — Ni dans la fabrication d'un faux billet portant que le prétendu souscripteur ne sait signer que par une croix, et auquel il n'a été apposé, en effet, que ce signe; un tel billet ne constituant aucune obligation, non parce qu'il ne formerait qu'un acte incomplet ou vicié par quelque nullité, mais parce que *sa nature même s'oppose à ce qu'il puisse engendrer une obligation.* — 1er juin 1827. Cr. c. Thebaud. D.P. 27. 1. 261.

128. — De ce que la possibilité de nuire est un des élémens essentiels du crime de faux, on ne doit pas conclure qu'un faux commis avec mauvaise intention perd le caractère de crime, par cela seul que l'acte dans lequel il est commis est nul dans son principe, ou est, après coup, devenu sans effet. Sans doute, la criminalité du faux disparaît aux yeux de la loi, si l'acte qui en est entâché était tel par sa nature qu'il n'aurait pu, dans le cas même où il serait exempt de faux, préjudicier à personne. Tel est, par exemple, le cas où, dans l'acte de naissance d'un enfant, on a faussement supposé un mariage entre les père et mère de cet enfant.

129. — Mais, si l'impossibilité de nuire dérive, non de la nature même de l'acte, non de la nullité dont il est frappé radicalement et de plein droit, mais seulement de la circonstance que cet acte est susceptible d'être annulé pour vices de forme, ou par suite de l'incapacité relative de celui qui l'a souscrit, le crime de faux n'existera pas moins, dans ce cas, que si l'acte avait été régulièrement et valablement consenti.

130. — On ne saurait admettre, en effet, qu'un notaire qui aurait faussement attesté avoir reçu un testament en la présence de tous les témoins requis par la loi, dût échapper aux peines du faux, parce qu'il aurait omis d'insérer dans ce testament, soit que le testateur le lui a dicté, soit qu'il l'a écrit lui-même, soit qu'après l'avoir écrit, il en a relu toutes les dispositions. — Merl., Rép., vº Faux, sect. 1re, § 24.

131 — Et on ne pourrait pas davantage dénier le caractère de crime au faux commis par un huissier dans un exploit, par cela seul que l'huissier aurait omis de faire enregistrer cet exploit dans le délai prescrit. Car, pour juger s'il y a faux dans un acte, c'est au moment de la rédaction de cet acte que l'on doit se fixer : les événemens postérieurs ne peuvent ni créer après coup, dans cet acte, un faux qui n'y existe pas, ni en effacer après coup le faux qui y existe. — Merl., Rép., vº Faux, sect. 1re, § 24.

132 — Jugé, d'après les règles ci-dessus, que celui qui a falsifié la signature d'un mineur, apposée à l'acceptation d'une lettre de change, ne peut être acquitté de l'accusation de faux, sous le prétexte que l'acceptation étant nulle pour défaut de capacité du mineur, elle ne pouvait nuire à autrui — 21 août 1812. Cr. c. Min. pub. Castellini. D.A. 8. 378 D.P. 2. 254.

133. — Jugé ainsi que, pour qu'il y ait faux dans la supposition d'un acte authentique, il n'est pas nécessaire que l'acte supposé ait toute la forme extérieure d'un acte vrai. — 11 déc. 1806. Cr. c. Pouydebat. D.A. 8. 345. D.P. 8. 1. 318.

134. — Que le garde forestier qui constate un fait faux dans un procès-verbal, ne peut échapper aux peines du faux, bien que le procès-verbal soit nul pour vice de formes. — 18 janvier 1820. Metz. Jacques Ch.... D.A. 8. 370. D.P. 2. 254.

135. — ...Que le défaut d'affirmation d'un procès-verbal, laquelle n'est exigée par la loi que pour sa validité à l'égard des tiers, ne peut en pallier le faux à l'égard de celui qui en est l'auteur. — 20 nov. 1807. Cr. c. Min. pub. Teissier. D.A. 8. 348. D.P. 8. 1. 312.

136. — Que la forme matérielle d'un procès-verbal forestier étant sans influence sur le mérite de ses énonciations, puisqu'aucune loi n'a déterminé cette forme, un tel acte peut être argué de faux, quoique conçu dans une forme inusitée et n'ayant pas les caractères extérieurs d'un procès-verbal — Même arrêt.

137. — ...Que le fabricateur d'un faux acte sous seing-privé, commet un véritable faux, encore bien que cet acte n'ait pas été fait double, et qu'à raison de cette circonstance il ne pouvait être employé comme preuve légale. — 4 sept. 1807. Cr. c. Stadtfeld. D.A. 8. 398. D.P. 2. 260.

138. — Jugé même qu'une quittance non signée du créancier à qui on l'oppose, et que celui-ci peut neutraliser par sa seule dénégation d'avoir reçu la somme qu'elle énonce, doit, lorsqu'elle est fausse, donner lieu contre son auteur aux peines du faux. — 2 frim. an 12. Cr. c. Vappereau D.A. 8 380. D.P. 2. 235.

139. — Celui qui, à l'aide de lettres missives dont l'écriture et la signature sont contrefaites, escroque une somme d'argent, ne peut échapper aux peines du faux, sous le prétexte que ces lettres ne contiennent ni obligation ni décharge : il suffit, pour caractériser le crime de faux, qu'elles aient pu porter un préjudice direct et réel à celui auquel elles ont été adressées : d'ailleurs ces lettres ayant été présentées comme émanées du prétendu emprunteur de la somme escroquée, pouvaient, au cas où elles n'auraient pas été fausses, former contre celui-ci un commencement de preuve d'une obligation. — 27 sept. 1816. Cr. c. Min. pub. Mathielle. D.A. 8. 390. D.P. 2. 258.

140. — Celui qui a fabriqué de fausses lettres missives dans la vue de se procurer un léger bénéfice, est passible des peines portées par l'art. 150, quoique ces lettres ne renfermassent pas la fabrication de conventions, dispositions ou décharges. — 9 sept. 1830. Cr. r. Lavraux. D.P. 30 1. 387.

141. — L'altération ou falsification d'un billet de loterie peut être déclarée constituer un crime de faux. On dirait à tort qu'un billet de loterie n'est qu'une simple copie qui ne pourrait servir de titre au porteur, et dont l'altération ne constituerait pas le crime de faux, puisqu'au contraire ce billet est destiné à servir de titre et procure au porteur le paiement des lots auxquels le billet atteste qu'il a droit, le cas échéant. — 13 mai 1826. Cr. r. Radon. D.P. 26. 1 376.

142. — Le fait d'avoir fabriqué un faux pouvoir sous seing-privé, constitue le crime de faux, encore que la personne qui est supposée le donner ne l'aurait signé que par une croix, lorsque, d'ailleurs, cet acte contient la fausse signature de deux témoins; et a pour objet la remise de billets portant obligation. — 15 déc. 1831. Cr. r. Franquette. D.P. 32. 1 60.

143. — De ce qu'un faux n'est punissable qu'autant qu'il porte préjudice à des tiers, il suit que si le jury n'a pas déclaré que le faux lèse des tiers, il n'y a lieu à l'application d'aucune peine. — 8 sept. 1826. Cr. c. Aussaut. D.P. 27. 1. 18.

ART. 3. — *Du faux en écritures authentiques et publiques.*

§ 1er. — *Quelles écritures doivent être réputées écritures publiques.*

144. — Les écritures *publiques* sont celles qui émanent d'une autorité publique ou d'un fonctionnaire revêtu d'un caractère public. Tels sont les arrêts et jugemens rendus par les cours et tribunaux, les actes des ministres, des préfets, des sous-préfets, maires, adjoints, juges de paix, les actes de l'état civil, ceux écrits par les notaires. Tous ces actes sont en même temps *authentiques* (C. civ. 1317).

145. — La légalisation d'un acte public n'est point constitutive de son authenticité; elle n'en est que la preuve. — Ainsi, celui qui altère la date de l'extrait de son acte de naissance, signé par l'officier de l'état civil, ou qui fait usage de cet extrait ainsi falsifié, commet un faux en écriture publique, encore bien que cet extrait ne fût pas légalisé lorsqu'il l'a produit. — 22 oct 1812. Cr. c. Min. pub. Boschi. D.A. 8. 361. D.P. 2. 251.

146. — Les personnes commises à la perception des contributions publiques sont fonctionnaires publics. En conséquence, le faux par elles commis sur les rôles de ces contributions les rend passibles de la peine infligée au *fonctionnaire public* coupable du crime de faux dans l'exercice de ses fonctions. — 14 vend. an 8. Cr. c. Min. pub. Bouvier. D.A. 8. 337. D.P. 2. 239.

147 — Tous ceux qui ont le maniement des deniers publics sont réputés fonctionnaires publics, dans le sens du code, lors même qu'ils n'ont pas été directement commissionnés par le roi (Arr. de la cour de cass., du 20 janv. 1812). — V. Fonctionnaire.

148. — Les sous-intendans militaires étant chargés, d'après les art. 6 et 7 de la sect. 2 de l'instruction rédigée en exécution de la loi sur le recrutement de l'armée, et approuvée par le roi, le 3 déc. 1818, de dresser les actes de remplacement des soldats faisant partie des corps de l'armée qui se trouvent sous leur police, et de donner à ces actes, ainsi qu'aux expéditions qu'ils en délivrent, l'authenticité nécessaire, il s'ensuit que ces administrateurs militaires ont, relativement à ces actes de remplacement, un caractère public, et qu'ainsi les faux qui y sont commis sont des faux en écritures authentiques et publiques. — 14 sept 1821. Cr. r. Min. pub. Noyon. D.A. 8. 371. D.P. 2. 254.

149. — La déclaration du jury est contradictoire, si après avoir répondu qu'un faux a été commis sur un extrait des registres d'une préfecture, il répond négativement à cette question : *Le faux a-t-il été commis en écritures publiques et authentiques?* — 27 mess. an 10. Cr. c. Dangier. D.A. 8. 405. D.P. 2. 261.

150. — Doivent être considérés comme *écritures publiques* les mémoires de frais et les feuilles qu'un piqueur ambulant, employé par l'administration des ponts et chaussées pour la réparation des routes départementales et des chemins vicinaux, est chargé de rédiger et d'arrêter, à l'effet de constater le nombre des ouvriers employés, celui des journées de travail, et, par suite, de fixer la quotité des salaires et les mémoires d'autres frais. — En conséquence, le piqueur est passible des peines du faux en écritures publiques, lorsqu'il suppose dans ses feuilles un nombre d'ouvriers excédant l'effectif, qu'il enfle les mémoires, ou fait usage de ces pièces fausses, sachant qu'elles sont fausses — 29 avril 1825. Cr. r. Leclerc. D.P. 25. 1. 371.

151. — Il y a également crime de faux en actes publics,

Dans la falsification ou altération des billets de la loterie royale. — 2 juin 1825. Cr. c. Suzzoni. D.P. 25. 1. 391.

152. — Dans le faux commis dans un acte d'écrou rédigé par le gardien de la prison. — 10 fév. 1827. Cr. c. Min. pub. Renat. D.P. 27. 1. 385.

153 — Dans la contrefaçon des cachets des autorités constituées (L. 25 flor. an 10, art 2). — 11 vent. an 12. Cr. c. Min. pub. Bronne. D.A. 8. 330. D.P. 2. 239.

154. — Dans le fait de celui qui falsifie ou fait falsifier, pour se l'approprier, en y substituant son nom, un certificat, ou diplôme d'une école de pharmacie. Ce fait ne peut être assimilé à un faux dans un certificat. — 26 août 1825. Cr. c. Min. pub. Lebas. D.P. 25. 1. 442.

... Ou dans la falsification d'un diplôme de docteur en médecine. — 5 sept. 1833. Cr. r. Bouchet. D.P. 34. 1. 401. — Quoiqu'il n'en ait pas été fait usage. — Même arrêt.

155. — Dans l'altération frauduleuse des écritures portées aux registres servant à constater les recettes aux entrepôts de l'octroi d'une ville, lesquels registres, cotés et paraphés, forment titre pour les redevables. — 2 juill. 1829. Cr. c. Min. pub. Veillet. D.P. 29. 1. 286

156. — Dans le fait d'avoir apposé une fausse signature sur un registre et sur une reconnaissance de la poste, à l'effet de retirer un envoi d'argent. — 7 déc. 1833. Cr. c. Min. pub. C. Muhler-Durang. D.P. 34. 1. 448.

157. — Dans le fait d'avoir fabriqué sous le nom d'un maire un certificat à l'effet de faire recevoir un individu dans l'armée en remplacement d'un autre; ce faux ne peut être assimilé au faux dans les certificats dont parle l'art. 161 C. pén. — 13 fév. 1812. Cr. c. Min. pub. Gilles. D.A. 8. 362. D.P. 2. 251. — 22 janv. 1813. Cr. c. Arr. sembl. Min. pub. C. Belain. D.A. 8. 363, n. D.P. 2. 251. — 29 avril 1826. Cr. régl. de juges. Gelu. D.P. 26. 1. 357. — 8 mars 1832. Cr. régl. de juges. Weber. D.P. 32. 1. 209.

158. — Dans le fait d'avoir altéré un congé absolu délivré par un conseil d'administration, en faisant disparaître une note portant que l'individu auquel ce certificat était délivré ne pouvait plus servir — 29 avril 1826. Cr. régl. de juges. Gelu. D.P. 26. 1. 357.

159. — Il suffit que de faux certificats, tendant à obtenir une exemption de service militaire, portent la signature d'un maire pour qu'ils constituent le faux en écriture authentique, encore bien que ces certificats ne soient que des traductions. — 22 janv. 1829. Cr. r. Fromont. D.P. 29. 1. 116.

160. — Il n'est pas nécessaire, pour qu'il y ait faux en écriture publique, qu'un fonctionnaire public ait concouru à la fabrication ou altération de la pièce incriminée.

161. — Jugé ainsi que la fabrication d'une expédition fausse d'un acte prétendu reçu par un notaire, et la contrefaçon sur cette pièce de la signature de ce notaire, constitue un faux *en écriture authentique*, bien qu'aucun fonctionnaire ne soit intervenu

dans cet acte.— 2 mai 1833. Cr. c. Min. pub. C. Espanit. D.P. 33; 1. 247.

162.—On devrait décider de même à l'égard de la fabrication d'un faux acte de protêt, à l'effet d'obtenir paiement contre les endosseurs.

163.—...Ou de perquisition en cas d'absence du tireur.

164.—Ou d'acceptation d'offres réelles.

165.— Ou d'un exploit d'appel.

166.— La décision devrait être la même relativement à l'insertion après coup, soit dans un procès-verbal d'experts, soit dans un exploit de protestations ou réserves, qui auraient pour objet de conserver un droit qui aurait péri.

167.— Et il faudrait appliquer ce qu'on vient de dire aux actes émanés des fonctionnaires administratifs.

168.— Ainsi, on devra considérer comme constituant un faux en écriture authentique la fabrication ou altération du cahier des charges d'une vente administrative.

169.— Ou des clauses d'un bail.

170. —Ou d'une décision soit du conseil de préfecture, soit du préfet, soit d'un ministre.

171.—Ou du procès-verbal d'un officier de police administrative.

172 —Mais il ne peut exister de faux criminel en écritures *authentiques et publiques*, qu'autant que la pièce falsifiée aurait, en la supposant vraie, un caractère d'authenticité et de publicité. — Legrav, t. 1er, p. 622.

173.— Ainsi, il n'y a pas crime de faux dans la fabrication ou l'altération d'un certificat émané de personnes non revêtues d'un caractère public, et, par là même, sans qualité pour le délivrer.—7 mars 1829. Grenoble. Min. pub C. Finat. D.P. 29 2. 255.

174.—Ni dans la falsification d'une prétendue dispense, pour autoriser un mariage, accordée par le secrétaire d'un évêché; une pareille dispense ne pouvant avoir aucune influence sur l'autorité civile, absolument indépendante de l'autorité ecclésiastique. —28 avril 1809. Cr. c. Gaboreau. D.A. 8. 355. D.P. 9. 1. 323.

175.—Ni dans la fabrication, sous le nom et la signature d'un prêtre, d'un certificat par lequel un individu atteste avoir reçu la bénédiction nuptiale; un tel acte ne portant point la signature d'un fonctionnaire public ayant caractère pour attester l'existence légale du mariage.— 13 oct. 1809. Cr. c. Gabriel D.A. 8. 398. D.P. 10. 1. 413.

176.—Ni dans la fabrication d'un certificat prétendu délivré par un prêtre desservant un hôpital militaire étranger, attestant le décès d'un soldat français, et revêtu du *visa* d'un commissaire des guerres; ce fait ne constitue ni le faux prévu par les art. 147 et 150 C. pén., ni même celui mentionné aux art. 159, 160 et 161 du même code, les actes de décès des militaires français hors du territoire devant être rédigés par les directeurs des hôpitaux, et non par les desservans. — 17 août 1815. Cr. c. Borel, etc. D.A. 8. 363. D.P. 15. 1 540.

177. — Un faux en écritures authentiques et publiques peut être punissable, quoique l'acte qui le contient soit nul pour vices de formes.—V. ci-dessus l'arrêt de la cour de Metz, du 18 janv. 1820

178. — Le faux est également criminel quoiqu'il porte, non sur l'expédition délivrée par l'officier détenteur de la minute de l'acte public, mais sur la minute elle-même ou sur une expédition authentique. — 25 juin 1812. Cr. c. Stakebrand. D.A. 8. 359. D.P. 2. 250.

§ 2. — *Du faux en écritures publiques commis par des fonctionnaires ou officiers publics.*

179. — Tout fonctionnaire ou officier public qui, dans l'exercice de ses fonctions, aura commis un faux, soit par fausses signatures, soit par altération des actes, écritures ou signatures, soit par supposition de personnes, soit par des écritures faites ou intercalées sur des registres ou d'autres actes publics, depuis leur confection ou clôture, sera puni des travaux forcés à perpétuité (C. pén., art. 145).

180. — Sera aussi puni des travaux forcés à perpétuité, ajoute l'art. 146, tout fonctionnaire ou officier public qui, en rédigeant des actes de son ministère, en aura frauduleusement dénaturé la substance ou les circonstances, soit en écrivant des conventions autres que celles qui auraient été tracées ou dictées par les parties, soit en constatant comme vrais des faits faux, ou comme avoués des faits qui ne l'étaient pas.

181. — Le faux en écritures publiques est puni plus sévèrement lorsqu'il est commis par des fonctionnaires, que lorsqu'il l'est par des particuliers, parce que, outre qu'il commet un fait criminel, le

fonctionnaire trahit la foi due à son caractère (C. pén. 145, 146 et 147). — D.A. 8. 332, n. 3.

182. — Trois circonstances doivent concourir pour donner lieu à l'application de l'art. 145 : 1° qu'il y ait faux matériel; 2° que le faux ait été commis par un fonctionnaire ou officier public; 3° que l'accusé l'ait commis dans l'exercice de ses fonctions. Ces trois circonstances doivent avoir été déclarées formellement à la charge de l'accusé pour qu'il soit passible des peines portées par l'art. 145. —Carn., t. 1er p. 388.

183. — Jugé ainsi qu'est nul l'arrêt d'une cour criminelle, qui, sur le renvoi qui lui est fait d'un individu sous l'accusation d'avoir, comme notaire, fabriqué un faux testament notarié, déclare cet individu coupable du crime, sans expliquer si c'est en qualité de notaire qu'il l'a commis. — 14 août 1830. Cr. c. Bastia. Min. pub. Mariotti. D.P. 30. 1. 355.

184. — Le notaire qui a fait et signé du nom du receveur de l'enregistrement, sur les minutes de divers actes qu'il a reçus, de fausses déclarations d'enregistrement, n'est point pour cela coupable d'un faux commis *dans l'exercice de ses fonctions* (car ces déclarations sur ces minutes ne sont point un acte de son ministère); mais il est coupable de faux s'il a délivré des grosses ou expéditions de ces minutes, et s'il y a fait mention de ces fausses déclarations. — 27 janv. 1815. Cr. c Bourgeay. D.A. 8. 364. D.P. 2. 252. — 14 juin 1821. Cr. r. Guyot. D.A. 8. 371. D.P. 2. 254. — 6 juill. 1826. Cr. r. Moulin. D.P. 26. 1. 404.

185.— Toutefois, Carn., t 1er p. 398, pense que si l'acte a été enregistré *dans le délai*, il n'y a pas faux punissable dans la relation d'enregistrement faite sur la grosse ou l'expédition qui aurait été délivrée avant l'enregistrement de la minute.

186. — Si le faux en écritures publiques a été commis par un autre qu'un fonctionnaire ou officier public, ou s'il a été commis par un fonctionnaire ou officier public hors de l'exercice de ses fonctions, c'est l'art. 147, et non les art. 145 et 146, qu'il faut appliquer.

187. — Avant de parcourir, dans l'ordre où ils sont énumérés dans les articles 145 et 146, les divers faits que la loi répute constitutifs du crime de faux, il convient de remarquer que l'art. 146 n'est applicable que lorsque les faits qu'il mentionne ont été commis *frauduleusement* (circonstance qui, dès lors, doit absolument être déclarée), tandis que l'art. 145 ne prescrit point, comme condition de son application, que l'intention dans laquelle aura agi celui qui contrevient à sa disposition, soit énoncée dans la déclaration de culpabilité (Legrav., t. 1er, p. 623). Du reste, et dans tous les cas, l'appréciation de l'intention de l'accusé est un devoir absolu pour le jury.

188. — Si, par une circonstance quelconque, il était possible qu'il y eût erreur et non pas fraude dans le fait incriminé, et que la déclaration le reconnût, il serait impossible, ou du moins injuste, de condamner. — Legrav., *loc. cit.*

189.— Jugé ainsi qu'il n'y a pas faux punissable dans le fait, de la part d'un préposé des douanes, d'avoir falsifié des passavans, si le jury a déclaré que le faux n'a point été commis dans l'intention de soustraire aux droits les marchandises dont il s'agissait. —25 nov 1819. Cr. c. Rocy. D.A.8.370. D.P.2.254.

190.— Il y a *fausse signature*, dans le sens de l'art. 145, toutes les fois qu'à dessein de nuire, il a été fabriqué une signature qui n'est pas la signature habituelle de l'auteur de la fabrication. — V. les arrêts ci-après

191.— Il y a crime de faux en écriture *par supposition de personnes*, de la part d'un fonctionnaire ou officier public, lorsque, dans un acte de son ministère, il suppose sciemment que tel individu qui a comparu devant lui, est tel autre individu. S'il n'a pas agi sciemment, et lors même qu'il n'aurait pas pris toutes les précautions pour s'assurer de l'identité de la personne, il n'encourt que des peines disciplinaires, mais ne peut être déclaré coupable de faux. — V. la discussion elevée au conseil d'état sur l'art. 145.—Carnot, t. 1er, p. 392.

192.— Il y a faux par *altération d'actes et intercallation d'écritures*, dans le fait du notaire qui surcharge *de parenthèses et de virgules* la minute d'un testament qu'il a reçu, après la confection de l'acte, si, par ce fait, il a dénaturé la substance de cet acte, en en modifiant le sens. — D.A. 8. 334, n. 15.

193.—Jugé cependant, mais à tort, ce semble, que le simple changement opéré dans la *ponctuation d'un acte*, ne peut en altérer le contenu et la substance.— 21 oct. 1812. Cr. r.

194.— Les surcharges et les interlignes que la loi du 27 vent. an 11 punit d'une amende de 50 fr. contre les notaires, sont celles qui ne contiennent rien de contraire à la vérité. Celles qui ont pour objet d'altérer la vérité, de substituer à des contrats une date (anti-date ou post-date) différente de celle qu'ils ont réellement, dans le dessein de nuire à autrui, ou seulement dans l'intention de frauder les lois fiscales, constitue le crime de faux.— 24 fév. 1809. Cr. c. Min. pub. Rouvière. D.A. 8. 363. D.P. 2. 247.

195.— Pour que les surcharges qui se trouvent aux actes d'un notaire, et les nuances d'écriture qui se remarquent dans quelques uns, puissent faire supposer l'existence d'un véritable faux, il faut qu'il soit prouvé que ces surcharges ont eu lieu postérieurement à la rédaction des actes, ou que les dates ont été mises après coup.— 18 fruct. an 13. Cr. c. Martin. D.A. 8. 340. D.P. 2. 241.

196.— Il n'y a pas crime de faux dans les renvois faits après coup par un notaire, sur ses actes, lorsque ces renvois ne sont pas de nature à porter préjudice à quelqu'un.— 18 fruct. an 13. Cr. c. Martin. D.A. 8. 340. D.P. 2. 241.

197.— Le fait d'avoir opéré, sur l'original d'un commandement en expropriation, après sa signification et son enregistrement, un changement qui établit que le nouveau domicile d'un individu désigné est connu de la partie poursuivante, constitue un faux punissable des peines portées aux art. 146 et 147 C. pén., selon qu'il a été commis par l'huissier auteur de cet acte, ou par une autre personne. — 25 juin 1819. Cr. c. int. de la loi. Fournier. D.A. 8. 369. D.P. 2. 253.

198.— L'art. 145 C. pén. s'est occupé, comme on le voit, des faux *matériels* commis par des officiers publics. Dans l'art. 146, il s'agit du faux *intellectuel* dont ils peuvent se rendre coupables. Voici les décisions rendues par application de cet article :

199.— Le notaire qui, dans un acte qu'il reçoit, rédige d'autres conventions que celles des parties, et le revêt de sa signature, commet un faux caractérisé, encore que les parties aient signé l'acte, et qu'il ne soit pas matériellement faux, en tout ou en partie.— 7 janv. 1808. Cr. c. Min. pub. Colibraut. D.A. 8. 350. D.P. 8. 1. 307.

200 — Mais le notaire qui écrirait des conventions simulées, mais tracées ou dictées par les parties, par exemple, une vente dans laquelle le prix serait déclaré payé comptant, bien qu'il n'en eût été payé aucun, ne commettrait pas un faux, encore que la simulation pût préjudicier à des tiers; ceux ci pourraient demander la nullité de l'acte pour cause de simulation.

201. — Il y a crime de faux en écritures publiques de la part du fonctionnaire ou officier public qui atteste faussement, dans des actes publics, soit l'existence d'un fait dont la déclaration doit faire preuve, soit l'observation des formalités prescrites pour la validité de ces actes.— 24 janv. 1811 Cr. r. Chevassus. D.A. 8. 357. D.P. 11. 1. 231. — 15 juill. 1819. Cr. c. Min. pub. Benassy. D.A. 8. 369. D.P. 2. 253.

202.—Ainsi, par exemple, il y a crime de faux en écriture publique, lorsqu'un notaire certifie mensongèrement, dans un acte par lui reçu, l'assistance de deux témoins. — 15 juill. 1819. Cr. c. Min. pub. Benassy. — 16 nov. 1832. Cr. c. Dijon. Min. pub. C. Menesson. D.P. 33. 1. 148.

203.—. .Ou lorsqu'il donne à cet acte une fausse date, à moins qu'il ne soit déclaré que la fausse date a été l'effet d'une erreur, ou qu'elle n'a pu ni nuire à des intérêts privés, ni blesser l'ordre public. — 15 juill. 1819. Cr. c. Benassy. D.A. 8. 369. D.P. 2. 253.

204.—.. Ou lorsqu'il énonce faussement, dans l'acte de suscription d'un testament mystique, que ce testament a été lu et cacheté en présence des témoins. — 8 oct. 1807. Cr. r. Quiquerez. D.A. 8. 348. D.P. 8. 1. 289.

205.—...Ou lorsqu'il déclare dans un testament que le testateur *avait dicté ses intentions en présence des témoins*, tandis que, dans la réalité, ce testament a été rédigé sur une note, et que le notaire s'est borné à demander au testateur si c'étaient bien là ses volontés, question à laquelle celui-ci aurait répondu *Oui*.— 21 avril 1827. Cr. c. Besançon. Min. pub. C. Faivre. D.P. 27. 1. 406.

206.—. . Ou lorsque dans l'acte passé hors de son ressort, il certifie faussement avoir reçu cet acte dans son arrondissement.... *Secùs*, s'il a instrumenté hors de son ressort, sans certifier le contraire dans l'acte, il n'encourt alors que des peines disciplinaires (L. 25 vent. an 11, art. 6) — 15 juill. 1819. Cr. c. Min. pub. Benassy. D.A. 8. 369. D.P. 2. 253. — 11

août 1809. Cr. c. Lefèvre. D.A. 8. 353. D.P. 2. 248, et 9. 2. 214. — 16 nov. 1832. Cr. c. Dijon. Min. pub. C. Meunesson. D.P. 33. 1. 148.

207. — Il a été jugé que le notaire qui, dans un acte authentique autre qu'un testament, désigne comme présent et comme ayant participé à la confection de l'acte, un autre notaire en second, qui était réellement absent, ne commet pas un faux. Il ne fait que se conformer à un usage généralement admis, usage que l'on peut considérer comme une abrogation de la disposition de la loi du 25 vent. an 11, qui veut que les actes soient reçus par deux notaires. — 14 juill. 1825. Req. Rennes. Cordon. D.P. 25. 1. 362.

208. — Le greffier du juge de paix, qui, dans les expéditions rédigées, signées et délivrées par lui, de plusieurs actes de justice de paix, a faussement attesté le concours du juge de paix dans ces actes et sa signature sur les minutes, doit être poursuivi comme faussaire et non comme simplement coupable du délit d'usurpation de pouvoir. — 22 août 1817. Cr. c. Rennes. Min. pub. Goullay. D.A. 8. 367. D.P. 18. 1. 73.

209. — Sont également coupables du crime de faux : 1° l'huissier qui déclare faussement, dans un procès-verbal de saisie, la présence du gardien et la notification du procès-verbal au gardien et au saisi. — 28 juin 1810. Cr. c. Min. pub. Deblois. D.A. 8. 354. D.P. 2. 248.

210. — 2° L'huissier qui atteste comme faite *par lui à la femme*, la remise d'un exploit qu'il a fait faire *au mari* par un *tiers* non revêtu d'ailleurs d'aucun caractère public. — 22 mai 1806. Cr. c. Min. pub. Guyot. D.A. 8. 343. D.P. 2. 242.

211. — 3° L'huissier qui fait signifier par un clerc, ou par toute autre personne, un acte dans lequel il dit en faire lui-même la signification. — 21 juin 1810. Cr. c. Min. pub. Gibory. D.A. 8 356. D.P. 2. 248. — 9 niv an 12. Cr. r. Martin. D A. 8. 338. D.P. 2. 239. — 2 janv. 1807. Cr. c. Revenztyn. D.A. 8. 346. D.P. 2. 243.

212. — Mais s'il est constaté que l'huissier n'a pas agi *frauduleusement*, il ne se rend coupable que d'un simple délit, en énonçant mensongèrement dans ses exploits qu'il en a fait lui-même la remise, et il ne doit être puni que d'une amende et d'une suspension (Décr. 14 juin 1813). — Mais ces peines disciplinaires doivent lui être infligées quoiqu'il aurait remis la copie à un tiers même du consentement de l'assigné. — V. Aff. Commoy, v° Huissier. — V. aussi n. 98, 5.

213. — Il n'y a pas crime de faux dans l'addition faite après coup, sur un exploit, de la mention de la patente d'un huissier, le défaut de cette mention n'entraînant pas la nullité de l'exploit. — 9 janv. 1803. Cr. r. Min. pub. Garoteau. D.A. 8. 342. D P. 6. 1. 225, et 2. 242.

214. — Il y a encore crime de faux en écritures publiques :

215. — Lorsqu'un courtier ou agent de change antidate sur son registre une vente faite ou supposée faite par son intermédiaire, pour la placer à une époque qui la rend valable vis-à-vis des tiers. — 11 fruct. an 13. Cr. r. Masencal. D.A. 8. 341, et 332, n. 6. D.P. 2. 242, et 6 1. 217.

216. — Ou lorsqu'un officier de recrutement délivre a un jeune homme présenté pour remplacer un conscrit un certificat attestant que ce jeune homme est du même département que celui-ci, quoiqu'à sa connaissance il soit d'un autre département, et que, comme tel, il soit inhabile à être admis comme remplaçant. — 6 mars 1807. Cr. r. Delaurière. D.A. 8. 346. D.P. 2. 244.

217. — Ou lorsqu'un individu délivre et signe l'expédition d'actes de l'état civil qu'il savait être faux. — 13 oct. 1826. Cr. c. Garnier. D.P. 27. 1. 30.

218. — Ou lorsqu'un maire, ou son adjoint délivre, en cette qualité, un faux certificat de bonne vie et mœurs à un individu, pour le faire admettre, en qualité de remplaçant, au service militaire. On objecterait en vain que la constatation des faits attestés est attribuée à ce fonctionnaire, non par une loi, mais seulement par des instructions ministérielles approuvées par le roi. — 16 juillet 1829. Cr. r. Delaberquerie. D.P. 29. 1. 219 et 390.

219. — Ou lorsqu'un maire, dans un certificat délivré a un conscrit de sa commune, atteste faussement à l'autorité supérieure que ce conscrit est le fils unique d'une veuve, car ce certificat fait preuve *légale*, en pareil cas, jusqu'à réclamation, du fait qu'il énonce. La nature de ce crime n'est pas modifiée par l'art 60, du décret du 8 fruct. an 13, qui ne prescrit que des peines correctionnelles contre les administrateurs et officiers de santé qui attestent faussement des infirmités ou incapacités de service militaire, parce que ces attestations ne forment point des pièces probantes qui puissent dispenser les conseils de recrutement de vérifier les incapacités alléguées, et qu'elles ne portent d'ailleurs que sur un fait dont l'appréciation est subordonnée aux règles de la science, et sont dès lors sujettes à des erreurs de bonne foi. — 24 janv. 1811. Cr. r. Chevassus. D A. 8. 357. D.P. 11. 1. 231.

220. — Carnot pense que si le certificat dont il s'agit avait été délivré par le maire d'une autre commune que celle à laquelle appartenait le conscrit, il n'y aurait pas eu faux, parce qu'alors le certificat n'aurait pas fait preuve *légale* du fait qui y était consigné.

221. — Un ancien fonctionnaire ou officier public, qui, nonobstant sa destitution, rédige des actes qu'il n'a plus le droit de faire, ne commet le crime de faux qu'autant qu'il donne à ses actes une date antérieure à sa destitution. — 20 juin 1808. Cr.

222. — S'il n'a point antidaté ses actes, il n'encourt que la peine prononcée contre les fonctionnaires destitués ou révoqués qui se sont maintenus dans l'exercice de leurs anciennes fonctions.

223. — Le fonctionnaire destitué ou révoqué qui donne aux actes qu'il reçoit indûment une date antérieure à sa destitution, afin de les rendre authentiques, est passible, non des peines portées par l'art. 145 ou 146, mais de celles prononcées par l'art. 147. — Carn., 1, 399.

224. — On doit punir comme *complice* d'un crime de faux commis par un fonctionnaire public, en constatant comme vrais des faits faux, ceux qui ont aidé et assisté ce fonctionnaire à revêtir les faits faux d'une apparence légale de vérité. Ainsi, les parties qui, en contractant devant un notaire, signent avec lui, dans une intention frauduleuse, qu'elles ont contracté un autre jour et dans un autre lieu que le jour et le lieu où elles contractent réellement ; ou les parties qui, sans voir le notaire qui est supposé présent à leurs conventions, signent, en son absence, qu'elles ont comparu et signé devant lui ; ces parties aident et assistent le notaire dans les faits par lesquels il consomme le faux résultant de ses fausses énonciations.

225. — Ainsi encore, si le notaire antidate le contrat qu'il reçoit, par exemple, pour légitimer, au préjudice des créanciers du failli, une vente frauduleuse que celui-ci fait de ses biens, moins de dix jours avant sa faillite, les parties contractantes sont, comme le notaire, passibles des peines du faux. — On dirait à tort que, dans un acte notarié, les signatures des parties n'attestent que leur consentement aux clauses qui y sont renfermées, et que si le notaire y fait de fausses énonciations, soit relativement à la comparution personnelle des parties, soit relativement au jour et au lieu où l'acte est passé, c'est sa signature seule qui atteste ces fausses énonciations ; c'est lui seul qui commet le faux. — Merl., Rép., v° Faux, sect. 1re, § 34.

226. — Jugé ainsi que l'individu qui a été déclaré coupable d'un faux dans un acte de mariage, en apposant sa signature sur cet acte, et constatant ainsi comme vrais les faits faux qui y sont énoncés, doit être condamné aux peines du faux. — 3 sept. 1812. Cr. c. Paris. Billet D.A. 8. 360. D.P. 1. 934.

226. — Le complice d'un faux commis dans un acte authentique par un notaire, doit être puni de la même peine que le notaire lui-même, quoique la peine prononcée contre le *fonctionnaire* soit *aggravée* à raison de sa *qualité*. A cet égard, le principe général ne reçoit point d'exception de l'art. 147 C. pén., qui, par les mots *toutes autres personnes*, ne désigne que les faux commis dans des actes authentiques, par des personnes autres que les fonctionnaires publics mentionnés dans l'art. 146, et leurs complices. — 6 mars 1816. Bruxelles. Vanassche. D.A. 4. 403. D.P. 1. 1137.

227. — En effet, l'art. 59 C pén. est formel et sans distinction. Si cette peine n'a pas été appliquée dans le cas où sont intervenus les arrêts de la cour de cassation, des 7 et 21 juillet 1814, 20 janvier 1817 et 24 avril 1818 (ci-après cités), c'est parce que dans les espèces dont il s'agit, les fonctionnaires publics n'ayant pas participé au crime, ne pouvaient avoir de complices, et qu'il ne s'agissait, dès lors, que de faux commis dans des actes authentiques, par de simples particuliers. — D.A. 8. 332, n. 10. — *Contrà*, Carnot et Legrav., 1, 136.

228 — Un receveur-général ne peut être poursuivi comme complice de faux, pour avoir acquitté les mandats du préfet de son département, motivés sur des ordonnances de décharge qu'il sait fausses, lorsque d'ailleurs il n'existe, de la part du gouvernement, aucun ordre de poursuivre le préfet lui-même. — 26 fév. 1808. Cr. c. Min. pub. Vaucaire. D.A. 8. 350. D.P. 2. 245.

229. — En matière de faux, l'acquittement de l'auteur du fait matériel peut être prononcé par le jury, en même temps que la culpabilité de son complice par aide et assistance, sans que cette déclaration implique contradiction : l'auteur du faux matériel peut, en effet, avoir agi machinalement, tandis que son complice l'aurait aidé et conseillé dans une intention criminelle. — 23 avril 1829. Cr. r. Combe. D.P. 29. 1. 223.

§ 3. — *Du faux en écritures publiques commis par de simples particuliers.*

230. — L'article 147 Code pénal est ainsi conçu :

« Seront punies des travaux forcés à temps toutes autres personnes (que les fonctionnaires ou officiers publics) qui auront commis un faux en écriture authentique et publique, ou en écriture de commerce ou de banque, soit par contrefaçon ou altération d'écritures ou de signatures, soit par fabrication de conventions, dispositions, obligations ou décharges, ou par leur insertion après coup dans les actes, soit par addition ou altération de clauses, de déclarations ou de faits que ces actes avaient pour objet de recevoir et de constater. »

231. — Cet article, de même que l'art. 145, et à la différence de l'art. 146, n'exige pas, pour son application, que les faits qu'il mentionne comme constituant des faux, soient déclarés avoir été commis *frauduleusement*. Toutefois, si l'absence de fraude avait été déclarée, il n'y aurait pas lieu à condamnation.

232. — La contrefaçon et l'altération d'écriture constituant également le crime de faux, et étant punies de la même peine, le condamné ne peut se faire un moyen de ce que le jury, dans sa réponse, n'a pas expliqué si le faux a été commis par contrefaçon ou altération d'écriture. — 16 nov. 1827. Cr. r. Courbarien. D.P. 28. 1. 25.

233. — Il y a contrefaçon de signature, et conséquemment faux, toutes les fois que celui qui souscrit un acte le signe d'un nom quelconque, différent de celui qui lui appartient réellement. — Ainsi, l'individu prévenu d'avoir signé du nom de son frère un acte de remplacement de conscrit, doit être renvoyé devant la cour d'assises et non devant le tribunal correctionnel. — 7 août 1812. Cr. c. Min. pub. C. Smit. D.A. 8. 387. D.P. 2. 257.

234. — Jugé de même que celui qui est prévenu d'avoir signé, sous un autre nom que le sien, un acte notarié pour le remplacement d'un conscrit, et celui qui est prévenu de l'avoir aidé sciemment, en signant, comme témoin instrumentaire, un tel acte, doivent être renvoyés à la cour d'assises. — 6 nov. 1812. Cr. c. Min. pub. Wossel. D.A. 8. 361. D.P. 2. 51. — 18 vent. an 12. Cr. c. Min. pub. C. Therby. D.A. 8. 338. D.P. 4. 1. 297.

235. — Il y a faux criminel, encore bien que l'écriture ou la signature que le faussaire a voulu imiter n'ait été que grossièrement contrefaite, ou même que la fausse signature ne soit point imitative de la vraie. — 1er mai 1812. Cr. c. Min. pub. Vander-Hoeven. D.A. 8. 387. D.P. 2. 257. — 18 fév. 1813. Cr. c. Min. pub. Mariette. D.A. 8. 387. — 31 déc. 1813. Cr. c. Min. pub. C. Olhmann. D.A. 8. 364. D.P. 2. 252. — 10 août 1815. Cr. r. Perthon. D.A. 8. 378. D.P. 15. 1. 538.

... Ainsi jugé au sujet d'un diplôme de docteur grossièrement falsifié ; il suffit que cet acte ait été qualifié *diplôme*. La cour de cassation ne peut réformer cette qualification. — 5 septembre 1833. Cr. r. Bouchet. D.P. 34. 1. 401.

236. — Il en serait de même, quoique la personne dont on aurait signé le nom ne sût pas écrire. Il n'y a pas moins de la part du faussaire un acte contraire a la vérité, une intention frauduleuse, et un préjudice fait à autrui, puisque celui dont on a écrit la signature est forcé de prouver qu'il ne sait pas écrire pour échapper à l'obligation que lui impose le titre souscrit en son nom. — D.A. 8. 332, n. 5.

237. — Il en serait encore ainsi quand même le nom apposé à l'acte serait purement idéal. — Une signature, quoique idéale, peut néanmoins nuire à autrui ; elle est une garantie qui peut entraîner un tiers a faire ce que sans elle il n'aurait pas fait. L'art. 147 ne fait d'ailleurs aucune distinction entre le cas où la signature fausse est idéale ou bien est la contrefaçon de la signature d'une personne réellement existante. — D.A. 8. 378, n. 2.

238. — Jugé ainsi que celui qui fabrique une fausse dispense de service militaire, et qui, moyennant une somme d'argent, la délivre à un conscrit, commet le crime de faux, encore que les noms qu'il a employés soient inconnus et les signatures difficiles à déchiffrer. — 11 déc. 1806. Cr. c. Min. pub. Pouy-Debat. D.A. 8. 345 D P. 8. 1. 318.

239. — Jugé de même que celui qui fabrique un faux extrait des registres de l'état civil d'une com-

mune dont le nom est supposé et qui le signe d'un nom idéal, se rend coupable d'un faux en écriture authentique. — 5 juin 1818. Cr. c. Min. pub. Boulier. D.A. 8. 367. D.P. 2. 253.

240. — Il y a faux de la part de celui qui, pour tromper la personne avec laquelle il traite devant notaire, prend dans l'acte qu'il ne signe pas, sur le motif réel ou supposé qu'il ne sait pas écrire, un nom qui n'est pas le sien: car la supposition de personne avec signature d'un faux nom constitue un faux, et la déclaration de ne savoir signer, faite dans un acte devant notaire, représente la signature et la supplée. — 8 août 1806. Cr. c. Min. pub. Chailard. D.A. 8. 344. D.P. 2. 243. — 8 mess. an 9. Cr. r. Vandenbosch. D.A. 8. 337. D.P. 6. 1. 204.

241. — Jugé de même que lorsqu'une personne, se présentant à la poste, sous le nom d'un tiers, pour toucher le montant d'un effet appartenant à ce tiers, déclare ne savoir signer, et se fait remplacer, à cet égard, par deux témoins qu'elle abuse, la signature apposée par ces témoins, au bas de l'annotation inscrite sur les registres de l'administration pour attester que les fonds ont été remis au véritable propriétaire, constitue, en effet, non quant aux témoins, instrumens aveugles et passifs, mais quant à la personne qui s'en sert en les trompant, un faux en écriture authentique et publique, prévu et puni par l'art. 147 C. pén. — 17 juill. 1829. Cr. c. Metz. Huin. D.P. 29. 1. 306.

242. — Celui qui, dans un acte notarié, prend un faux prénom qu'il signe, dans la vue de soustraire les biens qui lui sont rendus aux poursuites, tant des créanciers du vendeur que des siens propres, commet un faux caractérisé. — 3 oct. 1806. Cr. c. Min. pub. C. Lœb. D.A. 8. 344. D.P. 6. 1. 655.

243. — Mais celui qui prend un faux nom, pour remplacer un conscrit, ne peut être jugé coupable de faux par supposition de personne, s'il n'est prouvé qu'il a pris ce faux nom par écrit, ou qu'il a été interpellé, de signer un acte public dans lequel on lui a donné ce faux nom, sur sa déclaration, ou enfin qu'il a fait usage d'une pièce fausse à l'appui de la déclaration du même faux nom. — 27 juill. 1809. Cr. c. Min. pub. Verdon. D.A. 8. 354. D.P. 2. 248. — V. n. 279.

244. — Jugé de même que l'individu qui ne prend que verbalement le nom porté en l'acte de naissance et dans le passe-port dont il est porteur, ne peut être condamné pour faux, si d'ailleurs ces actes, quoique non applicables à sa personne, sont sincères et véritables. — 16 germ. an 12. Cr. c. Signoret. D.A. 8. 338. D.P. 2. 240. — 29 mess. an 13. Cr. c. Min. pub. Degallez. D.A. 8. 341. D.P. 6. 1. 206.

245. — Il n'y a pas faux criminel de la part de celui qui, étant condamné à mort par contumace, a pris, dans une citation, des noms qui ne lui appartenaient pas, mais qu'il portait depuis plus de vingt ans, pour se soustraire à l'exécution des condamnations. — 2 déc. 1819. Cr. r.

246. — Une femme *mariée* qui a contracté une obligation devant notaire sous son nom de *fille*, le seul qu'elle ait signé, n'a pas commis le crime de faux, car elle a signé son véritable nom; et celui qui a contracté avec elle doit s'imputer de ne s'être pas informé de la qualité de sa débitrice avant de traiter avec elle. Ainsi jugé par un arrêt que cite Carnot, 1, 408, sans en donner la date.

247. — Le départ, comme jeune soldat et l'incorporation dans un régiment, du frère aîné au lieu du frère cadet, ne constituent pas le crime de faux en écriture authentique et publique, lorsqu'il est constant que cette substitution n'a donné lieu à aucun changement, à aucune rectification sur les contrôles du département et du régiment, ou sur aucun acte public, en ce que, par exemple, les deux frères ont les mêmes prénoms. — 17 déc. 1831. Cr. r. Min. pub. Jayat. D.P. 32. 1. 72.

248. — Celui qui, traduit devant le juge d'instruction pour y subir un interrogatoire, prend et signe un faux nom, ne commet ni crime ni délit, attendu qu'il n'est pas astreint par la loi à déclarer ce qui pourrait être à sa charge, et que les mensonges qu'il emploie pour se disculper, rentrant, à son égard, dans le cercle d'une défense qu'il croit nécessaire, n'ont aucun caractère de criminalité. Même dans l'ancienne législation, où, lors de son interrogatoire, l'accusé prêtait serment de dire la vérité, l'on tenait pour constant que ses réponses mensongères ne lui faisaient point encourir la peine du parjure. — 29 avril 1826. Cr. c. Carlin. D.P. 26. 1. 356.

249. — Lorsque la signature de l'un des témoins instrumentaires, dans un acte notarié, a été omise au moment de la passation de l'acte, et que neuf ans après, postérieurement au décès des parties, postérieurement au décès du notaire qui avait reçu cet acte, postérieurement à la litispendance établie sur l'action en nullité dudit acte, ce même témoin signe, et par ce moyen rend valable, jusqu'à inscription de faux, l'acte resté informe et nul, soit comme acte authentique pour défaut de sa signature, soit comme acte privé pour défaut de celles des parties, il commet le faux puni par l'art. 147. — 7 nov. 1812. Cr. c. Min. pub. C. Dardelut. D.A. 8. 362. D.P. 2. 251.

250. — « Dans l'espèce jugée par cet arrêt, dit Carnot, t. 1er, p. 396, le témoin n'avait signé que *depuis le décès du testateur*, c'est-à-dire lorsqu'il y avait *droit acquis à des tiers*, ce qui était une circonstance qui parut *décisive:* si le testateur avait encore *existé*, le testament aurait pu sans doute être annulé; mais il n'y aurait pas eu crime de faux, puisqu'il n'y aurait pas eu dessein de porter préjudice à autrui, le testateur ayant toute facilité de faire une nouvelle disposition dans les termes de la première. » — Cette décision est juste, si l'on suppose que l'apposition de la signature du témoin a eu lieu au su du testateur; mais si elle était faite, à l'instigation du notaire, sans que le testateur en fût instruit, il nous semble qu'il y aurait faux.

251. — Etre déclaré *coupable* d'avoir écrit une mention qui doit émaner d'un fonctionnaire public, ce n'est point avoir commis le crime de faux, s'il n'est pas reconnu qu'on ait contrefait son écriture ou sa signature. Ce fait n'a par lui-même aucun des caractères du faux, et peut même être innocent en soi, si la mention a été écrite, soit sous la dictée, soit au su du fonctionnaire; et le mot *coupable* étant employé isolément du faux, dans la déclaration du jury, est simplement affirmatif de la matérialité du fait. — 20 sept. 1828. Cr. c. Girard. D.P. 28. 1. 423.

252. — Il y a crime de faux dans la fabrication d'un faux acte de mariage pour échapper à la conscription. — 24 mars 1806. Cr. c. Min. pub. C. Castor. D.A. 8. 343. D.P. 2. 242.

253. — Le faux, par fabrication de conventions en écriture authentiques, que de simples particuliers peuvent commettre, aux termes de l'art. 147, alin. 3, C. pén., doit particulièrement être entendu du faux que commettent, par supposition de personnes, des individus qui, se présentant sous de faux noms chez un notaire, lui font stipuler, à la charge des personnes dont ils prennent les noms, des conventions, obligations ou quittances. En conséquence, ce faux est passible des peines portées par ledit art. 147, et non des peines correctionnelles portées contre le vol par l'art. 401 C. pén. — 7 juill. 1814. Cr. c. Bernard. D.A. 8. 359, n. D.P. 2. 249. — 21 juill. 1814. Cr. c. Corbin. D.P. 14. 1. 527. — 20 fév. 1817. Cr. r. Lamarche. D.A. 8. 366. D.P 2. 252. — 24 avril 1818. Cr. c. int. de la loi. D.A. 8. 358. D.P. 2. 249. — 18 janv. 1828. Cr. r. Château. D.P. 28. 1. 100.

Jugé aussi que le faux dont il s'agit constitue un crime principal, et non une complicité de l'action du fonctionnaire public, rédacteur des actes, lequel a agi de bonne foi, et que, par suite, ce faux doit être puni de la peine de l'art. 147, et non de celle prononcée par l'art. 145 C. pén. — 8 oct. 1818. Cr. c. Chanteloube. D.A. 8. 359. D.P. 2. 249. — 11 fév. 1819. Cr. c. Lapons. D.A. 8. 368. D.P. 2. 253.

254. — Jugé cependant, mais à tort, que l'individu qui, sous un faux nom, s'est engagé devant un notaire ou un sous-préfet, à remplacer un conscrit, doit être condamné, comme complice, aux peines portées par l'art. 145, alors même que le notaire ou le sous-préfet, à raison de sa bonne foi, ne serait pas poursuivi. — 24 avril 1812. Cr. c. Min. pub. Bonchellini. D.A. 8. 358. D.P. 2. 249. — 23 avril 1813. Cr. c. Min. pub. Verdieri. D.A. 8. 362. D.P. 2. 252.

255. — Celui qui se présente chez un notaire pour faire souscrire un acte de donation à son profit, par un individu qui s'oblige faussement sous le nom d'un tiers, se rend coupable d'une tentative de faux, quoique l'acte de donation n'ait pas été consommé par suite du soin que le notaire avait eu de n'y pas apposer sa signature. — 9 juill. 1807. Cr. r. Corte. D.A. 8. 348. D.P. 8. 1. 283, et 2. 245.

256. — La simulation de dettes dans un acte public, commise du consentement de toutes les parties contractantes, dans l'intention d'exagérer le passif d'un débiteur, ne constitue pas un faux caractérisé. — 12 flor. an 13. Cr. r. Min. pub. Horix. D.A. 8. 342, et 335, n. 24. D.P. 6. 1. 224.

257. — La femme qui, débitrice d'une somme, prend faussement dans un acte notarié, la qualité de veuve d'un individu décédé, dont elle a été la concubine, et, pour se libérer, transporte à son créancier un effet qui fait partie de la succession de son prétendu mari, commet un faux en écriture authentique. — 9 déc. 1808. Cr. r. Vemard. D.A. 8. 353. D.P. 2. 247.

258. — Il en est de même de celui qui, sans être revêtu d'un grade militaire, prend par écrit la qualité d'officier, reçoit les appointemens qui y sont attachés, donne en cette qualité des quittances et signes des feuilles de route; il commet un faux criminel. — 21 avril 1808. Cr. c. Ramé. D.A. 8. 395. D.P. 2. 259.

259. — Ou de celui qui, après avoir perdu la qualité de maire, appose, pour nuire à un tiers, une légalisation au bas d'une commission de garde-champêtre particulier. — 30 juin 1808. Cr. r. Descary. D.A. 8. 353. D.P. 2. 247.

260. — Ou de celui qui se présente dans un département comme officier géomètre chargé de l'arpentage des communes, et qui, à l'aide de cette fausse qualité prise par écrit, abuse de la crédulité d'un maire, et escroque de lui diverses sommes pour le salaire de ses prétendus travaux : cette usurpation, faite par écrit, d'une qualité qui suppose, dans celui qui la prend, une mission publique et un mandat du gouvernement pour l'exercer, ne doit pas être confondue avec la supposition d'une qualité privée et indifférente en soi, qu'un particulier se donne, sans changer de nom et en l'ajoutant seulement au sien propre, supposition qui ne constitue pas un faux. — 2 mars 1809. Cr. c. Poussart. D.A. 8. 353. D.P. 2. 247.

Ou de celui qui, pour favoriser des escroqueries, fabrique des bordereaux d'arpentage, des notes d'envoi de ses prétendus travaux, et de prétendus ordres de l'adjudant-général géomètre. — Même arrêt.

261. — Le mot *acte*, dans l'accusation d'avoir fabriqué un acte, tel, par exemple, qu'un certificat de publication de mariage, sous le faux nom d'un fonctionnaire, emportant l'idée d'un acte complet et régulier, et, par suite, la fabrication de cet acte constituant par elle-même le crime de faux, le président n'a pas dû ajouter à cette question, résultant de l'acte d'accusation, celle de savoir si l'accusé a contrefait la signature du fonctionnaire, l'apposition de la véritable signature de ce fonctionnaire à l'acte suffisant seule pour faire disparaître le crime de faux : en posant cette question, le président a scindé l'accusation, et enlevé au mot *acte* le sens général et complet qu'il avait; pour offrir l'équivalent de l'acte d'accusation, le président aurait dû demander si la signature apposée au corps de l'acte fabriqué était ou non fausse. — 7 juill. 1827. Cr. c. int. de la loi. Bel. D.P. 27. 1. 443.

262. — Est coupable de faux en écriture publique, par l'altération des faits que l'acte public avait pour objet de constater, celui qui se fait remettre un exploit d'assignation en prenant le nom de la personne que cet exploit avait pour objet d'assigner. — 27 juin 1811. Cr. r.

263. — Il y a aussi faux caractérisé, lorsque les fermiers d'un impôt, en affichant au lieu destiné pour la perception, une pancarte contenant la copie du tarif arrêté par l'autorité publique, se permettent d'élever cet impôt au-dessus du taux auquel l'autorité l'a fixé : peu importe que la pancarte soit écrite à la main, qu'elle soit imprimée ou qu'elle soit peinte sur bois. — 15 niv. an 12. Cr. c. Min. pub. C. Fermiers de Bac. D.A. 8. 380. D.P. 4. 1. 211.

264. — Les altérations commises dans celles des énonciations d'un congé qui servent à distinguer la personne à laquelle il s'applique, doivent être considérées comme frappant sur la substance même de cet acte, et dès lors elles constituaient, sous le code pénal de 1791 et la loi du 23 flor. an 10, le crime de faux de la compétence des cours spéciales. — 21 août 1807. Cr. c. Min. pub. C. Deslies. D.A. 8. 383. D.P. 2. 255.

265. — La date de l'année, dans les actes de l'état civil, et, par exemple, dans un acte de naissance, étant une formalité substantielle, l'altération de cette date constitue le faux criminel. — 25 juin 1812. Cr. c. int. de la loi C. Stakebrand. D.A. 8. 359. D.P. 2. 250.

266. — Il y a pareillement crime de faux, lorsqu'à la prière d'une fille récemment accouchée, on a fait inscrire son enfant sous le nom d'une mère supposée. — 30 prair. an 10. Cr. c. — Arrêt sembl., 1er fruct. an 10.

267. — Ou lorsqu'on fait inscrire sur les registres de l'état civil, comme né de sa légitime épouse qui existe, l'enfant qu'on a eu d'une concubine (mais les poursuites criminelles ne peuvent avoir

lieu qu'après l'exercice de l'action civile). — 22 déc. 1808. Cr. c. Doyre. D.A. 8. 352. D.P. 2. 246. — Arr. sembl., 10 mess. an 12; 2 fév. 1810.

268. — Ou lorsqu'une femme présente à l'officier de l'état civil, et fait inscrire, comme provenant de ses œuvres, un enfant qui n'est pas le sien. — 25 nov. 1808. Cr. c. Jourdain. D.A. 8. 601 et 352. D.P. 9. 1. 247.

269. — Ou lorsqu'on prend frauduleusement le prénom de son frère, dans l'acte de naissance d'un enfant dont on se dit le père, et qu'on signe l'acte sous ce prénom. — 5 fév. 1808. Cr. r. Franck. D.A. 8. 349. D.P. 8. 1. 306.

270. — Ou lorsqu'en présentant à l'officier de l'état civil un enfant dont on est le père, et en désignant la véritable mère, on prend faussement et on signe le nom du mari de la mère. — 28 déc. 1809. Cr. r. Franchoi. D.A. 8. 355, et 333, n. 11. D.P. 11. 1. 119.

... Dans ce cas, les poursuites peuvent avoir lieu, encore que l'action civile n'ait pas été exercée; car elles ne peuvent produire d'effet qu'à l'égard du faux déclarant, et n'influent point sur la question d'état, par rapport à l'enfant. — Legrav., 1, 626.

271. — Ou lorsque, pour opérer la révocation d'une donation qu'on a faite, on a successivement déclaré à l'officier de l'état civil la naissance et le décès d'un enfant qui n'a point existé. — 19 fév. 1831. Grenoble. Marcellin. D.P. 31. 2. 96.

272. — Ou lorsqu'une personne se présente devant l'officier de l'état civil, pour consentir au mariage d'une personne dont il déclare faussement être le père. — 6 août 1807. Cr. r. Decoen. D.P. 8. 1. 285.

273. — Dans ce cas, alors même que le prétendu père se retirerait, sans signer, après la rédaction de l'acte, s'apercevant qu'il est reconnu, il n'y aurait pas moins, de sa part, tentative de faux en acte authentique. — 12 juin 1807. Cr. c. Min. pub. C. Coen. D.A. 8. 347. D.P. 2. 245.

274. — Mais il n'y a pas crime de faux dans la déclaration faite par une sage-femme qui indique à l'officier de l'état civil, dans l'acte de décès d'un enfant, le nom d'une femme qui n'est pas la mère de cet enfant, surtout si cette déclaration a été faite postérieurement à la rédaction de l'acte, pour remplir un blanc laissé par l'officier de l'état civil dans ledit acte de décès. L'énonciation, dans un acte de décès, des noms des père et mère du défunt, n'est pas substantielle. — 28 juill. 1808. Cr. c. Bertherot. D.A. 8. 351. D.P. 2. 246.

275. — Ni dans le fait de la femme qui fait présenter à l'officier de l'état civil l'enfant dont elle est accouchée, et le fait inscrire comme fils d'un individu dont elle se dit l'épouse légitime, quoiqu'elle ne le soit pas; cette fausse déclaration ne pouvant établir aucun droit. — 20 juill. 1809. Cr. c. Stark. D.A. 8. 354. D.P. 10. 1. 143. — Arr. sembl., 18 brum. an 12. Cr. c. Huret. D.A. 8. 357. D.P. 4. 1. 135. — 26 brum. an 12. Cr. c. Guillot. D.A. 8. 800 et 753. D.P. 2. 365. — 2 oct. 1806. Cr. r. Didier. D.A. 8. 413. D.P. 6. 2. 224, et 2. 265.

276. — Ni dans la fausse déclaration faite par un individu dans l'acte de naissance d'un enfant dont il se dit le père, que la mère de cet enfant est sa femme quoiqu'elle ne le soit pas, et que sa véritable femme existe encore. — 5 fév. 1808. Cr. r. Franck. D.A. 8. 349. D.P. 8. 1. 306.

277. — Il a été jugé que l'action de se présenter, sous le nom d'un tiers, à un officier public, pour lui faire recevoir des déclarations, ou constater des faits qui ne pouvaient procéder que de ce tiers, et, par exemple, l'action de se faire écrouer pour un tiers, et de signer l'acte d'écrou, constitue le crime de faux, par supposition de personne, prévu par le quatrième alinéa de l'art. 147 C. pén., et cela, encore bien que ce faux n'ait pas dû préjudicier à des tiers. — 10 fév. 1827. Cr. c. Min. pub. Rerat. D.P. 27. 1. 385.

Mais l'esprit de la loi ne repousse-t-il pas cette décision. Conçoit-on que le législateur ait pu concevoir la pensée de punir des travaux forcés, c'est-à-dire d'une peine afflictive et infamante, d'une peine qu'il considère avec raison comme la plus terrible après la peine capitale, l'action de s'être fait écrouer pour un tiers, action qui évidemment n'implique aucune perversité de la part de celui qui la commet, et peut même, dans certains cas, avoir été dictée par les plus généreux sentimens.

278. — Le faux par supposition de personne peut être commis sans que l'auteur du faux ait fait aucune écriture; il suffit que cette supposition ait motivé la rédaction d'un acte qui a eu pour objet de constater soit la présence de la personne supposée, soit des clauses ou des faits faux. En conséquence, peut être déclaré coupable de faux en écriture publique celui qui s'est présenté au conseil de recrutement au nom d'un autre, et s'est fait réformer en son lieu et place, et ce dernier, s'il a aidé le crime, peut être condamné comme complice. — 3 nov. 1826. Cr. r. Lair. D.P. 27. 1. 34. — 14 avril 1827. Cr. c. Maistre. D.P. 27. 1. 402. — 2 sept. 1831. Cr. c. Larantie. D.P. 31. 1. 308.

279. — Jugé de même que le fait, par un individu affecté d'un défaut qui le rendait impropre au service, d'avoir, devant le conseil de révision, répondu à un autre prénom que le sien, d'avoir demandé à être examiné, et d'avoir, par cette fraude, procuré l'exemption de son frère, constitue le faux en écriture authentique, encore bien qu'il n'ait signé ni sa déclaration, ni le congé qui a été délivré. — On prétendrait en vain qu'un tel fait ne constitue que le délit prévu par l'art. 43 de la loi du 21 mars 1832. — 12 avril 1833. Cr. régl. de jug. Min. pub. C. Soubeyran. D.P. 33. 1. 372. — 23 mai 1833. Cr. c. Pau. Min. pub. C. Laporte-Haure. D.P. 33. 1. 372.

280. — Celui qui est déclaré convaincu d'avoir participé à un faux en provoquant les témoins et les parties à apposer leur signature au bas d'un acte de célébration de mariage, en l'absence de l'officier chargé de remplir les formalités de cet acte, et en leur faisant attester ainsi que les faits y énoncés étaient vrais, quoiqu'il sût que les faits étaient faux, ne peut être condamné aux peines de l'art 147 C. pén., si la provocation n'a été accompagnée d'aucune des conditions exigées par la loi pour constituer une complicité criminelle. — 3 sept. 1812. Cr. c. Billet. D.A. 8. 360 et 3. 362. D.P. 2. 250.

281. — L'individu déclaré coupable d'être l'un des *auteurs* d'un faux en écriture authentique, pour avoir fait écrire sur un extrait de registre de naissance, originairement délivré sous son nom, les noms substitués à ceux qui y existaient primitivement, doit être considéré, non comme complice, mais comme ayant coopéré à ce faux, et condamné comme tel. — 8 juill. 1813. Cr. c. Min. pub. C. Sénécal. D.A. 8. 364. D.P. 2. 252.

ART. 4. — *Du faux en écritures de commerce et de banque.*

282. — La faveur due au commerce, et surtout la confiance, qui est le principe sans cesse vivifiant de ses opérations, ont fait assimiler le faux en écritures de commerce et de banque au faux en écriture authentique, quant à la répression pénale. — D.A. 8. 371, n. 1.

283. — Seront punis des travaux forcés à temps, dit l'art. 147 C. pén., toutes personnes qui auront commis un faux en écriture de commerce ou de banque.

284. — Cet article s'applique à toutes les écritures de commerce ou de banque, soit étrangère, soit française. — 21 mars 1834. Cr. r. Mélignan. D.P. 34. 1. 348.

285. — On doit entendre par écritures de commerce ou de banque, non seulement les effets de commerce, mais encore les livres, registres et autres pièces qui peuvent emporter obligation ou décharge. — D.A. 8. 371, n. 2, et Carnot, sur l'art. 147 C. pén.

286. — Jugé ainsi qu'une reconnaissance ou quittance à compte d'un billet à ordre, donnée par un banquier en sa qualité de banquier, est une écriture de commerce ou de banque, et non une écriture privée. — 28 mai 1825. Cr. r. Vidal. D.P. 25. 1. 377.

287. — Jugé de même que l'individu qui insère une fausse décharge sur une quittance donnée par un commerçant à un commerçant, pour opérations de commerce, alors d'ailleurs que cette fausse décharge est causée pour marchandises, commet un faux en écriture de commerce. — 19 août 1830. Cr. r. Hennequin. D.P. 30. 1. 360.

288. — Il y a pareillement faux en écriture de commerce dans le fait d'avoir fabriqué ou fait fabriquer une lettre adressée à un marchand, comme étant écrite et signée par un autre négociant et contenant demande de marchandises. — 15 juin 1827. Cr. c. Caminati. D.P. 27. 1. 487. — 2 avril 1831. Cr. c. Min. pub. Lugues. D.P. 31. 1. 189.

289. — Mais la fausse lettre adressée par un commerçant à un commerçant pour demander à celui-ci *un prêt*, ne constitue pas un faux en écriture de commerce. — 15 juin 1827. Cr. c. Caminati. D.P. 27. 1. 487.

290. — Les lettres de change, alors même qu'elles ne sont pas souscrites par des négocians, sont considérées (sauf l'exception portée en l'art. 113 C. comm. — V. *infrà*) comme effets de commerce (C. comm. 632).

291. — Jugé ainsi qu'il y a faux en écriture de commerce dans la fabrication soit d'une lettre de change, soit d'un mandat portant remise de place en place, quoique cette lettre de change ou ce mandat porte la fausse signature d'un *non commerçant*, par exemple d'un conseiller. — 5 sept. 1828. Cr. r. Aubry. D.P. 28. 1. 408.

292. — Jugé, d'après la même règle, que dès que l'accusé a été déclaré coupable de faux dans une lettre de change, la peine portée par l'art. 147 C. pén. doit lui être appliquée. — 15 juin 1827. Cr. c. Boissonneau. D.P. 27. 1. 417.

293. — Jugé aussi qu'il suffit que le jury ait déclaré qu'un faux billet négociable établissait une remise d'argent de place en place, pour que le faussaire soit passible de la peine du faux en écriture de commerce, encore bien que la remise d'argent ne fût que supposée. — 3 janv. 1828. Cr. c. Gabriel. D.P. 28. 1. 106.

294. — Mais il n'y a pas faux en écriture commerciale dans la fabrication d'une lettre de change portant la fausse signature d'une femme ou d'une fille (C. comm. 113). — Même arrêt.

295. — Celui qui tire, sous un nom supposé, et sans chercher à contrefaire la signature d'un tiers, une lettre de change qu'il accepte lui-même, ou celui qui prête sa main à l'écriture d'une lettre de change qui est ainsi tirée sous un faux nom, commet un véritable faux : car s'il ne peut nuire à personne, sous la qualité de tireur, puisque cette qualité ne peut être opposée à personne, il nuit néanmoins à ceux qui peuvent devenir propriétaires de la lettre par endossement, puisque ceux-ci sont privés de la garantie que la loi leur donnait sur le tireur. — 10 sept. 1807. Cr. r. Min. pub. Hermann. D.A. 8. 379. D.P. 8. 1. 292.

296. — Si ce faux peut devenir excusable à l'égard de celui qui, trompé par l'usage abusif et dangereux qui s'en est introduit dans plusieurs villes de commerce, s'en est rendu coupable de bonne foi et sans intention de nuire, il n'en doit pas moins être poursuivi jusqu'à ce qu'il apparaisse clairement à la justice que le prévenu qui est l'objet des poursuites a agi de bonne foi et sans intention de nuire. — Même arrêt.

297. — Jugé de même que celui qui, pour accréditer une lettre de change, y suppose un tireur ou des endosseurs qui n'existent pas, ou n'y sont intervenus pour rien, la signe ou la fait signer de leurs noms prétendus et la met ensuite dans le commerce, revêtue de sa propre signature, soit comme accepteur, soit comme endosseur, commet un crime de faux. — 4 sept. 1807. Cr. r. Assier. D.A. 8. 374. D.P. 8. 1. 294.

298. — Celui qui, dans le dessein de faire circuler des lettres de change, en fait graver les modèles sur les traites originales des banquiers dont il se propose d'emprunter les noms et de contrefaire les signatures, se rend coupable d'une tentative de faux en écriture. On dirait en vain qu'il n'y a point de commencement d'exécution *coupable*, tant que les imprimés destinés à devenir des lettres de change n'ont pas été revêtus d'une signature quelconque, la gravure étant en elle même un fait indifférent qui pourra devenir utile ou nuisible suivant l'usage qu'on en fera. — Même arrêt.

299. — Sont également coupables de faux en écriture de commerce : 1° celui qui fait emploi d'effets de commerce qu'il a fabriqués sous le nom de personnes qui n'existent point ou ne sont pas connues. — 27 juin 1806. Cr. c. Min. pub. Defrêne. D.A. 8. 372. D.P. 2. 254. — 10 août 1815. Cr. r. Perthon. D.A. 8. 378. D.P. 15. 1. 538. — 1er oct. 1825. Cr. c. Vidaillac. D.P. 26. 1. 68.

300. — 2° Celui qui substitue, au préjudice de tiers, un ordre à un acquit provisoire sur des traites protestées faute de paiement, et considérées comme nulles par les parties intéressées. — 6 juin 1807. Cr. c. Min. pub. Claro. D.A. 8. 373. D.P. 8. 1. 299.

301. — 3° Celui qui remplit et antidate des ordres en blanc sur des traites, dans le dessein de nuire d'autrui. — 6 avril 1809. Cr. r. Min. pub. Devolder. D.A. 8. 377. D.P. 9. 1. 334.

302. — Les billets à ordre ne doivent être réputés effets de commerce, qu'autant qu'ils ont été souscrits ou endossés par des négocians ou qu'ils ont eu pour objet un fait de commerce; et ce n'est qu'alors que les faux commis dans ces billets constituent des faux en écritures de commerce. — D.A. 8. 371, n. 3. — V. n. 291.

303. — Jugé ainsi que la fabrication ou l'usage qu'un négociant a fait de faux billets à ordre, en les transmettant par endossement, ne constitue pas un faux en écriture de commerce, si les billets n'énon-

...ent pas qu'ils ont eu pour cause une opération de commerce ou une remise de place en place, et si la fausse signature qui y est apposée n'est point celle d'un négociant. — 17 janv. 1828. Cr. c. Ballagny. D.P. 28. 1. 97.

304 — Dans un tel cas, il n'appartient pas à la cour d'assises de déclarer que les billets étaient des effets de commerce, et d'appliquer, par suite, l'art. 147 C. pén. — 26 janv. 1826. Cr. c. Muiron. D.P. 26. 1. 204.

305. — Jugé de même que celui qui a fabriqué de faux billets à ordre, ou qui en a fait usage, ne peut être passible des peines du faux en écriture de commerce, s'il n'est déclaré par le jury ni que ces billets aient été souscrits pour des opérations commerciales, ni que les signataires soient négocians. — 23 mars 1827. Cr. c. Mousson. D.P. 27. 1. 394. — 4 déc. 1828 Cr. c. Nicolle. D.P. 29. 1. 52.

Il ne peut être puni que de la peine du faux en écriture privée — 19 sept. 1828. Cr. c. Levy. D.P. 28. 1. 422. — 24 janv. 1828. Cr. c. Berson. D.P. 28. 1. 106. — 4 oct. 1827. Cr. c. Poloce. *eod.*, n. 1. — 4 déc. 1828. Cr. c. Nicolle. D P. 29. 1. 52.

306. — Jugé encore qu'un accusé déclaré coupable d'*avoir commis un faux en écriture, en fabriquant un faux billet à ordre, signé F. G....*, n'est coupable que d'un faux en écriture privée, et ne peut, par suite, être puni des peines portées par l'art. 147 C. pen. — 18 juin 1831. Cr. c. Brindejonc. D.P. 31. 1. 233.

307. — Jugé enfin que l'usage fait sciemment d'une fausse quittance du prix de marchandises, n'a pu être qualifié par la cour d'assises constituer un faux en écriture de commerce, qu'autant que le jury aurait déclaré que c'était en qualité de commerçant que cet usage avait eu lieu, ou que l'achat mentionne dans la quittance était une opération de commerce. — 23 juin 1832. Cr. c. Courmont. D.P. 32. 1. 322.

308. — Et il y a lieu d'annuler pour excès de pouvoir l'arrêt de la cour d'assises, qui a qualifié la simple quittance acte de commerce. — Même arrêt.

309. — Une cour d'assises qui maintient une question posée aux jurés en matière de faux, ainsi conçue: « L'accusé N... est-il coupable d'un faux ou de l'usage fait sciemment d'une piece fausse en écriture de commerce? », au lieu de demander s'il est coupable d'avoir fabriqué un billet revêtu du faux nom d'un commerçant, et pour une cause commerciale, commet une nullité qui entraîne l'annulation de tout ce qui a suivi. — 30 juin 1831. Cr. c. Müller. D.P. 31. 1. 235.

310. — Du reste, la loi n'exige pas, pour qu'il y ait faux en écriture de commerce, qu'il y ait contrefaçon de la signature d'un commerçant connu; elle exige seulement qu'il y ait simulation d'un effet commercial.

311. — Si donc des jurés ont déclaré un accusé coupable d'avoir fait usage d'un billet faux, souscrit par N.., commerçant, en faveur de N..., aussi commerçant, causé valeur en marchandises, sachant qu'il était faux, la cour d'assises ne peut lui appliquer les peines du faux en écriture privée, sous prétexte que la fausse signature du confectionnaire du billet ne peut s'appliquer à aucun individu connu, et qu'il est incertain si c'est un commerçant dont la signature est contrefaite. — 14 oct. 1831. Cr c. Talobre. D.P. 31. 1. 344

312. — Pour que les peines du faux en écriture de commerce aient été valablement appliquées à un individu, il suffit qu'il ait été déclaré par le jury coupable d'avoir apposé sur un billet à ordre une fausse signature attribuée à un marchand *boucher* et *herbager*, alors qu'il n'a pas été pretendu par l'accusé que le billet n'avait pas pour objet un fait de commerce, la présomption étant qu'un billet souscrit par un commerçant l'a été pour son commerce. — 26 déc. 1828. Cr. r. Quetel. D.P. 29. 1. 82.

313. — Le fabricant de serge étant commerçant, et les billets qu'il souscrit étant censés faits pour son commerce, il s'ensuit que l'usage fait sciemment de faux billets attribués à un tel individu, est un faux en écriture de commerce, et passible de la peine des travaux forcés à temps et non de la réclusion. — 7 déc. 1827. Cr. c. Sagniez. D.P. 28. 1. 52.

314. — La fabrication d'un billet à ordre, censé fourni par un marchand de vins, constitue le faux en matière de commerce, encore bien que le billet ne soit pas daté. — 17 août 1827. Cr. c. Duchesne. D.P. 27. 1. 464.

315. — Pour qu'un faux commis dans des billets à ordre, causés *valeur en marchandises*, puisse être considéré comme faux en écriture de commerce, il faut que le jury déclare que ces marchandises ont été livrées pour être revendues, pour en louer l'usage ou pour toute autre opération de commerce, ou qu'ils ont été revêtus de la signature d'individus négocians. Sans ces circonstances, de pareils billets ne peuvent être réputés écritures de commerce, et leur fabrication ne peut constituer un faux en écriture de commerce. — 7 oct. 1825. Cr. c. Daumont. D.P. 26. 1. 70. — 15 oct. 1825. Cr. c. Leroy. D P. 26. 1. 74.

316 — Jugé de même que de ce qu'un billet à ordre est causé valeur en marchandises, il ne s'ensuit pas qu'il constitue un acte de commerce, et que, par suite, si ce billet est faux, il y ait faux en écriture de commerce. — 25 mai 1827. Cr. c. Gabreaux. D.P. 27. 1. 415. — 8 juin 1827. Cr. c. Roze. D.P. 27. 1. 415.

317. — Jugé de même que la déclaration du jury, portant qu'un individu a fabriqué un faux billet à ordre, valeur en marchandises, avec apposition de fausse la signature, *Durand*, ne peut, à défaut de constatation, soit de la qualité de commerçant dans la personne dont la signature a été contrefaite, soit de la nature des opérations pour lesquelles le billet a été causé, question rentrant dans les attributions du jury, servir de base à une condamnation pour faux en écriture de commerce. — 30 déc. 1831. Cr. c. Vilpot D.P. 32. 1. 62.

318. — Quoique l'endossement apposé par un commerçant sur des billets à ordre *de nature purement civile*, rende ce négociant justiciable du tribunal de commerce, cependant il ne change pas la nature *civile* de ce billet; et, en conséquence, si ce billet est faux, l'usage qui en est fait sciemment par l'endossement ne constitue point, de la part du commerçant, l'usage d'un faux en écriture de commerce. — 23 mars 1827. Cr. c. Mousson. D.P. 27. 1. 394.

319. — Jugé aussi que si la signature contrefaite sur un billet n'est pas celle d'un négociant, et si le billet n'est pas supposé avoir pour cause un acte de commerce, il ne suffit pas, pour qu'il y ait faux en écriture de commerce pour fausseté de signature, que l'auteur du faux soit négociant ou qu'il ait fait usage du faux nom commercial dans une opération de commerce. — 6 avril 1827. Cr. c. Bourdillat. D.P. 27. 1. 398.

320. — Il n'y a pas faux en écriture de commerce, lorsque l'on contrefait au dos d'un billet à ordre la signature d'un individu non négociant, encore que le billet soit réellement un effet de commerce sincère; il n'y aurait faux de commerce, dans ce cas, qu'autant que la transmission serait accompagnée de faits propres à lui donner le caractère d'une opération de commerce. — 16 mai 1828. Cr. c. More. D.P. 28. 1. 247.

321. — Au surplus, il suffit que, parmi les faux dont un accusé est déclaré coupable, il se trouve des faux en écriture de commerce, pour que la peine dont ce crime est passible lui ait été légalement appliquée, encore bien que le faux sur lequel la cour d'assises a motivé sa décision ne constitue pas un faux en écriture de commerce. — 5 sept. 1828. Cr. r. Aubry. D.P. 28. 1. 408.

ART. 5. — *Du faux en écriture privée.*

322. — Tout individu qui a, *de l'une des manières exprimées en l'art.* 147, commis un faux en écriture privée, doit être puni de la réclusion (C. pén. 150).

323. — Sont coupables de faux en écriture privée :

324. — Celui qui, en achetant dans une intention criminelle, de l'arsenic chez un pharmacien, a signé un faux nom sur le registre de ce pharmacien : la signature d'un faux nom devant rester dans la classe générale des faux déterminés par les art. 147 et 150 C. pén, lorsque, d'une part, elle a dû être faite dans un objet criminel, et que, de l'autre, elle ne rentre pas dans l'exception modificative portée par l'art. 154 du même code. — 5 mars 1819. Cr. c. Min. pub. Besançon. Monneret. D.A. 8. 392. D P. 19. 1 255.

325. — Celui qui a fabriqué une fausse autorisation à l'effet d'obtenir d'un pharmacien-même une faible quantité d'arsenic. — 26 juill. 1832. Cr. r. Dumon. D.P. 33. 1. 35.

326. — Celui qui vend un effet par lui volé, et qui produit en garantie de l'origine de cet effet un reçu qu'il a signé d'un faux nom. — 10 sept. 1812. Cr. c. Alari. D.A. 8. 388. D P. 2. 257.

327. — Celui qui, lors de la rédaction d'un acte en écriture privée, y insère frauduleusement des conventions ou décharges.

328. — En effet, la dernière partie du troisième alinéa de l'art 147, auquel se réfère l'art. 150, ayant pour objet *l'insertion* de fausses conventions, faites *après coup*, dans des actes consommés, il s'ensuit que la première s'applique nécessairement à la fabrication de fausses conventions dans *la rédaction* même des actes et avant leur consommation. On ne peut pas dire que la première disposition du toisième alinéa de l'art. 147 C. pén. trouve une dérogation dans l'art. 407 du même code; car cette disposition n'a été modifiée que pour le cas de l'abus d'un blanc seing *livré de confiance*. — 26 août 1824. Cr. r. Mendouze. D.A. 8. 391, et 379, n. 3. D.P. 2. 258.

329. — Est aussi coupable de faux en écriture privée, celui qui vend, sous le nom d'un tiers, des biens appartenant à ce tiers, et celui qui achète sciemment ces biens de l'individu qui a pris le nom du propriétaire. — 3 oct. 1817. Cr. r. Armendet. D.A. 4. 437. D.P. 1. 1152.

330. — Celui qui dicte un acte sous seing-privé faux : il peut être déclaré coupable d'être l'auteur du faux. — 15 déc. 1831. Cr. r. Franquette. D.P. 32 1. 60.

331. — Celui qui, dans un blanc laissé au-dessus de la signature d'un reçu que lui a remis son créancier, insère une quittance d'une autre somme par lui due au même créancier. — 25 juin 1807. Cr. c. Verpilleux. D A. 8. 382. D.P. 2. 255.

332. — Celui qui abuse d'un blanc-seing *qui ne lui a pas été confié*. — 24 juin 1829. Grenoble. Bourguignon. D.P. 29. 2. 256.

333 — Ou qui fabrique de fausses conventions au-dessus d'un blanc-seing qui lui a été livré frauduleusement par celui à qui il avait été confié : car l'art. 407, deuxième disposition, qui qualifie de crime de faux l'abus de blanc-seing commis par celui auquel le blanc-seing n'a pas été confié, ne fait pas de distinction relativement aux diverses circonstances qui peuvent avoir rendu l'auteur du faux possesseur du blanc-seing. — 4 fév. 1819. Cr. r. Mongloux. D A. 8. 390, et 380, n. 7. D.P. 19 1. 285.

334. — Et si le dépositaire d'un blanc-seing le remet frauduleusement à un tiers et l'aide dans la fabrication de fausses conventions, il se rend complice du faux commis par ce tiers, et doit être puni comme tel. — Même arrêt.

Cette décision est erronée, suivant Legraverend, en ce que la disposition spéciale de l'art. 407, premier alinéa, se trouve anéantie par la disposition générale de l'art. 59 C. pén., et qu'elle aggrave injustement la sévérité de la loi. Dalloz trouve la justification de l'arrêt dans la généralité des termes de l'art. 59 C. pén. Toutefois, nous croyons l'arrêt dont il s'agit susceptible, dans l'une et l'autre de ses dispositions, d'une sérieuse controverse. — D.A. 8. 380, n. 7.

335 — Mais il n'y a pas crime de faux dans l'abus d'un blanc-seing *confié*; et, par exemple, dans la substitution faite, contre l'intention d'un particulier, d'une vente qu'il ne prétendait pas faire, à une procuration qu'il voulait donner sur une signature *par lui livrée en blanc-seing*. — 28 janv. 1809. Cr. c. Lefrançois. D.A. 8. 384. D.P. 9. 1. 101.

336 — Ou dans l'abus d'un blanc-seing confié par un maire à un individu non habitant de la commune, qui l'a rempli par un certificat de bonne vie et mœurs, destiné à faire recevoir un remplaçant militaire. — 1er mai 1829. Cr. r. Mayer. D.P. 29. 1. 234.

337. — Il n'y a pas simple abus de blanc-seing, mais faux criminel, dans le fait de celui qui abuse d'une signature mise au bas d'un écrit qui lui a été confié, en supprimant le corps de cet écrit et en y substituant une obligation; car la signature n'était pas un véritable blanc-seing (puisqu'elle avait été apposée au bas d'un écrit), et d'ailleurs, l'art. 407 C. pén. n'est applicable qu'au cas où le blanc-seing a été confié *comme tel* à celui qui en a abusé, ce qui, dans l'hypothèse, n'a pas eu lieu. — D.A. 8. 380, n. 8

338. — Jugé ainsi que celui qui abuse d'une signature mise au bas d'une pétition, en supprimant le corps de cette pétition et en y substituant un billet à ordre sur le blanc resté entre la dernière ligne de la pétition et la signature, commet un faux caractérisé, et non un simple abus de blanc-seing — 22 oct. 1812. Cr. c. Min. pub. C. Lefeuvre. D.A. 8. 388. D.P. 2. 257.

339. — Jugé encore que dans le fait, de la part d'un individu à qui un papier contenant les nom et prénoms d'un autre individu a été remis à titre d'adresse, d'avoir écrit au-dessus une obligation à la charge de ce dernier, il y a, non le délit prévu par l'art. 407, mais le crime de faux puni par l'art. 150 C. pén. — Pour qu'il y eût abus de blanc-seing, il faudrait qu'il y eût eu signature donnée en blanc, et que ce blanc-seing eût été commis à la fidélité de celui qui en a abusé en écrivant au-dessus une obli-

gation. — 2 juill. 1829. Cr. c. Min. pub. C. Jérome. D.P. 29. 1. 288.

340. — Le délit d'escroquerie, commis à l'aide d'un faux nom, n'est puni de peines correctionnelles que lorsque le faux nom a été pris *verbalement*: il y a lieu à l'application des peines de faux, s'il a été pris *par écrit*. — 4 nov. 1813. Cr. c. Min pub. C. Taillet. D.A. 8. 389. D.P. 2. 258 — Arr. sembl., 17 mai 1811 (vº Escroquerie). Cr. c. Min. pub. C. Peyroton. D.A. 7. 560. D P. 2. 94.

341. — Ainsi, il n'y a pas crime de faux dans le fait du voiturier qui prend, sous un faux nom, des marchandises en charge, si la lettre de voiture, ni aucune autre pièce ne portent la signature de ce faux nom. — 14 germ. an 13. Cr. c. Forêt. D.A. 8. 380. D.P. 2. 255.

342. — ... Ni dans le fait de celui qui, à l'aide d'un acte vrai, mais appartenant à une autre personne, se fait passer pour cette personne, et, sans rien écrire ni signer, se fait payer, par ce moyen, ce qui est dû à celle-ci. — 10 juill. 1806. Cr. c. Pitre.

343. — Au contraire, il y a faux de la part de celui qui signe la reconnaissance d'un prêt d'argent sous un nom idéal et avec l'indication d'un faux domicile. — 27 mars 1806. Cr. r. Perret. D.A. 8. 382. D.P. 6. 1. 407.

344. — Ou qui fabrique un faux billet à ordre pour se faire délivrer des marchandises sous le crédit d'un tiers. — 13 août 1807. Cr. r. Roullé D.A. 8. 383. D.P. 8. 1. 286. — 27 juin 1806. Cr. c. Min. pub. C. Defrêne. D.A. 8. 372. D.P. 2. 254.

345. — Ou qui, pour s'approprier des marchandises adressées à un tiers, écrit de fausses lettres aux correspondans de ce tiers chargés de l'expédition des marchandises. — 3 juill. 1807. Cr. c. Huguenet. D.A. 8. 382. D.P. 8. 1. 282.

346. — Ou qui se fait délivrer de l'argent à l'aide d'une lettre qu'il signe d'un faux nom. — 8 juill. 1808. Cr. c. Mollier. D.A. 8. 384, et 379, n. 6. D.P. 8. 2. 154. — 24 fév. 1809. Cr. c. Min. pub. Armangaud. D.A. 8. 385. D P. 2. 256.

Et cela, quand même ce faux nom serait purement idéal. — 16 juill. 1813. Cr. c. int. de la loi. Ravaglioli. D.A. 8. 389. D.P. 13. 1. 437.

347. — Ou qui s'engage, sous un faux nom, à remplacer un conscrit, moyennant une somme d'argent, et qui signe de ce faux nom la quittance qu'il donne ou l'acte de remplacement. — 27 mars 1812. Cr. c. Min. pub. Vanderlicht. D.A. 8. 387. D.P. 2. 257.

348. — Il y a également faux, et non pas simple escroquerie, lorsqu'un voiturier se fait, à l'aide de fausses quittances de droits d'octroi, qu'il croyait réellement dus, mais qui ne l'étaient pas, restituer ces droits, comme s'il les avait payés et dû payer. — 26 déc. 1807. Cr. c. int de la loi. Pedrazini. D.A. 8. 384.

349. — Enfin, se rendent encore coupables de faux, et non de simple escroquerie 1º celui qui fabrique ou fait fabriquer un billet faux, et le remet à la place du véritable à son débiteur, au moment où celui-ci paie la dette — 18 nov. 1825. Cr. régl. de juges. Pasquier. D.P. 26. 1. 143.

350. — 2º Celui qui fait souscrire une obligation à un individu, en l'assurant qu'il ne signe qu'un certificat de bonnes vie et mœurs, et qui manifeste l'intention d'en faire usage contre ce dernier. — Même arrêt.

351. — 3º Celui qui surprend la signature de son débiteur sur un billet plus fort que celui qu'il avait d'abord remis dans les mains du débiteur et que ce dernier croyait signer. — 30 juill. 1829. Cr. c. Paris. Min. pub. Piont. D.P. 29. 1. 314.

352. — Jugé en sens contraire avant le code de 1810. — 17 mars 1808. Cr. r. Rey. D.P. 8. 1. 308.

353. — La cour d'assises qui déclare un individu coupable d'escroquerie commise à l'aide d'écritures contrefaites ou altérées, dont il a fait sciemment usage, juge régulièrement en appliquant à cet individu les peines du faux, portées aux art. 150, 164, 165 C. pén., au lieu de se borner à lui infliger les peines de l'art. 405 sur l'escroquerie. — 11 avril 1828. Cr. c. Lacaze. D.P. 28. 1. 208.

ART. 6. — *Du faux commis dans les passe-ports, feuilles de route et certificats.*

354. — La loi a distingué avec raison les faux commis dans les passe-ports, feuilles de route et certificats, d'avec les faux commis en écritures authentiques ou en écritures privées: car, en général, ils ne peuvent point avoir des conséquences aussi préjudiciables aux fortunes particulières ou à l'ordre public. — D.A. 8. 392, n. 1. — V. aussi l'*Exposé des motifs*.

355. — *Du faux dans les passe-ports.* — La législation antérieure au Code pén. de 1810 avait déjà rangé dans une classe particulière les faux commis dans les passe-ports; mais son système était incomplet (V. les lois des 1er fév., 28 mars 1792, art. 17, et 17 vent. an 4, art. 2 et 3). — D.A. 8. 392, n. 2.

356. — La loi du 1er février, 28 mars 1792, art. 17, disposait: « Tout Français qui prendra un nom supposé dans un passe-port, sera renvoyé à la police correctionnelle, qui le condamnera à un emprisonnement qui ne pourra être moindre de trois mois, ni excéder une année. »

357. — Jugé ainsi sous ces lois, que l'obtention et la délivrance d'un passe-port sous une fausse dénomination et une fausse signature, n'étaient point un crime de faux de la compétence des cours spéciales, mais un délit correctionnel (L. 23 flor. an 10, art. 2; l. 19 juill. 1791, art. 23). — 22 flor. an 12. Cr. c. Thouret. D.A. 8. 393. D.P. 4. 1. 432, et 6. 1. 212.

358. — De même, celui qui avait fait usage d'un passe-port non argué de faux dans sa disposition essentielle, ni dans les signatures apposées, mais seulement dans des énonciations d'âge, de signalement ou de profession, n'était pas coupable de faux, mais du délit correctionnel spécifié par la loi du 28 mars 1792. — 22 mai 1806. Cr. c. Corberon. D.A. 8. 393. D.P. 2. 259.

359 — Mais se rendait coupable du crime de faux, de la compétence des cours spéciales, celui qui, pour se soustraire aux lois de la conscription, ou à la surveillance de la police, ou pour procurer à un tiers évadé de prison les moyens de se cacher, ou enfin pour accréditer un faux nom pris antérieurement dans un acte de l'état civil, se faisait délivrer un passe-port sous un nom supposé, et le signait de ce nom. — 21 août 1806. Cr. c. Min. pub. Demazes. D.A. 8. 374. D.P. 2. 259. — 28 déc. 1809. Cr. r. Franchas. D.A. 8. 355. D.P. 11. 1. 119.

360. — Ou bien fabriquait un passe-port, ainsi que les signatures y apposées, et en faisait usage — 26 mars 1807. Cr. c. Min. pub. Taffin. D.A. 8 394 D.P. 2. 259 — 10 sept. 1807 Cr. c. Min. pub. Cornillac. D.A. 8. 394. D.P. 2. 259.

361. — Ou bien sur un passe-port véritable, fabriquait un *visa* et le signait du nom d'un officier public — 2 mars 1809. Cr. c. Min. pub. Boussart. D.A 8. 353. D.P. 2. 247.

362. — Ou enfin commettait des altérations substantielles sur des passe-ports — 14 août 1806. Cr. c. Min. pub. Marrès. D.A. 8. 394. D.P. 2. 259. — 27 août 1807. Cr. r. Min. pub. Fraisse. D.A. 8. 394. D.P. 8. 1. 291.

363. — Le code pénal de 1810 a adouci cette législation: et, rangeant dans la classe des délits la fabrication ou la falsification d'un passe-port, l'obtention et la délivrance d'un passe-port sous un nom supposé, et l'usage d'un passe-port faux, altéré ou pris sous un nom supposé, ne punit ces divers faux que de peines correctionnelles, graduées sur la plus ou moins grande gravité de ces faits, en ayant soin toutefois d'établir des dispositions plus rigoureuses à l'égard des officiers publics qui participeraient au faux (art. 153, 154 et 155). — D.A. 8. 393, n. 3.

364. — Le porteur d'un faux passe-port qui n'a point contribué à sa fabrication ou falsification, et qui n'en a pas fait usage (car ce n'est pas en avoir fait usage que d'en avoir été simplement porteur) ne commet aucun délit. — D A. 8. 393, n. 6.

365. — Si le passe-port dont il a été fait usage est véritable, mais s'il a été délivré à un autre individu que celui qui en a fait usage, il n'y a lieu à appliquer aucune peine, car la loi n'a pas prévu ce cas. — D.A. 8. 393, n. 6.

366. — Celui qui, sans déguiser son véritable nom, prend dans un passe-port une fausse *qualité* ou *profession*, ne commet pas un faux dans le sens de l'art. 154 code pénal. Il fut dit, lors de la discussion de cet article au conseil d'état, qu'une qualification mensongère n'est pas sur la ligne du faux, et ne constitue pas un délit; sauf que si le mensonge devenait vis-à-vis des tiers un moyen d'escroquerie, le menteur devrait être puni comme escroc. — D.A. 8. 393, n. 4.

Quant à celui qui se serait attribué, sans droit, dans un passe-port, des titres royaux, tels que ceux de *duc*, *marquis*, *comte*, *baron*, etc., il ne serait, depuis la loi de 1832, passible d'aucune peine. — V. le nouvel art. 259 C. pén.

367. — *Du faux dans les feuilles de route.* — Les feuilles de route tiennent lieu de passe ports aux militaires et aux employés dans les armées. Elles servent aussi à constater les frais de route dus à ces militaires et employés.

368. — Avant le code pénal de 1810, les faux commis sur les feuilles de route n'ayant été prévus par aucune loi spéciale, étaient restés dans le droit commun et rentraient dans l'application de l'art. 41 de la 2e sect. du tit. 2 de la 2e part. du C. pén. de 1791: et même s'ils avaient été commis dans l'intention de se faire payer des frais de route, ils constituaient un crime de faux en pièces de comptabilité intéressant le trésor public, et devaient, aux termes de la loi du 2 flor. an 11, être jugés exclusivement par la cour spéciale de Paris. — D.A. 8. 395, n. 1.

369. — Jugé ainsi, que celui qui ajoutait des noms de lieux de gîtes à la feuille de route dont il était porteur, commettait un faux intéressant le trésor public, de la compétence exclusive de la cour spéciale de la Seine. — 1er mai 1807. Cr. c. Min. pub. Fery. D.A. 8. 395. D.P. 2. 259.

370. — Le code pénal de 1810 a rangé ce genre de faux dans une classe à part. Il le punit d'un emprisonnement, si la fausse feuille de route n'a pour objet que de tromper la surveillance de l'autorité publique; du bannissement, si le trésor royal a indûment payé au porteur de la fausse feuille des frais de route au-dessous de 100 fr.; de la réclusion, si les sommes indûment reçues par le porteur de la feuille s'élèvent à 100 fr. ou au-delà; et d'une peine immédiatement supérieure, et suivant les distinctions qui viennent d'être posées à l'égard de l'officier public qui était instruit de la supposition de nom lorsqu'il a délivré la feuille (art. 156, 157 et 158 C. pén.). — D A. 8 395, n. 1.

371. — La fabrication ou la falsification d'une feuille de route et l'usage d'une fausse feuille de route, sont deux crimes ou délits distincts, aux termes de l'art. 156 C. pén. — Ainsi, celui qui fabrique ou falsifie une feuille de route dans l'intention de tromper la surveillance de l'autorité publique, doit être puni de la peine portée par l'art. 156, § 1er, alors même qu'il n'en a pas fait usage. — D.A 8. 395, n. 2.

372. — Mais le porteur d'une fausse feuille de route qui ne l'a pas fabriquée ou falsifiée et qui n'en a pas fait usage, ne commet ni crime ni délit; l'art. 156 ne punit pas la *possession*, mais l'usage de la fausse feuille de route. — D.A 8. 395, n. 2; Carnot, sur l'art 156.

373. — L'usage d'une feuille de route véritable, mais délivrée à un autre individu que celui qui en est le porteur, ne constitue ni un crime, ni un délit; car l'art. 156 ne punit que l'usage d'une *fausse* feuille de route, les dispositions pénales ne peuvent être étendues d'un cas à un autre (D.A. 8. 395, n. 2). — V. n. 365

374. — Bien qu'il suffise, en général, pour qu'il y ait crime de faux, que la fabrication d'un faux acte, ou la falsification d'un acte vrai, ait été faite dans une intention criminelle, la loi a été néanmoins plus indulgente pour les faux commis dans les feuilles de route. Pour que cette espèce de faux soit un *crime*, il est indispensable que par la feuille de route falsifiée il ait été apporté préjudice au trésor public, en obtenant de lui, au moyen de ladite feuille, des frais de route qui n'étaient pas dus, ou qui excéderaient ceux qui peuvent être dus; ou que du moins il y ait eu, à cet effet, une tentative accompagnée des circonstances fixées par l'art. 2 C. pénal. — Ainsi, un forçat libéré qui falsifie une feuille de route pour se faire payer par le trésor des frais de route qui ne lui sont pas dus, ne commet pas un faux caractérisé s'il n'y a pas eu exécution ou tentative d'exécution pour obtenir le paiement de ces frais. — 8 nov. 1816. Cr. c. Grenadot. D.A 8. 396. D.P. 2. 259.

375. — L'art. 156 C. pén. est applicable à la falsification des mandats et à l'emploi des faux mandats délivrés par un sous-intendant militaire aux sous-officiers et soldats voyageant isolément, tout comme à la falsification des feuilles de route. — 9 août 1832. Cr. r. Renvé. D.P. 33. 1. 30.

La raison d'analogie relevée dans cette décision est surtout concluante lorsqu'il s'agit d'appliquer une disposition qui, comme celle de l'art. 156 C. pén., a dû nécessairement être conçue de manière à embrasser un grand nombre de cas qu'il n'était pas possible de prévoir. — D.P. *eod.*, note.

376. — *Du faux dans les certificats.* — Les faux commis dans les certificats n'avaient été prévus, d'une manière satisfaisante, par aucune loi, avant le code pénal de 1810, et ils étaient soumis au droit commun. Les seules règles spéciales en cette matière étaient, 1º les art. 121 du C. de brum. an 4, et 3 de la loi du 11 prair. même année, lesquels punissaient de deux à trois mois d'emprisonnement, soit le témoin qui, cité par la justice, présentait un certificat attestant faussement l'impossibilité de comparaître, soit l'officier de santé qui avait délivré ce certificat; — 2º l'art. 56 de la loi du 19 fruct. an 6, qui punissait de cinq ans de fers ceux qui signaient de faux certificats pour soustraire quelqu'un à la conscription. — D.A. 8. 396, n. 1.

377. — Mais la jurisprudence vint au secours de

la législation, et précisa la ligne qui séparait le crime du délit. Elle décida qu'il y avait crime de faux dans la fabrication d'un faux certificat sous le nom d'un officier de santé, pour extraire un déserteur des prisons et le faire transférer dans un hospice. — 22 mai 1807. Cr. c. Min. pub. C. Lorgier, etc. D.A. 8. 398. D.P. 2. 260, et 8. 1. 284.

378.— Mais qu'il n'y avait, au contraire, qu'une simple immoralité, soit dans la fabrication d'un certificat de bonne conduite à un individu qu'on sait se mal conduire, soit dans l'emploi de ce certificat. — 9 mess. an 12. Cr. c. Soltiaux, etc. D.A. 8. 397. D.P. 5. 2. 9, et 6. 1. 215.

379.—Et que, de même, celui qui avait fait usage d'un faux certificat pour mendier, encore bien qu'il en eût été lui-même le fabricateur, ne commettait pas le crime de faux prévu par la loi du 25 flor. au 10, mais un simple délit correctionnel puni par la loi du 19 juill. 1791. — 5 fruct. an 12. Cr. c. Min. pub. C. Chevalier. D.A. 8. 397. D.P. 2. 260. — 19 mess. an 10. Cr. c.—Aumaly. D.A. 8. 397, n. 1. D.P. 2. 260. — 25 juill. 1808. Cr. c. Rondeau. D.A. 8. 397. D.P. 2. 260.

380.— Le code pén. de 1810 présente un système complet sur les faux commis dans les certificats. Il punit de peines correctionnelles les certificats de maladie ou d'infirmités fabriqués dans la vue d'affranchir quelqu'un du service public, ou les certificats d'indigence ou de bonne conduite fabriqués sous le nom d'un fonctionnaire ou officier public, pour procurer à celui qui y est désigné des secours, du crédit ou des places; et il punit de peines afflictives et infamantes les faux certificats de tout autre genre, et d'où il pourrait résulter, soit lésion envers les tiers, soit préjudice envers le trésor public (C. pén. 159, 160, 161 et 162).

381.— Pour appliquer l'art. 161 C. pén., il est inutile d'examiner si les personnes sous le nom desquelles on a fabriqué les certificats exerçaient véritablement à cette époque les fonctions publiques qu'on leur attribue, ou même si ces personnes existaient réellement; il suffit qu'il soit constaté que les faussaires ont cherché à se prévaloir frauduleusement de l'autorité attachée aux fonctions publiques, et de la confiance qu'inspire le témoignage des personnes qu'on suppose en être revêtues. — 22 oct. 1825. Cr. c. Rouen. Min. pub. C. Massi. D.P. 26. 1. 78.

382.— Se rendent coupables du délit prévu par l'art. 161 C. pén.: Celui qui fabrique un faux acte d'*obédience en latin*, et qui en fait usage en se faisant passer pour un des religieux du mont Saint-Bernard, et escroquant par ce moyen, sous le titre d'aumône, une partie de la fortune des particuliers. —23 nov. 1815. Cr. c. Masare. D.A. 8. 398. D.P. 16. 1. 271.

383.—Celui qui rédige, sous le nom des officiers-généraux et supérieurs de l'armée, de faux certificats, dans la vue de procurer à ceux qui en seraient porteurs des récompenses honorifiques.— 22 oct. 1825. Cr. c. Rouen. Massi. D.P. 26. 1. 78.

384.— Celui qui fait sciemment usage d'un certificat délivré par un maire, et falsifié par l'addition d'une attestation de bonne vie et mœurs, et d'autres énonciations propres à attirer la bienveillance du gouvernement sur la personne y désignée.—11 mars 1826. Cr. c. Min. pub. C. Goillon. D.P. 26. 1. 271.

385.— Celui qui, après avoir falsifié un certificat déclaratif d'une perte de feuille de route, délivré à un tiers, en insérant, dans l'espace qui se trouve entre cette déclaration et les signatures du maire et du sous-préfet, une attestation de bonnes vie et mœurs, et a fait ensuite sciemment usage de ce certificat ainsi falsifié.— 9 juin 1826. Cr. c. Min. pub. Goillon. D.P. 26. 1. 393.

386.— Mais de ce qu'un certificat faussement attribué à un notaire, et ayant pour objet d'appeler, sur l'individu qui y est désigné, la bienveillance du gouvernement ou des secours (sans toutefois léser le trésor ou des tiers), serait revêtu du faux timbre de la sous-préfecture, il ne saurait résulter de ce faux timbre, lequel n'est qu'un accessoire du faux certificat, que celui qui l'a fabriqué ou fait sciemment usage du faux certificat, soit passible de la peine de réclusion portée par l'art. 162 C. pén.; il n'est passible que des peines correctionnelles énoncées en l'art. 161, peines qui doivent être élevées au *maximum*, s'il s'y joint les circonstances prévues par les art. 281 et 282.— 25 janv. 1828. Cr. c. Dumont. D.P. 28. 1. 106.

387.— On ne peut assimiler aux faux certificats de bonne conduite, d'indigence et autres mentionnés en l'art. 161 C. pén., un faux extrait des contributions foncières, indicatif d'un faux propriétaire, et employé pour commettre une escroquerie : ce faux est passible des peines portées par l'art. 162 du même code. — 31 déc. 1813. Cr. c. Min. pub. Olhmann. D.A. 8. 364. D.P. 2. 252.

388.— La contrefaçon de signatures et la supposition de personnes commises dans un certificat d'identité et dans un certificat de bonnes vie et mœurs pour attester l'idonéité au service militaire d'un individu n'ayant pas le caractère d'idonéité requis, constituent le crime de faux mentionné dans l'art. 162 C. pén., et non les délits prévus par les art. 161, 153, 156 et 196, etc. — 4 fév. 1825. Cr. c. Pau. Min. pub. C. Laffon. D.P. 25. 1. 209.

389.— Les faux certificats de service ou de bonne conduite tendant à procurer à des individus indignes ou sans titre, leur admission dans les ordres royaux de Saint-Louis et de la Légion-d'Honneur, constituent le crime de faux, attendu que les honneurs dont le roi est à la fois la source et le distributeur suprême, sont un véritable bien public, qu'on ne peut usurper sans préjudice pour l'état et même pour le trésor public, puisqu'ils servent à acquitter la dette de la patrie; que l'admission dans les ordres donne droit à la distribution gratuite des insignes de ces ordres, et, dans certains cas, procure à leurs membres un titre assuré à des pensions, secours, places gratuites pour leurs enfans dans des maisons d'éducation; que d'ailleurs les récompenses honorifiques accordées aux services militaires et civils sont une propriété encore plus sacrée que les biens appréciables en argent qui peuvent leur appartenir.— 1er oct. 1824. Cr. c. Paris. Massi. D.P. 25. 1. 34.

390.— La fabrication de faux certificats, prévue par l'art. 162 C. pén., est punissable des peines du faux, soit que ces certificats causent à des tiers ou au trésor un préjudice ou une lésion actuels, soit qu'ils ne leur causent qu'un préjudice ou une lésion éventuels.— Même arrêt.

ART. 7.— *De l'usage du faux.*

391.— L'usage d'une pièce fausse est un crime principal et distinct de la fabrication ou de la falsification d'une pièce. Aussi l'art. 147 punit-il la contrefaçon ou altération d'écritures, la fabrication de conventions, etc, quoiqu'il n'ait pas été fait usage des pièces fausses, et les art. 148 et 151 punissent le seul usage d'un acte faux.— D.A. 8. 398, n. 1.

392.— De ce que le crime de fabrication de faux est distinct de celui de l'usage fait sciemment d'une pièce fausse, il suit qu'il n'y a pas contradiction nécessaire entre une déclaration du jury qui décide qu'il y a eu *crime de faux* par la fabrication d'une pièce, mais qu'il n'a pas été fait usage de cette pièce. — 7 juin 1821. Cr. r. Bachelier. D.A. 8. 401. D.P. 2. 260.—25 nov. 1825. Cr. r. Tardivel. D.P. 26. 1. 108.

393.— Jugé de même que le faux en écriture privée, comme le faux en écriture publique, est consommé par la fabrication d'une pièce fausse, ou par l'altération d'*une pièce vraie*, avec l'intention de s'en servir, quoiqu'il n'en ait pas été fait usage.— 28 oct. 1813. Cr. c. Metz. Champeaux. D.A. 8. 390. —10 août 1815. Cr. r. Perthon. D.A. 8. 378. D.P. 15. 1. 538.

394.—L'usage d'une pièce fausse ne constitue pas le crime de faux, s'il n'a été fait avec connaissance que la pièce était fausse (C. pén. 163).— 19 prair. an 12. Cr. c. Lebars. D.A. 8 399. D.P. 2. 260.

395.—Ainsi, cette circonstance doit être formellement déclarée par le jury, pour qu'il puisse y avoir lieu à condamnation contre l'accusé.

396.— Mais l'accusé déclaré coupable de faux *en faisant sciemment usage de pièces fausses*, est passible des peines portées contre le faux, sans qu'il soit nécessaire d'ajouter que le fait a été commis *méchamment et à dessein* de nuire à autrui.— 17 déc. 1812. Cr. r. Bernard. D.A. 2. 245. D.P. 1. 430.

397.— Lors même qu'un fonctionnaire ou officier public se serait rendu coupable de cet usage criminel, il ne serait passible que de la peine portée par l'art. 148, cet usage n'étant pas un caractère de complicité du crime de faux, mais un crime particulier et indépendant, à raison duquel on trouve dans l'art. 148 une disposition et une peine spéciales.— Carn., sur l'art. 148.

398.— Celui qui est prévenu d'avoir commis un faux ne doit pas cesser d'être poursuivi, parce cela qu'il aurait déclaré sur la sommation à lui faite, qu'il renonçait à faire usage de la pièce fausse.—28 oct. 1813. Cr. c. Metz. Min. pub. Champeaux. D.A. 8. 399.

ART. 8.— *Des peines du faux.*

399.— La peine du faux doit toujours être accompagnée de l'amende, à peine de nullité de l'arrêt. La disposition, *il sera prononcé*, de l'art. 164 du C. pén., est impérative.— 1er juill. 1824. Cr. c. int. de la loi. Guilleret. D.A. 8. 402. D.P. 2. 261 et 24. 1. 483.— 14 sept. 1826. Cr. c. int. de la loi. Boudal. D.P. 27. 1. 21.— 11 avril 1828. Cr. c Lacaze. D.P. 28. 1. 208.

400.— L'arrêt de la cour d'assises, qui a prononcé, contre le faussaire, une amende inférieure à cent francs, doit être cassé. — 10 sept. 1829. Cr. c. int. de la loi C Moreau. D.P. 29. 1. 354.

401.—La tentative de faux est passible des mêmes peines que le faux consommé; ainsi, doit être cassé, l'arrêt qui omet de prononcer l'amende contre l'individu déclaré coupable de tentative de faux en écriture publique. — 20 mai 1824. Cr. c. Min. pub. C. Journalier. D.A. 402. D.P. 24. 1. 252.

402.— L'individu déclaré coupable d'avoir fait usage sciemment d'une fausse pièce, est, comme celui qui l'a fabriquée, passible de l'amende, indépendamment de la peine des travaux forcés à temps. — 18 oct. 1817. Cr. c. Min. pub C. Robert. D.A. 8. 402. D.P. 2. 260. — 8 fév. 1812. Arr. sembl. Cr. c. Ros-Deuweordu. D.A. 8. 401. D.P. 2. 260, et 12. 1. 393. — 26 déc. 1812. Cr. c. Min. pub. C. Gobert. D.A. 8. 401. D.P. 2. 260. — 1er août 1810. Cr. c. Therrioni. D.A. 8. 401. D.P. 2. 260. — 13 oct. 1815. Cr. c. Besancelle. D.A. 8. 401. D.P. 16. 1. 273. — 15 oct. 1818. Cr. c. Frillod. D.A. 8. 401. D.P. 2. 260.

403.— Celui qui a fait usage d'une pièce fausse, ne peut encourir une peine plus grave que celle réservée au faussaire lui-même, quelle que soit la nature commerciale ou civile de la négociation à l'aide de laquelle il s'est servi de la pièce fausse. — 23 mars 1827. Cr. c. Mousson. D.P. 27. 1. 394.

404.—Jugé encore que l'usage d'une pièce fausse, quelle que soit la qualité de l'accusé, et quel que soit l'emploi qu'il a fait de cette pièce, ne peut être puni d'une peine plus grave que celle réservée au faussaire lui-même. — 23 mars 1827. Cr. c. Tuffeau. D.P. 27. 1. 395.

405.— Celui qui est convaincu du crime de faux en écritures privées, et en même temps de celui en lettres de change et billets de commerce, doit être condamné à la peine la plus forte et relative au délit le plus grave; mais non pas à autant de fois la même peine qu'il a commmis de faux ou fait usage de pièces fausses en particulier. — 19 brum. an 7. Cr. c. L. Laglaine. D.A. 8. 401. D.P. 2. 260.

406.— L'individu coupable à la fois d'un vol commis dans une auberge où il était reçu, et d'un faux en écriture authentique, doit être condamné à la peine la plus forte, c'est-à-dire, à la peine de faux. — 5 juin 1818. Cr. c. Min. pub. Boulier. D.A. 8. 367. D.P. 2. 253.

407.— L'officier public qui, par application de l'art. 155, deuxième alinéa, a encouru la peine du *bannissement*, ne doit pas subir l'exposition, cette peine n'étant prononcée par l'art. 165 que contre les faussaires condamnés aux *travaux forcés* ou à la *réclusion*.

ART. 9.— *De la procédure en inscription de faux principal.*

408.— Le faux, envisagé sous le rapport de la procédure, se divise en faux principal et en faux incident. Le faux principal est ainsi appelé, parce qu'il est le *principe* du procès en faux, ce procès n'étant précédé d'aucune instance civile ou criminelle; tandis que le faux incident est dirigé contre un acte faux ou falsifié, produit dans le cours d'un procès criminel ou civil. — D.A 8 402, n 1.

On a renvoyé au mot *filiation*, les questions que présente la procédure du faux en matière d'état, et au mot *instruction criminelle* celles relatives à l'attribution spéciale conférée par l'art. 464 C. inst. cr. à quelques fonctionnaires, pour l'instruction des crimes de fabrication ou d'usage de fausse monnaie, faux billets de banque, ou contrefaçon du sceau de l'état.

Les règles relatives au faux incident qui s'élève dans le cours d'un procès criminel, étant presque les mêmes que celles à suivre lorsque le faux incident s'élève dans un procès civil, nous renvoyons l'exposition de ces règles au mot *faux incident*.

409.— Le crime de faux exigeait, à raison de sa nature, des formes particulières d'instruction. Ces formes ont été tour à tour réglées,

1° Par le titre 9 de l'ordonnance de 1670;

2° Par le titre 1er de l'ordonnance de juillet 1737;

3° Par les titres 12 et 13, 2e partie de la loi du 16 septembre 1791, qui abrogea les dispositions de

l'ordonnance de 1737, seulement pour les procédures qui n'étaient pas commencées à l'époque de l'installation des cours criminelles créées par cette loi;

4° Par le titre 14 du code du 3 brumaire an 4, qui, renouvelant les dispositions de la loi de 1791, attribuait la première instruction, dans la poursuite du faux, au juge de paix dans les villes dont la population était au moins de 40,000 habitans, et partout ailleurs au directeur du jury; et qui, en outre, traduisait le prévenu devant un jury spécial d'accusation, et l'accusé devant un jury spécial de jugement. La première de ces dispositions a été abrogée par la loi du 7 pluviôse an 9, et la seconde par l'art. 2 de la loi du 23 floréal an 10; mais avec cette différence, que la première abrogation était indéfinie, tandis que la seconde était limitée au temps durant lequel devaient subsister les cours spéciales, c'est-à-dire, jusqu'à deux ans après la conclusion de la paix générale;

5° Par la loi du 23 floréal an 10, qui délégua à des cours spéciales la connaissance immédiate des crimes de faux, sans le concours des jurés;

6° Par les lois des 2 floréal an 11, 23 ventôse an 12 et 20 avril 1810, qui attribuèrent à la cour spéciale de la Seine la connaissance exclusive de tous les crimes de faux en effets nationaux, en pièces de comptabilité intéressant le trésor public, les contrefaçons du timbre national et faux billets de banque. Ces attributions spéciales ne devaient durer, en vertu de l'art. 23 de la loi du 20 avril 1810 que cinq ans à dater de la publication de cette loi;

7° Par le chap. 1er, titre 4, liv. 2 du code d'inst. crim., qui a reproduit, à quelques modifications près, les dispositions du tit. 14 du code de brum. an 4, et qui a, en outre, abrogé, dans les art. 553 et 554, la disposition de la loi du 23 floréal an 10, qui conférait aux cours spéciales la connaissance des crimes de faux en général, et n'a maintenu que celle qui leur conférait la connaissance du crime de fausse monnaie. Aujourd'hui, les cours spéciales étant abolies, le crime de faux est de la compétence des cours d'assises.— D.A. 8. 403, n. 1.

410 — Remarquez que c'est particulièrement du faux en écriture qu'il va être question ici, et non du faux commis par des paroles ou par des actions. — Ainsi, les poursuites pour faux témoignage, ou pour vente à faux poids ou à fausses mesures, ou pour escroqueries, à l'aide d'un faux nom pris verbalement, ou pour crime de fausse monnaie, de falsification des sceaux de l'état et autres marques du gouvernement, sont faites dans la forme ordinaire et générale, sauf, s'il y a lieu, la description qu'il peut être utile de faire des pièces de conviction qui forment le corps du délit, et sauf le pouvoir qu'exercent en ce cas les magistrats, de continuer, hors de leurs ressorts, les visites nécessaires chez les personnes soupçonnées (C. inst. crim. 464). — *Ibid*, n. 2

411. — Le faux peut être poursuivi par le ministère public, quoique les intéressés aient renoncé à leur action civile. — V. Action publique, n. 65 et suiv., 101.

412.— Le ministère public qui poursuit d'office un faux principal, n'est point tenu de faire au prévenu une sommation de déclarer s'il entend se servir de la pièce arguée.— 20 juin 1817. Cr. r. Pastoret. D.A. 11. 314. D.P. 2. 1013

413 — Sous le code de brum., le directeur du jury ne pouvait se dispenser de poursuivre sur la plainte en faux qui lui était présentée, sur le motif que les auteurs du prétendu faux n'étaient point indiqués. — 26 germ. an 9. Cr. c. int. de la loi. Bailly. D.A. 8. 407. D P. 2. 262.

414.— Dans tous les procès pour faux en écriture, la pièce arguée de faux, aussitôt qu'elle est produite, doit être déposée au greffe du tribunal compétent. Elle doit être signée et paraphée à toutes les pages par le greffier et par la personne qui la dépose, si elle sait signer; et si elle ne sait, ne peut ou ne veut signer, il en doit être fait mention (C. inst. cr. 448).— D.A. 8. 403, n 3.

415.— Pour constater l'état matériel de la pièce arguée, un procès-verbal doit être dressé et signé par le greffier (inst. cr. 448), procès-verbal qui, pour remplir le vœu de la loi, doit être *détaillé*, c'est-à-dire contenir mention et description des ratures, surcharges, interlignes, etc., qui se trouvent dans la pièce arguée; en un mot, la caractériser de manière qu'on ne puisse la méconnaître, ni y faire impunément aucune altération.— D.A. 8 403, n.3.

416. — Jugé ainsi, sous la loi du 3 brum. an 4, que le greffier du directeur du jury devait dresser un procès-verbal détaillé de la pièce arguée de faux, faire mention des altérations qui s'y trouvaient, les décrire d'une manière à assurer le faux qui pouvait s'y rencontrer, le tout à peine de nullité. Un procès-verbal vague n'était pas suffisant. — 8 frim. an 7. Cr. c. Danbom. D.A. 8. 406. D.P. 2. 262.—8 vend. an 7. Cr. c. Jobert. D.A. 8. 405. D.P. 2. 261. — 24 mess. an 7 Cr. c. Judde. D.A. 8. 406. D.P. 2. 262.

417.— Ce procès-verbal doit, en outre, constater l'accomplissement des formalités dont on vient de parler. Le greffier qui omet de remplir une seule de ces formalités encourt une amende de 50 fr., sans préjudice contre lui de destitution ou même de peines plus graves s'il a compromis l'intérêt de la justice, ou s'il a été mu par quelque motif plus répréhensible (inst. cr. 448).— D.A. 8. 403, n. 3.

418 — Si la pièce arguée de faux est tirée d'un dépôt public (par exemple, d'un greffe, d'une étude de notaire), le fonctionnaire qui s'en dessaisit doit la signer et la parapher à toutes les pages, sous peine de 50 fr. d'amende (inst. cr. 449); mais il peut l'adresser à la justice; il n'est pas tenu de se rendre au greffe pour effectuer le dépôt et assister au procès-verbal de description.— *Ibid.*

419.— Toutefois, l'ordonnance qui lui prescrit de se dessaisir de la pièce, pourrait aussi lui enjoindre d'effectuer lui-même le dépôt, à l'effet de fournir les renseignemens qui seraient à sa connaissance. — Legrav., 1, 609.

420.— La pièce arguée de faux doit être signée par l'officier de police judiciaire (inst. cr. 450), sans néanmoins que cet officier soit tenu d'assister à la rédaction du procès-verbal et de diriger ou surveiller ces observations préliminaires: la loi ne lui impose point explicitement cette obligation. — D.A. 8. 403, n. 4.

421.— La pièce arguée doit aussi être signée par la partie civile ou son avoué, *s'ils se présentent* (inst. cr. 450).— Ces dernières expressions font voir que cette formalité n'est pas indispensable, qu'il n'est pas nécessaire que le dépôt soit fait par le plaignant ou par le dénonciateur, et qu'il suffit que la pièce soit signée par le déposant.— *Ibid.*

422. — La loi du 3 brum. an 4 prescrivait aussi que les pièces arguées de faux, ainsi que les pièces de comparaison fussent signées et paraphées par le dénonciateur. — 8 vend. an 7. Cr. c. Jobert. D.A. 8. 405. D.P. 2. 261.

423. — Toutefois, cette obligation ne concernait que les plaignans ou dénonciateurs qui étaient *parties au procès*. — 8 mess. an 13. Cr. c. int. de la loi. Victor. D.A. 8. 407. D.P. 5. 2. 147.

424 — Mais le fonctionnaire qui, d'après le vœu de l'art. 83 C. du 3 brum. an 4, donnait avis à l'officier de police d'un faux dont il a acquis la connaissance ou reçu la dénonciation dans l'exercice de ses fonctions, ne se rendait pas, par cet avertissement, ou en transmettant la dénonciation qu'il avait reçue, partie au procès.— Ainsi, il n'était pas, comme la partie plaignante ou dénonciatrice, obligé de signer et de parapher les pièces arguées de faux.— Même arrêt.

425.— Enfin, la pièce arguée doit encore être signé par le prévenu au moment de sa comparution (C. inst. cr. 450).

426. — Jugé, sous le code de brumaire, que le directeur du jury devait faire mention, dans l'interrogatoire du prévenu, qu'il lui avait fait signer et parapher la pièce arguée de faux. — 24 mess. an 7. Cr. c. Judde. D.A. 8. 406. D.P. 2 262.

427.— Si les comparans, ou quelques uns d'entre eux, ne peuvent pas ou ne veulent pas signer, le procès-verbal en doit faire mention. — En cas de négligence ou d'omission, le greffier doit être puni de 50 fr. d'amende (C. inst. cr. 450).

428.— L'inobservation de quelqu'une des formalités prescrites par l'art. 450 C. inst cr., entraînerait-elle indispensablement la nullité de la procédure sur le faux? La négative résulte, 1° de l'absence d'une nullité dans la loi, à moins que l'accusé n'ait réclamé l'accomplissement des formalités prescrites; 2° du discours de l'orateur du gouvernement. Sous le code de brum. an 4, dit-il, « la plus légère infraction des formes prescrites pour assurer l'état des pièces arguées de faux, ou même des pièces de comparaison, entraîne la peine de nullité. Ainsi, en quelque nombre que soient ces pièces, elles doivent être paraphées à chaque page par les personnes que la loi désigne, et l'omission du paraphe de l'une d'elles à une seule page d'un volumineux cahier, peut faire tomber toute la procédure. Cette sollicitude de la loi a semblé excessive... Toute infraction de l'espèce que je viens de décrire donnera lieu désormais à une amende contre le greffier... »

429. — « Toutefois, ajoute-t-il, la punition du greffier pourrait être considérée comme insuffisante relativement aux parties, et notamment à l'accusé, si celui-ci ne pouvait pas pourvoir à l'entier accomplissement d'une formalité qu'il regarderait comme utile à ses intérêts; mais il le peut; c'est son droit, et s'il en a réclamé l'application et qu'il n'y ait pas été statué, il y aura ouverture à cassation. »

430. — Dès que des pièces sont arguées de faux, la justice doit pouvoir les réclamer, en quelques mains qu'elles se trouvent. Ainsi, tout dépositaire public ou particulier de pareilles pièces est tenu, sous peine d'y être contraint par corps, de les remettre sur l'ordonnance donnée par l'officier du ministère public ou par le juge d'instruction (C. inst. cr. 452).

La loi ne distingue point pour la remise des pièces arguées, comme pour celle des pièces de comparaison (C. inst. cr. 454), entre le dépositaire *public* et le dépositaire *particulier*, parce que ces pièces forment le corps du délit, et que personne ne doit pouvoir, en les retenant, arrêter le cours de la justice.— D.A. 8. 404, n. 6.

431.— En cas de refus du dépositaire, et à moins qu'il n'alléguât que la pièce n'est plus en ses mains, ce qui nécessiterait le recours à celui de qui l'ordonnance serait émanée, la contrainte par corps peut s'exercer à l'instant même de la notification de l'ordonnance, si elle est faite à personne.— Legrav., 1, 606.

432.— L'ordonnance qui prescrit la remise des pièces et l'acte de dépôt servent de décharge au dépositaire envers tous ceux qui ont intérêt aux pièces déposées (C. inst. cr. 452).

433.— Il serait régulier, sinon nécessaire, qu'avec la copie de l'ordonnance qui lui est notifiée, une copie de l'acte de dépôt fût remise au dépositaire, afin que, par la réunion de ces pièces, et par la représentation qu'il pourrait en faire, il opérât sa décharge vis-à-vis des tiers. Toutefois, le code se bornant à dire que la décharge s'opère par l'ordonnance et l'acte de dépôt, il semble que l'existence de ces pièces au greffe du tribunal suffit pour la garantie des dépositaires vis-à-vis des tiers, quand même ils ne pourraient pas les représenter personnellement aux parties intéressées. — Legrav., p. 608; D.A. 8. 404, n. 6.

434.—Une copie de la pièce arguée de faux doit être délivrée à l'accusé. — 27 mess. an 10. Cr. c. Daugies. D.A. 8 405. D.P. 2. 261.

435.—Pour juger les pièces arguées, le juge d'instruction ou la cour (suivant le degré où se trouve parvenue l'instruction) peuvent nommer des experts à l'effet de vérifier ces pièces. Cette faculté dérive notamment du principe qui enjoint aux magistrats de prendre, en matière criminelle, toutes les mesures propres à découvrir la vérité, et de la disposition de l'art. 43 C. inst cr.— D.A. 8. 404, n. 8; Legrav., p. 612.

436 — Les experts écrivains appelés à procéder à la comparaison et vérification d'écritures, nécessaires pour constater le faux, ne sont pas entendus comme simples témoins; leur rapport a caractère de procès-verbal constatant le corps du délit, et peut être mis sous les yeux du jury.— 22 prair. an 10. Cr. c. int. de la loi. Penian. D.A. 8. 407. D.P. 2. 262.

437.— On peut aussi quelquefois comparer avec succès les pièces arguées avec d'autres pièces. Dans ce cas, les pièces fournies pour servir de comparaison sont signées et paraphées comme la pièce arguée, et sous les mêmes peines (C. inst. cr. 453). — D.A. 8. 404, n. 9.

438. — Jugé de même, sous la loi de brumaire, que les pièces de comparaison devaient être signées et paraphées par l'accusé. — 27 mess. an 10. Cr. c. Daugies. D.A. 8. 405. D.P. 2. 261.

439. — Et que si celui-ci n'avait signé et paraphé que huit pièces, sur dix qui étaient employées pour pièces de comparaison, il y avait lieu d'annuler le jugement de condamnation. — 7 vend. an 7. Cr. c. Barbet. D.A. 8. 405. D.P. 2. 261.

440.— Les particuliers ne peuvent être contraints par corps à remettre les pièces de comparaison qu'ils possèdent, qu'après avoir été cités devant le tribunal saisi, pour faire cette remise, ou déduire les motifs de leur refus (C. instr. cr. 456).

441.— Les dépositaires publics peuvent être contraints, même par corps, à fournir les pièces de comparaison qui sont en leur possession (C. instr. cr. 454), *comme hommes publics*, bien entendu, car, par rapport aux pièces qui ne sont pas dans leurs mains en cette qualité, ils ne sont que de

simples particuliers, et, dès lors, c'est l'article 456 qu'il faut appliquer.

442. — Un accusé ne peut attaquer l'arrêt d'une cour d'assises, par le motif que des pièces de comparaison produites dans un procès de faux, n'avaient pas été signées par la personne qui les représentait. Cette formalité n'est pas prescrite à peine de nullité (C. inst. cr. 453, 408). — 5 fév. 1819. Cr. r. Arnaud. D A. 4. 373. D.P. 1. 1126.

443. — Les écritures privées peuvent être produites pour pièces de comparaison, et être admises à ce titre, si les parties intéressées les reconnaissent (C. inst. cr. 456; C. civ. 1322). — La partie qui aurait précédemment reconnu comme véritable une pièce de cette nature, ne pourrait plus s'opposer à sa production. — Legrav., 1, 615.

444. — De ce qu'on aurait soumis aux jurés un rapport d'experts dressé sur des pièces de comparaison, au nombre desquelles il s'en trouvait une seule dont l'écriture (mais non la signature) était déniée par l'accusé, il ne saurait résulter une nullité de la déclaration du jury. — 2 avril 1831. Cr. r. David. D.P. 31. 1. 225.

445. — La preuve testimoniale peut être admise contre les actes argués de faux.

Et cela, quand même il n'existerait pas de commencement de preuve par écrit. — 1er avril 1808. Cr. c. Min. pub. Delafont. D.A. 8. 408. D.P. 8. 2. 109.

446. — Les témoins qui s'expliquent sur une pièce du procès doivent la parapher et la signer; et s'ils ne peuvent signer, le procès-verbal en fait mention (C. inst. cr. 457).

447. — Cette formalité a pour objet de s'assurer que les faits sur lesquels le témoin dépose sont bien relatifs à la pièce qui lui a été présentée; mais son inobservation n'entraîne pas l'annulation de la déposition du témoin (arg. de l'art. 1030 C. pr.).

448. — Jugé ainsi que l'accusé ne peut se faire un moyen de ce que le juge instructeur n'a pas requis chaque témoin de parapher les pièces qui lui étaient présentées dans un procès de faux, et de ce qu'on ne les a pas fait signer à lui, accusé; ces formalités ne sont pas requises à peine de nullité. — 5 fév. 1819. Cr. r. Arnaud. D.A. 4. 373.

449. — Les témoins instrumentaires peuvent être admis à déposer contre la teneur des actes qu'ils ont signés, lorsque ces actes sont argués de faux. — 1er avril 1808. Cr. c. Min. pub. Delafont. D.A. 8. 408. D.P. 8. 2. 109.

450. — L'accusé peut être requis de produire et de former un corps d'écriture; en cas de refus ou de silence, le procès-verbal en fait mention (inst. cr. 461). S'il consent à former un corps d'écriture, il doit le faire en présence des experts et des parties intéressées (arg. de l'art. 206 C. pr.).

451. — Le plaignant peut également être requis par le juge d'instruction de faire un corps d'écriture. — 31 mars 1831. Cr. r. Cornier. D.P. 31. 1. 190.

452. — Au reste, le faux peut être poursuivi et prouvé, quoique la pièce arguée de faux ne soit pas représentée. — 6 mars 1807. Cr. r. Delauzière. D.A. 8. 346. D.P. 2. 244.

453. — Jugé de même que le prévenu du crime de faux doit être mis en accusation, *lors même* qu'il aurait détruit la pièce arguée, la poursuite du faux pouvant en ce cas s'établir d'après les moyens d'instruction et de preuves communs à tous les crimes en général. — 28 oct. 1813. Cr. c. Metz. Min. pub. Champeaux. D.A. 8. 399.

454. — Le code de brumaire an 4, en prescrivant les formalités à suivre dans la procédure du faux, et notamment celles mentionnées dans l'art. 526, supposait l'existence au procès *d'une pièce fausse*; il ne pouvait donc résulter ouverture à cassation de ce que ces formalités n'avaient pas été remplies, dans le cas où la pièce fausse avait été supprimée par les coupables, après la consommation du crime. — 17 therm. an 8. Cr. r. Baudry, etc. D.A. 8. 407. D.P. 2. 262.

455. — Un individu ne peut arguer de faux une facture qu'il ne représente pas, qu'autant qu'il prouve qu'elle lui a été enlevée. — 15 flor. an 12. Cr. c. Romain. D.A. 8. 381. D.P. 2. 255.

456. — C'est un principe certain que l'action publique ne peut être éteinte que par un jugement définitif rendu au criminel, ou par la prescription, ou par une amnistie. En conséquence, les plaintes et dénonciations en faux principal peuvent toujours être suivies, lors même que les pièces qui en sont l'objet auraient servi de base à des actes judiciaires ou civils (C. inst. cr. 451), c'est-à-dire, quoiqu'il ait déjà été rendu au civil un jugement passé en force de chose jugée, et fondé sur la pièce arguée de faux principal, ou qu'il ait été procédé civilement à une vérification d'écriture, ou qu'enfin la pièce ait été soumise à une procédure en faux incident civil. — D.A. 8. 405, n. 12.

457. — Jugé ainsi qu'on peut, après qu'un jugement civil a déclaré un mariage valable, en attaquer l'acte par une plainte en faux principal. — 3 sept. 1812. Cr. c. Paris. Billet. D.A. 8. 360. D.P. 1. 934.

458 — Mais lorsque le faux a eu pour objet une suppression d'état, l'action criminelle ne peut être exercée qu'après que les tribunaux civils ont statué sur la question d'état. — 22 déc. 1808. Cr. c. Deyres, D.A. 8. 352. D.P. 2. 246.

459. — Lorsqu'une cour saisie d'une plainte portant sur plusieurs faux ne statue pas sur la totalité des faux, son arrêt doit être annulé. — 28 juin 1810. Cr. c. Min. pub. Deblois. D.A. 8. 356. D.P. 2. 248.

ART. 10 — *De la compétence en matière de faux.*

460. — Les cours spéciales instituées par la loi du 22 flor. an 10 ont été investies, jusqu'en 1814, de la connaissance des crimes de faux. — Avant de statuer sur les crimes qui leur étaient soumis, elles devaient juger leur compétence; et une expédition du jugement devait être transmise à la cour de cassation, chargée de statuer sur ces jugemens de compétence, toutes affaires cessantes. — D.A. 8. 409, n. 1.

461. — Tout individu, même militaire, prévenu d'avoir fait usage d'une pièce fausse, par exemple, de faux congés, était justiciable des cours spéciales, et non des conseils de guerre. — 27 flor. an 12. Cr. c. Min. pub. Gallois. D.A. 8. 414. D.P. 2. 263. — 16 vent. an 13. Cr. c. int. de la loi. Loiseau. D.A. 8. 414. D.P. 5. 2. 102.

462. — La loi du 23 flor. an 10, en attribuant aux cours spéciales la connaissance de toute contrefaction ou altération des effets publics, du timbre national et des marques apposées au nom du gouvernement sur toutes les pièces de marchandises, leur confiait, implicitement au moins, la connaissance de la contrefaction du marteau national sur des arbres mis en réserve. — 2 oct. 1806. Cr. r. Didier. D.A. 8. 413. D.P 6. 2. 224, et 2. 263.

463. — De ce que les crimes de faux était exclusivement attribués, pour la poursuite et le jugement, aux cours spéciales, il résultait qu'un tribunal correctionnel ou une cour criminelle ne pouvait instruire sur un faux, ni juger qu'une escroquerie avait été l'effet d'un faux, et condamner le prévenu à des peines correctionnelles; car si l'escroquerie avait été l'effet d'un faux, elle en serait l'accessoire et devrait être jugée avec lui et par les tribunaux compétens pour connaître du faux. — 13 mars 1807. Cr. c. Boutry D.A. 8. 414. D.P. 2. 264.

464. — Jugé, dans le même sens, que dans le cas où un vol a été commis à l'aide d'un faux, le faux étant passible d'une peine afflictive et infamante, et constituant le fait principal de la prévention, le prévenu doit être poursuivi non par la voie correctionnelle, mais par la voie criminelle; qu'ainsi, lorsqu'un tribunal correctionnel s'est déclaré compétent pour connaître du crime de vol commis à l'aide d'un faux, et que le ministère public a interjeté appel, la cour saisie de cet appel doit annuler le jugement de première instance, et renvoyer le prévenu devant le juge compétent. — 11 juin 1819. Cr c Min. pub. Courtès. D.A. 8. 416. D.P. 2. 264.

465 — Une cour de justice criminelle, saisie de l'appel d'un jugement correctionnel, ne pouvait déclarer qu'il n'y avait lieu à recevoir une plainte en faux principal, la connaissance de cette plainte étant attribuée à la cour spéciale. — 13 août 1807. Cr. c. Soulé. D A. 8. 447. D.P 7. 2. 185

466. — Une cour spéciale ne pouvait se déclarer compétente pour prononcer sur la contrefaçon des marques particulières des manufacturiers et artisans, avant d'avoir constaté, par l'instruction, la matérialité du délit de contrefaçon. — 22 janv. 1807. Cr. c. Vimeux. D.A. 8. 415. D P. 8. 1. 287.

467. — La cour spéciale devait fonder sa compétence, non sur l'imputation d'un faux, faite dans la plainte, mais sur la nature des faits résultant des pièces de la procédure. — 20 fév. 1806. Cr. c. Aubry. D.A. 8. 414. D.P. 6. 1. 227.

468. — Elle ne pouvait non plus fonder son arrêt de compétence sur l'instruction préparatoire faite par un magistrat de sûreté; mais bien sur l'instruction faite par un de ses membres, commis par le président faisant les fonctions de directeur d'accusation (L. 18 pluv. an 13, art. 23 et 24). — 3 déc. 1807. Cr. c. Delafont. D.A. 8. 415. D.P. 2. 264.

469. — Lorsqu'elle reconnaissait que le prévenu d'un faux était chargé par les dépositions de plusieurs témoins, elle ne pouvait déclarer la prévention non suffisamment établie : si les faits n'étaient pas suffisans pour opérer son entière conviction, ils l'étaient du moins pour motiver sa juste prévention, et fonder la compétence de la cour. — 20 nov. 1807. Cr. c. Min. pub. C. Teissier. D.A. 8. 348. D.P. 8. 1. 312.

470. — Pour qu'une cour spéciale pût se déclarer compétente pour connaître d'une prévention de faux ou de complicité de faux, elle devait préalablement reconnaître et déclarer que l'auteur ou le complice du faux avait agi *méchamment* et dans l'intention du crime. — 14 therm. an 12. Cr. c. Simondet. D.A. 8. 412. D.P. 2. 263, et 5. 2. 7. — Arr. semb. 21 therm. an 12. Cr. c. Martin. D.A. 8. 412, n. 1. D.P. 2. 263. — 11 pluv. an 13. Cr. c. Pierron. D.A. 8. 412. D P. 2. 263.

471. — Toutefois, le faux commis *volontairement* par un fonctionnaire *dans un acte public et dans l'exercice de ses fonctions*, suffisait pour constituer ce fonctionnaire en *prévention* de délit, sans qu'il fût besoin de rechercher, par des circonstances particulières, s'il avait commis ce faux méchamment et à dessein de nuire à autrui; le caractère et l'intention présumé du crime étant toujours et nécessairement liés à un fait de cette nature. En conséquence, une cour spéciale ne pouvait se déclarer incompétente, sous le prétexte qu'un huissier qui avait inséré dans ses actes de fausses énonciations ou de fausses dates, n'avait pas eu intention de nuire. — 22 janv. 1807. Cr c. Lantermier. D.A. 8. 345. D.P. 2. 243. — 20 nov. 1807. Cr. c. Teissier. D.A. 8. 348. D.P. 8. 1. 312.

472. — Jugé de même que la question de savoir si la circonstance d'un usage ancien et général, dans une commune (par exemple, l'usage de la part des huissiers de faire signifier leurs exploits par des tiers), pouvait, quoique contraire à la loi, modifier la criminalité d'un faux, ne devait être examinée que dans les débats relatifs à l'arrêt définitif; mais ce prétendu usage pouvant donner lieu à des négligences ou à des prévarications dommageables, et ne devant pas dès lors être toléré par les tribunaux, ne pouvait, dans aucun cas, arrêter l'action de la justice criminelle, et justifier un arrêt d'incompétence. — 21 juin 1810. Cr. c. Min. pub. Gibory. D.A. 8. 356. D.P. 2. 248.

473. — Aujourd'hui, les chambres d'accusation ont plus de latitude que n'en avaient les cours spéciales instituées par la loi de l'an 10, et peuvent, lorsqu'il n'y a pas de commencement de preuve de la mauvaise intention d'un fonctionnaire public qui a commis un faux, déclarer qu'il n'y a pas lieu à poursuite ultérieure. — Merl., Rép., v° Faux, sect. 1re, § 15, p. 589.

474. — Lorsqu'un arrêt de compétence rendu par une cour spéciale ne précisait pas les faux reprochés à un notaire et n'incriminait pas son intention, la cour de cassation devait, avant de statuer sur cet arrêt, se livrer à l'examen des pièces arguées de faux, et du résultat de l'instruction — 18 fruct. an 13. Cr. c. Martin. D A. 8. 340. D.P. 2. 241.

475. — Il a été jugé (mais à tort, ce semble) qu'une cour spéciale légalement saisie d'une prévention de faux qui, dans les débats, se réduisait à un abus de blanc-seing, était compétente pour prononcer les peines correctionnelles applicables à ce délit. — 23 août 1811. Cr. r. Lenti. D A. 8 416. D.P. 2. 264.

476. — Le crime de faux est, par sa nature, un délit successif, qui s'opère et s'effectue dans chacun des lieux où il est fait usage de l'acte faux ou falsifié. — Ainsi, lorsqu'un individu est prévenu d'avoir fait usage d'un acte argué de faux dans le ressort d'un tribunal, cette juridiction est compétente pour connaître de cette prévention. — 27 déc. 1806. Cr. c. Min. pub. Feret. D.A. 8. 399. D.P 7. 2. 25. — 1er pluv. an 9. Req. Velez. D.A. 8. 411. D.P. 2. 262. — 31 août 1809. Req. Lebossé. D.A. 8. 412. D.P. 9. 2. 181.

477. — Jugé de même que lorsqu'un faux congé avait été fabriqué dans un lieu, et qu'il en avait été fait usage dans un autre, la cour spéciale de ce dernier lieu était compétente pour connaître de ce délit, ainsi que du délit connexe de la fabrication. — 14 germ. an 13. Cr. c. Min. pub. Pomez, etc. D.A. 8. 411. D P. 5. 2. 123.

478. — Mais la cour qui n'était compétente pour connaître d'un crime de faux qu'on lui a dénoncé, qu'à raison de l'usage qui avait été fait dans son territoire de la pièce prétendue fausse, ne pouvait, lorsqu'elle trouvait que ceux qui avaient fait usage de la pièce fausse ignoraient sa fausseté, retenir l'instruction et le jugement du procès à l'égard des auteurs du faux. — 26 nov. 1812. Cr. r. Maupas. D.A. 8. 412. D P. 2. 263.

479. — En matière de faux, lorsque le juge du

lieu du délit a instruit le premier, il doit avoir, pour la suite de l'instruction, la préférence sur le juge du lieu du domicile du prévenu. — 1er pluv. an 9. Req. Velez. D.A. 8. 411. D.P 2. 262.

480. — Dans le cas où le domicile d'un prévenu d'avoir fait usage d'une expédition fausse et le lieu où il en aurait fait usage étant connus, le lieu où la pièce prétendue fausse aurait été fabriquée ne serait pas également connu, c'est le juge du domicile du prévenu ou du lieu où il a fait usage du faux, qui est compétent pour statuer sur la prévention : et le juge du lieu où la minute était déposée ne pourrait se déclarer compétent pour en connaître. — 28 fruct an 12. Cr. c. Vauban. D.A. 8. 410. D.P. 5. 1. 49.

481. — Lorsqu'un individu était accusé d'avoir falsifié une lettre de change ou d'en avoir fait usage sachant qu'elle était fausse, et que l'état de la procédure n'apprenait pas le lieu où avait été fait la falsification, mais faisait connaître celui où avait été souscrit l'endossement de la lettre, la cour spéciale de ce lieu était compétente pour statuer sur cette prévention, et ne pouvait, sur de simples présomptions, renvoyer le prévenu devant la cour spéciale du lieu de son domicile. — 11 vent. an 12. Cr. c. Borelly. D.A. 8. 413. D.P. 2. 263.

482. — Un comptable qui, dans le lieu de son domicile, confie à un commissionnaire une pièce fausse pour la remettre dans un autre lieu à l'administration chargée de la vérifier, est censé avoir fait usage de cette pièce fausse au lieu du domicile de l'administration. — 1er pluv. an 9. Req. Velez. D.A. 8. 411. D.P. 2. 262.

483. — Les questions de compétence en matière de faux, tenant à l'ordre des juridictions et à l'exercice de l'action publique, la partie civile est non-recevable à intervenir devant la cour de cassation, sur une question de compétence entre le magistrat de sûreté et le commissaire du gouvernement, pour contredire l'action du ministère public : ce droit n'appartient qu'à l'accusé. — 28 fruct. an 12. Cr. c. Vauban. D.A. S. 410. D.P. 5. 1. 49.

484. — Une loi du 2 floréal an 11 attribua à la cour de justice criminelle et spéciale du département de la Seine, pendant cinq ans, la connaissance *de tous les crimes de faux, soit en effets nationaux, soit sur les pièces de comptabilité qui intéressent le trésor public, en quelques lieux que ces faux eût été commis ou qu'on eût fait usage de pièces fausses.* Voici les principaux arrêts rendus par application de cette loi.

485. — Aucune autre cour spéciale que celle de la Seine ne pouvait connaître de la prévention de faux en pièces de comptabilité intéressant le trésor public. — 6 pluv. an 12. Cr. c. Retrouvé. D.A. 8. 413. D.P. 2. 265. — 6 pluv. an 12. Cr. c. Min. pub. Rotli. D.A. 8. 413. D.P. 2. 265. — 2 nov. 1811. Cr. c. Min. pub. Raoul. D.A. 8. 413. D.P. 2. 265.

486. — Il y avait faux sur pièces de comptabilité intéressant le trésor public, lorsqu'on avait contrefait la signature d'un préfet sur des bons de route délivrés aux militaires voyageant isolément. — 10 frim. an 12. Cr. c. Min. pub. Burette. D.A. 8. 358. D.P. 2. 259.

487. — Ou lorsqu'un receveur-général, pour masquer ses malversations, donnait aux quittances qu'il délivrait sur ses percepteurs des communes des numéros qui paraissaient correspondre avec ceux de son livre de caisse, et qui réellement n'y correspondaient pas. — 26 fév. 1808. Cr. c. Min. pub. Vaucaire. D.A. 8. 350 D.P. 2. 145.

488. — Ou lorsqu'un receveur d'arrondissement altérait et surchargeait son registre de recettes, en substituant aux valeurs par lui reçues des valeurs moindres, tandis que, dans son carnet, il laissait subsister les valeurs qu'il avait reçues, et n'y faisait aucune altération. Le faux ne cesse pas d'intéresser le trésor public par la circonstance que le receveur général, en vérifiant et réglant par provision le compte du receveur d'arrondissement, avait forcé celui-ci à verser dans la caisse la somme formant la différence des deux sortes de valeurs. — 10 juillet 1806. Cr. r. Guilbaut. D.A. 8. 343. D.P. 2. 242.

489. — Ou lorsqu'un receveur de l'enregistrement commettait un faux sur ses registres, pour s'approprier une partie des fonds publics versés entre ses mains. — 5 juin. 1807. Cr. c. Dessablons. D.A. 8. 347. D.P. 2. 245.

490. — Ou lorsqu'un faux était commis sur des certificats de paiemens délivrés aux brigades de gendarmerie. — 20 mai 1808. Cr. c. Verneuil. D.A. 8. 351. D.P. 2. 246.

491. — Mais on ne devait pas considérer comme un faux en pièces de comptabilité intéressant le trésor public, le faux commis sur un congé délivré par un préposé de la régie des droits-réunis, dans l'intention de faire circuler une quantité de vin plus considérable que celle énoncée dans le congé. — 18 nov. 1808. Cr. c. Min. pub. Cuminal. D.A. 8. 351. D.P. 2. 246.

492. — Ni le faux commis par un receveur des contributions n'altérait ses rôles pour augmenter les cotes des contribuables. — 29 janv. 1807. Cr. c. Min. pub. Roussel. P. A. 8. 346. D.P. 2. 243. — 22 frim. an 13. Cr. c. Lefevre. D.A. 8. 340. D.P. 2. 240.

493. — La cour spéciale de la Seine, saisie de la connaissance d'un faux en pièces de comptabilité intéressant le trésor public, devait instruire sur les faux qui se rattachaient à ce délit, et qui avaient servi à le couvrir, encore qu'ils n'eussent pas été commis sur pièces de comptabilité — 26 fév. 1808. Cr. c. Min. pub. Vaucaire. D.A. 8. 350. D.P. 2. 145.

—V. Abus de confiance, Actes de l'état civil, Action, Affiche, Agent de change, Amnistie, Arrêt, Attribution, Banqueroute, Baraterie de patron, Communauté, Compétence administrative, Compétence criminelle, Complicité, Compulsoire, Concussion, Contributions indirectes, Corruption, Cour d'assises, Crieurs-distributeurs, Demande nouvelle, Dénonciation calomnieuse, Domaines nationaux, Effets de commerce, Enfant exposé, Enseignement, Escroquerie, Faux incident, Garde nationale, Instruction criminelle, Organisation judiciaire, Peine, Plainte, Poids et mesures, Prescription, Presse, Saisie-immobilière, Transaction.

TABLE SOMMAIRE.

Abus de confiance. 59, s. 352, s.
Accessoire. 264, 463.
Accusé. 51.
Acte de commerce. 304, s. — V. Écriture de commerce. — de l'état civil. 217, 259, 266, s. — imparfait. 249, 261. — de naissance. 80, 148. — nul. 159, s. 177.
Action publique (extinction). 411, s. 456.
Addition. 250.
Adresse. 359.
Affiches. 263.
Altération. 1, 42, s. 192, s. 250, s.
Amende. 399, s.
Antidate. 117, 501.
Attente. 213.
Autorisation. 325.
Banque.—V. Écriture de commerce.
Billet. 127.—de banque. 8, s.—de banque. 8, s.—de loterie. 141, 151.—à ordre. 302, s.
Blanc-seing. 65, s. 501, 552, s.
Bonne foi.—V. Intention.
Cachet. 453.
Calque. 27.
Capacités. 152.
Certificat, 157, s. 261, 354, 376, 490.—(peine) 376, s. — de vie et de mœurs. 218, 326, 350, 378, s.
Commerçant. 307, s. 409, suiv.
Compétence criminelle. 51, 504, 509, 356, s. 368, 460, s.
Complicité. 229, 254, 255, s. 280, s.
Comptabilité 484, s.
Compte faux. 47.
Congé. 158, 264.
Connaissance. 47, s. — V. Intention.
Connexité. 477.
Conseil de guerre. 461.
Consultation. 78, s.
Contrainte par corps. 430, s.
Contrefaçon. 7, s. 230, s. 466.
Convention. 250, 327, s.

Copie. 434.
Corps d'écriture. 450, s.
Coupable. 110.
Courtier. 215.
Croix. 127, 142.
Date. 125, 194, s. 215, 265.
Décharge. 230, 287, 327.
Déclaration. 230, s. 266, s.
Dégradation civile. 18.
Délit successif. 476.
Dépôt au greffe. 412. — public.
Décès. 249.
Dénonciation. 424.
Destitution. 221.
Destruction. 27, s. 75, s.—V. Suppression.
Dictée. 330.
Diplôme. 164.
Dispense. 174.
Disposition. 250.
Domicile. 470. s.—faux. 342.
Donation. 81.
Écriture. 6, s. 408, s. — authentique. 4, s.—de commerce. 250, 282.— non contrefaite. 304.— privée. 305, s. 324.— publique. 144, s. 179, s. 350, s.
Écrou. 452.
Endossement. 318.
Enlèvement. 20, s.
Enregistrement. 118, 151, 18b.
Équivalent. 140, s. 261.
Erreur. 47, 188.
Escroquerie. 6, 68, 139, 340, 348, s. 382.
Étranger. 284.
Expertise. 485.
Exploit. 98, 202, s. — V. Huissier.
Expulsion. 32, 407.
Extrait 259, 387.
Fabrication. 59, 250, 393, suiv.
Faits postérieurs. 131.
Falsification. 36, s.
Fausse monnaie. 6, 410.
Faux incident. 40, s. — intellectuel. 40, s. 199, s. — matériel. 40, s. 65.— principal. 408.— témoignage. 410. — verbal. 6, 68, 340, 410.

Femme. 246, 294. — V. Qualités.
Feuille de route. 354, 367.
Flétrissure. 402.
Fonction. — V. Qualité fausse.
Fonctions (cessation). 221. — (exercice) 182, s.
Fonctionnaire. 4, 144, s. 179, 381, 397.
Formalité substantielle. 116, 264, s. 502.
Fraude. 75, 93, 251, s.
Garde-forestier. 133.
Géomètre. 260.
Greffier. 208, 417.
Huissier. 48, 98, 151, 209, suiv.
Insertion. 230, 327.
Instruction. 408, s.
Imitation grossière. 27, suiv.
Intention. 14, 76, 256, 255, s. 296, 392, s. 470, s. — frauduleuse. 179, 182, 466.
Intérêt (qualité). 250, s. —personnel. 85.
Interrogatoire. 248.
Intervention (cassation). 483.
Jugement étranger. 16.
Jury. 309.
Légalisation. 145, 259.
Lettre. 20, 120, 143, s. 288, s. 348, s. — de change. 290, s. — de voiture. 341.
Libération. 69.
Litispendance. 479.
Livret. 45.
Maire. 157, s.
Marché. 86, 575.
Mendicité. 379.
Mariage. 225, 272, 280.
Marques. 18, 23, 34, s. 466.
Marteau royal. 24, s. 462.
Mensonge. 47, 51, 54, s. 118, s. 248.
Mention. 595, s. — (formalités) 201, s.
Mineurs. 152.
Minute. 178.
Nom faux. 252, s. 329, s. 346.—imaginaire 236, s. 299, 346, s. 354, s.
Notaire 94, s. 144, 185, s.—en second. 207.
Nullité expresse. 420.
Obligation 229, 250.
Octroi. 105.
Officier public. 104, s. 179, suiv.
Paiement. 86, 124.
Paranthèse. 193.
Paragraphe. 418, 422, s. 438, 446, s.
Parente. 71, s.
Parjure. 51.
Partie civile. 483.
Passavant. 249.
Passe-port. 244, 354, s.— (peine) 363.
Peine. 7, s. 18, 179, 253, 399, s.—(cumul) 403, s.—V. Certificat, Feuille de route, Passe-port.
Percepteur. 486.
Pétition. 78, 82.

Pharmacien. 324.
Piqueur. 150.
Poinçon. 18, s. 27.
Poids et mesures. 410.
Poison. 324.
Ponctuation. 195.
Porte. 241.
Poursuite. 206.
Préjudice. 1, 84, s. 91, 112, 114, s 205, 277, 295, 509, 386, 389, s.—éventuel. 590. — moral. 91, s. 115, s.
Prénom. 242.
Preuve. 464, s. — testimoniale. 441.
Procédé chimique. 12, 51.
Procès-verbal. 80, 134, 416.
Profession. 366.
Prom. de mariage. 125.
Qualité fausse. 243, 257, s. 366, s.—perdue. 259.
Question. 261.—de droit. 504, s. — d'état. 408, 458.
Quittance. 89, 508, 531, s. 348.
Receveur. 489, 492.—général. 229.
Reconnaissance. 286.
Recrutement. 34, s. 138, 216, s 253, 245, 247, 254, 275, s. 347, 388.
Reçu 326.
Registre. 122, 126, 149, 155, 179, s. 215.
Remplacement. 187. — V. Recrutement.
Renonciat. tardive. 398.
Rescription. 156.
Réssort. 504.
Révélation. 47.
Sage-femme. 274.
Salaire. 48.
Sceaux, 8, s.
Serment. 54.
Service militaire. — V. Recrutement.
Signature. 78, s. 82, 190, 230, s. 297, 414, 438, 446, s.—sociale. 61, s.
Silence. 56.
Simulation. 55, s. 200, s. 256.
Société. 61, s.
Sommation. 412.
Sous-intendant. 148.
Stellionat. 52.
Supposition de personne. 101, 240, s. 252, 278, 542.
Suppression. 1, 42, s. — de pièces. 452, s.
Tabac. 39.
Témoin. 202, s. 254, 249, 446.
Témoignage faux. 410.
Tentative. 48, 56, 253, 298, 374, 401.
Testament. 192.
Timbre. 7, 45, s 386, 402.
Titre royal. 366, 589.
Traduction 169.
Usage du faux. 14, s. 564, s. 572, s. 591, s. 402.—local. 470.
Virgule. 192.
Vol. 86.

FAUX INCIDENT. — 1. — C'est la voie que prend une partie pour faire rejeter du procès, comme fausse ou falsifiée, une pièce produite durant le cours de l'instance ou des débats. — D.A. 8. 410, n. 1.

2. — Le faux incident se distingue du faux principal, en cela surtout que, ne s'attachant qu'à la pièce, il ne peut jamais suivre qu'accessoirement à une action déjà formée; au lieu que le faux principal a moins pour objet la suppression de la pièce que la punition du coupable, et qu'ainsi, dans le cas même où il s'élèverait incidemment à une contestation, il forme toujours une action primordiale et indépendante du procès originaire.—D.A 8.410, n 2.

3. — Le faux principal est toujours préjudiciel au

aux incident; en sorte que si, durant la procédure e faux indident, il apparaît des indices de culpa-ilité, et que les auteurs ou complices du crime oient vivans, et la poursuite du crime non éteinte ar la prescription, il doit être sursis à statuer sur e civil, jusqu'après le jugement sur le faux princi-al (C. pr. 239 et 240; C. d'instr. cr. 460).

4. — Toutefois, il ne doit être sursis au jugement *ur le fond* jusqu'après la décision rendue sur le aux, qu'autant que le procès paraît aux juges ne ouvoir être jugé indépendamment de la pièce ar-uée (arg. de l'art. 250 C. pr.). — D.A. 8. 416, n. 3.

5. — Lorsqu'une cour prête à juger le fond, est aisie d'une demande en sursis, par suite d'une plainte en faux principal, on ne saurait prétendre que pour y faire droit, elle doit se borner à se faire représenter la preuve matérielle de la plainte; elle a aussi le droit d'examiner si cette plainte est réelle et régulière. Ainsi elle peut rejeter la demande en sursis parce que le mandataire, chargé de former la plainte, n'avait pas le pouvoir spécial exigé par la loi, et parce que cette plainte n'indique pas les au-teurs et complices du faux. — 11 juill. 1826. Civ. r. Grenoble. Boissieu. D.P. 26. 1. 406.

6.— La fausseté d'une énonciation contenue dans un acte authentique, tel, par exemple, qu'une adju-dication, peut être prouvée par voie d'inscription de faux incident civil, sans que le juge civil, dans le cas où il n'est point établi que les auteurs du faux soient décédés ou que le delit soit prescrit, soit obligé de surseoir jusqu'après jugement du faux par voie criminelle. On dirait en vain que c'est vio-ler l'art. 1341 sur la prohibition de la preuve par témoins.— 10 avril 1827. Civ. c. Besançon. Brocard. D.P. 27. 1. 194.

7. — Jugé aussi qu'en cas d'inscription de faux incident civil, formée par une partie contre un acte produit en justice, au sujet de laquelle le mi-nistère public n'est point encore intervenu, le tribunal n'est pas obligé de surseoir à prononcer son jugement jusqu'après le jugement du faux, l'art. 240 C. pr. n'étant relatif qu'à la poursuite du faux principal, intentée par le ministère public. — 2 avril 1828. Req. Nimes. Nourgues. D.P. 28. 1. 209.

8.— Lorsqu'il prononce le sursis, le tribunal or-donne que les pièces soient transmises au procureur-général.— Carré, n. 941.

9. — Lorsqu'il est sursis au jugement sur la con-testation, la décision qui intervient sur le faux prin-cipal, en l'absence du demandeur en faux incident, préjuge-t-elle nécessairement, et, dans tous les cas, le faux incident? Si l'accusé, défendeur à l'in-scription de faux incident, est déclaré coupable, il est décidé par là même que la pièce est fausse; elle doit être rejetée du procès, sans nouvel examen. S'il est déclaré non coupable sur le motif que le faux n'existe pas, la pièce doit être tenue pour vraie : mais si le jury s'est borné à déclarer : *Non, l'accusé n'est pas coupable*, comme il ne résulte pas de cette déclaration que la pièce ne soit pas fausse, on pourra donner suite à la procédure de faux in-cident.— D.A. 8. 416, n. 4.

10.— Il en sera de même, si l'acquittement est prononcé sur l'unique motif que le faux n'est pas constant; si cette déclaration peut suffire pour l'ab-solution de l'accusé, elle n'est pas assez précise pour faire écarter la demande en rejet de la pièce. — *Ibid*.

11.—A plus forte raison, une ordonnance de non lieu, émanée de la chambre du conseil ou de celle des mises en accusation, sera-t-elle sans influence sur le sort de la pièce, cette décision n'offrant pas moins d'incertitude, quant à l'existence du faux, que la formule : *l'accusé n'est pas coupable*.—D.A. 8. 417, n. 5.

12.— Il en serait de même, encore bien que la chambre du conseil ou d'accusation eût déclaré la *non existence* du faux : les décisions des chambres d'instruction ne sont jamais définitives.— *Ibid*.

13.— Si la poursuite de faux principal avait été dirigée, non contre le défendeur en faux incident, mais contre un tiers, auteur du faux, l'arrêt qui flétrirait l'accusé comme faussaire, emporterait le rejet de la pièce de l'instance pendante entre le demandeur et le défendeur en faux incident, res-tés l'un et l'autre étrangers à la poursuite crimi-nelle, parce que la plainte en faux principal étant sortie du débat même engagé entre ces derniers, il dépendait d'eux de se rendre parties civiles dans la procédure criminelle, pour y surveiller leurs inté-rêts; et, s'ils ne l'ont pas fait, c'est qu'ils se sont crus suffisamment représentés par le ministère pu-blic.— D.A. 8. 417, n. 6.

14. — Au contraire, lorsqu'un tiers vient arguer devant un tribunal civil d'une pièce précédemment déclarée fausse, par un arrêt criminel qui n'a été ni rendu avec lui, ni provoqué à l'occasion d'un procès dans lequel il figurait comme partie, dans lequel, par conséquent, il n'aurait pu intervenir, supposé qu'il eût eu connaissance des poursuites, la decision criminelle n'a, dans ce cas, aucune in-fluence sur l'instance civile (V. Chose jugée). — D.A. 8. 417, n. 7.

§ 1er.— *Des cas où l'inscription de faux peut avoir lieu, et de ses effets.*

§ 2.— *Des transactions sur la poursuite du faux incident.*

§ 3.— *De la procédure sur le faux incident civil.*

§ 4.— *Du faux incident en matière de douanes et de contributions indirectes, de forêts*, etc.

§ 5.— *De la compétence en matière de faux inci-dent.*

---

§ 1er.—*Des cas où l'inscription de faux peut avoir lieu, et de ses effets.*

15. — *Contre quels actes on peut s'inscrire en faux.* — Cette voie peut être prise contre toutes sortes de pièces, contre la minute d'un jugement ou d'un arrêt, par exemple, comme contre toute autre acte qui créerait des droits au profit de l'une des parties contre l'autre.— D.A. 8. 417, n. 3.

16.—Jugé ainsi que l'inscription de faux incident est admissible contre la feuille d'audience et la mi-nute d'un jugement.— 29 fruct. an 4. Civ. c. Gri-maldy. D.A. 8. 428. D.P. 2. 268.— 7 déc. 1818. Civ. c. Brauhauban. D.A. 8. 428, n. 1. D.P. 19. 1. 5.— 12 août 1829. Req. Nanci. Massa. D.P. 29. 1. 409 et 405. — 25 mai 1830. Req. Suérus. D.P. 30. 1. 275.

17 — ... Et elle suspend la décision du fond.— Mêmes arrêts.

18.—On peut s'inscrire en faux contre une pièce, encore qu'elle ait été vérifiée, soit avec le deman-deur, soit avec le défendeur en faux, à d'autres fins que celles d'une poursuite de faux principal ou in-cident, et qu'en conséquence il soit intervenu un jugement sur le fondement de ladite pièce comme véritable (C. pr. 214). Cette disposition est fondée sur le peu de confiance que la loi accorde à l'art des experts, et sur le motif tiré de l'intérêt public que la procédure d'inscription peut faire découvrir l'au-teur du faux (*Rapport au corps législatif*).

19. — L'inscription de faux est-elle admissible contre les pièces produites pour servir de compa-raison pendant le cours d'une instruction en faux incident civil? Pour la négative, on invoque, mais à tort, un arrêt de la cour de cassation, du 22 juin 1807; on ajoute que, dans le système contraire, la partie qui y aurait intérêt prolongerait indéfi-niment la procédure en s'inscrivant en faux contre toutes les pièces de comparaison; que, pour éviter cet inconvénient, il faut donc que la pièce de com-paraison, si elle est authentique, soit admise, du moins provisoirement, sauf à la partie, si elle le veut, à s'inscrire en faux contre cette pièce après la décision de l'incident, et, en cas de succès, à faire rétracter par requête civile le premier jugement rendu sur le fond.— Mais on répond que la loi ne distingue point entre les pièces produites *directe-ment* dans une instance principale, et celles qui n'y sont produites qu'*accessoirement* et à propos d'un incident; que les unes et les autres sont donc indis-tinctement susceptibles de l'inscription de faux; et qu'au surplus les juges n'admettront l'inscription que *s'il y échet*.—Chauv., *Journ. des avoués*, t. 14, p. 406.— *Contrà*, Carré, 1, 593, n. 1, et Berriat, 281, n. 46.

20.— On ne peut prendre la voie d'inscription de faux *incident* contre une pièce produite dans une instance sur laquelle est intervenu un jugement passé en force de chose jugée. — La voie du faux principal est la seule permise dans ce cas, dès qu'il n'y a point d'instance reçue ni recevable, à laquelle l'inscription de faux incident puisse se rattacher. — 14 janv. 1808. Nîmes. Dorée D.A. 8. 420. D.P. 2. 269.— 17 déc. 1808. Paris. Desnos. D.A. 8. 420, n. D.P. 2. 269.

21.—Jugé, d'après la même règle, qu'on ne peut, incidemment au pourvoi en cassation dirigé contre un jugement en dernier ressort, s'inscrire en faux contre une pièce qui a servi de base à ce jugement. — 31 déc. 1812. Cr. r. Lebouvier. D.A. 8. 430. D.P. 2. 269.

22.— Jugé pareillement que l'inscription en faux incident n'est pas admissible contre un acte obliga-

toire, dont un jugement contradictoire, passé en force de chose jugée, a ordonné l'exécution : on op-poserait en vain que la validité de cet acte n'a pas été alors mise en contestation.— 8 mai 1832. Gre-noble. Odru. D.P. 33. 2. 7.

23.— Il peut arriver que, sans qu'il y ait d'ins-tance liée, une personne ait intérêt à faire déclarer une pièce fausse, par exemple un acte en vertu du-quel une saisie est pratiquée; dans ce cas, le saisi a la voie du faux principal, si l'auteur ou le com-plice du faux sont vivans, et si l'action n'est pas éteinte par la prescription ou par un jugement d'absolution devenu inattaquable. — D.A. 8. 418, n. 6.

24.— Que si le saisi ne peut ou ne veut agir en faux principal, rien ne l'empêche, lors de la saisie, de former une demande principale en nullité de l'acte, fondée sur l'allégation du faux; car la loi permet de poursuivre *civilement* le faux par action *principale* (arg. de l'art. 3 C. inst. cr.), et le saisis-sant devant alors nécessairement soutenir la véra-cité de l'acte, il y aura lieu d'élever l'incident de faux.—Carré, *L. de la proc.*, 1, 553; D.A. 8. 418, n. 7.

25.— Les livres de commerce pouvant être plus plus ou moins arriérés, peuvent être, par la suite, ou plus tôt ou plus tard, mis à jour, sans qu'il en résulte une altération portant le caractère de faux. Il n'échet donc à prendre, par ce seul motif, la voie de l'inscription de faux contre ces livres, lorsqu'ils sont produits dans une instance. — 29 janv. 1818. Rennes. 1re Cham. Dupont. D.A. 8. 432. D.P. 2. 270.

26.— L'inscription de faux n'est pas recevable dans les questions d'état, de filiation, où la preuve testimoniale est inadmissible.— V. Filiation.

27.— Elle peut être rejetée discrétionnairement si celui qui la prend contre un acte de décès, n'a ni possession d'état ni commencement de preuve.— 5 avril 1820. Req.— V. Filiation.

28.—La voie de l'inscription de faux est toujours nécessaire pour détruire la foi due à l'acte *authen-tique*.—D.A. 8. 418, n. 4.

29. — Et un tel acte ne peut être déclaré faux sur de simple présomptions, et sans que cette voie ait été prise.— 21 déc. 1809. Agen. Secheyroux. D.A. 8. 431. D.P. 2. 270.

30.— Jugé, d'après la même règle, que l'inscrip-tion de faux est necessaire :

1° Quand on soutient qu'un testament n'est pas écrit en entier de la main du notaire qui l'a reçu : les tribunaux ne peuvent, en pareil cas, ordonner la vérification d'écritures, avec le consentement même de toutes les parties. — 13 dec. 1813. Limo-ges. Larfeux. D.A. 5. 716. D.P. 15. 2. 46.

31.—2° Quand l'expédition authentique d'un juge-ment, portant qu'il a été rendu par tous les juges qui y sont désignés, l'on demande la nullité de ce jugement, en alléguant que l'un de ces juges s'est récusé et abstenu. — 25 janv. 1825. Civ. r. Bizet. D.P. 25. 1. 174.

32.—3° Quand on attaque les énonciations insérées dans un procès-verbal d'arrestation, et relatives à la forme de ce procès-verbal.— 24 nov. 1829. Bor-deaux. Gaussens. D.P. 31. 2. 174.

33. — Il y a cependant exception à la règle ci-dessus, lorsqu'on demande à prouver contre des énonciations de l'acte authentique, étrangères aux stipulations des parties, et que l'officier instrumen-taire n'a pas reçu la mission spéciale de consta-ter.— D.A. 8. 418, n.

34.— Jugé ainsi que si l'on ne peut attaquer les faits matériels d'un acte authentique que par l'in-scription de faux, l'état des parties, tel que la dé-mence ou l'imbécillité, n'étant pas un fait matériel de l'acte, peut être prouvé par témoins. — 2 fruct. an 8 Besançon. Millot. D.A. 8. 419. D.P. 2. 264.

35.— Il est un autre cas où un acte authentique peut être déclaré faux, sans inscription de faux incident et sans plainte en faux principal; c'est lors-qu'il s'agit d'un faux *matériel*, et que ce faux est tellement frappant, tellement sensible, qu'il ne puisse être sérieusement dénié. —Merl., Rép., v° Inscription de faux, § 1er, n. 5.

36.—Jugé, par application de cette règle, qu'un tribunal peut admettre l'opposition à un jugement par défaut, après le délai fixé, si l'exploit de signi-fication contient une surcharge manifeste sur l'in-dication du jour où il a été signifié. — 14 flor. an 10. Req. Bourges. Mouchot. D.A. 8. 420. D.P. 2. 265. — 20 fév. 1821. Req. Dijon. Busseuil. D.A. 6. 149. D.P. 21. 1. 598.

37.— Jugé de même que l'arrêt qui s'appuie sur des moyens de fraude résultant de l'état matériel d'un acte sous seing-privé, pour déclarer cet acte nul, sans recourir à l'inscription de faux, est à l'a-

bri de toute censure. — 18 août 1813. Req. Dijon. Giboulot. D.A 8. 491. D.P. 13. 1. 531.

38. — Jugé encore que le faux matériel peut être si visible, qu'il ne soit pas nécessaire de former d'inscription. — 7 mars 1851. Bordeaux. Borie. D.P. 51. 2. 101.

39 — Mais on peut opposer à cette doctrine, dit Carré (L. de la proc., t. 1er, p. 556, quest. 868), l'art. 1319 C. civ., et la généralité des termes de l'art. 214 C. pr. — Bernat (Pr. civ., t. 1er, p. 375, n. 4, 5e édit.) fait le même objection, et il modifie, en ce point, l'opinion de Merlin, qui tout au moins une déclaration d'inscription est-elle nécessaire, ainsi que le prononce indirectement l'art. 1319 C. civ. D.A. 8. 418, note.

40. — On a prétendu que le faux moral, intellectuel ou substantial, contenu dans un acte authentique, ne donne lieu qu'à un incident qui, comme tout autre, doit être poursuivi suivant les formes ordinaires, et sur l'admission des différens genres de preuves permis par la loi. Mais on pense, avec Carré, p 837, que l'art. 214 C. pr., de même que l'art. 1319 C. civ., ne faisant aucune distinction entre le faux matériel et le faux moral, l'inscription de faux incident est nécessaire dans un cas comme dans l'autre, pour enlever toute créance à l'acte authentique. — Ibid.

41. — Cependant Carré distingue, relativement à la simulation, entre le cas où elle aurait été pratiquée, dans l'acte, par l'une des parties au préjudice de l'autre, hypothèse dans laquelle elle constituerait un véritable faux moral, et celui où elle aurait été le résultat de l'accord des deux parties, pour induire les tiers en erreur, cas auquel les tiers n'ont nul besoin de l'inscription de faux, puisqu'alors la simulation ne constitue pas un faux, ainsi qu'on l'a dit, vo Faux, n. 200 et 256. — D.A. ibid.

42. — Jugé en ce sens que des tiers intéressés à contester la validité d'un acte authentique, ne sont pas obligés de s'inscrire en faux pour le faire annuler comme simulé ou frauduleux (C. civ. 1355, 1319). — 10 juin 1816. Civ. c. Bordeaux. clabrousse. D.A. 10. 705, n. 1. D P. 16. 1. 409.

43. — L'inscription de faux est inutile quand l'erreur contenue dans l'incident, comme lorsqu'on peut prouver par la simple représentation de la feuille d'audience, qu'un juge mal à propos désigné dans l'expédition d'un jugement, comme y ayant concouru, n'y a point réellement pris part. — 15 juill. 1808. S, 9, 122.

44 — Lorsqu'une inscription de faux a été formée contre la minute d'un acte dont l'expédition est représentée, s'il est prouvé que cette minute n'existe pas, qu'elle n'a été ni relatée au répertoire du notaire qui a reçu l'acte, ni enregistrée, les tribunaux pourront ne donner aucune suite à ladite inscription, alors surtout que le demandeur en faux n'a requis aucun délai pour aviser au moyen de découvrir la minute en question, ou de suppléer à son inexistence. — 1er fev. 1812. Colmar. Baumann. D.A. 8. 451. D.P. 2. 270.

45. — Il est toujours permis, mais il n'est pas toujours indispensable de s'inscrire en faux contre l'acte sous seing-privé. — Si l'acte est entièrement faux, une simple dénégation de la signature aura le même effet qu'une inscription de faux ; s'il n'est qu'altéré dans quelques unes de ses dispositions, l'inscription de faux devient nécessaire, parce que, à moins que l'acte n'ait été écrit en entier de la main de celui dont il émane, la vérification d'écriture ne peut porter que sur la signature, et nullement sur les altérations qu'on prétend que l'acte a subies. — D.P. 13, 418, n. 4.

46. — L'inscription de faux est nécessaire contre l'acte sous seing-privé, lorsqu'il a été précédemment vérifié, soit avec le demandeur, soit avec le défendeur en faux, à toute autre fin que celle d'une poursuite en faux principal ou incident, et qu'il a été reconnu pour vrai par un jugement (C. pr. 214). La vérification d'écriture est une procédure trop peu rigoureuse, pour exclure la voie de l'inscription de faux. — ibid, n. 5.

47. — L'inscription de faux incident peut être admise, encore b en qu'elle n'ait pas pour résultat d'arriver à une poursuite criminelle en faux ; et, spécialement, on peut être admis à s'inscrire en faux contre la date d'un testament olographe, et la légataire, institué dans ce testament, est sans intérêt et mal fondé à prétendre que l'anti-date aurait dû être prouvée par la voie ordinaire. — 16 déc. 1829. Req Amiens Dugard. D.P. 30. 1. 28.

48. — L'inscription de faux incident ne doit être admise qu'autant que le jugement de faux incident doit influer sur la décision de l'instance principale :

frustrà probatur quod probatum non relevat. — 7 fév. 1809. Turin. Rocca. D.A. 8 425. D.P. 2. 267. — 21 juill. 1816. Rennes. Lebreton. D.A. 5. 105, et 8. 426. D.P. 2. 268.

49. — Jugé, par application de cette règle, 1° que lorsque l'inscription de faux est dirigée contre la validité d'une adjudication sur expropriation forcée, les tribunaux doivent passer outre, si elle n'a été formée que postérieurement à l'adjudication, dès que, suivant l'art. 23 de la loi du 11 brum. an 7, le saisi ni les créanciers ne peuvent opposer à l'adjudicataire aucune nullité ou irrégularité qui n'aurait pas été proposée avant l'adjudication. — 16 janv. 1807. Besançon. Nicod. D.A. 8.494. D.P. 2. 267. — 14 mai 1810. Paris. Enfantin. D.A. 8. 494.

50. — 2° Que lorsque les faits allégués contre une feuille d'audience ne constituent pas un faux, et ne peuvent, en les supposant vrais, détruire la foi due à cette pièce, le juge peut refuser l'admission de s'inscrire en faux incident. — 15 juill. 1808. Civ. r. Caen. Crespin. D.A. 8. 425. D.P. 8. 2. 177.

51. — 5° Que l'inscription de faux contre un procès-verbal des débats devant une cour d'assises doit, pour être admissible, porter sur des faits dont la preuve établirait qu'il y a eu, dans ces débats, violation d'un article de loi prescrit à peine de nullité. — 5 oct. 1822. Cr. r. Poitiers. Beaton. D.A. 4. 502. D.P. 22. 1. 414.

52. — Le tribunal devant lequel est formée une inscription de faux incident est juge suprême de son admissibilité. Cela résulte de ces mots de l'art. 214 : s'il y échet, etc. Mais les juges doivent être circonspects dans l'exercice de ce pouvoir., D.A. 8. 418, n. 8.

53. — Jugé, d'après ce principe, qu'il ne peut résulter un moyen de cassation contre un arrêt ou un jugement en dernier ressort, de ce qu'il déclare non pertinens les faits articulés par le demandeur en inscription de faux, quelque graves qu'ils soient d'ailleurs. Le rejet de ces faits ne peut constituer qu'un mal jugé, dès que la loi n'a tracé aucune règle pour distinguer ceux qui sont ou ne sont pas pertinens et admissibles. — 11 germ. an 9. Civ. r. Bonnel. D.A. 8. 419. D.P. 2. 264.

54. — Que l'arrêt qui rejette, comme inutile, l'inscription de faux formée contre un jugement qui reçoit l'une des parties opposante à un premier jugement par défaut rendu contre elle, sur le fondement d'une opposition préexistante au jugement argué de faux, opposition dont l'effet serait encore subsistant, ne donne aucune prise à la cassation. — 18 niv. an 12. Civ. r. Petihon. D.A. 8. 421. D.P. 4. 1. 228.

55. — Que les tribunaux de commerce ne sont pas tenus de surseoir au jugement du fond, par cela seul qu'une partie déclare s'inscrire incidemment en faux contre le titre qui sert de base à la demande, si la demande se trouve établie par toute autre voie. — 18 août 1806. Req. Tetrel. D.A. 8. 427. D.P. 6. 1. 523.

56. — Que l'inscription de faux contre la date de l'endossement d'un effet de commerce n'oblige pas les juges à surseoir à statuer sur la demande en paiement du montant de cet effet. — 30 aout 1810. Florence. Bajelto. D.A. 8.427. D.P. 11. 2. 136.

57. — .. que les juges peuvent rejeter la demande en inscription de faux, s'il leur paraît qu'elle n'ait pour objet que d'éloigner le paiement d'une créance légitime. — 5 fév. 1813. Rennes. D.A. 8. 420. D.P. 2. 265.

58. — ... Que s'ils ont la conviction que la pièce arguée est sincère, ils peuvent, d'hors et déjà, refuser d'admettre l'inscription de faux. — 26 juill. 1830. Agen. Lavaysse. D.P. 51 2. 110.

59. — ..., Qu'ils peuvent de même rejeter, dès l'abord, aussitôt que l'on a déclaré vouloir s'inscrire en faux incident, et sans qu'il soit besoin que les formalités prescrites par les articles suivans aient été remplies, la demande en inscription de faux, si les faits articulés ne leur paraissent pas fondés ; ou dirait-on vainqu de la faculté conférée par l'art. 214 n'existe-que pour le cas où les faits articulés, en les supposant prouvés, ne seraient pas suffisans pour faire réussir l'inscription de faux. — 8 mai 1827. Req. Bourges. Branlard. D.P. 27. 1. 521. — 25 juill. 1827. Req. Poitiers Hennequin. D.P. cod — 6 déc. 1827. Req. Rouen. Beauval. D.P. 28. 1. 50 — 16 fev. 1830 Req. Rouen. Pinchon. D P 30. 1. 129. — 29 dec. 1830. Req. Molsch. D P. 31. 1 161.

60. — Que les juges qui reconnaissent l'existence d'une pièce qui a été supprimée, ont le pouvoir souverain de rejeter l'inscription de faux, formée contre cette pièce par la partie dans l'intérêt

de laquelle la suppression a eu lieu. — 16 juin 182 Civ. r. Amiens. Torchon de Lihu. D.P. 29. 1. 27.

61. — Il a été jugé cependant que les termes de l'art. 214 C. pr., qui déclarent que l'inscription de faux n'est admise que s'il y échet, ne peuvent s'appliquer au cas où l'inscription une fois écartée, l'exécution de l'acte deviendrait inévitable, par exemple au cas où il s'agirait d'un acte authentique en vertu duquel on aurait déjà procédé à un procès-verbal d'adjudication. Le juge ne peut alors refuser l'inscription de faux.

... Peu importerait que l'erreur contenue dans l'acte ne fût que matérielle et non intentionnelle : le résultat d'une faute de copiste par exemple, l'inscription de faux étant dans les deux cas la seule voie ouverte pour arrêter l'effet de l'altération. — 2 juin 1854. Civ. c. Dijon. Comp. de Jasney. D.P. 34. 1. 260.

62. — Des faits directement contraires aux faits énoncés dans un procès-verbal argué de faux, et qui tendent à établir la nullité ou l'illégalité de ce procès-verbal, doivent être nécessairement admis. En conséquence, si un procès-verbal de capture énonce qu'un débiteur a été saisi et arrêté dans une rue, ce débiteur doit être admis à prouver qu'il a été saisi et arrêté dans une maison particulière. — Pareillement, un débiteur évadé doit être admis à prouver qu'il a été saisi une seconde fois dans un autre lieu que celui indiqué par le procès-verbal. — 1er juin 1818. Rennes. Galton. D.A. 8. 452. D.P. 2. 270.

63. — Aucune loi n'obligeant l'huissier qui exerce une contrainte par corps à exhiber les titres sur lesquels cette contrainte est fondée, ces titres ayant été antérieurement notifiés au débiteur saisi, le défaut d'exhibition ne peut être proposé comme moyen à l'appui de la demande en inscription de faux. — Il en est de même du défaut de mention, dans le procès-verbal de capture, de la conduite du débiteur chez l'avocat du créancier poursuivant, cet acte de pure complaisance de la part de l'huissier ne pouvant offrir, avec le procès-verbal, aucune contrariété d'où le faux puisse être inféré. — Même arrêt.

64. — La cour de cassation peut, comme les autres tribunaux, refuser de plano l'autorisation de poursuivre une demande en inscription de faux incident, s'il y échet, c'est-à-dire s'il lui paraît que cette demande est sans fondement : il n'est pas vrai de dire que cette cour soit dans la nécessité d'autoriser la poursuite dès que la demande en inscription de faux incident a été régulièrement formée, aux termes de l'ordonnance de 1737, et du règlement de 1738 : ici s'applique la disposition de l'art. 214 C. pr. — 12 août 1829. Req. Nenci. Massa. D.P. 29. 1. 409. — 9 juin 1830. Req. Montillet. D.P. 30. 1. 277.

65. — Jugé de même que l'inscription de faux tendant à prouver, contre la mention faite dans un arrêt que les motifs en ont été prononcés à l'audience, peut être déclarée inadmissible par la cour de cassation elle-même, dans le cas, par exemple, où cette allégation est invraisemblable, en ce qu'on n'aurait point protesté à l'audience, et qu'elle ne serait faite que plus de trois mois après la prononciation de l'arrêt. — 25 mai 1830. Req. Dijon. Suérus. D P. 30. 1. 275

66. — Jugé même que nonobstant la représentation d'un certificat du greffier, attestant que le dispositif seul, et non les motifs d'un arrêt, ont été prononcés à l'audience, la cour de cassation peut refuser d'admettre l'inscription de faux contre l'énonciation de cet arrêt, portant qu'il a été rendu en audience publique, si le demandeur en inscription n'a formé opposition aux qualités de l'arrêt, ni réclamé, lors de sa signification, contre l'irrégularité résultant du défaut de prononciation des motifs à l'audience, ni proposé ce moyen dans sa première requête en pourvoi, mais dans une seconde requête supplétive, et sept mois après que l'arrêt a été rendu. — 24 nov. 1830. Req. Aix. Théâtre de Marseille. D:P. 30. 1. 394.

67. — Par qui l'inscription peut être formée. — Toute pièce produite dans une instance peut être attaquée par inscription de faux, non seulement par celle à qui on l'oppose, mais encore par celle-là même qui l'a produite, si les adversaires prétendent aussi en faire usage. — 12 juin 1820. Rennes (arrêt cité par les auteurs) — Contrà, 19 juin 1828. Colmar. Arnold. D.P. 29. 2. 30.

68. — La première décision est préférable, car une partie peut avoir intérêt à faire usage d'un acte qui lui est favorable en plusieurs points, et, néanmoins s'inscrire en faux contre certaines énonciations de ce même acte dont l'adversaire cherche à

profiter (V., sur une question analogue, Carré, *Lois de la proc.*, t. 1er, p. 554). On ne peut dire, d'une manière absolue, qu'en produisant cet acte, sans réserves, elle en a tacitement approuvé tout le contenu, car nul n'est présumé légèrement renoncer à ses droits; et il est de règle qu'on peut, en tout état de cause, s'inscrire contre une pièce qui n'avait soulevé d'abord aucune objection.

69. — Au reste, la solution de la question dont il s'agit dépend beaucoup des circonstances : les juges ayant un pouvoir discrétionnaire pour admettre ou rejeter la demande en inscription, peuvent trouver dans le double fait de la production de la pièce par le demandeur en faux, et de l'usage répété qu'il en a fait, une raison suffisante pour écarter sa demande. — D.A. 8. 417, n. 1 et 2.

70. — Celui qui, dans un acte d'acceptation d'hérédité sous bénéfice d'inventaire, a pris, sans réserves, la qualité de légataire universel du défunt, en vertu du testament olographe de ce dernier, n'est plus admissible à en dénier l'écriture et à en demander la vérification. Mais il est toujours à temps, malgré cette reconnaissance, de s'inscrire en faux, cette exception ne pouvant se couvrir par aucune fin de non-recevoir, autre que celle qui résulterait de la chose formellement jugée sur inscription de faux. — 8 mai 1815. Paris. D'Asnière. D.A. 8. 423. D.P. 16. 2. 103.

71. — Mais une partie n'est pas recevable à s'inscrire en faux contre la date d'un acte qu'elle a non seulement produit à l'appui de sa cause, mais encore souscrit comme partie principale, lorsque, d'ailleurs, dans le cours d'un procès, elle a reconnu, par des actes répétés, la date qu'elle prétend falsifiée. — Dans ce cas, il n'y a aucune différence à établir entre la minute qu'elle a signée et l'expédition qu'elle s'en est fait délivrer, et dont elle s'est servie. — 5 niv. an 13. Paris. D... C.. D.A 8. 422. D.P. 2. 266.

72. — L'acquiescement donné par une partie à l'arrêt qui rejette une inscription de faux incident, en assistant au rapport sur le fond, et en faisant des observations par le ministère de son avoué, qui a pouvoir suffisant à cet effet, équivaut à une approbation de la pièce par elle arguée de faux, et rend non-recevable le pourvoi dirigé contre cet arrêt. — 18 niv. an 12. Civ. r. Perthon. D.A. 7. 857, et 8. 421. D.P. 4. 1. 228.

73. — Lorsqu'une partie, poursuivie en vertu d'un titre, a allégué que le titre était faux, sans cependant former d'inscription, et a été, malgré cette allégation, condamnée par un jugement passé depuis en force de chose jugée, elle est non-recevable à s'inscrire plus tard, et par forme d'opposition, à l'expropriation forcée dirigée contre elle, en faux incident. — 17 mai 1816. Colmar. Kittler. D.A. 8. 430 D P. 2. 270.

74. — L'endosseur d'un effet peut, même après l'avoir soldé sans réserves et s'être borné à conclure à sa garantie contre les précédens endosseurs, être déclaré recevable à s'inscrire en faux incident contre sa signature. — 10 avril 1827. Civ. r. Bourges. Mathieu. D.P. 27. 1. 193.

75. — Jugé cependant que l'endosseur d'un effet qui l'a acquitté en suite de jugement et sans réserves, peut être déclaré non-recevable, par la cour d'appel, à s'inscrire en faux incident contre sa signature. — 8 mai 1827. Req. Bourges. Branlard. D.P. 27. 1. 321. — 25 juill. 1827. Req. Poitiers. Hennequin. D.P. 27. 1. 321.

76. — Celui qui est détenu en vertu d'un jugement par défaut passé en force de chose jugée, qui l'a condamné par corps à payer le montant d'un billet à ordre, souscrit de son nom, est recevable à s'inscrire en faux incident contre sa prétendue signature apposée au bas de ce billet. Il n'y a aucune fin de non-recevoir à lui opposer, alors surtout que cette fin de non-recevoir n'est invoquée qu'après l'achèvement de la procédure en inscription de faux. — 11 fruct. an 12. Rouen. Signol. D.A. 8. 424. D.P. 2. 266.

77. — On est recevable, sur l'appel d'un jugement d'expropriation, à s'inscrire en faux incident contre l'acte qui a motivé la poursuite, bien qu'en première instance on ait conclu au fond, sans articuler le moyen de faux. — Ces conclusions n'entraînent aucune reconnaissance, même implicite, de la vérité de cet acte. — 27 mars 1813. Amiens. Coeffier. D.A. 8. 423. D.P, 2. 266.

78. — La circonstance qu'une transaction serait intervenue sur l'exécution d'un acte, ne peut pas être opposée, comme fin de non-recevoir, contre l'inscription prise par la partie qui veut prouver la fausseté de cet acte. — 30 juill. 1813. Colmar. Hirtz. — *Journ. des avoués*, t. 14, p. 379.

79. — L'inscription de faux est admissible contre un acte de mariage de la part même de l'un des époux, quoiqu'il l'ait consenti et signé. — 23 mai 1822. Bourges. Millereau. D.A. 10. 106, n. 2. D.P. 24. 1. 336. — V. n. 153.

80. — L'héritier peut s'inscrire en faux incident contre une lettre de change signée et cautionnée par le défunt, même après l'avoir reconnue et approuvée. — 28 déc. 1830. Riom. Bos. D.P. 34. 2. 75.

81. — La voie du faux incident est un moyen de défense dont peut faire usage toute partie habile ou autorisée à intenter l'action principale. Ainsi, le tuteur, autorisé par le conseil de famille à poursuivre l'annulation d'un acte pour cause de fraude, peut, sans nouvelle et spéciale autorisation, s'inscrire en faux contre cet acte. — 2 mai 1827. Toulouse. Cuzard. D P. 27. 2. 87.

82. — Mais le mandataire *ad litem* a besoin, pour s'inscrire en faux, d'un pouvoir spécial et authentique.

83. — Un notaire a qualité pour intervenir dans une instance en faux incident contre un acte par lui reçu. — V. Intervention.

84. — Il y a lieu d'écarter, comme prématurée, une demande en dommages-intérêts formée par un notaire contre la partie qui s'est pourvue en inscription de faux incident contre un testament reçu par lui, jusqu'à ce que l'instance en faux incident soit jugée. — 25 avril 1822. Angers. Bottu. D.A. 8. 433. D P. 25. 2. 88.

85. — C'est contre la pièce, et non contre celui de qui elle émane, que l'inscription de faux incident est dirigée; il n'est, dès lors, pas nécessaire, lorsqu'une pièce est attaquée par la voie du faux incident, que l'inscription soit formée contre les rédacteurs ou signataires de la pièce. — 21 juill. 1816. Rennes. Lebreton. D.A. 5. 105, et 8. 426. D.P. 2. 268.

86. — *A quelle époque peut avoir lieu l'inscription?* — En matière sommaire, elle ne peut être prise après la position des qualités. — 9 nov. 1826. Rouen Maupeau. D.P. 30. 2. 177.

87. — Mais en matière ordinaire, cette voie peut être prise en tout état de cause; ainsi, on peut s'inscrire en cause d'appel contre les pièces qui ont servi de base au jugement de première instance. — 30 août 1810. Paris. Rancès. D.A. 8. 428. D.P. 2. 268. — 20 fév. 1824. Rennes Cordou. D.A. 8. 428, n. 2.

88. — Il suffit que le tribunal ait jugé inutile l'inscription de faux régulièrement formée contre un procès-verbal forestier, en tant qu'il ne s'agirait pas d'apprécier un fait matériel, pour que si, en appel, il est soutenu de nouveau par le ministère public que le procès-verbal doit, en raison du fait matériel et non intellectuel qu'il s'agit d'apprécier, faire foi irréfragable, le prévenu doive être admis à donner cours à l'inscription de faux par lui formée en première instance. — 1er fév. 1834. Cr. r. Forêts C. Delaure. D.P. 34. 1. 384.

89. — La demande en permission de s'inscrire en faux incident peut être formée devant la cour de cassation, même après le rapport du procès. — 29 fruct. an 4. Civ. c. Grimaldi. D.A. 8. 428. D.P. 2. 268. — Mais non après les conclusions du ministère public. — Berriat, p. 276.

90. — L'action en faux incident étant une simple défense, une exception contre la pièce arguée de faux, et non une action principale contre la personne, peut être intentée par l'individu contre lequel on veut se prévaloir de cette pièce, quoique l'action publique pour la punition du faux ou l'action civile pour la réparation du délit soient éteintes par prescription (239, 250; C. inst. cr 637). — 25 mars 1829. Req. Grenoble. Josserand. D.P. 29. 1. 199.

91. — Jugé, d'après la même règle, que lorsque le débiteur du défunt, poursuivi en paiement par l'héritier institué, refuse de payer jusqu'à ce que l'héritier ait fourni caution, et s'inscrit en faux contre le testament en vertu duquel ce dernier se prétend dispensé de cette obligation, l'héritier ne peut, quoiqu'il se soit écoulé plus de dix ans depuis la date du testament jusqu'au jour de l'inscription de faux, invoquer, contre cette inscription, la disposition de l'art. 637 C. inst. cr., suivant lequel l'action publique et *l'action civile résultant d'un crime*, se prescrivent par dix ans, à compter du jour où le crime a été commis. — 7 fév. 1827. Limoges. Delagorce-Dubreuil. D.P. 29. 2 97.

92. — *Effets de l'inscription de faux.* — L'inscription de faux, lorsqu'elle est admise, doit, comme tout autre incident, faire surseoir au jugement du fond, jusqu'à ce que l'incident ait été vidé.

93. — Si la pièce arguée de faux n'est relative qu'à un des chefs de la demande, il peut être passé outre au jugement des autres chefs (C. pr. 427).

94. — Il n'y a nécessité de surseoir que lorsqu'on justifie d'une inscription légalement formée. Ainsi, les tribunaux de commerce peuvent passer outre à la condamnation au paiement d'une lettre de change, nonobstant la dénégation du défendeur et sa déclaration qu'il entend s'inscrire en faux. — 9 août 1809. Paris. Chomel. D.A. 8. 427. D.P. 9. 2. 132.

95. — Dire que l'on s'inscrira en faux contre un acte, s'il est produit, ce n'est pas former réellement une inscription de faux, et le tribunal a pu justement n'avoir aucun égard à cette déclaration, laquelle n'est qu'une simple réserve. — 17 nov. 1830. Req Metz. Guilmaire. D.P. 30. 1. 395.

96. — Un tribunal n'est pas tenu de surseoir au jugement du fond d'une affaire, parce qu'une des parties aurait, après l'instruction commencée, menacé de s'inscrire en faux contre une pièce du procès, alors que cette menace n'est pas réalisée avant le jugement. — 14 août 1832. Civ. r. Besançon. Bohin. D.P. 33. 1. 26.

97. — Jugé, toutefois, qu'il suffit qu'un individu assigné en paiement d'une lettre de change ait demandé acte de ce qu'il déclare s'inscrire en faux contre cette lettre, même sans dénier expressément sa signature, pour que, si le porteur persiste à en demander le paiement, le tribunal soit autorisé à surseoir à la décision du fond, et à renvoyer les parties devant les juges compétens, pour faire statuer sur le faux incident. — 1er avril 1829. Req. Bordeaux. Pilté-Divernois. D.P. 29. 1. 206.

98. — Et l'on ne peut condamner les endosseurs à payer, avant la décision sur le faux, au porteur de bonne foi. — V. Effets de commerce, n. 411.

99. — Sur la déclaration d'une partie, qu'elle s'inscrit en faux incident contre une lettre de change, un tribunal de commerce peut, en renvoyant les parties devant les juges compétens, ordonner, soit comme mesure de précaution utile aux parties, soit comme mesure d'ordre public, le dépôt de la pièce au greffe, et cela, quoique les formalités prescrites par les art. 215 et 219 C. pr. n'aient pas été remplies. — 1er avril 1829. Req. Bordeaux. Pilté-Divernois. D.P. 29. 1. 206.

100. — L'inscription de faux incident ne suspend pas *nécessairement* l'exécution de l'acte authentique attaqué par cette voie : seulement la loi laisse aux tribunaux la faculté d'ordonner, suivant les circonstances, la suspension provisoire de l'exécution de l'acte (C. civ. 1319).

Au contraire, en cas de plainte en faux *principal*, cette exécution est suspendue par la mise en accusation (C. civ. *ib.*).

101. — Il suit de là que lorsque, dans le cours d'un procès civil, une partie attaque, par la voie du faux principal, un acte authentique produit contre elle, elle est non-recevable à demander qu'il soit sursis au jugement jusqu'à ce qu'il ait été définitivement prononcé sur sa plainte, dès que l'arrêt de mise en accusation n'a pas encore été rendu. — 3 mai 1808. Colmar. Blum. D.A. 8. 431.

102. — Toutefois, l'art 1319 C. civ., qui veut que la plainte en faux principal ne suspende l'exécution de l'acte argué de faux qu'après la mise en accusation, s'applique aux actes exécutoires et authentiques, et non aux actes simplement authentiques. — Ainsi, la plainte en faux principal contre des actes d'huissiers, dans une procédure en expropriation forcée, peut suspendre, avant la mise en accusation, l'adjudication même préparatoire des biens saisis. — 15 fév. 1810. Req. Rouen. le Trésor C. Cauchois. D.A. 8. 408. D.P. 10. 1. 122.

103. — Sous le code du 3 brum. an 4, lorsqu'une partie avait pris la voie du faux incident contre une pièce signifiée au cours de l'instance, elle ne pouvait prendre la voie criminelle qu'autant qu'elle soutenait que son adversaire était l'auteur du faux. — *Spécialement*, la voie criminelle ne pouvait être prise contre le notaire, par cela seul que l'inscription de faux était dirigée contre la minute d'un testament. — 6 pluv. an 11. Req. Dijon. Pila. D.A. 8. 421. D.P. 2. 266, et 3. 1. 580. — 15 germ. an 8. Cr. c. Gerdil. D.A. 8. 421.

104. — Il n'en est plus de même aujourd'hui. Le demandeur en faux (incident) peut *toujours* se pourvoir, par la voie criminelle, en faux principal; et, dans ce cas, il sera sursis au jugement de la cause, à moins que les juges n'estiment que le procès puisse être jugé indépendamment de la pièce arguée de faux (C. pr. 250).

105. — Le sursis au jugement du procès dans lequel est produite une pièce arguée de faux, peut être ordonné sans que la plainte en faux principal

ait été précédée d'une inscription de faux incident. — 15 fév. 1810. Req. Rouen. le Trésor. C. Cauchois. D.A. 8. 408. D.P. 10. 1. 122.

106. — On a prétendu que lorsque l'incription a été rejetée pour inobservation de quelqu'une des formalités prescrites, le demandeur ne peut prendre la voie du faux principal qu'après le jugement de l'instance. Mais les termes de l'art. 250 repoussent cette opinion. — Carré, t. 1er, p. 614.

§ 2. — *Des transactions sur la poursuite du faux incident.*

107. — L'art. 249 C. pr. en exigeant « qu'aucune transaction sur la poursuite du faux incident ne puisse être exécutée, si elle n'a été homologuée en justice, après avoir été communiquée au ministère public, lequel pourra faire, à ce sujet, telles réquisitions qu'il jugera à propos, » modifie, en matière de faux, le principe général qui permet de transiger sur l'intérêt civil résultant d'un crime ou d'un délit.

108. — L'homologation prescrite par cet article n'est point, comme le prétend Pemiau, une simple formalité de précaution pour empêcher qu'on ne dérobe à la justice répressive la connaissance du faux, formalité que le tribunal ne puisse dès lors refuser. La poursuite commencée sur le faux incident suffisait pour éveiller l'attention du ministère public, si c'était là tout ce que voulait la loi; dans tous les cas, il n'eût été nécessaire, pour arriver à ce but, que de suspendre l'exécution de la transaction jusqu'à ce qu'elle eût été communiquée. En exigeant de plus l'homologation du tribunal, la loi a donc voulu que cette homologation pût être accordée ou refusée. C'est sans doute pour empêcher que les parties, entre les mains desquelles sont presque toujours les preuves du faux, ne pussent facilement, au moyen d'une transaction, arrêter l'action publique, qu'elle a contraint le demandeur en faux à livrer ou indiquer les pièces nécessaires à la constatation du crime, en soumettant le réglement de ses intérêts civils à la sanction de la justice. — D.A. 8. 438, n. 32; Carré, quest. 958. — V. aussi Pig., 1, 344, 1re édit.

109. — L'homologation pouvant être refusée, elle est une condition essentielle de la transaction; donc, comme le dit Serpillon, sur l'art. 52, tit 2, de l'ordonnance, jusqu'à l'homologation, la transaction est comme n'existant pas; l'une des parties peut revenir contre cet acte, s'opposer à l'homologation, et continuer ses poursuites en faux principal ou incident. — Carré (quest. 959) exige pour cela que cette partie ait des motifs légitimes de se rétracter, par exemple, qu'elle offre de prouver qu'elle a été surprise ou qu'elle a acquis de nouvelles preuves du faux. Mais, suivant Dalloz, cette condition n'est pas nécessaire : les parties peuvent se repentir tant que l'acte demeure imparfait par le défaut d'homologation. — D.A. 8. 438, n. 33.

110. — Jugé qu'encore bien que l'exécution d'une transaction sur une instance en faux incident, dépende de l'homologation du tribunal, le contrat n'en subsiste pas moins entre les parties, jusqu'à cette homologation, et a pour effet de terminer le procès entre les parties, à partir du moment où il est passé. — 12 fév. 1830. Bruxelles. Ducoffre. D.P. 33. 2. 37.

111. — La transaction faite sur la poursuite de faux incident, même *avant l'admission* de l'inscription, mais après que le demandeur a déclaré au greffe qu'il s'inscrivait en faux, est sujette à l'homologation. Il est vrai que le demandeur pourrait se désister de sa déclaration, et dessaisir par là le tribunal de la connaissance du faux. Mais il n'en est pas d'une transaction comme d'un désistement. En se désistant de l'inscription, on tient la pièce pour vraie, tandis que la transaction ne préjuge rien sur le faux. — Carré, 1, 610.

112. — Un tiers n'est pas recevable à intervenir dans une instance en faux incident, par demande formée postérieurement à une transaction qui a eu lieu entre les parties, sur l'intérêt civil du procès, et avant l'homologation en justice de cette transaction. En un tel cas, il suffit que les parties prouvent l'existence de la transaction passée entre elles, antérieurement à la demande en intervention. — 12 fév. 1830. Bruxelles. Ducoffre. D.P. 33. 2. 37.

§ 3. — *De la procédure sur le faux incident civil.*

113. — Cette procédure se distribue en trois époques, dont la première s'étend depuis la demande en inscription de faux jusqu'au jugement qui accueille cette demande; la seconde, depuis la remise de la pièce et l'apport de la minute au greffe jusqu'au jugement qui admet la preuve des moyens de faux; et la troisième, qui comprend cette preuve et le jugement qui prononce sur la vérité ou la fausseté de la pièce. — D.A. 8. 434, n. 1.

114. — *Première époque.* — La partie qui veut se pourvoir en faux incident civil doit, avant de porter sa demande devant le tribunal, sommer son adversaire, par acte d'avoué à avoué, de déclarer s'il est, ou non, dans l'intention de se servir de la pièce, avec protestation que, dans le cas où il s'en servirait, elle s'inscrira en faux (C. pr. 215).

115. — Dans le cas d'une poursuite en faux introduite civilement par action principale, cette sommation doit être, à peine de nullité, précédée d'un ajournement, suivant la forme ordinaire. — 19 déc. 1812 Rennes. — Conf. Carré, quest. 869

116. — Il n'est pas nécessaire que la sommation dont il s'agit soit signée par le demandeur lui-même. — Mais il est prudent que l'avoué qui la fait se munisse d'un pouvoir spécial. — Carré, 1, 558. Fav., 2, 500.

117. — En matière d'inscription de faux, formée *devant la cour de cassation*, le délai de trois jours, accordé au demandeur en inscription de faux, par l'art. 8 du tit. 2 de l'ordonn. de 1737, pour sommer son adversaire de déclarer s'il entend, ou non, se servir de la pièce arguée de faux, court, aujourd'hui que la permission de s'inscrire en faux ne s'accorde plus, comme autrefois, par ordonnance sur simple requête, court non pas du jour de l'arrêt contradictoire rendu par la cour de cassation, et qui admet l'inscription de faux, mais seulement du jour où cet arrêt a été expédié au demandeur. — 6 avril 1813. Civ. r. Rome. Romani. D.A. 8. 439. D.P. 13. 1. 305.

118. — Dans les huit jours, la partie sommée doit faire signifier, par acte d'avoué, sa déclaration, *signée d'elle* ou du porteur de sa procuration *spéciale et authentique*, dont il est donné copie (C. pr. 216).

L'avoué ne pourrait pas faire cette déclaration pour son client, à moins qu'il n'eût été constitué, par acte notarié, son mandataire à cet effet. Sans cette précaution de la loi, la déclaration eût bientôt dégénéré en un acte insignifiant de procédure. — D.A. 8. 434, n. 3.

119. — Le délai de huitaine accordé par l'art. 216 C. pr. à celui contre lequel on veut s'inscrire en faux, doit être augmenté, à raison de la distance de son domicile à celui de son avoué, d'un jour par trois myriamètres (C. pr. 1033). — 9 août 1828. Bordeaux. Piat. D.P. 29. 2. 19.

120. — Et en effet, puisque la déclaration exigée du défendeur doit être signée de lui ou de son mandataire spécial, il faut bien lui donner un temps raisonnable pour recevoir de son avoué l'avis de l'inscription de faux et faire parvenir sa réponse. — D.A. 8. 434, n. 4; Carré, *Lois de la proc.*, p. 559, quest. 872.

121. — Le délai fixé par l'art. 216 n'est point fatal. Ainsi, une pièce arguée de faux ne doit pas être rejetée du procès par cela seul que le défendeur à l'inscription de faux incident n'a pas déclaré, dans le délai de huitaine, qu'il entendait se servir de la pièce, *alors d'ailleurs que cette déclaration a été faite avant toute demande en rejet de ladite pièce.* — 24 août 1810. Rouen Morel. D.A. 8 441. D.P. 24. 2. 20, n. — 31 déc. 1823. Bordeaux. Albert. D.A. 8. 441. D.P. 24. 2. 145.

122. — Jugé de même que le délai accordé par l'art. 216 C. pr. n'est pas prescrit à peine de déchéance. Seulement, les tribunaux peuvent, *s'il y échet*, c'est-à-dire, d'après les circonstances, et lorsque cette déchéance est demandée, rejeter la déclaration comme tardive. — 5 déc. 1829. Rouen. Coignard. D.P. 30. 2. 279.

123. — Mais si le défendeur ne déclare pas, dans le délai qui lui est accordé par les art. 11 et 12, tit. 2 de l'ordonnance de 1737, qu'il entend se servir de la pièce arguée de faux, le droit d'en faire prononcer le rejet est irrévocablement acquis au demandeur, et ne saurait, *lorsqu'il l'a exercé*, lui être enlevé par une déclaration postérieure que ferait le défendeur. — 6 avril 1813. Civ. r. Romani. D.A. 8. 439. D.P. 13. 1. 305. — 2 fruct. an 11 Rennes. Desvé. D.A. 8. 438. D.P. 2 270.

124. — Lorsque l'intimé propose des fins de non-recevoir contre l'appel, il ne peut être obligé de répondre dans la huitaine à la sommation qui lui aurait été faite de déclarer s'il entend se servir de la pièce arguée de faux, il doit obtenir un nouveau délai. Dans ce cas, quoique l'appel motivé sur la découverte d'un faux ait été interjeté sous l'empire de l'ancienne législation, c'est le code de procédure qui doit régir l'inscription de faux formée depuis sa promulgation. — 21 janv. 1809. Angers. Goussault. D.A. 1. 487. D.P. 1. 172.

125. — Il ne suffit pas que, dans sa déclaration, le défendeur soutienne la vérité de la pièce arguée de faux; il faut qu'il dise, d'une manière précise, s'il entend, ou non, s'en servir. — 2 fruct. an 11. Rennes. Desvé. D.A. 8. 438. D.P. 2. 270.

... Sinon, on ne doit avoir nul égard à sa déclaration. — D.A. 8. 434, n. 6.

126. — La déclaration que l'on entend en *tel sens* une énonciation insérée dans la pièce, mais sans ajouter que l'on veut se servir de cette pièce, suffit pour remplir le vœu de l'art. 216. — 17 avril 1818. Rennes. — *Journ. des av.*, 14, 394.

127. — Est pareillement régulière la déclaration, par le défendeur, qu'il entend se servir de la pièce arguée, tant qu'il ne lui sera pas démontré que cette pièce est fausse, lorsqu'il ne lui est pas possible de savoir lui-même si elle est sincère ou non. — 5 déc. 1829 Rouen. Coignard. D.P. 30. 2. 279

128. — Si, depuis la sommation faite au créancier, de déclarer s'il entend se servir d'un titre de créance, il y a eu cession de la créance par ce dernier, la déclaration qu'on entend s'en servir a pu être faite par le cessionnaire; il n'est pas exigé, à peine de nullité, qu'elle le soit par le cédant. — 8 mars 1832. Req. Metz. Midoux. D.P. 32 1. 198.

129. — Lorsqu'une partie, se fondant sur l'inscription de faux, qu'elle a déclaré à l'audience être dans l'intention de former contre une pièce produite, a demandé un sursis, afin que l'adversaire pût profiter du délai accordé par l'art. 216 C. pr., s'il arrive que celui-ci, sans vouloir profiter de ce délai, déclare formellement qu'il entend faire usage de la pièce arguée, les juges peuvent, dans cet état, et s'il n'y a pas inscription en faux formalisée à l'audience, statuer sur-le-champ au fond, sans aucun égard à la demande d'un sursis. — 13 mai 1829. Civ. r. Besançon. Colton. D.P. 29. 1. 250.

130. — Si le défendeur à la sommation ne fait pas la déclaration prescrite, ou s'il déclare qu'il ne veut pas se servir de la pièce, le demandeur peut se pourvoir à l'audience, sur un simple acte, pour faire ordonner que la pièce maintenue fausse soit rejetée *par rapport au défendeur*; sauf au demandeur à en tirer telles inductions ou conséquences qu'il jugera à propos, ou à former telles demandes qu'il avisera pour ses dommages-intérêts (C. pr. 217); par exemple, si la production de la pièce a nui à son crédit, à sa réputation, ou a retardé le jugement. — Pig., 1, 326.

131. — Le défendeur peut former, à son tour, une demande en inscription de faux contre les énonciations de la pièce dont le demandeur voudrait se prévaloir contre lui. La production qu'il a faite ne pourrait lui être opposée comme fin de non-recevoir, car il peut avoir ignoré que la pièce fût fausse, au moment où il l'a produite — D.A. 8. 434, n. 7.

132. — Lorsqu'en première instance, une partie fait sommation à l'autre de déclarer si elle entend se servir d'un acte par elle produit, et que, sur la réponse affirmative de celle-ci, elle ne s'inscrit point en faux, toute sommation nouvelle de sa part, faite en appel, devient frustratoire, en ce sens que, si le défendeur ne juge pas à propos d'y répondre, le demandeur ne peut pas se prévaloir de ce silence pour faire rejeter l'acte du procès; mais qu'au contraire, s'il n'est intervenu, depuis la première sommation, aucune inscription de faux, soit devant les premiers juges, soit devant la cour, il doit être passé outre au jugement du fond. — 13 avril 1824. Req. Orléans. Deroy. D.A. 8. 429. D.P. 2. 269.

133. — La déchéance prononcée par l'art. 217 C. pr. ne s'applique pas à un acte de mariage; ainsi, lorsque l'époux défendeur à une demande en nullité de mariage, déclare, sur la sommation à lui faite, qu'il ne veut point se servir de cet acte de mariage, ou ne fait aucune réponse à la sommation, les juges ne doivent pas, par cela seul, ordonner le rejet de la pièce comme fausse : la fausseté de la pièce doit être prouvée par la voie de l'inscription de faux. Appliquer ici les art. 215 et 217 C. pr., ce serait admettre indirectement un divorce par consentement mutuel. — 26 juin 1828. Riom. Daurat. D.P. 28. 2. 161 (V. n. 79). — 2 fév. 1829. Riom. Charasse. D.P. 32. 2. 223.

134. — Jugé, au contraire (mais à tort), que, dans le cas dont il s'agit, les juges doivent ordonner le rejet de la pièce comme fausse, alors même que le ministère public déclare s'y opposer. — 3 juill. 1826. Riom. Beaudoux. D.P. 27. 2. 22.

135. — Le défendeur, après avoir déclaré ne vouloir pas se servir de la pièce, pourrait-il revenir sur ses pas, avant qu'elle eût été rejetée par jugement? Tous les commentateurs de l'ordonnance de 1737, dit Carré, quest. 870, p. 561, maintenaient la négative; et, en effet, cette déclaration forme une sorte d'aveu tacite de la fausseté de la pièce, qu'il n'est plus permis de rétracter, à moins qu'on ne prouve qu'il a eu pour cause l'erreur ou la fraude. — D.A. 8. 434, n. 8; Berriat, 277; Fav., 2, 560.

136. — Au contraire, le défendeur peut, en tout état de cause, abandonner la pièce arguée, nonobstant qu'il ait primitivement déclaré persister à s'en servir. Cette décision rentre dans l'esprit de la loi, qui fait précéder la demande d'inscription de faux d'une sommation dont l'unique objet est d'inviter le défendeur à peser les conséquences d'une instruction menaçante, avant d'en courir les chances.— D.A. 8. 434, n. 9; Carré, quest. 877; Berriat et Fav., *loc. cit.*

137. — Lorsque le défendeur a annoncé vouloir faire usage de la pièce, le demandeur déclare, par acte au greffe, *signé de lui* ou de son fondé de pouvoir *spécial et authentique*, qu'il entend s'inscrire en faux (C. pr. 218).— D.A. 8. 435, n. 10.

138.— La déclaration de vouloir s'inscrire en faux contre un acte de cour d'assises ne doit point être admise si elle est faite sur simple mémoire non signé; elle doit être faite dans la forme prescrite par l'art. 218 C. pr. civ.—18 janv. 1828. Cr. r. Philippe. D.P. 28. 1. 101.

139.— L'inscription de faux incident formée contre un commandement en expropriation forcée, ne peut pas être poursuivie au nom de la femme lorsqu'elle n'a pas signé, suivant l'art. 218 C. pr., la déclaration de s'inscrire en faux, faite au greffe, quoique son mari l'ait signée, tant en son nom qu'en celui de son épouse, parce que la qualité de mari et de chef de la communauté ne suffit pas pour agir au nom de la femme, lorsque la loi exige pour cela un pouvoir spécial.—17 mars 1807. Besançon. — *Journ. des avoués*, 14, 534.

140 — Jugé cependant que l'existence d'un pouvoir spécial et authentique exigé par l'art. 218 C. pr., lorsque la déclaration d'inscription est faite par un tiers, n'est pas prescrite à peine de nullité...; et, qu'à supposer qu'elle le fût, un avoué n'aurait pas besoin d'un tel pouvoir pour signer la déclaration d'inscription de faux. — 2 mai 1827. Toulouse. Cuzard. D.P. 27. 2. 87.

141. — Qu'ainsi, est valable la déclaration d'inscription de faux incident signée seulement par l'avoué de la partie, encore bien qu'il ne soit pas porteur d'un pouvoir spécial..., alors, d'ailleurs, que cet officier ministériel n'est pas désavoué par la partie.— Même arrêt.

142.— Mais cette décision est contraire à l'opinion de Carré (t. 1er, p. 566), de Favard (t. 2, p. 560), et des auteurs du *Prat. franç.* (t. 2, p. 116), qui dénient à l'avoué la faculté de faire la déclaration d'inscription sans être muni d'une procuration *ad hoc* notariée. Le greffier, dans ce cas, ne devrait pas recevoir la déclaration, et, s'il la recevait, le défendeur pourrait se pourvoir à l'audience pour en faire prononcer le rejet.

143.— Toutefois, si le défendeur, au lieu de poursuivre la nullité de l'inscription irrégulièrement formée, se bornait à discuter la pertinence des faits, il ne pourrait plus opposer cette exception sur l'appel; la nullité, n'étant que relative, serait couverte. —Chauveau, *Journ. des avoués*, 14, 335.

144.— Le greffier peut exiger que la procuration demeure annexée à l'original de l'acte d'inscription, quand même elle serait rapportée en minute; si elle n'avait été donnée qu'en brevet, cette mesure serait dans l'intérêt du mandataire lui-même, qu'elle mettrait à l'abri des effets d'un désaveu.— Carré, *loc. cit.*

145.— Si le demandeur ou son fondé de pouvoir ne savent pas signer, le greffier pourrait-il, comme un notaire, suppléer cette signature par une déclaration? Non. Les notaires répondent de l'identité des personnes qui actent devant eux, tandis que les greffiers n'étant soumis à cette responsabilité par aucune loi, leur attestation ne donnerait pas la même garantie.— Chauv., *loc. cit.*

146.— Toutefois, Dalloz pense que, dans le cas dont il s'agit, la déclaration d'inscription de faux pourrait être reçue par le président et le greffier. En matière de douanes, cette facilité est accordée, par l'art. 12 de la loi du 9 flor. an 7, au prévenu qui veut s'inscrire en faux contre le procès-verbal dressé contre lui. Cet auteur pense que la vérité de la déclaration est suffisamment garantie par l'attes-

FAUX INCIDENT. § 3.

tation du haut magistrat qu'on suppose l'avoir reçue.—D.A. 8. 435, n. 11.—*Contrà*, Carré, quest. 886.

147.— S'il y avait plusieurs demandeurs en faux, et qu'ils se présentassent ensemble au greffe, pour s'inscrire contre la même pièce, un seul procès-verbal suffirait.— Carré, 1, 567.

148.— Quoique l'art. 218, à la différence de l'ordonnance de 1737, n'ait pas fixé le délai dans lequel le demandeur doit faire sa déclaration d'inscription, le défendeur n'a pas moins le droit, quand le demandeur est en retard de faire cette déclaration, de poursuivre l'audience, afin de faire prononcer contre lui la déchéance de l'inscription de faux, et juger le fond du procès. Autrement, la demande de faux incident pourrait n'être qu'un moyen employé pour reculer la décision de la contestation. — D.A. 8. 435, n. 10; Carré, quest. 884.

149. — La partie qui s'est inscrite en faux contre un acte privé, peut se désister de ce cette inscription, pour en revenir à l'exécution pure et simple de l'art. 1323 C. civ. Le désistement doit alors contenir la déclaration de ne pas reconnaître ou de dénier l'écriture ou la signature.— Carré, 1, 565.

150.— Si cependant il s'agissait d'un acte privé qui ne fût attaquable que par la voie du faux, la partie qui se serait inscrite en faux ne pourrait plus revenir à l'exécution de l'art. 1323 C. civ. Sa déclaration, de se désister de l'inscription, aurait pour effet de faire réputer la pièce vraie.—Chauv., *Journ. des avoués*, 14, 404. — V. n. 135.

151. — Aussitôt que l'inscription de faux a été formalisée, le demandeur se pourvoit à l'audience à l'effet de faire admettre l'inscription, et de faire nommer le commissaire devant lequel elle sera poursuivie (C. pr. 218). Le juge-commissaire nommé, en cas d'admission, peut être récusé (C. pr. 237).

152.— Le tribunal, ainsi qu'on l'a dit, a tout pouvoir pour admettre ou rejeter l'inscription, sans attendre que le demandeur ait fourni les moyens par lesquels il prétend l'appuyer.

153.— Mais le tribunal ne peut, dans le cas même où les moyens de faux ont été prématurément présentés par la partie, statuer, par le même jugement, et sur l'admission de l'inscription, et sur le mérite des moyens de faux, alors d'ailleurs qu'il n'appert d'aucun désistement, de la part du demandeur, de son inscription de faux; car (ainsi qu'on l'a déjà dit), la loi a établi, dans la procédure du faux incident, trois degrés qu'il faut successivement parcourir, afin de parvenir à l'apurement du faux, et chacun de ces degrés doit être signalé par un jugement spécial; le premier, qui admette ou rejette l'inscription de faux; le second, qui statue sur les moyens de faux; le troisième, qui juge le faux. — 4 mai 1812. Rennes. Coudelot. D.A. 8. 442. D.P. 15. 2. 69. — 24 juill. 1826. Riom. Benoit. D.P. 28. 2. 125.—*Contrà*, 3 fév. 1831. Colmar. Kuentz. D.P. 32. 2. 24.

154. — Lorsque l'inscription de faux est admise en cause d'appel contre les pièces qui ont servi de base au jugement attaqué, la cour peut décider que cette inscription ne suspendra pas l'exécution provisoire du jugement, ordonnée par les premiers juges, jugeant en matière commerciale, à la charge de fournir caution. — 30 août 1810. Paris. Rancés. D.A. 8. 428. D.P. 2. 268.

155. — Le jugement qui prononce l'admission d'une inscription de faux incident est interlocutoire et non préparatoire.— 27 janv. 1832. Colmar. —Arrêt cité par les auteurs.

156.— Tout jugement d'instruction ou définitif, en matière de faux, ne peut être rendu que sur les conclusions du ministère public (C. pr. 251). — Un tel jugement serait donc nul, s'il avait été rendu en l'absence du ministère public. — D.A. 8. 437, n. 25; Carré, quest. 964.

157.— Le jugement doit même mentionner, à peine de nullité, l'audition du ministère public. Cette nullité est d'ordre public, et peut être proposée en appel, quoiqu'elle ne l'ait pas été en première instance.— 7 fév. 1809. Turin. Rocca. D.A. 8. 425. D.P. 2. 267.— Arr. sembl.— 13 août 1807. Cr. c. Soulié. D.A. 8. 447 et 425, n. 2. D P. 7. 2. 183.—29 avril 1809. Paris. Monroy. D.A. 8. 425, n. 2.

158.— Mais l'arrêt qui se borne à autoriser le demandeur en faux incident à donner suite à la sommation qu'il a faite à sa partie adverse, de déclarer si elle entend se servir de la pièce, et rejette la fin de non-recevoir élevée contre la recevabilité de cette demande, n'est ni un arrêt d'instruction ni un arrêt définitif, dans lequel, conséquemment, il n'est pas exigé, à peine de nullité, que le ministère public soit entendu. — 10 avril 1827. Civ. r. Bourges. Mathieu. D.P. 27. 1. 193.

159.— Aujourd'hui, le jugement qui permet ou refuse l'inscription de faux n'arrive qu'après la sommation faite au défendeur et la réponse de ce dernier: sous l'ordonnance de 1737, au contraire, la partie qui voulait s'inscrire en faux devait, avant toutes choses, en obtenir la permission du juge (tit. 2, art. 3).

160.— L'opposition incidente, formée contre un arrêt sur requête qui avait admis une inscription de faux, n'était pas assujettie aux formalités prescrites pour les oppositions principales. Elle pouvait ne pas contenir les motifs d'opposition, et être formée par simples conclusions prises à la barre, et, à plus forte raison, par conclusions rédigées et signifiées.— 16 janv. 1807. Besançon. Nicod. D.A. 8. 424. D.P. 2. 267.

161.— Le demandeur en inscription de faux devait aussi, sous l'ordonnance, consigner une amende. S'il n'en avait consigné qu'une partie, il devait, lors même qu'il aurait, avant le jugement du faux, fourni un supplément d'amende, être déclaré déchu de sa demande, si le supplément par lui versé ne l'avait été qu'après les trois jours du jugement portant permission de s'inscrire en faux.— 27 frim. an 13. Civ. c. Nîmes. Delon. D.A. 8. 435, n. 13. D.P. 5. 1. 192.

162.— Cette consignation n'est plus requise, mais il est prononcé une amende, comme on le verra plus bas, contre le demandeur qui succombe dans son inscription de faux.— D.A. 8. 435, n. 13.

163.— *Deuxième époque.* — Lorsque l'inscription a été admise, le défendeur est tenu de remettre la pièce arguée de faux au greffe, *dans les trois jours de la signification du jugement* (C. pr. 219).

164.— Ce délai ne doit pas être augmenté à raison des distances, car la pièce étant entre les mains de l'avoué, c'est lui qui doit la déposer au greffe, et la loi n'exige nulle part que la partie soit présente à cette remise. — D.A. 8. 435, n. 14; Carré, quest. 891.

165.— Le délai fixé par l'art. 219 C. pr. n'est pas fatal (comme il l'était sous l'ordonnance de 1737); en sorte que la pièce ne doit pas être rejetée par cela seul qu'elle n'a pas été déposée dans ce délai. — 4 août 1809. Paris. Lefebvre. D.A. 8. 441. D.P. 15. 2. 39.

166.— Jugé de même que le défendeur en faux peut déposer au greffe la pièce arguée, même après les trois jours fixés par l'art. 219, et surtout s'il y avait contestation sur le point de savoir si c'était la minute ou les expéditions de la pièce arguée qui devaient être produites. — 2 fév. 1826. Req. Paris. Fourmentin. D.P. 26. 1. 152.—5 déc. 1829. Rouen. Coignard. D.P. 30. 2. 279. — *Contrà*, 18 juill. 1811. Besançon. Bourdin. D.A. 8. 442. D.P. 11. 2. 63.

167.— Tout en admettant que le délai n'est point fatal, Dalloz pense que si après son expiration le demandeur s'est pourvu à l'audience pour faire rejeter la pièce du procès, il a un droit acquis au rejet de cette pièce, droit qu'un dépôt tardif ne saurait lui faire perdre. — D.A. 8. 435, n. 15.

168.— L'ordonnance de 1737 n'a point été abrogée, quant à la poursuite du faux incident, par le code du 3 brum. an 4; en sorte que, sous ce code, si l'expédition d'un acte public, argué de faux, n'avait pas été déposée au greffe dans le délai fixé par cette ordonnance, l'acte devait être rejeté du procès. —6 pluv. an 11. Req. Dijon. Pila. D.A. 8. 421. D.P. 2. 266, et 3. 1. 580.

169. — Lorsque l'avoué a tardé à faire le dépôt prescrit par l'article 219 C. pr., il peut être personnellement condamné aux frais de l'incident auquel donne lieu le retard de ce dépôt (C. pr. 1030). — 4 août 1809. Paris. Lefebvre. D.A. 8. 441. D.P. 15. 2. 39.

170.— Le défendeur doit signifier au demandeur l'acte de mise au greffe dans les trois jours du dépôt (C. pr. 219).

171. — Faute par le défendeur de satisfaire, dans le délai voulu, à ce qui est prescrit par l'art. 219, le demandeur peut se pourvoir à l'audience, pour faire statuer sur le rejet de la pièce, suivant ce qui est porté en l'art. 217 ci dessus (auquel cas sa demande doit être appuyée d'un certificat du greffier, constatant que la pièce n'a pas été déposée), si mieux il n'aime demander qu'il lui soit permis de faire remettre ladite pièce au greffe, à ses frais, dont il sera remboursé par le défendeur comme de frais préjudiciaux (c'est-à-dire avant la contestation principale); à l'effet de quoi il lui en sera délivré exécutoire (C. pr. 220).

172. — Cette alternative accordée au demandeur n'aurait pas lieu, on le sent bien, si, n'y ayant ni minute, ni double de la pièce arguée, le seul original

existant se trouvait dans la main du défendeur. — Carré, 1, 570.

173. — Lorsqu'il y a minute de la pièce arguée de faux, le tribunal, par le jugement qui admet l'inscription, ou postérieurement le juge-commissaire peut, *sur la requête du demandeur*, ordonner, s'il y a lieu, l'apport ou l'envoi de cette minute dans un délai fixe (C. pr. 220).

174. — Il ne faut pas conclure de ces mots : *sur la requête du demandeur*, que le juge-commissaire, ou le tribunal, sur son rapport, ne puissent ordonner d'*office* l'apport de la minute au greffe. Il n'y a pas de motifs pour lui refuser ce moyen d'éclairer sa religion. — D.A. 8. 435, n. 16. — *Contra*, Carré, quest. 895.

175. — Au bas de la requête, le juge permet d'assigner devant lui le défendeur à jour fixe. La sommation a lieu par acte d'avoué à avoué (Tarif, 70).

176. — Au jour indiqué, le juge-commissaire ordonne, s'il y a lieu, que le défendeur sera tenu, dans le temps qui lui sera prescrit, de faire apporter la minute au greffe, et que les dépositaires d'icelle y seront contraints, les fonctionnaires publics, par corps, et ceux qui ne le sont pas, par voie de saisie, amende, et même par corps s'il y échet (C. pr. 221).

177. — Il est laissé à la prudence du tribunal d'ordonner, sur le rapport du juge-commissaire, qu'il sera procédé à la continuation de la poursuite du faux, sans attendre l'apport de la minute; comme aussi de statuer ce qu'il appartiendra, en cas que ladite minute ne pût être rapportée, ou qu'il fût suffisamment justifié qu'elle a été soustraite ou qu'elle est perdue (C. pr. 222).

178. — Le tribunal pourrait aussi statuer sur les incidens; par exemple, ordonner le compulsoire des minutes du notaire qui déclare que la minute ne s'y trouve pas, soit la mise en cause de la personne soupçonnée de l'avoir soustraite. — Thomine, sur l'art. 222.

179. — Le délai pour l'apport de la minute court du jour de la signification de l'ordonnance ou du jugement au domicile de ceux qui l'ont en leur possession (C. pr. 223). — Quant au défendeur, le délai qui lui a été prescrit pour faire apporter la minute court du jour de la signification de l'ordonn. ou du jugement à son avoué (pr. 224). Ainsi, l'ordonnance ou le jugement, doivent fixer un premier délai au défendeur pour les diligences qu'il doit faire, et un deuxième dans lequel l'apport de la minute sera opéré par ceux qui la détiennent. — Carré, n. 901.

180. — Faute par le défendeur d'avoir fait les diligences nécessaires pour l'apport de la minute dans le délai prescrit, le demandeur peut se pourvoir à l'audience, ainsi qu'il est dit art. 217 (C. pr. 224), à l'effet de faire statuer sur le rejet de la pièce. Du reste, l'art. 224 définit lui-même clairement, alinéa 3, en quoi ces diligences doivent consister.

181. — L'apport de la pièce ou de la minute faite au greffe, il est dressé procès-verbal de l'état de ces pièces, en présence de l'adversaire, ou lui dûment appelé par une sommation qui lui est faite, après que le juge-commissaire a fixé le jour et l'heure de l'opération. — V. les art. 225, 226 et 227, et Carré, 1, 577.

182. — La partie qui s'est inscrite en faux doit, lors du procès-verbal de l'état de la pièce, et à peine de déchéance, requérir tous les apuremens relativement aux parties de la pièce qu'elle entend arguer de faux (C. pr. 227). — 13 fév. 1815. Rennes.

183. — Le demandeur en faux, ou son avoué (ou son avocat), peut prendre communication, en tout état de cause, des pièces arguées (C. pr. 228). Le défendeur, propriétaire des pièces, a sans doute le même droit (Carré, t. 1er, p. 579). Les parties peuvent aussi se faire assister d'un conseil expert en écritures. — Carré, 1, 578.

184. — Dans les huit jours qui suivent le procès-verbal, le demandeur est tenu de signifier au défendeur ses moyens de faux (C. pr. 229).

185. — L'art. 28 de l'ordonnance de 1737 ne permettait pas que les moyens de faux fussent, ainsi que l'exige l'art. 229, signifiés au défendeur. Mais depuis que la législation née de la révolution a interdit que l'instruction criminelle fût secrète, la disposition précitée de l'ordonnance n'a plus été suivie. — 27 frim. an 13. Civ. c. Delon. D.A. 8. 435, n. 13. D.P. 5. 1. 192. — 8 vend. an 14. Civ. c. Labat. D.A. 8. 436, n. 19.

186. — Lorsque, conformément à l'art. 4 [illegible] n. 2, il a été dressé séparément deux procès-ve[illegible]x, le premier pour constater l'état de l'expédition arguée de faux, le second pour constater l'état de la minute, le délai de huit jours pour signifier les moyens

de faux ne court, suivant Carré, 1, 580, que du jour du second procès-verbal.

187. — Le demandeur en inscription de faux, qui n'a pas fait signifier ses moyens dans le délai de huitaine, ou même qui ne les a fait signifier qu'après la demande formée par son adversaire, en déchéance de l'inscription de faux, mais avant le jugement qui statue sur cette demande, n'encourt pas nécessairement la déchéance. — C'est aux juges à examiner, d'après les circonstances de fait, s'ils doivent, ou non, la prononcer. — 4 mars 1822. Nîmes. Vier. D.A. 8. 443. D.P. 24. 2. 90.

188. — Cette solution, contraire à celle donnée plus haut pour des cas analogues, se justifie néanmoins par la différence de rédaction que présente l'art. 229 comparé avec les art. 217 et 220 : cet art. 229 porte en effet : « dans les huit jours, le demandeur signifiera ses moyens de faux..., sinon le défendeur pourra faire ordonner, *s'il y échet*, que le demandeur sera déchu de son inscription ». Il suit donc de ces mots : *s'il y échet*, 1° que si la requête a été signifiée après le délai, mais avant le jugement, il n'y a pas de déchéance à prononcer; 2° que, dans le cas même où elle n'aurait pas été signifiée au moment où il s'agirait de statuer, le tribunal pourrait proroger le délai, si le demandeur donnait de son retard une excuse suffisante : le délai n'est donc que comminatoire. — D.A. 8. 436, n. 18; Carré, 1. 579, n.

189. — Les moyens de faux signifiés par le demandeur doivent contenir les faits, circonstances et preuves par lesquels il prétend établir le faux ou la falsification. — *Ibid.*, 229.

190. — Jugé, d'après cette règle, que la simple dénégation d'une partie, d'avoir été présente à un acte notarié qui constate son intervention, ne suffit pas pour que l'inscription de faux soit admissible. Le demandeur en faux doit, à peine de déchéance, énoncer les preuves par lesquelles il entend établir le faux. — 31 janv. 1825. Civ. c. Nîmes. Metge. D.P. 25. 1. 163. — V. aussi l'arrêt du 4 juin 1817, ci-après, n. 269.

191. — De même, dans la signification des moyens de faux contre un testament, il ne suffirait pas de dire qu'un des témoins n'a pas été présent à l'entière rédaction, ou que le testament a été dicté non par le testateur, mais par une tierce personne; on doit encore articuler les circonstances tendant à établir les faits. — 9 déc. 1828. Montpellier. Carpentier. D.P. 30. 2. 41.

192. — De même, il y a lieu de déclarer le demandeur déchu de son inscription, s'il se borne, par exemple, à alléguer vaguement que les témoins d'une partie contractante n'étaient pas présens à l'acte, sans indiquer aucun fait qui rende cette allégation probable. — 16 avril 1832. Bourges. Roumier. D.P. 33. 2. 51.

193. — Jugé encore que la simple offre de faire la preuve des moyens de faux, par toutes les voies de droit, ne suffit pas; qu'il faut spécifier les faits probatoires. — 9 déc. 1828. Montpellier. Carpentier. D.P. 30. 2. 41.

194. — Et que le demandeur en faux qui se borne à dénier des faits constatés par un acte, sans libeller les preuves justificatives de sa dénégation, est passible de l'amende portée par l'art. 246 C. pr. — 13 déc. 1831. Toulouse. Fournier. D.P. 33. 2. 125.

195. — Rien ne s'oppose à ce qu'après une première requête, et dans l'intervalle entre la signification des moyens de faux et le jugement, le demandeur signifie une requête additionnelle comprenant des moyens omis dans la première. — Carré, question 911.

196. — La preuve de circonstances de faux, omise dans les moyens signifiés et qui tendent seulement à les compléter ou les rectifier, est admissible après le délai de huitaine de l'art. 229 code procédure, et même pour la première fois en appel. — 6 juill. 1833. Bordeaux. Babin. D.P. 34. 2. 51.

197. — Mais on ne pourrait plaider à l'audience des moyens qui n'auraient pas été signifiés (arg. de l'art. 229). — Carré, quest. 912; D.A. 8. 436, n. 20.

198. — Le défendeur est tenu, dans les huit jours de la signification des moyens de faux, *d'y répondre par écrit*, sinon le demandeur peut se pourvoir à l'audience pour faire statuer sur le rejet de la pièce (C. pr. 230).

199. — Malgré les termes de cet article, Carré, 1, 581, pense que le défendeur peut se borner à combattre à l'audience les moyens de son adversaire. Pigeau, *Comm.*, t. 1er, p. 463; Fav., t. 2, p. 502; Chauv., *Journ. des avoués*, t. 14, p. 405, sont d'avis contraire, fondé sur ce que l'art. 230 est conçu dans les mêmes termes que l'art. 229, lequel est obligatoire pour le demandeur.

200. — Le délai de huitaine accordé par l'art. 230 n'est que comminatoire, comme l'est celui mentionné dans l'art. 229, *nil debet actori licere, quod reo non liceat*. Ces mots, *s'il y échet*, employés par l'art. 229, sont remplacés, dans l'art. 230, par cet équivalent : le demandeur peut se pourvoir pour faire *statuer* sur le rejet de la pièce. — D.A. 8. 436, n. 21; Carré, quest. 913.

201. — Les moyens de faux et les réponses sont exposés par requêtes grossoyées (Tarif, 75).

202. — Après que le défendeur a répondu, la partie la plus diligente poursuit l'audience, et alors il intervient jugement qui admet ou rejette les moyens de faux, en tout ou en partie (C. pr. 231).

203. — Le juge peut, d'après la seule appréciation des moyens respectivement signifiés, et sans avoir besoin d'ordonner la vérification des pièces, rejeter l'inscription de faux. — 24 juill. 1828. Req. Angers. Daudibon. D.P. 28. 1. 349.

204. — Il suffit qu'après avoir admis une inscription de faux, le juge trouve, qu'en raison de leur nature, les faits ne sont pas susceptibles d'être prouvés par les témoins indiqués, pour qu'il puisse la déclarer inadmissible, sans être tenu d'examiner préalablement si, en lui-même, ce moyen était pertinent et admissible. — 26 mai 1829. Toulouse. Blavignac. D.P. 33. 2. 102.

205. — Si le tribunal n'a pas des données aussi certaines pour se prononcer *hic et nunc* sur l'admission ou le rejet de tous les moyens de faux, c'est alors le cas de les joindre, soit à l'incident en faux, si quelques moyens ont été admis, soit à l'affaire principale, comme le veut l'art. 231.

206. — Après l'instruction terminée, soit sur les moyens admis, soit sur la cause principale, on examine si les moyens qui ont été joints ont acquis plus d'importance par suite des nouvelles lumières que l'instruction peut avoir jetées sur l'affaire, et alors on les admet ou on les rejette définitivement. — Carré, *L. de la pr.*, 1, 582; Pig., 1, 357; Thomine, sur l'art. 231; D.A. 8. 436, n. 22.

207. — Joindre les moyens de faux au principal, ce n'est pas dire qu'il sera statué sur le tout par un seul et même jugement; on doit, dans tous les cas, prononcer sur l'incident de faux, avant de juger le principal. — Carré, n. 916.

208. — Si les juges sont partagés d'opinion, il faut procéder conformément à l'art. 118 C. pr., et non rendre le jugement dans l'opinion qui tendrait au rejet des moyens, comme étant la plus douce; car la contestation est toute civile. — Carré, 1, 584.

209. — Le jugement qui admet ou rejette les moyens de faux est interlocutoire. — Carré, n. 917.

210. — Quand aucuns moyens ont été admis, le jugement doit les énoncer expressément, et ordonner que la preuve de ces moyens, non d'autres, sera faite devant le juge-commis, tant par titres que par témoins, sauf au défendeur la preuve contraire, et qu'il sera procédé à la vérification de la pièce arguée par trois experts *nommés d'office* par le jugement (C. pr. 232 et 233).

211. — Il n'est pas nécessaire que le tribunal ordonne à la fois les trois genres de preuves dont parlent les art. 232 et 233; il peut, par exemple, refuser la preuve testimoniale et ordonner que les faits soient vérifiés par experts. — 17 mai 1830. Req. Limoges. Lalande. D.P. 30. 1. 248.

212. — Il peut ordonner, même d'office, un genre de preuve qu'il aurait d'abord omis. — Carré, n. 918.

213. — Si les trois genres de preuves ont été ordonnés, c'est au juge-commissaire ou au tribunal à régler, d'après les circonstances, l'ordre dans lequel il doit y être procédé.

214. — Lorsque l'inscription de faux a pour objet d'établir qu'un suppléant, qui ne se trouve pas porté sur la feuille d'audience, a concouru, *sans nécessité*, au jugement, la preuve testimoniale est admissible, quoiqu'il n'y ait aucun commencement de preuve par écrit. — 29 fruct. an 4. Civ. c. Grimaldi. D.A. 8. 428. D.P. 2. 268.

215. — La preuve contraire à celle faite par le demandeur est de droit, et le défendeur peut y procéder par tous les moyens donnés au demandeur, quand même le jugement d'admission se tairait à cet égard. — Carré, n. 921.

216. — *Troisième époque.* — La preuve par titres se fait en établissant par écrit le contraire de ce que contient la pièce arguée de faux.

217. — Pour l'audition des témoins, on suit les formalités prescrites pour les enquêtes (C. pr. 234). Cette audition doit précéder les opérations des experts. — Carré, 1, 591.

218. — Sur la question de savoir si l'on peut ré-

cevoir la déposition des témoins instrumentaires contre les énonciations de l'acte argué de faux, V. Témoins.

219. — Les pièces prétendues fausses doivent, et les pièces de comparaison peuvent leur être représentées. — V. l'art. 234 C. pr.

220. — Les dispositions de l'art. 234 C. pr. n'étant pas prescrites à peine de nullité, un juge-commissaire a pu être dispensé, dans une contre-enquête, de représenter aux témoins, pour les parapher, les pièces arguées de faux, surtout si les parties ont consenti à ce que cette formalité ne fût pas remplie. — 10 janv. 1834. Bordeaux. Babin. D.P. 34. 2. 102.

221. — Si les témoins représentent eux-mêmes quelques pièces lors de leur déposition, elles y demeureront jointes. — Et si ces pièces font preuve du faux ou de la vérité des pièces arguées, elles seront représentées aux autres témoins qui en auraient connaissance (C. pr. 235), soit qu'ils aient été entendus avant ou depuis la remise de ces pièces. — Carré, 1, 592.

222. — Dans tous ces cas, les pièces doivent être paraphées tant par le juge-commissaire que par ceux qui les ont remises, ou auxquels elles ont été représentées; et si ces derniers ne veulent ou ne peuvent les parapher, il en est fait mention (C. pr. 234 et 235).

223. — Dans l'inscription de faux, les experts ne peuvent pas être nommés par les parties, comme dans la vérification d'écritures, où l'affaire est toute civile. Ils sont nommés *d'office*, parce que l'affaire pouvant devenir criminelle, intéresse l'ordre public, et qu'il y aurait à craindre que des experts nommés par les parties ne leur fussent dévoués, et ne cherchassent à pallier le crime dans leur rapport (D.A. 8. 436, n. 23). — Le jugement qui nommerait des experts convenus entre les parties serait nul, suivant Carré, 1, 585. Du reste, il n'est pas absolument necessaire que les experts soient choisis parmi des maîtres d'écriture. — Carré, 1, 586.

224. — Les experts nommés pour constater un faux matériel peuvent recourir à des pièces de comparaison, encore qu'ils n'aient à vérifier que des faits de grattage, de surcharge, ou de substitution d'un paraphe au véritable. — 23 janv. 1811. Paris. Degestas. D.A. 8. 442. D.P. 2. 270.

225. — Les pièces de comparaison, nécessaires pour qu'il soit procédé à la preuve par experts, sont convenues entre les parties ou indiquées par le juge (C. pr. 236), c'est-à-dire, suiv. Carré, t. 1er, p. 593, par ordonnance du juge-commissaire, et, suivant Pig., 1, 359, par jugement du tribunal. L'opinion de Carré paraît préférable.

226. — En l'absence de pièces de comparaison, on peut faire faire un corps d'écriture au défendeur. — Pig., 1, 360.

227. — Du reste, le mode à suivre pour faire la preuve par experts est clairement tracé par l'art. 236 C. pr. — V. aussi l'art. 233 du même code et le mot *vérification d'écritures*.

228. — L'instruction achevée, le jugement est poursuivi sur un simple acte (C. pr. 238).

229. — Un fait non articulé dans l'inscription de faux, mais révélé dans l'instruction sur cette inscription, ne peut pas être proposé lors du jugement. — 24 juill. 1833. Nanci. Claudel. D.P. 34. 2. 204.

230. — Celle des parties qui veut poursuivre l'audience, doit d'abord signifier à son adversaire copie du rapport, du procès-verbal d'enquête, et même de contre-enquête, s'il en a été fait une et qu'il veuille s'en prévaloir. — Chauv., *Journ. des avoués*, 44, 319.

231. — Lorsque la pièce est reconnue fausse, le tribunal doit en ordonner, suivant les cas, la suppression, la lacération, la radiation, en tout ou en partie, la réformation ou le rétablissement (C. proc. 241).

232. — La suppression de la pièce s'opère par la lacération; la radiation porte sur la partie de la pièce qui est déclarée fausse, ou même sur la pièce entière, quand elle fait partie d'un registre; la réformation consiste à supprimer, sur la copie, les mots qui ne se trouvent pas dans la minute, à remettre à leur place les mots qui ont été transposés, à écrire correctement ceux qui ont été mal écrits; le rétablissement, à reproduire sur la copie les clauses, les stipulations qui se trouvent dans la minute, et qui ont été omises dans la copie, comme aussi les ratures faites mal à propos sur cette dernière. — Carré, t. 1er, p. 601, à la note.

233. — Mais il est sursis à l'exécution du chef du jugement relatif à la suppression, lacération, etc., tant que le condamné est dans le délai de se pourvoir par appel, requête civile ou cassation, ou qu'il n'a pas formellement ou valablement acquiescé au jugement (C. pr. 241).

234. — Au surplus, cette suppression ou lacération offre des dangers; car il est des cas où le délai de requête civile est indéfini; et, d'un autre côté, la pièce peut aussi concerner des tiers, qui seront toujours admissibles à en soutenir la sincérité, nonobstant le jugement rendu sur le faux incident. Il semble donc que la loi eût dû se borner à ordonner que la pièce fausse serait retenue au greffe et bâtonnée. — D.A. 8. 437, n. 26.

235. — On ne doit, dans tous les cas, procéder à la lacération de la pièce, qu'après y avoir appelé le condamné. — Pig., *loc. cit.*

236. — Le jugement qui intervient sur le faux statue, ainsi qu'il appartient, et sans qu'il soit rendu séparément un autre jugement, sur la remise des pièces, soit aux parties, soit aux témoins qui les auraient fournies ou représentées. — V. l'art. 242 du code de procédure.

237. — Lorsqu'une pièce arguée de faux n'a pas été déposée au greffe d'une cour royale par l'une des parties, mais par le greffier du tribunal de première instance auquel elle avait été remise par celui du tribunal de commerce, qui en était dépositaire, cette partie est non-recevable à réclamer ladite pièce, lors surtout qu'il y a encore instance sur son exécution devant le tribunal de commerce. — 23 sept. 1813. Paris.

238. — Il doit être sursis à la remise des pièces de comparaison pendant les délais prescrits par l'art. 241, à moins qu'il n'en soit autrement ordonné sur la requête des parties intéressées (C. pr. 243).

239. — Les frais de la remise des pièces ainsi ordonnée sont à la charge de la partie qui a succombé dans l'incident d'inscription, et cela, quand même cette partie ne serait point intervenue sur la demande en remise des pièces pour la contester mal à propos. — Carré, 1, 604.

240. — Pendant que les pièces demeurent au greffe, les greffiers ne peuvent délivrer aucune copie ni expédition des pièces prétendues fausses, si ce n'est en vertu d'un jugement. A l'égard des actes dont les originaux ou minutes auront été remis au greffe, et notamment des registres sur lesquels il y aurait des actes non argués de faux, les greffiers peuvent en délivrer des expéditions aux parties qui ont le droit d'en demander (245), c'est-à-dire aux parties intéressées en nom direct, à leurs héritiers ou ayans-droit, et non à d'autres. — Carré, 1, 606.

241. — Les greffiers qui contreviendraient à cette disposition, et en général, à toutes celles que la loi leur impose comme gardiens judiciaires des pièces arguées ou des pièces de comparaison, encourraient des peines graves et pourraient même être poursuivis extraordinairement (C. pr. 244 et 245), sans qu'il fût nécessaire, pour exercer ces poursuites, d'obtenir préalablement l'autorisation du conseil d'état. — Carré, 1, 605.

242. — Si la pièce est reconnue vraie, le demandeur en faux doit être condamné à une amende arbitrée par le tribunal, mais qui ne peut être moindre de 300 fr., et à tels dommages-intérêts qu'il appartiendra (C. pr. 246).

Cette amende est également encourue lorsque, l'inscription ayant été admise, le demandeur s'en est désisté volontairement, ou que les parties ont été mises hors de procès, à cet égard, *soit par défaut de moyens* ou de preuves, soit parce qu'il n'aurait pas été satisfait par le demandeur aux diligences et formalités prescrites (*ibid.*, 247).

243. — Il ne faudrait pas équivoquer sur ces mots, *défaut de moyens*, pour en conclure que la loi n'a entendu condamner le demandeur à l'amende que lorsqu'il n'a pas signifié de moyens, et nullement lorsque le tribunal les rejette ou ne les admet pas; car il résulte de *l'exposé des motifs*, que l'amende est encourue à partir de cette époque de la procédure où l'inscription de faux a été admise, soit que, dans la suite, il n'y ait pas de preuve du délit, soit que le demandeur se soit désisté, ou qu'il soit arrêté dans sa poursuite. — D.A. 8. 437, n. ; Carré, t. 1er, p. 609.

244. — Doit-il être prononcé autant d'amendes qu'il y a de demandeurs en faux ou de pièces arguées de faux? Il est clair d'abord que le nombre de pièces arguées est indifférent, dès qu'il n'y a qu'une seule demande. — D.A. 8. 437, n. 28.

245. — Le nombre des demandeurs est également indifférent, lorsqu'ils agissent conjointement et par le même acte (art. 4, tit. 2 de l'ordonnance de 1737). Au contraire, dit Carré (quest. 952), si plusieurs parties avaient formé séparément, dans le même procès, plusieurs demandes en faux contre des pièces qui ne seraient opposées qu'à chacune d'elles chacune d'elles aussi encourrait individuellement l'amende et les dommages intérêts. — D.A. 8. 437 n. 28; Merl., Rép. v° Inscription de faux, § 2, n. 9

246. — Du reste, l'amende est acquise de plein droit au fisc, dans les cas où la loi la prononce, en quelques termes d'ailleurs que le jugement soit conçu, ou quand même il ne contiendrait aucune condamnation à cet égard.

Le demandeur ne saurait également s'y soustraire, en offrant de poursuivre le faux par la voie extraordinaire (C. pr. 247); d'où la conséquence qu'il ne pourrait pas en demander la restitution, quand même le faux aurait été déclaré constant par suite de l'instruction criminelle. — D.A. 8. 437, n. 29; Carré, quest. 955. — *Contrà*. Fav., 2. 566.

247. — L'amende n'est pas due, 1° si la pièce, ou l'une des pièces arguées de faux, a été déclarée fausse en tout ou en partie; 2° si elle a été rejetée du procès par un motif quelconque; 3° si la demande à fin d'inscription de faux n'a pas été admise, et ce, de quelques termes que les juges se soient servis pour la rejeter ou n'y avoir aucun égard (C. pr. 246).

248. — Dans tous les cas où l'amende n'est pas encourue, il ne saurait y avoir lieu à une condamnation de dommages-intérêts, puisque c'est par des motifs indépendans de la vérité ou de la fausseté de la pièce que la demande d'inscription de faux est rejetée. — D.A. 8. 438, n. 31; Carré, quest. 956.

249. — Lors même que l'amende est encourue, conformément à l'art. 247, les juges peuvent, suivant les circonstances, ne pas accorder de dommages-intérêts. — Chauv., *Journ. des avoues*, 14, 321.

250. — Celui qui a été détenu en vertu d'un titre reconnu faux, peut réclamer des dommages-intérêts, encore que sa détention puisse être imputée à sa négligence pour avoir manqué de se pourvoir, en temps utile, contre le jugement par la voie de l'opposition. — 11 fruct. an 12. Rouen. Signol. D.A. 8. 424. D.P. 2. 266.

§ 4. — *Du faux incident en matière de douanes, de contributions indirectes, de forêts, etc.*

251. — L'inscription de faux contre les procès-verbaux de contravention, en matière de douanes et de contributions indirectes, a été assujettie, par la loi du 9 flor. an 7, et le décr. du 1er germ. an 13, à des règles spéciales qui, d'après la loi du 21 avril 1818, art. 38, sont toujours en vigueur. — D.A. 8. 444, n. 1 et 2; Bourguignon, *Jurisp. des cours crim.*, t. 2, p. 373

252. — Il n'échet de s'inscrire en faux contre un procès-verbal des préposés des douanes qui, quoique régulier en la forme, énonce des faits contradictoires. Si cette contradiction rend la contravention incertaine, le prévenu doit être renvoyé de la plainte — 13 janv. 1817. Civ. r. Douanes. Fische. D.A. 8. 436. D.P. 17. 1. 283.

253. — La déclaration d'inscription de faux contre un procès-verbal de contravention, en matière de contributions indirectes (ou de douanes) doit être signée par l'inscrivant ou son fondé de pouvoir spécial, à peine de déchéance de l'inscription, à moins qu'il n'ait déclaré ne pas savoir signer, cas auquel sa déclaration d'inscription de faux doit être reçue et signée par le président et par le greffier; mais une déclaration orale, faite à l'audience, ne peut jamais suffire. — 6 juill. 1809. Cr. c. Min. pub. Segliesio. D.A. 8. 450. D.P. 2. 271. — 6 avril 1821. Cr. c. Contr. ind. Duserre. D.A. 8. 450 et 451. D.P. 2. 272.

254. — Jugé de même que le prévenu qui veut s'inscrire en faux contre le procès-verbal dressé contre lui, doit présenter une déclaration écrite de sa main; et, s'il ne savait pas écrire, il doit le déclarer à l'instant même. Il est déchu de son inscription, s'il s'est borné à faire déclarer oralement par son défenseur, à l'audience, et en sa présence, qu'il entendait s'inscrire en faux, sans annoncer en même temps qu'il ne savait pas signer, et ce, quoiqu'il ait fourni, trois jours après, cette déclaration, en déposant au greffe ses moyens de faux. — 29 juin 1810. Cr. c. Pelazo. D.A. 8. 451, et 444, n. 3. D.P. 2. 272.

255. — La signature de la déclaration d'inscription de faux contre un procès-verbal des préposés des douanes, ne peut être suppléée par un acte qui énonce, d'après la déclaration de celui qui s'inscrit en faux, qu'il ne sait pas *écrire* : il faut l'énonciation positive qu'il ne sait pas *signer*. — 14 août 1807. Cr. c. Douanes. Bouveret. D.A. 8. 449. D.P. 7. 2. 189.

256. — La nullité résultant de ce que l'inscription de faux contre le procès-verbal de la régie, n'aurait pas été faite par écrit, ou n'aurait pas été reçue par le président du tribunal, faute par l'inscrivant

de savoir écrire, est absolue ; elle peut être proposée en tout état de cause, et elle doit être suppléée par les juges, dans le silence des parties.—18 nov. 1813. Cr. c. Cont. ind. Gouilleau. D.A. 8. 451. D.P. 2. 272.

257.— Le délai accordé par l'art. 40 du déc. du 1er germ. an 13, pour la déclaration d'inscription de faux contre les procès-verbaux des préposés de la régie, est fatal. Ainsi, une inscription de faux doit être rejetée, lorsqu'elle n'a pas été formée, *au plus tard, à l'audience indiquée par l'assignation*, lors même que la cause n'aurait point été appelée ce jour-là.— 19 avril 1811. Cr. c. Cont. ind. Lefranc. D.A. 8. 453. D.P. 2 273.

258.—...Ou lors même encore que la sommation pour comparaître indiquerait ledit jour et les jours d'audience suivans. — 30 nov. 1811. Cr. c. Cont. ind. Ibos. D.A. 8. 453. D.P. 2. 274.

259.—...Ou lors même enfin que la régie n'aurait pas fait porter la cause sur le rôle de l'audience indiquée par l'exploit d'ajournement, par ce que le prévenu avait toute faculté pour requérir, à cette audience, l'appel de la cause, et y faire legalement sa déclaration d'inscription de faux.— 20 mai 1813. Cr. c. Douchez. D.A. 8. 453, n.

260.— Ces arrêts sont bien rigoureux. Quand le législateur a exigé que l'inscription de faux fût formée , *au plus tard, à l'audience indiquée par la sommation de comparaître*, etc., c'est qu'il a supposé que la cause serait appelée au jour indiqué , et que le prevenu aurait toute facilité pour proposer son exception.— D.A. 8. 444, n. 6.

261.— Un condamné *par défaut*, en matière de contributions indirectes, qui veut s'inscrire en faux contre le procès-verbal redigé contre lui, ne peut être déclaré déchu de son inscription, s'il a fait au greffe sa déclaration d'inscription en faux, et le dépôt de ses moyens, avec indication des témoins, *dans les trois jours de la signification qui lui a été faite du jugement par défaut*, auquel il s'est rendu opposant. — 12 fév. 1825. Cr. r. Caen. Contr. ind. C. Frémont. D.P. 25. 1. 295 —Conf. D.A 8.445, n. 7. — *Contrà* : 27 avril 1811. Cr. c. Contr. ind. Couraye. D.A. 8. 453. D.P. 2. 273.

262. — Lorsqu'un prévenu a, dans ses défenses en première instance, fait une déclaration purement éventuelle qu'il entendait s'inscrire en faux contre le procès-verbal dressé contre lui, et qu'il a conclu subsidiairement, en appel, à être renvoyé devant les premiers juges pour procéder sur l'inscription, la disposition du jugement d'appel, qui *autorise le prévenu à s'inscrire en faux, en se conformant à la loi*, ne préjuge rien sur la régularité et l'admissibilité de ladite inscription. La régie peut donc, dans le cas même où ce dernier jugement aurait acquis l'autorité de la chose jugée, et sur l'appel d'un nouveau jugement portant admission des moyens de faux, sans qu'il y ait eu de discussion sur la régularité de la déclaration, contester, pour la première fois, la validité de cette déclaration, et en faire prononcer la déchéance, comme n'ayant eu lieu que postérieurement au jour de l'audience indiquée par l'assignation. — 3 déc. 1812. Cr c. Contr. ind. Lainé. D.A. 8. 454. D.P. 2. 274.

263.— L'inscrivant en faux est obligé de déposer au greffe ses moyens de faux, à peine de déchéance de son inscription. Ce dépôt ne peut être suppléé par une requête présentée au tribunal, et contenant ses moyens de faux. — 23 nov. 1810. Cr. c. Contr. ind. Ordioni. D.A. 8. 451. D.P. 2. 272.

264.— L'art. 40 du décret du 1er germ. an 13, qui exige, à peine de déchéance, le dépôt au greffe des moyens de faux, est général et absolu ; et, dès lors, il s'applique même au cas où des moyens de nullité auraient été proposés contre le procès-verbal. — 1er oct. 1829. Cr. c. Besançon. Contr. ind. C. Richelandet. D.P. 29. 1. 366.

265.— Le dépôt doit être fait, à peine de déchéance, au plus tard dans les trois jours qui suivent l'audience indiquée par l'assignation.— 3 déc. 1812. Cr. c. Contr. ind. C. Lainé. D.A. 8. 454. D.P. 2.274.

266. — L'inscrivant ne doit pas se borner à une dénégation sèche des faits énoncés au procès-verbal argué de faux ; il doit articuler des faits contraires. — 18 fév. 1813. Cr. c. Contr. ind. Lombardo. D.A. 8. 455. D.P. 2. 275.

267.— Il doit être déclaré non-recevable s'il n'indique pas de témoins à l'aide desquels il doit prouver ses moyens de faux.— 19 avril 1811. Cr. c. Mariotti. D.A. 8. 452. D.P. 2. 273.

268.— Le juge saisi de la contravention doit d'abord examiner si la déclaration d'inscription est régulière en la forme ; car si elle n'a pas été faite dans le délai et la forme prescrits, quelque fondée qu'elle puisse paraître au fond, le juge doit passer outre au jugement du procès (Arrêté du 4 complém. an 11, art. 10).

209. — Lorsqu'en matière de douanes, l'inscription de faux dirigée par le prévenu contre le procès-verbal de contravention, a été rejetée comme tardive, les juges ne doivent pas surseoir au jugement du fond, comme en matière ordinaire, sur le seul prétexte d'une plainte en faux principal.— 4 juin 1817. Civ. c. Douanes. Hebert. D.A. 8. 456. D.P. 18. 1. 206.

270. — Jugé dans le même sens que, sur l'appel d'un jugement qui déclare un individu déchu de son inscription de faux contre un procès-verbal d'employés des contributions indirectes, la cour royale n'a qu'à examiner le bien ou mal jugé de ce jugement, sans aucun égard à l'inscription de faux principal formée par le prévenu contre les auteurs du procès-verbal, laquelle ne peut ni autoriser un sursis, ni un acquittement. La décision rendue au criminel ne doit influer en rien sur la détermination de la cour royale, détermination qui doit se former d'après les faits du procès-verbal, auquel foi entière est due, à cause de la déchéance prononcée — 19 fév. 1825. Cr. c. Colmar. Contr. ind. C. Grimmeisen. D.P. 25. 1. 295.

271. — Du reste, la déchéance encourue par le prévenu pour ne s'être point conformé au prescrit de la loi, ne fait point obstacle à la poursuite du ministère public en faux principal, tant que la prescription du crime n'est point acquise ; l'inscription du faux contre le procès-verbal, dont parlent la loi du 9 flor. an 7 et le décr. du 1er germ. an 13, et la poursuite en faux principal, constituent deux sortes d'actions différentes dans leur objet et dans leurs formes, et indépendantes l'une de l'autre.— Même arrêt.

272. — Les tribunaux doivent rejeter l'inscription, quoique régulièrement formée, lorsque les moyens de faux, en les supposant prouvés, n'établiraient pas nécessairement la fausseté des faits énoncés dans la pièce arguée de faux. — 1er oct. 1807. Cr. c. Douanes. Vickmann. D.A. 8. 449. D.P. 2. 271.

273.—...Ou lorsqu'ils ne tendent pas à justifier le prévenu de la contravention qui lui est imputée. — 23 nov. 1810. Cr. c. Contr. ind. Ordioni. D.A. 8. 451. D.P. 2. 272. — 26 flor. an 13. Cr. r. Balegno. D.A. 8. 451, n. 1. D.P. 5. 2. 132.— 24 août 1810. Cr. c. Rozier. D.A. 8. 451.— 27 avril 1811. Cr. c. Reynaert. D.A. 8. 451, n. 1.— 19 avril 1811. Cr. c. Mariotti. D.A. 8. 452. D P. 2. 273.

274. — Et, par exemple, des moyens de faux qui tendent à prouver que la boisson saisie est d'une espèce différente de celle qui est énoncée au procès-verbal, ne sont point admissibles, si la boisson de la première espèce eût été sujette à des droits comme celle qui a été saisie. — 3 déc. 1812. Cr. c. Contr. ind. Lainé. D.A. 8. 454. D.P. 2. 274.

275.— Mais lorsque les préposés ont déclaré, dans leur procès-verbal de saisie, avoir surpris des voituriers débouchant par un chemin qu'ils ont désigné par son nom, dans le procès-verbal, mais qu'ils ont qualifié *d'oblique*, relativement au bureau des douanes où les voituriers prétendaient se rendre pour acquitter les droits, ces voituriers peuvent s'inscrire en faux pour prouver que la route qu'ils suivaient est la plus directe pour arriver au bureau des douanes. — La régie, dans ce cas, ne peut opposer que la voie de l'inscription de faux n'est pas nécessaire, sur le fondement que le chemin sur lequel les contrevenans ont été trouvés, ayant été dénommé dans le procès-verbal, il peut être facilement vérifié si ce chemin est oblique ou direct. — 30 juill. 1822. Civ. r. Douanes. Prince. D.A. 8. 457. D.P. 22. 1. 440.

276.— Est pareillement admissible la preuve d'un alibi articulé à l'appui d'une inscription de faux en matière de contributions indirectes, lorsque l'alibi se rattache non à la date du procès-verbal, mais à la date de la contravention imputée et au fait même de la contravention. — 12 fév. 1825. Cr. r Caen. Contr. ind. C. Frémont. D.P. 25. 1. 295.

277. — La cour criminelle devant laquelle un procès-verbal est argué de faux, doit examiner si le procès peut être jugé indépendamment de ce procès-verbal, ou prononcer le sursis. — 13 août 1807. Cr. c. Soulié. D.A. 8. 447, et 425, n. 2. D.P. 7. 2. 183.

278. — L'inscription de faux contre un procès-verbal de contravention ou délit ne suspend les poursuites correctionnelles sur ce délit, que lorsqu'il a été jugé que l'inscription de faux est régulière, et les moyens de faux proposés de nature à effacer le délit. — 24 mars 1809 Cr. c. Min. pub. Mahoudeau. D.A. 8. 448 D.P. 9. 2. 69. — 1er déc. 1809. Cr. c. Douanes. Calamay. D.A. 8. 447.

279.— C'est le tribunal correctionnel saisi de l'action principale qui doit juger de la pertinence des moyens de faux, lesquels doivent être proposés dans les formes et les délais prescrits par les art. 229 et suiv. C. pr. ; et ce n'est qu'après que l'inscription de faux a été déclarée régulière et admissible, que le renvoi devant les juges compétens pour procéder à l'instruction du faux doit être prononcé.— 24 mars 1809. Cr. c. Min. pub. Mahoudeau. D.A. 8. 448. D.P. 9. 2. 69.— 21 avril 1809. Cr. c. Min. pub. Chalais. D.A. 8. 447, n. 2.

280. — Jugé pareillement que lorsque le prévenu d'un délit forestier déclare s'inscrire en faux contre le procès-verbal constatant le délit, la suspension de la poursuite ne peut être ordonnée par le tribunal correctionnel, que lorsque, par un jugement préalable, il a ordonné à l'inscrivant de fournir ses moyens de faux, à l'effet de les apprécier.— 28 fév. 1818. Cr. c. Forêts C. Jean. D.A. 8. 448.

281.— La déclaration d'inscription de faux contre le procès-verbal de délit, ne peut suspendre les poursuites correctionnelles, si elle n'est faite qu'au moment du jugement définitif, et alors que la partie poursuivante n'est pas l'auteur immédiat du faux commis, dans la supposition que ce faux existe — 9 frim. an 7. Cr. c. Douanes. Géertis. D.A. 8. 446. D.P. 2. 270.

282. — Lorsqu'un individu est traduit, en vertu d'un procès-verbal dressé contre lui par les préposés de l'administration des douanes, devant le juge de paix, pour saisie de marchandises sujettes aux droits, et devant le tribunal correctionnel pour saisie de marchandises prohibées, l'admission, par le juge de paix, de l'inscription de faux dirigée par le prévenu contre le procès-verbal, ne saurait être un motif pour le tribunal correctionnel de surseoir au jugement du fond, alors qu'aucune inscription de faux n'a été formée régulièrement devant lui. — 4 niv. an 7. Cr. c. Douanes. Meunier. D.A. 8. 446. D.P. 2. 271.

283. — Lorsque, parmi plusieurs individus prévenus de contrebande, un d'eux ne s'est point inscrit en faux contre le procès-verbal des employés de la régie, il ne peut être prononcé de sursis à son égard. jusqu'après le jugement sur l'inscription de faux formée par les autres. — 20 nov. 1807. Cr. c. Douanes. Elser. D.A. 8. 450. D.P. 2. 271.

284.— L'appel d'un jugement qui a statué sur une demande en inscription de faux contre un procès-verbal des préposés de la régie des contributions indirectes, doit être interjeté dans la forme prescrite pour les appels des jugemens sur les saisies et contraventions en cette matière.— En conséquence, cet appel, lorsqu'il est formé par le prévenu, doit être notifié à la régie, au plus tard, dans la huitaine de la signification du jugement.— 29 juin 1810. Cr. c. Contr. ind. Pelazo. D.A. 8. 451. D.P. 2. 272.

285.— Lorsque l'inscription de faux, formée par un prévenu contre le procès-verbal de saisie dressé contre lui, porte sur le contenu de ce procès-verbal et les faits qui y sont énoncés, caractérise un faux principal (si les rédacteurs de ce procès-verbal sont vivans). Dans ce cas, le tribunal correctionnel ne peut, sans incompétence, ordonner qu'il sera procédé à l'instruction : il doit surseoir au jugement de la contravention, et renvoyer devant la cour spéciale (aujourd'hui la cour d'assises). — 1er oct. 1807. Cr. c. Douanes Vickmann. D.A. 8. 449. D.P. 2. 271.—6 janv. 1809. Cr. c. Contr. ind. Ledru. D A. 8. 449. D.P. 9. 2. 69.

286. — Jugé de même qu'en cas d'inscription de faux contre le procès-verbal d'un garde forestier, si le tribunal correctionnel (ou la cour saisie sur l'appel) juge les faits de faux pertinens, sans déclarer que l'auteur du faux allégué est décédé, il ne peut ordonner que la preuve des moyens de faux sera faite devant lui, d'après les règles du faux incident ; mais il doit surseoir au jugement jusqu'à ce qu'il ait été statué par la voie criminelle. — 26 mars 1818. Cr. c. Forêts. Legris. D.A. 8. 450. D.P. 18. 1. 569.— 6 avril 1821. Cr. c. Contr. ind. Duserre. D.A. 8 451, n. 1. D.P. 2. 272.—9 août 1822. Cr. c. Douanes. Onimus. D.A. 8. 650. D.P. 23. 1. 17.

287. — Si la déclaration d'inscription ne caractérise pas un faux principal, le tribunal saisi de l'affaire principale doit procéder lui-même à l'instruction du faux, qui, du reste, est toujours préjudicielle au jugement du fond.— D.A. 8. 445, n. 10.

288. — Cette instruction doit être faite dans les formes ordinaires : car « la loi du 9 flor. an 7, dit Merlin, au Rép., v° Inscription de faux, § 5, n. 3 et 4, ne s'expliquant ni sur l'admission ou le rejet des moyens de faux, ni sur les suites ultérieures de la procédure, on ne peut, sur ces objets, suppléer à

son silence que par les règles du droit commun, détaillées dans le paragraphe précédent. »—*Ibid.*

§ 5. — *De la compétence en matière de faux incident.*

289. — En général, c'est au juge devant lequel est produite une pièce que l'une des parties soutient être fausse, qu'appartient la connaissance de l'inscription de faux formée contre cette pièce (C. inst. cr. 459, 2e alin.).

290. — Jugé ainsi que le juge compétent pour connaître de la légalité de l'incarcération, l'est également pour connaître de la demande en faux incident contre le titre du créancier. — 11 fruct. an 12. Rouen. Signol. D.A. 8. 424. D.P. 2. 266.

291.— Mais cette règle a ses exceptions.

Suivant l'art. 14 C. pr. civ., « lorsqu'une des parties déclarera vouloir s'inscrire en faux..., le juge de paix lui en donnera acte ; il paraphera la pièce, et renverra la cause devant les juges qui en doivent connaître ; » c'est-à-dire devant le tribunal civil, qui a juridiction pour toutes les affaires qui ne sont pas attribuées à des juges spéciaux.—D.A.8.457, n.2.

292. — La loi, qui n'a pas voulu laisser au juge de paix, c'est-à-dire à un magistrat unique et d'un ordre inférieur, la direction d'une procédure aussi importante que celle du faux incident *civil*, n'a pas entendu non plus, sans doute, par le même motif, lui attribuer la connaissance des inscriptions de faux accessoires à des procès de simple police : ce juge doit donc se déclarer incompétent pour statuer sur les incidens de cette nature. — D.A. 8. 457, n. 3.

293.— Toutefois, *en matière de douanes*, le juge de paix doit connaître, en premier ressort, d'une inscription de faux formée incidemment à une saisie portée devant lui. — S'il s'est déclaré incompétent, le tribunal civil saisi de l'appel ne doit pas statuer *de plano* sur l'inscription de faux, mais renvoyer devant le juge de paix, pour qu'il prononce au premier degré.—19 mess. an 13. Cr. c. Douanes C. Geensen. D.A. 8 446. D.P. 2. 271.

294. — Si cependant les préposés rédacteurs du procès-verbal argué de faux étaient vivans, le juge de paix devrait se dessaisir et renvoyer en faux principal devant la justice criminelle, conformément aux art. 239 C. pr. civ. et 460 C. inst. cr. : seulement il ne serait pas tenu, aux termes de ce dernier article, de surseoir au jugement sur la contravention, si elle pouvait être jugée indépendamment du faux.— D.A. 8. 457, n. 5.

295.— Les tribunaux de commerce sont aussi incompétens pour connaître du faux incident; ils doivent renvoyer devant le tribunal civil, et surseoir au jugement du fond, si l'incident doit avoir quelque influence sur le sort de la contestation principale (C. pr. 427). Il en est de même des arbitres (*ibid.* 1015).

296.— La demande en inscription de faux incident ne peut être considérée comme matière sommaire, sous prétexte qu'elle requiert célérité : il ne peut être statué sur cette demande par les chambres d'appel de police correctionnelle. — 10 avril 1827. C. c.

297.— La cour de cassation, dit Merlin, Rép., vo Inscription de faux, § 7, n. 3, est, comme les tribunaux ordinaires, compétente pour admettre les inscriptions de faux, ou décider s'il ne doit y être pris aucun égard. Mais elle ne l'est pas, après les avoir admises, pour procéder à leur instruction, recueillir les preuves, et statuer sur la vérité ou la fausseté des pièces qui ont été incidemment arguées de faux devant elle. Une fois que le défendeur a déclaré vouloir se servir de la pièce prétendue fausse, elle doit renvoyer les parties devant un tribunal ordinaire, égal en autorité à celui dont le jugement est attaqué par recours en cassation, pour y procéder sur l'inscription de faux incident. Cela résulte de l'art. 4, tit. 10 de la deuxième partie du réglement du conseil, du 28 juin 1738. — D.A. 8. 458, n. 7.

298. — Du reste, c'est l'ordonnance de 1737, et non le code de procédure, qui doit régler, devant la cour de cassation, les formalités préliminaires à suivre pour faire admettre l'inscription de faux. Le mode d'instruction tracée par le code de procédure, au titre du faux incident, n'est applicable, comme l'indique la rubrique du liv. 2, qu'aux tribunaux inférieurs ou aux cours d'appel, suivant l'art. 470 du même code.— D.A. 8. 458, n. 8.

299.— Relativement aux inscriptions de faux qui peuvent avoir lieu devant le conseil d'état, il faut se conformer à l'art. 20 du décr. du 22 juill. 1806, rapporté vo Conseil d'état, n. 139.

— V. Faux.— V. aussi Appel, Prescription, Prise à partie, Procès-verbal, Requête civile, Saisie-immobilière.

TABLE SOMMAIRE.

Accessoire. 2, 19, s. 33.
Acquiescement. 72.
Acquittement. 9, s.
Acte authentique. 28, s. 102.— d'avoué. 175. — de décès. 27.— nul. 33. —privé. 45, s. — susceptible. 15, s.
Action civile. 13.— prématurée. 84. — publique. 90, s. 108, s.
Adjudication. 49, 61.
Admission. 163, s.
Amende. 162, s. 176, 194, 242, s.—distincte. 244, suiv.
Annexe. 143.
Appel. 124, 132, s. 288.
Articulation. 189, s. 266, suiv.
Autorisation de poursuivre. 241.
Avoué. 116, 140, s. 169.
Cassation. 21, 89, 117, 298. — (appréciation) 29, 37, 52, s. 203, s.
Certificat. 66.
Chose jugée. 9, 22, 73, 76, 262.
Communication de pièces. 183.
Compétence. 289, s.
Compulsoire. 178.
Conseil. 183. — d'état. 299.
Consignation.—V. Amende.
Contradiction. 252.
Contrainte par corps. 65, s. 176.
Contributions indirectes. 251, s.
Copie de pièces. 240.
Corps d'écriture. 226, s.
Cour d'assises. 51.
Date. 47.
Décès. 6, 286.
Déchéance.—V. Forclusion.
Déclaration. 38, 95, s. 118, s. 253, s.
Défense. 183, 235.
Délai. 70, 86, s. 117, s. 148, 186, 257, s. — V. Dépôt. — (distance) 119, 164. —comminatoire. 200.—judiciaire. 179.
Demande nouvelle. 88.
Dépôt au greffe. 99. 165, s. 237, 254, 262, s.
Désistement. 148, s.
Dommages-intérêts. 242, s. 248, s.
Douanes. 251. s.
Erreur.—V. Faux matériel.
Equivalent. 263.
Evocation. 293.
Exécution. 102.—provisoire. 100, 154.
Expert. 223, s.
Expertise. 210.
Expropriation pour utilité. 77.
Fait matériel. 34, s. 61, 88.
Faux matériel. 35. s. — principal. 2, s. 19, s. 23, s. 35, 100, s.
Feuille d'audience. 16, 43. 214.
Filiation. 26.
Forclusion. 70, 86, s. 121, s. 165, 182, 271.
Frais. 169, s. 239.
Fraude. 42.
Greffier. 142, s. 241.
Heure. 181.
Homologation. 107, s.
Huissier. 63.
Indivisibilité. 93, 247.
Interdiction. 34.
Intervention. 83, 112.
Intérêt (action). 48, s. 68.
Jonction. 205, s.
Juge-commissaire. 151, s. 173, 176.— de paix. 291.
Jugement. 15, s. 31.— par défaut. 36. —définitif. 158. — interlocutoire. 155, 209.— d'office. 174, s. 210, s. 256. —préparatoire. 158.
Mandat authentique. 118. — spécial. 82, 116, s. 137, s.
Mariage. 79, 153.
Matière somm. 86, 296.
Menaces. 96.
Mention. 157, 255.— des faits. 189, s. — étrangère. 33, 68, 131.
Ministère public. 156, s. (communication) 107, s.
Minute. 44.
Motifs. 65, s.
Moyen nouveau. 229.
Nullité couverte. 143.
Opposition. 160.
Option. 105, s.
Paiement. 74, s.
Paraphe. 220, s.
Partage de juge. 208.
Peine. 241.
Pertinence. 53.
Pièces de comparaison. 19, s. 219, s.
Pouvoir discrétionnaire. 26, 52, s. 69, 100, 152, s. 203, s.
Prescription. 90, s.
Présomption. 29.
Preuve. 210, s. 216, s. 272, s.
Procès-verbal. 32, 62, 147, 181, 186.
Qualité. 5, 67, s.
Question d'état. 26.—préjudicielle. 3, s. 286, s.
Rapport du juge. 177.
Rectification. 195, s.
Récusation. 151.
Registre de comm. 25.
Renonciation tacite. 70, s. 103.
Réponse. 159, 197.
Requête. 174, s. 201, 238. — additionnelle. 195.
Responsabilité. 169.
Rétroactivité. 124,
Signature. 45, 118, 137, s. 145, 253.
Signification. 170, s. 184, suiv.
Simulation. 41, s.
Sommation. 114, s. 159, 175, 181.
Soustraction. 177, s.
Suppres. de pièces. 231, s.
Surcharge. 36.
Sursis. 3, s. 17, 55, s. 92, s. 129, 233, 270, 277, s.
Suspension. 233.
Témoin. 217.
Testament. 30. — olographe. 47.
Transaction. 78, 107.
Transport. 128.
Tribunal de commerce. 295.
Vérification d'écriture. 18, 30, 45, s. 70.

FAUX PRINCIPAL.— V. Faux, Faux incident.

FAUX TÉMOIGNAGE.— V. Témoignage faux.

FÉLONIE.— V. Féodalité.

FEMME.— 1. — En général, on comprend sous ce nom toutes les personnes du sexe féminin, filles, femmes mariées ou veuves.

2.— Les femmes mariées ont des devoirs particuliers, et sont soumises à des dispositions spéciales pour ce qui concerne leurs propriétés.— Voy. Communauté, Contrat de mariage, Dot, Mariage.

3.— La plus importante modification que le mariage apporte aux droits civils des femmes mariées, résulte de la nécessité d'une autorisation de leur mari pour contracter et plaider. — V. Autorisation de femme.

4.— Lorsque l'autorisation a été donnée en première instance, est-elle nécessaire pour l'appel?— V. Autorisation de femme, n. 27 et suiv.

5. — Jugé aussi que l'appel interjeté par une femme même séparée, est nul, s'il n'y a autorisation du mari.— 2 juill. 1819. Rennes. Dacosta. D.A. 7. 719. D.P. 2. 113.

6.— ...... Et cette femme n'est plus recevable à demander l'autorisation avant les plaidoiries, si elle n'a rempli les formalités de l'art. 861 C. pr.— L'autorisation du mari, postérieure au jugement, ne saurait valider la procédure qui l'a précédé.— 24 nov. 1819. Rennes. Juhel, etc. D.A. 7. 720. D.P. 2. 132.

7. — Toutefois, l'exploit peut être validé par une autorisation postérieure, donnée avant toute contestation sur l'appel. — 17 nov. 1819. Rennes. Pougeolle. D.A. 7. 720. D.P. 2. 113.

8.— La qualité de femmes mariées détermine aussi de notables restrictions à la faculté de passer certains contrats, par exemple en matière de ventes volontaires ou forcées (C. civ. 1595).—V. Vente, Saisie-immobilière.

9.— Sauf les modifications qu'entraîne le mariage, les femmes ont, comme les hommes, le plein exercice des droits civils; lorsqu'elles sont majeures, elles sont, en général, capables de tous les actes de la vie civile.— V. Obligation.

10.— Il n'en est pas de même des actes de la vie politique, et de l'exercice de plusieurs prérogatives qui se rattachent au droit public : dans l'état actuel de nos lois, les femmes sont privées de la jouissance de plusieurs facultés importantes.

11.— D'abord, et d'après une des plus anciennes lois ou coutumes du pays, les femmes ne succèdent pas à la couronne de France. Il n'en est pas de même dans plusieurs autres états, tels que l'Autriche, l'Angleterre, la Russie, le Portugal, l'Espagne.

12.— Les femmes sont exclues de l'exercice direct des droits politiques, et des fonctions publiques. Toutefois, il y a certains emplois publics qu'elles peuvent exercer en France, par exemple ceux de directeurs des postes, de distributeurs de papier timbré, buralistes de loterie. etc.—Roll., vo Femme, n. 17, 18.

13.— Elles ne peuvent gérer en leur nom un journal soumis au cautionnement.

14.— Elles exercent les droits d'élection par voie de délégation. — V. Elections.

15. — Les femmes ne peuvent être arbitres (V. Arbitrage) ni témoins des actes notariés. Mais elles peuvent être experts et déposer en justice.

16. — Elles ne peuvent être tutrices que de leurs enfans et petits-enfans. — V. Tutelle.

17.—Les femmes ont, comme les hommes, la faculté d'exercer un commerce : elles peuvent même, lorsqu'elles sont mariées, avoir un commerce qui leur reste propre.— V. Commerçant.

18.— Les femmes ne sont point soumises à la contrainte par corps à raison de leurs dettes civiles, si ce n'est pour cause de stellionat ou quand elles sont marchandes publiques. — V. Contrainte par corps, Effets de commerce.

— V. Autorisation de femme. — V. aussi Absence, Acquiescement, Actes de commerce, Adoption, Alimens, Amende, Appel, Assurances maritimes, Assurances terrestres, Audience, Aveu, Avocat, Bourse de commerce, Caution, Commerçans, Communauté, Contrainte par corps, Contrat de mariage, Contributions indirectes, Cour d'assises, Défense, Demande nouvelle, Désistement, Domicile, Dot, Droits civils, Droits politiques, Effets de commerce, Élections départementales, Elections législatives, Enfant exposé, Enregistrement, Etranger, Evasion, Faillite, Faux, Féodalité, Frais, Garantie, Honoraires, Hypothèques, Interdiction, Jeu et pari, Loi, Louage, Majorat, Mandat, Obligation, Ordre, Partage, Patente, Péremption, Presse, Prêt, Rapport, Reprise d'instance, Requête civile, Saisie-arrêt, Saisie-exécu-

tion, Saisie-immobilière, Séparation de biens, Séparation de corps, Substitution, Succession, Succession bénéficiaire, Substitution, Surenchère, Théâtre, Tierce-opposition, Vente, Vol.

TABLE SOMMAIRE.

Appel. 4, s.	Droits politiques. 10, s.
Arbitrage. 15.	Expertise. 15.
Autorisation. 3, s.	Fonctions. 10, s.
Commerçant. 17.	Ratification tacite. 6, s.
Contrainte par corps. 18.	Témoin. 15.

FEMME NORMANDE.— V. Dot, Succession.

FENÊTRES.— V. Contributions directes, Destruction, Servitudes, Usufruit, Vol.

FÉODALITÉ.— 1. — On désigne sous le nom de féodalité un système politique qui classait les hommes et les propriétés sous des distinctions hiérarchiques et multipliées de suzeraineté et de vasselage. On donne aussi le nom de féodalité à l'ensemble des qualités qui constituent le caractère féodal; c'est en ce sens qu'on dit la féodalité d'une rente.

ART. 1er.— *De la féodalité. — Abolition des droits féodaux en général et de ses effets.*

§ 1er.— *Du régime féodal.*

§ 2.— *De l'abolition des droits et de la destruction des titres féodaux. — De l'extinction des procedures, droits, et actions relatives à la féodalité.*

§ 3.— *Des effets de l'abolition de la féodalité relativement aux biens du domaine public et des communes.*

§ 4.— *De la compétence dans les contestations relatives aux droits feodaux. — Procédure en matière de pourvoi.*

ART. 2.—*Des redevances et rentes féodales, mélangées de féodalité, non féodales et arroturées.*

§ 1er.— *Des redevances et rentes féodales en général.*

§ 2.— *Inféodation.*

§ 3.— *Accensement.*

§ 4.— *Qualité de seigneur ou possesseur de fief, créancier des redevances.*

§ 5.— *Réserve de la seigneurie directe et qualité du concédant.*

§ 6.— *Des rentes mélangées de féodalité.*

§ 7.— *Des rentes non féodales.*

§ 8.— *Des rentes arroturées.*

§ 9.— *De la preuve du caractère de féodalité.*

ART. 3.— *Des diverses espèces de droits féodaux.*

§ 1er.— *Droit d'aînesse, Masculinité, Infançon.*

§ 2.— *Des banalités.*

§ 3.— *Des champarts, Agriers, Arages, Terrages, etc.*

§ 4.— *Du droit de chasse.*

§ 5.—*Des complants, Rentes colongères, convenancières.*

§ 6.— *Des dîmes.*

§ 7.— *De l'emphytéose et de la locatairie perpétuelle.*

§ 8.— *De la main-morte.*

§ 9.— *Des mines.*

§ 10.— *Des moulins.*

§ 11 — *Des droits de péage, hallage, passage, etc.*

§ 12.— *Du retrait feodal.*

ART. 1er.— *De la féodalité. — Abolition des droits feodaux et de ses effets.*

§ 1er.— *Du régime feodal*

2. — L'origine de la féodalité remonte à celle des monarchies européennes. Depuis Richelieu et Louis XIV, elle n'existait plus comme véritable pouvoir politique, mais subsistait encore en 1789, et avec elle les droits de la noblesse, honorifiques et justiciers, la servitude personnelle déguisée sous le nom de main-morte et la distinction entre les terres nobles et roturières. — D A. 8 458, n 1, 2, 3, 4. — V. Henrion, en ses *Dissertations feodales*.

3. — Considérés dans leur rapport avec le régime féodal, les immeubles étaient ou libres, *allodiaux*, *alleux*, *franc-alleux*, ou soumis à des devoirs féodaux, et nommés *censuels* lorsqu'ils étaient tenus à charge d'une redevance pour reconnaissance de la seigneurie de celui de qui on les tenait, ou *féodaux* et *fiefs*, quand ils étaient tenus à charge de la foi et hommage. — D.A. 8. 459, n. 5.

4. — On distinguait les alleux d'origine et les alleux de concession, les alleux roturiers qui ne pouvaient être donnés en fief ni baillés à cens; et les alleux nobles avec ou sans justice, soumis à des règles particulières de transmission. — Henrion, v° Alleu, § 9; D.A. 8. 459, n. 6.

5. — *Nulle terre sans seigneur* était la maxime féodale dans la plupart des anciennes provinces : toutefois, diverses coutumes admettaient au contraire le principe: *Nul seigneur sans titre*; d'autres, sans exclure l'allodialité, ne la consacraient pas expressément. — Henrion, v° Alleu, § 18 et suiv. et § 42 et suiv.; Merlin, Rép., v° Franc-alleu; D.A. 8. 459, n. 7.

6. — Le mot *fief* s'applique à la concession d'un immeuble pour être tenu à charge de foi et hommage, à l'héritage tenu de cette manière, au droit de seigneurie de celui qui a fait la concession. — D.A. 8. 459, n. 8.

7. —On appelait *fief dominant* le droit de seigneurie restant sur la partie d'un héritage démembrée d'un plus considérable, et donnée à titre de fief; *fief servant*, la partie concédée, et *fief en l'air*, le simple droit de seigneurie que retenait le concédant, quand tout l'héritage était donné à *fief*. Le propriétaire du *fief dominant* était le seigneur, celui du fief servant le *vassal*. La possession d'un héritage à charge de foi et d'hommage s'appelait *tenure*, *mouvance féodale*. — D A. 8. 459, n. 8.

On connaît aussi des fiefs d'oblation et des fiefs de tradition. — D.P. 35, première partie.

En Alsace, pays allodial, ils n'étaient pas plus présumés fiefs d'oblation que de tradition.—1er juill. 1835. Req. D.P. 35. première partie.

8. — Selon la définition de Dumoulin, adoptée par Pothier, et critiquée par d'autres auteurs (Rép., v° Fief, sect. 2, § 1er), le fief est une concession gratuite d'un immeuble, à la charge de rendre foi et hommage au concedant et sous la *réserve* de la seigneurie directe. — D.A. 8. 459, n. 9.

9. — Ainsi, 1° on ne peut donner à fief que des immeubles ou des choses réputées immeubles; 2° celui qui donne doit retenir la seigneurie directe, et transférer la seigneurie utile, et le vassal, à la différence du censitaire, peut sous-infeoder ou donner à cens; 3° il est de l'essence du fief que le vassal soit fidele au seigneur. — Henrion, v° Droits seigneuriaux, § 2; D.A. 8. 459, n. 9.

10. — Les roturiers pouvaient posséder des fiefs en payant une taxe appelée droit de *franc fief* (Henrion, *Dissert., féod.*, v° Franc fief; Merlin. rep., v° Fief, sect. 2, § 3, et v° Franc fief); quant aux drois des corporations, des communautés et églises, V. Pothier, *Tr. des fiefs*, 2e part., ch. 1er, sect. 2, art. 5. Henrion, v° Homme mourant et vivant, et Franche aumône; D.A. 8. 460, n. 10 et 11.

11. — Les principaux droits communs à tous les seigneurs de fiefs étaient, 1° le droit de foi et hommage. — D.A. 8, 460, n. 12; Pothier, *Tr des fiefs*, ch. 1er.

12. — 2° Le droit de *saisie féodale*, c'est-à-dire celui de se mettre en possession du fief, jusqu'à ce que la foi eût été portée.— Pothier, *des Fiefs*, part. 1, ch. 2; D.A. 8. 460. n. 13.

13. — 3° Le désaveu ou la félonie du vassal donnait au seigneur le droit de *commise*, c'est-à-dire de confisquer et réunir à toujours à son domaine le fief de son vassal.— Pothier, *Tr. des fiefs*, art. 1er, ch. 3; D.A. 8. 460, n 14.

14. — 4° Chaque nouveau vassal *devait faire des aveux* ou *dénombremens*, c'est-à-dire la description détaillée de tous les biens et droits qu'il tenait en fief de son seigneur. Faute de dénombremens, le seigneur pouvait saisir féodalement, saisie qui n'était qu'une sorte de séquestre. — Pothier, *des Fiefs*, part. 1re, ch. 4; Henrion, *Déclaration, aveux et dénombrement, reconnaissance et terriers*; D.A. 8. 460, n 15.

15. — En outre, il y avait certains droits, les uns droits ordinaires, attachés par toutes les coutumes à la tenure féodale, les autres extraordinaires, existant en vertu d'une coutume expresse ou d'un titre, tels que droit de corvée, de banalité, etc.—Henrion v° *Droits seigneuriaux*, § 2, 52. D.A. 8 460, n. 16.

16.— La vente seule du fief donnait ouverture au droit de *profit de vente*.—D'où la nécessité de distinguer la vente des contrats analogues.—Pothier, ch. 5, part. 1re. — On appelait aussi le droit sur les ventes, *lods*, *lods et ventes*, *laudemia*, *profit de quint*. —D.A. 8. 460, n. 16, 17.

17. — Le profit de *rachat* féodal, ou de relief consistait dans le droit de toucher à chaque mutation, autre que la vente, une année du fief.—Pothier, 2e part, ch. 1er; D.A. 8. 460, n. 18.

18.—De droit commun, le seigneur avait le droit de retirer le fief sur un acquéreur étranger, lorsqu'il était vendu ou aliéné à un titre équivalent à une vente.—Poth., 2e part., ch. 2; D.A. 8.461, n. 19.

19.— Le droit du seigneur sur son fief ou le *titre du fief* était indivisible; le vassal ne pouvait l'aliéner ni le démembrer sans le consentement du seigneur. — Poth., part. 2e, ch. 5, art. 1er; D.A. 8. 461, n. 20.

20.— Mais on distinguait le corps d'avec le titre du fief; le vassal pouvait aliéner le corps sous la condition qu'il serait tenu sous sa mouvance; il conservait le titre du fief, et le reportait en entier au dominant, comme s'il n'y avait pas eu d'aliénation; c'est ce qu'on appelait *jeu de fief*. — Poth., ch. 3, art. 2, part. 2e; Henrion, *Dissert. féod.*, v° Jeu de fief; D.A. 8. 461, n. 21.

21.— La maxime que le seigneur et le vassal ne peuvent prescrire l'un contre l'autre, ne s'appliquait qu'à la foi et à la jouissance par suite de saisie féodale. Elle n'empêchait pas le seigneur de prescrire un droit d'usage dans une forêt, contre celui à qui la concession en avait été faite. — 26 janv. 1818. Civ. c. Bordeaux. Delacroix. D.A. 8. 461. D.P. 2. 275 et 18. 1. 213.—8 mars 1820. Poitiers. Delacroix. D A. 8. 461, n.

§ 2.— *De l'abolition des droits et de la destruction des titres féodaux —De l'extinction des procédures, droits et actions relatifs à la féodalité.*

22.—*Abolition des droits féodaux.* — L'assemblée constituante, dans la fameuse nuit du 4 août 1789, proclama l'abolition de la féodalité, et spécialement des justices seigneuriales, des dîmes, de la vénalité des offices, des priviléges nobiliaires, des annates, de la pluralité des bénéfices ecclésiastiques (Décr. des 6, 7, 8 et 11 août).— D.A. 8. 462, n. 2.

23.— Ce décret, sanctionné le 21 sept., n'a eu force de loi que par la promulgation des lettres-patentes du 3 novembre suivant. Ainsi les rentes créées par des baux à cens seigneurial passés dans cet intervalle, sont seigneuriales, et, en conséquence, comprises dans l'abolition prononcée par la loi du 17 juill. 1793.— 26 fruct. an 11. Req. Rouen. Puissant. D.A. 8. 463. D.P. 2. 276; Merl., *Quest. de dr.* v° Féodalité, § 1er.

24.—Les droits de franc-fief ouverts furent abolis, et toutes poursuites ou recherches sur cet objet durent cesser (Décr. du 29 sept. 1789). Les titres et dénominations féodales furent supprimées, avec défense, sous des peines sévères, de les prendre dans la vie civile.— D.A. 8. 462, n. 2.

25. — Le décret du 15-28 mars 1790 abolit toute prérogative nobiliaire; quant aux droits seigneuriaux, les uns furent supprimés sans indemnité, (ce sont ceux qui ont pour origine la servitude, ou qui sont l'abus de la puissance feodale). Les autres sont rachetables; ce sont ceux qui sont le prix et la condition d'une concession primitive de fonds.

26. — Les difficultés qui s'elevèrent au sujet du rachat donnèrent lieu aux décrets des 3-9 mai, 12-19 nov., 14-19 nov., 18-29 déc. 1790; 23 déc. 1790; 3 janv 1791; 13-20 avril, 15 sept., 9 oct. 1791; 19 août 1792; 3 germ. an 2. — D.A. 8. 462, n. 3.

27.— Les lois des 4 août 1789 et 15 septembre 1790 n'ont pas eu pour effet d'anéantir les droits d'un statut local et d'un contrat de mariage antérieur à leur publication, sur certaine espèce de biens reconnue par la législation feodale. — 23 avril 1823. Civ. c. Douai. Laurent. D.A. 8. 469. D.P. 23. 1. 415.

28. — L'art. 4 du chap. 33 des chartes du Hainault, qui attribuait à la femme la propriété de la moitié des biens connus sous la dénomination de *mains-fermes* que le mari acquérait pendant le mariage, à la difference des acquêts de fiefs et d'alleu qui, d'après ces chartes, appartenaient en totalité au mari, était un statut réel. — Dès lors la femme mariée sous l'empire de ces mêmes chartes a droit à la moitié des acquisitions que son mari a pu faire, quoique ces acquisitions soient posterieures aux lois des 4 août 1789, 15 mars et 19 sept. 1790, qui ont déclaré libres tous les biens de *mains-fermes*, s'il n'est pas méconnu que les biens acquis par le mari étaient de mains-fermes avant ces dernieres lois. — Même arrêt.

29. — Lassemblée législative réputa toute propriété libre jusqu'à preuve contraire, supprima un nombre considérable de droits, même conservés par l'assemblée constituante, à moins qu'ils ne soient justifiés avoir pour cause une concession primitive de fonds, clairement énoncée dans l'acte primordial d'inféodation, d'acensement ou de bail à cens (Décr. des 17 et 25 aout 1792). — D.A. 8. 462, n. 4.

30. — Enfin, la convention rendit, le 17 juillet 1793, un décret qui supprima sans indemnité toutes redevances seigneuriales, droits féodaux, censuels, fixes et casuels, même ceux conservés par le décret du 25 août 1792 (art. 1er); furent exceptées les rentes ou prestations purement foncières et non féodales (art. 2). — D.A. 8. 463. n. 5.

31. — Un droit d'usage est une propriété réelle immobilière; l'effet des lois abolitives de la féodalité n'a été que de l'affranchir des charges seigneuriales. — Ainsi, est maintenu le droit d'usage dans une forêt communale, accordé par le seigneur du territoire, au profit d'habitans d'autres communes, comme privilége attaché à la qualité de garde bourgeois : les lois abolitives du régime féodal n'ont anéanti que la redevance, prix de cette concession. — 25 août 1807. Req. Comm. de Lompnes. D.A. 8. 468. D.P. 2. 277, et 7. 1. 565.

32. — Le brûlement des titres constitutifs ou récognitifs de droits supprimés fut ordonné par le décret de 1793 (art. 6). Les décrets du 8-23 pluv. an 2, et 11 messid. an 2 arrêtèrent cette mesure violente. — D.A. 8. 463, n. 5.

33. — C'était dans l'intérêt des vassaux ou censitaires que la convention avait ordonné le brûlement. — D.A. 8. 463, n. 6.

34. — Il ne s'appliquait pas à ceux que les particuliers ou les communes avaient contre leurs anciens seigneurs. — 16 flor. an 6. Civ. c. Comm. de Labastide Marnhac. D.A. 8. 464. D.P. 3. 1. 155.

35. — Décidé qu'un titre féodal peut être produit en justice par celui qui en demande la nullité (L. 17 juill. 1793; 8 pluv. et 11 messid. an 2). — 8 prair. an 13. Req. Millot. D.A. 8. 464. D.P. 5. 2. 157.

36. — Le débiteur d'une redevance féodale peut exciper contre le seigneur du titre constitutif de la redevance, le brûlement ayant été suspendu par la loi du 8 pluv. an 2. — 27 juill. 1818. Civ. c. Kromenaker. D.A. 8. 464. D.P. 18. 1. 591.

37. — *Extinction des procédures, droits et actions.* — Plusieurs lois ordonnaient l'extinction de tous procès soit civils, soit criminels, relatifs aux droits féodaux (L. 25 août 1792, art. 12). Cela ne peut s'entendre que des procès entre les seigneurs et leurs vassaux ou censitaires. — Merl., *Quest. de dr.*, v° Vente, § 2; D.A. 8. 462, note.

38. — Ont été anéantis les procès pendans entre les notaires ou autres officiers publics, et employés des seigneurs, pour la reconnaissance ou le recouvrement de leurs droits, ainsi que les jugemens non encore exécutés. — D.A. 8. 463, n. 8.

39. — Cette disposition ne s'applique pas à un notaire qui réclame d'un particulier les frais d'un acte portant reconnaissance de droits féodaux. — 7 frim. an 12. Req. Papineaud. D.A. 8. 467. D.P. 4. 1. 130.

40. — La loi qui ordonne la restitution de tous corps d'héritages cédés pour prix d'affranchissement de droits seigneuriaux, n'est pas applicable à des héritages cédés en paiement de sommes dues à raison de droits de cette nature déjà acquis (L. 28 août 1792, art. 10). — 1er fév. 1809. Civ. c. Sauvageey. D.P. 9. 1. 68.

41. — L'action en garantie dérivant d'un contrat de vente de droits féodaux antérieur à leur suppression, n'est pas non plus anéantie par les lois des 25 août 1792, et 17 juill. 1793. — 8 vent. an 12. Civ. c. Paris. Polisse. D.A. 8. 467. D.P. 4. 1. 256. — 13 mai 1806. Req. Lyon. Montagne. D.A. 8. 468. D.P. 2. 274.

42. — Et il n'y a point, relativement à l'action en garantie, de distinction à faire entre le cas où le jugement d'éviction avait été exécuté par la dépossession de l'acquéreur, opérée avant l'abolition, et celui où il était jusqu'alors demeuré sans exécution. — Même arrêt.

43. — Jugé au contraire que les lois qui déclarent éteints les procès ayant pour objet des droits féodaux ne s'appliquent qu'aux contestations féodales existantes entre le ci-devant suzerain et son ci-devant seigneur, ou entre celui-ci et les habitans de sa ci-devant seigneurie; mais n'excluent pas les actions, *venditi* et *ex empto* résultant d'une vente de droits de cette nature, faite à des étrangers, antérieurement à l'abolition du régime féodal (L. 25 août 1792, art. 12; 17 juill. 1793, art. 1 et 3) — 20 janv. 1806. Civ. c. Rigaud. D.A. 8. 467. D.P. 6. 1. 184.

44. — La clause de garantie n'emporte pas celle relative à une rente féodale supprimée. — 29 avril 1811 Civ. r. Guyonnet. D.A. 8. 509. D.P. 11. 1. 497.

45. — Le paiement d'une redevance seigneuriale, continué postérieurement aux lois abolitives de la féodalité, ne peut priver le redevable du bénéfice de ces lois, à moins d'une renonciation expresse de sa part. — 27 juill. 1818. Civ. c. Nanci. Kromenaker. D.A. 8. 463, n. 5 et 465. D.P. 18. 1. 591. — 6 août 1806. Nîmes.

46 — D'ailleurs, la preuve de la jouissance d'un droit aboli n'étant pas admissible, les juges qui ont reconnu que le droit réclamé se trouve empreint de féodalité, ont dû rejeter la preuve de faits tendant à établir la jouissance depuis l'abolition des droits féodaux. — 29 juill. 1828. Req. Paris. D'Harville. D.P. 28. 1. 355.

47. — L'acquéreur d'un bien chargé d'une redevance féodale précédemment établie, n'est point affranchi, par les lois abolitives de la féodalité, de l'obligation de payer le prix de la vente, si cet acte ne contient lui-même la stipulation d'aucune redevance seigneuriale (L. 17 juill. 1793, art. 1 et 2). — 26 fév. 1810. Civ. c. Simon. D.A. 8. 480. D.P. 10. 1. 135.

48. — Jugé même qu'une rente constituée pour prix d'une vente de droits féodaux n'est point abolie. L'acquéreur, quoique privé du droit de réclamer les droits féodaux abolis, est néanmoins tenu d'acquitter la rente. — 12 janv. 1814. Req. Jay. D.A. 8. 484. D.P. 14. 1. 242.

49. — La vente de fiefs et seigneurie d'une propriété, faite en bloc et pour un prix déterminé, avant l'abolition des droits féodaux, a été parfaite et a mis la chose vendue aux risques de l'acquéreur, encore que la tradition des titres n'eût pas été effectuée, ni le prix payé, et qu'il ait été stipulé dans la vente qu'il serait fait un relevé plus exact des droits de cens et rentes, à la vue des titres, afin d'augmenter ou diminuer le prix en proportion. Cette stipulation laisse à l'acte le caractère de vente; elle ne rend pas la vente conditionnelle, et peut seulement autoriser l'action *quanti minoris*. — 14 fruct. an 10. Civ. c. Ferrière. D.A. 8. 466. D.P. 2. 276.

50. — Lorsque la portion d'une forêt, sur laquelle était assise une rente féodale, a été aliénée par le redevable au profit d'un tiers qui s'est chargé de payer, outre une redevance foncière au vendeur, la redevance féodale au seigneur, et de faire toutes les obéissances de fief, ce n'est pas au vendeur, mais au détenteur du fonds que doit profiter l'abolition de la rente féodale. — 2 sept. 1811. Civ. r. Angers. Teissier. D.A. 8. 483. D.P. 11. 1. 498.

51. — La loi suppressive des arrérages des rentes seigneuriales abolies, n'ayant fait aucune distinction entre le seigneur et son fermier auquel ils étaient dus, ce dernier n'est pas fondé à les exiger (L. 25 août 1792, art. 10). — 16 juin 1812. Civ. c. Plancher. D.A. 8. 482. D.P. 12. 1. 444.

52. — Aucune loi ne prohibant les transactions sur la question de savoir si les rentes sont féodales ou purement foncières, celles qui ont été passées postérieurement à la loi du 17 juillet 1793, pour prévenir un procès sur cette question, ont pour effet d'obliger le débiteur à continuer le service de la rente, s'il s'y est soumis dans l'acte. — 5 juill. 1810. Req. Orléans. Urain-Pillarte, etc. D.A. 8. 481. D.P. 10. 1. 524

53 — Mais les lois suppressives de tous les droits féodaux en général ont virtuellement anéanti toutes les transactions qui auraient pu être passées sur la quotité, le mode et l'étendue de leur perception. Et il y a fausse application de ces lois dans le jugement qui, sur le fondement qu'elles n'ont pas expressément aboli les transactions sur procès, maintient une redevance au profit des seigneurs qui, postérieurement au titre constitutif, mais antérieurement aux lois abolitives de la féodalité, ont modifié ce titre par une transaction. — 16 vent. an 12. Civ. c. Bruxelles. Deschuytener. D.A. 8. 832. D.P 4. 1. 370.

54. — La suppression d'une redevance féodale ne fait pas revivre la rente foncière à laquelle elle avait été substituée par une transaction. — 31 août 1813. Civ. c. Comm. de Forges. D.A 8. 482.

55. — Lorsque le titre primordial d'une redevance présente des stipulations caractéristiques de féodalité, l'acte récognitif qui ne les rappelle pas nommément, laissant au créancier la faculté éventuelle de les faire revivre, ne contient aucune novation; en conséquence, la rente demeure féodale, et est abolie. — 25 oct. 1808. Req. Amiens. Darry. D.A. 8. 479. D.P. 8. 1. 515.

56. — Et l'acte récognitif d'une redevance ne dispense pas le créancier d'en représenter le titre primordial (C. civ. 1337) — Même arrêt.

57. — Mais lorsque, depuis l'abolition des rentes créées avec mélange de droits seigneuriaux, celui qui devait une rente de cette nature, a reconnu en être le débiteur, il ne peut plus invoquer la loi du 17 juillet 1793, si le titre nouvel rappelle la mention du mélange de droits féodaux; en d'autres termes, s'il y a novation. — 3 juill. 1811. Civ. c. Rigaud. D.A. 8. 480. D.P. 11. 1. 356.

58. — Toullier, t. 6, n. 186, adhère à cette dernière décision; mais il doute que la première soit bien rendue, parce que la cour de cassation reconnaissant que l'obligation de payer les rentes supprimées a une cause naturelle, il importe peu, suivant lui, que le titre primitif et féodal soit rappelé. — Merlin pense que pour la solution de la question, il faut distinguer les titres nouvels contenant la substance du titre primordial, avec mention du mélange de droits seigneuriaux et de l'intention de faire revivre cette rente, de ceux qui étant faits *in formâ communi*, ne sont pas obligatoires par eux-mêmes. — D.A. 8. 475, n. 9.

§ 3. — *Des effets de l'abolition de la féodalité relativement aux biens du domaine public et des communes.*

59. — Les lois abolitives de la féodalité n'ont été faites qu'en faveur des propriétaires; en conséquence, l'engagiste qui possédait, à la charge d'une rente féodale, un fonds provenant du domaine de la couronne, n'ayant eu qu'une possession précaire et révocable, est non-recevable à invoquer le bénéfice de ces lois pour prétendre que cette rente est supprimée. — 16 août 1809. Civ. c. Enreg. c. Robion. D.A. 8. 470. D.P. 9. 1. 393. — 10 brum. an 12. Civ. c. Enreg. C. Lafayette. D.A. 8. 471. D.P. 4. 1. 140. — Conf. D.A. 8. 470, n. 1.

60. — Lorsque le propriétaire d'un bois tenu à tiers-denier, a d'abord réclamé contre le domaine de l'état l'affranchissement de ce droit qu'il prétendait aboli comme féodal, et qu'en première instance et en appel, le domaine a fait prononcer son droit de co-propriété, ce propriétaire ne peut se prévaloir, comme moyen de cassation, de ce que la question de simple redevance aurait été transformée en une question de propriété, s'il n'a pas proposé que le domaine était non-recevable à l'agiter, et si un décret qui avait renvoyé les parties devant les tribunaux ne s'opposait pas à ce que le domaine s'y défendît par de nouveaux moyens. — 26 oct. 1809. Req. Thielault. D.A. 8. 471. D.P. 2. 277.

61. — L'arrêt qui, sur une demande en affranchissement d'un droit de tiers-denier, a jugé, d'après les titres produits, que le domaine de l'état était co-propriétaire du bois qui en était grevé, n'a fait qu'interpréter ces titres; il n'a ni fait revivre un droit féodal, ni violé les lois abolitives de la féodalité. — Même arrêt.

62. — Les fossés, glacis et remparts d'une ville sont rangés dans la classe des petits domaines, et la concession en est irrévocable. En conséquence, celui qui, ayant reçu ces objets en abandon du souverain, les a concédés à raison d'un cens stipulé imprescriptible et irrestituable avec lods et ventes, ne peut exciper de l'inaliénabilité du domaine public pour prétendre que le redevable n'a qu'une jouissance précaire qui l'exclut du bénéfice des lois suppressives de la féodalité. — 17 juill. 1811. Civ. c. Barraut. D.A. 8. 489. D.P. 11. 1. 449.

63. — Lorsqu'il est établi par une transaction que la prétention d'un seigneur, relative à la propriété d'un bois communal, ne découlait que de sa qualité de seigneur haut justicier, et que c'est en considération de son droit de haute justice, que la commune lui a concédé quelques droits sur ce bois, la concession est abolie par les lois suppressives de la féodalité (L. 28 août 1792, art. 1er). — 19 pluv. an 7. Civ. c. Comm. de Schweighausen. D.A 8. 471. D.P. 2. 278.

64. — Une commune n'est pas fondée à demander sa réintégration dans des fonds dont elle a été dépossédée par l'effet d'un bornage fait avec le roi, qui y est intervenu non comme seigneur, mais comme propriétaire, surtout si la commune a acquiescé aux jugemens rendus au sujet de ce bornage et suivis d'une possession de soixante ans. — 22 flor. an 10. Civ. c. Préfet du Jura. D.A. 8. 472. D.P. 2. 278.

65. — Comme il fallait être propriétaire et seigneur d'un fonds pour le bailler à cens ou en fief, le seigneur qui, par l'abus de la puissance féodale, s'était fait adjuger par *voie de triage* un fonds communal, n'avait qu'une possession précaire et usurpée; et si il a acensé le fonds, il n'a pu le grever que d'une rente purement foncière, non comprise dans l'abolition, nonobstant la dénomination de *rente seigneuriale* insérée dans le prétend acte d'acensement. — 19 vend. an 12. Req. Douai. Barbier. D.A. 8. 472.

66. — Ne peut être attaquée, en vertu des lois qui

ont réintégré les communes dans leurs biens usurpés par la puissance féodale, la cession de toutes leurs propriétés particulières et communales, faites par les habitans d'une commune à un seigneur, à la charge par lui de payer toutes leurs dettes et de leur laisser la possession de leurs fonds, comme colons partiaires, s'il résulte d'un titre translatif de propriété, librement consenti et sanctionné par l'autorité publique, et de la circonstance qu'au moment de la cession l'acquéreur n'était pas encore seigneur du territoire, qu'il n'y a eu ni violation, ni usurpation de sa part.— 9 mars 1811. Turin. Habitans de Gambasca. D.A. 8. 473, note. D.P. 12. 2. 3.

67. — Une cour royale a pu ne pas considérer comme empreinte de féodalité la stipulation d'un acte qui soumettait les communes à la justice de la seigneurie, à raison de certaines redevances et des délits que les communes pourraient commettre sur le terrain dont l'usage leur était accordé, si ce terrain se trouvait en entier dans le finage de la seigneurie. — 15 juill. 1828. Civ. r. Comm. de Vougeay. D.P. 28. 1. 325.

68.— Un acte, qualifié sentence arbitrale, auquel les arbitres sont intervenus par la nomination des seuls seigneurs, et portant concession, par une commune, d'un droit exorbitant de parcours en faveur d'une autre commune, sans expression de cause, a pu être considéré comme un abus de la puissance féodale. — 2 avril 1833. Civ. r. Comm. d'Inaumont. D.P. 33. 1. 192.

69.—Au surplus, voy., vº Communes, la législation et la jurispudence concernant la réintégration des communes dans les droits dont elles avaient été dépossédées par l'abus de la puissance féodale.

§ 4. — *De la compétence dans les contestations relatives aux droits féodaux. — Procédure en matière de pourvoi.*

70. — Les tribunaux sont compétens pour juger si une rente est supprimée comme féodale, lors même que la discussion existe entre un particulier et un établissement public ou le domaine de l'état (Décr. 14 mars 1808); le conseil d'état a consacré ce système. — Mac., *Elém. de droit adm.*, t. 2, p. 241, n. 1; Corm., *Quest. de droit adm.*, t. 2; Mac., *Rec. des arr. du conseil*, 1821, 1, 604; 1823, p. 164, 771; 1824, p. 168; D.A. 8. 473, n. 1.

71.— Mais la compétence des tribunaux pour statuer sur la féodalité d'une rente nationale vendue administrativement avant la loi du 25 août 1792, cesse, si l'acte est conteste quant à la forme et quant à son interprétation. — 1er avril 1812. Rennes. Hosp. de la Guerche. D.A. 8. 473. D.P. 2. 278.

72. — Les tribunaux peuvent juger les questions qui s'élèvent sur le paiement des loyers ou redevances emphythéotiques sur l'exécution d'un bail prétendu féodal.— Mac., *Rec. des arr.*, 1822, 1, p. 378, 392; D.A. 8. 473, n. 2.

73. — Les divers détenteurs de domaines jugés affectés au service d'une rente censuelle ne sont pas tenus, en formant leur pourvoi en cassation, contre l'arrêt qui les déclare obligés, de consigner autant d'amendes qu'ils sont d'individus, surtout si les demandes formées contre eux ne présentaient qu'une seule et même question à juger, si toutes les instances ont été jointes, et s'ils ont été condamnés en nom collectif. — 10 fév. 1813. Civ. c. Hospices d'Auch. D.A. 8. 495. D.P. 2. 281.

ART. 2.— *Des redevances et rentes féodales, mélangées de féodalité, non féodales et arroturées.*

74.— La loi de 1793 proscrit toute redevance seigneuriale, soit féodale proprement dite, soit censuelle, c'est-à-dire qui décèle une prééminence féodale, ou a pour objet de reconnaître la qualité de seigneur ou les droits qui en dérivaient. — D.A. 8. 474, n. 2.

75.— Cette suppression générale ne laisse guère à la jurisprudence d'autre objet que d'établir si une redevance présente ou non le caractère de féodalité.

§ 1er.— *Des redevances et rentes féodales en général.*

76.— L'acte par lequel une rente foncière perpétuelle et non rachetable a été créée, tant sur les fonds du redevable que sur des droits dès lors abolis, pour unique prix desquels elle a été constituée, est un véritable bail à rente, quoiqu'il ait été qualifié d'échange. En conséquence, est abolie une telle rente si elle a été constituée pour prix unique de droits féodaux supprimés.— 15 avril 1807. Req. Hospices. D.A. 8. 492. D.P. 7. 1. 337.

77.— Il suffit, pour qu'une redevance soit abolie, qu'elle soit rappelée dans un titre portant concession d'un droit seigneurial, et que l'abandon de cette redevance par le seigneur soit énoncé comme une cause de la concession d'un droit seigneurial, par exemple, d'un droit de tiers-denier. — 31 août 1813. Civ. c. Nanci. Comm. de Forges. D.A. 8. 482. — Mais pour cela, il faut que le concédant ait la qualité de seigneur.— *Infrà*, § 3.

78.— Les redevances qui, par leur nature ou leur qualification, appartiennent à la féodalité, telles que celles auxquelles sont annexés des droits de lods et ventes et de banalité, ne peuvent être présumées foncières, sur le fondement que les pays où elles ont été créées étaient alors allodiaux.— 27 fév. 1809. Civ. c. Pau. Archautebehère. D.A. 8. 479. D.P. 9. 1. 149.— Conf. D.A. 8. 475, n. 8.

79. — De même, une rente, quoique constituée dans un pays de franc-alleu, peut être déclarée féodale, si elle a tous les caractères de la féodalité; et, par suite, elle a pu être déclarée supprimée comme féodale — 6 avril 1830. Req. Colmar. Martha. D.P. 30. 1. 203.

§ 2.— *Inféodation.*

80.— Le devoir de fidélité formait l'essence des fiefs (V. *suprà*, art. 1er).—D.A. 8. 474, n. 1, et 460, n. 12 et 16.

81.— Aussi, suivant les principes du droit allemand, observés dans le pays de Porentruy, il n'y avait point de bail à fief sans une clause expresse, qui obligeait le preneur au devoir de fidélité envers le concédant, alors même que les termes de fief, d'inféodation se trouvaient dans l'acte de concession. — 10 fév. 1806. Civ. r. Hertzeis. D.A. 8. 474, n. 1, et 476. D.P. 6. 1. 310.

82. — La rente féodale et seigneuriale, stipulée pour prix d'un fonds dont le propriétaire ou seigneur déclare expressément vouloir faire un fief roturier, a été supprimée comme féodale, par les lois de 1792 et 1793. — 12 fév. 1827. Rennes. Bellechère. D.P. 29. 1. 410.

83.— Cette déclaration de faire féage ou convertir un domaine en fief, devait être expresse, et ne pouvait s'établir par simples inductions. — Même arrêt.

84.— Une redevance, qualifiée féodale, ou créée avec mélanges de droits qui pouvaient appartenir à la féodalité, n'a pas été abolie par les lois des 17 juill. et 2 oct. 1793, si l'effet des stipulations féodales qui se trouvent dans l'acte constitutif était subordonné à une érection de fief qui n'a pas eu lieu.— 19 janv. 1809. Req. Mouchel. D.P. 9. 1. 25.

§ 3.— *Acensement.*

85.—C'est une redevance annuelle due en reconnaissance de la seigneurie directe. — Cette reconnaissance faisait du cens un vrai droit seigneurial; le seigneur qui donnait à cens devait stipuler une prestation, comme condition de la réserve de la directe.—Il y avait le menu cens, qui était de droit commun, et le gros cens, qui n'était dû que quand le seigneur l'avait stipulé.— Henr., vº Cens, §§ 2, 3, 4 et 8; D.A. 8. 474, n. 3.

86.— Un même héritage ne pouvait être grevé de deux prestations distinctes, jouissant également des priviléges du cens féodal. Si le cens était stipulé partie en argent, partie en nature, l'une des prestations était le cens, l'autre le surcens, mais toutes deux formaient un seul et même devoir. — Henr., vº Cens, § 11.

87.— Les héritages nobles pouvaient seuls être la matière d'un acensement, et les droits seigneuriaux ne pouvaient pas être tenus roturièrement. La seigneurie de l'héritage était une condition nécessaire pour que la redevance fût féodale.— Henr., Merl., Rép., vº Cens; D.A. 8. 475, n. 6 et 7.

88.— Le mot cens n'avait pas nécessairement la signification d'un droit féodal; il faut consulter le titre primordial, et s'il n'y a que des reconnaissances, avoir recours aux indices.

89.— Le cens sera ou pourra être jugé seigneurial, 1º quand il sera prouvé que l'héritage grevé a fait autrefois partie d'un domaine que ses auteurs tenaient noblement et en fief; 2º quand celui qui perçoit le cens sera tenu de quelque devoir féodal envers un seigneur dominant; 3º quand le cens sera payé à un seigneur, en sa qualité de seigneur; 4º quand tous les héritages environnans l'immeuble grevé seront assujettis à un cens seigneurial; 5º quand, dans tous les actes connus, le cens sera réputé comme noble, et qualifié cens seigneurial; 6º quand le créancier aura la justice sur l'héritage grevé.

90. — Lorsque tous ces indices manquent, le cens n'est qu'une rente foncière.— D.A. 8. 475, n. 5; Henr., vº Cens, § 13.

91.— Lorsqu'une rente est imposée à titre de fief et de cens par le seigneur d'un domaine, et qu'il est convenu entre le bailleur et le preneur qu'elle sera portable au château seigneurial; elle est évidemment féodale, soit d'après le cens et le fief, soit d'après les qualités des individus en faveur desquels elle fut imposée, encore bien que le bailleur prétendît que la rente et la dîme n'avaient été imposées que comme *complément de prix*, ce qui établissait la foncïarité.—En conséquence, une cour royale, en ordonnant la prestation d'une telle rente, violerait l'art. 1er du décret du 17 juill. 1793. — 19 janv. 1807. Civ. c. Bull. civ. Laleuillade.

92.— Il faut comprendre dans la suppression des redevances féodales ou melangées de féodalité l'acte constitutif d'un premier cens, avec lods et ventes, et un droit de feu (L. 25 août 1792, art. 5).— 4 nov. 1818. Civ. c. Rigal. D.A. 8. 490. D.P. 19. 1. 85.

93.—Et il en doit être de même, et à plus forte raison, si l'acensement a été fait sous une coutume telle que celle du val d'Aoste, qui autorisait expressément le propriétaire d'un franc-alleu à l'ériger en fief, et à imposer au preneur tels deniers réels et personnels que bon lui semblait. Par suite, quand le créancier de la rente n'aurait pas été seigneur du territoire, elle ne serait pas moins abolie, s'il avait été stipulé dans l'acte constitutif des droits féodaux, tels que le *plaid et le servis*. — 10 juill. 1810. Civ. c. Turin. int. de la loi. Pascal. D.A. 8. 490. D.P. 10. 1. 351.—Merl., *Quest. de dr.*, vº Rente foncière, Rente seigneuriale, § 14, n. 2.

94.— Dans les pays de franc-alleu, un contrat ne pouvait être considéré comme bail à cens seigneurial, lorsqu'il n'était pas prouvé que le terrain concédé était possédé noblement par le concédant; dans ce cas, la directe retenue par le concédant n'était pas noble, mais roturière, et constituait non un cens seigneurial, mais une emphytéose. — 10 fév. 1806. Civ. r. Hertzeis. D.A. 8. 476. D.P. 6. 1. 310.

95.— De même, dans un pays allodial, sous la coutume d'Auvergne, le détenteur d'un héritage, tenu en franc-alleu roturier, ne pouvait conférer à cet héritage aucune prééminence féodale; la *directe seigneurie* qu'il se serait réservée, et qui, aux termes de la coutume, résultait de tous cens, ne devait être entendue que du domaine direct des emphytéoses, et n'avait rien de féodal. — 21 brum. an 14. Req. Riom. Poisson. D.A. 8. 476. D.P. 2. 279, et 6. 1. 306.

96.— Mais, dans les pays régis par la maxime *nulle terre sans seigneur*, la rente qualifiée de cens était réputée seigneuriale; ainsi, il suffit, pour lui imprimer ce caractère, d'une quittance émanée du religieux qui recevait pour une abbaye, lorsqu'il y est énoncé que c'est à titre de cens et rente qu'elle était due. — 27 août 1810. Civ. r. Enreg. Descorches. D.A. 8. 488. D.P. 2. 281.

97.— La loi du 17 juillet 1793 comprend dans l'abolition des rentes seigneuriales, celles qui ont été créées pour concession d'immeubles, prouvée par des titres primordiaux d'inféodation ou d'acensement.— 7 mess. an 12. Cr. c. int. de la loi C. d'Avezac. D.A. 8. 817. D.P. 4. 1. 456.

98.— Dans la coutume de Normandie, le jeu de fief *par inféodation* ne pouvait être autorisé que par lettres-patentes du roi, à qui seul il appartenait de créer le droit de justice, inséparable de la possession féodale sous cette coutume. — En conséquence, des redevances stipulées dans un bail qualifié bail à cens, pour prix de la concession de terrains dont la seigneurie n'avait pas encore été autorisée par le roi au profit du concédant, lors de la publication des lois abolitives de la féodalité, n'ont jamais formé un cens véritablement seigneurial. — 5 fév. 1806. Req. Barbanchon. D.A. 8. 474, n. 1, et 476. D.P. 6. 1. 299.

99.— Le surcens créé par le détenteur d'un héritage qui le tenait à la charge d'un cens envers le seigneur de cet héritage, n'était point, quelque qualification qu'on lui eût donnée, une redevance féodale proprement dite —21 brum. an 14. Req. Riom. Poisson. D.A. 8. 476. D.P. 2. 279, et 6. 1. 306.

§ 4. — *Qualité de seigneur ou possesseur de fief, créancier des redevances.*

100.— Pour imposer une rente féodale, il fallait être seigneur du territoire où était situé l'héritage concédé, et le propriétaire d'un héritage, d'un alleu roturier, ne pouvait stipuler qu'une rente foncière, ou emphytéotique, qui n'est pas abolie (Déc. du 25 niv. an 13). — Merl., Rép., vº Franche aumône; D.A. 8. 486, note.

101.— Jugé, en vertu de ces principes, que la redevance qui était due à un particulier non possesseur de fief, ne devait pas être considérée comme seigneuriale, et elle était en conséquence maintenue, encore qu'elle fût mélangée de quelques droits qui par leur dénomination, appartenaient à la féodalité. — 4 vent. an 9. Civ. c. Callouet. D.A. 8. 485. D.P. 2. 279. — 4 vend. an 10. Req. Laxaque D.A. 8. 486. D.P. 2. 279. — 29 therm. an 10. Req. Roux. D.A. 8. 486. D.P. 2. 279.

102. — Jugé de même que le propriétaire d'un franc-alleu roturier, n'ayant pu le bailler à cens, la redevance qu'il a établie sur un fonds de cette nature est foncière, bien que dans l'acte de concession elle ait été qualifiée de cens ou rente seigneuriale, dans l'acte de concession. — 19 niv. an 12. Req. Lartique. D.A. 8. 486, D.P. 2. 279, et 6. 1. 290.

103.— ... Que les redevances créées pour prix de concessions de terres ne sont point féodales, lorsque celui qui se les est réservées n'était point seigneur du territoire où les terrains cédés sont situés; peu importe que le concédant eût qualifié l'acte de *cens* ou rente seigneuriale, et qu'il y ait, dans les stipulations, mélange de féodalité. — 19 fév. 1806. Civ. c. Brancas D.A. 8. 477. D.P. 6. 1. 287.

104.—Mais un avis du conseil d'état, du 13 messid. an 13, et les décrets des 23 avril 1807, 7 mars 1808 et 2 février 1809, ont donné une autre direction à la jurisprudence textuellement citée par Dalloz. — D.A. 8. 484 et 485.

105. —Ainsi, depuis lors, il a été jugé que les redevances qualifiées seigneuriales dans les titres qui les établissent, sont supprimées, encore que celui à qui elles sont dues ne fût pas possesseur de fief. — 2 mai 1808. Civ. c. Bernard. D.A. 8 488 et 3. 19. D.P. 8. 2. 77 et 97. — 30 mai 1809. Civ. c. Dijon. Delmasse. D.A. 8. 488. D P. 9. 2. 82. — 24 mars 1812. Civ. c. Metz. Desaint. D.A. 8. 408. — 28 déc. 1813. Civ. c. Martin. D.P. 14 1. 155.

106.—...Que le cens stipulé imprescriptible et irrédimable avec lods et ventes en cas de mutation, dans l'acte de concession faite par un hospice, de fossés, glacis et remparts d'une ville, qui lui avaient été abandonnés par le souverain, est féodal, et, dès lors, supprimé, sans qu'il soit nécessaire d'examiner si les fonds ont été possédés à titre de seigneurie. —17 juill. 1811. Civ. c. Besançon. Barraut. D.A. 8. 489. D P. 11. 1. 449.

107 — .. Qu'une redevance féodale ou mélangée de féodalité se trouve supprimée, alors même qu'elle a été stipulée au profit d'un particulier non seigneur (L. 17 juill. 1793 et 7 vent. an 2). — 4 nov. 1818. Civ. c. Rigal. D.A. 8. 490. D.P. 19. 1. 85.

108 —...Que le bailleur à cens doit être considéré comme seigneur féodal, lorsqu'il s'est qualifié non seulement *nobilis vir*, *dominus*, mais encore *dominus* de.... ce qui signifie seigneur de l'endroit désigné. — Même arrêt.

109. — De cette nouvelle théorie, il résulterait que les lois de juill. 1793 n'auraient pas seulement aboli les rentes seigneuriales, mais toute espèce de redevances féodales, c'est à-dire tenant par leur nature ou leur qualification au régime féodal. — D.A. 8. 485, n. 1.

110. — Ce système est d'autant plus rigoureux qu'il est fondé sur une interprétation trop extensive des avis et décrets précités, rendus pour un cas spécial, et qu'on a érigés en maxime générale (Merlin, addit. aux *Quest*, v° Rente fonciere, Rente seigneuriale. — D.A. 8. 487. 1.

111. — Aussi, on irait au-delà des limites que la cour de cassation a voulu poser, si on ne restreignait pas l'annulation aux redevances appartenant exclusivement et nécessairement à la féodalité. Ainsi, que le droit stipulé ne soit pas essentiellement féodal, que la qualification adoptée puisse s'appliquer à d'autres qu'au seigneur, ou à des actes étrangers à la féodalité, la convention devra subsister. — D.A. 8. 485, n. 2.

112.— Jugé en ce sens que les expressions, *mouvance directe*, *féodalité et fiefs*, employées dans un contrat de rente pour concession de fonds, pouvant également convenir à un simple bail emphytéotique seigneurial, ne suffisent pas seules pour caractériser la féodalité, encore bien que le cédant ait pris le titre de *noble*, s'il ne s'est pas attribué celui de seigneur..., surtout si c'est en pays de franc-alleu que le contrat a été passé.—14 août 1828. Pau. Carro-d'Algay. D.P. 29. 2. 106.

113.—...Qu'une rente foncière, constituée en pays de franc-alleu, bien que qualifiée de fief dans l'acte constitutif, et encore que les immeubles pour lesquels elle a été créée y soient dits dépendre *de la mouvance*, *directité et féodalité d'une maison noble*, n'a pas néanmoins le caractère de féodalité, si le bailleur n'y a pas pris encore la qualification de seigneur, et ne s'y est pas attribué quelques droits essentiellement féodaux. —29 janv. 1829. Req. Pau. Agner. D.P. 29. 1. 124.

114 —.... Que la redevance de deux poulets de cens stipulée dans un contrat, à titre d'acensement perpétuel d'une pièce de terre, dans l'ancienne province de Franche-Comté, régie par le droit romain, n'est pas féodale ni entachée de féodalité, si le bailleur propriétaire n'était pas seigneur du territoire où était située cette pièce de terre, s'il n'a pas pris cette qualité dans l'acte, et s'il n'a stipulé dans cet acte aucune redevance qui puisse être réputée exclusivement féodale, mais seulement des droits de cens, commise, lods, amende, seigneurie, rétenue, susceptibles d'être stipulés dans les baux emphytéotiques (L. 17 juill. 1793, art. 1 et 2) — 15 mars 1824. Civ. c. d'Arçon. D.A. 8. 477. D.P. 24. 1. 410.

115. — La réserve stipulée dans un albergement ou concession de terres en Dauphiné, de droits de cens, servis annuel et perpétuel, lods, mi lods et autres droits seigneuriaux accoutumés à être payés aux seigneurs directs, suivant l'usage du pays, a pu être déclarée n'être ni féodale, ni entachée de féodalité, et, par conséquent, susceptible d'être maintenue, si la rente litigieuse a été créée pour concession de fonds, si le bailleur n'était pas seigneur du fonds concédé, enfin s'il n'a pas pris cette qualité dans l'acte, encore bien qu'il y serait parlé *de son château de*..., lieu de sa demeure —27 mars 1833. Civ. r. Grenoble. Besson. D.P. 33. 1 280.

On peut consulter sur cette question Dumoulin, § 73 de la coutume de Paris, tit. 2, n. 5, et sur l'art. 56, n. 15 et 16; Duperier, t. 2, liv. 1er, p. 29, n. 152; Pothier, *Traité des fiefs*, t. 2, p. 288; Loysel, *Inst. coutum.*, tit. des Cens, art. 4; Dunod, *Traité des retraits*, ch. 11, Merlin, Rép., v° Rente seigneuriale; Henrion, *Diss.*, t. 1er, art. Alleu, § 9.

116.—De même d'après les circonstances que l'aliénataire d'un immeuble, moyennant une rente, n'était pas seigneur, et que, loin d'avoir pris cette qualité dans l'acte, il a imposé à l'acquéreur la charge de payer les droits seigneuriaux aux seigneurs à qui ils pourraient être dus, on a pu induire que la rente, bien qu'un cens fût stipulé dans l'acte, au profit de l'aliénataire, n'était pas féodale, sans que l'arrêt qui le décide ainsi tombe sous la censure de la cour de cassation. — 4 juin 1833. Civ. r. Paris. Plinval. D.P. 33. 1. 261.

117.—Jugé que lorsque le propriétaire d'une maison baillée à rente ne la possédait qu'à titre de franc-*alleu roturier*, il n'a pu, encore bien que l'acte de bail contînt des expressions et clauses féodales, conférer ni à cet héritage une qualité féodale, ni à lui-même celle de seigneur, lors surtout qu'il ne s'est point donné cette qualité.

...... En conséquence, si cette maison a été arrentée pour une certaine quantité de mesures d'avoine et une somme d'argent, une cour royale ne peut, sur le motif que la maison était située en Auvergne où la coutume était *allodiale*, décider que la rente était féodale, et, comme telle, abolie par les lois de 1792 et 1793.— Ce serait mal interpréter la directe seigneurie dont parle cette coutume, et qui ne peut signifier que le *dominium directum* (art. 1er, 2 et 3, tit. 31, coutume d'Auvergne, art 1er, loi du 25 août 1792, et 1 et 2 de celle du 17 juill. 1793).— 31 déc. 1833. Civ. c. Riom Delagardette D.P. 34. 1. 139.— V. aussi *suprà*, § 2, ce qui concerne l'acensement.

118. — Il est de l'essence de tout bail à cens ou à fief, que le concédant se réserve la seigneurie directe dont la redevance stipulée est la reconnaissance Mais la division du domaine en direct et utile étant commune à l'emphytéose, l'emploi de cette expression, *réserve de la directe*, n'entraîne la suppression de l'acte qui la renferme que quand elle est accompagnée de clauses qui la rendent synonyme de seigneurie féodale.— Merl., Rép., v° Directe; D.A. 8 491, n. 1.

119 — Quand, avec la directe, le concédant stipule des droits féodaux, la rente est évidemment féodale.— D.A. 8. 491, n. 3.

Ainsi, doivent être considérées comme féodales, 1° la redevance stipulée pour prix de l'aliénation du domaine direct, avec la haute, moyenne et basse justice.— 22 prair. an 12. Civ. c. Comm. de Vaudoncourt. D.A. 8, 421. D.P. 2. 281.

120.— 2° La rente, seigneuriale dans son origine, qui a été aliénée avant les lois de 1789, sous la réserve de la directe et d'autres droits seigneuriaux, et dont l'aliénation contient celle d'un droit de suite et de banalité.— 22 juin 1808. Civ. r. Dudeslay de Kahquerel. D.A. 8, 493. D.P. 8. 1. 387.

121.— 3° Des rentes et redevances créées pour concession de fonds, par un chapitre, dans un bail à cens, sous la réserve du domaine direct et à la charge du paiement des lods et ventes. Il importe peu que le chapitre n'ait pas pris la qualité de seigneur et qu'il ne soit pas établi qu'il ait possédé féodalement les biens concédés (L. 17 juill 1793, art. 1er; avis du 13 mess. an 13; déc. 23 avril 1807) — 10 fév. 1813. Civ c. Agen. Brassières. D.A. 2. 272. D.P. 1. 443.—V. *suprà*, § 3.

122 —4° La rente due au concédant, lequel était seigneur en partie du territoire, et qui s'était réservé les droits seigneuriaux de retrait et de deshérence.— 16 fév. 1813. Civ. c. Lorge. D.A. 8. 495. D.P. 2. 281.

123.— 5° Les rentes et redevances créées dans un bail à cens, avec stipulation de retenue du domaine direct et du paiement de lods et ventes.— 10 fév. 1813. Civ. c. Hosp. d'Auch. D.A. 8. 493. D.P. 2. 281.

124.— Cette dernière décision a sans doute paru trop rigoureuse, puisque, par l'arrêt du 15 mars 1824, cité plus haut, la même cour n'a trouvé qu'une redevance simplement emphytéotique dans une convention de cens, avec seigneurie, lods et ventes.— D.A. 8. 491, n. 3

125.— 6° La concession de terrain, faite en Franche-Comté, par le chapitre d'une église, suivant laquelle le preneur reconnaît tenir ce terrain *de la directe seigneurie de ce chapitre, et sous la charge de sa portion de la cense annuelle et perpétuelle et indivisible d'une engrogne, portant tous droits censaux et seigneuriaux.* — 6 avril 1830. Civ. r. Besançon. Hosp. d'Arbois. D.P. 30. 1. 201

§ 5.— *Réserve de la seigneurie directe et qualité du concédant.*

126. — Pour distinguer si la réserve de la directe sans autres clauses forme une stipulation féodale, il faut se reporter à la coutume sous l'empire de laquelle l'acte a été passé. — D.A. 8. 491, n. 2.

127. — Ainsi, dans une province régie par la maxime *nulle terre sans seigneur*, et particulièrement dans la Saintonge, la rente stipulée au profit du seigneur, et la première assise sur l'héritage, a nécessairement le caractère du *cens récognitif de la directe seigneuriale*, sans qu'il soit besoin d'une réserve expresse de la directe; elle est en conséquence abolie. — 4 fév. 1817. Civ. r. Leroi. D.A. 8. 496. D.P. 17. 1. 216.

128. — De même, dans les pays non allodiaux, toute rente foncière stipulée au profit du seigneur du territoire pour concession de fonds situés dans sa seigneurie, lorsqu'elle était la première redevance constituée sur l'héritage arrenté, était considérée comme un véritable cens seigneurial. — 29 juin 1813. Civ. c. Varé. D.A. 8. 498. D.P. 15. 1. 113

129. — Si la coutume est au contraire de celles qui consacrent la règle, *nul seigneur sans titre*, la réserve de la directe peut paraître insuffisante pour constituer une rente féodale. — D.A. 8. 491, n. 2.

130. — Dans les pays allodiaux, et spécialement dans la Lorraine, où le mot *cens* était commun aux rentes foncières et aux rentes seigneuriales, celle stipulée sous le titre de *cens* pour prix de la concession d'un fonds, faite par un seigneur, sans réserve expresse de la seigneurie directe, mais avec des clauses qui annoncent que c'est comme seigneur que le concédant l'a constituée, doit être réputée seigneuriale. — 28 janv. 1812. Civ. c. Busselot. D.A. 8. 494. D.P. 2. 281.

131.—*Qualité du concédant.*—La qualité du concédant sert aussi à déterminer le caractère féodal de la rente. — D.A. 8. 491, n. 4.

132 — Ainsi, est réputée seigneuriale et abolie la redevance dont le titre constitutif n'est pas représenté, s'il résulte des titres énonciatifs qu'elle a été créée au profit du seigneur du territoire. Elle est seigneuriale de plein droit s'il est énoncé que le bois de la concession duquel elle aurait été le prix, est *mouvant de la directe* de ce seigneur. — 7 mess. an 12. Civ. c. Comm. de Bazardan. D.A. 8 492 D.P. 6. 1. 287.

133. — Il en est de même lorsqu'il résulte d'anciens titres que la rente a constamment été qualifiée *noble, seigneuriale et feodale*, et que le prieur auquel elle était due avait droit de fief sur l'immeuble qui en était grevé. — 21 brum. an 14. Req. Debiencourt D.A. 8. 492.

134.— Et encore lorsqu'il est dit que le fond, vendu et hypothéqué pour cette rente sera *tenu censivement d'un fief* appartenant au bailleur, lors même que la rente aurait été qualifiée *foncière et non autrement* (L. 17 juill 1793, art. 1er; décr. du 7 vent. an 2). — 2 mars 1808. Civ. c. Barbot. D.A. 8. 493. D.P. 8. 2. 58.

135. — Jugé même que la rente créée par un seigneur sur les fonds de sa seigneurie à titre d'acensement, est de plein droit récognitive de la directe,

et conséquemment supprimée comme féodale. — 4 avril 1810. Req. Dom. C. Viard. D.A. 8. 494. D.P. 2. 281.

136. — Est aussi supprimée la rente provenant de la concession d'un fonds, lorsque le titre constitutif la qualifie rente seigneuriale et stipule qu'elle sera payable entre les mains des receveurs des rentes seigneuriales du concédant. — 28 déc. 1813. Civ. c. D.A. 8. 496.

§ 6. — *Des rentes mélangées de féodalité.*

137. — L'annulation d'une rente purement foncière, lorsqu'elle se trouve renfermée dans le titre constitutif d'une rente féodale ou de droits seigneuriaux, est depuis long-temps devenue un point incontestable dans la jurisprudence du conseil d'état et celle de la cour suprême (Avis du 8 pluv. an 11). — D.A. 8. 496, n. 1.

138. — La loi du 17 juill. 1793 ayant ordonné le brûlement de tous les titres constitutifs ou récognitifs des droits supprimés, a nécessairement voulu éteindre les rentes foncières stipulées conjointement avec des droits féodaux, *quoique dans des clauses séparées*, puisqu'elle mettait les propriétaires dans l'impossibilité de se servir de ces titres. — 8 fruct. an 13. Civ. c. Solage. D.A. 8. 497. D.P. 5. 2. 177. — 12 germ. an 12. Civ. c. Robine. D.A. 8. 497. D.P. 2. 281, et 4. 1. 315.

139. — Ainsi, doit être abolie, comme féodale, la rente foncière créée par un acte de concession de fonds qui contenait en même temps stipulation de cens et de rentes seigneuriales. — 5 germ. an 13. Civ. c. Chorat. D.A. 8. 497. D.P. 2. 281, et 5. 1. 332. — 20 germ. an 12. Civ. c. Ravillois. D.A. 8. 498. D.P. 2. 281, et 4. 1. 317. — Merlin, Rép., v° Rente seigneuriale, § 2, n. 4.

140. — La concession, pour toujours et sans rappel, moyennant une rente foncière en grains et un champart, de fonds faisant partie de seigneurie du concédant, avec réserve de confiscation et de rentrée en iceux, en cas de non paiement de la redevance, et en outre de tous droits de justice, de travers, de chasse et de seigneurie, est une véritable aliénation, et non un simple bail à ferme ou usufruit perpétuel. — 29 juin 1813. Civ. c. Véré. D.A. 8. 498. D.P. 13. 1. 113.

141. — Cette concession, ne renfermât-elle qu'un simple usufruit perpétuel, la redevance qu'elle a établie pour raison de cet usufruit n'en eût pas moins été abolie comme mélangée de féodalité, les locatairies perpétuelles et les baux à culture perpétuelle ayant été assimilés aux rentes perpétuelles quant à la redevance (L. 18 déc. 1790, art. 2; décr. 3 prair. an 2). — Même arrêt.

142. — Les prestations non féodales insérées dans un contrat de bail à rente, passé dans un pays allodial, sont abolies, si, dans le même contrat, le bailleur s'est réservé, pour l'expiration du bail, des droits d'une nature essentiellement féodale. — 27 juill. 1818. Civ. c. Kromenaker. D.A. 8. 465. D.P. 18. 1. 591.

143. — Est supprimée la rente foncière de tant de boisseaux d'avoine, dès qu'elle a été créée dans un contrat mélangé de féodalité, dans lequel il est stipulé, en outre, un cens et des droits seigneuriaux. — 25 janv. 1820. Civ. c. Levavasseur. D.A. 12. 516, n. D.P. 20. 1. 185.

144. — Dans les pays non allodiaux (et particulièrement sous la coutume de Senlis, art. 259 et 263), le droit de champart, constitué pour concession de fonds au profit du seigneur haut justicier du territoire, était un véritable cens seigneurial, et s'il a été stipulé avec une rente même purement foncière, celle-ci est abolie comme mélangée de féodalité. — Même arrêt.

145. — Les lois abolitives des droits féodaux ne sont relatives qu'aux redevances féodales ou redevances foncières mélangées de féodalité; elles ne s'appliquent point aux rentes constituées. — 18 mars 1811. Civ. r. Dijon. Hérit. Germain. D.A. 5. 164. D.P. 1. 1307.

146. — Une rente en grains, créée au profit d'un seigneur, non pour concession d'un fonds, mais pour concession d'une simple servitude, n'est pas comprise dans la suppression prononcée contre les rentes féodales ou mélangées de féodalité. — 31 juill. 1821. Civ. r. Chaumont. D.A. 8. 500. D.P. 21. 1. 446.

147. — Ne sont supprimées comme mélangées de féodalité que les rentes qu'il est établi avoir été, dans leur titre constitutif, mêlées avec des droits féodaux (L. 17 juill. 1793, art. 1er). — Même arrêt.

148. — Ainsi, le mélange de féodalité que présenteraient de simples reconnaissances, ne nuirait point à la rente foncière. — D.A. 8. 497, n. 2.

§ 7. — *Des rentes non féodales.*

149. — Ici se représentent la distinction entre les coutumes allodiales, et celles qui admettaient la règle *nulle terre sans seigneur*, et le principe que la dénomination féodale d'une rente ne suffit pas, sans autre indice, pour lui attribuer un caractère seigneurial, *même quand elle était due à un seigneur*. — D.A. 8. 501, n. 1 et 2.

150. — Jugé, en conséquence, que les redevances connues, dans les anciens départemens de la rive gauche du Rhin, sous le nom de *Leibgewin*, ne dérivant pas d'une servitude personnelle, et étant dans le commerce, doivent être présumées foncières, et ne sont point abolies. — 30 mars 1808. Civ. c. Salomon. D.A. 8. 501. D.P. 2. 282.

151. — ... Que dans les coutumes allodiales, par exemple celle d'Auvergne, toutes les redevances étaient, de leur nature, réputées purement foncières, à moins que le contraire ne fût expressément stipulé. Ce principe s'appliquait aux redevances connues sous le nom de *percières*. — 23 vend. an 13. Civ. r. Jacoux. D.A. 8. 501. D.P. 2. 282.

152. — ... Qu'une rente n'est pas présumée seigneuriale par cela seul qu'elle était due à un seigneur. — Même arrêt.

153. — Et les propriétaires d'une pareille rente ne sont pas obligés de représenter le titre primitif pour justifier qu'elle n'est point féodale (L. 25 août 1792, art. 5 et 17). — Même arrêt.

154. — De même une redevance à laquelle est soumise une terre située dans un pays d'allodialité, est présumée purement foncière lorsque l'acte constitutif ne porte point de caractères de la féodalité, encore que cette redevance soit qualifiée cens, et due à un seigneur. — 11 germ. an 13. Req. Liess. D.A. 8. 502. D.P. 2. 282, et 5. 2. 124.

155. — On a vu, n. 118 et suivans, que des redevances ne sont pas féodales lorsqu'il n'y a pas réserve de la seigneurie directe ou lorsque le concédant n'avait pas la qualité de seigneur.

156. — La réserve du domaine direct étant de l'essence de la féodalité, la rente établie moyennant une concession de fonds et sans aucune stipulation relative à la reconnaissance du domaine direct, n'est pas féodale, encore qu'elle ait été tenue en fief, si ce n'est que passivement. — 13 juin 1811. Liége. Chasser. D.A. 8. 504. D.P. 2. 282. — Conf. D.A. 8. 501.

157. — Il en est de même de la rente foncière quoique qualifiée *noble*, et quoiqu'elle ait en effet cette qualité, surtout si elle a été qualifiée de *seconde foncière*, et si elle a été stipulée sans récognitive de la directe. — 6 oct. 1812. Civ. c. Chaigne. D.A. 8. 504. D.P. 13. 1. 99.

158. — N'ont point été comprises dans l'abolition les rentes foncières dues à des dignitaires ecclésiastiques, celles qui avaient pour objet des fondations pieuses, ou la dotation d'établissemens ecclésiastiques. — D.A. 8. 501, n. 3.

Ainsi, jugé qu'une rente déclarée purement foncière ne doit point être réputée féodale, surtout lorsqu'elle était due à un sacristain dont la charge était une dignité claustrale et non seigneuriale. — 3 pluv. an 10. Civ. c. Enreg. C. Couders. D.A. 8. 502. D.P. 2. 282.

159. — ... Que ne sont pas supprimées comme féodales les rentes créées pour fondations pieuses avec des droits honorifiques. — 16 pluv. an 13. Req. Clément. D.A. 8. 502. D.P. 2. 282, et 2. 100.

160. — ... Ni les rentes qui ont eu pour but primitif de servir de dotation à des établissemens ecclésiastiques. — 6 mai 1807. Civ. c. Orléans. Hosp. de Chinon. D.A. 8. 503. D.P. 2. 1124, n. 9.

161. — La féodalité d'une redevance s'apprécie par les clauses de l'acte qui la constitue, et non par les stipulations d'un acte antérieur et distinct. — D.A. 8. 501, n. 5.

Jugé en ce sens que les rentes foncières dont étaient grevés, par un acte exempt de tout vice de féodalité, des fonds concédés par un bail à cens, et que le preneur a été chargé d'acquitter, ne sont pas supprimées comme féodales, encore que le bail à cens contienne des stipulations féodales au profit du bailleur. — 5 fév. 1810. Civ. c. Amiens. Enreg. C. Choron. D.A. 8. 503. D.P. 10. 1. 68.

162. — La loi du 17 juill. 1793 n'ayant aboli que les rentes foncières établies par des titres constitutifs de redevances seigneuriales, on ne doit pas réputer abolie la rente en grains qui, par un bail à cens seigneurial, est reconnue exister sur le fonds concédé par cet acte, et que le bailleur charge le preneur de payer à son acquit (Avis cons. d'état, 30 pluv. an 11). — 19 niv. an 12. Req. Lartigue. D.A. 8. 486. D.P. 2. 279, et 6. 1. 290.

163. — L'annulation pour cause de féodalité ne tombe que sur les rentes foncières. Ainsi, n'est ni seigneuriale ni abolie, la rente constituée à prix d'argent, moyennant un capital déclaré rachetable à perpétuité, encore que, dans le titre de la création, il ait été stipulé des droits féodaux au profit du créancier. — 24 mars 1813. Civ. c. Enreg. C. Landon-Vernon. D.A. 8. 504. D.P. 2. 282. — 26 mai 1813. Civ. c. Dalbertas. D.A. 8. 505. D.P. 13. 1. 400. — Conf. D.A. 8. 501; 6. 504.

164. — La rente qualifiée *surcens* n'est pas féodale lorsque le surcens n'est point confondu avec le *cens* dans une seule et même stipulation; qu'elle a été qualifiée de *rente foncière propriétaire* et de *bail d'héritage*, et que rien ne justifie qu'elle ait été originairement due à un seigneur. — 5 mai 1817. Civ. c. Mazière. D.A. 8. 505. D.P. 17. 1. 379. — Conf. Henrion; D.A. 8. 501, n. 7.

165. — Une cour a pu, en appréciant les actes, ne pas reconnaître le caractère féodal dans des redevances telles que celles de payer douze deniers par chaque mariage, cinq sous pour le premier enfant du premier mariage, cinq sous pour chaque feu, etc., stipulées par un seigneur en échange de droits qu'il concédait à neuf communes, dont deux seulement dépendaient de sa seigneurie (L. du 17 juill. 1793). — 15 juill. 1828. Civ. r. Comm. de Vougeay. D.P. 28. 1. 325.

§ 8. — *Des rentes arroturées.*

166. — L'aliénation d'une rente ou redevance faite par un seigneur sous la réserve de la directe, ne transportait à l'acquéreur aucune prérogative féodale, la rente s'étant arroturée entre ses mains. En conséquence de lui aux débiteurs de la rente, il n'y avait aucune relation féodale. — D.A. 8. 505, n. 1.

167. — Dès lors, la rente arroturée était prescriptible de la même manière que les autres rentes non féodales. — 19 fév. 1829. Req. Duvergier. D.P. 29. 1. 156.

168. — Toutefois, la jurisprudence consacre une distinction nécessaire, quant à la date des arroturemens.

Ainsi, jugé qu'une rente, féodale dans son principe, mais arroturée *avant l'abolition de la féodalité*, par la vente qui en a été faite par le seigneur à un simple particulier, doit être réputée purement foncière, et comme telle maintenue. — 21 juill. 1811. Civ. c. Cavelier. D.P. 11. 1. 494.

169. — ... Que les lois abolitives de la féodalité n'ont voulu supprimer que les prestations féodales, et non celles qui, au moment de la suppression, ne tenaient plus à la féodalité, et étaient dues par des particuliers à des particuliers non seigneurs ni possesseurs de fiefs. Ainsi, le droit de quart qui, avant la loi du 4 août 1789, avait été cédé régulièrement et de bonne foi, et avait été détaché du fief par le vendeur qui s'était réservé, sur les fonds qui en étaient grevés, *le fief et le droit de censive*, doit être considéré comme purement foncier dans les mains de l'acquéreur, et n'a conséquemment pas été aboli. — 10 niv. an 14. Civ. c. Sezée. D.A. 8. 506. D.P. 6. 1. 121. — Merlin, Rép., v° Champart, n. 3.

170. — Il en est de même d'un droit de *terrage*, quoique noble et féodal dans son origine, s'il avait été aliéné, avant la révolution, sous réserve de la directe, réserve qui faisait, entre les mains de l'acquéreur, une simple rente foncière. — 7 juill. 1807. Civ. c. Malapert. D.A. 8. 506. D.P. 7. 2. 115. — 25 avril 1820. Civ. c. Cosson. D.A. 8. 536. D.P 2. 287; 20. 430. — 23 juill. 1811. Civ. c. Castan. D.A. 8. 507, n.

171. — Mais si une rente seigneuriale n'avait été aliénée par le seigneur que postérieurement aux lois du 4 août 1789, elle avait conservé son caractère de féodalité qui en entraîne l'abolition (L. 17 juill. 1793, art. 1er et 2). — 2 mars 1807. Civ. r. Joly. D.A. 8. 507. D.P. 2. 282, et 7. 1. 173. — 5 germ. an 13. Civ. c. Coudrin. D.A. 8. 507, n. D.P. 5. 1. 451.

172. — ... Fût-elle même du nombre de celles conservées par la loi du 25 août 1792. — 11 nov. 1816. Civ. c. Caen. Gallot. D.A. 8. 507. D.P. 16. 1. 587.

173. — On a vu déjà que le fond inféodé ou acensé pouvait seul être aliéné; mais non les droits féodaux ou seigneuriaux; une rente noble et récognitive de la directe, demeure donc féodale, quoique, dans l'acte d'aliénation, le bailleur ait déclaré vouloir l'arroturer; elle tombe donc sous les lois abolitives de la féodalité. — D.A. 8. 505, n. 2.

174. — Jugé en ce sens que les droits essentiellement nobles et récognitifs de la directe ne pouvaient être arroturés par voie d'acensement. Ainsi, la clause d'arroturement d'une rente féodale, insérée dans l'acte d'aliénation de cette rente avant 1789, sous réserve de la directe, était nulle de plein droit, et

considérée comme non écrite ; et la rente, n'ayant pas perdu, par l'aliénation, son caractère de féodalité, n'a pu survivre à la loi du 17 juillet 1793.— 10 fév. 1806. Civ. c. Chauvin-Dubreuil. D.A. 8. 508. D.P. 6. 1 295.

175. — L'arroturement d'une pareille rente, fût-il possible, ne serait valablement fait qu'autant que le seigneur se réserverait la directe sur les ténèmens grevés de la rente. — Même arrêt. — Merlin, Rép v° Cens, § 2, n. 8.

176. — D'où il résulterait qu'en transférant le seul droit qui fût récognitif de sa seigneurie directe, le seigneur transférait sa seigneurie directe elle-même. — Merlin, v° Terrage, n. 3; Henrion, v° Franche aumône.

177. — Le seigneur qui, dans la cession d'une rente féodale, ne s'est pas réservé la directe, n'en a pas changé la nature. La réserve qu'il a faite d'*un denier de cens par tenue* étant illégale et contraire a la règle, *cens sur cens ne vaut*, la vente a donc conservé son caractère féodal.—29 avril 1811. Civ. r. Guyonnet. D.A. 8. 509. D.P. 11. 1. 497. —19 juill. 1821. Poitiers. de Cressac. D.A. 8. 509. D.P. 2. 282.

178. — Celui qui, pour prix de vente de biens féodaux par lui acquis, s'est engagé à servir une rente arroturée, dont les vendeurs étaient charges, n'est pas fondé à se prévaloir, contre le créancier de la rente, des exceptions de réduction accordées par la loi du 28 mars 1790, à ceux qui ont acquis, moyennant bail à rente, des biens féodaux ou mélangés de féodalité.. .. Dans ce cas, il ne serait pas exact de prétendre non plus que la rente arroturée a changé de nature, et est redevenue féodale. — 19 fév. 1829. Req. Duvergier. D.P. 29. 1. 156.

§ 9. — *De la preuve du caractère de féodalité.*

179. — La preuve de la féodalité d'une rente se puise dans les clauses de l'acte constitutif. — D.A. 8. 510.

180. — Les énonciations féodales qui se trouvent dans l'acte récognitif d'une rente ne peuvent en altérer la nature, telle qu'elle est déterminée par le titre primordial. — 25 avril 1820. Civ. c. Cassan. D.A. 8. 536. D.P. 20. 1. 420.

181. — Ainsi, une redevance qui, dans les actes de reconnaissance, a été qualifiée seigneuriale avec stipulation de divers droits féodaux, n'a pas été comprise dans la suppression, lorsque, dans le titre primordial representé par le créancier, on ne trouve aucun signe de féodalité. — 27 sept. 1813. Civ. r. Marais. D.P. 14. 1. 161.

182. — Le créancier d'une rente qui prétend qu'elle est purement foncière et non féodale, ne peut suppléer à la représentation de l'acte primordial d'acensement par celle d'une ou plusieurs reconnaissances (L. 25 août 1792, art. 5).—22 plairial an 12. Civ. c. Comm. de Vaudoncourt. D.A. 8. 491. D.P. 2, 281.

183.— Lorsque le titre constitutif de la rente due à un particulier non seigneur, n'est pas représenté, elle est présumée foncière toutes les fois que le contraire n'est pas prouvé. — 17 niv. an 13. Civ. c. Enreg. C. Darnot. D.A. 8. 510. D.P 5. 1. 283. — Même principe.— 22 prair. an 9. Civ. c. Comm. de Gueberschwir. D.A. 8. 510, note.

184.—Cette présomption se fortifie si, dans l'acte de reconnaissance de la rente, elle a été qualifiée d'*arrière-cens*, et s'il a été déclaré qu'elle était due sans aucune directe seigneuriale ni plaid. — Même arrêt Darnot.

Mais est atteinte, par les lois suppressives de la féodalité, la redevance de deux pugnères d'avoine, lorsque la dénomination de cens annuel et perpétuel, portant lods et ventes, est insérée dans la reconnaissance de cette prestation, et que le titre primordial n'étant pas représenté, rien ne justifie la non existence du caractère de féodalite attribue par l'acte récognitif (L. 17 juill. 1793, art. 1er). — 16 avril 1828. Civ. c. Dorel. D.P. 28. 1. 225.

185.— Toutefois, dans les pays étrangers à la maxime *nulle terre sans seigneur*, c'est à celui qui allègue la féodalité à établir que la rente due à un seigneur est féodale, et si le titre constitutif n'offre pas la preuve de la féodalité de la rente, elle ne peut résulter des stipulations ultérieures insérées dans les titres confirmatifs (C. civ. 1337).—14 juill. 1814. Req. Bertrand. D.A. 8. 511. D.P. 2. 283. — Conf. Dall. 510, n. 1 et 2.

186. — Le débiteur qui avoue l'existence d'une rente qui avait été servie par un seigneur à un autre seigneur, ne peut pas exiger que le creancier qui lui réclame les arrérages produise le titre primordial pour établir que la rente n'est pas féodale, si d'ailleurs il n'existe aucune trace de sujétion féodale entre le créancier et le débiteur de la rente. — 11 fév. 1806. Civ. r. Pibaleau. D.A. 8. 510. D.P. 6. 2. 84.

187.— Lorsqu'un même titre est récognitif de redevances foncieres et de redevances mélangées de féodalité, mais par des énonciations distinctes, et sans liaison entre elles, il n'y a pas lieu d'admettre la preuve du mélange de féodalité; du moins, il en était ainsi dans les départemens réunis de la rive gauche du Rhin (L. 17 juill. 1793, art. 1er; décr. du 9 vend. an 13, art. 6).—9 flor. an 13. Req. Comes. D.A. 8. 519. D.P. 2. 284.

Jugé que l'arrêt qui, par appréciation de titres nouveaux, reconnait que la permission accordée, sous le régime féodal, par un seigneur, de construire une tuilerie et de l'exploiter, moyennant une redevance annuelle, émane de la puissance féodale, échappe à la censure de la cour suprême, bien que le titre primordial n'ait été ni apprécié ni même produit. —5 mars 1827. Civ. r. Colmar. Préfet du Bas-Rhin. D.P. 27. 1. 160.

ART. 3.— *Diverses espèces de droits féodaux.*

188.—L'assemblée constituante avait établi entre les divers droits féodaux des distinctions que la loi du 17 juill. 1793 a supprimées, en ne conservant que les redevances foncières. Dans cet état de choses, la plupart des questions relatives aux droits spéciaux se résolvent à l'aide des principes déjà tracés.— D.A. 8. 511.

§ 1er.— *Droits d'aînesse, Masculinité, Infançon.*

189.— La distinction de l'inégalité de partages à raison des priviléges féodaux ou de la qualité des personnes, a été spécialement proclamée par la loi du 15-28 mars 1790, art. 11, tit. 1er.

190. — Cet article contient une exception en faveur des mariés ou veufs avec enfans, confirmée par une loi du 8-15 avril 1791, mais abrogée par un décret du 4 janv. 1793.— D.A. 8. 511

191.—La mère pouvait, sous la coutume d'Artois, et avant l'abolition du droit d'aînesse, priver, par testament, son aîné de toute portion dans les biens libres, pour le cas où il viendrait à exercer son droit d'aînesse. — 12 germ. an 9. Civ. c. Topart. D.A. 8. 511, et 5. 314. D.P. 2. 283.

192. — Dans les ci-devant provinces de Navarre, de Béarn et de Labour, les expressions d'*infançon* et de *noble* n'étaient pas tellement synonymes, que les tribunaux aient dû, à peine de cassation, avant la loi du 15 mai 1790, appliquer aux biens infançons l'ordre de succession tracé pour les biens nobles.— 23 flor. an 13. Civ. r. D'Hopital. D.A. 8. 512. D.P. 2. 283.— Merl., Rép., v° Infançon.

193. — L'exception consacrée par l'art. 11 de la loi du 15 mars 1790, ayant pour objet l'inégalité dans les partages de droits certains et acquis, et non l'exclusion de *tout* partage, ou la simple expectative de certains droits, ne peut être étendue au droit conféré par l'usement de quévaise, c'est-à-dire au droit établi en Bretagne en faveur du plus jeune, de recueillir l'héritage tenu en quévaise, exclusivement aux autres enfans, alors d'ailleurs qu'à l'époque de l'inégalité des partages, il pouvait survenir encore des enfans à l'auteur commun.— 18 mai 1812. Rennes. Quemeur. D.A. 8. 513, n.

194.— Les exceptions qui, dans les lois des 15-28 mars 1790 et 8-15 avril 1791, maintenaient, en faveur des mariés ou veufs avec enfans, des avantages résultant des anciennes lois féodales, ne concernaient que les héritiers présomptifs du dernier possesseur du fief, et les parens appelés en égal degré à une succession commune. Ainsi, lorsque deux frères ayant joui par indivis d'une succession dépendant d'un fief masculin, l'un d'eux est décédé depuis l'abolition de la féodalité, et avant le 4 janv. 1793, laissant une fille, les enfans de celui qui a survécu ne peuvent opposer à celle-ci le droit de masculinité pour l'exclure de la succession. — 3 juin 1823. Civ. c. Girardy. D.A. 8. 512. D.P. 2. 283.

§ 2. — *Des banalités.*

195.— Le mot banalité, dans toute son extension, signifie le droit d'interdire aux *baniers* la faculté de faire certaines choses, autrement que de la maniere prescrite; ce droit portait principalement sur les moulins, fours et pressoirs.— D.A. 8. 513, n. 1 et 2; Henrion, *Diss. féod.*, v° Banalité, § 1er.

196. — Les banalités étaient légales, suivant des coutumes; conventionnelles, suivant d'autres. Ces dernières étaient réelles ou personnelles, suivant leur origine, et prescriptibles quand elles formaient une stipulation indépendante du cens. Les banalités légales étaient imprescriptibles, parce qu'elles n'étaient pas le fait du seigneur. — D.A. 8, 514, n. 3; Henrion, *loc. cit.*, § 2, 7, 15, 16; Roll., v° Banalité, n. 2 et 3.

197. — Les banalités féodales étaient des servitudes seigneuriales qui ne pouvaient appartenir qu'au seigneur, et qui ne s'établissaient que de son consentement.—Henrion, §§ 5; D.A. 8. 514, n. 4.

198.—Etaient affranchis, de la banalité le seigneur de la paroisse, celui du fief, les nobles, gens d'église, les boulangers, ceux qui avaient reçu du dommage à l'usine, et ceux qui en étaient éloignés. —Henrion, § 8; D.A. 8. 514, n. 5.

199.—Une banalité ne pouvait être établie ou reconnue que du consentement unanime de tous les habitans.—Henrion, § 7; D.A. 8. 514, n. 6.

200.— La concession d'une banalité faite par une commune, oblige ceux qui habitent et ceux qui habiteront la commune.— 31 mai 1830. Aix. Sicard. D.P. 30. 1. 263.

201.— Tous les droits de banalité, principaux et accessoires, sont abolis, tant par la loi des 15-28 mars 1790, que par le décret des 17, 19, 20 et 27 sept. 1790.— D.A. 8. 514, n. 7 et 8; Roll., v° Banalité, n. 4, 5 et 6.

202. — La demande d'une indemnité pour la suppression d'un droit, tel, par exemple, que le privilége de banalité possédé en vertu d'un bail emphytéotique, n'est pas admissible ; ceux qui l'ont acquis ne peuvent demander que la résiliation de leur bail. — 6 juin et 2 juill. 1807. Décr. Faber.

203. — Sont seulement exceptées les banalités établies par une convention entre une communauté d'habitans et un particulier non seigneur ou même avec un seigneur, si celui-ci avait fait à la communauté quelque avantage de plus que de s'obliger à tenir les objets banaux en bon état. Enfin, celles qui auraient pour cause une concession, par le seigneur, d'un droit d'usage dans les bois ou prés, ou de communes en propriété (L. 15-28 mars 179), art. 24). — D.A. 8. 514, n. 7. — V. Rolland. v° Banalité, n. 7 et suiv.

204. — L'art. 5 de la loi du 25 août 1792, qui paraît supprimer sans indemnité toutes les banalités rachetables, n'a réellement entendu supprimer de ces banalités que celles seigneuriales dont parlent les n. 2 et 3 de l'art. 24 de cette loi, et non celles du n. 1er, fondées sur une convention entre une commune et un particulier non seigneur. — 7 frim. an 13. Civ. c Bechelu. D.A. 8. 515. D.P. 5. 1. 123. —5 fév. 1816. Civ. r. Beinet. D.A. 8. 515. D.P. 16. 1. 117.

205.— Est sujette à réduction, la rente purement fonciere créée par un bail à locatairie perpétuelle, pour prix d'un droit de banalité supprimé par la loi du 15 mars 1790, encore que, dans le bail, il ait été stipulé qu'en aucun cas la redevance ne serait augmentée ni diminuée. — 7 vent. an 12. Civ. c. Montpellier. Salesse. D.A. 8. 514. D.P. 4. 1. 328.

206 — L'art. 38 de la loi du 15 mars 1790 forme un droit nouveau qui embrasse indistinctement toute espèce de baux à rente ; ses dispositions ne peuvent, conséquemment, être restreintes ni modifiées par les principes du droit romain ou de toute autre législation antérieure à la suppression de la féodalité. — Même arrêt.

207. — On doit présumer féodale, et déclarer abolie, une banalité réclamée par une commune, lorsque, dans l'acte constitutif, ce droit est stipulé au profit d'une personne reconnue comme seigneur, et lorsque, d'ailleurs, il n'est point justifié que tous les habitans aient concouru à établir cette servitude, ni à l'acquérir postérieurement, ni qu'ils s'y soient tous individuellement soumis depuis cette acquisition. — 31 mars 1813. Civ. r. Turin. Comm. de Fossano. D.A. 8. 516. D.P. 2. 283.

208. — Un préfet n'est pas compétent pour apprécier un droit de banalité ni juger la question de féodalité.— 11 août 1808. Décr. Doria.

209. — La législation actuelle ne permet, sous aucun prétexte, de renouveler, en faveur des communes, les banalités de leurs usines, même celles acquises par elle à titre onéreux : ainsi, l'adjudication, avec charges et clauses banales ayant existé depuis long-temps, de la ferme d'un moulin à recense, servant à repasser le marc des olives, est nulle, quoiqu'approuvée par le préfet (L. du 15 mars 1790, tit. 2 ; 2° du 25 août 1792, avis du cons. d'état, du 23 vend. an 14). — 29 avril 1809. Décr. cons. d'état. Félix et David C. Giraud.

§ 3. — *Des droits de champart, Agriers, Arages, Terrages*, etc.

210. — Sous le nom générique de champart (*campi pars* ou *partus*), on comprend les différens partages des fruits d'un héritage avec le propriétaire. Suivant les provinces, ce droit s'appelait agrier, arage, terrage, tasque, tâché, quart, cinquain, vingtain, etc. — D.A. 8. 516, n. 1.

211. — Le champart n'était point essentiellement féodal. Il pouvait être, 1° censuel, s'il tenait lieu de cens; 2° seigneurial, s'il était établi par le seigneur dans un bail à cens, et que l'héritage étant déjà grevé d'un cens, les deux prestations fussent distinctes; 3° purement foncier, s'il appartenait à un autre que le seigneur. — D.A. 8. 516, n. 2; Henr., v° Champart; Merl., Rép., v° Terrage.

212. — Ce droit est donc féodal ou purement foncier, suivant les conventions et les actes qui l'établissent ou le modifient. — 7 juill. 1807. Civ. c. Malapert. D.A. 8. 506. D.P. 7. 2. 115. — 2 janv. 1809. Civ. c. Malapert. D.A. 8. 507. D.P. 9. 2. 7.

213. — Tenu en foi et hommage, et sous la charge d'un relief aux mutations, c'est un droit féodal. — 16 fév. 1809. Req. Rapsaet. D.A. 8. 519. D.P. 2. 284.

214. — S'il n'est pas prouvé que le seigneur qui possédait un champart seigneurial se soit, en l'aliénant, *réservé la directe*, le champart est légalement présumé avoir été transféré avec la directe; et conséquemment avoir conservé son caractère de féodalité. — Même arrêt.

215. — Cependant, un arrêt ne viole aucune loi, lorsque, après avoir jugé qu'il existait sur les biens grevés d'un terrage un cens récognitif de la directe, il considère ce terrage comme purement foncier. — 12 oct. 1814. Civ. r. Dayner. D.A. 8. 520. D.P. 15. 1. 58.

216. — Le droit de terrage qui, sous la coutume de Landrecie, appartenait au roi comme seigneur, et qui dépendait du domaine de la couronne, était féodal, et n'a pas changé de nature entre les mains de l'acquéreur, quoiqu'il ait été vendu à celui-ci, non seigneur, pour en jouir en roture. La décision qui, sur ce fondement, lui ordonne, avant d'adjuger sa demande en paiement de ce droit, d'établir par le titre primitif qu'il n'est pas féodal, ne viole expressement aucune loi. — 30 juill. 1817. Civ. r. Manesse. D.A. 8. 520. D.P. 18. 1. 31.

217. — Le terrage, dans les mains d'un particulier non possesseur de fief, est, de droit commun, réputé droit foncier, si le contraire n'est établi par le titre ou par le statut local. — 17 flor. an 12. Civ. c. Thobois. D.A. 8. 517. D.P. 4. 1. 403.

218. — Il en est ainsi, lors même qu'il aurait été stipulé au profit de plusieurs personnes, du nombre desquelles était le seigneur possesseur d'un fief dans lequel était enclavée une partie des fonds assujettis à ce droit, s'il n'est pas prouvé que ces fonds ont été concédés pour prix de terrage, et détachés du gros de ce fief avant la concession. — Même arrêt.

219. — La circonstance que les fonds grevés du terrage sont tenus en fief, n'empêche pas cette présomption, si le fief ne forme entre les mains du possesseur qu'un fief *passif*; l'art. 17 de la loi du 25 août 1792 ne s'applique qu'aux fiefs dominans, et non aux propriétaires du fonds servant. — Même arrêt.

220. — Les droits de percière ou champart ne sont pas, dans les pays d'allodialité, c'est-à-dire dans les pays où la maxime *nulle terre sans seigneur* n'était pas admise, présumés tenir à la féodalité, par cela seul que les titres primitifs n'en sont pas rapportés. — 24 vend. an 13. Civ. r. Jacoux. D.P. 5. 1. 88.

221. — Ainsi, dans les départemens réunis situés sur la rive gauche du Rhin, les redevances de partraisin, dues même à des seigneurs, sont, dans le doute, présumées purement foncières. — Elles ont ce caractère, quoique le titre de leur création contienne la stipulation de la rentrée du bailleur en cas de mauvaise culture, ou d'aliénation sans son consentement. — 9 flor. an 13. Req. Comes. D.A. 8. 519. D.P. 2. 284.

222. — Dans les pays de droit écrit, le droit de champart, ou la redevance qui en tient lieu, est considéré comme une prestation purement foncière, s'il n'y a titre contraire, quoique d'ailleurs il se soit glissé dans les actes récognitifs de cette prestation quelques expressions impropres ayant trait à la féodalité. — 23 juin 1807. Civ. c. Gualy. D.A. 8. 518. D.P. 8. 2. 13.

223. — Un droit de terrage n'a point été supprimé comme mélangé de féodalité, lorsqu'il n'est pas constaté qu'il ait été créé simultanément avec un cens dont étaient grevés les biens soumis au terrage.

— 12 oct. 1814. Civ. r. Dayner. D.A. 8. 520. D.P. 15. 1. 58.

§ 4. — *Du droit de chasse.*

224. — L'abolition du droit de chasse, en tant que seigneurial, prononcée expressement par le décret du 4 août 1789, a été confirmée par les lois postérieures (V. Chasse. — Henrion, *Diss. féod.*). — Le droit de colombier a eu le même sort. — Henrion, v° Colombier, *Nouv. rép.*; D.A. 8. 521, n. 1, 2.

225. — La suppression du droit seigneurial de chasse donne lieu à la réduction d'une rente formant le prix d'un usufruit acquis avant la révolution, et dans lequel était compris un droit de chasse (art. 38, tit. 2, l. du 15 mars 1790). — 26 pluv. an 11. Req. Goullard. D.A. 8. 521. D.P. 3. 2. 597; — Merl., *Quest. de droit*, v° Bail à rente.

§ 5. — *Du complant, des rentes colongères et convenancières.*

226. — 1° *Du complant.* — Le droit de complant était la portion que le seigneur prenait sur les fruits des vignes qu'il avait données à complanter et à cultiver. — D.A. 8. 521, n. 1er.

227. — Comme les champarts, le complant était purement foncier ou féodal, et par suite maintenu ou supprimé suivant les clauses de l'acte constitutif. — D.A. 8. 521, n. 2.

228. — Il est seigneurial, s'il est le prix d'un bail qui a pour effet de tranférer la propriété du fonds au preneur, et qui oblige celui-ci à payer au bailleur qui est seigneur, un droit de garde. — 10 oct. 1808. Civ. r. Trinquelane. D.A. 8. 522. D.P. 2. 284, et 9. 1. 84.

229. — Cela est vrai, encore que la translation de la propriété ait eu lieu sous une condition résolutoire, si l'événement de cette condition dépend uniquement de la volonté du preneur. — Même arrêt.

230. — Lorsque le bail ne rend pas les preneurs propriétaires ou fermiers perpétuels et incommutables de l'héritage concédé, le complant doit être assimilé au domaine congéable, il subsiste sans que le bailleur puisse être forcé au rachat (Avis du cons. d'état, du 2 therm. an 8, approuvé le 4). — D.A. 8. 521, n. 3; Merl., Rép., v° Vigne.

231. — 2° *Des rentes colongères.* — Le bail à rente colongère consistait dans l'aliénation que de grands propriétaires faisaient de terrains considérables et presque toujours incultes, moyennant un canon uniforme; ce qui distinguait ce contrat, c'était la stipulation que tout ce qui concernait l'exécution de l'acte serait soumis à une cour colongère désignée par l'aliénateur. — D.A. 8. 523.

232. — La redevance, appelée dans les pays allodiaux, et spécialement dans l'Alsace, rente colongère, étant une rente foncière, n'est présumée ni féodale ni censuelle, s'il n'y a preuve positive qu'elle le soit. On ne peut induire, de ce qu'elle a été entre les mains d'un seigneur, qu'elle participe au caractère de féodalité. — 3 pluv. an 10. Req. Fluten. D.A. 8. 523. D.P. 2. 284, et 3. 1. 425. — Conf. D.A. *eod.*

233. — Si le seigneur ne s'était pas réservé expressément la foi et hommage, les charges et conditions féodales insérées accessoirement dans le contrat de rente ne lui enlevaient pas son caractère foncier. — 1er juillet 1814. Colmar. Diémer. D.A. 8. 523.

234. — Il n'y a pas réserve de la foi et hommage, ni caractère de féodalité dans une rente colongère contenant soumission, par les colongers, au serment d'être fidèles, affectionnés, etc., à l'obligation de dénoncer les délits de pêche, de chasse et à la dîme. — 27 août 1814. Colmar. Teutsch. D.A. 8. 523.

235. — Il en doit être de même, encore que la rente ait été possédée *comme fief* avant le 4 août 1789, si le redevable n'avait jamais été lié envers le créancier par aucun rapport féodal ni censuel. — 26 pluv. an 11. Marquès. D.A. 8. 525, n. 8. D.P. 3. 1. 595.

236. — 3° *Des rentes convenancières.* — La rente convenancière forme le prix de la concession à titre de domaine congéable. — D.A. 8. 524. — V. Domaine congéable.

237. — Les rentes convenancières, bien que créées originairement avec mélange de féodalité, sont encore dues aujourd'hui; ce qu'elles contenaient de féodal a seul été aboli. — 5 déc. 1808. Req. Laurent. D.A. 8. 524. D.P. 2. 285, et 9. 1. 5.

238. — Quoique le bailleur à domaine congéable, sans exprimer l'intention de vouloir convertir son domaine en fief ou féage, ait déclaré renoncer à congédier le preneur, à la charge par celui-ci de payer

une rente féodale et seigneuriale, il peut être réputé n'avoir ni entendu faire féage, ni, par suite, avoir aliéné la pleine propriété; et, en conséquence, la rente peut être déclarée, comme convenancière, n'avoir pas été atteinte par les lois qui ont supprimé le régime féodal, sans que l'arrêt qui le décide ainsi, par interprétation des clauses de l'acte, soit susceptible d'être critiqué devant la cour de cassation. — 25 nov. 1829. Civ. r. Bellechère. D.P. 29. 1. 410.

§ 6. — *Des dîmes.*

239. — On appelait dîme une portion de fruits ou de troupeaux due à certaines personnes nommées décimateurs.

240. — Les dîmes étaient ecclésiastiques, laïques ou militaires. — V. Merlin, Répertoire, v° Dîmes; D.A. 8. 524, n. 1.

241. — Les dîmes ont été abolies par le décret du 4 août 1789, la loi du 14 avril 1790, la loi du 23 oct., 5 nov. 1790. — La loi du 17 juill. 1793, rejetant toutes les distinctions des lois précédentes, n'a conservé que les prestations foncières, et a supprimé toutes les dîmes qui étaient dues comme redevances féodales ou censuelles, c'est-à-dire récognitives de la seigneurie directe. — D.A. 8. 524, n. 2; Merl., *Quest. de dr.*, v° Dîmes.

242. — Toute prestation qualifiée dîme, si elle n'est foncière de sa nature, étant supprimée, c'est à celui qui réclame une prestation qualifiée dîme, à prouver qu'elle est foncière. — 17 janv. 1809. Req. d'Hane-Steenhuyse. D.A. 8. 525. D.P. 9. 1. 51.

243. — La loi du 10 juill. 1791 ne s'occupe de la présomption légale du cumul de la dîme avec les redevances foncières, que pour les cas où les titres ne contiennent aucune stipulation particulière à cet égard; et l'arrêt qui, interprétant les clauses d'un contrat, a décidé qu'une redevance, stipulée dans cet acte, était la représentation de la dîme, ne saurait donner prise à la censure de la cour de cassation. — 24 mars 1829. Req. Préfet du Haut-Rhin. D.P. 29. 1. 199.

§ 7. — *De l'emphytéose et de la locatairie perpétuelle.*

244. — 1° *De l'emphytéose.* — Il faut distinguer les emphytéoses à terme des emphytéoses perpétuelles; les premières ne rentrent pas dans la classe des actes féodaux, puisque l'abandon du domaine utile et la réserve de la directe sont le caractère des concessions féodales. — D.A. 8. 525, n. 2; Merl., Rép., v° Emphytéose, § 5, n. 3.

245. — Un bail emphytéotique temporaire, à titre de bail et rente seigneuriale, est supprimé par la loi du 17 juill. 1793. — 14 vent. an 7. Civ. c. int. de la loi. D.A. 8. 526. D.P. 2. 285.

246. — Jugé au contraire que les stipulations féodales d'une rente qualifiée seigneuriale n'entraînent pas l'annulation d'un bail emphytéotique simplement temporaire (L. 17 juill. 1793). — 29 therm. an 10. Req. Demailly. D.A. 8. 526. D.P. 2. 285. — 1er août 1811. Rouen. Hosp. de Rouen. D.A. 8. 526. — Voy. n. 94, 100, 112.

247. — Quant aux redevances créées par des emphytéoses perpétuelles, elles doivent être considérées comme abolies, toutes les fois que, des titres y relatifs, il résulte que ces redevances sont ou récognitives de la seigneurie directe réservée par le bailleur, ou mélangées de droits récognitifs de cette seigneurie. — 1er mars 1808 et 17 janv. 1809. Avis cons. d'état. D.A. 8. 485. D.P. 8. 2. 59.

248. — Ainsi, doivent être déclarés supprimés comme féodaux ou mélangés de féodalité, 1° l'acte qui contient une réserve de seigneurie directe, un droit de lods et ventes, un de relief, et la soumission à la justice du bailleur pour toutes les contestations relatives à la terre concédée. — 4 juill. 1809. Civ. c. Solomon. D.A. 8. 527. D.P. 2. 286.

249. — 2° Celui qui contient la stipulation d'un droit relatif, et une soumission par le preneur à la justice du bailleur. — 5 juill. 1809. Civ. c. Thevenot. D.A. 8. 528. D.P. 9. 2. 128.

250. — 3° Le bail emphytéotique suivi d'une cession des héritages y énoncés, dans laquelle le bailleur est qualifié seigneur direct, et qui porte que les héritages sont dans sa mouvance, que le cessionnaire en jouira en nature de fief, qu'il sera payé un droit à chaque mutation par décès, et que le cessionnaire acquittera les autres charges féodales. — Même arrêt.

251. — 4° Celui qui est passé dans le pays de Porentruy, et où sont stipulés des droits de mutations,

de relief, et la peine de commise, encore que celui qui a constitué la redevance ne se soit pas qualifié seigneur.— 12 juill. 1809. Civ. c. Charlotte. D.A. 8. 527. D.P. 2. 285.

252. — 5° Les baux emphytéotiques de biens roturiers situés dans le Piémont, quoique les termes de mouvance, d'investiture et de dîme, aient été insérés dans les actes, surtout si les contractans n'ont eu en vue ni d'imposer, ni de consentir aucune soumission seigneuriale.— 9 mars 1811. Turin. Habitans de Gambasca. D.A. 8. 473, note. D.P. 10. 2. 3.

253.— Lorsqu'il est stipulé, dans un bail qualifié emphytéose perpétuelle, que l'aliénation faite au concessionnaire sera résoluble s'il ne laisse pas de descendans, cette clause ne constitue point une jouissance précaire, et n'empêche pas la pleine propriété d'être tansmise au preneur à perpétuité.— Ainsi, l'emphytéote n'est point, dans ce cas, exclu, comme le serait l'emphyteote temporaire, du droit d'invoquer les lois suppressives de la féodalité. — 12 niv. an 12. Civ. r. Anthès. D.A. 8. 535. D.P. 4. 1. 277.

254.— Lorsque deux emphytéoses, primitivement établies par des titres séparés, constituant, l'un, des rentes mélangées de féodalité, l'autre des prestations étrangères à la féodalité, sont cédées à une même personne, leur réunion n'a pas pour effet d'étendre le mélange de féodalité à celle des emphytéoses qui n'a aucun caractère féodal.— 8 fev. 1814. Civ. c. Patocky. D.A. 8. 528. D.P. 2. 286.

255.— La défense faite à l'emphytéote, de vendre, sans l'agrément du bailleur, et le droit réservé par ce dernier, de laudèmes en cas de ventes et de retrait de l'héritage, appartiennent à l'emphytéose, et ne la font pas dégénérer en inféodation ou acensement, lorsque le bailleur n'a stipulé ni devoirs ni réserves appartenant exclusivement à la féodalité. — Même arrêt.

256.— La rente créée dans un bail emphytéotique, non mélangé de féodalité, pour concession d'un immeuble et d'un droit féodal, tel qu'un cours d'eau ou une banalité de moulin, ne doit pas être supprimée, mais seulement réduite (L. 15 mars 1790, tit. 2, art. 38; l. 17 juill. 1793, art. 1er). — Même arrêt.

257. — La redevance stipulée dans un bail emphytéotique passé dans une province régie par la loi romaine, n'a pas été supprimée par les lois abolitives de la féodalité, par cela que l'acte a été qualifié d'acensement, et qu'il renferme une stipulation de lods et retenue, lorsque, d'ailleurs, il ne s'y trouve aucune clause appartenant exclusivement au régime féodal (L. 3 C. *de Jur. emphyt.*; l. 25 août 1792, art. 5). — 13 déc. 1820. Civ. r. Petit. D.A. 8. 529. D.P. 21. 1. 163.

258.— 2° *Locatairie perpétuelle.*— Le contrat de locatairie perpétuelle, qui a beaucoup d'affinité avec l'emphytéose, fut assimilé au bail à rente par l'assemblée constituante, et le rachat des rentes créées par des baux ainsi qualifiés fut autorisé par la loi du 18 déc. 1790, sauf le cas où l'acte porterait des caractères spéciaux de féodalité. — D.A. 8. 525, n. 4; Merl., *Quest. de dr.*, v° Locatairie perpétuelle, § 1er.

259. — Le rendage pour bail à locatairie perpétuelle n'est point aboli.— 14 vent. an 5. Civ. c. Girod. D.A. 8. 525. D.P. 2. 285.

§ 8. — *De la main-morte et des corvées.*

260. — Le droit de main-morte attachait les vassaux à la glèbe, les privait souvent de disposer de leurs biens et les livrait comme une propriété à leur seigneur, en quelque lieu qu'ils allassent résider.— D.A. 8. 530.

261.— Un édit royal du mois d'août 1789 affranchit de la main morte tous les domaines du roi.— La loi du 15 mars 1790, tit. 2, abolit sans indemnité tous les effets de la main-morte, en conservant les corvées et les charges réelles qui furent supprimées indistinctement avec tous les autres droits féodaux encore existans, par la loi du 17 juill. 1793.— D.A. *eod.*

262.— Un héritage cédé à un ci-devant seigneur, pour prix d'affranchissement de la main-morte, doit être restitué, lors même que la concession a été faite en partie à titre onéreux. — 10 pluv. an 6. Civ. c. Comm. de Magny-les-Jussey. D.A. 8. 530. D.P. 3. 1. 144.

263 — La règle établie par la coutume de Troyes, que l'argent rachète la main-morte, n'était pas commune à tout le bailliage de Troyes; elle était particulière à la prévôté de Troyes (Merl., *Quest de droit*, v° Main-morte, § 2). D'ailleurs, cette règle n'établissait qu'une présomption que la redevance a été constituée pour rachat de la main-morte, présomption qui cesse lorsque la redevance n'est pas fixe et irrévocable, mais consiste dans une taille à volonté droit emportant preuve de main-forte, et, par suite, de l'échute main mortable.— 17 flor. an 11. Sect. réun. c. Bruillard. D.A. 8. 531. D.P. 2. 286.

264.—Le droit de taille à volonté emportait, sans autre preuve, celui de l'échute main-mortable. — Même arrêt.

265.—Une redevance constituée sous l'empire de la coutume du Hainaut, est féodale, quoiqu'elle fût le prix de la concession d'un fonds. s'il a été stipulé la clause de tenir à *main-ferme*, et des corvées tombant en arrérages.— 8 juill. 1806. Civ. c. Pasbecq. D.A. 8. 531. D.P. 2. 287. — Merl. Rép., v° Main-ferme.

§ 9. — *Des mines.*

266. — Dans plusieurs provinces, les seigneurs, à raison le plus souvent de leur qualité de hauts-justiciers, avaient des droits sur les mines.

267. — Les redevances stipulées par eux pour prix de concessions de mines, étaient connues dans plusieurs coutumes et notamment en Hainaut sous le nom *d'entre-cens.*—Merlin. Rep.; D.A. 8. 532.

268. — La loi du 12 juill. 1791, qui maintint, pendant cinquante ans, les concessions déjà faites pour l'exploitation des mines, ne s'applique pas au droit *d'avoir en terre non extrayé*, qui n'était pas un droit de propriété, mais un droit de haute justice, déjà formellement aboli par les lois du 4 août 1789. — 16 vent. an 12. Civ. c. Deschuyluer. D.A. 8. 532. D.P. 4. 1. 370.

269. — Le droit que les seigneurs du Hainaut avaient de fouiller la mine et de s'approprier ce qui en était extrait, n'était pas une *propriété*, mais un attribut du seigneur haut-justicier; en conséquence, la redevance qu'ils percevaient, sous le nom d'entre-cens, de ceux auxquels ils avaient concédé la faculté d'exploiter la mine, n'avait pas pour cause une concession primitive *d'un fonds*, mais l'exercice d'un privilege attribué au seigneur, et elle se trouve comprise dans l'abolition prononcée par les lois des 25 août 1792 et 17 juill. 1793. — Même arrêt.

270.—Il en est surtout de même si. outre la prestation, il avait été stipulé dans le même acte de concession des droits éminemment féodaux et seigneuriaux. — 13 fév. 1810. Civ. r. Dom. C. Heydt. D.A. 8. 535, n. 1.

271. — Dans un pays où la coutume déclarait que les mines de charbons appartenaient aux propriétaires de la surface, seigneur ou non, la prestation annuelle que le seigneur s'est réservée pour prix de l'exploitation d'une mine de charbons dans l'héritage dont il était propriétaire, ne doit pas être considérée comme féodale, si d'ailleurs la concession ne contient ni cens ni réserve dérivant de la féodalité. Elle doit être considérée comme un loyer ou fermage, et les cessionnaires sont, en conséquence, sujets aux droits de mutation établis pour les baux. — 21 déc. 1808. Civ. c. Enreg. C. Fontaine. D.A. 8. 534 D.P. 2. 287.

272. — Jugé que l'exploitation des mines n'était point un attribut de la puissance féodale, et qu'elle n'appartenait, anciennement comme aujourd'hui, qu'à celui qui en avait obtenu la concession de l'autorité.—5 mars 1831. Angers. Toullon. D.P. 31. 2. 165.

273. — Qu'en conséquence, on ne peut regarder comme entachée de féodalité la rente conservée au profit d'un ancien seigneur, pour cession de l'exploitation d'une mine que l'ancien conseil lui avait concédée. — Même arrêt.

274. — On a pu décider que la concession faite à un particulier par *le seigneur d'une baronnie*, soit en cette qualité, soit comme *propriété de fonds*, d'une mine de charbon de terre à exploiter moyennant une rente à titre de redevance, ne présentait aucun caractère féodal (L. 15 mars 1790, 13 avril 1791 et 17 avril 1793). — 16 mai 1833. Req. Monti. D.P. 33. 1. 218.

§ 10. — *Des moulins.*

275. — Les seigneurs jouissaient généralement du droit exclusif de cours d'eau, de celui de bâtir des moulins sur les rivières non navigables. et de celui qu'on appelait *droit de vent.* — D.A. 8. 534; 1. 2; Henrion, v° Banalités, § 20 et suivans.

276. — Le seigneur haut-justicier était maître des eaux qui coulaient en sa seigneurie.—17 juill. 1830. Grenoble. Chazel. D.P 31. 2. 86.

277. — La banalité d'un moulin à eau n'entraînait pas de plein droit celle des moulins à vent. — Henrion, *ibid.*, § 27; D.A. 8. 534, n. 2.

278. — Les lois de 1790 et 1793 qui, tout en supprimant les banalités, ont exempté de la suppression les moulins possédés par les seigneurs, sont censées avoir exempté pareillement les eaux nécessaires pour les faire mouvoir, et l'excédant est entré dans le droit commun. — 17 juill. 1830. Grenoble. Chazel. D.P. 31. 2. 86.

279. —Les redevances stipulées par des seigneurs pour le droit accordé par eux de bâtir des moulins, étaient féodales.—Merlin, Rép., v° Moulin, § 7, art. 4, n. 4; D.A. 8. 534, n. 3.

280. — Dans l'Alsace, par exemple, il y avait lieu à la réduction d'une rente qu'un seigneur s'était réservée en concédant un fonds (adjacent à un canal non navigable, mais dérivant d'une rivière navigable), avec la charge d'y bâtir un moulin à eau, réduction proportionnelle à la valeur du cours d'eau dont la concession résulte nécessairement de l'obligation stipulée de bâtir le moulin.—12 nivôse an 12. Civ. r. Colmar. Anthès. D.A. 8. 535. D.P. 4. 1. 277.

281. — Jugé, sans égard à cette réduction proportionnelle, qu'en Alsace la redevance stipulée par un seigneur, pour prix de la concession d'un moulin et d'un cours d'eau sur une rivière non navigable, situé dans la justice et dans la directe de ce seigneur, a pu être déclarée abolie pour cause de mélange de féodalité. — 13 fév. 1810. Civ. c. Dom. C. Heydt. D.A. 8. 535, n. 1.

282. — Est aussi féodale la concession d'un fonds, à charge de reconstruire un moulin, lorsque le moulin est situé dans la justice et le fief du concédant, et que le bail, quoique qualifié emphytéose, contient des stipulations féodales qui lui confèrent le caractère d'un cens seigneurial — 12 niv. an 12. Civ. r. Colmar. Authès. D.A. 8. 535. D.P. 4. 1. 277.

283.—Le seigneur qui, ayant pris à bail, à charge de rente foncière, avec des stipulations féodales, un moulin situé hors l'étendue de sa seigneurie, concède son titre à un nouveau preneur, à charge par lui d'acquitter au bailleur primitif les prestations féodales convenues, et se réserve dans l'acte la cession des droits seigneuriaux sur ce moulin, sous la condition qu'il en acquerra la seigneurie, ne fait point, par cet acte, une clause frappée par les lois abolitives de la féodalité, si la condition ne s'est pas accomplie. — 25 avril 1820. Civ. c. Cassan. D.A. 8. 536. D.P. 2. 287, et 20. 1. 430.

284.— L'abolition du régime féodal n'a point frappé la clause d'une transaction où a été stipulée la démolition d'un moulin, et la défense de le rétablir, encore que la partie au profit de laquelle elle a été insérée eût été qualifiée de seigneur, si elle n'a stipulé que comme propriétaire. — 6 therm. an 13. Req. Delespine. D.A. 8. 536. D.P. 2. 287.

285. — Un acte par lequel un seigneur avait cédé à des tiers la propriété d'un moulin et des eaux qui servaient à l'alimenter, a pu être annulé comme entaché de féodalité — 6 janv. 1824. Civ. r. Colvray. D.A. 12. 20. D.P. 2. 905, n. 3.

286.— Il y a toujours présomption que le droit de *cours d'eau*, qui appartenait aux anciens seigneurs, en cette qualité, est entré pour partie dans la fixation de la rente, moyennant laquelle ils ont fait concession d'une usine mue par un cours d'eau, et, dès lors, le débiteur de la rente a pu, depuis l'abolition du droit dont il s'agit, demander une diminution de sa redevance, diminution qui doit être calculée d'après la valeur que pouvait avoir le droit à l'époque de la concession.— 8 fev. 1828. Colmar. Keller. D.P. 29. 2. 92.

§ 11.— *Des droits de péage, Hallage, Passage,* etc.

287.— Après diverses modifications et exceptions portées par les lois de 1790 et 1792, la loi du 17 juillet 1793 réduisit pour les droits de péage, passage, hallage, pontonage, barrage, courtage, comme pour tous les autres droits, la question de savoir si le droit ou la redevance qui les représentait était une rente foncière ou seigneuriale. — D.A. 8. 538.

288.— Le particulier qui s'était obligé, pour prix de concession d'un moulin, d'entretenir un pont sur lequel le seigneur concédant percevait un droit de péage payé par la commune, a été, par la loi du 15 mars 1790, qui a aboli le droit de péage et dispensé le seigneur de l'entretien du pont, affranchi de son obligation, la commune n'a pas plus d'action contre lui qu'elle n'en aurait contre le seigneur.— 3 mai 1806. Req. Comm. de Montepers. D.A. 8. 538. D.P. 6. 1. 385.

289.— Mais la suppression des droits de péage perçus sur les ponts ne concerne que ceux qui appartenaient au seigneur; ceux qui se perçoivent au profit des communes, et qui ont pour objet l'entretien et la réparation des ponts, sont conservés

(L. 25 août 1792, art. 7; loi 17 juill. 1793, art. 1 et 2).—26 germ. an 7. Civ. c. Enreg. C. Lollier. D.A. S. 558. D.P. 2. 288.

290.—Jugé aussi qu'on ne peut considérer comme féodal et supprimé un droit de péage perçu à l'occasion d'un pertuis situé dans l'enclos d'une seigneurie, si ce pertuis est établi sur une rivière navigable et flottable, et, comme telle, ayant toujours fait partie du domaine public.— 23 fév. 1825. Req. Paris. Préfet de l'Yonne. D.P. 25. 1. 123.

291.—Un droit de courtage consistant en pesage, mesurage, jaugeage et autres menus droits sur les denrées entrant dans une commune, a été supprimé, sans indemnité, par la loi du 15 mars 1790, sans qu'il y ait lieu de distinguer si ce droit était possédé par un seigneur, ou s'il l'était par un particulier non seigneur.—12 janv. 1825. Req. Montpellier. Tauriac. D.P. 25. 1. 139.

292.—Un pareil droit était d'ailleurs seigneurial, s'il s'était exercé comme mesure de police par un acquéreur représentant une commune à laquelle il avait été cédé par un roi de France.— Même arrêt.

293.—Ce droit et autres semblables, supprimés sans indemnité par la loi du 15 mars 1790, spécialement relatif à cette espèce de droits, ne peuvent pas être confondus avec les banalités non féodales déclarées rachetables par les art. 23 et 24 de la même loi.—Même arrêt.

294.—L'impôt municipal de pesage et mesurage établi par la loi du 29 flor. an 10 diffère essentiellement des anciens droits supprimés par la loi du 15 mars 1790. En conséquence, celui à qui une commune aurait autrefois vendu un droit de courtage, ne peut, en vertu du principe qui défend de garder le prix et la chose, demander contre cette commune, dans laquelle aurait été établi un bureau de pesage et mesurage, la restitution du prix de l'ancien droit de courtage.— Même arrêt.

295.—Le propriétaire d'un bachot à poissons qui a obtenu, en 1786, moyennant une redevance annuelle, le droit de l'attacher, dans l'intérieur d'une ville, spécialement à Lyon, sur les rives du fleuve, à l'effet d'y vendre cette denrée, n'est pas fondé à réclamer l'abolition de sa redevance, en vertu de la loi du 11 frim. an 7.— 21 août 1816. Ord. cons. d'état. Ravoir.

§ 12.— *Du droit de retrait.*

296.—L'art. 10, tit. 1er de la loi du 15 mars 1790 prononce l'abolition du retrait féodal.

297.—Toute demande en retrait, non jugée en dernier ressort avant cette loi, a été sans effet (Décr. du 17-21 mai 1790).— D.A. S. 558.

298.—Le décret du 19 juill. 1790 supprime le retrait lignager, celui de mi-denier et plusieurs autres de même nature. D'autres lois postérieures ont également aboli le retrait connu dans le ressort du parlement de Toulouse sous le nom de *rabattement de décret*.— D.A. S. 559.

299.—Les procès relatifs au droit de rapprochement et non décidés par un jugement en dernier ressort, étant éteints par cette publication, le jugement qui lui est postérieur doit être cassé.— 21 niv. an 10. Civ. c. Delacourt. D.A. S. 559.

300.—L'immeuble situé dans le pays de Liége, qui, aux termes de la coutume du lieu et de l'édit de Charles-Quint, pouvait être racheté à perpétuité des héritiers, s'il avait été vendu à des corps ecclésiastiques, n'a pu, sous l'empire des lois françaises, former l'objet d'une demande en *rapprochement*; le rapprochement étant un retrait de même nature que les retraits et le droit de rabattement supprimés par les lois abolitives de la féodalité, s'est trouvé compris dans la suppression, depuis leur publication dans les départemens réunis.— Même arrêt.

301.—Est frappé par les lois suppressives du régime féodal, et ne peut conséquemment servir de base à une inscription hypothécaire, le titre contenant un retrait *féodal conventionnel*, avec faculté de le convertir en un *droit de bienvenue*. Peu importe que le seigneur qui l'a stipulé l'ait établi au profit d'une communauté de religieux.— 22 janv. 1828. Civ. r. Muriette. D.P. 28. 1. 110.

— V. Cassation, Communes, Domaines congéables, Fabriques, Hypothèques, Louage, Mines, Nom, Péage, Pêche, Propriété, Voirie.

TABLE SOMMAIRE.

Abolition. 22, s.—(effet) 59, s.
Acensement. 29, 85, 174, 257.
Acquiescement. 64.
Acte récognitif. 55, s. 180.
Aînesse. 189, s.
Alleux. 3, s.

Amende distincte. 73.
Arage. 210.
Arbitrage. 68.
Arrérages. 51.
Arrotulement. 167, s.
Bail 81.—V. Rente. Emphytéose, Champart, Complant.
Banalité. 15, 120, 195, s.
Bornage. 64.
Brûlement. 52, s. 158.
Cassation (appréciation). 91, 107, 165, 188, 192, 215, 233.
Cens. 9, 85, 118, s. 177, s.
Champart. 144, 210, s. 920, s.
Chasse. 224, s. 234.
Commune. 43.
Commune. 64, s.—V. Banalité.
Compétence. 70, 208.
Complant. 226, s.
Concession. 25, 69, 77, 103, 267, s. 277, s.
Condition. 84.
Contrat de mariage. 97.
Corvée. 15, s. 260, 265.
Courtage. 291, s.
Dénombrement. 14.
Destuction de titres. 52.
Dîme. 259.
Directe. 150, s.—V. Seigneurie.
Domaine congéable. 230, 256, s.— public. 65.
Droits féodaux. 189, s.
Eaux. 276.
Église. 225.
Emphytéose.94,100,112, 124, 244, s.
Engagiste. 58.
Entre-cens. 267.
Eviction.— V. Garantie.
Félonie. 54.
Femme. 28.
Feu (droit de). 92.
Fiefs. 3, s. 81, s. 235.— V. Franc alleu.— (espèce) 7, s.
Foi. 8, s. 80, s. 233, s.
Fondation. 159, s.
Forêts. 39.
Franc-alleu.79,93, s. 102. — V. Alleux.
Garantie. 41, s.
Hommage. 8, s. 233.
Hypothèques. 301.
Immeuble. 9.
Indemnité. 26, 202.
Indivisibilité. 19.
Infançon. 192.
Inféodation. 29, 80, s. 97, s.
Instance. 37, 43.
Interprétation. 161, s.
Jeu de fiefs. 20.
Locatairie. 244, 288.
Lods et ventes. 16, s.
Main-ferme. 28, 265.— morte. 300, s.
Melange de féodalité. 74, s. 101, s. 148, 187.

Mine. 266, s.
Moulin. 275 et suiv.
Noblesse. 1, s. 87, s. 108, 192.
Novation. 55.
Obligation naturelle. 58. personnelle. 47.
Péage. 287, s.
Pêche. 234.
Peine. 24.
Pesage. 291, s.
Pourvoi (amende). 73.
Prescription. 21.
Présomption. 20, 78, 85, 130, 150, s. 185, s. 207, 219, s. 286.
Preuve. 46, 179, s.
Procédu e. 37.
Propriété. 59, s.
Publication 23.
Qualité. 100, s. 189, s.
Reconnaissance. 55.
Redevance. 56, 46, 60, 74, s. 105, s. 117, s. 149, s.
Reliefs. 17, s. 213, 249.
Rempart. 62.
Renonciation. 45.
Rente colongère. 231, s. — convenancière. —
V. Domaine congéable. — féodale. 50, 76, s. 117, s. 180, s. — foncière. 30, 54, 76, s. 100, s. 130, s. 150, s. 205, 226, s. — non féodale. 149, s. — portable. 91. — seigneuriale. 107.
Réserve. 118, s. 155, s. 233, 255, 280.
Restitution. 40.
Retrait. 122, 295, s.
Rétroactivité. 40, 168, s.
Roture. 10s., 100, 160, s. 210.
Saisie-féodale. 12, s. 21.
Seigneur. 5, 65, 96, 100, s. 152.
Seigneurie directe. 8, s. 85, s. 94, s. 118, s. 176, 214.
Serment. 254.
Servitudes. 146. — V. banalité.
Stipulation féodale. 103, s. 119, s 149, s. 180, s. 212.
Succession. 191, s.
Surcens. 99, s. 164.
Suzeraineté. 1.
Terrage (droit de). 170, 210, 216.
Terre noble. 2, 87, s.
Tiers (denier). 60, s.
Titre ecclésiastique. 157, s. 301.
Transaction. 52, s. 63, 284.
Triage. 63.
Usage forestier. 51.
Usufruit. 225. — perpétuel. 144.
Vasselage. 1, 9, s.
Vente. 16, 47, s.

FER.— V. Amnistie, Forêts, Louage.

FER CHAUD.— V. Forêts.

FERMAGE.— V. Caution, Communauté, Compétence administrative, Féodalité, Hypothèques, Louage, Partage, Prescription, Rente, Saisie-immobilière, Usufruit, Vente nationale, Voirie.

FERME.— V. Contributions directes, Forêts, Louage.

FERMETURE.— V. Autorité municipale, Jeu et pari, Louage, Théâtre.

FERMIER.—V. Acquiescement, Acte de commerce, Actions possessoires, Appel criminel, Assurances terrestres, Autorité municipale, Choses, Contrainte par corps, Contributions directes, Demande nouvelle, Élections communales, Élections législatives, Élections municipales, Enregistrement, Faillite, Féodalité, Forêts, Hypothèques, Louage, Partage, Péage, Pêche, Prêt, Procès-verbal, Saisie-immobilière, Servitude, Tierce-opposition, Voirie, Vol.

FÊTE.— V. Jours fériés.— V. aussi Actions possessoires.

FEU.— V. Commune, Contributions indirectes, Délit rural, Forêts, Pêche, Saisie-immobilière, Théâtre.

FEU (DROIT DE).— V. Féodalité.

FEUILLE.— V. Actions possessoires, Saisie-immobilière, Usufruit.

FEUILLE D'AUDIENCE.— V. Appel, Faux incident, Jugement, Presse.

FEUILLE MORTE.— V. Forêts.

FEUILLE DE ROUTE.— V. Faux, Voitures publiques.

FEUILLE VOLANTE.— V. Acte de l'état civil, Autorité municipale.

FIACRES.— V. Voitures publiques.

FICTION.— **1.** — C'est un ordre de choses qui n'est pas, mais que la loi prescrit ou autorise.

2.— La fiction diffère de la présomption, en ce qu'elle établit comme vrai un fait faux, tandis que la présomption supplée seulement à la preuve d'un fait vrai.— Roll, r° Fiction, n. 1.

3.— Les juges ne peuvent créer des fictions ; ce droit n'appartient qu'à la puissance législative.

4.— Plusieurs fictions sont admises dans les dispositions concernant l'état des personnes. Ainsi, la mort civile suppose le décès d'une personne vivante ; ainsi un enfant seulement conçu est réputé vivant quand il s'agit de son intérêt ; la légitimation, l'adoption donnent fictivement les mêmes droits que la filiation naturelle et légitime ; le mineur est réputé majeur pour les faits de son commerce. On a regardé comme une fiction la représentation qui rapproche l'héritier au degré de celui qu'il représente.—*Contrà*, Toull., t. 4, n. 189.— V. au surplus, Adoption, Droits civils, Filiation, Mineur, Succession.— Roll., r° Fiction, n. 5.

5.— La loi admet aussi des fictions à l'égard des choses. Ainsi, certains objets mobiliers sont regardés comme immeubles, par exemple les actions immobilisées de la banque de France ; ainsi, dans l'échange ou le remploi, un immeuble est fictivement subrogé à un autre ; ainsi encore il y a fiction dans la règle *le mort saisit le vif*, et dans l'effet rétroactif des conditions accomplies.— V. Choses, Condition.— Roll., r° Fiction, n. 6.

6.— C'est aussi par suite d'une fiction légale que la ratification a un effet rétroactif: qu'un contrat est censé avoir été passé dans le lieu où le paiement doit se faire. — Roll., n. 7, 8.

7.— L'effet de la fiction est d'opérer comme si le fait qu'elle suppose était réel : *Tantùm operatur fictio in casu ficto, quantùm veritas in casu vero.* — Roll., n. 9, 10, 11.

8.— Les fictions sont toujours regardées comme des exceptions; aussi ne doit-on jamais les étendre d'une chose ou d'une personne à une autre : *Fictio non extenditur de re ad rem, de persona ad personam, de casu ad casum.* — Roll., n. 12, 13.

FIDÉI-COMMIS.—V. Substitution.— V. aussi Cassation, Mandat.

FIDÉJUSSEUR.— V. Caution.

FIDÉLITÉ.— V. Féodalité.

FIEFS. — V. Féodalité. — V. aussi Communauté, Domaine de l'état, Douaire, Effets de commerce, Nom.

FIGURE.— V. Presse.

FILATURE.— V. Choses.

FILETS.— V. Pêche, Servitude.

FILEUR.— V. Élections législatives.

FILIATION.—**1.**—C'est la descendance des enfans relativement à leurs pères et mères, ou ascendans, soit légitimes, soit naturels.

2.— Elle est distincte de la légitimité, car elle existe abstraction faite du mariage, lequel peut seul conférer la légitimité.— D.A. S. 539, n. 1, 2.

3.— La filiation est *légitime, naturelle, adultérine, incestueuse.*— V. ces mots.

4.— On a parlé ailleurs des enfans trouvés ou abandonnés.

— V. Actes de l'état civil, Acte de notoriété, Adoption, Cassation, Enfant abandonné, Faux, Loi.

FILIATION ADULTÉRINE ET INCESTUEUSE.

1.— C'est la descendance d'un enfant né d'un père et d'une mère qui, au moment de la conception, ne pouvaient être unis en légitime mariage.

§ 1er.—Législation transitoire.—Preuves d'adultérinité.— Alimens.

§ 2.— Reconnaissance des enfans adultérins et incestueux, sous le code civil ; ses effets.— Droits des enfans.— Alimens.

§ 1er.— Législation transitoire.— Preuves d'adultérinité.— Alimens.

2.— La reconnaissance faite sous la loi du 12 brum. an 2, par des père et mère qui sont morts sous le code civil, et les droits qui en résultent doivent être régis par ce code.— 28 juin 1815. Civ. r. Paris. Lanchere. D.A. 8. 623. D.P. 15. 1. 348.— 5 fév. 1824. Agen. Geneste. D.A. 8. 623, n. 1.

3.— Un individu ayant un acte de naissance, et une possession d'état qui le signalent comme enfant de Pons Simon de la Marine, a pu même être déclaré sans droit à se prétendre enfant naturel ou adultérin de Pons Simon de Pierre *de Bernis*, à l'effet de réclamer de lui des alimens, encore bien que l'acte de naissance soit antérieur à la loi de l'an 2, si ce dernier n'est décédé que depuis le code civil.—27 nov. 1833. Req. Nîmes. Marine. D.P. 34. 1. 33.

4.— On a jugé aussi que la loi du 12 brum. an 2, qui, par un effet rétroactif, admet les enfans nés hors mariage aux successions de leurs père et mère, ouvertes depuis le 14 juillet 1789, ne s'applique qu'aux enfans naturels simples, et non aux enfans adultérins, dont les droits pour alimens sont spécialement déterminés, pour l'*avenir* seulement, par l'art. 13 de la loi citée. — 8 mars 1825. Civ. r. Paris. Defolainville. D.P. 25. 1. 188.

5.— Et la loi du 15 thermidor an 4, abolitive de la rétroactivité créée par la loi du 12 brumaire an 2, n'a rien disposé sur les enfans adultérins : cette loi ne s'applique qu'aux enfans naturels simples. — Même arrêt.

6.— La preuve de la filiation d'un enfant adultérin né avant le code civil et même avant la loi de 1793, d'un père qui n'est décédé que depuis la publication du code, peut être faite suivant le mode établi par la loi en vigueur avant le code civil. — 24 déc. 1832. Civ. r. Grenoble. Robin. D.P. 33. 1. 89.

7.— La preuve résulte suffisamment de ce que le père, déclaré dans l'acte de naissance de l'enfant né avant le code civil, se serait fait délivrer lui-même, par l'officier de l'état civil d'alors, un extrait de l'acte de naissance dans lequel il est déclaré père de l'enfant, et de la remise de cet extrait par lui faite à ce dernier..., et cela, encore bien que le père serait décédé sous le code civil (C. civ. 335, 340, 342).— Même arrêt.

8.— Lorsqu'une cour royale a, d'après les titres, les faits et les déclarations des parties, jugé que l'enfant inscrit sur les registres, comme né d'une femme non mariée et d'un père inconnu, est le fils adultérin d'un individu marié qui l'a reconnu de l'aveu de la mère, et qui l'a adopté sous la loi de 1792, cette décisision, quant à la qualité adultérine qu'elle attribue à l'enfant, est à l'abri de la censure de la cour de cassation.— 23 déc. 1816. Civ. r. Nanci. Thiéry. D.A. 1 299. D.P. 17. 1. 65.

9.— Quels étaient, sous l'ancienne jurisprudence et sous la loi de l'an 2, les droits des enfans naturels, adultérins et incestueux? — V. Discussion, D.P. 33. 1. 89.

10.— A supposer qu'un testament fait dans l'intervalle de la loi de l'an 2 au code civil, et contenant tout à la fois reconnaissance d'un enfant et legs universel au profit de cet enfant, de la part d'un individu marié, décédé sous le code, soit nul comme acte de reconnaissance, il peut, conformément à l'art. 2 de la loi transitoire du 14 flor. an 12, être déclaré avoir effet comme legs d'alimens. — 28 prair. an 13. Req. Montpellier. Brunel. D.A. 8. 621. D.P. 5. 1. 461.

11.— L'enfant adultérin, volontairement reconnu par son père ou sa mère, decédés depuis la publication de la loi du 12 brum. an 2, peut aujourd'hui réclamer des alimens (C. civ. 335, 762). — 22 mars 1828. Paris. Adèle. D.P. 29. 2. 128.

12. — Et il suffit que la paternité soit établie d'après les formes de la législation alors en vigueur, pour que, même sous le code civil, l'enfant soit fondé à réclamer des alimens contre son père ou ses héritiers (C. civ. 2, 756).— 24 déc. 1832. Civ. r. Grenoble. Robin. D.P. 33. 1. 89.

§ 2. — Reconnaissance des enfans adultérins et incestueux sous le code civil; ses effets.—Droits des enfans.— Alimens.

13.— Les enfans adultérins et incestueux ne peuvent être légitimés (C. civ. 331).

14.—... Ni reconnus (C. civ. 335).

15. — « Un enfant ne sera jamais admis à la recherche, soit de la paternité, soit de la maternité, dans le cas où, suivant l'art. 335, la reconnaissance n'est pas admise » (C. civ. 342).

16. — « La loi ne leur accorde que des alimens » (C. civ. 762).— Telle est l'économie du code.

17. — Constatons d'abord, 1° que l'application des art. 314 et 315 C. civ., qui déterminent le terme le plus court et le plus long de la gestation, doit être restreinte aux enfans légitimes, et ne peut être appliquée aux enfans nés hors mariage. En conséquence, l'enfant naturel reconnu, né six mois et vingt-trois jours après que son père a cessé d'être engagé dans les liens du mariage, n'est pas nécessairement présumé conçu depuis que son père a été libre, et pourrait, si la reconnaissance en était légalement établie, être déclaré adultérin, comme conçu neuf mois avant sa naissance. — 11 nov. 1819. Req. Dijon. Guillot de Villars. D.A. 8. 626. D.P. 20. 1. 180.

18.— 2° Que l'enfant adultérin n'a pas le droit de porter le nom de son père. — 22 mars 1828. Paris. Adèle. D.P. 29. 2. 128.

19.— Des dispositions retracées plus haut, il suit que la reconnaissance directe est nulle, soit qu'elle ait lieu par acte authentique ou par acte sous seing-privé (C. 335). — 1er août 1827. Civ. c. Poitiers. Malterre. D.P. 27. 1. 436.

20. — Il semble même résulter de l'art. 342, cité au n. 15, que la recherche de paternité est interdite aux adultérins et incestueux, même au cas d'enlèvement de leur mère ou de déclaration judiciaire qu'un enfant, dont une femme est accouchée, n'est pas l'enfant du mari.— Mais cela ne peut être : autrement, il n'y aurait pas d'enfans adultérins ou incestueux, et il serait inutile que la loi se fût occupée de leur sort. L'art. 342 parle à la fois de la recherche de la maternité et de la paternité; voilà ce qui explique ses expressions trop générales, et, d'un autre côté, il n'a sans doute eu en vue que les recherches qui pourraient avoir lieu à l'aide d'actes émanés volontairement des personnes auxquelles on impute la maternité ou la paternité.

21.— La nullité de la reconnaissance est absolue, en ce sens qu'elle ne peut pas plus être opposée par l'enfant pour obtenir une libéralité et même des alimens, qu'on ne peut s'en prévaloir contre lui pour faire annuler une libéralité dont il a été l'objet. — Chabot, 2, p. 270; Dur., 3, n. 209, 231; D.A. 8. 614, n. 4, s.

22.— Jugé en ce sens, 1° que l'intention que manifestent les époux dans un acte de mariage qui a été ensuite annulé, de légitimer un enfant qu'ils déclarent né d'entre eux, quoique cet enfant appartienne par la présomption de la loi à un mariage précédent, ne peut arracher cet enfant à sa famille pour lui imprimer le caractère de l'adultérinité.

Et c'est vainement qu'on invoquerait, à l'appui de cette prétendue légitimation, un acte d'un souverain étranger qui l'a confirmé. — 11 janv. 1808. Paris. Cardon. D.P. 8. 2. 117.

23. — 2° Que la reconnaissance ne peut avoir l'effet de faire annuler les libéralités faites aux enfans, et que la nullité est absolue.— 11 déc. 1824. Poitiers. Testard. D.A. 8. 627, n. 1. D.P. 2. 296. — 28 juin 1815. Civ. r. Paris. Lanchère. D.A. 8. 623. D.P 15. 1. 348.

24.— 3° Qu'il importerait peu que le vice d'adultérinité résultât déjà de reconnaissances plus ou moins directes, renfermées dans des lettres. — 20 fév. 1819. Amiens. Jehu. D.A. 12. 186, n. 1. D.P. 2. 1289.

25. — 4° Que lorsqu'un enfant est désigné, dans son acte de naissance, comme né de père et mère inconnus, le testament fait en sa faveur ne peut être annulé par cela seul qu'il serait accompagné d'un acte privé, tel qu'une lettre du testateur qui n'est pas même signée, laquelle tendrait à prouver que l'enfant est le fils adultérin du testateur.— 1er avril 1818. Req. Angers. Mervé. D.A. 8. 619. D.P. 18. 1. 314.

26. — 5° Que l'enfant ne peut être privé des droits que la loi lui accorde sur la succession de sa mère naturelle, par l'effet de la reconnaissance de son père, qui lui attribuerait une origine adultérine. — 11 nov. 1819. Req Dijon. Guillot de Villars. D.A. 8. 626. D.P. 20. 1. 180.

27. — 6° Que l'enfant auquel on oppose une telle reconnaissance peut en demander la nullité, quoiqu'elle ait été faite simultanément par le prétendu père et par la mère, dans le contrat de mariage passé postérieurement entre eux, avec déclaration qu'elle n'était faite que dans l'avantage des enfans et par affection pour eux. — 7 avril 1824. Poitiers. Pellerin. D.P. 25. 2. 102.

28.— 7° Que dans le cas où un enfant en possession de l'état d'enfant né de père inconnu, a été d'abord reconnu par un homme marié, et dans un seul acte, soit comme enfant naturel, soit comme enfant adoptif; qu'ensuite, et par un acte postérieur, il a été adopté par le même individu, cet enfant est fondé à repousser l'acte qui lui confère une filiation adultérine, lequel est nul, pour s'en tenir à l'acte d'adoption, que la loi autorise. On dirait en vain que l'acte, contenant à la fois une reconnaissance et une adoption, est indivisible, et doit être annulé pour le tout, l'enfant ne se prévalant, dans ce cas, que de l'acte d'adoption postérieur (C. civ. 335). — 15 mai 1827. Toulouse. Pradère. D.P. 28. 2. 12.

29. — 8° Que le jugement qui, sans avoir pour objet de prononcer sur l'état d'un enfant, le déclare cependant adultérin, ne saurait faire preuve de cet état. — 11 déc. 1824. Poitiers. Testard. D A. 8. 627, n. 1. D P. 2. 296.

30. — 9° Que la reconnaissance ne peut produire aucun effet contre l'enfant adultérin, quoiqu'il ait pris et reçu cette qualité dans plusieurs actes et jugemens, et notamment dans son contrat de mariage, dans lequel il accepte, de l'individu qui l'a reconnu pour son fils, une pension alimentaire faite à raison de cette qualité. — 5 fév. 1824. Agen. Geneste. D.A. 8 623, n. 1.

31. — 10° Que lorsqu'il résulte de la reconnaissance volontaire d'un enfant naturel, que sa filiation est adultérine, l'arrêt qui décide qu'elle ne produit aucun effet ni en sa faveur ni contre lui, et que son état demeure incertain, nonobstant cette reconnaissance et les actes qui ont pu en être la suite, ne viole pas les art. 335 et 340 C. civ. — 18 mars 1828. Civ. r. Angers. Lemerle. D.P. 28. 1. 179.

32.— 11° Que l'enfant adultérin ne peut opposer, comme fin de non-recevoir, contre ceux qui lui contestent le droit d'exciper de cette qualité, la reconnaissance qu'ils en ont faite eux-mêmes dans un ou plusieurs libellés de la cause.—19 janv. 1832. Montpellier. Azéma. D.P. 33. 2. 7.

33. — 12° Que les aveux volontaires d'une filiation adultérine, de la part des enfans, sont nuls, comme les reconnaissances que leurs père et mère en auraient faites.— 28 juin 1815 Civ. r. Paris. Lanchère. D.A. 8. 623. D.P. 15. 1. 348.

34. — 13° Qu'on ne peut opposer à un enfant la qualification d'adultérin qui lui serait donnée dans des délibérations d'un conseil de famille, surtout s'il n'y avait pas personnellement assisté : on ne peut pas non plus se prévaloir contre lui de ce qu'il aurait déclaré, dans son contrat de mariage, passé pendant sa minorité, avec l'assistance du conseil de famille, être enfant du père qu'on lui attribue. — 7 avril 1824. Poitiers. Pellerin. D.P. 25. 2. 102.

35. — 14° Qu'il importe peu que l'enfant qualifié adultérin ait été élevé dans la maison du prétendu père; la possession d'état, en matière de filiation adultérine, n'est d'aucune valeur, surtout si l'enfant, parvenu à sa majorité, a réclamé contre la qualité d'adultérin. — Même arrêt.

36. — 15° Que la nullité de la reconnaissance ne peut être scindée, en se sens que, puisque la filiation adultérine ne peut être prouvée contre les enfans à l'effet de faire déclarer que c'est à eux réellement que s'adresse une donation faite à leur mère, celle-ci ne peut point être déclarée personne interposée, et, par suite, privée de la libéralité — Même arrêt.

37. — 16° Que dès lors on ne peut se prévaloir de cette reconnaissance pour faire annuler, comme faite à une personne interposée, la donation dont l'individu qui s'est déclaré le père de l'enfant gratifierait la mère de cet enfant : ici ne s'applique pas l'art. 911 C. civ. — 1er août 1827. Civ. c. Poitiers, Malterre. D.P. 27. 1. 436.

38. — 17° Qu'en tout cas, les héritiers légitimes qui opposent à l'enfant naturel sa filiation adultérine, sont tenus de prouver ce fait, encore que l'enfant naturel ne représente pas son acte de naissance, mais seulement l'acte par lequel il est reconnu. — 27 fév. 1819. Paris. Delpeyrou. D.A. 8. 637, n. 2. D.P. 19. 2. 34.

39.—Et, quant à la dette alimentaire, il a été jugé:

40.— 1° Que la reconnaissance directe et volontaire d'un enfant adultérin, surtout quand elle est faite sous seing-privé, ne donne à l'enfant aucun droit à demander des alimens. — 6 avril 1820. Req Agen. Diosi. D.A 8. 625. D.P. 20. 1. 330. — 19 janv. 1832. Montpellier. Azéma. D.P. 33. 2. 7.

41.—2° Que par suite, cet enfant n'est pas recevable dans sa demande en vérification de la signature apposée au bas de lettres missives, dans le but de constater sa filiation adultérine et d'obtenir des alimens. — Même arrêt Diosi.

42.—3° Qu'enfin une fille, quoiqu'elle prétende avoir été séduite par un individu marié et être devenue mère, n'est cependant pas fondée à réclamer contre le séducteur, soit des dommages-intérêts pour elle, soit des alimens pour son enfant (C civ. 341, 1382).— 10 mars 1818. Req. Paris. Maire. D.A. 8. 659, n. 1. D P. 2. 305.

43.— Jugé cependant, 1° que les héritiers légitimes d'un testateur peuvent être admis à prouver que les légataires sont des enfans adultérins du défunt.— 13 mars 1808. Limoges. Lémur. D.P. 8. 2. 103.

44.—2° Que la déclaration faite par un individu dans son testament, que ceux qu'il institue ou auxquels il accorde des libéralités, sont ses enfans adultérins, annulle les dispositions que le testament renferme en leur faveur.—31 déc. 1823. Liége. Simon. D.A. 8. 627, n. 2. D.P. 2. 296.

45.— 3° Que la reconnaissance directe et volontaire d'un enfant adultérin met le père dans l'obligation de fournir des alimens à cet enfant — 20 janv. 1831. Grenoble. B.... D.P. 33. 2. 71.

46.—4° Que l'acte par lequel un individu marié déclare être le père d'un enfant naturel, quoique nul comme reconnaissance d'un enfant adultérin, doit obtenir effet comme dette d'alimens au profit de cet enfant, même contre la femme du déclarant et sur les biens de la communauté, attribués à la femme par un statut local, nonobstant tous actes par lesquels le mari en disposerait à son préjudice —29 juill. 1811. Bruxelles. Niewenckel. D.A. 8. 621. D P. 12. 2. 44.

47.— 5° Que la reconnaissance volontaire d'un enfant adultérin lui donne droit à réclamer des alimens, qu'elle ait été faite par acte authentique ou seulement par acte sous seing-privé, si cet acte renferme une obligation de payer une pension; à défaut de représentation de cet acte, son existence est suffisamment constatée par l'aveu de son exécution de la part de celui auquel on l'oppose, et par la transcription qui en aurait été faite au bureau de l'enregistrement. — 20 mai 1816 Nanci. B.... C. Agnes. D.A. 8. 621, n. 2. D P. 17. 2. 92

48.— 6° Que l'obligation pour le père de fournir des alimens à l'enfant adultérin reconnu, ne peut être détruite par l'effet d'aucune clause dérogatoire stipulée dans l'acte de reconnaissance. Par exemple, bien que le père se soit engagé envers la mère à nourrir et entretenir l'enfant adultérin, sous la condition qu'elle lui remettrait l'enfant, le défaut d'exécution de cette condition par la mère n'empêche pas l'obligation de subsister (C. civ. 335, 762).— 20 janv. 1831. Grenoble. B... D.P. 33. 2.71.

49.—7° Qu'enfin l'enfant conçu durant le mariage déclaré nul parce que l'un des époux était engagé dans les liens d'un précédent mariage, ne peut réclamer que des alimens — 11 janv. 1808. Paris. Cardon. D.P. 8. 2 117.

50 — Au reste, et dans le sens de cette dernière jurisprudence, ne pourrait-on pas se prévaloir de la reconnaissance pour prouver que, soit l'obligation qui aura été contractée envers l'enfant qualifié adultérin, soit la libéralité dont il aura été gratifié, sont nulles ou pour cause illicite ou pour erreur sur la personne? — Oui (Merl., suppl. au Rép., v° Filiation, § 20; Delv., Grenier; Toull., 2, p. 289, n. 967) —Non, la nullité est absolue; elle est dans l'intérêt de la morale publique; elle a pour objet d'empêcher des réclamations et des réclamations scandaleuses; on ne peut pas plus se prévaloir de la reconnaissance indirectement que directement. — D.A. 8. 615, n. 3. —Les énonciations relatives à la filiation adultérine doivent être réputées non écrites.— V. Filiation légitime, naturelle.

51.— Et c'est en ce sens qu'il a été jugé que si la libéralité faite par une femme à un enfant qu'elle a, dans son testament même, qualifié son enfant né d'elle et de son beau-frère, par lequel il avait été en outre reconnu, n'a été déterminée que par cette qualité d'enfant de la testatrice, cette libéralité doit être réputée avoir une cause contraire aux bonnes mœurs, en ce qu'elle est faite à un enfant

adultérin: et, par suite, elle ne peut recevoir effet au-delà des alimens que l'art. 762 lui donne le droit d'exiger (C. civ. 1131, 762).— 4 janv. 1832. Civ. r. Toulouse. Pendariès. D.P. 32. 1. 48.

52.—... Qu'un arrêt qui valide une donation ne peut être annulé, en ce que la donation aurait une cause illicite ou serait déterminée par l'erreur sur la personne, parce qu'elle serait faite à des enfans adultérins dont la reconnaissance n'est pas admise; il faudrait que les termes de la donation eussent été interprétés en ce sens par l'arrêt (C. civ. 1134; C. pr. 464).— 28 juin 1815. Civ. r. Paris. Lanchère. D.A. 8. 624 D P. 15. 1. 348.

53.—Jugé cependant qu'on ne peut annuler pour cause illicite l'obligation consentie, en vertu d'une institution d'héritier qui chargeait l'héritier de *fournir des alimens à un enfant adultérin* du testateur.— 1er mars 1830. Riom. Courbon. D.P. 33. 2 109 —Conf. D.P. *eod.*

54.— Quant à la quotité des alimens dus à l'enfant adultérin, V. Succession irrégulière.—V. aussi sur leurs droits, devoirs, et leur position de famille, Bedel, *Tr. de l'adultère.*

—V. Adoption, Disposition entre-vifs et testamentaire, Douaire, Femme.

TABLE SOMMAIRE.

Acte authentique. 19. — sous seing privé. 19, 25, s. 40.
Adoption. 28.
Alimens. 10, s. 16, 30, 40, s. 51.
Aveu 33.
Cassation (appréciat.) 8.
Cause illicite 50, s
Conception. 17.
Condition. 48.
Conseil de famille. 34.
Dommages-intérêts. 42.
Extrait. 7.
Fait étranger. 29.
Gestation. 17.
Indivisibilité. 21, 28, 51.
Jugement. 29, s.
Lettre. 25, 41.
Libéralité. 21, s.
Mariage. 49.
Moyen nouveau. 52.
Nom. 18.
Obligation 47, s.
Personne interposée. 36, suiv.
Possession d'état. 34, s.
Preuve. 6, 29.
Question transitoire. 2, s.
Rapt 20, 42
Recherche de paternité. 15, 20. — de maternité. 15.
Reconnaissance. 2, s. 14, s. 19, s.
Rétroactivité 2, s.
Succession. 2, s. 34.
Testament. 10, 44, 51.

FILIATION LÉGITIME. — 1. — C'est celle qui résulte du mariage valable ou putatif d'un homme et d'une femme, que le mariage ait précédé ou suivi la conception, et bien qu'il soit, en certains cas, postérieur à la naissance.— V. Légitimation.

ART. 1er. — *Présomption sur laquelle repose la filiation légitime.*
ART. 2. — *Exceptions au principe de la paternité du mari.*
ART. 3. — *De l'action en desaveu et de la contestation de légitimité. — Personnes qui ont qualité pour l'exercer.—Effets, Formes.*
ART. 4. — *Délai de l'action en désaveu.*
ART. 5. — *Preuve de la filiation légitime.*
§ 1er. — *Preuve par l'acte de naissance.*
§ 2. — *Preuve par la possession d'état.*
§ 3. — *Preuve par l'acte de mariage des père et mère.*
§ 4. — *Effets de ces diverses preuves réunies.*
§ 5. — *Preuve par témoins, en cas d'inscription de l'enfant sous de faux noms, ou de suppression d'état. — Commencement de preuve par écrit*
ART. 6. — *De l'action en réclamation et en suppression d'état.*
§ 1er.— *Action en réclamation d'état.*
§ 2.— *Action en suppression d'état.*

ART. 1er.—*Présomption sur laquelle repose la filiation légitime.*

2.— La filiation donne à un enfant un état dans la société, et des droits dans la famille de ses père et mère et de leurs ascendans ou collatéraux; elle établit des obligations respectives entre eux, elle crée même des incapacités pour certains actes de la vie civile. Elle devait, dès lors, et suivant les positions, être l'objet des désirs ardens des uns, des attaques des autres. De là, la nécessité qu'elle fût réglée avec certitude, et qu'elle fût autant que possible soustraite à la mobilité des appréciations judiciaires.— D.A. 8. 540, n. 1.

3.— Ici on a procédé du connu à l'inconnu : 1° La mère est certaine, car la nature l'annonce par

des signes apparens; 2° la naissance est certai aussi, puisque c'est un fait; et l'expérience a appr qu'elle suivait de neuf à dix mois l'époque de conception: 3° le mariage est certain pareillemen et son but principal est la co-habitation des épou et par suite la procréation des enfans. De ces fait et nonobstant le voile qui couvre toujours la pate nité, la sagesse romaine avait déduit l'axiom *pater is est quem nuptiæ demonstrant*, et l'art. 3 C. civ. a dit avec plus de rigueur : « L'enfant conç pendant le mariage a pour père le mari. » — Con D.A. 8. 540, n. 1.

4.— Et le même article, déterminant l'influenc de la conception, dans la présomption légale qu vient d'être posée, a ajouté (n'étant encore en ce que l'écho du droit romain, et de l'ancienne juris prudence; Daguesseau, t. 2, p. 538; Cochin, t. 4, p 492, D.A. 8. 540, n. 2): « Néanmoins celui-ci pourr désavouer l'enfant, s'il prouve que, pendant le temp qui a couru depuis le trois centième, jusqu'a cent quatre-vingtième jour avant la naissance d cet enfant, il était, soit par cause d'éloignement soit par l'effet de quelque accident, dans l'impossi bilité physique de co-habiter avec sa femme. »

5.— Cependant Rousseau-Lacombe cite, v° Enfant, quelques exemples de naissances tardives, auxquelles les arrêts avaient appliqué la présomptio de paternité du mari. Mais aujourd'hui, et sauf de cas tout particuliers, que la loi n'a pu prévoir, et moins qu'il n'y ait déchéance, le juge doit déclare l'illégitimité des enfans dont la conception se trouv en-deçà ou en-delà de la limite de l'art. 313.—D.A 8. 540, n. 2.

6. — La présomption légale résultant des art 312 et 315 en faveur de la légitimité est applicabl même au cas où il s'agit de recueillir une succession. — 8 fév 1821. Req. Paris. Carré. D.A. 8. 541 D.P. 21. 1. 333.— Il y a indivisibilité entre la légitimité et la successibilité.

7. — Par suite, 1° l'enfant né deux cent quatre-vingt-deux jours après la mort de sa sœur, fille d'un précédent mariage, est présumé conçu au moment de l'ouverture de la succession de cette dernière, et se trouve habile à lui succéder (C 725) — Même arrêt.

8. — 2° Les héritiers du mari ne sont pas recevables à contester la légitimité de l'enfant né dans les trois cents jours après la dissolution du mariage le deux cent quatre-vingt-dix-huitième après le décès du mari, encore qu'ils offrissent de prouver que bien avant sa mort, le mari était, à cause de sa maladie, hors d'état de co-habiter avec sa femme. — 15 juill. 1822. Bruxelles. Bernard. D.A. 8. 544.

9. — 3° L'enfant né dans le cours d'un second mariage, pendant lequel un enfant que sa mère avait eu d'un premier lit est décédé, doit être réputé avoir été conçu à l'effet de succéder à ce dernier, par cela seul qu'il est né dans les dix mois et, par exemple, deux cent quatre-vingt-seize jours après ce décès (C. 711).— 28 nov. 1833. Req. Orléans. Chesne. D.P. 34. 1. 35.

10.— Par suite, et à supposer que l'art. 315, relatif à la contestation de légitimité, ne soit pas applicable, il suffit que les faits tendant à prouver l'impossibilité de la co-habitation avant le décès de l'enfant du second lit, aient été déclarés non pertinens ni admissibles, pour que cette décision, abandonnée au pouvoir discrétionnaire du juge, échappe à la censure de la cour de cassation.— Même arrêt.

11. — Telle est la décision à laquelle la cour de cassation peut paraître, d'après les termes de son arrêt, s'être exclusivement arrêtée.

12.—Ce motif écarté, comme on voit, et avec raison l'application de l'art. 315 C. civ. — Mais, en maintenant l'arrêt attaqué sur le fondement que cet arrêt avait pu rejeter discrétionnairement la preuve de l'impossibilité de co-habitation avant le décès, la cour n'admet pas moins comme applicable à l'espèce, la présomption légale ou simple de l'art 312.

13.— Et en effet, si la règle des trois cents jours n'était pas dominante dans cette matière, si l'on devait admettre au contraire la présomption des naturalistes, d'après laquelle le temps ordinaire de la gestation est de neuf mois, comment la cour royale, et après elle la cour suprême, auraient-elles pu mettre à la charge de la demanderesse en cassation l'obligation de prouver l'impossibilité de co-habitation, dans les cinq jours qui ont précédé le décès de la sœur utérine, enfant du premier lit? Il est évident que, loin d'être soumise à aucune preuve, la demanderesse eût été protégée par la présomption de la naissance dans les neuf mois, et que c'eût été à celui qui voulait se placer en dehors de cette pré-

somption, que l'obligation de la preuve aurait été imposée. — D.P. *eod.*, note.

14. — L'enfant légitime est donc, en règle générale, celui qui a été conçu pendant le mariage *valable* de ses père et mère, la nullité qui en serait prononcée par suite d'empêchement des époux de se marier, ne lui ferait point perdre cette légitimité, si les époux ou même l'un d'eux seulement eût été de bonne foi (C. 201). — D'Aguesseau; D.A. 8. 540, n. 3.

15. — Dalloz remarque même que depuis l'arrêt du 24 janv. 1827, qui a placé l'erreur de droit sur la même ligne que l'erreur de fait, il serait douteux qu'on admît l'opinion de Merlin, suivant lequel la bonne foi ne donnerait pas la légitimité, si le mariage était annulé pour *vice de forme*. — D.A. *eod.*

16. — Au reste, la légitimité de l'enfant produit ses effets vis-à-vis des deux époux, bien qu'un seul ait été de bonne foi, car l'état est indivisible. — Portalis; D.A. 8. 540, n. 5.

17. — ... Et même à l'égard des parens des père et mère de l'enfant. — *Eod.*, n. 6.

18. — Et ce qu'on dit, quant aux droits de famille, s'applique aux droits de successibilité.

19. — Jugé, d'après ces principes, 1° que la bonne foi de l'époux, qui s'est marié en pays étranger avec une personne frappée de mort civile (avec un émigré), rend les enfans nés de ce mariage légitimes, et leur donne le droit de succéder, aussi bien dans la famille du mort civilement, que dans celle du conjoint de bonne foi. — 15 janv. 1816. Civ. c. Douai. D'Orsay. D.A. 8. 544. D.P. 16. 1. 49. — 7 déc. 1820. Rouen. D'Orsay. D.A. 8. 544. D.P. 22. 2. 87.

20. — 2° Que l'épouse qui, tout en demandant la nullité de son mariage, a cependant reconnu que ce mariage avait été contracté de bonne foi, et devait produire ses effets civils à l'égard de l'enfant qui en était provenu, est non-recevable, après un tel aveu, à contester l'état de ce même enfant, en alléguant que lors du mariage, ni l'un ni l'autre des époux n'était de bonne foi. — 18 janv. 1819. Paris. Kellermann. D.P. 19. 2. 15.

21. — 3° Que les enfans qu'un mari a eu de sa femme, après le divorce que celle-ci a obtenu contre lui, pour fait d'émigration, sont légitimes, si le mari n'a pas eu connaissance du divorce. — 15 nov. 1819. Douai. D'Hebecourt. D.A 8. 545, n. 1.

22. — Mais les enfans nés du mariage putatif du mort civilement acquièrent-ils les droits dans sa famille? Non (Merlin, Rép., v° Légitimité, sect. 1re, § 1er, n 6); mais on cite, pour l'affirmative, deux arrêts rapportés par Henrys, t. 3, liv. 6, ch. 1er, quest.; V. Deniz., v° Mort civile; Delv., Dur., D.A. 8, 541, n. 8.

23. — La filiation et la légitimité ne peuvent être l'objet de transactions ou de conventions; cela paraît certain, on ne peut aliéner son état directement, quoiqu'on le puisse implicitement. — V. Cependant, n. 76, s. 206.

ART. 2. — *Des exceptions au principe de paternité du mari.*

24. — La loi romaine admettait quatre exceptions à la présomption de paternité du mari : l'impuissance naturelle, l'impuissance accidentelle, l'absence, enfin toute autre cause de laquelle il pouvait résulter que la co-habitation n'avait pas eu lieu. Notre ancienne législation n'avait admis que les trois premières exceptions. — Merl, v° Légitimité, p. 237, n. 1; D.A. 8. 547, n. 3.

25. — Jugé cependant que l'action en désaveu n'était admise par le droit romain que dans le cas où le père désavouant fournissait la preuve d'une impossibilité matérielle de co habitation. — 4 sept. 1811. Req. Douai. Salis-Haldeinstein. D.A. 7. 591. D.P. 12. 1. 96.

26. — Et l'on a pu décider que *l'impossibilité morale* ne faisait point exception à la règle *pater is est*. — Même arrêt.

27. — Le code n'admet pour cause de désaveu de paternité que l'éloignement du mari ou son impuissance accidentelle; il porte, art. 313 : « Le mari ne pourra, en alléguant son impuissance naturelle, désavouer l'enfant; il ne pourra le désavouer même pour cause d'adultère, à moins que la naissance ne lui ait été cachée, auquel cas il sera admis à proposer tous les faits propres à justifier qu'il n'en est pas le père. »

28. — Quant à l'impuissance accidentelle, il faut qu'elle ait été telle qu'elle ne laisse pas supposer un seul instant où le mari ait pu devenir père.

A l'égard de l'éloignement, il doit avoir le même

caractère, il doit être réel, quoiqu'il ne soit pas exigé qu'il y ait eu entre les époux (Dur., 3, n. 40, 42; D.A. *eod.*) la distance des mers. Le juge apprécie les circonstances, mais il doit constater expressément ou par équivalens une impossibilité absolue de co-habitation.

29. — Jugé, en effet, que la preuve de l'impossibilité physique de cohabitation, tendant à justifier le désaveu de paternité, ne résulte pas suffisamment d'un jugement qui aurait précédemment admis le divorce contre la mère, pour cause d'adultère résultant de ce qu'elle aurait mis au jour un enfant conçu à une époque où son mari était dans l'impossibilité physique, en raison de son éloignement pour service militaire, de cohabiter avec elle. On dirait en vain que ce jugement a produit la force de chose jugée.

En un tel cas, et s'il apparaît qu'au temps de la conception, le mari a pu, un seul instant, cohabiter avec sa femme, le désaveu doit être rejeté. — 21 déc. 1830. Grenoble. L... D.P. 32 2. 172.

30. — Mais pour l'admission de l'action en désaveu, fondée sur l'impossibilité de cohabitation résultant de l'éloignement du mari, il suffit qu'il soit reconnu que l'éloignement du mari, à l'époque de la conception, était tel, que toute cohabition était impossible; et un arrêt ne saurait être cassé, en ce qu'il n'aurait pas déclaré qu'il était constant que la femme ne s'était pas rendue auprès de son mari. — 25 janv. 1831. Req. Rouen. Lecellier. D.P. 31. 1. 112.

31. — Cependant la femme dont l'enfant est désavoué pour impossibilité physique de cohabitation à cause de l'éloignement du père, ne peut tirer avantage de la possibilité physique de rapprochement, tant qu'elle ne prouve pas que la naissance de l'enfant a eu lieu à une époque concordant avec celle à laquelle le rapprochement était possible. — 2 janv. 1815. Paris. Texier. D. A. 8. 550.

32. — Le code n'admet pas l'impossibilité résultant de l'impuissance naturelle : car l'époux impuissant doit s'imputer la fraude dont il a usé envers celle qu'il a unie à lui. — Duveyrier; D.A. 8. 547, n. 3.

.... Ni l'impossibilité morale de cohabitation. — D.A. *eod.*

33. — Jugé cependant 1° qu'un mari peut être admis à désavouer l'enfant né de sa femme (même non séparée de corps), pour impossibilité morale, laquelle est abandonnée à l'appréciation du juge. — 24 mars 1825. Bastia. Mattei. D.P. 27. 2. 46. — *Contrà*, nos observ., *eod.*

34. — Jugé aussi que, du concours de certaines circonstances, telle que la retraite de la femme dans une ville voisine de celle habitée par son mari, qui la poursuivait en divorce pour adultère et injures graves, les juges peuvent tirer la conséquence qu'il y a eu impossibilité morale de cohabitation entre les époux, et, par suite, admettre l'action en désaveu de paternité. — 29 juill. 1826. Paris. Faucon. D.P. 27. 2. 103.

35. — 3° Que la présomption de paternité légitime cesse, lorsqu'il est constant qu'à l'époque de la conception, la femme était brouillée avec son mari, cohabitait avec un autre homme, et que l'enfant, attribué à un *père inconnu*, n'a cessé d'habiter avec la mère et son amant. — 28 juin 1819. Paris. — 4 déc. 1820. Paris. Allègre. D.A. 8. 550. D.P 20. 2. 49.

36. — Duveyrier assimile la prison de l'un ou des deux époux à l'éloignement, pourvu que l'impossibité de cohabiter ait été complète. — Cependant il n'y a jamais preuve à cet égard dès que la complaisance d'un geôlier a pu la faire cesser : c'est ici un fait négatif qu'il faudrait prouver. On doit se décider en faveur de l'enfant (Toull., 2, n 809; D.A. 8. 548, n. 7). — Mais, socialement, raisonne-t-on avec cette rigueur, alors surtout que l'incarcération aura été imméritée? — V. les numeros qui précèdent.

37. — Aussi, la détention du mari, à l'époque de la conception, a-t-elle été jugée suffisante, alors qu'il est constant qu'il n'y a pas eu de cohabitation entre les époux, pour autoriser le désaveu. — 28 juill. 1808. Toulouse. C.... D.A 8 556. D P. 2. 288.

38. — L'ancienne jurisprudence avait admis, comme cause de désaveu, la séparation de corps prononcée pour cause d'adultère de la femme. L'art. 19 de la loi du 12 brum. an 2 l'admettait, même sans cette restriction. Depuis le code, il n'en peut plus être ainsi; c'est ce qui fut entendu au conseil d'état. — Merl., Rép., v° Légitimité : Locré, t. 4, p. 19; Dur., t. 3, n. 54 et 55; D.A. 8. 548, n. 6.

39. — Jugé cependant que lorsqu'une séparation de corps a été prononcée, et qu'après un temps plus long que celui qui a été fixé par la loi pour la durée

présumée de la grossesse, la femme donne le jour à un enfant, le mari peut, même lorsque la naissance ne lui a pas été cachée, être admis à le désavouer, et à proposer les faits tendant à justifier qu'il n'en est pas le père. — 28 déc. 1814. Rouen. Allaume. D.A. 8. 551. D.P. 15. 2. 54. — V. n. 00.

40. — Le code a dérogé, pour un seul cas, au principe d'exclusion de toute impossibilité morale, c'est lorsqu'il y a adultère de la femme, joint à la circonstance du recel de l'enfant, et alors encore, le mari devra prouver qu'il n'en est pas le père (C. civ. 313); car la femme peut être adultère, et l'enfant légitime. — D.A. 8. 548, n. 9.

41. — Mais faut-il que l'adultère de la femme soit juridiquement constaté avant l'action en désaveu? Oui Duveyrier, Lahary, Bigot de Préameneu, dans leurs rapports au corps législatif et au Tribunat; Toullier, t. 2, n. 812, Merlin, v° Légitimité, p. 242. — V. n. 43. — *Contrà*, D.A. 8. 548, n. 9. — 8 juill. 1812. Civ. r. Riom. Tuchollet. D.A. 8. 552. D.P. 12. 1. 568. — 29 juill. 1826. Paris. Faucon. D.P. 27. 2. 103. — 5 mars 1828. Rouen. Auguste. D.P. 28 2. 123. — 25 janv. 1831. Req. Rouen. Lecellier. D.P. 31. 1. 112.

42. — Et l'on est tenu de faire constater, pour l'admission du désaveu, ni l'adultère ni le recel de l'enfant : il suffit qu'on l'articule.

Jugé ainsi qu'il suffit d'articuler simultanément des faits pertinens et admissibles pour prouver les trois conditions prévues par l'art 313 code civil, c'est-à-dire l'adultère de la femme, le recèlement et la non paternité. — 29 déc. 1825. Metz. Lhorte. D.P. 27. 2. 92.

43 — Jugé, au contraire, qu'on doit faire constater non seulement l'adultère, mais encore le recel. — 13 juill. 1827. Nîmes. Pontou. D.P. 28. 2. 106.

44. — Le désaveu fondé sur le recel peut même être admis et l'adultère prouvé, quoique la femme soit décédée dans le délai fixé pour le désaveu. — 5 mars 1828. Rouen. Auguste. D.P. 28. 2. 123. — Conf. D.A. 8. 549, n. 9.

45. — Il résulte de l'art. 313 transcrit plus haut, que le recel de la naissance est une condition essentielle pour l'admission de l'action en désaveu pour cause d'adultère — D A. 8. 549, n. 10, 11.

46. — La circonstance qu'un enfant conçu pendant le mariage et né après sa dissolution, a été inscrit sur le registre de l'état civil comme né *de père inconnu*, suffit pour établir le recel de la naissance et pour donner au mari le droit de le désavouer, même après le décès de la mère. — 1er avril, 28 juin 1819, et 2-4 déc. 1820. Paris. Allègre. D A. 8. 550. D.P. 20. 2. 49.

47. — Le mari est recevable à désavouer les enfans dont la mère est inscrite sous un nom et avec des désignations qui pourraient s'appliquer à sa femme, encore que le nom du mari ne soit pas exprimé. — 9 août 1813. Paris. Texier. D.A. 8. 558. D.P. 23. 2. 78.

48. — L'aveu de la mère, sa déclaration que son mari n'est pas le père de l'enfant, ne detruisent pas la présomption de la paternité du mari. — D'Aguesseau; D.A 8. 549, n. 10, 11.

49. — Elle n'est pas détruite non plus par la déclaration faite dans l'acte de naissance, meme pendant l'absence du mari, qu'un autre serait le père de l'enfant. — 6 janv. 1834. Paris. Minoggio. D.P. 34. 2. 107.

Cela ne nous semble pas douteux; mais, dans cette matière, où quelques tribunaux admettent l'impossibilité morale comme cause de désaveu, les monumens de la jurisprudence sont précieux à recueillir.

50. — Notez cependant que la présomption légale de la paternité du mari n'a lieu qu'autant que l'enfant se présente avec un titre probant de sa filiation à l'égard de sa mère, et de sa naissance pendant le mariage. — D.A. 8. 549, n. 11.

51. — L'art. 314 C. civ. porte : « L'enfant né avant le cent quatre-vingtième jour du mariage ne pourra être désavoué par le mari, dans les cas suivans : 1° S'il a eu connaissance de la grossesse avant le mariage; 2° s'il a assisté à l'acte de naissance, et si cet acte est signé de lui, ou contient sa declaration qu'il ne sait signer; 3° si l'enfant n'est pas déclaré viable. »

Cet article ne s'applique pas à la filiation naturelle. — V. Filiation adultérine, n. 17.

52. — Il n'est pas admis de preuves pour détruire les présomptions de paternite résultant contre le mari des circonstances mentionnées dans cet article. — Toull., 2, n. 824; Proudh., 2, p. 12; Fav., Rép., v° Paternité, p. 153; D.A. 8 549, n. 12.

53. — L'art. 314 n'est pas limitatif. — D.A. *eod*

... Et toute reconnaissance du mari, authentique

ou sous-seing privé, le rend, lui ou ses héritiers, non-recevable.— *Ibid*

54.— La preuve de la grossesse avant le mariage est à la charge de l'enfant.— D.A. 8. 549, n. 12.

55.— Cette preuve doit-elle résulter d'un acte *écrit* émané du mari? La commission du conseil d'état n'a pas pensé que cela fût nécessaire.— D.A. *ibid.*

56 — La loi autorise tout genre de preuve et même la preuve testimoniale — D.A. *eod.*

57 — Et c'est à tort, ce semble, qu'il a été jugé que la preuve par témoins n'est point admissible contre la déclaration du mari qui affirme n'avoir point eu connaissance de la grossesse de sa femme avant son mariage. — 29 prair an 13. Besançon. Jummerey. D.A. 8. 560. D.P 6. 2. 76.

58.— De ce que le mari a *fréquenté* la mère avant la grossesse, résulte-t-il nécessairement, ainsi que cela était admis avant le code, qu'il l'a connue? *Oui* (Toull., 2, n. 826).— *Non* (Proud., 2, p. 18). Ce n'est là en effet qu'un élément de preuve et non une preuve positive.— Dur., 3, n 30, D.A 8. 549, n 13.

59.— L'art. 315 C civ., s'expliquant au sujet des naissances postérieures à la dissolution du mariage, porte: « la légitimité de l'enfant né trois cents jours *après* la dissolution du mariage *pourra* être contestée. »

60.— Résulte-t-il de l'expression *pourra*, dont se sert cet article, que les tribunaux aient un pouvoir discrétionnaire pour rejeter ou admettre le désaveu contre un enfant né plus de trois cents jours après la dissolution? *Oui* (*Exposé des motifs*; Merl., Rep., v° Légitimité, p 262, Fav., v° Paternité, p. 154). — *Non* (Chabot, sur l'art. 725, Toull, 2, p 156, Proud., 2, p. 28. Dur, t 3, n. 58 à 72. D A 8. 550, n 14). — Cette solution négative qui, nonobstant le mot *pourra*, voit dans l'art. 315 une présomption légale, se fonde sur un passage du discours de Duveyrier. — D.A. *eod*

61 — Et il a été jugé qu'il suffit que la légitimité d'un enfant né plus de trois cents jours après la dissolution du mariage soit contestée, pour qu'il doive être déclaré illégitime L'art. 315 C. civ. établit, dans ce cas, une présomption légale d'illégitimité. — 12 avril 1809 Grenoble Chapelet. D A. 8 553 D.P. 9. 2 121. — 8 janv 1812. Aix. Teisserie. D.A. 8. 554, n. 1. D.P 22 2. 133, n. 4

62. — Et à supposer que l'enfant né plus de trois cents jours après la dissolution du mariage pût être déclaré légitime, au moins faudrait-il que les circonstances qui auraient pu retarder la naissance fussent bien graves et extraordinaires. — Mêmes arrêts.

ART. 3 — *De l'action en désaveu et de la contestation de légitimité — Personnes qui ont qualité pour l'exercer — Effets, Formes.*

63 — Quand un enfant est le fruit de l'adultère de la mère, ou quand il est né à une époque trop rapprochée du mariage, la loi ouvre dans ces cas au mari l'action en désaveu, laquelle, peu favorable de sa nature, est soumise à des délais et à des conditions rigoureuses — D.A. 8. 555, n. 1.

64 — Au contraire, par suite de la faveur qui le couvre, l'enfant reste légitime jusqu'à ce qu'il ait été déclaré déchu de son titre, sur l'action en désaveu ou contestation, qui doit être dirigée contre un tuteur *ad hoc* — *Ibid*.— V. n. 89 et suiv

65.— Le désaveu est distinct de la contestation de légitimité — Celui-là implique l'idée d'une action qui a pour objet de faire déclarer étranger au mari l'enfant placé sous la présomption *is pater est*, etc. Celle-ci, au contraire, attaque principalement la légitimité, soit parce que l'acte d'où on le fait dériver est nul, soit parce que l'enfant n'est que naturel ou adultérin, soit parce qu'il est né plus de trois cent jours après le décès du mari L'un est d'ordinaire l'objet d'une action principale. L'autre s'exerce plutôt par exception — Toull., 2. 830. Dur., 3, n 64; D.A. 8. 555, n. 2 et 7, et nos observations, D.P 34. 1. 7, n. 1.

Au reste, la contestation de la légitimité d'un enfant né pendant le mariage comprend virtuellement et nécessairement le désaveu de cet enfant pour adultère (V. D.P 35. 1. 5).

66 — Le désaveu est personnel au mari ou à ses héritiers. La femme ni ses héritiers ne peuvent l'exercer.— D A. 8. 555, n 3.

Mais la contestation de légitimité peut être exercée même par ces derniers.— D.P 35. 1. 7, n. 1.

67 — L'action en désaveu de paternité peut être formée par le mari, même avant la naissance de

FILIATION LÉGITIME. ART. 3.

l'enfant.—25 août 1806. Req. Liége Degrady. D.A. 8. 559. D.P. 6. 1. 627.

68. — Elle peut également être poursuivie après la mort de l'enfant qui en est l'objet — 29 prair. an 13 Besançon. Jummerey. D.A. 8 560. D.P 6. 2 76.

69.— Si le mari décède sans avoir désavoué l'enfant pour adultère, mais étant encore dans le délai, ses héritiers peuvent exercer l'action, le décès du mari éteint l'action pénale en adultère, mais non l'action en désaveu.—Toull, 2, n. 840; D.A. 8. 555, n. 4 — *Contrà*, Proudh.

70. — .. Et par héritiers du mari, on comprend même ses héritiers institués ou légataires universels. — Proudh., Toull., Dur., Delv.; D.A. 8. 555, n. 5.

.... Même les légataires à titre particulier —Delv., D.A. *eod.*

Mais les héritiers institués ou légataires ne peuvent, suivant Duranton, agir qu'autant qu'ils sont troublés, et par voie d'exception.—Dalloz leur accorde aussi l'action directe.— *Eod.*

71 — On a jugé qu'en cas d'absence du père, ses héritiers présomptifs n'ont pas qualité, même après avoir obtenu l'envoi en possession de ses biens, pour intenter une action en désaveu contre l'enfant né de sa femme, depuis la déclaration d'absence: la faculté de désavouer un enfant, tant qu'il est possible qu'elle soit exercée par le père, est un droit personnel à ce dernier. — 29 déc. 1828. Toulouse Beyres D.P. 29. 2. 221.

72 — L'action en désaveu n'appartient qu'à ceux que la loi désigne, et la mère ne pourrait, en dévoilant sa propre turpitude, provoquer contre son enfant une déclaration d'adultérinité. Ce dernier ne serait pas recevable non plus à le faire. — D A. 8. 555, n. 6.— *Contrà*, Dur p, 77, n. 79.

73 — Et il a été jugé, 1° que l'enfant né dans le mariage légitime, aux termes de son acte de naissance et qui a joui sans trouble de la possession d'état de légitimité, n'est pas recevable, sous prétexte qu'il y avait impossibilité physique de cohabitation entre ses père et mère, à l'époque de sa conception, à se prévaloir de la reconnaissance authentique qui lui attribuerait une paternité adultérine, et à réclamer des alimens.—L'action en désaveu de paternité n'appartiendrait qu'à la famille du mari, et non à l'enfant qui voudrait ainsi échanger sa qualité de légitime contre celle d'adultérin. — 6 juin 1820. Rouen. Legros. D.A. 8 583, n 1. D P. 21. 2. 24.

74.— 2° Que des enfans ayant titre et possession d'enfans légitimes ne peuvent pas être admis à nier le mariage de leurs père et mère (même du vivant de l'un de ces derniers), pour ne se présenter à leur succession qu'avec la qualité d'enfans naturels *reconnus*, et écarter un enfant posthume sous le prétexte qu'il ne serait pas reconnu et qu'il ne représenterait pas l'acte de mariage des père et mère communs.— Ils ne le peuvent pas surtout lorsqu'ils n'attaquent pas la légitimité de ceux de leurs frères ou sœurs ayant même titre qu'eux, et qui ne font pas avec eux cause commune, l'état de tous ces enfans est indivisible. — 6 juill. 1812. Paris. Provost. D.A. 8. 582. D P. 2. 291.

75 — Au reste, quoique l'état des personnes ne dérive que de la loi, rien n'empêche cependant que ceux qui veulent le contester à celui qui en est en possession, trouvent, dans leurs propres faits, des obstacles à leur action.

Ainsi, l'enfant qui, après avoir reconnu, dans plusieurs actes authentiques, l'union légitime de ses père et mère, et, par suite, la légitimité de ses frères et sœurs issus de la même union que lui, vient contester cette légitimité, serait non-recevable par ce seul motif, si son action n'était d'ailleurs repoussée par la morale, le respect dû aux parens, et celui qu'on se doit à soi-même, puisqu'en contestant la légitimité de ses frères, il conteste la sienne propre (C civ. 322, 371) — 2 mars 1832. Montpellier. Griffaulières. D P 33. 2. 50.

76.— Celui qui a concouru aux opérations du conseil de famille faites au profit d'un enfant considéré comme légitime, n'est pas recevable plus tard à lui contester sa légitimité.— 4 fév. 1824. Montpellier. Calmel D.A. 8. 584. D.P. 2 292.

77 — La non contestation de légitimité dans une instance rend-elle non-recevable à la contester dans une autre, et par exemple, au sujet d'une autre succession ouverte postérieurement? Oui, à moins qu'on ait ignoré le fait qui pouvait donner lieu à cette contestation — D.A. 8. 556, n. 8.

78.— Jugé en ce sens que lorsqu'un enfant né plus de trois cents jours après la dissolution du mariage de ses père et mère a été admis, sans contestation, par les co-héritiers de sa mère à repré-

FILIATION LÉGITIME. ART. 3.

senter cette dernière dans la succession de l'aïeul, ces co-héritiers ne sont plus recevables désormais à lui contester sa qualité de légitime et les droits qui en résulteraient dans une succession ouverte postérieurement. — 13 avril 1820, Req. Paris Remy. D.A. 8. 563. D.P. 20. 1. 477.

79.—Toutefois, le légataire qui demande à l'enfant du défunt la délivrance de son legs, ne se rend point par là non-recevable à lui contester ensuite la qualité de légitime et de successible.— 15 janv. 1816. Civ. c. Douai. D'Orsay. D.A. 8. 544. D.P. 16. 1. 49. —7 déc. 1820. Rouen. D'Orsay. D.A. 8. 544, D.P. 22. 2. 87.

80.— Et la circonstance qu'un enfant aurait été reconnu légitime par son frère, lorsqu'il serait illégitime, n'ôterait pas aux héritiers de ce dernier la faculté de critiquer cet état.— 22 janv. 1812. Civ. r. Bourges. Virgile. D A. 8. 609. D.P. 12. 1. 253.

81.— Le désaveu ou la contestation de la légitimité d'un enfant ne résultent pas suffisamment de la constitution d'avoué de la part des héritiers du mari, sur la demande en pétition d'hérédité formée par l'enfant: un pareil acte annonce bien l'intention de défendre à la demande, mais ne manifeste pas une contradiction expresse à l'état invoqué par l'enfant. — 28 mai 1821. Agen. Destouet. D.A. 8. 564. D.P. 22. 2. 107.

82 — La contestation élevée sous le code, contre la légitimité d'un enfant, doit être jugée d'après l'ancienne jurisprudence, lorsque l'acte de naissance de cet enfant et les actes sur lesquels il fonde sa possession d'état sont antérieurs au code civil. — 4 juin 1823. Bourges. Debière. D.A. 8. 577. D.P. 24 2. 93.

83.—L'exception fondée sur la tardiveté de l'action en désaveu ou contestation de légitimité d'un enfant, peut être proposée en tout état de cause, même en cause d'appel (C pr. 173).— 28 mai 1821. Agen. Destouet. D.A 8. 564. D.P. 22. 2. 107. — V. Exception, n 68.

84.— Un jugement qui, sur une action en délaissement des biens d'une succession dirigée contre un individu, attribue ces biens à celui-ci par le motif que d'après les preuves par lui administrées il est fils légitime de celui de la succession duquel il s'agit, a force de chose jugée, même *à l'égard de la question d'état*, lorsqu'il n'a point été attaqué; cette question ne peut plus être renouvelée par action principale entre les mêmes parties.— 15 juin 1818. Civ. c Paris. Boiste. D.A. 8. 563 D.P. 2. 290.

85 — Et quoique ce jugement ait été rendu par défaut, et même sans audition du ministère public, il n'en conserve pas moins toute sa force lorsque les parties ne l'ont point attaqué dans les délais.— Même arrêt.

Il importe peu que la question d'état n'ait été jugée qu'incidemment.— Cass. D.P. 35. 1. 5.

86.— Lorsqu'une action en désaveu a été rejetée par un jugement définitif, sur le fondement que la naissance de l'enfant n'avait pas été cachée au mari, les juges d'appel peuvent, en infirmant cette décision, ordonner un interlocutoire et prononcer sur le tout par un seul jugement (C. pr. 473.— 8 juill. 1812. Civ. r. Riom Duchollet. D A. 8. 552. D.P. 12. 1. 568.—V. Dégré de juridiction, n. 406.

87 — De la différence du principe de ces deux actions, il suit que le jugement sur l'action en désaveu du père (mais non des héritiers) pourra toujours être opposé par ou contre l'enfant. Au lieu que celui rendu sur la contestation de légitimité n'aura d'effet qu'entre ceux qui y auront figuré. — D.A. 8. 556, n. 12.

88.— *Formes.* — Le mari qui désavoue l'enfant dont la naissance lui a été célée, n'est pas tenu d'articuler les faits qui prouvent sa non paternité, avant que les juges l'aient admis à les proposer (C. pr. 252). — 8 juill. 1812. Civ. r. Riom Duchollet. D.A. 8 552. D.P 12 1. 568.

89. — L'action en désaveu ou contestation de légitimité est non-recevable, si, au lieu d'avoir été dirigée contre un tuteur *ad hoc* nommé au mineur, elle l'a été contre sa mère, tutrice légale (arg. de l'art. 319 C. civ.). — 15 juin 1831. Colmar. Uttard. D.P. 31. 2. 163.

90. — La légitimité d'un enfant né dans le mariage, mais conçu cent soixante-onze jours auparavant, c'est-à-dire à une époque où le père prétendu était engagé dans les liens d'un autre mariage, doit être contestée par les héritiers du mari par action en désaveu, dirigée contre un tuteur *ad hoc*, et ses héritiers ne doivent pas se borner à demander la rectification de l'acte de naissance de l'enfant. —Même arrêt.

91. — Dans ce cas, les juges peuvent d'office dé-

clarer les héritiers non-recevables. — Même arrêt.

92. — Le fait que la nomination du tuteur *ad hoc* de l'enfant désavoué n'a eu lieu que par le seul concours des parens maternels, n'est pas une cause de nullité de la procédure en désaveu. Une pareille nomination n'a pu avoir pour résultat que le plus grand intérêt de l'enfant. — 25 août 1806. Req. Liége. Degrady. D.A. 8. 559. D.P. 6. 1. 627.

ART. 4. — *Délai de l'action en désaveu.*

93. — Les art. 316 et 317 disposent, art. 316 : « Dans les divers cas où le mari est autorisé à réclamer, il devra le faire dans le mois, s'il se trouve sur les lieux de la naissance de l'enfant;

» Dans les deux mois après son retour, si à la même époque il est absent;

» Dans les deux mois après la découverte de la fraude si on lui avait caché la naissance de l'enfant.

» Art. 317. Si le mari est mort avant d'avoir fait sa déclaration, mais étant encore dans le délai utile pour le faire, les héritiers auront deux mois pour contester la légitimité de cet enfant, à compter de l'époque où cet enfant se serait mis en possession des biens du mari ou de l'époque où les héritiers seraient troublés par l'enfant dans cette possession. »

94. — Avant le code civil, il n'existait point de délai fatal durant lequel le désaveu de paternité dût être formé. Le mari était recevable à l'introduire aussi long-temps qu'il ne s'était pas, par son fait, reconnu père de l'enfant. — 28 juill. 1808. Toulouse. C... C. Fourtanier. D.A. 8. 556. D.P. 2. 288. — Conf. D.A. 8. 556, n. 9.

95. — On a vu plus haut que les art. 217 et 218, fixent des délais forts courts.

96. — En cas d'impossibilité de cohabitation, l'action en désaveu doit être rejetée comme tardive, si, quoique la naissance de l'enfant n'ait pas été cachée au mari, cette action est formée après deux mois du jour de la naissance connue. — Le mari alléguerait en vain qu'il s'est occupé, dans cet intervalle, à faire nommer un curateur pour défendre à l'action en désaveu. — 24 mars 1825. Corse. Mattei. D P. 27. 2 46.

97. — Le délai dans lequel le désaveu doit être formé, ne commence à courir que du moment du retour du mari au lieu de la naissance de l'enfant, ou du domicile conjugal. — 9 août 1813. Paris. Texier. D.A. 8 558. D.P. 23. 2. 78, n.

98. — Et pour qu'il puisse courir contre le mari, il est nécessaire que la maternité soit constante. — 5 mars 1828. Rouen. Lecellier. D.P. 28. 2. 125; 31. 1. 112.

99. — La demande formée contre un mari par un enfant qui se prétend né de sa femme, en rectification de son acte de naissance, qui le désigne comme né de père inconnu, et en déclaration de paternité légitime, demande dont l'enfant s'est désisté sur une exception d'incompétence, a pu être déclarée ne pas faire courir, contre le mari, le délai de l'action en désaveu, si ce même acte de naissance désigne la mère sous les prénoms de *Rose-Suzanne*, alors qu'elle n'avait que le prénom de *Suzanne*; on objecterait en vain que, dans des actes authentiques et dans son acte de mariage, la femme aurait pris, et son mari lui aurait donné, les prénoms de *Rose-Suzanne*. — 25 janv. 1831. Req, Rouen. Lecellier. D.P. 31. 1. 112.

100. — On a vu que les héritiers devaient aussi exercer le désaveu dans le délai de deux mois (C. 318).

101. — Et il n'est pas nécessaire qu'ils attendent que l'enfant soit mis en possession des biens de son père, ou qu'il les ait troublés dans la possession qu'ils en auraient prise; l'action en désaveu peut être directement introduite par eux. — 25 août 1806. Req. Liége. Degrady. D.A. 8. 559. D P. 6. 1. 627.

102. — Ils peuvent désavouer l'enfant né avant le cent quatre-vingtième jour du mariage, encore que le mari soit mort avant la naissance de l'enfant, sans avoir intenté l'action en désaveu qu'il avait déclarée par acte extrajudiciaire au président, en formant une action en divorce, être dans l'intention de former. — On ne peut pas dire, dans ce cas, que *le délai utile* pendant lequel le mari aurait pu lui-même former l'action, n'a pu commencer qu'autant que le mari eût vécu — Même arrêt.

103 — La prise de *possession* des biens de la part de l'enfant, à partir de laquelle l'art. 318 fait courir contre les héritiers le délai de deux mois, doit avoir eu lieu en qualité d'enfant du mari. — D.A. 8. 556, n. 9.

104. — Quant au *trouble* exigé par le même article, pour mettre les héritiers en demeure d'exercer leur action, il a été jugé 1° qu'il n'est pas nécessaire que l'enfant intente contre eux une action directe, et qu'il suffit d'une demande indirecte ou de tout acte judiciaire ou extrajudiciaire signifié par l'enfant ou par son tuteur, et tendant à faire connaître aux héritiers du mari les prétentions de l'enfant à la légitimité. — 21 mai 1817. Civ. c. Rouen. Cauville. D.A. 8. 561. D.P. 17 1. 459

105. — 2° Que la demande en rectification d'un acte de naissance, suivi d'un exploit au détenteur des biens, contenant déclaration expresse que cette demande « pour fin ultérieure la revendication de l'hérédité paternelle, constitue un trouble (Cass. D P. 35. 1. 5).

106 — « Tout acte extrajudiciaire contenant le désaveu de la part du mari ou de ses héritiers, sera comme non avenu, porte l'art. 319, s'il n'est suivi, dans le délai d'un mois, d'un acte en justice dirigé contre un tuteur *ad hoc*, donné à l'enfant, et en présence de sa mère. » — 21 mai 1817. Civ. c. Rouen. Cauville. D.A. 8. 561. D.P. 17. 1. 459.

107. — Jugé qu'il suffit que cet acte ait été suivi dans le délai d'un mois d'une citation en conciliation. — 9 nov. 1809. Req. Poitiers. Brudien. D.A. 8. 586. D.P 8. 1. 489.

108. — Dalloz doute de la légalité de cette décision rendue dans une matière où la conciliation n'est pas admise. — D.A. 8 585, n. 11. — Conf. Dur, 3, 88, n. 95.

109. — La contestation de la légitimité de l'enfant né trois cents jours après le mariage doit être formée, par les héritiers du mari, dans les deux mois du trouble, à peine de déchéance. L'art. 317 C. civ. est applicable à la contestation de légitimité comme au désaveu. — 28 mai 1821. Agen. Destouet. D.A. 8. 564. D.P. 22. 2. 107. — *Contrà*, D.A. 8. 556, n. 10.

ART. 5. — *Preuve de la filiation légitime.*

110. — Les preuves de la filiation et celles de la légitimité diffèrent. Celles-là s'établissent par l'acte de naissance, ou par la possession d'état, ou même par la preuve testimoniale; celles-ci ne sauraient résulter que du mariage légitime ou putatif des père et mère. — D.A. 8. 566, n. 2.

L'acte de naissance n'est donc pas une preuve de la légitimité. — 9 déc. 1229. Civ. c. Paris. Ducayla. D P. 30. 1. 13.

111. — En tout cas, l'individu qui a joui d'un droit concédé dans l'origine aux enfans aînés de certaines familles, ou héritiers institués à perpétuité, ne peut se fonder sur une possession trentenaire pour se dispenser de prouver sa filiation, qui seule a pu lui conférer ce droit. — 12 mars 1829. Riom. Suchere D.P. 32. 2. 224.

§ 1er. — *Preuve de la filiation par l'acte de naissance.*

112 — L'art. 319 C. civ. porte : « La filiation des enfans légitimes se prouve par les actes de naissance inscrits sur le registre de l'état civil. »

113 — D'abord, cet article suppose 1° que l'enfant qui représente l'acte de naissance est le même que celui que cet acte mentionne, puisque chacun peut se faire délivrer des extraits des actes de l'état civil, et que rien ne serait si aisé que de se créer une filiation, s'il suffisait de représenter et de s'attribuer un acte pareil. L'identité de l'enfant doit donc être prouvée avant tout — D.A. 8. 567, n. 9.

114 — Et cette preuve doit se faire, soit par la possession d'état, soit à l'aide d'un commencement de preuve par écrit, et des présomptions graves s'il y a eu inscription de l'enfant sous un faux nom ou suppression de son état (C. civ 323). Mais, hors ce cas, on doute que la preuve testimoniale seule suffise pour prouver l'identité. Dalloz semble se contenter de cette preuve. — *Ibid.*

115. — Jugé qu'effectivement elle peut être prouvée par témoins. Ici s'applique l'art. 323. — 9 juill. 1821 Bruxelles. Vigy D.A 8. 591, n. 1. D.P. 2. 293. — 27 janv. 1818. Req. Angers. Duran. D.A. 8. 591. D.P. 18. 1. 38.

116. — ... Alors que les faits constans paraissent aux juges assez graves pour déterminer cette preuve. — 15 flor. an 13. Paris. Hennecart. D.A. 8. 591. D.P. 2. 293.

117. — L'art 319 suppose 2° que le mariage des père et mère est constant.

118. — Et cela quoique l'acte de naissance déclare

l'enfant *légitime*, ou né du *mariage* de tel avec telle : ces énonciations sont étrangères à l'acte, lequel n'a pour objet que de constater la filiation et non la légitimité. — D.A. *eod.* — V. n 110.

119. — Déjà avant le code, la production d'un acte de naissance n'était pas suffisante pour donner le titre et les droits d'enfant légitime, si celui qui les réclamait ne justifiait ni d'une possession d'état conforme à son titre, ni du mariage de ses père et mère. — 18 vent. an 11. Civ. r. Meynard. D.A. 8. 569, n. 1. D.P. 3. 1. 614.

120. — Et sous le code, l'acte de naissance qui n'est soutenu par aucune possession d'état, ne peut pas même servir de commencement de preuve par écrit — 5 avril 1820. Req. Toulouse. Paul. D.A. 8. 590 D P. 20. 1. 366.

121. — Toutefois, la qualification d'enfant naturel, donnée dans un testament par le père à celui que, dans son acte de naissance, il a qualifié de légitime, ne saurait porter atteinte à cette légitimité, encore que l'enfant ait joui du bénéfice du testament. — 5 fév. 1807. Grenoble. Thériot. D.A. 8. 576. D.P. 7. 2. 84.

122. — Mais les tribunaux peuvent, dans le cas où un individu s'appliquerait un acte de naissance, sans avoir ni possession d'état conforme ni commencement de preuve par écrit, rejeter l'inscription de faux qu'il aurait formée contre un acte de décès constatant que l'individu dont le nom se trouve dans l'acte de naissance est décédé : et le jugement qui, d'après l'appréciation des faits, refuse d'admettre cette demande, échappe à la censure de la cour de cassation. — 5 avril 1820. Req. Toulouse. Paul. D.A. 8. 590. D.P. 20. 1. 366. — V. Faux incident, n. 26.

§ 2. — *Preuve de la filiation par la possession d'état.*

« La possession constante de l'état d'enfant légitime suffit pour prouver la filiation (C. civ. 320).

123. — Cette possession est donc la preuve la plus décisive que l'enfant puisse indiquer, et l'art. 320 n'a fait que reproduire la doctrine de Cochin, D'Aguesseau, Bourjon, Merlin. — D.A. 8. 578, n. 1 et 4.

124. — Avant comme depuis le code, la filiation légitime, lorsqu'il est constant que les registres de l'état civil ont été perdus, a pu être prouvée par une possession d'état résultant de présomptions de la nature de celles indiquées dans l'art 321 C civ. — 23 mars 1825. Req Caen. Cussy. D.P. 25. 1. 238.

125. — Et cette preuve a pu être faite avant comme depuis l'ordonnance de 1667, par une possession d'état constante et continue, appuyée sur des titres authentiques, tels qu'actes de mariage. — 29 nov 1826 Req. Dijon. Debusseuil D P. 27. 1. 71.

126. — Le droit romain reconnaissait la possession d'état à trois caractères essentiels, *nomen*, *tractatus*, *fama*. — D.A. 8. 578, n. 1.

127. — Cette disposition a été reproduite dans l'art. 321, qui porte « La possession d'état s'établit par une réunion suffisante de faits qui indiquent le rapport de filiation et de parenté entre un individu et la famille à laquelle il prétend appartenir.

« Les principaux de ces faits sont : que l'individu a toujours porté le nom du père auquel il prétend appartenir, que le père l'a traité comme son enfant, et a pourvu, en cette qualité, à son éducation, à son entretien et à son établissement; qu'il a été reconnu constamment pour tel dans la société; qu'il a été reconnu pour tel par la famille. »

128 — La possession d'état doit être constante : il ne suffit pas de quelques faits isolés. — D.A 8. 579, n. 3.

129 — Quant aux faits constitutifs de la possession d'état, l'art. 321 énumère les plus ordinaires. Il n'est point limitatif. Il n'exige pas la réunion de tous les faits qu'il énumère. Le juge est, dans ce cas, appréciateur presque souverain. — Dur., 3, n. 132; D.A. 8. 579, n. 5

130. — Il a été jugé en effet, 1° que la preuve d'une possession d'état d'enfant légitime, peut être discrétionnairement déclarée inadmissible. — 27 nov. 1833. Req Nîmes. Marino. D.P. 34. 1. 33.

131. — 2° Qu'encore que, pour la possession d'état, il ne faille pas la réunion des faits énumérés en l'art. 321 C. civ., les juges peuvent cependant décider qu'une partie de ces faits, ceux, par exemple, d'avoir *porté le nom du père auquel l'enfant prétend appartenir*, et *d'avoir été reconnu pour légitime dans la société*, sont insuffisans pour établir sa possession d'état, et même pour rendre admissible la preuve testimoniale. — 25 août 1812. Req. Metz. Martigny. D.A. 8. 588. D.P. 13. 1. 42.

132. — Et la possession d'état peut être établie

tant par des titres qui sont personnels à celui auquel on la conteste, que par ceux qui lui sont étrangers, tels, par exemple, que les actes de naissance de ses frères et sœurs, et l'acte de décès de sa mère. — 5 fév. 1807. Grenoble. Thiériot. D.A. 8. 576. D.P. 7. 2. 84.

133. — On peut aussi, en collatérale, invoquer une possession d'état conforme au titre qu'on produit. — 19 juill. 1809. Req. Paris. Lavost. D.A. 1. 200. D.P. 9. 1. 509.

134. — Ici, comme au n. 117, on suppose que le mariage des père et mère est constant et conforme à la possession d'état de l'enfant.

135. — Ce mariage se prouve par l'acte de célébration, ou, s'ils sont *tous deux* décédés, par la preuve de leur possession publique de l'état d'époux légitimes (V. art. 197, n. 2.). — D.A. 8. 579, n. 2.

136 — Et, dans ce dernier cas, la possession d'état d'enfant légitime, conforme à celle que les père et mère ont eue, sera suffisante pour établir la filiation légitime de cet enfant. Il ne sera pas tenu de représenter en outre un acte de naissance. Seulement, il faudra que sa possession d'état ne soit pas *contredite* par l'acte de naissance qui sera représenté et qui sera reconnu s'appliquer à lui. Le code en effet n'exige pas que la possession d'état soit *conforme* à l'acte, ce qui supposerait que l'enfant doit produire un acte: mais qu'elle ne soit pas *contredite*. — D.A. 8. 566, n. 4, et 579, n. 4.

137. — D'ailleurs la possession, fût elle contredite par l'acte, la preuve serait à la charge du contestant. — Dur., 3, n. 129 ; D.A. 8. 579, n. 4.

138. — Toutefois, la possession d'état d'enfant légitime est détruite par la qualification d'*enfant naturel* qui lui est donnée dans des actes émanés de ses père et mère, s'il ne prouve ni le mariage de ces derniers, ni qu'ils ont vécu publiquement comme époux légitimes — 11 mai 1816. Paris. Delacour. D.A. 8. 570. D.P. 16. 2. 124.

139. — On a vu qu'à défaut de preuve du mariage, l'acte de naissance était sans valeur s'il n'était corroboré par la possession d'état; il n'en est pas de même de celle-ci; elle peut se suffire à elle-même et sans le secours soit de l'acte de naissance, soit de l'acte de mariage, si les époux sont tous deux décédés en possession de cet état.

140. — Au reste, lorsque la possession est conforme au titre, la preuve de la filiation est complète : l'art. 322 porte en effet que « nul ne peut contester l'état de celui qui a une possession conforme à son titre de naissance. »

141. — Toullier, t. 2, n. 878, admet néanmoins des circonstances où, malgré cette réunion, la légitimité pourra être contestée. Mais cette opinion, qui détruirait toute fixité dans l'état des personnes, ne peut être admise que dans des cas de force majeure. — D.A. 8. 579, n. 6.

Ou dans le cas, par exemple, où un empêchement existerait entre les époux, et où ils ne seraient de bonne foi ni l'un, ni l'autre (C. civ. 202). — Toull., t. 2, n. 878; Dur., t. 3, n. 133, 134; D.A. *ibid*.

Tout cela, au reste, doit être entendu avec les modifications indiquées plus haut.

142. — Notez que ce n'est qu'à l'égard de l'enfant légitime et non de l'enfant naturel que la possession d'état fait preuve de filiation.

§ 3. — *Preuve de la filiation par l'acte de mariage des père et mère.*

143. — On a dit que le mariage était la source de la légitimité; qu'il ne suffisait pas à celui qui la réclame, soit de représenter un acte de naissance, soit de prouver une possession d'état d'enfant légitime, soit même de se prévaloir de ces deux titres à la fois, et qu'il devait en outre prouver le mariage de ses père et mère, ou par la production de l'acte de célébration inscrit sur les registres, ou, en cas de perte ou de destruction de ces registres, par le mode que prescrit l'art. 46 C. civ. — D.A. 8. 566, n. 2 et 7.

144. — Cependant il est des cas où les enfans sont déchargés de la preuve du mariage. L'art. 197 porte: « s'il existe des enfans issus de deux individus qui *ont vécu publiquement comme mari et femme*, et qui soient *tous deux décédés*, la légitimité des enfans ne peut être contestée sous le seul prétexte du défaut de représentation de l'acte de célébration, toutes les fois que cette légitimité est prouvée par une possession d'état qui n'est point *contredite* par l'acte de naissance. »

145 — Mais, avant le code, l'enfant qui avait titre et possession d'état d'enfant légitime était dispensé, après le décès de ses père et mère, de représenter leur acte de mariage et même de prouver qu'ils avaient vécu publiquement comme mari et femme. — 8 janv. 1806. Civ. r. Paris. Robin D.A. 8. 569. D.P. 6. 1. 145. — 4 juin 1823. Bourges. Debierre. D.A. 8. 577. D.P. 24. 2. 93.

146 — Jugé, au contraire, que, dans ce cas, l'enfant devait déjà prouver non seulement sa possession d'état d'enfant légitime, mais encore que ses père et mère avaient vécu publiquement comme époux légitimes. — 29 brum. an 11. Paris Renou. D.P. 22. 2. 132, n 2. — 23 fév. 1822. Paris. Tillard. D.A. 8. 576, n. 1. D.P. 22. 2. 132.

147. — Mais l'enfant qui avait titre et possession d'état non contredite, et dont les père et mère décédés avaient vécu publiquement comme époux légitimes, n'était pas tenu de produire l'acte de célébration de leur mariage. — 5 fév. 1807. Grenoble. Thiériot. D.A. 8. 576. D.P 7. 2. 84. — Cela était constant

148. — Il en est de même sous le code, et cela résulte textuellement de l'art. 197. — 8 mai 1810. Req. Lyon. Poutiant. D.A. 8. 579 D.P. 10. 1. 243.

149. — Mais il est aussi sans difficulté que l'enfant qui ne prouve ni une possession d'état d'enfant légitime, ni que ses père et mère ont vécu publiquement comme mari et femme, ne peut être dispensé de rapporter l'acte de célébration de leur mariage, quoique son acte de naissance le qualifie d'*enfant légitime et naturel* de ceux-ci — 28 mai 1810. Aix. Arnaud. D.A. 8. 573, n. 1. D.P. 22. 2. 133, n. 3.

150. — Et même, bien que cet acte qualifie l'enfant d'*enfant légitime*, et ses père et mère d'*époux unis en légitime mariage*. — 9 mars 1811. Pau. Sabotin. D.A. 8. 573. D.P. 11. 1. 137. — 10 juill. 1823. Req. Lyon. Saunier. D.A. 8. 570. D.P. 23. 1. 506.

151. — Au reste, il faut absolument établir que les père et mère *ont vécu publiquement comme mari et femme;* il ne suffirait pas d'établir que le père et la mère passaient pour être mariés. — 9 mai 1829. Pau. Haitze. D.P. 30. 2. 99.

152. — Et l'enfant qui, après le décès de ses père et mère, prouve, à défaut de titres, qu'ils ont vécu publiquement comme mari et femme, et qu'il est issu de leur union, cesse de pouvoir invoquer cette possession d'état si, de l'enquête faite par lui, il résulte en même temps qu'ils n'ont été mariés que devant un ministre de la religion. — Cette dernière circonstance doit être considérée comme l'équivalent d'un titre qui contredit la possession d'état d'enfant légitime, et l'empêche de produire son effet. — 5 mars 1812. Rennes. Marguerite. D.A. 8. 580. D.P. 15. 2 32.

153. — La possession d'état d'époux légitimes, suffisante pour dispenser, aux termes de l'art. 197 du C. civ., un enfant de la production de leur acte de mariage, ne saurait résulter d'une possession qui n'aurait que trois années de durée. — 26 mai 1830 Nîmes. Marine. D.P. 34. 1. 33.

Décision intéressante, consacrée seulement par la cour royale. Elle pose une limite qui, à nos yeux, est fort contestable; aussi, est-il remarquable que le principe par elle adopté ne se trouve pas reproduit dans l'arrêt de la cour de cassation.

154. — Remarquez que pour que l'enfant qui a titre et possession conforme, et dont les père et mère ont vécu publiquement comme mari et femme, soit dispensé de représenter l'acte de célébration de leur mariage, il faut qu'ils soient décédés *tous deux* (C. 197). — D.A. 8. 579, n. 2. — 20 mai 1808. Paris. Furst. D.A. 8. 574, n. 1 D.P. 22. 2. 132, n. 2. — 24 juin 1820. Toulouse. Dubois. D.A. 8. 574. D.P. 21. 2. 65.

155. — ... Il en était de même avant le code. — 17 mars 1830. Bourges. Saxy. D.P. 30. 2 215

156. — L'absence doit être assimilée au décès, et dispense les enfans de produire l'acte de mariage de leurs père et mère. — 24 juin 1820. Toulouse. Dubois. D.A. 8. 574 D.P. 21. 2. 65.

157. — Il en doit être ainsi surtout si l'absence a duré trente ans, ou s'il s'est écoulé cent ans depuis la naissance de l'absent (C. 129). — D.A. 8. 566. n. 5.

158. — Maleville, sur l'art. 197, assimile la démence des père et mère ou de l'un d'eux à l'absence.

159. — La possession publique de l'état d'époux légitimes n'est d'aucune valeur, s'il y avait empêchement radical à leur union; et leur bonne foi ne dispenserait pas de la représentation de leur acte de mariage (C. 202). — Dur., 3, n 3; D.A. 8. 566, n. 6.

160. — L'obligation imposée par l'art. 197, ne s'applique pas aux petits-enfans.

Ainsi, lorsque des petits-enfans dont la mère est décédée avec titre et possession d'état d'enfant légitime, se présentent dans la succession de leur bisaïeul maternel, ils ne sont point tenus de rapporter l'acte de célébration du mariage de leurs aïeul et aïeule. — Il importe peu que la demande en délivrance des droits héréditaires ait été intentée par la mère de ces derniers, décédée. — 4 juin 1823. Bourges. Debierre. D.A. 8. 577. D.P. 24. 2. 93.

161 — Lorsque le mariage des père et mère est prouvé, il suffit que l'enfant soit inscrit sous le nom de sa mère pour qu'il soit réputé l'enfant du mari, quoique l'acte indiquerait comme père un autre individu : ici est sans valeur le principe, d'ailleurs peu certain, de l'indivisibilité des actes. — Merl., Rép., v° Légitimité, p. 250, 4e édit.; Toull., 2, n. 860; Dur., 3, n. 114 : D.A. 8 567, n. 7.

162. — Il en serait de même, quoique l'acte de naissance n'indiquerait la femme que sous son nom de famille : seulement, la femme serait admise à prouver sa non maternité, et le père trouverait, dans cette circonstance, une preuve de recel qui rendrait recevable l'action en désaveu (C. 313). — Dur., D.A. *ibid.*

§ 4. — *Effets de ces diverses preuves réunies.*

163. — L'enfant qui a un acte de naissance, une possession d'état d'enfant légitime non contredite par cet acte, et qui prouve que ses père et mère ont vécu publiquement comme mari et femme, ou qui, s'ils ne sont pas décédés, représente l'acte de célébration de leur mariage, ne peut plus être troublé dans son état, à moins que le mariage n'ait été contracté de mauvaise foi par des individus entre lesquels le mariage n'était pas permis.

164. — C'est alors qu'il est exact de dire, avec l'art. 322 : « Nul ne peut réclamer un état contraire à celui qui lui donne son titre de naissance et la possession conforme à ce titre.

» Et réciproquement nul ne peut contester l'état de celui qui a une possession conforme à son titre de naissance. »

165. — Aussi a-t-il été très bien jugé qu'un enfant que son acte de naissance indique comme étant né de *Pons Simon de la Marine*, et qui a une possession d'état conforme, a pu être déclaré mal fondé à se prétendre issu de *Pons Simon de Pierre de Bernis*, encore bien qu'il eût été élevé par les soins de ce dernier, et qu'il offrît de prouver que le nom de la *Marine*, substitué dans l'acte à celui de *Bernis*, était le nom honorifique de son prétendu père, et celui d'une terre qui lui appartenait; il importerait peu encore que le frère de celui-ci, qui était évêque, eût reconnu cette qualité à l'enfant, dans un acte sous seing-privé.

.... En un tel cas, l'acte de naissance et la possession d'état ne sont pas conformes à l'état civil réclamé (C. civ. 322). — 27 nov. 1833. Req. Nîmes. Marine. D.P. 34. 1. 33

166. — Par suite, cet enfant a pu être déclaré n'être pas enfant légitime de *Pons Simon de Pierre de Bernis*, alors qu'il est justifié que, soit cette individu, soit la mère indiquée dans l'acte de naissance, étaient, trois ans après, mariés chacun à d'autres personnes..., et cela encore bien que ce prétendu père et la mère indiquée dans l'acte soient tous deux décédés. — Même arrêt.

167. — Et cela, encore qu'il existe une déclaration de la mère, reconnaissant qu'il n'y a pas eu célébration de mariage. — 4 fév. 1824. Montpellier. Calmel. D.A. 8. 583. D.P. 2. 292.

§ 5. — *Preuve par témoins de la filiation légitime, en cas d'inscription de l'enfant sous de faux noms ou de suppression d'état. — Commencement de preuve par écrit.*

168. — Malgré les précautions qui ont dû être prises contre l'abus des réclamations d'état, on n'a pu interdire d'une manière absolue la preuve testimoniale : on a senti la nécessité de venir au secours de l'enfant qui serait privé de son état par un crime. — D.A. 8. 585, n. 1.

169. — Conformément au droit commun et à l'ancienne jurisprudence (Cochin, t. 4, p. 558; Merl., Rép., v° Légitimité, p. 267), l'art. 323 C. civ. porte :

« A défaut de titre et de possession constante, ou si l'enfant a été inscrit, soit sous de faux noms, soit comme né de père et mère inconnus, la preuve de filiation peut se faire par témoins.

» Néanmoins cette preuve ne peut être admise que lorsqu'il y a commencement de preuve par écrit, ou lorsque les présomptions ou indices résultant de faits dès lors constans sont assez graves pour déterminer l'admission. »

170. — Ainsi, l'enfant qui n'a pas un commencement de preuve par écrit de l'état qu'il réclame, et qui lui est contesté, ne peut être admis à le prouver par témoins. — 21 vent. an 7. Civ. c. Mouchard. D.A. 8. 587. D.P 3. 1. 190.

171.— Il en était de même avant le code, et il fallait, à défaut de commencement de preuve par écrit, de graves présomptions venant à l'appui de la preuve.—21 niv. an 9. Req. Leger. D.A. 8. 587. D.P. 5. 1. 524.

172. — Il a été jugé que, muni d'un commencement de preuve par écrit, l'individu inscrit comme né d'une femme désignée dans l'acte et d'un père inconnu, peut, même avant d'avoir fait déclarer que le nom de la mère désignée est imaginaire, être admis à prouver par témoins qu'il est l'enfant légitime de deux époux non désignés dans l'acte de naissance. —10 mars 1810. Paris. Jeanne-Sophie. D.A. 8. 587, n. 2-1.

173.— Mais l'enfant inscrit sur les registres de l'état civil, comme né de père et mère inconnus, ne peut être admis à la preuve de sa filiation légitime, alors même qu'il articulerait qu'il a été élevé par les soins de sa mère prétendue; que celle-ci est allée le voir une fois dans le lieu où il était en pension; qu'elle lui a écrit sous le couvert de la personne à qui il était confié, et que, depuis sa sortie de pension, arrivée après la mort du mari, il a habité avec la veuve de ce dernier, qui l'a reconnu, et qui persiste à le reconnaître pour son enfant. — 11 juin 1814. Paris. Coumiobeux. D.A. 8. 583, n. 2. D.P. 22. 2. 133, n.

174.— Et cet enfant ne peut réclamer l'état d'enfant légitime de deux individus unis en légitime mariage, encore que cet enfant, né pendant cette union, soit reconnu par sa mère, et que, dans les diverses pensions où il a été placé, il ait porté le nom du mari, surtout si ce nom a été porté par l'enfant à l'insu du prétendu père, et loin du lieu habité par lui, et si la reconnaissance de la mère n'a été faite que plusieurs années après la mort du mari, à une époque où de graves motifs de division auraient éclaté entre la mère et la fille légitime. — Même arrêt.

175.— Mais la fausseté des noms sous lesquels un enfant pretend avoir été inscrit dans son acte de naissance, ne peut, dans le cours de l'instance sur la question d'etat, être prouvée préalablement par la voie de l'inscription de faux incident, lorsqu'il n'y a aucun commencement de preuve par écrit ni un concours de présomptions supplétives. — 28 mai 1809. Civ. r. Paris. St-Armant. D.A. 8. 597. D.P. 9. 1. 346.

176.— Et la voie de l'inscription en faux incident n'est pas recevable contre un acte de naissance qui attribue à un enfant une filiation qui n'est pas la sienne, si aucun reproche n'est adressé à l'officier de l'état civil rédacteur de cet acte, dans ce cas, la preuve que l'enfant a été inscrit sous de faux noms se fait par témoins, suivant l'art. 323 C. civ. — 12 juin 1823. Req. Amiens. Bellengreville. D.A. 8. 673. D.P. 23. 1. 241.

177.— Toutefois, lorsqu'il y a *possession d'état*, la preuve testimoniale est admissible, bien qu'il n'existe ni commencement de preuve par écrit, ni présomptions ou indices graves : l'art. 323 C. civ. doit être restreint au cas où il n'y a pas possession d'état.— 9 mai 1829 Pau. Haitze. D.P. 30. 2. 99.

178.— L'art. 323 est applicable à la preuve d'identité de l'enfant désigné dans l'acte de naissance.

....Mais non à la filiation naturelle.— V. ce mot.

179.— Enfin, la preuve testimoniale de la filiation et de la naissance est admissible si, d'après les usages du pays où l'enfant est né (en Hollande), cette preuve pouvait se faire par témoins — 9 août 1813. Paris. Texier. D.A. 8. 558. D.P. 23. 2. 78, n.

....Ou s'il y a eu perte des registres (C. civ. 46).— V. Actes de l'état civil. — 10 juin 1833. Civ. c. Pau. Sariac. D P. 33. 1. 254. — Conf. Dur., t. 1, n. 295.

180. — Quant au commencement de preuve par écrit, dont il est parlé à l'art. 323, il résulte, porte l'art. 324, « des titres de famille, des registres et papiers domestiques du père ou de la mère, des actes publics et même privés émanés d'une partie engagée dans la contestation, ou qui y aurait intérêt si elle était vivante. »

181.— Un simple acte par lequel un mari s'oblige à payer une somme à un enfant peut être regardé comme commencement de preuve par écrit. — 10 mars 1810. Paris. Jeanne-Sophie. D.A. 8. 587, n. 2.

183.—Jugé qu'il en est autrement d'une lettre émanée de la mère, et opposée par elle au père.— 23 août 1812. Req. Metz. Martigny. D.A. 8. 588. D.P. 13. 1. 42

182.— Ainsi que de l'acte de naissance portant le nom de la mère, avec designation du père absent.— 17 germ. an 12. Paris. Marie-Aimée. D A. 8. 587, n. 1.

184. — ... Ou de l'acte de naissance rédigé sur la déclaration de deux personnes autres que celles exigées par l'art. 56 C. civ. — Quant à la preuve de

la maternité, Dalloz est plus dubitatif.—D.A. 8. 567, n. 8.

185. — Et l'acte de naissance attribuant un enfant à une femme mariée désignée seulement sous ses noms propres, et à un individu autre que le mari, ne saurait faire preuve ni même commencement de preuve par écrit, pour établir par témoins l'identité de la mère qu'il donne à l'enfant avec la femme de celui que cet enfant réclame pour père, encore qu'elle porte les mêmes noms que ceux qui se trouvent dans l'acte de naissance.— 22 janv. 1811. Req. Paris. Chady. D.A. 8. 568. D.P. 11. 1. 137.

... De même, un acte de naissance dans lequel Elisabeth de l'Espine, *non mariée*, est indiquée comme mère de l'enfant, n'est pas un commencement de preuve par écrit de la maternité d'Elisabeth de l'Espine de Grandville, femme Hantraye (C. civ. 323). — 5 mars 1814. Paris. Marie-Louise. D.A. 8. 673, n. 1. D.P. 2. 307.

186.— La production de l'acte de naissance d'un enfant dont le décès n'est pas prouvé, ne suffit pas non plus pour former, en faveur de celui qui réclame l'état de cet enfant, un commencement de preuve par écrit... Il ne pourrait s'en prévaloir, qu'autant que l'identité de sa personne, avec celle de l'individu porté dans l'acte, serait reconnue.

Dans ce cas, la preuve testimoniale de l'identité est admissible sans qu'il soit besoin d'un commencement de preuve par écrit, si, de faits déjà constans, il resulte des présomptions ou indices assez graves pour la faire admettre. — 25 août 1825. Bordeaux. Thomas. D.P. 26. 2. 172.

187.— Pour établir la parenté entre deux individus, quant à l'appréciation de la validité d'un acte de cession, les juges ont pu, dans une instance antérieure au code, à défaut d'actes de filiation dont l'éloignement des temps et d'autres circonstances indépendantes du fait des parties, ne permettent pas la représentation, se déterminer par des actes de famille authentiques, encore qu'ils ne soient pas émanés des père et mère, et sans ordonner la preuve testimoniale (C. 46). — 8 nov. 1820. Req. Limoges. Petit. D.A. 8. 557. D P. 21. 1. 377.

....Mais lorsqu'il est impossible de rapporter des actes de l'état civil pour des temps trop éloignés, des preuves morales, telles que la conformité de quelques noms et prénoms, ne sont pas suffisantes, en l'absence de tout titre écrit, pour établir une filiation.—27 juin 1833. Lyon. Buisson. D.P. 34. 2. 125.

188.—A l'égard des faits *constans* qui, aux termes de l'art. 323, doivent déterminer la preuve par témoins, leur admissibilité est abandonnée à l'appréciation du juge. — D.A. 8. 583, n. 2.

189.— Ainsi, les cours royales peuvent apprécier souverainement, et sans que leur décision soit sujette à cassation, la gravité des présomptions et indices nécessaires pour faire admettre la preuve par témoins de la filiation. — 22 janv. 1811. Req. Paris. Chady. D.A. 8 568. D.P. 11. 1. 137. — 16 nov. 1825. Civ. r. Rouen. Cairon. D.P. 26. 1. 56.—19 mai 1830. Req. Pau. Terfort. D.P. 30. 1. 249.

190. — Même décision à l'égard de l'arrêt d'une cour royale qui refuse d'admettre comme commencement de preuve par écrit une lettre produite dans une instance en réclamation d'état, en déclarant que cette lettre est le fruit d'une erreur de la personne qui l'a écrite.— 11 avril 1826. Civ. r. Angers. Beauveau. D.P. 26. 1. 228.

191.— De même encore, l'arrêt qui décide que, d'un testament par lequel un enfant elevé dans un hospice, et inscrit comme né de parens inconnus, reçoit un legs, il ne résulte ni commencement de preuve, ni présomption qu'il soit l'enfant légitime de l'instituant, est à l'abri de la cassation.— 28 fév. 1828 Req. Sirc. D.P. 28. 1. 153.

192.— Toutefois, les faits doivent être tels qu'on n'ait plus à en faire la preuve, mais à les appliquer : ils doivent aussi avoir un rapport direct à la question du procès, sinon on les rejette comme non pertinens ni admissibles.— Cochin, 4, p. 358; Rodier, tit. 20, art. 14, quest. 6; D.A *ibid.*

193.— De la disposition de l'art. 325, qui permet « la preuve contraire par tous les moyens propres à établir que le réclamant n'est pas l'enfant de la mère, ou même, la maternité prouvée, qu'il n'est pas l'enfant du mari de la mère, » il s'est élevé la question importante de savoir si, la preuve de la maternité une fois acquise, l'enfant se trouve placé sous l'empire de l'art. 312, qui lui donne pour père le mari.— Ce qui jette du doute sur cette question, c'est la disposition finale de l'article : « qu'il n'est point l'enfant du *mari* de la mère. »— De la discussion qui eût lieu, à cette occasion, au conseil d'état, il résulte deux choses : 1° que la présomption légale de paternité subsiste, une fois la maternité

prouvée, et que le mari ou ses héritiers n'ont que la voie du désaveu dans le court délai fixé par les art. 316, 317; 2° que la disposition finale de l'art. 325 n'a eu d'autre but que de prévenir la collusion et la fraude. — D.A. 8. 585, n. 4; Dur., 3, 136, n. 137

194.— Ainsi, lorsqu'un enfant est né pendant le mariage et élevé dans la maison du mari, des héritiers collatéraux seraient non-recevables, après la mort de ce dernier, à demander de prouver par témoins que cet enfant est le fruit de l'adultère.— 14 juill. 1808 Aix. Guzanno.

195. — Mais il a été jugé, 1° que la présomption de paternité résultant, en vertu de la règle *pater is est...*, de la déclaration d'une femme mariée, qu'elle est mère d'un enfant, n'a pas un effet nécessaire, si cet enfant, né pendant le mariage, mais inscrit comme né de père et mère inconnus, n'a ni titre ni possession d'enfant légitime. — Le mari ou ses héritiers peuvent, sur des circonstances même purement morales, soutenir que l'enfant n'appartient pas au mari (C. civ. 312).— 9 nov. 1809. Req. Poitiers. Brudieu. D.A. 8. 585. D.P. 9. 1. 489.

196. — 2° Que l'acte de naissance qui, en attribuant un enfant (déclaré enfant naturel) à une femme mariée, *designée par ses noms propres seulement*, indique pour père un autre que le mari, ne saurait être pour cet enfant un titre prouvant la paternité de ce dernier, sur le fondement de la règle *pater is est quem nuptiæ demonstrant.* — 22 janv. 1811. Req. Paris. Chady. D.A. 8. 586. D.P. 11. 1. 137.

197.— Ne perdons pas de vue, au reste, que l'art. 325, quoique conçu en termes généraux, ne s'applique qu'aux deux articles précédens, à savoir pour le cas où il n'y a ni titre, ni possession, et au cas où l'enfant aurait été inscrit sous de faux noms. — D.A. 8. 586, n. 5; Dur., 3, 137, n. 137, et suiv.

ART. 6.— *De l'action en réclamation et en suppression d'état.*

198.— L'action en réclamation et en suppression d'état a pour objet de remettre en possession de leur état ceux que la négligence ou le crime en auraient dépouillés.— D.A. 8. 593, n. 1.

§ 1er.— *De l'action en réclamation d'état.*

199.— L'état des personnes tient à l'ordre public. La volonté des parties ne saurait ni le modifier ni l'aliéner. Par suite de sa nature, l'action en réclamation se distingue des autres actions sous plusieurs rapports. Ainsi, elle est imprescriptible à l'égard de l'enfant (C. civ. 328). Il peut toujours réclamer son état. De même, contrairement au droit romain, la possession la plus longue ne mettrait pas celui qui jouit d'un état qui n'est pas le sien à l'abri des poursuites. — D.A. 8. 593, n. 1; Dur., 3, 146, n, 144 et suiv.

200.— On excepterait sans doute, au moins entre les parties, le cas où il y chose jugée.

201.— Il y a réclamation d'état, toutes les fois que celui qui soutient avoir un état qu'on lui conteste, n'a pas un acte de naissance conforme à sa possession.—10 mess. an 12. Cr. r. Christian. D.A. 8. 595. D.P. 4. 1. 119.

202.— La rigueur de notre droit, à l'égard de la réclamation d'etat et de l'imprescriptibilité de l'action, ne s'attache qu'à l'état en lui-même.— Quant aux intérêts pécuniaires auxquels il peut donner ouverture, ils rentrent dans le domaine ordinaire du droit (C. civ. 388; C. pr. 1004). — D.A. 8. 593, n. 2.— V. Arbitrage.

203. — L'action en réclamation d'état appartient d'abord à l'enfant, et, après son décès, à ses héritiers (D.A. *ibid.*, n. 3); mais sous les conditions prescrites par les art. 329, 330 C. civ.

204.—L'art. 329 porte, en effet, « l'action ne peut être intentée par les héritiers de l'enfant qui n'a pas réclamé, qu'autant qu'il est décédé mineur, ou dans les cinq années après sa majorité. »

205.— On a jugé que la fin de non-recevoir établie par cet article n'est pas applicable à la demande tendante seulement à établir que l'enfant avait, à son décès, la possession d'état d'enfant légitime. — Ici point de prescription à encourir. — 9 mai 1829. Pau. Haitze. D.P. 30. 2. 98.

206.— On lit dans l'art. 330 : « Les héritiers peuvent suivre cette action lorsqu'elle a été commencée par l'enfant, à moins qu'il ne s'en fût désisté formellement, ou qu'il n'eût laissé passer trois années sans poursuites, à compter du dernier acte de la procédure.

207.—Le code ne prescrivant aucun délai aux héritiers de l'enfant, pour l'exercice de l'action en réclamation d'etat de ce dernier, ils ont trente ans, durée ordinaire des actions.—Touill., t. 2, n. 913;

Dur., t. 3, n. 154; Delv., p. 56, n. 9; D.A. 8. 593, n. 3.

208.— A l'occasion du droit conféré aux héritiers par l'art. 330, on a demandé : 1° si le désistement de l'enfant, qui rend les héritiers non-recevables à suivre l'action, aurait le même effet contre l'enfant lui-même? Non. Il ne peut jamais transiger, sur son état, n'y renoncer. — D.A. 8. 593, n. 4; Dur., 3, n. 144. — *Contra*, Delv., 86, n. 6.

209.— 2° La discontinuation de poursuites par l'enfant rend-elle les héritiers non-recevables à poursuivre l'action, dans le cas même où l'enfant serait décédé avant les cinq ans de sa majorité? — Oui, car cette discontinuation constitue un désistement.— D.A. 8. 593, n. 4; Delv., 86, n. 3. — *Contrà*, Dur., 3, n. 157.

210.— On doit appliquer les mêmes principes à l'action en réclamation d'état, qu'à l'action en désaveu. Ainsi, cette action peut être poursuivie par les héritiers universels de l'enfant, et par les héritiers du sang.—Merl., v° Légitimité, sect. 4, § 1er, n. 2; Toull., t. 2, n. 914; Dur., n. 158; Delv., p. 86, n. 7; D.A 8. 593, n. 5.— V. n. 66, s.

211.— Quant aux créanciers, ils sont recevables en général à l'exercer, mais surtout lorsqu'elle a été commencée par leur débiteur décédé, et que les héritiers négligent de la suivre. — Merl., Rep., v° Légitimité, sect. 4; d'Aguesseau, t. 2, p. 111, 120.— *Contrà*, Dur., t. 3, n. 160; D.A. 8. 593, n. 5.

212.— Quant à la compétence, l'art. 326 C. civ. dispose : « Les tribunaux civils seront seuls compétens pour statuer sur les réclamations d'état (C. 100, 198, s.; C. pr. 83).

§ 2 — *De l'action en suppression d'état.*

213.— La suppression d'état consiste dans la destruction des preuves constatant l'état civil des personnes. — D.A. 8. 594, n. 1.

214.— En conséquence, pour qu'il y ait lieu au crime de suppression d'état, il faut que l'existence de l'état du réclamant soit démontrée. — D.A. 8. 594, n. 1; Dur., 3, n. 162 et suiv.

215.— C'est ainsi que l'action en dommages-intérêts pour suppression d'état, formée par un individu qui prétend avoir été inscrit sous de faux noms, n'est pas recevable, si l'état n'a été constaté préalablement, soit par une action civile en réclamation d'état, soit par l'action criminelle et secondaire en suppression d'état. — 20 fév. 1810. Paris. Hypolite. D.A. 8. 597, n. 1. D.P. 10. 2. 155.

216.— On a dit que les tribunaux civils sont seuls compétens pour statuer sur les réclamations d'état (C. civ. 326).

217.— L'article 327 ajoute : « l'action criminelle contre un délit de suppression d'état ne pourra commencer qu'après le jugement définitif sur la question d'état. »

218. — La raison de cette dérogation au droit commun, c'est qu'on pourrait, par la voie criminelle, où la preuve testimoniale est admise, se procurer un commencement de preuve par écrit, et rendre vaine la prescription de l'art. 323 C. civ.— D.A. 8. 594, n. 3; Dur., 3, n. 162 et suiv.

219 — Ainsi, l'accusation qu'intente un enfant contre un tiers, comme auteur d'un faux commis dans son acte de naissance, ne peut être suivie avant le jugement à rendre au civil sur la question d'état. Il importe peu que l'enfant soit originairement défendeur dans l'instance civile — 10 mess. an 12. Cr. r. Christian. D.A. 8. 593. D.P. 4. 1. 519.

220. — Et lorsqu'une plainte criminelle dirigée contre un maire, en ce qu'il aurait rédigé un faux acte de mariage, tend tout à la fois et à faire déclarer non mariés les prétendus époux dont l'un est plaignant, et à faire priver de son état légitime un enfant né du prétendu mariage, et ensuite inscrit comme tel; dans ce cas, il doit être sursis sur l'action criminelle jusqu'à ce qu'il ait été statué, sur la question d'état, par le tribunal civil.— 9 déc. 1822. Grenoble. Bouzon. D.A. 8. 599. D.P. 2. 193.

221.— L'article 327 interprété dans ce sens général, interdit virtuellement, même au ministère public toute action dans l'intérêt de la vindicte sociale, et la jurisprudence a sanctionné ce système, dont le résultat est souvent de laisser le crime impuni. — D.A. 8. 594, n. 3; Dur., 3, n. 165.

222. — Il a été décidé que l'art. 327 était général et absolu pour la partie publique comme pour la partie civile.— 10 mess. an 12. Cr. c. Bull. crim.

223.—Ainsi, il a été jugé, 1° que l'action publique contre une fille, en ce qu'elle aurait fait inscrire, comme provenant d'elle, un enfant né d'une autre femme, ne peut être intentée, si l'état supprimé ou supposé n'a pas été réclamé ou contesté devant les tribunaux civils. — 25 nov. 1808. Cr. c. Jourdain. D.A. 8. 552.— 2 mars 1809. Cr. r. Min. pub. Jourdain. D.A. 8. 601, n. 1. D.P. 9. 1. 247.

224. — 2° Que l'action publique contre des individus, en ce qu'ils ont fait inscrire comme né d'une femme un enfant qui était né d'une autre, ne peut être poursuivie qu'après le jugement sur l'action civile; et l'arrêt qui met en accusation le prévenu d'un pareil délit, avant le jugement au civil, doit être cassé. — 24 juill. 1823. Cr. c. Toulouse. Boussac. D.A. 8. 600, n. 1. D.P. 23. 1. 432. — 21 août 1812. Cr. r. Goorband. D.A. 8. 600, n. 1.

225. — 3° Que, bien que le fait d'un individu qui a fait inscrire sur les registres de l'état civil plusieurs de ses enfans comme nés de son légitime mariage, quoiqu'ils provinssent d'un commerce avec une concubine, constitue non pas seulement une énonciation mensongère, mais un faux caractérisé; cependant le ministère public ne peut poursuivre *d'office* cette suppression d'état. — 10 mess. an 12. Cr. c. Houet. D.A. 8. 599. D.P. 2. 293; 4. 1. 328, et 6. 1. 208.— 9 fév. 1810. Civ. c. Desrosiers. D.A. 8. 600. D.P. 2. 294.

226. — 4° Que la décision devait être le même à l'égard de faux commis sur des actes de naissance, mariage et décès, qui ont eu pour objet de créer une filiation à une personne. — 30 mars 1813. Req. Min. pub. Baron. D.A. 8. 601. D.P. 13. 1. 308.

227. — Et, dans ce cas, le ministère public serait non-recevable, quand même il aurait soin de diviser les élémens du délit, et de ne diriger les poursuites que contre le faux commis sur des actes de mariage ou de décès. — Peu importe même que la décision civile, sur la question d'état, ne puisse être jugée que plus tard, et même après le décès du prévenu de faux.— Même arrêt.

228. — Il a été jugé, au contraire, 1° qu'avant le code, l'action criminelle pouvait être intentée sans qu'au préalable on eût fait statuer sur la question d'état. — 25 brum. an 13. Cr. r. Dijon. Roquelaure. D.A. 8. 594. D.P. 5. 1. 345.

229.— 2° Qu'il en doit être de même sous le code. — 27 nov. 1829. Angers. Lepoudray. D.P. 51. 2. 134.

230.— Au reste, l'art. 327 C. civ. ne doit être appliqué que dans les seuls cas où la question d'état pourrait recevoir un préjugé du résultat de l'action criminelle. — D.A. 8. 594, n. 4; Dur., 3, n. 566.

231.—Et il a été jugé, 1° qu'il ne fait pas obstacle à la poursuite de l'action criminelle en faux témoignage, contre des témoins qui ont déposé dans les enquêtes ordonnées par le juge civil, sur l'instance en réclamation d'état, encore que le juge civil n'ait pas prononcé sur la question d'état — 5 janv. 1822. Liége. Milly. D.A. 8. 598, n. 1. D.P. 2. 293.

232. — 2° Qu'il peut même souffrir quelquefois exception : dans le cas, par exemple, où les accusés ont gardé un silence absolu sur l'arrêt d'accusation; s'ils ont laissé passer les délais de l'attaquer; et, enfin, s'il est de leur intérêt d'être jugés (C. pén. 345). — 27 nov. 1829. Angers. Lepoudray. D.P. 30. 2. 131.

233. — Toutefois, l'art 327 n'est pas applicable au délit de *suppression* de personne (d'un enfant, par exemple), lequel délit peut être poursuivi criminellement avant qu'il ait été statué sur la question d'état (C. pén. 465).—26 sept. 1823. Cr. c. Rennes. Min. pub. Luraine. D.A. 8. 602, n. 1. D.P. 24. 1. 96. — 12 déc. 1823. Cr. c. Boulaud. D.A. 8. 602. D.P. 24. 1. 96.— V. Enfant abandonné, n. 6 et suiv.

234.— ... Ni en matière de mariage, parce que le même danger n'existe pas, le mariage étant un fait public et notoire.— Dur., 3, n. 464.

TABLE SOMMAIRE.

Absence. 71, 156, s.
Acte de l'état civil. 20, s. 124. — acte de naissance. 110, s. 112, s. 140, s. 183, s. 201. — acte extra-judic. 107, s.
Action immorale. 72, s. — judiciaire. 107. — publique. 217, s.
Adultère. 40, s.
Articulation. 88.
Aveu. 48, 165.
Ayant-cause. 53.
Bonne foi. 11, s. 159, 163.
Cassation (appréciation). 14, 122, 188, s.
Chose jugée. 84, s. 109. — inaliénable. 19. — V. Renonciation illicite.
Co-habitation. 4. s, 20, s.
Compétence. 212, 214, s.
Conception. 1, s.
Conciliation. 108.
Connaissance.— V. Grossesse.
Constitution d'avoué. 81.
Contestation de légitimité 60, s. 63, s. 77, s. 109.
Contradiction. 137.
Décès. 68, s. 154, 204, s.
Degré de juridiction. 86.
Délai. 44, 63, s. 93, s. 204, s.
Désaveu. 4, s. 21, s. 65, s. 93, s.
Droit personnel. 66, 71.
Emigré. 19, s.
Enfant naturel. 142.
Etat civil. 19.
Evocation. 86.
Faux. 220. s.— incident. 122. — nom. 169, s.
Filiation adultérine. 72, s.
Fréquentation. 58.
Gestation. 51.
Grossesse. 51, s.
Héritiers. 57, s. 66, s. 100, s. 203, s. 210, s.
Identité. 113, s. 167, 178.
Impossibilité. 4, s. 21, s. — morale. 32, s. 96, 195.
Impuissance. 24, s. 32, s.
Indivisibilité. 6, s. 12, 74, 80, 161.
Impertinence. 189, 192.
Interdiction. 158.
Jugement d'office. 91.
Légataire. 70, 210.
Légitimité. 110, s. 118.
Lettre. 182, 190.
Mariage. 234. — preuve. 135, 143, s. — putatif. 1, 11, s. 159.
Maternité. 40, 98, 161, s. 184, 193.
Mention étrangère. 118.
Mineur. 204.
Mort civile. 15.
Moyen nouveau. 83.
Naissance tardive. 5, s. 60, s.
Nom. 126, s.
Paternité. 2, s.
Perte. 124.
Petits-enfans. 159.
Possession d'état. 73, s. 119, 123, s. 144, s. 164 s. 201. — (caractère) 126, 153.
Pouvoir discrétionnaire 60, 188, s.
Présomption légale. 2, s. 20, s. 48, s. 64, 161, s. 169, s. 193, s.
Preuve. 110, 163, s. 168, s. —(charge) 54 — (commenc.) 120, s. 169, s. 180, s. — contraire. 193. — testimoniale. 56, s. 118, 169, s. 218, s. — V. Mariage.
Prison 36, s.
Prescription. 111, 199, s.
Question d'état. 214, s. 217, s.— préjudicielle. 214, s.
Recel. 40, s. 162.
Réclamat. d'état. 198, s.
Rectification. 99, 106.
Registres domestique. 180, 187.
Renonciation illicite, 76, s. 208.
Rétroactivité. 82.
Sensibilité. 6, s.
Séparation de corps. 33, s. 38.
Suppression d'état. 213.
Trouble. 81, s. 93, s.
Tuteur *ad hoc*. 64, 89, s. 107.

FILIATION NATURELLE.— 1.— C'est la descendance, relativement à leurs père et mère, des enfans nés hors mariage.

2. — Les enfans naturels sont, comme ces mots l'indiquent, ceux qui sont issus de l'union de personnes que la nature seule a rapprochées et qui n'a point reçu la sanction légale du mariage. — D.A 8. 603, n. 1.

3. — Le droit romain divisait les enfans naturels en deux classes, ceux nés du concubinage, c'est-à-dire, nés d'individus ayant un domicile commun; on les appelait *liberi naturales*, et ceux nés hors mariage, nommés *spurii*. Il était sévère jusqu'à l'injustice à l'égard de ceux-ci; il en prohibait la reconnaissance et leur refusait le droit à des alimens (L. 144 ff. *de Verb. signif.*). Notre ancienne jurisprudence, qui leur accordait cependant cette faveur, mettait les enfans naturels au rang des aubains, des serfs; elle les repoussait de la famille de celui qui les avait reconnus : *nec genus, nec gentem habent*. Nos lois révolutionnaires leur accordèrent des droits égaux à ceux des enfans légitimes (V. L., 4 juin 1793, 12 brum. an 2; 5 vend., 15 therm. an 4; 2 vent. an 6.— V. aussi L. 14 flor. an 11); c'était un excès opposé : le code civil a pris un sage milieu; l'état et les droits de l'enfant sont sagement réglés. — D.A. 8. 603, n. 1.

4.— Le code reconnaît deux espèces d'enfans naturels. 1° ceux nés de l'adultère et de l'inceste (V. Filiation adultérine), ceux nés de personnes qui, au moment de la conception, pouvaient se marier; ce sont les enfans naturels proprement dits, lesquels peuvent devenir légitimes (V. Légitimation). C'est de ceux-ci qu'il est question dans cet article. —D.A. *ibid.*, n. 2.

5. — On doit encourager la reconnaissance des enfans naturels; elle est l'accomplissement d'un devoir (D.A. 8. 627, n. 2). De là une sorte de faveur qui, toutes les fois que les auteurs d'un tel acte n'ont pas été surpris, qu'ils ne réclament pas et que les garanties exigées par la loi ont été conservées, doit se montrer dans son application, mais aussi la sévérité doit être excessive dans l'admission des preuves, lorsque la paternité ou la maternité sont déniées par ceux auxquels on les impute. On doit craindre de percer un mystère dont la divulgation flétrit l'existence d'une mère, nourrit les idées d'infanticide, excite l'antipathie entre un père et un enfant, et ne donne souvent à ce dernier qu'un état équivoque et peut-être regrettable, au sein d'une famille humiliée.—D.A. 8. 667, note 1re

6.— L'interprétation des actes de reconnaissance doit être plus sévère vis-à-vis du père que vis-à-vis de la mère, puisqu'à l'égard de celle-ci la loi admet des commencemens de preuves par écrit (C. civ. 341).

§ 1er. — *Législation ancienne et intermédiaire.*
§ 2. — *Des enfans qui peuvent être reconnus.*

§ 3. — *Des personnes qui peuvent reconnaître un enfant naturel.*
§ 4. — *Des fonctionnaires compétens pour recevoir la reconnaissance.*
§ 5. — *Formes de la reconnaissance.*
§ 6. — *Des termes dans lesquels la reconnaissance de l'enfant doit être faite.*
§ 7. — *Preuve de la filiation naturelle, résultant de registres, de possession d'état, de présomptions.*
§ 8. — *Recherche de la paternité.*
§ 9. — *Recherche de la maternité.*
§ 10. — *Du caractère de la reconnaissance.— Liberté.— Irrévocabilité.*
§ 11. — *Des droits des enfans reconnus.— Alimens.*

---

§ 1er. — *Législation ancienne et intermédiaire.*

7.— Avant 1789, des actes sous seing-privés accompagnés de la possession d'état d'enfant naturel, équivalaient à une reconnaissance valable. — 28 janv. 1806. Montpellier. Mahul, n. 1. D.A. 8. 637, n. 1. D.P. 6. 2. 209.

8.— Des diverses dispositions des lois intermédiaires, et qui sont citées plus haut n. 3, on se borne à citer celles des art. 10 et 11 de la loi du 12 brum. an 2; on y lit :

» Art. 10. A l'égard des enfans nés hors du mariage, dont le père et la mère seront encore existans lors de la promulgation du code civil, leur état et leurs droits seront en tous points réglés par les dispositions du code.

« Art. 11. Neanmoins, en cas de mort de la mère avant la publication du code, la reconnaissance du père faite devant un officier public suffira pour constater à son égard l'état de l'enfant né hors du mariage et le rendre habile à lui succéder. »

9.— La loi de brum. an 2 n'a rien disposé quant à la forme des actes de naissance des enfans naturels, qu'ils soient antérieurs ou postérieurs à cette loi.—14 flor. an 13. Ch. réun. r. Méricourt. D.A. 8. 656. D.P. 5. 1. 425.

10.—Jugé, en conséquence, 1° que la reconnaissance contenue dans l'acte de baptême reçu par un curé, est valable, encore bien que le père décédé depuis la loi de l'an 2 ne l'ait pas renouvelée devant l'officier de l'état civil — Même arrêt.

11.—2° Que si l'action en déclaration de paternité a été formée avant la loi de brum. an 2, elle doit être jugée conformément aux lois anciennes, c'est-à-dire d'après la jurisprudence ou les principes en vigueur avant cette loi.—11 prair. an 10 Civ. r. Coulan. D.A. 8. 668, n. 1. D.P. 3 1. 491.

12.—3° Que, quoique sous la loi de brum. an 2, la filiation d'un enfant naturel ne pût point etre prouvée par témoins, l'enquête qui établirait ce fait devait néanmoins faire preuve de l'état de l'enfant, s'il y a été procédé de l'aveu de toutes les parties.— 30 pluv. an 12. Bordeaux. Albiat. D.A. 8. 669, n. 2. D.P. 2. 306.

13.— 4° Que si sous cette loi un acte sous seing-privé a été déclaré, par arrêt passé en force de chose jugée, constituer un acte de reconnaissance valable, cette reconnaissance n'a pu être annulée sous le prétexte que le code civil a exigé un acte authentique. — 16 nov. 1808. Civ. r. Paris. Péterlong. D.A. 8. 638. D.P 9. 2. 17.

14. — Jugé cependant que c'est d'après le code, et non par la jurisprudence anterieure à la loi du 12 brum an 2, que doit être jugée une action en déclaration de paternité, formée devant les tribunaux depuis la publication de cette loi, quoique la citation au bureau de conciliation serait antérieure. — 3 vent. an 11. Civ. c. Liége. Sprimont. D.A. 8. 669. D.P. 3. 1. 606.

15.— Et que l'acte de reconnaissance d'un enfant naturel né avant le code civil, dont les père et mere sont décédés depuis, est soumis aux formes tracées par le code.— 9 niv. an 12. Amiens. Huré. D.A. 8. 638, n. 1. D.P. 22. 2. 182, n. 5.

16. — L'enfant naturel qui, né avant 1789, avait des titres sous seing-privé et une possession d'état, avait droit de réclamer des alimens.— 28 janv. 1806. Montpellier. Mahul D.A. 8. 637, n. 1. D P. 6 2. 209.

17.— Et de porter le nom de son père. — Même arrêt.

18 — L'enfant naturel reconnu, sous l'ancien droit, par lettres de légitimation, peut exercer, dans la succession de son père (décédé sous la loi de l'an 2), les droits attribués par le code civil aux enfans naturels, encore que ses lettres de légitimation portent qu'il ne pourra venir à la succession de son père.— 4 germ. an 13. Paris. Papillon. D.A. 8. 634. D.P. 2. 300.

19. — Et celui né sous une loi qui ne lui accordait que des alimens, a droit, si son père n'est décédé que depuis la loi de brum. an 2, à la quotité fixée par le code civil. — 14 flor. an 13 Sect. réun. r. Méricourt. D.A. 8. 656. D.P. 5. 1. 425.

20.— L'enfant naturel a droit à des alimens sur la succession de son père, même décédé depuis la loi de brum. an 2, encore que la reconnaissance n'ait eu lieu que pendant le mariage du père avec une autre que la mère de l'enfant, et qu'il soit né des enfans de ce mariage (C. civ. 337).— 13 juin 1809. Paris. Gauthier. D.A. 8. 663, n. 1. D.P. 2. 506.

Ce droit existe surtout si sa reconnaissance est antérieure au code, et si déjà il a obtenu des alimens contre son père par jugement rendu sous la législation ancienne.— Même arrêt.

21.— C'est par le code civil que sont réglés l'état et les droits des enfans naturels décédés depuis la loi de brum. an 2 ou sous le code civil. — 14 vent. an 12. Grenoble. Brunel. D.A. 8. 634, n. 2. D.P. 2. 299. — 14 flor. an 13. Sect. réun. r. Méricourt. D.A. 8. 657, n. 8. D.P. 5. 1. 425.

22 — Si le père est décédé sous l'empire de la loi du 12 brum. an 2, le code civil doit seul régler les droits de l'enfant naturel dans la succession. — 16 juin 1806. Bordeaux. Texandier. D.A. 8. 604. D.P. 7. 2. 33.

23.—...Même quant à la légitimation.—V. ce mot.

24. — Enfin, la reconnaisance, même antérieure aux lois nouvelles, attribue à l'enfant dont les père et mère sont morts sous le code civil, les droits réglés par ce code.— 11 juill 1808. Bruxelles. Esselens. D A. 8 639, n. 1. D.P. 9. 2. 1.

25.—Il résulte donc de l'art. 10 de la loi de brum. an 2, que l'etat et les droits des enfans naturels reconnus sont demeurés en suspens jusqu'à la promulgation de ce code, et, par suite, il y a lieu d'annuler les arrêts qui ont réglé définitivement ces droits d'après les dispositions générales de la loi de brum. an 2. — 4 vent. an 11. Civ. c. Neuville. D.A. 8. 655. D.P. 2. 304.

26. — Au reste, cet article n'a disposé que dans l'intérêt des enfans, et non dans l'intérêt de leurs père et mere, lesquels ne peuvent se prévaloir de l'espèce d'effet rétroactif donné au code civil par la loi transitoire du 14 flor. an 11. — Par suite, si un enfant naturel dont la prétendue mère était décédée sous la loi de l'an 2, est décédé lui-même sous cette loi sans avoir exercé aucun droit sur sa succession, ni même avoir été reconnu par elle, le pere naturel de cet enfant, qui lui a survécu, ne peut, en se fondant sur l'art. 765 C. civ., ni etre admis a réclamer les droits attribués à cet enfant par le code dans la succession de sa mère, ni surtout à être admis à se prévaloir da l'art 341 pour établir par la preuve testimoniale la maternité de celle-ci. — 25 vent. an 12. Aix. Rey. D.A. 8. 656, n. 1, D.P. 2. 304.

§ 2. — *Des enfans qui peuvent être reconnus.*

27.— Les enfans adultérins et incestueux ne peuvent être reconnus.—V. Filiation adultérine.

28. — Un enfant peut être reconnu avant d'être né (D.A 8 628, n. 2) — 3 déc 1807. Aix. Etienne. D.A. 8. 629, n. 2. D P. 22. 2. 185. — 16 déc. 1811. Civ. r. Bruxelles. Buisseret. D.A. 8 631. D.P. 2. 209, et 12. 1. 111. — 19 août 1824. Metz. N... C. Bouvin. D.P 33 2. 165.

29. — Et cette reconnaissance par testament public est valable, quoiqu'elle n'ait pas été renouvelée et que le père ait encore vecu plusieurs années après la naissance de l'enfant. — 10 fév. 1806. Aix. Anne-Rose. D.A. 8, 631, n. 1. D.P. 7. 2. 1.

30. — Quoique la reconnaissance d'un enfant naturel, né d'un blanc et d'une femme de couleur, soit prohibé à la Guyane, cependant un blanc a pu reconnaître valablement, en France, où il est domicilié, et sous le code civil, un enfant naturel, quelle que soit la couleur de sa mere et le lieu actuel de la résidence de l enfant. — 15 mars 1831. Civ. r. Guyanne. Verneau. D.P. 31. 1. 109.

§ 3. — *Des personnes qui peuvent reconnaître un enfant naturel.*

31. — La reconnaissance d'un enfant naturel par un mineur est valable; c'est de sa part une veritable réparation de délit ou quasi-delit, contre laquelle il n'est pas restituable.— 4 fév. 1811. Bruxelles. Parmentier. D.P. 11. 2 84.— 22 juin 1813. Civ. r. Bruxelles. Nuyten. D.A. 8. 648. D.P. 13. 1. 360. — 18 mars 1815. Rouen. Hocquerel. D.A. 8. 620. D.P. 2. 298.— Conf. Loiseau, p. 483, 510; Toull., 2, n. 962, Dur., 3, n. 258; D.A. 8. 627, n. 2.

32.— Il en était de même, avant le code, de celle faite par un mineur pubère, même sans l'assistance de son curateur. — 3 dec. 1807. Aix. Etienne. D.A. 8 629, n. 2. D.P. 22. 2. 183.

33. — La reconnaissance d'un enfant naturel par un prêtre est-elle valable? Oui.— D.A. 8. 628, n. 3. —V. plus bas.

34.— Est également valable celle faite, par un ex-chanoine, d'un enfant naturel qu'il aurait eu même avant la suppression de ses vœux. — 14 vent. an 12. Grenoble. Brunel. D.A. 8. 634, n 2. D.P. 2. 299.

35. — Un individu marié peut reconnaître un enfant naturel conçu avant le mariage. Il n'y a de difficulte que quant aux droits de l'enfant

36. — L'art. 337 C civ. porte, en effet : « La reconnaissance faite pendant le mariage, par l'un des époux, au profit d'un enfant naturel qu'il aurait eu, avant son mariage, d'un autre que de son époux, ne pourra nuire ni à celui-ci, ni aux enfans nés de ce mariage.

» Néanmoins, elle produira son effet après la dissolution de ce mariage, s'il n'en reste pas d'enfans. »

37. — Cet article s'applique à la reconnaissance d'un enfant naturel, faite pendant le mariage par l'un des époux, encore que cet époux soit décédé dans l'intervalle de la loi du 12 brumaire an 2 au code civil —18 flor. an 13. Civ. r. Bordeaux. Richon. D.A. 8. 653, n. 3. D.P. 5. 1. 385.

38.— Le père peut reconnaître un enfant né avant le mariage, même après sa dissolution, et quoiqu'il existe des enfans de ce mariage..; et la reconnaissance a effet contre les enfans legitimes. — 6 janv. 1808. Civ. r. Pau. Picot. D.A. 8. 651. D P. 8. 1. 49.

39. — Mais l'art. 337 C. civ. n'est applicable qu'au cas où il y a reconnaissance libre et volontaire pendant le mariage, et non au cas où c'est l'enfant qui offre la preuve de la filiation.—20 mai 1829. Rouen. Buzuel. D P. 33. 2. 31.

40. — Quant à la femme, on tient généralement qu'elle n'a pas besoin de l'autorisation de son mari pour reconnaître valablement l'enfant qu'elle a eu avant son mariage. — Loiseau, Toull., Dur., D.A. 8. 627, n. 2.

41 — La parenté, même la plus rapprochée, ne donne pas le droit de faire une reconnaissance pour un autre, fût-il absent. Ainsi, de ce qu'un particulier a présenté un enfant à l'état civil, l'a reconnu au lieu et place de son fils décédé au moment où il devait épouser la mere de cet enfant, enceinte des œuvres du défunt, de ce qu'il lui a donné son nom et celui du défunt, l'a élevé dans sa famille, et enfin, de ce que, par un acte fait sous la loi de 1792, en présence de témoins, il a reconnu cet enfant pour son petit-fils, il ne résulte ni reconnaissance de paternité ni adoption de cet enfant par son aïeul naturel — 11 juill. 1826. Req. Paris. Manté. D P. 26. 1 413.

42.— Il est sans difficulté qu'un mandataire peut valablement reconnaître un enfant pour le père.

43.— Mais dans quelle forme sera donnée la procuration? — Duranton, t. 3, n. 222, distingue. la procuration doit être spéciale et authentique, dit-il, si la reconnaissance est faite devant l officier civil. Si elle est faite devant notaire, un simple pouvoir spécial, même par lettre, suffit. — *Contrà*, Dalloz, qui pense qu'elle doit toujours être authentique : ce qui nous paraît bien rigoureux.

44.—Jugé que celle faite par un fondé de pouvoir, en vertu d'une procuration passée en *brevet* devant notaire, est valable.— 1er fév. 1812. Paris. Chrétien. D.A. 8 645, n. 1. D.P. 22. 2. 182, et 181, n. 3.

45.—Et la reconnaissance faite en vertu d'un pouvoir sous-seing privé du pere, est valable, si, plus tard, le père, decédé sous le code, l'a qualifié de son fils naturel dans un legs qu'il lui a fait par testament authentique.—2 janv. 1819. Paris. Compigny D A. 8. 644. n. 1. D P. 2. 302, et 19. 2. 19.

46.— Mais il a été jugé, même à l'égard d'un enfant né avant le code civil, que la reconnaissance faite par un tiers dans un acte authentique, en vertu d'une lettre du père qui lui en donne le droit, est nulle, encore que cette lettre ait été annexée à l'acte de reconnaissance, et que le père soit décédé sous la loi du 12 brum. an 2. — 26 fév. 1817. Riom. Destaing. D.A. 8. 644. D.P. 18. 2. 5.

47. — La circonstance qu'un enfant aurait déjà été reconnu par un individu, ne fait pas obstacle à ce qu'il le soit par un autre.

48. — En conséquence, est valable la reconnaissance de paternité, et par suite la légitimation d'un enfant naturel par un individu autre que celui dési-

gué comme père dans l'acte de naissance si d'ailleurs ce dernier n'a point figuré dans l'acte de naissance.— 2 juin 1809. Paris. Lebas. D.A. 8. 613. D.P. 9. 2. 153.

§ 4. — *Des fonctionnaires compétens pour recevoir la reconnaissance.*

49. — Avant le code, la reconnaissance faite devant le lieutenant-général d'un bailliage, était valable comme authentique. — 18 mars 1815 Rouen. Hocquerel. D.A. 8. 630. D.P. 2. 298.

50. — Le code ne désignant pas l'officier public qui est chargé de recevoir la reconnaissance par acte authentique des enfans naturels, on doit en conclure que tous ceux qui ont qualité pour recevoir les actes ou les déclarations des parties et en conserver minute, peuvent la constater. — Dur., 3, n. 212; Loiseau, 449; D.A. 8. 628, n. 5.

51.— Un adjoint peut la recevoir, et elle ne saurait être annulée en ce que l'acte ne constaterait pas l'empêchement du maire.— 19 août 1824. Metz. N... C. Bouvin. D.P. 33. 2. 163.

52. — Il n'est même pas nécessaire que l'officier de l'état civil soit assisté de témoins.—1er fév. 1812. Paris. Chrétien. D.A. 8. 645, n. 1. D.P. 22. 2. 182, et 181, n. 3.

53.—L'officier de l'état civil n'est pas seul compétent pour recevoir un acte de reconnaissance; tout officier public lui donne, en le recevant, le caractère d'authenticité exigé pour sa validité.— 14 vent. an 12. Grenoble. Brunel. D.A. 8. 634, n. 2. D.P. 2. 299.

54 — Ainsi, un juge de paix peut le recevoir. — Même arrêt.

55.— Et une telle reconnaissance faite en bureau de conciliation, et consignée dans le procès-verbal du juge de paix, est une reconnaissance volontaire et authentique.— 15 therm. an 13. Grenoble. Pison. D.A. 8. 634, n. 1. D.P. 2. 299, et 22. 2. 179.

56.—Bien plus, un greffier volontairement choisi par les parties, est capable de donner à l'acte de reconnaissance le caractère d'authenticité, lequel ne pourrait être annulé sur la demande du père, sous le prétexte que le greffier n'aurait pas qualité pour le recevoir. — 15 juin 1824. Civ. r. Amiens. Bedin. D.A. 8. 632. D.P. 24. 1. 238.

57.—Quant à l'autorité administrative et aux fonctionnaires qui, en recevant des actes de reconnaissance, sortiraient de leurs attributions spéciales, ils n'ont pas qualité. —D.A. 8. 628, n. 5; Dur., 3, n. 212. Loiseau, 449 et suivans.

58. — Ainsi, un commissaire de police n'a point qualité pour donner à cet acte le caractère d'authenticité exigé pour sa validité. — 24 mai 1817. Dijon. Joly. D.A. 8. 635, n. 3. D.P. 17. 2. 111.

59. — Et cet acte ne peut même servir de fondement a une demande alimentaire. — Même arrêt.

60.—Ainsi les fonctionnaires préposés pour recevoir et vérifier les déclarations relatives à l'emprunt forcé de l'année 1793, n'avaient pas caractère pour recevoir une déclaration de paternité, l'acte eût-il été ensuite transmis à la municipalité. — 16 mai 1809. Civ. c. Bordeaux. Gombault. D.A. 8 643. D.P. 9. 1. 241. — Sur renvoi, arr. conf. 18 juill. 1810. Pau. *eod.*

§ 5. — *Formes de la reconnaissance.*

61.—L'art. 334 C. civ. porte : « La reconnaissance d'un enfant naturel sera faite par un acte authentique, lorsqu'elle ne l'aura pas été dans son acte de naissance. »

62. —Les lettres de légitimation obtenues sous l'ancienne législation, par le père de l'enfant naturel, sont, sous l'empire du code, une reconnaissance authentique.—4 germ. an 13. Paris. Papillon. D.A. 8. 634. D.P. 2. 300.

63.—L'acte reçu par un notaire décédé, a, quoique non enregistré, le caractère d'authenticité exigé par l'art. 334 C. civ. En conséquence, la mère est fondée a réclamer pour son fils, contre les héritiers du père, la moitié de la succession. — 12 janv. 1808. Bruxelles. Maitriaux.

64 — La reconnaissance faite, en justice, de l'écriture d'un acte sous seing-privé, contenant, de la part de celui qui l'a souscrit, un aveu de parternité, avec consentement à ce que l'enfant soit inscrit sous son nom, imprime à cet acte le caractère d'un acte authentique. — 11 août 1808. Req. Toulouse. Blanc. D.A. 8. 638. D.P. 8. 1. 415.

65. — L'aveu judiciaire de paternité est une reconnaissance authentique. —24 mars 1813. Colmar. Gilimann. D.A. 8. 641, n. 7. D.P. 14. 2. 13.

66. — Une femme reconnait authentiquement un enfant naturel lorsque, par une requête, elle demande et obtient l'envoi en possession des biens d'un absent qu'elle qualifie son fils naturel, inscrit aussi sous cette qualité sur les registres des actes de naissance. — 11 juill. 1827. Nîmes. Ville. D.P. 28. 2. 130.

67 — Les registres tenus par les ministres du culte ne peuvent, en aucun cas, suppléer à ceux que prescrit la loi pour constater l'état civil des Français (Concordat de 1802, art. 55, C. civ. 334). — 22 avril 1833. Paris. Génevois. D.P. 33. 2. 135.

68. — Ainsi, un acte de baptême ne remplit pas le vœu de l'art. 334. — Même arrêt.

69. — *Testament.* — Sous le code, le testament olographe, quoique qualifie solennel par les auteurs, n'est pas valable comme acte de reconnaissance. — Dur., 3, n. 215; D A. 8. 628, n. 7. — 6 juill. 1832. Limoges. Mauronzac. D.P. 32. 2. 209.

70. — Jugé même que la reconnaissance faite avant les lois nouvelles par testament olographe (d'ailleurs révoqué par testament postérieur), ou qui résulte de lettres missives dans lesquelles le prétendu père, décédé sous la loi de brum. an 2, consentait à être indiqué dans l'acte comme père de l'enfant, ne constitue pas un acte valable de reconnaissance dans le sens de l'art. 334 C. civ. — 27 flor. an 13. Paris. Picard. D.A. 8. 647, n. 1. D.P. 22. 2. 182.

71. — Mais le testament mystique ou olographe déposé chez un notaire par le testateur, peut-il être considéré comme authentique quant à la reconnaissance? Oui, si l'acte de suscription et l'acte de dépôt font mention que ces testamens contiennent une reconnaissance d'enfant naturel. — Dur., n. 217, 218; D.A. 8. 628, n. 8.

72. — Jugé, en ce sens, que, sous la loi de brum. an 2 et sous la coutume de Paris, la reconnaissance d'un enfant naturel par testament olographe ayant acquis date certaine par le dépôt que le testateur, décédé dans l'intervalle de cette loi au code civil, en a fait dans les minutes d'un notaire, est authentique dans le sens de l'art. 334.—3 sept. 1806. Req. Montpellier. Duston. D.A. 8. 646, et 12. 774, n. 4. D.P. 6. 1. 633 et 577.

73. — Jugé cependant qu'un testament olographe déposé chez un notaire, par lequel un individu se déclare le père d'un enfant naturel, et lui donne, après son décès, la portion des biens qu'il laissera, conformément à l'art. 657 C. civ., ne vaut pas comme acte authentique de reconnaissance, encore bien qu'il vaille comme legs. — 30 juin 1817. Rouen. Caplat. D.A. 8. 647, n. 2. D.P. 17. 2. 113.

74.— Il paraît sans difficulté que la reconnaissance renfermée dans un testament notarié vaut comme reconnaissance authentique; et elle est valable encore que l'enfant ait reçu d'autres noms que ceux indiqués dans le testament qui la renferme, si d'ailleurs son identité est constante; et, le désaveu de paternité, même par acte public, ne saurait porter atteinte a l'état de l'enfant.— 10 fév. 1806. Aix. Anne-Rose D.A. 8. 631, n. 1. D.P. 7. 2. 1.

75. — Jugé cependant qu'un testament ne peut faire titre pour personne pendant la vie du testateur contre son gré, non seulement quant aux libéralités qu'il renferme, mais encore quant aux reconnaissances de filiation naturelle qui y sont contenues; en ce sens, du moins, qu'on ne peut, avant le décès du testateur, se prévaloir de la reconnaissance par lui consignée dans un testament authentique qu'il a révoqué depuis, à l'effet d'obtenir de lui des alimens.—9 fév. 1826. Amiens. Finot. D.P. 29. 2. 163.

76. — *Acte sous seing-privé.* — Un tel acte est nul, sans contredit, comme acte de reconnaissance. — Mais diverses circonstances peuvent souvent donner à cet acte un certain caractère de solennité et le faire participer à l'autorité de l'acte authentique. Ainsi, il a été jugé qu'une lettre sous seing-privé, adressée par le père à l'officier de l'état civil, avec prière d'inscrire l'enfant sous son nom, et qui est annexé par ce dernier à l'acte de naissance rédigé hors la présence du père, a le même effet qu'une reconnaissance authentique. — 11 juill. 1808. Bruxelles. Esselens. D.A. 8. 639, n. 1. D.P. 9. 2. 1.

77.— Mais il a été jugé, 1° que la reconnaissance par lettres missives est nulle, quoique l'écriture ait été reconnue ou vérifiée en justice. — 9 niv. an 12. Amiens. Huré. D.A. 8. 638, n. 1. D.P. 22. 2. 182, n. 3.

78.— 2° Que la déclaration de paternité faite d'une manière indirecte dans un acte sous seing-privé, comme si dans une pétition adressée au maire et au préfet à fin d'être dispensé, pour se marier, de rapporter l'acte de décès de son père, un individu a déclaré que sa future était enceinte de ses œuvres, une telle déclaration, encore bien que la pétition serait restée déposée au secrétariat de la mairie, ne peut valoir comme acte authentique de reconnaissance dans le sens de l'art. 334...; surtout s'il est incertain que la pétition ait été signée et rédigée par le pétitionnaire et en sa présence.— 18 fév. 1809. Rouen. Hurel. D.A. 8. 639, n. 3. D.P. 2. 301.

79 — 3° Qu'un acte sous seing-privé adressé à l'autorité, contenant aveu de paternité fait d'une manière purement énonciative, comme si, par exemple, dans un état de ses dettes et charges, donné au sujet de l'emprunt forcé de 1793, à la municipalité, un individu a mentionné une certaine somme à sa charge, pour l'entretien d'une fille naturelle qu'il a désignée; un tel acte, encore bien que conservé à la municipalité, n'est pas un acte valable de reconnaissance.— 16 mai 1809. Civ. c. Bordeaux. Gombault. D.A. 8. 693. D.P. 9. 1. 241.

80.— 4° Que la reconnaissance par acte sous seing-privé est nulle, encore que cet acte ait été relaté dans l'acte de naissance, mais sans la participation du prétendu père. — 4 oct. 1812. Req. Limoges. Pericaud. D.A. 8. 660. D.P. 13. 1. 25.— Conf. D.A. 8. 629, n. 10.

81.— Un aveu ne peut être mis sur la même ligne que l'acte authentique.

82.— Ainsi, la mention, dans l'acte de naissance, du nom du prétendu père si celui-ci n'est pas intervenu dans l'acte et ne l'a pas signé, ne peut être opposée comme reconnaissance ni à lui ni à ses héritiers, encore que des écrits sous seing-privé et une constante possession viennent à l'appui de l'acte de naissance. — 28 janv. 1806. Montpellier. Mabul. D.A. 8. 6, n. 1. D.P. 6. 2. 209.

83. — Et la reconnaissance qui n'est constatée que par la mention faite, dans l'acte de naissance non signé par le père, d'un aveu de paternité qui aurait été fait à l'officier de l'état civil, par écrit séparé, est nulle, surtout si l'écrit contenant cet aveu n'a pas été annexé à l'acte de naissance, ou n'est pas représenté. — 16 nov. 1808. Civ. r. Paris. Péterlong D.A. 8. 638. D.P. 9. 2. 17.

84.—Mais la reconnaissance est valable quoiqu'elle ait été faite dans un acte de naissance où le père a rempli les fonctions de témoin.— 28 août 1810. Poitiers. Neveu. D.A. 8. 636. D.P. 11. 2. 83.

85.— Et l'acte n'est pas nul, en ce qu'il ne serait pas fait mention de la lecture qui a été faite de cet acte aux parties et aux témoins, ni de leurs professions. — 12 juin 1829. Amiens. Lépine. D.P. 32. 1. 295.

§ 6. — *Des termes dans lesquels la reconnaissance de l'enfant doit être exprimée.*

86. — La loi n'a pas prescrit de termes sacramentels pour la reconnaissance des enfans naturels.—V. n. 91 et suiv.

87.— Faut-il que l'acte ait spécialement la reconnaissance pour objet, ou suffit-il que bien, que fait dans un autre but, il renferme néanmoins la déclaration positive de la paternité naturelle? L'acte doit faire foi même de ce qui n'y est exprimé qu'en termes énonciatifs, pourvu que l'énonciation ait un rapport direct à la disposition de l'acte (C. civ. 1320).— Toull, t. 2; Dur., 3, n 214; D.A. 8. 628, n. 6.

88.— Du reste, la déclaration ou la mention consignée dans l'acte, doit être formelle : libre et volontaire de sa nature, la reconnaissance ne peut être imposée par voie de conséquence, ni s'induire de déclarations qui auraient une toute autre cause, un tout autre objet — D.A. 8. 628, n. 6.

89.— Jugé que la reconnaissance de paternité n'est valable qu'autant qu'elle résulte d'un acte authentique dont l'objet direct est l'aveu de paternité.— 9 flor. an 13. Montpellier. Mestre. D.A. 8. 632, n. 4. D.P. 22. 2. 179.

90.—Jugé qu'elle résulte soit d'un acte authentique intervenu entre le père et son enfant naturel, ainsi qualifié dans l'acte, encore que cet acte n'ait pas la reconnaissance pour objet, surtout si le père y stipule des droits appartenant à la puissance paternelle, et si déjà, dans l'acte de naissance, on lui a donné la qualité de père. — 17 juin. 1807. Bruxelles. Pastecle. D.A. 8. 641. D.P. 22. 2. 180.

91.—.... Soit aussi de cette circonstance, qu'en donnant à un individu une procuration notariée, le mandant l'aurait qualifié de *son enfant* naturel.—On dirait en vain qu'il faudrait que la déclaration eût un trait

direct à la reconnaissance : il n'y a pas de formule sacramentelle. — 16 avril 1822. Agen. David. D.A. 8. 642, n. 9. D.P. 2. 302. — n. 41, s. 76.

92.—Soit de la qualification de *son enfant* naturel, donnée par le testateur dans son testament public, à une personne à laquelle il fait un legs. — La loi ne prescrit pas de termes sacramentels. — 17 août 1829. Bastia. G... D.P. 29. 2. 230.—V. n. 86.

93.— ..... Soit suffisamment de ce que, dans son contrat de mariage, l'enfant a pris la qualité de fils ou de fille d'un individu qui a signé avec les témoins, surtout si à ce fait se joint une possession d'état conforme à l'acte de naissance, dans lequel le même individu est désigné comme père, quoiqu'il n'ait pas signé cet acte.— 29 juill. 1809. Riom. Delachapelle. D.A. 8. 641, n. 5. D.P. 22. 2. 182.

94.—Jugé enfin que l'enfant naturel ne peut opposer aux parens qui contestent sa légitimation des exploits et actes judiciaires dans lesquels ils auraient donné à sa mère la qualité de tutrice légale, et auraient ainsi reconnu sa filiation, lorsque l'instance où ces exploits et ces actes ont été faits n'avait pas directement pour objet l'état et les droits de cet enfant.— On ne pourrait pas davantage appliquer à ces actes ce que porte l'art. 3 de la loi transitoire du 14 flor. an 11, portant que les conventions et les jugemens passés en force de chose jugée, par lesquels l'état et les droits des enfans naturel sauraient été réglés, seront exécutés selon leur forme et teneur.— 12 avril 1820. Civ. c. Salomon. D.A. 8. 607. D.P. 20. 1. 406.

95. — La simple qualification d'enfant naturel donnée par le père est suffisante.—D.A. 8. 628, n. 6. — V. les arrêts qui précèdent et ceux qui suivent.

96.— Un fait quelconque du père au moment de la rédaction de l'acte, sa signature, sa présence sans réclamation ont été regardés comme des actes formels de reconnaissance.

97.— Ainsi, il a été jugé que la reconnaissance résulte de ce que le père présent à la rédaction de l'acte de naissance dans lequel il est déclaré père de l'enfant, l'a signé avec les témoins sans aucune réclamation. — 4 juillet 1811. Bruxelles. Denoslhes. D.A. 8 641, n. 6. D.P. 22. 2. 182, n. 4

98.—.. Soit de ce qu'il a signé l'acte de naissance en ajoutant à son nom la qualification *de père* qui lui est donnée dans l'acte.— 24 mars 1813. Colmar. Gillmann. D.A. 8. 641. D.P. 14. 2. 15.

99. — Mais toutes ces décisions nous semblent s'écarter de la rigueur d'interprétation qui doit régner dans ces matières ; elles ne tiennent pas assez compte de l'inattention avec laquelle on assiste à la rédaction des actes de naissance ; elles assimilent contre toute raison à un acte qui doit être formel, de simples mentions émanées de tiers, et que le père peut n'avoir nullement connues. Il faudrait, en cas pareil, ou sa signature, ou sa déclaration de ne savoir pas signer. Cette garantie offrirait au moins une base en cas d'inscription de faux.

100.—Aussi nous semble-t-il avoir été bien mieux jugé, 1° que l'énonciation par l'officier de l'état civil, que la déclaration de naissance est faite par un tel, *père de l'enfant*, n'équivaut pas à une reconnaissance de la part de ce dernier. — 11 déc. 1824. Poitiers. Testard. D.A 8. 627, n. 1. D.P. 2. 296.

101.— 2° Que quand l'individu déclaré comme père d'un enfant naturel, n'étant pas présent à l'acte de naissance, ne l'a pas signé, il n'y a pas reconnaissance légale de cet enfant, lors même que, plus tard, mais pendant son mariage, il se serait reconnu père de cet enfant, et cela encore bien que la naissance et la rectification auraient eu lieu avant notre nouvelle législation, c'est-à-dire avant 1789, si le père est décédé sous le code civil. — 24 nov. 1830. Civ. c. Paris. Gabriel. D.P. 31. 1. 5.

102.— Et ce n'est pas avec moins de raison qu'on a jugé, 1° que la déclaration vague de la part d'un individu dans un acte notarié, qu'il a *un enfant naturel*, sans autre désignation, pas même de la mère, ne saurait autoriser, de la part de la mère d'un enfant naturel ou de cet enfant, l'admission à la preuve de l'identité de ce dernier avec l'individu mentionné dans l'acte notarié, ni, par suite, donner lieu contre cet individu à une demande d'alimens. —29 vent. an 12. Lyon. Vallon. D.A. 8. 639, n. 2. D.P. 22. 2. 182.

103.— 2° Que la circonstance qu'un individu aurait déclaré lui-même à l'officier de l'état civil que sa domestique est accouchée, dans sa maison, d'un enfant, et qu'il aurait, dans l'acte, donné à cet enfant son nom de famille, ne constitue pas une reconnaissance valable, laquelle doit être formelle.— 28 août 1810. Poitiers. Jousbert. D.A. 8. 640, n. 4. D.P. 11. 2. 82.

104.— Néanmoins on peut douter de la légalité de la décision suivante, qui a annulé comme vague et manquant de précision, la déclaration contenue dans un acte notarié (passé en 1773), par laquelle un individu (en présence de son père), reconnaissant qu'une fille a *procréé un enfant de ses œuvres*, s'engage à payer une certaine somme à celle-ci, moyennant quoi il sera entièrement quitte et libre de chercher fortune où bon lui semblera ...; par suite, l'enfant n'est pas fondé à réclamer dans la succession du déclarant (décédé sous le code) les droits d'enfant naturel. — 29 avril 1811. Liége. Bruyninx. D.A. 8. 639, n. 2. D.P. 2. 301.

105. — Au surplus, les actes doivent être interprétés de bonne foi, et quelques irrégularités dans les noms, quelques omissions légères qui ne laissent aucun doute sur la coopération du père à l'acte en cette qualité, ne doivent pas faire annuler la reconnaissance.

106. — Aussi a-t-il été jugé, 1° que l'irrégularité résultant de ce que, dans l'acte de reconnaissance, le père aurait à tort qualifié cet enfant de *légitime*, ne rend pas la reconnaissance nulle. — 24 nov. 1830. Civ. c. Paris. Gabriel. D.P. 31. 1. 5.

107.— 2° Que l'acte de naissance d'un enfant naturel, dans lequel le père présent, nommé *Gabriel*, a signé de *Saint-Gabriel*, et sans ajouter ses prénoms, suffit pour établir la reconnaissance de l'enfant, alors que, plus tard, le père reconnaît l'identité de son nom avec celui signé sur l'acte de naissance, quoique, d'ailleurs, cette reconnaissance d'identité aurait été faite pendant son mariage, sans le consentement de son conjoint (C. civ. 337).— 24 nov. 1830. Civ. c. Paris. Gabriel. D.P. 31. 1. 5.

108.— Mais, dès qu'une signature a besoin d'être vérifiée en justice, l'acte n'est pas authentique. — 16 mai 1809. Civ. c. Bordeaux. Gombault. D.A. 8. 640 D.P. 9. 1. 241.

§ 7.—*Preuve de la filiation naturelle résultant de registres, de possession d'état, de présomptions.*

109.— L'enfant naturel, porteur d'une reconnaissance authentique de son père décédé, n'est pas tenu, pour établir sa filiation, de rapporter son acte de naissance. — 27 fév. 1819. Paris. Despeyron. D.A. 8 637, n. 1, 2. D.P. 19. 2. 34.

110.— La reconnaissance n'est pas nulle par cela qu'elle aurait été inscrite sur le registre des délibérations de la commune, au lieu de l'être sur le registre des actes de l'état civil, si, d'ailleurs, elle a été reçue par l'officier de l'état civil de la commune. — 12 juin 1829. Amiens. Lépine. D.P. 32. 1. 295.

111.—Ni, quoique la reconnaissance ait été reçue sur une feuille volante, et non transcrite sur les registres de l'état civil, l'original ayant été déposé chez un notaire, et garanti ainsi, de *l'aveu des parties*, de toute altération ; alors que cet acte n'est pas dû à la fraude ou à la violence ; alors d'ailleurs qu'aucune disposition de la loi ne prononce, dans ce cas, la nullité (C. civ. 52)— 19 août 1824. Metz. N... C. Bouvin. D.P. 33. 2. 163.

112. — L'enfant qui ne représente aucun acte de reconnaissance ne peut y suppléer par l'offre de prouver que les registres de l'état civil sont perdus ou détruits (C. civ. 46). — 13 mars 1827. Civ. c. Agen. Florentin. D.P. 27. 1. 168.

113.— Et la demande subsidiaire de la preuve de la perte des registres avant de prononcer sur celle des faits de possession d'état allégués par l'enfant naturel, ne peut, d'après les art. 334 et 340 C. civ., être admise, surtout lorsqu'il n'est point articulé que, dans les registres perdus, il existait un acte de naissance contenant, de la part du père, reconnaissance de la filiation réclamée.— Même arrêt.

114. — *Possession d'état*. — Les art. 334 et 340 s'opposent à ce que, à l'égard du père, la filiation naturelle puisse s'établir à l'aide de la possession d'état, et d'une reconnaissance induite de faits et d'actes autres qu'un acte authentique de reconnaissance expresse.— Même arrêt.

115. — Les tribunaux, dans les cas où la possession d'état est établie, peuvent déclarer la maternité constante, sans qu'il soit nécessaire d'ordonner la preuve testimoniale. — 20 mai 1829. Rouen. Buzuel. D.P. 33. 2. 31.

116.— La possession d'état ne saurait résulter du fait isolé que l'enfant, même au su de son père, aurait porté le nom de ce dernier.— 28 juill. 1808. Toulouse. C... C. Fourtanier. D.A. 8. 554. D.P. 2. 288.

117.— Avant le code, le fait qu'un enfant naturel a pris, dans son contrat de mariage passé en présence de son prétendu père, un autre nom que celui de ce dernier, doit être considéré comme une cessation de possession d'état, et peut faire rejeter la demande en reconnaissance de paternité fondée sur cette prétendue possession. — 8 niv. an 5. Civ. c. Haitze. D.A. 8. 669. D.P. 3. 1. 99. — Sur les caractères de la possession d'état, V. Filiation légitime.

118. — La disposition de l'art. 323 C. civ. qui, pour établir la filiation, admet la preuve par témoins dans certains cas, et spécialement lorsqu'il y a des présomptions graves, n'est applicable qu'à la filiation légitime, mais non à la filiation naturelle. — 28 mai 1810. Civ. c. Rennes. Coron. D.A. 8. 671. D.P. 10. 1. 302.

Il en est de même de la présomption des art. 314 et 315, sur la durée de la gestation. — V. Filiation adultérine, n. 17.

119. — L'arrêt qui déclare, en matière d'état, qu'il existe des présomptions graves, doit-il spécifier ces présomptions ? Non résolu (aff. Coron). L'affirmative nous paraît certaine. — V. Motifs des jugemens.

120. — L'identité d'un individu qui se prévaut d'une reconnaissance d'enfant naturel, avec l'enfant que la reconnaissance concerne, peut être établie par indices ou présomption : une preuve écrite d'identité n'est pas nécessaire. — 17 août 1829. Bastia. G... D.P. 29. 2 230.

121. — Les commencemens de preuve par écrit ne sont pas admis pour établir la filiation à l'égard du père. — 16 mai 1809. Civ. c. Bordeaux. Gombaut. D.A. 8. 640. D P. 9. 1. 124.

§ 8. — *Recherche de la paternité.*

122.—Ici la recherche de la paternité est interdite (C. civ. 340). Un principe contraire existe en matière de filiation légitime ; on a même admis la présomption que le mari est le père de l'enfant de sa femme. Mais on sent assez que les raisons sont tout-à-fait différentes dans les deux cas. — D.A. 8. 666, n. 1.

123. — A l'égard d'un enfant né, même avant la loi de l'an 2, et inscrit à l'état civil sur le vu de la déclaration de grossesse de la mère indiquant un homme marié pour le père de cet enfant, on ne peut, si la mère est décédée sous le code civil, se prévaloir de la déclaration de grossesse pour prouver la filiation adultérine de l'enfant, et établir, par suite, qu'il n'a pu, sous le code, être adopté par sa mère : ici s'applique l'art. 340, qui prohibe la recherche de la paternité, et l'on se prévaudrait en vain soit de ce que la filiation adultérine serait constatée par l'acte même de naissance, soit de la maxime *virgini creditur se prægnantem asserenti*. — 6 fév. 1833. Req Grenoble. Peyot. D.P. 33. 1 91.

124. — Et, sous la loi de l'an 2, un tribunal n'a pu, à défaut de cette reconnaissance et sur la demande de la mère, autoriser la preuve par témoins de la paternité du prétendu père de l'enfant. — 5 niv. an 12. Civ. c. Fouques. D.A. 8. 668, n. 1.

125.— La règle qui interdit la recherche de la paternité est absolue, soit que la recherche soit proposée par l'enfant, ou qu'elle le soit par les parens. —D.A. 8. 667, n. 2.

126.— Jugé, en conséquence, 1° qu'on doit rejeter toute demande formée contre un individu qui ne s'est point déclaré père d'un enfant, soit de la part de la mère en dommages-intérêts pour frais de gésine ou autre préjudice, soit de la part du fils en paiement d'une pension alimentaire. — 3 vent. an 11. Civ. c Liége. Sprimont. D.A. 8. 669. D.P. 3. 1. 606. — 19 vend. an 7. Civ. c. Garant. D.A. 8. 669. D.P. 3. 1. 170. — 26 mars 1806. Civ. c. Marthe. D.A. 8. 669, n. 1. D.P. 6. 2. 109.

127.— 2° Que les héritiers d'un testateur qui a institué légataires universels des enfans nés hors du mariage, ne sont admissibles à prouver par témoins qu'il est le père adultérin de ces enfans qu'il n'a pas reconnus, encore bien que cette preuve soit offerte par voie d'exception, et pour repousser les légataires universels. — 14 mai 1810. Civ. c. Limoges. Lemur. D.A. 8. 616. D.P. 10. 1 279. — 6 juin 1809. Paris. Baude. D.A. 8. 618, n. 1. D P. 9. 2. 188. —14 mai 1811. Req. Bruxelles. Valkier. D.A. 8. 618, n 1. D.P. 11. 1. 263. — 17 déc. 1816. Civ. c. Paris. Gilet. D.A. 8. 618, n. 1. D.P. 17. 1. 175.

128.— 3° Que les preuves des aveux de filiation adultérine, de la part des enfans, ne peuvent être recherchées dans les actes, sans contrevenir au principe prohibitif de la recherche de la paternité. — 28 juin 1815. Civ. r. Paris. Lanchère. D.A. 8. 624. D.P. 15. 1. 348.

129.— 4° Que la recherche de la paternité est interdite même aux héritiers qui veulent prouver par témoins contre le légataire, sa possession d'état d'enfant ultérin du testateur (C. civ. 335). — 13 avril. 1834. Toulouse. Saint-Germain. D.P. 34. 2. 228.

130. — 5° Que le principe qui interdit la recherche de la paternité ne fléchit pas devant cette circonstance, que c'est uniquement pour assurer des alimens à l'enfant dont serait accouchée une mineure à qui on avait fait croire que le mariage religieux était suffisant. — 3 fév. 1814. Bastia. Rub... D.P. 34. 2. 240.

131. — 6° Que les héritiers naturels ne sont pas admissibles, à demander l'annulation d'un legs universel, sous prétexte que le légataire est enfant naturel du testateur, surtout si ce légataire est inscrit comme légitime sur les registres de l'état civil (C. civ. 312, 340, 762, 908). — 7 déc. 1809. Limoges. Héritiers Blondet. D.A. 5 799. D.P. 25. 1. 332.

132. — Par suite du principe qui prohibe la recherche de la paternité, celui dont les noms auraient été donnés à un enfant naturel, peut demander la suppression de ces noms avec dommages-intérêts; surtout s'il résulte des circonstances que la mère a eu l'intention de désigner le réclamant comme père de l'enfant qui a reçu ses noms — 5 janv. 1807. Bruxelles. Bovy. D.A. 8. 668, n. 2. D.P. 7. 2. 62.

133. — La possession d'état d'enfant naturel ne suffit pas à l'égard du père. — V. n. 114.

134. — « Dans le cas d'enlèvement, porte l'art. 340 C. civ., lorsque l'époque de cet enlèvement se rapportera à celle de la conception, le ravisseur pourra être, sur la demande des parties intéressées, déclaré père de l'enfant. »

135. — Cet article s'applique au rapt de séduction comme au rapt de violence, et il suffit qu'il y ait eu séduction, de la part du ravisseur, d'une fille mineure placée sous puissance de ses père et mere. — 29 mars 1821. Paris. Montellégier. D.A. 8. 670. D.P. 22. 2. 26.

136. — Dans ce cas, il n'est pas nécessaire, pour que la paternité puisse être déclarée et des dommages-intérêts accordés à la mère, que l'époque de l'enlèvement coïncide avec celle de la conception; il suffit que depuis l'enlèvement jusqu'à la conception, la fille séduite et son ravisseur n'aient pas cessé d'être dans les rapports où ils se trouvaient au moment de l'enlèvement. — Même arrêt.

137. — Mais l'art. 340 doit être entendu en ce sens, qu'une fille abusée ne peut réclamer des dommages-intérêts contre son séducteur. — 10 mars 1808. Req. Mayre. D.P. 8. 1. 156.

§ 9. — *Recherche de la maternité.*

138. — « La recherche de la maternité est admise (C. civ. 341) » : cela était dans la nature des choses. — D.A. 8. 667, n. 3

139. — Mais il fallait mettre à cette faculté des conditions qui empêchassent l'abus (D.A. 8. 666, n. 3). Aussi le même article, ajoute-t-il : « L'enfant qui réclamera sa mère sera tenu de prouver qu'il est identiquement le même que l'enfant dont elle est accouchée. — Il ne sera reçu à faire cette preuve par témoins, qu'autant qu'il aura déjà un commencement de preuve par écrit. »

140. — Le fait de l'accouchement doit-il être constant et prouvé avant que l'enfant soit admis à la preuve de son identité? *Oui* (Toull.). Merlin le suppose aussi. — D.A. 8. 667, n. 4.

141. — Jugé en effet qu'il faut avant tout une preuve complète du fait même de l'accouchement. — 12 juin 1823. Req. Amiens. Bellengreville. D.A. 8. 673. D.P. 23. 1. 241.

142. — Mais comment ce fait sera-t-il prouvé? *Par écrit*, parce que la loi n'a pas dit qu'on puisse le prouver par témoins (Toull., 2, n. 942, 945). *Par témoins*, car le commencement de preuve par écrit n'est exigé que pour prouver l'identité (Delv.). — Par un commencement de preuve par écrit, lequel doit se référer tant à l'accouchement qu'à l'identité (Dur., 3, n. 240). Dalloz émet une opinion de laquelle il semblerait résulter qu'on doit exiger une preuve écrite, lorsque c'est contre la mère que la recherche est faite et malgré elle. — D.A. 8. 667, n. 5.

143. — L'acte de naissance dressé sur la déclaration de la sage-femme fait preuve de l'accouchement de la mère qui y est indiquée. — 31 août 1808. Rennes. Coron. D.A. 8. 671. D.P. 10. 1. 192. — Conf. Merl.; Toull. — *Contrà*, Dur., à moins que la mère n'y soit intervenue par elle ou par un fondé de pouvoir. — V. D.A. 8. 667, n. 6.

144. — Mais cet acte n'est pas un commencement de preuve par écrit de la maternité qu'un enfant impute à une femme, si le nom de celle-ci diffère du nom de la mère, inscrit dans l'acte de naissance, et et si sous ce rapport on est obligé de faire rectifier cet acte. — 5 mars 1814. Paris. Marie-Louise. D.A. 8. 673, n. 1. D.P. 2. 307.

145. — Comme on l'a vu plus haut, il faut à l'enfant un commencement de preuve par écrit de son identité avec l'enfant dont la mère est accouchée. — 28 mai 1810. Civ. c. Rennes. Coron. D.A. 8. 671. D.P. 10 1. 302.

146. — L'acte de naissance ne peut tenir lieu de ce commencement de preuve par écrit. — Même arrêt. — Conf. Merl., *eod.*; Toull., 2, n. 948; Locré, t. 4, p. 221; Dur., 3, n. 237; D.A. 8. 667. n. 7.

147 — Mais, quoique l'acte de naissance ne fasse en général preuve que de l'accouchement, cependant s'il contient une déclaration favorable émanée d'une personne qui aurait eu intérêt dans la contestation, si elle eût été vivante, il est alors acte public pouvant servir de commencement de preuve par écrit de la maternité et de l'identité de l'enfant. — 20 mai 1829. Rouen. Buzuel. D.P. 33. 2. 31.

148. — L'identité résulte de la légitimation, conférée à l'enfant. — V. Légitimation.

149. — La recherche de la maternité est seulement permise à l'enfant naturel, et non aux parens qui voudraient, par ce moyen, faire réduire les libéralités dont cet enfant aurait été gratifié. — 12 juin 1823. Req. Amiens. Bellengreville. D.A. 8. 673. D.P. 23. 1. 241.

150. — De même, le principe de l'art. 341 C. civ., qui admet l'enfant naturel à la recherche de la maternité lorsqu'il a un commencement de preuve par écrit, ne peut pas s'étendre à ses prétendus frères ou sœurs légitimes, de sorte que, pour établir leurs droits à la succession d'un individu non reconnu, ils puissent rechercher la maternité naturelle, et l'imputer à leur propre mère. — 16 déc. 1833. Paris. Fanon. D.P. 34. 2. 135

151. — Et, à supposer que la recherche de la maternité soit permise aux héritiers, contre l'enfant naturel, pour faire réduire un legs fait à celui-ci, les héritiers n'y sont recevables qu'autant qu'ils rapportent un commencement de preuve par écrit de la maternité, de même que devrait le faire l'enfant, si c'était lui qui recherchât la maternité (C. civ. 341). — 31 avril 1830. Civ. r. Paris. Sens. D.P. 30. 1. 202.

152. — Les publications de bans d'un mariage projeté entre un enfant naturel et une nièce de la femme qu'il réclame pour mère, et dans lesquels l'enfant a pris la qualité de fils de celle-ci, offrent les caractères d'un commencement de preuves par écrit de l'identité de cet enfant avec celui dont la mère qu'il s'attribue est accouchée, alors que la nièce qui conteste cette identité a requis elle-même la publication de ces bans. — 25 août 1812. Rouen. Boullenger. D.A. 8. 675, n. 2. D.P. 13. 2. 17.

153. — La possession constante de l'état d'enfant naturel peut-elle servir de preuve de la maternité, surtout lorsqu'elle est conforme à l'acte de naissance? — Non (Toull., 2, n. 970; Proud., 2, 100; Dur., 3, n. 238). Mais en admettant la solution affirmative, on comprend qu'elle doit être restreinte à la mère, et qu'elle ne peut être étendue au père : il faut de la part de celui-ci la reconnaissance exigée par l'art. 334. — D.A. 8. 667, n. 8

154. — Jugé que si le fait de la maternité est suffisamment établi par les aveux des parens de la mere, et par la possession d'état de l'enfant naturel, il n'est pas besoin d'ordonner préalablement la recherche de la maternité, et le jugement qui la déclare constante équivaut à une reconnaissance authentique. — 27 juin 1812. Paris. Connay. D.A. 8. 650, n. 1. D.P. 13. 2. 65.

155. — L'enfant naturel qui, devenu majeur, désavoue les poursuites en recherche de maternité faites par son tuteur, n'est pas recevable, plus tard, à suivre lui-même ces poursuites (C. civ. 1004). — 3 juill. 1812. Paris. Crépin. D.A. 8. 669, n. 1. D.P. 2. 506.

156. — L'art. 336 dispose : « la reconnaissance du père, sans l'indication et l'aveu de la mère, n'a d'effet qu'à l'égard du père. »

157. — La reconnaissance d'un enfant naturel, faite par le père avec indication de la mère, produit tous ses effets à l'égard de cette dernière, lorsqu'elle a acquiescé en se qualifiant de mère de l'enfant naturel, dans des poursuites judiciaires exercées au nom de celui-ci. — 4 fév. 1811. Bruxelles. Parmentier. D.P. 11. 2. 84.

158. — ...Et même, dans ce cas, le simple aveu de la mère désignée suffit pour constituer de sa part la reconnaissance de sa maternité. Il n'est pas nécessaire que cet aveu soit fait par acte authentique. — 22 juin 1813. Civ. r. Bruxelles. Nuyten. D.A. 8. 648. D.P. 13. 1. 360. — Conf. D.A. 8. 629, n. 12. —

19 janv. 1830. Bordeaux. Eyriand-Desvergnes. D.P. 31. 2. 87.

159. — Aucune forme spéciale n'est prescrite pour la validité de cet aveu, qui peut résulter suffisamment des soins donnés par la mère à son fils. — Même arrêt.

160. — Et, la circonstance qu'après le décès du père, la mère désignée dans l'acte de naissance par celui-ci, a comparu à l'inventaire en prenant la qualité de mère naturelle de l'enfant, constate suffisamment cet aveu. — 26 avril 1824. Civ. c. Chambeau. D.A. 8. 648, n. 1. D.P. 24. 1. 163.

161. — Il suffira aussi qu'elle ait pris la qualité de mère dans un acte sous seing-privé ayant acquis date certaine avant la mort de l'enfant; par exemple, dans une procuration enregistrée avant cette époque. — 23 janv. 1819. Douai. Poulot. D.A. 8. 649, n. 2. D.P. 22. 2. 183, n. 7, et 24. 1. 163, n.

162. — Au reste, l'acte de naissance d'un enfant naturel, portant indication de la mère, suffit, quoique non signé par elle, et tant qu'elle ne l'attaque point, pour faire, vis-à-vis des tiers, pleine foi de la maternité en faveur de l'enfant, et forme, dès lors, une reconnaissance positive et authentique pouvant servir de fondement à la légitimation de l'enfant par le mariage subséquent de ses père et mère. — 19 janv. 1830. Bordeaux. Eyriand-Desvergnes. D.P. 31. 2. 87.

163 — *Quid*, si l'aveu de la mère n'a été consigné dans son acte qu'après le décès de l'enfant naturel et quand elle se présente pour recueillir la succession? — 26 avril 1824. Civ. c. Chambeau. D.A. 8. 648, n. 1. D.P. 24. 1. 163.

164. — Jugé que la mère a droit de succéder à son enfant naturel, encore qu'il soit décédé sans qu'elle l'eût légalement reconnu, si d'ailleurs elle a été désignée dans son acte de naissance, surtout si, avant la mort de l'enfant, elle a pris la qualité de mère. — 22 juin 1813. Civ. r. Bruxelles. Muyten. D.A. 8. 649. D.P. 13. 1. 360.

§ 10. — *Du caractère de la reconnaissance. — Liberté, Irrevocabilité.*

165. — Les reconnaissances des enfans naturels, faites par poursuites ou sur menaces de poursuites judiciaires ont été constamment déclarées nulles par la cour de cassation; mais cette jurisprudence ne peut plus être maintenue depuis le code civil qui a interdit la recherche de la paternité. Sous ce code, de telles reconnaissances seraient valables, car elles annoncent une entière liberté de la part du père, puisqu'une simple dénégation de la paternité, ou même son silence suffit pour que la demande non fondée sur un acte exprès de reconnaissance doive être rejetée. — Dur., t. 3, n. 220; Merl., *Filiation*, n. 4, v° Bâtard; Toull., t. 2, n. 963; Loiseau, p. 462; D.A. 8. 629, n. 11.

166. — Mais il est sensible que s'il laissait acquérir force de chose jugée au jugement qui le déclarerait, quoiqu'à tort, père de l'enfant, il ne serait plus recevable à décliner la paternité.

167. — *Droit antérieur au code.* — La reconnaissance de paternité naturelle, faite sur poursuites judiciaires avant les lois nouvelles, par un individu décédé sous la loi de brum. an 2, sans l'avoir renouvelée, doit être annulée pour défaut de liberté. — 9 flor. an 13. Montpellier. Mestre. D.A. 8. 652, n. 4. D.P. 22. 2. 179, n. 2.

168. — De même les aveux de paternité constatés par jugement, sur poursuites judiciaires, avant nos lois nouvelles, ne peuvent être regardés comme des actes libres de reconnaissance. — 13 vend. an 5. Civ. c. Amiens. Dumesnil. D.A. 8. 652, n. 1. D.P. 5. 1. 89.

169. — Elle doit être annulée s'il résulte des circonstances qu'elle est le fruit de la captation ou de la contrainte imposée par menaces de poursuites judiciaires — 18 mars 1815. Rouen. Hocquerel. D.A. 8. 650. D.P. 2. 298

170. — ... Ou si elle est faite sur poursuites judiciaires antérieures à la loi de brumaire. — 1er mess. an 14. Civ. r. Bordeaux. Jean. D.A. 8. 654, n. 6. D.P. 5. 2. 155. — 5 août 1807. Civ. r. Manchouart. D.A. 8. 654, n. 7. D.P. 7. 1. 376, et 2. 127.

171. — Et ce, encore bien que le pere ait avoué de nouveau cette paternité dans un testament mystique...; alors d'ailleurs que ce testament lui-même n'a pas été libre. — 18 flor. an 13. Civ. r. Bordeaux. Richon. D.A. 8. 653, n. 5. D.P. 2. 170.

172. — L'acte notarié par lequel un individu, depuis la loi du 12 brum. an 2, se reconnaissant l'auteur d'une grossesse, s'oblige à payer une certaine somme à la mère, moyennant quoi celle-ci se *désistera* de l'action par elle intentée contre lui pour

frais de couches, et ne sera point chargé de l'éducation de l'enfant, doit être considéré comme l'effet de la contrainte, et non comme un acte valable de reconnaissance. — 27 nov. 1823. Agen. Feneuil. D.A. 8. 655, n. 9.

173. — Ne peuvent être regardés comme des actes valables de reconnaissance de paternité naturelle, soit le jugement, soit la transaction qui, en 1758, avant nos lois nouvelles, et sur une poursuite en rapt pour séduction, ont imposé à un individu, décédé avant ces lois, la charge de payer une certaine somme à la mère, alors enceinte, et à l'enfant qui est né d'elle; et cela encore bien que la transaction ait été exécutée. Par suite, il n'y a pas lieu d'accueillir, sous la loi de brumaire an 2, la demande de l'enfant, formée contre les héritiers de son prétendu père, en partage des biens de ce dernier, conformément à cette loi. — 5 therm. an 5. Civ. c. Gervais. D.A. 8. 652, n. 2. D.P. 3. 1. 120.

174. — Est nulle la reconnaissance intervenue entre deux guichets (en 1769) pour arrêter des poursuites de rapt. — 1er mess. an 14. Civ. r. Jean Lulo. D.A. 8. 654, n. 6. D.P. 6. 2. 153.

175. — Est nulle également la reconnaissance contenue dans une transaction intervenue avant les lois nouvelles, à la suite de menaces de poursuites judiciaires. — 14 août 1808. Req. Toulouse. Blanc. D.A. 8. 638. D.P. 8. 1. 415.

176. — ..... Ou sur poursuites judiciaires par un individu qui est mort depuis la loi de l'an 2, sans l'avoir renouvelée. — 28 mess. an 12. Potiers. Pierre-Jean. D.P. 22. 2. 18. — 11 flor. an 12. Amiens. Apolline. D.A. 8. 652, n. 3. D.P. 22. 2. 182. — 17 juill. 1828. Angers. Maurat. D.P. 28. 2. 159.

177. — Jugé, au contraire, 1° que la reconnaissance provoquée par des poursuites judiciaires, n'est pas nulle pour défaut de liberté, si elle a eu lieu devant le magistrat, sous la loi du 12 brumaire an 2, prohibitive de la recherche de paternité. — 6 janv. 1808. Civ. r. Pau. Picot. D.A. 8. 651. D.P. 8. 1. 49.

178. — 2° Qu'une telle reconnaissance, faite à la suite de menaces de poursuites judiciaires, dans un traité passé devant notaire avec la mère de l'enfant, et par lequel le père s'engage à lui payer une somme de 800 fr., pour qu'elle en demeure chargée, est valable. — 18 flor. an 13. Bordeaux. Guérin. D.P. 2. 2. 182.

179. — Mais elle ne résulterait pas de ce qu'un individu condamné par jugement, sans son consentement, à se charger de l'enfant, a exécuté ce jugement, en recevant l'enfant chez lui et le faisant élever. — 1er août 1809. Riom. Louis. D.P. 22. 2. 183.

180. — Mais il a été jugé que cette transaction doit recevoir son exécution, pour les charges qui sont une suite naturelle de la paternité, telle que, par exemple, l'obligation de fournir des alimens. — 5 mars 1810. Grenoble. André. D.A. 8. 655, n. 8. D.P. 22. 2. 179, n. d.

181. — Et, ni la loi de brumaire, ni aucune loi postérieure, n'a pu porter atteinte à la transaction pour ce qui ne tient pas à la question d'état. — Même arrêt.

182. — Toutefois, la disposition de l'art. 3 de la loi du 14 flor. an 11, qui accorde effet aux transactions intervenues à la suite de poursuites sur les droits et l'état des enfans naturels, ne s'entend que des transactions intervenues entre ces enfans et les *héritiers* de leur père, c'est-à-dire sur des droits ouverts, et non de celles qui auront eu lieu avant la loi de l'an 2, entre ces enfans et leur père décédé sous cette loi. — 18 flor. an 13. Civ. r. Richon. D.A. 8. 655, n. 5. D.P. 2. 170. — 1er mess. an 14. Civ. r. Bordeaux. Jean. D.A. 8. 654, n. 6. D.P. 5. 2. 153.

183. — *Droit nouveau*. — La reconnaissance faite sous le code ne cesse pas d'être volontaire et libre, par cela qu'elle a été provoquée par l'enfant. — 27 août 1811. Req. Toulouse. Carayon. D.A. 8. 658. D.P. 14. 1. 455, et 2. 80.

184. — Quoique cette reconnaissance ne soit pas nulle, par cela seul qu'elle a été faite par un mineur; cependant la circonstance que l'enfant n'a été désigné comme issu de celui qui l'a reconnu, ni dans son acte de naissance, ni dans celui de son mariage, ni dans celui de son décès, ni dans aucun autre acte pendant l'espace de quarante années, doit faire présumer cette reconnaissance comme le produit de la captation, et doit la faire annuler. — 30 mars 1816. Rouen. Hocquerel. D.P. 15. 2. 66.

185. — Et la preuve testimoniale est admissible même contre un acte de reconnaissance d'enfant naturel, lorsque le consentement donné dans cet acte a été surpris par dol ou n'a qu'une cause illicite ou immorale. — 28 déc. 1833. Paris. Boucher. D.P. 34. 2. 191.

186. — *Révocation*. — La reconnaissance est irrévocable de la part de celui qui l'a faite, à moins qu'elle ne soit entachée de vices qui en entraîneraient la nullité. — D.A. 8. 629, n. 13.

187. — On peut, pour faire annuler une reconnaissance, se prévaloir d'une impossibilité physique. — D.A. *ibid.*

Mais cela est contestable, à moins que ce ne soit pour justifier une inscription de faux qui serait dirigée contre un acte que le prétendu père n'aurait point souscrit.

188. — Cependant il a été jugé qu'en appel le père est non-recevable à prétendre qu'il n'est pas le père et à contester l'état de l'enfant, sous le prétexte, par exemple, d'impossibilité physique de cohabiter ..., surtout si l'enfant qui a une possession d'état conforme à son acte de naissance, lequel n'est pas même attaqué, n'est point en cause (C. pr. 464). — 12 mars 1819. Colmar. Schmitt. D.A. 8. 629, n. 1.

189. — Une reconnaissance authentique ne peut être révoquée que par la voie de l'inscription de faux; il est dû des alimens à l'enfant reconnu, jusqu'au jugement — 24 juill. 1810. Toulouse. Carayon. D.P. 11. 2. 80.

190. — Une telle reconnaissance n'est même pas révocable; elle peut seulement être annulée ou rescindée dans les mêmes cas et par les mêmes moyens que toutes les conventions établies par actes authentiques — 27 août 1811. Req. Toulouse. Carayon. D.A. 8. 658. D.P. 14. 1. 455, et 2. 80.

191. — Et ce, quelle que soit la nature de l'acte authentique qui la contient. — Ainsi, la reconnaissance faite dans un testament public est irrévocable, bien que le testament ait été révoqué. — 5 juill. 1826. Bastia. G.... D.P. 27. 2. 65. — 17 août 1829. Bastia. G.... D.P. 29. 2. 229.

192. — Il y a plus, l'adhésion que l'enfant donnerait lui-même à la demande en nullité ou en révocation d'une reconnaissance, serait sans effet, comme portant sur un objet placé hors des conventions privées. — D.A. 8. 629, n. 14.

193. — Jugé cependant qu'un tel acte doit être annulé sur la poursuite du prétendu père, qui articule la fausseté du fait de la paternité, lorsqu'il résulte des circonstances et de l'aveu de la mère que le père ne la connaissait pas à l'époque de la conception, encore bien qu'il habitât la même ville. — 28 déc. 1833. Paris. Boucher. D.P. 34. 2. 191.

194. — Sans doute, la reconnaissance doit être le résultat de la conviction de la paternité : elle doit être sincère comme tous les actes. Par suite, il doit être permis de l'attaquer pour dol, surprise, violence, comme tout autre acte; il faut, en un mot, qu'il y ait consentement, acte de libre volonté, quoique l'aveu du mineur soit, dans une pareille matière, mis par la jurisprudence sur la même ligne que celui du majeur. Et l'on ne pense pas que les protestations contre la reconnaissance devraient être limitées au cas d'impossibilité physique de cohabitation, à supposer que l'article 312 puisse être appliqué à la filiation naturelle.

195. — Mais quel délai sera donné à cette faculté de dépouiller un enfant de son état? Aura-t-on le délai ordinaire de trente ans? Aura-t-on même le délai de dix ans après la découverte du dol ou la cessation de la violence? Ne jouira-t-on, au contraire, et par analogie, que du délai établi par les art. 315, 316 et suiv. du code civil, pour le cas de contestation de légitimité ou de désaveu? — L'état de l'enfant naturel serait-il soumis à toute l'incertitude des témoignages des hommes, à toutes les vicissitudes qui, durant tant d'années, peuvent modifier son existence? L'affirmative ne nous semble pas douteuse; on aura le délai de l'art. 1304 à partir de la connaissance qu'on aura eue de l'acte et de la paternité qui y est indiquée; mais on sent aisément combien le magistrat devra se montrer difficile dans l'admission des attaques qu'on viendrait plus tard diriger contre un acte qu'on aurait librement signé.

196. — L'art. 339 code civil porte : « toute reconnaissance de la part du père, ou de la mère, de même que toute réclamation de la part de l'enfant, pourra être contestée par tous ceux qui y ont intérêt. »

197. — L'acte de reconnaissance, qui fait preuve contre son auteur, a-t-il le même effet contre l'enfant et celui-ci a-t-il besoin de la voie d'inscription de faux pour faire annuler la preuve de paternité qui en résulte? — On ne le pense pas.

198. — .... Surtout s'il existe une déclaration contraire de la mère.

199. — Au surplus, les circonstances auront une grande influence dans les décisions de ces questions.

200. — Quoi qu'il en soit, il a été jugé dans ce sens qu'un acte de reconnaissance, s'il est contesté par l'enfant, ne suffit pas pour attribuer la paternité à l'auteur de cet acte. Il en naît seulement une présomption de la classe des présomptions simples, lesquelles peuvent être détruites par des présomptions de même nature.

Dans ce cas, la preuve de la paternité ou de la non paternité ne peut être mise à la charge exclusive de l'une ou l'autre des parties; c'est au juge à se déterminer d'après les circonstances de la cause. — 15 mars 1826. Rouen. Lhommé. D.P. 27. 2. 123.

§ 11. — *Des droits des enfans reconnus. — Alimens.*

201. — L'art. 338 porte : « L'enfant naturel reconnu ne pourra réclamer les droits d'enfant légitime. Les droits des enfans naturels seront réglés au titre des successions. » — V. Successions irrégulières.

202. — De droit commun, l'enfant naturel a le droit de porter le nom du père qui l'a reconnu.

203. — Jugé cependant qu'il ne peut porter des noms de son père autres que celui qui lui a été donné dans son acte de naissance. — 22 juin 1819. Req. Aix. Ruffi. D.A. 10. 81, n. 1. D.P. 19. 1. 465.

204. — Suivant Merlin (Req. aff. Caron, analysé D.A. 8. 672), on ne doit pas confondre la *reconnaissance* qui donne droit à une portion de l'hérédité de la mère avec la preuve de *maternité* qui ne lui donne droit qu'à des alimens. — Mais cette distinction ne paraît pas admise.

205. — En effet, la reconnaissance de maternité qui résulte d'un jugement a le même effet que la reconnaissance volontaire de la mère, et donne ouverture non à de simple alimens, mais aux droits réglés par l'art. 756 et suiv. C. civ. — 27 juin 1812. Paris. Connay. D.A. 8. 650, n. 1. D.P. 13. 2. 65.

206. — Les droits des enfans naturels sont réglés par la loi dans l'intérêt public; ils sont un accessoire de leur état.

207. — 1° *Nature et étendue des alimens*. — Il suit de là qu'on doit réputer nulle et non écrite la stipulation par laquelle un enfant naturel renonce à demander des alimens à son père. — 17 juin 1807. Bruxelles. Pastecle. D.A. 8. 641, n. 8. D.P. 22. 2. 180.

C'est là une renonciation à succession future.

208. — Les alimens alloués aux enfans naturels leur sont dus du jour où leurs droits ont été réclamés, et non de celui de la mort de leurs auteurs. — 1er déc. 1806. Montpellier. Brunel. D.A. 8. 657, n. 1. D.P. 2. 304.

209. — Sous le code, de même que sous le droit romain, qui, outre le droit de successibilité, accordait aux enfans le droit de réclamer des alimens durant la vie de leurs père et mère, de même que sous l'ancien droit français, qui leur conférait ce droit, quoiqu'il leur refusât la successibilité, les enfans naturels peuvent réclamer des alimens contre le père qui les a légalement reconnus (C. civ., art. 205, 756). — 27 août 1811. Req. Toulouse. Carayon. D.A. 8. 657. D.P. 14. 1. 455, et 2. 80.

210. — L'enfant naturel à qui des alimens sont dus, ne peut exiger un capital en représentation de ces alimens. — 1er déc. 1806. Montpellier. Brunel. D.A. 8. 657, n. 1. D.P. 2. 304.

211. — La pension faite par un père à ses enfans naturels, n'est pas réputée alimentaire, si le titre constitutif ne la caractérise pas ainsi. — 21 juin 1815. Req. Paris. Chartraire. D.A. 12. 225. D.P. 15. 1. 434.

212. — L'engagement que prend un individu de nourrir et entretenir l'enfant dont une fille est enceinte, doit, quoique illimité dans ses termes, être restreint aux besoins de l'enfant, d'après l'état et la condition de la mère, et limité à un certain temps. Ainsi, la pension à payer peut être bornée à 60 fr. par an, jusqu'à ce que l'enfant ait atteint sa seizième année (C. civ. 208, 1163). — 24 fév. 1825. Agen. Carre. D.P. 26. 2. 35.

213. — Les arrêts qui vont être indiqués sont relatifs soit à la nature, et à l'étendue de la dette d'alimens, soit à la stipulation d'alimens, soit aux personnes qui les doivent.

214. — 2° *Stipulations d'alimens*. — L'acte sous seing-privé par lequel un individu s'oblige à fournir des alimens à un enfant qu'il reconnaît être le sien, ainsi qu'à la mère, avec déclaration que cette dernière s'en est remise à la générosité du contractant pour en fixer la quotité, n'est susceptible que d'une exécution volontaire, et non d'une exécution forcée (C. civ. 1134). — 4 oct. 1812. Req. Limoges. Péricaud. D.A. 8. 659. D.P. 13. 1. 25.

215. — La paternité et les effets qui en dérivent

sont indivisibles Ainsi, un acte sous seing-privé, nul comme reconnaissance, ne donne même pas à l'enfant le droit d'obtenir des alimens. — Même arrêt. — 16 mai 1809. Civ. c. Bordeaux. Gombault. D.A. 8. 642. D.P. 9. 1. 241. — 18 fév. 1809. Rouen. Hurel. D.A. 8. 659, n. 3. D.P.2. 301.

210. — La reconnaissance d'un enfant naturel ne pouvant être faite que par acte authentique (C. civ. 334), il résulte qu'un individu qui a reconnu un enfant naturel, et qui a même promis de lui fournir des alimens, par acte sous seing-privé, ne pourrait être forcé de remplir un tel engagement. — 22 juill. 1811. Paris. Levêque. S. 11. 2. 389.

217. — Jugé au contraire 1° que l'acte sous seing-privé nul comme acte de filiation, suffit pour fonder une demande d'alimens. — 16 nov. 1808. Civ. r. Paris. Péterlong. D A. 8. 638. D.P. 9. 2. 17.

218. — 2° Que le père prétendu qui, par des lettres écrites à la mère d'un enfant naturel, a pris l'engagement de nourrir cet enfant, peut être contraint à payer une somme à la mère, à titre de remboursement des dépenses qu'elle a faites pour l'enfant. — 24 mai 1817. Dijon. Joly. D.A. 8. 635, n. 3. D.P. 17. 2. 111.

219. — 3° Qu'un individu peut être condamné à fournir des alimens à un enfant naturel qu'il n'a pas reconnu, non en vertu de la présomption de paternité, dont la recherche est interdite, mais d'après des circonstances, des faits et l'offre même qu'il en aurait faite en justice, offres et circonstances desquelles les juges ont pu induire qu'il en avait contracté l'engagement. — 10 mars 1818. Req. Paris. Mayre. D.A. 8. 659, n. 1. D.P. 2. 308.

220. — 4° Que celui qui, sans se déclarer expressément le père d'un enfant naturel, s'engage par acte sous seing-privé à fournir à son entretien, est tenu d'exécuter son obligation: elle ne contient rien de contraire aux lois ou aux mœurs. — 9 nov. 1825. Agen. Rolis. D.A. 8. 660, n. 3. D.P. 2. 305.

221. — 5° Que l'engagement sous seing-privé souscrit par un jeune homme à un fille, de nourrir et d'entretenir l'enfant dont elle est actuellement enceinte, peut être déclaré valable, quoique la cause n'en soit pas exprimée, sans qu'il y ait contravention, soit à l'art. 1134 C. civ., qui annulle toute obligation sans cause, soit aux art. 334 et 340 qui interdisent la recherche de la paternité. — 24 févr. 1825. Agen. Cayre. D.P. 26. 2. 38.

222. — 6° Enfin, qu'un homme peut être condamné à fournir des alimens à l'enfant naturel d'une fille qui prétend avoir été séduite, non d'après des présomptions de paternité, mais sur des faits, des circonstances ou des conventions d'où l'on peut induire qu'il en a contracté l'obligation. — 10 mars 1808. Req. Paris. Mayre. D.A. 8. 1. 156.

223. — Mais l'enfant naturel né en France d'un père même étranger n'a de droits à exercer dans sa succession ouverte en France depuis la promulgation du code, qu'autant qu'il serait reconnu dans les formes prescrites par ce code; et il ne suffirait pas que, par des transactions postérieures et sous seing-privé, le père ait assuré à l'enfant des alimens. — 30 août 1812. Liège. Valburg. D.A. 8. 656. D.P. 2. 301.

224. — Et, dans ce cas aussi, la preuve de la filiation par témoins n'est pas permise. — Même arrêt. .

225. — 3° Personnes qui doivent les alimens. — La femme mariée, qui, pendant son mariage, a été déclarée mère d'un enfant naturel, doit lui fournir des alimens, lors même qu'elle a des enfans légitimes, et que son mari existe encore. Elle le doit surtout lorsqu'elle est mariée avec clause de séparation de biens. — 22 mars 1810. Rennes. Coron. D.A. 8. 664, n. 3. D.P. 10. 2. 101.

226. — Et l'enfant naturel, encore qu'il n'ait été reconnu que pendant le mariage de son père avec une autre que sa mère, a droit, après la mort de ce dernier, de demander des alimens aux enfans légitimes qui ont recueilli sa succession. — La circonstance que le père a fait apprendre un état à son enfant naturel, n'est pas une fin de non-recevoir contre la demande, si cet état ne fournit pas à l'enfant naturel sa subsistance et celle de sa famille. — 17 mars 1817. Agen. Cayrol. D.A. 8. 664, n. 2. D.P. 2. 306, et 17. 2. 58.

227. — Il peut même réclamer des alimens contre son père, quoique la reconnaissance ait eu lieu pendant le mariage de ce dernier avec une autre que la mère de l'enfant, alors que ces alimens sont pris sur les revenus qui appartiennent au père (C. civ. 357). — 27 août 1811. Req. Toulouse. Carayon. D.A. 8. 657. D.P. 14. 1. 455, et 2. 80.

228. — Au reste, l'enfant, quoique le père qui l'a reconnu soit décédé, n'a pas droit à des alimens contre le père de ce dernier, et même sur son superflu (C. civ 338, 336). — 7 juill. 1817. Civ. c. Douai. Langlart. D.A. 8. 664. D.P. 17. 1. 510.

229. — Et les ascendans ne peuvent être condamnés solidairement avec leur fils à payer des alimens à cet enfant, alors qu'ilen'est pas justifié que le fils soit hors d'état d'y satisfaire. — 27 juin 1821. Colmar. Bourquard. D.A. 8. 669, n. 1.

230. — L'enfant naturel que son père a volontairement reconnu par acte sous seing-privé, est en droit de demander à ce dernier ou à ses héritiers des alimens. — 25 therm. an 13. Angers. Cintré. D.A. 8. 660, n. 2. D.P. 2. 305.

231. — Toutefois, l'enfant reconnu par un acte sous seing-privé de son père, antérieur à la loi du 12 brum. an 2, mais qui n'a acquis date certaine que par la mort de celui-ci, arrivée sous l'empire du code civil, ne peut pas même obtenir d'alimens des enfans légitimes de ce même père, marié à l'époque où l'acte a acquis date certaine (C. civ. 334, 357). — 2 mai 1822. Req. Caen. Honoré. D.A. 8. 662. D.P. 22. 1. 461.

TABLE SOMMAIRE.

Accouchement. 139, s.
Acte authentique. 13 , s.
— 61, s. — de baptême, 10, 67. — de l'état civil. 67, 109. — de naissance. 109 , s. 143, s. — sous seing-privé. 7, 16, 45, 76, s. 161, 214 , s.
Adjoint. 51.
Adoption. 123.
Alimens. 16, s. 59, 126 , 130, 204, s. — caractère, 207, s. 214, s.
Annexe. 46, 83.
Ascendant, 228, s.
Autorisation maritale.40.
Aveu. 81, s. — judiciaire, 64, s. 107, s. — de la mère. 123, 158, s. 193, 197. — du père. 8, 156, suiv.
Ayant-cause. 26.
Capacité. 31, s.
Cause. — V. Obligation.
Cause illicite. — V. Renonciation.
Chose jugée. 13, 94.
Commissaire de police. 58.
Contestation. 196.
Curé. 10. ·
Date certaine. 63, 70,231.
Décès. 163, s. 209.
Délai. 195.
Dépôt d'acte, 70, s.
Dommages-intérêts. 126, 159, 156, s.
Droits. 8, s. 17, s. 35, s. 201 , s. — suspension. 25 — personnels. 26
Enfant naturel. 2. —adultérin. 3, 27, 123. — légitime. 3, 56, s.
Enregistrement. 63.
Envoi en possession. 60.
Equivalent. 86, s. 159, s.
Erreur. 106.
Esclave. 30.
Etat civil. 8.
Etranger. 223.
Femme. 40.
Feuille volante. 111.
Filiation adultérine. 123, 128, s.
Fonctionnaire administratif. 56.
Formes. — V. Reconnaissance.
Fraude. 130, 166, s. 185, s. 194.
Greffier. 56.
Homme de couleur. 30.
Identité. 130, 151, s.
Impossibilité physique. 187, s.
Indivisibilité.204,s.215,s.
Interprétation. 17, s. 99,

s. 105 — restreinte. 5,s.
Juge de paix. 54, s.
Lecture. 85.
Légitimation. 3, 18, 23, 69, 94, 146, s. 162.
Légitimité (présomption) 131.
Lettre. 46, 76, s.
Liberté. 166, s.
Loi personnelle. 30.
Mandat. 41, s. 91. — authentique. 45. — privé. 76.
Mariage. 20, 55, s. 101, s. 107, 226, s.
Maternité.5,s.8,26,137, 204.
Menaces. 106, s.
Mention.51, 88. — indirecte. — V. Termes indirects.
Mineur. 31, s. 150, 155, 184.
Naissance. 26.
Nom. 17, 116, 132, 202.
Nullité. 190. — relative. 126, s.
Obligation licite. 214, s.
Officier de l'état civil. 10, 49, s. 110.
Ordre public. 206.
Parenté. 41.
Paternité. 5,s.122,s.166, 219, s.
Porte. 112.
Pétition. 78.
Portion disponible. — V. Maternité, Paternité.
Possession d'état. 7 , 16, 82, 93, 114, s. 129 , s. 155, s.
Poursuite judic. 166, s.
Prénom. 107.
Présomption. 122, 198. — grave. 118, s.
Prêtre. 35, s. 68, s.
Preuve. 8, 12, 109, 125, s. (commencement) 121, 139, s. — immorale.150. — certaine. 143 , s. — testimoniale 115,s.139, s. 185, 223.
Qualification d'enfant. 45, 66, 90, s. 95.
Rapt. 154. — de séduction. 130, 154, s. 222.
Ratification. 12, 94, 175, 179, s.
Recherche. — V. Maternité, Paternité.
Reconnaissance. 27 , s. (formes) 9, s. 61, s. — nouvelle. 47. — indirecte. 78, 87. — libre. 166. — nulle. 204, 214, s.
Rectification. 144.
Registre. — V. Actes de

l'état civil.·
Réitération. 10 , 29 , 45 , 161, 171, 176, 184.
Renonciation illicite.185, 192, 207, s.
Réserve. 19.
Rétroactivité. 8, s. 21, s. 37.
Révocation. 70, 74, 186,s. s. 162.
Silence. 96, s.
Solidarité. 229.

Succession. 8 , 18 , 164 201, s.
Témoin. 52, 84.
Termes indirects. 78. — vagues. 102. — sacramentels. 88, 97.
Testament olographe. 66 . s. — mystique. 70, 171 — notarié. 73, s. 191, s.
Signature. 82 , s. 93 , 96, Transaction. 175, s.
Validité relative. 197.
Vérification d'écriture 64, 77, 108.

FILLE PUBLIQUE. — V. Attentat à la pudeur Louage.

FILS. — V. Caution, Election, Prescription, Rem placement militaire, Rente.

FILOUTERIE. — V. Vol.

FIN. — V. Louage, Mandat, Société, Usage.

FIN DE NON-RECEVOIR. — V. Exception. — V aussi Abus de confiance, Action, Alimens, Appel Assurances maritimes, Avoué, Commissionnaire Communauté, Commune, Contrainte par corps, Désaveu, Divorce, Effets de commerce, Enregistrement, Faillite, Faux incident, Frais et dépens, Interdiction, Louage, Pension, Prêt, Requête civile, Société commerciale, Voirie.

FINANCE. — V. Brevet d'invention

FISC — FISCALITÉ. — V. Conflit d'attributions Elections départementales,Enregistrement, Faux incident, Impôt, Séparation de patrimoines.

FOI.— V. Faux incident, Procès-verbal.

FOIN.— V. Autorité municipale, Louage.

FOIRE.— V. Marché. — V. aussi Délit rural, Effets de commerce, Saisie-immobilière, Vol.

FLAGRANT DÉLIT.— V. Adultère, Audience, Dénonciation, Excuse, Forêts, Instruction criminelle, Jeu et pari, Ministère public, Rébellion.

FLÉAU.— V. Autorité municipale.

FLÉTRISSURE. — V. Faux, Peine, Récidive.

FLEUVE.— V. Eau, Pêche, Propriété, Servitude.

FLOTTAGE.— V. Eau.

FOL APPEL.— V. Amende, Enregistrement.

FOLIE.— V. Interdiction.

FOLLE ENCHÈRE.— V. Surenchère. — V. aussi Compétence civile, Contrainte par corps, Enregistrement, Forêts, Louage, Ordre, Partage, Pêche, Saisie-immobilière, Vente.

FONCTION.— V. Attroupement, Autorité municipale, Avoué, Capitaine, Conservateur, Conseil d'état, Contrainte par corps , Contributions indirectes, Cour d'assises, Culte, Degré de juridiction, Domicile, Droits politiques, Elections départementales, Elections législatives, Etranger, Faillite, Forêts, Garde nationale, Hypothèques, Juge, Ministère public, Ordre, Presse, Voies de fait.

FONCTION PROVISOIRE.— V. Elections communales.

FONCTION TERMINÉE.—V. Compétence commerciale, Compétence criminelle, Désaveu, Fonctionnaire.

FONCTIONNAIRES PUBLICS.

1.— Un fonctionnaire public est tout homme qui exerce une fonction publique. Mais, dans l'application, cette dénomination a un sens plus restreint; ainsi, les dispositions pénales concernant certains fonctionnaires ne sont pas susceptibles de s'étendre à d'autres. — D.A. 8. 676 , n. 1.

2. — C'est de la société, de l'état, que les fonctionnaires publics tiennent leur caractère et leurs pouvoirs, et la considération qui commande le respect. En échange, et à raison même de cette autorité, les fonctionnaires sont soumis à de plus fortes garanties, à une plus sévère responsabilité que les simples citoyens. De là ces règles spéciales sur l'aggravation de peines contre les fonctionnaires ou contre ceux qui les outragent, sur la poursuite et la mise en jugement des fonctionnaires. — D.A. 8. 676, n. 2 et 3.

Il semblerait que le fonctionnaire ne dût être tenu de ses devoirs spéciaux, et protégé par ses privilèges particuliers que dans l'exercice de ses fonctions, et que, hors de là, il ne dût plus être considéré que comme un homme privé. Toutefois, cette distinction, plus séduisante pour la raison que réalisable dans la pratique, n'est point consacrée d'une

manière constante par la jurisprudence. — D.A. 8. 676, n. 3.

3.— Avant d'entrer en exercice, les fonctionnaires publics sont soumis à la prestation d'un serment.— V. Serment.

ART. 1er. — *Des fonctionnaires publics en général.*

§ 1er. — *Quelles personnes sont fonctionnaires publics, agens du gouvernement, de l'autorité ou de la force publique.*

§ 2. — *Preuve et constatation de la qualité de fonctionnaire.*

§ 3.— *Etendue des pouvoirs des fonctionnaires.*

§ 4.— *Actes commis dans l'exercice ou a l'occasion de l'exercice des fonctions publiques.*

ART. 2. — *Des crimes et délits des fonctionnaires publics.*

§ 1er. — *Crimes ou délits contre la sûreté extérieure ou intérieure de l'état.*

§ 2. — *Coalition des fonctionnaires.*

§ 3. — *Attentats à la liberté. Faux. Refus de service public. Evasion de détenus. Bris de scellé et enlèvement de pièces. Attentats aux mœurs. Fournitures.*

§ 4.— *De la forfaiture.*

§ 5. — *Des soustractions commises par les dépositaires publics.*

§ 6. — *De la concussion, de l'immixtion des fonctionnaires dans des affaires ou dans un commerce incompatibles avec leur qualité. De la corruption.*

§ 7.— *Des abus d'autorité.*

§ 8.— *De l'exercice de l'autorité publique illégalement anticipé ou prolongé.*

ART. 3.— *Mise en jugement des fonctionnaires administratifs ou agens du gouvernement.*

§ 1er.— *Par qui l'autorisation peut être donnée. —Agens auxquels la loi refuse la garantie.*

§ 2.— *Caractère de l'autorisation ; étendue et limites des droits des tribunaux et du conseil d'état.*

§ 3. — *A l'égard de quelles personnes et pour quels actes l'autorisation préalable est nécessaire.*

§ 4.— *Des cas où il y a lieu de refuser l'autorisation.*

§ 5. — *Des cas où il y a lieu de n'accorder que l'action civile.*

§ 6. — *Des cas où il y a lieu d'accorder l'autorisation pure et simple.*

ART. 4. — *Mise en jugement des fonctionnaires de l'ordre judiciaire.*

§ 1er.— *Poursuite et instruction contre des magistrats pour crimes et délits par eux commis hors de leurs fonctions.*

§ 2.— *Poursuite et instruction contre des fonctionnaires judiciaires pour crimes et délits relatifs à leurs fonctions.*

ART. 1er.— *Des fonctionnaires publics en général.*

4. — La constitution ne reconnaît plus d'autre fonction héréditaire que la royauté. Il y a des fonctions à vie, telles que la pairie ; des fonctions inamovibles ; comme la magistrature, des fonctions révocables, comme celles de préfets ; et des fonctions temporaires.

5. — Celui qui exerce une fonction temporaire est, pendant qu'elle dure, soumis aux devoirs, et investi des prérogatives des fonctions qu'il remplit. On a demandé, à cet égard, si l'avocat qui commet des prévarications lorsqu'il siége momentanément comme juge, est passible des mêmes peines que les magistrats? — V. Avocat. — V. aussi Corruption, n. 47.

6. — Ceux dont les fonctions sont révocables les perdent par révocation ou destitution ; les fonctionnaires inamovibles ne perdent leurs fonctions que par suite de jugemens de forfaiture : les grades militaires ne se perdent non plus que par suite de causes légales prévues, ou de condamnations judiciaires.—V. Militaires.

7. — La révocation d'un employé dans l'administration, lui enlève le droit de prétendre au remboursement de sa part contributive, versée au fonds des retenues (Déc. du min. 6 mai 1820).— 1er déc. 1824. Ord. cons. d'état. Borel.

8.— Il y a des fonctions incompatibles, soit entre elles, soit avec l'exercice de certaines professions. ☛ V. Tribunaux.

9.— Par exemple, les fonctions d'avoué et de receveur des finances son incompatibles. — 8 déc. 1830. Angers. Bourquet. D.P. 31. 2. 95.

10.— Quiconque, sans titre, se sera immiscé dans des fonctions publiques, civiles ou militaires, sera puni d'un emprisonnement de deux à cinq ans, sans préjudice de la peine de faux s'il y a lieu (C. pén. 258). — Le crime de faux ne résulterait point de la *seule* circonstance que le prévenu aurait pris dans ses actes la qualification de fonctionnaire public.— Carn., sur l'art. 258, n. 3, 4.

11.— Il ne faudrait pas considérer comme s'étant, dans le sens de l'art. 258, immiscé *sans titre* dans l'exercice de fonctions publiques, le fonctionnaire qui aurait fait *incompétemment* des actes sortant des attributions à lui délégués ; ces actes pourraient être cassés, sans que le fonctionnaire fût passible d'aucune peine.— D.A. 12. 562, n. 1 ; Carn., sur l'art. 258, n. 2.

12.— L'art. 258 ne s'applique point aux cas où la loi contient des dispositions spéciales, telles que celles des art. 93, 96, 344, etc., C. pén.— Carn., sur l'art. 258 ; D.A. *eod.*

13. — Un délit analogue à l'usurpation de fonction, c'est celui d'usurpation d'insignes. Toute personne qui aura *publiquement* porté un costume, un uniforme ou une décoration qui ne lui appartenait pas, sera punie d'un emprisonnement de six mois à deux ans (259). — Une ordonnance du roi, du 26 mars 1816, défend, art. 59, aux Français qui auraient reçu une décoration d'un prince étranger, de la porter publiquement, sans en avoir obtenu l'autorisation spéciale. — Carnot pense qu'il est également interdit à des Français de se *qualifier* en France de titres étrangers avant que d'y avoir été autorisés par le roi. — D.A. 12. 562, n. 2.

14. — Mais un étranger ne serait pas passible de l'art. 259, pour s'être décoré, en France, de titres non autorisés par son souverain.— Carn., *eod.*

15.— Ne se rend pas coupable du délit prévu par l'art. 259 C. pén., relatif à l'usurpation de titres royaux, celui qui, fortuitement et sans intention criminelle, a pris un titre qui ne lui appartenait pas. Tel est le cas où un avoué, se trouvant la nuit chez une actrice, descend sur la porte, et prend le titre de procureur du roi pour faire retirer des individus qui veulent entrer forcément dans la maison. — 9 mars 1826. Nîmes. Manmejaan, etc. D.P. 26. 2. 231

16. — Le code pénal de 1832 a retranché de la classe des délits l'usurpation des titres de noblesse que comprenait, dans sa première rédaction, l'art. 259.

§ 1er. — *Quelles personnes sont fonctionnaires publics, agens du gouvernement, de l'autorité ou de la force publique.*

17.— La difficulté, disons mieux, l'impossibilité d'établir la définition légale du caractère des fonctionnaires publics, laisse un vaste champ aux interprétations ; il n'est pas toujours aisé de déterminer la qualité, et, par suite, les pouvoirs, les droits et les devoirs publics d'un individu qui exerce un emploi relevant directement ou indirectement de l'autorité publique.

18.—Les membres du jury médical ne sont point des fonctionnaires publics chargés de surveiller la conduite des officiers de santé. En conséquence, ils ne peuvent se soustraire aux dommages et intérêts de l'officier de santé qu'ils ont dénoncé, sous prétexte que leur dénonciation est officielle.— 24 fév. 1807. Paris. Anthenac. D.A. 5. 22. D.P. 1. 1282.— V. Dénonciation.

19.— Un munitionnaire-général qui a traité avec le ministre, à prix fixe, pour les opérations de son marché, n'est pas, non plus que ses préposés, agent du gouvernement.—V. Compétence administrative, n. 131, 447 et suiv.

20.—Les prêtres sont-ils agens du gouvernement ? — La question n'a guère d'intérêt que pour le cas où il s'agit de diriger des poursuites contre eux, et de rechercher s'ils sont protégés par l'art. 75 de la loi de l'an 8. Avant la révolution de 1830, on les réputait agens du gouvernement dans le sens de cette loi (V. Culte, n. 127, s.).—Depuis, on leur a refusé cette qualification.

21—.... Et l'on a jugé, en conséquence, que les prêtres desservans du culte catholique ne sont, pas plus que ceux des autres cultes, institués ni révocables par le gouvernement, ni, par suite, agens de la puissance publique. — 23 juin 1831. Cr. c. Paris. Royer. D.P. 31. 1. 248. — 9 septembre 1831. Cr. c. Aragon. D.P. 31. 1. 309. — 27 janv. 1832. Cr. c. Grenoble. Moussier. D.P. 31. 2. 205 ; 32. 1. 166.— V. n. 210.— V. aussi Culte, n. 134, s.

22.—De ce que les lois et ordonnances ont assuré des récompenses pécuniaires et honorifiques aux anciens soldats et officiers de l'armée royale de l'Ouest (Vendée), il s'ensuit que les officiers et généraux supérieurs de ces armées ont été suffisamment autorisés à délivrer, en leurs qualités respectives, les certificats et attestations indispensables pour justifier des services que les lois ont entendu récompenser ; en conséquence, ils doivent être réputés fonctionnaires publics, quand ils agissent comme fonctionnaires militaires (L. 15 mai 1818, art. 98 ; 26 juillet 1821, art. 3 ; ord. 31 mars 1814 ; 23 oct. 1815 ; 22 mai 1816). — 22 oct. 1825. C. c. Min. pub. C. Massy. D.P. 26. 1. 78.

23. — Un ministre est officier de police administrative dans le sens de l'art. 373 C. pén.—V. Dénonciation calomnieuse.

24.— Le préfet et le directeur des domaines sont également des *agens de l'état* ; d'où il suit que l'action intentée par l'un peut être suivie sur l'appel par l'autre.— 9 avril 1834. Civ. c. Préf. de Tarn-et-Garonne. D.P. 34. 1. 182.— V. Domaines.

25.— Les notaires doivent être réputés fonctionnaires de l'ordre judiciaire.— 14 août 1832. Trib. de Rennes. Salmon. D.P. 33. 3. 32.

26.— La loi temporaire du 23-26 fév. 1834, attribue les fonctions d'officier de police judiciaire aux maréchaux-des-logis et aux brigadiers de gendarmerie dans dix départemens de l'Ouest.— D.P. 34. 3. 29.

27. — Quoique les secrétaires des mairies ne soient point des fonctionnaires publics, ils sont néanmoins agens ou préposés d'administrations publiques ; par suite, le secrétaire d'une mairie, qui a reçu des dons pour délivrance de passeports, est passible des peines prononcées par l'art. 177 C. pén., encore bien qu'il ne fût chargé que la délivrance et non de la signature des passeports (L. 11 frim. an 7 ; 8 mess. an 8 ; 1er et 13 brum. an 7).— 17 juill. 1828. Cr. c. Min. pub. C. Dumas. D.P. 28. 1. 335.— 10 oct. 1828. Cr. r. Dumas. D.P. 28. 1, 432.— V. aussi Corruption, n. 13.

28.—Un geôlier ou concierge est, sinon un fonctionnaire public, au moins un officier public et non un simple préposé ou commis.— 26 août 1824. Cr. r. Villée. D.P. 25. 1. 30.

29.— Les cours de justice criminelle spéciales n'étaient pas compétentes pour connaître des violences et voies de faits exercées sur des huissiers et des records, agissant contre des parens de conscrits réfractaires, a la réquisition de l'autorité compétente ; ces huissiers et ces records ne pouvant être considérés comme *force armée* (L. 29 pluv. an 13). —26 déc. 1806. Cr. r. Escande. D.P. 7. 2. 24.

30.— Cet arrêt repose sur un texte aujourd'hui sans application ; il aurait encore autorité en ce sens qu'il déciderait que les huissiers ou records ne font pas partie de la force armée. On va voir qu'ils n'ont pas moins un caractère public.

31.— Jugé que les porteurs de contraintes étant les huissiers des contributions directes, sont des agens de l'autorité publique ; en conséquence, les outrages qui leur sont adressés dans l'exercice de leurs fonctions, sont de la compétence des tribunaux correctionnels et non des tribunaux de police.— 30 juin 1832. Cr. régl. de juges. Ségaud. D.P. 32. 1. 373.

32. — Les appariteurs de police ne sont plus, depuis le code de brumaire an 4, comme ils l'étaient d'après la loi du 22 juill. 1791, qui leur donnait le droit de dresser des procès-verbaux, considérés comme fonctionnaires ou officiers publics. — 22 fév. 1809. Cass. régl. de juges. Lavis et d'Escroux. — Conf. Merlin, *Quest.*, v° Fonctionnaire public. (V. n. 67).—13 mai 1831. Cr. c. Gachet. D.P. 31. 1. 270.

Quoi qu'il en soit, nous pensons que si les procès-verbaux des agens de police ne peuvent faire foi en justice, ils doivent être pris en considération par le juge de police pour entrer dans les élémens, des preuves de la contravention.— D.P. *eod.*

33.— Jugé, depuis, que quoique le droit de dresser des procès-verbaux faisant foi en justice, ait été retiré aux individus connus sous le nom d'*appariteurs* ou d'*agens de police*, ces agens doivent néanmoins être considérés sous un double rapport, soit comme *agens de la force publique*, lorsqu'ils prêtent main-forte aux huissiers pour l'exécution des jugemens, soit comme *agens de l'autorité publique*, lorsqu'ils exercent la surveillance à eux confiée par l'autorité municipale.., et, sous ce double rapport, l'action pour outrages faits à ces agens, dans l'exercice de leurs fonctions, excède la compétence des tribunaux de simple police, et rentre dans la juridiction correctionnelle (Décr. 18 juin 1811, art. 77 ; l. 17 mai 1819, art. 16, 19 ; C. pén. 224). — 28 août

1829. Cr. c. Min. pub. C. Guinchard. D.P. 29. 1. 350.

34. — Jugé, dans le même sens, que les jugemens des conseils de discipline sont valablement signifiés par des sergens de ville, lesquels sont des agens de la force publique. — 12 mai 1832. Cr. r. David. D.P. 32. 1. 330. — 1er déc. 1832. Cr. r. Mothes. D.P. 33. 1. 258.

35. — ... Que les agens de police et les sergens de ville sont des agens de l'autorité publique, lorsqu'ils remplissent les fonctions qui leur sont confiées par l'autorité municipale. — 16 juin 1832. Cr. c. Pelleport. D.P. 33. 1. 86.

36. — Les commissaires de police chargés, concurremment avec d'autres fonctionnaires, de l'exercice de la police judiciaire, et appelés, en vertu de l'art. 144 C. inst. cr., à remplir les fonctions du ministère public près le tribunal de police, ne peuvent pas être rangés dans la classe des officiers ministériels ou agens dépositaires de la force publique.

Conséquemment, si un commissaire de police revêtu d'une telle autorité, a été outragé dans l'exercice de ses fonctions, le prévenu doit être puni, conformément à l'art. 222 C. pén., d'un mois à deux ans de prison, comme coupable d'outrages envers un fonctionnaire de l'ordre judiciaire, et non pas seulement à 16 fr. d'amende (C. pén. 224). — 30 juill. 1812. Cr. c. Trib. de Gand, fe Rasschaert.

37. — Jugé, dans le même sens, que sans examiner si le commissaire de police qui, s'étant rendu en certain lieu pour constater un empiétement sur la voie publique, doit être considéré comme magistrat, dans le sens de l'art. 223 C. pén., au moins il ne doit pas être regardé comme officier ministériel, conformément à l'art. 224; il doit être réputé fonctionnaire public; et, s'il est outragé par menaces ou paroles, et, par exemple, par une provocation en duel, il doit être fait application au provocateur des peines portées par l'art. 6 de la loi du 25 mars 1822, contre l'auteur d'outrages envers un fonctionnaire, à raison de ses fonctions ou de sa qualité, et non, de celles prononcées par l'art. 224 C. pén. — 13 juin 1828. Cr. c. Min. pub. C. Buhot-Launay. D.P. 28. 1. 278.

38. — Le capitaine d'une compagnie de pompiers organisée par le maire d'une ville, ne peut être considéré comme dépositaire de la force publique, tant que l'organisation de la compagnie n'a pas été sanctionnée par l'autorité supérieure. En conséquence, le ministère public ne peut poursuivre d'office la répression des injures adressées publiquement à ce capitaine (L. 26 mai 1819, art. 5). — 20 août 1829. Bourges. Boucheron. D.P. 31. 2. 183.

39. — Des gardes nationaux en exercice sont agens de la force publique, et par suite les injures qui leur sont adressées publiquement ne peuvent être poursuivies d'office par le ministère public; il est nécessaire qu'il y ait plainte préalable de leur part. — 5 août 1831. Cr. r. Savary. D.P. 31. 1. 295.

40. — Toutefois, la garde nationale ne peut être considérée comme un corps constitué, mais simplement comme une classe de citoyens. En conséquence, les outrages dirigés contre les gardes nationales d'une ville, hors de l'exercice de leurs fonctions d'agens de la force publique, et non à l'occasion de cet exercice, peuvent être poursuivis d'office par le ministère public, et sans qu'il soit besoin d'une plainte formelle de la part de ces gardes nationales (L. 25 mars 1822, art. 10, 17; 8 oct. 1830, art. 1er). — 29 avril 1831. Cr. c. Min. pub. C. Ragon. D.P. 31. 1. 182.

41. — Le nom d'agent convient aux employés de toutes les administrations de l'état; on désigne communément sous le nom d'agens de la force publique, d'agens de police, d'agens de l'administration, jusqu'aux fonctionnaires les plus subalternes. Toutefois, il a été jugé, mais par application d'un texte tout spécial (l'art. 11 de l'ordonnance d'exécution du code forestier), qu'un garde à cheval n'est pas un agent de l'administration, en ce sens qu'il n'a pas qualité pour appeler d'un jugement en matière forestière. — 2 sept. 1830. Cr. c. Forêts C. Pierre. D.P. 30. 1. 364.

§ 2. — *Preuve et constatation de la qualité de fonctionnaire.*

42. — Ce qui constitue la validité des actes d'un fonctionnaire, indépendamment des règles tracées pour les formes à observer, c'est l'existence réelle de la qualité de fonctionnaire, et non la production des signes extérieurs de la fonction, ou la mention et la constatation écrite de la qualité, à moins que la loi n'en ait fait une condition expresse.

43. — Ainsi, l'appel d'un jugement de police correctionnelle interjeté par un adjoint en sa qualité de délégué à la police administrative, n'est pas nul par cela seul que l'arrêté en vertu duquel cette délégation a eu lieu, n'a point été annexé à l'acte d'appel. — 5 sept. 1828. Cr. r. Perron. D.P. 28. 1. 409.

44. — Les maires et adjoints des communes sont officiers de police judiciaire; en conséquence, le tribunal qui leur fait défense de prendre ce titre dans des procès-verbaux qu'ils dressent pour constater des délits, commet un excès de pouvoir, et viole en outre le droit de défense, si cette prohibition est faite sans avoir appelé le prévenu (L. 27 vent. an 8, art. 80; L. 3 brum. an 4, art. 21). — 4 mai 1807. Cr. c. int. de la loi. Borelly. D.P. 7. 2. 81.

45. — Le costume, les marques distinctives de la qualité d'un fonctionnaire, ne constituent évidemment pas son pouvoir. Ainsi, un maire, un adjoint, un commissaire de police, quoique non revêtus d'un costume spécial, ni parés de leur écharpe, sont aptes à exercer les actes de leurs fonctions.

46. — Cependant une distinction est indispensable. S'il s'agit d'actes qui exigent l'obéissance immédiate des citoyens, qui supposent l'exercice d'un commandement envers le public, le fonctionnaire doit porter les insignes de sa qualité; s'il en était autrement, il n'aurait, pas plus que tout autre individu, le droit de donner des ordres, de les faire exécuter; les personnes qui méconnaîtraient son autorité, ne pourraient être punies, puisqu'elles ne voyaient devant elles qu'un simple particulier, sans que rien leur prouvât ou leur annonçât la présence d'un fonctionnaire public. Pour tous les autres actes, les fonctionnaires peuvent opérer sans costume ni insignes. La jurisprudence a consacré cette distinction.

47. — Jugé qu'en principe l'officier public n'a besoin d'être revêtu de son costume, ou des marques indicatives de ses fonctions, qu'autant qu'il s'agit, soit de contraindre la volonté d'un citoyen, soit de s'introduire dans son domicile, soit de faire un acte qui rende la rébellion inexcusable; mais, quand il s'agit seulement de constater un fait, il suffit que l'officier public ait caractère. — 20 sept. 1833. Cr. c. Min. pub. C. Roguet. D.P. 33. 1. 363.

48. — Il avait été déjà décidé que l'adjoint du maire peut, sans être décoré de son écharpe, ni assisté de témoins, constater les contraventions aux réglemens de police (C. du 3 brum. an 4). — 6 juin 1807. Cr. c. Min. pub. Planche. D.A. 2. 148. D.P. 7. 2. 123. — V. Outrages.

§ 3. — *Étendue des pouvoirs des fonctionnaires.*

49. — L'étendue des pouvoirs de chaque fonctionnaire dépend de la nature de ses fonctions et des lois et réglemens qui les organisent.

50. — Mais une règle commune à tous les ordres de fonctions, c'est que le mandat dont un fonctionnaire est revêtu ne peut être par lui délégué à personne, à moins qu'il n'y soit formellement autorisé par la loi. — D.A. 8. 676, n. 3.

51. — La loi, par exemple, permet aux maires de déléguer certaines fonctions à leurs adjoints. Quand cela a lieu, il ne suffit pas, pour qu'un adjoint ait perdu, à l'égard des individus dont il constate les contraventions de police, la qualité nécessaire pour agir en vertu de délégations qui lui auraient été faites par le maire, qu'il ait renoncé à ces délégations; il faut encore que cette renonciation ait été acceptée. — 18 avril 1828. Cr. c. int. de la loi. Dejean. D.P. 28. 1. 219.

52. — La délégation des pouvoirs du maire est même légale, lorsque l'adjoint agit en remplacement. Jugé ainsi que les pouvoirs d'un maire passent de plein droit, en cas d'absence ou de vacance, à l'adjoint, qui exerce temporairement ces fonctions et ces pouvoirs. — 8 mars 1834. Chamb. réun. r. Comm. d'Ambutrix. D.P. 34. 1. 89.

53. — Il y a aussi délégation légale de pouvoirs des administrations à l'égard de leurs employés; ceux-ci n'obligent leurs commettans que dans la sphère de leurs attributions; ainsi, la régie des contributions indirectes n'est pas liée par les actes de ses employés, faits hors de leur mandat. — 2 avril 1825. Cr. c. Contr. ind. C. Aillaud. D.P. 25. 1. 296.

54. — Un fonctionnaire public, notamment un maréchal-de-camp, ne peut exiger du ministre de la guerre le remboursement des dépenses extraordinaires faites pendant un voyage auquel il était soumis, qu'autant qu'elles lui sont allouées par une loi, un réglement ou un acte qui lui en donne le droit positif. — 10 janv. 1821. Ord. cons. d'état. Comte Bouvet.

55. — Les agens de police sont agens de la force publique, mais non officiers de police judiciaires. En conséquence, ils sont sans qualité pour constater des contraventions de police. — 13 mai 1831. Cr. C. Gachet. D.P. 31. 1. 270.

56. — Jugé aussi qu'un agent de police de la classe mentionnée dans l'art. 12 de la loi du 22 juill. 1791, tit. 1er, n'a pas caractère pour assister les employés dans leurs visites en matière de garantie, et suppléer dans l'opération les commissaires de police. — 12 juill. 1834. Cr. c. Contr. ind. C. Blet. D.P. 34. 1. 378.

57. — En général, les fonctionnaires publics, agissant sur une portion du territoire, ne peuvent légalement exercer hors de leur ressort; cette règle est commune aux tribunaux, aux fonctionnaires, aux officiers ministériels. Elle est néanmoins sujette à des modifications.

58. — Ainsi, des préposés de l'administration des contributions indirectes, dont la résidence est fixée dans tel arrondissement, ont qualité pour verbaliser dans tel autre où ils ont constaté la contravention. On ne peut, sous ce rapport, assimiler les préposés aux fonctionnaires publics ordinaires, qui ne peuvent exercer leurs fonctions hors du territoire qui leur est assigné. — 11 fév. 1825. Cr. c. Contr. ind. C. Charlin. D.P. 25. 1. 213.

59. — Les tribunaux peuvent seulement exiger de ceux qui se qualifient préposés, et qui ont verbalisé dans un autre arrondissement que celui de leur résidence, de représenter leur commission et l'acte de leur prestation de serment, qu'ils ne sont pas obligés de répéter lorsqu'ils changent de résidence avec le même grade. — Même arrêt.

60. — Les employés supérieurs de l'administration forestière, tels que les gardes-généraux, ont, à la différence des simples gardes, un caractère public qui n'est restreint par aucune limite territoriale. En conséquence, lorsqu'ils passent dans une nouvelle résidence, il n'est pas nécessaire, pour que leurs procès-verbaux soient valables, qu'ils prêtent un nouveau serment devant le tribunal de leur nouvelle résidence, ni qu'ils y fassent enregistrer de nouveau leur commission. — 19 fév. 1825. Cr. c. Paris. Min. pub. C. Giboulet. D.P. 25. 1. 216.

61. — Il n'y a pas de nullité plus formelle d'un acte, que celle qui résulte du défaut de pouvoir et de caractère des fonctionnaires qui y ont procédé : *Non est major defectus, quàm defectus potestatis.* — V. Nullité.

§ 4. — *Actes commis dans l'exercice ou à l'occasion de l'exercice des fonctions publiques.*

62. — Pour déterminer l'élévation de la peine applicable, soit à un fonctionnaire public, soit à ceux qui commettraient des délits contre lui, il faut distinguer entre les actes commis dans l'exercice ou à l'occasion de l'exercice des fonctions, et ceux qui sont étrangers à cet exercice. — Outre les arrêts cités ci-après, V. Carnot, sur les art. 222 et 224 C. pén., et le mot Outrages.

63. — Lorsqu'une cour criminelle est saisie de la connaissance d'une accusation portée contre un gendarme pour meurtre commis au moment où il était à la recherche d'un contumax, il ne suffit pas que cette cour déclare le fait de meurtre excusable par suite de provocation; elle doit déclarer aussi, même d'office, si le gendarme, au moment où il a commis le meurtre, était ou non dans l'exercice légal de ses fonctions, cette circonstance, jointe aux coups et violences, étant de nature à faire disparaître toute criminalité du fait. — 20 janv. 1825. Cr. c. Corse. Maître. D.P. 25. 1. 170.

64. — Un maire, accompagnant les commissaires classificateurs des propriétés pour les impôts, est dans l'exercice de ses fonctions; et, dès lors, les injures prononcées contre ce maire, en de telles circonstances, doivent être punies de peines correctionnelles, et non de peines de simple police (C. pén. 222). — 28 fév. 1828. Cr. c. Min. pub. C. Baumvielle. D.P. 28. 1. 156.

65. — Si des juges suppléans sont fonctionnaires publics, ce n'est que lorsqu'ils exercent leurs fonctions. — 14 avril 1831. Cr. c. Fourdinier. D.P. 31. 1. 157.

66. — Dire, dans un journal, qu'un huissier a instrumenté en exécution d'actes publics matériellement faux, est une diffamation envers un simple particulier, et non envers un fonctionnaire public dans l'exercice de ses fonctions, ou à l'occasion de ses fonctions. En conséquence, un tel délit est de la compétence des tribunaux correctionnels, et non des cours d'assises. — 25 juin 1831. Cr. r. Bergé. D.P. 31. 1. 273.

67. — Un appariteur de police qui, en cette qualité, a été chargé de la conduite d'une patrouille, doit être réputé remplir un service de ministère public, dans le sens de l'art. 230 C. pén.... Et, par suite, les coups ou blessures jusqu'à effusion de sang, dont il a été l'objet pendant qu'il s'acquittait de sa mission, donnent lieu à renvoi du prévenu devant la juridiction criminelle, et non pas seulement devant la police correctionnelle. — 6 oct. 1831. Cr. c. Min. pub. C. Balme. D.P. 31. 1. 344. — V. n. 32.

68. — L'irrégularité que les fonctionnaires ou agens de l'autorité commettent dans l'accomplissement de leurs fonctions n'excuse pas les délits qui seraient commis contre eux dans l'exercice ou à l'occasion de l'exercice de ces fonctions. Les citoyens qui se croient lésés doivent recourir aux voies de droit pour se faire rendre justice d'une vexation ou d'un oubli des garanties légales; mais la rébellion a toujours tort devant la loi.

69. — Jugé, conformément à ce principe, qu'un individu qui outrage et injurie un huissier et un brigadier forestier qui l'assistait, lorsqu'ils récolaient des meubles saisis précédemment, doit être puni des peines portées par l'art. 224 C. pén., contre ceux qui outragent ou injurient des fonctionnaires publics dans l'exercice de leurs fonctions, lors même que ce récolement aurait été fait un jour férié, sans la permission du juge, exigée par l'art. 1037 C. pr.; l'injure et l'outrage pouvant, dans de telles circonstances, être considérés comme faits à *l'occasion de l'exercice* des fonctions de ces fonctionnaires publics, à supposer qu'on ne puisse pas les considérer comme faits pendant l'exercice de leurs fonctions, puisque le récolement, fait par l'huissier et le brigadier, était la suite d'une saisie faite précédemment d'une manière légale. — 20 fév. 1830. Cr. c. Min. pub. C. Cros. D.P. 30. 1. 131.

70. — ...Que l'outrage fait dans un écrit au rapporteur d'un conseil municipal, au sujet de son rapport, doit être réputé outrage envers un fonctionnaire public, encore bien que, le jour où le rapport a été fait, le conseil municipal n'ait pas été composé du nombre de membres exigé par la loi. — 28 avril 1826. Cr. c. Min. pub. C. Descoutures. D.P. 26. 1. 354.

71. — ...Qu'il suffit que les agens de la force publique agissent dans l'exercice de leurs fonctions et pour l'exécution des lois, pour que toutes violences, menaces ou injures à leur égard, doivent être punies, encore bien que les actes auxquels ils se livrent seraient irréguliers; les particuliers n'ont, dans ce cas, que le recours à l'autorité pour faire réprimer ces actes. En conséquence, il y a violation de la loi dans le jugement qui, ayant à apprécier les voies de fait commises par des chasseurs envers les gardes qui voulaient fouiller les sacs, et saisir les instrumens de chasse dont ils étaient porteurs, déclare que l'illégalité de l'action des gardes justifie la résistance opposée par les prévenus (C. pén. 209, 224). — 26 fév. 1829. Cr. c. Min. pub. C. Decourbe. D.P. 29. 1. 162.

72. — Des militaires qui, pour l'exécution d'un jugement emportant condamnation corporelle, s'introduisent dans le domicile d'un prévenu, même contre sa volonté, n'en sont pas moins réputés dans l'exercice de leurs fonctions (C. pén. 224). — 12 juin 1834. Cr. c. int. de la loi C. Marin. D.P. 34. 1. 362.

73. — Mais ne sont pas punissables les injures adressées à un agent de l'autorité (un garde-champêtre), dans l'exercice de ses fonctions, lorsque celui-ci les a provoquées en se permettant le premier des injures. — 21 avril 1825. Grenoble. Charmail. D.P. 26. 2. 214.

74. — Celui qui outrage un magistrat de l'ordre administratif ou judiciaire à l'occasion de l'exercice de ses fonctions, est passible des peines portées par les art. 222 et 223 C. pén., encore qu'au moment où il a été insulté, le fonctionnaire ne fût ni revêtu de son costume, ni dans l'exercice de ses fonctions (L. 24 août 1790, tit. 11, art. 3 et 5; C. instr. cr. 172, 441 et 442; C. pén. 222, 223). — 5 sept. 1812. Cr. c. Int. de la loi. Vaudertleden. D.A. 2. 149. D.P. 1. 382.

Le défaut de costume ne peut, en pareil cas, servir d'excuse au prévenu, on n'ignore pas qu'un individu agit comme fonctionnaire, quand on l'insulte précisément à raison des fonctions qu'on lui voit exercer.

ART. 2. — *Des crimes et délits des fonctionnaires publics.*

75. — Toutes les législations ont fait preuve d'une sévérité particulière contre les délits commis par les fonctionnaires; cela résulte clairement des dispositions successives des codes de 1791, de l'an 4 et de 1810. — D.A. 8. 694, n. 1.

76. — L'art. 198 C. pén. détermine les peines qui doivent être infligées aux fonctionnaires et officiers publics qui auraient participé à des crimes et délits qu'ils étaient chargés de surveiller ou de réprimer, et auxquels la loi n'a pas attaché de peines spéciales pour les cas où ils seraient commis par des fonctionnaires publics. — D.A. 8. 694.

77. — Il faut remarquer, 1° que la disposition de l'art. 198 n'est applicable que hors les cas où la loi règle spécialement les peines encourues pour crimes ou délits commis par les fonctionnaires ou officiers publics; — 2° que la circonstance que le fonctionnaire était chargé de surveiller ou de réprimer le genre d'infraction dont il s'est rendu coupable, doit être expressément déclarée au jugement de condamnation. — D.A. 12. 549, n. 6, Carnot, sur l'art. 198, n. 1, 2.

78. — Les gardes-champêtres sont fonctionnaires publics, et comme tels punissables d'après l'art. 198 C. pén., s'ils commettent des crimes qu'ils sont chargés de surveiller; spécialement des menaces d'incendie. — 17 nov. 1818. Bruxelles. Vanroosbrouck. D.A. 8. 694, n. 1. D.P. 2. 316.

79. — L'art. 198 C. pén. est applicable au garde-champêtre qui commet le crime de menaces d'incendie, lorsque les menaces faites hors de la commune où il exerce ses fonctions devaient être exécutées dans cette commune. — Même arrêt.

80. — Le fait d'un garde-forestier d'avoir composé avec les délinquans, et dissimulé, moyennant argent et présens, les délits qu'il devait constater, constitue un crime qui le rendait justiciable de la cour, et non du tribunal correctionnel. — 12 nov. 1812. Cr. c. Min. pub. Badel. D.A. 8. 699. n. D.P. 2. 319. — V. Corruption, n. 4, 5, 6, 7.

81. — En punissant de peines plus graves le fonctionnaire public *qui participe* à un crime qu'il était chargé de surveiller, l'art. 198 C. pén. n'a pas entendu seulement les appliquer au fonctionnaire qui serait *complice* ou *co-auteur* d'un crime ou d'un délit, mais encore à celui qui s'en rend *seul* l'auteur. — 2 mai 1816. Cr. r. Beaurecueil. D.A. 8. 694, n. D.P. 2. 316, et 16. 1. 507. — Carnot, n. 11.

82. — Hors les cas prévus par l'art. 198 Code pénal, la peine commune ne peut être aggravée pour participation de la part d'un fonctionnaire à des crimes qu'il devait surveiller; ainsi, on ne peut appliquer la peine de mort à un fonctionnaire public qui aura participé à un crime emportant les travaux forcés à perpétuité (Carnot, p. 508); il en est de même s'il s'agit d'une contravention de police. — D.A. 8. 694, n. 3; Carn., n. 3, 4, 6, 9.

Notez que d'après le code pénal de 1791, la récidive d'un délit de la part d'un fonctionnaire public donnait à ce délit le caractère de crime; et qu'il n'en est plus de même aujourd'hui. — Carn, p. 508; D.A. 8. 695, n. 3.

§ 1er. — *Crimes ou délits contre la sûreté extérieure ou intérieure de l'état.*

83. — « Sera puni de mort tout fonctionnaire public, tout agent du gouvernement, ou toute autre personne qui, chargée ou instruite officiellement ou à raison de son état, du secret d'une négociation ou d'une expédition, l'aura livré aux agens d'une puissance étrangère ou de l'ennemi » (C. pén., art. 80).

84. — Peu importe que le secret ait été livré aux agens d'une nation avec laquelle la France n'était pas en guerre (Carnot, sur l'art. 80, n. 1). Du reste, quoique la loi ne parle que des agens d'une puissance étrangère; elle ne serait pas moins applicable si le crime avait été commis avec les puissances elles-mêmes. — *Id.*, n. 3.

85. — Pour que l'art. 80 soit applicable, il faut qu'il s'agisse d'un véritable secret, et, de plus, que ce secret ait été livré, et non surpris, avec une intention coupable; il faut en outre que l'accusé n'ait reçu la confidence du secret qu'à raison de son état ou de ses fonctions. — Carnot, n. 2, 4, 5, 6; D.A. 12. 539, n. 7.

86. — « Tout fonctionnaire public, tout agent, tout préposé du gouvernement, chargé, à raison de ses fonctions, du dépôt des plans de fortifications, arsenaux, ports ou rades, qui aura livré ces plans ou l'un de ces plans à l'ennemi ou aux agens de l'ennemi, sera puni de mort.

» Il sera puni de la détention, s'il a livré ces plans aux agens d'une puissance étrangère, neutre ou alliée » (C. pén 81).

87. — L'accusé devrait être considéré comme ayant livré les plans, s'il en avait volontairement favorisé l'enlèvement. — Carnot, n. 2; D.A. 12. 539, n. 8.

88. — La loi n'ayant parlé dans l'art. 81 que des plans de fortifications, arsenaux, ports ou rades, il ne peut être appliqué à d'autres cas. — Carnot, n. 5.

89. — L'arrêt de condamnation doit faire mention expresse que c'est à l'ennemi ou aux agens de l'ennemi que les plans ont été livrés. — D.A. *eod.*

90. — Ceux qui auront retenu, contre l'ordre du gouvernement, un commandement militaire quelconque; les commandans qui auront tenu leur armée ou leur troupe assemblée, après que le licenciement ou la séparation en aura été ordonnée, seront punis de mort (C. pén. 93).

91. — Dans le sens de cet article, c'est avoir retenu un commandement contre l'ordre du gouvernement, que de s'y être maintenu contre l'ordre émané du supérieur à qui l'on doit obéissance, dans l'ordre hiérarchique. — Carnot, sur l'art. 93, n. 3.

92. — Par *commandans de troupes*, il faut entendre non seulement celui qui commande l'armée en chef, mais les commandans de troupes détachées du corps d'armée pour un service particulier. — *Ibid.*, n. 4.

93. — Toute personne qui, pouvant disposer de la force publique, en aura requis ou ordonné, fait requérir ou ordonner l'action ou l'emploi contre la levée des gens de guerre légalement établie, sera punie de la déportation. Si cette réquisition ou cet ordre ont été suivis de leur effet, le coupable sera puni de mort (C. pén 94).

94. — Si la personne qui aurait donné l'ordre et qui n'aurait pas eu dans ses attributions le pouvoir de le donner, l'avait fait en prenant une qualité qu'elle n'aurait pas eue, ou en supposant un ordre qui ne lui aurait pas été transmis, il faudrait recourir, pour l'application de la peine, à d'autres dispositions du code, particulièrement aux art. 196, 197; et à ceux sur le faux, si l'accusé avait agi en vertu d'un ordre supposé. — Carnot, n. 2.

95. — La réquisition doit être faite par écrit; si elle n'était pas régulière, l'accusé ne devrait pas être acquitté, mais la force publique, en y déférant, hors le cas d'urgence, serait complice du crime, et son chef devrait être condamné. — *Ibid*, n. 3, 4; D.A. 12. 54., n. 6.

96. — La loi n'explique pas ce qu'il faut entendre par l'effet de la réquisition, lequel aggrave la peine. Carnot, n. 6, pense qu'il faut que la réquisition ait arrêté la levée des gens de guerre, ou que du moins il y ait eu tentative à cet empêchement. — D.A. 12. 542, n. 5.

§ 2. — *Coalition des fonctionnaires.*

97. — Tout concert de *mesures contraires aux lois*, pratiqué soit par la réunion d'individus ou de corps, dépositaires de quelque partie de l'autorité publique, soit par députation ou correspondance entre eux, est puni de peines correctionnelles déterminées par l'art. 123 C. pén. — Cette disposition, ne s'applique qu'au concert de mesures *contraires aux lois*, et non point, comme dans le projet de cet article, au concert de mesures qui seraient seulement *non autorisées* par elles. — Carn., sur l'art. 123, n. 5; D.A. 12. 547, n. 1.

98. — De ce que l'art. 123 ne fait mention que de mesures contraires *aux lois*, il résulte encore qu'il est inapplicable au cas de mesures contraires *aux ordres du gouvernement*, lesquels ne sont pas des lois. Mais les fonctionnaires qui auraient concerté des mesures contraires à ses ordres seraient exposés à être admonestés, suspendus ou destitués. — D.A. 12. 547, n. 2; Carnot, n. 4, 6.

99. — Le concert peut s'établir par députation ou par correspondance, par une réunion de fonctionnaires, par tout acte dont le caractère serait clairement déterminé par son objet. Il n'y aurait point concert, s'il n'existait qu'un projet sans rien qui fût arrêté. — Carnot, n. 7 et 8.

100. — S'il a été concerté des mesures contre l'exécution des lois ou contre les ordres du gouvernement, la peine sera le bannissement. Si ce concert a eu lieu entre les autorités civiles et les corps militaires ou leurs chefs, ceux qui en seront les auteurs ou provocateurs seront punis de la déportation; les autres coupables seront bannis (C. pén. 124).

101. — Dans les cas prévus par l'art. 124, il y a, disait le rapporteur de la commission, *infraction et désobéissance directes*; les coupables ont agi en pleine connaissance de cause; ils ont empêché ou voulu empêcher l'exécution d'une loi ou d'un ordre positif; ils ne peuvent alléguer, comme dans le cas prévu par l'art. 123, un oubli ou une inadver-

tance de quelques dispositions prohibitives ou disséminées souvent dans une masse de lois quelquefois amendées, corrigées ou changées par d'autres. Au reste, la nuance entre les cas respectivement prévus par les art. 123 et 124 peut être souvent très délicate.— Carnot, *eod.*; D.A. 12. 547, n. 3.

102. — Par ces mots, *ordres du gouvernement*, on ne doit entendre que les ordres revêtus de la signature d'un ministre responsable et qui ait la chose dans ses attributions, mais non les ordres des préfets et autres agens.—Carn., sur l'art. 124, n. 5; D.A. 12. 547, n. 4.

103.— Il ne suffirait pas que le concert eût été formé entre des autorités civiles et quelques individus attachés à des corps militaires; il devrait l'avoir été avec les corps pris collectivement ou du moins avec la majorité, s'il ne l'avait pas été avec les chefs.—Carn., n. 7.

104.— Si la coalition a eu pour objet *ou résultat* un complot attentatoire à la sûreté *intérieure* de l'état, les coupables seront punis de mort (C. pén. 125).— Carnot, sur cet article.

105.—Il est une espèce de coalition qui se présente comme passive dans ses moyens d'exécution, et dont les résultats troubleraient la société: ce sont les démissions combinées et dont l'objet *ou l'effet* serait d'empêcher ou de suspendre soit l'administration de la justice, soit l'accomplissement d'un service public quelconque. Les fonctionnaires qui auraient ainsi, par délibération, arrêté de donner leurs démissions, seraient punis de la dégradation civique (C. pén. 126). — D.A. 12. 547, n. 6; Carnot, sur cet article.

§ 3 —*Attentats à la liberté.— Faux. — Refus de service public. — Evasion de détenus. — Bris de scellés et enlèvement de pièces. — Attentats aux mœurs.— Fournitures.*

106.—Le code pénal a spécialement prévu et puni, art. 114 et suiv., les actes arbitraires ou attentatoires soit à la liberté individuelle, soit aux droits civiques des citoyens, soit à la charte.— V. Liberté individuelle, Droits politiques, n. 36 et suivans.

107.— Un Français et notamment un colonel, ancien adjudant-commandant, arrêté et détenu arbitrairement, ne peut pas obtenir de poursuivre devant les tribunaux comme fauteurs ou complices de ce fait, les fonctionnaires auxquels il l'impute, s'ils n'ont fait qu'exécuter les ordres du gouvernement.— 25 juin 1817. Ord. cons. d'état. De Cousso.

108. — La loi punit des travaux forcés à perpétuité les fonctionnaires ou officiers publics qui commettent des faux dans l'exercice de leurs fonctions ou sur les actes de leur ministère (C. pen. 145, 146).— V. Faux.

109. — Les faux commis dans la délivrance des passe-ports et feuilles de route sont prévus et punis par les art. 155 et suiv.— V. Faux.

110.— Tout commandant, tout officier ou sous-officier de la force publique qui, après en avoir été légalement requis par l'autorité civile, aura refusé de faire agir la force à ses ordres, sera puni d'un emprisonnement d'un mois à trois mois, sans préjudice des réparations civiles (C. pén. 234).

111. — L'art. 234 est aplicable même à celui qui n'a pas la qualité de sous-officier, s'il se trouvait être le commandant du poste au moment de la réquisition légale. Il s'applique à la garde nationale aussi bien qu'à l'armée. — Carnot, n. 2, 3.

112.— Le commandant n'est pas tenu d'obtempérer à une réquisition non émanée d'une autorité civile, ayant droit de la faire. — Carnot, n. 4, 5, 6.

113. — Si le commandant avait transmis la réquisition au corps sous ses ordres, et que la troupe eût refusé d'y déférer, l'art. 234 ne serait pas applicable; mais les individus désobéissans seraient passibles de peines disciplinaires, sans prejudice de l'action civile, s'il y avait eu dommage causé.— Carnot, n. 7, 8.

114. — L'art. 234 ne parle que de la force publique aux ordres de celui qui a reçu la réquisition; ainsi un commandant de gendarmerie ne peut mettre en action que la gendarmerie qu'il a sous ses ordres, et de même pour tous les corps de troupes.—Carnot, n. 12.

115. — Toutes les fois qu'une évasion de détenus a lieu, les huissiers, commandans en chef ou en sous-ordre, soit de la gendarmerie, soit de la force armée servant d'escorte ou garnissant les postes, les concierges, gardiens, geôliers, et tous autres préposés à la conduite, au transport ou à la garde des détenus, sont punis conformément aux art. 237 et suiv. C. pén. — V. Evasion.

116. — Les gardiens des scellés apposés par ordre du gouvernement ou de la justice, sont punis de leur négligence lorsque les scellés ont été brisés. (C. pén. 249, 250, 251, 252, 256). — V. Scellés.

117. — Quant aux soustractions, destructions et enlèvement de pièces ou de procédures criminelles, ou d'autres papiers, registres, actes et effets, contenus dans des archives, greffes ou dépôts publics, ou remis à un dépositaire public en cette qualité, les peines sont, contre les greffiers, archivistes, notaires ou autres depositaires négligens, de trois mois à un an d'emprisonnement, et d'une amende de cent francs à trois cents francs (C. pén. 255).

118.— Si le crime est l'ouvrage du dépositaire lui-même, il est puni des travaux forcés à temps. (C. pén. 255).

119.— L'énumération de l'art. 254 n'est point limitative des classes de personnes qu'il atteint.— Il ne frappe que leur négligence personnelle et ne les punit pas pour celle de leurs commis ou employés, sauf l'action en responsabilité civile.— Carnot, art. 254, n. 1 et 4.

120.— Si la soustraction, dans le cas de l'art. 255, avait été faite avec effraction ou escalade, le crime rentrerait dans les dispositions qui prononcent une aggravation de peines, d'après ces circonstances.— Carnot, n. 2.

121. — L'art. 255 s'applique aux vols de livres dans les bibliothèques publiques, et aux vols commis dans les bureaux des payeurs-généraux, quand il s'agit de pièces dont le payeur était dépositaire en sa qualité.— Carnot, n. 3, 4.

122.— Les attentats aux mœurs, commis par des fonctionnaires publics, sont punis des travaux forcés à temps, s'il n'y a pas eu violence, et des travaux forcés à perpétuité s'il y a eu violence (C. pén. 333).— V. Attentat aux mœurs.

123.— Lorsque des fonctionnaires publics ou des agens, préposes ou salariés du gouvernement, ont aidé des fournisseurs ou leurs agens à faire manquer le service, ils sont punis des travaux forcés à temps, sans préjudice de peines plus fortes en cas d'intelligence avec l'ennemi (C. pén. 432). — V. Carn., sur cet article.

§ 4.— *De la forfaiture.*

124.— Tout crime commis par un fonctionnaire public dans l'exercice de ses fonctions, est une forfaiture (C. pén. 166).

125.— Toute forfaiture est un crime; car les simples délits ne constituent pas les fonctionnaires en forfaiture (C. pén. 168).

126.— Il en était autrement sous le code de brum. an 4 (art. 641), qui déclarait qu'il y avait forfaiture dans les cas déterminés et précisés par la loi, où les fonctionnaires publics commettaient quelques *crimes ou délits* dans l'exercice de leurs fonctions. — D.A. 8. 694, n.

127.— Pour qu'il y ait forfaiture, il faut que le fait soit un crime, qu'il ait été commis dans l'exercice des fonctions, et qu'il y ait eu, de la part du fonctionnaire, une intention coupable. — D.A. 8. 694, n. 2; Carn., sur l'art. 168.

128. — Ainsi, jugé qu'un officier de police judiciaire n'encourt pas la forfaiture, par cela seul que, dans un ordre d'arrestation, il n'en exprime pas le motif, et n'indique pas la loi en vertu de laquelle il le décerne.—11 vend. an 9. Cr. c. Darbaud.— 1er niv. an 9. Cr. c. Dupuy. D.A. 8. 694, n.

129. — Jugé de même que, quoique le pourvoi soit suspensif en matière correctionnelle, il n'y a pas lieu de dénoncer (493 et 494 C. inst. cr.), pour crime de forfaiture, le procureur du roi, qui, sans une intention répréhensible, mais par une fausse interprétation de l'art. 421 C. instr. cr., a fait arrêter illégalement le prévenu qui justifiait de son pourvoi. — 14 juill. 1827. Cr. c. De Saint-Nicolas. D.P. 27. 1. 304.

130. — Toute forfaiture pour laquelle la loi ne prononce pas de peines plus graves, est punie de la dégradation civique (C. pén. 167).

131. — Le code pénal donne à plusieurs faits la qualification de forfaiture, notamment dans les art. 121, 126. 127, 183.—Il en sera traité lors de l'examen de chacun de ces articles.— V. Compétence administrative, n. 54 et suiv., Corruption.

132.— Il résulte implicitement de l'art. 17 de l'arrêté du 21 vent. an 4, que la loi du 3 brum. an 4 n'a point dérogé à l'art. 9, tit. 5 de l'ord. du 31 oct. 1784, lequel charge les chefs des classes, représentés aujourd'hui par les administrateurs de la marine, de faire observer les régles de la police des

classes, de prendre des renseignemens sur ceux qui y contreviendront, les absens ou les déserteurs, et d'aviser aux moyens de les faire arrêter ou rentrer dans leurs quartiers.

133. — En conséquence, on ne peut considérer comme une *forfaiture* l'ordre d'arrestation donné par un sous-commissaire de marine, chargé de la police des classes, contre un marin inscrit qui, sommé par cet officier de représenter soit une feuille de route constatant ses mouvemens et sa position, soit un rôle d'équipage à la pêche, a refusé d'obéir. Dans ce cas, le sous-commissaire, ayant agi en qualité d'officier d'administration de la marine chargé de la police des classes, et l'ordre par lui donné se rattachant à l'observation des règles de cette police, n'est justiciable, relativement aux poursuites auxquelles cet ordre peut donner lieu, que des tribunaux maritimes.— 13 déc. 1828. Ch. réun. r. Poitiers. Min. pub. C. Offret. D.P. 29 1. 63

134 — Les crimes et délits dont il va être question sont ceux qui, sans être qualifiés forfaiture, ont néanmoins été commis dans l'exercice des fonctions publiques.

§ 5.— *Des soustractions commises par les dépositaires publics.*

135. — Une soustraction commise par un dépositaire public emporte peine afflictive, quelle que soit la valeur des objets soustraits, si ces dépositaires ne le sont qu'en vertu des fonctions publiques qu'ils exercent relativement à un dépôt public (art. 254 et 255). Elle emporte peine afflictive ou correctionnelle selon la valeur des objets, si les dépositaires, sans être fonctionnaires publics, ont reçu certaines choses en dépôt de l'autorité publique (D.A. 8. 695). C'est de ces derniers seulement qu'il va être question ici.— Quant aux autres, V. *suprà*, § 3, n. 117 et suiv.

136.— Ceux qui, sans être fonctionnaires publics, sont constitués dépositaires par l'autorité publique de certaines choses ou effets, étant punis, en cas de soustractions par eux commises, suivant la valeur ou la quotité des objets soustraits, il faut que les chambres d'accusation déterminent ces valeur ou quotité dans leur réglemens de compétence; autrement ces arrêts n'ont aucune base et doivent par cela seul être cassés. — 10 juin 1813. Cr. régl. de jug. Rome. Min. pub. C. Moroni. D.A. 8. 695, n. D.P. 2. 316.

137. — Un comptable de deniers publics, accusé d'omission dans la tenue de ses registres, et de détournement d'une partie de ses recettes, ne peut être acquitté sur ces deux chefs par le seul motif que les omissions n'ont procédé que de sa négligence et n'ont pas été le résultat d'une combinaison coupable, lorsque d'ailleurs l'arrêt ne déclare pas que l'accusé, bien qu'il eût négligé de porter sur ses registres la totalité des sommes reçues, les a néanmoins fidèlement versées au trésor. — 24 avril 1812. Cr. c. Min. pub. C. Chichi. D.A. 8. 695, n. 2. D.P. 2. 317.

138. — Tout percepteur, tout commis à une perception, dépositaire ou comptable public, qui aura détourné ou soustrait des deniers publics ou privés ou effets actifs en tenant lieu, ou des pièces, titres, actes, effets mobiliers qui étaient entre ses mains en vertu de ses fonctions, sera puni des travaux forcés à temps, si les choses détournées ou soustraites sont d'une valeur au-dessus de 3,000 fr. (C. pén. 169).

139.— La même peine aura lieu, quelle que soit la valeur des deniers ou des effets détournés, ou soustraits, si cette valeur égale ou excède soit le tiers de la recette ou du dépôt, s'il s'agit de deniers ou effets une fois reçus ou déposés, soit le cautionnement, s'il s'agit d'une recette ou d'un dépot attaché à une place sujette à cautionnement, soit, enfin, le tiers du produit commun de la recette pendant un mois, s'il s'agit d'une recette composée de rentrées successives et non sujette à cautionnement (C. pén. 170).

140. — Si les valeurs détournées ou soustraites sont au-dessous de 3,000 fr. et, en outre, inférieures aux mesures exprimées en l'article précédent, la peine sera un emprisonnement de deux ans au moins, et de cinq ans au plus, et le condamné sera, de plus, déclaré à jamais incapable d'exercer aucune fonction publique (C. pén. 171).

141. — Un huissier est un dépositaire public relativement aux prix des ventes volontaires ou forcées auxquelles il a prêté son ministère. — Le détournement par lui fait de ce prix constitue le crime déterminé par les art. 169 et 170 C. pén. — 18 déc.

1812. cr. régl. de jug. Min. pub. C. Cogez. D.A. 8. 696, n. D.P. 2. 317.

142. — Un percepteur des droits d'octroi, quoiqu'il ne soit pas directement nommé par le gouvernement, n'en est pas moins considéré comme comptable des deniers publics, et, s'il a détourné des sommes qu'il a reçues, il rentre dans l'application de l'art. 169 C. pén. — 21 janv. 1813. Cr. r. Branzon. D.A. 8. 696, n. D.P. 2. 317.

143. — Les percepteurs, commis à la perception, dépositaires ou comptables des deniers des communes ou établissemens publics sont dépositaires publics dans le sens des art. 169 et suiv. — Carn. sur l'art. 169, n. 7.

144. — Le détournement ou la soustraction, à l'aide de mémoires falsifiés par un piqueur employé par l'administration des ponts et chaussées, de sommes excédant 3,000 fr. et reçues par ce piqueur pour en faire la distribution aux ouvriers ou fournisseurs, est un fait qualifié crime, et soumis à la compétence des cours d'assises. — 29 avril 1825. Cr. r. Leclerc. D.P. 25. 1. 371.

145. — Il faut que le dépôt soit légalement constaté, c'est-à dire, qu'il le soit par écrit, s'il excède 150 fr., ou qu'il y ait commencement de preuve par écrit. — Carnot, n. 9.

146. — Carnot, sur l'art. 170, n. 3, remarque que l'art. 170 ne parle que des deniers et effets détournés ou soustraits, tandis que l'art. 169 parle aussi de *pièces, titres et actes*, d'où il suit que les pièces, titres et actes ne sont pas pris en considération pour fixer la valeur des choses détournées ou soustraites, dans le cas de l'art. 170.

147. — Le code ne disant pas s'il s'agit, dans l'art. 170, du produit brut ou du produit net de la recette, Carnot, n. 5, pense que dans le doute il ne faut appliquer la peine que quand il s'agit du tiers du produit net.

148. — Il sera toujours prononcé contre le condamné une amende dont le *maximum* sera le quart des restitutions et indemnités, et le *minimum* le douzième (C. pén. 172).

149. — Ainsi, jugé que dans le cas où un fonctionnaire est déclaré coupable des délits prévus par les art. 169, 170 et 171 C. pén., il doit toujours être condamné à l'amende. — 2 mars 1827. Cr. c. Guyane. Min. pub. C. Migout. D.P. 27. 1. 158.

150. — ... Alors même qu'il n'y a pas de partie civile qui réclame des restitutions ou indemnités. — Carnot, n. 5.

151. — Tout juge, administrateur, fonctionnaire ou officier public, qui aura détruit, supprimé, soustrait ou détourné les actes et titres dont il était dépositaire en cette qualité, ou qui lui auront été remis ou communiqués à raison de ses fonctions, sera puni des travaux forcés à temps. Tous agens, préposés ou commis, soit du gouvernement, soit des dépositaires publics, qui se seront rendus coupables des mêmes soustractions, seront soumis à la même peine (C. pén. 173). — V. Carnot sur cet article, n. 1, 2.

152. — Un facteur de la poste qui soustrait l'argent renfermé dans une lettre qu'il devait porter à son adresse, est coupable du crime prévu par l'art. 173 C. pén. — 23 avril 1813. Cr. r. Heymann. D.A. 8. 696, n. 3. D.P. 2. 317.

153. — L'art. 173 n'est pas applicable au prévenu à qui l'on n'impute qu'une simple négligence; il n'est obligé qu'à la réparation du dommage causé. — Carnot, n. 3.

154. — La disposition qui veut que l'accusé soit toujours condamné à l'amende n'est pas reproduite pour les cas prévus par l'art. 173; l'accusé est condamné à la peine portée par cet article, et aux restitutions et indemnités de la partie lésée. — Carnot, n. 5.

§ 6. — *De la concussion, de l'immixtion des fonctionnaires dans des affaires ou dans un commerce incompatibles avec leur qualité. — De la corruption.*

155. — La concussion est un crime ou délit défini et réprimé par l'art. 174 C. pén. — V. ce mot.

156. — Un receveur municipal est un fonctionnaire public comptable, dans le sens des art. 145, 146 et 174 C. pén. — 23 mars 1827. Cr. c. Tuffeau. D.P. 27. 1. 393.

157. — Tout fonctionnaire, tout officier public, tout agent du gouvernement, qui, soit ouvertement, soit par actes simulés, soit par interposition de personnes, aura pris ou reçu quelque intérêt que ce soit dans les actes, adjudications, entreprises ou régies dont il a, ou avait, au temps de l'acte, en tout ou en partie, l'administration ou la surveillance, sera puni d'un emprisonnement de six mois au moins et de deux ans au plus, et condamné à une amende qui ne pourra excéder le quart des restitutions et des indemnités, ni être au-dessous du douzième. Il sera de plus déclaré à jamais incapable d'exercer aucune fonction publique. La présente disposition est applicable à tout fonctionnaire ou agent du gouvernement qui aura pris un intérêt quelconque dans une affaire dont il était chargé d'ordonnancer le paiement ou de faire la liquidation (C. pén. 175). — Carn., n. 1, 2.

158. — Le notaire délégué par un jugement pour procéder à une vente publique, et qui, sous le nom d'une personne interposée, se rend adjudicataire de tout ou partie des objets dont il est chargé de consommer la vente, commet le délit prévu par l'art. 175 C. pén., alors même que l'acte d'adjudication constate la présence des parties intéressées. — 28 déc. 1816. Cr. r. Amyot. D.A. 2. 597. D.P. 17. 1. 340.

159. — En appréciant au-dessus de leur valeur des objets qu'il dépose lui-même au Mont-de-Piété sous des noms supposés, un appréciateur se rend coupable du délit prévu par l'art. 175 C. pén., soit en ce que, par là, il obtient des sommes plus fortes que celles qu'il pourrait espérer, soit en ce que, par son estimation plus élevée, il expose les tiers enchérisseurs à être induits en erreur sur la valeur véritable des objets, lors de la vente publique; et la responsabilité à laquelle cet agent est soumis, à raison de son estimation, ne fait pas disparaître le délit. — 4 fév. 1832. Cr. r. Ballet. D.P. 32. 1. 137.

160. — Un appréciateur du Mont-de-Piété qui se rend adjudicataire des objets déposés au Mont-de-Piété, qu'il est chargé lui-même d'apprécier, et qu'il revend ensuite avec bénéfice, ou qui les fait adjuger à un autre appréciateur avec lequel il partage les bénéfices, se rend tout à la fois coupable et complice du délit prévu par l'art. 175 C. pén., à l'égard des agens du gouvernement, prenant ou recevant un intérêt dans les actes qu'ils sont chargés de surveiller; et cette contravention ne serait pas écartée par la circonstance que l'appréciateur est responsable de l'évaluation par lui donnée. — Même arrêt.

161 — L'art. 175 ne s'applique point aux avoués (Carn., n. 5). Il ne comprend pas dans son énumération de personnes les commis ou préposés; mais il pourrait arriver des circonstances où ils devraient être considérés comme complices. — Carnot, n. 7.

162. — Les présomptions d'interposition ou de non interposition de personnes, telles qu'elles sont établies en matières civiles, ne doivent point être appliquées aux cas prévus par l'art. 175. — Une personne interposée ne devrait être condamnée comme complice qu'autant qu'elle aurait agi dans le dessein du crime. — Carnot, n 8, 9.

163. — Il y aurait délit, dans le sens de l'art. 175, alors même qu'il n'y aurait pas eu d'acte; tel serait le fait d'un agent du gouvernement qui aurait été chargé de surveiller l'introduction de marchandises étrangères en France, et qui aurait pris intérêt à leur importation. — Carnot, n. 12.

164. — Tout commandant des divisions militaires, des départemens ou des places et villes, tout préfet ou sous-préfet, qui aura, dans l'étendue des lieux où il a droit d'exercer son autorité, fait ouvertement, ou par des actes simulés, ou par interposition de personnes, le commerce de grains, grenailles, farines, substances farineuses, vins ou boissons, autres que ceux provenant de ses propriétés, sera puni d'une amende de 500 fr. au moins, de 10,000 fr. au plus, et de la confiscation des denrées appartenant à ce commerce (C. pén. 176). — V. Carnot, sur cet article.

165. — Quant à la corruption des fonctionnaires publics, il en a été traité au mot Corruption.

§ 7. — *Des abus d'autorité.*

166. — Le code pénal range parmi les abus d'autorité contre les particuliers, 1° les violations de domicile (art. 184 C. pén. — V. Liberté individuelle, Instruction); 2° *le déni de justice* (art. 185. — V. Déni de justice); 3° les violences employées sans motif légitime, pour l'exécution d'un mandat de justice ou d'un jugement (art. 186); 4° la suppression ou l'ouverture de lettres confiées à la poste (C. pén., art. 187). — V. Postes.

167. — Quant aux abus d'autorité contre la chose publique, le code pénal porte : « Tout fonctionnaire public, agent ou préposé du gouvernement, de quelque état ou grade qu'il soit, qui aura requis ou ordonné, fait requérir ou ordonner l'action ou l'emploi de la force publique contre l'exécution d'une loi ou contre la perception d'une contribution légale, ou contre l'exécution, soit d'une ordonnance ou mandat de justice, soit de tout autre ordre émané de l'autorité légitime, sera puni de la réclusion (art. 188). — Si cette réquisition ou cet ordre ont été suivis de leur effet (c'est-à-dire si, par suite de cette réquisition ou de cet ordre, la force publique a réellement empêché l'exécution de l'ordonnance émanée de l'autorité légitime, ou la perception de la contribution légale), la peine sera le maximum de la réclusion (art. 189). — D.A. 12. 548, n. 1; Carnot, sur ces articles.

168. — Les peines énoncées aux art. 188 et 189 ne cesseront d'être applicables aux fonctionnaires ou préposés qui auraient agi par ordre de leurs supérieurs, qu'autant que cet ordre aura été donné par ceux-ci pour des objets de leur ressort, et sur lesquels il leur était dû obéissance hiérarchique; dans ce cas, les peines portées ci-dessus ne seront appliquées qu'aux supérieurs, qui les premiers auront donné cet ordre (art. 190). — La prudence commande donc au fonctionnaire subalterne d'exiger qu'un pareil ordre lui soit adressé *par écrit*, bien que d'ailleurs il ne lui soit pas interdit de prouver par toutes les voies de droit qu'il a réellement agi par ordre supérieur. — Carnot, *eod*; D.A. 12. 548, n. 2.

169. — Celui qui justifie de l'ordre qu'il a reçu de ses supérieurs hiérarchiques, dans les limites de leurs fonctions, ne peut être ni poursuivi, ni condamné. — Carn., n. 2.

170. — Si, par suite des ordres ou réquisitions dont nous venons de parler, il survient d'autres crimes punissables de peines plus fortes que celles exprimées aux art. 188 et 189, ces peines plus fortes seront appliquées aux fonctionnaires, agens ou préposés coupables d'avoir donné lesdits ordres ou fait lesdites réquisitions (art. 191). — V. Carnot.

§ 8. — *De l'exercice de l'autorité publique illégalement anticipé ou prolongé.*

171. — Aux termes de l'art. 196 C. pén, une amende de 16 à 150 fr. peut être prononcée contre tout fonctionnaire public qui sera entré en exercice de ses fonctions sans avoir prêté le serment. Cette disposition est facultative, le défaut de prestation de serment pouvant être excusé par l'absence des fonctionnaires entre les mains desquels elle devait avoir lieu, et par le besoin de pourvoir au service; les poursuites, dans ce cas, dépendront des circonstances. — D.A. 12. 548, n. 1; Carnot, sur cet article.

172. — Le délit d'exercice de l'autorité publique illégalement prolongé n'est jamais susceptible d'excuses. Tout fonctionnaire public révoqué, destitué, suspendu ou interdit *légalement*, qui, après en avoir eu la connaissance officielle, aura continué l'exercice de ses fonctions, ou qui, étant électif ou temporaire, les aura exercées après avoir été remplacé, *sera puni* d'un emprisonnement de six mois au moins, et de deux ans au plus, et d'une amende de 100 fr. à 500 fr. Il sera interdit de l'exercice de toute fonction publique pour cinq ans au moins et dix ans au plus, à compter du jour où il aura subi sa peine : le tout sans préjudice des plus fortes peines portées contre les officiers ou les commandans militaires par l'art. 93 C. pén (art. 197).

173. — L'administration a des formes particulières de procéder envers ses agens et préposés; leur révocation, destitution ou suspension est légale lorsqu'elle a été prononcée par leurs supérieurs dans l'ordre hiérarchique, et il suffit, pour leur en donner la connaissance officielle, que la copie de l'arrêté leur ait été transmise, lorsqu'il est constaté qu'ils l'ont réellement reçue. — Leur suspension, au reste, quoique non prononcée par leurs supérieurs, aurait lieu de droit s'ils avaient été mis *en accusation*. — Carn., n. 1, 2; D.A. 12. 549, n. 3.

174. — Lorsqu'il s'agit de tout autre fonctionnaire que d'un agent ou préposé du gouvernement, il faut, pour qu'il ait eu connaissance officielle de sa destitution ou suspension, qu'elle lui ait été notifiée à personne ou domicile : et cette notification devrait lui avoir été faite au cas même où le jugement portant destitution ou suspension du fonctionnaire aurait été prononcé en sa présence, et serait irrévocable. — Carn., n. 5; D.A. 12. 549, n. 4.

175. — Un directeur du jury, dont le tour de service est expiré, et qui continue ses fonctions jusqu'à remplacement effectif, ne commet pas un excès de pouvoir tel, que les actes faits par lui depuis l'expiration du temps fixé doivent être annulés. — 8 mai 1807. Cr. c. Min. pub. Labussière. D.A. 11. 74.

176.—Les fonctionnaires *électifs* ou *temporaires* ne sont présumés être *remplacés* que lorsque leurs successeurs ont prêté serment (arg. de l'art. 196), et cette prestation de serment doit avoir été faite *publiquement*, ou la connaissance officielle et légale doit en avoir été donnée au fonctionnaire remplacé, pour que ce dernier puisse être poursuivi à raison de l'illégale prolongation de l'exercice de ses fonctions.— Carn., n. 5; D.A. 12 549, n. 5.

ART. 3. — *Mise en jugement des fonctionnaires administratifs et agens du gouvernement.*

177. — La loi ne permet point que les agens du gouvernement, qui, dans leurs fonctions, sont présumés agir par ses ordres, puissent être directement poursuivis devant les tribunaux ordinaires pour les abus d'autorité ou les délits qu'ils pourraient commettre; elle exige préalablement une autorisation supérieure: c'est ce qu'on appelle garantie constitutionnelle (art. 75, loi du 22 frim. an 8). — D.A. 8. 676, n. 1.

178. — Autrefois, il ne restait pour le cas d'abus de pouvoir que la voie de la requête, ou d'humbles suppliques. L'assemblée constituante mit la première un terme à la confusion qui existait entre les pouvoirs administratifs et judiciaires, par l'art. 61 de la loi du 14 déc. 1789. Les *officiers municipaux* ne pouvaient être mis en jugement pour délits administratifs, sans autorisation. L'art. 13, tit. 2, loi du 24 août 1790, défendit aux juges de citer devant eux les *administrateurs* pour raison de leurs fonctions. — D.A. 8. 677, n. 2.

179. — Suivant la loi du 14 oct. 1790, aucun administrateur ne pouvait être traduit devant les tribunaux, à raison de ses fonctions, *à moins qu'il n'y eût été renvoyé par l'autorité supérieure*. A l'égard des officiers municipaux, l'autorisation de les poursuivre devait être obtenue de l'administration départementale (art. 61 de la loi du 14 déc. 1789). — *Ibid.*

180 — D'après ces lois, les tribunaux sont incompétens pour connaître *de plano* de l'action en dommages-intérêts et en rétablissement d'une grille qu'on prétend avoir été enlevée par le défendeur par abus de ses fonctions de membre du comité civil. — 25 germ. an 7 Civ. c. int. de la loi. Falque. D.A. 5. 171. D.P. 1. 751.

181.— Pour connaître de l'action dirigée contre un individu qui, ayant été chargé par l'administration de dresser un inventaire, est ensuite assigné en restitution d'effets non compris dans cet inventaire, et qu'on prétend avoir été enlevés lors de cette opération; le fait allégué constitue un abus de pouvoir sur lequel l'autorité administrative seule peut statuer. — 21 flor. an 7. Civ. c. Rouby. D.A. 3. 171. D.P. *eod.*

182. — L'autorisation administrative exigée par l'art. 61 de la loi du 14 déc. 1789, pour la mise en jugement des officiers municipaux, ne concernait que le cas de poursuites pour malversations qui auraient blessé les intérêts généraux de la commune, et non celles qui avaient pour objet la réparation de griefs personnels causés à un individu — 23 mai 1822. Cr. r. Balmain. D.A. 8. 684, n. D.P. 22. 1. 267.

183. — Le gouvernement consulaire étendit la garantie à tous les agens et préposés quelconques de l'administration. On a modifié depuis cette disposition, ainsi qu'on le verra ci-après.

184. — Depuis l'établissement du gouvernement constitutionnel, la légalité de la disposition qui exige l'autorisation a été contestée. Mais, jugé que l'art. 75 de la loi du 22 frim. an 8 n'a pas été abrogé par la charte; en conséquence, un intendant de marine ne peut être poursuivi, sans cette autorisation, pour des faits relatifs à ses fonctions. — 30 nov. 1821. Cr. r. Laurent. D.A. 8 677, n. D.P 2 308.

185—*Contrà*, Henrion de Pansey, *Pouvoir municipal.*—Cormenin, *Quest. de droit administratif*, v° Mise en jugement, § 1er, met en doute la constitutionnalité de l'article 75 de la loi de l'an 8.

186.— Après la révolution de 1830, de nouvelles attaques ont été dirigées contre l'autorisation préalable; mais elle a été maintenue après une longue et vive discussion, dans la session de 1834.

187. — La sanction des dispositions qui exigent l'autorisation se trouve, à l'égard des magistrats qui y contreviendraient, dans les art. 127 et 129 du code pénal prononçant des peines sévères contre les juges qui auraient, sans autorisation préalable du gouvernement, rendu des ordonnances ou décerné des mandats contre les agens ou préposés de l'administration.

§ 1er.— *Par qui l'autorisation peut être donnée, et agens auxquels la loi refuse la garantie.*

188. — Aux termes de l'art. 75 de la constitution du 22 frim. an 8, aucun agent du gouvernement, autre que les ministres, ne pouvait être poursuivi pour faits relatifs à ses fonctions, qu'en vertu d'une décision du conseil d'état. Le principe de l'autorisation fut conservé depuis; mais on pensa qu'il ne fallait pas toujours remonter jusqu'au conseil d'état.

189.— Trois arrêtés de pluviôse an 10 autorisent le directeur-général de l'enregistrement et des domaines, l'administrateur de la loterie et le directeur-général des postes à traduire devant les tribunaux, sans recourir à la décision du conseil d'état, les agens inférieurs de leurs administrations respectives.

190. — Un arrêté du 10 floréal an 10 donne aux préfets le pouvoir de traduire devant les tribunaux, sans recourir au conseil d'état, les percepteurs des contributions pour faits relatifs à leurs fonctions.

191. — Le 28 pluv. an 11, arrêté qui donne aux administrations des postes et des forêts le pouvoir d'autoriser la mise en jugement des employés qui leur sont subordonnés.

192. — Ce droit est renouvelé et étendu pour les agens forestiers, par les art. 7 et 39 de l'ordonnance d'exécution du code forestier; mais l'autorisation du conseil d'état est nécessaire pour les agens de l'administration des forêts de la couronne (Curasson, t. 2, p. 145). Aucune autorisation n'est nécessaire pour la poursuite des agens et gardes des bois d'apanage et de majorat. — Curasson, p. 152; D.A. 8. 677, n.

193. — Le 18 therm. an 11, arrêté qui applique les dispositions de ceux ci-dessus cités, aux employés de l'administration des monnaies; 29 therm. an 11, aux préposés des douanes; 28 mess. an 13, aux préposés de la régie des droits réunis; 28 février 1806 à ceux des poudres et salpêtres; 17 mai 1809, à ceux de l'octroi.

194.— Si les agens supérieurs de ces administrations refusent d'accorder l'autorisation, malgré la demande du procureur-général ou la plainte de la partie civile, reste le recours au conseil d'état, lequel, dans ce cas, rentre dans les attributions qui lui étaient, avant ces divers arrêtés, exclusivement dévolues.— D. A. 8. 677, n.

195.—Enfin, les lois postérieures à la restauration ont porté des modifications nouvelles à ces règles. La loi du 28 avril 1816, art. 244, retire toute espèce de garantie aux préposés des droits-réunis, et autorise leur poursuite devant les tribunaux ordinaires, dans les formes communes à tous les citoyens, sans autorisation préalable.

196. — L'art. 55, tit. 5 de la loi des douanes, du 28 avril 1816 renferme la même disposition à l'égard des employés de la douane, lorsqu'ils sont prévenus de forfaiture comme ayant fait eux-mêmes la contrebande, ou s'étant laissé corrompre pour la favoriser. Dans les autres cas, les règles ordinaires subsistent.

197.— Lorsque c'est le conseil d'état qui doit donner l'autorisation préalable, c'est le comité du contentieux qui prononce. Cette attribution est vivement critiquée par Cormenin, v° Mise en jugement, § II.

§ 2.— *Caractères de l'autorisation; étendue et limites des droits respectifs des tribunaux et du conseil d'état.*

198. — L'autorisation doit être spéciale et nominative. Ainsi, l'injonction donnée par un décret à un tribunal de justice répressive, de connaître d'un faux, et au procureur-général d'en poursuivre les auteurs ou complices, n'emporte pas autorisation suffisante pour mettre en jugement *de plano* des agens du gouvernement contre lesquels des charges se seraient élevées dans le cours de l'instruction. — 21 mai 1807. Cr. c. Huet. D.A. 8. 677, n. 1.

199.— Si, après une autorisation de mise en jugement, des faits omis ou de nouveaux faits se présentent, il faut encore recourir à l'autorité administrative supérieure et obtenir une nouvelle autorisation, spéciale à ces faits. — 14 nov. 1821. Ord. Maserolles. D.A. 8. 678, n.

200 — Les tribunaux ne peuvent juger la qualité de l'agent inculpé, ni apprécier s'il a agi dans l'exercice de ses fonctions. Ils doivent, avant tout examen, que l'instance soit civile ou criminelle, suspendre leur action; le conseil d'état peut seul faire cette double appréciation. — 6 août 1823. Req. Aix. De Bourbon D.A. 8. 679, n. 2. D.P. 2. 308.

201. — De même, une chambre d'accusation n'a pas plus le droit de déclarer qu'il n'y a pas charge suffisante contre un garde-champêtre ou forestier, sans que préalablement l'autorisation de le prouver n'ait été accordée, qu'il ne lui appartiendrait d'ordonner, sans ce préalable, sa mise en accusation : il importe peu que la mise en liberté soit réclamée par

le ministère public. — 8 mai 1824. Cr. r. Min. pub. C. Kouch. D.A 8. 679, n. D.P. 2. 309.

202. — Mais si les tribunaux n'ont pas le droit d'examiner la qualité de l'agent, ni d'apprécier les preuves ou le caractère du fait qui lui est imputé, ils peuvent, ils doivent même procéder à une information préalable, qui éclaire la décision du conseil.— Cormenin, *loc. cit.*, § II.

203.— C'est ainsi qu'il a été statué qu'il peut être informé sur des délits imputés à des agens du gouvernement dans l'exercice de leurs fonctions, avant l'autorisation du conseil d'état, sans violer la garantie constitutionnelle dont ils sont couverts par l'art. 75 de la loi du 22 frim. an 8, pourvu qu'on ne décerne contre eux aucun mandat, et qu'on ne leur fasse subir aucun interrogatoire (Déc. 9 août 1806, art. 3). — D.A. 8. 678, n.

204.— Jugé que le tribunal saisi d'une plainte en calomnie portée par l'agent du gouvernement dénoncé, peut, sans donner ouverture à cassation, en statuant sur un incident relatif à cette plainte, enjoindre au ministère public et au juge d'instruction d'informer sur le délit imputé au fonctionnaire public qui se prétend calomnié, et de transmettre l'information au garde-des-sceaux pour provoquer l'autorisation de poursuivre. — 24 juin 1819. Cr. r. Cochenet. D.A. 8. 678, n. D.P. 19. 1. 512.

205. — Un arrêté préfectoral qui refuse l'autorisation n'est pas un obstacle à ce qu'on procède à l'information, alors que cet arrêté peut être l'objet d'un recours au conseil d'état.— Même arrêt.

206.— Bien plus, une demande en autorisation de mettre en jugement un fonctionnaire public ne peut être présentée au conseil d'état si elle n'a été précédée d'une information judiciaire (Déc. 9 août 1806, art. 3).— 2 janv. 1821. Ord. Meynard. D.A. 8. 679, n.

207.— Le conseil d'état doit surseoir à prononcer sur la demande d'autorisation, lorsque le procureur général, en transmettant les pièces, n'a pas émis d'avis personnel, lorsque le réclamant ne justifie d'aucune plainte devant les tribunaux; lorsque le fait ne peut être constaté que par information judiciaire préalable, aux termes du décret du 9 août 1806, lorsqu'il y a lieu à une liquidation ou à une question de compétence. — Cormenin, *Quest.*, 2e édition, p. 342.

§ 3.— *A l'égard de quelles personnes et pour quels actes l'autorisation préalable est nécessaire.*

208 — Les conseillers d'état, les ecclésiastiques, en vertu d'une disposition particulière (V. Culte), les militaires de tout grade en activité de service, les préfets, sous-préfets, intendans militaires ou de marine, les directeurs et inspecteurs des postes, etc., en un mot, tous les agens du gouvernement sont en général couverts par la garantie.

209.—Jugé que l'on n'entend par *agens du gouvernement* que les fonctionnaires publics, qui sont tellement sous la dépendance du gouvernement, qu'ils ne peuvent avoir, dans l'exercice de leurs fonctions habituelles et journalières, d'autre opinion que la sienne, ni tenir une conduite opposée à celle qu'il leur trace, soit par lui-même, soit par ses agens supérieurs. — 26 déc 1807. Cr. c. Min. pub. C. Zoiczzi. D.A. 8. 685, n. D.P. 8. 2. 55.

Cette solution, d'une généralité trop étendue, doit être appliquée dans les limites du cas particulier qu'elle avait pour but de décider; il s'agissait, dans l'espèce, d'un greffier.

210.— Les agens du gouvernement, dans le sens de l'art. 75 de la constitution de l'an 8, sont ceux qui, dépositaires d'une partie de son autorité, agissent directement en son nom, et font partie de la puissance publique.— 23 juin 1831. Cr. c. Royer. D.P. 31. 1. 248.

211.—Et les prêtres ne peuvent être réputés tels dans le sens de cet article. — Même arrêt. — V. n. 20, 21.

Cependant, et en tant qu'il s'agit de les mettre en jugement, il paraît qu'on serait disposé à distinguer le cas où la poursuite est exercée au nom du ministère public pour délits ou crimes, de celui où elle n'a lieu qu'à la requête des particuliers, pour faits commis par le prêtre dans l'exercice de ses fonctions. L'autorisation serait toujours nécessaire dans ce dernier cas, mais elle ne le serait pas dans le premier. Cette distinction, qui a été faite devant la cour de cassation, n'est pas reproduite dans les arrêts de cette cour. Elle semble arbitraire, car elle a contre elle le texte général de la loi, mais elle pourrait, si la loi était à faire, être justifiée par de bonnes raisons.

212.—Un avoué n'est pas non plus un fonction-

naire public. — 14 avril 1831. Cr. c. Douai. Fourdinier. D.P. 31. 1. 157.

213. — On a demandé si la garantie couvre les fonctionnaires ou agens, même après qu'ils ont cessé de remplir leurs fonctions. Sur ce point, la jurisprudence de la cour de cassation a été en opposition avec celle du conseil d'état.

Ainsi, jugé 1° qu'aux termes de l'avis du conseil d'état, du 16 mars 1807, l'autorisation exigée par l'art. 75 de la loi du 22 frim. an 8 n'est pas nécessaire pour poursuivre un fonctionnaire, et spécialement un préposé des douanes destitué. — 28 sept. 1821. Cr. c. Min. pub. C. Buschholtz D.A. 8. 679, n. D.P. 2. 309.

214 — 2° Que l'autorisation du conseil d'état n'est pas plus nécessaire pour mettre en jugement, relativement aux actes de son administration, un comptable ou tout autre préposé qui a donné sa démission, qu'elle ne l'est, aux termes précis de l'avis du conseil d'état, du 16 mars 1807, pour poursuivre un fonctionnaire destitué. Cet avis du conseil d'état renferme virtuellement l'un et l'autre cas dans sa disposition. — 5 juill. 1823. Cr. c. Min pub. C. Rassel. D.A. 8. 680, n. D.P. 23. 1. 309.

215. — De même, un receveur municipal, accusé de s'être, en cette qualité, rendu coupable de faux en écriture authentique, peut être mis en jugement sans autorisation préalable, s'il est destitué au moment des poursuites. — 23 mars 1827. Cr. c. Tuffeau. D.P. 27. 1. 395.

Contrà, Cormenin, p. 335; Favard. t. 3, v° Mise en jugement, p. 3. n. 17, p 159; celui-ci critique l'application de l'avis du conseil d'état, et oppose la jurisprudence du conseil d'état, consacrée par plusieurs ordonnances, notamment par celles des 24 oct. et 14 nov. 1821. — Mac, t. 2, p. 396, 479, 480, et 482, D.A. 8. 680, n. 3.

216 — C'est en conformité de cette dernière jurisprudence, qu'il a été décidé que l'autorisation préalable est nécessaire pour poursuivre les héritiers d'un fonctionnaire destitué. — 29 janv. 1823. Ordonn. Blaisy le-Haut. D.A. 8. 680, n. D.P. 2. 310.

217. — Jugé aussi que le privilége dont jouissent les agens du gouvernement, de ne pouvoir être poursuivis qu'après autorisation, pour les *actes de leurs fonctions*, ne cesse pas, avec leurs fonctions, comme celui qui est accordé aux magistrats par l'art. 479 C. instr. cr. — 25 janv. 1831. Poitiers. Chaudreau D.P 31. 2. 185. — V. n. 405.

218. — Mais l'autorisation n'est évidemment plus nécessaire, lorsque les faits imputés sont postérieurs à la cessation des fonctions (Ordonn. 18 juill. 1821).

219. — Cormenin place en tête des personnes à l'égard desquelles l'autorisation du conseil d'état n'est pas nécessaire, les pairs de France et les députés. Cette observation parait au moins superflue, personne ne pouvant penser à ranger les pairs et les députes parmi les fonctionnaires ou agens du gouvernement.

220. — Sont exceptés de la garantie : les ministres ou ex ministres, les agens du gouvernement pris en flagrant delit, les préposés des administrations poursuivis par les chefs des administrations. — V. *suprà*.

221. — Le conseil d'état, bien que compétent pour autoriser la mise en jugement des fonctionnaires administratifs, ne l'est pour autoriser les poursuites à diriger contre un ministre ou un ex-ministre pour responsabilité civile de ses opérations. — 25 juin 1817. Ord. cons. d'état. Pfaff.

222. — *Militaires*. — Nous avons placé, et l'on compte généralement les militaires en activité de service parmi les personnes que protége la garantie de la loi de l'an 8.

223 — Aussi a-t-il été jugé qu'un commandant militaire ne peut être actionné à raison des mesures prétendues illégales qu'il aurait prises pendant son commandement, sans l'autorisation préalable du gouvernement. — 16 août 1833. Poitiers. Prouet. D.P. 34. 2. 17.

224. — Toutefois, la cour de cassation avait décidé qu'un officier de recrutement n'est pas un agent du gouvernement, en ce sens qu'il ne puisse être mis en jugement sans une décision du conseil d'état. — 6 mars 1807. Cr. r. Delauzière. D.A. 8. 346. D.P. 2. 244.

225. — Dans les motifs de son arrêt, la cour suppose le principe que les fonctions purement militaires n'admettent pas l'application de la disposition concernant les agens du gouvernement. On n'aperçoit pas aisément les motifs de cette solution.

FONCTIONNAIRES PUBLICS. ART. 3, § 3.

Merlin, dans son réquisitoire, repoussait la nécessité de l'autorisation, par le motif que la qualité de recruteur avait été conférée non par le gouvernement, mais par le colonel. Mais le colonel ne représentait-il pas le gouvernement; et puis, ne restait-il pas toujours la qualité d'officier?

226 — *Membres d'assemblées électorales ou communales*. — On a regardé comme fonctionnaires publics, protégés par la garantie de la loi de l'an 8, les membres d'assemblées politiques ou communales. Ainsi, jugé que l'individu qui se prétend outragé par un membre d'assemblée communale dans une opinion émise dans cette assemblée, ne peut en poursuivre l'auteur sans l'autorisation du gouvernement. — 17 fruct. an 9. Cr. c. Vital-Poudio. D.A. 8. 681, n. D.P. 2. 310.

227 — ....Que des directeurs de scrutin qui vont demander au sous préfet des renseignemens sur le mode légal de réception des bulletins, agissent en cela comme fonctionnaires publics; et si l'un de leurs collègues trouve cette démarche injurieuse pour lui, il ne peut se pourvoir contre eux devant les tribunaux pour fait d'injures, sans y être autorisé par l'administration — 17 fruct. an 9. Cr. c. Mévolhon. D.A. 8. 681, n. D P. 2. 310.

228. — ...Qu'un directeur de scrutin qui a proféré des injures contre des personnes qui se rendaient chez lui pour voter, a agi dans l'exercice de ses fonctions, et ne peut être poursuivi sans autorisation préalable du gouvernement. — 3 niv. an 11. Cr c, int. de la loi C. Aimet. D.A. 8. 681, n. D P. 2. 311.

229. — ..Que le scrutateur d'une assemblée électorale ne peut être poursuivi, même en réparations civiles, à raison de délits relatifs à ses fonctions, sans l'autorisation préalable du conseil d'état. — 11 niv. an 10. Req. int. de la loi C Saget. D.A. 8. 681, n. D.P. 3. 1 413.

230. — ...Qu'un président d'une section cantonale, accusé d'avoir tenu des propos injurieux contre un membre de l'assemblée pendant le recensement des votes, ne peut être poursuivi pour ce délit, commis à raison et dans l'exercice de ses fonctions administratives, sans autorisation préalable. — 9 fév. 1809. Cr. c. Goubaux. D.A. 8. 681, n. D.P. 2. 311.

231. — Mais, jugé que les membres des colléges électoraux ne sont pas agens du gouvernement; ils peuvent être poursuivis sans autorisation préalable. — 15 oct. 1812. Cr. r. Favorelli. D.A. 8. 682, n. D.P. 2. 312.

232. — Les membres des conseils municipaux ne sont pas non plus agens du gouvernement; en conséquence, l'autorisation du conseil d'état n'est pas nécessaire pour les poursuivre devant les tribunaux. — 2 déc. 1823 Ord. Cassagnoles. D A. 8. 689, n. 7. D.P. 2. 312. — 29 janv. 1823. Ord. Wil D.A. 8. 682, n 2. D P. 2. 312. — 21 mai 1823. Ord. Thiébault. D.A 8 682, n. 7. D.P. 2. 312. — 6 mai 1826. Cr. r. Bourgeois. D.P. 26. 1. 365.

Aujourd'hui que les conseils municipaux sont électifs, cela ne peut plus faire le moindre doute.

233. — *Maires et adjoints*. — A leur égard, des distinctions sont nécessaires. Les maires, quoique agens de l'administration, et nommés par elle, remplissent néanmoins diverses fonctions qui en sont indépendantes; ils sont juges de police dans les communes non chef-lieu de canton, officiers de police judiciaire, et, comme tels, l'autorisation du conseil d'état n'est pas nécessaire pour les poursuivre devant les tribunaux; leur mise en jugement est réglée par les art. 479 et 483 C. d'inst. cr. — 8 janv. 1817. Ord. Chazelles. — 22 fév. 1821. Min. pub. C. Saubonne et Chol. — Legrav., t. 1er, p 511. D.A. 8. 682. M. Cormen., p. 340.

234. — Ainsi, jugé qu'un maire inculpé d'avoir, en sa qualité d'officier de police judiciaire, attenté par des actes arbitraires à la liberté individuelle d'un citoyen, peut être, à raison de ces faits, poursuivi devant les tribunaux en sa qualité d'officier de police judiciaire, sans l'autorisation préalable du conseil d'état, laquelle n'est nécessaire que pour les poursuites dirigées contre les individus agissant en qualité de fonctionnaires de l'ordre administratif. La seule garantie que peut, dans ce cas, réclamer l'officier de police judiciaire, consiste dans la forme de procéder tracée par l'art. 484 C. inst. cr. (Const. de l'an 8, art. 75; C inst. cr. 484). — 8 fév. 1828. Cr. r. Thirion. D.P. 28. 1. 123.

235. — Les maires sont officiers de l'état civil, fonctions distinctes de leurs attributions purement administratives. A ce titre, ils ne peuvent réclamer la garantie (Avis cons. d'état, 30 niv. an 12).

Jugé, en ce sens, que l'autorisation du conseil d'état n'est pas nécessaire pour poursuivre un

adjoint de maire, pour crime ou délit commis dans l'exercice de ses fonctions d'officier de l'état civil; par exemple, s'il est accusé de faux sur les registres de naissance, mariage e sépulture. — 3 sept. 1807. Cr. c. Min. pub. C. Moussard D.A. 8. 684, n D.P. 7. 2. 192. — 9 mars 1815. Cr. c. Min pub. C. l'Adjoint de la Vacquerie. D.A. 8. 682. n. D.P 2. 312. — Conf. Legrav., p. 511. — V. Actes de l'état civil.

236. — Jugé de même que les maires et adjoints et leurs greffiers, ne devant être considérés comme agens du gouvernement que sous le rapport des actes d'administration proprement dite (Avis cons. d'éta.. 30 niv. an 12), une autorisation du gouvernement n'est pas nécessaire pour les mettre en jugement, lorsqu'ils sont accusés de soustraction des registres de l'état civil (Const. an 8, art. 75). — 9 mars 1814 Amiens. Maire de Vacquerie. D.P. 15. 1. 205.

237. — Quand les maires agissent, non pour faire exécuter les lois et réglemens, ce qui les constitue agens du gouvernement, mais comme représentans ou mandataires de la commune, peuvent-ils être poursuivis sans autorisation pour les dommages causés à la personne ou aux propriétés des particuliers? Favard pense que non — Ne doit-on pas dire que les maires n'agissent pas alors comme délégués du gouvernement? Les fonctions qu'ils remplissent dans ce cas, et qui leur sont attribuées par des lois particulières, n'ont pas pour effet de protéger et de conserver la force et le mouvement de l'action administrative; ainsi, on ne saurait leur appliquer l'art. 75 de la const. de l'an 8. — D.A. 8. 682, n.

238. — Jugé, en ce sens, que les maires et officiers municipaux, agissant pour les intérêts et comme mandataires de la commune, peuvent être poursuivis pour les malversations dont ils se rendent coupables dans l'exercice de ces fonctions, sans l'autorisation préalable du conseil d'état — 23 mai 1822. Cr. r. Balmain. D.A. 8. 684, n. D.P. 22. 1. 267.

239. — ..Que le maire qui fait exécuter des travaux à un chemin vicinal, non en qualité d'agent du gouvernement, mais comme mandataire de la commune, peut être poursuivi par le particulier qui se plaint de ces travaux, sans qu'il soit besoin de l'autorisation du conseil d'état. Ici ne s'applique pas l'art. 75 de la loi de l'an 8. — 5 fév. 1827. Bourges. Rolland. D.P. 28. 2. 4.

240 — Le particulier qui se plaint d'atteinte à sa propriété, commise par le maire personnellement, peut le poursuivre, sans être obligé de le faire autoriser à se défendre en justice, par le conseil de préfecture : seulement, c'est au maire, s'il s'y croit fondé, à faire intervenir la commune pour prendre son fait et cause. — Même arrêt.

241. — Du reste, quand le maire agit comme administrateur, comme surveillant, ou procurant lui-même l'exécution des lois et réglemens, il ne peut être poursuivi ni civilement, ni au criminel, sans l'autorisation préalable, à raison des actes qu'il fait en cette qualité. C'est un point de jurisprudence constant.

242. — Ainsi, jugé que le maire qui, agissant en cette qualité, conduit des garnisaires qu'il est chargé de distribuer chez les parens des conscrits réfractaires, dans un cabaret où il est fait par eux de la dépense, ne peut être traduit pour le paiement de cette dépense, et condamné personnellement par les tribunaux, sans autorisation préalable. — 3 moss. an 9. Cr. c. int. de la loi. Masson. D.A. 8. 683, n. D.P. 2. 313.

243 — ... Qu'un tribunal de police ne peut, sans autorisation préalable de l'administration, condamner des ouvriers en l'amende, pour avoir détruit un ouvrage d'utilité publique, lorsque ces ouvriers sont reconnus n'avoir agi que par ordre du maire. — Le même tribunal ne peut, pour échapper aux dispositions de la constitution de l'an 8, rejeter l'intervention du maire devant lui. — 29 pluv. an 11. Cr. c. Min. pub. C. Toussaint. D.A. 8. 683, n. D.P. 2. 312.

244. — ... Qu'un maire prévenu d'avoir tenté de soustraire, à prix d'argent, deux individus à la conscription, a agi dans l'exercice de ses fonctions d'agent du gouvernement, et, comme tel, n'a pas pu, sans l'autorisation, être poursuivi, ni devenir l'objet de condamnations. — 22 juill. 1808. Cr c. int. de la loi. Clauss. D.A. 8. 683, n. D P. 9. 2. 101, et 8. 2. 154.

245. — .... Qu'un maire ne peut être poursuivi civilement pour un fait relatif à ses fonctions, sans autorisation préalable du gouvernement, ni être condamné à une réparation civile, lorsqu'il s'est lui-même rendu intervenant, et a pris le fait et cause de la partie poursuivie. — 13 nov. 1809. Cr.

c. intérêt de la loi C. Godard. D.A. 8. 684, n. D.P. 9.2.214.

246. —.... Que le possesseur troublé par un adjoint de maire agissant en cette qualité, ne peut intenter contre lui la complainte possessoire, sans l'autorisation du conseil d'état. — 8 déc. 1817. Cr. c. int. de la loi C. Dufour. D.A. 8. 684, n. D.P. 19. 1. 578.

247. —... Que le maire d'une commune, poursuivi pour avoir ordonné et fait faire des réparations sur un chemin vicinal et sur la propriété d'autrui, avant que les formalités nécessaires pour établir cette charge eussent été remplies, ne peut être mis en jugement pour ce fait, qu'il a ordonné en sa qualité de maire et dans l'intérêt communal, qu'après une autorisation du gouvernement (L. 22 frim. an 8, art. 75).— 15 déc. 1827. Cr. c. Fontenilliat. D.P. 28. 1. 61.

248. —.... Que les maires ne sont dépositaires de la matrice des rôles de la contribution foncière, qu'en qualité d'agens du gouvernement; qu'en conséquence, un tribunal est incompétent pour statuer sur l'action directe, dirigée contre un maire qui a refusé de délivrer un extrait régulier du rôle de la contribution foncière à l'effet de le contraindre à délivrer cet extrait, indispensable pour pratiquer une saisie-immobilière : il faut, au préalable, obtenir l'autorisation du conseil d'état (C. pr. 675; l. 22 frim. an 8, art. 75).—26 avril 1830. Civ. c. Colmar. Cornebise. D.P. 30.1.221.

249. — *Administrateurs des hospices.*— L'art. 75 de la constitution de l'an 8 est applicable aux administrateurs des hospices (Decr. 14 juill. 1812).—D.A. 8. 688, n.

250. — *Commissaires de police.* — Les commissaires de police sont des agens du gouvernement, et, comme tels, ne peuvent être poursuivis pour délits, sans l'autorisation préalable du conseil d'état. —17 avril 1832. Grenoble. Bastide. D.P. 32. 2. 131.

Cette décision suppose que le commissaire de police avait agi dans ses attributions administratives; s'il avait agi comme officier de police judiciaire, il cesserait d'être protégé par la loi de l'an 8; mais il trouverait sa garantie dans les formes spéciales tracées par le code d'instruction criminelle pour les fonctionnaires de l'ordre judiciaire. — V. n. 36 et plus bas, art. 4, n. 384 et suiv.

251. — *Greffiers.* — Un ex-secrétaire, greffier de municipalité, ne peut être poursuivi pour faux par lui commis dans l'exercice de ses fonctions, sans l'autorisation préalable du conseil d'état (L. 22 frim. an 8, art. 75). Le sous-préfet est sans pouvoir pour donner cette autorisation. — 9 niv. an 12. Cr. c. Amiel. D.A. 8. 685, n. D P. 2. 313. — Merl., Rép, v° Garantie de fonctionnaire public, n. 3.

252. — Mais les greffiers des tribunaux ne sont pas *agens du gouvernement;* ils peuvent être poursuivis pour délits relatifs à leurs fonctions, sans l'autorisation prescrite par l'art. 75 de la loi du 22 frim. an 8. — Ils ne peuvent non plus réclamer la garantie accordée aux juges par la loi du 27 vent. an 8. — 26 déc. 1807. Cr. c. Min. pub. C. Zolezzi. D.A. 8. 685, n. D.P. 8. 2. 33. — Merl., Rép., v° Garantie de fonctionnaire public, n. 6.

253.— *Employés des contributions directes.*—Un ex-percepteur des contributions ne peut être poursuivi pour faits relatifs à ses fonctions, sans l'autorisation de l'administration. — 12 frim. an 11. Cr. c. Joly. D.A. 8. 686, n. 1. D.P. 2. 313.—Ce l'arrêt confirme ce qui a été dit *suprà,* que la garantie couvre le fonctionnaire même lorsqu'il n'exerce plus ses fonctions.

254. — Dans le cas où à l'occasion d'une contrainte décernée par un receveur contre un particulier, il s'est élevé entre eux une rixe chez le receveur-général où se trouvait le premier pour effectuer un versement, le percepteur est réputé avoir agi dans l'exercice de ses fonctions, et, par suite, ne peut être poursuivi pour les voies de fait par lui commises, sans l'autorisation du préfet. — 6 mars 1806. Cr. r. Tribert. D.A. 8. 686, n. D.P. 6. 2 134.

255. — L'arrêté du 10 flor. an 10, qui appelle les préfets à suppléer le conseil d'état pour l'autorisation exigée par l'art. 75 de la constitution de l'an 8, des poursuites exercées contre les percepteurs des contributions pour faits relatifs à leurs fonctions, ne peut être écarté dans son application, lorsqu'il s'agit d'un receveur particulier d'un des arrondissemens d'une ville, nommé par le gouvernement.— Même arrêt.

256.— Le percepteur d'une commune, prévenu de concussion dans l'exercice de ses fonctions, ne peut être poursuivi qu'après autorisation du conseil d'état.— 20 nov. 1815. Ord. Sauty.

257.— Les receveurs, percepteurs et autres individus qui auraient fait des perceptions illégales peuvent être poursuivis sans autorisation préalable (L des fin. 17 juill. 1819, art. 34; ord. 9 juill. 1820). — D.A. 8. 687, n.

258. — L'autorisation de poursuivre les auteurs, fauteurs, complices et adhérens d'un délit commis par un receveur des contributions, n'emporte pas celle de poursuivre des agens du gouvernement que l'on prétendrait être complices de ce délit (Const. de l'an 8, art. 75). — 21 mai 1806. Cr. c. Gorlier. D P. 7. 2. 104

259 — *Employés de l'enregistrement.*— Un receveur de l'enregistrement est agent du gouvernement; il ne peut être poursuivi pour crimes ou délits commis dans l'exercice de ses fonctions, sans autorisation préalable de l'administration (L. 22 frim. an 8, art. 75, arr. 9 pluv. an 11).—17 août 1811. Cr.c. Thouard. D.A. 8. 686. D.P. 2. 314.— 19 fruct. an 12. Cr. c. *ibid.*—Merl, Rép., v° Garantie de fonctionnaire public, n. 4.

260.— Si, dans un procès soutenu par un fonctionnaire public dans l'exercice de ses fonctions, et, par exemple, si dans une cause où la régie de l'enregistrement est intéressée, il est produit par le directeur de la régie un écrit dont la supression avec dommages-intérêts, comme injurieux et diffamatoire, est demandée par la partie adverse, il ne peut être statué par le tribunal, sur l'action en réparation d'injures, si cette partie n'a pas obtenu du conseil d'état l'autorisation de poursuivre. Ici ne s'applique pas l'art. 23 de la loi du 17 mai 1819.— 14 juin 1826. Req. Moussillac. D.P. 26. 1. 318. — Dalloz, *eod.*, pense que cet arrêt n'est qu'une conséquence de la loi de l'an 8, conséquence qui révèle les inconvéniens d'une disposition trop absolue.

261. — *Employés des contributions indirectes.* — Avant les lois de 1814 et 1816, un contrôleur de la régie des droits-réunis ne pouvait être poursuivi, même civilement, devant le juge de paix, en réparation d'injures verbales proférées dans l'exercice de ses fonctions, sans l'autorisation du directeur-général.— 12 juin 1809. Civ. c. Rolland. D.A. 8. 687, n. D.P. 9. 1. 237.

262. — Mais l'art. 244 de la loi du 28 avril 1816 a abrogé l'art. 75 de la constitution de l'an 8, en ce qui concerne les employés des contributions indirectes; en conséquence, ceux-ci peuvent être poursuivis sans autorisation préalable, pour délits commis dans l'exercice de leurs fonctions. — 21 nov. 1823. Cr. c. int. de la loi. Dumoulin. D A. 8. 687, n. D.P. 2. 314.—V. *suprà,* § 1er.

263.— Le directeur-général des contributions indirectes lui-même ne peut invoquer l'art. 75 de la loi de l'an 8, alors même qu'il a la qualité de conseiller d'état (Ord. 20 janv. 1819). — Corm., p. 341.

264. — Les *employés de l'octroi* sont assimilés, sous le rapport de l'autorisation, à ceux des contributions indirectes.

265.— Ainsi, il n'est pas plus nécessaire de demander au gouvernement l'autorisation de poursuivre des employés d'octroi pour des faits relatifs à leurs fonctions, qu'il ne l'est de demander celle de poursuivre des employés des contributions indirectes, à l'égard desquels l'art 244 de la loi du 28 avril 1816 dispense de cette formalité, et avec lesquels les employés de l'octroi concourent, soit aux recouvrement des droits du trésor, soit au droit de constater les contraventions aux lois sur les contributions indirectes.— 25 août 1827. Cr. c. Min. pub. C. Marcel. D.P. 27. 1. 479.

266.—Un simple préposé du régisseur de l'octroi, n'est pas un agent du gouvernement, qui ne puisse être poursuivi sans autorisation péalable. — 8 déc. 1808. Cr. c. Min. pub. C. Golbrun. D.A. 8. 687, n. D.P. 2. 314.

267.— *Préposés des douanes.*— Les préposés des douanes sont agens du gouvernement, et, comme tels, ils ne peuvent être poursuivis pour délits relatifs à leurs fonctions, sans l'autorisation préalable du directeur-général. Ainsi jugé à l'égard des receveurs, des contrôleurs, et des simples employés.— 21 mars 1807. Cr. c. Devismes. D.A. 8. 687.— 27 fruct. an 12. Cr. c. Clément. D.A. 8. 687. D.P. 2. 314.

268. — Ils ne peuvent être mis en jugement sans une autorisation préalable, bien que le fait pour lequel ils sont poursuivis ait été commis avant la promulgation de la loi qui a prescrit cette formalité. — 19 pluv. an 12. Cr. c. Wiperfurt. D.A. 8. 687, n. D.P. 2. 314.

269.— L'autorisation du conseil d'état est nécessaire pour poursuivre un employé des douanes, et, spécialement, un sous-lieutenant, bien qu'il ait contrevenu aux lois et réglemens sanitaires.— 23 avril 1818. Ord. cons. d'état. Auméran.

270. — Aujourd'hui, il y a des cas où la loi dispense de l'autorisation les poursuites dirigées contre les douaniers.—V. *suprà,* § 1er.

271. — *Gardes-champêtres et forestiers.* — Les gardes-champêtres ne sont pas placés dans la classe des fonctionnaires publics qui ne peuvent être mis en jugement sans une autorisation préalable. — 19 août 1808. Cr. c. D.P. 8. 2. 176. — 4 juin 1812. Cr. r. Periquey. D.A. 8. 685, n. 2. D.P. 2. 313.

272. — Les gardes-forestiers sont agens du gouvernement; ils ne peuvent être poursuivis pour crimes ou délits commis dans l'exercice de leurs fonctions, sans l'autorisation préalable de l'administration des forêts. — 3 nov. 1808. Cr. c. Delfosse. D.A. 8 685, n. 2, et 11. 217, n. 2. D.P. 2. 983, n. et 2. 313 — 7 déc. 1809. Cr. c. Rousseau. D.A. 8. 685, n. D.P. 2. 313, n.— 11 sept. 1812. Cr. c. Gauthier. D.A. 8. 685. D.P. 2. 313, n. — 4 oct. 1823. Cr. c. Besançon. Min. pub. C. Gros-Perrin. D.A. 8. 685, n. D.P. 2. 313, n.

273. — L'autorisation n'est pas nécessaire pour que le ministère public puisse poursuivre un garde-forestier prévenu d'un délit commis hors de l'exercice de ses fonctions; par exemple, d'un délit de chasse sur un champ ensemencé et hors d'un canton de bois confié à sa garde. — 16 avril 1825. Cr. c. Beaupoil. D.P. 25. 1. 306.

274. — Bien que l'autorisation soit nécessaire pour poursuivre un garde-forestier, cependant elle ne l'est pas lorsqu'il n'est poursuivi que comme responsable des amendes et indemnités encourues par des délinquans, faute de n'avoir pas duement constaté leurs délits (C. for. 6). — 4 juill. 1834. Cr. Forêts C. Leroux. D.P. 34. 1. 373. — 20 juin 1834. Cr. r. Min. pub. C. Prêtre. D.P. 34. 1. 366.

275. — L'autorisation est nécessaire pour les agens forestiers des bois de la couronne; mais elle ne l'est pas pour les agens et gardes des bois d'apanage et de majorat (*suprà,* § 1er), ni pour les gardes des bois des particuliers (Ordonn. 22 juill. 1818).

276. — Les gardes champêtres, les gardes-forestiers et les garde-pêches sont officiers de police judiciaire; à ce dernier titre, c'est-à-dire lorsque le fait pour lequel ils sont poursuivis est relatif aux fonctions de police judiciaire, ils jouissent d'une garantie particulière réglée par le code d'instruction criminelle. — D.A. 8. 686, n.

277. — *Vérificateurs des poids et mesures.* — Un vérificateur des poids et mesures est agent du gouvernement, et, par suite, ne peut être poursuivi, pour des faits commis dans l'exercice de ses fonctions, sans autorisation préalable du conseil d'état. — 9 fév. 1810. Cr. c. Bougerard. D A. 8. 687, n. D.P. 2. 314.—Merl., Rép, v° Garantie de fonctionnaire public, n. 5.

Une décision du conseil d'état, du 15 janv. 1813, a depuis déclaré que ces employés ne peuvent pas être rangés dans la classe des agens du gouvernement, et que, par suite, ils ne profitent pas de la garantie. — D.A. *eod.*

278. — *Receveurs et fermiers de droits de passe, et garde-ports.* — Les receveurs du droit de passe aux barrières ne sont point agens du gouvernement; ils peuvent être poursuivis pour faux commis dans l'exercice de leurs fonctions, sans autorisation préalable.— Ils prétendraient en vain être assimilés aux préposés des douanes. — 26 vend. an 13. Cr. r. Rambert-Bibet. D.A. 8. 687. D.P. 2. 315, et 5. 2. 25-27.

279. — Décidé de même à l'égard des fermiers du droit de passe pour l'entretien des routes, régissant pour leur propre compte et dans leur intérêt. —11 déc. 1814. Ord. Patrigeon. D.A. 8. 688, n. D.P. 2. 315.

280. — Les garde-ports d'une rivière, commissionnés par l'administration de la navigation intérieure, sont agens du gouvernement, et, comme tels, ils ne peuvent être poursuivis sans l'autorisation préalable, pour délits commis dans l'exercice de leurs fonctions. — 1er juill. 1808. Cr. c. int. de la loi. Blanchard. D.A. 8. 688 n. D.P. 2. 315, et 8. 2.

281. — La garantie des fonctionnaires est établie par l'art. 75 de la constitution de l'an 8, *pour des faits relatifs à leurs fonctions.* Aussi, plusieurs des décisions rapportées ci-dessus énoncent-elles positivement que les faits qui rendaient l'autorisation nécessaire avaient été commis dans l'exercice des fonctions.

282. — En effet, la garantie constitutionnelle couvre moins le fonctionnaire que la fonction; la loi n'a pas entendu attacher un privilége à la per-

sonne, mais à la place; elle a voulu seulement que si quelque intérêt politique ou admininistratif se trouvait mêlé ou compromis dans la poursuite, devant les tribunaux ordinaires, d'un agent du gouvernement, le conseil-d'état pût en soustraire la connaissance à cette juridiction dès lors incompétente. Ainsi les faits étrangers aux fonctions ne nécessitent pas d'autorisation préalable. — 13 mars 1822. Ordonn. Min. pub. C. Perrolat. D.A. 8. 681, n.

283. — Ainsi, l'autorisation n'est pas nécessaire si une rixe à la suite de laquelle des violences ont été commises par un agent du gouvernement, ou des injures proférées, des blessures reçues, des vols tentés, n'a été l'effet que d'une rencontre fortuite, ou s'il a été tenu des propos séditieux, ou s'il s'agit de la restitution d'un dépôt, ou d'une soustraction frauduleuse, ou de l'exécution de conventions particulières. — Cormenin, t. 2, p. 341 et 342.

284. — Jugé en ce sens, qu'un maire prévenu d'escroquerie à l'égard de conscrits étrangers à sa commune, dont il a reçu de l'argent, n'a point agi dans l'exercice de ses fonctions, et, par suite, a pu être poursuivi et condamné sans autorisation preálable. — 11 sept. 1807. Cr. r. Deshaies. D.A. 8. 683, n. D.P. 2. 312. — Merlin, Rép., v° Garantie des fonctionnaires publics, n. 8.

285. — ... Que le fait d'avoir reçu de l'argent pour exempter un individu, le cas échéant, du service de la garde nationale mobile, doit être considéré comme étranger aux fonctions de maire, en telle façon que celui-ci peut être actionné sans autorisation préalable du conseil d'état (L. 22 frim. an 8, art. 75). — 31 mai 1820. Civ. c. Remy. D.A. 10. 738. D.P. 20. 1. 394.

286. — ... Que l'autorisation n'est pas nécessaire lorsque l'action est dirigée par des huissiers contre un maire qui les aurait outragés dans l'exercice de ses fonctions, si ce maire n'était point également dans l'exercice de ses fonctions lors des faits qui lui sont reprochés. — 1er nov. 1820. Ordonn. du cons. d'état.

287. — ... Qu'il n'est pas besoin d'autorisation pour poursuivre devant les tribunaux un membre du conseil municipal d'une commune, prévenu, envers un habitant, de voies de fait et arrestation arbitraire. — 29 janv. 1823. Ordonn. du cons. d'état. Wil.

288. — ... Que l'autorisation du gouvernement n'est pas nécessaire pour mettre en jugement le maire, lorsqu'il s'agit non d'une réclamation qui aurait préjudicié aux intérêts généraux de la commune, mais d'un tort direct fait à la propriété d'un ou de plusieurs individus..... Il en doit être surtout ainsi à l'égard d'un simple délégué du maire (L. 22 frim. an 8, art. 75). — 6 mai 1826. Cr. r. Bourgeois. D.P. 26. 1. 365.

289. — ... Que le maire qui, en cette qualité, et à l'occasion d'une question de propriété élevée entre sa commune et l'un des habitans, a reçu communication amiable d'un titre appartenant à ce dernier, peut être poursuivi, *sans autorisation préalable*, et condamné personnellement à effectuer la remise de ce titre, dont la détention arbitraire ne peut être considérée comme un fait administratif émané d'un maire dans l'exercice de ses fonctions..... — 23 nov. 1831. Bordeaux. Tymbeau. D.P. 32. 2. 61.

290. — Il en serait ainsi, alors même que, par une délibération à laquelle d'ailleurs le propriétaire du titre serait resté étranger, le conseil municipal, considérant le maire comme ayant agi en nom qualifié, aurait mal à propos mis à la charge de la commune les frais faits en première instance sur la demande en remise de l'acte dont il s'agit. — Même arrêt.

291. — Lorsqu'un maire est poursuivi pour deux délits forestiers, dont l'un a été commis en sa qualité de maire, et dont l'autre est étranger à ses fonctions, l'autorisation de poursuivre n'est pas exigée, et, par suite, il n'y a lieu à sursis qu'à l'égard du premier délit. — 1er juin 1832. Cr. c. Colmar. Guillemain. D.P. 32. 1. 336.

292. — Lorsque l'acte imputé au fonctionnaire a été commis dans l'exercice de ses fonctions, l'autorisation est nécessaire pour poursuivre la réparation, soit qu'il s'agisse d'un acte qui entraîne une répression criminelle, soit qu'il s'agisse d'un simple acte de responsabilité civile; en d'autres termes, l'action civile a besoin d'être autorisée aussi bien que l'action criminelle; car elle n'est pas moins née d'un fait constituant l'exercice des fonctions que la loi a entendu couvrir de la garantie.

293. — Jugé, en ce sens, que l'art. 75 de l'acte constitutionnel du 22 frim. an 8, qui défend de mettre en jugement aucun fonctionnaire public pour faits relatifs à ses fonctions, sans une autorisation préalable du gouvernement, ne distingue pas entre l'action criminelle et l'action civile.

Ainsi, un garde-général des eaux et forêts ne pourrait pas, sans cette autorisation expresse, être traduit devant un tribunal pour de prétendus excès commis par lui et ses adjoints sur un individu trouvé, pour fait de pêche, en contravention à l'ordonnance de 1669. — 1er fév. 1811. Nîmes. Rampon. Sirey. 11. 2. 441.

294. — De même, le juge de paix devant lequel une action en réparation civile contre un garde-forestier a été formée par le prévenu d'un délit forestier, acquitté en police correctionnelle, et sans avoir obtenu l'autorisation de poursuivre le garde, ce juge de paix, s'il condamne le garde à des réparations civiles, contrevient aux règles de la compétence, en ce que la connaissance de l'affaire ne lui appartient pas, et il commet un excès de pouvoir en ce qu'il entreprend sur le pouvoir administratif en condamnant ce garde, sans autorisation (L. 22 frim. an 8, art. 78; arrêté 28 pluv. an 11). — 10 janv. 1827. Req. Min. pub. C. Andrieu. D.P. 27. 1. 111.

295. — Toutefois, il a été jugé qu'il n'est pas besoin d'une autorisation préalable pour poursuivre un fonctionnaire public par action civile : l'art. 75 de la loi de l'an 8 ne s'applique qu'au cas de poursuites résultant d'actions coupables, d'abus de pouvoir, ou autres délits attribués à ce fonctionnaire. — 14 juill. 1831. Pau. Ponts. D.P. 32. 2. 166.

296. — ... Qu'ainsi, l'autorisation n'est pas nécessaire pour former contre un maire une action *civile*, à raison d'un fait de ses fonctions. — 7 mai 1833. Paris. Thibault. D.P. 33. 2. 104.

§ 4. — *Des cas où il y a lieu de refuser l'autorisation.*

297. — *Règles générales.* — 1° Il n'y a pas lieu d'accorder l'autorisation lorsqu'il n'y a pas de partie civile ou plaignante, ou qu'elle s'est désistée, et que ni le préfet, ni le procureur-général, ni les ministres ne sont d'avis de poursuivre l'agent inculpé. Telle est la jurisprudence constante du conseil d'état. — Cormenin, t. 2, p. 343.

298. — 2° Il en est de même, lorsque la demande d'autorisation est introduite incidemment à une instance contentieuse dont elle ne saurait faire partie, lorsque la poursuite de l'agent remettrait en question ce qui a été contradictoirement décidé avec le plaignant par un arrêt du conseil; lorsqu'il y a déjà eu jugement et condamnation pour le même fait ou délit contre le même agent; lorsque les faits et moyens de la plainte ont déjà fait partie de la défense du plaignant, sur une accusation à lui personnelle, et ont été jugés implicitement à son égard. — V. Cormen., p. 344, 345, 347, et les ordonnances par lui citées.

299. — Ainsi, décidé que le conseil d'état peut refuser la mise en jugement d'un maire prévenu d'avoir maltraité et détenu arbitrairement un avocat, si ces faits ont été pris en considération précédemment par un jugement correctionnel, et lui ont mérité une atténuation des peines méritées. — 23 déc. 1815. Ord. cons. d'état. Kersers.

300. — De même, le conseil d'état refuse la mise en jugement du premier adjoint d'une ville, prévenu d'actes arbitraires et d'abus de pouvoir dans l'exercice de ses fonctions envers un avoué, lorsqu'il a été suspendu ou révoqué, et que le ministre de l'intérieur est d'un avis conforme. — 11 juin 1817. Ord. cons. d'état. Chambourdon.

301. — Qu'on ne peut introduire par la voie du comité du contentieux du conseil d'état, une demande à fin d'autorisation pour poursuivre devant les tribunaux le préfet ou l'ingénieur des mines d'un département, à l'effet d'obtenir contre eux la réparation des dommages qu'ils ont causés par leur négligence ou leur faute dans leur administration. — 18 janv. 1813. Décr. cons. d'état. Campagne.

302. — 3° Il n'y a pas lieu d'autoriser la poursuite d'un fonctionnaire public, lorsque l'acte qui sert de fondement à la demande en autorisation a été approuvé par l'autorité supérieure; par exemple, la poursuite d'un maire pour démolition prétendue arbitraire, alors que l'arrêté qui la prescrivait a reçu l'approbation du préfet et du ministre de l'intérieur. — 22 fév. 1821. Ord. Josse. D.A. 8. 679, n. 3.

La jurisprudence du conseil est constante sur ce principe. — Corm., p. 344.

303. — Par exemple, le conseil d'état n'autorise pas la mise en jugement d'un garde-forestier prévenu d'avoir coupé et enlevé des branchages de chênes qui obstruaient un chemin vicinal, lorsqu'il a agi avec l'autorisation de l'inspecteur-forestier et du maire; s'il n'a point abusé de cette autorisation, l'appropriation qu'il s'en est faite doit être regardée comme indemnité de son travail. — 3 déc. 1817. Ord. cons. d'état. Guinot.

304. — Le conseil d'état n'autorise pas non plus la mise en jugement de l'adjoint du maire d'une ville, prévenu d'avoir fait abattre, de son autorité privée, dix-neuf muriers qui bordaient une propriété et en faisaient partie, sous prétexte qu'ils étaient nuisibles à la voie publique, si cet adjoint n'a agi qu'en vertu d'un arrêté de l'autorité supérieure. — 25 fév. 1818. Ord. cons. d'état. Lespargot.

305. — Il n'autorise pas la mise en jugement des agens du gouvernement, pour des faits relatifs à leurs fonctions, qui ont été approuvés par les ministres auxquels ils sont subordonnés, encore bien que certains de ces actes auraient été improuvés, s'ils n'ont donné lieu à aucune plainte (L. 24 août et 14 oct. 1790; 22 frim. an 8; C. pén. 127 et 129; charte const. 68).

Ainsi, il n'autorise pas la poursuite, 1° contre un général et un préfet qui ont déclaré une ville en état de siége et ordonné la mise en jugement d'individus déclarés coupables de conspiration à main armée; 2° contre les membres d'un conseil de guerre qui les ont condamnés à mort. — 17 nov. 1819. Ord. cons. d'état. Cazenave C. Donadieu et Montlivaut.

306. — Ne doit point être autorisée la mise en jugement d'un maire, ni de son adjoint qui, sur l'avis du maire, s'est introduit, avant le lever du soleil, pour faire, avec des gendarmes, une perquisition dans le domicile d'un particulier qui leur en avait ouvert les portes, lorsque cet adjoint s'est cru obligé de déférer à un ordre qu'il a pu considérer comme émané d'une autorité supérieure, et surtout, lorsque cet acte commis par ignorance et sans mauvaise intention, auquel, le maire étant malade, n'a pris aucune part, n'a été accompagné d'aucune circonstance aggravante. — 17 juin 1818. Ord. cons. d'état. Dulac.

307. — L'autorisation n'est pas accordée non plus lorsqu'il résulte des plaintes, pièces, actes et témoignages qu'il n'y a ni preuves ni présomptions suffisantes que les faits sont faux ou sans gravité; que l'agent inculpé a été de bonne foi et a volontairement réparé le tort qu'il a causé; qu'il n'a commis qu'une négligence, une erreur volontaire et désintéressée, donnant lieu seulement à des mesures de discipline administrative. — V. Corm., p. 344, 345, et les nombreuses ordonnances qu'il cite.

308. — Selon ces principes, le conseil d'état, d'après l'état de l'instruction faite contre un inspecteur des douanes, prévenu d'avoir été involontairement la cause de la mort d'un capitaine de vaisseau étranger, tué pendant la nuit, lors de la visite de son bâtiment par des employés des douanes, peut refuser, quant à présent, sa mise en jugement, si l'instruction ne renferme pas encore de présomptions suffisantes à sa charge. — 23 oct. 1816. Ord. cons. d'état. Mollevaut.

309. — De même, le conseil d'état n'autorise pas la mise en jugement d'un garde-champêtre et garde-forestier, prévenu d'être auteur ou complice de tentative de meurtre contre plusieurs individus, lorsque des informations, il ne résulte contre lui aucune présomption de tentative de meurtre. — 13 fév. 1816. Ord. cons. d'état. Garigue.

310. — ... Ni celle d'un garde-forestier prévenu de concussion dans l'exercice de ses fonctions, lorsque les présomptions de concussions élevées contre lui ne paraissaient pas suffisamment établies, et qu'il résulte, des témoignages rendus par les autorités locales et par les principaux habitans, qu'il jouit d'une bonne réputation. — 21 août 1816. Ord. cons. d'état. Theureau.

311. — Il en est de même de la demande d'autorisation contre un garde forestier prévenu d'excès et de mauvais traitemens, dans l'exercice de ses fonctions, envers une femme, notamment de l'avoir blessée au poignet droit d'un coup de sabre, si parmi les témoins entendus il n'en est aucun à sa charge. — 14 mai 1817. Ord. cons. d'état. Damien-Missoux.

312. — Le conseil d'état n'autorise pas la mise en jugement d'un garde-forestier prévenu d'avoir, d'un coup d'arme à feu, blessé un particulier, si les différens rapports prouvent qu'il n'y a pas eu de sa

part intention.—28 sept. 1816. Ord. cons. d'état. Mourat.

313.—... Ni celle d'un maire prévenu d'avoir, dans un certificat, attesté un fait faux, s'il a été le résultat de l'erreur et de l'inadvertance. — 19 mars 1817. Ord. cons. d'état. Monot.

314.—... Ni celle d'un garde-forestier prévenu de faux dans l'énonciation de la date d'un procès-verbal, si ce fait est celui d'une erreur involontaire et désintéressée, et s'il n'a pas été commis sciemment et dans une intention coupable.— 27 mai 1816. Ord. cons. d'état. Delafage.

315.— ... Ni celle d'un ancien percepteur de contributions, prévenu d'avoir reçu 120 fr. en sus du montant de ses contributions, et inculpé de concussion par le contribuable, lorsque le procureur-général et le préfet déclarent qu'il ne s'est rendu coupable d'aucune concussion, mais qu'il a simplement commis une erreur involontaire, qu'il a offert lui-même de réparer aussitôt après l'avoir reconnue, et qu'ils rendent de sa conduite et de sa gestion les témoignages les plus honorables.—25 oct. 1816. Ord. cons. d'état. Jacques.

316.— ... Ni celle d'un maire avec ses adjoints et de plusieurs gardes-forestiers prévenus d'avoir transigé sur des délits susceptibles de procès-verbaux, s'ils ont eu pour but la sûreté et la tranquillité publique, et si les renseignemens fournis sont à leur décharge.— 26 fév. 1817. Ord. cons. d'état. Bazirel.

317.— ... Ni celle d'un maire et de son adjoint prévenus de concussion et de faux commis dans l'exercice de leurs fonctions; s'ils n'ont point agi dans une intention coupable, et s'ils n'ont porté aucun préjudice à leurs administrés.— 14 janv. 1818. Ord. cons. d'état. Léguillette.

318.— Des préposés aux douanes qui, en plein jour, ayant à leur tête un lieutenant et un sous-lieutenant, et revêtus de leurs uniformes, saisissent des objets de commerce, sur le territoire étranger, ne peuvent être taxés de voleurs et poursuivis comme tels par l'autorité judiciaire, si les objets mal à propos saisis ont été déposés immédiatement au poste de la brigade et restitués aux propriétaires, qui ont déclaré être satisfaits.— 16 juill. 1817. Ord. cons. d'état. Chaudron.

319.— Ne doit pas être mis en jugement un garde-forestier prévenu d'avoir reçu trois francs pour supprimer un rapport de saisie de chevaux pâturant dans le bois de particuliers, s'il a reçu cette somme en présence du maire et comme renonçant à la portion de l'amende que les particuliers sont dans l'usage de lui faire.— 20 nov. 1816. Ord. cons. d'état. Boulay.

320.— Le conseil d'état n'autorise pas la mise en jugement d'un maire prévenu d'avoir coopéré à la violation du domicile du propriétaire d'un château et aux violences qui en ont été la suite, s'il résulte des différens rapports qu'il n'y est point entré et que les violences commises sont du fait de la troupe. — 11 déc. 1816. Ord. cons. d'état. Montlezun.

321. — La poursuite n'est pas susceptible d'être autorisée, s'il s'agit d'altération d'actes qui se réduit à une surcharge matérielle dont on n'a pas profité, et qui n'a pas causé de dommages, lorsqu'il résulte d'une pièce arguée de faux qu'elle n'était qu'une simple note.— Corm., p. 349, 350.

322. — Même décision dans le cas où un garde-forestier serait prévenu d'avoir dressé un faux procès-verbal, lorsque l'irrégularité reprochée ne porte que sur la date de l'heure à laquelle il a été commis et que d'ailleurs il a déclaré ne pas vouloir en faire usage. — 26 fév. 1817. Ord. cons. d'état. Dutrouy.

323.— Le conseil d'état refuse la mise en jugement d'un receveur des douanes pour des faits qui ne méritent que des réprimandes; par exemple pour avoir, à l'occasion d'une vérification des registres des douanes, à laquelle procédait le juge de paix au profit et en présence d'un négociant, menacé de violences ce dernier et ordonné aux préposés de le faire sortir de force, bien qu'il en eût, sur les observations du juge de paix, révoqué l'ordre.— 20 nov. 1815. Ord. cons. d'état. Bousquet.

324. — L'autorisation ne doit pas être accordée lorsque l'agent a été provoqué, lorsqu'il y a entre lui et le plaignant des torts respectifs, lorsque l'agent était dans le cas de la légitime défense.

325 — En conséquence, le conseil d'état n'autorise pas la mise en jugement d'un maire prévenu d'avoir, dans l'exercice de ses fonctions, usé de violence envers une femme, si elle avait invectivé contre lui et si le préfet est d'un avis favorable. — 25 déc. 1815. Ord. cons. d'état. Copeaux.

326.— ... Ni celle d'un maire prévenu de violen-

ces envers un particulier, lorsqu'on ne peut lui reprocher qu'un mouvement de vivacité auquel il a été provoqué. —20 nov. 1816. Ord. cons. d'état. Escarguel.

327. — .... Ni celle d'un garde-forestier prévenu d'avoir, dans l'exercice de ses fonctions, maltraité un particulier, lorsqu'il ne paraît pas avoir été l'agresseur; qu'il a reçu une blessure grave, et que les autorités civiles et administratives rendent de lui un témoignage favorable. — 11 déc. 1816. Ord. cons. d'état. Bohner.

328.— .... Ni celle d'un maire qui, avec plusieurs habitans, a résisté aux employés des contributions indirectes, accompagés de six gendarmes, lorsqu'il y a eu des torts respectifs. — 25 fév. 1818. Ord. cons. d'état. Merigot.

329.— Le conseil d'état n'autorise pas la mise en jugement de plusieurs employés aux douanes, prévenus d'avoir, dans l'exercice de leurs fonctions, blessé à coup de fusil trois personnes faisant partie d'un rassemblement de fraudeurs, si, agissant au nom de la loi, ils paraissent n'avoir fait qu'user du droit de légitime défense, et surtout si le procureur-général près la cour est d'un avis conforme. — 18 avril 1816. Ord. cons. d'état. Lemoine.

330. — De même, il refuse la mise en jugement d'un préposé aux douanes, prévenu d'homicide sur la personne d'un contrebandier, lorsqu'il a fait usage de ses armes pour sa légitime défense, ce qui est constaté tant par les saisies des objets de contrebande, que par celle d'armes et par le soin que ce contrebandier a pris de cacher son nom, sa blessure et ce qui l'avait causée.— 10 déc. 1817. Ordonn. cons. d'état. Gutlin.

331. — Lorsqu'il y a lutte et agression entre les préposés de la douane et des contrebandiers, les premiers se trouvent ainsi placés dans le cas de légitime défense; de sorte que s'il arrive qu'un contrebandier soit tué par l'un d'eux, il n'y aura pas lieu de mettre en jugement ce préposé, surtout s'il n'y a pas de partie civile (art. 61, l. du 14 déc. 1789; 75 de celle du 22 frim. an 8, et 127 et 129 C. pén.). — 20 fév. 1822. Ord. c. d'état. Amel.— Décision semblable, le 13 mars 1822. Cordier.

332. — Il n'y a pas lieu à autorisation lorsqu'il n'existe d'autre témoignage que celui des délinquans condamnés, ou que les dénonciateurs ont agi par haine et récrimination; ou que les témoignages atténuent ou contredisent la déposition du dénonciateur, ou ne la confirment point; ou que les témoins se contredisent entre eux; ou que les plaignans ont été condamnés comme calomniateurs par les tribunaux, à raison des faits pour lesquels ils réclament l'autorisation de poursuivre le fonctionnaire; ou qu'il n'y a pour témoin que le dénonciateur qui avoue avoir corrompu l'agent inculpé. — Cormen., p. 350.

333. — D'après ces principes, le conseil d'état n'autorise pas la mise en jugement d'un maire d'une commune pour avoir exigé d'un conscrit une somme de 60 fr. pour l'exempter d'une levée d'hommes, lorsqu'il n'y a contre le maire que la déclaration du dénonciateur et qu'elle est en opposition avec les dépositions qu'il indique.—20 nov. 1815. Ord. cons. d'état. Lapage.

334. — De même à l'égard d'un maire prévenu de concussion et d'actes arbitraires, lorsque l'instruction judiciaire et l'information administrative dressée sur la plainte des habitans ne présentent aucune charge suffisante.—20 nov. 1816. Ord. cons. d'état. Fontaines.

335. — L'autorisation ne doit pas non plus être accordée lorsque les mesures dont on se plaint ne sont que l'exécution des lois; lorsqu'il s'agit de faits couverts par une amnistie et qui constituent, non des délits privés, mais des abus de pouvoir; lorsque des mesures d'urgence ont été prises dans des circonstances extraordinaires, telles qu'invasions, famines, épidémie, etc., lorsque le délit serait prescrit (Cormen., p. 346, 347); lorsque le fait n'aurait pas le caractère de délit que le plaignant lui attribue.

336. — Ainsi, le conseil d'état refuse la mise en jugement d'un sous-préfet et de l'adjoint d'un maire qui ont fait une visite chez un ex-sous préfet, à l'effet de requérir de lui la remise d'un billet dont il était présumé dépositaire, et qui paraissait nécessaire pour l'examen et l'apurement des comptes d'un ancien percepteur; il n'y a pas là fait illégal et arbitraire.— 11 déc. 1816. Ord. cons. d'état. Ripert.

337. — De même, il refuse d'autoriser un garde-pêche accusé de concussion, lorsque les faits qui lui sont imputés ne caractérisent pas une concussion. — 23 avril 1818. Ord. cons. d'état. Danjou.

338. — Le maire d'une commune qui, pendan[t] l'invasion des troupes étrangères, et pour faire fac[e] aux dépenses extraordinaires de leur subsistance, fait vendre des pieds d'arbres coupés dans la forê[t] de la commune, ne peut pas être mis en jugemen[t] à défaut d'autorisation des autorités supérieures, s[i] les communications avec elles étaient interceptées et s'il a eu celle de l'autorité municipale — 13 janv. 1816. Ord. cons. d'état. Garzandat-Laissier.

339. — De même, le conseil d'état n'autorise pa[s] la mise en jugement des maires de deux commune[s] qui ont fait couper des bois, sans autorisation, dan[s] le quart indivis entre leurs communes, lorsqu[e] cette coupe a eu lieu par la force des circonstances spécialement, par la présence des troupes étran-gères, et qu'ils n'ont pas profité de son exploitation — 6 mars 1816. Ord. cons. d'état. Parmentel.

340. — Le conseil d'état n'autorise pas non plu[s] la mise en jugement de l'adjoint d'un maire pré-venu de concussion, en ce que chargé du dépô[t] d'une somme, il refuserait, sur la demande du con-seil municipal, d'en faire la remise entière au per-cepteur, par le motif qu'il en aurait donné une par-tie à un commandant des troupes alliées, en rempla-cement d'une fourniture qui n'avait pu être payé[e] en nature, si les circonstances et le rapport du mi-nistre de l'intérieur sont en sa faveur, bien qu'i[l] ne représente par la preuve de son allégation. — 2 mai 1816. Ord. cons. d'état. Chenet.

341. — S'il s'agit d'arrestation, il n'y a pas lie[u] à l'autorisation de poursuivre, lorsque les préfets sous-préfets, maires et adjoints se sont conformé[s] aux lois en ordonnant à la force armée de saisir le[s] individus qui les insultaient dans l'exercice de leur fonctions; ou qu'ils n'ont fait procéder à l'arresta-tion qu'en vertu d'un mandat d'arrêt régulier, o[u] qu'après avoir fait arrêter, par mesure de police, u[n] individu prévenu d'avoir tenu des propos séditieux ou dégradé la voie publique, ou contrevenu au[x] réglemens de police, ou commis un flagrant délit s'ils l'ont livré immédiatement aux tribunaux; o[u] s'ils n'ont eu pour but, en arrêtant momentané-ment les plaignans, que de rétablir dans la commu-ne l'ordre troublé par eux, ou de soustraire de[s] individus arrêtés aux mauvais traitemens dont il[s] étaient menacés. — Cormen., p. 348.

342. — Le conseil d'état n'autorise pas la mise e[n] jugement d'un maire prévenu de voies de fait e[t] d'emprisonnement arbitraire envers plusieurs par-ticuliers, lorsqu'il peut être excusé par les circon-stances difficiles où se trouvait sa commune, privé[e] de toute police judiciaire par l'envahissement des troupes étrangères.—6 mars 1816. Ord. cons d'état Schiffenann.

343.— ...Ni celle de l'adjoint d'un maire préven[u] de détention arbitraire contre un propriétaire, si, peu d'heures après sa détention, les portes ont été ouvertes par son ordre avec le pouvoir de sortir s'i[l] l'eût voulu. En ce cas, la réprimande donnée pa[r] le préfet à cet adjoint est une punition suffisante. — 18 avril 1816. Ord. cons. d'état. Delolle.

344.— ...Ni celle de l'adjoint d'un maire préven[u] d'avoir arbitrairement arrêté un particulier et l'a-voir forcé à payer, lors de sa sortie de prison, 30 cent. aux sergens de ville, s'il n'a agi illégalement que par ignorance, et s'il a été suffisamment puni par sa destitution.—18 mars 1818. Ord. cons. d'état. Lebail.

345. — Le conseil d'état refuse la mise en juge-ment d'un sous préfet prévenu d'avoir retenu en charte privée, pendant deux heures, un lieutenant de vaisseau en non activité; de lui avoir ordonné des arrêts et de l'avoir envoyé en exil à Rochefort, bien qu'il n'y fût autorisé par aucune loi existante, lorsque le procureur-général près la cour où la poursuite a eu lieu, et le ministre de l'intérieur, sont d'avis qu'elle ne doit pas avoir lieu.— 27 août 1817. Ord. cons. d'état. Burcier.

346.— Le maire et l'adjoint d'une commune peu-vent faire usage de leur autorité pour réprimer l'en-treprise d'un particulier sur un terrain faisant partie de promenades publiques.

Ainsi, ils peuvent le faire détenir et le livrer à la justice, sans pouvoir, pour cette arrestation, être mis en jugement, s'il avait refusé d'obtempérer à l'ordre du maire signifié par son adjoint, et si sur-tout il avait été condamné par sentence du juge de paix à délaisser ce terrain. — 10 déc. 1817. Ord. cons. d'état. Billon.

347.— Un maire qui a ordonné l'arrestation d'un ancien capitaine, ne peut être mis en jugement pour acte arbitraire ou atteinte portée à la liberté de cet individu, lorsque son arrestation a eu lieu en exécution d'une loi, et que les autres faits repro-

,à ce maire ont été le résultat de l'occupation taire, et des ordres donnés par les chefs de la e armée. — 8 sept. 1819. Ord. cons. d'état. Guilnain.

48. — Du reste, il existe une foule d'ordonnanqui rejettent des demandes d'autorisation; la part n'ont que la valeur d'exemples particuliers, ne sont pas susceptibles, ainsi que le fait ob- Cormenin, p. 348, note, d'être érigées en règles érales.

5. — Des cas où il y a lieu de n'accorder que tion civile.

49. — Lorsque le conseil d'état ne trouve pas les s exposés suffisans pour autoriser des poursuites tre un fonctionnaire public par voie criminelle, ent, limitant l'autorisation, l'accorder, mais seuent à fins civiles. — 30 mai 1821. Ord. Sizaire. . S. 678, n. 2.

50. — Le conseil d'état n'autorise que l'action ci- en réparation du dommage causé, lorsque le imputé n'a pas le caractère de délit; que le mitère public n'est pas d'avis de poursuivre; que plaignant ne conclut qu'à fins civiles; que l'inté- de l'administration n'est pas engagé; que le domge peut être réparé, indépendamment de l'action blique. — Corm., p. 350.

51. — Tels sont les cas où des particuliers pourvent un maire en réparation de dégâts commis lui sur leurs propriétés, ou en dédommagement une action injuste formée contre eux par le maire rejetée par les tribunaux; des percepteurs, en titution des sommes payées par eux sur les mans et non allouées dans leurs comptes; des entreeneurs, en paiement du prix de travaux ordonnés le maire, sans la participation du conseil munial; une commune, en répétition des dépens auxels elle aurait été condamnée pour des procès intés par les maires au nom de ladite commune, ns y avoir été préalablement autorisés. — V. Corm., 351, et les ordonnances qu'il cite.

§ 6. — Des cas où il y a lieu d'accorder l'autorisan pure et simple.

552. — Il serait difficile et peut-être peu utile de cueillir toutes les décisions du conseil d'état qui t autorisé des poursuites; la plupart sont des désions de fait qui ne peuvent servir que comme emples. Toutefois, la jurisprudence du conseil a nsacré un certain nombre de règles générales, dont us empruntons l'énumération à Cormenin, p. 2 et suiv.

353. — Le conseil d'état autorise les poursuites ns presque tous les cas où le procureur-général, i transmet les pièces de la procédure, est d'avis poursuivre.

354. — Il considère moins le fait en lui-même que ntention ou la mauvaise foi; ainsi, il accorde l'aurisation lorsque, malgré les avis favorables qui ont été transmis, il lui paraît résulter de l'enmble des informations administratives et judiciais sur le fait et la personne, des présomptions lfisantes de crime ou délit.

355. — Lorsque le fait ou l'acte n'est pas de la mpétence administrative, et que la plainte, déonciation ou poursuite, n'est pas dirigée par récrination, vengeance, jalousie ou dessein d'avilir u paralyser l'autorité.

356. — Lorsque l'agent abuse de son pouvoir, de n caractère, de ses fonctions ou de ses armes, au réjudice de l'état, des communes ou des particuers, dans un intérêt personnel de haine ou veneance, de cupidité, d'ambition, ou par aveuglement de zèle, ou par esprit de parti.

357. — Qu'il agit sans ordre de ses supérieurs iérarchiques, lorsqu'il doit être préalablement utorisé, et se rend ainsi coupable d'abus de pouvoir.

358. — Qu'il use, ou fait user, sans motif légitime, e violences envers les personnes, dans l'exercice u à l'occasion de l'exercice de ses fonctions, et se end ainsi coupable d'actes arbitraires.

359. — Qu'il ordonne de percevoir, exige, ou reoit ce qu'il sait n'être pas dû, ou excède ce qui tait dû pour contributions, droits, taxes et revenus: e tout sciemment, pour le détourner à son profit, e qui le rend coupable de concussion.

360. — Qu'il commet, dans une intention coupale, des faux sur des registres à sa disposition, ou ans des certificats ou procès-verbaux.

361. — Qu'il détourne, supprime, détruit, enlève, 'approprie, dans un acte de ses fonctions, des ffets, valeurs, registres, pièces comptables, et

se rend ainsi coupable de soustraction frauduleuse.

362. — Qu'il agrée des offres ou promesses, ou reçoit des dons ou présens pour faire un acte de sa fonction ou de son emploi, ou pour s'abstenir de faire un acte qui entrait dans l'ordre de ses devoirs, ce qui le rend coupable de corruption.

363. — Qu'il s'introduit dans la maison d'un citoyen, hors les cas prévus par la loi, délit de violation de domicile; qu'il arrête, détient ou séquestre des citoyens, sans ordre de ses supérieurs compétens, ce qui le rend coupable d'attentat à la liberté individuelle.

364. — Qu'il a, sans nécessité de légitime défense, blessé ou tué quelque citoyen, à l'occasion ou dans l'exercice de ses fonctions, et se rend ainsi coupable de meurtre, etc.

365. — Remarquez que quelles que soient les preuves qu'un agent de l'administration, prévenu de meurtre, n'a agi que par voie de légitime défense, le conseil d'état ne peut se dispenser d'ordonner la mise en jugement. Il appartient exclusivement aux tribunaux d'examiner s'il y a eu légitime défense. — 10 fév. 1816. Ord. Giraud. — 18 mars 1816. Ord. Cabaret. — 23 oct. 1816. Ord. Barbaroux. D.A. 8 679, n. 1. — V. aussi 20 janv. 1825. Cr. c. Corse. Maître. D.P. 25 1. 170.

366. — Lorsqu'il commet une prévarication en touchant et retenant des fonds dont la commune ou l'état n'ont pas profité; ou un abus d'autorité, en refusant de rendre des comptes d'administration.

367. — Qu'il arbore des signes de révolte, ou détruit les emblêmes de la royauté, ou tient publiquement des propos outrageans contre la personne du roi, ou fomente la rébellion, ou provoque la résistance à l'exécution des ordres émanés du gouvernement.

368. — Tels sont les principes généraux d'après lesquels le conseil d'état a autorisé une grande quantité de mises en jugement de fonctionnaires ou agens du gouvernement. Cormenin, p. 354 et suiv., en cite un certain nombre; les décisions suivantes peuvent aussi servir d'exemples.

369. — *Violence.* — Le conseil d'état autorise la mise en jugement de gardes-forestiers prévenus de violences graves commises envers un particulier. — 11 déc. 1814. Ord. cons. d'état. Steimer.

370. — De même à l'égard d'un employé de l'octroi d'une ville. — 10 fév. 1816. Ord. cons. d'état. Orsy. 3. 229.

371. — *Concussion.* — Le conseil d'état, d'après les informations auxquelles il a été procédé contre un maire prévenu de plusieurs concussions dans l'exercice de ses fonctions, ordonne sa mise en jugement. — 23 déc. 1815. Ord. cons. d'état. Rochefort.

372. — De même, le conseil d'état, d'après l'avis du sous-préfet, les lettres du procureur-général et du ministre au département de la police générale, met en jugement un commissaire de police prévenu d'avoir arbitrairement mis une taxe sur le visa des passe-ports. — 23 oct. 1816 Ord. cons. d'état. Robion.

373. — *Atteintes à la propriété.* — Un maire, qui en cette qualité, a fait saisir et mettre en fourrière des bestiaux appartenant à des propriétaires de sa commune, ne peut être condamné, par les tribunaux ordinaires, sans porter atteinte à l'indépendance des fonctions administratives, au paiement de la fourrière de ces animaux, pour avoir agi illégalement. — 16 août 1808. Décr. cons. d'état. Chevillard.

374. — Il autorise la mise en jugement d'un maire prévenu d'avoir ordonné l'abattis, sans autorisation et d'avoir disposé de même, d'une certaine quantité d arbres appartenant à sa commune. — 10 fév. 1816. Ord. cons. d'état. Mettavant.

375. — Et celle d'un maire qui s'est introduit dans le domicile d'un propriétaire, en a fait transporter les meubles à la mairie, et ainsi a été cause de la dilapidation d'une partie de ces meubles. — 17 juin 1818. Ord. cons. d'état. Martin.

376. — *Faux.* — Un garde-forestier qui a fait devant un tribunal une déposition contraire à un procès-verbal signé de lui, peut être poursuivi comme prévenu de faux témoignage. — 11 déc. 1816. Ord. cons. d'état. Lambert.

377. — Le conseil d'état, sur la demande d'un procureur-général, autorise la mise en jugement d'une directrice des postes aux lettres, inculpée d'avoir appliqué de faux timbres, de fausses taxes et des surtaxes sur des lettres dont la distribution a eu lieu à son bureau. — 1er nov. 1820. Ord. cons. d'état. Pillet.

378. — *Soustractions.* — Le conseil d'état autorise le particulier sur la propriété duquel le maire d'une commune a, pendant le séjour des troupes alliées, fait couper une grande quantité de bois, sans en avoir reçu de réquisitions, à le poursuivre personnellement, lorsqu'il en a vendu une partie et conservé l'autre à son domicile. — 27 mai 1816 Ord. cons. d'état. Jobal.

379. — Il autorise la mise en jugement d'un commissaire de police prévenu d'avoir, en dressant l'inventaire d'un mobilier, detourné et soustrait à son profit différentes sommes d'argent, bijoux, et autres effets, lorsque le procureur-général près la cour et le ministre au département de la police générale proposent également d'accorder cette autorisation. — 30 juill. 1817. Ord. cons. d'état. Lucotte.

380. — *Violation de domicile. Actes arbitraires.* — Le conseil d'état autorise la mise en jugement d'un officier de paix prévenu de s'être introduit, de nuit et à main armée, avec quatre de ses agens, dans le domicile d'un particulier, pour rechercher une autre personne contre laquelle il existe un mandat d'amener; mais il refuse celle de l'adjoint du maire qui les accompagnait, mais qui n'est entré dans la maison qu'après en avoir été requis par le propriétaire. — 25 déc. 1815. Ord. cons. d'état. Bouglé. D.A. 3. 205.

381. — Il y a lieu d'autoriser la mise en jugement du maire et de l'adjoint d'une commune qui ont fait arrêter arbitrairement le curé de leur commune. — 20 nov. 1815. Ord. Géraerts.

382. — Le maire d'une commune qui, assisté de la force armée, fait arbitrairement chasser une femme et son enfant de la maison qu'ils habitent, et mettre leurs meubles et effets sur le carreau, doit être poursuivi en dommages-intérêts devant les tribunaux. — 10 fev. 1816. Ord. cons. d'état. Buin.

383. — *Homicide.* — Le conseil d'état autorise la mise en jugement de gardes-forestiers prévenus d'avoir, pendant la nuit, sans y avoir été provoqués, tué un braconnier. — 6 mars 1816. Ord. cons. d'état. Lasalle.

384. — *Refus de compte.* — Le conseil d'état autorise la mise en jugement d'un ex-maire, prévenu d'avoir reçu, pendant qu'il était en fonctions, des sommes appartenant à sa commune, et qui refuse obstinément de rendre, de son administration, le compte auquel il est tenu par la loi du 28 pluv. an 8. — 13 fév. 1816. Ord. cons. d'état. Guerric.

385. — De même pour un ex-maire qui refuse de rendre compte au conseil municipal des fonds mis à sa disposition, et notamment d'une somme accordée à sa commune pour les indigens. — 21 mai 1817. Ord. cons. d'état. Comm. de Guimgamps.

386. — *Rébellion.* — Le conseil d'état autorise la mise en jugement de plusieurs maires prévenus d'avoir provoqué leurs administrés à une rébellion contre la gendarmerie et les gardes d'une forêt royale qui avaient saisi une partie de leurs bestiaux en délit dans cette forêt. — 23 dec. 1815. Ord. cons. d'état. Cabanès.

ART. 4. — *Mise en jugement des fonctionnaires de l'ordre judiciaire.*

387. — Sous l'ancienne monarchie, les juges étaient seuls protégés par cette garantie qui couvre aujourd'hui tous les agens administratifs. Elle consistait à empêcher qu'ils ne fussent pris à partie sans permission expresse de la cour souveraine dont ils étaient membres, ou dans le ressort de laquelle ils se trouvaient. — D.A 8. 688, n. 1.

388. — Les lois de la révolution n'avaient accordé aucune garantie particulière aux juges. — La constitution du 22 frim. an 8 répara cette omission; la loi du 27 vent. an 8 a réglé la manière de diriger les poursuites contre les juges; enfin, le code d'instruction criminelle a substitué à ces dispositions un système qui embrasse les délits commis par les juges dans l'exercice ou hors de l'exercice de leurs fonctions (C. inst. cr., art. 479 et suiv.). — D.A. 8. 688, n. 2; Merl, Rep., v° Garantie des fonctionnaires publics.

389. — La garantie accordée aux juges les couvre, soit qu'ils aient agi hors de leurs fonctions, ou dans le cercle de ces fonctions; la garantie des agens du gouvernement, au contraire, ne les protège que pour les faits commis dans l'exercice de leurs fonctions. (D.A. 8. 688). — Il y a également des différences quant aux formes de procéder.

390. — La loi du 20 avril 1810, art. 10, a étendu les dispositions du code d'instruction criminelle aux grands officiers de la Légion-d'Honneur, aux généraux commandant une division ou un departemen

aux archevêques, évêques, présidens de consistoires, aux membres de la cour de cassation, de la cour des comptes, des cours royales, ainsi qu'aux préfets prévenus de délits correctionnels. — V. Legrav., t. 1er, p. 470; Bourguignon, sur l'art. 479; D.A. 8. 688, note.

391.— Le décret du 15 nov. 1811, art. 160, a étendu les dispositions du code et de la loi de 1810, mais seulement d'une manière facultative, aux membres de l'université et même aux simples étudians. « Nos procureurs-généraux, porte cet article, pourront requérir et nos cours ordonner que des membres de l'université ou étudians prévenus de crimes ou délits soient jugés par lesdites cours, ainsi qu'il est dit, pour ceux qui exercent certaines fonctions, à la loi du 20 avril 1810, et au code d'instruction criminelle, art. 479. » — Carnot, sur l'art. 480, n. 3.

392 — Quand il y a lieu d'appliquer l'art. 479 C. d'inst. crim., c'est la chambre civile de la cour royale qui doit connaître du procès (Décr. 6 juill. 1810, art. 4). Elle juge même les complices du délit.— Carnot, sur l'art. 479, n. 3.

§ 1er.—*Poursuite et instruction contre des magistrats pour crimes et délits par eux commis hors de leurs fonctions.*

393. — 1° *Délits ou crimes des juges inférieurs.* —Lorsqu'un juge de paix, un membre de tribunal correctionnel ou de première instance, ou un officier chargé du ministère public près l'un de ces tribunaux (ou l'une des personnes que le décret de 1810 assimile aux fonctionnaires judiciaires), sera prévenu d'avoir commis hors de ses fonctions un délit emportant une peine correctionnelle, le procureur-général près la cour royale le fera citer devant cette cour, qui prononcera sans appel (C. inst. crim. 479).

394.—Les juges suppléans des tribunaux de première instance ne sont, comme les juges eux-mêmes, justiciables que de la cour royale, à raison des délits correctionnels par eux commis hors de leurs fonctions. En conséquence, un tribunal correctionnel est incompétent pour connaître d'une plainte en diffamation dirigée par un particulier contre ce juge. — 20 mai 1826. Cr. c. Deschamps. D.P. 26. 1. 367.

395.— Les greffiers en chef des tribunaux et des cours, en faisant partie intégrante, rentrent dans l'application de l'art. 479.— Legrav., Carn., sur cet article.

396.— Cet article s'applique aux suppléans des juges de paix, comme aux juges de paix eux-mêmes. —29 nov. 1821. Cr. c. Min. pub. C. Nassiani. D.A. 8. 689. D.P. 2. 316.

397.— Jugé, dans ce sens, que le suppléant d'un juge de paix, ayant le caractère d'un juge, n'est justiciable que de la cour royale, à raison des délits correctionnels commis par lui, même hors de l'exercice de ses fonctions (C. inst. crim. 479).— 11 fév. 1830 Caen. Vannier. D.P. 30. 2. 138. — 14 avril 1831 Bastia. Min. pub. C. Leca. D P. 31. 2. 182. — La même solution est consacrée par les arrêts des 5 mai 1829. Toulouse. — 21 août 1829. Toulouse. D.P. 31. 2. 163. — 4 juin 1830. Cr. régl. de juges.— 25 janv. 1831. Poitiers, tous rapportés ci-après.

398.— Jugé, en sens contraire, que le suppléant d'un juge de paix, prévenu d'avoir commis, hors de ses fonctions, un délit correctionnel, ne doit pas être cité, à raison de ce délit, devant la cour royale: l'art. 479 C. inst. crim. n'est point applicable à ce fonctionnaire. — 26 fév. 1830. Pau. Min. pub. C. N..... D.P. 31. 2. 59.

399.— La compétence des cours royales est ici d'ordre public; de telle sorte que si un magistrat, par exemple, un suppléant du juge de paix a été cité devant le tribunal correctionnel, à raison d'un délit, tel que la calomnie, commis hors de l'exercice de ses fonctions, il peut, sur l'appel, proposer l'incompétence de ce tribunal, et la citation doit être annulée, ainsi que ce qui l'a suivie. — 5 mai 1829. Toulouse. Bertrand. D.P. 31. 2. 163.

400. — Un magistrat, tel qu'un suppléant de la justice de paix, ne peut être traduit pour délit devant la cour royale, conformément à l'art. 479 C. inst. crim., que par le procureur-général, et non sur l'action directe de la partie lésée : en un tel cas, il y a exception à la règle générale qui permet aux parties lésées d'agir directement (C. inst. crim. 182, 479). — 21 août 1829. Toulouse. Bertrand. D.P. 31. 2. 161.

401. — De même, le juge de paix prévenu d'un délit, ne peut être poursuivi devant la cour par la partie civile; ce droit appartient uniquement au procureur-général (art. 479 C. inst. cr). — 23 mars 1833. Poitiers. Rousseau. D.P. 34. 2. 15.

402.— Jugé encore que le procureur-général peut *seul* citer, devant la cour royale, les magistrats désignés dans l'art. 479 C. inst. cr., à raison d'un délit emportant une peine correctionnelle : la partie civile ne le peut point, afin d'obtenir des dommages-intérêts, bien que le procureur-général ne poursuive pas. — 6 janv. 1834. Rennes. Leport. D.P. 34. 2. 209. — Carnot, sur l'art. 479, est d'un avis contraire aux trois arrêts qui précèdent.

403. — Pour déterminer la compétence exclusive des cours royales, le moment qu'il faut consulter est celui où le délit a été commis, quand il s'agit d'un individu qui, lors des poursuites, a cessé ses fonctions.

404.—Jugé ainsi à l'égard d'un suppléant du juge de paix prévenu d'un delit commis hors l'exercice de ses fonctions, mais pendant qu'il était revêtu du caractère de juge suppléant; qu'il importe peu qu'au moment des poursuites il ait cessé ses fonctions. — 4 juin 1830. Cr. régl. de juges. Min. pub. C. Dufaur. D.P. 30. 1. 278.

405.—Décidé même qu'un individu poursuivi pour un délit (tel qu'un délit d'usure) commis pendant qu'il était magistrat, est justiciable de la cour royale, lors même que les poursuites auraient été commencées après la cessation de ses fonctions. — 14 janv. 1832. Cr. c. Poitiers. Chaudreau. D.P. 32. 1. 56. — V. l'arrêt de la cour royale, n. 217.

406. — Mais, d'un autre côté, les poursuites pour crime ou délit, commencées devant la juridiction ordinaire, contre un individu qui, plus tard, est entré dans la magistrature, et spécialement dans celle du parquet, doivent être reprises et suivies devant la juridiction spéciale que créent les art. 479 et 480 C. inst. cr. — 15 nov. 1833. Cr. r. Poitiers. Guérineau. D.P. 34. 1. 48.

407. — S'il s'agit, non d'un délit, mais d'un crime, le procureur-général désigne le magistrat qui doit faire fonction d'officier de police judiciaire, et le premier président celui qui agira comme juge d'instruction (C. inst. cr. 480).

408.—L'art. 480 ne s'applique qu'aux juges de paix, aux membres des tribunaux de première instance, et aux officiers du ministère public, établis près d'eux. Les personnes dénommées dans la loi du 20 avril 1810 ne peuvent invoquer que l'art. 479, et elles sont jugées par la cour d'assises.—Carnot, n. 2.

409.— L'art. 480 ne détermine pas sur quels magistrats le choix peut tomber; les désignations faites ne pourraient donc pas donner lieu à cassation.— Carnot, n. 4, 5.

410.— Le tribunal auquel appartient le magistrat inculpé peut être chargé de l'instruction. Si le procureur-général et le premier président ne s'accordent pas sur le choix du tribunal, ils en référeront aux chambres assemblées de la cour royale. — Carnot, n. 6.

411.— 2° *Délits ou crimes des membres des cours royales.*— Si un membre d'une cour royale ou du parquet d'une cour est prévenu de crime ou délit, hors de ses fonctions, l'officier qui a reçu les dénonciations ou les plaintes est tenu d'en envoyer de suite des copies au ministre de la justice, sans aucun retard de l'instruction, et il adresse aussi au ministre copie des pièces (art. 481 C. inst. cr.) —V. Carnot, sur cet article.

412.— Le ministre de la justice transmet les pièces à la cour de cassation, qui renvoie l'affaire, s'il y a lieu, soit à un tribunal de police correctionnelle, soit à un juge d'instruction, mais hors du ressort du membre inculpé. S'il s'agit de mise en accusation, le renvoi est fait à un autre cour royale (C. inst. cr. 482).

413.—L'art. 10 de la loi du 20 avril 1810 n'a dérogé aux articles 481, 482 C. d'inst. cr., qu'en ce qu'il attribue aux cours royales la connaissance en premier et dernier ressort des délits commis par leurs membres. En conséquence, les poursuites contre un conseiller de cour royale n'en doivent pas moins être préalablement autorisées par la cour de cassation, et l'instruction, conformément aux articles précités du code d'inst. cr., n'en doit pas moins être commencée par le juge d'instruction, pourvu toutefois qu'il ne soit décerné aucun mandat, ni procédé à aucun interrogatoire, avant que l'autorisation de la cour de cassation ait été obtenue.—2 mai 1818. Cr. r. Rochon de Valette. D.A. 8. 690. D.P. 18. 1. 442. — 26 avril. 1821. Cr. r. D'Istria. D.A. 8. 690, n. D.P. 21. 1. 283.

414.— La forme de procéder contre un juge de

cour royale accusé de crime, prescrite par les ar 481 et 482 C. inst. cr., doit être observée, c'est-à-dire qu'il doit être *préalablement* décidé par la cour de cassation s'il y a lieu de le poursuivre, encore bien que le crime ait été commis et la plainte portée dans un autre ressort que celui de la cour dont l'accusé fait partie.

En serait-il de même s'il y avait seulement prévention d'un délit?

Dans ce cas, la cour de cassation apprécie au fond s'il y a lieu à poursuivre.— 2 juin 1814. Req. Min. pub. C. D..., D.A. 8. 688. D P. 14. 1. 329. — Conf. Bourg. et Carn.—*Contrà*, Legrav.

415.— Lorsqu'une plainte est portée contre un membre d'une cour royale des colonies, le gouverneur ne doit désigner deux magistrats instructeurs, aux termes des art. 481 et 582 du code d'inst. cr. colonial, qu'autant que les faits dénoncés dans la plainte constitueraient, s'ils étaient prouvés, des crimes ou des délits; dans le cas contraire, la chambre d'accusation peut, telle qu'elle est constituée, déclarer qu'il n'y a lieu à suivre sur la plainte. — 18 juill. 1832. Civ. r. Guadeloupe. Turpin. D.P. 32. 1. 281.

§ 2.— *Poursuite et instruction contre des fonctionnaires judiciaires, pour crimes et délits relatifs à leurs fonctions.*

416.— Lorqu'un juge de paix ou de police, ou un juge faisant partie d'un tribunal de commerce, un officier de police judiciaire, un membre de tribunal correctionnel ou de première instance, ou un officier chargé du ministère public près de l'un de ces juges ou tribunaux, sera prévenu d'avoir commis, dans l'exercice de ses fonctions, un délit emportant une peine correctionnelle, ce délit sera poursuivi et jugé comme il est dit à l'art. 479 (C. inst. cr., art. 483).

417.— A la différence des juges et officiers du ministère public, les officiers de police judiciaire ne jouissent du privilége de la procédure spéciale que quand ils ont agi dans l'exercice de leurs fonctions; c'est dans ce cas seulement qu'ils sont assimilés aux magistrats, pour ce qui concerne la compétence et l'instruction de leurs délits.—Carnot, art. 483, n. 2.

418.— Les officiers de police judiciaire ne peuvent être cités directement devant les cours royales, par les parties civiles, pour délits commis dans l'exercice de leurs fonctions; ils ne peuvent être cités que par le procureur-général.— 15 juin 1832. Cr. r. Delzenzes. D.P. 32. 1. 368.

419.— L'incompétence de la juridiction correctionnelle ordinaire, pour connaître d'un délit correctionnel imputé à un officier de police judiciaire à raison de l'exercice de ses fonctions, délit qui est de la compétence directe des cours royales, peut être proposée pour la première fois en appel.— 7 fév. 1834. Cr. c. Fordioni. D.P. 34. 1. 92.

420.— Les fonctionnaires de l'ordre administratif, considérés comme officiers de police judiciaire, suivant l'art. 9 C. inst. cr., ne peuvent, directement ou indirectement, être critiqués ou blâmés que par la cour royale sous l'autorité de laquelle ils exercent cette partie de leurs fonctions. Un tribunal de police méconnaît les limites de sa compétence, en exprimant, dans un jugement, qu'un maire n'aurait pas entièrement rempli sa mission dans l'espèce jugée. — 25 avril 1834. Cr. c. Min. pub. C. Laval. D.P. 34. 1. 334.

421.— Jugé précédemment, dans le même sens, que comme officier de police judiciaire, les gardes-champêtres ne sont soumis, pour les fautes, crimes ou delits commis dans l'exercice de leurs fonctions, qu'à la seule surveillance des procureurs-généraux. En conséquence, un tribunal de police ne peut, sans excéder les bornes de sa compétence, prononcer aucune condamnation contre un garde-champêtre; par exemple, le condamner aux dépens, pour avoir fait des rapports faux ou inexacts (C. d'inst. cr., art. 17). — 4 oct. 1811. Cr. c. int. de la loi C. Leroy. D.A. 8. 690. D.P. 12. 1. 105.

422.— Les art. 479 et 483 C. d'inst. cr. ne s'appliquent point aux délits commis par des gardes forestiers agissant en leur double qualité d'officiers de police judiciaire et de gardes-forestiers.—Comme gardes forestiers, ils ne peuvent être poursuivis sans l'autorisation préalable exigée pour les agens de l'administration forestière. — 24 déc. 1824. Cr. c. Bouvry. D.P. 25. 1. 74.

423.— En tant qu'ils agissent comme officiers de police judiciaire, les gardes-champêtres et forestiers peuvent réclamer le bénéfice des art. 479 et 483.

424.—Jugé, en ce sens, que les gardes-champêtres et forestiers des particuliers, ainsi que les gardes

des communes et des forêts de l'état, sont officiers de police judiciaire, et, comme tels, doivent, à raison des délits correctionnels par eux commis dans l'exercice de leurs fonctions, être poursuivis dans les formes prescrites par les art. 479 et 483 C. inst. cr. — 19 juill. 1822. Cr. c. Besançon. int. de la loi C. Loubet. D.A. 8. 691. D.P. 23. 1. 484.

425.—Tout délit forestier *commis par un garde-forestier* dans l'étendue de sa garde, est présumé de droit commis dans l'exercice de ses fonctions. Dès lors il doit être poursuivi dans la forme prescrite par les art. 483 et 479 C. d'inst. cr. — 16 fév. 1822. Cr. c. Besançon. Min. pub. C. Munoey. D.A. 8. 691. D.P. 23. 1. 484.— 12 mars 1830. Cr. régl. de juges. Renard. D.P. 30. 1. 165.

426.— Mais s'il ne résulte pas du procès-verbal qu'un garde forestier soit *auteur* des délits mentionnés dans ce procès-verbal, mais seulement que ces délits ont été commis pendant son exercice et dans son triage, il y a lieu, non à procéder contre lui dans les formes exceptionnelles de l'art. 479 C. inst. cr., mais à agir en responsabilité, conformément à l'art. 6 du C. for.— 4 mai 1832. Cr. c. Clerget. D.P. 32. 1. 210.

427.— Un garde-forestier qui, comme agent de police judiciaire, serait justiciable des cours royales, pour délit commis dans l'exercice de ses fonctions, ne doit être traduit que devant le tribunal correctionnel, si le fait qui lui est imputé n'est pas un délit, mais une simple négligence, ne donnant lieu contre lui qu'à une amende et à des dommages-intérêts (C. for. 6; C. inst. cr. 479, 483).—30 juill. 1829. Cr. c. Min. pub. C. Joyeux. D.P. 29. 1. 316.

428. — Les garde-pêche sont officiers de police judiciaire.— 6 janv. 1827. Cr. régl. de juges. Min. pub. C. Lacaze. D.P. 27. 1. 370.

429.— Mais un délit de chasse, commis par un garde-pêche, étant totalement étranger à ses fonctions, ne peut être considéré comme commis dans l'exercice de ses fonctions, encore bien qu'il l'aurait été dans le littoral confié à sa garde.— En conséquence, il doit être traduit, pour ce délit, devant le tribunal correctionnel, et non devant la cour royale.— Même arrêt.

430.— Lorsque des fonctionnaires de la qualité exprimée dans l'art. 483, seront prévenus d'avoir commis un crime emportant la peine de forfaiture ou autre plus grave, les fonctions de juge d'instruction et de procureur du roi seront remplies par le premier président et le procureur-général, ou par les magistrats qu'ils auront spécialement délégués. Jusqu'à cette délégation, et s'il existe un corps de délit, il pourra être constaté par tout officier de police judiciaire, et, pour le surplus, on suivra les règles générales de la procédure (C. inst. cr., art. 484).

431.— La forme de procéder, prescrite par l'art. 484, n'étant applicable aux fonctionnaires énumérés en l'art. 483, que lorsqu'ils ont commis des crimes ou délits relatifs à leurs fonctions, il s'ensuit qu'une chambre d'accusation ne peut ordonner qu'il sera procédé dans la forme établie par ces articles contre un garde-forestier prévenu d'attentat à la pudeur avec violence, si l'arrêt ne déclare point qu'il a commis le crime dans l'exercice de ses fonctions.— 6 juill. 1826. Cr. c. Min. pub. C. Servance. D.P. 26. 1. 411.

432.— Dans le cas de prévention de forfaiture d'un fonctionnaire public de la classe de ceux désignés par l'art. 484 C. d'inst. cr., s'il est dans les attributions du juge d'instruction de constater le corps du délit, il ne peut décerner contre le prévenu un mandat d'amener.— 28 avril 1816. Cr. r. Toulouse. Arthaud. D.A. 8. 693, n. D.P. 16. 1. 451.

433.—Dans le cas de prévention pour crimes commis, dans l'exercice de ses fonctions, par l'un des fonctionnaires désignés dans l'art. 484 C. inst. cr., tel qu'un officier de police judiciaire, le premier président et le procureur-général remplissant alors les fonctions du juge d'instruction et de procureur du roi, le rapport doit être fait, non devant la chambre du conseil du tribunal de première instance, mais devant la chambre des mises en accusation de la cour royale.—10 mai 1822. Cr. c. Colmar. Min. pub. C. Grisard. D.A. 8. 692. D.P. 22. 1. 275.

434.— Lorsque le crime commis dans l'exercice des fonctions, et emportant la peine de la forfaiture ou autres plus graves, sera imputé, soit à un tribunal entier, soit individuellement à des membres des cours royales, ou aux procureurs-généraux et substituts, le crime sera dénoncé au ministre de la justice, qui donnera, s'il y a lieu, au procureur-général près la cour de cassation, l'ordre de poursuivre; la dénonciation pourra aussi être faite directement par les parties lésées, si elles demandent la prise à partie, ou si la dénonciation est incidente à une affaire pendante devant la cour de cassation (C. inst. cr., art. 485, 486). Les articles suivans règlent tout ce qui concerne l'instruction et le jugement de l'affaire à la cour de cassation.—Carnot, sur ces articles.

435.— Le fonctionnaire public en pays étranger, qui prévarique dans l'exercice de ses fonctions, peut être poursuivi devant un tribunal français, choisi par la cour de cassation parmi l'un des plus voisins du lieu du délit.— 24 fruct. an 13. Req. Min. pub. C. Troette. D.A. 8. 688. D.P. 2. 315.

— V. Agent de change, Amnistie, Attentat à la pudeur, Audience, Autorité municipale, Avocat, Avoué, Banqueroute, Cassation, Compétence administrative, Compétence criminelle, Complicité, concussion, Conflit, Contrainte par corps, Contributions directes, Cour d'assises, Courtage, Culte, Dénonciation, Dénonciation calomnieuse, Destruction, Domicile, Douanes, Elections communales, Elections législatives, Enregistrement, Enseignement, Excuse, Faillite, Faux, Garde nationale, Homicide, Jours fériés, Hypothèque, Louage, Mandat d'exécution, Ministère public, Péage, Pension, Prescription, Presse, Procès-verbal, Propriété littéraire, Rébellion, Voies de fait, Vol.

TABLE SOMMAIRE.

Abus d'autorité. 166, s.
Abus de fonctions. 159, 356, s.
Accusation. 201.
Acte illégal. 68, s. 107, 298, s. 356, s. 380, s.
Action civile. 239, s. 292, s. 349, s. — possessoire. 246.
Adjoint. 43, s. 51, s. 234.
Administ. publique. 27.
Agent de l'autorité. 17, s. 188, s. 208, 224. — de police. 33, 55, s.
Amende. 148, s.
Annexe. 43.
Appel. 41, s.
Appariteur de police. 32, s. 67.
Approbation. 302.
Archevêque. 390.
Arrestation. 128, s. 386. — legale. 339, s.
Attentat. 83, s. 104. — aux mœurs. 122. — à la propriété. 373, s.
Audience solennelle. 410.
Autorisation. 177, s. 188. s. 226, s. — (refus) 297, s.—spéciale. 197.
Avocat. 5.
Avoué 9, 212.
Bonne foi. 312, s.
Cassation. 413.—(appréciation). 414.
Certificat. 22.
Charge nouvelle. 199.
Chose jugée. 298, s.
Classe de citoyens. 40.
Coalition. 97.
Colonies. 415.
Commandant. 109, s 164, s. 223, 390.—de troupe. 92.
Commandement illégal. 90, s.
Commissaire de police. 36, s. 250, 372.
Commission. 59.
Compétence. 29, s. 64, s. 80, 181, s, 200, s. 355, s. 392, 406, s. 416, s.— administrative. 420.— générale. 392.
Complicité. 76, 81, 93, 161, 258, 392.
Comptabilité. 386, s.
Comptable. 138, s. 166.
Concert. 99, s.
Concussion. 155, s. 256, 310, 315, 334, 356, s. 371.
Confiscation. 164.
Connexité. 291.
Conseil d'état. 197.
Conseiller. 411, s. — d'état. 208.
Consistoire. 390.
Contributions directes. 253.
Contributions indirectes. 53, 58, 195, 261.
Contrôleur. 261.
Corps constitué. 40.
Corruption. 27, 80.
Costume. 13, 45, 74, s.
Cour des comptes. 390.— royale. 393, s.
Dégradation civique. 130.
Délégation de fonctionnaires. 430.
Défaut de pouvoir. 61.
Défense. 44.
Délégation. 11.—de fonctions. 43, 50, s.
Délit. 75, 354.
Démission. 105, 244, 435, suiv.
Dénonciation. 18, 435.
Dépôt public. 117, s. 135, s. — preuve. 145.
Député. 219.
Désobéissance à la loi. 98, s. 110, s.
Destitution. 98, 172, s. 213, s. 403. s.
Directeur. 208, 263.—des domaines. 24.
Discipline judiciaire. 393, s. 416.
Domaine. 189, s.
Domicile. — V. Ressort.
Dommages-intérêts. 382. — V. Action civile.
Douanes. 193, s. 213, 267, s. 309, s. 318.
Droits personnels. 282.
Echarpe. — V. Costume.
Ecriture. 168.
Elections. 226, s.
Ennemi. 83, s.
Enregistrement. 259, s.
Erreur. 313.
Escroquerie. 284.
Evêque. 390.
Excès de pouvoir. 49.
Exercice. 68. —V. Fonctions.
Faux. 10, 108, s. 376.
Fermiers. 278, s.
Flagrant délit. 220.
Fonct. (exercice). 2, 62, 188, s. 200, 281, s. 389, s. 397, 425. —illégales. 172.—judiciaires. 25, s. —temporaires. 4, s. 64, 158.—à vie 4.
Fonctionnaire (caractère). 17, s. —judiciaire. 387, s.
Force armée. 20. — majeure. 338.—publique. 35, s. 55, 110.
Forêts. 41, 60, 191.
Forfaiture. 6, 123, s. 430.
Hérédité. 4.
Héritier. 216.
Homicide. 383.
Hospice. 249.
Huissier. 29, s. 66, s. 141.
Garantie constitutionnelle. 177, s. 281.
Garde champêtre. 73, 78, s. 271, s. 421, s. — forestier. 41, 271, s. 290, s. 309, 369, 424, s. — national. 34, s. 39, s. 411.— pêche. 276, 337, 428, s. — port. 278, s.
Gardien. 116.
Gendarme. 26.
Geôlier. 28.
Grains. 164, s.
Grand-officier. 390.
Greffier. 250, s. 395.
Immixtion. 10.
Inamovibilité. 4.
Incompatibilité. 8.
Inspecteur. 208.
Installation. 176.
Instruction criminelle. 407, s. 416, s. — primaire. 410.
Intendant. 208.— de marine. 185.
Interdiction légale. 157.
Interprétation. 17.— restreinte. 1.
Jour férié. 69.
Juge. 217, 388, 393. — d'instruction. 407, 430, s. — de paix. 393, s. —suppléant. 65, 394, s.
Jugement (motifs). 77, 89, 173, 420.
Jury médical. 18.
Liberté. 106, s.— individuelle. 363.
Loterie. 189, s.
Maire. 44, 64, 233, 284, 316.— V. Adjoint.
Mandat d'exécution. 187. — d'amener. 430.
Marine. 132, s.
Matrice du rôle. 247.
Mauvaise foi. 354.
Membre de l'univ. 391.
Menaces. 37, 78, s.
Mensonge. 334.
Mention. 42, s. 63, 128.
Meurtre. 365.
Militaire. 6, 22, 222, s.
Ministère public. 408, s.
Ministre. 23, 220, s.—de la justice. 412.
Mise en jugement. 177, s.
Mont-de-piété. 159.
Moyen nouveau. 418.
Munitionnaire. 18.
Notaire. 25, 158.
Octroi. 264, s. 370.
Officiers de l'état civil. 235. — municipaux. 178, s. 232, 287. — de police. 23, s. 44, 416, s. 422.—de recrutement. 224.— de santé. 18. — vendéen. 21.
Omission. 60.
Ordres royaux. 13, s. — supérieur. 98, s. 110, s. 168, s. 304, s.
Outrage. 2, 31, 36, 64, s.
260, 283.
Pair de france. 219.
Partie civile. 418.
Passe-port. 27, 109.
Pays étranger. 435.
Peine. 64, 83, s. 97, 130, 135, s. 148, s. 156, 162, s. 172, s. — (aggravation). 2, 75, s. 82, 120.
Percepteur. 138, 142, s. 190, 253, s.
Perpétuité. 52.
Personne interposée. 161.
Piqueur. 144.
Plan. 86.
Pompier. 38.
Porteur de contrainte. 31.
Postes. 7, 152, 166, 189, s.
Poursuite. 177, s.— d'office. 39, s.
Pouvoirs. 49, s. 61. — expiré. 172, s. 213, s. 253, 403, s.
Préfet. 24, 208.
Préposé. 151, 189, s. 253, s. 370.— V. Responsabilité.
Présens. 156, s.
Présomption. 153.
Prêtre. 20, s. 208, 211.
Preuve. 307.
Prévarication. 366, s.
Prise à partie. 387.
Privilége. 2, 282, s.
Procès-verbal. 32, s. 58.
Procureur-général.— V. Ministère public.
Profit illicite. 159, s.
Projets 99.
Provocation. 75, 318, 386.
Qualité. 42, s.
Rébellion. 43, s. 68, s. 328, 386.
Receveur. 9, 156, 215, 254, 278.
Récidive. 83.
Recors. 29, s.
Refus.—V. Autorisation.
Remboursement. 54.
Remplacement. 176.
Réquisition. 95, s.
Résidence — V. Ressort.
Résistance. 71.
Responsabilité. 2, 107, 119, 426.
Ressort 58, s. 79, s. 387.
Révocabilité. 4, s.
Scellés. 116.
Secret. 83, s.
Secrétaire de mairie. 27.
Sergent de ville. 34, s.
Serment. 3, 59, 171, 176.
Scrutin. 226.
Service public. 123.
Signification. 174.
Soustraction. 117, s. 135, s. 378, s.
Suppression de titres. 151.
Sursis. 207, 308, s.
Suspension. 129.
Tentative. 309.
Trahison. 83.
Transaction. 316.
Uniforme. 13.
Usurpation. 10, s. 94, 171, s. 420.
Vente publique. 158.
Vérificateur. 277.
Violation de domicile. 72, 375, 380, s.
Violence. 166, 369.
Voies de fait. 29, s. 67, s. 328, s. 363, s.
Vol. 378.

FONDATION. — 1. — Des fondations peuvent être faites au profit des établissemens ecclésiastiques ou des établissemens de charité, d'instruction publique, des congrégations de femmes, etc. (L. 2 janv. 1817; arrêté du 19 vend. an 9; l. 11 flor. an 10, art. 43; déc. 18 fév. 1809).

12 juillet, 1er août 1833. — Ordonnance du roi, portant qu'il n'y a pas lieu d'autoriser la fondation faite par feu S. A. R. le duc de Bourbon, prince de Condé, en faveur des enfans ou descendans des offi-

ciers et soldats des armées de Condé et de la Vendée. — D.P. 34. 3. 4.

— V. Attroupement, Concession, Conseil d'état, Disposition entre-vifs, Enregistrement, Enseignement, Etablissemens publics, Fabriques, Féodalité, Servitude, Société, Voirie.

FONTAINE. — V. Autorité municipale, Commune,
Servitude.

FONDS. — V. Choses, Hypothèques, Servitude.

FONDS DE COMMERCE. — 1. — C'est la propriété d'un établissement commercial.

2. — Un fonds de commerce est un meuble ; cela
ne saurait faire doute (Duranton, t. 4, n. 464.—V.
Choses, n. 14b). Il n'y a plus de difficulté pour savoir
si c'est une chose fongible soumise aux règles de
l'usufruit.— V. Usufruit, Roll., de Villargues, vo
Fonds de commerce, n. 3, 4, b.

3.—On distingue deux choses dans un fonds de
commerce, savoir : l'achalandage et les ustensiles,
et marchandises. L'achalandage est une sorte de
droit incorporel; aussi le range-t-on dans la classe
des créances, pour la perception des droits d'enregistrement. — Roll., n. 6, 7, 8.

4.—Quant au matériel, considéré isolément, c'est
un mobilier, fongible en ce sens qu'il peut être
vendu et renouvelé perpétuellement, mais non en
ce sens qu'il puisse être détruit sans jamais être
renouvelé. — Proudhon, n. 1010 et suiv. — V. Usufruit.

b.—Un fonds de commerce est une universalité,
comme le droit d'hérédité. Ainsi, quand on a légué,
en tout ou en partie, un fonds de commerce, le légataire qui l'accepte se trouve soumis à toutes les
dettes commerciales; le legs comprend aussi, non
seulement les marchandises, mais tout ce qui compose le commerce du testateur, même ses créances
actives. Toutefois, dans l'usage, la vente pure et
simple d'un fonds de commerce n'entraîne pas pour
l'acquéreur la charge de payer les dettes.—Proudhon, loc. cit.; Roll., n. 11 à 14.

6.—Les créanciers ont le droit de faire vendre le
fonds de commerce appartenant à leur débiteur
(Rolland, n. 15, 16).—Ils peuvent procéder à cette
vente, même lorsqu'il n'y a plus de matériel, et qu'il
ne reste que l'achalandage. — Roll., n. 17.

7.—Quant aux stipulations entre époux, relatives
à leurs fonds de commerce, V. Communauté; et sur
les formes à suivre pour la vente d'un fonds de commerce, V. Vente publiques.

— V. Actes de commerce, Choses, Communauté,
Condition, Dot, Faillite, Louage, Patente, Privilège, Usufruit, Vente.

FONDS PUBLICS.— V. Effets publics.

FORCE ARMÉE.— V. Attroupement, Contributions indirectes, Elections législatives, Fonctionnaires, Ministère public, Rébellion, Théâtre.

FORCE EXÉCUTOIRE. — V. Exécution, Mandat
d'exécution, Preuve littérale.

FORCE MAJEURE.— V. Absent, Actes de l'état civil, Actions possessoires, Assurances maritimes,
Assurances terrestres, Attroupemens, Autorité
municipale, Avarie, Avocat, Capitaine, Cassation,
Charte-partie, Commissionnaire, Contrat à la
grosse, Contributions directes, Contributions indirectes, Cour d'assises, Défense, Délai, Déportation, Dépôt, Dette publique, Dommages-intérêts, Donation, Dot, Douanes, Eau, Effets de
commerce, Elections législatives, Enregistrement,
Faillite, Forêts, Garantie, Garde nationale, Hypothèques, Louage, Mandat, Péremption, Prescription, Prêt, Remplacement militaire, Saisie-immobilière, Sels, Servitudes, Société commerciale,
Succession, Théâtre, Usufruit, Vente, Voirie.

FORCE OBLIGATOIRE.— V. Autorité municipale,
Loi, Saisie-exécution.

FORCEMENT EN RECETTE. — V. Comptabilité,
Enregistrement.

FORCLUSION. — V. Ordre. — V. aussi Absence,
Acquiescement, Adoption, Appel, Délai, Déchéance, Enquête, Exception, Faillite, Faux incident, Requête civile.

FORÊTS. — 1. — On comprend sous ce mot les
espaces de terrains plantés, en arbres de diverses
espèces, appartenant soit à l'état, soit à des établissemens, soit à des particuliers.

L'importance des forêts pour l'agriculture, pour
l'industrie, pour la défense de l'état, a déterminé,
depuis des siècles, la création d'une législation spéciale sur cette matière. C'est de cette législation et
des applications qu'elle a reçues qu'il va être
question dans cet article.

2. — Historique. — Deux capitulaires de Char-
lemagne et de Louis-le-Débonnaire, ordonnent de

défricher tous les terrains susceptibles de culture,
et défendent d'établir de nouvelles forêts sans la
permission du souverain. En 1280, Philippe III
prescrivit des règles pour l'administration des forêts.
La liaison de l'administration à la juridiction date
de la même époque. Deux ordonnances de Philippe-
le-Long, de 1315 et 1318, les soumirent à des principes certains, quoique imparfaits. En 1515, François 1er réunit les lois forestières, auxquelles il en
ajouta plusieurs.

De nouveaux besoins portèrent Louis XIV à rendre l'ordonnance de 1669, qui régit les forêts jusqu'en 1790, où une loi du 25 décembre vint abolir
les juridictions spéciales. La loi du 29 septembre
1791 organisa l'administration forestière et ses attributions, et régla l'administration des bois des communes et des établissemens publics. L'ordonnance
de 1669 continua d'être en vigueur pour ses dispositions auxquelles celle-ci ne dérogeait pas.

Un projet préparé par une commission spéciale,
dès 1825, soumis aux chambres, aux cours, et à un
conseil, fut adopté dans la session de 1826. Cette
loi, qui forme le Code forestier, a été adoptée
par la chambre des pairs, fut sanctionnée le 21 mai
1827, et promulguée le 31 juillet suivant. Les dispositions réglementaires qui se trouvaient dans l'ordonnance de 1669 et dans la loi du 29 septembre
1791 ont été retranchées du code, et comprises dans
l'ordonnance du 1er août 1827.—D.A. 8. 701 à 712.

3. — Le code forestier a déclaré abrogées, pour
l'avenir, toutes les lois et ordonnances anciennes,
sur les matières qu'il a réglées (art. 218).

4. — L'art. 218 du code forestier n'abroge que
pour l'avenir l'ancienne législation sur les matières
réglées par ledit code. Ainsi, un procès-verbal de
constatation une contravention à l'occasion d'une coupe
de bois, antérieure à la promulgation du nouveau
code, ne peut être annulé par l'autorité administrative.—28 fév. 1831. Ord. cons. d'état. Gerdebat.

b.— Il a été rendu une ordonnance du roi sur
l'instruction administrative et la décision des affaires
relatives au service forestier. — 10 mars 1831. D.P.
31. 3. 17.

6.— Les bois de l'état sont une ressource dont la
puissance législative a disposé, quand les besoins du
pays l'exigent. Ainsi , une loi du 25 mars 1831 autorise la création de deux cents millions d'obligations du trésor, et l'aliénation de bois de l'état, jusqu'à concurrence de quatre millions de revenu net.
— D.P. 31. 3. 18.

7.—Les forêts sont soumises à l'impôt; toutefois,
la loi accorde des exemptions pour encourager la
culture des bois. Ainsi, les semis et plantations de
bois sur le sommet et le penchant des montagnes,
et sur les dunes, sont exempts de tout impôt pendant vingt ans (C. forest. 225).

ART. 1er. — Du régime forestier.

ART. 2. — De l'administration forestière et de ses
agens.

§ 1er. — Organisation de l'administration forestière.

§ 2. — Règles communes aux agens et préposés
de l'administration forestière, et à leur responsabilité.

ART. 3. — Des bois et forêts qui font partie du domaine de l'état.

§ 1er. — De la délimitation et du bornage.

§ 2. — De l'aménagement, des assiettes, arpentages, balivages, et martelages des coupes.

§ 3. — Des adjudications de bois dans les forêts
de l'état.

§ 4 — De la coupe des arbres de réserve, et des
outrepasses de l'adjudicataire, au-delà des
limites de la vente.

§ 5. — Du mode d'exploitation, des malversations de l'adjudicataire, et des poursuites
auxquelles elles donnent lieu.

§ 6. — De la responsabilité de l'adjudicataire.

§ 7. — De la durance des coupes.

§ 8. — Des réarpentages et récolemens.

§ 9. — Des adjudications de glandée, panage,
paisson, chablis et bois de délit. — Des concessions à charge de repeuplement.

§ 10. — Des affectations à titre particulier
dans les bois de l'état.

§ 11. — Quelles personnes peuvent exercer des
droits d'usage dans les forêts de l'état.

§ 12 — Du cantonnement dans les forêts de
l'état, soumises à des droits d'usage.

§ 13. — De l'étendue et du mode d'exercice des
droits d'usage dans les forêts de l'état.

ART. 4. — Des bois et forêts qui font partie du domaine de la couronne

ART. 5. — Des bois et forêts possédés à titre d'ap-
panage ou de majorats réversibles à l'état.

ART. 6. — Des bois des communes et des établissemens publics.

§ 1er. — Du régime et de la garde de ces bois. —
Impôt spécial.

§ 2. — De la délimitation et du bornage, - de
l'aménagement.

§ 3. — Des adjudications , et de l'exploitation
par les communes elles-mêmes.

§ 4. — De la délivrance des bois et des affouages.

§ 5. — Des droits d'usage dans les bois des
communes et des établissemens publics.

§ 6. — Des communes étrangères , ayant des
bois situés en France.

ART. 7. — Des bois et forêts indivis, qui sont soumis au régime forestier.

ART. 8. — Des bois des particuliers.

§ 1er. — Des gardes, des adjudications, et des
obligations des adjudicataires.

§ 2. — Des droits d'usage dans les bois des particuliers.

ART. 9. — Affectations spéciales des bois et des services publics.

§ 1er. — Des bois destinés au service de la
marine

§ 2. — Des bois destinés aux travaux du Rhin.

ART. 10. — Police et conservation des bois et forêts.

§ 1er. — Police et conservation des bois en général.

§ 2. — Dispositions applicables seulement aux
bois et forêts soumis au régime forestier.

ART. 11. — Des poursuites exercées au nom de
l'administration forestière.

§ 1er. — Droits et qualité de l'administration
et de ses agens , pour la constatation et la
poursuite des délits et contraventions.

§ 2. — De la procédure en matière de contraventions et de délits forestiers.

§ 3. — De l'inscription de faux et de l'exception préjudicielle de propriété.

ART. 12. — Des poursuites exercées au nom des
particuliers.

ART. 13. — De la prescription en matière de délits
forestiers.

§ 1er. — Délai et calcul de la prescription.

§ 2. — Délits à l'égard desquels court la prescription.

§ 3. — De la prescription des actions intentées
en temps utile.

§ 4. — De l'interruption de la prescription.

ART. 14. — Des délits forestiers dans tous les bois
en général, et des condamnations qu'ils entraînent.

§ 1er. — Des délits forestiers en général.

§ 2 — Des délits de coupe ou enlèvement d'arbres, arrachement de plants.

§ 3. — Arbres ébouqés, écorcés, mutilés; ébranchés.—Enlèvement de chablis et bois de délit.

§ 4. — Du délit de dépaissance.

ART. 15. — Des condamnations en matière forestière.

ART. 16. — Des aggravations de peine.

ART. 17. — Des excuses, de la remise ou modérations des peines.

ART. 18. — De la complicité en matière de délits
forestiers.

ART. 19. — De la responsabilité civile , et de la solidarité.

ART. 20. — De l'exécution des jugemens.

ART. 21. — Des défrichemens dans les bois des particuliers.

ART. 1er. — Du régime forestier.

8. — Les bois soumis au régime forestier et qui
doivent être administrés conformément au code,
sont : 1o les bois et forêts qui font partie du domaine de l'état; 2o ceux qui font partie du domaine
de la couronne ; 3o ceux qui sont possédés à titre
d'apanage et de majorat réversibles à l'état; 4o les
bois et forêts des communes et des sections de commune; 5o ceux des établissemens publics; 6o les
communes ou les établissemens publics, la couronne, les
communes ou les établissemens publics ont des
droits de propriété indivis avec des particuliers
(C. forest., art. 1er).

9. — Un pays réuni est soumis de plein droit à la

législation domaniale française, et spécialement aux lois forestières, encore bien que la réunion se soit opérée par voie de traité et non par voie de conquête: — 7 mai 1834. Req. Metz. Prop. de la verrerie de Goëtzenbruck. D.P. 34. 1. 198.

10. — Ce ne sont pas tous les bois appartenant aux communes et aux établissemens publics qui sont soumis au régime forestier, mais seulement ceux de ces bois qui sont susceptibles d'aménagement et d'une exploitation régulière (C. forest., art. 90).

11. — Le terrain communal formant une garrigue sur laquelle il croît du bois dont les habitans se servent pour leur chauffage, doit être soumis au régime forestier. Aucune coupe n'y peut être faite sans l'autorisation de l'administration forestière. Le partage des bois qui en proviennent doit être fait par tête entre les habitans, sans distinction entre les plus fort et les moins imposés (L. 26 niv. an 2). — 3 nov. 1810. Cr. c. Forêts C. Guiraud D.A. 8. 725, § 2. D.P. 2. 344.

12. — Un bois appartenant à une commune n'en doit pas moins être soumis au régime forestier, quoiqu'elle soit en possession, depuis un temps immémorial, d'en jouir librement, et quoiqu'elle représente un acte de partage de cette propriété entre ses habitans; si cet acte a été fait à l'insu et sans la participation de l'administration publique, et s'il n'est revêtu d'aucune des formalités prescrites pour les partages de biens communaux. — 9 oct. 1824 Cr. c. Forêts C. Comm. de Saint-Just-de-Baffie. D A. 8. 726, n. 2. D.P. 2. 344.

13. — Les bois qui appartiennent aux églises sont soumis au régime forestier. — 4 avril 1811. Cr. c. Forêts C. Biagini. D.A. 8. 727, n 6. D.P. 2. 344

14. — Jugé de même que les bois dépendant des églises de Toscane sont soumis au régime forestier, et, conséquemment, à l'ordonnance de 1669. — Les curés de ces églises n'en sont donc que les usufruitiers, et ne peuvent y envoyer paître des chèvres. — 15 fév. 1811. Cr. c. Pagni, etc. S. 11. 1. 374.

15. — Les bouquets de bois répandus sur la surface des pâturages, les arbres épars sur les terrains communaux ou plantés sur les chemins de commune à commune, et ceux qui se trouvent dans les avenues, fossés, remparts, promenades, cimetières et autres lieux ne sont point soumis au régime forestier. — Curasson, t. 1er, p. 358, D.A. 8 723 et 724, n. 3, 4, 5. — *Contrà*, pour ce qui concerne les arbres épars possédés par les communes. — Gagneraux, *Comm.* du C. forest.

16. — Quoiqu'un terrain communal, en nature de bois et reconnu pour tel avant la publication du code, n'ait pas encore été depuis compris dans l'état général que l'art. 128 de l'ordonnance du 1er août 1827 prescrit à l'administration forestière de dresser pour déterminer quels sont les terrains communaux qui doivent être soumis au régime forestier, cette administration n'en a pas moins la surveillance et le droit de poursuivre les délits qui peuvent y être commis, alors surtout que le préfet du département a déclaré, par un arrêté, qu'il le maintenait sous le régime forestier (C. civ. 2). — 14 mai 1830. Cr. c. Forêts C. Lannelagne. D.P. 30. 1. 289.

17. — Le gouvernement doit fixer, à l'égard des biens ruraux composant le domaine de l'état, la limite entre les terrains qui doivent conserver la nature de bois et ceux qui doivent être cultivés en champs, prés et prairies, et qui ne doivent dès lors pas être soumis à la surveillance des agens de l'administration forestière. — D.A. 8. 723, n. 1.

18. — Les conversions en bois des prés et pâturages qui appartiennent aux communes et aux établissemens publics doivent s'opérer d'un commun accord entre eux et l'administration forestière; en cas de contestation, c'est au conseil de préfecture, sauf le pourvoi au conseil d'état, qu'il appartient de statuer (C. forest., art. 90). — D.A. 8. *cod.*

19. — Une réunion de plusieurs particuliers, possédant en commun une portion de bois qui leur a été anciennement attribuée pour remplacer les droits d'usage qui leur appartenaient dans une forêt de l'état, ne formant pas une commune, lorsque le titre constitutif de leurs droits les a appelés nominativement à jouir en commun de cette propriété, cette portion de bois n'est pas soumise au régime forestier (23 juill., 21 août 1819, avis du cons. d'état). — D.A. 8. 723, n. 2.

20. — Le bois concédé par l'état à un particulier, à bail emphytéotique, doit être considéré comme indivis et soumis par conséquent au régime forestier. — 4 déc. 1806. Cr. c. *Bull. crim.*, p. 363.

21. — Le particulier peut soustraire ses bois au régime forestier en provoquant le partage de ces bois indivis (C. civ. 815) — Duvergier, 1827, p. 288.

22. — Les particuliers exercent sur leurs bois tous les droits résultant de la propriété, sauf les restrictions spécifiées par la loi (C. forest. 2).

ART. 2. — *De l'administration forestière et de ses agens.*

23. — L'administration forestière a été instituée pour la répression des délits forestiers; et, provisoirement et jusqu'à ce que des mesures définitives aient été adoptées, la surveillance et la police de la chasse dans les forêts de l'état lui sont confiées, et elle remplit, à cet égard, les fonctions attribuées au grand-veneur (Ord. 14 sept. 1830, art. 1er).

§ 1er. — *Organisation de l'administration forestière.*

24. — Les places de directeur-général et d'administrateur des forêts ayant été supprimées, l'administration des forêts est dirigée par un directeur assisté de trois sous-directeurs, formant avec lui le conseil d'administration, dont il est président (Ord. 5 janv. 1831, art. 1, 2). — D.P. 31. 3. 10.

25. — La nomination du directeur et des sous-directeurs, et les attributions du directeur, ainsi que du conseil d'administration, sont réglées par la même ordonnance et par celles du 1er août 1827, art. 7, 8, 106, 107, et des 5 janv. et 10 mars 1831. — D.A. 8. 712. D.P. 31. 3. 10 et 17.

26. — Le territoire de la France avait été divisé, par l'ordonn. du 1er août 1827, en vingt conservations forestières (D.A. 8. 712). Le nombre des conservations, rangées en trois classes, fut porté à quarante par l'ordonn. du 17 juill. 1832 (D.P. 32. 3. 106). Une ordonn. du 16 juill. 1833 a fixé à trente-deux le nombre des conservations, et les a rangées en quatre classes. — D.P. 33. 3. 76.

27. — Les agens de l'administration sont les conservateurs, inspecteurs, sous-inspecteurs et gardes-généraux, les arpenteurs, les gardes à cheval et à pied (Ord. 1er août 1827, art. 11). Le mode et les conditions de nomination de ces différens agens sont déterminés par la même ordonnance (art. 12, 13).

28. — Leurs fonctions administratives, générales dans l'ordre hiérarchique, sont prescrites par l'ordonnance (art. 14, 15). L'art. 16 règle ce qui concerne la tenue de leurs registres; l'art. 18 détermine leur uniforme. — D.A. 8. 712 et suiv.

29. — Le conservateur, l'inspecteur, le sous-inspecteur et le garde-général des forêts correspondent en franchise et sous bandes avec les receveurs de l'enregistrement et des domaines, dans le ressort du bureau desquels ils font leur résidence (Inst. des dom. 29 sept. 1827).

30. — Les art. 19, 20, 21 de l'ordonnance fixent les attributions, les salaires et l'uniforme des arpenteurs.

31. — Les arpenteurs forestiers doivent constater les délits qu'ils reconnaissent dans le cours de leurs opérations, les déplacemens de bornes et toute dégradation ou altération de limites; et ils doivent remettre aux agens forestiers les procès-verbaux qu'il en ont dressés (art. 22).

32. — Ils ont caractère pour constater les délits de dépaissance qu'ils reconnaissent dans leurs tournées (L. 29 déc. 1791, tit. 9, art. 15). — 6 sept. 1807. Cr. c. Fraizier. D.P. 8. 2. 17.

33. — Les gardes à cheval et les gardes à pied sont spécialement chargés de faire des visites journalières dans les bois soumis au régime forestier, et de dresser procès-verbal de tous les délits ou contraventions qui y sont commis (Ord. 1er août 1827, art. 24).

34. — L'ordonnance du 15 nov. 1832 établit des conditions pour la nomination des gardes forestiers.

35. — Celle du 1er août 1827, art. 25, 26, 27, 28, 29, 30, détermine la résidence des gardes, la tenue de leurs registres, leurs relations hiérarchiques, leur uniforme, et leur droit de porter un fusil dans leurs tournées.

36. — Des écoles forestières sont destinées à fournir des sujets pour les emplois d'agens forestiers.

37. — Relativement au mode d'organisation de l'école forestière, au nombre des élèves, aux cours qui y sont professés, etc., V. Enseignement, n. 618 et suiv.

§ 2. — *Règles communes aux agens et préposés de l'administration forestière, et à leur responsabilité.*

38. — « Nul ne peut exercer un emploi forestier, s'il n'est âgé de vingt-cinq ans accomplis....... » (C. forest. 3).

39. — Jugé précédemment que l'âge de vingt-cinq ans requis pour l'exercice des fonctions de gardes forestiers n'avait pas été réduit à vingt et un ans par l'effet de la loi, qui fixe la majorité à ce dernier âge. — Qu'en conséquence, était nul le procès-verbal fait par un garde-forestier âgé seulement de vingt-deux ans (L. 29 sept. 1791, tit. 3, art. 1er). — 19 juin 1807. Cr. r. Forêts. D.P. 7. 2 123.

40. — Les emplois de l'administration forestière sont incompatibles avec toutes autres fonctions, soit administratives, soit judiciaires (C. forest. 4); avec celles de notaire (Cir. min. 30 pluv. an 11). — Les simples emplois salariés qui ne concernent pas une autorité publique, et qui ne peuvent dès lors faire attribuer à ceux qui les exercent le titre de fonctionnaires publics, ne peuvent pas même être conférés à ceux qui sont déjà pourvus d'un emploi forestier. — D.A. 8. 727, n. 3

41. — Cependant, ce ne serait pas là une incompatibilité radicale qui vicierait les actes de ces agens: elle toucherait plutôt à des raisons de convenance dont l'administration seule devrait être juge. — D.A. *ibid.*, note.

42. — Les agens et préposés de l'administration forestière ne peuvent entrer en fonctions qu'après avoir prêté serment. Dans le cas d'un changement de résidence, qui les placerait dans un autre ressort en la même qualité, il n'y a pas lieu à une autre prestation de serment (C. for. 5).

43. — Jugé déjà, sous l'ancienne jurisprudence, que le garde qui, après avoir prêté serment devant le tribunal d'une résidence qu'il occupait, passe avec les mêmes fonction ou grade dans une autre résidence située dans le ressort d'un autre tribunal, n'est pas tenu de prêter un nouveau serment ni de faire enregistrer sa commission au greffe du dernier tribunal. — 15 avril 1808. Cr. c. Forêts C. Yvonneau. D.A. 8. 727. D.P. 2. 345. — 11 mars 1808. Cr. c. Forêts C. Berton. D.A. 8. 727, n. D P. 2. 345.

44. — Mais il n'en serait pas de même si l'agent forestier obtenait de l'avancement. — D.A. *ibid.*, note.

45. — C'est au ministère public et non aux avoués qu'appartient le droit de faire admettre les gardes au serment devant le tribunal. — 20 sept. 1823. Crim. c. Min. pub. int de la loi. D.P. 23. 1. 420. — Duvergier, année 1827, p. 287.

46. — En cas de changement de résidence, le garde fait constater par le greffier, sur sa feuille d'audience, à la date courante, son nom, la nature de ses fonctions, la date de la prestation de son serment avec l'indication du tribunal qui l'a reçu; et il est fait mention par le greffier sur la commission, de l'accomplissement de cette formalité (Instr. de l'enregist., n. 438). — Gagneraux; Duverg, année 1827, p. 287.

47. — Les agens forestiers ne peuvent faire de règlement ni prendre d'arrêtés en aucun cas, sauf à eux de proposer au gouvernement les mesures générales que les circonstances peuvent exiger (Circul. du 6 thermid. an 9). — D.A. 8. 727, § 2, n. 2.

48. — Les agens forestiers ne peuvent point arbitrer eux-mêmes la valeur des délits non constatés par les gardes et faire déduire le montant sur l'état de traitemens de ces derniers. Ils ne doivent que rendre compte des faits à l'administration, et provoquer le remplacement des gardes ou demander leur mise en jugement. (Déc. min. 4 nov. 1818). — D.A. 8. 727, n. 4.

49. — Les agens et gardes ne peuvent faire le commerce de bois, tenir auberge, débiter des boissons, exercer leur emploi dans la conservation où ils s'approvisionnent comme propriétaires ou fermiers d'usines destinées au travail du bois, ni avoir leurs proches parens sous leurs ordres (Ord. 1er août 1827, art. 31, 32, 33.

50. — Les agens et les gardes forestiers, ainsi que les arpenteurs, doivent toujours être revêtus de leur uniforme ou marques distinctives de leur grade dans l'exercice de leurs fonctions (*ibid.*, 34).

Les agens et gardes ne peuvent, sous aucun prétexte, rien exiger ni recevoir des communes, des établissemens publics et des particuliers, pour les opérations qu'ils ont faites à raison de leurs fonctions (*ibid.* 35).

51. — Les agens forestiers, les arpenteurs et les gardes doivent être pourvus chacun d'un marteau particulier dont l'administration détermine la forme, l'empreinte et l'emploi (art. 36, 37).

52. — Les agens et préposés ne peuvent être destitués que par l'autorité même à qui appartient le

droit de les nommer. — Toutefois, le directeur des forêts et les conservateurs ont un droit de suspension réglé par l'art. 38 de l'ordonnance. — D.A. *eod.*

53. — Le directeur, après avoir pris l'avis du conseil d'administration, peut dénoncer aux tribunaux les gardes généraux et les préposés forestiers, ou autoriser leur mise en jugement, pour faits relatifs à leurs fonctions. — Le ministre des finances peut de même dénoncer aux tribunaux les inspecteurs et sous-inspecteurs des forêts, ou autoriser leur mise en jugement. — Les conservateurs ne peuvent être poursuivis devant les tribunaux qu'en vertu d'autorisation accordée par le roi en conseil d'état (*ibid.* 39).

54. — Le préliminaire de l'autorisation est indispensable pour les poursuites de crimes ou délits commis par les agens et préposés dans *l'exercice de leurs fonctions* et même pour les actions civiles; cette autorisation n'est pas nécessaire s'il s'agit de faits étrangers aux fonctions. — Curasson, t. 1er, p. 126 — V. Fonctionnaires.

55. — Toutefois, l'agent destitué et même démissionnaire n'a plus de droit à la protection de l'autorité, et doit être mis en jugement sans qu'il soit besoin d'autorisation (Avis cons. d'état, 16 mars 1807). — 9 juin 1823. Cour de cass. — Curasson, *ibid.* — V. Fonctionnaires.

56. — Un garde forestier, prévenu d'un délit qu'il aurait commis en agissant dans sa double qualité *d'agent de l'administration forestière et d'officier de police judiciaire*, jouit d'une double garantie : d'abord, comme agent de l'administration, il ne peut être poursuivi qu'après autorisation préalable ; et ensuite, comme officier de police judiciaire, il ne peut être jugé que par une cour royale, conformément aux art. 9, 16, 17, 479 et 483 C. inst. cr.). — 24 déc. 1821. Cr. c. Bouvry. D.P. 25. 1. 74.

57. — Si le garde n'avait agi que comme officier de police judiciaire, il ne jouirait que de la dernière garantie. — 20 nov 1822. Arr. du conseil. Macarel. 22. 428.

58. — Voy., pour les autres questions relatives à l'autorisation de poursuite, le mot Fonctionnaires publics.

59. — Les gardes sont responsables des délits, dégâts, abus et abroutissemens qui ont lieu dans leurs triages, et passibles des amendes et condamnations encourues par les délinquans, lorsqu'ils n'ont pas dûment constaté des délits (C. forest. 6). La loi du 29 sept. 1791 disposait (tit. 14) que les conservateurs et inspecteurs étaient responsables, sauf leur recours contre l'agent auquel devaient être directement imputés les faits qui avaient donné lieu à ces poursuites. Mais cette responsabilité, renvoyée ainsi de grade en grade, était illusoire; elle est aujourd'hui soumise au droit commun. — D.A. 8. 727, et 728, n. 4.

60. — S'il ne résulte pas du procès-verbal qu'un garde-forestier soit auteur des délits mentionnés dans ce procès-verbal, mais seulement que ces délits ont été commis pendant son exercice et dans son triage, il y a lieu, non à procéder contre lui dans les formes de l'art. 479 C. inst. cr., mais à agir en responsabilité, conformément à l'art. 6 du C. forest. — 4 mai 1832. Cr. c. Clerget. D.P. 32. 1. 210.

61. — Jugé, dans le même sens, que l'art. 6 C. forest. n'assimile pas les gardes aux délinquans eux-mêmes. De telle sorte qu'il n'est pas nécessaire, pour les poursuivre à cause de leur négligence, d'obtenir préalablement l'autorisation prescrite par l'art. 39 de l'ordonnance d'exécution; elle n'est nécessaire que pour les faits constituant un *délit* et non une *responsabilité* de la part des préposés forestiers. — 20 juin 1834. Cr. r. Min. pub. C. Prêtre. D.P. 34. 1. 366. — 4 juill. 1834. Cr. Forêts C. Leroux. D.P. 34. 1. 375.

62. — L'action en responsabilité pour les fautes, crimes ou délits commis par un préposé dans l'exercice et à l'occasion de ses fonctions peut non seulement être dirigée contre lui, mais encore contre la direction des forêts. — D.A. 8. 728, n. 4.

ART. 3. — *Des bois et forêts qui font partie du domaine de l'état.*

63. — Les bois et forêts de l'état proviennent : 1° des bois qu'on appelait avant 1789 *forêts du roi;* 2° de ceux qui composaient d'anciens apanages ; 3° de ceux du clergé avant 1789, et 4° de quelques acquisitions. — Ils forment la dotation de la caisse d'amortissement (L. 25 mars 1817). — Toutefois, la loi du 25 mars 1817, en les affectant à ce service, en avait réservé une quantité nécessaire pour former un revenu *net* de 4,000,000 fr. Cette portion évaluée à 200,000,000 fr. a été affectée au paiement de la *dette flottante*, et la vente partielle en été autorisée par la loi du 25 mars 1831.

§ 1er. — *De la délimitation et du bornage.*

64. — La délimitation fixe la ligne sur laquelle doivent être placées les bornes destinées à former la séparation entre deux héritages : le bornage constate cette ligne d'une manière invariable. La séparation entre les bois et forêts de l'état et les propriétés riveraines peut être requise, soit par l'administration forestière, soit par les propriétaires riverains (C. forest. 8) — D.A. 8. 728, n. 1.

65. — L'usufruitier a l'action en bornage ; mais le bornage fait avec lui n'est que provisoire, et le propriétaire peut en demander un nouveau à la fin de l'usufruit. — Proudhon, *Tr. de l'usuf.*, n. 1243.

66. — L'action est instruite dans les formes ordinaires.

67 — Il doit être sursis à statuer sur ces actions si l'administration forestière offre d'y faire droit dans le délai de six mois, en procédant à la délimitation générale de la forêt (C. forest. 9).

68. — Toute demande en délimitation et bornage doit être adressée au préfet (Ord., art. 57).

69. — Dans le cas où les parties étant d'accord pour opérer la délimitation et le bornage, il y a lieu à nommer des experts, le préfet, après avoir pris l'avis du conservateur des forêts et du directeur des domaines, nomme un agent forestier pour expert dans l'intérêt de l'état (Ord., art. 58).

70. — Lorsqu'il y a lieu d'opérer la délimitation générale et le bornage d'une forêt de l'état, cette opération est précédée de nombreuses formalités qui ont pour but d'avertir tous les intéressés (C. for., art. 10, 173; ord. 1er août 1827, art. 59, 60).

Les formes du procès-verbal de délimitation sont réglées par l'art. 61 de cette ordonnance.

71. — Le procès-verbal de la délimitation est rendu public et affiché; les intéressés peuvent former opposition pendant un an; dans le même délai, le gouvernement déclare s'il approuve ou rejette le procès-verbal (C. for., art. 11; ord. 1er août 1827, art. 62, 63, 65).

72. — A défaut de réclamations dans le delai, l'opération est définitive. Les agens procèdent dans le mois au bornage, parties présentes ou dûment appelées (C. for., art. 12); s'ils s'y refusent, il y a lieu au recours devant les tribunaux (art. 13).

73. — Les contestations élevées, soit pendant les opérations, soit par suite d'oppositions par les riverains, sont portées devant les tribunaux compétens, et il est sursis à l'abornement jusqu'après leur décision (C. for. 13).

74. — Les réclamations des riverains doivent être adressées au préfet (Ord., art. 64).

75. — Lorsque la séparation ou délimitation est effectuée par un simple bornage, elle se fait à frais communs (C. forest. 14; ord., art. 66).

76 — Lorsque la séparation ou délimitation est effectuée par des fossés de clôture, ils doivent être exécutés aux frais de la partie requérante, et pris en entier sur son terrain (C. forest. 14), dérogation, en faveur du droit commun, à l'ordonn. de 1669, tit. 27, art. 4. — D.A. 8. 728, n. 2.

77. — Le tribunal compétent pour juger les contestations sur la délimitation est celui de la situation de l'immeuble qui fait l'objet de la contestation, qu'il s'agisse d'une délimitation partielle ou d'une délimitation générale de propriétés riveraines situées dans le ressort de divers tribunaux (C. for. 13). — Curasson, t. 1er, p. 154; D.A. 8. 728, et 729, n. 3.

78. — Dans le cas d'une délimitation générale, si le gouvernement refuse d'homologuer le procès-verbal, les parties rentrent dans le droit commun : chaque riverain conserve la faculté de se pourvoir devant les tribunaux, pour faire procéder à la délimitation et au bornage de sa propriété particulière. — Curasson, *ibid.*; D.A. *ibid.*

§ 2. — *De l'aménagement, des assiettes, arpentage, balivages et martelages des coupes.*

79 — L'aménagement est l'art de diviser une forêt en coupes successives, et de régler l'étendue ou l'âge des coupes annuelles dans le plus grand intérêt de la conservation de la forêt, de la consommation en général, du propriétaire, et s'il s'agit des forêts de l'état, dans le plus grand intérêt de la société (Rapport de M. Roy, à la ch. des pairs). — D.A. 8. 729, n. 1.

80. — Des ordonnances royales règlent l'aménagement des bois et forêts du domaine de l'état (C. forest., art. 15).

La manière dont il doit être procédé aux aménagemens des forêts de l'état est déterminée par les art. 67, 68, 69, 70, 72.

81. — Il ne peut être fait dans les bois de l'état aucune coupe extraordinaire quelconque, ni aucune coupe de quarts en réserve ou de massifs réservés par l'aménagement pour croître en futaie, sans une ordonnance spéciale du roi, à peine de nullité des ventes, sauf le recours des adjudicataires, s'il y a lieu, contre les fonctionnaires ou agens qui ont ordonné ou autorisé ces coupes. — Cette ordonnance spéciale doit être insérée au Bulletin des lois (C. forest. 16). — D.A. 8. 729, n. 1.

L'art. 71 de l'ordonnance de 1827 explique ce qu'on doit entendre par coupes extraordinaires.

82. — L'aménagement, que les propriétaires de bois, soumis à des droits d'usage, pouvaient anciennement exercer, n'existe plus aujourd'hui : le cantonnement est le seul moyen légal offert au propriétaire, pour affranchir une partie des bois des droits d'usage. — 3 juill 1828. Bourges. Bonneau, D.P. 29. 2. 187.

83. — Chaque année, les conservateurs adressent au directeur les états des coupes ordinaires, et les procès-verbaux motivés des propositions de coupes extraordinaires (Ord. 1er août 1827, art. 73). Après l'autorisation des coupes, on désigne les arbres d'assiette et l'on procède aux arpentages (art. 74), dont les conditions sont prescrites aux arpenteurs par les art. 75 et 76. Les arpenteurs dressent des procès-verbaux détaillés qu'ils envoient immédiatement à l'inspecteur (art. 77).

84. — Il est procédé à chaque opération de balivage et de martelage par deux agens au moins; le garde du triage doit y assister, et il est fait au procès-verbal mention de sa présence (art. 78).

85. — Les art. 79, 80, 81, déterminent comment les arbres réservés doivent être frappés du marteau royal, et comment sont rédigés et expédiés les procès-verbaux de balivage et martelage.

86. — Dans les coupes à *tire et aire*, les arbres destinés à demeurer en réserve sont désignés par l'empreinte du marteau royal, tandis que, dans les coupes *jardinatoires*, cette empreinte est appliquée, au contraire, aux arbres délivrés à l'adjudicataire. — 17 mai 1834. Cr. c. Forêts C. Vieillard. D.P. 34. 1. 447.

§ 3. — *Des adjudications de bois dans les forêts de l'état.*

87. — Aucune vente ordinaire ou extraordinaire ne peut avoir lieu dans les bois de l'état que par voie d'adjudication publique : toute vente faite autrement est considérée comme clandestine, déclarée nulle, et donne lieu à une amende contre les agens forestiers et contre l'acquéreur (C. forest., art. 17, 18).

88 — 1° *Formalités qui précèdent l'adjudication.* — L'adjudication doit être annoncée au moins quinze jours d'avance, par des affiches, contenant tous les détails et toutes les justifications nécessaires, rédigées par les agens de l'administration, et apposées et publiées sous l'autorisation et par les soins des préfets et sous-préfets (C. forest. 17; ord. 1er août 1827, art. 79, 84, 85).

89. — Est nulle toute vente qui n'a point été précédée des publications et affiches prescrites par la loi, ou qui a été effectuée dans d'autres lieux ou à un autre jour que ceux qui ont été indiqués par les affiches ou les procès-verbaux de remise de vente. — Les fonctionnaires ou agens qui ont contrevenu à ces dispositions sont condamnés solidairement à une amende de 1,000 à 3,000 fr., et une amende pareille est prononcée contre les adjudicataires, en cas de complicité (C. forest. 19).

90. — La loi n'a pas prononcé la nullité d'une adjudication par l'unique motif qu'elle aurait été faite à une autre heure que celle indiquée par l'affiche, et les nullités ne peuvent se suppléer. — D.A. 8. 729, n. 2.

91. — Quinze jours avant l'époque fixée pour l'adjudication, l'agent forestier chef de service doit faire déposer au secrétariat de l'autorité administrative chargée de présider à la vente, les procès-verbaux d'arpentage, de balivage et de martelage des coupes (art. 83).

92. — Les conditions générales des adjudications sont établies par un cahier des charges délibéré chaque année par la direction des forêts, et approuvé par le ministre des finances. — Les clauses particulières sont arrêtées par les conservateurs. — Les clauses et conditions, tant générales que particulières, sont toutes de rigueur, et ne peuvent jamais être réputées comminatoires (Ord., art. 82).

Une expédition du cahier des charges générales et particulières est déposé quinze jours avant l'adjudication (art. 83).

93.—L'état des frais à payer comptant par les adjudicataires doit être affiché dans le lieu des séances avant l'ouverture et pendant toute la durée de la séance d'adjudication (Ord. de 1827, art. 90).

94.— 2° *Quelles personnes peuvent se rendre adjudicataires. — Associations.* — Toute personne peut se rendre adjudicataire d'une coupe, excepté celles que la loi en déclare incapables (C. civ. 1594). — Curasson, t. 1er, p. 175; D.A. 8. 730, n. 4.

95.— Ne peuvent prendre part aux ventes, ni par eux-mêmes, ni par personnes interposées, directement ou indirectement, soit comme parties principales, soit comme associés ou cautions : 1° les agens et gardes-forestiers et les agens forestiers de la marine dans toute l'étendue du royaume; les fonctionnaires chargés de présider ou de concourir aux ventes, et les receveurs du produit des coupes, dans toute l'étendue du territoire où ils exercent leurs fonctions; — 2° les parens et alliés en ligne directe, les frères et beaux-frères, oncles et neveux des agens et gardes forestiers et des agens forestiers de la marine, dans toute l'étendue du territoire pour lequel ces agens ou gardes sont commissionés; — 3° les conseillers de préfecture, les juges, officiers du ministère public et greffiers des tribunaux de première instance, dans tout l'arrondissement de leur ressort; toute adjudication qui serait faite en contravention à ces diverses prohibitions doit être déclarée nulle (C. forest. 21), sans préjudice des amendes et autres peines.

96.— C'est aux tribunaux qu'il appartient de décider quand la personne au nom de laquelle une adjudication a été faite doit être considérée comme interposée.—Curasson, t. 1er, p. 176; D.A. 8. 730, n. 5.

97.—Une adjudication ne peut être déclarée nulle sur le motif qu'une partie des bois qu'elle comprend a été vendue par l'adjudicataire à une personne que la loi déclarait incapable d'y prendre part; que celle-ci possède une action dans la société en commandite qui a obtenu l'adjudication; que l'un des propriétaires associés dans l'usine à feu où se fera la consommation des bois adjugés, est un agent forestier, à moins que l'approvisionnement de cette usine ne soit fait dans l'étendue de la conservation où il exerce ses fonctions (art. 31 et 32, ord. 1er août 1827).— D.A. 8. 730, n. 6; Curasson, t. 1er, p. 176 et 177.

98 — Toute association secrète ou manœuvre entre les marchands de bois ou autres, tendant à nuire aux enchères, à les troubler ou à obtenir les bois à plus bas prix, donne lieu à l'application des peines portées par l'art. 412 C. pén., indépendamment de tous dommages-intérêts; et si l'adjudication a été faite au profit de l'association secrète ou des auteurs desdites manœuvres, elle est déclarée nulle (C. forest., art. 22).

99 — Les associations qui n'ont point pour but des manœuvres frauduleuses tendant à nuire aux enchères, peuvent, sous les auspices de la loi civile, être contractées pour enchérir dans les adjudications de bois.—D.A. 8. 730, n. 7; Curasson, t. 1er, p. 177 à 181.

100, — Un adjudicataire ne peut avoir que trois associés, d'après l'art. 8 du cahier des charges, pour la vente des coupes formant l'ordinaire de 1828.—Mais une association formée d'un plus grand nombre d'associés n'est point prohibée par la loi, et est conforme à la liberté du commerce. Elle ne peut donc être le motif d'une action en nullité ou en déchéance de l'adjudication. Elle ne peut non plus être la cause d'une action en dommages intérêts au profit de l'administration, qui ne pourrait justifier d'aucun préjudice.— Curasson, t. 1er, p. 182 à 183; D.A. 8. 730, 731, n. 8.— *Contrà*, Baudrillard, sur l'art 22. C. forest.

101.— Celui-là est seul adjudicataire d'une coupe de bois national, qui a signé le procès-verbal d'adjudication, à moins qu'une association ait été établie précédemment. En conséquence, un particulier qui se prétend associé d'un tel adjudicataire n'est pas fondé à demander la nullité de cette adjudication, par suite de cette irrégularité.— 20 nov. 1809. Décr. cons. d'état. Goupil.

102.—3° *Des enchères.*—Les adjudications se font aux enchères et à l'extinction des feux. Avant l'ouverture des enchères, le conservateur ou l'agent forestier qui le remplace pour l'adjudication, fait connaître au fonctionnaire qui préside la vente le montant de l'estimation des coupes.

103.— Les feux ne doivent être allumés que lorsque les offres sont égales à l'estimation.— Si cependant les offres se rapprochent de l'estimation, les feux peuvent être allumés sur la proposition de l'agent forestier (Ord. 1827, art. 87).

104.— Lorsque, faute d'offres suffisantes, les adjudications n'ont pu avoir lieu, elles sont remises, séance tenante, au jour qui est indiqué par le président, sur la proposition de l'agent forestier.— Le directeur-général peut, au surplus, autoriser le renvoi de l'adjudication à l'année suivante, et même ordonner, s'il y a lieu, et avec l'approbation du ministre des finances, que l'exploitation des coupes pour le compte de l'état, et la vente des bois soient effectuées de la manière qui est autorisée pour les exploitations par *éclaircie* (art. 89).

105.— Quant aux bois à couper par éclaircie, le directeur des forêts peut ordonner qu'ils soient exploités et façonnés pour le compte de l'état, et l'entreprise en est adjugée au rabais.— Les bois façonnés doivent être vendus par lots dans la forme ordinaire des adjudications, et à la charge par les adjudicataires de payer le prix de l'abattage et de la façon desdits bois (art. 88).

106. — Il est permis d'enchérir pour un tiers; mais la déclaration de command n'est admissible qu'autant qu'elle est faite immédiatement après l'adjudication et séance tenante (C. forest. 23).

107.— Le command déclaré ne peut lui-même en élire un autre; il ne peut être élu pour command qu'un seul individu (Avis du cons. d'état, 30 janv. 1809).— D.A. 8. 732, n. 2.

Une déclaration du command peut cependant être faite au profit d'une agrégation d'individus, telle qu'une compagnie de commerçans, une commune, un établissement public, etc. (Décr. du 12 mai 1809).— D.A. *ibid.*

108.— Le command ne peut être lié envers l'administration que par son acceptation.—26 oct. 1810. Cass. — Merl., Rép., v° Command, n. 10.

109.— 4° *De l'adjudication et des procès-verbaux d'adjudication.* — Les adjudications ont lieu pardevant les préfets et sous-préfets, dans les chefs-lieux d'arrondissement. — Les préfets, sur la proposition des conservateurs, peuvent permettre que les coupes dont l'évaluation n'excède pas 500 fr. soient adjugées au chef-lieu d'une des communes voisines des bois, et sous la présidence du maire.— Les adjudications se font en présence des agens forestiers et des receveurs chargés du recouvrement des produits (Ord. 1er août 1827, art 86).

110.— Il doit être fait mention, dans le procès-verbal d'adjudication, du mode de martelage ou de la désignation des arbres de réserve (Ord. 79), et des mesures prises pour donner à la vente sa publicité (Ord., art. 84).

111.— Ils sont signés sur-le-champ par tous les fonctionnaires présens et par l'adjudicataire ou son fondé de pouvoir; il y est fait mention du défaut de signature (Ord. 1er août 1827, art. 91).

112.— Les procès-verbaux d'adjudication emportent exécution parée et contrainte par corps contre les adjudicataires, leurs associés et cautions, tant pour le paiement du prix principal de l'adjudication que pour les accessoires et frais.—Les cautions sont en outre contraignables, solidairement et par les mêmes voies, au paiement des dommages, restitutions et amendes qu'aurait encourus l'adjudicataire (C. forest., art. 28).

113. — Il est nécessaire d'obtenir un jugement pour exercer la contrainte par corps (C. civ, art. 2067; C. forest., art. 28). — Duvergier, an 1827, p. 294.

114 — Les décisions ministérielles sur l'exécution d'une adjudication de coupes de bois, ne peuvent être regardées que comme de simples instructions adressées aux préposés de l'administration du domaine pour les diriger dans la discussion des droits, et ne font point obstacle à ce que les tribunaux prononcent sur les contestations auxquelles cette adjudication donne lieu, bien que la contestation porterait sur un paiement fait autrement qu'il était prescrit dans le cahier des charges.— 21 août 1816. Ord. cons. d'état. Nogues.

115.— Lorsque le cahier des charges d'une vente de bois de l'état porte, entre autres conditions et clauses: 1° « que les acquéreurs pourront souscrire des obligations: 2° que ces obligations produiront intérêt à 5 pour 100; 3° qu'en cas de paiement par anticipation et avant échéance, l'adjudicataire jouira d'une prime de 6 pour 100; » s'il arrive qu'un adjudicataire use de la faculté de cette dernière disposition, il ne sera pas déchargé du paiement des intérêts de la somme qu'il aura ainsi payée par anticipation. — 6 fév. 1822. Ord. cons. d'état. De Rosay.

116. — Dans une adjudication au rabais d'un bois de réserve, le procès-verbal faisant foi jusqu'à inscription de faux, s'il arrive qu'après la criée d'une

enchère, trois personnes ayant prononcé le mot: *je prends*, le procès-verbal constate qu'il a été dit simultanément, on ne sera pas reçu à prouver par témoins qu'au contraire l'une des personnes l'a prononcé la première.— 17 juill. 1822. Ord. cons. d'état. Arnould. Mac. 23. 74.

117. — 5° *Obligation de l'adjudicataire au moment de l'adjudication.*— L'adjudicataire doit, au moment de l'adjudication, élire domicile dans le lieu où l'adjudication a été faite (C. forest., 27).— Cette élection de domicile n'est relative qu'à l'exécution des clauses civiles. En conséquence, les poursuites à exercer contre l'adjudicataire, à raison d'un délit dont il est responsable, doivent être signifiées au domicile réel (Déc. min. 26 juin 1820). D.A. 8. 732, n. 1.

118.— Jugé, au contraire, que l'art. 26, tit. 15 de l'ord. de 1669, qui imposait à l'adjudicataire d'une coupe d'élire domicile, est générale, et ne concerne pas seulement les contestations civiles qui peuvent naître de l'adjudication, mais aussi toutes celles auxquelles le défaut de vidange, la mauvaise exploitation, les peines pécuniaires peuvent donner lieu; en conséquence, si le cahier des charges a, conformément à l'ordonnance, disposé que les actes postérieurs à l'adjudication seront signifiés au domicile qu'elle oblige les enchérisseurs d'élire au lieu de l'adjudication, ou, qu'à défaut d'élection, ils le seront au secrétariat de la préfecture où la vente s'est faite, l'adjudicataire, en contravention pour n'avoir pas vidé sa coupe dans le délai, a pu être valablement cité par l'administration forestière, devant le tribunal correctionnel, par exploit remis au secrétaire-général du conseil de préfecture, et il y a lieu d'annuler l'arrêt qui a annulé cette citation, sous le prétexte qu'elle aurait dû être remise directement au prévenu ou à son domicile réel. — 5 juill. 1828. Cr. c. Forêts C. Rollet. D.P. 28. 1. 316.

119. — Jugé de même que l'élection de domicile établie par l'art. 27 du code forestier, s'applique aux délits commis par l'adjudicataire comme aux clauses civiles de l'acte d'adjudication. En conséquence, des poursuites sont valablement exercées contre lui au secrétariat de la sous-préfecture du lieu où il a dû élire son domicile. — 28 sept. 1833. Cr. c. Forêts C. Fourcault. D.P. 34. 1. 56.

120. — On peut dire en ce sens que le code forestier étant muet sur la question, on doit se référer à ce qui se pratiquait avant sa publication; que les délits forestiers se prescrivant par un court délai, on a dû, pour la procédure criminelle, comme pour la procédure civile, établir des formes promptes et uniformes; que les délits se constatent d'ordinaire pendant l'exploitation, et que l'adjudicataire, s'il ne demeure pas dans la localité, y aura des agens qui pourront l'avertir des poursuites. On peut objecter que l'art. 27 C. forest. est exceptionnel relativement à l'adjudication seule et à ses conséquences civiles; qu'on ne peut l'étendre à des délits qu'on n'a dû ni prévoir ni supposer; qu'en matière pénale, tout est de droit rigoureux. — V. nos observ., D.P. *eod.*, note.

121. — L'adjudicataire est tenu de fournir des cautions; faute par lui de fournir celles exigées par le cahier des charges dans le délai prescrit, il est déclaré déchu de l'adjudication par un arrêté du préfet, et il est procédé à une nouvelle adjudication à sa folle enchère. — L'adjudicataire déchu est tenu, par corps, de la différence entre son prix et celui de la revente, sans pouvoir réclamer l'excédant, s'il y en a (C. forest. 24).

122.— La loi a laissé à l'administration le soin de déterminer le nombre et de fixer le délai de la présentation des cautions.— Curass., t. 1er, p. 183.

123. — L'ordonnance de 1669 accordait à l'adjudicataire, jusqu'à midi du lendemain de l'adjudication, la faculté de se dégager en payant la différence de son enchère avec celle du pénultième enchérisseur. La même faculté était accordée aux enchérisseurs précédens, jusqu'à celui qui voudrait accepter l'adjudication pour son compte. — D.A. 8. 732, n. 3.

124. — Toutefois, lorsque l'adjudicataire d'une coupe de bois domaniaux se désistait ou se laissait déchoir, l'adjudication ne passait pas de plein droit au pénultième enchérisseur; ce dernier ne devenait adjudicataire que par la signification du désistement ou la notification de la déchéance au premier adjudicataire (art. 25 et 30, tit. 15, ord. 1669). — 6 août 1817. Civ. c. Cornisset. D.P. 17. 1. 542.

Ces dispositions ne sont plus en harmonie avec le code forestier, et sont d'ailleurs abrogées par l'art. 218.— D.A. *eod.*

125. — 6° *Des surenchères.* — Toute personne capable et solvable est admise, jusqu'à midi du lendemain de l'adjudication, à faire une offre de surenchère, qui ne peut être moindre du cinquième de l'adjudication. Sur une pareille offre, l'adjudicataire et les surenchérisseurs peuvent en faire de semblables jusqu'à midi du lendemain de l'adjudication, heure à laquelle le plus offrant reste définitivement adjudicataire (C. forest. 25, §§ 1, 2).

126. — Dans l'ancienne jurisprudence, conforme à l'ordonn. de 1669, dont le système avait été conservé par les lois ultérieures, on appelait tiercement le droit de surenchérir du tiers. — V. Rép., v° Tiercement.

127. — Lorsque l'adjudication d'une coupe de bois national a été tranchée au profit d'un particulier, par l'administration, et qu'à la suite il y a eu un tiercement fait sans être suivi des significations prescrites même par le procès-verbal, le conseil de préfecture ne peut annuler l'adjudication par le motif que l'adjudicataire était présent au tiercement, et qu'il avait été averti par le préfet à la même séance, que les significations n'auraient pas lieu. — 5 mars 1811. Décr. cons. d'état. Moutillet. 1. 370.

128. — La question de savoir si le tiercement fait par un particulier contre l'adjudicataire d'une coupe de bois est régulier et conforme aux mesures prescrites en pareil cas, est du ressort des tribunaux ordinaires, bien que l'on puisse dire qu'il est besoin d'interpréter le procès-verbal de vente, d'en fixer le sens, d'en déterminer l'application, et qu'elle semblerait, sous ce rapport, devoir appartenir à l'autorité administrative. — 19 août 1813. Décr. cons. d'état. Angevin C. Gallot.

129. — La revente d'une coupe de bois appartenant à l'état, faite par l'adjudicataire, dans les délais de la surenchère, ne peut être considérée comme illicite ; la faculté de surenchérir n'empêchant pas que l'adjudication soit complète et parfaite, et la condition résolutoire à laquelle cette adjudication est soumise, en cas de surenchère, ne rendant pas nulle la cession faite par l'adjudicataire, puisque les droits, quoique résolubles, n'en sont pas moins cessibles et transmissibles (C. forest. 22, 23). — 2 juill. 1830. Grenoble. Ferlay. D.P. 32. 2. 214.

130. — Jugé, avant le code forestier, que le délai de vingt-quatre heures prescrit à peine de nullité par la loi pour surenchérir, devait être prorogé au deuxième jour, si le premier était un jour de fête légale (L. 18 nov. 1814). — 11 déc. 1822. Colmar. Sthelin. D.A. 8. 733. D.P. 2. 350.

131. — La forme dans laquelle les surenchères doivent être reçues et communiquées, est réglée par les §§ 3, 4 et 5, art. 25 C. forest.

132. — Une surenchère, quoique faite en présence de l'adjudicataire qu'elle intéresse et de l'agent forestier qui a fait l'adjudication à laquelle elle s'applique, doit être annulée si elle a été faite dans un autre lieu que celui indiqué par la loi et par le cahier des charges : en cette matière, les formalités sont de rigueur. — D.A. 8. 732, n. 5.

133. — Est également nulle la surenchère déclarée après le temps fixé ; l'acte de surenchère qui n'indique pas l'heure à laquelle elle a été faite est nul ; mais il n'en résulte aucune action contre le surenchérisseur. — D.A. 8. 732, n. 4.

134. — Autrefois, l'omission, dans l'exploit de tiercement, qui tenait lieu de la déclaration de surenchère, de l'heure à laquelle il avait été notifié, le rendait nul à l'égard de l'adjudicataire, mais il subsistait à l'égard du propriétaire (Déc. min. 29 avril 1818). — D.A. *eod.*

135. — La déclaration de surenchère, notifiée au secrétariat de la mairie du lieu où l'adjudication avait été faite, était autrefois valable, quoique le surenchérisseur ne l'eût pas fait notifier à l'adjudicataire (Ord. 1669, tit. 15, art. 26, 32). — 11 déc. 1822 Colmar. Sthelin. D.A. 8. 733. D.P. 2. 350.

136. — Les surenchérisseurs sont tenus d'élire domicile dans le lieu où l'adjudication a été faite ; sinon tous actes postérieurs leur sont valablement signifiés au secrétariat de la sous-préfecture (C. forest. 27).

137. — 7° *De la compétence.* — Les contestations qui peuvent s'élever, pendant les opérations d'adjudication, sur la validité des enchères ou sur la solvabilité des enchérisseurs et des cautions, sont décidées immédiatement par le fonctionnaire qui préside la séance d'adjudication (C. forest. 20).

138. — L'appel contre sa décision est inadmissible. — D.A. 8. 732, 733, n. 6.

139. — C'est au préfet qu'il appartient de prononcer la déchéance de l'adjudicataire qui n'a pas fourni, dans le délai prescrit, les cautions exigées par le cahier des charges (C. forest. 24).

140. — Les contestations au sujet de la validité des surenchères doivent être portées devant les conseils de préfecture (C. forest. 26).

141. — Celles dont le jugement n'est pas expressément attribué aux conseils de préfecture sont de la compétence des tribunaux ordinaires, qui peuvent seuls connaître des contestations sur le prix, l'étendue et les effets des adjudications. — D.A. 8. 733, n. 6.

142. — Depuis la suppression des maîtrises générales des eaux et forêts, les tribunaux sont seuls compétens pour connaître de la validité ou de l'invalidité des adjudications des bois de l'état ; les décisions du ministre, en cette matière, ne sont que de simples instructions, qui ne font point obstacle à ce qu'on saisisse les tribunaux. — 28 fév. 1828. Ord. cons. d'état. Guisse.

§ 4. — *De la coupe des arbres de réserve et des outrepasses de l'adjudicataire au-delà des limites de la vente.*

143. — Après l'adjudication, il ne peut être fait aucun changement à l'assiette des coupes, et il n'y peut être ajouté aucun arbre, ou portion de bois, sous quelque prétexte que ce soit, à peine d'amende contre l'adjudicataire, et sans préjudice de la restitution : les agens forestiers qui auraient permis ou toléré ces additions ou changemens, sont punis de pareille amende, sauf l'application, s'il y a lieu, des peines portées par l'art. 207 (C. for. 29).

144. — Le changement fait dans l'assiette d'une coupe doit avoir été *sciemment opéré*, pour qu'il y ait lieu de prononcer les peines de l'art. 29 C. for. ; s'il provient d'une erreur, l'adjudicataire ne doit être obligé qu'au paiement de la valeur des arbres enlevés au-delà de la limite de la coupe. — Baudrillart, sur l'art. 29 ; Curasson, p. 198.

145. — *Contrà.* — Le fait matériel du changement dans l'assiette d'une coupe est un délit ; la loi n'a pas donné aux tribunaux le pouvoir de modérer les peines. L'art. 65 C. pén. porte que nul délit ne peut être excusé ni la peine mitigée, si ce n'est dans les cas où la loi déclare le fait excusable ; et l'art. 203 C. for. interdit aux tribunaux la faculté d'appliquer aux matières qu'il régit l'art. 463 C. pén. — D.A. 8. 733 et 734, n° 1. — V. *infrà.*

146. — L'adjudicataire qui a été chargé par son acte d'adjudication de conserver et représenter des baliveaux, est responsable du déficit trouvé lors du récolement, lorsqu'il n'a pas donné, pendant l'usance de la vente, avis de l'accident ou de la force majeure qui a détruit les baliveaux confiés à sa garde, et, par conséquent, il y a lieu d'annuler l'arrêt qui le décharge, sous le prétexte que les baliveaux ont été détruits par la force majeure provenant de la guerre des Chouans. — 21 germ. an 7. Cr.-c. Min. pub. C. Bunel. D.A. 8. 738, n. 2. D.P. 24. 1. 292.

147. — La responsabilité de cet adjudicataire subsiste jusqu'au congé de cour qui doit lui être délivré après le procès-verbal de récolement, ou, si le récolement n'est pas fait dans le délai légal, jusqu'à ce qu'il ait mis l'administration en demeure par une sommation ayant un caractère *authentique* (Ordonn. de 1669, art. 51, tit. 15, et art. 1er et 10, tit. 16). — Ainsi, serait susceptible de cassation l'arrêt qui déchargerait l'adjudicataire de la responsabilité des délits commis sur les baliveaux réservés dans sa coupe, sur le motif que le récolement n'a eu lieu que deux années après l'adjudication ; que l'adjudicataire a plusieurs fois invité les agens de l'administration à y procéder, et que le délit n'a été commis ni par lui ni par ses facteurs. — 23 juin 1827. Cr. c. Forêts C. Lafferière. D.P. 27. 1. 435.

148. — L'adjudicataire d'une certaine quantité d'arbres morts marqués dans une forêt, qui en a coupé un certain nombre (aussi morts) parmi ceux de la même forêt, qui n'avaient pas été marqués, a encouru seulement les peines attachées aux faits de coupe en délit d'arbres ordinaires : on ne peut lui infliger les peines prononcées contre ceux qui ont enlevé des arbres de réserve (Ord., art. 13, sect. 32, art. 4). — 23 prair. an 10. Cr. c. Lallemand. D.A. 8. 734, n. D.P. 2. 351.

149. — L'adjudicataire d'une coupe de bois peut ne pas être condamné à des dommages-intérêts, bien qu'il ait coupé des arbres autres que ceux désignés dans sa coupe, si les procès-verbaux constatant la contravention ne mentionnent pas que les arbres coupés en délit fussent de meilleure nature ou qualité, ou plus âgés que ceux désignés à être coupés. — 6 mars 1834. Cr. r. Min. pub. C. Bernard. D.P. 34. 1. 343.

Cette décision contient, au sujet du principe général suivant lequel on n'accorde des dommages-intérêts qu'autant qu'il y a préjudice souffert, une application qui mérite d'être remarquée, d'autant plus que les arbres avaient été coupés en délit, et qu'on n'a pas constaté une simple erreur. — D.P. *eod.*

150. — L'adjudicataire est tenu de respecter tous les arbres marqués ou désignés pour demeurer en réserve, sans que l'on puisse admettre en compensation d'autres arbres non réservés, que l'adjudicataire aurait laissés sur pied (C. for. 33).

151. — Il ne peut pas non plus s'approprier les arbres marqués pour être réservés, sur le motif que, par suite d'un cas fortuit (tel qu'un ouragan qui aurait brisé certains arbres adjugés), il n'a pu jouir de ces arbres, ce qui lui donnait droit à une indemnité. — 7 avril 1808. Cr. c. Forêts C. Parchemines. D.A. 8. 735, n. 5. D.P. 2. 352.

152. — Il n'est pas fondé à couper un arbre marqué pour servir de limite entre sa coupe et une autre coupe, sur le motif qu'il se serait aussi rendu adjudicataire de celle-ci, et qu'en conséquence, la réserve en devenait inutile. — 20 janv. 1815. Cr. c. Forêts C. Cartière. D.A. 8. 734. D.P. 2. 351.

153. — L'adjudicataire qui a fait abattre en délit des arbres de sa coupe, martelés du marteau de la marine, n'est pas suffisamment puni par l'application des peines prononcées pour enlèvement des arbres de réserve ordinaires ; il ne peut être exempté des peines plus fortes par lui encourues, sur le motif qu'il n'a pas eu une connaissance officielle du martelage. — 24 déc. 1824. Cr. c. Forêts C. Colombart. D.A. 8. 734, n. 1. D.P. 2. 351.

154. — Il suffit que le manque de certains arbres marqués du marteau de l'état soit constaté par procès-verbal, pour que l'adjudicataire soit responsable et ne puisse être affranchi de la responsabilité, sous le prétexte qu'il ne résulterait d'aucun procès-verbal que les arbres réservés aient été *coupés ou arrachés* (C. forest. 33). — 12 mai 1832. Cr. c. Ratiéville. D.P. 32. 1. 259.

155. — Lorsque les adjudicataires de coupes de bois ont enlevé des arbres réservés, il n'y a lieu de leur appliquer le deuxième alinéa de l'art. 34 C. forest., qu'autant que le procès-verbal des agens établit que l'enlèvement des arbres et des souches, ou toute autre circonstance, ont empêché de constater l'essence et la dimension des arbres en déficit.

..... Si donc le procès-verbal ne relate pas ces circonstances, c'est aux tribunaux à arbitrer la grosseur des arbres enlevés, d'après les documens du procès, conformément au § 2 de l'art. 193 du même code, et à calculer l'amende sur cette base. — 15 nov. 1833. Cr. c. Forêts C. Charpentier. D.P. 34. 1. 56.

156. — L'adjudicataire d'une coupe ne doit pas respecter seulement les arbres marqués du marteau royal, mais encore tous ceux désignés pour demeurer en réserve.

Ainsi, l'adjudicataire d'une coupe jardinatoire qui abat des arbres non marqués de l'empreinte du marteau royal, se rend coupable du délit prévu et puni par les art. 33 et 34 du C. forest. — 17 mai 1834. Cr. c. Forêts C. Vieillard. D.P. 34. 1. 447.

157. — S'il avait été marqué un moins grand nombre d'arbres que celui porté au procès-verbal de martelage, l'adjudicataire deviendrait passible d'une amende proportionnée à la quantité d'arbres qu'il ne représenterait pas, comme s'ils avaient existé et qu'il les eût enlevés. — 26 juill. 1810. Cr. c. Forêts C. Hieronimus. D.A. 8. 738, n. D.P. 2. 354.

158. — Il ne peut être déchargé de la peine attachée au fait de la coupe d'un pied cornier de sa vente, sur sa simple allégation, qu'avant l'exploitation commencée il avait averti de cet enlèvement l'un des gardes signataires du procès-verbal ; et l'arrêt qui prononce cette décharge viole la loi, 1° en ce qu'il reçoit, contre la foi due au procès-verbal, un témoignage inadmissible ; 2° en ce qu'il ne prononce pas les peines portées par les art. 4 et 8, tit. 32 de l'ord. de 1669. — Même arrêt.

159. — Sous l'empire de l'ord. de 1669, l'amende encourue par l'*adjudicataire* qui coupait des arbres réservés était de 50 fr. fixe ; celle encourue par des individus sans qualité devait se calculer au pied de tour, suivant la dimension des arbres coupés (Ord. 1669, tit. 32, art. 1er et 4). — 2 août 1810. Cr. c. Forêts C. Bœhmer. D.A. 1. 331. D.P. 1. 197.

160. — L'adjudicataire d'une coupe de bois qui abattait des baliveaux réservés et martelés, devait être puni d'une amende de 10 fr. par baliveau, aux termes de cette ordonnance. On ne pouvait pas lui

appliquer l'ord. du 28 août 1816, qui punit de 300 fr. d'amende celui qui coupe des bois réservés pour la marine.— 23 juin 1827. Cr. c. Forêts C. Rédonnel. D.P. 27. 1. 435.

161.—Aujourd'hui, les amendes encourues par les adjudicataires, pour abattage ou déficit d'arbres réservés, sont du tiers en sus de celles qui sont déterminées par l'art. 192, toutes les fois que l'essence et la circonférence des arbres peuvent être constatées. — Si, à raison de l'enlèvement ou de toute autre circonstance, il y a impossibilité de constater l'essence et la dimension des arbres, l'amende ne peut être moindre de 50 fr. ni excéder 200 fr.—Dans tous les cas, il y a lieu à la restitution des arbres, ou de leur valeur, estimée à une somme égale à l'amende, sans préjudice des dommages-intérêts (C. forest. 34).

162.— A supposer que le fait d'abattage et d'enlèvement, par un adjudicataire, dans l'étendue de sa coupe, et dans un bois particulier, d'arbres qu'il savait ne pas lui appartenir, ne constitue pas le délit d'abattage et d'enlèvement d'arbres réservés, puni par l'art. 34 C. forest; il constitue, en tout cas, l'une des infractions ou délits communs prévus par les art. 192 et 198, et passibles des peines ordinaires que ces articles prononcent contre tout abattage ou enlèvement frauduleux; et, dès lors, c'est à tort qu'un tribunal se déclarerait incompétent pour connaître de ce fait, sous le prétexte qu'il ne donnerait plus lieu qu'à une action civile.— 14 mai 1831. Cr. c. Choiseul. D.P. 31. 1. 224.

163.— L'adjudicataire d'une coupe de bois, prévenu d'avoir coupé des arbres non marqués ni vendus, ne peut être renvoyé de ce délit, sous le prétexte que les arbres abattus empêchaient l'exploitation de sa coupe, et qu'il n'en aurait pas profité; il ne pouvait les couper qu'autant qu'il y aurait été autorisé par l'administration (C. forest. 33, 34, 192). —19 sept. 1832. Cr. c Forêts C. Sabiani. D.P. 33. 1. 71.

164. —L'adjudicataire d'une coupe jardinatoire qui a coupé des arbres non marqués, et, dès lors, réservés, ne peut être acquitté, sous le prétexte que les arbres coupés étaient des brins d'arbres poussés de la même souche que d'autres régulièrement marqués (C. forest. 33, 34).— 27 avril 1833 Cr. c. Forêts C. Boulangeot. D.P. 33. 1 352

165. —L'amende prononcée par l'art. 34, § 2 C. forest., est spéciale pour *chaque arbre* abattu en délit, et non point générale pour tous les arbres.— 20 mars 1830. Cr. c. Henry. D.P. 30. 1. 175.

166. — L'art. 37 C. forest. punit d'une amende de 50 à 500 fr., sans préjudice des dommages-intérêts, les contraventions aux clauses du cahier des charges, relativement au mode d'abattage des arbres.

167. — Un tribunal ne peut refuser d'appliquer cet article à un adjudicataire qui ne représente pas l'empreinte du marteau royal sur plusieurs étocs, sous le prétexte que le procès-verbal constate que le nombre des arbres enlevés est le même que celui des arbres marqués en délivrance, et que ce procès-verbal ne constate pas que les empreintes non représentées aient été coupées ou enlevées en contravention à la loi; l'art. 80, §§ 1 et 3 C. forest., oblige absolument les adjudicataires à représenter, à l'instant du récolement, l'empreinte du marteau royal sur les étocs exploités — 18 juin 1830. Cr. c. Forêts C. Bech. D.P. 30. 1. 304.

168. — Les adjudicataires de coupes faites en jardinant, qui ne représentent pas, sur les étocs des arbres exploités, l'empreinte du marteau royal, lorsque cette obligation était consignée parmi les clauses du cahier des charges. sont passibles de la pénalité de l'art. 37 C. forest. — 15 mars 1833. Cr. c. Forêts C. Roll. D.P. 33. 1. 206.

169. — L'adjudicataire qui trouve dans sa coupe moins d'arbres qu'il ne lui en a été vendu, ne peut couper de son chef le nombre qui lui manque hors des limites de son adjudication, sans commettre un délit: le délit subsiste alors même qu'il aurait agi en vertu de la permission d'un fonctionnaire qui n'avait pas caractère pour l'autoriser à cette action, ce qui ne pouvait le constituer de bonne foi.— 21 juill. 1809. Cr. c. Forêts C. Gotez. D.A. 8. 734, n. D.P. 2. 351.

170. —La défense que l'adjudicataire, poursuivi pour outrepasses dans sa coupe, fait résulter de ce qu'il se serait conformé au procès-verbal d'adjudication, ne forme pas une question préjudicielle qui doive être soumise aux tribunaux civils : elle est de la compétence du tribunal correctionnel saisi de l'action en réparation du délit. — 15 janv. 1810. Cr. c. Forêts C. Arnoud. D A. 8. 735, n. D.P. 2. 352.

171.— La peine portée au cahier des charges relatif à l'adjudication des bois de l'état, pour les faits d'outrepasse ou d'entreprise, par un adjudicataire, au-delà des pieds corniers, n'est pas celle qui doit être appliquée à l'adjudicataire d'une certaine quantité de sapins à prendre en jardinant dans une forêt, qui a coupé, dans l'étendue de sa vente, des bois qui ne lui avaient pas été vendus : il doit subir la peine portée par la loi générale contre ceux qui ont coupé des bois en délit (Ord. de 1660, art. 1er, tit. 32).— 1er fév. 1822. Cr. c. Forêts C. Darius. D.A. 8. 735. D.P 22. 1. 231.

172. — L'adjudicataire d'une coupe de bois qui outre-passe sa coupe, étant punissable, aux termes de l'art. 9, tit. 16 de l'ord. de 1669, ne peut être excusé par les tribunaux, sous le prétexte que l'*outrepasse* par lui commise proviendrait d'une erreur des ouvriers, ou n'aurait fait aucun préjudice à l'état. — 23 juin 1827. Cr. c. Forêts C. Borget. D.P. 27. 1. 435.

173. — Le délit résultant de la coupe et de l'enlèvement d'un chêne dans les environs de sa vente, est une malversation qui exclut l'adjudicataire du bénéfice de l'amnistie prononcée par l'ord. royale du 3 nov. 1827.— 14 mai 1829. Cr. c. Forêts C. Peschet. D.P. 29. 1. 242. — V. Amnistie.

174. — Les limites assignées par le procès-verbal d'adjudication d'un bois ne font pas partie de ce bois, encore bien que dans un temps antérieur à trente ans elles en eussent fait partie, et que ce ne soit que par usurpation qu'elles en aient été distraites.—21 juill. 1824. Ord. cons. d'état. Clerc Lasalle.

175. —Dans une contestation de propriété relative à l'étendue de la vente d'une partie de bois faite par l'état, un inspecteur des forêts ne représente pas l'état, et l'acquiescement donné, par cet agent, à l'exécution de l'arrêté d'un conseil de préfecture, ne saurait lier l'administration. — 15 juin 1825. Ord. cons. d'état. Guyot.

§ 5.— *Du mode d'exploitation, des malversations de l'adjudicataire, et des poursuites auxquelles elles donnent lieu.*

176. — Le code ne prescrit pas de mode général d'exploitation des coupes; c'est le cahier des charges qui doit les régler.—D.A. 8. 735, n. 1.

177.—Le ministre des finances est compétent pour prendre un arrêté réglementaire ayant pour objet de réprimer les abus introduits dans le mode de jouissance des forêts de l'état, afin d'en régler l'exercice dans l'intérêt de leur conservation; mais il doit respecter les droits des usagers, qui reposent sur des titres anciens; c'est aux tribunaux que la connaissance en est dévolue.— 8 sept. 1824. Ord. cons. d'état. Comm. de Dabo.

178.— Les adjudicataires ne peuvent commencer l'exploitation avant d'avoir obtenu, par écrit, de l'agent forestier local, le permis d'exploiter, à peine d'être poursuivis comme délinquans (C. forest. 30).

On doit entendre par *agent forestier local* un inspecteur, un sous-inspecteur, ou un garde-général.— Duvergier, an 1827, p. 294.

179. — La contravention à l'art. 30 C. for., ne peut être excusée sous prétexte que l'adjudicataire était de bonne foi.— 17 mai 1833. Cr. c. Forêts. C. Laplanche. D.P. 33. 1. 386.

180.—Si le permis d'exploiter lui était arbitrairement refusé, l'adjudicataire aurait le droit de se pourvoir devant l'autorité supérieure, sans préjudice de l'action en dommages-intérêts devant les tribunaux, dirigée contre le préfet.—D.A. 8. 734, n. 3.

181.— Le permis d'exploiter est exempt du timbre et de l'enregistrement (Déc. min. du 3 déc. 1825). D.A. *eod.*

182.— Si une coupe de chênes taillis a été faite, sans permission, dans une forêt de l'état, en exécution de la vente qui en avait été consentie par un fermier de la forêt; ce fermier doit être déclaré civilement responsable du délit résultant de la coupe faite par les acheteurs, laquelle doit être considérée comme faite par ses commis (Ord. de 1669, tit. 32, art. 7).— 8 nov. 1811. Cr. c. Forêts C. Accoramboni. D.A. 8. 726, n. D.P. 2. 344.

183.— Tout adjudicataire est tenu, sous peine de 100 fr. d'amende, de déposer chez l'agent forestier local, et au greffe du tribunal de l'arrondissement, l'empreinte du marteau destiné à marquer les arbres et bois de sa vente (C. forest. 32; ord. 1827, art. 95).

184.— Les adjudicataires ne peuvent effectuer aucune coupe ni enlèvement de bois avant le lever ni après le coucher du soleil, à peine de 100 francs d'amende (C. forest. 35).

185.— Cette défense est applicable à celui qui, pendant le temps prohibé, charge du bois. — 26 mars 1830. Cr. c. Forêts C. Jacquot. D.P. 30. 1. 184.

186.— Il est interdit aux adjudicataires, à moins que l'adjudication n'en contienne l'autorisation expresse, de peler ou d'écorcer sur pied aucun des bois de leurs ventes, sous peine de cinquante à cinq cents francs d'amende; et il y a lieu à la saisie des écorces et bois écorcés, comme garantie des dommages-intérêts, dont le montant ne peut être inférieur à la valeur des arbres induement pelés ou écorcés (C. forest. 36).

187. — Le droit d'écorcer des souches n'emporte pas celui de les écuisser et de les éclater.—23 mars 1811. Cr c. Forêts. C. Sabler. D.A. 1. 414. D.P. 1. 134.

188.— L'action pénale dirigé contre un adjudicataire pour avoir mal exploité sa coupe, en ne ravalant pas les souches et étocs, et en ne coupant pas les bois assez près de terre, étant de la compétence du tribunal correctionnel. ce tribunal est compétent aussi pour apprécier l'exception que le prévenu ferait résulter de ce qu'il se serait conformé au cahier des charges.— 25 janv. 1810. Cr. c. Forêts C. Laréal. D.A. 8. 736, n. D.P. 2. 352.

189.— L'administration forestière qui tolère l'introduction des bêtes à cornes pour donner à l'adjudicataire le moyen de prendre livraison des bois, peut mettre à cette permission les conditions qui lui paraissent propres à empêcher qu'elle ne devienne trop préjudiciable aux forêts, et si l'adjudicataire néglige de s'y conformer, l'art. 147 C. forest. devient applicable.— D.A. 8. 736, n. 5.

190.— La contravention à la disposition du cahier des charges, qui trace les règles de l'introduction des bestiaux pour la vidange des coupes, telle, par exemple, que celle qui défend de n'introduire dans leurs coupes que des animaux muselés, est passible des peines de l'art. 199 C. forest.: on dirait en vain que le cahier des charges n'a pas force de loi. — 20 août 1829. Cr. c. Nanci. Forêts C. Laurent. D.P. 29. 1. 342. — 29 mars 1806. Cr. c. Min. pub. C. Jacques. D.A. 8. 736, n. 1. D.P. 2. 367.

191.— Toute contravention aux clauses du cahier des charges, relativement au mode d'abattage des arbres et au nettoiement des coupes, est punie d'une amende de 50 à 500 fr., sans préjudice des dommages-intérêts (C. forest. 37).

192.— Ainsi, l'adjudicataire d'une coupe de bois, tenu, d'après le cahier des charges, de nettoyer sa coupe avant le 1er juin, et qui laisse cependant sur le parterre de cette coupe, après cette époque, des *ramiers ou autres arbustes* propres à faire des fagots, doit être puni de l'art. 37 C. forest. — 12 fév. 1830. Cr. c. Forêts. C. Dufour. D.P. 30. 1. 126.

193.— Les adjudicataires des coupes sont tenus de relever et enlever les ramiers, sous peine d'être punis, comme coupables du défaut de nettoiement des coupes (C. forest. 37).— 15 juin 1833. Ch. réun. c. Forêts. C. Cléroix. D.P. 33. 1. 252.

194.— L'expression, *nettoiement des coupes*, de l'art. 37 C. forest., doit s'entendre de l'arrachis et martement des épines et plantes parasites. — 26 août 1833. Douai. Forêts C. Cléroix. D.P. 34. 2. 34.

195 —Les agens forestier doivent indiquer, par écrit, aux adjudicataires, les lieux où il peut être établi des fosses ou fourneaux pour charbon, des loges ou des ateliers; il n'en peut être placé ailleurs, sous peine d'amende (C. forest. 38).

196. — L'adjudicataire, s'il croit avoir à se plaindre de l'indication faite par l'agent forestier, n'a de recours que vers les agens supérieurs de l'administation. —Duvergier, an 1827, p. 297.

197. — Toutefois, si l'agent forestier prétendait que l'adjudicataire n'a pas le droit d'avoir des fosses et fourneaux, l'adjudicataire pourrait s'adresser aux tribunaux, parce qu'il s'agirait alors d'apprécier l'étendue et les effets du procès-verbal d'adjudication.

198. — L'adjudicataire d'une coupe qui, sans indication *écrite* de l'agent forestier, établit un atelier dans sa coupe, est passible de l'amende prononcée par l'art. 38 code forestier, encore bien qu'il n'aurait agi que d'après l'autorisation verbale de l'agent. La condition d'une indication écrite est essentielle, et ne peut être suppléée par la bonne foi. — 24 mai 1834. Cr. c. Forêts C. Siegrist. D.P. 34. 1. 383.

199 —L'adjudicataire d'une forêt de l'état ne peut, non plus que tout autre individu, établir des ateliers de bois aux rives de cette forêt, à la distance prohibée par la loi. — 1er juill. 1825. Cr. c. Forêts C. Taffine. D.P. 25. 1. 418. — 22 juin 1826. Cr. c. Forêts C. Pons. D.P. 26. 1. 394.

200. — Dès lors, si un adjudicataire a établi un

atelier hors du cercle de sa responsabilité, et à la distance prohibée d'une forêt de l'état, il encourt les peines portées par l'art. 25, tit. 27 de l'ord. de 1669.— Même arrêt.

201. — L'adjudicataire d'une coupe de bois, qui, sans avoir obtenu de l'administration des forêts l'indication du lieu où il devra brûler ses arbres destinés à faire de la cendre, ne peut être excusé, si le feu s'est communiqué à la forêt, par le motif qu'il est le résultat d'un cas fortuit (C. forest., art. 38, 42). — 16 mars 1833. Cr. c. Forêts C. Bertarelli. D.P. 33. 1. 208.

202. — Il en serait ainsi, bien que l'adjudicataire aurait montré au conservateur des forêts l'endroit où il voulait brûler ses arbres, et que ce fonctionnaire aurait gardé le silence (C. forest., art. 38). — Même arrêt.

203.— La traite des bois doit se faire par les chemins désignés au cahier des charges, sous peine d'amende, outre les dommages-intérêts (C. forest., art. 39).

204.— Lorsque l'adjudicataire d'une coupe ou ses agens ont fait la traite par un lieu autre que le chemin spécial indiqué dans le cahier des charges, c'est l'art. 39 C. forest. qu'on doit appliquer, et non l'art. 147, applicable seulement aux particuliers trouvés hors des chemins ordinaires.— 3 nov. 1832. Cr. c. Forêts C. Rovel. D.P. 33. 1. 336.

205 — L'adjudicataire qui exploite une coupe de bois de l'état hors des chemins désignés au cahier des charges, est passible de l'amende et de dommages-intérêts, encore bien que les chemins désignés seraient devenus impraticables, si, d'ailleurs, il ne s'est pas adressé à l'administration forestière pour en obtenir d'autres, il se prévaudrait en vain de l'art. 41 de la loi du 6 oct. 1791, qui autorise les voyageurs à passer sur les propriétés riveraines d'un chemin jugé impraticable (C. forest. 39, 202). —5 déc. 1833. Cr. c. Forêts C. Prévaux. D.P. 34. 1. 64.

206. — A défaut, par les adjudicataires, d'exécuter, dans les délais fixés par le cahier des charges, les travaux qu'il leur impose, tant pour relever et faire façonner les ramiers et pour nettoyer les coupes des épines, ronces et arbutes nuisibles, selon le mode prescrit à cet effet, que pour les réparations des chemins de vidange, fossés, repiquement de places à charbon et autres ouvrages à leur charge, ces travaux doivent être exécutés à leurs frais (C. forest. 41).

207.— Lorsque l'adjudicataire des coupes de bois d'une forêt n'a pas fait enlever ces coupes hors de la forêt dans le délai réglé par le cahier des charges, les tribunaux ne sont compétens ni pour proroger ce délai, ni pour écarter ou modérer les peines encourues par les adjudicataires en retard, encore que les prévenus opposent des exceptions : l'administration doit seule en connaître (Ord. 1669, tit. 15, art. 40 et 41; tit. 32, art. 14). — 4 août 1827. Cr. c. Dijon. Forêts C. Bouchard. D.P. 27. 1. 452.

208.—Les loges construites dans les ventes par les adjudicataires, et composées des bois vendus, doivent, ainsi que ces bois, et à peine de confiscation, être enlevées avant la vidange (Ord de 1669, art. 47, tit. 15). —21 fév. 1828. Cr. c. Caen. Min. pub. James. D.P. 28. 1. 143.

209. — Le retard apporté par les adjudicataires de coupes de bois dans le *relèvement et façonnement des ramiers*, ne constitue pas, de leur part, le délit de non *nettoiement* des coupes, prévu par l'art. 37 C. forest., et puni d'une amende de 50 à 500 fr.; ce retard ne donne lieu qu'à l'application de l'art. 41 C. forest. — 26 août 1833. Douai. Forêts C. Cléroix. D.P. 34. 2. 34. — V. cependant *suprà* l'arrêt du 15 juin 1833.

210.— Il est défendu à tous adjudicataires, leurs facteurs et ouvriers, d'allumer du feu ailleurs que dans leurs loges ou ateliers, à peine d'amende, sans préjudice de la réparation du dommage (C. forest., art. 42).

211.—Si, dans le cours de l'exploitation ou de la vidange, il est dressé des procès-verbaux de délits ou vices d'exploitation, il peut y être donné suite sans attendre l'époque du récolement (C. forest., art. 44).

212.— Jugé, aussi antérieurement au code, qu'il n'y pas lieu d'attendre l'époque du récolement pour exercer contre un adjudicataire l'action pénale résultant de l'abattage fait par lui, dans sa coupe, d'arbres de réserve marqués du marteau du gouvernement, et que c'est à tort qu'un arrêt ordonne un sursis jusque là ; que les préposés sont non seulement autorisés, mais obligés de constater par les procès-verbaux les délits commis dans les coupes ouvertes, et de poursuivre sur-le-champ les adjudicataires comme responsables, sans attendre les époques des récolemens définitifs (Ord. 1669, tit. 16, art. 10; tit. 32, art. 4 et 8). — 25 janv. 1815. Cr. c. Forêts C. Florentin. D.A. 8. 736, n. D.P. 2. 353.

213. — L'expiration du délai du récolement ne fait cesser la responsabilité de l'adjudicataire qu'autant qu'il a mis en demeure d'administration forestière par un acte régulier et authentique.— 28 juill. 1809. Cr. c. Forêts C. Heuseler. D.A. 8. 738, n. 4. D.P. 24. 1. 295.

214. — Il n'est pas nécessaire d'avoir le concours de deux agens forestiers et du garde du triage pour la constatation des délits commis avant le récolement; il suffit du procès-verbal d'un simple garde.— D.A. 8. 736, n. 1.

215. — Un tel procès-verbal, dressé avant le récolement, pour délits commis à l'ouïe de la cognée, est valable, quoique l'adjudicataire n'ait pas été appelé à sa rédaction. — 13 janv. 1814. Cr. c. Forêts C. Palmes. D.A. 8. 736. D.P. 2. 353.

§ 6.— *De la responsabilité de l'adjudicataire.*

216. — Les adjudicataires, à dater du permis d'exploiter, et jusqu'à ce qu'ils aient obtenu leur décharge, sont responsables de tout délit forestier commis dans leurs ventes et à l'ouïe de la cognée, si leurs facteurs ou garde-ventes n'en font leurs rapports (C. forest. 45). — L'espace appelé *l'ouïe de la cognée* est fixé à la distance de deux cent cinquante mètres, à partir des limites de la coupe (C. forest 31, § 3).

217.—Déjà, sous la législation précédente, l'adjudicataire était responsable des délits commis dans l'étendue de sa coupe. — 9 oct. 1807. Cr. c. Forêts C. Desprès. D.A. 8 738, n. D P. 24. 1. 294.— 25 janv. 1828. Cr. c. Forêts C. Bonnel. D.P. 28 1. 108.

218 — Il en était ainsi jusqu'au récolement, lors même qu'il se serait écoulé plus de six semaines depuis la vidange, à moins que l'adjudicataire n'eût mis plus tôt l'administration forestière en demeure de procéder au récolement. — Même arrêt.

219.— ... Ou bien encore jusqu'au congé de cour, ou la mise en demeure de l'administration d'accorder ce congé.— Même arrêt Bonnel.

220.— Si l'adjudicataire ne fait pas de signification, il reste responsable pendant trente ans, suivant la règle du droit commun et l'ancienne jurisprudence. — Duvergier, an 1827, p. 299.

221.— L'adjudicataire d'une coupe de bois n'est pas simplement responsable civilement des délits commis dans la vente; il est encore passible personnellement des amendes prononcées à raison de ces délits (Ord. 1669, tit. 27, art. 10; tit. 33, art. 4). — 9 germ. an 10. Cr. c. Min. pub. C. Heyndrecht. D.P. 24. 1. 293.

222. — Jugé de même que la responsabilité de l'adjudicataire s'étend à toutes les réparations qu'entraînent les délits commis dans l'étendue de sa coupe : amendes, restitutions civiles et dommages-intérêts. — 20 sept. 1832. Cr. c. Forêts C. Tabourin. D.P 33. 1 352.

223.— Jugé encore que la responsabilité de l'adjudicataire ou de ses cautions s'étend à l'amende comme aux restitutions civiles.— 16 nov. 1833. Cr. c. Forêts C. Duclos. D.P. 34. 1. 58.

224.— L'adjudicataire ne peut être déchargé de sa responsabilité, sur le simple motif que l'administration forestière a introduit dans sa coupe d'autres adjudicataires pour la coupe des vieilles écorces.— 2 nov. 1810. Cr. c. Forêts C. Noël. D.A. 8. 737. D.P. 24. 1. 301.— 20 août 1819. Cr. c. Forêts C. Stanisier. D.A. 8. 737. D.P. 24. 1. 302.

225.—.. Ou des ouvriers, après le délai légal du récolement, s'il ne s'y est pas opposé et s'il n'avait point mis l'administration en demeure de procéder au récolement.— Mêmes arrêts.

226.— Il est responsable des délits commis dans un bois voisin de sa coupe, à l'ouïe de la cognée et dans l'étendue de sa réponse, s'il n'en a pas fait dresser procès-verbal, et il ne peut échapper à la responsabilité, sous prétexte qu'entre la limite de sa coupe et le bois voisin il existe des terres et des vignes appartenant à des particuliers (Ordonn. 1669, art. 1, 5, 8, 39 et 51, tit. 15.) — 25 juill. 1828. Cr. c. Min. pub. C. Pilotelle. D.P. 28. 1. 349.

227. — L'adjudicataire de l'élagage des branches basses de pins dans une forêt de l'état, ne peut être déchargé de la responsabilité des délits commis dans sa vente, [illegible] motif que l'administration forestière [illegible] ayant délivré un permis d'exploiter [illegible] qu'il eût établi un garde-vente, est présumée l'avoir affranchi de la surveillance de la coupe, l'établissement du garde n'étant que dans l'intérêt de l'adjudicataire. —24 déc. 1813. Cr. c. Forêts C. Bolland. D.A. 8. 738, n. 3. D.P. 24. 1. 296.

228. — La responsabilité existe à la charge de l'adjudicataire d'une certaine quantité d'arbres à prendre en jardinant dans une forêt, comme à la charge de celui dont l'adjudication embrasse une certaine quantité de bois formant une assiette séparée et fixe. — Curasson, t. 1re, p. 200 ; D.A. *cod.*, n. 1.

229. — Dans le mois qui suit l'adjudication, pour tout délai, et avant que le permis d'exploiter soit délivré, l'adjudicataire peut exiger qu'il soit procédé, contradictoirement avec lui ou son fondé de pouvoirs, au souchetage et à la reconnaissance des délits qui auraient été commis dans la vente ou à l'ouïe de la cognée (Ord. 1er août 1827, art. 93).

230. — L'individu qui s'étant chargé d'exploiter un certain nombre de pieds d'arbres dans une coupe de bois, reçoit, sans faire aucune réclamation, le permis d'exploiter, est présumé avoir reconnu qu'aucun délit n'existait dans sa vente ni à l'ouïe de la cognée, et devient responsable de tous ceux qui peuvent être ultérieurement constatés, sans que l'administration forestière soit tenue d'établir qu'ils ont été commis depuis la délivrance du permis d'exploiter (C. for. 45, 46 et 82 ; ord. du 1er août 1827, art. 93). — 31 mai 1833. Cr. c. Forêts C. Lac. D.P. 33. 1. 370.

231. — Jugé de même que l'adjudicataire qui, dans le mois de son adjudication, n'a pas fait procéder au souchetage et à la reconnaissance des délits qui auraient pu être commis dans la vente, ou à l'ouïe de la cognée, est responsable de tout délit forestier qui y serait commis, lors même que le procès-verbal du garde-forestier ne constaterait pas que ce délit a eu lieu postérieurement au permis d'exploiter (C. for. 45). — 15 nov. 1833. Cr. c. Forêts C. Houbre. D.P. 34. 1. 57.

232. — L'adjudicataire cesse d'être responsable des délits qui n'ont pas été commis par des personnes attachées à la vente, lorsqu'ils ont été constatés (C. for. 45); en conséquence, il est tenu d'avoir un facteur ou garde-vente, agréé par l'agent forestier local, assermenté devant le juge de paix et autorisé à dresser des procès-verbaux tant dans la vente qu'à l'ouïe de la cognée (C. for. 31).

233. — L'adjudicataire est responsable des arbres coupés en délit à l'ouïe de la cognée, s'il n'a fait remettre, dans le délai prescrit, à l'administration, le procès-verbal qu'il en a fait dresser (Ord. 1669, tit. 15, art. 51). — 23 janv. 1807. Cr. c. Forêts C. Liqueux. D.P. 24. 1. 293.

234. — Il ne peut être déchargé de la responsabilité par la production de procès-verbaux dressés par son garde-vente, s'ils ne sont pas rédigés dans la forme probante, s'ils n'ont pas été affirmés dans les délais, si enfin les arbres mentionnés ne sont pas tous de la même essence ni des mêmes dimensions que ceux mentionnés au procès-verbal des agens forestiers qui ont constaté le délit. — 22 juin 1815. Cr. c. Forêts C. Dupont. D.A. 8. 739, n. 6. D.P. 24. 1. 297.

235. — Il ne peut être déchargé de sa responsabilité par le rapport qu'un agent forestier aurait dressé sur un délit commis aux environs de sa vente. — Il prétendrait en vain que ce rapport rendait son procès-verbal inutile (Ordonnance 1669, art. 39 et 51). — 14 mai 1829. Cr. c. Forêts C. Peschel. D.P. 29. 1. 242.

236. — Pour que l'adjudicataire n'encoure pas de responsabilité, il suffit que le procès-verbal dressé dans le délai par le garde-vente, fasse connaître les délinquans, ou du moins les diligences qui ont été faites pour les découvrir. — 17 août 1833. Cr. r. Forêts C. Laurain. D.P. 33. 1. 376.

237. — Les délits commis dans une coupe à l'ouïe de la cognée, pendant l'exploitation jusqu'au récolement, et dont l'adjudicataire est responsable comme s'il les avait commis lui-même, lorsqu'il ne les a pas dénoncés, constituent des malversations de sa part et ne sont pas compris dans l'amnistie du 8 novembre 1830. — 22 déc 1831. Cr. c. Grenoble. Forêts C. Sibeud. D P. 32. 1. 43. — 12 sept. 1828. Cr. c. Min. pub. C. Soubrevie. D.P. 28. 1. 414.

238. — L'adjudicataire d'une coupe de bois qui a négligé de faire constater les délits, quoique civilement responsable, a néanmoins droit d'exercer son recours contre les délinquans, pour sa garantie civile. —23 mars 1811. Cr. c. Forêts C. Sahler. D.A. 1. 414. D.P. 1. 134.

239. — Les adjudicataires et leurs cautions sont responsables et contraignables par corps au paiement des amendes et restitutions pour délits et

contraventions commis, dans la vente ou à l'ouïe de la cognée, par les facteurs, garde-ventes, ouvriers, bûcherons, voituriers et tous autres employés par les adjudicataires (C. for. 46).

240.—La caution solidaire de l'adjudicataire d'une coupe doit être, même après le décès de ce dernier, poursuivie par la voie correctionnelle, et non par la voie civile, pour le paiement des amendes et des réparations civiles auxquelles l'adjudicataire, s'il eût encore vécu, eut été condamné lui-même (Ord. 1669, tit. 32, art. 4; tit. 15, art. 29). — 5 avril 1811. Cr. c. Min. pub. C. Savenich. D.P. 11. 1. 199.

§ 7. — *De la vidange des coupes.*

241. — La coupe des bois et la vidange des ventes doivent être faites dans les délais fixés par le cahier des charges, à moins que les adjudicataires n'aient obtenu de l'administration forestière une prorogation de délai, à peine d'amende et des dommages-intérêts. — Il y a lieu à la saisie des bois, à titre de garantie pour les dommages-intérêts (C for. 40). — D.A. 8. 739 et suiv.

242. — Les poursuites contre l'adjudicataire pour cette contravention doivent être dirigées devant les tribunaux correctionnels; car cette contravention blesse l'ordre public et réunit tous les caractères d'un délit. — D.A. 8. 740, n. 2.

243. — *Contrà*, C'est devant les tribunaux civils qu'on doit poursuivre la réparation de cette contravention, parce qu'on ne peut reprocher à l'adjudicataire qu'une simple négligence. — Gagneraux, C. forest., t. 1er, p. 175.

244. — Les prorogations de délai de coupe ou de vidange *ne peuvent* être accordées que par l'administration des forêts (Ord., art. 96).

245. — Les délais de la vidange ne peuvent être prorogés par les tribunaux (*ibid.*, art. 40, tit. 41). — 5 janv. 1810. Cr. c. Forêts. C. Comm. de Schvarzembach. D.A. 8. 742, n. D.P. 10. 1. 375. — 7 juin 1821. Cr. c. Forêts C. Buisson. D.A. 8. 743, n. et 740, n. 4.

246.— ...Ni par un agent forestier, quel que soit son grade. — D.A. *eod.*

247. — Ainsi, il ne peut être sursis au jugement du délit commis par un adjudicataire pour avoir continué son exploitation après le temps de la vidange, sur le motif qu'il aurait été autorisé par l'inspecteur forestier local, et qu'il prétendrait exercer contre lui son recours en garantie des condamnations qu'il pourra subir (Ord. 1669, tit. 15, art. 40 et 41) — 24 mai 1811. Cr. c. Forêts C Lemire. D.A. 8. 741, n. D.P. 2. 355.

248. — Le tribunal qui accorde un sursis excède ses pouvoirs.— 18 oct. 1817 Cr. c. Forêts C. Charpy. D.A. 8. 741, n. D.P. 2 355.

249.—L'adjudicataire doit, à l'expiration du temps de l'exploitation de sa coupe, avoir obtenu la prorogation du délai, faute de quoi il est passible des peines prononcées par la loi. — D.A 8. 740, n 5.

250.—Si donc il n'a pas vidé sa coupe dans les délais fixés, il ne peut être acquitté sur le motif qu'avant l'expiration des délais, il avait régulièrement formé une demande en prorogation, et que le refus ne lui en a été notifié que postérieurement à la saisie faite sur lui.— 18 juin 1813. Cr. c. Forêts C. Leclerc. D.A. 8 740. D.P. 2. 355.

251.— Si la prorogation du délai de l'exploitation lui est refusée, il peut se pourvoir devant le ministre des finances (Ord., art. 8).

252. — Lorsque la valeur effective des bois qui existent dans une coupe après le délai fixé pour l'exploitation, dépasse le montant des dommages-intérêts qui ont dû être fixés à leur valeur estimative, la différence en doit être remise à l'adjudicataire. — D.A. 8. 740, n. 6.

253. — Le tribunal qui prononce les condamnations attachées à la contravention doit fixer le délai dans lequel les bois restant doivent être enlevés, faute de quoi il doit être procédé à leur enlèvement, aux frais des adjudicataires (C. forest. 41).

§ 8. — *Des réarpentages et récolemens.*

254. — Le réarpentage d'une coupe a pour objet de constater définitivement l'étendue qu'elle comprend. — D.A. 8. 741, n. 1.

255. — Le récolement tend à vérifier si cette coupe a été faite conformément à la loi et au cahier des charges. — D.A. *eod.*

256. — Le réarpentage doit précéder le récolement. — Martignac; Duvergier, an 1827, p. 299.

257. — 1° *Délais communs aux deux opérations.* — Il est procédé au réarpentage et au récolement de chaque vente dans les trois mois qui suivent le jour de l'expiration des délais accordés pour la vidange des coupes (C. forest. 47, § 1er). Ce délai n'est pas de rigueur. L'administration forestière peut, après qu'il est expiré, faire procéder à ces opérations. — D.A. 8. 741, n. 3.

258.— Après que les trois mois sont écoulés, les adjudicataires peuvent mettre en demeure l'administration par acte extrajudiciaire signifié à l'agent forestier local (C. for. 47, § 2).— Cette mise en demeure peut résulter d'une sommation signifiée dans les formes ordinaires, ou d'une clause de l'adjudication.— D.A. *eod.*— V. *infrà.*

259.— Si, dans le mois de la mise en demeure, l'administration n'a pas procédé au réarpentage et au récolement, l'adjudicataire demeure libéré (C. for. 47, *in fine*).

260.— 2° *Réarpentage.*—Le réarpentage des coupes est exécuté par un arpenteur autre que celui qui a fait le premier mesurage, mais en présence de celui-ci, ou lui duement appelé (Ord. 1827, art. 97) — L'opération du réarpentage faite par celui-ci doit être annulée.— D.A. 8 741, n 2.

261.— Les arpenteurs sont passibles des dommages-intérêts par suite des erreurs qu'ils ont commises, lorsqu'il en résulte une différence d'un vingtième de l'étendue de la coupe, sans préjudice, s'il y a lieu, des peines de l'art. 207 (C. for. 52).

262.— Le réarpentage donne lieu à la liquidation du compte de vente de la coupe entre l'adjudicataire et l'administration. Il est d'usage de faire payer les sur-mesures, et de rembourser les déficit à raison du prix de l'hectare porté dans les procès-verbaux d'adjudication, sans distinction de taillis et de futaie (Décr. 19 mars 1810).—Baudrillart, t. 2, p. 783; D.A. 8. 741, n. 8.

263.— L'adjudication d'une coupe faite sans désignation de contenance, mais avec indication du numéro de l'affiche où cette contenance est rapportée, ne doit pas être considérée comme une vente en bloc, mais bien comme une vente à tant la mesure; en conséquence, l'administration et l'adjudicataire se doivent respectivement compte des excédans ou défaut de mesure constatés par le réarpentage.— 3 nov. 1812. Cr. c. Forêts C. Theysson. D.A. 8. 731. D.P. 13. 1. 90.

264.— 3° *Récolement, Condition, Formes, Effets.* —Une délimitation de bois, faite par le vendeur lui-même, avant la coupe, et sans avoir appelé l'acquéreur, ne peut avoir contre lui l'autorité de la chose jugée et acquiescée. Elle n'est, d'ailleurs, que provisoire et ne peut mettre obstacle au récolement qui peut seul fixer définitivement l'étendue de l'exploitation. L'ordonnance de 1669 s'applique, à cet égard, aux bois des particuliers comme à ceux de l'état (Ord. 1669, tit. 16, art. 1er). — 25 fév. 1812 Req. Delaulle. D.A. 2. 457. D.P. 12. 1. 619.

265.— D'après l'ordonnance de 1669, les agens forestiers ne sont pas tenus, à peine de nullité, de procéder au récolement dans le délai de six semaines, après le temps des vidanges expiré. — 25 août 1808 Cr. c. Forêts C. Ch. Weber. D.A. 8. 742. D.P. 8. 2. 192.— 25 août 1808. Cr. c. Forêts C. Comm. de Braunhausen. D.A. 8. 739. D.P. 24. 1. 294.

266.— Il faut une sommation faite à l'administration forestière pour la mettre en demeure de procéder au récolement d'une coupe dans le délai fixé par le cahier des charges, à moins que ce cahier des charges ne dispense l'adjudicataire de la sommation (C civ. 1139). —7 sept. 1810. Cr. c. Forêts C. Heuzeler. D.P. 11. 1. 224.

267.— L'administration n'est pas légalement constituée en demeure de procéder à un récolement par une sommation faite verbalement à un agent de l'administration, tel que garde ordinaire ou garde à cheval, n'ayant pas le pouvoir de la représenter dans cette opération.— 6 juill. 1809. Cr. c. Forêts C. Henricy. D.A. 8 743, n.

268. — ... Ni par une lettre que l'adjudicataire prétend avoir écrite à un sous-inspecteur forestier, pour l'inviter à procéder au récolement, et d'un certificat délivré par cet agent, constatant que cette lettre lui a été effectivement écrite; ce n'est qu'un acte authentique par la certitude de sa date et par le caractère de l'officier public qui le notifie, qui peut opérer cette mise en demeure. — 28 juill. 1809. Cr. c. Forêts C. Heussler. D.A. 8. 738, n. 4. D.P. 24. 1. 295.

269.— Le récolement est fait par deux agens au moins, et le garde du triage y est appelé. — Les agens forestiers en dressent procès-verbal signé par eux et par l'adjudicataire ou son fondé de pouvoirs (Ord., art. 98).

270 —L'agent qui a assisté au balivage et au martelage de la coupe peut être délégué pour faire le récolement. — D.A. *eod.* — *Contrà*, 25 juill. 1812. Cr. c.—Merlin, Rép., v° Récolement, § 1er.

271. — Le récolement fait par un des préposés non appelés nominativement à l'exercice de cette fonction, peut être déclaré nul — D.A. 8. 741.

272 — L'adjudicataire ou son cessionnaire est tenu d'assister au récolement; il lui est, à cet effet, signifié un acte contenant l'indication des jours où doivent se faire le réarpentage et le récolement (C. for. 48).— D.A. 8. 741, n. 4.

273. — La signification à l'adjudicataire peut, dans le cas où le cahier des charges en contient l'autorisation, être laissée au secrétariat de la sous-préfecture, et il n'est pas nécessaire qu'elle soit remise au sous-préfet.—Merlin, Rép., v° Récolement, § 1er; D.A. *eod.*, n. 5.

Elle peut être donnée au domicile réel.—D.A. *eod.*

274. — Un procès-verbal de récolement doit être réputé contradictoire, quoiqu'il n'ait été précédé d'aucune sommation, si l'adjudicataire s'est trouvé présent au commencement de l'opération, alors même qu'il aurait refusé d'y rester ou d'en signer le procès-verbal. — Merlin, Rép, v° Récolement, n. 2.—16 oct. 1809. —Fav., Rép., v° Bois, sect. 1re, art. 1er, n. 1. — 14 déc. 1810. Cr. c. Forêts C. Cocuempot. D.P. 11. 1. 95.

275. — L'adjudicataire qui n'a pas élu domicile au lieu de l'adjudication, est valablement assigné pour le récolement, par la remise de l'exploit au secrétariat de la sous-préfecture (Ordonn. de 1669, art. 26, tit. 15). — 7 juin 1821. Cr. c. Forêts C. Buisson. D.A. 8. 742.

276. — Le défaut de concours des marchands adjudicataires et usagers au procès-verbal de récolement, ne rend pas cet acte nul, lorsqu'il est d'ailleurs rédigé dans les formes voulues par la loi. — 25 août 1808. Cr. c. Forêts C. Comm. de Braunhausen. D.A. 8. 739. D.P. 24. 1. 294.

277. — Il n'est pas nul par cela seul que les adjudicataires des coupes n'ont pas été appelés au récolement. — 25 août 1808. Cr. c. Forêts C. Weber. D.A. 8. 742. D.P. 8. 2. 192. — 25 août 1808. Cr. c. Forêts. D.P. 8. 2. 192.

278. — Mais, dans ce cas, les adjudicataires peuvent contredire le récolement, et même demander une nouvelle vérification. — Même arrêt.

279. — En cas d'annulation du procès-verbal de récolement, l'administration peut, dans le mois qui suit, y faire suppléer par un nouveau procès-verbal (C. for. 50, *in fine*).

280. — Elle peut faire faire, après le récolement, des vérifications dans les coupes, sans être tenue d'y appeler les adjudicataires; ils ne doivent être appelés que lors des récolemens ordinaires. — 26 fév. 1807. — Rép., v° Délit forestier, § 19.

281. — L'action contre l'adjudicataire résultant du procès-verbal de récolement doit être portée devant le tribunal correctionnel.—D.A. 8. 741, n. 6.

Elle est soumise à la prescription établie pour les actions en réparation de délits forestiers, et s'éteint par trois mois de non poursuite. — Baudrillart, t. 2, p. 267, 270; Dall. *eod.*

282.—4° *Recours et contestations contre le procès-verbal de récolement. Compétence. Prescription.* — Dans le mois, après la clôture des opérations, l'administration et l'adjudicataire peuvent requérir l'annulation du procès-verbal pour défaut de forme ou pour fausse énonciation devant le conseil de préfecture (C. for. 50, § 1 et 2).—D.A. 8. 741, n. 7.

283. — Le délai d'un mois est prescrit à peine de déchéance. — 26 sept. 1833. Cr. c. Forêts C. Cheous. D.P. 33. 1. 363.

284. — Au conseil de préfecture seul appartient de décider si les agens forestiers qui ont dressé un procès-verbal de récolement avaient pouvoir suffisant, si toutes les formalités intrinsèques et extrinsèques ont été observées, et si les énonciations de cet acte sont vraies et dignes de foi (C. for. 50). — Même arrêt.

285. — Les tribunaux sont incompétens pour annuler un procès-verbal de récolement. — 17 août 1833. Cr. c. Forêts C. Duffo. D.P. 33 1. 371. — 26 sept. 1833. Cr. c. Forets C. Cheous. D.P. 33. 1. 363.

286. — En conséquence, un tribunal de répression ne peut annuler les poursuites, sur le fondement unique que le procès-verbal de récolement qui leur servait de base, n'a pas été régulièrement dressé. — Même arrêt.

287. — Le recours de l'adjudicataire contre un procès-verbal de récolement, qui énoncerait comme abattus et enlevés des arbres de réserve qui existent encore sur pied, n'est pas soumis à la déclaration préalable d'une inscription de faux. — Curasson, t. 1er, p. 235; D.A. 8. 741, n. 4 et 6.

288.—Jugé, sous l'empire de l'ord. de 1669, qu'un

procès-verbal de récolement, réputé contradictoire avec l'adjudicataire, fait preuve contre lui jusqu'à inscription de faux, si d'ailleurs il est régulier en la forme, et s'il a été dressé par plusieurs agens forestiers ayant droit de procéder au récolement. Qu'en conséquence, un tribunal ne peut admettre cet adjudicataire à établir par une expertise, et sans prendre la voie de l'inscription de faux, que le déficit constaté par ce procès-verbal n'existe pas réellement (L. 29 sept. 1791, tit. 9, art. 13, 14). — 14 déc. 1810. Cr. c. Forêts C. Cocuempot. D.P. 11. 1. 95.

289. — Lorsque, pendant les contestations sur la validité d'un procès-verbal de récolement, et dans un temps où il n'y avait aucune difficulté ni aucun inconvénient à recommencer cette opération, l'inspecteur forestier a offert à l'adjudicataire de procéder à un nouveau récolement, et que celui-ci s'y est refusé, le tribunal a jugé avec raison que, par ce refus, l'adjudicataire a perdu le droit de demander une nouvelle vérification. — 5 août 1808. — Rep., v° Récolemens, n. 2, p. 29.

290. — Lorsqu'après un premier procès-verbal de récolement et sur la demande de l'adjudicataire, un second procès-verbal a été fait et constate un plus grand déficit que le premier, le tribunal doit condamner l'adjudicataire d'après le second procès-verbal: il ne peut prendre le premier pour base. — 31 déc. 1824. Cass. *Bull. cr.*

291. — S'il est vrai que l'action en récolement dure trente ans, cela ne doit s'entendre que de l'action civile *ex contractu*, et non de l'action *ex delicto*, ou pour délit de déficit d'arbres, intentée contre l'adjudicataire. — En conséquence, si l'action en réparations civiles pour délit de déficit d'arbres n'est intentée devant le tribunal correctionnel que comme résultant d'un délit forestier, non constaté, commis depuis plus de trois ans, dont la répression est poursuivie devant ce tribunal, elle doit être déclarée prescrite. — 3 avril 1830. Orléans. Aremberg. D.P. 30. 2. 176. — 8 juin 1830. Cr. r. Orléans. Aremberg. D.P. 30. 1. 356.

292. — Dans ce cas, il y a présomption, jusqu'à preuve contraire, que le délit a été commis pendant la vidange et non après; en conséquence, c'est la vidange qui doit être prise pour point de départ de la prescription et non le récolement. — Même arrêt.

§ 9. — *Des adjudications de glandée, panage, paisson, chablis et bois de délit; des concessions à charge de repeuplement.*

293. — Les adjudications de glandées, panage, et paisson sont faites dans les mêmes formes que celles des coupes de bois (C. forest., art. 53).

294. — Le cahier des charges doit former la règle à suivre pour la durée de la glandée, son étendue, les fruits sur lesquels elle doit porter, et le nombre des porcs qui pourront y être mis. — D.A. 8. 743, n. 1.

295. — Ces adjudications ne peuvent être faites pour plus d'une année, si ce n'est par ordre du gouvernement (9 oct. 1742, arr. du cons.). — D.A. *eod.*

296. — Elles ont lieu par autorisation du conservateur, sur les rapports annuels des agens locaux (Ord. 1827, art. 100).

297. — Le nombre de porcs que les adjudicataires peuvent introduire est fixé; ils doivent être marqués d'un fer chaud, et gardés dans les cantons désignés (C. forest., art. 54, 55, 56).

298. — Il est défendu aux adjudicataires d'abattre, de ramasser ou d'emporter des glands, faînes ou autres fruits, semences ou productions des forêts, sous peine d'amende (C. forest. 57).

299. — Les lois des 12 et 28 fruct. an 2, qui permettent aux particuliers de ramasser les glands dans les forêts nationales, et défendent aux administrations de procéder dans ces forêts à aucune adjudication des glands et des faînes, devaient être observées encore au moment de la publication du code. — 2 mars 1825. Civ. r. Enreg. C. Petit. D.P. 25. 1. 76.

300. — Les chablis sont les arbres abattus ou rompus par les vents, les orages, ou tous autres accidens. — Les gardes en constatent le nombre, l'essence et la grosseur. Ils doivent en dresser des procès-verbaux. Un agent forestier les marque de son marteau (Ord. 1er août 1827, art. 101).

301. — Les adjudications de chablis, bois de délit, arbres sur pied, quoique endommagés ou dépérissans, et tous menus marchés doivent être autorisés, et se font dans les formes des adjudications des coupes ordinaires de bois (Ord., art. 102, 103, 104).

302. — Lorsque l'administration juge convenable de concéder temporairement des vides et clairières à charge de repeuplement, il en est dressé reconnaissance, procès-verbal avec observations, cahier de charges, projet de concessions. Ces concessions se font par adjudications publiques, et avec les formes de récolement (Ord., 1827, art. 105, 106, 107, 108).

§ 10. — *Des affectations à titre particulier dans les bois de l'état.*

303. — L'affectation est une faculté anciennement accordée, de prendre annuellement dans les forêts de l'état, pour un établissement d'industrie, les bois nécessaires à l'alimentation de cet établissement, moyennant une rétribution qui était peu en proportion des matières livrées (Rapp. à la chamb. des pairs). — D.A. 8. 744, n. 1.

304. — Le mot *affectation* a pris naissance dans les débats élevés récemment entre l'administration et quelques propriétaires d'usines qui jouissaient de ce droit, qu'on ne doit regarder, lorsqu'il est fondé sur un titre, que comme un droit d'usage soumis à des conditions particulières. — D.A. *eod.*, n. 2.

305. — Les affectations étaient, depuis 1566, comprises dans la prohibition d'aliéner le domaine de l'état.

306. — La loi nouvelle, malgré une savante opposition à la chambre des pairs, a rétabli toute la rigueur des principes. — D.A. 8. 744, n. 3.

307. — Les affectations d'affouage, faites à des particuliers pour l'exploitation d'établissemens industriels, sont susceptibles de révocation dans les forêts de la Lorraine, comme dans les autres forêts. — 17 oct. 1821. Ord. Dietrich. D.A. 8. 745, n. 1. D.P. 2. 357. — V. n. 314 et suiv.

308. — La déclaration du 31 janvier 1724, qui interdit l'abandon des futaies à tous abénataires de bois domaniaux, lesquels, aux termes de l'art. 7 de cette déclaration, n'ont droit qu'à la coupe du taillis, ne s'applique pas aux propriétaires d'usines à qui le souverain a expressément concédé, moyennant une redevance annuelle, l'usage des futaies pour l'entretien des usines. — 2 août 1825. Civ. r. Nanci. Domaine C. d'Hennezel. D.P. 27. 1. 369.

309. — Les affectations de coupes de bois ou délivrances, concédées à des communes, à des établissemens industriels ou à des particuliers, nonobstant les prohibitions établies par les lois et les ordonnances alors existantes, continuent d'être exécutées jusqu'à l'expiration du terme fixé par les actes de concession, s'il ne s'étend pas au-delà du 1er sept. 1837. — Les affectations faites au préjudice des mêmes prohibitions, soit à perpétuité, soit sans indication de termes, ou à des termes plus éloignés que le 1er sept. 1837, cesse à cette époque d'avoir aucun effet. — Les concessionnaires de ces dernières affectations, qui prétendraient que leur titre n'est pas atteint par les prohibitions ci-dessus rappelées, et qu'il leur confère des droits irrévocables, ont dû, pour y faire statuer, se pourvoir devant les tribunaux, dans l'année qui a suivi la promulgation du code forestier, sous peine de déchéance.

310. — Si leur prétention a été ou était rejetée, ils doivent jouir néanmoins des effets de la concession jusqu'au 1er sept. 1837.

311. — Dans le cas où leur titre serait reconnu valable par les tribunaux, le gouvernement, quelles que soient la nature et la durée de l'affectation, a la faculté d'en affranchir les forêts de l'état, moyennant un cantonnement qui doit être réglé de gré à gré, ou, en cas de contestation, par les tribunaux, pour tout le temps que doit durer la concession. L'action en cantonnement ne peut pas être exercée par les concessionnaires (C. forest. 58, § 5). — D.A. 8. 744, n. 4.

312. — Les tribunaux, qui ont à prononcer sur l'importance du cantonnement, ne sont point liés par l'analogie établie entre les droits d'usage et les droits d'affectation; ils doivent prendre en considération la différence qui existe entre ces deux espèces de concession, et avoir égard à la perpétuité du premier, et aux causes qui peuvent faire révoquer le second. — D.A. *eod*, n. 6.

313. — L'expédition d'un titre traduit, reconnu par les arrêtés administratifs et suivi d'une longue possession, a pu, en l'absence de détermination précise de la loi, être considérée comme satisfaisant au prescrit de l'art. 58 C. for., qui oblige les concessionnaires d'affectations non prohibées dans les forêts de l'état, à se pourvoir, dans l'année, devant les tribunaux pour faire statuer sur la validité de leur titre (C. forest. 58; C. civ. 691 et 1335). — 13 nov. 1833. Req. Préfet de la Meurthe. D.P. 34. 1. 99.

314. — La concession faite, à perpétuité, en 1699, du droit de prendre les bois nécessaires à l'alimentation d'une usine (scierie), moyennant un prix déterminé à l'amiable, n'est point contraire à la législation qui régissait les forêts à cette époque; et, partant, son exécution n'est pas limitée, par l'art. 58 C. forest., au 1er sept. 1837. — 11 juin 1833. Req. Préfet de la Meurthe. D.P. 33. 1. 274.

315. — Le prix stipulé pour une concession, dans des forêts appartenant actuellement à l'état, et que l'art. 58 C. forest. déclare révocable, doit, ainsi que la concession elle-même, être maintenu jusqu'au 1er sept. 1837. — L'art. 218 ne déroge pas à l'art. 58 C. forest. — 14 nov. 1833. Req. Préfet de la Moselle. D.P. 34. 1. 100.

316. — Il suffit qu'il soit reconnu qu'une affectation forestière accordée par un duc de Lorraine, dans l'un des cas exceptionnels prévus par l'art. 5 de l'édit de 1729, a été exécutée suivant les termes de la concession, pour que les concessionnaire aient été justement déclarés mal fondés à se prévaloir d'un arrêté du conseil du roi de France, rendu depuis la réunion, qui, sous prétexte d'interpréter l'acte de concession, aurait, dans la réalité, concédé une affectation nouvelle, sans indication de terme, et que, par suite, ces concessionnaires ne puissent prétendre à la délivrance des affectations ou affouages, que jusqu'au 1er sept. 1837, conformément à l'art. 58 du code forestier. — 7 mai 1834. Req. Prop. de la verrerie de Goetzenbruck. D.P. 34. 1. 198.

317. — Un droit d'affectation, concédé à une usine sur une forêt, est présumé concédé à perpétuité, par cela seul que le titre constitutif ne lui assigne aucun terme. — 11 fév. 1833. Nanci. D.P. *eod.*, n.

318. — Le propriétaire d'un droit d'affectation ou d'usage perpétuel et irrévocable dans les bois de l'état, n'est point assujetti à la contribution foncière, s'il n'y est obligé par son titre, encore bien que ce droit absorberait la presque totalité des produits de la forêt (C. forest. 58). — 28 mars 1833. Metz. Forêts C. La Verrière de St.-Louis. D.P. 34. 2. 203.

319. — Le propriétaire d'une verrerie qui réclame un droit d'affouage dans une forêt royale, non pas en vertu de titres de propriété, mais par des considérations générales d'intérêt public, doit s'adresser directement au roi et non au comité du contentieux du conseil d'état, si le ministre des finances a rejeté sa demande. — 8 janv. 1817. Ord. cons. d'état. Caqueray.

320. — L'ordonnance royale qui a déclaré que la possession d'un affouage, sur des forêts de l'état, cesserait à partir de telle époque, est susceptible d'être déférée au conseil d'état par la voie contentieuse, comme l'eût été une décision rendue par le ministre sur la même question. — 27 sept. 1827. Ord. cons. d'état. Dietrich.

321. — Mais une décision ministérielle, laquelle n'est qu'une sorte d'instruction, telle que celle qui aurait pour objet de défendre aux employés forestiers de faire, à l'avenir, des délivrances de bois ou affouages, dans les forêts royales, à certains individus propriétaires d'usines, ne formant pas obstacle à ce que ceux-ci fassent valoir leurs droits devant les tribunaux, n'est pas susceptible d'être attaquée devant le conseil d'état par la voie contentieuse. — 15 juill. 1832. Ord. cons. d'état. Abat. D.P. 32. 3. 146.

322. — La fixation du prix dû par le concessionnaire de bois dans des forêts qui, depuis la révolution de 1789, appartiennent à l'état, et la demande en restitution de la somme payée au-delà du prix primitivement stipulé, sort de la compétence des tribunaux, alors surtout qu'une ordonnance du conseil d'état leur en a renvoyé la connaissance (L. 24 août 1790 et 16 fruc. an 3). — 14 nov. 1833. Req. Préfet de la Moselle. D.P. 34. 1. 100.

323. — Les frais faits, en première instance, par un concessionnaire de droits dans les forêts de l'état, pour, aux termes de l'art. 58 C. forest., faire statuer par les tribunaux sur la validité de son titre, qu'il prétend n'être pas atteint par les prohibitions de ce même article, sont à la charge du concessionnaire, encore que son titre ait été reconnu valable. — Ici ne s'applique pas l'art. 130 C. pén., en ce qu'il y a obligation pour le domaine de contester, et que cette procédure est toute dans l'intérêt du concessionnaire.

Dans ce cas, cependant, les frais de l'appel sont à la charge du domaine. — 13 nov. 1833. Nanci. Préfet de la Meurthe. D.P. 34. 1. 99.

324. — Les affectations faites pour le service d'une usine cessent en entier, de plein droit et sans retour, si le roulement de l'usine est arrêté pendant deux années consécutives, sauf les cas d'une force majeure duement constatée (C. forest. 59).

325. — Des conditions particulières d'exploitation sont imposées aux concessionnaires par les art. 109, 110, 111 de l'ord. de 1827.

L'art. 60 du C. forest. défend, à l'avenir, toute affectation ou concession de cette nature dans les bois de l'état.

§ 11. — *Quelles personnes peuvent exercer des droits d'usage dans les forêts de l'état.*

326. — Il n'est pas ici question de la nature et des conditions générales de l'exercice de l'usage, selon les principes du droit commun (V. à cet égard le mot Usage). Il n'est traité en ce moment que de l'usage considéré dans ses rapports avec la législation spéciale sur les forêts.

327. — Les dispositions du code civil, relatives aux droits d'usufruit et d'usage, ne s'appliquent aux droits d'usage dans les forêts qu'autant qu'il n'y a pas été dérogé par des lois spéciales (635 C. civ.). — 27 juill. 1830. Req. Rochefoucault. D.P. 30. 1. 381.

328. — Les lois forestières, qui défendent aux usagers des forêts de l'état de toucher aux bois chablis, ne s'opposent pas à ce que les chablis soient assujettis, par titre à un droit d'usage, à exercer sous les conditions légales. — 8 août 1832. Req. Besançon. Comm. de Champagnole. D.P 32. 1. 332.

329. — Il ne doit plus être fait, à l'avenir, dans les forêts de l'état, aucune concession de droit d'usage, de quelque nature et sous quelque prétexte que ce puisse être. (C. forest. 62.). — D.A. 8. 745, n. 1.

330. — Ne doivent être admis à exercer un droit d'usage quelconque, dans les bois de l'état, que ceux dont les droits ont été, au jour de la promulgation du code forestier, reconnus fondés, soit par des actes du gouvernement, soit par des jugemens ou arrêts définitifs, ou qui seraient reconnus tels par suite d'instances administratives ou judiciaires engagées à cette époque, ou intentées devant les tribunaux dans le délai de deux ans, à dater du jour de la promulgation du code, par des usagers alors en jouissance (C. forest. 61). — D.A. 8. 745, 746, n. 2, 3, 4, 5, 6.

331. — Les communes et les particuliers non compris dans l'état arrêté en conseil du roi, en exécution de l'art. 1er (tit. 19, ord. 1669), ne peuvent réclamer les droits de pâturage et de panage qu'ils prouvent avoir eus dans les forêts domaniales. — 1er prair. an 12. Civ. c. Dijon. Forêts C. Comm. de Nogent. D.P. 4. 1. 448.

332. — Le propriétaire d'une terre seigneuriale confisquée par l'état, au profit de laquelle existe un affouage dans une forêt voisine, aussi confisquée par l'état, ne peut, lorsqu'il a été rayé de la liste des émigrés et réintégré dans ses biens non vendus, réclamer cet affouage, bien que cette forêt, déclarée bien national, se trouve encore en la possession de l'état, si la terre seigneuriale à laquelle il était attaché a été vendue sans mention du droit d'affouage. En un tel cas il y a eu confusion. — 11 juill. 1812. Décret. Coetlosquet.

333. — Il suffit que le titre d'une commune, constitutif d'un droit d'usage dans une forêt, ait été reconnu antérieur à la réunion à la France de la contrée dont cette commune fait partie, pour qu'on ait pu, sur des contestations élevées à l'égard de la jouissance, refuser d'appliquer une charte et des ordonnances françaises qui ne formaient pas le droit de cette contrée. — 22 nov. 1832. Req. Besançon. Chavelet. D.P. 33. 1. 62.

334. — La loi du 28 vent. an 11 voulait que les usagers dont les droits n'avaient pas été reconnus et fixés par des états arrêtés au ci-devant conseil, fussent tenus de produire leurs titres dans le délai de six mois au secrétariat des préfectures ou sous-préfectures, sous peine de déchéance; ce délai a été prorogé de six mois par la loi du 7 vent. an 12. — D.A. *eod.* 745. 746, n. 4.

335. — Jugé qu'il n'y a pas déchéance contre une commune, de ses droits d'usage, de ce qu'elle n'aurait pas fait, dans le délai, la déclaration prescrite par les lois des 28 vent. an 11 et 14 vent. an 12, alors que cette commune n'a pas cessé d'exercer ces droits d'usage. — 26 juin 1826. Civ. r. Nîmes. Préfet de Vaucluse. D.P. 26. 1. 322.

336. — Les jugemens qui ont maintenu des particuliers dans des droits d'usage dans des forêts nationales, ne peuvent être attaqués en vertu des lois des 28 vent. et 19 germ. an 11. — 11 fév. 1808. Req. Préf. du Haut-Rhin. D.P. 8. 2. 40.

337. — Le bénéfice de l'article 61 code forestier s'applique même aux usagers qui auraient encouru la déchéance prononcée par les lois des 28 vent. an 11 et 14 vent. an 12, pour défaut de production de leurs titres dans le délai fixé par ces lois; cet article les a relevés de la déchéance. — 21 mars 1832. Civ. c. Rouen. Roy. D.P. 32. 1. 201.

338. — Un usager peut être considéré comme étant *actuellement en jouissance*, dans le sens de l'art. 61, C. for. et, en conséquence, admis à réclamer son droit par action intentée dans les deux ans, à partir de la promulgation de ce code, lorsque, sur une action tendante à la maintenue de son droit, le conseil de préfecture s'est borné à statuer au fond, un tel mode de juger pouvant être regardé comme une reconnaissance implicite de sa jouissance. — Peu importe aussi que, dans son exploit introductif signifié depuis le code forestier, l'usager reconnaisse avoir été troublé *depuis trois ans* dans sa possession. — 15 mai 1832. Req. Mejean. D.P. 32. 1. 337.

339. — Peut-être serait-on entré plus sûrement dans les vues du législateur si l'on avait exigé, de la part de l'administration, une mise en demeure à partir de laquelle le délai aurait commencé à courir contre l'usager. — D.A. *eod.*, note.

340. — Les tribunaux sont seuls compétens pour prononcer sur les demandes en reconnaissance de droits d'usage dans les bois de l'état. — 13 août 1819. Avis du cons. d'état. Daurillac. D.A. 8. 750, n. D.P. 2. 363.

341. — C'est devant le tribunal de la situation de la forêt, et non devant celui du domicile du préfet, que doit être portée l'action d'un usager sur une forêt royale, tendante à ce que ses titres soient reconnus valables, et à ce qu'il soit maintenu dans le droit de continuer à prendre du bois dans cette forêt, en exécution de ses titres (C. civ. 636; C. forest. 218) — 29 avril 1833. Civ. c. Préf. de l'Aude. D.P. 33. 1. 370.

342. — La prescription est interrompue en faveur des usagers lorsqu'ils justifient, par la production de procès-verbaux, qu'il a été fait à certains d'entre eux des délivrances d'arbres, et qu'ils ont payé les redevances auxquelles ils étaient tenus pour leurs droits de ramage. — 21 mars 1832. Civ. c. Rohan. D.P. 32. 1. 201.

343. — Mais la prescription n'est pas interrompue en faveur d'usagers d'une forêt, par le dépôt qu'ils ont fait de leurs titres au secrétariat de la préfecture du département, en exécution de la loi du 28 vent. an 11. — Même arrêt.

344. — La prescription prononcée par l'art. 61 du C. for., ne s'applique point aux usagers qui n'ont pas intenté leur action dans les deux ans de la publication du code, si, avant l'expiration de ce délai, ils ont remis à la préfecture leurs demandes tendantes à être confirmés dans la jouissance d'un droit d'usage non reconnu ni demandé précédemment. — 20 oct. 1830. Avis cons. d'état. D.P. 32. 3. 128.

§ 12. — *Du cantonnement dans les forêts de l'état soumises à des droits d'usage.*

345. — Le cantonnement a pour objet de convertir le droit de l'usager en un droit de propriété, sur une certaine étendue du fonds qui était affecté à son usage. — D.A. 8. 746, n. 7.

346. — Lorsque, par une transaction entre le seigneur propriétaire d'une forêt et les usagers, les droits de ceux-ci ont été réduits à n'être exercés que sur une partie de la forêt, et que, postérieurement, le propriétaire a demandé le cantonnement, il a, par cela même, consenti au résiliement de la transaction; dès lors, les parties étant rétablies dans leur état primitif, le cantonnement réclamé a dû porter sur la totalité des bois. — 20 mai 1828. Bourges. Dubourg. D.P. 28. 1. 249.

347. — Mais jugé que la nature de l'aménagement étant que la partie de bois sur laquelle les droits d'usage se trouvent concentrés, représente dans leur entier ces droits, sans diminution de la consistance qu'ils avaient lorsqu'ils étaient disséminés sur la forêt, on a pu décider que l'opération du cantonnement aurait lieu seulement sur la partie de bois dont jouissaient les usagers par suite d'un aménagement antérieur, et non sur le surplus, sauf à tenir compte à ceux-ci de la concentration des droits d'usage pour la fixation de la part à leur allouer en pleine propriété. — 7 août 1833. Req. Dijon. Comm. de Sexfontaine. D.P. 33. 1. 333.

348. — La demande en nullité d'une transaction portant cantonnement et en revendication des bois qui ont été divisés entre les parties adverses par l'effet de ce cantonnement, contient implicitement celle en révision de ce cantonnement. En conséquence, un tribunal a pu légitimement ordonner la révision du cantonnement, même après le délai de cinq ans à partir de la loi du 28 août 1792, si la demande en revendication avait été d'ailleurs formée dans ce délai. — 27 brum. an 14. Req. Lyon. Sauvage. D.P. 6. 1. 89.

349. — Lorsqu'une commune, ayant des droits d'usage dans toute l'étendue d'une forêt, demande un cantonnement en remplacement de ses droits. Par l'opération de ce cantonnement, le surplus de la forêt demeure affranchi de tout droit d'usage, mais n'est point un obstacle à la demande d'un nouvel aménagement. — 4 août 1811. Décret cons. d'état. Comm. de Marast.

350. — Le cantonnement pouvant avoir lieu après l'aménagement, les juges d'appel, qui n'ont vu dans une transaction entre le propriétaire du bois soumis à l'usage et les usagers, qu'un simple aménagement, tandis que les premiers juges y avaient vu un cantonnement, ont pu ordonner qu'il serait procédé au cantonnement des mêmes bois.....; il n'y a pas là violation du principe *cantonnement sur cantonnement ne vaut* — 7 août 1833. Req. Dijon. Comm. de Sexfontaine. D.P. 33. 1. 333.

351. — La demande en cantonnement est une demande d'intérêt privé, et non d'intérêt public et de police: en conséquence, si la demande en cantonnement a été formée antérieurement à la publication du code forestier, elle doit être jugée d'après les lois sous l'empire desquelles elle a été intentée, sans qu'on puisse y appliquer aucune des dispositions du code forestier (C. forest 64, 120). — 12 janv. 1833. Req. Comm. de Tarasteix. D.P 33 1. 108.

352. — 1° *Par qui le cantonnement peut être demandé.* — Le gouvernement peut affranchir les forêts de l'état de tout droit d'usage en bois, moyennant un cantonnement réglé de gré à gré, et, en cas de contestation, par les tribunaux. — L'action en affranchissement d'usage par voie de cantonnement n'appartient qu'au gouvernement, et non aux usagers (C. forest. 63).

353. — Sous l'empire de la loi du 28 août 1792 (art. 5), le cantonnement pouvait être demandé par l'usager comme par le propriétaire. — 24 nov. 1818. Civ. c. régl. de juges. Comm. de la Roche-Canilhac. D.A. 3. 73. D.P. 19. 1. 11. — 8 mars 1827. Dijon. Berthaud. D.P. 27 2. 117. — V. le mot Usage.

354. — Cette loi, art. 5, consacre un principe général, qui ne s'applique pas seulement aux biens seigneuriaux, ou usurpés par abus de la puissance féodale, mais encore aux biens qui n'avaient rien de seigneurial; et, spécialement, à un bien dont l'état a la propriété (C. civ. 545). — 25 janv. 1830. Req. Préf. du Tarn C. d'Huteau. D.P. 30. 1. 94.

355. — Quoique, dans une transaction passée entre un seigneur et les habitans d'une commune, les droits de directe seigneurie et justice auraient été stipulés au profit du premier, et qu'il aurait été convenu que ces derniers ne pourraient pas aliéner leurs droits sur les biens faisant l'objet de la transaction, il suffit que ces droits accordent aux habitans tous les produits utiles des biens litigieux pour qu'on ait pu décider que, dans la réalité, la propriété et non pas seulement l'usage de ces biens appartient à la commune, et que les droits honorifiques du seigneur ayant été supprimés par les lois abolitives de la féodalité, ce dernier ou ses successeurs, sans aucun droit réel à la propriété, ne sont pas fondés à demander contre les habitans le cantonnement, lequel repose sur un droit de propriété ou d'usage (L. 25 août 1792, et 17 juill. 1793; C. forest. 63, 118) — 4 juin 1833. Req. Riom. Pourrat. D.P. 33. 1. 284.

356. — La demande en cantonnement d'une forêt pour tenir lieu des droits d'usage sur cette forêt, intentée par des communes usagères contre l'état, avant la promulgation du code forestier, mais sans qu'aucun jugement fût encore intervenu dans l'instance engagée sur cette demande, peut et doit être accueillie, sans contravention à l'art. 63 C. forest., lorsque, d'ailleurs, cette faculté appartenait formellement aux communes, en vertu des lois antérieures (C. civ. 2). — 6 juill. 1829. Req. Préf. du Doubs. D.P. 29. 1. 290.

357. — 2° *Mode d'établissement et évaluation du cantonnement* — Les opérations préparatoires du cantonnement, les formes du contrat à passer avec l'usager, ou, en cas de refus, de l'action à intenter contre lui devant les tribunaux, sont réglées par les art. 112, 113, 114, 115 de l'ord. de 1827.

358. — Le projet du code avait fixé au tiers le *maximum* de la quotité pour laquelle l'usager pourrait être admis au partage de la propriété. Cette disposition était conforme à l'ancienne jurisprudence. — V. Merl., *Quest. de dr. t*, v° Interprétation de jugemens et Rép., v° Usage; Curasson, t. 2, p

375. — *Contrà*, Proudhon, *de l'Usuf.*, t. 7, n. 3367 et suiv.; D.A. 8. 746, n. 8.

359. — L'usager ne peut jamais avoir des droits aussi étendus que le propriétaire. — 19 flor. an 11. Besançon. D.A. 8. 747, n. 1. D.P. 2. 360. — 7 mars 1808. Besançon. Préf. de la Haute-Saône. D.A. 8. 748, n. D.P. 2. 361.

360. — La jurisprudence n'accorde ordinairement que le quart, et rarement le tiers à l'usager. — Même arrêt 19 flor. an 11.

361. — Ainsi, la commune de Champagne, qui avait droit au bois mort et mort bois, pour son chauffage et celui de ses fours, et de plus, la faculté de prendre des arbres pour bâtir et pour ses chars et charrues, n'a obtenu en cantonnement que soixante-quinze arpens sur un bois de deux cent-soixante-sept arpens. — 14 therm. an 9. Besançon. D.A. 8. 747, n. D.P. 2. 360. — Curasson, C. forest.

362. — La fixation à un tiers de la propriété peut être rejetée comme trop élevée. — 7 mars 1808. Besançon. Préfet de la Haute-Saône. D.A. 8. 748, n. 2. D.P. 2. 361.

363. — D'un autre côté, il a été jugé que la portion qui doit être attribuée à une commune usagère, dans les bois où elle obtient le cantonnement, n'est pas du tiers au plus; qu'elle peut être portée à la moitié, d'après la force et l'étendue des usages, le nombre, les besoins des usagers et la possibilité des forêts. — 13 juill. 1824. Colmar. Hosp. de Strasbourg. D.A. 8. 747, n. 1. D.P. 2. 360, n. 1-3.

364. — Jugé de même qu'elle doit être déterminée d'après le nombre et les besoins des usagers, et non fixée au tiers, comme base générale. — 20 avril 1825. Bourges. Préfet de la Nièvre. D.P. 28. 2. 178.

365. — Décidé encore que la portion qui doit être attribuée à la commune usagère, par la voie du cantonnement, ne doit pas être nécessairement fixée au tiers ou à la moitié de la propriété; elle doit offrir l'équivalent des avantages qu'elle retirait de son droit d'usage. — 19 nov. 1824. Caen. Catteville. D.A. 8. 747. D.P. 2. 360 — 20 avril 1825. Bourges. Préf. de la Nièvre. D.P. 28. 2. 178.

366. — De même, le cantonnement doit procurer à l'usager, tant en fonds qu'en superficie, le juste équivalent des produits dont il jouissait annuellement (C. forest. 63). — 20 juill. 1829. Nanci. Bassompierre. D.P. 30. 2. 54.

367. — Mais la portion à accorder aux usagers par le cantonnement, doit être relative plutôt à leur jouissance qu'aux avantages qu'ils retirent, d'après leur position particulière, et leurs droits d'usage, et si, par exemple, l'usage n'existe que pour les bêtes au mailles ou gros bestiaux, cette circonstance doit être prise en considération. — 27 août 1824. Grenoble. Brochier. D.A. 8. 751, n. D.P. 2. 304.

368. — Jugé, en général, que les lois nouvelles, en autorisant la voie du cantonnement contre les usagers, n'ayant pas, comme la jurisprudence ancienne, déterminé, d'après l'étendue des terrains soumis à l'usage, la part à donner à l'usager pour lui tenir lieu de son droit sur la totalité, il en résulte qu'à défaut de cette fixation des bases sur lesquelles le cantonnement doit être établi, la loi s'en est référée aux tribunaux pour l'appréciation de son étendue; et, dès lors, une commune ne peut se faire un moyen de cassation de ce que les juges ne lui auraient attribué pour son droit de cantonnement que le sixième de l'étendue de la forêt soumise à l'usage, tandis que, d'après l'ancienne jurisprudence, ce droit serait du tiers des terrains. — 22 mai 1837. Req. Pau. Comm. de Sauvelade. D.P. 27. 1. 249.

369. — De même, sur l'action en cantonnement dirigée contre une commune usagère d'une forêt, il a pu n'être accordé à cette commune, pour lui tenir lieu de son droit, qu'une moitié de la forêt en toute propriété, sans que l'arrêt qui le décide ainsi, en appréciant les actes et les besoins des habitans, soit susceptible de tomber sous la censure de la cour de cassation. — 8 août 1831. Civ. r. Comm. de Sutrieux. D.P. 31. 1. 274.

370. — Jugé encore qu'aucune loi n'ayant déterminé la quotité de pleine propriété qui adviendrait aux communes usagères par l'effet du cantonnement, cette détermination est restée abandonnée (depuis la législation qui a réglé l'action en cantonnement, comme à l'époque antérieure où cette action ne dérivait que de la jurisprudence) aux lumières et à la conscience du juge ... De telle sorte qu'il a pu, d'après la nature, l'étendue et la concentration précédente des droits d'usage par l'aménagement, fixer la part des communes usagères à

neuf dixièmes de la propriété, et celles des propriétaires à un seul dixième. — 7 août 1833. Req. Dijon. Bethune-Sully. D.P. 33. 1. 332.

371. — Un tribunal peut, sur une demande en cantonnement, fixer lui-même pour les terrains soumis à l'usage la quotité qui doit être attribuée aux usagers pour leur tenir lieu de leurs droits sur la totalité, sans être tenu d'ordonner préalablement une expertise, bien qu'elle soit réclamée par l'une des parties: ici ne s'applique pas l'art. 824 C. civ., qui, en matière de partage, prescrit une estimation préalable des biens. — 23 mai 1832. Req. Colmar. Ville de Schelestat. D.P. 33. 1. 399.

372. — Pour connaître la valeur du capital que représente l'usage du taillis d'une forêt, les experts doivent évaluer, en argent, le produit annuel perçu par l'usager, et multiplier par vingt ce produit ainsi évalué. C'est vainement qu'on soutiendrait que, par argumentation du rachat des rentes foncières, il faut multiplier le revenu annuel par vingt-cinq. — 20 juill. 1829. Nanci. Bassompierre. D.P. 30. 2. 54.

373. — Les arbres fruitiers, quoique réservés au profit du propriétaire des bois usagers par les chartes de concession, doivent entrer dans les bases de l'opération du cantonnement. — 7 août 1833. Req. Bethune-Sully. Dijon. D.P. 33. 1. 332.

374. — La disposition de l'art. 4, tit. 25 de l'ord. de 1669, qui n'admet l'action en triage *que dans le cas où les deux tiers* à délaisser d'une forêt sont suffisans aux besoins des usagers, n'est point applicable au *cantonnement* introduit depuis la publication de cette ordonnance. Vainement objecterait on que l'opinion d'auteurs accrédités milite en faveur de cette assimilation. — 12 janv. 1833. Req. Pau. Comm. de Tarasteix. D.P. 33. 1. 108.

375. — En conséquence, l'action en cantonnement a pu être exercée par le propriétaire du sol, sans que sa recevabilité soit subordonnée à la condition que, par l'effet du cantonnement, les besoins des usagers seront satisfaits aussi pleinement qu'auparavant. — 7 août 1833. Req. Dijon. Comm. de Sexfontaine. D.P. 33. 1. 333.

376. — Le cantonnement était inconnu en 1544. — Même arrêt.

377. — Le droit de triage existait antérieurement à l'ordonnance de 1669. — 14 brum. an 13. Civ. c. Préf. de la Côte-d'Or. D.A. 3. 95. D.P. 5. 1. 153. — 1er avril 1806. Civ. c. Maynon. D.A. 3. 95. D.P. 1. 710. — 22 oct. 1806. Civ. c. Maynon. D.A. 3. 95. D.P. 1. 711. — 7 mai 1806. Civ. c. Chavaudon. D.A. 3. 95. D.P. 1. 710. — 12 juin 1809. Civ. c. Thevenin. D.A. 3. 95. D.P. 1. 711.

378. — Encore qu'on lise dans le texte imprimé de l'édit de 1667, dont le manuscrit ne se trouve pas aux archives, que cet édit révoque les triages faits depuis 1630 (*en chiffres*), cependant la révocation doit être fixée à *l'année* 1637, si on lit en toutes lettres, dans un autre endroit de l'édit, que la révocation embrasse un espace de *trente ans*. — 22 vend. an 10. Civ. c. Testu-Balincourt. D.A. 3. 98. D.P. 1. 711.

379. — 3° *Quand il n'y a pas lieu au cantonnement. — Droits d'usage qui donnent seulement lieu au rachat.* — Sous l'ancienne législation, comme depuis le code, il n'y a pas lieu au cantonnement, lorsque les biens grevés du droit d'usage n'excèdent pas les besoins de la commune usagère. — 8 août 1814. Civ. c. Angers. Walsh de Serrant. D.A. 3. 51. D.P. 1. 691.

380. — Si le droit d'usage ne porte que sur un fonds *modique*, dont le morcellement pourrait opérer une détérioration notable, le rachat en argent pourrait être ordonné au lieu du cantonnement, en ce que les partages admettent une soulte pécuniaire (C. 833). — Proudh., n. 3387.

381. — Mais cette décision paraît susceptible de critique; car le cantonnement étant une véritable interversion du titre primitif, fondé seulement sur des motifs d'ordre général, et non sur le droit commun, cette interversion extraordinaire ne saurait amener autre chose que ce que le législateur a prévu, c'est-à-dire le cantonnement réel, et non le rachat en argent du service foncier, quelles que soient les circonstances locales et les raisons d'équité que l'on aurait à alléguer. — Merl., Rép., v° Usage.

382. — Les autres droits d'usage quelconques, et les pâturage, panage et glandée dans les mêmes forêts, ne peuvent être convertis en cantonnement; mais ils peuvent être rachetés moyennant des indemnités réglées de gré à gré, ou, en cas de contestations, par les tribunaux.

383. — Néanmoins, le rachat ne peut être requis par l'administration dans les lieux où l'exercice du

droit de pâturage est devenu d'une absolue nécessité pour les habitans d'une ou de plusieurs communes (C. forest. 64). — Curasson, t. 2, p. 363; D.A. 8, 747, n. 9.

384. — L'art. 64 C. forest. ne peut empêcher le cantonnement, lorsque la demande en a été formée avant sa promulgation (C. forest. 64, 218). — 3 mars 1831. Bourges. Préf. du Cher. D.P. 32. 2. 186.

385. — Jugé, avant le code, que le droit de vaine pâture dans un bois n'est pas un droit d'usage proprement dit, et que celui au profit duquel il est établi ne peut demander le cantonnement (L. 28 août 1792, art. 5). — 4 mars 1819. Dijon. Vauban. D.P. 33. 2. 153.

386. — Mais jugé, au contraire, que le propriétaire d'un droit de pacage, considéré comme un véritable usager, avait qualité pour convertir, même vis-à-vis du domaine de l'état, son droit en cantonnement (L. 19 sept. 1790; 28 janv. 1791, et 28 août 1792). — 3 mars 1831. Bourges. Préf. du Cher. D.P. 32. 2. 186. — 14 fév. 1827. Rouen. Fouquier-Long. D.P. 27. 2. 167.

387. — Il avait été jugé aussi que l'art. 8 de la loi du 6 oct. 1791, rendue à une époque où les propriétaires de fonds soumis à des droits d'usage pouvaient seuls demander le cantonnement, ayant déclaré le droit de *vaine pâture rachetable*, entre particuliers, sans préjudice de l'action en cantonnement, et l'art. 5 de la loi du 28 août 1792 ayant depuis disposé que le cantonnement pourrait être demandé par les usagers aussi bien que par les propriétaires, sans toutefois abolir le droit de rachat créé par la loi du 6 oct. 1791, il est résulté de là que les usagers ont bien la faculté de demander le cantonnement dans tous les cas où il s'agira de droits d'usage autres que celui de vaine pâture; mais qu'à l'égard du droit de vaine pâture, ils ne pourront demander le cantonnement qu'autant que le propriétaire n'usera pas de la faculté du rachat, faculté à laquelle l'action en cantonnement est subordonnée. — Même arrêt.

388. — Si la nécessité du droit de pâturage dans les forêts de l'état, au profit des habitans d'une ou plusieurs communes, est contestée par l'administration qui veut racheter le droit, les parties peuvent se pourvoir devant le conseil de préfecture, qui, après une enquête *de commodo et incommodo*, statue, sauf le recours au conseil d'état (C. forest. 64, *in fine*). — D.A. 8. 748, 749, n. 1.

389. — L'art. 64 ne s'applique qu'aux forêts de l'état. En conséquence, la question de savoir si une commune peut, pour *nécessité absolue*, ne pas être soumise au rachat de droits d'usage qu'elle possède dans une forêt *particulière*, est de la compétence du tribunal civil et non du conseil de préfecture (C. forest. 64, 65, 121). — 6 août 1831. Colmar. Rauch. D.P. 33. 2. 173.

390. — Les formes du rachat sont réglées par l'art. 116 de l'ordonn. du 1er août 1827.

§ 13. — *De l'étendue et du mode d'exercice des droits d'usage dans les forêts de l'état.*

391. — Dans toutes les forêts de l'état qui ne seront point affranchies au moyen du cantonnement ou de l'indemnité, l'exercice des droits d'usage peut toujours être réduit par l'administration, suivant l'état et la possibilité des forêts, et n'avoir lieu que conformément aux dispositions ci-après (C. forest. 65). — D.A. 8. 748, et 749, n. 1.

392. — Quoique les droits d'usage d'une commune, dans une forêt de l'état, soient établis par des titres antérieurs au code, leur exercice a pu néanmoins être momentanément restreint par l'administration des forêts, soit quant au temps de cet exercice, soit quant à son étendue, suivant l'état et la possibilité de la forêt, et, par exemple, eu égard à l'état des bois qui, dans certains cantons, ne sont pas encore défensables; en un tel cas, la commune se prévaudrait en vain de l'art. 218 C. forest., qui n'est applicable qu'au fond du droit et nullement à l'exercice des droits d'usage (C. forest. 65 et 67). — 13 mai 1831. Ord. cons. d'état. Min. des fin. C. Comm. de Mouthe. D.P. 33. 3. 97.

393. — 1° *Questions générales de compétence.* — Lorsque, pour réclamer des droits d'usage dans une forêt vendue administrativement à la caisse d'amortissement, une partie excipe de titres anciens, c'est aux tribunaux qu'il appartient de prononcer (L. 25 mars 1817). — 30 nov. 1825. Ord. cons. d'état. Teissier.

394. — Les tribunaux sont compétens pour connaître d'une action en revendication des droits d'usage dans les forêts de l'état, intentée devant l'au-

torité administrative, lors de la promulgation du code forestier.

Les actes administratifs intervenus sur cette action sont de simples avis dont l'existence ne fait point obstacle à l'action judiciaire (2 sept. 1829. Ord. cons. d'état).

395.— Décidé de même que les questions relatives à un droit d'usage réclamé par une commune sur une forêt ayant appartenu au domaine, est du ressort des tribunaux (C. forest. 61). — 10 fév. 1830. Ord. cons. d'état. Comm. de Bonneuil.

396.— Les tribunaux correctionnels sont compétens pour apprécier si, d'après un arrêt civil, souverain, un usager, poursuivi correctionnellement, pouvait, sans délit ni contravention, exercer les actes d'usager pour lesquels il est poursuivi. — 29 mai 1830. Cr. r. Rohan. D.P. 30. 1. 293.

397. — L'adjudicataire de bois nationaux, qui a été mis aux lieu et place du domaine, relativement au droit d'usage des tiers, peut demander la nullité d'un arrêté de conseil de préfecture, rendu antérieurement à la vente et qui maintient certaines communes dans les droits d'usage de ces bois, lorsque cet arrêté a été rendu en l'absence du domaine, et qu'il ne lui a pas été signifié, bien qu'elle leur en ait laissé la jouissance. — 7 mai 1823. Ord. cons. d'état. Moncharmont. Mac. 1. 310.

398.— La question de savoir si les habitans d'une commune qui réclament des droits d'usage et de pacage dans une forêt royale, ont fait dans les bureaux de la préfecture, le dépôt de leurs titres dans les délais fixés par la loi du 28 pluv. an 11, doit être exclusivement jugée par les conseils de préfecture.— 11 fév. 1824. Ord. cons. d'état. Habit. d'Allogny. Mac. 24. 94.

399 — Les arrêtés des conseils de préfecture, qui prononcent le maintien des communes ou des particuliers dans des droits d'usage sur les forêts de l'état, ne sont que de simples avis qui doivent être soumis à l'approbation du ministre (Avis du cons. d'état, 11 juill. 1810). — 24 mars 1824. Ord. cons. d'état. Min. des fin. Mac. 24. 153.

400.— De même, les conseils de préfecture n'ont pas juridiction pour prononcer sur les réclamations des particuliers, relatives à des droits d'usage dans les forêts. Leurs délibérations, à cet égard, ne sont considérées que comme de simples avis devant être soumis à l'approbation du ministre, dont la décision, dans ce cas, ne peut être attaquée au conseil d'état par la voie contentieuse, parce que la question peut toujours être portée devant les tribunaux pour le fond du droit (Avis du cons. d'état, 11 juill. 1810).— 7 déc. 1825. Ord. cons d'état. de Clermont-Tonnerre.

401. — Décidé aussi que les arrêtés des conseils de préfecture, relatifs aux droits d'usage prétendus par les communes dans les forêts de l'état, ne constituent que de simples avis soumis à l'approbation du ministre des finances, et les communes ne sont pas moins fondées, nonobstant ces avis et cette approbation, à se pourvoir devant les tribunaux, après avoir obtenu l'autorisation requise.— 16 fév. 1826. Ord. Comm. d'Aulnat. — 22 nov. 1820. Ord. cons. d'ét. t. Pannetier.

402. — Les décisions prises par le ministre des finances sur l'exercice des droits de pacage d'une commune dans les forêts de l'état, qu'elle prétend fondés sur d'anciens titres, et dont la connaissance appartient exclusivement aux tribunaux, ne sont que de simples instructions pour les agens de l'autorité, qui ne font point obstacle à ce que cette commune se pourvoie au fond devant l'autorité judiciaire pour y faire valoir ses droits (C. forest. 78). — 26 fév. 1832 Ord. cons. d'état. Comm. de Rouvres. D P. 32. 3. 146.

403 — Le conseil de préfecture se conforme au code forestier, en maintenant une décision de l'administration forestière qui, sans contester à une commune ses droits d'usage dans une forêt de l'état, en règle l'exercice d'après l'état et la possibilité de la forêt. — 28 oct. 1829. Ord. cons. d'état. Comm. d'Annoux

404.—Jugé, dans le même sens, que l'administration est seule compétente pour juger de l'état et de la possibilité d'une forêt grevée d'un droit d'usage (C. forest. 65). — 13 avril 1832. Lyon. Forêts C. Bouvier. D P. 34. 2. 85.

405. — L'exercice des droits d'usage dans les forêts, pouvant toujours être réduit par l'administration, suivant l'état et la possibilité de ces forêts, il suit que c'est à elle qu'il appartient d'ouvrir et de fermer le pâturage, comme aussi de connaître des contestations qui peuvent s'élever à cet égard. — 11 oct. 1833. Ord. cons. d'état. Min. des fin. D.P. 34. 3. 19.

406.— 2° *De la déclaration de défensabilité pour l'exercice, par les usagers, des droits de pâturage, pacage, panage, glandée.* — Quels que soient l'âge ou l'essence des bois, les usagers ne peuvent exercer leurs droits de pâturage et de panage que dans les cantons qui ont été déclarés défensables par l'administration forestière...., et ce, nonobstant toutes possessions contraires (C. forest. 67 ; ord. 1er août 1827, art. 119).

407. — Jugé déjà précédemment que les habitans d'une commune ne peuvent exercer des droits de pacage dans des bois nationaux, lors même qu'ils auraient un droit d'usage, s'ils n'ont fait préalablement constater la défensabilité de ces bois. —26 flor. an 13. Cr. c. Comm. d'Ecole. D.P. 5 2. 133. — 25 mai 1810. Cr. c. Forêts C. Bézassat. D.A. 8. 752. D.P. 2. 365, et 18. 1. 187.— 3 avril 1830. Cr. c. Forêts C. Artozouls. D.P. 30. 1. 193.

408.— Il ne suffit pas pour que les bois taillis de l'état soient défensables, qu'ils aient acquis un degré de force tel qu'ils soient à l'abri de l'attaque des bestiaux qui y seraient introduits ; il faut que la défensabilité résulte d'une déclaration expresse de l'administration forestière.—16 fév. 1815. Bruxelles. Prince. D.A. 8. 752, n. D P. 2. 365.

409.— La défensabilité d'une portion de forêt ne peut résulter de la circonstance que, depuis son exploitation, elle a été semée en céréales, et que le directeur des domaines avait permis à l'usager de faire pâturer ses bestiaux dans les lieux accoutumés de cette forêt.—28 janv. 1813. Cr. c. Forêts C. Ropetti. D.A. 8. 754, n. 9. D.P. 2 366.

410. — La déclaration de défensabilité est nécessaire même pour l'exercice des droits d'usage acquis dans les forêts de sapins, qui s'exploitent en jardinant, et où le bois est toujours partie en rejet et partie en arbres futaies.— 7 mai 1819. Cr. c. Forêts C. Lamy. D.A. 8. 574, n. 10. D.P. 2. 366.

411.— Le droit d'une commune, de faire pâturer ses troupeaux dans les parties seulement d'un bois domanial qui sont déclarées défensables, n'empêche pas l'adjudicataire de ces bois d'y faire pâturer ses bestiaux, avant qu'ils aient été déclarés défensables, ou qu'il ait entièrement payé son prix, si, pour le paiement, il s'est conformé aux clauses de son acquisition. — 6 nov. 1817. Ord. cons. d'état. Brunet.

412.— L'introduction, par l'usager, de bestiaux dans les forêts de l'état, avant que la déclaration de défensabilité n'en ait été notifiée, est un délit de sa part.—10 avril 1812. Cr. c. Forêts C. Simonin. D.A. 8. 753, n. D.P. 2. 365. — 8 mai 1830. Cr. c. Bourges. Forêts C. Renaud. D.P. 30. 1. 260. — 22 avril 1824. Cr. c. Forêts C. Husson. D.P. 24 1. 271.

413.—Et cela, bien que la commune usagère ait été autorisée à introduire ses bestiaux dans la forêt par une lettre du sous-inspecteur forestier local, et que, par suite de cette lettre, le garde-forestier ait approuvé cette dépaissance (L. 29 sept. 1791, art. 16, tit. 12).— 23 juin 1820 Cr. c. Forêts C. Comm. de Bussy. D.A. 8. 754, n. D P. 2. 366.

414.— .... Ou que l'administration forestière ait, dans les années précédentes, toléré cette dépaissance, sans astreindre l'usager à requérir d'elle une déclaration de défensabilité (art. 1, 3, 13, tit. 19, ord. de 1669) — 11 oct. 1822. Cr. c. Forêts C. Laguerre. D.A. 8. 754, n. 11. D.P. 2. 366.

415. — L'on ne doit point avoir égard au plus ou au moins de dommage résultant de l'introduction des bestiaux; l'amende encourue doit être calculée sur le nombre et l'espèce des bestiaux introduits.— 26 brum. an 12. Cr. c. Forêts C. Guillot. D.A. 8. 753, n. D P. 2. 365. — 10 avril 1812. Cr. c. Forêts C. Simonin. D.A. 8. 753, n. D.P. 2. 365

416.—Les usagers ne pouvant exercer leurs droits de pâturage que dans les lieux légalement déclarés défensables, il y a contravention aux art. 1, 3, 6, tit. 19, ord. 1669, dans le fait d'avoir laissé pâturer une vache dans une partie d'une forêt royale mise en réserve.—22 avril 1824. Cr. c. Forêts C. Husson. D.P. 24. 1. 271.

417.— Jugé, dans le même sens, d'après les art. 1 et 3, tit. 19 de ladite ordonnance, que si le pâturage a été exercé, pendant une année, dans un bois non *spécialement déclaré défensable*, sous le prétexte que l'administration forestière avait, les années précédentes, toléré le pâturage, les contrevenans sont passibles des peines portées par la loi, sans que l'administration soit tenue de justifier que le pâturage avait été défendu pour cette année. — 7 avril 1827. Cr. c. Forêts C. Humbert. D.P. 27. 1. 400

418.—Et, de même, depuis le code, les droits de pâturage ne doivent être exercés que dans les cantons qui sont, chaque année, déclarés défensables par l'administration, et l'on ne pourrait excuser un délit, sous le prétexte que la défensabilité aurait été déclarée l'année précédente, elle doit être renouvelée chaque année (C. forest. 67). — 27 fév. 1834. Cr. c. Forêts C. Barat. D.P. 34. 1. 210.

419.— La déclaration de défensabilité n'a d'effet que pour un an, ce délai passé, et encore bien que la révocation de la déclaration de défensabilité n'ait pas été notifiée par l'administration forestière aux usagers, il y a lieu d'appliquer l'amende.—16 fév. 1815. Bruxelles Prince. D.A. 8. 752, n D.P. 2. 365.

420.— Ainsi, aucun titre, aucune convention, même postérieurs à l'ordonnance de 1669, ne peuvent déroger à la défense absolue faite par son art. 10, tit. 32, d'introduire des bestiaux dans la partie des bois déclarée non défensable (C. c. 5).— 9 sept. 1826. Cr. r. Furet. D.P 27. 1 340.

421 —Jugé de même que les dispositions de l'ordonnance de 1669, sur la déclaration de défensabilité, dérogent non seulement aux lois et réglemens antérieurs, mais encore à toutes conventions contraires des parties.

422.— En conséquence, des usagers à qui leurs titres antérieurs à l'ordonnance donnent le droit de mener leurs bestiaux dans un bois particulier, dès qu'il a l'âge de sept ans, ne peuvent plus continuer de les y conduire tant que ce bois n'a pas atteint douze ans, âge fixé par l'administration pour la défensabilité.— Et l'arrêt qui juge autrement doit être cassé, encore bien qu'il ait déclaré que l'âge de sept ans était une condition sans laquelle le traité n'aurait pas eu lieu entre les parties.— 2 fév. 1831. Civ. c. Holtermann. D.P. 31. 1. 94.

423. — Jugé aussi que l'usager dont le droit est fondé sur un titre qui lui permet d'envoyer ses bestiaux dans la forêt affectée à son droit, lorsque les bois auront atteint un certain âge, n'en est pas moins obligé d'attendre, pour l'introduction de ses bestiaux, que ces bois aient été déclarés défensables, encore qu'il s'agisse d'un bois particulier.—26 janv. 1824. Cr. c. Delondre. D.A. 8. 755, n. D.P. 24. 1. 41.

424. — ... Que l'arrêt de reglement du parlement de Besançon, du 28 avril 1751, qui autorisait la pâture des porcs dans les coupes de six à sept ans, quoique non déclarées défensables, a cessé d'être en vigueur depuis l'avis du conseil d'état, du 18 brum. an 14. Ainsi, depuis cette époque, la mise en pâture des bestiaux de cette espèce, dans des bois non déclarés défensables, est un délit — 1er avril 1808 Cr. c. Forêts C Poujeot. D.A. 8. 753, n. D P. 2. 367.

425.— 3° *Des contestations relatives à la défensabilité des bois soumis au pâturage, panage,* etc. — En cas de contestation sur l'état et la possibilité des forêts et sur le refus d'admettre les animaux au pâturage et au panage dans certains cantons déclarés non défensables, le pourvoi contre les décisions rendues par les conseils de préfecture, est suspensif jusqu'à la décision rendue par le roi en conseil d'état (1er août 1827. Ord., art. 117).

426.— Encore bien qu'une décision de conseil de préfecture ait déclaré défensable une portion de forêt déclarée non défensable par l'administration forestière, laquelle s'est pourvue devant le conseil d'état, les tribunaux saisis des poursuites dirigées par l'administration contre les usagers qui ont fait paître leurs bestiaux dans le terrain litigieux, pendant la durée du litige, ne peuvent surseoir à prononcer jusqu'après la décision du conseil d'état ; il y a lieu de statuer incontinent contre les délinquans (C. forest. 67).— 22 fév. 1833. Douai. Forêts C. Comm. de Marchienne. D.P. 33. 2. 89.

427. — Lorsque l'usager, prévenu d'un délit de pâture dans la forêt soumise à son droit, prétend que le bois où ce délit a été commis est défensable, c'est à lui de justifier cette exception : les juges ne peuvent imposer à l'administration forestière l'obligation de prouver le contraire. — 22 fév. 1811. Cr. c. Forêts C. Desponien' D.A. 8. 753, n. D P. 11. 1. 149.

428. — Est nul le jugement du tribunal correctionnel qui, saisi d'une contravention de cette espèce, commise par un individu se prétendant usager, surseoit à prononcer les peines prescrites, jusqu'à ce que le tribunal civil ait statué sur le droit d'usage (C. forest. 67, 199). — 3 avril 1830. Cr. c. Forêts C. Artozouls. D.P. 30. 1. 193.

429.— 4° *Nombre des bestiaux admis au pâturage ou panage. — Chemin qu'ils doivent suivre, de leur surveillance et de leur marque.* — L'administration forestière fixe, avec publicité, d'après les droits des usagers, le nombre des porcs qui peuvent être mis en panage et des bestiaux qui peuvent être

admis au pâturage (C. forest. 68, 69), d'après les documens fournis annuellement par les communes et les particuliers jouissant du droit d'usage (Ord., art. 118).

430.— Les réclamations faites contre l'arrêté par lequel l'administration a fixé le nombre des bestiaux qui peuvent être conduits dans les forêts de l'état par des usagers doivent être soumis aux tribunaux — D.A. 8. 749, n 2.

431. — C'est au propriétaire qui prétend que des usagers introduisent dans une forêt un nombre de bestiaux plus grand que celui pour lequel le droit d'usage avait été concédé, à fournir la preuve de cette allégation, et non aux usagers. — 2 fév. 1831. Civ. c Holtermann. D.P. 31. 1. 94.

432. — La durée de la glandée et du panage ne peut excéder trois mois (C. forest. 66).

433.—Les usagers ne peuvent jouir de leurs droits de pâturage et de panage que pour les bestiaux à leur propre usage, et non pour ceux dont ils font commerce, à peine d'amende (C. forest. 70).

434.— Les chemins par lesquels les bestiaux doivent passer pour aller au pâturage ou au panage et en revenir sont désignés par les agens forestiers (C. forest. 71).

435. — Les contestations qui s'élèvent relativement a la désignation du chemin à parcourir par les bestiaux doivent être jugées par les tribunaux ordinaires (Rapp. à la ch. des pairs). — Curasson, t. 1er, p. 293.

Le contraire semblerait résulter de la discussion à la chambre des deputes.— D.A. 8. 750, n. 3.

436. — Les bestiaux ne peuvent être envoyés au parcours que sous la surveillance d'un garde.— 22 avril 1824. Cr. c. Forêts C. Husson D.P. 24. 1. 271.

437.—Il y contravention dans le fait d'avoir laissé paître une vache à l'abandon.— Même arrêt.

438. — Les pâtres des communes usagères doivent être choisis par le maire, et agréés par le conseil municipal (1er août 1827. Ord., art. 120).

439 — Les habitans des communes usagères ne peuvent ni conduire eux-mêmes, ni faire conduire leurs bestiaux, à garde séparée, à peine de 2 fr. d'amende par tête de bétail.— Les porcs ou bestiaux de chaque commune ou section de commune usagère forment un troupeau particulier et sans mélange de bestiaux d'une autre commune ou section, sous peine d'amende contre le pâtre, et d'emprisonnement en cas de récidive. — Les communes et sections de commune sont responsables des condamnations pécuniaires contre les pâtres ou gardiens, pour les delits et contraventions forestiers commis par eux pendant le temps de leur service et dans les limites du parcours (C. forest. 72).

440.— Lorsque les individus qui ont des droits d'usage dans une forêt particulière ne forment pas une communauté d'habitans, soumise à une administration unique, ils ne sont pas tenus d'envoyer leurs troupeaux dans la forêt sous la garde de pâtres communs, alors que leurs titres ne leur en font pas une obligation.—2 fev. 1831. Civ. c. Holtermann. D.P. 31. 1. 94.

441.— Les porcs et bestiaux sont marqués d'une marque spéciale, différente pour chaque commune ou section de commune usagère (C. forest. 73, 74; ord, art. 121); et tous les animaux admis au pâturage doivent avoir au cou une clochette (C. forest. 75).

442.— Lorsque les porcs et bestiaux des usagers sont trouvés hors des cantons déclarés défensables ou désignés pour le panage, ou hors des chemins indiqués pour s'y rendre, il y a lieu contre le pâtre à une amende. En cas de récidive, à un emprisonnement (C. forest. 76).

443 — Si les usagers introduisent au pâturage un plus grand nombre de bestiaux ou au panage un plus grand nombre de porcs que celui qui a été fixé par l'administration, il y a lieu, pour l'excédant, a l'application des peines de l'art. 199 (C. forest. 77).

444.— 5° *De l'introduction des bêtes à laine dans les forêts.*— Il est defendu à tous usagers, nonobstant tous titres et possessions contraires, de conduire ou faire conduire des chèvres, brebis ou moutons dans les forêts ou sur les terrains qui en dépendent. Ceux qui prétendraient avoir joui du pacage ci-dessus en vertu de titres valables ou d'une possession équivalente à titre, peuvent, s'il y a lieu, réclamer une indemnité, qui sera réglée de gré à gré, ou, en cas de contestation, par les tribunaux.—Le pacage des moutons peut néanmoins être autorisé dans certaines localités par des ordonnances du roi (C. forest. 78).

445.—Avant le code forestier, le délit commis par l'introduction et le pâturage de bêtes à laine dans une futaie a dû être puni, non d'après la loi du 28 sept. 1791, mais de la peine déterminée par l'art. 13, tit. 19 de l'ord. de 1669.— 22 fév. 1811. Cr. c. Forêts C. Cadet. D.A. 8. 753, n. D P. 11. 1. 149

446.— Le droit acquis à des usagers, même par titres antérieurs à l'ord. de 1669, de faire pâturer leurs bêtes à laine dans une forêt affectée au droit d'usage, a été aboli, dans l'intérêt de l'ordre public, par l'ord. de 1669, et l'introduction de ces bestiaux dans la forêt est punissable, encore bien que la forêt soit sujette au parcours et quelle que soit la position particulière des usagers, cette position ne pouvant être appréciée que par le souverain, auquel seul appartiendrait la faculté de créer une exception en leur faveur.— 20 juill. 1810. Cr. c. Forêts C Aubert. D.A. 8. 750. D.P. 2. 363.

447.— Jugé, de même, que le droit est aboli quoique les usagers se fondent sur un titre antérieur à l'ordonnance de 1669 — 23 juin 1824. Cr. c. Forêts et Monier D.A. 8751, n. D.P. 2. 364.—23 juin 1824. Cr. c. Giraudet. D.A. 8. 751, n. D P 2. 364. — 27 août 1824. Grenoble. Brochier. D.A. 8. 751, n. D.P. 2. 364.

448.— Mais le droit de dépaissance acquis à un particulier dans une forêt de l'état n'est pas soumis aux prohibitions du tit. 19 de l'ord. de 1669, s'il est fonde sur un contrat postérieur à cette loi, stipulant des clauses par lesquelles il a été dérogé aux dispositions qu'elle contient.— Ainsi, il est admis à exercer ce droit avec des bêtes à laine, dans les bois du domaine, dans les lieux défensables et non défensables.— 9 juill. 1818. Cr. c. Forêts C. Valette. D.A. 8. 752. D.P. 2. 365.

449.— Décidé de même que l'ord. de 1669 ne réglant les droits d'usage ou de dépaissance dans les bois domaniaux, qu'à défaut de titre conventionnel, lorsqu'il est stipule, par titres, qu'on pourra faire paître ses bêtes à laine dans les forêts domaniales, l'administration n'est pas recevable à vouloir appliquer les dispositions de l'ordonnance précitée.

... Et réciproquement, les acquéreurs ne peuvent pas céder leurs droits à des étrangers ou propriétaires riverains, quand cette faculté leur a été interdite par le titre conventionnel.— 6 déc. 1820. Ord. cons. d'état. Rouvelet.

450. — Le reglement spécial qui réintègre des usagers dans la jouissance de leurs droits d'usage dans des forêts soumises au régime forestier, ne les autorise pas à introduire des chèvres dans les bois, surtout si l'interdiction de ces animaux avait été prononcée par un réglement special antérieur.— 11 déc. 1812. Cr. c. Forêts C. Pontici. D.A 8 753, n. 2. D.P. 2. 365.

451.—La prohibition d'introduire, dans les forêts, des chèvres, s'applique même aux chèvres que, dans certains pays, on est dans l'usage de mettre dans les troupeaux de moutons, comme menons, ou conducteurs — En conséquence, est nul un jugement qui refuse de punir le propriétaire qui a ainsi introduit des chèvres dans une forêt.— 7 mai 1830. Cr. c. Forêts C. Pécoul. D.P. 30. 1. 259.

452.— L'art. 78 C. forest. étant général et absolu, l'introduction des chèvres ou moutons, dans une forêt soumise au régime forestier, ne peut avoir lieu dans aucun cas et sous aucun prétexte. Il n'y a d'exception que pour le parcours des moutons et brebis, autorisé par des ordonnances royales.

... Et l'arrêté d'un préfet, qui autorise d'une manière générale le parcours des bestiaux des habitans d'une commune, dans une telle forêt, ne saurait ni suppléer à l'ordonnance, ni déroger au texte prohibitif, ni faire excuser le delit résultant de l'introduction de moutons et brebis. — 11 fév. 1832. Cr. c. Forêts C. Biguet. D.P. 33. 1. 347.

453.— Lorsque le chemin sur lesquels des bêtes à laine ont été trouvées dans une forêt n'a pas été désigné pour servir à cet usage, cette circonstance suffit pour que le fait de leur introduction soit déclaré un délit, abstraction faite du dommage qu'elles ont pu causer —7 janv. 1820. Cr. c. Forêts C Piot. D.A. 8. 776, n. D.P. 2. 382.

454.— 6° *De la délivrance des bois aux usagers qui y ont droit, de ses conditions et de ses suites.* — Les usagers qui ont droit à des livraisons de bois, de quelque nature que ce soit, ne peuvent prendre ces bois qu'après que la délivrance leur en a été faite par les agens forestiers, sous les peines portées pour les bois coupés en délit (C. forest 79).

455. — Il ne peut être dérogé, par des conventions particulières, à la disposition de l'ordonn. de 1669 et de l'art. 79 C forest., d'après laquelle les usagers qui ont un droit à des livraisons de bois sont obligés d'en demander la délivrance.— 21 août 1828. Req. Montpellier. Comm. de Sorède. D.P. 28. 1. 396.

456. — De ce qu'un arrêt du conseil, antérieur à la publication de l'ord. de 1669, aurait déclaré qu'une commune usagère était dispensée de demander la délivrance, dispense reconnue depuis par des décisions judiciaires qui se réfèrent à l'arrêt du conseil, il n'y a pas violation de la chose jugée par ces arrêts, dans le jugement ou l'arrêt qui déciderait aujourd'hui que la dispense doit être déclarée abolie par l'ord. de 1669. — Même arrêt.

457. — Il ne suffit pas que la délivrance préalable ait été sollicitée et refusée; il faut qu'elle ait été obtenue par les usagers. — 3 sept. 1808. Cr. c. For. C. Knauf. D.A. 8. 754. D.P. 9. 2. 3.

458. — L'art. 122 de l'ord. détermine le mode de livraison des bois de chauffage délivrés par stères. S'ils se délivrent par coupe, l'exploitation en doit être faite, aux frais des usagers, par un entrepreneur spécial nommé par eux et agréé par l'agent forestier local (C. forest. 81; ord., art. 122).

459. — Jugé, avant le code, qu'une commune qui a des droits d'usage dans une forêt de l'état, et qui, pour le délai des coupes et vidanges des bois à elle délivrés en masse et collectivement en la personne du maire, ne s'est conformée ni au cahier des charges, ni au permis d'exploiter, ni aux réglemens forestiers, a encouru, par ce retard, la confiscation des bois trouvés en délit; et l'administration ne peut être jugée non-recevable à la poursuivre, sous le prétexte que, par suite d'une distribution faite entre les habitans, sans sa participation, les exploitations ont été individuelles. — 29 juin 1821. Cr. c. Forêts. C. Comm. de Granges. D.A. 8 756, n. D.P. 2. 367.

460. — Aucun bois ne peut être partagé sur pied ni abattu par les usagers individuellement, et les lots ne peuvent être faits qu'après l'entière exploitation de la coupe, à peine de confiscation de la portion de bois abattu afférente à chacun des contrevenans (C. forest. 81).

461. — Les entrepreneurs de l'exploitation des coupes délivrées aux usagers doivent se conformer à tout ce qui est prescrit aux adjudicataires pour l'usance et la vidange des ventes; ils sont soumis à la même responsabilité et passibles des mêmes peines en cas de délits ou contraventions. — Les usagers ou communes usagères sont garans solidaires des condamnations prononcées contre lesdits entrepreneurs (C. forest. 82).

462. — Jugé, avant le code, que les usagers sont assimilés aux adjudicataires des ventes, soit pour les règles qu'ils ont à suivre dans l'exploitation du bois, soit pour la responsabilité des delits qui peuvent être commis dans les cantons destinés à leur usage.— 25 août 1808 Cr. c. For. C. Comm. de Braunhausen. D.A. 8. 739. D.P. 24. 1. 294.

463. — .... Qu'une commune ne cesse pas d'être responsable des délits commis à l'ouïe de la cognée de la coupe qui lui a été délivrée pour son droit d'usage dans une forêt domaniale, parce que cette coupe a consisté en sapins répandus çà et là sur une assez grande étendue de terrain, ni parce qu'elle aurait été dispensée, par un arrêté du préfet, de présenter un adjudicataire ou entrepreneur spécial pour l'exploitation de cette coupe. — 10 août 1821. Cr. c. Forêts C Comm. de la Croix-aux-Mines. D.A. 8. 757, n. D.P. 2. 368.

464. — ... Que la disposition d'un cahier des charges arrêté dans les formes légales, par laquelle il a été prescrit à des usagers de n'entrer dans une forêt, pour l'exploitation de leur affouage, qu'avec des bœufs muselés, est obligatoire : celui qui l'enfreint est passible des peines de la loi. — 29 mars 1806. Cr. c. Min. pub. C. Jacques. D.A. 8. 756. n D.P. 2. 367.

465. — La garantie solidaire des communes pour les condamnations prononcées contre les entrepreneurs de l'exploitation des coupes affouagères, établie par l'art. 82 C. forest., s'applique aux amendes aussi bien qu'aux dommages-intérêts et aux frais; ainsi est nul un jugement qui refuse d'étendre cette garantie à l'amende. — 24 sept. 1830. Cr. c. Forêts C. Comm. d'Harmonville. D.P. 30. 1. 371.

466. — Le garde bûcheron, entrepreneur d'une coupe affouagère, qui a constaté un délit commis dans une coupe, n'est pas passible des amendes et indemnités encourues par les delinquans, pour n'avoir pas indiqué leurs noms, s'il est établi qu'il a fait inutilement tout son possible pour connaître les auteurs du délit (C forest. 6, 31, 45, 82). — 14 mai 1829. Cr. r. Forêts C. Goy, etc. D.P. 29. 1. 241.

467. — Lorsque, d'après leurs titres, des communes avaient droit à tout le bois nécessaire à leur chauffage, et qu'elles pouvaient, dans les chablis

comme dans les exploitations, recevoir du bois jusqu'à concurrence de leurs besoins, sauf à consulter la possibilité de la forêt, ces communes peuvent obtenir des dommages-intérêts, si, au mépris de leur opposition, l'administration a fait vendre des chablis, tandis que les communes usagères n'avaient pas le bois nécessaire à leur chauffage. — 8 août 1832. Req. Besançon. Comm. de Champagnole. D.P. 32. 1. 332.

468. — L'art. 123 de l'ord. du 1er août 1827 règle les formes et les conditions de la délivrance des bois aux usagers, pour constructions ou réparations.

469. — Les frais occasionés par les expertise et vérification nécessaires pour fixer la quantité des bois de construction à délivrer dans une forêt domaniale, à des communes usagères, doivent être supportés, non par le trésor, mais par ces communes. — 30 oct. 1821. Déc. min. Comm. de Badonviller. D.A. 8. 762, n.

470. — Les usagers n'ont nul droit aux branchages des arbres abattus pour fournir aux réparations ou à la reconstruction des maisons usagères. — Proud., n. 3169.

471. — Les tribunaux civils sont compétens pour juger des contestations élevées entre l'administration et des usagers, sur le nombre d'arbres nécessaires à ces derniers pour réparer leurs maisons et qui doivent être pris dans une forêt grevée d'un droit d'usage. — 13 avril 1832. Lyon. Forêts C. Bouvier. D.P. 34. 2. 85.

472. — Il est interdit aux usagers de vendre ou d'échanger les bois qui leur sont délivrés, et de les employer à aucune autre destination que celle pour laquelle le droit d'usage a été accordé (C. for. 83).

473. — La prohibition de vendre les bois provenant d'affouage s'applique aux ventes faites de particulier à particulier, comme à celles que feraient les communes elles-mêmes. — 13 oct. 1809. Cr. c. Forêts C. Etienne. D.A. 8. 762, n. D.P. 10. 1. 415.

474. — Un usager qui demande des bois pour la réparation et construction d'une maison, et qui les emploie à une autre maison, est punissable des peines de l'art. 3 C. for.; il ne peut être excusé sous le prétexte que ces bois ont été appliqués à la destination que lui permettaient ses titres d'usager. — 7 mai 1830. Cr. c. Forêts C. Favre. D.P. 30. 1. 259.

475. — Un arrêt qui maintient un droit d'usage fondé sur un titre qui donnait à l'usager le droit *de vendre* les bois provenant de l'usage, ne blesse point les lois nouvelles sur la matière, et notamment le code forestier, qui interdisent ces sortes de ventes...., lorsqu'il soumet l'exercice du droit d'usage aux règles de l'administration forestière, ainsi maîtresse de restreindre le droit de l'usager dans les limites légales, par les actes de délivrance. — 20 août 1833. Req. Préf. de l'Ain. D.P. 33. 1. 341.

476. — L'emploi des bois de construction doit être fait dans un délai de deux ans, lequel néanmoins peut être prorogé par l'administration forestière. Ce délai expiré, elle peut disposer des arbres non employés (C. for. 84).

477. — Des usagers à qui des bois de construction ont été délivrés, et qui, lors de la visite des agens forestiers, n'ont pas représenté la totalité de ces bois, ne peuvent être affranchis des peines portées contre cette contravention, soit sous le prétexte qu'ils n'avaient pas été prévenus légalement du jour où ils devaient faire la représentation de ces bois, alors que le délai de deux ans était expiré; soit sous le prétexte qu'il ne serait pas justifié qu'ils eussent fait un emploi frauduleux de ces bois, la présomption de fraude résultant de la non représentation seule (C. for. 83, 84). — 20 sept. 1832. Cr. c. Forêts C. Usagers de la comm. de Brottes. D.P. 33. 1. 348.

478. — La constatation de la présence d'un delinquant, à la visite, peut être implicite et résulter, par exemple, de cette mention que les délinquans n'ont *pu représenter* certains objets aux agens forestiers qui s'étaient transportés à leur domicile. — Même arrêt.

480. — En effet, de même que c'est aux agens forestiers seuls qu'il appartient de déclarer les portions de bois défensables, c'est à eux aussi de régler l'époque pour l'exercice de l'usage d'enlever les feuilles mortes.

479. — 7° *Enlèvement de feuilles et de fruits, Coupe de bois, Ramage, Bois-mort et mort-bois, bois sec et gisant.* — L'usage reconnu constant, d'enlever des feuilles dans une forêt de l'état, ne peut dispenser celui qui les enlève d'en demander la permission à l'administration, conformément à l'art 1er de la loi du 28 ventôse an 11, ni le soustraire à l'amende prononcée par l'art. 12, tit. 32 de l'ordonnance de 1669. — 16 avril 1806. Cr. c. Faul. D.P. 7. 2. 102.

481. — Il est défendu à tous usagers quelconques d'abattre, de ramasser ou d'emporter des glands, faînes ou autres fruits, sous peine d'une amende double de celle prononcée par l'art. 144 (C. for. 85).

482. — Il suffit qu'une forêt, ou partie de forêt, n'ait pas été déclarée défensable par l'administration forestière, pour que le fait d'un usager, d'avoir coupé du bois dans un canton non déclaré défensable, constitue un délit (C. for. 192). — 4 sept. 1829. Cr. c. Rouen. Rohan. D.P. 29. 1. 353.

483. — Des individus reconnus pour usagers d'une forêt peuvent y prendre le bois sec; lorsque la forêt a été declarée défensable pour le pâturage; ils ne peuvent être condamnés pour avoir pris le bois sec dans ces circonstances, sous le prétexte que la forêt n'est pas déclarée défensable pour le ramage, le code forestier ne distinguant pas entre la défensabilité pour le pacage et la défensabilité pour le ramage. — 29 mai 1830. Cr. c. Leroy. D.P. 30. 1. 293.

484. — Les usagers d'une forêt peuvent exercer le droit de ramage, sans que la forêt ait été déclarée défensable à cet égard, lorsqu'elle l'a été pour le droit de pacage. — 29 mai 1830. Cr. r. Rouen. Rohan. D.P. 30. 1. 293.

485. — Le *ramage* consiste dans le droit de prendre des branches pour clôture et pour ramer les légumes. — Fournel, v° Ramage.

486. — L'usage au *bois-mort* ou sec en *cime* et *racines* ou *gisant*, donne le droit de couper les arbres sur pied, pourvu qu'ils soient secs en cime et racines (Proudh., n. 3163). Mais l'usage au bois *sec* et *gisant* seulement consiste simplement à recueillir les brins et branches que l'usager trouve trainans et gisans par terre. — Proudh., n. 3163.

487. — L'usage au *mort-bois* ne comporte que la coupe des divers menus bois qui sont de la moindre valeur dans les forêts. — Par *mort-bois*, l'on entend celui qui, quoique vert et sur pied, est ainsi appelé par corruption pour *maubois* ou mauvais bois; tels l'épine, l'aune, le saule, le sureau, le genêt, les ronces, le fusain, le sanguin, le troene, le houx, le coudrier et la bourdaine. — Proudh., n. 3161. — V. Usage.

488. — Lorsqu'ayant à fixer sur quelles *essences* une commune, porteur d'un titre antérieur à la réunion de la *Franche-Comté* à la France, doit exercer son droit au mort-bois, un arrêt a compris dans ces essences le *charme*, l'*orme* et le *tremble*, d'après les ordonnances alors en vigueur dans cette contrée, interprétées à l'aide de la doctrine et de la jurisprudence, il n'y a pas, en un tel cas, ouverture à cassation. — 22 nov. 1832. Req. Besançon. Chavelet. D.P. 33. 1. 62.

489. — Ceux qui n'ont d'autre droit que celui de prendre le bois mort, sec et gisant, ne peuvent, pour l'exercice de ce droit, se servir de crochets ou ferremens d'aucune espèce, sous peine de 3 fr. d'amende (C. forest. 80).

490. — Il est virtuellement établi qu'un usager, qui a le droit de prendre du bois mort, s'est servi de ferremens, lorsqu'il est constaté par le procès-verbal qu'il a coupé les bois de délits; le prévenu ne peut, dès lors, être renvoyé, sous prétexte que le fait d'avoir employé des ferremens n'était pas établi. — 27 avril 1833. Cr. c. Forêts G. Duchau. D.P. 33. 1. 375.

491. — Un usager qui a le droit de couper, dans une forêt, le bois mort, et qui abat un arbre sapin *charmé*, ou attaqué en délit depuis quelque temps, de telle manière qu'il paraissait sec et mort, est punissable, aux termes de l'art. 196 C. forest., surtout si l'écorce de cet arbre était encore verte en grande partie, et si l'arbre était encore sain et propre au commerce (C. forest. 197, 192, 196). — 25 mars 1830. Cr. c. Forêts C. Taffine. D.P. 30. 1. 183.

ART. 4. — *Des bois et forêts qui font partie du domaine de la couronne.*

492. — Les bois et forêts qui font partie du domaine de la couronne sont soumis aux dispositions du code forestier, applicables aux bois et forêts du domaine de l'état (C. forest. 88).

493. — Toutefois, ils sont régis exclusivement par l'intendance de la liste civile (C. forest. 86; l. 8 nov. 1834). — V. Domaine de la couronne.

494. — Les agens et gardes sont assimilés à ceux de l'administration forestière (C. forest 87).

495. — L'administration des bois et forêts de la couronne, chargée, dans l'intérêt de l'état, des poursuites en réparation de tous les délits qui s'y commettent, a, comme le ministère public lui-même, le droit *de requérir les condamnations d'amendes* encourues par le délinquant · dès lors, le tribunal d'appel qui, reconnaissant comme constant un délit de chasse, a refusé de condamner le délinquant à l'amende, sur le motif que le ministère public ne s'était pas rendu appelant, a commis un excès de pouvoir, et créé une fin de non-recevoir qui n'est pas dans la loi, surtout si, en première instance comme en appel, le ministère public a requis que les conclusions prises par l'inspecteur forestier, pour l'intendant-général de la maison du roi, lui fussent adjugées (C. forest. 87, 150). — 5 nov. 1829. Cr. c. Min pub. C. Jupinet. D.P. 29. 1. 376.

496. — Le délit commis sur les *terres* du domaine de la couronne, dépendantes de ses forêts, a tous les caractères d'un délit forestier, et entraîne la condamnation à l'amende, comme s'il eût été commis dans les bois eux-mêmes : en conséquence, celui qui s'est rendu coupable d'un délit de chasse, en tendant des collets sur la lisière d'un bois de la couronne, doit être condamné à l'amende de 30 fr., et à une restitution égale à cette amende (art. 12, tit. 30, et art. 18, tit. 32, ordonnance 1669). — Même arrêt.

497. — Les forêts de la couronne sont assujetties à un aménagement régulier. — Il ne peut y être fait aucune coupe extraordinaire quelconque, ni aucune coupe de quarts en réserve, ou de massifs réservés par l'aménagement pour croître en futaie, qu'en vertu d'une loi (Loi du 2 mars 1832, art. 12, §§ 1 et 2). — D.A. 8. 758, n. 2.

498. — Le droit d'usage acquis dans un bois de la couronne, en vertu d'un titre antérieur à l'ord. de 1669, ne peut, en aucun cas, permettre aux usagers d'envoyer leurs bestiaux dans les parties de bois mises en défense; et, s'ils sont poursuivis pour avoir enfreint cette défense, il ne peut être sursis à l'application de la peine par eux encourue, sur le motif qu'ils sont en instance devant les tribunaux civils, pour faire régler l'étendue de leurs droits d'usage (Ordonn. de 1669, tit. 19, art. 1, 3; L. 8 nov. 1814, art. 14 et 16). — 10 sept. 1824. Cr. c. List. civ. D.A. 8. 753, n. D.P. 2. 365.

499. — Les ventes de bois façonnés provenant d'abattages et d'élagages faits dans les forêts des domaines de la couronne, doivent avoir lieu par devant les préfets, sous-préfets ou maires, et en présence des agens forestiers (Ord. 1er août 1827, art. 88, 102 et 104; C. forest., art. 17 et suiv.). — Les notaires, de même que les commissaires-priseurs, n'ont pas qualité pour procéder à de pareilles ventes. — 28 juin 1833. Paris. Delapalme. D.P. 33. 2. 220.

ART. 5. — *Des bois et forêts possédés à titre d'apanage ou de majorats réversibles à l'état.*

500. — Les bois et forêts possédés par les princes à titre d'apanage, sont soumis au régime forestier, quant à la propriété du sol et à l'aménagement des bois (C. forest. 89).

501. — L'apanagiste peut, en se conformant à l'ordre des aménagemens et aux ordonnances qui permettraient des coupes extraordinaires, faire adjuger ces coupes comme il lui convient. — D.A. 8. 758, n. 3.

502. — Le dernier apanage qui ait existé en France est celui de la maison d'Orléans, qui a été réuni au domaine de l'état par l'avènement au trône du chef de cette famille. — Voy. Domaine et D.A. 8, 758, n. 1, 2 et 3.

503 — Les bois et forêts qui sont possédés par des particuliers à titre de majorats réversibles à l'état, sont aussi soumis au régime forestier, quant à la propriété du sol et à l'aménagement des bois (C. for. 89).

504. — Les possesseurs de majorats doivent être admis à intervenir dans les délimitations et bornages de leurs bois (D.A. 8. 758, et 759, n. 6). Ils sont parties intéressés dans tous les débats et actions relatifs à la propriété (Ord., art. 126).

505. — Il ne peut être fait dans ces bois et forêts aucune affectation ou concession de bois ou délivrances soit par stère, soit par pieds d'arbres au profit de communes, d'établissemens publics, de particuliers, ou pour le service d'une usine.

506. —... Ni aucune concession de droits d'usage (C. for. 89 et 62).

507. — L'administration forestière doit faire faire des visites dans les bois et forêts possédés à titre de majorat (C. for. 89; ord., art. 127).

508. — Pour ce qui est des règles établies anciennement pour la jouissance de ces bois, Voy. D.A. 8. 758, n. 5.

ART. 6. — *Des bois des communes et des établissemens publics.*

§ 1er. — *Du régime et de la garde de ces bois. — Impôt spécial.*

509. — Sont soumis au régime forestier les bois

taillis ou futaies appartenant aux communes et aux établissemens publics, reconnus susceptibles d'aménagement ou d'une exploitation régulière par l'autorité administrative (C. for. 90). S'il y a contestation à ce sujet, elle est vidée dans les formes réglées par l'art. 128 de l'ord. du 1er août 1827.

510.— Un hospice qui se prétend propriétaire de forêts possédées par une commune, n'est pas fondé à demander que ces forêts soient séquestrées pendant la litispendance, alors surtout que la propriété est contestée, et que, considérées comme communales, ces forêts se trouvent de droit sous la surveillance de l'administration forestière. — 19 déc. 1812. Colmar. Comm. de Seltz. D.P. 17. 2. 13.

511.—Depuis la suppression des grandes maîtrises des eaux et forêts, les tribunaux sont seuls compétens pour juger toutes les contestations relatives à la coupe et à la vente des bois, et spécialement, les difficultés élevées par deux particuliers qui prétendent l'un et l'autre avoir droit à l'adjudication d'une coupe de bois faisant partie de la réserve d'une commune. — 11 déc. 1814. Ord. cons. d'état. Baudoin.—Il en est de même pour les contestations élevées, soit sur l'adjudication des coupes de bois domaniaux, soit sur le prix desdites adjudications. — 6 mars 1816. Ord. cons. d'état. Domaine C. Bernard.

512.— C'est aux tribunaux ordinaires qu'appartient la question de propriété d'un bois, élevée entre des communes et les héritiers d'un émigré réintégré, bien que ce bois a été partagé administrativement.—23 oct. 1816. Ord. cons. d'etat. Montmort.

513 —Les communes et les établissemens publics ne sont qu'usagers des bois qu'ils possèdent (C. for. 112).— D.A 8. 759, n. 2.

514.— Ainsi, la propriété des bois communaux ne peut jamais donner lieu à partage entre les habitans (C forest. 92). — D.A. *eod.*, n. 4.

515.— Les communes et établissemens publics ne peuvent faire aucun défrichement de leurs bois, sans une autorisation expresse et spéciale du gouvernement (C forest. 91).

516. — Les communes et établissemens publics doivent entretenir, pour la conservation de leurs bois, des gardes particuliers, dont la nomination, la suspension, ou destitution, et les salaires, sont déterminés par les art. 94, 95, 96, 97, 98 du code.

517.—Ces gardes sont en tout assimilés aux gardes des bois de l'état, et soumis à l'autorité des mêmes agens, ils prêtent serment dans les mêmes formes, et leurs procès-verbaux font foi en justice (C. forest. 99).

518.— Les bois communaux ayant été assimilés, quant au régime et à l'administration, aux bois nationaux, ils doivent être régis par les mêmes lois. — Spécialement, l'action de l'administration, en poursuite contre un délit de depaissance dans un bois communal, ne peut pas être déclaré éteinte, si elle a été intentée avant l'expiration des trois mois (art. 8. tit. 9, loi des 15-29 sept. 1791, et arrêté du 19 vent. an 10, art. 1er).— 9 sept. 1807. Ch. cr.

519.—Pour indemniser le gouvernement des frais d'administration, les bois des communes et des établissemens publics sont soumis à un impôt ajouté à la contribution foncière, réglé chaque année par la loi de finances: moyennant quoi, tous les frais des opérations relatives à ces bois restent à la charge de l'état, sauf le salaire des gardes particuliers (C. forest. art. 106, 107, 108).

Les coupes sont principalement affectées aux frais de garde et au paiement de la contribution (C. forest. 106, 109; ord., art. 144).

520.— Les terrains en nature de bois doivent seuls être soumis à l'augmentation de la contribution foncière; on ne peut comprendre dans cette classe les arbres épars plantés le long des chemins communaux et sur d'autres propriétés appartenant aux communes et aux établissemens publics (Déc. min. 11 nov. 1818).— D.A. 8. 760, n. 11.

§ 2.—*De la délimitation et du bornage.—De l'aménagement.*

521.— Sauf les modifications expressément établies, tout ce qui concerne la délimitation et le bornage des forêts de l'état s'applique à la délimitation et au bornage des bois des communes et des établissemens publics (Ord., art. 129). — V. *suprà*, art. 3, § 1er.

522.— Les formes spécialement prescrites pour la délimitation et le bornage des bois des communes et des établissemens publics sont déterminées par les art. 130, 131, 132 de l'ordonnance de 1827.

523. — La commune n'a point à supporter les frais faits dans son intérêt; ils demeurent à la charge de l'administration forestière (C. forest. 107, et 92, § 2; art. 133, ord. 1827).

524. — Il doit être procédé à l'aménagement des forêts des communes et des établissemens publics; dont les coupes ne sont pas fixées régulièrement ou conformement à la nature des essences, sur la proposition de l'administration forestiere, et sur l'avis des communes ou établissemens et celui des préfets (C. forest. 90, § 2, ord. 135).

525. — Il doit être procédé de même à tout changement de l'aménagement ou du mode d'exploitation (C. forest 90).

526. — Une ordonnance royale du 14 août 1822 a décidé que l'ordonnance qui prescrit le mode d'exploitation d'un bois communal n'est qu'un acte de simple administration, dont la commune intéressée ne peut demander et obtenir la réformation par la voie contentieuse. — Baudrillart, 3, p. 68.

Ce principe a été reconnu lors de la discussion du code à la chambre des députés. — D A. 8. 759, n. 3.

527. — Des formes particulières sont exigées quand il s'agit de la conversion en bois et de l'aménagement de terrains en pâturage (C. forest. 90, § 3).

528. — En général, tout ce qui est relatif à l'aménagement des forêts de l'etat s'applique à l'aménagement ou changement d'aménagement des bois des communes et des etablissemens publics. — V. art. 3, § 2.

529. — Des formalités spéciales sont nécessaires lorsqu'il s'agit de travaux extraordinaires (Ord., art. 136).

530. — Un quart des bois appartenant aux communes et aux établissemens publics doit être toujours mis en reserve, lorsque ces communes ou établissemens possedent au moins dix hectares de bois réunis ou divisés, disposition inapplicable aux bois peuplés totalement en arbres résineux (C. forest. 93; ordonn., art. 137).

531. — Hors le cas de dépérissement des quarts en réserve, l'autorisation de les couper ne doit être accordée que pour nécessité bien constatée, et à défaut d'autres moyens (Ord., art. 140).

§ 3. — *Des adjudications et de l'exploitation par les communes elles-mêmes.*

532. — Les ventes de toutes les coupes se font en présence du maire ou des administrateurs, dans les mêmes formes que pour les bois de l'etat, à peine de nullité et d'amende (C. for., art. 100).

533.— Les incapacités et défenses prononcées par l'art. 21 C. for. sont applicables aux maires, adjoints et receveurs des communes, aux administrateurs et receveurs des établissemens publics, et les ventes faites en contravention sont déclarées nulles (C. for. 101).

534. — Les receveurs-généraux des finances doivent faire le recouvrement, à titre de placement en compte courant au trésor royal, du quart du produit des coupes extraordinaires des bois des communes et établissemens publics, dont l'adjudication excède 5,000 fr., pour être tenu, avec les intérêts à en provenir, à la disposition de ces établissemens sur la simple autorisation des préfets.— Le surplus doit continuer d'être versé à la caisse des dépôts.— En conséquence, celle des dispositions de l'ordonnance du 5 septembre 1821, qui prescrit le versement au trésor du cinquième du produit de ces coupes, est rapportée (Ord. 31 mars 1825). — D.P. 25. 3. 7.

535.— Il ne peut être fait, dans les bois des communes et des établissemens publics, aucune adjudication de glandée, panage ou paisson, qu'en vertu d'autorisation spéciale du préfet (Ord. 1er août 1827, art. 139).

536 — Un garde-général peut être délégué par le sous-inspecteur forestier pour faire le recolement de la coupe d'un bois communal (L. 16 niv. an 9).— 9 juin. 1813 Cr. c. Forêts C. Retterath. D.A. 8. 741. D.P. 2. 356.

537. — Les gardes-généraux étant classés par l'art. 11, § 1er de l'ordonnance du 1er août 1827, au nombre des agens forestiers, nul doute qu'ils n'aient le pouvoir de concourir aux récolemens.— D.A. 741, note.

538.— Les adjudicataires des bois des communes et des établissemens publics peuvent, comme les adjudicataires des bois de la direction des forêts de l'état, obtenir des prorogations de coupe ou de vidange en se soumettant d'avance à payer une indemnité calculée d'après le prix de la feuille et le dommage que peut causer leur retard. Ils doivent verser leurs indemnités dans les caisses des receveurs des communes ou établissemens propriétaires (Ord. 1er août 1827, art. 138).

539. — L'adjudicataire d'un bois communal, qui arrache dans la coupe des chênes verts, est passible, à raison de ce fait, d'une amende de 500 fr L'amende ne peut être réduite à 20 fr., sous le prétexte que le procès-verbal constatant le délit ne donne pas la mesure des chênes arrachés. — 25 juin 1825. Cr. c. Nîmes. Forêts C. Morand D.P. 25. 1. 398.

540.— Les communes peuvent exploiter elles-mêmes leurs forêts.

541.— L'art. 40, tit. 15, ord. 1669, ne donnant que jusqu'au 15 avril de chaque année pour la coupe des bois, défend, par une conséquence nécessaire, toutes celles qui seraient faites après cette époque... Et, par suite, l'individu qui a coupé des bois dans une forêt communale après cette époque (le 4 août), a dû être déclaré passible des peines portées dans cet article, et il n'a pu être renvoyé de la poursuite, sous le prétexte qu'il en avait reçu l'autorisation, ou même l'ordre de la part du fermier.— 29 mai 1807. Cr. c. For. C. Olivezé. D.A. 8 720, n. D.P. 2. 344.

542. — Mais jugé que les peines correctionnelles prononcées pour les malversations commises par les adjudicataires de coupes de bois ne sont pas applicables non plus aux bûcherons qui exploitent des bois pour le compte des communes qui en sont propriétaires (Ord. de 1669, art. 10, tit 16 et 25). — 8 oct. 1813. Cr. c. Forêts C. Schumann. D.A. 8. 762, n. D.P. 14. 1 223.

543. — Une commune ne peut être déclarée responsable d'un délit commis à l'ouïe de la cognée, d'une coupe exploitée pour son compte dans un bois qui lui appartient, s'il n'est pas établi que ce délit procède de son fait. — 27 nov. 1818. Cr. c. Forêts C. Comm. de Doulaire. D.A. 8. 762, n. D.P. 2. 372.

§ 4. — *De la délivrance des bois et des affouages communaux.*

544. — L'art. 1er de l'arrêté du 9 vent. an 10 a fait cesser l'usage et la jurisprudence des parlemens, qui autorisaient les habitans des communes à prendre, de leur autoritée privée, du bois dans les terrains communaux connus sous le nom de *pré-bois*. — En conséquence, l'individu qui a coupé dans ces terrains, suivant l'ancien usage, doit être poursuivi comme coupable d'un délit forestier.— 9 avril 1813. Cr. c. For. C. Baillet. D.A. 8. 725, § 5. D.P. 13. 1. 303. — 9 avril 1813. Cr. c. For. C. Faivre. D.A. 8. 726, n.

545.— Les habitans d'une commune qui ont ébranché des arbres dans une forêt de la commune, avec la permission du maire et en présence du garde-forestier, n'en ont pas moins commis un délit, pour n'avoir pas obtenu de l'administration forestière la délivrance des bois qu'ils ont enlevés; ils sont passibles des peines de la loi (Décr. 19 vent. an 10). — 27 oct. 1815. Cr. c. For. C. Bellefonds. D.A 8. 760. D.P. 16. 1. 343.— 27 vend. an 13. Cr. c. intérêt de la loi C. Antoni. D A. 8. 761, n. D P. 5. 1. 101

546. — Les coupes des bois communaux destinées à être partagées en nature pour l'affouage des habitans ne peuvent avoir lieu qu'après que la délivrance en a été faite par les agens forestiers, en suivant les formes de l'exploitation des coupes affouagères dans les bois de l'état (C. for. 103).

547. — S'il n'y a titre ou usage contraire, le partage des bois d'affouage se fait par feu, c'est-à-dire par chef de famille ou de maison ayant domicile réel et fixe dans la commune; s'il n'y a également titre ou usage contraire, la valeur des arbres délivrés pour constructions ou réparations doit être estimée à dire d'experts et payée à la commune (C. for. 105; ord, art. 143).

548.— Les curés et desservans sont compris dans les mots chefs *de maison* (Discussion à la chambre des députés).— D.A. 8. 759, et 760, n. 5.

549 — Un arrêté du gouvernement, rendu le 19 frimaire an 10 (10 déc. 1801), voulait que le partage des bois d'affouage se fît généralement par tête d'habitans, conformément à la déclaration du 13 juin 1724 et à la loi du 26 vent. an 2. Cette législation avait déjà été changée, et, au moment de la publication du nouveau code, le partage se faisait par feux.— Baudrill, *Dict. des for.*, v° Affouage; D.A. *eod.*, p. 759, n. 4.

550. — *L'usage* auquel la loi conserve son effet, relativement au mode de partage des bois d'affouage, n'est pas le mode de partage suivi au moment de la publication du code, car ce dernier avait été prescrit par les organes de la puissance publique, et on ne peut regarder comme usage ce qui s'éta-

blit ainsi. Il faut donc admettre que la loi a remis en vigueur les usages anciens.— D.A. 8. 760, n. 6.

551.— Le droit aux bénéfices de l'affouage d'une commune appartient à l'habitant de cette commune et non à l'acquéreur d'un domaine.— 20 sept. 1809. Décret. Chollez.

552.— En Alsace, le droit d'*affouage* appartenant à une communauté d'habitans dans la forêt d'une commune, a pu être déclaré n'etre pas restreint aux bois secs, broussailles, buissons et bas bois, mais comprendre, en cas d'insuffisance eu égard aux besoins de la commune, d'autres essences. — 23 mai 1832. Req. Colmar. Ville de Schelestadt. D.P. 33. 1. 399.

553. — Le droit d'affouage est attaché à tous les habitans d'une commune, même à ceux de celle qui lui a été réunie, encore bien qu'avant cette réunion, chacune d'elles ait eu ses usages et ses communaux particuliers, et qu'elle les ait conservés depuis.— 21 déc. 1808. Décret. Comm. d'Equevilley.

554 — Décidé, toutefois, que la réunion plus ou moins ancienne d'une commune à une autre qui a la propriété particulière d'affouage, ne lui donne pas droit au partage des affouages, surtout si elle n'en a joui en aucun temps. — 27 mai 1816. Ord. Comm. de Treveray.

555. — Une commune ne peut se pourvoir contre le réglement et la répartition régulièrement faits, entre plusieurs communes, de l'affouage des bois communaux indivis entre elles, lorsque ce réglement a été fait en présence des maires et habitans de chaque commune, et d'après les renseignemens fournis par eux, et surtout lorsqu'il a été exécuté pendant quatre ans et qu'il n'y a qu'une commune qui se plaint.— 23 déc. 1815. Ord. Comm. de Langy.

556. — Décidé aussi que lorsqu'une commune réunie à une autre a été autorisée par le préfet à jouir des droits d'affouage de cette dernière, et que celle-ci s'est pourvue devant le ministre qui a confirmé cette autorisation le 16 juin 1814, elle n'est plus recevable à l'attaquer devant le conseil d'état, le 20 fév. 1816, surtout si elle a exécuté continuellement le réglement du préfet. — 14 janv. 1843. Ord. Comm. de Chaux-les-Passavant.

557. — La question de savoir si l'acquéreur d'un domaine national situé dans une commune et admis au nombre de ses habitans, a droit à ses affouages, est de la compétence des tribunaux.— 20 sept. 1809. Décret. Chollez.

558.— Les contestations élevées entre deux communes, pour le partage et l'affouage des bois indivis entre elles, sont aussi de la compétence des tribunaux.— 7 avril 1810. Décret. Comm. de Vauvey.

559.— L'administration étant chargée de dresser les rôles de répartition entre les habitans des communes, pour droit d'affouage dans les bois communaux, c'est à elle et non aux tribunaux qu'appartient le droit de juger toutes les réclamations des habitans auxquelles les répartitions donnent lieu, et spécialement la demande à un nouveau partage formée par un habitant non compris dans les répartitions, suivant l'étendue de ses maisons.— 22 juin 1811. Décret. Lacenaise.

560.—L'arrêté d'un préfet, qui refuse d'admettre à la répartition de l'affouage de bois communaux des particuliers, n'assignant à leurs droits d'autre origine que le fait de leur réunion à la commune, par le motif qu'ils en auraient été exclus par d'anciens jugemens, et que leur réunion n'aurait été pour eux la source d'aucun droit, ne fait pas obstacle à ce que ces individus fassent valoir contre la commune, devant les tribunaux, le droit qu'ils prétendent à l'affouage de ces bois.— 12 août 1829. Ord. cons. d'état. Barret.

§ 5. — *Des droits d'usage dans les bois des communes et des établissemens publics.*

561.— Les règles relatives à la défensabilité des bois de l'état s'appliquent aux bois des communes et des établissemens publics.

562.— Ainsi, le fait simple de l'introduction d'une bête chevaline dans un bois communal non déclaré défensable, est passible des peines de la loi, quoiqu'il n'en serait résulté aucun dégât, et que le procès-verbal ne constaterait pas la non défensabilité de ce bois, déjà arrivé à l'âge de vingt-cinq ans.— 30 mai 1818. Cr. c. Lyon. Forêts C. Laurenceot. D.A. 8. 761, n. D.P. 2. 372.—21 vend. an 12 Cr. c. Forets C. Genneau. D.A. 8. 761, n. D P. 2. 372.—21 mars 1817. Cr. c. Forets C. Sarti. D.A. 8. 761, n. D.P. 2. 372.

563.— Un particulier qui a mené paître ses troupeaux dans un bois communal non déclaré défensable par le conservateur local, ne peut être excusé, par cela qu'il rapporte un certificat de l'adjoint-maire constatant que, de temps immémorial, les habitans de la commune ont fait paître leurs troupeaux dans ce bois, et que la défense de les y introduire n'a jamais été publiée (Ord. 1669, tit. 19, art. 1, 3; l. 29 sept. 1791, tit. 12, art. 16; décr. 17 niv. an 13; avis cons. d'état, du 17 brum. an 14)— 3 déc 1819. Cr. c. Forêts C. Pincé. D.A. 8. 762, n. D.P. 19. 1. 653.

564. — Jugé de même que l'introduction de bestiaux dans les bois d'une commune, sans autorisation de l'administration forestière, ne peut être excusée sous le prétexte que le conseil municipal aurait accordé ce droit (C. for. 67, 112). Ces conseils sont sans pouvoir à cet effet. — 15 nov. 1833. Cr. c. Forets C. Musy. D P. 34. 1. 380.

565.—La dépaissance des bestiaux (surtout des bêtes à laine) d'une commune, dans ses bois non défensables, est un délit, encore que les faits qui l'établissent aient été commis avant l'expiration du délai à partir duquel l'inspecteur forestier local avait, par une lettre, déclaré qu'il ferait exécuter les prohibitions de la loi (art. 16, tit. 12, loi du 29 sept. 1791).— 4 mai 1820 Cr. c. Forêts C. Aymard. D.A. 8. 761, n. D.P. 2. 372. — 28 janv. 1820. Cr. c. Forêts C Charlin. D.A. et D P. *eod.*

566. — Jugé encore que les usagers qui ont droit de pâturage dans une forêt communale ne peuvent faire paître leurs bestiaux dans les cantons non déclarés défensables. — 12 avril 1822. Cr. c. Nîmes. Min. pub. C. Monié. D.P. 22. 1. 367. — 26 flor. an 13. Cr. c. Comm d'Ecole. D.P. 5. 2. 133.

567.— Dans aucun cas et sous aucun prétexte, les habitans des communes et les établissemens publics ne peuvent introduire ni faire introduire dans leurs bois des chèvres, brebis ou moutons (C. forest. 110, 78, 199).

568.— Jugé de même, avant le code, que les usagers ne peuvent conduire leurs bêtes à laine dans les forêts communales. — 12 avril 1822. Cr. c. Nîmes. Monié. D.P. 22. 1. 367.

569.— ... Que les habitans d'une commune, qui introduisent et font paître leurs bêtes à laine, moutons et chèvres, dans un bois communal, se rendent passibles des peines portées par la loi contre les faits de dépaissance de ces animaux dans les bois, alors même que le pacage des bestiaux dans ces bois aurait été autorisé par un réglement administratif : l'autorisation ne s'étendant pas aux chèvres et moutons, lesquels ne peuvent, selon le vœu de l'art. 13, tit. 19 de l'ord. de 1669, être assimilés aux autres bestiaux. — 6 juin 1817. Cr. c. Forêts C. Guilhauton. D.A. 8. 753, n. D.P. 17. 1. 431.

570.— A plus forte raison l'autorisation donnée par le maire de la commune ne saurait modifier la défense de la loi, et rendre excusables ou légitimes des faits d'introduction de bêtes à laine dans les bois de la commune. — 7 janv. 1820. Cr. c. Forêts C. Saurencin. D.A. 8. 753, n. D.P. 2. 365. — 28 janv. 1820. Cr. c. Forêts C. Rabuton. D.A. 8. 753, n. D.P. 2. 365.

571. —Jugé de même, depuis le code, que l'autorité municipale est sans caractère pour permettre l'introduction des bêtes à laine dans une forêt communale ; et le réglement qu'elle prend à cet égard ne saurait suppléer à l'ordonnance royale, nécessaire dans cette matière (C. forest. 110).— 24 mai 1834. Cr. c. Forêts C. Laty. D.P. 34. 1. 345.

572.— Quoique l'introduction de brebis ou moutons dans certains bois communaux, ait été autorisée par l'administration, conformément à l'art. 110, 2e alinéa du code forestier, cette introduction ne peut néanmoins avoir lieu dans ces bois, qu'autant qu'ils ont été déclarés défensables. — 24 déc. 1829.— Cr. c. Forêts C. Pellet. D.P. 30. 1. 34.

573. —L'introduction de moutons dans une forêt où, avant le code forestier, cette introduction était permise, n'est un délit, depuis ce code (art. 110), que lorsqu'elle a eu lieu deux années après sa publication. — 15 mai 1830. Cr. r. Forêts C. Cheron. D.P. 30. 1. 260.

574. — Le pacage des brebis ou moutons peut être autorisé dans certaines localités par des ordonnances spéciales du roi (C. forest. 110).

575.— Le fait de dépaissance ou l'introduction de bêtes à laine dans une forêt communale, plus de deux ans après la promulgation du code forestier, sans une autorisation spéciale du gouvernement, ne peut être excusé sous le prétexte qu'il résultait implicitement des documens de la cause que les habitans de la commune avaient été autorisés à faire pâturer sur ce terrain leurs bêtes à laine (C. forest. 78, 110, 199).— 13 avril 1833. Cr. c. Forêts C. Habitans de Bouvante. D.P. 33. 1. 380.

576 —La faculté accordée au gouvernement, d'affranchir les forêts de l'état de tous droits d'usage en bois, est applicable aux communes et aux établissemens publics (C. forest. 111, 63; ordonn., art. 145).

577.— L'art. 8 de la loi des 28 sept. et 6 oct. 1791 ne permet le rachat du droit de vaine pâture, fondé en titre, que de particuliers à particuliers; mais, de communes à particuliers, il n'autorise que le cantonnement. — 27 janv. 1829. Civ. c. Dijon. Comm. du Villars. D.P. 29. 1. 119.

578.— Les dispositions sur l'exercice des droits d'usage dans les bois de l'état sont applicables à la jouissance des communes et des établissemens publics dans leurs propres bois, et aux droits d'usage dont ces bois pourraient être grevés (C. for. 112).

§ 6.— *Des communes étrangères ayant des bois situés en France.*

579. — Les communes étrangères dont les bois sont situés en France sont soumises à la législation française dans tout ce qui concerne la propriété, le mode de possession ou de partage de ces bois, la répression des délits et les opérations forestières. Elles doivent payer les contributions foncières de même que les autres propriétaires. — D.A. 8. 760, n. 7.

580.—Mais le gouvernement ne peut les obliger ni à former des quarts de réserve, ni à déposer le produit de leurs coupes extraordinaires dans la caisse d'amortissement, ni à exécuter les autres obligations imposées aux communes françaises. — D.A. 8. 760, n. 8.

581.— Elles sont considérées comme en état de minorité, et les autorités de la situation des bois doivent surveiller l'exécution des mesures que les autorités étrangères ont dû autoriser, lorsqu'il s'agit, pour ces communes, de disposer de leurs bois ou d'en changer la nature, etc. (Déc min. 18 nov. 1818).— D.A. *eod.*, n. 9.

582.— Ces communes peuvent faire transporter chez elles les bois qu'elles exploitent, si d'ailleurs les Français propriétaires des biens-fonds dans le pays dont dépend leur territoire, jouissent également et réciproquement de la même faculté (*ibid.*). — D.A. *eod*, n. 10.

583. — Le gouvernement français a le droit de marquer dans ces bois les arbres qui y sont propres au service de la marine ; il a pareillement le droit d'y prendre, comme dans les propriétés des Français, les bois de fascines dont il peut avoir besoin pour les travaux du Rhin (Lettr. min. 15 juin 1819).— D.A. *eod.*

Art. 7.— *Des bois et forêts indivis qui sont soumis au régime forestier.*

584. — La dernière classe de bois que le code soumet au régime forestier, se compose de ceux que l'état, la couronne, les communes ou les établissemens publics possèdent indivisément avec des particuliers; elle leur applique toutes les dispositions relatives à la conservation et à la régie des bois qui font partie du domaine de l'état, sauf les modifications portées pour les bois des communes et des établissemens publics (C. forest. 113; ord., art. 147).— D.A. 8 762, n. 1.

585. — Aucune coupe ordinaire ou extraordinaire, exploitation ou vente, ne peut être faite par les possesseurs co-propriétaires (C. forest. 114).

586. — Les frais de délimitation, d'arpentage et de garde sont supportés proportionnellement par le domaine et les co-propriétaires. L'administration forestière nomme les gardes, règle leur salaire, et seule elle a le droit de les révoquer (C. forest 115), s'il s'agit de bois indivis avec l'état. — D.A. 8. 763, n. 2.

587. — S'il s'agit de bois indivis entre un particulier et des communes ou établissemens publics, c'est par ces communes ou établissemens que les gardes doivent être nommés. — D.A *ibid.*

588. — La portion des frais de garde qui est à la charge du particulier co-propriétaire, doit être versée entre les mains du receveur des domaines, qui est chargé d'en faire la recette (Déc. min., des 16 mars et 30 juin 1826). — D.A. 8. 763, n. 2.

589. — Le décime par franc dû par l'adjudicataire d'une coupe indivise entre un particulier et l'état n'appartient pas en totalité à l'état; il doit être partagé par moitié entre l'état et le propriétaire : l'état se prévaudrait en vain de ce qu'il est chargé seul des frais d'administration de la forêt. — 18 mars 1822. Tr. d'Orange. Domaines C. Monier. D.P. 25. 1. 203.

590. — Les portions de bois possédées indivisément par des communes, des établissemens publics ou des particuliers sont assujetties à la contribution foncière et doivent en conséquence être imposées. La disposition de la loi du 19 vent. an 9, qui exempte de la contribution foncière les bois appartenant à l'état ne s'applique point au cas qui nous occupe. La recette de cette contribution appartient aux percepteurs et non aux receveurs du domaine (Décr. min., du 16 mai 1826). — D.A. 8. 763, n. 3.

591. — L'action en partage doit être intentée et suivie conformément au droit commun; s'il y a lieu à expertise, elle se fait dans les formes déterminées par l'art. 140 de l'ordonn. de 1827.

ART. 8. — *Des bois des particuliers.*

592. — Les particuliers exercent sur leurs bois tous les droits résultant de la propriété, sauf les restrictions qui sont spécifiées par le code forestier (C. forest. 2). — D.A. 8. 763, n. 1.

593. — Un particulier peut introduire ses bestiaux dans ses propres bois avant qu'ils soient déclarés défensables : en cela, il ne fait qu'user de sa chose (Avis cons. d'état, 18 brum. an 14). — D A. 8. 763, n. 9). — 25 mai 1810. Cr. c. Forêts C. Bergassat. D.A. 8. 752. D P. 2. 365. — V. n. 632 — V. aussi n. 610 et suiv., 615 et suiv., 624 et suiv.

594. — Un préfet qui, sous le prétexte de dévastation que le propriétaire d'un bois y commet lui-même, et dont plusieurs communes se prétendent affouagères, prend des mesures pour restreindre et interdire même à ce propriétaire la jouissance de sa forêt, commet un excès de pouvoir. Dans un cas pareil, cette contestation, comme celle qui s'était élevée à l'occasion des annuités d'une rente dues par une commune, est de la compétence des tribunaux. — 1er mai 1822. Ord. cons. d'état. Paran.

595. — Le tribunal correctionnel devant lequel a été portée l'action exercée par un particulier en réparation de dommages commis dans ses bois, est saisi de l'action publique aussi bien que de l'action civile. en conséquence il est compétent pour prononcer la peine attachée aux faits qui lui ont été dénoncés. — 9 mai 1822. Cr. c. Syrey. D.A. 8. 767. D.P. 22. 1. 442.

596. — La prime accordée, pour le bois courbant, aux adjudicataires des bois de l'état, des communes et des établissemens publics, est due pareillement aux propriétaires de forêts dans lesquelles il a été fait choix de bois pour le service de la marine (Arrêté 29 vend. an 11, art. 5; ord. 28 aout 1816, art. 16, 28). — 12 fév. 1830. Montpellier. Millet. D P. 30. 2. 169.

§ 1er. — *Des gardes, des adjudications et des obligations des adjudicataires.*

597. — Les propriétaires de bois peuvent avoir des gardes particuliers, en se conformant aux conditions prescrites par le code, art. 117, et par l'ord. de 1827, art. 150.

598. — Les gardes des particuliers sont, comme officiers de police judiciaire, soumis à la surveillance du procureur du roi (C. inst. cr. 17); mais ils ne sont plus soumis à la surveillance de l'administration forestière (L. 9 flor. an 11; art. 14; C. forest., art. 218). — D.A. 8. 763, n. 3.

599. — Les actes de nomination des gardes des particuliers ne sont assujettis à aucune forme spéciale : ils doivent être écrits sur du papier timbré; ils donnent lieu à des droits d'enregistrement réglés par la loi du 22 frim. an 7, art. 11 et 68, § 1er, n. 51. L'agrément donné par le sous-préfet sur la commission ne donne lieu à aucun droit (L. 15 mai 1818). — D.A. 8. 763, n. 4.

600. — La peine prononcée par la loi contre l'adjudicataire dans une forêt de l'état, qui a fait la coupe d'une partie de ses bois après le 15 avril, est applicable à celui qui a coupé après cette époque dans la forêt d'un particulier les bois dont il avait l'adjudication (art. 40, tit. 15, ord. de 1669). — 23 janv. 1813. Cr. c. Forêts C. Soppe. D.A. 8. 765, n. D.P. 2. 374.

601. — La règle que cet arrêt consacre n'est pas rappelée dans le code forestier; elle peut être établie par le cahier des charges. Toutefois, il semble que dans le silence de la loi, on pourrait contester l'extension des peines des art. 37 et 40 aux bois des particuliers. — D.A. 8. 765, n.

602. — L'adjudicataire d'une coupe dans le bois d'un particulier est déchargé de toute responsabilité envers le propriétaire, lorsque celui-ci, avant qu'aucun récolement ait été fait, s'est mis en possession de la vente sans réclamation préalable, et lorsqu'il a innové sur le lieu, tellement que le récolement ne soit plus possible. — 28 août 1824. Cr. r. Aremberg. D A. 8. 764. D.P. 24. 1. 302.

603. — Mais les adjudicataires ne peuvent être déchargés de la responsabilité que la loi leur impose, par le seul fait que le propriétaire se serait immiscé dans ces coupes après leur exploitation, si les faits d'immixtion ne sont pas tels qu'ils aient dénaturé les lieux et rendu le fait du récolement impossible (Ord. 1669, tit. 15. art. 51; tit. 16, art. 1er). — 5 sept. 1825. Cr c. Daremberg. D P. 26. 1. 31.

Même jour, annulation par les mêmes motifs de trois arrêts de la même cour.

604. — Un arrêt qui prononce que l'adjudicataire d'une coupe de bois peut être, en certains cas, dispensé de la responsabilité qui lui est imposée par la loi, avant le récolement, ou sans produire une décharge expresse et écrite du propriétaire, et qui l'admet à articuler des faits dont la preuve doit établir qu'il se trouve dans l'une de ces hypothèses, juge le fond du droit, et sort de la classe des jugemens préparatoires; il peut, par conséquent, être attaqué en cassation avant le jugement définitif. — 28 aout 1824. Cr. r. Aremberg. D.A. 8. 764. D.P. 24. 1. 302.

605. — Un particulier n'a ni qualité, ni intérêt pour faire prononcer la confiscation des bois qui sont restés gisans dans une coupe, après le temps fixe pour la vidange, par l adjudication; cette confiscation ne pourrait profiter qu'à l'état (C forest. 204, anal.). — Dans tous les cas, il n'appartient qu'aux tribunaux correctionnels de prononcer la condamnation à l'amende. — 10 janv. 1811. Req. Boucher. D A 8. 765, n. D.P. 2. 374.

606 — L'adjudicataire d'une coupe dans le bois d'un particulier, qui, sur l'action pénale dirigée contre lui pour avoir coupé une partie des bois réservés, oppose que le nombre des arbres par lui laissés est égal à celui qui était porté au procès-verbal, en y comprenant certains arbres que le propriétaire soutient n'avoir pas été l'objet de la vente, élève une question préjudicielle dont le jugement doit être renvoyé aux tribunaux civils. En statuant sur cette exception, un tribunal correctionnel commet un excès de pouvoir — 28 mars 1806. Cr. c. Dupuis. D A. 8. 765, n. D.P. 2. 374.

§ 2. — *Des droits d'usage dans les bois des particuliers.*

607. — *Etendue des droits d'usage.* — Le particulier dans la forêt duquel une commune possède des droits d'usage, ne peut faire restreindre l'exercice de ces droits, en invoquant, mais sans le représenter, un titre postérieur, qu'il allègue se trouver entre les mains de l'adversaire, et qui modifierait, selon lui, les droits établis par le titre originaire; au moins, la décision qui rejette une telle prétention, à défaut de production du titre, ne saurait encourir la censure de la cour de cassation (C. 1341). — 3 mars 1830. Req. Nîmes. Lemaire. D.P. 30. 1. 153.

608. — Lorsqu'un arrêt souverain décide que les usagers d'une forêt peuvent exercer leurs droits où ils jugeront convenable, mais seulement dans le cas où le propriétaire de la forêt refuserait de leur faire délivrance d'un canton défensable, ces usagers ne peuvent, sans commettre un délit, exercer leur usage où bon leur semble, lorsqu'un canton leur a été fixé, sous le prétexte qu'il y a contestation avec le propriétaire sur la suffisance et la commodité de la délivrance de ce canton; ils doivent attendre qu'il y ait jugement sur cette difficulté. — 29 mai 1830. Cr. c. Rohan. D.P. 30. 1. 293.

609. — L'autorité administrative n'est pas compétente pour statuer sur les droits qu'une commune prétend que ses titres lui donnent dans une forêt particulière; ainsi, un préfet ne peut pas accorder aux habitans d'une commune l'exercice du droit qu'ils prétendent avoir de faire paître leurs chevaux dans les tailles non défensables. C'est aux tribunaux à statuer. — 22 janv. 1808. Décr. cons. d'état. Delamotte.

610. — *Défensabilité des bois particuliers.* — C'est à l'administration forestière qu'il appartient de déclarer si un bois particulier est défensable — 25 mai 1810. Cr. c. Forêts C. Begassat. D.A. 8. 752. D.P. 2. 365. — V. n. 593.

611. — Il ne suffit pas, pour que le bois taillis d'un particulier soit défensable, qu'il ait acquis un degré de force tel qu'il soit à l'abri de l'attaque des bestiaux qui y seraient introduits : la défensabilité doit résulter d'une déclaration expresse de l'administration. — 16 fév. 1815. Bruxelles. Prince. D.A. 8. 752, n. D.P. 2. 365.

612. — Cette déclaration n'a d'effet que pour un an; ce délai passé, et encore bien que la révocation de la déclaration de défensabilité n'aurait pas été notifiée par l'administration aux habitans, il y a lieu d'appliquer l'amende (C. forest. 67, 120, anal.). — Même arrêt.

613. — Le droit d'usage acquis aux habitans d'une commune dans le bois d'un particulier, ne peut, quelque étendu et quelque illimité qu'il soit, lorsque, d'ailleurs, il ne constitue pas un droit de propriété, donner à celui qui le possède la faculté d'envoyer ses bestiaux dans les bois soumis à ce droit, avant qu'ils aient été déclarés défensables (Ord. 1669, tit. 32, art. 10). — 18 oct. 1821. Cr. c. Perrin. D.A. 8. 753, n D.P. 22. 1. 60. — 25 mai 1810. Cr. c. Forêts C. Begassat. D.A. 8. 752. D.P. 2. 365, et 15. 1. 187.

614 — Il en est ainsi, encore bien que le propriétaire aurait livré ces bois au pacage de ses propres bestiaux. — Même arrêt.

615 — *Exercice des droits de pâturage. panage, glandée*, etc., *dans les bois des particuliers.* — Les droits de pâturage, parcours, panage et glandée dans les bois des particuliers, ne peuvent être exercés que dans les parties de bois déclarées défensables par l'administration forestière, et suivant l'état et la possibilité des forêts, reconnus et constatés par la même administration (C. forest 119, 177, 199). — D.A. 8. 763, n. 6. — V. n. 593.

L'art. 151 de l'ordonnance de 1827 fixe les formes dans lesquelles on constate l'état et la possibilité des forêts.

616. — L'art. 5, tit. 18 de l'ordonnance de 1669, d'après lequel le nombre des bestiaux que les usagers peuvent envoyer pacager, doit être fixé par l'administration forestière, ne s'applique pas aux forêts des particuliers (Décis. min. du 5 nov. 1825). — 8 nov. 1826. Req. Poitiers. Main. — D.A. 8. 763, n. 7. D.P. 27. 1 39.

617 — Mais, à supposer qu'il soit applicable aux bois des particuliers, il ne pourrait avoir effet sur une convention particulière qui donne à l'usager le droit d'envoyer paître tous ses bestiaux, sans aucune limitation. — 14 janv 1823. Poitiers. Main. D.P. 27. 1. 39.

618. — S'il s'élève entre le propriétaire et l'usager des contestations sur le nombre des bestiaux que celui-ci peut envoyer dans la forêt, c'est aux tribunaux à statuer (Ord. 4 fév. 1824; C. for., art. 121). D.A. *eod.*; Mac., 24. 65.

619 — Les chemins par lesquels les bestiaux doivent passer pour aller au pâturage et pour en revenir sont désignés par le propriétaire (C. forest. 119).

620. — Des usagers dans une forêt particulière peuvent être tenus, sur la demande du propriétaire, de marquer leurs bestiaux et de leur attacher une sonnette, encore bien que le titre constitutif du droit d'usage ne leur en ferait pas une obligation (Ord. 1669, art. 6, 7, 8, tit. 19). — 12 août 1825. Angers. Holterman. D.P. 31. 1. 94. — 24 août 1820. Cr. c. Lemire. D.A. 8. 766, n. D.P. 22. 1. 360.

621. — Ils peuvent être tenus, sur sa demande, à envoyer leurs bestiaux en troupeau commun. — Même arrêt. — V. aussi C. for., art. 65, 120.

622. — La prohibition, portée par l'ordonnance de 1669 contre les habitans des communes usagères et toutes autres personnes, de mener dans les bois et forêts de l'état ou des particuliers, déclarés non défensables, des bêtes à laine, chèvres, brebis, etc., ne pouvant être l'objet d'une transaction entre particuliers, il s'ensuit que le délit de pâturage exercé dans le bois non défensable d'un particulier par des bêtes à laine gardées à vue, est passible des peines portées par l'ordonnance, encore que le délinquant produise un traité entre le propriétaire du bois et les habitans de sa commune, qui autorise ceux-ci à faire paître leurs bestiaux dans ce bois...; et, dès lors, cette production ne peut donner lieu à une question préjudicicielle et à renvoi à fins civiles pour y statuer. — 22 juin 1826. Cr. c. Bouillac. D.P. 26. 1. 388.

623. — Cependant, comme nous l'avons vu au n. 493, un particulier peut introduire des chèvres et des brebis dans son propre bois.

624. — Les art 66, § 1er; 70, 72, 73, 75, 76, 78, § 1er et 2; 79, 80, 83 et 85 C. for., sont applicables à l'exercice des droits d'usage dans les bois des particuliers, lesquels y exercent, à cet effet, les mêmes droits et la même surveillance que les agens du gouvernement dans les forêts soumises au régime forestier (C. for. 120). — V. n. 593.

625. — Quoique les habitans d'une commune aient le droit de prendre dans une forêt le bois

mort et mort-bois, le propriétaire de la forêt peut, néanmoins, couper ses taillis quand bon lui semble, et même sans en prévenir les usagers, ou les appeler à la coupe (C. civ. 544, 636). — 18 nov. 1829. Bourges. Comm. de Theigny c. Mortemart. D.P. 30. 2. 139.

626. — Des usagers à qui leurs titres donnent le droit de ramasser les feuilles mortes dans une forêt particulière, en se servant d'un rateau à dents de fer, ne peuvent être privés de ce droit, sous le prétexte que les dispositions de la loi sur la conservation des forêts prohibent l'emploi d'un pareil instrument, alors que le propriétaire ne prouve pas que l'emploi de cet instrument lui a causé dommage — 2 fév. 1851. Civ. c. Angers. Holterman. D.P. 31. 1. 94.

627. — Le propriétaire d'une forêt grevée d'une servitude de ramage, pouvait, sous l'empire de la coutume de Normandie, prescrire contre les usagers, par une jouissance de quarante ans de la forêt, pendant lesquels les usagers n'avaient pas exercé leurs droits. — 21 mars 1832 Civ. c. Rouen. Roy. D.P. 32. 1. 200. — 21 mars 1832. Civ. c. Rouen. Roy. D.P. 32. 1. 201. — 21 mars 1832. Civ. c. Rouen. Rohan. D.P. 32. 1. 202. — Les deux derniers arrêts ne jugent la question qu'implicitement.

628. — *Délivrance des bois aux usagers.* — L'opinion que l'usager dans les bois d'un particulier pourrait, si le titre de l'usage lui accordait le droit de couper à discrétion et de sa propre autorité, se dispenser de demander la délivrance au propriétaire, était professée par Proudhon, n. 3400, et Merlin, Rép., v° Usages, sect. 2, § 5, art. 6.

629. — Mais l'art. 79 C. for., rappelé par l'art. 120, résout la question par la négative; la délivrance est toujours et partout nécessaire.

630. — Ainsi l'individu qui possède un droit d'usage dans les bois d'un particulier, ne peut jouir des bois affectés au droit qui lui appartient, sans en avoir obtenu la délivrance du propriétaire (C. for. 79, 120, anal.). — 9 mai 1822. Cr. c. Syrey. D.A. 8. 766 et 767. D.P. 22. 1. 442. — 24 août 1820. Cr. c. Bernadac. D.A. 8. 766, et 767, n. D.P. 24. 1. 298. — 15 oct. 1820. Cr. r. Bouzomet. D.A. 8. 767 D.P. 22. 1. 61 — 27 janv. 1829. Req. Delbos. D.P. 29. 1. 120.

631. — Des usagers ne peuvent, sans délit, en cas de refus du propriétaire de leur faire la délivrance des bois qui leurs sont dus, prendre ces bois après de simples sommations de les leur délivrer; ils doivent obtenir un jugement qui les y autorise (C. for. 79, 120). — 6 mai 1830. Cr. c. D'Amoneville. D.P. 30. 1. 259.

632. — Lorsqu'un arrêt souverain décide que des usagers d'une forêt particulière pourront exercer leurs droits dans tous les cantons défensables, si, dans le délai de la quinzaine après la signification de cet arrêt, le propriétaire ne leur a pas fait délivrance de certains cantons; dans ce cas, une cour a pu juger que la signification de cet arrêt a satisfait à une décision précédente qui exigeait des usagers une délivrance, sans violer les art. 79 et 120, qui exigent pareillement une délivrance. — 29 mai 1830. Cr. r. Rouen. Rohan. D.P. 30. 1. 292. — *Idem.* Leroy. 1. 293. — V. n. 593.

633. — Jugé aussi qu'une cour royale qui ordonne que des usagers pourront, lorsque les propriétaires de la forêt refuseront de leur faire la délivrance des bois et autres objets auxquels ils ont droit, exercer leurs droits dans tel délai et sans délivrance, ne viole en aucune manière le code forestier qui exige une délivrance, alors qu'elle a eu soin d'ordonner qu'ils les exerceront dans les cantons défensables de la forêt. — 21 mars 1832. Civ. r. Rohan. D.P. 32. 1. 201.

634. — Le délit commis par un usager en s'appropriant, sans délivrance préalable, les bois qu'il prétend lui être dus, doit être réprimé sur la poursuite du propriétaire, quoiqu'il y ait instance au civil entre lui et l'usager, sur l'étendue du droit d'usage. — 9 mai 1822. Cr. c. Syrey. D.A. 8. 767. D.P. 22. 1. 442.

635. — La délivrance du propriétaire, sans laquelle l'usager ne peut couper les arbres qui lui sont dus en vertu de son droit, n'est pas nécessaire si le droit exercé ne consiste pas dans un simple droit d'usage, mais bien en un droit d'une nature particulière, ayant une certaine affinité avec celui de propriété. — 28 juill. 1820. Cr. r. Perrin. D.A. 8. 767, n. D.P. 22. 1. 58.

636. — *Affranchissement des droits d'usage.* — Les particuliers peuvent, comme le gouvernement et aux mêmes conditions, affranchir leurs forêts, par le cantonnement, de tous droits d'usage en bois (C. for. 118). — D.A. *eod.*, n. 5.

637. — Les droits de pâturage, panage et glandée dans les bois des particuliers, sont susceptibles d'être rachetés par le propriétaire, en se conformant à l'art. 64 C. forest., déclaré applicable à l'exercice des droits d'usage dans les bois des particuliers (C. for. 120). — D.A. 8. 765, n. 8.

ART. 9. — *Affectations spéciales des bois à des services publics.*

638. — Une ordonnance du 24 déc. 1830 règle particulièrement ce qui concerne l'affectation des forêts de l'état aux bois nécessaires pour les ouvrages de fortification des places de guerre de la frontière. — D.P. 31. 3. 9.

639. — Les affectations relatives aux bois de bourdaine, pour la fabrication des poudres, et celles accordées au train d'artillerie, n'étant point rappelées par le code, se trouvent par là même abrogées (C. for. 218). — D.A. 8. 772, n. 5.

640. — Deux exceptions importantes sont apportées par le code au principe qui veut que les particuliers exercent sur leurs bois tous les droits qui *émanent de la propriété* (C. for. 2). L'une résulte de la nécessité à laquelle ils sont soumis de subordonner la disposition des arbres propres au service de la marine au choix qui en peut être fait par les agens de l'administration; l'autre consiste dans la délivrance de bois, qui, en cas d'urgence, peuvent être exigés d'eux pour les travaux du Rhin.

§ 1er. — *Des bois destinés au service de la marine.*

641. — Une ordonnance de François Ier, du mois de mars 1515, est la première loi qui ait réglé l'emploi des bois de l'état au service de la marine. L'ordonnance de 1669 avait changé ou modifié le système de cette loi. Le code forestier a adopté les principes de l'ordonnance. — D.A. 8. 768, n. 1.

642. — 1° *Martelage de la marine dans les bois soumis au régime forestier.* — Dans tous les bois soumis au régime forestier, lorsque des coupes doivent y avoir lieu, le département de la marine peut faire choisir et marteler par ses agens les arbres propres aux constructions navales, parmi ceux qui n'ont pas été marqués en réserve par les agens forestiers (C. for. 122; ord. 1er août 1827, art. 152).

643. — Les arbres marqués sont compris dans les adjudications (C. for. 123).

L'adjudicataire dans la coupe duquel se trouvent des arbres marqués du marteau de la marine, ne peut les enlever, sur le motif que le procès-verbal d'adjudication ne fait aucune mention de cette réserve, et qu'au contraire ces arbres y sont déclarés faire partie d'une autre coupe dont il n'est pas adjudicataire. — 22 janv. 1808. Cr. c. Forêts C. Leguay. D.A. 8. 770. D.P. 2. 376.

644. — L'adjudicataire doit délivrer à la marine les arbres marqués, à un prix convenu de gré à gré ou réglé par experts (C. for. 123, 127).

645. — Les difficultés élevées entre les fournisseurs des bois de la marine et les propriétaires ou adjudicataires de bois qui réclament le réglement par experts des prix des bois marqués, ainsi que le paiement, appartiennent aux tribunaux. — 12 avril 1811. Décr. cons. d'état. Huet.

646. — Le martelage est une sorte de privilége que le gouvernement exerce pour cause d'utilité publique, et les contestations auxquelles il peut donner lieu doivent être jugées d'après les principes de la loi du 8 mars 1810, sur les expropriations pour cause d'utilité publique (Avis du ministre). — Même décret.

647. — Les règles dont il vient d'être question s'appliquent aux livraisons à faire par les maires des communes, ainsi que par les administrateurs des établissemens publics, pour les exploitations faites sans adjudications, et par les particuliers eux-mêmes (C. for. 127). — D.A. 8. 768, n. 3.

648. — 2° *Martelage de la marine dans les bois particuliers.* — Jusqu'en 1837 inclusivement, le département de la marine peut exercer le droit de choix et de martelage sur les bois des particuliers, futaies, arbres de réserve, avenues, lisières et arbres épars. — Ce droit ne peut être exercé que sur les arbres en essence de chêne, qui sont destinés à être coupés, et dont la circonférence, mesurée à un mètre du sol, est de quinze décimètres au moins. — Les arbres qui existent dans les lieux clos attenant aux habitations, et qui ne sont point aménagés en coupes réglées, ne sont point assujettis au martelage (C. for. 124). — D.A. 8. 768, et 769, n. 4, 5 et 6.

649. — Le martelage peut être exercé dans les parcs sujets à un aménagement régulier. — D.A. 8. 769, n. 6.

650. — Tous les propriétaires sont tenus, hors le cas de besoins personnels pour réparations et constructions, de faire, six mois d'avance, à la sous-préfecture, la déclaration des arbres qu'ils ont l'intention d'abattre, et des lieux où ils sont situés (C. for. 125).

651. — Jugé que, sous l'empire de la loi du 9 flor. an 11, l'amende de 300 fr. portée par l'arrêt du conseil, du 1er mars 1757, contre tout propriétaire qui aurait abattu des bois de haute futaie, sans en avoir fait, six mois auparavant, la déclaration à la maîtrise des eaux et forêts, ne pouvait plus être prononcée par les tribunaux, cette peine ayant été abolie par le système de liberté consacré par la loi du 15 sept. 1791. — 8 sept. 1809. Cr c. Forêts C. Brivardy. D.A. 8 769. D.P. 9. 1. 384.

Même jour, trois arrêts semblables.

652. — Néanmoins la cour de cassation, par arrêt du 27 vend. an 13, avait jugé que l'ordonnance de 1669, et l'arrêt de réglement du 1er mars 1757, avaient été pleinement remis en vigueur par la loi du 3 floréal an 11. — D.A. 8. 770, n.

653. — Le décret du 15 avril 1811, qui détermine les peines à appliquer aux particuliers qui ont abattu sur leurs propriétés, sans déclaration préalable, des arbres propres au service de la marine, avait force de loi: les tribunaux ne pouvaient en méconnaître l'autorité sans excéder leurs pouvoirs. — 12 déc. 1823. Cr. c. Forêts C. Anquetil D.A. 8. 770, n. D.P. 24. 1. 162.

654. — Le particulier *qui a vendu, sans* déclaration préalable, un *arbre susceptible d'être* déclaré, est passible *des peines de la loi*, lorsque cet arbre a été coupé par l'acheteur: il ne pourrait en être déchargé, sur ce motif que, depuis la vente, il s'est verbalement opposé à la coupe, opposition qui, d'ailleurs, n'aurait pas eu de suite. — 23 janv. 1813. Cr. c. Forêts C. Ferres. D.A 8. 770, n. D.P. 2. 376, n. 1.

655 — Lorsque des arbres de la dimension voulue par la loi pour le service de la marine ont été abattus, sans déclaration préalable, par un fermier, à qui ce droit avait été conféré par le propriétaire de la forêt, ce fermier peut, comme le propriétaire, être poursuivi en paiement de l'amende, s'il n'a pas fait de déclaration — 17 mai 1816. Cr. c. Forêts C. Lavabre D.A. 8. 770, n. D.P. 16. 1. 502.

656. — Celui qui, après avoir fait la déclaration de la coupe qu'il était dans l'intention de faire d'un arbre soumis au martelage, l'abat avant l'expiration du délai pendant lequel la marine a la faculté de le marquer, se trouve par là même n'avoir pas fait sa déclaration en temps utile, et est passible de l'amende portée par l'art. 125 C. for. — D.A. 8. 769, n. 7.

657. — Les formes des déclarations, qui doivent se faire sans frais, sont réglées par l'ordonnance de 1827, art. 154 (C. for., art. 132).

658. — Le droit de martelage, dans les bois des particuliers, s'exerce dans toutes les localités où le gouvernement juge cette mesure nécessaire au service de la marine (C. for. 135). — D.A. 8. 768, n. 2.

Les ordonnances royales rendues à ce sujet sont publiées d'avance (Ord. 1827, art. 161). — D.A. 8. 769, n. 10.

659. — 3° *Délais, procès-verbal et effet du martelage.* — Dès que les déclarations leur sont parvenues, les agens de la marine doivent procéder à la reconnaissance et au martelage (Ord., art. 155).

660. — Les agens de la marine dressent des procès-verbaux de martelage, et les déposent à la mairie; les arbres non marqués sont rendus immédiatement à la disposition de qui de droit (C. for., art. 126).

661. — Les particuliers peuvent disposer des arbres déclarés, si la marine ne les a pas fait marquer dans les six mois à compter du jour de l'enregistrement de la déclaration (C. for. art. 126).

662. — La marine qui a marqué un arbre ayant la dimension voulue, dans le bois d'un particulier, n'a pas le droit de forcer celui-ci à couper cet arbre; seulement, lorsqu'il sera abattu, elle pourra examiner s'il est propre à son service. — D.A. 8. 769, n. 8.

663. — Les arbres marqués pour le service de la marine ne peuvent être distraits de leur destination, sauf les cas où le procès-verbal de martelage n'aurait pas été dressé par les agens de la marine, ou serait irrégulier, et celui où les arbres n'auraient pas été enlevés dans les trois mois de la notification de l'abattage (C. for. 133).

664. — Jugé, avant le code, que d'après l'arrêt

du conseil, de 1748, rendu en interprétation d'une loi enregistrée et reconnue, et par un motif d'intérêt public et d'utilité générale, les peines portées contre ceux qui ont disposé des bois marqués du marteau de la marine, devaient être prononcées.— 6 germ. an 10 Cr. c. Min. pub. C. Menesson. D.A 8. 771, n D.P 2. 377.

665.— ... Que l'adjudicataire des bois d'un particulier qui a distrait de leur destination, en les coupant, des arbres marqués pour les service de la marine, est passible des peines de la loi, encore qu'il prétendrait que ces arbres étaient situés dans des lieux clos et fermés de murs ou de haies vives, avec fossés, et attenant aux habitations. — 22 fév. 1822. Cr. r. Marie. D.A. 8. 771, n. D.P. 2. 377.

666.— Les arbres marqués doivent être abattus du 1er octobre au 1er avril. L'abattage est notifié, et les agens de la marine viennent faire la visite dont ils dressent procès-verbal (Ord. 1827, art. 156, 157).

667.— Les ayans-droit peuvent disposer des arbres marqués pour la marine, si, dans les trois mois après qu'ils en ont fait notifier l'abattage, la marine n'a pas pris livraison, et n'a pas acquitté le prix (C. for. 128).

668.— Le propriétaire ne pourrait pas disposer des bois abattus, si, quoique ayant fait la déclaration d'abattage des arbres marqués, il ne les avait pas laissés sur place, *abattus*, pendant les trois mois (Avis du cons. d'état, 12 sept. 1807). — D.A. 8. 769, n. 9.

669.— L'adjudicataire qui s'est approprié des arbres marqués, est passible des peines de la loi, quoiqu'il alléguerait et prouverait même que ces arbres étaient coupés depuis plus d'un an, l'administration de la marine n'ayant pu être mise en demeure de prendre livraison de ces bois que par la notification de leur abattage.— 27 nov. 1806. Cr. r. D'Haudouin-d'OEuilly. D.A. 8. 771, n. D.P. 2. 377. — 27 nov. 1806. Cr. c. Lambert. D.A. 8 771, note.

670.— La marine peut, jusqu'à l'abattage, annuler les martelages opérés; mais elle doit prendre tous les arbres marqués qui ont été abattus, ou les abandonner en totalité (C. for. 129).

671.— Il faut une déclaration nouvelle, si l'abattage n'a pas été fait dans le délai d'une année (C. for. 130).

672.— L'abattage pour besoins personnels de réparations ou constructions ne peut avoir lieu que sur attestation du maire; et, sous peine d'amende, il ne peut être donné aux arbres une autre destination que celle énoncée dans le procès-verbal du maire (C. for. 131; ord., art. 159).

673.— Les arbres marqués ne peuvent être écarris avant la livraison, ni détériorés par les agens avec des haches, scies, sondes ou autres instrumens (C. for. 133).

674.— Les procès-verbaux constatant les contraventions en matière de martelage pour la marine, sont rédigés par les personnes, et dans les formes déterminées par l'art. 134 du code, et 160 de l'ordonnance.

675.— L'individu qui a commis un délit forestier, en coupant sans déclaration préalable un arbre propre au service de la marine ne peut être absous, sur le motif que le procès-verbal du délit a constaté selon l'ancienne mesure locale la dimension de l'arbre coupé, et qu'il n'existe pas de réduction légale de cette mesure en la mesure nouvelle, c'est-à-dire en mètre. — 11 déc. 1812. Cr. c. Forêts C. Todter. D.A. 8. 786, n. D.P. 2. 391.

§ 2 — *Des bois destinés aux travaux du Rhin.*

676.— Dans tous les cas où les travaux d'endiguage ou de fascinage sur le Rhin exigent une *prompte* fourniture de bois ou oseraies, le préfet, en constatant l'*urgence*, peut en requérir la délivrance, d'abord dans les bois de l'état; en cas d'insuffisance, dans ceux des communes et des établissemens publics, et subsidiairement enfin dans ceux des particuliers: le tout à la distance de cinq kilomètres des bords du fleuve (C. forest. 136).

677 — Ainsi, il faut la réunion de ces deux conditions, que les bois soient à cinq kilomètres du fleuve, et qu'il y ait *urgence*.— D.A. 8. 772, n. 1, 2.

678.— Tout ce qui concerne le détail de ces travaux se trouve réglé par les art. 137 et suiv. du code, et les art. 162 et suiv. de l'ordonnance.

679.— Nous ferons seulement remarquer qu'il résulte de la discussion de l'art. 141 à la chambre des députés, que les bois placés dans le rayon soumis à la servitude peuvent toujours être requis, soit que

le propriétaire ait fait ou non la déclaration qu'il se propose de les couper.— D.A. *eod.*

ART. 10.— *Police et conservation des bois et forêts.*

§ 1er.— *Police et conservation des bois en général.*

680.— L'ordonnance de 1669 est une loi de police générale et d'ordre public qui déroge à tous statuts, titres et usages contraires, et dont les dispositions ne peuvent être éludées par des conventions particulières (C. civ. 6).— 22 juin 1826. Cr. c. Bouillac. D.P. 26. 1. 388.

Ce principe a été consacré en matière d'usage dans les forets.— V. art. 3, § 11.

681.— 1° *Extractions ou enlèvemens prohibés sans autorisation.*— Les extractions ou enlevemens non autorisés de pierres, sable, minerai, terre ou gazon, tourbe, bruyères, genêts, herbages, feuilles vertes ou mortes, engrais existant sur le sol des forêts, glands, faînes et autres fruits ou semences des bois et forêts, donnent lieu à des amendes (C. forest. 144).

682.— L'article ne parle pas des dommages-intérêts à accorder aux propriétaires qui ont souffert des délits commis dans leurs bois; mais malgré le rejet d'un amendement qui avait pour but de faire insérer dans cet article une disposition expresse comme il y en a une dans les art. 147 et 148, il n'est pas douteux que les dommages-intérêts ne doivent être accordés soit aux termes de l'art. 202 C. forest., soit aux termes de l'art. 1382 C. civ. — Duv., 1827, p. 337.

683.— Les landes contigues aux forêts, faisant partie des forêts, et étant soumises au régime forestier, les gardes forestiers ont le droit de dresser procès-verbal des contraventions que commettent des individus sur ces landes, en extrayant des pierres sans permission.— 15 mai 1830. Cr. c. Forêts C. Tanvet. D.P. 30. 1. 261.

684.— La peine prononcée pour le fait d'enlèvement de sable dans une forêt, est applicable à celui en a fouillé, et l'avait au moment du délit chargé sur une voiture pour l'enlever; il importe peu que les habitans de la commune aient été dans l'usage d'en agir ainsi (Ord. 1669, art. 12, tit. 27).— 22 prair. an 7. Cr. c. Forêts C. Belon. D.A. 8. 774, n. D.P. 2. 380.

685.— Celui qui possède le droit d'enlever des gazons dans une forêt communale, ne peut faire aucun enlèvement, sans en avoir obtenu la délivrance de l'administration forestière (art. 12, tit. 27, ord. de 1669).— 24 janv. 1812. Cr. c. Forêts C. Frings. D.A. 8. 761, n. D.P. 2. 372.

686.— Jugé avant le code que l'enlèvement commis dans une forêt, de gazons avec leurs racines chargées de terre, ne constitue pas le délit prévu par l'art. 10, tit. 32 de l'ordonnance, lequel ne s'applique qu'à l'enlèvement de quelques productions superficielles des forêts, sans enlèvement d'aucune portion de terre sur laquelle ces productions sont excrues; qu'il rentre sous l'application des peines plus fortes de l'art. 12 du titre 27 de la même loi.— 11 déc. 1812. Cr. c. Forêts C. Lussan. D.A. 8. 775, n. D.P. 2. 381.

Mais le code forestier paraît confondre ces deux sortes de délits dans la même disposition.— D.A. 8. 775, note.

687.— L'individu qui a été trouvé avec une bête de somme dans une forêt, au moment où il venait de couper des herbes en quantité suffisante pour former une charge d'homme, ne peut être condamné à l'amende fixée pour enlèvement de la charge d'une bête de somme; la loi n'a pas permis de considérer la tentative de ce dernier délit comme le délit lui-même. — 21 oct. 1824. Cr. c. Min. pub. C. Parnet. D.A. 8. 774. D.P. 2. 380

688.— Mais il y a lieu de prononcer autant d'amendes qu'il y a de personnes, contre *trois individus* qui ont coupé en délit de l'herbe dans une forêt, alors même que la quantité d'herbe coupée n'aurait formé, au moment de la découverte du délit, que la charge de *deux personnes*. — Même arrêt.

789.— Jugé, depuis le code, que le fait seul d'avoir coupé des herbages dans une forêt constitue le délit prévu par l'art. 144 C. forest., quoique l'enlèvement des objets coupés n'aurait pas eu lieu. — 19 sept. 1832. Cr. c. Forêts C Lauga. D.P. 33. 1. 71.

690.— Avant le code, l'enlèvement de feuilles mortes dans les bois était un délit passible des peines de l'art. 12, tit. 32 de lordonn. de 1669, que l'art. 1er du decret du 19 juill. 1810, rendu sur référé de la cour de cassation, avait déclaré applica-

FORÊTS. ART. 10, § 1er.

ble au cas d'enlèvement des feuilles mortes. — 31 janv. 1811. Cr. c. Forêts C. Faul. D.A. 8. 775, n. D.P. 2. 380.

L'art. 144 C. forest. a consacré ce principe.

691.— Pour constituer le délit d'enlèvement de feuilles mortes, il n'est pas nécessaire que les feuilles aient été emportées; il suffit qu'elles aient été ramassées par le prévenu qui, selon son aveu, se disposait à les charger sur un mulet et une ânesse dans le dessein de les emporter, alors qu'il n'a été empêché de consommer le fait que par la survenance des gardes des forêts (Ordonn. de 1669, art. 12, tit. 32; 3, code pén.).— 28 juin 1811. Cr. c. Forêts C. Gourrin. D.A. 8. 775, n. D.P. 2. 381.

692.— Le délit qui résulte du fait d'avoir ramassé une certaine quantité de glands dans une forêt, doit être puni par l'application d'autant d'amendes distinctes et individuelles qu'il a existé de personnes trouvées en délit: une amende unique portant en masse, et collectivement sur les auteurs ou complices du délit, comme solidaires, ne peut être prononcée sans une violation de la loi. Autrement le vœu de la loi qui a voulu atteindre *toutes personnes* convaincues du délit qu'elle a cherché à prévenir et à réprimer, ne se trouverait pas rempli (Ordonn. de 1669, art. 12, tit. 32). — 18 oct. 1822. Cr. c. Forêts C. Tiébaut. D.A. 8. 774, n. D.P. 1. 123.

Il en serait de même sous l'art. 144 du code. — D.A. 8 774, n.

693.— Jugé, avant le code, qu'il n'y a pas de délit dans le fait de ramasser des glands et des faînes, dans les forêts royales. Que l'art 1er de la loi du 12 fruct. an 2, qui a dérogé à la disposition prohibitive de l'art. 12, tit. 32, ordonn. de 1669, n'a été abrogé, ni par l'art. 609 du code du 3 brum. an 4, ni par l'art. 19 du décr. du 19 juill. 1810. — 24 août 1827 Cr. r. Min. pub. C Eckert. D.P. 27. 1. 491.

694.— En disposant que l'extraction ou enlèvement non autorisé de chaque charretée de pierres, sables, terres et autres matières existant sur le sol des forêts, spécifiées dans l'art. 144 C. for., sera puni d'une amende de 10 à 30 fr. pour chaque bête attelée, cet article a entendu que ce sera le nombre des bêtes atelées qui déterminera le nombre des amendes de 10 à 30 fr., et non le nombre des individus pris en délit; et, par exemple, si un homme et sa femme ont été surpris chargeant une voiture attelée d'un mulet, il ne doit être prononcé qu'une amende, et c'est à tort qu'on prétendrait qu'il en doit être appliqué une à chaque délinquant.— 24 avril 1828. Cr. r. Min. pub. C. Houdin. D.P. 28. 1. 224.— V. Toutefois ci-dessus l'arrêt du 18 oct. 1822.

695.— L'autorisation de prendre dans les forêts, du sable, des pierres, grés ou autres matériaux propres à la construction des maisons, doit être demandée à l'administration forestière, qui détermine les lieux où la concession devra s'exercer, et en surveille l'usage. Des permissions de cette espèce ne sont données qu'à la charge de réparer les trous et même d'y planter. L'individu qui excède les bornes de la permission qu'il a obtenue encourt les peines portées par l'art. 144 C. forest.— Baudrillart, t. 1er, p. 538, D.A. 8. 775, n.

696.— L'art. 145 du code, et les art. 169, et suiv. de l'ordonnance règlent par qui l'autorisation doit être donnée, à quel prix, et sous quelles conditions.

697.— Lorsqu'une ordonnance, en soumettant un bois au régime forestier, s'est réservé la faculté d'autoriser le droit de soutrage dans les vides de la forêt, c'est à l'administration seule qu'il appartient de donner cette autorisation et d'indiquer les lieux où elle doit s'appliquer.

...Et celui qui a exercé ce droit sans cette autorisation, ne peut être excusé, par le motif que le maire avait indiqué les lieux (C. forest. 1, 90, 144). — 14 mars 1834. Cr. c. Forêts C. Mauvoisin. D.P. 34. 1. 377.

698.— 2° *Contravention de ceux qui se trouvent avec des instrumens tranchans, ou dont les voitures, bestiaux, ou animaux de charge ou monture se trouvent dans les forêts, hors des chemins ordinaires.* — Les individus trouvés dans les bois et forêts, hors des routes et chemins ordinaires, avec serpes, cognées, haches, scies et autres instrumens de même nature, doivent être condamnés à une amende de 10 fr. et à la confiscation de ces instrumens (C. for. 146).

699 — Sur la conciliation de cet article avec l'art. 194, Voy. Baudrillart, C. for., 2e part., p. 242; Garnier, p. 177; D.A. 8. 773, n. 2.

On ne peut cumuler les peines de l'art. 146 avec celles de l'art. 194 C. for. — D.A. *eod.*

700. — Ceux dont les voitures, bestiaux, animaux de charge ou de monture, sont trouvés dans les forêts, hors des routes et chemins ordinaires, doivent être condamnés, savoir : — Par chaque voiture, à une amende de 10 fr. pour les bois de dix ans et au-dessus, et de 20 fr. pour les bois au-dessous de cet âge ; — Par chaque tête ou espèce de bestiaux non attelés, aux amendes fixées pour délit de pâturage, par l'art. 199. — Le tout sans préjudice des dommages-intérêts (C. for. 147). — Sur l'art. 199, Voy. art. 14, § 4.

701. — Le mot *voiture*, employé dans l'art. 147 C. for., exprime tout ce qui, mû par une ou plusieurs roues, conduit par des hommes ou des animaux, peut servir de moyen de transport d'objets quelconques ; en conséquence, l'introduction d'une brouette, dans un bois, loin des routes et chemins ordinaires, constitue le délit prévu par cet article. — 19 déc. 1828. Cr. c. Forêts C. Truche. D.P. 29. 1. 77.

702. — Sont punissables des peines de l'art. 147 C. for. les individus qui passent avec leurs voitures, dans une forêt royale, par un ancien chemin qui avait seulement servi à la vidange des coupes des forêts, et qui ne pouvait, dès lors, être considéré comme chemin ordinaire. — 29 avril 1830. Cr. c. Forêts C. Houppier. D.P. 30. 1. 258.

703. — Le fait d'avoir passé avec des voitures par le chemin d'une forêt interdit et jalonné, constitue une contravention passible d'une peine qu'il n'est pas même permis aux juges de modérer, ni, à plus forte raison, d'excuser sous un prétexte de force majeure, attestée par le certificat d'un maire, mais démentie par un procès-verbal faisant foi jusqu'à inscription de faux. — 13 fév. 1834. Cr. c. Forêts C. Canot. D.P. 34. 1. 151.

704. — Il n'a pas été dérogé, par le code forestier, à l'art. 41, tit. 2 C. rur. du 6 octobre 1791, portant que les voyageurs et voituriers ont le droit de passer sur les propriétés riveraines, lorsque le chemin ordinaire est impraticable ; et il suffit qu'un tribunal ait reconnu cette impraticabilité, laquelle, d'ailleurs, n'était combattue ni par le procès-verbal, ni par aucune offre de preuve contraire, pour que la décision par laquelle il a renvoyé de toute poursuite le charretier prévenu d'avoir quitté le chemin pour entrer dans un bois, doive échapper à la censure de la cour de cassation. — 16 août 1828. Cr. r. Min. pub. C. Charpentier. D.P. 28. 1. 385.

705. — Jugé dans le même sens que la loi du 28 sept. 1791, qui permet à tout voyageur, lors de l'impraticabilité d'un chemin vicinal, de déclore un champ voisin pour se faire un passage, s'applique aux forêts soumises au régime forestier, comme à toute autre propriété (C. for. 147).

Spécialement, un voiturier a pu passer dans un chemin interdit et jalonné d'une forêt, s'il justifie que le chemin ordinaire était impraticable. — 9 mai 1834. Grenoble Forêts C. Carot. D.P. 34. 2. 208.

706 — Sauf, bien entendu, l'indemnité due par la commune, responsable de l'entretien et de la dégradation du chemin. — Toutefois, n'est-ce pas aller trop loin que d'étendre aux forêts la faculté accordée pour les champs ? La disposition n'est-elle pas plutôt limitative ? Ce qui le prouverait, c'est que le passage avec une voiture et des bestiaux, au milieu d'une forêt, peut être bien plus dommageable que dans un champ, puisque les contraventions sont punies par des amendes bien plus fortes dans un cas que dans l'autre. Cependant, il ne faut pas qu'un respect trop servile pour la propriété fasse perdre de vue que la nécessité a aussi ses règles et ses exigences. — D.P. *eod.*, note.

707. — Le dommage causé à une forêt par le passage de chevaux attelés à une charrette, établit le délit qui résulte de l'introduction seule de bestiaux dans un bois pour pâturer ; à cet égard, la loi ne fait pas de distinction ; et la circonstance que les chevaux étaient attelés à une charrette ne fait pas disparaître le délit ; la seule introduction est suffisante : ici s'applique l'art. 10, tit. 32 de l'ord. de 1669, rappelé par l'avis du conseil d'état, approuvé le 16 frim. an 14, et non les art. 28, 29 et 38, tit. 2 de la loi du 6 oct. 1791 — 26 déc. 1806. Cr. c. Forêts C. Gillet. D.A 8. 776, n. D. P. 2. 382, n. 2. — Voy. aussi art. 14, § 4.

708. — Jugé avant le code que la simple introduction de bestiaux ou chevaux dans un bois taillis appartenant à une commune n'était réprimée ni par l'ordon. de 1669, ni par l'art. 38, tit. 2, loi 6 oct. 1791, lequel n'est relatif qu'aux dégâts faits dans les bois taillis par des bestiaux ou troupeaux ; mais qu'elle établissait la contravention prévue et punie par la généralité de l'art. 475, n° 10 C. pén. — 31 déc. 1824. Cr. c. For. C. Mongel. D.A. 8. 775. D.P. 2. 381.

Il semble qu'on pourrait soutenir que cette contravention est prévue par l'art. 147 C. for. — Dall., *ibid.*, note.

709. — Le droit de passage qui peut être acquis à un particulier dans une forêt de l'état, ne lui permet pas de combler de sa propre autorité un fossé établi par l'administration dans le but de supprimer le chemin affecté à ce passage ; il doit seulement s'adresser à l'autorité compétente pour réclamer la conservation de son passage : l'exception de ce droit élevée sur l'action pénale dirigée contre lui pour cette voie de fait, ne peut donc être la matière d'une question préjudicielle, puisqu'elle ne tend pas à faire disparaître le délit. — 27 nov. 1823. Cr. c. Forêts C. Rich. D A. 8. 777. D.P. 2. 382.

710. — La disposition de l'art. 6, tit. 19 de l'ordonnance de 1669, qui est reproduite par les art. 71, 146, 147 C. for., fixe les peines à prononcer contre ceux qui se sont écartés des chemins ouverts par l'administration dans les forêts, mais elle n'est pas applicable au fait de destruction des fossés. Le code forestier ne s'est pas occupé de ce délit, qui est prévu par l'art. 456 C. pen. — D A. 8. 777, n.

711. — 3° *Prohibition de porter ou d'allumer du feu.* — Il est défendu de porter ou allumer du feu dans l'intérieur et à la distance de deux cents mètres des bois et forêts, sous peine d'une amende de 20 à 100 fr. ; sans préjudice, en cas d'incendie, des peines portées par le code pénal, et de tous dommages-intérêts, s'il y a lieu (C. forest. 148).

712. — Celui qui a mis le feu sans intention criminelle à un arbre dans une forêt, ne peut, quoique cet arbre ait été entièrement brûlé, être puni des peines prononcées contre ceux qui ont déshonoré des arbres dans les bois ; il est seulement passible de l'amende encourue par ceux qui ont porté du feu dans les bois, et du dédommagement du préjudice qu'il a causé (art. 32, tit. 27 ; 1, tit. 32, ordon. de 1669). — 25 août 1809. Cr. c. Forêts C. Droussard. D.A. 8. 776, n. D.P. 2. 382.

713. — Un individu qui allume des écobuages à une distance moindre de cinquante toises des habitations, doit être puni comme s'il avait allumé toute autre espèce de feu. — 30 juin 1827. Cr. c. Forêts C. Monnier. D.P. 27. 1. 424.

714. — Le fait seul d'avoir établi et allumé un four à charbon dans une forêt appartenant à autrui et spécialement à une commune, est passible d'une amende, lors même que ce fait n'aurait causé aucun préjudice (art. 32, tit. 37, ordon. de 1669). — 5 avril 1816. Cr. c. Berthin. D.A. 8. 776, n. D.P. 16. 1. 464 — 4 déc. 1806. Cr. c. Forêts C. Geuta. D.A. 8. 776, n.

715. — Les usagers qui, en cas d'incendie, refusent de porter des secours dans les bois soumis à leur droit d'usage, sont traduits en police correctionnelle, privés de ce droit pendant un an au moins et cinq ans au plus, et condamnés en outre aux peines de l'art. 475 C. pén. (C. forest. 149).

L'art. 192, qui détermine l'amende selon la grosseur des arbres coupés, n'est pas applicable à un incendie d'arbres dans une forêt. — V. l'art. 14, § 2.

716. — 4° *Délits commis sur les arbres de lisières des bois.* — Les propriétaires riverains des bois et forêts ne peuvent se prévaloir de l'art. 672 C. civ., pour l'élagage des lisières de ces bois et forêts, si ces arbres de lisière avaient plus de trente ans au moment de la promulgation du code (C. forest. 150). — D.A. 8. 773, n. 4 et 5.

717. — Jugé antérieurement que celui sur la propriété duquel avancent les branches d'arbres d'un bois voisin, n'a pas le droit de les couper lui-même. — Que s'il les coupe, il commet le délit prévu par l'art. 2, tit. 32, ordonnance de 1669. Et que si, poursuivi par la voie correctionnelle, il prétend qu'il avait, suivant l'art. 672 C. civ., le droit de couper les branches d'arbres avançant sur sa propriété, cette défense ne constitue pas une exception préjudicielle. — 15 fév. 1811. Cr. c. For. C. Schmitt. D.A. 8. 776. D.P. 11. 1. 144.

718. — Les arbres qui remplacent ceux de lisière qui, au moment de la promulgation du code, avaient plus de trente ans, doivent être élagués, conformément à l'art. 572 C civ., lorsque l'élagage en est requis par les riverains. — Les plantations ou réserves destinées à remplacer les arbres de lisière au moment de la promulgation du code, ont dû et doivent être effectuées en arrière de la ligne de délimitation des forêts, à la distance prescrite par l'art. 671 C. civ. (Ordonn., art. 176).

719. — Tout élagage exécuté sans l'autorisation des propriétaires des bois et forêts, donne lieu à l'application des peines de l'art. 196 (C. forest. 150).

720. — La loi en portant la défense aux propriétaires voisins d'élaguer les arbres de lisière des bois qui les touchent, quand ils avaient plus de trente ans au moment de sa promulgation, n'a pas défendu d'en couper les racines. — D.A. 8. 774, n. 5, *in fine.*

721. — On jugeait avant le code que de l'anticipation commise sur un bois de l'état, accompagnée d'enlèvement de terres, de la coupe des racines de plusieurs arbres, et d'arrachement de plusieurs espèces de coudres, de cornouille et d'épines, résultaient des délits prévus et punis par les art. 11 et 12, tit. 27 de l'ord. de 1669, et qu'il y avait lieu de casser l'arrêt qui s'était borné à prononcer les peines autorisées par l'art 18, tit. 3 de l'ordon. — 20 fév. 1812. Cr. c. Forêts C. Taisson. D.A. 8. 775, n.

722. — Le code forestier ne s'explique pas sur la perte d'un arbre par suite de la coupe de ses racines : cette circonstance ne peut qu'être le résultat d'un enlèvement de terres : or, ce délit est puni par l'art. 144 Un tel dommage ne saurait constituer le fait de mutilation d'arbres, prévu par l'art. 196. — D.A. 8 775, n.

723. — La loi du 26 vent. an 4, sur l'obligation d'écheniller, ne peut pas être appliquée aux forêts ni à leurs lisières. Ces propriétés sont régies par des lois particulières, et la dépense serait trop considérable (Lettre minist. du 11 avril 1821). — Baudrill., t. 2, p. 909 ; D.A. 8. 773, n. 3.

724. — 5° *Destruction des loups. — Tranchées, essartemens, transport et mise en vente de bois. Possession de chèvres.* — On jugeait avant le code que le réglement porté par l'arrêt du conseil, du 25 janvier 1697, pour la destruction des loups, continuait d'être en vigueur. — 13 brum. an 11. Cr. c. Forêts C Boursignon. D.A. 8. 777, n. D.P. 2. 382. — Mais il n'en est plus rien aujourd'hui, l'art. 218 C. for. ne peut laisser de doute à cet égard.

725. — Les bois traversés par des grands chemins doivent subir des tranchées d'une largeur proportionnelle à l'étendue du chemin qui y est établi. — D.A. 8. 774, n. 6.

726. — Si des essartemens sont reconnus nécessaires pour certaines routes, le ministre de l'intérieur doit les approuver ; l'exécution dans les bois du domaine de l'état doit en être suivie par les agens forestiers, sous l'autorité du ministre des finances ; et dans les bois des particuliers, par les propriétaires, sous la direction des ingénieurs des ponts et chaussées, et sous la surveillance des autorités locales (Lett. min. 31 juill. 1821). — Baudrill., t. 2, p. 942 ; D.A. *eod.*

727. — On peut, sous le code, sans certificat d'origine, exposer en vente dans une ville ou sur un marché, du bois sec ou vert, transporté par fardeaux, hottées, ou sur des bourriques (Régl. du 7 janv. 1813 ; C. for. 218). — D.A. *eod.*, n. 7.

728. — Les habitans des communes, propriétaires de bois, peuvent vendre les bois qui leur sont délivrés pour affouage (C. for. 112 et 83). — D.A. *eod.* — *Contrà*, Décis min. 13 juin 1821. — V. n. 472.

729. — L'individu qui, avant le code, et dans un endroit où aucun réglement municipal ou administratif ne lui en faisait défense, a conduit, hors du village de sa résidence, une bête de somme chargée de bois pris dans une forêt dont les membres de la commune sont usagers, pour vendre ce bois, ne commet aucune contravention, et n'est passible d'aucune peine. — 15 mars 1828. Cr. c. int. de la loi. Doumergue. D.P. 28. 1. 176.

730. — La défense faite par un réglement de tenir des chèvres, doit s'appliquer à tous les individus, soit mâles soit femelles, de cette classe d'animaux. Elle s'applique conséquemment aux boucs et aux chevreaux ; et le délit résultant de la contravention à cette défense subsiste par la possession seule de l'un de ces animaux ; il n'est pas nécessaire pour cela qu'il y ait un dégât constaté. — 1er août 1811. Cr. c. Forêts C. Reigue D.A. 8. 778. D.P. 2. 381.

731. — Si une telle règle a dû être observée sous le régime établi par l'ordonn. de 1669, rien n'empêche qu'elle ne doive être exécutée sous l'empire du code forestier, qui n'a fait que renouveler les dispositions de l'ordonnance sur le pâturage des chèvres dans les bois. — V. cependant Carnot, t. 2, p. 439, n. 7 ; D.A 8. 775, n. 1.

§ 2 — *Dispositions applicables seulement aux bois et forêts soumis au régime forestier.*

732. — Ces dispositions concernent la défense d'établir certains ateliers, constructions, usines, à une certaine distance des forêts, sans autorisation. Aucun four à chaux ou à plâtre, soit temporaire, soit

permanent, aucune briqueterie et tuilerie, ne peuvent être établis dans l'intérieur et à moins d'un kilomètre des forêts, sans l'autorisation du gouvernement, à peine d'amende et de démolition (C. for. 151 ; ord., art. 177).

733.— Il ne peut être établi sans l'autorisation du gouvernement, sous quelque prétexte que ce soit, aucune maison sur perches, loge, baraque ou hangar, dans l'enceinte et à moins d'un kilomètre des bois et forêts, sous peine d'amende, et de la démolition dans le mois, à dater du jugement qui l'aura ordonnée (C. for. 152).— D.A. 8. 778, n. 2.

734 — Aucune construction de maisons ou fermes ne peut être effectuée, sans l'autorisation du gouvernement, à la distance de cinq cents mètres des bois et forêts soumis au régime, sous peine de démolition.

Il doit être statué dans le délai de six mois sur les demandes en autorisation ; passé ce délai, la construction peut être effectuée (C. forest. 153).

735.— Le titre 27 de l'ord. de 1669, renfermait des prohibitions pareilles à celles portées par le code; mais ses dispositions n'étaient plus exécutées lorsqu'elles ont été remises en vigueur par l'avis du conseil d'état, du 22 frim. an 14.— D.A. 8. 777, n. 1.

736.— Les droits acquis antérieurement au code forestier, devant être jugés par les lois antérieures à ce code, il suit de là qu'un tribunal qui, au lieu d'ordonner la démolition d'une usine construite, malgré le refus d'autorisation de la part de l'autorité administrative, à moins de deux lieues de distance d'une forêt royale, contrairement à l'art. 18, tit. 27 de l'ordonnance de 1669, a admis le prévenu à la preuve que, depuis plus de trente années, il aurait joui, à titre de maître, d'une autre usine qu'il avait depuis peu démolie, a violé cet article. — 12 mars 1829. Cr. c. Forêts C. Chabanis. D.P. 29. 1. 176.

737.— Jugé, sous cette législation, qu'une loge ou maison sur perches élevée, à la proximité d'une forêt et dans la distance prohibée, est sujette à être démolie.

738.— Et ce, quoique les propriétaires ne soient point de la classe des vagabonds et gens inutiles (Ord. 1669, art. 17 et 18, tit. 27).— 23 janv. 1813. Cr. c. Forêts C. Poulain. D.A. 8. 778. D.P. 2. 383.

739.—...Alors surtout qu'elle doit servir d'atelier à façonner le bois, encore qu'elle se trouverait bâtie dans un hameau d'une existence ancienne, près de la maison d'habitation du prévenu, dans sa cour, et qu'elle aurait été construite avant l'avis du conseil d'état, du 22 brum. an 14 (art. 18 et 23, tit. 27 ord. de 1669).— 17 août 1822. Cr. c. Forêts C. Malesset. D.A. 8. 779, n. D.P. 2. 384.

740.— On ne peut considérer comme dépendances et accessoires d'une ancienne habitation une construction nouvelle, alors que, 1° cette construction est située sur un terrain litigieux réclamé par l'administration forestière comme ayant été usurpé sur une forêt de l'état, tandis que les bâtimens anciens sont situés sur le propre terrain du délinquant; 2° que les anciens bâtimens sont à cinquante mètres de la forêt, tandis que les nouveaux n'en sont distans que de six mètres ; 3° que les anciens bâtimens forment une enceinte fermée par une partie des murs et par une palissade, tandis que la nouvelle construction est hors de cette enceinte et même au-delà des terres labourables qui composent l'ancienne propriété... Par suite, il y a lieu d'annuler le jugement qui refuse d'ordonner la démolition de la construction nouvelle, sous le prétexte qu'elle n'est point une construction nouvelle dans le sens de la loi, mais seulement une addition nécessaire, par son usage, aux bâtimens anciens.— 18 août 1809. Cr. c. Rouen. Forêts C. Biard. D.A. 8. 779, n. 3. D.P. 2. 384.

741. — La construction d'une maison à la proximité d'un bois soumis au régime forestier ne pouvait être tolérée, si elle était faite sans autorisation et même au mépris d'une défense, dans le rayon prohibé, encore qu'elle fût élevée aux lieu et place d'un ancien four, sur le même plan, et qu'on aperçût, dans le voisinage, l'ancienne existence de bâtimens d'habitation, alors qu'il n'était ni contesté, ni allégué que la construction nouvelle dût être réputée une dépendance et un accessoire des bâtimens encore existant (Ord. 1669, art. 18, tit. 27; avis du cons. d'état, 22 brum. an 14). — 22 sept. 1820. Cr. c. Forêts C. Demange. D.A. 8. 779, n. D.P. 2. 384.

742. — La prohibition d'effectuer aucune construction de maisons à une certaine distance des bois soumis au régime forestier a pu être déclarée n'être pas enfreinte par l'*exhaussement* donné à un bâtiment existant dans cette même distance. — 30 avril 1824. Cr. c. Min. pub. C. Duchert. D.A. 8. 779, n. D.P. 2. 584.

743. — Lorsqu'une maison est construite près d'une forêt domaniale, à une distance prohibée par l'art. 18 du titre 27 de l'ordonnance de 1669, le préfet est compétent pour ordonner la démolition des bâtimens qui ont été ajoutés sans autorisation, ou de combler des fondemens déjà creusés ; mais il ne peut ordonner au propriétaire de justifier devant lui des titres constatant sa propriété, cette action appartient aux tribunaux. — 11 juin 1817. Ord. cons. d'état Eberhard.

744. — Les tribunaux saisis de la connaissance des délits forestiers doivent prononcer contre les délinquans d'habitude la démolition de maisons construites depuis l'ordonnance de 1669 dans l'enclos ou le voisinage des forêts de l'état, ou rétablies après qu'un événement quelconque, tel qu'un incendie, les avait rendues inhabitables. — 13 août 1825. Cr. c. Min. pub. C. Dupuis. D.P. 25. 1. 450.

745. — La démolition ne s'applique pas aux maisons ou fermes existant lors de la publication du code, lesquelles peuvent être réparées, reconstruites et augmentées sans autorisation; ni aux bois des communes, au-dessous de 250 hectares (C. forest. 153).

746. — Nul individu habitant les maisons ou fermes dans le rayon ci-dessus fixé, ou dont la construction y a été autorisée par le gouvernement, ne peut y établir aucun atelier à façonner le bois, aucun chantier ou magasin pour faire le commerce de bois, sans la permission spéciale du gouvernement, sous peine de 50 fr. d'amende et de la confiscation des bois (C. forest. 154).

747. — La maison d'un sabotier, où il a été trouvé des bois nouvellement ouvragés et à demi façonnés, tels que sabots, avec les instrumens nécessaires pour achever leur confection, forme un atelier à façonner le bois. Ces circonstances suffisent pour donner lieu à l'application des peines de la loi, si cet atelier est situé à la distance prohibée d'une forêt de l'état ; il n'est pas nécessaire pour cela qu'il y ait été trouvé des ouvriers occupés à travailler (art. 23, tit. 27, ord. de 1669) — 9 avril 1813. Cr. c. Forêts C. Sally. D.A. 8. 779, n. D.P. 2. 384.

748. — Aucune usine à scier le bois ne peut être établie dans l'enceinte, et à moins de deux kilomètres de distance des bois et forêts qu'avec l'autorisation du gouvernement, sous peine d'amende et de la démolition dans le mois (C. forest. 155, 158; ordonn., art. 180).

749.— L'art. 179 de l'ordonn. du 1er août 1827, en disposant que si, dans le délai de six mois, les propriétaires des usines et constructions mentionnées aux art. 151, 152 et 155 C. for. n'ont pas remis aux conservateurs les titres en vertu desquels ces usines ont été établies, ou si ces titres ne justifient pas suffisamment de leurs droits, l'*administration poursuivra la démolition de ces usines* et constructions; cet art. 179 autorise bien la poursuite, mais il ne détermine pas quel en sera nécessairement le résultat ; et, nonobstant cet article, si les titres du prévenu paraissent suffisans aux tribunaux, la poursuite en démolition doit être rejetée. — 13 mars 1829. Cr. c. Forêts C. Delbez. D.P. 29. 1. 178.

750. — Les usines, hangards et autres établissemens autorisés sont soumis aux visites des agens et gardes-forestiers, qui peuvent y faire toutes perquisitions sans l'assistance d'un officier public, pourvu qu'ils se présentent au nombre de deux au moins, ou que l'agent ou garde soit accompagné de deux témoins domiciliés dans la commune (C. forest. 157).

751. — L'adjudicataire qui enfreint la clause à laquelle il s'était soumis dans le cahier des charges, de ne conduire aux scieries qu'il possède à la proximité de la coupe, aucune tronce qui n'ait été empreinte du marteau d'un garde-forestier, est passible de l'amende portée dans les réglemens de police établis pour l'exploitation des scieries construites à la proximité des forêts : les tribunaux ne peuvent l'en absoudre, sous prétexte de son ignorance et d'un défaut de préjudice pour l'état. — 20 juin 1823. Cr. c. Forêts C. Noel. D.A. 8. 779, n. D.P. 2. 385.

752. — Doivent être considérés comme *partie intégrante des scieries*, les chantiers où sont déposés les bois destinés à ces usines. — Dès lors, les arbres, billes ou troncs trouvés sur ces chantiers, non reconnus ni marqués par les agens forestiers, donnent lieu aux mêmes amendes et confiscations que s'ils avaient été trouvés dans les scieries elles-mêmes (C. forest. 158). — 13 mars 1829. Cr. c. Forêts C. Delbez. D.P. 29. 1. 178.

753. — Un jugement qui refuse d'ordonner la destruction de réparations faites à une usine bâtie à moins de deux kilomètres d'une forêt, alors qu'il y a contestation devant les tribunaux civils, entre l'administration forestière et le propriétaire, à raison de sa proximité de la forêt, ne viole aucune loi. — 24 sept. 1830. Cr. r. Forêts C. Gilly. D.P. 30. 1. 372.

754. — On peut bâtir, dans les distances ci-dessus fixées des bois et forêts, des maisons et usines destinées à faire partie de villes, villages ou hameaux formant une population agglomérée (C. forest. 156).

755.— Mais l'art. 152 C. forest., qui défend d'établir, sans autorisation du gouvernement, des maisons sur perches, loges, etc., dans l'enceinte, et à moins d'un kilomètre des bois et forêts, s'applique même au cas où ces maisons et loges font partie de villes, villages ou hameaux. — Ici ne s'applique pas l'art. 156, lequel ne comprend dans son exception que les trois articles qui le précèdent. — 13 nov. 1828. Cr. c. Forêts C. Collin. D.P. 29. 1. 14.

756. — S'il s'élève quelque difficulté sur la question de savoir si une maison ou usine nouvellement construite doit être considérée comme faisant partie d'un village, ou comme maison isolée, cette difficulté doit être soumise aux tribunaux, qui jugent d'après les circonstances. — D.A. 8. 778, n. 3.

757.— Jugé que la question de savoir si la ville, village ou hameau dont une usine à scier le bois fait partie, constitue une population agglomérée dans le sens de l'art. 156 C. forest., et si, par suite, cette usine est affranchie de l'autorisation exigée par l'art. 155, est appréciée souverainement par les juges saisis de la poursuite. — 22 fév. 1834. Cr. r. Forêts C. Jacquet. D.P. 34. 1. 132.

ART. 11. — *Des poursuites exercées au nom de l'administration forestière.*

§ 1er. — *Droits et qualité de l'administration et de ses agens pour la constatation et la poursuite des délits et contraventions.*

758.— 1° *Droits et qualité de l'administration en général.*— L'administration forestière est chargée des poursuites en réparation de délits et contraventions commis dans les bois soumis au régime forestier (sauf l'exception relative aux bois de la couronne), des délits et contraventions concernant le service de la marine dans tous les bois, et de ceux concernant les défrichemens des bois des particuliers (C. forest. 159).— D.A. 8. 780, n. 1.

759. — L'administration a qualité pour citer et poursuivre correctionnellement l'auteur d'un délit de chasse, commis dans un bois communal de la surveillance duquel elle est chargée. — 20 sept. 1828. Cr. c. Min. pub. C. Forquet. D.P. 28. 1. 424. — 20 sept. 1828. Cr. c. Min. pub. C. Saussac. D.P. 28. 1. 424. — 27 sept. 1828. Cr. c. Min. pub. Doniz. D.P. 28. 1. 424.

760. — L'administration forestière actuelle ayant remplacé, pour la partie administrative, les anciennes maîtrises des eaux et forêts, a, comme l'avaient ces dernières, en vertu de l'ordonnance de 1669, le droit de constater et de poursuivre tous les délits relatifs aux eaux et pêcheries appartenant aux communes.— 5 mars 1829. Cr. c. Forêts C. Alphand. D.P. 29. 1. 171.

761. — La répression des délits forestiers commis dans une forêt communale, quoiqu'elle n'ait pu être encore déclarée susceptible d'aménagement, peut être poursuivie à la requête de l'administration des forêts. Il n'est pas exact de prétendre que, dans ce cas, le maire a seul qualité à cet effet (C. forest. 90, ord. 1er août 1827, art. 128).— 20 mars 1829. Aix. Forêts C. Giraud. D.P. 29. 2. 109.

762. — L'administration peut même, sur la dénonciation d'un propriétaire, poursuivre la réparation des délits forestiers commis sur la propriété de ce dernier.— 3 sept. 1808. Cr. c. Forêts C. Aubert. D.A. 8. 784, n. D.P. 2. 389.

763.— On a même jugé que le délit qui résulte de l'introduction et de la mise en pâture de chèvres dans les bois d'un particulier, peut être constaté et poursuivi par les agens de l'administration forestière, sans la réquisition ni le concours des propriétaires : l'aveu par l'agent d'une permission par lui donnée ne peut effacer le délit. — 5 nov. 1807. Cr. c. Forêts C. Vieux. D.A. 8. 784, n. D.P. 8. 2. 25. — 16 oct. 1807. Cr. c. Forêts C. Zéna. D.A. 8. 784, n. D.P. 2. 389, n.

764.— L'administration est sans qualité pour intenter des poursuites, dans d'autres cas, à raison des délits commis dans les bois des particuliers.— D.A. 8. 780, n. 2.

765.— La réparation des délits commis dans ceux des bois des communes et établissemens publics qui, à cause de leur peu d'importance, ne doivent pas être soumis au régime forestier, peut être poursuivie directement par les communes et les établissemens publics propriétaires, sans le concours de l'administration forestière.— D.A. *eod.*

766. — 2° *En quel nom et par quels agens les poursuites peuvent être exercées.* — Les actions et poursuites doivent être exercées par les agens forestiers au nom de l'administration forestière, sans préjudice du droit qui appartient au ministère public (C. forest. 159).

C'est qu'en effet les délits forestiers donnent, comme les autres délits, naissance à deux actions distinctes: l'action publique et l'action civile. — D.A. *eod*, n. 3.

767. — Ainsi, quoique les inspecteurs et autres agens de l'administration des forêts soient chargés de poursuivre les auteurs des délits forestiers, ils n'ont pas pour cela caractère à l'effet d'intenter, à leur *requête* et en vertu de leur titre, des actions dont l'exercice n'appartient qu'à l'administration. La citation doit être faite à la *requête* de l'administration elle-même: ici s'applique la règle, que nul que le roi ne plaide par procureur. — 29 oct. 1824. Cr. r. Nîmes. Forêts C. Farel. D.A. 8. 783. D.P. 25. 1. 68.—29 oct. 1824. Cr. r. Forêts C. Jean D.P. 25. 1. 68, n

768.— Le ministère public a non seulement l'action publique, mais encore le droit de conclure à des restitutions et à des dommages-intérêts au profit des communes et des établissemens publics, s'ils ne se sont pas fait autrement représenter (C. pr. 83).— D.A. 8. 780, n. 3.

769. — Un garde-général a qualité pour exercer la poursuite en réparation du délit constaté par un garde particulier, surtout s'il déclare agir comme remplissant par intérim les fonctions de sous-inspecteur local.— 9 mai 1806. Cr. c. Forêts C. Paret, etc. D.A. 8. 783, n. D.P. 2. 388.

770. — La poursuite dirigée à la requête de l'administration et à la diligence d'un sous-inspecteur forestier, contre un prévenu de malversations, dans l'exploitation de la coupe d'une forêt, est régulière; et une cour qui en a prononcé la nullité, sous le prétexte que l'art. 6, tit. 9, loi du 29 sept. 1791, n'accorderait qu'aux *conservateurs* le droit de poursuivre ces espèces de délits, a violé ledit article et commis un excès de pouvoir, en ce que cette attribution, spéciale aux conservateurs, ne peut changer ni modifier aucunement le droit de poursuite dont l'administration est investie (art. 1er, même loi).— 13 août 1807. Cr. c. Admin. forest.

771.— Les sous-inspecteurs forestiers ont, comme les inspecteurs, qualité pour poursuivre les abus et malversations commis par les adjudicataires dans leurs coupes.— 22 nov. 1811. Cr. c. Forêts C. Mieille. D.A. 8. 783. D.P. 12. 1. 191.— 29 avril 1808. Cr. c. Forêts C. François. D.A. 8. 797, n 2. D.P. 2. 400.

772 — 3° *Droits des agens dans la constatation, l'instruction et la poursuite des délits et contravention.*— Les agens et arpenteurs recherchent et constatent par procès-verbaux les délits et contraventions, dans toute l'étendue du territoire pour lequel ils sont commissionnés; et les gardes, dans l'arrondissement du tribunal près duquel ils sont assermentés (C. forest. 160).

773. — Comme la circonscription du territoire soumis à la surveillance des gardes à pied et à cheval peut s'étendre dans le ressort de divers tribunaux (C. forest., 5), il s'ensuit qu'ils peuvent y exercer leurs fonctions, pourvu qu'ils y aient prêté serment.— D.A. *eod.*, n. 4.

774. — Jugé déjà, avant le code, qu'un arpenteur forestier, commissionné et assermenté, a caractère pour constater un délit de dépaissance. — 6 nov. 1807. Cr. c. Forêts C. Comm. de Nixuville. D.A. 8. 783, n. D.P. 2. 388.

775.— Les agens et arpenteurs ne peuvent se refuser à accompagner sur-le-champ les gardes, s'ils en sont requis par eux pour assister à des perquisitions.— Ils sont tenus de signer le procès-verbal du séquestre ou de la perquisition faite en leur présence (C. forest. 160. ord. 1827, art. 182).

776. — La réquisition, si elle est faite par écrit, doit désigner l'objet de la visite et les personnes chez lesquelles elle doit être faite.—D.A. 8. 781, n. 7.

777. — Les gardes peuvent saisir les bestiaux trouvés en délit, et les instrumens, voitures et attelages des délinquans, et les mettre en séquestre (C. forest. 161).

778.— La loi ne désigne pas l'endroit dans lequel ce séquestre peut avoir lieu; mais en prescrivant, dans le cas de saisie, la remise d'une copie du procès-verbal au greffe de la justice de paix, l'art. 167 assure au délinquant des moyens suffisans pour découvrir les objets qui lui appartiennent et en prendre possession.— D.A. *eod.*, n. 5.

779.— Les gardes doivent suivre les objets enlevés jusque dans les lieux où ils ont été transportés, et les mettre en séquestre. Ils ne peuvent néanmoins s'introduire dans les maisons, bâtimens, cours adjacentes et enclos, si ce n'est en présence, soit du juge de paix ou de son suppléant, soit du maire ou de son adjoint, soit du commissaire de police (C pr. 161).

780 — Mais un gardeforestier peut s'introduire dans le domicile d'un délinquant, sans assistance du juge de paix, ou du maire, ou du commissaire de police, alors que le délinquant y consent (C. forest. 161).— 17 mai 1833. Cr. c. Forêts C. Jorin. D.P. 33. 1. 261.

781. — Les gardes forestiers, même assistés des gardes-généraux, ne peuvent faire de visite domiciliaire pendant la nuit.— D.A. 8. 780, n. 6.

782.— Une perquisition exécutée aux heures défendues constituerait un abus d'autorité, qui rendrait les gardes passibles des peines prononcées par l'art. 184 C. pen.— D.A. *ibid.*

783. — Les gardes doivent arrêter et conduire devant le juge de paix ou devant le maire tout inconnu surpris en flagrant délit (C. for. 163).

784. — Si l'individu arrêté se fait suffisamment connaître, indique son domicile, sa profession et ses moyens d'existence, le magistrat devant lequel il a été conduit doit ordonner sa mise en liberté, après que le délit qui lui est imputé aura été constaté; s'il ne peut justifier ni d'un domicile certain, ni de moyens d'existence, il doit être considéré comme vagabond et sans aveu, passible alors des peines portées par l'art. 270 C pén., et remis à la disposition du procureur du roi.—D.A. 8. 781, n. 8.

785. — Les agens et gardes ont le droit de requérir directement la force publique pour la répression des délits et contraventions en matière forestière, ainsi que pour la recherche et la saisie des bois coupés en délit, vendus ou achetés en fraude (C. for. 164).

Pour ce qui est de la forme et des effets des procès-verbaux, V. Procès-verbal.

§ 2. — *De la procédure en matière de contraventions et de délits forestiers.*

786.— Le secrétariat du conseil de préfecture a remplacé l'ancien greffe des maîtrises des eaux et forêts.— 5 juill. 1828. Cr. c Dijon. Forêts C. Rollet. D.P. 28. 1. 316.— 5 juill. 1828. Forêts C. Bertrand. D.P. 28. 1. 316.

787. — 1° *Attribution des tribunaux correctionnels.*— Toutes les actions et poursuites exercées au nom de l'administration des forêts, et à la requête de ses agens, en réparation de délits ou contraventions, sont portées devant les tribunaux correctionnels (C. for. 171).

788. — Jugé, avant le code, que la connaissance de délits forestiers ne peut jamais appartenir à un tribunal de simple police, lors même que la peine infligée n'excéderait pas la valeur de trois journées de travail (C. brum. an. 4, art. 456, § 1 et 6; art. 168, 605, n. 9 et 609; loi 28 sept 1791, art. 28).—16 frim. an 14. Cr. c. Forêts C. Dufour. D.P. 6. 2. 43.

789.— Jugé, depuis le code, que le fait d'avoir enlevé un tremble de la grosseur d'un mètre trois centimètres, délivré régulièrement à un tiers, étant une contravention dans les attributions du tribunal de simple police, rentre dans les attributions du tribunal correctionnel, si le délinquant a fait usage de la scie pour l'enlever. — En conséquence, si un tribunal de police, à qui la connaissance d'une telle contravention a été renvoyée par ordonnance de la chambre du conseil, s'est déclaré incompétent, il y a lieu à renvoyer l'affaire en police correctionnelle, surtout si le prévenu avait décliné, devant le tribunal de simple police, la compétence de ce tribunal.— 30 avril 1830. Cr. régl. de jug. Min. pub. C. Ratte. D.P. 30. 1. 258.

790. — Lorsqu'un bois est, dans toute son étendue, soumis à la surveillance d'une inspection et sous-inspection forestière de deux arrondissemens qui font partie du même département, ce bois est présumé, de droit, jusqu'à ce que l'état des choses ait été changé par une décision légale et exécutée, faire partie du département auquel appartiennent les inspections et sous-inspections forestières. — Par suite, les tribunaux de ce département sont compétens pour connaître d'un délit commis dans ce bois, et ils ne peuvent surseoir à faire droit jusqu'à ce que les autorités administratives aient déterminé s'il fait ou non partie du département.—31 oct. 1816. Cr. c. Min. pub. Bérard. D.A. 2. 601. D.P. 1. 603.

791.— L'adjudicataire qui, par l'abattis de son bois, endommage involontairement, et malgré les précautions convenables qu'il a prises, les arbres de sa coupe mis en réserve, ou ceux du territoire voisin de sa coupe, est seulement passible d'une action civile en dommages-intérêts, de la compétence des tribunaux civils, et non d'une poursuite correctionnelle comme coupable d un délit forestier. — 12 avril 1822. Cr. r. Min. pub. C. Bertin. D.A. 8. 804. D.P. 22. 1. 277.

792.— 2° *Signification des procès-verbaux, citations et exploits.—Requisition.*—Les gardes-forestiers peuvent faire toutes citations et significations d'exploits, sans pouvoir procéder aux saisies-exécutions. — Leurs rétributions pour les actes de ce genre sont taxées comme pour les actes des huissiers des juges de paix (C. forest. 173).

793 —Même sous l'empire du code de brum. an 4, les gardes-forestiers ont pu signifier eux-mêmes leurs procès-verbaux, et la citation devant le tribunal correctionnel, donnée par leur ministère, était valable. — 6 niv. an 14. Cr. c. Auvaut. D.P. 6. 2. 58.

794.— L'acte de citation doit, à peine de nullité, contenir la copie du procès-verbal et de l'acte d'affirmation (C. forest. 172).

795 —L'art. 183 inst. cr, en disposant que la citation énoncera les faits et tiendra lieu de plainte, n'a pas abrogé l'art 9, tit. 9, loi du 29 sept. 1791, qui ordonne qu'il soit donné copie des procès-verbaux aux prévenus de délits forestiers. Cette question est textuellement décidée en ce sens par l'art. 172 C. forest. — 27 nov. 1818. Cr. r. Domaine C. Bedos. D.P. 19. 1. 98.

796.—Jugé, avant le code, que le défaut de notification du procès-verbal au prévenu ne peut opérer la nullité des poursuites, sous le prétexte qu'il ne l'aurait pas connu, si les faits en ont été littéralement copiés dans la citation, où il est fait d'ailleurs mention du procès-verbal et de l'affirmation, et s'il a été lu au prévenu à l'audience. — Qu'en conséquence, c'est à tort qu'un tribunal se fonderait sur l'ordonnance de 1667, étrangère à l'espèce, pour prononcer la nullité du rapport ou procès-verbal, nullité que n'autorise point la loi du 29 sept. 1791, seule applicable. — 16 vent. an 9. Cr. c. Forêts C. Vacquer. D.A. 8. 783, n. D.P. 2. 388.

Mais, ainsi qu'on l'a vu, l'art. 172 C. forest. exige, à peine de nullité, que l'acte de citation contienne la copie du procès-verbal et l'acte d'affirmation.

797. — La citation donnée à un prévenu de délits forestiers, est valable, encore que l'original ne contienne pas copie des procès-verbaux constatant le délit, pourvu que la copie de la citation laissée au prévenu contienne la copie de ces procès-verbaux (C. forest. 172). — 8 mars 1833. Bordeaux. Forêts C. Sassoubre. D.P 34. 2. 84.

798.— De ce que la copie signifiée, d'un procès-verbal de délit forestier, contiendrait une erreur ou même omettrait de s'expliquer sur l'enregistrement de ce procès-verbal, lequel a d'ailleurs été enregistré dans le délai légal, il ne saurait résulter une cause de nullité de la citation donnée au prévenu (C. forest. 170). — 30 janv. 1834. Cr. c. Bordeaux. Forêts C. Sassoubre. D.P. 34. 1. 103.

799. — Une citation en matière de délit forestier ne peut être déclarée nulle, sous le prétexte que copie du procès-verbal et de l'affirmation n'aurait pas été donnée en même temps au prévenu, lorsque ces copies se trouvent au pied de la citation, encore bien qu'elles ne seraient pas certifiées conformes à l'original; la loi n'exige pas que ces copies soient données en tête de la citation, et qu'elles soient certifiées conformes par celui qui donne la citation. — 6 mars 1834. Cr. c. Forêts C. Sarrat. D.P. 34. 1. 144.

800.— La copie du procès-verbal est nulle si elle n'est pas signée à la fin par l'officier ministériel qui la délivre : peu importe qu'il l'ait signée au-dessous d'un renvoi mis en marge (Déc. min. du 13 août 818). — D.A. *eod.*, n. 13.

801.— Les formes à observer dans la rédaction et la remise des actes de citation sont celles que prescrit le code d'instruction criminelle.—D.A. 8. 781, n. 12.

Les devoirs des gardes sont les mêmes que ceux des huissiers, d'après la loi commune. Ainsi, ils doivent, sous les peines de l'art. 45 du décr. du 14 juill. 1813, remettre eux-mêmes les copies des citations faites par leur ministère (V. Exploit).— D.A. *ibid.*

802.— L'exploit introductif de la poursuite correctionnelle ne peut être annulé pour défaut d'enregistrement, après que le prévenu a contesté et défendu au fond : à supposer que cette irrégularité puisse entraîner la nullité de l'acte, elle doit être proposée *in limite litis*.— 24 mai 1811. Cr. c. Forêts C. Lades. D.A. 8. 784, n. D.P. 2. 389.

803.—Les agens forestiers ont le droit d'exposer l'affaire devant le tribunal et sont entendus à l'appui de leurs conclusions (C. forest. 174; ord., art. 185).

804.— 3° *Instruction et preuves*. — Les délits ou contraventions en matière forestière sont prouvés soit par procès-verbaux, soit par témoins, à défaut ou en cas d'insuffisance des procès-verbaux (C. forest. 175).

805. — Un tribunal ne peut, en déclarant la nullité d'un procès-verbal, refuser d'admettre la preuve par témoins, offerte par l'administration forestière ou ses agens, pour y suppléer (C inst. cr 154, 189). — 3 juin 1809. Cr. c. Min. pub. C. Delange. D.A. 8. 793, n. D.P. 2 396.—30 nov. 1811. Cr. c. Forêts C. Martel. D.A. 8. 793, n. 1. D.P. 2. 396.

806. — La preuve testimoniale offerte pour suppléer à un procès-verbal insuffisant, doit être admise en appel, quoique la partie poursuivante ne l'ait pas proposée en première instance. — 21 juin 1821. Cr. c. Forêts C. Moleux. D.A.8.793.D.P.2.396. — 9 mai 1807. Cr. c. Forêts. C. Vailet. D.A. 8. 793, *nota*. D.P. 2. 396.

807.—Un individu cité par l'administration pour avoir établi des fourneaux dans le rayon prohibé, n'est pas tenu de prouver que ces fourneaux étaient en dehors de ce rayon, lorsque le procès-verbal ne fait pas connaître à quelle distance de la forêt ils étaient situés, et que l'administration n'a pas demandé à suppléer par la preuve testimoniale au silence de ce procès-verbal : il y a, en ce cas, présomption en faveur du prévenu, qui peut être renvoyé de l'action. — 20 sept. 1832. Cr. c. Forêts C. Mortier. D.P. 33. 1. 70.

808. — Toutefois, le principe de droit commun, que la fraude ne se présume point, et qu'elle doit être prouvée par celui qui l'allègue, n'a pas toujours cours en matière forestière; par exemple, il suffit qu'un procès-verbal des agens forestiers ait constaté la saisie au domicile des prévenus de bois coupés en délit, pour qu'il y ait; d'après les art. 161, 164, 165 et suiv. C. forest., présomption légale de fraude, et pour qu'un tribunal n'ait pu renvoyer les prévenus, par le motif qu'il n'était pas suffisamment établi qu'ils eussent eu connaissance du délit, la preuve de non culpabilité ou de non complicité incombant à leur charge. — 15 fév. 1833. Cr. c. Liste civ. C. Souillard. D.P. 34. 1. 55.

809.— 4° *De l'appel et du pourvoi.—Désistement, Acquiescement*.— L'art. 451 C. pr, qui permet d'interjeter appel d'un jugement interlocutoire avant le jugement définitif, est applicable aux jugemens rendus sur la poursuite de délits forestiers. Ainsi, on peut appeler d'un jugement qui, avant faire droit, ordonne le mesurage de la circonférence d'arbres abattus, lorsque l'action intentée a pour motif l'enlèvement d'un arbre de réserve par un adjudicataire dans sa vente, délit dont l'amende ne doit pas être réglée au pied de tour.— Garnier du Bourgneuf, t. 1er, p. 224; D.A. 8. 782, n. 15.

810. — Les agens de l'administration peuvent, en son nom, interjeter appel, et se pourvoir contre les arrêts et jugemens; mais ils ne peuvent se désister de leurs appels sans son autorisation spéciale (C. forest. 183).

811.—Ils ne peuvent pas non plus, sans autorisation, se désister de leurs pourvois.—D.A.8.782, n.17.

812. — Un simple garde à cheval n'a pas qualité pour appeler d'un jugement qui a statué sur un délit forestier (Ord., art. 11). — 11 juin 1829. Cr. c. Capion. D.P. 29. 1. 268.

813. — L'appel formé par lui est nul, quoiqu'il ait dit qu'il faisait les fonctions de garde-général (C. forest. 183). — 2 sept. 1830. Cr. c. Forêts C. Pierre. D.P. 30. 1. 364.

814. — Mais lorsqu'un employé à cheval de l'arrondissement dans lequel a été commis un délit, a été autorisé par le garde-forestier faisant fonction de sous-inspecteur, à appeler d'un jugement rendu contre l'administration des forêts, l'appel que ce garde déclare interjeter, d'après les ordres de son chef, est valable, quoiqu'il n'ait pas formellement exprimé qu'il agissait pour l'administration. — 31 janv. 1824. Cr. c. Forêts C. Narac. D.P. 24. 1. 144.— Bourguignon, *Jurisp. crim.*, t. 2, p. 457; Merl., Rép., v° Délit forestier, § 19; D.A. 8. 781, et 782, n. 14.

815. —Sous l'empire du code, un garde à cheval, dans les mêmes circonstances, devrait aussi jouir de la faculté d'appel. — D.A. *eod.*

816. — Les agens de l'administration forestière ne peuvent interjeter appel des jugemens rendus dans les affaires correctionnelles qui, en première instance, ont été poursuivies à la requête du ministère public. — Merl., Rép., v° Appel, sect. 2, § 4; D.A. *eod.*

817. — Dans aucun cas, l'appel ou le pourvoi de l'administration ne peut nuire à celui du ministère public, qui en use même en cas d'acquiescement de l'administration (C. forest. 184).

818. — Ainsi, en matière de délit forestier, le ministère public a l'exercice de l'action de l'administration, et peut, dès lors, appeler seul des jugemens rendus en cette matière, et requérir une augmentation, soit des restitutions, soit des dommages-intérêts. — 20 mars 1830. Cr. c. Henry. D.P. 30. 1. 175.

819. — Il est recevable à prendre des conclusions sur l'appel d'un jugement pour délit forestier, quoiqu'il ne se soit pas rendu appelant de ce jugement. — 28 janv. 1808 Cr. c. Forêts C. Bézard. D.A. 8. 808, n. D P. 9. 2. 73.

820. — Un acte d'appel d'un jugement correctionnel n'est pas nul en ce qu'il n'a pas été inscrit sur le registre du greffe, mais sur une feuille volante. — 28 nov. 1806 Cr. c. Forêts C. Comm. de St.-Thomas, St.-Nazaire. D.A. 8. 785, n. D.P. 2 390.

821.— Les dispositions du code d'instruction criminelle sur la poursuite des délits et contraventions, sur les citations et délais, sur les défauts, oppositions, jugemens, appels et recours en cassations, sont applicables à la poursuite des délits et contraventions spécifiés par le code forestier, sauf les modifications qu'il établit (art. 187).

822 — Le désistement donné par la partie civile de la poursuite d'un délit forestier, n'éteint pas l'action publique : il y doit être statué si elle est exercée par le ministère public (C. d'inst. cr. 4).— 23 janv. 1813. Cr. c. Forêts C. Soppe. D A. 8. 765, n. D P. 2 374.

823.— D'après l'art. 19, tit. 9 de la loi du 29 sept. 1791, aucun préposé de l'administration des forêts, et à plus forte raison un agent étranger à cette administration, ne peut, sans son autorisation formelle, se désister des poursuites intentées en son nom, ni acquiescer à un jugement qu'elle aurait eu le droit d'attaquer.— 24 déc 1824. Cr. c. Forêts C. Colombart. D.A. 8. 734, n. D.P. 2. 351.

824. — L'acquiescement donné à un jugement de première instance par le paiement de l'amende qu'il a prononcée, n'ôte pas au prévenu le droit de proposer des moyens de défense sur l'appel qui en est déclaré par la partie publique : il peut même invoquer des moyens de nullité qu'il n'avait pas fait valoir devant les premiers juges.— 29 oct. 1824. Cr. c. Forêts C. Bastien. D.A. 8. 780.

825. — L'administration des forêts ne peut être déclarée non-recevable dans l'appel par elle émis d'un jugement de première instance, sur le motif que les condamnations prononcées par ce jugement ont été versées entre les mains du préposé de la régie de l'enregistrement qui les a acceptées, et que dès lors il y a eu acquiescement.— 29 oct. 1824. Cr. c. Forêts C. Cigorgne. D.A. 8. 787, n. 1. — 4 juin 1824. Cr. c. Forêts C. Bezancènes. D.A. 1. 597. D.P. 1. 227.— 24 déc. 1824. Cr. c. Forêts C. Colombart. D.A. 8. 734, n. D.P. 2. 351.

826. — Jugé de même qu'on ne peut opposer à l'administration, comme un acquiescement à un jugement dont elle aurait appelé, le versement, qu'à son insu et sans sa particicipation, un délinquant a fait de l'amende et des accessoires auxquels il avait été condamné, entre les mains du receveur de l'enregistrement et sur les poursuites de ce dernier. — 22 oct. 1829. Cr. c. Forêts C. Jaubert. D.P. 29. 1. 371.

§ 3.— *De l'inscription de faux et de l'exception préjudicielle de propriété.*

827.—Les formes et conditions de l'inscription de faux, en matière forestière, sont réglées par les art. 179 et 180 C. forest.

828.— Jugé que les dispositions du code de procédure civile et du code d'instruction criminelle qui prononcent, en cas d'inscription de faux, le rejet de la pièce arguée de faux, lorsque la partie qui l'a produite n'a pas, dans la huitaine de la sommation qui lui a été faite, déclaré vouloir s'en servir, ne sont pas applicables aux agens de l'administration forestière, poursuivant l'application des peines attachées aux délits constatés dans les procès-verbaux

qu'ils représentent (458 et 459 C. inst. cr.). En ce cas, c'est frustratoirement qu'ils ont été sommés par le prévenu de déclarer s'ils entendent se servir de la pièce arguée de faux. — La sommation serait sans objet à leur égard, en ce qu'il ne leur est pas permis de renoncer aux poursuites (C. pr. 216; C. inst. cr. 458, 459; l. 29 sept. 1791, tit. 9, art. 13).— 14 mai 1813. Cr. c. Forêts C. Lac. D.A. 8. 793, n. D.P. 2. 396.

829.— Si, dans une instance en réparation de délit ou contravention, le prévenu excipe d'un droit de propriété ou autre droit réel, le tribunal saisi de la plainte statue sur l'incident en se conformant aux règles suivantes : — L'exception préjudicielle ne doit être admise qu'autant qu'elle est fondée, soit sur un titre apparent, soit sur des faits de possession équivalens, personnels au prévenu et par lui articulés avec précision, et si le titre produit ou les faits articulés sont de nature, dans le cas où ils seraient reconnus par l'autorité compétente, à ôter au fait qui sert de base aux poursuites tout caractère de délit ou de contravention (C. forest. 182).

830.—L'exception résultant d'un prétendu droit d'usage n'est pas recevable de la part d'un individu poursuivi pour délit de pâturage dans un bois de l'état, si, au moment du délit, ce bois n'avait pas été déclaré défensable.— 26 pluv. an 10. Cr. c. Forêts C Bidot. D.A. 8 794, n. D.P. 2. 397.

831 — Il n'y a pas lieu de surseoir à la condamnation de l'individu qui a fait paître, avant la déclaration de défensabilité, ses bestiaux dans le bois d'une commune, sur le motif qu'il opposerait que les habitans de sa commune ont un droit de compascuité dans ce bois.— 30 avril 1824. Cr. c. Forêts C. Delgajol. D.A. 8. 793. D.P. 2. 396. — 24 vent. an 13. Cr. c. Forêts C. Jacquemier. D.A. 8. 794, n. D P. 2. 397.

832.— La défense du prévenu d'un délit forestier, consistant à soutenir qu'il possédait *animo domini* le terrain sur lequel il aurait commis le délit qu'on lui impute, est une exception qui oblige le tribunal à surseoir et renvoyer aux juges civils la connaissance de cette question.— La possession *animo domini* a, sous le rapport des délits prétendus commis sur le fonds qui en est l'objet, les mêmes effets que la propriété. — 2 oct. 1807. Cr. c. int. de la loi C. Réveillé. D.A. 8. 794, n. D.P. 2. 397.

833. — L'action intentée contre un adjudicataire pour avoir arraché avec leurs racines des arbres de sa coupe, ne cesse pas d'être de la compétence des tribunaux correctionnels, parce qu'il aura opposé qu'il a agi conformément au cahier des charges. Cette exception ne produit pas une question préjudicielle, une telle question ne pouvant résulter d'un cahier des charges que lorsque l'adjudicataire en excipe pour justifier l'étendue de son exploitation, mais nullement lorsqu'il veut s'en prévaloir pour justifier un mode d'exploitation condamné par la loi, ou un fait qu'elle caractérise comme un délit.— 30 oct. 1807. Cr. c. Forêts C. Petit. D.A. 8. 736, n. D.P. 8. 2. 27.

834. — Un tribunal correctionnel ne commet pas un excès de pouvoir en statuant sur la qualification des titres qui lui sont représentés pour justifier une action élevée sur la poursuite d'un délit forestier, et il ne juge pas une *question de propriété*, en décidant que ces titres sont une participation à la propriété. — 28 juill. 1820. Cr. r. Perrin. D.A. 8. 767, n. D.P. 22. 1. 58.

835. — Des usagers prévenus d'avoir conduit leurs bestiaux dans des cantons déclarés défensables, mais par un arrêté contre lequel le pourvoi est encore pendant au conseil d'état, ne sont pas recevables à demander, jusqu'à la décision du conseil, le sursis que l'art. 182 C. forest. n'accorde qu'au prévenu qui, dans une instance en contravention, excipe d'un droit de propriété. — 5 juill. 1834. Cr. r. Douai. Comm. de Marchiennes. D.P. 34. 1. 449.

836.— Dans le cas de renvoi à fins civiles, le jugement doit fixer un bref délai dans lequel la partie qui a élevé la question préjudicielle doit saisir les juges compétens de la connaissance du litige et justifier de ses diligences : sinon il doit être passé outre. En cas de condamnation, il doit être sursis à l'exécution du jugement, sous le rapport de l'emprisonnement, s'il était prononcé, et le montant des amendes, restitutions et dommages-intérêts doit être versé à la caisse des dépots et consignations, pour être remis à qui il sera ordonné (C. forest. 182). — V. au surplus Question préjudicielle.

ART. 12. — *Des poursuites exercées au nom des particuliers.*

837. — Les droits de saisie et de suite accordés

aux gardes-forestiers de l'administration, par l'art. 161, appartiennent aux gardes des bois et forêts des particuliers (C. forest. 189).

838.—Ils doivent, dans leurs perquisitions, se faire assister du juge de paix ou de son suppléant, du maire ou de son adjoint, ou du commissaire de police, qui doivent signer le procès-verbal (C. forest. 189, 161 et 162).

839.— Ils ont aussi le droit d'arrestation sur tout inconnu surpris en flagrant délit (C. forest. 189 et 163).

840. — Ils peuvent requérir directement la force publique pour la répression des délits (Inst. cr. 9, 16 et 25). — D.A. 8. 798, n. 1.

841.— L'art. 171 du code, qui attribue aux tribunaux correctionnels la connaissance même des simples contraventions en matière forestière, ne s'applique qu'aux délits et contraventions dont la répression est poursuivie au nom de l'administration forestière (C. forest. 190). — D.A. 8. 799, n. 6 et 7.

842. — Les actions exercées au nom des particuliers rentrent dans la classe des actions ordinaires, pour lesquelles la compétence se règle sur la quotité de l'amende seulement (139 C. inst. cr.). — 2 janv. 1806. Cr. c. Forêts C. Doré D.A. 8. 784, n. D.P. 2. 389.— 7 niv. an 14. Cr. c. Forêts C. Bioche. D.A. 8. 784, n. 7. D.P. 2. 389.

843. — La compétence du tribunal appelé à connaître d'un délit forestier doit se régler également sur la restitution qu'il entraîne.—Mêmes arrêts.

844. — Elle doit se régler particulièrement sur le titre de la prévention tel que le caractérise le procès-verbal; elle ne peut changer par suite d'une déclaration faite après coup, par le garde qui a dressé ce procès-verbal. — 26 pluv. an 10. Cr. c. Min. pub. C. Giroz. D.A. 8. 784, n. D.P. 2. 389.

845.— Les délits commis dans les bois des particuliers, qui entraînent une peine correctionnelle, sont de la compétence des tribunaux correctionnels. Toutefois, l'incompétence de ces tribunaux, relativement aux contraventions, n'est point absolue; il n'y a pas lieu d'annuler, sur appel, pour incompétence, le jugement d'un tribunal correctionnel qui a statué sur une simple contravention, si la partie poursuivante n'avait pas formé de demande en renvoi.—Baudrillart, *Trait gén.*, t 2, p. 433, 441, 463; D.A. *eod.*

846.— Les dispositions ci-dessus sont applicables à la répression des délits et contraventions commis dans les bois possédés à titre d'apanage ou de majorats réversibles à l'état. — D.A. 8. 799, n 7.

847. — Les délits forestiers commis au préjudice des particuliers donnent naissance à l'action civile et à l'action publique. Les propriétaires peuvent transiger sur les dommages-intérêts, mais la renonciation à l'action civile ne peut arrêter ni suspendre l'action publique (C. inst. cr. 4), sans que l'on puisse distinguer si les délits sur lesquels il a été transigé blessent ou non l'ordre public. — D.A. 8. 799, n. 9.

848. — La poursuite d'un délit forestier, commis dans un bois vendu depuis que le délit a été commis, peut, depuis la vente, être exercée à la requête du vendeur. — 15 fruct. an 2. Cr. c. Min. pub. C. Papillon. D.A. 8. 784, n. D.P. 3. 1. 50.

849. — L'administration forestière est sans qualité pour poursuivre les délits commis dans les bois particuliers, à moins qu'il ne s'agisse de coupes d'arbres sans déclaration d'essence, ou de défrichemens (Décr. 25 avril 1811; l. 9 flor. an 11). — 27 avril 1811. Cr. r. Forêts C. Fani. — V. *suprà*, art. 11.

850. — La forme de la citation (C. forest. 172), la preuve du délit (175), les exceptions (182), la prescription (185), et les dispositions du code d'instruction criminelle sur la poursuite des délits et contraventions, sur les citations et délais, sur les défauts, oppositions, jugemens, appels et recours en cassation (187), sont applicables aux poursuites exercées au nom et dans l'intérêt des particuliers (C. forest. 189).

851. — Le ministère public qui poursuit un délit forestier, commis dans les bois d'un particulier, doit, à peine de nullité, de même que la partie civile ou l'administration forestière, donner, en tête de la citation signifiée au prévenu, copie du procès-verbal et de l'affirmation, et, à supposer que l'art. 182 C. inst. cr. ne prononce pas de nullité en matière ordinaire, cet article ne serait pas applicable ici (C. for. 172).—4 déc. 1828. Cr. r. Min. pub. C. Perret. D.P. 29. 1. 52. —Conf. Curass., t. 2, p. 84.

ART. 13. — *De la prescription en matière de délits forestiers.*

§ 1er.— *Délai et calcul de la prescription.*

852.— Les actions en réparation de délits et contraventions se prescrivent par trois mois, à compter du jour où les délits et contraventions ont été constatés, lorsque les prévenus sont désignés dans les procès-verbaux. Dans le cas contraire, le délai de prescription est de six mois, à compter du même jour (C. for. 185).

853.— L'art. 8, tit. 9 de la loi du 29 sept. 1791, qui soumet à la prescription de trois mois les actions en réparation de délits forestiers, dont les auteurs sont connus, n'a pas été aboli par les art. 9 et 10 de la loi du 5 brum. an 4, qui en établissant des règles générales pour la prescription des délits, n'ont point dérogé aux règles particulières antérieurement établies pour certains délits.— 14 germ. an 13. Cr. r. Habitans de Saint-Pierre d'Albigny. D.P. 5. 2. 118. — 2 janv. 1806. Cr. c. Marquet. D.P. 6. 2. 67.

854.— La loi ne fait courir la prescription qu'à compter du jour où le délit a été constaté; on ne peut donc en faire remonter le cours au temps où le délit a été commis.—19 mars 1818. Cr. c. Forêts C. Teissier. D.A. 8. 797, n. D.P. 2. 399. — 9 juin 1808. Cr. c. Forêts C. Brondel. D.A. 8. 796, n. D.P. 2, 398.

855.— Le délai des trois mois court du jour où le délit pour lequel on l'oppose a été constaté, et sans qu'il soit nécessaire qu'il y ait eu récolement ou que l'adjudicataire ait obtenu son congé de cour. — 17 avril 1807. Cr. r. Forêts C. Vincent. D.A. 8. 795, n. D.P. 7. 2. 130.— 24 mars 1809. Cr. r. Forêts C. Petit. D.A. 8. 794. D.P. 7. 2. 130.

856.— Lorsque, sur la demande du prévenu, il a été fait une nouvelle vérification du délit constaté par procès-verbal, ce n'est qu'à dater de cette dernière vérification que la prescription doit courir.— 9 juin 1808. Cr. c. Forêts C. Brondel, D.A. 8. 796, n. D.P. 2. 398.

857. — Jugé de même que la prescription de l'action en réparation d'un délit forestier prend son cours à dater du procès-verbal définitif qui le constate. — 20 oct. 1832. Cr. c. Montpellier. Forêts C. Joui. D.P. 33. 1. 183.

858.— Un délit forestier n'est réputé légalement connu, à l'effet de faire courir la prescription, que par le procès-verbal qui le constate, encore bien que les agens de l'administration aient connu le délit long-temps avant d'en dresser procès-verbal.— En conséquence, doit être cassé l'arrêt qui, en cas de délit de défrichement commis dans les bois de réserve d'une commune, déclare prescrite l'action en réparation intentée dans les trois mois du procès-verbal, sur le fondement de la connaissance antérieure du délit par les employés de l'administration (L. 29 sept. 1791, tit. 9, art. 8).— 23 juin 1827. Cr. c. Forêts C. Ferrier. D.P. 27. 1. 436.

859.— Jugé, avant le code, qu'il suffit que le délinquant ne soit pas nominativement désigné au procès-verbal du délit, pour que le délai de la prescription doive être prorogé à un an, et cela, lors même qu'il se serait, le lendemain du délit, fait connaître au juge de paix, lequel aurait dressé procès-verbal de cette circonstance.— 8 avril 1808. Cr. c. Forêts C. Dufour. D.A. 8. 796, n. D.P. 2. 399.

860.— Décidé que le délai de la prescription serait de six mois, si le prévenu n'était pas désigné au procès-verbal par son nom et sa demeure, s'il n'y était présenté que par la qualification de son état ou de sa profession (Décis. min. 29 mars 1820). — D.A. 8. 794, n. 4.

861.— L'action en réparation d'un délit forestier ne peut être déclarée prescrite, sur le motif que plus de trois mois se sont écoulés depuis le procès-verbal jusqu'à la citation sur laquelle le prévenu comparaît, si cette citation a été précédée d'une, autre donnée régulièrement dans les délais, et sur laquelle le prévenu ne s'est pas présenté.— 30 avril 1807. Cr. c. Forêts C. Teysseidre. D.A. 8. 795, n. D.P. 2. 398.

862.— Mais, lorsqu'un délit forestier a donné lieu à deux procès-verbaux successifs, tous deux suivis d'assignation, si l'assignation provoquée par le dernier procès-verbal est postérieure de plus de trois mois à la date du premier, la prescription établie par l'art. 8, tit. 9 de la loi des 15 et 29 sept. 1791, doit être appliquée. — 24 juin 1824. Caen. Forêts C. Anquetil. D.A. 8. 796, n. D.P. 2. 399.

863.— Le délai de trois mois doit être calculé de quantième à quantième, c'est-à-dire par l'échéance des mois, date par date, et non par tel nombre de jours; ainsi l'action intentée le 17 août, pour un délit constaté le 18 mai, est exercée dans les délais, quoiqu'il se soit écoulé plus de quatre-vingt-dix jours. — 27 déc. 1811. Cr. c. Forêts C. Conti. D.A. 8. 795. D.P. 2. 398, et 12. 1. 271.

§ 2. — *Délits à l'égard desquels court la prescription.*

864. — Le délit résultant de la coupe d'arbres à réserve faite par un adjudicataire dans sa vente, est soumis à la prescription de trois mois (C. for. 185, 186). — 26 fév. 1807. Cr. c. intérêt de la loi C. Darbois. D.A. 8. 795, n. D.P. 2. 398.

865. — La même prescription est applicable aux malversations commises dans les coupes de bois. — 24 mars 1809. Cr. r. For. C. Petit. D.A. 8. 794. D.P. 9. 2. 118.

866.— Le délit résultant d'une contravention à la loi du 9 flor. an 11, qui soumettait les particuliers à l'obligation de faire approuver par l'administration les défrichemens qu'ils voulaient opérer, était soumis à la prescription de trois mois. Toutefois, cette prescription n'affranchissait pas le propriétaire qui l'invoquait de l'obligation qui lui était imposée par cette loi, de replanter une surface égale à celle qui avait été défrichée. — 8 janv. 1808. Cr. c. Forêts C. Brigaud. D.A. 8. 795, n 2. D.P. 8. 2. 36.

867. — Les délais de trois et six mois pour la prescription des délits, ne sont point applicables aux contraventions, délits et malversations commis par des agens, préposés ou gardes de l'administration dans l'exercice de leurs fonctions; les délais de prescription à l'égard de ces préposés et de leurs complices sont les mêmes qui sont déterminés par le code d'instruction criminelle (C. for. 186).

868.— Les délits forestiers non constatés sont soumis à la prescription générale de trois ans, établie par l'art. 638 inst. cr.; ici ne s'applique pas l'art. 8, tit. 9 de la loi du 29 sept. 1791, qui établit la prescription de trois mois pour les délits forestiers reconnus et constatés (C. for. 185).— 3 avril 1830. Orléans. Aremberg. D.P. 30. 2. 176.— 5 juin 1830. Cr. r. Orléans. Aremberg. D.P. 30. 1. 356.

869. — Le principe qu'en matière criminelle et correctionnelle, la prescription n'est pas couverte par le silence ou la renonciation, s'applique même au cas où l'action a pour objet d'obtenir au correctionnel des réparations civiles en faveur du plaignant et du fisc contre un adjudicataire pour déficit d'arbres dans sa coupe. — Même arrêt du 5 juin.

§ 3.— *De la prescription des actions intentées en temps utile.*

870.— L'action pour délit forestier, qui a été intentée dans le délai de trois mois, ne peut ensuite tomber en péremption, ou être déclarée prescrite, quelque soit le temps pendant lequel les poursuites auraient été suspendues : elle n'est pas soumise à l'application des art. 688 et 637 inst. cr. (art. 8, tit. 9, l. 29 sept. 1791).— 5 juill. 1816. Cr. c. Bordeaux. Forêts C. Baillon. D.A. 8. 797, n. 1. D.P. 2. 399. — 19 mars 1818 Cr. c. Forêts C. Tessier. D.A. 8. 797, n. 2. D.P. 2. 399.

871. — Jugé, depuis, qu'il y a lieu de se reporter pour cela aux dispositions du code d'instruction criminelle, qui a fixé ce délai à trois ans. — 6 fév. 1824. Cr. c. Forêts C. Drouhin. D.A. 8. 796.

Cette décision est une application exacte des principes reproduits par les art. 185 et 187 C. for.— Dall. 8. 794, n. 3.

872. — Jugé de même que l'action relative à un délit forestier, lorsqu'elle a été régulièrement introduite, ne se prescrit que par un délai de trois ans, après le dernier acte de la procédure, et non par le délai de trois mois (C. for. 185 et 187; C. inst. cr. 637 et 638). — 6 fév. 1830. Cr. c. Forêts C. Donnet. D.P. 30. 1. 117. — 8 mai 1830. Cr. c. Forêts C. Grauss. D.P. 30. 1. 260. — 6 fev. 1824. Cr. c. Forêts C. Drouhin. D.A. 8. 796.

873. — Intentée en temps utile contre un adjudicataire pour délits commis dans l'étendue de sa coupe, l'action continue à subsister contre les cautions, quoiqu'elles n'aient pas été mises en cause (C. for. 28, 46, 82). — 13 avril 1833. Cr. c. Forêts C. Jannot. D.P. 33. 1. 375.

874.— L'action en répression d'un délit forestier, intentée avant que la prescription ne fût acquise, ne peut être déclarée non-recevable en ce que, dans

les conclusions, on aurait cité un article de loi non applicable au délit constaté, et que ce ne serait qu'après l'expiration du délai de la prescription que l'erreur aurait été rectifiée dans des conclusions nouvelles: une telle rectification ne formant pas une action nouvelle (C for. 147, 185). — 5 déc. 1833. Cr. c. Forêts C. Moisson. D.P. 34. 1. 50.

§ 4.— *De l'interruption de la prescription.*

875. — La prescription est interrompue par les poursuites de la partie chargée de poursuivre.

876.—Ainsi, elle est valablement interrompue par une citation régulière donnée en temps utile aux prévenus dénommés dans le procès-verbal. Cette interruption dure trois ans comme en matière de délits correctionnels ordinaires (C. for 187; C. inst cr. 637, 638). — 1er mars 1832. Cr. c. Bourdin. D.P. 32. 1. 147. — 29 avril 1808. Cr. c. Forêts C. François. D.A. 8. 797, n. D.P. 2. 400

877. — La prescription est interrompue par la citation, encore qu'il n'y ait pas eu d'audience au jour indiqué, et que la reprise d'audience ait eu lieu après les délais fixés par la loi, et après l'expiration du temps fixe pour la prescription.— 29 avril 1808. Cr. c. Forêts C François. D.A. 8. 797, n. D.P. 2. 400. — Bourguignon, *Jur. cr.*, t. 2, p. 551; D.A. 8. 794, n. 2.

878.— Une citation nulle ne peut arrêter le cours de la prescription. — 12 flor. an 12. Cass. D.A. 8. 794, n. 2.

879. — Lorsque, sur la poursuite d'un délit forestier, un tribunal correctionnel déclare qu'il n'y a lieu à statuer, quant à présent, par la raison que la propriété de la forêt est réclamée, par voie civile, par les délinquans, la prescription de ce délit est suspendue jusqu'au jugement sur la propriété. — 30 janv. 1830. Cr. c. Carrère. D.P. 30. 1. 97.

ART. 14.—*Des délits forestiers dans tous les bois en général, et des condamnations qu'ils entraînent.*

§ 1er.— *Des délits forestiers en général.*

880. — Les délits commis dans les terrains qui sont en nature de bois sont des délits forestiers; ceux commis dans des terrains qui n'ont pas cette nature donnent lieu à l'application des lois sur la police rurale. — D.A. 8. 799, n. 1.

Il s'agit alors de distinguer si ces terrains doivent être ou non considérés comme bois.

881.— Le code rural ne peut être appliqué à un délit de pâture dans un bois communal peuplé en pins.—20 fév. 1812. Cr. c. Forêts C. Bouchère. D.A. 8. 800, n.

882.— L'amende portée par son art. 38 n'est pas applicable au délit de pâture commis dans les forêts de l'état : ces délits rentrent dans l'application exclusive de l'ordonnance de 1669. — 14 mai 1812. Cr. c. Forêts C. Blasé. D.A. 8 800, n D.P. 2. 402.

883.— C'est d'après cette dernière loi que doivent être punis les délits de dépaissance dans les quarts de réserve des communes. — 23 août 1822. Cr. C. Forêts C. Aubagnac D.A. 8. 800, n. D.P. 2. 402. — 21 juin 18_2. Cr. c. Forêts C. P. Wenkel. D.A. 8. 800, n. D.P. 2. 402.

884. — Une plantation faite sur un sol formant partie intégrante du bois taillis d'une commune doit être réputée taillis, par cela seul que rien n'annonce qu'elle soit destinée à croître en futaie (L. 6 oct. 1791, art. 38, tit. 2). — 13 juin 1823. Cr. c. Pau. Forêts C. Héron. D.A. 8 806. D.P. 23. 1. 314.

885.— Le fait de pâturage, commis sur un terrain entouré d'un bois communal non déclaré défensable, entraîne la même peine que s'il avait été commis dans l'enceinte de ce bois même (art. 38, tit. 2, loi du 6 oct. 1791). — D.A. 8. 799, note. — V. *infrà*, § 4.

886.— De même, le délit de pacage dans la partie dépeuplée d'une forêt communale, c'est-à-dire dans des cantons faisant partie de cette forêt, ne doit pas être puni comme un simple délit rural; il doit être puni des mêmes peines que s'il eût été commis dans les parties de ce bois qui sont plantées d'arbres. — 26 avril 1816. Cr. c. Forêts C. Comm. de Soissons. D.A. 8. 726, n. D.P. 16. 1. 441.

La régie disait que le délit de pâturage commis dans les parties de bois qui sont dépeuplées, devait être puni plus sévèrement, parce qu'il était un invincible obstacle à ce qu'aucun arbre pût jamais y croître.— D.A 8. 726, n.

887.— Le délit commis sur les terres du domaine de la couronne, dépendantes de ses forêts, a tous les caractères d'un délit forestier, et entraîne la condamnation à l'amende, comme s'il eût été commis dans les bois eux-mêmes.— 5 nov. 1829. Cr. c. Min. pub. C. Jupinet, etc. D.P. 29. 1. 376.

888.— L'art 38 du code rural du 6 oct. 1791 ne s'applique qu'aux *dégâts commis dans les bois taillis* des particuliers et des communes; les délits commis dans toutes les autres espèces de bois des particuliers sont toujours punissables d'après les dispositions du tit. 32 de l'ordonnance de 1669 sur les eaux et forêts.— 29 fruct. an 11. Cr. c. Min. pub. C. Terrassier. D.A. 8. 800, n. D.P. 2. 402, et 3. 1. 758.

889.— Lorsque le procès-verbal du garde-champêtre ne constate pas que les bestiaux qu'il a trouvés dans les bois d'un particulier y aient commis des dégâts, les tribunaux ne peuvent renvoyer les délinquans, sous prétexte que l'art. 38, tit. 2 du code rural ne punit que dans le cas de dégâts; c'est alors l'ordonnance de 1669, laquelle punit les divagations ou introductions des bestiaux dans les forêts ou bois, qu'on doit appliquer. — 26 brum. an 12. Cr. c. Forêts C. Guillot. D.A. 8. 800. D.P. 2. 365.

890 — Le fait d'avoir mené des bestiaux pâturer dans les bois non défensables des particuliers doit être considéré comme un délit rural auquel la loi du 6 oct. 1791 est applicable, soit quant à la nature et à l'étendue des peines, soit quant à la durée de l'action, et non comme un délit forestier soumis aux dispositions pénales de l'ordonnance de 1669 et de la loi du 29 sept. 1791. En conséquence, ces délits se prescrivent, non par trois mois comme les délits forestiers, mais par un mois seulement, et l'amende est de 3 fr., et non de 20 fr par tête.—10 juin 1808 Cr. c. Deslogé. D.A. 8. 799 D.P. 8. 2. 151.

891.— Les modifications apportées par la loi du 6 oct. 1791, à l'ordonnance de 1669, sur les délits commis dans les bois des particuliers et des communautés, devant être restreintes aux seuls cas déterminés et prévus par cette loi, le délit de coupe d'arbres *sur pied*, dans une forêt communale, est resté soumis aux dispositions de l'ordonn de 1669. — 31 mars 1809 Cr. c. Forêts C. Spohr. D A. 8. 800, n. D.P. 2. 402, et 9. 2 99.— V. *infrà*, § 3.

892.— Lorsqu'un terrain communal en nature de bois, et reconnu pour tel avant la publication du code forestier, n'a pas encore été considéré comme forêt depuis la publication de ce code, conformément à son art. 90, l'administration forestière n'en a pas moins la surveillance et le droit de poursuivre les délits qui peuvent être commis sur ce terrain, alors surtout que le préfet du département a déclaré, par un arrêté, le maintenir sous le régime forestier. — Ainsi, est nul un jugement qui renvoie des individus, prévenus de délit dans cette forêt, des poursuites de l'administration forestière, sur le motif que cette administration ne prouve pas qu'avant le code forestier, ce terrain était soumis au régime forestier, et que depuis il a été classé au nombre des forêts, conformément à l'art. 90, par l'administration forestière, attendu que, d'après les lois anciennes, les forêts communales étaient de plein droit soumises au régime forestier, et que l'on ne doit pas supposer que le législateur ait laissé un seul instant ces forêts sans surveillance — 14 mai 1830. Cr. c. Forêts C Lannelongue. D.P. 30. 1. 289.

893.— Les landes contigues aux forêts font parties des forêts.—15 mai 1830. Cr. c. Rennes. Forêts C. Tanvel. D P. 30. 1. 261.

894.—L'abattage des arbres de limite et des pieds corniers, — le comblement et la dégradation des fossés, — la destruction des clôtures doivent être punis conformément aux dispositions du code pénal (C. for. 208).— D.A. 8. 804, n. 17, *in fine*.

§ 2.—*Des délits de coupe ou enlèvement d'arbres. —Arrachement de plants.*

895.— La coupe ou l'enlèvement d'arbres en délit dans les forêts donne lieu à des amendes soumises à des proportions réglées sur l'essence et la circonférence de ces arbres. L'art. 192 du code fixe ces proportions; il divise, sous ce rapport, les arbres en deux classes. Et à la suite du code, le législateur a placé un tarif des amendes à prononcer par arbre, d'après sa grosseur et son essence.

896. — L'art. 192 est spécial, et ne s'applique qu'aux coupes ou enlèvemens d'arbres. Ainsi, les tribunaux ne peuvent, sur les poursuites dirigées contre des individus qui auraient occasioné, par imprudence, l'incendie de plusieurs arbres d'une forêt, en allumant du feu à la distance de plus de cent cinquante mètres de cette forêt, arbitrer la grosseur des arbres incendiés, pour fixer l'amende et les dommages-intérêts, et appliquer l'art. 192 C. for., sous prétexte que le procès-verbal n'indique pas cette grosseur. Ils doivent, en ce cas, appliquer l'art. 148 de ce code. — 25 mars 1830. Cr. c. Forêts C. Renucci, etc. D P. 30. 1. 183.

897.— Lorsqu'un ouvrier, des délits duquel l'adjudicataire d'une coupe de bois est responsable, coupe un arbre réservé, le tribunal correctionnel ne peut pas se dispenser de faire l'application des art. 34 et 46 C. for., qui prononcent, quand le délit s'applique à des arbres réservés, une amende du tiers en sus de celle prononcée par l'art. 192 du même code.—11 juin 1829. Cr. c. Forêts C. Alexandre. D.P. 29. 1. 267.

898. — Les calculs du tarif des amendes qui fait partie du code, ont été portées jusqu'à trente-deux décimètres : si un arbre coupé en délit avait plus de trente-deux décimètres de tour, l'amende devrait être calculée de la même manière que dans ce tarif, et s'accroître toujours de cinq ou de dix centimes par chaque décimètre qui excèderait la mesure prévue par le tarif.— D.A. 8. 802, n. 4.

899. — On doit compter les fractions de mètres pour fixer le montant des amendes que la loi détermine d'après la grosseur des arbres abattus (L. 9 flor. an 11, 15 avril 1811, art. 5).— 2 fév. 1816. Cr. r. Noizet. D.P 16. 1. 593.

900.— Mais l'art. 192 C. for., et le tableau dressé en exécution de cet art., doivent servir de règle invariable pour l'application de l'amende. — L'on ne doit pas, en conséquence, l'augmenter à raison des fractions de décimètres, en sus des décimètres qu'ont les arbres coupés en contravention —10 juill. 1829. Cr. r. Forêts C Aubert. D.P. 29. 1. 296.

901.— Lorsque dans un cas où l'amende et l'indemnité ne s'élèvent pas au-dessus de 100 fr., et où les procès-verbaux des gardes-forestiers font foi jusqu'à inscription de faux, aux termes de l'art. 13, tit. 9 de la loi du 29 sept. 1791, un procès verbal constate que dix pieds de hêtre abattus, que les gardes déclarent avoir mesurés en présence du prévenu, forment en tout trois mètres de pourtour, le tribunal correctionnel saisi de la connaissance du délit doit appliquer l'art. 1er du tit. 32, ordonn. 1669, qui fixe l'amende à 50 sous pour chaque pied de tour de hêtre coupé en délit. Ce tribunal ne peut pas considérer les arbres abattus comme ne formant ensemble qu'une charge de bois pour âne, et se borner à prononcer une simple amende de 4 fr., et une restitution de pareille somme, sous le prétexte que les gardes forestiers, au lieu de mesurer la grosseur métrique de chaque pied d'arbres, ne les ont mesurés qu'en bloc.—5 oct. 1822. Cr. c. Forêt C. Pons. D.P. 23. 1. 40.

902.— La circonférence doit être mesurée à un mètre du sol (C. forest. 192, *in fine*).

Si les arbres ont été enlevés et façonnés, le tour en doit être mesuré sous la souche; et si la souche a été également enlevée, le tour est calculé dans la proportion d'un cinquième en sus de la dimension totale des quatre faces de l'arbre équarri. Lorsque l'arbre et la souche ont disparu, l'amende est calculée suivant la grosseur de l'arbre arbitrée par le tribunal d'après les documens du procès (C. forest. 193).

903.— Lorsque les arbres ont été enlevés ou façonnés, il y a lieu à l'application du tarif au délit, quoiqu'on n'en ait point mesuré le tour à un mètre du sol (C. forest. 192 et 193). — 18 juill. 1834. Cr. c. Forêts C. Gagnet. D.P. 34. 1. 448.

904. — Le juge appelé à arbitrer la grosseur d'arbres coupés et enlevés en délit, lorsqu'elle ne peut être établie, ne peut se déclarer incompétent. — 14 mai 1831. Cr. c. Choiseul. D.P 31. 1. 224.

905.— Dans le cas où des arbres ayant été coupés en délit, à six pouces seulement au-dessus du sol, la circonférence de chaque arbre à un mètre au-dessus du sol, n'a pu être constatée par procès-verbal, les juges peuvent entendre des témoins à l'effet d'établir cette circonférence.— 12 sept. 1829. Cr. r. Forêts C. Reyne. D.P. 29. 1. 354.

906.— Mais les tribunaux correctionnels ne peuvent arbitrer la grosseur des arbres coupés en délit, lorsque les souches de ces arbres sont encore existantes, et que la grosseur a été légalement prise (C. forest. 193).— 14 janv. 1830. Cr. c. Forêts. C. Bonnefoi. D.P. 30. 1. 67.

907.— L'art. 193 C. forest. n'étant relatif qu'aux arbres auxquels s'applique le tarif établi par l'art. 192, est inapplicable aux arbres chênes qui, ayant plus de quinze décimètres de tour à un mètre du sol, et sur lesquels la marine avait droit de choix, auraient été coupés sans déclaration préalable. — 12 sept. 1829. Cr. r. Forêts C. Reyne. D.P. 29. 1. 351.

908. — La coupe faite, dans une forêt, de jeunes plants d'une dimension au-dessous du premier degré

admis par la loi dans la fixation qu'elle fait des amendes à raison de la circonférence des arbres enlevés, ne peut cependant être considérée comme un fait de maraudage et donner lieu à la simple application de l'art. 36, tit. 2, loi du 6 oct. 1791. Ce délit est susceptible, pour chaque arbre, de l'amende portée au premier degré du tarif des amendes. — 18 oct. 1822. Cr. c. Forêts C. Dommange. D.A. 8. 805, n. D.P. 2. 406. — 13 avril 1810. Cr. c. Forêts C. Rigaud. D.A. 8. 806, n. D.P. 2. 406. — 28 oct. 1824. Cr. c. Forêts C. Dupont. D.A. 8. 806. D.P. 2. 406.

909.— Celui qui ayant reçu des agens de l'autorité administrative le pouvoir de couper dans une forêt du gouvernement, pour un service public, un arbre de mauvaise essence, en a coupé un de bonne essence, a commis un délit, et ce fait qui lui est imputé ne peut être regardé comme un acte administratif; il doit donc être jugé par les tribunaux, sans autorisation préalable de l'autorité administrative, et il ne peut d'ailleurs, dans ce cas, être censé avoir agi en vertu des actes des agens de l'administration; l'abattement de l'arbre doit être regardé comme le fait d'un homme privé. — 29 frim. an 7. Cr. c. Forêts C. Gaudier. D.A. 8. 767, n. D.P. 2. 591.

910.— L'amende pour coupe ou enlèvement de bois qui n'ont pas deux décimètres de tour, est, pour chaque charretée, de 10 fr. par bête attelée, de 5 fr. par chaque charge de bête de somme et de 2 fr. par fagot, fouée ou charge d'homme. S'il s'agit d'arbres semés ou plantés dans les forêts depuis moins de cinq ans, la peine est d'une amende de 3 fr. par chaque arbre, quelle qu'en soit la grosseur, et d'un emprisonnement de six à quinze jours (C. forest. 194).

911.— L'art. 3, tit. 32 de l'ordonn. de 1669, qui inflige, pour certaines soustractions commises dans les bois, une amende déterminée à raison du nombre de charretées, charges d'hommes, fagots ou fouées, n'est pas applicable au délit consistant dans la coupe et enlèvement des jeunes arbres verts, commis dans une forêt de l'état : ce délit doit être puni par l'application d'une amende, déterminée à raison de la quantité et de la dimension des jeunes coupes. — 29 oct. 1824. Cr. c. Forêts. C. Marande. D.A. 8. 801.— 2 janv. 1806. Cr. c. Forêts C. Letournef D.A. 8. 801, n. 1.— 21 avril 1808. Cr. c. Forêts C. Meissonnier. D.A. 8. 801, n. 1. — 14 déc. 1816. Cr. c. Forêts C. Doisnel. D.A. 8. 801, n. 1.

912 — Est applicable à toutes les productions en *bois* du sol des forêts, et non pas seulement aux arbres, la peine établie par l'art. 194 C. forest., contre la coupe et l'enlèvement des bois ayant moins de deux décimètres de tour; elle s'applique notamment au houx, et l'on dirait en vain que le houx est nuisible aux forêts, qu'en conséquence il ne peut y avoir délit à l'enlever.—5 mars 1830. Pau. Forêts C. Lagoin. D.P. 30. 2. 261.

913.— La coupe ou l'enlèvement de chaque fagot de bois, dans une forêt appartenant à un particulier, étant punissable d'une amende de 2 fr., quel que soit le volume du fagot, les tribunaux ne peuvent, surtout s'ils n'ont d'autre base d'évaluation que les allégations des prévenus, réduire le nombre des fagots coupés ou enlevés, à raison du nombre de charges d'hommes, pour ne condamner les prévenus à l'amende de 2 fr. que pour chaque charge d'homme (C. forest. 194).—20 mars 1828. Cr. c. Min. pub. C Guiraud. D.P. 28. 1. 182 — 15 mars 1832. Cr. c. Brigeot. D.P. 32 1. 209.

914.— Jugé aussi que, pour déterminer ce qui constitue un *fagot*, dans le sens de l'art. 194 C. for., on doit avoir égard au mode employé par les délinquans pour la coupe et l'enlèvement du bois au-dessous de deux décimètres de tour, et non à la quantité de bois coupée et enlevée, et, par exemple, si un procès-verbal a constaté l'enlèvement d'un certain nombre de fagots, il n'est pas permis aux tribunaux de réduire ces fagots, à raison des *charges d'hommes* qu'ils peuvent former, et de ne condamner les délinquans qu'à une amende de 2 fr. par chaque charge d'homme. — 29 janv. 1829. Cr. c. Toulouse. Min. pub. C Guiraud. D.P. 29. 1. 126. — 20 fév. 1829. Grenoble. Forêts C. Bonillat. D.P. 29. 1. 126.

915.—... Que la coupe ou l'enlèvement de deux fagots doit entraîner une amende de 2 fr., pour chacun d'eux, contre le délinquant, bien que les fagots ensemble n'excèdent pas le volume ou le poids d'une charge d'homme (C. forest. 194). — 18 juill. 1834. Cr. c. Nanci. Forêts C. Viant. D.P. 34. 1. 448.

916.— Mais il avait été jugé, en sens contraire, que le mot *fagot* ou charge d'homme dont parle l'art. 194 du C. forest., ne comprend que la quantité de bois qu'une seule personne peut emporter proportionnellement à ses forces physiques.—1er fév. 1834. Nanci. Forêts C. Pichenet. D P. 34. 2. 152.

917.— La circonstance qu'au moment où un délinquant a été surpris, la charge qu'il portait à dos se trouvait divisée en plusieurs fagots, ne donne pas lieu à prononcer contre lui autant d'amendes qu'il y a de fagots dans cette charge, et, en un cas pareil, il ne doit être prononcé qu'une seule amende sans égard à la division de la charge en plusieurs fagots ou parties séparées (C forest. 194).— Même arrêt.

Cette jurisprudence est plus conforme à la lettre de la loi et peut-être aussi à son esprit, qui n'a pas dû tenir moins de compte de la division de la charge d'homme, en fractions plus ou moins nombreuses, que de la mesure plus certaine, résultant de la charge d'homme.— D.P. *eod.*

918.— Un curé qui fait couper des fagots dans un bois appartenant à son église, sur la simple permission de la fabrique, et sans en avoir obtenu l'autorisation de l'administration forestière, ne peut être absous de ce délit, sur le motif que ces fagots ne se composaient que de genièvres et de broussailles (Ord. 1669, tit 24, art. 4; tit. 32, art. 3).— 13 fév. 1812. Cr. c. Forêts C. Bordigoni. D.A. 8. 727, n. 7. D.P. 2. 344.— 22 avril 1813. Cr. c. Forêts C. Rovaldi. D.A. 8. 727. D.P 2. 344.

919.— Le fait, de la part de plusieurs individus, d'avoir été trouvés dans un bois ou une forêt, *coupant avec des serpes du bois pour en faire chacun un fagot*, ne constitue que le délit puni par l'art. 194 C. forest., et non deux délits distincts : savoir, le délit prévu par cet article, et le délit puni d'une peine plus forte par l'art. 146 du même code, délit résultant de la présomption établie par l'art. 144 contre ceux qui sont trouvés dans les bois et forêts, hors des routes ordinaires, avec des serpes, haches, scies ou autres instrumens de cette nature; dès lors, il n'y a lieu qu'à l'application de la peine portée par l'art. 194, et non, selon le vœu de l'art. 365 C. inst. crim., de celle plus forte que l'art 146 C. forest. prononce. — 21 nov. 1828. Cr. r. Forêts C. Pierre. D.P. 29. 1 24.

920 — Toute autre manière d'interpréter l'art. 146 donnerait pour résultat de trouver et punir deux délits là où il n'en existe qu'un, ou de substituer à la juste peine d'un délit connu celle qui n'aurait pour base que la présomption de délits inconnus.

921.— En cas de vol de fagots et fouées, déjà coupés et gisans ou entassés dans la forêt, au moment où ils sont pris, le délit cesse d'être punissable des peines portées dans l'art. 194 C. forest.; il rentre dans l'application de l'art. 388 C. pén. modifié par l'art. 2 de la loi du 25 juin 1824. — Bourguignon, *Jurisp. crim.*, t. 3, p. 406; D.A. *eod.*

922.— Les juges ont les moyens d'une répression efficace contre la coupe de jeunes brins qui ont moins de deux décimètres de tour et dont on fait des harts, des liens, des rouettes et des manches, en fixant des dommages-intérêts considérables.—D.A. 8. 802, n. 6.

923.— L'emprisonnement prononcé par le second paragraphe de l'art. 194 n'est point applicable aux délits prévus par le § 1er de ce même article.—D.A. 8. 802, n. 5.

924.— On ne peut assimiler au délinquant, pour l'application de la peine, l'individu dans le domicile duquel se trouve le bois qui a été coupé dans une forêt communale, lorsqu'il est constaté que cet individu, qui a acheté ces bois ou les a reçus en échange, n'est pas le délinquant lui-même.— 15 mai 1829. Cr. r. Forêts C Humbert. D.P. 29. 1 243.

925.— Les peines contre la coupe ou l'enlèvement d'arbres plantés en pépinière ou en avenue, ou d'arbres épars sur des fonds ruraux, ou d'arbres fruitiers dans des vergers ou des lieux isolés, ou d'arbres plantés sur les places, routes, chemins, rues ou voies publiques, vicinales ou de traverse sont réglées par le code pénal, art. 444 à 448. — D.A. 8. 802, n. 6.

926.— L'exception que le prévenu prétendrait tirer de ce que le terrain où il a coupé un arbre en délit constitue un bois, et que le délit à lui imputé rentre dès lors sous l'application du code forestier, n'offre pas une question de propriété, et peut être jugée par le tribunal saisi de l'action en réparation du délit.— D.A. *eod.*

927.— Celui qui arrache des plants dans les bois et forêts est puni d'une amende de 10 fr. à 300 fr.; et si le délit a été commis dans des semis ou plantations exécutés de main d'homme, il doit être prononcé, en outre, un emprisonnement de quinze jours à un mois (C. forest. 195).

§ 3. — *Arbres éhouppés, écorcés, mutilés, ébranchés.— Enlèvement de chablis et bois de délit.*

928. — Ceux qui, dans les bois et forêts, ont éhouppé, écorcé ou mutilé des arbres, ou qui en ont coupé les principales branches, doivent être punis comme s'ils les avaient abattus par le pied (C. forest. 196).

929. — Ainsi, l'individu qui a écorcé des arbres dans une forêt doit être condamné à une amende calculée sur le nombre et la dimension des arbres qui ont été par lui écorcés. — 13 mai 1808. Cr. c. Forêts C. Bailly. D.A. 8. 806, n. D.P. 2 406.

930.— Faire sauter avec une hache quelques morceaux de bois d'un arbre, est une mutilation qui doit être punie conformément aux art. 192 et 196 C. forest.—25 juin 1830. Cr. c. Forêts C. Bouyé. D.P. 30. 1. 308.

931. — Le fait d'ébranchage commis en délit dans un bois communal doit être puni, quoique le procès-verbal ne constaterait pas la dimension des arbres ébranchés (Ord. de 1669, tit. 22, art. 3). — 27 oct 1815. Cr. c. Forêts C. Bellefonds. D.A 8. 760. D.P. 16. 1. 343. — 27 vend. an 13. Cr. c. int. de la loi C. Antoni. D.A. 8. 761, n. D.P. 5 1. 101.

932 — L'écorchure d'un arbre, par l'essieu d'une voiture, n'est passible d'une peine qu'autant qu'elle serait de nature à faire périr l'arbre; et, dans ce cas, elle constitue un délit qui excède la compétence des tribunaux de simple police. — 29 fév. 1828. Cr. c. int. de la loi. Petit. D.P. 28 1. 164.

933. — L'enlèvement des chablis et bois de délit entraîne les mêmes amendes et restitutions que le fait de les avoir abattus sur pied (C. forest. 197). — D.A. 8. 802, n. 7.

934.— Ainsi, l'individu qui enlève, dans une forêt de l'état, du bois provenant d'un arbre déjà abattu, encourt les mêmes peines que s'il l'avait abattu lui-même : il importe peu que cet arbre ait été cassé par le vent, et que le bois qu'il en retire soit destiné à son chauffage (C. forest. 192, 197 et 198).— 24 sept. 1829. Cr. c. Forêts C. Claude-Pierre. D.P. 29. 1. 359.

935. — Quoique l'administration tolère l'enlèvement à bras ou à hotte de branches ou chicots de bois secs ou pourris abattus par les vents, cependant l'enlèvement de ces bois, dans une forêt de l'état, avec une charrette, constitue un délit (Ord. 1669, tit. 17, art. 2). — 2 oct. 1807. Cr. c. Forêts C. Cornier. D.A. 8. 805. D.P. 2. 405.

936. — Celui qui, suivant procès-verbal régulier et non critiqué, a enlevé, dans une forêt de l'état, une pièce de bois de hêtre coupée en délit, et marquée pour la marine, a commis le délit prévu par l'art. 197 C. forest., quoiqu'il n'aurait pas, lui-même, abattu l'arbre; et il ne peut être soustrait à l'application des peines portées dans les art. 192 et 198, sous le prétexte qu'il ne serait pas constant qu'il eût abattu lui-même l'arbre; par suite, il y a lieu d'annuler le jugement qui se bornerait à appliquer au prévenu l'art. 146, relatif seulement à l'individu trouvé, avec des instrumens tranchans, hors des routes ordinaires des forêts. — 24 sept. 1829. Cr. c. Forêts C. Valence. D.P. 29. 1. 360.

937. — Le fait de s'être approprié, en le façonnant pour son usage, un arbre abattu dans une coupe, constitue le délit d'enlèvement de chablis prévu par l'art. 197 C. forest., et c'est à tort que le prévenu serait acquitté sous le prétexte que ce fait n'est pas prévu par la loi.—15 fev. 1833. Nanci. Forêts C. Christophe. D.P. 34. 2. 218.

938. — Il est permis aux hommes infirmes, aux femmes et enfans des communes riveraines, de ramasser du bois dans les forêts de la couronne (Ord. du 12 oct. 1821). — Baudrillart, *Tr. gén.*; D.A. 8. 802, n. 8.

939. — Les habitans des communes peuvent ramasser et emporter les bois secs et gisans par terre dans les forêts de leurs communes, puisque ces forêts sont soumises au même régime que celles de l'état, dans lesquelles un pareil exercice n'est pas prohibé. — Proud., *Tr. de l'usufr.*, n. 3, 434; D.A. *eod.*—V. *suprà.*

940.— Les chablis et bois de délit, dans les forêts communales, doivent être vendus au profit des communes; mais ils ne peuvent accroître leur affouage, qu'autant qu'ils se trouvent compris dans les coupes affouagères (Déc. min. 21 juin 1820). — Baudrillart, t. 2, p. 856; D A. *eod.*

§ 4.— *Du délit de dépaissance.*

941. — L'art. 199 C. forest. punit le propriétaire

d'animaux *trouvés en délit* dans les bois. Dans quels cas les animaux sont-ils en délit? C'est dans ceux prévus par les art. 70, 78, 110, 120, 147 du même code (V. art. 3, § 13; art. 6, § 5; art. 8, § 2, et art. 10). Les dispositions de l'art. 199 forment le complément de celles qui viennent d'être rappelées, en déterminant des règles générales sur la peine applicable au délit.

942.— Les propriétaires d'animaux trouvés de jour en délit dans les bois de dix ans et au-dessus, sont condamnés à une amende de 1 fr. pour un cochon, 2 fr. pour une bête à laine, 3 fr. pour un cheval ou autre bête de somme, 4 fr. pour une chèvre, 5 fr. pour un bœuf, une vache ou un veau. — L'amende est double si les bois ont moins de dix ans; sans préjudice, s'il y a lieu, des dommages-intérêts (C. forest. 199) —Si le délit a été commis de nuit, la peine est double (art. 201).

943.—... Et le fait d'avoir fait paître des bestiaux dans le vide d'une forêt, constitue le délit prévu et puni par l'art. 199 C. forest., encore bien que ce terrain ait été mis en nature de pré depuis plusieurs années, puis fauché, et qu'il ne soit pas enclavé dans la forêt, si d'ailleurs il en faisait partie. — 16 mars 1833. Cr. c. Forêts C. Berreure. D.P. 33. 1. 369.

944.— Les bêtes asines sont comprises dans le terme générique de *bestiaux*.— En conséquence, l'introduction d'un âne dans un bois de l'état est un délit semblable à l'introduction de tous autres bestiaux, et doit être soumis aux mêmes peines. — 14 oct. 1826. Cr. c. Min. pub. C. Ve Bourgeois. D.P. 27. 1. 31.

945.—L'introduction de bestiaux dans une coupe même pour enlever le bois est passible des peines de l'art. 199 code forest., si elle a lieu sans les formalités prescrites. Le jugement qui ne punit pas cette infraction duement constatée doit être annulé. — 26 mars 1830 Cr. c. Forêts C. Jacquot. D.P. 30. 1. 184.

946. — Jugé de même que l'introduction de bœufs dans une forêt pour en extraire des bois coupés, faite d'une manière différente de celle prescrite par le cahier des charges, constitue le délit prévu par l'art. 199 C for.—Ainsi, le fait d'avoir trouvé un voiturier conduisant des bœufs non muselés et broutant les rejets, lorsque, d'après le cahier des charges, on ne pouvait introduire dans la forêt des bêtes à cornes, sans être muselées, est un délit punissable des peines de l'art. 199 c. forest.— 15 mars 1833. Cr. c. Forêts C. Moille. D.P. 33. 1. 372.

947.— Le propriétaire de bestiaux trouvés dans une forêt passant en un lieu qui ne lui avait pas été désigné à cette fin, est passible de la peine attachée au fait de l'introduction illégale de bestiaux dans un bois, alors même qu'il prétendrait que le lieu où les bestiaux ont été vus était celui de leur passage habituel pour aller à un paturage qui lui appartient; c'était à lui de provoquer la désignation d'un chemin.— 7 déc. 1810. Cr. c. Forêts C. Ellena. D.A. 8. 805, n. D.P. 2. 406.

948.— Il avait même été jugé que pour que l'abandon de bestiaux (et, par exemple, de quatre ânes) dans un bois donne lieu à l'application des peines de l'art. 10, tit. 32 de l'ord. de 1669, il n'est pas nécessaire que le procès-verbal constate qu'ils ont été trouvés en délit, ou hors des lieux et chemins désignés : le seul fait de l'introduction de ces bestiaux dans la forêt, par un individu qui n'avait pas le droit de les y envoyer, constitue un délit.— 1er therm. an 12. Cr. c. Forêts C. Raffoneau. D.A. 8. 776, n D.P. 2. 382.

949.— La seule introduction de bestiaux dans un bois appartenant à une commune et non déclaré défensable, est un délit susceptible des peines portées par les art. 8 et 10, tit. 32 de l'ordonnance de 1669, et indépendantes du dommage causé.— La circonstance que les bestiaux étaient attelés à une charrette n'enlève pas au fait son caractère de délit; les tribunaux ne peuvent pas non plus renvoyer le prévenu, sous prétexte que le procès-verbal n'indique aucune forêt où un délit aurait été commis, lorsqu'il constate l'introduction de deux chevaux dans un bois non déclaré défensable.— 19 fév. 1825. Cr. c. Forêts C. Burlereaux. D.P. 25. 1. 214.

950.— Sous l'ord. de 1669, il suffisait que l'administration n'eût pas déclaré, chaque année, au mois de février, une forêt *défensable*, pour qu'il y eût interdiction, et, par suite, délit, d'y faire paître des bestiaux (Ord. 1669, tit. 19, art. 1er, 3, 4; C. forest. 176, 199). — 6 août 1829. Cr. c. Forêts C. Peyon. D.P. 29 1. 324.

951.— Le code forestier n'ayant été publié que le 31 juill. 1827, toutes les mesures de défensabilité,

pour cette année, ont été régies par l'ord. de 1669. —Même arrêt.

952.— Un usager, dont le pâtre a introduit les cochons dans un bois non déclaré défensable, doit être puni des peines portées par l'art. 199 C. forest., et non des peines portées contre le pâtre d'une commune, dont parle l'art. 76 du même code, c'est-à-dire qu'il doit être puni d'une amende par tête de cochon, et non de l'amende simple de 3 fr.— 8 mai 1830 Cr. c. Forêts C. Renaud. D.P. 30. 1. 260.

953.— Le fait d'introduction de brebis, moutons ou chèvres dans les bois appartenant à une commune, prévu par l'art. 110 C. forest., constitue le délit réprimé par l'art 199 du même code, sans qu'il soit permis de distinguer le cas où le propriétaire à autorisé cette introduction, de celui où elle a lieu eu à son insu.— 10 oct. 1828. Cr. c. Forêts C. Liottier. D.P. 28. 1. 430.

954.— Ainsi, on ne peut excuser un propriétaire dont les chèvres, brebis et moutons auraient été trouvés en délit dans une forêt communale, sous le prétexte qu'il n'était pas prouvé qu'il eût permis que ces troupeaux fussent introduits dans cette forêt (C. forest. 78, 110, 199, 202, 206).— 29 mai 1829. Cr. c. Forêts C. Bernaud D P. 29. 1. 257.

955.—... Et il y a lieu d'annuler le jugement qui, sur ce motif, se borne à prononcer contre le pâtre ou berger l'amende de 15 fr., sans infliger au propriétaire ni l'amende établie par l'art. 199, par chaque tête de bétail, ni dommages-intérêts, ni responsabilité civile pour les frais et dépens. — 10 oct. 1828. Cr. c. Forêts C. Liottier. D.P. 28. 1. 430.— 15 mars 1832. Cr. c. Brigeot. D.P. 32. 1. 209.

956.— Jugé aussi que le code forestier punit les délits de dépaissance dans les forêts de deux espèces de peine : l'une, invariable contre le pâtre, et qui consiste en une amende de 15 fr. dont le maître est responsable; l'autre variable, contre le propriétaire, et déterminée d'après le nombre des bestiaux trouvées en délit, et cela sans distinguer si ce dernier a participé ou non au délit (C. forest. 78, 199, 206). — 26 fév. 1829. Grenoble. Forêts C. Payen. D.P. 29. 2. 116.

957. — On ne peut se dispenser d'appliquer l'art. 199 C. forest. à celui dont les chèvres ont été trouvées paissant dans une forêt communale, sous le prétexte que les chèvres sont nécessaires pour la conduite des troupeaux (C. forest. 78, 110, 129).— 16 mars 1833. Cr. c. Aix. Forêts C. Daumas. D.P. 33. 1. 206.

958. — Les bois qui appartiennent aux églises étant soumis au régime forestier, et les curés n'ayant sur les bois qui dépendent de leurs cures qu'un droit d'usufruit, ne peuvent, ainsi que tous usufruitiers, y faire pâturer des chèvres, sans se rendre passibles des peines portées par l'art. 13, tit. 19 de l'ordonnance de 1669. — 4 avril 1811. Cr. c. Forêts C. Biagini. D.A. 8. 727, n. D.P. 2. 344.

959. — Le particulier qui a pris à bail un terrain dans une forêt de l'état, à charge de le défricher et de l'ensemencer, à la fin de son bail, en bois d'une certaine essence, n'a pas le droit d'en livrer une partie à la dépaissance de ses moutons, quoiqu'il lui ait été permis de le cultiver de la manière qu'il jugerait convenable.— 21 sept. 1820. Cr. c. Forêts C. Patry. D.A. 8. 724. D.P. 2. 343.

960. — De même, le particulier qui s'est engagé à ensemencer en bois une portion de terrain, devenue partie intégrante d'une forêt de l'état, et a obtenu l'autorisation d'y semer, pour une année, des céréales avec des graines forestières, ne peut, durant ce temps, livrer ce terrain à la paissance de ses bêtes à laine, sans encourir les peines prononcées pour les faits de dépaissance commis en délits.—16 mars 1822. Cr. c. Forêts C. Fort. D.A. 8. 724, n. D.P. 2. 343, n.— 16 mars 1822. Cr. c. Forêts C. Delourée. D.A. 8. 725. D.P. 2. 343. — 16 mars 1822. Cr. c. Forêts C. Barraud. D.A. 8. 725. D.P. 2. 343.

961. — La contravention à l'article du cahier des charges d'adjudication d'une coupe de bois, qui défend d'introduire, pour la vidange de la coupe, des animaux non muselés, est passible des peines portées en l'art. 199 C. forest., encore bien que cette introduction serait faite par des individus non adjudicataires, et qu'il serait déclaré qu'ils n'ont pu avoir connaissance du cahier des charges.— En un tel cas, ces individus seraient en contravention à la disposition générale de l'art. 199 C. forest. — 16 mai 1834. Cr. c. Forêts C. Gallien. D.P. 34. 1. 359.

Cette décision rentre dans l'esprit de la loi et d'une jurisprudence constante. Toutefois, si l'introduction avait été faite par des agens de l'adjudicataire, il serait bien rigoureux de les punir personnellement. La responsabilité civile du maître devrait

certainement les couvrir.— D.A. 8, 736.

962.— L'art. 199 C. forest. inflige les peines qu'il prononce aux propriétaires des animaux trouvés en délit. Cependant le propriétaire peut n'être pas le véritable délinquant; il ne peut dès lors être directement condamné au paiement de l'amende et supporter la peine d'un délit que d'autres ont commis; l'amende est une peine personnelle qui ne peut frapper que le contrevenant, sauf la responsabilité civile qui doit être prononcée contre le propriétaire (C. forest. 206).— D.A. 8. 803, n. 13.

963. — La loi ne fait aucune distinction entre la garde faite et l'abandon de bestiaux dans les bois.— D.A. 8. 803, n. 14.

964.— Le propriétaire de bestiaux trouvés en délit peut être poursuivi directement, non seulement au cas où ces bestiaux ont été trouvés gardés *par lui* ou *sans gardien*, mais encore au cas où ils étaient gardés par un berger; et il prétendrait en vain que ce dernier serait seul passible de l'amende, et que, quant à lui, il ne pourrait être poursuivi que par action en responsabilité civile (C. forest. 199). — 3 nov. 1832. Cr. c. Forêts C. Peyrou. D.P. 33. 1. 174

965.—L'amende est double si les forêts ont moins de dix ans (C. forest. 199). Jugé, avant le code, que l'aggravation de peine établie contre la dépaissance dans les bois qui n'ont pas acquis un âge déterminé, s'applique aux faits de pâturage commis dans les bois qui n'ont pas encore été coupés, comme à ceux qui ont été commis dans des bois qui, ayant été déjà mis en coupe, renaissent de leurs souches et de leurs racines.— 13 juin 1823. Cr. c. Forêts C. Héron. D.A. 8. 806. D.P 23. 1. 314.

Sur l'aggravation des peines, V. *infrà*, art. 16.

ART. 15. — *Des condamnations en matière forestière.*

966. — Plusieurs condamnations distinctes sont encourues par les délinquans en matière forestière : 1° l'amende ou l'emprisonnement ; 2° la restitution des objets enlevés, ou le paiement de leur valeur; 3° les dommages-intérêts; 4° enfin, la confiscation. — D.A. 8. 803, n. 9.

967. — Les restitutions et dommages-intérêts appartiennent aux propriétaires, les amendes et confiscations à l'état (C. forest. 204).

968. — Les peines prononcées par le code forestier sont indépendantes de celles du code pénal, contre les délits des fonctionnaires ou agens, et contre les particuliers pour tentative de corruption (C. pén. 207).

969. — Un tribunal peut prononcer la peine applicable à un délit forestier, quoique cette peine ne soit pas celle que l'agent forestier poursuivant le délit l'avait requis de prononcer. — 22 mars 1810. Cr. c. Forêts C. Eichholzer. D.A. 8. 784, n. D.P. 2. 389.

970. — L'individu coupable de deux délits forestiers doit être condamné aux peines portées contre chacun de ces délits. Ainsi, l'introduction de bestiaux dans une forêt de l'état et l'enlèvement d'herbages constituant deux délits, punis chacun d'une peine particulière, il y a lieu d'annuler le jugement qui, reconnaissant qu'un individu a introduit un âne dans une forêt de l'état, et y a en outre coupé des herbages, ne l'a condamné qu'aux peines infligées à ce dernier délit. — 14 oct. 1826. Cr. c. Min. pub. C. Prévôt. D.P. 27. 1. 51.

971. — Il doit être prononcé autant d'amendes qu'il y a de co-délinquans en matière de délits forestiers (Ord. 1669, tit. 32, art. 12). — 7 janv. 1814. Cr. c. Angers Forêts C. Lorieux. D.A. 1. 398. D.P. 1. 123. — 18 oct. 1822. Cr. c. Thiébault. D.A. 1. 398. D.P. 1. 123.

972. — Il a été question de l'amende et de l'emprisonnement à l'occasion des différens délits qui entraînent l'application de ces peines; il ne sera traité ici que des autres condamnations.

973. — 1° *Des restitutions d'objets enlevés.* — Dans les cas d'enlèvement frauduleux de bois et d'autres productions du sol des forêts, il y a toujours lieu, outre les amendes, à la restitution des objets enlevés ou de leur valeur (C. forest. 198)

974. — La fixation de cette valeur doit être faite par les juges d'après les documens du procès. Ils peuvent ordonner une vérification par experts, si les circonstances de la cause ne leur fournissent pas les moyens de prononcer avec certitude sur cette appréciation; mais ils doivent, autant que possible, ne pas en ordonner, parce que, dispendieuses pour le propriétaire, elles laissent aux délinquans le moyen d'éviter leur punition. — D.A. 8. 803, n. 10.

975. — Une restitution égale à l'amende doit être prononcée pour les délits dont l'amende est fixée à

ant le pied de tour, comme pour tous autres délits forestiers (Ord. de 1669, art. 8, tit. 32). — 22 therm. an 12. Cr. c. Forêts C. Hermant. D.A. 8. 808. D.P. 4. 1. 568.

976. — Elle est due pour les délits non punis d'une amende au pied de tour. — 19 nov. 1807. Cr. c. D.P. 9. 2. 75.

977. — Ainsi, elle est encourue par la contravention à la défense que fait l'art. 12 du tit. 27 de l'ord. de 1669, de faire de la chaux dans les forêts, ou d'en enlever des sables, des marnes ou des terres quelconques, sans une permission expresse et préalable du gouvernement. — 24 fév. 1809. Cr. c. Forêts C. Lammesch. D.A. 8. 808, n. D.P. 9. 2. 75.

978. — Cette interprétation de l'art. 12 est tout-à-fait conforme au vœu du législateur ; car il est bien sensible que des enlevemens de terres pareils à ceux signalés dans l'espèce ne peuvent jamais s'effectuer sans détruire les grains et les jeunes plants destinés à la reproduction des bois.

979. — L'art. 8, tit. 32, de l'ordonn. de 1669, qui ajoute à la peine infligée pour délit forestier l'obligation de réparer le dommage civil par une restitution égale à l'amende, s'applique à tous les délits de quelque nature qu'ils soient. La généralité de son expression et la place du tit. 32, qui est le dernier dans l'ordonnance, prouve suffisamment qu'il se réfère à toutes les dispositions précédentes. — 7 avril 1809. Cr. c. Jalu. S. 10. 1. 355.

980. — Elle doit être prononcée lors même qu'elle n'aurait pas été l'objet formel des conclusions de la l'aurait partie poursuivante. — 28 janv. 1808. Cr. c. Forêts C. Bezard. D.A. 8. 808, n. D.P. 2. 407, et 9. 2. 73.

981. — ...Ou que l'administration forestière ne l'aurait pas demandée et que le ministère public ne l'aurait point requise. — 28 janv. 1809. Cr. c. D.P. 9. 2. 101.

982. — De même, la restitution des objets enlevés en fraude dans les forêts des particuliers, ou la restitution de leur valeur, doit toujours être ordonnée au profit des propriétaires, qu'ils soient en cause ou qu'ils n'y soient pas; en conséquence, le ministère public ne peut se faire un moyen de cassation de ce qu'une telle restitution aurait été ordonnée au profit d'un propriétaire qui n'était pas en cause et ne la demandait pas (C. forest. 198). — 24 mai 1832. Cr, r. Vaussy. D.P. 32 1. 346.

983. — Il n'y a pas lieu de prononcer la restitution en nature des bois coupés en délit, lorsque la restitution d'une somme égale à leur valeur a été ordonnée. — 15 frim. an 14. Cr. r. Min. pub. C. D'Hubert. D.A. 8. 807. D.P. 6. 2. 36.

984. — La restitution égale à l'amende que prononce l'art. 8, tit. 32, ordonn. de 1669, est applicable aux délits de dépaissance comme à tous autres délits forestiers. — 31 déc. 1824. Cr. c. Forêts C. Pebarat. D.A. 8. 808. D.P. 2. 407. — 13 nov. 1812. Cr. c. Forêts C. Kammeyer. D.A. 8. 808, n. D.P. 2. 407. — 14 août 1813. Sect. réun. c. Forêts C. Kammeyer. D.A. 8. 808, n. D.P. 2. 407. — 23 oct. 1817. Cr. c. Forêts C. Salomon. D.A. 8. 808, n. D.P. 2. 407.

985. — Dans tous les cas où les ventes et adjudications sont déclarées nulles pour cause de fraude ou collusion, l'acquéreur ou adjudicataire, indépendamment des amendes et dommages-intérêts, doit être condamné à restituer les bois déjà exploités, ou à en payer la valeur sur le pied du prix d'adjudication ou de vente (C. forest. 205).

986. — 2° *Dommages-intérêts.* — Des dommages-intérêts peuvent, suivant les circonstances, être prononcés contre les individus qui ont enlevé des bois en délit (C. forest. 198), contre les propriétaires d'animaux trouvés de jour en délit dans les bois et forêts (C. forest. 199), et dans un grand nombre d'autres cas où le délit porte préjudice.

987. — D'après l'art. 51 C. pén., il est toujours dû des indemnités quand il y a lieu à restitution; mais cette disposition n'est pas applicable aux délits forestiers. — D.A. 8. 803, n. 11.

988. — Ainsi, en matière de délit forestier, les tribunaux peuvent condamner ou non à des dommages-intérêts les délinquans, suivant les circonstances. — 20 mars 1830. Cr. c. Henry. D.P. 30. 1. 175.

989. — Dans tous les cas où il y a lieu à adjuger des dommages-intérêts, ils ne peuvent être inférieurs à l'amende simple prononcée par le jugement (C. for. 202).

990. — Ainsi, lorsqu'il y a eu dépaissance en délit, dans un bois âgé de moins de dix ans, l'arrêt qui a pris pour règle de dommages-intérêts l'amende contre la dépaissance dans un bois de plus de dix ans, est susceptible d'être cassé (C. for. 147, 199, 200, 201 et 202). — 16 fév. 1832. Cr. c. Forêts C. Marache. D.P. 33. 1. 40.

991. — On ne peut allouer des dommages-intérêts moindres que l'amende simple dont un délit forestier est passible, quand même les conclusions ne les porteraient pas jusque là (C for. 202). — 17 mai 1834. Cr. c. Forêts C. Siegrist. D.P. 34. 1. 447.

992. — L'administration forestière peut appeler d'un jugement, bien qu'il ait adopté ses conclusions, si les dommages-intérêts par elle réclamés n'avaient pas même été portés au minimum fixé par la loi, et elle peut, sur l'appel, augmenter ses conclusions. — Même arrêt.

993. — 3° *Confiscation.* — Les scies, haches, serpes, cognées et autres instrumens de même nature dont les délinquans et leurs complices sont trouvés munis, doivent être confisqués (C. for. 198).

994. — Lorsque ces instrumens ne sont pas représentés, faute d'avoir été saisis ou d'être rapportés par le délinquant, celui-ci ne peut être condamné à en payer la valeur ; la loi est muette sur ce point, et les tribunaux ne peuvent rien y ajouter. Il n'en est pas ici comme en matière de délit de chasse, où le décret du 4 mai 1812 oblige le délinquant à payer l'arme qu'il ne représente pas. — D.A. 8. 803, n. 12.

995. — Jugé, en ce sens, que la confiscation des scies, haches et autres instrumens, ne peut être convertie en une condamnation pécuniaire (art. 9, tit. 32, ordonn. 1669). — Cette conversion n'a lieu que pour les cas où les bestiaux trouvés en délit n'ont pu être saisis (art. 10). — 30 janv. 1833. Trib. correct. d'Yvetot. Forêts C. Révérend. D.P. 34. 3. 41.

996. — Jugé, en sens contraire, que dans le cas où un délit entraîne la peine de la confiscation, le tribunal qui en prononce la condamnation peut, si l'objet auquel elle s'applique n'est pas représenté, fixer une somme sous la contrainte de laquelle le condamné sera obligé à cette représentation. — 22 fév. 1822. Cr. r. Marie. D.A. 8. 771, n. D.P. 2. 377.

997. — A supposer qu'on puisse prononcer, non seulement contre les délinquans individuellement, mais encore contre une commune, la confiscation d'arbres qui ont été induement coupés et partagés par des usagers, cependant si les noms des délinquans ne sont pas désignés dans le procès-verbal, et s'ils ne sont pas mis en cause, il n'y a lieu à statuer sur l'action dirigée par l'administration forestière, contre le maire et l'adjudicataire, à l'effet de faire prononcer la confiscation des bois abattus (C. for. 81). — 24 sept. 1830. Cr. r. Forêts C. Finance. D.P. 30. 1. 372.

998. — La confiscation étant placée au nombre des peines correctionnelles par l'art. 11 C. pén., et les tribunaux correctionnels pouvant connaître de tous les délits forestiers, un tribunal correctionnel n'excède point les bornes de sa compétence en statuant sur la confiscation en vertu de l'ordonn. de 1669, quant aux loges conservées au-delà du temps de la vidange. — 21 fév. 1828. Cr. c. Caen. Min. pub. James. D.P. 28. 1. 143.

ART. 16. — *Des aggravations de peines.*

999. — Dans le cas de récidive, la peine doit être toujours doublée. — Il y a récidive lorsque, dans les douze mois précédens, il a été rendu contre le délinquant ou contrevenant un premier jugement pour délit ou contravention en matière forestière (C. for 200).

1000. — Les peines doivent être doublées lorsque les délinquans ont fait usage de la scie pour couper les arbres sur pied (C. for. 201).

1001. — Il suffit qu'un délit forestier ait été commis avec l'emploi de *la scie*, pour qu'il y ait lieu par cette seule circonstance d'en *doubler* la peine : la loi n'exige pas qu'à cette circonstances se joigne celle de *la nuit* (Ord. de 1669, art. 5, tit 32). — 7 fév. 1824. Cr. c. Forêts C. Ferry. D.A. 8. 806, n. D P. 2. 407. — L'art 201 C. for. renouvelle la disposition de l'art. 5, tit. 32 de l'ord. de 1669.

1002. — Le détenteur d'un arbre coupé en délit dans une forêt, et reconnu, par procès-verbal non attaqué en faux, avoir été scié, est passible de la double amende, aux termes des art. 192 et 201 C. for., quoiqu'il n'ait pas été vu sciant lui-même l'arbre, et il y a lieu d'annuler le jugement qui n'a prononcé contre ce détenteur qu'une simple amende. — 10 déc. 1829. Cr. c. Forêts C. Robert. D.P. 30. 1. 19.

1003. — Les peines doivent être doublées, lorsque les délits ou contraventions ont été commis la nuit (C. for. 201).

1004. — Ainsi, un délit que le procès-verbal constate avoir été commis le 11 décembre, à six heures du soir, doit être puni d'une amende double, puisqu'alors le soleil était couché (Ord. 1669, tit 32, art. 5). — 28 mai 1812. Cr. c. Forêts C. Petillat. D.A. 8. 806, n D.P. 2. 407.

1005. — L'amende doit être doublée au cas où le délit de dépaissance a été commis dans une forêt appartenant à la commune dont le délinquant est membre et habitant (C. for. 78, 112). — 26 fév. 1829. Grenoble. Forêts C. Payen. D.P. 29. 2. 116.

1006. — L'amende prononcée contre les propriétaires d'animaux trouvés en délit de pâturage dans les bois, doit être doublée à raison de chacune des circonstances aggravantes qui accompagnent le délit, en ce sens, cependant, que le doublement de l'amende ne doit s'entendre que du doublement de l'amende simple, et non de celui d'une amende déjà doublée, en cas de concours de plusieurs circonstances aggravantes (C. for. 199 et 201) — 5 mai 1829. Orléans. Duc d'Orléans. D.P. 29. 2. 215.

1007. — L'amende en cas de dépaissance de bêtes à cornes dans un bois au-dessous de dix ans, quoique du double de celle pour dépaissance dans un bois au-dessus de dix ans, est néanmoins, pour ce délit, une amende simple..... En conséquence, dans le cas où ce délit se trouve aggravé par la circonstance de la nuit, on doit appliquer le double de cette dernière amende, c'est à-dire de l'amende déjà doublée une première fois. — 19 avril 1833. Cr. c. Forêts C. Emeloy. D.P. 33. 1. 371.

1008. — L'amende, lorsque des chevaux sont trouvés paissant dans des bois âgés de plus de dix ans, est de trois francs par cheval ; mais, lorsque la dépaissance est prouvée dans des bois qui n'ont pas atteint cet âge, l'amende devient double; et si ce délit est commis la nuit, cette circonstance emporte encore le doublement des peines, de telle sorte que l'amende pour quatre chevaux est de 48 fr.

..... Et les dommages-intérêts qui, en vertu de l'art. 202 C. for., doivent être au moins égaux à l'amende simple, n'ont pu, dans un tel cas, être inférieurs à 24 fr. (C. for. 199 et 201). — 1er fév. 1834. Cr. c. Forêts C. Wenger. D.P. 34. 1. 183.

ART. 17. — *Des excuses, de la remise ou modération de la peine.*

1009. — En cette matière, on punit le fait, sans égard à l'erreur ou à la bonne foi. — 10 août 1833. Cr. r. Bourges. Milhiet. D.P. 33. 1. 335.

1010. — Ainsi, l'introduction de bestiaux dans des bois non défensables, ne peut être excusée sous le prétexte de la bonne foi des prévenus (C. for. 203). — 2 mai 1833. Cr. c. Forêts C. d'Escragnolles. D.P. 33. 1. 252.

1011. — Il suffit qu'il soit constaté que le fermier, auteur d'une coupe illégale, n'a pu se méprendre sur l'étendue de ses droits, pour qu'il ait dû être réputé de mauvaise foi. — 10 août 1833. Cr. r. Milhiet. D.P. 33. 1. 335.

1012. — L'intention ne peut non plus servir de prétexte à une excuse. Ainsi, l'ouvrier (charpentier) qui a été préposé par l'administration dans une forêt, afin d'y couper des bois marqués pour le service du gouvernement, commet un délit, s'il en coupe qui n'aient pas été marqués : il ne peut être excusé sur ce qu'il aurait déclaré que son intention était de donner à ces arbres un emploi utile. — 6 fév. 1807. Cr. c. Forêts C. Tortarolo. D.A. 8. 887, n. D.P. 2. 391.

1013. — Le défaut de dommage causé ne peut excuser un délit forestier. Ainsi jugé que les tribunaux ne peuvent remettre la peine encourue par celui qui a coupé ou arraché des souches mortes dans une forêt, sur le motif qu'il n'a causé aucun préjudice à cette forêt. — 24 oct. 1806. Cr. c. Forêts C. Moulin. D.A. 8. 801, n. D.P. 2. 402.

1014. — ... Que des châtaigniers, plantés de main d'homme sur le terrain dépendant d'une église, sont soumis au régime forestier; qu'ainsi, celui qui en a coupé ne peut être déchargé de ce délit, sur le motif qu'il ne s'agit pas là d'un bois, et que les arbres par lui enlevés étaient, les uns pourris, et les autres brisés par le vent. — 13 déc. 1811. Cr. c. Forêts C. Gasparini. D.A. 8. 726, n. D.P. 12. 1. 294.

1015. — ... Que celui qui a fait pâturer ses bestiaux dans une forêt non défensable, ne peut être excusé sur le motif que cette forêt était en exploitation, et qu'ainsi il n'y a pas eu dommage. — 30 oct. 1806. Cr. c. Forêts C. Dubois. D.A. 8. 805, n. D.P. 2. 406.

1016. — ... Que le fait seul du pacage dans un bois, supposant nécessairement un dommage causé, les tribunaux ne peuvent se dispenser de condamner le délinquant, outre l'amende, à des dommages-intérêts, sous prétexte que le procès-verbal n'indique aucun préjudice souffert: qu'il n'apparaît pas et qu'il n'est pas articulé qu'il en a été commis (C. forest. 199, 202). — 19 avril 1828. Orléans. Forêts C. N... D.P. 28. 2. 115.

1017. — ... Qu'il suffit qu'un arbre, essence chêne, ayant plus de quinze centimètres de circonférence, ait été abattu sans autorisation, pour que le prévenu ne puisse être renvoyé de la poursuite, sous le prétexte

que l'arbre abattu ne serait bon que pour le feu. — 24 déc 1829. Cr. c. Forêts C. Buzy. D.P. 30. 1.34.

1018. — Il n'appartient pas aux tribunaux de décider si les coupes qu'un fermier du domaine national fait par anticipation dans les bois compris dans son bail, sont utiles ou préjudiciables au domaine. — 13 déc. 1810. Cr. c. Forêts C. Borghi. D.A. 1. 413. D.P. 1. 133.

1019.— Le particulier qui a abattu, sans autorisation, un arbre qu'on soutenait avoir été épars, ne peut être exempté de la peine, sur le motif qu'il *paraît* que cet arbre était dans un enclos joignant la maison du prévenu ; il faudrait une déclaration formelle sur ce point, pour que le prévenu pût jouir de l'exception établie dans le § 3 de l'art. 124 C. forest. — 24 déc. 1829. Cr. c. Forêts C. Buzy. D.P. 30. 1. 34.

1020.— La contravention résultant du fait d'avoir établi un four à chaux temporaire, à moins d'un kilomètre d'un bois, ne peut être excusée, sous le prétexte que ce four à chaux était séparé du bois par des terres nues et des propriétés particulières ; que ce bois n'était qu'un mauvais taillis, et que la loi ne concerne que les fours permanens (C. forest. 151). — 1er mai 1830. Cr. c. Forêts C. Lachenal. D.P. 30. 1. 299.

1021.—Le voiturier qui s'est écarté du chemin qui lui avait été indiqué pour enlever des pierres d'une carrière, dans une forêt royale, ne peut être excusé sous le prétexte que le chemin indiqué serait impraticable : en un tel cas, il aurait dû se pourvoir devant l'autorité forestière pour en obtenir un autre. — 23 mai 1833. Cr. c. Forêts C. Roty. D.P. 33. 1. 293.

1022. — Lorsqu'après s'être pourvu devant le ministre des finances à l'effet d'obtenir une modération, un particulier condamné pour délit forestier a été contraint à payer la totalité de la condamnation avant qu'il ait été statué sur son pourvoi, et que, postérieurement au paiement, il est intervenu une décision portant remise d'une partie de cette condamnation, il y a lieu de restituer ce qui se trouve avoir été payé de trop, puisqu'autrement on encouragerait l'inexécution des jugemens ; mais le paiement ayant été fait régulièrement et les sommes étant entrées dans les caisses du trésor, cette restitution ne peut s'effectuer qu'en vertu d'une nouvelle décision qui l'ordonne (Déc. min. du 15 fév. 1826 ; *Journ. de l'enreg.*, n. 8, 506, et 8, 563).— D.A. 8. 803, n. 15.

1023.— Le jugement qui condamne un délinquant à l'amende qu'il a encourue n'est pas nul, lors même que le ministre des finances l'aurait, précédemment, réduite, et qu'elle aurait été payée, si le tribunal a ajouté, *sauf au demandeur à faire valoir la réduction prononcée par le ministre des finances.* —20 mars 1830. Cr. c. Henry. D.P. 30. 1. 175.

1024.— Il n'appartient qu'à l'administration de modérer ou de remettre les amendes prononcées par les tribunaux; de prendre en considération les motifs d'excuse que peuvent à juste titre invoquer les délinquans.— D.A. 8. 803, n. 15.

1025.—Ainsi, l'administration seule peut modérer ou remettre les amendes applicables aux délits forestiers pour cause de bonne foi.—7 sept. 1833. Cr. c. Forêts C. Gaumier. D.P. 33. 1. 362.— 8 mars 1834. Ch. réun. Min. pub. C. Vignon. D.P. 34. 1. 186.

1026.— Jugé de même que les tribunaux correctionnels ne peuvent pas modérer les amendes encourues pour délits forestiers, ni encore moins dispenser les prévenus du paiement des amendes, lorsque le délit est constant, encore qu'ils jugeraient que le délit commis l'a été sans intention de le commettre, et qu'il n'a été que le résultat d'une erreur. — Ainsi, ne peut être dispensé de l'amende l'adjudicataire de cent pièces de sapins marquées, qui a coupé seulement cent pièces, mais qui en a coupé une qui n'était pas marquée, et qu'il avait cependant cru être marquée, à cause d'un entaillement qui y avait été fait.— 1er mai 1829. Cr. c. Forêts C. Desirat. D.P. 29. 1. 234.

1027.— Décidé déjà, sous l'ancienne législation, que des individus qui, se croyant propriétaires d'un bois en vertu d'un contrat de vente à eux consenti en 1793 par un émigré, et lorsque la loi du 8 avril 1792 déclarait nulles toutes dispositions de propriété, d'usufruit, etc., faites par des émigrés, ont coupé des arbres dans ce bois, se sont rendus coupables d'un délit punissable d'amende. Dès lors le tribunal saisi de la connaissance du délit, qui a reconnu et prononcé la nullité de l'acte de vente, n'a pu se dispenser de condamner les délinquans à l'amende encourue, par le motif qu'ils étaient de bonne foi.— 23 mess. an 2 Civ. c. Min. pub. C. Brière. D.A. 1. 409. D.P. 1. 129.

1028.— En matière de délits forestiers, les juges ne peuvent, sous aucun prétexte, remettre ou modérer les peines légales.— 12 brum. an 11. Cr. c. Min. pub. C. Verdun. D.A. 1. 404. D.P. 1. 126.— 13 brum. an 11. Cr. c. Min. pub. C Boisnard. D.A. 1. 405. D.P. 3. 1. 557.—11 juill. 1817. Cr. c. Min. pub. C. Ducerveau. D.A. 1. 404. D.P. 1. 127.

1029.—Dans la ci-devant principauté de Château-Regnauld, le décret du 30 frim. an 13 a anéanti l'arrêt du conseil de 1760, qui permettait aux juges de modérer les peines en matière de délits forestiers (Ord. 1669, art. 10, tit. 32 ; décr. 30 frim. an 13.— 26 déc. 1806. Cr. c. Forêts C. Piquart. D.A. 1. 407. D.P. 1. 127.

1030.— Une transaction passée entre un seigneur et les habitans d'une commune, par laquelle les amendes prononcées au profit de ce seigneur par ses juges peuvent être modérées, ne peut lier les juges chargés de prononcer ces amendes au profit du trésor public (Ord. 1669, tit. 32, art. 10).— 26 déc. 1806. Cr. c. Forêts C. Lambert. D.A. 1. 408. D.P. 1. 128.

1031.— Jugé, toujours d'après le même principe, que l'avis du conseil d'état du 18 brum. an 14, qui permet aux juges de modérer les amendes suivant les réglemens forestiers particuliers auxquels on doit se conformer dans chaque localité, n'établit pas en principe général que les tribunaux sont autorisés à modérer ces amendes (Ord. 1669, art. 10 et 14, tit. 32).— 18 brum. an 14. Avis du cons. d'état. D.A. 8. 763.— 18 mai 1809 Cr. c. Forêts C. Duthu. D.A. 1. 406. D.P. 9. 1. 195.

1032.— Jugé de même que les tribunaux ne peuvent réduire l'amende encourue par suite de la coupe, en délit, d'arbres marqués par l'administration, sous le prétexte que, pour satisfaire aux besoins nécessités par le séjour des armées ennemies, les habitans ayant été obligés de faire des coupes, leurs maires n'ont pu les surveiller dans ces opérations.— 5 mai 1815. Cr. c. Forêts C. Comm. de Gevrey. D.A. 8. 809. D.P. 1. 427.

1033.—... Qu'un arrêté administratif qui autorise à mener paître des bestiaux dans un bois, ne peut pas dispenser les tribunaux de prononcer l'amende portée dans une loi non abrogée (Ord. 1669, tit. 19, art. 13).— 24 mai 1821. Cr. c. Nîmes. Forêts C. Imbert D.A. 1. 408. D.P. 1. 128.

1034.—... Que les juges ne peuvent, quand la loi prononce une amende de 50 fr., et pareil dédommagement pour chaque baliveau de vingt ans coupé en délit, ne condamner le prévenu qu'à dix fr. par chaque baliveau. — 21 fév. 1828. Cr. c. Forêts C. Crubeuf. D.P. 28. 1. 43.

1035. — Le tribunal saisi de l'appel *à minimâ* du ministère public, ne peut réduire la peine infligée au prévenu, s'il n'avait pas appelé et s'il a même fait défaut sur l'appel du ministère public. — 13 déc 1811. Cr. c. Forêts C. Archieri. D.A. 8. 800, n. D.P. 2. 401.

1036. — Les tribunaux ne peuvent appliquer aux matières forestières les dispositions de l'art. 463 C. pén. (C. for. 203).

ART. 18.—*De la complicité en matière de délits forestiers.*

1037. — Il y a lieu à l'application du code pénal, art. 60 à 65, pour ce qui est relatif à la complicité que n'a point spécifié le code for. (C. for. 208).

1038. — Pour que la personne au domicile de laquelle ont été trouvés des bois coupés en délit, soit déchargée de l'action pénale résultant de ce fait, il ne suffit pas qu'elle désigne un individu comme l'auteur de ce délit, et que celui-ci s'avoue coupable; elle doit, en outre, prouver que ces bois ont été remis en sa maison contre son gré. — 28 juill. 1809. Cr. c. Forêts C. Bonhem. D.A. 8. 806.

1039. — Ceux qui ont acheté d'un garde-forestier à eux connu des bois pris illicitement parmi ceux qu'il était chargé de garder, sont complices du délit commis par le garde en vendant les bois, et doivent être punis des mêmes peines, alors même qu'ils allégueraient, conjointement avec le garde, que d'après un usage établi les gardes disposaient des bois de l'espèce de ceux qui avaient été vendus. — 9 fév. 1811. Cr. c. Forêts C. Goyard. D.A. 8. 807, n. D.P. 11. 1. 416.

1040.—Il suffit que des bois coupés ou de l'écorce enlevée en délit se trouvent en dépôt dans la maison d'un particulier, pour qu'il doive être jugé l'auteur ou du moins le complice de ce délit : il doit donc en subir la peine, s'il résulte des circonstances de ce dépôt, qu'il ne pouvait ignorer qu'il fût la suite d'un délit (Ordonn. de 1669, tit. 27, art. 22).

— 6 sept. 1811. Cr. c. Forês C. Grieu. D.A. 8. 807, n. D.P. 2. 407.

ART. 19.—*De la responsabilité civile et de la solidarité.*

1041. — Les maris, pères, mères et tuteurs, maîtres et commettans, sont civilement responsables des délits et contraventions commis par leurs femmes, enfans mineurs et pupilles, demeurant avec eux et non mariés, ouvriers, voituriers et autres subordonnés, sauf tout recours de droit. — Cette responsabilité doit être réglée conformément au § dernier de l'art. 1384 C. civ., et s'étend aux restitutions, dommages intérêts et frais, sans pouvoir toutefois donner lieu à la contrainte par corps, si ce n'est contre les adjudicataires ou leurs cautions pour le paiement des amendes et restitutions encourues pour délits et contraventions commis, soit dans la vente, soit à l'ouïe de la cognée, par les facteurs, gardes-ventes, ouvriers, bucherons, voituriers et tous autres employés par les adjudicataires (C. for. 206).

1042. — Un père n'est pas civilement responsable du délit de maraudage de bois commis dans une forêt par son enfant majeur demeurant avec lui, mais non préposé par lui. Ici ne s'appliquent ni l'art. 7, tit. 2 de l'ordonn. de 1669, relatif à la responsabilité en cas de délit forestier, commis par des subordonnés, ni l'art. 10, tit. 32, relatif à la responsabilité des pères, en cas seulement de délit de dépaissance commis par leurs enfans. —23 juin 1826. Cr. r. Duchesne. D.P. 26. 1. 373.

1043.—La responsabilité des maris, pères, mères, etc., hors le cas de l'art. 46, ne s'étend point aux amendes —D.A. 8 803, et 804, n. 16. D.P. 34.1. 58.

1044. —Jugé cependant, antérieurement au code, que la responsabilité civile des délits forestiers emportait, à la charge de ceux qui y étaient soumis, l'obligation de payer l'amende aussi bien que les dommages-intérêts. — 23 août 1822. Cr. c. Forets C. Aubagnac. D.A. 8. 800, n. D.P. 2. 402. — 21 juin 1822. Cr. c. Forêts C. P. Wenkel. D.A. 8. 800, n. D.P. 2. 402.

1045.— Et que l'amende prononcée pour délit de pâturage *dans les bois de l'état*, n'étant pas une peine, un père est responsable de l'amende encourue par son fils pour un tel délit (Ordonn. de 1669, tit. 32, art. 10). — 6 avril 1820. Cr. c. Montpellier. Enreg. C. Fabre. D.A. 1. 390. D.P. 1. 120.—21 sept. 1820. Cr. c. Enreg. C. Mascou. D.A. *ibid.*

1046.— Mais, jugé que l'amende prononcée par l'art. 38, tit. 2, loi du 6 oct. 1791, pour délit de pâturage commis *dans un bois communal*, est une peine; qu'ainsi un maître n'est pas civilement responsable de l'amende prononcée contre son domestique pour un délit de ce genre (L. 6 oct. 1791, tit. 2, art. 38). — 25 fév. 1820. Cr. r. Grenoble. Enreg. C. Sibillat. D.A. 1. 391. D.P. 1. 120.—8 août 1823. Cr. c. Postél. D A. *ibid.*

1047.— Il y a lieu à l'application du code pénal dans tous les cas non spécifiés par le code forestier (C. forest. 208).— Tel est celui de la solidarité. Tous ceux qui sont condamnés pour un même délit, sont tenus solidairement des amendes, des restitutions, des dommages-intérêts et des frais. La solidarité est de droit. — Carnot et Bourguignon, sur l'art. 55 C. pén ; D.A. 8 804, n. 17.

1048 — Elle n'a pas besoin d'être prononcée; il suffit que la condamnation ait lieu pour le même délit. — D.A. *eod.*

1049.— Plusieurs délinquans qui coupent et volent ensemble des bois, chacun pour leur compte, commettent-ils un même délit, et doivent-ils être condamnés solidairement? Oui ; ils participent au même délit et doivent être condamnés solidairement, parce que, dans cette position, ils s'entr'aident et s'assistent réciproquement ; ils veillent les uns pour les autres, et s'avertissent de l'approche des gardes. — D.A. *eod.*

ART. 20. — *De l'exécution des jugemens.*

1050.— 1° *Jugemens rendus à la requête de l'administration et du ministère public.* — Les formes et délais de la signification des jugemens rendus à la requête de l'administration forestière, sont réglés par l'art. 209 C. forest., et l'art. 183 de l'ord. de 1827.

1051.— Le recouvrement des amendes, des restitutions, dommages-intérêts et frais résultant des jugemens, est confié aux receveurs de l'enregistrement et des domaines (C. forest. 210; ord. art. 188).

1052.— Aux termes de la loi du 6 prair. an 7, et des budgets annuels, il est perçu un décime en sus

de toutes les amendes. Les dommages-intérêts ou restitutions ne sont point sujets à cette perception (Déc. min. du 16 therm. an 7). — D.A. 8. 810, n. 4.

1053.—Les receveurs de l'enregistrement ne peuvent recevoir à titre de dépôt le montant des soumissions souscrites par les délinquans forestiers pour prévenir les condamnations; ils doivent attendre que ces soumissions aient été approuvées par le ministre des finances, avant de se charger en recette des sommes qui y sont exprimées (24 août 1822).— D.A. eod.

1054.— Les soumissions présentées pour délits commis dans les bois communaux, doivent être agréées par les maires, comme seuls chargés d'administrer et de défendre les intérêts des communes; en cas de refus de leur part, l'administration n'en doit pas moins soumettre ces propositions au ministre pour ce qui concerne l'amende, en faisant réserve des droits des communes aux dommages-intérêts (décis. du 11 juin 1823).—D.A. eod.

1055.— Les amendes pour délits forestiers sont comprises au budget avec les recettes ordinaires de l'état. Elles ne sont pas au nombre des amendes de police correctionnelle et de police simple, que l'ord. du 30 déc. 1823 attribue aux communes (Déc. min. du 9 août 1827). — D.A. eod.

1056.—Les jugemens portant condamnation à des amendes, restitutions, dommages-intérêts et frais, sont exécutoires par la voie de la contrainte par corps (C. forest. 211; ord., art. 188).

1057.— Il n'est pas nécessaire que le jugement de condamnation exprime la contrainte par corps pour qu'elle puisse être exercée; elle en est une conséquence nécessaire; la loi elle-même la prononce; elle doit être exécutée. — D.A. 8. 810, n. 3.

1058.—Les individus contre lesquels la contrainte par corps a été prononcée pour raison d'amendes et autres condamnations et réparations pécuniaires, doivent subir l'effet de cette contrainte, jusqu'à ce qu'ils aient payé le montant de ces condamnations, ou fourni une caution bonne et valable (C. forest. 212, et loi 17 avril 1832, art. 34), sauf le cas d'insolvabilité constatée (C. forest. 213; ord., art. 191).

1059.—La loi convertit, par ce moyen, en une peine d'emprisonnement, des condamnations pécuniaires qui sont le plus souvent inefficaces contre des délinquans d'habitude, qui n'ont aucune propriété susceptible d'être saisie. — D.A. 8. 809, n. 1.

1060.—Le condamné qui a été détenu ne peut plus être recherché à l'égard du paiement des amendes.— D.A. eod.

1061.— Mais il peut être condamné même par corps au paiement des restitutions, dommages-intérêts et frais, dans le cas où il est redevenu solvable.— D.A. eod.

1062.—Dans tous les cas, la détention employée comme moyen de contrainte est indépendante de l'emprisonnement prononcé contre les condamnés pour tous les cas où la loi l'inflige (C. forest. 214).

1063.— La caution ne peut être actionnée qu'après la condamnation du prévenu (C. forest. 206). — 29 janv. 1834. Trib. correct. d'Yvetot. Forêts C. Vauquelin. D.P. 34. 3. 41.

1064.—C'est au juge de paix plutôt qu'au directeur des domaines ou à l'administration, qu'il appartient de fixer le montant du cautionnement à exiger pour assurer la représentation des objets saisis en délit, lorsque main-levée provisoire en est donnée.—*Ibid.*

1065 —Le cautionnement n'ayant pour but que la représentation des objets saisis ou leur valeur, la caution ne peut être poursuivie pour le paiement des amendes, restitution, dommages-intérêts et frais.— *Ibid.*

1066. — 2° *Jugemens rendus à la requête des particuliers.* —Les particuliers ont la faculté de faire signifier par extrait les jugemens rendus à leur requête, et de poursuivre, cinq jours après un simple commandement, par la voie de la contrainte par corps, le paiement des réparations civiles prononcées à leur profit (C. forest. 215). — D.A. 8. 810, n. 2.

1067. — Les propriétaires sont tenus de pourvoir à la consignation d'alimens lorsque la détention a lieu à leur requête et dans leur intérêt (C. for. 216). Les condamnés ainsi détenus peuvent être élargis s'ils fournissent caution valable, ou s'ils prouvent leur insolvabilité (C. forest. 217).

1068. — Le recouvrement des amendes prononcées par les jugemens contenant des condamnations en faveur des particuliers est opéré par les receveurs de l'enregistrement et des domaines (C. forest. 215)

ART. 21. — *Des défrichemens dans les bois des particuliers.*

1069. — La nécessité de prévenir les abus qui avaient suivi la liberté des défrichemens accordée en 1791, a fait admettre en principe, par le législateur, la prohibition provisoire de défrichement. — D.A. 8. 810, n. 1 et 2.

1070. — Pendant vingt ans, à dater du code, aucun particulier ne peut arracher ni défricher ses bois qu'après en avoir fait déclaration à la sous-préfecture; et l'administration peut, dans les six mois, faire signifier au propriétaire son opposition au défrichement (C. for. 219; ord., art. 192, 193).

1071. — Il suffit qu'un terrain en friche soit planté de quelque bois, pour que le défrichement n'en puisse être opéré sans le consentement de l'administration. — 29 mars 1811. Cr. c. Forêts C. Vaugirard. D.A. 8. 791, n. 9. D.P. 2. 394.

1072. — Pour faire courir utilement le délai de six mois qui doit suivre la déclaration de défrichement, c'était, sous l'empire de la loi du 9 floréal an 11, au conservateur forestier exclusivement, que cette déclaration devait être faite. En conséquence, on n'aurait pu, sans violer la loi, faire courir le délai à partir de la déclaration faite devant l'inspecteur (L. 9 flor. an 11, art. 1, 2 et 3). — 15 fév. 1828. Cr. c. Forêts C. Hecquet. D.P. 28. 1. 134.

1073. — Si le conservateur estime que le bois ne doit pas être défriché, il doit signifier au propriétaire une opposition, et en référer au préfet (Ord., art. 194).

1074. — Dans les six mois, à dater de la signification de l'opposition, il doit être statué par le préfet sur cette opposition, sauf le recours au ministre des finances. — Si, dans les six mois après cette signification, la décision du ministre n'a pas été rendue et signifiée au propriétaire des bois, le défrichement peut être effectué (C. for. 219).

1075. — Le défaut de signification de l'arrêté du préfet qui doit intervenir sur l'opposition de l'administration forestière à une déclaration en défrichement dans le délai de six mois, et la simple notification dans ce délai de l'existence et de la date d'une décision ministérielle, autorisent suffisamment le propriétaire de ce bois à défricher (C. for. 219, et 195 de l'ord.). — 7 mai 1832. Metz. Forêts C. Pariset. D.P. 34. 2. 47.

1076.— Un propriétaire qui a fait sa déclaration, et qui commence son défrichement six mois après, n'est passible d'aucune peine, si l'administration forestière, qui y a formé opposition par exploit signifié au sous-préfet, n'a pas fait signifier cette opposition à la personne ou au domicile du propriétaire, encore bien qu'elle lui aurait fait signifier un arrêté du préfet refusant d'autoriser le défrichement, alors surtout que cet arrêté, qui vise l'opposition de l'administration, n'en donne pas la date (C. for. 219; ord. 194 et 195). — 15 mai 1830. Cr. c. Nanci. Lespée. D.P. 30. 1. 261.

1077.— *Recours, fins de non-recevoir.* — La décision par laquelle un ministre a refusé l'autorisation de défricher des bois vendus à des particuliers, ne peut être attaquée devant le conseil d'état par la voie contentieuse. — 30 mai 1821 Ord. cons. d'état. Duval. —Arrêt semblable, 20 fév. 1822. Perraud.

1078.— Si la décision ministérielle prohibitive du défrichement d'un bois, qui doit être signifiée dans les six mois de l'opposition de l'administration forestière (C. forest. 219), n'est que *provisoire* au lieu d'être *définitive*, le propriétaire peut passer outre, et procéder au défrichement (Ord. 1er août 1827, art. 195).—4 avril 1832. Metz. Forêts C. Pariset. D.P. 33. 2. 237.

1079.— La décision ministérielle qui probibe un défrichement peut bien être signifiée par un agent forestier; mais elle doit, à peine de nullité, constater la qualité de cet agent.—2 mars 1832. Cr. c. Pariset. D.P. 32. 1. 154.

1080.— L'acte de signification d'une décision ministérielle prohibitive du défrichement d'un bois, doit contenir copie entière de cette décision, à peine de nullité; il ne suffirait pas que l'acte en énonçât la date et l'*existence*.— 4 avril 1832. Metz. Forêts C. Pariset. D.P. 33. 2. 237.— 2 mars 1832. Cr. c. Pariset. D.P. 32. 1. 154.

1081.— Le propriétaire contrevenant sera condamné à une amende et à rétablir les lieux en nature de bois, dans un délai qui ne peut excéder trois années (C. forest. 220).

1082.—Jugé, avant le code, que le prévenu de défrichement non autorisé ne peut se plaindre d'avoir été arbitrairement condamné à l'amende, si l'amende prononcée n'excède pas le *maximum*. — 22 juin 1826. Cr. r. Coste D.P. 26. 1. 395.

1083.— Le propriétaire pouvait également, sous la loi du 9 flor. an 11, sur la demande des agens forestiers, et d'après les motifs d'utilité publique, être condamné à remettre en nature de bois le même terrain qu'il avait défriché; on aurait prétendu en vain que l'art. 3, n. 1er, de cette loi ne parle que d'une quantité égale de terrain.— Même arrêt.

1084.—Faute par le propriétaire d'effectuer la plantation, ou le semis, il y est pourvu à ses frais par l'administration (C. forest. 221).

1085.—Les dispositions sur le défrichement s'appliquent aux semis et plantations exécutés par suite de jugemens, en remplacement de bois défrichés (C. forest. 222).

1086.— Sont exceptés de la déclaration les jeunes bois pendant vingt ans, les parcs ou jardins clos et attenant aux habitations, les bois non clos, de moins de quatre hectares, ne faisant point partie d'un autre qui compléterait quatre hectares, et non situés sur le sommet ou la pente d'une montagne (C. forest. 223).

1087.—Jugé, sous l'ancienne législation, que lorsque l'art. 5, loi 9 flor. an 11, a fait, à la défense de défricher sans déclaration ni autorisation les forêts de deux hectares au plus, une exception pour les bois situés dans les parcs ou jardins clos attenant à l'habitation principale, il a entendu parler des bois attenant actuellement à l'habitation principale, et non d'un bois attenant autrefois à un château qui a été détruit et qui n'a pas été remplacé par une habitation principale.— 22 juin 1826. Cr. r. Coste. D.P. 26. 1 395.

Il en serait de même sous le code.

1088.— Pour fixer l'étendue d'un bois, on doit considérer *isolément* l'étendue du bois à défricher, pour reconnaître si le défrichement peut, ou non, être effectué sans déclaration préalable; il n'y a pas lieu de s'arrêter à l'étendue des bois voisins, attendu que la loi du 9 floréal an 11, qui règle les devoirs et les droits de chacun séparément, n'impose d'autre condition qu'une étendue moindre de deux hectares.—12 avril 1820 Décis. min. D.A. 8. 811, n. 3.

L'art. 223 C. forest. semble consacrer un principe contraire.

1089.— *Si un bois est situé sur la pente rapide d'une montagne*, et n'est pas clos, le propriétaire ne peut le défricher, sans en avoir fait la déclaration préalable, quoique, d'ailleurs, son étendue serait au-dessous de quatre hectares (C. forest. 219, 222, 223 et 176).— 14 janv. 1830. Cr. c. Forêts C. Odon. D.P. 30. 1. 67.

1090.— Les exceptions portées par l'art. 223 C. forest. ne peuvent être étendues au cas où le défrichement aurait eu pour objet une replantation plus ou moins immédiate des parties de bois sur lesquelles il aurait été effectué.

..... Et un arrêt, dans le cas où la contravention est ainsi circonstanciée par un procès-verbal, ne pourrait, sans violer la foi due à cet acte, déclarer qu'il n'y a pas eu de défrichement, et, par conséquent, de délit.—20 oct. 1832. Cr. c. Forêts C. Joui. D.P. 33. 1. 183.

1091.— L'exploitation d'une forêt par éclaircies, ou bien l'ouverture de routes dans un taillis ne sont pas soumise à la déclaration préalable pour les défrichemens partiels qui en sont la conséquence, s'il n'en résulte point une diminution du sol forestier.— D.A. 8. 810 et 811, n. 4.

1092.—Les actions pour défrichemens consommés en contravention se prescrivent par deux ans (C. forest. 224).

— V. Acquiescement, Actions possessoires, Actions publiques, Amende, Appel, Appel criminel, Autorité municipale, Cassation, Caution, Chasse, Choses, Communes, Communauté, Compétence administrative, Désistement, Destruction, Domaines engagés, Enregistrement, Féodalité, Manufacture, Ministère public, Prescription, Procès-verbal, Servitudes, Usage, Usufruit, Vente, Voirie, Vol.

TABLE SOMMAIRE.

Abandon. 437, 948, 963.
Abattage. 667, s. 894, 934.
Accession. 884.
Accessoire. 892.
Acquiescement. 175, 817, 823, s. 992.
Acte administratif. 245. 394, s. 399, s. 426.

Action civile. 117, s. 162, 242, 291, 766, 791, 847, s.—publique. 495, 769, s. 847. — (décès) 840.
Adjudication. 88, s. 293, 552, 602,'s. 643, s. 665. — (formes) 88, s. — (qualités). 94, s. 553, s. —(responsabilité). 216.
Administration. 23, s.
Affectation. 505, s. 805. —spéciale. 658, s.
Affiches. 88, s.
Affouage. 507, 332, 472, s. 543, s. 728, 940.
Age. 38, s.—du bois.422, s. 965, 990, 1008.
Agent. 27, 100, 178, 246, 494, 517, 7b8, s. 810,s. —' (attribution) 58 , s.
Aliénation. 6.
Aliment de détenus.1087.
Aménagement. 10, s. 79, s. 547, 524, s. 761.
Amende. 145, s. 897, s. 929, 966, s. 1055, s. 1080. — V. Responsabilité. — (recouvrement) 1054, s.— distincte. 165, 415, 692, s. 700, 908, s. 915, s. 952, 956, 971, 1034. —double 942, 965, 999, s.
Amnistie. 173, 257.
Ane. 944.
Animaux de charge.700,s.
Apanage. 500, s. 846.
Appel. 138, 809, s.
Arbres épars. 15, s. b20, 1019.— de lisière. 15, s.
Arme. 55. — réservée. 147, s.
Arpentage. 586. — V. Réarpentage.
Arpenteur. 27, s. 83, s. 258, 774, s.
Arrestation. — V. Flagrant délit.
Assiette. 83, 143, s.
Assistance. 78b, 858.
Association illicite. 98, s.
Attelage. 948.
Atelier. 195, 752, s.
Autorisation. 54, s. 61, 564, s. 681, s. 699, 752, s. 905, 918 , 978.— V. Délivrance. — (condition) 698, s.— illégale. 765. — V. Permission.
Avis. 594, 599, s.·
Avoué 45.
Balivage. 84.
Besoins. 467, 552, 672.
Bestiaux. 944.—(nombre) 429, 443, 610, s.
Bêtes à cornes. 1007. — à laine. 444, s.· 565, 960.
Bois. 920. — V. Indivision.— abattu. 470. — de l'état. 6.—V.Forêts. —façonné. 966, s.— mort. 480, s. 1017.— particulier. 592, 648, s. — sec. 483, s.
Bonne foi. — V. Excuse.
Bornage. 64, s. 521, s.
Bouc. 730.
Bouquet de bois. 15.
Branches. 717, s.
Cahier des charges. 29, 92, s. 160, 176, s. 459, ' 461, 940, 961.
Cantonnement. '82 , 311, 545, s.567, 636.—(fixation) 557. — (qualité) - 585.
Cas fortuit. 151,201, 300.
Cassation. 821.
Caution. 95, 112, s. 191, 157, s. 225 , 259, 1065. — (apprée.) 155 , 488.
Certificat. 203, 705.—d'origine. 787.
Chablis. 500, 598, 955, s.
Charge d'homme. 687, s. 911, s.

Chasse. 495, 759.
Chauffage. 467.
Chef de maison. 548.
Chemin. 72b. — désigné. 454, s. 453, 619.—écarté. 205, s. 442, 698, s. 919, 925, 1021. — impraticable. 205, 704, s. 1091.
Chèvres. 446, s. 730, s. 956, s.
Chiffres. 578.
Chose jugée. 456.
Circonstances aggravantes.1001, s.
Citation. 792, s.—V. Exploit.
Clochettes. 411.
Clos. 665, 1019, 1087, s.
Command. 106, s.
Commerçans. 49.
Commissaire-priseur. — V. Vente publique.
Commission. 45, s. 772.
Commune. 8, s. 49, 389. 392, 397, s. 467, s. 809, s. 552, s. 544, s. 694, s. 758, s. 892, 938, s. 1046. — (réunion) 554. — étrangère. 579, s.
Comparution. — V. Présence.
Compétence. 18, 75, 77, 114, 162, 170, 177, s. 188, 242, 291, 284, 511, 529, 540, s. 389, 393, s. 450, 455, 471, 511, s. 587, 594, s. 645, s. 736, 787, s. 841, s. 904, 952, 993, 1018.— administrative. 4, 128.—matérielle 845.
Complicité. 867, 1057, s.
Concession. 509, s. 529, 505, s.
Conclusion augmentée. 992.
Condamnation. 966, s.
Condition. 169.
Confiscation. 459, 603, s. 698, 966, s. 993, s.
Congé de cour.147, 219, 856.
Conseil d'état. 319, s. 425, suir.
Consentement. 780.
Conservateur. 20, s. 52, 770.
Construction.—V. Droits personnels. — nouvelle. 740, s.
Contenance. 291, s.
Contributions. 590.
Contrainte par corps.112, s. 259, 1057, s. 1066.
Copie. 794, s. 851. — entière. 1080.
Coupe (nétoiement). 190, s.— (vidange) 241, s.— extraordinaire. 81, s. 554 , 580. — jardinatoire. 86, 156, 104, 168, s. 228.
Cure. 548.
Décès — V. Action publique.
Décision ministérielle 114, 521, 402.
Déclaration. 410 , 419 , 650,s. 892 , 907, 950 , 1019, 1070, s. 1086. — V. Défensabilité. (formes). 657. — nouvelle. 671.
Défensabilité. 406 , 482 , s. 498, 584, s. 593, 610, s. 61b, s. 652, s. 885, 948, s. 1010, 1015.
Défrichement. 575, 858, 806, 1089, s.—partiel. 1089.
Délai (jour d quo). 854.— (quantième) 853.— distinct. 970, s.
Délégation de fonctions. 536.
Délimitation. 17, 65 , s.

821, s. 586.
Délit. 31, s.— rural. 890, s.— forestier. 880 , s.
Délivrance. 454, s. 544, 627, 640, s.
Démolition. 740. s.
Dépaissance. 52, 941.
Dépôt de titres. 598.
Désistement. 810, s. 822, suir.
Destitution. 52.
Destruction. 709, s. 928.
Dimension. 1b9 , s. 539', 713 , 895, s. 928 , 951 , 978, s.
Directeur. 24, s. 52, s.
Distance. 711, s. 732,807, 896, 1020.
Divagation. 889.
Domaine de l'état. 507 , s. 514, s.
Domicile élu. 117, s. 136, s. 514, s.
Dommages-intérêts. 98, s. 149, 986, 986,s. 1008, 1044.
Droits. — V. Usage.— personnels. 433 , 272 , s. 728.
Ebranchement. 928 , s.
Echenillage. 725.
Escobuage. 743.
Ecole. 36, s.
Ecorçage. 186, s. 928.
Ecriture. 198, 776.
Effet suspensif. 425.
Eglise. 13, s. 958.
Elagage. 717, s.
Emigré. 512.
Enchères (formes). 102,s. — (liberté). 98.
Enlèvement. 161, 480, s. 681, s. 791, 896, 928.— V. Heure.
Entrepreneur. 461, s.
Equivalent. 490 , 652. — V. Refus.
Erreur. 261, 414, 798, s. 874, 1009.
Essartement. 726.
Etablissement public. 8, s. 509, s.
Etranger. 572.
Exceptions (nullité couverte). 802, s.
Excuse. 167, 172 , 179 , 201, s. 224, s. 256, 288, 413 , s. 477, 541, 547, 564, 675, 697, 705, s. 889, 956, s. 954, 967, 974, 1009, s. 1015, s. 1025, s.— V. Peine.
Exécution parée. 112.
Expertise. 66, 409, 501, 1079.
Exploit. 792, s. 821, 850, 1079.
Exploitation. 176, 540.— individuelle. 459.
Expropriation publique. 646, s.
Extraction. 681.
Facteur. 216, s.—V. Garde-vente.
Fagots. 192, 915, s.
Faine. 681, 693.
Femme. — V. Responsabilité.
Feuille. 480, s. 684,s.690.—volante. 880.
Feux. 210, 711.
Flagrant délit.763,s.839.
Fonctions. 28, s. 40, s.— (exercice) 61, s.
Force majeure. 147,151, 703,1021.
Forêts communales.— V. Commune. — de la couronne. 6, 492, 758 , 938, s. — de l'état. 8, 63, s. 589, 594, s. 935.
Fosse. 195, s.
Fossés. 75.
Four. 752, 1020.
Fourneau. 195, s.
Fractions. 900.
Frais. 324, 409, 525.—V. Indivision.

Fraude (présomption). 808.
Fruits.—V. Enlèvement.
Garantie. 258.
Garde-forestier. 27, s. 799, s. 812 — général. 27, s. 178, 709. — particulier. 416, s. 597, s. 857, s.— séparée. 450, 459, s. — vente. 216, s. 227, 252.
Gazon. 681,s.
Gland. 681, 692, s.
Glandée. 293, s.382,432, 637.
Hache. 698.
Heure. 90, 184, 782. — V. Nuit.
Homologation. 78.
Hospices. 510.
Houx. 912, 920.
Huissier. 792, 802.
Impôt. 7. — de guerre. 1052, s.
Incendie. 711, s.
Incompatibilité. 40, s.
Ignorance. 961.
Indemnité. 444, 706, 987.
Indivision. 8, s. 584, s.
Inscription de faux. 287, s.827.
Inspecteur. 27, s. 175, 178, 770, s.
Instruct. crim. 804, 821.
Instrument tranchant. 698, s. 919.
Intention. — V. Excuse.
Intérêts. 115. — (action) 985, s.
Interprétation extensive. 730.
Interruption. 343, 875, s.
Introduction. 189, 582,s. 611, s. 700, s. — V Défensabilité.
Jour d quo. 836, s.
Jugement. 1066, s. — (exécution) 1050, s.— interlocutoire. 809.— d'office. 980, s.
Jurisprudence. 488.
Lettre. 263, 412.
Limite. 174, 716.
Liste civile. 492.
Loge. 208.
Loi. 2, s.— (ordonnance) 452 653. — pénales (analogie). 730.
Lorraine. 307, 316.
Loup 724.
Maire. 110, 458, 532, 761.
Majorat 9, 503, 846.
Maraudage. 908.
Marine. 640.
Marques. 148, s. 585, 645, s. 936.— des bestiaux. 411, s. 619.
Marteau. 51, 107, s. 185.
Martelage. 84, s. 110, 641, s. 659.—(délai) 667, s.
Mention. 110, s.149, 539, 1079.
Mineur.—V. Responsab.
Ministère public. 45, 768, 818, s.
Ministre. 177.
Mise en demeure. 243, 218, s. 254, s. 559. — en jugem. 48, 53.— en vente. 727.
Montagne. 1089.
Mouton. 444, s.
Muselement. 946, 961.
Mutilation. 722, 928.
Nomination. 27.
Notaire.—V. Vente pub.
Nuit. 1001, s.
Nullité. 286.
Obligation illicite. 420, s. 440, s 425, 622, 680.— licite. 429.
Officier de police. 71.—V. Défrichement.
Ordonnance royale. b20, 574, 658.

Ordre public. 420, s. 416, s. 455, s.
Ouïe de la cognée. 216, 545.
Panage. 293, s. 551, 582, 452, 657.
Parc. 1086, s.
Partage. 11, 514, 546, s. 555.
Passage. 709.
Pâtre commun. 459, s.
Pâturage. 551, 582, 657, 882, s.
Peine. 925, s. — V. Chemin écarté, Dégradation, Ecorçage, Fourneau, Feu, Ramier. — (aggravation) 929, s.— (cahier des charges) 190, s — (cumul) 1052, s.— (modération) 48, 145, s. 153, 158, 169, 207, 539, 703, 1009, s. 1022,s.— distincte.970.— V. Amende.— diverses. 966, s.
Péremption. 870.
Permission. 169, 178, s. 627, 245, 413, s. 542, s. b64, s. 609.
Perquisition. 775, s. 858.
Personne interposée. 96.
Pieds corniers. 158, 171,· 804.
Pierre, 681, s.
Poisson. 295.
Police. 16 , s. 25, s. 624, 680, 892.
Ponts et chaussées. 726.
Population agglomérée. 757.
Porc. — V. Bestiaux, Glandée, Panage.
Possibilité de forêts. 403, s.
Poudres. 659.
Pouvoir réglementaire , 47, 170, s.
Préfet. 88, 109, 139, 609.
Préjudice. 1013, s.
Prescription. 220 , 281 , 291, 542 , s. 627 , 852 , s. 804 , s. 870 , s. 890 , 1092.
Présence. 274, s. 477.
Présomption. 292, 317 , 790, 808, 814.
Preuve. 286 , s. 705 , s. 804, s. 954. — (charge de) 427 , 431. — certaine) 116. — testimoniale. 905.
Prime. 690.
Prison. 925, 927 , 966, 1002.
Procédure. 5.
Procès - verbal. 51 , 59 , 110, s. 241, s. 500, s. 674, 772, s. 785, 804.— V. Récolement.
Propriété. 593, 652, 640, 650, 662.
Qualités. 758 , s. 810 , s. 849.—V. Adjudication.
Question préjudiciel. 498, 606, 709 , 717 , s. 829, s .,926.
Rachat. 585, 590, 577,657.
Racine. 717.
Ramage. 454, s.
Ramier. 192, s. 206, s.·
Rateau de fer. 696.
Réarpentage. 254, s.
Recouvr. 1051.
Récidive. 999, s.

Récolement. 148, 211, s. 218, 254, 556, 602, s.— (formes) 264.
Recouvrem. 1051, 1066.
Refus. 250, 274, 289, 457.
Régime forestier. 8.
Réquisition. 785 , 840.
Réserve. 86, 550, s. 580 883, 897.
Résidence. 42, s.
Résine. 550.
Responsabilité.59, s. 117 126, 154, s. 182, 200 213, s.261, 459, 461, s. 602, s. 682, 955, s. 964 1041, s. — (amende) 221, 46b, 962, 1043 , s.
Restitution. 966, 975, s.
Rétroactivité. 16, 550, s. 351, 421, 416, s. 769.
Réunion. 9.
Révision. — V. Cantonn.
Révocation. 418 , 612.
Saisie. 776.
Salaire. 50.
Scie. 698, s. 1000.
Secrétariat. 780.—V. Domicile élu.
Séquestre. 510, 775.
Serment. 42 , s.
Service public. 658 , s.
Signature. 10 , 111 , 209, 274 , 775 , 800.
Signification. — V. Jug.
Silence. 259 , 754.
Société. 460.
Solidarité. 59, 240, 461, 465, 692 , 1049.
Sommation. 975.
Souchetage. 229 , s.
Soumission. 1055 , s.
Sursis. 67 , 241 , s. 247, s. 425, s.—V.Quest. préj.
Surenchère. 125 , s. — (formes) 131.
Surveillance. 456.
Suspension. 52.
Taillis. 884 , s.
Tentative. 687.
Tiercement. 126 , s. 154.
Titre (production). 554 , s. — anciens. 177, 595.
Tranchée. 724 , s.
Transport. 701 , s.
Travaux extraord. 529. — du Rhin. 676.
Triage. 58, 567.
Trib. de pol. 788, s. — V. Compétence.
Troupeau commun. 620.
Uniforme. 28, s. 35, 50.
Usage. — V. Cantonnement , Défensabilité , Droits personnels. — (droit) 520, s. 513, 554, s. 607, — (étendu) 591, 607, s. — (exercice) 591, s. — ancien. 550, 565. — local. 544, s. 550,1059.
Usine. 516, 752, 1020.
Usurpateur. 721.
Vagabond. 736, 784.
Vaine pâture.585, s. 677.
Vente. 478, 727, s. — publique. 499, 552,s.— V. Adjudication.
Vérification. 974, s.
Versement. 554.
Vidange. 190 , s. 241 , 459.
Village. 754, s.
Visite domicil. 770, s.
Voies de fait. 709, s.
Voitures. 700, s.

FORFAIT.— V. Charte-partie, Communauté, Garantie.

FORMALITÉS — FORMES. — 1. — Ce sont les règles établies pour la régularité des actes.

2. — Elles concernent soit la procédure, soit les actes ou conventions.

3. — L'inobservation des formes de la procédure, soit civile, soit criminelle, n'entraîne nullité que lorsque la loi la porte expressément, à moins qu'il

ne s'agisse d'une forme substantielle. — V. Cassation, Cours d'assises, Défense.

4. — Il en est de même des formalités prescrites pour la validité des actes ou contrats. — Rolland ,v° Forme, n. 6.

5. — Tout acte qui ne contient pas les formalités prescrites par la loi est nul, si la loi elle-même n'a pas expressément restreint l'application de ce principe. — 2 déc. 1824. Cr. r. Min. pub. C. Billecard. D.P. 25. 1. 16.

6. — Mais, bien qu'en principe tout acte dans lequel les formalités prescrites par la loi n'ont pas été observées, doive être déclaré nul, cependant il n'en est pas ainsi lorsque l'inobservation de ces formalités provient de force majeure ou du fait de la partie — 12 juill. 1834. Cr. c. Contr. ind. C. Blet. D.P. 34. 1. 578.

7. — La formalité la plus importante des actes, c'est l'écriture ; elle est, dans certains cas, exigée comme condition essentielle à l'existence même de l'acte ; par exemple dans les donations, les testamens. Dans d'autres cas, elle n'est requise que comme preuve de la convention ou du fait de la disposition.—V. Preuve littérale.

8. — Ainsi que nous l'avons dit, certaines formalités sont substantielles, c'est-à-dire qu'elles constituent l'acte et lui donnent son existence ; d'autres sont accidentelles, secondaires, et leur omission ne détruit pas la substance de l'acte. — Toull., t. 7, n. 499; Roll., n. 10.

9. — On distingue aussi les formalités qui précèdent et celles qui accompagnent ou suivent l'acte. A chacune de ces divisions respectivement appartiennent, par exemple, la publication des bans, l'intervention des témoins instrumentaires, la transcription aux hypothèques. — Toull., t. 7, n. 504; Roll., n. 11.

10. — Il y a des formalités qui ne se présument pas, et dont l'accomplissement doit être constaté par l'acte même ; telles sont celles des testamens, des jugemens.

11. — D'autres sont présumées accomplies, lorsqu'il n'y a pas preuve du contraire : *eamdum est generaliter quod si quis scripserit fidejussisse, videri omnia solemniter acta* (L. 30, D. de Verb. obl.) — Merl.; Rép., v° Formalités et Testament, sect. 2, § 3, art 5; Roll., v° Forme, n 13, 14, 15.

12. — L'omission d'une formalité substantielle résulte suffisamment de ce qu'il n'en est fait mention dans aucune pièce du procès. — 15 juill. 1825. Cr. c. Trone. D.P. 25. 1. 426.

13.—Parmi les formalités dont l'accomplissement ne se présume pas, il faut ranger celles qui doivent être observées devant les cours d'assises. La loi exige qu'elles soient constatées par un procès-verbal particulier, et les formalités dont il n'y est point fait mention sont censées n'avoir pas été remplies. — V. Cours d'assises.

14. — Du reste, la mention des formalités prescrites par la loi n'est point, en général, soumise à des formules tellement rigoureuses qu'on ne puisse, sans encourir la nullité, s'écarter des termes dont la loi se sert pour ordonner l'accomplissement de la formalité. Il n'y a guère de termes sacramentels dans notre droit que ceux dans lesquels le serment doit être prêté ; là, on n'admet pas d'équivalent ; mais on en admet presque partout ailleurs. — V. Validité, Donation, Cours d'assises, Testament.

15. — On ne peut prouver par témoins les formalités qui doivent être constatées par écrit.— Roll., n. 16.

16. — Lorsque la loi prescrit une formalité comme condition d'un droit, d'une faculté, l'inaccomplissement de la formalité empêche déchéance. — Toull., t. 7, n 504; Roll., n. 17.

17.—Les formes des actes sont réglées par la loi du lieu et du temps où ils sont faits : *locus regit actum*. — V. Loi.

18. — Celui qui, obligé par la loi de se conformer à certaines formalités rigoureuses, fait tout ce qui dépend de lui pour les remplir, et n'en est empêché que par le refus de la personne préposée pour l'autorité, est-il censé avoir accompli les formalités prescrites? L'affirmative a été admise par les arrêts rapportés v° Cassation, n. 142, 333 et suiv., 535, et avec raison, car il ne peut dépendre d'un agent du pouvoir de faire périr le droit des citoyens. — V. aussi Crieur public, n. 15.

19.— Mais, 1° on doit faire constater l'impossibilité.— V. *cod.*, n. 333.

20. — 2° Il faut que le refus de la personne ou du fonctionnaire qui devait assister à l'acte ou le recevoir, ne soit pas justifié par un motif légitime, comme si, par exemple, on s'adresse à lui un

jour férié où la loi lui ordonnait de s'abstenir, et alors que la veille ou les jours précédens, la formalité aurait pu être facilement remplie(arg. de l'arrêt du 31 août 1833. Metz. Lamort. D.P. 34. 2. 221)

21.— Au reste, on doit en général se décider en faveur de celui qui a fait des tentatives pour user d'un droit légitime.

22.—Mais ça été une erreur de Dupin d'avoir prétendu que le silence gardé par l'autorité, sur une demande en autorisation de se réunir au nombre de plus de vingt, devait équivaloir à l'autorisation. — D.P. 31. 1. 350.

23.— C'est aussi ce qu'on décide en matière de voirie.— V. ce mot.

— V. Acquiescement, Actes de l'état civil, Acte respectueux, Actions possessoires, Adoption, Appel, Assurances terrestres, Attroupement, Autorité municipale, Avarie, Avoué, Capitaine, Cassation, Caution, Cautionnement de fonctionnaires, Charte-partie, Commerçant, Commissionnaires, Communauté, Communes, Comptabilité, Compte, Conflit, Contrainte par corps, Contrat à la grosse, Contributions directes, Contributions indirectes, Dénonciation, Désaveu, Désistement, Divorce, Donation à cause de mort, Donation par contrat de mariage, Dot, Douanes, Droits civils, Eau, Effets de commerce, Elections départementales, Enquête, Enregistrement, Exceptions, Fabriques, Faillite, Faux, Fonctionnaire public, Forêts, Garantie, Garde nationale, Hypothèques, Interdiction, Jeu et pari, Loi, Louage, Mandat, Mandat d'exécution, Manufacture, Mines, Ministère public, Nantissement, Ordre, Partage, Pêche, Pension, Péremption, Presse, Procès-verbal, Propriété, Recrutement, Remplacement militaire, Reprise d'instance, Requête civile, Saisie-arrêt, Saisie-brandon, Saisie-exécution, Saisie-immobilière, Servitude, Société, Substitution, Succession irrégulière, Surenchère.

TABLE SOMMAIRE.

Déchéance. 16.	Pays étrangers. 17.
Ecriture. 7, 15.	Présomption. 10, s.
Equivalent. 14.	Preuve testimoniale. 15.
Force majeure. 6, 18, s.	Refus. 18, s.
Loi. 17.— positive. 5.	Substance. 8.
Mention. 5, s. 12.	Terme sacramentel. 14, s.
Nullité. 5, s.	

FORMULE.— V. Action, Cour d'assises, Formalités, Propriété littéraire, Saisie-immobilière, Tierce-opposition.

FORMULE EXÉCUTOIRE.—V. Exécutoire, Saisie-exécution, Saisie-immobilière.

FORTIFICATION.— V. Domaine de l'état, Servitudes, Voirie.

FOSSÉ. — V. Actions possessoires, Destruction, Domaine public, Eau, Forêts, Pêche, Servitude, Vente, Voirie.

FOSSES D'AISANCE. — V. Autorité municipale, Louage.

FOU.— V. Autorité municipale, Interdiction.

FOUDRE.— V. Assurances maritimes, Choses.

FOUET.— V. Autorité municipale, Peine.

FOLILLE.— V. Forêts, Mines, Voirie.

FOULAGE.— V. Contributions indirectes.

FOUR.— V. Autorité municipale, Forêts, Louage, Manufacture.

FOURNEAU.— V. Concession, Forêts.

FOURNIMENS.— V. Militaires, Vol.

FOURNISSEUR.— V. Marchés.— V. aussi Alimens, Capitaine, Cassation, Caution, Communes, Compétence administrative, Contrainte par corps, Voirie.

FOURNISSEUR—FOURNITURE. — V. Marchés.— V. aussi Actes de commerce, Alimens, Attroupemens, Capitaine, Cassation, Caution, Communauté, Communes, Compétence administrative, Compétence commerciale, Complicité, Conseil d'état, Contrainte par corps, Enregistrement, Fabriques, Forêts, Papier-monnaie, Procès-verbal, Prescription, Privilège, Voirie.

FOURRAGE.— V. Autorité municipale, Destruction, Louage, Saisie-immobilière.

FRACTION.— V. Alimens, Appel, Délai, Forêts, Ordre, Usance.

FRAIS ET DÉPENS.—1.—On appelle ainsi toutes les dépenses faites à l'occasion d'un procès ou d'un acte. Le nom de dépens s'applique plus particulièrement aux affaires civiles ; celui de frais, aux frais de justice, aux causes criminelles.

Art. 1er.— Des frais et dépens en matière civile.

§ 1er.— Dans quels cas et contre quelles personnes la condamnation aux dépens peut ou doit être prononcée.

§ 2 — De la solidarité dans la condamnation aux dépens.

§ 3.— De la compensation des dépens.

§ 4.— De la distraction des dépens.

§ 5.— Ce que comprend la condamnation aux dépens.

§ 6.— De la liquidation et de la taxe des dépens, en matière sommaire et ordinaire.—Recours, Opposition, Appel. — Droits qui entrent en taxe.

§ 7.— De l'exécutoire de dépens.

§ 8.— De l'action en paiement des frais.—De la compétence et de la prescription.

Art. 2.— Des frais en matière criminelle.

§ 1er.— De la condamnation aux frais en général.

§ 2.— Quelles personnes peuvent ou doivent être condamnées aux frais.

§ 3.— Condamnation aux frais contre la partie civile.—Obligation de la consigner.

§ 4. — De la solidarité dans la condamnation aux frais.

§ 5.— De la compensation des frais.

§ 6.— De l'étendue de la condamnation aux frais.

§ 7.— Du recouvrement et de l'action en paiement des frais.

Art. 3.— Des dépens en matière administrative.

§ 1er.— De la condamnation aux dépens.

§ 2.— Contre qui les dépens peuvent ou doivent être adjugés.

§ 3.— De la compensation et de la réserve des dépens.

Art. 1er.— Des frais et dépens en matière civile.

§ 1er.— Dans quels cas et contre quelles personnes la condamnation aux dépens peut ou doit être prononcée.

2. — La condamnation aux dépens devait être prononcée, lors même que les parties ne l'avaient pas demandée, sous l'ordonnance de 1667, dont l'art. 1er, tit. 31, portait que les tribunaux condamneraient aux dépens, en vertu de l'ordonnance. L'art. 130 C. pr. ne s'exprime pas dans les mêmes termes ; mais son intention semble être la même, on peut l'induire de la forme impérative de la disposition, et de la nature même des dépens : ils sont la peine du plaideur téméraire, et ne font que couvrir les déboursés nécessaires que la loi exigeait (Carré, n. 585; Delaporte , t. 1er, p. 141; Fav. , t. 3, p. 161 ; Lepage , p. 139; Demiau , p. 117 ; le Praticien, t. 1er, p. 590.). — Toutefois, on peut objecter qu'en règle générale les juges ne peuvent prononcer que sur ce qui leur est demandé, et la partie qui ne conclut pas à ce que la loi lui accorde, peut être considérée comme ayant renoncé à son droit. — D.A. 9. 657, n. 14 ; Bonc. , t. 2, p. 561.

3. — Si les juges n'ont pas prononcé la condamnation aux dépens, la partie gagnante qui y a conclu, a la voie de la requête civile. S'ils n'ont pas été demandés, Demiau pense que le gagnant peut les exiger de son adversaire, parce qu'ils sont dus *ipso jure*. Mais l'art. 131 permettant la compensation des dépens, la partie perdante pourrait opposer qu'elle se trouvait dans le cas de la compensation, ce que les juges seuls peuvent décider (Carré, n. 586; Lepage , p. 139 ; et le Praticien, t. 1er, p. 596.). — Il ne semble pas non plus qu'en pareil cas on puisse agir par la requête civile, que dans le cas où le montant de la demande en rendrait la cause susceptible, sinon , par le pourvoi en cassation. Rien n'empêcherait non plus la partie gagnante de demander les dépens par une action principale. — D.A. 9. 657, n. 14.

4.— La péremption de l'instance un motif de refuser le paiement des frais à l'avoué, si la péremption provient de sa faute ; non , si elle est du fait de la partie.—Plg., 2, 350, n. 6; D.A. 9. 657, n.15.

5. — Les juges peuvent condamner aux dépens par forme de dommages-intérêts (C. pr. 137.).

6.—Les dépens doivent-ils être comptés pour déterminer la limite du dernier ressort? — V. Degrés de juridiction, p. 117 et suiv.

7.— Sur le rang de collocation des dépens dans un ordre, V. Hypothèques , Ordre.

8.— *Toute partie qui succombera*, sera condamnée aux dépens. » Tel est le texte de l'art. 130 C. pr., qui contient le principe fondamental. Il soumet

la condamnation aux dépens à deux conditions : 1° que l'on ait été partie au procès ; 2° que l'on ait succombé.

9. — 1° Pour encourir la condamnation aux dépens, il faut donc d'abord avoir été véritablement partie au procès ; cette règle a été reconnue de tout temps par la jurisprudence.

10. — Une personne qui, s'attribuant une fausse qualité, agirait en cette qualité, serait passible des dépens auxquels elle aurait donné lieu, comme si elle eût eu le droit de figurer au procès. — D.A. 9. 654, n.

11. — Jugé en conséquence que si de prétendus syndics ou directeurs d'une masse de créanciers intentent des actions, poursuivent des instances au nom des créanciers, sans avoir de véritables pouvoirs, sans être autorisés par une délibération légale, ils doivent supporter personnellement tous les frais auxquels ils ont donné lieu. — 19 aout 1807. Civ. c. Lebois. D.A. 9. 654, n. 1. D.P. 2. 563, n.

12. — *Mari.* — Il a été jugé, sous l'empire de l'ordonnance de 1667, que le mari appelé uniquement pour autoriser sa femme ne pouvait être passible des dépens, surtout si, dans l'instance, il s'agissait de biens paraphernaux. — 24 vend. an 7. Civ. c. Bourses. D.A. 9. 653, n. D.P. 2. 562. — Jugé de même sous le code civil. — 10 flor. an 13. Montpellier. Muratel. *ibid.*, n. 2. — Conf. D.A. *eod.* — *Contrà*, Bioche, v° Dépens, n. 53.

13. — Mais le mari qui a refusé d'autoriser sa femme, plaidant pour ses deniers dotaux, sans faire connaître au tribunal les motifs de son refus, a, par son silence, adhéré à l'autorisation d'office, et participé ainsi au quasi-contrat judiciaire. Il est, en conséquence, passible des dépens adjugés contre elle. — 28 avril 1806. Besançon. Pelletier. D.A. 9. 654, n. D.P. 2. 562.

14. — Le mari qui ne paraît dans une instance dans laquelle il n'a aucun intérêt, que pour y autoriser sa femme, séparée de biens, ne peut être réputé *partie* dans le procès, et, par suite, il ne peut être condamné aux frais conjointement avec sa femme qui a succombé. Cependant, s'il a été directement conclu contre lui, à cet égard, par la partie adverse, sans qu'il ait opposé sa qualité de séparé de biens, ou son défaut d'intérêt au procès, il a pu être régulièrement condamné aux frais ; et l'arrêt qui le décide ainsi échappe à toute censure (C. civ. 217 ; C. pr. 130). — 21 fév. 1832. Req. Amiens. Héraud. D.P. 32. 1. 113.

15. — Mais on a jugé qu'aucune condamnation de dépens ne peut être prononcée contre le mari qui fait défaut sur l'assignation à lui donnée pour autoriser sa femme à ester en justice. — 23 mars 1833. Bruxelles. Coygny. D.P. 34. 2. 140. — V. D.A. v° Jugement, p. 653.

16. — Le mari ne peut être tenu personnellement des dépens d'une instance dans laquelle son épouse, demanderesse en divorce, a plaidé contre lui et sans son autorisation. — 9 frim. an 14. Besançon. Léger. D.A. 9. 654, n. D.P. 2. 562. — Même décision à l'égard d'une demande en séparation de corps, formée également sans autorisation du mari. — 8 nov. 1827. Paris. Guérin. D.P. 28. 2. 179.

17. — La femme commune en biens qui, sur son action en divorce, a obtenu des dépens, n'est considérée que comme associée munie d'une créance pour les répéter, non contre son mari, mais par forme de prélèvement dans le partage de la communauté. — 13 août 1811. Bruxelles. Vanderemme. D.A. 9. 686, n. 2. D.P. 2. 573.

18. — Les frais de la demande en séparation de corps, formée par la femme qui y a succombé, doivent être supportés par elle sur ses paraphernaux, et le mari peut, en cette qualité, et pour l'autorisation, y être condamné. — 8 mai 1821. Req. Boslo. D.A. 9. 654, n. D.P. 22. 1. 163.

Sur les droits respectifs du mari et de la femme en cas de condamnation aux dépens, V. Rolland, v° Dépens, n. 10 et suiv.

19. — On a demandé si un propriétaire doit contribuer à l'imposition extraordinaire établie pour le paiement des frais d'un procès qu'il a gagné contre sa commune. Il semble qu'il y est tenu comme habitant ; mais on a objecté que s'il en était ainsi, il pourrait être exposé à perdre au-delà de ce que lui aurait valu le gain de son procès. — Cormen., *Quest. de droit administratif*, v° Communes, § 11 ; *Journ. des conseill. municip.*, p. 175. — V. Communes.

20. — Le ministère public qui agit par voie d'action et qui succombe, n'est passible d'aucune condamnation aux dépens au profit de la partie gagnante ; il en est de même en matière de discipline. — *Dict. de procédure* de Bioche, v° Dépens, n. 22.

21. — Un préfet, assigné devant une cour royale en matière d'élection, ne peut, de même que le ministère public, être condamné aux dépens, quand même il succomberait. — 27 nov. 1828. Nanci. Bontoux. D.P. 29. 2. 117. — Le 10 nov. 1828 la même cour avait rendu un arrêt contraire. — D.P. 29. 2. 119.

22. — 2° La partie qui a succombé peut seule être condamnée aux dépens. Elle en porte le fardeau, lors même que l'effet de la condamnation retomberait sur une autre partie qui n'a pas figuré dans l'instance, et encore bien qu'il y aurait eu des contestations entre d'autres parties qui y étaient étrangères (D.A. 9. 654, n. 3). — 27 fév. 1808. Paris. Dunefour. D.A. 9. 654, n. D.P. 2. 563, n.

23. — On se fonde, d'ailleurs, pour le décider ainsi, sur ce que les juges ont toute latitude pour les condamnations aux dépens, ces condamnations étant toujours supposées être prononcées d'après les principes de la justice et de l'équité. — 24 juill. 1828. Req. Dallemagne. D.P. 28. 1. 351. — 8 nov. 1830. Req. Collin. D.P. 30. 1. 391.

24. — Aussi, jugé que la condamnation à une partie des dépens peut être prononcée contre le plaideur qui, par défaut de franchise, n'oppose qu'en appel un moyen péremptoire en sa faveur. — 3 mai 1826. Caen. Cosnard. D.P. 33. 2. 132.

25. — Le saisi à qui main-levée pure et simple est donnée, ne peut être condamné aux dépens, sous prétexte que certains objets par lui placés dans l'objet saisi, auraient donné lieu à la saisie... ; et cela est vrai même sous l'empire de la législation coloniale (C. pr. 130). — 26 mars 1834. Civ. c. Lalanne. D.P. 34. 1. 348.

26. — Une femme normande, séparée de biens, qui a aliéné conjointement avec son mari une rente qui pouvait lui tenir lieu de douaire, doit, si elle a été déclarée non-recevable à demander contre les tiers la formation de lots à douaire, avant d'avoir préalablement demandé à prouver que la valeur de son douaire excédait celle de la rente aliénée, être condamnée aux dépens. — 19 nov. 1816. Civ. r. Faucon. D.A. 10. 376, n. D.P. 17. 1. 108.

27. — Celui qui a été par un arrêt déchargé de toutes les condamnations prononcées contre lui, est par là même déchargé des dépens ; il n'a succombé sur aucun point. — 1er avril 1814. Rennes. D.A. 9. 654, n. 3.

28. — Il est souvent difficile de déterminer la partie qui, en définitive, a succombé et doit payer les dépens.

29. — Obtenir une somme moindre que celle qu'on avait demandée, c'est succomber ; et, par exemple, s'il est offert 12,000 fr. pour l'indemnité due par suite d'expropriation pour cause d'utilité publique, et qu'il en soit demandé 35,000, le tribunal qui n'accorde que 14,000 fr. a pu condamner l'auteur de la demande de 35,000 fr. à la totalité des dépens. — 18 mars 1829. Req. Paris. Buillourde. D.P. 29. 1. 189. — Conf. D.A. 9. 655, n. 4.

30. — Jugé de même à l'égard d'un individu reconnu débiteur, sans qu'il eût fait d'offres, et bien que la créance réclamée contre lui fût susceptible de réduction. — 19 nov. 1813. Rennes. Nogues. D.A. 9. 659, n. D.P. 2. 1157.

31. — De même encore, le légataire qui, sur la demande en délivrance de la totalité de son legs, n'en a obtenu qu'une partie, peut être condamné à tous les dépens du procès : ici ne s'applique pas l'art. 1016 C. civ., qui met les frais de la demande en délivrance à la charge de la succession. — 28 fév. 1826. Req. Poitiers. Ladmirault. D.P. 26. 1. 177.

32. — Cet article 1016 n'est pas applicable non plus aux frais occasionés par les mauvaises et injustes contestations des légataires. Ainsi, un arrêt ne viole aucune loi, en mettant à la charge des légataires la portion de frais qu'elle considère comme ayant été occasionés par leurs demandes mal fondées. — 4 fév. 1829. Req. Leblé. D.P. 29. 1. 135.

33. — Les héritiers naturels d'une personne qui a institué des légataires universels, ont pu être condamnés aux frais de l'inventaire fait après le décès du testateur, lorsqu'il est déclaré, en fait, que ces frais ont été occasionés par les héritiers, bien qu'un des légataires universels était mineur, et qu'à cause de la minorité il y ait eu nécessité de faire un inventaire. — 17 janv. 1832. Civ. c. Rouen. Delacroix. D.P. 32. 1. 79.

34. — Le débiteur qui veut éviter des frais doit faire des offres au créancier, et celui-ci demeure chargé des dépens, si les offres sont jugées valables et suffisantes. Le créancier qui aurait refusé les offres de son débiteur ne pourrait s'exonérer des dépens en les acceptant ultérieurement : car c'est son refus

qui a causé le procès (*Prat. franç.*, t. 1er, p. 400). — 29 mars 1817. Orléans. D.A. 9. 653, n. 7.

35. — Jugé que, lorsque la régie réclame une somme plus forte que celle offerte par la partie soumise à un droit proportionnel, elle doit être condamnée aux dépens, si elle succombe dans sa demande et si la somme offerte est la seule allouée par le tribunal. — 1er fév. 1832. Req. Enreg. C. Gendron. D.P. 32. 1. 61.

36. — Décidé aussi qu'il suffit qu'une partie demandé une somme plus élevée que celle qui lui été offerte, pour que si les offres étaient suffisantes, elle ait pu être condamnée à la totalité des dépens (C. pr. 130). — 28 nov. 1833. Req. Lyon. Métra. D.P. 34. 1. 30.

37. — La partie qui déclare s'en rapporter à prudence du tribunal, s'en référer à justice, est passible des dépens, si l'adversaire gagne sa cause. Telle est l'opinion générale. (Carré, n. 550 ; Delap., t. 1er, p. 138 ; Pig., t. 1re, p. 309 ; Fav., t. 3, p. 160, n. 13 ; *Pratic. franç.*, t. 1er, p. 400 et 405 ; Merlin, *Quest.*, t. 4, p. 612 ; D.A. 9. 653, n. 5). — 12 janv. 1821. Amiens. Lépine. D.A. 3. 37. D.P. 1. 683.

38. — Lorsque la partie principale n'a eu aucune contestation avec ses co-intéressés en cause avec elle, elle ne peut, si elle succombe envers leurs adversaires communs, être condamnée aux dépens envers ceux de ses co-intéressés qui s'en seraient rapportés à justice ou qui auraient consenti à l'exercice du droit litigieux, tel qu'il serait reconnu exister. L'arrêt qui juge le contraire est susceptible de cassation. — 15 avril 1833. Civ. c. Lacroix. D.P. 33. 1. 27.

39. — Suivant l'ordonnance de 1667, la partie condamnée par défaut était tellement censée avoir succombé, lors même qu'elle obtenait gain de cause sur son opposition, qu'on exigeait du défaillant, pour que son opposition fût recevable, le paiement préalable des frais de son défaut ; cela s'appelait *refondre les dépens*. Cet usage, qui se pratique encore à la cour de cassation, en vertu du réglement de 1738, est aboli par l'art. 1041 C. pr., à l'égard des tribunaux ordinaires (D.A. 9. 655, n. 6). — 17 janv. 1811. Rome. Pietro. D.A. 9. 655, n. D.P. 2. 563, n. — 30 juill. 1810. Grenoble. D.A. 9. 655, n. D.P. 2. 563.

40. — Jugé aussi que la partie qui, ayant fait défaut en première instance, ne produit qu'en appel les titres à l'appui de son opposition, doit être condamnée aux frais des causes principales d'appel et de demande. — 9 flor. an 11. Paris. Doyen-Habert. D.A. 9. 657. D.P. 2. 564.

41. — Mais le défaillant doit-il toujours, en définitive, supporter les frais occasionés par son défaut, quand même il gagne son procès sur l'opposition ? — Oui (Delaporte ; *Pratic. franç.*). — 26 avril 1814. Rennes. Lépennec. D.A. 9. 655, n. D.P. 2. 563. — 2 fév. 1818. Grenoble. Deléon-Brunet. D.A. 9. 655, n. D.P. 2. 563, n. — 4 juill. 1821. Limoges. Thonnet. D.P. 22. 2. 84. — 4 juill. 1826. Caen. Pollée. D.P. 27. 2. 47. — Cette opinion semble trop absolue à Carré, à Favard et Dalloz, qui pensent que les tribunaux doivent apprécier les circonstances et qu'ils peuvent, selon les cas, condamner le défaillant à tout ou partie des dépens ; il est possible que celui-ci n'ait pas eu connaissance de la demande. C'est même sur cette présomption que la loi lui ouvre la voie de l'opposition. — D.A. 9. 655, n. 6.

42. — La réformation sur appel, ou l'annulation, sur pourvoi en cassation, d'une partie de la cause, n'empêche pas de condamner aux dépens la partie qui, en définitive succombe sur le chef qui demeure décidé contre elle.

43. — Ainsi, jugé que, quoiqu'un appel soit bien fondé quant à un moyen de forme, tel que celui résultant de ce qu'un procès-verbal d'experts serait irrégulier pour avoir été fait sans la présence des parties, cependant, si cet appel est mal fondé quant au fond du procès, l'appelant doit être condamné à tous dépens, autres toutefois que ceux auxquels le rapport a donné lieu. (C. pr. 130). — 3 janv. 1820. Nîmes. Ferrier. D.A. 7. 687. D.P. 20. 2. 60.

44. — ... Que lorsqu'une partie et spécialement une commune, qui a été condamnée par un jugement auquel elle n'a point été appelée, a fait annuler ce jugement sur l'appel, pour vice de forme, mais a succombé sur le fond qui a été jugé par évocation, par la cour royale, cette partie a pu être condamnée à tous les dépens, même des jugemens annulés. — 17 juin 1817. Req. Amiens. Comm. d'Haplincourt. D.A. 3. 150. D.P. 22. 1. 3.

45. — ... Que la partie qui, en cause d'appel,

fait annuler, pour incompétence, le jugement rendu contre elle, peut néanmoins, si elle succombe sur l'action principale, être condamnée par la cour royale au paiement même des frais faits en première instance. — 26 avril 1832. Req. Barbier. D.P. 32. 1. 167.

46. — Bien qu'un jugement rendu avec un intervenant ait acquis l'autorité de la chose jugée contre le défendeur originaire, par suite du désistement de l'appel par lui interjeté, cependant si, sur l'appel de l'intervenant, l'appelant qui s'était désisté intervient à son tour et conclut à être déchargé de tous les dépens prononcés contre lui en première instance, sans qu'il y ait contestation de la part d'aucune des parties, l'intimé, s'il succombe en appel, peut être condamné à tous les dépens tant de première instance que d'appel (C. civ. 1351; C. pr. 130). — 13 nov. 1833. Req. Dijon. Bardot. D.P. 34. 1. 15.

47. — Lorsqu'après la cassation d'un arrêt, le nouvel arrêt statue d'une manière conforme au premier, les frais faits antérieurement à l'arrêt de cassation peuvent être mis à la charge de la partie qui a définitivement succombé, sans que l'arrêt qui le décide ainsi doive être annulé. — 31 août 1826. Req. Cardon. D.P. 27. 1. 17.

48. — Si le défendeur poursuivi conteste la demande, l'acquiescement qu'il donne ensuite ne le décharge pas de l'obligation de supporter les frais faits jusqu'alors. — 9 déc. 1819. Metz. D.A. 9. 655, n.

49. — En général, lorsque le demandeur se désiste, ou que le défendeur acquiesce, on peut dire qu'ils succombent, et dès lors il y a lieu de prononcer la condamnation aux frais. — Merl., Rép., v° Dépens, art. 1er, Berriat, p. 156; D.A. 9. 655, n. 7.

50. — Jugé, d'après ce principe, que, si de deux parties, dont l'une avait formé d'abord une action en bornage, et l'autre une action en maintenue possessoire, la première, après avoir obtenu gain de cause en première instance, se désiste, en appel, de son action en bornage, l'autre partie ne doit, si le jugement est confirmé, être condamnée qu'aux dépens faits sur sa demande; et il y a lieu de casser l'arrêt qui, sans en donner de motifs, la condamne à la totalité des dépens des causes principale et d'appel. — 6 fév. 1828. Civ. c. Crette. D.P. 28. 1. 165.

51. — Lorsqu'un demandeur n'a conclu aux dépens que pour le cas où il y aurait contestation, si le défendeur n'adhère pas amiablement à la demande, le silence de celui-ci donne lieu à une décision judiciaire, et le tribunal peut le condamner aux dépens, encore que, loin de contester, il déclare à l'audience reconnaître le droit du demandeur. — 16 août 1831. Bourges. Préfet du Cher. D.P. 33. 2. 76.

52 — Doit être regardé comme contestant, celui qui exécute un jugement de première instance, malgré l'appel qui en est interjeté par l'autre partie; il doit donc supporter tous les frais de cette exécution anticipée. — 24 fév. 1825. Paris. Horville. D.P. 26. 2. 212.

53. — Les dépens d'une fin de non-recevoir rejetée doivent être supportés par la partie qui l'a proposée, et viennent en deduction ou compensation de ceux de la partie adverse, si elle est condamnée sur le fond — 30 juill. 1817, et 18 janv. 1819. Rennes. D.A. 9. 655, n. 6.

54. — C'est ici le lieu d'examiner si celui qui succombe sur un incident doit être, de suite, condamné à en payer les frais, ou si les dépens de l'incident peuvent être réservés pour y statuer lors de la décision sur le fond. L'art. 130, qui semble atteindre la partie qui succombe sur quelque chef que ce soit, ne resout pas le problème; car, quelle partie succombe, celle condamnée en définitive, ou celle qui a échoué sur un incident? Dans le doute, on peut distinguer entre les demandes incidentes qui, une fois jugées, sont irrévocablement écartées du procès, et celles dont la solution pourra influer sur le jugement définitif. Quant aux premières, telles que fins de non-recevoir, moyens de nullité, le tribunal, en y statuant, doit prononcer, dès lors, la condamnation aux dépens. Dans les autres, les juges peuvent et doivent réserver les dépens jusqu'au jugement définitif; c'est seulement alors qu'ils pourront apprécier sûrement si l'incident a été élevé à tort ou à raison. — Carré, n. 554; Berriat, p. 146, n. 2, D.A. 9. 655, n. 9.

55. — Il semble que le principe de cette distinction est également applicable aux demandes de provision, d'expertise, de preuve testimoniale, etc.; et, d'ailleurs, on en trouve une trace dans l'art. 3, tit. 31 de l'ordonn. de 1667, qui porte : « Si, dans le cours du procès, il survient quelque incident *qui soit jugé définitivement*, les dépens en seront pareillement adjugés. » — D.A. *eod.*

56. — Il faut joindre les dépens au fond, quand un jugement statue sur une exception ou sur un incident étranger à l'instruction de la cause. Il arrive cependant que le juge renvoie à adjuger les dépens, en statuant sur le fond, par exemple en cas de renvoi pour parenté ou connexité. — Demiau et Carré, art. 130.

57. — Jugé que le mari qui succombe dans la demande incidente en provision alimentaire, formée par la femme qui plaide contre lui en séparation de corps, doit être condamné aux dépens par le jugement rendu sur l'incident. — 31 mai 1811. Colmar. Meyer. D.A. 9. 655, n. D.P. 23. 1. 146, n.

58. — ... Que la partie qui succombe dans une demande incidente en sursis, doit être condamnée aux dépens de cet incident; ce n'est pas le cas de les réserver pour y statuer en même temps que sur le fond. — 7 mai 1823. Civ. c. Caen. Coquoin. D.A. 9. 658. D.P. 23. 1. 145.

59. — ... Que celui qui a contesté, tant contre son adversaire que contre l'intervenant, peut être condamné même aux frais d'intervention — 7 nov. 1827. Req. Durieu. D.P. 28. 1. 303.

60. — ... Que les frais faits sur l'appel par une partie intervenue en première instance et dont la présence en cour royale a été la conséquence nécessaire de l'appel du jugement, doivent être supportés par l'appelant — 11 août 1830. Req. Boissier. D.P. 30. 1. 383.

61. — ... Qu'une partie peut être condamnée à la totalité des dépens, sans qu'il y ait lieu à la censure, encore bien qu'un point du litige reste encore indécis et dépendant d'une expertise, lorsque la condamnation n'est prononcée qu'à titre de dommages-intérêts. — 15 juin 1830. Civ. c. Sénéchal. D.P. 30. 1. 283.

62. — ... Que quoiqu'un arrêt qui prononce définitivement sur le fond de la contestation, renvoie devant des experts, pour l'exécution de l'arrêt et spécialement pour opérer un bornage, la partie qui succombe a pu, dès à présent, et sans attendre le résultat de l'expertise, être condamnée aux dépens. — 17 mai 1831. Req. Comm. de Saint-Julien. D.P. 33. 1. 119.

63. — ... Que la partie qui, par son refus d'accéder à la sommation de recevoir les actes authentiques, suppléant suffisamment aux titres adirés par un tiers, a nécessité la mise en cause de ce tiers, est tenue des dépens postérieurs à cette sommation : tous ceux qui ont précédé sont à la charge du tiers dont l'adirement est le fait — 28 mars 1832. Aix. Vidal. D.P. 33. 2. 7.

64 — Les dépens des jugemens préparatoires et interlocutoires sont ordinairement réservés, et ne font l'objet d'une condamnation que dans le jugement definitif. — Lep., p. 137; Demiau et Carré, art. 130.

65. — Mais s'il y a appel de l'interlocutoire, le juge d'appel doit statuer sur les dépens faits devant lui. — Fav., v° Jugement; *Prat. franç.*, t. 1er, p. 398; Carré, art. 130.

66. — La partie qui, ayant ouvert une action en expédition de séquestration, change ensuite ses conclusions, et convertit sa demande en une déclaration d'hypothèque, doit tenter de nouveau la conciliation; et, dans ce cas, les frais tombent à sa charge. Ils sont néanmoins à la charge de la partie adverse, s'ils ont été occasionés par la faute de celle-ci de notifier les titres. — 27 mai 1808. Aix. Gay. D.A. 9. 658. D.P. 2. 564.

67. — Un individu appelé en garantie, et qui est mis hors de cause, est, en général, déchargé des dépens : car il se trouve déclaré totalement étranger au litige. — Carré, 1, 309, et n. 783; D.A. 9. 656, n. 10.

68. — Toutefois, le garant qui est mis hors de cause sur l'action récursoire exercée contre lui, peut être condamné aux dépens, conjointement avec le garanti qui succombe, par cela seul qu'il a pris des conclusions pour appuyer les prétentions de ce dernier. — 13 août 1819. Req. Lecointre. D.A. 9. 636, n. D.P. 19. 1. 501.

69. — Le garant qui succombe doit les dépens au garanti; Merlin pense qu'il ne les doit que du jour où la demande originaire lui a été dénoncée. — Rép., v° Dépens; n. 8; D.A. *eod.*

70. — Jugé que le garant qui succombe peut être condamné à tous les dépens, depuis la demande originaire, quoiqu'il n'ait été appelé en cause qu'après le délai de huitaine fixé par l'art. 175 C. proc — 5 mars 1827. Civ. r. Préfet du Bas-Rhin. D.P. 27. 1. 160.

71. — Mais le garant appelé seulement en cause dans l'instance d'appel, ne peut être condamné aux frais de première instance, quelle que soit l'issue du procès. — 16 juill. 1810. Trèves. Thonerkauff. D.A. 4. 745. D.P. 1. 1256.

72. — Jugé aussi que le garant appelé en garantie sur l'appel peut n'être condamné à supporter les frais faits par le demandeur originaire, qu'à compter du jour où il a été appelé en garantie (C. civ., art. 1030). — 8 nov. 1820. Req. Petit. D.A. 8. 587. D.P. 21. 1. 377.

73. — La partie qui succombe peut être condamnée aux frais que l'autre partie a faits pour mettre des garans en cause. — 25 juill. 1832. Req. Fould. D.P. 33. 1. 68.

74. — La partie qui a été déclarée mal fondée à soutenir la validité d'un prétendu acte de vente, contre l'un des signataires, a été justement condamnée aux frais, tant de cette action que des actions en garantie de la part de ceux-ci contre les non signataires de l'acte. — 26 juill. 1832. Req. Lassaux. D.P. 32. 1. 413.

75. — La partie qui a paru dans une instance, comme garant, peut cependant être condamnée aux dépens, même envers la partie principale, si elle ne s'est pas bornée à se défendre contre la garantie, mais qu'elle ait aussi conclu au rejet de la demande principale (C. pr. 130). — 30 juill. 1834. Req. Laugier. D.P. 34. 1. 454. — 30 juill. 1834. Req. Tassy. D.P. 34. 1. 455.

76. — Dans le cas où, sur la demande en garantie que des locataires ont formée contre le bailleur, en ce que l'autorité municipale fait exécuter des constructions qui nuisent à la location, il a été rendu un arrêt qui rejette la demande en garantie, et condamne l'autorité municipale, mise en cause, soit aux dépens, soit à indemniser le propriétaire, cette autorité n'est pas fondée à se faire un moyen de ce que les demandeurs en garantie n'auraient pas été condamnés aux dépens. En un tel cas, il est vrai de dire que ces derniers n'ont pas succombé, et il est laissé au pouvoir des juges d'apprécier quelle partie est, à ce titre, passible des dépens. — 11 déc. 1827. Req. Ville d'Aix. D.P. 28. 1. 54.

77. — L'héritier qui méconnaît l'écriture de son auteur doit être condamné aux dépens de la vérification, bien qu'en usant de la faculté de méconnaître, il n'élève pas, à proprement parler, une contestation; l'écriture est, en définitive, reconnue émaner de celui à qui on l'attribue. — D.A. 9. 656, n. 11.

78. — Jugé, en ce sens, que des héritiers qui dénient, même de bonne foi, la signature de leur auteur, doivent être condamnés aux dépens de la vérification, quand, par suite de cette vérification, cette signature a été reconnue sincère et véritable. L'arrêt qui mettrait les dépens à la charge du réclamant violerait l'art. 130 C. pr. — 6 juill. 1822. Req. Amiens. Dutriaux. D.A. 9. 656, n. D.P. 22. 1. 545. — 21 fév. 1826 Nîmes. Chaussy. D.P. 26. 2. 208. — 11 mai 1829. Civ. c. Riom. Delserieyes. D.P. 29. 1. 241. — *Contrà.*, 16 fév. 1824. Bastia. Mattei. D.A. 9. 656, n. D.P. 2. 563, n. 5

79. — Aux termes de l'art 132 C. pr., les avoués, huissiers, tuteurs, curateurs, ou autres administrateurs qui auront compromis les intérêts de leur administration, peuvent être personnellement condamnés aux dépens, en leur nom, et sans répétition (Carré, n. 562; D.A. 9. 657, n. 12). — A cet égard, les tribunaux apprécient les circonstances. On ne saurait établir des règles générales. — V. Bioche, v° Dépens, n. 44 et suiv.

80. — Un avoué ne peut être personnellement condamné aux dépens d'un procès qu'il a conseillé, s'il n'est pas reconnu en fait et déclaré par le jugement qui le condamne, que le conseil de plaider a été donné par cet avoué insidieusement et de mauvaise foi. — 13 juill. 1824. Civ. c. Millard. D.A. 2. 216. D.P. 24. 1. 351.

81. — Si un procès, quoique intenté et soutenu par des individus en leur nom personnel, ne l'a été que de concert avec un avoué, dont ils sont les représentans interposés, et dans l'intérêt exclusif de ce dernier ou de sa compagnie, en ce que, par exemple, il s'agit uniquement de déterminer les droits des avoués contre les huissiers, l'avoué a pu être condamné personnellement aux dépens. — En un tel cas, il ne peut se faire un moyen de ce qu'il aurait été condamné sans avoir été entendu; il doit être réputé avoir été entendu personnellement et individuellement : et, comme avoué, il a pu être déclaré passible de la procédure frustratoire par lui faite. — 22 mai 1832. Req. Millard. D.P. 32. 1. 228.

82. — L'avoué qui, étant le conseil de toutes les parties, a engagé, dans un but de chicane et dans son intérêt personnel, une poursuite en saisie-immobilière pour le paiement d'une somme modique, a pu être déclaré passible du montant des frais frustratoires qu'il a occasionés, et cela, encore bien que l'action serait plus ou moins fondée en droit (C. pr. 130). — 25 fév. 1834. Req. Jeudon. D.P. 34. 1. 192.

83. — Est passible des dépens faits sur l'appel, un tuteur qui a interjeté cet appel sans autorisation du conseil de famille. — 18 avril 1806. Riom. D.A. 9. 657, n. 1.

84. — Un curateur à une succession vacante a droit au remboursement des frais faits dans une instance où il a succombé lorsqu'il a suivi les avis de l'avocat qui lui a été nommé. — 11 août 1813. Rennes. D.A. 9. 657, n. 1.

85. — Celui qui n'a intenté une action qu'en qualité d'envoyé en possession des biens d'un absent, n'a pas dû être condamné personnellement aux dépens, en vertu de l'art. 132 C. pr. — 8 juin 1831. Toulouse. Dornis. D.P. 33. 2. 67.

86. — Un receveur-général des finances, préposé à la caisse des dépôts et consignations, qui, pour se procurer une sûreté plus grande pour le paiement des sommes consignées en sa caisse, soulève des contestations mal fondées, doit être condamné personnellement aux dépens. — 6 sept. 1831. Bordeaux. Laporte. D.P. 32. 2. 12.

87. — Dans les cas où l'administrateur, le tuteur, le représentant, en un mot, d'une partie, a été personnellement condamné aux dépens, il importe que le jugement exprime clairement que la condamnation est personnelle et qu'il en déduise les motifs. — Carré, art. 132.

88. — Les administrations publiques doivent être condamnées aux frais des instances dans lesquelles elles succombent (Décr. 18 juin 1811, art. 158). — 10 fév. 1824. Aix. Octroi de Marseille Lieutaud. D.P. 26. 1. 421.

Cependant, la jurisprudence du conseil d'état déroge à ce principe dans les matières domaniales. — V. *infrà*, art. 3.

89. — Les frais faits, en première instance, par un concessionnaire de droits dans les forêts de l'état, pour, aux termes de l'art. 58 C. forest., faire statuer, par les tribunaux, sur la validité de son titre qu'il prétend n'être pas atteint par les prohibitions de ce même article, sont à la charge de ce concessionnaire, encore que son titre ait été reconnu valable. — Ici ne s'applique pas l'art. 130 C. pr., en ce qu'il y a obligation pour le domaine de contester, et que cette procédure est toute dans l'intérêt du concessionnaire.

Dans ce cas, cependant, les frais de l'appel sont à la charge du domaine. — 13 nov. 1833. Nanci. Préf. de la Meurthe. D P. 34. 1. 99.

90. — Il suffit que l'autorité administrative ait gardé le silence sur l'invitation à elle faite par l'usager de reconnaître des droits d'usage, tels que des droits de pacage possédés par lui dans les forêts domaniales, pour que le tribunal, saisi par suite de la demande en reconnaissance, condamne le préfet aux dépens, quoique celui-ci déclare ensuite ne pas contester les droits réclamés (C. pr. 130). — 9 avril 1834. Civ. r. Préf. du Cher. D.P. 34 1. 164.

91. — Un juge ou juge de paix ne peut être condamné aux frais d'un procès, qu'autant qu'il a été préalablement pris à partie dans les formes voulues par la loi. — 7 juin 1810. Req. int. de la loi. Barberini. D.A. 7. 602. D.P. 10. 1. 240.

92. — Le juge de paix qui, sur la récusation dirigée contre lui, s'abstient ou refuse de s'abstenir, ne fait qu'user de son droit de magistrat... En conséquence, il ne peut être condamné aux dépens, encore bien que, sur l'appel, la récusation aurait été admise. — C'est à tort qu'on aurait assimilé un tel juge à une partie adverse du récusant (C. pr. 130, 44, 1030). — 30 juill. 1834. Civ. c. int. de la loi C. Juge de paix de Châlons. D.P. 34. 1. 358.

93. — Le seul cas qui ferait difficulté serait celui où le moyen de récusation serait tellement évident qu'un juge ne pourrait refuser de s'abstenir sans être taxé d'ignorance la plus grossière, ou de disposition tracassière, ou de mauvaise foi. Or, rien de pareil ne paraît avoir été considéré dans l'espèce actuelle.

§ 2. — *De la solidarité dans la condamnation aux dépens.*

94. — La solidarité n'existe que quand elle a été expressément stipulée, ou quand elle a lieu de plein

droit en vertu de la loi (C. civ. 1202). Or, aucun texte ne déclare solidaire la condamnation aux dépens, prononcée contre plusieurs parties. — Carré, n. 553; Pig., *Comm*, p. 308 et 309; Berriat, p. 158; Fav., vo Jugement, p. 159; Merl., Rép., t. 3, vo Dépens; *Pratic. franç.*, t. 1er, p. 400; D.A. 9. 666, n. 1.

95. — Jugé, en ce sens, que la condamnation aux dépens étant la peine du plaideur téméraire, elle doit être personnelle et non solidaire. — 8 fév. 1824. Agen. Thore. D.A. 11. 644. D.P. 2. 1149.

96. — Les dépens n'étant point solidaires, ils doivent se partager. La division se fait par tête, et non en proportion de l'intérêt de chaque partie dans la cause. (Carré, n. 553; Fav., t. 3, p. 552; Merl., Rép., vo Dépens, § 7; le *Pratic. franç.*, t. 1er, p. 400. — *Contrà*, Berriat, p. 158; D.A. 9. 666, n. 2). — Dalloz estime que les frais faits dans l'intérêt d'une seule partie, et qui n'auraient pas eu lieu sans sa présence dans la cause, doivent rester à la charge personnelle de cette partie.

97. — Jugé que, dans un procès entre plusieurs parties ayant des intérêts divers sur le même objet, les dépens ne doivent pas être supportés au marc le franc des sommes que chaque partie avait à réclamer, mais laissés à la charge de la partie qui a succombé. — 7 mai 1818. Rennes. D.A. 9. 666, n.

98. — Ordinairement, les frais de partage judiciaire, des opérations préliminaires de scellés, d'inventaire, d'expertise, sont pris sur la masse, et répartis ensuite *pro modo emolumenti*. — Bioche, vo Dépens, n. 31.

99. — La répartition des dépens rentre dans le pouvoir discrétionnaire des juges, et ne peut donner lieu à cassation (C. pr. 130). — 12 août 1824. Req. Laplanche. D.A. 12. 651, n. 13. D.P. 2. 1385.

100. — Le principe de la non solidarité des dépens est incontestable, lorsque les parties n'étaient pas engagées solidairement, et agissaient chacune dans un intérêt propre. — 20 juill. 1814. Civ. c. Combray. D.A. 9. 667. D.P. 14. 1. 632. — 1er août 1829. Bordeaux. Harnist. D.P. 31. 2. 176.

101. — Décidé de même que, lorsqu'entre deux parties il n'existe ni solidarité conventionnelle, ni solidarité légale, on ne peut pas les condamner solidairement aux dépens. — 1er déc. 1819. Civ. c. Lafond. D.A. 9. 667, note 1re. D.P. 19. 1. 658.

102. — ... Que des enfans, ne pouvant être condamnés solidairement à payer des alimens à leurs parens, ne peuvent, par suite, être condamnés solidairement aux frais. — 14 juill. 1827. Rouen. Grenier. D.P. 27. 2. 165. — Sur la condamnation aux alimens, et la question de savoir si elle est solidaire ou indivisible, V. Alimens.

103. — ... Que la solidarité ne peut être prononcée pour dépens, en matière civile, contre des époux, alors que ces dépens ne sont pas adjugés à titre de dommages-intérêts. — 17 janv. 1832. Civ. c. Rouen. Delacroix. D.P. 32. 1. 79.

104. — Mais les juges peuvent condamner aux dépens solidaires des parties liées par une obligation principale, solidaire ou indivisible.

105. — Ainsi, en supprimant comme injurieux un mémoire publié par plusieurs parties agissant dans le même intérêt, et qui succombent au fond, les juges peuvent, en prononçant contre elles des dommages-intérêts, les condamner *solidairement pour plus ample réparation*, aux dépens de l'instance. — 6 juin 1811. Req. Lannoy. D.A. 9. 666, n. D.P. 2. 567, n.; Boncenne, t. 2, p. 545; Merl., Rép., vo Dépens, n. 17.

106. — De même, la condamnation aux dépens adjugés sur poursuites d'obligations indivisibles entre parties qui en contestaient l'exécution, peut être prononcée solidairement contre tous les obligés. — 11 janv. 1825. Req. Rouen. Oursel. D.P. 25. 1. 133.

107. — Jugé même que des héritiers qui succombent dans l'instance qu'ils ont intentée cumulativement et indivisément, peuvent être tenus solidairement au paiement des frais, quoique le jugement n'ait pas prononcé la solidarité. — 17 mai 1808. Rouen. Basile. D.A. 9. 667. D.P. 2. 568.

108. — Jugé, au contraire, qu'on ne peut pas poursuivre solidairement la condamnation aux dépens contre plusieurs personnes, par cela seul qu'elles ont été condamnées solidairement au principal; il faut que la décision porte que les parties qui ont succombé seront tenues solidairement des dépens. — 13 therm. an 13. Paris. Giraud. D.A. 9. 666, n. D.P. 2. 567, n.

109. — S'il y a des nullités commises dans l'exploit signifié à l'un des débiteurs solidaires, celui-là ne sera pas solidaire des frais de la procédure régulière contre ses consorts; il fera condamner le

créancier aux dépens à cause de la nullité de l'exploit et de ce qui a suivi. — Boncenne, t. 2, p. 544.

110. — Un avoué qui a occupé pour plusieurs personnes intéressées dans la même affaire, a, pour le paiement de ses frais, une action solidaire contre chacune d'elles (C. civ. 2002. — Domat, C. civ., tit. 15, sect. 2; Fav., vo Dépens, p. 56, n. 5; Hautefeuille, p. 106; Berriat, t. 1er, p. 75, note 22, n. 4; D.A. 9. 667, n. 4). — 2 avril 1810. Liége. Mathias. D.A. 9. 668, n. D.P. 10. 2. 130. — 25 août 1812. Rennes. D.A. 9. 668, n. — 26 juill. 1827. Orléans. Popelin. D.P. 28. 2. 65. — 15 nov. 1831. Toulouse. N... D.P. 32. 2. 57. — *Contrà*, 20 nov. 1809. Besançon. Leger. D.A. 9. 668. D.P. 2. 568.

111. — Les frais d'une demande en séparation de corps, formée par une femme contre son mari, et sans autorisation de ce dernier, ne sont pas à la charge de la communauté, et, dès lors, l'avoué de la femme qui a succombé en appel dans sa demande, n'est pas fondé à diriger contre les époux une action solidaire pour le paiement des frais qu'il a avancés pour sa cliente. — 8 nov. 1827. Paris. Guérin. D.P. 28. 2. 179.

112. — Une question fort importante est celle de savoir comment doivent être supportés les frais faits par une seule partie pour soutenir des intérêts communs. Merlin avait d'abord pensé que si la partie a fait plus de frais qu'elle n'en aurait fait pour elle même, elle pourrait répéter contre les cointéressés leur part des frais avancés; il a, depuis, abandonné cette opinion. Proudhon, *de l'Usuf.*, n. 1730 et suiv., enseigne que, si le communiste ou co-propriétaire a succombé, la condamnation lui demeure personnelle; s'il a triomphé, il peut demander le remboursement de ses avances, pourvu que la cause ait eu pour objet une exception réelle, et non une exception purement personnelle à celui qui l'a fait valoir. — D.A. 9. 667, n. 5.

§ 3. — *De la compensation des dépens.*

113. — On distingue deux espèces de compensations de dépens. La première, appelée *compensation simple*, a lieu lorsque chaque partie doit payer les frais qu'elle a faits ou avancés; ce n'est pas, à proprement parler, une compensation. La compensation *proportionnelle* existe quand une partie est condamnée à payer une partie des frais de son adversaire. — Carré, n. 557; Lepage, *Quest.*, p. 136 et 137; D.A. 9. 670, n. 2; Boncenne, t 2, p. 538.

114. — L'ordonnance de 1667 ne permettait pas d'exception à la condamnation aux dépens contre la partie qui avait succombé, le code de procédure civile en a modifié la rigueur par la double disposition de l'art. 131 C. pr., qui porte : « pourront néanmoins les dépens être compensés en tout, ou en partie, entre conjoints, ascendans, descendans, frères et sœurs ou alliés au même degré; les juges pourront aussi compenser les dépens en tout ou en partie, si les parties succombent respectivement sur quelques chefs. »

115. — Hors ces deux cas, la compensation ne peut pas être prononcée (D.A. 9. 650). — 14 juill. 1813. Rennes. D.A. 9. 670, n. 3.

116. — L'art. 131 C. pr. n'ordonne pas, mais autorise seulement la compensation (D.A. 9. 670, n. 3). — On verra ce principe consacré par plusieurs arrêts.

117. — Lorsqu'un arrêt prononce une compensation générale des dépens, sans préciser les frais contumaciaux, ces frais se trouvent nécessairement compris dans la compensation générale. — 5 juill. 1823. Grenoble. Gras. D.A. 9. 685, n., n. 3. D.P. 2. 573, n. 3.

118. — Dans une compensation de dépens, chacune des parties est passible de ceux qu'elle a payés personnellement. — Même arrêt.

119. — *Compensation entre parens.* — Les juges peuvent compenser ou ne pas compenser entre parties parentés au degré fixé. — 10 sept. 1813. Rennes. D.A. 9 670. — 24 nov. 1817. Rennes. D.A. 9. 670, n.

120. — Mais il leur est interdit de le faire au-delà du degré prévu, comme, par exemple, entre oncles et petites-nièces. — 25 juill. 1827. Grenoble. Long-Manuel. D.P. 28. 2. 119. — Entre cousins germains. — 1er mars 1817. Aix. Garachon. D.A. 9. 671, n. D.P. 2. 570, n. 1.

121. — *Compensation entre parties succombant respectivement sur quelques chefs.* — Dans cette seconde hypothèse de l'art. 131 C. pr., comme dans la première, la compensation des dépens n'est pas rigoureusement exigée; elle est purement facultative. — 14 août 1817. Req. Gazay. D.A. 6. 605. — 6 déc. 1830 Req. Romieu. D.P. 31. 1. 16.

122.— La compensation dépend alors du fait que les parties ont respectivement succombé; la déclaration de ce fait ne peut donner ouverture à cassation; il n'y aurait qu'un mal jugé (D. A. 9. 771, n. 5). — 18 mai 1808. Req. Enreg. Lebeau. D.A. 9. 671. D.P. 8. 2. 76.

123. — Pourvu que les juges déclarent que les parties ont respectivement succombé, leur décision, quant à la compensation, est a l'abri de la censure. De là vient la diversité des applications suivantes.— 671, n. 5.

124. — Jugé qu'il suffit que chaque partie ait succombé sur quelques chefs, pour que les frais aient pu être compensés. — 1er août 1832. Civ. r. Caen. Lehugeur. D.P. 32. 1. 341.

125. —... Que les dépens peuvent être compensés lorsque les deux parties ont des torts respectifs à s'imputer. — 7 janv. 1809. Paris. Becœur. D.A. 9. 671. D.P. 2. 570.

126. —... Que c'est le cas de compenser les dépens, si les deux parties ont concouru à la violation de la loi. — 5 mars 1823. Civ. c. Pellerin. D.A. 4. 240. D.P. 23. 1. 172. — Voy. encore Notaire, Responsabilité.

127. —... Que lorsque plusieurs jugemens ayant été annulés par un arrêt, les parties ont été renvoyées devant les premiers juges, dépens réservés, si la cause de l'annulation est étrangère à toutes les parties, on peut, en définitive, compenser les dépens. — 25 août 1829. Colmar. Haffen. D.P. 30. 2. 226.

128. —... Que lorsque, dans une instance, le défendeur n'a opposé l'incompétence à raison de la matière qu'en appel, il y a lieu de compenser les dépens. — 19 avril 1823. Metz. Legendre. D.A. 2. 724. D.P. 24. 2. 21.

129. —... Que lorsque le défendeur à une demande en réglement de juges acquiesce à cette demande, il y a lieu de compenser les dépens. — 1er oct. 1825. Cr. ch. vac. régl. de jug Brivazac. D.P. 26. 1. 48.

130. — .. Qu'il en est de même, si la marche irrégulière suivie par le demandeur a été le résultat d'une erreur commune. — 27 janv. 1825. Aix. Pénitens noirs d'Arles. D.P. 26. 2. 131.

131. —... Que l'arrêt qui condamne au tiers des dépens la partie qui a succombé dans une demande reconventionnelle, ne peut être attaqué, sous le prétexte que l'autre partie, ayant succombé dans la demande principale, était tenue de la totalité des dépens. — 25 janv. 1827. Req. Rouvières. D.P. 27. 1. 125.

132. —... Que, de ce qu'une demande d'indemnité, pour cause d'expropriation, a été réduite sur avis d'expert, il ne suit pas que, si cette demande est juste en elle-même, on puisse faire supporter partie des dépens au demandeur, en les compensant; il doit en être entièrement déchargé.— 8 janv. 1830. Bordeaux. Bernadeau. D.P. 30. 2 86.

133. —... Que celui qui a obtenu une partie de ce qu'il demandait, ne doit pas être condamné en *tous* les dépens; c'est le cas d'ordonner la compensation.— 14 janv. 1830. Bordeaux. Leborgne. D.P. 30. 2. 89.

134. — Enfin, il a même été jugé qu'une compensation de dépens a pu être ordonnée entre parties non parentes, bien qu'il n'y eût qu'un seul chef de contestation; cette décision, du moins, échappe à la censure de la cour de cassation.— 18 mai 1808. Req. Enreg. Lebeau. D.A. 9. 671. D.P. 8. 2. 76.

135.— Jugé de même que si la compensation peut être accordée pour un seul chef perdu, elle peut être refusée pour un seul chef gagné. — Spécialement l'art. 131 C. pr. n'est que facultatif, en ce sens qu'une partie a pu être condamnée à tous les dépens, bien qu'elle ait obtenu gain de cause sur un chef. — 2 juill. 1834. Req. Duval-Liard. D.P. 34. 1. 289.

136. — Il y a lieu, ce semble, de compenser les dépens lorsque la partie succombant en définitive, a été jugée fondée dans une demande incidente dont les dépens ont été réservés. — Carré, n. 559; D.A. 9. 671., n.7.

137. — S'il y a seulement compensation simple, c'est-à-dire si les juges ont purement et simplement déclaré les dépens compensés, la partie qui a avancé les frais d'une expertise, d'une descente, ou autres semblables, ne peut rien en répéter, parce qu'il n'y a pas réellement condamnation aux dépens; mais s'il y a compensation proportionnelle, chaque partie étant condamnée à une portion de dépens, peut réclamer ses avances au *prorata* de la condamnation prononcée à son profit. — Jousse; Carré, n. 560; Lepage, *Quest*, p. 140; D.A. 9. 671., n.8.

138. — Les frais du jugement, quand les dépens sont compensés, doivent être supportés par la partie qui le lève et le signifie, lorsque le juge n'en a pas ordonné autrement, ou que la compensation n'a pas été proportionnelle. — Carré, n. 561. Delaporte. t. 1er, p. 241; D.A. 9. 671. 9.

139. — Jugé que la signification et la levée d'un arrêt ne sont qu'un complément de l'instance, et la répartition des frais qu'elles ont occasionés doit être réglée entre les parties qui succombent, par la disposition relative aux dépens; en conséquence, lorsqu'une des parties est condamnée à deux tiers des frais, et plusieurs autres à un tiers, cette division se continue non seulement pour ceux faits avant l'arrêt, mais encore pour ceux de sa levée et de sa signification, quel que soit le nombre des significations qu'on ait été obligé de faire. On dirait en vain que la disposition de l'arrêt ne comprend que ceux faits jusqu'à son obtention, et que les autres doivent être supportés par la partie qui y a donné lieu.— 12 nov. 1831 Bourges. Maine. D.P. 32. 2. 191.

140. — Mais, si un jugement devient le titre d'une des parties, les frais, tels que ceux d'enregistrement, d'expédition et de signification, doivent être à la charge de la partie qui a succombé, et non être payés entre elles ou mis à la charge de celle qui y donnerait lieu. — 10 juill. 1831. Bordeaux. Viard. D.P. 32. 2. 172.

141. — Lorsqu'une partie a succombé en première instance et a été condamnée aux dépens, et que, sur son appel, la cour, en infirmant, a compensé les dépens, tant de cause principale que d'appel, hors les frais et coût de l'arrêt, laissés à la charge de l'appelant, on ne peut comprendre dans l'exécutoire levé contre lui ceux du jugement.— 20 juill. 1821. Colmar. Bruner. D.A. 9. 672. D.P. 2. 570.

§ 4. — *De la distraction des dépens.*

142. — L'art. 133 C. pr. autorise les avoués à demander que les dépens dont ils ont fait l'avance soient distraits, à leur profit, des condamnations prononcées en faveur de leur client. La loi ne parle que des avoués; le privilége de la distraction ne peut être étendu à d'autres officiers ministériels, par exemple, aux huissiers, comme le pense Pigeau, *Comment*, t. 1er, p. 316, n. 1.—D.A. 9. 672, n. 1; Bioche, v° Dépens n. 96.

143.— Si les parties ont été condamnées respectivement aux dépens, leurs avoués peuvent demander la distraction de la portion des dépens mis à la charge de la partie adverse.—Carré, art. 133; Merl., Rép., v° Distraction de dépens; Berriat, n. 73, n. — *Contrà*, Demiau, art. 131.

144. — Mais si deux parties transigent avant le jugement, l'avoué de l'une ne peut agir contre l'autre, sous prétexte que s'il y avait eu jugement, la distraction aurait été ordonnée à son profit.— Bioche, v° Dépens, n. 78.

145.— Lorsque, sur l'appel, un jugement est infirmé, et que l'intimé est condamné à tous les dépens des causes principale et d'appel, l'avoué de l'appelant peut obtenir la distraction de tous les dépens dont la condamnation est prononcée, même ceux de première instance. — 5 mai 1820. Amiens. Bobée. D.A. 9. 673, n. D.P. 2. 570, n. 1. — 8 juill. 1828. Req. Gauthier. D.P. 28. 1. 318. — 1er avril 1830. Lyon. Reynaud. D.P. 32. 2. 189.

146.—L'art. 133 n'ayant prescrit aucun mode particulier, la demande de distraction peut se faire, soit dans les actes de la procédure, soit à l'audience, verbalement.—D.A. 9. 673, n. 4; Carré, n. 564; Pig., t. 1er, p. 618.

147.—Elle doit être formée avant le jugement, à peine de nullité (Pig., t. 1er, p 318 et 319; Carré, n. 564). — Cette opinion paraît trop rigoureuse, et l'expression, *lors de la prononciation*, semble s'appliquer aussi bien à ce qui se fait immédiatement après qu'à ce qui se passe immédiatement avant le jugement.— D.A. 9. 673, n. 4; Bloche, v° Dépens, n. 81.

148.—Pour qu'il y ait lieu à distraction, il faut que l'avoué affirme, lors du jugement, qu'il a fait la plus grande partie des avances; et qu'elle soit prononcée par le jugement qui en portera la condamnation (C. pr. 133).

149.— L'affirmation de l'avoué et pure est simple, et non accompagnée de serment. — Delaporte, t. 1er, p. 142; Carré, n. 566; Fav., v° jugement, p. 162; D.A. 9. 672, n. 2; Bonc., t. 2, p. 567. — *Contrà*, 22 janv. 1811. Rome. Brenda. D.A. 9. 672, n. D.P. 11. 2. 193.

150.— La loi ne disant pas que l'affirmation sera faite au moment même où la distraction sera prononcée, une cour peut ordonner la distraction au profit d'un avoué de première instance, à la charge de faire l'affirmation devant le tribunal auprès duquel il exerce.— 14 fév. 1827. Civ. r. Vimeux. D.P. 28. 1. 77.

151.—En cas d'absence des avoués au moment où une cour va rendre son arrêt, la distraction des dépens peut être demandée dans l'intérêt de chaque avoué par l'avocat qui a plaidé dans la cause, sauf à l'avoué à affirmer, dans la prochaine audience, qu'il a fait l'avance des frais...; seulement les frais de l'arrêt qui reçoit cette affirmation tardive doivent demeurer à la charge personnelle des avoués. — Même arrêt.— 15 mars 1828. Riom. Dupic. D.P. 28. 2. 230.

152. — La distraction des dépens peut aussi être demandée par le confrère de l'avoué absent lors de la prononciation de l'arrêt qui adjuge les dépens à ses cliens, à charge, par *l'avoué suppléé*, d'affirmer, à ses frais, à une audience ultérieure, qu'il a fait l'avance des dépens.— 20 juin 1832. Bordeaux. Martin. D.P. 33. 2. 115.

153.— Jugé que la distraction est valablement ordonnée lorsque l'avoué a fait l'affirmation dans une requête signifiée avant la décision; qu'il suffit même que, dans des conclusions, l'avoué ait offert d'affirmer, la distraction n'étant, dans ce cas, ordonnée qu'à charge de l'affirmation, qu'il est libre à la partie de requérir avant de payer.—2 janv. 1828. Civ. c. Secondé. D.P. 28. 1. 78.

154. — La décision qui ordonne une distration de dépens doit, à peine d'être cassée, justifier de l'affirmation par l'avoué, faite lors de la prononciation, qu'il a avancé la majeure partie des frais (Merl., Rép., v° Distribution de dépens, n. 6; Carré, n. 565; Berriat, t. 1er, p. 72, n. 22) — 30 avril 1811. Civ. c. Enjalvin. D.A. 9. 674, n. D.P. 11. 1. 255.

155.— Jugé, au contraire, que, dans l'usage, l'affirmation d'avoir avancé les dépens de ses deniers, ayant lieu à l'audience, et l'art. 133 C. pr. n'ordonnant pas la mention de cette affirmation, à peine de nullité, on ne peut annuler un arrêt qui ordonne une distraction de dépens au profit d'un avoué d'appel, sur le motif que l'arrêt ne mentionnerait pas qu'il les a avancés de ses propres deniers. — 8 juill. 1828. Req. Bourlier. D.P. 28. 1. 318.—6 nov. 1828. Req. Verrier. D.P. 28. 1. 318 et 2. 435. — Conf. D.A. 9. 673, n. 5.

156.— La partie dont l'avoué a obtenu la distraction des dépens à son profit, sans avoir fait l'affirmation, n'est pas recevable à critiquer, sur ce motif, ce chef du jugement.— 30 déc. 1813. Cr. r. Paris. Regnier. D.A. 5. 24. D.P. 14. 1. 129.

157.— L'art. 133 veut que la distraction des dépens soit prononcée par le jugement même qui en porte la condamnation. Toutefois, les frais même du jugement ou de l'arrêt, c'est-à-dire l'enregistrement, l'expédition et signification, sont postérieurs à la condamnation principale; l'avoué pourrait donc en demander ultérieurement la distraction (D.A. 9. 674, n. 7).— 14 juill. 1812. Paris. Héloin. D.A. 9. 675. D.P. 2. 571.

158.— On peut obliger l'avoué à produire le registre qu'il doit tenir, et qui sert à contrôler l'exactitude de sa déclaration (Pig., t. 1er, p. 519; Carré, n. 567; D.A. 9. 674, n. 8).— 22 janv. 1811. Rome. Brenda. D.A. 9. 672, n. 1. D.P. 11. 2. 193.

159.— On a considéré la distraction comme une cession opérée de plein droit par la loi elle-même, de la créance des dépens adjugés. — 5 mai 1820. Amiens. Bobée. D.A. 9. 673, n. 1. D.P. 2. 570, n. 1.— *Contrà*, D.A. 9. 674, n. 9.

160.— La partie au profit de laquelle les dépens ont été prononcés, n'est pas tellement dépouillée de tous droits, que, si l'avoué ne poursuit pas le recouvrement, elle ne puisse agir contre celle qui a succombé (D.A. 9 674, n. 9). — 25 mai 1807. Civ. c. Paris. D.A. 9. 675. D.P. 2. 571. — Conf. Merl., Rép., v° Dépens, § 5; Carré, n. 569.

Mais il faut que le client ait mis son avoué en demeure de poursuivre l'adversaire.— Bioche, v° Dépens, n. 90.

161. — L'avoué qui n'a pas demandé la distraction peut, en formant opposition entre les mains du condamné, avant que son client ait fait cession de sa créance, exercer un privilége, par application de l'art 2102, § 3, C. civ., qui déclare privilégiés les frais faits pour la conservation de la chose. — Carré, n. 570; Pigeau, t. 1er, p. 519; D.A. 9. 674, n. 10.

163. — A plus forte raison, doit-il en être ainsi lorsque la distraction a été ordonnée. — 12 déc. 1810. Metz. Dorr. D.A. 9. 674, n. D.P. 2. 570, n. 2.

164. — L'art. 133 veut que les poursuites dirigées

en vertu de la distraction contre la partie qui a succombé, soient sans préjudice de l'action directe de l'avoué contre sa partie. Si la partie condamnée est insolvable ou d'une discussion difficile, l'avoué peut s'adresser directement à son client. — Pigeau, t. 1er, p. 546; D.A. 9. 674, n. 11.

165. — Mais la loi n'a pas entendu favoriser la négligence de l'avoué, ni lui donner le pouvoir d'abandonner arbitrairement le bénéfice de la distraction; aussi perdrait-il le recours contre son client, si l'on prouvait qu'il a négligé de faire des poursuites, et que ce n'a été qu'après que les poursuites auraient été utilement exercées que l'insolvabilité est survenue. — Favard, v° Jugement, p. 162; Carré, n. 569; D.A. 9. 674, n. 11; Boncenne, t. 2, p. 571.

166. — On voit, par ce qui précède, que l'avoué a, en vertu de la distraction, une action directe, indépendante de celle qu'il a contre son client et de celle de son client contre la partie condamnée. Ce principe repose sur ce que les frais dus à l'avoué sont le paiement de son travail et de ses avances, et qu'une pareille créance ne peut qu'être entièrement personnelle. — D A. 9. 675, n. 12.

167. — De là plusieurs conséquences importantes: ainsi, il s'ensuit que les compensations que pourraient s'opposer les parties ne peuvent l'être à l'avoue qui a obtenu la distraction. — Poth., Rouss. de Lacombe; Ferrière.; Merl., Rép.. v° Distraction de dépens, Carré, n. 568; Berriat, t. 1er, p. 72.

168. — .... Que le sort de l'action de l'avoué ne peut être subordonné à celui de l'action de son client. Que, par exemple, l'avoué qui s'est fait payer par la partie condamnée les dépens dont la distraction a été ordonnée à son profit par un jugement ou arrêt, n'est pas tenu, en cas de cassation de ce jugement ou arrêt, de les restituer à cette partie — 16 mars 1807. Civ. r. Paris. Vigier. D.A. 2. 362. D.P. 7. 1. 147.

169 — .... Que la partie qui, après avoir payé les dépens à l'avoué, a triomphé sur l'appel du jugement de condamnation, n'a pas de recours contre l'avoué, mais seulement contre sa partie adverse, dont l'avoué peut être considéré comme le mandataire. — 18 avril 1812. Florence. D.A. 9 675, n. 13.

170. — Décidé, cependant, que l'avoué au profit duquel la distraction des dépens a été prononcée, ne devient pas, pour cela, partie dans la cause. Son action relative à la poursuite du paiement de l'exécutoire est suspendue par l'appel du jugement qui a ordonné la distraction, et se trouve subordonnée au sort de cet appel. — 12 avril 1820. Req. Etiguard. D.A 9. 376. D.P. 20. 1. 451.

171. — Cette décision n'est pas à l'abri de la critique; car il semble que l'avoué n'agit pas comme subrogé, par la distraction aux droits de son client, mais qu'il a une action personnelle, spéciale, directe. — Poncet, *des Jugem.*, t. 1er, p. 475, n. D.A. 9. 675, n. 13, et 677. n.

172. — L'avoué qui a obtenu à son profit la distraction des dépens, ne devient pas pour cela partie dans la cause; il ne peut donc attaquer, par la voie de l'intervention, une transaction passée sur l'appel entre les parties, à la condition que chacune sera tenue des dépens qu'elle a faits; mais si l'avoué, qui n'a point été partie dans la transaction, n'est pas recevable comme intervenant, il conserve le droit d'agir contre les deux parties par action principale, en vertu du jugement. — 2 juin 1831. Lyon. Yvrad D.P. 33. 2. 33.

173. — La distraction comprend tous les dépens. Si la partie poursuivie forme opposition à l'exécutoire, les frais de cet incident sont dus en vertu de la distraction antérieurement ordonnée, et sans qu'il soit besoin d'en demander ni prononcer une nouvelle; seulement, on peut exiger de l'avoué une affirmation (D.A. 9. 673, n. 14). — 12 déc. 1810. Metz. Dorr. D.A. 9. 674, n. 2. D.P. 2. 570, n. — 2 mai 1823. Montpellier. Pellet. D.A. 9. 675, n. D.P. 2 571, n.

174. — L'exécutoire est délivré au nom de l'avoué qui a obtenu la distraction (C. pr. 133). Il peut user contre le condamné des voies d'exécution ordinaire, et prendre inscription en vertu du jugement et de l'exécutoire (C. civ. 2117. — Dem., art. 133). A l'égard de son client, il n'a que la voie d'action.

175. — Les officiers ministériels peuvent poursuivre le remboursement des droits de timbre et d'enregistrement, avancés par eux, en vertu d'un exécutoire délivré par le juge de paix. — V. Enregistrement.

§ 5. — *Ce que comprend la condamnation aux dépens.*

176. — Lorsqu'un arrêt de cour royale, ou un jugement prononçant sur l'appel d'un tribunal inférieur, condamne aux dépens, cette condamnation comprend les dépens de première instance comme ceux d'appel (Berriat, p. 157, n. 1). Y sont renfermés tous les frais faits, conformément à la loi, avant l'action et pendant l'instance; on n'en excepte que les faux frais qui restent à la charge de la partie qui les a faits: tels sont les frais de consultation: les honoraires des conseils ne sont pas rangés dans les dépens. Ainsi jugé (Grenoble, 18 déc. 1811). — Carré, n. 172; Merl., Rép., t. 3, p. 552, et t. 5, p. 712, 720; Dem., p. 373; Delap., t. 1er, p. 138; Fav., t. 2, p. 53; *le Prat. franç.*, t. 1er, p. 397; D.A. 9. 677, n. 1.

177. — Celui qui succombe doit rembourser les sommes déboursées pour les divers titres servant de fondement à la demande, à moins qu'il n'ait été levé des expéditions étrangères à la cause, ce qui, en général du moins, est peu vraisemblable (*Dict. de pr.*, v° Déboursés, n. 8).

178. — Le paiement des droits d'enregistrement auxquels un jugement donne ouverture, ne peut être demandé à la partie condamnée (L. du 22 frim. an 7, art. 31 et 37). — 10 mars 1812. Civ. r. Enregistr. 13. 217.

179. — Les actes frustratoires peuvent être réduits ou rejetés. Ainsi, lorsqu'un avoué, pour un acte permis, emploie plus de papier timbré qu'il n'était nécessaire, le juge rejette l'excédent; tout l'article est rejeté, si l'acte est inutile à la cause.

180. — Les frais des actes frustratoires demeurent à la charge des officiers ministériels qui les ont faits. Mais un acte ne doit pas être considéré comme frustratoire, par cela seul qu'il n'est pas indiqué par le code; par exemple, l'assignation en déclaration de jugement commun, le procès-verbal de carence, etc. (*Dict. de pr*, v° Dépens, n. 5).

181. — L'avoué est responsable des frais d'une opposition frustratoire, à moins qu'il n'y ait été autorisé par son client (C. pr. 1031). — 13 janv. 1831. Rennes. Narbot. D.P. 31. 2. 107.

182. — N'est point frustratoire l'action en paiement d'une somme, formée en vertu d'une reconnaissance, encore bien que le demandeur serait déjà porteur d'un jugement qui a reconnu la dette, si ce jugement est frappé de prescription. — 24 août 1831. Bordeaux. Dupuy. D.P. 32. 2. 106.

183. — Les actes nuls, par la faute de l'officier ministériel, restent à sa charge, sans préjudice des dommages-intérêts (C. pr. 71, 1031).

184. — Quant aux dépens, dans les affaires qui intéressent le gouvernement, ils se réduisent (L. des 19 déc. 1790 et 22 frim. an 7) aux frais de papier timbré, de signification et d'enregistrement des jugemens. — D.A. 9. 657, n. 16.

185. — Il suit de là que la régie des contributions indirectes, dans le cas où elle perd son procès, ne peut être condamnée à payer les émolumens dus à a l'avoué de sa partie adverse. — 26 mars 1827. Civ. c. C. Lecarpentier. D.P. 27. 1. 183.

§ 6. — *De la liquidation et de la taxe des dépens.*

186. — L'art. 543 C. pr. « porte qu'en matière matière sommaire, la liquidation des dépens et frais sera faite par le jugement qui les adjugera. L'art. 544 ajoute que, pour les autres matières, la manière de procéder à la liquidation sera déterminée par un ou plusieurs réglemens d'administration publique, qui devront être convertis en loi dans le délai de trois ans au plus. » — Cette dernière promesse n'a point été réalisée. Le tarif des dépens est resté sous le régime du décret du 16 février 1807. — D.A. 9. 677, n. 2.

187. — Ce décret a force de loi, et est encore la règle unique en cette matière. — 9 fév. 1833. Paris. Pottier. D.P. 33. 2. 170.

188. — D'autres actes de l'autorité ont réglé différens tarifs de frais ou émolumens. — Voy., pour les copies à signifier par les huissiers, le décret du 29 août 1813; pour le salaire des gardes du commerce, le décret du 14 mars 1808; pour les droits de greffe, le décret du 12 juill. 1808; pour les indemnités des juges, officiers du ministère public et greffiers, en cas de transport, etc., l'ord. du 4 août 1824; en cas de vérification des registres de l'état civil et des cours et tribunaux, l'ord. du 10 mars 1825; pour les dépens en matière d'expropriation pour cause d'utilité publique, l'ord. du 18 sept. 1833.

189. — 1° *Distinction, quant aux dépens, entre les matières sommaires et les matières ordinaires.* — Le code de procédure et le décret sur les dépens distinguent les matières sommaires des matières ordinaires; la taxe n'est pas la même pour ces deux

espèces de cause (V. tit. 2, ch. 1er et 2 du tarif). C'est l'art. 404 C. pr. qui détermine les affaires sommaires (V. Matières sommaires). Sous le rapport des dépens, cette division des causes donne lieu à des difficultés sérieuses; les cours elles-mêmes ne sont point d'accord sur ce point. Pour les juges taxateurs, l'embarras cesserait, si les tribunaux se conformaient à une circulaire du garde-des-sceaux, du 21 octobre 1820, suivant laquelle ils doivent déclarer dans chaque affaire s'ils ont statué sur une matière sommaire ou sur une matière ordinaire. — D.A. 9. 678, n. 3

190. — *Matières sommaires.* — On considère comme exception les causes sommaires: on ne peut leur attribuer cette qualité que par une loi expresse. L'art. 404 C. pr. qualifie sommaires un certain nombre d'actions; ne doit-on voir qu'une même chose dans une affaire sommaire et une affaire jugée sommairement? Un incident survenu dans une instance ordinaire, les contestations incidentes qui se lient au principal, ne sont pas des matières sommaires (Sudraud-Desisles, 2e édit., p. 212). Mais lorsqu'une affaire principale doit, d'après la loi, être jugée sommairement, il ne s'ensuit pas qu'elle puisse être taxée comme affaire sommaire. La loi reconnaît, 1° des affaires ordinaires jugées avec une instruction entière, 2° des affaires ordinaires jugées sommairement; 3° des affaires sommaires: à ces dernières seules semble s'appliquer la taxe en matière sommaire. — Carré, n. 1473, 1475, 1476; Pigeau, t. 1er, p. 148; Demiau, p. 297; Favard, v° Matières sommaires, n 1. — *Contrà*, Sudraud-Desisles, p. 212 et 213, qui propose la distinction suivante: toute action principale, lorsque la loi prescrit qu'elle soit jugée sommairement, sera instruite et taxée comme matière sommaire. — D.A. 9. 678, n. 4.

191. — Jugé, en ce sens, que sont sommaires toutes les causes que la loi déclare par des dispositions particulières devoir être jugées sommairement ou sur simples actes, quoiqu'elles ne seraient pas comprises sous le titre des matières sommaires; et les dépens, en tel cas, doivent être taxés sommairement. Ainsi, les requêtes relatives à un déclinatoire doivent être taxées comme en matière sommaire, encore bien qu'elles soient comprises dans le tarif des matières ordinaires, par la raison que les déclinatoires sont désignés par la loi comme devant être jugés sommairement (C. pr. 172). — 6 mars 1821. Grenoble. Alker. D.A. 10. 382, n. 3. D.P. 2. 768, n. 1.
— *Contrà*, Limoges. 19 fév. 1819, arrêt qui contient l'énumération des causes qu'il déclare sommaires, et de celles qu'il considère comme non sommaires, mais seulement comme devant être jugées sommairement. — D.A. 9 678, 679, n.

192. — Jugé que les instances d'ordre, quelle que soit la gravité des débats auxquels elles donnent lieu, et encore bien que ces débats portent sur la validité d'un titre de créance, sont réputées matières sommaires; et, par suite, les dépens faits dans ces instances doivent être taxés comme en matière sommaire (C. pr. 404, 766). — 28 août 1829. Orléans. Bimbenet. D.P. 30. 2. 96.

193. — Les appels des jugemens et tribunaux de commerce sont jugés et taxés comme des matières sommaires (C. comm., art 648). — D.A. *eod.*

194. — Il en doit être ainsi, lors même que la cour a eu à juger une question de compétence (art. 543 C. pr.; 648 C. comm). — 9 fév. 1813. Civ. c. Pescheur. D A. 9. 684.

195. — Les frais devant être taxés comme en matière sommaire, il y a lieu de casser la disposition d'un arrêt qui, dans une cause commerciale, ordonne qu'ils seront taxés comme en matière *ordinaire* (C. comm. 648). — 14 janv. 1828. Civ. c. Lyon. Liesching. D.P. 28. 1. 87.

196 — Le ministère des avoués étant nécessaire devant les tribunaux correctionnels, pour requérir, dans l'intérêt de la partie civile, des dommages-intérêts contre le prévenu, les droits dus, dans ce cas, aux avoués, pour honoraires et frais, doivent être compris dans la liquidation des dépens, et être taxés comme en matière sommaire (C. inst. cr. 194). — 8 mai 1829. Orléans. Duc d'Orléans. D.P. 29. 2. 262. — Le contraire est tenu pour constant. — V. D. P. 35. 2e partie.

197. — La liquidation des dépens en matière sommaire sera faite par les arrêts et jugemens qui les auront adjugés: à cet effet, l'avoué qui aura obtenu la condamnation remettra, dans le jour, au greffier tenant la plume à l'audience, l'état des dépens adjugés, et la liquidation en sera insérée dans le dispositif de l'arrêt ou jugement (Décr. 16 fév. 1807, art. 1er; C. pr. 543).

198. — Toutefois, un jugement rendu en matière sommaire n'est pas nul, s'il a été expédié sans con-

ir la liquidation des dépens adjugés ; il suffit la taxe soit ultérieurement insérée dans la mi- e du jugement. — 2 mai 1810. Req. Dessous-La- de. D.A. 9. 683.

Dalloz (A. 9. 679, n. 6) pense que cette décision offre difficulté, le décret n'ayant permis ni pu per- ttre, comme pour les matières ordinaires, la le- e et la signification du jugement avant la liquida- n des dépens.

199. — Jugé encore que l'inobservation de l'art. 5 C. pr. ne constitue pas une ouverture de cas- ion. Ainsi, on ne peut faire annuler un jugement référé, sur le motif qu'il ne contient pas liquida- n des dépens. — 27 avril 1825. Req. Montpellier. parel. D.P. 25. 1. 330.

200. — ...Que le défaut d'insertion, aux jugemens arrêts en matière sommaire, de la liquidation des pens ne peut influer sur les dispositions du juge- ent ou de l'arrêt qui ont statué sur le fond, et urnir, à leur égard, une ouverture à cassation. ette omission peut seulement donner lieu au paie- ent de l'exécutoire des dépens pour la partie ou voué qui ont donné lieu de le lever (C. comm. 8; C. pr. 543). — 20 juin 1826. Req. Metz. Bro- rd. D.P. 26. 1. 308. — 7 janv. 1829. Req. Vignon. .P. 29. 1. 97.

201. — Jugé encore que le défaut de liquidation s dépens, dans un jugement ou arrêt rendu en ma- ère sommaire, n'est pas un moyen de cassation ntre cet arrêt ou jugement, alors, surtout, qu'il y est point dit que cette liquidation sera faite au- ement qu'en matière sommaire... ; et la taxe eût- le été faite, dans ce cas, par décision postérieure, omme en matière ordinaire, ce ne serait point en- re une raison pour annuler lesdits jugement et rêt : on devrait se pourvoir, par les voies de oit, contre cette dernière décision. — 24 mai 1830. eq. Montpellier. Ducarnoy. D P. 30. 1. 250.

202. — En matière sommaire, la taxe des dépens evant être insérée dans la minute de l'arrêt, il faut, our qu il soit avéré que cet arrêt n'en contient oint la liquidation, que celui qui l'attaque en cas- ation, sous ce prétexte, produise non une expédi- ion de cet arrêt, mais la signification même de l'ar- êt (C. pr. 543). — 23 août 1827. Req Bordeaux. Sontœy. D.P. 27. 1. 472.

203. — Si l'arrêt rendu en matière sommaire ne contient pas la liquidation des dépens, la liquida- ion qui en est faite ultérieurement est aux frais de a partie qui a obtenu des dépens. — 9 fév. 1813. Civ. c. Pescheur. D A. 9. 683.

204. — Les dépens d'une affaire sommaire par sa nature doivent être liquidés comme en matière sommaire, encore bien que les parties auraient con- senti que l'affaire fût instruite et jugée comme en matière ordinaire. — 12 avril 1831. Civ. c. Ducar- noy. D.P. 31 1. 134.

205. — Il suffit qu'un tribunal, jugeant en matière sommaire, ait liquidé lui-même les dépens, pour qu'on doive, dans le doute, admettre qu'ils ont été liquidés comme en matière sommaire et non comme en matière ordinaire. — 13 août 1833. Req. Orléans. Luzet. D.P. 33. 1. 361.

206. — Aucune loi ne prescrit de déposer au gref- fe l'état des frais en matière sommaire; c'est à l'op- posant à la liquidation à demander communication de l'état sur lequel la taxe a été faite. — 28 mai 1823. Grenoble. David. D.A. 9. 680, n. D.P. 2 771, n. 2.

207. — *Matières ordinaires.* — Le décret du 16 fév. 1807, quoique intitulé de la liquidation des dé- pens en matière sommaire, est également applica- ble aux matières ordinaires. — 16 mai 1832. Bruxel- les. Vanscrins. D.P. 33. 2 235.

208. — Les frais d'une instance peuvent être taxés comme en matière ordinaire, quoique l'arrêt qui a statué sur cette instance porte qu'il a jugé en ma- tière sommaire. — 16 mars 1824. Lyon. Peilleux. D.A. 10. 385, n. D.P. 2. 770, n.

209. — La nature sommaire ou ordinaire d'une contestation se détermine par son objet et par la demande originaire et introductive de l'instance. En conséquence, les frais faits sur une demande en nullité de jugement et en renvoi, incidente à une contestation ordinaire, ne doivent pas être taxés comme dépens en matière sommaire. — 25 mai 1808. Paris. Selves. D.A. 9. 685. D.P. 2. 572.

210. — Les appels pour incompétence des juge- mens civils ne sont point rangés dans les causes sommaires.

La liquidation des dépens sur ces appels doit être faite comme en matière ordinaire (C. proc. 404, 543). — 12 sept. 1810. Paris. Selves C. Lescot. D.A. 10. 383. D.P. 11. 2. 16.

Quant aux appels des sentences commerciales, V. *suprà*.

211. — Les dépens faits sur l'appel d'un jugement qui termine les contestations élevées entre les créanciers lors d'une distribution par contribution ne doivent pas être taxés *comme en matière sommaire*, dès que ces contestations se lient à l'action principale (C. pr. 404, 543, 669). — 1er avril 1811. Paris. Delaval. D.A. 9. 683, n. D.P. 2. 52, n. 1.

212. — Les demandes en revendication sur saisie-immobilière, qui, en thèse générale, sont matières sommaires, peuvent néanmoins être mises au rôle ordinaire par le président, lorsque le titre est contesté.

En ce cas, les avoués peuvent signifier des écritures, qui doivent leur être passées en taxe. Toutefois, il y a lieu de réduire ces écritures, si l'affaire est de peu d'importance. — 16 mars 1813. Limoges. G... C. Bayeul. D.A. 10. 383, n. D.P. 2. 769, n.

213. — De ce que l'art. 718 C. pr. porte que les contestations incidentes à une saisie-immobilière sont jugées sommairement, on ne doit pas induire que les dépens, dans une contestation de cette nature, doivent être taxés comme en matière sommaire. — 21 janv. 1834. Aix. Gounelle. D. P. 34. 2. 81.

214. — Une demande en main-levée d'inscription est une action mixte, et non purement personnelle, puisqu'elle repose sur un titre; les dépens doivent en conséquence être taxés en matière ordinaire, et la cause doit être par conséquent rangée dans la classes des affaires ordinaires. — 24 juin 1820. Orléans. Chaumeron. D.A. 10. 384. D.P. 2. 769, n.

215. — Une cour peut, à raison de la gravité des prétentions élevées devant elle, comme s'il s'agit d'une contestation en matière féodale, ne pas déclarer sommaire la cause qui lui est soumise, et régler les dépens comme en matière ordinaire. — 22 janv. 1828. Civ. r. Paris. Mariette. D.P 28. 1. 110.

216. — Elle peut, et dans la considération que l'une des parties, par exemple, un hospice agit dans l'intérêt des pauvres, ne la condamner qu'à la moitié des dépens, au taux auquel ils se fussent élevés s'ils eussent été liquidés sommairement, et soumettre l'autre partie au paiement du surplus. — Même arrêt.

217. — Les frais qui ont été faits dans un procès entre un préfet représentant l'état et un particulier, à raison de domaines engagés, peuvent être taxés comme en matière ordinaire : ici ne s'applique pas la législation relative aux instances qui ont pour objet les perceptions en matière d'enregistrement (L. 22 frim. an 7, art. 65; 27 vent. an 7, art. 27).

On se prévaudrait en vain de la législation spéciale aux domaines engagés. — 19 juin 1832. Toulouse. Préfet de Haute-Garonne D.P. 32. 2. 180.

218. — Les dépens dans les matières ordinaires seront liquidés par un des juges qui aura assisté au jugement ; mais le jugement pourra être expédié et délivré avant que la liquidation soit faite (Décr. 16 fév. 1807, art. 2).

219. — L'avoué qui requerra la taxe remettra au greffier l'état des dépens adjugés, avec les pièces justificatives (art. 3).

220. — Le juge chargé de liquider taxera chaque article en marge de l'état, sommera le total au bas, le signera, mettra le taxé sur chaque pièce justificative, et paraphera : l'état demeurera annexé aux qualités (art. 4).

221. — Le montant de la taxe sera porté au bas de l'état des dépens adjugés ; il sera signé du juge qui y aura procédé et du greffier. Lorsque ce montant n'aura pas été compris dans l'expédition de l'arrêt ou du jugement, il en sera délivré exécutoire par le greffier (art. 5)

222. — L'état de frais, sur lequel le juge établit la taxe, donne lieu à un émolument fixé à 10 cent. par chaque article; il ne doit être fait qu'un article pour chaque pièce de la procédure ; si l'avoué divisait les articles pour augmenter son émolument, il y aurait lieu à réduction ; le seul déboursé d'un état de frais, c'est le papier timbré sur lequel il est écrit. (Sudraud, p. 142, 143). En matière sommaire, l'état de frais ne donne droit à aucun émolument. — D.A. 9. 680, n. 9.

223. — La condamnation de la partie, envers son avoué, au paiement des frais, est toujours présumée renfermer la condition tacite, *sauf la taxe des frais si elle est demandée et n'a pas été faite ;* la partie condamnée peut toujours requérir la taxe, nonobstant le transport qui en aurait été fait par l'avoué à un tiers. — 23 mai 1808. Paris. Dulard. D.A. 9. 684. D.P. 2. 573.

224. — Mais si les frais avaient été réglés à l'amiable entre l'avoué et son client, ce dernier pourrait encore réclamer la taxe, reconnaître les conventions relatives aux frais, faits entre un avoué et son client, ce serait donner ouverture aux abus dont

on a voulu, par le tarif, empêcher le retour. — D.A. 9. 681, n. 11.

225. — L'avoué qui, antérieurement aux codes civil et de procédure, a obtenu jugement par défaut contre son client, pour le paiement de ses frais, peut être forcé, avant de l'exécuter, de remettre au greffe les pièces et actes de procédure sur lesquels ils ont été taxés. — 26 août 1807. Nîmes. Salet. D.A. 9. 681, n.

226. — Le commissaire taxateur ne peut autoriser la partie qui a gagné à employer en frais et mise d'exécution de ses créances les dépens qui lui ont été adjugés, si l'arrêt qui condamne aux dépens ne renferme point cette faculté. — 11 fruct. an 13. Paris. Michel. D.A. 9. 681. D.P. 2. 572.

227. — Si la partie qui a obtenu l'arrêt ou le jugement néglige de le lever, l'autre partie fera une sommation de le lever dans les trois jours (Décr. 16 fév. 1807, art. 7).

228. — Faute de satisfaire à cette sommation, la partie qui aura succombé pourra lever une expédition du jugement sans que les frais soient taxés, sauf à l'autre partie à les faire taxer dans la forme ci-dessus prescrite. (art 8).

229. — 2° *Recours contre la liquidation et la taxe des dépens.* — L'exécutoire ou le jugement au chef de la liquidation seront susceptibles d'opposition. L'opposition sera formée dans les trois jours de la signification à avoué avec citation ; il y sera statué sommairement, et il ne pourra être interjeté appel de ce jugement que lorsqu'il y aura appel de quelques dispositions sur le fond (Décr. 16 fév. 1807, art 6).

230. — Le délai de l'opposition à la liquidation des dépens en matière sommaire est le même qu'en matière ordinaire. — 28 mars 1810. Req. Fenwick. D.A. 9. 680, n.

231. — Le délai de trois jours pour former opposition à la liquidation des dépens doit être observé à peine de déchéance. — 28 mai 1823. Grenoble. David. D.A. 9. 680, n. D.P. 2. 571.

232. — Le délai pour former opposition à une taxe est de trois jours, soit qu'on la veuille réduire ou augmenter (Décr. 16 fév. 1807, art. 2 et 6). — 16 mai 1832. Bruxelles. Vanscrins. D.P. 33. 2. 235.

233. — L'opposition est dirigée soit contre le jugement qui liquide les dépens, soit contre l'exécutoire délivré postérieurement. — V. § 7.

234. — Quand on veut appeler du jugement au fond, il est prudent de ne former opposition à la taxe qu'avec réserve de se pourvoir au fond sur les points qui font grief; autrement on pourrait être repoussé dans l'appel, par l'objection que, ne s'étant plaint que de la taxe, on a exécuté le jugement en payant les frais. — Bioche, v° Exécutoire de dépens, n. 18.

235. — A supposer que l'ordonnance du président d'un tribunal d'appel qui, sur contestation contradictoire, détermine celle des parties contre laquelle la taxe des frais par lui faite doit être exécutée, doive être attaquée par opposition et non par appel, au moins l'opposition peut être formée dans le délai ordinaire de huitaine ; ici ne s'applique pas l'art. 6 du décret du 16 fév. 1807 (C. pr. 157 et 319). — 2 avril 1811. Civ. c. Gênes. Passalaqua. D.A. 7. 680. D P. 11. 1. 207.

236. — C'est par la voie de l'opposition, et non par le recours en cassation, qu'il faut se pourvoir contre un arrêt sur affaire sommaire, dans lequel la taxe des dépens a été insérée, mais qu'on prétend contenir une liquidation excessive (C. pr. 404, 543). — 25 avril 1827. Req. Montpellier. Pradal. D.P. 27. 1. 217. — Conf. D.A. 9. 680, n. 7. — 13 août 1833. Req. Orléans. Luzet. D.P. 33. 1. 361.

237. — De même, en matière de taxe de dépens d'une instance dans laquelle la régie a succombé, la voie de l'opposition par-devant le juge taxateur, et non celle de la cassation, est ouverte, si l'erreur tombe uniquement sur la fixation des sommes de différens chefs de la taxe d'ailleurs régulièrement ordonnée, et non sur la nature et le titre de la taxe, elle-même (Décr. 10 fév. 1802, art. 1, 2, 3 et 6). — La régie, à défaut d une loi spéciale à cet égard, serait mal fondée à demander une dérogation aux règles du droit commun. — 14 août 1833. Req. Enreg. C. Bruyn. D.P. 33. 1. 380.

238 — Mais il y a ouverture à cassation contre un arrêt rendu en matière de dépens. — 12 mai 1812. Civ. c. Devaulx. D.A. 9. 681, n. D.P. 1. 389.

239. — L'huissier qui a été condamné par une cour royale à tous les frais d'une saisie-immobilière prétendue nulle, est recevable à se pourvoir en cassation, et à assigner sur son pourvoi tant les tiers détenteurs que la partie saisie, encore qu'ils n'aient démandé contre lui aucune condamnation.

— 20 avril 1818. Civ. c. Haussmann. D.A. 9. 12. D.P. 18. 1. 424.

240. — Lorsqu'une cour royale infirme un jugement, elle peut réviser la taxe comme les autres dispositions du jugement. Mais si l'arrêt est confirmatif, les juges supérieurs qui l'ont rendu, ou le taxateur, peuvent-ils toucher à la liquidation faite en première instance? Un arrêt de la cour de Paris adopte l'affirmative (*infrà*, § 8). On pourrait opposer à cet arrêt que la confirmation d'un jugement sur le fond emporte confirmation sur les accessoires; qu'ainsi les juges d'appel ne peuvent plus s'emparer de la taxe, à moins qu'elle n'ait été spécialement mentionnée et critiquée dans l'appel; solution conforme à l'art. 6 du décret du 16 fév. 1807, et à l'avis de Hautefeuille, p. 266. — D.A. 9. 682, n. 13.

241. — L'opposition à une taxe de dépens, bien que la distraction de ces dépens ait été ordonnée en faveur de l'avoué, doit être dirigée contre la partie : la distraction ne produit son effet qu'après que la taxe a été réglée. — 29 août 1828. Bordeaux. Doens. D.P. 31. 2. 180.

242. — Le code et le décret ont changé ou abrogé plusieurs des règles suivies sous l'ancien droit. Avant le code de procédure, une taxe de dépens, faite sur des états non communiqués, était susceptible d'opposition. — 11 germ. an 9. Civ. c. Douanes. D.A. 9. 680, n. D.P. 2. 571.

243. — Avant le décret du 16 février 1807, un tribunal pouvait valablement réviser d'office la taxe des dépens arrêtés par un membre de la chambre des avoués. — 22 brum. an 12. Req. Rennes. Piolaine. D.A. 9. 680, n. D.P. *eod.*

244. — Sous l'ord. de 1667, lorsque la partie qui succombait appelait de la taxe des dépens, il était nécessaire, pour que l'appel fût recevable, que dans les trois jours les articles contestés fussent croisés, fallût-il les croiser tous, l'appel embrassant la totalité de la taxe (art. 28, tit. 31 de l'ord. de 1667). — 11 fruct. an 13. Paris. Michel. D.A. 9. 681, n. D.P. 2. 572.

245. — 3° *Des droits divers qui peuvent entrer en taxe.* — Une partie peut répéter dans la taxe les droits et honoraires des officiers ministériels, alors même que ceux-ci lui ont prêté leur ministère gratuitement. — Merl., Rép., v° Dépens, n. 14.

246. — Mais, dans les affaires où le ministère des avoués n'est pas nécessaire, la partie gagnante ne peut se faire allouer les frais tarifés à leur profit; les dépens se réduisent alors au papier timbré et aux déboursés de signification et d'enregistrement (L. 19 déc. 1790 et 22 frim. an 7).

247. — Les déboursés proprement dits ne passent en taxe qu'autant qu'on justifie que la somme payée était due d'après la loi. — Sudraud, n. 77.

248. — Les intérêts de la taxe ne courent pas de plein droit; ils ne sont dus qu'à dater de la demande en justice.

249. — *Avoués.* — Les avoués ne peuvent exiger ni les juges allouer d'autres droits que ceux énoncés au tarif; en conséquence, le droit de copie dû à l'avoué, pour jugement signifié, ne s'étend pas aux jugemens imprimés et affichés (Décr. 16 fév. 1807, art 28, 72 et 151). — 12 mai 1812. Civ. c. Devaulx. D.A. 9. 681, n. D.P. 1. 389.

250. — Jugé aussi que les tribunaux ne peuvent accorder à un avoué des droits à titre de vacations extraordinaires, d'indemnités, de peines ou soins, lors même que la partie ne contesterait pas la réalité des vacations (Ord. 1667, tit. 31, art. 12). — 25 janv. 1813. Civ. c. Paris. Selves. D.A. 2. 218. D.P. 13. 1. 234.

251. — Il ne peut être passé en taxe plus de trois vacations par jour à un avoué dans une enquête, encore que le procès-verbal du juge-commissaire constaterait le nombre d'heures qu'il a employées pour l'audition des témoins en présence de l'avoué (Tar., 151). — 29 nov. 1828. Rouen. B. .C. Gaumont. D.P. 33. 2. 185.

252 — Le coût des assignations et de la taxe des témoins ne doit point être accordé, si les dépositions ont été rejetées du procès (C. pr. 1031). — Même arrêt.

253. — Une seconde feuille de papier timbré, qui n'était pas nécessaire pour contenir les motifs de l'arrêt, dont la délivrance est exigée par la loi à chaque témoin, ne peut être passée en taxe (C. pr. 413, 260; tar. 29). — Même arrêt.

254. — Le coût de l'expédition de l'enquête doit être accordé en entier, encore que quelques dépositions auraient été rejetées, parce qu'il est nécessaire que le procès-verbal soit notifié en entier pour connaître les nullités de l'enquête. — Même arrêt.

255. — Le principe qu'il ne doit être alloué aux avoués d'autres droits que ceux fixés par le tarif, ne s'applique qu'aux avoués agissant comme officiers ministériels; s'ils ont été chargés d'affaires étrangères à leur ministère, ils ne doivent être regardés que comme mandataires *ad negotia*, et ils peuvent réclamer leurs salaires. — D.A. 9. 681, n. 12.

256. — Les sommes dues à un avoué pour avances des frais de procédure et pour ses émolumens, comme avoué, ne produisent pas intérêt de plein droit, comme les sommes qu'il aurait avancées pour son client en qualité de *negotiorum gestor* (C. civ. 2001). — 23 mars 1819. Civ. c. Besançon. Wuilloy. D.A. 2. 221. D.P. 19. 1. 321.

257. — Les avoués ne peuvent exiger de plus forts droits que ceux énoncés au tarif, à peine de restitution, dommages et intérêts, et d'interdiction s'il y a lieu (Tarif, art. 151).

258. — Il semble que les avoués n'ont droit qu'aux émolumens des actes passés dans leurs études. Cependant une ancienne jurisprudence attribuait au procureur révoqué avant la levée d'un jugement, le droit de copie de ce jugement (Merl., Rép., v° Dépens, n. 6). Il paraît plus équitable d'accorder au successeur tous les droits résultant de procédures commencées par l'avoué révoqué ou démissionnaire, du moment où ce dernier a légalement cessé ses fonctions. — D.A. 9. 682, n. 17.

259. — En matière sommaire, il n'est pas dû de droit de copie pour la signification du jugement à avoué (Tar. 67, 89). — 26 nov. 1831. Trib. de Caen Godard. D.P. 33. 3. 14.

260. — En matière sommaire, l'art. 67 du tarif ne passe en taxe aucun honoraire pour plaidoirie. Une circulaire du garde des-sceaux, en date du 13 fév. 1823, décide que cette disposition doit être suivie, soit que la plaidoirie ait eu lieu par un avocat, soit qu'elle ait eu lieu par un avoué; le droit pour prendre jugement appartient seul à l'avoué, sauf à lui de s'arranger avec l'avocat. — D.A. 9. 682, n. 15.

261. — La signification, en cause d'appel, des plaidoyers imprimés, soit en entier, soit par extrait, ne peut être passée en taxe (C. pr. 462). — 29 nov. 1828. Rouen. B... C. Gaumont. D.P. 33. 2. 185.

262. — On doit allouer à l'avoué qui requiert taxe contre son client les frais de lithographie de conclusions qu'il a distribuées dans son intérêt. — 20 mars 1833. Lyon. Garnier. D.P. 33. 2. 149.

263. — Une demande en péremption, constituant une instance principale et non un incident, il est dû à l'avoué, dans une instance d'appel où il y a eu demande en péremption, deux droits de consultation, l'un pour l'introduction de l'instance, l'autre pour la demande en péremption (Tarif 68). — 7 fév. 1829. Lyon. Delaye. D P. 29. 2. 113.

264. — Les honoraires de l'avocat ne sont jamais taxés; le tarif ne fait que mettre à la charge de la partie qui succombe une somme qui allége le gagnant de ses dépenses Ce droit est fixé par l'art. 80 du tarif pour la cause entière, qu'elle ait duré pendant une ou plusieurs audiences, que le jugement ait été définitif, interlocutoire ou préparatoire. Un arrêté particulier de la cour d'Orléans alloue autant de droits de plaidoiries qu'il y a eu de journées d'audience. C'est à tort; le tarif ne peut être interprété dans un sens qui aggrave la position de la partie succombante; à la vérité l'art. 68 du tarif accorde à l'avoué un droit d'assistance par chaque journée d'audience; mais, en pareille matière, on ne raisonne pas par analogie. — Sudraud, p. 246; D.A. 9. 682, n. 16,

265. — Jugé contrairement à cette opinion, qu'il doit être passé en taxe autant de droits de plaidoirie qu'il y a eu, avant le jugement, d'audiences dans lesquelles la cause a été plaidée (Tarif, 80). — 24 août 1829. Bourges. Meunier. D.P. 30. 2. 76.

266. — Suivant Sudraud, p 69, le droit d'assistance de l'avoué doit être arbitré au-dessous de la somme totale portée au tarif, quand la cause n'a occupé pendant plusieurs jours qu'une faible partie de l'audience. — Dalloz (A. 9. 682, n. 16. regarde cette solution comme arbitraire et opposée au texte précis du décret.

267. — Il n'est dû aux avoués aucun droit d'assistance, soit pour le cas où les plaidoiries ayant été closes et le ministère public entendu à une audience précédente, l'affaire ne revient à l'audience que pour le prononcé du jugement ou de l'arrêt, soit même pour le cas où l'affaire revient pour les conclusions du ministère public. — 25 août 1828. Caen Blin. D.P. 31. 2. 21

268. — L'avoué qui a suivi une procédure de surenchère sur aliénation volontaire, a droit à une remise proportionnelle calculée sur le prix total de l'adjudication; on ne peut réduire cette remise à l'excédant du prix provenant de la surenchère (Décr. 16 fév. 1807, art. 113 et 128). — 29 nov. 1826. Civ. r. Chol. D.P. 27. 1. 72.

269. — Dans le cas où une poursuite sur saisie-immobilière a été convertie en vente sur aliénation volontaire, et où, après une première adjudication, il y en a eu une seconde sur surenchère, est-il dû, sur le prix de la vente, une remise proportionnelle à l'avoué qui a poursuivi la vente convertie, et l'autre à l'avoué qui a poursuivi la vente après surenchère? — Même arrêt.

270. — L'art. 128 du tarif, qui alloue un droit de vacation à l'avoué pour le dépôt du cahier des charges au greffe, n'autorise point celui-ci à inscrire en taxe une vacation pour dépôt du cahier des charges chez le notaire chargé de la vente, encore moins pour les frais de voyage qu'il a cru devoir faire pour en opérer la transmission *chez ce dernier.* — 25 fév. 1834. Req. Auboin. D.P. 34. 1. 193.

271. — L'art. 146 du tarif alloue un droit à la partie pour frais de *voyage, séjour et retour*. Cette indemnité, calculée d'après les distances, n'a pour but que de dédommager du déplacement, et non des frais que ferait la partie en prolongeant sa résidence aux lieux où siégent les cours ou tribunaux. — 28 août 1810. Rennes.

Lorsque plusieurs personnes voyagent pour la même affaire, il a été décidé par le ministre des finances, le 18 nivôse an 8, qu'on doit faire autant d'actes d'affirmation, et percevoir autant de droits qu'il y a de personnes. Aucune affirmation n'est nécessaire lorsqu'une partie a voyagé pour satisfaire à un jugement ordonnant un serment, une comparution, etc — D.A. 9. 682, n. 14.

272. — Les frais de voyage peuvent être alloués aussi, ce qui toutefois n'est pas sans difficulté, en matière sommaire. Seulement, alors, l'avoué n'aura pas le droit de vacation fixé par l'art. 146; car c'est un émolument, et l'art. 67 déclare que les avoués n'auront aucun honoraire pour tous les actes qu'il ne mentionne pas. — D.A. 9. 682, n. 18.

273. — Les avoués peuvent réclamer, en matière sommaire, les droits de correspondance et port de pièces, suivant plusieurs cours, notamment celles d'Aix, de Bordeaux, de Bourges, de Bastia, de Lyon, de Douai, de Paris. D'autres cours, celles de Montpellier, Rennes, Besançon, Angers, Orléans, Amiens, n'admettent en taxe que les déboursés justifiés. Enfin, les cours de Colmar, Limoges, Metz, allouent un droit fixe qu'elles ont déterminé arbitrairement.

274. — Jugé que les frais de port de pièces et de correspondance ne sont que de simples déboursés; l'allocation qu'en fait l'art. 145 du tarif est applicable aux matières sommaires comme aux matières ordinaires. La prohibition finale de l'art. 67 n'est applicable qu'aux honoraires des avoués. — 30 août 1827. Bourges. Detante. D.P. 29. 2. 212 — 16 juill. 1828. Douai. Maurice. D.P. 29. 2. 212.

275. — Mais peut on dire que ces frais sont de véritables déboursés? Ne s'expose-t-on pas ainsi à dénaturer par l'interprétation le texte du décret? Ne confond-on pas un émolument déterminé, avec des déboursés qui, par leur nature, varient suivant les circonstances de chaque cause? Que devient la distinction entre les frais et les déboursés? Peut-être le parti le plus légal serait de n'accorder aux avoués, pour frais de port de pièces et correspondance, en matières sommaires, que les déboursés établis par un état certifié par l'avoué. — Sudraud, p. 112; D.A. 9. 682, n. 19.

276. — On a demandé si, dans le cas où les frais de correspondance seraient alloués en matières sommaires, ils devraient être doublés en appel. L'art. 147 ne double que les émolumens, ce qui ne s'appliquerait pas à ces frais considérés comme déboursés; d'un autre côté, l'art. 147 se borne à dire que les émolumens seront doublés dans les matières sommaires, et seront aussi du double pour le droit de consultation, *ainsi que pour le port de pièces*, etc.; or, *inclusio unius est exclusio alterius*. Toutefois, sur ce point, les usages des cours ne sont pas non plus uniformes (D.A. 9. 683, n. 20). — 16 juill. 1828. Douai. Maurice. D.P. 29. 2. 212.

277. — Lors d'une licitation, il ne doit entrer en taxe qu'une seule impression de placards; les frais d'une seconde impression doivent être rejetés, surtout lorsqu'ils contiennent des énonciations étrangères à la licitation (C. pr., art. 703). — 25 fév. 1834. Req. Auboin. D.P 34. 1. 193.

278. — Les vacations qu'un avoué a portées en taxe pour communications de pièces d'avoué à avoué, ont

pu être supprimées, s'il n'a pas été prouvé que ces communications aient été faites, encore bien qu'on ait prétendu que les preuves n'ont pas pu être conservées, et que, dans l'espèce, il était impossible que ces communications n'aient pas eu lieu (Tarif, art. 91 et 151).— Même arrêt.

279.— Un avoué ne peut réclamer l'admission en taxe de la signification qu'il a faite à partie, d'un jugement qui, ne portant aucune condamnation, n'a fait que nommer des experts (C. pr. 147).

... Il en est de même du jugement qui, sur le rapport des experts, ordonne la licitation.

... Il en doit être ainsi, à plus forte raison, lorsque les jugemens ont été consentis par les parties. — Même arrêt.

280.— *Greffiers.*— L'art. 130 du décret du 18 juin 1811, aux termes duquel, lorsqu'il y a lieu au déplacement des registres et minutes d'un greffe, il ne doit en être dressé qu'un bref état, sans frais, est applicable aux mutations de greffiers, comme aux déplacemens de greffes. — Si, au lieu de cet état, le juge de paix, après le décès du titulaire d'un greffe, a fait apposer les scellés et dresser un inventaire détaillé des papiers de ce greffe, il ne peut en répéter les frais contre les héritiers du greffier décédé, ni contre son successeur, qu'autant que l'un d'eux aurait requis un tel inventaire, et seulement contre celui qui aurait fait cette réquisition. — 7 mai 1823. Civ. c. Coquoin. D.A. 9. 658. D.P. 23 1. 145.

281.— Ordonnance du roi portant réglement sur les frais et émolumens à percevoir par les greffiers des justices de paix.— 17 juill. 1825. D.P. 25. 3. 29.

282. — Ordonnance du roi qui fixe les droits que percevront les greffiers des tribunaux de commerce, indépendamment de ceux qui leur sont accordés par la loi du 11 mars 1799 et par le décret du 12 juill. 1808.— Jugemens.— Procès-verbaux.— Actes spéciaux aux tribunaux de commerce des villes maritimes. — Formalités diverses.— 9 oct. 1825. D.P. 25. 3. 30.

283. — *Huissiers.* — Les huissiers ne peuvent exiger un droit de vacation pour l'enregistrement de leurs exploits sur leurs répertoires.— 24 déc. 1807. Colmar. Lustig. D.A. 9. 11, n. 1. D.P. 2. 412.

284. — Un huissier résidant dans un chef-lieu d'arrondissement, ayant le droit d'instrumenter dans tout le ressort de cet arrondissement, le juge chargé de taxer les frais ne peut, lorsqu'un huissier du chef-lieu a fait la saisie et la vente des meubles d'un débiteur domicilié dans un canton éloigné, mettre à la charge du saisissant les frais nécessités par le transport de cet huissier, en sus de ceux qui auraient été alloués à un huissier du canton. Ces frais, comme les autres, doivent être prélevés par privilége sur le prix de la vente (Décret 14 juin 1813, art. 2). — 17 fév. 1830. Civ. c. Meunier. D.P. 30. 1. 129.

285.—Lorsque, dans les affaires civiles, le nombre des témoins est considérable, on peut allouer à l'huissier qui a fait la notification de leurs noms, qualités, etc., un droit plus fort que celui de simple exploit (C. proc. 281).— 29 nov. 1828. Rouen. B...C. Gaumont. D.P. 33. 2. 185.

286. — Une taxe modérée peut être accordée aux huissiers audienciers pour leur assistance dans une enquête.— Même arrêt.

287.— *Experts.*— En matière de taxe des frais dus à des experts pour leurs opérations, le décret du 16 février 1807, concernant la taxe des dépens faits en matière sommaire ou ordinaire, ne doit point recevoir d'application. — 1er déc. 1829. Nanci. Maire. D.P. 30. 2. 49.

288. — L'art. 159 du tarif du 16 fév. 1807, relatif aux frais des rapports d'experts, ne peut être appliqué aux clercs de notaire qui, à cause de leur profession et des connaissances que cette profession exige, doivent être rétribués comme les architectes et les autres artistes, et non comme un simple artisan.— 19 oct. 1832. Solut. de la rég. C... D.P. 33. 3. 73.

289.—Jugé, en sens contraire, que l'ordonnance du président qui règle la taxe due à des experts est susceptible d'opposition. — Que l'opposition à l'ordonnance de réduction des honoraires ou salaire des experts, doit, comme en cas de taxe de frais et dépens, en matières sommaires, être portée à la chambre du conseil; elle est non-recevable si elle a été portée à l'audience publique. Toutefois, on n'appliquerait pas, dans ce cas, la disposition de l'art. 6 du décret de 1807, qui limite à trois jours le délai de l'opposition à l'ordonnance, ni la disposition qui déclare non susceptible d'appel le jugement à intervenir sur l'opposition formée à la taxe des frais de l'avoué. — 7 janv. 1830. Trib. de Vic. D.P. 31. 3. 54.

§ 7. — *De l'exécutoire de dépens.*

290.— 1° *Délivrance et formalités de l'exécutoire.* — Lorsque l'expédition d'un jugement ou arrêt ne contient pas le montant de la taxe, il en est délivré exécutoire *par le greffier* (Décr. 16 fév. 1807, art 5).

291.— La signature seule du greffier suffit, et la condamnation aux dépens peut être mise à exécution sans l'assistance du juge. — 1er mars 1811. Rome. Pietro. D.A 9. 684, n. 2. D.P. 11. 2. 223. — 9 janv. 1832. Bourges. Gérard. D.P. 32. 2. 129. — *Contrà*, 11 juin 1811. Rome. N... D.A. 9. 684, n. 3. D.P. 11. 2. 159.

292.—La question demeure embarrassante; si, d'un côté, le texte du décret est positif, d'un autre côté, ce serait s'écarter des principes que de reconnaître à un greffier seul le droit d'attacher à ses actes la force d'un mandement de justice.—D.A. 9. 684, n. 2.

293.—L'exécutoire doit être daté, mais le défaut de date sur la copie signifiée ne pourrait être opposé par le débiteur, s'il a défendu au fond, fait des offres réelles des dépens (176 C. pr.).—25 nov. 1816. Besançon. D.A. 9. 685, n. 3.

294.—Avant d'être signifié, l'exécutoire doit être enregistré ; mais il n'est passible que du droit fixe de 1 fr. (Déc. min. de la just.). — 16 fév. 1809. D.A. 9. 185; n. 4. — V. Enregistrement.

295.—C'est l'avoué de la partie gagnante qui emploie l'exécutoire contre la partie qui a succombé. Mais il ne pourrait agir par la même voie contre son propre client; puisqu'un exécutoire n'est pris qu'en vertu d'un jugement qui condamne aux dépens, et que la partie gagnante n'est pas condamnée envers son avoué Les avoués, huissiers et autres officiers ministériels n'ont donc qu'une action principale contre leurs cliens (Décr. 16 fév. 1807, art. 9). — Hautefeuille, p. 104; Demiau, p. 120 ; D.A. 9. 684, n. 2.

296.—La partie contre laquelle un exécutoire de dépens a été délivré, ne peut, en offrant d'en payer le montant, exiger, outre la remise de l'exécutoire, celle des pièces de la procédure. — 12 déc. 1820. Paris. Deschamps. D.P. 21. 2. 52. — 26 janv. 1825. Paris. Fourmentin. D.P. 26. 2. 9.

297.— Mais elle peut exiger la remise de l'exécutoire; sans que l'avoué au profit duquel il a été délivré puisse prétendre le conserver en donnant une quittance des frais à la partie condamnée. — 24 nov. 1825. Nanci. Poirel. D.P. 26. 2. 117.

298.— 2° *Recours contre l'exécutoire.* — L'exécutoire n'est pas susceptible d'appel, mais seulement d'opposition (Décr. 16 fév. 1807, art. 6). — 5 août 1829. Bordeaux. Eyriaud. D.P. 30. 2. 4.

299.— Le droit de former cette opposition appartient également à la partie condamnée, et à celle qui s'est fait adjuger les dépens. On doit pouvoir réclamer contre une taxe insuffisante, comme contre une taxe excessive (D.A 9. 685, n. 5). — 12 sept. 1811. Ajaccio. Pasqualini. D.A. 9. 685, n. 1. D.P. 2. 573.

300.— Lorsque, dans une affaire commerciale, une cour royale a prononcé la condamnation aux dépens, en laissant la somme en blanc, s'il arrive que, par un abus répréhensible, la partie qui a eu gain de cause obtienne contre son adversaire un exécutoire dans lequel les dépens sont illégalement taxés comme en matière ordinaire, ce dernier peut se rendre opposant à cette taxe, et, au cas où il n'obtiendrait pas justice, se pourvoir contre l'arrêt qui la lui refuserait ; mais il ne peut faire valoir comme moyen de cassation, contre l'arrêt qui l'a condamné aux dépens, l'exécutoire délivré depuis cet arrêt. — 31 août 1828. Req. Paris. Platarest. D.P. 28. 1. 395.

301.— Le décret de 1807 ne détermine point la forme de l'opposition à l'exécutoire, elle peut donc être faite par acte signifié à partie, aussi bien que par acte d'avoué à avoué. — 11 août 1815. Metz. D.A. 9. 685, n. 6.

302.—L'opposition doit être formée dans les trois jours de la signification de l'exécutoire à l'avoué (Décr. 16 fév. 1807, art. 6); ou tout au moins dans les huit jours de la signification à partie de l'ordonnance par défaut qui a liquidé les dépens (C. pr. 157). — 1er avril 1830. Lyon. Reynaud. D.P. 32. 2. 189.

303.— Le délai de trois jours n'est applicable qu'en ce qui concerne la taxe des dépens, et non à toute autre réclamation qui pourrait s'élever contre l'exécutoire, par exemple, en ce qu'il mettrait la totalité des dépens à la charge d'un seul individu qui prétendrait n'y avoir été condamné que pour partie. — 21 nov. 1833. Req. Caen. Foubert. D.P. 34. 1. 79.

304.— Une partie qui aurait connaissance de

l'exécutoire avant la signification légale, pourrait y former opposition sans attendre la signification. — 7 janv. 1815. Besançon. D.A. 9. 685, n. 7.

305.— Mais, une fois la signification faite, et le délai fixé par le décret étant expiré, l'opposition ne peut plus être reçue sous aucun prétexte tiré des circonstances de la cause.— 16 déc. 1822. Civ. c. Bourges. Frébault. D.A. 9. 685, n. D.P. 2. 573, n.— 13 janv. 1826. Amiens. Choquet. D.P. 27. 2. 149.

306.— Le délai de l'opposition ne court que du jour de la signification à avoué : car la signification à personne ou domicile ne ferait pas courir le délai (D.A. 9. 685, n. 7).— 5 juill. 1823. Grenoble. Gras. D.A. 9. 685, n. D.P. 2. 573, n.

307.— L'exécution d'un jugement, par rapport aux frais et dépens, étant une procédure nouvelle régie par la loi du temps où elle a lieu, et non par celle sous l'empire de laquelle le jugement qui les prononce a été rendu, l'exécutoire des dépens doit, à peine de nullité, être signifié à l'avoué, quoique le jugement qui les a occasionés ait été obtenu sous une législation qui ne prescrivait pas cette formalité.— 13 août 1811 Bruxelles. Vauderemme. D.A 9. 686, n. D.P. 2 573, n. 4.

308.—En matière sommaire, et dans les causes commerciales, c'est dans le jugement que se trouve la liquidation des dépens ; c'est donc la signification de ce jugement qui fait courir le délai, et non celle d'un exécutoire mal à propos délivré. — 1er mars 1816. Grenoble. D.A. 9. 686.

309.— Le délai d'opposition à un exécutoire signifié pendant les vacances ne court pas durant ces vacances, si, en contravention à la loi, le jugement de condamnation en matière sommaire ne contient pas la liquidation des dépens ; peut-être dans ce cas, le délai de l'opposition à la taxe doit-il courir à compter de la signification de l'exécutoire.— Même arrêt.

310. — L'opposition à un exécutoire est nulle comme irrégulière, lorsqu'elle n'est pas suivie d'une citation dans les trois jours (Décr. 16 fév. 1807, art. 6). — 19 juill. 1821. Bourges. Gabillaud. D.P. 31. 2. 179.

311. — L'opposition faite à un exécutoire, par une partie qui prétend qu'il ne devait pas être décerné contre elle, rentre dans la classe des affaires qui doivent être portées à l'audience. Ici ne s'applique pas la disposition du décret du 16 fév. 1807, portant qu'il sera statué sur l'opposition à la taxe des dépens en la chambre du conseil. — 9 janv. 1832. Bourges. Girard. D.P. 32. 2. 129.

312.— Les jugemens rendus en chambre du conseil sur opposition à l'exécutoire ne sont pas susceptibles d'appel, même en ce qui concerne les dispositions relatives au chiffre de la taxe, telles que celles, par exemple, qui font la répartition des frais entre les parties condamnées, alors qu'il n'y a pas appel du jugement qui a été rendu sur le fond. — 26 août 1833. Paris. Boulard. D.P. 34. 2. 61.

313.— Des parties qui, au lieu de se pourvoir par appel contre un jugement qui les condamne aux frais, se sont bornées à former opposition à l'exécutoire de dépens, lequel n'est que la suite et l'exécution du jugement qui les a prononcés, ne sont ni recevables, ni fondées à attaquer le jugement qui rejette leur opposition à l'exécutoire.— 28 janv. 1834. Req. Boulard. D.P 34. 1. 133.

Au reste, pour que l'exécution de la taxe ou acquiescement à l'exécution donné par un mandataire, puisse élever une fin de non-recevoir contre la partie, il faudrait qu'il fût porteur d'un mandat de celle-ci.

Et il a été jugé avec raison qu'on ne peut opposer comme fin de non-recevoir à l'action en désaveu la taxe des frais faits par l'avoué véritable du désavouant, surtout si elle n'a été faite par cet officier ministériel que sous la réserve des droits de son client.— 27 mars 1816. Paris. Adam. D.A. 5. 96.

314.— 3° *Effets de l'exécutoire.* — L'exécutoire des dépens est, par lui-même, un titre exécutoire; il n'est donc pas nécessaire de donner copie, en tête du commandement, du jugement qui a servi de base à l'exécutoire (D.A. 9. 686, n. 8). — 27 dec. 1820. Civ. c. Besançon. int. de la loi. Comm. de Villechevreux. D.A. 9. 586. D.P. 21. 1. 94.

315.— D'un autre côté, le commandement sur lequel repose un exécutoire ne peut être attaqué si l'on n'attaque pas en même temps l'exécutoire.— 21 sept. 1809. Paris. Clauchard. D.A. 9. 686. D.P. 2. 374.

316.—Toutefois, si l'exécutoire est contesté, il ne peut plus servir de fondement à une saisie-exécution contre le débiteur ; car alors la créance n'est plus liquidée. — 7 janv. 1815. Besançon. D.A. 9. 686, n. 8.

§ 8.—*De l'action en paiement des frais.—De la compétence et de la prescription.*

317.— Les officiers ministériels ont le droit d'agir judiciairement pour se faire payer les frais et dépens qui leur sont dus. Mais ils ne peuvent retenir les pièces jusqu'au paiement de leurs frais (L. 3 brum. an 11).— Bonc., 2, 256.

318.— Aucune des lois abolitives de la féodalité n'a défendu de poursuivre le paiement des dépens adjugés par jugement inattaquable, en matière féodale, avant leur publication. Ils constituent dès lors une créance particulière, distincte, indépendante de la nature de ce qui a donné lieu à la contestation au principal, et peuvent, sous l'empire de ces lois, autoriser, soit des poursuites, soit des inscriptions hypothécaires. — 4 germ. an 13. Civ. c. Bonnal. D.A. 9. 658. D.P. 5. 1. 310.

319. — L'huissier qui a fait des significations pour un avoué, sans avoir eu de relations avec la partie, peut assigner cet avoué en paiement de ses frais. — Du moins, l'arrêt qui le décide ainsi ne viole aucune loi. — 4 nov. 1815. Bruxelles. Trioné. D.A. 9. 14, n 2. D.P 2. 415

320. — L'avoué a une action personnelle pour le paiement de ses frais et travaux contre le syndic d'une faillite, par lequel il a été chargé d'occuper dans une instance concernant la faillite. — 25 sept. 1823. Paris. Sorbet. D.A. 2. 218. D.P. 24. 2. 72.

321. — Encore bien que l'action judiciaire soit poursuivie au nom du cédant, cependant, si c'est dans le seul intérêt des cessionnaires qui ont promis garantie au cédant, que cette poursuite a lieu, l'avoué peut agir directement contre ceux-ci en paiement de ses frais et honoraires. — 15 nov. 1831. Toulouse. N... D.P. 32 2. 57.

322. — La forme de l'action des officiers ministériels est réglée par le décret du 16 février 1807, qui porte, art. 9 . « Les demandes des avoués et autres officiers ministériels, en paiement des frais contre les parties pour lesquelles ils auront occupé ou instrumenté, seront portées à l'audience, sans qu'il soit besoin de citer en conciliation ; il sera donné en tête des assignations copie du mémoire des frais réclamés. »

323. — Sous l'empire de la loi du 3 brum. an 2, un ancien procureur ne pouvait point porter directement devant les tribunaux, sans préliminaire de conciliation, une action en paiement de frais faits pour affaires terminées sous l'ancien régime. La dispense de tentative de conciliation ne concernait que les actions intentées pour affaires pendantes lors de la suppression des fonctions d'avoué — 27 fruct. an 7. Civ c. Planzoles. D.A. 2 223. D P. 1.417.

324 — L'assignation en paiement de ses frais et honoraires, donnée par un officier ministériel, ne peut être annulée pour défaut de signification, en tête de l'assignation, du mémoire des frais réclamés; cette omission est toujours réparable pendant l'instance, à la charge par l'officier ministériel de supporter les frais de la signification tardive (Décret 16 février 1807, art. 9 ; C. pr. 65).

Cette signification ne peut être annulée, alors surtout que c'est par le fait du débiteur que le mémoire des frais n'a pu être fourni, — 11 mars 1826. Amiens. Cottenest. D.P. 27. 2. 27. — 29 juin 1826. Amiens. L'Enfant. D.P. 27. 2. 27. — 17 juill. 1826. Lyon. Claret. D.P. 27. 2. 27.

325.— Les huissiers doivent assigner, pour avoir paiement de leurs frais, devant le tribunal civil de leur domicile (Bonc., 2, 253); encore que les frais auraient été faits devant le tribunal de commerce. — V. Compétence.

326 — Le tribunal saisi de la demande d'un huissier en paiement des frais faits devant lui, ne peut se déclarer compétent pour statuer sur les frais d'actes du ministère de l'huissier, et renvoyer devant le juge du domicile du défendeur, quant aux avances pour levée du jugement et autres déboursés; il doit prononcer sur chacun de ces chefs par un même jugement. — 18 déc. 1824. Bourges. Martin. D.A. 9. 688. D.P. 2. 574.

327.— Un tribunal saisi d'une demande en taxation de frais extrajudiciaires, motive suffisamment son jugement en les déclarant exagérés, en admettant les uns et rejetant les autres. — 11 nov. 1833. Civ. r. Holder. D.P. 34. 1. 36.

328.— Le président d'un tribunal qui a taxé des frais extraordinaires, n'est pas obligé de s'abstenir, lorsque le tribunal est saisi de la demande en paiement du montant de la taxe — Même arrêt.

329. — L'appel étant suspensif relativement aux dépens, même lorsque le jugement qui les adjuge est exécutoire par provision quant à ses dispositions principales, le juge de paix contre la décision duquel il y a appel, commet un excès de pouvoir en allouant le remboursement des déboursés qu'elle prononce —19 prair. an 7. Civ. c. int. de la loi. Brabant. D A. 9. 687. D.P. 2. 574.

330.— Les dépens étant l'accessoire du principal, si l'appel du jugement qui en a ordonné la distraction est recevable, quant à ses dispositions principales, l'appel doit être également accueilli d'une ordonnance de référé qui a statué sur l'opposition à la poursuite du paiement de l'exécutoire de dépens, encore que la somme totale des dépens ne s'élève pas à 1,000 fr. — 12 avril 1820. Civ. r. Etignard. D.A. 9. 676. D.P. 20. 1. 451.

331. — Le jugement qui statue sur les frais d'une expertise est susceptible d'appel, quand même il n'y aurait pas d'appel ou de contestations sur le fond. — 1er déc. 1829. Nanci. Maire. D.P. 30. 2. 49.

332.— Les frais de première instance doivent être réglés par la cour lors même que le jugement dont est appel est confirmé.— 10 juill. 1817. Req. Lefebvre. D A. 9. 687. D.P. 18. 1. 403

333.—En cas de condamnation *aux dépens d'une instance en homologation*, rendue contre des créanciers qui se sont opposés à un concordat, une cour peut, sans contrevenir à l'autorité de la chose jugée, interpréter cette décision, et juger qu'elle ne s'applique qu'aux frais occasionés par la résistance des créanciers, et non à tous ceux faits dans l'instance en homologation.— Même arrêt.

334.— On doit considérer comme accessoire à la demande que l'avoué d'appel a formée en paiement de ses frais et salaires, celle qu'il a en même temps introduite en remboursement des honoraires par lui payés à l'avocat qui a plaidé en appel; en conséquence, ces deux demandes peuvent être conjointement portées *de plano* devant la cour royale (C. pr., art. 60; décr. 14 déc. 1810, art. 43). — 7 juin 1828. Pau. Petit. D.P. 29. 2. 132.

335. — De même, lorsque les frais extraordinaires, réclamés par un avoué, sont connexes à une demande de frais taxables et liquidables, formée devant une cour où ils ont été faits, cette cour est compétente pour statuer sur le tout (C. pr. 60). — 10 août 1831. Req. Paris. Comm. de la Ville-au-Pont. D.P. 31. 1. 289.

336.— Une cour royale est compétente pour statuer sur la demande d'un ex-avoué qui postulait devant elle en paiement de frais qui lui sont dus (L. 6 mars 1791).— 30 oct. 1810 Paris. Sohier.

337.— Si l'opposition à un exécutoire de dépens, d'un arrêt de cour royale, repose sur ce qu'il a été perçu des droits d'enregistrement non dus, la difficulté ne peut être jugée par la cour, la loi du 22 frim. an 7 attribuant aux tribunaux civils le droit de juger sans appel les contestations relatives à la perception du droit d'enregistrement. C'est à la partie condamnée aux dépens à former la demande en restitution ; mais elle ne peut demander un sursis.—26 avril 1816. Cour de Metz. D.A. 9. 686, n. 9.

338.— L'avoué qui, antérieurement aux codes civil et de procédure, a obtenu un jugement par défaut contre son client pour le paiement de ses frais, n'a le droit d'opposer la prescription décennale pour lui tenir lieu de décharge des pièces et actes de procédure, sur lesquels ils ont été taxés, qu'autant qu'elle aurait couru après l'expiration du délai qui était accordé pour relever appel de la condamnation des frais. — 26 août 1807. Nîmes. Salet. D.A. 9. 681, n. D.P. 2 572.

339.—Les frais faits par le ministère public, en police correctionnelle, doivent être considérés comme accessoires de la condamnation principale, et se prescrivent, comme elle, par cinq ans.—17 janv. 1822. Liége. D.A. 9. 688.

ART. 2.— *Des frais en matière criminelle.*

340.— L'art. 1er de la loi du 27 sept. 1790 mettait à la charge du trésor public toutes les poursuites criminelles faites à la requête des procureurs du roi, ou d'office. La loi du 30 niv. an 5, relative aux expéditions des procédures criminelles, et un arrêté du gouvernement, du 6 mess. an 6, concernant la taxe, la vérification et l'acquit des frais de justice, consacrèrent les mêmes principes.

341. — La loi du 18 germ. an 7 voulut que tout jugement criminel, correctionnel ou de police emportant condamnation à une peine quelconque, prononçat en même temps, au profit de l'état, le remboursement des frais. Un décret, du 5 pluv. an 13 diminua les frais en matière criminelle et correctionnelle, qui étaient à la charge de l'état. Un décret du 24 fév. 1806 fixa le mode de réglement des frais de justice criminelle. La loi du 5 sept. 1807 donna au trésor public un privilége, pour le remboursement des frais, sur les meubles et les immeubles des condamnés. Le décret du 20 sept. 1809 autorisa la contrainte par corps pour le paiement des frais de justice correctionnelle Un décret du 18 juin 1811 détermina d'une manière précise et complète les actes qui font partie des frais de justice, régla le mode de recouvrement, la manière dont les mémoires doivent être produits et rendus exécutoires, les délais de la production, etc. Ce décret, rectifié par celui du 17 janv. 1813, et interprété par les instructions ministérielles, forme, avec la loi des finances, du 28 avril 1816, l'ordonn. du 22 mai 1816, sur l'enregistrement et le timbre, et celle du 3 nov. 1819, concernant la comptabilité des frais de justice à recouvrer sur les condamnés, le dernier état de la législation. — D.A. 9. 659, n. 1 et 2.

342. — Le décret du 18 juin 1811 a encore aujourd'hui force de loi, n'étant pas contraire à la charte. —7 juill. 1820. Cr. c. Min. pub. C. Neumuller. D.A. 9. 661, n. 21. D.P. 2. 565. — 12. nov. 1829. Cr. c. Min. pub. C. Rossé. D.P. 29. 1. 397.

§ 1er.—*De la condamnation aux frais en général.*

343.—Les prévenu, accusé, ou les personnes civilement responsables, ou enfin la partie civile, doivent être condamnés aux dépens, lorsqu'ils succombent (C. inst. cr. 162, 194, 368).

344. — Si un tribunal avait omis de prononcer la condamnation aux dépens, le prévenu ne pourrait en être tenu : l'omission de la condamnation aux frais, qui doit se trouver dans le jugement même, est une contravention à la loi; elle suffit pour ouvrir un recours, soit à la partie civile, soit au ministère public. Mais si le jugement n'a pas été réformé sur ce point, son silence profite au condamné. — Legrav., chap. 19, p. 688; D.A. 9. 665, n. 17.

345 — Devait être annulé, sous l'empire de la loi du 18 germ. an 7, tout jugement criminel, correctionnel ou de police, qui, en prononçant une condamnation, n'ordonnait pas le remboursement au profit de l'état des frais de la poursuite.— 27 frim. an 8. Cr. c. Min. Pub. C. Courtois. D.A. 9. 665. D.P. 2. 567. — Il en est de même aujourd'hui. —15 oct. 1830. Cr. c. Min. pub. C. Louis. D.P. 31. 1. 10.

§ 2. — *Quelles personnes peuvent ou doivent être condamnées aux frais.*

346.— Le ministère public a qualité pour requérir la condamnation aux dépens d'un prévenu de contravention de police (C. inst. cr. 162.) — 28 nov. 1828. Cr. c. Min. pub. C. Bonfils. D.P 29. 1. 41.

347. — La condamnation aux frais ne peut être prononcée que contre l'individu qui a figuré directement, comme *partie*, au procès. — 14 fruct. an 11. Cr. c. Fons. D.A. 9. 660. n. 2. D.P. 2. 564. — 14 août 1830. Cr. c. Min. pub. C. Chavanne. D.P. 30. 1. 358.

348. — Ainsi, ne peut être condamné aux frais celui qui, à l'occasion d'une poursuite dirigée d'office par le ministère public contre un autre individu, a déclaré ne pas vouloir se rendre partie civile, et contre lequel il n'a été pris aucunes conclusions. — 14 fruct. an 11. Cr. c. Fons. D.A. 9. 660, n. 2. D.P. 1 564.— Ni celui qui a seulement requis le procès-verbal qui a servi de base aux poursuites du ministère public. — 11 nov. 1824. Cr. c. int. de la loi. Duchesne. D.A. 9. 664, n. 2.

349. — Mais doit y être condamné celui qui demande au juge acte de l'accusation qu'il entend donner contre un individu, s'il ne prouve les faits par lui allégués.— 18 mars 1808. Cr. r. Min. pub. C. Devoto. D.A. 9. 660, n.

350.— Comme on l'a dit, pour être passible des frais, non seulement il faut avoir été partie au procès, mais avoir succombé. Delà il suit qu'un accusé *acquitté* ne peut être condamné à supporter aucune portion des frais, sous aucun prétexte. — 18 germ. an 10. Cr. c. Ruffel. D.A. 1. 168. D.P. 1. 68. — 18 germ. an 10. Cr. c. Fauce. D.A. 1. 168. D.P. 1. 68.— 17 vent. an 12. Cr. c. Desbordes. D.A. 1. 168. D.P. 1. 68.— 1er sept. 1827. Cr. c. Pouvreau. D.P. 27. 1. 492. — 15 mars 1828. Cr. c. int. de la loi Lafontaine. D.P. 28. 1. 175. — 30 juill. 1831. Cr. r. Beranger. D.P. 31. 1. 294. — 16 nov. 1832. Cr. c. Laclaverie. D.P. 33. 1. 177. — A l'exception des frais occasionés par le défaut ou par la contumace (C. inst. cr. 187, 498). — 4 juin 1830. Cr. c. Min. Pub. C. Perard. D.P. 30. 1. 295.

351. — Jugé de même qu'on ne peut être exempté de toute peine, et néanmoins condamné aux frais, avec défense de récidiver. — 19 niv. an 7. Cr. c. Houlard. D.A. 11. 165, n. 4. D.P. 2. 959.

352. — Il en est autrement de l'accusé majeur

absous, lorsque le fait à raison duquel il a été poursuivi existe, mais n'est pas puni par la loi, ou se trouve prescrit, pourvu toutefois qu'il ait occasionné des frais ou des dommages, soit à l'état, soit à des tiers. En ce cas, la condamnation aux frais *peut* être prononcée. — 14 mai 1824. Cr. r. Vibert. D.A. 1. 169. D.P. 1. 69. — 7 janv. 1830. Cr. r. Jehlem. D.P. 30. 1. 49. — 30 juill. 1831. Cr. r. Beranger. D.P. 31. 1. 294.

La condamnation n'est point obligatoire, bien qu'elle soit requise par le ministère public. — 16 déc. 1831. Cr. r. Cartier. D.P. 32. 1. 156. — 24 fév. 1832. Cr. r. Saint-Laurent. D.P. 32. 1. 180.

Jugé même qu'elle ne peut être prononcée, si le fait, quoique déclaré constant, n'est puni par aucune loi. — 5 oct. 1831. Assises de la Seine. Louis-Alexandre. D.P. 33. 2. 113.

353. — Toutefois, décidé, avec plus de rigueur, que la condamnation aux frais *doit* être prononcée contre un individu accusé de banqueroute, et déclaré coupable d'avoir détourné des effets mobiliers au préjudice de ses créanciers, s'il n'est absous que parce que sa qualité de commerçant ne serait pas constante. — 9 déc. 1830. Cr. c. Min. pub. C. Puireux. D.P. 31. 1. 57.

354. — Même décision à l'égard de celui qui n'aurait été absous que pour cause de démence, si, au temps des poursuites, la démence n'était pas légalement établie. — 2 juin 1831. Cr. c. Min. pub. C. Beauvois. D.P. 31. 1. 233.

355. — L'individu mineur de seize ans, acquitté du crime dont il était accusé, comme ayant agi sans discernement, mais soumis à une détention correctionnelle, ou même remis à ses parens, *doit* néanmoins être condamné aux frais (C. pén. 66). — 25 fév. 1808. Cr. r. Weber. D.A. 9. 660, n. 3. D.P. 2. 564, n. 3. — 6 août 1813. Cr. c. Min. pub. C. Barend. D.A. 1. 170. D.P. 1. 69. — 19 mai 1815. Cr. c. Min. pub. C. N..... D.A. 1. 170. D.P. 15. 1. 406. — 27 mars 1823. Cr. c. Min. pub. C. Cotton. D.A. 1. 170. D.P. 23. 1. 138. — 17 juill. 1823. Cr. r. Min. pub. C. Cotton. D.A. 1. 171. — 13 janv. 1827. Cr. c. Min. pub. C. Mabéon. D.P. 27. 1. 373. — 12 fév. 1829. Cr. c. Min. pub. C. Rabeau. D.P. 29. 1. 149. — 5 janv. 1832. Cr. c. Chevalier. D.P. 32. 1. 156. — 13 avril 1832. Cr. c. Delanoue. D.P. 32. 1. 208.

356. — Le prévenu en matière de police simple ou correctionnelle doit payer les frais s'il est condamné; mais si le ministère public appelle *à minimâ*, et que la condamnation soit confirmée telle qu'elle avait été prononcée, le condamné doit même les frais de l'appel dans lequel le ministère public a succombé. — 31 déc. 1813. Cr. c. Min. pub. C. Van Don. D.A. 9. 660, n. 4. D.P. 2. 564, n. 4. — 4 sept. 1824. Cr. c. Min. pub. C. Mouret. D.A. 9. 660, n. 4. D.P. 2. 565. — 24 sept. 1824. Cr. c. int. de la loi. Sevestre. D.A. 9. 660, n. 4. D.P. 2. 565. — *Contrà*, Legraverend, ch. 19, p. 676 et 677; Carnot, t. 3, p. 92 et 93; D.A. 9. 660, n. 6. — 22 nov. 1828. Ch. réun. r. Min. pub. C. Mouret. D.P. 29. 1. 26. — 19 fév. 1829. Cr. c. Min. pub. C. Janvier. D.P. 29. 1. 158. — V. aussi *infrà*, § 6.

357. — Les personnes civilement responsables d'un délit ou d'une contravention sont passibles des dépens. — 8 mars 1821. Cr. c. Min. pub. C. Courtier. D.A. 9. 661, n. 1. D.P. 2. 561, n. 1.

358. — Elles ne seraient pas recevables à opposer que la condamnation aux frais n'est que la conséquence de l'action criminelle qui ne les atteint point. — 28 nov. 1828. Cr. c. Min. pub. C. Bonfils. D.P. 29. 1. 41.

359. — Les officiers de police judiciaire ne peuvent être condamnés, par les tribunaux, aux frais des poursuites intentées en vertu de leurs procès-verbaux. Une condamnation quelconque n'intervient légalement contre eux qu'autant qu'ils ont été poursuivis par le procureur du roi. Ce principe a été souvent consacré par la jurisprudence à l'égard des gardes-champêtres ou forestiers. — 4 oct. 1811. Cr. c. Min. pub. C. Leroy. D.A. 9. 663, n. 1. D.P. 2. 1. 105. — 27 juin 1812. Cr. c. Min. pub. C. Poudra. D.A. 11. 400, n. 3. D.P. 23. 1. 347. — 20 août 1812. Cr. c. int. de la loi. Robin. D.A. 9. 663, n. 2. D.P. 2. 566. — 17 sept. 1819. Cr. c. int. de la loi. Poirot. D.A. 9. 663, n. 3. D.P. 19. 1. 600. — 24 sept. 1819. Cr. c. Min. pub. C. Jacquet. D.A. 9. 663, n. 4. D.P. 2. 566. — 8 mars 1822. Cr. c. int. de la loi. Milet. D.P. 22. 1. 477.

360. — Il s'applique également aux maires ou adjoints, lorsqu'ils agissent en qualité d'officiers de police, auxiliaires des procureurs du roi. — 19 juin 1816. Cr. c. int. de la loi. Jouffroy. D.A. 9. 664, n. 1. D.P. 16. 1. 336.

361. — Jugé aussi que, quand le maire d'une commune rend plainte en cette qualité, comme ayant été insulté dans l'exercice de ses fonctions, si l'information ne prouve pas suffisamment ce fait, et que, sur le renvoi de l'affaire devant un tribunal de police, le maire déclare ne pas se porter partie civile, le tribunal, tout en reconnaissant que le maire n'a point été insulté, ne peut le condamner aux dépens. — 6 vent. an 11. Cr. c. Maires de Lyon, d'Angers. D.A. 9. 665, n. 4. D.P. 2. 566, n. 2.

362. — A plus forte raison, les officiers remplissant auprès des tribunaux les fonctions du ministère public, ne peuvent jamais être condamnés aux dépens, que ce ministère soit exercé par les procureurs du roi ou par les maires. Les tribunaux correctionnels et de simple police ont souvent méconnu ce principe essentiel; mais leur erreur a été redressée par une foule d'arrêts de la cour suprême. — 7 frim. an 7. Cr. c. Min. pub. C. N..... D.A. 9. 664, n. 2. D.P. 2. 566, n. 1. — 25 frim. an 11. Cr. c. Contr. ind. Ulmann. D.A. 4. 177. D.P. 1. 1058. — 20 vend. an 12. Cr. c. int. de la loi. Decock. D.A. 2. 175. D.P. 4. 1. 88. — 19 prair. an 12. Cr. c. Min. pub. C. Beving. D.A. 2. 128. D.P. 1. 366. — 19 prair. an 12. Cr. c. int. de la loi. Carel. D.A. 2. 141. D.P. 1. 377. — 3 frim. an 13. Cr. c. int. de la loi. D.P. 5. 2. 67. — 3 janv. 1806. Cr. c. Min. pub. Gentin. D.A. 11. 29, n. 1. D.P. 2. 916. — 17 déc. 1807. Cr. c. int. de la loi. Quénouille. D.A. 11. 28, n. 2. D.P. 2. 914. — 19 janv. 1809. Cr. c. Min. pub. C. de Rivière. D.A. 9. 665, n. — 9 fév. 1809. Cr. c. int. de la loi. Garrand. D.A. 9. 665, n. — 27 juin 1812. Cr. c. int. de la loi. Vander. D.A. 9. 665, n. — 12 mars 1813. Cr. c. Min. pub. C. Volet. D.A. 9. 663, n. — 4 nov. 1815. Cr. c. Min. pub. C. Kolkmann. D.A. 9. 665, n. — 30 juin 1814. Cr. c. Min. pub. C. Vander. D.A. 9. 665, n. D.P. 2. 567. — 31 mars 1815. Cr. c. Min. pub. C. Barry. D.A. 2. 157. D.P. 1. 387. — 27 sept. 1816. Cr. c. Min. pub. C. Carrier. D.A. 9. 665, n. — 19 mars 1818. Cr. c. Min. pub. C. Betat. D.A. 9. 665, n. — 19 janv. 1821. Cr. c. Min. pub. C. Samanos. D.A. 9. 665, n. — 10 mai 1821. Cr. c. Min. pub. C. Gaillard. D.A. 9. 665, n. — 26 oct. 1821. Cr. c. int. de la loi. Pauly. D.A. 9. 665, n. — 31 mai 1822. Cr. c. int. de la loi. Collinet. D.A. 9. 664, n. 2. D.P. 22. 1. 446. — 11 avril 1823. Cr. c. int. de la loi. Jacquier. D.A. 9. 665, n. — 11 mars 1825. Cr. c. Min. pub. C. Decroix. D.P. 25. 1. 264. — 17 sept. 1825. Cr. c. Min. pub. C. Marie. D.P. 26. 1. 35. — 18 avril 1828. Cr. c. int. de la loi. Dejean. D.P. 28. 1. 219. — 26 avril 1828. Cr. c. Min. pub. C. Vedel. D.P. 28. 1. 230. — 12 juin 1828. Cr. c. int. de la loi. Blanvin. D.P. 28. 1. 274.

363. — Jugé de même que le tribunal qui condamne le ministère public aux dépens et aux frais d'impression de quatre expéditions du jugement, et qui en ordonne l'envoi aux différentes autorités constituées, commet un excès de pouvoir, et son jugement encourt la cassation. — 6 brum. an 7. Cr. c. Min. pub. C... D.A. 4. 762. D.P. 1. 1261.

364. — Et que le ministère public qui succombe ne pourrait jamais être condamné qu'à des dommages-intérêts par la voie de la prise à partie. — 28 avril 1827. Cr. c. Min. pub. C. Dumée. D.P. 27. 1. 408.

365. — De même, quand une poursuite criminelle est exercée par le ministère public, dans l'intérêt de la société, et, par exemple, dans le cas de traite des noirs, les dépens qui s'ensuivent ne doivent, en aucun cas, être mis à la charge du trésor public. — 19 fév. 1829. Cr. c. Min. pub. C. Guillot. D.P. 29. 1. 154.

366. — Les administrations chargées de la perception des droits et revenus publics, peuvent, lorsqu'elles succombent, être condamnées aux dépens, si elles agissent dans un intérêt purement pécuniaire, mais non si l'instance est poursuivie dans l'intérêt de la vindicte publique. — 17 sept. 1825. Cr. c. Min. pub. C. Marie. D.P. 26. 1. 35. — 28 juill. 1827. Cr. c. Min. pub. C. Gillet. D.P. 27. 1. 326. — 19 mars 1830. Cr. c. Baumans. D.P. 30. 1. 175.

367. — Les administrations ou régies de l'état, par exemple l'administration forestière, doivent être condamnées à l'indemnité de 150 fr., lorsqu'elles succombent dans des pourvois qu'elles ont formés en cassation. — 23 mai 1833. Cr. r. Forêts. C. Guyon. D.P. 34. 1. 20.

§ 3. — *Condamnation aux frais contre la partie civile. — Obligation de les consigner.*

368. — D'après le droit commun, la partie civile semblerait ne devoir supporter les frais qu'autant qu'elle aurait succombé. Toutefois, ce principe a subi des modifications dont l'étendue, discutée depuis long-temps, n'est pas encore déterminée d'une manière bien précise.

369. — L'art. 368 C. inst. cr. de 1808, au titre des affaires soumises au jury, portait: « l'accusé ou la partie civile, *qui succombera*, sera condamné aux frais envers l'état et envers l'autre partie. » Même injonction résulte de l'art. 162, pour les matières de simple police, et de l'art. 194, pour les matières correctionnelles. Mais l'art. 157 du décret du 18 juin 1811 porta: « Ceux qui se seront constitués parties civiles, *soit qu'ils succombent ou non*, seront personnellement tenus des frais d'instruction, expédition et signification des jugemens, sauf leur recours contre les prévenus ou accusés qui seront condamnés, et contre les personnes civilement responsables du délit. » Cette disposition qui fait supporter les frais par celui-là même qui a mis la partie publique en état de remplir sa mission, fut souvent attaquée devant la cour suprême.

370. — Mais il a été jugé qu'elle avait force de loi. — 13 mai 1813. Cr. c. Min. pub. C. Quayalt. D.A. 9. 661, n. 2. D.P. 2. 565, n. 3. — 27 mai 1819. Cr. c. Min. pub. Omnès. D.A. 11. 216, n. D.P. 19. 1. 457. — 7 juill. 1820. Cr. c. Min. pub. C. Neumuller. D.A. 9. 661, n. 2. D.P. 2. 565. — 29 janv. 1829. Cr. c. Min. pub. C. Guiraud. D.P. 29. 1. 126. — 31 juill. 1829. Cr. c. Min. pub. C. Kauffmann. D.P. 29. 1. 517. — 12 nov. 1829. Cr. c. Min. pub. C. Rossé. D.P. 29. 1. 397.

371. — Lors de la révision du code, en 1832, la chambre des pairs proposa d'arrêter une rédaction, d'accord avec M. le garde-des-sceaux. Celui-ci consentit au renvoi à la commission, après avoir exposé quelques idées vagues, sans faire aucune distinction entre les matières criminelles, correctionnelles ou de police; le résultat de l'examen de la commission fut la seconde disposition de l'art. 268 portant: « *Dans les affaires soumises au jury*, la partie civile, *qui n'aura pas succombé*, ne sera jamais tenue des frais. »

372. — Par ces mots, « *dans les affaires soumises au jury*, a-t-on voulu restreindre la modification aux seules matières criminelles? C'est ce que le rapporteur (M. de Bastard) ne fait pas connaître. — A-t-on compris le cas d'absolution dans celui d'acquittement? Même silence. — Seulement, le rapport se termine ainsi: « Quant aux autres questions dont j'ai eu l'honneur de vous entretenir dans une des dernières séances, la commission et M. le garde-des-sceaux n'ont pas cru qu'elles dussent faire l'objet d'une disposition particulière, *mais qu'elles devaient être réglées par la jurisprudence.* » Dans le doute que laisse cette discussion, la modification dont il s'agit semble devoir être restreinte à ses termes, c'est-à-dire, uniquement aux matières (criminelles ou correctionnelles) qui doivent être soumises au jury.

373. — Mais quand la partie civile, *dans les affaires soumises au jury*, peut-elle être réputée avoir succombé?

1° Nulle difficulté, quand l'accusé est déclaré coupable, ou quand il est pleinement acquitté. Dans le premier cas, la partie civile n'est pas tenue des frais de poursuite; dans le second, ils sont à sa charge.

2° Si la mise en liberté de l'accusé est ordonnée par la chambre d'accusation, il semble que la partie civile doit être tenue des frais, puisque cette chambre n'a pas le droit d'apprécier l'action civile.

3° Il en sera de même, si l'acquittement est prononcé sur le verdict du jury, sans que, toutefois, la cour d'assises ait adjugé aucune indemnité ou restitution à la partie civile, parce qu'alors il est irrévocablement jugé que son action était dénuée de fondement.

4° Si, au contraire, l'action civile a triomphé, qu'il y ait eu acquittement ou absolution de l'accusé, il semble impossible de dire que la partie civile a succombé, bien que peut-être on pourrait lui imputer d'avoir mal apprécié le caractère criminel du fait. Les frais, dans la double hypothèse prévue, retombent, soit à la charge de l'état, s'il y a eu acquittement, soit, d'après la jurisprudence, à la charge de l'accusé, s'il y a eu absolution, et suivant les nuances établies ci-dessus.

5° Si l'accusé encourt une peine, mais que la partie civile ait succombé à son égard, devra-t-il être tenu de tous les frais? Il semble que ce serait le cas de compenser les frais.

374. — Jugé que lorsqu'un accusé est acquitté par la cour d'assises, et que la partie civile est renvoyée de la demande en dommages-intérêts formée par l'accusé, la cour d'assises se conforme à la loi en condamnant la partie civile aux frais envers le trésor public, et en la déchargeant des frais de l'accusé acquitté (C. instr. cr. 368). — 19 avril 1817. Cr. r. Pain. D.A. 9. 764. D.P. 17. 1. 361.

375.— Celui qui s'est constitué partie civile, dans une affaire poursuivie dans l'intérêt de la vindicte publique, ne peut plus, par transaction avec le prévenu, se soustraire aux frais de la procédure, pour le cas où le prévenu serait acquitté.— 5 fév. 1813. Cr. c. Min. pub. Morty. D.A. 11. 221, n. D.P. 2. 985, n.

376.— Lorsque, sur l'appel interjeté par la partie civile, le ministère public assigne, par erreur, un ou plusieurs prévenus que la partie civile n'avait point intimés, ces dépens sont à la charge de la partie civile dans le cas ou il est reconnu que l'erreur du ministère public a été occasionée par la manière équivoque dont la partie civile avait libellé son appel. — 28 août 1823. Cr. r. Goupil-les-Palières. D.A. 11. 505, n. D.P. 23. 1. 551.

377.— La partie civile qui a figuré en première instance, peut, sur l'appel interjeté au nom du ministère public seulement, être néanmoins condamnée aux dépens comme intimée, si les prévenus ont eux-mêmes, de leur côté, appelé contre une des dispositions de leur jugement. — 10 mars 1834. Toulouse. Min pub C. Lafue d'Auzas. D.P. 34. 2. 200.

378. — L'article 160 du décret du 18 juin 1811 porte : « en matière de police simple ou correctionnelle, la partie civile qui n'aura pas justifié de son indigence, sera tenue, avant toutes poursuites, de déposer au greffe ou entre les mains du receveur de l'enregistrement la somme présumée nécessaire pour la procédure. »

379. — Les juges ont toute latitude pour fixer la somme que doit consigner, pour les frais de la procédure, un individu qui se porte partie poursuivante devant les tribunaux correctionnels.— 13 mai 1824. Cr. r. Min. pub. Martin. D.A. 11. 216, n D.P. 2. 982, n.

380.— Jugé que la consignation ne peut être exigée que si la partie civile agit comme *partie jointe* à l'action du ministère public.— 11 juill. 1828. Cr. r. Min. pub. C. Baisset. D.P. 28. 1. 330. — 11 juill. 1828. Cr. r. Min. pub. C. Falcon. D.P. 28 1. 330.

381.— Jugé au contraire qu'il faut qu'il y ait consignation, soit que la partie civile poursuive directement ou non, a moins qu'elle ne justifie de son indigence : les termes de l'art. 160 du décret du 18 juin 1811 sont généraux et absolus — 7 août 1829. Cr. c. Min. pub. C. Segui. D.P. 29. 1. 325. — 14 juill. 1831. Cr. c. Min. pub. C. Tardif. D.P. 31. 1. 277.

382.—Jugé, par ce dernier arrêt, que s'il y a contestation sur la quotité de la somme à déposer, le tribunal doit l'arbitrer ; et qu'il y a lieu d'annuler le jugement qui, nonobstant la réquisition du ministère public, tendante à obtenir cette fixation, déclare qu'il sera passé outre a l'instruction, sur la citation de la partie civile, quoiqu'elle n'ait pas justifié de son indigence.

383. — Jugé de même qu'en matière de police simple ou correctionnelle, la partie civile est tenue de consigner la somme présumée nécessaire pour faire face aux frais de la procédure, soit qu'elle poursuive directement ou qu'elle ne soit que partie jointe à l'action du ministère public (Décret de 1811, art. 1er, 157 et 160).— 5 nov. 1833. Toulouse. Min. pub. C. Galtier. D.P. 34. 2. 136.— V. Dalmas, sur les frais de *justice criminelle*, p. 433, où se trouve relatée une circulaire du garde-des-sceaux, du 30 août 1833, qui ordonne de continuer à exiger, *dans tous les cas*, la consignation préalable des frais par la partie civile.

384.— Enfin, jugé, conformément à la première jurisprudence et en audience solennelle, que l'art. 160 du décret du 18 juin 1811 ne doit recevoir d'application qu'au cas où le ministère public exerce les poursuites et se livre lui-même aux actes de procédure, sur la plainte de la partie civile, et non au cas où celle-ci agit elle-même et fait personnellement le débours de tous les frais.—4 mai 1833. Ch. réun. r. Min. pub. C. Tardif. D.P. 33. 1. 188. — 28 fév. 1834. Cr. c. Bartès. D.P. 34. 1. 360.

385.— Jugé que la consignation des frais ne peut être requise qu'avant toutes poursuites de la part du ministère public; elle ne peut plus l'être, lorsque, sur les poursuites spontanées de celui-ci, la partie lésée intervient, par exemple, après l'audition des témoins et l'interrogatoire du prévenu. — 12 août 1831. Cr. r. Min. pub. C. Rochette. D.P. 31. 1. 292.

386. — Jugé aussi que le décret n'exige, pour admettre un plaignant comme partie civile, la consignation préalable des sommes présumées nécessaires pour l'instruction de la cause, que quand cette instruction n'est pas encore commencée, et que les actes qui en sont la suite se font à la requête de la partie civile ; d'où il suit que lorsque, par

suite d'une plainte, une instruction correctionnelle a eu lieu à la requête du ministère public, le plaignant peut, à l'audience à laquelle la cause doit être jugée, se porter partie civile, sans consigner préalablement une somme suffisante pour les frais. — 28 déc. 1822. Bruxelles. J.... D.A. 11. 215, n. D.P. 2. 981, n.

387.— L'article 368 code instruction criminelle, après avoir dit que « dans les affaires soumises au jury, la partie civile qui n'aura pas succombé ne sera jamais tenue des frais, » l'art. 368 ajoute, « dans le cas où elle en aura consigné, en exécution du décret du 18 juin 1811, ils lui seront restitués. »

388 — Quelle est la portée de cette disposition additionnelle? est-elle superflue, comme le pensent Chauveau (Code pénal progresssif, p. 53), et Rogron code instruction criminelle expliqué, p. 317), puisque le décret n'exige jamais de consignation en matière criminelle, et que si la partie civile avait consigné, la restitution serait de droit? Ou bien encore la consignation prealable des frais ne doit-elle avoir lieu, pas plus en matière correctionnelle et de police qu'en matière criminelle? La négative sur ces deux questions résulte de ce qui a éte dit ci-dessus sur l'article 368.

389.—Ainsi, l'article 160 n'exige pas de consignation en matière criminelle, mais uniquement en matière de police simple ou correctionnelle. — 1er août 1829. Assises de la Moselle. Mosquinot. D.P. 30. 2. 100.

390. — Nous pensons d'ailleurs que le troisième paragraphe de l'article 368 code instruction criminelle ne saurait être sainement entendu sans être rapproché de ces mots par lesquels commence le deuxième : *dans les affaires soumises au jury*. Or, ce troisième paragraphe peut recevoir son application, 1° à l'égard des matières correctionnelles qui doivent cependant être soumises au jury d'après la loi des 8 octobre 1830 ; 2° et dans le cas plus fréquent encore où une affaire engagée comme correctionnelle, serait, par suite, reconnue être matiere criminelle. Cette explication justifie suffisamment la disposition additionnelle de l'article 368; au reste, cette opinion paraît confirmée par une ordonnance royale du 5 juill. 1832, rendue pour l'exécution de l'article 368 modifié.— D.P. 32. 3. 100.

391.— Les avances de frais ne sont point exigées des administrations au nom desquelles se font les poursuites; c'est la régie de l'enregistrement qui acquitte les frais, excepté en matière d'impôts indirects.— D.A. 9. 662, n. 11.

392. — Ces administrations ont été considérées comme parties civiles par l'article 158 du décret du 18 juin 1811, ainsi conçu : « sont assimilées aux parties civiles toute régie ou administration publique, relativement au procès suivi, soit à sa requête, soit même d'office et dans son intérêt; les communes et les établissemens publics, dans les procès instruits, ou à leur requête, ou même d'office, pour crimes ou délits commis contre leurs propriétés. »

393.— Mais cet article n'embrasse pas toutes les administrations publiques.— Legrav., ch. 19, p. 692; D.A. 9. 662, n. 11.

394. — La régie des contributions indirectes, même en l'assimilant aux parties civiles, n'est pas tenue de consigner les frais présumés nécessaires pour la poursuite dirigée à sa requête; elle doit seulement en faire l'avance (Décr. 18 juin 1811, art. 158, 160; ord. 22 mai 1816, art. 4, § 2). — 8 mars 1833. Nanci. Cont. ind. C. Reeb. D.P. 33. 2. 183.

§ 4.—*De la solidarité dans la condamnation aux frais.*

395. — La solidarité des frais, qui est l'exception en matière civile, forme la règle pour les jugemens criminels. « Tous les individus condamnés pour un même crime on par un même délit sont tenus solidairement des amendes, des restitutions, des dommages-intérêts et des frais » (C. pén., art. 55).

396. — Si un seul des prévenus ou accusés succombe, il doit seul payer les frais de la procédure. — 26 janv. 1826. Cr. r. Jacquot. D P. 26. 1. 209.

397. — La loi est impérative, et il y aurait lieu d'annuler un jugement qui, rendu contre les auteurs et complices d'un même délit, les condamnerait aux frais par égales portions entre eux. — 7 juill. 1827. Cr. c. int. de la loi. Lagrange. D.P. 27. 1.298.

398. — Il suffit pour que les prévenus soient condamnés solidairement aux frais, qu'ils aient été déclarés coupables du même crime ou délit; il importerait peu qu'ils ne se fussent pas concertés, ou que l'un ait été condamné à une peine plus forte que l'autre. — 8 oct. 1813. Cr. c. Min. pub. C. Pucci. D.A. 9. 668, n. D.P. 2. 568, n.

399.— Mais il n'y a que ceux qui ont été condamnés qui sont frappés de la solidarité; elle ne peut être prononcée contre un prévenu qui n'a été déclaré ni auteur, ni complice du fait don. les coprévenus sont reconnus les auteurs. — 21 avril 1826. Cr. c. int. de la loi. Beaufils. D.P. 26. 1. 354.

400. — Il en serait de même de deux accusations distinctes réunies pour être jugées par un même arrêt. — 24 nov. 1820. Cr. c. Lopin. D.A. 9. 668, n. 3. D.P. 2. 568, n.

401.— Si une accusation embrasse plusieurs chefs et porte sur plusieurs individus, on ne peut condamner solidairement, soit aux frais de toute la procédure, soit aux dommages-intérêts réclamés par une partie plaignante, des accusés qui, non convaincus sur un ou plusieurs chefs, le sont sur un ou plusieurs autres.— 1er niv. an 13. Cr. c. Castel. D.A. 9. 669. D.P. 2. 569.

402. — La solidarité des dépens peut-elle être ordonnée lorsque la réparation du délit, au lieu d'être poursuivie par la voie criminelle, est demandée par la voie civile ? Il semble que le tribunal civil qui condamne aux dommages-intérêts peut condamner solidairement aux dépens. Les auteurs d'un délit contractent tous, par le fait même, l'obligation solidaire de le réparer. Les dépens font partie de la réparation : ils doivent donc, quelle que soit la voie prise pour obtenir justice, demeurer à la charge des auteurs du délit.— 6 sept. 1813. Civ. r. Pasteur. D.A. 9. 670. D.P. 13. 1. 529.

403. — L'art. 55 C. pén. ne parle que de condamnation pour crimes et délits. Quoique la nature de l'obligation de réparer le préjudice causé par une *contravention* soit la même que quand il s'agit de délits, néanmoins, dans le silence de la loi pénale, il faut recourir à la loi civile; c'est-à dire que la solidarité ne résulterait que d'une convention ou d'une loi spéciale. — Carnot, p. 159.

404.—Par suite du principe ci-dessus, la condamnation aux frais ne peut être prononcée solidairement contre plusieurs accusés que dans le cas où ils seraient condamnés pour le même fait. — 1er niv. an 13. Cr. c. Perillat. D.A. 10 783, n. D.P. 5. 2. 78.

405 — Mais la loi n'exige pas que la condamnation soit prononcée contre tous par le même jugement. Si tous les auteurs ou complices du même fait n'ont pas été jugés ensemble, celui qui a été condamné a son sort définitivement fixé, et sa position ne peut être aggravée par des condamnations ultérieures contre d'autres personnes. — Carnot, p. 160; D.A. 9. 669, n. 7.

406. — La solidarité prononcée par l'art. 55 C. pén. n'a point d'effet à l'égard des condamnés entre eux; ils ne peuvent être considérés comme co-obligés : ils ne le sont que vis-à-vis l'administration réclamant le paiement des frais.—5 janv. 1821. Lyon. Laracine. D.A. 9. 669. D.P. 2. 569.

§ 5. — *De la compensation des frais.*

407. — Les lois criminelles ne modifient point, par la compensation, comme en matière civile, le principe de la condamnation aux dépens.

408. — Aussi a-t-il été jugé que des tribunaux correctionnels ou de police avaient violé la loi en compensant les frais entre le trésor et le condamné. — 21 oct. 1825. Cr. c. int. de la loi. Felgeirolle. D.P. 26. 1. 76.— 26 août 1826. Cr. c. Balleroy. D.P. 27. 1. 14.

409.— Toutefois, en prononçant sur les réparations civiles entre le prévenu ou l'accusé et la partie civile, les tribunaux correctionnels ou de police et même les cours d'assises peuvent compenser les dépens : la décision rentre alors dans l'application des règles ordinaires du droit civil (Inst. 10 avril 1813; circul. min. — Legrav., ch. 19, p. 692 et 693; D.A. 9. 663, n. n. 1).— 14 août 1829. Cr. r. Dartois. D.P. 29. 1. 382.

410.— Les dépens ne peuvent être compensés entre le prévenu condamné comme coupable d'un délit ou d'une contravention, et celui qui l'a poursuivi; c'est le premier qui doit les supporter en totalité. — 26 août 1826. Cr. c. Balleroy. D.P. 27. 1. 339.

§ 6.—*De l'étendue de la condamnation aux frais.*

411.— Tous les frais doivent être supportés par la partie qui succombe. Les tribunaux n'ont pas le droit de limiter la condamnation à une partie seulement des frais.— 15 juin 1821. Cr. c. Min. pub. C. Lusinchi. D.A. 9. 660, n. 1. D.P. 2. 564, n. 1.— 3 nov. 1826. Cr. c. Min. pub. C. Prevost. D.P. 27. 1. 76.

412.— Mais la condamnation générale aux dépens ne doit s'entendre que de ceux qui sont à la charge de l'accusé, et non de ceux qui ne doivent pas être à sa charge.— 6 avril 1833. Cr. r. Deluchi. D.P. 33. 1. 365.

413.— Les frais, même occasionés par le défaut ou la contumace, sont à la charge du prévenu ou de l'accusé condamné. — 14 oct. 1826. Cr. c. Min. pub. C. Gatelier. D.P. 27. 1. 32.— 15 déc. 1827. Cr. c. int. de la loi. Caillaud. D P. 28. 1. 61.—22 avril 1830. Cr. c. Min. pub. C. Richeville. D.P. 30. 1. 223.

Mais non les frais frustratoires. —26 germ. an 9. Cr. c. Min. pub. C. Astier. D.A. 9. 666. D.P. 2. 567.

414.— Quoique la condamnation par défaut, en matière correctionnelle, soit comme non avenue, s'il y a opposition dans les cinq jours de la signification du jugement qui la prononce, les frais de l'expédition de la signification de ce jugement et de l'opposition, demeurant néanmoins à la charge du prévenu, l'arrêt qui, sur l'appel, a déchargé ce dernier de la peine, doit être cassé, s'il ne prononce en même temps contre lui la condamnation à ces premiers frais (C. inst. crim. 187 et 211). — 23 août 1821. Cr. c. Min. pub. Capparelli. D.A. 11. 80, n. D.P. 2. 926.

415.— Jugé encore que l'arrêt qui, sur l'opposition formée par le prévenu à un arrêt par défaut, le renvoie des poursuites sans frais, doit être cassé en cette disposition; les frais de l'expédition, de la signification du jugement et de l'opposition devant toujours demeurer à la charge du prévenu. — 26 août 1824. Cr. c. Douai. Min. pub. C. Barra. D.A. 7. 570. D.P. 24. 1. 454.

416. — Peu importe que sur l'appel le prévenu n'ait été condamné que comme coupable de contravention, tandis que le jugement de première instance l'avait condamné comme coupable d'un délit. — 22 août 1828. Cr. c. Clin. D.P. 28. 1. 399.

417.—De ce que l'individu originairement poursuivi comme prévenu d'un délit, n'aurait ensuite été condamné que pour simple contravention, il ne suit pas que le juge puisse faire une distinction quant aux frais, et ne le condamner qu'à ceux du jugement de contravention : une telle distinction est une violation des art. 162, 194 C. inst. crim., qui rend le jugement sujet à cassation. — 25 avril 1833. Cr. c. Min. pub. C. Andrieu. D.P, 33. 1. 226.

418.—Le prévenu qui a été condamné en appel, même à une peine plus forte qu'en première instance, doit être déclaré passible des frais occasionés par la citation de nouveaux témoins, requise, en appel, par le ministère public, encore bien que la cour royale aurait, d'après l'examen des pièces, jugé inutile l'audition de ces témoins, et ne les aurait, en conséquence, pas entendus.—3 sept. 1831. Cr. r. Boudetty. D P. 31. 1. 309.

419. — Les frais de l'appel d'un jugement correctionnel, dans le cas où le prévenu s'est rendu incidemment appelant, doivent être mis à la charge de ce prévenu, encore bien que le jugement ait été confirmé et l'appel du ministère public déclaré mal fondé. — 2 fév. 1827. Cr. c. Min. pub. C. Lebozec. D.P. 27. 1. 380.

420. — Mais un prévenu ne peut être condamné aux dépens d'un appel formé par le ministère public seul, quoique dans le seul intérêt de ce prévenu, en ce qu'il aurait eu pour but de diminuer les condamnations prononcées contre lui. Par exemple, de faire réformer un jugement qui aurait condamné ce prévenu à restituer à un propriétaire de forêts la valeur d'objets enlevés en fraude, que celui-ci ne demandait pas.—24 mai 1832. Cr. r. Vaussy. D.P. 32. 1. 347.

421. — Le condamné supporte même les frais du procès-verbal *déclaré nul*, lorsque la contravention a été d'ailleurs suffisamment constatée par l'instruction. — 2 déc. 1824. Cr. r. Min. pub. C. Billecard. D.P. 25. 1. 16.— 2 déc. 1824. Cr. r. Min. pub. C. Ardin. D.P. 25. 1. 97.

422. — Lorsque le ministère public, pour établir une contravention, en l'absence d'un procès-verbal régulier, fait assigner un témoin, le tribunal de simple police ne peut, s'il déclare le prévenu coupable, excepter de la condamnation aux frais ceux de cette citation et de l'indemnité due au témoin, sous prétexte que ce témoin n'aurait rien déposé à l'appui de la prévention. — 30 mai 1833. Cr. c. Min. pub. C. Schott. D.P. 33. 1. 374.

423. — Les honoraires des avoués ou défenseurs ne sont pas compris parmi les frais de justice criminelle; en conséquence, le trésor ni les administrations publiques ne peuvent en être tenus, vis-à-vis le prévenu acquitté. (L. 19 déc. 1790 et 22 frim. an 7; Circ. Min. de la just., 26 nov. 1808; décr. 18 juin 1811, art. 3, n. 1; C. inst. Cr. 185.— D.A. 9. 662, n. 13).— 29 oct. 1824. Cr. c. Forêts C. Blanc. D.P. 25. 1. 48. — 8 juin 1827. Cr. c. Cont. ind. C. Chemin. D.P. 27. 1. 266.— Voy. Fav., v° Dépens, n. 10; D.A. 9. 662, n. 13.

424. — Quant au détail des frais qu'entraîne la mise à exécution des dispositions des codes pénal et d'instruction criminelle, on peut consulter, outre le tarif du 18 juin 1811, le chap. 19 de la législation criminelle de Legraverend, le Manuel des frais de justice, par Garnier Dubourgneuf et Dufresneau, et l'ouvrage de Dalmas, sur les frais de justice criminelle.

§ 7.— *Du recouvrement et de l'action en paiement des frais.*

425.— Les règles relatives à l'affirmation doivent être appliquées à la distraction des frais en matière criminelle, dans les cas où le ministère des avoués y est admis. — Merlin, v° Rép., Réparation civile, § 2, n. 3. *bis*. D.A. 9. 674, n. 6.

426. — Le décret du 18 juin 1811, sur la taxe des frais, n'est pas applicable lorsqu'une somme est accordée à la partie civile à titre de dommages-intérêts, et non pour des frais à son avoué. — 4 oct. 1816. Cr. r. Fiquet. D.A. 12. 538, n. D.P. 2. 1348.

427. — Le recouvrement des frais donne lieu à l'exercice de la contrainte par corps de la part de l'administration de l'enregistrement (Décr. 18 juin 1811, art. 174; C. pén. 53).— Legrav., ch. 19, p. 690, 691.

428. — L'art. 53 C. pén. a été modifié par l'art. 35 de la loi du 17 avril 1832, sur la contrainte par corps, en ce que la contrainte prononcée en faveur de l'état, à raison des frais, ayant été exercée, si le condamné justifie de son insolvabilité, suivant le mode prescrit par l'art. 420 C. inst cr., il ne peut plus être retenu en prison au-delà de quatre mois au plus, à partir de l'expiration de sa peine.

429. — Lorsqu'un condamné à une peine emportant mort civile décède avant d'avoir encouru définitivement sa peine, sa mort éteint seulement l'action pénale, mais non l'action civile en paiement des frais (Avis cons. d'état, 13 fruct. an 13.— Merl., Rép., v° Frais criminels, n. 4; D.A. 6. 537). — 16 janv. 1811. Cr. c. Domaine C. Hérit. Poutou. D.A. 9. 662, n. 1 D.P. 11. 1. 96.

430.— La commutation d'une peine pécuniaire en un emprisonnement ne décharge pas le prévenu de l'obligation de payer les frais.— 11 mars 1812. Cr. c. D.A. 9. 661, n. 9.

431. — Les frais faits par le ministère public en matière criminelle, correctionnelle ou de police, doivent être considérés comme accessoires de la condamnation principale, et sont soumis à la même prescription (C. inst. cr. 635, 636, 639).—L'art. 642 C. inst. cr. ne peut s'entendre que des condamnations au profit de la partie civile, et non de celles rendues en faveur du fisc sur les poursuites du ministère public. — 17 janv. 1822. Liége. Enreg. C. C... D.A. 9. 688.

ART. 3. — *Des dépens en matière administrative.*

432.— Une ordonnance royale, du 18 janv. 1826, a établi le tarif des dépens pour les procédures qui s'instruisent au conseil d'état.

433. — Jusqu'alors, on avait suivi les réglemens de 1738 et 1739, relatifs aux avocats au conseil, et remis en vigueur par l'art. 41 du décret réglementaire du 22 juill. 1806, qui règle encore aujourd'hui le mode de liquidation des dépens.

434. — La liquidation et la taxe des dépens sont faites au comité du contentieux, par un maître des requêtes, sauf révision par le garde-des-sceaux (Décr. 22 juill. 1806, art. 43).

435. — Ce n'est point au préfet, c'est au conseil de préfecture à taxer les dépens d'une instance contentieuse qui lui a été soumise (Ord. 12 déc. 1818).

§ 1er. — *De la condamnation aux dépens.*

436. — Il n'y a pas de condamnation aux dépens envers l'adversaire, ministre ou particulier, lorsque l'affaire a été introduite dans la forme des art. 16 et 17 du réglement de 1806, ni lorsque la requête du demandeur est immédiatement rejetée sans communication préalable.— Dans ces deux cas, les dépens sont personnels.

437. — La condamnation aux dépens faits devant les tribunaux ne peut être prononcée ni par le conseil d'état, ni par les conseils de préfecture (Ord. 15 juin 1812, 17 juill. 1816, 14 mai 1817).

438. — Mais les conseils de préfecture doivent prononcer sur les dépens faits devant eux (Ord. 21 juill. 1824).

439. — L'omission de prononcer sur les dépens dans une ordonnance doit être réparée par une ordonnance additionnelle (Ord. 23 déc. 1815, 18 nov. 1818, 1er déc. 1819, 31 août 1828).

§ 2. — *Contre qui les dépens peuvent ou doivent être adjugés.*

440. — Le principe de l'art. 130 C. pr., d'après lequel toute partie qui succombe doit être condamnée aux dépens, ne reçoit pas, dans sa généralité, son application devant le conseil d'état.

441. — Ainsi, les préfets, les ministres ne sont point passibles des frais, alors même que, sur le recours des parties, les décisions ministérielles ou les arrêtés des préfets sont annulés. C'est le réclamant, quoiqu'il obtienne gain de cause, qui est obligé de supporter, sans répétition aucune, les frais souvent considérables du pourvoi, de l'instruction et de l'expédition de l'ordonnance prononcée en sa faveur.— Vainement jusqu'ici a-t-on attaqué, devant le conseil, cette jurisprudence singulière. — D.P. 26. 1. 422, n. 1.

442. — On condamne aux dépens la partie qui succombe, tant envers les parties principales qu'envers les parties intervenantes.

443.—...Celle qui porte devant le conseil d'état des questions qui n'ont pas été jugées en première instance, soit devant les ministres, soit devant les conseils de préfecture (Ord. 26 fév. 1817).

444.—...Celle qui, dans une instance contradictoire, donne son désistement (Ord. 18 avril 1816, 14 mai 1817, 12 déc., 24 déc. 1818); encore bien qu'un tiers mis en cause aurait donné lieu au procès entre les parties (Ord. 1er nov. 1820).

445. — Une partie qui, traduite d'abord devant l'autorité judiciaire, a décliné cette juridiction et a mis par là son adversaire dans la nécessité de se pourvoir devant le conseil de préfecture, doit supporter les dépens, lorsqu'il a été reconnu plus tard, sur sa requête, par l'autorité supérieure, que l'autorité judiciaire était seule compétente (Ord. 15 juin 1825).

446. — La partie qui a introduit un recours au conseil d'état contre un arrêté du préfet, vicié d'excès de pouvoir ou d'incompétence, doit obtenir, à son profit, une condamnation aux dépens, si le recours est fondé, encore bien que l'arrêté dénoncé ait été rapporté depuis l'instance au conseil d'état, et que cette rétractation du préfet ne laisse plus lieu à une annulation par ce conseil (Ord. 18 nov. 1818).

447 — Celui dont le pourvoi n'a eu d'autre résultat que la rectification d'une erreur très minime, est passible des frais qu'a entraînés ce pourvoi (Ord. 13 mai 1829. Fabr. de Sainte-Marguerite-de-l'Autel C. Olivier-Duvalet).

448.— Est passible des dépens l'avocat qui défère au conseil, par la voie contentieuse, une lettre ministérielle écrite à un préfet, en forme d'instruction (Ord. 1826).

449.— Doit être condamné personnellement aux dépens le maire qui, dans une contestation où il figurait comme simple habitant, s'est pourvu, sans autorisation, au nom de sa commune, contre l'arrêté d'un conseil de préfecture intervenu entre elle et un particulier (Ord. 20 nov. 1822).

450.— De même, les frais d'un pourvoi formé par un maire, en vertu d'une délibération nulle pour n'avoir été prise que par un nombre de membres au-dessous de celui que la loi prescrit, doivent être à la charge personnelle du maire. — 9 mars 1832. Ord. cons. d'état. Lemaire. D.P. 32. 3. 115.

451.— La condamnation aux dépens frappe les administrations publiques seulement qui procédent par le ministère d'un avocat (Ord. 13 janv., 6 mars 1816, 5 nov. 1828, 30 nov. 1832).

452.— Décidé, de même, qu'on ne peut, dans le silence de la loi, prononcer de condamnation contre l'administration procédant devant le conseil, sans ministère d'avocat. — 19 juill. 1833. Ord cons. d'état. Testard. D.P. 33. 3. 118. — 10 juillet 1833. Ord. cons. d'état. ve Defosse.

Ce principe fut attaqué vivement par Dalloz, dans une affaire extrêmement favorable, puisque quatre à cinq décisions successives avaient consacré les droits de son client; mais, après un délibéré de plusieurs audiences, le conseil d'état persista dans sa jurisprudence non moins injuste qu'insoutenable en droit.

453.— Décidé toujours qu'aucune loi n'autorise à prononcer des dépens au profit ou à la charge des administrations publiques procédant devant le conseil d'état, sans ministère d'avocat. — 29 nov. 1833. Ord. cons. d'état. Ville de Pau. D.P. 34. 3. 30.

454.— ...Qu'aucun réglement n'autorise à prononcer des dépens au profit ou à la charge de l'ad-

ministration publique, dans les instances introduites devant le roi, en conseil d'état. — 10 janv. 1834. Ord. cons. d'état, Dirant. D.P. 34. 3. 35.—17 avril 1834. Ord. cons. d'état. Parmentier. D.P. 34. 3. 60.

455.—Décidé même qu'aucune disposition des réglemens n'autorise le roi à prononcer des dépens au profit ou à la charge d'une administration publique, et spécialement de l'administration des contributions indirectes, dans les instances introduites devant lui, en son conseil d'état, encore que l'administration procède par le ministère d'un avocat. — 10 janv. 1834. Ord. cons d'état. Contr. ind. C. Min. des fin. D.P. 34. 3. 34.

§ 3. — De la compensation et de la réserve des dépens.

456.— On compense les dépens lorsque, par suite d'une transaction, les deux parties offrent leur désistement (Ord. 1er fév. 1813, 28 sept. 1816, 3 juin 1820);

457.—...lorsque le conseil d'état annulle l'arrêté attaqué d'office et pour vice d'incompétence, ou par tout autre moyen ou exception, que ni l'une ni l'autre des parties n'a proposé dans ses conclusions;

.. lorsque les parties succombent respectivement sur quelques chefs (Ord, 20 juin, 20 et 28 nov. 1821, 16 janv. 1822);

... lorsqu'il n'y a pas de jugement sur le fond de la contestation, aucune des parties n'ayant succombé dans ses moyens (Ord. 3 juin).

458.— On réserve les dépens, lorsque le sursis a été prononcé; lorsque l'opposition à une ordonnance par défaut a été admise; lorsque le conseil d'état renvoie préalablement les parties devant les tribunaux, sur des questions de titres et de propriété (Ord. 20 nov 1813, 6 et 18 mars 1816). — Ce n'est pas là une condamnation prononcée contre la partie qui a saisi le conseil, et qui doive faire tomber les dépens à sa charge (Ord. 18 avril 1816).

459.— Le conseil d'état déclare aussi quelquefois que les dépens seront supportés par la partie qui succombera devant les tribunaux (Ord. 25 mars 1830).

460.— Lorsqu'une ordonnance n'a statué que sur la compétence, sans condamner ni l'une ni l'autre des parties aux dépens, il y a lieu, sur une nouvelle requête présentée pour faire réparer cette omission, de réserver les dépens pour être supportés par la partie qui succombera à fin de cause (Ord. 4 juin 1828).

461.— Lorsque, par un premier arrêté, un conseil de préfecture a décidé que les frais relatifs à une instruction seraient payés par égales portions entre les parties, sauf la répétition contre celle qui succomberait, et que, par un second arrêté, les parties sont renvoyées devant les tribunaux, vu la nécessité de recourir à d'anciens titres, aucune des parties n'ayant encore réellement obtenu gain de cause, aucun ne peut être condamné aux frais ; celle qui succombera en définitive devra seule les supporter (Ord. 12 mai 1819).

— V. Acquiescement, Action civile, Actions possessoires, Agréé, Amende, Appel, Assurances maritimes, Assurances terrestres, Avocat, Avocat à la cour de cassation, Avoué, Banqueroute, Capitaine, Cassation, Charte-partie, Commissionnaires, Communauté, Communes, Compensation, Compétence civile, Compétence commerciale, Conciliation, Condamnation, Conseil d'état, Contrainte par corps; Contrat à la grosse, Contributions directes, Contributions indirectes, Cour d'assises, Défense, Délit rural, Dénonciation calomnieuse, Désaveu, Désistement, Discipline, Distribution par contribution, Domaine de l'état, Dommages-intérêts, Dot, Droits civils, Échéance; Effets de commerce, Élections départementales, Élections législatives, Enregistrement, Escroquerie, Exceptions, Fabriques, Faillite, Faux incident, Féodalité, Forêts, Frais, Garantie, Garde nationale, Honoraires, Hypothèques, Loterie, Louage, Ministère public, Ordre, Partage, Peine, Prescription, Prise à partie, Régime moral, Remplacement militaire, Rente, Requête civile, Rescision, Saisie-arrêt, Saisie-exécution, Saisie-immobilière, Sels, Servitudes, Substitution, Succession, Succession bénéficiaire, Succession vacante, Surenchère, Tierce-opposition, Vente, Voirie.

TABLE SOMMAIRE.

Absent. 85.
Absolution. 352.
Accessoire. 27, 330, 359, 431.
Accusé. 372.
Acquiescement. 48, 129, 313.
Acquittement. 550, s.
Action principale. 3. — publique (décès). 429.
Administration publique. 88, s. 365, s. 431.
Affirmation. 149, s. 240. — V. Distraction.
Appel. 43, s. 198, 141, 193, 210, 234, s. 208, 329, s. 418.
Autoris. de femme. 12, s.
Aveu. 90.
Avocat. 265, 354, 448.
Avoué. 79, s. 110, 142, 248, s. 320, s. 425.
Cahier des charges. 270.
Cassation. 47, 259, 500.— (appréciation) 134.
Chose jugée. 46.
Commandement. 314.
Commissaire. 226.
Commune. 19.
Communication de pièces. 278.
Compensation. 13, 407, s.
Compétence. 184, 325, s. 445, s.
Complicité. 597.
Conciliation. 323.
Conclusions. 2, s.—changées. 66.
Condamnation. 6, s. 343, s. 450, s.—personnelle. 79, s. 92, 449, s.
Condition. 51.
Confirmation. 332, 418.
Conseil d'état. 452, 457, s.
Consignation 379, s.
Consultation. 176, 263.
Contrainte par corps. 342, s. 426.
Conclusion. 413, s.
Copie. 259, s.
Correspondance. 275.
Cour d'assises. 372, s.
Curateur. 79, 84.
Décret. 187, 542.
Défaillant. —V. Jugement par défaut.
Défense. 81.
Degré de juridict. 350.
Délai. 229, s. 302, s.
Délivrance. 31, s.
Dépens. 1.
Déplacement de titres. 280.
Désaveu. 313.
Désistement. 49, s. 444, 456.
Distraction. 142, 241, 425, suiv.
Domaine de l'état. 89.
Dommages-intérêts. 5, 61, 103.
Effet suspensif. 399.
Élections. 21.
Enquête. 254.
Enregistrement. 35, 176, 237, 294.
Erreur. 376, 447.—commune. 130.
Exceptions. 53. — (nullité couverte). 204.
Exécution anticipée. 51.
Exécutoire. 221, s. 229, s. 290, s. — (effet) 314, s.
Expédition 227, 290, 413.
Expertise. 43, 61, s. 137, 270, 287, s.
Faute. — V. Responsabilité.
Femme. 12, s. 26.
Féodalité. 318.
Forêts. 89.
Frais frustatoires. 82, 89, 476, s.
Garantie. 67.

Greffier. 219, s. 280, s. 290, s.
Homologation. 353.
Honoraires. 176, s. 196, 245, s. 264, s. 321, 354, 425.
Huissier. 79, 257, 285, s. 319, s.
Imprimé. 261.
Indigence. — V. Consignation.
Incident. 54, s. 212.
Indivisibilité. 44, 104, s. 412.
Infirmation. 141, 419.
Insolvabilité. 428.
Intérêt. 248. — commun. 112.
Interprétation. 333.
Intervention. 46, 59, s. 172.
Jour à quo. 68.
Juge. 291.
Jugement. 91. — par défaut. 59, s. 414, s. — interlocutoire. 64, s.—d'office. 243.
Levée. 227.
Liquidation. 184.
Loi. — V. Décret.
Louage. 76.
Maire. 300, s. 449.
Mandat. 11, 313.
Mandataire légal. 79.
Mari. 12, 111.
Matière administrative. 439, s. — criminelle. 340, s. — sommaire. 189, s. 208, s. 289, s. 408, s.
Mauvaise foi. 80, 86.
Mémoire. 324.
Mineur. 33, 388, s.
Ministère public. 20, 346, 362.
Ministre. 441, s.
Mise en cause. 63. — V. Garantie.
Notifs. 80.
Notaire. 270.
Officier de police. 359.
Offres réelles. 30, 34, s.
Omission de prononcer. 334, s. 439.
Opposition. 229, s. 259, s. 289.
Ordonnance de juge. 255, s. 289.
Ordre. 188.
Paraphe. 290.
Paraphernaux. 12.
Parenté. 114, 119, s.
Partie. 8, s. 340, 350. — civile. 348, 368, s. 420, 451. — succombante. 8, s. 430, s. 440, s.
Peine (commutation). 430.
Péremption. 4, 264.
Placard. 277.
Pouvoir discrétionnaire. 21, s. 99.
Préfet. 21, 441.
Prescription. 182, 338, s. 431.
Prise à partie. 91, 364.
Provision.—V. Incident.
Qualités. 10, 546.
Reconvention. 131.
Recouvrement. 425.
Rédaction. 29, s. 132.
Répétition. 461.
Réponse. 99.
Réserve. 64, s. 466, s.
Responsabilité. 66, 128, 183, 357.
Rétention de titres. 317.
Saisie. 25.
Séparation de biens. 26. — de corps. 111.
Signification. 304.
Silence. 90.
Solidarité. 94, s. 395, s.

Sommation. 227.
Soumission à justice. 35.
Successeur. 31, s. 104, s.
Sursis. 61.—V. Incident.
Surenchère. 266.
Syndic. 11.
Taxe. 188, s. 434.
Témoin. 285, 418, 422.

Timbre. 246, 251.
Titre adhéré. 63.
Transport. 224.
Tuteur. 79, 83.
Vacation. 251.
Vente judiciaire. 227.
Vérification d'écriture. 77, s.

FRAIS D'ACTE.— V. Garantie.
FRAIS FRUSTRATOIRES.— V. Frais. — V. aussi Avoué, Défense, Descente sur les lieux, Ordre, Péremption.
FRAIS DE GARDE.— V. Dépôt.
FRAIS FUNÉRAIRES. — V. Succession, Privilège, Usufruit.
FRAIS DE JUSTICE. — V. Avoué, Frais, Privilège.
FRANC-ALLEU.— V. Féodalité.
FRANC-BORD.— V. Eau, Propriété, Servitude.
FRANC ET QUITTE.— V. Communauté.
FRANÇAIS.— V. Droits civils, Change, Naturalisation.— V. aussi Avocat, Droits politiques, Effets de commerce, Élections, Récidive.
FRANCFORT.— V. Étranger.
FRANCHE-COMTÉ.— V. Domaines engagés.
FRANCHISE.— V. Assurances maritimes, Avocat, Douanes, Eau, Forêts, Liberté d'industrie, Ministère public, Ordre.
FRANCHISE D'AVARIE. — V. Assurances maritimes, Contrat à la grosse.
FRAUDE.— V. Obligation, Simulation. — V. aussi Assurances maritimes, Avaries, Aveu, Avocat, Banqueroute, Brevet d'invention, Capitaine, Cassation, Commerçans, Commissionnaires, Communauté, Compétence, Complicité, Compte, Condamnation, Contrainte par corps, Contrat à la grosse, Contrat de mariage, Contributions indirectes, Cour d'assises, Date, Désaveu, Désistement, Dispositions entre-vifs et testamentaires, Distribution par contribution, Domaines engagés, Dommages-intérêts; Donation, Donation entre époux, Donation par contrat de mariage, Dot, Droits civils, Eau, Effets de commerce, Enfant exposé, Enregistrement, Escroquerie, Faillite, Faux incident, Fonctionnaires publics, Forêts, Frais, Garantie, Honoraires, Hypothèques, Louage, Nantissement, Obligation solidaire, Partage, Péremption, Poids et mesures, Prescription, Prêt, Preuves, Prises à partie, Retrait successoral, Saisie-immobilière, Séparation de biens, Séparation de patrimoines, Société, Société communale, Stellionat, Succession, Succession bénéficiaire, Surenchère, Tabac, Tierce-opposition, Transaction, Usufruit, Voitures publiques, Vol.
FRAUDE A LA LOI.— V. Alimens, Dispositions entre-vifs, Effets de commerce, Obligations.
FRÈRE. — V. Alimens, Parenté. — V. Aussi Contrainte par corps, Dispositions entre-vifs; Élections législatives, Élections municipales, Prescription.
FRET.— V. Assurances maritimes, Avarie, Capitaine, Charte-partie, Contrat à la grosse, Courtage, Faux.
FRICHE.— V. Servitude.
FRONTIÈRES. — V. Douanes, Garde nationale, Louage, Postes, Procès-verbal.

FRUITS. — 1.— On appelle ainsi tout ce qui est produit par une chose, ou qui se perçoit périodiquement à l'occasion de cette chose.

2.— On excepte cependant de cette dénomination certains produits d'une grande importance, tels que les mines, les futaies non mises en coupes réglées. — V. Usufruit.

§ 1er. — Des diverses espèces de fruits et de leur nature.

§ 2. — Des fruits considérés comme accessoire de la propriété.

§ 3. — Des fruits considérés comme appartenant au possesseur de bonne foi. Quel possesseur est de bonne ou mauvaise foi.

§ 4. — Des restitutions de fruits.

§ 5. — Mode des restitutions, comptes et liquidation de fruits.

§ 1er — Des diverses espèces de fruits et de leur nature.

3.— On distingue plusieurs espèces de fruits, savoir : les fruits naturels, industriels, civils, et le croît des animaux (C. civ. 587).

4. — Les fruits naturels sont les produits de la terre, tels que les bois, les fruits, les arbres, même

[l]orsqu'ils ont été plantés par l'homme : car, la plantation faite, c'est la nature qui fait naître les fruits. — Duranton, t. 4. n. 348; Proud. *de l'Usufruit*, n. 902.

5. — Le produit d'une ruche à miel, d'une garenne, d'un colombier, et la pêche d'un étang sont aussi les fruits naturels. — Proud., n. 903.

6. — Les fruits industriels sont ceux qu'on n'obtient qu'à l'aide de la culture; tels sont la récolte d'un champ, la vendange d'une vigne (C. civ. 583). — Proud., n. 903; Dur., *eod.*

7. — On appelle fruits civils les loyers des maisons, les intérêts des sommes exigibles, les arrérages de rentes, les prix des baux à ferme (C. civ. 584), même quand ce prix consiste en denrées d'une quantité fixe. — Proud., n. 903, v° Usufruit.

8. — Les bénéfices provenant d'intérêts ou actions dans des sociétés, entreprises ou compagnies de finances, sont aussi des fruits. — Merlin, Rép., v° *Communauté*; Rolland, v° Fruits, n. 11.

9. — Le produit et le croît des animaux sont des fruits naturels, en ce que c'est la nature qui les fait naître; d'un autre côté, les soins, la nourriture, le logement des animaux feraient ranger ces produits dans la classe des fruits industriels. On évite les controverses qui se sont élevées à ce sujet en faisant du croît des animaux une espèce particulière de fruits (C. civ. 547). — Dur., *eod.*

10. — Généralement les fruits sont meubles. — V. toutefois v° Choses, n. 13 et suiv.

§ 2. — *Des fruits considérés comme accessoire de la propriété.*

11. — L'art. 547 C. civ. porte : « Les fruits naturels ou industriels de la terre, les fruits civils, le croît des animaux, appartiennent au propriétaire par droit d'accession. »

12. — L'acquisition des fruits par l'accession ne peut avoir lieu que de la part du propriétaire, à l'égard duquel ils sont un accessoire de la chose qui les produit. L'usufruitier, le fermier ou colon, le possesseur de bonne foi lui-même ne recueillent pas les fruits par un pur droit d'accession. — Poth., *Tr. de la propriété*, n. 153 à 155; D.A. 11. 452, n. 1.

13. — Le produit et le croît des animaux appartiennent au propriétaire de ces animaux; les petits appartiennent au maître de la femelle qui les a mis bas, et non au maître du mâle qui a imprégné cette femelle. Là où l'esclavage subsiste encore, l'enfant appartient au maître de la mère esclave, lors même que le père serait libre et le reconnaîtrait. — Poth., n. 152; Delv., t. 2, p. 6, notes; Dur., t. 4, n. 348; D.A. *eod.*, n. 2.

14. — Le propriétaire a droit non seulement au croît des animaux, mais encore aux profits qu'ils peuvent rapporter. Ainsi, le prix remporté à une course de chevaux appartient au maître du cheval, et non à celui qui l'a monté. Ce dernier n'a droit qu'à un salaire ou à l'exécution des conventions faites entre lui et le maître du cheval vainqueur. — D.A. 11. 452, n. 3. — V. Jeu et pari.

15. — Les stipulations particulières entre le propriétaire et le fermier, relativement au paiement des fermages, n'ont aucune influence sur le partage des fermages échus entre les héritiers du propriétaire. — Ainsi, le légataire des meubles a droit à tous les fermages échus jusqu'au jour du décès du testateur, quand même il serait stipulé que ces fermages ne se paieront qu'après la fin de l'année. Une telle clause ne donne pas au légataire des immeubles le droit de prétendre à ceux de l'année entière (C. civ 584, 590). — 22 janv. 1828. Rouen. Lebreton. D.P. 28. 2. 122.

16. — Les co-héritiers de celui qui a perçu les fruits de l'hérédité ont le droit, lors du partage, d'exiger la restitution de ces fruits en biens héréditaires soit contre ce dernier, soit contre ses créanciers ou ses représentans. — 22 août 1822. Toulouse. Lafont. D.P. 24. 2. 81.

17. — La seule qualité de co-propriétaire de biens à partager, donne un droit de participation aux revenus de ces biens, et l'on est fondé, pendant les débats sur la liquidation et le partage, à demander, à titre de provision, une portion de ces revenus, quel que soit, d'ailleurs, l'état de sa fortune. C'est là non une provision proprement dite, mais l'exercice d'un droit de co-propriété. — 1er fév. 1831. Bourges. Desnoyers. D.P. 31. 2. 133.

18. — « Les fruits produits par la chose n'appartiennent au propriétaire qu'à la charge de rembourser les frais de labours, travaux, et semences, faits par des tiers » (C. civ. 548) : *nulli sunt fructus, nisi impensis deductis*.

19. — Cette disposition ne concerne que les tiers de mauvaise foi; car le possesseur de bonne foi fait les fruits siens, et les frais de labours et semences sont une charge naturelle des fruits. Le droit romain n'accordait point le remboursement au tiers de mauvaise foi (L. 11, *C. de Rei vind.* — Vinnius, sur le § 32, Instit. *de Rer. div.*). Il était censé, disait-on, avoir voulu faire don de ses semences. Le code a rejeté cette fiction, pour consacrer de nouveau le principe général de l'art. 1381, qu'il n'est pas permis de s'enrichir même aux dépens d'un possesseur de mauvaise foi. Telle était aussi notre ancienne jurisprudence, conforme d'ailleurs aux lois 36 et 37, ff *de Petit. hæred.*, qui contredisent celles que nous avons citées. — Lacombe, v° Fruits, sect. 1re, n. 2; Durant., n. 349.

20. — Le code s'est écarté encore du droit romain, à l'égard du possesseur de bonne foi. On n'exige plus que, pour recouvrer ses déboursés, il oppose sur la demande en revendication du propriétaire l'exception de dol, et que pour cela il continue de posséder le fonds (Instit., § 32, *de Rer. div.*). — Dur., n. 349.

21. — Ceux auxquels les frais de labour, travaux et semences sont dus, ont sur les fruits un droit préférable aux créanciers du propriétaire (C. civ. 2102). — V. Privilége.

22. — Quant au partage des fruits entre le propriétaire et l'usufruitier, V. Usufruit.

§ 3. — *Des fruits considérés comme appartenant au possesseur de bonne foi. Quel possesseur est de bonne ou mauvaise foi.*

23. — Le principe qui attribue les fruits au propriétaire par droit d'accession, cesse d'être applicable lorsque la chose qui les produit a été possédée de bonne foi par un tiers.

24. — Ainsi, lorsqu'un tribunal a reconnu en fait qu'un possesseur était de bonne foi, il ne peut condamner celui-ci, en cas d'éviction, à restituer au véritable propriétaire tout ou partie des fruits qu'il a perçus (L. 48 ff *de Acq. rer dom.*; ord. 1539, art. 94; C. civ. 549, 550). — 11 juin 1806. Civ. c. Verrier. D.P. 6. 1. 469.

25. — Le droit aux fruits est une sorte d'accession à la possession de bonne foi, qui, pour cet objet, est considéré comme propriétaire; mais il n'aurait pas droit aux choses qui ne sont pas proprement des fruits; par exemple aux produits des mines et carrières, à la moitié d'un trésor, qui lui aurait été attribuée comme propriétaire. — Dur., n. 350; Toull., t. 3, n. 110.

26. — Sous l'ancien droit (Pothier, *de la Propriété*, et loi 40, § 1er, D. *de Hæred. petit.*), le possesseur d'une hérédité devait rendre les fruits, même lorsqu'il avait été de bonne foi. — D A. 11. 460, n. 14.

27. — Ainsi, jugé que, sous la coutume de Paris, le légataire universel ne pouvait faire siens les fruits qu'il avait perçus en qualité d'héritier légitime, depuis l'ouverture de la succession jusqu'à la découverte du testament, encore bien qu'il ignorât alors sa qualité de légataire. — 25 mars 1829. Paris. Bragelongue. D.P. 29 2. 225.

28. — Jugé de même que les art. 549 et 550 C. civ., suivant lesquels le possesseur de bonne foi fait les fruits siens, se rapportent plutôt au cas de possession d'un immeuble, qu'au cas de possession d'une hérédité. — Ces articles n'ont point dérogé à la maxime *fructus augent hæreditatem* (L. 20, § 3, D. *de Petit. hæred.*). — 20 mars 1834. Bordeaux. Laprade-Mignard. D.P. 34. 2. 194.

29. — Cependant l'art. 138 applique, même au cas de pétition d'hérédité, la règle générale qui fait gagner les fruits au possesseur qui les a perçus de bonne foi. Pareillement, en cas de donation qui excède la quotité disponible, le donataire, quoique détenteur d'une *portion de l'hérédité*, s'il n'est pas attaqué en réduction dans l'année, ne doit les fruits que du jour de la demande (928). — V. Ord. de 1539, art. 94; l. 20, § 3, D. *de Petit. hæred.*; l. 2, cod., *eod. tit.*; Domat, liv. 3, tit. 5, sect. 3, n. 5 et 9; Rousseau de Lacombe, v° Fruits, n. 1; Delvinc., 2, 7, note; Toull., t. 3, n. 110; Dall., 11. 452, n. 11; Roll., v° Fruits, n. 58, 59, 60.

La jurisprudence s'est fixée dans le sens favorable au possesseur.

30. — Ainsi, jugé que le co-héritier qui a joui, dans l'hérédité commune, d'une part supérieure à sa part, en vertu d'une donation annulée par une loi subséquente, doit être considéré comme possesseur de bonne foi, en telle sorte qu'il n'est tenu à la restitution des fruits qu'à compter du jour où ses co-héritiers ont invoqué le bénéfice de la loi nouvelle. — 7 janv. 1817. Dijon. Baudot. D.P. 17. 2. 98.

31. — ... Que l'héritier qui, en vertu d'un partage provisionnel avec ses co-héritiers, a joui d'une portion de biens moins considérable que ses co-héritiers, n'a droit contre ceux-ci, s'ils ont été de bonne foi, c'est-à-dire, s'ils n'ont joui que de la portion qu'ils croyaient leur être due, à aucune restitution de fruits. — 2 août 1827. Nîmes. Richard. D.P. 28. 2. 157.

32. — ... Que l'héritier apparent qui possède de bonne foi les biens de la succession, fait les fruits siens jusqu'au jour de la demande, encore qu'il n'ait pas fait dresser d'inventaire, et qu'il soit depuis reconnu enfant adultérin du défunt (C. civ. 549, 762). — 17 août 1830. Civ. c. Agen. P... D.P. 30. 1. 334.

33. — ... Que des sommes provenant de fruits, qui ont été déposées à la caisse des consignations par l'administrateur provisoire d'une succession, ne cessent pas d'avoir le caractère de fruits; elles appartiennent, dès lors, à celui à qui la succession a été dévolue, comme possesseur apparent, et il n'est pas obligé de les restituer à l'héritier véritable, qui, plus tard, s'est fait connaître. — 5 juill. 1834. Paris. Rigoux. D.P 34. 2. 217.

34. — Mais l'individu qui, se considérant comme seul habile à succéder, s'est emparé d'une succession, cesse d'être possesseur de bonne foi, dès que d'autres co-héritiers ont réclamé leurs droits à la même succession; en conséquence, il doit les fruits du jour de cette demande, alors même que les co-héritiers, qui d'abord avaient succombé en première instance, sont restés pendant plusieurs années sans appeler. — 23 juill. 1826. Caen. Haize. D.P. 28. 2. 151.

35. — L'héritier du possesseur de mauvaise foi ne peut être réputé avoir possédé de bonne foi ce que son auteur possédait de mauvaise foi; en conséquence, il est non-recevable à opposer sa bonne foi personnelle contre une demande en restitution de fruits, formée par le véritable propriétaire. — Même arrêt.

36. — L'héritier qui, soit avant, soit depuis la découverte d'un testament qui l'institue héritier universel, a perçu sa part des fruits d'une succession indivise, doit, malgré sa bonne foi, être tenu de les restituer à l'héritier à réserve, si plus tard il renonce à sa qualité d'héritier pour s'en tenir à celle de légataire. En un tel cas, il n'a droit aux fruits qu'à partir de sa demande en délivrance. — 9 nov. 1831. Req. Paris. Sauzay. D.P. 32. 1. 50. — V. n. 27.

37. — Lorsque, dans la succession d'un individu décédé *ab intestat*, il ne se trouve d'abord qu'un héritier et dans la branche paternelle, si un jugement accorde à cet héritier l'universalité de la succession, mais avec cette restriction : « que la moitié de la succession afférente à la branche maternelle demeurera en séquestre pendant une année, etc., » dans cet état, s'il se présente un héritier maternel, même après l'année expirée, il aura droit de répéter les fruits perçus sur sa portion afférente, à partir de l'ouverture de la succession, sans que le légataire prétendu universel puisse s'opposer à la restitution, sous prétexte qu'il les avait recueillis de bonne foi (C. civ. 138, 549), et que, jusqu'au jour de la demande de l'héritier maternel, il avait été constant et paisible possesseur de l'universalité des biens (C. civ. 755). — 14 août 1833. Req. Caen. Lejeune. D.P. 33. 1. 380.

38. — « Le simple possesseur ne fait les fruits siens que dans le cas où il possède de bonne foi; il possède de bonne foi quand il possède comme propriétaire, en vertu d'un titre translatif de propriété dont il ignore les vices (art. 549, 550). »

39. — La bonne foi, exigée pour l'acquisition des fruits, n'est pas soumise aux mêmes règles que celle qui sert à prescrire par dix ou vingt ans la propriété. Il suffit, dans un cas, que le possesseur se croie propriétaire; dans l'autre, il faut encore un *juste titre* (C. civ. 2265). La bonne foi est de *fait*; la prescription de *droit*.

40. — Jugé en conséquence que, quoiqu'un titre irrégulier ne suffise pas pour prescrire, cependant il peut être regardé comme suffisant pour que l'acquéreur, s'il est de bonne foi, ait fait les fruits siens jusqu'au jour de la demande, c'est-à-dire tant qu'il en a ignoré les vices. — 9 mars 1825. Angers. Hérit. Leroy. D.P. 26. 2. 174.

41. — Les nullités de forme, bien qu'elles s'opposent à la prescription de dix et vingt ans, n'empêchent pas le possesseur de gagner les fruits (Dur., t. 4, n. 352; D.A. 11. 459, n. 13); ces nullités font que le titre est censé ne pas exister; mais elles n'excluent pas nécessairement l'opinion qu'on est propriétaire. — 6 juill. 1821. Toulouse.

42. — Toutefois Duranton, n. 35, fait exception à l'égard du possesseur des biens de mineur, vendus

sans les formes légales, attendu qu'il ne doit pas ignorer que ces formalités étaient indispensables pour la validité de l'aliénation. — D.A. *ibid.*

43. — Jugé cependant que celui qui a acheté les biens propres d'une femme mineure, aliénés par le mari, avec promesse de la part de ce dernier de faire ratifier la vente par sa femme lorsqu'elle sera devenue majeure, peut, nonobstant la circonstance de la minorité de la femme lors de la vente, être considéré comme possesseur de bonne foi de l'immeuble acquis, et être dispensé, par conséquent, en cas d'éviction, de la restitution des fruits. — 18 juin 1814. Amiens. Esseux. D.A. 10 262, n. D.P. 15. 2. 50.

44.— « La circonstance, porte l'arrêt, que la femme était mineure et que l'acquéreur n'a pu l'ignorer, n'est pas suffisante pour constituer ce dernier en mauvaise foi, l'acte n'étant pas nul de droit, mais seulement révocable, et même susceptible de ratification par la femme. » — Dur., n. 353, note, approuve cette décision.

45. — Mais il donne une solution différente pour le cas où le mari eût vendu seul, promettant la ratification de la femme lors de sa majorité. L'acquéreur eût alors acheté sciemment la chose d'autrui. Il aurait seulement un recours en dommages-intérêts contre le vendeur, conformément à l'art. 1120 C. civ.; mais il ne gagnerait pas les fruits, au préjudice de la femme, qui n'est nullement intervenue dans la vente.

46 — Le mari qui, après la séparation judiciaire de biens prononcée contre lui, a été laissé par sa femme en possession des biens de celle-ci, ne peut être tenu de lui restituer les fruits par lui perçus et consommés (art. 1529).—15 juill. 1829. Bourges. Bayvet. D.P. 29. 2. 177.

47.— Quant à la possession des fruits par un donataire, lorsque la donation est annulée ou révoquée, V. Donation, n. 941 et suiv. 400, 458, 507 et suiv.; Roll., v° Fruits, n. 61 et suiv.

48.— Les donataires qui, en vertu d'un contrat de mariage signé par toutes les parties, et exécuté pendant plusieurs années, mais dont le donateur a demandé la nullité par le motif que sa signature n'était pas formellement mentionnée, ont perçu ces arrérages de la rente viagère, sont censés en avoir joui de bonne foi, et se trouvent par conséquent dispensés de les restituer jusqu'au jour de la demande.— 7 mai 1819. Douai. Lottin. D.A. 10. 788, n. 9. D.P. 20. 2. 53.

49.— Celui qui, en vertu d'un testament nul, possède de bonne foi, c'est-à-dire dans l'ignorance de cette nullité, les biens d'une succession, fait les fruits siens jusqu'au jour de la demande en nullité. — 6 juill. 1821. Toulouse. Baladie.

50.— Le légataire qui a possédé en vertu d'un testament, signé seulement de trois des témoins, quoiqu'il eût été passé dans un lieu qui a été jugé depuis ne pouvoir être considéré comme *campagne*, dans le sens de l'art. 974, doit être néanmoins présumé avoir possédé de bonne foi, et, dès lors, il a fait les fruits siens, jusqu'à la demande formée contre lui en délaissement des biens légués (C. civ. 549, 550).— 29 nov. 1828. Lyon. Favrot. D.P. 29. 2. 35.

51.— Quoique le titre en vertu duquel un individu possède, soit illégal comme le serait l'ordonnance qui a déclaré que des actions sur des canaux, appartenant aux bannis par la loi de 1816, avaient fait retour au domaine de l'état, ce possesseur a pu néanmoins être déclaré avoir joui de bonne foi, et par suite être dispensé de restituer les arrérages provenant des actions. — 18 août 1832. Ord. cons. d'état. Réal. D.P. 32. 3. 120.

52.— A plus forte raison le possesseur est-il de bonne foi quand il s'appuie sur un jugement ou sur un acte authentique, tels que les registres de l'état civil.

53.— Celui qu'un jugement possessoire a maintenu en possession, ne peut, s'il succombe ensuite au pétitoire, être condamné à restituer les fruits perçus depuis le jugement possessoire. — 5 juill. 1826. Civ. c. Bartholdy. D.P. 26. 1. 409. — V. Actions possessoires, n. 5.

54.— De ce que des enfans inscrits comme légitimes, ont été déclarés illégitimes, il ne résulte pas qu'ils doivent nécessairement être considérés comme ayant été de mauvaise foi, et qu'ils doivent restituer les fruits qu'ils ont perçus se croyant enfans légitimes.— Au contraire, ils ne sont pas tenus de restituer les fruits, s'ils ont été de bonne foi.— 10 juin 1830. Paris. Tillard. D.P. 30. 2. 258.

55.— Pour être de bonne foi, il faut ignorer les vices de son titre. Cette ignorance est incompatible avec des ordres de l'autorité publique ou des dispositions de loi contraires aux prétentions du possesseur.

56.— Ainsi, jugé que, bien que la location des halles, marchés et chantiers fasse essentiellement partie des revenus communaux, une commune qui s'est perpétuée dans la jouissance des halles appartenant à un particulier, malgré les réclamations du propriétaire et les ordres de l'autorité, peut être condamnée à rendre compte de la totalité des produits de cette jouissance. — 20 mai 1829. Civ. r. Rennes. Comm. de Bazouges C. Sohier. D.P. 30.1.22.

57.— Le mari qui, après le décès de sa femme, continue de jouir d'un fonds dont elle était donataire, doit, avec le fonds, restituer les fruits perçus à partir du décès. — 29 nov. 1828. Lyon. Favrot. D.P. 29. 2. 35.

58.— Il suffit qu'une loi prohibitive d'un acte ait été promulguée, pour que l'une des parties ne puisse être réputée jouir en vertu d'un titre dont elle ignorait les vices, encore bien qu'il s'agirait d'un acte tel que donation mutuelle entre époux, faite peu après la publication du code qui a interdit ce mode de disposer. — 28 août 1832. Bourges. Chalopin. D.P. 34. 2. 74.

59.— Il ne suffit pas que la bonne foi ait existé au moment de la possession, pour que le possesseur continue de gagner les fruits. Pour la prescription, il n'y a qu'un seul acte d'acquisition, mais, pour les fruits, il y a autant d'acquisitions que de faits de perception. On considère la bonne foi à chaque moment, dit la loi romaine (L. 23, § 1er; l. 48, § 1er, ff. *de Acq. rer. dom.*); c'est ce qui résulte clairement de l'art. 550 C. civ.— Dur., n. 355.

60.— La prescription une fois accomplie, il n'y a pas lieu de réclamer les fruits perçus depuis que la bonne foi a cessé. L'accessoire suit le sort du principal (L. 25, § fin, ff. *de Usur. et fruc.*)—Dur., n. 356.

61. — Du principe que la bonne foi est de fait et non de droit, il résulte cette autre différence, que l'héritier ferait les fruits siens, quoique son auteur possédât de mauvaise foi. On ne dira pas, comme dans le cas de prescription (C. civ. 2238), que l'un est censé continuer la possession de l'autre; qu'il succède à ses vices comme à ses qualités. Les fruits s'acquièrent en vertu du droit des gens, et non par des fictions de droit civil. — Voët, tit. *de Acq. rer. dom.*, n. 31.— V. n. 39 et suiv.

62. — On a opposé la loi 2, C. *de Fructib. et lit. expens.* Mais, dans l'espèce de cette loi, une demande en restitution de fruits, formée contre le défunt, est continuée contre l'héritier. Il n'est pas douteux que, dans ce cas, l'héritier soit tenu comme représentant du défunt. — Dur., n. 357; D.A. n. 17. —*Contrà*, Perez, Domat, Pothier, Delv., t. 2 p. 10, 11.

63. — Du reste, les faits constitutifs de la bonne ou mauvaise foi sont dans l'appréciation souveraine des tribunaux. — 13 déc. 1830. Req. Quevremont. D.P. 31. 1. 8.

64. — Le possesseur cesse d'être de bonne foi dès que les vices du titre lui sont connus (art. 550). Mais à quelle époque ces vices sont-ils censés connus? L'ancienne jurisprudence décidait que la bonne foi du possesseur ne cessait que par suite de la demande; si la demande était retirée ou périmée, le possesseur continuait à faire les fruits siens. Le code n'a pas conservé cette disposition. — On ne peut donc plus soutenir que, dans tous les cas le possesseur est de bonne foi jusqu'à la demande; ainsi, une sommation, une citation en conciliation, suivie d'une demande, ferait remonter la cessation de la bonne foi à l'époque de la sommation ou citation. — Dur., t. 4, n. 362; Delv., t. 2, p. 9, notes; D.A. 11. 460, n. 15.

65. — Il pourrait même résulter de tel acte, étranger au propriétaire, la preuve que le possesseur a réellement connu les vices de sa détention. C'est une question de fait, abandonnée à l'appréciation libre des tribunaux. — Dur., *ibid.*

66. — Jugé que celui qui avait des raisons plausibles de se croire co-héritier, n'est tenu à la restitution des fruits qu'à dater de la demande en justice. — 10 déc. 1810. Liége. Berleur. D.A. 12. 447, n. D.P. 2. 1327.

67. — Mais que celui qui ne peut être légalement considéré comme ayant été possesseur de bonne foi, doit restituer les fruits, à compter du jour de son entrée en jouissance, et non pas seulement à compter du jour de l'interpellation en justice. — 1er mars 1808. Paris. Maillet. D.A. 11. 288, n. D.P. 8. 2. 79.

68. — Si l'on a laissé long-temps le possesseur tranquille, après une première réclamation, il a pu croire qu'on s'était depuis convaincu de son droit; d'un autre côté, il a peut-être différé la restitution de la chose par la considération qu'il n'aurait d'action en garantie contre son vendeur que dès qu'il serait valablement attaqué. C'est aux juges à tenir compte de toutes les circonstances — Dur., *ibid.*

69. — La constitution en mauvaise foi ne dispense pas le possesseur de percevoir les fruits et de cultiver le fonds tant qu'il continue de posséder, à peine de dommages-intérêts envers le propriétaire. S'il est évincé, on lui remboursera ses frais de labours et semences (Dur., *ibid*). — V. n. 18 et suiv.

70. — La bonne foi du possesseur est présumée : celui qui allègue la mauvaise foi doit la prouver. Delvincourt, t. 2, p. 10, notes, pense que si l'objet de la demande excède 150 *fr.*, il faut une preuve écrite ou du moins un commencement de preuve écrite pour faire admettre la preuve par témoins de la cessation de la bonne foi. Mais, selon Duranton, t. 4, n. 358, la preuve testimoniale est toujours admissible, parce qu'il n'a pas dépendu de celui qui réclame d'avoir une preuve écrite à cet égard (art. 1348); la constitution en mauvaise foi résultant des actes, la preuve testimoniale ne serait pas, du moins en général, admissible pour établir que la bonne foi a cessé à telle époque. — D.A. 11. 460, n. 18.

71. — La mauvaise foi du possesseur devant être prouvée, les intérêts d'une somme réservée par le donateur ne courent pas de plein droit du jour du décès de ce donateur, au profit de ses héritiers; ils ne sont dus que du jour de la demande formée contre le donataire, s'il n'est pas prouvé que celui-ci connaissait les vices de son titre. — 19 janv. 1827. Bordeaux. Cornuand. D.P. 28. 2. 133.

§ 4. — *Des restitutions de fruits.*

72. — Pour qu'un possesseur puisse être condamné à une restitution de fruits, il faut que sa mauvaise foi soit constatée par un jugement; car la mauvaise foi ne se présume pas ainsi qu'on l'a dit *suprà*, 70 et 71.

73. — En conséquence, le co-héritier, possesseur en vertu d'un partage rescindé pour lésion, ne peut, de même que tout autre possesseur, être condamné à la restitution des fruits par lui perçus, qu'autant qu'il est déclaré qu'il les a perçus de mauvaise foi... En conséquence, il y a lieu d'annuler le jugement qui condamne cet héritier à cette restitution, non à partir de la demande, mais à compter du partage même, et cela, sans déclarer qu'il était de mauvaise foi.— 8 fév. 1830. Civ. c. Besançon. Magnin-Faysot. D.P. 30. 1. 162.

74. — Dire qu'il y a eu indue détention, ce n'est pas dire nécessairement que le détenteur est de mauvaise foi, et c'est à tort qu'en l'absence de constatation de la mauvaise foi ou de la connaissance des vices de son titre, le détenteur est condamné à restituer les fruits, non pas seulement à partir de la demande, mais à compter de son indue détention (C. civ. 549, 550, 2268). — 24 fév. 1834. Civ. c. Augier. D.P. 34. 1. 107.

75. — Les fruits sont restitués, à partir de la demande, si le possesseur a toujours été de bonne foi, ou à partir de l'acte qui a dû faire cesser sa bonne foi, ou du jour où il a commencé à percevoir les fruits, s'il n'a jamais dû être considéré comme possesseur de bonne foi, d'après les principes exposés *suprà*, § 3.

76. — Le possesseur de mauvaise foi doit restituer non seulement les fruits qu'il a perçus, mais encore la valeur de ceux qu'il aurait dû percevoir, et qu'il n'a pas recueillis. Il en est de même du possesseur qui, d'abord de bonne foi, a connu les vices de son titre : à dater de cette époque, il est soumis aux mêmes restitutions que celui qui a toujours été de mauvaise foi. — Delv., t. 2, p. 11, note; Dur., t. 4, n 360; Poth., n. 336; D.A. 11, n. 19; Toull., t. 3, n. 110.

77. — Les lois romaines avaient distingué pour la restitution des fruits ceux qui étaient consommés au moment de la constitution en mauvaise foi, de ceux qui ne l'étaient pas encore. Les fruits non consommés étaient restituables par le possesseur de bonne foi (L. 22, C. *de Rei vind.*); l'ancienne jurisprudence française n'avait pas admis cette distinction (Lacombe, v° Fruits, sect. 1re, n. 1) que ne comportent pas davantage les dispositions générales de l'art. 549 C. civ.—Dur., n. 361; D.A. 11. 460, n 20; Toull., t. 3, n. 110.

78. — Si celui qui était de bonne foi a fait abattre une futaie qui n'était pas mise en coupe réglée, ou démolir une maison dont il a vendu les bois et ma-

térieux, il doit indemniser le propriétaire jusqu'à concurrence de ce dont il a profité de ces objets, s'il en a disposé avant d'être constitué en mauvaise foi, et cela, lors même qu'il aurait, par suite d'aliénation, cessé de posséder; si le possesseur avait aliéné sachant que la chose était à un autre, le propriétaire, en poursuivant le détenteur actuel, pourrait prendre jugement commun contre lui, et le faire condamner à des dommages-intérêts. Si c'est le successeur du possesseur de bonne foi qui a fait la coupe ou démoli la maison, celui-ci n'est passible d'aucune action. — Dur., n. 366, 567; D.A. 11. 460, n. 11.

79. — Selon Delvincourt, loc. cit, les juges doivent, quant à l'obligation de rembourser les dépenses, prendre en considération l'équité; ainsi, il serait trop rigoureux de forcer un propriétaire à vendre sa propriété, pour des dépenses simplement utiles, mais non indispensables pour la conservation de la chose. Cette question, suivant Dalloz, eod., n. 53, est d'autant plus délicate, que l'équité semble également réclamer en faveur des deux parties.

80. — Rousseau de Lacombe, v° Impenses, n. 2, enseigne que la compensation des dépenses nécessaires avec les fruits, telle qu'elle était reçue dans le droit romain, n'était pas admise dans la jurisprudence française. Le code civil ne paraît pas l'admettre non plus; l'art. 862 porte que le donataire sujet au rapport, qui fait les fruits siens, d'après l'art. 856, peut, en outre, répéter le montant de ses dépenses nécessaires sur l'objet donné. La même disposition semble résulter de l'art. 555. — Delv., t. 2, p. 7 et 8; D.A. eod.

81. — Si celui qui a acquis en son nom personnel un immeuble qu'il intéresse d'un tiers, est entré en possession de cet immeuble, et que ce tiers n'en a demandé le délaissement que long-temps après, encore que ce délaissement ait été offert dans le principe, ce dernier ne peut réclamer la restitution des fruits perçus et des dommages-intérêts pour les dégradations commises ou les aliénations consenties par l'acquéreur, avant la demande en justice; ces fruits et ces dommages-intérêts peuvent être compensés par l'acquéreur avec le prix de l'acquisition avancé par l'acquéreur. — 28 mars 1821. Req. Dubouzet. D.P. 24. 2. 269.

82.— Lorsque des juges, appréciant les caractères d'un acte qualifié vente, décident que ce n'est point une vente, mais un contrat d'enchère, ils peuvent condamner à des dommages à restituer les fruits.—1er juin 1826. Req. Bernard. D.P. 26. 1. 395.

83.— Les dépenses faites pour recueillir les fruits en sont une charge, et restent au compte du possesseur. — D.A. 460. n. 53.

84.— Les contestations sur l'exécution d'un acte administratif qui ordonne la restitution des fruits d'un domaine, appartiennent aux tribunaux ordinaires, s'il ne s'agit en aucune manière d'interpréter le sens ou les clauses de cet acte administratif, mais seulement de procéder à l'estimation et à la liquidation des fruits.—20 nov. 1813. Ord. Cairot.

§ b. — Mode des restitution, comptes et liquidation des fruits.

85.— Celui qui sera condamné à restituer des fruits, en rendra compte dans la forme des reddituons de compte, et il sera procédé comme sur les autres comptes rendus en justice (C. pr. 526). — V. Compte.

86.— La marche tracée dans l'art. 2 du titre 30 de l'ordonnance de 1667 était plus expéditive que celle adoptée par le code. — Mais celle-ci a l'avantage de présenter un débat préliminaire devant un juge-commissaire, qui peut remplir l'office de conciliateur, ou qui du moins réduit la cause à sa plus simple expression, pour la présenter au tribunal. — D.A. 5. 683.

87.— L'arrêt qui adjuge à une partie différentes sommes avec intérêts, ainsi que des indemnités et une restitution de fruits, ne peut annuler cette restitution de fruits avec les intérêts des sommes adjugées et les dommages-intérêts, pour ne former du tout qu'une seule condamnation à une somme déterminée. — Il faut, au contraire, nécessairement que, dans ce cas comme dans tout autre, un compte de fruits soit préalablement ordonné et rendu, conformément à l'art. 526 C. pr. — 20 déc. 1819 Civ. Angers. Milscent. D.A. 5. 683. D.P. 20. 1. 12.

88.— Lorsque les parties ne sont pas d'accord sur

les revenus d'un immeuble donné en antichrèse, il est nécessaire de procéder à une reddition de comptes, conformément aux art. 526 et suiv. C. pr., pour connaître le montant réel de ces revenus, et en faire l'imputation, d'abord sur les intérêts, et ensuite sur le capital de la créance due. Il n'y a aucune raison de déroger à cette règle, sous le prétexte qu'il s'agit d'une papeterie donnée en antichrèse, à la charge, par le créancier, d'entretenir un certain nombre de cuves en activité, et que ce dernier n'a pas fidèlement rempli cette condition du contrat; ce n'est pas là un motif pour fixer arbitrairement, tant le produit des cuves mises en activité, que celui qu'auraient pu fournir les autres cuves. — 6 août 1822. Civ. c. Paris. Cardon. D.A. 5. 684. D.P. 25. 1. 18.

89.— La valeur des fruits ou récoltes dont on demande la restitution, ne peut être fixée par les juges eux-mêmes, sans qu'ils aient préalablement ordonné la présentation d'un compte (C. pr. 526). — 25 juin 1835. Civ. c. Picard. D.P. 52. 1. 246.

90.— Les art. 3, 4 et 5 de l'ordonnance s'occupent des cas où il y a contestation entre les parties sur le contenu ou la déclaration des fruits. Le premier de ces articles ordonne la preuve respective, par écrit et par témoins, de la quantité des fruits; et, quant à la valeur, la preuve en devait être faite par ce qu'on appelait jadis les extraits des registres des gros fruits du greffe le plus prochain; et les labours, semences et frais de récoltes devaient être estimés par experts. Les deux derniers ordonnaient la condamnation aux dépens contre celui du demandeur ou du défendeur en la liquidation, dont les prétentions étaient mal fondées.

Ces dispositions, quoique non répétées par le code, doivent encore être observées, parce qu'elles ne sont conformes aux principes ordinaires, soit sur la preuve, soit sur la condamnation aux dépens. — D.A. 5. 683.

91.— Quant au délai d'un mois, accordé par l'art. 2, pour le paiement du reliquat, le code ne contenant aucune disposition à cet égard. — On rentre dans la règle ordinaire, qui veut que les condamnations soient exécutoires sans délai, à moins que les juges n'en accordent un en vertu de l'art. 1244 C. civ. — D.A. 3. 683.

92.— La restitution doit se faire, autant que possible, en nature pour la dernière année, et pour les années précédentes, suivant les mercuriales du marché le plus voisin, à défaut de mercuriales, à dire d'experts (C. pr. 429).

93.— Un jugement condamnant à une restitution de fruits n'est pas nul par cela qu'il ne détermine pas la mode de cette restitution; l'art. 129 C. pr., qui ordonne que le jugement contienne cette détermination, n'est pas prescrit à peine de nullité, et, d'ailleurs, la disposition générale de cet article, toutes les fois qu'elle n'est pas contrariée par l'une des clauses du jugement ou de l'arrêt, est la conséquence implicite des condamnations à des restitutions de fruits. — 5 fév. 1828. Req. Comm. de Bagnères Luchon. D.P. 28. 1. 122.

94.— Les juges qui ordonnent une restitution de fruits peuvent, si aucune liquidation n'est demandée par les parties, liquider eux-mêmes les fruits en bloc (C. pr. 540). — 1er juin 1826. Req. Bernard. D.P. 26. 1. 293.

95.— Dans une demande en restitution de fruits provenant d'un partage de succession, les juges peuvent, sans violation des art. 526, 555, 538, 540 C. pr., ordonner que cette restitution sera faite d'après estimation d'experts (C. civ. 825, 824). — 10 janv. 1828. Req. Martin. D.P. 28. 1. 87.

96.— Des juges, devant lesquels des comptes ont été produits et débattus par des parties, conformément à un jugement qui l'ordonnait ainsi en matière de restitution de fruits, ont pu aussi apprécier les mêmes, d'après les documents et les bases fournis par les parties, le montant des restitutions dues préalablement à une expertise ou à une enquête, ou enfin de consulter les mercuriales pour la fixation approximative des revenus (C. pr. 429, 526). — 18 avril 1832. Civ. r. Nîmes. Randon. D... D.P. 52. 1. 245. — V. Expertise.

97.— L'héritier qui a déclaré celle les fruits de partie de succession dont il a joui, et dont il doit rendre compte, s'élèvent par où à telle somme, ne peut se faire un moyen de cassation contre l'arrêt qui l'a condamné à faire état de ces fruits depuis sa déclaration, de ce que les juges n'auraient pas ordonné l'évaluation des fruits d'a-

près les mercuriales ou une expertise — 30 mars 1831. Civ. r. Néon. D.P. 31. 4. 112.

98. — La valeur des fruits payables en nature ne doit pas être portée à la plus-value survenue depuis le terme convenu ou la mise en demeure du débiteur.—Touil., t. 7, n. 62.

99.—Lorsque le débiteur ne possède pas de fruits, mais qu'il peut s'en procurer à un prix plus élevé que le prix commun, au moment de la demande, il ne doit pas être admis à payer en argent suivant le prix commun des quatre saisons antérieures à la demande. — Toull., t. 7, n. 63; Roll., v° Fruits, n. 77, 78.

100. — Les dispositions sur la restitution en nature, pour la dernière année et les années précédentes, sont applicables lorsqu'il s'agit des années arréragées de redevances ou rentes, en grains et autres denrées.—Toull., eod.; Roll., n. 79.

— V. Absence, Acte de commerce. Actions possessoires, Aveu, Choses, Communauté, Communes, Compétence administrative, Condition, Contrainte par corps, Contributions directes, Contributions indirectes, Degré de juridiction, Demande nouvelle, Domaine extraordinaire, Domaine public, Dommages-intérêts, Donation, Donation par contrat de mariage, Dot, Douaire, Droits civils, Eau, Enregistrement, Garantie, Hypothèques, Interdiction, Louage, Nantissement, Prescription, Propriété, Rapport, Rente, Requête civile, Rescision, Retrait successoral, Saisie-gagerie, Saisie-immobilière, Séparation de biens, Séparation de patrimoines, Servitudes, Substitution, Succession, Succession irrégulière, Société, Usufruit, Usage, Vente, vol.

TABLE SOMMAIRE.

Abeille. 5.
Accession. 11, s. 60.
Accessoire. 11.
Acte nul. 40.
Action possessoire. 53. — réelle. 16, 92.
Arbres. 4.
Arrérages. 100.
Ayant-cause. 35.
Bois. 4.
Bonne foi. 12, 19, s. 23, 5. — (caractère) 82.
Cassation (appréciation). 65, s.
Colombier. 5.
Communes. 56.
Compensation. 81.
Compétence. 84.
Compte. 85, s.
Consignation. 93.
Coupe. 78.
Courses de chevaux. 14.
Croît des animaux. 3, 9, 11, s.
Décès. 57.
Demande. 52, s. 46, s.
Démolition. 78.
Donation. 71.
Échéance. 15.
Équivalent. 72, s.
Expertise. 90, 95, s.
Frais de labours. 18, s.
Fruits civils. 3, 7. — industriels. 3, 6. — naturels. 3, s.
Futaie. 78.
Gestion d'affaires. 69.
Halle. 56.
Héritier. 51, s.—V.Ayant-cause.

Ignorance. 55, s.
Impenses. 79, s.
Institution. 54.
Intérêts. 7, 71.
Jour a quo. 75.
Jugement. 52, s. — (motifs) 72, s.
Juste titre. 59.
Liquidation. 85, s.
Loyer. 7.
Mention. 72, s.
Mercuriales. 92, 97.
Meubles. 2.
Mines. 2, 25.
Mineur. 42, s.
Partage. 15, s. — provisionnel. 31.
Pêches. 5.
Possesseur. 12, 19, s. 23, s. — argent. 52, s.
Prescription. 30, s.
Présomption. 70, s.
Preuve testimoniale. 70.
Promesse de ratifier. 45.
Propriété. 11, s.
Provision. 17, 31.
Récolte. 5.
Remboursem. 18, 79, s.
Restitution. 56, 72, s. 92, — (mode) 85.—en nature. 92, s.
Révocation. 47.
Ruches. 5.
Séparation de biens. 46.
Silence. 25.
Sommation. 44.
Succession. 16, 27, s. 95.
Titre. 65, s.
Trésor. 25.
Usufruit. 2, 19.
Vendange. 6.

FRUITS PENDANS PAR RACINES.—V. Saisie-immobilière.
FUITE.—V. Louage.
FUMÉE. — V. Servitudes.
FUMEUR.— V. Autorité municipale.
FUMIER. — V. Autorité municipale, Louage.
FUNÉRAILLES. — V. Inhumation. — V. aussi Autorité municipale, Actes de commerce, Louage, Succession vacante.
FUREUR—FURIEUX — V. Interdiction, Ministère public.
FUSIL. — V. Garde nationale.
FUTAILLES.— V. Charte-partie, Douanes.